2 vol set
35^{00}

DICTIONNAIRE

FRANÇAIS - ANGLAIS / ANGLAIS - FRANÇAIS

FRENCH - ENGLISH / ENGLISH - FRENCH

DICTIONARY

1

FRANÇAIS - ANGLAIS

FRENCH - ENGLISH

GRAND DICTIONNAIRE

FRANÇAIS-ANGLAIS / ANGLAIS-FRANÇAIS

1

FRANÇAIS ANGLAIS

LAROUSSE - 17, RUE DU MONTPARNASSE - 75298 PARIS CEDEX 06

Distributeur exclusif au Canada : les Éditions Françaises Inc.

Photocomposition MAURY. - Malesherbes

IMPRIMERIE HÉRISSEY. - ÉVREUX. - N° 64367.
Dépôt légal 1993-10. - N° de série Éditeur 17953.
IMPRIMÉ EN FRANCE *(Printed in France)*. - 401301-A-Avril 1994.

ISBN 2-03-401300-X (édition complète)
ISBN 2-03-401301-8 (volume I)

FRENCH - ENGLISH / ENGLISH - FRENCH

DICTIONARY

unabridged

1

FRENCH
ENGLISH

LAROUSSE - 17, RUE DU MONTPARNASSE - 75298 PARIS CEDEX 06

Réalisé par/Produced by

LAROUSSE
Langues & Bilingues • Language Reference
LONDON EDINBURGH PARIS

Direction de la rédaction/General Editor
FAYE CARNEY

Coordination éditoriale/Coordinating Editor
CLAUDE NIMMO

Rédaction/Editors
VALÉRIE KATZAROS
ROSE ROCIOLA
CLAUDE LE GUYADER
LAURENCE LARROCHE
MARTYN BACK
MICHAEL MAYOR
MARTIN CROWLEY
RUTH BLACKMORE

avec/with
CÉCILE VANWALLEGHEM
ANNE LECROART
SOPHIE MARIN
BERNARD GIRAUD
ANNE LANDELLE
CAROLE COEN
CARINE LIPSKI
CATHERINE JULIA
SABINE CITRON
ISABELLE ROSSELIN
MARIE-PAULE PONCELET
DAVID HALLWORTH
KAREN LAWSON
JANE ROGOYSKA
MARGARET JULL COSTA
STEPHEN CURTIS
CLAIRE EVANS
JANE GOLDIE
PATRICK WHITE
STEVE GARNER
PETER CROSS
PAUL DUFFY
EDWIN CARPENTER

Comité de lecture/Advisory Panel
JACQUES VAN ROEY
JEAN-FRANÇOIS ALLAIN
GEOFFREY BREMNER
TREVOR PEACH

Suivi de la réalisation/Administration
SOPHIE JAQUET

Secrétariat d'édition/Copy Preparation
MARIE-NOËLLE TILLIETTE
EMMANUELLE DESRAMÉ
ALEXANDRA DALBIN
SANDRINE AVRIL

Correction sous la direction de/Proofreading coordinated by
ANNICK VALADE

Informatique éditoriale/Data Management
JOCELYNE REBENA
GABINO ALONSO
MARION PÉPIN
CLAUDE NIMMO

Composition/Typesetting
MICHEL VIZET

Maquette/Design
FRÉDÉRIQUE LONGUÉPÉE

Cartographie/Cartography
DOMINIQUE CORMIER
KRYSTYNA MAZOYER
CATHERINE ZACHAROPOULOU

Remerciements:
Nous tenons aussi à remercier tous ceux qui ont apporté leur collaboration à la phase initiale de la rédaction de cet ouvrage, en particulier David Jones, John Scullard, Hélène Houssemaine-Florent et Marie-Noëlle Lamy.

Acknowledgments:
We would like to thank all those who contributed to the early stages of this book, especially David Jones, John Scullard, Hélène Houssemaine-Florent and Marie-Noëlle Lamy.

Au Lecteur

Le Grand Dictionnaire Larousse de l'anglais est un ouvrage de référence essentiel pour l'angliciste, qu'il soit traducteur, universitaire, enseignant ou étudiant, journaliste ou tout simplement passionné d'anglais. Cet ajout à la grande gamme des ouvrages Larousse est le résultat d'une entreprise de longue haleine, menée par une équipe internationale de lexicographes travaillant à Londres, à Édimbourg et à Paris, avec le concours de spécialistes de plusieurs pays.

Cet ouvrage est conçu pour répondre au mieux aux trois critères principaux qui déterminent la qualité d'un dictionnaire: la richesse de la nomenclature et son adaptation aux besoins de l'usager, la convivialité de l'accès à l'information et la fiabilité de cette dernière.

Termes, sens, expressions et locutions ont été choisis pour répondre aux besoins des anglicistes d'aujourd'hui. La sélection de néologismes, d'abréviations, de sigles, d'acronymes et de noms propres a fait l'objet d'un soin tout particulier. Les domaines de l'informatique et du «business» ont également été privilégiés. Essentiel aujourd'hui, l'américain se voit accorder une place de choix: de nombreux ouvrages et publications ont été dépouillés systématiquement à cet effet; en outre, canadianismes, helvétismes et belgicismes contribuent à faire de cet ouvrage une référence véritablement internationale.

L'agencement des articles du dictionnaire ainsi que sa typographie ont reçu une attention particulière; ainsi, locutions et mots composés sont mis en relief et, dans certains cas, présentés comme entrées à part entière, afin d'aérer les articles les plus touffus. Nuances de sens et niveaux de langue sont clairement indiqués afin de faciliter l'accès à la traduction appropriée, elle-même recevant le cas échéant toute information, syntaxique ou autre, susceptible d'éclairer son emploi.

De nombreux exemples viennent illustrer l'usage et permettent d'introduire des traductions préférables dans tel ou tel contexte; le plus grand soin a été apporté à en assurer l'authenticité, ainsi qu'à fournir des traductions pertinentes et actuelles.

Mais un dictionnaire est aussi un pont entre les cultures et les sociétés, et nous avons voulu privilégier cette dimension afin de faciliter la compréhension de la langue et de la culture étrangères: de nombreuses gloses et notules s'efforcent d'expliquer lorsque traduire n'est pas possible, lorsqu'il faut aller au-delà du lexique.

Le Grand Dictionnaire Larousse de l'anglais s'inscrit dans un ambitieux programme éditorial dans le domaine bilingue. Cet outil de communication idéal entre le français et l'anglais, il faudra le faire vivre avec son temps, dans un souci d'innovation et d'amélioration constant; un dictionnaire est par définition perfectible: nous nous adressons à vous, lecteur, pour vous engager à participer à cette entreprise qui n'est jamais vraiment terminée, en nous faisant part de vos observations, de vos critiques, de vos suggestions.

L'Éditeur

To Our Readers

The Larousse Unabridged French-English English-French Dictionary is a major new reference work aimed at professional, academic, specialist and non-specialist users of French. Prepared over a period of several years by an international team of lexicographers based in London, Edinburgh and Paris, with contributions from consultants in several countries, this is the latest addition to a long-standing Larousse tradition of excellence in dictionary publishing.

Our aim throughout has been to meet the three basic criteria that make for quality in dictionaries: relevance and comprehensiveness of coverage, ease of use, and reliability.

Lexical items have been selected to reflect the particular needs of professional linguists and advanced students in today's world. Special attention has been paid to the coverage of new words and proper nouns, abbreviations and acronyms, and to essential fields such as business and computing. The text also reflects the international dimension of both languages: numerous Swiss, Belgian and Canadian French terms are included, and users of American English will find that American vocabulary and usage are particularly well represented.

The layout and typography of entries have been given much thought, with the aim of making set phrases and compounds easier to identify, both visually and linguistically. Nuances of meaning and register are clearly signposted, so that access to the appropriate translation is as straightforward as possible.

Every effort has been made to ensure that example sentences reflect authentic usage and that translations are accurate and up-to-date. Detailed glosses are provided wherever it is necessary to clarify usage or avoid confusion.

All of the above features are considered essential components of today's larger bilingual dictionaries. However the Larousse Unabridged French Dictionary goes one step further in recognizing that problems of communication and comprehension stem not only from the lexicon but also from cultural differences. Hence it places a unique emphasis on explaining 'culture-bound' vocabulary and historical references, using glosses and notes to help non-native speakers understand their implications and relevance.

Language evolves and so does lexicography, and any good dictionary strives to keep in step with the changing needs of its users. The Larousse Unabridged French Dictionary is part of an ambitious publishing programme which recognizes that the task of innovating and updating is continuous and long-term. No dictionary is ever perfect or complete, and so we invite you, as users, to take part in this venture by sending us your comments and criticisms. With your help we hope to set new standards in language reference.

The Publisher

Abbreviations used in this Dictionary
Abréviations utilisées dans ce Dictionnaire

abbreviation	*abbr/abrév*	abréviation
absolute – 'en usage abs' indicates a transitive verb used without a direct object: *il boit beaucoup*	*abs*	absolu – 'en usage abs' signale un verbe transitif employé sans complément d'objet: *il boit beaucoup*
adjective	*adj*	adjectif
phrase functioning as adjective	*adj phr*	locution ayant valeur d'adjectif
adverb	*adv*	adverbe
phrase functioning as adverb	*adv phr*	locution ayant valeur d'adverbe
African French	*Afr*	africanisme
American English	*Am*	américanisme
archaic	*arch*	archaïque
crime slang	*arg crime*	argot du milieu
drugs slang	*arg drogue*	argot de la drogue
military slang	*arg mil*	argot militaire
school slang	*arg scol*	argot scolaire
university slang	*arg univ*	argot universitaire
article	*art*	article
Australian English	*Austr*	anglais australien
auxiliary	*aux*	auxiliaire
before noun – indicates that an adjective is used attributively, i.e. directly before the noun which it modifies	*avant n*	avant le nom – souligne les cas où un adjectif est nécessairement antéposé
Belgian French	*Belg*	belgicisme
British English	*Br*	anglais britannique
countable noun – i.e. a noun which can exist in the plural and be used with 'a'	*C*	substantif comptable – désigne un substantif anglais qui peut être employé au pluriel et avec 'a'
Canadian English/French	*Can*	canadianisme
cardinal	*card*	cardinal
compound-forming noun – shows noun headword used as a noun modifier, e.g. *computer* in *computer course, law* in *law degree*	*comp*	substantif formant des composés – s'applique à un substantif employé en apposition: *computer* dans *computer course, law* dans *law degree*
comparative	*compar*	comparatif
conjunction	*conj*	conjonction
phrase functioning as conjunction	*conj phr*	locution ayant valeur de conjonction
continuous	*cont*	progressif
compounds	*cpds*	composés
crime slang	*crime sl*	argot du milieu
definite	*def/déf*	défini
demonstrative	*dem/dém*	démonstratif
determiner	*det*	déterminant
phrase functioning as determiner	*det phr*	locution ayant valeur de déterminant
dialect	*dial*	dialecte
diminutive	*dimin*	diminutif
direct	*dir*	direct
drugs slang	*drugs sl*	argot de la drogue
especially	*esp*	particulièrement
euphemism	*euph*	euphémisme
exclamation	*excl*	interjection
feminine	*f*	féminin
informal	*fam*	familier
figurative	*fig*	figuré
formal	*fml*	soutenu
generally, in most cases	*gen/gén*	généralement
Swiss French	*Helv*	helvétisme
humorous	*hum*	humoristique
impersonal	*impers*	impersonnel
indefinite	*indef/indéf*	indéfini
indicative	*indic*	indicatif

indirect	*indir*	indirect
informal	*inf*	familier
infinitive	*infin*	infinitif
offensive	*injur*	injurieux
inseparable	*insep/insép*	inséparable
– shows that the object of a phrasal verb cannot come between the verb and the particle, e.g. *I looked after him* **BUT NOT** *I looked him after*		– indique qu'un verbe anglais à particule ('phrasal verb') ne peut pas être séparé de sa particule, c'est-à-dire qu'un complément d'objet ne peut être inséré entre les deux, par exemple *I looked after him* **ET NON** *I looked him after*
exclamation	*interj*	interjection
interrogative	*interr*	interrogatif
invariable	*inv*	invariable
– applied to a noun, indicates that the plural and singular forms are the same, e.g. **garde-boue** (*des garde-boue*); **sheep** (*four sheep*). Applied to an adjective, indicates that feminine, masculine and plural forms are the same, e.g. **vieux jeu** (*ils sont/elle est vieux jeu*)		– avec un nom, signifie que la forme du pluriel est identique à la forme du singulier: **garde-boue** (*des garde-boue*); **sheep** (*four sheep*). Avec un adjectif, signifie que la forme du féminin et celle du pluriel sont identiques à la forme du masculin: **vieux jeu** (*ils sont/elle est vieux jeu*)
Irish English	*Ir*	anglais irlandais
ironic	*iro/iron*	ironique
literary	*lit/litt*	littéraire
phrase(s)	*loc*	locution(s)
phrase functioning as adjective	*loc adj*	locution ayant valeur d'adjectif
phrase functioning as adverb	*loc adv*	locution ayant valeur d'adverbe
phrase functioning as conjunction	*loc conj*	locution ayant valeur de conjonction
phrase functioning as correlative conjunction	*loc corrél*	locution ayant valeur de conjonction corrélative
phrase functioning as determiner	*loc dét*	locution ayant valeur de déterminant
phrase functioning as exclamation	*loc interj*	locution ayant valeur d'interjection
phrase functioning as preposition	*loc prép*	locution ayant valeur de préposition
phrase functioning as pronoun	*loc pron*	locution ayant valeur de pronom
masculine	*m*	masculin
military slang	*mil sl*	argot militaire
noun modifier	*modif*	substantif ayant valeur d'adjectif et devant obligatoirement être antéposé
– a noun functioning as an adjective and which can only be used attributively, i.e. before the noun it modifies		
noun	*n*	nom
negative	*neg/nég*	négatif
feminine noun	*nf*	nom féminin
feminine noun used in the plural	*nfpl*	nom féminin pluriel
masculine noun	*nm*	nom masculin
masculine or feminine noun	*nmf*	nom masculin ou féminin
– shows that a noun may be either masculine or feminine: *un architecte/une architecte*		– indique qu'un nom peut être masculin ou féminin: *un architecte/une architecte*
masculine and feminine forms	*nm, f*	formes féminine et masculine
– indicates a noun with a different form in the masculine and the feminine, e.g. *inspecteur/inspectrice*		– s'applique à un substantif ayant une forme différente au masculin et au féminin, par exemple *inspecteur/inspectrice*
masculine noun used in the plural	*nmpl*	nom masculin pluriel
proper noun	*npr*	nom propre
plural proper noun	*npr pl*	nom propre pluriel
plural noun	*npl*	nom pluriel
numeral	*num*	numéral
New Zealand English	*NZ*	anglais néo-zélandais
object	*obj*	objet
officially recognized term	*offic*	terme officiellement recommandé par l'Académie
– some terms (especially borrowings from English) are considered substandard by the Académie française; terms marked 'offic' are recognized as acceptable alternatives for these, but are unlikely to be as widely used		
onomatopoeia	*onomat*	onomatopée
ordinal	*ord*	ordinal
oneself	*o.s.*	
pejorative	*pej/péj*	péjoratif
personal/person	*pers*	personnel/personne

phrase(s)	*phr*	locution(s)
plural	*pl*	pluriel
plural proper noun	*pl pr n*	nom propre pluriel
possessive	*poss*	possessif
past participle	*pp*	participe passé
literal	*pr*	sens propre
predeterminer	*predet*	mot placé avant un déterminant et exprimant un degré ou une quantité
phrase functioning as predeterminer	*predet phr*	locution ayant valeur de 'predeterminer' (*voir* ci-dessus)
prefix	*pref/préf*	préfixe
preposition	*prep/prép*	préposition
phrase functioning as preposition	*prep phr*	locution ayant valeur de préposition
present	*pres/prés*	présent
proper noun	*pr n*	nom propre
pronoun	*pron*	pronom
phrase functioning as pronoun	*pron phr*	locution ayant valeur de pronom
proverb	*prov*	proverbe
past tense	*pt*	passé
	qqch	quelque chose
	qqn	quelqu'un
relative	*rel*	relatif
South African English	*SAfr*	anglais d'Afrique du Sud
someone, somebody	*sb*	
school slang	*school sl*	argot scolaire
Scottish English	*Scot*	anglais écossais
separable – shows that the object of a phrasal verb can come between the verb and the particle, e.g. *I let her in, he helped me out*	*sep/sép*	séparable – indique qu'un verbe anglais à particule ('phrasal verb') peut être séparé de sa particule, c'est-à-dire qu'un complément d'objet peut être inséré entre les deux: *I let her in, he helped me out*
takes singular verb	*sg*	employé avec un verbe au singulier
singular	*sing*	singulier
slang	*sl*	argot
formal	*sout*	soutenu
specialized term or usage	*spec/spéc*	terme ou sens spécialisé
something	*sthg*	
subjunctive	*subj*	subjonctif
subject	*subj/suj*	sujet
superlative	*superl*	superlatif
	tjrs	toujours
uncountable noun – i.e. an English noun which is never used in the plural or with 'a'; used when the French equivalent is or can be a plural, e.g. **applause** *n* (*U*) applaudissements *mpl*; **battement** *nm* beating (*U*)	*U*	substantif non comptable – désigne les substantifs anglais qui ne sont jamais utilisés au pluriel, lorsque l'équivalent français est un pluriel ou peut être mis au pluriel: **applause** *n* (*U*) applaudissements *mpl*; **battement** *nm* beating (*U*)
usually	*usu*	
link verb followed by a predicative adjective or noun – e.g. *tomber malade, être professeur*	*v attr*	verbe suivi d'un attribut – par exemple: *tomber malade, être professeur*
verb	*vb/v*	verbe
intransitive verb	*vi*	verbe intransitif
impersonal verb	*v impers*	verbe impersonnel
pronominal verb	*vp*	verbe pronominal
intransitive pronominal verb	*vpi*	verbe pronominal intransitif
transitive pronominal verb	*vpt*	verbe pronominal transitif
transitive verb	*vt*	verbe transitif

Symbols

❑	Separates expressions which are not set (given before the symbol) from more fixed expressions.	Sépare les emplois non figés (présentés avant le symbole) des expressions figées.
||	Indicates a shift of meaning within a sense category.	Indique un glissement de sens à l'intérieur d'une division sémantique.
≃	Indicates that the translation given is an approximate cultural equivalent.	Indique que la traduction est une équivalence culturelle approximative.
®	Indicates that the item is a registered trademark.	Indique que le terme est une marque déposée.
▽	Warns the user that a lexical item or particular meaning is very colloquial, and thus should be used with caution by non-native speakers.	Avertit l'usager qu'un terme ou un sens est très familier et qu'il devra être employé avec prudence par le locuteur étranger.
▼	Warns the user that a lexical item or particular meaning is either vulgar or racist.	Avertit l'usager qu'un terme ou un sens est vulgaire ou raciste.

Trademarks

Words considered to be trademarks have been designated in this dictionary by the symbol ®. However, neither the presence nor the absence of this symbol should be regarded as affecting the legal status of any trademark.

Noms de marque

Les noms de marque sont désignés dans ce dictionnaire par le symbole ®. Néanmoins, ni ce symbole ni son absence éventuelle ne peuvent être considérés comme susceptibles d'avoir une incidence quelconque sur le statut légal d'une marque.

A Note on English Compounds

As in most modern dictionaries, we give lexicalized compounds (i.e. nouns consisting of more than one word) the same prominence as simplex headwords. This means that compounds that are considered as independent units of meaning appear as entries in their own right.

Les mots composés anglais

À l'instar de la plupart des dictionnaires actuels, nous accordons aux mots composés lexicalisés (c'est-à-dire aux substantifs composés de plus d'un mot) la même importance qu'aux mots simples. Ainsi, les composés anglais considérés comme des unités de sens autonomes font l'objet d'une entrée à part entière.

French Verbs

French verbs have a number (from [1] to [116]) which refers to the conjugation table given at the back of the dictionary. This number is not repeated for reflexive verbs when these appear as sub-entries.

Les verbes français

Les verbes français sont suivis d'une numérotation (de [1] à [116]) qui renvoie aux tableaux de conjugaison présentés à la fin de l'ouvrage. Ce chiffre n'est pas répété après les verbes pronominaux lorsque ceux-ci sont présentés en sous-entrées.

Field Labels		**Domaines**
acoustics	ACOUST	acoustique
administration	ADMIN	administration
aeronautics	AERON/AÉRON	aéronautique
agriculture	AGR	agriculture
anatomy	ANAT	anatomie
anthropology	ANTHR	anthropologie
antiquity	ANTIQ	antiquité
archeology	ARCHEOL/ARCHÉOL	archéologie
architecture	ARCHIT	architecture
arms	ARM	armement
astrology	ASTROL	astrologie
astronomy	ASTRON	astronomie
astronautics	ASTRONAUT	astronautique
cars	AUT	automobile
biology	BIOL	biologie
botany	BOT	botanique
chemistry	CHEM/CHIM	chimie
cinema	CIN	cinéma
civil engineering	CIV ENG	travaux publics
commerce	COMM	commerce
accounting	COMPTA	comptabilité
computing	COMPUT	informatique
construction	CONSTR	construction
sewing	COUT	couture
cooking	CULIN	cuisine
dentistry	DENT	dentisterie
ecology	ECOL/ÉCOL	écologie
economics	ECON/ÉCON	économie
electricity	ELECTR/ÉLECTR	électricité
electronics	ELECTRON/ÉLECTRON	électronique
teaching	ENS	enseignement
entomology	ENTOM	entomologie
horseriding	EQUIT/ÉQUIT	équitation
ethnology	ETHN	ethnologie
finance	FIN	finance
football	FTBL	football
geography	GEOG/GÉOG	géographie
geology	GEOL/GÉOL	géologie
geometry	GEOM/GÉOM	géométrie
grammar	GRAMM	grammaire
heraldry	HERALD/HÉRALD	héraldique
history	HIST	histoire
horticulture	HORT	horticulture
hunting	HUNT	chasse
printing	IMPR	imprimerie
industry	INDUST	industrie
computing	INF	informatique
jewellery	JOAILL	joaillerie
law	JUR	juridique
linguistics, language	LING	linguistique, langues
literature	LITERAT/LITTÉRAT	littérature
mathematics	MATH	mathématiques
mechanics	MECH/MÉCAN	mécanique
medicine	MED/MÉD	médecine
carpentry	MENUIS	menuiserie
metallurgy	METALL/MÉTALL	métallurgie

meteorology	METEOR/MÉTÉO	météorologie
military	MIL	militaire
mining	MIN	mines
mineralogy	MINER/MINÉR	minéralogie
music	MUS	musique
mythology	MYTH	mythologie
nautical	NAUT	nautique
nuclear physics	NUCL	physique nucléaire
wines and wine-tasting	ŒNOL	œnologie
optics	OPT	optique
ornithology	ORNITH	ornithologie
petroleum industry	PETR/PÉTR	industrie du pétrole
pharmaceuticals	PHARM	pharmaceutique
philosophy	PHILOS	philosophie
phonetics	PHON	phonétique
photography	PHOT	photographie
physics	PHYS	physique
physiology	PHYSIOL	physiologie
poetry	POET	poésie
politics	POL	politique
printing	PRINT	imprimerie
psychology	PSYCH	psychologie
radio	RAD	radio
religion	RELIG	religion
school	SCH	scolaire
science	SCI/SC	science
sewing	SEW	couture
sociology	SOCIOL	sociologie
stock exchange	ST. EX	bourse
technology	TECH	technologie
telecommunications	TELEC/TÉLÉC	télécommunications
textiles	TEX/TEXT	textiles
theatre	THEAT/THÉÂT	théâtre
transport	TRANSP	transports
civil engineering	TRAV PUBL	travaux publics
television	TV	télévision
typography	TYPO	typographie
clothing	VÊT	vêtements
veterinary science	VETER/VÉTÉR	médecine vétérinaire
viniculture	VINIC	viniculture
zoology	ZOOL	zoologie

Phonetic Transcription

French vowels

[i] fille, île
[e] pays, année
[ɛ] bec, aime
[a] lac, papillon
[o] drôle, aube
[ɔ] hotte, automne
[u] outil, goût
[y] usage, lune
[ø] aveu, jeu
[œ] peuple, bœuf
[ə] le, je

Nasal vowels

[ɛ̃] limbe, main
[ɑ̃] champ, ennui
[ɔ̃] ongle, mon
[œ̃] parfum, brun

Semi-vowels

[j] yeux, lieu
[w] ouest, oui
[ɥ] lui, nuit

Consonants

[p] prendre, grippe
[b] bateau, rosbif
[t] théâtre, temps
[d] dalle, ronde
[k] coq, quatre
[g] garder, épilogue
[f] physique, fort
[v] voir, rive
[s] cela, savant
[z] fraise, zéro
[ʃ] charrue, schéma
[ʒ] rouge, jabot
[m] mât, drame
[n] nager, trône
[ɲ] agneau, peigner
[l] halle, lit
[r] arracher, sabre

Notes on Phonetic Transcription

French-English

1. The symbol [’] has been used to represent the French ‘h aspiré’, e.g. **hachis** [’aʃi].
2. We have followed the modern tendency not to distinguish between the ‘a’ in **pâte** and the ‘a’ in **patte**. Both are represented in the text by the phonetic symbol [a].
3. Internal schwa
   In cases where the schwa [ə] is likely to be ignored in connected speech but retained in the citation form, the [ə] has been shown in brackets, e.g. **cheval** [ʃ(ə)val].

English-French

1. Primary and secondary stress
   The symbol [ˈ] indicates that the following syllable carries primary stress and the symbol [ˌ] that the following syllable carries secondary stress.
2. Pronunciation of final ‘r’
   The symbol [ʳ] in English phonetics indicates that the final ‘r’ is pronounced only when followed by a word beginning with a vowel. Note that it is nearly always pronounced in American English.
3. British and American English
   Differences between British and American pronunciation have not been shown where the pronunciation can be predicted by a standard set of rules, for example where the ‘o’ in **dog** is lengthened in American English. However, phonetics have been shown at the more unpredictable cases of **schedule**, **clerk**, **cliché**, etc.
4. Alternative pronunciations
   Our approach being primarily functional rather than descriptive, we have avoided giving variant pronunciations unless both variants are met with equal frequency, e.g. **kilometre** [ˈkɪləmiːtəʳ, kɪˈlɒmɪtəʳ].
5. Strong and weak forms
   The pronunciation of certain monosyllabic words varies according to their prominence in a sentence, e.g. **the** when stressed is pronounced [ðiː]; when unstressed, [ðə] and before a vowel [ðɪ]. This information is presented in the text as follows: **the** [*weak form* [ðə], *before vowel* [ðɪ], *strong form* [ðiː]].

TRANSCRIPTION PHONÉTIQUE

Voyelles anglaises

[ɪ] p**i**t, b**i**g, r**i**d
[e] p**e**t, t**e**nd
[æ] p**a**t, b**a**g, m**a**d
[ʌ] p**u**tt, c**u**t
[ɒ] p**o**t, l**o**g
[ʊ] p**u**t, f**u**ll
[ə] moth**er**, **s**uppose
[i:] b**ea**n, w**ee**d
[ɑ:] b**ar**n, c**ar**, l**au**gh
[ɔ:] b**or**n, l**aw**n
[u:] l**oo**p, l**oo**se
[ɜ:] b**ur**n, l**ear**n, b**ir**d

Diphtongues

[eɪ] b**ay**, l**a**te, gr**ea**t
[aɪ] b**uy**, l**igh**t, **ais**le
[ɔɪ] b**oy**, f**oi**l
[əʊ] n**o**, r**oa**d, bl**ow**
[aʊ] n**ow**, sh**ou**t, t**ow**n
[ɪə] p**ee**r, f**ie**rce, id**ea**
[eə] p**ai**r, b**ea**r, sh**are**
[ʊə] p**oo**r, s**ure**, t**our**

Semi-voyelles

[j] **y**ou, span**i**el
[w] **w**et, **wh**y, t**w**in

Consonnes

[p] **p**o**p**, **p**eo**p**le
[b] **b**ottle, **b**i**b**
[t] **t**rain, **t**ip
[d] **d**og, **d**i**d**
[k] **c**ome, **k**itchen
[g] **g**a**g**, **g**reat
[tʃ] **ch**ain, wre**tch**ed
[dʒ] **j**ig, fri**dge**
[f] **f**ib, **ph**ysical
[v] **v**ine, li**v**id
[θ] **th**ink, fif**th**
[ð] **th**is, wi**th**
[s] **s**eal, pea**ce**
[z] **z**ip, hi**s**
[ʃ] **sh**eep, ma**ch**ine
[ʒ] u**s**ual, mea**s**ure
[h] **h**ow, per**h**aps
[m] **m**etal, co**mb**
[n] **n**ight, di**nn**er
[ŋ] su**ng**, park**ing**
[l] **l**itt**le**, he**l**p
[r] **r**ight, ca**rr**y

NOTES SUR LA TRANSCRIPTION PHONÉTIQUE

ANGLAIS-FRANÇAIS

1. Accents primaire et secondaire
Les symboles [ˈ] et [ˌ] indiquent respectivement un accent primaire et un accent secondaire sur la syllabe suivante.
2. Prononciation du ‘r’ final
Le symbole [ʳ] indique que le ‘r’ final d’un mot anglais ne se prononce que lorsqu’il forme une liaison avec la voyelle du mot suivant; le ‘r’ final est presque toujours prononcé en anglais américain.
3. Anglais britannique et américain
Les différences de prononciation entre l’anglais britannique et l’anglais américain ne sont signalées que lorsqu’elles sortent du cadre de règles générales préétablies. Le ‘o’ de **dog**, par exemple, est généralement plus allongé en anglais américain, et ne bénéficie pas d’une seconde transcription phonétique. En revanche, des mots comme **schedule**, **clerk**, **cliché**, etc, dont la prononciation est moins évidente, font l’objet de deux transcriptions phonétiques.
4. Mots ayant deux prononciations
Nous avons choisi de ne donner que la prononciation la plus courante du mot, sauf dans les cas où une variante est particulièrement fréquente, comme par exemple le mot **kilometre** [ˈkɪləmi:təʳ, kɪˈlɒmɪtəʳ].
5. Les formes accentuées et atones
La prononciation de certains mots monosyllabiques anglais varie selon le degré d’emphase qu’ils ont dans la phrase; **the**, par exemple, se prononce [ði:] en position accentuée, [ðə] en position atone, et [ðɪ] devant une voyelle. Ces informations sont présentées de la manière suivante dans le dictionnaire: **the** [*weak form* [ðə], *before vowel* [ðɪ], *strong form* [ði:]].

FRANÇAIS-ANGLAIS

1. Le symbole [’] représente le ‘h aspiré’ français, par exemple **hachis** [’aʃi].
2. Comme le veut la tendance actuelle, nous ne faisons pas de distinction entre le ‘a’ de **pâte** et celui de **patte**, tous deux transcrits [a].
3. Prononciation du ‘e’ muet
Lorsque le ‘e’ peut ne pas être prononcé dans le discours continu, il a été mis entre parenthèses, comme par exemple pour le mot **cheval** [ʃ(ə)val].

FRANÇAIS - ANGLAIS
FRENCH - ENGLISH

a, A [a] *nm* a, A; **de A à Z** from A to Z.

a (*abr écrite de* **are**) a.

A -**1.** (*abr écrite de* **ampère**) A, Amp. -**2.** *abr écrite de* **anticyclone.** -**3.** *abr écrite de* **autoroute.**

à [a] (*contraction de 'à' avec 'le' devant consonne ou h aspiré* **au** [o], *contraction de 'à' avec 'les'* **aux** [o]) *prép* **A.** DANS L'ESPACE -**1.** [indiquant la position] at; [à l'intérieur de] in; [sur] on; **il habite à la campagne** he lives in the country; **elle habite au Canada** she lives in Canada; **j'habite au Havre** I live in Le Havre; **je suis aux Bermudes** I'm in Bermuda; **j'aimerais vivre à la Martinique** I'd like to live in Martinique; **il est à l'hôpital** he's in hospital; **elle travaille à l'hôpital** she works at the hospital; **au jardin** in the garden; **à l'orée du bois** at the edge of the wood; **au marché** at the market; **il fait 45°C au soleil** it's 45°C in the sun; **quand on est à 2 000 m d'altitude** when you're 2,000 m up; **au niveau de la mer** at sea level; **à l'intersection des deux droites** at the intersection of the two lines; **elle attendait à la porte** she was waiting at OU by the door; **tenez-vous correctement à table** behave (properly) at the table; **au mur/plafond** on the wall/ceiling; **à terre** on the ground; **c'est au rez-de-chaussée** it's on the ground-floor; **j'ai mal à la tête** I've got a headache; **j'ai une ampoule au pied** I've got a blister on my foot; **je l'ai entendu à la radio** I heard it on the radio; **je l'ai vu à la télé** I saw it on the telly; **on en a parlé aux informations** they mentioned it OU it was mentioned on the news; **à ma droite** on OU to my right; **la gare est à 500 m d'ici** the station is 500 m from here; **lever les bras au ciel** to throw up one's arms; **vous tournez à gauche après le feu** you turn left after the traffic lights; **se pencher à terre** to bend down. -**2.** [indiquant la direction] to; **aller à Paris/aux États-Unis/à la Jamaïque/au Pakistan** to go to Paris/to the United States/to Jamaica/to Pakistan; **aller au cinéma** to go to the cinema; **aller à la piscine** to go swimming, to go to the swimming pool; **parvenir à la frontière** to reach the border; **est-ce qu'elle est allée à l'université?** has she been to university?; **il a lancé le javelot à 74 m** he threw the javelin 74 m. -**3.** [indiquant la provenance, l'origine]: **puiser de l'eau à la fontaine** to get water from the fountain; **retenir l'impôt à la source** to deduct tax at source; **remonter à l'origine de l'affaire** to get to the root of the matter.

B. DANS LE TEMPS -**1.** [indiquant un moment précis] at; [devant une date, un jour] on; [indiquant une époque, une période] in; **à 6 h** at 6 o'clock; **il ne rentrera qu'à 8 h** he won't be back before 8; **à Pâques** at Easter; **à Noël** at Christmas; **à l'aube/l'aurore/midi** at dawn/daybreak/midday; **au crépuscule** at dusk; **le 12 au soir** on the evening of the 12th; **à dater de ce jour** from that day on OU onwards; **à mon arrivée** on my arrival; **à ma naissance** when I was born; **à l'automne** in (the) autumn *Br*, in the fall *Am*; **à la Renaissance** in the Renaissance; **au XVII**[e] **siècle** in the 17th century; **à 3, tu pars!** when I count 3, go!; **à chaque fois** every time; **à chaque instant** every minute; **vous allez quelque part à Noël?** are you going somewhere for Christmas?; **je le lui donnerai à son anniversaire** I'll give it to her on her birthday. -**2.** [indiquant un délai]: **à une semaine des élections, 35 % des électeurs sont encore indécis** with only one week to go before election day, 35% of voters are still undecided; **nous sommes à deux semaines de Noël** there are only two weeks to go before Christmas, Christmas is only two weeks away; **il me tarde d'être à dimanche** I can't wait till Sunday; **à demain/la semaine prochaine/mardi** see you tomorrow/next week/(on) Tuesday.

C. MARQUANT LA MANIÈRE -**1.** [indiquant le moyen, l'instrument, l'accompagnement]: **peindre à l'eau/à l'huile** to paint in watercolours/oils; **marcher au fuel** to run off OU on oil; **couper qqch au couteau** to cut sthg with a knife; **cousu à la main** hand-sewn; **cousu à la machine** machine-sewn; **des mots écrits à la craie** words written in chalk; **jouer qqch à la guitare** to play sthg on the guitar; **cuisiner au beurre** to cook with butter; **aller à pied/à bicyclette/à cheval** to go on foot/by bicycle/on horseback. -**2.** [indiquant la manière]: **à voix haute** out loud; **on a ri aux larmes** we laughed till we cried; **agir à son gré** to do as one pleases OU likes; **tout fonctionne à merveille** everything works perfectly; **je l'aime à la folie** I love her to distraction; **nous pourrions multiplier les exemples à l'infini** we could cite an infinite number of examples; **il s'assit à califourchon sur la chaise** he sat astride the chair; **à toute vitesse** at full speed; **à petits pas** at a slow pace; **au ralenti** in slow motion; **au rythme de deux par semaine** at the rate of two a week; **à jeun** on OU with an empty stomach; **faire qqch à la Russe/Turque** to do sthg the Russian/Turkish way; **la vie à l'Américaine** the American way of life; **un film policier à la Hitchcock** a thriller in the style of OU à la Hitchcock.

D. MARQUANT L'APPARTENANCE: **encore une idée à Papa!** another of Dad's ideas!; **je veux une chambre à moi** I want my own room OU a room of my own; **à qui est ce livre? — à moi** whose book is it? — (it's) mine; **c'est un ami à moi qui m'a parlé de vous** it was a friend of mine who told me about you.

E. INDIQUANT L'ATTRIBUTION, LA DESTINATION: **à Jacques** to OU for Jacques; **à notre fille bien-aimée** [sur une tombe] in memory of our beloved daughter; **à toi pour toujours** yours for ever; **je suis à vous dans une minute** I'll be with you in a minute; **à M. le directeur** [dans la correspondance] to the manager; **c'est à moi de jouer/parler** it's my turn to play/to speak; **ce n'est pas à moi de le faire** it's not up to me to do it.

F. INTRODUISANT UNE ÉVALUATION, UN RAPPORT DISTRIBUTIF -**1.** [introduisant un prix]: **un livre à 300 francs** a book which costs 300 francs, a book worth 300 francs; **un tableau à 600 000 francs** a painting worth 600,000 francs; **tout à 20 francs** everything 20 francs; **ne fais pas la difficile pour une robe à 300 francs** don't make so much fuss about a 300-franc dress. -**2.** [indiquant un rapport, une mesure]: **vendus à la douzaine/au poids/au détail** sold by the dozen/by weight/individually; **payé à la page** paid by the page; **les promotions s'obtiennent au nombre d'années d'ancienneté** promotion is in accordance with length of service; **faites-les aligner deux à deux** line them up two by two. -**3.** [introduisant un nombre de personnes]: **ils ont soulevé le piano à quatre** it took four of them to lift the piano; **à deux, on aura vite fait de repeindre la cuisine** between the two of us, it won't take long to repaint the kitchen; **nous travaillons à sept dans la même pièce** there are seven of us working in the same room; **on peut dormir à six dans le châlet** the chalet can sleep six; **ils sont venus à plusieurs** several of them came. -**4.** [indiquant une approximation]: **je m'entraîne trois à cinq heures par jour** I practise three to five hours a day; **j'en ai vu 15 à 20** I saw 15 or 20 of them.

G. MARQUANT DES RAPPORTS DE CAUSE OU DE CONSÉQUENCE -**1.** [indiquant la cause]: **à ces mots, il s'est tu** on hearing these words, he fell silent; **à ces cris, je me suis retourné** when I heard the cries, I turned round; **on l'a distribué à sa demande** it was given out at his request. -**2.** [indiquant la conséquence]: **il lui a tout dit, à ma grande surprise** he told her everything, much to my surprise; **à la satisfaction générale** to the satisfaction of all concerned. -**3.** [d'après]: **je l'ai reconnu à sa voix/démarche** I recognized (him by) his voice/walk; **au tremblement de ses mains, je voyais bien qu'il avait peur** I could tell he was scared from OU by the way his hands were shaking; **à sa mine, on voit qu'il est en mauvaise santé** you can tell from the way he looks that he's ill; **à ce que je vois/comprends** from what I see/understand; **à ce qu'elle dit, le mur se serait écroulé** according to her OU to what she says, the wall collapsed.

H. SUIVI DE L'INFINITIF -**1.** [indiquant l'hypothèse, la cause]: **il s'est fait des ennemis à se conduire ainsi** he made enemies by behaving that way; **tu vas te fatiguer à rester debout** you'll get tired standing up; **à t'entendre, on dirait que tu t'en**

moques listening to you, I get the feeling that you don't care; **une histoire à vous tirer des larmes** a tear-jerking story; **à bien considérer les choses...** all things considered... -**2.** [exprimant l'obligation]: **la somme est à régler avant le 10** the full amount has to OU must be paid by the 10th; **le mur est à repeindre** the wall needs to be repainted; **à consommer avec modération** to be drunk in moderation; **c'est une pièce à voir absolument** this play is really worth seeing; **un livre à lire et à relire** a book which can be read over and over again; **les vêtements à laver/repasser** the clothes to be washed/ironed; **la phrase à retenir** the sentence to be OU which should be remembered. -**3.** [exprimant la possibilité]: **il n'y a rien à voir/à manger** there's nothing to see/to eat. -**4.** [en train de]: **il était assis là à bâiller** he was sitting there yawning; **j'étais sur la terrasse à lire** I was reading on the patio; **ne restez pas là à rêvasser** don't just sit there daydreaming. -**5.** [au point de]: **il en est à regretter ce qu'il a fait** he's come to regret what he did.

I. MARQUANT LA CARACTÉRISATION, LE BUT: **un sac à main** a handbag; **une fille aux cheveux longs** a girl with long hair; **l'homme au pardessus** the man in OU with the overcoat; **une bête à cornes** a horned animal, an animal with horns; **une chemise à manches courtes** a short-sleeved shirt, a shirt with short sleeves; **un pyjama à fleurs/rayures** flowery/stripy pyjamas; **une voiture à cinq vitesses** a five-gear car; **une fugue à trois voix** a fugue in three parts; **des sardines à l'huile** sardines in oil; **concombre à la vinaigrette** cucumber in French dressing; **poulet aux épices** spicy chicken; **glace à la framboise** raspberry ice cream; **une arme à feu** a firearm; **avion à réaction** jet plane; **chauffage au charbon/gaz** coal/gas heating; **calculette à piles** battery-operated calculator; **une tasse à thé** a tea cup; **de la mousse à raser** shaving cream; **une machine à coudre** a sewing machine; **du papier à lettres** writing paper; **'bureau à louer'** 'office for rent'.

J. SERVANT DE LIEN SYNTAXIQUE -**1.** [introduisant le complément du v]: **parler à qqn** to talk to sb; **téléphoner à qqn** to phone sb; **croire à qqch** to believe in sthg; **penser à qqn** to thing of OU about sb; **convenir à qqn** to suit sb; **aimer à faire qqch** *litt* to like to do sthg, to like doing sthg; **il consent à ce que nous y allions** he agrees to our going; **dire à qqn de faire qqch** to tell sb to do sthg; **rendre qqch à qqn** to give sthg back to sb, to give sb sthg back; **dérober qqch à qqn** to steal sthg from sb; **autoriser qqn à faire qqch** to authorize sb to do sthg. -**2.** [introduisant le complément d'un nom déverbal]: **l'aspiration à la liberté** hopes for freedom; **l'appartenance à un parti** membership of a party; **son dévouement à notre cause** her devotion to our cause. -**3.** [introduisant le complément de l'adj]: **c'est difficile à dessiner** it's difficult to draw; **semblable à un oiseau** like a bird; **perpendiculaire à la droite B** perpendicular to line B; **dévoué à la cause** devoted to the cause; **agréable aux yeux** pleasant to look at; **doux au toucher** soft to the touch.

Å *(abr écrite de Angström)* A.

A2 *npr f abr de* Antenne 2.

Aaron [aarɔ̃] *npr* Aaron.

AB *(abr écrite de* **assez bien**) *fair grade (as assessment of schoolwork)*, ≃ C+, ≃ B-.

abaissant, e [abɛsɑ̃, ɑ̃t] *adj* degrading, debasing, humiliating.

abaisse [abɛs] *nf* [en pâtisserie] piece of rolled-out pastry; **faites une ~ de 3mm** roll the pastry to a thickness of 3mm.

abaisse-langue [abɛslɑ̃g] *nm inv* tongue-depressor, tongue spatula.

abaissement [abɛsmɑ̃] *nm* -**1.** [d'une vitre, des paupières] lowering; **l'~ d'une manette** [en tirant] pulling down a lever; [en poussant] pushing down a lever. -**2.** *fig* humbling, humiliation, abasement *litt*.

abaisser [4] [abese] *vt* -**1.** [faire descendre - vitre] to lower; [- store] to pull down *(sép)*; [- voilette] to let down *(sép)*; [- pont-levis] to lower, to let down *(sép)*; [- température] to lower; **~ la manette** [en tirant] to pull the lever down; [en poussant] to push the lever down. -**2.** *litt* [individu, pays] to humble, to abase; **la misère abaisse l'homme** poverty debases man. -**3.** MATH [perpendiculaire] to drop; [chiffre] to carry. -**4.** MUS to transpose down *(sép)*. -**5.** CULIN to roll out *(sép)*. -**6.** JEUX to lay down *(sép)*.

◆ **s'abaisser** *vpi* -**1.** [vitre, pont-levis] to be lowered; [voile, rideau] to fall; [paupière] to droop. -**2.** [être en pente - champ] to slope down; **le terrain s'abaisse vers le fleuve** the land drops away towards the river.

◆ **s'abaisser à** *vp + prép*: **s'~ à des compromissions** to stoop to compromise; **s'~ à faire qqch** to stoop so low as to do sthg; **il ne s'abaisserait pas à mentir** he will not demean himself by lying.

abajoue [abaʒu] *nf* cheek pouch.

abandon [abɑ̃dɔ̃] *nm* -**1.** [fait de rejeter] abandonment, rejection; **son ~ de toute ambition politique** the fact that he gave up any political ambition; **faire ~ de qqch à qqn** to donate sthg (freely) to sb ❑ **~ du domicile conjugal** JUR desertion of the marital home; **~ d'enfant** JUR abandonment (of one's child); **~ de famille** JUR desertion; **~ de poste** MIL dereliction of duty. -**2.** [fait d'être rejeté]: **éprouver un sentiment d'~** to feel abandoned. -**3.** [état négligé] neglected state; **les lieux étaient dans un (état de) grand ~** the place was shamefully neglected. -**4.** [absence de contraintes] abandon, freedom; **une méthode théâtrale qui prône un certain ~** an acting method advocating a certain lack of self-restraint; **dans ses bras, elle avait connu un délicieux ~** she'd experienced such sweet surrender in his arms; **une pose d'un ~ fort séduisant** a most seductive pose; **avec ~** [parler] freely; [danser, rire] with gay abandon. -**5.** SPORT withdrawal; **il y a eu ~ par Vigor au troisième round** Vigor threw in the towel in the third round; **il y a eu ~ par Vigor juste avant l'arrivée** Vigor dropped out just before the finish.

◆ **à l'abandon** ◇ *loc adj*: **un potager à l'~** a neglected kitchen garden.

◇ *loc adv*: **laisser son affaire/ses enfants à l'~** to neglect one's business/one's children.

abandonné, e [abɑ̃dɔne] *adj* -**1.** [parc] neglected; [mine, exploitation] disused; [village] deserted; [maison, voiture] abandoned; [vêtement, chaussure] discarded. -**2.** [enfant, animal] abandoned.

abandonner [3] [abɑ̃dɔne] *vt* -**1.** [quitter - enfant, chien] to abandon; [- épouse] to leave, to desert; [- lieu] to abandon, to leave; [- poste] to desert, to abandon; **abandonné de tous** forsaken by all; **~ la ville pour la campagne** to leave city life behind and settle in the country; **les troupes abandonnèrent le village** the troops withdrew from the village. -**2.** [faire défaut à] to fail, to desert, to forsake; **mes forces m'abandonnent** *litt* my strength is failing me. -**3.** [renoncer à - projet, principe] to discard, to abandon; [- espoir, hypothèse] to abandon; [- course] to abandon; [- droit, privilège] to abandon, to relinquish, to renounce; **~ le pouvoir** to leave OU to retire from OU to give up office; **~ ses études** to give up one's studies; **elle abandonne la géographie** she's dropping geography; **elle a abandonné l'enseignement** she's given up OU left teaching ❑ **~ la partie** *pr* to give up; *fig* to throw in the sponge OU towel. -**4.** [livrer]: **~ qqn à** to leave OU to abandon sb to; **il nous abandonne à notre destin** he's leaving us to our fate; **il vous a abandonné à votre triste sort** *aussi hum* he's left you to your unhappy fate; **vous abandonnez le pays à la famine** you're condemning the country to starvation. -**5.** *(en usage abs)* [dans une lutte, une discussion] to give up; **il ne comprendra jamais, j'abandonne** he'll never understand, I give up; **discute le prix, n'abandonne pas!** haggle over the price, don't give in! -**6.** NAUT [navire] to abandon; [homme] to maroon.

◆ **s'abandonner** *vpi* -**1.** [se laisser aller] to let (o.s.) go; **elle s'abandonna dans ses bras** she surrendered herself to him; **s'~ à** to give way to; **ne t'abandonne pas au désespoir** don't give way to despair; **il s'abandonna à de doux rêves** he drifted off into sweet dreams. -**2.** [s'épancher] to talk freely.

abaque [abak] *nm* -**1.** [pour compter] abacus. -**2.** ARCHIT abacus.

abasourdir [32] [abazurdir] *vt* -**1.** [stupéfier] to stun; **la nouvelle nous avait abasourdis** we were stunned by the news. -**2.** [suj: bruit, clameur] to stun, to deafen.

abasourdissant, e [abazurdisɑ̃, ɑ̃t] *adj* [bruit] shattering, deafening; [nouvelle] stunning.

abasourdissement [abazurdismɑ̃] *nm* stupefaction, amazement.

abâtardir [32] [abatardir] *vt* [race, individu] to cause to degenerate; **une version abâtardie de la pièce** *fig* a watered-down version of the play.

abâtardissement [abatardismɑ̃] *nm* [d'une race] degeneration; [d'une valeur] debasement.

abatis [abati] *nm Can land being deforested for cultivation.*

abat-jour [abaʒur] *nm inv* lampshade, shade.

abats [aba] *nmpl* [de porc, de bœuf] offal; [de poulet] giblets.

abat-son [abasɔ̃] *nm inv* louvre.

abattage [abataʒ] *nm* -**1.** [d'arbres] felling. -**2.** [d'animaux] slaughter, slaughtering; **45 kilos à l'~** 45 kilos at the time of slaughter. -**3.** MIN extraction, extracting. -**4.** *fam loc*: **avoir de l'~** to be full of go.

abattant [abatɑ̃] *nm* flap, drop-leaf.

abattée [abate] *nf* -**1.** NAUT beating. -**2.** AÉRON stall.

abattement [abatmɑ̃] *nm* -**1.** [épuisement - physique] exhaustion; [- mental] despondency, dejection. -**2.** [rabais] reduction; [somme non imposable] (tax) allowance; **donnant droit à ~** eligible for tax relief.

abattis [abati] ◇ *nm* -**1.** MIL abatis, abattis. -**2.** [dans une forêt] felled trees.

◇ *nmpl* [de volaille] giblets.

abattoir [abatwar] *nm* slaughterhouse, abattoir.

abattre [83] [abatr] ◇ *vt* -**1.** [faire tomber - arbre] to cut down *(sép)*, to fell; [- mur] to pull OU to knock down *(sép)*; [- quille] to knock down *(sép)*; **l'animal doit d'abord ~ son adversaire** first, the animal must bring its rival down ‖ *fig*: **~ de la besogne** OU **du travail** *fam* to get through a lot of work; **on a abattu 20 kilomètres en une journée** *fam* we knocked *Br* OU racked *Am* up 20 kilometres in a day. -**2.** [suj: vent, tempête etc] to knock down *(sép)*; **un arbre abattu par le vent** a tree blown down by the wind. -**3.** [mettre à plat - main, battant] to bring down *(sép)*; **elle a abattu son poing sur le buffet** she slammed her fist down on the sideboard; **~ violemment le couvercle** to bang down OU to slam down the lid ❑ **~ ses cartes** OU **son jeu** *pr* to lay down one's cards; *fig* to lay one's cards on the table, to show one's hand. -**4.** [faire retomber - blé, poussière] to settle; [- vent] to bring down *(sép)*. -**5.** [tuer - personne] to shoot (down); [- avion] to shoot OU to bring down *(sép)*; [- lièvre] to shoot; [- perdrix] to shoot, to bring down *(sép)*; [- animal domestique] to put down *(sép)*; [- animal de boucherie] to slaughter. -**6.** [démoraliser] to shatter; [épuiser] to drain, to wear out *(sép)*; **la défaite l'a complètement abattu** [moralement] the defeat completely crushed him ❑ **ne pas se laisser ~** to keep one's spirits up; **ne nous laissons pas ~** let's not let things get us down.

◇ *vi* NAUT [bateau à moteur] to pay off; [voilier] to bear away.

◆ **s'abattre** *vpi* -**1.** [s'écrouler - maison] to fall down; [- personne] to fall (down), to collapse; **l'arbre s'est abattu** the tree came crashing down. -**2.** [tomber avec force - pluie] to come pouring down; [- grêle] to come pelting OU beating down; [- coups] to rain down; **le malheur/la maladie venait de s'~ sur nous** suddenly we'd been struck by disaster/disease. -**3.** [se jeter]: **s'~ sur** to swoop down on; **s'~ sur sa proie** *pr* & *fig* to swoop down on one's prey.

abattu, e [abaty] *adj* -**1.** [démoralisé] despondent, dejected, downcast. -**2.** [épuisé] exhausted, worn-out.

◆ **abattu** *nm*: fusil à l'~ uncocked rifle.

abat-vent [abavɑ̃] *nm inv* -**1.** [d'une cheminée] (chimney) cowl. -**2.** HORT windbreak.

abbatial, e, aux [abasjal, o] *adj* abbey *(épith).*

◆ **abbatiale** *nf* abbey.

abbaye [abei] *nf* [communauté, bâtiment] abbey.

abbé [abe] *nm* -**1.** [d'une abbaye] abbot. -**2.** [ecclésiastique] *title formerly used in France for members of the secular clergy*; **Monsieur l'~** *vieilli* Father.

abbesse [abɛs] *nf* abbess.

abc [abese] *nm inv* -**1.** [base] basics, fundamentals; **elle ignore même l'~ du métier** she doesn't even know the basics of the job. -**2.** [livre] primer, alphabet book.

abcéder [18] [apsede] *vi* MED to abscess; **la plaie a abcédé** the wound has abscessed.

abcès [apsɛ] *nm* abscess; **~ de fixation** *pr* fixation abscess; *fig* necessary evil; **crever** OU **ouvrir** OU **vider l'~** *fig* to make a clean breast of things.

abdication [abdikasjɔ̃] *nf* abdication.

abdiquer [3] [abdike] ◇ *vt* [pouvoir] to abdicate, to surrender; [responsabilité, opinion] to abdicate, to renounce.

◇ *vi* to abdicate, to give in; **il abdique facilement devant ses enfants** he gives in easily to his children; **elle n'abdiquera jamais devant les syndicats** she'll never give way to the unions.

abdomen [abdɔmɛn] *nm* abdomen.

abdominal, e, aux [abdɔminal, o] *adj* abdominal.

◆ **abdominaux** *nmpl* -**1.** [muscles] stomach OU abdominal muscles. -**2.** [exercices]: **faire des abdominaux** to do exercises for the stomach muscles.

abducteur [abdyktœr] ◇ *adj m* -**1.** ANAT abductor. -**2.** [tube] delivery *(épith).*

◇ *nm* ANAT abductor muscle.

abduction [abdyksjɔ̃] *nf* PHYSIOL abduction.

abécédaire [abesedɛr] *nm* primer, alphabet book.

abeille [abɛj] *nf* bee; **~ maçonne** mason bee.

aber [abɛr] *nm* (deep) estuary *(in Brittany).*

aberrance [abɛrɑ̃s] *nf* aberrance.

aberrant, e [abɛrɑ̃, ɑ̃t] *adj* -**1.** [comportement] deviant, aberrant; [prix] ridiculous; [idée] preposterous, absurd. -**2.** BIOL aberrant.

aberration [abɛrasjɔ̃] *nf* -**1.** [absurdité] aberration; **par quelle ~ avait-elle dit oui?** whatever had possessed her to say yes? -**2.** BIOL & OPT aberration.

abêtir [32] [abetir] *vt* to dull the mind of; **abêti de fatigue** numb OU dazed with fatigue.

◆ **s'abêtir** *vpi* to become mindless OU half-witted.

abêtissant, e [abetisɑ̃, ɑ̃t] *adj* stupefying, dulling, mind-numbing.

abêtissement [abetismɑ̃] *nm* -**1.** [action]: **halte à l'~ de nos enfants!** stop our children being turned into idiots!; **l'~ par le travail** the stupefying effects of overwork. -**2.** [résultat] dull-wittedness.

abhorrer [3] [abɔre] *vt litt* to loathe, to abhor.

Abidjan [abidʒɑ̃] *npr* Abidjan.

abîme [abim] *nm* -**1.** *litt* [gouffre] abyss, chasm, gulf. -**2.** *litt* [infini] depths; **les ~s de son cœur** the depths of her heart; **plongé dans des ~s de perplexité** utterly nonplussed. -**3.** [distance mentale] abyss, gulf, chasm; **il y a un ~ entre nous sur le problème de l'euthanasie** there's a gulf between us on the subject of euthanasia.

abîmer [3] [abime] *vt* -**1.** [gâter - aliment, vêtement] to spoil; [- meuble] to damage; [- yeux] to ruin; **tu vas ~ ta poupée!** you'll break your dolly! -**2.** *fam* [meurtrir] to injure; **il est bien abîmé** he was beaten up pretty badly, he's in a pretty bad state ❑ **~ le portrait à qqn** to smash sb's face in. -**3.** *litt*: **abîmé dans** [plongé dans] lost OU deep in; **abîmé dans ses pensées** deep in thought; **abîmé dans le désespoir** in the depths of despair; **abîmée dans la contemplation du portrait, elle ne m'a pas vu venir** she was so absorbed in the portrait that she didn't see me coming.

◆ **s'abîmer** ◇ *vpt*: **tu vas t'~ la peau avec ces crèmes** you'll ruin your skin with those creams; **s'~ la santé** *pr* to ruin one's health; **je ne vais pas m'~ la santé à l'aider** *fam fig* why should I break my neck to help him?

◇ *vpi* -**1.** [aliment] to spoil, to go off *Br* OU bad; [meuble] to get damaged. -**2.** *litt* [navire] to sink, to founder.

◆ **s'abîmer dans** *vp + prép litt* [se plonger dans]: **s'~ dans ses pensées** to be lost OU deep in thought; **s'~ dans le désespoir** to be plunged in despair; **elle s'abîmait dans la contemplation de vieux manuscrits** she would become deeply absorbed in old manuscripts.

ab intestat [abɛ̃tɛsta] *loc adv* & *loc adj inv* intestate.

abject, e [abʒɛkt] *adj* despicable, contemptible; **il a été ~ avec elle** he behaved despicably towards her.

abjection [abʒɛksjɔ̃] *nf* -**1.** [état] utter humiliation. -**2.** [caractère vil] abjectness *litt*, vileness; **l'~ de son comportement** his vile behaviour.

abjuration [abʒyrasjɔ̃] *nf sout* abjuration.

abjurer [3] [abʒyre] *vt* & *vi sout* to recant, to abjure.

ablatif, ive [ablatif, iv] *adj* ablative.

◆ **ablatif** *nm* ablative (case); **~ absolu** ablative absolute.

ablation [ablasjɔ̃] *nf* -**1.** MÉD removal, ablation *spéc.* -**2.** GÉOL & TECH ablation.

ablette [ablɛt] *nf* bleak.

ablution [ablysjɔ̃] *nf* -**1.** RELIG [du corps, du calice] ablution. -**2.** *hum* [toilette]: **faire ses ~s** to perform one's ablutions.

abnégation [abnegasjɔ̃] *nf* abnegation, self-denial; **avec ~** selflessly.

aboiement [abwamɑ̃] *nm* -**1.** [d'un chien] bark; **des ~s** barking; **le vendeur/l'officier répondit par un ~** the salesman/the officer barked (out) an answer. -**2.** *fig* & *péj* ranting, raving.

abois [abwa]

◆ **aux abois** ◇ *loc adj* -**1.** CHASSE at bay. -**2.** *fig*: **être aux ~** to have one's back against OU to the wall.

◇ *loc adv* -**1.** CHASSE at bay. -**2.** *fig*: **mettre qqn aux ~** to have sb by the throat.

abolir [32] [abɔlir] *vt* to do away *(insép)* with, to abolish.

abolition [abɔlisjɔ̃] *nf* abolition.

abolitionnisme [abɔlisjɔnism] *nm* abolitionism.

abolitionniste [abɔlisjɔnist] *adj* & *nmf* abolitionist.

abominable [abɔminabl] *adj* -**1.** [désagréable - temps, odeur] appalling, abominable. -**2.** [abject - crime] heinous, abominable, vile; **l'~ homme des neiges** the abominable snowman.

abominablement [abɔminabləmɑ̃] *adv* [laid, cher, habillé] horribly, frightfully; **~ (mal) organisé** appallingly OU abominably badly organized.

abomination [abɔminasjɔ̃] *nf* -**1.** [acte, propos] abomination; **ce chou-fleur au gratin, c'est une ~** that cauliflower cheese is revolting; **il dit des ~s** he says appalling things. -**2.** [sentiment] loathing, detestation, abomination; **avoir qqch en ~** to abhor OU to loathe OU to abominate *litt* sthg.

abominer [3] [abɔmine] *vt litt* to loathe, to abhor, to abominate *litt.*

abondamment [abɔ̃damɑ̃] *adv* [servir, saler] copiously; **rincer ~** rinse thoroughly; **elle a ~ traité la question** she has amply OU fully dealt with the question; **je vous l'ai ~ répété** I have told you again and again.

abondance [abɔ̃dɑ̃s] *nf* -**1.** [prospérité] affluence; **vivre dans l'~** to live in affluence. -**2.** [grande quantité]: **~ de** abundance OU wealth of; **une ~ de citations/détails** a wealth of quotations/details; **parler avec ~** to be articulate ❑ **~ de biens ne nuit pas** *prov* there's no harm in having too much.

◆ **d'abondance** *loc adv*: **parler d'~** *sout* to extemporize.

◆ **en abondance** *loc adv* in abundance, in plenty; **des fautes en ~** an abundance of mistakes.

abondant, e [abɔ̃dɑ̃, ɑ̃t] *adj* -**1.** [en quantité - nourriture] abundant, copious; [- récolte] bountiful; [- vivres] plentiful; [- végétation] luxuriant, lush; [- larmes] copious; [- chevelure] luxuriant, thick; **d'~es illustrations/recommandations** a wealth of illustrations/recommendations. -**2.** *litt* [aisé - style] lavish, fluent.

abonder [3] [abɔ̃de] *vi* -**1.** [foisonner] to be plentiful; **~ en** to abound in, to be full of; **la côte abonde en crabes** the coast is teeming with crabs; **son livre abonde en anecdotes** her book is rich in anecdotes. -**2.** *fig* & *sout*: **~ dans le sens de** to be in complete agreement with, to go along with; **ne me contredis pas puisque j'abonde dans ton sens!** don't contradict me, I'm agreeing with you!

abonné, e [abɔne] *nm, f* -**1.** PRESSE & TÉLÉC subscriber. -**2.** [au théâtre, au concert, au stade] season ticket holder. -**3.** *fam hum* [habitué]: **c'est un ~ aux gaffes** he's always putting his foot in it.

abonnement [abɔnmɑ̃] *nm* -**1.** PRESSE subscription; **prendre un ~ à** to take out a subscription to. -**2.** [pour un trajet, au théâtre, au stade] season ticket. -**3.** TÉLÉC rental.

abonner [3] [abɔne] *vt* -**1.** **~ qqn à qqch** [journal] to take out a subscription for sb to sthg; [théâtre, concert, stade] to buy sb a season ticket for sthg; **être abonné à un journal** to subcribe to a paper. -**2.** [pour un service]: **être abonné au gaz** to have gas; **être abonné au téléphone** to have a phone, to be on the phone *Br*; **encore une contravention? décidément, tu es abonné!** *hum* another parking ticket? you're making rather a habit of this, aren't you?; **je suis encore tombé à ski, je suis abonné!** *hum* I took another tumble on the ski slopes, story of my life!

◆ **s'abonner** *vp (emploi réfléchi)*: **le trajet revient moins cher si l'on s'abonne** the journey works out cheaper with a pass OU season ticket; **s'~ à** [un journal] to take out a subscription to; [au théâtre, au concert, au stade] to buy a season ticket for.

abonnir [32] [abɔnir] *vt* to improve.

◆ **s'abonnir** *vpi* to improve.

abord [abɔr] *nm* -**1.** [contact] manner; **elle est d'un ~ déconcertant/chaleureux** she puts you off your stride/makes you feel very welcome when you first meet her; **être d'un ~ facile/difficile** to be approachable/unapproachable. -**2.** [accès - à une côte] approach; [- à une maison] access; **d'un ~ facile** [demeure] easy to get to; [texte] easy to understand OU to get to grips with.

◆ **abords** *nmpl* [alentours] surroundings; **les ~s de la tour** the area around the tower.

◆ **aux abords** *loc adv* all around; **dans le château et aux ~s** in and around the castle.

◆ **aux abords de** *loc prép*: **aux ~s de la ville** on the outskirts of the town.

◆ **dès l'abord** *loc adj* at the outset, from the (very) beginning.

◆ **en abord** *loc adj* NAUT close to the side.

◆ **d'abord** *loc adv* -**1.** [en premier lieu] first; **il vaut mieux en parler d'~** it's better to talk about it first; **il faudrait d'~ avoir l'argent, et le temps** first you'd need the money, and the time; **nous irons d'~ à Rome** we'll go to Rome first; **pense à tes études d'~!** think about your studies first! -**2.** [au début] at first, initially, to begin with; **d'~ elle a été gentille** at first OU initially she was nice; **j'ai cru (tout) d'~ qu'il s'agissait d'une blague** at first OU to begin with I thought it was a joke. -**3.** [introduisant une restriction] to start with, for a start; **d'~, tu n'es même pas prêt!** to start with OU for a start, you're not even ready!; **il ne dit jamais bonjour, d'~** for a start, he never says hello. -**4.** [de toute façon] anyway; **je n'ai jamais aimé ça, d'~** I've never liked it, anyway; **et puis d'~, qu'est-ce que tu veux?** and anyway, what do you want?

abordable [abɔrdabl] *adj* -**1.** [peu cher - prix] reasonable; [- produit] reasonably priced, affordable; **les fraises ne sont plus ~s** it's impossible even to think of buying strawberries now. -**2.** [ouvert - patron, célébrité] approachable. -**3.** [facile - texte] accessible; [- problème] that can be discussed. -**4.** NAUT [côte] accessible; **le rivage n'était pas ~** the shore was not easy to approach.

abordage [abɔrdaʒ] *nm* -**1.** [manœuvre - d'assaut] boarding; [- avec un éperon] grappling; **à l'~!** away boarders! -**2.** [collision] collision; **l'~ s'est produit à la sortie du chenal** the two boats collided as they came out of the fairway. -**3.** [approche - du rivage] coming alongside; [- d'un quai] berthing.

aborder [3] [abɔrde] ◇ *vt* -**1.** [accoster - passant] to accost, to walk up to *(insép)*, to approach; **on n'aborde pas les gens dans la rue!** you don't just walk up to people in the street!; **quand le policier l'a abordé** when the detective came OU walked up to him; **quand vas-tu l'~ pour cette augmentation?** when are you going to approach him about your pay rise? -**2.** [arriver à l'entrée de] to enter; **les chevaux abordent la dernière ligne droite** the horses are now entering the home straight; **je suis tombé de vélo au moment où j'abordais la dernière montée/le virage** I fell off my bike as I was coming up to the last climb/the bend. -**3.** [faire face à - profession] to take up *(sép)*; [- nouvelle vie] to embark on *(insép)*; [- tâche] to tackle, to get to grips with; [- retraite] to approach; **à 18 ans, on est prêt à ~ la vie** when you're 18, you're ready to start out in life; **comment ~ l'ascension?** how should one tackle the climb? -**4.** [se mettre à examiner - texte, problème] to approach; **on n'aborde Pascal qu'en dernière année** we only start studying Pascal in the final year; **chez nous, on n'abordait pas ces sujets-là** we never used to mention those topics in our house; **il n'a pas eu le temps d'~ le sujet** he didn't have time to get onto OU to broach the subject; **11 heures, et nous n'avons même pas abordé la nouvelle motion!** 11 o'clock, and we haven't got round to discussing the new motion! -**5.** NAUT [attaquer] to board; [percuter] to collide with *(insép)*, to ram into *(insép)*.

◇ *vi* to (touch OU reach) land; **nous abordons à Gênes demain** we reach Genoa tomorrow.

aborigène [abɔriʒɛn] ◇ *adj* -**1.** [autochtone] aboriginal; [d'Australie] Aboriginal, native Australian. -**2.** BOT indigenous.

◇ *nmf* [autochtone] aborigine; [autochtone d'Australie] Aborigine, Aboriginal, native Australian.

abortif, ive [abɔrtif, iv] *adj* abortive.

abouchement [abuʃmɑ̃] *nm* -**1.** [de deux tubes] butt-joining. -**2.** MÉD anastomosis.

aboucher [3] [abuʃe] *vt* -**1.** [tuyaux] to butt, to join up *(sép)*, to join end to end. -**2.** [gens] to bring together; **~ qqn avec** to put sb in touch OU contact with.

◆ **s'aboucher** *vpi*: **s'~ avec qqn** [se mettre en rapport avec qqn] to get in touch with sb; [se lier avec qqn] to team up with sb.

Abou Dhabi [abudabi] = **Abu Dhabi**.

abouler[▽] [3] [abule] *vt* to hand OU to give over *(sép)*; **aboule ton fric!** cough up!; **la clé, là, aboule!** sling us that key, will you!

◆ **s'abouler**[▽] *vpi* to come along; **tu t'aboules?** you coming?

aboulie [abuli] *nf* abulia, aboulia.

aboulique [abulik] ◇ *adj* abulic, aboulic.

◇ *nmf* abulia OU aboulia sufferer.

Abou-Simbel [abusimbɛl] *npr* Abu Simbel.

about [abu] *nm* butt *(of a beam)*.

aboutement [abutmɑ̃] *nm* -**1.** [joint] join, butt. -**2.** [fait d'assembler] joining end to end, butt-joining.

abouter [3] [abute] *vt* to join end to end, to butt.

abouti, e [abuti] *adj* -**1.** [projet, démarche] successful. -**2.** [œuvre] accomplished.

aboutir [32] [abutir] *vi* -**1.** [réussir - projet, personne] to succeed; **l'entreprise n'a pas abouti** the venture fell through OU never came to anything; **une enquête qui n'aboutira pas** an enquiry which will come to nothing. -**2.** [finir]: **~ à** [voie, rue] to end at OU in, to lead to; [fleuve] to end in; **cette route aboutit à la prison** this road ends at the prison; **où aboutit cette allée?** where does this lane go to OU end up?; **le chemin aboutit sur la berge du fleuve** the path leads to the river bank; **~ en prison** to end up in prison; **toi, tu vas ~ en pension!** you'll end up being sent away to boarding school, you will! -**3.** MÉD to come to a head.

◆ **aboutir à** *v + prép* [avoir pour résultat] to lead to, to result in; **cela aboutira à une guerre** that will bring on a war; **de bonnes intentions qui n'aboutissent à rien** good intentions which come to nothing; **tu aboutiras au même résultat** you'll arrive at OU get the same result; **à quelle décision veux-tu nous faire ~?** which decision are you leading us up to?

aboutissants [abutisɑ̃] *nmpl*: **tous les tenants et les ~** all the ins and outs.

aboutissement [abutismɑ̃] *nm* [conclusion] (final) outcome, result; [résultat positif] success.

aboyer [13] [abwaje] *vi* -**1.** [animal] to bark. -**2.** *péj* [personne] to bark; **~ après** OU **contre qqn** to yell at sb. -**3.** *loc*: **~ à la lune** *pr* to howl at the moon; *fig* to complain to no avail.

aboyeur, euse [abwajœr, øz] *adj* barking.

abracadabra [abrakadabra] *nm* abracadabra.

abracadabrant, e [abrakadabrɑ̃, ɑ̃t] *adj* bewildering.

Abraham [abraam] *npr* Abraham.

abraser [3] [abraze] *vt* to abrade, to wear off *(sép)*.

abrasif, ive [abrazif, iv] *adj* abrasive.

◆ **abrasif** *nm* abrasive.

abrasion [abrazjɔ̃] *nf* -**1.** [action de frotter] abrasion, wearing off; [résultat] abrasion. -**2.** GÉOL abrasion.

abrégé [abreʒe] *nm* -**1.** [d'un texte] summary. -**2.** [livre] abstract, epitome; **faire un ~ de qqch** to make a précis of sthg.

◆ **en abrégé** ◇ *loc adj* [mot, phrase] in abbreviated form.

◇ *loc adv* [écrit, présenté] in brief, in an abridged version; **en ~, voici ce qui s'est passé** here's what happened in a nutshell.

abrègement [abrɛʒmɑ̃] *nm* -**1.** [d'un texte] shortening, abridgement. -**2.** [d'un délai] shortening; [d'un congé] cutting short, curtailing.

abréger [22] [abreʒe] *vt* -**1.** [interrompre - vacances] to curtail, to cut short, to shorten; [- vie] to cut short, to put an (early) end to; **la pluie a abrégé le pique-nique** the rain put an early end to the picnic, the picnic was cut short by the rain; **~ les souffrances de qqn** *euph* to end sb's suffering. -**2.** [tronquer - discours] to cut; [- texte] to cut, to abridge; [- conversation] to cut short; [- mot] to abbreviate, to truncate; *(en usage abs)*: **abrège!** [ton agressif] get to the point!

◆ **pour abréger** *loc adv*: **Catherine ou Cath pour ~** Catherine or Cath for short; **je vous dirai, pour ~, que nous avons échoué** to cut a long story short, let me tell you that we failed.

abreuvement [abrœvmɑ̃] *nm* watering.

abreuver [5] [abrœve] *vt* -**1.** [faire boire - animaux] to water. -**2.** *fig*: **~ qqn de qqch**: **~ qqn de critiques** to heap criticism upon sb; **~ qqn d'insultes** to shower sb with abuse; **elle l'abreuvait d'éloges** she heaped praise upon him; **nous sommes abreuvés d'images de violence** we get swamped with violent images.

◆ **s'abreuver** *vpi* -**1.** [animal] to drink. -**2.** *fam* [personne] to drink; **c'est là qu'ils vont s'~** *hum* it's their watering hole.

abreuvoir [abrœvwar] *nm* [bac] (drinking) trough; [plan d'eau] watering place.

abréviatif, ive [abrevjatif, iv] *adj* abbreviatory.

abréviation [abrevjasjɔ̃] *nf* abbreviation.

abri [abri] *nm* -**1.** [cabane] shelter, refuge; [toit] shelter; [sous terre] shelter; [improvisé] shelter; **~ antiatomique** OU **antinucléaire** (nuclear) fallout shelter; **~ à vélos** bicycle stand. -**2.** *fig* refuge; **un ~ contre la solitude** a refuge from OU a protection against OU a guard against loneliness.

◆ **à l'abri** *loc adv* -**1.** [des intempéries]: **mettre qqn à l'~** to find shelter for sb; **se mettre à l'~** to take cover, to shelter. -**2.** [en lieu sûr] in a safe place; **je prête ma maison pendant l'été, mais j'ai mis ma collection de verres à l'~** I'm letting people use my house for the summer but I've put my collection of glasses away in a safe place; **mettre sa fortune à l'~ dans le pétrole** to invest one's money safely in oil.

◆ **à l'abri de** *loc prép* -**1.** [pluie] sheltered from; [chaleur, obus] shielded from; [regards] hidden from. -**2.** *fig*: **nos économies nous mettront à l'~ de la misère** our savings will shield us against poverty OU will protect us from hardship; **à l'~ des contrôles** safe from checks; **personne n'est à l'~ d'une erreur/d'un maître-chanteur** anyone can make a mistake/fall victim to a blackmailer.

Abribus® [abribys] *nm* bus shelter.

abricot [abriko] ◇ *nm* -**1.** BOT apricot. -**2.** [couleur] apricot.

◇ *adj inv* apricot, apricot-coloured.

abricoté, e [abrikɔte] *adj* apricot-flavoured.

abricotier [abrikɔtje] *nm* apricot tree.

abrité, e [abrite] *adj* sheltered.

abriter [3] [abrite] *vt* -**1.** [protéger]: **~ qqn/qqch de la pluie** to shelter sb/sthg from the rain; **~ qqn/qqch du soleil** to shade sb/sthg; **le versant abrité** [du soleil] the shady slopes; [du vent] the sheltered slopes; **abritant ses yeux avec un journal** shading her eyes with a newspaper. -**2.** [loger - personnes] to house, to accommodate; [- société, machine] to house.

◆ **s'abriter** *vp (emploi réfléchi)*: **s'~ de la pluie/du vent** to shelter from the rain/from the wind; **s'~ du soleil** to shade o.s. from the sun; **s'~ derrière la loi/ses parents** *fig* to hide behind the law/one's parents.

abrivent [abrivɑ̃] *nm* windbreak.

abrogatif, ive [abrɔgatif, iv] *adj* abrogative.

abrogation [abrɔgasjɔ̃] *nf* repeal, rescinding, abrogation.

abrogatoire [abrɔgatwar] *adj* abrogative.

abrogeable [abrɔʒabl] *adj* repealable.

abroger [17] [abrɔʒe] *vt* to repeal, to rescind, to abrogate.

abrupt, e [abrypt] *adj* -**1.** [raide - côte] steep, abrupt; [- versant] sheer. -**2.** [brusque - manières] abrupt, brusque; [- refus] blunt, abrupt, curt; [- personne] short, sharp, abrupt; [- changement] abrupt, sudden, sharp.

◆ **abrupt** *nm* steep slope.

abruptement [abryptəmɑ̃] *adv* [répondre] abruptly, brusquely, curtly; [changer] abruptly, suddenly; **ne le lui dis pas trop ~** don't just blurt it out in front of her.

abruti, e *fam* [abryti] *nm, f* idiot; **ne ris pas comme un ~** don't laugh like an idiot; **regarde**

où tu vas, ~! look where you're going, you idiot!; quelle ~e, j'ai oublié ton livre like a fool I've forgotten your book.

abrutir [32] [abrytir] *vt* -**1.** [abêtir] to turn into an idiot. -**2.** [étourdir] to stupefy; **abruti de soleil** dazed by sunshine; **abruti de fatigue** numb OU dazed with tiredness; **abruti par l'alcool** stupefied with drink; **après trois heures d'algèbre, je suis complètement abruti!** after three hours of algebra, I feel completely dazed! -**3.** [accabler]: ~ **qqn de qqch**: ~ **qqn de travail** to overwork sb; ~ **qqn de conseils** to pester sb with endless advice.

◆ **s'abrutir** ◇ *vp (emploi réfléchi)*: **s'~ de travail** to overwork o.s., to work o.s. into the ground.

◇ *vpi* [s'abêtir] to turn into an idiot.

abrutissant, e [abrytisɑ̃, ɑ̃t] *adj* -**1.** [qui rend bête] mind-destroying. -**2.** [qui étourdit] stupefying. -**3.** [qui fatigue] wearing, exhausting.

abrutissement [abrytismɑ̃] *nm* mindless state; **son ~ progressif** the slow deterioration of her mind.

Abruzzes [abryz] *npr fpl*: **les ~** the Abruzzi.

ABS (*abr de* **Antiblockiersystem**) *nm inv* ABS.

abscisse [apsis] *nf* abscissa.

abscons, e [apskɔ̃, ɔ̃s] *adj litt* abstruse.

absence [apsɑ̃s] *nf* -**1.** [fait de n'être pas là] absence; **cette décision a été prise pendant mon ~** this decision was taken in my absence OU while I was away; **sa troisième ~** [à l'école] the third time he's been away from OU missed school; [au travail] the third time he's been off work; [à une réunion] the third time he's stayed away from OU not attended the meeting; **comment supporterai-je ton ~?** how shall I cope with you not being there OU around? -**2.** [carence] absence; ~ **d'idéaux** lack of ideals; **une rassurante ~ de préjugés** a reassuring lack of prejudice. -**3.** [défaillance]: ~ **(de mémoire)** mental blank; **elle a des ~s par moments** [état grave] at times her mind goes blank; [inattention] at times she's absent-minded. -**4.** JUR absence.

◆ **en l'absence de** *loc prép* in the absence of; **en l'~ de son fils** in her son's absence, while her son is/was away; **en l'~ de symptômes, il m'est difficile de me prononcer** since there are no symptoms, it is hard for me to say; **en l'~ de toute information** faced with a total lack of information, in the absence of any information.

absent, e [apsɑ̃, ɑ̃t] ◇ *adj* -**1.** [personne - de l'école] absent; [- du travail] off work, absent; [- de son domicile] away; **il était ~ de la réunion** he was not present at the meeting. -**2.** [inattentif] absent; **regard ~** vacant look. -**3.** [chose] missing; [sentiment] lacking; **une plante ~e de nos montagnes** a plant which cannot be found on our mountains; **un regard d'où toute tendresse est ~e** a look entirely devoid of tenderness.

◇ *nm, f* [du travail, de l'école] absentee; [dans une famille] absent person; **on ne fait pas cours, il y a trop d'~s** we're not having a lesson today, there are too many pupils missing OU away; **elle rêvait à l'~** [à une personne décédée] *litt* she was dreaming of her dear departed ❑ **les ~s ont toujours tort** *prov* the absent are always in the wrong.

absentéisme [apsɑ̃teism] *nm* absenteeism.

absentéiste [apsɑ̃teist] ◇ *adj* absentee.

◇ *nmf* absentee; **les ~s** [au travail] persistent absentees.

absenter [3] [apsɑ̃te]

◆ **s'absenter** *vpi* to be absent; **s'~ de son travail** to be off OU to stay away from work; **s'~ du lycée** to be away from OU to miss school; **je ne m'étais absentée que quelques minutes** I'd only gone out for a few minutes.

absidal, e, aux [apsidal, o] *adj* apsidal.

abside [apsid] *nf* apse.

absidial, e, aux [apsidjal, o] = **absidal**.

absidiole [apsidjɔl] *nf* apsidiole.

absinthe [apsɛ̃t] *nf* -**1.** [boisson] absinthe. -**2.** BOT wormwood, absinthe.

absolu, e [apsɔly] *adj* -**1.** [total - liberté] absolute, complete; **un repos ~** a complete rest; **un silence ~** total silence; **un dénuement ~** abject poverty; **en cas d'~e nécessité** when absolutely necessary; **vous avez notre soutien ~** you have our unconditional support; **rechercher la beauté ~e** to look for absolute beauty. -**2.** POL [pouvoir, monarque, majorité] absolute. -**3.** [sans nuances] absolute; **elle voit les choses de manière ~e** she sees things in absolute terms OU in black and white ‖ [intransigeant] uncompromising, rigid; **refus ~ d'obtempérer** outright refusal to comply. -**4.** CHIM, MATH & PHYS absolute. -**5.** LING [ablatif, construction] absolute.

◆ **absolu** *nm* -**1.** PHILOS: **l'~** the Absolute. -**2.** LING absolute construction; **verbe construit à l'~** transitive verb constructed without an object.

◆ **dans l'absolu** *loc adv* in absolute terms.

absolument [apsɔlymɑ̃] *adv* -**1.** [entièrement - croire, avoir raison] absolutely, entirely; [- ravi, faux] absolutely, completely; [- défendu] strictly; **personne, ~ personne ne doit sortir** no-one, absolutely no-one must go out; **vous y croyez? – ~!** do you believe in it? – totally!; ~ **pas** not at all; ~ **rien** absolutely nothing, nothing whatsoever; **elle en est incapable! – ~!** she's incapable of it! – absolutely! -**2.** [à tout prix] absolutely; **il faut ~ lui parler** we must speak to him without fail, we simply must speak to him. -**3.** LING absolutely; **employé ~** used absolutely OU in an absolute construction.

absolution [apsɔlysjɔ̃] *nf* -**1.** RELIG absolution; **donner l'~ à qqn** to give sb absolution; **je vous donne l'~ de vos péchés** I absolve you of your sins. -**2.** JUR acquittal.

absolutisme [apsɔlytism] *nm* absolutism.

absolutiste [apsɔlytist] *adj* & *nmf* absolutist.

absolutoire [apsɔlytwar] *adj* absolving, absolutory.

absorbable [apsɔrbabl] *adj* absorbable.

absorbant, e [apsɔrbɑ̃, ɑ̃t] *adj* -**1.** [tissu] absorbent. -**2.** [lecture] absorbing, gripping. -**3.** PHYS absorbative. -**4.** BOT: **poils ~s** root hairs.

absorber [3] [apsɔrbe] *vt* -**1.** [éponger - gén] to absorb, to soak up *(sép)*; [- avec un buvard] to blot; [- avec une éponge] to sponge off *(sép)*. -**2.** ACOUST & PHOT [lumière] to absorb; [bruit] to absorb, to deaden. -**3.** [consommer - aliment] to take, to consume; [- bénéfices, capitaux] to absorb; ÉCON [entreprise] to take over *(sép)*, to absorb. -**4.** [préoccuper - suj: travail] to absorb, to engross, to occupy; [- suj: pensée] to absorb, to grip; **très absorbée par son activité politique** very much engrossed in her political activities. -**5.** [faire s'intégrer - réfugiés, nouveaux élèves, innovation] to absorb.

◆ **s'absorber dans** *vp + prép* to become absorbed in; **s'~ dans un livre** to be engrossed in a book; **s'~ dans ses pensées** to be lost OU deep in thought.

absorbeur [apsɔrbœr] *nm* absorber.

absorption [apsɔrpsjɔ̃] *nf* -**1.** [ingestion] swallowing, taking; **l'~ d'un somnifère n'est pas sans risques** taking a sleeping pill is not without risk. -**2.** [pénétration] absorption; **masser jusqu'à ~ complète par la peau** massage well into the skin. -**3.** [intégration] assimilation; ~ **d'une entreprise par une autre** ÉCON takeover of one company by another. -**4.** *litt* [concentration de l'esprit] absorption, engrossment *litt*. -**5.** PHYSIOL absorption.

absorptivité [apsɔrptivite] *nf* absorbency.

absoudre [87] [apsudr] *vt* -**1.** RELIG to absolve. -**2.** *litt* [pardonner] to absolve; **je l'ai absous de ses erreurs de jeunesse** I forgave him his youthful indiscretions. -**3.** JUR to dismiss.

absoute [apsut] *nf* final absolution.

abstenir [40] [apstənir]

◆ **s'abstenir** *vpi* POL to abstain.

◆ **s'abstenir de** *vp + prép* [éviter de] to refrain OU to abstain from; **s'~ de fumer** to refrain from smoking; **abstiens-toi de la critiquer** don't criticize her ‖ *(en usage abs)*: **dans ce cas, mieux vaut ~** in that case, it's better not to do anything; **'pas sérieux s'~'** 'serious applications only'; **'agences s'~'** 'no agencies, please'.

abstention [apstɑ̃sjɔ̃] *nf* -**1.** POL abstention. -**2.** [renoncement] abstention.

abstentionnisme [apstɑ̃sjɔnism] *nm* abstention.

abstentionniste [apstɑ̃sjɔnist] *adj* & *nmf* abstentionist.

abstinence [apstinɑ̃s] *nf* -**1.** RELIG abstinence; **faire ~** to refrain from eating meat. -**2.** [chasteté] abstinence.

abstinent, e [apstinɑ̃, ɑ̃t] *adj* & *nm, f* abstinent.

abstraction [apstraksjɔ̃] *nf* -**1.** [notion] abstraction, abstract idea; **l'~** the theoretical plane. -**2.** [fait d'isoler] abstraction; **faire ~ de** [ignorer] to take no account of, to ignore, to disregard; ~ **faite de** apart from, leaving aside; ~ **faite de la forme style** apart; ~ **faite de son âge** disregarding his age. -**3.** BX-ARTS: **l'~** abstract OU non-representational art.

abstraire [112] [apstrɛr] *vt* -**1.** [séparer] to abstract. -**2.** PHILOS to abstract.

◆ **s'abstraire** *vpi* to cut o.s. off.

abstrait, e [apstrɛ, ɛt] *adj* -**1.** [conçu par l'esprit] abstract. -**2.** [non appliqué - science, pensée] theoretical, abstract, pure. -**3.** [ardu] abstract, obscure *péj*. -**4.** *péj* [irréel] theoretical, abstract. -**5.** BX-ARTS abstract, non-representational. -**6.** LING & MATH abstract.

◆ **abstrait** *nm* -**1.** PHILOS: **l'~** the abstract; [notions] abstract ideas, the theoretical plane. -**2.** BX-ARTS [art] abstract OU non-representational art; [artiste] abstract OU non-representational artist.

◆ **dans l'abstrait** *loc adv* in the abstract; **dans l'~, il est facile de critiquer** it's easy to be critical if you just look at things in the abstract.

abstraitement [apstrɛtmɑ̃] *adv* in the abstract, abstractly.

abstrus, e [apstry, yz] *adj sout* abstruse.

absurde [apsyrd] ◇ *adj* -**1.** [remarque, idée] absurd, preposterous; [personne] ridiculous, absurd; **ne soyez pas ~!** don't be absurd OU talk nonsense! -**2.** [oubli, contretemps] absurd. -**3.** PHILOS absurd.

◇ *nm* -**1.** [absurdité] absurd; **raisonnement par l'~** reductio ad absurdum. -**2.** LITTÉRAT, PHILOS & THÉÂT: **l'~** the absurd.

absurdement [apsyrdəmɑ̃] *adv* absurdly, preposterously, ludicrously.

absurdité [apsyrdite] *nf* -**1.** [irrationnalité] absurdity. -**2.** [parole, action] absurdity; **ne dis pas d'~s!** don't be absurd OU talk nonsense!

Abu Dhabi [abudabi] *npr* Abou Dhabi.

abus [aby] *nm* -**1.** [excès] excess consumption, abuse; **l'~ de vin** drinking too much wine; **l'~ de somnifères** taking too many sleeping pills; **faire des ~** to overindulge *(in food or drink)* ❑ **il y a de l'~!** *fam* that's a bit much OU over the top! -**2.** [injustice] injustice; **une pratique qui a donné lieu à des ~** a practice which has given rise to abuse; **les ~** excesses. -**3.** JUR misuse; ~ **d'autorité** misuse OU abuse of authority; ~ **de biens sociaux** misappropriation of public property; ~ **de confiance** breach of trust; ~ **de jouissance** infringement of ownership; ~ **de pouvoir** misuse of power. -**4.** LING: ~ **de langage** misuse of language.

abuser [3] [abyze] *vt litt* to deceive, to mislead.

◆ **abuser de** *v + prép* -**1.** [consommer excessivement] to overuse; ~ **de la boisson** to drink too much; ~ **des féculents** to eat too much starchy food; ~ **de ses forces** to overtax o.s. -**2.** [mal utiliser - autorité, privilège] to abuse, to misuse; **elle abuse de la liberté que je lui donne** she misuses the freedom I allow her. -**3.** [exploiter - ami, bonté, patience] to take advantage of, to exploit; **tu abuses de lui** you take advantage of him; **tu abuses de nos liens familiaux** you're exploiting OU taking advantage of the fact that we're family; ~ **de la situation** to take unfair advantage of the situation ‖ *(en usage abs)*: **je crains d'~** I wouldn't like to impose; **je veux bien t'aider mais là, tu abuses!** I don't mind helping you but there is a limit!; **dites donc, la queue est faite pour tout le monde, faudrait pas ~!** *fam* hey, queue up like everybody else, can't you? -**4.** *euph* [violer] to take advantage of.

◆ **s'abuser** *vpi* to be mistaken; **si je ne m'abuse** if I'm not mistaken, correct me if I'm wrong.

abusif, ive [abyzif, iv] *adj* -**1.** [immodéré] excessive; **100 francs, c'est ~!** 100 francs, that's a bit much! -**2.** [outrepassant ses droits - père, mère] domineering. -**3.** [incorrect] misused; **l'emploi ~ du mot «réaliser»** misuse of the word "réaliser".

Abu Simbel [abusimbɛl] = **Abou-Simbel**.

abusivement [abyzivmɑ̃] *adv* -**1.** [de façon injuste] wrongly, unfairly. -**2.** [de façon incorrecte] wrongly, improperly; **le terme «réaliser» est employé ~** the word "réaliser" is used incorrectly. -**3.** [de façon excessive] excessively.

abyssal, e, aux [abisal, o] *adj* abyssal.

abysse [abis] *nm*: **l'~** the abyssal zone.

abyssin, e [abisɛ̃, in] *adj* -**1.** HIST Abyssinian. -**2.** [chat] Abyssinian.

◆ **Abyssin, e** *nm, f* Abyssinian.

◆ **abyssin** *nm* Abyssinian (cat).

Abyssinie [abisini] *npr f*: **(l')~** Abyssinia.

abyssinien, enne [abisinjɛ̃, ɛn] HIST = **abyssin.**

AC *nf abr de* **appellation contrôlée.**

acabit [akabi] *nm péj*: **de cet ~** of that type; **son amie est du même ~** she and her friend are two of a kind; **ils sont tous du même ~** they are all (pretty much) the same, they are all much of a muchness *Br.*

acacia [akasja] *nm* acacia; **robinier faux ~** false acacia, robinia.

académicien, enne [akademisjɛ̃, ɛn] *nm, f* [membre - d'une académie] academician; [- de l'Académie française] member of the French Academy OU Académie française.

◆ **académicien** *nm* ANTIQ academic, academician.

académie [akademi] *nf* -**1.** [société savante] learned society, academy; **l'Académie (des) Goncourt** *literary society whose members choose the winner of the Prix Goncourt*; **l'Académie des sciences** the Academy of Science; **l'Académie française** the French Academy, the Académie Française *(learned society of leading men and women of letters)*. -**2.** [école] academy; **~ de danse/musique** academy of dance/music. -**3.** [salle]: **~ de billard** billiard hall. -**4.** BX-ARTS nude. -**5.** *fam* [corps] body, figure. -**6.** ADMIN & ENS ≃ education authority area *Br*, ≃ school district *Am*.

◆ **d'académie** *loc adj* BX-ARTS academic.

ACADÉMIE FRANÇAISE:

Originally a group of men of letters who were encouraged by Cardinal Richelieu in 1635 to become an official body. Consisting of forty distinguished writers ("les Quarante", "les Immortels"), the Académie's chief task was, and is, to produce a definitive dictionary and to be the ultimate authority in matters concerning the French language.

---

académique [akademik] *adj* -**1.** [qui relève d'une société savante] academic; [qui relève de l'Académie française] of the French Academy OU Académie française. -**2.** *péj* [conventionnel] academic; **danse ~** ballet dancing. -**3.** SCOL: **l'année ~** *Helv* & *Can* the academic year. -**4.** PHILOS: **philosophe ~** Platonic philosopher.

académiquement [akademikmɑ̃] *adv* academically.

académisme [akademism] *nm* academicism.

Acadie [akadi] *npr f*: **(l')~** Acadia.

acadien, enne [akadjɛ̃, ɛn] *adj* Acadian.

◆ **Acadien, enne** *nm, f* Acadian.

◆ **acadien** *nm* LING Acadian.

acajou [akaʒu] ◇ *nm* -**1.** BOT mahogany (tree). -**2.** MENUIS mahogany.

◇ *adj inv* [couleur] mahogany.

◆ **d'acajou** *loc adj*: **noix** OU **pomme d'~** cashew (nut).

acalculie [akalkyli] *nf* acalculia.

acalorique [akalɔrik] *adj* noncaloric.

acanthe [akɑ̃t] *nf* acanthus.

a capella [akapela] *loc adv* & *loc adj inv* MUS a capella.

acariâtre [akarjatr] *adj* [caractère] sour; [personne] bad-tempered.

acaricide [akarisid] ◇ *adj*: **un produit ~** an acaricide.

◇ *nm* acaricide.

acarien [akarjɛ̃] *nm* acarid.

acariose [akarjoz] *nf* acariasis.

acaule [akol] *adj* acaulescent.

accablant, e [akablɑ̃, ɑ̃t] *adj* [chaleur] oppressive; [preuve, témoignage, vérité] damning; [travail] exhausting; [douleur] excruciating; [chagrin] overwhelming; **le poids ~ des soucis** the heavy burden of worries; **il est d'une stupidité ~e** he's too stupid for words.

accablement [akabləmɑ̃] *nm* -**1.** [désespoir] dejection, despondency; **saisi d'un grand ~** utterly dejected. -**2.** [dû à la chaleur] (heat) exhaustion.

accabler [3] [akable] *vt* -**1.** [abattre - suj: fatigue, chaleur] to overcome, to overwhelm; [- suj: soucis] to overcome; [- suj: chagrin, deuil, travail] to overwhelm. -**2.** [accuser - suj: témoignage] to condemn; **ces seuls faits l'accablent plus sûrement que les témoignages contre lui** these facts condemn him more than the witnesses' accusations; **je ne veux pas l'~ mais il faut reconnaître qu'elle a eu des torts** I don't want to be too hard on her but it has to be said that she made some mistakes. -**3.** [couvrir]: **~ qqn de: ~ qqn d'injures** to heap abuse upon OU to hurl insults at sb; **~ qqn de mépris** to show utter contempt for sb; **~ qqn de critiques** to be highly critical of sb; **~ la population d'impôts** to overtax the population; **~ qqn de questions** to bombard sb with questions; **~ qqn de conseils** to pester sb with advice; **~ qqn de sa sollicitude** to annoy sb with one's constant concern.

accalmie [akalmi] *nf* [du bruit, du vent, de la pluie, d'un combat, d'une crise politique] lull; [d'une maladie] temporary improvement; [de souffrances] temporary relief OU respite; [du commerce] slack period; [dans le travail, l'agitation] break; **pas un instant d'~ dans la journée** not a moment's respite throughout the day; **l'~ qui précède l'orage** the lull OU calm before the storm.

accaparant, e [akaparɑ̃, ɑ̃t] *adj* [travail, études, enfant] demanding.

accaparement [akaparmɑ̃] *nm* -**1.** ÉCON (speculative) hoarding. -**2.** [d'une conversation, d'une personne] monopolization.

accaparer [3] [akapare] *vt* -**1.** ÉCON: **~ des marchandises** [pour contrôler le marché] to hold goods back off the market. -**2.** [monopoliser - conversation, personne] to monopolize; [- victoires, récompenses] to carry off *(insép)*; [- places] to grab; **elle a tout de suite accaparé le fauteuil** she grabbed the armchair right away; **n'accapare pas le téléphone** don't monopolize the phone; **ne laisse pas les enfants t'~** don't let the children monopolize you OU take you over. -**3.** [absorber - suj: travail, soucis] to absorb; **il est complètement accaparé par ses études** he's wrapped up OU completely absorbed in his studies; **son travail l'accapare** her work takes up all her time.

accapareur, euse [akaparœr, øz] *nm, f péj* hoarder.

accastillage [akastijaʒ] *nm* superstructure NAUT.

accastiller [3] [akastije] *vt* to provide with a superstructure.

accédant, e [aksedɑ̃, ɑ̃t] *nm, f*: **un ~ à la propriété** a new home-owner.

accéder [18] [aksede]

◆ **accéder à** *v + prép* -**1.** [atteindre - trône] to accede to; [- poste, rang] to rise to; [- indépendance, gloire] to gain, to attain; [- lieu] to reach; **on accède à la maison par un petit chemin** you get to the house via a narrow path, access to the house is by a narrow path; **~ à la propriété** to become a home-owner. -**2.** [accepter - demande, requête] to grant; [- désir] to meet, to give in to. -**3.** [connaître - culture] to attain a degree of; [- secrets, documents] to gain access to.

accélérateur, trice [akseleratœr, tris] *adj* accelerating.

◆ **accélérateur** *nm* accelerator; **~ de particules** particle accelerator.

accélération [akselerasjɔ̃] *nf* -**1.** AUT, MÉCAN & PHYS acceleration; **avoir de l'~** to have good acceleration; **~ de la pesanteur** acceleration of free fall OU of gravity. -**2.** [accroissement du rythme - du cœur, du pouls] acceleration; [- d'un processus] speeding up; **l'~ de l'histoire** the gathering pace of historical events.

accéléré [akselere] *nm* fast motion.

◆ **en accéléré** ◇ *loc adj* speeded-up, accelerated.

◇ *loc adv* speeded-up; **montre-moi la scène en ~** show me the scene speeded-up.

accélérer [18] [akselere] ◇ *vt* [allure] to accelerate; [rythme cardiaque] to raise, to increase; [pouls] to quicken; [démarches, travaux] to speed up; **~ le pas** to quicken one's pace; **~ le mouvement** *fam* to get things moving.

◇ *vi* -**1.** AUT to accelerate; **allez, accélère!** come on, step on it! -**2.** *fam* [se dépêcher]: **accélère un peu!** come on, get going OU move!

◆ **s'accélérer** *vpi* [pouls, cœur] to beat faster; **son débit s'accélère** he's talking faster and faster.

accélérographe [akselerɔgraf] *nm* accelerograph.

accéléromètre [akselerɔmɛtr] *nm* accelerometer.

accent [aksɑ̃] *nm* -**1.** [prononciation] accent; **avoir un ~** to speak with OU to have an accent; **il n'a pas d'~** he doesn't have an accent; **avoir un bon ~: elle a un bon ~ (en anglais/chinois)** her (English/Chinese) accent is very good; **elle avait l'~ italien** she spoke with an Italian accent; **~ du midi** southern (French) accent. -**2.** PHON stress; **~ tonique** tonic accent; [signe] stress mark; **mettre l'~ sur** *pr* to stress; *fig* to stress, to emphasize. -**3.** [signe graphique] accent; **~ grave/circonflexe/aigu** grave/circumflex/acute (accent); **e ~ grave/aigu** e grave/acute. -**4.** [inflexion] note, accent; **un ~ de sincérité/d'émotion** a note of sincerity/of emotion; **avec un ~ plaintif** in plaintive tones; **les ~s du désespoir/de l'amour** the accents of despair/of love; **avoir l'~ de la vérité** to ring true; **un poème aux ~s baudelairiens** *litt* a poem with a Baudelairian flavour to it.

◆ **accents** *nmpl* [son]: **les ~s d'un accordéon** the strains of an accordion.

accentuation [aksɑ̃tɥasjɔ̃] *nf* -**1.** PHON stressing, accentuation; **l'~, en anglais, se définit ainsi** the stress pattern of English is defined as follows. -**2.** [système graphique] use of accents. -**3.** [exagération - d'une ressemblance, d'une différence, des traits] emphasizing; [- d'un effort] intensification, increase; [- du chômage, d'une crise] increase, rise.

accentué, e [aksɑ̃tɥe] *adj* -**1.** PHON [son, syllabe] stressed, accented; **voyelle non ~e** unstressed vowel. -**2.** [dans l'écriture] accented; **un e ~** an e with an accent, an accented e. -**3.** [exagéré - traits, défaut] marked, pronounced; [- tendance, crise] increased, stronger.

accentuel, elle [aksɑ̃tɥɛl] *adj* accentual, stress *(épith)*, accent *(épith)*.

accentuer [7] [aksɑ̃tɥe] *vt* -**1.** PHON [son, syllabe] to accent, to accentuate, to bring out *(insép)*. -**2.** [dans l'écriture] to put an accent on. -**3.** [rendre plus visible - ressemblance, différence] to accentuate, to bring out *(insép)*, to emphasize; [- forme, traits] to emphasize, to accentuate, to highlight; **le maquillage accentue la forme de l'œil** make-up accentuates the outline of the eye. **-4.** [augmenter - effort] to increase, to intensify; [- chômage, crise] to increase.

◆ **s'accentuer** *vpi* [contraste, ressemblance] to become more marked OU apparent OU pronounced; [tendance] to become more noticeable; [chômage] to rise, to increase; [crise] to increase in intensity.

acceptabilité [aksɛptabilite] *nf* acceptability.

acceptable [aksɛptabl] *adj* [offre, condition] acceptable; [attitude] decent, acceptable; [travail] fair, acceptable; [repas] decent; [réponse] satisfactory; [prix] fair, reasonable.

acceptant, e [aksɛptɑ̃, ɑ̃t] *adj & nm, f* acceptant.

acceptation [aksɛptasjɔ̃] *nf* **-1.** [accord] acceptance. **-2.** FIN & JUR acceptance.

accepter [4] [aksɛpte] *vt* **-1.** [recevoir volontiers - cadeau, invitation] to accept; *(en usage abs)*: **ne fais pas tant d'histoires, accepte!** don't make such a fuss, say yes! ‖ [s'engager volontiers dans - défi, lutte] to take up *(sép)*; **j'accepte ton pari** I'll take you up on your bet. **-2.** [admettre - hypothèse, situation] to accept; [- condition] to agree to, to accept; [- mort, échec, sort] to accept, to come to terms with; [- requête] to grant; **il a du mal à ~ le bébé comme étant le sien** he finds it hard to accept the baby as his own child; **~ que: j'accepte que cela soit difficile** I accept that it is OU might be difficult; **j'accepte qu'il vienne** I agree to him coming; **~ de faire qqch** to agree to do sthg ❑ **en ~ l'augure** *sout*: **il ne trahira pas — acceptons-en l'augure** he won't betray us — let's take it on trust that he won't. **-3.** [tolérer - critique, hypocrisie] to take, to stand for, to put up with *(insép)*; **il a tout accepté de sa femme** he put up with everything his wife did to him; **~ que: elle accepte qu'il lui parle** she puts up with him talking to her; **il n'a pas accepté qu'elle le quitte** he just couldn't take OU accept her leaving him; **~ de** to be prepared to; **j'accepte de ne rien dire** I'm prepared to say nothing. **-4.** [accueillir] to accept; **elle a tout de suite été acceptée dans la famille** she was readily accepted OU made welcome by the family; **~ qqn comme associé** to take sb in as a partner; **'les animaux ne sont pas acceptés'** 'no animals allowed'; **acceptez-vous les cartes de crédit?** do you take credit cards? **-5.** FIN to accept.

◆ **s'accepter** *vp (emploi réfléchi)* to accept o.s.; **je me trouvais trop grosse, maintenant je m'accepte telle que je suis** I used to think of myself as too fat, now I've learned to live with the way I am.

accepteur, euse [aksɛptœr, øz] *nm, f* [gén] accepter; COMM & SC acceptor.

◆ **accepteur** *nm* CHIM & PHYS acceptor.

acception [aksɛpsjɔ̃] *nf* meaning, sense; **dans toutes les ~s du mot** OU **du terme** in every sense of the word.

◆ **sans acception de** *loc prép* **-1.** [gén] without taking into account. **-2.** JUR: **sans ~ de personne** without giving preference to anyone.

accès [aksɛ] *nm* **-1.** [entrée] access; **un ~ direct à** OU **sur la route** direct access to the road; **l'~ de la chambre t'est interdit** you're forbidden to enter the bedroom; **'~ gratuit'** 'free admission'; **'~ interdit'** 'no entry', 'no admittance'; **d'~ facile** [lieu] accessible; [île] easy to get to; [personne] approachable; [œuvre] accessible; **d'~ difficile** [lieu] hard to get to; [personne] unapproachable; [œuvre] difficult; **avoir ~ à** [lieu, personne, études, profession] to have access to; **donner ~ à** [lieu] to lead to; [études, profession] to lead to, to give access to. **-2.** [chemin, voie] way in, access, entrance; **les ~ de la maison** the ways in to OU entrances to the house; **'~ aux trains** OU **quais'** 'to the trains'. **-3.** [crise - de rhumatisme, de goutte] attack; [- de folie] fit; [- de colère] outburst, fit; **un ~ de fièvre** MÉD a sudden high temperature; *fig* a burst of intense activity; **sujet à des ~ de jalousie** liable to fits of jealousy; **un ~ de joie** a burst of happiness; **un ~ de tristesse** a wave of sadness. **-4.** INF access; **temps d'~** access time; **~ aléatoire/direct** random/direct access; **~ mémoire simultané** interleaving.

◆ **par accès** *loc adv* in spurts, in fits and starts.

accessibilité [aksesibilite] *nf* accessibility.

accessible [aksesibl] *adj* [livre, œuvre] accessible; [personne] approachable; [lieu] accessible; **~ au public** open to the public; **les toilettes doivent être ~s aux handicapés** toilets must have disabled access; **un luxe qui n'est pas ~ à tous** a luxury that not everyone can afford; **être ~ à la pitié** to be capable of pity.

accession [aksɛsjɔ̃] *nf* **-1.** [arrivée]: **~ à: ~ au trône** accession OU acceding to the throne; **depuis son ~ au poste/rang de...** since he rose to the post/rank of...; **le pays fête son ~ à l'indépendance** the country's celebrating becoming independent OU achieving independence; **faciliter l'~ à la propriété** to make it easier for people to become home-owners. **-2.** JUR accession.

accessit [aksesit] *nm* ≃ certificate of merit *Br*, ≃ Honourable Mention *Am*.

accessoire [akseswar] ◇ *adj* [avantage] incidental; **des considérations ~s** considerations of secondary importance ❑ **des frais ~s** incidentals, incidental expense; **des avantages ~s** fringe benefits.

◇ *nm* **-1.** [considérations secondaires]: **laissons l'~ de côté** let's get to the point. **-2.** [dispositif, objet] accessory; **~ automobile/informatique/vestimentaire** car/computer/fashion accessory. **-3.** CIN, THÉÂT & TV prop.

◆ **accessoires** *nmpl* JUR fittings, appurtenances.

accessoirement [akseswarmɑ̃] *adv* **-1.** [secondairement] secondarily. **-2.** [éventuellement] if necessary, if need be.

accessoiriser [3] [akseswarize] *vt* [voiture] to accessorize, to add accessories to; [tenue] to brighten up with accessories.

accessoiriste [akseswarist] *nmf* **-1.** CIN, THÉÂT & TV props person, propman (*f* props girl). **-2.** AUT car accessories dealer.

accident [aksidɑ̃] *nm* **-1.** [chute, coup] accident; [entre véhicules] crash, accident, collision; **un ~ est si vite arrivé** accidents happen so easily; **~ mortel** fatal accident; **~ d'avion/de voiture** plane/car crash; **~ de la circulation/route/montagne** traffic/road/climbing accident; **la police est sur le lieu de l'~** the police are at the scene of the accident ❑ **~ du travail** industrial accident. **-2.** [fait imprévu] mishap; **~ (de parcours)** (chance) mishap OU setback; **Anne a eu un petit ~ avec la confiture** Anne had a little accident OU mishap with the jam. **-3.** MÉD: **~ de santé** (sudden) health problem ❑ **~ cardiaque** heart attack. **-4.** *euph* [incontinence] accident; **à six ans, il a encore des ~s la nuit** although he's six, he still has accidents OU sometimes wets the bed at night. **-5.** GÉOL: **un ~ de terrain** an uneven piece of ground; **les ~s du relief** the unevenness OU irregularity of the contours ❑ **~ tectonique** tectonic shift. **-6.** PHILOS accident. **-7.** MUS accidental.

◆ **par accident** *loc adv* accidentally, by accident OU chance, as chance would have it.

accidenté, e [aksidɑ̃te] ◇ *adj* **-1.** [endommagé - voiture] damaged; **la police empêche l'accès à l'avion ~** the police are preventing people from approaching the stricken OU crippled plane. **-2.** [inégal - terrain] uneven, broken, irregular. **-3.** *sout* [mouvementé - destin, vie] eventful, chequered.

◇ *nm, f* injured person, casualty; **~ du travail** victim of an industrial injury; **~ de la route** road casualty.

accidentel, elle [aksidɑ̃tɛl] *adj* **-1.** [dû à un accident] accidental; [dû au hasard] fortuitous, incidental, accidental. **-2.** PHILOS accidental.

accidentellement [aksidɑ̃tɛlmɑ̃] *adv* **-1.** [dans un accident] in an accident; [par hasard] accidentally. **-2.** PHILOS accidentally.

accidenter [3] [aksidɑ̃te] *vt* [personne] to injure, to wound; [véhicule] to damage.

accises [aksiz] *nfpl Belg* indirect tax.

accisien [aksizjɛ̃] *nm Belg* indirect taxes agent.

acclamation [aklamasjɔ̃] *nf* acclamation *litt*, applause; **être accueilli par les ~s de la foule** to be cheered by the crowd.

◆ **par acclamation** *loc adv* by popular acclaim, by acclamation; **motion adoptée par ~** motion carried by acclamation.

acclamer [3] [aklame] *vt* to acclaim, to applaud, to cheer.

acclimatation [aklimatasjɔ̃] *nf* acclimatization, acclimation *Am*.

acclimatement [aklimatmɑ̃] *nm* acclimatization, acclimation *Am*.

acclimater [3] [aklimate] *vt* **-1.** BOT & ZOOL to acclimatize, to acclimate *Am*. **-2.** [adopter]: **~ un usage étranger** to adopt a foreign practice.

◆ **s'acclimater** *vpi* **-1.** BOT & ZOOL to acclimatize, to become acclimatized. **-2.** [personne] to adapt; **il s'est bien acclimaté à la vie parisienne** he's adapted OU taken to the Parisian way of life very well.

accointances [akwɛ̃tɑ̃s] *nfpl péj* contacts, links; **avoir des ~ avec le milieu** to have contacts with OU to be connected to the criminal underworld; **il a des ~ en haut lieu** he has friends in high places.

accointer [3] [akwɛ̃te]

◆ **s'accointer avec** *vp + prép litt & péj* to take up with, to team up with.

accolade [akɔlad] *nf* **-1.** [embrassade] embrace; **donner l'~ à qqn** to embrace sb; **recevoir l'~** to be embraced. **-2.** HIST accolade. **-3.** [signe] brace, bracket.

accolement [akɔlmɑ̃] *nm litt* association, bracketing (together).

accoler [3] [akɔle] *vt* **-1.** [disposer ensemble] to place OU to put side by side; **~ deux photographies, ~ une photographie à une autre** to put two photographs side by side. **-2.** [joindre par une accolade] to bracket together.

accommodant, e [akɔmɔdɑ̃, ɑ̃t] *adj* accommodating, obliging.

accommodat [akɔmɔda] *nm* acclimatization, acclimation *Am*.

accommodation [akɔmɔdasjɔ̃] *nf* **-1.** [acclimatement] acclimatization, acclimation *Am*; [adaptation] adaptation. **-2.** OPT focusing.

accommodement [akɔmɔdmɑ̃] *nm* **-1.** [accord] arrangement; **trouver des ~s avec sa conscience** to come to terms with one's conscience. **-2.** POL compromise; **propositions d'~ en vue d'une trêve** compromise proposals for a truce.

accommoder [3] [akɔmɔde] ◇ *vt* **-1.** [adapter] to adapt, to adjust, to fit; **~ son discours au public** to fit one's words to the audience. **-2.** CULIN to prepare; **~ une viande en ragoût** to make OU to prepare a stew.

◇ *vi* OPT to focus.

◆ **s'accommoder à** *vp + prép* to adapt to; **il s'est accommodé à la vie rurale** he has adapted to country life.

◆ **s'accommoder de** *vp + prép* to put up with; **il s'accommode d'une modeste retraite** he's content OU satisfied with a small pension.

accompagnateur, trice [akɔ̃paɲatœr, tris] *nm, f* **-1.** [de touristes] guide, courier; [d'enfants] group leader, accompanying adult; [de malades] nurse. **-2.** MUS accompanist.

accompagnement [akɔ̃paɲmɑ̃] *nm* **-1.** MUS accompaniment. **-2.** CULIN [d'un rôti] trimmings; [d'un mets] garnish; **servi avec un ~ de petits légumes** served with mixed vegetables. **-3.** *litt* [escorte] escort; *fig* complement, accompaniment.

◆ **d'accompagnement** *loc adj* **-1.** MIL: **tir d'~** cover (fire). **-2.** GRAMM: **complément/**

préposition d'~ *complement/preposition indicating who accompanies the subject of the action*.

accompagner [3] [akɔ̃paɲe] *vt* -**1.** [escorter - ami] to go with; tu vas chez Paul? je t'accompagne you're going to see Paul? I'll come along OU I'll go with you; ~ qqn à l'aéroport [gén] to go to the airport with sb; [en voiture] to take sb to the airport; ~ qqn en ville [à pied] to walk into town with sb; [en voiture] to drive sb into town; ~ un groupe de touristes to accompany a group of sightseers, to take some sightseers on a tour; être accompagné de gardes du corps to be followed around OU accompanied by bodyguards; elle vient toujours accompagnée she never comes alone, she always brings somebody with her; je serai accompagné de ma cousine I'll come with my cousin; il vaut mieux être seul que mal accompagné you're better off alone than in bad company; ~ un mourant *fig* to be with a dying man to the last; ~ qqn du regard to follow sb with one's eyes; nos vœux/pensées vous accompagnent our wishes/thoughts are with you. -**2.** [compléter] to go with; un échantillon de parfum accompagne tout achat a sample of perfume comes with any purchase; ce gratin accompagne agréablement toutes les viandes this gratin goes well with any meat dish; une sauce pour ~ vos poissons a sauce to complement your fish dishes; ~ qqch de: accompagné de vin blanc, c'est un délice served with white wine, it's delicious; un sourire accompagné d'un regard complice a smile and a knowing glance. -**3.** MUS to accompany, to provide (an) accompaniment for.

◆ **s'accompagner** *vp (emploi réfléchi)* MUS: s'~ à un instrument to accompany o.s. on an instrument; il chante et s'accompagne à l'accordéon he sings and accompanies himself on the accordion.

◆ **s'accompagner de** *vp* + *prép* to come with; ses phrases s'accompagnent d'une menace there's a threat in his remarks.

accompli, e [akɔ̃pli] *adj* -**1.** [parfait] accomplished. -**2.** [révolu] : elle a vingt ans ~s she's in her twenty-first year. -**3.** LING perfective.

◆ **accompli** *nm* GRAMM perfective.

accomplir [32] [akɔ̃plir] *vt* -**1.** [achever - mandat, obligation] to fulfil; [- mission, travail] to accomplish, to carry out; ~ de bonnes actions to do good (deeds); ~ de mauvaises actions to commit evil (deeds); il n'a rien accompli à ce jour up to now he hasn't achieved OU accomplished anything. -**2.** [réaliser - miracle] to perform; ~ un exploit technique to perform a feat of engineering; ~ les dernières volontés de qqn to carry out sb's last wishes.

◆ **s'accomplir** *vpi* -**1.** [être exécuté - vœu] to come true, to be fulfilled; [- prophétie] to come true; ce qui s'accomplit autour de nous the things happening all around us; la volonté de Dieu s'accomplira God's will shall be done. -**2.** [s'épanouir - personnalité] to become rounded out.

accomplissement [akɔ̃plismɑ̃] *nm* -**1.** [exécution] : cinq ans pour l'~ de ce travail five years to carry out OU to complete this work; après l'~ de votre mission after carrying out your mission. -**2.** [concrétisation] : l'~ d'une prophétie the realization of a prophecy; l'~ d'un exploit sportif/d'un miracle the performance of an athletic feat/of a miracle.

accon [akɔ̃] *nm* lighter, (flat-bottomed) barge.

acconier [akɔnje] *nm* lighterman.

accord [akɔr] *nm* -**1.** [entente] agreement; [harmonie] harmony; il faut un bon ~ entre les participants the participants must all get on well with each other; vivre en parfait ~ to live in perfect harmony; ~ de l'expression et de la pensée harmony between expression and thought. -**2.** [convention] agreement; conclure un ~ avec to come to an agreement with ❑ ~ d'entreprise OU d'établissement collective agreement; ~ commercial commercial agreement; ~ de paiement payment agreement; ~ de principe agreement in principle. -**3.** [approbation] consent, agreement; demander l'~ de qqn to ask for sb's agreement OU consent; donner son ~ to consent; donner son ~ oralement to give one's verbal consent. -**4.** LING agreement, concord; ~ en genre/nombre gender/number agreement; ~ en genre et en nombre agreement in number and in gender; y a-t-il ~ entre le sujet et le verbe? does the verb agree with the subject? -**5.** MUS chord, concord; ~ parfait triad OU common chord. -**6.** AUDIO tuning.

◆ **en accord avec** *loc prép* -**1.** [personne] : en ~ avec lui in agreement with him. -**2.** [suivant] : en ~ avec les directives according to the guidelines; en ~ avec notre politique commerciale in line OU in keeping with our business policy.

◆ **d'accord** *loc adv* ok; tu viens? – d'~ *fam* are you coming? – OK; cent francs chacun, d'~? a hundred francs each, OK?; (c'est) d'~ pour ce soir it's OK for tonight; tu avais dit que c'était d'~! you said that it was OK!; ah d'~, puisque c'est comme ça, je n'irai pas! OK OU alright OU I see, if that's the way it is I won't go!; être d'~ (avec qqn) to agree (with sb); ils ne sont pas d'~ they don't agree, they disagree; je suis d'~ pour qu'on lui dise I agree to her being told OU that she should be told; (je ne suis) pas d'~! [je refuse] no (way)!; [c'est faux] I disagree!; alors là, je ne suis plus d'~! now there I disagree!; nous en sommes OU demeurons d'~ *sout* we are in agreement; j'ai enfin réussi à les mettre d'~ I've finally managed to get them to agree; cessez de vous battre sinon c'est moi qui vais vous mettre d'~! *iron* stop fighting or I'll be the one to sort you out; se mettre d'~ (sur qqch) to agree (on sthg); ils n'arrivent pas à se mettre d'~ they can't manage to agree OU to reach an agreement; mettez-vous d'~, je ne comprends rien à ce que vous dites get your story straight, I can't understand a word of what you're saying; ils se sont mis d'~ pour combiner leur affaire *fam* they cooked up a deal between them; mettons-nous bien d'~, c'est vous le responsable let's get one thing straight, you're in charge; tomber d'~ to come to an agreement; tomber d'~ sur qqch to agree on sthg.

accordable [akɔrdabl] *adj* -**1.** [opinions] which can be reconciled. -**2.** [faveur] which can be granted. -**3.** [piano] tunable.

accord-cadre [akɔrkadr] (*pl* accords-cadres) *nm* framework OU outline agreement.

accordéon [akɔrdeɔ̃] *nm* MUS accordion; coup d'~ *fig* sudden reversal.

◆ **en accordéon** *loc adj*: des chaussettes/bas en ~ wrinkled socks/stockings; une voiture en ~ a crumpled wreck of a car.

accordéoniste [akɔrdeɔnist] *nmf* accordionist.

accorder [3] [akɔrde] *vt* -**1.** [octroyer - congé, permission] to give, to grant; [- faveur] to grant, to bestow; [- subvention] to grant, to award; ~ une interview to give an interview; ~ la grâce d'un OU sa grâce à un condamné to grant a condemned man a pardon, to extend a pardon to a condemned man; ~ la main de sa fille à qqn to give sb one's daughter's hand in marriage; ~ toute sa confiance à qqn to give sb one's complete trust; ~ de l'importance à qqch to attach importance to sthg; ~ de la valeur aux objets to set a value on things; je vous accorde une heure, pas plus I'll allow you one hour, no more; voulez-vous m'~ cette danse? may I have this dance? -**2.** [concéder] : ~ à qqn que to admit to OU to grant sb that; vous m'accorderez que, là, j'avais raison you must admit that on this point I was right; ils sont jeunes, je vous l'accorde granted, they're young, they're young I grant you. -**3.** [harmoniser] : ~ les couleurs d'une pièce to harmonize OU to coordinate the colours of a room. -**4.** GRAMM to make agree; ~ le verbe avec le sujet to make the verb agree with the subject. -**5.** MUS [piano, guitare] to tune; les musiciens accordent leurs instruments [avant un concert] the players are tuning up ❑ ~ ses violons *fig* to agree; accordez vos violons sur ce qui s'est passé! you'd better make sure your stories agree!

◆ **s'accorder** ◇ *vpi* -**1.** [être du même avis] : s'~ à OU pour: tous s'accordent à dire que... they all agree OU concur that...; ils se sont accordés pour baisser leurs prix they agreed among themselves that they would drop their prices. -**2.** [s'entendre] : on ne s'est jamais accordé (tous les deux) we two never saw eye to eye OU got along. -**3.** [être en harmonie - caractères] to blend; [- opinions] to match, to tally, to converge; le moderne et l'ancien s'accordent parfaitement old and new blend perfectly together; ce qu'il dit ne s'accorde pas avec sa personnalité he's saying things which are out of character. -**4.** GRAMM to agree; s'~ en genre avec to agree in gender with. -**5.** MUS to tune up.

◇ *vpt*: s'~ quelques jours de repos to take a few days off.

accordeur [akɔrdœr] *nm* (piano) tuner.

accore [akɔr] ◇ *adj* abrupt, sheer.

◇ *nf* shore.

accorte [akɔrt] *adj f litt* pleasant, comely; une femme rondelette et ~ an attractively buxom woman.

accostage [akɔstaʒ] *nm* -**1.** NAUT drawing OU coming alongside. -**2.** [d'une personne] accosting.

accoster [3] [akɔste] ◇ *vt* -**1.** [personne] to go up to *(insép)*, to accost. -**2.** NAUT to come OU to draw alongside.

◇ *vi* NAUT to berth.

accotement [akɔtmɑ̃] *nm* -**1.** [d'une route] shoulder, verge *Br*; '~s non stabilisés' 'soft shoulders OU verges' *Br*. -**2.** RAIL shoulder.

accoter [3] [akɔte] *vt* to lean; ~ une échelle contre un mur to lean a ladder against a wall; maisons accotées à la colline houses hugging the hillside.

◆ **s'accoter à, s'accoter contre** *vp* + *prép* to lean against.

accotoir [akɔtwar] *nm* armrest.

accouchée [akuʃe] *nf woman who has recently given birth*.

accouchement [akuʃmɑ̃] *nm* [travail] childbirth, labour; [expulsion] delivery; première/deuxième phase de l'~ first/second stage of labour; pendant mon ~ while I was giving birth OU in labour; procéder à un ~ to deliver a woman; elle a eu un ~ difficile she had a difficult delivery ❑ ~ prématuré OU avant terme premature delivery; ~ dirigé induced delivery; ~ sans douleur painless delivery OU childbirth; ~ à terme full term delivery.

accoucher [3] [akuʃe] ◇ *vi* -**1.** [avoir un bébé] to have a baby, to give birth; pendant qu'elle accouchait while she was giving birth OU in labour; Diane a accouché l'été dernier/avant terme Diane had her child last summer/prematurely; j'accouche en juin my baby's due in June. -**2.** ▽ [parler] : accouche! spit it out!, let's have it!

◇ *vt*: c'est lui qui l'a accouchée he delivered her baby.

◆ **accoucher de** *v* + *prép* -**1.** [enfant] to give birth to, to have; ~ d'une fille to give birth to a girl; ~ de jumeaux to have twins. -**2.** *fam* [produire] to come up OU out with; six mois de travail pour ~ d'une pièce aussi nulle! six months of work to come out with such a useless play!

accoucheur, euse [akuʃœr, øz] *nm, f* obstetrician.

accouder [3] [akude] *vt*: être accoudé à qqch to lean on sthg; il était accoudé au bar he was leaning on the bar.

◆ **s'accouder** *vpi*: s'~ à OU sur qqch to lean (one's elbows) on sthg; s'~ à la fenêtre to lean out of the window.

accoudoir [akudwar] *nm* armrest.

accouplement [akupləmɑ̃] *nm* -**1.** [raccordement] linking, joining; MÉCAN coupling, connecting; ÉLECTR connecting. -**2.** AGR yoking, coupling. -**3.** ZOOL mating.

accoupler [3] [akuple] *vt* -**1.** [raccorder - mots] to link OU to join (together); MÉCAN to couple, to connect; ÉLECTR to connect. -**2.** AGR [pour le trait] to yoke OU to couple together *(sép)* -**3.** ZOOL to mate.

◆ **s'accoupler** *vpi* [animaux] to mate.

accourir [45] [akurir] *vi* to run, to rush; **elle est accourue pour le voir** she hurried OU rushed to see him; **ils sont accourus (pour) m'annoncer la nouvelle** they came running to tell me the news; **elle l'appelle et il accourt** all she has to do is whistle and he comes running.

accoutrement [akutrəmɑ̃] *nm* outfit.

accoutrer [3] [akutre] *vt péj* to dress up *(sép)*; **comme te voilà accoutré!** you do look ridiculous in that outfit!

◆ **s'accoutrer** *vp (emploi réfléchi) péj* to get dressed up.

accoutumance [akutymɑ̃s] *nf* -**1.** [adaptation] habituation. -**2.** [d'un toxicomane] addiction, dependency.

accoutumé, e [akutyme] *adj* usual, customary.

◆ **comme à l'accoutumée** *loc adv sout* as usual, as always; **il mangeait des spaghetti, comme à l'**~**e** he was eating spaghetti as usual, as always, he was eating spaghetti.

accoutumer [3] [akutyme] *vt*: ~ **qqn à (faire) qqch** to accustom sb to (doing) sthg, to get sb used to (doing) sthg.

◆ **s'accoutumer à** *vp + prép* to get used to; **il faudra vous** ~ **à vous lever tôt** you'll have to get used to getting up early.

Accra [akra] *npr* Accra, Akkra.

accréditer [3] [akredite] *vt* [rumeur, nouvelle] to substantiate, to give credence to; [personne] to accredit; ~ **qqn auprès de** to accredit sb to.

◆ **s'accréditer** *vpi* [rumeur] to gain ground.

accréditeur [akreditœr] *nm* surety.

accréditif, ive [akreditif, iv] *adj*: **lettre accréditive** letter of credit.

◆ **accréditif** *nm* [lettre] letter of credit; [crédit] credit.

accro *fam* [akro] ◇ *adj* hooked; **être** ~ **à qqch** to be hooked on OU really into sthg.

◇ *nmf* fanatic; **les** ~**s de la hi-fi** hi-fi fanatics; **c'est un** ~ **du football** he's really mad on football.

accroc [akro] *nm* -**1.** [déchirure] tear, rip; **faire un** ~ **à sa chemise** to tear OU to rip one's shirt. -**2.** *fam* [entorse] breach, violation; **faire un** ~ **au règlement** to bend the rules; **faire un** ~ **à un contrat** to breach OU to violate a contract. -**3.** [incident] snag, hitch; **un voyage sans** ~ OU ~**s** an uneventful trip; **ce n'est qu'un petit** ~ **à notre planning** it's just a minor hitch as far as our schedule is concerned.

accrochage [akrɔʃaʒ] *nm* -**1.** [suspension - d'un tableau] hanging; BX-ARTS small exhibition. -**2.** [fixation - d'un wagon] hitching (up), coupling; [- d'une remorque] hitching (up). -**3.** [collision - entre véhicules] collision; **en 30 ans de conduite, je n'ai jamais eu le moindre** ~ in 30 years as a driver, I've never had an accident of any sort; **ce n'est qu'un tout petit** ~ it's only a scratch. -**4.** [querelle] quarrel, squabble; **avoir un** ~ **avec qqn** to clash with sb. -**5.** MIL skirmish, engagement. -**6.** SPORT [en boxe] clinch; [entre deux coureurs] tangle. -**7.** MÉTALL scaffold, scaffolding.

accroche [akrɔʃ] *nf* attention-getter, attention-catcher *(in advertising)*.

accroche-cœur [akrɔʃkœr] *(pl inv* OU **accroche-cœurs**) *nm* kiss-curl *Br*, spit curl *Am*.

accroche-plat [akrɔʃpla] *(pl inv* OU **accroche-plats**) *nm* plate-hanger.

accrocher [3] [akrɔʃe] ◇ *vt* -**1.** [suspendre - tableau] to hang; [- manteau, rideau] to hang up *(sép)*; **un petit miroir accroché au moyen d'un clou** a small mirror hanging on OU from a nail ❑ **avoir le cœur** OU **l'estomac bien accroché** to have a strong stomach; **il faut avoir le cœur** OU **l'estomac bien accroché ici!** you can't afford to be squeamish here! -**2.** [saisir] to hook; **chaque enfant essaie d'**~ **un paquet** each child tries to hook up a parcel; ~ **une embarcation avec une gaffe** to hook a boat in; **il a accroché une bonne commande** *fam* he landed a big order; **ses bijoux accrochaient la lumière** her jewels caught the light. -**3.** [relier]: ~ **qqch à** to tie sthg (on) to; ~ **un wagon à un train** to couple OU to hitch a wagon to a train; ~ **un pendentif à une chaîne** to attach a pendant to a chain. -**4.** *fam* [aborder] to corner, to buttonhole, to collar; **le curé m'a accroché à la sortie de l'église** the vicar buttonholed me outside the church. -**5.** *fam* [retenir l'intérêt de] to grab the attention of; [attirer - le regard] to catch; **il faut** ~ **le lecteur dès les premières pages** we must make the reader sit up and take notice from the very beginning of the book; **qui accroche le regard** eye-catching ‖ *(en usage abs)*: **un slogan qui accroche** a catchy slogan. -**6.** [déchirer - collant, vêtement] to snag, to catch. -**7.** [heurter] to hit; ~ **un piéton** to hit a pedestrian; **il a accroché ma voiture avec son aile** he caught OU scraped my car with his wing; **elle m'a accroché en me dépassant** she scraped my bodywork as she overtook me; **elle a accroché le vase au passage et il est tombé** she knocked the vase as she went past and it crashed to the ground. -**8.** MIL to engage in a skirmish with.

◇ *vi* -**1.** [coincer - fermeture, tiroir] to jam, to stick; **des skis qui accrochent** skis that don't run smoothly; **farte tes skis, la neige accroche ce matin** wax your skis because the snow's sticky this morning ‖ *fig* [buter] to be stuck; **la discussion accroche sur la composition du comité** the discussion has come up against a difficulty over the composition of the committee; **j'accroche sur la traduction de ce mot** I just can't come up with a good translation for this word. -**2.** *fam* [bien fonctionner]: **ça n'a pas accroché entre eux** they didn't hit it off; **je n'ai jamais accroché en physique** I never really got into physics; **en musique, il a tout de suite accroché** he took to music straight away.

◆ **s'accrocher** ◇ *vp (emploi passif)* to fix OU to hook on to; **la médaille s'accroche au bracelet avec un fermoir** the medallion fixes OU fastens on to the bracelet with a clasp; **la remorque s'accroche à la voiture** the trailer hooks OU hitches on to the (back of the) car.

◇ *vp (emploi réciproque)* -**1.** [entrer en collision - voitures] to crash (into each other), to collide; [- boxeurs] to clinch; **les pédales des deux vélos se sont accrochées** the pedals on the two bicycles got tangled up. -**2.** [se disputer] to clash; **ils ne peuvent pas se supporter, ils vont s'**~ **tout de suite** they can't stand each other so they're bound to start arguing straight away; **les deux divisions se sont accrochées** MIL there was a skirmish between the two divisions.

◇ *vpi fam* [persévérer - athlète, concurrent] to apply o.s.; **il faut s'**~ **pour suivre son explication** you've got to have your wits about you if you want to understand his explanation.

◇ *vpt*: **se l'**~ ▽: **tu peux te l'**~ **!** ▽ [tu ne l'auras jamais] you can whistle for it!; [tu ne l'auras plus] you can kiss it goodbye!

◆ **s'accrocher à** *vp + prép*: **accroche-toi à la poignée!** hang on (tight) to the handle!; **s'**~ **au pouvoir/à la vie/à sa mère** *fig* to cling to power/to life/to one's mother; **une bicoque s'accrochait à la falaise** *litt* a shack was clinging to the cliff.

◆ **s'accrocher avec** *vp + prép* to clash with.

accrocheur, euse *fam* [akrɔʃœr, øz] ◇ *adj* -**1.** [tenace - vendeur] pushy. -**2.** [attirant - titre, slogan, tube] catchy; [- sourire] beguiling; **une publicité accrocheuse** an eye-catching advertisement.

◇ *nm, f* fighter.

accroire [akrwar] *vt (à l'infinitif seulement) litt*: **faire** OU **laisser** ~ **qqch à qqn** to mislead sb into believing sthg; **en faire** ~ **à qqn** to try to deceive sb.

accroissement [akrwasmɑ̃] *nm* -**1.** [augmentation]: **l'**~ **de la population** population growth; **avec l'**~ **de leur pouvoir d'achat** with their increased purchasing power. -**2.** MATH increment.

accroître [94] [akrwatr] *vt* [fortune, sentiment] to increase; [désordre] to spread; [domaine] to add (on) to; [popularité] to enhance.

◆ **s'accroître** *vpi* [tension] to rise; [sentiment] to grow; [population] to rise, to increase, to grow.

accroupir [32] [akrupir]

◆ **s'accroupir** *vpi* to squat OU to crouch (down).

accroupissement [akrupismɑ̃] *nm* -**1.** [action] squatting, crouching. -**2.** [position] squatting position.

accru, e [akry] *adj* [fortune] increased, larger; [sentiment] deeper; [popularité] enhanced.

◆ **accru** *nm* BOT sucker.

◆ **accrue** *nf* AGR [extension] *extension of forest by natural seeding*.

accu *fam* [aky] *nm* battery; **les** ~**s sont morts** the battery's dead.

accueil [akœj] *nm* -**1.** [réception - d'invités] welcome, greeting; **nous avons reçu le plus chaleureux des** ~**s** the heartiest of welcomes awaited us; **faire bon** ~ **à qqn** to give sb a warm welcome; **faire mauvais** ~ **à qqn** to give sb a cool reception; **faire bon/mauvais** ~ **à une proposition** *fig* to receive a proposal warmly/coldly. -**2.** [bureau, comptoir] desk, reception.

◆ **d'accueil** *loc adj* [discours, cérémonie] welcoming; [hôtesse, hall] reception *(épith)*; [pays] host *(épith)*.

accueillant, e [akœjɑ̃, ɑ̃t] *adj* [peuple, individu] welcoming, friendly; [sourire] warm, welcoming; [maison] hospitable.

accueillir [41] [akœjir] *vt* -**1.** [aller chercher] to meet; ~ **qqn à l'aéroport** to meet sb at the airport. -**2.** [recevoir]: ~ **qqn froidement** to give sb a cool reception; **être très bien/mal accueilli** to get a very pleasant/poor welcome; **accueilli par des bravos** greeted with cheers; **ils m'ont accueilli avec un sourire gêné** they gave me an embarrassed smile as I came in; **elle a été accueillie par des huées** she was booed OU hissed as she came in; ~ **une idée avec scepticisme/enthousiasme** to greet an idea with scepticism/enthusiasm; **le projet a été très mal accueilli par la direction** the project got a cool reception from the management. -**3.** [héberger] to house, to accommodate; **l'hôpital peut** ~ **1 000 malades** the hospital can accommodate 1,000 patients; **j'étais sans abri et ils m'ont accueilli** I was homeless and they took me in OU gave me a home.

acculer [3] [akyle] ◇ *vt* -**1.** [bloquer]: ~ **qqn contre qqch** to drive sb back against sthg; ~ **un animal** CHASSE to bring an animal to bay; **tel un animal acculé** like an animal at bay. -**2.** [contraindre]: ~ **qqn à**: ~ **qqn à la faillite** to push sb into bankruptcy; ~ **qqn au désespoir** to drive sb to despair.

◇ *vi* NAUT to list by the stern.

acculturation [akyltyrasjɔ̃] *nf* acculturation, cultural adaptation.

acculturer [3] [akyltyre] *vt*: ~ **un groupe ethnique** to help an ethnic group adjust to a new cultural environment.

accumulateur [akymylatœr] *nm* -**1.** BANQUE, INF & MÉCAN accumulator. -**2.** ÉLECTR (storage) battery, storage cell.

accumulation [akymylasjɔ̃] *nf* -**1.** [action] accumulation, amassing, building up; [collection] mass; **que vais-je faire de cette** ~ **de vieux journaux?** what am I going to do with this pile of old newspapers?; **devant cette** ~ **de preuves/démentis** faced with this mass of proof/with repeated denials. -**2.** ÉLECTR storage.

accumuler [3] [akymyle] *vt* -**1.** [conserver - boîtes, boutons] to keep OU to hoard (in large quantities); [- denrées] to stockpile, to hoard; [- papiers] to keep; **j'accumule les chaussures**

neuves sans jamais les mettre I just pile up masses of new shoes and never wear them. -**2.** [réunir - preuves] to pile on *(sép)*, to accumulate; [- fortune, argent] to amass, to accumulate; **mais tu les accumules!** *fam* [les bêtises] you never stop, do you?

◆ **s'accumuler** *vpi* to accumulate, to mount (up), to pile up; **du linge sale qui s'accumule** a mounting heap of dirty linen; **les toxines s'accumulent dans l'organisme** there is a build-up of toxins in the body.

accusateur, trice [akyzatœr, tris] ◇ *adj* [silence, regard] accusing; [bilan] incriminating; [preuve] accusatory, incriminating.

◇ *nm, f* [dénonciateur] accuser.

◆ **accusateur** *nm* HIST: ~ **public** public prosecutor *(during the French Revolution)*.

accusatif [akyzatif] *nm* accusative.

accusation [akyzasjɔ̃] *nf* -**1.** JUR charge, indictment; **mettre qqn en** ~ to indict OU to charge sb. -**2.** [reproche] accusation, charge; **lancer une** ~ **contre qqn/un parti** to make an accusation against sb/a party.

accusatoire [akyzatwar] *adj* accusatory.

accusé, e [akyze] *nm, f* accused, defendant; ~, **levez-vous!** the accused will stand!

◆ **accusé** *nm*: ~ **de réception** acknowledgement of receipt.

accuser [3] [akyze] *vt* -**1.** [désigner comme coupable] to accuse; **je ne t'accuse pas!** I'm not saying you did it!; **tout l'accuse** everything points to his guilt; ~ **qqn de qqch** to accuse sb of sthg; **il a accusé le jury de favoritisme** he accused the jury of being biased; **on m'accuse d'avoir menti** I'm being accused of lying; **elle l'accuse de les avoir tués** she accuses him of killing them; **J'accuse** *title of an open letter to the French President which appeared in 'L'Aurore' in January 1898, in which Emile Zola insisted that Alfred Dreyfus had been unjustly incriminated* || JUR: ~ **qqn de meurtre/viol** to charge sb with murder/rape; **de quoi l'accuse-t-on?** what's the charge against him? -**2.** [rejeter la responsabilité sur] to blame, to put the blame on; **au lieu d'**~ **la malchance** instead of blaming hard luck. -**3.** [accentuer] to highlight, to emphasize, to accentuate; **la lumière accuse les reliefs** sunlight emphasizes the outlines. -**4.** [indiquer]: **la Bourse accuse une forte baisse** the stock market is registering big losses; **son visage accuse une grande fatigue** her face shows how tired she is; **il accuse ses cinquante ans** he's fifty and looks it; **le compteur accuse 130 km/h** the meter's registering OU reading 130 km/h. -**5.** *loc*: ~ **réception de** to acknowledge receipt of; ~ **le coup** BOXE to reel with the punch; *fig* to stagger under the blow; **elle a drôlement accusé le coup, dis donc!** *fam* you can tell she's really been through it!

◆ **s'accuser** *vp (emploi réfléchi)* to accuse o.s.; **s'**~ **de qqch** to accuse o.s. of sthg, to confess to sthg; **il s'est accusé d'avoir volé** he confessed to having committed a theft.

ace [es, ɛs] *nm* ace SPORT.

acéphale [asefal] *adj* acephalous.

acerbe [asɛrb] *adj* -**1.** [parole, critique] cutting, acerbic *litt*. -**2.** *litt* [goût] bitter.

acéré, e [asere] *adj* -**1.** [lame, pointe] sharp. -**2.** *fig & sout* [critique, propos] biting, caustic.

acétate [asetat] *nm* CHIM acetate; ~ **d'aluminium** aluminium acetate; ~ **de cellulose** cellulose acetate.

acétique [asetik] *adj* acetic.

acétone [asetɔn] *nf* acetone.

acétonémie [asetɔnemi] *nf* acetonemia.

acétonémique [asetɔnemik] *adj* acetonemic.

acétonurie [asetɔnyri] *nf* acetonuria.

acétylcellulose [asetilselyloz] *nf* cellulose acetate.

acétylcholine [asetilkɔlin] *nf* acetylcholine.

acétyle [asetil] *nm* acetyl.

acétylène [asetilɛn] *nm* acetylene.

acétylénique [asetilenik] *adj* acetylenic.

acétylsalicylique [asetilsalisilik] *adj* acetylsalicylic.

acétylure [asetilyr] *nm* acetylide.

ACF (*abr de* Automobile Club de France) *npr m French automobile association*, ≃ AA *Br*, ≃ RAC *Br*, ≃ AAA *Am*.

ach. *abr écrite de* achète.

achalandage [aʃalɑ̃daʒ] *nm* JUR clientele.

achalandé, e [aʃalɑ̃de] *adj*: **bien** ~ well-stocked; **mal** ~ short on merchandise.

acharné, e [aʃarne] ◇ *adj* [combat, lutte] fierce; [travail] relentless; [travailleur] hard; [joueur] hardened; **il est** ~ **à votre perte** OU **à vous perdre** he is set OU bent OU intent on ruining you.

◇ *nm, f*: **un** ~ **du travail** a workaholic.

acharnement [aʃarnəmɑ̃] *nm* [dans un combat] fury; [dans le travail] relentlessness, perseverance; **son** ~ **à détruire les preuves** her determination to destroy the proofs; **son** ~ **à réussir** his determination to succeed; ~ **au travail** dedication to work ❑ ~ **thérapeutique** use of intensive medication.

◆ **avec acharnement** *loc adv* [combattre] tooth and nail, furiously; [travailler] relentlessly; [résister] fiercely.

acharner [3] [aʃarne]

◆ **s'acharner** *vpi* -**1.** **s'**~ **sur** OU **contre** OU **après qqn** [le tourmenter] to persecute OU to hound sb; **les médias s'acharnent sur** OU **contre moi** I'm being hounded by the press; **ses créanciers s'acharnent sur elle** she's being hounded by her creditors, her creditors won't leave her a moment's peace; **le sort s'acharne sur lui** he's dogged by hard luck. -**2.** **s'**~ **sur qqch** [persévérer] to work (away) at sthg; **voilà deux jours que je m'acharne sur ces calculs** I've been working away at these calculations for two days now; **cesse de t'**~ **sur ce nœud!** just leave that knot alone!; **s'**~ **à faire qqch** to strive to do sthg; **je m'acharne à lui faire mettre un chapeau pour sortir** I'm always trying to get him to wear a hat when he goes out || *(en usage abs)*: **inutile de t'**~, **tu ne la convaincras pas** it's no use struggling, you won't persuade her.

achat [aʃa] *nm* -**1.** [fait d'acheter] purchasing, buying; **l'**~ **d'une voiture neuve** the purchasing of a new car; **faire un** ~ to purchase OU to buy something; **faire un** ~ **à crédit** to buy something on credit. -**2.** [article acheté] purchase, buy; **réglez vos** ~**s à la caisse** pay (for your purchases) at the cash desk; **un sac rempli d'**~**s** a bag full of shopping; **c'est un bon/mauvais** ~ it's a good/bad buy ❑ ~ **groupé** package.

◆ **à l'achat** *loc adv*: **la livre fait 12 F à l'**~ the buying rate for sterling is 12 F; **cette machine est chère à l'**~ **mais vous l'amortirez en quelques années** this machine involves a high initial outlay but it will pay for itself in a few years.

acheminement [aʃminmɑ̃] *nm* [de marchandises] conveying, forwarding, shipment; [de troupes] moving; [de trains] routing; ~ **du courrier** mail delivery.

acheminer [3] [aʃmine] *vt* -**1.** [marchandises] to convey, to forward; ~ **des produits par avion** to ship products by plane; ~ **un colis vers** to ship a parcel to. -**2.** MIL to convey, to move; ~ **des troupes vers** OU **sur le front** to move troops up to the front OU up the line. -**3.** RAIL to route; ~ **un train vers** OU **sur** to route a train to OU towards.

◆ **s'acheminer vers** *vp + prép* [endroit] to head for; [accord, solution] to move towards; **nous nous acheminons vers la résolution du conflit** we're moving towards a solution to the conflict.

achetable [aʃtabl] *adj* purchasable.

acheter [28] [aʃte] *vt* -**1.** [cadeau, objet d'art, denrée] to buy, to purchase; **où l'as-tu acheté?** where did you buy it?; ~ **qqch au kilo** to buy sthg by the kilo; ~ **des actions** OU **une part d'une entreprise** to buy into a business; **il a acheté les terrains environnants** he bought up the surrounding land; ~ **qqch comptant/en gros/d'occasion/à crédit** to buy sthg cash/wholesale/second-hand/on credit; ~ **des boutons/oranges au détail** to buy buttons/oranges singly; ~ **qqch à qqn** [pour soi] to buy sthg from sb; [pour offrir] to buy sb sthg, to buy sthg for sb; **je lui ai acheté sa vieille voiture** I bought his old car from OU off him; **si ça te plaît, je te l'achète** I'll buy you it OU it for you if you like it || *(en usage abs)*: **achetez français!** buy French (products)! -**2.** [échanger - liberté, paix] to buy. -**3.** [soudoyer - témoin, juge] to bribe, to buy (off); [- électeurs] to buy; **ne crois pas que tu pourras m'**~ you must understand I won't be bought; **ils ont été achetés** they were bribed.

◆ **s'acheter** ◇ *vp (emploi passif)* to be on sale; **où est-ce que ça s'achète?** where can you buy it?

◇ *vpt*: **s'**~ **qqch** to buy o.s. sthg ❑ **s'**~ **une conduite** to turn over a new leaf.

acheteur, euse [aʃtœr, øz] *nm, f* -**1.** [client] buyer, purchaser; **les** ~**s se font rares** there are fewer and fewer buyers OU customers; **trouver un** ~ **pour qqch** to find a buyer for OU to find somebody to buy sthg. -**2.** [professionnel] buyer. -**3.** JUR vendee.

achevé, e [aʃve] *adj* [sot] downright, absolute; [sportif, artiste] accomplished; [œuvre] perfect; **il est d'un ridicule** ~ *sout* he's utterly preposterous.

achèvement [aʃɛvmɑ̃] *nm* completion.

achever [19] [aʃve] *vt* -**1.** [finir - repas, discours, lettre] to finish, to end, to bring to a close OU an end; [- journal, livre] to reach the end of, to finish; ~ **son œuvre** to complete one's life's work; ~ **sa vie à l'hôpital** to end one's days in hospital; **laisse-le** ~ **sa phrase** let him finish what he's saying; ~ **de**: **ils avaient juste achevé de rembourser le crédit** they'd just got through paying off the debt; ~ **de mettre au point une invention** to put the final touch to an invention || *(en usage abs)* [finir de parler] to finish (talking); **à peine avais-je achevé que...** I'd hardly finished (talking) OU stopped talking when... -**2.** [tuer] to finish off *(sép)*. -**3.** *fam* [accabler] to finish off; **la mort de sa femme l'a achevé** his wife's death really finished him off; **toutes ces courses m'ont achevé** all this shopping has done me in. -**4.** *fam* [ruiner] to finish off *(sép)*, to clean out *(sép)*; **les frais d'avocat l'ont achevé** the lawyer's fees cleaned him out.

◆ **s'achever** *vpi* [vie, journée, vacances] to come to an end, to draw to a close OU an end; [dîner, film] to end, to finish; **le livre s'achève sur une note d'espoir** the book ends on a hopeful note; **ainsi s'achève notre aventure** thus ends the story of our adventure; **ainsi s'achève notre journal** RAD & TV (and) that's the end of the news.

Achille [aʃil] *npr* Achilles.

achoppement [aʃɔpmɑ̃] *nm* → **pierre**.

achopper [3] [aʃɔpe] *vi*: ~ **sur** *pr & vieilli* to stumble on OU over; *fig* to come up against, to meet with; **elle achoppe sur les «r»** she can't pronounce her R's.

achromatique [akrɔmatik] *adj* achromatic.

achromatisme [akrɔmatism] *nm* achromatism.

acide [asid] ◇ *adj* -**1.** [goût] acidic, acid, sour; [propos] acid, cutting, caustic. -**2.** CHIM & ÉCOL acid.

◇ *nm* -**1.** CHIM acid; ~ **aminé** amino acid; ~ **œnolique** oenolin; ~ **phénique** carbolic acid, phenol; ~ **sulfhydrique** hydrogen sulphide; ~ **tellureux** tellurous acid. -**2.** *fam* [drogue] acid.

acidifiable [asidifjabl] *adj* acidifiable.

acidification [asidifikasjɔ̃] *nf* acidification.

acidifier [9] [asidifje] *vt* to acidify.

◆ **s'acidifier** *vpi* to acidify.

acidimétrie [asidimetri] *nf* acidimetry.

acidité [asidite] *nf* -**1.** [d'un goût, d'un fruit] acidity, sourness; [d'un propos] tartness, sharpness. -**2.** CHIM, GÉOL & MÉD acidity.

acido-alcalimétrie [asidoalkalimetri] (*pl* acido-alcalimétries) *nf* acidoalkalimetry.
acido-basique [asidobazik] (*pl* acido-basiques) *adj* acido-basic.
acidophile [asidɔfil] *adj* acidophil.
acidose [asidoz] *nf* acidosis.
acidulé, e [asidyle] *adj* acidulous.
acier [asje] *nm* steel; ~ **haute tension** high tensile steel; ~ **inoxydable/trempé** stainless/tempered steel.
◆ **d'acier** *loc adj* MÉTALL steel *(épith)*; *fig* [regard] steely; **muscles/nerfs/cœur d'**~ muscles/nerves/heart of steel.
aciérage [asjeraʒ] *nm* -**1.** MÉTALL [fabrication] steeling; [durcissement] case-hardening. -**2.** IMPR steel-engraving.
aciéré, e [asjere] *adj* steely.
aciérer [18] [asjere] *vt* -**1.** MÉTALL to steel, to case-harden. -**2.** IMPR to engrave on steel.
aciérie [asjeri] *nf* steelworks *(sg ou pl)*, steel plant.
aciériste [asjerist] *nmf* steel maker OU manufacturer.
aclinique [aklinik] *adj* aclinic.
acmé [akme] *nm* OU *nf* -**1.** *litt* [apogée] acme *litt*, summit, height. -**2.** MÉD climax.
acné [akne] *nf* acne; **avoir de l'**~ to suffer from OU to have acne ❑ ~ **juvénile** teenage acne.
acnéique [akneik] ◇ *adj* acned.
◇ *nmf* acne sufferer.
acolyte [akɔlit] *nm* -**1.** RELIG acolyte. -**2.** [complice] accomplice.
acompte [akɔ̃t] *nm* -**1.** [avance sur - une commande, des travaux] down payment; [- un salaire] advance; [- un loyer] deposit; **payer par** OU **en plusieurs** ~**s** to buy on credit, to pay (for sthg) in instalments; **donner** OU **verser un** ~ **de 1 000 francs (sur)** [achat] to make a down payment of 1,000 francs (on) ❑ ~ **provisionnel** ADMIN interim payment. -**2.** [avant-goût] foretaste, preview.
aconit [akɔnit] *nm* aconite.
a contrario [akɔ̃trarjo] ◇ *loc adj inv* converse.
◇ *loc adv* by converse implication.
acoquiner [3] [akɔkine]
◆ **s'acoquiner** *vpi péj*: **s'**~ **à** OU **avec qqn** to take OU to team up with sb; **il s'est acoquiné avec Pierrot** he and Pierrot have teamed up together.
Açores [asɔr] *npr fpl*: **les** ~ the Azores.
à-côté [akote] (*pl* à-côtés) *nm* -**1.** [aspect - d'une question] side issue; [- d'une histoire, d'un événement] side OU secondary aspect. -**2.** [gain] bit of extra money; **se faire des** ~**s** *fam* to make some extra money ‖ [frais] incidental expense; **les frais d'hôtel plus les** ~**s** hotel expenses plus incidentals.
à-coup [aku] (*pl* à-coups) *nm* -**1.** [secousse - d'un moteur, d'un véhicule] cough, judder; [- d'une machine] jerk, jolt. -**2.** [de l'économie] upheaval.
◆ **par à-coups** *loc adv* [travailler] in spurts; [avancer] in fits and starts.
acouphène [akufɛn] *nm* tinnitus.
acousticien, enne [akustisjɛ̃, ɛn] *nm, f* acoustician.
acoustique [akustik] ◇ *adj* acoustic.
◇ *nf* [science] acoustics *(sg)*; [qualité sonore] acoustics *(pl)*.
acquéreur [akerœr] *nm* purchaser, buyer; **se rendre** OU **devenir** ~: **il veut se rendre** OU **devenir** ~ he wants to buy OU to purchase; **il s'est rendu** OU **il est devenu** ~ **de...** he's become the owner of...; **elle a trouvé un** ~ **pour sa voiture** she found a buyer for her car; **ton chat a trouvé** ~? have you found a (new) home for your cat?
acquérir [39] [akerir] *vt* -**1.** [biens] to buy, to purchase, to acquire; ~ **une fortune** to acquire a fortune; ~ **qqch dans des circonstances douteuses** to come by sthg in dubious circumstances; ~ **qqch par héritage** to come into sthg ❑ **bien mal acquis ne profite jamais** *prov* ill-gotten gains seldom prosper *prov*. -**2.** *fig* [habitude] to develop; [célébrité] to attain, to achieve; [droit] to obtain; [expérience] to gain; [dextérité] to acquire; [information, preuve] to obtain, to acquire, to get hold of; ~ **de la valeur** to increase in value; ~ **la conviction/la certitude que** to become convinced/certain that; ~ **une immunité** to become immune, to acquire immunity; ~ **qqch à qqn: sa réaction lui a acquis l'estime de tous** her reaction won her everybody's esteem. -**3.** *sout* [au passif]: **être acquis à qqn: il vous est entièrement acquis** he backs you fully; **mon soutien/notre patronage vous est acquis** you can be certain of my support/our sponsorship; **être acquis à qqch: l'électorat n'est pas encore acquis à cette idée** the electorate hasn't fully accepted OU hasn't quite come round to that idea yet.
◆ **il est acquis** *v impers pass*: **il est acquis que vous ne participerez pas aux frais** it's understood that you won't contribute financially; **il est acquis que la loi sera votée** it's understood that the law will be passed; **il est acquis que la couche d'ozone est en danger** it is an established fact that the ozone layer is at risk.
◆ **s'acquérir** ◇ *vp (emploi passif)*: **la souplesse s'acquiert par des exercices** you become supple by exercising.
◇ *vpt*: **s'**~ **la confiance de qqn** to gain OU to win sb's trust.
acquêt [akɛ] *nm* acquest.
acquiescement [akjɛsmɑ̃] *nm* [accord] agreement; [consentement] assent, agreement; **donner son** ~ **à une requête** to assent to a request.
◆ **d'acquiescement** *loc adj* [geste, signe] approving.
acquiescer [21] [akjese] *vi* to agree, to approve; ~ **d'un signe de tête** to nod approval; ~ **à qqch** to assent OU to agree OU to acquiesce to sthg.
acquis, e [aki, iz] *adj* [avantage, droit, fait] established; [fortune, titre] acquired; **tenir qqch pour** ~: **je tiens votre soutien pour** ~ I take it for granted that you'll support me; **nous tenons pour** ~**e l'égalité de l'homme et de la femme** we take it as an established fact that men and women are equals.
◆ **acquis** *nm* -**1.** [savoir] knowledge; **considère tes études comme un** ~ consider your studies as a valuable asset; **fonctionner sur des** ~ **anciens** to get by on what one already knows. -**2.** [expérience] experience; **avoir de l'**~ to be experienced. -**3.** [avantages, droits] established privileges, rights to which one is entitled; **les** ~ **sociaux** social benefits.
acquisition [akizisjɔ̃] *nf* -**1.** [apprentissage] acquisition. -**2.** [achat] purchase; **faire l'**~ **d'une maison** to buy OU to purchase a house; **regarde ma dernière** ~ look at my latest buy. -**3.** INF: ~ **de données** data acquisition.
acquit [aki] *nm* COMM receipt; **'pour** ~**'** 'paid', 'received'.
◆ **par acquit de conscience** *loc adv* to set my/his *etc* mind at rest.
acquit-à-caution [akiakosjɔ̃] (*pl* acquits-à-caution [akizakosjɔ̃]) *nm* bond note.
acquittable [akitabl] *adj* -**1.** JUR susceptible to be acquitted. -**2.** FIN payable.
acquitté, e [akite] *nm, f* person who has been acquitted.
acquittement [akitmɑ̃] *nm* -**1.** [règlement - d'une facture, d'un droit] payment; [- d'une obligation] discharge; [- d'une promesse] fulfilment; [- d'une dette] paying off; [- d'une fonction, d'un travail] performance; [- d'un engagement] fulfilment. -**2.** JUR acquittal.
acquitter [3] [akite] *vt* -**1.** [payer - facture, note] to pay, to settle; [- droits] to pay; [- lettre de change] to receipt. -**2.** [libérer]: ~ **qqn de:** ~ **qqn d'une dette/d'une obligation** to release sb from a debt/from an obligation. -**3.** JUR to acquit.
◆ **s'acquitter de** *vp + prép* [obligation] to discharge; [promesse] to carry out; [dette] to pay off; [fonction, travail] to perform; [engagement] to fulfil.
acra [akra] *nm creole fried fish or vegetable ball.*
acre [akr] *nf* -**1.** HIST [en France] ≃ 5 200 m². -**2.** *Can* acre *Br (= 4 047 m²)*.
âcre [akr] *adj* [saveur, odeur] acrid; *litt* [propos, ton] bitter.
âcreté [akrəte] *nf* -**1.** [d'une saveur, d'une odeur] acridness, acridity. -**2.** *litt* [d'un propos, d'un ton] bitterness.
acridien [akridjɛ̃] *nm* member of the Acrididae.
acrimonie [akrimɔni] *nf* acrimony, acrimoniousness, discord.
acrimonieux, euse [akrimɔnjø, øz] *adj* acrimonious, belligerent.
acrobate [akrɔbat] *nmf* [gén] acrobat; [au trapèze] trapeze artist.
acrobatie [akrɔbasi] *nf* -**1.** SPORT acrobatics. -**2.** *fig*: **faire des** ~**s pour obtenir un crédit** to turn cartwheels to get credit; **remonter une affaire par quelques** ~**s** to save a business by doing some fancy footwork. -**3.** AÉRON: ~**s en vol** aerobatics.
acrobatique [akrɔbatik] *adj* acrobatic.
acronyme [akrɔnim] *nm* acronym.
acropole [akrɔpɔl] *nf* acropolis, citadel.
Acropole [akrɔpɔl] *npr f*: **l'**~ the Acropolis.
acrostiche [akrɔstiʃ] *nm* acrostic.
acrylique [akrilik] *adj & nm* acrylic.
actant [aktɑ̃] *nm* agent.
acte [akt] *nm* **A.** SÉQUENCE -**1.** MUS & THÉÂT act; ~ **III, scène 2** Act III, scene 2; **un opéra en trois/cinq** ~**s** an opera in three/five acts; **une pièce en un seul acte** a one-act play. -**2.** *fig* period, episode; **sa mort annonçait le dernier** ~ **de la campagne d'Italie/de la Révolution** his death ushered in the last episode of the Italian campaign/the Revolution.
B. ACTION -**1.** [gén] action, act, deed *litt*; **nous ne voulons pas des promesses mais des** ~**s** we don't want promises but action; **son premier** ~ **a été d'ouvrir la fenêtre** the first thing he did was to open the window; **juger qqn sur ses** ~**s** to judge sb by his/her actions; **un** ~ **irresponsable** an irresponsible act; **passer aux** ~**s** to take action, to act; **le dossier est prêt, nous passerons aux** ~**s vendredi** the plans are ready, we'll set things in motion on Friday ❑ ~ **de banditisme** criminal act; ~ **de bravoure** act of bravery, brave deed, courageous act; **un** ~ **de Dieu** an act of God; ~ **de folie** act of madness; ~ **gratuit** PHILOS motiveless act, acte gratuit *spéc*; ~ **de guerre** act of war; ~ **d'hostilité** hostile act; **un** ~ **contre nature** an unnatural act; **l'**~ **sexuel** sexual intercourse, the sexual act; ~ **de terrorisme** terrorist action, act of terrorism; ~ **de vandalisme** act of vandalism; ~ **de vengeance** act of revenge. -**2.** MÉD [intervention]: ~ **chirurgical** OU **opératoire** operation; ~ **de laboratoire** laboratory test; ~ **(médical)** [consultation] (medical) consultation; [traitement] (medical) treatment. -**3.** BIOL [mouvement]: ~ **instinctif/réflexe** instinctive/reflex action; ~ **volontaire/involontaire** voluntary/involuntary action. -**4.** PSYCH: **passer à l'**~ [gén] to act; [névrosé, psychopathe] to act out ❑ ~ **manqué** acte manqué. -**5.** RELIG: ~ **d'amour** act of love ❑ ~ **de charité** act of charity; ~ **de contrition** act of contrition; **faire** OU **réciter un** ~ **de contrition** to make an act of contrition; ~ **de foi** act of faith; HIST [pendant l'Inquisition] auto-da-fé.
C. ACTION LÉGALE, POLITIQUE -**1.** JUR act, action; ~ **constitutif/déclaratif** incorporation/declaration of legal status; ~ **administratif** administrative act; ~ **d'administration** administrative act; ~ **bilatéral** bilateral act; ~ **de commerce** commercial act; ~ **juridique** legal transaction; ~ **du palais** act between two counsels *Br* OU attorneys at law *Am*; ~ **à titre gratuit** deed-poll; ~ **à titre onéreux** contract for valuable consideration; ~ **translatif** deed of transfer; ~ **unilatéral** act of benevolence; **faire** ~ **de: faire** ~ **de citoyen** to act in one's quality as a citizen; **faire** ~ **d'héritier** to come forward

as a beneficiary; **faire ~ de témoin** to act as a witness, to testify; **faire ~ de candidature** [chercheur d'emploi] to submit one's application, to apply; [maire] to stand *Br*, to run *Am*; **faire ~ d'autorité** to show one's authority; **faire ~ de bonne volonté** to show willing OU one's good will; **elle a fait ~ de courage** she proved OU showed her courage; **faire ~ de présence** to put in a token appearance. -**2.** POL [en France] : **~ de gouvernement** act of State || [en Grande-Bretagne] : **Acte du Parlement** Act of Parliament; **c'est maintenant un Acte du Parlement** it has now become law.

D. DOCUMENT ADMINISTRATIF, LÉGAL -**1.** ADMIN certificate; **~ de décès** death certificate; **~ de l'état civil** ≃ certificate delivered by the Registrar of births, deaths and marriages; **~ de mariage** marriage certificate; **~ de naissance** birth certificate; **demander ~ de qqch** [réclamer la constatation de qqch par écrit] to ask for formal acknowledgement of sthg; **je demande ~ de cette remarque** I want this remark to be minuted; **je demande ~ du fait que...** I want it on record that...; **donner ~ de qqch** [constater légalement] to acknowledge something formally; **donner ~ à qqn de qqch** [fig] to acknowledge the truth of what sb said; **prendre ~ de qqch** [faire constater légalement] to record sthg; [noter] to take a note of OU to note sthg; **je prends ~ de votre refus** I have taken note of OU noted your refusal; **le comité prendra ~** the committee will note. -**2.** [en droit pénal] : **~ d'accusation** (bill of) indictment; **lire l'~ d'accusation** to read out the bill of indictment OU the charge; **quel est l'~ d'accusation?** what is the defendent being charged with?, what is the charge? -**3.** [en droit civil] : **~ authentique** OU **notarié** notarial act; **~ de donation** deed of covenant, gift; **~ d'huissier** writ; **~ de notoriété** attestation; **~ de succession** attestation of inheritance OU will; **~ sous seing privé** private agreement. -**4.** [en droit commercial] : **~ d'association** partnership agreement OU deed, articles of partnership; **~ de commerce** act of merchant; **~ de vente** bill of sale. -**5.** [dans la diplomatie] : **~ (diplomatique)** diplomatic instrument.

◆ **actes** *nmpl* -**1.** [procès-verbaux] proceedings; [annales] annals; **les ~s de l'Académie des Sciences** the annals of the Academy of Science. -**2.** RELIG : **les Actes des apôtres** the Acts of the Apostles; **les Actes des martyrs** the acts of the martyrs.

◆ **en acte** *loc adv* PHILOS in action.

acteur [aktœr] *nm* -**1.** CIN & THÉÂT actor. -**2.** *fig* protagonist; **les ~s du drame** the people involved in the drama; **les ~s sociaux de la période post-industrielle** the social forces of the post-industrial period.

actif, ive [aktif, iv] *adj* -**1.** [qui participe - membre, militaire, supporter] active; **être ~ dans une organisation** to be active within an organization; **participer de façon** OU **prendre une part active à** to take part fully OU an active part in; **~ sur le plan politique** politically active. -**2.** [dynamique - vie] busy, active; **les années les plus actives de ma vie** the busiest years of my life; **avoir une retraite très active** to have a very active OU busy retirement; **balance commerciale active** favourable trade balance; **la Bourse a été très active aujourd'hui** trading on the stock market was hectic today || [personne] active, lively, energetic; **il était si ~!** he was always busy doing something or other! -**3.** [qui travaille - population] working, active. -**4.** [efficace - remède, substance] active, potent; [- shampooing] active; **le principe ~ de ce détachant** the active ingredient in this stain-remover. -**5.** ÉLECTR, LING & OPT active. -**6.** CHIM active, activated.

◆ **actif** *nm* -**1.** LING active voice. -**2.** [travailleur] member of the active OU working population; **les ~s** the active OU working population. -**3.** FIN & JUR [patrimoine] credit, credits, asset, assets; **mettre** OU **porter une somme à l'~ de qqn** to add a sum to sb's assets; **mettre qqch à l'~ de qqn** *fig* to credit sb with sthg; **avoir qqch à son ~** to have sthg to one's credit; **elle a de nombreuses victoires à son ~** she has many achievements to her credit; **elle n'a que des échecs à son ~** she's never succeeded in anything; **à son ~, on peut mettre la conception du nouveau musée** to his credit, it should be said that he was the creator of the new museum ❑ **~ fictif/réel** fictitious/real assets; **~ net** net assets.

◆ **active** *nf* MIL : **l'~** the regular army.

actinie [aktini] *nf* actinia *spéc*, sea anemone.

action [aksjɔ̃] *nf* -**1.** [acte] act, action, deed; **l'~ de marcher** the act of walking; **responsable de ses ~s** responsible for his actions; **une ~ d'éclat** a brilliant feat ❑ **une ~ de grâces** an offering of thanks; **bonne ~** good deed; **faire une bonne ~** to do a good deed; **faire de bonnes ~s** to do good (deeds); **mauvaise ~** evil deed; **faire de mauvaises ~s/une mauvaise ~** to commit evil/an evil deed. -**2.** [actes] action *(U)*; **l'~ du gouvernement a été de laisser les forces s'équilibrer** what the government did was to let the various forces balance each other out; **passer à l'~** [gén] to take action; MIL to go into action; **assez parlé, il est temps de passer à l'~** enough talking, let's get going OU take some action; **dans le feu de l'~, en pleine ~** right in the middle OU at the heart of the action; **l'~** [l'intrigue] the action OU plot; **l'~ se passe en Europe/l'an 2000** the action is set in Europe/the year 2000. -**3.** [intervention] action; **une ~ revendicative** a strike; **un conflit qui nécessite une ~ immédiate de notre part** a conflict necessitating immediate action on our part; **une ~ syndicale est à prévoir** some industrial action is expected ❑ **~ directe** direct action; **Action directe** *right-wing terrorist organization*; **l'Action française** *French nationalist and royalist group founded in the late nineteenth century*. -**4.** [effet] action, effect; **avoir une ~ psychologique sur les consommateurs** to have a psychological influence on the consumer; **l'~ de l'acide sur le métal** the action of acid on metal; **l'~ de la morphine** the effect of morphine. -**5.** FIN share; **les ~s Comtel sont en hausse/à la baisse** Comtel shares are up/down; **ses ~s ont baissé/monté** *fig* & *hum* his stock has fallen/risen *fig* ❑ **~ d'apport** vendor's share; **~ de capital** ≃ ordinary share; **~ différée/nominative** deferred/registered stock; **~ ordinaire** ordinary share; **~ au porteur** transferable OU bearer share; **~ privilégiée** preference share, preferred stock *Am*; **capital en ~s** equity capital; **dividende en ~s** bonus issue *Br*, stock dividend *Am*; **société par ~s** joint-stock company. -**6.** JUR action, lawsuit; **intenter une ~ contre** OU **à qqn** to bring an action against sb, to take legal action against sb, to take sb to court ❑ **~ civile/en diffamation** civil/libel action; **~ paulienne** revocatory action; **~ pétitoire** claim of ownership. -**7.** ADMIN : **~ sanitaire et sociale** health and social services. -**8.** ÉLECTR, MÉCAN, MIL, MUS & PHYS : **l'~ de** the action of; **à double ~** double-action. -**9.** GRAMM action; **l'~ du verbe** the action of the verb ❑ **verbe d'~** verb of action. -**10.** *Helv* [vente promotionnelle] sale, special offer.

◆ **d'action** *loc adj* -**1.** [mouvementé - film, roman] action-packed, full of action. -**2.** [qui aime agir] : **homme/femme d'~** man/woman of action. -**3.** POL & SOCIOL : **journée/semaine d'~** day/week of action.

◆ **en action** *loc adv* in action; **être en ~** to be in action; **ils sont déjà en ~ sur les lieux** they're already busy on the scene; **entrer en ~** [pompiers, police] to go into action; [loi, règlement] to become effective, to take effect; **mettre qqch en ~** to call sthg into action, to set sthg in motion; **la sirène s'est/a été mise en ~** the alarm went off/was set off.

◆ **sous l'action de** *loc prép* due to, because of; **sous l'~ de la pluie** due to the effect OU because of the rain.

actionnable [aksjɔnabl] *adj* actionable.

actionnaire [aksjɔnɛr] *nmf* shareholder, stockholder.

actionnariat [aksjɔnarja] *nm* -**1.** [système] shareholding. -**2.** [actionnaires] : **l'~** the shareholders.

actionner [3] [aksjɔne] *vt* -**1.** [mettre en mouvement - appareil] to start up *(sép)*; [- sirène] to set off *(sép)*; [- sonnette] to ring; **le moteur est actionné par la vapeur** the engine is steam-powered OU steam-driven. -**2.** JUR : **~ qqn** to bring an action against OU to sue sb.

actionneur [aksjɔnœr] *nm* actuator.

activateur [aktivatœr] *nm* activator.

activation [aktivasjɔ̃] *nf* -**1.** [d'un processus, de travaux] speeding up OU along, hastening. -**2.** CHIM & PHYS activation.

activé, e [aktive] *adj* CHIM & PHYS activated.

activement [aktivmɑ̃] *adv* actively; **participer ~ à qqch** to take an active part OU to be actively engaged in sthg.

activer [3] [aktive] *vt* -**1.** [feu] to stoke (up); [travaux, processus] to speed up *(sép)*. -**2.** *fam* [presser] to get a move on; **active (le pas)!** get a move on! -**3.** CHIM & PHYS to activate.

◆ **s'activer** *vpi* -**1.** [s'affairer] to bustle about. -**2.** *fam* [se dépêcher] : **il est tard, dis-leur de s'~!** it's late, tell them to get a move on OU to shake a leg!

activisme [aktivism] *nm* activism.

activiste [aktivist] *adj* & *nmf* activist, militant.

activité [aktivite] *nf* -**1.** [animation] activity *(U)*; **déborder d'~** to be extraordinarily active; **le restaurant/l'aéroport débordait d'~** the restaurant/airport was very busy; **période de grande ~ diplomatique** period of intense diplomatic activity; **l'~ aux heures de pointe** the hustle and bustle of the rush hour. -**2.** ADMIN & ÉCON : **avoir une ~ professionnelle** to be actively employed; **être sans ~** to be unemployed; **avoir une ~ non rémunérée** to be in unpaid work; **~ lucrative** gainful employment; **~ primaire/secondaire/tertiaire** primary/secondary/tertiary employment. -**3.** [occupation] activity; **une ~ différente leur est proposée tous les soirs** they can do a different activity every evening; **pensez-vous conserver une ~ après la retraite?** do you intend to retain some form of activity OU occupation after retirement?; **mes ~s professionnelles** my professional activities ❑ **~s dirigées** guided activities; **~s d'éveil** discovery classes. -**4.** ASTRON & PHYSIOL activity; **~ cérébrale** brain activity; **l'~ solaire** solar activity.

◆ **en activité** *loc adj* [fonctionnaire, militaire] (currently) in post; [médecin] practising; **rester en ~** ADMIN to remain in gainful employment.

◆ **en pleine activité** *loc adj* [industrie, usine] fully operational; [bureau, restaurant] bustling; [marché boursier, secteur] very busy; **être en pleine ~** [très affairé] to be very busy; [non retraité] to be in the middle of one's working life.

actrice [aktris] *nf* actress.

actuaire [aktɥɛr] *nmf* actuary.

actualisation [aktɥalizasjɔ̃] *nf* -**1.** [mise à jour - d'un texte] updating; **faire l'~ d'un ouvrage** to update a work. -**2.** PHILOS actualization. -**3.** ÉCON & FIN discounting. -**4.** LING realization, being realized.

actualiser [3] [aktɥalize] *vt* -**1.** [manuel] to update, to bring up to date. -**2.** PHILOS & LING to actualize.

actualité [aktɥalite] *nf* -**1.** [caractère actuel] topicality. -**2.** [événements récents] current developments; **l'~ médicale/scientifique** medical/scientific developments; **se tenir au courant de l'~ politique/théâtrale** to keep abreast of political/theatrical events; **une ~ brûlante** a burning question.

◆ **actualités** *nfpl* : **les ~s** [les informations] current affairs, the news.

◆ **d'actualité** *loc adj* [film, débat, roman] topical; **c'est un sujet d'~** it's very topical (at the moment).

actuariat [aktɥarja] *nm* -**1.** [fonction]: l'~ the actuarial profession. -**2.** [corporation] body of actuaries.

actuariel, elle [aktɥarjɛl] *adj* actuarial.

actuel, elle [aktɥɛl] *adj* -**1.** [présent] present, current; **sous le gouvernement ~** under the present government; **l'~ président** the President in office; **dans les circonstances ~les** under the present circumstances; **le cours ~ du dollar** the current (exchange) rate for the dollar. -**2.** [d'actualité] topical. -**3.** PHILOS & RELIG actual.

actuellement [aktɥɛlmɑ̃] *adv* at present, currently, presently.

acuité [akɥite] *nf* -**1.** ACOUST shrillness. -**2.** [intensité - de l'intelligence] sharpness; [- d'une crise] severity; [- du regard] penetration; [- d'un chagrin] keenness; [- d'une douleur] intensity, acuteness. -**3.** MÉD acuity, acuteness; **~ visuelle** acuteness of vision.

acuponcteur, trice, acupuncteur, trice [akypɔ̃ktœr, tris] *nm, f* acupuncturist.

acuponcture, acupuncture [akypɔ̃ktyr] *nf* acupuncture.

acutangle [akytɑ̃gl] *adj* acute-angled.

acyclique [asiklik] *adj* acyclic.

ADAC [adak] (*abr de* **avion à décollage et atterrissage courts**) *nm* STOL.

adage [adaʒ] *nm* -**1.** [proverbe] adage, saying. -**2.** DANSE adagio.

adagio [adadʒjo] *nm* & *adv* adagio.

Adam [adɑ̃] *npr* Adam.

adamantin, e [adamɑ̃tɛ̃, in] *adj* ANAT OU *litt* adamantine.

adaptabilité [adaptabilite] *nf* adaptability.

adaptable [adaptabl] *adj* adaptable.

adaptateur, trice [adaptatœr, tris] *nm, f* [personne] adapter, adaptor.

◆ **adaptateur** *nm* [objet] adapter, adaptor.

adaptatif, ive [adaptatif, iv] *adj* adaptive.

adaptation [adaptasjɔ̃] *nf* -**1.** [flexibilité] adaptation; **faculté d'~** adaptability; **ils n'ont fait aucun effort d'~** they didn't try to adapt. -**2.** CIN, THÉÂT & TV adaptation, adapted version; **~ scénique/cinématographique** stage/screen adaptation.

adapter [3] [adapte] *vt* -**1.** [fixer]: **~ qqch à** OU **sur: ~ un embout à un tuyau/un filtre sur un objectif** to fit a nozzle (on) to a pipe/a filter (on) to a lens. -**2. ~ qqch à** [harmoniser qqch avec]: **~ son discours à son public** to fit one's language to one's audience; **~ des illustrations à un texte** to select pictures to fit a text; **la méthode n'est pas très adaptée pour cette classe** the method isn't very appropriate for this class. -**3.** CIN, THÉÂT & TV to adapt; **~ un roman au théâtre** OU **à la scène** to adapt a novel for the stage; **~ une pièce pour la télévision** to adapt a play for TV; **adapté d'une nouvelle de...** adapted from a short story by...

◆ **s'adapter** *vpi* -**1.** [s'ajuster]: **s'~ à** to fit; **la clé s'adapte à la serrure** the key fits the lock; **s'~ sur** to fit on; **le couvercle s'adapte sur le bocal par un crochet/par un pas de vis** the lid clips/screws on to the jar. -**2.** [s'habituer] to adapt (o.s.) to, to get used to; **tu t'adapteras!** you'll get used to it!; **savoir s'~** to be adaptable; **s'~ à: elle n'a pas pu s'~ à ce milieu** she couldn't adjust to this social circle; **il s'est bien adapté à sa nouvelle école** he got used to his new school very quickly.

ADAV [adav] (*abr de* **avion à décollage et atterrissage verticaux**) *nm* VTOL.

ADD (*abr écrite de* **analogique digital digital**) ADD.

addenda [adɛ̃da] *nm inv* addenda.

addiction [adiksjɔ̃] *nf* (drug) addiction.

Addis-Ababa [adisababa], **Addis-Abeba** [adisabeba] *npr* Addis Ababa.

additif, ive [aditif, iv] *adj* MATH & PHOT additive.

◆ **additif** *nm* -**1.** [à un texte] additional clause. -**2.** [ingrédient] additive.

addition [adisjɔ̃] *nf* -**1.** [ajout] addition; **l'~ d'une aile au bâtiment** the addition of a new wing to the building; **faire des ~s à un texte** to add to a text. -**2.** MATH sum; **faire une ~** to add (figures) up, to do a sum. -**3.** [facture] bill *Br*, check *Am*; **l'~ est salée!** *fam* the bill's a bit steep!

additionnel, elle [adisjɔnɛl] *adj* additional.

additionner [3] [adisjɔne] *vt* -**1.** MATH [nombres] to add (up); **~ 15 et 57** to add 15 and 57, to add 15 to 57, to add together 15 and 57. -**2.** [altérer]: **~ qqch de: du vin/lait additionné d'eau** watered-down wine/milk.

◆ **s'additionner** *vpi* to build up.

additionneur [adisjɔnœr] *nm* adder ELECTRON.

adducteur [adyktœr] ◇ *adj m* [muscle] adductor; [canal] feeder.

◇ *nm* [muscle] adductor; [canal] tributary canal.

adduction [adyksjɔ̃] *nf* -**1.** ANAT adduction. -**2.** TRAV PUBL: **~ d'eau** water conveyance.

Adélaïde [adelaid] *npr* Adelaide.

Adélie [adeli] *npr* → **terre**.

Aden [adɛn] *npr* Aden.

adénite [adenit] *nf* adenitis.

adénoïde [adenɔid] *adj* adenoid.

adénoïdectomie [adenɔidɛktɔmi] *nf* adenoidectomy.

adénome [adenom] *nm* adenoma.

adénosine [adenozin] *nf* adenosine.

adepte [adɛpt] *nmf* RELIG & POL follower; *fig*: **faire des ~s** to become popular; **l'aérobic a fait de nombreux ~s** aerobics now has a big following; **les ~s du tennis** tennis fans; **c'est une ~ de romans policiers** she's an avid reader of detective novels.

adéquat, e [adekwa, at] *adj* suitable, appropriate.

adéquatement [adekwatmɑ̃] *adv* suitably, appropriately.

adéquation [adekwasjɔ̃] *nf* appropriateness.

adhérence [aderɑ̃s] *nf* -**1.** [par la colle, le ciment] adhesion. -**2.** [au sol] adhesion, grip; **l'~ des skis sur la neige** the skis' grip on the snow; **le manque d'~ d'une voiture** a car's lack of OU poor road-holding. -**3.** *litt* [adéquation]: **~ de l'expression à la pensée** cohesion between expression and thought. -**4.** ANAT adhesion.

adhérent, e [aderɑ̃, ɑ̃t] ◇ *adj* -**1.** [gén] adherent; **~ à la route** with good road-holding. -**2.** BOT adherent, adnate.

◇ *nm, f* member.

adhérer [18] [adere]

◆ **adhérer à** *v + prép* -**1.** [coller sur] to adhere to; **~ à la route** to adhere to OU to hold the road || (*en usage abs*): **une colle qui adhère rapidement** a glue that sticks quickly. -**2.** [se rallier à - opinion] to adhere to, to support; [- cause] to support; [- idéal] to adhere to; [- association] to join, to become a member of; (*en usage abs*): **pour une France moderne, adhérez!** join us in building a new France!

adhésif, ive [adezif, iv] *adj* adhesive, sticky.

◆ **adhésif** *nm* -**1.** [substance] adhesive. -**2.** [ruban] sticky tape, Sellotape® *Br*, Scotch tape® *Am*.

adhésion [adezjɔ̃] *nf* -**1.** [accord] support, adherence; **donner son ~ à un projet** to give one's support to OU to support a project. -**2.** [inscription] membership; **l'~ au club est gratuite** club membership is free; **de plus en plus d'~s** more and more members.

adhésivité [adezivite] *nf* adhesiveness.

ad hoc [adɔk] *loc adj inv* -**1.** [approprié] appropriate, suitable. -**2.** [destiné à tel usage - règle, raisonnement, commission] ad hoc; **juge ~** specially appointed judge; **réunions ~** meetings (organized) on an ad hoc basis.

ad hominem [adɔminɛm] *loc adj inv* ad hominem; **pas d'arguments ~ s'il vous plaît!** no personal attacks please!

adieu, x [adjø] *nm* farewell *litt*, good-bye; **des ~x émouvants** an emotional parting; **faire ses ~x à qqn** to say good-bye OU one's farewells to sb; **faire ses ~x à la scène/au music-hall** to make one's final appearance on stage/on a music-hall stage; **dire ~ à qqn** to say good-bye OU farewell to sb; **tu peux dire ~ à ta voiture/tes ambitions** you can say good-bye to your car/ambitions ❑ **'l'Adieu aux armes'** *Hemingway* 'A Farewell to Arms'.

◆ **adieu** *interj* farewell *litt*, good-bye; **~ Berthe!** *fam* that's the end of it!

◆ **d'adieu** *loc adj inv* [baiser] farewell (*épith*); [regard, cadeau] parting.

à-Dieu-va(t) [adjøva(t)] *interj* it's in God's hands.

adipeux, euse [adipø, øz] *adj* [tissu, cellule] adipose; [visage] puffed up, puffy.

adipose [adipoz] *nf* adiposis.

adiposité [adipozite] *nf* adiposity.

adjacent, e [adʒasɑ̃, ɑ̃t] *adj* adjacent, adjoining; **~ à qqch** adjacent to OU adjoining sthg.

adjectif, ive [adʒɛktif, iv], **adjectival, e, aux** [adʒɛktival, o] *adj* adjective (*épith*), adjectival.

◆ **adjectif** *nm* adjective.

adjectivement [adʒɛktivmɑ̃] *adv* adjectivally, (used) as an adjective.

adjectiver [3] [adʒɛktive], **adjectiviser** [3] [adʒɛktivize] *vt* to use as an adjective.

adjoindre [82] [adjwɛ̃dr] *vt* -**1.** [ajouter]: **~ à: ~ une véranda à une pièce** to add a conservatory OU veranda on to a room; **~ un titre à chaque nom d'une liste** to add a title to every name on a list. -**2.** [associer]: **~ qqn à: on m'a adjoint un secrétaire/une assistante** I was given a secretary/an assistant.

◆ **s'adjoindre** *vpt*: **s'~ qqn** to take sb on; **ils se sont adjoint des collaborateurs** they've taken on some helpers.

adjoint, e [adʒwɛ̃, ɛ̃t] ◇ *adj* assistant (*épith*).

◇ *nm, f* [assistant] assistant; **~ au maire** deputy mayor; **~ d'enseignement** assistant teacher.

◆ **adjoint** *nm* MIL adjunct.

adjonction [adʒɔ̃ksjɔ̃] *nf* -**1.** [fait d'ajouter] adding. -**2.** [chose ajoutée] addition; **biffer les ~s** to cross out the addenda; **prévoir une ~ sur un plan d'architecte** to anticipate an addition to an architect's plan.

◆ **sans adjonction de** *loc prép*: **'sans ~ de sucre/sel'** 'with no added sugar/salt'.

adjudant [adʒydɑ̃] *nm* -**1.** MIL warrant officer, sergeant major *Br*, master sergeant *Am*. -**2.** *fam fig* & *hum*: **bien, mon ~!** yes sir!

adjudant-chef [adʒydɑ̃ʃɛf] (*pl* **adjudants-chefs**) *nm* chief warrant officer *Br*, chief master sergeant *Am*.

adjudicataire [adʒydikatɛr] *nmf* -**1.** [aux enchères] successful bidder OU buyer. -**2.** [d'un appel d'offres] successful tenderer.

adjudicateur, trice [adʒydikatœr, tris] *nm, f* -**1.** [dans des enchères] seller. -**2.** [dans un appel d'offres] awarder (*of a contract*).

adjudicatif, ive [adʒydikatif, iv] *adj relating to a sale by auction or a tender.*

adjudication [adʒydikasjɔ̃] *nf* -**1.** [enchères] auction sale; [attribution] auctioning (off). -**2.** ÉCON [appel d'offres] invitation to tender *Br* OU bid *Am*; [attribution] awarding (the tender of).

◆ **en adjudication** *loc adv*: **mettre une propriété en ~** to put a house up for (sale by) auction; **mettre un marché en ~** to put a deal up for tender.

◆ **par adjudication, par voie d'adjudication** *loc adv* -**1.** [aux enchères] by auction. -**2.** ÉCON by tender.

adjuger [17] [adʒyʒe] *vt* -**1.** [aux enchères]: ~ **qqch à qqn** to knock sthg down to sb; ~ **un objet au plus offrant** to sell an item to the highest bidder; **la statuette a été adjugée pour 1 000 F** the statuette was knocked down for 1,000 F; **une fois, deux fois, trois fois, adjugé, vendu!** going, going, gone!; **adjugé, vendu!** *fig* gone!, done! -**2.** [attribuer]: ~ **un contrat/marché à qqn** to award a contract/market to sb; ~ **une note à qqn** to give sb a mark *Br* OU grade *Am*; ~ **une place à qqn** to give sb a seat.
◆ **s'adjuger** *vpt* to take; **elle s'est adjugé la plus jolie chambre** she took OU commandeered the prettiest room; **s'~ la meilleure place** to take the best seat.

adjuration [adʒyrasjɔ̃] *nf sout* plea, entreaty, adjuration.

adjurer [3] [adʒyre] *vt sout* to entreat, to implore.

adjuvant, e [adʒyvɑ̃, ɑ̃t] *adj* adjuvant, auxiliary.
◆ **adjuvant** *nm* -**1.** MÉD [médicament] adjuvant. -**2.** [produit] additive.

ad lib(itum) [adlib(itɔm)] *loc adv* ad lib, ad libitum.

ad litem [adlitɛm] *loc adj inv* ad litem.

admettre [84] [admɛtr] *vt* -**1.** [laisser entrer - client, spectateur] to allow OU to let in *(sép)*; **le public sera admis après 8 h** the public will be allowed in after eight; **'on n'admet pas les animaux'** 'pets are not allowed', 'no pets'; **les enfants de moins de 10 ans ne sont pas admis** children under the age of 10 are not admitted; **on nous admit dans le lieu saint** we were admitted into the holy place. -**2.** MÉCAN to let in *(sép)*; **la soupape admet les gaz combustibles** the valve lets in the air-fuel mixture. -**3.** [recevoir]: ~ **qqn chez soi** to allow sb into one's house; ~ **qqn dans un groupe** to let OU to allow sb into a group; **il m'a finalement admis parmi ses amis** [introduit auprès d'eux] he finally introduced me to his circle of friends; [considéré comme l'un d'eux] he finally allowed me to become a friend; ~ **qqn dans un club** to admit sb to (membership of) a club; **faire ~ qqn dans un club** to sponsor sb for membership of a club; **elle a été admise à l'Académie/à l'hôpital** she was elected to the Académie/admitted to (the) hospital; ~ **les femmes à OU dans la prêtrise** to admit women to the priesthood. -**4.** ENS: **être admis** to pass; **nous admettrons plus de candidats cette année** the pass mark *Br* OU passing grade *Am* will be lower this year ‖ [dans une classe]: **il ne sera pas admis en classe supérieure** he won't be admitted to OU allowed into the next year *Br* OU class *Am*. -**5.** [reconnaître] to admit to; ~ **un vol** to admit to a theft OU to having stolen; **j'admets mon erreur/mon incertitude** I admit I was wrong/I am unsure; **j'admets m'être trompé** I admit OU accept that I made a mistake; **il faut ~ que c'est un résultat inattendu** you've got to admit the result is unexpected ‖ [accepter]: **il n'a pas reçu ta lettre, admettons** OK, so he didn't get your letter; ~ **que: j'admets que les choses se sont/se soient passées ainsi** I accept that things did happen/may have happened that way; **il est difficile d'~ qu'il s'est/qu'il se soit trompé** it's difficult to accept that he made/may have made a mistake; **j'admets tes motifs, mais je ne suis pas d'accord sur ta façon d'agir** I accept your reasons, but I don't approve of the way you behaved. -**6.** [permettre - suj: personne] to tolerate, to stand for *(insép)*; [- suj: chose] to allow, to admit OU to be susceptible of; **tout texte admet de multiples interprétations** any text can lend itself to many readings; **un résultat scientifique qui admet deux types d'explication** an experimental result which admits of OU allows two different explanations; **ces insolences ne seront pas admises** this kind of rudeness won't be tolerated; **un ton qui n'admet pas la discussion** OU **réplique** a tone brooking no argument; **sa mine n'admettait pas la réplique** his look didn't invite a reply; **le règlement n'admet aucune dérogation** there shall be no breach of the regulations; **je n'admets pas d'être accusé sans preuve** I refuse to put up with being accused without proof; **je n'admets pas qu'on me parle sur ce ton!** I won't tolerate OU stand for this kind of talk!; **je n'admets pas qu'on soit en retard!** I won't tolerate lateness OU stand for people being late! -**7.** [supposer] to assume; **si on admet qu'il gagne 1 000 francs par mois** if one assumes he earns 1,000 francs a month.
◆ **admettons que** *loc conj* let's suppose OU assume, supposing, assuming; **admettons qu'il soit venu, pourquoi n'a-t-il pas laissé un message sur mon bureau?** assuming he did come, why didn't he leave a message on my desk?
◆ **en admettant que** *loc conj*: **en admettant que je parte à 3 h, je peux être à Lyon dans la soirée** supposing I leave at three, I could be in Lyons by evening; **en admettant que tu aies raison, tu pourrais quand même faire preuve d'indulgence** (even) supposing you're right, you could be a bit more tolerant.

administrateur, trice [administratœr, tris] *nm, f* -**1.** [dans une société] director; **il est l'~/elle est l'administratrice de l'entreprise** he's/she's the manager of the firm ❑ ~ **judiciaire** receiver. -**2.** [dans les affaires publiques] administrator; ~ **civil** senior civil servant. -**3.** [dans une institution, une fondation] trustee.

administratif, ive [administratif, iv] *adj* administrative.

administration [administrasjɔ̃] *nf* -**1.** [fait de donner]: **l'~ d'un remède/sédatif** administering a remedy/sedative; **l'~ d'un sacrement** administering a sacrament; **l'~ de la justice** *sout* applying the law; **l'~ d'une preuve** producing OU adducing a proof. -**2.** [gestion - d'une entreprise] management; [- d'une institution] administration; [- de biens] management, administration; [- d'un pays] government, running; [- d'une commune] running; **la mauvaise ~ d'une société** mismanagement of a company; **les frais d'~** spending on administration, administration costs ❑ ~ **légale** guardianship. -**3.** [fonction publique]: **l'Administration** the Civil Service; **entrer dans l'Administration** to become a civil servant, to enter the Civil Service. -**4.** [service public]: ~ **communale** local government; **l'~ des Douanes** the Customs and Excise *Br*, the customs Service *Am*; **l'~ des Eaux et forêts** the Forestry and Wildlife Commission; **l'~ de l'Enregistrement** the Registration Department; **l'~ des Impôts** the Inland Revenue *Br*, the Internal Revenue Service *Am*. -**5.** [l'équipe présidentielle]: **l'Administration Bush** the Bush Administration.

administrativement [administrativmɑ̃] *adv* administratively.

administré, e [administre] *nm, f* citizen; **les ~s de...** people (who come) under the jurisdiction of...

administrer [3] [administre] *vt* -**1.** [diriger - entreprise] to manage; [- institution, fondation, département, bien] to administer, to manage; [- succession] to be a trustee of; [- pays] to govern, to run; [- commune] to run. -**2.** [donner - remède, sacrement] to administer; [- gifle, fessée] to give. -**3.** *sout* [preuve] to produce, to adduce; ~ **la justice** to apply the law.

admirable [admirabl] *adj* admirable.

admirablement [admirabləmɑ̃] *adv* wonderfully; **ils s'entendent ~ bien** they get along wonderfully.

admirateur, trice [admiratœr, tris] *nm, f* admirer.

admiratif, ive [admiratif, iv] *adj* admiring; **son regard était ~** he looked impressed.

admiration [admirasjɔ̃] *nf* admiration, wonder; **avoir** OU **éprouver de l'~ pour** to admire; **susciter** OU **soulever l'~** to be an object of wonder; **éperdu d'~ (pour)** lost in admiration (for); **un regard d'~** an admiring look.
◆ **en admiration devant** *loc prép* filled with admiration for.

admirativement [admirativmɑ̃] *adv* admiringly.

admirer [3] [admire] *vt* to admire; **faire ~ qqch** to show sthg off.

admissibilité [admisibilite] *nf* -**1.** [d'une proposition, d'un procédé] acceptability. -**2.** ENS [après la première partie] *eligibility to take the second part of an exam*; [après l'écrit] *eligibility to take the oral (examination)*.

admissible [admisibl] ◇ *adj* -**1.** [proposition, procédé, excuse] acceptable; **il n'est pas ~ que...** it is unacceptable that... -**2.** ENS [après la première partie] *eligible to take the second part of an exam*; [après l'écrit] *eligible to take the oral (examination)*.
◇ *nmf* [après la première partie] *student who is allowed to take the second part of an exam*; [après l'écrit] *student who is allowed to take the oral (examination)*.

admission [admisjɔ̃] *nf* -**1.** [accueil] admission, admittance, entry; **l'~ de la Grèce dans la CEE** the admission of Greece OU Greece's entry into the EEC; **demande d'~** [à l'hôpital] admission form; [dans un club] membership application. -**2.** ENS: ~ **à un examen** passing an exam; **son ~ à la faculté** his admission to OU being admitted to the university. -**3.** MÉCAN induction. -**4.** TECH intake. -**5.** BOURSE: ~ **à la cote** admission to quotation.

admittance [admitɑ̃s] *nf* admittance.

admixtion [admiksjɔ̃] *nf* PHARM admixture.

admonestation [admɔnɛstasjɔ̃] *nf litt* admonition *litt*, rebuke.

admonester [3] [admɔnɛste] *vt litt* to admonish.

admonition [admɔnisjɔ̃] *nf* -**1.** *litt* [reproche] admonition *litt*, rebuke. -**2.** RELIG admonition.

ADN (*abr de* **acide désoxyribonucléique**) *nm* DNA.

ad nutum [adnytɔm] *loc adv* instantaneously, immediately.

ado *fam* [ado] (*abr de* **adolescent**) *nmf* teenager.

adolescence [adɔlesɑ̃s] *nf* adolescence; **je me souviens de mon ~** I remember when I was a teenager; **au seuil de l'~** in early adolescence.

adolescent, e [adɔlesɑ̃, ɑ̃t] *nm, f* adolescent, teenager.

adonis [adɔnis] *nm* Adonis; **ce n'est pas un ~!** he's no beauty!

Adonis [adɔnis] *npr* Adonis.

adonner [3] [adɔne]
◆ **s'adonner à** *vp + prép*: **s'~ à** [lecture, sport, loisirs] to devote o.s. to, to go in for, to take to; [travail, études] to devote o.s. to, to immerse o.s. in; **s'~ à la boisson/au jeu** to take to drink/to gambling.

adoptable [adɔptabl] *adj* adoptable.

adoptant, e [adɔptɑ̃, ɑ̃t] ◇ *adj* adopting.
◇ *nm, f* adopter.

adopté, e [adɔpte] ◇ *adj* adopted; **enfants ~s** adopted children.
◇ *nm, f* adoptee.

adopter [3] [adɔpte] *vt* -**1.** [enfant] to adopt; **ses beaux-parents l'ont tout de suite adoptée** *fig* her in-laws took an instant liking to her; **votre pays m'a adopté** your country adopted me. -**2.** [suivre - cause] to take up *(sép)*; [- point de vue] to adopt, to approve; [- politique] to adopt, to take up; [- loi, projet] to adopt, to pass; [- mode] to follow, to adopt. -**3.** [se mettre dans - position, posture] to adopt, to assume; ~ **la démarche de Charlot** to walk like Charlie Chaplin. -**4.** [emprunter - nom] to assume; [- accent] to put on *(sép)*; ~ **un profil bas** to adopt a low profile.

adoptif, ive [adɔptif, iv] *adj* [enfant] adopted; [parent] adoptive; [patrie] adopted.

adoption [adɔpsjɔ̃] *nf* -**1.** [d'un enfant] adoption. -**2.** [d'une loi, d'un projet] adoption, passing.
◆ **d'adoption** *loc adj* [pays] adopted; **c'est un Parisien d'~** he's Parisian by adoption, he's adopted Paris as his home town.

adorable [adɔrabl] *adj* -**1.** [charmant - personne] adorable; [- endroit] beautiful; [- vêtement] lovely; [- sourire] charming; **une ~ petite**

maison an adorable little house. -**2.** RELIG worthy of adoration, adorable.
adorablement [adɔrabləmɑ̃] *adj* adorably.
adorateur, trice [adɔratœr, tris] *nm, f* -**1.** RELIG worshipper. -**2.** [admirateur] fan, admirer.
adoration [adɔrasjɔ̃] *nf* -**1.** RELIG worship, adoration. -**2.** [admiration] adoration; **être en ~ devant qqn** to dote on OU to worship sb.
adorer [3] [adɔre] *vt* -**1.** [aimer - personne] to adore, to love; [- maison, robe, livre] to love, to adore; **elle adore les roses/faire la cuisine/qu'on la protège** she loves roses/to cook/to be protected. -**2.** RELIG to adore, to worship.
◆ **s'adorer** *vp (emploi réciproque)* to adore each other.
ados [ado] *nm* bank *(to protect crops against the wind)*.
adossement [adosmɑ̃] *nm*: **l'~ d'un bâtiment à** OU **contre qqch** a building leaning against sthg.
adosser [3] [adose] *vt*: **~ qqch à** OU **contre qqch** to put sthg (up) against sthg; **~ une armoire à** OU **contre un mur** to put a wardrobe against a wall; **~ une échelle contre un mur** to put OU to lean a ladder against a wall; **être adossé à: elle était adossée au mur** she was leaning against the wall; **une maison adossée à la colline** a house built right up against the hillside; **la cabane adossée au garage** the shed backing on to the garage.
◆ **s'adosser** *vpi*: **s'~ à** OU **contre qqch** to lean against sthg.
adoubement [adubmɑ̃] *nm* dubbing (ceremony).
adouber [3] [adube] *vt* -**1.** [chevalier] to dub. -**2.** JEUX to adjust.
adoucir [32] [adusir] *vt* -**1.** [rendre plus doux - peau, regard, voix, eau] to soften; [- amertume, caractère, acidité] to mellow; **l'âge l'a beaucoup adouci** he's mellowed a lot with age; **seul le temps pourra ~ les mauvais souvenirs laissés par le conflit** time alone will ease the painful memories left by the conflict; **du miel pour ~ votre thé** honey to sweeten your tea; **~ une sauce** [la sucrer] to sweeten a sauce; [la rendre plus veloutée] to make a sauce smoother. -**2.** [atténuer - couleur, propos, dureté] to tone down *(sép)*; [- difficulté, antagonisme] to ease. -**3.** [rendre supportable - peine, punition] to reduce, to lessen the severity of; [- chagrin] to ease, to mellow; **le tribunal a adouci la sentence** the court reduced the sentence; **ils s'efforcent d'~ les conditions de vie des prisonniers** they try to make the prisoners' living conditions less harsh. -**4.** MÉTALL to temper down *(sép)*, to soften. -**5.** MÉTÉO [temps, température] to make warmer OU milder.
◆ **s'adoucir** *vpi* -**1.** [devenir plus doux - peau, voix, lumière] to soften; [- regard] to soften, to mellow; [- personne, caractère] to mellow. -**2.** MÉTÉO [temps, température] to become milder. -**3.** [s'atténuer - pente] to become less steep; [- accent] to become less broad. -**4.** ŒNOL to mellow.
adoucissant, e [adusisɑ̃, ɑ̃t] *adj* emollient.
◆ **adoucissant** *nm* -**1.** MÉD emollient. -**2.** [pour le linge] (fabric) conditioner.
adoucissement [adusismɑ̃] *nm* -**1.** [douceur]: **pour l'~ de l'eau/de votre peau** to make water/your skin softer; [- d'un caractère] softening, mellowing; **un imperceptible ~ de son regard/sa voix** an imperceptible softening in his look/voice. -**2.** [estompage - d'une couleur, d'un contraste] softening, toning down. -**3.** [atténuation - d'une peine] reduction. -**4.** MÉTÉO: **~ de la température** rise in temperature. -**5.** MÉTALL tempering, softening.
adoucisseur [adusisœr] *nm* water softener.
ad patres *fam* [adpatrɛs] *loc adv*: **aller ~** to go to meet one's maker; **envoyer qqn ~** to send sb to (meet) his maker, to knock sb off.
adr. -**1.** *abr écrite de* adresse. -**2.** *abr écrite de* adresser.
adragante [adragɑ̃t] *adj f*: **gomme ~** tragacanth.
adrénaline [adrenalin] *nf* adrenaline.
adressage [adrɛsaʒ] *nm* addressing; **~ direct** direct addressing; **~ multiple** multiple selection.
adresse [adrɛs] *nf* -**1.** [domicile] address; **partir sans laisser d'~** gone without leaving a forwarding address ❑ **bonne ~** [magasin] good shop *Br* OU store *Am*; [restaurant] good restaurant; [hôtel] good hotel. -**2.** [discours] formal speech, address. -**3.** [dans un dictionnaire] headword. -**4.** INF address. -**5.** [dextérité] skill; **jeu d'~** game of skill. -**6.** [subtilité] cleverness, adroitness; **répondre avec ~** to give a tactful answer.
◆ **à l'adresse de** *loc prép* intended for, aimed at.
adresser [4] [adrese] *vt* -**1.** [paquet, enveloppe] to address; **le colis était mal adressé** the address on the parcel was wrong; **~ qqch à qqn** to address sthg to sb; **cette lettre vous est adressée** this letter is addressed to you OU has your name on the envelope. -**2.** [envoyer]: **~ qqch à qqn** [gén] to address OU to direct sthg to sb; [par courrier] to send OU to forward sthg to sb; **adressez toute requête au Bureau 402** direct OU address all requests to Department 402; **~ CV détaillé à Monique Bottin** send detailed CV to Monique Bottin. -**3.** [destiner]: **~ qqch à qqn** [une remarque] to address sthg to OU to direct sthg at sb; **il faudra ~ vos remarques au président** please address your remarks to the chair; **~ des questions à qqn** to ask sb questions, to direct questions at sb; **~ la parole à qqn** to speak to sb; **elle ne m'adresse plus la parole** she won't talk OU speak to me any more; **~ un compliment à qqn** to pay sb a compliment; **~ un reproche à qqn** to level a reproach at sb; **nous ne vous adressons aucun reproche** we don't reproach you in any way; **à qui sont adressées ces allusions?** who are these hints meant for?; **~ des prières à Dieu** to pray to God; **adresse ta prière à la Vierge Marie** make your prayer to the Virgin Mary; **~ qqch à qqn** [un geste, un regard] to aim sthg at sb; **il leur adressait des regards furieux** he looked at them with fury in his eyes, he cast furious glances at them; **le clin d'œil m'était sans doute adressé** the wink was undoubtedly meant for OU intended for OU aimed at me; **~ un signe à qqn** to wave at sb; **~ un signe de tête à qqn** [positif] to nod at sb; [négatif] to shake one's head at sb; **~ un sourire à qqn** to (aim a) smile at sb; **c'est à lui que les coups étaient adressés** the blows were meant OU intended for him. -**4.** [diriger - personne]: **~ un malade à un spécialiste** to refer a patient to a specialist; **on m'a adressé à vous** I've been referred to you. -**5.** INF to address.
◆ **s'adresser à** *vp + prép* -**1.** [parler à] to speak to, to address; **c'est à vous que je m'adresse** I'm talking to you; **le ministre s'adressera d'abord aux élus locaux** the minister will first address the local councillors; **comment s'adresse-t-on à un archevêque?** how do you address an archbishop?; **s'~ à la conscience/générosité de qqn** *fig* to appeal to sb's conscience/generosity. -**2.** [être destiné à] to be meant for OU aimed at; **à qui s'adresse cette remarque?** who's this remark aimed at?; **une émission qui s'adresse aux adolescents** a show aimed at a teenage audience. -**3.** [pour se renseigner]: **adressez-vous à la concierge** you'd better see the porter; **il faut vous ~ au syndicat d'initiative** apply to the tourist office; **je ne sais pas à qui m'~** I don't know who to go to.
adret [adrɛ] *nm* sunny side *(of a valley)*.
adriatique [adrijatik] *adj* Adriatic.
Adriatique [adrijatik] *npr f*: **l'~** the Adriatic.
adroit, e [adrwa, at] *adj* -**1.** [habile - gén] deft, dextrous, dexterous; [- apprenti, sportif, artisan] skilful; **être ~ de ses mains** to be clever with one's hands; **être ~ au billard** to be very good at billiards; **elle n'est pas très ~e pour faire les ourlets** she's not very good at doing hems. -**2.** [astucieux - manœuvre, stratagème] clever; [- diplomate] skilful; [- politique] clever; **la remarque n'était pas bien ~e** it was a bit of a clumsy thing to say.
adroitement [adrwatmɑ̃] *adv* -**1.** [avec des gestes habiles] skilfully. -**2.** [astucieusement] cleverly.
adsorber [3] [atsɔrbe] *vt* to adsorb.
adulateur, trice [adylatœr, tris] *litt* ◇ *adj* adulating.
◇ *nm, f* adulator.
adulation [adylasjɔ̃] *nf litt* adulation.
aduler [3] [adyle] *vt litt* to adulate, to fawn upon *(insép)*.
adulte [adylt] ◇ *adj* -**1.** [individu] adult; [attitude] mature; **âge ~: atteindre l'âge ~** to reach adulthood. -**2.** ZOOL full-grown, adult; BOT full-grown.
◇ *nmf* adult; **livres/films pour ~s** adult books/films.
adultération [adylterasjɔ̃] *nf* adulteration.
adultère [adyltɛr] ◇ *adj* adulterous; **femme ~** adulteress; **homme ~** adulterer.
◇ *nmf litt* [homme] adulterer; [femme] adulteress.
◇ *nm* [infidélité] adultery; **commettre l'~ avec qqn** to have an adulterous relationship with sb, to commit adultery with sb.
adultérer [18] [adyltere] *vt litt* to adulterate.
adultérin, e [adylterɛ̃, in] *adj* adulterine.
ad valorem [advalɔrɛm] *loc adj inv* JUR [taxe] ad valorem.
advenir [40] [advənir] *vi* to happen.
◆ **il advient** *v impers*: **qu'est-il advenu de toutes tes belles idées?** what has become of all your wonderful ideas?; **qu'est-il advenu de lui?** what OU whatever became of him?; **il advient que...** it comes to pass OU it (so) happens that...; **il advint que je tombai malade** it (so) happened that I fell ill, I happened to fall ill.
◆ **advienne que pourra** *loc adv* come what may; **je signe, allez, advienne que pourra!** I'll sign and blow the consequences!
◆ **quoi qu'il advienne, quoi qu'il puisse advenir** *loc adv* come what may, whatever may happen.
adventice [advɑ̃tis] *adj* -**1.** PHILOS adventitious. -**2.** BOT self-propagating.
adventif, ive [advɑ̃tif, iv] *adj* -**1.** BOT [racine] adventitious. -**2.** GÉOL [cône, cratère] adventive, parasitic.
adventiste [advɑ̃tist] ◇ *adj* Adventist.
◇ *nmf* Adventist; **les Adventistes du septième jour** the Seventh-Day Adventists.
adverbe [advɛrb] *nm* adverb; **~ de lieu/temps** adverb of place/time.
adverbial, e, aux [advɛrbjal, o] *adj* adverbial.
adverbialement [advɛrbjalmɑ̃] *adv* [employer] adverbially.
adversaire [advɛrsɛr] *nmf* adversary, opponent; **je n'ai pas peur de l'~** I'm not afraid of the opposition.
adversatif, ive [advɛrsatif, tiv] *adj* adversative.
adverse [advɛrs] *adj* -**1.** [bloc, opinion] opposing; **dans les rangs ~s, on ne croit pas aux privatisations** privatizations aren't popular with the opposition. -**2.** *litt* [circonstances] adverse. -**3.** JUR opposing.
adversité [advɛrsite] *nf* adversity; **poursuivi par l'~** the victim of many misfortunes.
ad vitam aeternam [advitamɛtɛrnam] *loc adv* for ever and ever.
adynamie [adinami] *nf* adynamia.
AE *nm abr de* adjoint d'enseignement
aède [aɛd] *nm* poet *(in Ancient Greece)*.
A-EF (*abr de* **Afrique-Équatoriale française**) *npr f* FEA.
AELE (*abr de* **Association européenne de libre-échange**) *npr f* EFTA.
AEN (*abr de* **Agence pour l'énergie nucléaire**) *np f French atomic energy agency*, ≃ AEA.
aérage [aeraʒ] *nm* ventilation, air supply MIN.
aérateur [aeratœr] *nm* -**1.** CONSTR ventilator. -**2.** AGR aerator.

aération [aerasjɔ̃] *nf* ventilation; il faudrait un **peu d'~ dans cette chambre** this room needs airing.

aéré, e [aere] *adj* -**1.** [chambre] well-ventilated, airy. -**2.** [présentation, texte] well-spaced.

aérer [18] [aere] *vt* -**1.** [ventiler - chambre, maison] to air, to ventilate. -**2.** [alléger] : **aère un peu ton texte avant de le rendre** improve the presentation of your text before handing it in.

◆ **s'aérer** *vp* *(emploi réfléchi)* to get some fresh air; **si on allait s'~?** how about getting some fresh air?; **s'~ l'esprit/les idées** to clear one's mind/one's ideas.

aérien, enne [aerjɛ̃, ɛn] *adj* -**1.** AÉRON [tarif, base, raid, catastrophe] air *(épith)*; [combat, photographie] aerial; **nos forces ~nes** our air forces ❑ **attaque ~ne** air OU aerial attack. -**2.** [à l'air libre - câble] overhead. -**3.** [léger - mouvement] light, floating; **d'une légèreté ~ne** as light as air. -**4.** TÉLÉC overhead.

◆ **aérien** *nm* aerial.

aérobic [aerɔbik] *nm* aerobics *(sg)*.

aérobie [aerɔbi] ◇ *adj* aerobic.

◇ *nm* aerobe, aerobium.

aéro-club [aerɔklœb] *(pl* **aéro-clubs***)* *nm* flying club.

aérodrome [aerɔdrom] *nm* airfield, aerodrome *Br*, airdrome *Am*.

aérodynamique [aerɔdinamik] ◇ *adj* [étude, manège, soufflerie] aerodynamic; [ligne, profilé, voiture] streamlined.

◇ *nf* aerodynamics *(sg)*.

aérodynamisme [aerɔdinamism] *nm* aerodynamics.

aérofrein [aerɔfrɛ̃] *nm* air brake.

aérogare [aerɔgar] *nf* [pour les marchandises] airport building; [pour les voyageurs] air terminal.

aérogastrie [aerɔgastri] *nf* aerogastria.

aéroglisseur [aerɔglisœr] *nm* hovercraft.

aérogramme [aerɔgram] *nm* aerogramme.

aérolit(h)e [aerɔlit] *nm* aerolite.

aéromodélisme [aerɔmɔdelism] *nm* model aircraft making.

aéromoteur [aerɔmɔtœr] *nm* wind power engine.

aéronaute [aerɔnot] *nmf* aeronaut.

aéronautique [aerɔnotik] ◇ *adj* aeronautic, aeronautical.

◇ *nf* aeronautics *(sg)*.

aéronaval, e, als [aerɔnaval] *adj* [bataille] air and sea *(épith)*.

◆ **aéronavale** *nf*: **l'~** ≃ Fleet Air Arm *Br*, ≃ Naval Air Command *Am*.

aéronef [aerɔnɛf] *nm* aircraft.

aéronomie [aerɔnɔmi] *nf* aeronomy.

aérophagie [aerɔfaʒi] *nf* wind, aerophagia *spéc*; **avoir** OU **faire de l'~** to have wind.

aéroport [aerɔpɔr] *nm* airport.

aéroporté, e [aerɔpɔrte] *adj* MIL airborne.

aéroportuaire [aerɔpɔrtɥɛr] *adj* airport *(épith)*.

aéropostal, e, aux [aerɔpɔstal, o] *adj* airmail *(épith)*.

◆ **Aéropostale** *npr f*: **l'Aéropostale** HIST *first French airmail service between Europe and South America*; [filiale d'Air France] *subsidiary of Air France*.

aérosol [aerɔsɔl] *nm* COMM aerosol.

◆ **en aérosol** *loc adj* spray *(épith)*; **nous l'avons aussi en ~** we also have it in spray form.

aérospatial, e, aux [aerɔspasjal, o] *adj* aerospace *(épith)*.

◆ **aérospatiale** *nf* -**1.** SC aerospace science. -**2.** INDUST aerospace industries.

aérostat [aerɔsta] *nm* aerostat.

aérostation [aerɔstasjɔ̃] *nf* aerostation.

aérostatique [aerɔstatik] ◇ *adj* aerostatic, aerostatical.

◇ *nf* aerostatics *(sg)*.

aérotechnique [aerɔtɛknik] ◇ *adj* aerotechnical.

◇ *nf* aerotechnics.

aéroterrestre [aerɔterɛstr] *adj* air and land *(épith)*.

aérothermodynamique [aerɔtɛrmɔdinamik] *nf* aerothermodynamics *(sg)*.

Aérotrain® [aerɔtrɛ̃] *nm* hovertrain.

aérotransporté, e [aerɔtrɑ̃spɔrte] *adj* airborne.

AF ◇ *nfpl abr de* **allocations familiales**.

◇ *npr f abr de* **Assemblée fédérale**.

Afars [afar] *npr mpl* -**1.** [peuple] Afars. -**2.** GÉOG & *vieilli*: **Territoire français des ~ et des Issas** Territory of the Afars and Issas.

AFAT, Afat [afat] *(abr de* **auxiliaire féminine de l'armée de terre***)* *nf female member of the French army*.

affabilité [afabilite] *nf sout* affability, friendliness.

affable [afabl] *adj sout* affable, friendly; **sous des dehors ~s** behind a benign façade.

affabulation [afabylasjɔ̃] *nf* -**1.** LITTÉRAT plot construction. -**2.** PSYCH mythomania.

affabuler [3] [afabyle] ◇ *vi* to invent stories.

◇ *vt* LITTÉRAT [intrigue] to construct.

affadir [32] [afadir] *vt* -**1.** [aliments] to make bland OU tasteless. -**2.** [ternir] to make dull, to cause to fade.

◆ **s'affadir** *vpi* -**1.** [aliments] to become tasteless. -**2.** [couleur] to fade; **dans sa deuxième manière, ses couleurs se sont affadies** in his second period, he paints in duller shades.

affadissement [afadismɑ̃] *nm* -**1.** [d'un mets] loss of taste, increased blandness. -**2.** [d'une couleur - par le soleil] fading; [- par un pigment] dulling.

affaibli, e [afebli] *adj* weakened.

affaiblir [32] [afeblir] *vt* -**1.** [personne] to weaken, to sap; **sa maladie l'a beaucoup affaibli** his illness has weakened him a lot OU sapped all his energy. -**2.** [atténuer] to weaken; **le brouillard affaiblit tous les sons** the fog muffles all sounds; **utiliser un mot dans son sens affaibli** to use a word in its weaker sense. -**3.** [armée, institution] to weaken, to undermine; **un pays affaibli par la guerre** a country weakened by war. -**4.** [monnaie] to weaken.

◆ **s'affaiblir** *vpi* -**1.** [dépérir] to weaken, to become weaker; **elle s'est beaucoup affaiblie depuis le mois dernier** she has weakened a lot since last month; **s'~ de jour en jour** to get weaker and weaker every day, to get weaker by the day. -**2.** [s'atténuer - signification, impact] to weaken, to grow weaker; **la lumière du jour s'affaiblissait peu à peu** the daylight was fading gradually.

affaiblissement [afeblismɑ̃] *nm* [d'une personne, d'une idée, d'un sentiment] weakening; [d'une lumière, d'un bruit] fading.

affaiblisseur [afeblisœr] *nm* PHOT reducer.

affaire [afɛr] *nf* -**1.** [société] business, firm, company; **monter une ~** to set up a business; **c'est un type qui monte des ~s** *fam* he's an entrepreneur; **remonter une ~** to put a business back on its feet; **gérer** OU **diriger une ~** to run a business; **elle a une grosse ~ de meubles** she's got OU she runs a big furniture business; **faire entrer qqn dans une ~** to bring sb into a firm; **l'~ familiale** the family business. -**2.** [marché] (business) deal OU transaction; **faire ~ avec qqn** to clinch a deal with sb; **faire une ~ avec qqn** to (do a) deal with sb; **faire beaucoup d'~s** to do a lot of business; **une ~ (en or)** *fam* an unbeatable bargain; **faire une ~ (en or)** to get a bargain; **à mon avis, ce n'est pas une ~!** I wouldn't exactly call it a bargain!; **ils font des ~s en or** they're doing terrific business; **en ce moment, chez Lépo, tu as des ~s en or** there are great bargains to be had at Lépo's at the moment; **(c'est une) ~ conclue!, c'est une ~ faite!** it's a deal!; **l'~ ne s'est jamais faite** the deal was never clinched; **l'~ ne se fera pas** the deal's off ❑ **ce n'est pas (encore) une ~ faite!** *pr* the deal isn't clinched yet; *fig* it's by no means a foregone conclusion; **c'est une ~ entendue!** we agree on that! -**3.** [problème, situation délicate] business; **une mauvaise** OU **sale ~** a nasty business; **ce n'est pas une mince ~** it's quite a business; **quelle** OU **la belle ~!** *iron* so what (does it matter)?; **c'est une autre ~** that's another story OU a different proposition; **c'est toute une ~** it's quite a business; **pour lui faire manger des légumes, c'est toute une ~!** we have the devil's own job getting him to eat vegetables! ❑ **c'est une ~ de gros sous** it's a big scam; **une ~ à suivre** something to keep an eye on; **sortir** OU **tirer qqn d'~** [par amitié] to get sb out of trouble; [médicalement] to pull sb through; **être sorti** OU **tiré d'~** [après une aventure, une faillite] to be out of trouble OU in the clear; [après une maladie] to be off the danger list; **se sortir** OU **se tirer d'~** [après une aventure, une faillite] to get o.s. out of trouble; [après une maladie] to make a full recovery; **on n'est pas encore tirés d'~** we're not out of the woods yet. -**4.** [scandale] : **~ d'État** affair of state; **n'en fais pas une ~ d'État!** *fig* don't blow the thing up out of all proportion!; **~ (politique)** (political) scandal OU affair; **l'~ des pots de vin** the bribery scandal; **l'~ Dreyfus** the Dreyfus affair ‖ [crime] murder; [escroquerie] business, job; **être sur une ~** to be in on a job. -**5.** [procès] trial, lawsuit, case; **l'~ est jugée demain** sentence tomorrow, the trial concludes tomorrow; **plaider/juger une ~** to act for one of the parties/to be a judge in a lawsuit; **saisir un tribunal d'une ~** to bring a case before a judge ❑ **~ civile/correctionnelle** civil/criminal action; **n'en parlons plus, c'est une ~ classée** *fig* let's forget it, the matter's closed. -**6.** [ce qui convient] : **j'ai votre ~** *fam* I've got just the thing for you; **la mécanique c'est pas/c'est son ~** *fam* car engines aren't exactly/are just his cup of tea ❑ **faire l'~ (de qqn)**: **la vieille casserole fera l'~** the old saucepan'll do; **leur maison ferait bien mon ~** I'd be quite happy with their house; **je vais lui faire son ~** *fam* I'll sort OU straighten him out! -**7.** [ce qui est du ressort - d'une personne] : **mon/leur ~** my/their business; **l'~ d'autrui** other people's business; **fais ce que tu veux, c'est ton ~** do what you like, it's your business OU problem; **en faire son ~** to take the matter in hand, to make it one's business; **l'architecte? j'en fais mon ~** I'll deal with OU handle the architect. -**8.** [question] : **l'~** [ce dont il est question] : **dis-moi l'~ en deux mots** tell me briefly what the problem is; **l'âge/l'argent/le temps ne fait rien à l'~** age/money/time doesn't make any difference; **c'est l'~ d'une seconde** it can be done in a trice; **c'est l'~ d'un coup de fil** *fam* all it takes is a phone call; **(c'est une) ~ de** [c'est une question de] : **une ~ de vie ou de mort** a matter of life and death; **pour moi, c'est une ~ d'honnêteté intellectuelle** for me, it's a matter of OU it's a question of intellectual honesty; **~ de principe** matter of principle; **je ne le lui dirai jamais, ~ de principe!** I'll never tell him, as OU it's a matter of principle; **~ de goût** question of taste; **c'est (une) ~ de goût** to each his own, it's a question of taste; **pour une ~ de souveraineté territoriale** over some business to do with territorial sovereignty; **faut-il les emprisonner? ~ d'opinion** should they be sent to prison? it's a matter of opinion. -**9.** *loc*: **avoir ~ à** to (have to) deal with; **avoir ~ à forte partie** to be dealing with strong opposition; **avoir ~ à plus fort/plus malin que soi** to be dealing with someone stronger/more cunning than o.s.; **il vaut mieux n'avoir pas ~ à lui** it's better to avoid having anything to do with him; **je n'ai eu ~ qu'à ses tantes** I only ever dealt with OU had to do with her aunts; **tu vas avoir ~ à moi si tu tires la sonnette!** if you ring the bell, you'll have me to deal with!; **elle a eu ~ à moi quand elle a voulu vendre la maison!** she had me to contend with when she tried to sell the house!; **être à son ~**: **à la cuisine, il est à son ~** in the kitchen OU when he's cooking he's in his element; **tout à son ~, il ne m'a pas vu entrer** he was so absorbed in what he was doing, he didn't see me come in.

◆ **affaires** *nfpl* -**1.** COMM & ÉCON business *(U)*; **comment vont les ~s?** how's business?; **parler ~s** to talk business; **les ~s vont bien/mal** business is good/bad; **les ~s vont mal cet été** business is slow this summer; **être dans les ~s** [homme] to be a businessman; [femme] to be a businesswoman; **les ~s sont les ~s!** business is business!; **pour ~s** [voyager, rencontrer] for business purposes, on business ❑ **femme d'~s** businesswoman; **homme d'~s** businessman; **voyage/repas d'~s** business trip/lunch. -**2.** ADMIN & POL affairs; **être aux ~s** to run the country, to be the head of state; **depuis qu'il est revenu aux ~s** since he's been back in power ❑ **les ~s courantes** everyday matters; **les ~s de l'État** the affairs of state; **~s intérieures** internal OU domestic affairs; **~s internationales** international affairs; **~s publiques** public affairs; **les Affaires sociales** the Social services (department). -**3.** [situation matérielle]: **ses ~s** his business affairs, his financial situation; **il connaît bien les ~s de son père** he's well acquainted with his father's business affairs; **mettre de l'ordre dans ses ~s (avant de mourir)** to put one's affairs in order (before dying) ‖ [situation personnelle]: **s'il revient, elle voudra le revoir et ça n'arrangera pas tes ~s** if he comes back, she'll want to see him and that won't help the situation; **c'est mes ~s, ça te regarde pas!** *fam* that's MY business! ❑ **~s de cœur** love life. -**4.** [objets personnels] things, belongings, (personal) possessions; **tes ~s de classe** your school things; **mes ~s de plage** my beach OU bathing *Br* things; **range tes ~s** tidy up your things; **ses petites ~s** *hum* his little things; *péj* his precious belongings.

◆ **en affaires** *loc adv* when (you're) doing business, in business; **en ~s il faut avoir la tête froide** in business, one needs a cool head; **être dur en ~s** [gén] to drive a hard bargain; [homme] to be a tough businessman; [femme] to be a tough businesswoman.

◆ **toutes affaires cessantes** *loc adv* forthwith; **toutes ~s cessantes, ils sont allés chez le maire** they dropped everything and went to see the mayor.

affairé, e [afere] *adj* busy; **air ~: prends un air ~** look busy, pretend you've got a lot to do; **ils entraient et sortaient d'un air ~** they were bustling in and out.

affairement [afɛrmɑ̃] *nm litt* bustle.

affairer [4] [afere]

◆ **s'affairer** *vpi* to bustle; **toujours à s'~ dans la maison** always bustling about the house; **s'~ auprès de qqn** to fuss around sb.

affairisme [aferism] *nm péj* money-making.

affairiste [aferist] *nmf péj* speculator.

affaissement [afɛsmɑ̃] *nm* -**1.** [effondrement] subsidence; **~ de sol, ~ de terrain** subsidence; **~ de la route/du terrain provoqué par des pluies diluviennes** road subsidence/subsidence due to torrential rain. -**2.** [relâchement - d'un muscle, des traits] sagging *(U)*. -**3.** [dépression] collapse, breakdown.

affaisser [4] [afese] *vt* -**1.** GÉOL [terrain, sol] to cause to sink OU to subside. -**2.** [tasser]: **être affaissé** [personne] to be slumped.

◆ **s'affaisser** *vpi* -**1.** [se tasser - gén] to subside, to collapse, to sink; [- bâtiment] to collapse; **la route s'est affaissée en plusieurs endroits** the road has subsided in several places; **à l'image, on voit la tour s'~ après l'explosion** on screen, you can see the tower collapsing after the blast. -**2.** [s'affaler] to collapse, to slump; **s'~ sur un canapé** to collapse OU to slump onto a couch. -**3.** ÉCON [monnaie, marché] to collapse, to slump.

affalement [afalmɑ̃] *nm* collapsing, slumping.

affaler [3] [afale] *vt* NAUT [voile] to haul down *(sép)*.

◆ **s'affaler** *vpi*: **s'~ dans un fauteuil** to flop into an armchair; **s'~ sur le sol** to collapse on the ground; **s'~ sur un divan** to flop down onto a couch.

affamé, e [afame] ◇ *adj* famished, starving; *litt*: **~ de** hungry for; **~ d'honneurs** thirsting for glory.

◇ *nm, f* starving person; **les ~s** the starving.

affamer [3] [afame] *vt* to starve.

affameur, euse [afamœr, øz] *nm, f* starver.

affect [afɛkt] *nm* affect.

affectation [afɛktasjɔ̃] *nf* -**1.** [manière] affectation; **il n'y a aucune ~ dans son langage** her language is not at all affected; **recevoir qqn avec ~** to greet sb with a great display of airs and graces. -**2.** [attribution] allocation; **l'~ de crédits à la recherche** the allocation of funds to research; **l'~ de l'aile sud aux services administratifs** allocating the south wing to administration. -**3.** [assignation] appointment, nomination; MIL posting; **il a reçu son ~ en Allemagne** MIL he was posted to Germany.

affecté, e [afɛkte] *adj* [personne] affected, mannered; **parler d'une manière ~e** to speak affectedly.

affecter [4] [afɛkte] *vt* -**1.** [feindre] to affect, to put on a show of; **~ une grande joie** to pretend to be overjoyed. -**2.** [présenter - une forme] to assume; **~ l'apparence de** to take on OU to assume the appearance of. -**3.** [assigner] to allocate, to assign; **~ des crédits** to allocate funds. -**4.** [nommer] to appoint, to nominate; **être affecté à un poste** to be appointed to a post; **être affecté à un bureau** [venant de l'extérieur] to be appointed to work in an office; [d'un autre service] to be transferred to an office. -**5.** [atteindre] to affect, to afflict; **le virus a affecté les deux reins** both kidneys were affected by the virus; **il est affecté d'une timidité maladive** he's painfully shy. -**6.** [émouvoir] to affect, to move; **très affecté par cette lettre/l'accident de ses parents** greatly affected by this letter/his parents' accident. -**7.** MATH to modify.

◆ **s'affecter de** *vp + prép litt* to be affected OU moved OU stirred by.

affectif, ive [afɛktif, iv] *adj* -**1.** [problème, réaction] emotional; **vie affective** love life. -**2.** PSYCH affective.

affection [afɛksjɔ̃] *nf* -**1.** [attachement] affection, fondness, liking; **avoir de l'~ pour** to be fond of, to have a fondness for, to have a liking for; **je n'ai pas beaucoup d'~ pour le jardinage/son frère** I don't much care for gardening/his brother; **une marque** OU **un signe d'~** a token of love OU affection. -**2.** MÉD disease, disorder. -**3.** PSYCH affection.

◆ **en affection** *loc adv*: **prendre qqn en ~** to grow to like sb.

affectionné, e [afɛksjɔne] *adj* [dans une lettre] fond, devoted; **votre petite-fille ~e** your fond OU devoted granddaughter.

affectionner [3] [afɛksjɔne] *vt* -**1.** [objet, situation] to be fond of. -**2.** [personne] to like, to feel affection for.

affectivité [afɛktivite] *nf* -**1.** [réactions]: **l'~** emotionality *spéc*, emotional life. -**2.** [caractère] sensitivity.

affectueusement [afɛktɥøzmɑ̃] *adv* -**1.** [tendrement] affectionately, fondly. -**2.** [dans une lettre]: **bien ~** kindest regards.

affectueux, euse [afɛktɥø, øz] *adj* loving, affectionate; **c'est un enfant très ~** he's a very affectionate child; **elle le regardait d'un air ~** she was looking at him fondly OU affectionately.

afférent, e [aferɑ̃, ɑ̃t] *adj* -**1.** JUR accruing (to), relating (to); **part** OU **portion ~e à qqn** portion accruing to sb. -**2.** *sout* [qui se rapporte à] relating OU relevant to; **voici les renseignements ~s à l'affaire** here is information relating OU relevant to the matter. -**3.** MÉD [nerf, vaisseau] afferent.

affermage [afɛrmaʒ] *nm* lease-farming.

affermer [3] [afɛrme] *vt* to lease OU to rent (out).

affermir [32] [afɛrmir] *vt* -**1.** [consolider - mur, tour] to reinforce, to strengthen. -**2.** [rendre plus ferme] to strengthen, to tone OU to firm up *(sép)*; **~ ses muscles par la natation** to strengthen one's muscles by swimming; **lotion tonique pour ~ votre peau** toning lotion for your skin. -**3.** [assurer] to strengthen; **~ sa position** to strengthen one's position; **~ sa voix** to steady one's voice.

◆ **s'affermir** *vpi* -**1.** [puissance, influence] to be strengthened; [investissements, monnaie] to strengthen. -**2.** [muscle, chair] to firm OU to tone up, to get firmer.

affermissement [afɛrmismɑ̃] *nm* [d'un pont] strengthening, consolidating; [de la peau] toning; [d'une monnaie] strengthening.

afféterie [afetri] *nf litt* affectation.

affichage [afiʃaʒ] *nm* -**1.** [sur une surface] posting; **~ sauvage** fly posting; **'~ interdit'** 'stick no bills'. -**2.** INF display; **~ à cristaux liquides** liquid crystal display, LCD; **~ numérique** digital display.

affiche [afiʃ] *nf* -**1.** [annonce officielle] public notice; [image publicitaire] advertisement, poster; [d'un film, d'une pièce, d'un concert] poster; **~ électorale** election poster. -**2.** CIN & THÉÂT: **il y a une belle ~ en ce moment à l'Odéon** there are some really interesting things on at the Odéon; **en tête d'~, en haut de l'~** at the top of the bill ❑ **tenir l'~** to run; **la pièce a tenu l'~ pendant plusieurs années** the play ran for several years; **quitter l'~** to close.

◆ **à l'affiche** *loc adv*: **être à l'~** to be on; **qu'est-ce qui est à l'~ en ce moment?** what's on at the moment?; **mettre une pièce à l'~** to put a play on, to stage a play; **rester à l'~** to run.

afficher [3] [afiʃe] *vt* -**1.** [placarder] to post OU to stick up *(sép)*; **le jugement a été affiché dans toutes les mairies** the judgment was posted up in all the city halls. -**2.** [annoncer] to bill, to have on the bill; **une des salles affichait du Mozart** one of the concert halls had Mozart on the bill; **on affiche complet pour ce soir** the house is full tonight. -**3.** *péj* [exhiber] to show off *(sép)*, to display, to flaunt *péj*; **~ son désespoir** to make one's despair obvious; **~ sa fortune/une liaison** to flaunt one's wealth/an affair. -**4.** INF to display.

◆ **s'afficher** *vpi péj*: **elle s'affiche avec lui** she's not afraid of being seen with him.

affichette [afiʃɛt] *nf* small poster.

afficheur [afiʃœr] *nm* billposter, billsticker.

affichiste [afiʃist] *nmf* poster designer.

affidavit [afidavit] *nm* affidavit.

affilage [afilaʒ] *nm* sharpening *(of a blade)*.

affilé, e [afile] *adj* [aiguisé] sharp; **un poignard bien ~** a well-sharpened dagger.

◆ **d'affilée** *loc adv*: **il a pris plusieurs semaines de congé d'~e** he took several weeks' leave in a row; **deux/trois heures d'~e** for two/three hours at a stretch.

affiler [3] [afile] *vt* [couteau, lame] to sharpen.

affiliation [afiljasjɔ̃] *nf* affiliation; **demander son ~ à une organisation** to apply for membership of an organization.

affilié, e [afilje] ◇ *adj* affiliated.

◇ *nm, f* affiliate.

affilier [9] [afilje]

◆ **s'affilier** *vp (emploi réfléchi)*: **s'~ à** to affiliate o.s. OU to become affiliated to.

affiloir [afilwar] *nm* whetstone.

affinage [afinaʒ] *nm* [d'un fromage] maturing; [du coton] fining; [d'un métal, de sucre] fining, refining.

affine [afin] *adj* MATH [application, espace, géométrie] affine.

affinement [afinmɑ̃] *nm* refinement.

affiner [3] [afine] *vt* -**1.** [purifier - verre, métal] to refine. -**2.** [adoucir - traits] to fine down. -**3.** [raffiner - goût, sens] to refine. -**4.** [mûrir]: **~ du fromage** to allow cheese to mature.

◆ **s'affiner** *vpi* -**1.** [se raffiner] to become more refined. -**2.** [mincir] to become thinner.

affinerie [afinri] *nf* refinery METALL.

affineur, euse [afinœr, øz] *nm, f* refiner.

affinité [afinite] *nf* -**1.** [sympathie] affinity; **avoir des ~s avec qqn** to have an affinity with OU for sb; **ils ont de fortes ~s l'un avec l'autre** there's a strong rapport between them; **se sentir des**

~s avec un lieu to feel a sense of affinity with a place. -**2.** CHIM affinity.

affirmatif, ive [afirmatif, iv] *adj* -**1.** [catégorique] affirmative; **il a été très ~ à ce sujet** he was quite positive about the subject; **parler d'un ton ~** to speak affirmatively. -**2.** LING affirmative.

◆ **affirmatif** *adv* MIL & TÉLÉC affirmative.

◆ **affirmative** *nf*: **répondre par l'affirmative** to answer yes OU in the affirmative; **nous aimerions savoir si vous serez libre mercredi; dans l'affirmative, nous vous prions de...** we'd like to know if you are free on Wednesday; if you are OU if so, please...

affirmation [afirmasjɔ̃] *nf* -**1.** [gén] affirmation. -**2.** JUR solemn affirmation. -**3.** LOGIQUE affirmation.

affirmativement [afirmativmɑ̃] *adv* affirmatively.

affirmer [3] [afirme] *vt* -**1.** [assurer] to assert, to affirm; **le crime a-t-il été prémédité? – rien ne permet encore de l'~** was the crime premeditated? – there are no grounds for saying so yet; **elle affirme ne pas l'avoir vu de la soirée** she maintains she didn't see him all evening; **le Premier ministre a affirmé son désir d'en finir avec le terrorisme** the Prime Minister stated his desire to do away with terrorism; **la semaine dernière, affirma-t-il** last week, he said. -**2.** [exprimer - volonté, indépendance] to assert.

◆ **s'affirmer** *vpi* [personne] to assert o.s.; [qualité, désir, volonté] to assert OU to express itself.

affixal, e, aux [afiksal, o] *adj* affixable LING.

affixe [afiks] *nm* affix.

affixé, e [afikse] *adj* affixed LING.

affleurement [aflœrmɑ̃] *nm* -**1.** GÉOL outcrop. -**2.** MENUIS levelling.

affleurer [5] [aflœre] ◇ *vt* [étagère, planches] to level.

◇ *vi* [écueil] to show on the surface; GÉOL [filon] to outcrop; *fig* to show through.

afflictif, ive [afliktif, iv] *adj* corporal JUR.

affliction [afliksjɔ̃] *nf litt* affliction.

affligé, e [afliʒe] *adj* afflicted.

affligeant, e [afliʒɑ̃, ɑ̃t] *adj* -**1.** *litt* [attristant] distressing. -**2.** [lamentable] appalling, pathetic; **des résultats ~s** pathetic OU appalling results; **d'une ignorance ~e** appallingly ignorant.

affliger [17] [afliʒe] *vt* -**1.** [atteindre] to afflict, to affect; **être affligé d'un handicap** to be afflicted with a handicap; **elle est affligée d'un prénom ridicule** *fig* & *hum* she's cursed with a ridiculous first name. -**2.** *litt* [attrister] to aggrieve *litt*, to affect, to afflict; **sa mort m'a beaucoup affligé** his death affected me greatly.

◆ **s'affliger** *vpi litt* to be distressed, to feel grief; **s'~ de** to be distressed about, to grieve over.

affluence [aflyɑ̃s] *nf* -**1.** [foule] crowd; **il y a ~** it's crowded; **il y a trop d'~** it's too crowded. -**2.** *litt* [richesses] affluence.

affluent, e [aflyɑ̃, ɑ̃t] *adj* [fleuve, rivière] tributary.

◆ **affluent** *nm* tributary, affluent.

affluer [3] [aflye] *vi* -**1.** [couler] to rush; **le sang afflua à son visage** blood rushed to her face; **les capitaux affluent** *fig* money's flowing OU rolling in. -**2.** [arriver] to surge; **les manifestants affluaient vers la cathédrale** the demonstrators were flocking to the cathedral.

afflux [afly] *nm* -**1.** [de sang] rush, afflux. -**2.** [de voyageurs] flux, influx, flood. -**3.** ÉLECTR surge (of current).

affolant, e [afɔlɑ̃, ɑ̃t] *adj* -**1.** [inquiétant] worrying, frightening, terrifying; **des rumeurs ~es parvenaient du front** terrifying rumours came from the front. -**2.** *fam* [en intensif] appalling; **c'est ~ ce qu'il y a comme circulation** the traffic's appalling.

affolé, e [afɔle] *adj* -**1.** [bouleversé] panic-stricken, distressed; **il avait l'air complètement ~ au téléphone** he sounded totally panic-stricken over the phone. -**2.** [boussole] spinning.

affolement [afɔlmɑ̃] *nm* -**1.** [panique] panic; **l'~ était si grand que...** there was such a panic that...; **pas d'~!** don't panic!; **sans ~** in a cool (,calm) and collected way. -**2.** [d'une boussole] spinning. -**3.** MÉTALL & PHYS perturbation.

affoler [3] [afɔle] *vt* -**1.** [terrifier] to throw into a panic; [bouleverser] to throw into turmoil; **les hurlements de l'animal l'affolèrent complètement** the howling of the animal threw her into a total panic; **les poulains étaient affolés** the foals were running around out of control. -**2.** *litt* [sexuellement] to drive wild with desire.

◆ **s'affoler** *vpi* -**1.** [s'effrayer] to panic; **ne t'affole pas, tout va bien!** don't panic, everything's OK!; **elle s'affole toujours à l'idée de partir** she always panics OU gets frantic at the thought of going away; **l'animal s'affolait** the animal was getting distressed. -**2.** [boussole] to spin.

affouragement [afuraʒmɑ̃] *nm* foddering.

affourager [17] [afuraʒe] *vt* to fodder.

affranchi, e [afrɑ̃ʃi] ◇ *adj* -**1.** HIST [esclave] freed. -**2.** [émancipé] emancipated, liberated.

◇ *nm, f* -**1.** HIST [esclave libéré] freed slave. -**2.** *arg crime* [personne du milieu] shady character.

affranchir [32] [afrɑ̃ʃir] *vt* -**1.** HIST [esclave] to (set) free. -**2.** [colis, lettre] to stamp, to put a stamp OU stamps on; **paquet insuffisamment affranchi** parcel with insufficient postage on it. -**3.** *arg crime* [renseigner]: **~ qqn** to give sb the lowdown, to tip sb off *(sép)*. -**4.** JEUX [carte] to clear.

◆ **s'affranchir** *vpi* [colonie] to gain one's freedom; [adolescent] to gain one's independence; [opprimé] to become emancipated OU liberated; **s'~ de la tutelle de ses parents** to free o.s. from one's parents' supervision; **s'~ de la domination étrangère** to throw off foreign domination.

affranchissable [afrɑ̃ʃisabl] *adj* [colis, lettre] which must be stamped, non postage paid.

affranchissement [afrɑ̃ʃismɑ̃] *nm* -**1.** [libération] freeing; **après leur ~** after they were set free. -**2.** [d'une lettre] stamping; **tarifs d'~ pour l'Afrique** postage OU postal rates to Africa; **~ insuffisant** insufficient postage.

affres [afr] *nfpl litt* pangs; **les ~ de la jalousie** the pangs of jealousy; **les ~ de la mort** the pangs OU throes of death; **les ~ de la création** the throes of creativity.

affrètement [afrɛtmɑ̃] *nm* chartering *(U)*.

affréter [18] [afrete] *vt* [avion, navire] to charter.

affréteur [afretœr] *nm* charterer, charter company.

affreusement [afrøzmɑ̃] *adv* -**1.** [en intensif] dreadfully, horribly, awfully; **elle a été ~ mutilée** she was horribly mutilated; **ce tableau est ~ laid** this painting is awfully ugly. -**2.** [laidement]: **~ habillé/décoré** hideously dressed/decorated.

affreux, euse [afrø, øz] *adj* -**1.** [répugnant] horrible; **elle aperçut un visage ~ à la fenêtre** she saw a horrible face at the window; **quelle ville affreuse!** what a horrible city! -**2.** [très désagréable] dreadful, awful; **nous avons connu quelques années affreuses** we have been through a few dreadful years; **il a fait un temps ~ pendant toute la semaine** the weather was awful all week long.

◆ **affreux** *fam nm* -**1.** MIL (white) mercenary *(in Africa)*. -**2.** [en appellatif]: **tu viens, l'~?** coming, you little terror OU monster?

affriander [3] [afrijɑ̃de] *vt litt* to allure, to entice.

affriolant, e [afrijɔlɑ̃, ɑ̃t] *adj* alluring, appealing; **des dessous ~s** sexy underwear.

affrioler [3] [afrijɔle] *vt* to excite, to allure.

affriquée [afrike] LING ◇ *adj f* [consonne] affricative.

◇ *nf* affricate.

affront [afrɔ̃] *nm* affront; **essuyer** OU **subir un ~** to be affronted OU offended; **faire un ~ à qqn** to affront OU to offend sb; **tu ne vas pas me faire l'~ de refuser?** you're not going to offend me by refusing?

affrontement [afrɔ̃tmɑ̃] *nm* confrontation; **les derniers ~s ont fait plusieurs morts** the last confrontation claimed several casualties; **l'~ de deux idéologies** the clash OU conflict of ideologies.

affronter [3] [afrɔ̃te] *vt* -**1.** [ennemi, mort] to face; [problème] to face (up to), to square up to *(insép)*; **il n'a pas hésité à ~ le danger/l'incendie** he didn't hesitate to face danger/the fire. -**2.** MENUIS [planche] to butt joint. -**3.** MÉD: **~ les lèvres d'une plaie** to close up a wound.

◆ **s'affronter** *vp (emploi réciproque)* to confront one another; **deux thèses s'affrontent dans le débat sur la peine de mort** there are two opposing theories in the debate on the death penalty.

affublement [afybləmɑ̃] *nm* rigout.

affubler [3] [afyble] *vt péj* [habiller] to rig out *(sép)*; **affublé d'une veste rouge** rigged out in a red jacket; **qui l'a affublé ainsi?** who on earth dressed him like that?; **on l'avait affublé d'un surnom idiot** *fig* the poor boy had been given an absurd nickname.

◆ **s'affubler** *vp (emploi réfléchi) péj* to rig o.s. out; **elle s'était affublée d'une robe à frous-frous** she'd got herself all rigged out in a ridiculous flouncy dress.

affût [afy] *nm* -**1.** ARM carriage, mount. -**2.** OPT [d'un télescope] frame.

◆ **à l'affût de** *loc prép* -**1.** CHASSE: **être à l'~ de** to be lying in wait for. -**2.** [à la recherche de]: **à l'~ des dernières nouvelles** eagerly waiting for the latest news; **à l'~ d'un sourire** begging for a smile; **à l'~ des fautes d'orthographe** ready to pounce on the first spelling mistake.

affûtage [afytaʒ] *nm* grinding, sharpening.

affûter [3] [afyte] *vt* to grind, to sharpen.

affûteur [afytœr] *nm* grinder.

affûteuse [afytøz] *nf* grinding machine.

afghan, e [afgɑ̃, an] *adj* Afghan.

◆ **Afghan, e** *nm, f* Afghan, Afghani.

◆ **afghan** *nm* LING Afghan.

Afghanistan [afganistɑ̃] *npr m*: **(l')** ~ Afghanistan.

aficionado [afisjɔnado] *nm* aficionado; **les ~s du football** football enthusiasts.

afin [afɛ̃]

◆ **afin de** *loc prép* in order to, so as to; **il s'est levé tôt ~ de terminer** he got up early (in order) to finish.

◆ **afin que** *loc conj (suivi du subjonctif)* in order OU so that; **préviens-moi si tu viens ~ que je puisse préparer ta chambre** tell me if you are coming so that I can prepare your bedroom.

AFNOR, Afnor [afnɔr] *(abr de* **Association française de normalisation)** *npr f French industrial standards authority*, ≃ BSI *Br*, ≃ ASA *Am*.

afocal, e, aux [afɔkal, o] *adj* afocal.

a fortiori [afɔrsjɔri] *loc adv* a fortiori, even more so, with all the more reason.

AF-P *(abr de* Agence France-Presse) *npr f French press agency*.

AFPA [afpa] *(abr de* **Association pour la formation professionnelle des adultes)** *npr f government body promoting adult vocational training*.

africain, e [afrikɛ̃, ɛn] *adj* African.

◆ **Africain, e** *nm, f* African.

africanisation [afrikanizasjɔ̃] *nf* Africanization, Africanizing.

africaniser [3] [afrikanize] *vt* to Africanize.

africanisme [afrikanism] *nm* Africanism.

africaniste [afrikanist] *nmf* Africanist.

afrikaans [afrikɑ̃s] *nm* LING Afrikaans.

afrikaner [afrikanɛr], **afrikaander** [afrikɑ̃dɛr] *adj* Afrikaner.

◆ **Afrikaner, Afrikaander** *nmf* Afrikaner.

Afrique [afrik] *npr f*: **(l')** ~ Africa; **(l')** ~ **australe** Southern Africa; **(l')** ~ **noire** sub-Saharan Africa; **(l')** ~ **du Nord** North Africa.

Afrique du Sud [afrikdysyd] *npr f*: (l')~ South Africa.

Afrique-Équatoriale française [afrikekwatɔrjalfrɑ̃sɛz] *npr f*: (l') ~ French Equatorial Africa.

Afrique-Occidentale française [afrikɔksidɑ̃talfrɑ̃sɛz] *npr f*: (l') ~ French West Africa.

afro [afro] *adj inv* afro; **coiffure** ~ afro hairstyle.

afro-américain, e [afroamerikɛ̃, ɛn] (*mpl* **afro-américains**, *fpl* **afro-américaines**) *adj* Afro-American.

◆ **Afro-Américain, e** *nm, f* Afro-American.

afro-asiatique [afroazjatik] (*pl* **afro-asiatiques**) *adj* -**1.** GÉOG Afro-Asian. -**2.** LING Afro-Asiatic.

◆ **Afro-Asiatique** *nmf* Afro-Asian.

afro-brésilien, enne [afrobreziljɛ̃, ɛn] (*mpl* **afro-brésiliens**, *fpl* **afro-brésiliennes**) *adj* afro-brasilian.

◆ **Afro-Brésilien, enne** *nm, f* Afro-Brasilian.

afro-cubain, e [afrokybɛ̃, ɛn] (*mpl* **afro-cubains**, *fpl* **afro-cubaines**) *adj* Afro-Cuban.

after-shave [aftœrʃɛv] *adj* & *nm* aftershave (lotion); **une lotion** ~ aftershave (lotion).

ag. *abr écrite de* **agence**.

AG (*abr de* **assemblée générale**) *nf* GM.

agaçant, e [agasɑ̃, ɑ̃t] *adj* -**1.** [irritant] irritating, annoying; **ce qu'il peut être** ~! he can be so annoying! -**2.** *litt* [excitant] exciting, titivating.

agacement [agasmɑ̃] *nm* irritation, annoyance; **montrer de l'**~ to show irritation.

agacer [16] [agase] *vt* -**1.** [irriter] to irritate, to annoy; **ses plaisanteries continuelles m'agacent** his constant jokes get on my nerves; **le jus de citron agace les dents** lemon juice sets one's teeth on edge. -**2.** *litt* [exciter] to excite, to titivate.

agacerie [agasri] *nf* piece of flirtatiousness OU of coquettish behaviour; **faire de petites** ~**s à qqn** to tease sb.

Agamemnon [agamɛmnɔ̃] *npr* Agamemnon.

agami [agami] *nm* agami, trumpeter.

agammaglobulinémie [agamaglɔbylinemi] *nf* agammaglobulinaemia.

agape [agap] *nf* RELIG & *arch* agape.

◆ **agapes** *nfpl hum* feast; **faire des** ~**s** to have a feast.

agar-agar [agaragar] (*pl* **agars-agars**) *nm* agar, agar-agar.

agaric [agarik] *nm* agaric.

agate [agat] *nf* agate.

agave [agav], **agavé** [agave] *nm* agave.

AGE (*abr de* **assemblée générale extraordinaire**) *nf* EGM.

âge [aʒ] *nm* -**1.** [nombre d'années] age; **quel** ~ **as-tu**? how old are you?; **quand j'avais ton** ~ when I was your age; **être du même** ~ **que** to be the same age OU as old as; **à ton** ~**, je lisais** when I was your age, I used to read; **à ton** ~**, on ne pleure plus** you're old enough not to cry now; **un garçon/une fille de ton** ~ **ne doit pas...** a boy/a girl (of) your age shouldn't...; **d'un** ~ **avancé** getting on OU advanced in years; **d'un** ~ **canonique** *hum* ancient; **d'un certain** ~ *euph* [dame, monsieur] middle-aged; **un canapé d'un certain** ~ *hum* a couch which is past its best OU prime; **à cause de son jeune/grand** ~ because he's so young/old; **avancer en** ~ to be getting on in years; **avoir l'**~ **(de faire qqch)**: **il veut se marier, c'est normal, il a l'**~ he wants to get married, it's normal at his age; **je n'ai plus l'**~ **(de grimper à la corde)** I'm too old (for climbing ropes); **quand tu auras l'**~! when you're old enough!; **j'ai passé l'**~! I'm too old (for this kind of thing)!; **c'est de mon/son** ~: **les boums, c'est de son** ~ they all want to have parties at that age; **ce n'est pas de ton** ~ [tu es trop jeune] you're not old enough!; [tu es trop vieux] you're too old (for it)!; **ce sont des choses qui ne sont plus de mon** ~ I'm too old for that sort of thing now; **on ne lui donne pas vraiment son** ~ he doesn't look his age at all; **quel** ~ **me donnez-vous?** how old do you think I am?; **faire** OU **paraître son** ~ to look one's age; **elle ne fait** OU **ne paraît pas son** ~ she doesn't look her age, she looks younger than she actually is; **l'**~ **d'un arbre/vin** the age of a tree/wine; **un whisky 20 ans d'**~ a twenty-year-old whisky ❑ **on a l'**~ **de ses artères** you're as old as you feel. -**2.** [période] age, time (of life); **la quarantaine, c'est l'**~ **des grandes décisions** forty is the time (of life) for making momentous decisions; **une fois passé l'**~ **des poupées** when one's too old for dolls ❑ **l'**~ **adulte** [gén] adulthood; [d'un homme] manhood; [d'une femme] womanhood; **l'**~ **bête** *fam* OU **ingrat** the difficult age; **l'**~ **critique** the change of life; **l'**~ **mûr** maturity; **l'**~ **pubertaire** the age of puberty; **l'**~ **de raison** the age of reason; **l'**~ **tendre** the tender years; **l'**~ **viril** manhood; **c'est le bel** ~! these are the best years of one's life!; **ne te plains pas, c'est le bel** ~! don't complain, these are the best years of your life OU you're in your prime!; **le premier** ~ infancy; **le quatrième** ~ [période] advanced old age; [groupe social] very old people; **le troisième** ~ [période] old age; [groupe social] senior citizens. -**3.** [vieillissement] ageing *(U)*; **avec l'**~**, il s'est calmé** he became more serene with age OU as he grew older; **les effets de l'**~ the effects of ageing; **prendre de l'**~ to age, to get older; **j'ai mal aux genoux – c'est l'**~! *fam* my knees hurt – you're getting old! -**4.** ADMIN age; **quel est l'**~ **de la retraite en France?** what's the retiring age in France? ❑ **avoir l'**~ **légal (pour voter)** to be old enough to vote, to be of age; **l'**~ **scolaire** compulsory school age; **être d'**~ **scolaire** to be of school age; **n'être pas encore d'**~ **scolaire** to be too young to go to school; **n'être plus d'**~ **scolaire** to be over school-leaving age. -**5.** ARCHÉOL age; **l'**~ **de bronze** the Bronze Age; **l'**~ **de fer** the Iron Age; **l'**~ **d'or** MYTH & *fig* the golden age; **l'**~ **de la pierre polie** the neolithic age; **l'**~ **de la pierre taillée** the paleolithic age. -**6.** PSYCH: ~ **mental** mental age; **avoir un** ~ **mental de cinq ans** to have a mental age of five.

◆ **à l'âge de** *loc prép*: **je l'ai connu à l'**~ **de 17 ans** [j'avais 17 ans] I met him when I was 17; [il avait 17 ans] I met him when he was 17; **on est majeur à l'**~ **de 18 ans** one comes of age at 18.

◆ **d'âge à, en âge de** *loc prép* old enough to; **tu es d'**~ **à** OU **en** ~ **de comprendre** you're old enough to understand; **ils ne sont pas d'**~ **à** OU **en** ~ **de se marier** they're not old enough to get married; **je ne suis plus d'**~ **à** OU **en** ~ **de faire du camping** I'm too old to go camping.

◆ **en bas âge** *loc adj* [enfant] very young OU small.

◆ **entre deux âges** *loc adj* [personne] middle-aged.

âgé, e [aʒe] *adj* -**1.** [vieux] old; **c'est un monsieur très** ~ **maintenant** he's a very old man now; **elle est plus** ~**e que moi** she's older than I am ❑ **les personnes** ~**es** the elderly. -**2.** ~ **de** [de tel âge]: **être** ~ **de 20 ans** to be 20 years old; **une jeune fille** ~**e de 15 ans** a 15-year old girl.

agence [aʒɑ̃s] *nf* -**1.** [bureau] agency; ~ **immobilière** estate agent's *Br*, real-estate office *Am*; ~ **matrimoniale** marriage bureau; ~ **de presse** press OU news agency; ~ **de publicité** advertising agency; ~ **de renseignements** information bureau; ~ **de voyages** travel agency; **Agence France-Presse** *French national news agency*; **Agence nationale pour l'emploi** → **ANPE**; **l'**~ **Tass** Tass, the Tass news agency. -**2.** [succursale] branch; **quand vous passerez à l'**~ when you next visit the branch.

agencement [aʒɑ̃smɑ̃] *nm* [d'un lieu] layout, design; [d'un texte] layout; [d'éléments] order, ordering.

agencer [16] [aʒɑ̃se] *vt* -**1.** [aménager] to lay out; ~ **un musée** to lay out a museum; ~ **une pièce** to arrange the furniture in a room; **un studio bien agencé** a well laid-out studio flat. -**2.** [organiser] to put together *(sép)*, to construct; ~ **les scènes d'une comédie** to construct the scenes of a comedy.

agenda [aʒɛ̃da] *nm* diary.

agenouillement [aʒnujmɑ̃] *nm litt* kneeling.

agenouiller [3] [aʒnuje]

◆ **s'agenouiller** *vpi* to kneel (down); **s'**~ **devant une statue** to kneel (down) before a statue; **il refuse de s'**~ **devant le pouvoir** *fig* he refuses to bow to authority.

agent [aʒɑ̃] *nm* -**1.** [employé]: ~ **artistique** agent; ~ **d'assurances** insurance agent; ~ **de change** stockbroker; ~ **commercial** sales representative; ~ **comptable** accountant; ~ **de conduite** [d'un train] train driver; [du métro] metro driver; ~ **consulaire** consular agent; ~ **double** double agent; **un** ~ **du gouvernement** a government official; ~ **immobilier** estate agent *Br*, real estate agent *Am*, realtor *Am*; ~ **de liaison** MIL liaison officer; ~ **littéraire** literary agent; ~ **de maîtrise** supervisor; ~ **de renseignements** intelligence officer; ~ **secret** secret agent; ~ **de transmission** MIL dispatch rider. -**2.** [policier]: ~ **(de police)** [homme] policeman, constable *Br*, patrolman *Am*; [femme] policewoman, woman police constable *Br*, woman police officer *Am*; ~ **de la circulation** traffic policeman; **s'il vous plaît, monsieur l'**~ excuse me, officer. -**3.** [émissaire] agent, official; **des** ~**s de l'étranger** *péj* foreign agents. -**4.** [cause - humaine] agent; [- non humaine] factor; **elle a été l'un des principaux** ~**s de la révolution** she was a prime mover in the revolution; ~ **atmosphérique/économique** atmospheric/economic factor. -**5.** ARM: ~ **chimique** chemical agent. -**6.** LING & PHILOS agent.

aggiornamento [adʒɔrnamɛnto] *nm* aggiornamento, update.

agglomérant [aglɔmerɑ̃] *nm* CONSTR binder.

agglomérat [aglɔmera] *nm* -**1.** GÉOL agglomerate. -**2.** LING cluster.

agglomération [aglɔmerasjɔ̃] *nf* -**1.** [ville et sa banlieue] town; **l'**~ **parisienne** Paris and its suburbs, greater Paris. -**2.** TRANSP built-up area; **en** ~ TRANSP in a built-up area. -**3.** MIN [de sable] aggregation. -**4.** [assemblage] conglomeration.

aggloméré, e [aglɔmere] *adj* agglomerate.

◆ **aggloméré** *nm* -**1.** MIN briquet, briquette. -**2.** CONSTR chipboard; GÉOL conglomerate; [de liège] agglomerated cork.

agglomérer [18] [aglɔmere] *vt* [pierre, sable] to aggregate; [charbon] to briquet; [métal] to agglomerate.

◆ **s'agglomérer** *vpi* to agglomerate, to aggregate.

agglutinant, e [aglytinɑ̃, ɑ̃t] *adj* LING & MÉD agglutinative.

agglutination [aglytinasjɔ̃] *nf* -**1.** LING & MÉD agglutination. -**2.** *péj* [masse] mass.

agglutiner [3] [aglytine] *vt* to mass OU to pack together *(sép)*.

◆ **s'agglutiner** *vpi* to congregate; **ils s'agglutinaient à la fenêtre** they were all pressing up against the window; **les pucerons s'agglutinent sous chaque bourgeon** greenfly congregate in a compact mass under each bud.

agglutinine [aglytinin] *nf* agglutinin.

agglutinogène [aglytinɔʒɛn] *nm* agglutinogen.

aggravant, e [agravɑ̃, ɑ̃t] *adj* aggravating; **et, fait** ~**, il avait oublié l'argent** and he'd forgotten the money, which made things worse.

aggravation [agravasjɔ̃] *nf* [d'une maladie, d'un problème] aggravation, worsening *(U)*; [de l'inflation] increase; **son état de santé a connu une** ~ his health has worsened; ~ **du chômage le mois dernier** increase in unemployment last month.

aggraver [3] [agrave] *vt* to aggravate, to make worse, to exacerbate; **n'aggrave pas ton cas** don't make your position worse than it is; **ces mesures ne feront qu'**~ **l'inflation** these measures will only serve to worsen OU increase inflation.

◆ **s'aggraver** *vpi* to get worse, to worsen; **son état s'est aggravé** his condition has worsened;

la situation s'aggrave the situation is getting worse; décidément, mon pauvre vieux, ça s'aggrave! *fam hum* you get worse!

agile [aʒil] *adj* nimble, agile; un esprit ~ an agile mind.

agilement [aʒilmɑ̃] *adv* [grimper, se mouvoir] nimbly, agilely.

agilité [aʒilite] *nf* agility.

agio [aʒjo] *nm* (bank) charge; payer 100 francs d'~s to pay 100 francs in bank charges.

agir [32] [aʒir] *vi* **A.** AVOIR UNE ACTIVITÉ -**1.** [intervenir] to act, to take action; il faut ~ rapidement pour enrayer l'épidémie we have to act quickly OU to take swift action to prevent an epidemic from developing; en cas d'incendie, il faut ~ vite in the event of a fire, it is important to act quickly; sur les ordres de qui avez-vous agi? on whose orders did you act?; faire ~: est-ce la jalousie qui l'a fait ~? was it jealousy that made her do it?; ~ auprès de qqn [essayer de l'influencer] to try to influence sb; ~ auprès de qqn pour obtenir qqch to approach sb for sthg; je vous en prie, agissez auprès de l'archevêque I beg you, please use your influence with the archbishop. -**2.** [passer à l'action] to do something; parler et ~ sont deux choses différentes there's quite a difference between talking and actually doing something; elle parle, mais elle n'agit pas she talks but she doesn't do anything; assez parlé, maintenant il faut ~! enough talk, let's have some action! -**3.** [se comporter] to act, to behave; elle agit bizarrement ces temps-ci she's been acting OU behaving strangely of late; bien/mal ~ envers qqn to behave well/badly towards sb; tu n'as pas agi loyalement you didn't play fair; il a agi en bon citoyen he did what any honest citizen would have done; ~ à la légère to act rashly; ~ selon sa conscience to act according to one's conscience, to let one's conscience be one's guide.
B. AVOIR UN EFFET -**1.** [fonctionner - poison, remède] to act, to take effect, to work; [- élément nutritif] to act, to have an effect; [- détergent] to work; laisser ~ un décapant to allow a paint-stripper to work; laisser ~ la justice to let justice take its course. -**2.** [avoir une influence]: ~ sur to work OU to have an effect on; tes larmes n'agissent plus sur moi your tears don't have any effect on me OU don't move me any more.
C. DANS LE DOMAINE JURIDIQUE to act in a court of law; ~ contre qqn [en droit pénal] to prosecute sb; [en droit civil] to sue sb; ~ en diffamation to sue for libel; ~ en recherche de paternité to bring a paternity suit; ~ pour qqn to act on behalf of OU for sb.
◆ **s'agir de** *v impers* -**1.** [être question de]: il s'agit de: je voudrais te parler – de quoi s'agit-il? I'd like to talk to you – what about?; de qui s'agit-il? who is it?; je voudrais vous parler d'une affaire importante, voici ce dont il s'agit I'd like to talk to you about an important matter, namely this; le criminel dont il s'agit the criminal in question; l'affaire dont il s'agit the matter at issue; ne la mêle pas à cette affaire, il s'agit de toi et de moi don't bring her into this, it's between you and me; il ne s'est agi que de littérature toute la soirée the only thing talked about all evening was literature; mais enfin, il s'agit de sa santé! but her health is at stake (here)!; je peux te prêter de l'argent – il ne s'agit pas de ça OU ce n'est pas de ça qu'il s'agit I can lend you some money – that's not the point OU the question; s'il ne s'agissait que de moi, la maison serait déjà vendue if it were just up to me, the house would already be sold; s'il ne s'agissait que d'argent, la solution serait simple! if it were only a question of money, the answer would be simple!; une augmentation? il s'agit bien de cela à l'heure où l'on parle de licenciements *iron* a rise? that's hardly appropriate at a time when redundancies are in the offing; quand il s'agit d'aller à la chasse, il trouve toujours le temps! when it comes to going hunting, he can always find time!; quand il s'agit de râler, tu es toujours là! you can always be relied upon to moan!; une voiture a explosé, il s'agirait d'un accident a car has exploded, apparently by accident; il s'agirait d'une grande première scientifique it is said to be an important first for science. -**2.** [falloir]: il s'agit de: maintenant, il s'agit de lui parler now we must talk to her; c'est qu'il s'agit de gagner ce match! we must win this match!; il s'agissait pour moi d'être convaincant I had to be convincing; il s'agit de savoir si... the question is whether...; il s'agirait d'obéir! [menace] you'd better do as you're told!; dis donc, il ne s'agit pas de se perdre! come on, we mustn't get lost now!; il s'agit bien de pleurer maintenant que tu l'as cassé you may well cry, now that you've broken it!; il ne s'agit pas que tu ailles tout lui raconter! you'd better not go and repeat everything to him!
◆ **s'agissant de** *loc prép* -**1.** [en ce qui concerne] as regards, with regard to; s'agissant de lui, vous pouvez avoir toute confiance as far as he's concerned, you've got nothing to worry about. -**2.** [puisque cela concerne]: un service d'ordre ne s'imposait pas, s'agissant d'une manifestation pacifique there was no need for a police presence, given that this was a peaceful demonstration.

âgisme [aʒism] *nm* age discrimination, agism.

agissant, e [aʒisɑ̃, ɑ̃t] *adj* -**1.** [entreprenant] active. -**2.** [efficace] efficient, effective; un remède ~ an effective remedy.

agissements [aʒismɑ̃] *nmpl* machinations, schemes; des ~s louches suspicious dealings.

agitateur, trice [aʒitatœr, tris] *nm, f* POL agitator.
◆ **agitateur** *nm* CHIM beater, agitator.

agitation [aʒitasjɔ̃] *nf* -**1.** [mouvement - de l'air] turbulence; [- de l'eau] roughness; [- de la rue] bustle. -**2.** [fébrilité] agitation, restlessness; être dans un état d'~ violente to be extremely agitated; l'~ régnait dans la salle [excitation] the room was buzzing with excitement; [inquiétude] there was an uneasy atmosphere in the room. -**3.** MÉD & PSYCH agitated depression. -**4.** POL unrest; ~ parmi la population civil unrest; ~ syndicale industrial unrest.

agité, e [aʒite] ◇ *adj* -**1.** [mer] rough, stormy. -**2.** [instable] restless; [angoissé] agitated, worried; c'était un enfant très agité he was a very restless child. -**3.** [troublé - vie] hectic; [- nuit, sommeil] restless.
◇ *nm, f* -**1.** MÉD & PSYCH disturbed (mental) patient. -**2.** [excité]: c'est un ~ he can't sit still for a minute.

agiter [3] [aʒite] *vt* -**1.** [remuer - liquide] to shake; [- queue] to wag; [- mouchoir, journal] to wave about *(insép)*; ~ les bras to flap OU to wave one's arms; une petite brise agite la surface du lac a soft breeze is ruffling the surface of the lake; il agitait en hurlant une facture sous mon nez he was yelling and waving a bill at me; '~ avant usage OU de s'en servir' 'shake well before use'. -**2.** [brandir] to brandish; ~ le spectre de qqch devant qqn to threaten sb with the spectre of sthg. -**3.** [troubler] to agitate, to trouble, to upset; l'idée de rencontrer son père l'agite beaucoup the thought of meeting his father is troubling him a lot; un besoin d'action agitait les étudiants the students were longing for action; une violente colère l'agitait he was in the grip of a terrible rage; ~ le peuple contre le gouvernement to incite the people to rise up against the government. -**4.** [débattre] to debate, to discuss; ~ une question/un thème to debate a question/a theme.
◆ **s'agiter** *vpi* -**1.** [bouger] to move about; s'~ dans son sommeil to toss and turn in one's sleep; cesse de t'~ sur ta chaise! stop fidgeting about on your chair!; tu t'agites trop, ne te fais donc pas tant de souci you're too restless, don't worry so much. -**2.** *fam* [se dépêcher] to get a move on; il faut t'~ un peu si tu veux être à l'heure/avoir ton examen you'd better get a move on if you want to be on time/to pass your exam. -**3.** [se révolter] to be restless OU in a state of unrest.

agit-prop [aʒitprɔp] *nf inv* POL agit-prop.

agneau, x [aɲo] *nm* -**1.** ZOOL lamb; c'est un ~! *fig* he's as meek OU gentle as a lamb! ❑ ~ de lait suckling lamb. -**2.** CULIN lamb *(U)*; l'~ est gras, la viande d'~ est grasse lamb is fatty; côtelettes d'~ lamb chops. -**3.** [en appellatif]: viens mon ~ (joli)! come on lambkin!; mes ~x, vous allez me dire la vérité maintenant! now, my little friends, you're going to tell me the truth! -**4.** [fourrure] lamb, lambskin; [peau] lambskin; une veste en ~ a lambskin jacket. -**5.** RELIG: l'Agneau (de Dieu) the Lamb (of God); l'~ mystique the mystic lamb; l'~ pascal the paschal lamb.

agnelage [aɲəlaʒ] *nm* [naissance] lambing; [période] lambing season OU time.

agnelée [aɲəle] *nf* fall *(of lambs)*.

agneler [24] [aɲəle] *vi* to lamb.

agnelet [aɲəlɛ] *nm vieilli* small lamb, lambkin.

agnelle [aɲɛl] *nf* young ewe.

agnosie [agnozi] *nf* agnosia.

agnosticisme [agnɔstisism] *nm* agnosticism.

agnostique [agnɔstik] *adj* & *nmf* agnostic.

Agnus Dei [agnysdei] *nm inv* Agnus Dei.

agonie [agɔni] *nf* death throes, pangs of death, death agony; il a eu une longue ~ he was very ill for a long time before he died; l'~ de l'empire *fig* the death throes of the empire; être à l'~ *pr* to be at the point of death; *fig* to suffer agonies; ne prolongez pas son ~ *fig* please put her out of her misery.

agonir [32] [agɔnir] *vt sout*: ~ qqn d'injures OU d'insultes to hurl abuse at sb; elle s'est fait ~ she was reviled.

agonisant, e [agɔnizɑ̃, ɑ̃t] ◇ *adj* dying.
◇ *nm, f* dying person.

agoniser [3] [agɔnize] *vi* to be dying.

agora [agɔra] *nf* -**1.** [espace piétonnier] concourse. -**2.** ANTIQ agora.

agoraphobe [agɔrafɔb] *adj* & *nmf* agoraphobic.

agoraphobie [agɔrafɔbi] *nf* agoraphobia.

agouti [aguti] *nm* agouti.

agrafage [agrafaʒ] *nm* [de papiers, de tentures] stapling; [de vêtements] hooking, fastening; [de bois ou de métal] clamping, cramping; MÉD clamping.

agrafe [agraf] *nf* [pour papier] staple; [pour vêtement] hook, fastener; [pour bois ou métal] clamp; MÉD clamp.

agrafer [3] [agrafe] *vt* -**1.** [papiers] to staple (together); [bords d'un tissu] to hook OU to fasten (up). -**2.** *arg crime* [arrêter] to nick *Br*, to bust *Am*; il s'est fait ~ he got nicked OU busted.

agrafeuse [agraføz] *nf* stapler.

agraire [agrɛr] *adj* agrarian.

agrammatical, e, aux [agramatikal, o] *adj* ungrammatical.

agrammaticalité [agramatikalite] *nf* ungrammaticality.

agrammatisme [agramatism] *nm* agrammatism.

agrandir [32] [agrɑ̃dir] *vt* -**1.** [élargir - trou] to enlarge, to make bigger; [- maison, jardin] to extend; [- couloir, passage] to widen; ses yeux agrandis par la terreur her eyes wide with fear; la Communauté agrandie the enlarged Community; ~ le cercle de ses activités to enlarge the scope of one's activities; j'ai besoin de partenaires pour ~ mon affaire I need partners to expand my business. -**2.** *litt* [exalter - âme, pensée] to elevate, to uplift. -**3.** [faire paraître grand]: un trait de crayon pour ~ les yeux a pencil line to make your eyes look bigger; on avait agrandi la scène par des décors transparents the stage had been made to look bigger by the use of see-through sets. -**4.** IMPR & PHOT [cliché, copie] to enlarge, to blow up *(sép)*; [sur écran] to magnify.
◆ **s'agrandir** *vpi* -**1.** [s'élargir] to grow, to get bigger; la banlieue s'agrandit sans cesse the

suburbs never stop growing; **le cercle de famille s'agrandit** the family circle is widening; **quand elle le vit, ses yeux s'agrandirent** when she saw him, her eyes widened. -**2.** ÉCON to expand; **le marché des logiciels s'agrandit** the market for software is expanding. -**3.** [avoir plus de place] to get more space for o.s.; **avec le troisième enfant, il faut s'~** when the third child comes along, a family needs more living space.

agrandissement [agrɑ̃dismɑ̃] *nm* -**1.** PHOT enlargement. -**2.** [d'un appartement, d'une affaire] extension.

agrandisseur [agrɑ̃disœr] *nm* enlarger PHOT.

agraphie [agrafi] *nf* agraphia.

agrarien, enne [agrarjɛ̃, ɛn] *adj* & *nm, f* agrarian.

agréable [agreabl] ◇ *adj* pleasant, nice, agreeable; **une corvée qui n'est pas très ~** a rather unpleasant chore; **je la trouve plutôt ~ physiquement** I find her quite pleasant-looking; **il ne souhaite que vous être ~** he only wants to be nice to you; **il me serait bien ~ de le revoir** I would love to see him again; **~ à: une couleur ~ à l'œil** OU **à voir** a colour pleasing to the eye; **voilà quelqu'un qui est ~ à vivre** here's somebody who is easy to live with.

◇ *nm*: **l'~, ici, c'est la grande terrasse** the nice thing about this place is the terrace.

agréablement [agreabləmɑ̃] *adv* pleasantly, agreeably.

agréé, e [agree] *adj* JUR registered.

agréer [15] [agree] *vt* [dans la correspondance]: **veuillez ~ mes sentiments distingués** yours faithfully *Br*, sincerely yours *Am*.

◆ **agréer à** *v + prép litt* to please, to suit; **si cela vous agrée, nous nous verrons la semaine prochaine** if it suits you, we shall meet next week.

agrég *fam* [agrɛg] *nf abr de* **agrégation**.

agrégat [agrega] *nm* [de roches, de substances] aggregate; *fig* & *péj* conglomeration, mish-mash *péj*.

agrégatif, ive [agregatif, iv] ◇ *adj* UNIV [candidat, étudiant] who is studying to take the agrégation.

◇ *nm, f* UNIV agrégation candidate.

agrégation [agregasjɔ̃] *nf* -**1.** UNIV *high-level competitive examination for teachers*. -**2.** [assemblage] agglomeration.

L'AGRÉGATION:
This is a prestigious professional qualification for teachers in France. Those who pass the challenging competitive exam for the "agrég" become "professeurs titulaires", and as such are entitled to higher pay and a less onerous timetable.

---

agrégé, e [agreʒe] ◇ *adj* -**1.** UNIV who has passed the agrégation. -**2.** [assemblé] agglomerated.

◇ *nm, f* UNIV *person who has passed the agrégation (and commands certain salary and timetable privileges within the teaching profession)*.

agréger [22] [agreʒe] *vt* -**1.** [assembler] to agglomerate (together). -**2.** [intégrer]: **~ qqn à** to incorporate sb into.

◆ **s'agréger** *vpi* [s'assembler] to form a mass.

◆ **s'agréger à** *vp + prép* to incorporate o.s. into.

agrément [agremɑ̃] *nm* -**1.** [attrait] charm, appeal, attractiveness; **sa maison est pleine d'~** his house is delightful OU very attractive; **un visage sans ~** an unattractive face. -**2.** *sout* [accord] approval, consent; **agir avec l'~ de ses supérieurs** to act with one's superiors' approval OU consent.

◆ **d'agrément** *loc adj* [jardin, voyage] pleasure *(épith)*.

agrémenter [3] [agremɑ̃te] *vt*: **~ qqch avec** OU **de** to decorate sthg with; **vous pouvez ~ votre plat avec quelques feuilles de menthe** decorate OU garnish the dish with a few sprigs of mint; **des balcons agrémentés de géraniums** balconies bedecked with geraniums; **une lettre agrémentée de quelques expressions à l'ancienne** a letter graced OU adorned with a few quaint old phrases.

agrès [agrɛ] *nmpl* -**1.** SPORT piece of apparatus; **elle a eu 20 aux (exercices aux) ~** she got 20 for apparatus work. -**2.** NAUT lifting gear; [sur un ballon] tackle.

agresser [4] [agrese] *vt* -**1.** [physiquement] to attack, to assault; **se faire ~** to be assaulted. -**2.** [verbalement] to attack; **pourquoi m'agresses-tu ainsi? je n'ai fait que dire la vérité!** why are you being so aggressive towards me? I only told the truth! -**3.** [avoir un effet nocif sur] to damage.

agresseur [agrɛsœr] ◇ *adj m* [État, pays] attacking.

◇ *nm* [d'une personne] attacker, assailant, aggressor; [d'un pays] aggressor; **elle n'a pas pu voir son ~** she couldn't see her assailant OU the person who assaulted her.

agressif, ive [agrɛsif, iv] *adj* -**1.** [hostile - personne, pays] aggressive, hostile, belligerent *litt*; **ne sois pas si ~!** don't be so hostile OU aggressive! -**2.** [oppressant - musique, image] aggressive; **la laideur agressive des monuments** *sout* the sheer ugliness of the buildings; **un maquillage ~** outrageous makeup. -**3.** [dynamique] dynamic, aggressive; **une concurrence agressive** aggressive competitors; **il nous faut une politique commerciale agressive** we need a sales policy with some punch (to it). -**4.** PSYCH [acte, pulsion] aggressive.

agression [agrɛsjɔ̃] *nf* -**1.** [attaque - contre une personne] attack, assault; [- contre un pays] aggression; **être victime d'une** OU **subir une ~** to be assaulted; **le nombre des ~s a diminué** the number of personal assaults has decreased; **les ~s de la vie moderne** *fig* the stresses and strains of modern life; **les ~s du soleil contre votre peau** the harm the sun does to your skin. -**2.** PSYCH aggression.

agressivement [agrɛsivmɑ̃] *adv* aggressively.

agressivité [agrɛsivite] *nf* aggressivity, aggressiveness.

agreste [agrɛst] *adj litt* rustic.

agricole [agrikɔl] *adj* agricultural, farming *(épith)*; **un pays ~** an agricultural country.

agriculteur, trice [agrikyltœr, tris] *nm, f* farmer.

agriculture [agrikyltyr] *nf* agriculture, farming.

Agrigente [agriʒɑ̃t] *npr* Agrigento.

Agrippa [agripa] *npr* Agrippa.

agripper [3] [agripe] *vt* -**1.** [prendre] to grab, to snatch. -**2.** [tenir] to clutch, to grip; **ne m'agrippe pas ainsi!** stop clutching me like that!

◆ **s'agripper** *vpi* to hold on; **agrippe-toi, j'arrive** hold on tightly, I'm coming; **s'~ à qqch** to cling to OU to hold on (tight) sthg; **elle s'agrippait à mon bras** she was gripping my arm.

Agrippine [agripin] *npr* Agrippina.

agroalimentaire [agrɔalimɑ̃tɛr] ◇ *adj* food-processing *(épith)*.

◇ *nm*: **l'~** the food-processing industry, agribusiness.

agrochimie [agrɔʃimi] *nf* agrochemistry.

agro-industrie [agrɔɛ̃dystri] (*pl* **agro-industries**) *nf*: **l'~** [en amont de l'agriculture] the farm machines, implements and fertilizers industry; [en aval de l'agriculture] the food-processing industry, agribusiness.

agrologie [agrɔlɔʒi] *nf* agrology.

agronome [agrɔnɔm] *nmf* agronomist.

agronomie [agrɔnɔmi] *nf* agronomics *(sg)*.

agronomique [agrɔnɔmik] *adj* agronomic, agronomical.

agropastoral, e, aux [agrɔpastɔral, o] *adj* agricultural.

agrumes [agrym] *nmpl* citrus fruit.

agrumiculture [agrymikyltyr] *nf* citrus fruit farming.

aguardiente [agwardjɛnte] *nf* aguardiente.

aguerrir [32] [agerir] *vt* to harden, to toughen (up); **avoir les nerfs aguerris par dix ans de combat** to have nerves toughened by ten years of fighting.

◆ **s'aguerrir** *vpi* to become tougher.

aguets [agɛ]

◆ **aux aguets** *loc adv*: **être aux ~** to be on watch OU the lookout.

aguichant, e [agiʃɑ̃, ɑ̃t] *adj* seductive, enticing, alluring.

aguiche [agiʃ] *nf* teaser *(in advertising)*.

aguicher [3] [agiʃe] *vt* to seduce, to entice, to allure.

aguicheur, euse [agiʃœr, øz] ◇ *adj* seductive, enticing, alluring.

◇ *nm, f* tease.

ah [a] ◇ *interj* -**1.** [renforce l'expression d'un sentiment] ah, oh; **~, que cette tomate est bonne!** oh OU ah OU mm, this tomato's delicious!; **~, que je vous plains!** oh, I feel so sorry for you!; **~, ne va pas croire cela!** oh please, you mustn't believe that!; **~, ça y est, je l'ai trouvé!** ah OU aha, here we are, I've found it!; **~, je te l'avais bien dit!** aha, I told you so!; **~, c'est un secret** aha, that's a secret. -**2.** [dans une réponse] ah; **il est venu — ~ bon!** he came — did he (really)?; **ils n'en ont plus en magasin — ~ bon!** they haven't got anymore in stock — oh well!; **~ non alors!** certainly not!; **~ oui?** really?

◇ *nm inv* ah; **pousser des oh et des ~** to ooh and ah.

Ah (*abr écrite de* **ampère-heure**) ah.

ahan [aɑ̃] *nm vieilli* OU *litt*: **à grand ~** with much puffing and panting.

ahaner [3] [aane] *vi litt* to puff and pant.

ahuri, e [ayri] ◇ *adj* -**1.** [surpris] dumbfounded, amazed, stunned; **il a eu l'air ~ quand je lui ai annoncé les prix/qu'il avait gagné** he looked dumbfounded when I told him the price/bowled over when I told him he'd won. -**2.** [hébété] stupefied, dazed; **elle erra pendant des heures, l'air ~** she wandered about for several hours looking dazed; **il avait l'air complètement ~** he looked as if he was in a daze.

◇ *nm, f* idiot; **espèce d'~!** you idiot!

ahurir [32] [ayrir] *vt* to stun, to daze.

ahurissant, e [ayrisɑ̃, ɑ̃t] *adj* stunning, stupefying; **je trouve ça ~** I think it's appalling.

ahurissement [ayrismɑ̃] *nm* daze; **son ~ était tel qu'il ne m'entendait pas** he was so stunned that he didn't even hear me.

aï [ai] *nm* ZOOL ai, three-toed sloth.

aiche [ɛʃ] *nf* bait.

aide[1] [ɛd] ◇ *nm* -**1.** [assistant - payé] assistant; [- bénévole] helper; **les ~s du président** the presidential aides ❑ **~ familial (étranger)** male au pair. -**2.** *(comme adj; avec ou sans trait d'union)* assistant *(épith)*. -**3.** MIL: **~ de camp** aide-de-camp.

◇ *nf*: **~ familiale (étrangère)** au pair.

aide[2] [ɛd] *nf* -**1.** [appui] help, assistance, aid; **avoir besoin d'~** to need help; **avec l'~ de mon frère** with help from my brother OU my brother's help; **elle y est arrivée sans l'~ de personne** she succeeded with no help at all OU unaided; **j'ai eu de l'~** I had help; **il a demandé l'~ d'un prêtre** he asked for the help OU aid OU assistance of a priest; **appeler à l'~** to call for help; **quand elle s'est retrouvée au chômage, elle a appelé ses parents à l'~** when she found herself unemployed, she asked OU turned to her parents for help; **prêter** OU **offrir son ~ à qqn** to give sb help, to go to sb's assistance; **venir en ~ à qqn** to come to sb's aid; **que Dieu vous vienne en ~** may God help you. -**2.** [don d'argent] aid; **recevoir l'~ de l'État** to receive government aid ❑ **~ au développement économique (des pays du tiers-monde)** economic aid (to third world countries); **~ humanitaire** humanitarian aid; **~ judiciaire** ≃ legal aid; **~ personnalisée au logement** ≃

housing benefit *(U)*; ~ à la reconversion des entreprises industrial reconversion grants; ~ au retour *voluntary repatriation allowances for immigrant workers leaving France*.

◆ **aides** *nfpl* ÉQUIT aids.

◆ **à l'aide** *loc interj* help; au secours, à l'~! help me PLEASE!

◆ **à l'aide de** *loc prép* -1. [avec] with the help of; **marcher à l'~ de béquilles** to walk with crutches. -2. [au secours de] : **aller/venir à l'~ de qqn** to go/to come to sb's aid.

aide-comptable [ɛdkɔ̃tabl] *(pl* aides-comptables) *nmf* accountant's assistant.

aide-mémoire [ɛdmemwar] *nm inv* notes.

aider [4] [ede] *vt* -1. [apporter son concours à] to help; **elle l'a aidé toute sa vie** she helped him all her life; **je me suis fait ~ par mon frère** my brother helped me; **~ qqn à faire qqch** to help sb (to) do sthg; **peux-tu m'~ à ranger mes affaires?** can you help me to put away my things?; **elle l'aide à tenir sa comptabilité** she helps him to keep his books; **il a aidé la vieille dame à monter/descendre** he helped the old lady up/down; **aide-moi à rentrer/sortir la table** help me move the table in/out || *(en usage abs)* to help (out); **parfois, pour payer son déjeuner, il aide dans les cuisines** sometimes, to pay for his lunch, he helps out in the kitchens. -2. [financièrement] to help out, to aid, to assist; **il a fallu l'~ pour monter son affaire** she needed help to set up her business; **subventions pour ~ l'industrie** subsidies to industry. -3. *(en usage abs)* [favoriser] : **ça aide** *fam* it's a help; **avoir un père richissime, ça aide** it helps to have a very rich father; **des diplômes, ça aide** qualifications come in handy; **la fatigue aidant, je me suis endormi tout de suite** helped by exhaustion, I fell asleep right away; **elle l'oubliera, le temps aidant** she'll forget him in time ❑ **ne pas être aidé** *fam*: **il n'est pas aidé!** he hasn't got much going for him!; **Dieu aidant** with the help of God, God willing.

◆ **aider à** *v + prép* to help OU to contribute to; **~ à la digestion** to help digestion; **~ à la compréhension entre les peuples** to aid OU to promote better understanding between peoples; **ça aide à passer le temps** it helps to pass the time.

◆ **s'aider** ◇ *vp (emploi réfléchi)*: **aide-toi, le ciel t'aidera** *prov* God helps those who help themselves *prov*.

◇ *vp (emploi réciproque)* to help each other; **entre femmes, il faut s'~** we women should help each other.

◆ **s'aider de** *vp + prép* to use; **elle s'est aidée de plusieurs ouvrages** she made use of OU used several books; **marcher en s'aidant d'une canne** to walk with a stick.

aide-soignant, e [ɛdswaɲɑ̃, ɑ̃t] *(mpl* aides-soignants, *fpl* aides-soignantes) *nm, f* nursing auxiliary *Br*, nurse's aid *Am*.

aïe [aj] *interj* [cri - de douleur] ouch; [- de surprise] : **~, la voilà!** oh dear OU oh no, here she comes!; **~, ~, ~, qu'est-ce qu'on va faire?** oh dear, what are we going to do?; **~, ~, ~, il était dur, l'examen!** *fam* boy, was that exam tough!

AIEA *(abr de* Agence internationale de l'énergie atomique) *npr f* IAEA.

aïeul, e [ajœl] *nm, f* grandparent, grandfather *(f* grandmother).

aïeux [ajø] *nmpl litt* forefathers, ancestors; **ah, mes ~, travailler avec lui n'est pas une sinécure** *hum* my godfathers *Br* OU good God, working with him is no easy task!

aigle [ɛgl] ◇ *nm* ORNITH eagle; **~ des mers** sea eagle; **~ royal** golden eagle; **avoir des yeux** OU **un regard d'~** to be eagle-eyed; **ce n'est pas un ~** *hum* he's no great genius; **l'Aigle de Meaux** *name given to Bossuet*.

◇ *nf* -1. ORNITH (female) eagle. -2. MIL eagle.

aiglefin [ɛgləfɛ̃] = **églefin**.

aiglon [ɛglɔ̃] *nm* eaglet; **l'Aiglon** *name given to Napoleon II*.

aiglonne [ɛglɔn] *nf* (female) eaglet.

aigre [ɛgr] ◇ *adj* -1. [acide] sour, sharp; **le vin a un goût ~** the wine tastes sour; **crème ~** sour cream; **le lait est devenu ~** the milk has turned OU gone sour. -2. [perçant - voix, son] shrill, sharp. -3. [vif - bise, froid] bitter. -4. [méchant] cutting, harsh, acid;..., **répondit-elle d'un ton ~...**, she retorted acidly.

◇ *nm*: **ton vin sent l'~** your wine smells sour ❑ **tourner à l'~** [lait] to turn sour; [discussion] to turn sour OU nasty.

aigre-doux, aigre-douce [ɛgrədu, ɛgrədus] *(mpl* aigres-doux, *fpl* aigres-douces) *adj* CULIN sweet-and-sour; **ses lettres étaient aigres-douces** *fig* his letters were tinged with bitterness.

aigrefin [ɛgrəfɛ̃] *nm* swindler.

aigrelet, ette [ɛgrəlɛ, ɛt] *adj* [odeur, saveur] sourish; [son, voix] shrillish; [propos] tart, sour, acid.

aigrement [ɛgrəmɑ̃] *adv* sourly, tartly, acidly.

aigrette [ɛgrɛt] *nf* -1. ORNITH egret. -2. [décoration] aigrette.

aigreur [ɛgrœr] *nf* -1. [acidité] sourness; **l'~ du lait** the sourness of the milk. -2. [animosité] sharpness, bitterness; **ses propos étaient pleins d'~** his remarks were very bitter.

◆ **aigreurs** *nfpl*: **avoir des ~s (d'estomac)** to have heartburn.

aigri, e [egri] ◇ *adj* bitter, embittered.

◇ *nm, f* embittered person; **ce n'est qu'un ~** he's just bitter.

aigrir [32] [egrir] ◇ *vt* [lait, vin] to make sour; [personne] to embitter, to make bitter.

◇ *vi* [lait] to turn (sour), to go off.

◆ **s'aigrir** *vpi* [lait] to turn (sour), to go off; [caractère] to sour; [personne] to become embittered.

aigrissement [egrismɑ̃] *nm litt* [d'une boisson] turning sour; [de relations] souring.

aigu, uë [egy] *adj* -1. [perçant - voix] high-pitched, shrill *péj*, piercing *péj*; [- glapissement, hurlement] piercing, shrill; **on entendait la sonnerie ~ë du téléphone** we heard the shrill ringing of the telephone || ACOUST & MUS high-pitched. -2. [effilé] sharp; **ses petites dents ~ës** his sharp little teeth. -3. [pénétrant - esprit, intelligence] sharp, keen; **j'ai la conscience ~ë de lui avoir causé du tort** I am acutely aware of having done her wrong; **avoir un sens ~ de l'observation** OU **un regard ~** to be an acute observer. -4. [grave - crise, douleur] severe, acute, extreme; MÉD [phase, appendicite] acute; **au stade le plus ~ du conflit** at the height of the conflict.

◆ **aigu** *nm* high pitch; **l'~, les ~s** treble range; **dans les ~s** in treble.

aigue-marine [ɛgmarin] *(pl* aigues-marines) *nf* aquamarine.

aiguière [ɛgjɛr] *nf* ewer.

aiguillage [egɥijaʒ] *nm* -1. RAIL [manœuvre] shunting, switching; [dispositif] shunt, switch. -2. INF switching.

aiguille [egɥij] *nf* -1. COUT needle; **pousser** OU **tirer l'~** *vieilli* to ply the needle ❑ **~ à tricoter/repriser** knitting/darning needle. -2. MÉD needle. -3. [d'une montre, d'une pendule] hand; [d'un électrophone] arm; [d'une balance] pointer; [d'une boussole] needle; **la petite/grande ~** the hour/minute hand; **~ aimantée** magnetic needle. -4. GÉOG needle, high peak. -5. BOT needle; **~ de pin/de sapin** pine/fir tree needle. -6. RAIL switch, shunt, points. -7. [tour, clocher] spire.

aiguillée [egɥije] *nf* length of thread *(on a needle)*.

aiguiller [3] [egɥije] *vt* -1. RAIL to shunt, to switch. -2. [orienter - recherche] to steer; **on l'a aiguillé vers une section scientifique** he was steered OU guided towards the sciences.

aiguilletage [egɥijtaʒ] *nm* -1. [d'un tapis] needling, needlebonding. -2. NAUT lashing, tying down.

aiguilleté, e [egɥijte] *adj* -1. [tapis] needled. -2. NAUT lashed, tied down.

aiguilleter [27] [egɥijte] *vt* -1. [tapis] to needle. -2. NAUT to lash, to tie down *(sép)*.

aiguillette [egɥijɛt] *nf* -1. VÊT aglet. -2. CULIN [de canard, d'oie] strip of breast; [de bœuf] : **~ (de rumsteck)** top of the rump (of beef).

◆ **aiguillettes** *nfpl* MIL aglets.

aiguilleur [egɥijœr] *nm* -1. RAIL pointsman *Br*, switchman *Am*. -2. AÉRON: **~ (du ciel)** air traffic controller.

aiguillon [egɥijɔ̃] *nm* -1. ENTOM sting. -2. BOT thorn. -3. [bâton] goad. -4. *litt* [motivation] incentive, stimulus, motivating force.

aiguillonner [3] [egɥijɔne] *vt* -1. [piquer - bœuf] to goad. -2. [stimuler - curiosité] to arouse; [- personne] to spur on, to goad on; **aiguillonné par son ambition** goaded on by his ambition.

aiguisage [egizaʒ], **aiguisement** [egizmɑ̃] *nm* sharpening, grinding.

aiguiser [3] [egize] *vt* -1. [rendre coupant - couteau, lame] to sharpen. -2. [stimuler - curiosité] to stimulate, to rouse; [- faculté, sens] to sharpen; [- appétit] to whet, to stimulate.

aiguiseur, euse [egizœr, øz] *nm, f* sharpener, grinder.

aiguisoir [egizwar] *nm* sharpener.

aïkido [ajkido] *nm* aikido; **faire de l'~** to do aikido.

ail [aj] *(pl* **ails** OU **aulx** [o]) *nm* garlic.

◆ **à l'ail** *loc adj* garlic *(épith)*.

aile [ɛl] *nf* -1. CULIN, ENTOM & ZOOL wing; *fig*: **laissez-vous porter sur les ~s de l'imagination** let your imagination run wild; **laissez-vous porter sur les ~s du rêve** let yourself be carried away as in a dream; **coup d'~: d'un puissant coup d'~, le rapace gagne les hauteurs** the bird of prey gains height on its powerful wings; **la cane a donné un petit coup d'~** the duck flapped its wings; **tous les moineaux se sont envolés d'un coup d'~** all the sparrows took wing suddenly; **Paris-Bruxelles en un coup d'~** *fig* Paris-Brussels in one short hop; **on peut aller n'importe où dans le monde d'un coup d'~** you can fly anywhere in the world in no time at all; **avoir des ~s** to run like the wind; **avoir un petit coup dans l'~** *fam* to be tipsy; **il a un sacré coup dans l'~** he's well on his way; **couper** OU **rogner les ~s à qqn** to clip sb's wings; **donner des ~s à qqn** to give OU to lend sb wings; **c'est la peur qui lui donne des ~s** fear lends him wings; **prendre qqn sous son ~** to take sb under one's wing ❑ **'les Ailes du désir'** *Wenders* 'The Wings of Desire'. -2. [d'un moulin] sail; [d'un avion] wing; **~ (delta), ~ libre, ~ volante** LOISIRS hang glider. -3. AUT wing *Br*, fender *Am*. -4. ANAT: **les ~s du nez** the nostrils. -5. ARCHIT wing; **rajouter une ~ à une maison** to build a wing OU a side extension onto a house. -6. SPORT wing. -7. MIL wing, flank; **l'~ marchante** *pr* the wheeling flank; *fig* the militants, the active elements.

ailé, e [ele] *adj* winged.

aileron [ɛlrɔ̃] *nm* -1. ZOOL [d'un poisson] fin; [d'un oiseau] pinion. -2. AÉRON aileron.

ailette [ɛlɛt] *nf* -1. [d'un radiateur] fin. -2. [d'une turbine] blade. -3. ARM fin.

ailier [elje] *nm* SPORT [au football] winger; [au rugby] wing.

aillade [ajad] *nf* CULIN [sauce] garlic sauce; [vinaigrette] garlic vinaigrette; [tranche de pain] *slice of bread rubbed with olive oil and garlic and then toasted*.

ailler [3] [aje] *vt* [gigot, rôti] to put garlic in; [croûton] to rub garlic on.

ailleurs [ajœr] *adv* somewhere else, elsewhere; **et si on allait ~?** how about going somewhere else?; **allons voir ~** let's go and look somewhere else OU elsewhere; **tu sais, ce n'est pas mieux ~ qu'ici** you know it's no better anywhere else than it is here; **on ne trouve ça nulle part ~** you won't find that anywhere else; **il fera beau partout ~** the weather will be fine everywhere else; **il a toujours l'air ~** he always looks as if he's miles away; **il est ~!** he's miles away!; **ils venaient d'~** they came from another place; **l'erreur doit provenir d'~** the mistake must come from somewhere else ||

(comme n): **il rêvait d'un ~ impossible** *litt* he was dreaming of a distant world he would never see.

◆ **d'ailleurs** *loc adv* -**1.** [de toute façon] besides, anyway; **je n'ai pas envie de sortir, d'~ il fait trop froid** I don't want to go out and anyway OU besides, it's too cold; **d'~ je sais bien que tu n'en veux pas** besides, I know quite well that you don't want any. -**2.** [en outre] what's more; **je n'en sais rien et d'~ je ne tiens pas à le savoir** I don't know anything about it and what's more I don't want to know. -**3.** [du reste] for that matter; **je ne les aime pas, elle non plus d'~** I don't like them, nor does she for that matter. -**4.** [à propos] incidentally; **nous avons dîné dans un restaurant, très bien d'~** we had dinner in a restaurant which, incidentally, was very good. -**5.** [bien que] although, while; **votre inquiétude - d'~ légitime - n'en est pas moins exagérée** your concern - although justified OU justified as it is - is nonetheless exaggerated.

◆ **par ailleurs** *loc adv* -**1.** [d'un autre côté] otherwise; **il est charmant, mais pas très efficace par ~** he's charming but otherwise not very efficient; **la maison, qui par ~ est très confortable, n'est hélas pas très bien située** the house which is otherwise very comfortable, is unfortunately not very well situated. -**2.** [en outre] besides, moreover; **par ~, tu sais bien que je suis occupée ce jour-là** besides you know I'm busy that day; **la pièce est trop longue et par ~ pas très intéressante** the play's too long and not very interesting (either) for that matter.

ailloli [ajɔli] = **aïoli.**

aimable [ɛmabl] *adj* -**1.** [gentil] kind, pleasant, amiable; **il a dit quelques mots ~s avant de partir** he said a few kind words before leaving; **soyez assez ~ de nous prévenir si vous ne venez pas** please be kind enough to let us know if you aren't coming; **vous êtes trop ~, merci beaucoup** you're most kind, thank you very much; **c'est une ~ plaisanterie!** *iron* you must be joking! ❑ **il est ~ comme une porte de prison** *fam* [en ce moment] he's like a bear with a sore head; [toujours] he's a miserable so-and-so. -**2.** *litt* [digne d'amour] lovable; [séduisant] attractive; **elle le trouvait plutôt ~** she thought him rather attractive.

aimablement [ɛmabləmɑ̃] *adv* kindly, pleasantly, amiably.

aimant[1] [ɛmɑ̃] *nm* -**1.** [instrument] magnet. -**2.** [oxyde de fer] magnetite.

aimant[2], **e** [ɛmɑ̃, ɑ̃t] *adj* loving, caring.

aimantation [ɛmɑ̃tasjɔ̃] *nf* magnetization.

aimanter [3] [ɛmɑ̃te] *vt* to magnetize.

aimer [4] [eme] *vt* -**1.** [chérir] to love; **je l'aime** I love him; **je l'aime beaucoup** I'm very fond of him; **je l'aime bien** I like him; **je les aime bien mais sans plus** I quite like them but that's all; **~ qqn d'amour véritable** to truly love sb ❑ **qui m'aime me suive** *allusion Philippe VI de Valois* anyone want to join me?; **il m'aime un peu, beaucoup, passionnément, à la folie** [en effeuillant une fleur] he loves me, he loves me not, he loves me, he loves me not. -**2.** [apprécier - vin, musique, sport] to like, to love, to be fond of; **je n'aime plus tellement le jazz** I'm not so keen on jazz now; **les chats aiment le canapé** the cats like the sofa; **ah, la montagne, j'aime!** mm, I just love the mountains!; **~ à** *sout*: **nous aimions à nous promener au bord du lac** we used to enjoy walking by the lake; **j'aime à croire OU à penser que tu m'as dit la vérité cette fois** I'd like to think that you told me the truth this time; **~ mieux** [préférer] to prefer; **j'aime mieux la rouge** I prefer the red one; **~ autant OU mieux** to prefer; **pas de dessert, merci, j'aime autant OU mieux le fromage** no dessert, thanks, I'd much rather have cheese; **j'aime autant OU mieux ça** it's just as well; **il aimerait autant OU mieux prendre son bain tout de suite** he'd rather have OU he'd prefer to have his bath now; **elle aime autant OU mieux que tu y ailles** she'd rather you OU she'd prefer it if you went; **~ que: il aime que ses enfants l'embrassent avant d'aller au lit** he loves his children to kiss him good night; **je n'aime pas qu'on me mente/que tu rentres si tard** I don't like to be told lies/your coming home so late. -**3.** *(au conditionnel)* [souhaiter]: **j'aimerais un café s'il vous plaît** I'd like a coffee please; **j'aimerais bien te voir** I'd really like to see you; **j'aimerais tant te voir heureux** I'd so love to see you happy; **nous aimerions assez la rencontrer** we'd rather like to meet her.

◆ **s'aimer** ◇ *vp (emploi réfléchi)* to like o.s.; **je ne m'aime pas** I don't like myself; **je m'aime bien en bleu/avec les cheveux courts** I think I look good in blue/with short hair.
◇ *vp (emploi réciproque)* to love each other; **regarde ces deux-là comme ils s'aiment!** see how these two love each other!; **les trois frères ne s'aimaient pas** the three brothers didn't care for OU like each other; **les gens qui s'aiment** people in love; **un couple qui s'aime** a loving OU devoted couple ‖ *litt* [faire l'amour] to make love; **c'est là qu'ils s'étaient aimés pour la première fois** it was there that they had made love for the first time.

aine [ɛn] *nf* groin.

aîné, e [ene] ◇ *adj*: **l'enfant ~** [de deux] the elder OU older child; [de plusieurs] the eldest OU oldest child; **la branche ~e de la famille** the senior branch of the family.
◇ *nm, f* -**1.** [entre frères et sœurs]: **l'~** [de deux] the elder OU older boy; [de plusieurs] the eldest OU oldest boy; **l'~e** [de deux] the elder OU older girl; [de plusieurs] the eldest OU oldest girl; **notre ~e est étudiante** [de deux] our elder daughter's at college; [de plusieurs] our eldest (daughter) is at college. -**2.** [doyen]: **l'~** [de deux] the older man; [de plusieurs] the oldest man; **l'~e** [de deux] the older woman; [de plusieurs] the oldest woman; **l'~ allumait le feu pendant que le plus jeune cherchait du gibier dans la forêt** the older man was lighting a fire while the younger one looked for game in the forest; **Pitt l'~** Pitt the Elder.

◆ **aînés** *nmpl sout* [d'une famille, d'une tribu]: **les ~s** the elders; **respecte un peu tes ~s!** *hum* show some respect for your elders!

aînesse [ɛnɛs] *nf* primogeniture; **droit d'~** primogeniture.

ainsi [ɛ̃si] *adv* -**1.** [de cette manière] this OU that way; **je suis ~ faite** that's the way I am; **puisqu'il en est ~** since that is the case, since that is the way things are; **s'il en était vraiment ~** if this were really so OU the case; **c'est toujours ~** it's always like that; **tout s'est passé ~** this is how it happened; **on voit ~ que...** in this way OU thus we can see that...; **les sondages montrent ~ la fragilité du parti au pouvoir** the polls thus highlight the governing party's fragility; **~ s'achève notre émission** this concludes our programme; **~ va le monde** it's the way of the world OU the way things go. -**2.** [par conséquent] thus, so; **nous n'avons rien dérangé, ~ vous retrouverez tout plus facilement** we didn't move anything, so you'll find everything again easily; **~ tu n'as pas réussi à le voir?** so you didn't manage to see him?; **~ (donc) tout est fini entre nous** so everything is over between us; **~ soit-il** RELIG amen; *fig* so be it. -**3.** [par exemple] for instance, for example; **je n'arrête pas de faire des bêtises: ~, l'autre jour...** I keep doing silly things: for example, the other day...

◆ **ainsi que** *loc conj* -**1.** *litt* [exprimant une comparaison] like; **il souriait dans son sommeil ~ qu'un enfant** he smiled in his sleep just like a child. -**2.** [et] as well as; **mes parents ~ que mes frères seront là** my parents will be there as well as my brothers. -**3.** [de la manière que] as; **tout s'est passé ~ que je l'ai dit** everything happened as I said (it would); **~ que je l'ai fait remarquer...** as I pointed out...

◆ **et ainsi de suite** *loc adv* and so on, and so forth.

◆ **pour ainsi dire** *loc adv* -**1.** [presque] virtually; **nous nous sommes pour ~ dire pas vus** we virtually didn't see each other. -**2.** [si l'on peut dire] so to speak, as it were; **elle est pour ~ dire sa raison de vivre** she's his reason for living, so to speak OU as it were.

aïoli [ajɔli] *nm* -**1.** [sauce] aïoli, garlic mayonnaise. -**2.** [plat provençal] *dish of cod and poached vegetables served with aïoli sauce*.

air [ɛr] *nm* -**1.** [apparence] air, look; **bien sûr, dit-il d'un ~ guilleret/inquiet** of course, he said, jauntily/looking worried; **elle l'écoute de l'~ de quelqu'un qui s'ennuie** when she listens to him, she looks bored; **il avait un ~ angoissé/mauvais** he looked anxious/very nasty; **avoir bel OU bon ~** to look impressive; **avoir mauvais ~** to look shifty; **son fils a mauvais ~** his son has a shifty look about him; **avoir l'~: Maria, tu as l'~ heureux OU heureuse** Maria, you look happy; **elle n'a pas l'~ satisfait OU satisfaite** she doesn't look as if she's pleased; **cette poire a l'~ mauvaise, jette-la** this pear looks (as though it's) rotten, throw it away; **l'armoire avait l'~ ancienne** the wardrobe looked like an antique OU looked old; **tu avais l'~ fin!** *fam* you looked a real fool!; **avoir l'~ de: il a l'~ de t'aimer beaucoup** he seems to be very fond of you; **je ne voudrais pas avoir l'~ de lui donner des ordres** I wouldn't like (it) to look as though I were ordering him about; **ça a l'~ d'un OU d'être un scarabée** it looks like a beetle; **ça m'a tout l'~ (d'être) traduit de l'anglais** *fam* it looks to me as though it's been translated from English; **il a peut-être la rougeole — il en a tout l'~** he may have measles — it certainly looks like it ❑ **avoir un petit ~ penché** *fam* OU **des petits ~s penchés** *fam* to look pensive; **avoir l'~ de ne pas y toucher** to look as though butter wouldn't melt in one's mouth; **l'~ de rien** *fam* OU **de ne pas en avoir** *fam*: **je me suis approchée, l'~ de rien OU de ne pas en avoir, et je lui ai flanqué ma main sur la figure** *fam* I walked up, all innocent, like, and gave him a slap in the face; **elle n'a l'~ de rien (comme ça) mais elle a une réputation internationale en biologie** she may look very unassuming but she's an internationally-known biologist; **ça n'a l'~ de rien comme ça, mais faire des œufs brouillés, c'est délicat** making scrambled eggs is quite tricky although it doesn't look much; **sans en avoir l'~: sans en avoir l'~, elle a tout rangé en une heure** she tidied up everything in an hour without even looking busy; **je suis arrivée au bout de mon tricot, sans en avoir l'~!** I managed to finish my knitting, though it didn't seem that I was making any progress! -**2.** [trace]: **un ~ de qqch: son témoignage a un ~ de vérité qui ne trompe pas** his testimony sounds unmistakably genuine; **ne te laisse pas prendre à son faux ~ de gentillesse** don't be taken in by his apparent kindness. -**3.** [ressemblance] likeness, resemblance; **un ~ de famille OU parenté** a family resemblance OU likeness ❑ **il a un faux ~ de mon frère au même âge** he looks a bit like my brother did when he was that age. -**4.** MUS [mélodie] tune; [à l'opéra] aria; **siffloter un petit ~ joyeux** to whistle a happy little tune; **le grand ~ de la Tosca** Tosca's great aria; **avec lui c'est toujours le même ~!** *fig & péj* he should change his tune! ❑ **c'est l'~ qui fait la chanson** it's not what you say, it's the way you say it. -**5.** [qu'on respire] air; **la pollution/température de l'~** air pollution/temperature; **l'~ était chargé d'une odeur de jasmin** a smell of jasmine filled the air; **donne un peu d'~, on étouffe ici** let's have some air, it's stifling in here ❑ **~ conditionné** [système] air-conditioning; **ils ont l'~ conditionné** their building is air-conditioned; **~ comprimé** compressed air; **~ liquide** liquid air; **prendre l'~** to get some fresh air, to take the air *vieilli*; **déplacer OU remuer beaucoup d'~** *péj* to make a lot of noise *fig*. -**6.** [vent]: **il y a OU il fait** *fam* **de l'~ aujourd'hui** [un peu] it's breezy today; [beaucoup] it's windy today. -**7.** [ciel] air; **dans**

l'~ ou les ~s (up) in the air ou sky ou skies *litt*; **prendre l'~** [avion] to take off, to become airborne, to take to the air; **transport par ~** air transport. -**8.** [ambiance] atmosphere; **l'~ est irrespirable quand mon père rentre** you can cut the atmosphere with a knife when my father comes home; **de temps en temps, il me faut l'~ du pays natal** I need to go back to my roots from time to time ❑ **vivre de l'~ du temps** to live on (thin) air; **c'est bien joli d'être amoureux, mais on ne vit pas de l'~ du temps** love is all very well but you can't exist on love alone.

◆ **airs** *nmpl*: **prendre** ou **se donner des ~s** to give o.s. airs; **prendre de grands ~s** to put on airs (and graces *Br*).

◆ **à air** *loc adj* [pompe] air *(épith)*.

◆ **à l'air** *loc adv*: **mets les draps à l'~ sur le balcon** put the sheets on the balcony to air; **j'ai mis tous les vêtements d'hiver à l'~** I put all the winter clothes out for an airing; **mettre son derrière à l'~** to bare one's bottom.

◆ **à l'air libre** *loc adv* out in the open.

◆ **au grand air** *loc adv* [sortir, se promener] (out) in the fresh air; **il faut que toutes ces querelles sortent au grand ~** *fig* all these resentments must be fully aired.

◆ **dans l'air** *loc adv* in the air; **il y a du printemps dans l'~** spring is in the air; **il y a de la bouderie dans l'~** somebody's sulking around here; **il y a de l'orage dans l'~** *pr* & *fig* there's a storm brewing; **influencé par les idées qui sont dans l'~** influenced by current ideas; **la révolution est dans l'~** revolution is in the air; **la maladie est dans l'~** the disease is going around; **il y a quelque chose dans l'~!** there's something going on!

◆ **de l'air** ◇ *loc adj* [hôtesse, mal, musée] air *(épith)*.

◇ *loc interj fam*: **(allez,) de l'~!** come on, beat it!; **vous, les gosses, de l'~!** come on you lot, scram!

◆ **en l'air** ◇ *loc adj* -**1.** [levé] in the air, up; **les pattes en l'~** with its feet in the air; **les mains en l'~!** hands up! -**2.** [non fondé - promesse] empty; **encore des paroles en l'~!** more empty words!; **je ne fais pas de projets en l'~** when I make a plan, I stick to it.

◇ *loc adv* -**1.** [vers le haut] (up) in the air; **jeter** ou **lancer qqch en l'~** to throw sthg (up) in the air; **tirer en l'~** to fire in the air; **regarde en l'~** look up. -**2.** *fig* rashly; **parler en l'~** to say things without meaning them; **vous dites que vous montez votre affaire? — oh, nous parlions en l'~** did you say you're setting up your own business? — oh, we were just tossing ou kicking ideas around; **il a tout mis** ou **flanqué** *fam* ou **foutu**▽ **en l'~** [en désordre] he wrecked everything; [gâché] he screwed everything up; [abandonné] he packed everything in.

airain [ɛrɛ̃] *nm litt* bronze.

Airbus® [ɛrbys] *nm* Airbus®.

aire [ɛr] *nf* -**1.** [terrain] area; **~ de jeu** playground; **~s de repos** rest areas *(along a road)*, ≃ lay-bys *Br*; **~ de stationnement** parking area. -**2.** AÉRON & ASTRON: **~ d'atterrissage** landing strip; **~ d'embarquement** boarding area; **~ de lancement** launching site. -**3.** GÉOL: **~ continentale** continental shield. -**4.** MATH area. -**5.** AGR floor; **~ de battage** threshing floor. -**6.** [nid d'aigle] eyrie.

airelle [ɛrɛl] *nf* [noire] blueberry, bilberry; [rouge] cranberry.

aisance [ɛzɑ̃s] *nf* -**1.** [naturel] ease; **aller et venir avec ~** to walk back and forth with ease; **danser/jongler avec ~** to dance/to juggle with great ease; **il est incroyable d'~ quand il saute** he jumps with amazing ease. -**2.** [prospérité] affluence; **vivre dans l'~** to live a life of ease. -**3.** COUT: **donner de l'~ à la taille** to let a garment out at the waist.

◆ **d'aisances** *loc adj vieilli*: **cabinet** ou **lieux d'~s** privy *Br vieilli*, lavatory.

aise [ɛz] ◇ *adj litt* delighted; **je suis bien ~ de vous revoir** I'm delighted to see you again.

◇ *nf* -**1.** **à l'~, à mon ~, à son ~** [bien]: **je suis plus à l'~ avec mes vieilles pantoufles** I feel more at ease with my old slippers on; **je suis mal à l'~ dans ton fauteuil** I feel uncomfortable in your armchair; **être à l'~** [riche] to be well-to-do ou well-off; **nous sommes bien plus à l'~ depuis que ma femme travaille** we're better off now my wife's working; **il se sent à l'~** ou **à son ~** he feels at ease; **il s'est senti mal à l'~ pendant toute la réunion** *fig* he felt ill at ease during the entire meeting; **il nous a mis tout de suite à l'~** ou **à notre ~** he put us at (our) ease right away; **mettez-vous donc à l'~** ou **à votre ~** make yourself comfortable; **à ton ~!** please yourself!; **à votre ~** as you please; **tu en parles à ton ~** it's easy for you to talk; **en prendre à son ~**: **il en prend à son ~!** he's a cool customer! ❑ **être à l'~ dans ses baskets** to be together. -**2.** *litt* [plaisir] pleasure, joy; **il ne se sentait plus d'~** he was utterly contented; **son accueil nous a comblés d'~** her welcome filled us with joy.

◆ **aises** *nfpl* creature comforts; **il aime ses ~s** he likes his creature comforts; **prends tes ~s, surtout!** *iron* do make yourself comfortable, won't you?

◆ **à l'aise** *fam loc adv* easily, no hassle ou sweat; **on y sera ce soir, à l'~!** we'll be there tonight, no hassle ou sweat!; **le piano rentre à l'~** you can get the piano in no sweat.

aisé, e [eze] *adj* -**1.** [facile] easy; **ce n'est pas chose ~e que de le faire** it's not easy ou no easy thing to do. -**2.** [prospère] well-to-do, well-off; **une famille ~e** a well-to-do family.

aisément [ezemɑ̃] *adv* easily; **il est ~ reconnaissable à cause de sa cicatrice** he's easy to recognize because of his scar.

aisselle [ɛsɛl] *nf* -**1.** ANAT armpit. -**2.** BOT axile.

Aix-en-Provence [ɛksɑ̃prɔvɑ̃s] *npr* Aix-en-Provence.

Aix-la-Chapelle [ɛkslaʃapɛl] *npr* Aachen.

aixois, e [ɛkswa, az] *adj* from Aix-en-Provence.

◆ **Aixois, e** *nm, f inhabitant of or person from Aix-en-Provence*; **les Aixois** the people of Aix-en-Provence.

AJ *nf abr de* **auberge de jeunesse.**

AJA (*abr de* **aide aux jeunes agriculteurs**) *nf grant to young farmers.*

ajaccien, enne [aʒaksjɛ̃, ɛn] *adj* from Ajaccio.

◆ **Ajaccien, enne** *nm, f inhabitant of or person from Ajaccio*; **les Ajacciens** the people of Ajaccio.

Ajaccio [aʒaksjo] *npr* Ajaccio.

ajiste [aʒist] ◇ *adj who is a member of the Fédération des auberges de jeunesse.*

◇ *nmf member of the Fédération des auberges de jeunesse*, ≃ youth-hosteller.

ajonc [aʒɔ̃] *nm* gorse *(U)*, furze *(U)*.

ajouré, e [aʒure] *adj* -**1.** COUT [nappe, napperon] openwork *(épith)*, hemstitched. -**2.** ARCHIT with an openwork design.

ajourer [3] [aʒure] *vt* -**1.** COUT [nappe] to hemstitch. -**2.** ARCHIT to decorate with openwork.

ajourné, e [aʒurne] ◇ *adj* [date, élection, réunion] postponed; [candidat] referred; [soldat] deferred.

◇ *nm, f* [étudiant] referred student; [soldat] deferred soldier.

ajournement [aʒurnəmɑ̃] *nm* -**1.** [renvoi] postponement, deferment, adjournment. -**2.** JUR summons. -**3.** [d'un candidat] referral; [d'un soldat] deferment.

ajourner [3] [aʒurne] *vt* -**1.** [différer] to postpone, to defer, to put off *(sép)*; **nous avons préféré ~ notre voyage** we preferred to postpone our trip. -**2.** JUR to summon, to subpoena. -**3.** [étudiant] to refer; [soldat] to defer.

ajout [aʒu] *nm* addition, addendum; **quelques ~s dans la marge** a few additions ou addenda in the margin.

ajoute [aʒut] *nf Belg* addition.

ajouté [aʒute] *nm* addition, addendum.

ajouter [3] [aʒute] *vt* -**1.** [mettre] to add; **ajoute donc une assiette pour ton frère** lay an extra plate ou add a plate for your brother. -**2.** MATH to add; **~ 5 000 F de loyer** [dans une colonne] to add in 5,000 F for the rent; **ils ont ajouté 15% de service** they added on 15% for the service; **~ 10 à 15** to add 10 and 15 (together), to add 10 to 15; **pour obtenir le dernier résultat, ~ les deux sommes** to get the final result add both sums together. -**3.** [dire] to add; **il est parti sans rien ~** he left without saying another word; **je n'ai plus rien à ~** I have nothing further to say ou to add; **ajoutez à cela qu'il est têtu** added to this, he's stubborn. -**4.** *sout*: **~ foi à** [croire] to believe, to give credence to; **je refuse d'~ foi à ses dires** I refuse to believe what he said.

◆ **ajouter à** *v + prép* to add to; **ça ne fait qu'~ à mon embarras** it only adds to my confusion.

◆ **s'ajouter** *vpi* to be added; **vient s'~ là-dessus le loyer** the rent is added ou comes on top; **s'~ à**: **son licenciement s'ajoute à ses autres problèmes** the loss of his job adds to his other problems.

ajustage [aʒystaʒ] *nm* -**1.** INDUST fitting. -**2.** [des pièces de monnaie] gauging.

ajusté, e [aʒyste] *adj* close-fitting.

ajustement [aʒystəmɑ̃] *nm* -**1.** [modification - d'un projet] adjustment, adaptation; [- des prix, des salaires, des statistiques] adjusting, adjustment. -**2.** INDUST fitting.

ajuster [3] [aʒyste] *vt* -**1.** [adapter] to fit; **~ un vêtement** COUT to alter a garment; **~ qqch à** ou **sur** to fit sthg to ou on; **~ la théorie à la réalité** to adapt the theory to reality, to make the theory fit reality. -**2.** ARM: **~ un lapin** CHASSE to aim at a rabbit ❑ **~ son coup** ou **tir** *pr* to aim one's shot; **tu as bien ajusté ton coup** ou **tir** *fig* your aim was pretty accurate, you had it figured out pretty well. -**3.** [arranger - robe, ceinture, ruban, coiffure] to rearrange; [- cravate] to straighten. -**4.** ÉQUIT to adjust. -**5.** INDUST to fit. -**6.** [en statistique] to adjust.

◆ **s'ajuster** *vpi* to fit; **l'embout s'ajuste sur le** ou **au tuyau** the nozzle fits onto the pipe.

ajusteur [aʒystœr] *nm* fitter.

ajutage [aʒytaʒ] *nm* adjutage, ajutage.

akène [akɛn] *nm* achene, akene.

akinésie [akinezi] *nf* akinesia.

akvavit [akwavit] = **aquavit.**

Alabama [alabama] *npr m*: **l'~** Alabama.

alabandine [alabɑ̃din] *nf* alabandite.

alabastrite [alabastrit] *nf* gypseous alabaster.

alacrité [alakrite] *nf litt* alacrity, eagerness.

alaire [alɛr] *adj* wing *(épith)*.

alaise [alɛz] *nf* drawsheet; **~ en caoutchouc** rubber sheet ou undersheet.

alambic [alɑ̃bik] *nm* still.

alambiqué, e [alɑ̃bike] *adj* convoluted, involved, tortuous.

alanguir [32] [alɑ̃gir] *vt* [suj: chaleur, fatigue] to make listless ou languid ou languorous; [suj: oisiveté, paresse] to make indolent ou languid; [suj: fièvre] to make feeble, to enfeeble.

◆ **s'alanguir** *vpi* to grow languid; **elle s'alanguissait peu à peu** [devenait triste] her spirits gradually fell; [n'offrait plus de résistance] she was weakening gradually.

alanguissement [alɑ̃gismɑ̃] *nm* languor.

alarmant, e [alarmɑ̃, ɑ̃t] *adj* alarming.

alarme [alarm] *nf* -**1.** [alerte] alarm; **donner l'~** *pr* to give ou to raise the alarm; *fig* to raise the alarm. -**2.** [inquiétude] alarm, anxiety; **mettre** ou **tenir qqn en ~** to cause sb alarm; **à la première ~** at the first sign of danger.

◆ **d'alarme** *loc adj* [dispositif, signal, sonnette] alarm *(épith)*.

alarmer [3] [alarme] *vt* -**1.** [inquiéter - suj: personne, remarque] to alarm; [- suj: bruit] to startle. -**2.** [alerter - opinion, presse] to alert.

◆ **s'alarmer** *vpi* to become alarmed; **il n'y a pas de quoi s'~** there's no cause for alarm.

alarmiste [alarmist] *adj* & *nmf* alarmist.

Alaska [alaska] *npr m*: **(l') ~** Alaska; **la route de l'~** the Alaska Highway.

albanais, e [albanɛ, ɛz] *adj* Albanian.

◆ **Albanais, e** *nm, f* Albanian.

◆ **albanais** *nm* LING Albanian.
Albanie [albani] *npr f*: (l') ~ Albania.
albâtre [albatr] *nm* -**1.** MINÉR alabaster. -**2.** [objet] alabaster (object).
◆ **d'albâtre** *loc adj litt* [blanc] : **des épaules d'~** alabaster shoulders, shoulders of alabaster.
albatros [albatros] *nm* -**1.** ORNITH albatross; **~ hurleur** wandering albatross. -**2.** SPORT albatross.
Alberta [albɛrta] *npr f*: l'~ Alberta.
albigeois, e [albiʒwa, az] *adj* -**1.** GÉOG from Albi, of Albi. -**2.** HIST Albigensian.
◆ **Albigeois, e** *nm, f* -**1.** GÉOG *inhabitant of or person from Albi*. -**2.** HIST Albigensian; **la croisade des albigeois** the Albigensian Crusade.
albinisme [albinism] *nm* albinism.
albinos [albinos] *adj* & *nmf* albino.
Albion [albjɔ̃] *npr f* Albion.
album [albɔm] *nm* -**1.** [livre] album; **~ à colorier** colouring OU painting book; **~ (de) photos** photograph album. -**2.** [disque] album, LP.
albumen [albymɛn] *nm* albumen.
albumine [albymin] *nf* albumin.
albuminé, e [albymine] *adj* albuminous.
albumineux, euse [albyminø, øz] *adj* albuminous.
albuminoïde [albyminɔid] ◇ *adj* albuminoid.
◇ *nm* albuminoid, scleroprotein.
albuminurie [albyminyri] *nf* albuminuria.
alcade [alkad] *nm* alcade, alcalde.
alcaïque [alkaik] *adj* Alcaic.
alcalescence [alkalesɑ̃s] *nf* alkalescence.
alcali [alkali] *nm* alkali; **~ volatil** ammonia.
alcalimétrie [alkalimetri] *nf* alkalimetry.
alcalin, e [alkalɛ̃, in] *adj* alkaline.
◆ **alcalin** *nm* alkali.
alcaliniser [3] [alkalinize] *vt* to alkalinize.
alcalinité [alkalinite] *nf* alkalinity.
alcalino-terreux [alkalinɔtɛrø] *adj m*: **métaux ~** alkaline earth metals.
alcaloïde [alkalɔid] *nm* alkaloid.
alcazar [alkazar] *nm* alcazar.
alcène [alsɛn] *nm* olefine.
alchimie [alʃimi] *nf* alchemy.
alchimique [alʃimik] *adj* alchemical.
alchimiste [alʃimist] *nmf* alchemist.
Alcibiade [alsibjad] *npr* Alcibiades.
alcool [alkɔl] *nm* -**1.** [boissons alcoolisées] : **l'~** alcohol; **je ne touche pas à l'~** I never touch alcohol, I don't drink; **boisson sans ~** nonalcoholic drink; **bière sans ~** alcohol-free beer ‖ [spiritueux] : **un ~** [gén] a spirit; [de raisin, de fruit] brandy; **~ de prune** plum brandy; **prendre un ~ après un repas** to have a brandy after a meal. -**2.** CHIM & PHARM alcohol, spirit; **~ absolu** OU **déshydraté** pure OU absolute alcohol; **~ camphré** OU **de camphre** camphorated alcohol; **~ à brûler** methylated spirits; **~ dénaturé** methylated spirits; **~ éthylique** ethyl alcohol; **~ de menthe** medicinal mint spirit; **~ méthylique** methyl alcohol, methanol; **~ pur** raw spirits; **~ à 90°** surgical spirit.
◆ **à alcool** *loc adj* [réchaud, lampe] spirit *(épith)*.
alcoolat [alkɔla] *nm* medicinal spirit.
alcoolé [alkɔle] *nm* tincture.
alcoolémie [alkɔlemi] *nf* alcohol level *(in the blood)*.
alcoolification [alkɔlifikasjɔ̃] *nf* alcoholic fermentation, alcoholization.
alcoolique [alkɔlik] *adj* & *nmf* alcoholic.
alcoolisable [alkɔlizabl] *adj* that can be alcoholized.
alcoolisation [alkɔlizasjɔ̃] *nf* -**1.** CHIM alcoholization. -**2.** MÉD alcoholism.
alcoolisé, e [alkɔlize] *adj* -**1.** [qui contient de l'alcool] : **boissons ~es** alcoholic drinks OU beverages, intoxicating liquors; **bière peu ~e** low-alcohol beer. -**2.** *fam* [personne] drunk.
alcooliser [3] [alkɔlize] *vt* -**1.** [convertir en alcool] to alcoholize, to convert to alcohol. -**2.** [additionner d'alcool] to add alcohol to.
◆ **s'alcooliser** *fam vpi* [s'enivrer] to get drunk; [être alcoolique] to drink.
alcoolisme [alkɔlism] *nm* alcoholism.
alcoolo *fam* [alkɔlo] *nmf* alkie.
alcoologie [alkɔlɔʒi] *nf* medical study of alcoholism.
alcoomètre [alkɔmɛtr] *nm* alcoholometer.
alcoométrie [alkɔmetri] *nf* alcoholometry.
Alco(o)test® [alkɔtɛst] *nm* -**1.** [appareil] breathalyser. -**2.** [vérification] breath test; **subir un ~** to take a breath test; **soumettre qqn à un ~** to give sb a breath test, to breath-test OU to breathalyse sb.
alcôve [alkov] *nf* alcove, recess.
◆ **d'alcôve** *loc adj* [secret, histoire] intimate.
alcyon [alsjɔ̃] *nm* -**1.** MYTH halcyon. -**2.** ZOOL kingfisher, halcyon *litt*.
aldéhyde [aldeid] *nm* aldehyde.
aldostérone [aldɔsterɔn] *nf* aldosterone.
ale [ɛl] *nf* ale.
aléa [alea] *nm* unforeseen turn of events; **tenir compte des ~s** to take the unforeseen OU unexpected into account; **les ~s de l'existence** the ups and downs of life; **ça fait partie des ~s du métier!** [risque] it's one of the risks you have to take in this job!; [désagrément] it's one of the disadvantages of the job!
aléatoire [aleatwar] *adj* -**1.** [entreprise, démarche] risky, hazardous, chancy; **c'est ~** it's uncertain, there's nothing definite about it. -**2.** JUR [contrat] aleatory. -**3.** FIN: **gain ~** chance OU contingent gain; **marché/spéculation ~** risky market/speculation; **profit ~** contingent profit. -**4.** INF random access. -**5.** MATH random. -**6.** MUS aleatory.
aléatoirement [aleatwarmɑ̃] *adv* -**1.** [par hasard] by chance, at random. -**2.** [de façon risquée] riskily, in a risky OU chancy manner.
alémanique [alemanik] *adj* & *nmf* Alemannic.
alêne [alɛn] *nf* awl.
alénois [alenwa] *adj m*: **cresson ~** garden OU golden cress.
alentour [alɑ̃tur] *adv*: **dans la campagne ~** in the surrounding countryside; **les églises ~** the churches in the neighbourhood; **tout ~** all around.
◆ **alentours** *nmpl* neighbourhood, vicinity, (surrounding) area; **les ~s de la ville** the countryside around the city; **les espaces verts des ~s de Londres** London's green belt; **surveille les ~s** [d'un bâtiment] keep an eye on the neighbourhood; **il doit être dans les ~s** [tout près] he's somewhere around (here); **aux ~s de** [dans l'espace, le temps] around; **aux ~s de Paris** near Paris; **aux ~s de 1815** around 1815; **aux ~s de minuit** round (about) OU some time around midnight; **aux ~s de 50 m** around 50 m; **aux ~s de 500 francs** around 500 francs.
Aléoutiennes [aleusjɛn] *npr fpl*: **les (îles) ~** the Aleutian Islands.
Alep [alɛp] *npr* Aleppo.
aleph [alɛf] *nm* aleph.
alerte¹ [alɛrt] *adj* [démarche] quick, alert; [esprit] lively, alert; [style] lively, brisk; [personne] spry.
alerte² [alɛrt] ◇ *nf* -**1.** [signal] alert; **donner l'~** to give the alert ☐ **fausse ~** false alarm; **~ aérienne** air raid OU air strike warning; **~ à la bombe** bomb scare. -**2.** [signe avant-coureur] alarm, warning sign; **à la première ~** at the first warning; **je ne suis pas surpris de son hospitalisation, elle avait déjà eu une ~ le mois dernier** I'm not surprised she's in hospital, she had a warning sign last month; **l'~ a été chaude** that was a close call.
◇ *loc interj*: **~!** [aux armes] to arms!; [attention] watch out!
◆ **d'alerte** *loc adj* warning, alarm *(épith)*.
◆ **en alerte, en état d'alerte** *loc adv* on the alert; **toutes les casernes de pompiers étaient en état d'~** the entire fire service was on standby OU the alert.
alertement [alɛrtəmɑ̃] *adv* alertly, briskly, in a lively manner.
alerter [3] [alɛrte] *vt* -**1.** [alarmer] to alert; **un bruit insolite l'avait alerté** he'd been alerted by an unusual sound. -**2.** [informer - autorités] to notify, to inform; [- presse] to alert; **nous avons été alertés par les résidents eux-mêmes** the local residents themselves drew our attention to the problem; **~ qqn de** to alert sb to; **~ qqn des dangers de l'alcool** to alert OU to awaken sb to the dangers of alcohol.
alésage [alezaʒ] *nm* -**1.** [technique] reaming, boring (out). -**2.** [diamètre] bore.
alèse [alɛz] = **alaise**.
aléser [18] [aleze] *vt* to ream, to bore.
Alésia [alezja] *npr* Alésia.

ALÉSIA:
The site in the Côte-d'Or where, in 52 BC, Vercingetorix, leader of the coalition of the Gauls against Rome, was besieged by Julius Caesar. His surrender marked the end of Gaulish resistance to Rome.

---

alésoir [alezwar] *nm* borer.
alevin [alvɛ̃] *nm* alevin, young fish.
alevinage [alvinaʒ] *nm* -**1.** [pisciculture] fish farming. -**2.** [repeuplement] stocking with young fish.
aleviner [3] [alvine] *vt* to stock (with young fish).
alevinier [alvinje] *nm* , **alevinière** [alvinjɛr] *nf* breeding-pond.
Alexandre [alɛksɑ̃dr] *npr*: **~ le Grand** Alexander the Great.
Alexandrie [alɛksɑ̃dri] *npr* Alexandria.
alexandrin, e [alɛksɑ̃drɛ̃, in] *adj* -**1.** HIST Alexandrian. -**2.** LITTÉRAT Alexandrine.
◆ **Alexandrin, e** *nm, f* Alexandrian.
◆ **alexandrin** *nm* LITTÉRAT Alexandrine.
alexie [alɛksi] *nf* word blindness, alexia *spéc.*
alezan, e [alzɑ̃, an] *adj* & *nm, f* chestnut; **~ clair** sorrel.
alfa [alfa] *nm* -**1.** BOT esparto (grass). -**2.** [papier] esparto paper.
Alfred [alfrɛd] *npr* Alfred; **~ le Grand** Alfred the Great.
algarade [algarad] *nf* quarrel.
Algarve [algarv] *npr f*: (l') **~** the Algarve.
algèbre [alʒɛbr] *nf* algebra; **pour moi, c'est de l'~** *fam* it's all Greek to me, I can't make head nor tail of it.
algébrique [alʒebrik] *adj* algebraic, algebraical.
algébriquement [alʒebrikmɑ̃] *adv* algebraically.
algébriste [alʒebrist] *nmf* algebraist.
Alger [alʒe] *npr* Algiers.
Algérie [alʒeri] *npr f*: (l') **~** Algeria; **la guerre d'~** the Algerian War.

LA GUERRE D'ALGÉRIE:
The most bitter of France's post-colonial struggles, 1954-62. In a country dominated by a million white settlers, the "pieds noirs", the government's failure to crush the revolt of the "Front de libération nationale" (FLN), despite massive military intervention, led settlers and army officers to attempt a takeover of the colony. The recall to power of General de Gaulle (1958), and the Accords d'Évian (1962), led to Algeria's independence and the resettlement of the "pieds noirs" in France.

---

algérien, enne [alʒerjɛ̃, ɛn] *adj* Algerian.
◆ **Algérien, enne** *nm, f* Algerian.
algérois, e [alʒerwa, waz] *adj* from Algiers.
◆ **Algérois, e** *nm, f inhabitant of or person from Algiers*; **les Algérois** the people of Algiers.
algie [alʒi] *nf* ache, pain.
algol [algɔl] *nm* ALGOL.
Algonkin, Algonquin [algɔ̃kɛ̃] *npr m* Algonquin; **les ~s** the Algonquin.
◆ **algonkin, algonquin** *nm* Algonquin.
algorithme [algɔritm] *nm* algorithm.
algorithmique [algɔritmik] *adj* algorithmic.
algue [alg] *nf* (piece of) seaweed, alga *spéc*; **les ~s** seaweed, algae *spéc.*

alias [aljas] *adv* alias, a.k.a.; Frédo,~ le Tueur Frédo a.k.a. the Killer.

Ali Baba [alibaba] *npr*: ~ et les Quarante Voleurs Ali Baba and the Forty Thieves.

alibi [alibi] *nm* -**1.** JUR alibi; un ~ en or the perfect alibi. -**2.** [prétexte] alibi, excuse; il trouvait dans Mahler un ~ à sa tristesse *litt* Mahler's music gave him an excuse to indulge his sad moods.

alicante [alikɑ̃t] *nm* Alicante wine.

Alice [alis] *npr*: '~ au pays des merveilles' *Carroll* 'Alice in Wonderland'.

alidade [alidad] *nf* alidade.

aliénabilité [aljenabilite] *nf* alienability.

aliénable [aljenabl] *adj* alienable.

aliénant, e [aljenɑ̃, ɑ̃t] *adj* alienating.

aliénataire [aljenatɛr] *nmf* alienee.

aliénateur, trice [aljenatœr, tris] *nm, f* alienator.

aliénation [aljenasjɔ̃] *nf* -**1.** PHILOS & POL alienation. -**2.** PSYCH: ~ mentale insanity, mental illness. -**3.** [perte - d'un droit, d'un bien] loss, removal. -**4.** JUR alienation, transfer of property; ~ de biens disposal of property.

aliéné, e [aljene] ◇ *adj* -**1.** PHILOS & POL alienated. -**2.** PSYCH insane, mentally disturbed.
◇ *nm, f* PSYCH mental patient.

aliéner [18] [aljene] *vt* -**1.** [abandonner - indépendance, liberté, droit] to give up *(sép)*; JUR to alienate. -**2.** [supprimer - droit, liberté, indépendance] to remove, to confiscate. -**3.** PHILOS & POL to alienate; les dirigeants ont aliéné la base the leadership has alienated the rank and file.
◆ **s'aliéner** *vpt*: s'~ qqn to alienate sb; elle s'est aliéné la presse she has alienated the press; je me suis aliéné leur amitié *sout* I caused them to turn away OU to become estranged from me.

aliéniste [aljenist] *vieilli* ◇ *adj* psychiatric.
◇ *nmf* psychiatrist.

Aliénor [aljenɔr] *npr*: ~ d'Aquitaine Eleanor of Aquitaine.

alignement [aliɲmɑ̃] *nm* -**1.** [rangée] line, row; d'interminables ~s d'arbres line upon line of trees; mettre qqch dans le même ~ que to bring sthg into line OU alignment with; perdre l'~ to get out of line OU alignment. -**2.** *fig* aligning, bringing into alignment; leur ~ sur la politique des socialistes their coming into line with the socialists' policy ❑ ~ monétaire monetary alignment OU adjustment. -**3.** JUR building line.
◆ **alignements** *nmpl* [de menhirs] standing stones *(arranged in a row)*, alignments.
◆ **à l'alignement, dans l'alignement** *loc adv* in line; être à OU dans l'~ to be OU to stand in line; se mettre à OU dans l'~ to fall into line; ne pas être à OU dans l'~ to be out of line.

aligner [3] [aliɲe] *vt* -**1.** [mettre en rang] to line up *(sép)*, to align; ~ des dominos to line up dominoes (end to end). -**2.** MIL [soldats, tanks] to line up *(sép)*, to form into lines; [divisions] to line up; ADMIN & MIL to bring into alignment. -**3.** [présenter - factures, preuves] to produce one by one; [- en écrivant] to string together *(sép)*; [- en récitant] to string together, to reel off *(sép)*. -**4.** [mettre en conformité]: ~ qqch sur to line sthg up with, to bring sthg into line with; chaque membre doit ~ sa politique sur celle de la Communauté each member state must bring its policies into line with those of the Community. -**5.** ▽ *loc*: les ~ [payer] to cough up, to fork out.
◆ **s'aligner** *vpi* -**1.** [foule, élèves] to line up, to form a line; [soldats] to fall into line. -**2.** ▽ *loc*: il peut toujours s'~! he's got no chance (of getting anywhere)!; elle s'entraîne tous les jours, alors tu peux toujours t'~! she trains everyday, so you don't stand a chance!
◆ **s'aligner sur** *vp + prép* [imiter - nation, gouvernement] to fall into line OU to align o.s. with.

aligoté [aligɔte] *nm* aligoté (wine).

aliment [alimɑ̃] *nm* -**1.** [nourriture] (type OU kind of) food; citez trois ~s list three types of food OU three different foods; l'eau n'est pas un ~ water is not (a) food OU has no food value ‖ [portion] (piece of) food; le chien salive si l'on met devant lui un ~ the dog salivates if you put food in front of him; des ~s food, foodstuffs; la plupart des ~s most food OU foodstuffs ❑ ~s pour bébé/chien baby/dog food; ~s congelés/diététiques frozen/health food; ~s en conserve tinned *Br* OU canned *Am* food; ~s préparés processed food. -**2.** *fig* & *litt*: l'~ de OU un ~ pour l'esprit food for thought. -**3.** [dans les assurances] interest, risk.
◆ **aliments** *nmpl* JUR maintenance.

alimentaire [alimɑ̃tɛr] *adj* -**1.** COMM & MÉD food *(épith)*; produits ~s food products; sac/papier ~ bag/paper for wrapping food. -**2.** [pour gagner de l'argent]: œuvre ~ potboiler; écrire un livre/tourner un film ~ to write/to shoot a potboiler; je fais des enquêtes mais c'est purement ~ I do surveys, but it's just to make ends meet. -**3.** [de la digestion] alimentary. -**4.** TECH feeding, feeder *(épith)*. -**5.** JUR [obligation] maintenance *(épith)*.

alimentation [alimɑ̃tasjɔ̃] *nf* -**1.** [fait de manger] (consumption of) food; combien dépensez-vous pour l'~? how much do you spend on food? ‖ [fait de faire manger] feeding. -**2.** [régime] diet; une ~ carnée a meat-based diet; une ~ saine a healthy diet; un insecte dont l'~ est à base de nectar an insect that feeds on nectar. -**3.** COMM [magasin] grocer's; [rayon] groceries; à droite au fond, après l'~ on the right, at the bottom, past the grocery shelves OU groceries ‖ [activité]: l'~ food distribution, the food (distribution) trade. -**4.** TECH supply; assurer l'~ d'une pompe en électricité to supply electricity to a pump; ils ont l'~ en eau they have running water. -**5.** MIL [d'une armée] arms supply.

alimenter [3] [alimɑ̃te] *vt* -**1.** [nourrir - malade, bébé] to feed. -**2.** TECH [moteur, pompe] to feed; [ville] to supply; ~ qqn en eau to supply sb with water; ~ un ordinateur en données to feed data into a computer. -**3.** [approvisionner - compte] to put money into; ~ les caisses de l'État to be a source of revenue OU cash for the Government. -**4.** [entretenir - conversation] to sustain; [- curiosité, intérêt] to feed, to sustain; [- doute, désaccord] to fuel.
◆ **s'alimenter** *vp (emploi réfléchi)* -**1.** [bébé] to feed o.s.; il a l'âge de s'~ tout seul he's old enough to feed himself. -**2.** [manger] to eat; elle ne s'alimente plus depuis une semaine she hasn't had any solid food for a week; s'~ bien/mal to have a good/poor diet.
◆ **s'alimenter en** *vp + prép* [se procurer]: comment le village s'alimente-t-il en eau? how does the village get its water?

alinéa [alinea] *nm* [espace] indent; [paragraphe] paragraph.

alise [aliz] *nf* sorb-apple.

alisier [alizje] *nm* service-tree.

alitement [alitmɑ̃] *nm* confinement *(to one's bed)*.

aliter [3] [alite] *vt* to confine to bed.
◆ **s'aliter** *vpi* to take to one's bed; rester alité to be confined to one's bed, to be bedridden.

alizé [alize] ◇ *adj m* [vent] trade *(épith)*.
◇ *nm* trade wind.

al-Khalil [alkalil] *npr* El Khalil.

Allah [ala] *npr* Allah.

allaitement [alɛtmɑ̃] *nm* [processus] feeding, suckling *Br*, nursing *Am*; [période] breastfeeding period; ~ maternel OU au sein breastfeeding.

allaiter [4] [alete] *vt* to breastfeed; à quelle heure est-ce que tu l'allaites? what time do you feed him?

allant, e [alɑ̃, ɑ̃t] *adj litt* cheerful, lively.
◆ **allant** *nm sout* energy, drive; être plein d'~ to have plenty of drive.

alléchant, e [aleʃɑ̃, ɑ̃t] *adj* -**1.** [plat, odeur] mouth-watering, appetizing. -**2.** [proposition, projet, offre] enticing, tempting.

allécher [18] [aleʃe] *vt* -**1.** [suj: odeur, plat]: ~ qqn to give sb an appetite; l'odeur du pain chaud allèche les enfants the smell of hot bread makes the children's mouths water. -**2.** [suj: offre, proposition, projet - gén] to tempt, to seduce, to entice; [- dans le but de tromper] to lure.

allée [ale] *nf* -**1.** [à la campagne] footpath, lane; [dans un jardin] alley; [dans un parc] walk, path; [en ville] avenue; [devant une maison, une villa] drive, driveway; [dans un cinéma, un train] aisle; ~ cavalière bridle path; les ~s du pouvoir the corridors of power. -**2.** ARCHÉOL: ~ couverte *series of dolmens, arranged to form a covered walkway*.
◆ **allées et venues** *nfpl* comings and goings; toutes ces ~s et venues pour rien all this running around OU about for nothing; des ~s et venues de la cave au grenier endless trips from attic to cellar; nous faisons des ~s et venues entre Québec et Toronto we go OU we shuttle back and forth between Quebec and Toronto.

allégation [alegasjɔ̃] *nf* allegation, (unsubstantiated) claim.

allège [alɛʒ] *nf* -**1.** CONSTR [d'une fenêtre] basement; [mur] dwarf wall. -**2.** NAUT barge, lighter.

allégé, e [aleʒe] *adj* low-fat; vinaigrette ~e low-calorie OU low-fat vinaigrette.

allégeance [aleʒɑ̃s] *nf* -**1.** HIST allegiance. -**2.** NAUT handicap.

allègement [alɛʒmɑ̃] *nm* -**1.** [diminution - d'un fardeau] lightening; [- d'une douleur] relief, alleviation, soothing. -**2.** ÉCON & FIN reduction; décider l'~ des charges sociales des entreprises to decide to reduce employers' social security contributions ❑ ~ fiscal tax reduction. -**3.** ENS: ~ de l'effectif reduction in class size; ~ des programmes streamlining the curriculum. -**4.** SPORT [des skis] lifting (the weight off the skis).

alléger [22] [aleʒe] *vt* -**1.** [rendre moins lourd - malle, meuble] to make lighter, to lighten; il va falloir ~ le paquet de 10 grammes we'll have to take 10 grammes off the parcel; pour ~ votre silhouette to make your body look trimmer. -**2.** ÉCON & FIN [cotisation, contribution] to reduce; ~ les impôts de 10% to reduce tax by 10%, to take 10% off tax. -**3.** [soulager - douleur] to relieve, to soothe; je me suis senti allégé d'un grand poids OU fardeau I felt (that) a great weight had been taken off my shoulders. -**4.** [faciliter - procédure, texte] to simplify, to trim (down); les formalités ont été allégées some of the red tape was done away with. -**5.** ENS: ~ le programme to trim the curriculum.

allégorie [alegɔri] *nf* allegory.

allégorique [alegɔrik] *adj* allegorical.

allégoriquement [alegɔrikmɑ̃] *adv* allegorically.

allègre [alɛgr] *adj* cheerful, light-hearted; marcher d'un pas ~ to walk with a light step.

allègrement [alɛgrəmɑ̃] *adv* -**1.** [joyeusement] cheerfully, light-heartedly. -**2.** *hum* [carrément] heedlessly, blithely.

allégresse [alegrɛs] *nf* cheerfulness, liveliness; le cœur plein d'~ *litt* with a light heart, light-heartedly; accueillir qqn avec ~ to give sb a cheerful welcome; l'~ était générale there was general rejoicing.

alléguer [18] [alege] *vt* -**1.** [prétexter] to argue; ~ comme excuse/prétexte que to put forward as an excuse/a pretext that; alléguant du fait que arguing that; ~ l'ignorance to plead ignorance, to argue that one didn't know. -**2.** *sout* [citer] to cite, to quote; ~ un texte de loi to quote a legal text.

alléluia [aleluja] *nm* alleluia, hallelujah.

Allemagne [almaɲ] *npr f*: (l') ~ Germany; (l') ~ de l'Est East Germany; (l') ~ de l'Ouest West Germany.

allemand, e [almɑ̃, ɑ̃d] *adj* German.

◆ **Allemand, e** *nm, f* German; **Allemand de l'Est** East German; **Allemand de l'Ouest** West German.

◆ **allemand** *nm* LING German; **le bas/haut ~** Low/High German.

◆ **allemande** *nf* DANSE & MUS allemande.

allène [alɛn] *nm* allene.

aller[1] [ale] *nm* -**1.** [voyage] outward journey; **je suis passé les voir à l'~** I dropped in to see them on the way (there); **à l'~, nous sommes passés par Anchorage** on the flight out we went via Anchorage; **l'avion était en retard à l'~ et au retour** the flight was delayed both ways; **l'~ est plus long que le retour** [gén] the outward journey is longer than the return journey; [en avion] flying out takes longer than flying back; **faire des ~s et retours** [personne, document] to go back and forth, to shuttle back and forth; **je fais plusieurs ~s et retours par jour entre l'hôpital et la maison** I go back and forth between the hospital and home several times a day; **ne faire qu'un** OU **que l'~ et retour: je vais à la banque mais je ne fais qu'un ~ et retour** I'm going to the bank, but I'll be right back. -**2.** [billet] : **~ (simple)** single (ticket) *Br*, one-way ticket *Am*; **viens donc nous voir, je t'offre l'~** come and see us, I'll pay half the price of the trip; **~ (et) retour** return *Br* OU round-trip *Am* (ticket); **deux ~s et retours pour Paris** two returns *Br* OU round-trip tickets *Am* to Paris; **c'est combien l'~ retour?** how much is the return *Br* OU round-trip *Am* (ticket)? -**3.** *fam* **~ et retour** [gifle] slap.

aller[2] [31] [ale] ◇ *v aux* -**1.** *(suivi de l'inf)* [exprime le futur proche] to be going OU about to; **tu vas tomber!** you're going to fall!, you'll fall!; **attendez-le, il va arriver** wait for him, he'll be here any minute now; **attends, tu vas comprendre!** wait, all will become clear OU will be revealed! *hum*; **j'allais justement te téléphoner** I was just going to phone you, I was on the point of phoning you; **fais vite, la pièce va commencer** be quick, the play is about OU is going to start; **il va être 5 h** it's going on 5; **il va pleuvoir, on dirait** it looks like rain OU as if it's going to rain; **est-ce que ça va durer longtemps?** is it going to be long? || [pour donner un ordre] : **tu vas faire ce que je te dis, oui ou non?** will you do as I say or won't you? -**2.** *(suivi de l'inf)* [en intensif] to go; **pourquoi es-tu allé tout lui raconter?** why did you go and tell him everything?; **je voudrais apprendre à skier – c'est ça, va te casser une jambe!** *iron* I'd like to learn how to ski – that's right, go and break your leg!; **pour ~ me faire tuer?** why should I go and get killed?; **ne va pas croire/penser que...** don't go and believe/think that...; **tu ne vas pas me faire croire que tu ne savais rien!** you can't fool me into thinking that you didn't know anything!; **pourvu qu'elle n'aille pas se trouver mal!** let's hope she doesn't go and faint!; **qu'est-ce que tu vas t'imaginer!** you know me/him/her *etc* better than that!; **que n'iront-ils pas s'imaginer!** God knows what they'll think!; **où est-elle? – allez savoir!** where is she? – God knows!; **allez expliquer ça à un enfant de 5 ans!** try and explain OU try explaining that to a 5-year-old! -**3.** [exprime la continuité] *(suivi du gérondif)*: **~ en: ~ en s'améliorant** to get better and better, to improve; **~ en empirant** to get worse and worse, to worsen; **~ en augmentant** to keep increasing; **~ en diminuant: le bruit allait en diminuant** the noise was getting fainter and fainter || *(suivi du p prés)*: **~ croissant** [tension] to be rising; [nombre] to be rising OU increasing.

◇ *vi* **A.** EXPRIME LE MOUVEMENT -**1.** [se déplacer] to go; **qui va là?** who goes there?; **tu sais ~ à cheval?** *vieilli* can you ride a horse?; **va vite!** hurry up!; [à un enfant] run along (now)!; **~ à grands pas** to stride along; **vous alliez à plus de 90 km/h** [en voiture] you were driving at OU doing more than 90 km/h; **va moins vite!** drive more slowly!, slow down!; **~ çà et là** to flit about; **~ (et) venir** [de long en large] to pace up and down; [entre deux destinations] to come and go, to go to and fro; **je vais et viens entre la France et la Suisse** I go OU I shuttle back and forth between France and Switzerland; **je n'ai fait qu'~ et venir toute la matinée** I was in and out all morning; **il allait et venait dans la pièce** he was pacing up and down the room. -**2.** [se rendre – personne] : **~ à** to go to; **en allant à Limoges** on the way to Limoges; **~ à la mer/à la montagne** to go to the seaside/mountains; **il n'ira pas aux jeux Olympiques** he won't go to the Olympic Games; **son film ira au festival de Cannes** her film will go to OU be shown at the Cannes festival; **~ à l'université** [bâtiment] to go to the university; [institution] to go to university OU college; **~ à l'école** [bâtiment] to go to the school; [institution] to go to school; **~ à l'église** [bâtiment] to go to the church; [institution] to go to church, to be a churchgoer; **les gens qui vont à l'église/au concert** [gén] the people who go to church/to the concert; [habitués] churchgoers/concertgoers; **~ à la messe** to go to OU to attend mass; [être pratiquant] to be a churchgoer; **~ à la chasse/pêche** to go hunting/fishing; **~ aux champignons** to go mushroom-picking; **~ aux escargots** to go snail collecting; **où vas-tu?** where are you going?; **comment y va-t-on?** how do you get there?; **y ~: il y est allé en courant** he ran there; **on y va!** let's go! || *(en usage abs)*: **je n'irai pas** I won't go; **j'irai en avion/voiture** I'll fly/drive, I'll go by plane/car; **j'irai à** OU **en vélo** I'll go (there) by bike, I'll ride (there); **~ chez: ~ chez un ami** to go to see a friend, to go to a friend's; **~ chez le dentiste** to go to the dentist's; **tu n'iras plus chez eux, tu m'entends?** you will not visit them again, do you hear me?; **je vais toujours chez Burthot pour mes chocolats** I always go to Burthot for my chocolates OU buy my chocolates from Burthot; **~ dans: il a peur d'~ dans l'eau** he's afraid to go into the water; **je vais dans les Pyrénées** I'm going to the Pyrenees; **~ en: ~ en Autriche** to go to OU to travel to Austria; **~ en Avignon/Arles** to go to Avignon/to Arles; **~ en haut/bas** to go up/down; **~ vers: j'allais vers le nord** I was heading OU going north. -**3.** *(suivi de l'inf)* [pour se livrer à une activité] : **~ faire qqch** to go and do sthg, to go do sthg *Am*; **je vais faire mes courses tous les matins** I go shopping every morning; **va ramasser les poires dans le jardin** go and pick the pears in the garden ❑ **va voir là-bas si j'y suis!**[▽] push off!, clear off!; **~ se faire voir**[▽] OU **se faire foutre**[▼]: **va te faire voir!** get lost! OU stuffed! *Br*, go to hell!; **va te faire foutre!** fuck off! -**4.** [mener – véhicule, chemin] to go; **ce train ne va pas à Pau** this train doesn't go to Pau; **cette route ne va pas à Bruges** this road doesn't go to Bruges; **cette rue va vers le centre** this street leads towards the city centre ❑ **~ droit au cœur de qqn** to go straight to sb's heart; **il choisit des mots qui vont droit au cœur** he uses words which speak to the heart. -**5.** [fonctionner – machine] to go, to run; [– moteur] to run; [– voiture, train] to go; **le manège allait de plus en plus vite** the roundabout was going faster and faster; **son pouls va trop vite** her pulse is too fast. -**6.** [se ranger – dans un contenant] to go, to belong; [– dans un ensemble] to fit; **où vont les tasses?** where do the cups go?; **les poupées russes vont l'une dans l'autre** Russian dolls fit one inside the other; **ton morceau de puzzle ne va pas ici** your piece of puzzle doesn't fit OU belong here. -**7.** [être remis] : **~ à** to go to; **l'argent collecté ira à une œuvre** the collection will go OU be given to a charity; **le prix d'interprétation masculine est allé à Jean Dufour** Jean Dufour was awarded the prize for best actor, the prize for best actor went to Jean Dufour; **la médaille d'or est allée à la Chine** China won OU got the gold medal, the gold medal went to China.

B. S'ÉTENDRE -**1.** [dans l'espace] : **~ de... à...: leur propriété va de la rivière à la côte** their land stretches from the river to the coast; **le passage qui va de la page 35 à la page 43** the passage which goes from page 35 to page 43; **~ jusqu'à** [vers le haut] to go OU to reach up to; [vers le bas] to go OU to reach down to; [en largeur, en longueur] to go to, to stretch as far as; **la tapisserie va jusqu'au plafond** the tapestry goes up to the ceiling. -**2.** [dans le temps] : **~ de... à...** to go from... to...; **sa période productive va de 1867 à 1892** his most productive period was from 1867 to 1892; **~ jusqu'à** [bail, contrat] to run till; **mon congé maladie va jusqu'au 15 janvier** my sick leave runs till January 15th; **jusqu'à quand vont les congés de février?** when does the February break finish? -**3.** [dans une série] : **~ de... à...** to go OU to range from... to...; **vos notes vont de 11 à 18** your marks go OU range from 11 to 18; **avec des températures allant de 10° C à 15° C** with temperatures between 10° C and 15° C OU ranging from 10° C to 15° C; **~ jusqu'à: les prix vont jusqu'à 50 000 F** prices go as high as 50,000 F; **sa voix va jusqu'au do** her voice reaches OU goes up to C; **désolée, madame, nous n'allons pas jusqu'à la taille 50** sorry, Madam, we don't stock OU go up to size 50.

C. PROGRESSER -**1.** [se dérouler] : **~ vite/lentement** to go fast/slow; **la course va trop vite/lentement pour elle** the race is too fast/slow for her; **arrêtez-moi si je vais trop vite** [en parlant] stop me if I'm going too fast; **à partir de ce moment-là, le divorce est allé très vite** from that moment onwards the divorce proceedings went very fast ❑ **plus ça va...: plus ça va, moins je comprends la politique** the more I see of politics, the less I understand it; **plus ça va, plus je l'aime** I love her more each day. -**2.** [personne] : **~ jusqu'à: j'irai jusqu'à 5 000 F pour le fauteuil** I'll pay OU go up to 5,000 F for the armchair; **~ jusqu'à faire** to go as far as doing, to go so far as to do; **il est allé jusqu'à publier le tract** he went as far as publishing the pamphlet; **j'irais même jusqu'à dire que...** I would even go so far as to say that...; **sans ~ jusque là** without going that far; **~ sur** OU **vers** [approcher de] : **il va sur** OU **vers la cinquantaine** he's getting on for OU going on 50; **elle va sur ses cinq ans** she's nearly OU almost five, she'll be five soon ❑ **~ à la faillite/l'échec** to be heading for bankruptcy/failure; **~ à sa ruine** to be on the road to ruin; **où va-t-on** OU **allons-nous s'il faut se barricader chez soi?** what's the world coming to if people have to lock themselves in nowadays?; **allons (droit) au fait** let's get (straight) to the point; **~ au plus pressé** to do the most urgent thing first.

D. ÊTRE DANS TELLE OU TELLE SITUATION -**1.** [en parlant de l'état de santé] : **bonjour, comment ça va? – ça va** hello, how are you? – all right; **comment vas-tu? – ça va** how are you? – fine; **comment va ta mère?** how's your mother?; **comment va la santé?, comment va?** *fam* how are you keeping?; **ça va?** [après un choc] are you all right?; **ça ne va pas du tout** I'm not at all well; **~ bien: je vais bien** I'm fine OU well; **ça va bien?** are you OK?; **mon cœur ne va plus trop bien** my heart's not as good as it used to be; **~ mieux: elle va beaucoup mieux** she's (feeling) much better; **ton genou va mieux?** is your knee better?, does your knee feel (any) better?; **bois ça, ça ira mieux** drink this, you'll feel better; **~ mal: il va mal** he's not at all well, he's very poorly ❑ **ça va pas (bien OU la tête)!, ça va pas, non?** *fam* you're off your head!, you must be mad!; **ça va? – on fait ~** *fam* OU **il faut faire ~** *fam* how are you? – mustn't grumble. -**2.** [se passer] : **comment vont les affaires? – elles vont bien** how's business? – (it's doing) OK OU fine; **ça va de moins en moins bien entre eux** things have gone from bad to worse between them; **ça a l'air d'~ beaucoup mieux avec son mari** things seem to be much better between her and her husband; **les choses vont** OU **ça va mal** things aren't too good OU aren't going too well; **ça va mal dans le sud du pays**

there's trouble in the south of the country; **obéis-moi ou ça va mal ~ (pour toi)!** do as I say or you'll be in trouble!; **comment ça va dans ton nouveau service?** how are you getting on OU how are things in the new department?; **et le lycée, ça va?** and how's school?; **quelque chose ne va pas?** is there anything wrong OU the matter?; **il y a quelque chose qui ne va pas dans l'imprimante** there's something wrong with the printer ❑ **ça ne va pas tout seul** OU **sans problème** it's not an OU it's no easy job; **et le travail, ça va comme tu veux?** *fam* is work going all right?; **faire ~** *fam* [commerce] to run, to manage; **quand ça ne va pas, on fait ~** when things are rough, you have to make do.

E. EXPRIME L'ADÉQUATION **-1.** [être seyant]: **~ (bien) à qqn** [taille d'un vêtement] to fit sb; [style d'un vêtement] to suit sb; **le bleu lui va** blue suits her, she looks good in blue; **rien ne me va** I don't look good in anything, nothing suits me; **mon manteau te va mieux qu'à moi** my coat looks much better on you (than on me), my coat suits you better than (it does) me; **ça ne te va pas de parler vulgairement** coarse language doesn't suit OU become you; **ça te va bien de donner des conseils!** *iron* you're a fine one to give advice! ❑ **cela te va à ravir** OU **à merveille** that looks wonderful on you, you look wonderful in that. **-2.** [être en harmonie]: **~ avec: ~ avec qqch** to go with OU to match sthg; **j'ai acheté un chapeau pour ~ avec ma veste** I bought a hat to go with OU to match my jacket; **~ ensemble** [couleurs, styles] to go well together, to match; [éléments d'une paire] to belong together; **ils vont bien ensemble, ces deux-là!** those two make quite a pair!; **je trouve qu'ils vont très mal ensemble** I think (that) they're an ill-matched couple OU they make a very odd pair. **-3.** [convenir]: **le ton de ta voix ne va pas, reprends à la ligne 56** your tone isn't right, do it again from line 56; **la clé de 12 devrait ~** spanner *Br* OU wrench *Am* number 12 should do (the job); **nos plats vont au four** our dishes are oven-proof; **tu veux de l'aide? – non, ça ira!** do you want a hand? – no, I'll manage OU it's OK!; **tu ne rajoutes pas de crème? – ça ira comme ça** don't you want to add some cream? – that'll do (as it is), it's fine like this; **ça ira pour aujourd'hui** that'll be all for today, let's call it a day; **pour un studio, ça peut aller** as far as bedsits *Br* OU studio apartments *Am* go, it's not too bad; **la robe ne va pas à la taille** the dress isn't right at the waist; **~ à qqn: on dînera après le spectacle – ça me va** we'll go for dinner after the show – that's all right OU fine by me OU that suits me (fine); **je vous fais un rabais de 10 %, ça vous va?** I'll give you a 10% discount, is that all right?; **je vous ai mis un peu plus de la livre, ça (vous) va?** it's a bit over a pound, is that all right?

F. LOCUTIONS: **ça va** *fam*, **ça va bien** *fam*, **ça va comme ça** *fam* OK; **je t'aurai prévenu! – ça va, ça va!** don't say I didn't warn you! – OK, OK!; **c'est toujours moi qui fais la vaisselle – oh, eh, ça va!** it's always me who does the dishes – give it a rest!; **ça va comme ça hein, j'en ai assez de tes jérémiades!** just shut up will you, I'm fed up with your moaning!; **y ~** *fam*: **une fois que tu es sur le plongeoir, il faut y ~!** once you're on the diving board, you've got to jump!; **quand faut y ~, faut y ~** when you've got to go, you've got to go; **y ~** [le faire]: **vas-y doucement, c'est fragile** gently OU easy does it, it's fragile; **vas-y mollo avec le vin!** *fam* go easy on the wine!; **ils n'y sont pas allés doucement avec les meubles** they were a bit rough with the furniture; **ils n'y sont pas allés doucement avec les grévistes** they didn't exactly handle the strikers with kid gloves; **comme tu y vas** *fam*/**vous y allez** *fam etc*: **j'en veux 3 000 F – comme tu y vas!** I want 3,000 F for it – isn't that a bit much?; **c'est un fasciste – comme vous y allez!** he's a fascist – that's going a bit far!; **ça y va** *fam*: **ça y va, les billets de 100 francs!** 100 franc notes are going as if there was no tomorrow!; **ça y allait, les bouteilles de champagne!** champagne flowed like water!; **y ~ de: aux réunions de famille, il y va toujours d'une** OU **de sa chansonnette** every time there's a family gathering, he sings a little song; **elle y est allée de sa petite larme** *hum* she had a little cry; **il** OU **cela** OU **ça** *fam* **va de soi (que)** it goes without saying (that); **il va de soi que je vous paierai** it goes without saying that I'll pay you; **il** OU **cela** OU **ça** *fam* **va sans dire (que)** it goes without saying (that); **il y va de: il y va de ta vie/carrière/réputation** your life/career/reputation is at stake; **il n'y va pas seulement de sa dignité** his dignity isn't the only thing at stake here; **il en va de... comme de...: il en va de la littérature comme de la peinture** it's the same with literature as with painting; **il en va de même pour: il n'en va pas de même pour toi** the same doesn't apply to you; **il en va autrement: il en irait autrement si ta mère était encore là** things would be very different if your mother was still here; **va pour** *fam*: **va pour le saint-émilion!** all right OU OK then, we'll have the saint-émilion!; **je vous en donne 300 F – va pour 300 F!** I'll give you 300 F for it – very well OU all right, 300 F (it is)!; **si tu vas par là, si vous allez par là** on those grounds, on that account; **tout le monde est égoïste, si tu vas par là!** everybody's selfish, if you look at it like that!

◆ **s'en aller** *vpi* **-1.** [partir - personne] to go; **il faut que je m'en aille** I must be off, I must go; **je lui donnerai la clé en m'en allant** I'll give him the key on my way out; **ne t'en va pas** don't go; **va-t-en!** go away!; **s'en ~ discrètement** to slip away (quietly); **les employés qui ont 58 ans sont encouragés à s'en ~** employees who are 58 are encouraged to leave; **tous les jeunes s'en vont du village** all the young people are leaving the village; **va-t-en de là!** get away from there!; **il regarda le bateau s'en ~** he watched the boat leaving OU leave. **-2.** [se défaire, se détacher] to come undone; **attention! ta barrette s'en va!** careful, your hair slide is coming out! **-3.** *sout* [mourir - personne] to die, to pass away; **si je m'en vais avant toi** if I die before you; **il s'en va de la poitrine** *hum* his cough will carry him off. **-4.** [disparaître - tache] to come off, to go (away); [- son] to fade away; [- forces] to fail; [- jeunesse] to pass; [- lumière, soleil, couleur] to fade (away); [- peinture, vernis] to come off; **ça s'en ira au lavage/avec du savon** it'll come off in the wash/with soap; **leur dernière lueur d'espoir s'en est allée** their last glimmer of hope has gone OU vanished; **la morale, la politesse, tout s'en va!** morals and good manners just don't exist! **-5.** *(suivi de l'inf)* [en intensif]: **il s'en fut trouver le magicien** off he went to find the wizard; **je m'en vais lui dire ses quatre vérités!** *fam* I'm going to tell her a few home truths!; **je m'en vais vous faire la démonstration** *fam* let me demonstrate.

◆ **allez, allons** *loc interj* **-1.** [pour encourager] come on; **allez, un petit effort** come on, put some effort into it; **allez, ne pleure plus** come on (now), stop crying; **allons, pose cette arme!** come on (now), put that gun down! **-2.** [en quittant quelqu'un]: **allez, je m'en vais!** right, I'm going now! **-3.** [exprime l'exaspération, la réprobation]: **zut, j'ai cassé un verre! – et allez (donc), le troisième en un mois!** damn! I've broken a glass! – well done, that's the third in a month!; **allez** OU **allons donc!** [tu exagères] go on OU get away (with you)!, come off it!

◆ **allez-y, vas-y** *loc interj* **-1.** [avant un départ] go on, off you go. **-2.** [avant d'agir] go on; **vas-y, lance-toi!** go on then, do it!

◆ **allons bon** *loc interj*: **allons bon, j'ai perdu ma clef maintenant!** oh no, now I've lost my key!; **allons bon, voilà qu'il recommence à pleurer!** here we go, he's crying again!; **il n'est pas encore rentré – allons bon!** he's not home yet – oh no OU dear!

◆ **allons-y** *loc interj* **-1.** [avant un départ] let's go; **allons-y Alonzo!** *fam hum* let's go, let's go Cisco! *Am.* **-2.** [avant d'agir] come on; **allons-y, après la troisième mesure!** let's take it from the third bar!; **allons-y, ne nous gênons pas!** *iron* don't mind me!

◆ **va** *loc interj* **-1.** [pour consoler] you know; **c'est mieux comme ça, va!** it's better that way, you know! **-2.** [pour persuader] you know; **tu ne seras pas en retard, va, tu as une heure devant toi!** you won't be late, you know, you've got an hour to go yet! **-3.** *fam* [pour appuyer une interj]: **(espèce de) frimeur, va!** you show-off!; **sale bête, va!** you disgusting creature!

◆ **va donc** *fam loc interj*: **va donc, eh, chauffard!** roadhog!; **va donc, eh minable!** get lost, you little creep!

allergène [alɛrʒɛn] *nm* allergen.

allergie [alɛrʒi] *nf* **-1.** MÉD allergy; **avoir** OU **faire une ~ à** to be allergic to. **-2.** *fam* [répugnance] allergy.

allergique [alɛrʒik] *adj* **-1.** MÉD [réaction] allergic; **être ~ à qqch** to be allergic to sthg. **-2.** *fam fig* allergic; **je suis ~ au sport** I'm allergic to sport.

allergisant, e [alɛrʒizɑ̃, ɑ̃t] *adj* allergenic.

allergologie [alɛrgɔlɔʒi] *nf* diagnosis and treatment of allergies.

allergologue [alɛrgɔlɔg] *nmf* allergist.

alliacé, e [aljase] *adj* alliaceous.

alliage [aljaʒ] *nm* **-1.** MÉTALL & TECH alloy; **structure en ~ léger** alloy structure. **-2.** *litt* [ajout] adjunct.

alliance [aljɑ̃s] *nf* **-1.** [pacte] alliance, pact, union; **l'~ entre socialistes et communistes** OU **les socialistes et les communistes** the alliance between OU of Socialists and Communists; **conclure une ~ avec un pays** to enter into OU to forge an alliance with a country; **conclure une ~ avec qqn** to ally oneself with sb; **l'Alliance française** *organization promoting French language and culture abroad.* **-2.** *sout* [mariage] union, alliance *litt.* **-3.** [combinaison] union, blending, combination; **~ de mots** LING oxymoron. **-4.** [bague] wedding ring. **-5.** RELIG alliance.

◆ **par alliance** *loc adj* by marriage.

allié, e [alje] ◇ *adj* allied.

◇ *nm, f* **-1.** [pays, gouvernement] ally; **les Alliés** HIST the Allies. **-2.** JUR relation by marriage. **-3.** [ami] ally, supporter.

allier [9] [alje] *vt* **-1.** [unir - pays, gouvernements, chefs] to unite, to ally (together); [- familles] to relate OU to unite by marriage. **-2.** [combiner - efforts, moyens, qualités] to combine (together); [- sons, couleurs, parfums] to match, to blend (together); **~ l'intelligence à la beauté** to combine intelligence and beauty. **-3.** TECH to (mix into an) alloy.

◆ **s'allier** *vpi* **-1.** [pays] to become allied; **s'~ avec un pays** to ally o.s. to a country, to form an alliance with a country || *sout* [par le mariage - personnes] to marry; [- familles] to become allied OU related by marriage; **s'~ à une famille** to marry into a family; **les aristocrates s'alliaient entre eux** aristocrats used to intermarry. **-2.** [se combiner - couleurs, sons, parfums] to match, to blend (together); [- qualités, talents, arts] to combine, to unite (together). **-3.** TECH to (become mixed into an) alloy.

alligator [aligatɔr] *nm* alligator.

allitération [aliterasjɔ̃] *nf* alliteration.

allô [alo] *interj* hello, hullo; **~, qui est à l'appareil?** hello, who's speaking?; **~, je voudrais parler à Damien** hello, I'd like to speak to Damien.

allocataire [alɔkatɛr] *nmf* beneficiary.

allocation [alɔkasjɔ̃] *nf* **-1.** [attribution] allocation; FIN [de parts] allotment, allotting. **-2.** SOCIOL [prestation] allowance, benefit *Br*, welfare *Am*; **avoir** OU **toucher des ~s** to be on benefit *Br* OU welfare *Am* ❑ **~ (de) chômage** unemployment benefit; **~s familiales** family credit, child benefit *Br*; **~ (de) logement, ~-logement** housing benefit *Br*, rent subsidy OU allowance *Am*; **je touche une ~-logement** I get housing benefit *Br* OU a rent subsidy *Am*; ~ (de) maternité maternity allowance.

◆ **allocations** *fam nfpl*: les ~s [service] the social security, the Social *Br*, welfare *Am*; [bureau] the social security office.

allocutaire [alɔkytɛr] *nmf* addressee.

allocution [alɔkysjɔ̃] *nf* [discours] (formal) speech.

allogène [alɔʒɛn] ◇ *adj* alien, foreign.
◇ *nmf* alien.

allonge [alɔ̃ʒ] *nf* -**1.** [rallonge - gén] extension; [- d'une table] leaf. -**2.** [crochet] (butcher's) hook. -**3.** FIN rider. -**4.** SPORT reach; **avoir une bonne** ~ to have a long reach.

allongé, e [alɔ̃ʒe] *adj* -**1.** [long] long. -**2.** [couché]: **il était ~ sur le canapé** he was lying on the sofa; **il est resté ~ pendant trois mois** he was bedridden for three months.

allongement [alɔ̃ʒmɑ̃] *nm* -**1.** [extension - d'une route, d'un canal] extension; [- d'une distance] increasing, lengthening; [- d'une durée, de la vie] lengthening, extension; [- des jours] lengthening; **l'~ du temps de loisir** the increased time available for leisure pursuits. -**2.** AÉRON aspect ratio. -**3.** TECH [déformation] stretching; MÉTALL elongation. -**4.** LING lengthening.

allonger [17] [alɔ̃ʒe] ◇ *vt* -**1.** [rendre plus long - robe, route, texte] to lengthen, to make longer; **le dernier chapitre allonge inutilement le récit** the last chapter just drags the story out pointlessly; **la coupe vous allonge la silhouette** the cut of the garment makes you look thinner; ~ **le pas** to take longer strides. -**2.** [étirer - bras, jambe] to stretch out *(sép)*; ~ **le cou** to stretch one's neck; ~ **le bras pour prendre qqch** [devant soi] to stretch out one's hand to get sthg; [en l'air] to stretch up to reach sthg; [par terre] to bend down to pick up sthg. -**3.** [coucher - blessé, malade] to lay down *(sép)*; **vite, allongez-la par terre** quick, lay her down on the floor. -**4.** ▽ [donner - argent] to produce, to come up with; ~ **un pourboire au coiffeur** to slip the hairdresser a tip; **cette fois-ci, il a fallu qu'il les allonge** this time he had to cough up OU to fork out; ~ **une taloche à qqn** to give sb a slap; ~ **un coup à qqn** to fetch sb a blow. -**5.** CULIN: ~ **la sauce** *pr* to make the sauce thinner; *fig* to spin things out. -**6.** ÉQUIT [allure] to lengthen.
◇ *vi*: **les jours allongent** the days are drawing out OU getting longer.
◆ **s'allonger** *vpi* -**1.** [se coucher] to stretch out; **allongez-vous!** lie down!; **il/le chien s'allongea sur le tapis** he/the dog stretched out on the rug; **allonge-toi un peu** have a little lie-down. -**2.** [se prolonger - visite, récit] to drag on; [- vie, période] to become longer. -**3.** [se renfrogner]: **son visage s'allongea** her face fell, she pulled *Br* OU made *Am* a long face.

allopathe [alɔpat] ◇ *adj* allopathic.
◇ *nmf* allopathist, allopath.

allopathie [alɔpati] *nf* allopathy.

allopathique [alɔpatik] *adj* MED allopathic.

allophone [alɔfɔn] ◇ *adj*: **les résidents ~s** foreign-language speaking residents.
◇ *nmf person whose native language is not that of the community in which he/she lives.*

allotropie [alɔtrɔpi] *nf* allotropy.

allotropique [alɔtrɔpik] *adj* allotropic.

allouer [6] [alwe] *vt* -**1.** [argent, somme] to allocate; [indemnité] to grant; FIN [actions] to allot. -**2.** [temps] to allot, to allow; **au terme du temps alloué** at the end of the allotted time; **le temps alloué à ces activités** the time allotted OU allocated to these activities.

allumage [alymaʒ] *nm* -**1.** [d'un feu, d'une chaudière] lighting; [du gaz] lighting, turning on. -**2.** [d'une ampoule, d'un appareil électrique] turning OU switching on. -**3.** AUT & MÉCAN ignition; **régler l'~** to set OU to adjust the timing ❑ ~ **électronique/à induction** electronic/coil ignition. -**4.** ASTRONAUT ignition. -**5.** ARM firing *(of a mine)*.
◆ **à l'allumage** *loc adj* [avance, retard] ignition *(épith)*.

allume-cigares [alymsigar] *nm inv* cigarette lighter.

allume-feu [alymfø] *nm inv* -**1.** [bois] kindling wood. -**2.** [à alcool] fire-lighter.

allume-gaz [alymgaz] *nm inv* gas lighter.

allumer [3] [alyme] *vt* -**1.** [enflammer - bougie, réchaud, cigarette, torche, gaz] to light; [- bois, brindille] to light, to kindle; [- feu, incendie] to light, to start. -**2.** [mettre en marche - lampe, appareil] to turn OU to switch on *(sép)*; [- phare] to put on, to turn on *(sép)*; **laisse une pièce allumée** leave the lights on in a room; **j'ai laissé la radio allumée!** I forgot to turn off the radio!; **le bureau est allumé** there's a light on in the office, the lights are on in the office ‖ *(en usage abs)*: **allume!** turn the light on!; **comment est-ce qu'on allume?** how do you switch *Br* OU turn it on?; **où est-ce qu'on allume?** where's the switch? -**3.** *litt* [commencer - guerre] to start; [- passion, haine] to stir up *(sép)*. -**4.** *fam* [sexuellement] to arouse, to turn on *(sép)*.
◆ **s'allumer** *vpi* -**1.** [s'éclairer]: **leur fenêtre vient de s'~** a light has just come on at their window ‖ *fig* [visage, œil, regard] to light up. -**2.** [se mettre en marche - appareil, radio] to switch OU to turn on; [- lumière] to come on. -**3.** [prendre feu - bois, brindille] to catch (fire); [- incendie] to start, to flare up. -**4.** *litt* [commencer - haine, passion] to be aroused; [- guerre] to break out.

allumette [alymɛt] *nf* -**1.** [pour allumer] match, matchstick; **l'os s'est cassé comme une ~** the bone snapped like a twig; **jouer avec des ~s** to play with matches ❑ ~ **suédoise** OU **de sûreté** safety match; **être gros** OU **épais comme une ~** to be as thin as a rake; **avoir des jambes comme des ~s** to have legs like matchsticks. -**2.** CULIN [gâteau - salé] allumette, straw; [- sucré] allumette.

allumettier, ère [alymetje, ɛtjɛr] *nm, f* -**1.** [industriel] match manufacturer. -**2.** [ouvrier] worker in a match factory.

allumeur [alymœr] *nm* -**1.** TECH igniter. -**2.** AUT (ignition) distributor. -**3.** [lampiste]: ~ **de réverbères** lamp-lighter.

allumeuse▽ [alymøz] *nf péj* tease.

allure [alyr] *nf* -**1.** [vitesse d'un véhicule] speed; **à grande/faible ~** at (a) high/low speed; **rouler à petite ~** OU **à une ~ réduite** to drive at a slow pace OU slowly; **aller** OU **rouler à toute ~** to go at (top OU full) speed; **le train filait à toute ~ dans la nuit** the train sped through the night. -**2.** [vitesse d'un marcheur] pace; **il accélérait l'~** he was quickening his pace; **marcher à vive ~** to walk at a brisk pace; **à cette ~, tu n'auras pas fini avant demain** *fig* at that speed OU rate, you won't have finished before tomorrow. -**3.** [apparence - d'une personne] look, appearance; **avoir de l'~** OU **grande ~** to have style; **une femme d'~ élégante entra** an elegant-looking woman came in; **avoir fière ~** to cut a fine figure; **avoir piètre ~** to cut a shabby figure; **il a une drôle d'~** he looks odd OU weird; **un personnage à l'~** OU **d'~ suspecte** a suspicious-looking character; **je n'aime pas l'~ qu'elle a** I don't like the look of her; **une ruine d'~ moyenâgeuse** a medieval-looking ruin; **le projet prend une mauvaise ~** the project is taking a turn for the worse; **prendre des ~s de** to take on an air of.
◆ **allures** *nfpl* ÉQUIT paces; NAUT reach.

allusif, ive [alyzif, iv] *adj* allusive; **il est resté très ~** he wasn't very specific.

allusion [alyzjɔ̃] *nf* -**1.** [référence] allusion, reference; **il n'y a fait ~ qu'en passant** he only made passing reference to it. -**2.** [sous-entendu] hint; **une ~ cousue de fil blanc** a heavy hint; **c'est une ~?** are you hinting at something?; **l'~ m'échappe** I don't get it; **s'exprimer par ~s** to express o.s. obliquely OU allusively.
◆ **par allusion à** *loc prép* alluding to; **«veni, vidi, vici» dit-il, par ~ à Jules César** "veni, vidi, vici" he said, alluding to Julius Caesar.

allusivement [alyzivmɑ̃] *adv* allusively.

alluvial, e, aux [alyvjal, o] *adj* alluvial.

alluvionnaire [alyvjɔnɛr] *adj* alluvial.

alluvionnement [alyvjɔnmɑ̃] *nm* alluviation.

alluvionner [3] [alyvjɔne] *vi* to deposit alluvion OU alluvium.

alluvions [alyvjɔ̃] *nmpl* alluvion *(sg)*, alluvium *(sg)*.

almanach [almana] *nm* almanac.

almandin [almɑ̃dɛ̃] *nm* almandine.

aloès [alɔɛs] *nm* aloe.

alogique [alɔʒik] *adj* alogical.

aloi [alwa] *nm* -**1. de bon ~** [marchandise, individu] of sterling OU genuine worth; [plaisanterie] in good taste. -**2. de mauvais ~** [marchandise] worthless; [individu] worthless, no-good *(avant n)*; [plaisanterie] in bad taste; [succès] cheap.

alopécie [alɔpesi] *nf* alopecia.

alors [alɔr] *adv* -**1.** [à ce moment-là] then; **j'étais jeune ~** I was young then; **Rome était ~ à la tête d'un grand empire** at that time Rome was at the head of a great empire, Rome was then at the head of a great empire; **le cinéma d'~ était encore muet** films were still silent in those days; **le Premier ministre d'~ refusa de signer les accords** the then Prime Minister refused to sign the agreement; **jusqu'~** until then; ~ **seulement, il se rendit compte de la situation** it was only then that he understood the situation; **et ~ il a déclaré...** and then he declared...; **venez la semaine prochaine, j'aurai plus de temps ~** come next week, I'll have more time then. -**2.** [en conséquence] so; **il s'est mis à pleuvoir, ~ nous sommes rentrés** it started to rain, so we came back in; **~, il n'y a pas d'autre solution** so there's no other solution then. -**3.** [dans ce cas] then, so, in that case; **je préfère renoncer tout de suite, ~!** in that case I'd just as soon give up straight away!; **n'en parlons plus ~** let's say no more about it then; **mais ~, ça change tout!** but that changes everything! -**4.** [emploi expressif]: **et ~?** so?, so what?; **il va se mettre en colère, et ~?** so what if he gets angry?; **et ~, qu'est-ce qui s'est passé?** so what happened then?; **~, qu'est-ce qu'on fait?** so what are we going to do?, what are we going to do, then?; **~, tu viens oui ou non?** so are you coming or not?, are you coming or not, then?; **dites-le lui, ou ~ je ne viens pas** tell him, otherwise OU or else I'm not coming; **~ là, il exagère!** he's going a bit far there!; **~ là, je ne sais plus quoi dire!** well then, I don't know what to say!; **ça ~, je ne l'aurais jamais cru!** my goodness, I would never have believed it!; **non mais ~, pour qui vous vous prenez?** well really, who do you think you are?; **chic ~!** great!; **zut ~!** damn!
◆ **alors que** *loc conj* -**1.** [au moment où] while, when; **l'orage éclata ~ que nous étions encore loin de la maison** the storm broke while OU when we were still a long way from the house. -**2.** [bien que, même si] even though; **il a parlé tout le temps ~ qu'on ne lui avait rien demandé** he talked non-stop, even though no one had asked him anything; **elle est sortie ~ que c'était interdit** she went out, even though she wasn't supposed to; **~ même qu'il ne nous resterait que ce moyen, je refuserais de l'utiliser** *sout* even if this were the only means left to us I wouldn't use it. -**3.** [tandis que] while; **il part en vacances ~ que je reste ici tout l'été** he's going on holiday while I stay here all summer.

alose [aloz] *nf* shad.

alouette [alwɛt] *nf* -**1.** ORNITH lark; ~ **des champs** skylark; ~ **de mer** sealark; **il attend que les ~s lui tombent/il croit que les ~s vont lui tomber toutes cuites dans le bec** *fam* he's waiting for things to/he thinks that things will just fall into his lap. -**2.** CULIN: ~ **sans tête** ≃ veal olive.

alourdir [32] [alurdir] *vt* -**1.** [ajouter du poids à] to weigh down *(sép)*, to make heavy OU heavier; **l'emballage alourdit le paquet de 200 grammes** the wrapping makes the parcel heavier by 200 grammes; **alourdi par la pluie** heavy with rain; **alourdi par la fatigue** heavy with exhaustion. -**2.** [style, allure, traits] to make heavier OU coarser; [impôts] to increase; **la grossesse commençait à ~ sa démarche** pregnancy was making her walk more heavily; **cette répétition alourdit la phrase** the repetition makes the sentence unwieldy.

◆ **s'alourdir** *vpi* -**1.** [grossir - personne] to put on weight; [- taille] to thicken, to get thicker. -**2.** [fatiguer] to become heavy OU heavier; **ses paupières s'alourdissaient** his eyelids were beginning to droop OU were getting heavy. -**3.** [devenir plus grossier] to get coarser; **ses traits s'alourdissent** his features are getting coarser; **durant cette période, son trait de pinceau s'alourdit** in this period, his brushwork becomes heavier.

alourdissement [alurdismɑ̃] *nm* -**1.** [d'un paquet, d'un véhicule] increased weight. -**2.** [d'un style] heaviness; [des impôts] increase; **seul l'~ de sa silhouette laissait deviner sa maladie** the only sign of her illness was that she had put on a little weight.

aloyau [alwajo] *nm* sirloin.

alpaga [alpaga] *nm* alpaca.

alpage [alpaʒ] *nm* -**1.** [pâturage] high (mountain) pasture. -**2.** [saison] grazing season *(spent by livestock in high pastures)*; **pendant l'~** while the cattle are in the high pastures.

◆ **d'alpage** *loc adj* [fromage, produit] mountain *(épith)*; **lait d'~** *milk from cattle grazing in mountain pastures*.

alpaguer [3] [alpage] *vt arg crime* to nab, to bust *Am*; **se faire ~** to get nabbed OU busted *Am*.

alpe [alp] *nf* (high) alpine pasture.

Alpes [alp] *npr fpl*: **les ~** the Alps; **les ~ du Sud** the Southern Alps.

alpestre [alpɛstr] *adj* alpine.

alpha [alfa] *nm* alpha; **l'~ et l'oméga de** *fig* the beginning and the end of.

alphabet [alfabɛ] *nm* -**1.** [d'une langue] alphabet. -**2.** [abécédaire] spelling OU ABC book, alphabet. -**3.** [code]: **~ morse** Morse code; **~ phonétique** phonetic alphabet.

alphabète [alfabɛt] ◇ *adj* literate.

◇ *nmf* person who can read and write.

alphabétique [alfabetik] *adj* alphabetic, alphabetical.

alphabétiquement [alfabetikmɑ̃] *adv* alphabetically.

alphabétisation [alfabetizasjɔ̃] *nf* elimination of illiteracy.

alphabétiser [3] [alfabetize] *vt* to teach to read and write.

alphabétisme [alfabetism] *nm* alphabetical writing (system).

alphanumérique [alfanymerik] *adj* alphanumeric.

alpin, e [alpɛ̃, in] *adj* -**1.** BIOL, BOT & GÉOL alpine. -**2.** LOISIRS & SPORT [club] mountaineering, mountain-climbing; [ski] downhill.

alpinisme [alpinism] *nm* mountaineering, mountain-climbing; **faire de l'~** to climb, to go mountain-climbing.

alpiniste [alpinist] *nmf* mountaineer, climber.

alsace [alzas] *nm* Alsace (wine).

Alsace [alzas] *npr f*: **(l') ~** Alsace.

Alsace-Lorraine [alzaslɔrɛn] *npr f*: **(l')~** Alsace-Lorraine.

ALSACE-LORRAINE:
The chief subject, and victim, of the longstanding conflict between Germany and France, these two provinces were seized by the Germans at the end of the Franco-Prussian war in 1871, becoming part of the German Reich. Reverting to France after the First World War, seized by Germany again in 1940, they were finally restored to France at the end of the Second World War.

---

alsacien, enne [alzasjɛ̃, ɛn] *adj* Alsatian.

◆ **Alsacien, enne** *nm, f* Alsatian; **les Alsaciens** the people of Alsace.

◆ **alsacien** *nm* LING Alsatian.

altaïque [altaik] *adj* Altaic.

altérabilité [alterabilite] *nf* alterability.

altérable [alterabl] *adj* alterable.

altérant, e [alterɑ̃, ɑ̃t] *adj* -**1.** [qui modifie] altering. -**2.** [qui donne soif] thirst-inducing.

altercation [altɛrkasjɔ̃] *nf sout* quarrel, altercation; **j'ai eu une violente ~ avec elle** I had a violent quarrel OU a huge row with her.

altéré, e [altere] *adj* -**1.** [modifié - aliments] adulterated; [- couleurs] faded, altered; [- documents, faits] altered, falsified; [- traits] drawn, distorted; [- santé, amitié] impaired, affected. -**2.** [assoiffé] thirsty.

alter ego [altɛrego] *nm inv* -**1.** *hum* [ami] alter ego. -**2.** [homologue] counterpart, alter ego.

altérer [18] [altere] *vt* -**1.** [dégrader - couleur] to spoil; [- denrée] to adulterate. -**2.** *sout* [falsifier - fait, histoire] to distort; [- vérité] to distort, to twist; [- monnaie] to falsify. -**3.** [changer - composition, équilibre] to change, to alter, to modify; **le visage altéré par le chagrin/la fatigue** her face pinched with grief/drawn with tiredness; **la peur lui altérait le visage** OU **les traits** fear had transformed his features; **la voix altérée par l'angoisse** her voice strained with anxiety. -**4.** *litt* [assoiffer] to make thirsty; **altéré de** thirsty OU thirsting for; **altéré de gloire** thirsting for glory; **altéré de sang** blood-thirsty. -**5.** MUS [accord] to alter; [note] to inflect.

◆ **s'altérer** *vpi* -**1.** [se dégrader - denrée] to spoil; [- sentiment, amitié] to deteriorate; **leurs rapports se sont altérés** their relationship has deteriorated; **sa santé s'est altérée** [elle était en bonne santé] her health isn't as good as it was OU has become impaired; [elle était déjà malade] her health has got worse. -**2.** [se transformer - substance, minéral] to alter, to (undergo a) change.

altérité [alterite] *nf* otherness.

alternance [altɛrnɑ̃s] *nf* -**1.** [succession] alternation; **l'~ des saisons** the alternating OU changing seasons ‖ AGR crop rotation. -**2.** POL: **~ (du pouvoir)** change-over of political power; **pratiquer l'~** to take turns running a country. -**3.** LING: **~ vocalique** vowel gradation. -**4.** CIN, MUS & THÉÂT alternating programmes; **une salle qui pratique l'~** a house that shows two alternating programmes.

◆ **en alternance** *loc adv*: **ils donnent** OU **programment «Manon» et «la Traviata» en ~** they're putting on "Manon" and "la Traviata" alternately.

◆ **en alternance avec** *loc prép*: **jouer en ~ avec qqn** to alternate with another actor; **faire qqch en ~ avec qqn** to take turns to do sthg.

alternateur [altɛrnatœr] *nm* alternator.

alternatif, ive [altɛrnatif, iv] *adj* -**1.** [périodique] alternate, alternating. -**2.** [à option] alternative; **modèle ~ de croissance** alternative model of growth ‖ SOCIOL alternative; **rock ~** alternative rock.

◆ **alternative** *nf* -**1.** [choix] alternative, option; **se trouver devant une pénible ~** to be faced with a difficult choice, to be in a difficult dilemma. -**2.** *(tour critiqué)* [solution de remplacement] alternative. -**3.** LOGIQUE alternative OU disjunctive (proposition).

◆ **alternatives** *nfpl* alternating phases.

alternativement [altɛrnativmɑ̃] *adv* (each) in turn, alternately.

alterne [altɛrn] *adj* alternate.

alterné, e [altɛrne] *adj* -**1.** TRANSP [stationnement] (authorized) on alternate sides of the street. -**2.** LITTÉRAT alternate. -**3.** MATH [application] alternate; [série] alternating.

alterner [3] [altɛrne] ◇ *vt* -**1.** [faire succéder] to alternate. -**2.** AGR to rotate.

◇ *vi* [se succéder - phases] to alternate; [- personnes] to alternate, to take turns.

altesse [altɛs] *nf* Highness; **Son Altesse Royale** [prince] His Royal Highness; [princesse] Her Royal Highness; **Son Altesse Sérénissime** [prince] His Most Serene Highness; [princesse] Her Most Serene Highness.

altier, ère [altje, ɛr] *adj* haughty, arrogant; **avoir un port ~** to carry o.s. proudly; **avoir une démarche altière** to walk proudly.

altimètre [altimɛtr] *nm* altimeter.

altimétrie [altimetri] *nf* altimetry.

altiport [altipɔr] *nm* (ski resort) airfield.

altiste [altist] *nmf* viola player, violist.

altitude [altityd] *nf* altitude; **~ au-dessus du niveau de la mer** height above sea level; **à une ~ de 4 500 m** at an altitude of 4,500 m; **à haute/basse ~** at high/low altitude; **prendre de l'~** to gain altitude, to climb; **perdre de l'~** to lose altitude.

◆ **d'altitude** *loc adj* [restaurant, station] mountain-top.

◆ **en altitude** *loc adv* high up, at high altitude.

alto [alto] *nm* -**1.** [instrument] viola. -**2.** [voix] contralto OU alto (voice); [chanteuse] contralto, alto; **je suis ~** I sing alto OU contralto.

altocumulus [altokymylys] *nm* altocumulus.

altostratus [altɔstratys] *nm* altostratus.

altruisme [altrɥism] *nm* altruism.

altruiste [altrɥist] ◇ *adj* altruistic.

◇ *nmf* altruist.

Altuglas® [altyglas] *nm* ≃ Perspex®.

aluminate [alyminat] *nm* aluminate.

alumine [alymin] *nf* alumina, aluminium *Br* OU aluminum *Am* oxide.

alumineux, euse [alyminø, øz] *adj* aluminous.

aluminium [alyminjɔm] *nm* aluminium *Br*, aluminum *Am*.

aluminosilicate [alyminɔsilikat] *nm* aluminosilicate.

aluminothermie [alyminɔtɛrmi] *nf* aluminothermy.

alun [alœ̃] *nm* alum.

alunir [32] [alynir] *vi* to land (on the moon).

alunissage [alynisaʒ] *nm* (moon) landing.

alunite [alynit] *nf* alunite.

alvéolaire [alveɔlɛr] *adj* alveolar.

alvéole [alveɔl] *nf* -**1.** [d'une ruche] cell, alveolus *spéc*. -**2.** ANAT: **~ dentaire** tooth socket, alveolus *spéc*; **~ pulmonaire** air cell, alveolus *spéc*. -**3.** GÉOL cavity, pit.

alvéolé, e [alveɔle] *adj* honeycombed, alveolate *spéc*.

alvéolite [alveɔlit] *nf* alveolitis.

amabilité [amabilite] *nf* [qualité] kindness, friendliness, amiability; **homme plein d'~** very kind man; **ils ont eu l'~ de...** they were kind enough to...; **d'un ton sans ~** rather curtly; **veuillez avoir l'~ de...** please be so kind as to...

◆ **amabilités** *nfpl* [politesses] polite remarks; **faire des ~s à qqn** to be polite to sb; **trêve d'~s, passons aux choses sérieuses** enough of the pleasantries, let's get down to business.

amadou [amadu] *nm* touchwood, tinder.

amadouer [6] [amadwe] *vt* -**1.** [flatter] to coax; **elle essaie de l'~ pour qu'il accepte** she's trying to coax OU to wheedle him into agreeing. -**2.** [adoucir] to mollify, to soften (up); **c'est pour m'~ que tu me dis ça?** are you saying this to soften me up?

amaigri, e [amegri] *adj* [visage] gaunt, gaunter; [trait] (more) pinched; **il a l'air très ~** he looks as if he's lost a considerable amount of weight.

amaigrir [32] [amegrir] *vt* -**1.** [suj: maladie, fatigue, régime] to make thin OU thinner; **son séjour en prison l'a beaucoup amaigri** his internment has made him lose a lot of weight; **le visage amaigri par la maladie** his face emaciated from illness. -**2.** TECH [épaisseur] to reduce; [pâte] to thin down *(sép)*.

◆ **s'amaigrir** *vpi* to lose weight.

amaigrissant [amegrisɑ̃, ɑ̃t] *adj* slimming, reducing *Am*.

amaigrissement [amegrismɑ̃] *nm* -**1.** [perte de poids - du corps] loss of weight; [- des cuisses, de la silhouette] reducing; **~ de 10 kg** a loss in weight of 10 kg; **permet l'~ local** allows you to slim where you want to. -**2.** TECH [de l'épaisseur] reducing; [d'une pâte] thinning down.

amalgamation [amalgamasjɔ̃] *nf* amalgamation.

amalgame [amalgam] *nm* -**1.** MÉTALL amalgam. -**2.** [mélange] mixture, amalgam; **il ne faut pas faire l'~ entre ces deux questions** the two issues must not be confused. -**3.** HIST & MIL amalgamation.

amalgamer [3] [amalgame] *vt* -**1.** MÉTALL to amalgamate. -**2.** [mélanger] to combine, to mix up *(sép)*.

◆ **s'amalgamer** *vpi* -**1.** MÉTALL to amalgamate. -**2.** [s'unir] to combine, to amalgamate; **les deux unités se sont amalgamées** the two units amalgamated. -**3.** [se mélanger] to get mixed up.

aman [amɑ̃] *nm litt* safe-conduct; **demander l'~** to surrender.

amande [amɑ̃d] *nf* -**1.** [fruit] almond; **chocolat aux ~s** almond chocolate ❑ **~ douce/amère** sweet/bitter almond. -**2.** [noyau] kernel.

◆ **d'amande(s)** *loc adj* almond.

◆ **en amande** *loc adj* [yeux] almond *(épith)*, almond-shaped.

amandier [amɑ̃dje] *nm* almond tree.

amandine [amɑ̃din] *nf* almond tartlet.

amanite [amanit] *nf* member of the Amanita; **~ panthère** false blusher; **~ phalloïde** death cap; **~ tue-mouches** fly agaric.

amant [amɑ̃] *nm* (male) lover; **prendre un ~** to take a lover; **'l'Amant de Lady Chatterley'** *Lawrence* 'Lady Chatterley's Lover'.

◆ **amants** *nmpl* lovers; **devenir ~s** to become lovers ❑ **les ~s de Vérone** Romeo and Juliet.

amante [amɑ̃t] *nf litt* (female) lover, mistress.

amarante [amarɑ̃t] ◇ *adj inv* amaranthine.

◇ *nf* amaranth.

amareyeur, euse [amarɛjœr, øz] *nm, f* oysterbed worker.

amarinage [amarinaʒ] *nm* -**1.** [habitude] getting used to the sea, finding one's sea legs. -**2.** [remplacement] manning *(of a captured vessel)*.

amariner [3] [amarine] *vt* -**1.** [habituer à la mer] to accustom to life at sea. -**2.** [navire] to take over *(sép)*.

◆ **s'amariner** *vpi* to find one's sea legs.

amarrage [amaraʒ] *nm* -**1.** [dans un port] mooring. -**2.** [fixation - à un objet fixe] lashing. -**3.** AÉRON [d'un ballon] mooring; ASTRONAUT docking. -**4.** [amarres] ropes.

◆ **à l'amarrage** *loc adj* moored.

amarre [amar] *nf* mooring line OU rope; **larguer les ~s** *pr* & *fig* to cast off one's moorings; **rompre les ~s** *pr* & *fig* to break one's moorings.

amarrer [3] [amare] *vt* -**1.** NAUT [cordages] to fasten, to make fast; [navire] to hitch, to moor; *(en usage abs)*: **~ à quai** to wharf. -**2.** [bagages] to tie down *(sép)*; **~ des valises sur une voiture** to secure suitcases on a (car) roof. -**3.** ASTRONAUT to dock.

◆ **s'amarrer** *vpi* -**1.** NAUT [à une berge] to moor; [dans un port] to dock, to berth. -**2.** ASTRONAUT to dock.

amaryllidacée [amarilidase] *nf* member of the Amaryllidaceae.

amaryllis [amarilis] *nf* amaryllis.

amas [ama] *nm* -**1.** [tas] heap, mass, jumble. -**2.** ASTRON cluster; **~ globulaire/ouvert** globular/open cluster. -**3.** MINÉR mass.

amasser [3] [amase] *vt* -**1.** [entasser - vivres, richesses] to amass, to hoard; **~ une fortune** to amass a fortune; **après avoir amassé un petit pécule** having got together a bit of money. -**2.** [rassembler - documents, preuves, information] to amass.

◆ **s'amasser** *vpi* [foule, troupeau] to gather OU to mass (in large numbers); [preuves] to accumulate, to pile up.

amateur [amatœr] ◇ *adj* -**1.** *(avec ou sans trait d'union)* [non professionnel] amateur; **théâtre ~** amateur theatre; **photographe/peintre ~** amateur photographer/painter || SPORT amateur, non-professional; **rencontre ~** amateur event. -**2.** [friand, adepte]: **~ de: être (grand) ~ de qqch** to be very interested in sthg; **elle est ~ de concerts/théâtre** she's a dedicated concert-goer/theatre-goer; **il est ~ de bonne chère** he's very fond of good food.

◇ *nmf* -**1.** [non professionnel - gén & SPORT] amateur. -**2.** *péj* [dilettante] dilettante, mere amateur. -**3.** [connaisseur]: **~ de** connoisseur of; **~ d'art** art lover OU enthusiast. -**4.** *fam* [preneur] taker; **je ne suis pas ~** I'm not interested, I don't go in for that sort of thing.

◆ **d'amateur** *loc adj péj* amateurish; **c'est du travail d'~** it's a shoddy piece of work.

◆ **en amateur** *loc adv* non-professionally; **je fais de la compétition en ~** I compete non-professionally OU as an amateur; **s'intéresser à qqch en ~** to have an amateur interest in sthg.

amateurisme [amatœrism] *nm* -**1.** LOISIRS & SPORT amateurism, amateur sport. -**2.** *péj* [dilettantisme] amateurism, amateurishness; **c'est de l'~** it's amateur work.

amazone [amazon] *nf* -**1.** [cavalière] horsewoman. -**2.** [tenue] (woman's) riding habit; [jupe] riding skirt. -**3.** *arg crime* [prostituée] hooker *(operating from a car)*. -**4.** ZOOL Amazon parrot.

◆ **en amazone** *loc adv*: **monter en ~** to ride side-saddle.

Amazone [amazon] *npr f* -**1.** MYTH Amazon. -**2.** GÉOG: **l'~** the Amazon (river).

Amazonie [amazɔni] *npr f*: **(l') ~** the Amazon (Basin).

amazonien, enne [amazɔnjɛ̃, ɛn] *adj* Amazonian; **la forêt ~ne** the Amazon Forest.

◆ **Amazonien, enne** *nm, f* Amazonian.

amazonite [amazɔnit] *nf* amazonite.

ambages [ɑ̃baʒ]

◆ **sans ambages** *loc adv sout* without beating about the bush.

ambassade [ɑ̃basad] *nf* -**1.** [bâtiment] embassy; **l'~ du Canada** the Canadian embassy. -**2.** [fonction] ambassadorship. -**3.** [personnel] embassy (staff). -**4.** [mission] mission.

AMBASSADE:

En anglais, les noms d'ambassades se traduisent par l'adjectif correspondant au pays; **l'ambassade de France** the French embassy; **l'ambassade de Grande-Bretagne** the British embassy; **l'ambassade de Thaïlande** the Thai embassy.

---

ambassadeur, drice [ɑ̃basadœr, dris] *nm, f* -**1.** [diplomate] ambassador; **c'est l'~ du Canada** he's the Canadian Ambassador; **~ auprès de** ambassador to ❑ **~ extraordinaire** ambassador extraordinary. -**2.** [représentant] representative, ambassador.

◆ **ambassadrice** *nf* [femme d'ambassadeur] ambassador's wife.

ambiance [ɑ̃bjɑ̃s] *nf* -**1.** [atmosphère] mood, atmosphere; **l'~ qui règne à Paris** the general climate OU mood in Paris; **l'~ générale du marché** the prevailing mood of the market; **comment créer une ~ intime** how to create an intimate atmosphere. -**2.** [cadre] surroundings, ambiance; [éclairage] lighting effects. -**3.** *fam* [animation]: **il y a de l'~!** it's pretty lively in here!; **il va y avoir de l'~ quand elle saura ça!** there'll be hell to pay when she hears this!

◆ **d'ambiance** *loc adj* [éclairage] soft, subdued; [musique] mood *(épith)*.

ambiant, e [ɑ̃bjɑ̃, ɑ̃t] *adj* [température] ambient; **les préjugés ~s** the reigning OU prevailing prejudices; **horrifié par la médiocrité ~e** horrified by the all-pervading mediocrity.

ambidextre [ɑ̃bidɛkstr] ◇ *adj* ambidextrous.

◇ *nmf* ambidexter.

ambigu, ë [ɑ̃bigy] *adj* -**1.** [à deux sens] ambiguous, equivocal; **l'expression est ~ë** the phrase has two possible meanings OU is ambiguous. -**2.** [difficile à cerner] ambiguous; **c'est un personnage ~** he is an ambiguous character.

ambiguïté [ɑ̃bigɥite] *nf* -**1.** [équivoque] ambiguity; **réponse sans ~** unequivocal OU unambiguous answer; **répondre sans ~** to answer unequivocally OU unambiguously. -**2.** LING ambiguity.

ambigument [ɑ̃bigymɑ̃] *adv* ambiguously.

ambiophonie [ɑ̃bjɔfɔni] *nf* ambisonics *(U)*.

ambitieusement [ɑ̃bisjøzmɑ̃] *adv* ambitiously.

ambitieux, euse [ɑ̃bisjø, øz] ◇ *adj* ambitious.

◇ *nm, f* ambitious man (*f* woman).

ambition [ɑ̃bisjɔ̃] *nf* -**1.** [désir] ambition, aspiration; **une seule ~ l'anime** she has but one ambition; **j'ai l'~** OU **mon ~ est de...** it's my ambition to... -**2.** [désir de réussite] ambition; **avoir de l'~** to be ambitious; **je n'ai pas beaucoup d'~** I'm not particularly ambitious; **être plein d'~** to be very ambitious.

ambitionner [3] [ɑ̃bisjɔne] *vt* [poste] to covet, to strive after *(insép)*; **~ de faire qqch: elle ambitionne de monter sur les planches** her ambition is to go on the stage.

ambivalence [ɑ̃bivalɑ̃s] *nf* ambivalence.

ambivalent, e [ɑ̃bivalɑ̃, ɑ̃t] *adj* ambivalent.

amble [ɑ̃bl] *nm* amble; **aller l'~** to amble.

amblyope [ɑ̃blijɔp] ◇ *adj* amblyopic.

◇ *nmf* amblyopia sufferer.

amblyopie [ɑ̃blijɔpi] *nf* amblyopia.

ambre [ɑ̃br] ◇ *adj inv* amber.

◇ *nm*: **~ (gris)** ambergris; **~ (jaune)** amber.

ambré, e [ɑ̃bre] *adj* [couleur] amber *(épith)*; [parfum] amber scented.

ambrer [3] [ɑ̃bre] *vt* to scent with amber.

Ambroise [ɑ̃brwaz] *npr*: **saint ~** Saint Ambrose.

ambroisie [ɑ̃brwazi] *nf* ambrosia.

ambrosiaque [ɑ̃brɔzjak] *adj* ambrosial.

ambulance [ɑ̃bylɑ̃s] *nf* ambulance; **dans l'~** in the ambulance; **en ~** in an ambulance.

ambulancier, ère [ɑ̃bylɑ̃sje, ɛr] *nm, f* -**1.** [chauffeur] ambulance driver. -**2.** [infirmier] ambulance man (*f* woman).

ambulant, e [ɑ̃bylɑ̃, ɑ̃t] *adj* itinerant, travelling; **c'est un dictionnaire ~** *fam* he's a walking dictionary.

ambulatoire [ɑ̃bylatwar] *adj* ambulatory.

âme [am] *nf* -**1.** [principe de vie] soul; **avoir l'~ chevillée au corps** to hang on grimly to life; **rendre l'~** to pass away. -**2.** [personnalité] soul, spirit; **avoir** OU **être une ~ généreuse** to have great generosity of spirit; **avoir une ~ de chef** to be a born leader. -**3.** [principe moral]: **en mon ~ et conscience** in all conscience. -**4.** [cœur] soul, heart; **faire qqch avec/sans ~** to do sthg with/without feeling; **touché jusqu'au fond de** OU **à l'~** deeply moved; **de toute mon ~** with all my heart OU soul; **c'est un artiste dans l'~** he's a born artist. -**5.** [personne] soul; **un village de 500 ~s** a village of 500 souls || *sout* [en appellatif]: **mon ~, ma chère ~** (my) dearest ❑ **~ charitable, bonne ~** kind soul; **son ~ damnée** the person who does his evil deeds OU dirty work for him; **~ en peine: aller** OU **errer comme une ~ en peine** to wander around like a lost soul; **~ sensible** sensitive person; **~s sensibles, s'abstenir** not for the squeamish; **~ sœur** kindred spirit, soul mate *hum*; **chercher/trouver l'~ sœur** to seek/to find a soul mate; **il a enfin trouvé l'~ sœur** he's finally found the ideal woman; **elle a enfin trouvé l'~ sœur** she's finally found the ideal man; **il n'y a pas ~ qui vive** there isn't a (living) soul around; **'les Âmes mortes'** *Gogol* 'Dead Souls'; **'la Bonne Âme de Setchouan'** *Brecht* 'The Good Woman of Setzuan'. -**6.** *litt* [inspirateur] soul; **c'était elle, l'~ du groupe** *fig* she was the inspiration of the group; **celui qui était l'~ du dadaïsme** he who was the soul of dadaism. -**7.** ARM bore; **~ rayée** rifled bore. -**8.** [centre - d'un aimant] core; [- d'un câble] heart, core. -**9.** [d'un violon] soundpost.

◆ **état d'âme** *nm* state of mind; **il a eu des états d'~** *fam* he had second thoughts; **je me fiche de vos états d'~!** *fam* I don't care whether you're happy about it or not!; **j'en ai assez de leurs ~s d'âme** I'm fed up with the way they agonize over everything.

améliorable [ameljɔrabl] *adj* improvable, that can be improved.

améliorant, e [ameljɔrɑ̃, ɑ̃t] *adj* soil-improving.

amélioration [ameljɔrasjɔ̃] *nf* **-1.** [action] improving, bettering; **assurer l'~ des conditions de travail** to ensure that working conditions are improved; **~ des sols** AGR soil improvement. **-2.** [résultat] improvement; **apporter des ~s à qqch** to improve on sthg, to carry out improvements to sthg; **on observe une nette ~ de son état de santé** her condition has improved considerably; **~ des cours** ÉCON improvement in prices. **-3.** MÉTÉO: **~ (du temps)** better weather; **pas d'~ prévue cet après-midi** no improvement expected in the weather this afternoon.

◆ **améliorations** *nfpl* JUR improvements; **en deux ans, nous avons apporté des ~s** we have carried out improvements in two years.

améliorer [3] [ameljɔre] *vt* **-1.** [changer en mieux - sol] to improve; [- relations] to improve, to make better; [- productivité] to increase, to improve. **-2.** [perfectionner -technique] to improve, to better; **~ son anglais** to improve one's (knowledge of) English. **-3.** SPORT [record, score] to better, to beat, to improve on.

◆ **s'améliorer** *vpi* to improve; **le vin s'améliore en vieillissant** wine improves with age; **l'état de la malade s'est un peu amélioré** there's been some improvement in the patient's condition; **le temps s'améliore** the weather's getting better, the weather's improving.

amen [amɛn] *nm inv* amen; **tu dis ~ à tout ce qu'elle fait** *fam fig* you agree with everything she does.

aménageable [amenaʒabl] *adj* **-1.** [bureau, logement] convertible; **un espace ~ en garage** a space which can be converted into a garage. **-2.** [emploi du temps] flexible.

aménagement [amenaʒmɑ̃] *nm* **-1.** [d'une pièce, d'un local] fitting (out); [d'un parc] laying out, designing; **on prévoit l'~ d'un des bureaux en salle de réunion** we're planning to convert one of the offices into a meeting room. **-2.** ADMIN: **~ foncier** improvement of land; **~ rural** rural development OU planning; **~ du territoire** town and country planning, regional development; **~ urbain** urban planning. **-3.** [ajustement - d'un texte] redrafting, adjusting; **~ du temps** time budgetting; **après quelques ~s d'horaire** after the timetable was adjusted.

◆ **aménagements** *nmpl*: **~s intérieurs** (fixtures and) fittings.

aménager [17] [amenaʒe] *vt* **-1.** [parc] to design, to lay out *(sép)*; **~ une sortie sur une autoroute** to build an exit on to a motorway. **-2.** [équiper] to fit out, to equip; **grenier aménagé** loft conversion; **camping aménagé** fully-equipped camping site; **plage aménagée** beach with full amenities. **-3.** [transformer]: **~ qqch en**: **~ une pièce en atelier** to convert a room into a workshop. **-4.** [installer] to install, to fit up *Br*; **~ un placard sous un escalier** to fit up *Br* OU to install a cupboard under a staircase; **il aménagea une cachette dans le grenier** he made a place to hide things in the attic. **-5.** [assouplir - horaire] to plan, to work out *(insép)*. **-6.** [refaire - texte] to adapt, to redraft.

aménageur, euse [amenaʒœr, øz] *nm, f* planner.

amendable [amɑ̃dabl] *adj* **-1.** [texte] amendable. **-2.** AGR improvable. **-3.** *Helv* liable to be fined.

amende [amɑ̃d] *nf* fine; **une ~ de 100 francs** a 100 franc fine; **avoir une ~ de 100 francs** to be fined 100 francs; **être condamné à une grosse ~** to be heavily fined; **'défense d'entrer sous peine d'~'** 'trespassers will be fined OU prosecuted' ❑ **mettre qqn à l'~** *pr* to fine sb; *fig* to penalize sb; **faire ~ honorable** to make amends.

amendement [amɑ̃dmɑ̃] *nm* **-1.** JUR & POL amendment. **-2.** AGR [incorporation] fertilizing, enrichment; [substance] fertilizer.

amender [3] [amɑ̃de] *vt* **-1.** JUR & POL to amend. **-2.** AGR to fertilize. **-3.** *litt* [corriger] to amend.

◆ **s'amender** *vpi* to mend one's ways, to turn over a new leaf.

amène [amɛn] *adj sout* affable, amiable; **d'une façon peu ~** in a very unpleasant manner.

amenée [amne]

◆ **d'amenée** *loc adj* supply *(épith)*.

amener [19] [amne] *vt* **-1.** [faire venir - personne] to bring (along); **~ qqn chez soi** to bring sb round to one's place, to bring sb home; **amenez vos amis!** (do) bring your friends!; **qu'est-ce qui vous amène?** what brings you here?; **qu'est-ce qui vous a amené à la musique/à Dieu?** *fig* what got you involved with music/made you turn to God? **-2.** [tour critiqué] [apporter] to bring (along); **amène les couteaux!** bring OU get the knives!; **j'amènerai mon travail** I'll bring some work along. **-3.** [acheminer] to bring, to convey; **le pipeline amène le pétrole au terminal** the pipeline brings the oil to the terminal; **les journaux sont amenés par avion** the papers are brought (over) by air; **~ des capitaux** to attract capital ‖ [conduire - suj: véhicule, chemin] to take; **la petite route vous amène à la plage** the path will take you to the beach; **dans le taxi qui les amenait au bureau** in the taxi taking them to the office. **-4.** [provoquer - perte, ruine] to bring about *(sép)*, to cause; [- guerre, maladie, crise] to bring (on OU about), to cause; [- paix] to bring about. **-5.** [entraîner]: **~ qqn à**: **mon métier m'amène à voyager** my job involves a lot of travelling. **-6.** [inciter]: **~ qqn à**: **~ qqn à faire** to lead sb to do; [en lui parlant] to talk sb into doing. **-7.** [introduire - sujet] to introduce. **-8.** JEUX to throw. **-9.** NAUT [drapeau] to strike; MIL: **~ les couleurs** to strike the colours. **-10.** PÊCHE to draw in *(sép)*.

◆ **s'amener** *fam vpi* to come along, to turn OU to show up; **alors, tu t'amènes?** are you coming or aren't you?; **elle s'est amenée avec deux types** she showed up with two blokes; **faut s'~ avec une cravate?** do you have to wear a tie?

aménité [amenite] *nf sout* [caractère] amiability, affability; **sans ~** ungraciously, somewhat curtly.

◆ **aménités** *nfpl iron* insults, cutting remarks.

aménorrhée [amenɔre] *nf* amenorrhoea.

amenuisement [amənɥizmɑ̃] *nm* [de rations, de l'espoir] dwindling; [des chances] lessening.

amenuiser [3] [amənɥize] *vt* **-1.** [amincir - planche, bande] to thin down *(sép)*. **-2.** [diminuer - économies, espoir] to diminish, to reduce.

◆ **s'amenuiser** *vpi* [provisions, espoir] to dwindle, to run low; [chances] to grow OU to get slimmer; [distance] to grow smaller.

amer[1] [amɛr] *nm* GÉOG seamark.

amer[2], **ère** [amɛr] *adj* [orange, déception] bitter; **~ comme (du) chicotin** as bitter as wormwood.

◆ **amer** *nm* [boisson] bitters.

amérasien, enne [amerazjɛ̃, ɛn] *adj* Amerasian.

◆ **Amérasien, enne** *nm, f* Amerasian.

amèrement [amɛrmɑ̃] *adv* bitterly.

américain, e [amerikɛ̃, ɛn] *adj* American.

◆ **Américain, e** *nm, f* American.

◆ **américain** *nm* LING American English.

◆ **américaine** *fam nf* [voiture] American car; **une grosse ~e** a big American car.

◆ **à l'américaine** *loc adj* **-1.** ARCHIT American style. **-2.** CULIN à l'américaine.

américanisation [amerikanizasjɔ̃] *nf* Americanization.

américaniser [3] [amerikanize] *vt* to americanize.

◆ **s'américaniser** *vpi* to become americanized.

américanisme [amerikanism] *nm* **-1.** [science] American studies. **-2.** [tournure] americanism.

américaniste [amerikanist] ◇ *adj* American studies *(épith)*.

◇ *nmf* Americanist.

amérindien, enne [amerɛ̃djɛ̃, ɛn] *adj* Amerindian, American Indian.

◆ **Amérindien, enne** *nm, f* Amerindian, American Indian.

Amérique [amerik] *npr f*: **(l') ~** America; **l'~ centrale/latine/du Nord/du Sud** Central/Latin/North/South America.

amerlo *fam* [amɛrlo], **amerloque** *fam* [amɛrlɔk] *nmf* Yankee, Yank.

amerrir [32] [amerir] *vi* AÉRON to land (on the sea), to make a sea landing; ASTRONAUT to splash down.

amerrissage [amerisaʒ] *nm* AÉRON sea-landing; ASTRONAUT splash-down; **faire un ~ forcé** AÉRON to make an emergency landing at sea.

amertume [amɛrtym] *nf* [d'une orange, d'un souvenir] bitterness; **être plein d'~** to be very bitter.

améthyste [ametist] *nf* amethyst.

amétrope [ametrɔp] ◇ *adj* ametropic.

◇ *nmf* ametropia sufferer.

amétropie [ametrɔpi] *nf* ametropia.

ameublement [amœbləmɑ̃] *nm* **-1.** [meubles] furniture; **articles d'~** furnishings. **-2.** [installation] furnishing; [décoration] (interior) decoration. **-3.** [activité] furniture trade.

ameublir [32] [amœblir] *vt* **-1.** AGR to loosen, to break down *(sép)*. **-2.** JUR & FIN to convert into personalty.

ameuter [3] [amœte] *vt* **-1.** [attirer l'attention de]: **le bruit a ameuté les passants** the noise drew a crowd of passers-by; **il a ameuté toute la rue** he got the whole street out; **~ l'opinion sur qqch** to awaken public opinion to sthg; **il faut ~ la presse** we must get the press on to this. **-2.** [chiens] to form into a pack.

amharique [amarik] *nm* Amharic.

ami, e [ami] ◇ *adj* [voix, peuple, rivage] friendly; **un pays ~** a friendly country, an ally; **dans une maison ~e** in the house of friends.

◇ *nm, f* **-1.** [camarade] friend; **c'est un de mes ~s/une de mes ~es** he's/she's a friend of mine; **des ~s à nous** *fam* friends of ours; **mes voisins sont des ~s** I'm friendly with the people next door; **Tom et moi sommes restés ~s** I stayed friends with Tom; **un médecin de mes ~s** *sout* a doctor friend of mine; **un ~ de la famille** OU **maison** a friend of the family; **se faire un ~ de qqn** to make friends with sb; **je m'en suis fait une ~e** she became my friend OU a friend (of mine); **devenir l'~ de qqn** to become friends OU friendly with sb; **n'avoir pas d'~s** to be friendless, to have no friends; **être entre ~s** to be among friends; **nous sommes entre ~s (ici)** we're among OU we're all friends (here) ❑ **~s d'enfance** childhood friends; **les ~s de mes ~s sont mes ~s** any friend of yours is a friend of mine. **-2.** [amoureux]: **petit** OU *vieilli* **bon ~** boyfriend; **petite** OU *vieilli* **bonne ~e** girlfriend. **-3.** [bienfaiteur]: **l'~ des pauvres/du peuple** the friend of the poor/of the people; **un ~ des arts** a patron of the arts. **-4.** [partisan]: **club des ~s de Shakespeare** Shakespeare club OU society. **-5.** *(comme interj)*: **mon pauvre ~!** you poor fool!; **écoutez, mon jeune ~!** now look here, young man!; **mon ~!** [entre amis] my friend!; [entre époux] (my) dear! **-6.** *loc*: **faire ~-~** *fam* to try to be friendly; **il a essayé de faire ~-~ avec moi** he tried to suck up to me, he came on all buddy-buddy with me.

◆ **en ami** *loc adv* [par amitié] as a friend; **je te le dis en ~** I'm telling you as a friend OU because I'm your friend ‖ [en non-professionnel] as a friend, on a friendly basis; **vous êtes là professionnellement ou en ~?** are you here in your professional capacity or as a friend?

amiable [amjabl] *adj* [accord, compromis] amicable, friendly; **~ compositeur** arbitrator.

◆ **à l'amiable** *loc adv* private, amicable; **régler qqch à l'~** [gén] to reach a private OU an amicable agreement about sthg; [sans procès] to settle sthg out of court.

amiante [amjɑ̃t] *nm* asbestos.

amiante-ciment [amjɑ̃tsimɑ̃] (*pl* **amiantes-ciments**) *nm* asbestos cement.

amibe [amib] *nf* amoeba.

amibiase [amibjaz] *nf* amoebiasis.

amibien, enne [amibjɛ̃, ɛn] *adj* amoebic.
◆ **amibien** *nm* member of the Amoebae.

amical, e, aux [amikal, o] *adj* friendly; **peu ~** unfriendly.
◆ **amicale** *nf* association, club.

amicalement [amikalmɑ̃] *adv* in a friendly manner; **il lui répondit ~** he answered him in a friendly tone; **bien ~** [dans une lettre] (ever) yours.

amidon [amidɔ̃] *nm* starch.

amidonnage [amidɔnaʒ] *nm* starching.

amidonner [3] [amidɔne] *vt* to starch.

amidonnerie [amidɔnri] *nf* starch factory.

amidopyrine [amidɔpirin] *nf* amidopyrine.

amincir [32] [amɛ̃sir] *vt* [amaigrir] to thin down *(sép)*; [rendre svelte] to slim down *(sép)*; **cette veste t'amincit** this jacket makes you look slimmer OU slims you down; **je cherche une coiffure qui amincit le visage** I'm looking for a hairstyle that'll make my face look thinner.
◆ **s'amincir** *vpi* to get thinner.

amincissant, e [amɛ̃sisɑ̃, ɑ̃t] *adj* slimming, reducing *Am*.

amincissement [amɛ̃sismɑ̃] *nm* [d'une épaisseur] thinning down; [de la taille, des hanches] slimming, reducing *Am*.

amine [amin] *nf* amine.

aminé, e [amine] *adj*: **acide ~** amino acid.

aminoacide [aminoasid] *nm* amino acid.

aminogène [aminoʒɛn] *nm* aminogen.

amiral, e, aux [amiral, o] *adj*: **vaisseau** OU **navire ~** flagship.
◆ **amiral, aux** *nm* admiral; **~ de la flotte** Admiral of the Fleet.
◆ **amirale** *nf* admiral's wife.

amirauté [amirote] *nf* admiralty.

amitié [amitje] *nf* **-1.** [sentiment] friendship; **faire qqch par ~** to do sthg out of friendship; **se lier d'~ avec qqn** to make friends OU to strike up a friendship with sb; **prendre qqn en ~, se prendre d'~ pour qqn** to befriend sb, to make friends with sb; **avoir de l'~ pour qqn** to be fond of sb; **l'~ qui lie nos deux pays** the friendship between our two countries. **-2.** [relation] friendship; **lier** OU **nouer une ~ avec qqn** to strike up a friendship with sb ❑ **~ particulière** homosexual relationship. **-3.** [faveur] kindness, favour; **faites moi l'~ de rester** please do me the kindness OU favour of staying.
◆ **amitiés** *nfpl* [salutations, compliments]: **faites-lui** OU **présentez-lui mes ~s** give him my compliments OU best regards; **il vous fait** OU **vous transmet toutes ses ~s** he sends you his best regards OU wishes; **mes ~s à vos parents** best regards to your parents; **(toutes) mes ~s** [en fin de lettre] best regards OU wishes; **~s, Marie** love OU yours, Marie.

AMM (*abr de* **autorisation de mise sur le marché**) *nf official authorisation for marketing a pharmaceutical product.*

Ammān [aman] *npr* Amman.

ammoniac, aque [amɔnjak] *adj* ammoniac; **sel ~** salt ammoniac; **gomme ammoniaque** gum ammoniac.
◆ **ammoniac** *nm* ammonia.
◆ **ammoniaque** *nf* ammonia (water), aqueous ammonia.

ammoniacal, e, aux [amɔnjakal, o] *adj* ammoniacal.

ammoniaque [amɔnjak] *f* → **ammoniac**.

ammoniaqué, e [amɔnjake] *adj* ammoniated.

ammonification [amɔnifikasjɔ̃] *nf* ammonization, ammonification.

ammonite [amɔnit] *nf* ammonite.

ammonium [amɔnjɔm] *nm* ammonium.

amnésie [amnezi] *nf* amnesia.

amnésique [amnezik] ◇ *adj* amnesic.
◇ *nmf* amnesic, amnesiac.

amniocentèse [amnjɔsɛ̃tɛz] *nf* amniocentesis.

amnioscopie [amnjɔskɔpi] *nf* amnioscopy.

amniotique [amnjɔtik] *adj* amniotic.

amnistiable [amnistjabl] *adj* eligible for an amnesty.

amnistiant, e [amnistjɑ̃, ɑ̃t] *adj* amnestying.

amnistie [amnisti] *nf* amnesty; **accorder une ~ à qqn** to grant sb an amnesty.

AMNISTIE:
Parking fines are traditionally waived by the French President immediately after a presidential election. This is known as "l'amnistie des contraventions".

---

amnistié, e [amnistje] ◇ *adj* amnestied.
◇ *nm, f* [prisonnier] amnestied prisoner; [exilé] amnestied exile.

amnistier [9] [amnistje] *vt* to amnesty.

amocher *fam* [3] [amɔʃe] *vt* [meubles, vêtements] to ruin, to mess up *(sép)*; [voiture] to bash up *(sép)*; **la voiture était complètement amochée** the car was a write-off OU a total wreck; **l'aile est amochée** the wing got bashed ‖ [adversaire, boxeur] to smash up *(sép)*; [visage, jambe] to mess up *(sép)*; **se faire ~** to get smashed up; **il s'est fait ~ le portrait**[▽] he got his face smashed in; **il est bien amoché, ton genou!** your knee's a real mess!
◆ **s'amocher** *fam vp (emploi réfléchi)* to get badly bashed; **il s'est salement amoché le genou en tombant de vélo** he fell off his bike and really messed up his knee.

amodiataire [amɔdjatɛr] *nmf* [de terres] lessee; [d'une mine] sub-lessee.

amodiation [amɔdjasjɔ̃] *nf* **-1.** AGR leasing. **-2.** MIN sub-leasing.

amodier [9] [amɔdje] *vt* to lease.

amoindrir [32] [amwɛ̃drir] *vt* **-1.** [faire diminuer - valeur, importance] to diminish, to reduce; [- forces] to weaken; [- autorité, faculté] to weaken, to lessen, to diminish; [- réserves] to diminish. **-2.** [rendre moins capable] to weaken, to diminish; **il est sorti de son accident très amoindri** [physiquement] his accident weakened him physically; [moralement] his accident left him psychologically impaired; **se sentir amoindri** to feel weakened.
◆ **s'amoindrir** *vpi* [autorité, forces] to weaken, to grow weaker; [réserves] to diminish, to dwindle.

amoindrissement [amwɛ̃drismɑ̃] *nm* [d'une autorité, de facultés] weakening; [de forces] diminishing, weakening; [de réserves] reduction, diminishing.

amollir [32] [amɔlir] *vt* [beurre, pâte] to soften, to make soft; [volonté, forces] to weaken, to diminish; **~ qqn** [l'adoucir] to soften sb; [l'affaiblir] to weaken sb.
◆ **s'amollir** *vpi* **-1.** [beurre, pâte, plastique] to soften, to become soft; [jambes] to go weak. **-2.** [s'affaiblir - énergie, courage] to weaken.

amollissant, e [amɔlisɑ̃, ɑ̃t] *adj* enervating.

amollissement [amɔlismɑ̃] *nm* debilitation.

amonceler [24] [amɔ̃sle] *vt* **-1.** [entasser - boîtes, livres, chaussures] to heap OU to pile up *(sép)*; [- neige, sable, feuilles, nuages] to bank up *(sép)*; [- vivres, richesses] to amass, to hoard; **~ une fortune** to build up OU to amass a fortune. **-2.** [rassembler - documents, preuves, information] to amass.
◆ **s'amonceler** *vpi* [papiers, boîtes, feuilles] to heap OU to pile up; [preuves] to accumulate, to pile up; [dettes] to mount, to pile up; [neige, sable, nuages] to bank up.

amoncellement [amɔ̃sɛlmɑ̃] *nm* [d'objets divers, d'ordures] heap, pile; [de neige, de sable, de feuilles, de nuages] heap; [de richesses] hoard; **devant cet ~ de preuves** faced with this wealth of evidence.

amont [amɔ̃] ◇ *nm* [d'une rivière] upstream water; [d'une montagne] uphill slope; **vent d'~** land breeze.
◇ *adj inv* [ski, skieur] uphill *(avant n)*.
◆ **en amont** *loc adv* upstream.
◆ **en amont de** *loc prép* [rivière] upstream (from); [montagne] uphill (from OU above); **la Tamise en ~ de Londres** the Thames upstream from London; **le skieur qui arrive en ~ de vous** the uphill skier (in relation to you); **les étapes en ~ de la production** *fig* the pre-production stages.

amoral, e, aux [amɔral, o] *adj* amoral.

amoralisme [amɔralism] *nm* amorality.

amoralité [amɔralite] *nf* amorality.

amorçage [amɔrsaʒ] *nm* **-1.** ARM & TECH priming; ÉLECTR [d'une dynamo] energizing; [d'un arc électrique] striking. **-2.** PÊCHE baiting.

amorce [amɔrs] *nf* **-1.** ARM [détonateur] primer, detonator; [d'un obus] percussion cap; [d'une balle] cap, primer; [pétard] cap. **-2.** PÊCHE bait. **-3.** [début] beginning; **l'~ d'une réforme** the beginnings of a reform. **-4.** INF: **(programme) ~** bootstrap.

amorcer [16] [amɔrse] *vt* **-1.** [commencer - travaux] to start, to begin; [- réforme] to initiate, to begin; [- discussion, réconciliation] to start, to begin, to initiate; [- virage] to go into *(insép)*; [- descente] to start, to begin; **ils ont amorcé la dernière tranche des travaux** they're into the final phase of the building work; **les travaux sont bien amorcés** the work is well under way; **elle amorça un pas vers la porte** she made as if to go to the door. **-2.** ARM & TECH to prime; ÉLECTR to energize. **-3.** PÊCHE to bait; *(en usage abs)*: **~ au pain** [un hameçon] to bait one's line with bread; [répandre dans l'eau] to use bread as ground bait.
◆ **s'amorcer** *vpi* to begin; **le processus ne fait que s'~** the process has only just begun OU got under way.

amorceur [amɔrsœr] *nm* **-1.** ÉLECTR igniter. **-2.** [d'une pompe] primer.

amorçoir [amɔrswar] *nm* **-1.** PÊCHE bait box. **-2.** ARM gun-powder container.

amorphe [amɔrf] *adj* **-1.** *fam* [indolent] lifeless, passive. **-2.** BIOL & MINÉR amorphous.

amorti, e[▽] [amɔrti] *nm, f* old fogey.
◆ **amorti** *nm* **-1.** FTBL: **faire un ~** to trap the ball. **-2.** TENNIS drop shot.
◆ **amortie** *nf* drop shot.

amortir [32] [amɔrtir] *vt* **-1.** [absorber - choc] to cushion, to absorb; [- son] to deaden, to muffle; [- douleur] to deaden; SPORT to trap the ball; **l'herbe amortit sa chute** the grass broke his fall; **~ le coup** *pr* to cushion OU to soften the blow; *fig* to soften the blow. **-2.** [rentabiliser]: **louer une machine à qqn pour en ~ le coût** to rent out a machine to sb to make it pay OU to recoup the cost. **-3.** FIN [dette] to pay off, to amortize; [équipement] to depreciate; BOURSE to redeem; **~ des actions** to call in shares.
◆ **s'amortir** ◇ *vp (emploi passif)*: **un achat qui s'amortit en deux ans** ÉCON a purchase that can be paid off in two years; BOURSE a purchase that can be redeemed in two years.
◇ *vpi* [s'affaiblir - bruit] to fade (away).

amortissable [amɔrtisabl] *adj* redeemable.

amortissement [amɔrtismɑ̃] *nm* **-1.** [adoucissement - d'un choc] absorption, cushioning; [- d'un coup] cushioning; [- d'un son] deadening, muffling. **-2.** FIN [d'une dette] paying OU writing off; [d'un titre] redemption; [d'un emprunt] paying off, amortization; **~ annuel** annual depreciation; **~ du capital** depreciation of capital.

amortisseur [amɔrtisœr] *nm* shock absorber.

amour [amur] *nm* **-1.** [sentiment] love; **une vie sans ~** a loveless life; **son ~ des** OU **pour les enfants** his love of OU for children; **l'~ de sa mère** [qu'elle a pour lui] his mother's love; [qu'il a pour elle] his love for his mother; **éprouver de l'~ pour qqn** to feel love for sb; **ce n'est pas** OU **plus de l'~, c'est de la rage!** *fam* it's not so much love, more unbridled passion! ❑ **l'~**

filial [d'un fils] a son's love; [d'une fille] a daughter's love; l'~ maternel/paternel a mother's/father's love; ~, quand tu nous tiens! *allusion La Fontaine* the things we do for love!; 'l'Amour sorcier' *de Falla* 'Love, The Magician'. -**2.** [amant] lover, love; un ~ de jeunesse an old flame. -**3.** [liaison] (love) affair, romance; vivre un grand ~ to be in the throes of a great passion. -**4.** [acte sexuel] love-making; faire l'~ à/avec qqn to make love to/with sb; pendant/après l'~ while/after making love. -**5.** [vif intérêt] love; faire qqch avec ~ to do sthg with loving care OU love. -**6.** [en appellatif]: mon ~ my love OU darling; oui, mon ~! yes my love!; un ~ de petite fille a delightful little girl; apporte les glaçons, tu seras un ~ be a dear OU darling and bring the ice cubes. -**7.** BX-ARTS cupid.

◆ **amours** ◇ *nfpl* -**1.** *hum* [relations amoureuses] love life; comment vont tes ~s? how's your love life (these days)? ❑ à vos ~s! [pour trinquer] cheers, here's to you!; [après un éternuement] bless you! -**2.** ZOOL courtship and mating.

◇ *nmpl Helv* [vin]: les ~s *the last drops of wine in a bottle.*

◆ **d'amour** *loc adj* [chagrin, chanson] love *(épith).*

◆ **par amour** *loc adv* out of OU for love.

◆ **par amour pour** *loc prép* for the love of.

◆ **pour l'amour de** *loc prép* for the love OU sake of; pour l'~ de Dieu! [ton suppliant] for the love of God!; [ton irrité] for God's sake!; pour l'~ du ciel! for heaven's sake!; faire qqch pour l'~ de l'art to do sthg for the sake of it.

Amour [amur] *npr m* -**1.** GÉOG: l'~ the (River) Amur. -**2.** MYTH: (le dieu) ~ Cupid, Eros.

amouracher [3] [amuraʃe]

◆ **s'amouracher de** *vp + prép*: s'~ de qqn to become infatuated with sb.

amour-en-cage [amurɑ̃kaʒ] (*pl* amours-en-cage) *nm* ground OU winter cherry, Chinese lantern.

amourette [amurɛt] *nf* [liaison] casual love affair, passing romance OU fancy.

◆ **amourettes** *nfpl* CULIN marrowbone jelly.

amoureusement [amurøzmɑ̃] *adv* lovingly; il la regardait ~ he watched her lovingly OU with love in his eyes.

amoureux, euse [amurø, øz] ◇ *adj* -**1.** [tendre - regard, geste] loving, tender; [- vie, exploit] love *(épith)*; [épris]: être ~ de qqn to be in love with sb; tomber ~ de qqn to fall in love with sb; être éperdument OU follement ~ de qqn to be head over heels OU madly in love with sb; être fou ~ to be madly in love. -**2.** [amateur]: ~ de: être ~ de peinture to be a lover of painting; elle est amoureuse de la montagne she has a passion for mountains.

◇ *nm, f* -**1.** [amant] love, lover; ~ transi lovesick individual; jouer les ~ THÉÂT to play lovers' parts. -**2.** [adepte] lover; ~ des beaux-arts a lover of fine arts; les ~ de la nature nature-lovers.

◆ **en amoureux** *loc adv* [dîner, se promener] like lovers; si nous sortions en ~ ce soir? how about going out tonight, just the two of us?

amour-propre [amurprɔpr] (*pl* amours-propres) *nm* self-esteem, pride, amour propre.

amovibilité [amɔvibilite] *nf* removability.

amovible [amɔvibl] *adj* removable.

ampélopsis [ɑ̃pelɔpsis] *nm* ampelopsis.

ampère [ɑ̃pɛr] *nm* ampere.

ampère-heure [ɑ̃pɛrœr] (*pl* ampères-heures) *nm* ampere-hour.

ampèremètre [ɑ̃pɛrmɛtr] *nm* ammeter, amperometer.

ampère-tour [ɑ̃pɛrtur] (*pl* ampères-tours) *nm* ampere turn.

amphétamine [ɑ̃fetamin] *nf* amphetamine.

amphi *fam* [ɑ̃fi] *nm* lecture hall OU room.

amphibie [ɑ̃fibi] ◇ *adj* AÉRON & MIL amphibious.

◇ *nm* amphibian.

amphibien [ɑ̃fibjɛ̃] *nm* amphibian.

amphibole [ɑ̃fibɔl] *nf* amphibole.

amphibologie [ɑ̃fibɔlɔʒi] *nf* amphibology, amphiboly.

amphibologique [ɑ̃fibɔlɔʒik] *adj* amphibological.

amphigouri [ɑ̃figuri] *nm litt* amphigory *litt*, nonsense.

amphigourique [ɑ̃figurik] *adj litt* amphigoric *litt*, overblown.

amphithéâtre [ɑ̃fiteatr] *nm* -**1.** ANTIQ amphitheatre; ENS lecture hall OU room; [d'un théâtre] amphitheatre, (upper) gallery; [salle de dissection] dissection room. -**2.** GÉOL: ~ morainique morainic cirque OU amphitheatre.

Amphitryon [ɑ̃fitrijɔ̃] *npr* Amphitryon.

◆ **amphitryon** [ɑ̃fitrijɔ̃] *nm* host.

amphore [ɑ̃fɔr] *nf* amphora.

ampicilline [ɑ̃pisilin] *nf* ampicillin.

ample [ɑ̃pl] *adj* -**1.** VÊT [large - pull] loose, baggy; [- cape, jupe] flowing, full. -**2.** [grand - mouvement, geste] wide, sweeping. -**3.** [abondant - stock, provisions] extensive, ample; de plus ~s renseignements further details OU information.

amplement [ɑ̃pləmɑ̃] *adv* fully, amply; gagner ~ sa vie to make a very comfortable living; il y a ~ de quoi les nourrir there's more than enough to feed them; ça suffit ~, c'est ~ suffisant that's more than enough.

ampleur [ɑ̃plœr] *nf* -**1.** VÊT [largeur - d'un pull] looseness; [- d'une cape, d'une jupe] fullness; coupez en biais pour donner plus d'~ cut on the bias to give more fullness. -**2.** [rondeur - d'un mouvement, d'un geste] fullness. -**3.** [importance - d'un projet] scope; [- d'un stock, de ressources] abundance; l'~ des dégâts the extent of the damages; l'~ d'une crise the scale OU extent of a crisis; des événements d'une telle ~ events of such magnitude.

ampli *fam* [ɑ̃pli] (*abr de* **amplificateur**) *nm* amp.

ampliatif, ive [ɑ̃pliatif, iv] *adj* [mémoire] amplifying; [acte] duplicate *(épith).*

amplificateur, trice [ɑ̃plifikatœr, tris] *adj* ÉLECTR & PHYS amplifying; OPT magnifying; PHOT enlarging.

◆ **amplificateur** *nm* -**1.** ÉLECTR & RAD amplifier. -**2.** PHOT enlarger.

amplification [ɑ̃plifikasjɔ̃] *nf* -**1.** ÉLECTR & PHYS amplification, amplifying; PHOT [action] enlarging, enlargement; OPT magnifying. -**2.** [développement - de tensions, de revendications] increase; [- d'échanges, de relations] development, expansion.

amplifier [9] [ɑ̃plifje] *vt* -**1.** ÉLECTR & PHYS to amplify; OPT to magnify; PHOT to enlarge. -**2.** [développer - courant, tendance] to develop, to increase; [- conflit] to deepen; [- hausse, baisse] to increase; [- différence] to widen; [- relations] to develop; *péj* [exagérer] to exaggerate, to magnify.

◆ **s'amplifier** *vpi* [augmenter - courant, tendance] to develop, to increase; [- conflit] to deepen; [- hausse, baisse] to increase; [- différence] to widen.

amplitude [ɑ̃plityd] *nf* -**1.** ASTRON, MATH & PHYS amplitude. -**2.** MÉTÉO range. -**3.** ÉCON: ~ des fluctuations amplitude of fluctuations. -**4.** *litt* [étendue] magnitude, extent.

ampli-tuner [ɑ̃plitynɛr] (*pl* amplis-tuners) *nm* amplifier-tuner deck.

ampoule [ɑ̃pul] *nf* -**1.** ÉLECTR bulb. -**2.** [récipient] phial; ~ cassable *glass phial containing medicine; to pour the medicine out, both ends of the phial must be snapped off.* -**3.** MÉD blister; toi, tu ne vas pas attraper OU te faire des ~s! *fam hum* don't strain yourself, will you!

ampoulé, e [ɑ̃pule] *adj péj* pompous, bombastic.

amputation [ɑ̃pytasjɔ̃] *nf* -**1.** MÉD amputation. -**2.** *fig* [suppression] removal, cutting out; ce texte a subi de nombreuses ~s a lot of cuts have been made in this text.

amputé, e [ɑ̃pyte] *nm, f* amputee.

amputer [3] [ɑ̃pyte] *vt* -**1.** MÉD [membre] to amputate, to remove; ~ un bras à qqn to amputate sb's arm; elle a été amputée d'un pied she had a foot amputated. -**2.** [ôter une partie de - texte] to cut (down), to reduce; [- budget] to cut back *(sép)*; [- droits, biens] to spoliate; le pays a été amputé de deux provinces the country lost two provinces; le palais a été amputé de son aile sud the south wing of the palace was demolished.

amstellodamois, e [amstɛlodamwa, az] *adj* from Amsterdam.

◆ **Amstellodamois, e** *nm, f inhabitant of or person from Amsterdam*; les Amstellodamois the people of Amsterdam.

Amsterdam [amstɛrdam] *npr* Amsterdam.

amuïr [32] [amɥir]

◆ **s'amuïr** *vpi*: le «s» s'est amuï the "s" became mute.

amuïssement [amɥismɑ̃] *nm disappearance of a (voiced) phoneme.*

amulette [amylɛt] *nf* amulet.

amure [amyr] *nf* tack; avoir les ~s à tribord/bâbord to be on the starboard/port tack; changer d'~ to change tack.

amurer [3] [amyre] *vt* to tack, to board the tack of; *(en usage abs)*: ~ à bâbord to tack to port.

amusant, e [amyzɑ̃, ɑ̃t] *adj* -**1.** [drôle] funny, amusing; les gags ne sont même pas ~s the jokes aren't even funny. -**2.** [divertissant] entertaining; je vais t'apprendre un petit jeu ~ I'm going to teach you an entertaining little game.

amuse-gueule [amyzgøl] (*pl inv* OU amuse-gueules) *nm* appetizer, nibble *Br.*

amusement [amyzmɑ̃] *nm* -**1.** [sentiment] amusement; écouter qqn/sourire avec ~ to listen to sb with/to smile in amusement; à son grand ~ much to her amusement. -**2.** [chose divertissante] entertainment; tu parles d'un ~! *iron* this isn't exactly my idea of fun! ‖ [jeu] recreational activity, pastime.

amuser [3] [amyze] *vt* -**1.** [faire rire] to make laugh, to amuse; elle m'amuse she makes me laugh; cela ne m'amuse pas du tout I don't find that in the least bit funny ❑ ~ la galerie *fam* to play to the gallery. -**2.** [plaire à] to appeal to; ça ne l'amuse pas de travailler chez eux he doesn't enjoy working there; tu crois que ça m'amuse d'être pris pour un imbécile? do you think I enjoy being taken for a fool?; si ça t'amuse, fais-le do it if that's what you want. -**3.** [divertir] to entertain. -**4.** [détourner l'attention de] to divert, to distract. -**5.** *litt* [tromper] to delude, to deceive; il m'a amusé pendant un an avec ses promesses for a whole year he led me a merry dance with his promises.

◆ **s'amuser** *vpi* -**1.** [jouer - enfant] to play; elle s'amuse dehors avec son cousin she's outside playing with her cousin; à cet âge-là, on s'amuse avec presque rien at that age, they like to play with almost anything; s'~ avec [manipuler] to fiddle OU to toy with; s'~ à: on s'amusait à la marelle we used to play hopscotch; ils s'amusent à dessiner they're having fun drawing. -**2.** [se divertir] to have fun; je ne me suis jamais autant amusé I've never had so much fun; ils se sont bien amusés they really had a good time; amusez-vous bien! enjoy yourselves!; qu'est-ce qu'on s'est amusés! we had so much fun!; on s'amusait comme des petits fous *fam* we were having a whale of a time; elles ont construit une hutte pour s'~ they built a hut, just for fun; mais, papa, c'était pour s'~! but, Dad, we were only having fun!; ils ne vont pas s'~ avec le nouveau colonel they won't have much fun with the new colonel; s'~ aux dépens de qqn to make fun of sb; s'~ à *iron*: si tu crois que je vais m'~ à ça! if you think I have nothing better to do! -**3.** [perdre son temps]: s'~ en route OU en chemin *pr* to dawdle on the way; *fig* to waste time needlessly; on n'a pas le temps de s'~ there's no time for fooling around. -**4.** s'~ à [essayer de]: s'~ à faire to go and do; ne t'amuse pas à toucher ce fil! don't you (go and) touch OU go touching that wire!

amusette [amyzɛt] *nf* -**1.** [distraction] idle amusement. -**2.** *Belg* [personne frivole] frivolous person.

amuseur, euse [amyzœr, øz] *nm, f* -**1.** [artiste] entertainer. -**2.** *péj* [peu sérieux] smooth talker.

amygdale [amidal] *nf* tonsil; **se faire opérer des ~s** to have one's tonsils removed OU out.

amygdalectomie [amidalɛktɔmi] *nf* tonsillectomy.

amygdalite [amidalit] *nf* tonsillitis.

amylacé, e [amilase] *adj* amylaceous.

amylase [amilaz] *nf* amylase.

amylique [amilik] *adj* amyl *(épith).*

an [ɑ̃] *nm* -**1.** [durée de 12 mois] year; **dans un an** one year from now; **encore deux ans et je m'arrête** two more years before I stop; **j'ai cinq ans de métier** I have five years' experience in this field; **une amitié de 20 ans** a friendship of 20 years' standing; **un an plus tard** OU **après** one year OU twelve months later; **voilà deux ans qu'elle est partie** she's been gone for two years now; **par an** a year; **deux fois par an** twice a year; **je gagne tant par an** I earn so much a year; **tous les ans** [gén] every OU each year; [publier, réviser] yearly, on a yearly basis. -**2.** *(avec l'art déf)* [division du calendrier] (calendar) year; **l'an dernier** OU **passé** last year; **en l'an 10 après Jésus-Christ** in (the year) 10 AD; **en l'an 200 avant notre ère** in (the year) 200 BC ❑ **l'an Un/Deux de la Révolution** HIST Year One/Two of the (French) Revolution; **le jour** OU **le premier de l'an** New Year's day; **en l'an de grâce 1624** *arch* in the year of Our Lord 1624; **je m'en fiche** OU **moque comme de l'an quarante!** *fam* I don't give two hoots! -**3.** [âge]: **à trois ans** at three (years of age); **elle a cinq ans** she's five (years old); **on fête ses 20 ans** we're celebrating his 20th birthday; **un enfant de cinq ans** a five-year-old (child).

◆ **ans** *nmpl litt* advancing OU passing years; **un visage que les ans ne semblent pas avoir touché** a face seemingly untouched by the passing (of the) years.

◆ **bon an mal an** *loc adv* taking one year with the next.

anabaptisme [anabatism] *nm* Anabaptism.

anabaptiste [anabatist] *adj* & *nmf* Anabaptist.

anabolisant, e [anabɔlizɑ̃, ɑ̃t] *adj* anabolic.

◆ **anabolisant** *nm* anabolic steroid.

anabolisme [anabɔlism] *nm* anabolism.

anacarde [anakard] *nm* cashew (nut), anacard *spéc.*

anacardier [anakardje] *nm* cashew (tree).

anachorète [anakɔrɛt] *nm* anchorite.

anachorétisme [anakɔretism] *nm* anchoretism.

anachronique [anakrɔnik] *adj* anachronistic, anachronic.

anachronisme [anakrɔnism] *nm* anachronism.

anaclitique [anaklitik] *adj* anaclitic.

anacoluthe [anakɔlyt] *nf* anacoluthon.

anaconda [anakɔ̃da] *nm* anaconda.

anaérobie [anaerɔbi] ◇ *adj* anaerobic.

◇ *nm* anaerobe.

anaglyphe [anaglif] *nm* anaglyph.

anaglyptique [anagliptik] ◇ *adj* embossed.

◇ *nf* embossed print.

anagramme [anagram] *nf* anagram.

ANAH [ana, aɛnaaʃ] *(abr de* **Agence nationale pour l'amélioration de l'habitat)** *npr f national agency responsible for housing projects and restoration grants.*

anal, e, aux [anal, o] *adj* anal.

analeptique [analɛptik] *adj* & *nm* analeptic.

analgésie [analʒezi] *nf* analgesia.

analgésique [analʒezik] *adj* & *nm* analgesic.

analité [analite] *nf* anality.

anallergique [analɛrʒik] *adj* hypoallergenic.

analogie [analɔʒi] *nf* analogy; **il y a une ~ entre ces deux histoires** there's an analogy between the two stories; **trouver une ~ entre deux choses** to draw an analogy between two things.

◆ **par analogie** *loc adv* by analogy.

◆ **par analogie avec** *loc prép* by analogy with.

analogique [analɔʒik] *adj* -**1.** [présentant un rapport] analogic, analogical. -**2.** INF analog; **calculateur ~** analog computer; **convertisseur ~ numérique** analog-to-digital converter.

analogiquement [analɔʒikmɑ̃] *adv* analogically.

analogue [analɔg] ◇ *adj* analogous, similar; **~ par la forme** analogous in shape; **une histoire ~ à une autre** a story similar to another one.

◇ *nm* analogue.

analphabète [analfabɛt] *adj* & *nmf* illiterate.

analphabétisme [analfabetism] *nm* illiteracy; **les problèmes liés à l'~** problems of literacy.

analysable [analizabl] *adj* -**1.** [que l'on peut examiner] analysable. -**2.** INF scannable.

analysant, e [analizɑ̃, ɑ̃t] *nm, f* analysand.

analyse [analiz] *nf* -**1.** [étude] analysis; **cet argument ne résiste pas à l'~** this argument doesn't stand up to analysis; **l'~ des faits** the appraisal OU analysis of facts ❑ **~ de faisabilité** feasibility study; **~ de marché** market OU survey research; **~ des postes de travail** job analysis; **~ des résultats** processing of results. -**2.** ENS analysis; **faire l'~ d'un texte** to analyse a text; **~ de texte** textual criticism; **~ logique/grammaticale** GRAMM sentence/grammatical analysis; **faire une ~ grammaticale** to parse; **faites l'~ grammaticale de cette phrase** parse this sentence. -**3.** BIOL analysis; **~ de sang** blood analysis OU test. -**4.** PSYCH analysis, psychoanalysis; **être en ~** to be in OU under analysis; **faire une ~** to undergo analysis. -**5.** INF analysis; **~ fonctionnelle** functional OU systems analysis; **~ lexicale** lexical scan; **~ numérique** numerical analysis; **~ organique** systems design; **~ des performances du système** system evaluation ‖ ÉLECTRON scan, scanning. -**6.** CHIM & MATH analysis. -**7.** MIN essaying; **~ des minerais** ore essaying.

analysé, e [analize] *nm, f* patient *(of a psychoanalyst).*

analyser [3] [analize] *vt* -**1.** [étudier] to analyse. -**2.** GRAMM to parse; **~ une phrase en constituants** to parse a sentence into its constituents. -**3.** [résumer] to summarize, to make an abstract OU a précis of. -**4.** BIOL & CHIM to analyse, to test. -**5.** PSYCH to analyse; **se faire ~** to undergo analysis.

analyseur [analizœr] *nm* -**1.** INF analyser; **~ logique/différentiel** logic/differential analyser; **~ syntaxique** parser. -**2.** ÉLECTRON scanner, analyser. -**3.** ÉLECTR analyser. -**4.** CHIM analyst.

analyste [analist] *nmf* -**1.** [gén] analyst. -**2.** PSYCH analyst, psychoanalyst.

analyste-programmeur, euse [analistprɔgramœr, øz] *(mpl* **analystes-programmeurs,** *fpl* **analystes-programmeuses)** *nm, f* systems analyst.

analytique [analitik] ◇ *adj* analytic, analytical; **géométrie/philosophie ~** analytical geometry/philosophy.

◇ *nm* abstract.

◇ *nf* analytics *(sg).*

analytiquement [analitikmɑ̃] *adv* analytically.

anamnèse [anamnɛz] *nf* PSYCH & RELIG anamnesis.

anamorphose [anamɔrfoz] *nf* ENTOM & OPT anamorphosis.

ananas [anana(s)] *nm* pineapple.

anapeste [anapɛst] *nm* anapaest.

anaphore [anafɔr] *nf* anaphora.

anaphorique [anafɔrik] *adj* anaphoric, anaphorical.

anaphylactique [anafilaktik] *adj* anaphylactic.

anaphylaxie [anafilaksi] *nf* anaphylaxis.

anar *fam* [anar] *nmf* anarchist.

anarchie [anarʃi] *nf* -**1.** POL anarchy. -**2.** [désordre] anarchy, lawlessness.

anarchique [anarʃik] *adj* anarchic, anarchical.

anarchiquement [anarʃikmɑ̃] *adv* anarchically.

anarchisant, e [anarʃizɑ̃, ɑ̃t] *adj* anarchistic.

anarchisme [anarʃism] *nm* anarchism.

anarchiste [anarʃist] ◇ *adj* anarchist, anarchistic.

◇ *nmf* anarchist.

anarcho-syndicalisme [anarkosɛ̃dikalism] *(pl* **anarcho-syndicalismes)** *nm* anarcho-syndicalism.

anarcho-syndicaliste [anarkosɛ̃dikalist] *(pl* **anarcho-syndicalistes)** *adj* & *nmf* anarcho-syndicalist.

anastigmat(e) [anastigmat], **anastigmatique** [anastigmatik] *adj m* anastigmatic.

◆ **anastigmat** *nm* anastigmat, anastigmatic lens.

anastomose [anastɔmoz] *nf* ANAT, BOT & MÉD anastomosis.

anastomoser [3] [anastɔmoze] *vt* MÉD to anastomose.

◆ **s'anastomoser** *vpi* -**1.** ANAT to anastomose. -**2.** GÉOG [fleuve] to become braided.

anathématiser [3] [anatematize] *vt* -**1.** *litt* [condamner] to censure, to curse. -**2.** RELIG to anathematize.

anathème [anatɛm] *nm* -**1.** [condamnation] anathema; **jeter l'~ (sur)** to pronounce an anathema (upon), to anathematize. -**2.** RELIG anathema.

Anatolie [anatɔli] *npr f*: **(l') ~** Anatolia.

anatolien, enne [anatɔljɛ̃, ɛn] *adj* Anatolian.

◆ **Anatolien, enne** *nm, f* Anatolian.

anatomie [anatɔmi] *nf* -**1.** SC [étude, structure] anatomy; **~ pathologique** pathological anatomy. -**2.** *fam* [corps] body; **une belle ~** a gorgeous figure; **révélant tous les détails de son ~** *euph* revealing all she's got; **dans la partie la plus charnue de son ~** *euph* in his nether regions.

anatomique [anatɔmik] *adj* anatomical; **faire l'étude ~ d'un corps** to anatomize OU to dissect a body.

anatomiquement [anatɔmikmɑ̃] *adv* anatomically.

anatomiste [anatɔmist] *nmf* anatomist.

anatomopathologie [anatɔmopatɔlɔʒi] *nf* anatomicopathology.

anatoxine [anatɔksin] *nf* anatoxin, toxoid.

ancestral, e, aux [ɑ̃sɛstral, o] *adj* -**1.** [venant des ancêtres] ancestral. -**2.** [ancien - tradition, coutume] ancient, age-old, time-honoured.

ancêtre [ɑ̃sɛtr] *nmf* -**1.** [ascendant] ancestor, forefather; **c'était mon ~** he/she was an ancestor of mine. -**2.** [précurseur - personne, objet] ancestor, forerunner, precursor. -**3.** *fam* [vieille personne] oldster, old boy *(f* girl) *Br,* old timer *Am.*

◆ **ancêtres** *nmpl* ancestors, forebears.

anche [ɑ̃ʃ] *nf* reed.

anchois [ɑ̃ʃwa] *nm* anchovy.

ancien, enne [ɑ̃sjɛ̃, ɛn] ◇ *adj* -**1.** [vieux - coutume, tradition, famille] old, ancient, time-honoured; [- amitié, relation] old, long-standing; [- bague, châle] old, antique; **un meuble ~** an antique; **livres ~s** [d'après 1500] antiquarian books; [d'avant 1500] incunabula; **une de nos règles déjà ~ne stipule que...** one of our long-standing rules stipulates OU states that... -**2.** ANTIQ [langue, histoire, civilisation] ancient; **la Grèce ~ne** ancient OU classical Greece. -**3.** *(avant le n)* [ex - président, époux, employé] former, ex; [- stade, église] former; **mon ~ patron** my former boss OU ex-boss; **ses ~s camarades** his old OU former comrades; **c'est une ~ne fille de ferme** she used to work as a farm hand; **l'~ aéroport** the old OU former airport; **mon ~ne école** my old school; **une ~ne colonie française** a former French colony; **l'~ne rue de la Gare, maintenant appelée rue Berthot** rue Berthot, formerly rue de la

Gare ❑ un ~ combattant a (war) veteran, an ex-serviceman; un ~ élève an old boy *Br*, an alumnus *Am*; une ~ne élève an old girl *Br*, an alumna *Am*. -**4.** [passé] former; **dans les temps ~s, dans l'~ temps** in former times, in olden OU bygone days. -**5.** [qui a de l'ancienneté] senior; **vous n'êtes pas assez ~ dans la maison** you've not been in the job long enough; **ils sont plus ~s que moi dans la fonction** they're senior to me (in the job). -**6.** LING: ~ **français** Old French.

◇ *nm, f* -**1.** [qui a de l'expérience] old hand. -**2.** [qui est plus vieux] elder; **respectez les ~s** have some respect for your elders. -**3.** [qui a participé]: **un ~ de l'ÉNA** a former student of the ÉNA; **un ~ du parti communiste** an ex-member of the Communist Party; **un ~ de la guerre de Corée** a Korean war veteran, a veteran of the Korean war.

◆ **ancien** *nm* -**1.** [objets]: **l'~** antiques; **meublé entièrement en ~** entirely furnished with antiques. -**2.** [construction]: **l'~** old OU older buildings; **les murs sont plus épais dans l'~** walls are thicker in old OU older buildings.

◆ **Anciens** *nmpl* ANTIQ Ancients; LITTÉRAT: **les Anciens et les Modernes** the Ancients and the Moderns.

◆ **à l'ancienne** *loc adj* old-fashioned; **des fiançailles à l'~ne** an old-fashioned engagement; **bœuf à l'~ne** traditional recipe for beef; **bague à l'~ne** traditional-style ring.

◆ **Ancien Régime** *nm*: **l'Ancien Régime** the Ancien Régime.

◆ **Ancien Testament** *nm*: **l'Ancien Testament** the Old Testament.

ANCIEN RÉGIME:
The government and social structure of France before the Revolution of 1789, an absolutist monarchy consisting of three "estates": the nobility, the clergy (both enjoying institutional privileges), and the "Third Estate", or commoners. The privileges which characterized the Ancien Régime were abolished on 4 August 1789. It is now seen both as a symbol of social injustice and as a period of artistic, literary and architectural excellence.

---

anciennement [ɑ̃sjɛnmɑ̃] *adv* previously, formerly.

ancienneté [ɑ̃sjɛnte] *nf* -**1.** [d'une chose] oldness. -**2.** [d'une personne] length of service; **avoir de l'~: elle a beaucoup d'~ chez nous** she's been with us for a long time ‖ [avantages acquis] seniority; **avancer** OU **être promu à l'~** to be promoted by seniority.

◆ **de toute ancienneté** *loc adv* from time immemorial.

ancillaire [ɑ̃silɛr] *adj* [avec une servante]: **les amours ~s** love affairs with servants.

ancolie [ɑ̃kɔli] *nf* columbine aquilegia *spéc.*

Ancône [ɑ̃kon] *npr* Ancona.

ancrage [ɑ̃kraʒ] *nm* -**1.** TECH [fixation] anchorage; ~ **des câbles d'un pont suspendu** cable anchorage of a suspension bridge ❑ ~ **mécanique** mechanical bond; ~ **à scellement** permanent soil anchor. -**2.** NAUT [arrêt] moorage, anchorage; [droits] anchorage OU moorage OU berthing (dues). -**3.** [enracinement]: **l'~ d'un parti dans l'électorat** a party's base in the electorate; **l'action de la pièce n'a aucun ~ dans la réalité** the plot of the play has no basis in reality.

◆ **point d'ancrage** *nm* -**1.** AUT seat belt anchorage. -**2.** *fig* cornerstone.

ancre [ɑ̃kr] *nf* -**1.** NAUT: ~ **(de marine)** anchor; ~ **de corps-mort** mooring anchor; ~ **à jet** kedge anchor; ~ **flottante** drag anchor; ~ **de salut** last resort; **ta mère est mon ~ de salut** your mother is my last hope; **son diplôme d'infirmière est son ~ de salut** she can always fall back on her nursing qualifications if all else fails; ~ **de terre** shore-anchor; **jeter l'~** *pr* to cast OU to drop anchor; *fig* to put down roots; **lever l'~** *pr* to weigh anchor; **allez, on lève l'~!** *fam fig* come on, let's go! -**2.** CONSTR: ~ **de mur** cramp (iron); ~ **de tête/voûte** wall/tie anchor. -**3.** [d'une horloge] palet; ~ **à chevilles** pin pallet, lever fork.

◆ **à l'ancre** *loc adj* [navire] (riding OU lying) at anchor; **être à l'~** to ride OU to lie at anchor.

ancrer [3] [ɑ̃kre] *vt* -**1.** NAUT to anchor. -**2.** [attacher] to anchor; ~ **un câble** to anchor a cable. -**3.** *fig* to root; **la propagande a ancré le parti dans la région** propaganda has established the party firmly in this area; **c'est une idée bien ancrée** it's a firmly-rooted idea.

◆ **s'ancrer** *vpi* -**1.** NAUT to drop OU to cast anchor. -**2.** [se fixer] to settle; **sa famille s'est ancrée dans la région** his family has settled in the area.

andain [ɑ̃dɛ̃] *nm* swath.

andalou, se [ɑ̃dalu, uz] *adj* Andalusian.

◆ **Andalou, se** *nm, f* Andalusian.

◆ **andalou** *nm* LING Andalusian.

Andalousie [ɑ̃daluzi] *npr f*: (l')~ Andalusia.

Andes [ɑ̃d] *npr fpl*: **les ~** the Andes; **la cordillère des ~** the Andes Mountain Ranges; **le climat des ~** the climate of the Andes, the Andean climate.

andésite [ɑ̃dezit] *nf* andesite.

andin, e [ɑ̃dɛ̃, in] *adj* Andean.

◆ **Andin, e** *nm, f* Andean.

andorran, e [ɑ̃dɔrɑ̃, an] *adj* Andorran.

◆ **Andorran, e** *nm, f* Andorran.

Andorre [ɑ̃dɔr] *npr f*: **(la principauté d')** ~ (the principality of) Andorra.

Andorre-la-Vieille [ɑ̃dɔrlavjɛj] *npr* Andorra la Vella.

andouille [ɑ̃duj] *nf* -**1.** CULIN chitterlings sausage *(eaten cold)*. -**2.** *fam* [imbécile] dummy; **faire l'~** to fool around; **espèce d'~!** you great dummy!; **fais pas l'~, touche pas la prise!** watch out, don't touch the socket!; **fais pas l'~, tu sais bien qu'elle t'aime!** don't do anything stupid, you know she loves you!

andouiller [ɑ̃duje] *nm* tine.

andouillette [ɑ̃dujɛt] *nf* chitterlings sausage *(for grilling)*.

André [ɑ̃dre] *npr*: **saint ~** Saint Andrew; **la Saint-~** Saint Andrew's Day.

andrinople [ɑ̃drinɔpl] *nf* Turkey red.

androcéphale [ɑ̃drɔsefal] *adj* androcephalous.

Androclès [ɑ̃drɔklɛs] *npr* Androcles.

androgène [ɑ̃drɔʒɛn] ◇ *adj* androgenic.
◇ *nm* androgen.

androgyne [ɑ̃drɔʒin] ◇ *adj* androgynous.
◇ *nm* androgyne.

androgynie [ɑ̃drɔʒini] *nf* androgyny.

androïde [ɑ̃drɔid] *nm* android.

andropause [ɑ̃drɔpoz] *nf* male menopause.

androstérone [ɑ̃drɔsteron] *nf* androsterone.

âne [an] *nm* -**1.** ZOOL donkey, ass; **il est comme l'~ de Buridan** he can't make up his mind; **être mauvais** OU **méchant comme un ~ rouge** to be vicious OU nasty; **il y a plus d'un** OU **il n'y a pas qu'un ~ (à la foire) qui s'appelle Martin** that's a very common name, lots of people are called that. -**2.** [imbécile] idiot, fool; **faire l'~** to play the fool; **c'est un ~ bâté** he's a complete idiot; **faire l'~ pour avoir du son** to play the fool to achieve one's ends.

anéantir [32] [aneɑ̃tir] *vt* -**1.** [détruire - armée, ville] to annihilate, to destroy, to wipe out *(sép)*; [- rébellion, révolte] to quell, to crush; [- espoir] to squash, to dash, to destroy; [- succès, effort] to ruin, to wreck; [- amour, confiance] to destroy; **leur équipe a été anéantie** their team was annihilated OU routed. -**2.** [accabler - suj: nouvelle, événement] to overwhelm, to crush; **ça l'a anéanti** it was a tremendous blow to him; **être anéanti par le chagrin** to be overcome by grief; **elle est anéantie** she's utterly crushed ‖ [épuiser] to exhaust; **elle est anéantie par la chaleur/fatigue** she's overwhelmed by the heat/utterly exhausted.

◆ **s'anéantir** *vpi* to disappear, to vanish; **s'~ dans l'oubli** to sink into oblivion; **tous nos espoirs se sont anéantis** all our hopes were dashed.

anéantissement [aneɑ̃tismɑ̃] *nm* -**1.** [destruction] ruin, annihilation, destruction; **c'est l'~ d'un mois de travail** [perte] it's a whole month's work lost; [vandalisme] it's a whole month's work wrecked; **cette nouvelle fut l'~ de tous mes espoirs** this news dashed all my hopes. -**2.** [accablement] prostration; **être dans l'~ le plus total** to be utterly crushed.

anecdote [anɛkdɔt] *nf* anecdote; **tout cela, c'est de l'~** *péj* this is all trivial detail, this is just so much trivia.

anecdotique [anɛkdɔtik] *adj* -**1.** [qui contient des anecdotes] anecdotal. -**2.** [sans intérêt] trivial *péj*.

anélasticité [anelastisite] *nf* lack of elasticity.

anélastique [anelastik] *adj* unelastic.

anémie [anemi] *nf* -**1.** MÉD anaemia. -**2.** *fig*: **nous constatons une ~ de la production** we note that output has slowed to a trickle.

anémié, e [anemje] *adj* -**1.** MÉD anaemic. -**2.** [affaibli] weakened, anaemic.

anémier [9] [anemje] *vt* -**1.** MÉD to make anaemic. -**2.** [affaiblir] to weaken, to enfeeble *litt.*

anémique [anemik] *adj* -**1.** MÉD anaemic. -**2.** [faible - personne] feeble, ineffectual; [- plante] spindly, weedy; [- économie, industrie] weak, slow, sluggish; **un texte plutôt ~** a rather colourless piece of writing.

anémomètre [anemɔmɛtr] *nm* anemometer.

anémone [anemɔn] *nf* -**1.** BOT anemone. -**2.** ZOOL: ~ **de mer** sea anemone.

anémophile [anemɔfil] *adj* anemophilous.

anémophilie [anemɔfili] *nf* anemophily.

anencéphale [anɑ̃sefal] *adj* anencephalic.

anencéphalie [anɑ̃sefali] *nf* anencephaly.

anérection [anerɛksjɔ̃] *nf* impotence.

anergie [anɛrʒi] *nf* anergy.

ânerie [anri] *nf* -**1.** [caractère stupide] stupidity; **tu es d'une ~!** you are so stupid!, you're such an idiot! -**2.** [parole] stupid OU silly remark; **dire des ~s** to make stupid OU silly remarks, to talk rubbish. -**3.** [acte] stupid blunder OU mistake; **faire des ~s** to make stupid mistakes.

anéroïde [anerɔid] *adj* aneroid.

ânesse [anɛs] *nf* she-ass, jenny.

anesthésiant, e [anɛstezjɑ̃, ɑ̃t] = **anesthésique**.

anesthésie [anɛstezi] *nf* anaesthesia; **faire une ~ à qqn** to anaesthetize sb, to give sb an anaesthetic; **être sous ~** to be anaesthetized OU under an anaesthetic ❑ ~ **locale/générale/péridurale** local/general/epidural anaesthesia; ~ **épidurale** epidural (anaesthesia); ~ **tronculaire** nerve-blocking anaesthesia, nerve block.

anesthésier [9] [anɛstezje] *vt* -**1.** MÉD to anaesthetize; **docteur, allez-vous m'~?** doctor, are you going to give me an anaesthetic?; **on ressort de ses cours complètement anesthésié** *fig & hum* your mind is numb with boredom when you emerge from his lectures. -**2.** [insensibiliser - bras, jambe] to numb, to deaden; **le glaçon m'a anesthésié la gencive** the ice cube took all the feeling out of my gum.

anesthésiologie [anɛstezjɔlɔʒi] *nf* anaesthetics *Br (sg)*, anesthesiology *Am*.

anesthésiologiste [anɛstezjɔlɔʒist] = **anesthésiste-réanimateur**.

anesthésique [anɛstezik] *adj & nm* anaesthetic; **un ~ local** a local anaesthetic.

anesthésiste-réanimateur [anɛstezistreanimatœr] *(pl* **anesthésistes-réanimateurs***)* *nmf* anaesthetist *Br*, anesthesiologist *Am*.

aneth [anɛt] *nm* dill.

anévrisme [anevrism] *nm* aneurysm.

anfractuosité [ɑ̃fraktɥozite] *nf* **-1.** [cavité] crevice, crack; **rochers pleins d'~s** rocks full of nooks and crannies. **-2.** MÉD anfractuosity.

ange [ɑ̃ʒ] *nm* **-1.** RELIG angel; **c'est mon bon ~** he's my guardian angel; **c'est mon mauvais ~** he has an evil influence on me ❑ **~ déchu/gardien** fallen/guardian angel; **un ~ passa** there was a pregnant pause OU an awkward lull in the conversation; **ah, un ~ passe!** hm, hasn't anybody got anything to say? **-2.** [personne parfaite] angel; **passe-moi le pain, tu seras un ~** be an angel OU a dear and pass me the bread; **un ~ de: c'est un ~ de douceur** he's sweetness itself ‖ [en appellatif]: **mon ~** my darling OU angel. **-3.** ZOOL monkfish, angel shark.

◆ **aux anges** *loc adv*: **être aux ~s** to be beside o.s. with joy; **elle était aux ~s quand je le lui ai dit** when I told her, she was ecstatic; **rire aux ~s: les enfants riaient aux ~s** the children were beside themselves with joy.

angélique [ɑ̃ʒelik] ◇ *adj* RELIG & *fig* angelic; **un sourire ~** the sweet smile of an angel.

◇ *nf* [plante] angelica.

◇ *nm* [bois] basralocus wood.

angéliquement [ɑ̃ʒelikmɑ̃] *adv* angelically.

angélisme [ɑ̃ʒelism] *nm* otherworldliness.

angelot [ɑ̃ʒlo] *nm* cherub.

angélus [ɑ̃ʒelys] *nm* Angelus; **'l'Angélus'** *Millet* 'The Angelus'.

Angers [ɑ̃ʒe] *npr* Angers.

angevin, e [ɑ̃ʒvɛ̃, in] *adj* **-1.** [d'Angers] from Angers. **-2.** [de l'Anjou] from Anjou.

◆ **Angevin, e** *nm, f* [habitant - d'Angers] *inhabitant of or person from Angers*; [- de l'Anjou] *inhabitant of or person from Anjou*; **les Angevins** [d'Angers] the people of Angers; [de l'Anjou] the people of Anjou.

angine [ɑ̃ʒin] *nf* **-1.** [infection - des amygdales] tonsillitis; [- du pharynx] pharyngitis; **avoir une ~** to have a sore throat ❑ **~ catarrhale** catarrhal OU acute pharyngitis; **~ couenneuse** diphtheria. **-2.** [douleur cardiaque] angina; **~ de poitrine** angina (pectoris).

angineux, euse [ɑ̃ʒinø, øz] *adj* anginal, anginous.

angiocardiographie [ɑ̃ʒjɔkardjɔgrafi] *nf* angiocardiography.

angiographie [ɑ̃ʒjɔgrafi] *nf* angiography.

angiologie [ɑ̃ʒjɔlɔʒi] *nf* angiology.

angiome [ɑ̃ʒiom] *nm* angioma.

angiosperme [ɑ̃ʒjɔspɛrm] *nf* angiosperm; **les ~s** the Angiospermae.

Angkor [ɑ̃kɔr] *npr* Angkor.

anglais, e [ɑ̃glɛ, ɛz] *adj* [d'Angleterre] English; [de Grande-Bretagne] British; **l'équipe ~e** SPORT the England team.

◆ **Anglais, e** *nm, f* [d'Angleterre] Englishman (*f* Englishwoman); [de Grande-Bretagne] Briton; **les Anglais** [d'Angleterre] English people, the English; [de Grande-Bretagne] British people, the British.

◆ **anglais** *nm* LING English; **~ américain/britannique** American/British English.

◆ **anglaise** *nf* **-1.** [écriture] italic longhand. **-2.** BOT morello cherry.

◆ **anglaises** *nfpl* ringlets; **coiffée avec des ~s** hair in ringlets.

◆ **à l'anglaise** ◇ *loc adj* **-1.** CULIN boiled. **-2.** HORT: **jardin/parc à l'~e** landscaped garden/park. **-3.** MENUIS: **escalier/limon à l'~e** open staircase/stringboard; **parquet à l'~e** strip flooring.

◇ *loc adv*: **se sauver** OU **filer à l'~e** to take French leave.

anglaiser [4] [ɑ̃glɛze] *vt* to nick *(a horse)*.

angle [ɑ̃gl] *nm* **-1.** [coin] corner, angle; **faire un ~** [chemin] to bend, to turn; [maison] to be L-shaped, to form an angle; **maison qui est à** OU **qui fait l'~** house on the corner; **la statue est à l'~ de deux rues** the statue stands at a crossroads; **le buffet a des ~s arrondis/pointus** the dresser has rounded/sharp corners ❑ **~ saillant/rentrant** salient/re-entrant angle; **~ vif** sharp angle; **arrondir** OU **adoucir les ~s** to smooth things over. **-2.** GÉOM angle; **~ aigu/droit/obtus** acute/right/obtuse angle; **la rue fait un ~ droit avec l'avenue** the street is at right angles to the avenue; **~ alterne/interne/plat** alternate/internal/plane angle; **~ ouvert** wide angle; **~ plein** 360 degree angle; **~ adjacents/opposés/supplémentaires** adjacent/opposed/supplementary angles; **~s opposés par le sommet** vertical and opposite angles. **-3.** [aspect] angle, point of view; **je ne vois pas cela sous cet ~** I don't see it quite in that light OU from that angle; **quel que soit l'~ qu'on choisisse, le résultat est le même** you get the same result whichever way you go about it; **sous quel ~ avez-vous abordé le sujet?** how did you approach the subject?; **vu sous l'~ économique/du rendement, cette décision se comprend** from an economic/a productivity point of view, the decision makes sense. **-4.** OPT angle; **~ d'incidence/de réflexion/de réfraction** angle of incidence/of reflection/of refraction; **~ d'ouverture** aperture angle, beam width. **-5.** TECH angle; **~ d'attaque/d'affûtage/de coupe** working/lip/cutting angle. **-6.** MIL: **~ de site** angle of sight, angular height of target; [pour les radars] elevation angle.

◆ **angle mort** *nm* [en voiture] blind spot.

◆ **d'angle** *loc adj* **-1.** CONSTR quoin *(épith)*, cornerstone *(épith)*. **-2.** [placard, table] corner *(épith)*.

Angleterre [ɑ̃glətɛr] *npr f*: **(l')~** England; [Grande-Bretagne] (Great) Britain; **la bataille d'~** the Battle of Britain.

anglican, e [ɑ̃glikɑ̃, an] *adj* & *nm, f* Anglican.

anglicanisme [ɑ̃glikanism] *nm* Anglicanism.

angliche *fam* [ɑ̃gliʃ] ◇ *adj* [d'Angleterre] English; [de Grande-Bretagne] Brit.

◇ *nm, f* [d'Angleterre] Englishman, (*f* Englishwoman); [de Grande-Bretagne] Brit.

anglicisation [ɑ̃glisizasjɔ̃] *nf* anglicization, anglicizing.

angliciser [3] [ɑ̃glisize] *vt* to anglicize.

◆ **s'angliciser** *vpi* to become anglicized.

anglicisme [ɑ̃glisism] *nm* anglicism.

angliciste [ɑ̃glisist] *nmf* **-1.** [étudiant] student of English. **-2.** [enseignant] teacher of English. **-3.** [spécialiste] Anglicist, expert in English language and culture.

anglo- [ɑ̃glo] *préf* anglo-.

anglo-américain, e [ɑ̃glɔamerikɛ̃, ɛn] (*mpl* anglo-américains, *fpl* anglo-américaines) *adj* Anglo-American.

◆ **Anglo-Américain, e** *nm, f* Anglo-American.

◆ **anglo-américain** *nm* LING American English.

anglomane [ɑ̃glɔman] *nmf* Anglomaniac.

anglomanie [ɑ̃glɔmani] *nf* Anglomania.

anglo-normand, e [ɑ̃glɔnɔrmɑ̃, ɑ̃d] (*mpl* anglo-normands, *fpl* anglo-normandes) *adj* **-1.** HIST Anglo-Norman. **-2.** GÉOG of the Channel islands.

◆ **anglo-normand** *nm* LING Anglo-Norman.

anglophile [ɑ̃glɔfil] ◇ *adj* Anglophilic, Anglophiliac.

◇ *nmf* Anglophile.

anglophilie [ɑ̃glɔfili] *nf* Anglophilia.

anglophobe [ɑ̃glɔfɔb] ◇ *adj* Anglophobic.

◇ *nmf* Anglophobe.

anglophobie [ɑ̃glɔfɔbi] *nf* Anglophobia.

anglophone [ɑ̃glɔfɔn] *adj* & *nmf* Anglophone.

anglo-saxon, onne [ɑ̃glɔsaksɔ̃, ɔn] (*mpl* anglo-saxons, *fpl* anglo-saxonnes) *adj* **-1.** [culture, civilisation] Anglo-American, Anglo-Saxon. **-2.** HIST Anglo-Saxon.

◆ **Anglo-Saxon, onne** *nm, f* Anglo-Saxon; **les Anglo-Saxons** [peuples] British and American people; HIST the Anglo-Saxons.

◆ **anglo-saxon** *nm* LING Old English, Anglo-Saxon.

ANGLO-SAXON:

Note that the adjective "anglo-saxon" and the noun "Anglo-Saxon" are often used in French to refer to British and American people, culture, customs etc: "la musique anglo-saxonne", "la littérature anglo-saxonne".

---

angoissant, e [ɑ̃gwasɑ̃, ɑ̃t] *adj* [expérience] distressing, harrowing, agonizing; [nouvelle, livre, film] distressing, nerve-racking; **il a vécu trois jours très ~s** he lived through three nerve-racking days; **j'ai trouvé l'attente très ~e** the wait was a strain on my nerves; **une période ~e** an anxious time.

angoisse [ɑ̃gwas] *nf* [état] anxiety, anguish; **être** OU **vivre dans l'~** to live in (a constant state of) anxiety OU anguish; **l'~ de: l'~ de la mort** the fear of death; **vivre dans l'~ de qqch** to live in dread of OU to dread sthg; **avec elle, je vis dans l'~ d'une fugue** I live in fear that she'll run away; **l'~ de devoir faire un choix** the anguish of having to make a choice ❑ **~ existentielle** (existential) angst; **c'est l'~!** *fam* I dread the very idea!

◆ **angoisses** *nfpl*: **avoir des ~s** to suffer from anxiety attacks.

angoissé, e [ɑ̃gwase] ◇ *adj* [personne] distressed, anxious; [regard] haunted, anguished, agonized; [voix, cri] agonized, anguished; **être ~ avant un examen** to feel nervous OU anxious before an exam.

◇ *nm, f* anxious person; **c'est un grand ~** he's the anxious type OU a terrible worrier.

angoisser [3] [ɑ̃gwase] *vt* to cause anxiety OU anguish, to distress.

Angola [ɑ̃gɔla] *npr m*: **(l') ~** Angola.

angolais, e [ɑ̃gɔlɛ, ɛz] *adj* Angolan.

◆ **Angolais, e** *nm, f* Angolan.

angora [ɑ̃gɔra] ◇ *adj* angora; **chat/chèvre/lapin ~** Angora cat/goat/rabbit; **de la laine ~** angora wool.

◇ *nm* **-1.** [chat, lapin] Angora. **-2.** [laine] angora.

◆ **en angora** *loc adj* angora *(épith)*.

Angoulême [ɑ̃gulɛm] *npr* Angoulême.

angoumoisin, e [ɑ̃gumwazɛ̃, in] *adj* from Angoulême.

◆ **Angoumoisin, e** *nm, f inhabitant of or person from Angoulême*; **les Angoumoisins** the people of Angoulême.

angström [ɑ̃gstrœm] *nm* angstrom.

anguille [ɑ̃gij] *nf* ZOOL eel; **~ de mer/électrique** conger/electric eel; **mince comme une ~** thin as a reed; **souple comme une ~** supple as a reed; **il y a ~ sous roche** there's something fishy going on.

angulaire [ɑ̃gylɛr] *adj* angular.

anguleux, euse [ɑ̃gylø, øz] *adj* [objet] angular; [visage] bony, sharp-featured, angular; [personne] skinny, bony; [esprit, caractère] stiff, angular.

anharmonique [anarmɔnik] *adj* anharmonic.

anhydre [anidr] *adj* anhydrous.

anhydride [anidrid] *nm* anhydride; **~ tellureux** tellurous anhydride.

anicroche [anikrɔʃ] *nf* hitch, snag; **il n'y a pas eu d'~s** there were no hitches, all went smoothly; **il pourrait bien y avoir des ~s** there might well be a few snags OU hitches; **sans ~** without a hitch.

ânier, ère [anje, ɛr] *nm, f* donkey driver.

aniline [anilin] *nf* aniline.

animadversion [animadvɛrsjɔ̃] *nf litt* animadversion, censure.

animal, e, aux [animal, o] *adj* animal; **l'instinct ~** the animal instinct; **il répondit par un grognement ~** he grunted brutishly by way of reply ❑ **échelle ~e** evolutionary ladder; **règne ~** animal kingdom.

◆ **animal, aux** *nm* **-1.** ZOOL animal; **les animaux de la ferme** [dans les livres d'enfants] farm animals; **ils ont vendu tous les animaux de l'exploitation** they sold all the livestock on the farm ❑ **~ familier** OU **domestique** pet; **~ de boucherie** animal bred for meat; **animaux de** laboratoire laboratory animals; **grands animaux** larger animals. -**2.** *fam* [personne] dope, oaf; **c'est qu'il a encore raison, cet ~-là** OU **l'~!** the beggar's right again!; **qu'est-ce qu'il a encore fait, ce grand ~(-là)?** what's that great oaf been up to this time?

animalcule [animalkyl] *nm* animalcule.

animalerie [animalri] *nf* [de laboratoire] breeding farm *(for laboratory animals)*; [magasin] pet shop.

animalier, ère [animalje, ɛr] *adj* animal *(épith)*; **parc ~** wildlife park; **peintre/sculpteur ~** animal painter/sculptor.

◆ **animalier** *nm* -**1.** BX-ARTS animalier. -**2.** [employé] animal keeper *(in a laboratory)*.

animalité [animalite] *nf* animality, animal nature.

animateur, trice [animatœr, tris] *nm, f* -**1.** [responsable - de maison de jeunes, de centre sportif] youth leader, coordinator; [- de groupe] leader; [- d'entreprise, de service] coordinator. -**2.** RAD & TV [gén] presenter; [de jeux, de variétés] host. -**3.** [élément dynamique] moving spirit, driving force. -**4.** CIN animator.

animation [animasjɔ̃] *nf* -**1.** [entrain] life, liveliness, excitement; **mettre un peu d'~ dans une réunion** to liven up a meeting; **son arrivée a créé beaucoup d'~** his arrival caused a great deal of excitement. -**2.** [vivacité] liveliness, vivacity, animation; **elles discutaient de biologie avec ~** they were having a lively discussion about biology. -**3.** [d'un quartier, d'une ville] life; **il y a de l'~ dans les rues le soir** the streets are very lively OU full of life at night. -**4.** [organisation - d'un groupe, d'un service] organization; [- d'un débat] chairing; **chargé de l'~ culturelle** in charge of cultural activities; **responsable de l'~ de l'équipe** responsible for coordinating the team; **faire des ~s dans les supermarchés** to promote products in supermarkets; **organiser des ~s de rue** to organize street shows; **il y aura une petite ~ pour les enfants** some activities will be organized for children. -**5.** CIN animation.

animé, e [anime] *adj* -**1.** [doué de vie] animate; **les êtres ~s** animate beings. -**2.** [doté de mouvement] moving, animated; **les vitrines ~es de Noël** moving OU animated window displays at Christmas. -**3.** [plein de vivacité - personne, discussion] lively, animated; [- marché, ville, quartier] lively; **une discussion ~e** a lively OU spirited discussion; **des rues ~es** bustling OU lively streets. -**4.** LING animate.

animer [3] [anime] *vt* -**1.** [doter de mouvement - mécanisme, robot] to animate, to move, to actuate, to drive; **le piston est animé d'un mouvement de va-et-vient** the piston is driven back and forth. -**2.** [inspirer] to prompt, to drive; **c'est la générosité qui l'anime** he's prompted OU driven by generous feelings; **être animé de** to be driven by; **être animé des meilleures intentions** to have the best of intentions; **être animé d'un nouvel espoir** to be buoyed up by new hope. -**3.** [égayer - soirée, repas] to bring life to, to liven up *(sép)*; [- regard] to light up *(sép)*; **le plaisir animait son visage** his face was lit up with joy; **~ un personnage** to make a character come to life. -**4.** [présenter - mission] to present, to introduce; [- débat] to chair; [- émission d'actualité] to present; [- émission de variétés] to host. -**5.** SPORT: **~ une course** to set the pace for a race.

◆ **s'animer** *vpi* [personne, conversation] to become animated; [quartier, rue, visage, yeux] to come alive; [pantin, poupée] to come to life.

animisme [animism] *nm* animism.

animiste [animist] ◇ *adj* animistic.

◇ *nmf* animist.

animosité [animozite] *nf* animosity, hostility, resentment; **ressentir de l'~ contre qqn** to feel resentment OU hostility towards sb; **une réunion pleine d'~** an acrimonious meeting.

anion [anjɔ̃] *nm* anion.

anionique [anjɔnik] *adj* anionic.

anis [ani(s)] *nm* -**1.** BOT anise. -**2.** CULIN aniseed; **à l'~** aniseed *(épith)*, aniseed-flavoured.

anisé [anize] *adj* anisated, aniseed-flavoured.

aniser [3] [anize] *vt* to flavour with aniseed.

anisette [anizɛt] *nf* anisette.

Anjou [ɑ̃ʒu] *npr m*: (l') ~ Anjou.

Ankara [ɑ̃kara] *npr* Ankara.

ankylose [ɑ̃kiloz] *nf* -**1.** MÉD ankylosis. -**2.** [engourdissement] stiffness, numbness.

ankylosé, e [ɑ̃kiloze] *adj* -**1.** MÉD ankylotic. -**2.** [engourdi] numb; **mon bras est complètement ~** my arm's gone completely numb.

ankyloser [3] [ɑ̃kiloze] *vt* to ankylose.

◆ **s'ankyloser** *vpi* -**1.** MÉD to ankylose. -**2.** [devenir raide - bras, jambe] to become numb; [- personne] to go stiff.

ankylostome [ɑ̃kilɔstɔm] *nm* hookworm.

ankylostomiase [ɑ̃kilɔstɔmjaz] *nf* ankylostomiasis.

annal, e [anal] *adj* valid for one year, yearly.

annales [anal] *nfpl* annals; **rester dans les ~** to go down in history.

annaliste [analist] *nmf* annalist.

annalité [analite] *nf* yearly nature.

annamite [anamit] *adj* Annamese.

◆ **Annamite** *nmf* Annamese.

Annapurna [anapyrna] *npr m*: l' ~ Annapurna.

Anne [an] *npr*: **~ d'Autriche** Anne of Austria; **sainte ~** Saint Anne; **~ Boleyn** Anne Boleyn; **~ de Clèves** Anne of Cleves.

anneau, x [ano] *nm* -**1.** JOAILL ring; **l'~ de ma bague est trop grand** the hoop of my ring is too large; **un simple ~ d'or** a plain band of gold; **en ~, en forme d'~** annular, ring-shaped ❑ **~ épiscopal/nuptial** bishop's/wedding ring; **l'~ du pêcheur** the fisherman's ring. -**2.** [pour rideaux] ring; [maillon] link; [boucle - de ficelle] loop. -**3.** MATH ring. -**4.** BOT & GÉOM annulus. -**5.** ZOOL [d'un ver] metamere, somatite; [enroulement d'un serpent] coil. -**6.** ANAT ring; **~ inguinal/crural** inguinal/crural ring. -**7.** ASTRON ring; **les ~x de Saturne** the rings of Saturn. -**8.** SPORT: **~ de vitesse** [pour patinage] rink; [pour bicyclette] racetrack. -**9.** OPT ring; **~x colorés** coloured rings. -**10.** MUS: **'l'Anneau du Nibelung'** *Wagner* 'The Ring of the Niebelung'.

◆ **anneaux** *nmpl* SPORT rings; JEUX hoopla.

◆ **en anneau** *loc adj* ÉLECTRON ring *(épith)*.

annecien, enne [ansjɛ̃, ɛn] *adj* from Annecy.

◆ **Annecien, enne** *nm, f inhabitant of or person from Annecy*; **les Anneciens** the people of Annecy.

année [ane] *nf* -**1.** [division du calendrier] year; **~ bissextile** leap year; **~ civile** calendar OU civil year. -**2.** [date] year; **~ de fabrication** date OU year of construction; **l'~ 1789** the year 1789. -**3.** [durée] year; **l'~ de référence** the base year; **un travail qui dure toute l'~** a yearlong effort; **d'~ en ~** from year to year; **d'une ~ à l'autre** from one year to the next; **tout au long de l'~, toute l'~** all year long OU round, from one end of the year to the other; **j'ai encore deux ~s à faire** I have two more years to do; **j'ai cinq ~s de métier** I have five years' experience in this field; **entrer dans sa trentième ~** to enter one's thirtieth year; **la première ~ de la guerre** the first year of the war; **les plus belles ~s de ma vie** the best years of my life; **~s d'abondance** prosperous years; **première ~** UNIV first year *Br*, freshman year *Am*; **dernière ~** final year; **c'est une étudiante de troisième ~** she's a third-year student *Br*, she's in her junior year *Am*; **elle est en troisième ~ de médecine** she's in her third year at medical school ❑ **l'~ scolaire/universitaire/judiciaire** the school/academic/judicial year; **l'~ fiscale** the tax year; **prendre une ~ sabbatique** to go on (a) sabbatical; **l'~ sidérale** the sidereal year; **~s de vaches maigres/grasses** *fam* lean/prosperous years. -**4.** [célébration]: **l'~ de** the Year of; **l'~ du Dragon** the Year of the Dragon; **l'~ de l'Enfance** the Year of the Child; **l'~ de la Femme** International Women's Year. -**5.** [nouvel an]: **bonne ~!** happy New Year!; **souhaiter la bonne ~ à qqn** to wish sb a happy New Year; **carte/souhaits de bonne ~** New Year card/wishes.

◆ **années** *nfpl*: **les ~s 60/70** the sixties/seventies ❑ **les Années folles** the roaring twenties.

◆ **à l'année** *loc adv* [louer, payer] annually, on a yearly basis.

année-lumière [anelymjɛr] (*pl* **années-lumière**) *nf* light year; **à des années-lumière de** *fig* light years away from; **mon cousin et moi, nous sommes à des années-lumière l'un de l'autre** my cousin and I are worlds apart; **des gens à des années-lumière de son propre univers** people in a world light years away from his own.

annelé, e [anle] *adj* -**1.** [gén] ringed. -**2.** ARCHIT & BOT annulate, annulated.

anneler [24] [anle] *vt* to ring.

annelet [anlɛ] *nm* -**1.** [anneau] small ring. -**2.** ARCHIT annulet.

annélide [anelid] *nf* annelid; **les ~s** the Annelida.

annexe [anɛks] ◇ *adj* -**1.** [accessoire - tâche, détail, fait] subsidiary, related; [sans importance] minor; **des considérations ~s** side issues; **ne parlons pas de cela, c'est tout à fait ~** let's forget about this, it's very much a minor point OU it's not relevant to the matter in hand. -**2.** JUR additional; **article ~ à un document** additional clause to a document.

◇ *nf* -**1.** [bâtiment] annexe; **l'~ de l'école** the school annexe. -**2.** [supplément] annexe; **mettre qqch en ~ à** to append sthg to; **~ d'un bilan** schedule to a balance sheet ‖ JUR [d'une loi] rider. -**3.** MÉD appendage; **~s de l'utérus** uterine appendages.

annexer [4] [anɛkse] *vt* -**1.** [joindre] to annex, to append; **~ un témoignage à un dossier** to append a testimony to a file. -**2.** HIST & POL to annex.

◆ **s'annexer** *fam vpt*: **s'~ qqch** [le monopoliser] to hog sthg; *euph* [le voler] to filch sthg, to purloin sthg *hum*.

annexion [anɛksjɔ̃] *nf* annexation.

annexionnisme [anɛksjɔnism] *nm* annexationism.

annexionniste [anɛksjɔnist] ◇ *adj* annexational.

◇ *nmf* annexationist.

annihilation [aniilasjɔ̃] *nf* -**1.** [destruction] annihilation, destruction. -**2.** PHYS annihilation.

annihiler [3] [aniile] *vt* [efforts, révolte] to annihilate, to destroy; [personne] to crush, to destroy *fig*.

anniversaire [anivɛrsɛr] ◇ *adj* anniversary *(épith)*; **le jour ~ de leur rencontre** the anniversary of the day they first met.

◇ *nm* [d'une naissance] birthday; **le jour de son ~** on his birthday; **une fête d'~, un ~** a birthday party ‖ [d'un mariage, d'une mort, d'un événement] anniversary.

annonce [anɔ̃s] *nf* -**1.** [nouvelle] notice, notification; **tu as lu l'~ de sa nomination?** did you read the notification of her appointment? ‖ [fait de dire] announcement; **faire une ~** [gén] to make an announcement; **faire l'~ de la sortie d'un disque** to announce the release of a new record. -**2.** [texte publicitaire] advertisement; **mettre** OU **insérer une ~ dans un journal** to put OU to place an advertisement in a paper ❑ **~ judiciaire** advertisement required by law; **~ publicitaire** advertisement; **les petites ~s** [location, vente] classified advertisements; [courrier du cœur] personal ads. -**3.** JEUX declaration; **faire une ~** to declare. -**4.** [présage] portent *litt*, sign; **cet incident était en fait l'~ de la guerre** this incident was really a portent of the forthcoming war.

annoncer [16] [anɔ̃se] *vt* -**1.** [communiquer - renseignement] to announce; [- mauvaise nouvelle] to announce, to break; **je n'ose pas le lui ~** I daren't break it to her; **~ la naissance d'un enfant** to announce the birth of a child; **ils**

annoncent du soleil pour demain sunshine is forecast for tomorrow; on annonce des réductions d'impôts tax reductions have been announced; ~ qqch à qqn to inform sb of OU to tell sb sthg; on m'a annoncé sa mort I was told OU informed of his death; ~ à qqn que to inform sb that; je vous annonce que je me marie I'd like to inform you that I'm getting married; je leur ai annoncé que je m'en allais I told them I was leaving. -**2.** COMM [proposer] to quote; ~ un prix to quote a price. -**3.** [présenter - visiteur] to announce; [- projet, changement] to introduce, to usher in *(sép)*; qui dois-je ~ ? what name shall I say?; se faire ~ to give one's name; ~ un nouveau disque to announce OU to introduce a new record. -**4.** [présager] to announce, to foreshadow, to herald *litt*; sa mine n'annonçait rien de bon his expression did not bode well || [être signe de] to be a sign OU an indication of; le tremblement de ses mains annonçait toujours une violente colère the tremor in his hands was a sure sign of imminent wrath. -**5.** JEUX to declare; ~ la couleur *fam*: j'ai annoncé la couleur, ils savent que je démissionnerai s'il le faut I've laid my cards on the table OU made no secret of it, they know I'll resign if I have to.

◆ **s'annoncer** ◇ *vp (emploi réfléchi)* [prévenir de sa visite] to notify OU to warn (that one will visit); viens quand tu veux, ce n'est pas la peine de t'~ come whenever you like, there's no need to let me know beforehand.

◇ *vpi* [se profiler] to be looming OU on the horizon; une grave crise s'annonce a serious crisis is looming || [dans des constructions attributives]: la journée s'annonce très belle it looks like it's going to be a beautiful day; le vent s'annonce violent it looks as though there's going to be a gale; s'~ bien: cela s'annonce très bien things are looking very promising OU good; mes premiers oraux s'annoncent bien I seem to have done all right in my first orals; s'~ mal: cela s'annonce plutôt mal the picture doesn't look OU isn't too good; voilà un anniversaire qui s'annonce mal it's an inauspicious start to OU a bad way to start a birthday.

annonceur, euse [anɔ̃sœr, øz] *nm,f* [présentateur] announcer.

◆ **annonceur** *nm* [en publicité] advertiser.

annonciateur, trice [anɔ̃sjatœr, tris] *adj* announcing, heralding, foreshadowing; ~ de: bourgeons ~s du printemps buds heralding spring; les secousses annonciatrices d'un tremblement de terre the tremors that are the warning signs of an earthquake; des nuages noirs ~s de pluie black clouds which are the harbingers of rain.

◆ **annonciateur** *nm* -**1.** ÉLECTRON signal; ~ de couplage interlocking signal. -**2.** TÉLÉC annunciator board; ~ de fin de communication supervisory indicator.

Annonciation [anɔ̃sjasjɔ̃] *nf* -**1.** BIBLE: l'~ the Annunciation. -**2.** [fête] Annunciation OU Lady Day.

annotateur, trice [anɔtatœr, tris] *nm, f* annotator.

annotation [anɔtasjɔ̃] *nf* -**1.** [note explicative] annotation. -**2.** [note personnelle] note.

annoter [3] [anɔte] *vt* -**1.** [commenter] to annotate. -**2.** [de remarques personnelles] to write notes on; un livre entièrement annoté a book entirely covered with notes.

annuaire [anɥɛr] *nm* [recueil - d'une association, d'une société] yearbook, annual; [- du téléphone] telephone directory OU book; ~ électronique electronic directory.

annualité [anɥalite] *nf* yearly recurrence; l'~ budgétaire the yearly OU annual voting of the budget.

annuel, elle [anɥɛl] *adj* -**1.** [qui revient chaque année] yearly, annual; congé ~ annual leave; consommation ~le yearly consumption. -**2.** [qui dure un an] annual; une plante ~le an annual.

annuellement [anɥɛlmɑ̃] *adv* annually, yearly, on a yearly basis.

annuité [anɥite] *nf* -**1.** ÉCON annuity; remboursement par ~s repayment by annual payments OU yearly instalments OU annuities. -**2.** [année de service] year.

annulabilité [anylabilite] *nf* [d'un contrat, d'une action] voidableness; [d'une loi, d'un jugement] revocability.

annulable [anylabl] *adj* -**1.** [gén] cancellable, annullable. -**2.** JUR [contrat] voidable, cancellable, revocable; [loi] revocable, repealable.

annulaire [anylɛr] ◇ *adj* -**1.** [circulaire] annular, ring-shaped. -**2.** MÉD annular.

◇ *nm* [doigt] third OU ring finger.

annulatif, ive [anylatif, iv] *adj* revocatory, annulling.

annulation [anylasjɔ̃] *nf* -**1.** [d'un ordre, d'un rendez-vous] cancellation, calling off; [d'une réservation] cancellation; [d'une commande] cancellation, withdrawal; [d'une proposition] withdrawal. -**2.** JUR [d'un décret, d'un acte judiciaire] cancellation, annulment; [d'un contrat] voidance, annulment; [d'un jugement] quashing, nullification; [d'un droit] defeasance; [d'une loi] revocation, rescindment.

annuler [3] [anyle] *vt* -**1.** [ordre, rendez-vous, projet] to cancel, to call off *(sép)*; [réservation] to cancel; [commande] to cancel, to withdraw. -**2.** JUR [contrat] to annul, to render null and void, to invalidate; [loi] to rescind, to revoke; [mariage] to annul; [testament] to set aside *(sép)*, to nullify; [jugement, verdict] to quash; ~ une subvention to withdraw a subsidy.

◆ **s'annuler** *vp (emploi réciproque)* to cancel each other out; les deux forces s'annulent the two forces cancel each other out.

anobli, e [anɔbli] *adj* ennobled.

anoblir [32] [anɔblir] *vt* to ennoble, to confer a title on.

anoblissement [anɔblismɑ̃] *nm* ennoblement.

anode [anɔd] *nf* anode.

anodin, e [anɔdɛ̃, in] *adj* -**1.** [inoffensif] harmless. -**2.** [insignifiant - personne, propos] ordinary, commonplace; [- détail] trifling, insignificant; [- événement] meaningless, insignificant.

anodique [anɔdik] *adj* anodic, anodal, anode *(épith)*; polarisation ~ anodic polarization; pulvérisation/tension ~ anode sputtering/voltage; traitement ~ anodizing.

anodisation [anɔdizasjɔ̃] *nf* anodization.

anodiser [3] [anɔdize] *vt* to anodize.

anodontie [anɔdɔ̃ti] *nf* anodontia.

anomal, e, aux [anɔmal, o] *adj* anomalous.

anomalie [anɔmali] *nf* -**1.** [bizarrerie - d'une expérience, d'une attitude] anomaly; [- d'une procédure, d'une nomination] irregularity. -**2.** ASTRON & LING anomaly. -**3.** BIOL abnormality.

anomie [anɔmi] *nf* anomie.

ânon [anɔ̃] *nm* (ass's) foal, young donkey OU ass.

anone [anɔn] *nf* anonad.

ânonnement [anɔnmɑ̃] *nm* [balbutiement]: les ~s des enfants qui apprennent à lire the faltering tones of children learning to read.

ânonner [3] [anɔne] ◇ *vi* to stammer out one's words; il lisait la Bible en ânonnant he was stumbling through a Bible reading.

◇ *vt* to stumble through; ~ sa leçon to recite one's lesson falteringly; ~ son rôle to stumble through one's lines.

anonymat [anɔnima] *nm* anonymity; conserver OU garder l'~ to remain anonymous; l'~ le plus total est garanti confidentiality is guaranteed.

anonyme [anɔnim] ◇ *adj* -**1.** [sans nom - manuscrit, geste] anonymous; rester ~ to remain unnamed OU anonymous. -**2.** [inconnu - auteur, attaquant] anonymous, unknown; une main ~ avait écrit «beauté» an anonymous hand had written "beauty". -**3.** [sans personnalité - vêtement, meuble] drab, nondescript; [- maison, appartement] anonymous, soulless, drab; perdu dans la foule ~ lost in the crowd.

◇ *nmf* anonym; c'était signé «~» it was signed "anon".

anonymement [anɔnimmɑ̃] *adv* anonymously.

anophèle [anɔfɛl] *nm* anopheles.

anorak [anɔrak] *nm* anorak.

anorexie [anɔrɛksi] *nf* anorexia (nervosa).

anorexigène [anɔrɛksiʒɛn] ◇ *adj* anorectic.

◇ *nm* appetite suppressant.

anorexique [anɔrɛksik] *adj* & *nmf* anorexic.

anormal, e, aux [anɔrmal, o] ◇ *adj* -**1.** [inhabituel - événement] abnormal, unusual, anomalous; [- comportement] abnormal, aberrant; à son âge, c'est ~ it's not normal at his age. -**2.** [non réglementaire] irregular; la procédure que vous avez utilisée est tout à fait ~e it was most irregular for you to proceed in that way. -**3.** [injuste] unfair, unjustified; il est parfaitement ~ qu'ils ne vous aient pas payé it's intolerable that they didn't pay you. -**4.** [handicapé] mentally handicapped. -**5.** BIOL abnormal, anomalous.

◇ *nm, f* mentally handicapped person.

anormalement [anɔrmalmɑ̃] *adv* -**1.** [inhabituellement] unusually, abnormally. -**2.** BIOL abnormally, aberrantly.

anormalité [anɔrmalite] *nf* abnormality.

anoure [anur] *nm* anuran.

anovulatoire [anɔvylatwar] *adj* anovular.

anoxie [anɔksi] *nf* anoxia.

ANPE (*abr de* Agence nationale pour l'emploi) *npr f national employment agency*; s'inscrire à l'~ to sign on.

anse [ɑ̃s] *nf* -**1.** [poignée] handle. -**2.** ÉLECTRON ear. -**3.** GÉOG cove, bight. -**4.** ANAT ansa, loop. -**5.** MÉD snare. -**6.** MATH compound curve.

◆ **en anse de panier** *loc adj* ARCHIT baskethandle *(épith)*.

antagonique [ɑ̃tagɔnik] *adj* antagonistic.

antagonisme [ɑ̃tagɔnism] *nm* antagonism.

antagoniste [ɑ̃tagɔnist] ◇ *adj* antagonistic; les muscles ~s antagonistic muscles.

◇ *nmf* antagonist.

antalgique [ɑ̃talʒik] *adj* & *nm* analgesic.

Antalya [ɑ̃talja] *npr* Antalya.

antan [ɑ̃tɑ̃]

◆ **d'antan** *loc adj* of yesteryear; visiter le Paris d'~ to visit the Paris of yesteryear; mes amis d'~ my erstwhile friends, my friends of bygone days.

Antananarivo [ɑ̃tananarivo] *npr* Antananarivo.

antarctique [ɑ̃tarktik] *adj* Antarctic; le cercle polaire ~ the Antarctic Circle.

◆ **Antarctique** ◇ *npr m* [océan]: l'Antarctique the Antarctic (Ocean).

◇ *npr f* [continent]: (l')Antarctique Antarctica.

antécédence [ɑ̃tesedɑ̃s] *nf* antecedence GEOL.

antécédent, e [ɑ̃tesedɑ̃, ɑ̃t] *adj* -**1.** [précédent - élément] antecedent; [- événement] prior, previous, antecedent; ~ à prior to. -**2.** GÉOL antecedent.

◆ **antécédent** *nm* -**1.** GRAMM, LOGIQUE & MATH antecedent. -**2.** MÉD past OU previous (medical) history.

◆ **antécédents** *nmpl* -**1.** [faits passés] antecedents, past OU previous history; les ~s de l'accusé the past history of the accused. -**2.** MÉD case history.

antéchrist [ɑ̃tekrist] *nm* Antichrist.

antédiluvien, enne [ɑ̃tedilyvjɛ̃, ɛn] *adj* -**1.** BIBLE antediluvian. -**2.** *fam* [vieux] antiquated, ancient; un frigo ~ a fridge (that looks like it's) out of the Ark.

antenne [ɑ̃tɛn] *nf* -**1.** ENTOM antenna, feeler; avoir des ~s *fam* [avoir de l'intuition] to have a sixth sense; [avoir des contacts] to know all the right people. -**2.** ÉLECTRON aerial, antenna; ~ parabolique parabolic antenna. -**3.** RAD & TV: à vous l'~ over to you; être OU passer à l'~ to be on (the air); garder l'~ to stay on the air; rendre l'~ to hand back to the studio; prendre l'~ to come on the air; **sur notre ~** RAD on this frequency OU station; TV on this channel; Antenne 2 *former French state-owned television channel (now called France 2)* ❑ **temps d'~** air time. -**4.** [agence, service] office; **notre ~ à Genève** our agent in Geneva, our Geneva office ❑ **~ chirurgicale** surgical unit.

antépénultième [ɑ̃tepenyltjɛm] *sout* ◇ *adj* antepenultimate; **l'~ fois** the time before last.
◇ *nf* antepenult.

antéposé, e [ɑ̃tepoze] *adj* word-initial, in a word-initial position.

antéposition [ɑ̃tepozisjɔ̃] *nf* word-initial position.

antéprédicatif, ive [ɑ̃tepredikatif, iv] *adj* antepredicative.

antérieur, e [ɑ̃terjœr] *adj* -**1.** [précédent] anterior, prior; **la situation ~e** the previous OU former situation; **une vie ~e** a former life; **~ à** prior to, before; **c'était bien ~ à cette époque** it was long before that time; **la période ~e à la révolution** the period before the revolution; **la période ~e à l'ovulation** the period preceding ovulation. -**2.** [de devant] anterior; **membre ~** forelimb, foreleg. -**3.** LING front *(épith).*
◆ **antérieur** *nm* foreleg, forelimb.

antérieurement [ɑ̃terjœrmɑ̃] *adv* previously; **~ à** prior to, previous to, before.

antériorité [ɑ̃terjɔrite] *nf* -**1.** [d'un événement, d'une action] anteriority, antecedence, precedence. -**2.** GRAMM anteriority.

antérograde [ɑ̃terɔgrad] *adj* anterograde.

anthère [ɑ̃tɛr] *nf* anther.

anthérozoïde [ɑ̃terɔzɔid] *nm* antherozoid.

anthologie [ɑ̃tɔlɔʒi] *nf* anthology.

anthracite [ɑ̃trasit] ◇ *adj inv* charcoal grey, anthracite *(épith) litt.*
◇ *nm* anthracite, hard coal.

anthraciteux, euse [ɑ̃trasitø, øz] *adj* anthracitic.

anthracose [ɑ̃trakoz] *nf* miner's lung, anthracosis *spéc.*

anthrax [ɑ̃trax] *nm* anthrax.

anthropique [ɑ̃trɔpik] *adj* anthropogenic.

anthropobiologie [ɑ̃trɔpɔbjɔlɔʒi] *nf* anthropobiology.

anthropocentrique [ɑ̃trɔpɔsɑ̃trik] *adj* anthropocentric.

anthropocentrisme [ɑ̃trɔpɔsɑ̃trism] *nm* anthropocentrism.

anthropoïde [ɑ̃trɔpɔid] *adj* & *nmf* anthropoid.

anthropologie [ɑ̃trɔpɔlɔʒi] *nf* anthropology.

anthropologique [ɑ̃trɔpɔlɔʒik] *adj* anthropological.

anthropologue [ɑ̃trɔpɔlɔg], **anthropologiste** [ɑ̃trɔpɔlɔʒist] *nmf* anthropologist.

anthropométrie [ɑ̃trɔpɔmetri] *nf* anthropometry.

anthropométrique [ɑ̃trɔpɔmetrik] *adj* anthropometric, anthropometrical.

anthropomorphe [ɑ̃trɔpɔmɔrf] *adj* anthropomorphous, anthropomorphic.

anthropomorphique [ɑ̃trɔpɔmɔrfik] *adj* anthropomorphic.

anthropomorphisme [ɑ̃trɔpɔmɔrfism] *nm* anthropomorphism.

anthroponymie [ɑ̃trɔpɔnimi] *nf* anthroponomy.

anthropophage [ɑ̃trɔpɔfaʒ] ◇ *adj* cannibal *(épith)*, cannibalistic, anthropophagous *spéc.*
◇ *nmf* cannibal, anthropophagite *spéc.*

anthropophagie [ɑ̃trɔpɔfaʒi] *nf* cannibalism, anthropophagy *spéc.*

anthropopithèque [ɑ̃trɔpɔpitɛk] *nm* anthropopithecus.

anthropotechnique [ɑ̃trɔpɔtɛknik] *nf* anthropotechnics *(sg ou pl).*

antiabolitionniste [ɑ̃tiabɔlisjɔnist] ◇ *adj* against the abolition of the death penalty.
◇ *nmf person opposed to the abolition of the death penalty.*

antiacide [ɑ̃tiasid] *adj* -**1.** CHIM antacid. -**2.** TECH acid-fast, acid-resistant.

antiadhésif, ive [ɑ̃tiadezif, iv] *adj* antiadhesive.
◆ **antiadhésif** *nm* antiadhesive.

antiaérien, enne [ɑ̃tiaerjɛ̃, ɛn] *adj* antiaircraft.

anti-âge [ɑ̃tiaʒ] *adj:* **crème ~** anti-ageing cream.

antialcoolique [ɑ̃tialkɔlik] *adj* temperance *(épith)*, anti-alcohol *(avant n).*

antialcoolisme [ɑ̃tialkɔlism] *nm* antialcoholism.

antiallergique [ɑ̃tialɛrʒik] ◇ *adj* antiallergenic.
◇ *nm* antiallergen.

antiasthmatique [ɑ̃tiasmatik] *adj* & *nm* antiasthmatic.

antiatomique [ɑ̃tiatɔmik] *adj* antiatomic, antiradiation.

antiautoritaire [ɑ̃tiɔtɔritɛr] *adj* antiauthoritarian.

antibiogramme [ɑ̃tibjɔgram] *nm* record of bacterial sensitivity to antibiotics.

antibiothérapie [ɑ̃tibjɔterapi] *nf* antibiotic therapy.

antibiotique [ɑ̃tibiɔtik] *adj* & *nm* antibiotic.

antiblocage [ɑ̃tiblɔkaʒ] *adj* antilock.

antibois, e [ɑ̃tibwa, az] *adj* from Antibes.
◆ **Antibois, e** *nm, f inhabitant of or person from Antibes*; **les Antibois** the people of Antibes.

antibourgeois, e [ɑ̃tiburʒwa, az] *adj* antibourgeois.

antibrouillage [ɑ̃tibrujaʒ] *nm* antijamming.

antibrouillard [ɑ̃tibrujar] *adj inv* fog *(épith)*; **phare** OU **dispositif ~** fog lamp *Br* OU light *Am.*

antibruit [ɑ̃tibrɥi] *adj inv* -**1.** [matériau] soundproof. -**2.** ACOUST: **mur ~** antinoise barrier. -**3.** AUT antidrumming, antisqueak.

antibuée [ɑ̃tibɥe] ◇ *adj* demisting, antimisting.
◇ *nm* -**1.** [dispositif] demister. -**2.** [produit] antimist agent, clear vision agent.

anticalcaire [ɑ̃tikalkɛr] *adj* antiliming, antiscale.

anticancéreux, euse [ɑ̃tikɑ̃serø, øz] *adj* -**1.** [centre, laboratoire] cancer *(épith).* -**2.** [médicament] anticancer *(avant n)*, carcinostatic *spéc.*

anticapitaliste [ɑ̃tikapitalist] *adj* anticapitalist.

anticasseurs [ɑ̃tikasœr] *adj inv* → **loi.**

antichambre [ɑ̃tiʃɑ̃br] *nf* anteroom, antechamber; **dans les ~s du pouvoir** on the fringes of power ❑ **faire ~** to wait quietly (to be received).

antichar [ɑ̃tiʃar] *adj* antitank.

antichoc [ɑ̃tiʃɔk] *adj* shockproof.

anticipation [ɑ̃tisipasjɔ̃] *nf* -**1.** [prévision] anticipation; **~ des résultats** anticipation OU forecasting of the results. -**2.** COMM: **~ de paiement** [somme] advance payment; [action] paying in advance. -**3.** [science-fiction] science-fiction.
◆ **d'anticipation** *loc adj* -**1.** [roman, film] science-fiction *(épith)*, futuristic. -**2.** COMM & FIN: **achat d'~** hedge purchase.
◆ **par anticipation** ◇ *loc adj* FIN advance *(épith)*; **paiement par ~** advance payment.
◇ *loc adv* [payer, régler] in advance.

anticipé, e [ɑ̃tisipe] *adj* -**1.** [avant la date prévue - retraite, départ] early; **faire le règlement ~ d'une facture** to pay a bill in advance. -**2.** [fait à l'avance]: **avec nos remerciements ~s** thanking you in advance OU anticipation.

anticiper [3] [ɑ̃tisipe] *vt* -**1.** COMM & FIN: **~ un paiement** to pay a bill OU to settle in advance. -**2.** [prévoir] to anticipate, to think ahead; **il a bien anticipé la réaction de son adversaire** he anticipated OU foresaw his opponent's reaction.
◆ **anticiper sur** *v + prép:* **~ sur ce qui va se passer** [deviner] to guess what's going to happen; [raconter] to explain what's going to happen || *(en usage abs)*: **mais j'anticipe!** but I'm getting ahead of myself!; **n'anticipons pas!** let's just wait and see!, all in good time!

anticlérical, e, aux [ɑ̃tiklerikal, o] *adj* & *nm, f* anticlerical.

anticléricalisme [ɑ̃tiklerikalism] *nm* anticlericalism.

anticlinal, e, aux [ɑ̃tiklinal, o] *adj* anticlinal.
◆ **anticlinal, aux** *nm* anticline.

anticoagulant, e [ɑ̃tikoagylɑ̃, ɑ̃t] *adj* -**1.** MÉD anticoagulating. -**2.** CHIM anticlotting.
◆ **anticoagulant** *nm* -**1.** MÉD anticoagulant. -**2.** CHIM anticlotting agent.

anticolonialisme [ɑ̃tikɔlɔnjalism] *nm* anticolonialism.

anticolonialiste [ɑ̃tikɔlɔnjalist] *adj* & *nmf* anticolonialist.

anticommunisme [ɑ̃tikɔmynism] *nm* anticommunism; **~ primaire** crude anticommunism.

anticommuniste [ɑ̃tikɔmynist] *adj* & *nmf* anticommunist.

anticonceptionnel, elle [ɑ̃tikɔ̃sɛpsjɔnɛl] *adj* contraceptive, birth-control *(épith).*

anticoncurrentiel, elle [ɑ̃tikɔ̃kyrɑ̃sjɛl] *adj* anticompetitive.

anticonformisme [ɑ̃tikɔ̃fɔrmism] *nm* nonconformism.

anticonformiste [ɑ̃tikɔ̃fɔrmist] *adj* & *nmf* nonconformist.

anticonjoncturel, elle [ɑ̃tikɔ̃ʒɔ̃ktyrɛl] *adj* corrective ECON.

anticonstitutionnel, elle [ɑ̃tikɔ̃stitysjɔnɛl] *adj* unconstitutional.

anticonstitutionnellement [ɑ̃tikɔ̃stitysjɔnɛlmɑ̃] *adv* unconstitutionally.

anticorps [ɑ̃tikɔr] *nm* antibody.

anticorrosion [ɑ̃tikɔrozjɔ̃] *adj inv* anticorrosive, antistain.

anticyclonal, e, aux [ɑ̃tisiklɔnal, o] = **anticyclonique.**

anticyclone [ɑ̃tisiklon] *nm* anticyclone.

anticyclonique [ɑ̃tisiklɔnik] *adj* anticyclonic.

antidate [ɑ̃tidat] *nf* antedate.

antidater [3] [ɑ̃tidate] *vt* to antedate, to predate.

antidéflagrant, e [ɑ̃tideflagrɑ̃, ɑ̃t] *adj* explosion-proof.

antidémocratique [ɑ̃tidemɔkratik] *adj* antidemocratic.

antidépresseur [ɑ̃tidepresœr] *adj m* & *nm* antidepressant.

antidérapant, e [ɑ̃tiderapɑ̃, ɑ̃t] *adj* -**1.** [surface, tapis] nonslip. -**2.** AUT nonskid, antiskid.
◆ **antidérapant** *nm* slide preserver.

antidétonant, e [ɑ̃tidetɔnɑ̃, ɑ̃t] *adj* antiknock *(avant n).*
◆ **antidétonant** *nm* antiknock (compound).

antidiphtérique [ɑ̃tidifterik] *adj* diphtheria *(épith)*; **sérum ~** diphtheria serum.

antidiurétique [ɑ̃tidjyretik] *adj* & *nm* antidiuretic.

antidopage [ɑ̃tidɔpaʒ], **antidoping** [ɑ̃tidɔpiŋ] *adj inv*: **contrôle/mesure ~** drug detection test/measure.

antidote [ɑ̃tidɔt] *nm* antidote; **l'~ de l'arsenic** the antidote to arsenic; **un ~ contre la tristesse** a remedy for sadness.

antidrogue [ɑ̃tidrɔg] *adj inv* drug-prevention *(épith).*

antiéconomique [ɑ̃tiekɔnɔmik] *adj* contrary to economic principles, uneconomic.

anti-effraction [ɑ̃tiefraksjɔ̃] *adj* [dispositif] burglarproof.

antiémétique [ɑ̃tiemetik], **antiémétisant, e** [ɑ̃tiemetizɑ̃, ɑ̃t] *adj* & *nm* antemetic.

antienne [ɑ̃tjɛn] *nf* -**1.** RELIG antiphon. -**2.** *fig* refrain.

antienzyme [ɑ̃tiɑ̃zim] *nf* antienzyme.

antiesclavagiste [ɑ̃tiɛsklavaʒist] ◇ *adj* antislavery; [aux États-Unis] abolitionist.
◇ *nmf* opponent of slavery; [aux États-Unis] abolitionist.

antiétatique [ɑ̃tietatik] *adj* opposed to state intervention.

antifading [ɑ̃tifediŋ] *nm* automatic gain control.

antifasciste [ɑ̃tifaʃist] *adj* & *nmf* antifascist.

antiferromagnétisme [ɑ̃tifɛromaɲetism] *nm* antiferromagnetism.

antifongique [ɑ̃tifɔ̃ʒik] *adj* antifungal, fungicidal.

antifriction [ɑ̃tifriksjɔ̃] *adj inv* antifriction, antiattrition.

anti-g [ɑ̃tiʒe] *adj inv* anti-G.

antigang [ɑ̃tigɑ̃g] *adj*: **brigade ~** ≃ serious crimes squad.

antigel [ɑ̃tiʒɛl] *nm* -**1.** AUT antifreeze. -**2.** CHIM antigel.

antigène [ɑ̃tiʒɛn] *nm* antigen.

antigivrant, e [ɑ̃tiʒivrɑ̃, ɑ̃t] *adj* anti-ice *(avant n)*.

◆ **antigivrant** *nm* anti-icer.

antiglisse [ɑ̃tiglis] *adj inv* antislip, nonslip.

Antigone [ɑ̃tigɔn] *npr* Antigone.

antigouvernemental, e, aux [ɑ̃tiguvɛrnəmɑ̃tal, o] *adj* antigovernment *(avant n)*.

antigrève [ɑ̃tigrɛv] *adj inv* anti-strike.

Antigua [ɑ̃tigwa] *npr* Antigua; ~ **et Barbuda** Antigua and Barbuda.

antihausse [ɑ̃tios] *adj inv* regulating price increases.

antihéros [ɑ̃tiero] *nm* antihero.

antihistaminique [ɑ̃tiistaminik] *nm* antihistamine.

antihygiénique [ɑ̃tiiʒjenik] *adj* unhygienic.

anti-impérialisme [ɑ̃tiɛ̃perjalism] (*pl* anti-impérialismes) *nm* anti-imperialism.

anti-impérialiste [ɑ̃tiɛ̃perjalist] (*pl* anti-impérialistes) *adj* & *nmf* anti-imperialist.

anti-inflammatoire [ɑ̃tiɛ̃flamatwar] (*pl* anti-inflammatoires) ◇ *adj* anti-inflammatory.

◇ *nm* anti-inflammatory agent.

anti-inflationniste [ɑ̃tiɛ̃flasjɔnist] (*pl* anti-inflationnistes) *adj* anti-inflationary.

antillais, e [ɑ̃tijɛ, ɛz] *adj* West Indian.

◆ **Antillais, e** *nm, f* West Indian.

Antilles [ɑ̃tij] *npr fpl*: **les ~** the Antilles, the West Indies; **aux ~** in the West Indies; **les Grandes/Petites ~** the Greater/Lesser Antilles; **les ~ françaises/néerlandaises** the French/Dutch West Indies.

antilogarithme [ɑ̃tilɔgaritm] *nm* antilogarithm.

antilope [ɑ̃tilɔp] *nf* antelope.

antimaçonnique [ɑ̃timasɔnik] *adj* antimasonic.

antimatière [ɑ̃timatjɛr] *nf* antimatter.

antimilitarisme [ɑ̃timilitarism] *nm* antimilitarism.

antimilitariste [ɑ̃timilitarist] *adj* & *nmf* antimilitarist.

antimissile [ɑ̃timisil] *adj inv* antimissile.

antimite [ɑ̃timit] ◇ *adj inv*: **boules ~** mothballs; **produit ~** moth repellent.

◇ *nm* mothproofing agent, moth repellent.

antimitotique [ɑ̃timitɔtik] *adj* & *nm* antimitotic.

antimoine [ɑ̃timwan] *nm* antimony.

antimonarchique [ɑ̃timɔnarʃik] *adj* antimonarchical.

antinataliste [ɑ̃tinatalist] *adj*: **une politique/décision ~** a policy/decision aimed at reducing the birth rate.

antinational, e, aux [ɑ̃tinasjɔnal, o] *adj* antinational.

antinazi, e [ɑ̃tinazi] *adj* & *nm, f* anti-Nazi.

antineutron [ɑ̃tinøtrɔ̃] *nm* antineutron.

antinévralgique [ɑ̃tinevralʒik] *adj* antineuralgic.

antinomie [ɑ̃tinɔmi] *nf* antinomy.

antinomique [ɑ̃tinɔmik] *adj* antinomic.

antinucléaire [ɑ̃tinykleɛr] ◇ *adj* antinuclear.

◇ *nmf* supporter of antinuclear policies.

Antioche [ɑ̃tjɔʃ] *npr* Antioch.

Antiope [ɑ̃tjɔp] *npr information system available via the French television network*, ≃ Teletext® *Br*.

antioxydant [ɑ̃tiɔksidɑ̃] *nm* antioxidant, oxidation inhibitor.

antipaludéen, enne [ɑ̃tipalydeɛ̃, ɛn], **antipaludique** [ɑ̃tipalydik] *adj* & *nm* antimalarial, antipaludal.

antipape [ɑ̃tipap] *nm* antipope.

antiparallèle [ɑ̃tiparalɛl] *adj* antiparallel.

antiparasite [ɑ̃tiparazit] ◇ *adj inv* anti-interference.

◇ *nm* interference suppressor, interference eliminator, noise blanker *Br*.

antiparasiter [3] [ɑ̃tiparazite] *vt* to suppress interference.

antiparlementaire [ɑ̃tiparləmɑ̃tɛr] *adj* antiparliamentary.

antiparlementarisme [ɑ̃tiparləmɑ̃tarism] *nm* antiparliamentarism.

antiparti [ɑ̃tiparti] *adj inv* antiparty.

antiparticule [ɑ̃tipartikyl] *nf* antiparticle.

antipathie [ɑ̃tipati] *nf* antipathy; **éprouver de l'~ pour qqn** to dislike sb.

antipathique [ɑ̃tipatik] *adj* unpleasant; **je le trouve assez ~, il m'est plutôt ~** I don't like him much.

antipatriotique [ɑ̃tipatriɔtik] *adj* unpatriotic.

antipelliculaire [ɑ̃tipɛlikylɛr] *adj* antidandruff.

antipersonnel [ɑ̃tipɛrsɔnɛl] *adj inv* antipersonnel.

antiphonaire [ɑ̃tifɔnɛr] *nm* antiphonary.

antiphrase [ɑ̃tifraz] *nf* antiphrasis.

◆ **par antiphrase** *loc adv*: **parler par ~** to express o.s. in a paradoxical way.

antipode [ɑ̃tipɔd] *nm* antipode; **les ~s** the antipodes; **la Nouvelle-Zélande est aux ~s de la France** New Zealand is at the opposite point of the globe from France; **c'est à l'~ de ce que je pensais** it's light-years away from what I imagined; **nous sommes aux ~s l'un de l'autre** we are light-years away from each other OU poles apart.

antipoison [ɑ̃tipwazɔ̃] *adj inv*: **centre ~** emergency poisons unit; **service téléphonique ~** poison emergency telephone service.

antipoliomyélitique [ɑ̃tipɔljomjelitik] *adj* antipolio, polio *(épith)*.

antipollution [ɑ̃tipɔlysjɔ̃] *adj inv* antipollution; **contrôle/mesure ~** pollution control/measure.

antiprotectionniste [ɑ̃tiprɔteksjɔnist] ◇ *adj* antiprotectionist, free trade *(épith)*.

◇ *nmf* antiprotectionist, free-trader.

antiproton [ɑ̃tiprɔtɔ̃] *nm* antiproton.

antipsychiatrie [ɑ̃tipsikjatri] *nf* antipsychiatry.

antipsychiatrique [ɑ̃tipsikjatrik] *adj* antipsychiatric.

antipsychotique [ɑ̃tipsikɔtik] *adj* antipsychotic.

antiputride [ɑ̃tipytrid] *adj* antiputrefactive.

antipyrétique [ɑ̃tipiretik] *adj* antipyretic, antifebrile, antithermic.

antipyrine [ɑ̃tipirin] *nf* antipyrine.

antiquaille [ɑ̃tikaj] *nf péj* (worthless) antique, piece of bric-a-brac.

antiquaire [ɑ̃tikɛr] *nmf* antique dealer.

antique [ɑ̃tik] ◇ *adj* -**1.** [d'époque - meuble, bijou, châle] antique, old. -**2.** *(avant le n)* [démodé] antiquated, ancient; **un ~ frigo** *fam* an ancient fridge.

◇ *nm*: **l'~** [œuvres] antiquities; [art] antique art.

antiquité [ɑ̃tikite] *nf* -**1.** [objet] antique; **des ~s** antiques, antiquities; **sa voiture, c'est une ~!** *fig* & *hum* his car is an old wreck OU an antique! -**2.** [période]: **l'~** ancient times, antiquity; **l'Antiquité (grecque et romaine)** Ancient Greece and Rome. -**3.** [ancienneté] antiquity, great age.

◆ **antiquités** *nfpl* BX-ARTS antique art.

◆ **de toute antiquité** *loc adv* from time immemorial.

antirabique [ɑ̃tirabik] *adj* anti-rabies.

antirachitique [ɑ̃tiraʃitik] *adj* antirachitic.

antiracisme [ɑ̃tirasism] *nm* antiracism.

antiraciste [ɑ̃tirasist] *adj* & *nmf* antiracist.

antiradar [ɑ̃tiradar] *adj inv* antiradar.

antirationnel, elle [ɑ̃tirasjɔnɛl] *adj* antirational.

antireflet [ɑ̃tirəflɛ] *adj inv* coated, bloomed *spéc*.

antiréglementaire [ɑ̃tirɛgləmɑ̃tɛr] *adj* against regulations.

antireligieux, euse [ɑ̃tirəliʒjø, øz] *adj* antireligious.

antirépublicain, e [ɑ̃tirepyblikɛ̃, ɛn] *adj* & *nm, f* antirepublican.

antirides [ɑ̃tirid] *adj*: **crème ~** anti-wrinkle cream.

antiroman [ɑ̃tirɔmɑ̃] *nm* anti-novel.

antirouille [ɑ̃tiruj] ◇ *adj inv* antirust, rust-resistant.

◇ *nm* rust preventive, rust inhibitor.

antiroulis [ɑ̃tiruli] *adj* anti-roll.

antisatellite [ɑ̃tisatɛlit] *adj inv* antisatellite.

antiscorbutique [ɑ̃tiskɔrbytik] *adj* antiscorbutic.

antisèche [ɑ̃tisɛʃ] *nm* OU *nf arg scol* crib, cheat sheet *Am*.

antiségrégationniste [ɑ̃tisegregasjɔnist] *adj* & *nmf* antisegregationist.

antisémite [ɑ̃tisemit] ◇ *adj* anti-Semitic.

◇ *nmf* anti-Semite.

antisémitisme [ɑ̃tisemitism] *nm* anti-Semitism.

antisepsie [ɑ̃tisɛpsi] *nf* antisepsis.

antiseptique [ɑ̃tisɛptik] *adj* & *nm* antiseptic.

antisismique [ɑ̃tisismik] *adj* antiseismic.

antisocial, e, aux [ɑ̃tisɔsjal, o] *adj* antisocial.

anti-sous-marin, e [ɑ̃tisumarɛ̃, in] (*mpl* anti-sous-marins, *fpl* anti-sous-marines) *adj* antisubmarine.

antisoviétique [ɑ̃tisɔvjetik] *adj* anti-Soviet.

antispasmodique [ɑ̃tispasmɔdik] *adj* & *nm* antispasmodic.

antisportif, ive [ɑ̃tispɔrtif, iv] *adj* -**1.** [hostile au sport] antisport. -**2.** [contraire à l'esprit sportif] unsporting, unsportsmanlike.

antistatique [ɑ̃tistatik] *adj* antistatic.

antisyndical, e, aux [ɑ̃tisɛ̃dikal, o] *adj* antiunion.

antitabac [ɑ̃titaba] *adj inv* antitobacco, anti-smoking.

antiterroriste [ɑ̃titɛrɔrist] *adj* antiterrorist.

antitétanique [ɑ̃titetanik] *adj* antitetanic.

antithèse [ɑ̃titɛz] *nf* antithesis.

antithétique [ɑ̃titetik] *adj* antithetical, antithetic.

antithyroïdien, enne [ɑ̃titirɔidjɛ̃, ɛn] *adj* antithyroid.

antitoxine [ɑ̃titɔksin] *nf* antitoxin.

antitoxique [ɑ̃titɔksik] *adj* antitoxic.

antitrust [ɑ̃titrœst] *adj inv* anti-monopoly *Br*, antitrust *Am*.

antituberculeux, euse [ɑ̃titybɛrkylø, øz] *adj* antitubercular, antituberculous.

antitussif, ive [ɑ̃titysif, iv] *adj* antitussive; **produit/comprimé ~** cough preparation/tablet.

antiunitaire [ɑ̃tiynitɛr] *adj* antiunity.

antivariolique [ɑ̃tivarjɔlik] *adj* antivariolar.

antivénéneux, euse [ɑ̃tivenenø, øz] *adj* antidotal.

antivénérien, enne [ɑ̃tivenerjɛ̃, ɛn] *adj* antivenereal.

antivenimeux, euse [ɑ̃tivənimø, øz] *adj* antivenin.

antiviral, e, aux [ɑ̃tiviral, o] *adj* antiviral.

◆ **antiviral, aux** *nm* antiviral.

antivol [ɑ̃tivɔl] ◇ *adj inv* antitheft.

◇ *nm* -**1.** AUT theft protection; [sur la direction] steering (wheel) lock. -**2.** [de vélo] (bicycle) lock.

Antoine [ɑ̃twan] *npr*: **saint ~** Saint Anthony; **~ de Padoue** Anthony of Padua; **(Marc) ~** (Mark) Anthony.

antonomase [ɑ̃tɔnɔmaz] *nf* antonomasia.

antonyme [ɑ̃tɔnim] *nm* antonym.
antonymie [ɑ̃tɔnimi] *nf* antonymy.
antre [ɑ̃tr] *nm* -1. [abri] cavern, cave. -2. [repaire - d'un fauve, d'un ogre] lair, den; [- d'un brigand] hide-out. -3. [bureau] den. -4. ANAT antrum.
anus [anys] *nm* anus.
anuscopie [anyskɔpi] *nf* anoscopy.
Anvers [ɑ̃vɛr(s)] *npr* Antwerp.
anversois, e [ɑ̃vɛrswa, az] *adj* from Antwerp.
◆ **Anversois, e** *nm, f inhabitant of or person from Antwerp*: les Anversois the people of Antwerp.
anxiété [ɑ̃ksjete] *nf* anxiety, worry; **attendre qqch dans l'**~ to wait for sthg with anxiety; **être en proie à l'**~ to be distressed OU worried.
anxieusement [ɑ̃ksjøzmɑ̃] *adv* anxiously, worriedly; **ils se regardèrent** ~ they exchanged worried looks.
anxieux, euse [ɑ̃ksjø, øz] ◇ *adj* [inquiet - attente] anxious; [- regard, voix, personne] anxious, worried; ~ **de** anxious OU impatient to.
◇ *nm, f* worrier; **c'est un grand** ~ he's the anxious type.
anxiogène [ɑ̃ksjɔʒɛn] *adj* anxiety-provoking.
anxiolytique [ɑ̃ksjɔlitik] ◇ *adj* anxiolitic.
◇ *nm* tranquillizer.
AOC *abr écrite de* **appellation d'origine contrôlée.**
A-OF (*abr de* **Afrique-Occidentale française**) *npr f* FWA.
aoriste [aɔrist] *nm* aorist.
aorte [aɔrt] *nf* aorta.
aortique [aɔrtik] *adj* aortic, aortal.
aortite [aɔrtit] *nf* aortitis.
Aoste [aost] *npr* Aosta.
août [u(t)] *nm* August; **la nuit du 4** ~ **1789** *the night during which feudal privileges were abolished by the 'Assemblée Constituante' (considered to be one of the starting points of the French Revolution)*.
aoûtat [auta] *nm* harvest mite, chigger *Am*, redbug *Am*.
aoûtien, enne [ausjɛ̃, ɛn] *nm, f* August holidaymaker *Br* OU vacationer *Am*.
apache[1] [apaʃ] *adj* Apache.
◆ **Apaches** *npr mpl* Apaches, Apache *(pl)*.
apache[2] [apaʃ] *nm vieilli* hooligan *(in turn-of-the century Paris)*.
apaisant, e [apɛzɑ̃, ɑ̃t] *adj* -1. [qui calme la douleur] soothing, calming. -2. [qui calme la colère] pacifying, mollifying.
apaisement [apɛzmɑ̃] *nm* [fait de calmer]: **l'**~ **d'une soif/d'un désir** quenching a thirst/a desire; **l'**~ **de la faim** assuaging hunger; **l'**~ **de son chagrin** soothing OU alleviating his pain; **attendre l'**~ **d'une tempête** to wait for a storm to abate; **j'attendais l'**~ **de ses colères** I would wait for him to calm down after his angry outbursts || [fait de se calmer] quietening down; **chercher l'**~ **auprès de qqn** to go to sb for reassurance.
◆ **apaisements** *nmpl* [paroles] assurances; **donner des** ~**s à qqn** to give sb assurances.
apaiser [4] [apeze] *vt* [calmer - opposants, mécontents] to calm down *(sép)*, to pacify, to appease; [- douleur, chagrin] to soothe, to alleviate, to lessen; [- faim] to assuage; ~ **les esprits** to calm things down; **son visage était enfin apaisé** [par la mort] her face bore a look of peace at last.
◆ **s'apaiser** *vpi* [se calmer - personne] to calm down; [- bruit, dispute, tempête, vent] to die down, to subside; [- colère, chagrin, douleur] to subside, to fade; [- faim] to be assuaged.
apanage [apanaʒ] *nm* prerogative, privilege; **avoir l'**~ **de qqch** to have a monopoly on sthg; **être l'**~ **de qqn** to be sb's privilege.
aparté [aparte] *nm* -1. [discussion] private conversation. -2. THÉÂT aside.
◆ **en aparté** *loc adv* as an aside; **dire qqch (à qqn) en** ~: **il me l'a dit en** ~ he took me aside to tell me.
apartheid [apartɛd] *nm* apartheid.
apathie [apati] *nf* apathy, listlessness.
apathique [apatik] *adj* apathetic, listless.
apathiquement [apatikmɑ̃] *adv* apathetically, listlessly.
apatride [apatrid] ◇ *adj* stateless.
◇ *nmf* stateless person.
Apennin [apenɛ̃] *npr m*: **l'** ~, **les** ~**s** the Apennines.
aperception [apɛrsɛpsjɔ̃] *nf* apperception.
apercevoir [52] [apɛrsəvwar] *vt* -1. [voir brièvement] to glimpse, to catch sight of; **il était pressé, je n'ai fait que l'**~ he was in a hurry, so I just caught a glimpse of him. -2. [distinguer] to make out *(sép)*; **on apercevait le phare au loin** you could (just) make out the lighthouse in the distance. -3. [remarquer] to see, to notice, to perceive; **elle seule avait aperçu la contradiction** she alone had noticed the contradiction.
◆ **s'apercevoir** ◇ *vp (emploi réfléchi)* to catch sight of o.s.
◇ *vp (emploi réciproque)* to catch a glimpse of one another.
◆ **s'apercevoir de** *vp + prép* -1. [remarquer] to notice, to see; **il ne s'est aperçu de rien** he didn't notice OU see anything; **la couleur est différente mais on s'en aperçoit à peine** the shade isn't the same but you can hardly see it OU it's hardly noticeable. -2. [comprendre] to become aware of, to realize; **sans s'en** ~ inadvertently, without realizing it; **s'**~ **que** to realize OU to understand that; **je m'aperçois que c'est plus difficile que je ne croyais** I now realize it's more difficult than I thought; **il s'en est aperçu peu à peu** it gradually dawned on him.
aperçu [apɛrsy] *nm* outline, idea; **un** ~ **de la situation** a fair idea OU an outline of the situation; **un** ~ **du sujet en deux mots** a quick survey OU a brief outline of the subject.
apériodique [aperjɔdik] *adj* aperiodic.
apéritif, ive [aperitif, iv] *adj*: **faire une promenade apéritive** to take a walk to work up an appetite; **prendre une boisson apéritive** to have an aperitif.
◆ **apéritif** *nm* drink, aperitif; **venez à 19 h pour l'**~ come round for drinks at 7p.m.

L'APÉRITIF:
In France, the "apéritif" or "apéro" is an informal social ritual. It is quite usual to invite people for before-dinner drinks without actually providing dinner, or to arrange to meet someone in a café "pour l'apéritif" before going out for a meal.

---

apéro *fam* [apero] *nm* aperitif, drink *(before a meal)*.
aperture [apɛrtyr] *nf* aperture PHON.
apesanteur [apəzɑ̃tœr] *nf* weightlessness.
apétale [apetal] ◇ *adj* apetalous.
◇ *nf* apetalous plant.
à-peu-près [apøprɛ] *nm inv* -1. [approximation] approximation; **dans votre devoir, on ne vous demande pas d'**~ your homework answers should be very specific. -2. *vieilli* [plaisanterie] dreadful pun.
apeurer [5] [apœre] *vt* to frighten, to scare, to alarm.
apex [apɛks] *nm* -1. ANAT, ASTRON & SC apex. -2. [accent] macron.
aphasie [afazi] *nf* aphasia.
aphasique [afazik] *adj* & *nmf* aphasic.
aphélie [afeli] *nm* aphelion.
aphérèse [aferɛz] *nf* aphaeresis.
aphidien [afidjɛ̃] *nm* aphis, aphid.
aphone [afɔn] *adj* -1. [sans voix] hoarse; **j'étais complètement** ~ I'd lost my voice; **il est devenu** ~ **tellement il a crié** he's shouted himself hoarse. -2. MÉD aphonic.
aphonie [afɔni] *nf* aphonia.
aphorisme [afɔrism] *nm* aphorism.
aphrodisiaque [afrɔdizjak] *adj* & *nm* aphrodisiac.
Aphrodite [afrɔdit] *npr* Aphrodite.
aphte [aft] *nm* mouth ulcer, aphtha *spéc*.
aphteux, euse [aftø, øz] *adj* aphthous.
api [api] *nm*: **pomme d'**~ *variety of small, sweet apple*.
API (*abr de* **alphabet phonétique international**) *nm* IPA.
à-pic [apik] *nm inv* steep rock face, sheer cliff.
apical, e, aux [apikal, o] *adj* apical.
◆ **apicale** *nf* apical consonant.
apicole [apikɔl] *adj* beekeeping *(épith)*, apiarian *spéc*.
apiculteur, trice [apikyltœr, tris] *nm, f* beekeeper, apiculturist *spéc*, apiarist *spéc*.
apiculture [apikyltyr] *nf* beekeeping, apiculture *spéc*.
apitoiement [apitwamɑ̃] *nm* pity, compassion; **pas d'**~! no pity!
apitoyer [13] [apitwaje] *vt* to arouse the pity of; **il veut m'**~ he's trying to make me feel sorry for him OU to arouse my sympathy.
◆ **s'apitoyer sur** *vp + prép*: **s'**~ **sur qqn** to feel for OU to pity sb; **s'**~ **sur son sort** to wallow in self-pity.
ap. J.-C. (*abr écrite de* **après Jésus-Christ**) AD.
APL *nf abr de* **aide personnalisée au logement.**
aplacentaire [aplasɛ̃tɛr] ◇ *adj* aplacental.
◇ *nm* aplacental animal.
aplanir [32] [aplanir] *vt* -1. [niveler - terrain] to level (off), to grade; [- surface] to smooth, to level off *(sép)*. -2. *fig* [difficulté] to smooth out OU over *(sép)*; ~ **des obstacles** to remove obstacles.
◆ **s'aplanir** *vpi* -1. [surface] to level out OU off. -2. [difficulté, obstacle]: **les difficultés se sont peu à peu aplanies** the difficulties gradually smoothed themselves out.
aplanissement [aplanismɑ̃] *nm* -1. [d'un jardin, d'une planche] levelling (off); **nous lui devons l'**~ **de toutes nos difficultés** *fig* we have her to thank for ironing out all our problems. -2. GÉOL peneplanation.
aplat, à-plat [apla] (*pl* **à-plats**) *nm* [couleur] flat tint, solid colour.
aplati, e [aplati] *adj* flattened; **la Terre est** ~**e aux pôles** the Earth is oblate.
aplatir [32] [aplatir] *vt* -1. [rendre plat - tôle, verre, surface] to flatten (out); [- métal] to beat flat; [- terre, sol] to roll, to crush; [- rivet] to clench, to close; [- couture, pli] to press (flat), to smooth (out); [- cheveux] to smooth OU to plaster down *(sép)*; **aplatissez le morceau de pâte avec votre main** flatten out OU down the piece of dough with your hand. -2. [écraser] to flatten, to squash, to crush; ~ **son nez contre la vitre** to flatten OU to squash one's nose against the window. -3. *fam* [vaincre] to crush, to flatten; **encore un mot et je t'aplatis!** one more word and I'll flatten you! -4. SPORT to touch down; ~ **le ballon** to touch the ball down; ~ **un essai** to score a try.
◆ **s'aplatir** *vpi* -1. [être plat] to be flat; **son crâne s'aplatit au sommet** his head is flat at the top || [devenir plat] to flatten (out), to become flat; **après la rivière, le relief commence à s'**~ the contours flatten out OU get flatter beyond the river. -2. [se coller] to flatten o.s.; **s'**~ **par terre** to lie flat on the ground; **s'**~ **contre le mur** to flatten o.s. against the wall; **aplatissez-vous contre la voiture** press yourself flat against the car. -3. *fam* [être projeté] to go crashing into; **sa voiture s'est aplatie contre un arbre** his car wrapped itself around a tree. -4. *fam* [s'humilier] to grovel, to fawn; **s'**~ **devant le patron** to go crawling to the boss ❑ **s'**~ **comme une crêpe** to crawl, to creep *Br*, to cringe.
aplatissement [aplatismɑ̃] *nm* -1. ASTRON & GÉOM: **l'**~ **de la Terre** the flattening of the Earth; **l'**~ **d'une courbe** the oblateness of a curve. -2. [fait de rendre plat] flattening. -3. *fam* [servilité] crawling, fawning.
aplatisseur [aplatisœr] *nm* roller crusher.
aplomb [aplɔ̃] *nm* -1. [verticalité] perpendicularity; **à l'**~ **de** [au-dessus de] directly above; [au-dessous de] directly below. -2. [confiance en

soi] aplomb; **avoir de l'~** to be self-possessed, to be composed; **répondre avec ~** to answer with self-assurance OU self-possession OU aplomb || *péj* [insolence] nerve; **avoir l'~ de faire qqch** to have the nerve to do sthg; **il ne manque pas d'~** he really has a nerve.

◆ **aplombs** *nmpl* stand ÉQUIT.

◆ **d'aplomb** *loc adj* -**1.** [vertical] perpendicular; **être d'~** to be vertical; **mettre qqch d'~** CONSTR to plumb sthg (up); [redresser] to straighten sthg up; **ne pas être d'~** CONSTR to be out of plumb OU off plumb; [en déséquilibre] to be askew; **être bien d'~ sur ses jambes** to be steady on one's feet. -**2.** [en bonne santé] well; **remettre qqn d'~** to put sb back on his/her feet, to make sb better; **être d'~** to be well OU in good health; **ne pas être d'~** to feel unwell OU out of sorts.

apnée [apne] *nf* apnoea; **descendre** OU **plonger en ~** to dive without breathing apparatus.

apocalypse [apɔkalips] *nf* -**1.** [catastrophe] apocalypse; **une ~ nucléaire** a nuclear holocaust. -**2.** RELIG: **l'Apocalypse** the Apocalypse, the (Book of) Revelation.

◆ **d'apocalypse** *loc adj* [vision] apocalyptic; [récit] doom-laden; **un paysage d'~** a post-holocaust landscape.

apocalyptique [apɔkaliptik] *adj* apocalyptic, cataclysmic.

apocope [apɔkɔp] *nf* apocope.

apocopé, e [apɔkɔpe] *adj* apocopated.

apocryphe [apɔkrif] ◇ *adj* apocryphal.

◇ *nm* apocryphal text; **les ~s (de la Bible)** the Apocrypha.

apode [apɔd] ◇ *adj* apodal.

◇ *nm* apode.

apodictique [apɔdiktik] *adj* apodictic.

apogée [apɔʒe] *nm* -**1.** ASTRON apogee. -**2.** [sommet] peak, summit, apogee; **l'~ de la réussite** the pinnacle OU the peak of achievement; **à l'~ de sa carrière** at the height OU at the zenith OU in the heyday of his career.

apolitique [apɔlitik] ◇ *adj* [sans convictions politiques] apolitical; [non affilié] nonpolitical.

◇ *nmf* apolitical person.

apolitisme [apɔlitism] *nm* [refus de s'engager] apolitical stand; [engagement sans affiliation] nonpolitical stand.

apollinien, enne [apɔlinjɛ̃, ɛn] *adj* Apollonian.

apollon [apɔlɔ̃] *nm* Adonis; **un jeune ~** a young Adonis; **c'est un véritable ~** he's like a Greek god; **ce n'est pas un ~** he isn't exactly God's gift to women *hum*.

Apollon [apɔlɔ̃] *npr* Apollo.

Apollonios [apɔlɔnjos] *npr* Apollonius.

apologétique [apɔlɔʒetik] ◇ *adj* apologetic.

◇ *nf* apologetics *(sg)*.

apologie [apɔlɔʒi] *nf* apologia; **une ~ de** an apologia for; **faire l'~ de qqch** to (seek to) justify sthg.

apologiste [apɔlɔʒist] *nmf* apologist.

apologue [apɔlɔg] *nm* apologue.

apomorphine [apɔmɔrfin] *nf* apomorphine.

aponévrose [apɔnevroz] *nf* aponeurosis.

apophonie [apɔfɔni] *nf* ablaut, vowel gradation.

apophtegme [apɔftɛgm] *nm* apophthegm.

apophysaire [apɔfizɛr] *adj* apophyseal.

apophyse [apɔfiz] *nf* apophysis.

apoplectique [apɔplɛktik] *adj* & *nmf* apoplectic.

apoplexie [apɔplɛksi] *nf* apoplexy.

apostasie [apɔstazi] *nf* apostasy.

apostasier [9] [apɔstazje] *vt* & *vi* to apostatize.

apostat, e [apɔsta, at] ◇ *adj* apostate, renegade *(avant n)*.

◇ *nm, f* apostate, renegade.

aposter [3] [apɔste] *vt litt* to post as a watchman.

a posteriori [apɔsterjɔri] ◇ *adj inv* a posteriori.

◇ *loc adv* afterwards; **il est facile de juger ~** it's easy to be wise after the event; **je m'en suis aperçu ~** I realized later OU afterwards.

apostille [apɔstij] *nf* apostil.

apostolat [apɔstɔla] *nm* -**1.** RELIG apostolate, discipleship. -**2.** [prosélytisme] evangelism, proselytism. -**3.** [vocation] dedication, vocation; **pour lui, l'enseignement c'est un ~** he is wholeheartedly devoted to teaching, teaching is his mission in life.

apostolicité [apɔstɔlisite] *nf* apostolicity.

apostolique [apɔstɔlik] *adj* apostolic.

apostrophe [apɔstrɔf] *nf* -**1.** [interpellation] invective. -**2.** GRAMM apostrophe; **mis en ~** used in apostrophe. -**3.** [signe] apostrophe; **«s» ~** apostrophe "s".

APOSTROPHES:

This former television book programme had a significant influence on the reading habits of people in France, and an invitation by its host Bernard Pivot was considered by authors to be a great honour. "Passer à Apostrophes" or "passer chez Pivot" became catchphrases.

---

apostropher [3] [apɔstrɔfe] *vt* to shout at.

apothème [apɔtɛm] *nm* apothegm.

apothéose [apɔteoz] *nf* -**1.** [apogée] summit; **l'~ du courage** the triumph of bravery; **ce concert a été l'~ du festival** the concert was the highlight of the festival. -**2.** THÉÂT (grand) finale; **cela s'est terminé en ~** it ended in fine OU grand style. -**3.** ANTIQ apotheosis.

apothicaire [apɔtikɛr] *nm arch* apothecary.

apôtre [apotr] *nm* -**1.** RELIG apostle, disciple. -**2.** [avocat] advocate; **se faire l'~ d'une idée** to speak for an idea; **un ~ de la tolérance** an advocate OU a champion of tolerance ❑ **faire le bon ~** *péj* to be hypocritical.

Appalaches [apalaʃ] *npr mpl*: **les ~** the Appalachian Mountains, the Appalachians.

appalachien, enne [apalaʃjɛ̃, ɛn] *adj* Appalachian.

apparaître [91] [aparɛtr] *vi* -**1.** [à la vue] to appear; **des nuages menaçants apparaissaient dans le ciel** menacing clouds were looming in the sky; **après le bosquet, on voit ~ le village** after you pass the copse, the village comes into view; **~ à qqn en songe** OU **rêve** to come to sb in a dream || [à l'esprit] to appear, to transpire, to emerge; **ce qui apparaît, c'est surtout sa méchanceté** what emerges above all is his wickedness; **la vérité m'est apparue un beau jour** the truth came to OU dawned on me one day. -**2.** [surgir] to appear, to materialize; **il est apparu tout d'un coup au coin de la rue** he appeared suddenly at the corner of the street; **la fée est apparue** the fairy appeared OU materialized; **le chat est apparu au milieu des couvertures** the cat emerged from the blankets. -**3.** [être inclus] to appear, to feature; **la liste des ingrédients doit ~ sur le paquet** the list of ingredients must feature on the package; **le nom du traducteur n'apparaît pas sur la page de titre** the translator's name doesn't appear on the title page; **Marilyn n'apparaît qu'une fois dans la première bobine** Marilyn appears only once in the first reel. -**4.** [se manifester - symptôme, bouton] to appear; [- maladie] to develop; [- préjugé, habitude] to develop, to surface; **quand apparaissent les premières rides** when the first wrinkles appear; **une coutume apparue en Europe** a custom which first developed in Europe; **faire ~** to reveal. -**5.** [sembler] to seem, to appear; **cette histoire m'apparaît bien dérisoire aujourd'hui** the whole thing strikes me as being ridiculous now; **il apparaît enfin tel qu'il est** he's showing his true self at last || *(tournure impersonnelle)*: **il apparaît impossible de faire...** it appears to be OU it seems impossible to do...; **il apparaît que...** it appears OU emerges that...

apparat [apara] *nm* -**1.** [cérémonie] pomp; **en grand ~** with great pomp (and ceremony); **sans ~** without pomp, simply; **costume/discours d'~** ceremonial dress/speech. -**2.** LITTÉRAT: **~ critique** critical apparatus, apparatus criticus.

apparatchik [aparatʃik] *nm* apparatchik.

apparaux [aparo] *nmpl* handling gear, tackle; **~ de bord** equipment on board.

appareil [aparɛj] *nm* -**1.** [dispositif] apparatus, device; **~ de contrôle** tester; **~ dentaire** [prothèse] dentures, (dental) plate; [pour corriger] brace, plate; **~ ménager** household appliance; **~ de mesure** measuring device OU apparatus; **~ photo** (still) camera; **~ plâtré** plaster cast; **~ de prothèse** surgical appliance; **~ reflex** reflex camera; **~ (téléphonique)** telephone; **qui est à l'~?** who's speaking?; **Berlot à l'~!** Berlot speaking! -**2.** AÉRON craft, aircraft; **une fois dans l'~** once on board the aircraft. -**3.** ANAT apparatus, system; **~ digestif** digestive apparatus OU system; **~ respiratoire** respiratory apparatus. -**4.** CONSTR bond. -**5.** [système] apparatus; **l'~ du parti** the party apparatus OU machinery ❑ **~ critique** LITTÉRAT critical apparatus, apparatus criticus; **~ idéologique d'État** POL ideological state apparatus; **l'~ législatif** the machinery of the law; **~ psychique** psychic OU mental apparatus. -**6.** *litt* [cérémonial] trappings; **l'~ somptueux du couronnement** the pomp and circumstance OU sumptuous trappings of the coronation. -**7.** CULIN mixture.

appareillage [aparɛjaʒ] *nm* -**1.** TECH equipment. -**2.** MÉD prosthesis. -**3.** NAUT casting off.

appareillement [aparɛjmɑ̃] *nm* matching, pairing.

appareiller [4] [aparɛje] ◇ *vt* -**1.** ARCHIT to measure out. -**2.** MÉD to fit with a prosthesis. -**3.** [assortir] to match, to pair. -**4.** ZOOL to mate.

◇ *vi* NAUT to cast off, to get under way.

apparemment [aparamɑ̃] *adv* apparently; **~, tout va bien** everything seems to be OU apparently everything's all right.

apparence [aparɑ̃s] *nf* [aspect - d'une personne] appearance, air; [- d'un objet, d'une situation] appearance, look; **avoir l'~ du bois** to look like wood; **avoir une ~ de sagesse** to have an air OU an appearance of wisdom; **avoir belle ~** to have a fine bearing, to look impressive; **avoir une ~ maladive** to look sickly, to be sickly-looking; **sous l'~** OU **une ~ de libéralisme** in the guise OU behind a façade of liberalism; **les ~s** appearances; **il a les ~s contre lui** everything points against him; **il va très bien, malgré les ~s** he's all right, contrary to all appearances; **juger sur** OU **d'après les ~s** to judge OU to go by appearances; **les ~s sont trompeuses, il ne faut pas se fier aux ~s** [en jugeant une personne] looks are deceptive; [en jugeant une situation] there's more to it than meets the eye, appearances can be deceptive; **faire qqch pour sauver les ~s** to do sthg for appearances' sake; **heureusement pour nous, les ~s sont sauves** fortunately, we've been able to save face.

◆ **en apparence** *loc adv* apparently, by OU to all appearances; **en ~ il travaille, mais comment le savoir vraiment?** to all appearances he works OU it would seem that he works, but how can one be sure?

apparent, e [aparɑ̃, ɑ̃t] *adj* -**1.** [visible] visible; **devenir ~** to become apparent, to surface, to emerge; **il n'y a aucun danger ~** there's no apparent OU visible danger; **installation ~e** surface installation; **avec poutres ~es** with exposed beams; **couture ~e** topstitched seam. -**2.** [évident] obvious, apparent, evident; **sans cause ~e** for no obvious OU apparent reason. -**3.** [trompeur] apparent; **un danger plus ~ que réel** a danger that is not as bad as it seems; **une tranquillité ~e** outward OU surface calm.

apparenté, e [aparɑ̃te] *adj* -**1.** [parent] related. -**2.** [allié] allied; **des listes ~es** grouped electoral lists *(in proportional elections)*; **la construction et industries ~es** building and allied trades; **les socialistes et ~s** the socialists and their allies. -**3.** [ressemblant] similar; **deux styles ~s** two similar OU closely related styles. -**4.** LING cognate.

apparentement [aparɑ̃tmɑ̃] *nm* -**1.** [lien] link; **son ~ à la bourgeoisie** his links to the bourgeoisie. -**2.** [alliance] alliance; **~ à un groupe parlementaire** alliance with a parliamentary group; ~ de listes électorales grouping of electoral lists *(in proportional elections)*.

apparenter [3] [aparɑ̃te]

◆ **s'apparenter** *vp (emploi réciproque)* POL to enter into an alliance.

◆ **s'apparenter à** *v + prép* **-1.** [ressembler à] to be like; **cette histoire s'apparente à une aventure que j'ai vécue** this story is similar to OU is like an experience I once had. **-2.** [s'allier à] : **s'~ à un groupe** to join a group; **s'~ à une famille** to marry into a family.

appariement [aparimɑ̃] *nm* matching, pairing.

apparier [9] [aparje] *vt* **-1.** [chaussures, gants] to match, to pair. **-2.** ZOOL to mate.

◆ **s'apparier** *vpi* to mate.

appariteur [aparitœr] *nm* **-1.** [huissier] usher. **-2.** UNIV porter *Br*, campus policeman *Am*.

apparition [aparisjɔ̃] *nf* **-1.** [arrivée - d'une personne, d'une saison] arrival, appearance; **avec l'~ du printemps** with the coming of spring; **faire une ~** to put in OU to make an appearance; **faire son ~** [maladie] to develop; [soleil] to come out; **brèves ~s du soleil cet après-midi** brief sunny spells OU intervals this afternoon; **les nuages feront leur ~ dans la soirée** the sky will cloud over in the evening. **-2.** [première manifestation] (first) appearance; **l'~ de la religion** the first appearance OU the birth of religion; **à l'~ des rides** when wrinkles first appear. **-3.** [vision] apparition, vision; **avoir une ~** to be visited by an apparition; **avoir des ~s** to have visions.

apparoir [aparwar] *v impers*: **il appert: il appert de ces témoignages que...** it appears OU it is evident from these statements that...

appart *fam* [apart] *(abr de* **appartement***) nm* flat *Br*, apartment *Am*.

appartement [apartəmɑ̃] *nm* flat *Br*, apartment *Am*; **~ témoin** OU **modèle** show flat *Br*, model apartment *Am*; **~ thérapeutique** sheltered accommodation.

appartenance [apartənɑ̃s] *nf* **-1.** [statut de membre] : **~ à un groupe/club** membership of a group/club; **~ à un parti** affiliation to OU membership of a party; **~ à une communauté** membership of a community. **-2.** MATH membership.

appartenir [40] [apartənir]

◆ **appartenir à** *v + prép* **-1.** [être la propriété de] to belong to; **à qui appartient la voiture verte?** whose is the green car?; **cet argent m'appartient en propre** this money is my own; **il appartient au chef, c'est son esclave** he's entirely the boss's creature. **-2.** [faire partie de - groupe] to belong to, to be part of; [- professorat, syndicat] to belong to; **il appartient à la même section que toi** he's a member of OU he belongs to the same group as you; **l'araignée n'appartient pas à la famille des insectes** spiders do not belong to OU are not members of the insect family. **-3.** [dépendre de] : **la décision t'appartient** it's up to you, it's for you to decide; **pour des raisons qui m'appartiennent** for my own reasons; **l'éducation des enfants appartient aux deux parents** bringing up children is the responsibility of both parents ‖ *(tournure impersonnelle)*: **il appartient à chacun de faire attention** it's everyone's responsibility to be careful; **il ne vous appartient pas d'en décider** it's not for you to decide, the decision is not yours (to make). **-4.** MATH to be a member of.

◆ **s'appartenir** *vpi* [être libre] : **avec tout ce travail, je ne m'appartiens plus** I have so much work, my time isn't my own any more.

appas [apa] *nmpl litt* charms.

appât [apa] *nm* **-1.** CHASSE & PÊCHE bait *(U)*. **-2.** [attrait] : **l'~ de** the lure of; **l'~ du gain** the lure OU attraction of money; **la récompense était un ~ de taille** the reward was a tempting bait.

appâter [3] [apate] *vt* **-1.** [attirer - poisson, animal] to lure; [- personne] to lure, to entice. **-2.** [nourrir - oiseau] to feed. **-3.** [engraisser - volaille] to forcefeed.

appauvrir [32] [apovrir] *vt* [rendre pauvre - personne] to impoverish, to make poor; [- épargnant] to impoverish, to lower the income of; [- pays] to impoverish, to drain; [- terre] to impoverish, to drain, to exhaust; [- sang] to make thin, to weaken; [- langue] to impoverish.

◆ **s'appauvrir** *vpi* [personne, famille, pays] to get OU to grow poorer; [sol] to become exhausted; [sang] to become thin; [langue] to become impoverished, to lose vitality.

appauvrissement [apovrismɑ̃] *nm* impoverishment.

appeau, x [apo] *nm* **-1.** [sifflet] birdcall. **-2.** [oiseau] decoy, stool pigeon.

appel [apɛl] *nm* **-1.** [cri] call; **~ au secours** shout OU cry for help; **tu n'as pas entendu mes ~s?** didn't you hear me calling (out)?; **le mâle répond à l'~ de la femelle** the male answers the call of the female; **l'~ de** the call of; **l'~ des sens/du large** the call of the senses/of the sea; **l'~ de la nature** the call of the wild; **~ à l'insurrection** call to insurrection; **~ aux armes** call to arms; **~ au peuple** appeal to the people; **~ au rassemblement** call for unity; **l'~ du 18 juin 1940** *appeal for resistance made from London by General de Gaulle to the French during World War II* ❑ **~ de détresse** NAUT distress signal, call for help; [d'une personne] call for help; **~ de phares: faire un ~ de phares (à qqn)** to flash one's lights (at sb); **faire un ~ du pied à qqn** to make covert advances OU approaches OU overtures to sb. **-2.** [coup de téléphone] : **~ (téléphonique)** (telephone OU phone) call; **~ interurbain** trunk call *Br*, long-distance call *Am*; **~ en PCV** reverse charge call *Br*, collect call *Am*; **~ avec préavis** personal call. **-3.** [demande] request; **lancer un ~ pour l'aide aux sinistrés** to launch an appeal for the disaster victims; **rester sourd à des ~s (à l'aide)** to ignore a call OU an appeal OU a plea (for help). **-4. faire ~ à** [clémence, générosité] to appeal to; [force, intelligence, qualité] to summon (up); [souvenirs] to summon (up); **faire ~ à la générosité publique** to invite donations from the public; **faire ~ à tout son courage** to summon (up) OU to muster (up) all one's strength; **cela fait ~ à des notions complexes** it involves complex notions; **faire ~ à la force** to resort to force; **faire ~ à l'armée** to call in the army, to call the army out; **faire ~ à un spécialiste** to call in a specialist; **il a fait ~ à elle pour son déménagement** he asked for OU requested her help when he moved out. **-5.** ÉCON call; **~ de fonds** call for funds; **~ d'offres** invitation to tender. **-6.** JUR appeal; **en ~** on appeal; **faire ~** to appeal; **faire ~ d'un jugement** to appeal against a decision; **aller en ~** to appeal, to go to appeal ❑ **~ à maxima/minima** appeal by the Prosecution (against the severity/leniency of the sentence); **~ à témoins** appeal for witnesses (to come forward). **-7.** [liste de présence] roll call; **faire l'~** SCOL to call the register *Br*, to call (the) roll *Am*; MIL to call the roll; **répondre à l'~** to be present ‖ MIL [mobilisation] call-up; **~ d'une classe** call-up OU calling up of a class. **-8.** IMPR : **~ de note** reference mark. **-9.** INF call; **~ par référence/valeur** call by reference/value; **programme/séquence d'~** call routine/sequence. **-10.** JEUX : **faire un ~ à cœur/carreau** to ask for a hearts/diamonds return. **-11.** SPORT take-off; **prendre son ~** to take off ‖ ESCRIME appel. **-12.** TECH : **~ d'air** draught *Br*, draft *Am*.

◆ **sans appel** *loc adj* **-1.** JUR without (the possibility of an) appeal. **-2.** [irrévocable] irrevocable; **c'est sans ~** there's no going back on it, it's final; **une décision sans ~** an irrevocable OU a final decision.

appelant, e [aplɑ̃, ɑ̃t] ◇ *adj* INF calling.

◇ *nm, f* JUR appelant.

appelé, e [aple] *nm, f*: **il y a beaucoup d'~s et peu d'élus** many are called but few are chosen.

◆ **appelé** *nm* MIL conscript.

appeler [24] [aple] *vt* **-1.** [crier] to call (out), to shout; **appelle-le, il a oublié sa lettre** give him a shout, he's left his letter behind; **attendez que je vous appelle** wait till I call you; **~ qqn par la fenêtre** to call out to sb from the window; **~ le nom de qqn** to call out sb's name; **~ au secours** *pr* to shout "help", to call for help; *fig* to call for help ‖ *(en usage abs)*: **la pauvre, elle a appelé toute la nuit** the poor thing called out all night; **écoute, il appelle!** listen, he's calling out! **-2.** [au téléphone] to call (up); **appelle-moi demain** call me (up) tomorrow; **appelez ce numéro en cas d'urgence** dial this number in an emergency; **elle appelle Londres** she's on the phone to London; **on vous appelle de Bonn** there's a call for you from Bonn; **je vais ~ le bureau pour dire que je ne viendrai pas** I'll call the office to say I won't be coming in. **-3.** [faire venir - médecin] to call, to send for *(insép)*; [- police] to call; [- renforts] to call up OU out *(sép)*; [- ascenseur] to ring for *(insép)*, to call; **~ du secours** to go for help; **~ qqn à l'aide** to call to sb for help; **~ un taxi** [dans la rue] to hail a taxi; [par téléphone] to phone for OU to call a taxi; **~ le garçon** to call the waiter; **le patron m'a appelé pour me faire signer le contrat** the boss called me in to get me to sign the contract; **~ qqn à** to call sb to; **~ qqn à une fonction importante** to call OU to appoint sb to a high office; **être appelé sous les drapeaux** to be called up OU conscripted; **faire ~ qqn** to send for sb, to summon sb; **Dieu/le devoir vous appelle** *litt* God/your duty is calling you; **le devoir m'appelle!** *hum* duty calls!; **une affaire m'appelle en ville** I must go to town on business. **-4.** JUR to summon; **être appelé à comparaître** to be summoned OU issued with a summons; **être appelé à la barre** to be called OU summoned to the witness-stand; **être appelé devant le juge** to be called up before the magistrate. **-5.** *sout* [désirer] : **~ qqch (de tous ses vœux)** to yearn (passionately) for; **une réconciliation que nous appelons de tous nos vœux** a reconciliation which we most ardently desire. **-6.** [nécessiter] to require, to call for *(insép)*; **la situation appelle des mesures immédiates** the situation calls for OU requires immediate action; **sa conduite appelle une punition** his attitude calls for OU deserves punishment; **un acte qui appelle une condamnation immédiate** an act which calls for immediate condemnation. **-7.** [entraîner] to lead to; **un coup en appelle un autre** one blow leads to another. **-8.** [inviter] : **~ qqn à** to call sb to; **~ (des travailleurs) à la grève** to call for a strike, to put out a strike call; **~ les gens à la révolte** to incite people to rebel; **~ aux armes** to call to arms; **il faut ~ les gens à voter** OU **aux urnes** people must be urged to vote. **-9.** [destiner] : **être appelé à** to be bound to; **ce quartier est appelé à disparaître** this part of town is due to be demolished (eventually); **il va être appelé à revenir souvent** he will have to come back often; **j'étais appelée à devenir religieuse** I was to become a nun. **-10.** [nommer] to call; **~ les choses par leur nom** to be blunt; **comment on appelle ça en chinois?** what's (the word for) this in Chinese?; **ici, on appelle tout le monde par un surnom** here we give everybody a nickname; **appelez-moi Jo** call me Jo; **je l'appelle par son prénom** I call him by his first name; **nous appellerons le bébé Marie** we'll call OU name the baby Marie; **se faire ~**: **elle se fait ~ Jaspe** she wants to be called Jaspe ❑ **~ un chat un chat** to call a spade a spade; **se faire ~ Arthur** *fam* to get it in the neck *Br*, to catch it. **-11.** INF [programme] to call (up); [réseau] to dial.

◆ **en appeler à** *v + prép* to appeal to; **j'en appelle à votre bon cœur** I'm appealing to your generosity; **j'en appelle à vous en dernier recours** I'm coming to you as a last resort.

◆ **s'appeler** ◇ *vp (emploi passif)* to be called; **comment s'appelle-t-il?** what's his name?, what's he called?; **voilà ce qui s'appelle...** that's what I call...; **voilà ce qui s'appelle une gaffe!** that's what's called putting your foot in it! ❑ **ça s'appelle revient** *fam* be sure to give it back.

◇ *vp (emploi réciproque)* to call one another; **vous vous appelez par vos prénoms?** are you on first name terms?

appellatif, ive [apɛlatif, iv] *adj* appellative.

◆ **appellatif** *nm* appellative.

appellation [apɛlasjɔ̃] *nf* appellation, designation; **une ~ injurieuse** an insulting name ❑ **~ contrôlée** *government certification guaranteeing the quality of a French wine*; **c'est une ~ bordeaux contrôlée** it's a Bordeaux appellation contrôlée; **~ d'origine** label of quality.

appendice [apɛ̃dis] *nm* **-1.** [note] appendix. **-2.** [prolongement] appendage. **-3.** *hum* [nez] snout. **-4.** ANAT appendix.

appendicectomie [apɛ̃disɛktɔmi] *nf* appendicectomy, appendectomy; **j'ai eu une ~** I had my appendix out.

appendicite [apɛ̃disit] *nf* appendicitis.

appendiculaire [apɛ̃dikylɛr] *adj* appendicular.

appendre [73] [apɑ̃dr] *vt* to hang, to affix.

appentis [apɑ̃ti] *nm* **-1.** [bâtiment] lean-to. **-2.** [toit] lean-to, sloping roof.

appert [apɛr] → **apparoir**.

appesantir [32] [apəzɑ̃tir] *vt* [rendre pesant - démarche] to slow down *(sép)*; [- tête, corps] to weigh down *(sép)*; [- facultés] to dull; **~ son bras** OU **autorité sur un pays** *fig* to strengthen one's authority over a country.

◆ **s'appesantir** *vpi* **-1.** [devenir lourd - tête] to become heavier; [- gestes, démarche] to become slower; [- esprit] to grow duller. **-2.** [insister]: **s'~ sur un sujet** to concentrate on OU to dwell at length on a subject.

appesantissement [apəzɑ̃tismɑ̃] *nm* [de l'esprit] (growing) dullness; [des gestes, de la démarche] increased heaviness.

appétence [apetɑ̃s] *nf litt* appetence.

appétissant, e [apetisɑ̃, ɑ̃t] *adj* **-1.** [odeur, mets] appetizing, mouthwatering; **peu ~** unappetizing. **-2.** *fam* [attirant] attractive; **une femme aux rondeurs ~es** a curvaceous woman.

appétit [apeti] *nm* **-1.** [envie de manger] appetite; **avoir de l'~** OU **grand ~** OU **bon ~** to have a good OU hearty appetite; **manger avec ~** OU **de bon ~** to eat heartily; **la promenade m'a donné de l'~** OU **m'a ouvert l'~** OU **m'a mis en ~** the walk has given me an appetite; **des amuse-gueule pour ouvrir l'~ de vos invités** little snacks as appetizers for your guests; **quelques diapositives d'abord, pour vous ouvrir l'~** *fig* first, a few slides, to put you in the mood; **ça va te couper l'~** it'll spoil your appetite, it'll take your appetite away; **perdre l'~** to lose one's appetite; **bon ~!** enjoy your meal!, have a nice meal! ❑ **avoir un ~ d'oiseau** to eat like a bird; **avoir un ~ de loup** OU **d'ogre** to eat like a horse; **l'~ vient en mangeant** *prov* & *pr* eating whets the appetite; *fig* the more you have, the more you want. **-2.** [désir]: **~ de** appetite for; **un insatiable ~ de vivre/de connaissances** an insatiable thirst for life/for knowledge.

◆ **appétits** *nmpl* [instincts] appetites.

applaudimètre [aplodimɛtr] *nm* clapometer *Br*, applause meter *Am*; **il a fait un très bon score à l'~** he was applauded very heartily.

applaudir [32] [aplodir] ◇ *vt* [personne] to applaud, to clap; [discours, pièce] to applaud; **et on l'applaudit encore une fois!** let's give him another big hand!, let's hear it for him one more time!

◇ *vi* to clap, to applaud; **~ à qqch** *fig*: **~ à une initiative** to praise OU to applaud an initiative; **~ des deux mains à qqch** to approve of OU to welcome sthg heartily ❑ **~ à tout rompre**: **les gens applaudissaient à tout rompre** there was thunderous applause.

◆ **s'applaudir de** *vp + prép*: **s'~ d'une résolution/d'avoir eu du flair** to congratulate o.s. for a decision/on one's intuition.

applaudissements [aplodismɑ̃] *nmpl* applause, clapping; **un tonnerre** OU **une tempête d'~** thunderous applause; **sous les ~** amidst OU in the midst of applause.

applicabilité [aplikabilite] *nf* applicability.

applicable [aplikabl] *adj* applicable; **loi ~ à partir du 1er mars** law to be applied as of March 1st; **règlement ~ immédiatement** ruling effective forthwith.

applicage [aplikaʒ] *nm* application TECH.

applicateur [aplikatœr] ◇ *adj m* applicator *(épith)*.

◇ *nm* [outil] applicator.

application [aplikasjɔ̃] *nf* **-1.** [pose] application; **~ de la première couche de peinture** applying the first coat of paint. **-2.** [mise en pratique - d'une loi] application, enforcement; [- d'une sentence] enforcement; **mesures prises en ~ de la loi** measures taken to enforce the law, law-enforcement measures; **mettre qqch en ~** to put sthg into practice, to apply sthg. **-3.** SC & TECH application; **les ~s pratiques des voyages dans l'espace** the practical applications of space travel. **-4.** [soin] application; **travailler avec ~** to work diligently, to apply o.s. (to one's work); **il y mettait une ~ inhabituelle** he was doing it with unusual application OU zeal. **-5.** MATH mapping, function; **~ bijective** bijective mapping, bijection; **~ surjective** surjective mapping, surjection. **-6.** COUT: **~ de dentelle** (piece of) appliqué lace.

applique [aplik] *nf* **-1.** [lampe] wall lamp. **-2.** COUT (piece of) appliqué work.

appliqué, e [aplike] *adj* **-1.** [studieux] assiduous, industrious. **-2.** SC & UNIV applied; **sciences/mathématiques ~es** applied sciences/mathematics.

appliquer [3] [aplike] *vt* **-1.** [poser - masque, crème, ventouse] to apply; [- enduit] to apply, to lay on *(sép)*; **s'applique sur toutes sortes de surfaces** may be applied on many different supports; **~ sur le cou et le visage** apply to neck and face; **~ son oreille contre la porte** to put one's ear to the door. **-2.** [mettre en pratique - décret] to enforce, to apply; [- peine] to enforce; [- idée, réforme] to put into practice, to implement; [- recette, méthode] to use; [- théorie, invention] to apply, to put into practice; **la règle de l'accord du participe n'est pas toujours appliquée** the rule for participle agreement is not always applied; **je ne fais qu'~ la consigne!** I don't make the rules, I'm just following orders! **-3.** [donner - sobriquet, gifle] to give; [- baiser] to plant; **un coup de pied bien appliqué** a powerful kick. **-4.** [consacrer]: **~ qqch à**: **~ toute son énergie à son travail** to devote all one's energy to one's work.

◆ **s'appliquer** ◇ *vp (emploi passif)* **-1.** [se poser]: **s'~ sur** [suj: objet] to be laid OU to fit over; [suj: enduit] to go over, to be applied on; **le pansement s'applique directement sur la lésion** the dressing is applied directly to the wound itself. **-2.** [être utilisé] to apply; **le terme s'applique uniquement aux plantes** the term only applies to plants; **cela ne s'applique pas dans notre cas** it doesn't apply in OU it's not applicable to our case.

◇ *vpi* **-1.** [être attentif - élève, apprenti] to take care (over one's work), to apply o.s. (to one's work); **tu ne t'appliques pas assez!** you don't take enough care over your work!, you don't apply yourself sufficiently!; **s'~ à ses devoirs** to apply o.s. to one's homework. **-2.** [s'acharner]: **s'~ à faire** to try to do; **je me suis appliqué à faire ce qu'on attendait de moi** I took pains to do what was expected of me.

appoggiature [apɔʒjatyr] *nf* appoggiatura.

appoint [apwɛ̃] *nm* **-1.** [argent]: **faire l'~** to give the exact money OU change; **'prière de faire l'~'**, **'faire l'~ SVP'** 'exact money only, please'. **-2.** *litt* [aide] assistance, contribution.

◆ **d'appoint** *loc adj* extra; **chauffage d'~** supply heating; **radiateur d'~** extra radiator; **salaire d'~** extra income.

appointage [apwɛ̃taʒ] *nm* shaping into a point.

appointé [apwɛ̃te] *nm Helv* soldier.

appointements [apwɛ̃tmɑ̃] *nmpl* salary.

appointer [3] [apwɛ̃te] *vt* **-1.** [rémunérer] to pay a salary. **-2.** TECH to sharpen.

appondre [75] [apɔ̃dr] *vt Helv* to join (together).

appontage [apɔ̃taʒ] *nm* landing *(on an aircraft carrier)*.

appontement [apɔ̃tmɑ̃] *nm* wharf, landing stage.

apponter [3] [apɔ̃te] *vi* to land *(on an aircraft carrier)*.

apponteur [apɔ̃tœr] *nm* landing officer.

apport [apɔr] *nm* **-1.** [action d'apporter] contribution; **l'~ culturel des immigrés** the cultural contribution of immigrants; **un ~ d'argent frais** an injection of new money; **l'~ journalier en fer et en calcium** [fourni] the daily supply of iron and calcium; [reçu] the daily intake of iron and calcium. **-2.** FIN & JUR: **~s en communauté** goods contributed by spouses to the joint estate; **~s en numéraire/en nature** contribution in cash/in kind; **~s en société** capital invested.

apporter [3] [apɔrte] *vt* **-1.** [objet] to bring; **apporte-le ici** bring it over here; **apporte-le à papa dans la cuisine** take it to Dad in the kitchen; **je t'ai apporté un cadeau** I've brought you a present OU a present for you; **apportez vos livres avec vous** bring your books along, bring your books with you; **on lui apporte ses repas au lit** he has his meals brought to him in bed; **Marie, apportez une chaise** Marie, bring OU fetch a chair; **apporte le plateau que j'ai laissé dehors** bring in the tray that I left outside; **faut-il ~ à boire?** should one bring a bottle?; **les marins qui ont apporté le virus en Europe** the sailors who brought OU carried the virus (with them) to Europe ❑ **~ sa pierre à l'édifice** to make one's contribution; **cela apporte de l'eau à mon moulin** it's (all) grist to my mill. **-2.** [fournir - message, nouvelle] to give; [- preuve] to give, to provide, to supply; [- résultat] to bring forth *(insép)*; [- soulagement, satisfaction] to bring; [- modification] to introduce; **~ de l'attention** OU **du soin à (faire) qqch** to exercise care in (doing) sthg; **elle apporte à ce projet l'enthousiasme de la jeunesse** she brings the enthusiasm of youth to the project; **il apporte à «Don Juan» un éclairage particulier** he brings an unusual interpretation to "Don Juan"; **vous avez des qualités à ~ à notre communauté** you have qualities to contribute to our community; **il apporte un peu de soleil dans notre vie** he brings a little sunshine into our lives.

apporteur [apɔrtœr] *nm* bearer.

apposer [3] [apoze] *vt* **-1.** [ajouter - cachet, signature] to affix, to append; JUR [insérer - clause] to insert. **-2.** [poser - affiche, plaque] to affix, to put up *(sép)*; **~ les scellés sur une porte** JUR to affix the seals on a door.

apposition [apozisjɔ̃] *nf* **-1.** [ajout] affixing, appending. **-2.** [pose] putting up; JUR [des scellés] affixing. **-3.** GRAMM apposition; **substantif en ~** noun in apposition.

appréciable [apresjabl] *adj* **-1.** [perceptible - changement] appreciable, noticeable; **de manière ~** appreciably. **-2.** [considérable - somme, effort] appreciable.

appréciatif, ive [apresjatif, iv] *adj* **-1.** [estimatif] evaluative; **état ~ du mobilier** evaluation OU estimate of the value of the furniture. **-2.** [admiratif] appreciative.

appréciation [apresjasjɔ̃] *nf* **-1.** [estimation - d'un poids, d'une valeur] appreciation, estimate, assessment; [- d'une situation] assessment, appreciation, grasp; **je laisse cela à votre ~** I leave it to your judgement OU assessment; **son ~ du problème laisse à désirer** his grasp of the problem isn't all it should be. **-2.** [observation] remark, comment; **il a obtenu d'excellentes ~s** SCOL he got very good comments from his teachers *(in his report)*. -**3.** [augmentation - d'une devise] appreciation.

apprécier [9] [apresje] *vt* -**1.** [évaluer - valeur, distance] to estimate, to appraise, to assess; ~ **qqch à sa juste valeur** to assess OU to appraise sthg at its true worth. -**2.** [discerner - ironie, subtilités] to appreciate; ~ **l'importance d'un mouvement** to appreciate the significance of a movement. -**3.** [aimer] to appreciate; ~ **qqn pour qqch** to appreciate sb for sthg, to like sb because of sthg; **on l'apprécie pour son humour** he's appreciated for his sense of humour; **vin très apprécié des connaisseurs** wine much appreciated by connoisseurs; **le brie, vous apprécierez son goût!** you'll (just) love the brie!; **je n'apprécie pas du tout ce genre de blagues** I don't care for OU like that sort of joke at all; **le sel dans son café, il n'a pas apprécié!** *fam* he was not amused when he found his coffee had salt in it!; **les premières chaleurs à la sortie de l'hiver, on apprécie!** *fam* the first spell of mild weather after the winter is really welcome!

◆ **s'apprécier** *vpi* [monnaie] to appreciate (in value).

appréhender [3] [apreɑ̃de] *vt* -**1.** [craindre - examen, réaction] to fear; **j'appréhende mon opération** I am apprehensive OU worried about my operation; **elle appréhendait de partir** she was apprehensive about leaving. -**2.** [comprendre] to apprehend, to grasp; **une situation difficile à ~ dans son ensemble** a situation which is difficult to grasp in its entirety. -**3.** JUR [arrêter] to arrest, to apprehend.

appréhension [apreɑ̃sjɔ̃] *nf* -**1.** [crainte] fear, apprehension; **avoir** OU **éprouver de l'~** to feel apprehensive, to have misgivings; **l'~ de l'échec/d'une catastrophe** fear of failure/of a catastrophe; **je n'y pense pas sans une certaine ~** I'm a little apprehensive about it. -**2.** PHILOS [compréhension] apprehension.

apprendre [79] [aprɑ̃dr] *vt* -**1.** [s'initier à] to learn; **j'apprends le russe** I'm learning Russian; ~ **qqch de qqn** to learn sthg from sb, to be taught sthg by sb; ~ **qqch par cœur** to learn sthg (off) by heart OU rote; ~ **à être patient** to learn patience OU to be patient; ~ **à connaître qqn/une ville** to get to know sb/a town || *(en usage abs)*: **il apprend facilement/avec difficulté** learning comes/doesn't come easily to him; ~ **lentement/vite** to be a slow/fast learner; **on apprend à tout âge** it's never too late to learn. -**2.** [enseigner]: ~ **qqch à qqn** to teach sb sthg OU sthg to sb; **elle m'a appris le français/à nager** she taught me French/(how) to swim; **je t'apprendrai à fouiller dans mon sac!** I'll teach you to go through my bag!; **ça t'apprendra à faire l'imbécile** that'll teach you (not) to fool around; **il/ça va lui apprendre à vivre!** he'll/it'll teach him a thing or two! || *(en usage abs)*: **ça lui apprendra!** that'll teach him! ❑ **on n'apprend pas à un vieux singe à faire la grimace** *prov* you don't teach your grandmother to suck eggs. -**3.** [donner connaissance de] to tell; ~ **qqch à qqn** to tell sb sthg; **qui te l'a appris?** who told you?; **vous ne m'apprenez rien!** tell me something new! -**4.** [être informé de - départ, mariage] to learn OU to hear of *(insép)*; [- nouvelle] to hear; **j'ai appris sa mort à la radio** I heard of his death on the radio; **on apprend à l'instant qu'un prisonnier s'est échappé** we've just heard that a prisoner has escaped; **qu'est-ce que j'apprends, vous démissionnez?** what's this I hear about you resigning?; **apprenez** OU **vous apprendrez qu'ici on ne fait pas ce genre de choses** you'll have to learn that we don't do things like that here; **tiens, tiens, on en apprend des choses!** *fam* well, well, well, who'd have thought such a thing?; **on en apprend tous les jours!** *hum* you learn something new every day!

◆ **s'apprendre** *vp (emploi passif)* to be learnt; **le style, ça ne s'apprend pas** you can't learn style; **ça ne s'apprend pas du jour au lendemain** you can't learn OU master it overnight.

apprenti, e [aprɑ̃ti] *nm, f* apprentice; ~ **maçon** apprentice builder, builder's apprentice; **être placée comme ~e chez une couturière** to be apprenticed to a seamstress; **il a mis son fils ~ chez un boucher** he apprenticed his son to a butcher ❑ **jouer les ~s sorciers** OU **à l'~ sorcier** *fig* to bite off more than one can chew; **'l'Apprenti sorcier'** *Dukas* 'The Sorcerer's Apprentice'.

apprentissage [aprɑ̃tisaʒ] *nm* -**1.** [fait d'apprendre]: **l'~ des langues** language learning, learning languages; **faire l'~ de qqch** *fig* to learn one's first lessons in sthg. -**2.** [durée] (period of) apprenticeship.

◆ **d'apprentissage** *loc adj* [centre, école] training; [contrat] of apprenticeship.

◆ **en apprentissage** *loc adv*: **être en ~ chez qqn** to be apprenticed to OU to serve one's apprenticeship with sb; **mettre qqn en ~ chez un artisan** to apprentice sb to a craftsman.

apprêt [aprɛ] *nm* -**1.** [affectation] affectation, affectedness; **sans ~** unaffectedly, without affectation. -**2.** TECH [préparation - du cuir, d'un tissu] dressing; [- du papier] finishing; [- d'un plafond, d'un mur] sizing; [produit - pour tissu] dressing; [- pour papier] finish; [- pour plafond, mur] size.

◆ **apprêts** *nmpl litt* [préparatifs] preparations; **les ~s du bal** preparations for the ball.

apprêtage [aprɛtaʒ] *nm* [d'un tissu] dressing; [d'un papier] finishing; [d'un plafond, d'un mur] sizing.

apprêté, e [aprete] *adj* affected, fussy.

apprêter [4] [aprete] *vt* -**1.** TECH [peau, tissu] to dress, to finish; [plafond] to size. -**2.** *litt* [préparer - repas] to get ready, to prepare; [habiller] to get ready, to dress.

◆ **s'apprêter** *vp (emploi réfléchi) litt* to prepare OU to dress o.s.

◆ **s'apprêter à** *vp + prép*: **je m'apprêtais à te rendre visite** I was getting ready OU preparing to call on you.

apprêteur, euse [aprɛtœr, øz] *nm, f* [d'un tissu, d'un papier] finisher.

apprivoisable [aprivwazabl] *adj* tameable, which can be tamed; **difficilement ~** difficult to tame.

apprivoisement [aprivwazmɑ̃] *nm* taming.

apprivoiser [3] [aprivwaze] *vt* [animal] to tame, to domesticate; [enfant, peur] to tame; **apprivoisez votre corps** get to know your body.

◆ **s'apprivoiser** *vpi* -**1.** [animal] to become tame; [personne] to calm down, to become more sociable. -**2.** *litt*: **s'~ à** [se familiariser avec] to get used OU accustomed to.

approbateur, trice [aprɔbatœr, tris] ◇ *adj* [regard, sourire] approving; [commentaire] supportive; **faire un signe de tête ~** to give an approving nod, to nod one's head in approval.

◇ *nm, f litt* approver, applauder.

approbatif, ive [aprɔbatif, iv] *adj* approving.

approbation [aprɔbasjɔ̃] *nf* -**1.** [assentiment] approval, approbation; **il sourit en signe d'~** he gave a smile of approval, he smiled approvingly; **rencontrer/gagner l'~ de qqn** to meet with/to win sb's approval; **sa fiancée/la nouvelle méthode a rencontré l'~ générale** his fiancee/the new method was widely approved of; **donner son ~ à un projet** to approve a plan. -**2.** [autorisation] approval; **soumettre qqch à l'~ de qqn** to submit sthg to sb for approval; **je ne peux rien faire sans son ~** I can't do anything without his approval.

approbativement [aprɔbativmɑ̃] *adv* approvingly.

approchable [aprɔʃabl] *adj* approachable, accessible; **une vedette difficilement ~** an inaccessible OU unapproachable star.

approchant, e [aprɔʃɑ̃, ɑ̃t] *adj* similar; **voici quelque chose d'~** here's something quite similar; **rien d'~** nothing like that; **il a dû le traiter d'escroc ou quelque chose d'~** he must have called him a crook or something like that OU something of the sort.

approche [aprɔʃ] *nf* -**1.** [venue] approach; **l'~ des examens** the coming of the exams, the approaching exams; **je sens l'~ de la mort** I feel that death is upon me, I have a sense of impending death. -**2.** [accès] approachability; **il est d'~ facile/difficile** he is approachable/unapproachable; **sa fiction est plus facile d'~ que son théâtre** her novels are easier to understand than her plays ❑ **travaux d'~** manoeuvring. -**3.** [conception] approach; ~ **écologique du problème** ecological approach to the problem. -**4.** IMPR [espacement] spacing; [erreur] spacing error; [signe] close-up mark. -**5.** AÉRON approach; **être en ~ (finale)** to be on one's final approach. -**6.** SPORT approach (shot).

◆ **approches** *nfpl*: **les ~s de l'aéroport** the area surrounding the airport, the vicinity of the airport.

◆ **à l'approche de** *loc prép* -**1.** [dans le temps]: **tous les ans, à l'~ de l'été** every year, as summer draws near; **à l'~ de l'épreuve, j'ai commencé à m'inquiéter** as the contest drew near, I started to worry; **à l'~ de la trentaine** as one nears OU approaches (the age of) thirty. -**2.** [dans l'espace]: **à l'~ de son père, il s'est enfui** he ran away as his father approached.

◆ **aux approches de** *loc prép* -**1.** [dans le temps]: **tous les ans, aux ~s de l'été** every year, as summer draws near; **aux ~s de l'épreuve, j'ai pris peur** as the contest drew near, I panicked. -**2.** [dans l'espace]: **aux ~s de la frontière, il y avait davantage de soldats** there were more soldiers as we approached OU neared the border.

approché, e [aprɔʃe] *adj* [idée, calcul] approximate.

approcher [3] [aprɔʃe] ◇ *vt* -**1.** [mettre plus près - lampe, chaise] to move OU to draw nearer, to move OU to draw closer; **approche un peu ton tabouret** draw OU bring your stool (a bit closer); **approche la table du mur** move OU draw the table closer to the wall; ~ **une tasse de ses lèvres** to lift OU to raise a cup to one's lips; **elle approcha ses lèvres des miennes** she put her lips close to mine; **n'approche pas ta main de la flamme** don't put your hand near the flame. -**2.** [se mettre près de] to go OU to come near; **ne l'approchez/m'approchez surtout pas!** please don't go near him/come near me! -**3.** [côtoyer - personnalité] to approach; **il n'est pas facile de l'~** she's not very approachable; **il approche les grands de ce monde** he has access to the highest levels of society.

◇ *vi* -**1.** [dans l'espace] to come OU to get nearer, to approach; **toi, approche!** you, come over here!; **on approche de Paris** we're getting near to OU we're nearing Paris; **comme nous approchions de notre destination** as we were nearing our destination; ~ **de la sainte table** OU **des sacrements** RELIG to partake of the Sacrament || *fig* to be close; **enfin nous approchons du but!** at last we're nearing our goal!; ~ **de la perfection** to be OU to come close to perfection. -**2.** [dans le temps - nuit, aube] to draw near OU on; [- événement, saison] to approach, to draw near; **on approchait de l'hiver** winter was drawing near; **il approche de la fin** he's nearing his end; **quand on approche de la cinquantaine** as one nears OU approaches (the age of) fifty.

◆ **s'approcher** *vpi* [se mettre plus près]: **approche-toi** come here OU closer; **s'~ de** to approach, to near; **s'~ de qqn** to come close to sb, to come up to sb; **s'~ de qqch** to go near sthg; **qu'elle ne s'approche pas trop du bord** see that she doesn't go too near the edge; **on s'approche de la côte** we're nearing OU approaching the coast.

◆ **s'approcher de** *vp + prép* [correspondre à] to be OU to come close to; **leurs thèses s'approchent beaucoup des nôtres** their ideas are very close to ours; **vos descriptions ne s'approchent pas du tout de la réalité** your descriptions bear no resemblance to the facts.

approfondi, e [aprɔfɔ̃di] *adj* thorough, detailed, extensive; **une connaissance ~e de la**

langue a thorough command OU knowledge of the language.

approfondir [32] [aprɔfɔ̃dir] *vt* **-1.** [creuser - puits] to deepen, to dig deeper. **-2.** [détailler - sujet, étude] to go deeper OU more thoroughly into, to delve into; il faut ~ la question the question needs to be examined in more detail; tu n'approfondis jamais (les choses) you only ever skim the surface of things; il semblait réticent, je n'ai pas voulu ~ la question he seemed reluctant, so I avoided pressing him on the matter; sans ~ superficially. **-3.** [parfaire - connaissances] to improve, to deepen; ~ sa connaissance de to improve one's knowledge of, to acquire a deeper knowledge of.

approfondissement [aprɔfɔ̃dismɑ̃] *nm* **-1.** [d'un puits] increasing the depth of, deepening. **-2.** [d'un problème]: l'~ de l'enquête pourrait le compromettre a more thorough investigation might compromise him; l'~ de la question est réservé au deuxième volume a more thorough examination of the issue will await volume two; l'~ des connaissances the deepening of one's knowledge.

appropriation [aprɔprijasjɔ̃] *nf* **-1.** JUR [saisie] appropriation; ~ de fonds misappropriation of funds, embezzlement; ~ par violence forcible seizure. **-2.** *sout* [adéquation] appropriateness, suitability.

approprié, e [aprɔprije] *adj* [adapté] appropriate, apposite, suitable; mots ~s s'il en fut! how appropriate those words were!; un discours ~ aux circonstances a speech appropriate OU suited to the circumstances; on ne peut pas entrer si on n'a pas la tenue ~e they won't let you in without the proper OU right clothes.

approprier [10] [aprɔprije] *vt* [adapter] to adapt, to suit; il a su ~ son style à un public d'adolescents he's managed to adapt his style to a teenage audience.

◆ **s'approprier** *vpt* to appropriate; s'~ les biens/l'invention d'un autre to appropriate somebody else's possessions/invention; s'~ le pouvoir to seize power.

approuvable [apruvabl] *adj* approvable, commendable.

approuver [3] [apruve] *vt* **-1.** [être d'accord avec - méthode, conduite] to approve of *(insép)*; je n'approuve pas la manière dont tu les traites I don't approve OU I disapprove of the way you treat them; elle m'a approuvé de ne pas avoir cédé she approved of my not giving in; la proposition a été approuvée par tout le monde the proposition met with OU received general approval. **-2.** [autoriser - alliance, fusion] to approve, to agree to *(insép)*; [- médicament, traitement] to approve; [- contrat] to ratify; [- projet de loi] to approve, to pass; le transfert de fonds n'a pas encore été approuvé the transfer of funds has not yet been approved OU authorized.

approvisionnement [aprɔvizjɔnmɑ̃] *nm* **-1.** [action] supplying; assurer l'~ d'un haut-fourneau en coke to feed a blast furnace with coke. **-2.** [provisions] supply, provision, stock.

approvisionner [3] [aprɔvizjɔne] *vt* **-1.** [village, armée] to supply OU to provide with; être approvisionné en électricité to be supplied with electricity; ~ l'armée en équipement to supply equipment to the army. **-2.** ARM to load. **-3.** BANQUE [compte] to pay (funds) into; son compte n'a pas été approvisionné depuis six mois no funds have been paid into her account for six months.

◆ **s'approvisionner** *vpi* [faire ses courses] to shop; où est-ce que vous vous approvisionnez? [individu] where do you do your shopping?; [commerce, entreprise] where do you get your supplies from?; s'~ en [stocker] to stock up on.

approximatif, ive [aprɔksimatif, iv] *adj* [coût, évaluation] approximate, rough; [traduction] rough; [réponse] vague.

approximation [aprɔksimasjɔ̃] *nf* **-1.** [estimation] approximation; ce chiffre n'est qu'une ~ this is only an approximate figure OU a rough estimate. **-2.** *péj* [à peu près] generality, (vague) approximation; à l'examen, le jury ne se contentera pas d'~s at the exam, the examiners won't be satisfied with generalities. **-3.** MATH approximation; calcul par ~s successives calculus by continual approach.

approximativement [aprɔksimativmɑ̃] *adv* [environ] approximately, roughly; [vaguement] vaguely.

appt *abr écrite de* appartement.

appui [apɥi] *nm* **-1.** CONSTR [d'un balcon, d'un garde-fou] support; ~ de fenêtre windowsill, window ledge. **-2.** [dans les positions du corps]: prendre ~ sur to lean (heavily) on; prenant appui sur les épaules de son partenaire leaning OU resting on his partner's shoulders ‖ [d'un alpiniste] press hold; trouver un ~ [pied] to gain OU to get a hold; [alpiniste] to get a purchase. **-3.** [soutien] support, backing; apporter son ~ à une initiative to back OU to support an initiative; avoir l'~ de qqn to have sb's support OU backing; ai-je votre ~? do I have your support?; avoir des ~s en haut lieu to have friends in high places ‖ MIL support; ~ aérien/naval air/naval support; point d'~ strong point.

◆ **à l'appui** *loc adv*: il a lu, à l'~, une lettre datée du 24 mai in support of this OU to back this up, he read a letter dated 24th May; accusation sans preuves/témoignages à l'~ charge not supported by any evidence/testimony.

◆ **à l'appui de** *loc prép* in support of, supporting; à l'~ de ses dires in support of OU to support what he was saying.

◆ **d'appui** *loc adj* [consonne] supporting; [voyelle] support *(épith)*.

appui(e)-bras [apɥibra] (*pl* appuis-bras OU appuie-bras) *nm* armrest.

appui(e)-tête [apɥitɛt] (*pl* appuis-tête OU appuie-tête) *nm* headrest.

appuyé, e [apɥije] *adj* [allusion] heavy; [regard] insistent.

appuyer [14] [apɥije] ◇ *vt* **-1.** [faire reposer] to lean, to rest; ~ son bras/sa main sur le dos d'une chaise to rest one's arm/hand on the back of a chair; le vélo était appuyé contre la grille the bicycle was resting OU leaning against the railings. **-2.** [faire peser]: appuie ta main sur le couvercle press down on the lid. **-3.** [étayer] to support; mur appuyé sur des contreforts wall supported by buttresses. **-4.** [donner son soutien à - candidat, réforme] to back, to support; la police, appuyée par l'armée the police, backed up OU supported by the army. **-5.** [fonder] to ground, to base; ~ son raisonnement sur des faits to base one's argument on OU to ground one's argument in facts.

◇ *vi* **-1.** [exercer une pression] to press, to push down; il faut ~ de toutes ses forces you have to press as hard as you can; ~ sur [avec le doigt] to press, to push; [avec le pied] to press down on; ~ délicatement sur l'endroit sensible to press gently on the sore spot; ~ sur la gâchette to pull the trigger; appuie sur le 3ᵉ étage *fam* [dans un ascenseur] press OU push the button for the third floor; il faut ~ dessus de toutes tes forces you have to press down on it as hard as you can ❑ ~ sur la chanterelle to hammer a point home, to rub it in. **-2.** [insister]: ~ sur [mot] to stress, to emphasize; [note] to sustain. **-3.** AUT: ~ sur la droite/la gauche to bear right/left; ~ sur la pédale de frein to brake; ~ sur la pédale to put one's foot down *Br*, to step on the gas *Am*. **-4.** ÉQUIT: ~ sur le mors to hang on the bit.

◆ **s'appuyer**▽ *vpt* to have to put up with; je me suis appuyé deux heures de voiture pour te voir I put up with two hours' driving just to see you; qui c'est qui va encore s'~ le ménage? guess who's going to get landed *Br* OU stuck *Am* with the housework again?

◆ **s'appuyer à, s'appuyer contre** *vp + prép* [physiquement] to lean OU to rest on; il entra, s'appuyant à son bras he came in leaning on her arm; s'~ contre la rampe to lean against the banister; le voilà, appuyé sur sa canne there he is, leaning on his stick.

◆ **s'appuyer sur** *vp + prép* [ami] to lean OU to depend OU to rely on; [amitié, aide] to count OU to rely on; [témoignage] to rely on; ce récit s'appuie sur une expérience vécue this story is based on a real-life experience.

apr. *abr écrite de* après.

apraxie [apraksi] *nf* apraxia.

apraxique [apraksik] ◇ *adj* apraxic.

◇ *nmf* apraxia sufferer.

âpre [apr] *adj* **-1.** [âcre - goût] sour; [- vin] rough. **-2.** [rude - voix, hiver, vie, froid] harsh; [féroce - concurrence, lutte] bitter, fierce; ~ au gain *péj* greedy, money-grabbing.

aprèm *fam* [aprɛm] (*abr de* après-midi) *nm* OU *nf* afternoon; à cet ~! see you this afternoon!

âprement [aprəmɑ̃] *adv* [sévèrement] bitterly, harshly; on me l'a ~ reproché I was harshly OU bitterly criticized for it; se battre ~ to fight bitterly OU ferociously; cette victoire fut ~ disputée it was a fiercely contested victory.

après [aprɛ] ◇ *prép* **-1.** [dans le temps] after; ~ le départ de Paul after Paul left; ~ (le) dîner after dinner; je prendrai un café ~ le déjeuner I'll have a coffee after lunch; le but a été marqué ~ deux minutes de jeu the goal was scored two minutes after kick-off; 530 ~ Jésus-Christ 530 A.D.; c'était peu ~ 3 h it was shortly OU soon after 3 o'clock; c'était bien ~ son départ it was a long time OU good while after he left; ~ toutes ses promesses, voilà qu'elle change d'avis! after all her promises, she's now changed her mind!; qu'est-ce qu'il fait froid aujourd'hui, ~ le beau temps qu'on a eu hier! *fam* it's so cold today, after yesterday's fine weather OU when you think how nice the weather was yesterday!; ~ cela, que prendrez-vous? what would you like after that?; tu le contredis en public, et ~ ça tu t'étonnes qu'il te persécute! you contradict him publicly (and) then you're surprised to find that he persecutes you; ~ ça, il ne te reste plus qu'à aller t'excuser the only thing you can do now is apologize; ~ quoi, nous verrons then we'll see; ~ ce qu'il m'a fait, je ne lui parlerai plus jamais after what he did to me, I'll never speak to him again; ~ avoir dîné, ils bavardèrent after dining OU after dinner they chatted; ~ avoir salué l'assistance, elle prit la parole having bowed OU after bowing to the audience, she spoke; jour ~ jour day after day; page ~ page, le mystère s'épaissit the mystery gets deeper by the page. **-2.** [dans l'espace] after; ~ le pont, la route bifurque after the bridge the road forks; la gare est ~ le parc the station is past OU after the park; ~ la fontaine, tournez à gauche turn left after the fountain ‖ [sur] *fam*: son foulard est resté accroché ~ les ronces his scarf got caught on the brambles. **-3.** [dans un rang, un ordre, une hiérarchie]: ~ les livres, il aime la musique after books, music is his second love; ~ vous, je vous en prie after you; vous êtes ~ moi [dans une file d'attente] you're after me; il était juste ~ moi dans la file he was just behind me in the queue; quelle lettre vient ~ w? which letter comes (next) after w?; il fait passer ma carrière ~ la sienne my career comes after his OU takes second place to his, according to him; le travail passe ~ la santé health is more important than work. **-4.** [indiquant un mouvement de poursuite, l'attachement, l'hostilité]: courir ~ qqn to run after sb; le chien aboie ~ les passants the dog barks at the passers-by; crier ~ qqn to shout at sb; il est furieux ~ toi he's furious with you; s'énerver ~ qqch to get angry with sthg; il est constamment ~ moi [me surveille] he's always breathing down my neck; [me harcèle] he's always nagging (at) OU going on at me; ils sont ~ une

invitation, c'est évident it's obvious they're angling for OU they're after an invitation; **être ~ une bonne affaire** to be on to a bargain; **demander ~ qqn** to ask after sb.
◇ *adv* -**1.** [dans le temps]: **un mois ~** a month later; **aussitôt ~** right OU straight OU immediately after OU afterwards; **bien ~** a long OU good while after, much later; **longtemps ~** a long time after OU afterwards; **peu ~** shortly after OU afterwards; **garde tes forces pour ~** conserve your strength for afterwards OU later; **nous sommes allés au cinéma et ~ au restaurant** we went to the cinema and then to a restaurant ❑ **~ on ira dire que je suis avare!** and then people will say I'm mean!; **~, tu ne viendras pas te plaindre!** don't come moaning to me afterwards!; **et ~?** [pour demander la suite] and then what?; [marquant l'indifférence] so what?; **et ~? qu'a-t-il fait?** and then what did he do?; **et ~? qu'est-ce que ça peut faire?** *fam* so what? who cares?; **il menace de démissionner? et ~?** so he's threatening to resign, so what? -**2.** [dans l'espace] after; **vous tournez au feu, c'est tout de suite ~** you turn at the lights, and it's just after. -**3.** [dans un rang, un ordre, une hiérarchie] next; **qui est ~?** [dans une file d'attente] who's next?; **et qu'est-ce qui vient ~?** and what's next?; **passer ~** to be secondary; **il n'y a que l'argent qui t'intéresse, l'amour passe ~** you're only interested in money, love takes second place.
◆ **après coup** *loc adv* afterwards, later; **c'est ~ coup que j'ai compris** it was only later OU afterwards that I understood; **il n'a réagi qu'~ coup** it wasn't until afterwards that he reacted; **laissez les journalistes parler, nous démentirons ~ coup** let the press talk, we'll deny it all afterwards OU later; **n'essaie pas d'inventer une explication ~ coup** don't try to invent an explanation after the event.
◆ **après que** *loc conj (suivi de l'indicatif)* after; **~ qu'il eut terminé,...** after he had finished...; **je te dirai ce que j'en pense ~ que tu auras décidé** I'll tell you what I think after you've made a decision || *(suivi du subjonctif)*: **je me suis couché ~ que tu aies téléphoné** I went to bed after you phoned.
◆ **après tout** *loc adv* after all; **~ tout, ça n'a pas beaucoup d'importance** after all, it's not particularly important; **il peut bien venir, ~ tout, s'il veut** he can come, after all, if he wants; **débrouille-toi tout seul, ~ tout!** just sort it out by yourself!
◆ **d'après** ◇ *loc prép* -**1.** [introduisant un jugement] according to; **d'~ moi** in my opinion; **d'~ eux** in their opinion, according to them; **alors, d'~ vous, qui va gagner?** so who do you think is going to win?; **d'~ les informations qui nous parviennent** from OU according to the news reaching us; **d'~ ce que je sais** from what I know; **d'~ ce qu'elle dit** from what she says; **d'~ mon expérience** in my experience. -**2.** [introduisant un modèle, une citation]: **d'~ Tolstoï** adapted from Tolstoy; **peint d'~ nature** painted from life; **d'~ une idée originale de...** based on OU from an original idea by...
◇ *loc adj* -**1.** [dans le temps] following, next; **le jour d'~, il était là** the following OU next day, he was there; **l'instant d'~** the next moment. -**2.** [dans l'espace] next; **je descends à la station d'~** I'm getting off at the next station; **la maison d'~ est la nôtre** the next house is ours; **la poste? c'est juste la rue d'~** the post office? it's the next street.

après-coup [aprɛku] (*pl* après-coups) *nm* aftereffect PSYCH.

après-demain [aprɛdmɛ̃] *adv* the day after tomorrow; **~ matin/soir** the day after tomorrow in the morning/evening.

après-dîner [aprɛdine] (*pl* après-dîners) *nm* evening; **discours d'~** after-dinner speech.

après-guerre [aprɛgɛr] (*pl* après-guerres) *nm* OU *nf* post-war era OU period; **le théâtre d'~** post-war drama.

après-midi [aprɛmidi] *nm inv* OU *nf inv* afternoon; **en début/fin d'~** early/late in the afternoon; **à 2 h de l'~** at 2 (o'clock) in the afternoon, at 2 p.m.

après-rasage [aprɛrazaʒ] (*pl* après-rasages) ◇ *adj inv* aftershave *(épith)*.
◇ *nm* aftershave (lotion).

après-ski [aprɛski] (*pl* après-skis) *nm* -**1.** [botte] snow boot. -**2.** [activités] après-ski.

après-soleil [aprɛsɔlɛj] (*pl* après-soleils) *nm* aftersun cream.

après-vente [aprɛvɑ̃t] *adj inv* after-sales; **service ~** after-sales service.

âpreté [aprəte] *nf* -**1.** [âcreté] sourness. -**2.** [dureté - d'un ton, d'une voix] harshness, roughness; [- d'une saison] harshness, rawness; [- d'un reproche] bitterness, harshness; **combattre avec ~** to struggle bitterly OU grimly; **défendre avec ~ son territoire** to fight for one's territory to the bitter end.

a priori [aprijɔri] ◇ *adj inv* PHILOS a priori.
◇ *loc adv* in principle.
◇ *nm inv* [préjugé] preconception, preconceived idea; **avoir un ~ favorable envers qqn** to be biased OU prejudiced in favour of sb; **juger sans ~** to judge impartially, to be an unbiased judge.

apriorisme [aprijɔrism] *nm* apriorism.

aprioriste [aprijɔrist] ◇ *adj* based on preconceptions, biased.
◇ *nmf person with preconceived ideas*.

à-propos [aprɔpo] *nm inv* aptness, relevance; **votre remarque manque d'~** your remark is not relevant OU to the point; **intervenir avec ~** to intervene opportunely OU at the right time; **quelle que soit la situation, il réagit avec ~** whatever the situation, he always does OU says the right thing; **faire preuve d'~** to show presence of mind.

apside [apsid] *nf* apsis; **les ~s** the apsides.

apte [apt] *adj*: **~ à qqch** [par sa nature] fit for OU suited to sthg; [par ses qualifications] qualified for sthg; **~ (au service militaire)** fit (for military service); **~ à faire qqch** [par sa nature] suited to doing sthg; [par ses qualifications] qualified to do sthg; **être ~ à remplir une fonction** to be suited to a position; **est-elle ~ à conduire un autobus?** is she qualified to drive a bus?

aptère [aptɛr] *adj* apteral.

aptéryx [apteriks] *nm* apteryx, kiwi (bird).

aptitude [aptityd] *nf* [capacité] ability, aptitude; **~ à assimiler les langues** ability to learn OU aptitude for learning foreign languages; **il n'a aucune ~ dans ce domaine** he has OU shows no aptitude in that direction; **avoir une ~ au bonheur/à la patience** to have a capacity for happiness/for patience.
◆ **aptitudes** *nfpl*: **~s (intellectuelles)** abilities; **avoir/montrer des ~s en langues** to have/to show a gift for languages.

apurement [apyrmɑ̃] *nm* auditing, balancing.

apurer [3] [apyre] *vt* to audit, to balance.

aquacole [akwakɔl] *adj* aquicultural.

aquaculture [akwakyltyr] *nf* -**1.** [élevage] aquaculture, fish farming. -**2.** [technique] aquaculture, hydroponics *(sg)*.

aquafortiste [akwafɔrtist] *nmf* etcher.

aquaplanage [akwaplanaʒ] = **aquaplaning**.

aquaplane [akwaplan] *nm* -**1.** [activité] aquaplaning. -**2.** [planche] aquaplane.

aquaplaning [akwaplaniŋ] *nm* aquaplaning AUT.

aquarelle [akwarɛl] *nf* [tableau] watercolour; **peindre à l'~** to paint in watercolours.

aquarelliste [akwarelist] *nmf* watercolourist.

aquariophile [akwarjɔfil] *nmf* aquarist.

aquarium [akwarjɔm] *nm* -**1.** [décoratif] fish tank, aquarium. -**2.** [au zoo] aquarium; **~ d'eau de mer** oceanarium.

aquatinte [akwatɛ̃t] *nf* aquatint.

aquatique [akwatik] *adj* aquatic, water *(épith)*.

aquavit [akwavit] *nm* aquavit.

aqueduc [akdyk] *nm* -**1.** [conduit] aqueduct. -**2.** ANAT duct.

aqueux, euse [akø, øz] *adj* -**1.** ANAT & CHIM aqueous. -**2.** [plein d'eau] watery.

aquifère [akɥifɛr] *adj* water-bearing, aquiferous *spéc*.

aquilin [akilɛ̃] *adj m* aquiline.

aquilon [akilɔ̃] *nm litt* north wind.

aquitain, e [akitɛ̃, ɛn] *adj* from Aquitaine, Aquitaine *(épith)*.
◆ **Aquitain, e** *nm, f inhabitant of or person from Aquitaine*.
◆ **Aquitaine** *npr f*: **(l')** Aquitaine Aquitaine.

AR -**1.** *abr écrite de* **accusé de réception**. -**2.** *abr écrite de* **arrière**.

AR, A-R (*abr écrite de* **aller-retour**) R.

ara [ara] *nm* macaw.

arabe [arab] *adj* [cheval, pays] Arab, Arabian; **chiffres ~s** Arabic numerals, Arabics.
◆ **Arabe** *nmf* Arab.
◆ **arabe** *nm* LING Arabic; **~ dialectal/littéral** vernacular/written Arabic.

ARABE:
Note that in a French context this word usually refers to people from North Africa, and often has racist connotations.

---

arabesque [arabɛsk] *nf* BX-ARTS & DANSE arabesque.

arabica [arabika] *nm* arabica.

Arabie [arabi] *npr f*: **(l') ~** Arabia; **(l') ~ Saoudite** Saudi Arabia.

arabique [arabik] *adj* arabic; **gomme ~** gum arabic.

arabisant, e [arabizɑ̃, ɑ̃t] ◇ *adj* Arabic.
◇ *nm, f* Arabist, Arabic scholar.

arabisation [arabizasjɔ̃] *nf* arabization.

arabiser [3] [arabize] *vt* to arabize, to arabicize.

arabisme [arabism] *nm* Arabism.

arable [arabl] *adj* arable.

arabophone [arabɔfɔn] ◇ *adj* Arabic-speaking.
◇ *nmf* Arabic speaker.

arachide [araʃid] *nf* peanut, groundnut.

arachnéen, enne [arakneɛ̃, ɛn] *adj* -**1.** *litt* [dentelle] gossamer *(épith)*, gossamery. -**2.** ZOOL arachnidan.

arachnide [araknid] *nm* arachnid.

arachnoïde [araknɔid] *nf* arachnoid.

arachnoïdien, enne [araknɔidjɛ̃, ɛn] *adj* arachnoid.

Aragon [aragɔ̃] *npr m*: **(l') ~** Aragon.

araignée [areɲe] *nf* -**1.** ZOOL spider; **~ d'eau** water spider; **~ (de mer)** spider crab; **avoir une ~ au plafond** *fam hum* to have bats in the belfry; **~ du matin, chagrin, ~ du soir, espoir** *prov seeing a spider in the morning brings bad luck, seeing one in the evening brings good luck*. -**2.** PÊCHE gill net.

araire [arɛr] *nm* swing-plough.

arak [arak] *nm* arak, arrack.

Aral [aral] *npr* → **mer**.

araméen, enne [arameɛ̃, ɛn] *adj* Aramaic, Aramean, Aramaean.
◆ **Araméen, enne** *nm, f* Aramean, Aramaean.
◆ **araméen** *nm* LING Aramaic.

Ararat [ararat] *npr* → **mont**.

arasement [arazmɑ̃] *nm* -**1.** CONSTR [égalisation - d'un mur] levelling; [- d'une planche] planing down; [assise] levelling course. -**2.** GÉOL erosion.

araser [3] [araze] *vt* -**1.** [égaliser - mur] to level, to make level OU flush; [- planche] to plane down *(sép)*. -**2.** GÉOL to erode.

aratoire [aratwar] *adj* ploughing.

araucaria [arɔkarja] *nm* monkey puzzle (tree), araucaria *spéc*.

arbalète [arbalɛt] *nf* crossbow.

arbalétrier [arbaletrije] *nm* -**1.** [soldat] crossbowman. -**2.** ORNITH black martin. -**3.** CONSTR rafter.

arbitrable [arbitrabl] *adj* arbitrable.

arbitrage [arbitraʒ] *nm* -**1.** JUR arbitration; **recourir à l'~** to go to arbitration; **soumettre un**

différend à un ~ to refer a dispute to arbitration; trancher par ~ to settle by arbitration. -**2.** SPORT [gén] refereeing; [au volley-ball, tennis, cricket] umpiring. -**3.** BOURSE arbitrage.

arbitraire [arbitrɛr] ◇ *adj* [choix, arrestation] arbitrary; c'est totalement ~! it's totally unjustified!
◇ *nm* arbitrariness, arbitrary nature.

arbitrairement [arbitrɛrmɑ̃] *adv* arbitrarily.

arbitral, e, aux [arbitral, o] *adj* -**1.** JUR arbitral. -**2.** SPORT: décision ~e referee's OU umpire's decision.

arbitralement [arbitralmɑ̃] *adv* by arbitration.

arbitre [arbitr] *nm* -**1.** JUR arbiter, arbitrator; exercer un rôle d'~ to act as arbitrator, to arbitrate. -**2.** SPORT [gén] referee; [au volley-ball, tennis, cricket] umpire. -**3.** PHILOS: libre ~ free will.

arbitrer [3] [arbitre] *vt* -**1.** [différend] to arbitrate, to settle by arbitration. -**2.** SPORT [gén] to referee; [au volley-ball, tennis, cricket] to umpire. -**3.** BOURSE [valeurs] to carry out an arbitrage operation on.

arboré, e [arbɔre] *adj Belg* planted with trees, wooded, arboreous *spéc.*

arborer [3] [arbɔre] *vt* -**1.** [porter - veste, insigne] to sport, to wear; [- drapeau] to bear, to display. -**2.** [afficher - sourire] to wear; [- manchette, titre] to carry.

arborescence [arbɔresɑ̃s] *nf* arborescence.

arborescent, e [arbɔresɑ̃, ɑ̃t] *adj* arborescent.

arboretum [arbɔretɔm] *nm* arboretum.

arboricole [arbɔrikɔl] *adj* -**1.** HORT arboricultural. -**2.** ZOOL tree-dwelling, arboreal *spéc.*

arboriculteur, trice [arbɔrikyltœr, tris] *nm, f* tree grower, arboriculturist *spéc.*

arboriculture [arbɔrikyltyr] *nf* arboriculture; ~ fruitière cultivation of fruit trees.

arborisation [arbɔrizasjɔ̃] *nf* arborization.

arborisé [arbɔrize] *adj Helv*: une plaine ~e a plain dotted with trees.

arbouse [arbuz] *nf* arbutus berry.

arbousier [arbuzje] *nm* arbutus.

arbre [arbr] *nm* -**1.** BOT tree; ~ d'agrément OU d'ornement ornamental tree; ~ d'amour OU de Judée Judas tree; ~ à caoutchouc rubber tree; ~ fruitier fruit tree; ~ généalogique family tree; faire son ~ généalogique to draw up one's family tree; ~ de Moïse pyracantha; ~ de Noël Christmas tree; ~ à pain breadfruit; ~ de la science du bien et du mal BIBLE tree of knowledge; faire l'~ fourchu to walk on one's hands; abattre OU couper l'~ pour avoir le fruit to kill the goose that lays the golden egg; entre l'~ et l'écorce il ne faut pas mettre le doigt one shouldn't get involved in other people's family quarrels; les ~s cachent la forêt you can't see the wood *Br* OU forest *Am* for the trees. -**2.** MÉCAN shaft; ~ moteur OU de couche engine shaft; ~ à cames camshaft; ~ de transmission drive OU propeller shaft.
◆ **arbre de vie** *nm* -**1.** BOT thuya. -**2.** ANAT arbor vitae. -**3.** BIBLE tree of life.

arbrisseau, x [arbriso] *nm* shrub; plantation OU parterre d'~x shrubbery.

arbuste [arbyst] *nm* shrub, bush.

arbustif, ive [arbystif, iv] *adj* shrubby.

arc [ark] *nm* -**1.** ARM bow. -**2.** MATH arc; ~ de cercle arc of a circle; être assis en ~ de cercle to be seated in a semi-circle. -**3.** ANAT arch; ~ aortique arch of the aorta. -**4.** PHYS: ~ électrique electric arc. -**5.** ARCHIT arch; ~ brisé pointed arch; ~ en fer à cheval/en plein cintre horseshoe/semicircular arch; ~ en ogive ogee arch; ~ surbaissé/surhaussé depressed/raised arch; ~ de triomphe triumphal arch; l'~ de triomphe (de l'Étoile) the Arc de Triomphe.
◆ **à arc** *loc adj* [lampe, soudure] arc *(épith).*

arcade [arkad] *nf* -**1.** ARCHIT archway; des ~s arches, an arcade; une ~ de verdure a leafy vault. -**2.** ANAT arch; ~ sourcilière arch of the eyebrows. -**3.** *Helv* [boutique] shop.

Arcadie [arkadi] *npr f*: (l') ~ Arcadia.

arcadien, enne [arkadjɛ̃, ɛn] *adj* Arcadian.
◆ **Arcadien, enne** *nm, f* Arcadian.

arcane [arkan] *nm* [secret] mystery, arcanum *litt*; les ~s de la politique/de la science the mysteries of politics/of science.

arc-boutant [arkbutɑ̃] (*pl* arcs-boutants) *nm* flying buttress.

arc-boutement [arkbutmɑ̃] (*pl* arcs-boutements) *nm* buttressing.

arc-bouter [3] [arkbute] *vt* [mur] to buttress.
◆ **s'arc-bouter** *vpi* to brace o.s.; s'arc-boutant des deux jambes bracing himself with both legs; s'~ contre un mur to brace one's back against a wall.

arceau, x [arso] *nm* -**1.** ARCHIT arch (of vault). -**2.** MÉD cradle.

arc-en-ciel [arkɑ̃sjɛl] (*pl* arcs-en-ciel) *nm* rainbow.

archaïque [arkaik] *adj* -**1.** [vieux] archaic, outmoded, antiquated. -**2.** BX-ARTS & LING archaic.

archaïsant, e [arkaizɑ̃, ɑ̃t] ◇ *adj* archaistic.
◇ *nm, f* archaist.

archaïsme [arkaism] *nm* [mot] archaism, archaic term; [tournure] archaism, archaic turn of phrase.

archange [arkɑ̃ʒ] *nm* archangel.

arche [arʃ] *nf* -**1.** ARCHIT arch; la Grande Arche (de la Défense) *large office block at la Défense near Paris, shaped like a square archway.* -**2.** RELIG ark; l'~ d'alliance the Ark of the Covenant; l'~ de Noé Noah's Ark; l'~ sainte the Holy Ark.

archéologie [arkeɔlɔʒi] *nf* archeology, archaeology.

archéologique [arkeɔlɔʒik] *adj* archeological, archaeological.

archéologue [arkeɔlɔg] *nmf* archeologist, archaeologist.

archer [arʃe] *nm* archer, bowman.

archet [arʃɛ] *nm* -**1.** MUS bow; avoir un excellent coup d'~ to be an outstanding violonist. -**2.** TECH bow-saw.

archétype [arketip] *nm* -**1.** [symbole] archetype. -**2.** BIOL prototype.

archevêché [arʃəveʃe] *nm* -**1.** [fonction, territoire] archbishopric. -**2.** [palais] archbishop's palace.

archevêque [arʃəvɛk] *nm* archbishop.

archidiacre [arʃidjakr] *nm* archdeacon.

archidiocésain, e [arʃidjɔsezɛ̃, ɛn] *adj* archdiocesan.

archidiocèse [arʃidjɔsɛz] *nm* archdiocese.

archiduc [arʃidyk] *nm* archduke.

archiduchesse [arʃidyʃɛs] *nf* archduchess.

ARCHIDUCHESSE:
This word is familiar to many French people as part of a famous tongue twister: «les chaussettes de l'archiduchesse sont-elles sèches? Oui, archisèches».

---

archiépiscopal, e, aux [arʃiepiskɔpal, o] *adj* archiepiscopal.

archiépiscopat [arʃiepiskɔpa] *nm* archiepiscopate.

archimandrite [arʃimɑ̃drit] *nm* archimandrite.

Archimède [arʃimɛd] *npr* Archimedes; principe d'~ Archimedes' principle; vis d'~ Archimedes' OU Archimedean screw.

archipel [arʃipɛl] *nm* archipelago; l'~ frison the Frisian Islands; l'~ de la Sonde the Sunda Islands ❑ 'l'Archipel du Goulag' *Soljenitsyne* 'The Gulag Archipelago'.

archipresbytéral, e, aux [arʃiprɛsbiteral, o] *adj* archpriestly.

archiprêtre [arʃiprɛtr] *nm* archpriest.

architecte [arʃitɛkt] *nmf* -**1.** ARCHIT architect; avoir un diplôme d'~ to have a degree in architecture ❑ ~ d'intérieur interior designer; ~ naval naval architect; ~ paysagiste landscape architect; ~ urbaniste town planner *Br*, city planner *Am*. -**2.** *fig*: l'~ de la réforme the architect of the reform.

architectonique [arʃitɛktɔnik] *nf* architectonics *(sg).*

architectural, e, aux [arʃitɛktyral, o] *adj* architectural.

architecture [arʃitɛktyr] *nf* -**1.** [art, style] architecture; ~ d'intérieur interior design. -**2.** [structure - d'une œuvre d'art] structure, architecture. -**3.** INF architecture.

architecturer [3] [arʃitɛktyre] *vt* to structure; un exposé bien architecturé a well-structured talk.

architrave [arʃitrav] *nf* architrave.

architravée [arʃitrave] *nf* architraved cornice.

archivage [arʃivaʒ] *nm* filing OU storing (away).

archiver [3] [arʃive] *vt* [document, revue] to file OU to store (away).

archives [arʃiv] *nfpl* -**1.** [documents] archives, records; ~ familiales family records. -**2.** [lieu] record office; les Archives nationales the French Historical Archives, ≃ the Public Record Office *Br*, ≃ the National Archives *Am*.
◆ **d'archives** *loc adj* library *(épith)*; document/images d'~ TV library document/pictures.

archiviste [arʃivist] *nmf* archivist.

archivolte [arʃivɔlt] *nf* archivolt.

archonte [arkɔ̃t] *nm* archon.

arçon [arsɔ̃] *nm* saddletree.

arctique [arktik] *adj* Arctic; le cercle polaire ~ the Arctic Circle.
◆ **Arctique** *npr m*: l'Arctique the Arctic (Ocean).

Ardèche [ardɛʃ] *npr f*: (l') ~ the Ardèche.

ardéchois, e [ardeʃwa, az] *adj* from the Ardèche.
◆ **Ardéchois, e** *nm, f inhabitant of or person from the Ardèche*; les Ardéchois the people of the Ardèche.

ardemment [ardamɑ̃] *adv* ardently, fervently, passionately; désirer qqch ~ to yearn for OU to crave sthg.

ardennais, e [ardɔnɛ, ɛz] *adj* from the Ardennes.
◆ **Ardennais, e** *nm, f inhabitant of or person from the Ardennes*; les Ardennais the people of the Ardennes.

Ardennes [ardɛn] *npr fpl*: les ~ the Ardennes; noix des ~ Ardennes ham.

ardent, e [ardɑ̃, ɑ̃t] *adj* -**1.** [brûlant - chaleur] burning, scorching; [- soleil] blazing, scorching; [- fièvre] burning, raging; un rouge ~ a fiery red. -**2.** [vif - tempérament] fiery, passionate; [- désir] ardent, eager, fervent; [- imagination] vivid, fiery. -**3.** [passionné - amant] ardent, eager, hot-blooded; [- révolutionnaire, admirateur] ardent, fervent.

ardeur [ardœr] *nf* -**1.** [fougue] passion, ardour, fervour; soutenir une cause avec ~ to support a cause ardently OU fervently OU passionately; il n'a jamais montré une grande ~ au travail he's never shown much enthusiasm for work; modérez vos ~s! *hum* control yourself! -**2.** *litt* [chaleur] (burning) heat.

ardillon [ardijɔ̃] *nm* tongue *(of a belt buckle).*

ardoise [ardwaz] *nf* -**1.** [matière] slate; toit d'~s OU en ~s slate roof; crayon d'~ slate-pencil. -**2.** [objet] slate; ~ magique magic slate. -**3.** *fam* [compte] bill, slate; mets-le sur mon ~ put it on my bill OU on the slate; on a une ~ de 300 francs chez le boucher we've run up a bill of 300 francs at the butcher's.

ardoisé, e [ardwaze] *adj* slate-grey.

ardoisier, ère [ardwazje, ɛr] *adj* -**1.** [contenant de l'ardoise] slaty. -**2.** [ressemblant à l'ardoise] slatelike. -**3.** [industrie, production] slate *(épith).*
◆ **ardoisier** *nm* -**1.** [exploitant] slate-quarry owner. -**2.** [ouvrier] slate-quarry worker.
◆ **ardoisière** *nf* slate quarry.

ardu, e [ardy] *adj* [difficile - problème, question] tough, difficult; [- tâche] arduous, hard.

are [ar] *nm* are, hundred square metres.

arec [arɛk] *nm* areca.

aréique [areik] *adj* with no permanent river system.

arène [arɛn] *nf* -**1.** [pour la corrida] bullring; descendre OU entrer dans l'~ *fig* to enter the

fray OU the arena. -**2.** [sable] arenite, sand; ~ **granitique** granitic sand.
◆ **arènes** *nfpl* ANTIQ amphitheatre.

arénicole [arenikɔl] ◇ *adj* sanddwelling, arenicolous *spéc.*
◇ *nf* sandworm, lugworm.

aréomètre [areɔmɛtr] *nm* hydrometer.

aréopage [areɔpaʒ] *nm* learned assembly OU gathering; **l'Aréopage** ANTIQ the Areopagus.

aréquier [arekje] = **arec**.

arête [arɛt] *nf* -**1.** [de poisson] (fish) bone; **cabillaud sans ~s** boneless cod fillet; **enlever les ~s d'un poisson** to bone a fish; **poisson plein d'~s** fish full of bones, bony fish. -**2.** [angle - d'un toit] arris; [- d'un cube] edge; [- d'une voûte] groin. -**3.** ANAT: **l'~ du nez** the bridge of the nose. -**4.** GÉOG crest, ridge. -**5.** BOT beard.

arêtier [aretje] *nm* hip CONSTR.

areu [arø] *interj langage enfantin*: ~ ~ goo-goo.

arg. *abr écrite de* argus.

argent [arʒɑ̃] ◇ *nm* -**1.** [métal] silver. -**2.** [monnaie] money; **avoir de l'~** to have money, to be wealthy; **une famille qui a de l'~** a well-to-do family; **(se) faire de l'~** to make money; **pour de l'~** for money; **l'~ lui fond dans les mains** money just goes through his fingers ❑ ~ **comptant**: **payer** OU **régler (en) ~ comptant** to pay cash; **accepter** OU **prendre qqch pour ~ comptant** to take sthg at face value; ~ **liquide** ready cash OU money; ~ **de poche** pocket money; **se faire de l'~ de poche** to make a bit of extra money; **l'~ sale** dirty money; **en avoir pour son ~: tu en auras pour ton ~** you'll get your money's worth, you'll get value for money; **je n'en ai pas vraiment eu pour mon ~** I didn't get my money's worth, I felt rather short-changed; **en être pour son ~** to end up out of pocket; **jeter l'~ par les fenêtres** to throw money down the drain, to squander money; **l'~ n'a pas** OU **point d'odeur** *prov* it's all money!; **l'~ ne fait pas le bonheur** *prov* money can't buy happiness; **l'~ (trouvé) n'a pas de maître** *prov* money knows no master; **le temps, c'est de l'~** *prov* time is money. -**3.** [couleur] silver colour; **la surface du lac était du plus pur ~** the surface of the lake was the purest silver. -**4.** HÉRALD argent.
◇ *adj inv* silver, silvery, silver-coloured; **robe en lamé ~** silver lamé dress.
◆ **d'argent** *loc adj* -**1.** [en métal] silver *(épith)*. -**2.** [couleur] silver, silvery, silver-coloured; **des reflets d'~** silvery reflections. -**3.** [pécuniaire] money *(épith)*. -**4.** [intéressé]: **homme/femme d'~** man/woman for whom money matters.
◆ **en argent** *loc adj* silver *(épith)*.

argentage [arʒɑ̃taʒ] *nm* [d'un miroir] silvering; [d'un couvert] silver-plating.

argentan [arʒɑ̃tɑ̃] *nm* German OU nickel silver.

argenté, e [arʒɑ̃te] *adj* -**1.** [couleur - renard] silver *(épith)*; [- tempes] silver, silvery. -**2.** [plaqué] silver-plated, silver *(épith)*; **métal ~** silver plate. -**3.** *fam* [fortuné] well-heeled, flush; **on n'était pas très ~s à l'époque** we weren't very well-off OU we were rather hard up at the time.

argenter [3] [arʒɑ̃te] *vt* -**1.** [miroir] to silver; [cuillère] to plate, to silver-plate. -**2.** *litt* [faire briller]: **la lune argentait la mer** the moon coated the sea in silver.

argenterie [arʒɑ̃tri] *nf* silver, silverware.

argenteur [arʒɑ̃tœr] *nm* silverer, silversmith.

argentier [arʒɑ̃tje] *nm* -**1.** [meuble] silver cabinet. -**2.** *fam* **le Grand ~** [ministre] the Finance Minister.

argentifère [arʒɑ̃tifɛr] *adj* silver-bearing, argentiferous *spéc.*

argentin, e[1] [arʒɑ̃tɛ̃, in] *adj* [son] silvery.

argentin, e[2] [arʒɑ̃tɛ̃, in] *adj* GÉOG Argentinian, Argentine.
◆ **Argentin, e** *nm, f* Argentinian, Argentine.

Argentine [arʒɑ̃tin] *npr f*: (l') ~ Argentina, the Argentine.

argenture [arʒɑ̃tyr] *nf* silvering.

argile [arʒil] *nf* clay; ~ **grasse/réfractaire** fatty/fire clay.

argileux, euse [arʒilø, øz] *adj* clayey, clayish.

argon [argɔ̃] *nm* argon.

argonaute [argɔnot] *nm* argonaut, paper nautilus.

Argonautes [argɔnot] *npr mpl*: **les ~** the Argonauts.

argot [argo] *nm* slang, argot.

argotique [argɔtik] *adj* slang *(épith)*, slangy.

argotisme [argɔtism] *nm* [mot] slang word; [tournure] slang expression.

argousin [arguzɛ̃] *nm arch & péj* cop; **les ~s** the cops.

Argovie [argɔvi] *npr f*: (l') ~ Aargau.

argovien, enne [argɔvjɛ̃, ɛn] *adj* from Aargau.
◆ **Argovien, enne** *nm, f inhabitant of or person from Aargau.*

arguer [8] [argɥe] *vt* -**1.** [conclure] to deduce; **que peut-on ~ de ces écrits?** what can we deduce from OU what conclusion can be drawn from these writings? -**2.** [prétexter]: ~ **que...** to put forward the fact that...; **arguant qu'il avait une mauvaise vue** pleading his poor eyesight; ~ **de** to use as an excuse, to plead; **elle argua d'une migraine pour se retirer** she pleaded a headache in order to withdraw; **il s'en est tiré en arguant de son ignorance** he got away with it by putting forward OU using his ignorance as an excuse.

argument [argymɑ̃] *nm* -**1.** [raison] argument; **ses ~s** his reasoning; **les ~s pour/contre la réforme** the arguments supporting/opposing the reform; **des ~s pour et contre** OU **dans les deux sens** pros and cons; **présenter ses ~s** to state one's case; **avoir de bons/solides ~s** to have a good/strong case; **tirer ~ de qqch** to use sthg as an argument. -**2.** COMM: ~ **de vente** selling point. -**3.** LITTÉRAT [sommaire] general description, outline.

argumentaire [argymɑ̃tɛr] *nm* COMM promotion leaflet.

argumentation [argymɑ̃tasjɔ̃] *nf* -**1.** [raisonnement] argumentation, rationale. -**2.** [fait d'argumenter] reasoning.

argumenter [3] [argymɑ̃te] ◇ *vi* -**1.** [débattre] to argue; ~ **en faveur de/contre qqch** to argue for/against sthg; ~ **de qqch avec qqn** to argue with sb about sthg. -**2.** [ergoter] to be argumentative, to quibble.
◇ *vt* [texte, démonstration] to support with (relevant) arguments; **motion bien/mal argumentée** impressively/poorly argued motion.

argus [argys] *nm* -**1.** PRESSE: **l'~ de l'automobile** price guide for used cars; **ta voiture vaut à peine 6 000 F à l'~** the book price for your car would only be 6,000 F. -**2.** ORNITH argus pheasant. -**3.** *litt* [gardien] guardian.

argutie [argysi] *nf* quibble; ~**s** quibbling, hairsplitting.

aria [arja] ◇ *nm vieilli* [souci, tracas] nuisance.
◇ *nf* MUS aria.

Ariane [arjan] *npr* Ariadne; **le fil d'~** Ariadne's clew.

aride [arid] *adj* -**1.** [sec - terre] arid, barren; [- vent] dry; [- cœur] unfeeling. -**2.** [difficile - sujet] arid, dull, uninteresting.

aridité [aridite] *nf* -**1.** [du sol] aridity, barrenness; [du vent] dryness. -**2.** [d'un sujet] aridity, dullness.

Ariège [arjɛʒ] *npr f*: (l') ~ the Ariège.

ariégeois, e [arjeʒwa, az] *adj* from the Ariège.
◆ **Ariégeois, e** *nm, f inhabitant of or person from the Ariège.*

ariette [arjɛt] *nf* arietta, ariette.

Arioste [arjɔst] *npr*: **l'~** Ariosto.

Aristide [aristid] *npr* Aristides.

aristocrate [aristɔkrat] ◇ *adj* aristocratic.
◇ *nmf* aristocrat; **des manières d'~** aristocratic manners; **une famille d'~s** an aristocratic family.

aristocratie [aristɔkrasi] *nf* aristocracy.

aristocratique [aristɔkratik] *adj* aristocratic; **avoir du sang ~ (dans les veines)** to have aristocratic blood (in one's veins), to be blue-blooded.

aristocratiquement [aristɔkratikmɑ̃] *adv* aristocratically.

aristocratisme [aristɔkratism] *nm* elitism.

aristoloche [aristɔlɔʃ] *nf* birthwort.

Aristophane [aristɔfan] *npr* Aristophanes.

Aristote [aristɔt] *npr* Aristotle.

aristotélicien, enne [aristɔtelisjɛ̃, ɛn] *adj & nm, f* Aristotelian.

aristotélisme [aristɔtelism] *nm* Aristotelianism.

arithméticien, enne [aritmetisjɛ̃, ɛn] *nm, f* arithmetician.

arithmétique [aritmetik] ◇ *adj* -**1.** MATH [moyenne, progression] arithmetical. -**2.** TECH: **machine ~** adding machine.
◇ *nf* -**1.** [matière] arithmetic; **faire de l'~** to do arithmetic. -**2.** [livre] arithmetic book.

arithmétiquement [aritmetikmɑ̃] *adv* arithmetically.

Arizona [arizɔna] *npr m*: **l'~** Arizona.

Arkansas [arkɑ̃sas] *npr m*: **l'~** Arkansas.

arlequin [arləkɛ̃] *nm* Harlequin.

Arlequin [arləkɛ̃] *npr* Harlequin.

arlequinade [arləkinad] *nf* -**1.** THÉÂT harlequinade. -**2.** *fig & péj* (piece of) buffoonery.

Arles [arl] *npr* Arles; **à** OU **en ~** in Arles.

arlésien, enne [arlezjɛ̃, ɛn] *adj* from Arles.
◆ **Arlésien, enne** *nm, f inhabitant of or person from Arles*; **les Arlésiens** the people of Arles ❑ **'l'Arlésienne'** *Bizet* 'l'Arlésienne'.
◆ **arlésienne** *fam nf*: **sa copine/ce ministre, c'est l'~ne!** does this much talked-about girlfriend/minister REALLY exist?

armada [armada] *nf* -**1.** [quantité]: **une ~ de touristes** an army of tourists; **est arrivée toute une ~ de motos** a whole fleet of motorbikes suddenly appeared. -**2.** HIST: **l' (Invincible) Armada** the Spanish Armada.

armagnac [armaɲak] *nm* Armagnac (brandy).

armailli [armaji] *nm Helv* shepherd *(in Fribourg)*.

armateur [armatœr] *nm* [propriétaire - d'un navire] shipowner; [- d'une flotte] fleet owner; [locataire] shipper.

armature [armatyr] *nf* -**1.** [cadre - d'une tente, d'un abat-jour] frame; [structure - d'un exposé, d'une théorie] basis, framework. -**2.** CONSTR framework. -**3.** COUT underwiring; **soutien-gorge à ~** underwired bra. -**4.** PHYS armature. -**5.** MUS key signature.

arme [arm] *nf* -**1.** [objet] arm, weapon; [arsenal] weapons; **porter une ~ sur soi** to carry a weapon ❑ **l'~ chimique/nucléaire** chemical/nuclear weapons; ~ **blanche** knife; ~ **à feu** firearm; **rester l'~ au pied** to be ready for action. -**2.** [armée] force, service; **l'~ de l'artillerie** the artillery. -**3.** [instrument] weapon; **contre ses accusations, j'ai l'~ absolue** I have the perfect counter to his accusations; **le mépris n'est pas une bonne ~ psychologique** contempt isn't a good psychological weapon; **son sourire est une ~ fatale** her smile's a deadly weapon; ~ **à double tranchant** *fig* double-edged sword; **le pouvoir est une ~ à double tranchant** power is a double-edged sword; **donner à qqn des ~s contre soi** to give sb weapons against o.s.; **tu lui as donné une ~ contre toi** you've given her a stick to beat you with ❑ **passer l'~ à gauche** *fam* to kick the bucket.
◆ **armes** *nfpl* -**1.** [matériel de guerre] arms, weapons, weaponry; **porter les ~s** to be a soldier; **portez/présentez/reposez ~s!** shoulder/present/order arms!; **régler** OU **résoudre qqch par les ~s** to settle sthg by force; **tourner ses ~s contre qqn** *fig* to turn (one's weapons) against sb ❑ ~**s conventionnelles** conventional weapons; ~**s de dissuasion** deterrent; ~**s de guerre** weapons of war, weaponry; **passer qqn par les ~s** to send sb to the firing squad; **il a été passé par les ~s ce matin** he died before the firing squad this morning; **mettre bas** OU **déposer** OU **rendre les ~s** to lay

down one's arms; partir avec ~s et bagages to leave bag and baggage. -2. ESCRIME fencing. -3. HÉRALD coat of arms.

◆ **à armes égales** *loc adv* on equal terms.

◆ **aux armes** *loc interj* to arms.

◆ **aux armes de** *loc prép* bearing the arms of HERALD.

◆ **d'armes** *loc adj*: **compagnon d'~s** comrade-in-arms; **frère d'~s** brother-in-arms; **homme d'~s** HIST man-at-arms.

armé, e [arme] *adj* CONSTR reinforced.

◆ **armé** *nm* cock.

◆ **armée** *nf* -1. MIL army; **être dans l'~e** to be in the army; **être à l'~e** to be doing one's military service ❑ **~e active** OU **régulière** regular army; **l'~e de l'air** the Air Force; **l'~e de mer** the Navy; **~e de métier** professional army; **~e nationale** conscript army; **~e d'occupation** army of occupation; **~e de réserve** reserves; **l'Armée rouge** the Red Army; **l'Armée du Salut** the Salvation Army; **l'~e de terre** the Army. -2. *fig* army, host; **~e de figurants/sauterelles** army of extras/grasshoppers.

armement [arməmɑ̃] *nm* -1. [militarisation - d'un pays, d'un groupe] arming. -2. NAUT commissioning, fitting-out. -3. [d'un appareil photo] winding (on); [d'un pistolet] cocking. -4. [armes] arms, weapons, weaponry; **limitation** OU **réduction des ~s stratégiques** strategic arms limitation.

Arménie [armeni] *npr f*: **(l')** ~ Armenia.

arménien, enne [armenjɛ̃, ɛn] *adj* Armenian.

◆ **Arménien, enne** *nm, f* Armenian.

◆ **arménien** *nm* LING Armenian.

armer [3] [arme] *vt* -1. MIL [guérilla, nation] to arm, to supply with weapons OU arms; **attention, il est armé!** careful, he's armed OU he's carrying a weapon!; **armé jusqu'aux dents** armed to the teeth; **armé de...** armed with...; **armé de ses lunettes/d'une loupe, il explorait la paroi rocheuse** *fig* armed with his glasses/a magnifying glass, he scrutinized the rock face; **armé de pied en cap** HIST & *pr* in full armour; *fig* (well) prepared, fully armed; **~ qqn chevalier** to knight sb, to dub sb a knight. -2. [préparer] to arm; **je suis armé contre ce genre de sarcasme** I have become inured to this kind of sarcasm; **pas encore armé contre les déceptions amoureuses** as yet unprepared for coping with unhappy love affairs; **bien/mal armé contre le froid** well-protected/defenceless against the cold; **mal armé (pour lutter) contre la concurrence** defenceless in the face of competition. -3. ARM to cock. -4. PHOT to wind (on) *(sép)*. -5. NAUT to commission, to fit out *(sép)*. -6. CONSTR [béton, ciment] to reinforce. -7. TECH [câble] to sheathe.

◆ **s'armer** *vp (emploi réfléchi)* [prendre une arme - policier, détective] to arm o.s.; [- nation] to arm.

◆ **s'armer de** *vp + prép* -1. [s'équiper de - pour se défendre] to arm o.s. with; [- instruments] to equip o.s. with; **ils se sont armés de chaînes de vélo** they armed themselves with bicycle chains; **m'étant armé d'un magnétophone** having equipped myself with a tape-recorder. -2. *fig* [prendre] to stock up on; **s'~ de courage/patience** to muster one's courage/patience.

armistice [armistis] *nm* armistice; **(l'anniversaire de) l'Armistice** Armistice OU Remembrance Day *Br*, Veteran's Day *Am*.

armoire [armwar] *nf* wardrobe, closet *Am*; **~ frigorifique** cold room OU store; **~ à glace** *pr* mirrored wardrobe; **c'est une véritable ~ à glace** *fig* & *hum* he's a great hulk of a man, he's built like a mountain; **~ à linge** linen cupboard OU closet; **~ normande** large wardrobe; **~ à pharmacie** medicine cabinet OU chest.

armoiries [armwari] *nfpl* coat of arms, armorial bearings.

◆ **aux armoiries de** *loc prép* bearing the arms of.

armorial, e, aux [armɔrjal, o] *adj* armorial.

◆ **armorial, aux** *nm* armorial.

armoricain, e [armɔrikɛ̃, ɛn] *adj* Armorican.

◆ **Armoricain, e** *nm, f* Armorican.

armorier [9] [armɔrje] *vt* to emblazon; **~ qqch de** to emblazon sthg with.

Armorique [armɔrik] *npr f*: **(l')** ~ Armorica.

armure [armyr] *nf* -1. HIST armour; **vêtu de son ~** armour-clad. -2. [protection] defence. -3. TEXT weave; **~ satin** satin-weave; **~ toile** plain-weave.

armurerie [armyrri] *nf* -1. [activité] arms trade. -2. [magasin] armourer's, gunsmith's. -3. [usine] arms factory.

armurier [armyrje] *nm* -1. [fabricant] gunsmith, armourer. -2. MIL armourer.

ARN (*abr de* **acide ribonucléique**) *nm* RNA.

arnaque *fam* [arnak] *nf* swindle, rip-off; **c'est de l'~!** what a rip-off!

arnaquer *fam* [3] [arnake] *vt* -1. [duper] to rip off *(sép)*; **~ qqn de 1 000 francs** to do sb out of 1,000 francs; **ton marchand de tapis nous a joliment arnaqués** that carpet seller you recommended really ripped us off. -2. *arg crime* [arrêter] to nab; **se faire ~ par les flics** to be nabbed by the cops.

arnaqueur *fam* [arnakœr] *nm* swindler, rip-off merchant.

arnica [arnika] *nm* OU *nf* arnica.

aromate [arɔmat] *nm* [herbe] herb; [condiment] spice; **~s** seasoning.

aromathérapie [arɔmaterapi] *nf* MED aromatherapy.

aromatique [arɔmatik] ◇ *adj* aromatic, fragrant.

◇ *nm* CHIM aromatic compound.

aromatisation [arɔmatizasjɔ̃] *nf* flavouring.

aromatiser [3] [arɔmatize] *vt* to flavour; **chocolat aromatisé au rhum** chocolate flavoured with rum, rum-flavoured chocolate.

arôme [arom] *nm* [parfum] aroma, fragrance; [goût] flavour; **~ artificiel** artificial flavouring.

aronde [arɔ̃d] → **queue**.

arpège [arpɛʒ] *nm* arpeggio.

arpéger [22] [arpeʒe] *vt* [accord] to play as an arpeggio, to spread.

arpent [arpɑ̃] *nm arch* ≃ acre; **un petit ~ de terre** a few acres OU a patch of land.

arpentage [arpɑ̃taʒ] *nm* land-surveying, land-measuring.

arpenter [3] [arpɑ̃te] *vt* -1. [parcourir - quai, couloir] to pace up and down; **~ un quai** to pace up and down a platform. -2. [mesurer] to survey, to measure.

arpenteur [arpɑ̃tœr] *nm*: **~-géomètre** surveyor, land-surveyor.

arpenteuse [arpɑ̃tøz] *nf* looper, measuring worm.

arpète [arpɛt] *nf* seamstress's apprentice.

arqué, e [arke] *adj* [sourcils] arched, curved; [nez] hooked; [jambes] bandy, bow *(épith)*; **aux jambes ~es** bandy-legged, bow-legged.

arquebuse [arkəbyz] *nf* arquebus, harquebus.

arquebusier [arkəbyzje] *nm* arquebusier, harquebusier.

arquer [3] [arke] ◇ *vt* [courber - planche] to bend, to curve; [- dos] to arch.

◇ *vi* ▽ [marcher] to walk; **il peut plus ~** he can't walk any more.

◆ **s'arquer** *vpi* to bend, to curve.

arr. *abr écrite de* **arrondissement**.

arrachage [araʃaʒ] *nm* [d'une plante] pulling up, uprooting; [de pommes de terre] lifting; **l'~ des mauvaises herbes** weeding.

arraché [araʃe] *nm* SPORT snatch; **gagner à l'~** *fig* to snatch a victory; **victoire à l'~** hard-won victory.

arrache-clou [araʃklu] (*pl* **arrache-clous**) *nm* carpenter's OU claw hammer.

arrachement [araʃmɑ̃] *nm* -1. [fait d'enlever - plante] uprooting, pulling out; [- feuille, papier peint] ripping OU tearing out. -2. *fig* [déchirement] wrench; **l'~ des adieux** the wrench of saying goodbye; **quitter notre pays fut un véritable ~** it was a wrench OU it was heart-rending to leave our country.

arrache-pied [araʃpje]

◆ **d'arrache-pied** *loc adv* [travailler] relentlessly.

arracher [3] [araʃe] *vt* -1. [extraire - clou, cheville] to pull OU to draw out *(sép)*; [- arbuste] to pull OU to root up *(sép)*; [- betterave, laitue] to lift; [- mauvaises herbes, liseron] to pull OU to weed OU to root out *(sép)*; [- poil, cheveu] to pull out *(sép)*; [- dent] to pull out *(sép)*, to draw, to extract; **se faire ~ une dent** to have a tooth out; **la machine lui a arraché un bras** she had an arm torn off by the machine; **ça arrache la gorge** *fam fig* it burns your throat; **il t'arracherait les yeux s'il savait** he'd tear OU scratch your eyes out if he knew; **des images à vous ~ le cœur** a heart-rending OU heartbreaking spectacle; **~ son masque à qqn** to unmask sb. -2. [déchirer - papier peint, affiche] to tear OU to rip off *(sép)*; [- page] to tear out *(sép)*, to pull out *(sép)*; **la dernière page de mon agenda a été arrachée** the last page was torn out of my diary. -3. [prendre - sac, billet] to snatch, to grab; **j'ai réussi à lui ~ le pistolet des mains** [très vite] I managed to snatch the gun away OU to grab the gun from him; [après une lutte] I managed to wrest the gun from his grip ‖ [obtenir - victoire] to snatch; **~ des aveux/une signature à qqn** to wring a confession/signature out of sb; **~ des larmes à qqn** to bring tears to sb's eyes; **~ un sourire à qqn** to force a smile out of sb; **~ une parole à qqn** to get OU to squeeze a word out of sb; **pas moyen de lui ~ le moindre commentaire** it's impossible to get him to say anything. -4. **~ qqn à** [le forcer à quitter] to tear OU to drag sb away from, to drag sb out of; **~ qqn à son lit** to drag sb out of OU from his bed; **comment l'~ à son ordinateur?** how can we get OU drag him away from his computer?; **arraché très jeune à sa famille** torn from the bosom of his family at an early age *litt*; **~ un bébé à sa mère** to take a child from its mother; **~ qqn au sommeil** to force sb to wake up; **le sifflement de la bouilloire l'arracha à ses rêveries** the whistling of the kettle awoke him from his daydreams. -5. **~ qqn à** [le sauver de] to snatch OU to rescue sb from; **~ qqn à la mort** to snatch sb from (the jaws of) death; **~ qqn à l'enfer du jeu** to rescue sb from the hell of gambling.

◆ **s'arracher** ◇ *vpt* -1. [s'écorcher]: **s'~ la peau** to scrape o.s. ❑ **cet exercice de physique, c'est à s'~ les cheveux** *fam* this physics exercise is ghastly OU is enough to drive you crazy; **s'~ les yeux** to tear OU to scratch out each other's eyes. -2. [se disputer - personne, héritage] to fight over *(insép)*; **les gens s'arrachaient les taxis** people were fighting over the available taxis; **on s'arrache les droits d'adaptation du roman** everybody's fighting over the film rights to the novel.

◇ *vpi* ▽ [partir]: **allez, on s'arrache!** come on, let's be off!

◆ **s'arracher à, s'arracher de** *vp + prép* to tear o.s. away from; **s'~ au sommeil** to tear o.s. from sleep; **s'~ à des rêveries** to snap out of one's daydreams; **s'~ à son travail/à son ordinateur/de son fauteuil** to tear o.s. away from one's work/computer/armchair; **elle s'arracha à son étreinte** she tore herself away OU she wrenched free from his embrace.

arracheur [araʃœr] *nm arch*: **~ de dents** tooth puller.

arracheuse [araʃøz] *nf* lifter, grubber.

arrageois, e [araʒwa, az] *adj* from Arras.

◆ **Arrageois, e** *nm, f inhabitant of or person from Arras*; **les Arrageois** the people of Arras.

arraisonnement [arɛzɔnmɑ̃] *nm* boarding (for inspection) NAUT.

arraisonner [3] [arɛzɔne] *vt* [navire] to board (for inspection) NAUT.

arrangeable [arɑ̃ʒabl] *adj* [difficulté] which can be settled; [projet, voyage] which can be fixed OU arranged.

arrangeant, e [arɑ̃ʒɑ̃, ɑ̃t] *adj* accommodating, obliging.

arrangement [arɑ̃ʒmɑ̃] *nm* -1. [fait de disposer] arrangement, laying out; [résultat] arrangement, layout; modifier l'~ d'une pièce to change the arrangement OU layout of a room; l'~ des vers dans un sonnet the order of lines in a sonnet. -**2.** [accord] arrangement, settlement; parvenir à un ~ to reach an agreement, to come to an arrangement; ~ à l'amiable amicable settlement; nous avons un ~ we have an understanding; on a un ~ réciproque pour la garde des petits we have a mutual arrangement whereby we look after each other's children; c'était un ~ entre nous we'd agreed it between ourselves ❑ ~ de famille JUR family settlement *(in financial disputes)*. -**3.** MUS arrangement; ~ pour piano arrangement for (the) piano.

arranger [17] [arɑ̃ʒe] *vt* -**1.** [mettre en ordre - chignon] to tidy up *(sép)*; [- tenue] to straighten; [- bouquet] to arrange; [- chambre] to lay out *(sép)*, to arrange; c'est bien arrangé, chez toi your place is nicely decorated. -**2.** [organiser - rencontre, entrevue] to arrange, to fix; c'est Paul qui a arrangé la cérémonie/l'exposition Paul organised the ceremony/put the exhibition together. -**3.** [résoudre - dispute, conflit] to settle, to sort out *(sép)*; je vais ~ ça avec ton professeur I'll sort this out with your teacher; c'est arrangé, tu peux partir it's all settled, you're free to leave now; et mes rhumatismes n'arrangent pas les choses OU n'arrangent rien à l'affaire my rheumatism doesn't help matters either; voilà qui n'arrange pas mes affaires this is no help (to me). -**4.** MUS to arrange; ~ un morceau pour la guitare to arrange a piece for (the) guitar. -**5.** [convenir à] to suit; ce soir ou demain, comme ça t'arrange tonight or tomorrow, as it suits you OU as is convenient for you; mardi? non, ça ne m'arrange pas Tuesday? no, that's no good for me; ça m'arrange (à merveille) it suits me (down to the ground); on ne peut pas ~ tout le monde you can't please OU satisfy everybody; ce n'est pas parce que ça t'arrange de le croire que c'est vrai just because it suits you to think so doesn't mean that it's true. -**6.** *fam* [réparer - radio, réveil] to fix, to put right *(sép)*; [- chaussures, robe] to fix, to mend; je vais t'~ ça en moins de deux I'll fix this for you in no time. -**7.** [modifier - traduction, présentation] to alter, to modify; je ne t'ai jamais rien promis, tu arranges l'histoire (à ta façon) I never promised you anything, you're just twisting things; Bonaparte n'a jamais dit cela, il arrange l'histoire (à sa façon) Bonaparte never said that, he's rewriting history (to suit himself); ils ont arrangé ça entre eux they've fixed it up between them. -**8.** *fam* [maltraiter] to sort out *Br (sép)*, to work over *Am (sép)*; eh bien, on t'a joliment arrangé! well they certainly gave you a going over!

◆ **s'arranger** ◇ *vp (emploi réfléchi)*: va donc t'~! go and tidy yourself up!; elle sait s'~ she knows how to make the best of herself; il s'est encore bien arrangé/bien arrangé la figure, ton fiston! *fam iron* your son's made a fine mess of himself/his face again!

◇ *vp (emploi réciproque)* [se mettre d'accord] to come to an agreement; on trouvera bien un moyen de s'~ we'll come to some sort of an arrangement; elle et moi, nous nous arrangeons pour la garde des enfants she and I have an arrangement whereby we look after each other's children.

◇ *vpi* -**1.** [se débrouiller] to manage; je m'arrangerai, ne t'en fais pas I'll manage, don't worry; s'~ pour: arrangez-vous pour avoir l'argent, sinon... make sure OU see that you have the money, or else...; je me suis arrangé pour vous faire tous inviter I've managed to have all of you invited; on s'était arrangé pour que ce soit une surprise we'd arranged it so that it would be a surprise. -**2.** [s'améliorer - santé, temps] to improve, to get better; les choses s'arrangeront d'elles-mêmes things'll sort themselves out OU take care of themselves; ça ne risque pas de s'~ tout seul things are hardly likely to work themselves out on their own; tu ne t'arranges pas avec les années! *hum* you're not getting any better in your old age!; et Louis? – ça ne s'arrange pas! [il est plus mal] what about Louis? – he's no better!; et maintenant il veut faire construire, ça s'arrange pas! *fam* now he wants to build a house, he's completely off his rocker! -**3.** [se dérouler] to work out; comment ça s'est arrangé, tes histoires de bagnole? *fam* how did things turn out in the end after all that trouble you had with your car?; tout s'est finalement bien arrangé everything worked out all right OU fine in the end.

◆ **s'arranger avec** *vp + prép* to come to an agreement with; on s'est arrangé avec les voisins pour partager les frais we arranged to split the costs with the people next door; s'~ à l'amiable avec ses créanciers to come to an amicable agreement with one's creditors; arrange-toi avec ma mère pour les meubles see my mother about the furniture.

◆ **s'arranger de** *vp + prép* to put up OU to make do with; ce n'est peut-être pas la couleur que tu préfères, mais tu t'en arrangeras! it may not be your favourite colour but you'll just have to put up with it!; ce n'est pas confortable, mais on s'en arrange it's not comfortable, but we make do with it; il s'arrange de tout he just accepts things, he'll put up with anything.

arrangeur [arɑ̃ʒœr] *nm* arranger.

Arras [aras] *npr* Arras.

arrérages [areraʒ] *nmpl* arrears.

arrestation [arɛstasjɔ̃] *nf* arrest; procéder à une ~ to make an arrest; être en état d'~ to be under arrest; se mettre en état d'~ to place OU to put o.s. under arrest.

arrêt [arɛ] *nm* -**1.** [interruption] stopping; il a décidé l'~ du match he decided to put a stop to OU to call a halt to OU to stop the match; ~ momentané des programmes temporary blackout; annoncer l'~ des poursuites to announce that there will be no more prosecutions; l'~ se fait automatiquement it stops automatically; appuyer sur le bouton «~» press the "stop" OU "halt" button ❑ temps d'~ pause; marquer un temps d'~ to stop OU to pause for a moment; ~ de paiement stoppage of pay; ~ de travail [grève] stoppage; [congé] sick leave; [certificat] doctor's OU medical certificate. -**2.** TRANSP [pause] stop, halt; avant l'~ complet de l'appareil before the aircraft has come to a complete stop OU standstill; ce train est sans ~ jusqu'à Arcueil this train goes non-stop OU this is the through train to Arcueil; en cas d'~ entre deux gares if the train stops between stations; Brive, Brive, deux minutes d'~ this is Brive, there will be a two-minute stop; '~s fréquents' 'slow deliveries'; '~ demandé' stop requested ‖ [lieu]: ~ (d'autobus) bus stop; je descends au prochain ~ I'm getting off at the next stop. -**3.** SPORT: faire un ~ du pied gauche FTBL to make a save with one's left foot ❑ ~ de jeu stoppage; jouer les ~s de jeu to play injury time; faire un ~ de volée RUGBY to make a mark. -**4.** CIN & TV: ~ sur image freeze frame; faire un ~ sur image to freeze a frame. -**5.** MÉD: ~ cardiaque OU du cœur cardiac arrest. -**6.** COUT: faire un ~ to fasten off; faire un ~ de mailles to cast off. -**7.** JUR [décision] judgement, ruling; rendre un ~ to deliver OU to pronounce a judgement; les ~s de la Providence *litt* the decrees of Fate ❑ ~ de mort death sentence; signer son ~ de mort *fig* to sign one's own death warrant. -**8.** [arrestation] arrest; faire ~ sur des marchandises to seize OU to impound goods.

◆ **arrêts** *nmpl* MIL arrest; mettre qqn aux ~s to put sb under arrest; être aux ~s to be under arrest ❑ ~s forcés OU de rigueur close arrest.

◆ **à l'arrêt** *loc adj* [véhicule] stationary; l'appareil est à l'~ sur la piste the aircraft is at a standstill on the runway.

◆ **d'arrêt** *loc adj* -**1.** TECH [dispositif] stopping, stop *(épith)*. -**2.** COUT: point d'~ finishing-off stitch.

◆ **en arrêt** *loc adv*: rester en ~ devant qqch to stop dead OU short before sthg; tomber en ~ [chien] to point; [personne] to stop dead OU short; je suis tombé en ~ devant un magnifique vaisselier I stopped short in front of a splendid dresser.

◆ **sans arrêt** *loc adv* continually, incessantly.

arrêté[1] [arete] *nm* -**1.** [décret] order, decree; ~ ministériel ministerial order; ~ municipal ≃ by-law; par ~ royal by royal decree. -**2.** BANQUE: ~ de compte [bilan] statement of account; [fermeture] settlement of account.

arrêté[2], **e** [arete] *adj* [opinion] fixed, set; [intention] firm.

arrêter [4] [arete] ◇ *vt* -**1.** [empêcher d'avancer - passant, taxi] to stop; arrêtez-le! il a pris mon bracelet! stop that man, he has taken my bracelet!; tu arrêteras la voiture devant l'entrée you'll stop the car in front of the entrance; la circulation est arrêtée sur la N7 traffic is held up OU has come to a standstill on the N7 (road); arrête-moi à la prochaine gare *fam* drop me off at the next station; ~ un ballon SPORT to make a save, to save a goal ❑ arrête ton char! *fam hum* [je ne te crois pas] come off it!; [arrête de te vanter] stop showing off! -**2.** [retenir - personne] to stop; [- regard] to catch, to fix, to arrest; qu'est-ce qui t'arrête? what's stopping OU holding you?; rien ne peut plus l'~ nothing can stop him now ‖ [interrompre] to interrupt; arrêtez-moi si je parle trop vite stop me if I'm speaking too fast. -**3.** [éteindre - radio, télévision] to turn off *(sép)*; [- moteur] to stop, to switch off *(sép)*. -**4.** [mettre fin à - élan] to stop, to check; [- écoulement, saignement] to stem, to stop; [- croissance, chute] to stop, to arrest, to bring to a halt; on n'arrête pas le progrès! *fam hum* what will they think of next!; ~ les frais to stop messing about. -**5.** [abandonner - construction, publication, traitement] to stop; [- sport, chant] to give up *(sép)*; [cesser de fabriquer] to discontinue (the manufacture of); j'ai arrêté le piano/ma carrière d'acteur I gave up the piano/my acting career. -**6.** [suj: police] to arrest; se faire ~ to get arrested. -**7.** [déterminer - date, lieu] to appoint, to decide on *(insép)*, to fix; [- plan, procédure] to decide on *(insép)*, to settle on *(insép)*, to settle upon *(insép)*; ~ son choix to make one's choice. -**8.** [suj: médecin]: ~ qqn to put sb on sick leave; ça fait un mois que je suis arrêté I've been on sick leave for a month. -**9.** FIN: ~ un compte [le fermer] to close OU to settle an account; [en faire un relevé] to draw up OU to make up a statement of account. -**10.** COUT [point] to fasten off *(sép)*; ~ les mailles to cast off. -**11.** [gibier] to point.

◇ *vi*: arrête, tu me fais mal! stop it, you're hurting me!; vous allez ~ un peu, tous les deux! stop it, the pair of you!; quatre albums en un an! mais vous n'arrêtez pas! four albums in a year! you don't ever take a break, do you?; ~ de faire to stop doing; il n'a pas arrêté de neiger it hasn't stopped snowing, it's been snowing non-stop; arrête de pleurer stop crying; j'ai arrêté de fumer I've given up OU stopped smoking; ~ de se droguer to give up OU to come off drugs.

◆ **s'arrêter** *vpi* -**1.** [cesser - bruit, pluie, saignement] to stop; notre histoire ne s'arrête pas là this isn't the end of our story; les émissions s'arrêtent à 4 h broadcasting stops OU ends at 4 a.m.; s'~ de [cesser de] to stop; [renoncer à] to give up, to stop; elle s'est arrêtée de jouer en me voyant she stopped playing when she saw me; s'~ de composer/fumer to stop writing music/smoking; il s'est arrêté de travailler après son accident he stopped working after his accident; le monde ne va pas s'~ de tourner pour autant that won't stop the world from turning. -**2.** [s'immobiliser - montre] to stop; [- ascenseur] to stop, to come to a halt; [- véhicule] to stop, to come to a stop OU halt; dites au chauffeur de s'~ tell the driver to stop; une voiture vint s'~ à ma hauteur a car pulled up alongside me; s'~ net to stop dead OU short. -**3.** [faire une halte, une pause] to stop; passer sans s'~ devant qqn to pass by sb without stopping; **on va s'~ à un Restoroute** we'll stop at a motorway *Br* OU highway *Am* café; **on s'est arrêtés plusieurs fois en route** we made several stops on the way; **s'~ chez qqn** to call at sb's; **tu peux t'~ chez l'épicier en venant?** could you stop off at the grocer's on your way here?; **on va s'~ un quart d'heure** we'll stop for fifteen minutes, we'll take a fifteen-minute break; **aujourd'hui, je m'arrête à midi** today I'm stopping work at noon; **nous nous étions arrêtés à la page 56** we'd left off at page 56. -**4.** [se fixer]: **s'~ sur: son regard s'arrêta sur leur ami** his gaze fell on their friend; **notre choix s'est arrêté sur le canapé en cuir** we decided OU settled on the leather couch.

◆ **s'arrêter à** *vp + prép* [faire attention à] to pay attention to; **il ne faut pas s'~ aux apparences** one mustn't go by appearances; **s'~ à des vétilles** to pay attention to trifles.

arrêt-maladie [arɛmaladi] (*pl* **arrêts-maladies**) *nm* [congé] sick leave; [certificat] medical certificate.

arrhes [ar] *nfpl* deposit, earnest money; **verser des ~** to pay a deposit; **verser 300 francs d'~** to leave 300 francs as a deposit OU a deposit of 300 francs.

arriération [arjerasjɔ̃] *nf* backwardness, retardation.

arrière [arjɛr] ◇ *adj inv* -**1.** AUT [roue, feu] rear; [siège] back. -**2.** SPORT backward, backwards; **roulade ~** backward roll.

◇ *nm* -**1.** [d'une maison] back, rear; [d'un véhicule] rear (end), back (end); **à l'~ du véhicule** at the rear of the vehicle; **asseyez-vous à l'~** sit in the back. -**2.** SPORT [au basket-ball] guard; [au football, au rugby] back; [au volley-ball] rearline player; **jouer ~ droit/gauche** FTBL to play right/left back; **~ latéral** side back; **~ volant** sweeper; **la ligne des ~s, les ~s** the back line, the backs. -**3.** NAUT stern; **à l'~** astern; **à l'~ de** at the stern of. -**4.** MIL: **les blessés ont été transportés à l'~** the wounded were carried behind the lines.

◇ *interj*: **~!** (stand) back!

◆ **arrières** *nmpl* MIL rear; **assurer** OU **protéger ses ~s** to protect one's rear; *fig* to leave o.s. a way out OU an escape route.

◆ **en arrière** *loc adv* -**1.** [regarder] back; [se pencher, tomber] backward, backwards; **revenir en ~** [sur une route] to retrace one's steps; [avec un magnétophone] to rewind (the tape); **reviens en ~, je n'ai pas vu le début du film** rewind (the tape), I didn't see the beginning of the film; **se balancer d'avant en ~** to rock to and fro; **ramener ses cheveux en ~** to sweep one's hair back; **rester en ~** [d'un convoi, d'un défilé] to stay at the back OU rear; **ne restez pas en ~, rapprochez-vous** don't stay at the back, come closer; **en ~ toute!** NAUT full astern! -**2.** [dans le temps] back; **revenir en ~** to go back in time; **cela nous ramène plusieurs mois en ~** this takes us back several months.

◆ **en arrière de** *loc prép* behind; **rester en ~ de la colonne** MIL to fall behind (in the line); **il reste en ~ des autres élèves** he's fallen behind the other pupils; **se tenir en ~ de qqn** to stand behind sb.

arriéré, e [arjere] ◇ *adj* -**1.** [impayé - loyer, intérêt] overdue, in arrears; [- dette] outstanding. -**2.** PSYCH backward, (mentally) retarded. -**3.** *péj* [archaïque - idée, technologie] backward; **le pays est économiquement ~** the country is economically backward.

◇ *nm, f* retarded OU backward person.

◆ **arriéré** *nm* -**1.** [dette] arrears *(pl)*; **avoir 2 000 francs d'~ de loyer/d'impôts** to be 2,000 francs in arrears with one's rent/taxes; **solder un ~** to pay off arrears. -**2.** [retard] backlog; **j'ai beaucoup d'~ dans mon travail** I have a big backlog of work OU a lot of work to catch up on.

arrière-ban [arjɛrbɑ̃] (*pl* **arrière-bans**) *nm* HIST [levée] arrière-ban *(summons to the kings' vassals to do military service)*; [vassaux] vassals.

arrière-bouche [arjɛrbuʃ] (*pl* **arrière-bouches**) *nf* back of the mouth.

arrière-boutique [arjɛrbutik] (*pl* **arrière-boutiques**) *nf*: **dans mon ~** at the back of my shop *Br* OU store *Am*.

arrière-cour [arjɛrkur] (*pl* **arrière-cours**) *nf* backyard *Br*.

arrière-cuisine [arjɛrkɥizin] (*pl* **arrière-cuisines**) *nf* scullery.

arrière-fond [arjɛrfɔ̃] (*pl* **arrière-fonds**) *nm* innermost depth.

arrière-garde [arjɛrgard] (*pl* **arrière-gardes**) *nf* rearguard.

arrière-gorge [arjɛrgɔrʒ] (*pl* **arrière-gorges**) *nf* back of the throat.

arrière-goût [arjɛrgu] (*pl* **arrière-goûts**) *nm* after-taste; **ça vous laisse un ~ d'amertume** one is left with a bitter after-taste; **le vin a un petit ~ de cassis** there's an after-taste of blackcurrant to the wine.

arrière-grand-mère [arjɛrgrɑ̃mɛr] (*pl* **arrière-grands-mères**) *nf* great-grandmother.

arrière-grand-oncle [arjɛrgrɑ̃tɔ̃kl] (*pl* **arrière-grands-oncles**) *nm* great-great-uncle, great-granduncle.

arrière-grand-père [arjɛrgrɑ̃pɛr] (*pl* **arrière-grands-pères**) *nm* great-grandfather.

arrière-grands-parents [arjɛrgrɑ̃parɑ̃] *nmpl* great-grandparents.

arrière-grand-tante [arjɛrgrɑ̃tɑ̃t] (*pl* **arrière-grands-tantes**) *nf* great-great-aunt, great-grandaunt.

arrière-neveu [arjɛrnəvø] (*pl* **arrière-neveux**) *nm* great-nephew, grandnephew.

arrière-nièce [arjɛrnjɛs] (*pl* **arrière-nièces**) *nf* great-niece, grandniece.

arrière-pays [arjɛrpei] *nm inv* hinterland; **dans l'~** in the hinterland.

arrière-pensée [arjɛrpɑ̃se] (*pl* **arrière-pensées**) *nf* thought at the back of one's mind, ulterior motive; **son acceptation cachait une ~ de revanche** he accepted with a lurking idea of revenge; **sans ~s** without any ulterior motives.

arrière-petite-fille [arjɛrpətitfij] (*pl* **arrière-petites-filles**) *nf* great-granddaughter.

arrière-petit-fils [arjɛrpətifis] (*pl* **arrière-petits-fils**) *nm* great-grandson.

arrière-petits-enfants [arjɛrpətizɑ̃fɑ̃] *nmpl* great-grandchildren.

arrière-plan [arjɛrplɑ̃] (*pl* **arrière-plans**) *nm* background; **on la voit à l'~ sur la photo** she's in the background of the picture; **une vallée profonde, avec les Alpes en ~** a deep valley with the Alps in the background; **être à l'~** *fig* to remain in the background.

arrière-saison [arjɛrsɛzɔ̃] (*pl* **arrière-saisons**) *nf* end of the autumn *Br* OU fall *Am*.

arrière-salle [arjɛrsal] (*pl* **arrière-salles**) *nf* inner room, back room.

arrière-train [arjɛrtrɛ̃] (*pl* **arrière-trains**) *nm* -**1.** ZOOL hindquarters. -**2.** *hum* [fesses] hindquarters *hum*, behind.

arrimage [arimaʒ] *nm* NAUT stowage.

arrimer [3] [arime] *vt* NAUT [ranger] to stow; [attacher] to secure.

arrimeur [arimœr] *nm* stevedore.

arrivage [arivaʒ] *nm* delivery, consignment; **nous venons d'avoir un ~** we've just had a (fresh) consignment in.

arrivant, e [arivɑ̃, ɑ̃t] *nm, f* newcomer, new arrival; **il y a dix nouveaux ~s** there are ten newcomers OU new arrivals.

arrivé, e [arive] *adj* [qui a réussi] successful.

◆ **arrivée** *nf* -**1.** [venue - d'une saison, du froid] arrival, coming; [- d'un avion, d'un ami] arrival; **on attend son ~e pour le mois prochain** we're expecting him to arrive OU he's expected to arrive next month; **à mon ~e à la gare** on OU upon my arrival at the station, when I arrived at the station; **quelques mois après son ~e au pouvoir** a few months after he came to power; **on viendra t'attendre à l'~e du train** we'll be waiting for you at the station; **heure d'~** [d'un train] time of arrival; [du courrier] time of delivery. -**2.** SPORT finish. -**3.** TECH: **~e d'air/de gaz** [robinet] air/gas inlet; [passage] inflow of air/gas.

arriver [3] [arive] *(vi toujours avec aux être)*

◇ *vi* **A.** -**1.** [parvenir à destination - voyageur, véhicule, courrier] to arrive; **~ à l'école** to arrive at school, to get to school; **~ chez qqn** to arrive at sb's place; **~ chez soi** to get OU to arrive home; **~ au sommet** to reach the summit; **elle doit ~ à Lyon vers midi** she should arrive OU be in Lyons at around twelve; **dès que je suis arrivé au Canada** as soon as I arrived in OU got to Canada; **Colomb croyait être arrivé aux Indes** Columbus thought he'd reached the Indies; **le bateau arrive à quai** the ship's coming alongside the quay; **j'étais à peine arrivé que le téléphone sonna** no sooner had I arrived than the phone rang; **nous sommes bientôt OU presque arrivés** we're almost there; **qui est arrivé après l'appel?** [en classe] who came in after I called the register *Br* OU called roll *Am*?; **je serai chez toi dans un quart d'heure, qui est déjà arrivé?** I'll be at your place in fifteen minutes, who's already there?; **puis la police est arrivée** then the police arrived OU came; **le courrier est-il arrivé?** has the post *Br* OU mail *Am* arrived yet?; **être bien arrivé** [personne, colis] to have arrived safely; **vous voilà enfin arrivés, je m'inquiétais** [ici] here you are OU you've arrived at last, I was getting worried; [là-bas] you got there at last, I was getting worried; **si tu n'arrives pas à l'heure, je pars sans toi** [ici] if you aren't here on time, I'll go without you; [là-bas] if you don't get there on time, I'll go without you; **par où es-tu arrivée?** [ici] which way did you come?; [là-bas] which way did you take to get there?; **~ de** to have (just) come from; **ils arrivent de Tokyo** they've just arrived OU come from Tokyo; **d'où arrives-tu pour être si bronzé?** where did you get that tan?; **j'arrive tout juste de vacances** I'm just back from my holidays; **y aller sans réserver? t'arrives d'où, toi?** go there without booking? good lord, when did you last go out? -**2.** [finir - dans un classement] to come (in); **~ (le) premier** [coureur] to come in first, to take first place; [invité] to arrive first, to be the first to arrive; **~ (le) dernier** [coureur] to come in last, to take last place; [invité] to be the last to arrive; **il est arrivé cinquième au marathon** he took (the) fifth place OU came in fifth in the marathon ❑ **ils sont arrivés dans un mouchoir** it was a close finish. -**3.** [venir] to come, to approach; **je l'ai vu ~** I saw him approaching OU coming; **les voilà qui arrivent** here they come; **tu es prêt? — j'arrive tout de suite/dans une minute** are you ready? — I'm coming/I'll be with you in a minute; **j'arrive, j'arrive!** I'm coming!; **je n'ai pas vu la voiture ~** I didn't see the car (coming); **l'express arrivait en gare** the express train was pulling in; **une odeur de chocolat arrivait de la cuisine** a smell of chocolate wafted in OU came from the kitchen; **des bruits de conversation arrivaient jusqu'à nous** the sound of chatter reached us; **~ à** [personne] to come up to, to approach; [carburant, courant, eau] to get to; **on arrive au carrefour, tu vas tourner à droite** we're coming up to OU approaching the crossroads, you want to turn right; **l'essence arrive au carburateur par ce tuyau** the petrol *Br* OU gas *Am* reaches the carburettor through this pipe; **le courant/l'eau n'arrive plus** there's no more power/no more water coming through ‖ *(tournure impersonnelle)*: **il est arrivé des dizaines de photographes** dozens of photographers arrived; **il arrive un train toutes les heures** there's a train every hour.

B. -**1.** [événement, jour, moment] to come; **Noël arrive bientôt** Christmas will soon be here OU with us; **le jour arrivera où...** the day will come when...; **la soixantaine/retraite est vite arrivée** sixty/retirement is soon here; **le printemps est arrivé** spring is here OU has come; **juillet est enfin arrivé!** July is here at last!; **le grand jour**

est arrivé! the big day's here at last!; l'aube arriva enfin dawn broke at last. -2. [se produire] to happen; comment est-ce arrivé? how did it happen?; un accident est si vite arrivé! accidents will happen!; ce sont des choses qui arrivent these things happen; ça n'arrive pas dans la vie it doesn't happen in real life || *(tournure impersonnelle)*: il est arrivé un accident there's been an accident; il est arrivé tant de choses depuis deux semaines so many things have happened during the last two weeks; comme il arrive souvent en pareilles circonstances as is often the case in such circumstances. -3. ~ à qqn to happen to sb; il s'est fait renvoyer – ça devait lui ~ he got fired – it was bound to happen; ce genre d'histoires n'arrive qu'à moi! these things only happen to me!; ça peut ~ à tout le monde it could happen to anyone; ça peut ~ à tout le monde de se tromper! everybody makes mistakes!; un malheur lui est arrivé something bad's happened to her; ça n'arrive pas qu'aux autres it's easy to think it'll never happen to you; ça ne t'arrive jamais d'être de mauvaise humeur? aren't you ever in a bad mood?; tu ne te décourages jamais? – si, ça m'arrive don't you ever get discouraged? – yes, from time to time; en retard? que cela ne t'arrive plus! late? don't let it happen again! || *(tournure impersonnelle)*: il m'est arrivé une histoire incroyable! something incredible happened to me!; s'il m'arrivait quelque chose, prévenez mon père if anything happens OU should anything happen to me, let my father know; pourvu qu'il ne lui soit rien arrivé! let's hope nothing's happened to her!; il m'arrive parfois de le rencontrer dans la rue sometimes I meet him in the street; il m'arrive rarement de me mettre en colère I don't get angry very often; il lui arrivait de s'enfermer des heures dans sa bibliothèque sometimes, he'd spend hours shut away in his library.

◇ *v impers*: il arrive que: ne peut-il pas ~ que l'ordinateur se trompe? couldn't the computer ever make a mistake?; il arrive bien qu'ils se disputent mais... they do quarrel sometimes OU from time to time but...; s'il arrivait que je sois OU fusse *sout* absent if I happened to be absent.

◆ **arriver à** *v + prép* -1. [niveau, taille, lieu] to come to; le bas du rideau arrive à 20 cm du sol the bottom of the curtain is 20 cm above the ground; le fil du téléphone n'arrive pas jusqu'à ma chambre the phone cord doesn't reach OU isn't long enough to reach my room; ses cheveux lui arrivent à la taille his hair comes down to his waist; ma nièce m'arrive à l'épaule my niece comes up to my shoulder; la boue m'arrivait jusqu'aux genoux the mud came up to my knees, I was knee-deep in mud; la neige nous arrivait à mi-corps the snow came up to our waists ❑ il ne lui arrive pas à la cheville he's nowhere near as good as she is; il se prend pour un nouveau Gabin mais il ne lui arrive pas à la cheville he fancies himself as a new Gabin, but he's not in the same class; les autres cirques ne nous arrivent pas à la cheville we stand head and shoulders above the other circuses. -2. [atteindre - étape, moment, stade] to come to, to reach, to get to; nous arrivons à une phase cruciale du projet we're reaching a crucial stage in our project; où (en) étions-nous arrivés la semaine dernière? [dans une leçon] where did we get up to OU had we got to last week?; arrivée à la fin de son discours when she reached the end of her speech; maintenant qu'il est arrivé au terme de son mandat now that he's come to OU reached the end of his term of office; arrivée à la fin de sa carrière/vie having reached the end of her career/life; j'arrive à un âge où... I've reached an age when... || [dans une discussion, un exposé] to come to; je suis arrivé à la conclusion suivante I've come to OU reached the following conclusion; arrivez-en au fait come OU get to the point; et ses tableaux? – j'y arrive/arrivais what about his paintings? – I'm/I was coming to that. -3. [rang, résultat] to attain, to get; [succès] to achieve; pour ~ à une meilleure rentabilité to get better results; tu as refait l'addition? – oui, j'arrive au même total que toi did you redo the calculations? – yes, I get the same results as you; alors, tu es arrivé à ce que tu voulais? so, did you get OU achieve what you wanted? || *(en usage abs)* [réussir socialement] to succeed, to be successful; si tu veux ~ if you want to get on OU to succeed in life. -4. [pouvoir, réussir à]: ~ à faire qqch to manage to do sthg, to succeed in doing sthg; tu arrives à nager le crawl? can you do the crawl?; tu n'arriveras jamais à la convaincre you'll never succeed in convincing her, you'll never manage to convince her; pour ~ à lui faire entendre raison! to get him to listen to (the voice of) reason!; je n'arrive pas à m'y habituer I just can't get used to it; il n'arrive pas à prononcer ce mot he can't pronounce this word; je ne suis pas encore arrivé à lui écrire ce mois-ci I still haven't got round to writing to him this month; je parie que tu n'y arriveras pas! I bet you won't be able to do it!; tu m'aides? je n'y arrive pas! can you help me? I can't do OU manage it!; tu n'arriveras jamais à rien you'll never get anywhere; je n'arriverai jamais à rien avec lui! I'll never be able to do anything with him! -5. *loc*: (en) ~ à qqch [en venir à]: comment peut-on en ~ au suicide? how can anybody get to the point of contemplating suicide?; j'en arrive à penser que... I'm beginning to think that...; j'en arrive parfois à me demander si... sometimes I (even) wonder if...; elle en arrive même à ne plus le souhaiter she's even starting to hope it won't happen; en ~ là: je ne veux pas me faire opérer – il faudra pourtant bien en ~ là I don't want to have an operation – you have no choice; depuis, je ne lui parle plus – c'est malheureux d'en ~ là since then, I haven't spoken to him – it's a shame when it comes to that.

arrivisme [arivism] *nm* pushiness, ambitiousness, self-seeking attitude; elle n'est entrée au comité que par ~ for her, joining the committee was just a way of furthering her career OU ambitions.

arriviste [arivist] ◇ *adj* self-seeking, careerist. ◇ *nmf* social climber, arriviste.

arrogance [arɔgɑ̃s] *nf* arrogance; parler avec ~ to speak arrogantly.

arrogant, e [arɔgɑ̃, ɑ̃t] ◇ *adj* arrogant; prendre un air ~ to take on an arrogant OU haughty air. ◇ *nm, f* arrogant person.

arroger [17] [arɔʒe]

◆ **s'arroger** *vpt sout* to assume, to arrogate (to o.s.); s'~ le droit de faire qqch to assume the right to do sthg.

arrondi [arɔ̃di] *nm* -1. COUT hemline. -2. [forme - d'une sculpture] rounded form OU shape; [- d'un parterre] circular line OU design. -3. AÉRON flaring out, flattening out. -4. INF & MATH rounding.

arrondir [32] [arɔ̃dir] *vt* -1. [rendre rond] to make into a round shape, to round (off) *(sép)*; le potier arrondit son bloc d'argile the potter rounds off his lump of clay; ~ ses lèvres devant la glace to pout in front of the mirror || [incurver] to round off *(sép)*; ~ les lignes d'un dessin to make the lines of a drawing rounder; ~ un angle de table to round off a table corner ❑ ~ les angles to smooth things over. -2. [augmenter - capital, pécule] to increase; [- patrimoine, domaine] to extend; ~ ses fins de mois *fam* to make a little extra on the side; cela m'aide à ~ mes fins de mois it keeps the wolf from the door. -3. MATH to round off *(sép)*; ~ un total au franc supérieur/inférieur to round a sum up/down to the nearest franc. -4. COUT to level (off) *(sép)*. -5. [dégrossir - style, phrase] to refine, to polish; [- parfum, goût, personnalité] to make smoother, to round out *(sép)*; arrondissez les gestes, Mesdemoiselles round out the movement, ladies.

◆ **s'arrondir** *vpi* -1. [grossir - femme enceinte, ventre] to get bigger OU rounder; [- somme] to mount up; mes économies se sont arrondies! my nest-egg is a nice size now! -2. PHON to become rounded.

arrondissage [arɔ̃disaʒ] *nm* TECH rounding.

arrondissement [arɔ̃dismɑ̃] *nm* ADMIN district *(administrative subdivision of major French cities such as Paris, Lyon or Marseilles)*.

arrosage [arozaʒ] *nm* -1. [d'un jardin] watering; [de la chaussée] spraying. -2. *fam* [corruption] bribing.

arrosé, e [aroze] *adj* -1. [pluvieux]: la région est bien ~e the area has a high rainfall. -2. [accompagné d'alcool]: le repas a été plutôt bien ~ *fam* there was plenty to drink with the meal; après un dîner un peu trop ~ *fam* after having had a bit too much to drink at dinner ❑ café ~ coffee laced with alcohol.

arroser [3] [aroze] *vt* -1. [asperger - jardin, pelouse] to water; arrosez légèrement le dessus des feuilles sprinkle some water on the tops of the leaves; ~ une voiture au jet to hose down OU to spray a car; arrête, tu m'arroses! stop it, you're spraying water (all) over me OU I'm getting wet!; se faire ~ *fam* [par la pluie] to get drenched OU soaked. -2. [inonder] to soak; attention les enfants, vous allez ~ mon parquet! careful children, you'll get my floor all wet!; ~ qqn de qqch to pour sthg over sb, to drench sb in sthg. -3. CULIN [gigot, rôti] to baste. -4. [repas]: (bien) ~ son déjeuner *fam* to drink (heavily) with one's lunch; arrosé de: une mousse de saumon arrosée d'un bon sauvignon a salmon mousse washed down with a fine Sauvignon. -5. *fam* [fêter] to drink to; promu chef d'équipe, on va ~ ça! a promotion to section leader, let's drink to that!; ~ une naissance to wet a baby's head *Br*, to drink to a new baby. -6. GÉOG: la Seine arrose Paris the river Seine runs OU flows through Paris. -7. MIL [avec des bombes] to bomb; [avec des obus] to shell; [avec des balles] to spray. -8. *fam* [corrompre] to bribe; il avait arrosé des notables he'd bribed some VIPs.

◆ **s'arroser** *fam vp (emploi passif)*: la naissance de ta fille, ça s'arrose! let's drink to your new baby daughter!

arroseur [arozœr] *nm* -1. [personne] waterer; c'est l'~ arrosé! now the boot is on the other foot! -2. [dispositif] sprinkler.

arroseuse [arozøz] *nf* water cart.

arrosoir [arozwar] *nm* watering can *Br* OU pot *Am*.

arroyo [arɔjo] *nm* arroyo.

arrt *abr écrite de* arrondissement.

arsenal, aux [arsənal, o] *nm* -1. MIL & NAUT arsenal; ils ont découvert un véritable ~ [armes] they've stumbled on a major arms cache; [bombes] they've stumbled on a bomb factory ❑ ~ maritime naval dockyard. -2. *fam* [panoplie] equipment, gear; l'~ des lois, l'~ législatif the might of the law; elle est arrivée avec l'~ du parfait chasseur she came with all the right hunting gear.

arsenic [arsənik] *nm* arsenic; 'Arsenic et vieilles dentelles' *Capra* 'Arsenic and Old Lace'.

arsenical, e, aux [arsənikal, o], **arsénié, e** [arsenje] *adj* arsenical.

arsouille▽ [arsuj] *vieilli* ◇ *adj* [allure, genre] loutish.

◇ *nmf* yob *Br*, roughneck *Am*.

art [ar] *nm* -1. BX-ARTS art; l'~ de Cézanne Cézanne's art; l'~ pour l'~ art for art's sake ❑ ~ OU ~s déco art deco; ~ figuratif/abstrait figurative/abstract art; s'intéresser à l'~ moderne/grec to be interested in modern/Greek art; ~ contemporain contemporary art; ~ minimal minimalist art; Art nouveau Art nouveau; ~ pauvre process art; cinéma OU salle d'~ et d'essai art house; grand ~: regardez cette pyramide de fruits, c'est du grand ~! look at this pyramid of fruit, it's (pure) art!; vos graffiti dans le couloir, ce n'est pas du grand ~! your graffiti in the corridor are hardly high art! -**2.** [goût] art, taste, artistry; **maison décorée avec/sans ~** house decorated with/without taste. -**3.** [connaissance] art; **découper un poulet, c'est tout un ~!** *fig* carving a chicken is quite an art! ❑ **l'~ culinaire** the art of cooking; **l'~ dramatique** dramatic art, dramatics; **l'~ de la guerre** the art of warfare; **l'~ oratoire** the art of public speaking; **l'~ poétique** poetics; **l'~ sacré, le grand ~** (the art of) alchemy; **'l'Art d'aimer'** *Ovide* 'Ars Amatoria'; **'l'Art de la fugue'** *Bach* 'The Art of the Fugue'; **'l'Art poétique'** *Boileau* 'Ars Poetica'. -**4.** [don] art, talent; **l'~ d'aimer** the art of loving; **avoir l'~ du compromis** to have mastered the art of compromise; **il a l'~ de m'énerver** he has a knack of getting on my nerves ❑ **l'~ de vivre** the art of living; **l'Orient nous apprend un nouvel ~ de vivre** from the East, we are learning a new way of living; **avoir l'~ et la manière** to have ways and means; **je ne voulais pas le vexer mais seulement le prévenir! – oui, mais il y a l'~ et la manière** I didn't want to offend him, just to warn him! – yes, but there are ways (and means) of going about it.

◆ **arts** *nmpl* arts; **être un ami des ~s** to be a friend of the arts ❑ **les ~s appliqués** ≃ art and design; **les ~s décoratifs** the decorative arts; **les ~s graphiques** graphic arts; **les ~s martiaux** the martial arts; **les ~s ménagers** ENS home economics; **les ~s et métiers** ENS *college for the advanced education of those working in commerce, manufacturing, construction and design*; **les ~s plastiques** the visual arts; **~s et traditions populaires** arts and crafts.

art. *abr écrite de* article.

Artaban [artabɑ̃] *npr*: **fier comme ~** as proud as Punch.

artefact [artefakt] *nm* artefact, artifact.

Artémis [artemis] *npr* Artemis.

artère [artɛr] *nf* -**1.** ANAT artery. -**2.** [avenue] (main) road OU street OU thoroughfare; **les grandes ~s** the main thoroughfares.

artériectomie [arterjɛktɔmi] *nf* arteriectomy.

artériel, elle [arterjɛl] *adj* arterial.

artériographie [arterjɔgrafi] *nf* arteriography.

artériole [arterjɔl] *nf* arteriole.

artériopathie [arterjɔpati] *nf* arteriopathy.

artérioscléreux, euse [arterjɔsklerø, øz] ◇ *adj* arteriosclerotic.
◇ *nm, f* arteriosclerosis sufferer.

artériosclérose [arterjɔskleroz] *nf* arteriosclerosis.

artériotomie [arterjɔtɔmi] *nf* arteriotomy.

artérite [arterit] *nf* arteritis.

artésien, enne [artezjɛ̃, ɛn] *adj* [langue, patois] from Artois.

◆ **Artésien, enne** *nm, f inhabitant of or person from Artois*.

arthralgie [artralʒi] *nf* arthralgia.

arthrite [artrit] *nf* arthritis.

arthritique [artritik] ◇ *adj* arthritic.
◇ *nmf* arthritis sufferer.

arthritisme [artritism] *nm* arthritism, arthritic diathesis.

arthrographie [artrɔgrafi] *nf* arthrography.

arthropathie [artrɔpati] *nf* arthropathy.

arthroplastie [artrɔplasti] *nf* arthroplasty.

arthropode [artrɔpɔd] *nm* arthropod; **les ~s** the Arthropoda.

arthroscopie [artrɔskɔpi] *nf* arthroscopy.

arthrose [artroz] *nf* osteoarthritis, degenerative joint disease.

Arthur [artyr] *npr* Arthur; **la légende du roi ~** Arthurian legend.

artichaut [artiʃo] *nm* (globe) artichoke; **cœur d'~** CULIN artichoke heart; **il a un cœur d'~** *fig* he falls in love easily.

article [artikl] *nm* -**1.** COMM article, item; **facture détaillée par ~s** itemized bill; **~s d'alimentation** foodstuffs; **~s de bureau** office equipment and stationery; **~s de luxe** luxury goods; **~s de mercerie** haberdasher's goods *Br*, notions *Am*; **~s de toilette** toiletries; **~s de voyage** travel goods; **'~s en promotion'** 'special offers' ❑ **~ d'appel** loss leader; **~s sans suite** discontinued line; **faire l'~ pour** *pr* to do a sales pitch for; *fig* to praise; **elle a fait l'~ pour son bouquin toute la soirée** *fam* she went on about her book all evening. -**2.** PRESSE article; **~ de fond** leading article, leader *Br* ‖ [d'un dictionnaire, d'un guide] entry. -**3.** [sujet] point; **elle dit qu'on lui doit trois millions, et sur cet ~, tu peux lui faire confiance!** she says she's owed three millions, and on that score OU point, you can believe what she says! -**4.** RELIG: **~s de foi** articles of faith; **le socialisme, pour moi, c'est un ~ de foi** *fig* socialism is an article of faith to me. -**5.** [paragraphe] article, clause; **les ~s de la Constitution** the articles OU clauses of the Constitution; **l'~ 10 du contrat** point OU paragraph OU clause 10 of the contract ❑ **~ de loi** article of law. -**6.** LING article. -**7.** INF item.

◆ **à l'article de la mort** *loc adv* at death's door, on the point of death.

articulaire [artikylɛr] *adj* articular.

articulation [artikylasjɔ̃] *nf* -**1.** ANAT & ZOOL joint; **j'ai mal dans les ~s** my joints ache ❑ **~ immobile/mobile** fixed/hinge joint. -**2.** [prononciation] articulation; **lieu** OU **point d'~** point of articulation. -**3.** [liaison] link, link up; **l'~ des deux parties** the link between the two parts. -**4.** JUR enumeration, setting forth OU out. -**5.** MÉCAN articulation.

articulatoire [artikylatwar] *adj* LING articulatory.

articulé, e [artikyle] *adj* -**1.** [mobile] articulated. -**2.** ANAT articulated, jointed. -**3.** MÉCAN hinged, jointed; **jouet ~** jointed toy; **poupée ~e** jointed doll. -**4.** LING articulated.

◆ **articulé** *nm* -**1.** ZOOL arthropod. -**2.** MÉD articulate.

articuler [3] [artikyle] *vt* -**1.** [prononcer] to articulate; **articule, je ne comprends rien** speak more clearly, I don't understand; **dicter un texte en articulant toutes les syllabes** to pronounce all the syllables clearly when dictating a text. -**2.** [dire] to utter; **j'étais si ému que je ne pouvais plus ~ un seul mot** I was so moved that I couldn't utter OU say a single word. -**3.** [enchaîner - démonstration, thèse] to link up OU together *(sép)*; [- faits] to connect. -**4.** MÉCAN to joint. -**5.** JUR [accusations] to enumerate, to set forth OU out *(sép)*.

◆ **s'articuler sur** *vp + prép* ANAT, MÉCAN & ZOOL to be articulated OU jointed with.

◆ **s'articuler autour de** *vp + prép* [être structuré autour de] to hinge OU to turn on; **son article s'articule autour de la protection des consommateurs** her article hinges on consumer protection.

artifice [artifis] *nm* -**1.** [stratagème] (clever) device OU trick; **ils ont réussi à dissimuler la situation financière par des ~s de calcul** they managed to hide the financial situation by massaging the figures; **ils ont usé de tous les ~s pour faire passer la proposition** they used every trick in the book to get the motion through; **beauté sans ~s** artless beauty. -**2.** *litt* [adresse] artifice, skill; **la scène est peinte avec tant d'~ que l'œil s'en trouve ébloui** the scene is depicted so skilfully that it is a wonder to behold. -**3.** [explosif] firework.

artificiel, elle [artifisjɛl] *adj* -**1.** [créé par l'homme - colorant, fleur, lumière, intelligence, insémination] artificial; [- lac, soie] artificial, man-made; [- perle] artificial, imitation *(épith)*; [- dent] false; [- bras, hanche] replacement *(épith)*; [- mouche] artificial. -**2.** [factice - condition, plaisir] artificial; **créer des besoins ~s** to create artificial needs. -**3.** [affecté] artificial, false, insincere; **je le trouve totalement ~** I find him totally artificial; **le style est très ~** the style is very contrived OU unnatural. -**4.** [arbitraire] artificial; **la comparaison est totalement ~le** it's a very far-fetched comparison.

artificiellement [artifisjɛlmɑ̃] *adv* artificially.

artificier [artifisje] *nm* -**1.** [en pyrotechnie] fireworks expert, pyrotechnist. -**2.** MIL [soldat] blaster; [spécialiste] bomb disposal expert.

artificieusement [artifisjøzmɑ̃] *adv litt* deceitfully.

artificieux, euse [artifisjø, øz] *adj litt* deceitful.

artillerie [artijri] *nf* artillery; **ils ont envoyé la grosse ~** OU **l'~ lourde** *fig* they didn't stint themselves; **pièce/tir d'~** artillery cannon/fire.

artilleur [artijœr] *nm* artilleryman.

artimon [artimɔ̃] *nm*: **(mât d') ~** mizzen, mizzenmast.

artiodactyle [artjɔdaktil] *nm* artiodactyl; **les ~s** the Artiodactyla.

artisan, e [artizɑ̃, an] *nm, f* -**1.** [travailleur] craftsman (*f* craftswoman), artisan; **~ verrier** (skilled) glassmaker; **~ ébéniste** cabinet-maker. -**2.** [responsable] architect, author; **Churchill fut l'~ de la défense nationale** Churchill was the leading force in national defence; **l'~ de la paix** the peacemaker; **être l'~ de sa propre chute/ruine** to bring about one's own downfall/ruin.

artisanal, e, aux [artizanal, o] *adj* -**1.** [des artisans - classe, tradition] artisan *(épith)*. -**2.** [traditionnel - méthode, travail] traditional; **ils font toujours leur pain de façon ~e** they still make their bread in the old-fashioned way; **un fauteuil fabriqué de façon ~e** a home-made armchair. -**3.** [rudimentaire] basic *péj*; **leur production est restée à un niveau ~** their production has remained small.

artisanalement [artizanalmɑ̃] *adv*: **ils savent encore travailler ~ dans cette région** they still use traditional work methods in this area; **produire des fromages ~** to make cheese on a small scale.

artisanat [artizana] *nm* -**1.** [profession]: **l'~** the craft industry, the crafts. -**2.** [ensemble des artisans] artisans; **(produits d') ~** arts and crafts; **exposition d'~** arts and crafts exhibition; **l'~ d'art** the arts and crafts; **voilà un bel exemple de notre ~ local** here is a fine example of our local craftsmen's work.

artiste [artist] ◇ *adj* -**1.** [personne] artistic. -**2.** [bohème - genre, vie] bohemian.
◇ *nmf* -**1.** BX-ARTS [créateur] artist; **mener une vie d'~** to lead an artist's life ❑ **~ peintre** painter. -**2.** CIN, LOISIRS & THÉÂT [interprète] performer; [comédien] actor; [chanteur] singer; [de music-hall] artiste, entertainer; **~ de cabaret** cabaret entertainer; **~ comique** comedian; **~ dramatique** actor (*f* actress). -**3.** [personne habile] artist; **notre boulanger est un véritable ~** our baker is a true artist; **voilà ce que j'appelle un travail d'~!** that's what I call the work of an artist!; **quel est l'~ qui a réalisé cette merveille au tableau?** *iron* which of you lot created this masterpiece on the blackboard?

artistement [artistəmɑ̃] *adv litt* artistically.

artistique [artistik] *adj* [enseignement, richesses] artistic; **elle a un certain sens ~** she has a certain feeling for art; **genre ~** art form.

artistiquement [artistikmɑ̃] *adv* artistically.

Artois [artwa] *npr m*: **(l') ~** Artois.

arum [arɔm] *nm* arum lily.

aryen, enne [arjɛ̃, ɛn] *adj* Aryan.

◆ **Aryen, enne** *nm, f* Aryan.

arythmie [aritmi] *nf* arrhythmia.

arythmique [aritmik] *adj* ANAT arrhythmic, arrhythmical.

as [as] *nm* -**1.** JEUX [carte, dé, domino] ace; [aux courses] number one; **l'~ de cœur/pique** the ace of hearts/spades; **t'es fagoté** OU **ficelé** OU **fichu comme l'~ de pique** *fam* you look as if you've been dragged through a hedge backwards; **passer à l'~** *fam*: **et mon sandwich, alors, il passe à l'~?** what about my sandwich then?; **mon augmentation est passée à l'~** I might as well forget the idea of getting a pay rise *Br* OU a raise *Am*. -**2.** *fam* [champion] ace, champ, wizard; **Delphine, t'es un ~!** Delphine, you're a marvel ! ; un ~ du traitement de texte a word-processing wizard; un ~ de la route OU du volant a crack driver; un ~ de la gâchette a crack shot. -**3.** ANTIQ [poids, monnaie] as.

a/s (*abr écrite de* aux soins de) c/o.

AS *nf abr de* association sportive.

ASA, Asa [aza] *abr* ASA, Asa; une pellicule 100 ~ a 100 ASA film.

asbeste [asbɛst] *nf* asbestos.

asbestose [asbɛstoz] *nf* asbestosis.

ASBL *nf abr de* association sans but lucratif.

asc. *abr écrite de* ascenseur.

ascaride [askarid] *nm* ascarid; les ~s Ascaridae.

ascaridiase [askaridjaz], **ascaridiose** [askaridjoz] *nf* ascariasis.

ascaris [askaris] = **ascaride**.

ascendance [asɑ̃dɑ̃s] *nf* -**1.** [ancêtres] ancestry. -**2.** [extraction] : avoir une ~ allemande to be of German descent; avoir une ~ paysanne to be of peasant origin. -**3.** ASTRON ascent, rising. -**4.** AÉRON & MÉTÉO ascending current.

ascendant, e [asɑ̃dɑ̃, ɑ̃t] ◇ *adj* -**1.** [mouvement] rising, ascending, up *adj*. -**2.** ANAT [aorte, côlon] ascending.

◇ *nm, f* JUR [parent] : ses ~s one's ascendants OU ancestors.

◆ **ascendant** *nm* -**1.** [emprise] influence, ascendancy; je n'ai aucun ~ sur eux I have no influence over them; subir l'~ de qqn to be under the influence of sb. -**2.** ASTROL ascendant.

ascenseur [asɑ̃sœr] *nm* lift *Br*, elevator *Am*.

ascension [asɑ̃sjɔ̃] *nf* -**1.** [montée - d'un ballon] ascent. -**2.** [escalade - d'un alpiniste] ascent, climb; faire l'~ d'un pic to climb a peak; il a fait plusieurs ~s dans les Alpes he did several climbs in the Alps. -**3.** [progression] ascent, progress, rise; ses affaires connaissent une ~ rapide his business is booming; l'~ des Dumot dans le monde de la finance the rising fortunes of the Dumot family in the world of finance. -**4.** RELIG : l'Ascension the Ascension; le jour de l'Ascension Ascension Day. -**5.** ASTRON ascension; ~ droite d'un astre right ascension of a heavenly body.

ascensionnel, elle [asɑ̃sjɔnɛl] *adj* upward.

ascèse [asɛz] *nf* asceticism, ascetic lifestyle.

ascète [asɛt] *nmf* ascetic; vivre en ~ to live an ascetic life.

ascétique [asetik] *adj* ascetic.

ascétisme [asetism] *nm* asceticism.

ascidie [asidi] *nf* -**1.** BOT ascidium. -**2.** ZOOL ascidian; les ~s the ascidians, the Ascidiacaea *spec*.

ASCII [aski] (*abr de* American Standard Code for Information Interchange) *adj* ASCII (*épith*).

ascomycète [askɔmisɛt] *nm* ascomycete; les ~s Ascomycetes.

ascorbique [askɔrbik] *adj* ascorbic.

asdic [asdik] *nm* asdic.

ase [az] *nf* : ~ fétide asafoetida.

ASE (*abr de* Agence spatiale européenne) *npr f* ESA.

asémantique [asemɑ̃tik] *adj* asemantic.

asepsie [asɛpsi] *nf* asepsis.

aseptique [asɛptik] *adj* aseptic.

aseptisation [asɛptizasjɔ̃] *nf* asepticization, asepticizing *(U)*.

aseptiser [3] [asɛptize] *vt* to asepticize.

asexué, e [asɛksɥe] *adj* [plante, reproduction] asexual; [individu] sexless.

ashkénase [aʃkenaz] *adj* & *nmf* : (juif) ~ Ashkenazi; les ~s the Ashkenazim.

ashram [aʃram] *nm* ashram.

asiadollar [azjadɔlar] *nm* Asiadollar.

asiate [azjat] *adj péj* Oriental.

◆ **Asiate** *nmf péj* Oriental.

asiatique [azjatik] *adj* -**1.** [de l'Asie en général] Asian. -**2.** [d'Extrême-Orient] Oriental; un restaurant ~ *a restaurant serving Oriental cuisine*.

◆ **Asiatique** *nmf* Asian.

ASIATIQUE:
This word tends to refer to people from Far Eastern countries: China, Japan, Laos etc.

Asie [azi] *npr f* Asia; l'~ centrale Central Asia; l'~ Mineure HIST Asia Minor; l'~ du Sud-Est Southeast Asia.

asilaire [azilɛr] *adj litt* : séjour/traitement ~ stay/treatment at a mental hospital.

asile [azil] *nm* -**1.** [abri] refuge; offrir à qqn un ~ pour la nuit to give sb shelter for the night; chercher/trouver ~ to seek/to find refuge; votre jardin est un ~ de paix et de verdure your garden is a haven of peace and greenery; le dernier ~ *litt* the final resting place, the grave. -**2.** HIST & POL asylum; demander l'~ diplomatique/politique to seek diplomatic protection/political asylum. -**3.** [établissement] home; [pour aliénés] mental home, (lunatic) asylum *vieilli*; ~ de nuit night shelter. -**4.** ENTOM assassin-fly, asilus *spéc*.

asocial, e, aux [asɔsjal, o] ◇ *adj* asocial, antisocial.

◇ *nm, f* dropout, social outcast.

asocialité [asɔsjalite] *nf* asocial OU antisocial behaviour.

asparagus [asparagys] *nm* asparagus fern, fern asparagus.

aspartam(e) [aspartam] *nm* aspartame, artificial sweetener; yaourt à l'~ artificially sweetened yoghurt.

aspe [asp] *nm* silk reel.

aspect [aspɛ] *nm* -**1.** [apparence] appearance, look; un bâtiment d'~ imposant an imposing-looking building; des fromages d'un bel ~ fine-looking cheeses; tu ne trouves pas que la viande a un ~ bizarre? don't you think the meat looks odd?; donner l'~ de qqch à qqn to give sb the appearance of OU to make sb look like sthg; ces couleurs sombres donnent à la pièce un ~ bien terne all those dark colours make the room look very dull; prendre l'~ de qqch [ressembler à qqch] to take on the appearance of sthg; [se métamorphoser en qqch] to turn o.s. into sthg; offrir OU présenter l'~ de qqch to look like OU to resemble sthg. -**2.** [point de vue] aspect, facet; envisager OU examiner une question sous tous ses ~s to consider a question from all angles; vu sous cet ~ seen from this angle OU point of view; sous un ~ nouveau in a new light. -**3.** ASTROL & LING aspect. -**4.** ASTRON aspect.

◆ **à l'aspect de** *loc prép* at the sight of, upon seeing; elle s'est évanouie à l'~ du sang she fainted at the sight of the blood.

asperge [aspɛrʒ] *nf* -**1.** BOT asparagus. -**2.** *fam hum* & *péj* : une (grande) ~ a beanpole.

asperger [17] [aspɛrʒe] *vt* -**1.** [faire tomber des gouttes sur] to sprinkle; ~ le linge avant de le repasser to spray clothes with water before ironing; ~ de : ~ qqn/qqch d'eau bénite to sprinkle sb/sthg with holy water. -**2.** [mouiller] to splash, to splatter; se faire ~ to get splashed; on s'est fait copieusement ~ we got drenched OU soaked; ~ qqn/qqch de qqch to splash sb/sthg with sthg, to splash sthg on sb/sthg.

◆ **s'asperger** ◇ *vp (emploi réfléchi)* : s'~ de qqch to splash o.s. with sthg, to splash sthg on o.s.

◇ *vp (emploi réciproque)* to splash OU to spray one another.

aspergillus [aspɛrʒilys] *nm* aspergillus.

aspérité [asperite] *nf* -**1.** [proéminence] rough bit; les ~s de la roche the rough edges of the rock. -**2.** *litt* [rudesse] asperity, harshness.

asperme [aspɛrm] *adj* seedless.

aspersion [aspɛrsjɔ̃] *nf* -**1.** [d'eau] sprinkling, spraying. -**2.** RELIG sprinkling, aspersion.

aspersoir [aspɛrswar] *nm* -**1.** RELIG [goupillon] aspersorium. -**2.** [pomme d'arrosoir] rose.

asphaltage [asfaltaʒ] *nm* asphalting.

asphalte [asfalt] *nm* -**1.** [bitume] asphalt. -**2.** *fam* [chaussée] street.

asphalter [3] [asfalte] *vt* to asphalt.

asphaltier [asfaltje] *nm* asphalt carrier.

asphodèle [asfɔdɛl] *nm* asphodel.

asphyxiant, e [asfiksjɑ̃, ɑ̃t] *adj* -**1.** [obus, vapeur] asphyxiating, suffocating. -**2.** [oppressant - ambiance, famille] stifling, suffocating.

asphyxie [asfiksi] *nf* -**1.** MÉD asphyxia; ~ par submersion drowning. -**2.** *fig* paralysis; la guerre conduit le pays à l'~ war is paralysing the country.

asphyxier [9] [asfiksje] *vt* -**1.** [priver d'air] to suffocate; [faire respirer du gaz à] to asphyxiate; mourir asphyxié to die of asphyxiation. -**2.** [entraver] to stifle, to smother; mes parents asphyxiaient en moi tout désir d'indépendance my parents stifled any desire I might have had for independence.

◆ **s'asphyxier** ◇ *vp (emploi réfléchi)* [volontairement, au gaz] to gas o.s.

◇ *vpi* [accidentellement] to suffocate; un enfant peut s'~ avec un sac en plastique a child could suffocate (itself) with a plastic bag.

aspic [aspik] *nm* -**1.** ZOOL asp. -**2.** BOT & CULIN aspic.

aspidistra [aspidistra] *nm* aspidistra.

aspirant, e [aspirɑ̃, ɑ̃t] ◇ *adj* sucking, pumping.

◇ *nm, f* candidate.

◆ **aspirant** *nm* officer cadet.

aspirateur [aspiratœr] *nm* -**1.** [domestique] Hoover® *Br*, vacuum cleaner; passer l'~ to do the hoovering *Br* OU vacuuming. -**2.** TECH aspirator.

aspirateur-balai [aspiratœrbalɛ] (*pl* aspirateurs-balais) *nm* upright vacuum cleaner.

aspirateur-traîneau [aspiratœrtrɛno] (*pl* aspirateurs-traîneaux) *nm* cylinder-type vacuum cleaner.

aspiration [aspirasjɔ̃] *nf* -**1.** [ambition] aspiration, ambition; je ne comprends pas quelles sont ses ~s I don't understand his aspirations. -**2.** [souhait] yearning, longing, craving. -**3.** [absorption - d'air] inhaling *(U)*; [- d'un gaz, d'un fluide] sucking up. -**4.** MÉCAN induction. -**5.** PHON aspiration. -**6.** MÉD : ~ endo-utérine, IVG par ~ abortion by vacuum extraction.

aspiratoire [aspiratwar] *adj* aspiratory.

aspiré, e [aspire] *adj* PHON aspirate.

◆ **aspirée** *nf* PHON aspirate.

aspirer [3] [aspire] *vt* -**1.** [inspirer] to inhale, to breathe in *(sép)*; ~ goulûment l'air frais to take long deep breaths of OU to gulp in the fresh air; j'aspirais avec précaution l'air glacé I was breathing the icy air in cautiously. -**2.** [pomper] to suck up *(sép)*; ~ une boisson avec une paille to suck a drink through a straw; ~ de l'air/des gaz d'une conduite to pump air/gas out of a main ‖ [avec un aspirateur] to vacuum, to hoover *Br*; ~ la poussière d'un tapis to hoover *Br* OU to vacuum a carpet. -**3.** PHON to aspirate.

◆ **aspirer à** *v + prép* [paix, repos] to crave, to long for *(insép)*, to yearn for *(insép)*; [rang, dignité] to aspire to *(insép)*.

aspirine [aspirin] *nf* aspirin; un comprimé d'~ an aspirin.

aspiro-batteur [aspirobatœr] (*pl* aspiro-batteurs) *nm* beating vacuum cleaner.

asram [aʃram] = **ashram**.

assagir [32] [asaʒir] *vt litt* [apaiser - personne] to quieten down *(sép)*; [- passion, violence] to soothe, to allay, to relieve; l'âge assagit les passions passions become subdued with age; un visage aux traits assagis a face with composed features *litt*; l'expérience l'a assagie experience has made her a wiser person ‖ [faire se ranger] to cause to settle down; c'est un homme assagi maintenant he's calmed down a lot.

◆ **s'assagir** *vpi* -**1.** [personne] to settle down. -**2.** *fig* : la passion s'assagit avec l'âge passion becomes (more) serene with age.

assagissement [asaʒismɑ̃] *nm* settling OU quietening down.

assaillant, e [asajɑ̃, ɑ̃t] ◇ *adj* [armée, troupe] assailing, assaulting, attacking.
◇ *nm, f* assailant, attacker.

assaillir [47] [asajir] *vt* MIL to attack, to assail *litt*; [esprit, imagination] to beset; **un doute m'assaille** I'm beset with doubt; **le bureau est assailli de demandes** the office is swamped OU besieged with inquiries.

assainir [32] [asenir] *vt* -**1.** [nettoyer - quartier, logement] to clean up *(sép)*; [- air] to purify. -**2.** [assécher - plaine, région] to improve the drainage of. -**3.** [épurer - situation] to clear up; [- marché, monnaie] to stabilize; ~ **le climat social** to put an end to social strife.
◆ **s'assainir** *vpi* to improve, to become healthier; **la situation s'est assainie** the situation has improved.

assainissement [asenismɑ̃] *nm* -**1.** [nettoyage - d'une ville] improvement; [- d'un appartement] cleaning up; **un nouveau projet d'~ pour notre quartier** a new project for improving our district. -**2.** [assèchement] draining. -**3.** [d'une monnaie, d'un marché] stabilization, stabilizing.

assainisseur [asenisœr] *nm* air-freshener.

assaisonnement [asɛzɔnmɑ̃] *nm* -**1.** [processus] dressing, seasoning. -**2.** [condiments] seasoning; [sauce] dressing.

assaisonner [3] [asɛzɔne] *vt* -**1.** CULIN [plat, sauce] to season; [salade] to dress; **assaisonnez et servez immédiatement** season and serve immediately; **ta salade est trop assaisonnée** there's too much dressing on your salad; ~ **des poireaux avec de la** OU **à la vinaigrette** to give leeks a vinaigrette dressing. -**2.** *fig* [agrémenter]: ~ **qqch de** to spice OU to lace sthg with. -**3.** *fam* [malmener]: **on va l'~, celui-là!** we'll certainly take care of HIM!; **elle m'a assaisonné quand je suis arrivé en retard!** she (certainly) let me have it when I turned up late! || [escroquer] to sting, to rip off *(sép)*; **un restaurant où on se fait ~** a restaurant where you get ripped off.

assassin, e [asasɛ̃, in] *adj litt* OU *hum* [œillade, regard] provocative; **elle a un regard ~** one look from her is enough to make a man go weak at the knees.
◆ **assassin** *nm* murderer, killer; [d'une personnalité connue] assassin; **à l'aide, à l'~!** help, murder!

assassinat [asasina] *nm* murder; [d'une personnalité connue] assassination; **l'~ de la liberté** *fig* the assassination of liberty.

assassiner [3] [asasine] *vt* -**1.** [tuer - gén] to murder; [- vedette, homme politique] to assassinate. -**2.** *fam péj* [malmener - musique, symphonie] to murder, to slaughter. -**3.** *fam* [forcer à payer] to bleed; **on assassine le contribuable!** the taxpayer is being bled to death!

assaut [aso] *nm* -**1.** MIL assault, attack, onslaught; **un ~ contre** an assault on OU against; **aller** OU **monter à l'~** *pr* to attack, to storm; *fig* to attack; **à l'~!** charge!; **donner l'~** to launch OU to mount an attack; **se lancer à l'~ de la ville** to launch an attack OU to mount an onslaught on the town; **ils se sont lancés à l'~ de la face nord** they launched OU mounted an assault on the north face; **ils se sont lancés à l'~ du marché japonais** *fig* they set out to capture the Japanese market; **résister aux ~s de l'ennemi** to withstand enemy attacks; **prendre d'~ un palais** to storm a palace; **à la chute de la Bourse, les banques ont été prises d'~ par les petits porteurs** *fig* when the Stock Exchange crashed, the banks were stormed by small shareholders; **les otages libérés ont subi les ~s de la presse** the released hostages had to put up with press harassment ❑ **troupes d'~** storm troops; **faire ~ de** *litt*: **elles font ~ de politesse/gentillesse** they're falling over each other to be polite/nice. -**2.** ESCRIME bout.

assèchement [asɛʃmɑ̃] *nm* draining, drying-up.

assécher [18] [aseʃe] ◇ *vt* [drainer - terre, sol] to drain (the water off); [vider - étang, réservoir] to empty.
◇ *vi* [à marée basse] to become dry, to dry up.
◆ **s'assécher** *vpi* to become dry, to dry up.

ASSEDIC, Assedic [asedik] (*abr de* Association pour l'emploi dans l'industrie et le commerce) *npr French unemployment insurance scheme*, ≃ Unemployment Benefit Office *Br*, ≃ Unemployment Office *Am*; **toucher les ~** to get unemployment benefit.

assemblage [asɑ̃blaʒ] *nm* -**1.** [fait de mettre ensemble] assembling, constructing, fitting together; **procéder à l'~ de pièces** [gén] to assemble parts; COUT to make up a garment ❑ ~ **par soudage** soldering together; ~ **par tenons et mortaises** tenon and mortise joining. -**2.** AUT & INDUST assembly. -**3.** [ensemble] assembly; CONSTR framework, structure; MENUIS joint. -**4.** BX-ARTS assemblage. -**5.** IMPR gathering. -**6.** *péj* [amalgame] collection, concoction *péj*; **son livre n'est qu'un ~ d'idées bizarres** her book is just a collection of weird ideas thrown together. -**7.** INF assembly; **langage d'~** assembly language.

assemblée [asɑ̃ble] *nf* -**1.** [auditoire] gathering, audience; **en présence d'une nombreuse ~** in front of a large audience; **l'~ des fidèles** RELIG the congregation. -**2.** [réunion] meeting *(C)*; ~ **générale/annuelle** general/annual meeting; ~ **(générale) ordinaire/extraordinaire** ordinary/extraordinary (general) meeting; **la fédération a tenu son ~ annuelle à Lille** the federation held its annual meeting in Lille. -**3.** POL [élus]: **l'Assemblée (nationale)** the (French) National Assembly; **la Haute Assemblée** the (French) Senate ❑ ~ **constituante** constituent assembly; ~ **fédérale** [en Suisse] (Swiss) federal assembly. -**4.** [bâtiment]: **l'Assemblée** *fam* ≃ the House.

assembler [3] [asɑ̃ble] *vt* -**1.** [monter] to assemble, to put OU to fit together *(sép)*; MENUIS to joint; **elle a tout assemblé elle-même à partir d'un kit** she put it together herself from a kit; **assemblez le dos et le devant du tricot** sew the back and the front of the sweater together; ~ **des poutres bout à bout** to butt beams; ~ **deux pièces par collage/soudure** to glue/to solder two parts together. -**2.** [combiner - pensées] to gather (together) *(sép)*; [- documents] to collate. -**3.** INF to assemble.
◆ **s'assembler** *vpi* to gather (together).

assembleur [asɑ̃blœr] *nm* -**1.** INF assembler (language). -**2.** [ouvrier] fitter.

assembleuse [asɑ̃bløz] *nf* IMPR gathering machine.

assener [19], **asséner** [18] [asene] *vt* [coup] to deliver, to strike; **je lui ai asséné quelques vérités bien senties** *fig* I hurled a few home truths in his direction.

assentiment [asɑ̃timɑ̃] *nm* assent, agreement; **hocher la tête en signe d'~** to nod one's head (in agreement).

asseoir [65] [aswar] ◇ *vt* -**1.** [mettre en position assise]: ~ **qqn** [le mettre sur un siège] to sit sb down; [le redresser dans son lit] to sit sb up; ~ **des enfants sur un banc** to place OU to seat children on a bench; **huit personnes seront là pour dîner, où vais-je les ~?** there will be eight people at dinner, where am I going to put them all?; **assois-le-bien, il va tomber** sit him up properly, he's going to fall; ~ **qqn sur le trône** [le couronner] to put sb on the throne; **être assis** to be sitting; [sur un siège] to be seated; **êtes-vous bien assis?** are you sitting comfortably?; **être assis en tailleur** to be sitting cross-legged; **je préfère être assise pour repasser** I prefer doing the ironing sitting down; **rester assis: je vous en prie, restez assis** please don't get up; **tout le monde est resté assis** everyone remained seated ❑ **être assis entre deux chaises** to be (caught) between two stools. -**2.** *sout* [consolider] to establish; ~ **son autorité** to establish OU to strengthen one's authority; ~ **sa réputation sur qqch** to base one's reputation on sthg. -**3.** [faire reposer - statue] to sit, to rest; **veillez à bien ~ l'appareil sur son pied** make sure the camera is resting securely on its stand. -**4.** *fam* [étonner] to stun, to astound; **son insolence nous a tous assis** we were stunned by his insolence; **j'en suis resté assis** I was flabbergasted. -**5.** FIN [impôt, taxe] to base, to fix. -**6.** ÉQUIT to sit.
◇ *vi*: **faire ~ qqn** to ask sb to sit down; **je vous en prie, faites ~ tout le monde** please have everyone sit down OU get everyone to sit down; **je n'ai pas pu le faire ~** I couldn't get him to sit down.
◆ **s'asseoir** *vpi* -**1.** [s'installer] to sit down; **asseyez-vous donc** please, do sit down; **asseyons-nous par terre** let's all sit on the floor; **venez vous ~ à table avec nous** come and sit at the table with us; **elle s'est assise** she sat down; **tu devrais t'~ un peu dans ton lit, tu serais mieux** you should sit up a little in bed, you'd be more comfortable; **s'~ en tailleur** to sit cross-legged; **s'~ sur les talons** to sit on one's heels. -**2.** *loc*: **s'~ dessus**[▽]: **ton opinion, je m'assois dessus** I couldn't give a damn about your opinion; **votre dossier, vous pouvez vous ~ dessus** you know what you can do with your file.

assermentation [asɛrmɑ̃tasjɔ̃] *nf* swearing in, taking of an oath.

assermenté, e [asɛrmɑ̃te] ◇ *adj* [policier] sworn, sworn-in; **expert ~** expert on OU under oath.
◇ *nm, f* person sworn-in.

assermenter [3] [asɛrmɑ̃te] *vt* to swear in *(sép)*.

assertion [asɛrsjɔ̃] *nf* assertion.

asservir [32] [asɛrvir] *vt* -**1.** [assujettir] to enslave; ~ **qqn à: elle était asservie à ses volontés** she was his puppet. -**2.** TECH to put under servo OU remote control.

asservissement [asɛrvismɑ̃] *nm* -**1.** [sujétion] enslavement. -**2.** TECH automatic control.

asservisseur [asɛrvisœr] ◇ *adj m* controlling.
◇ *nm* control unit, control system *Br*, controlling means *Am*.

assesseur [asesœr] *nm* assessor.

assez [ase] *adv* -**1.** [suffisamment] enough; **je suis ~ fatigué comme ça** I'm tired enough as it is; **la maison est ~ grande pour nous tous** the house is big enough for all of us; **il roule ~ vite comme ça** he drives fast enough as it is; **tu n'as pas crié ~ fort** you didn't shout loud enough; **j'ai ~ travaillé pour aujourd'hui** I've done enough work for today; **il n'a pas ~ fait attention** he didn't pay (careful) enough attention; **est-ce que c'est ~?** is that enough?; **c'est bien ~** that's plenty; **c'est plus qu'~** that's more than enough; **ça a ~ duré!** it's gone on long enough!; ~ **parlé, agissons!** that's enough talk OU talking, let's DO something!; **en voilà** OU **c'(en) est ~!** that's enough!, enough's enough! || *(en corrélation avec 'pour')*: **elle est ~ grande pour s'habiller toute seule** she's old enough to dress herself; **il est ~ bête pour le croire** he's stupid enough to believe it. -**2.** [plutôt, passablement] quite, rather; **disons qu'elle est ~ jolie, sans plus** let's say she's quite pretty, no more than that; **j'aime ~ sa maison** I quite like his house; **c'est un ~ bon exemple de ce qu'il ne faut pas faire** it's a rather good example of what not to do; **je suis ~ contente de moi** I'm quite pleased with myself; **la situation est ~ grave** the situation is quite serious; **ils sont arrivés ~ tard** they arrived rather late; **ils se connaissent depuis ~ longtemps** they've known each other for quite a long time; **j'ai ~ peu mangé aujourd'hui** I haven't eaten much today; **il y a ~ peu de monde** there aren't many people, it isn't very busy.
◆ **assez de** *loc dét* enough; **il y a ~ de monde** there are enough people; **nous n'aurons pas ~ de temps** we won't have enough time; **il y en a ~** there is/are enough; **il en reste juste ~** there is/are just enough left; **il n'a pas besoin de venir, nous sommes (bien) ~ de deux** he doesn't need to come, two of us will be (quite) enough; **j'aurai bien ~ d'une couverture** one blanket will be quite enough OU sufficient || *(en corrélation avec 'pour')*: **j'ai ~ d'argent pour vivre** I have enough money to live on; **j'ai juste ~ d'essence pour finir le trajet** I've got just enough petrol to last the journey ❑ **j'en ai ~**

de vous écouter râler I've had enough of (listening to) your moaning; **j'en ai (plus qu') ~ de toutes ces histoires!** *fam* I've had (more than) enough of all this fuss!

assidu, e [asidy] *adj* -**1.** [zélé] assiduous, diligent, hard-working; **élève ~ à l'étude** hard-working pupil; **il n'est pas très brillant mais au moins il est ~** he's not very bright but at least he tries; **un amoureux ~** a persistent lover; **faire une cour ~e à une femme** to be very attentive to a woman. -**2.** [constant] unflagging, unremitting, untiring; **grâce à un travail ~** through untiring work, by dint of ceaseless work; **elle a fourni des efforts ~s** she made unremitting efforts. -**3.** [fréquent] regular, constant; **un visiteur ~ des expositions** a frequent OU dedicated exhibition-goer; **la fréquentation ~e des bars m'a appris que...** hanging around in bars has taught me that...

assiduité [asidɥite] *nf* -**1.** [zèle] assiduity; **travailler avec ~** to work assiduously OU zealously; **travailler avec ~ à qqch** to work away at sthg. -**2.** [régularité] assiduousness; **l'~ aux répétitions est essentielle** regular attendance at rehearsals is vital; **je fréquente les musées avec ~** I visit museums regularly.

◆ **assiduités** *nfpl* attentions; **importuner** OU **poursuivre qqn de ses ~s** to force one's attentions upon sb.

assidûment [asidymɑ̃] *adv* -**1.** [avec zèle] assiduously. -**2.** [régulièrement] assiduously, unremittingly, untiringly.

assiégé, e [asjeʒe] *nm, f* besieged person; **les ~s** the besieged.

assiégeant, e [asjeʒɑ̃, ɑ̃t] ◇ *adj* besieging.
◇ *nm, f* besieger.

assiéger [22] [asjeʒe] *vt* -**1.** MIL [ville, forteresse] to lay siege to *(insép)*, to besiege. -**2.** [se présenter en foule à] to besiege, to beset, to mob; **la maison fut assiégée par les journalistes** the house was besieged by journalists; **les guichets ont été assiégés** the box office was stormed by the public. -**3.** *litt* [importuner - suj: personne] to harass, to plague, to pester; [- suj: pensées] to beset.

assiette [asjɛt] *nf* -**1.** [récipient] plate; **~ à dessert** dessert plate; **~ creuse** OU **à soupe** soup dish; **~ plate** (dinner) plate; **grande ~** dinner plate; **petite ~** dessert OU side plate; **c'est l'~ au beurre** *fam* it's a cushy number ‖ [contenu] plate, plateful; **avaler une (pleine) ~ de soupe** to eat a (large) plateful of soup; **finis d'abord ton ~** eat up what's on your plate first; **faire une ~ de légumes** to prepare a dish of (mixed) vegetables ❑ **~ anglaise** assorted cold meats. -**2.** [assise] foundation, basis; **l'~ d'une voie ferrée/route** the bed of a railway/road ‖ FIN [d'une hypothèque] basis; **l'~ de l'impôt** the base (taxation) rate. -**3.** ÉQUIT seat; **avoir une bonne ~** to have a good seat. -**4.** *loc*: **je ne suis pas** OU **je ne me sens pas dans mon ~** I don't feel too well, I'm feeling (a bit) out of sorts. -**5.** NAUT trim.

assiettée [asjete] *nf* -**1.** [mesure]: **une ~ de** a plate OU plateful of. -**2.** [contenu]: **il a jeté toute l'~ par terre** he threw all the contents of the plate on the floor.

assignable [asiɲabl] *adj* -**1.** [attribuable] ascribable, attributable. -**2.** JUR liable to be subpoenaed.

assignat [asiɲa] *nm* paper money *(issued during the French Revolution)*.

assignation [asiɲasjɔ̃] *nf* -**1.** [de témoin] subpoena; [d'un accusé] summons; **~ à résidence** house arrest. -**2.** [de part, de rente] allocation.

assigner [3] [asiɲe] *vt* -**1.** [attribuer - poste] to assign; [- tâche] to allot, to allocate, to assign; **~ un même objectif à deux projets** to set the same goal for two projects. -**2.** FIN [allouer] to allocate; **~ des crédits à la recherche** to allocate funds for OU to research. -**3.** JUR: **~ un témoin (à comparaître)** to subpoena a witness; **~ le prévenu** to summon the defendant; **~ qqn à résidence** to put sb under house arrest; **être assigné à résidence** to be under house arrest; **~ qqn (en justice) pour diffamation** to issue a writ for libel against sb.

assimilable [asimilabl] *adj* -**1.** PHYSIOL assimilable, easily absorbed OU assimilated. -**2.** [abordable] easily assimilated; **l'informatique est ~ à tout âge** computer skills are easy to acquire at any age. -**3.** SOCIOL easily assimilated OU integrated; **populations difficilement ~s** groups of people difficult to integrate. -**4.** [similaire]: **~ à** comparable to; **son travail est souvent ~ à celui d'un médecin** his work can often be compared to that of a doctor.

assimilateur, trice [asimilatœr, tris] *adj* assimilative, assimilatory.

assimilation [asimilasjɔ̃] *nf* -**1.** PHYSIOL assimilation. -**2.** BOT: **~ chlorophyllienne** photosynthesis. -**3.** [fait de comprendre]: **avoir un grand pouvoir d'~** to assimilate very easily; **l'~ des connaissances se fait à un rythme différent selon les élèves** pupils assimilate knowledge at different rates. -**4.** [intégration] assimilation, integration. -**5.** [comparaison] comparison, simile; **c'est là une ~ injurieuse à notre égard** your comparison is an insult to us; **l'~ de qqch à** comparing OU likening sthg to; **l'~ des postes de maîtrise à des postes de cadres** comparing supervisory positions to executive positions. -**6.** PHON assimilation.

assimilé, e [asimile] *adj* comparable, similar; **talc pour bébé et produits ~s** baby powder and similar products.

◆ **assimilé** *nm*: **cadres et ~s** executives and similar categories.

assimiler [3] [asimile] *vt* -**1.** PHYSIOL to assimilate, to absorb, to metabolize; **son organisme n'assimile pas le fer** her body can't metabolize iron ‖ [digérer] to digest; **il assimile mal le lait** he can't digest milk properly. -**2.** [comprendre] to assimilate, to take in *(sép)*; **il n'assimile rien** he doesn't take anything in; **j'ai du mal à ~ les logarithmes** I have trouble understanding logarithms; **c'est du freudisme mal assimilé** it's ill-digested Freudianism. -**3.** [intégrer] to assimilate, to integrate. -**4.** **~ à** [rapprocher de]: **~ qqn/qqch à** to compare sb/sthg to; **il n'est pas question d'~ les infirmières aux médecins, leur rôle est bien différent** there's no question of placing the nurses in the same category as doctors, they have a very different role; **être assimilé à un cadre supérieur** to be given the same status as an executive. -**5.** PHON to assimilate.

◆ **s'assimiler** *vp (emploi passif)* PHYSIOL to become absorbed OU metabolized; [être digéré] to be assimilated OU digested; **les aliments riches en fibres s'assimilent plus facilement** high fibre food is easier to assimilate.

◆ **s'assimiler à** *vp + prép* to compare o.s. to OU with.

assis, e [asi, iz] *adj* -**1.** [établi] stable; **position bien ~e** well-established position. -**2.** [non debout] sitting (down); **il est plus à l'aise dans la position ~e que dans la position couchée** he feels more at ease sitting than lying down; **se tenir ~** to be sitting up; **~!** [à un chien] sit!

◆ **assise** *nf* -**1.** [fondement] foundation, basis. -**2.** CONSTR course; [d'une route] bed. -**3.** ANAT, BOT & GÉOL stratum.

◆ **assises** *nfpl* -**1.** JUR: **(cour d') ~s** ≃ crown court *Br*, ≃ circuit court *Am*. -**2.** [réunion] meeting, conference; **la fédération tient ses ~s à Lyon** a meeting of the federation is being held OU taking place in Lyons.

Assise [asiz] *npr* Assisi.

assistanat [asistana] *nm* -**1.** SCOL (foreign) assistant exchange scheme. -**2.** UNIV assistantship. -**3.** [secours - privé] aid; [- public] State aid.

assistance [asistɑ̃s] *nf* -**1.** [aide] assistance; **prêter ~ à qqn** to lend assistance to OU to assist sb; **trouver ~ auprès de qqn** to get help from sb ❑ **~ éducative** *measure ordered by a judge to protect a child's physical, psychological or educational wellbeing*; **~ judiciaire** legal aid; **~ médicale pour les pays du tiers-monde** medical aid for Third World countries; **l'Assistance (publique)** [à Paris et Marseille] *authority which manages the social services and State-owned hospitals*; **un enfant de l'Assistance** *vieilli* an orphan in a state institution; **~ sociale** [aux pauvres] welfare; [métier] social work; **~ technique** technical aid. -**2.** MÉD: **~ respiratoire** artificial respiration. -**3.** [spectateurs - d'une pièce] audience; [- d'un cours] audience; [- d'une messe] congregation; **la remarque a ému toute l'~** the entire audience was moved by the remark; **y a-t-il quelqu'un dans l'~ qui souhaiterait intervenir?** does anyone in the audience wish to speak? -**4.** [présence]: **~ à** attendance at; **l'~ aux conférences n'est pas obligatoire** attendance at lectures is not compulsory.

assistant, e [asistɑ̃, ɑ̃t] *nm, f* -**1.** [second] assistant; **l'~ du directeur** the director's assistant. -**2.** SCOL (foreign language) assistant. -**3.** UNIV lecturer *Br*, assistant teacher *Am*. -**4.** SOCIOL: **~ maternel, ~e maternelle** [à son domicile] childminder *Br*, babysitter; [en collectivité] crèche *Br* OU daycare center *Am* worker; **~ social, ~e sociale** social worker.

◆ **assistante** *nf*: **~e de police** policewoman, WPC *Br (in charge of minors)*.

assisté, e [asiste] ◇ *adj* -**1.** TECH [frein, direction] servo *(épith)*. -**2.** [aidé]: **enfants ~s** children in care *Br* OU in custody *Am*; **chômeurs ~s** unemployed people receiving state aid.
◇ *nm, f*: **les ~s** ADMIN recipients of state aid; **ils ont une mentalité d'~s** they expect everything to be done for them.

assister [3] [asiste] *vt* -**1.** [aider] to assist, to aid; **je l'ai assisté pendant l'opération/dans son travail** I assisted him during the operation/in his work; **pendant la messe, le prêtre est assisté d'un enfant de chœur** the priest is attended at mass by a choirboy; **~ qqn dans ses derniers moments** OU **dernières heures** to comfort sb in his last hours; **que Dieu vous assiste!** (may) God be with OU help you! ‖ JUR: **~ (qqn) d'office** to be appointed by the court (to defend sb). -**2.** ADMIN: **être assisté** to receive state aid; **je ne veux pas être assisté!** I don't want charity!

◆ **assister à** *v + prép* -**1.** [être présent à - messe, gala] to attend; [- concert de rock, enregistrement de télévision] to be at. -**2.** [être témoin de] to witness, to be a witness to; **il a assisté à l'accident** he was a witness to OU he witnessed the accident. -**3.** [remarquer] to note, to witness; **on assiste à une recrudescence de la criminalité/du chômage** we are witnessing a new increase in crime/unemployment.

associatif, ive [asɔsjatif, iv] *adj* associative.

association [asɔsjasjɔ̃] *nf* -**1.** [groupement] society, association; **protéger la liberté d'~** to protect freedom of association ❑ **~ des anciens élèves** past pupils *Br* OU alumni *Am* association; **~ de bienfaisance** charity, charitable organization; **~ à but non lucratif** OU **sans but lucratif** non profit-making organization; **~ de malfaiteurs** criminal conspiracy; **~ de parents d'élèves** ≃ Parent-Teacher Association. -**2.** [collaboration] partnership, association; **notre ~ n'a pas duré longtemps** we weren't partners for long; **travailler en ~ avec l'État** to work in association with the state; **opéra produit en ~ avec une chaîne italienne** opera produced in association with an Italian TV channel. -**3.** [d'images] association; [de couleurs] combination; **l'~ de nos intérêts devrait nous être profitable à tous deux** combining our interests should be profitable to us both ❑ **~s (d'idées)** associations; **~s verbales** PSYCH free associations.

associationnisme [asɔsjasjɔnism] *nm* associationism.

associativité [asɔsjativite] *nf* associativity.

associé, e [asɔsje] ◇ *adj* associate; **directeur/membre ~** associate director/member.
◇ *nm, f* associate, partner; **je l'ai pris comme ~** I took him into partnership.

associer [9] [asɔsje] *vt* -**1.** [idées, images, mots] to associate. -**2.** [faire participer]: ~ **qqn à**: **il m'a associé à son projet** he included me in his project; **j'aurais voulu l'~ à mon bonheur** I would have liked to share my happiness with him. -**3.** [allier]: ~ **qqn/qqch à** to associate sb/sthg with, to connect sb/sthg with, to link sb/sthg with; **elle a toujours associé la ville de Nice à une enfance heureuse** she has always associated the city of Nice with her happy childhood; **on associe souvent rhumatismes et humidité** rheumatism and damp conditions are frequently associated. -**4.** [saveurs, couleurs]: ~ **qqch à** to combine sthg with; **un plat qui associe la menthe à la fraise** a dish which combines mint with strawberry.
◆ **s'associer** ◇ *vpi* -**1.** [s'allier] to join forces; COMM to enter OU to go into partnership, to become partners OU associates; **associons-nous pour réussir** let's join forces in order to succeed; **la France et l'Allemagne se sont associées pour le projet Hermès** France and Germany are partners in the Hermes project. -**2.** [s'harmoniser] to be combined.
◇ *vpt*: **s'~ qqn** to take sb on as a partner.
◆ **s'associer à** *vp + prép* to share (in); **je m'associe pleinement à votre malheur** I share your grief; **s'~ à une entreprise criminelle** to be an accomplice to OU to take part in a crime.

assoiffé, e [aswafe] *adj* thirsty; ~ **de sang** bloodthirsty.

assoiffer [3] [aswafe] *vt* to make thirsty; ~ **une ville** to cut off the water supply to a town.

assolement [asɔlmɑ̃] *nm* crop rotation.

assoler [3] [asɔle] *vt* [terres] to rotate crops on.

assombrir [32] [asɔ̃brir] *vt* -**1.** [rendre sombre] to darken, to make dark OU darker; **l'orage/le soir assombrit le ciel** the sky's dark with the impending storm/early evening; **sous un ciel assombri** under darkened skies; **le mur brun assombrit la pièce** the brown wall makes the room look darker. -**2.** [rendre triste] to cast a shadow OU cloud over, to mar; **la mort de son père a bien assombri notre séjour** her father's death cast a shadow over our stay; **aucun incident n'a assombri la cérémonie** no incident marred the ceremony.
◆ **s'assombrir** *vpi* -**1.** [s'obscurcir] to darken, to grow dark; **à l'approche du cyclone, l'atmosphère s'est assombrie** with the approaching hurricane, the atmosphere grew very dark. -**2.** [s'attrister - visage] to become gloomy, to cloud over; [- personne, humeur] to become gloomy.

assombrissement [asɔ̃brismɑ̃] *nm litt* darkening.

assommant, e *fam* [asɔmɑ̃, ɑ̃t] *adj* -**1.** [ennuyeux] boring, tedious; **j'ai passé une demi-heure ~e** I spent an excruciatingly boring half-hour. -**2.** [fatigant] harassing; **les enfants ont été ~s toute la matinée** the children were unbearable all morning!; **tu es ~, à la fin, avec tes soupçons!** it's such a pain, you being so suspicious all the time!

assommer [3] [asɔme] *vt* -**1.** [frapper] to knock out *(sép)*, to stun; [tuer]: ~ **un bœuf** to fell an ox ❑ **à ~ OU qui assommerait un bœuf** powerful; **l'eau-de-vie de sa grand-mère, elle assommerait un bœuf** *fam* his grandmother's brandy is pretty strong stuff. -**2.** *fam* [ennuyer]: ~ **qqn** to bore sb stiff; **ils m'assomment avec leurs statistiques** they bore me to tears with their statistics ‖ [importuner] to harass, to wear down *(sép)*. -**3.** [abrutir] to stun.

assommoir [asɔmwar] *nm arch* -**1.** [matraque] club. -**2.** *fam* [bar] gin palace.

Assomption [asɔ̃psjɔ̃] *nf*: **l'~** the Assumption.

assonance [asɔnɑ̃s] *nf* assonance.

assonant, e [asɔnɑ̃, ɑ̃t] *adj* assonant.

assorti, e [asɔrti] *adj* -**1.** [en harmonie]: **un couple bien ~** a well-matched couple; **un couple mal ~** an ill-matched OU ill-assorted couple; **pantalon avec veste ~e** trousers *Br* OU pants *Am* with matching jacket. -**2.** [chocolats] assorted. -**3.** [approvisionné]: **un magasin bien ~** a well-stocked shop.

assortiment [asɔrtimɑ̃] *nm* -**1.** [ensemble] assortment, selection; ~ **de charcuterie** selection of OU assorted cold meats; ~ **d'outils** set of tools, tool kit; **voulez-vous les mêmes gâteaux pour tout le monde ou un ~?** would you like the same cakes for everybody or would you prefer an assortment? -**2.** [harmonisation] arrangement, matching; **elle s'occupe de l'~ des tissus pour notre catalogue de décoration** she's in charge of selecting soft furnishings for our interior decoration catalogue. -**3.** COMM [choix] selection, range, stock; **nous avons un vaste ~ de jupes** we stock a large selection of skirts; **nous avons un vaste ~ de desserts** we offer a large selection OU a wide range of desserts.

assortir [32] [asɔrtir] *vt* -**1.** [teintes, vêtements] to match; **les deux couleurs sont très bien assorties** the two colours match (up) OU blend (in) perfectly; ~ **à**: **le couvre-lit assorti au papier peint** wallpaper with matching bedspread; ~ **ses chaussures à sa ceinture** to match one's shoes with OU to one's belt. -**2.** [personnes] to match, to mix; **quel beau couple, ils sont vraiment bien assortis** what a handsome couple, they are well suited to one another OU well matched. -**3.** COMM [approvisionner] to supply. -**4.** [accompagner]: ~ **de**: ~ **un discours d'un paragraphe sur le racisme** to add a paragraph on racism to a speech.
◆ **s'assortir** *vpi* -**1.** [s'harmoniser] to match, to go together well; **sa manière de s'habiller s'assortit à sa personnalité** the way he dresses matches OU reflects his personality. -**2.** [être complété]: **s'~ de**: **son étude s'assortit de quelques remarques sur la situation actuelle** a few comments on the present situation have been added to his study. -**3.** COMM to buy one's stock; **il s'assortit dans les magasins de gros** he buys his stock wholesale.

Assouan [aswɑ̃] *npr* Aswan, Assouan; **le barrage d'~** the Aswan (High) Dam.

assoupi, e [asupi] *adj* -**1.** [endormi - personne] sleeping, dozing. -**2.** *litt* [sans animation] sleepy; **une ville ~e** a sleepy town.

assoupir [32] [asupir] *vt* -**1.** [endormir] to make drowsy OU sleepy; **chut, elle est enfin assoupie** hush, she's asleep OU dozing at last. -**2.** *litt* [atténuer - soupçon, douleur] to dull.
◆ **s'assoupir** *vpi* -**1.** [s'endormir] to doze off, to fall asleep. -**2.** *litt* [s'affaiblir - crainte, douleur] to be dulled.

assoupissement [asupismɑ̃] *nm* -**1.** [sommeil léger] doze; [état somnolent] drowsiness; **tomber dans un léger ~** to doze off. -**2.** *litt* [atténuation - des soupçons, de la douleur] dulling, numbing; **l'~ de tous ses sens** the numbing of all her senses.

assouplir [32] [asuplir] *vt* -**1.** [rendre moins dur - corps] to make supple, to loosen up *(sép)*; [- linge, cuir] to soften; **ajoutez du lait pour ~ la pâte** add milk until the dough is soft. -**2.** [rendre moins strict] to ease; ~ **ses positions** to take a softer line; **l'âge n'a pas assoupli son caractère** age hasn't made her more tractable OU any easier; **le règlement de l'école a été considérablement assoupli** the school rules have been considerably relaxed.
◆ **s'assouplir** *vpi* -**1.** [devenir moins raide] to become looser OU more supple, to loosen up. -**2.** [caractère, règlement] to become more flexible.

assouplissant [asuplisɑ̃] *nm* (fabric) softener.

assouplissement [asuplismɑ̃] *nm* -**1.** LOISIRS & SPORT limbering up, loosening up; **des exercices OU une séance d'~** limbering-up exercises. -**2.** [d'un linge, d'un cuir] softening. -**3.** [d'une position] softening; **demander l'~ d'un règlement** to ask for regulations to be relaxed.

assouplisseur [asuplisœr] *nm* (fabric) softener.

assourdir [32] [asurdir] *vt* -**1.** [personne] to deafen; [bruit, son] to dull, to deaden, to muffle. -**2.** PHON to make voiceless OU unvoiced.
◆ **s'assourdir** *vpi* PHON to become voiceless OU unvoiced.

assourdissant, e [asurdisɑ̃, ɑ̃t] *adj* deafening, ear-splitting.

assourdissement [asurdismɑ̃] *nm* -**1.** [d'un bruit] deadening, dulling, muffling. -**2.** PHON devoicing.

assouvir [32] [asuvir] *vt sout* [désir, faim] to appease, to assuage; [soif] to quench.

assouvissement [asuvismɑ̃] *nm sout* [d'une passion, de la faim] appeasing, assuaging; [de la soif] quenching.

ASSU, Assu [asy] (*abr de* **Association du sport scolaire et universitaire**) *npr f* *former schools and university sports association*.

assuétude [asɥetyd] *nf* MÉD addiction.

assujetti, e [asyʒeti] ◇ *adj litt* [population, prisonnier] subjugated.
◇ *nm, f* person liable for tax; **les ~s** those who are liable for tax.

assujettir [32] [asyʒetir] *vt* -**1.** [astreindre] to compel; **être assujetti à un contrôle médical très strict** to be subjected to very strict medical checks; **être assujetti à l'impôt** to be liable for taxation. -**2.** [arrimer] to fasten, to secure; ~ **une porte avec une chaîne** to secure a door with a chain. -**3.** *litt* [asservir - nation, peuple] to subjugate, to hold under a yoke.
◆ **s'assujettir à** *vp + prép* to submit (o.s.) to.

assujettissant, e [asyʒetisɑ̃, ɑ̃t] *adj* demanding.

assujettissement [asyʒetismɑ̃] *nm* -**1.** *litt* [asservissement] subjection. -**2.** JUR: ~ **à l'impôt** liability to taxation.

assumer [3] [asyme] *vt* -**1.** [endosser] to take on *(sép)*, to take upon o.s., to assume; **j'en assume l'entière responsabilité** I take OU I accept full responsibility for it; **il assume la charge de directeur depuis la mort de son père** he took over as director when his father died; **nous assumerons toutes les dépenses** we'll meet all the expenses; **elle assume à la fois les fonctions de présidente et de trésorière** she acts both as chairperson and treasurer; **j'ai assumé ces responsabilités pendant trop longtemps** I held that job for too long. -**2.** [accepter] to accept; **il assume mal ses origines** he's never been able to come to terms with his background ‖ *(en usage abs)*: **ils font des gosses et après ils n'assument pas!** *fam* they have kids and then they don't face up to their responsibilities!; **j'assume!** I don't care what other people think!
◆ **s'assumer** *vpi* to come to terms with o.s.

assurable [asyrabl] *adj* insurable.

assurance [asyrɑ̃s] *nf* -**1.** COMM [contrat] insurance (policy); **placer des ~s** to sell insurance (policies); ~ **contre l'incendie/les accidents** insurance against fire/(personal) accidents; ~ **contre le vol** insurance against theft; **les ~s** insurance companies; **il est dans les ~s** *fam* he's in insurance ❑ ~ **auto OU automobile** car OU motor *Br* insurance; ~ **personnelle OU volontaire** private health insurance OU cover; ~ **bagage** luggage insurance; ~ **chômage** unemployment insurance; ~ **maladie** health insurance; ~ **maritime** marine insurance; ~ **maternité** maternity benefit; ~ **tous risques** comprehensive insurance; **les ~s sociales** ≃ National Insurance *Br*, ≃ Welfare *Am*; ~ **au tiers** third party insurance; ~ **vieillesse** retirement pension. -**2.** *sout* [promesse] assurance; **j'ai reçu l'~ formelle que l'on m'aiderait financièrement** I was assured I would receive financial help. -**3.** [garantie]: ~ **de** guarantee of; **le retour à la démocratie constitue une ~ de paix pour le pays** the return of democracy will guarantee peace for the country. -**4.** [aisance] self-confidence, assurance; **s'exprimer avec ~** to speak with assurance OU composure; **elle a perdu toute sa belle ~** she's lost all her self-confidence OU self-assurance; **je chantonnais pour me donner un peu d'~** I was singing to give myself some confidence; elle a de l'~ dans la voix she sounds confident. -5. *sout* [certitude]: avoir l'~ que to feel certain OU assured that; j'ai l'~ qu'il viendra I'm sure he'll come. -6. [dans la correspondance]: veuillez croire à l'~ de ma considération distinguée yours faithfully. -7. SPORT: (point d') ~ belay.

assurance-crédit [asyrɑ̃skredi] (*pl* assurances-crédits) *nf* credit insurance.

assurance-décès [asyrɑ̃sdesɛ] (*pl* assurances-décès) *nf* life insurance OU assurance.

assurance-vie [asyrɑ̃svi] (*pl* assurances-vie) *nf* life insurance OU assurance.

assuré, e [asyre] ◇ *adj* -1. [incontestable] certain, sure; succès ~ pour son nouvel album! her new album is sure to be a hit!; discrétion ~e confidentiality guaranteed. -2. [résolu] assured, self-confident; marcher d'un pas ~ to walk confidently; d'une voix mal ~e quaveringly, in an unsteady voice; avoir un air ~ to look self-confident.
◇ *nm, f* -1. [qui a un contrat d'assurance] insured person, policyholder; les ~s the insured. -2. ADMIN: ~ social ≃ contributor to the National Insurance scheme *Br*, ≃ contributor to Social Security *Am*.

assurément [asyremɑ̃] *adv sout* assuredly, undoubtedly, most certainly; ~ non! certainly OU indeed not!; ~ (oui)! yes, indeed!, (most) definitely!

assurer [3] [asyre] ◇ *vt* -1. [certifier] to assure; il m'a assuré qu'il viendrait he assured me he'd come; je t'assure qu'elle est sincère I assure you she's telling the truth; mais si, je t'assure! yes, I swear!; il faut de la patience avec elle, je t'assure! you need a lot of patience when dealing with her, I'm telling you! -2. [rendre sûr] to assure; je l'assurai qu'il pouvait signer I assured him he could sign; laissez-moi vous ~ de ma reconnaissance let me assure you of my gratitude. -3. [procurer] to maintain, to provide; ~ le ravitaillement des populations sinistrées to provide disaster victims with supplies; une permanence est assurée le samedi après-midi there is someone on duty on Saturday afternoons; pour mieux ~ la sécurité de tous to ensure greater safety for all; ~ une liaison aérienne/ferroviaire to operate an air/a rail link; ~ le ramassage scolaire to operate a school bus service; ~ qqch à qqn: ~ à qqn un bon salaire to secure a good salary for sb. -4. [mettre à l'abri] to ensure, to secure; ~ l'avenir to make provision for the future ❑ ~ ses arrières MIL to protect one's rear; *fig* to leave o.s. a way out OU something to fall back on. -5. [arrimer] to secure, to steady; ~ le chargement d'une voiture avec des cordes to secure the load on a car with ropes. -6. COMM to insure; ~ ses bagages/sa voiture to insure one's luggage/one's car; j'ai fait ~ mes bijoux I had my jewels insured; être mal assuré contre le vol to be under-insured (in case of theft). -7. SPORT to belay. -8. NAUT [bout] to belay, to make fast.
◇ *vi fam* to cope; il assure en physique/anglais he does well in physics/English; elle a beau être nouvelle au bureau, elle assure bien she may be new to the job but she certainly copes (well); les femmes d'aujourd'hui, elles assurent! modern women can do anything!
◆ **s'assurer** ◇ *vp (emploi réfléchi)* COMM to insure o.s.; s'~ contre le vol/l'incendie to insure o.s. against theft/fire; il est obligatoire pour un automobiliste de s'~ by law, a driver must be insured.
◇ *vpi* [s'affermir] to steady o.s.
◇ *vpt* [se fournir] to secure, to ensure; s'~ des revenus suffisants pour la retraite to ensure a sufficient income for one's retirement.
◆ **s'assurer de** *vp + prép* [contrôler]: assurez-vous de la validité de votre passeport make sure your passport is valid; je vais m'en ~ immédiatement I'll check right away; s'~ que to make sure (that), to check (that); assure-toi que tout va bien make sure everything's OK; pouvez-vous vous ~ qu'elle est bien rentrée? could you check she got back all right?

assureur [asyrœr] *nm* insurer, underwriter.

Assyrie [asiri] *npr f*: (l') ~ Assyria.

assyrien, enne [asirjɛ̃, ɛn] *adj* Assyrian.
◆ **Assyrien, enne** *nm, f* Assyrian.
◆ **assyrien** *nm* LING Assyrian.

assyriologie [asirjɔlɔʒi] *nf* Assyriology.

aster [astɛr] *nm* aster.

astéride [asterid] *nm* member of the Asteroida.

astérie [asteri] *nf* starfish.

astérisque [asterisk] *nm* asterisk.

astéroïde [asterɔid] *nm* asteroid.

asthénie [asteni] *nf* asthenia.

asthénique [astenik] ◇ *adj* asthenic.
◇ *nmf* asthenia sufferer.

asthmatique [asmatik] *adj & nmf* asthmatic.

asthme [asm] *nm* asthma; avoir de l'~ to suffer from asthma.

asti [asti] *nm* Asti Spumante.

asticot [astiko] *nm* -1. [ver] maggot; PÊCHE gentle. -2. *fam* [individu] bloke *Br*, guy *Am*; qu'est-ce qu'il veut, cet ~? what's wrong with HIM?

asticoter *fam* [3] [astikɔte] *vt* to bug.

astigmate [astigmat] *adj & nmf* astigmatic.

astigmatisme [astigmatism] *nm* astigmatism.

astiquage [astikaʒ] *nm* polishing, shining.

astiquer [3] [astike] *vt* to polish, to shine.

astragale [astragal] *nm* -1. ANAT astragalus, talus. -2. ARCHIT astragal. -3. BOT astragalus.

astrakan [astrakɑ̃] *nm* astrakhan (fur); un manteau en ~ an astrakhan coat.

Astrakan, Astrakhan [astrakɑ̃] *npr* Astrakhan.

astral, e, aux [astral, o] *adj* astral.

astre [astr] *nm* ASTROL & ASTRON star; l'~ du jour *litt* the sun; l'~ de la nuit *litt* the moon ❑ beau comme un ~ radiantly handsome OU beautiful.

astreignant, e [astrɛɲɑ̃, ɑ̃t] *adj* demanding, exacting; un programme ~ a punishing schedule.

astreindre [81] [astrɛ̃dr] *vt*: ~ qqn à qqch to tie sb down to sthg; il est astreint à un régime sévère he's on a very strict diet; ~ qqn à faire qqch to compel OU to force OU to oblige sb to do sthg; je l'astreins à faire ses comptes I force him to check his accounts.
◆ **s'astreindre à** *vp + prép* to compel OU to force o.s. to; il s'astreint à se lever tôt he forces himself to get up early.

astreinte [astrɛ̃t] *nf* JUR *daily fine for delay in payment of debt*.

astringence [astrɛ̃ʒɑ̃s] *nf* astringency, astringence.

astringent, e [astrɛ̃ʒɑ̃, ɑ̃t] *adj* [lotion, médicament] astringent; [vin] sharp.
◆ **astringent** *nm* astringent.

astrobiologie [astrɔbjɔlɔʒi] *nf* astrobiology.

astrolabe [astrɔlab] *nm* astrolabe.

astrologie [astrɔlɔʒi] *nf* astrology.

astrologique [astrɔlɔʒik] *adj* astrological.

astrologue [astrɔlɔg] *nmf* astrologer.

astrométrie [astrɔmetri] *nf* astrometry.

astrométrique [astrɔmetrik] *adj* astrometric, astrometrical.

astronaute [astrɔnot] *nmf* astronaut.

astronautique [astrɔnotik] *nf* astronautics *(sg)*.

astronef [astrɔnɛf] *nm vieilli* spaceship.

astronome [astrɔnɔm] *nmf* astronomer.

astronomie [astrɔnɔmi] *nf* astronomy.

astronomique [astrɔnɔmik] *adj* -1. SC astronomic, astronomical. -2. *fam fig* astronomic, astronomical; là on atteint des prix ~s! we're talking in millions!

astronomiquement [astrɔnɔmikmɑ̃] *adv* astronomically.

astrophysicien, enne [astrɔfizisjɛ̃, ɛn] *nm, f* astrophysicist.

astrophysique [astrɔfizik] *nf* astrophysics *(sg)*.

astuce [astys] *nf* -1. [ingéniosité] astuteness, shrewdness; il est plein d'~ he's a shrewd individual. -2. *fam* [plaisanterie] joke, gag; je n'ai pas compris l'~! I didn't get it!; encore une de tes ~s vaseuses! another one of your lousy jokes! -3. *fam* [procédé ingénieux] trick; en page 23 notre rubrique «~s» our tips are on page 23; je n'arrive pas à l'ouvrir – attends, il doit y avoir une ~ I can't open it – wait, there must be some knack (to it); comment fais-tu tenir le loquet? – ah, ah, c'est l'~! how do you get the latch to stay on? – aha, wouldn't you like to know!; j'ai trouvé une ~ formidable pour ne pas avoir à attendre I've hit upon a great trick to avoid waiting; les ~s du métier the tricks of the trade.

astucieusement [astysjøzmɑ̃] *adv* shrewdly, cleverly.

astucieux, euse [astysjø, øz] *adj* shrewd, clever.

Asturies [astyri] *npr fpl*: les ~ Asturias; le prince des ~ the Prince of Asturias.

asymétrie [asimetri] *nf* asymmetry, lack of symmetry.

asymétrique [asimetrik] *adj* asymmetric, asymmetrical.

asymptote [asɛ̃ptɔt] ◇ *adj* [courbe, plan] asymptotic, asymptotical.
◇ *nf* asymptote.

asymptotique [asɛ̃ptɔtik] *adj* asymptotic, asymptotical.

asynchrone [asɛ̃krɔn] *adj* asynchronous.

asyndète [asɛ̃dɛt] *nf* asyndeton.

asystolie [asistɔli] *nf* asystole, asystolia, asystolism.

ataraxie [ataraksi] *nf* ataraxia, ataraxy.

atavique [atavik] *adj* atavistic, atavic.

atavisme [atavism] *nm* atavism; ils sont prudents, c'est un vieil ~ paysan they're very cautious, on account of their peasant origins; il est fou de vélo, ça doit être par ~ he's mad about cycling, probably because it runs in the family.

atèle [atɛl] *nm* spider monkey.

atelier [atəlje] *nm* -1. [d'un bricoleur, d'un artisan] workshop; [d'un peintre, d'un photographe] studio; COUT workroom; ~ d'artiste artist's studio; ~ de stylisme designer's studio. -2. [d'une usine] shop; l'~ s'est mis en grève the shopfloor went on strike ❑ ~ de réparation/d'assemblage repair/assembly shop; ~ naval shipyard; ~ protégé sheltered workshop. -3. [association] work-group; BX-ARTS atelier; ~ chorégraphique dance workshop; participer à un ~ de peinture sur soie to take part in a workshop on silk-screen printing. -4. [de francs-maçons] lodge.

atemporel, elle [atɑ̃pɔrɛl] *adj* timeless.

atermoiement [atɛrmwamɑ̃] *nm* procrastination, delaying.

atermoyer [13] [atɛrmwaje] *vi* to procrastinate, to delay; ayant atermoyé deux mois, ils ont fini par dire oui having held back from making a decision for two months, they finally said yes.

athée [ate] ◇ *adj* atheistic, atheist *(épith)*.
◇ *nmf* atheist.

athéisme [ateism] *nm* atheism.

Athéna [atena] *npr* Athena, Athene.

athénée [atene] *nm* -1. ANTIQ Atheneum. -2. *Belg* high OU secondary school.

Athènes [atɛn] *npr* Athens.

athénien, enne [atenjɛ̃, ɛn] *adj* Athenian.
◆ **Athénien, enne** *nm, f* Athenian; c'est là que les Athéniens s'atteignirent *hum* that was when things started to get complicated.

athermique [atɛrmik] *adj* athermic, athermous.

athérosclérose [ateroskleroz] *nf* atherosclerosis.

athlète [atlɛt] *nmf* athlete; un corps/une carrure d'~ an athletic body/build.

athlétique [atletik] *adj* athletic.

athlétisme [atletism] *nm* athletics *(sg).*

Athos [atos] *npr* → **mont.**

Atlantide [atlɑ̃tid] *npr f*: l'~ Atlantis.

atlantique [atlɑ̃tik] *adj* Atlantic; **la côte** ~ the Atlantic coast; **le Pacte** ~ the Atlantic Charter.

Atlantique [atlɑ̃tik] *npr m*: l'~ the Atlantic (Ocean).

atlantisme [atlɑ̃tism] *nm* Atlanticism.

atlas [atlas] *nm* -**1.** [livre] atlas. -**2.** ANAT atlas.

Atlas [atlas] ◇ *npr* MYTH Atlas.
◇ *npr m* GÉOG: l'~ the Atlas Mountains; **le Haut** OU **Grand** ~ the High Atlas; **le Moyen** ~ the Middle Atlas.

atm (*abr écrite de* **atmosphère**) atm.

atmosphère [atmɔsfɛr] *nf* -**1.** GÉOG atmosphere. -**2.** [ambiance] atmosphere, ambiance. -**3.** [air que l'on respire] air; l'~ **humide du littoral** the dampness of the air on the coast.

atmosphérique [atmɔsferik] *adj* [condition, couche, pression] atmospheric.

atoca [atɔka] *nm Can* cranberry.

atoll [atɔl] *nm* atoll.

atome [atom] *nm* atom; **l'ère de l'**~ the atomic age ❑ **avoir des** ~**s crochus avec qqn** *fam* to be on the same wavelength as sb; **je n'ai pas d'**~**s crochus avec elle** I don't have much in common with her.

atomicité [atɔmisite] *nf* atomicity.

atomique [atɔmik] *adj* [masse] atomic; [énergie] atomic, nuclear; [explosion] nuclear.

atomisation [atɔmizasjɔ̃] *nf* PHYS atomization, atomizing.

atomisé, e [atɔmize] ◇ *adj* PHYS atomized.
◇ *nm, f* person suffering from the effects of radiation.

atomiser [3] [atɔmize] *vt* -**1.** PHYS to atomize. -**2.** NUCL: ~ **qqch** to destroy sthg with an atom bomb, to blast sthg with a nuclear device. -**3.** *fig* to pulverize.

atomiseur [atɔmizœr] *nm* spray; **parfum en** ~ spray perfume.

atomisme [atɔmism] *nm* atomism.

atomiste [atɔmist] ◇ *adj* -**1.** PHYS atomic. -**2.** PHILOS atomistic, atomistical, atomist.
◇ *nmf* -**1.** PHYS atomic scientist. -**2.** PHILOS atomist.

atomistique [atɔmistik] ◇ *adj* PHILOS atomistic, atomistical.
◇ *nf* PHYS atomic science.

atonal, e, aux [atɔnal, o] *adj* atonal.

atonalité [atɔnalite] *nf* atonality.

atone [atɔn] *adj* -**1.** [expression, œil, regard] lifeless, expressionless. -**2.** PHON atonic, unaccented, unstressed. -**3.** MÉD atonic.

atonie [atɔni] *nf* -**1.** [inertie] lifelessness. -**2.** MÉD atony.

atonique [atɔnik] *adj* atonic MED.

atours [atur] *nmpl arch* attire, array; **elle avait revêtu ses plus beaux** ~ *hum* she was dressed in all her finery.

atout [atu] *nm* -**1.** JEUX trump; **jouer** ~ to play a trump; [en ouvrant le jeu] to lead trump OU trumps; **il a joué** ~ **carreau** diamonds were trumps; **l'**~ **est (à) pique** spades are trumps; **quel est l'**~? what's trump OU trumps?; **prendre avec de l'**~ to trump; **jouer trois sans** ~ to play three no trumps ❑ ~ **maître** *pr* master trump; *fig* trump card. -**2.** [avantage] asset, trump *fig*; **il a tous les** ~**s dans son jeu** OU **en main** he has all the trumps OU all the winning cards; **avoir (encore) un** ~ **dans sa manche** to have another ace up one's sleeve.

atoxique [atɔksik] *adj* non-poisonous, non-toxic.

ATP ◇ *npr f* (*abr de* **Association des tennismen professionnels**) ATP.
◇ *nmpl* (*abr de* **Arts et Traditions populaires**) arts and crafts; **musée des** ~ arts and crafts museum.

atrabilaire [atrabilɛr] *litt* ◇ *adj* cantankerous, atrabilious *litt.*
◇ *nmf* cantankerous person.

âtre [atr] *nm litt* hearth.

atriau [atrijo] *nm Helv circular forcemeat patty.*

Atrides [atrid] *npr mpl*: **les** ~ the Atreids, the Atridae.

atrium [atrijɔm] *nm* atrium.

atroce [atrɔs] *adj* -**1.** [cruel] atrocious, foul; **il a été d'une cruauté** ~ he was dreadfully cruel; **des scènes** ~**s** horrifying OU gruesome scenes; **leur vengeance fut** ~ their revenge was awesome. -**2.** [insupportable] excruciating, dreadful, atrocious; **il est mort dans d'**~**s souffrances** he died in dreadful pain. -**3.** *fam* [sens affaibli] atrocious, foul; **quel chapeau** ~! what a hideous hat!; **il est** ~ **avec son père** he's really awful to his father; **ils étaient** ~**s, ses haricots** her beans were foul.

atrocement [atrɔsmɑ̃] *adv* -**1.** [cruellement] atrociously, horribly; ~ **mutilé** horribly OU hideously mutilated. -**2.** [en intensif] atrociously, dreadfully, horribly; ~ **ennuyeux** excruciatingly boring; **j'ai** ~ **froid** I'm frozen to death; **j'ai** ~ **faim** I'm starving; **j'ai** ~ **soif** I'm parched.

atrocité [atrɔsite] *nf* -**1.** [caractère cruel]: **l'**~ **de** the atrociousness of; **le repentir n'excuse pas l'**~ **de ses crimes** repentance does not excuse his crimes. -**2.** [crime] atrocity; **les** ~**s de la guerre** the atrocities committed in wartime.

atrophie [atrɔfi] *nf* atrophy.

atrophié, e [atrɔfje] *adj* atrophied.

atrophier [9] [atrɔfje]
◆ **s'atrophier** *vpi* to atrophy.

atropine [atrɔpin] *nf* atropin, atropine.

attabler [3] [atable]
◆ **s'attabler** *vpi* to sit down (at the table); **tous les convives sont déjà attablés** all the guests are already seated at table; **venez donc vous** ~ **avec nous** do come and sit at our table.

attachant, e [ataʃɑ̃, ɑ̃t] *adj* [personnalité] engaging, lovable; [livre, spectacle] captivating; **c'est un enfant très** ~ he's such a lovable child.

attache [ataʃ] *nf* -**1.** [lien - gén] tie; [- en cuir, en toile] strap; [- en ficelle] string; [- d'un vêtement] clip, fastener; [- d'un rideau] tie-back. -**2.** [relation, ami] tie; **il n'a plus aucune** ~ **en France** he doesn't have any ties left in France; **elle a des** ~**s en Normandie** she has relatives in Normandy; **un homme sans** ~**s** [sans partenaire] an unattached man; [sans relations] a man without family or friends; **tous les ans ils séjournaient à Monteau, ils s'y étaient fait des** ~**s** they went back to Monteau every year, they'd made friends there. -**3.** BOT tendril. -**4.** RAIL: ~ **de rail** rail fastening.
◆ **attaches** *nfpl* ANAT joints; **avoir des** ~**s fines** to be small-boned.
◆ **à l'attache** *loc adj* [chien, cheval] tied up.

attaché, e [ataʃe] *nm, f* attaché; ~ **militaire/d'ambassade** military/embassy attaché; ~ **d'administration** administrative assistant; ~ **de presse**, ~**e de presse** press attaché.

attaché-case [ataʃekɛz] (*pl* **attachés-cases**) *nm* attaché case.

attachement [ataʃmɑ̃] *nm* -**1.** [affection] affection, attachment; **son** ~ **pour sa mère** his affection for OU attachment to his mother; **avoir de l'**~ **pour qqn** to be fond of sb. -**2.** CONSTR daily statement *(to record the progress and costs)*.

attacher [3] [ataʃe] ◇ *vt* -**1.** [accrocher] to tie, to tie up *(sép)*; ~ **son mulet** to tie up one's mule; ~ **les mains d'un prisonnier** to tie a prisoner's hands together; ~ **qqn/qqch à** to tie sb/sthg to; ~ **un chien à une corde/à sa niche** to tie a dog to a rope/to his kennel; **pauvre bête, il l'a attachée à une chaîne** he's chained the poor thing up; **la barque est attachée à une chaîne** the boat's moored on the end of a chain OU chained up; ~ **qqn à une chaise** to tie sb to a chair; **une photo était attachée à la lettre** [avec un trombone] a picture was clipped to the letter; [avec une agrafe] a picture was stapled to the letter ❑ **il n'attache pas son chien avec des saucisses** *fam* he's as mean as hell. -**2.** [pour fermer] to tie; ~ **un colis avec une ficelle** to tie up a parcel; **une simple ficelle attachait la valise** the suitcase was held shut with a piece of string. -**3.** [vêtement] to fasten; **peux-tu m'aider à** ~ **ma robe?** [gén] can you help me to fasten up my dress?; [avec des boutons] can you help me to button up my dress?; [avec une fermeture Éclair] can you help me to zip up my dress?; ~ **ses lacets** to tie one's shoelaces; **attachez votre ceinture** fasten your seatbelt. -**4.** [accorder] to attach; **j'attache beaucoup de prix** OU **de valeur à notre amitié** I attach great value to OU set great store by our friendship; **elle attache trop d'importance à son physique** she attaches too much importance to the way she looks. -**5.** [fixer]: ~ **ses yeux** OU **son regard sur qqn** to fix one's eyes upon sb. -**6.** [associer] to link, to connect; **le scandale auquel son nom est/reste attaché** the scandal with which his name is/remains linked; **plus rien ne l'attache à Paris** he has no ties in Paris now; **qu'est-ce qui m'attache à la vie maintenant?** what is there for me to live for now? -**7.** *sout* [comme domestique, adjoint]: ~ **qqn à**: ~ **un apprenti à un maître** to apprentice a young boy to a master; **elle est attachée à mon service depuis dix ans** she has been employed with us for ten years.
◇ *vi* CULIN to stick; **le riz a attaché** the rice has stuck; **poêle/casserole qui n'attache pas** non-stick pan/saucepan.
◆ **s'attacher** ◇ *vp* *(emploi réfléchi)* to tie o.s.; **il s'est attaché avec une corde** he tied himself (up) with a rope.
◇ *vp* *(emploi passif)* to fasten, to do up; **la robe s'attache sur le côté** the dress does up OU fastens on the side; **s'**~ **avec une fermeture Éclair/des boutons** to zip/to button up.
◇ *vpt*: **s'**~ **(les services de) qqn** to take sb on; **il s'est attaché les services d'un garde du corps** he's hired a bodyguard.
◆ **s'attacher à** *vp* + *prép* -**1.** [se lier avec] to become fond of OU attached to; **s'**~ **aux pas de qqn** to follow sb closely. -**2.** [s'efforcer de] to devote o.s. to; **je m'attache à le rendre heureux** I try (my best) to make him happy; **elle s'est attachée à reproduire les fresques fidèlement** she took pains to reproduce the frescoes faithfully.

attaquable [atakabl] *adj* -**1.** MIL open to attack. -**2.** [discutable] contestable; **son système/testament n'est pas** ~ his system/will cannot be contested; **ses déclarations seront difficilement** ~**s** his statements will be difficult to contest.

attaquant, e [atakɑ̃, ɑ̃t] ◇ *adj* attacking, assaulting, assailing.
◇ *nm, f* attacker, assailant.
◆ **attaquant** *nm* SPORT striker.

attaque [atak] *nf* -**1.** [agression] attack, assault; **passer à l'**~ *pr* to attack; *fig* to attack, to go on the offensive ❑ ~ **aérienne** air attack OU raid; ~ **à main armée** [contre une banque] armed robbery; ~ **préventive** pre-emptive strike. -**2.** [diatribe] attack, onslaught; **il a été victime d'odieuses** ~**s dans les journaux** he was subjected to scurrilous attacks in the newspapers; **pas d'**~**s personnelles, s'il vous plaît** no personal attacks OU criticism please. -**3.** MÉD stroke, seizure; [crise] fit, attack; ~ **cardiaque** heart attack. -**4.** SPORT *beginning of a stroke, catch etc*; [avec un ballon] attack; [en alpinisme] start. -**5.** MUS attack; **ton** ~ **n'est pas assez nette** your attack is too weak.
◆ **d'attaque** *fam loc adj*: **se sentir d'**~ **pour faire qqch**: **je ne me sens pas d'**~ **pour aller à la piscine** I don't really feel like going to the swimming pool; **te sens-tu d'**~ **pour un petit tennis/aller danser?** do you feel up to a game of tennis/going dancing?; **je ne suis plus d'**~ **comme autrefois** I'm not in such good shape as before.

attaquer [3] [atake] *vt* -**1.** [assaillir - ennemi, pays, forteresse] to attack, to launch an attack upon; [- passant, touriste] to mug; **il s'est fait** ~ **par deux hommes** he was attacked OU assaulted by two men; **madame, c'est lui qui m'a attaqué!** please Miss, he started it!; ~ **une place par**

surprise to make a surprise attack on a fort ❑ **~ le mal à la racine** to tackle the root of the problem. -**2.** [corroder] to damage, to corrode, to eat into *(insép)*; **la rouille attaque le fer** rust corrodes iron; **l'humidité a même attaqué l'abat-jour** the damp even damaged the lampshade. -**3.** [critiquer] to attack, to condemn; **il a été attaqué par tous les journaux** he was attacked by all the newspapers; **j'ai été personnellement attaqué** I suffered personal attacks ‖ JUR: **~ qqn en justice** to bring an action against sb, to take sb to court; **~ qqn en diffamation** to bring a libel action against sb; **~ un testament** to contest a will. -**4.** [entreprendre - tâche] to tackle, to attack, to get started on *(insép)*; **j'ai attaqué ma pile de dossiers vers minuit** I got started on my heap of files around midnight; **prêt à ~ le travail?** ready to get OU to settle down to work? -**5.** [commencer à manger, à boire]: **~ le petit déjeuner** *fam* to dig into breakfast; **on attaque le beaujolais?** *fam* shall we have a go at that Beaujolais? -**6.** MUS to attack; *(en usage abs)*: **quand l'orchestre attaque** when the orchestra strikes up. -**7.** JEUX to lead; **~ à l'atout** to lead trumps; **~ à carreau** to lead diamonds.

◆ **s'attaquer à** *vp + prép* -**1.** [combattre] to take on, to attack; **elle s'est attaquée aux institutions** she took on the establishment; **s'~ aux préjugés** to attack OU to fight OU to tackle prejudice; **il s'est tout de suite attaqué au problème** he tackled the problem right away. -**2.** [agir sur] to attack; **cette maladie ne s'attaque qu'aux jeunes enfants** only young children are affected by this disease; **les bactéries s'attaquent à vos gencives** bacteria attack your gums.

attardé, e [atarde] ◇ *adj* -**1.** *vieilli* [anormal] backward, (mentally) retarded. -**2.** [démodé] old-fashioned.

◇ *nm, f vieilli* [malade] (mentally) retarded person.

attarder [3] [atarde]

◆ **s'attarder** *vpi* -**1.** [rester tard - dans la rue] to linger; [- chez quelqu'un] to stay late; [- au bureau, à l'atelier] to stay on OU late; **ne nous attardons pas, la nuit va tomber** let's not stay, it's almost nightfall; **je me suis attardée près de la rivière** I lingered by the river; **rentre vite, ne t'attarde pas** be home early, don't stay out too late; **ils se sont attardés ici bien après minuit** they stayed around here long after midnight; **s'~ à faire qqch: elles s'attardaient à boire leur café** they were lingering over their coffee. -**2. s'~ sur** [s'intéresser à] to linger over, to dwell on; **s'~ sur des détails** to linger over details; **attardons-nous quelques minutes sur le cas de cette malade** let's consider the case of this patient for a minute; **vous vous êtes trop attardés sur l'aspect technique et pas assez sur les conséquences humaines** you spent too much time discussing the technical side and not enough on the consequences for mankind; **l'image contenue dans la strophe vaut que l'on s'y attarde** the image in the stanza merits further consideration; **encore un mélodrame qui ne vaut pas que l'on s'y attarde** another forgettable melodrama.

atteindre [81] [atɛ̃dr] *vt* -**1.** [lieu] to reach, to get to *(insép)*; **aucun son ne nous atteignait** no sound reached us ‖ RAD & TV to reach; **émissions qui atteignent un large public** programmes reaching a wide audience. -**2.** [situation] to reach, to attain; **~ la gloire** to attain glory; **il a atteint son but** he's reached his goal OU achieved his aim; **leur propagande n'atteint pas son but** their propaganda misses its target; **avez-vous atteint vos objectifs de vente?** have you reached OU fulfilled your sales targets?; **les taux d'intérêt ont atteint un nouveau record** interest rates have reached a record high. -**3.** [âge, valeur, prix] to reach; **~ 70 ans** to reach the age of 70; **le sommet atteint plus de 4 000 mètres** the summit is over 4,000 metres high; **les dégâts atteignent neuf cent mille francs** nine hundred thousand francs' worth of damage has been done. -**4.** [communiquer avec] to contact, to reach; **il est impossible d'~ ceux qui sont à l'intérieur de l'ambassade** the people inside the embassy are incommunicado. -**5.** [toucher] to reach, to get at, to stretch up to *(insép)*; **je n'arrive pas à ~ le dictionnaire qui est là-haut** I can't reach the dictionary up there. -**6.** ARM to hit; **~ la cible** to hit the target; **~ la cible en plein centre** to hit the bull's eye; **la balle/le policier l'a atteint en pleine tête** the bullet hit/the policeman shot him in the head; **atteint à l'épaule** shot in the shoulder ‖ [blesser moralement] to affect, to move, to stir; **il peut dire ce qu'il veut à mon sujet, ça ne m'atteint pas** he can say what he likes about me, it doesn't bother me at all; **rien ne l'atteint** nothing affects OU can reach him. -**7.** [affecter - suj: maladie, fléau] to affect; **les tumeurs secondaires ont déjà atteint le poumon** the secondary tumours have already spread to the lung; **être atteint d'un mal incurable** to be suffering from an incurable disease; **quand le moral est atteint** when depression sets in; **il est plutôt atteint** *fam* he's not quite right in the head; **les pays atteints par la folie de la guerre** countries in the grip of war mania; **la partie gauche de la façade est atteinte** the left side of the façade is affected.

◆ **atteindre à** *v + prép litt* to achieve, to attain.

atteinte [atɛ̃t] *nf* [attaque] attack; **~ aux bonnes mœurs** offence against public decency; **~ à la liberté** violation of human rights; **~ à la sûreté de l'État** high treason; **~ à la vie privée** violation of privacy; **porter ~ au pouvoir de qqn** to undermine sb's power; **porter ~ à l'ordre public** to commit a breach of OU to disturb the peace.

◆ **atteintes** *nfpl* [effets nocifs] effects; **les premières ~s du mal se sont manifestées quand il a eu 20 ans** [épilepsie, diabète] he first displayed the symptoms of the disease at the age of 20; [alcoolisme, dépression] the first signs of the problem came to light when he was 20.

attelage [atlaʒ] *nm* -**1.** [fait d'attacher - un cheval] harnessing; [- un bœuf] yoking; [- une charrette] hitching up. -**2.** [plusieurs animaux] team; [paire d'animaux] yoke. -**3.** [véhicule] carriage. -**4.** RAIL [processus] coupling; [dispositif] coupling.

atteler [24] [atle] *vt* -**1.** [cheval] to harness; [bœuf] to yoke; [carriole] to hitch up *(sép)*. -**2.** RAIL to couple.

◆ **s'atteler à** *vp + prép* to get down to, to tackle; **il va falloir que tu t'attelles à ces révisions!** you'll have to get down to that revision!

attelle [atɛl] *nf* -**1.** MÉD splint. -**2.** [pour un cheval] hame.

attenant, e [atnɑ̃, ɑ̃t] *adj* adjoining, adjacent; **cour ~e à la maison** back yard adjoining the house.

attendre [73] [atɑ̃dr] *vt* **A.** -**1.** [rester jusqu'à la venue de - retardataire, voyageur] to wait for *(insép)*; **je l'attends pour partir** I'm waiting till he gets here before I leave, I'll leave as soon as he gets here; **il va falloir t'~ encore longtemps?** are you going to be much longer?; **attendez-moi après le travail** wait for me after work; **(aller) ~ qqn à l'aéroport/la gare** to (go and) meet sb at the airport/the station; **le train ne va pas vous ~** the train won't wait (for you); **l'avion l'a attendu** they delayed the plane for him ❑ **~ qqn à la sortie** *pr* to wait for sb outside; **~ qqn au passage** OU **au tournant** *fig* to wait for a chance to pounce on sb; **elle se trompera, et je l'attends au tournant** she'll make a mistake and that's when I'll get her; **'En attendant Godot'** *Beckett* 'Waiting for Godot'. -**2.** [escompter l'arrivée de - facteur, invité] to wait for *(insép)*, to expect; [- colis, livraison] to expect, to await; [- réponse, événement] to wait for *(insép)*, to await; **je ne t'attendais plus!** I'd given up waiting for you!; **~ qqn d'une minute à l'autre** to expect sb any minute; **~ qqn à** OU **pour dîner** to expect sb for dinner; **vous êtes attendu, le docteur va vous recevoir immédiatement** the doctor's expecting you, he'll see you straightaway; **la princesse, très attendue, descend de voiture** the eagerly-awaited princess is now getting out of the car; **j'attends un coup de téléphone** I'm expecting a telephone call; **qu'est-ce que tu attends?** [ton interrogatif ou de reproche] what are you waiting for?; **alors, tu attends le dégel?** *fam* are you going to hang around here all day?; **qu'est-ce qu'il attend pour les renvoyer?** why doesn't he just fire them?; **qu'attendez-vous pour déjeuner?** why don't you go ahead and have lunch?; **ils n'attendent que ça, c'est tout ce qu'ils attendent** that's exactly OU just what they're waiting for; **~ le grand jour avec impatience** to be eagerly looking forward to the big day; **un mariage attendu avec impatience** an eagerly-awaited wedding; **~ fiévreusement des résultats** to be anxiously waiting for OU awaiting results; **nous attendons des précisions** we're awaiting further details; **~ son tour** to wait one's turn; **~ son heure** to bide one's time; **~ le bon moment** to wait for the right moment (to come along); **~ demain pour faire qqch** to delay sthg till OU until tomorrow; **cela peut ~ demain** that can wait till OU until tomorrow; **je lui ai prêté 3 000 francs et je les attends toujours** I lent him 3,000 francs and I still haven't got it back; **se faire ~** to keep others waiting; **désolé de m'être fait ~** sorry to have kept you waiting; **les hors-d'œuvre se font ~** the starters are a long time coming; **la réforme se fait ~** the reform is taking a long time to materialize; **les résultats ne se sont pas fait ~** [après une élection] the results didn't take long to come in; [conséquences d'une action] there were immediate consequences ❑ **~ qqn comme le Messie** to wait eagerly for sb. -**3.** [suj: femme enceinte]: **~ un bébé** OU **enfant, ~ famille** *Belg* to be expecting (a child), to be pregnant; **~ des jumeaux** to be pregnant with OU expecting twins; **j'attends une fille** I'm expecting a girl; **elle attend son bébé pour le 15 avril** her baby's due on April 15th; **~ un heureux événement** *euph* to be expecting. -**4.** [être prêt pour] to await, to be ready for; **ta chambre t'attend** your room's ready (for you); **la voiture vous attend** the car's ready, the car's waiting for you; **venez, le dîner nous attend** come along, dinner's ready OU dinner is served. -**5.** [être sur le point de se manifester à - suj: destin, sort, aventure] to await, to be OU to lie in store for; **une mauvaise surprise l'attendait** there was an unpleasant surprise in store for her; **c'est là que la mort l'attendait** that's where he was to meet his death; **une nouvelle vie vous attend là-bas** a whole new life awaits you there; **il ne sait pas quel sort l'attend** he doesn't know what fate has in store for him; **si tu savais** OU **tu ne sais pas ce qui t'attend!** you haven't a clue what you're in for, have you?; **avant de me porter volontaire, je voudrais savoir ce qui m'attend** before I volunteer, I'd like to know what I'm letting myself in for. -**6.** [espérer]: **~ qqch de** to expect sthg from; **j'attendais mieux d'elle** I thought she'd do better, I was expecting better things from her; **j'attends de lui une réponse** I expect him to answer OU an answer from him; **nous attendons beaucoup de la réunion** we expect a lot (to come out) of the meeting; **sa réponse, je n'en attends pas grand-chose** I'm not expecting too much (to come) out of his reply. -**7.** [être encore démuni de] to need; **le document attend encore trois signatures** the document needs another three signatures; **le pays attend encore l'homme qui sera capable de mettre fin à la guerre civile** the country is still waiting for the man who will be able to put an end to the civil war.

B. AVEC COMPLÉMENT INTRODUIT PAR QUE: **~ que: nous attendrons qu'elle soit ici** we'll wait till she gets here OU for her to get here; **j'attends qu'il réponde** I'm waiting till he answers, I'm waiting for his answer, I'm awaiting his answer; **elle attendait toujours qu'il rentre avant d'aller se coucher** she would always wait up for him; **attends (un peu) que je le**

dise à ton père! just you wait until I tell your father!

C. AVEC COMPLÉMENT INTRODUIT PAR DE: **attends d'être grand** wait until you're older; **nous attendions de sortir** we were waiting to go out; **j'attends avec impatience de la revoir** I can't wait to see her again; **~ de voir la suite des événements** to wait to see what happens.

D. EN USAGE ABSOLU - **1.** [patienter] to wait; **les gens n'aiment pas ~** people don't like to be kept waiting OU to have to wait; **je passe mon temps à ~** I spend all my time waiting around; **il est en ligne, vous attendez?** he's on the other line, will you hold?; **faites-les ~** ask them to wait; **si tu crois qu'il va t'aider, tu peux toujours ~!** if you think he's going to help you, you'd better be prepared for a long wait!; **attends!** [ordre] wait!; [menace] just you wait!; **mais enfin attends, je ne suis pas prêt!** wait a minute, will you, I'm not ready!; **elle s'appelle, attends, comment déjà?** her name is, wait a minute, now what is it?; **c'était en, attendez un peu, 1986** it was in, just a minute, 1986; **et attends, tu ne sais pas le plus beau!** wait (for it), the best part's yet to come!; **et alors là, attendez, il s'est mis à tout avouer** and at that point, wait for it OU would you believe it, he started to come clean; **attends voir** *fam* [ordre] hold OU hang on; **attends voir, toi!** *fam* [menace] just you wait (and see)!; **tout vient à point à qui sait ~** *prov* all things come to him that waits *prov*. - **2.** [suj: plat chaud, soufflé] to wait; [suj: vin, denrée] to keep; **les spaghetti ne doivent pas ~** spaghetti must be served as soon as it's ready; **un vin qui ne peut plus guère ~** a wine which will soon be past its best; **il fait trop ~ ses vins** [les sert trop vieux] he keeps his wines too long. - **3.** [être reporté] to wait; **votre projet attendra** your plan'll have to wait.

◆ **attendre après** *fam v + prép* - **1.** [avoir besoin de]: **~ après qqch** to be in great need of sthg; **garde le livre, je n'attends pas après** keep the book, I'm not desperate OU in a hurry for it. - **2.** [compter sur]: **~ après qqn** to rely OU to count on sb; **je n'ai pas attendu après toi pour me l'expliquer** I didn't exactly rely on you to explain it to me; **si tu attends après lui, tu n'auras jamais tes renseignements** if you're counting on him OU if you leave it up to him, you'll never get the information you want; **elle est assez grande, elle n'attend plus après toi!** she's old enough to get along (perfectly well) without you!

◆ **s'attendre** *vp (emploi réciproque)*: **les enfants, attendez-vous pour traverser la rue** children, wait for each other before crossing the street.

◆ **s'attendre à** *vp + prép* [escompter] to expect; **on ne s'attendait pas à sa mort** his death was unexpected; **il faut s'~ à des embouteillages** traffic jams are expected; **s'~ au pire** to expect the worst; **savoir à quoi s'~** to know what to expect; **je ne m'attendais pas à cela de votre part** I didn't expect this from you; **nous ne nous attendions pas à ce que la grève réussisse** we weren't expecting the strike to succeed, we hadn't anticipated that the strike would succeed; **s'y ~: il fallait s'y ~** that was to be expected; **tu aurais dû t'y ~** you should have known; **je m'y attendais** I expected as much.

◆ **en attendant** *loc adv* - **1.** [pendant ce temps]: **finis ton dessert, en attendant je vais faire le café** finish your dessert, and in the meantime I'll make the coffee; **le train aura un retard de vingt minutes – en attendant allons boire un café** the train's going to be twenty minutes late – let's go and have a coffee while we wait. - **2.** *fam* [malgré cela]: **oui mais, en attendant, je n'ai toujours pas mon argent** that's as maybe but I'm still missing my money; **ris si tu veux mais, en attendant, j'ai réussi à mon examen** you can laugh, but I passed my exam all the same.

◆ **en attendant que** *loc conj* until (such time as); **en attendant qu'il s'explique, on ne sait rien** until (such time as) he's explained himself OU as long as he hasn't provided any explanations, we don't know anything.

attendri, e [atɑ̃dri] *adj* - **1.** [ému]: **un regard ~** a look full of emotion. - **2.** [amolli - viande] tenderized.

attendrir [32] [atɑ̃drir] *vt* - **1.** [émouvoir] to move to tears OU pity. - **2.** [apitoyer]: **~ qqn** to make sb feel compassion OU pity; **se laisser ~** to give in to pity. - **3.** [viande] to tenderize.

◆ **s'attendrir** *vpi* - **1.** [être ému] to be moved OU touched; **ne nous attendrissons pas!** let's not get emotional!; **s'~ sur qqn/qqch** to be moved by sb/sthg, to be touched by sb/sthg; **s'~ sur un bébé** to gush over a baby. - **2.** [être apitoyé] to feel compassion; **s'~ sur le sort de qqn** to feel pity OU sorry for sb; **s'~ sur soi-même** to indulge in self-pity, to feel sorry for o.s.

attendrissant, e [atɑ̃drisɑ̃, ɑ̃t] *adj* moving, touching; **regarde-le essayer de s'habiller, c'est ~!** look at him trying to dress himself, how sweet!; **de façon ~e** touchingly.

attendrissement [atɑ̃drismɑ̃] *nm* - **1.** [tendresse] emotion *(U)*; **pas d'~!** let's not get emotional!; **l'~ le gagnait** he was getting emotional ‖ [élan]: **je ne suis pas porté aux ~s** I don't tend to get emotional, I'm not the emotive type. - **2.** [pitié] pity, compassion; **~ sur soi-même** self-pity.

attendrisseur [atɑ̃drisœr] *nm* tenderizer; **passer une viande à l'~** to tenderize meat.

attendu[1] [atɑ̃dy] *prép* considering, given.

◆ **attendu que** *loc conj* since, considering OU given that; JUR whereas.

attendu[2] [atɑ̃dy] *nm*: **les ~s d'un jugement** the reasons adduced for a verdict.

attentat [atɑ̃ta] *nm* - **1.** [assassinat] assassination attempt; **commettre un ~ contre qqn** to make an attempt on sb's life. - **2.** [explosion] attack; **~ à la bombe** bomb attack, bombing; **~ à la voiture piégée** car bomb explosion; **l'ambassade a été hier la cible d'un ~** the Embassy was bombed yesterday. - **3.** [atteinte]: **~ aux libertés constitutionnelles** violation of constitutional liberties; **~ contre la sécurité de l'État** acts harmful to State security ❑ **~ aux mœurs** JUR offence against public decency; **~ à la pudeur** indecent assault.

attentatoire [atɑ̃tatwar] *adj*: **~ à la dignité de l'homme** detrimental OU prejudicial to human dignity.

attente [atɑ̃t] *nf* - **1.** [fait d'attendre, moment] wait; **l'~ est longue** it's a long time to wait; **le plus dur, c'est l'~** the toughest part is the waiting; **j'étais là depuis quarante minutes et l'~ se prolongeait** I'd been there for forty minutes and I was still waiting; **pendant l'~ du verdict/des résultats** while awaiting the sentence/results; **deux heures d'~** a two-hour wait. - **2.** [espérance] expectation; **répondre à l'~ de qqn** to come up to sb's expectations; **si la marchandise ne répond pas à votre ~** should the goods not meet your requirements.

◆ **dans l'attente de** *loc prép* - **1.** [dans le temps]: **être dans l'~ de qqch** to be waiting for OU awaiting sthg; **il vit dans l'~ de ton retour** he lives for the moment when you return. - **2.** [dans la correspondance]: **dans l'~ de vous lire/de votre réponse/de vous rencontrer** looking forward to hearing from you/to your reply/to meeting you.

◆ **en attente** ◇ *loc adv*: **laisser qqch en ~** to leave sthg pending.

◇ *loc adj*: **les plans sont en ~** the plans have been shelved.

attenter [3] [atɑ̃te]

◆ **attenter à** *v + prép* - **1.** [commettre un attentat contre]: **~ à la vie de qqn** to make an attempt on sb's life; **~ à ses jours** OU **à sa vie** to attempt suicide. - **2.** [porter atteinte à]: **~ à l'honneur/à la réputation de qqn** to undermine sb's honour/reputation; **~ aux libertés civiles** to violate civil rights.

attentif, ive [atɑ̃tif, iv] *adj* - **1.** [concentré - spectateur, public, élève] attentive; **l'auditoire était très ~** the audience was very attentive; **soyez ~s!** pay attention!; **écouter qqn d'une oreille attentive** to listen to sb attentively, to listen to every word sb says. - **2.** [prévenant - présence] watchful; [- gestes, comportement, parole] solicitous, thoughtful; **avoir besoin de soins ~s** to be in need of tender loving care. - **3.** **~ à** [prêtant attention à]: **être ~ à ce qui se dit** to pay attention to OU to listen carefully to what is being said; **être ~ à sa santé** to be mindful of one's health; **être ~ à son travail** to be careful OU painstaking in one's work; **~ à** [soucieux de]: **~ à ne pas être impliqué** anxious not to be involved.

attention [atɑ̃sjɔ̃] ◇ *nf* - **1.** [concentration] attention; **appeler** OU **attirer l'~ de qqn sur qqch** to call sb's attention to sthg, to point sthg out to sb; **mon ~ a été attirée sur le fait que...** it has come to my notice that...; **avoir l'~ de qqn** to have sb's attention; **vous avez toute mon ~** you have my undivided attention; **consacrer toute son ~ à un problème** to devote one's attention to OU to concentrate on a problem; **écouter qqn avec ~** to listen to sb attentively, to listen hard to what sb's saying; **lire qqch avec ~** to read sthg carefully OU attentively; **porter son ~ sur qqch** to turn one's attention to sthg; **faire ~** to pay attention; **faites bien ~, je vais vous interroger après** listen carefully OU pay attention, I'll be asking questions afterwards; **fais ~, et tu la verras passer** [regarde bien] look carefully, and you'll see her pass by; **faire ~ à** to pay attention to, to heed; **fais particulièrement ~ au dernier paragraphe** pay special attention to the last paragraph; **faites ~ à ces menaces** bear these threats in mind; **faire ~ (à ce) que...** to make sure OU to ensure (that)... - **2.** [égard] attention *(U)*, attentiveness *(U)*, thoughtfulness *(U)*; **elle avait eu l'~ délicate de mettre des géraniums dans ma chambre** she'd had the lovely idea of putting geraniums in my bedroom; **je n'ai pas droit à la moindre petite ~** nobody ever does nice things for me; **les mille et une ~s de la vraie tendresse** the thousand and one ways in which people express their love for each other; **entourer qqn d'~s** to lavish attention on sb. - **3.** [capacité à remarquer] attention; **attirer l'~** to attract attention; **tu vas attirer l'~!** [compliment] you'll make a few heads turn!; [critique] you're too conspicuous!; **attirer l'~ de qqn** to catch OU to attract sb's attention; **faire ~ à: tu as fait ~ au numéro de téléphone?** did you make a (mental) note of the phone number?; **quand il est entré, je n'ai d'abord pas fait ~ à lui** when he came in I didn't notice him at first; **ne fais pas ~ à lui, il dit n'importe quoi** don't mind him OU pay no attention to him, he's talking nonsense. - **4.** **faire ~ à** [surveiller, s'occuper de]: **faire ~ à sa santé** to take care of OU to look after one's health; **faire ~ à soi** to look after OU to take care of o.s.; **faire ~ à sa ligne** to watch one's weight; **il ne fait pas assez ~ à sa femme** he doesn't pay enough attention to his wife; **elle fait trop ~ aux autres hommes** she's too interested in other men. - **5.** **faire ~** [être prudent] to be careful OU cautious; **fais bien ~ en descendant de l'escabeau** do be careful when you come off the stepladder; **faire ~ à: fais ~ aux voitures** watch out for the cars; **~ à la marche/porte** mind the step/door; **fais ~ à ce que tu dis!** watch what you're saying!; **fais ~ à toi!** [menace] just watch your step!

◇ *interj* - **1.** [pour signaler un danger] watch OU look out; **~, il est armé!** watch OU look out, he's got a gun!; **~, ~, tu vas le casser!** gently OU easy (now), you'll break it!; **'~ chien méchant'** 'beware of the dog'; **'~ fragile'** 'handle with care'; **'~ peinture fraîche'** 'wet paint'; **'~ travaux'** 'men at work'. - **2.** [pour introduire une nuance]: **~, ce n'est pas cela que j'ai dit** now look, that's not what I said.

◆ **à l'attention de** *loc prép* [sur une enveloppe]: **à l'~ de Madame Chaux** for the attention of Mme Chaux.

◆ **attention à** *loc prép interj*: ~ **à tes bottes sales sur le tapis!** watch your muddy boots on that carpet!; ~ **à la voiture!** mind the car!; ~ **au départ!** stand clear of the doors!

attentionné, e [atɑ̃sjɔne] *adj* thoughtful, solicitous; **comme mari, il était très** ~ he was an extremely caring husband.

attentisme [atɑ̃tism] *nm* wait-and-see policy.

attentiste [atɑ̃tist] ◇ *adj*: **attitude** ~ wait-and-see attitude; **politique** ~ waiting game.
◇ *nmf*: **les** ~**s** those who play a waiting game.

attentivement [atɑ̃tivmɑ̃] *adv* [en se concentrant] attentively, carefully, closely.

atténuant, e [atenɥɑ̃, ɑ̃t] *adj* [excuse, circonstance] mitigating.

atténuateur [atenɥatœr] *nm* attenuator.

atténuation [atenɥasjɔ̃] *nf* [d'une responsabilité] reduction, lightening *(U)*; [d'une faute] mitigation; [de propos] toning down *(U)*; [d'une douleur] easing *(U)*; [d'un coup] cushioning *(U)*, softening *(U)*; **l'eau froide produit une petite** ~ **de la brûlure** cold water relieves the pain from the burn a little.

atténuer [7] [atenɥe] *vt* -**1.** [rendre moins perceptible - douleur] to relieve, to soothe; [- couleur] to tone down *(sép)*, to soften; **la neige/l'isolation atténue les bruits** snow/insulation muffles the sound; **un chagrin que rien ne peut** ~ a sorrow that nothing can relieve; **le temps a atténué les souvenirs** memories have become fainter over time. -**2.** [rendre moins important, moins grave - responsabilité] to reduce, to lighten, to lessen; [- accusation] to tone down *(sép)*; **le remords n'atténue pas la faute** remorse does not lessen the blame.
◆ **s'atténuer** *vpi* [chagrin, cris, douleur] to subside, to die down; [effet] to subside, to fade, to wane; [lumière] to fade, to dim; [bruit] to dim, to tone down; [couleur] to dim.

atterrant, e [atɛrɑ̃, ɑ̃t] *adj* appalling, shocking.

atterrer [4] [atere] *vt* to dismay, to appal; **sa réponse m'a atterré** I was appalled at his answer; **je l'ai trouvé atterré par la nouvelle** I found him reeling from the shock of the news; **il les regarda d'un air atterré** he looked at them aghast OU in total dismay.

atterrir [32] [aterir] *vi* -**1.** AÉRON to land, to touch down; **l'avion allait** ~ the plane was coming in to land; ~ **en catastrophe** to make an emergency landing; ~ **sur le ventre** to make a belly landing; ~ **trop court** to undershoot; ~ **trop long** to overshoot. -**2.** *fam* [retomber] to land, to wind OU to fetch *Br* up; **la voiture a atterri dans un champ** the car fetched up OU landed in a field; **tous ses vêtements ont atterri dans la cour** all his clothes wound up in the yard. -**3.** *fam* [se retrouver] to end OU to wind OU to land up; ~ **en prison** to end up OU to land up in jail; **le dossier finit par** ~ **sur son bureau** the file eventually landed OU wound up on his desk; **j'ai finalement atterri comme réceptionniste dans un cabinet dentaire** I ended up as a receptionist in a dentist's surgery; **mes lunettes, je me demande où elles ont bien pu** ~**!** where (on earth) could my glasses have got to?

atterrissage [aterisaʒ] *nm* landing; **prêt à l'**~ ready to touch down OU to land; **après l'**~ after touchdown OU landing; ~ **sur le ventre/en catastrophe/forcé** belly/crash/emergency landing; ~ **sans visibilité/aux instruments/à vue** blind/instrument/visual landing.
◆ **d'atterrissage** *loc adj* landing *(épith)*.

atterrissement [aterismɑ̃] *nm* alluvial deposit.

attestation [atɛstasjɔ̃] *nf* -**1.** [document] certificate; ~ **d'assurance** insurance certificate. -**2.** ENS [diplôme] certificate (of accreditation). -**3.** JUR attestation. -**4.** [preuve] proof; **son échec est une nouvelle** ~ **de son incompétence** his failure further demonstrates his incompetence.

attesté, e [atɛste] *adj* LING attested; **formes** ~**es dans la littérature du XIIe siècle** forms attested OU occurring in XII th century literature.

attester [3] [atɛste] *vt* -**1.** [certifier] to attest; **il atteste que sa femme était bien chez elle** he attests that his wife was at home; **ce document atteste que...** this is to certify that... -**2.** [témoigner] to attest OU to testify to, to vouch for; **cette version des faits est attestée par la presse** this version of the facts is borne out by the press.
◆ **attester de** *v + prép* to prove, to testify to, to show evidence of; **sa réponse atteste de sa sincérité** his answer shows evidence of OU testifies to OU demonstrates his sincerity; **ainsi qu'en attesteront ceux qui me connaissent** as those who know me will testify.

attiédir [32] [atjedir] *vt litt* -**1.** [refroidir - air] to cool; [- liquide] to make lukewarm. -**2.** [réchauffer] to warm (up) *(sép)*. -**3.** *fig* [sentiment] to cool.
◆ **s'attiédir** *vpi litt* -**1.** [se refroidir] to cool (down), to become cooler. -**2.** [se réchauffer] to warm up, to become warmer. -**3.** *fig* [sentiment] to cool, to wane.

attifement *fam* [atifmɑ̃] *nm* (weird) getup OU gear.

attifer *fam* [3] [atife] *vt péj* to get up *(sép)*, to rig out *(sép)*.
◆ **s'attifer** *fam vp (emploi réfléchi)* to get o.s. up, to rig o.s. out; **comment tu t'es attifé!** what DO you look like!

attiger▽ [17] [atiʒe] *vi* to go over the top, to go a bit far; **là, il attigeait!** he went a bit far there!

Attila [atila] *npr* Attila (the Hun).

attique [atik] ◇ *adj* attic.
◇ *nm* ARCHIT attic.
◆ **Attique** *npr f*: **l'Attique** Attica.

attirable [atirabl] *adj* attractable.

attirail [atiraj] *nm* equipment; ~ **de pêche** fishing tackle; **il a tout un** ~ **pour la pêche** he's got a lot of fishing tackle; ~ **de plombier** plumber's tool kit; **on emporte l'ordinateur et tout son** ~ *fam* let's take the computer with all the gear; **qu'est-ce que c'est que (tout) cet** ~**?** *fam péj* what's all this paraphernalia for?

attirance [atirɑ̃s] *nf* attraction; **l'**~ **entre nous deux a été immédiate** we were attracted to each other straight away; **éprouver de l'**~ **pour qqn/qqch** to feel attracted to sb/sthg; **l'**~ **du vice** the lure of vice.

attirant, e [atirɑ̃, ɑ̃t] *adj* attractive.

attirer [3] [atire] *vt* -**1.** [tirer vers soi, avec soi] to draw; **elle a attiré l'enfant contre elle/sur son cœur** she drew the child to her/to her bosom; **il m'a attiré vers le balcon pour me montrer le paysage** he drew me towards the balcony to show me the view; **l'aimant attire le fer/les épingles** iron is/pins are attracted to a magnet. -**2.** [inciter à venir - badaud] to attract; [- proie] to lure; **couvre ce melon, il attire les guêpes** cover that melon up, it's attracting wasps; ~ **les foules** to attract OU to draw (in) the crowds; **les requins, attirés par l'odeur du sang** sharks attracted OU drawn by the smell of blood; **le coup de feu les a attirés sur les lieux** the shot drew them to the scene; ~ **qqn dans un coin/piège** to lure sb into a corner/trap; **après l'avoir attirée derrière un paravent, il l'a embrassée** he kissed her after luring her behind a screen; ~ **qqn avec** OU **par des promesses** to lure OU to entice sb with promises. -**3.** [capter - attention, regard] to attract, to catch; ~ **l'attention de qqn** to catch OU to attract sb's attention; ~ **l'attention de qqn sur qqch** to call sb's attention to sthg, to point sthg out to sb; ~ **l'intérêt de qqn** to attract sb's interest; **essayant d'**~ **l'œil du serveur** trying to catch the waiter's eye. -**4.** [plaire à] to attract, to seduce; **les femmes mariées l'attirent, il est attiré par les femmes mariées** he's attracted to married women; **se sentir attiré par qqn** to feel attracted to sb; **il a une façon de sourire qui attire les femmes** women find the way he smiles attractive; **son originalité attire les hommes** her originality appeals to men; **le jazz ne m'attire pas beaucoup** jazz doesn't appeal to me much. -**5.** [avoir comme conséquence] to bring, to cause; ~ **qqch à** OU **sur qqn**: ~ **des ennuis à qqn** to cause trouble for sb, to get sb into trouble; **sa démission lui a attiré des sympathies** her resignation won OU earned her some sympathy; ~ **sur soi la colère/haine de qqn** to incur sb's anger. -**6.** ASTRON & PHYS to attract.
◆ **s'attirer** ◇ *vp (emploi réciproque)* to attract one another.
◇ *vpt*: **s'**~ **des ennuis** to get o.s. into trouble, to bring trouble upon o.s.; **s'**~ **la colère de qqn** to incur sb's anger; **s'**~ **les bonnes grâces de qqn** to win OU to gain sb's favour.

attiser [3] [atize] *vt* -**1.** [flammes, feu] to poke; [incendie] to fuel. -**2.** [colère, haine, désir] to stir up *(sép)*, to rouse.

attitré, e [atitre] *adj* -**1.** [accrédité] accredited, appointed. -**2.** [habituel - fournisseur, marchand] usual, regular. -**3.** [favori - fauteuil, place] favourite.

attitude [atityd] *nf* -**1.** [comportement] attitude; **son** ~ **envers moi/les femmes** his attitude towards me/women; **elle a eu une** ~ **irréprochable** her attitude was beyond reproach ‖ *péj* [affectation] attitude; **prendre une** ~ to strike an attitude; **prendre des** ~**s** to put on airs; **il prend des** ~**s de martyr** he puts on a martyred look; **il a l'air indigné, mais ce n'est qu'une** ~ his indignation is only skin-deep. -**2.** [point de vue] standpoint; **prendre une** ~ **ambiguë** to adopt an ambiguous standpoint OU attitude. -**3.** [maintien] bearing, demeanour; **avoir une** ~ **gauche** to move clumsily ‖ [position] position, posture; **surpris dans une** ~ **coupable** caught in a compromising position.

attorney [atɔrnɛ] *nm* attorney; ~ **général** Attorney-General.

attouchement [atuʃmɑ̃] *nm* touching *(U)*; **se livrer à des** ~**s sur qqn** to fondle sb, to interfere with sb JUR.

attractif, ive [atraktif, iv] *adj* -**1.** PHYS attractive. -**2.** *sout* [plaisant] attractive, appealing.

attraction [atraksjɔ̃] *nf* -**1.** ASTRON & PHYS attraction; ~ **terrestre** earth's gravity; ~ **universelle** gravity. -**2.** [attirance] attraction; **l'**~ **qu'il éprouve pour elle/la mort** his attraction to her/death; **exercer une** ~ **sur qqn/qqch** to attract sb/sthg; **la religion exerce-t-elle encore une** ~ **sur les jeunes?** does the younger generation still feel drawn towards religion? -**3.** [centre d'intérêt] attraction; **la grande** ~ **de la soirée** the chief attraction of the evening; **les** ~**s touristiques de la région** the area's tourist attractions. -**4.** LOISIRS attraction; ~ **principale** OU **numéro un** star attraction; **il y aura des** ~**s pour les enfants** entertainment will be provided for children. -**5.** LING attraction.

attrait [atrɛ] *nm* -**1.** [beauté - d'un visage, d'une ville, d'une idéologie] attraction, attractiveness; **elle trouve beaucoup d'**~ **à ses romans** she finds his novels very attractive; **un des** ~**s du célibat** one of the attractions of celibacy; **village sans (grand)** ~ rather charmless village. -**2.** [fascination] appeal, fascination; **éprouver un** ~ **pour qqch** to be fascinated by sthg.
◆ **attraits** *nmpl euph* & *litt* charms; **sans qu'elle cherche à dissimuler ses** ~**s** making no attempt to hide what nature endowed her with.

attrapade *fam* [atrapad] *nf* set-to, ding-dong *Br*, spat *Am*.

attrape [atrap] *nf* catch, trick; **il doit y avoir une** ~ **là-dessous** there must be a catch in it somewhere.

attrape-mouche [atrapmuʃ] (*pl* **attrape-mouches**) *nm* BOT flytrap.

attrape-nigaud [atrapnigo] (*pl* **attrape-nigauds**) *nm* confidence trick.

attraper [3] [atrape] *vt* -**1.** [prendre] to pick up *(sép)*; ~ **un timbre délicatement avec des pinces** to pick a stamp up carefully with tweezers; **la chatte attrape ses chatons par la peau du cou** the cat picks up her kittens by the scruff of the neck; **elle attrapa sa guitare sur le sol** she picked up her guitar from the floor; **attrape la casserole par le manche** hold OU grasp the pan by the handle; **il a attrapé un stylo et a couru répondre au téléphone** he grabbed a pen and ran to answer the phone. -**2.** [saisir au passage - bras, main, ballon] to grab; ~ **qqn par le bras** to grab sb by the arm; ~ **qqn par la taille** to grab sb round the waist; **il m'a attrapé par les épaules et m'a secoué** he took me by the shoulders and shook me; **attrape Rex, attrape!** come on Rex, get it! -**3.** [saisir par force, par ruse] to capture, to catch. -**4.** [surprendre - voleur, tricheur] to catch; [- bribe de conversation, mot] to catch; ~ **qqn à faire** to catch sb doing; **attends que je t'attrape!** just you wait till I get hold of you!; **si tu veux le voir, il faut l'**~ **au saut du lit/à la sortie du conseil** if you want to see him, you must catch him as he gets up/as he comes out of the board meeting; **que je ne t'attrape plus à écouter aux portes!** don't let me catch you listening behind doors again! -**5.** [réprimander] to tell off *(sép)*; **papa m'a attrapé!** daddy told me off!; **je vais l'**~ **quand il va rentrer** I'll give him a thorough telling-off when he gets home; **se faire** ~ to get a telling-off. -**6.** [prendre de justesse - train] to catch. -**7.** *fam* [avoir] to get; ~ **une contravention** to get a ticket; ~ **un coup de soleil** to get sunburnt; ~ **froid** OU **un rhume** OU **du mal** *vieilli* to catch OU to get a cold; **elle a attrapé la rubéole de son frère** she got OU caught her brother's German measles; **tiens, attrape!** [à quelqu'un qui vient d'être critiqué] that's one in the eye for you!, take that! -**8.** [tromper - naïf, gogo] to catch (out), to fool.

◆ **s'attraper** ◇ *vp (emploi passif)* [être contracté - maladie, mauvaise habitude] to be catching; **le cancer ne s'attrape pas** you don't catch cancer; **la rougeole s'attrape facilement** measles is very catching.

◇ *vp (emploi réciproque)* [se disputer] to fight, to squabble; **tu les as entendus s'**~ **?** did you hear them squabbling?

attrape-tout [atraptu] *adj inv* catch-all *(avant n)*; **une catégorie** ~ a catch-all category.

attrayant, e [atrɛjɑ̃, ɑ̃t] *adj* [homme, femme] good-looking, attractive; [suggestion] attractive, appealing; **peu** ~ unattractive, unappealing; **j'avoue que la perspective est** ~**e** I must say the idea is appealing.

attrempage [atrɑ̃paʒ] *nm* bringing to the required temperature.

attremper [3] [atrɑ̃pe] *vt* to bring to the required temperature.

attribuable [atribɥabl] *adj*: ~ **à** attributable to.

attribuer [7] [atribɥe] *vt* -**1.** [distribuer - somme, bien] to allocate; [- titre, privilège] to grant; [- fonction, place] to allocate, to assign; [- prix, récompense] to award; **nous ne sommes pas ici pour** ~ **des blâmes** it is not up to us to lay the blame ❑ ~ **un rôle à qqn** THÉÂT to cast sb for a part; *fig* to cast sb in a role. -**2.** [imputer]: ~ **qqch à qqn** to ascribe OU to attribute sthg to sb; **ses contemporains ne lui attribuaient aucune originalité** her contemporaries did not credit her with any originality; ~ **la paternité d'un enfant/d'une œuvre à qqn** to consider sb to be the father of a child/author of a work; **un sonnet longtemps attribué à Shakespeare** a sonnet long thought to have been written by Shakespeare; **ces mots ont été attribués à Marat** these words were attributed to Marat, Marat is supposed to have said these words; **on attribue cette découverte à Pasteur** this discovery is attributed to Pasteur, Pasteur is accredited with this discovery; **j'attribue sa réussite à son environnement** I put her success down OU I attribute her success to her environment; **un divorce qu'il faut** ~ **à l'alcoolisme** a divorce to be blamed on alcoholism; **attribue leur conduite à la stupidité plus qu'à la méchanceté** you must put their attitude down not so much to evil intent as to stupidity; **à quoi** ~ **cette succession de catastrophes?** what could account for this series of disasters? -**3.** [accorder]: ~ **de l'importance/de la valeur à qqch** to attach importance to/to find value in sthg; ~ **de l'intérêt à qqch** to find sthg interesting.

◆ **s'attribuer** *vpt*: **s'**~ **qqch** to claim sthg for o.s.; **il s'est attribué la plus grande chambre** he claimed the largest room for himself; **s'**~ **un titre** to give o.s. a title; **s'**~ **une fonction** to appoint o.s. to a function; **s'**~ **tout le mérite de qqch** to claim all the credit for sthg.

attribut [atriby] *nm* -**1.** [caractéristique] attribute, (characteristic) trait; ~**s (virils** OU **masculins)** *euph* (male) genitals. -**2.** GRAMM predicate; *(comme adj)*: **adjectif** ~ predicative adjective.

attributaire [atribytɛr] *nmf* -**1.** ÉCON allottee. -**2.** JUR beneficiary. -**3.** [d'un prix] prize-winner, award-winner.

attributif, ive [atribytif, iv] *adj* -**1.** GRAMM predicative, attributive. -**2.** JUR assignment *(épith)*.

attribution [atribysjɔ̃] *nf* -**1.** [distribution - d'une somme] allocation; [- d'une place, d'une part] allocation, attribution; **l'**~ **des prix** the awarding of the prizes. -**2.** [reconnaissance d'une œuvre, d'une responsabilité, d'une découverte, d'une invention] attribution; **toiles d'**~**s douteuses** paintings of doubtful origin; **l'**~ **de la figurine à Rodin a été contestée** doubts have been cast on the belief that Rodin sculpted the figurine.

attristant, e [atristɑ̃, ɑ̃t] *adj* saddening, depressing; **il est** ~ **de voir que...** it's such a pity to see that...; **comme c'est** ~**!** it's ever so depressing!

attrister [3] [atriste] *vt* to sadden, to depress; **sa mort nous a tous profondément attristés** we were all greatly saddened by his death; **cela m'attriste de voir que...** it makes me sad OU I find it such a pity to see that...

◆ **s'attrister de** *vp + prép*: **s'**~ **de qqch** to be sad about sthg; **je m'attriste d'apprendre qu'il est parti** I'm sad to learn that he's gone.

attrition [atrisjɔ̃] *nf* MÉD & RELIG attrition.

attroupement [atrupmɑ̃] *nm* crowd; **un** ~ **s'est formé** a crowd gathered.

attrouper [3] [atrupe] *vt* [foule] to gather, to draw, to attract.

◆ **s'attrouper** *vpi* [gén] to gather together; [en grand nombre] to flock together.

atypique [atipik] *adj* atypical.

au [o] → **à**.

aubade [obad] *nf* dawn serenade, aubade; **donner une** ~ **à qqn** to serenade sb (at dawn).

aubain [obɛ̃] *nm* HIST alien resident *(in France)*.

aubaine [obɛn] *nf* [argent] windfall; [affaire] bargain; [occasion] godsend, golden opportunity; **c'est une véritable** ~ **pour notre usine** it comes as OU it is a godsend to our factory; **profiter de l'**~ to take advantage OU to make the most of a golden opportunity.

aube [ob] *nf* -**1.** [aurore] dawn; **à l'**~ at dawn, at daybreak; **il se leva à l'**~ he rose at dawn; **l'**~ **pointait quand il se leva** dawn was about to break when he got up; **l'**~ **d'une ère nouvelle** *fig* the dawn OU dawning of a new era. -**2.** RELIG alb. -**3.** NAUT paddle, blade. -**4.** [d'un moulin] vane; [pale] blade.

aubépine [obepin] *nf* hawthorn; **fleur d'**~ may blossom.

auberge [obɛrʒ] *nf* inn; **tu prends la maison pour une** ~**?** *fam* do you think this house is a hotel? ❑ ~ **espagnole: les ordinateurs, c'est l'**~ OU **c'est comme une** ~ **espagnole** you get out of computers what you put in them in the first place; ~ **de jeunesse** youth hostel; **il n'est pas sorti/on n'est pas sortis de l'auberge** *fam* he's/we're not out of the woods yet.

aubergine [obɛrʒin] ◇ *nf* -**1.** BOT aubergine *Br*, eggplant *Am*. -**2.** *fam* [contractuelle] (female) traffic warden *Br*, meter maid *Am*.

◇ *adv inv* [couleur] aubergine.

aubergiste [obɛrʒist] *nmf* inn-keeper.

aubette [obɛt] *nf Belg* -**1.** [kiosque à journaux] newsstand. -**2.** [abri] bus shelter.

aubier [obje] *nm* sapwood.

auburn [obœrn] *adj inv* auburn.

Aubusson [obysɔ̃] *npr town in central France famous as a centre for tapestry-making*.

aucun, e [okœ̃, yn] ◇ *adj indéf* -**1.** [avec une valeur négative]: **il ne fait** ~ **effort** he doesn't make any effort; ~**e décision n'a encore été prise** no decision has been reached yet; ~ **article n'est encore prêt** none of the articles is ready yet; ~ **mot ne sortit de sa bouche** he didn't utter a single word; **il n'y a** ~**e raison de croire que...** there's no reason OU there isn't any reason to think that...; **il n'y a** ~ **souci à se faire** there is nothing to worry about; **ils n'eurent** ~ **mal à découvrir la vérité** they had no trouble (at all) finding out the truth; **elle n'en prend** ~ **soin** she doesn't look after it at all; **je ne vois** ~ **inconvénient à ce que vous restiez** I don't mind your staying at all; **en** ~**e façon** in no way; **sans** ~ **doute** undoubtedly, without any doubt; **sans** ~ **remords** quite remorselessly. -**2.** [avec une valeur positive] any; **il est plus rapide qu'**~ **autre coureur** he's faster than any other runner; **avez-vous** ~**e intention de le faire?** have you any intention of doing it?

◇ *pron indéf* -**1.** [avec une valeur négative] none; ~ **d'entre eux n'a pu répondre** none of them could answer; **je sais qu'**~ **n'a menti** I know that none OU not one of them lied; **je n'ai lu** ~ **de ses livres** I haven't read any of her books. -**2.** [servant de réponse négative] none; **combien d'entre eux étaient présents? –** ~**!** how many of them were present? – none! -**3.** [avec une valeur positive] any; **j'ai apprécié son dernier livre plus qu'**~ **de ses films** I enjoyed his last book more than any of his films; **il est plus fort qu'**~ **de vos hommes** he's stronger than any of your men; **d'**~**s** *sout* some; **d'**~**s pensent que la guerre est inévitable** some (people) think OU there are those who think that war is unavoidable.

aucunement [okynmɑ̃] *adv* -**1.** [dans des énoncés négatifs avec 'ne' ou 'sans'] in no way, not in the least OU slightest; **il n'avait** ~ **envie d'y aller** he didn't want to go there in the slightest; **il agissait sans** ~ **se soucier des autres** he behaved without the slightest regard for others; **je n'ai** ~ **l'intention de me laisser insulter** I certainly have no OU I haven't the slightest intention of letting myself be insulted. -**2.** [servant de réponse négative] not at all; **a-t-il été question de cela? –** ~ was it a question of that? – not at all; **je vous dérange? –** ~**!** am I disturbing you? – not at all OU by no means!

audace [odas] *nf* -**1.** [courage] daring, boldness, audaciousness; **ils ont eu l'**~ **de nous attaquer par le flanc droit** they were bold enough to attack our right flank. -**2.** [impudence] audacity; **il a eu l'**~ **de dire non** he dared (to) OU he had the audacity to say no. -**3.** [innovation] innovation; **les** ~**s de l'architecture moderne** the bold innovations of modern architecture.

audacieusement [odasjøzmɑ̃] *adv* audaciously.

audacieux, euse [odasjø, øz] ◇ *adj* -**1.** [courageux] daring, bold, audacious. -**2.** [impudent] bold, audacious, impudent. -**3.** [innovateur] bold, audacious, innovative.

◇ *nm, f* bold man *(f* woman); **c'était un** ~ he was very daring.

au-dedans [odədɑ̃] *adv* -**1.** [à l'intérieur] inside; **vert** ~**, rouge au-dehors** green (on the) inside, red (on the) outside. -**2.** [mentalement] inwardly; **elle a l'air confiante mais** ~ **elle a des doutes** she looks confident but deep within herself OU but inwardly she has doubts.

◆ **au-dedans de** *loc prép* inside, within; ~ **d'elle-même, elle regrette son geste** *fig* deep down OU inwardly, she regrets what she did.

au-dehors [odəɔr] *adv* -**1.** [à l'extérieur] outside; **il fait bon ici, mais** ~ **il fait froid** it's warm in here, but outside OU outdoors it's cold. -**2.** [en apparence] outwardly; **elle est généreuse même si** ~ **elle paraît dure** she's generous even if she looks cold OU if she's outwardly cold.

◆ **au-dehors de** *loc prép* outside, without *litt*; ~ de ces murs, personne ne sait rien nobody knows anything outside these walls.

au-delà[1] [odəla] *nm*: l'~ the hereafter, the next world.

au-delà[2] [odəla] *loc adv* beyond; ~ il y a la mer beyond OU further on there is the sea; tu vois le monument? l'école est un peu ~ can you see the monument? the school is a little further (on) OU just beyond (that); le désir d'aller ~ the desire to go further; 5 000 F, et je n'irai pas ~ 5,000 F and that's my final offer; surtout ne va pas ~ [d'une somme] whatever you do, don't spend any more; il a obtenu tout ce qu'il voulait et bien ~ he got everything he wanted and more.

◆ **au-delà de** *loc prép* beyond; ~ de la frontière on the other side of OU beyond the border; ~ de 500 F, vous êtes imposable above 500 francs you must pay taxes; ne va pas ~ de 1 000 F don't spend more than 1,000 francs; ~ des limites du raisonnable beyond the limits of what is reasonable; réussir ~ de ses espérances to succeed beyond one's expectations; c'est ~ de sa juridiction it is beyond OU outside his jurisdiction; ~ de ses forces/moyens beyond one's strength/means.

au-dessous [odsu] *adv* -**1.** [dans l'espace] below, under, underneath; il habite à l'étage ~ he lives one floor below; il n'y a personne ~ there's no one on the floor below. -**2.** [dans une hiérarchie] under, below; enfants âgés de 10 ans et ~ children aged 10 and below; taille ~ next size down; un ton ~ MUS one tone lower.

◆ **au-dessous de** *loc prép* -**1.** [dans l'espace] below, under, underneath; elle habite ~ de chez moi she lives downstairs from me; juste ~ de la corniche right under the cornice. -**2.** [dans une hiérarchie] below; ~ du niveau de la mer below sea level; ~ de zéro below zero; température ~ de zéro sub-zero temperature; ~ de la moyenne below average; ~ de 65 ans under 65; paquet ~ de 10 kg parcel of less than 10 kg; ~ d'un certain prix under OU below a certain price; c'est ~ de lui de supplier it's beneath him to beg; ~ de sa condition beneath one's condition ❑ il est vraiment ~ de tout! he's really useless!; le service est ~ de tout the service is an absolute disgrace.

au-dessus [odsy] *adv* -**1.** [dans l'espace] above; il habite ~ he lives upstairs; il n'y a rien ~ there is nothing upstairs OU (up) above; il y a une croix ~ there's a cross above it; là-haut, il y a le hameau des Chevrolles, et il n'y a rien ~ up there is Chevrolles village, and there's nothing beyond it. -**2.** [dans une hiérarchie] above; les enfants de 10 ans et ~ children aged 10 and above; la taille ~ the next size up; un ton ~ MUS one tone higher.

◆ **au-dessus de** *loc prép* -**1.** [dans l'espace] above; le placard est ~ de l'évier the cupboard is above the sink; pose-le ~ de l'armoire put it on top of the wardrobe; ~ du genou above the knee; il habite ~ de chez moi he lives upstairs from me; un avion passa ~ de nos têtes a plane flew overhead. -**2.** [dans une hiérarchie] above; ~ du niveau de la mer above sea level; ~ de 5 000 pieds above 5,000 feet; 10 degrés ~ de zéro 10 degrees above zero; paquet ~ de 10 kg parcel weighing more than 10 kg; ~ d'un certain prix above a certain price; ~ de 15 ans over 15 years old; vivre ~ de ses moyens to live beyond one's means; ~ de tout soupçon above all OU beyond suspicion; elle est ~ de ça she's above all that; c'était ~ de mes forces it was too much for OU beyond me; se situer ~ des partis to be politically neutral.

au-devant [odvɑ̃]

◆ **au-devant de** *loc prép*: aller OU se porter ~ de qqn to go and meet sb; courir OU se précipiter ~ de qqn to run to meet sb; aller ~ des désirs de qqn to anticipate sb's wishes; aller ~ de ses obligations to do more than what's expected of one; il va ~ de graves ennuis/d'une défaite he's heading for serious troubles/failure; aller ~ du danger to court danger.

audibilité [odibilite] *nf* audibility.

audible [odibl] *adj* audible; règle ton micro, tu es à peine ~ adjust your microphone, we can barely hear you.

audience [odjɑ̃s] *nf* -**1.** [entretien] audience; donner ~ OU accorder une ~ à qqn to grant sb an audience. -**2.** JUR hearing. -**3.** [public touché - par un livre] readership; [- par un film, une pièce, un concert] public; un livre dont l'~ a dépassé tous les espoirs a book with an unexpectedly large readership; une pièce à ~ intellectuelle a high-brow play; une émission à large ~ a very popular programme ‖ [intérêt porté]: proposition qui a trouvé ~ auprès de la population française proposal that met the acclaim of the French population.

audiencer [16] [odjɑ̃se] *vt* to submit for hearing JUR.

Audimat® [odimat] *nm* *device used for calculating viewing figures for French television, installed for a period of time in selected households.*

audimètre [odimɛtr] *nm* audience rating device; victime de l'~ victim of the ratings.

audiocassette [odjɔkasɛt] *nf* (audio) cassette.

audioconférence [odjɔkɔ̃ferɑ̃s] *nf* audio conference.

audiodisque [odjɔdisk] *nm* record.

audiofréquence [odjɔfrekɑ̃s] *nf* audio frequency.

audiogramme [odjɔgram] *nm* audiogram.

audiomètre [odjɔmɛtr] *nm* audiometer.

audiométrie [odjɔmetri] *nf* audiometry.

audionumérique [odjɔnymerik] *adj*: disque ~ compact disc.

audio-oral, e, aux [odjoɔral, o] *adj* ENS audio-oral.

audioprothésiste [odjɔprɔtezist] *nmf* hearing technician.

audiovisuel, elle [odjɔvizɥɛl] *adj* audiovisual.

◆ **audiovisuel** *nm* -**1.** [matériel - des médias] radio and television equipment; [- dans l'enseignement] audiovisual aids. -**2.** [médias]: l'~ the (radio and television) media. -**3.** [techniques]: l'~ media techniques.

audit [odit] *nm* audit.

auditer [3] [odite] *vt* to audit.

auditeur, trice [oditœr, tris] *nm, f* -**1.** [d'une radio, d'un disque] listener; les ~s the audience. -**2.** LING hearer. -**3.** ADMIN: ~ à la Cour des comptes junior official at the Cour des comptes. -**4.** ENS: ~ libre unregistered student, auditor *Am*; j'y vais en ~ libre I go to the lectures but I'm not officially on the course *Br*, I audit the lectures *Am*.

auditif, ive [oditif, iv] *adj* hearing, auditory *spéc*.

audition [odisjɔ̃] *nf* -**1.** DANSE, MUS & THÉÂT audition; passer une ~ to audition; faire passer une ~ à qqn to audition sb. -**2.** JUR: pendant l'~ des témoins while the witnesses were being heard. -**3.** PHYSIOL hearing. -**4.** [fait d'écouter] listening; l'~ est meilleure dans cette salle the sound is better in this room; ne pas toucher pendant l'~ do not touch while listening.

auditionner [3] [odisjɔne] ◇ *vt*: ~ qqn to audition sb, to give sb an audition.
◇ *vi* to audition.

auditoire [oditwar] *nm* -**1.** [public] audience. -**2.** *Belg* & *Helv* [salle de conférence] conference hall.

auditorium [oditɔrjɔm] *nm* auditorium.

auge [oʒ] *nf* -**1.** CONSTR trough. -**2.** GÉOG & GÉOL: ~ glaciaire, vallée en ~ U-shaped valley. -**3.** TECH [d'un moulin] channel. -**4.** [mangeoire] trough; passe ton ~ *fam fig* & *hum* pass your plate.

augment [ogmɑ̃] *nm* augment.

augmentable [ogmɑ̃tabl] *adj* augmentable.

augmentatif, ive [ogmɑ̃tatif, iv] *adj* augmentative.

◆ **augmentatif** *nm* augmentative suffix.

augmentation [ogmɑ̃tasjɔ̃] *nf* -**1.** [fait d'augmenter] increase; une ~ de 3 % a 3 % increase; l'~ de qqch the increase in sthg; l'~ des cas d'hépatite the increase in the number of hepatitis cases; constater l'~ des salaires/impôts to note the increase in salaries/taxes ❑ ~ de capital increase in capital. -**2.** [action d'augmenter]: en ~ rising, increasing; l'~ de qqch the raising of sthg; l'~ des prix par les producteurs the raising of prices by producers. -**3.** [majoration de salaire] (pay) rise *Br*, raise *Am*; quand vas-tu toucher ton ~? when will your payrise come through?

augmenter [3] [ogmɑ̃te] ◇ *vt* -**1.** [porter à un niveau plus élevé - impôt, prix, nombre] to put up *(sép)*, to increase, to raise; [- durée] to increase; [- tarif] to step up *(sép)*; [- salaire] to increase, to raise; [- dépenses] to increase; ~ le pain *fam* OU le prix du pain to put up bread prices; ça va faire ~ la viande *fam* it'll put the price of meat up; elle a été augmentée *fam* she got a (pay) rise *Br* OU a raise *Am*; ~ le temps passé au bureau to increase the time spent in the office; ~ qqch de: ~ les impôts de 5 % to put up OU to raise OU to increase taxes by 5 %; nous voulons ~ les ventes de 10 % we want to boost sales by 10 %; ils ont augmenté les employés de 20 francs *fam* they put up the employees' pay by 20 francs. -**2.** [intensifier - tension, difficulté] to increase, to step up *(sép)*, to make worse; ces déclarations n'ont fait qu'~ la peur du peuple these remarks only added to OU fuelled the people's fear. -**3.** MUS to augment; en augmentant crescendo.
◇ *vi* -**1.** [dette, population] to grow, to increase, to get bigger; [quantité, poids] to increase; [prix, impôt, salaire] to increase, to go up, to rise; tout OU la vie augmente! everything's going up!; achetez maintenant, ça va ~! buy now, prices are on the increase OU going up!; les salaires n'ont pas augmenté depuis 1988 salaries have been pegged at the same level since 1988; la viande a augmenté *fam*, le prix de la viande a augmenté meat's gone up, meat has increased in price. -**2.** [difficulté, tension] to increase, to grow; la violence augmente dans les villes urban violence is on the increase.

◆ **s'augmenter de** *vp + prép*: la famille s'est augmentée de deux jumeaux a pair of twins has joined the family.

augural, e, aux [ogyral, o] *adj* augural.

augure [ogyr] *nm* -**1.** ANTIQ augur; [voyant] prophet, soothsayer; consulter les ~s to consult the oracle. -**2.** [présage] omen; ANTIQ augury.

◆ **de bon augure** *loc adj* auspicious; c'est de bon ~ it's auspicious, it augurs well, it bodes well.

◆ **de mauvais augure** *loc adj* ominous, inauspicious; c'est de mauvais ~ it's ominous, it doesn't augur well, it bodes ill.

augurer [3] [ogyre] *vt* to foresee; sa visite ne laisse pas ~ de progrès significatif no significant progress can be expected as a result of his visit; sa réponse augure mal/bien de notre prochaine réunion his answer doesn't augur well/augurs well for our next meeting.

auguste [ogyst] ◇ *adj* -**1.** [personnage] august. -**2.** [majestueux - geste, pas, attitude] majestic, noble.
◇ *nm* clown.

Auguste [ogyst] *npr* [empereur] Augustus.

augustin, e [ogystɛ̃, in] *nm, f* Augustinian.

Augustin [ogystɛ̃] *npr*: saint ~ Saint Augustine.

augustinien, enne [ogystinjɛ̃, ɛn] *adj* & *nm, f* Augustinian.

aujourd'hui [oʒurdɥi] *adv* -**1.** [ce jour] today; **je l'ai vu ~** I've seen him today; **le journal d'~** today's paper; **nous sommes le trois ~** today's the third; **ce sera tout pour ~** that'll be all for today; **il y a huit jours ~** a week ago today; **dès ~** today ❑ **qu'est-ce qu'il est paresseux! — c'est pas d'~!** *fam* he's so lazy! — tell me something new!; **alors! c'est pour ~ ou pour demain?** *fam* come on, we haven't got all day! -**2.** [à notre époque]: **~, les jeunes sont plus libres** young people today OU nowadays have more freedom; **la France d'~** modern OU present-day France, the France of today.

aula [ola] *nf Helv* hall.

aulne [on] *nm* alder.

auloffée [olɔfe] *nf* luffing.

aulx [o] *pl* → **ail**.

aumône [omon] *nf* charity, alms; **faire l'~ à qqn** to give alms to sb; **demander l'~** to beg for alms; **je ne demande pas l'~, uniquement ce qui m'est dû** I'm not asking for any handouts, only for what's rightly mine; **vivre d'~s** to live on charity; **il lui fit l'~ d'un regard** *litt* he spared her a glance.

aumônerie [omonri] *nf* chaplaincy.

aumônier [omonje] *nm* chaplain.

aumônière [omonjɛr] *nf* purse.

aune [on] ◇ *nf*: **visage long OU tête longue d'une ~** face as long as a fiddle; **savoir ce qu'en vaut l'~** *litt* to know the value of things (through experience); **c'est moi qui l'ai écrit — alors vous savez ce qu'en vaut l'~!** I wrote it — so you should know what it's worth!
◇ *nm* = **aulne**.

auparavant [oparavɑ̃] *adv* -**1.** [avant] before, previously; **10 ans ~** 10 years before OU previously; **il avait ~ vécu à l'étranger** he had previously lived abroad. -**2.** [tout d'abord] beforehand, first; **vous signerez là, mais ~ j'aimerais faire une photocopie** you'll sign here but before you do OU but first OU but beforehand I'd like to make a photocopy.

auprès [oprɛ] *adv* nearby.
◆ **auprès de** *loc prép* -**1.** [à côté de] close to, near, by; **assis ~ du feu** sitting by the fire; **rester ~ de qqn** to stay with OU close to sb. -**2.** [dans l'opinion de]: **avoir de l'influence ~ de qqn** to have some influence with sb; **il passe pour un spécialiste ~ des ignorants** he's considered to be a specialist by those who know nothing about it. -**3.** [en s'adressant à]: **chercher du réconfort ~ d'un ami** to seek comfort from a friend; **demander conseil ~ de qqn** to ask advice of sb; **faire une demande ~ d'un organisme** to make an application OU to apply to an organization; **demander une autorisation ~ de qqn** to ask permission of sb; **agir ~ de qqn** to use one's influence with sb. -**4.** [comparé à] compared with OU to; **ce n'est rien ~ de ce qu'il a gagné** it's nothing compared to OU with what he made. -**5.** [dans un titre]: **ambassadeur ~ du roi du Danemark** ambassador to the King of Denmark.

auquel [okɛl] *m* → **lequel**.

aura [ora] *nf* aura.

Aurélien [oreljɛ̃] *npr* Aurelian.

auréole [oreɔl] *nf* -**1.** BX-ARTS halo; **ils aiment à se parer de l'~ du sacrifice** *fig* they like to wear the crown of sacrifice; **il a toujours nimbé sa mère d'une ~** he's always worshipped his mother. -**2.** [tache] ring; **produit qui ne laisse pas d'~** product that removes stains without leaving a mark. -**3.** ASTRON halo.

auréoler [3] [oreɔle] *vt* -**1.** [parer]: **~ qqn de: ~ qqn de toutes les vertus** to turn sb into a saint; **tout auréolée de ses victoires américaines, elle vient se mesurer aux basketteuses européennes** basking in the glory of her American victories, she's come to challenge the European basketball teams. -**2.** BX-ARTS to paint a halo around the head of; **tête auréolée de cheveux roux** *fig* head with a halo of red hair.

◆ **s'auréoler de** *vp + prép*: **elle aime à s'~ de mystère** she likes to wreathe herself in mystery; **il s'était auréolé de gloire sur les champs de bataille** he had won his laurels on the battle field.

auréomycine [oreomisin] *nf* aureomycin.

auriculaire [orikylɛr] ◇ *adj* auricular.
◇ *nm* little finger.

auricule [orikyl] *nf* ANAT auricle.

aurifère [orifɛr] *adj* gold-bearing, auriferous *spéc*.

aurifier [9] [orifje] *vt* to fill with gold.

aurige [ɔriʒ] *nm* charioteer.

Aurigny [ɔriɲi] *npr* Alderney.

aurique [orik] *adj* auric.

aurochs [orɔk] *nm* aurochs.

auroral, e, aux [ɔrɔral, o] *adj* -**1.** *litt* [de l'aurore] dawn *(épith)*. -**2.** ASTRON & MÉTÉO auroral.

aurore [ɔrɔr] ◇ *nf* -**1.** [matin] daybreak, dawn; **avant l'~** before daybreak; **nous voici à l'~ d'une ère nouvelle** *fig* we are about to witness the dawn OU dawning of a new era; **l'Aurore** PRESSE *former French newspaper*. -**2.** ASTRON aurora; **~ australe** aurora australis; **~ boréale** aurora borealis; **~ polaire** northern lights, aurora polaris.
◇ *adj inv* golden (yellow).
◆ **aux aurores** *loc adv hum* at the break of dawn.

auscultation [oskyltasjɔ̃] *nf* auscultation.

ausculter [3] [oskylte] *vt* to listen to OU to sound the chest of, to auscultate *spéc*; **il t'a ausculté?** did he listen to your chest?

auspices [ospis] *nmpl* -**1.** [parrainage]: **faire qqch sous les ~ de qqn** to do sthg under the patronage OU auspices of sb. -**2.** [présage]: **sous de bons/mauvais ~** under favourable/unfavourable auspices. -**3.** ANTIQ auspices.

aussi [osi] ◇ *adv* -**1.** [également] too, also; **tu y vas? j'y vais ~** are you going? I'm going too OU as well; **j'y étais moi ~** I was there too OU as well; **elle ~ travaille à Rome** she too works in Rome; **ils sont ~ bons tous les deux** they're both equally good; **il a faim, moi ~** he's hungry, and so am I OU me too; **elle parle russe, moi ~** she speaks Russian and so do I; **c'est ~ leur avis** they think so too; **joyeux Noël! — vous ~!** merry Christmas! — the same to you! -**2.** [en plus] too, also; **il parle anglais et ~ espagnol** he speaks English and Spanish too; **le talent ne suffit pas, il faut ~ travailler** it's not enough to be talented, you also have to work OU you have to work too; **j'ai ~ une maison à Paris** I also have a house in Paris; **elle travaille ~ à Rome** she also works in Rome, she works in Rome too OU as well. -**3.** [terme de comparaison] *(devant adjectif)*: **il est ~ grand que son père** he's as tall as his father; **il est loin d'être ~ riche qu'elle** he's far from being as rich as she is OU as her; **elle est ~ belle qu'intelligente** OU **qu'elle est intelligente** she is as beautiful as she is intelligent ‖ *(devant adverbe)*: **il ne s'attendait pas à être payé ~ rapidement que cela** he didn't expect to be paid as quickly as that OU that quickly; **il se conduit ~ mal qu'autrefois** he behaves just as badly as before; **~ souvent/tard/cher que...** as often/late/expensive as...; **~ doucement que possible** as quietly as possible; **il ne s'est jamais senti ~ bien que depuis qu'il a arrêté de fumer** he's never felt so well since he stopped smoking; **on n'est jamais ~ bien servi que par soi-même** if you want something done it's best to do it yourself ❑ **~ bien: il peut ~ bien rentrer chez lui** he might just as well go home; **je ferais ~ bien de partir** I might as well leave; **~ sec** *fam* right away. -**4.** [tellement] so; [avec un adj épithète] such; **je n'ai jamais rien vu d'~ beau** I've never seen anything so beautiful; **as-tu déjà mangé quelque chose d'~ bon?** have you ever eaten anything so delicious?; **je ne le savais pas ~ têtu** I didn't know he was so stubborn; **une ~ bonne occasion ne se représentera plus** such a good opportunity won't come up again; **d'~ beaux cheveux** such lovely hair ‖ *(antéposé au verbe)*: **~ léger qu'il soit, je ne pourrai pas le porter** light as it is, I won't be able to carry it; **~ curieux que cela puisse paraître** strange as OU though it may seem.
◇ *conj* -**1.** [indiquant la conséquence] therefore, and so; **il était très timide, ~ n'osa-t-il rien répondre** he was very shy, and so he didn't dare reply; **j'avais confiance en elle, ~ n'avais-je pas fait de copie du contrat** I trusted her, and so I hadn't made a copy of the contract. -**2.** [d'ailleurs]: **on ne lui a rien dit, ~ pourquoi n'a-t-il pas demandé?** we didn't tell him anything, but in any case, why didn't he ask?; **~ bien est-ce ma faute, je ne l'avais pas prévenu** *litt* but it's my fault, I didn't warn him.

aussitôt [osito] *adv* immediately; **il vint ~** he came right away OU immediately; **~ après son départ,...** immediately OU right after he left; **je suis tombé malade ~ après avoir acheté la maison** right after buying OU as soon as I'd bought the house I was taken ill; **il est arrivé ~ après** he arrived immediately after OU afterwards; **~ rentré chez lui, il se coucha** as soon as he got home, he went to bed; **~ votre lettre reçue, je...** as soon as I received your letter, I... ❑ **~ dit, ~ fait** no sooner said than done.
◆ **aussitôt que** *loc conj* as soon as; **il l'appela ~ qu'il l'aperçut** he called out the moment OU as soon as he saw her.

austère [ostɛr] *adj* [architecture, mode de vie] austere, stark; [style] dry; [personnalité] stern, austere.

austèrement [ostɛrmɑ̃] *adv* austerely.

austérité [osterite] *nf* -**1.** [dépouillement - d'une architecture, d'un mode de vie] austerity, starkness; [- d'un style] dryness; **l'~ de leur vêtement reflète leur religion** their religious views are reflected in their austere dress. -**2.** ÉCON: **mesures d'~** austerity measures; **politique d'~** policy of austerity.
◆ **austérités** *nfpl* RELIG: **les ~s** the austerities.

Austerlitz [ostɛrlits] *npr* Austerlitz.

AUSTERLITZ:
Napoleon's decisive victory over the Russian and Austrian forces in Moravia on 2 December 1805. The presence in the field of the Emperors of the three powers involved led to its being called the Battle of the Three Emperors.

---

austral, e, als OU **aux** [ostral, o] *adj* [hémisphère] southern; [pôle] south; [constellation] austral.

australanthropien, enne [ostralɑ̃trɔpjɛ̃, ɛn] *adj* australopithecene.
◆ **australanthropien** *nm* Australopithecus.

Australasie [ostralazi] *npr f*: **(l')** ~ Australasia.

Australie [ostrali] *npr f*: **(l')** ~ Australia; **(l')** ~**-Méridionale** South Australia; **(l')** ~**-Occidentale** Western Australia.

australien, enne [ostraljɛ̃, ɛn] *adj* Australian.
◆ **Australien, enne** *nm, f* Australian.

australopithèque [ostralɔpitɛk] *nm* Australopithecus.

autan [otɑ̃] *nm* southerly wind.

autant [otɑ̃] *adv* -**1.** [marquant l'intensité] so OU as much; **je ne le hais plus ~** I don't hate him as much as I did; **j'ignorais que tu l'aimais ~** I didn't know that you loved him so much; **s'entraîne-t-il toujours ~?** does he still train as much (as he used to)?; **pourquoi attendre ~?** why wait that OU so long? ‖ *(en corrélation avec 'que')* as much as; **rien ne me déplaît ~ que d'être en retard** there's nothing I dislike so much as being late; **tu peux le nier ~ que tu voudras** you can deny it as much as you like; **la patiente doit prendre du repos ~ que faire se peut** the patient must have as much rest as (is) possible; **je l'aime ~ que toi** I like him as much as you (do); **j'ai travaillé ~ que lui** I worked as much OU as hard as he did; **les chaussures valent ~ que la robe** the shoes are worth as much as the dress; **cela me concerne ~ que vous** it's of as much concern to me as it is to you. -**2.** [indiquant la quantité] : **je ne pensais pas qu'ils seraient ~** I didn't think there would be so many of them; **elle boit toujours ~** she still drinks just as much (as she used to); **on lui en remboursera ~** she'll get the same amount back || *(en corrélation avec 'que')*: **ils sont ~ que nous** there are as many of them as (there are of) us ❑ **~ pour moi!** my mistake! -**3.** *(avec 'en')* [la même chose] : **tu devrais en faire ~** you should do the same; **pourriez-vous en faire ~?** could you do as much OU the same?; **j'en aurais fait ~ pour toi** I'd have done the same OU as much for you; **tâchez d'en faire ~** try to do the same; **il a fini son travail, je ne peux pas en dire ~** he's finished his work, I wish I could say as much OU the same; **elle est honnête, tout le monde ne peut pas en dire ~** she's honest, and not everyone can say that OU as much; **ce n'est pas toi qui pourrais en dire ~** you certainly couldn't say that OU as much, could you?; **j'en ai ~ à votre service!** *fam* same to you!, likewise! -**4.** *(avec l'infinitif)* [mieux vaut] : **~ revenir demain** I/you *etc* might as well come back tomorrow; **~ manger le reste** I/you *etc* might as well eat up what's left; **~ dire la vérité** I/you *etc* might as well tell the truth; **~ y aller tant qu'il ne pleut pas** I/you *etc* might as well go while it's not raining. -**5.** [mieux] : **j'aurais ~ fait de rester chez moi** I'd have done as well to stay at home; **tu aurais ~ fait de passer par Le Mans** you'd have done as well to go via Le Mans; **~ aurait valu demander à sa sœur** it'd have been as well to ask her sister. -**6.** *Belg* [tant] : **il gagne ~ par mois** he earns so much a month.

◆ **autant..., autant** *loc corrél*: **~ il est cultivé, ~ il est nul en mathématiques** he's highly educated, but he's no good at mathematics; **~ il est gentil avec moi, ~ il est désagréable avec elle** he's very nice to me, but he's horrible to her; **~ j'aime le vin, ~ je déteste la bière** I hate beer as much as I love wine.

◆ **autant de** *loc dét* [avec un n non comptable] as much; [avec un n comptable] as many; **je ne pensais pas qu'il aurait ~ de patience** I didn't think he'd have so much patience; **il y a ~ d'eau/de sièges ici** there's as much water/there are as many seats here; **je n'avais jamais vu ~ d'eau/d'oliviers** I'd never seen so much water/so many olive-trees; **ces livres sont ~ de chefs-d'œuvre** every last one of these books is a masterpiece; **~ d'hommes, ~ d'avis** as many opinions as there are men; **~ de lecteurs, ~ de lectures** as many readings as there are readers || *(en corrélation avec 'que')*: **il y a ~ de femmes que d'hommes** there are as many women as (there are) men; **je lis ~ de romans que de nouvelles** I read as many novels as short stories ❑ **~ de pris** it's something; **c'est ~ de gagné** at least that's something; **c'est ~ de perdu** that's that (gone); **c'est ~ de fait** that's that done at least.

◆ **autant dire** *loc adv* in other words; **j'ai été payé 4 000 francs, ~ dire rien** I was paid 4,000 francs, in other words a pittance.

◆ **autant dire que** *loc conj*: **trois heures dans le four, ~ dire que le poulet était carbonisé!** after three hours in the oven, needless to say the chicken was burnt to a cinder!; **l'ambassade ne répond plus, ~ dire que tout est perdu** the embassy's phones are dead, a sure sign that all is lost.

◆ **autant que** *loc conj* -**1.** [dans la mesure où] as far as; **~ que possible** as far as (is) possible; **~ que je (le) sache** as far as I know. -**2.** [il est préférable que] : **~ que je vous le dise tout de suite...** I may as well tell you straightaway...

◆ **d'autant** *loc adv* accordingly; **cela augmente d'~ mon intérêt pour cette question** that increases my interest in this question all the more; **si l'on raccourcit la première étagère de cinq centimètres, il faudra raccourcir la deuxième d'~** if we shorten the first shelf by five centimetres, we'll have to shorten the second one by the same amount.

◆ **d'autant mieux** *loc adv* all the better, much better; **pars à la campagne, tu te reposeras d'~ mieux** you'll have a much better rest if you go to the country; **c'est d'~ mieux ainsi** it's much better like that.

◆ **d'autant mieux que** *loc conj*: **il a travaillé d'~ mieux qu'il se sentait encouragé** he worked all the better for feeling encouraged.

◆ **d'autant moins... que** *loc corrél*: **elle est d'~ moins excusable qu'on l'avait prévenue** what she did is all the less forgivable as she'd been warned; **la promenade a été d'~ moins agréable que j'étais un peu souffrant** the walk wasn't very pleasant, particularly as OU since I wasn't feeling well.

◆ **d'autant moins que** *loc conj*: **je le vois d'~ moins qu'il est très occupé en ce moment** I see even less of him now that he's very busy.

◆ **d'autant plus** *loc adv* all the more reason; **mais je ne l'ai jamais fait! – eh bien d'~ plus!** but I've never done it before! – so OU well, all the more reason!

◆ **d'autant plus... que** *loc corrél*: **c'est d'~ plus stupide qu'il ne sait pas nager** it's particularly OU all the more stupid given (the fact) that he can't swim.

◆ **d'autant plus que** *loc conj* especially as; **il vous écoutera d'~ plus qu'il vous connaît** he'll listen to you, especially as OU particularly as he knows you.

◆ **d'autant que** *loc conj* -**1.** [vu que, attendu que] especially as, particularly as; **il faut rentrer – oui, d'~ que je n'ai pas encore préparé le dîner** it's time to go home – yes particularly OU especially as I haven't got dinner ready yet; **c'est une bonne affaire, d'~ que le crédit est très avantageux** it's a good deal, especially as the terms of credit are very advantageous. -**2.** [dans la mesure où] as far as; **d'~ qu'il se souvienne** OU **s'en souvienne** as far as he remembers; **d'~ que je m'en souvienne, ils sont cousins** as far as I remember OU if my memory serves me correctly, they're cousins.

◆ **pour autant** *loc adv*: **la situation n'est pas perdue pour ~** the situation isn't hopeless for all that, it doesn't necessarily mean all is lost; **n'en perds pas l'appétit pour ~** don't let it put off your food; **il t'aime bien, mais il ne t'aidera pas pour ~** just because he's fond of you (it) doesn't mean that he'll help you; **fais-le-lui remarquer sans pour ~ le culpabiliser** point it out to him, but don't make him feel guilty about it.

◆ **pour autant que** *loc conj* as far as; **pour ~ que je (le) sache** as far as I know; **tu n'es pas inscrit, pour ~ que je sache?** you're not on the register, as far as I know?; **pour ~ qu'on puisse prévoir** as far as we can foresee OU predict; **pour ~ qu'on puisse faire la comparaison** inasmuch as a comparison can be made; **pour ~ qu'il ait pu être coupable** guilty though he might have been.

autarcie [otarsi] *nf* autarky; **vivre en ~** to be self-sufficient.

autarcique [otarsik] *adj* autarkic.

autel [otɛl] *nm* -**1.** RELIG altar; **conduire** OU **mener qqn à l'~** to take sb to the altar OU down the aisle. -**2.** *litt*: **l'Autel** the Church.

auteur [otœr] *nm* -**1.** [qui a écrit - un livre, un article, une chanson] writer, author; **on retrouve cette expression chez plusieurs ~s** several writers use that phrase; **~ de** [d'une toile] painter of; [d'un décor, d'un meuble, d'un vêtement] designer of; [d'un morceau de musique] composer of; [d'une statue] sculptor of; [d'un film, d'un clip] director of; **une marine d'un ~ inconnu** a seascape by an unknown artist; **quelle jolie chanson, qui en est l'~?** what a lovely song, who wrote it? ❑ **un ~ dramatique** a playwright; **un ~ à succès** a popular writer. -**2.** [responsable] : **l'~ de: l'~ d'un accident** the person who caused an accident; **il a reconnu être l'~ de la collision** he acknowledged responsibility for (having caused) the crash; **l'~ du meurtre** the murderer; **le meurtre dont il est l'~** the murder he committed; **les ~s de ce crime** those who committed that crime; **les ~s présumés de l'attentat à la bombe de la rue Ponge** those suspected of having planted the bomb that went off in the rue Ponge; **qui est l'~ de cette farce?** who thought up this practical joke?; **Léonard de Vinci a été l'~ de nombreuses inventions** Leonardo invented many contraptions; **l'~ de la victoire/défaite** the person who brought about victory/defeat; **l'~ de mes jours** *litt* OU *hum* my progenitor *aussi hum.*

auteur-compositeur [otœrkɔ̃pozitœr] (*pl* **auteurs-compositeurs**) *nm* composer and lyricist; **~ interprète** singer-songwriter; **je suis ~ interprète** I write and sing my own material.

authenticité [otɑ̃tisite] *nf* -**1.** [d'un document, d'un tableau, d'un tapis] authenticity; [d'un sentiment] genuineness; **l'~ de son chagrin** his heartfelt grief. -**2.** JUR authenticity.

authentification [otɑ̃tifikasjɔ̃] *nf* authentication.

authentifier [9] [otɑ̃tifje] *vt* to authenticate.

authentique [otɑ̃tik] *adj* -**1.** [document, tableau, tapis, objet d'art] genuine, authentic; [sentiment] genuine, heartfelt. -**2.** JUR authentic.

authentiquement [otɑ̃tikmɑ̃] *adv* authentically, genuinely.

autisme [otism] *nm* autism.

autiste [otist] ◇ *adj* autistic.
◇ *nmf* autistic person.

autistique [otistik] *adj* autistic.

auto [oto] ◇ *nf* car, automobile *Am*; **en ~, il faut être prudent** one should be careful when driving ❑ **~ tamponneuse** bumper car.
◇ *adj inv*: **assurance ~** car OU automobile *Am* insurance.

autoaccusateur, trice [otɔakyzatœr, tris] *adj* self-accusatory.

autoaccusation [otɔakyzasjɔ̃] *nf* self-accusation.

autoadhésif, ive [otɔadezif, iv] *adj* self-adhesive.

autoallumage [otɔalymaʒ] *nm* preignition.

autoamorçage [otɔamɔrsaʒ] *nm* automatic priming.

autoanalyse [otɔanaliz] *nf* self-analysis.

autoberge [otɔbɛrʒ] *nf*: **(voie) ~** embankment road *Br*, expressway *Am (along riverbank)*.

autobiographie [otɔbjɔgrafi] *nf* autobiography.

autobiographique [otɔbjɔgrafik] *adj* autobiographical.

autobronzant, e [otɔbrɔ̃zɑ̃, ɑ̃t] *adj* tanning.
◆ **autobronzant** *nm* -**1.** [crème] tanning cream. -**2.** [cachet] tanning pill.

autobus [otɔbys] *nm* bus; **~ à impériale** double-decker (bus) *Br.*

autocar [otɔkar] *nm* coach, bus; **~ pullman** luxury coach.

autocassable [otɔkasabl] *adj* break-open PHARM.

autocensure [otɔsɑ̃syr] *nf* self-censorship, self-regulation; **pratiquer l'~** to censor o.s.

autocensurer [3] [otɔsɑ̃syre]
◆ **s'autocensurer** *vp (emploi réfléchi)* to censor o.s.

autocentré, e [otɔsɑ̃tre] *adj* autocentric.

autochenille [otɔʃnij] *nf* half-track.

autochtone [otɔktɔn] ◇ *adj* native.
◇ *nmf* native; **les ~s sont arrivés en masse** *hum* the locals turned up in droves.

autoclave [otɔklav] ◇ *adj* pressure-sealed, autoclave *(épith).*
◇ *nm* autoclave, pressure cooker.

autocollant, e [otɔkɔlɑ̃, ɑ̃t] *adj* self-adhesive.
◆ **autocollant** *nm* sticker.

autoconsommation [otɔkɔ̃sɔmasjɔ̃] *nf*: **les légumes qu'ils cultivent sont destinés à l'~** the vegetables they grow are meant for their own consumption; **économie d'~** subsistence economy.

autocopiant, e [otɔkɔpjɑ̃, ɑ̃t] *adj* duplicating.

autocorrectif, ive [otɔkɔrɛktif, iv] *adj* self-correcting.

autocorrection [otɔkɔrɛksjɔ̃] *nf* self-correcting.

autocouchette [otɔkuʃɛt] *adj inv* = **autos-couchettes**.

autocrate [otɔkrat] *nm* autocrat.

autocratie [otɔkrasi] *nf* autocracy.

autocratique [otɔkratik] *adj* autocratic.

autocritique [otɔkritik] *nf* self-criticism; **faire son ~** to make a thorough criticism of o.s.

autocuiseur [otɔkɥizœr] *nm* pressure cooker.

autodafé [otɔdafe] *nm* auto-da-fé; **faire un ~ de livres** to burn books.

autodéfense [otɔdefɑ̃s] *nf* self-defence.
◆ **d'autodéfense** *loc adj* [arme] defensive; **groupe d'~** vigilante group.

autodestructeur, trice [otɔdɛstryktœr, tris] *adj* self-destroying.

autodestruction [otɔdɛstryksjɔ̃] *nf* self-destruction.

autodétermination [otɔdetɛrminasjɔ̃] *nf* self-determination.

autodétruire [98] [otɔdetrɥir]
◆ **s'autodétruire** *vp (emploi réfléchi)* to self-destruct.

autodidacte [otɔdidakt] ◇ *adj* self-taught, self-educated.
◇ *nmf* autodidact.

autodirecteur, trice [otɔdirɛktœr, tris] *adj* self-guiding.
◆ **autodirecteur** *nm* self-guiding device.

autodiscipline [otɔdisiplin] *nf* self-discipline.

autodrome [otɔdrom] *nm* car-racing track.

auto-école [otɔekɔl] (*pl* **auto-écoles**) *nf* driving-school; *(comme adj)*: **voiture ~** driving-school car.

autoélévateur, trice [otɔelevatœr, tris] *adj* self-adjusting.

autoérotique [otɔerɔtik] *adj* autoerotic, onanistic.

autoérotisme [otɔerɔtism] *nm* autoeroticism, onanism.

autofécondation [otɔfekɔ̃dasjɔ̃] *nf* self-fertilization, self-fertilizing.

autofinancement [otɔfinɑ̃smɑ̃] *nm* self-financing; **capacité d'~** cash flow.

autofinancer [16] [otɔfinɑ̃se]
◆ **s'autofinancer** *vp (emploi réfléchi)* to be self-financing OU self-supporting.

autofocus [otɔfɔkys] ◇ *adj* autofocus.
◇ *nm* **-1.** [système] autofocus system. **-2.** [appareil] autofocus camera.

autogène [otɔʒɛn] *adj* autogenous.

autogéré, e [otɔʒere] *adj* self-managed, self-run.

autogérer [18] [otɔʒere] *vt* [entreprise, commune] to self-manage.
◆ **s'autogérer** *vp (emploi réfléchi)* [collectivité] to be self-managing.

autogestion [otɔʒɛstjɔ̃] *nf* (workers') self-management; **entreprise/université en ~** self-managed company/university.

autogestionnaire [otɔʒɛstjɔnɛr] ◇ *adj* based on workers' self-management.
◇ *nmf* advocate of workers' self-management.

autogouverner [3] [otɔguvɛrne]
◆ **s'autogouverner** *vp (emploi réfléchi)* to be self-governing.

autographe [otɔgraf] ◇ *adj* handwritten, autograph *(épith)*.
◇ *nm* autograph.

autogreffe [otɔgrɛf] *nf* autograft; **faire une ~** to carry out an autograft.

autoguidage [otɔgidaʒ] *nm* self-steering.

autoguidé, e [otɔgide] *adj* [avion, missile] self-guided.

auto-immun, e [otɔimœ̃, yn] (*mpl* **auto-immuns**, *fpl* **auto-immunes**) *adj* autoimmune.

auto-immunisation [otɔimynizasjɔ̃] = **auto-immunité**.

auto-immunitaire [otɔimynitɛr] (*pl* **auto-immunitaires**) *adj* autoimmune.

auto-immunité [otɔimynite] (*pl* **auto-immunités**) *nf* autoimmunity.

auto-inductance [otɔɛ̃dyktɑ̃s] (*pl* **auto-inductances**) *nf* self-inductance.

auto-induction [otɔɛ̃dyksjɔ̃] (*pl* **auto-inductions**) *nf* self-induction.

auto-intoxication [otɔɛ̃tɔksikasjɔ̃] (*pl* **auto-intoxications**) *nf* self-poisoning, autointoxication.

autolubrifiant, e [otɔlybrifjɑ̃, ɑ̃t] *adj* self-lubricating.

autolysat [otɔliza] *nm* substance resulting from autolysis.

autolyse [otɔliz] *nf* autolysis.

automate [otɔmat] *nm* **-1.** [robot] automaton, robot; **comme un ~** like a robot. **-2.** *Helv* [machine] vending machine; [à billets] cash dispenser.

automaticien, enne [otɔmatisjɛ̃, ɛn] *nm, f* automation OU robotics specialist.

automaticité [otɔmatisite] *nf* automaticity.

automation [otɔmasjɔ̃] *nf* automation.

automatique [otɔmatik] ◇ *adj* automatic; **de façon ~** automatically.
◇ *nm* **-1.** ARM automatic.
◇ *nf* **-1.** AUT automatic (car). **-2.** SC automation, cybernetics *(sg)*.

automatiquement [otɔmatikmɑ̃] *adv* automatically.

automatisation [otɔmatizasjɔ̃] *nf* automation.

automatiser [3] [otɔmatize] *vt* to automate.
◆ **s'automatiser** *vpi* to become automated.

automatisme [otɔmatism] *nm* automatism; **j'éteins toutes les lampes, c'est un ~** I always switch lamps off, I do it without thinking OU it's automatic with me.

automédication [otɔmedikasjɔ̃] *nf* self-prescription *(of drugs)*.

automitrailleuse [otɔmitrajøz] *nf* armoured-car.

automnal, e, aux [otɔnal, o] *adj* autumnal *litt*, autumn *(épith)*, fall *Am (épith)*; **des teintes ~es** autumnal hues.

automne [otɔn] *nm* autumn, fall *Am*; **l'~ de sa vie** *litt* the autumn of his life.

automobile [otɔmɔbil] ◇ *nf* **-1.** [véhicule] motor car *Br*, automobile *Am*. **-2.** SPORT driving, motoring *Br*. **-3.** [industrie] car industry.
◇ *adj* **-1.** MÉCAN [des voitures] car *(épith)*; [bateau, engin] automotive, self-propelled. **-2.** ADMIN [vignette] car *(épith)*; [assurance] car, automobile.

automobilisme [otɔmɔbilism] *nm* driving, motoring *Br*.

automobiliste [otɔmɔbilist] *nmf* driver, motorist *Br*.

automorphisme [otɔmɔrfism] *nm* automorphism.

automoteur, trice [otɔmɔtœr, tris] *adj* automotive, motorized, self-propelled.
◆ **automoteur** *nm* **-1.** MIL self-propelled gun. **-2.** NAUT self-propelled barge.
◆ **automotrice** *nf* electric railcar.

automouvant, e [otɔmuvɑ̃, ɑ̃t] *adj* self-propelled.

automutilation [otɔmytilasjɔ̃] *nf* self-mutilation.

autoneige [otɔnɛʒ] *nf Can* snowmobile.

autonettoyant, e [otɔnɛtwajɑ̃, ɑ̃t] *adj* self-cleaning.

autonome [otɔnɔm] *adj* **-1.** [autogéré - territoire, gouvernement, organisme] self-governing; **gestion ~** managerial autonomy. **-2.** [non affilié - syndicat] independent. **-3.** [libre - caractère, personnalité] autonomous, independent; **elle est très ~** she likes to make her own decisions.
◆ **autonomes** *nmpl unaffiliated political extremist group (in France in the 1970s)*.

autonomie [otɔnɔmi] *nf* **-1.** [d'une personne] autonomy, independence; [d'un État, d'un pays] autonomy, self-government; **ils veulent l'~ OU leur ~** they want to be self-governed. **-2.** [d'un véhicule, d'un avion] range; [d'un appareil rechargeable]: **ce rasoir a une ~ de 30 minutes** the razor will run for 30 minutes before it needs recharging.

autonomiste [otɔnɔmist] *adj & nmf* separatist.

autoplastie [otɔplasti] *nf* autoplasty.

autopompe [otɔpɔ̃p] *nf* fire-engine.

autoportant, e [otɔpɔrtɑ̃, ɑ̃t] *adj* self-supporting.

autoportrait [otɔpɔrtrɛ] *nm* self-portrait; **faire son ~** to paint a self-portrait; **en réalité, dans cette nouvelle, elle fait son ~** this short story is in fact her self-portrait.

autopropulsé, e [otɔprɔpylse] *adj* self-propelled.

autopropulseur [otɔprɔpylsœr] ◇ *adj m* self-propelling.
◇ *nm* self-propulsion apparatus OU system.

autopropulsion [otɔprɔpylsjɔ̃] *nf* self-propulsion.

autopsie [otɔpsi] *nf* **-1.** MÉD autopsy; **pratiquer une ~** to carry out an autopsy. **-2.** [analyse] critical analysis, autopsy; **faire l'~ d'un conflit** to go into the causes of a conflict.

autopsier [9] [otɔpsje] *vt* to carry out an autopsy on.

autopunitif, ive [otɔpynitif, iv] *adj* self-punishing.

autopunition [otɔpynisjɔ̃] *nf* self-punishment.

autoradio [otɔradjo] *nm* car radio.

autoradiographie [otɔradjɔgrafi] *nf* autoradiography.

autorail [otɔraj] *nm* railcar.

autoréglage [otɔreglaʒ] *nm* automatic control.

autorégulateur, trice [otɔregylatœr, tris] *adj* self-regulating.

autorégulation [otɔregylasjɔ̃] *nf* **-1.** BIOL & PHYSIOL self-regulation. **-2.** TECH automatic regulation.

autoréparable [otɔreparabl] *adj* self-repairing.

auto-reverse [otɔrivœrs] *adj* auto-reverse.

autorisation [otɔrizasjɔ̃] *nf* **-1.** [consentement - d'un parent] permission, consent; [- d'un supérieur] permission, authorization; [- d'un groupe] authorization; **donner son ~ à qqch** to consent to sthg; **donner à qqn l'~ de faire qqch** to give sb permission to do sthg; **qui t'a donné l'~ de prendre ces pommes?** who said you could have these apples?; **faire qqch sans ~** to do sthg without permission. **-2.** ADMIN [acte officiel] authorization, permit; **~ de sortie** [d'un lycée] (special) pass; **~ de sortie du territoire** parental authorization *(permitting a minor to leave a country)*. **-3.** BANQUE: **une ~ de 3 000 francs** a temporary overdraft of up to 3,000 francs.

autorisé, e [otɔrize] *adj* **-1.** PRESSE official; **d'après des sources ~es, le président aurait déjà signé l'accord** sources close to the President say that he's already signed the agreement. **-2.** [agréé - aliment, colorant] permitted. **-3.** [qui a la permission]: **personnes ~es** authorized persons.

autoriser [3] [otɔrize] *vt* **-1.** [permettre - manifestation, réunion, publication] to authorize, to allow; [- emprunt] to authorize, to approve; **le défilé n'avait pas été autorisé** no permission OU authorization had been given for the procession (to be held). **-2.** [donner l'autorisation à]: **~ qqn à** to allow sb OU to give sb permission to; **je ne t'ai pas autorisé à utiliser ma voiture** I never said you could use my car; **je ne t'ai pas autorisé à me parler sur ce ton** I won't have you talk to me like that; **~ qqn à faire** [lui en donner le droit] to entitle sb OU to give sb the right to do; **vous êtes mes parents mais cela ne vous autorise pas à ouvrir mon courrier** my parents you may be but that doesn't give you the right to open my letters; **sa réponse nous autorise à penser que...** from his reply we may deduce OU his reply leads us to conclude that... **-3.** [justifier] to permit of, to justify; **la jeunesse n'autorise pas tous les débordements** being young isn't an excuse for uncontrolled behaviour; **cette dépêche n'auto-**

rise plus le moindre espoir this news spells the end of any last remaining hopes.

◆ **s'autoriser** *vpt*: **je m'autorise un petit verre de vin le soir** I allow myself a small glass of wine in the evening.

◆ **s'autoriser de** *vp + prép* [se servir de]: **elle s'autorise de sa confiance** she exploits his confidence in her.

autoritaire [otɔritɛr] *adj & nmf* authoritarian.

autoritairement [otɔritɛrmɑ̃] *adv* in an authoritarian way, with (excessive) authority.

autoritarisme [otɔritarism] *nm* authoritarianism.

autorité [otɔrite] *nf* -**1.** [pouvoir] authority, power; **l'~ de la loi** the authority OU power of the law; **par ~ de justice** by order of the court; **avoir de l'~ sur qqn** to be in OU to have authority over sb; **être sous l'~ de qqn** to be OU to come under sb's authority; **se mettre sous l'~ de qqn** to place o.s. under sb's authority; **faire qqch de sa propre ~** to do sthg on one's own authority; **avoir ~ pour faire qqch** to have authority to do sthg ❑ **l'~ parentale** [droits] parental rights; [devoirs] parental responsibilities. -**2.** [fermeté] authority; **ses parents n'ont aucune ~** her parents don't have any authority; **faire preuve d'~ envers un enfant** to show some authority towards a child; **il a besoin d'un peu d'~** he needs to be taken in hand; **avec de l'~ dans la voix** with a note of authority in his voice. -**3.** [compétence] authority; **dire qqch en invoquant l'~ de qqn** to say sthg on sb's authority; **parler de qqch avec ~** to talk authoritatively about sthg; **faire ~**: **édition qui fait ~** authoritative edition; **version qui fait ~** definitive version; **essai qui fait ~** seminal essay ‖ [expert] authority, expert; **c'est une ~ en matière de...** he's an authority OU expert on... -**4.** ADMIN: **l'~, les ~s** those in authority, the authorities; **l'~ militaire/religieuse** the military/religious authority; **s'adresser à l'~ compétente** to apply to the appropriate authority; **un agent** OU **représentant de l'~** an official ‖ [police]: **les ~s** the police force; **les ~s ont dû intervenir** the police had to intervene.

◆ **d'autorité** *loc adv* without consultation; **si tu ne me le donnes pas, je le prendrai d'~** if you won't give it to me I'll take it without asking you; **d'~, j'ai décidé de fermer la bibliothèque le mercredi** I decided on my own authority to close the library on Wednesdays; **ils ont gelé les crédits d'~** they unilaterally stopped the funding.

autoroute [otorut] *nf* motorway *Br*, freeway *Am*; **conduite sur ~** motorway driving ❑ **~ à péage** toll motorway *Br*, turnpike *Am*.

autoroutier, ère [otorutje, ɛr] *adj* motorway *Br (épith)*, freeway *Am (épith)*.

◆ **autoroutière** *nf car particularly suited to motorway driving conditions*: **c'est une bonne autoroutière** it handles well on motorways.

autosatisfaction [otɔsatisfaksjɔ̃] *nf* self-satisfaction.

autos-couchettes [otɔkuʃɛt] *adj inv*: **train ~** car-sleeper train.

auto-stop [otɔstɔp] *nm sg* hitch-hiking, hitching; **faire de l'~** to hitch-hike, to hitch; **elle a fait de l'~ jusqu'à Chicago** she hitch-hiked to OU she hitched a ride to Chicago; **prendre qqn en ~** to give sb a lift OU ride.

auto-stoppeur, euse [otɔstɔpœr, øz] (*mpl* auto-stoppeurs, *fpl* auto-stoppeuses) *nm, f* hitch-hiker; **prendre un ~** to pick up a hitch-hiker.

autosubsistance [otɔsybzistɑ̃s] *nf* (economic) self-sufficiency.

autosuffisance [otɔsyfizɑ̃s] *nf* self-sufficiency.

autosuffisant, e [otɔsyfizɑ̃, ɑ̃t] *adj* self-sufficient.

autosuggestion [otɔsygʒɛstjɔ̃] *nf* autosuggestion.

auto(-)tamponneuse [otɔtɑ̃pɔnøz] (*pl* autos-tamponneuses OU autos tamponneuses) *nf* bumper car, dodgem.

autotracté, e [otɔtrakte] *adj* self-propelled.

autotransformateur [otɔtrɑ̃sfɔrmatœr] *nm* autotransformer.

autotrempant, e [otɔtrɑ̃pɑ̃, ɑ̃t] *adj* self-hardening.

autour[1] [otur] *nm* goshawk.

autour[2] [otur] *adv* around, round; **mets du papier de soie ~** wrap it up in tissue paper; **tout ~** all around; **il y avait un arbre et les enfants couraient (tout) ~** there was a tree and the children were running round it; **une nappe avec des broderies tout ~** a tablecloth with embroidery all around it OU round the edges.

◆ **autour de** *loc prép* -**1.** [dans l'espace] around; **~ du village** around the village; **il observait les gens ~ de lui** he looked at the people around him. -**2.** [indiquant une approximation] around; **il gagne ~ de 15 000 francs** he earns around 15,000 francs; **elle a ~ de 20 ans** she's about 20; **il a fait beaucoup de films ~ des années 30** he made a lot of films around the 1930s; **ils sont arrivés ~ de 20 h** they arrived (at) around 8 p.m.

autovaccin [otɔvaksɛ̃] *nm* autogenous vaccine.

autre [otr] ◇ *adj indéf* -**1.** [distinct, différent]: **un ~ homme** another OU a different man; **il a rencontré une ~ femme** he's met another woman; **vous avez cette jupe dans une ~ taille?** do you have this skirt in another OU in a different size?; **donnez-moi une ~ tasse, celle-ci est ébréchée** give me another OU a new cup, this one's chipped; **j'ai une ~ idée** I've got another idea; **en d'~s lieux** elsewhere; **~ part** somewhere else; **dans d'~s circonstances...** in other circumstances..., had the circumstances been different...; **tu veux ~ chose?** do you want anything else?; **il n'y a que du fromage, je n'ai pas ~ chose** there's only cheese, I haven't got anything else; **toute ~ réaction m'aurait surpris** any other reaction would've surprised me; **la vérité est tout ~** the truth is quite OU very OU altogether different; **je me faisais une tout ~ idée de la question** I had quite a different concept of the matter ❑ **~s temps, ~s mœurs** other days, other ways. -**2.** [supplémentaire]: **voulez-vous un ~ café?** would you like another coffee?; **essaie une ~ fois** try another time; **il n'y a pas d'~s verres?** aren't there any other glasses?; **une ~ bière, s'il vous plaît** another beer please; **un ~ mot sur le sujet** another OU one more word on the subject; **vous avez le droit à une ~ réponse** you may give one more answer; **elle est partie sans ~s explications** she left without further explanation; **il nous faut une ~ chaise** we need one more OU an extra OU another chair; **essaie une ~ fois** try again OU one more time; **ça c'est une ~ histoire** OU **affaire** OU **paire de manches** *fam* that's something else altogether, that's another story OU kettle of fish (altogether). -**3.** [devenu différent] different; **c'est un ~ appartement maintenant!** it's quite a different flat now!, the flat is completely transformed now!; **je me sens un ~ homme** I feel a different OU new man; **je me sens, comment dire, ~** I feel, how can I put it, different; **un tout ~ homme** a completely different man; **avec des fines herbes, ça a un tout ~ goût!** with some fines herbes, it has quite a different taste!; **elle est tout ~ désormais** she's completely different now. -**4.** [marquant la supériorité]: **leur ancien appartement avait un ~ cachet!** their old flat had far more character!; **leurs émissions sont d'une ~ qualité!** their programmes are far better!; **la cuisine d'Éric, c'est ~ chose!** you should taste Éric's cooking!; **le Japon, ah c'est ~ chose!** Japan, now that's really something else! -**5.** [restant] other, remaining; **les ~s passagers ont été rapatriés en autobus** the other passengers were taken home by bus. -**6.** [avec les pronoms 'nous' et 'vous']: **nous ~s consommateurs...** we consumers...; **vous ~s Français...** you French people...; **écoutez-le, vous ~s!** *fam* listen to him, you lot! -**7.** [dans le temps] other; **on y est allés l'~ jour** we went there the other day; **on ira une ~ année** we'll go another year; **l'~ fois** the other time; **d'~s fois** other times; **en d'~s temps** in other times; [dans le passé] in days gone by; **l'~ matin** the other morning; **je l'ai vu l'~ dimanche** I saw him the other Sunday; **un ~ jour** some other day; **je reviendrai à un ~ moment** I'll come back some other time; **dans l'~ vie** in the next world; **dans une ~ vie** in another life. -**8.** [en corrélation avec 'l'un']: **l'une et l'~ hypothèses sont valables** both hypotheses are valid; **l'un ou l'~ projet devra être accepté** one of the two projects will have to be accepted; **ni l'une ni l'~ explication n'est plausible** neither explanation is plausible.

◇ *pron* -**1.** [désignant des personnes]: **un ~** someone else, somebody else; **d'~s** other people, others; **on n'attend pas les ~s?** aren't we going to wait for the others?; **un ~ que moi** anybody OU anyone else but me; **d'~s que moi vous donneront les explications nécessaires** others will give you the necessary explanations; **plus que tout ~, tu aurais dû prévoir que...** you of all people should have foreseen that...; **tout ~ que lui aurait refusé** anyone else but him would have refused; **quelqu'un d'~** someone else; **aucun ~, nul ~** *sout* no one else, nobody else, none other; **personne d'~** no one else, nobody else; **bien d'~s ont essayé** a lot of other people have tried; **elle est plus futée que les ~s** she's shrewder than (any of) the others ‖ [désignant des choses]: **un ~** another one; **d'~s** other ones, others; **une maison semblable à une ~** a house like any other; **le restaurant ne me disait rien, nous en avons cherché un ~** the restaurant didn't appeal to me, (so) we looked for another one; **ce livre ou l'~** this book or the other one; **mes chaussures sont sales, il faut que je mette les ~s** my shoes are dirty, I'll have to wear the other ones; **je n'en ai pas besoin d'~s** I don't need any more; **quelque chose d'~** something else; **rien d'~** nothing else ❑ **comme dit** OU **dirait l'~** as they say; **à d'~s!** *fam* tell that to the marines!, go on with you!, come off it!; **et l'~ qui n'arrête pas de pleurer!** *fam* and that one who won't stop crying!; **eh l'~, il est fou!** *fam* listen to that one OU him, he's mad! -**2.** [en corrélation avec 'l'un']: **l'une chante, l'~ danse** one sings, the other dances; **l'un et l'~** both of them; **l'un ou l'~** (either) one or the other, either one; **je l'ai su par l'une ou l'~ de ses collègues** I heard it through one or other of his colleagues; **l'un après l'~** one after another OU the other; **ils marchaient l'un derrière l'~/l'un à côté de l'~** they were walking one behind the other/side by side; **ni l'un ni l'~ n'est venu** neither (of them) came; **je n'ai pu les joindre ni l'un ni l'~** I couldn't get hold of either (one) of them; **on ne peut pas les distinguer l'un de l'~** you can't tell one from the other, you can't tell them apart; **on les prend souvent l'un pour l'~** people often mistake one for the other; **les uns le détestent, les ~s l'adorent** he's loathed by some, loved by others; **aimez-vous les uns les ~s** love one another; **aidez-vous les uns les ~s** help each other OU one another; **n'écoute pas ce que disent les uns et les ~s** don't listen to what people say; **l'un ne va pas sans l'~** you can't have one without the other; **présente-les l'un à l'~** introduce them to each other; **ils sont tout l'un pour l'~** they mean everything to each other; **vous êtes des brutes les uns comme les ~s!** you're (nothing but) beasts, all of you! ❑ **l'un dans l'~** all in all, at the end of the day; **c'est plus cher, mais plus solide: l'un dans l'~ on s'y retrouve** it's more expensive, but it's stronger: all in all OU at the end of the day it amounts to the same; **l'un dans l'~, nous avons recouvré nos frais** at the end of the day we broke even.

◇ *nm* PHILOS: **l'~** the other.

autrefois [otrəfwa] *adv* in the past, in former times OU days; **je l'ai bien connu ~** I knew him well once; **~ s'élevait ici un château médié-**

val... there used to be a medieval castle here...; d'~ of old, of former times; les maisons d'~ n'avaient aucun confort in the past OU in the old days, houses were very basic.

autrement [otrəmɑ̃] *adv* -**1.** [différemment] another OU some other way; la bouteille va se renverser, pose-la ~ that bottle will spill, stand it differently; je ne vois rien dans le rétroviseur, mets-le ~ I can't see out of the rearview mirror, adjust it for me; la banque est fermée, je vais me débrouiller ~ the bank's closed, I'll find some other way (of getting money); en être ~: comment pourrait-il en être ~ ? how could things be different?; il n'en a jamais été ~ things have always been this way OU have never been any other way OU have never been any different; faire ~: nous ne les laisserons pas construire la route ici, il faudra qu'ils fassent ~ we won't let them build the road here, they'll have to find another OU some other way; il n'y a pas moyen de faire ~ there's no other way OU no alternative; j'ai accepté, je n'ai pas pu faire ~ I had no alternative but to say yes. -**2.** [sinon] otherwise, or else; payez car ~ vous aurez des ennuis pay up or else you'll get into trouble; les gens sont désagréables, ~ le travail est intéressant the people are unpleasant, but otherwise OU apart from that the work's interesting; c'est dommage, ~ on aurait pu partir à minuit it's a shame, because otherwise we could have left at midnight. -**3.** *(suivi d'un compar)* [beaucoup] far; c'est ~ plus grave cette fois-ci it's far more serious this time; elle est ~ plus jolie que sa sœur she's far prettier than her sister; c'est ~ moins cher au marché it's far cheaper if you buy it on the market; il est ~ moins intelligent que son premier mari he's much less bright than her first husband.

◆ **autrement dit** *loc adv* in other words; tu as fait tes valises, ~ dit tu me quittes? you've packed your bags, in other words, you're leaving me?

◆ **autrement que** *loc adv compar*: il est habillé ~ que d'habitude he hasn't got his usual clothes on; faire ~ que: je n'ai pu faire ~ que de les entendre I couldn't help but overhear them; il n'a pas pu faire ~ que de rembourser he had no alternative but to pay the money back; on ne peut faire ~ que d'admirer son audace one can't but admire her daring.

Autriche [otriʃ] *npr f*: (l') ~ Austria.

autrichien, enne [otriʃjɛ̃, ɛn] *adj* Austrian.

◆ **Autrichien, enne** *nm, f* Austrian; l'Autrichienne HIST (Queen) Marie-Antoinette.

autruche [otryʃ] *nf* ostrich; faire l'~ to bury one's head in the sand.

autrui [otrɥi] *pron indéf inv sout* others, other people; peu m'importe l'opinion d'~ other people's opinion OU the opinion of others means little to me; la liberté d'~ other people's freedom, the freedom of others ❑ ne fais pas à ~ ce que tu ne voudrais pas qu'on te fît *prov* do as you would be done by.

auvent [ovɑ̃] *nm* -**1.** [en dur] porch roof. -**2.** [en toile] awning, canopy.

auvergnat, e [ovɛrɲa, at] *adj* from the Auvergne, of the Auvergne.

◆ **Auvergnat, e** *nm, f inhabitant of or person from the Auvergne*; les Auvergnats the people of the Auvergne.

◆ **auvergnat** *nm* LING *dialect spoken in the Auvergne*.

Auvergne [ovɛrɲ] *npr f*: (l') ~ the Auvergne.

aux [o] → **à**.

auxiliaire [oksiljɛr] ◇ *adj* -**1.** LING auxiliary. -**2.** [annexe] assistant *(épith)*, auxiliary. -**3.** TECH auxiliary, standby.

◇ *nmf* -**1.** [employé temporaire] temporary worker; ce n'est qu'un ~ he's only temporary. -**2.** JUR: ~ de justice representative of the law. -**3.** MÉD: ~ médical paramedic; les ~s médicaux the paramedical profession. -**4.** [aide] helper, assistant; elle m'a été une ~ infatigable she was a constant help to me.

◇ *nm* -**1.** LING auxiliary. -**2.** [outil, moyen] aid; le magnétoscope est l'~ précieux de mon enseignement I find a video-recorder to be an invaluable teaching aid.

◆ **auxiliaires** *nmpl* -**1.** ANTIQ *foreign troops of the Roman Army*. -**2.** NAUT [moteurs] auxiliary engines; [équipement] auxiliary equipment.

auxiliairement [oksiljɛrmɑ̃] *adv* -**1.** LING: verbe utilisé ~ verb used as an auxiliary. -**2.** [accessoirement] secondarily; ~, cela peut servir d'abri it can also, if necessary, be used as a shelter.

auxiliariat [oksiljarja] *nm* (status of the) assistant teachers.

auxquelles [okɛl] *fpl* → **lequel**.

auxquels [okɛl] *mpl* → **lequel**.

AV ◇ *nm abr de* avis de virement.
◇ *abr écrite de* avant.

av. *abr écrite de* avenue.

avachi, e [avaʃi] *adj* -**1.** [sans tenue - vêtement] crumpled, rumpled, shapeless; [- cuir] limp; [- sommier, banquette] sagging; [- chaussure] shapeless, down-at-heel; [- gâteau] soggy; [- soufflé] collapsed; mon vieux pantalon ~ my baggy old trousers; casquette/poche ~e cap/pocket pulled out of shape. -**2.** [indolent] flabby, spineless; la génération ~e que nous a léguée la guerre the flabby OU supine *litt* post-war generation.

avachir [32] [avaʃir]

◆ **s'avachir** *vpi* -**1.** [s'affaisser - vêtement] to become shapeless; [- gâteau, forme] to collapse; [- cuir] to go limp; [- canapé] to start sagging. -**2.** [s'affaler]: s'~ dans un fauteuil/sur une table to slump into an armchair/over a table.

avachissement [avaʃismɑ̃] *nm* -**1.** [perte de tenue - d'un tissu] becoming limp, losing (its) shape; [- de chaussures] wearing out; [- d'un canapé] starting to sag; [- d'une forme] collapsing; [- de ressorts] slackening; lutter contre l'~ des tissus musculaires to prevent the slackening of muscles ‖ [état déformé] limp OU worn-down appearance. -**2.** [perte de courage - physique] going limp; [- moral] loss of moral fibre; gagné par un ~ de tout son corps [de fatigue] going limp (with tiredness); [à la chaleur] withering (in the heat). -**3.** [état physique - temporaire] limpness; [- permanent] flabbiness; [découragement] loss of moral fibre; [veulerie] spinelessness.

aval [aval] ◇ *nm* -**1.** FIN endorsement, guarantee; donner son ~ à une traite to guarantee OU to endorse a draft. -**2.** [soutien] support; donner son ~ à qqn to back sb (up). -**3.** [autorisation] authorization; avoir l'~ des autorités to have (an) official authorization. -**4.** [d'une rivière] downstream water. -**5.** [d'une pente] downhill side (of a slope); faites face à l'~ face the valley; regardez vers l'~ look down the slope.
◇ *adj*: ski/skieur ~ downhill ski/skier.

◆ **en aval de** *loc prép* -**1.** [en suivant une rivière] downstream OU down-river from. -**2.** [en montagne] downhill from. -**3.** [après] following on from; les étapes qui se situent en ~ de la production the post-production stages.

avalanche [avalɑ̃ʃ] *nf* -**1.** GÉOG avalanche. -**2.** *fig* [quantité - de courrier, de protestations, de compliments, de lumière] flood; [- de coups, d'insultes] shower; il y eut une ~ de réponses the answers came pouring in.

avalancheux, euse [avalɑ̃ʃø, øz] *adj* avalanche-prone.

avalement [avalmɑ̃] *nm* swallow, swallowing *(U)*.

avaler [3] [avale] *vt* -**1.** [consommer - nourriture] to swallow; [- boisson] to swallow, to drink; ~ qqch d'un (seul) coup OU d'un trait to swallow sthg in one gulp; ~ qqch de travers: j'ai avalé ma frite de travers a chip went down the wrong way; je n'ai rien avalé depuis deux jours I haven't had a thing to eat for two days; ~ du lait à petites gorgées to sip milk; ~ sa salive to swallow; à midi, elle prend à peine le temps d'~ son déjeuner at lunchtime, she bolts her meal ‖ *(en usage abs)* [manger, boire] to swallow. -**2.** *fig*: ~ les obstacles/kilomètres to make light work of any obstacle/of distances ❑ vouloir tout ~ to be hungry OU thirsty for experience; ~ qqn tout cru to eat sb alive; tu as avalé ta langue? have you lost your tongue?; ~ son bulletin OU son acte de naissance OU sa chique *fam* to kick the bucket, to go and meet one's maker *hum*; comme quelqu'un qui aurait avalé son OU un parapluie [raide] stiffly, with his back like a rod; [manquant d'adaptabilité] stiffly, starchily. -**3.** [inhaler - fumée] to inhale, to breathe in *(sép)*. -**4.** [lire - roman, article] to devour; une petite anthologie que vous avalerez en un après-midi a short anthology which you will read OU get through in one afternoon. -**5.** *fam* [croire - mensonge] to swallow, to buy; vous croyez que je vais ~ ça? do you think I'll buy that?; il a avalé mon histoire (toute crue) he swallowed my story hook, line and sinker; je lui ai fait ~ que j'étais malade I got him to believe that I was sick; on ne nous le fera pas ~ it won't wash (with us). -**6.** *fam* [accepter - insulte] to swallow; pilule difficile à ~ *fig* hard OU bitter pill to swallow ❑ ~ la pilule to swallow the bitter pill; ~ des couleuvres to swallow insults; faire ~ des couleuvres à qqn to humiliate sb.

avaleur [avalœr] *nm*: ~ de sabres sword swallower.

avaliser [3] [avalize] *vt* -**1.** JUR [effet] to endorse, to back; [signature] to guarantee. -**2.** [donner son accord à] to back, to condone, to support; nous n'avalisons pas ces comportements barbares we do not condone such barbaric behaviour.

avaliseur [avalizœr] *nm* endorser.

à-valoir [avalwar] *nm inv* advance (payment).

avance [avɑ̃s] *nf* -**1.** [par rapport au temps prévu]: prendre de l'~ dans ses études to get ahead in one's studies; j'ai pris de l'~ sur le OU par rapport au planning I'm ahead of schedule; avoir de l'~ sur OU par rapport à ses concurrents to be ahead of the competition OU of one's competitors; arriver avec 10 minutes/jours d'~ to arrive 10 minutes/days early; le livreur a une heure d'~ the delivery man is an hour early; le maillot jaune a pris 37 secondes d'~ the yellow jersey's 37 seconds ahead of time. -**2.** [d'une montre, d'un réveil]: sa montre prend de l'~ her watch is fast; ma montre a une minute d'~/prend une seconde d'~ toutes les heures my watch is one minute fast/gains a second every hour. -**3.** [avantage - d'une entreprise] lead; [- d'une armée] progress; l'~ prise par notre pays en matière de génétique our country's lead in genetics; perdre son ~ sur un marché/dans une discipline scolaire to lose one's lead in a market/school subject; ralentir l'~ de qqn to slow sb's progress; avoir 10 points d'~ sur qqn to have a 10 point lead over sb; elle a une ~ de 10 mètres sur la Britannique she leads the British girl by 10 metres, she has a 10 metres lead over the British girl; avoir une demi-longueur d'~ to lead by half a length. -**4.** [dans un approvisionnement]: en avoir d'~, en faire d'~: prends ce beurre, j'en ai plusieurs paquets d'~ have this butter, I keep several packs in reserve; de la sauce tomate? j'en fais toujours d'~ tomato sauce? I always make some in advance. -**5.** [acompte] advance; donner à qqn une ~ sur son salaire to give sb an advance on his/her salary; faire une ~ de 500 francs à qqn to advance 500 francs to sb; ~s sums advanced ❑ ~ bancaire FIN (bank) overdraft; ~ de fonds loan; ~ sur recette loan to a producer *(to be recouped against box-office takings)*; ~ sur titre collateral loan. -**6.** AUT: ~ à l'allumage ignition advance.

◆ **avances** *nfpl* [propositions - d'amitié, d'association] overtures, advances; [- sexuelles] advances; faire des ~s à qqn to make advances to sb; ils nous ont fait quelques ~s mais rien n'a été signé they made a few overtures but there was no actual deal.

◆ **à l'avance** *loc adv* [payer] in advance, beforehand; vous le saurez à l'~ you'll know beforehand; **dites-le-moi bien à l'~** tell me well in advance, give me plenty of notice; **je n'ai été averti que deux minutes à l'~** I was only warned two minutes beforehand, I only got two minutes' notice; **acheter un billet deux mois à l'~** to buy a ticket two months in advance; **réservez longtemps à l'~** book early; **je savais à l'~ qu'il allait mentir** I knew in advance ou I could tell beforehand that he would lie; **je me réjouis/j'ai peur à l'~ de voir la tête qu'elle fera quand elle l'apprendra** I'm looking/I'm not looking forward to seeing her face when she hears about it.

◆ **d'avance, par avance** *loc adv* [payer, remercier] in advance; **d'~ merci** thanking you in advance; **savourant d'~ sa revanche** already savouring his planned revenge; **c'est joué d'~** it's a foregone conclusion; **c'est tout combiné d'~** *fam* it's a put-up job; **d'~ je peux te dire qu'il n'est pas fiable** I can tell you right away ou now that he's not reliable.

◆ **en avance** ◇ *loc adj*: **elle est en ~ sur le reste de la classe** she's ahead of the rest of the class; **être en ~ sur son temps** ou **époque** to be ahead of one's time; **techniquement, ils sont en ~ par rapport à nous** they're technologically ahead of us.

◇ *loc adv* [avant l'heure prévue] early; **arriver en ~** to arrive early; **elle arrive toujours en ~** she's always early; **être en ~** to be early; **être en ~ de 10 minutes/jours** to be 10 minutes/days early; **je me dépêche, je ne suis pas en ~!** I must rush, I'm (rather) late!

avancé, e [avɑ̃se] *adj* **-1.** [dans le temps - heure, saison] late; **à une heure ~e** late at night; **à une date ~e de la colonisation romaine** at a late stage in the colonization by Rome; **la saison est ~e** it's very late in the season, the season's well advanced; **à un âge ~** late (on) in life; **arriver à un âge ~** to be getting on in years. **-2.** [pourri - poisson, viande] off *Br*, bad; [- fruit] overripe; **des pêches un peu ~es** peaches that are past their best. **-3.** [développé - intelligence, économie] advanced; **un garçon ~ pour son âge** a boy who's mature for ou ahead of his years; **pays parvenus à un stade/état ~ de la technologie** countries that have reached an advanced stage/state of technological development ❑ **te voilà bien ~!** *iron* [tu n'en sais pas plus] well, that was very helpful, wasn't it!; [tu n'as pas progressé] and a long way THAT'S got you! **-4.** MIL [division, élément] advance *(épith)*; **ouvrage ~** advanced work.

◆ **avancée** *nf* **-1.** [progression] progress; **l'~e spectaculaire d'une monnaie** spectacular progress made by a currency. **-2.** [d'un toit] overhang. **-3.** PÊCHE trace, cast, leader.

avancement [avɑ̃smɑ̃] *nm* **-1.** [promotion] promotion, advancement; **avoir** ou **obtenir de l'~** to get (a) promotion ou promoted. **-2.** [progression] progress; **y a-t-il de l'~ dans les travaux?** is the work progressing? **-3.** JUR: **~ d'hoirie** advancement.

avancer [16] [avɑ̃se] ◇ *vt* **-1.** [pousser vers l'avant] to push ou to move forward *(sép)*; [amener vers l'avant] to bring forward *(sép)*; **tu es trop loin, avance ta chaise** you're too far away, move ou bring your chair forward; **~ un siège à qqn** to draw up a seat for sb; **~ son assiette** [vers le plat de service] to push one's plate forward; **~ les aiguilles d'une horloge** to put the hands of a clock forward; **~ sa montre (d'une heure)** to put one's watch forward (by an hour); **la voiture de Madame/Monsieur est avancée** *hum* Madam/Sir, your carriage awaits you. **-2.** [allonger]: **~ la tête** to stick one's head out; **~ le cou** to crane one's neck; **~ sa** ou **la main vers qqch** [pour l'attraper] to reach towards sthg; [pour qu'on vous le donne] to hold out one's hand for sthg. **-3.** [dans le temps] to bring ou to put forward *(sép)*; **ils ont dû ~ la date de leur mariage** they had to bring the date of their wedding forward; **l'heure du départ a été avancée de 10 minutes** the starting time was put forward 10 minutes; **la réunion a été avancée à demain/lundi** the meeting was brought forward to tomorrow/Monday. **-4.** [proposer - explication, raison, opinion] to put forward *(sép)*, to suggest, to advance; [- argument, théorie, plan] to put forward; **être sûr de ce que l'on avance** to be certain of what one is saying; **si ce qu'il avance est vrai** if his allegations are true. **-5.** [faire progresser]: **~ qqn** to help sb along; **je vais rédiger les étiquettes pour vous ~** I'll write out the labels to make it quicker for you ou to help you along; **trêve de bavardage, tout cela ne m'avance pas** that's enough chatting, all this isn't getting my work done; **voilà qui n'avance pas mes affaires** this isn't much good ou help (to me); **ça t'avance à quoi de mentir?** *fam* what do you gain by lying?; **voilà à quoi ça t'avance de tricher** this is where cheating gets you; **les insultes ne t'avanceront à rien** being abusive will get you nowhere. **-6.** [prêter - argent, somme, loyer] to lend, to advance. **-7.** HORT [plante] to push, to force.

◇ *vi* **-1.** [se déplacer dans l'espace] to move forward, to proceed, to progress; MIL to advance, to progress; **~ d'un pas** to take one step forward; **~ à grands pas** to stride forward ou along; **~ avec difficulté** to plod along; **~ vers** ou **sur qqn d'un air menaçant** to advance on ou towards sb threateningly; **avoir du mal à ~** to make slow progress, to be slowed down in one's progress; **ne restez pas là, avancez!** don't just stand there, move on!; **avance!** [en voiture] move!; **faire ~ qqn/une mule** to move sb/a mule along ❑ **~ vers un objectif** *pr* to advance toward ou on a target; *fig* to make good progress in trying to fulfil an objective. **-2.** [dans le temps, dans une action] to be getting on, to progress; **l'heure avance** time's getting on, it's getting late; **l'été/l'hiver avance** we're well into the summer/winter; **au fur et à mesure que la nuit avançait** as the night wore on; **le jeu avançait, je n'avais plus que cinq cartes devant moi** the game was progressing ou we were well on into the game and I only had five cards left in front of me; **ça avance?** how's it going?; **alors, ce tricot, ça avance?** how's this knitting of yours getting along?; **mon repas avance** my meal's coming along nicely; **les réparations n'avançaient pas/avançaient** the repair work was getting nowhere/was making swift progress; **le projet n'avance plus** the project's come to a halt ou standstill; **faire ~**: **faire ~ une cause** to promote a cause; **faire ~ les choses** [accélérer une action] to speed things up; [améliorer la situation] to improve matters. **-3.** [personne] to (make) progress, to get further forward; **tu n'avanceras pas en remâchant tes idées noires** you won't get very far by going over the same depressing thoughts again and again; **j'ai l'impression de ne pas ~** I don't feel I'm getting anywhere ou I'm making any headway; **~ dans une enquête/son travail** to (make) progress in an investigation/one's work; **les peintres avancent vite/lentement** the decorators are making good/slow progress; **~ en âge** [enfant] to grow up, to get older; [personne mûre] to be getting on in years; **~ en grade** to go up the promotion ladder. **-4.** [montre, réveil]: **votre montre avance** ou **vous avancez de 10 minutes** your watch is ou you are 10 minutes fast; **pendule qui avance d'une seconde toutes les heures** clock that gains a second every hour. **-5.** [faire saillie - nez, menton] to jut ou to stick out, to protrude; [- piton, promontoire] to jut ou to stick out.

◆ **s'avancer** *vpi* **-1.** [approcher] to move forward ou closer; **avancez-vous, les enfants** move forward ou come closer, children; **elle s'avançait discrètement vers les gâteaux** she was discreetly making her way toward the cakes. **-2.** [progresser] to (make) progress, to advance; **s'~ dans son travail** to make progress ou some headway in one's work. **-3.** [prendre position] to commit o.s.; **je ne voudrais pas m'~ mais il est possible que...** I can't be positive but it might be that...; **il s'est avancé à la légère** he committed himself rather rashly; **je me suis trop avancé pour me dédire** I've gone too far ou I'm in too deep to pull out now. **-4.** [faire saillie] to jut ou to stick out, to protrude; **la jetée s'avance dans la mer** the jetty sticks out into the sea.

avanie [avani] *nf* snub; **faire (subir) des ~s à qqn** to snub sb; **subir des ~s** to be snubbed.

avant [avɑ̃] ◇ *prép* **-1.** [dans le temps] before; **~ le lever du soleil** before sunrise; **il est arrivé ~ la nuit/le dîner** he arrived before nightfall/dinner; **je voudrais te voir ~ mon départ** I'd like to see you before I leave; **~ son élection** prior to her election, before being elected; **~ la guerre** in the pre-war period, before the war; **200 ans ~ Jésus-Christ** 200 (years) BC; **je ne serai pas prêt ~ une demi-heure** I won't be ready for another half an hour; **ne me réveille pas ~ 11 h** don't wake me up before 11; **quand mon manteau sera-t-il prêt? — pas ~ mardi** when will my coat be ready? — not before Tuesday; **nous n'ouvrons pas ~ 10 h** we don't open until 10; **le contrat sera signé ~ deux mois** the contract will be signed within two months; **vous recevrez votre livraison ~ la fin du mois** you'll get your delivery before the end ou by the end of the month; **il faut que je termine ~ ce soir** I've got to finish by this evening; **il faut que tu y sois bien ~/un peu ~ 11 h** you have to be there well before/a bit before 11; **peu ~ les élections** a short while ou time before the elections. **-2.** [dans l'espace] before; **vous tournez juste ~ le feu à droite** you turn right just before the lights; **il est tombé ~ la ligne d'arrivée** he fell before the finishing line. **-3.** [dans un rang, un ordre, une hiérarchie] before; **vous êtes ~ moi** [dans une file d'attente] you're before me; **il était juste ~ moi dans la file** he was just in front of me in the queue; **leur équipe est maintenant ~ la nôtre dans le classement général** their team is now ahead of us in the league; **je place le travail ~ tout le reste** I put work above ou before everything else; **ta santé passe ~ ta carrière** your health is more important than ou comes before your career.

◇ *adv* **-1.** [dans le temps] before; **quelques jours ~** some days before; **il fallait (y) réfléchir ~** you should have thought (about it) before; **~, après** [légende de photo] before, after; **~, j'avais plus de patience avec les enfants** I used to be more patient with children; **~, il n'y avait pas de machines à laver** before ou in the old days, there weren't any washing machines; **la maison est comme ~** the house has remained the same ou is the same as it was (before); **peu de temps ~** shortly before ou beforehand; **quand j'ai un rendez-vous, j'aime arriver un peu ~** when I'm due to meet someone, I like to get there a little ahead of time; **longtemps ~** well ou long before; **c'était bien ~, tu n'étais pas encore né** it was well before that, you weren't born then; **on n'a aucune chance de le rattraper, il est parti bien ~** there's no chance of catching up with him, he left well ahead of us; **il est parti quelques minutes ~** he left a few minutes before ou earlier; **un jour/mois/an ~** a day/month/year earlier; **très ~ dans la saison** very late in the season; **discuter/lire bien ~ dans la nuit** to talk/to read late into the night. **-2.** [dans l'espace]: **allons plus ~** let's go further; **vous voyez le parc? il y a un restaurant juste ~** see the park? there's a restaurant just before it ou this side of it; **il s'était aventuré trop ~ dans la forêt** he'd ventured too far into the forest‖ *fig*: **sans entrer** ou **aller plus ~ dans les détails** without going into any further ou more detail; **il est allé trop ~ dans les réformes** he went too far with the reforms; **on m'a empêché d'aller plus ~ dans mon enquête** I was prevented from carrying my investigations further. **-3.** [dans un rang, un ordre, une hiérarchie]: **est-ce que je peux passer ~?** can I go first?; **lequel met-on ~?** which one do you put first?; **il y a quelqu'un ~?** [dans une file d'attente] is someone else first?; **tu sortiras cet été, mais tes**

examens, ça passe ~! you can go out this summer but your exams come first!
◇ *adj inv* [saut périlleux, roulade] forward; [roue, siège] front; **la partie ~ du véhicule** the front part of the vehicle.
◇ *nm* **-1.** [d'un véhicule] front; NAUT bow, bows; **tout l'~ de la voiture a été enfoncé** the front of the car was all smashed in; **il s'est porté vers l'~ du peloton** he moved to the front of the bunch; **de l'~ à l'arrière** NAUT fore and aft; **à l'~** in the front; **montez à l'~** sit in the front ❑ **aller de l'~** *pr* & *fig* to forge ahead. **-2.** SPORT forward; [au volley] frontline player; **il est ~ dans son équipe de foot** he's a forward in his football team; **jouer ~ droit/gauche** to play right/left forward; **la ligne des ~s, les ~s** the forward line, the forwards. **-3.** MIL: **l'~** the front.
◆ **avant de** *loc prép* before; **~ de partir, il faudra...** before leaving, it'll be necessary to...; **écoute-moi ~ de crier** listen to me before you start shouting; **je ne signerai rien ~ d'avoir vu les locaux** I won't sign anything until OU before I see the premises; **~ d'arriver au pont, il y a un feu rouge** there is a set of traffic lights before you come to the bridge.
◆ **avant que** *loc conj*: **ne dites rien ~ qu'il n'arrive** don't say anything until he arrives; **je viendrai la voir ~ qu'elle (ne) parte** I'll come and see her before she leaves; **~ qu'il comprenne, celui-là!** by the time he's understood!
◆ **avant que de** *loc prép litt* before; **~ que de mourir...** before dying...; **~ que de donner mon avis, j'entendrai chacun d'entre vous** before I state my opinion, I'll hear what each of you has to say.
◆ **avant tout** *loc adv* **-1.** [en premier]: **sa carrière passe ~ tout** his career comes before anything else, his career comes first; **c'est une question de dignité ~ tout** it's a question of dignity above all (else). **-2.** [tout d'abord] first; **~ tout, je voudrais vous dire ceci** first (and foremost), I'd like to tell you this.
◆ **avant toute chose** *loc adv* first of all; **~ toute chose, je voudrais que vous sachiez ceci** first of all, I'd like you to know this; **~ toute chose, je vais prendre une douche** I'll have a shower before I do anything else.
◆ **d'avant** *loc adj*: **le jour/le mois d'~** the previous day/month, the day/month before; **je vais essayer de prendre le train d'~** I'll try to catch the earlier train; **les locataires d'~ étaient plus agréables** the previous tenants were much nicer.
◆ **en avant** *loc adv* [marcher] in front; [partir] ahead; [se pencher, tomber, bondir] forward; **envoyer qqn en ~** to send sb on ahead OU in front; **je pars en ~, je t'attendrai là-bas** I'm going on ahead, I'll wait for you there; **il s'élança en ~** he rushed forward; **en ~!** forward!; **en ~, marche!** MIL forward march!; **en ~, toute!** NAUT full steam ahead! || *fig*: **mettre qqn en ~** [pour se protéger] to use sb as a shield; [pour le faire valoir] to push sb forward OU to the front; **mettre qqch en ~** to put sthg forward; **se mettre en ~** to push o.s. forward OU to the fore.
◆ **en avant de** *loc prép*: **il marche toujours en ~ des autres** he always walks ahead of the others; **être en ~ d'un convoi** [dans les premiers] to be at the front of a procession; [en premier] to be leading a procession; **le barrage routier a été installé en ~ de Dijon** the roadblock was set up just before Dijon.

avantage [avɑ̃taʒ] *nm* **-1.** [supériorité] advantage; **sa connaissance du danois est un ~ par rapport aux autres candidats** her knowledge of Danish gives her an advantage OU the edge over the other candidates; **avoir un ~ sur qqn/qqch** to have an advantage over sb/sthg; **le nouveau système a des ~s sur l'ancien** the new system has advantages over the old one; **cela vous donne un ~ sur eux** this gives you an advantage over them; **garder/perdre l'~** to keep/to lose the upper hand; **prendre l'~** OU **un ~ sur qqn** to gain the upper hand over sb; **avoir l'~ de** to have the advantage of; **ils nous ont battus mais ils avaient l'~ du nombre** they defeated us but they had the advantage of numbers; **j'ai sur toi l'~ de l'âge** being older gives me an advantage over you; **elle a l'~ d'avoir 20 ans/d'être médecin** she's 20/a doctor, which is an advantage. **-2.** [intérêt] advantage; **les ~s et les inconvénients d'une solution** the advantages and disadvantages OU pros and cons of a solution; **cette idée présente l'~ d'être simple** the idea has the advantage of being simple; **à mon/son ~** in my/his interest; **c'est (tout) à ton ~** it's in your (best) interest; **exploiter une idée à son ~** to exploit an idea to one's own advantage; **avoir ~ à faire** to be better off doing; **vous auriez ~ à apprendre la comptabilité** it would be to your advantage OU you'd do well to learn accounting; **tu as tout ~ à l'acheter ici** you'd be much better off buying it here; **elle aurait ~ à se taire** she'd be well-advised to keep quiet; **quel ~ as-tu à déménager?** what advantage is there in your moving house?; **tirer ~ de** to derive an advantage from, to take advantage of; **ne tirez pas ~ de sa naïveté** don't take advantage of his naivety; **tirer ~ de la situation** to turn the situation to (one's) advantage; **tourner à l'~ de**: **la réforme ne doit pas tourner à l'~ des privilégiés** the reform mustn't be allowed to work in favour of the wealthy; **notre lien de parenté a tourné à mon ~** our family relationship worked to my advantage; **il tournera même ce divorce à son ~** he'll even turn this divorce to his advantage. **-3.** FIN [bénéfice] benefit; **elle ne tire de sa participation aucun ~ matériel** she derives no material benefit OU gain from her contribution; **~s financiers/sociaux** financial/social benefits; **~s accessoires** fringe benefits; **~s collectifs** social welfare; **~s comparatifs** comparative advantages; **~s complémentaires** perks; **~s en nature** payment in kind. **-4.** *sout* [plaisir]: **je n'ai pas l'~ de vous avoir été présenté** I haven't had the privilege OU pleasure of being introduced to you; **j'ai (l'honneur et) l'~ de vous annoncer que...** I am pleased OU delighted to inform you that... **-5.** SPORT advantage; **~ (à) Rops!** advantage Rops! **-6.** *loc*: **être à son ~** [avoir belle allure] to look one's best; **quand il parle d'équitation/quand il prend des responsabilités, il est à son ~** he's at his best when talking about horse-riding/taking on responsibilities; **changer à son ~** to change for the better.

avantager [17] [avɑ̃taʒe] *vt* **-1.** [favoriser] to advantage, to give an advantage to; **ils ont été avantagés par rapport aux étudiants étrangers** they were given an advantage over the foreign students; **être avantagé dès le départ par rapport à qqn** to have a head start on OU over sb; **être avantagé par la nature** to be favoured by nature; **elle n'a pas été avantagée par la nature!** nature hasn't been particularly kind to her! **-2.** [mettre en valeur] to show off *(sép)*, to show to advantage; **son uniforme l'avantage** he looks his best in (his) uniform; **ces grosses chaussures ne t'avantagent pas** those heavy shoes aren't very flattering.

avantageusement [avɑ̃taʒøzmɑ̃] *adv* **-1.** [peu cher] at OU for a good price. **-2.** [favorablement]: **il s'en est tiré ~** he got away lightly; **vous pourriez ~ remplacer ces deux hommes par une machine** you could usefully replace these two operatives with a machine; **l'opération se solde ~ pour elle** the transaction has worked to her advantage.

avantageux, euse [avɑ̃taʒø, øz] *adj* **-1.** [contrat, affaire] profitable; [prix] attractive; **c'est une offre très avantageuse** it's an excellent bargain; **les cerises sont avantageuses en ce moment** cherries are a good buy at the moment. **-2.** [flatteur - pose, décolleté, uniforme] flattering; **il a une idée un peu trop avantageuse de lui-même** he thinks rather too highly of himself; **prendre des airs ~** to look self-satisfied; **un sourire ~** a superior smile, a smirk.

avant-bec [avɑ̃bɛk] (*pl* **avant-becs**) *nm* pierhead.

avant-bras [avɑ̃bra] *nm inv* forearm.

avant-centre [avɑ̃sɑ̃tr] (*pl* **avants-centres**) *nm* centre-forward.

avant-cour [avɑ̃kur] (*pl* **avant-cours**) *nf* forecourt.

avant-coureur [avɑ̃kurœr] (*pl* **avant-coureurs**) *adj m* precursory.

avant-dernier, ère [avɑ̃dɛrnje, ɛr] (*mpl* **avant-derniers**, *fpl* **avant-dernières**) ◇ *adj* next to last; **l'avant-dernière fois** the time before last.
◇ *nm, f* last but one; **arriver ~** to be last but one.

avant-garde [avɑ̃gard] (*pl* **avant-gardes**) *nf* **-1.** MIL vanguard. **-2.** [élite] avant-garde; **peinture/architecture d'~** avant-garde painting/architecture.

avant-gardisme [avɑ̃gardism] (*pl* **avant-gardismes**) *nm* avant-gardism.

avant-gardiste [avɑ̃gardist] (*pl* **avant-gardistes**) ◇ *adj* avant-garde.
◇ *nmf* avant-gardist.

avant-goût [avɑ̃gu] (*pl* **avant-goûts**) *nm* foretaste.

avant-guerre [avɑ̃gɛr] (*pl* **avant-guerres**) *nm* OU *nf* pre-war years OU period; **les voitures d'~** pre-war cars.

avant-hier [avɑ̃tjɛr] *adv* the day before yesterday.

avant-midi [avɑ̃midi] *nm inv* OU *nf inv* *Belg* & *Can* morning.

avant-pays [avɑ̃pei] *nm inv* foreland.

avant-plan [avɑ̃plɑ̃] *nm Belg* foreground.

avant-port [avɑ̃pɔr] (*pl* **avant-ports**) *nm* outer harbour.

avant-poste [avɑ̃pɔst] (*pl* **avant-postes**) *nm* **-1.** MIL outpost. **-2.** [lieu de l'action]: **il est toujours aux ~s** he's always where the action is.

avant-première [avɑ̃prəmjɛr] (*pl* **avant-premières**) *nf* **-1.** THÉÂT dress rehearsal. **-2.** CIN preview; **présenter qqch en ~** to preview sthg.

avant-projet [avɑ̃prɔʒɛ] (*pl* **avant-projets**) *nm* pilot study.

avant-propos [avɑ̃prɔpo] *nm inv* foreword.

avant-scène [avɑ̃sɛn] (*pl* **avant-scènes**) *nf* **-1.** [partie de la scène] apron THEAT, proscenium. **-2.** [loge] box THEAT.

avant-toit [avɑ̃twa] (*pl* **avant-toits**) *nm*: **l'~** the eaves.

avant-train [avɑ̃trɛ̃] (*pl* **avant-trains**) *nm* **-1.** ZOOL forequarters. **-2.** AUT front-axle unit. **-3.** MIL limber.

avant-trou [avɑ̃tru] (*pl* **avant-trous**) *nm* ready-drilled boring.

avant-veille [avɑ̃vɛj] (*pl* **avant-veilles**) *nf* two days before OU earlier; **l'~ de son mariage** two days before he got married; **à l'~ de la révolution** *fig* on the eve of the revolution.

avare [avar] ◇ *adj* **-1.** [pingre] mean, miserly, avaricious, tight-fisted. **-2.** *fig*: **~ de**: **elle est plutôt ~ de sourires** she doesn't smile much; **il n'a pas été ~ de compliments/de conseils** he was generous with his compliments/advice.
◇ *nmf* miser; **un vieil ~** an old miser OU skinflint; **'l'Avare'** *Molière* 'The Miser'.

avarice [avaris] *nf* miserliness, avarice.

avaricieux, euse [avarisjø, øz] ◇ *adj sout* miserly, stingy.
◇ *nm, f* miser, skinflint.

avarie [avari] *nf* damage *(sustained by a ship)*; **subir des ~s** to sustain damage ❑ **~s communes/particulières/simples** general/particular/ordinary damage; **~s de mer** sea damage; **~s de route** damage in transit.

avarier [9] [avarje] *vt* **-1.** [aliment] to spoil, to damage; **marchandise avariée** damaged OU spoilt goods; **de la viande avariée** rotting meat. **-2.** NAUT: **navire avarié** damaged ship.
◆ **s'avarier** *vpi* [denrée alimentaire] to go off *Br* OU bad, to rot.

avatar [avatar] *nm* -**1.** RELIG avatar. -**2.** [changement] change, metamorphosis. -**3.** [mésaventure] misadventure, mishap; **les ~s de la vie politique** the vicissitudes of political life.

Ave [ave] *nm inv* Ave Maria, Hail Mary.

avec [avɛk] ◇ *prép* -**1.** [indiquant la complémentarité, l'accompagnement, l'accord] with; **et ~ la viande, quels légumes voulez-vous?** what vegetables would you like with your meat?; **je ne prends jamais de sucre ~ mon café** I never take sugar in my coffee; **une maison ~ jardin** a house with a garden; **une chambre ~ vue sur le lac** a room with a view over the lake; **un homme ~ une blouse blanche** a man in a white coat OU with a white coat on; **je viendrai ~ ma femme** I'll come with my wife, I'll bring my wife along; **habiter ~ qqn** to live with sb; **j'ai réalisé le catalogue ~ lui** I designed the catalogue with him; **~ les encouragements de...** encouraged by..., with the encouragement of...; **~ la collaboration de...** with contributions from OU by...; **tous les résidents sont ~ moi** all the residents support me OU are behind me OU are on my side; **là-dessus, je suis ~ vous** I'm with you on that point; **~ les écologistes, je pense que...** like the greens, I think that...; **~ dans le rôle principal/dans son premier rôle,** X starring/introducing X; **un film ~ Gabin** a film featuring Gabin || [envers]: **être patient/honnête ~ qqn** to be patient/honest with sb; **être gentil ~ qqn** to be kind OU nice to sb; **se comporter bien/mal ~ qqn** to behave well/badly towards sb || [en ce qui concerne]: **~ lui c'est toujours la même chose** it's always the same with him; **ce qu'il y a ~ eux, c'est qu'ils ne comprennent rien** the problem with them is that they don't understand anything; **~ lui tout est toujours simple** everything is always simple according to him ❑ **et ~ ceci?** anything else?; **~ ça, il faut compter les frais d'assurance** the cost of insurance should also be added on top of that; **il est compétent et ~ ça il ne prend pas cher** he's very competent and he's cheap as well; **et ~ ça il n'est pas content!** [en plus] and on top of that OU and what's more, he's not happy!; [malgré tout] with all that, he's still not happy!; **~ tout ça, j'ai oublié de lui téléphoner** with all that, I forgot to call him; **et ~ ça que je me gênerais!** I should worry! -**2.** [indiquant la simultanéité]: **se lever ~ le jour** to get up at the crack of dawn; **se coucher ~ les poules** to go to bed early; **le paysage change ~ les saisons** the countryside changes with the seasons. -**3.** [indiquant une relation d'opposition] with; **se battre ~ qqn** to fight with sb; **être en guerre ~ un pays** to be at war with a country; **se disputer ~ qqn** to quarrel with sb; **rivaliser ~ qqn** to compete with sb. -**4.** [indiquant une relation de cause] with; **~ le temps qu'il fait, je préfère ne pas sortir** I prefer not to go out in this weather; **ils ne pourront pas venir, ~ cette pluie** they won't be able to come with (all) this rain; **~ tout le chocolat que tu as mangé, tu vas être malade** you're going to be ill with all that chocolate you've eaten; **~ ce nouveau scandale, le ministre va tomber** this new scandal will mean the end of the minister's career; **~ sa force de caractère, elle s'en sortira** with her strength of character she'll come through; **au lit ~ la grippe** in bed with (the) flu; **ils ont compris ~ le temps** in time, they understood; **s'améliorer ~ l'âge** to improve with age; **ne m'embête pas ~ toutes ces histoires** don't bother me with all that. -**5.** [malgré]: **~ tous ses diplômes, Pierre ne trouve pas de travail** even with all his qualifications, Pierre can't find work; **~ ses airs aimables, c'est une vraie peste** despite his pleasant manner, he's a real pest. -**6.** [indiquant la manière] with; **elle est habillée ~ goût** she is dressed tastefully OU with taste; **faire qqch ~ plaisir** to do sthg with pleasure, to take pleasure in doing sthg; **faire qqch ~ beaucoup de soin** to do sthg with great care, to take great care in doing sthg; **regarder qqn ~ passion/mépris** to look at sb passionately/contemptuously; **ce n'est pas ~ colère que je le fais** I'm not doing it in anger. -**7.** [indiquant le moyen, l'instrument] with; **marcher ~ une canne** to walk with a stick, to use a walking-stick; **couper qqch ~ un couteau** to cut sthg with a knife; **fonctionner ~ des piles** to run on batteries, to be battery-operated; **c'est fait ~ de la laine** it's made of wool; **~ un peu de chance** with a bit of luck; **~ un peu plus d'argent...** with a little more money...; **elle est partie ~ un bateau de pêche** she left on a fishing boat; **nous avons continué ~ 5 litres de carburant** we carried on with 5 litres of fuel; **tu peux conduire un poids lourd ~ ton permis?** can you drive a heavy goods vehicle with OU on your licence?; **voyager ~ un faux passeport** to travel with OU on a forged passport.

◇ *adv* -**1.** *fam* **il a pris la clef et il est parti ~** he took the key and went off with it; **ôtez vos chaussures, vous ne pouvez pas entrer ~** take off your shoes, you can't come in with them (on); **je vous mets les os ~?** shall I put the bones in for you? -**2.** *Belg*: **je vais faire des courses, tu viens ~?** I'm going shopping, are you coming (with me)?

◆ **d'avec** *loc prép*: **distinguer qqch d'~ qqch** to distinguish sthg from sthg; **divorcer d'~ qqn** to divorce sb; **se séparer d'~ qqn** to separate from sb.

aveline [avlin] *nf* filbert, cobnut.

avelinier [avlinje] *nm* filbert, cob.

Ave Maria [avemarja] = **Ave.**

aven [avɛn] *nm* sinkhole, swallow hole *Br*.

avenant[1] [avnɑ̃] *nm* -**1.** [gén] amendment; **~ à un contrat pour l'achat de six sièges supplémentaires** amendment to a contract for the purchase of six additional seats. -**2.** [dans les assurances] endorsement, additional clause; **~ d'augmentation de la garantie** endorsement for an increase in cover.

◆ **à l'avenant** *loc adj* to match *loc adj*; **un exposé sans intérêt et des questions à l'~** a boring lecture with similarly boring questions.

◆ **à l'avenant de** *loc prép* in accordance with; **ils se sont conduits à l'~ de leurs principes** they behaved according to their principles.

avenant[2]**, e** [avnɑ̃, ɑ̃t] *adj* pleasant, pleasing; **le personnel est compétent mais peu ~** the staff are competent but not very pleasant; **une hôtesse ~e accueille les visiteurs** a gracious hostess greets the visitors; **son visage arborait un air faussement ~** his face wore a deceptively welcoming look.

avènement [avɛnmɑ̃] *nm* -**1.** [d'un souverain] accession; [du Messie] advent, coming. -**2.** [d'une époque, d'une mode] advent; **l'~ d'une ère nouvelle** the advent of a new era.

avenir [avnir] *nm* -**1.** [période future] future; **dans un ~ indéterminé** sometime in the future; **dans un ~ proche/lointain** in the near/distant future; **pas dans un ~ proche** not in the foreseeable future; **il est temps de songer à l'~** it's time to think of the future; **ce que nous réserve l'~** what the future holds (for us); **espérer dans/croire en un ~ meilleur** to hope for/to believe in a better future; **l'~ est à nous** the future is ours; **les moyens de transport de l'~** the transport systems of the future || [générations futures] future generations; **l'~ dira si j'ai raison** future generations will decide if I'm right. -**2.** [situation future] future, future well-being; **nous devons nous préoccuper de l'~ de notre fils** we should start thinking about our son's future; **tu as devant toi un brillant ~** you have a promising future ahead (of you) || [chances de succès] future, (future) prospects; **une invention sans ~** an invention with no future; **avoir de l'~** to have a future; **les nouveaux procédés techniques ont de l'~** the new technical processes are promising OU have a good future; **découverte d'un matériau d'~** discovery of a promising new material; **les professions d'~** up-and-coming professions.

◆ **à l'avenir** *loc adv* in future; **à l'~ vous êtes priés d'arriver à l'heure** in future, you are requested to be on time.

avent [avɑ̃] *nm*: **l'~** Advent.

Aventin [avɑ̃tɛ̃] → **mont.**

aventure [avɑ̃tyr] *nf* -**1.** [épisode étrange] experience, incident; **il m'est arrivé une ~ singulière ce matin** a strange thing happened to me this morning || [incident] adventure, deed; **le récit d'une ~ en mer** the tale of an adventure at sea || [épisode hasardeux] adventure, feat, venture; **adopter un tel projet c'est se lancer dans l'~** accepting such a project is a bit risky ❑ **dire la bonne ~ à qqn** to tell sb's fortune; **la grande ~** great adventure; **se lancer dans la grande ~** to set off on a big adventure. -**2.** [liaison] (love) affair.

◆ **à l'aventure** *loc adv* at random, haphazardly; **marcher/rouler à l'~** to walk/to drive aimlessly; **partir à l'~** to go off in search of adventure.

◆ **d'aventure** *loc adj* [roman, film] adventure (*épith*).

◆ **d'aventure, par aventure** *loc adv* by chance; **si d'~ tu le vois, transmets-lui mon message** if by any chance you see him, give him my message.

aventuré, e [avɑ̃tyre] *adj* [hypothèse, théorie] risky; [démarche] chancy, risky, venturesome *litt*.

aventurer [3] [avɑ̃tyre] *vt* -**1.** [suggérer - hypothèse, analyse] to venture. -**2.** [risquer - fortune, réputation, bonheur] to risk, to chance.

◆ **s'aventurer** *vpi* [aller] to venture; **s'~ le soir dans des ruelles obscures** to venture into dark alleys at night.

◆ **s'aventurer à** *vp + prép*: **je ne m'aventure plus à faire des pronostics** I no longer venture OU dare to make any forecasts; **téléphone-lui si tu veux, moi je ne m'y aventurerais pas** ring her up if you like, I wouldn't chance it myself.

aventureusement [avɑ̃tyrøzmɑ̃] *adv* -**1.** [hardiment] adventurously. -**2.** [dangereusement] riskily.

aventureux, euse [avɑ̃tyrø, øz] *adj* -**1.** [hardi - héros] adventurous. -**2.** [dangereux - projet] risky, chancy.

aventurier [avɑ̃tyrje] *nm* -**1.** [explorateur] adventurer; [aimant le risque] risk-taker. -**2.** *péj* [escroc] rogue.

aventurière [avɑ̃tyrjɛr] *nf péj* adventuress.

aventurine [avɑ̃tyrin] *nf* MINÉR aventurin, aventurine.

aventurisme [avɑ̃tyrism] *nm* adventurism.

aventuriste [avɑ̃tyrist] *adj & nmf* adventurist.

avenu, e[1] [avny] *adj*: **nul et non ~** null and void.

avenue[2] [avny] *nf* avenue; **sur l'~ Foch** on the Avenue Foch.

avéré, e [avere] *adj* [fait, information] known, established; **c'est un fait ~ que...** it is a known fact that...

avérer [18] [avere] *vt sout* [affirmer]: **~ un fait** to vouch for the accuracy of a fact.

◆ **s'avérer** *vpi* -**1.** *litt* [être prouvé] to be proved (correct); **cette hypothèse ne s'est jamais avérée** this hypothesis was never proved correct. -**2.** *(suivi d'un adj ou d'une loc adj)* [se révéler] to prove; **la solution s'est avérée inefficace** the solution turned out OU proved (to be) inefficient; **les jeunes vendeurs se sont avérés plus performants que leurs anciens** the younger salesmen showed OU proved themselves to be more efficient than their seniors. -**3.** *(tournure impersonnelle)*: **il s'avère difficile d'améliorer les résultats** it's proving difficult to improve on the results; **il s'avère que mon cas n'est pas prévu par le règlement** it turns out OU it so happens that my situation isn't covered by the regulations.

avers [avɛr] *nm* obverse.

averse [avɛrs] *nf* shower; **sous l'~** in the rain; **laisser passer l'~** *fig* to wait until the storm blows over; **une ~ d'injures s'abattit sur moi**

I was assailed by a string OU stream of insults ❑ ~ météorique meteorite shower.

aversion [avɛrsjɔ̃] *nf* aversion, loathing; **sa laideur m'inspirait de l'~** his ugliness filled me with loathing; **il les a pris en ~** he took a violent dislike to them.

averti, e [avɛrti] *adj* [informé] informed, mature; [connaisseur] well-informed; **un critique ~ en matière de musique** a critic well-informed about music; **le consommateur est de plus en plus ~** consumers are better and better informed; **à 13 ans, c'était déjà une jeune fille ~e** *euph* even at 13, she knew all about the facts of life; **pour public/lecteur ~ seulement** for adult audiences/readers only.

avertir [32] [avɛrtir] *vt* **-1.** [informer] to inform; **l'avez-vous averti de votre départ?** have you informed him that OU did you let him know that you are leaving?; **il faut l'~ que le spectacle est annulé** he must be informed OU told that the show's off; **nous n'avons pas été avertis du danger** we were not warned about the danger. **-2.** [par menace, défi] to warn; **je t'avertis que la prochaine fois la punition sera sévère** I'm warning you that the next time the punishment will be severe.

avertissement [avɛrtismɑ̃] *nm* **-1.** [signe] warning, warning sign; **il est parti sans le moindre ~** he left without any warning. **-2.** [appel à l'attention] notice, warning; **il n'a pas tenu compte de mon ~** he didn't take any notice of my warning. **-3.** [blâme] warning, reprimand; ADMIN [lettre] admonitory letter; **donner un ~ à qqn** to give sb a warning, to warn sb; **premier et dernier ~!** I'm telling you now and I won't tell you again! **-4.** [en début de livre] foreword. **-5.** RAIL warning signal.

avertisseur, euse [avɛrtisœr, øz] *adj* warning.
◆ **avertisseur** *nm* alarm, warning signal; **~ sonore** [gén] alarm; AUT horn; **~ visuel** indicator; **~ d'incendie** fire alarm.

aveu, x [avø] *nm* **-1.** [confession]: **faire un ~** to acknowledge OU to confess OU to admit something; **je vais vous faire un ~, j'ai peur en voiture** I must confess that I'm scared in cars; **obtenir les ~x d'un criminel** to make a criminal confess; **recueillir les ~x d'un criminel** to take down a criminal's confession; **faire des ~x complets** [à la police] to make a full confession; *fig* & *hum* to confess all; **passer aux ~x** *pr* & *fig* to confess; **faire l'~ de qqch** to own up to sthg; **faire l'~ de son inexpérience/amour** to confess to being inexperienced/in love; **(faire) l'~ de son ignorance lui a été pénible** she found it difficult to admit OU to acknowledge her ignorance. **-2.** *litt* [foi]: **sans ~** dishonourable; **c'était un homme sans ~** he was a dishonourable man, he was not a man of his word. **-3.** *sout* [autorisation] permission, consent; **nous ne pouvons rien faire sans l'~ de l'intéressé** we can do nothing without the consent of the party concerned.
◆ **de l'aveu de** *loc prép* according to; **de l'~ des participants, il ressort que...** according to the participants it seems that...; **la tour ne tiendra pas, de l'~ même de l'architecte** the tower will collapse, even the architect says so; **de son propre ~** by his own reckoning.

aveuglant, e [avœglɑ̃, ɑ̃t] *adj* [éclat, lueur] blinding, dazzling; [évidence, preuve] overwhelming; [vérité] self-evident, glaring; **soudain, une vérité ~e lui est apparue** the truth came to her in a blinding flash.

aveugle [avœgl] ◇ *adj* **-1.** [privé de la vue] blind, sightless; **un enfant ~ de naissance** a child born blind OU blind from birth; **devenir ~** to go blind; **je ne suis pas ~, je vois bien tes intrigues** I'm not blind, I can see what you're up to; **la passion la rend ~** she's blinded by passion; **il faudrait être ~ pour ne pas voir qu'elle souffre** you'd have to be blind not to see that she's in pain. **-2.** [extrême - fureur, passion] blind, reckless. **-3.** [absolu - attachement, foi, soumission] blind, unquestioning. **-4.** CONSTR [mur, fenêtre] blind.
◇ *nmf* blind man (*f* woman); **les ~s** the blind OU sightless ❑ **parler de/juger qqch comme un ~ des couleurs** to speak of/to judge sthg blindly.
◆ **en aveugle** *loc adv*: **jouer aux échecs en ~** to play chess blindly; **se lancer en ~ dans une entreprise** to take a leap in the dark.

aveuglement [avœgləmɑ̃] *nm* blindness, blinkered state; **dans son ~ il est capable de tout** in his blindness, he's capable of anything.

aveuglément [avœglemɑ̃] *adv* [inconsidérément] blindly; **elle lui faisait ~ confiance** she trusted him utterly.

aveugle-né, e [avœglәne] (*mpl* aveugles-nés, *fpl* aveugles-nées) *nm, f person blind from birth*; **c'est un ~** he was born blind, he's been blind from birth.

aveugler [5] [avœgle] *vt* **-1.** [priver de la vue] to blind; **l'accident qui l'a aveuglée** the accident which blinded her OU deprived her of her sight ‖ [temporairement] to blind; **la lueur des phares m'aveuglait** the glare of the headlights blinded OU dazzled me; **la haine l'aveugle** *fig* she's blinded by hatred. **-2.** NAUT: **~ une voie d'eau** to stop a leak.
◆ **s'aveugler sur** *vp* + *prép* to close one's eyes to; **ne vous aveuglez pas sur vos chances de réussite** don't overestimate your chances of success.

aveuglette [avœglɛt]
◆ **à l'aveuglette** *loc adv* **-1.** [sans voir] blindly; **il m'a fallu marcher à l'~ le long d'un tunnel** I had to grope my way through a tunnel; **elle conduisait à l'~ dans un brouillard épais** she drove blindly through a thick fog. **-2.** *fig*: **je ne veux pas agir à l'~** I don't want to act without first weighing the consequences; **son projet n'a pas été entrepris à l'~** he did his homework before undertaking his project.

aveulir [32] [avølir] *vt litt* to weaken, to enervate *litt*.

aveulissement [avølismɑ̃] *nm litt* enervation.

aviaire [avjɛr] *adj* avian.

aviateur, trice [avjatœr, tris] *nm, f* pilot, aviator *vieilli*; **elle a été l'une des premières aviatrices** she was one of the first women pilots.

aviation [avjasjɔ̃] *nf* **-1.** TRANSP aviation; **~ civile/marchande** civil/commercial aviation. **-2.** [activité] flying; **elle était destinée à l'~** she was meant to fly. **-3.** MIL [armée de l'air] air force; [avions] aircraft, air force; **l'~ ennemie a attaqué nos bases** enemy aircraft attacked our bases.

avicole [avikɔl] *adj* **-1.** [ferme, producteur] poultry *(épith)*, bird *(épith)*, fowl *(épith)*. **-2.** [parasite] avicolous *spéc*.

aviculteur, trice [avikyltœr, tris] *nm, f* [éleveur - d'oiseaux] bird breeder OU farmer, aviculturist *spéc*; [- de volailles] poultry breeder OU farmer.

aviculture [avikyltyr] *nf* [élevage - de volailles] poultry farming OU breeding; [- d'oiseaux] aviculture *spéc*, bird breeding.

avide [avid] *adj* **-1.** [cupide] greedy, grasping; **un homme ~** a greedy man; **des mains ~s se tendaient vers l'or** greedy OU grasping hands reached towards the gold. **-2.** [enthousiaste] eager, avid; **écouter d'une oreille ~** to listen eagerly OU avidly; **~ de** greedy OU avid for; **un produit ~ d'oxygène** an oxygen-hungry product; **~ de louanges** hungry for praise; **~ de nouveauté** eager OU avid for novelty; **~ de savoir** eager to learn, thirsty for knowledge; **un candidat ~ de succès** a candidate hungry for success; **~ de connaître le monde** eager OU anxious OU impatient to discover the world.

avidement [avidmɑ̃] *adv* **-1.** [gloutonnement] greedily, ravenously; **boire ~** to drink thirstily; **manger ~** to eat hungrily. **-2.** [avec enthousiasme] eagerly, avidly, keenly; **regardant ~ ce que faisaient les aînés** watching keenly what the older ones were doing; **écouter qqn ~** to listen to sb eagerly. **-3.** [par cupidité] greedily, covetously.

avidité [avidite] *nf* **-1.** [voracité] voracity, greed, gluttony *péj*. **-2.** [enthousiasme] eagerness, impatience. **-3.** [cupidité] greed, cupidity, covetousness.

Avignon [aviɲɔ̃] *npr* Avignon; **à** OU **en ~** in Avignon; **le festival d'~** the Avignon festival.

LE FESTIVAL D'AVIGNON:
Founded by Jean Vilar in 1947 and held every summer in and around Avignon in the South of France, this arts festival is a showcase for new theatre and dance performances: «la pièce sera donnée d'abord à/en Avignon».

---

avignonnais, e [aviɲɔnɛ, ɛz] *adj* from Avignon.
◆ **Avignonnais, e** *nm, f inhabitant of or person from Avignon*.

avilir [32] [avilir] *vt* **-1.** [personne] to debase, to shame; **vos mensonges vous avilissent** your lies are unworthy of you. **-2.** *sout* [monnaie] to debase; [marchandise] to cause to depreciate; **l'inflation a avili le franc** inflation has devalued the franc.
◆ **s'avilir** ◇ *vp (emploi réfléchi)* to demean OU to debase OU to disgrace o.s.; **il s'avilit dans l'alcoolisme** he's sunk into alcoholism.
◇ *vpi* [monnaie, marchandise] to depreciate.

avilissant, e [avilisɑ̃, ɑ̃t] *adj* degrading, demeaning; **mon métier n'a rien d'~** there is nothing shameful about my job.

avilissement [avilismɑ̃] *nm* **-1.** [d'une personne] degradation, debasement; **le roman décrit l'~ d'un homme par le jeu** the novel describes a man's downfall through gambling. **-2.** *sout* [d'une monnaie] depreciation, devaluation; **l'~ du franc** the devaluation of the franc.

aviné, e [avine] *adj* [qui a trop bu] drunken, intoxicated; [qui sent le vin - souffle] wine-laden; [altéré par la boisson - voix] drunken; **une brute ~e** a drunken brute.

aviner [3] [avine] *vt* [fût, futaille] to season.

avion [avjɔ̃] *nm* **-1.** [véhicule] plane, aeroplane *esp Br*, airplane *Am*; **~ bimoteur/quadrimoteur** twin-engined/four-engined plane; **~ militaire/de chasse** military/fighter plane; **~ à hélices** propeller plane; **~ hôpital** hospital plane; **~ de ligne** airliner; **~ ravitailleur** supply plane, (air) tanker; **~ à réaction** jet (plane). **-2.** [mode de transport]: **l'~** flying; **irez-vous en ~ ou en train?** are you flying or going by train?; **je déteste (prendre) l'~** I hate flying; **'par ~'** 'air mail' ❑ **courrier par ~** air mail.

avion-cargo [avjɔ̃kargo] (*pl* avions-cargos) *nm* air freighter.

avion-citerne [avjɔ̃sitɛrn] (*pl* avions-citernes) *nm* (air) tanker, supply plane.

avion-école [avjɔ̃ekɔl] (*pl* avions-écoles) *nm* training plane OU aircraft.

avionique [avjɔnik] *nf* avionics *(sg)*.

avionnerie [avjɔnri] *nf Can* aircraft factory.

avionneur [avjɔnœr] *nm* aircraft constructor.

aviron [avirɔ̃] *nm* **-1.** [rame] oar; **tirer sur les ~s** to row; **coup d'~** stroke; **en trois coups d'~ vous serez de l'autre côté** you'll row to the other side in no time at all. **-2.** [activité] rowing.

avis [avi] *nm* **-1.** [point de vue] opinion, viewpoint; **les ~ sont partagés au sein du parti** opinions within the party are divided; **avoir son** OU **un ~ sur qqch** to have views on sthg; **je n'ai pas d'~ sur la question** I have nothing to say OU no opinion on the matter; **ne décide pas pour elle, elle a son ~!** don't decide for her, she knows her own mind!; **demande** OU **prends l'~ d'un second médecin** ask the opinion of another doctor; **toi, je ne te demande pas ton ~!** I didn't ask for your opinion!; **donner son ~** to give OU to contribute one's opinion; **si vous voulez (que je vous donne) mon ~** if you ask me OU want my opinion; **donner** OU **émettre un ~ favorable** [à une demande] to give the go-ahead; [à une proposition] to give a positive response; **après ~ favorable, vous procéderez à l'expulsion** having obtained permission (from the authorities), you will start the eviction procedure; **prendre l'~ de qqn** to seek sb's advice; **je vais prendre des ~ et je vous contacterai** I'll seek further advice before contacting you; **à mon/son ~** in my/his opinion; **à mon ~, c'est un mensonge** in my opinion, it's a lie, I think it's a lie; **à mon humble ~** *hum* in my humble opinion; **être d'~ que...** to be of the opinion that...; **elle est d'~ qu'il est trop tard** she's of the opinion that it's too late; **je ne suis pas d'~ qu'on l'envoie en pension** I don't agree with his being sent away to boarding school; **de l'~ de** [selon] according to; [de la même opinion que] of the same opinion as; **de l'~ des experts** according to the experts; **je suis de votre ~** I agree with you; **il n'est pas de ton ~** he doesn't agree with you; **du même ~ (que)...**: **lui et moi ne sommes jamais du même ~** he and I don't see eye to eye OU never agree on anything; **je suis du même ~ que toi** I agree with you; **il n'est pas du même ~ que son père** he disagrees with his father; **m'est ~ que...** *hum* it seems to me that..., methinks...; **sur l'~ de** on the advice OU at the suggestion of; **c'est sur leur ~ que j'ai fait refaire la toiture** I had the roof redone on their advice. -**2.** [information] announcement; [sommation - légale] notice; [- fiscale] notice, demand; **j'ai reçu un ~ du percepteur** I had a tax demand; **jusqu'à nouvel ~** until further notice; **nous irons sauf ~ contraire** [de votre part] unless we hear otherwise OU to the contrary, we'll go; [de notre part] unless you hear otherwise OU to the contrary, we'll go ❑ **~ au lecteur** foreword; **~ au public** 'public notice'; **~ de décès** death notice; **~ de domiciliation** notice of payment by banker's order; **~ de rappel** reminder; **~ de réception** acknowledgement of receipt; **~ de recherche** [d'un criminel] wanted (person) poster; [d'un disparu] missing person poster; **il reste encore quelques parts de gâteau, ~ aux amateurs** there's still some cake left if anyone's interested.

avisé, e [avize] *adj* shrewd, prudent; **un conseiller très ~** a shrewd counsellor; **bien ~** well-advised; **mal ~** ill-advised.

aviser [3] [avize] ◇ *vt* -**1.** [informer] to inform, to notify; **vous serez avisé par lettre** you will be notified OU informed by letter; **avez-vous été avisé?** have you been informed?; **il m'a avisé que ma candidature était retenue** he informed me that my application had been accepted. -**2.** [voir] to notice, to glimpse, to catch sight of; **il avisa dans la foule un de ses amis** he caught sight of one of his friends in the crowd.
◇ *vi* to decide, to see (what one can do); **maintenant nous allons devoir ~** we'll have to see what we can do now; **s'il n'est pas là dans une heure, j'aviserai** I'll have another think if he isn't here in an hour; **avisons au plus pressé** let's attend OU see to the most urgent matters.
◆ **s'aviser de** *vp + prép* -**1.** [remarquer] to become aware; **je me suis avisé de sa présence quand elle a ri** I suddenly noticed her presence when she laughed; **il s'est avisé trop tard qu'il n'avait pas sa clé** he realized too late that he didn't have his key. -**2.** [oser] to dare to; **ne t'avise pas de l'interrompre quand elle parle** don't think of interrupting her while she's speaking; **le premier qui s'avise de tricher sera puni** the first one who takes it into his head to cheat will be punished; **il s'est avisé de sortir malgré l'interdiction du médecin** he decided to go out despite the doctor's orders.

aviso [avizo] *nm* sloop.

avitaillement [avitajmɑ̃] *nm* -**1.** NAUT victualling, refueling. -**2.** AÉRON refueling.

avitailler [3] [avitaje] *vt* AÉRON & NAUT to refuel.

avitailleur [avitajœr] *nm* -**1.** NAUT refueling tanker. -**2.** AÉRON air tanker.

avitaminose [avitaminoz] *nf* vitamin deficiency, avitaminosis *spéc*; **l'~ C provoque le scorbut** vitamin C deficiency causes scurvy.

avivage [avivaʒ] *nm* -**1.** TEXT touching up *(of colours)*. -**2.** MÉTALL burnishing.

avivement [avivmɑ̃] *nm* revivification MÉD.

aviver [3] [avive] *vt* -**1.** [intensifier - flammes] to fan, to stir up *(sép)*; [- feu] to revive, to rekindle; [- couleur] to brighten, to revive; [- sentiment] to stir up; [- désir] to excite, to arouse; [- blessure] to irritate; [- querelle] to stir up, to exacerbate; [- crainte] to heighten. -**2.** MENUIS to square off. -**3.** MÉD to open up.

av. J.-C. *(abr écrite de* **avant Jésus-Christ**) BC.

avocaillon *fam* [avɔkajɔ̃] *nm péj* pettifogger, pettifogging lawyer.

avocasserie *fam* [avɔkasri] *nf vieilli* chicanery, pettifoggery.

avocassier, ère *fam* [avɔkasje, ɛr] *adj vieilli* pettifogging.

avocat[1] [avɔka] *nm* BOT avocado (pear).

avocat[2]**, e** [avɔka, at] *nm, f* -**1.** JUR lawyer, barrister *Br*, attorney-at-law *Am*; **mon ~** my counsel; **mes ~s** my counsel; **je lui mettrai mes ~s sur le dos!** *fam* I'll take him to court! ❑ **~ d'affaires** business lawyer; **~ consultant** ≃ counsel in chamber *Br*, ≃ consulting barrister *Br*, ≃ attorney *Am*; **~ de la défense** counsel for the defence, ≃ defending counsel *Br*, ≃ defense counsel *Am*; **~ général** ≃ counsel for the prosecution *Br*, ≃ prosecuting attorney *Am*; **~ plaidant** court lawyer *Br*, trial attorney *Am*. -**2.** [porte-parole] advocate, champion; **se faire l'~ d'une mauvaise cause** to advocate OU to champion a lost cause; **je serai votre ~ auprès de lui** I'll plead with him on your behalf ❑ **~ du diable** devil's advocate; **se faire l'~ du diable** to be devil's advocate.

avocatier [avɔkatje] *nm* avocado (tree).

avocette [avɔsɛt] *nf* avocet.

avoine [avwan] *nf* -**1.** [plante] oat; [grains] oats. -**2.** ▽ *loc*: **passer une ~ à qqn** to beat sb up.

avoir[1] [avwar] *nm* -**1.** COMM credit note; [en comptabilité] credit side; **la fleuriste m'a fait un ~** the florist gave me a credit note; **j'ai un ~ de 150 francs à la boucherie** I've got 150 francs credit at the butcher's; **~ fiscal** FIN tax credit. -**2.** ÉCON & FIN: **~s** assets, holdings; **~ numéraire** OU **en caisse** cash holdings. -**3.** *litt* [possessions] assets, worldly goods; **vivre d'un petit ~ personnel** to live off a small personal income; **dépouillé de tout son ~** stripped of all his worldly goods.

avoir[2] [1] [avwar] ◇ *v aux* **A.** -**1.** [avec des vt]: **as-tu lu sa lettre?** did you read OU have you read his letter?; **les deux buts qu'il avait marqués** the two goals he had scored; **j'aurais voulu vous aider** I'd have liked to help you; **non content de les ~ humiliés, il les a jetés dehors** not content with humiliating them, he threw them out. -**2.** [avec des vi et des loc intransitives]: **j'ai maigri** I've lost weight; **as-tu bien dormi?** did you sleep well?; **tu as dû rêver** you must have been dreaming. -**3.** [avec le v être]: **j'ai été surpris** I was surprised; **il aurait été enchanté** he would've OU would have been delighted.
B. -**1.** [exprime la possibilité]: **~ à**: **tu as à manger dans le réfrigérateur** there's something to eat in the fridge for you; **je n'ai pas à boire** I haven't got anything OU I have nothing OU I've got nothing to drink; **n'~ qu'à**: **ils n'ont qu'à écrire au directeur** [conseil] all they have to do OU all they've got to do is write to the manager; [menace] just let them (try and) write to the manager; **s'il vous manque quelque chose, vous n'avez qu'à me le faire savoir** if you're missing anything, just let me know; **tu n'as qu'à le recoller** all you've got to do is glue it back together; **t'as qu'à leur dire!** *fam* why don't you (just) tell them!; **t'as qu'à la mettre à la porte!** *fam* just throw her out!; **t'as qu'à me frapper, pendant que tu y es!** *fam* why don't you hit me while you're at it? -**2.** [exprime l'obligation]: **~ à** to have to; **partez, j'ai à travailler** go away, I've got to work; **j'ai à ajouter une petite précision** I must add one point, I must just say one thing; **je n'ai pas à me justifier auprès de vous** I don't have to justify myself to you; **un jour, tu auras à t'expliquer** one day, you will have to account for yourself; **et voilà, je n'ai plus qu'à recommencer, moi!** so now I've got to start all over again! -**3.** [exprime le besoin]: **~ à** to have to; **il a à te parler** he's got something to OU there's something he wants to tell you; **j'ai à réfléchir** I need to think (it over); **tu n'as pas à t'inquiéter** you shouldn't worry, you have nothing to worry about; **tu n'as pas à te plaindre** you shouldn't complain, you have nothing to complain about. -**4.** *loc*: **n'~ que faire de**: **je n'ai que faire de tes états d'âme** I couldn't care less about your moods; **la démocratie, ils n'en ont que faire** they couldn't care less about democracy.
◇ *vt* **A.** -**1.** [être propriétaire de - action, bien, domaine etc] to have, to own, to possess; [- chien, hôtel, voiture] to have, to own; **~ de l'argent** to have money; **tu n'aurais pas un stylo en plus?** have you got OU do you happen to have a spare pen?; **je n'ai plus de sucre** I've run out of sugar ‖ COMM to have; **~ un article en magasin** to have an item in stock; **~ un article en vitrine** to display an item in the window; **nous avons plus grand si vous préférez** we have it in a larger size if you prefer; **j'ai encore quelques places à 130 F/un vol à 17 h 30** I still have some 130 franc seats/a flight at 5.30 p.m. (available). -**2.** [ami, collègue, famille etc] to have; **il a encore sa grand-mère** his grand-mother's still alive; **je n'ai plus ma mère** my mother's dead; **voilà sept ans qu'il n'a plus sa femme** he lost his wife OU his wife died seven years ago; **elle a trois enfants** she has three children; **elle a eu des jumeaux** she had twins; **il n'a jamais eu d'enfants** he never had any children; **~ un/une/des... qui**: **elle a un mari qui fait la cuisine** she's got the sort OU kind of husband who does the cooking; **j'avais un père qui jouait avec ses enfants** I had the kind of father who played with his children. -**3.** [détenir - permis de conduire, titre] to have, to hold; [- droits, privilège] to have, to enjoy; [- emploi, expérience, devoirs, obligations] to have; [- documents, preuves] to have, to possess; **quand nous aurons le pouvoir** when we're in power; **~ l'arme nucléaire est devenu une de leurs priorités** possession of nuclear weapons has become one of their priorities; **~ l'heure** to have the time; **quelle heure avez-vous?** what time do you make it? ‖ SPORT to have; **~ le ballon** to be in possession of OU to have the ball. -**4.** [obtenir -amende, article] to get; [- information, rabais, récompense] to get, to obtain; **où as-tu eu tes chaussettes?** where did you get OU buy your socks?; **elle a ses renseignements par Mirna** she gets her information from Mirna; **je pourrais vous ~ des places gratuites** I could get you free tickets; **tu auras la réponse/le devis demain** you'll get the answer/estimate tomorrow; **il a toutes les filles qu'il veut** *fam* he gets all the girls he wants ‖ [au téléphone] to get through to; **j'ai essayé de t'~ toute la journée** I tried to get through to you OU to contact you all day; **je l'ai eu au téléphone** I got him on the phone; **je n'arrive même pas à ~ leur standard** I can't even get through to their switchboard; **pour ~ Besançon, composez le 85 13** for Besançon OU to get through to Besançon, dial 8513. -**5.** [jouir de - beau temps, bonne santé, liberté, bonne réputation] to have, to enjoy; [- choix, temps, mauvaise réputation] to have; **~ la confiance de qqn** to be trusted by sb; **~ l'estime de qqn** to be held in high regard by sb; **vous avez toute ma sympathie** you have all my sympathy; **j'ai une heure pour me décider** I have an hour (in which) to make up my mind; **il a tout pour lui et il n'est pas heureux!** he's got everything you could wish for and he's still not happy!; **tu veux tout ~!** you want (to have) everything! -**6.** [recevoir chez soi]: **il a son fils tous les dimanches** his son stays with him every Sunday; **~ de la famille/des amis à dîner** to have relatives/friends over for dinner; **j'aurai ma belle-famille au mois d'août** my in-laws will be staying with me in August.

-**7.** RAD & TV [chaîne, station] to receive, to get; bientôt, nous aurons les chaînes européennes soon, we'll be able to get the European channels. -**8.** [attraper - otage, prisonnier] to have; les flics ne l'auront jamais *fam* the cops'll never catch him. -**9.** [atteindre - cible] to get, to hit; vise la pomme – je l'ai eue! aim at the apple – (I) got it!; tu peux m'~ le pot de confiture? can you reach the pot of jam for me? -**10.** [monter à bord de - avion, bus, train] to catch; je n'ai pas pu ~ le train de 17 h I couldn't catch OU get the 5 o'clock train; j'ai eu le dernier avion I caught OU got the last plane.

B. -**1.** [présenter -tel aspect] to have (got); elle a un joli sourire she's got OU she has a nice smile; tu as de petits pieds you've got OU you have small feet; il a les yeux verts he's got OU he has green eyes; elle a le nez de sa mère she's got OU she has her mother's nose; un monstre qui a sept têtes a seven-headed monster, a monster with seven heads; je cherche un acteur qui ait un grand nez I'm looking for an actor with a big nose; les ordinateurs qui ont un disque dur computers with a hard disk; elle a une jolie couleur de cheveux her hair's a nice colour || [avec pour complément une partie du corps] to have; ~ l'estomac vide to have an empty stomach; j'ai la tête lourde my head aches; j'ai le bras ankylosé my arm's stiff; ~ le/la/les... qui: j'ai les jambes qui flageolent my legs are shaking; il a les yeux qui se ferment he can't keep his eyes open; ~ son/sa/ses... qui *fam*: j'ai la chaîne de mon vélo qui est cassée *fam* the chain on my bike is broken; il a sa tante qui est malade his aunt's ill ❑ en ~ ▽ to have a lot of balls; ne pas en ~ ▽ to have no balls. -**2.** [porter sur soi - accessoire, vêtement, parfum] to have on *(sép)*, to wear; tu vois la dame qui a le foulard? do you see the lady with the scarf?; faites attention, il a une arme careful, he's got a weapon OU he's armed. -**3.** [faire preuve de]: ~ de l'audace to be bold; ~ du culot *fam* to be cheeky, to have a nerve; il a eu le culot de me le dire *fam* he had the cheek OU the nerve to tell me; ~ du talent to have talent, to be talented; ayez la gentillesse de... would you OU please be kind enough to...; aie la politesse de laisser parler les autres please be polite enough to let the others talk; il a eu la cruauté de lui dire he was cruel enough to tell him; la méthode a l'avantage d'être bon marché this method has the advantage of being cheap; ton père a le défaut de ne pas écouter ce qu'on lui dit your father's weakness is not listening to what people tell him; l'appareil a la particularité de s'éteindre automatiquement the machine's special feature is that it switches itself off automatically; elle a beaucoup de sa mère she really takes after her mother; ~ tout de: il a tout de l'aristocrate he's the aristocratic type; tu as tout d'un fou avec cette coiffure you look like a madman with that hairstyle. -**4.** [exprime la mesure] to be; le voilier a 4 m de large OU largeur the yacht is 4 m wide; j'ai 70 cm de tour de taille I'm 70 cm round the waist, I have a 70 cm waist; le puits a 2 m de profondeur the well's 2 m deep; la porte a 1,50 m de haut OU hauteur the door is 1 m 50 cm high; en ~ pour: j'en ai pour 500 francs it's costing me 500 francs; tu en as pour 12 jours/deux heures it'll take you 12 days/two hours; j'ai pour 2 000 francs de frais! I have 2,000 francs worth of expenses!; j'en ai eu pour 143 francs I had to pay OU it cost me 143 francs; on en a bien pour trois heures pour aller jusqu'à Lille it's going to take us OU we'll need at least three hours to get to Lille; si la police l'attrape, il en aura pour 20 ans! *fam* if the police catch him he'll get OU cop 20 years! -**5.** [exprime l'âge] to be; quel âge as-tu? how old are you?; j'ai 35 ans I'm 35 (years old); nous avons le même âge we're the same age; il a deux ans de plus que moi he's two years older than me; il vient d'~ 74 ans he's just turned 74.

C. -**1.** [subir - symptôme] to have, to show, to display; [- maladie, hoquet, mal de tête etc] to have; [- accident, souci, ennuis] to have; [- difficultés] to have, to experience; [- opération] to undergo, to have; [- crise] to have, to go through *(insép)*; ~ de la fièvre to have OU to be running a temperature; ~ un cancer to have cancer; ~ des migraines to suffer from OU to have migraines; ~ des contractions to have contractions; j'ai une rougeur au coude I have a red blotch on my elbow; je ne sais pas ce que j'ai aujourd'hui I don't know what's the matter OU what's wrong with me today; qu'as-tu? tu es affreusement pâle what's wrong? you're deathly pale; sa sœur n'a rien eu his sister escaped unscathed; le car n'a rien eu du tout, mais la moto est fichue *fam* there wasn't a scratch on the bus but the motorbike's a write-off; qu'est-ce qu'elle a encore, cette voiture? *fam* NOW what's wrong with this car?; il a des souris chez lui he's got mice; un enfant/chaton qui a des vers a child/kitten with worms. -**2.** [émettre, produire - mouvement] to make; [- ricanement, regard, soupir] to give; ~ un sursaut to (give a) start; elle eut un pauvre sourire she smiled faintly OU gave a faint smile; elle eut cette phrase devenue célèbre she said OU uttered those now famous words; il eut une moue de dédain he pouted disdainfully. -**3.** [ressentir]: ~ faim to be OU to feel hungry; ~ peur to be OU to feel afraid; ~ des scrupules to have qualms; ~ des remords to feel remorse; ~ du chagrin to feel OU to be sad; ~ un pressentiment to have a premonition; ~ de l'amitié pour qqn to regard OU to consider sb as a friend; ~ de l'admiration pour qqn to admire sb; je n'ai que mépris pour lui I feel only contempt for him; ~ du respect pour qqn to have respect for OU to respect sb ❑ en ~ après OU contre qqn *fam* to be angry with sb; après OU contre qui en as-tu? who are you angry with?; ce chien/cette guêpe en a après toi! this dog/wasp has got it in for you!; en ~ après OU contre qqch to be angry about sthg; moi, j'en ai après OU contre la pollution! pollution really makes me angry! -**4.** [élaborer par l'esprit - avis, idée, suggestion] to have; j'ai mes raisons I have my reasons; elle a toujours réponse à tout she's got an answer for everything.

D. -**1.** *fam* [battre, surpasser] to get, to beat; ne t'inquiète pas, on les aura dans la descente! don't worry, we'll get them going downhill!; tu essaies d'accaparer le marché, mais je t'aurai! you're trying to corner the market but I'll get the better of you!; il m'a eu au cinquième set he got OU beat me in the fifth set; il va se faire ~ dans la dernière ligne droite he's going to get beaten in the final straight. -**2.** *fam* [escroquer] to have, to do, to con; 5 000 francs pour ce buffet? tu t'es fait ~! 5,000 francs for that dresser? you were conned OU had OU done!; les touristes, on les a facilement tourists are easily conned. -**3.** *fam* [duper] to take in *(sép)*, to take for a ride, to have; je t'ai bien eu! I took you in OU I had you there, didn't I?; il m'a eu he led me up the garden path; tu t'es fait ~! you've been had OU taken in OU taken for a ride!; tu essaies de m'~! you're having OU putting me on!; n'essaie pas de m'~ don't try it on with me.

E. -**1.** [devoir participer à - débat, élection, réunion] to have, to hold; [- rendez-vous] to have; j'ai (un) cours de chimie ce matin I've got a chemistry lesson this morning; avons-nous une réunion du conseil aujourd'hui? is there OU do we have a meeting of the board today?

◆ **il y a** *v impers* -**1.** [dans une description, une énumération - suivi d'un sg] there is; [- suivi d'un pl] there are; il y avait trois chanteurs there were three singers; il n'y a pas de lit there is no bed; il y a juste de quoi faire une jupe there is just enough to make a skirt; il y a du soleil the sun is shining; qu'est-ce qu'il y a dans la malle? what's in the trunk?; avoue qu'il y a de quoi être énervé! you must admit it's pretty irritating!; il n'y a qu'ici qu'on en trouve this is the only place (where) you can find it/them ❑ il n'y a rien à faire, la voiture ne démarre pas it's no good, the car won't start; il n'y a pas à dire, il sait ce qu'il veut there's no denying he knows what he wants; il n'y a pas que moi qui le dis I'm not the only one to say so; il n'y a que lui pour dire une chose pareille! trust him to say something like that!; il n'y a rien à voir, y a rien à voir *fam* there's nothing to see; qu'est-ce qu'il y a? – il y a que j'en ai marre! *fam* what's the matter? – I'm fed up, that's what!; il y a voiture et voiture there are cars and cars; il n'y en a que pour lui! *fam* he's the one who gets all the attention!; il y en a OU il y a des gens, je vous jure! *fam* some people, honestly OU really!; quand il n'y en a plus, il y en a encore! *fam* there's plenty more where that came from; merci – il n'y a pas de quoi! thank you – don't mention it OU you're welcome! -**2.** [exprimant la possibilité, l'obligation etc]: il n'y a plus qu'à payer les dégâts we'll just have to pay for the damage; il n'y a qu'à lui dire you/we *etc* just have to tell him; il n'y a qu'à commander pour être servi you only have to order to get served. -**3.** [indiquant la durée]: il y a 20 ans de ça 20 years ago; il y a une heure que j'attends I've been waiting for an hour. -**4.** [indiquant la distance]: il y a bien 3 km d'ici au village it's at least 3 km to the village. -**5.** *(à l'infinitif)*: il va y ~ de la pluie there's going to be some rain; il pourrait y ~ un changement there could be a change; il doit y ~ une raison there must be a OU some reason.

avoirdupois [avwardypwa] *nm* avoirdupois (weight).

avoisinant, e [avwazinɑ̃, ɑ̃t] *adj* neighbouring, nearby *adj*; les quartiers ~s ont été évacués the surrounding streets were evacuated.

avoisiner [3] [avwazine] *vt* -**1.** [dans l'espace] to be near OU close to, to border on *(insép)*; la propriété avoisine la rivière the land borders on the river; son attitude avoisine l'insolence *fig* his attitude verges on insolence. -**2.** [en valeur] to be close on, to come close to; les dégâts avoisinent le million damages come close to one million.

Avoriaz [avɔrjaz] *npr*: le festival d'~ *festival of science fiction and horror films held annually at Avoriaz in the French Alps.*

avorté, e [avɔrte] *adj* [réforme, tentative] failed, abortive; une initiative ~e an abortive move.

avortement [avɔrtəmɑ̃] *nm* MÉD & ZOOL abortion; être contre l'~ to be against abortion; l'~ d'une tentative *fig* the failure of an attempt.

avorter [3] [avɔrte] ◇ *vi* -**1.** MÉD to abort, to have an abortion; ZOOL to abort. -**2.** [plan, réforme, révolution] to miscarry, to fall through. ◇ *vt* to abort, to carry out an abortion on.

avorteur, euse [avɔrtœr, øz] *nm, f* abortionist.

avorton [avɔrtɔ̃] *nm* [chétif] runt; [monstrueux] freak, monster; espèce de petit ~! you little runt!

avouable [avwabl] *adj* worthy, respectable; un motif ~ a worthy motive; des mobiles peu ~s disreputable motives.

avoué [avwe] *nm* ≃ solicitor *Br*, ≃ attorney *Am*.

avouer [6] [avwe] *vt* -**1.** [erreur, forfait] to admit, to confess (to), to own up to *(insép)*; elle a avoué voyager sans billet/tricher aux cartes she owned up to travelling without a ticket/to cheating at cards || *(en usage abs)*: il a avoué [à la police] he owned up, he made a full confession; si personne n'avoue, tout le monde sera puni if no one owns up then everyone will be punished. -**2.** [doute, sentiment] to admit OU to confess to; elle refuse d'~ ses angoisses/qu'elle a des ennuis she refuses to acknowledge her anxiety/admit that she has problems; je t'avoue que j'en ai assez I must admit that I've had all I can take; il lui a fallu du courage, j'avoue, mais... what he did required courage, I grant you, but...; il faut ~ qu'elle a de la

patience you have to admit (that) she's patient.
◆ **s'avouer** *vpi*: **elle ne s'avoue pas encore battue** she won't admit defeat yet; **je m'avoue complètement découragé** I confess OU admit to feeling utterly discouraged.

avril [avril] *nm* april; **en ~, ne te découvre pas d'un fil** *prov* ≃ ne'er cast a clout till May is out *prov*.

AVS (*abr de* **assurance vieillesse et survivants**) *nf Swiss pension scheme*.

avulsion [avylsjɔ̃] *nf* -**1.** MÉD extraction. -**2.** JUR avulsion.

avunculaire [avɔ̃kylɛr] *adj* avuncular.

avunculat [avɔ̃kyla] *nm* ANTHR avunculate.

axe [aks] *nm* -**1.** GÉOM axis; **~ des abscisses/des ordonnées** x-/y-axis; **~ optique** principal axis; **~ de symétrie** axis of symmetry. -**2.** [direction] direction, line; **deux grands ~s de développement** two major trends of development; **développer de nouveaux ~s de recherche** to open up new areas of research; **sa politique s'articule autour de deux ~s principaux** her policy revolves around two main themes OU issues; **il est dans l'~ du parti** [membre] he's in the mainstream of the party. -**3.** [voie]: **ouvrir un nouvel ~ Paris-Londres** to open up a new road link between Paris and London; **l'~ Lyon-Genève** RAIL the Lyons-Geneva line ❑ **(grand) ~** major road *Br*, main highway *Am*; **tous les (grands) ~s routiers sont bloqués par la neige** all major roads are snowed up; **~ rouge** *section of the Paris road system where parking is prohibited to avoid congestion*. -**4.** MÉCAN axle. -**5.** HIST: **l'Axe** the Axis.
◆ **dans l'axe de** *loc prép* [dans le prolongement de] in line with; **la perspective s'ouvre dans l'~ du palais** the view opens out from the palace; **le Louvre s'inscrit dans l'~ des Champs-Élysées** the Louvre is directly in line with the Champs-Élysées.

axel [aksɛl] *nm* axel.

axénique [aksenik] *adj* axenic.

axer [3] [akse] *vt* to centre; **il est très axé sur le spiritisme** he is very keen on spiritualism; **~ une campagne publicitaire sur les enfants** to build an advertising campaign around children; **le premier trimestre sera axé autour de Proust** the first term will be devoted to Proust; **une modernisation axée sur l'importation des meilleures techniques étrangères** modernization based on importing the best foreign techniques.

axial, e, aux [aksjal, o] *adj* -**1.** [d'un axe] axial. -**2.** [central] central; **éclairage ~** central overhead lighting *(in a street)*.

axillaire [aksilɛr] *adj* axillary.

axiologie [aksjɔlɔʒi] *nf* axiology.

axiomatique [aksjɔmatik] ◇ *adj* axiomatic.
◇ *nf* axiomatics *(sg)*.

axiomatisation [aksjɔmatizasjɔ̃] *nf* axiomatization.

axiomatiser [3] [aksjɔmatize] *vt* to axiomatize.

axiome [aksjom] *nm* axiom.

axis [aksis] *nm* ANAT & ZOOL axis.

axolotl [aksɔlɔtl] *nm* axolotl.

axone [akson] *nm* axon, axone.

ay [aj] *nm* Champagne from Ay.

ayant cause [ɛjɑ̃koz] (*pl* **ayants cause**) *nm* beneficiary, legal successor.

ayant droit [ɛjɑ̃drwa] (*pl* **ayants droit**) *nm* [gén] beneficiary; [à une propriété] rightful owner; [à un droit] eligible party.

ayatollah [ajatɔla] *nm* ayatollah.

aye-aye [ajaj] (*pl* **ayes-ayes**) *nm* aye-aye ZOOL.

azalée [azale] *nf* azalea.

azéotrope [azeɔtrɔp], **azéotropique** [azeɔtrɔpik] *adj* azeotropic.

Azerbaïdjan [azɛrbajdʒɑ̃] *npr m*: **(l')** ~ Azerbaijan.

azeri [azeri] *adj* Azeri.
◆ **Azeri** *nmf* Azeri.

azimut [azimyt] *nm* azimuth; **partir dans tous les ~s** *fam* to be all over the place; **sa coiffure/la discussion partait dans tous les ~s** his hair/the discussion was all over the place.
◆ **tous azimuts** *fam* ◇ *loc adj* all out, full scale; **une attaque tous ~s** an all out attack; **publicité tous ~s** comprehensive advertising campaign.
◇ *loc adv* all over (the place); **prospecter tous ~s** to canvass all over; **la jeune société se développe tous ~s** the new firm is really taking off.

azimutal, e, aux [azimytal, o] *adj* azimuthal.

azonal, e, aux [azonal, o] *adj* azonal.

azoospermie [azɔɔspɛrmi] *nf* azoospermia.

azote [azɔt] *nm* nitrogen.

azoté, e [azɔte] *adj* nitrogenous, azotic.

AZT (*abr de* **azothymidine**) *nm* AZT.

aztèque [astɛk] *adj* Aztec.
◆ **Aztèque** *nmf* Aztec.

azulejo [azulexo] *nm* azulejo tile.

azur [azyr] ◇ *nm* -**1.** [couleur] azure *litt*, sky-blue. -**2.** *litt* [ciel] skies.
◇ *adj inv* azure, sky-blue.

azurage [azyraʒ] *nm* blueing.

azurant [azyrɑ̃] *nm* fluorescent brightening agent.

azuré, e [azyre] *adj litt* azure *litt*, sky-blue.

azuréen, enne [azyreɛ̃, ɛn] *adj* -**1.** *litt* [bleu] azure *litt*, sky-blue. -**2.** [de la Côte d'Azur] of the Côte d'Azur OU French Riviera.

azurer [3] [azyre] *vt* to blue, to tinge with blue.

azyme [azim] *adj*: **pain ~** unleavened bread.

B

b, B [be] *nm* b, B.
B -**1.** (*abr écrite de* bien) *good grade (as assessment of schoolwork)*, ≃ B. -**2.** (*abr écrite de* bel) B.
BA *fam* (*abr de* bonne action) *nf good deed*; faire une ~ to do a good deed.
B-A (*abr de* Basses-Alpes) *npr fpl French département*.
baba [baba] ◇ *adj fam*: être OU rester ~ to be flabbergasted.
◇ *nm* -**1.** CULIN: ~ (au rhum) (rum) baba. -**2.** *fam loc*: l'avoir dans le ~ to be let down; après ils partiront en congé et c'est toi qui l'auras dans le ~! then they'll go off on holiday and you'll be left holding the baby!
◇ *nmf* = **baba cool**.
B.A. BA [beaba] *nm* ABCs, rudiments; apprendre le ~ du métier to learn the ABCs OU basics of the trade.
baba cool [babakul] (*pl* babas cool) *nmf person adopting hippie-like values and lifestyle*.
Babel [babɛl] *npr*: la tour de ~ the Tower of Babel; c'est ~, ici! *fam* it's a real Tower of Babel here!
babeurre [babœr] *nm* buttermilk.
babil [babil] *nm* [des enfants] prattle, babble; [du ruisseau] murmuring, babble; [des oiseaux] twittering.
babillage [babijaʒ] *nm* [des enfants] babble, babbling, prattle; [d'un bavard] chatter.
babillard, e [babijar, ard] *adj litt* [ruisseau] murmuring, babbling.
babiller [3] [babije] *vi* [oiseau] to twitter; [ruisseau] to murmur, to babble; [enfant] to prattle, to babble, to chatter; [bavard] to prattle (on), to chatter (away).
babines [babin] *nfpl* -**1.** ZOOL chops. -**2.** *fam* [lèvres] lips; se lécher OU pourlécher les ~ to lick one's chops; à s'en lécher OU pourlécher les ~ scrumptious.
babiole [babjɔl] *nf* knick-knack, trinket; je voudrais lui acheter une ~ pour marquer son anniversaire I would like to buy her a little something for her birthday.
babiroussa [babirusa] *nm* babirusa.
bâbord [babɔr] *nm* port; à ~ on the port side.
babouche [babuʃ] *nf* (oriental) slipper.
babouin [babwɛ̃] *nm* baboon.
baby-beef [bebibif] (*pl* baby-beefs) *nm* feeder.
baby-foot [babifut] *nm inv* table football.
Babylone [babilɔn] *npr* Babylon.
babylonien, enne [babilɔnjɛ̃, ɛn] *adj* Babylonian.
◆ **Babylonien, enne** *nm, f* Babylonian.
baby-sitter [bebisitœr] (*pl* baby-sitters) *nmf* baby-sitter.
baby-sitting [bebisitiŋ] (*pl* baby-sittings) *nm* baby-sitting; faire du ~ to baby-sit.
baby-test [bebitɛst] (*pl* baby-tests) *nm* developmental test *(for young children)*.
bac [bak] *nm* -**1.** NAUT (small) ferry OU ferryboat. -**2.** [dans un réfrigérateur] compartment, tray; ~ à glace ice-cube tray; ~ à légumes vegetable compartment ‖ [dans un bureau]: ~ mobile pour dossiers suspendus filing trolley *Br*, movable file cabinet *Am* ‖ [pour plantes] tray, display case. -**3.** [fosse, réserve - pour liquides] tank, vat; [- pour stockage de pièces] container; ~ à sable [d'enfant] sandpit *esp Br*, sandbox *Am*; [pour routes] grit bin; ~ à sel salt bin *(for roads)*. -**4.** PHOT [cuvette - vide] tray; [- pleine] bath. -**5.** *fam* [diplôme] *abr de* baccalauréat.
baccalauréat [bakalɔrea] *nm final secondary school examination, qualifying for university entrance*, ≃ A-levels *Br*, ≃ high school diploma *Am*; ~ international international baccalaureate.

BACCALAURÉAT:
The baccalauréat or "bac" is taken by pupils who have completed their final year at the lycée; successful candidates may go to university. There are seven main types of "bac", each corresponding to a specific field: "bac A" (arts subjects), "bac B" (economics), "bac C" (maths and physics), "bac D" (maths and natural sciences), "bac D prime" (agriculture), "bac E" (science and technology), and "bac G" (vocational courses).

---

baccara [bakara] *nm* baccara, baccarat.
baccarat [bakara] *nm* Baccarat (crystal); un vase en ~ a Baccarat crystal vase.
bacchanale [bakanal] *nf litt* [débauche] drunken revel, bacchanal.
◆ **bacchanales** *nfpl* ANTIQ bacchanalia.
bacchante [bakɑ̃t] *nf* -**1.** ANTIQ bacchante, bacchanal. -**2.** *litt* & *péj* [femme] bacchante *litt*.
◆ **bacchantes** *fam nfpl hum* moustache, whiskers *hum*.
Bacchus [bakys] *npr* Bacchus.
baccifère [baksifɛr] *adj* bacciferous.
Bach [bak] *npr*: Jean-Sébastien OU Johann Sebastian ~ Johann Sebastian Bach.
bâchage [baʃaʒ] *nm* covering over with a tarpaulin.
bâche [baʃ] *nf* transport cover, canvas sheets, tarpaulin; ~s imperméables waterproof tarpaulin.
bachelier, ère [baʃəlje, ɛr] *nm, f student who has passed the baccalauréat*.
bâcher [3] [baʃe] *vt* to cover over *(sép)*, to tarpaulin.
bachi-bouzouk [baʃibuzuk] (*pl* bachi-bouzouks) *nm* bashibazouk.
bachique [baʃik] *adj* Bacchic.
bachot [baʃo] *nm* -**1.** [barque] wherry, skiff. -**2.** *vieilli* [diplôme] = **baccalauréat**.
bachotage *fam* [baʃɔtaʒ] *nm* cramming; faire du ~ to cram, to swot up *Br*, to bone up *Am*.
bachoter *fam* [3] [baʃɔte] *vi* to cram, to swot up *Br*, to bone up *Am*; il a été obligé de ~ dans toutes les matières he had to cram all the subjects.
bacillaire [basilɛr] *adj* bacillar, bacillary; malade ~ tubercular patient.
bacille [basil] *nm* bacillus; ~ de Koch tubercle bacillus.
bacilliforme [basilifɔrm] *adj* bacilliform.
bacillose [basiloz] *nf* pulmonary tuberculosis.
bacillurie [basilyri] *nf* bacilluria.
backgammon [bakgamɔn] *nm* backgammon.
bâclage [baklaʒ] *nm* [action] botching, skimping; cette toiture, c'est du ~! they made a really shoddy job of that roof!
bâcle [bakl] *nf* bar *(across a door or a window)*.
bâcler [3] [bakle] *vt* to skimp on *(insép)*, to botch; nous avons bâclé les formalités en deux jours we pushed through the red tape in a couple of days; on bâcle le ménage et on arrive we'll give the house a quick clean and be right there; ~ sa toilette to give o.s. a quick wash; je vais ~ les comptes vite fait *fam* I'll throw the accounts together in no time.
bacon [bekɔn] *nm* [petit lard] bacon; [porc fumé] smoked loin of pork, Canadian bacon.
bactéricide [bakterisid] ◇ *adj* bactericidal.
◇ *nm* bactericide.
bactérie [bakteri] *nf* bacterium.
bactérien, enne [bakterjɛ̃, ɛn] *adj* bacterial.
bactériologie [bakterjɔlɔʒi] *nf* bacteriology.
bactériologique [bakterjɔlɔʒik] *adj* bacteriological.
bactériologiste [bakterjɔlɔʒist] *nmf* bacteriologist.
bactériophage [bakterjɔfaʒ] *adj* bacteriophage.
bactériostatique [bakterjɔstatik] *adj* bacteriostatic.
badaboum [badabum] *interj* [bruit de chute] boom, crash (bang, wallop).
badaud, e [bado, od] *nm, f* [curieux] curious onlooker; [promeneur] stroller; un attroupement de ~s a crowd of gaping onlookers; attirer les ~s to draw a crowd.
badauderie [badodri] *nf litt* idle curiosity.
baderne▽ [badɛrn] *nf*: une vieille ~ an old fogey, an old stick-in-the-mud.
badge [badʒ] *nm* -**1.** [insigne] badge; passer son ~ de secouriste to get one's first aid badge. -**2.** [autocollant] sticker.
badiane [badjan] *nf* Chinese anise-tree.
badigeon [badiʒɔ̃] *nm* CONSTR [pour l'extérieur] whitewash; [pour l'intérieur] distemper; [pigmenté] coloured distemper, colourwash *Br*; passer qqch au ~ [pour l'extérieur] to whitewash sthg; [pour l'intérieur] to distemper sthg.

badigeonner [3] [badiʒɔne] *vt* -**1.** CONSTR [intérieur] to distemper; [extérieur] to whitewash; [en couleur] to paint with coloured distemper, to colourwash *Br.* -**2.** CULIN & MÉD to paint, to brush; ~ **la plaie d'alcool** dab surgical spirit liberally onto the wound; ~ **la pâte de jaune d'œuf** brush the pastry with egg yolk.

badigeonneur, euse [badiʒɔnœr, øz] *nm, f* -**1.** CONSTR painter, whitewasher. -**2.** [peintre amateur] *péj* & *vieilli* dauber.

badigoinces▽ [badigwɛ̃s] *nfpl* lips; **se lécher les** ~ to lick one's lips OU chops ❑ **se caler les** ~ to have a blow-out OU a chow-down *Am.*

badin[1] [badɛ̃] *nm* AÉRON airspeed indicator.

badin[2], **e**[1] [badɛ̃, in] *adj* [gai] light-hearted; [plaisant] playful; **tenir des propos** ~**s** to (indulge in light-hearted) banter; **répondre d'un air** ~ to answer playfully OU jokingly.

badinage [badinaʒ] *nm* banter, jesting, badinage *litt* OU *hum.*

badine[2] [badin] *nf* switch, stick; **la** ~ **de Charlot** Charlie Chaplin's stick.

badiner [3] [badine] *vi* to jest, to banter, to tease; **tu badines!** you jest! *hum*; ~ **avec: ne badine pas avec ta santé** don't trifle with your health; **elle ne badine pas sur le chapitre de l'exactitude** she's very strict about OU she's a stickler for punctuality; **on ne badine pas avec l'amour** love is not a thing to be trifled with.

badinerie [badinri] *nf litt* jest, badinage *litt* OU *hum.*

bad-lands [badlɑ̃ds] *nfpl* badlands GÉOG.

badminton [badmintɔn] *nm* badminton.

BAFA, Bafa [bafa] *(abr de* **brevet d'aptitude aux fonctions d'animation)** *nm diploma for youth leaders and workers.*

baffe *fam* [baf] *nf* slap, clout, smack; **coller une** ~ **à qqn** to give sb a smack in the face.

Baffin [bafɛ̃] *npr* → **terre.**

baffle [bafl] *nm* AUDIO speaker; TECH baffle.

bafouer [6] [bafwe] *vt* [autorité, loi] to flout, to defy; [sentiment] to ridicule, to scoff at *(insép).*

bafouillage [bafujaʒ] *nm* -**1.** [bredouillage] sputtering, stammering. -**2.** [propos - incohérents] gibberish; [- inaudibles] mumblings.

bafouille▽ [bafuj] *nf* letter, missive *hum*; **une tendre** ~ a billet doux *hum.*

bafouiller [3] [bafuje] ◇ *vi* [bégayer] to stutter, to stammer; **la peur le faisait** ~ he was so frightened he couldn't talk properly; **tellement embarrassé qu'il en bafouillait** stammering with embarrassment.
◇ *vt* to stammer; **euh oui, euh non, bafouilla-t-elle** well yes, well no, she stammered; ~ **des propos incohérents** to talk (a lot of) gibberish.

bafouilleur, euse [bafujœr, øz] *nm, f* [bégayeur] stammerer; [personne incohérente] mumbler.

bâfrer▽ [3] [bafre] ◇ *vt* to gobble, to wolf (down) *(sép)*; **il a bâfré trois douzaines d'huîtres** he wolfed down three dozen oysters; **elle a tout bâfré** she polished off the lot.
◇ *vi* to stuff one's face, to pig o.s.

bâfreur, euse▽ [bafrœr, øz] *nm, f* glutton, greedy-guts, chowhound *Am.*

bagage [bagaʒ] *nm* -**1.** [pour voyager] baggage, luggage; **mes** ~**s** my luggage; **chacun de mes** ~**s** [sacs] each (one) of my bags; [valises] each (one) of my suitcases; **il avait pour tout** ~ **un sac et un manteau** he was carrying only a bag and a coat; **faire ses** ~**s** to pack one's bags; **il a fait ses** ~**s sans demander son reste** *fig* he left without further ado ❑ **en** ~ **accompagné** [expédier, voyager] as registered baggage; **un seul** ~ **de cabine est autorisé** only one piece of hand baggage is allowed; **un** ~ **à main** a piece of hand-luggage; ~**s de soute** registered baggage *(in an aeroplane)*; **filet à** ~**s** luggage rack; **soute à** ~**s** hold. -**2.** *(tjrs sg)* [formation] background (knowledge); **un** ~ **scientifique insuffisant pour faire des études de médecine** scientific knowledge insufficient for studying medicine; **en musique, elle a déjà un bon** ~ she already has a good grounding in music.

bagagiste [bagaʒist] *nm* -**1.** [dans un aéroport, un hôtel] porter. -**2.** [fabricant] travel goods manufacturer.

bagarre [bagar] *nf* -**1.** [échange de coups] fight, brawl; **une** ~ **entre ivrognes** a drunken brawl; **la** ~ **est devenue générale** the fight degenerated into a free-for-all; **des** ~**s ont éclaté dans la rue** scuffles OU fighting broke out in the street; **il ne connaît qu'une solution à tout, la** ~! fighting is his answer to everything. -**2.** *fig* battle, fight; **se lancer dans la** ~ **politique** to join the political fray; **la** ~ **a été très dure pendant la deuxième mi-temps/le deuxième set** SPORT it was a close fight during the second half/set.

bagarrer *fam* [3] [bagare] *vi* [physiquement] to fight; [verbalement] to argue; **elle a bagarré dur pour arriver là où elle est** she fought hard to get where she is; **pour les convaincre, il faut** ~ you have to work hard at convincing them.
◆ **se bagarrer** *vpi* -**1.** [combattre] to fight, to scrap; **il adore se** ~ he loves a scrap. -**2.** [se combattre] to fight, to have a fight OU scrap OU scuffle. -**3.** [se quereller] to quarrel, to have a scene; **mes parents se bagarraient** my parents used to quarrel. -**4.** *fig* to fight, to struggle; **se** ~ **pour que justice soit faite** to fight OU to struggle in order to see justice done.

bagarreur, euse *fam* [bagarœr, øz] *adj* aggressive; **elle a des enfants** ~**s** her kids are always ready for a scrap.

bagasse [bagas] *nf* -**1.** [de canne à sucre] bagasse. -**2.** [marc de raisin] marc.

bagatelle [bagatɛl] *nf* -**1.** [chose - sans valeur] trinket, bauble; [- sans importance] trifle, bagatelle; **se fâcher pour une** ~ to take offence over nothing; **ça m'a coûté la** ~ **de 70 000 F** *iron* it cost me a mere 70,000 F. -**2.** MUS bagatelle. -**3.** *fam* [sexe]: **la** ~ nooky; **être porté sur la** ~ to be a ladies' man.

Bagdad [bagdad] *npr* Baghdad.

bagnard [baɲar] *nm* convict.

bagne [baɲ] *nm* [prison] prison; HIST penal colony; **c'est le** ~, **ici!** *fig* they work you to death in this place!; **son travail, c'est pas le** ~! he's not exactly overworked!

bagnole *fam* [baɲɔl] *nf* car; **une vieille** ~ an old banger *Br* OU jalopy *Am.*

bagou(t) *fam* [bagu] *nm* glibness; **il a du** ~ he has the gift of the gab, he can talk the hind legs off a donkey.

baguage [bagaʒ] *nm* -**1.** HORT girdling. -**2.** ZOOL ringing.

bague [bag] *nf* -**1.** JOAILL ring; **passer la** ~ **au doigt à qqn** to marry sb. -**2.** [d'un champignon] ring. -**3.** MÉCAN collar, ring; ~ **collectrice** ÉLECTR collector ring; ~ **de serrage** jubilee clip.

baguenaude [bagnod] *nf* BOT bladder senna pod.

baguenauder *fam* [3] [bagnode] *vi* to amble OU to stroll OU to drift along.
◆ **se baguenauder** *fam vpi* to amble OU to stroll along.

baguenaudier [bagnodje] *nm* bladder senna.

baguer [3] [bage] *vt* -**1.** [oiseau] to ring; [doigt] to put a ring on. -**2.** TECH to collar. -**3.** COUT to baste, to tack.

baguette [bagɛt] *nf* -**1.** [petit bâton] switch, stick; ~ **de coudrier** hazel stick OU switch; ~ **magique** magic wand; **d'un coup de** ~ **magique** as if by magic; ~ **de sourcier** divining rod. -**2.** CULIN [pain] French stick *Br* OU loaf, baguette; [pour manger] chopstick; **manger avec des** ~**s** to eat with chopsticks. -**3.** MUS [pour diriger] baton; **sous la** ~ **du jeune chef** under the baton of the young conductor ❑ ~ **de tambour** drumstick; **mener** OU **faire marcher qqn à la** ~ to rule sb with an iron hand OU a rod of iron. -**4.** VÊT [d'une chaussure] foxing; [sur des bas, un collant] clock. -**5.** MENUIS length of beading; **cacher les câbles avec des** ~**s** to bead in the wires.

bah [ba] *interj* -**1.** [marque l'indifférence] pooh, who cares; ~, **on verra bien!** oh well, we'll have to see! -**2.** [marque le doute] really, you don't say *Am*; ~, **ce n'est pas possible!** no, that's impossible!

Bahamas [baamas] *npr fpl*: **les** ~ the Bahamas; **aux** ~ in the Bahamas.

Bahrayn [barajn], **Bahreïn** [barejn] *npr* Bahrain, Bahrein.

bahreïni, e [barejni] *adj* Bahraini, Bahreini.
◆ **Bahreïni, e** *nm, f* Bahraini, Bahreini.

bahut [bay] *nm* -**1.** [buffet] sideboard, buffet. -**2.** *fam* [collège, lycée] school; **à quelle heure tu retournes au** ~? what time are you going back to school? -**3.** *fam* [véhicule] car; **le voilà, avec son gros** ~ here he comes with his tank; **avance ton** ~! get that heap of junk out of my way!

bai, e[1] [bɛ] *adj* bay.

baie[2] [bɛ] *nf* -**1.** BOT berry. -**2.** ARCHIT opening; ~ **vitrée** picture OU bay window. -**3.** GÉOG bay; **la** ~ **d'Hudson** Hudson Bay; **la** ~ **de James** James Bay; **la** ~ **de San Francisco** San Francisco Bay. -**4.** ÉLECTRON & TÉLÉC rack.

baignade [bɛɲad] *nf* [activité] swimming, bathing *Br*; **à l'heure de la** ~ at swimming time; '~ **interdite'** no swimming ‖ [lieu] bathing OU swimming place; **aménager une** ~ to lay out an area for swimming; [pour bébés] to lay out an area for paddling.

baigner [4] [beɲe] ◇ *vt* -**1.** [pour laver] to bath *Br*, to bathe *Am*; **c'est l'heure de** ~ **les enfants** it's time to bath *Br* OU to bathe *Am* the children ‖ [pour soigner] to bathe; **baigne ton doigt malade dans de l'eau chaude** bathe your sore finger in hot water. -**2.** *litt* [suj: fleuve, mer] to wash, to bathe; **la Seine baigne Paris** the Seine bathes OU washes Paris; **un rayon de lumière baignait la pièce** light suffused the room, the room was bathed in light; **la clairière était baignée de soleil** the clearing was bathed OU flooded with sunlight. -**3.** [mouiller] to soak, to wet; **un visage baigné de larmes** a face bathed in tears; **il était baigné de sueur après sa course** he was soaked with sweat after the race.
◇ *vi* -**1.** [être immergé - dans l'eau, le lait] to soak; [- dans l'alcool, le vinaigre] to steep; **des cerises baignant dans l'alcool** cherries steeping OU soaking in alcohol; **les pommes de terre baignaient dans la sauce** the potatoes were swimming in sauce; **il faut que le tissu baigne complètement dans la teinture** the material must be fully immersed in the dye ‖ *litt* [être environné - de brouillard, de brume] to be shrouded OU swathed; **le paysage baignait dans la brume** the countryside was shrouded in mist. -**2.** *fig*: **nous baignons dans le mystère** we're deep in mystery; **il baigne dans la joie** he is overwhelmed with joy, he's overjoyed; **elle baigne dans la musique depuis sa jeunesse** she's been immersed in music since she was young. -**3.** *fam loc*: **ça** OU **tout baigne (dans l'huile)!** everything's great OU fine!
◆ **se baigner** ◇ *vp (emploi réfléchi)*: **se** ~ **les yeux/le visage** to bathe one's eyes/face.
◇ *vpi* [dans une baignoire] to have OU to take *Am* a bath; [dans un lac, dans la mer] to go swimming OU bathing *Br*; **je me suis baigné dans la mer Morte** I went swimming in the Dead Sea; **à quelle heure on se baigne?** what time shall we go for our swim?

baigneur, euse [bɛɲœr, øz] *nm, f* swimmer, bather *Br.*
◆ **baigneur** *nm* baby doll.

baignoire [bɛɲwar] *nf* -**1.** [dans une salle de bains] bath *Br*, bathtub *Am*; ~ **sabot** hip bath; **supplice** OU **torture de la** ~ torture by immersion. -**2.** THÉÂT ground floor box. -**3.** MIL & NAUT conning tower.

Baïkal [baikal] *npr m*: **le** ~ Lake Baikal.

bail, baux [baj, bo] *nm* -**1.** [de location] lease; **prendre qqch à** ~ to take out a lease on sthg; **faire/passer un** ~ to draw up/to enter into a lease ❑ ~ **commercial/professionnel/rural** commercial/professional/rural lease; ~ **à construction** construction lease; ~ **d'habitation** house-letting *Br*, rental lease *Am*. -**2.** *loc*: **il**

y a OU ça fait un ~ que *fam*... it's been ages since...; ça fait un ~ qu'il ne m'a pas téléphoné it's been ages since he last phoned me, he hasn't phoned me for ages.

BAIL:
In France, the usual duration of the "bail" or lease for private rented accommodation is three years. The expression "bail à céder", often seen on signs in shop windows, means that the lease on the shop or office is for sale.

---

baille [baj] *nf* -**1.** [baquet] tub. -**2.** ▽ [eau] water; **tomber** OU **se retrouver à la** ~ to fall into the drink.

bâillement [bajmɑ̃] *nm* -**1.** [action] yawn; **étouffer un** ~ to stifle a yawn; **des** ~**s** yawning. -**2.** [ouverture] gap.

bailler [3] [baje] *vt arch* to give; **la** ~ **belle** OU **bonne à qqn** to try to hoodwink sb.

bâiller [3] [baje] *vi* -**1.** [de sommeil, d'ennui] to yawn; ~ **à s'en décrocher la mâchoire** OU **comme une carpe** to yawn one's head off. -**2.** [être entrouvert - porte, volet] to be ajar OU half-open; [- col] to gape; **son chemisier bâille aux emmanchures** her blouse gapes at the armholes.

bailleur, bailleresse [bajœr, bajrɛs] *nm, f* lessor; ~ **de fonds** backer, sponsor; ~ **de licence** licensor, licenser.

bâilleur, euse [bajœr, øz] *nm, f* yawner; **un bon** ~ **en fait bâiller deux** *prov* one good yawn sets others to yawning.

bailli [baji] *nm* bailiff HIST.

bailliage [bajaʒ] *nm* bailiwick.

bâillon [bajɔ̃] *nm* [sur une personne] gag; **mettre un** ~ **à l'opposition** *fig* to gag OU to muzzle the opposition.

bâillonnement [bajɔnmɑ̃] *nm* gagging.

bâillonner [3] [bajɔne] *vt* [otage, victime] to gag; [adversaire, opposant] to gag, to muzzle.

bain [bɛ̃] *nm* -**1.** [pour la toilette] bath, bathing; **donner un** ~ **à qqn** to bath sb, to give sb a bath; **prendre un** ~ to have OU to take a bath; **vider/faire couler un** ~ to empty/to run a bath; **mon** ~ **refroidit** my bath's OU bathwater's getting cold; **je préfère le** ~ **à la douche** I prefer baths to showers ❑ ~ **moussant/parfumé** bubble/scented bath; ~ **de bouche** mouthwash, mouth rinse; ~ **de boue** mudbath; ~ **de pieds** footbath; **prendre un** ~ **de pieds** to soak OU to bathe one's feet (in warm soapy water); ~ **de vapeur** steam bath; ~**s de siège**: **faire des** ~**s de siège** to take a sitzbath OU a hip bath; **être dans le** ~ *fam* [s'y connaître] to be in the swing of things; [être compromis] to be in it up to one's neck; **quand on n'est plus dans le** ~ when you've got out of the habit of things; **être dans le même** ~ **(que)** *fam* to be in the same boat (as); **mettre deux choses dans le même** ~ *fam* to lump two things together; **mettre qqn dans le** ~ *fam* [l'initier] to put sb in the picture; [le compromettre] to drag sb into it; **se mettre** OU **se remettre dans le** ~ *fam* to get (back) into the swing of things OU the routine. -**2.** [baignoire] bath *Br*, bathtub *Am*; ~ **à remous** Jacuzzi®. -**3.** LOISIRS & SPORT [activité] bathing, swimming; **prendre un** ~ [nageur] to have a swim; [bambin] to have a paddle ❑ ~ **de minuit** midnight swim OU dip. -**4.** [bassin]: **grand** ~ [bassin] big pool; [côté] deep end; **petit** ~ [bassin] children's pool; [côté] shallow end. -**5.** *fig* [immersion]: ~ **de culture** feast of culture; **ce séjour à Paris était un véritable** ~ **de culture** this stay in Paris was a complete cultural experience; ~ **de foule** walkabout; **prendre un** ~ **de foule** to go on a walkabout; ~ **de jouvence** rejuvenating OU regenerating experience; **cela a été pour moi un** ~ **de jouvence** it's taken years off me; ~ **linguistique** OU **de langue** immersion in a language; **la manifestation s'est terminée dans un** ~ **de sang** the demonstration ended in a bloodbath; ~ **de soleil** sunbathing; **prendre un** ~ **de soleil** to sunbathe. -**6.** [substance pour trempage] bath; ~ **révélateur** OU **de développement** developing bath, developer; ~ **d'arrêt** PHOT stop bath; ~ **de fixateur** fixing bath; ~ **de friture** CULIN bath of fat; ~ **de fusion** MÉTALL (welding) puddle; ~ **de sels** salt bath; ~ **de trempe** quenching bath ‖ [cuve] vat.

◆ **bains** *nmpl* [établissement] baths; ~**s douches** public baths (with showers); ~**s turcs** Turkish baths.

◆ **de bain** *loc adj* [sels, serviette] bath *(modif)*.

bain-marie [bɛ̃mari] *(pl* **bains-marie***)* *nm* -**1.** [processus] bain-marie cooking. -**2.** [casserole] bain-marie.

◆ **au bain-marie** *loc adv* in a bain-marie.

baïonnette [bajɔnɛt] *nf* bayonet; ~ **au canon** fix bayonet.

baise [bɛz] *nf* -**1.** *Belg* [baiser] kiss. -**2.** ▼ [sexe]: **la** ~ sex.

baise-en-ville *fam* [bɛzɑ̃vil] *nm inv hum* overnight case OU bag.

baisemain [bɛzmɛ̃] *nm*: **faire le** ~ to kiss a woman's hand; **son** ~ **m'a surprise** his kissing my hand surprised me.

baisement [bɛzmɑ̃] *nm* kissing; **le** ~ **de la Croix** the kissing of the Cross.

baiser[1] [beze] *nm* kiss; **donner/envoyer un** ~ **à qqn** to give/to blow sb a kiss ❑ ~ **de Judas** kiss of Judas; ~ **de paix** kiss of peace.

baiser[2] [4] [beze] ◇ *vt* -**1.** *litt* [embrasser] to kiss; ~ **le front/la main de qqn** to kiss sb's forehead/hand; ~ **la terre** to kiss the ground. -**2.** ▼ [coucher avec] to screw, to fuck; **il est mal baisé** he needs to get laid; **c'est une mal baisée** she's a frustrated old cow. -**3.** ▼ [tromper] to swindle, to con; **il s'est fait** ~ **par Merlot** he got conned by Merlot ‖ [vaincre] to outdo; **on les a baisés à la deuxième mi-temps** we got the better of them in the second half.

◇ *vi* ▼ to fuck; **il baise bien** he's a good fuck; **on a bien baisé** we had a good fuck.

baisoter *fam* [3] [bɛzɔte] *vt vieilli* to kiss all over.

baisse [bɛs] *nf* -**1.** [perte de valeur] fall, drop; **la** ~ **des taux d'intérêt** the drop in interest rates; **le marché des obligations a connu une** ~ **sensible** the bond market has dropped considerably. -**2.** [perte d'intensité] decline, drop; ~ **de prix** fall in prices; ~ **de température** drop in temperature; ~ **de pression** drop OU fall in pressure. -**3.** [perte de quantité] drop; ~ **de la production** drop in production.

◆ **à la baisse** *loc adv* on the downswing OU downturn OU decline; **jouer à la** ~ to speculate on the fall; **revoir à la** ~ to revise downwards.

◆ **en baisse** *loc adj* [crédit, fonds] declining, sinking, decreasing; **les fonds sont en** ~ funds are sinking OU decreasing.

baisser [4] [bese] ◇ *vt* -**1.** [vitre de voiture] to lower, to wind OU to let down *(sép)*; [store] to lower, to take OU to let down *(sép)*; [tableau] to lower; ~ **une fenêtre à guillotine** to push OU to pull OU to slide a sash window down; **il faudra** ~ **l'étagère de deux crans** the shelf will have to be taken down two pegs; **le rideau est baissé** THÉÂT the curtain's down; [boutique] the iron curtain's down ❑ ~ **son pantalon/sa culotte** *pr* to pull down one's trousers/knickers; ~ **son pantalon** OU **sa culotte** *fam* OU **son froc** ▽ **(devant qqn)** *fig* to climb OU to back down. -**2.** [main, bras] to lower; ~ **les yeux** OU **paupières** to lower one's eyes, to look down, to cast one's eyes down; ~ **les yeux (sur qqn/qqch)** to look down (at sb/sthg); **faire** ~ **les yeux à qqn** to stare sb out OU down; **marcher les yeux baissés** [de tristesse] to walk with downcast eyes; [en cherchant] to walk with one's eyes to the ground; ~ **le nez dans/sur son journal** to bury one's head in/to look down at one's newspaper; **il gardait le nez baissé sur sa soupe** he was hunched over his soup; ~ **son chapeau sur ses yeux** to pull OU to tip one's hat over one's eyes; **attention, baisse la tête!** look out, duck!; **les fleurs baissent la tête** the flowers are drooping; **en baissant la tête** [posture] with one's head down OU bent; [de tristesse] head bowed (with sorrow); ~ **la tête** OU **le nez (de honte)** *fig* to hang one's head (in shame); ~ **les bras** to throw in the sponge OU towel *fig*. -**3.** [en intensité, en valeur] to lower, to turn down *(sép)*; ~ **la radio/lumière** to turn the radio/light down; ~ **la voix** to lower one's voice; ~ **un prix** to bring down OU to lower OU to reduce a price; ~ **le ton** to calm down; **baisse le ton!** *fam* cool it!, pipe down! -**4.** NAUT: ~ **pavillon** to lower OU to strike one's flag.

◇ *vi* [espoir, lumière] to fade; [marée] to go out; [température] to go down, to drop, to fall; [prix, action boursière] to drop, to fall; [santé, faculté] to decline; [pouvoir] to wane, to dwindle, to decline; **la crue baisse** the waters are subsiding; **l'eau a baissé (d'un mètre) dans le bassin** the water level has gone down (by one metre) in the pond; **le soleil baisse** the sun's setting OU sinking OU going down; **le jour baisse** the daylight's fading; **la qualité baisse** the quality's deteriorating; **nos réserves de sucre ont baissé** our sugar reserves have run low, we're low on sugar; **sa vue baisse** his eyesight's fading OU getting weaker OU failing; **sa mémoire baisse** her memory's failing; **son travail baisse** his work's deteriorating; **il a beaucoup baissé depuis sa maladie** he's deteriorated OU declined considerably since his illness; **sa voix baissa, et il s'arrêta au milieu de la phrase** his voice trailed off in mid-sentence; ~ **dans l'estime de qqn** to go down in sb's estimation.

◆ **se baisser** *vpi* -**1.** [personne] to bend down; **il faut se** ~ **pour passer** you have to bend down OU to stoop to go through; **se** ~ **pour éviter un coup** to duck in order to avoid a blow ❑ **il n'y a qu'à se** ~ **pour les prendre** OU **les ramasser** they're two a penny *Br* OU a dime a dozen *Am*. -**2.** [objet] to go down; **la poignée ne se baisse plus** the handle won't go down now.

baissier, ère [besje, ɛr] ◇ *adj* bear *(modif)*, short, bearish.

◇ *nm, f* bear ST. EX.

bajoue [baʒu] *nf* ZOOL chop, chap.

◆ **bajoues** *nfpl hum* [gén] jowls; [de bébé] chubby cheeks; **il avait des** ~**s** he had great big jowls; **un bébé qui a de bonnes** ~**s** a baby with chubby cheeks.

bakchich *fam* [bakʃiʃ] *nm* [pourboire] tip; [pot de vin] bribe, backhander *Br*.

Bakélite® [bakelit] *nf* Bakelite®.

Bakou [baku] *npr* Baku.

bal, bals [bal] *nm* -**1.** [réunion - populaire] dance; [- solennelle] ball, dance; ~ **en plein air** open-air dance; **la tradition des** ~**s de rue** the tradition of dancing in the streets; **aller au** ~ to go dancing OU to a dance OU to a ball; **donner un** ~ to give a ball ❑ ~ **costumé** fancy-dress ball; ~ **masqué** masked ball; ~ **populaire** (local) dance open to the public; ~ **travesti** costume ball; **mener le** ~ *pr* to lead off (at a dance); *fig* to have the upper hand. -**2.** [lieu] dance hall.

BAL, Bal [bal, beaɛl] *(abr de* **boîte aux lettres (électronique)***)* *nf* E-mail, email.

balade *fam* [balad] *nf* -**1.** [promenade - à pied] walk, stroll, ramble; [- en voiture] drive, spin; [- à cheval] ride; **faire une** ~ [à pied] to go for a walk; [en voiture] to go for a drive; [à cheval] to go for a ride. -**2.** [voyage] jaunt, trip; **une jolie** ~ **à travers l'Italie** a delightful jaunt across Italy.

balader *fam* [3] [balade] *vt* -**1.** [promener - enfant, chien] to take (out) for a walk; [- touriste, visiteur] to take OU to show around *(sép)*; **je les ai baladés dans la voiture** I took them (out) for a drive. -**2.** [emporter] to carry OU to cart *péj* about; ~ **le téléphone d'une pièce à l'autre** to carry the telephone from room to room.

◆ **se balader** *fam vpi* -**1.** [se promener - à pied] to stroll OU to amble along; **se** ~ **sans but** to drift (aimlessly) along; **aller se** ~ **dans les rues** to go for a walk OU stroll through the streets; **aller se** ~ [en voiture] to go for a drive; [à cheval] to go for a ride. -**2.** [voyager] to go for a trip OU jaunt; **aller se** ~ **en Espagne** to go for a trip around Spain. -**3.** [traîner] to lie around; **ses** vêtements se baladent partout his clothes are lying around all over the place; je n'aime pas les fils électriques qui se baladent I hate trailing wires; qu'est-ce que c'est que cette fourchette qui se balade? what's this fork doing lying around?

baladeur, euse *fam* [baladœr, øz] *adj*: être de tempérament ~ to have wanderlust; il est d'humeur baladeuse ce matin he just can't stay in one place today; avoir la main baladeuse to have wandering hands.

◆ **baladeur** *nm* -**1.** AUDIO Walkman®, personal stereo. -**2.** AUT sliding shaft. -**3.** MÉCAN sliding gear wheel.

◆ **baladeuse** *nf* -**1.** [lampe] inspection OU portable lamp. -**2.** AUT trailer.

baladin [baladɛ̃] *nm arch* wandering player, travelling artist.

balafon [balafɔ̃] *nm* balafo.

balafre [balafr] *nf* -**1.** [entaille] slash, gash, cut. -**2.** [cicatrice] scar; Jojo la Balafre *hum* ≃ Scarface Joe.

balafré, e [balafre] ◇ *adj* scarred; un visage ~ a scarred face.

◇ *nm, f* scarface.

balafrer [3] [balafre] *vt* to slash, to gash, to cut.

balai [balɛ] *nm* -**1.** [de ménage] broom; ~ éponge mop; ~ mécanique carpet sweeper ❑ du ~! scram! -**2.** ÉLECTR brush. -**3.** AUT: ~ d'essuie-glace windscreen *Br* OU windshield *Am* wiper blade. -**4.** ▽ [année] year; il a cinquante ~s he's fifty.

◆ **coup de balai** *nm*: la cuisine a besoin d'un bon coup de ~ the kitchen needs a good sweep; le comité aurait besoin d'un bon coup de ~ *fig* the committee could do with a shake-up; donner un coup de ~ dans une pièce to sweep (out) a room; donner un (bon) coup de ~ dans la direction/les traditions *fig* to revamp the management/traditions.

balai-brosse [balɛbrɔs] (*pl* balais-brosses) *nm* (long-handled) scrubbing *Br* OU scrub *Am* brush.

balaise▽ [balɛz] = **balèze**.

balalaïka [balalaika] *nf* balalaika.

balance [balɑ̃s] *nf* -**1.** [instrument de mesure] (pair of) scales, balance; ~ à bascule weighing machine; ~ de ménage kitchen scales; ~ de précision precision balance; ~ de Roberval Roberval's balance; ~ romaine steelyard; jeter qqch dans la ~ *fig* to take sthg into account, to take account of sthg; mettre tout son poids OU tout mettre dans la ~ *fig* to use (all of) one's influence to tip the scales; tenir la ~ égale entre deux personnes/opinions *fig* to strike a balance between two people/opinions. -**2.** [équilibre] balance; ~ des forces balance of power‖ ÉCON balance; ~ commerciale balance of trade; ~ des comptes balance of payments; ~ des paiements balance of payments. -**3.** PÊCHE crayfish net. -**4.** ACOUST & ÉLECTR balance; ~ électrodynamique current balance OU weigher. -**5.** *arg crime* [dénonciateur] squealer, grass *Br*, rat *Am*.

◆ **en balance** *loc adv*: mettre deux arguments en ~ to balance two arguments; mettre en ~ toutes les données to weigh up all the information; mettre en ~ les avantages et les inconvénients to weigh (up) the pros and cons.

Balance [balɑ̃s] *npr f* -**1.** ASTRON Libra. -**2.** ASTROL Libra; être ~ to be Libra OU a Libran.

balancé, e [balɑ̃se] *adj*: être bien ~ *fam* to have a stunning figure ❑ tout bien ~ all things considered, taking one thing with another.

balancelle [balɑ̃sɛl] *nf* -**1.** [siège] swing chair. -**2.** NAUT balancelle. -**3.** TECH swing tray.

balancement [balɑ̃smɑ̃] *nm* -**1.** [mouvement - d'un train] sway, swaying; [- d'un navire] pitching, roll, rolling; [- de la tête de haut en bas] nods, nodding; [- de la tête de gauche à droite] swinging; [- des hanches] swaying; [- d'une jupe] swinging. -**2.** [équilibre] balance, equilibrium, symmetry. -**3.** *litt* [hésitation] wavering, hesitation.

balancer [16] [balɑ̃se] ◇ *vt* -**1.** [bras, hanches] to swing; [bébé] to rock; [personne - dans un hamac] to push. -**2.** [compenser] to counterbalance, to counteract, to cancel out *(sép)*. -**3.** *fam* [se débarrasser de - objet] to throw away *(sép)*, to chuck out *(sép)*; je ne trouve plus sa lettre, j'ai dû la ~ I can't find his letter, I must have chucked it out; ~ qqch par la fenêtre to throw OU to chuck OU to pitch sthg out of the window; tout ~ to chuck it all in ‖ [se débarrasser de - personne]: ~ qqn get rid of sb; ils ont balancé le corps dans la rivière they dumped the body in the river; elle a balancé son mec she's ditched her boyfriend. -**4.** *fam* [donner - coup] to give; ~ une gifle à qqn to give sb a slap, to smack sb in the face; il lui a balancé un coup de poing he socked him one ‖ [lancer - livre, clefs] to chuck OU to toss (over); balance le journal can you chuck OU sling me the paper? -**5.** *fam* [dire - insulte] to hurl; elle n'arrête pas de me ~ des trucs she's always making digs at me; elle m'a balancé ça en pleine figure she came out with it just like that. -**6.** *arg crime* [dénoncer - bandit] to shop *Br*, to squeal on *(insép)*; [- complice] to rat on *(insép)*. -**7.** FIN [budget, compte] to balance.

◇ *vi* -**1.** *litt* [hésiter] to waver, to dither; sans ~ unhesitatingly, unreservedly ❑ entre les deux mon cœur balance *hum* I can't choose between them. -**2.** *vieilli*: ça balance *fam* [boîte de nuit, musique] it's groovy; balance, mec! *fam* groove on, man!

◆ **se balancer** *vpi* -**1.** [osciller - personne] to rock, to sway; [- train] to roll, to sway; [- navire] to roll, to pitch; [- branche] to sway; se ~ d'un pied sur l'autre to shift from one foot to the other; se ~ sur sa chaise to tip back one's chair; se ~ sur ses ancres NAUT to ride at anchor. -**2.** [sur une balançoire] to swing; [sur une bascule] to seesaw; [au bout d'une corde] to swing, to dangle; quand on l'a retrouvé, il se balançait au bout d'une corde [pendu] when they found him, he was swinging from the end of a rope. -**3.** [se compenser] to balance; profits et pertes se balancent profits and losses cancel each other out, the account balances. -**4.** *fam loc*: s'en ~ [s'en moquer]: je m'en balance I don't give a damn; tes opinions, tout le monde s'en balance! who gives a damn about what you think?

balancier [balɑ̃sje] *nm* -**1.** [de moteur] beam, rocker arm; [d'horloge] pendulum; [de montre] balance wheel; [autour d'un axe] walking beam. -**2.** [de funambule] pole. -**3.** ZOOL balancer, haltere.

balancine [balɑ̃sin] *nf* topping lift.

balançoire [balɑ̃swar] *nf* -**1.** [suspendue] swing; faire de la ~ to have a (go on the) swing, to play on the swing. -**2.** [bascule] seesaw.

Balaton [balatɔ̃] *npr* → **lac**.

balayage [balɛjaʒ] *nm* -**1.** [d'un sol, d'une pièce] sweeping; [d'épluchures, de copeaux] sweeping up. -**2.** [avec un projecteur, un radar] scanning, sweeping; ~ d'une zone/du ciel avec un faisceau lumineux scanning an area/the sky with a light beam. -**3.** ÉLECTRON scanning, sweep, sweeping; circuit/fréquence/vitesse de ~ sweep current/frequency/speed. -**4.** INF scanning; ~ de ligne row scanning; ~ télévision raster scan. -**5.** [de la chevelure] highlighting.

balayer [11] [baleje] *vt* -**1.** [nettoyer - plancher, pièce] to sweep (up OU out); [- tapis] to brush, to sweep; le sol a besoin d'être balayé the floor could do with a sweep ❑ ~ devant chez soi OU sa porte to set one's own house in order. -**2.** [pousser - feuilles, nuages] to sweep (along OU away OU up); [- poussière, copeaux, épluchures] to sweep up OU away *(sép)*; le vent balayait les feuilles the wind swept the leaves along OU away; balayant les jetons de la main [pour les ramasser] sweeping up the tokens with her hand; [pour les éloigner] sweeping the tokens away with her hand. -**3.** [parcourir - suj: vent, tir] to sweep (across OU over); [- suj: faisceau, regard] to sweep, to scan; [- suj: caméra] to pan across *(insép)*; les vagues balayaient la jetée the waves were sweeping (over) the jetty; ses grandes ailes balayaient le sol its large wings swept the ground; ses yeux balayèrent l'assemblée he scanned the audience; les branches/les avirons balayaient l'eau the branches brushed/the oars trailed on the surface of the water. -**4.** [détruire - obstacles, préjugés] to sweep away OU aside *(sép)*; la monarchie a été balayée par la révolution the monarchy was swept aside by the revolution; ~ l'ennemi hors de ses positions to sweep the enemy out of its positions; les ouragans balaient tout sur leur passage the hurricanes sweep away everything in their path. -**5.** *fam* [renvoyer] to push out *(sép)*, to get rid of; il va falloir me ~ ces incapables! these incompetents have got to go! -**6.** ÉLECTRON to scan.

balayette [balɛjɛt] *nf* brush.

balayeur, euse [balɛjœr, øz] *nm, f* street OU road sweeper.

◆ **balayeuse** *nf* street cleaner.

balayures [balejyr] *nfpl* sweepings.

balbutiant, e [balbysjɑ̃, ɑ̃t] *adj* -**1.** [hésitant] stuttering, stammering. -**2.** [récent]: c'est une technique encore ~e it's a technique that's still in its infancy.

balbutiement [balbysimɑ̃] *nm* stammer, stutter; ~s [d'un bègue] stammering, stuttering; [d'un ivrogne] slurred speech; [d'un bébé] babbling.

◆ **balbutiements** *nmpl* [d'une technique, d'un art] early stages, beginnings, infancy.

balbutier [9] [balbysje] ◇ *vi* -**1.** [bègue] to stammer, to stutter; [ivrogne] to slur (one's speech); [bébé] to babble; j'en balbutiais d'ahurissement I was so astonished (that) I was stuck for words. -**2.** [débuter] to be just starting OU in its early stages OU in its infancy.

◇ *vt* to stammer (out); ~ des remerciements to stammer out one's thanks; ~ une prière to mumble a prayer.

balbuzard [balbyzar] *nm* osprey.

balcon [balkɔ̃] *nm* -**1.** [plate-forme] balcony. -**2.** [balustrade] railings *(pl)*, railing. -**3.** THÉÂT balcony; premier ~ dress circle; deuxième ~ upper circle; dernier ~ gallery.

balconnet [balkɔnɛ] *nm* -**1.** [balustrade] overhanging railing. -**2.** Balconnet® [soutien-gorge] half-cup bra.

baldaquin [baldakɛ̃] *nm* -**1.** [sur un lit] canopy, tester. -**2.** [sur un autel, un trône] canopy, baldachin, baldachino.

Bâle [bal] *npr* Basel, Basle.

Baléares [balear] *npr fpl* Baleares; les ~ the Balearic Islands; aux ~ in the Balearic Islands.

baleine [balɛn] *nf* -**1.** ZOOL whale; ~ blanche/bleue/à bosse white/blue/humpback whale; rire OU rigoler OU se tordre comme une ~ *fam* to split one's sides laughing. -**2.** [fanon] whalebone, baleen. -**3.** [de parapluie] rib. -**4.** [de corset - en plastique] bone, stay; [- en métal] steel; [- en fanon] (whalebone) stay. -**5.** [pour un col] collar stiffener.

baleiné, e [balene] *adj* -**1.** [corset, gaine] boned. -**2.** [col] stiffened.

baleineau, x [balɛno] *nm* whale calf.

baleinier, ère [balenje, ɛr] *adj* whaling; industrie baleinière whaling (industry); port ~ whaling station.

◆ **baleinier** *nm* -**1.** [navire] whaling ship, whaler. -**2.** [chasseur] whaler.

◆ **baleinière** *nf* -**1.** NAUT lifeboat. -**2.** PÊCHE whaleboat, whaler, whale catcher.

balèze▽ [balɛz] ◇ *adj* -**1.** [grand] hefty, huge; un type ~ a great hulk (of a man). -**2.** [doué] great, brilliant; ~ en physique dead good *Br* OU ace at physics.

◇ *nm* muscleman; un gros OU grand ~ a great hulk (of a man).

Bali [bali] *npr* Bali; à ~ in Bali.

balinais, e [balinɛ, ɛz] *adj* Balinese.

◆ **Balinais, e** *nm, f* Balinese; les Balinais the Balinese.

balisage [balizaʒ] *nm* -**1.** NAUT markers, beacons, buoyage; ~ **maritime** navigational markers || AÉRON lights, markers; ~ **des bords de piste** runway lights; ~ **d'aéroport/des pistes d'approche** airport/landing area lights; ~ **d'entrée de piste** airway markers || [sur route] markers, road markers. -**2.** [d'un texte] markers; **le ~ du texte est mal fait** the text hasn't been properly marked. -**3.** [pose - de signaux, de signes] marking out; ~ **par radars** beacon signalling.

balise [baliz] *nf* -**1.** NAUT beacon, (marker) buoy; ~ **maritime** navigational marker; ~ **radio** (radio) beacon || AÉRON marker, beacon; ~ **de guidage** radar beacon || [sur route] road marker cone, police cone; [sur sentier] waymark. -**2.** BOT canna fruit.

baliser [3] [balize] ◇ *vt* -**1.** NAUT to mark out *(sép)*, to buoy. -**2.** AÉRON: ~ **une piste** to mark out a runway with lights. -**3.** [trajet] to mark out OU off *(sép)*; ~ **une voie (pour l'interdire à la circulation)** to cone off a lane (from traffic); **balisé de drapeaux/piquets** marked out with flags/poles ❑ **sentier balisé** waymarked path. ◇ *vi* ∇ to be scared stiff.

baliseur [balizœr] *nm* -**1.** [navire] buoy keeper's boat, Trinity House boat *Br*. -**2.** [personne] buoy keeper.

balisier [balizje] *nm* canna.

balisticien, enne [balistisjɛ̃, ɛn] *nm, f* ballistics expert.

balistique [balistik] ◇ *adj* ballistic. ◇ *nf* ballistics *(U)*.

baliveau, x [balivo] *nm* -**1.** CONSTR scaffold OU scaffolding pole. -**2.** [arbre] sapling.

balivernes [balivɛrn] *nfpl* -**1.** [propos] nonsense; **ce sont des ~** it's all nonsense; **dire des ~** to talk nonsense. -**2.** [bagatelles] trivia, trifles; **s'inquiéter pour des ~** to worry over trifles.

balkanique [balkanik] *adj* Balkan.

balkanisation [balkanizasjɔ̃] *nf* -**1.** POL Balkanisation. -**2.** [fragmentation] parcelling off into tiny units.

balkaniser [3] [balkanize] *vt* -**1.** POL to balkanize. -**2.** [fragmenter] to parcel off into tiny units.

Balkans [balkɑ̃] *npr mpl*: **les ~** the Balkans.

ballade [balad] *nf* -**1.** [poème lyrique, chanson] ballad. -**2.** [en prosodie, pièce musicale] ballade.

ballant, e [balɑ̃, ɑ̃t] *adj* [jambes] dangling; [poitrine] wobbling; **avoir les bras ~s** [ne rien tenir] to let one's arms dangle by one's sides; **il restait là, les bras ~s** he was standing there like an idiot.

◆ **ballant** *nm* looseness; **donner du ~ à un câble** to give a cable some slack, to slacken off a cable.

ballast [balast] *nm* -**1.** NAUT ballast tank OU container. -**2.** CONSTR & RAIL ballast.

ballastage [balastaʒ] *nm* ballasting.

ballaster [3] [balaste] *vt* to ballast.

balle [bal] *nf* -**1.** ARM bullet; **tirer à ~s** to shoot with real bullets; **se tirer une ~ dans la bouche/tête** to shoot o.s. in the mouth/head; **tué par ~s** shot dead ❑ ~ **dum-dum/perdue/traçante** dum-dum/stray/tracer bullet; ~ **à blanc** blank; ~ **en caoutchouc** rubber bullet. -**2.** [pour jouer] ball; **jouer à la ~** to play with a ball; **la ~, la ~!** [dans les jeux d'équipe] over here, over here! ❑ ~ **de caoutchouc** rubber ball; **la ~ est dans son camp** the ball's in his court; **saisir la ~ au bond** *pr* to catch the ball on the bounce OU rebound; *fig* to seize the opportunity. -**3.** [point, coup] stroke, shot; **une belle ~** a fine stroke OU shot; **faire des ~s** TENNIS to practice, to knock up *Br* ❑ ~ **de jeu/match** TENNIS game/match point. -**4.** [paquet] bale. -**5.** BOT & AGR: **la ~** the chaff, the husks. -**6.** *fam* [visage] face; **avoir une bonne ~** to have a nice face.

◆ **balles** *fam nfpl* [francs] francs; **200 ~s** 200 francs.

baller [3] [bale] *vi* [bras, jambe] to dangle.

ballerine [balrin] *nf* -**1.** [danseuse] ballerina, ballet dancer. -**2.** [chaussure - de danse] ballet OU dancing shoe; [- de ville] pump.

ballet [balɛ] *nm* -**1.** [genre] ballet (dancing). -**2.** [œuvre] ballet (music); [spectacle] ballet; **le ~ blanc** classical ballet *(in white tutus)*; ~ **de cour** HIST court entertainment *(danced by the monarch and courtiers)*; ~**s roses/bleus** *euph sexual orgies between adults and female/male minors*; ~ **diplomatique** *fig*: **l'incident a donné lieu à tout un ~ diplomatique** the incident has given rise to intense diplomatic activity; **les Ballets russes** the Ballets Russes. -**3.** [troupe] ballet company. -**4.** SPORT: ~ **aquatique** aquashow, aquacade *Am*.

balletomane [balɛtɔman] *nmf* ballet-lover, balletomane.

ballet-pantomime [balɛpɑ̃tɔmim] *(pl* **ballets-pantomimes)** *nm* pantomime ballet.

ballon [balɔ̃] *nm* -**1.** JEUX & SPORT ball; **jouer au ~** to play with a ball ❑ ~ **de foot** OU **football** football; ~ **de basket** basketball; ~ **de rugby** rugby ball; **le ~ ovale** [le rugby] rugby; **le ~ rond** [le foot] football *Br*, soccer. -**2.** [sphère]: ~ **(de baudruche)** (party) balloon; ~ **d'hélium** helium balloon; ~ **d'oxygène** MÉD oxygen tank; *fig* life-saver. -**3.** AÉRON (hot-air) balloon; **monter en ~** [ascension] to go up in a balloon ❑ ~ **captif/libre** captive/free balloon; ~ **de barrage** barrage balloon; ~ **d'essai** *pr* pilot balloon; *fig* test; **lancer un ~ d'essai** [se renseigner] to put out feelers; [faire un essai] to do a trial run, to run a test. -**4.** CHIM round-bottomed flask, balloon; [pour l'alcootest] (breathalyser) bag; **souffler dans le ~** to be breathalysed. -**5.** [verre] (round) wine glass, balloon glass; ~ **de rouge** glass of red wine || [contenu] glassful; **il boit son ~ de blanc tous les matins** he has a little glass of white wine every morning ❑ **verre ~** round wine glass. -**6.** [réservoir]: ~ **(d'eau chaude)** hot water tank. -**7.** GÉOG: **les ~s** the (rounded tops of the) Vosges mountains ❑ **le ~ d'Alsace/de Guebwiller** the Ballon d'Alsace/de Guebwiller. -**8.** *Helv* [petit pain] (bread) roll. -**9.** ∇ *loc*: **avoir le ~** to have a bun in the oven.

ballonné, e [balɔne] *adj* bloated; **être ~** to feel bloated.

ballonnement [balɔnmɑ̃] *nm* -**1.** MÉD distension *(U)*, flatulence *(U)*; **j'ai des ~s** I feel bloated. -**2.** VÉTÉR bloat.

ballonner [3] [balɔne] *vt* to swell.

ballonnet [balɔnɛ] *nm* -**1.** AÉRON ballonet. -**2.** JEUX small balloon.

ballon-sonde [balɔ̃sɔ̃d] *(pl* **ballons-sondes)** *nm* pilot balloon.

ballot [balo] *nm* -**1.** [paquet] bundle, package. -**2.** *fam* [sot] nitwit, blockhead; **cet espèce de ~ n'avait rien compris** the poor fool hadn't got the idea at all.

ballote [balɔt] *nf* black OU stinking horehound.

ballotin [balɔtɛ̃] *nm* sweet *Br* OU candy *Am* box.

ballottage [balɔtaʒ] *nm* second ballot OU round; **être en ~** to have to stand *Br* OU to run *Am* again in a second round; **il y a ~ à Tours** there will be a second ballot in Tours.

ballottement [balɔtmɑ̃] *nm* [d'un véhicule] rocking, swaying, shaking; [d'un passager, d'un sac] rolling around; [d'un radeau] tossing, bobbing about.

ballotter [3] [balɔte] ◇ *vt* [navire] to toss (about); [passager, sac] to roll around; **les détritus ballottés par les vagues** refuse bobbing up and down in the waves || *fig*: **être ballotté entre deux endroits** to be shifted OU shunted around constantly from one place to the other; **être ballotté entre deux personnes** to waver between two people; **être ballotté par les événements** to be carried along by events. ◇ *vi* [tête] to loll, to sway; [valise] to bang OU to shake about, to rattle around.

ballottine [balɔtin] *nf* stuffed and boned meat roll, ballottine.

ball-trap [baltrap] *(pl* **ball-traps)** *nm* -**1.** [tir - à une cible] trapshooting, clay-pigeon shooting; [- à deux cibles] skeet, skeet shooting. -**2.** [appareil] trap.

balluchon [balyʃɔ̃] *nm* bundle; **faire son ~** *pr* & *fig* to pack one's bags.

balnéaire [balneɛr] *adj* seaside *(modif)*.

balnéothérapie [balneɔterapi] *nf* balneotherapy.

bâlois, e [balwa, az] *adj* from Basel.

◆ **Bâlois, e** *nm, f inhabitant of or person from Basel*.

balourd, e [balur, urd] ◇ *adj* awkward; **qu'il est ~ quand il veut demander un service!** he's so awkward when he wants to ask a favour! ◇ *nm, f* awkward person.

◆ **balourd** *nm* MÉCAN unbalance.

balourdise [balurdiz] *nf* -**1.** [caractère] awkwardness. -**2.** [parole, acte] blunder, gaffe; **raconter des ~s** to say the wrong thing.

baloutchi [balutʃi] *nm* Baluchi.

Baloutchistan [balutʃistɑ̃], **Béloutchistan** [belutʃistɑ̃] *npr m*: **le ~** Baluchistan.

balsa [balza] *nm* balsa, balsa wood.

balsamier [balzamje] *nm* balsam.

balsamine [balzamin] *nf* balsam.

balsamique [balzamik] ◇ *adj* -**1.** BOT & MÉD balsamic. -**2.** *litt* [odorant] fragrant, scented. ◇ *nm* balsam.

balte [balt] *adj* Baltic; **les pays Baltes** the Baltic states; **les républiques ~s** the Baltic republics.

◆ **Balte** *nmf* Balt.

◆ **balte** *nm* LING Baltic.

balthazar [baltazar] *nm* Balthazar (bottle).

Balthazar [baltazar] *npr* -**1.** HIST Belshazzar. -**2.** BIBLE Balthazar.

baltique [baltik] *adj* Baltic.

◆ **Baltique** *npr f*: **la Baltique** the Baltic (Sea); **les ports de la Baltique** the Baltic ports.

◆ **baltique** *nm* LING Baltic.

baluchon [balyʃɔ̃] = **balluchon**.

balustrade [balystrad] *nf* [d'un balcon] balustrade; [d'un pont] railing.

balustre [balystr] *nm* -**1.** [pilier - de balustrade, de siège] baluster. -**2.** [compas] pair of compasses *(with spring bow dividers)*.

balzacien, enne [balzasjɛ̃, ɛn] *adj*: **une description ~ne** [de Balzac] a description by Balzac; [rappelant Balzac] a description reminiscent of Balzac.

balzan, e [balzɑ̃, an] *adj* white-stockinged ZOOL.

◆ **balzane** *nf* white stocking (of a horse).

Bamako [bamako] *npr* Bamako.

bambin [bɑ̃bɛ̃] *nm* toddler.

bambochard, e *fam* [bɑ̃bɔʃar, ard] = **bambocheur**.

bamboche *fam* [bɑ̃bɔʃ] *nf vieilli* partying; **c'est la ~ ce soir!** it's party-time tonight!

bambocher *fam* [3] [bɑ̃bɔʃe] *vi vieilli*: **à l'époque où je bambochais** in the days when I was always partying; **il adore ~** he's always ready for a good night out.

bambocheur, euse *fam* [bɑ̃bɔʃœr, øz] *vieilli* ◇ *adj* partying. ◇ *nm, f* party-goer, reveller.

bambou [bɑ̃bu] *nm* bamboo; **attraper un coup de ~** *fam* to get sunstroke; **avoir le coup de ~** *fam* [devenir fou] to go crazy; [être fatigué] to feel very tired; **c'est le coup de ~ dans ce restaurant!** *fam* [très cher] this restaurant's a real rip-off!

◆ **en bambou** *loc adj* [meuble, cloison] bamboo *(modif)*.

bamboula ∇ [bɑ̃bula] *nf*: **faire la ~** to make whoopee.

ban [bɑ̃] *nm* -**1.** [applaudissement]: **un ~ pour...!** three cheers OU a big hand for...! -**2.** [roulement de tambour] drum roll; **fermer le ~** *fig* to bring the proceedings to a close; **ouvrir le ~** *fig* to open the proceedings || [sonnerie de clairon] bugle call. -**3.** HIST [condamnation] banishment, banning; [convocation] ban; [vassaux] vassals; **le**

~ et l'arrière-ban *fig* the world and his wife; **convoquer le ~ et l'arrière-ban** to summon the (entire) family.

◆ **bans** *nmpl* banns; **les ~s sont affichés** OU **publiés** the banns have been posted.

◆ **à ban** *loc adv*: **mettre qqch à ~** *Helv* to forbid access to sthg.

◆ **au ban de** *loc prép*: **être au ~ de la société** to be an outcast OU a pariah; **mettre un pays au ~ des nations** to boycott a country; **mettre qqn au ~ d'un club** to blackball sb.

banal, e, als [banal] *adj* -**1.** [courant] commonplace, ordinary, everyday *(avant n)*; **ce n'est vraiment pas ~** it's most unusual, it's really strange. -**2.** [sans originalité] trite, commonplace, banal; **un argument ~** a standard OU well-worn argument; **un événement ~** an everyday happening; **une vie ~e** a humdrum life; **ce que je vais vous dire là est très ~** there's nothing original OU unusual about what I'm going to say. -**3.** INF general-purpose.

banalement [banalmɑ̃] *adv* in an ordinary way; **nous nous sommes rencontrés fort ~** we met in very ordinary OU unremarkable circumstances.

banalisation [banalizasjɔ̃] *nf* -**1.** [généralisation] spread; *péj* [perte d'originalité] trivialization; **son exposé est une ~ des idées de Lacan** his account trivializes Lacan's ideas. -**2.** [d'un véhicule]: **la ~ des voitures de police** the use of unmarked police cars. -**3.** RAIL [d'une voie] signalling for two-way working; [d'une locomotive] use of engine by several crews.

banalisé, e [banalize] *adj* -**1.** [véhicule] unmarked. -**2.** INF general-purpose.

banaliser [3] [banalize] *vt* -**1.** [rendre courant - pratique] to trivialize, to make commonplace; **maintenant que la téléphonie sans fil est banalisée** now that cordless phones have become commonplace. -**2.** *péj* [œuvre] to deprive OU to rob of originality; [idée] to turn into a commonplace. -**3.** [véhicule] to remove the markings from; [marque déposée] to turn into a household name. -**4.** RAIL [voie] to signal for two-way working; [locomotive] to man with several crews.

◆ **se banaliser** *vpi* to become commonplace OU a part of (everyday) life; **la billetterie électronique s'est banalisée** electronic cash dispensing is now part of everyday life.

banalité [banalite] *nf* -**1.** [d'une situation, d'un propos] triteness, banality, triviality; [d'une tenue] mundaneness. -**2.** [propos, écrit] platitude, commonplace, cliché.

banane [banan] ◇ *nf* -**1.** BOT banana; **~ plantain** OU **jaune** plantain; **~ verte** green banana. -**2.** *fam* [pare-chocs] overrider. -**3.** *fam* [coiffure] quiff *Br*. -**4.** *fam* [hélicoptère] chopper. -**5.** *fam* [décoration] medal, gong *Br*. -**6.** [sac] bum-bag *Br*, waist-bag *Am*. -**7.** ÉLECTR banana plug. -**8.** ▽ [idiot] nitwit, twit *Br*, dumbbell *Am*.
◇ *adj inv* banana-shaped.

bananeraie [bananrɛ] *nf* banana plantation OU grove.

bananier, ère [bananje, ɛr] *adj* banana *(modif)*.

◆ **bananier** *nm* -**1.** BOT banana, banana tree. -**2.** NAUT banana boat.

banc [bɑ̃] *nm* **A.** -**1.** [gén] bench, seat; [dans une église] pew; **(au) ~ des accusés** (in the) dock; **le ~ des avocats** the lawyers' bench; **sur le ~ des ministres** on the government bench; **(au) ~ des témoins** (in the) witness box *Br* OU stand *Am*; **sur les ~s de l'école** in one's schooldays; **~ public** park bench. -**2.** MENUIS & TECH [établi] bench, workbench; [bâti] frame, bed; **~ d'essai à rouleaux** AUT road simulator. -**3.** INF bank; **~ mémoire** memory bank. -**4.** NAUT (oarsman's) bench, thwart.
B. -**1.** [de poissons] shoal, school; **~ de harengs** herring shoal; **~ de maquereaux** school of mackerel; **~ de morues** cod bank OU shoal; **~ de sardines** school OU shoal of sardines || [zone]: **~ d'huîtres** [dans la mer] oyster bed; [dans un restaurant] display of oysters; **~ de homards** lobster ground ❑ **~ de pêche** fishing bank OU ground. -**2.** [amas] bank; **~ de boue** mudbank, mud flats; **~ de brume** fog patch; **~ de glace** ice floe; **~ de gravier** gravel bank; **~ de neige** *Can* snowdrift; **~ de sable** sandbank, sandbar. -**3.** GÉOL [couche] bed, layer; [au fond de la mer] bank, shoal.

◆ **banc d'essai** *nm* INDUST test rig, test bed; INF benchmark; *fig* test; **faire un ~ d'essai** *pr* to test (an engine); *fig* to have a trial run; **mettre qqn au ~ d'essai** to give sb a test; **mettre une idée au ~ d'essai** to test out an idea.

bancaire [bɑ̃kɛr] *adj* banking, bank *(modif)*; **chèque ~** cheque *Br*, check *Am*; **commission ~** bank commission; **établissement ~** banking establishment, bank.

bancal, e, als [bɑ̃kal] *adj* -**1.** [meuble] rickety, wobbly; [personne] lame. -**2.** [peu cohérent - idée, projet] unsound; [- raisonnement] weak, unsound; **la proposition est un peu ~e** the proposal doesn't really stand up to examination.

banco [bɑ̃ko] *nm* banco; **faire ~** to go banco.

bancroche *fam* [bɑ̃krɔʃ] *adj* lame, gimpy *Am*.

banc-titre [bɑ̃titr] (*pl* **bancs-titres**) *nm* rostrum camera.

bandage [bɑ̃daʒ] *nm* -**1.** [pansement] bandage, dressing; **il faut resserrer le ~** the bandage should be tightened ❑ **~ abdominal** abdominal bandage OU binder; **~ herniaire** truss. -**2.** [fait de panser] bandaging, binding (up). -**3.** [fait de tendre - un ressort] stretching, tensing; [- un arc] bending, drawing. -**4.** AUT & RAIL tyre.

bandagiste [bɑ̃daʒist] *nmf* bandage manufacturer.

bandana [bɑ̃dana] *nm* bandana, bandanna.

bandant, e▼ [bɑ̃dɑ̃, ɑ̃t] *adj* exciting; **elle est ~e** she's a real turn-on || [sens affaibli]: **pas très ~ comme boulot!** *hum* this job's hardly the most exciting thing going!

bande [bɑ̃d] *nf* **A.** -**1.** [groupe - de malfaiteurs] gang; [- d'amis] group; [- d'enfants] troop, band; [- d'animaux] herd; [- de chiens, de loups] pack; **faire partie de la ~** to be one of the group ❑ **~ armée** armed gang OU band; **la Bande des Quatre** the Gang of Four. -**2.** *loc*: **faire ~ à part**: **il fait toujours ~ à part** he keeps (himself) to himself; **il a encore décidé de faire ~ à part** he's decided yet again to go it alone; **ceux de Bel-Air font ~ à part** those who come from Bel-Air stick together; **~ de** *péj* pack OU bunch of; **une ~ de menteurs/voleurs** a bunch of liars/crooks; **vous y comprenez rien, ~ de cons!**▽ you just don't get it, do you, you bloody *Br* OU goddamn *Am* idiots!
B. -**1.** [d'étoffe, de papier etc] strip, band; **~ de journal** newspaper wrapper; **~ gommée** gummed binding strip; **~ molletière** puttee, putty; **~ de roulement** AUT tyre tread. -**2.** [de territoire] strip; **~ de sable** strip OU spit OU tongue of sand; **~ de terrain** strip of land ❑ **~ d'arrêt d'urgence** TRANSP emergency lane, hard shoulder; **la ~ de Gaza** the Gaza strip. -**3.** [sur une route] band, stripe; **~ blanche** white line. -**4.** CIN reel; **~-son, ~ sonore** soundtrack; **~ amorce** CIN & PHOT start OU head leader; **~ (magnétique)** AUDIO (magnetic) tape. -**5.** ÉLECTRON & RAD band; **~ de fréquence** frequency band; **~ (de fréquence) publique** citizen's band, CB; **sur la ~ FM** on FM; **~ passante** pass-band. -**6.** INF: **~ perforée** punched paper tape *Br*, perforated tape. -**7.** MÉD bandage; **~ Velpeau**® crepe bandage. -**8.** ARCHIT band. -**9.** LITTÉRAT & LOISIRS: **~ dessinée** [dans un magazine] comic strip, strip cartoon *Br*; [livre] comic book; **la ~ dessinée** [genre] comic strips; **l'auteur d'une ~ dessinée célèbre** the author of a well-known comic book. -**10.** ARM: **~ de mitrailleuse** machine gun belt. -**11.** BILLARD cushion; **jouer la ~** to play off the cushion. -**12.** BIOL: **~ chromosomique** chromosome band. -**13.** PHYS: **~ de fréquences** frequency band.
C. NAUT list, heel; **donner de la ~** to heel over, to list.

◆ **en bande** *loc adv* as OU in a group, all together; **ils ne se déplacent qu'en ~** they always move around in a gang.

◆ **par la bande** *loc adv* in a roundabout way; **apprendre qqch par la ~** to learn sthg through the grapevine; **faire qqch par la ~** to do sthg underhandedly.

bandé, e [bɑ̃de] *adj* -**1.** [recouvert] bandaged; **avoir les yeux ~s** to be blindfolded; **pieds ~s** bound OU bound-up feet. -**2.** HÉRALD bendy. -**3.** [tendu] stretched, tensed.

bande-annonce [bɑ̃danɔ̃s] (*pl* **bandes-annonces**) *nf* trailer.

bandeau, x [bɑ̃do] *nm* -**1.** [serre-tête] headband. -**2.** [coiffure] coiled hair; **avoir les cheveux en ~, porter des ~x** to wear one's hair in coils. -**3.** [sur les yeux] blindfold; **avoir un ~ sur les yeux** *pr* to be blindfolded; *fig* to be blind to reality || [sur un œil] eye patch. -**4.** ARCHIT string OU belt course. -**5.** [espace publicitaire] advertising space *(band-shaped, on a vehicle)*. -**6.** AUT (piece of) capping.

bandelette [bɑ̃dlɛt] *nf* -**1.** [bande] strip; **les ~s d'une momie** the wrappings of a mummy. -**2.** ANAT: **~ optique** optic tract. -**3.** ARCHIT bandelet.

bander [3] [bɑ̃de] ◇ *vt* -**1.** [panser - main, cheville] to bandage (up); **avoir les yeux bandés** MÉD to have one's eyes bandaged; [avec un bandeau] to be blindfolded. -**2.** [tendre - arc] to draw, to bend; [- ressort, câble] to stretch, to tense; *litt* [muscle] to tense, to tauten; **~ ses forces** to gather up OU to muster one's strength; **bandant toutes ses forces vers ce seul but** her whole being directed towards that goal. -**3.** ARCHIT to arch, to vault.
◇ *vi* ▼ to have a hard-on; [sens affaibli]: **ça me fait pas ~** it doesn't turn me on.

bandera [bɑ̃dera] *nf* bandera.

banderille [bɑ̃drij] *nf* banderilla.

banderillero [bɑ̃derijero] *nm* banderillero.

banderole [bɑ̃drɔl] *nf* -**1.** [bannière - sur un mât, une lance] banderole; [- en décoration] streamer; [- dans une manifestation] banner. -**2.** ARCHIT banderole.

bande-son [bɑ̃dsɔ̃] (*pl* **bandes-son**) *nf* soundtrack.

bande-vidéo [bɑ̃dvideo] (*pl* **bandes-vidéo**) *nf* videotape.

bandit [bɑ̃di] *nm* -**1.** [voleur] bandit; **~ de grand chemin** highwayman. -**2.** [escroc] crook, con man; [dit avec affection]: **~, va!** you rogue OU rascal!

banditisme [bɑ̃ditism] *nm* crime; **c'est du ~!** *fig* it's daylight robbery! ❑ **grand ~** organized crime.

bandonéon [bɑ̃dɔneɔ̃] *nm* bandoneon.

bandothèque [bɑ̃dɔtɛk] *nf* tape library.

bandoulière [bɑ̃duljɛr] *nf* -**1.** ARM sling; [à cartouches] bandolier. -**2.** [d'un sac] shoulder strap.

◆ **en bandoulière** *loc adv*: **porter un sac en ~** to carry a bag with the strap across one's chest; **on peut aussi le mettre en ~** you can also wear it over your shoulder; **son fusil en ~** his gun slung across his chest.

bang [bɑ̃ŋ] ◇ *interj* bang, crash; **~, ~, t'es mort!** bang, bang, you're dead!; **~, tout par terre!** crash (, bang), everything on the floor!
◇ *nm* [franchissement du mur du son] sonic boom.

Bangkok [bɑ̃kɔk] *npr* Bangkok.

bangladais, e [bɑ̃gladɛ, ɛz] *adj* Bangladeshi.

◆ **Bangladais, e** *nm, f* Bangladeshi.

Bangladesh [bɑ̃gladɛʃ] *npr m*: **le ~** Bangladesh; **au ~** in Bangladesh; **les habitants du ~** the Bangladeshi OU Bangladeshis.

Bangui [bɑ̃gi] *npr* Bangui.

banian [banjɑ̃] *nm* banyan.

banjo [bɑ̃(d)ʒo] *nm* banjo.

banjoïste [bɑ̃(d)ʒɔist] *nmf* banjoist.

Banjul [bɑ̃ʒul] *npr* Banjul.

banlieue [bɑ̃ljø] ◇ *nf* suburb; **la ~** suburbia, the suburbs; **la maison est en ~** the house is on the outskirts of the town OU in the suburbs;

une ~ de Londres a suburb of London; une ~ cossue a prosperous suburb ❑ ~ pavillonnaire *comfortable suburb (with houses rather than tower blocks)*; la ~ rouge *towns in the Paris suburbs with Communist mayors*; grande ~ outer suburbs, commuter belt; proche ~ inner suburbs; **train de ~** suburban, commuter train; des loubards de ~ *fam* yobs *Br* OU hoods *Am* from the suburbs.

◇ *nm Belg* commuter train.

BANLIEUE:
In France, the word "banlieue" is often associated with social problems such as delinquency.

banlieusard, e [bɑ̃ljøzar, ard] ◇ *adj péj* suburban.
◇ *nm, f* [gén] suburbanite; TRANSP commuter; les ~s people who live in the suburbs.

banne [ban] *nf* -**1.** [auvent] awning, tilt. -**2.** [charrette] cart.

banni, e [bani] ◇ *adj* banished, exiled.
◇ *nm, f* exile.

bannière [banjɛr] *nf* -**1.** [étendard] banner; **la ~ étoilée** the star-spangled banner; **combattre** OU **lutter sous la ~ de qqn** to fight on sb's side. -**2.** ▽ [de chemise] shirt-tail; **se balader en ~** to go about in one's shirt-tails.

bannir [32] [banir] *vt* -**1.** [expulser] to banish, to exile. -**2.** *litt* [éloigner] to reject, to cast out; **~ qqn de sa présence** to cast sb from one's presence *litt*; **banni à jamais de mes relations** forever banished from my circle of friends. -**3.** [supprimer - idée, pensée] to banish; [- aliment] to cut out *(sép)*; **j'ai banni cette idée** I banished OU dismissed the idea from my mind; **bannissez la violence de vos comportements** banish all violence from your behaviour.

bannissement [banismɑ̃] *nm* banishment.

banquable [bɑ̃kabl] *adj* [effet] bankable; **non ~** unbankable.

banque [bɑ̃k] *nf* -**1.** [établissement] bank; **avoir une somme à la** OU **en ~** to have some money in the bank; **mettre une somme à la** OU **en ~** to bank a sum of money; **passer à la ~** to go to the bank ❑ **~ d'affaires/de dépôts** merchant/deposit bank; **~ commerciale** commercial bank; **~ de compensation** clearing bank; **~ d'émission** issuing bank, issuing house; **la Banque d'Angleterre** the Bank of England; **la Banque de France** the Banque de France *(French issuing bank)*; **la Banque mondiale** the World Bank. -**2.** [profession] banking; **travailler dans la ~** to be in banking. -**3.** INF & MÉD [bibliothèque] bank; **~ du sang/du sperme/de données** blood/sperm/data bank. -**4.** JEUX [réserve] bank; **tenir la ~** to be the banker, to keep the bank.

banquer▽ [3] [bɑ̃ke] *vi* to fork out; **qui va ~?** who's going to foot the bill?; **à toi de ~** your turn to cough up.

banqueroute [bɑ̃krut] *nf* -**1.** [faillite] bankruptcy; **~ frauduleuse** fraudulent bankruptcy; **faire ~** to go bankrupt. -**2.** [échec] failure; **la ~ d'une politique** the utter failure of a policy; **critiquant la ~ de notre société** criticizing our bankrupt society.

banqueroutier, ère [bɑ̃krutje, ɛr] *nm, f* fraudulent bankrupt.

banquet [bɑ̃kɛ] *nm* banquet; **donner un ~** to give a banquet ❑ **'le Banquet'** *Platon* 'Symposium'.

banqueter [27] [bɑ̃kte] *vi* -**1.** [bien manger] to feast, to eat lavishly. -**2.** [prendre part à un banquet] to banquet.

banquette [bɑ̃kɛt] *nf* -**1.** [siège - de salon] seat, banquette *Am*; [- de piano] (duet) stool; [- de restaurant] wall seat; [- de voiture, de métro] seat; **~ avant/arrière** front/back seat; **jouer devant les ~s** *fig* to play to an empty house. -**2.** ARCHIT window seat. -**3.** TRAV PUBL berm; **~ de halage** towpath. -**4.** RAIL track bench. -**5.** MIL: **~ de tir** banquette.

banquier, ère [bɑ̃kje, ɛr] *nm, f* banker.

banquise [bɑ̃kiz] *nf* [côtière] ice, ice shelf; [dérivante] pack ice, ice field OU floe.

bantou, e [bɑ̃tu] *adj* Bantu.
◆ **Bantou, e** *nm, f* Bantu.
◆ **bantou** *nm* LING Bantu.

bantoustan [bɑ̃tustɑ̃] *nm* Bantustan, Bantu Homeland.

banyuls [banjyls] *nm* Banyuls (wine).

baobab [baɔbab] *nm* baobab.

baptême [batɛm] *nm* -**1.** RELIG baptism; [cérémonie] christening, baptism; **donner le ~ à qqn** to baptize OU to christen sb; **recevoir le ~** to be baptized OU christened. -**2.** [d'un bateau] christening, naming; [d'une cloche] christening, dedication. -**3.** [première expérience]: **~ de l'air** first OU maiden flight; **~ du feu** MIL & *fig* baptism of fire; **maintenant que tu as eu ton ~ du feu** *fig* now you've been blooded; **~ de la ligne** (first) crossing of the line.

baptiser [3] [batize] *vt* -**1.** RELIG to christen, to baptize. -**2.** [nommer - personne, animal] to name, to call; **elle a baptisé son chien Victor** she named her dog Victor ‖ [surnommer] to nickname, to christen, to dub. -**3.** [bateau] to christen, to name; [cloche] to christen, to dedicate. -**4.** *fam* [diluer] to water down *(sép)*.

baptismal, e, aux [batismal, o] *adj* baptismal.

baptisme [batism] *nm* Baptist doctrine.

baptiste [batist] *adj* & *nmf* Baptist; **les ~s** the Baptists.

baptistère [batistɛr] *nm* baptistery.

baquet [bakɛ] *nm* -**1.** [récipient] tub. -**2.** [siège] bucket seat.

bar [bar] *nm* -**1.** [café] bar; **voiture-~** restaurant-car. -**2.** [comptoir] bar; **le prix au ~ n'est pas le même que le prix en salle** drinks are more expensive if you sit at a table. -**3.** ZOOL bass. -**4.** PHYS bar.

baragouin [baragwɛ̃] *nm* -**1.** [langage incompréhensible] jargon, gobbledegook, double Dutch *Br*. -**2.** *péj* [langue étrangère] lingo.

baragouinage [baragwinaʒ] *nm* -**1.** [manière de parler] jabbering, gibbering. -**2.** [jargon] jargon, gobbledegook.

baragouiner [3] [baragwine] ◇ *vt* to speak badly; **je baragouine l'espagnol** I can barely put two words of Spanish together; **qu'est-ce qu'elle baragouine?** [langue étrangère] what's that language she's jabbering in?; [propos incompréhensibles] what's she jabbering on about?
◇ *vi* [de façon incompréhensible] to jabber, to gibber, to talk gibberish; [dans une langue étrangère] to jabber away.

baragouineur, euse *fam* [baragwinœr, øz] *nm, f* jabberer, gabbler.

baraka [baraka] *nf* -**1.** [dans l'Islam] baraka. -**2.** *fam* [chance] luck; **avoir la ~** to be lucky; **il a la ~ en ce moment** he's on a winning streak at the moment.

baraque [barak] *nf* -**1.** [cabane - à outils] shed; [- d'ouvriers, de pêcheurs] shelter, hut; [- de forains] stall; [- de vente] stall, stand, booth. -**2.** *fam* [maison] shack, shanty; **une vieille ~** an old shack; **une ~ minuscule** a rabbit hutch of a house; **t'en as une belle ~!** you've got a great place!; **une grande ~ au bord de la mer** a big place by the sea; **qui commande dans cette ~?** who the hell's in charge around here?; **j'en ai marre de cette ~!** I've had enough of this place!

baraqué, e *fam* [barake] *adj* muscular, hefty, beefy *péj*; **un type ~** a great hulk of a man.

baraquement [barakmɑ̃] *nm* -**1.** [baraques] shacks. -**2.** MIL camp.

baraterie [baratri] *nf* [criminelle] barratry; [simple] fault.

baratin *fam* [baratɛ̃] *nm* -**1.** [boniment] flannel; **faire du ~ à qqn** to spin sb a yarn, to flannel sb. -**2.** [vantardises]: **c'est du ~** it's just (a lot of) hot air.

baratiner *fam* [3] [baratine] ◇ *vi* -**1.** [mentir] to flannel. -**2.** [se vanter] to shoot one's mouth (off); **il baratine tout le temps** he's full of hot air.
◇ *vt*: **~ qqn** [en vue d'un gain] to flannel sb; [pour séduire] to chat sb up *Br*, to give sb a line *Am*; [pour impressionner] to shoot one's mouth off to sb; **~ un client** to give a customer the spiel.

baratineur, euse *fam* [baratinœr, øz] ◇ *adj* -**1.** [menteur] smooth-talking. -**2.** [vantard] big-mouthed.
◇ *nm, f* -**1.** [séducteur] smooth talker. -**2.** [menteur] fibber. -**3.** [vantard] big mouth.

barattage [barataʒ] *nm* churning.

baratte [barat] *nf* churn.

baratter [3] [barate] *vt* to churn.

barbacane [barbakan] *nf* -**1.** CONSTR weep hole. -**2.** HIST [construction] barbican; [meurtrière] loophole.

Barbade [barbad] *npr f*: **la ~** Barbados; **à la ~** in Barbados; **de la ~** Barbadian.

barbant, e *fam* [barbɑ̃, ɑ̃t] *adj* boring; **il est ~** he's a drag OU bore; **l'émission était ~e** the programme was boring OU a drag.

barbaque▽ [barbak] *nf* [viande] meat; *péj* tough meat.

barbare [barbar] ◇ *adj* -**1.** HIST [primitif] barbarian, barbaric. -**2.** [terme, emploi] incorrect. -**3.** [cruel] barbaric.
◇ *nmf* barbarian.

barbaresque [barbarɛsk] *adj* Barbary *(modif)*; **les États ~s** the Barbary states; **les pirates ~s** the Barbary Coast pirates.
◆ **Barbaresque** *nmf inhabitant of or person from Barbary.*

barbarie [barbari] *nf* -**1.** [cruauté] barbarity, barbarousness; **acte de ~** barbarous act. -**2.** [état primitif] barbarism.

Barbarie [barbari] *npr f* Barbary.

barbarisme [barbarism] *nm* barbarism.

barbe[1] [barb] *nm* [cheval] barb.

barbe[2] [barb] *nf* -**1.** [d'homme - drue] (full) beard; [- clairsemée] stubble; [- en pointe] goatee; **porter la ~** to have a beard; **se faire la ~** to (have a) shave; **se raser/se tailler la ~** to shave off/to trim one's beard; **un homme à la ~ rousse** a red-bearded man, a man with a red beard; **sans ~** [rasé] beardless, clean-shaven; [imberbe] beardless, smooth-chinned; **~ de deux jours** two days' stubble OU growth ❑ **~ à papa** candy floss *Br*, cotton candy *Am*; **fausse ~** false beard; **femme à ~** bearded woman; **vieille ~** (old) stick-in-the-mud, old fogey; **rien que des vieilles ~s** *fam* a bunch of wrinklies *Br* OU greybeards *Am*; **il n'a pas encore de ~ au menton** *fam* he's still wet behind the ears; **elle a une longue ~ blanche, cette plaisanterie!** *fam hum* that joke's got whiskers!; **c'est la ~!, quelle ~!** *fam* what a drag OU bore!; **la ~!** *fam* [pour faire taire] shut up!, shut your mouth!, shut your trap!; [pour protester] damn!, hell!, blast! -**2.** [d'animal] tuft of hairs, beard. -**3.** BOT beard, awn. -**4.** [filament - de plume] barb; [- de coton] tuft; [- de métal, de plastique] burr. -**5.** TECH beard, bolt toe.
◆ **barbes** *nfpl* [de papier] ragged edge; [d'encre] smudge.
◆ **à la barbe de** *loc prép*: **faire qqch à la ~ de qqn** to do sthg under sb's very nose.
◆ **dans sa barbe** *loc adv*: **parler dans sa ~** to mutter under one's breath; **il a marmonné quelque chose dans sa ~** he muttered something under his breath; **rire dans sa ~** to laugh up one's sleeve.
◆ **en barbe** *loc adv* NAUT: **mouiller en ~** to moor with two anchors ahead.

barbeau, x [barbo] *nm* -**1.** ZOOL barbel. -**2.** ▽ [souteneur] pimp. -**3.** BOT cornflower, bluebottle.

Barbe-Bleue [barbəblø] *npr* Bluebeard.

barbecue [barbəkju] *nm* -**1.** [appareil] barbecue (set); **faire cuire de la viande au ~** to barbecue meat. -**2.** [repas] barbecue.

barbe-de-capucin [barbdəkapysɛ̃] (*pl* **barbes-de-capucin**) *nf* wild chicory.

barbelé, e [barbəle] *adj* barbed.

◆ **barbelé** *nm* barbed wire, barbwire *Am*; derrière les ~s behind the barbed wire.

barber *fam* [3] [barbe] *vt* -**1.** [lasser] to bore; **je vais lui écrire, mais ça me barbe!** I'll write to him, but what a drag! -**2.** [importuner] to hassle; **ne me barbe pas avec ces histoires!** don't hassle me with this stuff!

◆ **se barber** *vpi* to be bored stiff OU to tears OU to death; **qu'est-ce qu'on se barbe ici!** this place is so boring!

Barberousse [barbərus] *npr* Barbarossa.

Barbès [barbɛs] *npr district in north Paris with a large North African immigrant population.*

barbet, ette [barbɛ, ɛt] *nm, f* [chien] water spaniel.

◆ **barbet** *nm* ZOOL red mullet.

◆ **barbette** *nf* -**1.** VÊT barb. -**2.** MIL barbette.

barbiche [barbiʃ] *nf* goatee.

barbichette [barbiʃɛt] *nf* (small) goatee.

barbichu, e *fam* [barbiʃy] *adj* bearded.

◆ **barbichu** *nm* man with a goatee.

barbier [barbje] *nm* barber; **'le Barbier de Séville'** *Beaumarchais, Rossini* 'The Barber of Seville'.

barbillon [barbijɔ̃] *nm* -**1.** ZOOL barbel. -**2.** ▽ [souteneur] (young) pimp.

barbiturique [barbityrik] ◇ *adj* barbituric.

◇ *nm* barbiturate.

barbituromanie [barbityrɔmani] *nf* barbiturate addiction, barbiturism.

barbon [barbɔ̃] *nm litt* [homme - âgé] old man, greybeard; [- aux idées dépassées] (old) stick-in-the-mud.

barbotage [barbɔtaʒ] *nm* -**1.** *fam* [baignade] paddling, splashing about. -**2.** CHIM bubbling (through a liquid).

barbote [barbɔt] *nf* -**1.** [loche] loach. -**2.** [lotte] burbot, eelpout.

barboter [3] [barbɔte] ◇ *vi* -**1.** [s'ébattre] to paddle, to splash around OU about; ~ **dans son bain** to splash around in one's bath. -**2.** [patauger] to wade. -**3.** CHIM : **faire ~ un gaz** to bubble a gas through (a liquid).

◇ *vt fam* [dérober] to pinch, to swipe.

◆ **barboter dans** *fam v + prép* -**1.** [être impliqué dans] to have a hand in; ~ **dans des affaires louches** to be mixed up in some shady business; **un scandale où barbotent quelques ministres** a scandal several ministers are mixed up in. -**2.** [être empêtré dans] : ~ **dans qqch** to be embroiled OU to stew in sthg; **je barbote dans ces histoires de divorce** I'm embroiled in this divorce business.

barboteur, euse *fam* [barbɔtœr, øz] ◇ *adj* light-fingered.

◇ *nm, f* pilferer.

◆ **barboteur** *nm* bubbler, wash bottle.

◆ **barboteuse** *nf* (pair of) rompers OU crawlers, playsuit.

barbouillage [barbujaʒ] *nm* -**1.** [application de couleur, de boue] daubing. -**2.** [fait d'écrire] scribbling, scrawling; [écrit] scribble, scrawl. -**3.** [tableau - de mauvais artiste] daub *péj*; [- d'enfant] scribbled picture; **à l'âge des premiers ~s** when a child first learns to draw.

barbouiller [3] [barbuje] *vt* -**1.** [salir] : **tu as barbouillé ton tablier!** you've dirtied your apron!; ~ **qqch de qqch** to smear sthg with sthg; **son menton était barbouillé de confiture** his chin was smeared with jam. -**2.** [peindre] to daub; ~ **des toiles** to mess about OU around with paint; **à son âge, elle ne fait encore que ~ du papier** at her age all she does is splash paint on paper; ~ **qqch de peinture** to slap paint on sthg, to daub sthg with paint; **les lèvres barbouillées de rouge vif** her lips smeared with bright red lipstick ‖ *(en usage abs)*: **je ne peins pas, je barbouille** I'm not really a painter, I just mess about with colours. -**3.** [gribouiller] to scrawl, to scribble; **il barbouille du papier** *pr* he's scribbling away; *fig* & *péj* he's just a scribbler. -**4.** *fam* [donner la nausée à] to nauseate; **ça me barbouille (l'estomac OU le cœur)** it turns my stomach; **avoir l'air barbouillé** to look green around the gills *hum*; **avoir l'estomac OU se sentir barbouillé** to feel queasy OU nauseated.

barbouilleur, euse [barbujœr, øz] *nm, f péj* [écrivain] scribbler; [peintre] dauber.

barbouillis [barbuji] = **barbouillage**.

barbouze▽ [barbuz] *nf* -**1.** [espion] spy. -**2.** [garde du corps] bodyguard, heavy; [intermédiaire] minder. -**3.** [barbe] beard.

barbu, e[1] [barby] *adj* bearded.

◆ **barbu** *nm* -**1.** [homme] bearded man, man with a beard. -**2.** ZOOL barbet.

barbue[2] [barby] *nf* ZOOL brill.

barcarolle [barkarɔl] *nf* barcarolle.

barcasse [barkas] *nf péj* boat, tub.

barcelonais, e [barsəlɔnɛ, ɛz] *adj* Barcelonese.

◆ **Barcelonais, e** *nm, f inhabitant of or person from Barcelona.*

Barcelone [barsəlɔn] *npr* Barcelona.

barda *fam* [barda] *nm* -**1.** MIL gear, kit *Br*. -**2.** [chargement] stuff, gear, paraphernalia.

bardage [bardaʒ] *nm* -**1.** [revêtement de maison] weatherboarding *Br*, siding *Am*. -**2.** [autour d'un tableau] (protective) boarding.

bardane [bardan] *nf* burdock.

barde [bard] ◇ *nm* [poète] bard.

◇ *nf* CULIN bard.

bardeau, x [bardo] *nm* -**1.** [tuile] shingle. -**2.** [bardage vertical] weather-board, clapboard *Am*. -**3.** [pour carrelage] lath. -**4.** = **bardot**.

barder [3] [barde] ◇ *vt* -**1.** CULIN to bard. -**2.** *arch* [cuirasser] to bard; **être bardé de** [être couvert de] to be covered in OU with; **coffre bardé de ferrures** chest bound with iron bands; **être bardé de diplômes** to have a string of academic titles.

◇ *v impers fam*: **ça barde!** all hell's broken loose!; **ça barde chez les voisins!** the neighbours are having a hell of a row *Br* OU spat *Am*!; **quand il a dit ça, ça a bardé!** things really turned nasty when he said that!; **ça va ~ si elle le retrouve!** there'll be hell to pay if she finds him!; **si je le retrouve, ça va ~!** if I find him, I'll give him something to remember me by!; **si tu ne te dépêches pas, ça va ~** you'll get it OU be for it if you don't hurry.

bardot [bardo] *nm* hinny.

barème [barɛm] *nm* -**1.** [tableau] ready reckoner. -**2.** [tarification] scale; ~ **des prix** price list, schedule of prices; ~ **des salaires** wage scale, variable sliding scale.

Barents [barɛ̃s] *npr* → **mer**.

barge [barʒ] *nf* -**1.** NAUT barge, lighter. -**2.** ZOOL godwit.

barguigner▽ [3] [bargiɲe] *vi*: **sans ~** without hesitation OU shillyshallying.

Bari [bari] *npr* Bari.

barigoule [barigul]

◆ **à la barigoule** *loc adj* CULIN: **artichauts à la ~** *artichokes stuffed with mushrooms and ham.*

baril [baril] *nm* [de vin] barrel, cask; [de poudre] keg; [de pétrole] barrel; [de lessive] pack.

barillet [barijɛ] *nm* -**1.** [baril] small barrel OU cask. -**2.** ARM & TECH cylinder.

bariolage [barjɔlaʒ] *nm* -**1.** [action] daubing with bright colours. -**2.** [motif] gaudy colour-scheme.

bariolé, e [barjɔle] *adj* [bigarré - tissu] motley, multicoloured, parti-coloured; [- foule] colourful.

barioler [3] [barjɔle] *vt* to cover with gaudy colours, to splash bright colours on.

bariolure [barjɔlyr] *nf* garish OU gaudy colours.

barjo(t)▽ [barʒo] *adj* nuts, bananas.

barmaid [barmɛd] *nf* barmaid.

barman [barman] (*pl* **barmans** OU **barmen** [-mɛn]) *nm* barman, bartender *Am*.

bar-mitsva [barmitsva] *nf inv* Bar Mitzvah.

barn [barn] *nm* barn PHYS.

baromètre [barɔmɛtr] *nm* barometer, glass; **le ~ est au beau fixe** the barometer is set OU reads fair; **le ~ est à la pluie** the barometer is set on rain; ~ **de l'opinion publique** *fig* barometer OU indicator of public opinion ❑ ~ **anéroïde** aneroid barometer.

barométrie [barɔmetri] *nf* barometry.

barométrique [barɔmetrik] *adj* barometric, barometer *(modif)*.

baron, onne [barɔ̃, ɔn] *nm, f* -**1.** [noble] baron (*f* baroness). -**2.** [magnat] : ~ **de la finance** tycoon. -**3.** CULIN: ~ **d'agneau** baron of mutton.

baronet [barɔnɛ] *nm* HIST baronet.

baronnage [barɔnaʒ] *nm* baronage.

baronnet [barɔnɛ] = **baronet**.

baronnie [barɔni] *nf* barony.

baroque [barɔk] ◇ *adj* -**1.** ARCHIT, BX-ARTS & LITTÉRAT baroque. -**2.** [étrange - idée] weird; **son short avec ses escarpins, ça fait un peu ~** *fam* her shorts and her court shoes look a bit weird together.

◇ *nm* Baroque.

baroquisant, e [barɔkizɑ̃, ɑ̃t] *adj* tending to the Baroque.

baroquisme [barɔkism] *nm* tendency towards the Baroque.

barotraumatisme [barɔtromatism] *nm* barotrauma.

baroud *fam* [barud] *nm* fighting, battle; ~ **d'honneur** last stand; **pour moi, c'est un ~ d'honneur** it's my way of going out in style.

baroudeur [barudœr] *nm* [homme qui aime le combat] fighter; [homme qui a voyagé] : **il a un air de ~** he looks like he's been around a bit.

barouf▽ [baruf] *nm* racket, din; **faire du ~** [bruit] to kick up a racket; [scandale] to make a fuss.

barque [bark] *nf* small boat; ~ **de pêcheur** small fishing boat; **mener sa ~** *fig* to look after oneself; **il est assez grand pour mener sa ~** he's old enough to look after himself; **il a bien/mal mené sa ~** he managed/didn't manage his affairs well.

barquette [barkɛt] *nf* -**1.** CULIN *boat-shaped tartlet.* -**2.** [emballage] carton, punnet.

barracuda [barakyda] *nm* barracuda.

barrage [baraʒ] *nm* -**1.** [réservoir] dam; [régulateur] weir, barrage; ~ **(de retenue)** dam; **faire ~ à** to stand in the way of, to obstruct, to hinder ❑ ~ **mobile** movable dam. -**2.** [dispositif policier] : ~ **(de police)** police cordon; ~ **routier** roadblock. -**3.** MIL: ~ **roulant** creeping OU rolling barrage. -**4.** SPORT: **(match de) ~** play-off.

barrage-poids [baraʒpwa] (*pl* **barrages-poids**) *nm* gravity dam.

barrage-voûte [baraʒvut] (*pl* **barrages-voûtes**) *nm* arch OU arched dam.

barre [bar] *nf* -**1.** [tige - de bois] bar; [- de métal] bar, rod; **j'ai une ~ sur l'estomac/au-dessus des yeux** [douleur] I have a band of pain across my stomach/eyes ❑ ~ **de chocolat** chocolate bar; ~ **d'accouplement** AUT tie-rod; ~ **anti-roulis** NAUT anti-roll bar; ~ **d'appui** handrail; ~ **omnibus** ÉLECTR busbar; ~ **de réaction** radius arm; ~ **de remorquage** tow bar; ~ **de torsion** AUT torsion bar; **coup de ~** *fam*: **j'ai le coup de ~** I feel tired all of a sudden. -**2.** SPORT: ~**s asymétriques/parallèles** asymmetric/parallel bars; ~ **à disques** barbell; ~ **fixe** high OU horizontal bar ‖ DANSE barre; **exercices à la ~** barre work OU exercises. -**3.** NAUT: ~ **(de gouvernail)** [gén] helm; [sur un voilier] tiller; [sur un navire] wheel; **prendre la ~** *pr* to take the helm; *fig* to take charge; **être à la ~** to be at the helm, to steer; *fig* to be at the helm OU in charge. -**4.** [trait] line; **faire des ~s** to draw lines; **mets la ~ sur ton «T»** cross your "T" ❑ ~ **de soustraction/fraction** subtraction/fraction line; ~ **oblique** slash; **avoir ~ sur qqn** to have a hold over OU on sb. -**5.** [niveau] level; **le dollar est descendu au-dessous de la ~ des 6 francs** the dollar fell below the 6 francs level; **pour l'examen de physique, la ~ a été fixée à 12** the pass mark *Br* OU passing grade *Am* for the physics exam was set at twelve; **mettre OU placer la ~ trop haut** to set too high a standard; à chaque fois, ils mettent la ~ plus haut they keep making it harder to meet the target. -**6.** MUS: ~ (de mesure) bar line. -**7.** JUR: ~ (du tribunal) bar; ~ **des témoins** witness box *Br* OU stand *Am*; **appeler qqn à la** ~ to call sb to the witness box. -**8.** INF: ~ **d'espacement** space bar. -**9.** GÉOG [crête] ridge; [banc de sable] sandbar; [houle] race. -**10.** NUCL & PHYS: ~ **de contrôle** control rod. -**11.** HÉRALD bar.

barré, e [bare] *adj* -**1.** [chèque] crossed; **chèque non** ~ open cheque *Br* OU check *Am*. -**2.** *loc*: **être bien/mal** ~ *fam*: **on est mal** ~ **pour y être à 8 h** we haven't got a hope in hell OU we don't stand a chance of being there at 8; **on est bien** ~**s!** *iron*, **on est mal** ~**s!** (that's) great! *iron*, (that's) marvellous! *iron*; **c'est mal** ~ it's got off to a bad start; **entre eux deux c'est mal** ~ they started off on the wrong foot with each other.

◆ **barré** *nm* barré.

barreau, x [baro] *nm* -**1.** [de fenêtre] bar; [d'échelle] rung; ~ **de chaise** *fam hum* fat cigar. -**2.** JUR: **le** ~ the Bar; **être admis** OU **reçu au** ~ to be called to the Bar; **être radié du** ~ to be disbarred.

barrement [barmɑ̃] *nm* crossing.

barrer [3] [bare] ◇ *vt* -**1.** [bloquer - porte, issue] to bar, to block; [- voie, route] to bar; **les grévistes barrent la voie de chemin de fer** strikers are blocking the railway track; **la rue est temporairement barrée** the street has been temporarily closed; ~ **le passage à qqn** to block sb's way ❑ ~ **la route à qqn** *pr* & *fig* to stand in sb's way. -**2.** [rayer - chèque] to cross; [- erreur, phrase] to cross OU to score out *(sép)*, to strike out; ~ **ses T** to cross one's Ts; **une profonde tranchée barrait le paysage** a deep trench scarred the landscape; **un pli lui barrait le front** he had a deep line running right across his forehead; **des éboulements barrent le torrent** fallen boulders are blocking the stream; **l'écharpe tricolore qui lui barrait la poitrine** the tricolor sash he wore across his chest. -**3.** NAUT to steer.

◇ *vi* NAUT to steer, to be at the helm.

◆ **se barrer** *fam vpi* -**1.** [s'enfuir] to beat it, to split, to clear off; **on se barre d'ici!** let's split!; **barre-toi de là, tu me gênes!** shift, you're in my way! -**2.** [se détacher] to come off; **y a ton foulard qui se barre** your scarf's coming off.

barrette [barɛt] *nf* -**1.** [pince]: ~ **(à cheveux)** (hair) slide *Br*, barrette *Am*; ~ **de médaille** medal bar. -**2.** COUT collar pin. -**3.** ÉLECTR: ~ **de connexion** connecting strip. -**4.** RELIG biretta; **recevoir la** ~ to be made a cardinal. -**5.** MIN helmet.

barreur, euse [barœr, øz] *nm, f* -**1.** [gén] helmsman. -**2.** [en aviron] coxswain; **avec** ~ coxed; **sans** ~ coxless.

barricade [barikad] *nf* barricade; **nous avons conquis ces libertés sur les** ~**s** we won those freedoms by going out in the streets and fighting for them; **être du même côté de la** ~ to be on the same side of the fence.

barricader [3] [barikade] *vt* [porte, rue] to barricade.

◆ **se barricader** *vp (emploi réfléchi)* -**1.** [se retrancher] to barricade o.s. -**2.** [s'enfermer] to lock OU to shut o.s.; **il s'est barricadé dans sa chambre** he's locked OU shut himself in his room.

barrière [barjɛr] *nf* -**1.** [clôture] fence; [porte] gate; ~ **de passage à niveau** level *Br* OU grade *Am* crossing gate. -**2.** [obstacle] barrier; **la** ~ **de la langue** the language barrier; **il n'y avait plus de** ~ **entre les deux amants** nothing further could come between the two lovers; **dresser** OU **mettre une** ~ **entre...** to raise a barrier between...; **faire tomber une** ~**/les** ~**s** to break down a barrier/the barriers ❑ ~ **de dégel** *closure of road to heavy traffic during thaw*; ~**s douanières** tariff OU trade barriers. -**3.** GÉOG: ~ **naturelle** natural barrier; **la Grande Barrière** the Great Barrier Reef.

barrique [barik] *nf* barrel, cask.

barrir [32] [barir] *vi* [éléphant] to trumpet.

barrissement [barismɑ̃] *nm* trumpeting.

bartavelle [bartavɛl] *nf* rock partridge.

barycentre [barisɑ̃tr] *nm* barycentre.

baryte [barit] *nf* baryta, barium hydroxide.

baryton [baritɔ̃] *nm* [voix] baritone (voice); [chanteur] baritone; **saxophone** ~ baritone saxophone.

baryum [barjɔm] *nm* barium.

barzoï [barzɔj] *nm* borzoi, Russian wolfhound.

bas[1] [ba] *nm* [de femme] stocking; **le visage dissimulé sous un** ~ wearing a stocking mask; **des** ~ **avec/sans couture** seamed/seamless stockings; ~ **fins** sheer stockings; ~ **de soie** silk stocking; ~ **de laine** *pr* woollen stocking; **qu'y a-t-il dans son** ~ **de laine?** *fig* how much money has he got under the mattress?, how big is his nest egg?; **le** ~ **de laine des Français** the savings of small OU small-time French investors; ~ **(de) Nylon** nylon stocking; ~ **résille** fishnet stocking; ~ **à varices** support stocking.

bas[2], **basse** [ba, *devant nm commençant par voyelle ou h muet* baz, bas] *adj* **A.** DANS L'ESPACE -**1.** [de peu de hauteur - bâtiment, mur] low; [- herbes] low, short; [- nuages] low; **une petite maison basse** a squat little house; **une chaise basse** a low chair; **le tableau est trop** ~**, remonte-le un peu** the painting is too low OU far down, move it up a bit; **avoir le front** ~ to be low-browed; **attrape les branches basses** grasp the lower OU bottom branches; **le soleil était** ~ **sur l'horizon** the sun was low on the horizon; **robe à taille basse** low-waisted dress; **à basse altitude** at (a) low altitude; **la partie basse du buffet** the lower part of the dresser; **la cave est basse de plafond** the cellar has a low ceiling. -**2.** [peu profond] low; **les eaux sont basses** the water level's low OU down; **la Seine est basse** the (level of the) Seine is low; **aux basses eaux** [de la mer] at low tide; [d'une rivière] when the water level is low; *fig* at a time of stagnation ❑ **c'est la basse mer** OU **marée basse** it's low tide, the tide is low; **à marée basse** at low tide, when the tide's out. -**3.** [incliné vers le sol]: **être assis la tête basse** to sit with one's head down; **marcher la tête basse** to hang one's head as one walks; **le chien s'enfuit, la queue basse** the dog ran away with its tail between its legs. -**4.** NAUT: **basses voiles, voiles basses** lower sails OU courses; **basses vergues** lower yards. -**5.** GÉOG: **les basses terres** the lowlands; **la basse Bretagne** the western part of Brittany; **les basses Alpes** the foothills of the Alps; **la basse vallée du Rhône** the lower Rhone valley; **la basse Loire/Seine** the lower Loire/Seine (valley).

B. DANS UNE HIÉRARCHIE -**1.** [en grandeur - prix, fréquence, pression etc] low; **à** ~ **prix** cheap, for a low price; **les** ~ **salaires** low salaries; **à basse température** [laver] at low temperatures; **le thermomètre est** ~ temperatures are low; **la note la plus basse est 8** the lowest mark is 8; **les enchères sont restées très basses** the bidding didn't get off the ground; **le moral de l'équipe est** ~ the team's in low spirits, morale in the team is low; **son moral est très** ~ he's down, he's in very low spirits. -**2.** [médiocre - intérêt, rendement] low, poor; [- dans les arts] inferior, minor, crude; **le niveau de la classe est très** ~ the (achievement) level of the class is very low; **c'est du** ~ **comique** it's low comedy; **c'est de la basse littérature** it's inferior literature ❑ **les basses cartes** JEUX the small OU low cards; **les** ~ **morceaux** [en boucherie] the cheap cuts. -**3.** [inférieur dans la société] low, lowly *litt*, humble; **de basse origine** of humble origin; **de basse condition** from a poor family ❑ **le** ~ **clergé** the minor clergy; **le** ~ **peuple** the lower classes OU orders *péj*. -**4.** MUS [grave - note] low, bottom *(modif)*; [- guitare, flûte] bass *(modif)*; **sa voix tremble dans les notes basses** her voice quavers in the bottom of the range; **le ton est trop** ~**, je ne pourrai pas le chanter** the piece is pitched too low, I won't be able to sing it; **une voix basse** a deep voice. -**5.** [peu fort] low, quiet; **parler à voix basse** to speak in a low OU quiet voice; **sur un ton** ~ in hushed tones. -**6.** *péj* [abject, vil - âme] low, mean, villainous; [- acte] low, base, mean; [- sentiment] low, base, abject; **de basses compromissions** shabby compromises; **à moi toutes les basses besognes** I get stuck with all the dirty work ‖ [vulgaire - terme, expression] crude, vulgar. -**7.** LING: ~ **allemand** Low German; ~ **breton** Breton *(as spoken in southern Brittany)*. -**8.** [le plus récent]: **le Bas-Empire** the late Empire; **la basse latinité** late Roman times; **le** ~ **Moyen Âge** the Early Middle Ages.

◆ **bas** ◇ *adv* -**1.** [à faible hauteur, à faible niveau] low; **les oiseaux sont passés très** ~ the birds flew very low; **la dernière étagère est placée trop** ~ the last shelf is too low; **je mettrais l'étagère plus** ~ I'd put the shelf lower down; **le thermomètre est descendu** OU **tombé très** ~ **cette nuit** temperatures dropped very low last night; **les prix ne descendront pas plus** ~ prices won't come down any further; **leurs actions sont au plus** ~ their shares have reached an all-time low; **elle est bien** ~ [physiquement] she's very poorly; [moralement] she's very low OU down; **vous êtes tombé bien** ~ [financièrement] you've certainly gone down in the world; [moralement] you've sunk really low; **il est tombé bien** ~ **dans mon estime** he's gone down a lot in my estimation; **plus** ~**, vous trouverez la boulangerie** [plus loin] you'll find the baker's a little further on; **j'habite deux maisons plus** ~ **que lui** I live two houses down from his place ‖ [dans un document]: **plus** ~ below, further down OU on; **voir plus** ~ see below ❑ ~ **les masques: je sais tout maintenant, alors** ~ **les masques** I know everything now, so you can stop pretending; ~ **les pattes!** *fam* hands off! -**2.** ACOUST [d'une voix douce] in a low voice; [d'une voix grave] in a deep voice; **mets le son plus** ~ turn the sound down; **mets la musique tout** ~ turn the music right down ❑ **il dit tout haut ce que les autres pensent tout** ~ he voices the thoughts which others keep to themselves. -**3.** MUS low; **tu prends la deuxième mesure un peu trop** ~ [à un chanteur, à un musicien] you're taking the second bar a bit too low. -**4.** VÉTÉR: **mettre** ~ to give birth; **elle a mis** ~ **quatre chiots** she gave birth to four puppies. -**5.** NAUT: **mettre pavillon** ~ to lower OU to strike the colours; **haler** ~ to haul in OU down; **mettre** ~ **les feux** to draw the fires.

◇ *nm* -**1.** [partie inférieure - d'un pantalon, d'un escalier, d'une hiérarchie etc] bottom; [- d'un visage] lower part; **le** ~ **d'une robe** [partie inférieure] the bottom of a dress; **elle a le** ~ **du visage de son père** the bottom OU lower part of her face is like her father's ❑ ~ **de pyjama** pyjama bottoms; **il dort en** ~ **de pyjama** he sleeps in his pyjama bottoms. -**2.** IMPR: ~ **de casse** lower case; **lettre** ~**-de-casse** lower-case character. -**3.** CULIN: ~ **de carré** prime chops (of veal). -**4.** NAUT: **le** ~ **de l'eau** low tide. -**5.** PÊCHE: ~ **de ligne** trace, cast. -**6.** *litt* [ignominie] baseness, vileness; **se complaire dans le** ~ **et le vulgaire** to revel in base and vulgar things. -**7.** *loc*: **connaître des hauts et des** ~ to have ups and downs.

◆ **basse** *nf* -**1.** MUS [partie] bass (part OU score); **basse chiffrée** figured bass; **basse continue** basso continuo; **basse contrainte** OU **obstinée** basso ostinato. -**2.** [voix d'homme] bass (voice); **basse chantante** basso cantante; **basse profonde** basso profundo ‖ [chanteur] bass; **la basse intervient à la sixième mesure** the bass comes in on the sixth bar. -**3.** [instrument - gén] bass (instrument); [- violoncelle] (double) bass. -**4.** GÉOG shoal, flat, sandbank.

◆ **à bas** ◇ *loc adv*: **mettre qqch à** ~ to pull sthg down; **ils ont mis à** ~ **tout le quartier** they razed the whole district to the ground.

◇ *loc interj* down with; **à** ~ **la dictature!** down with dictatorship!

◆ **à bas de** *loc prép*: **se jeter/sauter à** ~ **de son cheval** to throw o.s./to jump off one's horse.

◆ **au bas de** *loc prép*: **au** ~ **des escaliers** at the foot OU bottom of the stairs; **au** ~ **de la page** at the foot OU bottom of the page; **au** ~ **de la**

hiérarchie/liste at the bottom of the hierarchy/list; au ~ du jardin at the bottom (end) OU far end of the garden.
◆ **de bas en haut** *loc adv* from bottom to top, from the bottom up; regarder qqn de ~ en haut to look sb up and down.
◆ **d'en bas** ◇ *loc adj*: les voisins d'en ~ the people downstairs; la porte d'en ~ est fermée the downstairs door is shut.
◇ *loc adv* [dans une maison] from downstairs; [d'une hauteur] from the bottom; elle est partie d'en ~ *fig* she worked her way up, she started from nowhere.
◆ **du bas** *loc adj* -**1.** [de l'étage inférieur]: l'appartement du ~ the flat underneath OU below OU downstairs. -**2.** [du rez-de-chaussée] downstairs *(modif)*; les chambres du ~ the downstairs rooms; les volets du ~ the downstairs shutters. -**3.** [de l'endroit le moins élevé] lower; le carreau du ~ est cassé the lower pane is broken.
◆ **en bas** *loc adv* -**1.** [à un niveau inférieur - dans un bâtiment] downstairs, down; je vais OU descends *fam* en ~ I'm going down OU downstairs; passe par en ~, c'est plus court [par l'étage inférieur] cut through downstairs, it's quicker; [par le jardin en contrebas] cut through the bottom of the garden, it's quicker; la maison a deux pièces en ~ et deux en haut the house has two rooms downstairs and two upstairs. -**2.** [dans la partie inférieure]: prends le carton par en ~ take hold of the bottom of the box. -**3.** [vers le sol]: je ne peux pas regarder en ~, j'ai le vertige I can't look down, I feel dizzy; le village semblait si petit, tout en ~ the village looked so small, down there OU below; suspendre qqch la tête en ~ to hang sthg upside down.
◆ **en bas de** *loc prép*: en ~ de la côte at the bottom OU foot of the hill; en ~ des marches at the bottom OU foot of the stairs; signez en ~ du contrat sign at the bottom of the contract; j'ai rangé les draps en ~ de l'armoire I've put the sheets at the bottom of the wardrobe; ils se retrouvent en ~ du classement général they're now (at the) bottom of the league; il s'est laissé glisser jusqu'en ~ de l'échelle he slid down (to the bottom of) the ladder.

basal, e, aux [bazal, o] *adj* basal.

basalte [bazalt] *nm* basalt.

basaltique [bazaltik] *adj* basaltic.

basane [bazan] *nf* -**1.** [peau de mouton] sheepskin. -**2.** ▽ [peau] hide, skin. -**3.** *arg mil* [cavalerie] cavalry.

basané, e [bazane] ◇ *adj* -**1.** [bronzé - touriste] suntanned; [- navigateur] tanned, weather-beaten. -**2.** ▼ [à la peau foncée] dark-skinned.
◇ *nm, f* ▼ *racist term used with reference to dark-skinned people*, ≃ darky.

basaner [3] [bazane] *vt* to tan.

bas-bleu [bablø] (*pl* bas-bleus) *nm péj* bluestocking.

bas-côté [bakote] (*pl* bas-côtés) *nm* [de route] side, verge; [d'église] aisle.

basculant, e [baskylɑ̃, ɑ̃t] *adj* tip-up; benne ~e tipper (truck).

bascule [baskyl] *nf* -**1.** [balance] weighing machine; [pèse-personne] scales. -**2.** [balançoire] seesaw; mouvement de ~ seesaw motion; pratiquer une politique de ~ to change allies frequently. -**3.** TECH bascule; ~ bistable flip-flop ELECTRON.

basculement [baskylmɑ̃] *nm* [d'une pile] toppling over; [d'un récipient] tipping out OU over; pour empêcher le ~ de l'électorat vers les verts to prevent a swing to the green party.

basculer [3] [baskyle] ◇ *vi* -**1.** [personne] to topple, to fall over; [vase] to tip over; [benne] to tip up. -**2.** *fig*: son univers a basculé his world collapsed; ~ dans: la pièce bascule soudain dans l'horreur the mood of the play suddenly switches to horror; ~ dans l'opposition to go over to the opposition.
◇ *vt* [renverser - chariot] to tip up *(sép)*; [- chargement] to tip out *(sép)*; ~ son vote sur... to switch one's vote to...

basculeur [baskylœr] *nm* rocker switch.

base [baz] *nf* -**1.** [support] base; à la ~ du cou at the base of the neck; ~ de maquillage make-up base. -**2.** [fondement] basis, groundwork *(U)*, foundations; établir qqch/reposer sur une ~ solide to set sthg up/to rest on a sound basis; établir OU jeter les ~s d'une alliance to lay the foundations of OU for an alliance; quelle est votre ~ de départ? what's OU where's your starting point? -**3.** MIL: ~ (aérienne/militaire/navale) (air/army/naval) base; ~ d'opérations/de ravitaillement operations/supply base; rentrer à la ~ to go back to base. -**4.** ASTRONAUT: ~ de lancement launching site. -**5.** POL: la ~ the grass roots, the rank and file. -**6.** FIN: ~ d'imposition taxable amount. -**7.** GÉOM, INF & MATH base; ~ d'un système numérique base OU radix of a numeration system; système de ~ cinq/huit base five/eight system ❑ ~ de données database; ~ de données relationnelles relational database. -**8.** LING [en diachronie] root; [en synchronie] base, stem; [en grammaire générative] base component. -**9.** CULIN [d'un cocktail, d'une sauce] basic ingredient. -**10.** ÉLECTRON: ~ de temps clock. -**11.** CHIM base.
◆ **bases** *nfpl* [fondations] foundations, basis; les ~s de la sémiotique the basis of semiotics ‖ [acquis] basic knowledge; votre enfant n'a pas les ~s your child lacks basic knowledge; avoir de bonnes ~s en arabe/musique to have a good grounding in Arabic/in music.
◆ **à base de** *loc prép*: à ~ de café coffee-based.
◆ **à la base** *loc adv* -**1.** [en son fondement]: le raisonnement est faux à la ~ the basis of the argument is false. -**2.** [au début] at the beginning, to begin OU to start off with; à la ~, nous étions un groupe de rock to begin with OU originally, we were a rock band.
◆ **de base** *loc adj* -**1.** [fondamental - vocabulaire, industrie] basic; [- principe] basic, fundamental; militant de ~ grassroots militant. -**2.** [de référence - salaire, traitement] basic. -**3.** LING base *(modif)*.

base-ball [bɛzbol] (*pl* base-balls) *nm* baseball.

baser [3] [baze] *vt* -**1.** [fonder]: ~ qqch sur (qqch) to base sthg on (sthg); ~ une affirmation sur les faits to base OU to ground an assertion on facts OU in fact; tes soupçons ne sont basés sur rien there are no grounds for your suspicions, your suspicions are groundless; ~ une doctrine sur le libéralisme to base a doctrine on liberalism. -**2.** MIL & COMM [installer] to base; être basé à to be based at OU in; les soldats basés à Berlin the soldiers based in Berlin, the Berlin-based soldiers; aviation basée à terre ground-based air force; l'entreprise est basée à Lyon the firm's based in Lyons.
◆ **se baser sur** *vp + prép* to base one's judgment on; sur quoi te bases-tu? what are your arguments based on?; je me base sur les chiffres de l'année dernière I've taken last year's figures as the basis for my calculations.

bas-fond [bafɔ̃] (*pl* bas-fonds) *nm* GÉOG & NAUT shallow, shoal.
◆ **bas-fonds** *nmpl litt*: les ~s de New York the slums of New York; les ~s de la société the dregs of society.

basic [bazik] *nm* INF basic.

basicité [bazisite] *nf* basicity.

basilic [bazilik] *nm* -**1.** BOT (sweet) basil. -**2.** MYTH & ZOOL basilisk.

basilique [bazilik] *nf* basilica; la ~ Saint-Pierre Saint Peter's Basilica.

basin [bazɛ̃] *nm* dimity.

basiphile [bazifil] *adj* basophilous.

basique [bazik] *adj* basic CHEM.

basket [baskɛt] ◇ *nm* OU *nf* [chaussure]: ~s trainers *Br*, sneakers *Am*.
◇ *nm fam* = **basket-ball**.

basket-ball [baskɛtbol] (*pl* basket-balls) *nm* basketball.

basketteur, euse [baskɛtœr, øz] *nm, f* basketball player.

basquaise [baskɛz] *adj f* & *nf* Basque.
◆ **(à la) basquaise** *loc adj* CULIN basquaise, with a tomato and ham sauce.

basque[1] [bask] *nf* COUT basque; s'accrocher OU se pendre aux ~s de qqn to dog sb's footsteps, to stick to sb like glue; cet enfant est toujours pendu à mes ~s that child just won't let go of me.

basque[2] [bask] *adj* Basque; le Pays ~ the Basque Country; au Pays ~ in the Basque Country.
◆ **Basque** *nmf* Basque.
◆ **basque** *nm* LING Basque.

bas-relief [barəljɛf] (*pl* bas-reliefs) *nm* bas OU low relief.

basse [bas] *f* → **bas** *adj*.

basse-cour [baskur] (*pl* basses-cours) *nf* -**1.** [lieu] farmyard. -**2.** [volaille]: (animaux de) ~ poultry; toute la ~ était en émoi the hens and chickens were extremely agitated.

bassement [basmɑ̃] *adv* [agir] basely, meanly; sa visite était ~ intéressée his visit was motivated by self-interest; question ~ intéressée, as-tu de quoi payer mon repas? *hum* I hate to mention this, but have you got enough to pay for my meal?

bassesse [basɛs] *nf* -**1.** [caractère vil] baseness; [servilité] servility; il ne poussera pas la ~ jusque-là he won't stoop that low. -**2.** [action - mesquine] base OU despicable act; [- servile] servile act; il ne reculera devant aucune ~ he will stoop to anything; faire des ~s to behave despicably.

basset [basɛ] *nm* basset (hound).

bassin [basɛ̃] *nm* -**1.** ANAT pelvis. -**2.** [piscine] pool; [plan d'eau] pond, ornamental lake; il y a un petit ~ pour les enfants there's a paddling pool. -**3.** [récipient] basin, bowl; ~ de lit bedpan. -**4.** ÉCOL: ~ de décantation settling tank. -**5.** GÉOG basin; ~ houiller coal basin; ~ sédimentaire sedimentary basin; le Bassin d'Aquitaine the Aquitaine Basin; le Bassin parisien the Paris Basin; le Bassin rouge the Red Basin. -**6.** NAUT dock; ~ de radoub dry dock.

bassinant, e *fam* [basinɑ̃, ɑ̃t] *adj* boring; elle est vraiment ~e she's a real pain in the neck.

bassine [basin] *nf* basin, bowl; ~ à confiture preserving pan.

bassiner [3] [basine] *vt* -**1.** [chauffer] to warm *(with a warming pan)*. -**2.** [humecter] to moisten. -**3.** *fam* [ennuyer] to bore; il nous bassine avec ses histoires de cœur we're bored stiff hearing about his love affairs; tu nous bassines avec Georgette! stop going on and on about Georgette!

bassinet [basinɛ] *nm* -**1.** ANAT renal pelvis. -**2.** HIST bascinet, basinet.

bassinoire [basinwar] *nf* -**1.** [à lit] warming pan. -**2.** *fam* [importun] old bore, pain in the neck, crashing bore.

bassiste [basist] *nmf* -**1.** [guitariste] bass guitarist. -**2.** [contrebassiste] double bass player.

basson [basɔ̃] *nm* -**1.** [instrument] bassoon. -**2.** [musicien] = **bassoniste**.

bassoniste [basɔnist] *nm* bassoonist.

Bassora [basɔra] *npr* Basra, Basrah.

basta *fam* [basta] *interj* (that's) enough; je la rembourse et puis ~! I'll give her her money back and then that's it!; je termine la page 14 et ~! I'll finish page 14 and then that's it!

bastide [bastid] *nf* -**1.** [maison] Provençal cottage; [ferme] Provençal farmhouse. -**2.** HIST walled town *(in southwest France)*.

bastille [bastij] *nf* -**1.** [fort] fortress. -**2.** [à Paris]: la Bastille [forteresse] the Bastille; [quartier] Bastille, the Bastille area; la prise de la Bastille the storming of the Bastille ❑ l'Opéra-Bastille the Bastille opera house.

BASTILLE:
The Bastille, a state prison and a symbol of Ancien Régime tyranny, fell to the people of Paris on 14 July 1789, marking the beginning of the Revolution.
The square where the Bastille once stood is now the home of the Paris opera house, known as "l'Opéra-Bastille".

bastingage [bastɛ̃gaʒ] *nm* -**1.** NAUT rail; **par-dessus le ~** overboard. -**2.** HIST bulwark.

bastion [bastjɔ̃] *nm* -**1.** CONSTR bastion. -**2.** [d'une doctrine, d'un mouvement] bastion; **~ du socialisme** socialist stronghold, bastion of socialism; **les derniers ~s de la chrétienté** the last outposts OU bastions of Christianity.

baston▽ [bastɔ̃] *nf* : **il y a eu de la ~** there was a bit of trouble.

bastonnade [bastɔnad] *nf* beating.

bastos [bastos] *nf arg crime* bullet, slug.

bastringue▽ [bastrɛ̃g] *nm* -**1.** [attirail] stuff, junk, clobber *Br*; **et tout le ~** and the whole bag of tricks, and all the whole shebang. -**2.** [bal] (sleazy) dance hall. -**3.** [orchestre] dance band.

bas-ventre [bavɑ̃tr] (*pl* **bas-ventres**) *nm* (lower) stomach, pelvic area.

bat. *abr écrite de* **bâtiment**.

bât [ba] *nm* packsaddle; **cheval de ~** pack-horse; **c'est là que** OU **où le ~ blesse** that's where the shoe pinches.

bataclan *fam* [bataklɑ̃] *nm*: **et tout le ~** and the whole caboodle OU shebang.

bataille [bataj] *nf* -**1.** [combat] battle, fight; **~ aérienne** [à grande échelle] air battle; [isolée] dogfight; **~ aéronavale** sea-air battle; **~ de boules de neige** snowball fight; **~ de polochons** pillow fight; **~ de rue** street fight OU brawl; **~ rangée** pitched battle; **~ électorale** electoral contest; **arriver après la ~** *fig* to arrive when it's all over bar the shouting. -**2.** JEUX ≃ beggar-my-neighbour; **~ navale** battleships.
◆ **en bataille** *loc adj* -**1.** MIL in battle order. -**2.** [en désordre]: **avoir les cheveux en ~** to have tousled hair; **avoir les sourcils en ~** to have bushy eyebrows, to be beetle-browed.

batailler [3] [bataje] *vi* -**1.** [physiquement] to fight, to scuffle; **il est toujours prêt à ~** he's always spoiling for a fight. -**2.** *fig* to struggle, to fight; **on a bataillé dur pour avoir ce contrat** we fought OU struggled hard to win this contract; **je bataille contre leur désordre** I wage a constant battle against their untidiness.

batailleur, euse [batajœr, øz] ◇ *adj* [agressif] quarrelsome, rowdy.
◇ *nm, f* fighter; **c'est un ~** [agressif] he's always spoiling OU ready for a fight.

bataillon [batajɔ̃] *nm* -**1.** MIL battalion. -**2.** [foule]: **un ~ de** scores of, an army of.

bâtard, e [batar, ard] ◇ *adj* -**1.** [enfant] illegitimate; [animal] crossbred; **chien ~** mongrel. -**2.** [genre, œuvre] hybrid; [solution] half-baked, ill thought-out.
◇ *nm, f* illegitimate child; *péj* bastard.
◆ **bâtard** *nm* [pain] short French stick *Br* OU baguette.
◆ **bâtarde** *nf* slanting round-hand writing.

bâtardeau, x [batardo] *nm* cofferdam.

bâtardise [batardiz] *nf* illegitimacy, bastardy *péj* & *litt*.

batavia [batavja] *nf* batavia lettuce.

bâté, e [bate] *adj*: **âne ~** dunce, numskull.

bateau, x [bato] *nm* -**1.** [navire, embarcation] boat, ship; **je prends le ~ à Anvers/à 10 h** I'm sailing from Antwerp/at 10; **faire du ~** [en barque, en vedette] to go boating; [en voilier] to go sailing ❑ **~ à moteur/rames** motor/rowing boat; **~ hôtel** boatel; **~ de pêche** fishing boat; **~ de plaisance** pleasure boat OU craft; **~ pneumatique** rubber boat, dinghy; **~ à vapeur** steamboat, steamer; **~ à voiles** yacht OU sailing boat; **mener** OU **conduire qqn en ~** *fam* to lead sb up the garden path, to take sb for a ride; **monter un ~ à qqn** *fam* to set sb up. -**2.** [charge]: **un ~ de charbon** a boatload of coal. -**3.** [sur le trottoir] dip (in the pavement), driveway entrance.
◆ **bateau** *adj inv* -**1.** COUT: **col** OU **encolure ~** boat neck, bateau neckline. -**2.** [banal] hackneyed; **un sujet ~** an old chestnut.

bateau-citerne [batositɛrn] (*pl* **bateaux-citernes**) *nm* tanker.

bateau-feu [batofø] (*pl* **bateaux-feux**) *nm* lightship.

bateau-lavoir [batolavwar] (*pl* **bateaux-lavoirs**) *nm* washhouse *(on a river)*.

bateau-mouche [batomuʃ] (*pl* **bateaux-mouches**) *nm* river boat *(on the Seine)*.

bateau-phare [batofar] (*pl* **bateaux-phares**) = **bateau-feu**.

bateau-pilote [batopilɔt] (*pl* **bateaux-pilotes**) *nm* pilot ship OU boat.

bateau-pompe [batopɔ̃p] (*pl* **bateaux-pompes**) *nm* fireboat.

batelage [batlaʒ] *nm* -**1.** [transport] ferry transport. -**2.** [salaire] lighterage.

bateleur, euse [batlœr, øz] *nm, f* tumbler, street entertainer.

batelier, ère [batəlje, ɛr] ◇ *adj* inland waterways *(modif)*.
◇ *nm, f* [marinier] boatman (*f* boatwoman); [sur un bac] ferryman (*f* ferrywoman).

batellerie [batɛlri] *nf* -**1.** [activité] inland waterways transport. -**2.** [flotte] inland OU river fleet.

bâter [3] [bate] *vt* to put a packsaddle on.

bat-flanc [baflɑ̃] *nm inv* [cloison - de dortoir] wooden partition; [- d'écurie] bail.

bath *fam* [bat] *adj inv vieilli* super, super-duper, great.

bathymètre [batimɛtr] *nm* bathometer, bathymeter.

bathymétrie [batimetri] *nf* bathymetry.

bathymétrique [batimetrik] *adj* bathymetric.

bathyscaphe [batiskaf] *nm* bathyscaph, bathyscaphe.

bathysphère [batisfɛr] *nf* bathysphere.

bâti, e [bati] *adj* -**1.** [personne]: **être bien ~** to be well-built; **être ~ en force** to have a powerful build, to be powerfully built. -**2.** [terrain] built-up, developed.
◆ **bâti** *nm* -**1.** COUT [technique] basting, tacking; [fil] tacking; **défais le ~** take out the tacking. -**2.** [cadre] frame, stand; **~ d'assemblage** assembly jig.

batifolage [batifɔlaʒ] *nm* -**1.** [amusement] frolicking. -**2.** [flirt] flirting.

batifoler [3] [batifɔle] *vi* -**1.** [s'amuser] to frolic. -**2.** [flirter] to flirt.

batik [batik] *nm* batik.

bâtiment [batimɑ̃] *nm* -**1.** [édifice] building; **~s de ferme/d'usine** farm/factory buildings; **les ~s d'exploitation** the sheds and outhouses (of a farm). -**2.** [profession]: **le ~** the building trade, the construction industry; **être dans le ~** to be a builder OU in the building trade ❑ **quand le ~ va, tout va** a busy building trade is the sign of a healthy economy. -**3.** NAUT ship, (seagoing) vessel; **~ de charge** freighter; **~ de guerre** warship; **~ de haut bord** ship of the line; **~ léger** light craft.

bâtir [32] [batir] *vt* -**1.** CONSTR to build; **se faire ~ une maison** to have a house built ❑ **~ (qqch) sur le sable** to build (sthg) on sand; **~ des châteaux en Espagne** to build castles in the air. -**2.** [créer - fortune] to build up *(sép)*; [- foyer] to build; **bâtissons l'avenir ensemble** let's work together to build our future. -**3.** COUT to baste, to tack.
◆ **à bâtir** *loc adj* -**1.** CONSTR [pierre, terrain] building *(modif)*. -**2.** COUT basting *(modif)*, tacking *(modif)*.

bâtisse [batis] *nf péj* building; **une grande ~** a big barn of a place.

bâtisseur, euse [batisœr, øz] *nm, f* builder; **~ d'empires** *fig* empire builder.

batiste [batist] *nf* batiste, cambric.

bâton [batɔ̃] *nm* -**1.** [baguette - gén] stick; [- d'agent de police] truncheon *Br*, billy (club) *Am*; [- de berger] staff, crook; [- de skieur] pole; **~ de maréchal** *pr* marshal's baton; **cette nomination, c'est son ~ de maréchal** *fig* this appointment is the high point of her career; **~ de pèlerin** *pr* pilgrim's staff; **prendre son ~ de pèlerin** *fig* to go on a crusade; **être le ~ de vieillesse de qqn** to be the staff of sb's old age; **~ merdeux**▼ [personne] shit; [situation] shitty situation; **mettre des ~s dans les roues à qqn** [continuellement] to impede sb's progress; [en une occasion] to throw a spanner *Br* OU wrench *Am* in the works for sb. -**2.** [barreau]: **~ de chaise** chair rung. -**3.** [de craie, de dynamite, de réglisse] stick; **~ de rouge à lèvres** lipstick. -**4.** SCOL [trait] (vertical) line; **faire des ~s** to draw vertical lines; **à l'âge où les enfants font des ~s** at the age when children are in the earliest stages of learning to write. -**5.** ▽ [dix mille francs] ten thousand francs; **10 ~s** one hundred thousand francs.
◆ **à bâtons rompus** ◇ *loc adj* -**1.** MENUIS: **parquet à ~s rompus** herringbone flooring. -**2.** [conversation] idle.
◇ *loc adv*: **parler à ~s rompus** to make casual conversation.

bâtonnat [batɔna] *nm* ≃ office of President of the Bar.

bâtonner [3] [batɔne] *vt* to beat with a stick.

bâtonnet [batɔnɛ] *nm* -**1.** [petit bâton] stick; **~ de manucure** orange stick. -**2.** ANAT: **~ de la rétine** retinal rod.

bâtonnier [batɔnje] *nm* ≃ President of the Bar.

batracien [batrasjɛ̃] *nm* batrachian.

battage [bataʒ] *nm* -**1.** [du blé] threshing; [de l'or, d'un tapis] beating. -**2.** *fam* [publicité] ballyhoo *Am*, hype; **faire du ~ autour d'un livre** to hype (up) a book, to ballyhoo *Am* a book; **ils font tout un ~ pour sa pièce** his play is getting a lot of hype ❑ **~ médiatique** media hype.

battant, e [batɑ̃, ɑ̃t] ◇ *adj*: **porte ~e** [bruyante] banging door; [laissée ouverte] swinging door; [à battant libre] swing door; **le cœur ~** with beating heart; **sous une pluie ~e** in the driving OU pelting rain.
◇ *nm, f* fighter *fig*; **c'est une ~e!** she's a real fighter!
◆ **battant** *nm* -**1.** [d'une cloche] clapper, tongue. -**2.** [vantail, volet] flap; **le ~ droit était ouvert** the right half (of the double door) was open.

batte [bat] *nf* -**1.** SPORT bat; **~ de base-ball/cricket** baseball/cricket bat. -**2.** CULIN: **~ à beurre** dasher. -**3.** [outil - maillet] mallet; [- tapette] beater.

battement [batmɑ̃] *nm* -**1.** [mouvement - des ailes] flapping; [- des paupières] flutter; **~ de mains** clapping, applause. -**2.** SPORT: **~ des jambes** leg movement. -**3.** [d'une porte] banging, beating. -**4.** [rythme du cœur, du pouls] beating, throbbing, beat; **je sens les ~s de son cœur** I can feel her heart beating ❑ **j'ai des ~s de cœur** [palpitations] I suffer from palpitations; [émotion] my heart's beating OU pounding. -**5.** [pause] break; **un ~ de 10 minutes** a 10-minute break || [attente] wait; **j'ai une heure de ~ entre la réunion et le déjeuner** I have an hour between the meeting and lunch.

batterie [batri] *nf* -**1.** MIL battery; **mettre une arme en ~** to put a gun in battery ❑ **~ antichars** antitank battery; **~ de canons** battery of artillery OU guns. -**2.** AUT, ÉLECTR & PHYS battery; **~ d'accumulateurs** battery of accumulators; **~ de cellules solaires** solar-powered battery; **recharger** OU **regonfler ses ~s** *fig* to recharge one's batteries. -**3.** MUS [en jazz, rock, pop] drums, drum kit; [en musique classique] percussion instruments; [roulement] drum roll; **tenir la ~** to play the OU to be on drums; **Harvey Barton à la ~** Harvey Barton on drums. -**4.** [série] battery; **~ de piles** batteries; **~ de tests/mesures** battery of tests/of measures ❑ **~ de cuisine** *pr* set of kitchen utensils; **les officiers avec leur ~ de cuisine** *hum* the officers with all their gongs *Br* OU decorations. -**5.** DANSE batterie.

batteur [batœr] *nm* -**1.** MUS drummer. -**2.** [appareil]: **~ (à œufs)** egg beater OU whisk. -**3.** [ouvrier] beater; AGR thresher. -**4.** [au cricket] batsman; [au base-ball] batter.

batteuse [batøz] *nf* -**1.** AGR thresher, threshing machine. -**2.** MÉTALL beater.

battle-dress [batœldrɛs] *nm inv* battle-dress.

battoir [batwar] *nm* [pour laver] beetle, battledore.

◆ **battoirs** *fam nmpl* (great) paws, mitts.

battre [83] [batr] ◇ *vt* -**1.** [brutaliser - animal] to beat; [- personne] to batter; ~ **qqn à mort** to batter sb to death; **il m'énerve tellement que je le battrais!** he annoys me so much that I could hit him! ❑ ~ **en brèche** [mur] to breach; [gouvernement] to topple; [politique] to drive a coach and horses through *Br*, to demolish; ~ **qqn comme plâtre** to beat sb severely; ~ **sa coulpe** to beat one's breast. -**2.** [vaincre - adversaire] to beat, to defeat; **Bordeaux s'est fait** ~ **2 à 0** Bordeaux were beaten OU defeated 2 nil; ~ **qqn aux échecs** to defeat OU to beat sb at chess; **se tenir pour** OU **s'avouer battu** to admit defeat ❑ ~ **qqn à plate couture** OU **plates coutures** to beat sb hollow. -**3.** [surpasser - record] to beat; ~ **tous les records** *pr & fig* to set a new record; **j'ai battu tous les records de vitesse pour venir ici** I must have broken the record getting here; **cet hiver, nous battrons tous les records de froid** this winter will be the coldest on record. -**4.** [frapper - tapis, or] to beat (out); [- blé, grain] to thresh; ~ **qqch à froid** to cold-hammer sthg ❑ ~ **froid à qqn** to cold-shoulder sb; ~ **la semelle** to stamp one's feet *(to keep warm)*; ~ **monnaie** to mint (coins); **il faut** ~ **le fer quand il est chaud** *prov* strike while the iron is hot *prov*. -**5.** [remuer - beurre] to churn; [- blanc d'œuf] to beat OU to whip (up), to whisk; **œufs battus en neige ferme** stiffly beaten egg whites; **battez le sucre avec le beurre** cream together the sugar and the butter; ~ **l'air de ses bras** *fig* to beat the air with one's arms. -**6.** [sillonner]: ~ **le secteur** to scour OU to comb the area; **battant les bois pour retrouver l'enfant** combing (every inch of) the woods to find the missing child; ~ **le pavé parisien** to roam the streets of Paris; ~ **les buissons** CHASSE to beat the bushes ❑ ~ **la campagne** OU **le pays** *pr* to comb the countryside; *fig* to be in one's own little world. -**7.** JEUX: ~ **les cartes** to shuffle the cards OU pack. -**8.** MUS [mesure] to beat (out); MIL & MUS [tambour] to beat (on); ~ **la générale** to sound the call to arms; ~ **le rappel** to drum up troops; ~ **le rappel de la famille/du parti** *fig* to gather the family/party round ❑ ~ **(le) tambour** OU **la grosse caisse** *fam* to make a lot of noise; **mon cœur bat la breloque** I've got a bad heart; **mon cœur bat la chamade** my heart's racing. -**9.** NAUT: ~ **pavillon** to sail under OU to fly a flag; **un navire battant pavillon britannique** a ship flying the British flag. -**10.** *loc*: ~ **son plein** [fête] to be in full swing.

◇ *vi* -**1.** [cœur, pouls] to beat, to throb; [pluie] to lash, to beat down; [porte] to rattle, to bang; [store] to flap. -**2.** *loc*: ~ **en retraite** *pr* to retreat; *fig* to beat a retreat.

◆ **battre de** *v + prép*: ~ **des mains** to clap one's hands; ~ **des paupières** [d'éblouissement] to blink; [pour séduire] to flutter one's eyelashes; **l'oiseau bat des ailes** *pr* [lentement] the bird flaps its wings; [rapidement] the bird flutters its wings ❑ ~ **de l'aile** to be in a bad way.

◆ **se battre** ◇ *vp* *(emploi réciproque)* to fight, to fight (with) one another; **se** ~ **à mains nues** to fight with one's bare hands; **se** ~ **à l'épée/au couteau** to fight with swords/knives; **se** ~ **en duel** to fight (each other in) a duel; **ne vous battez pas, il y en a pour tout le monde** *fig* don't get excited, there's enough for everyone; **on se bat pour assister à ses cours** people are falling over each other to get into his classes; **surtout ne vous battez pas pour m'aider!** *iron* don't all rush to help me! ❑ **se** ~ **comme des chiffonniers** to fight like cats and dogs.

◇ *vpi* -**1.** [lutter] to fight; **se** ~ **avec/contre qqn** to fight with/against sb ❑ **se** ~ **contre des moulins à vent** to tilt at windmills. -**2.** *fig* to fight, to struggle; **j'ai dû me** ~ **pour pouvoir entrer/sortir** I had to fight my way in/out; **il faut se** ~ **pour le faire coucher à huit heures!** it's a real struggle to get him to bed at eight!; **je me suis battu pour qu'il accepte** I had a tough time getting him to accept; **nous nous battons pour la paix/contre l'injustice** we're fighting for peace/against injustice; **se** ~ **contre la maladie** to struggle OU to fight against disease; **je suis obligé de me** ~ **avec la serrure chaque fois que je rentre** *hum* I have to struggle OU to do battle *hum* with the lock every time I come home.

◇ *vpt* [frapper]: **se** ~ **les flancs** to struggle pointlessly; **je m'en bats l'œil**▽ I don't give a tinker's cuss.

battu, e[1] [baty] *adj* -**1.** [maltraité] battered. -**2.** [vaincu] beaten, defeated; **partir** OU **être** ~ **d'avance** to have a defeatist attitude. -**3.** [or, fer] beaten.

battue[2] [baty] *nf* -**1.** CHASSE battue, beat. -**2.** [recherche] search (through an area).

batture [batyr] *nf Can* sand bar.

bau, x [bo] *nm* beam.

baud [bo] *nm* baud.

baudelairien, enne [bodlɛrjɛ̃, ɛn] *adj* of Baudelaire, Baudelairean.

baudet [bodɛ] *nm* -**1.** [âne] donkey, ass. -**2.** MENUIS sawhorse, trestle.

baudrier [bodrije] *nm* -**1.** [bandoulière] baldric. -**2.** SPORT harness.

baudroie [bodrwa] *nf* angler (fish).

baudruche [bodryʃ] *nf* -**1.** [peau] goldbeater's skin. -**2.** *fam* [personne] windbag.

bauge [boʒ] *nf* -**1.** [gîte] wallow. -**2.** [lieu sale] pigsty.

Bauhaus [boos] *npr m*: **le** ~ the Bauhaus.

baume [bom] *nm* balsam, balm; ~ **de benjoin** friar's balsam; ~ **du Canada** Canada balsam; ~ **du Pérou** Peru balsam, balsam of Peru; ~ **de Tolu** tolu; **mettre un peu de** ~ **au cœur de qqn** *fig* to soothe sb's aching heart; **si ça peut te mettre du** ~ **au cœur** if it's any consolation (to you).

baumé [bome] *nm* Baumé scale.

baumier [bomje] = **balsamier**.

baux [bo] *pl* → **bail, bau**.

bauxite [boksit] *nf* bauxite.

bavard, e [bavar, ard] ◇ *adj* [personne] talkative; [roman, émission] wordy, long-winded; **elle n'était pas bien** ~**e ce soir** she hardly said a word OU she wasn't in a talkative mood tonight ❑ **il est** ~ **comme une pie** he can talk the hind leg off a donkey.

◇ *nm, f*: **quelle** ~**e celle-là!** *fam* she's a real chatterbox!; **attention, c'est une** ~**e!** watch out, she can't keep quiet!; **les** ~**s, on leur règle leur compte!** [délateurs] we know how to deal with informers!

bavardage [bavardaʒ] *nm* chatting, chattering; **puni pour** ~ SCOL punished for talking in class.

◆ **bavardages** *nmpl* [conversation] chatter *(U)*; *péj* [racontars] gossip *(U)*.

bavarder [3] [bavarde] *vi* -**1.** [parler] to chat, to talk; ~ **avec qqn** to (have a) chat with sb; **on bavardait des heures au téléphone** we used to talk for hours on the phone; **avec qui tu bavardes?** who are you chatting to? -**2.** *péj* [médire] to gossip. -**3.** *fam* [à la police] to talk, to blab, to squeal.

bavarois, e [bavarwa, az] *adj* Bavarian.

◆ **Bavarois, e** *nm, f* Bavarian.

◆ **bavarois** *nm* LING Bavarian.

◆ **bavaroise** *nf* CULIN Bavarian cream.

bavasser *fam* [3] [bavase] *vi péj* to natter, to yak.

bave [bav] *nf* [d'un bébé] dribble; [d'un chien] slobber, slaver; [d'un malade] foam, froth; [d'un escargot] slime; **la** ~ **du crapaud n'atteint pas la blanche colombe** *prov* sticks and stones may break my bones, but names will never hurt me.

baver [3] [bave] *vi* -**1.** [bébé] to dribble, to drool, to slobber; [chien] to slaver, to slobber; [malade] to foam OU to froth at the mouth; ~ **d'envie à la vue de qqch** to drool over sthg; **j'avais des bottes neuves, tous les copains en bavaient!** *fam fig* I had a pair of brand new boots, all my friends were green (with envy)!; ~ **d'admiration devant qqn** to worship the ground sb walks on. -**2.** *fam loc*: **en** ~ [souffrir] to have a rough OU hard time of it; **on va t'en faire** ~ **à l'armée** they'll make you sweat blood OU they'll put you through it in the army; **tu n'as pas fini d'en** ~! you've got a hard slog *Br* OU road ahead of you!; **en** ~ **des ronds de chapeau** [être étonné] to have eyes like saucers; [avoir des difficultés] to go through the mill, to have a rough time of it.

◆ **baver sur** *fam v + prép* [médire de] to slander.

bavette [bavɛt] *nf* -**1.** [bavoir] bib. -**2.** [viande]: ~ **(d'aloyau)** top of sirloin. -**3.** AUT mudguard.

baveux, euse [bavø, øz] *adj* [bouche] drooling; [baiser] wet; [omelette] runny.

Bavière [bavjɛr] *npr f*: **(la)** ~ Bavaria.

bavoir [bavwar] *nm* bib.

bavure [bavyr] *nf* -**1.** IMPR smudge, ink stain. -**2.** INDUST burr. -**3.** [erreur] flaw, mistake; **un spectacle sans** ~ a faultless OU flawless show ❑ ~ **(policière)** police error; **il y a eu une** ~ **des forces de l'ordre** the police have made a serious blunder.

bayadère [bajadɛr] ◇ *nf* [danseuse] bayadere.

◇ *adj* [rayé] bayadere *(modif)*, striped.

bayer [3] [baje] *vi*: ~ **aux corneilles** *pr* to stand gaping; [être inactif] to stargaze.

bayonnais, e [bajɔnɛ, ɛz] *adj* from Bayonne.

◆ **Bayonnais, e** *nm, f inhabitant of or person from Bayonne*.

bayou [baju] *nm* bayou.

bazar [bazar] *nm* -**1.** [souk] bazaar, bazar; [magasin] general store, dime store *Am*. -**2.** *fam* [désordre] clutter, shambles *(sg)*; **quel** ~, **cette chambre!** what a shambles OU mess this room is! -**3.** *fam* [attirail] stuff, junk, clobber *Br*; **et tout le** ~! and the whole caboodle OU shebang!

◆ **de bazar** *loc adj péj* [psychologie, politique] half-baked, two-bit *Am (avant n)*.

bazarder *fam* [3] [bazarde] *vt* [jeter] to dump, to chuck (out).

bazooka [bazuka] *nm* bazooka.

BCBG (*abr de* **bon chic bon genre**) *adj inv term used to describe an upper-class lifestyle reflected especially in expensive but conservative clothes*; **elle est très** ~ ≃ she's really Sloany *Br*; **il est très** ~ ≃ he's a real preppie type *Am*.

BCG® (*abr de* **bacille Calmette-Guérin**) *nm* BCG.

bcp *abr écrite de* **beaucoup**.

bd *abr écrite de* **boulevard**.

BD, bédé [bede] *nf abr de* **bande dessinée**.

bdc (*abr écrite de* **bas de casse**) lc.

beagle [bigœl] *nm* beagle.

béance [beɑ̃s] *nf litt* wide opening, yawning gap.

béant, e [beɑ̃, ɑ̃t] *adj* [ouvert - gouffre] gaping, yawning; [- plaie] gaping, open; [bouche, yeux - de surprise, d'étonnement] openmouthed; **être** ~ **d'admiration** to be open-mouthed OU agape *litt* with admiration.

béarnais, e [bearnɛ, ɛz] *adj* from the Béarn.

◆ **Béarnais, e** *nm, f inhabitant of or person from the Béarn*.

◆ **béarnaise** *nf* CULIN: **(sauce à la)** ~ béarnaise sauce.

béat, e [bea, at] *adj* [heureux] blissfully happy; *péj* [niais - air, sourire] vacuous; [- optimisme] smug; [- admiration] blind; **être** ~ **d'admiration** to be open-mouthed OU agape *litt* with admiration.

béatement [beatmɑ̃] *adv péj* [idiotement]: **il la regardait** ~ he looked at her with a blissfully stupid expression.

béatification [beatifikasjɔ̃] *nf* beatification.

béatifier [9] [beatifje] *vt* to beatify.

béatitude [beatityd] *nf* -**1.** RELIG beatitude; **les** ~**s** the Beatitudes. -**2.** [bonheur] bliss, beatitude *litt*.

beatnik [bitnik] *nmf* beatnik; **les** ~**s** the Beat Generation.

beau [bo] (*devant nm commençant par voyelle ou h muet* bel [bɛl], *f* belle [bɛl], *mpl* beaux [bo], *fpl* belles [bɛl]) *adj* **A.** -**1.** [bien fait, joli - femme] beautiful, good-looking; [- homme] good-looking, handsome; [- enfant, physique, objet, décor] beautiful, lovely; c'est très ~ it's gorgeous OU exquisite OU beautiful; un ~ chat a beautiful OU handsome cat; de la tour, on a une belle vue OU la vue est belle there's a lovely OU beautiful view from the tower; elle est belle fille she's a good-looking OU beautiful girl; il est ~ garçon OU gosse *fam* he's good-looking, he's a good-looking guy; ils forment un ~ couple they make a lovely couple; elle est assez belle she's fairly good-looking; se faire ~/belle to get dressed up, to do o.s. up; ça, c'est une belle moto! that's a terrific-looking bike!; la robe a une très belle coupe the dress is beautifully cut; pas ~ à voir *fam* not a pretty sight; son cadavre n'était pas ~ à voir *fam* his body wasn't a pretty sight ❑ il est ~ comme l'amour OU un ange OU un astre OU le jour [homme] he's a very handsome OU good-looking man; [petit garçon] he's a very handsome OU good-looking boy; il est ~ comme un dieu he's as handsome as a Greek god; il est ~ comme un cœur he's a gorgeous-looking boy; elle est belle comme un ange OU un cœur OU le jour she's a real beauty; sois belle et tais-toi! *fam* just concentrate on looking pretty! -**2.** [attrayant pour l'oreille - chant, mélodie, voix] beautiful, lovely; quelques ~x accords some fine chords; le russe est une belle langue Russian is a beautiful language. -**3.** [remarquable, réussi -poème, texte] fine, beautiful; [- chanson, film] beautiful, lovely; de ~x vêtements fine clothes; de belles paroles de Brel some fine lyrics by Brel; le boucher a de la belle marchandise the butcher's got nice meat; le plus ~ moment du match the finest moment in the match; il y a eu quelques ~x échanges there were a few good OU fine rallies; quel ~ coup! what a magnificent shot!; son cheval a fait une belle course his horse ran a very good race; nous avons fait un ~ voyage we had a wonderful trip. -**4.** MÉTÉO fine, beautiful; il y aura un ~ soleil sur tout le pays the whole country will enjoy bright sunshine; la mer sera belle the sea will be calm; temps froid mais ~ sur tout le pays the whole country will enjoy cold but sunny weather; du ~ temps nice OU good weather; on a eu du très ~ temps we had beautiful weather, the weather was beautiful; une belle après-midi a beautiful afternoon; pendant la belle saison during the summer; les derniers ~x jours the last days of summer.

B. -**1.** [digne] noble, fine; une belle âme a noble nature; elle a eu un ~ geste she made a noble gesture; je suis chirurgien — vous faites un ~ métier I'm a surgeon — yours is a fine profession || [convenable] nice; ce n'est pas ~ de tirer la langue! it's not nice to stick your tongue out (at people)!; ce n'est pas ~ de mentir! it's very naughty OU it's not nice to lie! -**2.** [brillant intellectuellement] wonderful, fine; c'est un ~ sujet de thèse it's a fine topic for a thesis; en une belle expression, il résume le dilemme he encapsulates the dilemma in one apt phrase. -**3.** [d'un haut niveau social] smart; faire un ~ mariage [argent] to marry into money OU a fortune; [classe] to marry into a very good family ❑ le ~ monde OU linge *fam* the upper crust, the smart set; les ~x quartiers the smart districts.

C. -**1.** [gros, important - gains, prime, somme] nice, handsome, tidy; donnez-moi un ~ melon/poulet give me a nice big melon/chicken; il a un bel appétit he has a good OU hearty appetite; manger avec un bel appétit to eat heartily; c'est un ~ cadeau qu'il t'a fait là! that's a nice OU that's quite a present he gave you!; un ~ coup en Bourse a spectacular deal on the Stock Exchange. -**2.** [en intensif] : il a une belle cicatrice dans le dos he's got quite a (big) scar on his back; je me suis fait une belle bosse I got a great big bump; elle lui a mis une belle raclée *fam* she gave him a good hiding; il y a un ~ bazar dans ta chambre! *fam* your room's in a fine OU real mess!; il y a eu un ~ scandale there was a huge scandal; c'était une belle bêtise de lui faire confiance it was a stupid OU big mistake to trust him; tu m'as fait une belle peur you gave me a real scare; quel ~ vacarme! what a terrible noise!; un bel hypocrite a real hypocrite; t'es un ~ salaud![▽] you're a right bastard! ❑ il y a ~ temps OU belle lurette: il y a ~ temps de ce que je te dis là *fam* what I'm telling you now happened ages ago; il y a belle lurette que les femmes ne font plus leur lessive au lavoir it's ages OU years since women did their laundry in the washhouse. -**3.** [agréable] good; présenter qqch sous un ~ jour to show sthg in a good light; ce serait trop ~! that'd be too good to be true!; c'est trop ~ pour être vrai it's too good to be true; c'est ~ l'amour! love's a wonderful thing!; un ~ coup de dés a lucky throw of the dice; avoir un ~ jeu to have a good hand (of cards) ❑ avoir ~ jeu (de faire qqch) to have no trouble (in doing sthg), to find it easy (to do sthg); il a eu ~ jeu de montrer qu'elle avait tort it was easy for him to prove her wrong; il est plus petit que toi, tu as eu ~ jeu de le faire tomber! he's smaller than you are, it was easy for you to knock him over! -**4.** [prospère] good; après la guerre, ils croyaient à un bel avenir after the war, they thought they had a wonderful future ahead of them; tu as encore de belles années devant toi you still have quite a few good years ahead of you; avoir une belle situation [argent] to have a very well-paid job; [prestige] to have a high-flying job; il a fait une très belle carrière dans les textiles he carved out a brilliant career for himself in textiles; la Belle Époque the Belle Époque. -**5.** [dans des appellations] : venez, ma belle amie do come along, darling; mais oui, mon bel ami, je vous accorde que... yes, my friend, I'll grant you that...; alors, (ma) belle enfant, qu'en dis-tu? *fam* what do you think about that, my dear?; mon ~ monsieur, personne ne vous a rien demandé! my friend, this is none of your business! -**6.** [certain] : un ~ jour/matin one fine day/morning.

D. *iron*: belle demande! [saugrenue] what a question!; que voilà un ~ langage! language, please!; c'est du ~ travail! a fine mess this is!; en voilà, une belle excuse! that's a good excuse!, what an excuse!; je vais le lui faire comprendre, et de la belle manière! I'll make him understand, and in no uncertain terms!; ~x discours: ils ont oublié tous leurs ~x discours they've forgotten all their fine OU fine-sounding words; ~x serments, belles promesses: garde tes belles promesses OU tes ~x serments! you can keep your promises!; belles paroles fine words; assez de belles paroles! enough fine-sounding speeches!; sur ces belles paroles, il faut que je m'en aille *hum* on that note, I must go now ❑ il lui en a dit de belles the things he told her (you wouldn't believe)!; j'en ai appris OU entendu de belles sur toi! I heard some fine OU right things about you!; il est sorti de voiture et il m'en a dit de belles! he got out of his car and gave me a right earful!; il en a fait de belles quand il était petit! he didn't half get up to some mischief when he was little!; elle en a vu de belles avec son mari! *fam* her husband's led her a merry dance!; nous voilà ~x! we're in a fine mess now!; c'est bien ~: c'est bien ~ tout ça, mais... that's all very fine OU well, but...; c'est bien ~ de critiquer les autres mais toi, que fais-tu? it's all very well to criticize, but what do YOU ever do?; le plus ~ *fam*: et tu ne sais pas le plus ~! and you haven't heard the best part (yet)!, and the best part's still to come!; le plus ~ c'est que sa femme n'en savait rien! the best part (of it) is that his wife knew nothing about it!; ça c'est le plus ~! that crowns it all!, that (really) takes the biscuit!

◆ **beau** ◇ *adv* -**1.** MÉTÉO: il fait ~ the weather's OU it's fine; il fera ~ et chaud it'll be warm and sunny; il n'a pas fait très ~ l'été dernier the weather wasn't very nice OU good last summer. -**2.** *loc*: il ferait ~ voir (cela)! that'll be the day!; il ferait ~ voir qu'elle me donne des ordres! her, boss me around? that'll be the day!; elle le fera quand même — il ferait ~ voir (cela)! she'll do it all the same — just let her try! ❑ avoir ~ faire (qqch): j'avais ~ tirer, la porte ne s'ouvrait pas however hard I pulled, the door wouldn't open; j'ai eu ~ le lui répéter plusieurs fois, il n'a toujours pas compris I've told him and told him but he still hasn't understood; j'avais ~ me raisonner, j'avais peur however hard I tried to reason with myself, I was frightened; on a ~ dire... whatever you say..., say what you like...; on a ~ dire, on a ~ faire, les jeunes s'en vont un jour de la maison *fam* whatever you do or say, young people eventually leave home; tu auras ~ faire, la pelouse ne repoussera plus ici whatever you do, the lawn won't grow here again; vous avez ~ dire, elle a quand même financé tout elle-même say what you like OU you may criticize, but she's paid for it all herself; a ~ mentir qui vient de loin *prov* strangers can tell tall tales; voir tout en ~ to see the world through rose-coloured spectacles; tout ~: alors, vous signez? — hé, tout ~ (tout ~)! you will sign then? — hey, steady on OU not so fast!

◇ *nm* -**1.** [esthétique]: le ~ beauty, the beautiful; avoir le culte du ~ to worship beauty OU the beautiful || [objets de qualité]: pour les meubles du salon, je veux du ~ I want really good OU nice furniture for the living room. -**2.** *loc*: au ~: le temps est au ~ the weather looks fine; au ~ fixe: le temps/baromètre est au ~ fixe the weather/barometer is set fair; nos relations sont au ~ fixe *fam* things between us are looking rosy; il a le moral au ~ fixe *fam* he's in high spirits; c'est du ~! *fam*: elle a dit un gros mot — c'est du ~! she said a rude word! — how naughty!; il m'a pincé — c'est du ~! he pinched me — that was naughty OU that wasn't a nice thing to do!; faire le ~ [chien] to sit up and beg. -**3.** [homme] beau, dandy.

◆ **belle** *nf* -**1.** [jolie femme] beauty; [dame] lady; il se plaisait en compagnie de ces belles he liked the company of these fair ladies; 'la Belle et la Bête' *Madame Leprince de Beaumont, Cocteau* 'Beauty and the Beast'; 'la Belle au bois dormant' *Perrault* 'Sleeping Beauty'. -**2.** *fam* [en appellatif]: bonjour ma belle! good morning, beautiful!; tu te trompes, ma belle! you're quite wrong my dear! -**3.** *hum* OU *litt* [amie, amante] lady friend, beloved; sa belle l'a quitté his lady (friend) has left him; il chantait sous les fenêtres de sa belle he was singing beneath the windows of his beloved. -**4.** SPORT decider, deciding match; JEUX decider, deciding game; on fait OU joue la belle? shall we play the decider? -**5.** *fam loc*: (se) faire la belle to do a runner *Br*, to cut and run *Am*.

◆ **au plus beau de** *loc prép*: au plus ~ de la fête when the party was in full swing; au plus ~ du discours right in the middle of the speech.

◆ **bel et bien** *loc adv* well and truly; il m'aurait bel et bien frappé si tu n'avais pas été là he really would have hit me if you hadn't been there; elle s'est bel et bien échappée she got away and no mistake; ils nous ont bel et bien eus *fam* they well and truly conned us (all right); il est bel et bien mort he's dead all right, he's dead and no mistake (about that).

◆ **bel et bon, bel et bonne** *loc adj* fine; tout ceci est bel et bon, mais... *iron* this is all very fine, but...

◆ **de plus belle** *loc adv* [aboyer, crier] louder than ever, even louder; [frapper] harder than ever, even harder; [taquiner, manger] more than ever, even more; la pluie a recommencé de plus belle it started to rain again harder than ever; le combat a repris de plus belle the fight resumed with renewed violence; il s'est mis à travailler de plus belle he went back to work with renewed energy.

◆ **belle page** *nf* IMPR right-hand page; **chaque chapitre commence en belle page** each chapter starts on the right-hand page.

◆ **belle de Fontenay** *nf* belle de Fontenay potato.

LA BELLE ÉPOQUE:
The period of apparent stability and prosperity from the closing years of the 19th century to the beginning of the First World War, which found its expression in café and theatre society, fashion, art and architecture. Its chief surviving monument is the area on the south side of the Champs-Élysées containing the "Petit Palais" and the "Grand Palais", erected at the time of the Universal Exhibition of 1900.

beauceron, onne [bosrɔ̃, ɔn] *adj* from the Beauce area.

◆ **Beauceron, onne** *nm, f inhabitant of or person from the Beauce area.*

beaucoup [boku] *adv* -**1.** [modifiant un verbe] a lot, a great deal; [dans des phrases interrogatives ou négatives] much, a lot, a great deal; **il boit ~** he drinks a lot OU a great deal; **il travaille ~** he works a lot OU a great deal; **il ne mange pas ~** he doesn't eat much OU a great deal OU a lot; **il sort ~** he goes out a lot OU a great deal; **elle voyage ~** she travels a great deal; **je ne l'ai pas ~ vu** I didn't see much of him; **je vous remercie ~** thank you very much (indeed); **on s'aimait ~** we liked each other a lot OU a great deal; **il compte ~ pour moi** he means a lot OU a great deal to me; **ils ne s'apprécient pas ~** they don't like each other much; **10 bouteilles, ça ne fait pas ~?** 10 bottles, isn't that a bit much? -**2.** [modifiant un adv] much, a lot; **c'est ~ mieux comme ça** it's much OU a lot better like that; **~ moins intéressant** much OU a lot less interesting; **~ plus bête** much OU a lot more stupid; **~ plus grand** much OU a lot bigger; **~ trop fort** much OU far too loud; **il parle ~ trop** he talks far too much ❑ **en faire ~ trop** *fam* to overdo it. -**3.** [de nombreuses personnes] many, a lot; [de nombreuses choses] a lot; **~ pensent que...** a lot of people OU many people think that...; **nous sommes ~ à penser cela** there are a lot OU many of us who think that; **il n'y en a pas ~ qui réussissent** not a lot of people OU not many succeed; **nous étions ~ à le croire** many OU a lot of us believed it; **elle a ~ à faire/à dire** she has a lot to do/to say; **c'est ~** that's a lot ❑ **c'est déjà ~ qu'il y soit allé!** at least he went!; **ça compte pour ~** that counts for a lot; **il est pour ~ dans son succès** he played a large part in OU he had a great deal to do with her success; **c'est ~ dire** that's a bit of an overstatement. -**4.** [modifiant un adj]: **imprudent, il l'est même ~** he's really quite careless.

◆ **beaucoup de** *loc dét* [suivi d'un n comptable] many, a lot of; [suivi d'un n non comptable] much, a lot of, a great deal of; **~ de monde** a lot of people; **~ de gens pensent que...** a lot of people OU many people think that...; **j'ai ~ de choses à dire** I've got many OU a lot of things to say; **il n'a pas ~ d'amis** he doesn't have many OU a lot of friends, he has few friends; **~ d'entre nous** many OU a lot of us; **il faut ~ de courage** it takes a lot of OU a great deal of courage; **elle a ~ de goût** she has a lot of OU a great deal of taste; **je n'ai pas ~ de patience** I don't have much patience; **il ne nous reste plus ~ de temps** we've not got much time left; **il n'y a plus ~ de lait** there isn't much milk left; **il y en a ~** there is/are a lot.

◆ **de beaucoup** *loc adv* -**1.** [avec un comparatif ou un superlatif] by far; **il est de ~ le plus jeune** he is the youngest by far, he is by far the youngest; **elle est de ~ la plus douée** she's the most talented by far; **il est mon aîné de ~** he's considerably older than I am. -**2.** [avec un verbe]: **il a gagné de ~** he won easily; **il te dépasse de ~** he's far OU much taller than you; **je préférerais de ~ rester** I'd much rather stay; **je préfère de ~ le sien** I much prefer his; **as-tu raté ton train de ~?** did you miss your train by much?; **je la préfère, et de ~** I much prefer her.

beauf▽ [bof] *nm* -**1.** [beau-frère] brother-in-law. -**2.** *péj* & *fig archetypal lower middle-class Frenchman.*

BEAUF:
"Beaufs" are archetypal ordinary Frenchmen as perceived by the French themselves. The term, which is short for "beau-frère" (brother-in-law), suggests conformism and a narrow outlook.

beau-fils [bofis] (*pl* **beaux-fils**) *nm* -**1.** [gendre] son-in-law. -**2.** [fils du conjoint] stepson.

beaufort [bofɔr] *nm* Beaufort cheese.

Beaufort [bofɔr] *npr*: **l'échelle de ~** the Beaufort scale.

beau-frère [bofrɛr] (*pl* **beaux-frères**) *nm* brother-in-law.

beaujolais [boʒɔlɛ] *nm* beaujolais (wine).

Beaujolais [boʒɔlɛ] *npr m*: **le ~** (the) Beaujolais (region).

beau-père [bopɛr] (*pl* **beaux-pères**) *nm* -**1.** [père du conjoint] father-in-law. -**2.** [époux de la mère] stepfather.

beaupré [bopre] *nm* bowsprit.

beauté [bote] *nf* -**1.** [d'une femme, d'une statue] beauty, loveliness; [d'un homme] handsomeness; **avoir la ~ du diable** to have a youthful glow; **se refaire une ~** to put one's face on. -**2.** [femme] beauty, beautiful woman; **je vous offre un verre, ~?** can I get you a drink, darling? -**3.** [élévation - de l'âme] beauty; [- d'un raisonnement] beauty, elegance; **pour la ~ du geste** OU **de la chose** for the beauty of it; **je lui ai cédé mon tour, pour la ~ du geste** I let him have my turn, just because it was a nice thing to do.

◆ **beautés** *nfpl* [d'un paysage] beauties, beauty spots; [d'une œuvre] beauties.

◆ **de beauté** *loc adj* [concours, reine] beauty (*modif*).

◆ **de toute beauté** *loc adj* magnificent, stunningly beautiful.

◆ **en beauté** *loc adv*: **être en ~** to look stunning; **gagner une course en ~** to win a race handsomely; **finir en ~** to end with a flourish OU on a high note; **pour terminer votre repas en ~** as a splendid finishing touch to your meal.

beaux-arts [bozar] *nmpl* -**1.** [genre] fine arts; **musée des Beaux-Arts** museum of fine art. -**2.** [école]: **les Beaux-Arts** *French national art school.*

beaux-parents [boparɑ̃] *nmpl* father-in-law and mother-in-law, in-laws.

bébé [bebe] ◇ *nm* -**1.** [nourrisson] baby; **avoir un ~** to have a baby; **elle a eu son ~ hier** she had her baby OU she gave birth yesterday; **attendre un ~** to be expecting a baby; **faire le ~** *péj* to act like OU to be being a baby. -**2.** ZOOL baby; **la lionne s'occupe de ses ~s** the lioness looks after her babies OU young OU cubs.

◇ *adj inv péj* babyish *péj*, baby-like; **elle est restée ~** she's still very much a baby.

◆ **bébé-éprouvette** *nm* test-tube baby.

bébête *fam* [bebɛt] *adj* silly; **le Bébête Show** *satirical television puppet show in which French political figures are represented as animals.*

be-bop [bibɔp] = **bop**.

bec [bɛk] *nm* -**1.** ZOOL beak, bill; **au ~ long/court** long/short-billed; **donner des coups de ~ à** to peck (at); **nez en ~ d'aigle** hook nose ❑ **avoir ~ et ongles** to be well-equipped and ready to fight; **se défendre ~ et ongles** to fight tooth and nail. -**2.** *fam* [bouche] mouth; **ferme ton ~!** shut up!, pipe down!; **ouvre le ~!** [en nourrissant un enfant] open wide!; **ça lui a bouclé** OU **cloué** OU **clos le ~** it shut him up, it reduced him to silence; **avoir toujours la cigarette/pipe au ~** to have a cigarette/pipe always stuck in one's mouth ❑ **être** OU **rester le ~ dans l'eau** to be left high and dry. -**3.** [d'une plume] nib. -**4.** [de casserole] lip; [de bouilloire, de théière] spout. -**5.** MUS [de saxophone, de clarinette] mouthpiece. -**6.** GÉOG bill, headland. -**7.** *fam Belg, Helv* & *Can* [baiser] kiss; **donner un ~** to (give a) kiss. -**8.** VÊT: **faire un ~** to pucker. -**9.** *fam loc*: **tomber sur un ~** to run into OU to hit a snag.

◆ **bec à gaz** *nm* gas burner.

◆ **bec de gaz** *nm* lamppost, gaslight.

◆ **bec fin** *nm* gourmet.

bécane *fam* [bekan] *nf* -**1.** [moto, vélo] bike. -**2.** *hum* [machine]: **ma ~** [ordinateur] my micro; [machine à écrire] my old typewriter.

bécarre [bekar] *nm* -**1.** MUS natural sign. -**2.** (*comme adj*): **la ~** A natural.

bécasse [bekas] *nf* -**1.** [oiseau] woodcock. -**2.** *fam* [sotte] twit *Br*, silly goose.

bécasseau, x [bekaso] *nm* sandpiper.

bécassine [bekasin] *nf* -**1.** [oiseau] snipe; **~ des marais** Wilson's OU common snipe. -**2.** *fam* [sotte] silly goose, nincompoop, ninny.

Bécassine [bekasin] *npr early cartoon character representing a naive but optimistic Breton housekeeper.*

because *fam* [bikoz] ◇ *conj* because, coz.

◇ *prép* because of; **elle est pas revenue ~ sa maladie** she never came back on account of she was ill.

bec-croisé [bɛkkrwaze] (*pl* **becs-croisés**) *nm* crossbill.

bec-de-cane [bɛkdəkan] (*pl* **becs-de-cane**) *nm* -**1.** [poignée] door handle. -**2.** [serrure] spring lock.

bec-de-lièvre [bɛkdəljɛvr] (*pl* **becs-de-lièvre**) *nm* harelip.

bec-de-perroquet [bɛkdəperɔkɛ] (*pl* **becs-de-perroquet**) *nm* osteophyte.

bêchage [beʃaʒ] *nm* digging (up).

béchamel [beʃamɛl] *nf*: **(sauce) ~** white sauce, béchamel.

bêche [bɛʃ] *nf* spade.

bêcher [4] [beʃe] ◇ *vt* -**1.** [sol] to dig (over); [pommes de terre] to dig (up OU out). -**2.** *fam* [critiquer] to run down (*sép*), to pull apart OU to pieces.

◇ *vi* [faire le snob] to put on airs.

bêcheur, euse *fam* [bɛʃœr, øz] *nm, f* -**1.** [critique] detractor. -**2.** *péj* [prétentieux] stuck-up person, snooty person.

bécot *fam* [beko] *nm* [bise] kiss, peck; **gros ~** smacker.

bécoter *fam* [3] [bekɔte] *vt* to kiss.

◆ **se bécoter** *fam vp* (*emploi réciproque*) to smooch, to kiss (and cuddle).

becquée [beke] *nf* beakful; **donner la ~** [oiseau] to feed; **sa maman lui donne la ~** *hum* his mummy's feeding him little bits of food.

becquerel [bɛkrɛl] *nm* becquerel.

becquet [bekɛ] *nm* -**1.** AUT spoiler. -**2.** [papier] slip (*of paper, to show the position of a query or addition in copy prepared for print*). -**3.** THÉÂT *change made to a play by its author during rehearsals.*

becqueter [27] [bɛkte] *vt* -**1.** [picoter] to peck (at). -**2.** ▽ [manger] to eat; **il n'y avait rien à ~** there was no grub.

bectance▽ [bɛktɑ̃s] *nf* grub, nosh *Br*, chowder *Am.*

becter [4] [bɛkte] = **becqueter**.

bedaine [bədɛn] *nf* paunch; **il a pris de la ~** he's developed a paunch OU a pot belly; **un homme qui a de la ~** a man of ample girth *euph.*

Bède [bɛd] *npr*: **~ le Vénérable** the Venerable Bede.

bédé *fam* [bede] *nf*: **la ~** strip cartoons; **une ~** a strip cartoon.

bedeau, x [bədo] *nm* beadle, verger.

bédéphile [bedefil] *nmf* comics fan.

bedon [bədɔ̃] *nm vieilli* [d'enfant] tummy; [d'obèse] paunch.

bedonnant, e *fam* [bədɔnɑ̃, ɑ̃t] *adj* paunchy.

bedonner [3] [bədɔne] *vi* to get paunchy.

bédouin, e [bedwɛ̃, in] *adj* Bedouin, Beduin.

◆ **Bédouin, e** *nm, f* Bedouin, Beduin.

bée [be] *adj f*: être bouche ~ devant qqn to gape at sb; j'en suis restée bouche ~ I was dumbstruck.

beefsteak [biftɛk] = **bifteck**.

béer [15] [bee] *vi* to be wide open; ~ d'admiration to gape with OU to be lost in admiration.

Beethoven [betɔvɛn] *npr*: Ludwig van ~ Ludwig van Beethoven.

beffroi [befrwa] *nm* belfry.

bégaiement [begɛmɑ̃] *nm* [trouble de la parole] stammer, stutter; ~s [d'un bègue] stammering, stuttering; [d'embarras, d'émotion] faltering; les premiers ~s d'une industrie nouvelle *fig* the first hesitant steps of a new industry.

bégayant, e [begɛjɑ̃, ɑ̃t] *adj* [discours] stammering, stuttering.

bégayer [11] [begeje] ◇ *vi* [hésiter - bègue] to stammer, to stutter; [- ivrogne] to slur (one's speech).
◇ *vt* to stammer (out); ~ des excuses to stammer out an apology.

bégonia [begɔnja] *nm* begonia.

bègue [bɛg] ◇ *adj* stammering, stuttering; être ~ to (have a) stammer.
◇ *nmf* stammerer, stutterer.

bégueule *fam* [begœl] ◇ *adj* prudish, squeamish; elle n'est pas ~ she's no prude.
◇ *nf* prude.

bégueulerie *fam* [begœlri] *nf* prudishness, squeamishness.

béguin [begɛ̃] *nm* -**1.** *fam* [attirance]: avoir le ~ pour qqn to have a crush on sb. -**2.** *fam* [amoureux] crush. -**3.** [coiffe] bonnet.

béguinage [beginaʒ] *nm* Beguine convent.

bégum [begɔm] *nf* begum.

béhaviorisme [beavjɔrism] *nm* behaviourism.

béhavioriste [beavjɔrist] *adj* & *nmf* behaviourist.

Behring [beriŋ] = **Béring**.

beige [bɛʒ] *adj* & *nm* beige.

beigeasse [bɛʒas], **beigeâtre** [bɛʒatr] *adj péj* yellowish OU greyish beige.

beigne [bɛɲ] ◇ *nf* ▽[gifle] slap, clout; filer une ~ à qqn to slap sb, to give sb a smack; tu veux une ~? do you want a thick ear?
◇ *nm Can* [beignet] doughnut.

beignerie [bɛɲəri] *nf Can snack bar serving doughnuts.*

beignet [bɛɲɛ] *nm* [gén] fritter; [au sucre, à la confiture] doughnut; ~ aux pommes apple doughnut; ~ aux crevettes prawn fritter.

Beijing [bɛjʒiŋ] *npr* Beijing.

bêk [bɛk] *interj Belg* ugh.

béké [beke] *nm* Caribbean creole *(with white ancestry)*.

bel [bɛl] ◇ *adj* → **beau**.
◇ *nm* ACOUST bel.

bêlant, e [bɛlɑ̃, ɑ̃t] *adj* -**1.** [mouton] bleating. -**2.** [chevrotant - voix] bleating, shaky.

Bélarus [belarys] *npr*: la république de ~ the Republic of Belarus.

bel canto [bɛlkɑ̃to] *nm* bel canto.

Belém [belɛm] *npr* Belém.

bêlement [bɛlmɑ̃] *nm* bleat; les ~s des moutons the bleating of the sheep.

bêler [4] [bele] ◇ *vi* to bleat.
◇ *vt* [chanson] to bleat out *(sép)*.

belette [bəlɛt] *nf* weasel.

Belfort [bɛlfɔr] *npr* Belfort; le Territoire de ~ Belfort and Territory.

belge [bɛlʒ] *adj* Belgian.
◆ **Belge** *nmf* Belgian.

belgicisme [bɛlʒisism] *nm* [mot] Belgian-French word; [tournure] Belgian-French expression.

Belgique [bɛlʒik] *npr f*: (la) ~ Belgium.

Belgrade [bɛlgrad] *npr* Belgrade.

bélier [belje] *nm* -**1.** ZOOL ram. -**2.** TECH hydraulic ram. -**3.** HIST battering ram.

Bélier [belje] *npr m* -**1.** ASTRON Aries. -**2.** ASTROL Aries; je suis ~ I'm Aries OU an Arian.

Belize [beliz] *npr m*: le ~ Belize; au ~ in Belize.

bélizien, enne [belizjɛ̃, ɛn] *adj* Belizean.
◆ **Bélizien, enne** *nm, f* Belizean.

belladone [beladɔn] *nf* belladonna, deadly nightshade.

bellâtre [bɛlatr] *nm péj* fop.

belle [bɛl] *f* → **beau**.

belle-dame [bɛldam] (*pl* belles-dames) *nf* -**1.** BOT belladonna. -**2.** ENTOM painted lady.

belle-de-jour [bɛldəʒur] (*pl* belles-de-jour) *nf* convolvulus, morning-glory.

belle-de-nuit [bɛldənɥi] (*pl* belles-de-nuit) *nf* BOT marvel-of-Peru, four-o'clock.

belle-doche▽ [bɛldɔʃ] (*pl* belles-doches) *nf* mother-in-law.

belle-famille [bɛlfamij] (*pl* belles-familles) *nf*: sa ~ [de l'époux] her husband's family, her in-laws; [de l'épouse] his wife's family, his in-laws.

belle-fille [bɛlfij] (*pl* belles-filles) *nf* -**1.** [bru] daughter-in-law. -**2.** [fille du conjoint] stepdaughter.

bellement [bɛlmɑ̃] *adv* -**1.** [joliment] nicely, finely. -**2.** [vraiment] well and truly, in no uncertain manner; il l'a ~ remis à sa place he really took him down a peg or two.

belle-mère [bɛlmɛr] (*pl* belles-mères) *nf* -**1.** [mère du conjoint] mother-in-law. -**2.** [épouse du père] stepmother.

belles-lettres [bɛllɛtr] *nfpl*: les ~ great literature, belles-lettres.

belle-sœur [bɛlsœr] (*pl* belles-sœurs) *nf* sister-in-law.

Belleville [bɛlvil] *npr area of Paris with a large immigrant population.*

bellicisme [belisism] *nm* bellicosity, warmongering.

belliciste [belisist] ◇ *adj* bellicose, warmongering.
◇ *nmf* warmonger.

belligérance [beliʒerɑ̃s] *nf* belligerence, belligerency.

belligérant, e [beliʒerɑ̃, ɑ̃t] ◇ *adj* belligerent, warring.
◇ *nm, f* belligerent; les ~s n'étaient que trois there were only three warring parties.

belliqueux, euse [belikø, øz] *adj* [peuple] warlike; [ton, discours] aggressive, belligerent; [enfant, humeur] bellicose, quarrelsome.

belon [bəlɔ̃] *nf* Belon oyster.

belote [bəlɔt] *nf* belote; faire une ~ to play a game of belote.

béluga [belyga], **bélouga** [beluga] *nm* -**1.** ZOOL white OU beluga whale. -**2.** [caviar] beluga (caviar).

belvédère [bɛlvedɛr] *nm* [pavillon] belvedere, gazebo; [terrasse] panoramic viewpoint.

Belzébuth [bɛlzebyt] *npr* Beelzebub.

bémol [bemɔl] *nm* flat; double ~ double flat ‖ *(comme adj)*: mi ~ E flat.

ben *fam* [bɛ̃] *adv* -**1.** [pour renforcer]: ~ quoi? so what?; ~ non well, no; ~ voyons (donc)! what next! -**2.** [bien]: pt'êt ~ qu'oui, pt'êt ~ qu'non maybe yes, maybe no.

Bénarès [benarɛs] *npr* Benares.

bénédicité [benedisite] *nm* grace; dire le ~ to say grace.

bénédictin, e [benediktɛ̃, in] *adj* & *nm, f* Benedictine; les Bénédictins the Benedictines.
◆ **Bénédictine**® *nf* [liqueur] Benedictine.

bénédiction [benediksjɔ̃] *nf* -**1.** RELIG benediction, blessing; recevoir la ~ papale to be given OU to receive the Pope's blessing; donner la ~ à qqn to pronounce the blessing on OU to bless sb; la ~ nuptiale leur sera donnée à... the marriage ceremony will take place OU the marriage will be solemnized at... -**2.** [accord] blessing; donner sa ~ à qqch to give sthg one's blessing; il peut déguerpir dès demain, et avec ma ~! *fam* he can get lost tomorrow, with my blessing! -**3.** [aubaine] blessing, godsend; c'est une ~ qu'il soit vivant/qu'elle se porte volontaire it's a blessing that he's alive/a godsend that she's volunteering to do it.

bénef▽ [benɛf] *nm* profit; c'est tout ~ pour elle she gets quite a deal out of this.

bénéfice [benefis] *nm* -**1.** ÉCON profit; ~ avant/après impôt pre-tax/after-tax profit; ~ brut/net gross/net profit; faire OU enregistrer un ~ brut/net de 20 000 francs to gross/to net 20,000 francs; ~ à distribuer profit attributable to shareholders; ~ d'exploitation operating profit; ~s exceptionnels windfall profit; c'est tout ~ *fam*: à ce prix-là, c'est tout ~ at that price, you make a 100% profit on it; il leur apprend l'anglais en les amusant, c'est tout ~! *fig* he teaches them English while entertaining them, what better way is there? -**2.** [avantage] benefit, advantage; il n'y a pas de ~ à mentir there's nothing to gain by lying; tirer (un) ~ de qqch to derive some benefit OU an advantage from sthg; c'est le ~ que l'on peut tirer de cette conduite that's the reward for such behaviour; le ~ du doute: laisser à qqn le ~ du doute to give sb the benefit of the doubt; il a eu le ~ du doute he was given the benefit of the doubt. -**3.** JUR: sous ~ d'inventaire *without liability to debts beyond inherited assets*; j'accepte, sous ~ d'inventaire *fig* everything else being equal, I accept. -**4.** RELIG living, benefice. -**5.** HIST benefice. -**6.** PSYCH: ~ primaire/secondaire primary/secondary gain.
◆ **à bénéfice** *loc adv* [exploiter, vendre] at a profit.
◆ **au bénéfice de** *loc prép* -**1.** [en faveur de] for (the benefit of); match au ~ de l'enfance handicapée benefit match for handicapped children. -**2.** JUR: au ~ de l'âge by prerogative of age.

bénéficiaire [benefisjɛr] ◇ *adj* [opération] profitable, profit-making; [marge] profit *(modif)*.
◇ *nmf* [d'une mesure] beneficiary; [d'un mandat, d'un chèque] payee, recipient; qui en seront les principaux ~s? who will benefit by it most?

bénéficier [9] [benefisje]
◆ **bénéficier de** *v + prép* -**1.** [avoir] to have, to enjoy; ~ de conditions idéales/d'avantages sociaux to enjoy ideal conditions/welfare benefits ‖ JUR: ~ de circonstances atténuantes to have the benefit of OU to be granted extenuating circumstances. -**2.** [profiter de] to benefit by OU from; ~ d'une forte remise to get a big reduction; ~ d'une mesure to benefit by OU to profit from a measure; faire ~ qqn de ses connaissances to allow sb to benefit by OU to give sb the benefit of one's knowledge.

bénéfique [benefik] *adj* -**1.** [avantageux] beneficial, advantageous. -**2.** ASTROL favourable.

Benelux [benelyks] *npr m*: le ~ Benelux; les pays du ~ the Benelux countries.

benêt [bənɛ] ◇ *adj m* simple-minded, idiotic, silly.
◇ *nm* simpleton; son grand ~ de fils that great fool of a son of his.

bénévolat [benevɔla] *nm* [travail] voluntary help OU work; [système] system of voluntary work.

bénévole [benevɔl] ◇ *adj* [aide, conseil] voluntary, free; [association] voluntary; [médecin] volunteer *(modif)*.
◇ *nmf* volunteer, voluntary worker.

bénévolement [benevɔlmɑ̃] *adv* voluntarily; travailler ~ pour qqn to do voluntary work for sb.

Bengale [bɛ̃gal] *npr m*: le ~ Bengal; au ~ in Bengal.
◆ **du Bengale** *loc adj* Bengali.

bengali [bɛ̃gali] *adj* Bengali.
◆ **Bengali** *nmf* Bengali.
◆ **bengali** *nm* -**1.** LING Bengali. -**2.** ZOOL waxbill.

Benghazi [bɛngazi] *npr* Benghazi.

bénignité [beniɲite] *nf* -**1.** MÉD [d'une maladie] mildness; [d'une tumeur] non-malignant character. -**2.** *litt* [mansuétude] benignancy, kindness.

bénin, igne [benɛ̃, iɲ] *adj* -**1.** MÉD [maladie] mild; [tumeur] non-malignant, benign; **une forme bénigne de rougeole** a mild form of measles. -**2.** *litt* [gentil] benign, kindly.

Bénin [benɛ̃] *npr m*: **(le) ~** Benin; **au ~** in Benin.

béninois, e [beninwa, az] *adj* Beninese.
◆ **Béninois, e** *nm, f* Beninese; **les Béninois** the Beninese.

béni-oui-oui [beniwiwi] *nmf inv péj* yes-man (*f* yes-woman).

bénir [32] [benir] *vt* -**1.** RELIG [fidèles] to bless, to give one's blessing to; [eau, pain] to consecrate; [union] to solemnize. -**2.** [remercier]: **je bénis le passant qui m'a sauvé la vie** I'll be eternally thankful to the passer-by who saved my life; **béni soit le jour où je t'ai rencontré** blessed be the day I met you; **elle bénit le ciel de lui avoir donné un fils** she thanked God for giving her a son; **toi, je te bénis d'avoir perdu mes clés!** *iron* thanks a lot for losing my keys!

bénisseur, euse [benisœr, øz] *adj* blessing.

bénit, e [beni, it] *adj* consecrated, blessed.

bénitier [benitje] *nm* stoup, font.

benjamin, e [bɛ̃ʒamɛ̃, in] *nm, f* youngest child; **mon ~** my youngest (child).

benjoin [bɛ̃ʒwɛ̃] *nm* benzoin, benjamin.

benne [bɛn] *nf* -**1.** MIN tub, tram; **~ basculante** tipper (truck); **~ preneuse** clamshell. -**2.** [à ordures] skip.

benoît, e [bənwa, at] *adj péj* [doucereux] bland, ingratiating.
◆ **benoîte** *nf* BOT herb bennet, wood avens.

Benoît [bənwa] *npr*: **saint ~** Saint Benedict.

benoîtement [bənwatmɑ̃] *adv péj* blandly, ingratiatingly.

benzène [bɛ̃zɛn] *nm* benzene.

benzénique [bɛ̃zenik] *adj* benzene (*modif*).

benzidine [bɛ̃zidin] *nf* benzidine.

benzine [bɛ̃zin] *nf* benzin, benzine.

benzoate [bɛ̃zɔat] *nm* benzoate.

benzodiazépine [bɛ̃zɔdjazepin] *nf* benzodiazepine.

benzoïque [bɛ̃zɔik] *adj* benzoic.

benzol [bɛ̃zɔl] *nm* benzol, benzole.

benzolisme [bɛ̃zɔlism] *nm* benzol poisoning.

benzonaphtol [bɛ̃zɔnaftɔl] *nm* sodium benzoate, benzoate of soda.

benzoyle [bɛ̃zwal] *nm* benzoyle.

benzyle [bɛ̃zil] *nm* benzyl.

benzylique [bɛ̃zilik] *adj* benzyl (*modif*).

béotien, enne [beɔsjɛ̃, ɛn] *adj* -**1.** ANTIQ Boeotian. -**2.** *péj* [inculte] uncultured, philistine.
◆ **Béotien, enne** *nm, f* ANTIQ Boeotian.

BEP (*abr de* **brevet d'études professionnelles**) *nm vocational diploma (taken after two years of study at a 'lycée professionnel').*

BEPC (*abr de* **brevet d'études du premier cycle**) *nm former school certificate taken after four years of secondary education.*

béquet [bekɛ] = **becquet**.

béquillard, e *fam* [bekijar, ard] *nm, f* person (walking) on crutches.

béquille [bekij] *nf* -**1.** [canne] crutch; **marcher en s'appuyant sur des ~s** to walk on OU with crutches. -**2.** [de moto] stand. -**3.** NAUT shore, prop. -**4.** [d'une serrure] handle. -**5.** ARM stand.

béquiller [3] [bekije] ◇ *vi* to hobble (along) on OU with crutches.
◇ *vt* NAUT to shore OU to prop up (*sép*).

ber [bɛr] *nm* NAUT cradle.

berbère [bɛrbɛr] *adj* Berber.
◆ **Berbère** *nmf* Berber.
◆ **berbère** *nm* LING Berber.

bercail [bɛrkaj] *nm* sheepfold; **rentrer** OU **revenir au ~** [à la maison] to get back home; RELIG to return to the fold.

berçante [bɛrsɑ̃t] *nf Can*: **(chaise) ~** rocking-chair.

berce [bɛrs] *nf* -**1.** BOT cow parsnip, hogweed. -**2.** *Belg* [berceau] cradle.

berceau, x [bɛrso] *nm* -**1.** [lit] cradle; **du ~ à la tombe** from the cradle to the grave; **on se connaît depuis le ~** we've known each other since we were babies; **il/elle aime les prendre au ~** *fam* [séducteur] he's/she's a cradlesnatcher; **ils les prennent au ~, les flics, maintenant** *fam* policemen seem to get younger and younger; **prendre qqn au ~ pour lui apprendre qqch** to teach sb sthg right from the earliest age. -**2.** [lieu d'origine] cradle, birthplace; **le ~ de la civilisation** the cradle of civilization. -**3.** ARCHIT: **(voûte en) ~** barrel vault. -**4.** [tonnelle] arbour, bower.

bercelonnette [bɛrsəlɔnɛt] *nf* rocking cradle.

bercement [bɛrsəmɑ̃] *nm* rocking OU swaying movement.

bercer [16] [bɛrse] *vt* -**1.** [balancer] to rock, to cradle; **~ un bébé dans ses bras** to cradle OU to rock a baby in one's arms; **il faut la ~ pour qu'elle s'endorme** you have to rock her to sleep; **les chansons qui ont bercé mon enfance** the songs I was brought up on. -**2.** [calmer - douleur] to lull, to soothe. -**3.** [tromper]: **~ qqn de** to lull sb with; **~ qqn de paroles/promesses** to give sb fine words/empty promises.
◆ **se bercer de** *vp + prép*: **se ~ d'illusions** to delude o.s. with OU to nurse OU to entertain illusions; **ne nous berçons pas d'illusions** let's not be under any illusions.

berceur, euse[1] [bɛrsœr, øz] *adj* lulling, soothing.

berceuse[2] [bɛrsøz] *nf* -**1.** [chanson d'enfant] lullaby; MUS berceuse. -**2.** [fauteuil] rocking-chair. -**3.** *Can* = **berçante**.

Bercy [bɛrsi] *npr* -**1.** [ministère] *the French Ministry of Finance.* -**2.** [stade] *large sports and concert hall in Paris.*

BERD, Berd [bɛrd] (*abr de* **Banque européenne pour la reconstruction et le développement**) *npr f* EBRD.

béret [berɛ] *nm*: **~ (basque)** (French) beret.

Berezina [berezina] *npr f*: **la ~** *Napoleon's retreat over the River Berezina in Bielorussia in 1812*; **c'était la ~** *fig* it was an absolute disaster.

bergamasque [bɛrgamask] *nf* Bergamask.

Bergame [bɛrgam] *npr* Bergamo.

bergamote [bɛrgamɔt] *nf* bergamot orange.
◆ **à la bergamote** *loc adj* [savon] bergamot-scented; [thé] with bergamot, bergamot-flavoured.

bergamotier [bɛrgamɔtje] *nm* bergamot (tree).

berge [bɛrʒ] *nf* -**1.** [rive] bank GEOG; **route** OU **voie sur ~** [dans une grande ville] embankment road. -**2.** ▽ [an] year; **à 25 ~s, elle a monté sa boîte** when she was 25, she set up her own business.

Bergen [bɛrgɛn] *npr* Bergen.

berger, ère [bɛrʒe, ɛr] *nm, f* -**1.** [pâtre] shepherd (*f* shepherdess); **des histoires de ~s et de bergères** pastoral stories. -**2.** [guide] shepherd; **bon/mauvais ~** good/bad shepherd.
◆ **berger** *nm* ZOOL sheepdog; **~ (allemand)** Alsatian, German shepherd; **~ d'Écosse** collie (dog); **~ des Pyrénées** Pyrenean mountain dog.
◆ **bergère** *nf* [fauteuil] wing chair, bergère.

bergerie [bɛrʒəri] *nf* -**1.** AGR sheepfold. -**2.** BX-ARTS [peinture] pastoral (painting); [tapisserie] pastoral tapestry; LITTÉRAT [poème] pastoral. -**3.** COMM counter.

bergeronnette [bɛrʒərɔnɛt] *nf* wagtail.

béribéri [beriberi] *nm* beriberi.

Béring [beriŋ] *npr* → **détroit, mer**.

berk *fam* [bɛrk] *interj* ugh, yuk.

berkélium [bɛrkeljɔm] *nm* berkelium.

Berlin [bɛrlɛ̃] *npr* Berlin; **~-Est** East Berlin; **~-Ouest** West Berlin; **le mur de ~** the Berlin Wall.

berline [bɛrlin] *nf* -**1.** AUT saloon car *Br*, sedan *Am*; **grosse ~** big saloon (car) *Br*, full-size sedan *Am*; **moyenne ~** compact car. -**2.** HIST berlin, berline.

berlingot [bɛrlɛ̃go] *nm* -**1.** [bonbon] ≃ boiled sweet *Br*, ≃ hard candy *Am*. -**2.** [emballage] carton.

berlinois, e [bɛrlinwa, az] *adj* from Berlin.
◆ **Berlinois, e** *nm, f* Berliner; **~ de l'Est/l'Ouest** East/West Berliner.

berlue [bɛrly] *nf*: **avoir la ~** to be seeing things; **si je n'ai pas la ~, c'est bien Paul là-bas** if my eyes don't deceive me, that's Paul over there.

bermuda [bɛrmyda] *nm*: **un ~** (a pair of) Bermuda shorts, Bermudas.

Bermudes [bɛrmyd] *npr fpl*: **les ~** Bermuda; **aux ~** in Bermuda; **le triangle des ~** the Bermuda Triangle.

bernacle [bɛrnakl], **bernache** [bɛrnaʃ] *nf* barnacle OU brent goose.

bernardin, e [bɛrnardɛ̃, in] *nm, f* Bernardine.

bernard-l'ermite [bɛrnarlɛrmit] *nm inv* hermit crab.

berne [bɛrn]
◆ **en berne** *loc adv* at half-mast; **mettre les drapeaux en ~** to half-mast the flags, to lower the flags to half-mast.

Berne [bɛrn] *npr* Bern.

berner [3] [bɛrne] *vt* [tromper] to fool, to dupe, to hoax; **on s'est fait ~** we were taken in OU duped; **je ne vais pas me laisser ~ cette fois** I won't be made a fool of this time; **n'essaie pas de me ~** don't try to fool me.

bernique [bɛrnik] ◇ *nf* limpet.
◇ *interj arch* nothing doing.

bernois, e [bɛrnwa, az] *adj* Bernese.
◆ **Bernois, e** *nm, f* Bernese.

berrichon, onne [beriʃɔ̃, ɔn] *adj* from Berry.
◆ **Berrichon, onne** *nm, f inhabitant of or person from Berry.*

Berry [bɛri] *npr m*: **le ~** Berry *(region in central France)*.

bersaglier [bɛrsaglije, bɛrsalje] *nm* bersagliere.

berthe [bɛrt] *nf* [col] bertha.

béryl [beril] *nm* beryl.

béryllium [beriljɔm] *nm* beryllium.

berzingue *fam* [bɛrzɛ̃g]
◆ **à tout(e) berzingue** *loc adv* at full speed, double quick.

besace [bəzas] *nf* [sac] beggar's bag.

bésef▽ [bezɛf] *adv* (*suivi d'un n non comptable*) much, a lot of; **de la patience, j'en ai pas ~** *fam* I don't have much OU a lot of patience ‖ (*suivi d'un n comptable*) many, a lot of; **il n'y en avait pas ~, des clients** there weren't many OU a lot of customers.

bésicles [bezikl], **besicles** [bəzikl] *nfpl hum* spectacles.

bésigue [bezig] *nm* bezique.

besogne [bəzɔɲ] *nf* [travail] task, job, work; **se mettre à la ~** to get down to work; **c'est de la belle** OU **bonne ~** it's a fine piece of work, it's a neat job; **une rude ~** a hard task.

besogner [3] [bəzɔɲe] *vi péj* [travailler] to drudge, to slave away, to toil away.

besogneux, euse [bəzɔɲø, øz] ◇ *adj* -**1.** *péj* [travailleur] hardworking. -**2.** *litt* [pauvre] needy, poor.
◇ *nm, f* drudge, hardworking man (*f* woman).

besoin [bəzwɛ̃] *nm* -**1.** [nécessité] need; **il a de gros ~s d'argent** he needs lots of money; **nos ~s en pétrole/ingénieurs** our oil/engineering requirements; **avoir** OU **sentir** OU **ressentir le ~ de faire qqch** to feel the need to do sthg; **il n'est pas ~ de vous dire** you hardly need to be told; **si ~ est** if necessary, if needs be; **il n'est pas ~ de mentir** there's no need to lie; **sans qu'il soit ~ de prévenir les parents** without it being necessary to let the parents know ❑ **~ (naturel), petit ~, ~ pressant** *euph* call of nature; **faire ses (petits) ~s** to attend to OU to answer the call of nature; **être pris d'un ~ pressant** to be taken OU caught short. -**2.** *loc*: **avoir ~ de qqch** to need sthg; **avoir ~ de faire qqch** to need to do sthg; **je n'en ai aucun ~** I have no need of it whatsoever; **j'ai ~ d'oublier** I need to forget; elle n'a pas ~ qu'on le lui répète she doesn't need OU have to be told twice; je n'ai pas ~ de vous rappeler que... I don't need to OU I needn't remind you that...; mon agenda a ~ d'être mis à jour my diary *Br* OU agenda *Am* needs updating OU to be updated; avoir bien OU grand ~ de qqch to be in dire need of sthg, to need sthg badly; tu aurais bien ~ d'un shampooing your hair's badly in need of a wash; un pneu crevé! on en avait bien ~ OU on avait bien ~ de ça! *iron* a flat tyre, that's all we needed!; tu avais bien ~ de lui dire! you WOULD have to go and tell him!, what did you (want to) tell him for? -**3.** [pauvreté] need; dans le ~ in need; ceux qui sont dans le ~ the needy ❑ c'est dans le ~ qu'on connaît le véritable ami OU ses vrais amis *prov* a friend in need is a friend indeed *prov*.

◆ **besoins** *nmpl* (basic) needs; quels sont ses ~s? what are his (basic) needs?; tous vos ~s seront satisfaits all your needs will be answered OU satisfied.

◆ **au besoin** *loc adv* if necessary, if needs OU need be.

◆ **pour les besoins de** *loc prép*: pour les ~s de la cause for the purpose in hand; pour les ~s du direct for the purpose of the live broadcast.

bestiaire [bɛstjɛr] *nm* -**1.** [recueil] bestiary. -**2.** ANTIQ gladiator.

bestial, e, aux [bɛstjal, o] *adj* [instinct, acte] bestial, brutish.

bestialement [bɛstjalmɑ̃] *adv* bestially, brutishly.

bestialité [bɛstjalite] *nf* -**1.** [brutalité] bestiality, brutishness. -**2.** [zoophilie] bestiality.

bestiau [bɛstjo] *nm* beast, creature.

bestiaux [bɛstjo] *nmpl* [d'une exploitation] livestock; [bovidés] cattle; traités/entassés comme des ~ treated/penned-in like cattle.

bestiole [bɛstjɔl] *nf* [insecte] creature *hum*.

best-seller [bɛstsɛlœr] (*pl* best-sellers) *nm* bestseller.

bêta, asse *fam* [bɛta, as] ◇ *adj* [stupide] idiotic, silly, foolish.

◇ *nm, f* [idiot] blockhead, numskull; espèce de gros ~! you blockhead!

◆ **bêta** ◇ *nm inv* [lettre] beta.

◇ *adj inv* GÉOL & ÉLECTRON beta *(modif)*.

bêtabloquant, e [bɛtablɔkɑ̃, ɑ̃t] *adj* betablocker *(modif)*.

◆ **bêtabloquant** *nm* beta-blocker.

bétail [betaj] *nm*: le ~ [gén] livestock; [bovins] cattle; 100 têtes de ~ 100 head of cattle; traiter les gens comme du ~ to treat people like cattle ❑ gros ~ (big) cattle.

bétaillère [betajɛr] *nf* cattle truck *Br*, stock car *Am*.

bêtathérapie [bɛtaterapi] *nf* beta ray therapy.

bête [bɛt] ◇ *adj* -**1.** [peu intelligent] stupid, idiotic; il est plus ~ que méchant he's not wicked, just (plain) stupid; mais non, cela ne me dérange pas, ce que tu peux être ~! of course you're not putting me out, how silly (can you be OU of you)!; c'est encore moi qui vais payer, je suis bien ~, tiens! I'll end up paying again, like an idiot!; mais oui, je me souviens maintenant, suis-je ~! ah, now I remember, how stupid of me!; je ne suis pas ~ au point de... I know better than to...; il faudrait être ~ pour dépenser plus it would be foolish OU you'd have to be an idiot to spend more; loin d'être ~ far from stupid; pas si ~, j'ai pris mes précautions I took some precautions, since I'm not a complete idiot; pas si ~, la petite! the little one's no fool! ❑ être ~ comme ses pieds OU comme une cruche OU comme une oie OU à manger du foin OU à manger des chardons to be as thick as two short planks *Br*, to be as dumb as the day is long *Am*; c'est ~ à pleurer it's ridiculously stupid; je suis ~ et discipliné, moi, je fais ce qu'on me dit de faire! I'm just carrying out orders! -**2.** [regrettable]: je n'ai pas su le retenir, comme c'est ~! I didn't know how to keep him, what a pity OU waste!; c'est ~ de ne pas y avoir pensé it's silly OU stupid not to have thought of it; ce serait trop ~ de laisser passer l'occasion it would be a pity not to take advantage of the occasion. -**3.** [simple]: c'est tout ~, il suffisait d'y penser! it's so simple, we should have thought of it before!; ce n'est pas ~, ton idée! that's quite a good idea you've got there! ❑ c'est ~ comme tout OU chou *fam* it's simplicity itself OU easy as pie OU easy as falling off a log. -**4.** [stupéfait]: en être OU rester tout ~ to be struck dumb OU dumbfounded.

◇ *nf* -**1.** [animal - gén] animal; [- effrayant] beast; mener les ~s aux champs to take the herd off to graze; aimer les ~s to be an animal-lover; jeté OU livré (en pâture) aux ~s ANTIQ thrown to the lions ❑ ~ à cornes/poil/plume horned/furry/feathered animal; ~ fauve [gén] wild animal OU beast; [félin] big cat; ~ féroce OU sauvage wild animal OU beast; ~ de race pedigree animal; ~ de somme OU de charge beast of burden; ~ de trait draught *Br* OU draft *Am* animal; (petite) ~ insect, creature *hum*; ~ à bon Dieu ladybird *Br*, ladybug *Am*. -**2.** [personne]: grosse ~, va! you silly fool!; tu n'es qu'une grande ~ you're a great fool; c'est une bonne OU brave ~ *fam* [généreux] he's a good sort; [dupe] he's a bit of a sucker ❑ ~ à concours *fam* swot *Br* OU grind *Am (who does well at competitive exams)*; ~ curieuse strange-looking creature *fig*; cessez de me dévisager, je ne suis pas une ~ curieuse! stop staring at me as if I had two heads!; ils nous regardaient comme des ~s curieuses they were staring at us as if we'd come from Mars; la ~ humaine *litt* the beast in man; sa/ma ~ noire his/my bugbear; un ministre qui est la ~ noire des étudiants a minister students love to hate; le latin, c'était ma ~ noire Latin was my pet hate; ~ de scène/télévision great live/television performer; comme une ~: malade comme une ~ sick as a dog; travailler comme une ~ to work like a slave OU dog; s'éclater comme une ~ *fam* to have a great time; mourir/vivre comme une ~ to die/to live godlessly; faire la ~ à deux dos to have sex; se payer OU se servir sur la ~ to get one's payment in kind *(by docking it off a man's pay, or by demanding a woman's sexual favours)*. -**3.** RELIG: la ~ de l'Apocalypse the beast of the Apocalypse.

bétel [betɛl] *nm* betel.

bêtement [bɛtmɑ̃] *adv* -**1.** [stupidement] foolishly, stupidly, idiotically. -**2.** [simplement]: tout ~ purely and simply, quite simply.

Bethléem [bɛtleɛm] *npr* Bethlehem.

bêtifiant, e [betifjɑ̃, ɑ̃t] *adj* idiotic, stupid.

bêtifier [9] [betifje] *vi* to talk nonsense; elle bêtifie quand elle parle à son enfant she uses baby talk to her child.

bêtise [betiz] *nf* -**1.** [stupidité] idiocy, foolishness, stupidity; j'ai eu la ~ de ne pas vérifier I was foolish enough not to check; c'est de la ~ d'y aller seul going there alone is sheer stupidity; il n'y a pas de limite à la ~ humaine human folly knows no bounds *litt*. -**2.** [remarque] silly OU stupid remark; dire une ~ to say something stupid; dire des ~s to talk nonsense. -**3.** [action] stupid thing, piece of foolishness OU idiocy; ~s de jeunesse youthful pranks; le chat a encore fait des ~s the cat has been up to some mischief again; ne recommencez pas vos ~s don't start your stupid tricks again; faire une ~ to do something silly OU stupid; je viens de faire une grosse ~ I've just done something very silly; tu as fait une ~ en refusant it was stupid OU foolish of you to refuse, you were a fool to refuse. -**4.** [vétille] trifle; pleurer pour des ~s to cry over trifles OU trivial matters; on se dispute toujours pour des ~s we're always arguing over trifles OU having petty squabbles. -**5.** CULIN: ~s de Cambrai humbug *Br*, (hard) mint candy *Am*.

bêtisier [betizje] *nm* [mots - d'élèves] collection of howlers; [- de personnalités en vue] collection of sayings; le ~ de la semaine PRESSE sayings of the week.

béton [betɔ̃] *nm* -**1.** CONSTR concrete; maintenant, il y a du ~ partout *péj* the place is just a vast expanse of concrete now ❑ ~ armé/précontraint reinforced/prestressed concrete. -**2.** FTBL: faire le ~ to pack the defence.

◆ **en béton** *loc adj* -**1.** CONSTR concrete *(modif)*. -**2.** *fam* [résistant - estomac] cast-iron; [- défense, garantie] watertight, surefire.

bétonnage [betɔnaʒ] *nm* -**1.** CONSTR concreting. -**2.** FTBL defensive play.

bétonner [3] [betɔne] ◇ *vt* CONSTR to concrete.

◇ *vi* FTBL to pack the defence, to play defensively.

bétonnière [betɔnjɛr] *nf* cement mixer.

bette [bɛt] *nf* (Swiss) chard.

betterave [bɛtrav] *nf* beet; ~ fourragère mangel-wurzel; ~ rouge beetroot *Br*, red beet *Am*; ~ sucrière sugar beet.

betteravier, ère [bɛtravje, ɛr] *adj* beetroot *(modif)*.

◆ **betteravier** *nm* beet grower.

beuglant *fam* [bøglɑ̃] *nm vieilli* sleazy nightclub.

beuglante *fam* [bøglɑ̃t] *nf* [chanson] song; [cri] yell; pousser une ~ [chanter] to belt out a song; [crier] to give a yell.

beuglement [bøgləmɑ̃] *nm* -**1.** [cri - de la vache] moo; [- du taureau] bellow; [- d'une personne] bellow, yell; des ~s [de vache] mooing, lowing; [de taureau] bellowing; [d'une personne] bellowing, yelling, bawling. -**2.** [bruit - de la radio] blaring noise.

beugler [5] [bøgle] ◇ *vi* -**1.** [crier - vache] to moo, to low; [- taureau] to bellow; [- chanteur, ivrogne] to bellow, to bawl. -**2.** [être bruyant - radio] to blare.

◇ *vt* [chanson] to bawl OU to bellow out *(sép)*.

beur [bœr] *adj born in France of North African parents*.

◆ **Beur** *nmf person born in France of North African immigrant parents*.

Beurette *fam* [bœrɛt] *nf woman born in France of North African immigrant parents*.

beurk *fam* [bœrk] = **berk**.

beurre [bœr] *nm* -**1.** [de laiterie] butter; au ~ (all) butter *(modif)*; du ~ fondu melted *Br* OU drawn *Am* butter ❑ ~ clarifié clarified butter; ~ demi-sel slightly salted butter; ~ laitier dairy butter; ~ à la motte loose butter; ~ non salé unsalted OU sweet butter; ~ salé salted butter; ~ de yak OU yack (Tibetan) ghee; entrer dans qqch comme dans du ~ to slice through sthg like a hot knife through butter; faire son ~ *fam* to make money hand over fist; ils font leur ~ sur le dos des touristes *fam* they get rich pickings by fleecing the tourists; mettre du ~ dans les épinards *fam* to earn enough for the little luxuries of life; un boulot qui met du ~ dans les épinards *fam* a nice little earner; vouloir le ~ et l'argent du ~ to want to have one's cake and eat it (too); il n'y en a pas plus que de ~ en branche OU broche [inexistant] there's no such thing; [introuvable] it's nowhere to be found. -**2.** [sauce, pâte]: ~ d'anchois anchovy paste; ~ d'arachide/de cacao/de muscade peanut/cocoa/nutmeg butter; ~ blanc/noir white/black butter sauce; ~ composé beurre composé; ~ d'escargot *flavoured butter used in the preparation of snails*; ~ manié beurre manié.

beurré, e [bœre] *adj* -**1.** CULIN: du pain ~ buttered bread; tartine ~e piece of bread and butter. -**2.**▽ [ivre] plastered, pissed *Br*; ~ (comme un petit Lu) pissed as a newt *Br*, stewed to the gills *Am*.

◆ **beurré** *nm* butter-pear, beurré.

◆ **beurrée** *nf* -**1.**▽ [ivresse]: prendre une ~e to get plastered, to get pissed *Br*. -**2.** *Can* [tartine] piece of bread and butter; [substance] bread and butter (and jam) spread.

beurrer [5] [bœre] *vt* [tartine, moule] to butter.

◆ **se beurrer**▽ *vpi* to get plastered, to get pissed *Br*, to get sloshed.

beurrerie [bœrri] *nf* -**1.** [laiterie] (butter-producing) dairy. -**2.** [industrie] butter industry.

beurrier, ère [bœrje, ɛr] *adj* [production] butter *(modif)*; [région] butter-producing.
◆ **beurrier** *nm* [récipient] butter dish.

beuverie *fam* [bœvri] *nf* drinking binge, bender.

bévue [bevy] *nf* [gaffe] blunder, gaffe; **commettre une ~** to blunder.

bey [bɛ] *nm* bey.

Beyrouth [berut] *npr* Beirut, Beyrouth; **de ~** Beiruti; **~-Est** East Beirut; **~-Ouest** West Beirut.

bézef▽ [bezɛf] = **bésef**.

Bhopal [bɔpal] *npr* Bhopal.

Bhoutan, Bhutan [butɑ̃] *npr m* Bhutan; **le ~** Bhutan; **au ~** in Bhutan.

BHV (*abr de* **Bazar de l'Hôtel de Ville**) *npr m large department store in central Paris.*

biacide [biasid] ◇ *adj* diacidic.
◇ *nm* diacid.

biais, e [bjɛ, bjɛz] *adj* [oblique] slanting; **voûte ~e** skew arch.
◆ **biais** *nm* **-1.** [obliquité] slant; **le ~ d'un mur** the slant of a wall. **-2.** COUT [bande] piece (of material) cut on the bias; [sens] bias; **travailler dans le ~** to cut on the bias OU cross. **-3.** [moyen] way; **j'ai trouvé un ~ pour ne pas payer** I found a way of not paying; **elle cherche un ~ pour se faire connaître** she is trying to find a way of making herself known; **par le ~ de** through, via, by means of. **-4.** [aspect] angle; **je ne sais pas par quel ~ le prendre** I don't know how OU from what angle to approach him; **prendre le ~** to go off at a tangent. **-5.** [dans des statistiques] bias.
◆ **de biais** *loc adv* [aborder, approcher] indirectly, tangentially.
◆ **en biais** *loc adv* sideways, slantwise, at an angle; **regarder qqn en ~** to give sb a sidelong glance; **traverser la rue en ~** to cross the street diagonally.

biaisé, e [bjeze] *adj* [statistiques, raisonnement] distorted.

biaiser [4] [bjeze] *vi* to prevaricate, to equivocate; **il va falloir ~ pour avoir des places pour l'opéra** we'll have to be a bit clever to get seats for the opera.

biathlon [biatlɔ̃] *nm* biathlon.

biauriculaire [biɔrikylɛr] *adj* biauricular.

bibasique [bibazik] *adj* dibasic.

bibelot [biblo] *nm* [précieux] curio, bibelot; [sans valeur] trinket, knick-knack.

biberon [bibrɔ̃] *nm* feeding *Br* OU baby *Am* bottle; **donner le ~ à un bébé/agneau** to bottle-feed a baby/lamb; **enfant nourri** OU **élevé au ~** bottle-fed baby; **prendre son ~** to have one's bottle; **prendre qqn au ~** to start sb from the earliest possible age.

biberonner *fam* [3] [bibrɔne] *vi hum* to tipple, to booze.

bibi[1] *fam* [bibi] *nm* [chapeau] (woman's) hat.

bibi[2] *fam* [bibi] *pron hum* [moi] yours truly; **les corvées, c'est pour ~** yours truly gets lumbered *Br* OU stuck with the chores.

Bibi Fricotin [bibifrikɔtɛ̃] *npr comic strip character from the inter-war years.*

bibine *fam* [bibin] *nf*: **c'est de la ~** [boisson, bière] it's dishwater.

bible [bibl] *nf* **-1.** RELIG: **la Bible** the Bible; **une ~ de poche** a pocket Bible. **-2.** [référence] bible; **la ~ des mélomanes** the music lover's bible.

bibli *fam* [bibli] *nf* library.

bibliobus [biblijɔbys] *nm* mobile library *Br*, bookmobile *Am*.

bibliographe [biblijɔgraf] *nmf* bibliographer.

bibliographie [biblijɔgrafi] *nf* bibliography.

bibliographique [biblijɔgrafik] *adj* bibliographic.

bibliomanie [biblijɔmani] *nf* bibliomania.

bibliophile [biblijɔfil] *nmf* book-lover, bibliophile.

bibliophilie [biblijɔfili] *nf* bibliophilism.

bibliothécaire [biblijɔtekɛr] *nmf* librarian.

bibliothèque [biblijɔtɛk] *nf* **-1.** [édifice, salle] library; [meuble] book-case; **~ municipale** public library; **la Bibliothèque nationale** *the French national library*; **~ de prêt** lending library; **~ universitaire** university library ‖ [collection] collection; **sa ~ de livres d'art** her collection of art books; **c'est une ~ ambulante** he's a walking encyclopedia; **~ de logiciels** software library ❑ **la Bibliothèque rose** *collection of books for very young children*; **la Bibliothèque verte** *collection of books for older children*; **tu en es resté à la Bibliothèque rose!** *hum* ≃ you're still reading Janet and John stories *Br* OU Jon and Jane books *Am*! **-2.** COMM: **~ de gare** station bookstall *Br* OU newsstand *Am*.

BIBLIOTHÈQUE NATIONALE:
Situated in the rue de Richelieu in Paris, the Bibliothèque nationale or "BN" is a large copyright deposit library comparable to the British Library and the Library of Congress.

---

biblique [biblik] *adj* biblical.

bibliste [biblist] *nmf* Biblist, Biblicist.

Bic® [bik] *nm* ball (point) pen, ≃ Biro® *Br*, ≃ Bic® *Am*.

bicaméral, e, aux [bikameral, o] *adj* two-chamber, bicameral.

bicamérisme [bikamerism], **bicaméralisme** [bikameralism] *nm* two-chamber (political) system, bicameralism.

bicarbonate [bikarbɔnat] *nm* bicarbonate; **~ de soude** bicarbonate of soda.

bicarbonaté, e [bikarbɔnate] *adj* bicarbonate *(modif)*.

bicarré, e [bikare] *adj* biquadratic.

bicentenaire [bisɑ̃tnɛr] *adj & nm* bicentenary, bicentennial.

bicéphale [bisefal] *adj* two-headed, bicephalous.

biceps [bisɛps] *nm* biceps; **avoir des ~** *fam* to have big biceps.

biche [biʃ] *nf* **-1.** ZOOL doe, hind. **-2.** [en appellatif]: **ma ~** *fam* my darling.

bicher▽ [3] [biʃe] *vi* to be tickled pink; *(tournure impersonnelle)*: **ça biche?** how's it going?, how's things?

bichette [biʃɛt] *nf* **-1.** ZOOL young hind OU doe. **-2.** *fam* [en appellatif]: **ma ~** my darling OU pet.

bichlorure [biklɔryr] *nm* bichloride, dichloride.

bichon, onne [biʃɔ̃, ɔn] *nm, f* Maltese.

bichonner [3] [biʃɔne] *vt* [choyer] to pamper, to pet, to mollycoddle *péj.*
◆ **se bichonner** *vp (emploi réfléchi)* [se pomponner] to spruce o.s. up.

bichromate [bikrɔmat] *nm* bichromate, dichromate.

bichromie [bikrɔmi] *nf* two-colour process.

Bickford [bikfɔrd] *npr* → **cordeau**.

bicolore [bikɔlɔr] *adj* two-coloured *Br*, two-colored *Am*.

biconcave [bikɔ̃kav] *adj* biconcave.

biconvexe [bikɔ̃vɛks] *adj* biconvex.

bicoque [bikɔk] *nf* shack.

bicorne [bikɔrn] *nm* cocked OU two-pointed hat.

bicot [biko] *nm* **-1.** *fam* [biquet] kid ZOOL. **-2.** ▼ *racist term used to refer to North African Arabs.*

biculturalisme [bikyltyralism] *nm* biculturalism.

biculturel, elle [bikyltyrɛl] *adj* bicultural.

bicycle [bisikl] *nm* **-1.** [à roues inégales] penny-farthing *Br*, ordinary *Am*. **-2.** *Can* bicycle.

bicyclette [bisiklɛt] *nf* **-1.** [engin] bicycle; **faire de la ~** to ride a bicycle; **apprendre à faire de la ~** to learn cycling OU how to ride a bicycle; **monter à ~** to ride a bicycle; **allons-y à ~** let's cycle, let's go there by bicycle ❑ **~ de course** racer, racing bike; **~ de route** roadster, touring bike. **-2.** LOISIRS & SPORT: **la ~** cycling.

bidasse *fam* [bidas] *nm* [soldat] private.

bide *fam* [bid] *nm* **-1.** [ventre] belly, gut. **-2.** [échec] flop, washout; **ça a été** OU **fait un ~** it was a complete flop OU washout.

bidet [bidɛ] *nm* bidet.

bidoche▽ [bidɔʃ] *nf* meat.

bidon [bidɔ̃] ◇ *adj inv fam* phoney; **société ~** phoney company.
◇ *nm* **-1.** [récipient] can, tin; **~ de lait** milk-churn *Br*, milk can *Am* ‖ MIL water bottle, canteen. **-2.** *fam* [ventre] belly, gut. **-3.** ▽ [mensonge]: **c'est du ~** **tout ça** that's all baloney; **je te jure que ce n'est pas du ~** I swear that's the honest truth.

bidonnant, e *fam* [bidɔnɑ̃, ɑ̃t] *adj* side-splitting, screamingly funny; **elle est ~e** she's a hoot OU scream; **c'était ~** it was a scream OU hoot.

bidonner *fam* [3] [bidɔne]
◆ **se bidonner** *fam vpi* to split one's sides laughing, to laugh one's head off; **qu'est-ce qu'on se bidonne avec eux!** it's a laugh a minute with them!

bidonville [bidɔ̃vil] *nm* shantytown.

bidouillage *fam* [bidujaʒ] *nm* messing around, fiddling, tampering.

bidouiller *fam* [3] [biduje] *vt* [serrure, logiciel] to fiddle (about) with, to tamper with.

bidule *fam* [bidyl] *nm* **-1.** [objet] thingamajig, thingummy *Br*, contraption. **-2.** [en appellatif]: **eh, Bidule, t'as pas vu ma sœur?** hey, Thingy *Br* OU buddy *Am*, seen my sister?

bief [bjɛf] *nm* [de cours d'eau] reach; [de moulin] race; **~ d'aval/d'amont** mill/tail race.

bielle [bjɛl] *nf* connecting rod.

biélorusse [bjelɔrys] *adj* Belorussian, Byelorussian.
◆ **Biélorusse** *nmf* Belorussian, Byelorussian.
◆ **biélorusse** *nm* LING Byelorussian.

Biélorussie [bjelɔrysi] *npr f*: **(la) ~** Belarussia, Byelorussia.

bien [bjɛ̃] ◇ *adv* **-1.** [d'une manière satisfaisante] well; **tout allait ~** everything was going well OU fine; **ça te va ~** [aspect] it suits you; [taille] it fits you; **ça te va ~ de te plaindre!** *iron* you're a fine one to complain!; **il s'est ~ remis de son opération** he recovered well OU made a good recovery from his operation; **il s'en est ~ tiré** he came out of it well; **elle se débrouille ~ sans moi** she manages very well without me; **la pièce est très ~ jouée** the acting in the play's very good; **il cuisine ~** he's a good cook; **elle écrit ~** [style] she writes well; [calligraphie] she has beautiful writing; **il parle ~ (le) grec** his Greek is good, he speaks Greek well; **du travail ~ fait** a job well done; **la pièce finit ~** the play has a happy ending; **ça commence ~!** it's got off to a good start!; *iron* here we go!; **on mange ~ ici** the food is good here; **le grille-pain ne marche pas très ~** the toaster doesn't work very well; **la vis tient ~** the screw is secure OU is in tight; **dors-~!** sleep well!; **il gagne ~ sa vie** he earns a good living; **ils vivent ~** they have a comfortable life; **~ payé** well paid ❑ **faire ~** to look good; **ce vase fait très ~ sur la cheminée** the vase looks very good on the fireplace; **~ prendre qqch** to take sthg in good part; **il s'y est bien pris** he tackled it well; **il s'y est ~ pris pour interviewer le ministre** he did a good job of interviewing the minister; **vivre ~ qqch** to have a positive experience of sthg; **~ se tenir** to behave o.s.; **tiens-toi ~!** [à la rambarde] hold on tight!; [sur la chaise] sit properly!; [à table] behave yourself!; **tu tombes ~!** you've come at (just) the right time! **-2.** [du point de vue de la santé]: **aller** OU **se porter ~** to feel well OU fine; **elle ne va pas très ~ ces jours-ci** she's not very well at the moment; **il se porte plutôt ~!** *hum* he doesn't look as if he's starving! **-3.** [conformément à la raison, à la loi, à la morale] well, decently; **~ agir envers qqn** to do the proper OU right OU correct thing by sb; **~ se conduire** to behave well OU decently; **tu as ~ fait** you did the right thing, you did right; **j'ai cru ~ faire** I thought it was the right thing to do; **tu fais ~ de ne plus les voir** you're right not to see them any more; **tu fais ~ de me le rappeler** thank you for reminding me, it's a good thing you reminded me (of it); **il ferait ~ de se faire oublier!** he'd be well advised to OU he'd do well to OU he'd better keep a low profile!; tu ferais ~ de partir plus tôt you'd do well to leave earlier; pour ~ faire, nous devrions partir avant 9 h ideally, we should leave before 9; il faudrait lui acheter un cadeau pour ~ faire we really ought to buy her a present. -4. [sans malentendu] right, correctly; si je vous comprends ~ if I understand you correctly OU properly; ai-je ~ entendu ce que tu viens de dire? did I hear you right?; comprenez-moi ~, je ne veux pas vous causer d'ennuis, mais... don't misunderstand me, I don't intend to cause you any trouble but...; si je me souviens ~ if I remember right OU correctly. -5. [avec soin]: écoute-moi ~ listen (to me) carefully; as-tu ~ vérifié? did you check properly?; fais ~ ce que l'on te dit do exactly OU just as you're told; mélangez ~ stir well; soigne-toi ~ take good care of yourself. -6. *(suivi d'un adj)* [très] really, very; c'est ~ agréable it's really OU very nice; elle est ~ belle she's really OU very beautiful; ~ déçu really OU terribly disappointed; ~ mûr really OU very ripe; tu es ~ sûr? are you quite certain OU sure?; c'est ~ bon it's very OU really good; bois un thé ~ chaud have a nice hot cup of tea; cette robe est ~ chère that dress is a bit on the expensive side OU rather expensive; cela me paraît ~ risqué! that seems pretty OU rather risky to me! || *(suivi d'un adv)*: tu habites ~ loin you live a long way away; c'était il y a ~ longtemps that was a very long time ago; embrasse-le ~ fort give him a big hug; il est ~ tard pour sortir it's a bit late to go out; ~ souvent (very) often; ~ avant/après well before/after; ~ trop tôt far OU much too early; c'est ~ mieux it's much better; c'est ~ plus joli comme ça it looks much nicer like that. -7. *(suivi d'un verbe)* [beaucoup]: on a ~ ri we had a good laugh, we laughed a lot; hier soir, on a ~ discuté we had a good (long) discussion last night; je t'aime ~, tu sais I like you a lot OU I'm very fond of you, you know. -8. [véritablement]: j'ai ~ l'impression que... I really have the feeling that...; j'ai ~ cru que... I really thought that...; il a ~ failli se noyer he very nearly drowned; sans ~ se rendre compte de ce qu'il faisait without being fully aware of OU without fully realizing what he was doing. -9. [pour renforcer, insister]: qui peut ~ téléphoner à cette heure-ci? who could that be ringing at this hour?; où peut-il ~ être? where on earth is he?; je sais ~ que tu dis la vérité I know very well that you're telling the truth; veux-tu ~ te taire? will you please be quiet?; c'est ~ lui it IS him; ce n'est pas lui, mais ~ son associé que j'ai eu au téléphone it wasn't him, but rather his partner I spoke to on the phone; c'est ~ ça that's it OU right; c'est ~ ce que je disais/pensais that's just what I was saying/thinking; c'est ~ le moment d'en parler! *iron* it's hardly the right time to talk about it!; c'est ~ ce qui me préoccupe! that's (just) what's worrying me!; vous vous appelez ~ Anne, n'est-ce pas? your name IS Anne, isn't it?; j'ai pourtant ~ entendu frapper I'm sure I heard a knock at the door; je le vois ~ médecin I can (quite) see him as a doctor; elle est morte et ~ morte she's dead all right ❑ tu vas lui dire? – je pense ~! are you going to tell him? – you bet I am!; je vais me plaindre – je comprends OU pense ~! I'm going to complain – I should think so too!; il ne m'aidera pas, tu penses ~! he won't help me, you can be sure of that!; c'est ~ de lui, ça! that's typical of him!, that's just like him! -10. [volontiers]: j'irais ~ avec toi I'd really like to go with you; je te dirais ~ quelque chose, mais je suis poli I could say something rude but I won't; je boirais ~ quelque chose I could do with OU I wouldn't mind a drink; j'irais ~ nager un peu I fancy OU I wouldn't mind going for a little swim; je t'aurais ~ accompagné, mais... I'd have been happy to go with you, but...; je l'aurais ~ tué! I could have killed him! -11. [au moins] at least; ça fait ~ vingt fois qu'on lui dit he's been told at least twenty times; ils étaient ~ 30 there were at least 30 of them; il est ~ 10 h it must be 10 o'clock at least; il a ~ 50 ans he must be at least 50. -12. [exprimant la supposition, l'éventualité]: tu verras ~ you'll see; ça lui passera ~ he'll grow out of it; je l'entendrai ~ venir I'll hear him coming; ils pourraient ~ refuser they might well refuse; ça se pourrait ~ it's perfectly possible. -13. [pourtant]: mais il fallait ~ le lui dire! but he had to be told (all the same)!; il faut ~ le faire it's got to be done. -14. ~ de, ~ des [suivi d'un nom] quite a lot of; j'ai eu ~ du souci I've had a lot to worry about; elle a ~ du courage! isn't she brave!, she's got a great deal of courage!; ~ des fois... more than once...; ~ des gens lots of OU quite a lot of OU quite a few people; j'ai reçu ~ des lettres I received quite a lot of OU a good many letters. -15. [dans la correspondance]: ~ à toi love; ~ à vous yours.

◇ *adj inv* -1. [qui donne satisfaction] good; comment trouves-tu mon dessin? – très ~! how do you like my drawing? – it's very nice OU good!; il est ~, ton médecin? is your doctor (any) good?; elle serait ~ dans le rôle de Turandot she'd be OU make a good Turandot; c'est ~ de s'amuser mais il faut aussi travailler it's all right to have fun but you have to work too; je recule? – non, vous êtes ~ là *fam* shall I move back? – no, you're all right OU OK OU fine like that; qu'est-ce qu'il est ~ dans son dernier film! *fam* he's great OU really good on his new film! || SCOL [sur un devoir] good; assez ~ fair; très ~ very good. -2. [esthétique - personne] good-looking, attractive; [- chose] nice, lovely; je ne me trouve jamais de chaussures ~ I can never find (any) nice shoes; tu es très ~ en jupe [cela te sied] you look very nice in a skirt; [c'est acceptable pour l'occasion] a skirt is perfectly all right; elle est drôlement ~, ta sœur! [jolie] your sister's really good-looking! ❑ il est ~ de sa personne he's a good-looking man; elle est ~ de sa personne she's a good-looking woman. -3. [convenable - personne] decent, nice; c'est quelqu'un de ~ he's a nice person OU good sort; ce ne sont pas des gens ~ they aren't decent people; on ne rencontre pas que des gens ~ par petites annonces the people you meet through ads aren't always the right sort; adresse-toi à lui, c'est un type ~ *fam* go and see him, he's a decent bloke *Br* OU guy *Am*; c'est ~ [conduite, action]: ce serait ~ de lui envoyer un peu d'argent it'd be a good idea to send her some money; ils se sont séparés et c'est ~ comme ça they've split up and it's better that way; chacun a ses idées et c'est ~ ainsi everybody's got their own ideas and that's how it should be; c'est très ~ à vous de n'avoir rien dit it's very good of you to have said nothing; ce n'est pas ~ de tirer la langue it's naughty OU it's not nice to stick out your tongue; ce n'est pas ~ de montrer (les gens) du doigt it's not nice to point OU you shouldn't point (at people); ce n'est pas ~ de tricher you shouldn't cheat. -4. [en forme] well; elle n'est pas/est très ~ en ce moment she's not doing/she's doing well right now; je n'étais pas ~ hier I wasn't feeling well yesterday; se sentir ~ to feel fine OU well; se sentir ~ dans sa peau to feel at ease OU happy with o.s.; vous ne vous sentez pas ~? aren't you feeling well?; [mentalement] are you crazy?; il n'est pas ~, celui-là! *fam* he's got a problem, he has! ❑ me/te/nous voilà ~! NOW I'm/you're/we're in a fine mess! -5. [à l'aise]: on est ~ ici it's nice here; on est vraiment ~ dans ce fauteuil this armchair is really comfortable; je suis ~ avec toi I like being with you. -6. [en bons termes]: être ~ avec qqn to be well in with sb; ils sont ~ ensemble they're on the best of terms; se mettre ~ avec qqn to get in with sb, to get into sb's good books.

◇ *nm* -1. PHILOS & RELIG: le ~ good; la différence entre le ~ et le mal the difference between good and evil OU right and wrong; faire le ~ to do good; elle fait du ~ autour d'elle she does good (works) wherever she goes; rendre le ~ pour le mal to return good for evil. -2. [ce qui est agréable, avantageux]: c'est pour son ~ it's for her/his good; c'est pour ton ~ que je dis ça I'm saying this for your own good OU benefit; c'est ton ~ que je veux I only want what's best for you; le ~ commun OU général OU public the common good; c'est pour le ~ de tous/de l'entreprise it's for the common good/the good of the firm; pour le ~ public in the public interest; vouloir du ~ à qqn to wish sb well; elle ne te voulait pas que du ~ her intentions towards you weren't all friendly; dire/penser du ~ de to speak/to think well of; si tu savais le ~ qu'on dit de toi you should hear the wonderful things people say about you; on ne m'a dit que du ~ de votre cuisine I've heard the most flattering things about your cooking; faire du ~: continue à me masser, ça fait du ~ carry on massaging me, it's doing me good; cela fait du ~ de se dégourdir les jambes it's nice to be able to stretch your legs; les piqûres, ça ne fait pas de ~! *fam* injections are no fun!; je me suis cogné l'orteil, ça fait pas du ~! *fam* I bashed my toe, it's quite painful!; faire du ~ OU le plus grand ~ à qqn [médicament, repos] to do sb good, to benefit sb; la promenade m'a fait du ~ the walk did me good; le dentiste ne m'a pas fait du ~! the dentist really hurt me!; un peu de pluie ferait du ~ aux plantes some rain would do the plants good OU wouldn't hurt the plants; cela m'a fait du ~ de te parler it did me good to talk to you; une subvention ferait du ~ aux agriculteurs a subsidy would be of great help to the farming community; laisser tomber les livres par terre, ça ne leur fait pas du ~ *fam* you don't do a book too much good by dropping it on the floor; la séparation leur fera le plus grand ~ being apart will do them a lot OU a world of good; le repos m'a fait (un) grand ~ the rest did me the world OU a power of good; grand ~ te/lui fasse! *iron* much good may it do you/him! ❑ ~ m'en/lui en prend: ~ m'en a pris it was just as well I did it; ~ leur en a pris de ne pas l'écouter how right they were not to listen to him, it was just as well they didn't listen to him; ça fait du ~ par où ça passe! *fam* aah, I feel better for that! -3. [bienfait] good OU positive thing, benefit; la restructuration sera un ~ pour l'entreprise reorganization will be a positive move for the firm; cette décision a été un ~ pour tout le monde the decision was a good thing for all OU everyone concerned. -4. [propriété personnelle] possession, (piece OU item of) property; [argent] fortune; mon ~ t'appartient what's mine is yours; il a mangé tout son ~ en trois mois he squandered his fortune in three months; ils ont un petit ~ en Ardèche *fam* they have a bit of land in the Ardèche; la jeunesse est un ~ précieux youth is a precious asset; tous mes ~s all my worldly goods, all I'm worth; les ~s temporels OU de ce monde material possessions, worldly goods ❑ avoir du ~ au soleil *fam* to be well-off OU rich. -5. JUR & ÉCON: ~ foncier OU immeuble OU immobilier property, real estate *Am*; ~ de consommation courante consumer good; ~s de consommation durables consumer durables; ~ marchand commodity; ~s meubles OU mobiliers personal property OU estate; ~s d'équipement capital equipment OU goods; ~s immédiatement disponibles off-the-shelf goods; ~s intermédiaires intermediate goods; ~s privés/publics private/public property; ~s de production producer OU capital goods; ~s vacants ownerless property. -6. HIST: ~s nationaux *property confiscated from nobles during the Revolution and resold.*

◇ *interj* -1. [indiquant une transition] OK, right (then); ~, je t'écoute right OU OK, I'm listening; ~, c'est fini pour aujourd'hui right OU OK, that's it for today; ~! où en étions-nous? right! where were we? -2. [marquant l'approbation]: je n'irai pas! – ~, n'en parlons plus! I won't go! – very well OU all right (then), let's drop the subject!; c'est **décidé!** – **~!** we've decided! – good OU fine!; **je reviens dans une heure** – **~** I'll be back in an hour – (all) right OU fine; **très ~, je vais avec toi** fine OU very well, I'll go with you; **fort ~** fine; **~, ~, on y va** all right, all right OU OK, OK, let's go.

◆ **bien entendu** *loc adv* of course; **tu m'aideras?** – **~ entendu!** will you help me? – of course OU that goes without saying!; **~ entendu que j'aimerais y aller** of course I'd like to go.

◆ **bien que** *loc conj* despite the fact that, although, though; **~ que je comprenne votre problème, je ne peux vous aider** although OU though I understand your problem, I can't help you; **~ qu'ayant travaillé cette question, je serais en peine d'en parler** although I've studied this question, I would be hard to speak about it; **~ que malade, il a tenu à y aller** although he was ill, he insisted on going; **sa maison, ~ que petite, est agréable** small though it is, her house is nice.

◆ **bien sûr** *loc adv* of course; **puis-je le prendre?** – **~ sûr** may I take it? – of course OU please do OU by all means; **~ sûr qu'elle n'avait rien compris!** of course she hadn't understood a thing!

bien-aimé, e [bjɛ̃neme] (*mpl* **bien-aimés**, *fpl* **bien-aimées**) *adj* & *nm, f* beloved.

bien-être [bjɛ̃nɛtr] *nm* **-1.** [sensation] well-being. **-2.** [confort matériel] (material) well-being.

bienfaisance [bjɛ̃fəzɑ̃s] *nf* [charité] charity.

◆ **de bienfaisance** *loc adj* [bal] charity *(modif)*; [association, œuvre] charity *(modif)*, charitable; **travailler pour les œuvres de ~** to do charity work.

bienfaisant, e [bjɛ̃fəzɑ̃, ɑ̃t] *adj* **-1.** [bénéfique - effet, climat] beneficial, salutary. **-2.** [indulgent - personne] beneficent, kind, kindly.

bienfait [bjɛ̃fɛ] *nm* **-1.** *litt* [acte de bonté] kindness; **combler qqn de ~s** to shower sb with kindness *litt*. **-2.** [effet salutaire] benefit; **les ~s d'un séjour à la montagne** the benefits OU beneficial effects of a stay in the mountains; **les ~s de la civilisation** the advantages OU benefits of civilisation.

bienfaiteur, trice [bjɛ̃fɛtœr, tris] *nm, f* benefactor (*f* benefactress); **l'association fonctionne grâce à des ~s** the association keeps going OU running thanks to benefactors ❑ **~ du genre humain** great man (*f* woman).

bien-fondé [bjɛ̃fɔ̃de] *nm* [d'une revendication] rightfulness; [d'un argument] validity.

bien-fonds [bjɛ̃fɔ̃] *nm* real estate.

bienheureux, euse [bjɛ̃nørø, øz] ◇ *adj* **-1.** RELIG blessed; **~ les pauvres d'esprit** blessed are the poor in spirit. **-2.** [heureux - personne, vie] happy, blissful; [- hasard] fortunate, lucky.
◇ *nm, f* RELIG: **les ~** the blessed OU blest.

bien-jugé [bjɛ̃ʒyʒe] (*pl* **bien-jugés**) *nm* just and lawful decision JUR.

biennal, e, aux [bjenal, o] *adj* biennial.

◆ **biennale** *nf* biennial arts festival.

Bienne [bjɛn] *npr* Biel.

bien-pensant, e [bjɛ̃pɑ̃sɑ̃, ɑ̃t] ◇ *adj péj* [conformiste] right-thinking, right-minded.
◇ *nm, f péj* right-thinking OU right-minded person.

bienséance [bjɛ̃seɑ̃s] *nf* decorum, propriety; **les ~s** the proprieties.

bienséant, e [bjɛ̃seɑ̃, ɑ̃t] *adj* decorous, proper, becoming; **il n'est pas ~ d'élever la voix** it is unbecoming OU it isn't proper OU it isn't done to raise one's voice.

bientôt [bjɛ̃to] *adv* **-1.** [prochainement] soon, before long; **à (très) ~!** see you soon!; **je reviens ~** I'll be back soon; **il sera ~ de retour** he'll soon be back, he'll be back before long; **j'ai ~ fini** I've almost finished; **il est ~ midi** it's nearly midday; **~, ce ne sera plus qu'un mauvais souvenir** it'll soon be nothing but a bad memory; **tu vas ~ être plus grand que moi!** you'll be taller than me soon OU before you know it!; **l'accord de paix n'est pas pour ~** it is unlikely that the peace agreement will be signed soon; **c'est pour ~?** will it be long?; [naissance] is it OU is the baby due soon?; **c'est pas ~ fini ce vacarme?** have you quite finished (making all that racket)? **-2.** *sout* [rapidement] soon, quickly, in no time; **il eut ~ fait de reprendre ses esprits** he came around in no time ❑ **cela est ~ dit** that's easier said than done.

bienveillance [bjɛ̃vejɑ̃s] *nf* **-1.** [qualité] benevolence, kindliness; **parler de qqn avec ~** to speak favourably of sb. **-2.** [dans des formules de politesse]: **je sollicite de votre ~ un entretien** I beg to request an interview.

bienveillant, e [bjɛ̃vejɑ̃, ɑ̃t] *adj* [personne] benevolent, kindly; [regard, sourire] kind, kindly, gentle.

bienvenu, e [bjɛ̃vny] ◇ *adj* opportune, apposite.
◇ *nm, f*: **être le ~** to be welcome; **soyez les ~s dans notre ville** welcome to our city; **tu seras toujours la ~e chez nous** you'll always be welcome here, we'll always be pleased to have you with us; **cet argent était vraiment le ~** that money was most welcome.

◆ **bienvenue** *nf* welcome; **souhaiter la ~ à qqn** to welcome sb; **~ à toi, ami!** welcome to you, my friend!

◆ **de bienvenue** *loc adj* [discours] welcoming; [cadeau] welcome *(modif)*.

bière [bjɛr] *nf* **-1.** [boisson] beer; **~ blonde** lager; **~ brune** brown ale *Br*, dark beer *Am*; **~ (à la) pression** draught *Br* OU draft *Am* beer; **c'est de la petite ~** *fam*: **un budget de deux millions, c'est de la petite ~ à côté de ce que je gérais autrefois** a two million budget is small beer compared to OU nothing to the sums I used to manage; **ce n'est pas de la petite ~** it's quite something. **-2.** [cercueil] coffin, casket *Am*; **mettre qqn en ~** to place sb in his/her coffin.

biffage [bifaʒ] *nm* crossing OU scoring OU striking out.

biffe [bif] *nf arg mil* infantry.

biffer [3] [bife] *vt* to cross OU to score OU to strike out *(sép)*.

biffin [bifɛ̃] *nm arg mil* foot soldier, footslogger.

biffure [bifyr] *nf* crossing out, stroke; **faire des ~s sur une lettre** to cross things out in a letter.

bifide [bifid] *adj* bifid.

bifidus [bifidys] *nm* BIOL bifidus; **yaourt au ~** live yoghurt.

bifilaire [bifilɛr] *adj* bifilar.

bifocal, e, aux [bifɔkal, o] *adj* bifocal.

bifteck [biftɛk] *nm* **-1.** [tranche] (piece of) steak; **un ~ dans le filet** a piece of fillet steak; **un ~ dans la hampe** a (piece of) steak cut off the flank ❑ **un ~ haché** a piece of minced *Br* OU ground *Am* beef; **défendre/gagner son ~** to look after/to earn one's bread and butter. **-2.** [catégorie de viande] steak; **du ~ haché** (best) mince *Br*, lean ground beef *Am*.

bifurcation [bifyrkasjɔ̃] *nf* **-1.** [intersection] fork, junction, turn-off. **-2.** [changement] change (of course).

bifurquer [3] [bifyrke] *vi* **-1.** TRANSP [route] to fork, to branch off, to bifurcate; [conducteur] to turn off; **on a alors bifurqué sur Lyon** we then turned off towards Lyons; **~ à gauche** to take the left fork, to fork left, to turn left. **-2.** [changer] to branch off (into); **il a bifurqué vers la politique** he branched out into politics.

bigame [bigam] ◇ *adj* bigamous.
◇ *nmf* bigamist.

bigamie [bigami] *nf* bigamy.

bigarade [bigarad] *nf* bitter OU Seville orange.

bigaradier [bigaradje] *nm* bitter OU Seville orange tree.

bigarré, e [bigare] *adj* [vêtement, fleur] variegated, multicoloured, parti-coloured; [foule] colourful.

bigarreau, x [bigaro] *nm* bigarreau (cherry).

bigarrer [3] [bigare] *vt litt* [colorer] to variegate, to colour in many shades.

bigarrure [bigaryr] *nf* variegation, multicoloured effects.

big(-)bang [bigbɑ̃g] *nm* FIN & PHYS big bang.

Bige® [biʒ] (*abr de* **billet individuel de groupe étudiant**) *adj inv*: **billet ~** *cut-price student ticket (for travel)*.

bigler *fam* [3] [bigle] ◇ *vi* to squint.
◇ *vt* [regarder] to (take a) squint at, to eye.

◆ **bigler sur** *fam v + prép* to eye (with greed).

bigleux, euse *fam* [biglø, øz] ◇ *adj* short-sighted.
◇ *nm, f* short-sighted person.

bigophone *fam* [bigɔfɔn] *nm* [téléphone] phone, blower *Br*, horn *Am*; **coup de ~** ring; **passe-moi un coup de ~** give me a ring *Br* OU buzz.

bigorneau, x [bigɔrno] *nm* periwinkle, winkle.

bigorner▽ [3] [bigɔrne] *vt* [défoncer - moto] to smash up *(sép)*.

◆ **se bigorner**▽ *vp (emploi réciproque)* to scrap, to fight.

bigot, e [bigo, ɔt] ◇ *adj* [dévot] sanctimonious, holier-than-thou.
◇ *nm, f* (religious) bigot.

bigoterie [bigɔtri] *nf* (religious) bigotry.

bigouden [bigudɛn] ◇ *adj* from the Bigouden area (of Brittany).
◇ *nm* Bigouden (woman's) headgear.
◇ *nf* Bigouden woman.

bigoudi [bigudi] *nm* curler, roller; **(se) mettre des ~s** to put one's hair into curlers OU rollers; **elle est sortie en ~s** she went out with her hair in curlers OU rollers.

bigre [bigr] *interj vieilli* gosh, my.

bigrement [bigrəmɑ̃] *adv* [très] jolly *Br*, mighty *Am*; **il fait ~ froid ici** it's jolly OU mighty cold in here; **il faut être ~ culotté** you have to have a hell of a nerve; **ça a ~ changé** it has changed a heck of a lot.

biguine [bigin] *nf* beguine.

bihebdomadaire [biɛbdɔmadɛr] *adj* biweekly, semi-weekly.

bijectif, ive [biʒɛktif, iv] *adj* bijective.

bijection [biʒɛksjɔ̃] *nf* bijection.

bijou, x [biʒu] *nm* **-1.** [parure] jewel; **~x de famille** family jewels OU jewellery. **-2.** [fleuron] gem; **un ~ de l'art rococo** a gem of Rococo art. **-3.** *fam* [en appellatif]: **bonjour, mon ~** hello precious OU my love.

bijouterie [biʒutri] *nf* **-1.** [bijoux] jewels, jewellery. **-2.** [magasin] jeweller's (shop) *Br*, jeweler's (store) *Am*. **-3.** [industrie] jewellery business. **-4.** [technique] jewellery-making.

bijoutier, ère [biʒutje, ɛr] *nm, f* jeweller.

Bikini® [bikini] *nm* bikini.

bilabiale [bilabjal] ◇ *adj f* bilabial.
◇ *nf* bilabial (consonant).

bilabié, e [bilabje] *adj* bilabiate.

bilame [bilam] *nm* bimetallic strip.

bilan [bilɑ̃] *nm* **-1.** ÉCON balance sheet, statement of accounts; **dresser** OU **faire le ~** to draw up the balance sheet; **porter un article au ~** to put an item into the balance. **-2.** [appréciation] appraisal, assessment; **quand on fait le ~ de sa vie** when one takes stock of OU when one assesses one's (lifetime) achievements; **quel est le ~ de ces discussions?** what is the end result of these talks?, what have these talks amounted to?; **le ~ définitif fait état de 20 morts** the final toll stands at 20 casualties; **un ~ économique positif** positive economic results. **-3.** MÉD: **~ (de santé)** (medical) check-up; **se faire faire un ~ (de santé)** to have a check-up.

bilatéral, e, aux [bilateral, o] *adj* bilateral, two-way.

bilatéralement [bilateralmɑ̃] *adv* bilaterally.

bilatéralité [bilateralite] *nf* bilateralism.

bilboquet [bilbɔkɛ] *nm* cup-and-ball game.

bile [bil] *nf* **-1.** ANAT bile. **-2.** *fam loc*: **décharger** OU **épancher sa ~ sur qqn** to vent one's spleen on sb; **se faire de la ~** to fret; **je me suis fait beaucoup de ~ pour toi** I worried myself sick about you; te fais pas de ~ don't you fret OU worry.

biler *fam* [3] [bile]
◆ **se biler** *fam vpi* [s'inquiéter] to fret, to worry o.s. sick; **ne te bile pas pour lui** don't get all worked up OU don't worry yourself sick about him; **te bile pas!** no problem!

bileux, euse *fam* [bilø, øz] *adj* easily worried; **je n'ai jamais été du genre ~** I never was one to worry about things, I never was much of a worrier.

bilharzie [bilarzi] *nf* bilharzia, schistosome.

bilharziose [bilarzjoz] *nf* bilharziasis, schistosomiasis.

biliaire [biljɛr] *adj* biliary.

bilié, e [bilje] *adj* bilious.

bilieux, euse [biljø, øz] *adj* -**1.** [pâle - teint] bilious, sallow, yellowish. -**2.** [colérique - personne, tempérament] testy, irascible. -**3.** *sout* [inquiet] splenetic.

biligenèse [biliʒənɛz] *nf* biliation.

bilinéaire [bilineɛr] *adj* bilinear.

bilingue [bilɛ̃g] ◇ *adj* bilingual.
◇ *nmf* bilingual speaker.

bilinguisme [bilɛ̃gɥism] *nm* bilingualism.

bilirubine [bilirybin] *nf* bilirubin.

billard [bijar] *nm* -**1.** [jeu] billiards *(sg)*; **faire un ~** to play a game of billiards ❑ **~ américain** pool; **avoir un œil qui joue au ~** to squint. -**2.** [salle] billiard room *Br*, poolroom *Am*. -**3.** [meuble] billiard *Br* OU pool *Am* table; **~ électrique** [jeu] pinball; [machine] pinball machine. -**4.** *fam* [table d'opération]: **une fois qu'on est sur le ~** once you're on the operating table; **monter** OU **passer sur le ~** to be operated (on), to have an operation; **faire passer qqn sur le ~** to open sb up; **quand est-ce que tu passes sur le ~?** when are you going under the knife?

bille [bij] *nf* -**1.** JEUX [de verre] marble; **placer ses ~s** to get o.s. in; **reprendre ses ~s** to pull out *(of a deal)*; **toucher sa ~ en**▽ to be bloody *Br* OU darned *Am* good at; **en mécanique, je touche pas ma ~** I haven't got a clue about mechanics ‖ [de billard] ball; **être chauve comme une ~ de billard** to be bald as a coot *Br* OU as an egg *Am*. -**2.** INDUST & MÉCAN ball. -**3.** *fam* [tête]: **avoir une bonne ~** to look a good sort; **avoir une ~ de clown** to have a funny face. -**4.** [de bois] billet, log (of wood).
◆ **à bille** *loc adj* [crayon, stylo] ball-point *(modif)*; [déodorant] roll-on *(avant n)*.
◆ **bille en tête** *loc adv* straight, straightaway; **aller ~ en tête se plaindre à la direction** to go straight to the management with a complaint.

biller [3] [bije] *vt* to ball-test.

billet [bijɛ] *nm* -**1.** LOISIRS & TRANSP ticket; **~ d'avion/de train/de concert/de loterie** plane/train/concert/lottery ticket; **voyageurs munis de ~s** ticket holders; **retenez** OU **réservez les ~s à l'avance** book ahead ❑ **~ aller** OU **simple** single ticket *Br*, single *Br*, one-way ticket *Am*; **~ aller-retour** return *Br* OU roundtrip *Am* ticket; **~ circulaire** day return (ticket) *Br*, roundtrip ticket *Am*; **~ de faveur** complimentary ticket. -**2.** FIN: **~ (de banque)** note *Br*, banknote *Br*, bill *Am*, bankbill *Am*; **le nouveau ~ de 20 francs** the new 20-franc note OU bill; **le ~ est un faux** this note is a forgery; **un ~** *vieilli* [dix francs] ten francs ❑ **~ à ordre** promissory note, note of hand; **~ au porteur** bearer bill; **le ~ vert** the dollar, the U.S. currency; **faux ~** forged banknote. -**3.** [message] note; **~ doux** OU **galant** billet doux, love letter; **~ d'humeur** PRESSE column. -**4.** MIL: **~ de logement** billet. -**5.** *loc*: **je te donne** OU **flanque** *fam* OU **fiche**▽ **mon ~ que tu te trompes** I bet my bottom dollar OU my boots that you're wrong; **elle est enceinte, je t'en fiche mon ~**▽ I bet you anything she's pregnant.

billette [bijɛt] *nf* billet, log.

billetterie [bijɛtri] *nf* -**1.** TRANSP & LOISIRS [opérations] ticket distribution; [guichet] ticket office; **~ automatique** ticket machine. -**2.** BANQUE [distributeur] cash dispenser.

billettiste [bijɛtist] *nmf* -**1.** [vendeur] ticket seller. -**2.** [journaliste] columnist.

billevesées [bijvəze] *nfpl litt* nonsense, twaddle.

billion [biljɔ̃] *nm* -**1.** [million de millions] billion *Br*, trillion *Am*. -**2.** *vieilli* [milliard] milliard *Br*, billion *Am*.

billot [bijo] *nm* [de bourreau, d'enclume] block; **finir** OU **périr sur le ~** to be beheaded.

bilobé, e [bilɔbe] *adj* bilobate, bilobed.

biloculaire [bilɔkylɛr] *adj* bilocular.

bimane [biman] *adj* bimanous.

bimbeloterie [bɛ̃blɔtri] *nf* -**1.** [babioles] knick-knacks. -**2.** [commerce] fancy goods business.

bimbelotier, ère [bɛ̃blɔtje, ɛr] *nm, f* -**1.** [fabricant] fancy goods manufacturer. -**2.** [vendeur] fancy goods dealer.

bimensuel, elle [bimɑ̃sɥɛl] *adj* twice monthly, fortnightly *Br*, semimonthly *Am*.
◆ **bimensuel** *nm* [revue] fortnightly *Br*, semimonthly *Am*.

bimestriel, elle [bimɛstrijɛl] *adj* bimonthly.
◆ **bimestriel** *nm* [revue] bimonthly.

bimétallique [bimetalik] *adj* bimetallic.

bimétallisme [bimetalism] *nm* bimetallism.

bimillénaire [bimilenɛr] *nm* bimillenary.

bimoteur [bimɔtœr] ◇ *adj m* twin-engined.
◇ *nm* twin-engined plane OU aircraft.

binage [binaʒ] *nm* harrowing, hoeing.

binaire [binɛr] *adj* INF & MATH binary.

binational, e, aux [binasjɔnal, o] *adj* with dual nationality.

biner [3] [bine] *vt* to harrow, to hoe.

binette [binɛt] *nf* -**1.** AGR hoe. -**2.** *fam* [visage] mug, physog *Br vieilli*.

bineuse [binøz] *nf* cultivator.

bing [biŋ] *onomat* thwack, smack.

biniou [binju] *nm* (Breton) bagpipes *(pl)*.

binoclard, e *fam* [binɔklar, ard] ◇ *adj*: **être ~** to wear specs *Br* OU glasses.
◇ *nm, f*: **c'est une ~e** she wears specs *Br* OU glasses.

binocle [binɔkl] *nm* [lorgnon] pince-nez.
◆ **binocles** *fam nmpl* [lunettes] specs *Br*, glasses.

binoculaire [binɔkylɛr] *adj* binocular.

binôme [binom] *nm* binomial.

binomial, e, aux [binomjal, o] *adj* binomial.

bintje [bintʃ] *nf* bintje potato.

bio [bjo] *adj inv* [nourriture, style de vie] organic.

biobibliographie [bjɔbiblijɔgrafi] *nf* biobibliography.

biocarburant [bjɔkarbyrɑ̃] *nm* biomass fuel.

biochimie [bjɔʃimi] *nf* biochemistry.

biochimique [bjɔʃimik] *adj* biochemical.

biochimiste [bjɔʃimist] *nmf* biochemist.

bioclimat [bjɔklima] *nm* bioclimate.

bioclimatique [bjɔklimatik] *adj* bioclimatic.

bioclimatologie [bjɔklimatɔlɔʒi] *nf* bioclimatology.

bioconversion [bjɔkɔ̃vɛrsjɔ̃] *nf* bioconversion.

biodégradabilité [bjɔdegradabilite] *nf* biodegradability.

biodégradable [bjɔdegradabl] *adj* biodegradable.

biodégradation [bjɔdegradasjɔ̃] *nf* biodegradation.

biodiversité [bjɔdivɛrsite] *nf* biodiversity.

bioélectricité [bjɔelɛktrisite] *nf* bioelectricity.

bioénergétique [bjɔenɛrʒetik] *adj* bioenergetic.

bioénergie [bjɔenɛrʒi] *nf* bioenergetics.

bioéthique [bjɔetik] *nf* bioethics.

biogenèse [bjɔʒənɛz] *nf* biogenesis.

biogéographie [bjɔʒeɔgrafi] *nf* biogeography.

biographe [bjɔgraf] *nmf* biographer.

biographie [bjɔgrafi] *nf* biography; **~ officielle** authorized biography.

biographique [bjɔgrafik] *adj* biographical.

biologie [bjɔlɔʒi] *nf* biology.

biologique [bjɔlɔʒik] *adj* -**1.** BIOL biological. -**2.** [naturel - produit, aliment] natural, organic.

biologiste [bjɔlɔʒist] *nmf* biologist.

bioluminescence [bjɔlyminesɑ̃s] *nf* bioluminescence.

biomagnétisme [bjɔmaɲetism] *nm* biomagnetism.

biomasse [bjɔmas] *nf* biomass.

biomatériau, x [bjɔmaterjo] *nm* biomaterial.

biomécanique [bjɔmekanik] *nf* biomechanics *(sg)*.

biomédical, e, aux [bjɔmedikal, o] *adj* biomedical.

biométrie [bjɔmetri] *nf* biometry, biometrics *(sg)*.

biomorphique [bjɔmɔrfik] *adj* biomorphic.

biomorphisme [bjɔmɔrfism] *nm* biomorphism.

bionique [bjɔnik] *nf* bionics *(sg)*.

biophysique [bjɔfizik] *nf* biophysics *(sg)*.

biopsie [bjɔpsi] *nf* biopsy.

biorythme [bjɔritm] *nm* biorhythm.

biosphère [bjɔsfɛr] *nf* biosphere.

biosynthèse [bjɔsɛ̃tɛz] *nf* biosynthesis.

biotechnologie [bjɔtɛknɔlɔʒi], **biotechnique** [bjɔtɛknik] *nf* biotechnology.

biothérapie [bjɔterapi] *nf* biotherapy.

biotique [bjɔtik] *adj* biotic.

biotope [bjɔtɔp] *nm* biotope.

biotype [bjɔtip] *nm* biotype.

biotypologie [bjɔtipɔlɔʒi] *nf* biotypology.

bioxyde [bjɔksid] *nm* dioxide.

bip [bip] *nm* -**1.** [signal sonore] beep; **«parlez après le ~ (sonore)»** "please speak after the beep OU tone". -**2.** [appareil] pager, beeper.

bipale [bipal] *adj* twin-bladed.

biparti, e [biparti], **bipartite** [bipartit] *adj* -**1.** BOT bipartite. -**2.** POL bipartite, two-party *(avant n)*.

bipartisme [bipartism] *nm* bipartism, two-party system.

bipartition [bipartisjɔ̃] *nf* bipartition.

bipasse [bipas] *nm* by-pass.

bip-bip [bipbip] (*pl* **bips-bips**) *nm* bleep, bleeping sound OU tone.

bipède [bipɛd] *adj* & *nm* biped.

bipenne [bipɛn] ◇ *adj* two-winged.
◇ *nf* twin-edged axe.

biphasé, e [bifaze] *adj* diphasic, two-phase *(avant n)*.

bipied [bipje] *nm* bipod.

biplace [biplas] ◇ *adj* two-seat *(avant n)*.
◇ *nm* two-seater.

biplan [biplɑ̃] *nm* biplane.

bipolaire [bipɔlɛr] *adj* bipolar.

bipolarisation [bipɔlarizasjɔ̃] *nf* bipolarization.

bipolarisé, e [bipɔlarize] *adj* bipolarized.

bipolarité [bipɔlarite] *nf* bipolarity.

bipoutre [biputr] *adj* twin-boom.

bippeur [bipœr] = **bip 2**.

bique [bik] *nf* -**1.** ZOOL nanny-goat. -**2.** *fam péj* [femme]: **vieille ~** old bag OU cow.

biquet, ette [bikɛ, ɛt] *nm, f* -**1.** ZOOL kid. -**2.** [en appellatif]: **mon ~** *fam* my pet.

biquotidien, enne [bikɔtidjɛ̃, ɛn] *adj* twice-daily.

birapport [birapɔr] *nm* anharmonic ratio.

birbe [birb] *nm litt* & *péj*: **vieux ~** old fuddy-duddy OU stick-in-the-mud.

BIRD [bœrd] (*abr de* **Banque internationale pour la reconstruction et le développement**) *npr f* IBRD.

biréacteur [bireaktœr] *nm* twin-engined jet.

biréfringence [birefrɛ̃ʒɑ̃s] *nf* birefringence.

biréfringent, e [birefrɛ̃ʒɑ̃, ɑ̃t] *adj* birefringent.

birman, e [birmɑ̃, an] *adj* Burmese.
◆ **Birman, e** *nm, f* Burmese; **les Birmans** the Burmese.
◆ **birman** *nm* LING Burmese.

Birmanie [birmani] *npr f*: **(la) ~** Burma.

biroute [birut] *nf* -**1.** AÉRON windsock, wind cone OU sleeve. -**2.** ▼ [pénis] cock, prick.
bis[1] [bis] ◇ *adv* -**1.** MUS repeat, twice. -**2.** [dans une adresse]: 13 ~ 13 A.
◇ *interj* [à un spectacle] encore; **chanter une chanson en ~** to sing OU to give an encore.
bis[2], **e**[1] [bi, biz] *adj* [couleur] greyish-brown.
bisaïeul, e [bizajœl] *nm, f* great-grandfather (*f* great-grandmother).
bisannuel, elle [bizanɥɛl] *adj* [tous les deux ans] biennial.
bisbille *fam* [bizbij] *nf* tiff.
◆ **en bisbille** *fam loc adv* at loggerheads OU odds; **on est longtemps restés en ~** we were at loggerheads for a long time.
bisbrouille [bisbruj] *nf Belg* tiff.
Biscaye [biskaj] *npr* Biscay.
biscôme [biskom] *nm Helv Swiss gingerbread.*
biscornu, e [biskɔrny] *adj* -**1.** [irrégulier - forme] irregular, misshapen. -**2.** [étrange - idée] cranky, queer, weird; [- esprit, raisonnement] twisted, tortuous.
biscoteaux, biscotos *fam* [biskɔto] *nmpl* biceps.
biscotte [biskɔt] *nf*: **des ~s** *toasted bread sold in packets and often eaten for breakfast.*
biscotterie [biskɔtri] *nf factory where 'biscottes' are made.*
biscuit [biskɥi] ◇ *nm* -**1.** [gâteau sec] biscuit *Br*, cookie *Am*; **~ pour chien** dog biscuit; **~ à la cuiller** ladyfinger, sponge finger; **~ de mer** cuttlefish bone; **~ salé** savoury biscuit *Br*, cracker *Am*. -**2.** [gâteau]: **~ glacé** Neapolitan ice cream; **~ roulé** Swiss roll; **~ de Savoie** sponge cake. -**3.** [porcelaine] biscuit, bisque.
◇ *adj inv* biscuit-coloured.
biscuiter [3] [biskɥite] *vt* INDUST to make into biscuit.
biscuiterie [biskɥitri] *nf* -**1.** [usine] biscuit *Br* OU cookie *Am* factory. -**2.** [industrie] biscuit *Br* OU cookie *Am* trade.
bise[2] [biz] ◇ *f* → **bis** *adj*.
◇ *nf* -**1.** GÉOG North OU northerly wind. -**2.** [baiser] kiss; **donne-moi** OU **fais-moi une ~** give me a kiss; **se faire la ~** to give one another a kiss; **grosses ~s** [dans une lettre] love and kisses.
biseau, x [bizo] *nm* bevel; **en ~** bevelled.
biseautage [bizotaʒ] *nm* [du bois, du verre] bevelling.
biseauter [3] [bizote] *vt* -**1.** [bois, verre] to bevel. -**2.** JEUX: **~ les cartes** to mark the cards.
biset [bizɛ] *nm* rock pigeon OU dove.
bisexualité [bisɛksɥalite] *nf* bisexuality, bisexualism *Am*.
bisexué, e [bisɛksɥe] *adj* bisexual.
bisexuel, elle [bisɛksɥɛl] *adj* bisexual.
Bismarck [bismark] *npr* Bismarck.
bismuth [bismyt] *nm* MÉD & MÉTALL bismuth.
bismuthine [bismytin] *nf* bismuthinite, bismuth glance.
bison [bizɔ̃] *nm* -**1.** [d'Amérique] American buffalo OU bison. -**2.** [d'Europe] European bison, wisent.
Bison Futé [bizɔ̃fyte] *npr organization giving details of road conditions, traffic congestion etc.*
bisou *fam* [bizu] *nm* kiss; **donne-moi** OU **fais-moi un ~** give me a kiss.
bisque [bisk] *nf* bisque; **~ de homard** lobster bisque.
bisquer *fam* [3] [biske] *vi* to be riled OU nettled; **bisque, bisque, rage!** I win! *(gloating exclamation of victory).*
bisse [bis] *nm Helv* irrigation canal *(in the Valais region).*
bissecteur, trice [bisɛktœr, tris] *adj* bisecting.
◆ **bissectrice** *nf* bisector, bisectrix.
bissection [bisɛksjɔ̃] *nf* bisection, bisecting.
bisser [3] [bise] *vt* [suj: spectateur] to encore; [suj: artiste] to do again.
bissextile [bisɛkstil] *adj f*: **année ~** leap year.
bistouri [bisturi] *nm* lancet.
bistre [bistr] ◇ *adj inv* bistre.
◇ *nm* bistre.
bistré, e [bistre] *adj* brownish.
bistrer [3] [bistre] *vt* to colour with bistre.
bistro(t) [bistro] *nm* ≃ café, ≃ pub *Br*, ≃ bar *Am*; *(comme adj inv)*: **chaise/table ~** bistrot style chair/table.

BISTROT:
This word can refer either to a small café or to a cosy restaurant, especially one frequented by regulars. The "style bistrot" refers to a style of furnishing inspired by the chairs, tables and zinc countertops typical of the traditional "bistrot".

bisulfate [bisylfat] *nm* bisulphate.
bisulfite [bisylfit] *nm* bisulphite.
bisulfure [bisylfyr] *nm* disulphide, bisulphide.
bit [bit] *nm* bit COMPUT.
BIT (*abr de* **Bureau international du travail**) *npr m* ILO.
bite▼ [bit] *nf* prick, cock.
bitos▽ [bitos] *nm* hat.
bitte [bit] *nf* -**1.** NAUT bitt; **~ d'amarrage** bollard. -**2.** ▼ [pénis] = **bite**.
bitter [bitɛr] *nm* bitters *(pl).*
bitture▽ [bityr] *nf*: **prendre une ~** to go on a bender, to get plastered; **il (se) tenait une de ces ~s!** he got really plastered!
bitturer [3] [bityre]
◆ **se bitturer**▽ *vpi* to get plastered.
bitumage [bitymaʒ] *nm* asphalting, bituminizing.
bitume [bitym] *nm* -**1.** MIN bitumen. -**2.** TRAV PUBL asphalt, bitumen. -**3.** *fam* [trottoir] pavement *Br*, sidewalk *Am*; **sur le ~** [sans abri] out on the street; [sans ressources] on Skid Row.
bitumé, e [bityme] *adj* asphalted, bituminized.
bitumer [3] [bityme] *vt* to asphalt, to bituminize.
bitumineux, euse [bityminø, øz] *adj* bituminous.
biture▽ [bityr] = **bitture**.
biturer [bityre] = **bitturer**.
biunivoque [biynivɔk] *adj*: **correspondance ~** one-to-one mapping.
bivalence [bivalɑ̃s] *nf* bivalence.
bivalent, e [bivalɑ̃, ɑ̃t] *adj* bivalent.
bivalve [bivalv] ◇ *adj* bivalve, bivalved.
◇ *nm* bivalve.
bivouac [bivwak] *nm* bivouac.
bivouaquer [3] [bivwake] *vi* to bivouac, to set up camp overnight.
bizarre [bizar] ◇ *adj* [comportement, personne, idée, ambiance] odd, peculiar, strange; **tu ne le trouves pas ~?** don't you think he's strange?; **je l'ai trouvé ~ ce matin-là** I thought he was behaving oddly that morning; **c'est un type vraiment ~** *fam* he's an odd bod *Br* OU a weirdo; **c'est ~, ce que tu me dis** what you're telling me is funny OU strange; **elle s'habille de manière ~** she has a strange OU wayward sense of dress; **se sentir ~** to feel (a bit) funny.
◇ *nm*: **le ~, dans l'histoire, c'est que...** what's really strange is that...
bizarrement [bizarmɑ̃] *adv* oddly, strangely, peculiarly; *(en adv indép)*: **~, ce matin-là, il ne s'était pas rasé** for some strange reason, he hadn't shaved that morning.
bizarrerie [bizarri] *nf* -**1.** [caractère bizarre] strangeness; **la ~ de son comportement** the strangeness of his behaviour. -**2.** [action bizarre] eccentricity; **ses ~s ne me surprennent plus** his eccentricities no longer surprise me.
bizarroïde *fam* [bizarɔid] *adj* odd, weird, bizarre.
bizou *fam* [bizu] = **bisou**.
bizut [bizy] *nm arg scol* fresher *Br*, freshman *Am* *(liable to ragging).*
bizutage [bizytaʒ] *nm arg scol practical jokes played on new arrivals in a school or college*, ≃ ragging *Br*, ≃ hazing *Am*.

BIZUTAGE:
In some French schools and colleges, students in fancy-dress take to the streets and play practical jokes (sometimes very cruel ones) on each other and on passers-by at the beginning of the school year. This is part of the traditional initiation ceremony known as "bizutage".

bizuter [3] [bizyte] *vt arg scol* ≃ to rag *Br*, ≃ to haze *Am*.
bizuth [bizy] *arg scol* = **bizut**.
bla-bla(-bla) [blabla(bla)] *nm inv* blah, claptrap; **arrête ton ~!** stop talking rubbish *Br* OU trash *Am*!
black-bass [blakbas] *nm inv* black bass.
blackboulage [blakbulaʒ] *nm* blackballing.
blackbouler [3] [blakbule] *vt* [candidat] to blackball; **il s'est fait ~ à son examen** they failed him at his exam.
black jack [blak(d)ʒak] *nm* blackjack.
black-out [blakaut] *nm inv* blackout.
black-rot [blakrɔt] (*pl* **black-rots**) *nm* black rot.
blafard, e [blafar, ard] *adj* pallid, wan *litt.*
blague [blag] *nf* -**1.** [histoire] joke; **il est toujours à dire des ~s** he's always joking. -**2.** [duperie] hoax, wind-up *Br*; **c'est une ~!** are you kidding?, you can't be serious!; **elle dit qu'elle va démissionner mais c'est de la ~** she says she'll resign but that's all guff OU hot air ❑ **~ à part, ~ dans le coin** kidding OU joking apart, in all seriousness; **~ à part, c'est un homme très agréable** being serious now OU joking apart, he's a very nice man. -**3.** [farce] (practical) joke, trick; **ça n'est pas une ~ à faire!** that's NOT funny!; **il m'a fait une mauvaise** OU **sale ~** he played a nasty trick on me. -**4.** [maladresse] blunder, boob *Br*, blooper *Am*; **faire une ~** to boob *Br*, to make a blooper *Am* ‖ [sottise] silly OU stupid thing (to do); **je vous laisse seuls deux minutes, pas de ~s!** I'm leaving you alone for two minutes, so no funny business!
◆ **blague à tabac** *nf* tobacco pouch.
◆ **sans blague** *fam loc interj* -**1.** [marque la surprise] really, no kidding; **elle a eu des triplés — sans ~!** she had triplets — never OU no kidding! -**2.** [marque la colère]: **vous allez arrêter, non mais, sans ~!** will you PLEASE give it a rest!
blaguer *fam* [blage] ◇ *vi* to joke; **je ne blague plus!** I'm serious!; **j'aime bien ~** I like a joke; **tu blagues?** you're kidding!
◇ *vt* to tease; **~ qqn sur qqch** to tease sb about sthg.
blagueur, euse *fam* [blagœr, øz] ◇ *adj* [enfant, expression] joking, teasing.
◇ *nm, f* joker, prankster.
blair▽ [blɛr] *nm* beak, conk *Br*, schnozz *Am*.
blaireau, x [blɛro] *nm* -**1.** ZOOL badger. -**2.** [pour se raser] shaving brush.
blairer▽ [4] [blɛre] *vt*: **personne ne peut le ~** no one can stand OU stick *Br* him.
blâmable [blamabl] *adj* blameworthy.
blâme [blam] *nm* -**1.** [condamnation] blame; **rejeter le ~ sur qqn** to put the blame on sb; **s'attirer** OU **encourir le ~ de qqn** to incur sb's blame. -**2.** ADMIN & SCOL reprimand; **recevoir un ~** to be reprimanded; **donner un ~ à qqn** to reprimand sb.
blâmer [3] [blame] *vt* -**1.** [condamner] to blame; **je ne le blâme pas d'avoir agi ainsi** I don't blame him for having acted that way; **il ne faut pas l'en ~** he should not be blamed for it. -**2.** ADMIN & SCOL [élève, fonctionnaire] to reprimand.
blanc, blanche [blɑ̃, blɑ̃ʃ] *adj* -**1.** [couleur] white; **avoir les cheveux ~s** to be white-haired OU snowy-haired *litt*; **à 40 ans, j'étais déjà toute blanche** at 40 years of age I was already white-haired OU all my hair had already turned white; **que tu es ~!** how pale you look!; **être ~ de peau** to be white-skinned OU pale-skinned; **être ~ de rage** to be white OU

livid with rage ❑ être ~ comme un cachet d'aspirine ou un lavabo *fam hum* [non bronzé] to be completely white; ~ comme un linge white as a sheet; ~ comme le lis lily-white; ~ comme neige *pr* snow-white, (as) white as snow, (as) white as the driven snow; *fig* (as) pure as the driven snow; elle est sortie du procès blanche comme neige she came out of the trial as pure as the driven snow ou with her reputation intact; le pouvoir se veut ~ comme neige the authorities are trying to look as innocent as the lamb. -2. [race] white, Caucasian; [personne] white, white-skinned, Caucasian; les quartiers ~s de la ville the white areas of town. -3. [vierge] blank; elle a remis (une) copie blanche she handed in a blank sheet of paper; écrire sur du papier ~ to write on plain ou unlined paper; vote ~ blank vote. -4. [examen] mock. -5. [innocent] innocent, pure; il n'est pas aussi ~ qu'il en a l'air he's not as innocent as he looks; il n'est pas sorti tout ~ de l'affaire he hasn't come out of this business untarnished. -6. CULIN [fonds, sauce, viande] white. -7. [verre] plain. -8. LITTÉRAT [vers] blank. -9. ACOUST & ÉLECTR white.

◆ **blanc** ◇ *nm* -1. [couleur] white; le ~ lui va bien she looks good in white ❑ ~ cassé off-white; aller du ~ au noir, passer du ~ au noir to go from one extreme to the other. -2. [matière blanche]: ~ [fard] white makeup powder ❑ ~ de baleine spermaceti; ~ de chaux whitewash; ~ d'Espagne ou de Meudon whiting. -3. [cornée]: ~ de l'œil white of the eye; regarder qqn dans le ~ de l'œil ou des yeux to look sb straight in the face ou eye. -4. CULIN: ~ de poulet chicken breast; dans le poulet, je préfère le ~ when I have chicken, I like the white meat ou the breast best; ~ d'œuf egg white, white of an egg; ~s d'œufs battus whipped egg whites. -5. [linge]: le ~ house linen; un magasin de ~ a linen shop; faire une machine de ~ to do a machine-load of whites. -6. [vin] white wine; boire du ~ to drink white wine; un ~ sec a dry white wine; un petit ~ *fam* a (nice) little glass of white wine ❑ ~ de ~s white wine from white grapes, blanc de blancs; ~ cassis kir. -7. [espace libre] blank space, blank, space; [dans une conversation] blank; laissez un ~ leave a blank ou space. -8. BOT mildew.

◇ *adv*: il a gelé ~ la semaine dernière there was some white frost last week ❑ voter ~ to return a blank vote; un jour il dit ~, l'autre jour il dit noir one day he says yes, the next day he says no; il dit ~ aux uns et noir aux autres he says one thing to one person and another thing to someone else; l'un dit ~, l'autre dit noir one (of them) says one thing, the other says the opposite.

◆ **Blanc, Blanche** *nm, f* -1. ANTHR white ou Caucasian man (*f* woman); les Blancs white people ❑ petit Blanc poor white; les petits Blancs white trash *péj*. -2. HIST [en Russie] White Russian; [en France] Bourbon supporter *(in post-revolutionary France)*; les Blancs et les Bleus *Chouan insurgents and Republican soldiers during the French Revolution*.

◆ **blanche** *nf* -1. MUS minim *Br*, half note *Am*. -2. [bille] white (ball). -3. *arg drogue* [héroïne]: la blanche smack. -4. [eau-de-vie] colourless spirit.

◆ **à blanc** ◇ *loc adj* [cartouche] blank; tir à ~ firing blanks, blank rounds.

◇ *loc adv* -1. ARM: tirer à ~ to fire blanks. -2. [à un point extrême]: saigner à ~ to bleed white; chauffer à ~ to make white-hot.

◆ **en blanc** ◇ *loc adj* -1. [chèque, procuration] blank. -2. [personne]: une mariée en ~ a bride wearing white ❑ les hommes en ~ (hospital) doctors.

◇ *loc adv* [peindre, colorer] white; [s'habiller, sortir] in white; laisser une ligne/page en ~ to leave a line/page blank.

blanc-bec [blɑ̃bɛk] (*pl* blancs-becs) *nm* greenhorn; jeune ~ young whippersnapper.

blanchâtre [blɑ̃ʃatr] *adj* [mur] offwhite, whitish; [nuage] whitish; [teint] pallid.

Blanche-Neige [blɑ̃ʃnɛʒ] *npr* Snow White; '~ et les sept nains' *Grimm* 'Snow White and the Seven Dwarfs'.

blancheur [blɑ̃ʃœr] *nf* -1. [couleur] whiteness; ces draps sont d'une ~ douteuse these sheets aren't very white; ses mains avaient la ~ du lis she had lily-white hands. -2. *litt* [pureté] purity, innocence.

blanchiment [blɑ̃ʃimɑ̃] *nm* -1. [décoloration, nettoyage - d'un mur] whitewashing; [- d'un tissu] bleaching. -2. [de l'argent] laundering. -3. HORT (industrial) blanching.

blanchir [32] [blɑ̃ʃir] ◇ *vt* -1. [couvrir de blanc] to whiten, to turn white; ~ à la chaux to whitewash; le gel a blanchi les champs the frost has turned the fields white ‖ [décolorer] to turn white, to bleach; le temps a blanchi ses cheveux time has turned his hair white. -2. [nettoyer - linge] to launder; donner ses draps à ~ to take one's sheets to be laundered ou cleaned; être logé, nourri et blanchi to get bed and board and to have one's laundry done. -3. [innocenter] to exonerate, to clear; il est sorti complètement blanchi des accusations portées contre lui he was cleared of the charges laid against him ‖ [argent]: ~ l'argent de la drogue to launder money made from drug trafficking; ces sommes sont blanchies dans l'immobilier this money is laundered by investing it in real estate. -4. CULIN to blanch; faire ~ un chou to blanch a cabbage ‖ HORT [légumes, salade] to blanch (industrially). -5. IMPR [texte, page] to space, to space out *(sép)*.

◇ *vi* [barbe, cheveux] to turn white; elle a blanchi très jeune her hair turned white when she was still very young; ~ de rage to turn ashen-faced with rage ❑ ~ sous le harnais ou harnois *litt* to grow old in a job.

◆ **se blanchir** *vp* *(emploi réfléchi)* to exonerate o.s., to clear one's name; se ~ d'une accusation to clear one's name of an allegation.

blanchissage [blɑ̃ʃisaʒ] *nm* -1. [nettoyage] laundering; porter ses draps au ~ to take one's sheets to the laundry. -2. [raffinage] refining.

blanchissement [blɑ̃ʃismɑ̃] *nm* [nettoyage d'un tissu] cleaning, bleaching; ~ à la chaux whitewashing.

blanchisserie [blɑ̃ʃisri] *nf* laundry; envoyer ses draps à la ~ to send one's sheets away to be laundered ou cleaned.

blanchisseur, euse [blɑ̃ʃisœr, øz] *nm, f* launderer, laundryman (*f* laundrywoman).

blanc-manger [blɑ̃mɑ̃ʒe] (*pl* blancs-mangers) *nm* blancmange.

blanc-seing [blɑ̃sɛ̃] (*pl* blancs-seings) *nm* paper signed in blank; donner son ~ à qqn *pr* & *fig* to give sb carte blanche.

blanquette [blɑ̃kɛt] *nf* -1. [vin]: ~ de Limoux *sparkling white wine*. -2. CULIN blanquette; ~ de veau blanquette of veal.

blase▽ [blaz] *nm* -1. [nom] handle, moniker. -2. [nez] beak, hooter *Br*, schnozz *Am*.

blasé, e [blaze] ◇ *adj* blasé.

◇ *nm, f* blasé person; jouer les ~s to act as if one's seen it all.

blaser [3] [blaze] *vt* to make blasé.

◆ **se blaser** *vpi* to become blasé.

blason [blazɔ̃] *nm* -1. [écu] arms, blazon; salir ou ternir son ~ to tarnish one's reputation, to blot one's copy-book *Br*; redorer son ~ [ses finances] to restore one's wealth; [son prestige] to get back one's prestige. -2. [héraldique] heraldry.

blasphémateur, trice [blasfematœr, tris] ◇ *adj* [personne] blaspheming; [acte, parole] blasphemous.

◇ *nm, f* blasphemer.

blasphématoire [blasfematwar] *adj* blasphemous.

blasphème [blasfɛm] *nm* blasphemy.

blasphémer [18] [blasfeme] ◇ *vi* to blaspheme.

◇ *vt* *litt*: ~ le nom de Dieu to take God's name in vain.

blastoderme [blastɔdɛrm] *nm* blastoderme.

blastogenèse [blastɔʒənɛz] *nf* blastogenesis.

blastomère [blastɔmɛr] *nm* blastomere.

blastomycète [blastɔmisɛt] *nm* member of the Blastomycetes.

blastomycose [blastɔmikoz] *nf* blastomycosis.

blatérer [18] [blatere] *vi* [bélier] to bleat; [chameau] to bray.

blatte [blat] *nf* cockroach.

blaze▽ [blaz] = **blase**.

blazer [blazɛr] *nm* blazer.

blé [ble] *nm* -1. BOT wheat; ~ dur durum wheat; ~ noir buckwheat; ~ en herbe wheat in the blade; ~s *litt* [champs] wheatfields. -2. ▽ [argent] dosh *Br*, dough *Am*, bread *Am*.

bled [blɛd] *nm* -1. *fam* [petit village] small village; *péj* dump, hole; un petit ~ paumé a little place out in the sticks ou the middle of nowhere. -2. [en Afrique du Nord]: le ~ the interior of the country; aller dans le ~ to go up-country.

◆ **Bled** *nm*: le Bled *book used to teach French language in primary schools*.

blême [blɛm] *adj* pale, wan *litt*, ashen-faced; ~ de peur/rage ashen-faced with fear/rage.

blêmir [32] [blemir] *vi* to blanch, to (turn) pale; ~ de peur/rage to go ashen-faced with fear/rage.

blêmissement [blemismɑ̃] *nm* paling, blanching.

blende [blɛ̃d] *nf* blende.

blennie [bleni] *nf* blenny.

blennorragie [blenɔraʒi] *nf* blennorrhagia, gonorrhoea.

blennorragique [blenɔraʒik] *adj* blennorrhagic.

blennorrhée [blenɔre] *nf* blennorrhoea.

blèsement [blɛzmɑ̃] *nm* lisping.

bléser [18] [bleze] *vi* to lisp.

blessant, e [blɛsɑ̃, ɑ̃t] *adj* wounding, hurtful; se montrer ~ envers qqn to hurt sb's feelings.

blessé, e [blese] ◇ *adj* -1. [soldat] wounded; [accidenté] injured; ~ au genou hurt in the knee. -2. [vexé - amour-propre, orgueil, personne] hurt.

◇ *nm, f* [victime - d'un accident] injured person; [- d'une agression] wounded person; les ~s et les morts de la route road casualties; ~ léger/grave slightly/severely injured person ❑ grand ~ severely injured person; ~ de guerre [en service] wounded soldier; [après la guerre] wounded veteran.

blesser [4] [blese] *vt* -1. [au cours d'un accident] to injure, to hurt; [au cours d'une agression] to injure, to wound; il a été blessé par balle he was hit by a bullet, he sustained a bullet-wound; ~ qqn avec un couteau to inflict a knife-wound on sb; être blessé d'un coup de couteau to be stabbed ou knifed; elle est blessée à la jambe she has a leg injury, her leg's hurt; être blessé dans un accident de voiture to be injured in a car accident; il a été blessé à la guerre he was wounded in the war, he has a war-wound. -2. [partie du corps] to hurt, to make sore; son sac à dos lui a blessé l'épaule her rucksack hurt her shoulder; des chaussures qui blessent [par compression] shoes that pinch; [par frottement] shoes that chafe. -3. [offenser] to offend, to upset; tu l'as blessé avec tes questions you hurt his feelings with your questions; tes paroles m'ont blessé I felt hurt by what you said; ~ qqn dans son amour-propre to hurt sb's pride. -4. *litt* [aller contre - convenances, vérité] to offend; [- intérêts] to harm.

◆ **se blesser** *vpi* to injure ou to hurt o.s.; elle s'est blessée au bras she injured ou hurt her arm.

blessure [blesyr] *nf* -1. [lésion] wound, injury; ~ grave/légère/mortelle severe/slight/fatal injury; nettoyer une ~ to clean out a wound;

c'était avant ma ~ it was before I was injured □ ~ en séton seton wound. -**2.** [offense] wound; une ~ d'amour-propre a blow to one's pride OU self-esteem.

blet, ette [blɛ, blɛt] *adj* mushy, overripe.

◆ **blette** = **bette**.

blettir [32] [bletir] *vi* to become mushy OU overripe.

blettissement [bletismɑ̃] *nm*: pour empêcher le ~ des poires to stop pears becoming mushy OU overripe.

bleu, e [blø] ◇ *adj* -**1.** [coloré] blue; avoir les yeux ~s to be blue-eyed; avoir le menton ~ *fig* to have a five o'clock shadow. -**2.** [meurtri, altéré] blue, bruised; avoir les lèvres ~es [meurtries] to have bruised lips; [de froid, de maladie] to have blue lips; son bras était tout ~ his arm was black and blue; ~ de froid blue with cold. -**3.** *loc*: avoir une peur ~e [nervosité] to be scared witless; [effroi] to have the fright of one's life. -**4.** CULIN very rare; le steak doit être servi ~ you should serve the steak very rare.

◇ *nm, f fam* [gén] newcomer, greenhorn; MIL rookie, raw recruit; SCOL new boy (*f* new girl).

◆ **bleu** *nm* -**1.** [couleur] blue; peindre un mur en ~ to paint a wall blue; admirer le ~ du ciel/de la mer to admire the blueness of the sky/sea; ~ clair light blue; ~ foncé dark blue □ ~ acier steel blue; ~ ardoise slate blue; ~ canard peacock blue; ~ ciel sky blue; ~ cobalt cobalt blue; ~ horizon sky blue; ~ lavande lavender blue; ~ marine navy blue; ~ de méthylène MÉD methylene blue; ~ outremer ultramarine; ~ pervenche periwinkle blue; ~ de Prusse Prussian blue; ~ roi royal blue; ~ turquoise turquoise; ~ vert blue green; il n'y a vu que du ~ *fam* he didn't notice a thing OU was none the wiser. -**2.** [ecchymose] bruise; se faire un ~ to get a bruise; se faire un ~ à la cuisse to bruise one's thigh; être couvert OU plein de ~s to be black and blue. -**3.** VÊT: ~ (de travail) (worker's denim) overalls; ~ de chauffe boiler suit *Br*, work overalls. -**4.** [fromage] blue cheese. -**5.** HIST soldier of the Republic *(during the French Revolution)*. -**6.** [pour la lessive] blue, blueing; passer du linge au ~ to blue laundry. -**7.** *vieilli*: petit ~ telegram.

◆ **bleue** *nf* -**1.** la grande ~e the Mediterranean (sea). -**2.** *loc*: en voir de ~es to go through a lot.

◆ **au bleu** ◇ *loc adj* CULIN: truite au ~ trout au bleu.

◇ *loc adv* CULIN: cuire OU faire un poisson au ~ to cook a fish au bleu.

bleuâtre [bløatr] *adj* bluish, bluey.

bleuet [bløɛ] *nm* -**1.** [fleur] cornflower. -**2.** *Can* [fruit] blueberry, huckleberry.

bleuir [32] [bløir] ◇ *vi* to turn OU to go blue.

◇ *vt* to turn blue.

bleuissement [bløismɑ̃] *nm*: empêcher le ~ des chairs to stop the flesh turning OU going blue.

bleusaille [bløzaj] *nf arg mil*: la ~ the rookies.

bleuté, e [bløte] *adj* [pétale, aile] blue-tinged; [lentille, verre] blue-tinted.

blindage [blɛ̃daʒ] *nm* -**1.** [revêtement] armour plate OU plating; [fait de blinder] armouring. -**2.** ÉLECTR screening, shielding. -**3.** [d'une porte] reinforcing. -**4.** MIN timbering.

blindé, e [blɛ̃de] *adj* -**1.** [voiture, tank, train] armoured, armour-clad, armour-plated; [brigade, division] armoured. -**2.** [renforcé - porte, paroi] reinforced. -**3.** *fam* [insensible] hardened. -**4.** ▽ [ivre] plastered, sloshed *esp Br*.

◆ **blindé** *nm* MIL [véhicule] armoured vehicle; les ~s the armour ‖ [soldat] *member of a tank regiment*.

blinder [3] [blɛ̃de] *vt* -**1.** [contre les agressions] to armour. -**2.** [renforcer - porte] to reinforce. -**3.** ÉLECTR to shield. -**4.** MIN to timber. -**5.** *fam* [endurcir] to toughen (up), to harden; le genre d'éducation qui vous blinde pour la vie the sort of education that gives you a thick skin for the rest of your life.

◆ **se blinder** *vpi* -**1.** ▽ [s'enivrer] to drink o.s. into a stupor. -**2.** *fam* [s'endurcir] to toughen o.s. up.

blini [blini] *nm* blini.

blinquer [3] [blɛ̃ke] *Belg* ◇ *vt* to polish.

◇ *vi* to shine.

blizzard [blizar] *nm* blizzard.

bloc [blɔk] *nm* -**1.** [masse - de pierre] block; [- de bois, de béton] block, lump; le fronton a été fait dans un seul ~ the pediment was hewn from a single block; être tout d'un ~ [en un seul morceau] to be made of a single block; [trapu] to be stockily built; [direct] to be simple and straightforward; [inflexible] to be unyielding. -**2.** [de papier] pad; ~ de bureau/papier desk/writing pad; ~ calendrier tear-off calendar; ~ à en-tête headed notepad. -**3.** INF: ~ de calcul arithmetic unit; ~ de mémoire memory bank. -**4.** [installation]: ~ frigorifique refrigeration unit; ~ opératoire [salle] operating theatre; [locaux] surgical unit. -**5.** [maisons] block. -**6.** [ensemble] block; deux ~s adverses two opposing factions OU blocks; former un ~ [sociétés] to form a grouping; [amis, alliés] to stand together; [composants] to form a single whole; faire ~ to form a block; faire ~ avec/contre qqn to stand (together) with/against sb; le ~ des pays de l'Est OU soviétique HIST the Eastern OU Soviet bloc; le ~ des pays de l'Ouest OU occidental the Western Alliance. -**7.** ÉCON & FIN: ~ monétaire monetary bloc. -**8.** GÉOL: ~ erratique erratic (block). -**9.** *arg crime* [prison] nick *Br*, slammer; allez, au ~! lock him up!

◆ **à bloc** *loc adv*: visser une vis à ~ to screw a screw down hard; fermer une manette à ~ to turn a tap hard off; serrer le frein à ~ to pull the brakes on hard; gonfler un pneu à ~ to blow a tyre right *Br* OU all the way *Am* up; remonter une pendule à ~ to wind a clock right *Br* OU all the way *Am* up □ il est gonflé *fam* OU remonté à ~ *fam* he's all psyched up.

◆ **en bloc** *loc adv* as a whole; j'ai tout rejeté en ~ I rejected it lock, stock and barrel, I rejected the whole thing; condamner une politique en ~ to condemn a policy outright.

blocage [blɔkaʒ] *nm* -**1.** [arrêt - des freins] locking, jamming on; [- d'un écrou] tightening (up); SPORT [- de la balle] blocking, trapping. -**2.** ÉCON [des loyers, des tarifs] freeze; ~ des prix et des salaires freeze on wages and prices. -**3.** PSYCH block, blockage; faire un ~ sur qqch to block sthg off. -**4.** CONSTR rubble, infill.

blocaille [blɔkaj] *nf* rubble.

bloc-cuisine [blɔkkɥizin] (*pl* **blocs-cuisines**) *nm* kitchen unit.

bloc-cylindres [blɔksilɛ̃dr] (*pl* **blocs-cylindres**) *nm* cylinder block.

bloc-diagramme [blɔkdjagram] (*pl* **blocs-diagrammes**) *nm* GÉOG block diagram.

bloc-eau [blɔko] (*pl* **blocs-eaux**) *nm* plumbing unit.

bloc-évier [blɔkevje] (*pl* **blocs-éviers**) *nm* sink unit.

block [blɔk] *nm* RAIL block system.

blockhaus [blɔkos] *nm* blockhouse; [de petite taille] pillbox.

bloc-moteur [blɔkmɔtœr] (*pl* **blocs-moteurs**) *nm* engine block.

bloc-notes [blɔknɔt] (*pl* **blocs-notes**) *nm* notepad.

blocus [blɔkys] *nm* blockade; faire le ~ d'une ville to blockade a city; le Blocus continental HIST the Continental System.

blond, e [blɔ̃, blɔ̃d] ◇ *adj* -**1.** [chevelure] blond, fair; [personne] blond, fair-haired; ~ platine OU platiné platinum blond; ~ ardent OU roux OU vénitien light auburn; ~ cendré ash blond; des cheveux ~ cendré ash blond hair; ~ filasse flaxen-haired; ~ comme les blés golden-haired. -**2.** [jaune pâle] pale yellow, golden, honey-coloured.

◇ *nm, f* blonde, fair-haired man (*f* woman); une ~e incendiaire a bombshell; une ~e oxygénée a peroxide blonde.

◆ **blond** *nm* [couleur - des cheveux] blond colour; [- du sable] golden colour; ses cheveux sont d'un ~ très clair she has light blond hair.

◆ **blonde** *nf* -**1.** [cigarette] Virginia cigarette. -**2.** [bière] lager. -**3.** *Can* [amie] girlfriend.

blondasse [blɔ̃das] *adj péj* yellowish; elle est ~ she's blondish.

blondeur [blɔ̃dœr] *nf* fairness, blondness, blondeness.

blondinet, ette [blɔ̃dinɛ, ɛt] ◇ *adj* blond-haired, fair-haired.

◇ *nm, f* little blond-haired OU fair-haired child.

blondir [32] [blɔ̃dir] ◇ *vi* -**1.** [personne, cheveux] to go fairer. -**2.** *litt* [feuille, blé] to turn gold.

◇ *vt*: ~ ses cheveux [à l'eau oxygénée] to bleach one's hair; [par mèches] to put highlights in one's hair.

bloom [blum] *nm* bloom MÉTALL.

bloquer [3] [blɔke] *vt* -**1.** [caler - table] to wedge, to stop wobbling; bloque la porte [ouverte] wedge the door open; [fermée] wedge the door shut; c'est le tapis qui bloque la porte the carpet's jamming the door; ~ une roue [avec une cale] to put a block under OU to chock a wheel; [avec un sabot de Denver] to clamp a wheel. -**2.** [serrer fort - vis] to screw down hard, to overtighten; [- frein] to jam on, to lock. -**3.** [entraver]: ~ le passage OU la route to block OU to obstruct the way; pousse-toi, tu me bloques le passage move, you're (standing) in my way; être bloqué dans l'ascenseur to be stuck in the lift *Br* OU elevator *Am*; je suis bloqué à la maison avec un gros rhume I'm stuck at home with a bad cold; les pourparlers sont bloqués the negotiations are at a standstill OU have reached an impasse. -**4.** [empêcher l'accès à - ville, point stratégique] to block, to seal off *(sép)*; la neige bloque les routes the roads are blocked by the snow; bloqué par la neige snowbound; bloqué par les glaces icebound. -**5.** *fam* [retenir - une personne] to hold up *(sép)*. -**6.** ÉCON [loyers, prix, salaires] to freeze; FIN [compte] to freeze; [chèque] to stop; POL [mesure, vote] to block. -**7.** [réunir] to group together; on va ~ les activités sportives le matin we'll have all sports events in the morning. -**8.** PSYCH to cause OU to produce a (mental) block in; ça la bloque she has a mental block about it; il est bloqué sur le plan sexuel he's sexually repressed. -**9.** SPORT: ~ la balle [au basket] to block the ball; [au football] to trap the ball. -**10.** *fam Belg* [étudier - examen] to cram for, to swot for *Br*, to grind away for *Am*; [- matière] to cram, to swot up *Br (sép)*, to grind away at *Am*. -**11.** *Can* [échouer à - examen] to fail, to flunk. -**12.** CONSTR to fill (with rubble).

◆ **se bloquer** *vpi* -**1.** [clef] to jam, to stick, to get stuck; [roue] to jam; [machine, mécanisme] to jam, to get stuck; [frein] to jam, to lock. -**2.** [personne - ne pas communiquer] to close in on o.s.; [- se troubler] to have a mental block; je me bloque quand on me parle sur ce ton my mind goes blank OU I freeze when somebody speaks to me like that.

blottir [32] [blɔtir] *vt* -**1.** [poser]: ~ sa tête contre l'épaule de qqn to lay one's head on sb's shoulder. -**2.** *fig*: être blotti: ferme blottie au fond de la vallée farmhouse nestling in the bottom of the valley.

◆ **se blottir** *vpi* to curl OU to cuddle OU to snuggle up; blotti sous mes couvertures snug in my blankets.

blousant, e [bluzɑ̃, ɑ̃t] *adj* loose, loose-fitting; la tunique se porte ~e the tunic is worn tucked loosely into the waist.

blouse [bluz] *nf* -**1.** [à l'école] *smock formerly worn by French schoolchildren*; [pour travailler] overalls; [à l'ancienne, de paysan] smock; [corsage] blouse. -**2.** [d'un médecin] white coat; [d'un chimiste, d'un laborantin] lab coat; un défilé de ~s blanches a doctors' and nurses' demonstration.

blouser [3] [bluze] ◇ *vt* -**1.** *vieilli* [au billard] to pot, to pocket. -**2.** *fam* [tromper] to con, to trick; **je me suis fait ~** I've been conned, I was had.
◇ *vi* to be loose-fitting, to fit loosely.

blouson [bluzɔ̃] *nm* (short) jacket; **~ d'aviateur** bomber jacket; **~s dorés** rich young thugs; **les ~s noirs** *young louts in black leather jackets*.

blue-jean [bludʒin] (*pl* **blue-jeans**) *nm* (pair of) jeans.

blues [bluz] *nm* blues *(sg)*; **chanter le ~** to sing the blues.

bluet [blyɛ] *nm* cornflower; *Can* blueberry.

bluette [blyɛt] *nf* -**1.** LITTÉRAT & *vieilli* well-written little piece. -**2.** *litt* sparklet.

bluff [blœf] *nm* bluff; **ne le crois pas, c'est du ~!** don't believe him, he's just bluffing!

bluffer [3] [blœfe] *vt* & *vi* to bluff.

bluffeur, euse [blœfœr, øz] ◇ *adj* bluffing.
◇ *nm, f* bluffer.

blush [blœʃ] *nm* blusher.

blutage [blytaʒ] *nm* bolting, boulting.

bluter [3] [blyte] *vt* to bolt, to boult.

BN *npr f abr de* **Bibliothèque nationale**.

boa [bɔa] *nm* -**1.** ZOOL boa; **~ constricteur** boa constrictor. -**2.** VÊT boa.

boat people [botpipœl] *nm* (South East Asian) refugee; **les ~** the boat people.

bob [bɔb] *nm* -**1.** [chapeau] sun hat. -**2.** = **bobsleigh**.

bobard *fam* [bɔbar] *nm* fib; **raconter des ~s** to fib, to tell fibs.

bobèche [bɔbɛʃ] *nf* [d'un bougeoir] candle ring; **se monter la ~** *fam vieilli* to get all worked up.

bobet *fam* [bɔbɛ] *adj Helv* silly.

bobinage [bɔbinaʒ] *nm* -**1.** [enroulage] winding, reeling. -**2.** ÉLECTR coil.

bobine [bɔbin] *nf* -**1.** TEXT bobbin, reel, spool; **une ~ de fil** a reel of thread. -**2.** ÉLECTR coil; **~ d'induction** induction coil. -**3.** CIN & PHOT reel; **une ~ de pellicule** a roll of film. -**4.** AUT: **~ d'allumage** ignition coil. -**5.** *fam* [visage] mug, physog *Br*; **quand je pense à la ~ qu'il va faire!** I can hardly wait to see (the look on) his face!
◆ **en bobine** *loc adv*: **rester en ~** *fam* to be left in the lurch.

bobiner [3] [bɔbine] *vt* -**1.** COUT & TEXT to reel, to spool, to wind. -**2.** ÉLECTR to coil. -**3.** PÊCHE to reel in *(sép)*.

bobinette [bɔbinɛt] *nf arch* wooden latch.

bobineur, euse [bɔbinœr, øz] *nm, f* winder, winding operative.
◆ **bobineur** *nm* [d'une machine à coudre] bobbin winder.
◆ **bobineuse** *nf* winding machine, coiler.

bobinoir [bɔbinwar] *nm* winding machine.

bobo [bobo] *nm langage enfantin* sore place; **faire ~ (à qqn)** to hurt (sb); **se faire ~** to hurt o.s.; **il n'y a pas de ~, tout le monde va bien?** no one hurt, everybody OK?

bobonne *fam* [bɔbɔn] *nf péj* wife, old girl OU lady; **sa femme, c'est une vraie ~** his wife's the housewife-in-curlers type; **~, t'es prête?** ready, Missus?

bobsleigh [bɔbslɛg] *nm* bobsleigh, bobsled *Am*.

bocage [bɔkaʒ] *nm* -**1.** GÉOG bocage *(countryside with small fields and many hedges)*. -**2.** *litt* [bois] copse, coppice, thicket.

bocager, ère [bɔkaʒe, ɛr] *adj*: **pays/paysage ~** country/landscape of small fields and hedges.

bocal, aux [bɔkal, o] *nm* -**1.** [pour les conserves] jar, bottle; **manger des fruits en bocaux** to eat bottled OU preserved fruit; **mettre des haricots verts en bocaux** to preserve OU to bottle green beans. -**2.** [aquarium] fishbowl, bowl. -**3.** *loc*: **se remplir** *fam*/**se rincer** *fam* **le ~** to stuff/to drink o.s. silly.

Boccace [bɔkas] *npr* Boccaccio.

boche[▽] [bɔʃ] *nmf vieilli & injurieux* Boche; **les ~s** the Boche.

Bochiman [bɔʃimɑ̃] *npr* Bushman.

bock [bɔk] *nm* [récipient] ≃ (half-pint) beer glass; [contenu] glass of beer.

Boers [bur] *npr mpl*: **les ~** the Boers.

bœuf [bœf, *pl* bø] ◇ *nm* -**1.** ZOOL [de trait] ox; [de boucherie] bullock, steer; **~ musqué** musk ox; **il a un ~ sur la langue** [on l'a payé] somebody's bought his silence; [il ne veut rien dire] he's keeping his own counsel; **comme un ~: fort comme un ~** as strong as an ox; **saigner comme un ~** to bleed profusely; **souffler comme un ~** to wheeze OU to pant (heavily). -**2.** CULIN beef; **~ bourguignon** bœuf OU beef Bourguignon; **~ gros sel** ≃ boiled beef and vegetables (with sea salt); **~ (à la) mode** beef à la mode. -**3.** *fam* MUS jam session; **faire un ~** to have a jam session, to jam.
◇ *adj inv fam*: **effet ~: elle a fait un effet ~** she made quite a splash.

bof *fam* [bɔf] *interj term expressing lack of interest or enthusiasm*; **tu as aimé le film? — ~!** did you like the film? – it was all right I suppose; **la ~ génération** *in the seventies, the young who didn't seem to be interested in anything*.

BOF [bɔf, beoɛf] (*abr de* **Beurre, Œufs, Fromages**) *nm* HIST *name given to black market profiteers during the Occupation of France*.

boggie [bɔgi] = **bogie**.

boghei [bɔgɛ] *nm* buggy (carriage).

bogie [bɔʒi] *nm* bogie, bogy RAIL.

Bogota [bɔgɔta] *npr* Bogota.

bogue [bɔg] *nf* BOT chestnut bur.

boguet [bɔgɛ] *nm Helv* [cyclomoteur] moped.

bohème [bɔɛm] ◇ *adj* bohemian; **lui, c'est le genre ~** he's the artistic type.
◇ *nmf* bohemian.
◇ *nf*: **la ~** the bohemian OU artistic way of life ❑ **'la Bohème'** *Puccini* 'La Bohème'.

Bohême [bɔɛm] *npr f*: **(la) ~** Bohemia.

bohémien, enne [bɔemjɛ̃, ɛn] *adj* Bohemian.
◆ **Bohémien, enne** *nm, f* -**1.** [de Bohême] Bohemian. -**2.** *péj* [nomade] gipsy, traveller.

boille [bwaj] = **bouille 2**.

boire[1] [bwar] *nm*: **le ~ et le manger** eating and drinking ❑ **il en oublie** OU **perd le ~ et le manger** he's becoming totally distracted.

boire[2] [108] [bwar] ◇ *vt* -**1.** [avaler] to drink; **~ de l'eau/de la bière** to drink water/beer; **~ un coup** *fam* OU **pot** *fam* OU **verre** to have a drink OU jar *Br*; **elle a tout bu d'un coup** she gulped it all down; **~ un coup de trop** *fam* to have one too many; **donne-nous quelque chose à ~** give us a drink OU something to drink; **commander** OU **demander quelque chose à ~** to order a drink; **prenez et buvez-en tous, car ceci est mon sang** BIBLE take ye all and drink of it for this is my blood || *(en usage abs)*: **il buvait à petits coups** he was sipping his drink ❑ **~ le calice** OU **la coupe jusqu'à la lie** to put up with every last humiliation; **ça se boit comme du petit-lait** it goes down a treat *Br* OU like silk *Am*; **~ du lait** OU **du petit-lait** to lap it up; **~ les paroles de qqn: il buvait ses paroles** [très attentivement] he was hanging on her every word; [avec plaisir] her words were music to his ears; **~ la tasse** *fam pr* to swallow water; [perdre de l'argent] to lose a lot of money; [faire faillite] to go under. -**2.** [absorber] to absorb, to soak up *(sép)*; **les géraniums ont bu toute l'eau** the geraniums soaked up OU drank all the water.
◇ *vi* -**1.** [s'hydrater] to drink, to take in a liquid; **vous ne buvez pas assez** you don't drink enough liquids; **fais-le ~** [malade, enfant, animal] give him a drink OU something to drink; **s'arrêter pour faire ~ les chevaux** to stop and water the horses; **à ~, s'il te plaît!** a drink please! ❑ **il y a à ~ et à manger là-dedans** [dans un verre] there are bits floating in the glass; [dans du thé] that tea's got bits of leaves in it; *fig* it's a bit of a mixed bag; **~ jusqu'à plus soif** to drink one's fill. -**2.** [pour fêter un événement]: **~ à** to toast; **nous buvons à ta santé** we're drinking to OU toasting your health. -**3.** [alcoolique] to drink; **il boit trop** he has a drink problem; **il a toujours aimé ~** he's always enjoyed a drink; **elle s'est mise à ~ après la mort de son mari** she started drinking when her husband died; **il boit bien** OU **sec** *fam* he's a rather heavy drinker ❑ **~ comme une éponge** OU **un tonneau** OU **un trou** *fam* to drink like a fish.
◆ **se boire** *vp (emploi passif)*: **se boit frais/chambré** should be drunk chilled/at room temperature.

bois [bwa] *nm* -**1.** [de grands arbres] wood, wooded area; [de jeunes ou petits arbres] thicket, copse, coppice; [d'arbres plantés] grove; **un ~ de sapins** a pine grove || [à Paris]: **le Bois de Boulogne** the Bois de Boulogne. -**2.** [matière] wood *(U)*; **en ~** wooden ❑ **~ à brûler** OU **de chauffage** firewood; **~ blanc** whitewood; **~ de charpente** timber; **~ debout** standing timber; **~ d'ébène** *pr* ebony; *fig* black gold; **~ exotique** imported wood; **~ des îles** tropical hardwood; **~ de rose** rosewood; **~ mort** deadwood; **petit ~** kindling; **être du ~ dont on fait les...: il est du ~ dont on fait les flûtes** he's very easy-going; **il est du ~ dont on fait les héros** he's got the stuff of heroes; **faire feu** OU **flèche de tout ~** to use all possible means; **dans un tel cas, il faut faire feu de tout ~** this is a case of all's fair in love and war; **ils font flèche de tout ~ pour faire tomber le ministère** they're pulling out all the stops to bring down the cabinet; **il fait même payer les emballages, il fait flèche de tout ~!** he even charges for the wrappings, he's a shrewd character!; **touchons** OU **je touche du ~** touch wood; **je vais te montrer** OU **tu vas voir de quel ~ je me chauffe!** *fam* just you wait and see what I can do when pushed OU provoked! -**3.** [d'une raquette] frame; [d'un club de golf] wood; **faire un ~** *fam* [au tennis] to hit the ball off the wood; **~ de lit** bedstead. -**4.** BX-ARTS: **~ (gravé)** woodcut.
◆ **bois** *nmpl* ZOOL antlers; FTBL goalposts; MUS woodwind section OU instruments; **les ~ de justice** HIST the guillotine.
◆ **de bois** *loc adj* -**1.** [charpente, jouet, meuble] wooden. -**2.** [impassible]: **je ne suis pas de ~** I'm only human.

boisage [bwazaʒ] *nm* MIN [action] timbering; [soutènement] timber work.

boisé, e [bwaze] *adj* -**1.** [région, terrain] wooded, woody. -**2.** CONSTR panelled.

boisement [bwazmɑ̃] *nm* afforestation.

boiser [3] [bwaze] *vt* -**1.** AGR to afforest. -**2.** MIN to timber. -**3.** CONSTR to panel.

boiserie [bwazri] *nf* piece of decorative woodwork; **des ~s** panelling.

boiseur [bwazœr] *nm* MIN timberman.

boisseau, x [bwaso] *nm* -**1.** [mesure] bushel; **cacher** OU **garder** OU **mettre** OU **tenir qqch sous le ~** to keep sthg hidden OU a secret. -**2.** TECH [tuyau] drain tile.

boisson [bwasɔ̃] *nf* -**1.** [liquide à boire] drink; **j'aimerais une ~ fraîche** I'd like a cool drink; **vendre des ~s alcoolisées** to sell alcoholic drinks; **la consommation de ~s alcoolisées est interdite dans l'enceinte du stade** drinking alcohol is forbidden inside the stadium; **je m'occupe de la ~** I'll take care of the drinks; **et pour la ~?** [au restaurant] and what will you have to drink? -**2.** [alcool]: **la ~** drink, drinking; **c'est la ~ qui l'a tué** excessive drinking killed him; **être pris de ~** *sout* to be inebriated OU intoxicated.

boîte [bwat] *nf* -**1.** [récipient - à couvercle, à fente] box; **~ d'allumettes** box of matches; **~ à idées** suggestion box; **~ à ordures** dustbin *Br*, trash can *Am*; **~ à outils** tool box, toolkit; **~ à ouvrage** sewing box; **~ de peinture** paintbox, box of paints; **~ à pharmacie** first aid box OU kit; **~ à thé** tea caddy; **c'est dans la ~!** *fam* [à un tournage de film] it's in the can!; **et toi, ~ à malice?** *fam* what about you, you clever little monkey?; **~ de Pandore** Pandora's box; **ferme ta ~ (à camembert, tu l'ouvriras au dessert)** *fam* shut your trap OU mouth. -**2.** [de conserve] tin, can; **acheter une ~ de haricots** to buy a tin of beans; **il ne mange que des ~s** *fam* he eats nothing but tinned food. -**3.** [contenu - d'un récipient à couvercle, à fente] box, boxful; [- d'une conserve] tinful, canful; **manger une ~ de haricots** to eat a tinful of beans; **dévorer une ~ entière de chocolats** to eat (one's way through) a OU to eat a whole box of chocolates. -**4.** [pour le courrier]: **~ (à** OU **aux lettres)** [dans la rue] pillar box *Br*, mailbox *Am*; [chez soi] letterbox *esp Br*, mailbox *Am*; **mettre qqch à la ~** to post *Br* OU to mail *Am* sthg; **servir de ~ aux lettres** to be a go-between; **~ postale** post box; **~ aux lettres (électronique)** INF electronic mailbox. -**5.** AÉRON & AUT: **~ noire** black box. -**6.** *fam* [discothèque] (night) club; **~ de jazz** jazz club. -**7.** *fam* [lieu de travail] office; **~ d'intérim** temping agency; **j'ai changé de ~** I got a job with a new firm; **renvoyé de sa ~** fired ‖ SCOL school; **~ à bachot** *péj* crammer *Br*. -**8.** ANAT: **~ crânienne** cranium. -**9.** AUT: **~ à gants** glove compartment; **~ de vitesses** gearbox. -**10.** MENUIS: **~ à onglets** mitre box. -**11.** MUS: **~ à musique** musical box; **~ à rythmes** drum machine.

◆ **en boîte** ◇ *loc adj* tinned, canned.

◇ *loc adv* -**1.** INDUST & CULIN: **mettre des fruits en ~** to preserve OU to tin fruit; **mettre des petits pois en ~** to tin peas. -**2.** *loc*: **mettre qqn en ~** *fam* to wind sb up *Br*, to pull sb's leg.

boitement [bwatmɑ̃] *nm* limp, limping; **être affecté d'un léger ~** to limp a little.

boiter [3] [bwate] *vi* -**1.** [en marchant] to limp, to be lame; **~ du pied droit** OU **de la jambe droite** to have a game OU lame right leg. -**2.** [être bancal - chaise, table] to wobble, to be rickety. -**3.** [être imparfait - projet, raisonnement] to be shaky.

boiteux, euse [bwatø, øz] ◇ *adj* -**1.** [cheval, personne] lame; [meuble, table] rickety; **il est ~** he walks with a limp, he limps. -**2.** [imparfait - paix, alliance] fragile, brittle, shaky; [- comparaison, raisonnement] unsound, shaky; **ton premier paragraphe est ~** your first paragraph doesn't hang together.

◇ *nm, f* lame man (*f* woman).

boîtier [bwatje] *nm* -**1.** [gén] case, casing; [d'une lampe de poche] battery compartment; **~ de montre** watchcase. -**2.** PHOT camera body; **détacher l'objectif du ~** take the lens off (the camera).

boitillant, e [bwatijɑ̃, ɑ̃t] *adj* hobbling.

boitillement [bwatijmɑ̃] *nm* slight limp, hobble.

boitiller [3] [bwatije] *vi* to limp slightly, to be slightly lame, to hobble; **elle est rentrée/sortie en boitillant** she hobbled in/out.

boiton *fam* [bwatɔ̃] *nm Helv* pigsty.

boit-sans-soif *fam* [bwasɑ̃swaf] *nmf inv* drunk, lush *Am*.

bol [bɔl] *nm* -**1.** [récipient] bowl; **le Bol d'or** *French motorcycle racing trophy*. -**2.** [contenu] bowl, bowlful; **prendre un ~ d'air** [se promener] to (go and) get some fresh air; [changer d'environnement] to get a change of air. -**3.** *fam* [chance] luck; **avoir du ~** to be a lucky devil; **il a un de ces ~s!** he's got the luck of the devil! -**4.** *vieilli* [pilule] bolus.

◆ **au bol** *loc adj* [coupe] pudding-bowl *(modif) Br*, bowl *(modif) Am*.

◆ **bol alimentaire** *nm* bolus.

bolchevik, bolchevique [bɔlʃəvik] ◇ *adj* Bolshevik, Bolshevist.

◇ *nmf* Bolshevik, Bolshevist.

bolchevisme [bɔlʃəvism] *nm* Bolshevism.

boldo [bɔldo] *nm* boldo.

bolduc [bɔldyk] *nm type of flat linen or cotton ribbon*.

bolée [bɔle] *nf*: **~ de cidre** bowl OU bowlful of cider *(in N. W. France, cider is often served in bowls)*.

boléro [bɔlero] *nm* bolero; **'Boléro'** *Ravel* 'Bolero'.

bolet [bɔlɛ] *nm* boletus.

bolide [bɔlid] *nm* fast (racing) car; **où vas-tu avec ton ~?** *hum* where are you going with that fiendish machine of yours?; **entrer dans une/sortir d'une pièce comme un ~** to hurtle into a/out of a room.

bolivar [bɔlivar] *nm* bolivar.

Bolivie [bɔlivi] *npr f*: **(la) ~** Bolivia.

bolivien, enne [bɔlivjɛ̃, ɛn] *adj* Bolivian.

◆ **Bolivien, enne** *nm, f* Bolivian.

Bologne [bɔlɔɲ] *npr* Bologna.

bolonais, e [bɔlɔnɛ, ɛz] *adj* Bolognese.

◆ **Bolonais, e** *nm, f* Bolognese; **les Bolonais** the Bolognese.

bombage [bɔ̃baʒ] *nm* spray-painting.

bombance [bɔ̃bɑ̃s] *nf* feast; **faire ~** to feast.

bombarde [bɔ̃bard] *nf* -**1.** MUS [jeu d'orgues] bombarde, bombardon; [de Bretagne] shawm. -**2.** ARM bombarde.

bombardement [bɔ̃bardəmɑ̃] *nm* -**1.** MIL [avec des obus] shelling; [avec des bombes] bombing *(U)*; **~ aérien** aerial attack; [raid] air raid; **les ~s aériens** [sur Londres] the Blitz; **~ en piqué** dive bombing. -**2.** [lancement de projectiles] showering, pelting; **~ atomique** PHYS atomic bombardment.

bombarder [3] [bɔ̃barde] *vt* -**1.** MIL [avec des obus] to shell; [avec des bombes] to bomb. -**2.** [avec des projectiles] to shower, to pelt; PHYS to bombard; **être bombardé de boules de neige** to be pelted with snowballs; **~ qqn de questions** *fig* to throw questions at sb thick and fast. -**3.** *fam (suivi d'un n)* [promouvoir]: **il a été bombardé responsable du projet** he found himself catapulted into the position of project leader.

bombardier [bɔ̃bardje] *nm* -**1.** AÉRON & MIL [avion] bomber; [pilote] bombardier. -**2.** ENTOM bombardier (beetle).

bombardon [bɔ̃bardɔ̃] *nm* bombardon.

Bombay [bɔ̃bɛ] *npr* Bombay.

bombe [bɔ̃b] *nf* -**1.** MIL & NUCL bomb; **~ A** OU **atomique** atom OU atomic bomb; **la ~ atomique** the Bomb; **~ à billes/fragmentation/neutrons** cluster/fragmentation/neutron bomb; **~ H** H bomb; **~ à hydrogène** hydrogen bomb; **~ incendiaire** firebomb; **~ à retardement** *pr* & *fig* time bomb; **alerte à la ~** bomb scare; **attentat à la ~ dans le métro** bombing in the underground; **arriver comme une ~** to come like a bolt out of the blue; **la nouvelle est arrivée comme une** OU **a fait l'effet d'une ~** the news came like a bolt out of the blue. -**2.** GÉOL: **~ volcanique** volcanic bomb. -**3.** [flacon] spray; **~ insecticide** fly *Br* OU bug *Am* spray. -**4.** ÉQUIT riding hat OU cap. -**5.** CULIN: **~ glacée** bombe; **~ glacée au chocolat** chocolate bombe. -**6.** MÉD: **~ au cobalt** cobalt therapy unit. -**7.** *fam* [fête] feast, spree; **faire la ~** to whoop it up, to have a riotous old time; **on a fait une de ces ~s!** we had such a ball!

bombé, e [bɔ̃be] *adj* -**1.** [renflé - paroi] bulging; [- front] bulging, domed; [- poitrine, torse] thrown out, stuck out; [- forme] rounded. -**2.** TRAV PUBL cambered.

bombement [bɔ̃bmɑ̃] *nm* -**1.** [renflement] bulge. -**2.** TRAV PUBL camber.

bomber [3] [bɔ̃be] ◇ *vt* -**1.** TRAV PUBL to camber. -**2.** [gonfler]: **~ le torse** *pr* to stick out one's chest; *fig* to swagger about. -**3.** [slogan] to spray, to spray-paint.

◇ *vi* -**1.** [route] to camber. -**2.** *fam* [se dépêcher] to belt along; **va falloir ~!** we'll have to get a move on!

bombyx [bɔ̃biks] *nm* bombyx.

bôme [bom] *nf* boom NAUT.

bon, bonne[1] [bɔ̃, *devant nm commençant par voyelle ou h muet* bɔn, bɔn] ◇ *adj* **A.** QUI CONVIENT, QUI DONNE SATISFACTION -**1.** [en qualité - film, récolte, résultat, connaissance] good; **les hôteliers ont fait une bonne saison** it was a good season for the hotel trade; **très bonne idée!** very good OU excellent idea!; **viande de bonne qualité** good-quality meat; **de très bonne qualité** of superior OU very good quality; **elle parle un ~ espagnol** she speaks good Spanish, her Spanish is good; **il a un ~ accent en russe** he has a good accent in Russian OU a good Russian accent; **de bonnes notes** SCOL good OU high marks *Br* OU grades *Am*; **il a un ~ service** SPORT he has a good serve, his serve is good, he serves well. -**2.** [qui remplit bien sa fonction - matelas, siège, chaussures] good, comfortable; [- éclairage, hygiène] good, adequate; [- freins] good, reliable; [- cœur, veines, charpente, gestion, investissement] good, sound; **il a une bonne santé** he's in good health, his health is good; **de bonnes jambes** a strong pair of legs; **une bonne vue, de ~s yeux** good eyesight ‖ SPORT [au tennis] good; **la balle est bonne** the ball's in, the ball is good; **son service était ~** his serve was correct; **la remise en jeu n'était pas bonne** FTBL the throw-in wasn't good OU correct. -**3.** [qui n'est pas périmé - nourriture] good; [- document, titre de transport] valid; **le lait n'est plus ~** the milk 's gone off *Br* OU has turned; **l'eau du robinet n'est pas bonne** the water from the tap isn't drinkable OU isn't fit to drink; **ta carte d'identité n'est plus bonne** your identity card is no longer valid; **l'ampoule n'est plus bonne** the bulb's gone; **la colle n'est plus bonne** the glue isn't usable anymore. -**4.** [compétent - acteur, conducteur, comptable] good; [- politique] fine, good; **~ père et ~ époux** a good father and husband; **comme toute bonne journaliste, elle ne veut pas révéler ses sources** like all good journalists, she's not prepared to name her sources; **en ~ professeur, il me reprend lorsque je fais des fautes** he corrects my mistakes, as any good teacher would; **être/ne pas être ~ en musique** to be good/bad at music; **nos ~s clients** our good OU regular customers. -**5.** ~ **à** [digne de]: **les poires/piles sont bonnes à jeter** the pears/batteries can go straight in the bin *Br* OU trash can *Am*; **la table est tout juste bonne à faire du petit bois** the table is just about good enough for firewood; **je ne suis bonne qu'à repasser tes chemises!** I'm only fit to iron your shirts!; **tu n'es ~ qu'à critiquer!** all you ever do is criticize!; **il y a un restaurant là-bas — c'est ~ à savoir** there's a restaurant there — that's worth knowing OU that's good to know ❑ **à quoi ~?** what for?; **je pourrais lui écrire, mais à quoi ~?** I could write to her but what would be the point? -**6.** ~ **pour** [condamné à]: **il est ~ pour 15 ans (de prison)** he's going to get 15 years in prison; **je suis bonne pour recommencer** I'll have to do it (all over) again; **~ pour le service** MIL fit for (national) service; **on est ~s pour une amende** *fam* we're in for a fine; **les motards nous suivent — on est ~s!** *fam* the cops are following us — we've had it OU we're in for it!

B. PLAISANT -**1.** [pour les sens] good, nice; **ton ragoût était très ~** your casserole was very good OU nice; **il y a une bonne odeur de café ici** there's a nice smell of coffee in here; **avoir une bonne odeur** to smell good OU nice; **viens te baigner, l'eau est bonne!** come for a swim, the water's lovely and warm!; **elle est bonne?** [l'eau] what's the water like? -**2.** [atmosphère, compagnie, semaine] good, nice, pleasant; **c'est si ~ de ne rien faire!** it feels so good to be doing nothing!; **je me souviens des ~s moments** I remember the good OU happy times; **vous avez passé un ~ Noël?** did you enjoy your Christmas?, did you have a good OU nice Christmas?; **~ anniversaire!** happy birthday!; **bonne (et heureuse) année!** happy new year!; **bonne chance!** good luck!; **bonne journée!** have a nice day!; **~ voyage!** [plaisant] have a nice OU good trip!; [sans incident] have a safe journey!; **passe une bonne soirée** enjoy yourself (tonight) ‖ *(en intensif)*: **un ~ grog bien chaud** *fam* a nice hot toddy; **~ vieux, bonne vieille** good old; **les bonnes vieilles méthodes** the good old methods ❑ **~ temps**: **prendre** OU **se donner** OU **se payer** *fam* **du ~ temps** to have fun, to have a great OU good time; **c'était le ~ temps!** those were the (good old) days!; **le ~ vieux temps** the good old days. -**3.** [favorable, optimiste - prévisions, présage] good, favourable; [- nouvelle] good; **c'est (un) ~ signe** it's a good sign; la météo est bonne the weather forecast is good.

C. JUSTE, ADÉQUAT **-1.** [correct - numéro de téléphone] right; [- réponse, solution] correct, right; **c'est la bonne rue** it's the right street. **-2.** [opportun] right, convenient, appropriate; **ce n'est pas la bonne époque** it isn't the right time; **l'héritage est arrivé au ~ moment pour elle** the inheritance came at the right time OU at a convenient time for her; **je suis arrivé au ~ moment pour les séparer** I got there in time to separate them; **ce n'est pas le ~ jour pour demander une augmentation** it's not the right day OU an appropriate moment to ask for a payrise; **tout lui est ~ pour se faire remarquer** she'll stop at nothing to attract attention; **juger** OU **trouver ~ de** to think it appropriate OU fitting to; **elle n'a pas jugé ~ de s'excuser** she didn't find that she needed to OU she didn't see fit to apologize; **juger** OU **trouver ~ que** to think it appropriate OU fitting that; **il est ~ de: il n'est pas toujours ~ de dire ce que l'on pense** it's not always a good OU wise thing to say what's on one's mind; **il serait ~ de préciser l'heure de la réunion** it would be a good thing OU idea to give the time of the meeting; **il est ~ que: il est ~ qu'un bébé dorme l'après-midi** a baby should sleep in the afternoon; **il ne serait pas ~ que l'on nous voie ensemble** it wouldn't be a good thing to be seen together; **il serait ~ que tu te fasses oublier** you'd do well to keep OU you'd better keep a low profile ❑ **comme/où/quand/si ~ vous semble** as/wherever/whenever/if you see fit. **-3.** [bénéfique, salutaire] good, beneficial; **c'est ~ pour les plantes** it's good for the plants; **c'est ~ contre** OU **pour le mal de mer** it's good for seasickness; **~ pour la santé** good for you, good for your health; **le ~ air de la campagne** the good OU fresh country air; **attention, le virage n'est pas ~!** careful, this bend's nasty OU dangerous! **-4.** *loc*: **c'est ~!** *fam* [c'est juste] that's right!; [ça suffit] that'll do!; [c'est d'accord] OK!; **c'est ~, c'est ~, je m'en occupe!** OK, OK, I'll do it!; **c'est ~?** OK?

D. MORALEMENT **-1.** [décent, honnête - conduite] good, proper; [- influence, mœurs] good; **avoir de bonnes lectures** to read the right kind of books; **avoir de bonnes fréquentations** to mix with the right sort of people; **ils n'ont pas bonne réputation** they don't have much of a reputation; **un ~ Français n'aurait pas accepté la défaite** a good OU proper Frenchman wouldn't have admitted defeat. **-2.** [bienveillant, amical - personne] good, kind, kindly; [- sourire] kind, warm; **Dieu est ~** RELIG God is merciful; **avoir une bonne tête** OU **bouille** *fam* to have a nice OU a friendly face; **son frère a une bonne tête** her brother looks nice; **avoir l'air ~** to look kind OU kindly; **ayez le ~ geste** [en sauvetage] do the right thing; [honnête] do the decent thing; **je suis déjà bien ~ de te prêter ma voiture!** it's kind OU decent enough of me to lend you my car as it is!; **dites-lui plein de bonnes choses de ma part** *fam* give her my love; **avoir de ~s rapports avec qqn** to be on good terms with sb ❑ **~ cœur: avoir ~ cœur** to be kind-hearted; **de ~ cœur** willingly; **tenez, prenez, c'est de ~ cœur** please have it, I'd love you to; **à votre ~ cœur, Messieurs-Dames, à vot' ~ cœur M'sieurs-Dames** spare a penny, ladies and gents?; **le Bon Dieu** the (good) Lord. **-3.** [brave] good; **c'est un ~ garçon** he's a good lad OU sort; **c'est une bonne petite** she's a nice OU good girl; **et en plus ils boivent, mon ~ Monsieur!** and what's more they drink, my dear man!; **alors ma bonne dame, vous (me) prenez quoi aujourd'hui?** well, my dear lady, what do you want to buy today? ❑ **bonne poire** *fam* OU **pomme** *fam* sucker.

E. EN INTENSIF **-1.** [grand, gros] good; **un ~ mètre de tissu** at least one metre OU a good metre of material; **une bonne averse** a heavy shower (of rain); **une bonne tranche** a thick slice; **donnez-moi une bonne livre de raisin** give me a pound of grapes or a little over; **elle fait un ~ 42** she's a 42 or a 44, she's a large 42; **ça a duré une bonne minute** it lasted a good minute or so; **une bonne cuillère à soupe de farine** a heaped tablespoon OU tablespoonful of flour. **-2.** [fort, violent]: **un ~ coup** [heurt] a hefty OU full blow; **un ~ coup de pied** a powerful kick; **un ~ coup de bâton** a mighty crack with a stick; **une bonne fessée** a good OU sound spanking; **pleurer un ~ coup** *fam* to have a good cry; **en prendre un ~ coup** *fam* to get a real hammering. **-3.** [complet, exemplaire] good; **le mur a besoin d'un ~ lessivage** the wall needs a good scrub; **arriver** OU **être ~ deuxième** to finish a strong second; **arriver** OU **être ~ dernier** to bring up the rear ❑ **une bonne fois pour toutes** once and for all.

◇ *nm, f* **-1.** [personne vertueuse] good person; **les ~s** the good. **-2.** [personne idéale, chose souhaitée] right one; **je crois que c'est enfin le ~** *fam* [lors d'un recrutement] I think we've got our man at last; [lors d'une rencontre amoureuse] I think it's Mister Right at last; **je ferai toutes les agences jusqu'à ce que je trouve la bonne** I'll visit all the agencies until I find the right one. **-3.** [par affection]: **mon ~** [à un jeune homme] my dear boy; [à un homme mûr] my dear man; **ma bonne** [à une jeune femme] my dear girl; [à une femme mûre] my dear; **mais mon ~/ma bonne, personne ne dit le contraire!** my dear man/woman, nobody's saying anything different!

◆ **bon** ◇ *nm* **-1.** [personne de qualité]: **c'est un ~!** [élève, artiste, sportif] he's good! ‖ [dans les films] goody, goodie; **jouer le rôle du ~** to play the good guy; **les ~s et les méchants** the goodies and the baddies, the good guys and the bad guys. **-2.** [chose de qualité]: **n'acheter que du ~** to buy only good quality; **on m'en soumet beaucoup mais je ne publie que les ~s** I get a lot of them sent to me but I only publish the good ones ❑ **il y a du ~ dans votre dissertation** there are some good points in your essay; **il y a du ~ et du mauvais dans ses propositions** her proposals have some good points OU their merits; **avoir du ~** to have something good about it; **cette solution a cela de ~ qu'elle est moins chère que les autres** this solution is interesting insofar as it is less expensive than the others. **-3.** [ce qui est moral]: **le ~** good. **-4.** [ce qui est plaisant]: **le ~ de l'histoire, c'est que...** the funniest OU best part of the story is that... **-5.** [coupon] form, slip, chit; **~ de caisse** cash voucher; **~ de commande** order form; **~ de garantie** guarantee; **~ de livraison** delivery slip; **~ de réduction** discount coupon. **-6.** FIN: **~ du Trésor** treasury bill.

◇ *adv* **-1.** MÉTÉO: **faire ~: il fait ~ ici** it's nice and warm here; **il fait ~ ce soir** it's a nice evening. **-2.** *(suivi d'un inf)*: **il ne fait pas ~ la déranger** you'll be ill-advised to disturb her; **il ne fait pas ~ se promener seul dans les rues** walking the streets alone is not to be recommended; **il ne faisait pas ~ être communiste** alors being a communist in those days got you into trouble.

◇ *interj* **-1.** [marque une transition] right, so, well now; **~, eh bien je m'en vais** all right, I'm going now; **~, où en étais-je?** well now OU right OU so, where was I? **-2.** [en réponse] right, OK, fine; **je n'ai vraiment pas le temps — ~, ~, j'irai seul!** I really don't have the time – all right, all right, I'll go on my own then!; **sors d'ici! — ~, ~, c'est pas la peine de crier!** *fam* get out of here! – OK, OK, no need to shout!

◆ **bon à rien, bonne à rien** ◇ *loc adj* **-1.** [inutile]: **je suis trop vieux, je ne suis plus ~ à rien** I'm too old, I'm useless OU no good now. **-2.** [incompétent] useless, hopeless.

◇ *nm, f* [personne sans valeur] good-for-nothing; [personne incompétente] useless individual.

◆ **bon à tirer** *nm* final corrected proof; **donner le ~ à tirer** to pass for press.

◆ **bonne femme** ◇ *nf fam* **-1.** [femme] woman; [petite fille]: **une petite bonne femme adorable** a lovely little girl. **-2.** [épouse] wife.

◇ *loc adj* **-1.** CULIN *cooking term used in the names of simple country dishes*. **-2.** **des rideaux bonne femme** *old-fashioned curtains*.

Bon [bɔ̃] *npr* → **cap**.

bonapartisme [bɔnapartism] *nm* Bonapartism, pro-Bonaparte feelings.

bonapartiste [bɔnapartist] *adj* & *nmf* Bonapartist.

bonasse [bɔnas] *adj péj* easy-going, soft.

bonasserie [bɔnasri] *nf litt* & *péj*: **faire preuve de ~** to be too easy-going.

bonbon [bɔ̃bɔ̃] *nm* sweet *Br*, candy *Am*; **~ acidulé** acid drop; **~ anglais** fruit drop.

bonbonne [bɔ̃bɔn] *nf* [pour le vin] demijohn; [pour des produits chimiques] carboy.

bonbonnière [bɔ̃bɔnjɛr] *nf* **-1.** [boîte] sweet *Br* OU candy *Am* box. **-2.** [appartement] bijou flat *Br* OU apartment *Am*.

bon-chrétien [bɔ̃kretjɛ̃] *(pl* **bons-chrétiens**) *nm* William's (Bon Chrétien) pear.

bond [bɔ̃] *nm* **-1.** [d'une balle] bounce; **prendre** OU **saisir l'occasion au ~** to seize the opportunity; **prendre** OU **saisir une remarque au ~** to pounce on a remark ❑ **prendre** OU **saisir la balle au ~** *pr* to catch the ball on the bounce; *fig* to seize the opportunity. **-2.** [saut] jump, leap; **faire un ~** [d'effroi, de surprise] to leap up; **faire des ~s** *pr* to jump up and down; *fig* to go up and down; **faire un ~ en avant** [économie] to boom; [prix, loyer] to soar; [recherche] to leap forward; **ne faire qu'un ~: je n'ai fait qu'un ~ jusqu'à chez vous quand j'ai su la nouvelle** I rushed to your place when I heard the news; **se lever d'un ~** to leap up; **franchir un ruisseau d'un ~** to clear a brook at one jump, to leap across a brook; **avancer** OU **progresser par ~s** to progress in leaps and bounds. **-3.** SPORT jump; **il a remporté l'épreuve avec un ~ de 2,03 m** he won the competition with a jump of 2 m 3 cm. **-4.** *loc*: **faire faux ~ à qqn** [ne pas se présenter] to leave sb high and dry; [décevoir] to let sb down; **demain à 11 h, je vous fais faux ~** tomorrow at 11 I'll have to love you and leave you.

bonde [bɔ̃d] *nf* **-1.** [ouverture - d'un bassin] sluice gate; [- d'un tonneau] bunghole; [- d'un lavabo] plughole. **-2.** [bouchon - d'un tonneau] bung, stopper; [- d'un lavabo] plug.

bondé, e [bɔ̃de] *adj* packed, jam-packed; **le train était ~** the train was packed (with people).

bondérisation [bɔ̃derizasjɔ̃] *nf* bonderization, bonderizing.

bondérisé, e [bɔ̃derize] *adj* bonderized.

bondieuserie [bɔ̃djøzri] *nf* **-1.** [objet] religious trinket; **des ~s** religious knick-knacks. **-2.** [bigoterie] religiosity.

bondir [32] [bɔ̃dir] *vi* **-1.** [sauter] to bounce, to bound, to leap (up); **le chat bondit sur la souris** the cat pounced OU leapt on the mouse; **la moto bondit en avant** the motorbike leapt forward; **~ de: ~ de joie** to leap for joy; **~ sur** [pour importuner, semoncer] to pounce on; **faire ~: pareille inconscience me fait ~** such recklessness makes my blood boil; **ça va le faire ~** [d'indignation, de colère] he'll hit the roof, he'll go mad. **-2.** [courir] to dash, to rush; **quand il a appris l'accident, il a bondi jusqu'à l'hôpital/chez elle** when he heard about the accident, he rushed (over) to the hospital/her place.

bondissement [bɔ̃dismɑ̃] *nm litt* [d'un poulain] bouncing, bounding; [d'un agneau] gambolling.

bon enfant [bɔnɑ̃fɑ̃] *adj inv* [caractère] good-natured, easy-going; [atmosphère] relaxed, informal.

bongo [bɔ̃go] *nm* bongo (drum).

bonheur [bɔnœr] *nm* **-1.** [chance] luck; **par ~** fortunately, luckily; **avoir le ~ de** to be lucky enough OU to have the good fortune to; **il a eu le ~ d'arriver juste à temps** he was lucky enough to arrive just in time; **connaître son ~: tu ne connais pas ton ~!** you don't know when you're lucky OU how lucky you are!; **jouer de ~** to have a lucky run; **porter ~ à qqn**

to bring sb luck; **ça ne lui a pas porté ~!** he lived to regret it!, he had cause to bemoan the fact later!; **ça ne te portera pas ~!** don't think you'll get away with it! -**2.** [contentement] happiness, bliss; **connaître le ~** to know what it's like to be happy, to experience happiness; **faire le ~ de qqn** [le contenter] to make sb happy, to bring sb happiness; **si cette robe peut faire ton ~, prends-la** if this dress is any good OU use to you, have it; **trouver le ~** to find happiness; **trouver son ~: as-tu trouvé ton ~?** did you find the sort of thing you were looking for? ❑ **le ~ des uns fait le malheur des autres** *prov* one man's meat is another man's poison *prov*.

◆ **au petit bonheur (la chance)** *loc adv* haphazardly.

bonheur-du-jour [bɔnœrdyʒur] (*pl* **bonheurs-du-jour**) *nm* escritoire, writing table.

bonhomie [bɔnɔmi] *nf* geniality, bonhomie.

bonhomme *fam* [bɔnɔm] (*pl* **bonshommes** [bɔ̃zɔm]) ◇ *nm* -**1.** [homme] chap. -**2.** [partenaire] old man, fellow *dated*; **un grand ~** a great (big) man ‖ [garçon] little chap OU lad; **allez viens, mon petit ~** come along, little man. -**3.** [figure] man; **dessiner des bonshommes** to draw little men OU people ❑ **~ de neige** snowman; **le ~ Noël** Father Christmas, Santa Claus; **~ de pain d'épice** gingerbread man. -**4.** *loc*: **aller** OU **continuer son petit ~ de chemin** to go OU to carry on at one's own pace; **l'idée faisait son petit ~ de chemin** the idea was slowly but surely gaining ground.

◇ *adj* [air, allure, caractère] good-natured, good-tempered; [atmosphère] relaxed, informal;... **dit-il d'un ton ~** ... he said good-naturedly OU with bonhomie.

boni [bɔni] *nm* -**1.** [bénéfice] profit; **faire un** OU **du ~** to make a profit. -**2.** [dépense] extra amount, sum left over. -**3.** [bonus] bonus. -**4.** [prime] bonus.

boniche *fam* [bɔniʃ] *péj* = **bonniche**.

bonification [bɔnifikasjɔ̃] *nf* -**1.** AGR improvement. -**2.** SPORT [avantage] advantage, extra points. -**3.** [somme allouée] profit. -**4.** [rabais] discount, reduction. -**5.** ÉCON: **~ d'intérêts** interest relief.

bonifier [9] [bɔnifje] *vt* -**1.** AGR to improve. -**2.** [adoucir - caractère] to improve, to mellow. -**3.** [payer] to pay as a bonus. -**4.** ÉCON to credit.

◆ **se bonifier** *vpi* [caractère] to mellow, to improve.

boniment [bɔnimɑ̃] *nm* -**1.** COMM sales talk OU patter; **faire le ~** to deliver the sales patter OU spiel; **faire du ~ à** *fam* to sweet-talk, to soft-soap. -**2.** *fam* [mensonge] tall story; **tout ça, c'est des ~s** that's a load of claptrap OU guff; **arrête tes ~s** stop fibbing.

bonimenteur, euse [bɔnimɑ̃tœr, øz] *nm, f péj* [menteur] smooth talker.

bonjour [bɔ̃ʒur] *nm* -**1.** [salutation - gén] hello; [- le matin] good morning; [- l'après-midi] good afternoon; **~, comment allez-vous?** hello, how are you?; **va dire ~ à la dame** go and say hello to the lady; **vous lui donnerez le ~** OU **vous lui direz ~ de ma part** say hello for me; **vous avez le ~ de Martin** Martin sends his love; **bien le ~ chez vous** regards to everybody (back home) ❑ **c'est facile** OU **simple comme ~** it's as easy as falling off a log; **t'as le ~ d'Alfred!** *fam* get lost! -**2.** *fam* [exprime la difficulté]: **pour le faire aller à l'école, ~!** no way can you get him to go to school!; **je n'ai pas fait de gym depuis un mois, ~ les courbatures!** I haven't done any exercise for a month, I'm going to ache, let me tell you!

Bonn [bɔn] *npr* Bonn.

bonne[2] [bɔn] ◇ *f* → **bon**.

◇ *nf* -**1.** [domestique] maid; **~ d'enfants** nanny *Br*, child's nurse *Am*; **~ à tout faire** servant; **c'est moi la ~ à tout faire ici** I'm the servant around here. -**2.** *fam* [chose plaisante]: **je vais t'en raconter une ~** let me tell you a good one; **il m'en a dit** OU **raconté une bien ~** he told me a good one. -**3.** *loc*: **avoir qqn à la ~** to like sb, to be in (solid) with sb *Am*; **le patron m'a à la ~!** I'm in the boss's good books!, the boss likes me!; **la petite Julie t'a à la ~!** Julie's really sweet on you!; **prendre qqch à la ~: il prend tout à la ~** [sans façons] he takes things as they come; [avec optimisme] he always looks on the bright side; **en avoir de ~s: tu en as de ~s!** are you kidding?

Bonne-Espérance [bɔnɛsperɑ̃s] *npr* → **cap**.

bonne-maman [bɔnmamɑ̃] (*pl* **bonnes-mamans**) *nf vieilli* grand-mama.

bonnement [bɔnmɑ̃] *adv*: **tout ~** (quite) simply; **je lui ai dit tout ~ ce que je pensais** I quite simply told him what I thought.

bonnet [bɔnɛ] *nm* -**1.** [coiffe - de femme, d'enfant] hat, bonnet; [- de soldat, de marin] hat; **~ d'âne** dunce's cap; **~ de bain** swimming cap; **~ d'évêque** *fig* parson's nose; **~ de laine** woollen cap OU hat; **~ de nuit** nightcap; *fig & péj* wet blanket; **~ à poils** busby, bearskin; **~ de police** *vieilli* forage cap; **~ phrygien** cap of liberty, Phrygian cap; **c'est ~ blanc et blanc ~** it's six of one and half a dozen of the other, it's all much of a muchness *Br*; **jeter son ~ par-dessus les moulins** to throw caution to the winds; **parler à son ~** to talk to o.s.; **prendre qqch sous son ~** to take the initiative of doing sthg; **il a pris sous son ~ de le faire** he did it off his own bat; **se monter le ~** *fam* to get worked OU het up. -**2.** ZOOL reticulum. -**3.** [d'un soutien-gorge] cup.

◆ **gros bonnet** *fam nm* [personnage important] bigwig, big shot; **tous les gros ~s de la finance** all the financial bigwigs.

bonneteau, x [bɔnto] *nm* three-card trick.

bonneterie [bɔnɛtri] *nf* -**1.** [commerce] hosiery business OU trade. -**2.** [industrie] hosiery-making (industry).

bonneteur [bɔntœr] *nm* three-card trick player.

bonnetier, ère [bɔntje, ɛr] *nm, f* -**1.** [fabricant] hosier. -**2.** [ouvrier] hosiery worker.

bonniche *fam* [bɔniʃ] *nf péj* maid, skivvy *Br*; **faire la ~** to skivvy around *Br*, to do all the dirty work; **je ne suis pas ta ~!** I'm not here to clean up your mess!

bon-papa [bɔ̃papa] (*pl* **bons-papas**) *nm vieilli* grand-papa.

bonsaï [bɔnzaj] *nm* bonsai.

bonsoir [bɔ̃swar] *nm* -**1.** [en arrivant] good evening; [en partant] good night; **viens dire ~ à maman** come and say good night to mummy; **je vous souhaite le ~** *sout* I wish you a good night. -**2.** [exprime la difficulté]: **pour lui faire faire le ménage, ~!** *fam* no way can you get him to help around the house!; **ils paient les heures, mais pour les frais, ~!** they pay for your time, but when it comes to expenses, you might as well forget it!

◆ **bonsoir (de bonsoir)** *fam loc interj*: **mais ~ (de ~), où est-il passé?** damn, where has he gone now?; **~ de ~, je te l'ai dit cent fois!** for God's sake, if I've told you once, I've told you a hundred times!

bonté [bɔ̃te] *nf* [bienveillance] kindness, goodness; **elle l'a fait par pure ~ d'âme** she did it purely out of the goodness of her heart; **il a eu la ~ de passer nous voir** he was kind enough to come for a visit; **ayez la ~ de...** please be so kind as to... ❑ **~ divine!, ~ du ciel!** good gracious!

◆ **bontés** *nfpl litt* kindness, kindnesses; **comment vous remercier de toutes vos ~s?** how could I thank you for your kindness OU kindnesses?; **avoir des ~s pour qqn** *euph* to bestow one's favours on sb.

bonus [bɔnys] *nm* [dans les assurances] no-claim OU no-claims bonus.

bonze [bɔ̃z] *nm* -**1.** RELIG buddhist priest OU monk, bonze. -**2.** *fam péj & fig* stuffed shirt, big cheese; **un vieux ~** a pontificating old fool.

bonzerie [bɔ̃zri] *nf* Buddhist monastery.

bonzesse [bɔ̃zɛs] *nf* Buddhist nun.

bookmaker [bukmɛkœr] *nm* bookmaker.

booléen, enne [buleɛ̃, ɛn], **boolien, enne** [buljɛ̃, ɛn] *adj* Boolean.

boom [bum] *nm* -**1.** [développement] boom, expansion; **il y a eu un ~ sur les actions des sociétés privatisées** the shares of the privatized companies boomed; **le ~ de la natalité** the baby boom; **le ~ des fours à micro-ondes** the booming microwave oven market. -**2.** BOURSE boom.

boomer [bumœr] *nm* woofer ACOUST.

boomerang [bumrɑ̃g] *nm* boomerang; **faire ~** *fig*, **avoir un effet ~** *fig* to boomerang.

booster [bustœr] *nm* booster ASTRONAUT.

boots [buts] *nmpl* (desert) boots.

bop [bɔp] *nm* bop, be-bop.

boqueteau, x [bɔkto] *nm* coppice, copse.

Bora Bora [bɔrabɔra] *npr* Bora Bora.

borate [bɔrat] *nm* borate.

boraté, e [bɔrate] *adj* borated.

borax [bɔraks] *nm* borax, tincal.

borborygme [bɔrbɔrigm] *nm* -**1.** [gargouillement] rumble, gurgle, borborygmus *spéc*. -**2.** *péj* [paroles] mumble.

borchtch [bɔrtʃ] *nm* borsch, borscht.

bord [bɔr] *nm* -**1.** [côté - d'une forêt, d'un domaine] edge; [- d'une route] side; **sur le ~ de** on the edge of; **dessine sur le ~ de ta feuille** draw on the edge of your paper; **sur le ~ de la route** by the roadside; **sur le ~ de la Seine** on the embankment (in Paris), next to the Seine; **sur les ~s de: sur les ~s du fleuve** [gén] on the river bank; [en ville] on the waterfront; **sur les ~s de Seine** on the embankment (in Paris), on the banks of the Seine; **regagner le ~** [de la mer] to get back to the shore OU beach; [d'une rivière] to get back to the bank; [d'une piscine] to get back to the side; **le ~ du trottoir** the kerb ❑ **le ~** OU **les ~s de mer** the seaside. -**2.** [pourtour - d'une plaie] edge; [- d'une assiette, d'une baignoire] rim, edge; [- d'un verre] rim; **remplir un verre jusqu'au ~** to fill a glass to the brim OU to the top. -**3.** COUT [non travaillé] edge; [replié et cousu] hem; [décoratif] border; **chapeau à larges ~s** wide-brimmed OU broad-brimmed hat; **~ ourlé/festonné** rolled/festooned hem. -**4.** NAUT [côté, bastingage] side; **jeter** OU **balancer** *fam* **qqch par-dessus ~** to throw OU to chuck sthg overboard; **tirer des ~s** to tack ‖ [navire]: **les hommes du ~** the crew. -**5.** [opinion] side; **nous sommes du même ~** we're on the same side.

◆ **à bord** *loc adv* -**1.** AUT: **il y avait toute une famille à ~** there was an entire family on board OU in the vehicle. -**2.** AÉRON & NAUT aboard, on board; **avant de monter à ~** before boarding OU going aboard; **assurez-vous que vous n'oubliez rien à ~ (de l'appareil)** make sure you do not leave any of your belongings on board the aircraft.

◆ **à bord de** *loc prép*: **à ~ d'un navire/d'une voiture** on board a ship/car; **monter à ~ d'un bateau/avion** to board a boat/plane.

◆ **au bord de** *loc prép* -**1.** [en bordure de]: **se promener au ~ de l'eau/la mer** to walk at the water's edge/the seaside; **s'arrêter au ~ de la route** to stop by the roadside. -**2.** [à la limite de] on the brink OU verge of, very close to; **au ~ des larmes/de la dépression** on the verge of tears/a nervous breakdown; **au ~ de la défaillance** very close to fainting ❑ **être au ~ de l'abîme** to be on the verge of ruin; **il est au ~ de la tombe** he's got one foot in the grave.

◆ **bord à bord** *loc adv* edge to edge.

◆ **de bord** *loc adj* [journal, livre, commandant] ship's.

◆ **de haut bord** *loc adj* rated.

◆ **sur les bords** *fam loc adv* slightly, a touch; **il est un peu radin sur les ~s** he's a bit tight-fisted.

bordage [bɔrdaʒ] *nm* -**1.** COUT hedging, hemming. -**2.** NAUT [en bois] planking; [en fer] plating; **ajuster des ~s** [en bois] to adjust planks; [en fer] to adjust plates. -**3.** *Can* inshore ice.

bordé [bɔrde] *nm* -**1.** NAUT [en bois] planking; [en fer] plating. -**2.** COUT (piece of) trimming.

bordeaux [bɔrdo] ◇ *adj inv* [grenat] burgundy *(modif)*, claret *(modif)*.
◇ *nm* Bordeaux (wine); **un ~ rouge** a red Bordeaux, a claret; **un ~ blanc** a white Bordeaux.

Bordeaux [bɔrdo] *npr* Bordeaux.

bordée [bɔrde] *nf* -**1.** NAUT [canons, salve] broadside; [distance] tack; **tirer des ~s** to tack; **tirer une ~** *fam fig* to paint the town red ‖ [partie de l'équipage] watch. -**2.** *fig* [série]: **une ~ d'insultes** *fig* a torrent OU stream of abuse. -**3.** *Can*: **~ de neige** heavy snowfall.

bordel▽ [bɔrdɛl] ◇ *nm* -**1.** [hôtel de passe] brothel, whorehouse. -**2.** [désordre] shambles *(sg)*, mess; **range ton ~!** clean up your (damn) mess!; **c'est toujours un vrai ~ chez toi!** your place is always a shambles!; **mettre le ~ dans une pièce/réunion** to turn a room into a pigsty/a meeting into a shambles; **ils sont venus foutre le ~**▽ they only came to mess things up.
◇ *interj* dammit, hell; **~ de merde!**▼ fuck!

bordelais, e [bɔrdəlɛ, ɛz] *adj* -**1.** [de Bordeaux] from Bordeaux. -**2.** [du Bordelais] from the Bordeaux area.
◆ **Bordelais, e** *nm, f inhabitant of or person from Bordeaux.*
◆ **bordelaise** *nf* -**1.** [bouteille] Bordeaux bottle. -**2.** CULIN: **à la ~e** in shallots and red wine.

Bordelais [bɔrdəlɛ] *npr m*: **le ~** the Bordelais (region).

bordélique▽ [bɔrdelik] *adj* [chambre] messy; [écriture, esprit] chaotic; **c'est plutôt ~ chez toi** your place is a total shambles; **c'est un mec vraiment ~!** he's all over the place!; **quelle réunion ~!** what a chaotic meeting!

border [3] [bɔrde] *vt* -**1.** [garnir] to edge, to trim; **~ qqch de** to trim OU to edge sthg with; **un jupon bordé de dentelle** a lace-edged petticoat. -**2.** [en se couchant]: **as-tu bien bordé ton lit?** did you tuck the blankets in properly?; **va te coucher, je viendrai te ~** go to bed, I'll come and tuck you in. -**3.** [délimiter] to line; **les troènes qui bordent la clôture** the privet lining the fence; **la route est bordée de haies** the road is lined with hedges. -**4.** NAUT [de planches] to plank; [de tôles] to plate; [voile] to haul on.

bordereau, x [bɔrdəro] *nm* -**1.** FIN & COMM note, slip; **~ d'achat** purchase note; **~ de caisse** cash statement; **~ d'escompte** list of bills for discount; **~ de salaire** salary advice, wages slip; **~ de vente** sales slip; **~ de versement** paying-in slip *Br*, deposit slip *Am*. -**2.** JUR: **~ des pièces** docket.

borderline [bɔrdœrlajn] *nm inv* borderline case PSYCH.

bordier, ère [bɔrdje, ɛr] *adj* -**1.** NAUT: **navire ~** lop-sided ship, lopsider. -**2.** GÉOG: **mer bordière** epicontinental sea. -**3.** *Helv* [au bord de l'eau] waterside.
◆ **bordier** *nm* -**1.** *Helv* [riverain] local resident. -**2.** NAUT lop-sided ship, lopsider.

bordure [bɔrdyr] *nf* -**1.** [bord - d'un évier] edge; [- d'un verre] edge, brim; [- d'une plate-bande] border, edge; [- d'une cheminée] surround *Br*, border *Am*; **une ~ de trottoir** a kerb stone; **la ~ du trottoir** the kerb ‖ [bande décorative] border; **des assiettes à ~ dorée** plates with a gold border OU edged in gold. -**2.** VÊT border, edge; [d'un chapeau] brim; **foulard à ~ bleue** scarf trimmed with blue OU edged with blue OU with a blue border.
◆ **en bordure de** *loc prép*: **habiter une maison en ~ de mer** to live in a house by the sea.

bore [bɔr] *nm* boron.

boréal, e, als OU **aux** [bɔreal, o] *adj* boreal, North *(modif)*.

borgne [bɔrɲ] ◇ *adj* -**1.** [personne] one-eyed; **un homme ~** a one-eyed man, a man who's blind in one eye. -**2.** [fenêtre, mur] obstructed. -**3.** [mal fréquenté - hôtel] shady.
◇ *nmf* one-eyed person, one-eyed man (*f* woman).

borique [bɔrik] *adj* boric; **acide ~** boric acid.

Boris Godounov [bɔrisgɔdunɔf] *npr* Boris Godunov.

bornage [bɔrnaʒ] *nm* boundary marking; **procéder au ~ d'un terrain** to mark the boundaries of a plot.

borne [bɔrn] *nf* -**1.** [pour délimiter] boundary stone, landmark; **~ kilométrique** milepost; **~ milliaire** (Roman) milestone; **rester planté comme une ~**: **ne reste pas là planté comme une ~** don't just stand there. -**2.** [pour marquer un emplacement] bollard; **~ d'amarrage** bollard (for ships). -**3.** *fam* [kilomètre] kilometre; **on a fait les 10 ~s à pied** we walked the 10 kilometres. -**4.** ÉLECTR terminal.
◆ **bornes** *nfpl fig* bounds, limits; **faire reculer les ~s de la science** to roll back the frontiers of knowledge; **dépasser** OU **passer les ~s** to go too far; **son ambition n'a** OU **ne connaît pas de ~s** his ambition knows no bounds.

borné, e [bɔrne] *adj* [individu] narrow-minded; [esprit] narrow; **tu es vraiment ~!** you're so narrow-minded!, you have such a limited outlook!

borne-fontaine [bɔrnfɔ̃tɛn] (*pl* **bornes-fontaines**) *nf* public drinking fountain.

Bornéo [bɔrneo] *npr* Borneo; **à ~** in Borneo.

borner [3] [bɔrne] *vt* -**1.** [délimiter - champ, terrain] to mark off OU out *(sép)*, to mark the boundary of. -**2.** [restreindre] to limit, to restrict.
◆ **se borner à** *vp + prép* -**1.** [se limiter à] to be limited OU restricted to; **son rôle se borne à recevoir les clients** her role is limited to welcoming the clients; **nos relations se sont bornées à quelques échanges sur le palier** our relationship was never more than the odd conversation on the landing. -**2.** [se contenter de] to limit OU to restrict o.s. to; **bornez-vous à l'essentiel** don't stray from the essentials.

Borodine [bɔrɔdin] *npr* Borodin.

borosilicate [bɔrosilikat] *nm* borosilicate.

bortsch [bɔrtʃ] = **borchtch**.

borure [bɔryr] *nm* boride.

Bosch [bɔʃ] *npr*: **Jérôme ~** Hieronymus Bosch.

bosco *fam* [bɔsko] *nm* bosun, boatswain.

boskoop [bɔskɔp] *nf* Boskoop apple.

bosniaque [bɔsnjak] *adj* Bosnian.
◆ **Bosniaque** *nmf* Bosnian.

Bosnie [bɔsni] *npr f*: **(la) ~** Bosnia.

Bosnie-Herzégovine [bɔsniɛrzegɔvin] *npr f*: **(la) ~** Bosnia-Herzegovina.

bosnien, enne [bɔsnjɛ̃, ɛn] = **bosniaque**.

boson [bozɔ̃] *nm* boson.

Bosphore [bɔsfɔr] *npr m*: **le ~** the Bosphorus, the Bosporus.

bosquet [bɔskɛ] *nm* coppice, copse.

boss *fam* [bɔs] *nm* boss; **à la maison, c'est elle le ~!** she's boss at home!

bossage [bɔsaʒ] *nm* boss.

bosse [bɔs] *nf* -**1.** [à la suite d'un coup] bump, lump; **se faire une ~** to get a bump. -**2.** ANAT & ZOOL [protubérance] hump. -**3.** [du sol] bump; [en ski] mogul; **un terrain plein de ~s** a bumpy piece of ground. -**4.** NAUT painter. -**5.** *loc*: **avoir la ~ des maths/du commerce** to be a born mathematician/businessman.
◆ **en bosse** *loc adj* BX-ARTS embossed.

bosselage [bɔslaʒ] *nm* (irregular) bumps.

bosseler [24] [bɔsle] *vt* -**1.** BX-ARTS to emboss. -**2.** [faire des bosses à] to dent.

bossellement [bɔsɛlmɑ̃] *nm* denting.

bosselure [bɔslyr] *nf* (irregular) bumps.

bosser *fam* [3] [bɔse] ◇ *vi* to work; **j'ai bossé toute la nuit pour cet examen** I stayed up all night working for that exam; **il bosse en usine depuis l'âge de 14 ans** he's been working in a factory since the age of 14.
◇ *vt* to swot up *(sép) Br*, to grind away at *Am*; **tu ferais mieux de ~ ta physique** you should swot up your physics.

bosseur, euse *fam* [bɔsœr, øz] ◇ *adj*: **être ~** to work hard, to be hardworking.
◇ *nm, f* hard worker.

bossoir [bɔswar] *nm* davit.

bossu, e [bɔsy] ◇ *adj* humpbacked, hunchbacked; **être ~** to be humpbacked, to have a hump OU humpback.
◇ *nm, f* humpback, hunchback; **rire** OU **rigoler** *fam* OU **se marrer** *fam* **comme un ~** to laugh fit to burst, to laugh o.s. silly.

boston [bɔstɔ̃] *nm* JEUX & MUS boston.

Boston [bɔstɔn] *npr* Boston.

bot, e [bo, bɔt] *adj*: **pied ~** clubfoot.

botanique [bɔtanik] ◇ *adj* botanical.
◇ *nf* botany.

botaniste [bɔtanist] *nmf* botanist.

Botnie [bɔtni] *npr* → **golfe**.

Botswana [bɔtswana] *npr m*: **le ~** Botswana; **au ~** in Botswana.

botte [bɔt] *nf* -**1.** [chaussure] (high) boot; **~s de cavalier** riding boots; **~s en caoutchouc** gumboots *Br*, Wellington boots *Br*, rubber boots *Am*; **~s d'égoutier** waders; **~s de sept lieues** sevenleague boots; **haut comme une** OU **ma ~** knee-high to a grass-hopper; **être à la ~ de qqn** to be sb's puppet; **avoir qqn à sa ~** to have sb under one's thumb; **cirer** OU **lécher les ~s de qqn** *fam* to lick sb's boots; **sous la ~ de l'ennemi** beneath the enemy's heel. -**2.** [de fleurs, de radis] bunch; [de paille] sheaf, bundle; **il n'y en a pas des ~s** *fam* there isn't much OU a lot of it; **elle chante bien? – pas des ~s** *fam* does she sing well? – not really. -**3.** ESCRIME thrust; **allonger une ~** to thrust ❑ **porter une ~ à qqn** *pr* to make a thrust at sb; *fig* to hit out OU to have a dig at sb; **~ secrète** secret weapon.

botteler [24] [bɔtle] *vt* [foin, paille] to sheaf.

botteleur, euse [bɔtlœr, øz] *nm, f* trusser.
◆ **botteleuse** *nf* straw binder.

botter [3] [bɔte] *vt* -**1.** [chausser - enfant] to put boots on; [- client] to provide boots for, to sell boots to. -**2.** *loc*: **ça me botte!** *fam* it's great!; **~ le train** *fam* OU **les fesses** *fam* OU **le derrière** *fam* OU **le cul**▽ **à qqn** to kick sb in the pants. -**3.** SPORT to kick; **il a botté la balle en touche** he kicked the ball into touch.

botteur [bɔtœr] *nm* SPORT kicker.

bottier [bɔtje] *nm* [fabricant - de bottes] bootmaker; [- de chaussures] shoemaker.

bottillon [bɔtijɔ̃] *nm* ankle boot.

Bottin® [bɔtɛ̃] *nm* telephone directory, phone book; **le ~ mondain** *directory of famous people*, ≃ Who's Who?

bottine [bɔtin] *nf* ankle boot; **~ à boutons** button boot.

botulique [bɔtylik] *adj*: **toxine ~** botulin.

botulisme [bɔtylism] *nm* botulism.

boubou [bubu] *nm* boubou, bubu.

bouc [buk] *nm* -**1.** ZOOL goat, he-goat, billy goat; **sentir le ~**, **puer comme un ~** to stink OU to reek (like a billy goat); **~ émissaire** scapegoat. -**2.** [barbe] goatee.

boucan *fam* [bukɑ̃] *nm* din, racket; **faire du ~** to kick up a din, to make a racket; **les voisins ont fait un de ces ~s!** the neighbours really kicked up a din!; **tu ne l'as pas entendu? il a pourtant fait assez de ~** didn't you hear him? he was making enough noise.

boucaner [3] [bukane] *vt* [viande] to smoke, to cure.

boucanier [bukanje] *nm* buccaneer.

bouchage [buʃaʒ] *nm* -**1.** [d'une bouteille] corking. -**2.** [d'une fuite] plugging, stopping. -**3.** [d'un trou] filling up.

bouche [buʃ] *nf* -**1.** ANAT & ZOOL mouth; **elle me donna sa ~** *litt* she offered me her lips; **j'ai la ~ sèche** my mouth feels dry; **j'ai la ~ pâteuse** my tongue is coated; **avoir la ~ pleine** to have one's mouth full; **ne parle pas la ~ pleine** don't talk with your mouth full; **dans la ~ de**: **dans ta ~ le mot prend toute sa valeur** when you say it, the word takes on its full meaning; **ce n'est pas joli dans la ~ d'un petit garçon!** it doesn't sound nice, coming from a little boy!; **par la ~ de, par sa ~**: **ce sont toutes les mères qui s'expriment par sa ~** she's speaking for all mothers ❑ **il a six ~s à nourrir** he has six mouths to feed (at home); **je n'ai pas l'intention de nourrir des ~s inutiles** I won't have loafers around here; **ça c'est pour** OU **je le garde pour la bonne ~** [friandise] I'm keeping this as a treat for later; [annonce] I'm keeping this for the end as it's the best bit; **de ~ en ~** from person to person; **~ à oreille** grapevine; **par le ~ à oreille** through the grapevine, by word of mouth; **de ~ à oreille** by word of mouth; **être** OU **rester ~ bée** to stand open-mouthed; **j'en suis resté ~ bée** I was flabbergasted, my mouth fell open; **motus et ~ cousue!** not a word!; **rester ~ cousue** to keep one's lips sealed; **avoir la ~ en cœur** *pr* to have a heart-shaped mouth; **avoir la** OU **faire sa ~ en cœur** *fig* & *péj* to pout (provocatively); **faire la ~ en cul-de-poule** to purse one's lips; **ouvrir la ~** *pr* to open one's mouth; **elle n'a pas ouvert la ~ de la soirée** *fig* she didn't say a word all evening; **il a toujours le même mot/nom à la ~** he can only ever trot out the same word/name; **des insultes, tu n'as que ça à la ~** insults, that's all you ever come out with; **son nom est sur toutes les ~s** her name is on everyone's lips, she's the talk of the town. **-2.** [orifice - d'un cratère] mouth; [- d'un canon] muzzle; **~ d'air chaud** OU **de chaleur** hot air vent; **~ d'eau** OU **d'incendie** fire hydrant; **~ d'aération** air vent; **~ d'arrosage** water pipe, standpipe; **~ d'égout** manhole, inspection chamber; **~ de métro** metro entrance, underground entrance. **-3.** ŒNOL full-bodiedness, richness; **un vin bien en ~** a full-bodied wine.

◆ **bouches** *nfpl* [d'un fleuve, d'un détroit] mouth.

◆ **fine bouche** *nf* **-1.** [gourmet] : **c'est une fine ~** he's a gourmet. **-2.** [difficile] : **tu ne vas pas faire la fine ~!** don't be so choosy!

bouché, e[1] [buʃe] *adj* **-1.** [obstrué] blocked; **j'ai le nez ~** my nose is blocked; **j'ai les oreilles ~es** my ears are blocked up. **-2.** MÉTÉO [ciel, horizon, temps] cloudy, overcast. **-3.** *fam* [idiot] stupid, thick *Br*; **il est vraiment ~!** he's really dumb! ❑ **~ à l'émeri** thick as a brick *Br* OU as two short planks *Br*, as dumb as they come *Am*. **-4.** [sans espoir - avenir] hopeless; [- filière, secteur] oversubscribed. **-5.** [bouteille] corked; [cidre, vin] bottled.

bouche-à-bouche [buʃabuʃ] *nm inv* mouth-to-mouth resuscitation; **faire du ~ à qqn** to give sb mouth-to-mouth resuscitation OU the kiss of life.

bouchée[2] [buʃe] *nf* **-1.** [contenu] mouthful; **ne prends pas de si grosses ~s** don't put such big pieces into your mouth; **il n'a fait qu'une ~ du petit pain** he swallowed the bun whole ❑ **elle n'a fait qu'une ~ de ses rivales** she made short work of her rivals; **je n'en ferai qu'une ~** I'll eat him for breakfast; **mettre les ~s doubles** to work twice as hard, to put on a spurt; **pour une ~ de pain** for a song OU next to nothing; **il a acheté ce tableau pour une ~ de pain** he bought this painting for next to nothing. **-2.** CULIN (vol-au-vent) case; **~ à la reine** chicken vol-au-vent ‖ [friandise] : **~ (au chocolat)** chocolate bouchée.

boucher[1] [3] [buʃe] *vt* **-1.** [fermer - trou] to fill up *(sép)*; [- fuite] to plug, to stop; [- bouteille] to cork; **~ un trou** *fig* to fill a gap ❑ **je parie que ça t'en bouche un coin** *fam* I bet you're impressed. **-2.** [entraver] to obstruct, to block; **tu me bouches le passage** you're in OU blocking my way; **la tour nous bouche complètement la vue** the tower blocks off OU obstructs our view totally.

◆ **se boucher** ◇ *vpi* **-1.** [s'obstruer - tuyau, narine] to get blocked. **-2.** MÉTÉO [temps] to become overcast.

◇ *vpt*: **se ~ le nez** to hold one's nose; **se ~ les oreilles** *pr* to put one's fingers in OU to plug one's ears; *fig* to refuse to listen; **se ~ les yeux** *pr* to hide one's eyes; *fig* to refuse to see.

boucher[2], **ère** [buʃe, ɛr] *nm, f* butcher; **ce chirurgien est un vrai ~** this surgeon is a real butcher.

boucherie [buʃri] *nf* **-1.** [boutique] butcher's shop *Br* OU store *Am*; **viande de ~** butcher's meat; **~ chevaline** horse-butcher's (shop). **-2.** [métier] butchery. **-3.** [massacre] slaughter, butchery.

bouche-trou [buʃtru] (*pl* **bouche-trous**) *nm* [personne] stand-in, stopgap; [objet] make-shift replacement.

bouchon [buʃɔ̃] *nm* **-1.** [en liège] cork; [d'un bidon, d'une bouteille en plastique] cap; [d'une bouteille en verre, d'une carafe] stopper; **vin qui sent le ~** corked wine ❑ **un ~ de carafe** *fam* a huge diamond OU rock; **tu pousses le ~ un peu loin** *fam* you're going a little too far OU pushing it a bit; **prendre du ~** *fam* to be getting on (in years). **-2.** [bonde] plug; **~ de cérumen** earwax plug. **-3.** [poignée de paille, de foin] wisp. **-4.** *fam* [embouteillage] traffic jam; [à une intersection] gridlock. **-5.** PÊCHE float.

bouchonnage [buʃɔnaʒ] *nm* rubbing down *(of a horse)*.

bouchonné, e [buʃɔne] *adj* [vin] corked.

bouchonner [3] [buʃɔne] ◇ *vt* [cheval] to rub down *(sép)*.

◇ *vi*: **ça bouchonne à partir de 5 h** traffic is heavy from 5 p.m. on.

bouchot [buʃo] *nm* mussel bed.

bouclage [buklaʒ] *nm* **-1.** PRESSE [d'un article] finishing off; [d'un journal] putting to bed; **c'est mardi le ~** the paper's going to bed OU to press on Tuesday. **-2.** [d'un coupable] *fam* locking up; [d'un quartier] surrounding. **-3.** [fermeture - d'une ceinture] fastening, buckling. **-4.** [des cheveux] curling.

boucle [bukl] *nf* **-1.** [de cheveux] curl. **-2.** [d'une ceinture] buckle; [d'un lacet] loop; [d'un cours d'eau] loop, meander; **elle ne fait pas de ~s à ses lettres** she doesn't put any loops on her letters; **faire une ~ à un ruban** to loop a ribbon. **-3.** INF loop. **-4.** SPORT [en course] lap.

◆ **boucle d'oreille** *nf* earring.

bouclé, e [bukle] *adj* [cheveux, barbe] curly; [personne] curly-haired.

bouclement [bukləmɑ̃] *nm* ringing *(of a bullock or a pig)*.

boucler [3] [bukle] ◇ *vt* **-1.** [fermer - ceinture] to buckle, to fasten; **~ sa ceinture en voiture** to fasten one's seat belt ‖ [dans une opération policière] : **~ une avenue/un quartier** to seal off an avenue/area ❑ **~ sa valise** *pr* to shut one's suitcase; *fig* to pack one's bags; **la ~ : toi, tu la boucles!** *fam* not a word out of you! **-2.** *fam* [enfermer] to shut away *(sép)*, to lock up *(sép)*; **si tu continues, je te boucle en pension** any more of this and you're off to boarding school; **je suis bouclé à la maison avec la grippe** I'm stuck at home with the flu. **-3.** [mettre un terme à - affaire] to finish off *(sép)*, to settle; [- programme de révisions] to finish (off); **~ un journal/une édition** PRESSE to put a paper/an edition to bed. **-4.** [équilibrer] : **~ son budget** to make ends meet; **il a du mal à ~ ses fins de mois** he's always in the red at the end of the month. **-5.** AÉRON : **~ la boucle** to loop the loop ❑ **la boucle est bouclée, on a bouclé la boucle** we're back to square one. **-6.** [cheveux, mèches] to curl.

◇ *vi* **-1.** [cheveux] to curl, to be curly; **il boucle naturellement** he has naturally curly hair. **-2.** INF to get stuck in a loop, to loop round and round.

bouclette [buklɛt] *nf* **-1.** [de cheveux] small curl. **-2.** *(comme adj)* TEXT [fil, laine] bouclé.

bouclier [buklije] *nm* **-1.** [protection de soldat] shield; [de policier] riot shield; **elle lui a fait un ~ de son corps** *fig* & *sout* she shielded him with her body. **-2.** [protection] shield; **~ thermique** ASTRONAUT thermal OU heat shield; **~ atomique** atomic shield. **-3.** GÉOL shield; **le ~ canadien** the Canadian shield.

bouddha [buda] *nm* [statue] buddha.

Bouddha [buda] *npr* Buddha.

bouddhique [budik] *adj* Buddhist, Buddhistic.

bouddhisme [budism] *nm* Buddhism.

bouddhiste [budist] *adj* Buddhist.

bouder [3] [bude] ◇ *vi* to sulk; **elle est partie ~** she's gone off in a sulk.

◇ *vt* [ami] to refuse to talk to; [dessert, cadeau] to refuse to accept; [élection] to refuse to vote; [fournisseur] to stay away from; **le public a boudé son film** hardly anyone went to see her film.

bouderie [budri] *nf* sulking *(U)*; **je ne supporte plus ses ~s** I'm fed up with his sulking.

boudeur, euse [budœr, øz] ◇ *adj* sulky, sullen.

◇ *nm, f* sulky person.

◆ **boudeuse** *nf* [siège] courting couch.

boudin [budɛ̃] *nm* **-1.** CULIN: **~ (noir)** black pudding *Br*, blood sausage *Am*; **~ blanc** white pudding *Br*, white sausage *Am*; **faire du ~** *fam* to sulk. **-2.** [cylindre] roll. **-3.** *fam* [femme] : **sa sœur est un vrai ~!** his sister looks like the back of a bus *Br* OU a Mack truck *Am*! **-4.** [doigt] fat finger.

boudiné, e [budine] *adj* [doigt, main] podgy *Br*, pudgy *Am*; **je me sens ~e dans cette robe** this dress is too tight for me.

boudiner [3] [budine] *vt* **-1.** [suj: vêtement] : **cette jupe la boudine** *fam* that skirt makes her look fat; **il a l'air boudiné dans ses vêtements** he looks as though his clothes were a size too small. **-2.** INDUST [fil de métal] to coil; TEXT to rove; [tuyau] to extrude.

◆ **se boudiner** *vp* *(emploi réfléchi)*: **se ~ dans une jupe** to squeeze o.s. into a skirt (that is too tight).

boudoir [budwar] *nm* **-1.** [pièce] boudoir. **-2.** [biscuit] sponge finger *Br*, ladyfinger *Am*.

boue [bu] *nf* **-1.** [terre détrempée] mud; **couvert de ~** muddy. **-2.** [dépôt] sludge; **~s activées** MÉD activated sludge.

bouée [bwe] *nf* **-1.** [en mer] buoy; **~ d'amarrage** mooring buoy; **~ de corps-mort** anchor buoy. **-2.** [pour nager] rubber ring; **~ de sauvetage** lifebelt, lifebuoy; **il s'est raccroché à elle comme à une ~ de sauvetage** he hung onto her as if his life depended on it.

boueux, euse [buø, øz] *adj* **-1.** [sale - trottoir] muddy; [- tapis] mud-stained. **-2.** IMPR smudged.

◆ **boueux** *fam nm* bin man *Br*, garbage collector *Am*.

bouffant, e [bufɑ̃, ɑ̃t] *adj* [cheveux] bouffant; [manche] puffed out.

bouffarde *fam* [bufard] *nf* pipe.

bouffe [buf] ◇ *nf* *fam* food, grub, nosh; **on se fait une ~?** shall we have a meal together?; **aimer la bonne ~** to like one's food.

◇ *adj*: **opéra ~** comic opera.

bouffée [bufe] *nf* **-1.** [exhalaison] puff; **envoyer des ~s de fumée** to puff (out) smoke; **tirer des ~s d'une pipe** to draw on one's pipe; **une ~ d'air** a puff OU a breath of wind; **une ~ d'air frais** *pr* & *fig* a breath of fresh air; **une ~ de parfum** a whiff of perfume; **des odeurs de cuisine m'arrivaient par ~s** the smell of cooking wafted over to me. **-2.** [accès] fit, outburst; **une ~ de colère** a fit of rage; **une ~ de tendresse** a sudden burst of tenderness ❑ **avoir des ~s de chaleur** MÉD to have hot flushes *Br* OU flashes *Am*; **~ délirante** PSYCH delirious fit.

bouffer [3] [bufe] ◇ *vt* *fam* **-1.** [manger] to eat; [manger voracement] to guzzle; **je l'aurais bouffé!** *fig* I could have killed him! ‖ *(en usage abs)*: **~ au restaurant** to eat out; **on a bien/mal bouffé** the food was great/lousy. **-2.** [gaspiller] to be heavy on, to soak up *(sép)*; **~ de l'essence** to be heavy on petrol *Br* OU gas *Am*; **il a bouffé toute sa fortune** he spent all his money. **-3.** [accaparer] : **les enfants me bouffent tout mon temps** the kids take up every minute of my time; **tu te laisses ~ par ta mère** you're allowing your mother to dominate you. **-4.** *loc*: **~ du curé** to be a priest-hater; **~ du communiste** to be a commie-basher.

◇ *vi* [gonfler] to puff (out); **faire ~ ses manches** to puff out one's sleeves; **faire ~ ses cheveux** to make one's hair bouffant.

◆ **se bouffer** *fam vp (emploi réciproque)*: **se ~ le nez** [une fois] to have a go at one another; [constamment] to be at daggers drawn.

bouffetance ▽ [buftɑ̃s] = **bouffe** *nf*.

bouffi, e [bufi] *adj* [yeux] puffed-up, puffy; [visage] puffed-up, puffy, bloated; **les yeux ~s de sommeil** eyes swollen with sleep; **être ~ d'orgueil** *fig* to be bloated with pride ❑ **tu l'as dit, ~!** *fam* you said it!

◆ **bouffi** *nm* [hareng] bloater.

bouffir [32] [bufir] ◇ *vt* -**1.** [visage, yeux] to puff up. -**2.** [hareng] to bloat.

◇ *vi* to become swollen OU bloated, to puff up.

bouffissure [bufisyr] *nf* [d'un visage, d'un corps] puffy OU swollen OU turgid state; [d'un style] turgidness.

bouffon, onne [bufɔ̃, ɔn] *adj* [théâtre, scène] comical, farcical, satirical.

◆ **bouffon** *nm* buffoon; **le ~ du roi** HIST the king's jester.

bouffonnerie [bufɔnri] *nf* -**1.** [acte] antic, piece of buffoonery; [parole] farcical remark. -**2.** [caractère] buffoonery.

bougainvillée [bugɛ̃vile] *nf*, **bougainvillier** [bugɛ̃vilje] *nm* bougainvillaea.

bouge [buʒ] *nm* -**1.** [logement] hovel. -**2.** [café] cheap OU sleazy bar.

bougeoir [buʒwar] *nm* candleholder, candlestick.

bougeotte *fam* [buʒɔt] *nf* fidgets; **avoir la ~** [remuer] to have the fidgets; [voyager] to have itchy feet.

bouger [17] [buʒe] ◇ *vi* -**1.** [remuer] to move; **rien ne bouge** nothing's stirring; **j'ai une dent qui bouge** I have a loose tooth; **rester sans ~** to stay still; **ne bougeons plus!** hold it! -**2.** [se déplacer] to move; **je n'ai pas bougé de la maison** I never stirred from the house; **un métier où on bouge beaucoup** a job involving a lot of travel. -**3.** [se modifier - couleur d'un tissu] to fade; **les prix n'ont pas bougé** prices haven't changed OU altered. -**4.** [s'activer] to move, to stir; **les syndicats commencent à ~** the unions are on the move.

◇ *vt* to move, to shift.

◆ **se bouger** *fam vpi*: **si on se bougeait un peu?** come on, let's get moving OU a move on!; **tu ne t'es pas beaucoup bougé pour trouver un nouveau boulot** you didn't try very hard to find a new job.

bougie [buʒi] *nf* -**1.** [en cire] candle. -**2.** AUT sparking *Br* OU spark *Am* plug.

bougnat [buɲa] *nm in Paris, owner of a small café who also sold coal.*

bougnoul(e)▼ [buɲul] *nm racist term used with reference to North Africans.*

bougon, onne [bugɔ̃, ɔn] ◇ *adj* grouchy, grumpy.

◇ *nm, f* grumbler, grouch.

bougonnement [bugɔnmɑ̃] *nm* grouching, grumbling.

bougonner [3] [bugɔne] *vi* to grouch, to grumble.

bougonneur, euse [bugɔnœr, øz] ◇ *adj* grouchy, grumpy.

◇ *nm, f* grumbler, grouch.

bougre *fam* [bugr] *vieilli* ◇ *nm* -**1.** [homme] chap, fellow; **c'est un bon ~!** he's a good bloke *Br* OU guy *Am*!; **un pauvre ~** a poor devil OU bloke *Br* OU guy *Am*. -**2.** *péj*: **~ de**: **~ d'imbécile** OU **d'andouille!** you stupid idiot!

◇ *interj* -**1.** [marque la colère] damn, heck. -**2.** [marque la surprise] I'll be dashed, cripes.

bougrement *fam* [bugrəmɑ̃] *adv vieilli* damn, damned; **il fait ~ froid** it's damn cold.

bougresse *fam* [bugrɛs] *nf vieilli* [femme - malheureuse] wretched woman; [- méprisable] vixen; **elle sait s'y prendre, la ~!** [ton admiratif] that one certainly knows what she's about!

boui-boui *fam* [bwibwi] (*pl* **bouis-bouis**) *nm* [restaurant] caff *Br*, greasy spoon; **au ~ du coin** at the local caff.

bouif▽ [bwif] *nm* cobbler.

bouillabaisse [bujabɛs] *nf* bouillabaisse.

bouillant, e [bujɑ̃, ɑ̃t] *adj* -**1.** [qui bout] boiling; [très chaud] boiling hot; **j'aime boire mon café ~** I like my coffee to be boiling hot. -**2.** [ardent] fiery, passionate; **le ~ président de notre club** our fiery club president.

bouillasse *fam* [bujas] *nf* [boue] muck, mud; [de neige] slush.

bouille [buj] *nf* -**1.** *fam* [figure] face, mug; **il a une bonne ~** [sympathique] he looks a nice bloke *Br* OU guy *Am*. -**2.** *Helv* churn *Br*, milk pail *Am*.

bouilleur [bujœr] *nm* -**1.** [distillateur] distiller; **~ de cru** home distiller. -**2.** TECH [d'une chaudière] heating OU fire tube.

bouilli, e [buji] *adj* [eau, lait, viande] boiled.

◆ **bouilli** *nm* [viande] boiled meat; [bœuf] boiled beef.

◆ **bouillie** *nf* baby food OU cereal; **mettre qqn en ~e** *fig* to beat sb to a pulp ❑ **~e bordelaise** Bordeaux mixture; **avoir de la ~e dans la bouche** to mumble; **c'est de la ~e pour les chats** it's a dog's breakfast.

bouillir [48] [bujir] ◇ *vi* -**1.** [arriver à ébullition] to boil; **faire ~ de l'eau pour le thé** to boil water for tea; **faire ~ des légumes** to boil vegetables; **~ à gros bouillons** to boil hard OU fast; **faire ~ des instruments** to sterilize OU to boil instruments ❑ **faire ~ la marmite** to keep the pot boiling. -**2.** [s'irriter] to boil; **ça me fait ~** it makes my blood boil; **~ d'impatience/de colère** to seethe with impatience/anger.

◇ *vt* to boil; **~ du linge** to boil washing.

bouilloire [bujwar] *nf* kettle; **~ électrique** electric kettle.

bouillon [bujɔ̃] *nm* -**1.** CULIN broth, stock; **garder des restes pour faire du ~** to keep leftovers for the stockpot ❑ **~ gras/maigre** meat/clear stock; **~ Kub®** stock cube; **~ de légumes** vegetable stock; **~ de onze** OU **d'onze heures** poisoned drink; **boire** OU **prendre un ~** *fam* [en nageant] to swallow water; *fig* to take a big loss (of money). -**2.** BIOL: **~ de culture** *pr* culture medium; **ces quartiers sont un véritable ~ de culture pour la délinquance** *fig* these areas are a perfect breeding-ground for crime. -**3.** [remous]: **éteindre le feu dès le premier ~** turn off the heat as soon as it boils; **à gros ~s**: **couler à gros ~s** to gush out OU forth; **bouillir à gros ~s** to boil fast OU hard; **cuire à gros ~s** to bubble fiercely. -**4.** COUT puff. -**5.** PRESSE unsold copies.

bouillonnant, e [bujɔnɑ̃, ɑ̃t] *adj* bubbling, foaming, seething.

bouillonné [bujɔne] *nm* ruffle, ruffled border.

bouillonnement [bujɔnmɑ̃] *nm* bubbling, foaming, seething; **~ d'idées** ferment of ideas.

bouillonner [3] [bujɔne] *vi* -**1.** [liquide] to bubble; [source] to foam, to froth; **ils bouillonnent d'idées** *fig* they're full of ideas. -**2.** [s'agiter]: **~ d'impatience** to seethe with impatience.

bouillotte [bujɔt] *nf* hot-water bottle.

boul. *abr écrite de* **boulevard**.

boulange *fam* [bulɑ̃ʒ] *nf* [métier] bakery trade OU business; **il est dans la ~** he works as a baker.

boulanger, ère [bulɑ̃ʒe, ɛr] *nm, f* baker.

boulangerie [bulɑ̃ʒri] *nf* -**1.** [boutique] bakery, baker's (shop *Br* OU store *Am*); **~ pâtisserie** baker's and confectioner's, bread and cake shop. -**2.** [industrie] bakery trade OU business.

boulangisme [bulɑ̃ʒism] *nm 19th-century movement supporting General Boulanger.*

boulangiste [bulɑ̃ʒist] ◇ *adj* [mouvement, parti] of General Boulanger.

◇ *nmf* supporter of General Boulanger.

boule [bul] *nf* -**1.** [sphère] ball; **~ de billard** billiard ball; **il a le crâne comme une ~ de billard** he's (ɑ̃s) bald as a coot; **~ de cristal** crystal ball; **regarder dans sa ~ de cristal** to crystal-gaze; **~ de gomme** gumdrop; **~ de loto** lottery ball; **avoir les yeux en ~s de loto** [en permanence] to have eyes like saucers; [de surprise] to be wide-eyed; **~ de neige** snowball; **faire ~ de neige** *fig* to snowball; **une petite ~ de poils** [chaton] a little fluffy ball; **~ puante** stinkbomb; **~s Quiès®** *earplugs made of wax*; **avoir une ~ dans la gorge** to have a lump in one's OU to have a tight throat; **avoir une ~ sur l'estomac** to have a heavy stomach. -**2.** JEUX: **~ (de pétanque)** *steel bowl used in playing boules*; **jouer aux ~s** to play boules *(popular French game played on bare ground with steel bowls which are thrown rather than rolled)*; **jeu de ~s** game of bowls. -**3.** *Belg* [bonbon] boiled sweet.

◆ **boules** *fam nfpl*: **avoir les ~s** [être effrayé] to be scared stiff; [être furieux] to be furious; [être déprimé] to be feeling down; **tu me fous les ~s** [tu me fais peur] you're scaring me; [tu me déprimes] you're really getting me down.

◆ **en boule** ◇ *loc adj fam* [en colère]: **être en ~** to be mad OU livid; **ça me met en ~** it makes me mad OU livid.

◇ *loc adv* [en rond]: **se mettre en ~** to curl up into a ball.

bouleau, x [bulo] *nm* -**1.** BOT birch; **~ argenté** silver birch. -**2.** [bois] birch.

boule-de-neige [buldənɛʒ] (*pl* **boules-de-neige**) *nf* BOT [arbuste] guelder rose.

bouledogue [buldɔg] *nm* bulldog.

bouler [3] [bule] *vi* to roll along; **~ au bas de l'escalier** to tumble down the stairs.

boulet [bulɛ] *nm* -**1.** ARM cannonball; [de prisonnier] ball (and chain); **arriver comme un ~ dans une pièce** to come crashing into a room; **tirer à ~s rouges sur qqn** to lay into sb. -**2.** MIN (coal) nut. -**3.** ZOOL fetlock.

boulette [bulɛt] *nf* -**1.** CULIN: **~ (de viande)** meatball; **~ (pour chien)** croquette; **~ empoisonnée** poison ball. -**2.** [de papier] pellet. -**3.** *fam* [erreur] blunder, blooper *Am*; **faire une ~** to blunder, to goof *Am*.

boulevard [bulvar] *nm* boulevard; [à Paris]: **les grands ~s** the main boulevards *(with many theatres, restaurants and night clubs)*; **les ~s extérieurs** OU **des maréchaux** the outer boulevards *(following the old town wall)*; **les ~s intérieurs** the (Paris) inner ring road *Br* OU beltway *Am*; **le ~ des Italiens** *boulevard in Paris where the offices of 'Le Monde' used to be*; **le ~ périphérique** the (Paris) ring road *Br* OU beltway *Am*.

◆ **de boulevard** *loc adj* THÉÂT: **pièce de ~** light comedy.

bouleversant, e [bulvɛrsɑ̃, ɑ̃t] *adj* upsetting, distressing; **témoignage ~** deeply moving testimony.

bouleversement [bulvɛrsəmɑ̃] *nm* disruption, upset; **son divorce a été un grand ~ dans sa vie** his divorce drastically changed OU was a great upheaval in his life; **le ~ de toutes mes habitudes** the disruption of my entire routine; **des ~s politiques** political upheavals.

bouleverser [3] [bulvɛrse] *vt* -**1.** [émouvoir] to move deeply; **bouleversé par la naissance de son fils** deeply moved by his son's birth; **bouleversé par la souffrance des prisonniers** distressed OU profoundly upset by the prisoners' suffering; **bouleversé par la mort de son ami** shattered by the death of his friend. -**2.** [désorganiser - maison, tiroir] to turn upside down; [- habitudes, vie, plan] to turn upside down, to disrupt, to change drastically.

boulier [bulje] *nm* abacus.

boulimie [bulimi] *nf* compulsive eating, bulimia *spéc*; **être atteint de ~, faire de la ~** to be a compulsive eater.

boulimique [bulimik] *adj* & *nmf* bulimic.

boulin [bulɛ̃] *nm* putlog.

boulingrin [bulɛ̃grɛ̃] *nm* lawn *(in a formal garden)*.

boulisme [bulism] *nm* boules.

bouliste [bulist] *nmf* boules player.

boulle [bul] *nm inv* Boulle furniture.

boulochage [bulɔʃaʒ] *nm* pilling.

boulocher [3] [bulɔʃe] *vi* to pill.

boulodrome [bulɔdrom] *nm* bowling alley.

Boulogne-Billancourt [bulɔɲbijɑ̃kur] *npr town in the Paris suburbs, former site of the Renault car factories.*

boulomane [bulɔman] *nmf person who loves playing boules.*

boulon [bulɔ̃] *nm* bolt; ~ **avec écrou** nut and bolt; ~ **à vis** screw bolt; **serrer les** ~**s** *fam fig* [être strict sur la discipline, le budget] to tighten the screws; **il lui manque un** ~, **à ce type!** *fam* this guy's got a screw loose!

boulonnage [bulɔnaʒ] *nm* bolting (on).

boulonner [3] [bulɔne] ◇ *vt* to bolt (on).
◇ *vi fam* to work, to plug away; **il boulonne dur** he works really hard.

boulonnerie [bulɔnri] *nf* -**1.** [fabrique] nut and bolt manufacture. -**2.** [dans une quincaillerie] nut and bolt section.

boulot[1] *fam* [bulo] *nm* -**1.** [fait de travailler]: **le** ~ work ❑ ~ ~ *péj*: **elle est très** ~ ~ she's a workaholic. -**2.** [ouvrage réalisé] piece of work, job; **il s'est coupé les cheveux tout seul, t'aurais vu le** ~! he cut his own hair, you should have seen the mess! -**3.** [travail à faire]: **du** ~ a lot of work; **il y a encore du** ~ **dessus!** it needs loads more work on it! -**4.** [emploi, poste] job; **un petit** ~ casual work *(U)*. -**5.** [lieu] work; **j'ai appelé le** ~ **pour dire que j'étais malade** I called in sick; **je déjeune au** ~ I have lunch at work.
◆ **au boulot** *fam loc interj* get cracking; **tout le monde au** ~! come on everybody, let's get cracking!

boulot[2], **otte** *fam* [bulo, ɔt] *adj* plump, tubby; **une petite bonne femme** ~**te** a tubby little woman.

boulotter *fam* [3] [bulɔte] ◇ *vt* [manger] to scoff; **il a boulotté tous les gâteaux** he scoffed all the cakes ‖ *(en usage abs)*: **elle n'arrête pas de** ~ she just won't stop eating.
◇ *vi* [travailler] *vieilli* to work, to slave away; **il a passé sa vie à** ~ he spent his life slaving away.

boum [bum] ◇ *interj* bang; **faire** ~ to go bang; **ça a fait** ~! [attentat] it went bang!; [ballon] it went pop!
◇ *nm* -**1.** [bruit] bang; **il y a eu un grand** ~ **et tout s'est effondré** there was a loud bang and everything collapsed. -**2.** *fam* [succès]: **le** ~ **des télécopieurs** the fax boom; **faire un** ~ to be a great success story OU a runaway success ❑ **être en plein** ~ [dans une boutique, une entreprise] to have a rush on; [dans des préparations] to be rushed off one's feet, to be very busy.
◇ *nf fam* party *(for teenagers)*.

boumer *fam* [3] [bume] *vi*: **alors, ça boume?** so, how's tricks?; **ça boume pas très fort pour lui** he's having a rough time of it; **ça boume!** things are (going) fine!

bouquet [bukɛ] *nm* -**1.** [fleurs - gén] bunch; [- grand, décoratif] bouquet; [- petit] sprig, spray; **le** ~ **de la mariée** the wedding OU bride's bouquet. -**2.** [groupe - d'arbres] clump, cluster. -**3.** [dans un feu d'artifice] crowning OU final piece, the (grand) finale; **alors ça, c'est le** ~! *fam* that's the limit!, that takes the biscuit *Br* OU cake *Am*! -**4.** CULIN: ~ **garni** bouquet garni. -**5.** ŒNOL bouquet, nose. -**6.** ZOOL (common) prawn.

bouqueté, e [bukte] *adj* ŒNOL with a good bouquet OU nose.

bouquetière [buktjɛr] *nf* flower girl.

bouquetin [buktɛ̃] *nm* ibex.

bouquin [bukɛ̃] *nm* -**1.** *fam* [livre] book. -**2.** [lapin] buck rabbit; [lièvre] male. -**3.** [bouc] (old) billy-goat.

bouquiner *fam* [3] [bukine] *vt* & *vi* to read.

bouquiniste [bukinist] *nmf* secondhand bookseller.

LES BOUQUINISTES:
In Paris, this term can refer specifically to the people who sell books, prints, cards etc from small wooden or metal stalls fixed to the top of the wall running along the banks of the Seine.

---

bourbe [burb] *nf* [gén] mud, mire *litt*; [dans l'eau] sludge.

bourbeux, euse [burbø, øz] *adj* muddy, miry; **eau bourbeuse** muddy OU sludgy water.

bourbier [burbje] *nm* -**1.** [marécage] bog, marsh, slough. -**2.** *fig* [situation difficile] mess; **se tirer d'un** ~ to extricate o.s. from a mess.

bourbon [burbɔ̃] *nm* bourbon.

Bourbon [burbɔ̃] *npr* Bourbon.

bourbonien, enne [burbɔnjɛ̃, ɛn] *adj* of the Bourbon dynasty.

bourdaine [burdɛn] *nf* alder buckthorn.

bourde *fam* [burd] *nf* -**1.** [bêtise] blunder, bloomer *Br*, blooper *Am*; **faire une** ~ [gaffer] to blunder, to put one's foot in it; [faire une erreur] to make a mistake, to mess things up, to goof (up) *Am*. -**2.** *vieilli* [mensonge] fib; **raconter des** ~**s** to tell fibs.

bourdon [burdɔ̃] *nm* -**1.** ZOOL bumblebee, humblebee; **faux** ~ drone. -**2.** MUS [jeu d'orgue] bourdon; [son de basse] drone. -**3.** [cloche] great bell. -**4.** IMPR omission, out. -**5.** [bâton] pilgrim's staff. -**6.** *loc*: **avoir le** ~ *fam* to feel down, to be down in the dumps.

bourdonnant, e [burdɔnɑ̃, ɑ̃t] *adj* [ruche, insecte] humming, buzzing, droning.

bourdonnement [burdɔnmɑ̃] *nm* [vrombissement - d'un insecte, d'une voix] hum, buzz, drone; [- d'un ventilateur, d'un moteur] hum, drone; **avoir un** ~ **dans les oreilles** to have a ringing in one's ears.

bourdonner [3] [burdɔne] *vi* [insecte, voix] to hum, to buzz, to drone; [moteur] to hum; [oreille] to ring; [lieu] to buzz; **la salle bourdonnait du bruit des conversations** the room was buzzing with the sound of conversations.

bourg [bur] *nm* (market) town; **aller au** ~ to go (up) to town.

bourgade [burgad] *nf* (large) village, small town.

bourge *fam* [burʒ] *adj péj* upper-class.

bourgeois, e [burʒwa, az] ◇ *adj* -**1.** [dans le marxisme] of the bourgeoisie, bourgeois. -**2.** [en sociologie non marxiste] middle-class. -**3.** *souvent péj* [caractéristique de la bourgeoisie]: **goûts** ~ philistinism *péj*; **presse** ~**e** bourgeois OU capitalist press. -**4.** [confortable, aisé]: **intérieur** ~ comfortable middle-class home; **quartier** ~ comfortable residential area ‖ CULIN: **cuisine** ~**e** good plain home cooking.
◇ *nm, f* -**1.** [dans le marxisme] bourgeois. -**2.** [en sociologie non marxiste] member of the middle class; **grand** ~ member of the upper middle class. -**3.** HIST [au Moyen Âge] burgher; **'les Bourgeois de Calais'** *Rodin* 'The Burghers of Calais' ‖ [avant la Révolution] member of the third estate. -**4.** *Helv* [citoyen] citizen; **les** ~ the townspeople. -**5.** *péj* [béotien] Philistine.
◆ **bourgeoise** *fam nf*: **ma** ~**e** my old lady, the wife *Br*.
◆ **en bourgeois** *loc adv vieilli*: **habillé en** ~ out of uniform, (dressed) in civvies.

bourgeoisement [burʒwazmɑ̃] *adv* -**1.** [conventionnellement] conventionally, respectably; **vivre** ~ to lead a respectable life; **maison meublée** ~ comfortably furnished house. -**2.** JUR: **occuper** ~ **un local** to use a premises for residential purposes only.

bourgeoisial [burʒwazjal] *adj Helv* town *(modif)*.

bourgeoisie [burʒwazi] *nf* -**1.** [dans le marxisme] bourgeoisie; **la petite** ~ the petty bourgeoisie. -**2.** [classe aisée, professions libérales] middle class; **la petite/moyenne** ~ the lower middle/the middle class; **la grande** OU **haute** ~ the upper middle class. -**3.** HIST [au Moyen Âge] burghers; [avant la Révolution] bourgeoisie, third estate. -**4.** *Helv* [citoyenneté] citizenship.

bourgeon [burʒɔ̃] *nm* -**1.** BOT bud. -**2.** MÉD bud; ~**s du goût** taste buds; ~**s charnus** exuberant granulation.

bourgeonnement [burʒɔnmɑ̃] *nm* BOT budding.

bourgeonner [3] [burʒɔne] *vi* -**1.** BOT to bud. -**2.** [visage, nez] to break out in spots.

bourgmestre [burgmɛstr] *nm Belg* & *Helv* burgomaster.

bourgogne [burgɔɲ] *nm* Burgundy (wine).

Bourgogne [burgɔɲ] *npr f*: (la) ~ Burgundy.

bourguignon, onne [burgiɲɔ̃, ɔn] *adj* -**1.** GÉOG & HIST Burgundian. -**2.** CULIN [sauce] bourguignonne.
◆ **Bourguignon, onne** *nm, f* -**1.** GÉOG Burgundian. -**2.** HIST: **les Bourguignons** the supporters of the Dukes of Burgundy *(in the Hundred Years War)*.
◆ **bourguignon** *nm* LING Burgundy dialect.
◆ **bourguignonne** *nf* -**1.** [bouteille] Burgundy wine bottle. -**2.** CULIN: **à la** ~ne with a bourguignonne sauce, cooked in red wine.

bourlinguer [3] [burlɛ̃ge] *vi* -**1.** [voyager par mer] to sail (around). -**2.** *fam* [se déplacer] to kick about; **elle a bourlingué dans le monde entier** she's been all over the world. -**3.** NAUT to labour.

bourlingueur, euse [burlɛ̃gœr, øz] *nm, f* -**1.** [marin] old salt. -**2.** *fam* [aventurier] wanderer, rover; **c'est un** ~ he's always on the move.

bourrache [buraʃ] *nf* borage.

bourrade [burad] *nf* push, shove; **donner une** ~ **amicale à qqn** to give sb a friendly shove; **repousser qqn d'une** ~ to shove sb away; **une** ~ **dans les côtes** a poke OU dig in the ribs.

bourrage [buraʒ] *nm* -**1.** [remplissage - d'un coussin] stuffing; [- d'une chaise] filling, padding; [- d'une pipe, d'un poêle] filling; ~ **de crâne** *fam* [propagande] brainwashing; SCOL cramming. -**2.** TECH: ~ (**de cartes**) INF (card) jam; ~ **du film** CIN piling up OU buckling of the film.

bourrasque [burask] *nf* -**1.** [coup de vent] squall, gust OU blast (of wind); **souffler en** ~ to blow in gusts, to gust. -**2.** [incident] storm, crisis; **sous la** ~ in the midst of the crisis OU storm.

bourratif, ive *fam* [buratif, iv] *adj* filling, stodgy *péj*; **des aliments** ~**s** stodge *péj*.

bourre[1] [bur] *nm arg crime* cop; **les** ~**s** the cops, the fuzz.

bourre[2] [bur] *nf* -**1.** [rembourrage] filling, stuffing, wadding. -**2.** TEXT flock; ~ **de laine** [déchet] flock of wool; [rembourrage] flock wool; ~ **de papier** fluff; ~ **de soie** flock OU floss OU waste silk. -**3.** BOT down. -**4.** ARM wad. -**5.** *loc*: **bonne** ~![▼] hope you get your oats!
◆ **à la bourre** *fam loc adv*: **être à la** ~ to be in a rush; **on est toujours à la** ~ life's hectic.

bourré, e[1▽] [bure] *adj* pissed *Br*, bombed *Am*.

bourreau, x [buro] *nm* -**1.** [exécuteur - gén] executioner; [- qui pend] hangman. -**2.** [tortionnaire] torturer; ~ **d'enfant** child beater; ~ **des cœurs** heartbreaker; ~ **de travail** workaholic.

bourrée[2] [bure] *nf* DANSE bourrée.

bourrelé, e [burle] *adj*: ~ **de remords** full of remorse, racked with guilt.

bourrèlement [burɛlmɑ̃] *nm litt* anguish, torment.

bourrelet [burlɛ] *nm* -**1.** [isolant] weather strip, draught excluder *Br*. -**2.** [de graisse] fold; ~ **de chair** roll of flesh; **des** ~**s autour de la taille** a spare tyre.

bourrelier [burəlje] *nm* saddler.

bourrellerie [burɛlri] *nf* saddlery.

bourrer [3] [bure] ◇ *vt* -**1.** [rembourrer] to fill, to stuff. -**2.** [remplir - pipe] to fill; [- poche] to fill, to cram, to stuff; [- valise, tiroir] to cram (full), to pack tightly; ~ **un poêle de papier**, ~ **du papier dans un poêle** to cram a stove full of paper; **un texte bourré de fautes** a text full of OU riddled with mistakes ❑ ~ **le crâne** OU **le mou à qqn** *fam* to have *Br* OU to put *Am* sb on;

~ les urnes to rig the vote *(by producing large numbers of false ballot papers)*. -**3.** [gaver - suj: aliment] to fill up; ~ **qqn de** to cram OU to stuff sb with; **tu le bourres de sucreries/principes surannés** you're stuffing him full of sweets/ outmoded principles || *(en usage abs)*: **les bananes, ça bourre** bananas are very filling OU fill you up. -**4.** [frapper]: ~ **la gueule à qqn** ▽ to kick sb's head OU teeth in; ~ **qqn de coups** to beat sb (up).

◇ *vi* -**1.** *fam* [se hâter] to hurry; **allez, bourrez un peu!** come on, get a move on! -**2.** CHASSE [lièvre] to snap at.

◆ **se bourrer** *vp (emploi réfléchi)* -**1.** *fam* [manger] to stuff o.s. OU one's face; **se** ~ **de** to stuff one's face with. -**2.** ▽ *loc*: **se** ~ **la gueule** to get pissed *Br* OU bombed *Am*.

bourriche [buriʃ] *nf* -**1.** [panier] hamper, wicker case. -**2.** PÊCHE [filet] keepnet.

bourrichon *fam* [buriʃɔ̃] *nm*: **monter le** ~ **à qqn** to have *Br* OU to put *Am* sb on; **se monter le** ~ to get (all) worked up OU excited; **elle s'était monté le** ~ she'd imagined all sorts of things.

bourricot [buriko] *nm* donkey, burro *Am*.

bourride [burid] *nf* bourride *(fish stew with garlic mayonnaise)*.

bourrin *fam* [burɛ̃] *nm* (old) nag.

bourrique *fam* [burik] *nf* -**1.** ZOOL donkey. -**2.** [personne obstinée] pig-headed individual; **elle ne voudra pas, la** ~! she's so pig-headed she won't want to! -**3.** *loc*: **faire tourner qqn en** ~ to drive sb crazy OU up the wall.

bourru, e [bury] *adj* -**1.** [rude - personne, manières] gruff, rough. -**2.** TEXT rough. -**3.** [jeune - vin] fermented; [- lait] raw.

bourse [burs] *nf* -**1.** [porte-monnaie] purse; **avoir la** ~ **bien garnie** to have a well-lined purse; **faire** ~ **commune** to pool one's money; **faire** ~ **à part** to keep one's money separate; **sans** ~ **délier** without paying a penny OU cent *Am*; **la** ~ **ou la vie!** stand and deliver!, your money or your life!; **ouvrir sa** ~ to put one's hand in one's pocket; **ouvrir sa** ~ **à qqn** to lend sb money. -**2.** [allocation] scholarship, grant; **avoir une** ~ to be on OU to have a grant.

◆ **bourses** *nfpl* scrotum.

Bourse [burs] *nf* -**1.** [marché] stock exchange, stock market; **la** ~ **de Londres** the London Stock Exchange; **la** ~ **de Paris** the Paris Bourse OU Stock Exchange ❑ ~ **du commerce** OU **de marchandises** commodity exchange; ~ **maritime** OU **des frets** shipping exchange; ~ **du travail** *trade union meeting place*, ≃ trades' council *Br*; ~ **des valeurs** stock exchange; **coup de** ~ spectacular deal on the stock exchange. -**2.** [cours] market; **la** ~ **est calme/animée/en hausse** the market is quiet/is lively/has risen.

◆ **à la Bourse, en Bourse** *loc adv* on the stock exchange OU market; **jouer à la** OU **en** ~ to speculate on the stock exchange OU market.

boursicotage [bursikɔtaʒ] *nm* dabbling (on the stock exchange).

boursicoter [3] [bursikɔte] *vi* to dabble (on the stock exchange).

boursicoteur, euse [bursikɔtœr, øz] *nm, f* small investor; **il était** ~ **à ses heures** he used to dabble from time to time on the stock exchange.

boursier, ère [bursje, ɛr] ◇ *adj* -**1.** UNIV & SCOL: **un étudiant** ~ a grant OU scholarship holder. -**2.** [de la Bourse] stock exchange *(modif)*, (stock) market *(modif)*.

◇ *nm, f* -**1.** UNIV & SCOL grant OU scholarship holder; **les boursiers doivent remplir le formulaire ci-joint** students who receive a grant OU scholarship should fill in the accompanying form. -**2.** BOURSE operator.

boursouflage [bursuflaʒ] *nm* [gonflement - du visage] swelling, puffiness; [- de la peinture] blistering.

boursouflé, e [bursufle] *adj* -**1.** [gonflé - visage] swollen, puffy; [- peinture] blistered; [- plaie] swollen. -**2.** [ampoulé] bombastic, pompous, turgid.

boursouflement [bursufləmɑ̃] = **boursouflage**.

boursoufler [3] [bursufle] *vt* [gonfler - visage] to swell, to puff up *(sép)*; [- peinture] to blister.

◆ **se boursoufler** *vpi* [visage] to become swollen OU puffy; [peinture] to blister; [surface] to swell (up).

boursouflure [bursuflyr] *nf* -**1.** [bouffissure] puffiness; [cloque] blister. -**2.** [emphase] pomposity, turgidity.

bousculade [buskylad] *nf* -**1.** [agitation] crush, pushing and shoving; **pas de** ~ no jostling OU shoving; **une** ~ **vers la sortie** a scramble OU stampede towards the exit; **j'ai perdu mon parapluie dans la** ~ I lost my umbrella in the confusion. -**2.** *fam* [précipitation] rush; **ça a été la** ~ **toute la journée** it's been one mad rush all day (long).

bousculer [3] [buskyle] *vt* -**1.** [pousser - voyageur, passant] to jostle, to push, to shove; [- chaise, table] to bump OU to knock into; **il l'a bousculée au passage** he gave her a shove OU push as he went past. -**2.** *fig* [changer brutalement] to upset, to turn on its head, to turn upside down; ~ **les traditions** to turn tradition on its head, to upset tradition; ~ **les habitudes de qqn** to upset sb's routine. -**3.** [presser] to rush, to hurry; **j'ai été très bousculé** I've had a lot to do OU a very busy time; **laisse-moi le temps de réfléchir, ne me bouscule pas** don't rush me, I need time to think.

◆ **se bousculer** *vpi* -**1.** [dans une cohue] to jostle, to push and shove; **tout le monde se bousculait pour arriver à la caisse** everybody was shoving to get to the cash desk. -**2.** [affluer] to rush; **les idées se bousculaient dans sa tête** his head was a jumble of thoughts; **on se bouscule pour aller voir l'exposition** there's a rush to see the new exhibition; **on se bouscule pour avoir son livre** everybody's clamouring for his book; **ne vous bousculez surtout pas pour m'aider** *iron* don't all rush to help me at once, will you? ❑ **ça se bouscule au portillon!** *fam* [il y a affluence] there's a huge crowd trying to get in!; **ça ne se bouscule pas au portillon** *iron* people aren't exactly turning up in droves.

bouse [buz] *nf* -**1.** [matière] cow dung. -**2.** [motte] cowpat.

bouseux, euse ▽ [buzø, øz] *nm, f péj* yokel, country bumpkin, hick *Am*; **les** ~ **du coin** the local yokels *hum*.

bousier [buzje] *nm* dung beetle.

bousillage [buzijaʒ] *nm* -**1.** *fam* [gâchis] botch, botch-up, sloppy work. -**2.** CONSTR cob.

bousiller *fam* [3] [buzije] *vt* -**1.** [mal faire] to bungle, to botch (up). -**2.** [casser] to bust, to wreck; **ma montre est bousillée** my watch is bust || [gâcher] to spoil, to ruin; **tu as tout bousillé** you've spoilt it all OU ruined the whole thing. -**3.** ▽ [tuer] to bump off *(sép)*, to do in *(sép)*, to waste; **ils se sont tous fait** ~ they all got wasted.

◆ **se bousiller** *fam vpt*: **se** ~ **les yeux/la santé** to ruin one's eyes/health.

bousilleur, euse *fam* [buzijœr, øz] *nm, f* botcher, bungler.

boussole [busɔl] *nf* -**1.** [instrument] compass. -**2.** *loc*: **perdre la** ~ *fam*: **il a complètement perdu la** ~ [vieillard] he's lost his marbles, he's gone gaga; [fou] he's off his head OU rocker; **il s'agit de ne pas perdre la** ~ let's keep our wits about us OU our head.

boustifaille ▽ [bustifaj] *nf* grub, nosh *Br*, chow *Am*.

bout [bu] *nm* -**1.** [extrémité - d'un couteau, d'un crayon] tip; [- d'une botte, d'une chaussette] toe; **le** ~ **de la table** the end of the table; **le** ~ **est arrondi** it's got a round tip; **à** ~**s ronds** round-tipped; **à** ~**s carrés** square-tipped; **tiens bien ton** ~, **je tire** hold on to your end while I pull ❑ ~ **du doigt** fingertip, tip of the finger; ~ **du nez** tip of the nose; ~ **du sein** nipple; ~ **filtre** filter tip; **à** ~ **filtre** filter-tipped; **le bon** ~: **prendre qqch par le bon** ~ to get hold of sthg the right way round; **prendre qqn par le bon** ~ to approach sb the right way; **tenir le bon** ~: **plus que 40 pages à écrire, je tiens le bon** ~ only another 40 pages to write, I can see the light at the end of the tunnel; **je ne sais pas par quel** ~ **le prendre** [collègue, parent] I don't know how to handle OU to approach him; [article, travail] I don't know how to tackle OU to approach it; **aborder** OU **considérer** OU **voir les choses par le petit** ~ **de la lorgnette** to take a narrow view of things; **il n'a pas montré le** ~ **de son nez** he never showed his face; **montrer le** ~ **de l'oreille** to show o.s. in one's true colours; **s'asseoir du** ~ **des fesses** *fam* to sit down gingerly; **rester au** ~ **de la plume**: **le mot est resté au** ~ **de ma plume** I didn't write the word in the end; **la conclusion a dû rester au** ~ **de sa plume** he must have forgotten to put in the conclusion; **s'en aller par tous les** ~**s** *fam* to fall OU to come to pieces; **en voir le** ~: **enfin, on en voit le** ~ at last, we're beginning to see the light at the end of the tunnel; **on n'en voit pas le** ~ there's no end to it. -**2.** [extrémité - d'un espace] end; **au** ~ **de la rue** at the bottom OU end of the road; **leur couple est arrivé au** ~ **du chemin** *fig* the two of them have come to the end of the road; **le** ~ **du tunnel** the end of the tunnel; **qu'y a-t-il au** ~ **du tunnel?** *fig* what will be the outcome of all this? ❑ **le** ~ **du monde** the end of the world; **j'irais jusqu'au** ~ **du monde avec toi** *fig* I'd follow you to the end OU ends of the earth; **ce n'est pas le** ~ **du monde** it's not the end of the world; **ce serait bien le** ~ **du monde si ça prenait plus de deux jours** it'll take two days at the very most. -**3.** [portion de temps]: **un** ~ **de temps** a while; **ça fait un bon** ~ **de temps de ça** *fam* it was quite a long time ago OU a while back; **il faudra attendre un bon** ~ **de temps** you'll have to wait for quite some time. -**4.** [morceau]: ~ **de** bit OU piece OU scrap of; **un** ~ **de pain/bois** a piece of bread/wood; **un** ~ **de papier** a scrap of paper; **un** ~ **de terrain** a small piece of land; **un vieux** ~ **de chewing-gum** an old piece of chewing gum; **un** ~ **de ciel bleu** a patch of blue sky; **donne-m'en un** ~ give me some OU a piece OU a bit; **un (petit)** ~ **d'homme/de femme** *fam* a little man/woman ❑ ~ **de chou** OU **zan** *fam* [enfant] toddler; [en appellatif] sweetie, poppet *Br*; ~ **d'essai** screen test; **un** ~ **de rôle** THÉÂT & CIN a walk-on OU bit part; **ça fait un bon** ~ **de chemin** it's quite some OU a way; **faire un** ~ **de chemin avec qqn** to go part of the way with sb; **faire un** ~ **de conduite à qqn** to walk sb back part of the way; **discuter** OU **tailler le** ~ **de gras** *fam* to chew the fat; **mettre les** ~**s** ▽ to make o.s. scarce; **la vie avec lui était intolérable, alors elle a mis les** ~**s** life with him was intolerable, so she did a bunk *Br* OU she split *Am*. -**5.** NAUT: **être** ~ **au vent** to be head to the wind.

◆ **à bout** *loc adv*: **être à** ~ to be at the end of one's tether; **ma patience est à** ~! I've run out of patience!; **mettre** OU **pousser qqn à** ~ to push sb to the limit; **ne me pousse pas à** ~! don't push me (too far)!

◆ **à bout de** *loc prép* -**1. à** ~ **de bras**: **porter un paquet à** ~ **de bras** to carry a parcel (in one's outstretched arms); **porter qqn/une entreprise à** ~ **de bras** *fig* to carry sb/a business. -**2. être à** ~ **de** [ne plus avoir de]: **être à** ~ **d'arguments** to have run out of arguments; **être à** ~ **de forces**: **il est à** ~ **de forces** [physiquement] he's got no strength left in him; [psychologiquement] he can't cope any more; **être à** ~ **de nerfs** to be on the verge of a breakdown; **être à** ~ **de patience** to have run out of patience; **être à** ~ **de souffle** to be out of breath; **le gouvernement est à** ~ **de souffle** the government's on its last legs; **'À** ~ **de souffle'** *Godard* 'Breathless'. -**3. venir à** ~ **de** [adversaire, obstacle] to overcome; [travail] to see the end of; **je ne suis pas venu à** ~ **de ces taches** I couldn't get rid of these stains.

◆ **à bout portant** *loc adv* ARM point-blank; **tirer (sur qqn/qqch) à** ~ **portant** to shoot (sb/sthg) at point-blank range.

◆ **à tout bout de champ** *loc adv* all the time, non-stop; elle me pose des questions à tout ~ de champ she never stops asking me questions; on cite son nom à tout ~ de champ her name is constantly being quoted.

◆ **au bout de** *loc prép* -**1.** [après]: au ~ d'un moment after a while; au ~ d'une heure after an hour. -**2.** [à la fin de]: j'arrive au ~ de mon contrat my contract's nearly up; le succès est au ~ de nos efforts our efforts will lead to success; pas encore au ~ de ses peines not yet out of the woods ❑ au ~ du compte at the end of the day, in the end; être au ~ de son OU du rouleau [épuisé] to be completely washed out; [presque mort] to be at death's door.

◆ **bout à bout** *loc adv* end to end; disposez les montants ~ à ~ avant de les assembler lay the struts end to end before assembling; un ramassis de citations mises ~ à ~ a whole mishmash of quotations.

◆ **de bout en bout** *loc adv* [lire] from cover to cover; parcourir un couloir de ~ en ~ to pace up and down a corridor; tu as raison de ~ en ~ you're completely OU totally right; elle a mené la course de ~ en ~ she led the race from start to finish.

◆ **du bout des lèvres** *loc adv* [accepter, accorder] reluctantly, half-heartedly.

◆ **d'un bout à l'autre** *loc adv*: la pièce est drôle d'un ~ à l'autre the play's hilarious from beginning to end OU from start to finish; il m'a contredit d'un ~ à l'autre he contradicted me all the way.

◆ **d'un bout de... à l'autre** *loc adv*: d'un ~ de l'année à l'autre all year round; d'un ~ à l'autre du pays, les militants s'organisent (right) throughout the country, the militants are organizing themselves.

◆ **en bout de** *loc prép* at the end of; en ~ de course at the end of the race; le régime est en ~ de course *fig* the regime is running out of steam; en ~ de piste at the end of the runway.

◆ **sur le bout de la langue** *loc adv* on the tip of one's tongue.

◆ **sur le bout des doigts** *loc adv* [connaître, savoir] perfectly, by heart; il connaît OU sait ses verbes sur le ~ des doigts he knows his verbs off pat *Br* OU down pat *Am*; je connais la ville sur le ~ des doigts I know the city like the back of my hand.

boutade [butad] *nf* [plaisanterie] joke, sally; faire une ~ to make OU to crack a joke; c'est une ~ ? you're joking!; c'était une ~ ! (I was) only joking!; s'en tirer par une ~ to joke one's way out of it.

bout-dehors [budəɔr] (*pl* bouts-dehors) *nm* boom NAUT.

boute-en-train [butɑ̃trɛ̃] *nm inv* [amuseur] funny man, joker; le ~ de la bande the life and soul of the group.

boutefas [butfa] *nm Helv* pork sausage.

boutefeu, x [butfø] *nm* -**1.** MIL shot firer. -**2.** *vieilli* troublemaker.

bouteille [butɛj] *nf* -**1.** [récipient - pour un liquide] bottle; [- pour un gaz] bottle, cylinder; une ~ de vin [récipient] a wine bottle; un casier à ~s a bottle rack ❑ ~ Thermos® Thermos® (flask *Br* OU bottle *Am*); avoir de la ~ to be an old hand; prendre de la ~ *fam* to be getting OU knocking *Br* on a bit; elle prend de la ~ she's not getting any younger, she's getting on a bit; c'est la ~ à l'encre the whole thing's a muddle; jeter OU lancer une ~ à la mer *pr* to send a message in a bottle; *fig* to send out an S.O.S. -**2.** [contenu] bottle, bottleful; boire une ~ de rouge to drink a bottle of red wine; vendu en litres ou en ~s sold in litres or in (75 cl) bottles; boire une bonne ~ to drink a good bottle of wine ❑ être porté sur OU aimer OU caresser la ~ to like one's drink. -**3.** (*comme adj inv*): vert ~ bottle-green.

◆ **bouteilles** *nfpl* NAUT heads, toilets.

◆ **en bouteille** ◇ *loc adj* [gaz, vin] bottled.
◇ *loc adv*: mettre du vin en ~ to bottle wine; vieilli en ~ aged in bottle.

bouteillerie [butɛjri] *nf* [usine] bottle factory; [fabrication] bottle industry.

bouteillon [butɛjɔ̃] *nm* dixie.

bouter [3] [bute] *vt litt* to drive OU to chase out (*sép*).

bouteur [butœr] *nm* [engin] bulldozer.

boutique [butik] *nf* -**1.** [magasin] shop *Br*, store *Am*; ~ de mode boutique; ~ franche duty-free shop; tenir ~ to have a shop ❑ parler ~ to talk shop. -**2.** *fam* [lieu de travail] place, hole, dump; j'en ai marre de cette ~! I've had enough of this dump! ❑ changer de ~ to get a new job.

boutiquier, ère [butikje, ɛr] *nm, f* shopkeeper *Br*, storekeeper *Am*.

boutoir [butwar] *nm* -**1.** ZOOL snout. -**2.** *loc*: coup de ~ attack.

bouton [butɔ̃] *nm* -**1.** BOT bud; ~ d'œillet carnation bud; ~ de rose rosebud. -**2.** COUT button; ~ de bottine boot stud; avoir des yeux en ~s de bottine to have beady eyes; ~ de col stud; ~ de manchette cuff link. -**3.** [poignée de porte, de tiroir] knob. -**4.** [de mise en marche] button; ~ de sonnette doorbell button. -**5.** MÉD pimple, spot; avoir des ~s [pustules] to have pimples; [petits, rouges] to have a rash ❑ ~ de fièvre fever blister, cold sore. -**6.** JOAILL: ~ d'oreille stud earring.

◆ **en bouton** *loc adj* BOT in bud.

bouton-d'argent [butɔ̃darʒɑ̃] (*pl* boutons-d'argent) *nm* yarrow.

bouton-d'or [butɔ̃dɔr] (*pl* boutons-d'or) *nm* buttercup.

boutonnage [butɔnaʒ] *nm* -**1.** [action de boutonner] buttoning (up). -**2.** [mode de fermeture] buttons; à ~ de haut en bas button-through.

boutonner [3] [butɔne] ◇ *vt* -**1.** [vêtement] to button (up), to do up (*sép*). -**2.** ESCRIME to button.
◇ *vi* BOT to bud (up).

◆ **se boutonner** ◇ *vp* (*emploi passif*) [se fermer] to button (up).
◇ *vp* (*emploi réfléchi*) *fam* [s'habiller] to button o.s. up.

boutonneux, euse [butɔnø, øz] *adj* [peau, visage, adolescent] spotty, pimply.

boutonnière [butɔnjɛr] *nf* -**1.** COUT buttonhole; point de ~ blanket stitch. -**2.** MÉD buttonhole. -**3.** *fam* [blessure] gash.

◆ **à la boutonnière** *loc adv* on one's lapel; avoir une fleur à la ~ to wear a flower on one's lapel OU in one's buttonhole, to wear a buttonhole *Br* OU boutonniere *Am*; ils défilent, la décoration à la ~ they're marching with their medals on.

bouton-poussoir [butɔ̃puswar] (*pl* boutons-poussoirs) *nm* push button.

bouton-pression [butɔ̃presjɔ̃] (*pl* boutons-pression) *nm* snap (fastener), press stud *Br*.

boutre [butr] *nm* dhow.

bout-rimé [burime] (*pl* bouts-rimés) *nm* poem in set rhymes.

◆ **bouts-rimés** *nmpl* bouts-rimés, rhymed endings.

bouturage [butyraʒ] *nm* taking cuttings.

bouture [butyr] *nf* cutting; faire des ~s to take cuttings.

bouturer [3] [butyre] ◇ *vt* -**1.** [reproduire] to propagate (by cuttings). -**2.** [couper] to take cuttings from.
◇ *vi* to grow suckers.

bouvier, ère [buvje, ɛr] *nm, f* bullock driver, cowherd.

◆ **bouvier** *nm* bouvier, sheepdog; ~ des Flandres bouvier des Flandres.

bouvillon [buvijɔ̃] *nm* young bullock.

bouvreuil [buvrœj] *nm* bullfinch.

bovarysme [bɔvarism] *nm* romantic daydreaming.

bovidé [bɔvide] *nm* bovid; les ~s the Bovidae.

bovin, e [bɔvɛ̃, in] *adj* -**1.** ZOOL [espèce] bovine; [élevage] cattle (*modif*). -**2.** *péj* [stupide] bovine.

◆ **bovin** *nm* bovine; les ~s ZOOL the Bovini; AGR cattle.

boviné [bɔvine] *nm* bovine; les ~s the Bovini.

bowling [buliŋ] *nm* -**1.** JEUX (tenpin) bowling; aller faire un ~ to go bowling. -**2.** [salle] bowling alley.

bow-string [bostriŋ] (*pl* bow-strings) *nm* [poutre] bowstring girder.

bow-window [bowindo] (*pl* bow-windows) *nm* bow window.

box[1] [bɔks] *nm inv* [cuir] box calf.

box[2] [bɔks] (*pl inv* OU boxes) *nm* -**1.** [enclos - pour cheval] stall, loose box *Br*. -**2.** [garage] lock-up garage. -**3.** [compartiment - à l'hôpital, au dortoir] cubicle. -**4.** JUR: ~ des accusés dock; au ~ des accusés *pr* & *fig* in the dock.

box-calf [bɔkskalf] (*pl inv* OU box-calfs) *nm* = **box** *nm inv*.

boxe [bɔks] *nf* boxing; faire de la ~ to box, to go boxing ❑ ~ anglaise boxing; ~ française kick OU French boxing.

boxer[1] [bɔksɛr] *nm* ZOOL boxer.

boxer[2] [3] [bɔkse] ◇ *vi* to box, to fight; ~ contre qqn to box with sb.
◇ *vt fam* to punch, to thump.

boxeur, euse [bɔksœr, øz] *nm, f* boxer.

box-office [bɔksɔfis] (*pl* box-offices) *nm* box office.

boxon[▽] [bɔksɔ̃] *nm* -**1.** [maison close] brothel, whorehouse. -**2.** [désordre] bloody *Br* OU godawful *Am* mess.

boy [bɔj] *nm* -**1.** [serviteur] boy. -**2.** [danseur] (music-hall) dancer.

boyard [bɔjar] *nm* boyar.

boyau, x [bwajo] *nm* -**1.** CULIN length of casing. -**2.** MUS: ~ (de chat) catgut, gut. -**3.** [chambre à air] inner tube.

◆ **boyaux** *nmpl* ZOOL guts, entrails; [d'une personne] *fam* innards, guts.

boycott [bɔjkɔt], **boycottage** [bɔjkɔtaʒ] *nm* boycott.

boycotter [3] [bɔjkɔte] *vt* to boycott.

boycotteur, euse [bɔjkɔtœr, øz] ◇ *adj* boycotting (*avant n*).
◇ *nm, f* boycotter.

boy-scout [bɔjskut] (*pl* boy-scouts) *nm* -**1.** *fam* [naïf] idealist. -**2.** *vieilli* [scout] boyscout, scout.

BP (*abr de* boîte postale) *nf* P.O. Box.

BPAL *nf abr de* base de plein air et de loisir.

BPF (*abr écrite de* bon pour francs) *printed on cheques and invoices before space for amount to be inserted*.

BPI (*abr de* bits per inch) *nm inv* BPI.

brabançon, onne [brabɑ̃sɔ̃, ɔn] *adj* from Brabant.

◆ **Brabançon, onne** *nm, f inhabitant of or person from Brabant*.

Brabançonne [brabɑ̃sɔn] *npr f Belgian national anthem*.

brabant [brabɑ̃] *nm* metal plough.

Brabant [brabɑ̃] *npr m*: le ~ Brabant.

bracelet [braslɛ] *nm* -**1.** [chaîne - pour poignet] bracelet; [- pour bras] bangle, bracelet; [- pour cheville] ankle bracelet. -**2.** [de montre] strap. -**3.** [pour faire du sport] wristband; ~ de force leather wristband; ~ en éponge sweatband. -**4.** [lien] band; ~ élastique rubber band.

◆ **bracelets** *nmpl arg crime* [menottes] bracelets, cuffs.

bracelet-montre [braslɛmɔ̃tr] (*pl* bracelets-montres) *nm* wristwatch.

brachial, e, aux [brakjal, o] *adj* brachial.

brachiation [brakjasjɔ̃] *nf* brachiation.

brachiocéphalique [brakjɔsefalik] *adj* cervicobrachial.

brachiopode [brakjɔpɔd] *nm* brachiopod.

brachycéphale [brakisefal] *adj* & *nmf* brachycephalic.

braconnage [brakɔnaʒ] *nm* poaching HUNT.

braconner [3] [brakɔne] *vi* to poach HUNT.

braconnier, ère [brakɔnje, ɛr] *nm, f* poacher HUNT.

bractée [brakte] *nf* bract.

bradage [bradaʒ] *nm* clearance sale.

brader [3] [brade] *vt* to sell off *(sép)*; ~ qqch to sell sthg at a cut price; 'on brade' clearance sale.
braderie [bradri] *nf* -**1.** [vente - en plein air, dans une salle] ≃ jumble sale *Br*, ≃ rummage sale *Am*. -**2.** [soldes] sale.
bradeur, euse [bradœr, øz] *nm, f* discounter.
braguette [bragɛt] *nf* flies *Br*, fly *Am (on trousers)*.
brahmane [braman] *nm* Brahman, Brahmin *vieilli*.
brahmanique [bramanik] *adj* Brahmanic.
brahmanisme [bramanism] *nm* Brahmanism.
Brahmapoutre [bramaputr], **Brahmaputra** [bramaputra] *npr m*: le ~ the Brahmaputra.
brahmine [bramin] *nf* Brahmani.
brai [brɛ] *nm* [goudrons] pitch.
braies [brɛ] *nfpl arch* breeches.
braillard, e *fam* [brajar, ard] ◇ *adj*: tu étais un bébé ~ you were a real bawler when you were a baby.
◇ *nm, f* bawler, squaller; fais taire ton ~! keep that squalling brat of yours quiet!
braille [braj] *nm* Braille; apprendre le ~ to learn (to read) Braille; livre en ~ book in Braille.
braillement [brajmɑ̃] *nm* bawl, howl; les ~s d'un bébé the crying OU howling of a baby.
brailler [3] [braje] ◇ *vi* -**1.** [pleurer] to wail, to bawl, to howl. -**2.** [crier - mégère, ivrogne] to yell, to bawl; [- radio] to blare (out). -**3.** [chanter] to roar, to bellow.
◇ *vt* to bawl (out), to holler (out) *Am*.
brailleur, euse *fam* [brajœr, øz] = **braillard**.
braiment [brɛmɑ̃] *nm* bray, braying.
brainstorming [brɛnstɔrmiŋ] *nm* brainstorming (session).
brain-trust [brɛntrœst] (*pl* **brain-trusts**) *nm* brains trust.
braire [112] [brɛr] *vi* -**1.** ZOOL to bray. -**2.** *fam* [crier] to yell, to bellow. -**3.** *loc*: tu me fais ~! *fam* you're getting on my wick!
braise [brɛz] *nf* -**1.** [charbons] (glowing) embers; un regard de ~ *fig* a smouldering look. -**2.** *arg crime* [argent] dough, moolah.
braiser [4] [breze] *vt* to braise.
brame [bram] ◇ *nf* (plate) slab.
◇ *nm* bell.
bramement [brammɑ̃] *nm* bell.
bramer [3] [brame] *vi* -**1.** ZOOL to bell. -**2.** *fam* [pleurer] to wail.
brancard [brɑ̃kar] *nm* -**1.** [civière] stretcher. -**2.** [limon d'attelage] shaft.
brancarder [3] [brɑ̃karde] *vt* to carry on a stretcher.
brancardier [brɑ̃kardje] *nm* stretcher-bearer.
branchage [brɑ̃ʃaʒ] *nm* [ramure] boughs, branches.
◆ **branchages** *nmpl* branches.
branche [brɑ̃ʃ] *nf* -**1.** BOT [d'arbre] branch, bough; [de céleri] stick; grosse ~ limb, large branch ❑ ~ fruitière fruit-bearing branch; vieille ~ *fam* old chum OU buddy; s'accrocher OU se raccrocher aux ~s *fam* to hang on by the skin of one's teeth; accroche-toi aux branches! *fam* brace yourself for a shock! -**2.** ANAT ramification. -**3.** ÉLECTRON leg, branch; circuit à deux ~s two-legged circuit. -**4.** [tige - de lunettes] sidepiece *Br*, bow *Am*; [- d'un compas, d'un aimant] arm, leg; [- de ciseaux] blade; [- de tenailles] handle; [- d'un chandelier] branch. -**5.** [secteur] field; vous êtes dans quelle ~? what's your line OU field? -**6.** [d'une famille] side; par la ~ maternelle on the mother's side (of the family); la ~ aînée de la famille the senior branch of the family ❑ avoir de la ~ *fam* to have breeding.
◆ **en branches** *loc adj* [épinards] leaf *(modif)*.
branché, e *fam* [brɑ̃ʃe] ◇ *adj* fashionable, trendy *péj*.
◇ *nm, f*: tous les ~s viennent dans ce café you get all the fashionable people OU trendies *péj* in this café.
branchement [brɑ̃ʃmɑ̃] *nm* -**1.** CONSTR, ÉLECTR, TÉLÉC & TRAV PUBL connection; ~ d'appareil [tuyau] connecting branch; [liaison] connection, installation; ~ de conduits branch-off point; ~ d'égout connection to the sewage system; faire un ~ d'égout to connect to the sewage system; ~ au réseau électrique network branch; ~ électrique electric power supply; faire un ~ au OU sur le réseau to connect to the mains (power supply); faire un ~ sur un tuyau to connect to a pipe. -**2.** RAIL turnout.
brancher [3] [brɑ̃ʃe] ◇ *vt* -**1.** CONSTR, ÉLECTR, TÉLÉC & TRAV PUBL to connect; ~ qqch sur une prise to plug sthg in; je me branche où? *fam* where can I plug in?; être branché [appareil] to be plugged in; [canalisation] to be connected to the system; assurez-vous que l'appareil n'est pas branché make sure the appliance is unplugged. -**2.** *fam* [faire parler]: ~ qqn sur to start sb off OU to get sb going on; je l'ai branché sur le reggae et il ne s'est plus arrêté I got him onto reggae music and after that, there was no stopping him. -**3.** *fam* [mettre en rapport]: ~ qqn avec to put sb in touch with; je vais te ~ avec ma sœur, elle sait ce qu'il faut faire I'll put you in touch with my sister, she knows what to do. -**4.** *fam* [intéresser]: les gens, ça me branche I get a kick out of meeting people; ce type ne me branche pas des masses that guy's really not my type; l'acupuncture, ça me branche I'm into acupuncture; être branché (sur) to be into.
◇ *vi* to roost, to sit.
◆ **se brancher** ◇ *vp (emploi passif)*: se ~ dans to plug into.
◇ *vpi*: se ~ sur RAD to tune in (to); se ~ sur les grandes ondes to tune in to long wave; il s'est branché sur l'informatique *fam fig* he's got into computers.
branchette [brɑ̃ʃɛt] *nf litt* twig, sprig.
branchial, e, aux [brɑ̃ʃjal, o] *adj* branchial.
branchies [brɑ̃ʃi] *nfpl* gills, branchiae *spéc*.
branchiopode [brɑ̃kjɔpɔd] *nm* branchiopod.
branchu, e [brɑ̃ʃy] *adj* branchy.
brandade [brɑ̃dad] *nf* brandade, salt cod puree.
brande [brɑ̃d] *nf* -**1.** [plantes] heather, heath. -**2.** [terrain] heath, moor.
brandebourg [brɑ̃dbur] *nm* COUT frog, frogging.
◆ **à brandebourgs** *loc adj* COUT frogged.
Brandebourg [brɑ̃dbur] *npr* Brandenburg; la porte de ~ the Brandenburg Gate.
brandebourgeois, e [brɑ̃dburʒwa, az] *adj* from Brandenburg.
◆ **Brandebourgeois, e** *nm, f inhabitant of or person from Brandenburg*.
brandir [32] [brɑ̃dir] *vt* to brandish, to wave (about), to flourish.
brandon [brɑ̃dɔ̃] *nm* -**1.** [pour allumer] firebrand. -**2.** *fig*: ~ de discorde [objet, situation] bone of contention; [personne] troublemaker.
brandy [brɑ̃di] *nm* brandy.
branlant, e [brɑ̃lɑ̃, ɑ̃t] *adj* -**1.** [vieux - bâtiment, véhicule] ramshackle, rickety. -**2.** [instable - pile d'objets] unsteady, wobbly, shaky; [- échelle, chaise] rickety, shaky; [- démarche] tottering; [- dent] loose; [- résolution, réputation] shaky.
branle [brɑ̃l] *nm* [mouvement] pendulum motion; [impulsion] impulsion, propulsion; donner le ~ à qqch [procédure, situation] to set sthg going OU in motion; être en ~ to be on the move; mettre en ~ [cloche] to set going; [mécanisme, procédure] to set going OU in motion; se mettre en ~ [voyageur] to set off, to start out; [mécanisme] to start going, to start moving; [voiture] to start (moving).
branle-bas [brɑ̃lba] *nm inv* -**1.** [agitation] pandemonium, commotion; être en ~ to be in turmoil. -**2.** *loc*: ~ de combat! NAUT & *fig* action stations!; quand ma tante arrivait, c'était le ~ de combat when my aunt arrived, it was action stations all round. -**3.** NAUT clearing of the decks.
branlement [brɑ̃lmɑ̃] *nm* [dodelinement] wagging (of the head).
branler [3] [brɑ̃le] ◇ *vi* [échelle, pile d'objets] to be shaky OU unsteady; [fauteuil] to be rickety; [dent] to be loose; ~ dans le manche [outil] to have a loose handle; ~ du chef [de haut en bas] to nod; [de droite à gauche] to shake one's head.
◇ *vt* ▼ [faire]: mais qu'est-ce qu'il branle? [il est en retard] where the fuck is he?; [il fait une bêtise] what the fuck's he up to?
◆ **se branler**▼ *vpi* to (have a) wank *Br*, to jerk off *Am*; je m'en branle *fig* I don't give a shit OU fuck.
branleur, euse▼ [brɑ̃lœr, øz] *nm, f* wanker *Br*, shit *esp Am*.
brante [brɑ̃t] *nf Helv grape-picker's basket*.
braquage [brakaʒ] *nm* -**1.** AUT (steering) lock. -**2.** AÉRON deflection. -**3.** *fam* [vol] holdup, stickup.
braque *fam* [brak] ◇ *adj fam* cracked, nuts; elle est complètement ~ she's as mad as a March hare OU a hatter, she's as crazy as a bedbug *Am*.
◇ *nm* ZOOL pointer.
braquer [3] [brake] ◇ *vt* -**1.** [pointer - fusil] to point, to aim, to level; [- projecteur, télescope] to train; ~ son revolver sur qqn to level OU to point one's gun at sb. -**2.** [concentrer]: ~ sur to train OU to fix OU to turn on; son regard était braqué sur moi she was staring straight at me, her gaze was fixed on me. -**3.** AUT & AÉRON to lock. -**4.** [rendre hostile] to antagonize; ne le braquez pas don't antagonize him OU put his back up; ~ qqn contre to set sb against; elle est braquée contre ses collègues/ce mariage she's totally opposed to her colleagues/dead set against this marriage. -**5.** *fam* [attaquer - caissier] to hold up *(sép)*; ~ une banque to hold up a bank.
◇ *vi* [voiture] to lock; ~ bien/mal to have a good/poor turning circle; ~ à droite/gauche to lock hard to the right/left; braque à fond! wheel hard down!
◆ **se braquer** *vpi* to dig one's heels in; il s'est braqué, il n'y a rien à faire he's dug his heels in OU he's set (his face) against it, there's nothing we can do.
braquet [brakɛ] *nm* transmission ratio; mettre le petit ~ to shift to first gear.
bras [bra] ◇ *nm* -**1.** [membre] arm; ANAT upper arm; blessé au ~ wounded in the arm; avoir qqn à son ~ to have sb on one's arm; son panier/épouse au ~ his basket/wife on his arm; avoir qqch dans les ~ to be carrying sthg in one's arms; porter un enfant dans les OU ses ~ to carry a child (in one's arms); tomber dans les ~ de qqn to fall into sb's arms; ils sont tombés dans les ~ l'un de l'autre they fell into each other's arms; il l'a jetée dans les ~ de Robert *fig* he drove her into Robert's arms; sous le ~ under one arm; prendre le ~ de qqn to grab sb's arm; donner OU offrir son ~ à qqn to offer sb one's arm; serrer qqn dans ses ~ to hold sb in one's arms, to hug sb; tendre OU allonger le ~ to stretch one's arm out; les ~ en croix (with) arms outstretched OU outspread; les ~ ballants with arms dangling; ne reste pas là, les ~ ballants *fig* don't just stand there like an idiot ❑ ~ droit right hand man (*f* woman); ~ de fer: c'est un ~ de fer entre les deux partis the two parties are wrestling with one another; ~ d'honneur ≃ V-sign *Br*, ≃ the finger *Am*; faire un ~ d'honneur à qqn to give sb a V-sign *Br* OU the finger *Am*; gros ~ heavy; les ~ croisés *pr* with arms folded; *fig* (idly) twiddling one's thumbs; tomber à ~ raccourcis sur qqn [gén] to lay into sb; [physiquement] to beat sb to a pulp; avoir le ~ long to be influential; se jeter dans les ~ de qqn *pr* to throw o.s. into sb's arms; *fig* to fall an easy prey to sb; dans les ~ de Morphée *hum* sound asleep, in the arms of Morpheus; les ~ lui en sont tombés his jaw dropped OU fell; quand on entend ça, les ~ vous en tombent the mind boggles when you hear that; lever les ~ [d'impuissance] to throw up one's arms (help-

lessly); lever les ~ au ciel to throw up one's arms in indignation; ouvrir les ~ à qqn: tu n'avais qu'à lui ouvrir les ~ ! all you had to do was open up to her!; tendre les ~ à qqn *pr* to hold out one's arms to sb; *fig* to offer sb (moral) support; tendre les ~ vers qqn *pr* to hold out one's arms to sb; *fig* to turn to sb for help. -**2.** ZOOL [du cheval] arm; [tentacule] arm, tentacle. -**3.** [partie - d'une ancre, d'un électrophone, d'un moulin] arm; [- d'une charrette] arm, shaft; [- d'une grue] arm, jib; [- d'un fauteuil] arm, armrest; [- d'une brouette] handle; [- d'une manivelle] web, arm; [- d'un brancard] pole; [- d'une croix] arm; ~ **d'accès** OU **de lecture-écriture** access arm; ~ **de levier** lever arm OU crank; ~ **manipulateur** computer-operated arm; ~ **télémanipulateur** remote-control computer-operated arm. -**4.** [pouvoir] : le ~ **séculier** the secular arm; le ~ **de la justice** the long arm of the law. -**5.** GÉOG [d'un delta] arm; ~ **de mer** sound, arm of the sea; ~ **de rivière** arm OU *Am* branch of a river; ~ **abandonné** OU **mort** dead channel; **petit** ~ **d'eau** armlet. -**6.** NAUT (anchor) arm.

◇ *nmpl* [main-d'œuvre] workers; on a besoin de ~ we need workers OU help; le manque de ~ the shortage of manpower.

◆ **à bras ouverts** *loc adv* [accueillir, recevoir] with open arms.

◆ **au bras de** *loc prép* on the arm of, arm in arm with.

◆ **bras dessus, bras dessous** *loc adv* arm in arm.

◆ **en bras de chemise** *loc adv* in (one's) shirt-sleeves.

◆ **sur les bras** *loc adv*: avoir qqn/qqch sur les ~ to be stuck with sb/sthg; j'ai une entreprise sur les ~ I have a company on my hands; je n'ai plus mes enfants sur les ~ my children are off my hands now; rester sur les ~ : le loyer m'est resté sur les ~ I was left with the rent to pay; les libraires craignent que cette anthologie ne leur reste sur les ~ booksellers are worried that this anthology might not sell.

brasage [brazaʒ] *nm* brazing, soldering.

braser [3] [braze] *vt* to solder.

brasero [brazero] *nm* brazier.

brasier [brazje] *nm* -**1.** [incendie] blaze, fire; il retourna dans le ~ he went back into the blaze OU inferno; la maison n'était plus qu'un ~ the house was now a blazing mass, the fire was now raging through the house. -**2.** [tumulte] fire; le ~ de ses passions the (consuming) fire of his passions; le pays est maintenant un véritable ~ the whole country's ablaze.

Brasilia [brazilja] *npr* Brasilia.

bras-le-corps [bralkɔr]

◆ **à bras-le-corps** *loc adv*: prendre qqn à ~ to catch hold of OU to seize OU to clasp sb around the waist; prendre un problème à ~ *fig* to tackle a problem head on.

brassage [brasaʒ] *nm* -**1.** [de la bière] brewing; [du malt] mashing. -**2.** [de liquides] mixing, swirling together; [des cultures, des peuples] intermixing, intermingling.

brassard [brasar] *nm* armband; ~ **de deuil** black armband.

brasse [bras] *nf* -**1.** SPORT breaststroke; tu sais nager la ~ ? can you do the breaststroke?; elle traverse la piscine en 10 ~s she can cross the swimming pool in 10 strokes *(doing the breaststroke)* ❑ ~ **papillon** butterfly (stroke). -**2.** [mesure] 5 feet; NAUT fathom.

brassée [brase] *nf* armful.

◆ **par brassées** *loc adv* by the armful; on m'apportait des télégrammes par ~s I was getting telegrams by the armful.

brasser [3] [brase] *vt* -**1.** [bière] to brew; [malt] to mash. -**2.** JEUX [cartes] to shuffle. -**3.** [populations] to intermingle. -**4.** [agiter - air] to fan; [- feuilles mortes] to toss about *(sép)*, to stir. -**5.** [manier - argent, sommes] to handle; ~ des affaires to handle a lot of business.

brasserie [brasri] *nf* -**1.** [fabrique de bière] brewery. -**2.** [café] *large café serving light meals*.

brasseur, euse [brasœr, øz] *nm, f* -**1.** SPORT breaststroker; c'est un bon ~ he's good at the breaststroke. -**2.** [fabricant de bière] brewer.

◆ **brasseur d'affaires** *nm* [financier] financier.

brassière [brasjɛr] *nf* -**1.** VÊT (baby's) vest *Br* OU undershirt *Am*. -**2.** NAUT: ~ **de sauvetage** life jacket. -**3.** *Can* bra.

brasure [brazyr] *nf* -**1.** [résultat du brasage] soldering joint OU surface OU seam. -**2.** [alliage] brazing alloy.

bravache [bravaʃ] ◇ *adj* swaggering, blustering.

◇ *nm* braggart *litt*, swaggerer; faire le ~ to brag.

bravade [bravad] *nf* [ostentation] bravado; [défi] defiance; faire qqch par ~ [ostentation] to do sthg out of bravado; [défi] to do sthg in a spirit of defiance.

brave [brav] ◇ *adj* -**1.** [courageux] brave, bold; faire le ~ to act brave. -**2.** *(avant le n)* [bon] good, decent; de ~s gens good OU decent people; un ~ type *fam* a nice bloke *Br* OU guy. -**3.** [ton condescendant] : ma ~ dame/mon ~ monsieur, personne ne dit le contraire! my dear lady/my dear fellow, nobody's saying anything to the contrary!; il est bien ~ mais il ne comprend rien he means well but he doesn't understand a thing.

◇ *nmf* [héros] brave man *(f* woman); un ~ parmi les ~s a hero amongst heroes.

◇ *nm* [guerrier indien] brave.

bravement [bravmɑ̃] *adv* -**1.** [courageusement] bravely, courageously. -**2.** [sans hésitation] boldly, resolutely; il s'est ~ mis au travail he set to work with a will.

braver [3] [brave] *vt* -**1.** [affronter] to defy, to challenge; ~ les conventions to go against OU to brave OU to challenge conventions; ~ le danger/la mort to defy danger/death. -**2.** [défier] to defy, to stand up to *(insép)*; ~ les autorités to stand up to OU to defy the authorities; ~ les ordres to go against OU to defy orders.

bravissimo [bravisimo] *interj* bravissimo.

bravo [bravo] ◇ *interj* -**1.** [applaudissement] bravo. -**2.** [félicitations] well done, bravo; ~! bien parlé! hear! hear!; ~, tu as raison! good thinking!; eh bien ~, tu as réussi ton coup! *iron* congratulations, you've really gone and done it now!

◇ *nm* bravo; un grand ~ pour nos candidats let's have a big hand for our contestants; entrer/partir sous les ~s to be cheered in/out.

bravoure [bravur] *nf* bravery, courage, gallantry *litt*.

Brazzaville [brazavil] *npr* Brazzaville.

BRB *nf abr de* **brigade de répression du banditisme**.

break [brɛk] *nm* -**1.** AUT estate car *Br*, station wagon *Am*. -**2.** [voiture à cheval] break. -**3.** MUS break. -**4.** SPORT: faire le ~ to break away ‖ [à la boxe] break.

brebis [brəbi] *nf* -**1.** ZOOL ewe; ~ **galeuse** black sheep. -**2.** RELIG sheep; ~ **égarée** lost sheep; les ~ **de Dieu** the faithful.

brèche [brɛʃ] *nf* -**1.** [ouverture] breach, gap, break. -**2.** MIL breach; faire une ~ dans un front to break open OU to breach an enemy line ❑ être toujours sur la ~ to be hard at it, to work day and night. -**3.** *fig* hole, dent; faire une ~ à son capital to make a hole OU dent in one's capital. -**4.** GÉOL breccia.

bréchet [breʃɛ] *nm* carina, keel.

bredouillage [brədujaʒ] *nm* mumbling, muttering.

bredouille [brəduj] *adj* empty-handed; rentrer ~ CHASSE & PÊCHE to come home empty-handed OU with an empty bag; *fig* to come back empty-handed.

bredouillement [brədujmɑ̃] = **bredouillage**.

bredouiller [3] [brəduje] *vi & vt* to mumble, to mutter.

bredouilleur, euse [brədujœr, øz] ◇ *adj* mumbling, muttering.

◇ *nm, f* mumbler, mutterer.

bredouillis [brəduji] = **bredouillage**.

bref, brève [brɛf, brɛv] *adj* -**1.** [court - moment, vision] brief, fleeting; [concis - lettre, discours] brief, short; une brève histoire d'amour a brief love affair; soyez ~ be brief; soyez plus ~ come to the point. -**2.** PHON [syllabe, voyelle] short.

◆ **bref** ◇ *adv* in short, in a word, in brief.

◇ *nm* RELIG (papal) brief.

◆ **brève** *nf* -**1.** PHON [voyelle] short vowel; [syllabe] short syllable. -**2.** PRESSE, RAD & TV brief.

◆ **à bref délai** *loc adv* shortly, soon.

◆ **dans les plus brefs délais** *loc adv* as soon as possible.

◆ **en bref** *loc adv* -**1.** [en résumé] in short, in brief. -**2.** PRESSE, RAD & TV: en ~ news in brief.

Brejnev [brɛʒnɛf] *npr* Brezhnev.

brelan [brəlɑ̃] *nm three playing cards or dice sides of the same denomination*; ~ de rois three kings.

breloque [brəlɔk] *nf* [bijou] charm.

brème [brɛm] *nf* -**1.** ZOOL bream. -**2.** *arg crime* (playing) card.

Brême [brɛm] *npr* Bremen.

brésil [brezil] *nm* brazilwood.

Brésil [brezil] *npr m*: le ~ Brazil; au ~ in Brazil.

brésilien, enne [breziljɛ̃, ɛn] *adj* Brazilian.

◆ **Brésilien, enne** *nm, f* Brazilian.

◆ **brésilien** *nm* LING Brazilian Portuguese.

Bretagne [brətaɲ] *npr f*: (la) ~ Brittany; la ~ bretonnante LING the Breton-speaking part of Brittany; [gén] the most typically Breton part of Brittany.

bretèche [brətɛʃ] *nf* bartizan, brattice.

bretelle [brətɛl] *nf* -**1.** [bandoulière] (shoulder) strap; ~ **de fusil** gun sling; porter l'arme à la ~ to carry one's weapon slung over one's shoulder. -**2.** [de robe] shoulder strap; [de soutien-gorge] (bra) strap. -**3.** RAIL double crossover. -**4.** TRANSP slip road *Br*, access road; ~ **d'accès** access road; ~ **d'autoroute** motorway slip road *Br*, highway access road *Am*; ~ **de contournement** bypass; ~ **de raccordement** motorway *Br* OU highway *Am* junction; ~ **de sortie** exit road.

◆ **bretelles** *nfpl* braces *Br*, suspenders *Am*.

breton, onne [brətɔ̃, ɔn] *adj* Breton.

◆ **Breton, onne** *nm, f* Breton; ~ **bretonnant** LING native speaker of Breton; [gén] *native Breton attached to Breton traditions and culture*.

◆ **breton** *nm* LING Breton.

bretonnant, e [brətɔnɑ̃, ɑ̃t] *adj* Breton-speaking.

bretteur [brɛtœr] *nm vieilli* swordsman, dueller.

bretzel [brɛtzɛl] *nm* pretzel.

breuvage [brœvaʒ] *nm* -**1.** [boisson] beverage, drink; un drôle de ~ a strange concoction. -**2.** [potion] potion, beverage.

brevet [brəvɛ] *nm* -**1.** JUR: accorder un ~ to licence a patent; exploiter un ~ to work a patent; prendre un ~ to take out a patent; titulaire d'un ~ patentee ❑ ~ **d'invention** patent. -**2.** SCOL diploma; décerner OU délivrer un ~ à qqn to bestow a diploma on sb; le ~ *exam taken at 14* ❑ ~ **d'études professionnelles** → **BEP**; ~s **militaires** ≃ staff college qualifications; ~ **professionnel** *vocational diploma*; ~ **de technicien** *exam taken at 17 after 3 years' technical training*; ~ **de technicien supérieur** → **BTS**. -**3.** AÉRON: ~ **de pilote** pilot's licence; avoir son ~ de pilote to be a qualified pilot OU qualified as a pilot. -**4.** [certificat] certificate; ~ **de secourisme** first-aid certificate; décerner à qqn un ~ de moralité to testify to OU to vouch for sb's character.

brevetable [brəvtabl] *adj* patentable.

brevetée, e [brəvte] ◇ *adj* -**1.** [diplômé] qualified. -**2.** [garanti] patented.
◇ *nm, f* patentee.

breveter [27] [brəvte] *vt* to patent; faire ~ qqch to take out a patent for sthg.

bréviaire [brevjɛr] *nm* breviary; dire son ~ to read one's breviary.

BRGM (*abr de* **Bureau de recherches géologiques et minières**) *npr m French geological and mining research agency.*

Briansk [briɑ̃sk] *npr* Bryansk.

briard, e [brijar, ard] *adj* from the Brie region.
◆ **Briard, e** *nm, f inhabitant of or person from the Brie region.*
◆ **briard** *nm* Briard (sheepdog).

bribes [brib] *nfpl* -**1.** [restes - d'un gâteau, d'un repas] scraps, crumbs. -**2.** [fragments - de discours] snatches, scraps; [- d'information, de connaissance] scraps.
◆ **par bribes** *loc adv* in snatches, bit by bit; **je connais l'histoire par** ~**s** I heard the story in snatches.

bric-à-brac [brikabrak] *nm inv* -**1.** [tas d'objets] clutter, jumble, bric-à-brac; **c'est là que je mets tout mon** ~ that's where I put all my odds and ends OU bits and pieces. -**2.** [mélange d'idées] jumble of ideas, hotchpotch *Br* OU hodgepodge *Am* of ideas. -**3.** [boutique] junk shop *Br*, secondhand store *Am*.

bricelet [brislɛ] *nm Helv thin crisp waffle.*

bric et de broc [brikedbrɔk]
◆ **de bric et de broc** *loc adv* haphazardly; **meublé de** ~ furnished with bits and pieces.

brick [brik] *nm* brig.

brick-goélette [brikgɔelɛt] (*pl* **bricks-goélettes**) *nm* schooner brig.

bricolage [brikɔlaʒ] *nm* -**1.** [travail manuel] do-it-yourself, DIY *Br*; **aimer le** ~ to like do-it-yourself OU DIY. -**2.** [réparation] makeshift repair; **c'est du bon** ~ it's good work. -**3.** [mauvais travail]: **c'est du** ~ it's just been thrown together.
◆ **de bricolage** *loc adj* [magasin, manuel, rayon] do-it-yourself *(modif)*, DIY *Br (modif)*.

bricole [brikɔl] *nf* -**1.** [petit objet]: **des** ~**s** things, bits and pieces; **je dois acheter quelques** ~**s** I must buy a few things OU a few bits and pieces. -**2.** [article de peu de valeur] trifle; **je vais lui offrir une** ~ I'm going to give her a little something ❑ ... **et des** ~**s** *fam* ... and a bit; 30 **francs et des** ~**s** 30-odd francs. -**3.** [chose sans importance] piece of trivia; **des** ~**s** trivia. -**4.** *fam* [ennui] trouble; **il va t'arriver des** ~**s** you're heading for trouble. -**5.** [harnais] breast harness. -**6.** [bretelle] carrying girth OU strap. -**7.** PÊCHE double hook.

bricoler [3] [brikɔle] ◇ *vi* -**1.** [faire des aménagements] to carry out home improvements; **elle adore** ~ she's a real do-it-yourself enthusiast. -**2.** [avoir de petits emplois] to do odd jobs; **jusqu'à 24 ans, j'ai bricolé** until I was 24, I never had a serious job. -**3.** *fam péj* [mauvais artisan, praticien ou étudiant] to produce shoddy work.
◇ *vt* -**1.** [confectionner] to make; **c'est moi qui ai bricolé ça** it's all my own work; **j'ai bricolé une poignée pour la porte** I improvised a new handle for the door. -**2.** [réparer] to fix (up), to mend, to carry out makeshift repairs to; **j'ai bricolé la radio et elle a l'air de marcher** I've tinkered with the radio a bit and it seems to be working. -**3.** [manipuler] to tinker OU to tamper with; **qui a bricolé le grille-pain?** who's been tinkering with the toaster?; ~ **un moteur** to soup up an engine.

bricoleur, euse [brikɔlœr, øz] ◇ *nm, f* -**1.** [qui construit ou répare soi-même] handyman (*f* handywoman), DIY enthusiast. -**2.** *péj* [dilettante] amateur, dilettante.
◇ *adj*: **il est très** ~ he's good with his hands; **il n'est pas** ~ he's no handyman.

bride [brid] *nf* -**1.** ÉQUIT bridle; **tenir son cheval en** ~ to curb OU to rein in a horse ❑ **avoir la** ~ **sur le cou** to be given a free hand; **laisser la** ~ **sur le cou à qqn** to give sb a free rein; **serrer** OU **tenir la** ~ **à qqn** to keep sb on a tight rein; **tourner** ~ to turn tail. -**2.** COUT bar; [en dentelle] bride, bar. -**3.** MÉD adhesion; ~ **amniotique** amniotic band OU adhesion.
◆ **à bride abattue, à toute bride** *loc adv* at full speed, like greased lightning.

bridé, e [bride] *adj*: **yeux** ~**s** slanting eyes; **avoir les yeux** ~**s** to have slanting eyes.

brider [3] [bride] *vt* -**1.** ÉQUIT to bridle. -**2.** [serrer] to constrict; **ma veste me bride aux emmanchures** my jacket is too tight under the arms. -**3.** [contenir] to curb, to bridle, to restrain; ~ **son enthousiasme** to keep a check on OU to curb one's enthusiasm; ~ **les passions de qqn** to curb OU to dampen sb's passions. -**4.** COUT to bind. -**5.** CULIN to truss. -**6.** NAUT to lash together.

bridge [bridʒ] *nm* -**1.** DENT bridge, bridgework. -**2.** JEUX bridge.

bridger [17] [bridʒe] *vi* to play bridge.

bridgeur, euse [bridʒœr, øz] *nm, f* bridge player.

brie [bri] *nm* Brie.

Brie [bri] *npr f*: **la** ~ the Brie region.

briefer [3] [brife] *vt* to brief.

briefing [brifiŋ] *nm* briefing.

brièvement [brijɛvmɑ̃] *adv* -**1.** [pendant peu de temps] briefly, fleetingly, for a short time. -**2.** [avec concision] briefly, in a few words.

brièveté [brijɛvte] *nf* brevity, briefness.

brigade [brigad] *nf* -**1.** MIL [détachement] brigade; ~ **de gendarmerie** squad of gendarmes ‖ [régiments] brigade. -**2.** [équipe d'ouvriers] gang, team. -**3.** [corps de police] squad; ~ **antigang** OU **de répression du (grand) banditisme** organized crime division; ~ **des mineurs** juvenile squad; ~ **des mœurs** vice squad; ~ **des stupéfiants** drug squad; ~ **mobile** OU **volante** flying squad. -**4.** [en Italie]: **les Brigades rouges** the Red Brigades.

brigadier [brigadje] *nm* -**1.** [de police] sergeant. -**2.** MIL corporal. -**3.** HIST brigadier.

brigadier-chef [brigadjeʃɛf] (*pl* **brigadiers-chefs**) *nm* sergeant.

brigand [brigɑ̃] *nm* -**1.** [bandit] bandit, brigand *litt*. -**2.** [escroc] crook, thief. -**3.** [avec affection]: ~, **va!** *fam* you rogue OU imp OU rascal!

brigandage [brigɑ̃daʒ] *nm* -**1.** [vol à main armée] armed robbery. -**2.** [acte malhonnête]: **c'est du** ~ it's daylight robbery.

brigantin [brigɑ̃tɛ̃] *nm* brigantine.

brigantine [brigɑ̃tin] *nf* spanker NAUT.

brigue [brig] *nf litt* intrigue; **avoir une place par (la)** ~ to get a job by pulling strings.

briguer [3] [brige] *vt* [emploi] to angle for *(insép)*; [honneur] to seek, to pursue, to aspire to *(insép)*; [suffrage] to seek.

brillamment [brijamɑ̃] *adv* brilliantly, magnificently; **réussir** ~ **un examen** to pass an exam with flying colours.

brillance [brijɑ̃s] *nf* [du regard] brilliance; [des cheveux] shine, sheen, gloss.

brillant, e [brijɑ̃, ɑ̃t] *adj* -**1.** [luisant - parquet] shiny, glossy, polished; [- peinture] glossy; [- cheveux, lèvres] shiny, glossy; [- soie] lustrous; [- toile, cristal] sparkling, glittering; [- feuille, chaussure] glossy, shiny; [- yeux] bright, shining; ~ **de: yeux** ~**s de malice** eyes sparkling with mischief; **yeux** ~**s de fièvre** eyes bright with fever. -**2.** [remarquable - esprit, intelligence] brilliant, outstanding; [- succès, carrière, talent] brilliant, dazzling, outstanding; [- conversation] brilliant, sparkling; [- hommage] superb, magnificent; [- représentation, numéro] brilliant, superb; **il a été** ~ he did very well indeed OU brilliantly; **pas** ~**: ce n'est pas** ~ it's not brilliant; **sa santé n'est pas** ~**e** he's poorly, his health is not too good; **les résultats ne sont pas** ~**s** the results aren't too good OU aren't all they should be. -**3.** [riche]: **faire un mariage** ~ to marry very well; **c'est un** ~ **parti** he/she'll be a good catch.
◆ **brillant** *nm* -**1.** [éclat - d'un métal, d'une surface] gloss, sheen; [- de chaussures] shine; [- d'une peinture] gloss; [- d'un tissu] sheen; [- d'un diamant, d'un regard] sparkle. -**2.** [brio] brio, sparkle; **malgré le** ~ **de sa conversation/son œuvre** in spite of his brilliant conversation/impressive work. -**3.** JOAILL brilliant.
◆ **brillant à lèvres** *nm* [cosmétique] lip gloss.

brillanté [brijɑ̃te] *nm* dimity.

brillanter [3] [brijɑ̃te] *vt* -**1.** *litt* to give glitter OU sparkle to. -**2.** JOAILL to cut into a brilliant. -**3.** TEXT to gloss. -**4.** MÉTALL to brighten.

brillantine [brijɑ̃tin] *nf* [pour les cheveux] brilliantine.

briller [3] [brije] *vi* -**1.** [luire - chaussure, soleil, lumière, regard] to shine; [- chandelle] to glimmer; [- étoile] to twinkle, to glitter; [- diamant] to shine, to glitter, to sparkle; [- dents] to sparkle; [- eau] to shimmer, to sparkle; [- feuille] to shine, to glisten; **tout brille dans sa cuisine** his kitchen's gleaming; **j'ai le nez qui brille** I have a shiny nose; **faire** ~**: faire** ~ **ses chaussures** to shine one's shoes; **faire** ~ **un meuble/l'argenterie** to polish a piece of furniture/the silver; **sa bague en diamant brillait de tous ses feux** her diamond ring threw off a thousand sparkles; ~ **de: des yeux qui brillent de colère** eyes ablaze with anger; **des yeux qui brillent de plaisir/d'envie** eyes sparkling with pleasure/glowing with envy; **des yeux qui brillent de fièvre** eyes bright with fever ❑ **tout ce qui brille n'est pas (d')** or *prov* all that glitters is not gold. -**2.** [exceller] to shine, to excel, to be outstanding; ~ **à un examen** to do very well in an exam; ~ **au tennis/en biologie** to be very good at tennis/at biology ‖ [se distinguer] to stand out; **avoir le désir de** ~ to be anxious to stand out; ~ **en société** to be a social success; ~ **dans une conversation** to shine in a conversation ❑ ~ **par** *iron*: ~ **par son absence** to be conspicuous by one's absence; ~ **par son incompétence** to be remarkably incompetent; **faire** ~ to point out; **faire** ~ **les avantages d'une situation** to point out the advantages of a situation.

brimade [brimad] *nf* -**1.** [vexation] victimization, bullying; **faire subir des** ~**s à qqn** to victimize sb, to bully sb. -**2.** *arg scol* initiation ceremony.

brimbaler [brɛ̃bale] = **bringuebaler**.

brimborion [brɛ̃bɔrjɔ̃] *nm litt* bauble, trinket.

brimer [3] [brime] *vt* -**1.** [tracasser] to victimize; **il se sent brimé** he feels victimized. -**2.** *arg scol* to initiate.

brin [brɛ̃] *nm* -**1.** [filament] strand; **câble à un** ~ single-strand OU single-stranded cable; **corde/laine à trois** ~**s** three-ply rope/wool ‖ TEXT fibre. -**2.** [tige - d'herbe] blade; [- d'osier] twig; [- de muguet, de persil] sprig; [- de bruyère, d'aubépine] twig, sprig. -**3.** [morceau - de laine, de fil] piece, length; ~ **de paille** (piece of) straw. -**4.** [parcelle]: **un** ~ **de** a (tiny) bit of; **un** ~ **de génie** a touch of genius; **il faut avoir un** ~ **d'inconscience pour faire ça** you need to be a bit foolhardy to do that; **il n'a pas un** ~ **de bon sens** he hasn't an ounce OU a shred of common sense; **il n'y a pas un** ~ **de vent** there isn't a breath of wind; **il n'y a pas un** ~ **de vérité là-dedans** there isn't a grain of truth in it; **faire un** ~ **de: faire un** ~ **de causette (à** OU **avec qqn)** *fam* to have a quick chat (with sb); **faire un** ~ **de cour à** to have a little flirt with; **faire un** ~ **de toilette** to have a quick wash. -**5.** *loc*: **un beau** ~ **de fille** a good-looking girl.
◆ **un brin...** *fam loc adv* a trifle..., a touch...; **il était un** ~ **dépité** he was a trifle disappointed; **lève ton bras un** ~ **plus haut** raise your arm a shade OU fraction higher; **rigoler** OU **s'amuser un** ~ to have a bit of fun.

brindille [brɛ̃dij] *nf* twig.

bringue *fam* [brɛ̃g] *nf* -**1.** *péj*: **une grande** ~ a beanpole. -**2.** [noce]: **faire la** ~ to live it up, to party *Am*. -**3.** *fam Helv* [querelle] row; [rengaine] refrain.

bringuebaler [3] [brɛ̃gbale] ◇ *vt* to joggle, to jiggle, to shake.
◇ *vi* to joggle, to rattle; **c'est fragile, il ne faut**

pas que ça bringuebale dans la valise it's fragile and mustn't shake about in the suitcase; une carriole qui bringuebale a cart that rattles along; une voiture bringuebalante a shaky old car.

bringuer [3] [brɛ̃ge] *Helv* ◇ *vi*: arrête de ~! stop going on about it!
◇ *vt* to go on at *(insép)*.
◆ **se bringuer** *vpi*: ils se bringuaient they were having a row.

brinquebaler [brɛ̃kbale] = **bringuebaler**.

brio [brijo] *nm* brio, verve.
◆ **avec brio** *loc adv*: parler avec ~ [en une occasion] to make a brilliant speech; [naturellement] to be a dazzling speaker; s'en tirer avec ~ to carry sthg off with panache; passer une épreuve avec ~ to pass an exam with flying colours.

brioche [brijɔʃ] *nf* -**1.** CULIN brioche. -**2.** *fam* [ventre] paunch; avoir de la ~ to be potbellied; prendre de la ~ to be getting a paunch OU potbelly.

brioché, e [brijɔʃe] *adj* brioche-like; pain ~ brioche-like bread *(with added fat and sugar in the dough)*.

brique [brik] ◇ *nf* -**1.** CONSTR brick; un mur de ~ OU ~s a brick wall ❑ ~ réfractaire firebrick, refractory brick; bouffer des ~s▽ to have nothing to eat. -**2.** [morceau] piece; ~ de jeu de construction building block. -**3.** [emballage - de lait, de jus de fruit] carton. -**4.** *fam* [million] *one million old francs (10,000 francs)*. -**5.** *Helv* [fragment] fragment, splinter.
◇ *adj inv* brick-red.

briquer [3] [brike] *vt* [pont de navire] to scrub; [maison] *fam* to clean from top to bottom; tout avait été briqué everything had been scrubbed.

briquet [brikɛ] *nm* -**1.** [appareil] lighter. -**2.** ZOOL beagle.

briquetage [briktaʒ] *nm* -**1.** [maçonnerie] brickwork. -**2.** [enduit] imitation brickwork.

briqueter [27] [brikte] *vt* -**1.** CONSTR [pavement, surface] to face in imitation brickwork. -**2.** [transformer en briquettes] to briquette.

briqueterie [brikɛtri] *nf* brickworks *(sg)*, brickyard.

briqueteur [briktœr] *nm* bricklayer.

briquetier [briktje] *nm* -**1.** [ouvrier] brickmaker. -**2.** [dirigeant] brickyard manager.

briquette [brikɛt] *nf* -**1.** CONSTR small brick. -**2.** [de combustible] briquette.

bris [bri] *nm* -**1.** [fragment] piece, fragment; des ~ de glace shards, fragments of glass; être assuré contre les ~ de glace to be insured for plate glass risk. -**2.** JUR: ~ de clôture breach of close; ~ de scellés breaking of seals.

brisant, e [brizɑ̃, ɑ̃t] *adj* highly-explosive.
◆ **brisant** *nm* [haut-fond] reef, shoal.
◆ **brisants** *nmpl* [vagues] breakers.

briscard [briskar] *nm* -**1.** MIL old soldier, veteran. -**2.** [vétéran] veteran, old hand; un vieux ~ a veteran.

brise [briz] *nf* breeze; bonne ~ fresh breeze.

brisé, e [brize] *adj* -**1.** [détruit] broken; un homme ~ [par la fatigue] a run-down OU worn-out man; [par les ennuis, le chagrin] a broken man; une voix ~e a hoarse voice. -**2.** GÉOM broken. -**3.** ARCHIT [arc] broken.
◆ **brisé** *nm* DANSE brisé.

brise-béton [brizbetɔ̃] *nm inv* jackhammer.

brise-bise [brizbiz] *nm inv* half curtain *(on the bottom half of a window)*.

brise-copeaux [brizkɔpo] *nm inv* chip breaker.

brisées [brize] *nfpl* -**1.** CHASSE broken branches *(to mark the way)*. -**2.** *loc*: aller OU marcher sur les ~ de qqn to poach on sb's preserves.

brise-fer *fam* [brizfɛr] *nm inv vieilli* vandal.

brise-glace [brizglas] *nm inv* -**1.** NAUT icebreaker. -**2.** [pour un pont] icebreaker, ice apron OU guard. -**3.** [outil] hammer.

brise-jet [brizʒɛ] *nm inv* tap swirl.

brise-lames [brizlam] *nm inv* breakwater, groyne, mole.

brisement [brizmɑ̃] *nm litt* breaking.

brise-mottes [brizmɔt] *nm inv* harrow.

briser [3] [brize] *vt* -**1.** [mettre en pièces - verre, assiette] to break, to smash; [- vitre] to break, to shatter, to smash; [- motte de terre] to break up *(sép)*; ~ qqch en mille morceaux to smash sthg to pieces; ~ les tabous *fig* to break taboos. -**2.** [séparer en deux - canne, branche] to break, to snap; [- liens, chaînes] to break; ~ la glace to break the ice. -**3.** [assouplir]: ~ des chaussures to break shoes in. -**4.** [défaire - réputation, carrière] to wreck, to ruin; [- résistance, rébellion] to crush, to quell; [- contrat] to break; [- grève] to break (up); ~ un mariage/une amitié/une famille to break up a marriage/friendship/family; cela me brise le cœur it breaks my heart ❑ ~ l'élan de qqn *pr* to make sb stumble; *fig* to clip sb's wings. -**5.** [soumettre] to break; je le briserai I'll break him. -**6.** [épuiser - suj: soucis, chagrin] to break, to crush; [- suj: exercice, voyage] to exhaust, to tire out *(sép)*; brisé par la maladie broken by illness. -**7.** *loc*: brisons là! *litt* not another word!, that's enough!; les ~ à qqn▽: tu me les brises! you're getting on my wick! *Br*, you're starting to bug me! *Am*.
◆ **briser avec** *v + prép* [ami, tradition] to break with.
◆ **se briser** *vpi* -**1.** [se casser - verre] to shatter, to break. -**2.** [être altéré - espoir] to shatter; [- voix] to break, to falter; son cœur s'est brisé he was broken-hearted. -**3.** [déferler - mer] to break. -**4.** [échouer - attaque, assaut] to fail.

brise-soleil [brizsɔlɛj] *nm inv* sunbreaker.

brise-tout [briztu] = **brise-fer**.

briseur, euse [brizœr, øz] *nm, f* -**1.** *litt* [casseur] wrecker. -**2.** *fig*: ~ de grève strikebreaker, scab.

brise-vent [brizvɑ̃] *nm inv* windbreak.

brisquard [briskar] = **briscard**.

bristol [bristɔl] *nm* -**1.** [carton] Bristol board, bristol. -**2.** [carte de visite] visiting *Br* OU calling *Am* card. -**3.** [fiche] index card.

Bristol [bristɔl] *npr* Bristol.

brisure [brizyr] *nf* -**1.** [fêlure] crack, break. -**2.** [fragment] splinter, fragment. -**3.** HÉRALD mark of cadency.
◆ **brisures** *nfpl*: ~s de riz broken rice.

Britannicus [britanikys] *npr* Britannicus.

britannique [britanik] *adj* British.
◆ **Britannique** *nmf* Briton, Britisher *Am*; les Britanniques the British.

broc [bro] *nm* [gén] pitcher; [pour la toilette] ewer.

brocante [brɔkɑ̃t] *nf* -**1.** [objets]: la ~ secondhand articles; faire de la ~ to deal in secondhand goods. -**2.** [commerce] secondhand OU junk shop *Br*, used goods store *Am*; il y a une ~ près d'ici there's a secondhand shop near here.

brocanter [3] [brɔkɑ̃te] *vi* to deal in secondhand goods.

brocanteur, euse [brɔkɑ̃tœr, øz] *nm, f* dealer in secondhand goods, secondhand OU junk shop owner *Br*, secondhand store keeper *Am*.

brocard [brɔkar] *nm* -**1.** *litt* [moquerie] gibe, taunt. -**2.** ZOOL yearling fallow deer.

brocarder [3] [brɔkarde] *vt litt* to gibe at *(insép)*, to mock.

brocart [brɔkar] *nm* brocade.

broccio [brɔtʃjo] *nm* broccio cheese *(from Corsica)*.

brochage [brɔʃaʒ] *nm* -**1.** IMPR stitching, sewing. -**2.** TEXT brocade. -**3.** MÉCAN broaching.

broche [brɔʃ] *nf* -**1.** CULIN spit, skewer, broach. -**2.** [bijou] broach. -**3.** [en alpinisme] piton. -**4.** ÉLECTRON & MÉD pin. -**5.** MÉCAN broaching tool, broach. -**6.** TECH & TEXT spindle. -**7.** [d'une serrure] broach, hinge pin.
◆ **à la broche** *loc adv* on a spit; cuit à la ~ roasted on a spit, spit-roasted.

broché, e [brɔʃe] *adj* -**1.** TEXT brocaded, broché. -**2.** IMPR paperback *(modif)*.
◆ **broché** *nm* -**1.** [tissu] brocade, broché OU swivel fabric. -**2.** [procédé] swivel OU broché weaving.

brocher [3] [brɔʃe] *vt* -**1.** IMPR to stitch, to sew. -**2.** MÉCAN to broach. -**3.** TEXT to brocade, to figure; tissu broché d'or material interwoven with raised gold threads.

brochet [brɔʃɛ] *nm* pike.

brochette [brɔʃɛt] *nf* -**1.** CULIN [broche] skewer; [mets] brochette, kebab; du mouton en ~s lamb kebabs. -**2.** [assemblée] lot; une jolie ~ d'hypocrites a fine lot of hypocrites. -**3.** [ribambelle]: ~ de décorations row of decorations.

brocheur, euse [brɔʃœr, øz] *nm, f* -**1.** IMPR stitcher, sewer. -**2.** TEXT brocade weaver.
◆ **brocheur** *nm* broché weaving machine.
◆ **brocheuse** *nf* IMPR book sewing machine, stitcher; brocheuse automatique sans couture threadless OU adhesive OU flexible binding machine.

brochure [brɔʃyr] *nf* -**1.** IMPR stitched book, unbound book; [livret] pamphlet, booklet, brochure; j'ai pris toutes les ~s sur Capri I took all the brochures on Capri. -**2.** TEXT brocaded design, figured pattern.

brocoli [brɔkɔli] *nm* broccoli.

brodequin [brɔdkɛ̃] *nm* -**1.** [chaussure] (laced) boot. -**2.** ANTIQ [bottine] brodekin, buskin.
◆ **brodequins** *nmpl* [pour torture]: les ~s the boot.

broder [3] [brɔde] ◇ *vt* -**1.** COUT to embroider; brodé à la main hand-embroidered; brodé d'or embroidered in gold thread; un mouchoir brodé de fleurs a handkerchief embroidered with flowers. -**2.** *litt* [embellir] to embellish, to embroider *litt*.
◇ *vi* [exagérer] to use poetic licence.

broderie [brɔdri] *nf* -**1.** COUT [technique] embroidery; ~ à l'aiguille needlework, embroidery; faire de la ~ to do embroidery OU needlework ❑ ~ anglaise broderie anglaise; ~ mécanique machine embroidery. -**2.** [ouvrage] (piece of) embroidery, embroidery work. -**3.** [industrie] embroidery trade.

brodeur, euse [brɔdœr, øz] *nm, f* embroiderer.
◆ **brodeuse** *nf* embroidering machine.

broiement [brwamɑ̃] = **broyage**.

bromate [brɔmat] *nm* bromate.

brome [brom] *nm* -**1.** CHIM bromine. -**2.** BOT brome grass, brome.

bromé, e [brome] *adj* brominated.

bromhydrique [brɔmidrik] *adj* hydrobromic.

bromique [brɔmik] *adj* bromic.

bromoforme [brɔmofɔrm] *nm* bromoform.

bromure [brɔmyr] *nm* bromide; ~ de potassium potassium bromide.

bronche [brɔ̃ʃ] *nf* bronchus; les ~s the bronchial tubes.

broncher [3] [brɔ̃ʃe] *vi* -**1.** [réagir] to react, to respond; tu n'as pas intérêt à ~! not a word out you!; le premier qui bronche... the first one to move a muscle OU to budge... -**2.** [cheval] to stumble.
◆ **sans broncher** *loc adv* without batting an eye OU eyelid, without turning a hair OU flinching.

bronchiole [brɔ̃ʃjɔl] *nf* bronchiole.

bronchique [brɔ̃ʃik] *adj* bronchial.

bronchite [brɔ̃ʃit] *nf* bronchitis.

bronchiteux, euse [brɔ̃ʃitø, øz] ◇ *adj* bronchitic.
◇ *nm, f* bronchitis sufferer.

bronchitique [brɔ̃ʃitik] ◇ *adj* bronchitic; être ~ to have chronic bronchitis.
◇ *nmf* chronic bronchitis patient.

broncho-pneumonie [brɔ̃kɔpnømɔni] (*pl* broncho-pneumonies), **broncho-pneumopathie** [brɔ̃kɔpnømopati] (*pl* broncho-pneumopathies) *nf* bronchopneumonia.

bronchorrée [brɔ̃kɔre] *nf* bronchorrhea.

bronchoscope [brɔ̃kɔskɔp] *nm* bronchoscope.

bronchoscopie [brɔ̃kɔskɔpi] *nf* bronchoscopy.

brontosaure [brɔ̃tɔzɔr] *nm* brontosaur, brontosaurus.

bronzage [brɔ̃zaʒ] *nm* -**1.** [hâle] suntan, tan; **avoir un beau ~** to have a nice tan; **~ intégral** allover tan. -**2.** TECH bronzing.

bronze [brɔ̃z] ◇ *nm* BX-ARTS & MÉTALL bronze; **un homme au cœur de ~** *litt* a cold-hearted man.
◇ *adj inv* bronze, bronze-coloured.

bronzé, e [brɔ̃ze] *adj* -**1.** [hâlé] suntanned, tanned, bronzed. -**2.** TECH bronze, bronzed.

bronzer [3] [brɔ̃ze] ◇ *vt* -**1.** [hâler] to tan. -**2.** [donner l'aspect du bronze à] to bronze. -**3.** [fer] to blue.
◇ *vi* to tan, to go brown; **se faire ~** to get a tan.

bronzette *fam* [brɔ̃zɛt] *nf* (bout of) sunbathing; **faire une petite ~** to lie in the sun, to sunbathe for a while.

brook [bruk] *nm* water jump.

brossage [brɔsaʒ] *nm* -**1.** [de chaussures, de vêtements] brushing. -**2.** [d'un cheval] brushing down.

brosse [brɔs] *nf* -**1.** [ustensile] brush; **~ à chaussures** shoe brush; **~ à cheveux** hairbrush; **~ à dents** toothbrush; **~ à habits** clothes brush; **~ à ongles** nailbrush; **~ en chiendent** scrubbing *Br* OU scrub *Am* brush; **~ métallique** wire brush; **coup de ~: donner un coup de ~ à qqch** [pour dépoussiérer] to brush sthg; [pour laver] to give sthg a scrub; **~ à reluire** *fam*: **as** OU **champion de la ~ à reluire** sweet talker; **passer la ~ à reluire à qqn** to butter sb up, to soft-soap sb. -**2.** [pinceau] brush. -**3.** [coiffure] crew cut; **se faire couper les cheveux en ~** to have a crew cut OU a flat-top. -**4.** ZOOL [d'un renard] brush; [d'une abeille] scopa.

brosser [3] [brɔse] *vt* -**1.** [épousseter - miettes] to brush (off); [- pantalon, jupe] to brush down. -**2.** [frictionner] to brush, to scrub; **~ un cheval** to rub a horse down. -**3.** BX-ARTS [paysage, portrait] to paint; **~ un tableau** *fig* to describe a situation; **il m'a brossé un tableau idéal de son travail** he painted me a glowing picture of his job; **je vais vous ~ un tableau de la situation** I'll give you a brief outline of the situation. -**4.** *fam Belg*: **~ un cours** to skive off *Br* OU to cut *Am* a class. -**5.** SPORT to cut, to give spin to.
◆ **se brosser** *vp (emploi réfléchi)* -**1.** [se nettoyer] to brush o.s. (down); **brosse-toi, tu as de la poussière sur ton manteau** brush yourself down, you've got dust on your coat; **se ~ les dents/les cheveux** to brush one's teeth/hair. -**2.** *fam loc*: **il peut toujours se ~, il n'aura jamais mon livre** he can whistle for my book.

brosserie [brɔsri] *nf* -**1.** [usine] brush factory. -**2.** [commerce] brush-making industry.

brou [bru] *nm* BOT husk, shuck *Am*.
◆ **brou de noix** *nm* walnut stain; **passer au ~ de noix** to stain with walnut.

brouet [bruɛ] *nm hum* OU *litt* (coarse) gruel; **un noir ~** a foul brew.

brouettage [bruɛtaʒ] *nm* carting, barrowing, wheelbarrowing.

brouette [bruɛt] *nf* barrow, wheelbarrow.

brouettée [bruete] *nf* barrowful, wheelbarrowful.

brouetter [4] [bruete] *vt* to cart, to barrow, to wheelbarrow.

brouhaha [bruaa] *nm* hubbub, (confused) noise; **un ~ de voix** a hubbub of voices.

brouillage [brujaʒ] *nm* [accidentel] interference; [intentionnel] jamming.

brouillard [brujar] *nm* -**1.** MÉTÉO [léger] mist; [épais] fog; **il y a du ~** it's misty, there's a mist ❑ **un ~ à couper au couteau** a very thick fog; **~ givrant** freezing fog; **~ matinal** early-morning fog; **être dans le ~: il est dans le ~** he's not with it. -**2.** [voile] mist; **avoir un ~ devant les yeux** to have blurred vision; **voir à travers un ~** to see things through a haze OU mist. -**3.** BOT gypsophila *spéc*, baby's breath. -**4.** [livre de comptes] daybook.

brouillasse [brujas] *nf* drizzle.

brouillasser [3] [brujase] *v impers*: **il brouillasse** it's drizzling.

brouille [bruj] *nf* tiff, quarrel; **leur ~ dure toujours** they're still not speaking OU on speaking terms; **leur ~ est irrémédiable** they're fallen out (with each other) for good.

brouillé, e [bruje] *adj* -**1.** [terne - teint] sallow, muddy. -**2.** [ciel] cloudy. -**3.** JEUX shuffled. -**4.** CULIN scrambled.

brouiller [3] [bruje] *vt* -**1.** CULIN [œuf] to scramble. -**2.** [mélanger - cartes] to shuffle; **~ la cervelle** *fam* OU **le cerveau de qqn** to get sb muddled OU confused; **~ les cartes** *fig* to confuse the issue; **~ les pistes** [dans un roman] to confuse the reader; [dans une poursuite] to cover one's tracks, to put sb off one's scent; [dans un débat] to put up a smokescreen. -**3.** [dérégler] to jumble; **~ la combinaison d'un coffre** to jumble the combination of a safe. -**4.** [troubler - liquide] to cloud; **~ la vue** to cloud OU to blur one's eyesight; **~ un miroir** to blur a mirror; **les lettres étaient brouillées devant mes yeux** the letters were a blur before my eyes; **il avait les yeux brouillés par les larmes** his eyes were blurred with tears. -**5.** RAD [signal] to garble; [transmission, circuit] to jam. -**6.** [fâcher] to turn against, to alienate from; **ça l'a brouillé avec sa famille** it's turned him against his family; **ce professeur m'a brouillé avec les mathématiques** *fig* that teacher spoiled OU ruined mathematics for me; **je suis brouillé avec les ordinateurs** I'm no good with computers.
◆ **se brouiller** ◇ *vp (emploi réciproque)* [se fâcher] to quarrel, to fall out (with one another).
◇ *vpi* -**1.** [se mélanger - idées] to get confused OU muddled OU jumbled; [se troubler - vue] to blur, to become blurred. -**2.** MÉTÉO [ciel] to become cloudy, to cloud over.
◆ **se brouiller avec** *vp + prép* to fall out with.

brouillerie [brujri] *nf* tiff.

brouillon, onne [brujɔ̃, ɔn] ◇ *adj* -**1.** [travail] untidy, messy. -**2.** [personne] muddleheaded, unmethodical; **avoir l'esprit ~** to be muddle-headed.
◇ *nm, f* muddler.
◆ **brouillon** *nm* (rough) draft; **voilà le ~ du projet définitif** this is the blueprint of the project; **faire un ~** to make a (rough) draft; **faire une lettre au ~** to draft a letter, to write a first draft of a letter.

brouillonner [3] [brujɔne] *vt* to jot down *(sép)*.

broussaille [brusaj] *nf* [touffe] clump of brushwood.
◆ **broussailles** *nfpl* [sous-bois] undergrowth; [dans un champ] scrub.
◆ **en broussaille** *loc adj* [cheveux] tousled, dishevelled; [sourcils, barbe] bushy, shaggy.

broussailleux, euse [brusajø, øz] *adj* -**1.** [terrain] brushy, scrubby, covered with brushwood. -**2.** [sourcils, barbe] shaggy, bushy; [cheveux] tousled, dishevelled.

brousse [brus] *nf* -**1.** GÉOG [type de végétation]: **la ~** the bush. -**2.** [étendue]: **la ~** [en Afrique] the bush; [en Australie] the outback; **vivre en pleine ~** *fam fig* to live in the backwoods OU out in the sticks OU in the boondocks *Am*.
◆ **de brousse** *loc adj* -**1.** [chaussures] desert *(modif)*. -**2.** [feux] bush *(modif)*.

broutart, broutard [brutar] *nm* store calf.

broutement [brutmɑ̃] *nm* -**1.** [du bétail] grazing; [d'un animal sauvage] browsing. -**2.** [d'une machine, d'un outil] juddering *Br*, jerking; [d'un embrayage] slipping.

brouter [3] [brute] ◇ *vt* -**1.** [suj: bétail] to graze, to feed on *(insép)*; [suj: animal sauvage] to browse, to feed on *(insép)*; **~ des feuilles** to nibble at leaves. -**2.** ▽ *loc*: **il nous les broute** he's being a pain in the neck OU arse.
◇ *vi* -**1.** [bétail] to graze, to feed; [animal sauvage] to browse, to feed. -**2.** [machine-outil] to chatter, to judder *Br*, to jerk; [embrayage] to slip.

broutille [brutij] *nf* [chose futile] trifle, trifling matter; **il s'inquiète pour des ~s** he's worrying over nothing; **~s que tout cela!** what a lot of trivia!

brownien [brawnjɛ̃] *adj m* Brownian.

browning [brawniŋ] *nm* Browning (automatic rifle).

broyage [brwajaʒ] *nm* [pulvérisation - d'une couleur] grinding; [- de la pierre, du sucre] crushing; [- d'une fibre] breaking, crushing; [- d'un grain] milling, grinding, crushing.

broyer [13] [brwaje] *vt* -**1.** [écraser - couleur, matériau friable, nourriture] to grind; [- pierre, sucre, ail] to crush; [- grain] to mill, to grind; [- fibre] to break, to crush; [- main, pied] to crush; **~ dans un mortier** to pound in a mortar. -**2.** *loc*: **~ du noir** to be in the doldrums, to think gloomy thoughts.

broyeur, euse [brwajœr, øz] ◇ *adj* grinding.
◇ *nm, f* grinder, crusher.
◆ **broyeur** *nm* [pulvérisateur - à minerai, à sable] grinder, crusher, mill; [- à paille] bruiser; [- à fibre] brake; [- à déchets] disintegrator, grinder; **~ à ordures** [dans un évier] waste disposal unit.

brrr [br] *interj* brrr.

bru [bry] *nf* daughter-in-law.

bruant [bryɑ̃] *nm* bunting ORNITH.

brucella [brysɛla] *nf* brucella.

brucelles [brysɛl] *nfpl Helv* (pair of) tweezers.

brucellose [bryseloz] *nf* brucellosis.

brugeois, e [bryʒwa, az] *adj* from Bruges.
◆ **Brugeois, e** *nm, f inhabitant of or person from Bruges.*

Bruges [bryʒ] *npr* Bruges.

brugnon [bryɲɔ̃] *nm* (white) nectarine.

brugnonier [bryɲɔnje] *nm* nectarine (tree).

bruine [brɥin] *nf* drizzle; **petite ~** fine drizzle.

bruiner [3] [brɥine] *v impers*: **il bruine** it's drizzling.

bruineux, euse [brɥinø, øz] *adj* drizzly.

bruire [105] [brɥir] *vi litt* [feuilles, vent] to rustle, to whisper; [eau] to murmur; [insecte] to hum, to buzz, to drone.

bruissement [brɥismɑ̃] *nm* [des feuilles, du vent, d'une étoffe] rustle, rustling; [de l'eau] murmuring; [d'un insecte] hum, humming, buzzing; [des ailes, d'une voile] flapping.

bruit [brɥi] *nm* -**1.** [son] sound, noise; **des ~s de pas** the sound of footsteps; **des ~s de voix** the hum of conversation; **les ~s de la maison/rue** the (everyday) sounds of the house/street; **un ~ sec** a snap; **un ~ sourd** a thud; **faire un ~** to make a sound OU noise; **il y a un petit ~** there's a slight noise ❑ **~ blanc** ACOUST white noise; **~ de fond** background noise; **en ~ de fond** in the background; **avec les jérémiades du père en perpétuel ~ de fond** with the father's perpetual moaning in the background; **'le Bruit et la fureur'** *Faulkner* 'The Sound and the Fury'. -**2.** [vacarme]: **le ~** noise; **j'ai horreur d'expliquer quelque chose dans le ~** I hate explaining something against a background of noise; **un ~ d'enfer** a huge racket; **faire du ~** to be noisy; **ne fais pas de ~** be quiet; **la machine ne fait pas de ~** the machine doesn't make any noise; **faire beaucoup de ~** *pr* to be very loud OU noisy; **il fait beaucoup de ~ mais il n'agit pas** *fig* he makes a lot of noise but he does nothing; **beaucoup de ~ pour rien** much ado about nothing. -**3.** [retentissement] sensation, commotion, furore; **ça va faire du ~** it'll cause a sensation, we haven't heard the last of it; **sa démission a fait beaucoup de ~** her resignation caused quite a commotion; **on a fait beaucoup de ~ autour de cet enlèvement** the kidnapping caused a furore; **on a fait grand ~ autour de sa déclaration** her statement caused a great sensation OU commotion ❑ **cela fera du ~ dans Landerneau** it will be the talk of the town. -**4.** [rumeur] rumour, piece of gossip; **le ~ court que...** rumour has it OU it is rumoured that...; **se faire l'écho d'un ~** to bruit sthg abroad; **il n'est ~ que de son mariage/nouveau livre** *litt* her marriage/new book is the talk of the town ❑ **des ~s de bottes** rumours of impending war, the sound of jackboots;

c'est un ~ de couloir it's a rumour ❑ faux ~ (false) rumour; faire circuler des faux ~s to spread rumours. -**5.** MÉD sound, bruit; ~ cardiaque OU du cœur heart OU cardiac sound; ~ de souffle (heart) murmur; ~ respiratoire rattle. -**6.** RAD & TÉLÉC noise; ~s ambiants room noise, background noise; ~ solaire solar (radio) noise.

◆ **sans bruit** *loc adv* noiselessly, without a sound; il s'avance sans ~ he moves forward without a sound.

bruitage [brɥitaʒ] *nm* sound effects.

bruiter [3] [brɥite] *vt* to make sound effects for.

bruiteur, euse [brɥitœr, øz] *nm, f* sound effects engineer.

brûlage [brylaʒ] *nm* [des herbes] burning; [d'une peinture] burning (off); [des cheveux] singeing; [du café] roasting; ~ des terres scorching.

brûlant, e [brylɑ̃, ɑ̃t] *adj* -**1.** [chaud - lampe, assiette] burning (hot); [- liquide] burning OU boiling (hot), scalding; [- nourriture] burning (hot), piping hot; [- soleil, température] blazing (hot), scorching, blistering; [- personne, front] feverish; avoir les mains ~es to have hot hands. -**2.** [animé]: ~ de: yeux ~s de curiosité eyes gleaming with curiosity; un regard ~ de désir a look of burning desire. -**3.** [actuel, dont on parle]: sujet/dossier ~ burning issue; c'est dire l'actualité ~e de ce livre this shows how very topical this book is. -**4.** [ardent - regard, sentiment] ardent, impassioned. -**5.** [érotique - imagination, récit, secret] passionate.

brûlé, e [bryle] ◇ *adj* -**1.** [calciné] burnt; terre de Sienne ~e burnt sienna. -**2.** [impétueux]: cerveau ~, tête ~e hothead.

◇ *nm, f* badly burnt person; un grand ~ a patient suffering from third-degree burns; service pour les grands ~s burns unit.

◆ **brûlé** *nm* burnt part; enlever le ~ sur un gâteau to scrape the burnt parts off a cake; une odeur de ~ a smell of burning; un goût de ~ a burnt taste ❑ ça sent le ~ [odeur] there's a smell of burning; *fig fam*there's trouble brewing.

brûle-gueule [brylgœl] *nm inv* (short) pipe.

brûle-parfum(s) [brylparfœ̃] (*pl* brûle-parfums) *nm* perfume vaporizer.

brûle-pourpoint [brylpurpwɛ̃]

◆ **à brûle-pourpoint** *loc adv* -**1.** [sans détour] point-blank, without beating about the bush. -**2.** [inopinément] out of the blue; demanda-t-elle à ~ she asked out of the blue.

brûler [3] [bryle] ◇ *vt* -**1.** [détruire - feuilles, corps, objet] to burn, to incinerate; il a brûlé la moquette en jouant avec des allumettes he burnt the carpet while playing with matches; on a brûlé Jeanne d'Arc Joan of Arc was burnt (at the stake); ~ qqn vif/sur le bûcher to burn sb alive/at the stake ❑ ~ ce qu'on a adoré to turn against one's former love OU loves; ~ le pavé to tear along; ~ les planches [à une occasion] to give an outstanding performance; ~ ses dernières cartouches to shoot one's bolt; ~ ses vaisseaux to burn one's boats OU bridges. -**2.** [consommer - électricité, fioul] to burn (up), to use, to consume; ~ la chandelle par les deux bouts to burn the candle at both ends; elle brûle un cierge à la Vierge deux fois par an *pr* she lights a candle to the Virgin Mary twice a year; ~ un cierge à qqn *fig* to show one's gratitude to sb. -**3.** [trop cuire] to burn; mon gâteau est complètement brûlé my cake is burnt to a cinder. -**4.** [trop chauffer - tissu] to burn, to scorch, to singe; [- cheveux, poils] to singe; [- acier] to spoil; la chaleur de midi brûlait la plage *litt* the midday heat had turned the beach into an inferno. -**5.** [irriter - partie du corps] to burn; la fumée me brûle les yeux smoke is making my eyes smart OU sting; le froid me brûle les oreilles the cold is making my ears burn; le piment me brûle la langue the chili is burning my tongue ❑ ~ la cervelle à qqn *pr* to blow sb's brains out; l'argent lui brûle les doigts money burns a hole in his pocket. -**6.** [endommager - suj: gel] to nip, to burn; [- suj: acide] to burn; brûlé par le gel frost-damaged; le soleil brûle l'herbe the sun scorches the grass. -**7.** *fam* [dépasser]: ~ son arrêt [bus, personne] to go past OU to miss one's stop; ~ un feu to go through a red light; ~ un stop to fail to stop at a stop sign ❑ ~ la consigne [l'oublier] to forget instructions; [y désobéir] to ignore instructions; ~ la politesse à qqn [passer devant lui] to push in front of sb (in the queue); [partir sans le saluer] to leave without saying good-bye to sb; ~ les étapes [progresser rapidement] to advance by leaps and bounds; *péj* to cut corners, to take short cuts. -**8.** [café] to roast. -**9.** [animer] to burn; le désir qui le brûle the desire that consumes him. -**10.** MÉD [verrue] to burn off (*sép*). -**11.** *arg crime* [tuer] to waste; pas un geste ou je te brûle! don't move or I'll blow your brains out!

◇ *vi* -**1.** [flamber] to burn (up), to be on fire; [lentement] to smoulder; le pin brûle bien pine wood burns well; ~ sur le bûcher to be burnt at the stake; ~ vif to be burnt alive OU to death; la forêt a brûlé the forest was burnt down OU to the ground; mon dîner a brûlé my dinner's burnt; ses vêtements brûlaient his clothes were on fire. -**2.** [être consommé - charbon, essence] to burn; laisser ~ la lumière to leave the light burning OU on. -**3.** [être chaud] to be burning; avoir le front/la gorge qui brûle to have a burning forehead/a burning sensation in the throat; ça brûle [plat, sol] it's boiling hot OU burning; [eau] it's scalding; [feu] it's burning; les yeux me brûlent my eyes are stinging OU smarting. -**4.** [être animé]: ~ de: ~ de colère to be burning OU seething with anger; ~ d'impatience/de désir to be burning with impatience/desire; ~ pour qqn *litt* to be in love with sb, to have a burning passion for sb. -**5.** ~ de [désirer] to be dying OU longing to; ~ de parler à qqn to be dying to talk to sb; je brûle de te revoir I'm longing OU I can't wait to see you again. -**6.** JEUX to be close; je brûle? am I close?

◆ **se brûler** *vp* (*emploi réfléchi*) to burn o.s.; se ~ avec du thé to burn OU to scald o.s. with tea; se ~ la main to burn one's hand ❑ se ~ la cervelle *fam* to blow one's brains out; se ~ les ailes to get one's fingers burnt.

brûlerie [brylri] *nf* -**1.** [pour le café] coffee roasting plant. -**2.** [pour l'eau-de-vie] distillery.

brûleur [brylœr] *nm* burner; ~ à gaz gas burner OU ring; ~ à mazout oil burner.

brûlis [bryli] *nm* -**1.** [mode de culture] slash-and-burn farming; culture sur ~ slash-and-burn cultivation. -**2.** [terrain] patch of burn-baited land.

brûloir [brylwar] *nm* coffee roaster.

brûlot [brylo] *nm* -**1.** [bateau] fireship. -**2.** [écrit] fierce OU blistering attack. -**3.** *Can* ENTOM midge.

brûlure [brylyr] *nf* -**1.** [lésion] burn; se faire une ~ au poignet to burn o.s. on the wrist ❑ ~ au premier/second/troisième degré MÉD first-/second-/third-degree burn; ~ de cigarette cigarette burn. -**2.** [sensation] burning sensation; la ~ de la neige the burning of the snow; la ~ de la honte *fig* the burning sensation of shame ❑ ~s d'estomac heartburn. -**3.** [trace] burnt patch.

brumaire [brymɛr] *nm 2nd month of the French revolutionary calendar (from Oct 23 to Nov 21).*

LE 18 BRUMAIRE (AN VIII):

Napoleon Bonaparte's coup d'État of 9 November 1799 when, returning from his Egyptian campaign, he put an end to the government of the Directoire and established himself as First Consul.

---

brumasse [brymas] *nf* thin mist, haze.

brumasser [3] [brymase] *v impers*: il brumasse there's a light mist.

brume [brym] *nf* -**1.** [brouillard - de chaleur] haze; [- de mauvais temps] mist; ~ de mer sea mist. -**2.** NAUT fog. -**3.** [confusion] daze, haze; il est encore dans les ~s du sommeil he's still half asleep; être dans les ~s de l'alcool to be in a drunken stupor.

brumeux, euse [brymø, øz] *adj* -**1.** MÉTÉO misty, foggy, hazy. -**2.** [vague] hazy, vague; un souvenir ~ a hazy OU dim recollection.

Brumisateur® [brymizatœr] *nm* atomizer.

brun, brune [brœ̃, bryn] ◇ *adj* -**1.** [au pigment foncé - cheveux] brown, dark; [- peau] brown, dark; ~ cuivré tawny. -**2.** [bronzé] brown, tanned. -**3.** COMM: bière ~e dark beer, ≃ brown ale *Br*; tabac ~ brown tobacco.

◇ *nm, f* brown-haired OU dark-haired man (*f* woman), brunette *nf*.

◆ **brun** *nm* brown (colour).

◆ **brune** *nf* -**1.** [cigarette] brown tobacco cigarette. -**2.** [bière] dark beer, ≃ brown ale *Br*.

◆ **à la brune** *loc adv litt* at dusk.

brunante [brynɑ̃t] *nf Can* dusk.

brunâtre [brynatr] *adj* brownish.

brunch [brœnʃ] *nm* brunch.

Brunei [brynei] *npr m*: le ~ Brunei; au ~ in Brunei.

brunet, ette [brynɛ, ɛt] *nm, f* brown-haired lad (*f* lass).

bruni [bryni] *nm* burnish.

brunir [32] [brynir] ◇ *vi* -**1.** [foncer - cheveux, couleur] to get darker, to darken; [- peau] to get brown OU browner; ~ au soleil to tan. -**2.** CULIN [sauce, oignons] to brown; [sucre] to darken; laissez ~ cook until golden.

◇ *vt* -**1.** [hâler] to tan. -**2.** [polir - métal] to burnish; [- acier] to brown, to burnish.

brunissage [brynisaʒ] *nm* burnishing.

brunissement [brynismɑ̃] *nm* tanning.

brunisseur, euse [brynisœr, øz] *nm, f* burnisher.

◆ **brunisseur** *adj m*: plat ~ browning dish.

brunissoir [bryniswar] *nm* burnisher, burnishing tool.

Brunswick [brœ̃zvik] *npr* Brunswick.

Brushing® [brœʃiŋ] *nm* blow-dry; faire un ~ à qqn to blow-dry sb's hair.

brusque [brysk] *adj* -**1.** [bourru - ton] curt, abrupt; [- personne] brusque, blunt; [- geste] abrupt, rough. -**2.** [imprévu] abrupt, sudden; une ~ baisse de température a sudden drop in temperature.

brusquement [bryskəmɑ̃] *adv* [soudainement] suddenly, abruptly.

brusquer [3] [bryske] *vt* -**1.** [malmener] to be rough with. -**2.** [hâter - dénouement] to rush; [- adieux] to cut short; ~ les choses to rush things.

brusquerie [bryskəri] *nf* -**1.** [brutalité] abruptness, brusqueness, sharpness. -**2.** [soudaineté] abruptness, suddenness.

brut, e[1] [bryt] *adj* -**1.** [non traité - pétrole, métal] crude, untreated; [- laine, soie, charbon, brique] untreated, raw; [- sucre] raw, coarse; [- pierre précieuse] rough, uncut; [- minerai] raw; [- or] unrefined; ~ de: bois ~ de machine machine-dressed timber; ~ de coulée as cast; ~ de forge as forged; ~ de laminage as rolled. -**2.** [émotion, qualité] naked, pure, raw; à l'état ~ in the rough; données ~es raw data; les faits ~s the simple OU plain facts. -**3.** [sauvage] brute; la force ~e brute force. -**4.** ÉCON gross. -**5.** [poids] gross. -**6.** ŒNOL brut, dry.

◆ **brut** ◇ *adv* gross; gagner 7 000 francs ~ to earn 7,000 francs gross; ballot qui pèse 200 kilos ~ packet weighing 200 kilos gross (including wrappings).

◇ *nm* -**1.** [salaire] gross income. -**2.** [pétrole] crude oil. -**3.** [champagne] brut OU dry champagne.

brutal, e, aux [brytal, o] ◇ *adj* -**1.** [violent - personne] brutal, vicious; [- enfant] rough; [- choc] strong, violent; [- force] brute. -**2.** [franc] brutal, blunt; il a été très ~ en lui annonçant la nouvelle he broke it to him very unfeelingly OU harshly; ils se parlèrent avec une franchise ~e they had a very blunt and frank conversation. -**3.** [non mitigé] brutal, raw. -**4.** [soudain - changement] sudden, abrupt;

[- transition] abrupt; cela a été très ~ it was very sudden.
◇ *nm, f* brute, violent individual.

brutalement [brytalmɑ̃] *adv* -**1.** [violemment] brutally, violently, savagely; pousser qqn ~ contre qqch to shove sb brutally OU roughly against sthg. -**2.** [sèchement] brusquely, sharply, harshly; il lui annonça ~ la nouvelle he broke the news to her bluntly. -**3.** [tout d'un coup] suddenly; le vent peut changer ~ de direction the wind can change direction very suddenly; s'arrêter ~ to come to an abrupt halt.

brutaliser [3] [brytalize] *vt* -**1.** [maltraiter] to ill-treat; ~ qqn to batter sb; se faire ~ par la police to be manhandled by the police. -**2.** [brusquer] to bully; il ne faut pas me ~ don't bully me.

brutalisme [brytalism] *nm* brutality.

brutalité [brytalite] *nf* -**1.** [violence] brutality, violence; des brutalités brutalities, violent acts; ~s policières police brutality. -**2.** [soudaineté] suddenness; surpris par la ~ de la crise startled by the sudden onset of the crisis.

brute[2] [bryt] *nf* -**1.** [personne violente] bully; comme une ~ with all one's might, like mad; frapper comme une ~ sur qqch to hit sthg with full force, to hammer away at sthg; ne tire pas comme une ~, c'est fragile don't pull so hard, it's delicate; c'est une ~ épaisse he's nothing but a brute; une grande OU grosse ~ a big brute (of a man). -**2.** [personne fruste] boor, lout. -**3.** *litt* [animal] brute.

Brutus [brytys] *npr* Brutus.

Bruxelles [brysɛl] *npr* Brussels.

bruxellois, e [brysɛlwa, az] *adj* from Brussels.
◆ **Bruxellois, e** *nm, f inhabitant of or person from Brussels.*

bruyamment [brɥijamɑ̃] *adv* noisily; parler/rire/protester ~ to speak/to laugh/to complain loudly; manger ~ to eat noisily.

bruyant, e [brɥijɑ̃, ɑ̃t] *adj* [enfant, rue] noisy; un rire ~ a loud laugh.

bruyère [brɥijɛr] *nf* -**1.** BOT heather. -**2.** [lande] moor, heath.

bryologie [brijɔlɔʒi] *nf* bryology.

bryophyte [brijɔfit] *nf* bryophyte.

BT ◇ *nm abr de* brevet de technicien.
◇ *nf* (*abr de* basse tension) LT.

BTA (*abr de* brevet de technicien agricole) *nm agricultural training certificate (taken at age 18).*

BTP (*abr de* bâtiments et travaux publics) *nmpl building and public works sector.*

BTS (*abr de* brevet de technicien supérieur) *nm advanced vocational training certificate (taken at the end of a 2-year higher education course).*

BU *nf abr de* bibliothèque universitaire.

buanderie [byɑ̃dri] *nf* -**1.** [pièce, local - à l'intérieur] laundry, utility room; [- à l'extérieur] washhouse. -**2.** *Can* [laverie] laundry.

bubale [bybal] *nm* bubal.

bubon [bybɔ̃] *nm* bubo.

bubonique [bybɔnik] *adj* bubonic.

Bucarest [bykarɛst] *npr* Bucharest.

buccal, e, aux [bykal, o] *adj* mouth *(modif)*, buccal *spéc.*

buccin [byksɛ̃] *nm* -**1.** ZOOL whelk. -**2.** ANTIQ & MUS trumpet.

buccinateur [byksinatœr] *nm* -**1.** ANAT buccinator. -**2.** ANTIQ & MUS trumpet player.

bucco-dentaire [bykodɑ̃tɛr] *adj* mouth *(modif)*; hygiène ~ oral hygiene.

Bucéphale [bysefal] *npr* Bucephalus.

bûche [byʃ] *nf* -**1.** [morceau de bois] log. -**2.** *fam* [personne apathique] lump; ne reste pas là comme une ~ don't just stand there like a lemon *Br* OU like a lump on a log *Am*. -**3.** CULIN & HIST: ~ glacée Yule log *(with an ice-cream filling)*; ~ de Noël Yule log. -**4.** *fam loc*: prendre OU ramasser une ~ to take a tumble, to come a cropper *Br*.

bûcher[1] [3] [byʃe] ◇ *vt* -**1.** *fam* [travailler]: ~ un examen to cram for an exam; ~ sa physique to bone up on OU to swot up *Br* one's physics. -**2.** *Can* [bois] to fell, to cut down.
◇ *vi Can* to fell trees.

bûcher[2] [byʃe] *nm* -**1.** [supplice]: le ~ the stake; être condamné au ~ to be sentenced to be burnt at the stake. -**2.** [funéraire] pyre. -**3.** [remise] woodshed.

bûcheron, onne [byʃrɔ̃, ɔn] *nm, f* woodcutter, lumberjack.

bûchette [byʃɛt] *nf* -**1.** [petit bois] twig, stick. -**2.** [pour compter] stick.

bûcheur, euse *fam* [byʃœr, øz] ◇ *adj* hard-working.
◇ *nm, f* hardworking student, swot *Br péj*, grind *Am péj*.

bucolique [bykɔlik] ◇ *adj* bucolic, pastoral.
◇ *nf* bucolic, pastoral poem; 'les Bucoliques' *Virgile* 'The Eclogues', 'The Bucolics'.

Budapest [bydapɛst] *npr* Budapest.

budget [bydʒɛ] *nm* -**1.** [d'une personne, d'une entreprise] budget; avoir un petit ~ to be on a (tight) budget; des prix pour les petits ~s budget prices; se fixer un ~ loisirs to decide on a budget for one's leisure activities ❑ ~ temps [délai] allowance; SOCIOL time budget. -**2.** FIN & POL: le Budget ≃ the Budget ❑ ~ économique ÉCON economic budget.

budgétaire [bydʒetɛr] *adj* budgetary.

budgétisation [bydʒetizasjɔ̃] *nf* budgeting.

budgétiser [3] [bydʒetize] *vt* to budget for.

budgétivore [bydʒetivɔr] *hum* ◇ *adj* wasteful of State resources.
◇ *nmf* big spender (of State resources).

buée [bɥe] *nf* condensation; il y a de la ~ sur les carreaux the windows are covered in condensation; plein OU couvert de ~ misted OU steamed up; mes lunettes se couvrent de ~ my glasses are getting steamed up.

Buenos Aires [bɥenozɛr] *npr* Buenos Aires.

buffer [bœfœr] *nm* buffer COMPUT.

buffet [byfɛ] *nm* -**1.** [de salle à manger] sideboard; ~ (de cuisine) kitchen cabinet OU dresser. -**2.** [nourriture]: il y aura un ~ pour le déjeuner there will be a buffet lunch ❑ ~ campagnard buffet *(mainly with country-style cold meats)*; ~ froid (cold) buffet. -**3.** [salle]: ~ (de gare) (station) café OU buffet OU cafeteria || [comptoir roulant] refreshment trolley *Br* OU cart *Am*. -**4.** [d'un orgue] case. -**5.** ▽ [ventre] belly; ne rien avoir dans le ~ [être à jeun] to have an empty belly; [être lâche] to have no guts; se remplir le ~ to stuff one's face, to pig out.

buffle [byfl] *nm* -**1.** ZOOL buffalo. -**2.** [pour polir] buffer.

bufflesse [byflɛs], **bufflonne** [byflɔn] *nf* she-buffalo.

buggy [bygi] = **boghei**.

bugle [bygl] *nm* MUS bugle.

bugne [byɲ] *nf* CULIN *strip of fried dough sprinkled with sugar, speciality of the Lyon region.*

building [bildiŋ] *nm* tower block.

buis [bɥi] *nm* -**1.** BOT box, boxtree. -**2.** MENUIS box, boxwood.

buisson [bɥisɔ̃] *nm* -**1.** BOT bush. -**2.** CULIN: ~ d'écrevisses crayfish en buisson. -**3.** RELIG: ~ ardent burning bush.

buisson-ardent [bɥisɔ̃ardɑ̃] (*pl* buissons-ardents) *nm* BOT pyracantha.

buissonneux, euse [bɥisɔnø, øz] *adj* -**1.** [terrain] shrub-covered. -**2.** [arbre, végétation] shrub-like.

buissonnière [bɥisɔnjɛr] *adj f* → **école**.

Bujumbura [buʒumbura] *npr* Bujumbura.

Bulawayo [bulawajo] *npr* Bulawayo.

bulbe [bylb] *nm* -**1.** BOT bulb, corm. -**2.** ANAT: ~ pileux hair bulb; ~ rachidien medulla. -**3.** ARCHIT onion dome. -**4.** NAUT bulb. -**5.** ÉLECTR *(comme adj)*: groupe ~ bulb turbine generator set.

bulbeux, euse [bylbø, øz] *adj* BOT bulbous.

bulgare [bylgar] *adj* Bulgarian.
◆ **Bulgare** *nmf* Bulgarian.
◆ **bulgare** *nm* LING Bulgarian.

Bulgarie [bylgari] *npr f*: (la) ~ Bulgaria.

bulldozer [byldozɛr] *nm* -**1.** [machine] bulldozer. -**2.** *fam* [fonceur] bulldozer; c'est un ~, cette femme! that woman bulldozes her way through life!

bulle [byl] ◇ *nf* -**1.** [d'air, de gaz, de bain moussant] bubble; ~ de savon soap bubble; des ~s bubbles, froth; il n'y a plus de ~s dans le Coca the coke has gone flat; faire des ~s [de savon] to blow bubbles; [bébé] to dribble. -**2.** [de bande dessinée] balloon, speech bubble. -**3.** *arg scol* [zéro] nought, zero; avoir la ~ to get nought OU (a) zero; j'ai encore eu la ~ en maths I got nought again in maths. -**4.** MÉD [enceinte stérile] bubble; *(comme adj)*: enfant ~ *child brought up in a sterile bubble*. -**5.** [emballage] blister. -**6.** RELIG bull.
◇ *nm*: (papier) ~ Manila paper.

buller▽ [3] [byle] *vi* to bum about OU around.

bulletin [byltɛ̃] *nm* -**1.** RAD & TV bulletin; ~ d'informations news bulletin; ~ météorologique weather forecast OU report. -**2.** ADMIN: ~ de naissance birth certificate; le Bulletin officiel ADMIN *official listing of all new laws and decrees*; ~ de recensement census return; ~ de santé medical report. -**3.** SCOL: ~ (scolaire OU de notes) (school) report *Br*, report card *Am*; ~ mensuel/trimestriel monthly/end-of-term report; avoir un bon/mauvais ~ to get a good/bad school report. -**4.** BOURSE: ~ des oppositions list of stopped bonds. -**5.** POL: ~ de vote ballot paper; ~ blanc blank ballot paper; ~ secret secret ballot. -**6.** [revue] bulletin, annals. -**7.** [ticket]: ~ de commande order form; ~ de consigne checkroom *Am* OU left luggage *Br* ticket; ~ de paie OU salaire pay slip, salary advice; ~ de participation entry form.

bulletin-réponse [byltɛ̃repɔ̃s] (*pl* bulletins-réponse) *nm* entry form.

bulot [bylo] *nm* whelk.

bungalow [bœ̃galo] *nm* [maison - sans étage] bungalow; [- de vacances] chalet.

bunker [bunkœr] *nm* -**1.** SPORT bunker *Br*, sand trap *Am*. -**2.** MIL bunker.

Bunsen [bœ̃zɛn] *npr*: bec ~ Bunsen burner.

buraliste [byralist] *nmf* tobacconist *(licensed to sell stamps)*.

bure [byr] *nf* -**1.** TEXT homespun. -**2.** VÊT frock, cowl; la ~ du moine monk's habit.

bureau, x [byro] *nm* -**1.** [meuble - gén] desk; [- à rabat] bureau; ~ à cylindre roll top desk; ~ ministre pedestal desk. -**2.** [pièce d'une maison] study; [meubles de cette pièce] set of furniture *(for a study)*. -**3.** [lieu de travail des employés] office; aller au ~ to go to the office; travailler dans un ~ to do office work; le centre de Londres est envahi par les ~x central London has been taken over by offices || [salle de travail]: elle est dans son ~ she's in her office ❑ ~ paysager open-plan office *(with plants)*. -**4.** [agence]: ~ d'aide sociale welfare office OU centre; ~ de change [banque] bureau de change, foreign exchange office; [comptoir] bureau de change, foreign exchange counter; ~ d'études [entreprise] research consultancy; ~ des objets trouvés lost property *Br* OU lost-and-found *Am* office; ~ de placement employment agency *(for domestic workers)*; ~ de poste post office; ~ de renseignements information desk OU point OU centre; ~ de style design consultancy; ~ de tabac tobacconist's *Br*, tobacco dealer's *Am*; ~ de tri sorting office; ~ de vote polling station. -**5.** [service interne]: ~ commercial commercial department; ~ d'études [dans une entreprise] research department OU unit. -**6.** THÉÂT booking office; jouer à ~x fermés to be fully booked. -**7.** [commission] committee; ~x internationaux international bureaux; le syndicat réuni en ~ confédéral the union meeting at federal committee level ❑ ~ politique POL Politburo. -**8.** PRESSE office (abroad).
◆ **bureaux** *nmpl* [locaux] office, offices; nos ~x sont transférés au 10, rue Biot our office

has OU our premises have been transferred to 10 rue Biot; les ~x du ministère the Ministry offices.

◆ **de bureau** *loc adj* [travail] office *(modif)*; [articles, fournitures] office *(modif)*, stationery *(modif)*; [employé] office *(modif)*, white-collar.

bureaucrate [byrokrat] *nmf* bureaucrat.

bureaucratie [byrokrasi] *nf* -**1.** [système] bureaucracy. -**2.** [fonctionnaires] officials, bureaucrats. -**3.** [tracasseries] red tape, bureaucracy.

bureaucratique [byrokratik] *adj* bureaucratic, administrative.

bureaucratisation [byrokratizasjɔ̃] *nf* bureaucratization.

bureaucratiser [3] [byrokratize] *vt* to bureaucratize.

Bureautique® [byrotik] ◇ *adj*: **système/méthode ~** system/method of office automation.

◇ *nf* -**1.** [système] office automation. -**2.** [matériel] (electronic) office equipment.

burette [byrɛt] *nf* -**1.** [d'huile] oilcan. -**2.** CHIM burette. -**3.** RELIG cruet.

◆ **burettes**▼ *nfpl* bollocks *Br*, nuts *Am*; **il me casse les ~s** he's getting on my wick *Br*, he's starting to break my balls *Am*.

burger [bœrgœr] *nm* CULIN burger.

burgrave [byrgrav] *nm* burgrave.

burin [byrɛ̃] *nm* -**1.** MÉTALL cold, coldchise. -**2.** [outil de graveur] burin, graver. -**3.** [gravure] engraving, print.

buriné, e [byrine] *adj* [traits] strongly marked; [visage] craggy, furrowed.

buriner [3] [byrine] *vt* -**1.** BX-ARTS to engrave. -**2.** TECH to chisel. -**3.** *litt* [visage] to carve deep lines into.

Burkina [byrkina] *npr m*: **le ~** Burkina Faso; **au ~** in Burkina Faso.

burkinabé [byrkinabe] *adj* from Burkina Faso.

◆ **Burkinabé** *nmf inhabitant of or person from Burkina Faso.*

burlesque [byrlɛsk] ◇ *adj* -**1.** [très drôle - accoutrement] comic, comical, droll; [- plaisanterie] funny. -**2.** *péj* [stupide - idée] ludicrous, ridiculous. -**3.** CIN & LITTÉRAT burlesque.

◇ *nm* CIN & LITTÉRAT: **le ~** the burlesque.

burnous [byrnu] *nm* burnous, burnouse.

burundais, e [burundɛ, ɛz] *adj* Burundian.

◆ **Burundais, e** *nm, f* Burundian.

Burundi [burundi] *npr m*: **le ~** Burundi; **au ~** in Burundi.

bus [bys] *nm* bus; **on y va en ~** OU **par le ~** we're going there by bus; **il était dans le ~** he was on the bus; **monter/descendre du ~** to get on/off the bus.

busard [byzar] *nm* harrier; **~ Saint-Martin** hen harrier.

buse [byz] *nf* -**1.** ZOOL buzzard. -**2.** *fam péj* nitwit, dolt; **quelle ~!** what a nitwit! -**3.** [conduit] duct; **~ d'aérage** ventilation duct, air shaft. -**4.** AUT: **~ de carburateur** choke tube; **~ d'injection** injector nozzle. -**5.** *fam Belg* [échec] failure.

buser *fam* [3] [byze] *vt Belg*: **il a été busé** he failed.

business *fam* [biznɛs] *nm* -**1.** [affaires] business; **parler ~** to talk business. -**2.** *vieilli* [embrouillamini]: **qu'est-ce que c'est que ce ~?** what's this mess? || [tâche difficile]: **c'est tout un ~ pour démonter le moteur** it's a hell of a job taking the engine apart. -**3.** *vieilli* [objet] whatsit, thingamajig.

busqué, e [byske] *adj* [nez] hook *(modif)*, hooked.

buste [byst] *nm* -**1.** ANAT [haut du corps] chest; [seins] bust. -**2.** [sculpture] bust; **un ~ de Mozart** a bust of Mozart.

bustier [bystje] *nm* -**1.** [soutien-gorge] strapless bra. -**2.** [corsage] bustier.

but [byt] *nm* -**1.** [dessein] aim, purpose, point; **quel est le ~ de votre visite?** what's the purpose OU object of your visit?; **quel est le ~ de la manœuvre** OU **de l'opération?** what's the point of such a move?; **j'aimerais vous voir – dans quel ~?** I'd like to see you – what for?; **avoir pour ~ de** to aim to; **j'avais pour ~ de vous connaître** I was aiming to OU my aim was to get to know you; **la réforme a un ~ bien précis** the purpose of the reform is quite precise; **dans le ~ de faire...** for the purpose of doing..., with the aim of doing...; **je lui ai parlé dans le seul ~ de t'aider** my sole aim in talking to him was to help you; **aller** OU **frapper droit au ~** to go straight to the point; **dans ce ~** with this end OU aim in view; **à ~ industriel** industrial; **à ~ lucratif** profit-making; **à ~ non lucratif** non profit-making. -**2.** [ambition] aim, ambition, objective; **ils n'ont aucun ~ dans la vie** they have no aim OU purpose in life; **toucher au** OU **le ~** to be on the point of achieving one's aim; **je n'ai d'autre ~ que de bien faire mon travail** my only ambition is to do my work well. -**3.** [destination]: **le ~ de notre voyage leur était inconnu** our destination was unknown to them; **aujourd'hui, le ~ de la promenade sera le monastère** today, we'll walk as far as OU to the monastery; **sans ~** aimlessly. -**4.** FTBL [limite, point] goal; **jouer dans les ~s** to be (the) goalkeeper; **gagner/perdre par 5 ~s à 2** to win/to lose by 5 goals to 2; **marquer** OU **rentrer** *fam* **un ~** to score a goal; **un ~ égalisateur** an equalizer, an equalizing goal || [cible] target, mark. -**5.** GRAMM purpose.

◆ **de but en blanc** *loc adv* [demander] point-blank; [rétorquer] bluntly; **répondre à qqn de ~ en blanc** to give sb a blunt answer, to answer sb bluntly; **demanda-t-elle de ~ en blanc** she suddenly asked.

butane [bytan] *nm*: **(gaz) ~** CHIM butane; [dans la maison] Calor® gas.

buté, e[1] [byte] *adj* mulish, stubborn; **elle est complètement ~e** she's as stubborn as a mule.

butée[2] [byte] *nf* -**1.** TECH stop; [de ski] toe-piece; MÉCAN stop block. -**2.** ARCHIT abutment.

buter [3] [byte] ◇ *vi* -**1.** [trébucher] to stumble, to trip; **~ contre une pierre** to trip over a stone. -**2.** [cogner]: **~ contre qqch** to walk OU to bump into sthg. -**3.** [achopper]: **~ sur: ~ sur une difficulté** to come OU to stumble across a problem; **~ sur un mot** [en parlant] to trip over a word; [en lisant pour soi] to have trouble understanding a word. -**4.** CONSTR: **~ contre** to rest against, to be supported by.

◇ *vt* -**1.** [braquer]: **~ qqn** to put sb's back up, to make sb dig his/her heels in. -**2.** *arg crime* [tuer] to bump off *(sép)*, to waste.

◆ **se buter** *vpi* [se braquer] to dig one's heels in, to get obstinate.

◆ **se buter dans, se buter contre** *vp + prép* to bump into.

buteur [bytœr] *nm* -**1.** SPORT striker. -**2.** ▽ [assassin] killer.

butin [bytɛ̃] *nm* -**1.** [choses volées - par des troupes] spoils, booty; [- par un cambrioleur] loot. -**2.** [trouvailles] booty.

butiner [3] [bytine] ◇ *vi* [insectes] to gather nectar and pollen.

◇ *vt* -**1.** [pollen, nectar] to gather; [fleurs] to gather pollen and nectar on. -**2.** [rassembler - idées] to glean, to gather.

butoir [bytwar] *nm* -**1.** RAIL buffer. -**2.** [de porte] door stop. -**3.** FIN limit.

butor [bytɔr] *nm* -**1.** *péj* [malotru] boor, lout. -**2.** ZOOL bittern.

buttage [bytaʒ] *nm* earthing OU banking up HORT.

butte [byt] *nf* -**1.** [monticule] hillock, knoll; **la Butte (Montmartre)** (the Butte) Montmartre; **habiter sur la Butte** to live up on the hill *(in Montmartre)*. -**2.** MIL: **~ de tir** butts. -**3.** HORT mound.

◆ **en butte à** *loc prép*: **être en ~ à** to be exposed to, to be faced with; **en ~ aux quolibets** exposed to OU a prey to jeers.

butter [3] [byte] *vt* -**1.** HORT to earth OU to bank up *(sép)*. -**2.** *arg crime* to bump off *(sép)*, to waste.

butte-témoin [byttemwɛ̃] (*pl* **buttes-témoins**) *nf* outlier.

buvable [byvabl] *adj* -**1.** [qui n'est pas mauvais à boire] drinkable; **il est ~, ce petit vin!** *hum* this wine's very drinkable! -**2.** PHARM [ampoule] to be taken orally.

buvard [byvar] *nm* -**1.** [morceau de papier] piece of blotting-paper; [substance] blotting-paper. -**2.** [sous-main] blotter.

buvette [byvɛt] *nf* -**1.** [dans une foire, une gare] refreshment stall; **'buvette'** 'refreshments'. -**2.** [de station thermale] pump room.

buveur, euse [byvœr, øz] *nm, f* -**1.** [alcoolique] drinker, drunkard; **c'est un gros ~** he's a heavy drinker. -**2.** [client de café] customer. -**3.** [consommateur]: **~ de: nous sommes de grands ~s de café** we are great coffee drinkers; **je ne suis pas un gros ~ de lait** I don't drink much milk.

BVA (*abr de* **Brulé Ville Associés**) *npr French market research company.*

BVP (*abr de* **Bureau de vérification de la publicité**) *npr m French advertising standards authority*, ≃ ASA *Br*.

by-pass [bajpas] *nm inv* -**1.** ÉLECTR bypass. -**2.** MÉD bypass operation.

byronien, enne [birɔnjɛ̃, ɛn] *adj* Byronic.

Byzance [bizɑ̃s] *npr* -**1.** GÉOG Byzantium. -**2.** *loc*: **c'est ~!** *fam* it's fantastic!

byzantin, e [bizɑ̃tɛ̃, in] *adj* -**1.** HIST Byzantine. -**2.** *péj* & *sout* byzantine *péj*.

◆ **Byzantin, e** *nm, f* Byzantine.

byzantinisme [bizɑ̃tinism] *nm* hair-splitting, argumentativeness.

byzantiniste [bizɑ̃tinist] *adj* Byzantinist, specialist in Byzantine art.

BZH (*abr écrite de* **Breizh**) *Brittany (as nationality sticker on a car).*

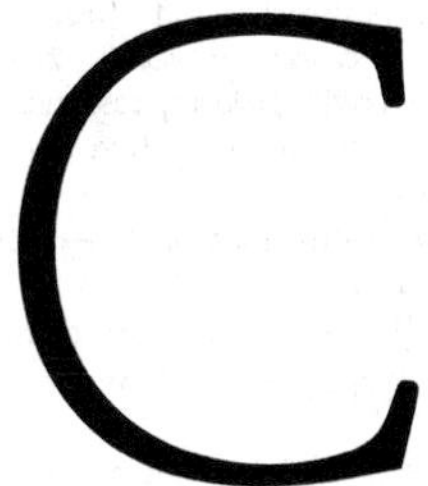

c, C [se] *nm inv* [lettre] c, C.

c -**1.** (*abr écrite de* centime) c. -**2.** *abr écrite de* centi.

c' [s] → **ce** *pron dém.*

C -**1.** (*abr écrite de* Celsius, centigrade) C. -**2.** (*abr écrite de* coulomb) C. -**3.** *abr écrite de* code.

ç' [s] → **ce** *pron dém.*

ca *abr écrite de* centiare.

CA ◇ *nm* -**1.** *abr de* chiffre d'affaires. -**2.** *abr de* conseil d'administration. -**3.** *abr de* corps d'armée.
◇ *nf abr de* chambre d'agriculture.

ça[1] [sa] *nm* PSYCH id.

ça[2] [sa] *pron dém* -**1.** [désignant un objet - proche] this, it; [- éloigné] that, it; **donne-moi ça** give me that, give it to me; **ça se trouve où?** where is it OU that?; **laisse ça!** hands off!, leave that OU it (alone)!; **qu'est-ce que tu veux? — ça, là-bas** what do you want? — that, over there; **ça sent bon** that OU it smells nice; **il y avait ça entre moi et l'autobus** there was this OU that much between me and the bus; **il y a ça de différence de taille entre eux** there is this OU that much difference in height between them ❑ **il ne m'a pas donné ça!** *fam* he didn't give me a thing OU a bean!; **regarde-moi ça!** just look at that!; **il ne pense qu'à ça!** *euph* he's got a one track mind! -**2.** [désignant - ce dont on vient de parler] this, that; [- ce dont on va parler] this; **qu'est-ce que tu dis de ça?** what do you say to that?; **je n'ai jamais dit ça!** I never said that OU any such thing!; **la liberté, c'est ça qui est important** freedom, that's what matters; **il y a un peu de ça, c'est vrai** it's true, there's an element of OU a bit of that; **à part ça, tout va bien** apart from that, everything's fine; **il est parti il y a un mois/une semaine de ça** he left a month/a week ago; **écoutez, ça va vous étonner...** this will surprise you, listen... -**3.** [servant de sujet indéterminé]: **et ton boulot, comment ça se passe?** *fam* how's your job going?; **je voudrais m'inscrire, comment ça se passe?** I'd like to join, what do I have to do OU how do I go about it?; **ça souffle!** *fam* there's quite a wind (blowing)!; **ça fait 2 kg/3 m** that's 2 kg/3 m; **ça vous fera 15 francs** that'll be 15 francs; **ça fait deux heures que j'attends** I've been waiting for two hours; **ça vaut mieux** it's just as well; **qu'est-ce que ça peut faire?** what does it matter?; **qu'est-ce que ça veut dire?** what does it OU that mean?; [c'est ridicule] where's the sense in it?; [ton menaçant] what do you mean by that?, what's that supposed to mean?; **les enfants, ça comprend tout** children understand everything; **et ça fait la morale aux autres!** *fam péj* and he/they'll *etc* preach at you into the bargain! ❑ **ça ira comme ça** that'll do; **ça y est, j'ai fini!** that's it, I'm finished!; **ça y est, ça devait arriver!** now look what's happened!; **ça y est, ça commence!** here we go!; **ça y est, tu es prêt?** so are you ready now?; **ça y est, c'est de ma faute!** that's it, it's all my fault!; **c'est ça!** *iron* right!; **c'est ça, dites que je suis folle** so I'm out of my mind, is that it OU am I?; **c'est ça, moquez-vous de moi!** that's right, have a good laugh at my expense! -**4.** [emploi expressif]: **pourquoi ça?** why?, what for?; **qui ça?** who?, who's that?; **où ça?** where?, where abouts?; **quand ça?** when?; **comment ça, c'est fini?** what do you mean it's over?; **ah ça oui!** you bet!; **ah ça non!** certainly not!

çà [sa] *adv*: **~ et là** here and there.

cabale [kabal] *nf* -**1.** [personnes] cabal; [intrigue] cabal, intrigue; **monter une ~ contre qqn** to plot against sb. -**2.** HIST cabala, cabbala, kabbala.

cabaliste [kabalist] *nmf* cabalist, kabbalist.

cabalistique [kabalistik] *adj* [science, interprétation] cabalistic.

caban [kabɑ̃] *nm* [longue veste] car coat; [de marin] reefer jacket; [d'officier] pea jacket.

cabane [kaban] *nf* -**1.** [hutte] hut, cabin; [pour animaux, objets] shed; **~ de** OU **en rondins** log cabin ❑ **~ à lapins** rabbit hutch; **~ à outils** toolshed. -**2.** *fam* [maison] dump; **j'en ai marre de cette ~!** I'm fed up with this dump! -**3.** *fam* [prison] clink; **il a fait 8 ans de ~** he did OU spent 8 years inside. -**4.** *Helv* [refuge] mountain refuge. -**5.** *Can*: **~ à sucre** sugar (and maple syrup) refinery, sap house.

cabanon [kabanɔ̃] *nm* -**1.** [abri] shed, hut; [en Provence] (country) cottage. -**2.** *vieilli* [pour fou] padded cell; **il est bon pour le ~** *fam* OU **à mettre au ~** he should be put away.

cabaret [kabarɛ] *nm* -**1.** [établissement] nightclub, cabaret. -**2.** [activité]: **le ~** cabaret; **il a débuté au ~** he started off doing cabaret. -**3.** [meuble] liqueur cabinet. -**4.** *vieilli* [auberge] tavern.

cabaretier, ère [kabartje, ɛr] *nm, f vieilli* innkeeper.

cabas [kaba] *nm* -**1.** [pour provisions] shopping bag. -**2.** [pour figues, raisins] basket.

cabestan [kabɛstɑ̃] *nm* capstan.

cabillaud [kabijo] *nm* cod.

cabillot [kabijo] *nm* toggle.

cabine [kabin] *nf* -**1.** NAUT cabin. -**2.** AÉRON [de pilotage] cockpit; [des passagers] cabin; **personnel de ~** cabin crew. -**3.** [de laboratoire de langues] booth; [de piscine, d'hôpital] cubicle; **~ (de bain)** [hutte] bathing OU beach hut; [serviette] beachtowel (for changing); **~ de douche** shower cubicle; **~ d'essayage** changing OU fitting room *Br*, dressing room *Am*; **~ de projection** projection room. -**4.** TÉLÉC: **~ téléphonique** phone box *Br* OU booth. -**5.** TRANSP [de camion, de tracteur, de train] cab; [de grue] cabin; **~ (de téléphérique)** cablecar. -**6.** RAIL: **~ d'aiguillage** signal box, points control box.

cabinet [kabinɛ] *nm* -**1.** [de dentiste] surgery *Br*, office *Am*; [de magistrat] chambers; [d'avoué, de notaire] office; **~ (de consultation)** (doctor's) surgery *Br* OU office *Am*. -**2.** [réduit]: **~ de débarras** boxroom *Br*, storage room *Am*; **~ noir** walk-in cupboard. -**3.** [petite salle]: **~s d'aisances** *arch* toilet, privy *arch*; **~ de lecture** reading room; **~ particulier** [de restaurant] private dining room; **~ de toilette** bathroom; **~ de travail** study. -**4.** [clientèle - de médecin, de dentiste] practice; **monter un ~** to set up a practice. -**5.** [agence]: **~ d'affaires** business consultancy; **~ d'architectes** firm of architects; **~ d'assurances** insurance firm OU agency; **~ conseil** consulting firm, consultancy firm; **~ immobilier** estate agent's *Br* OU realtor's *Am* office. -**6.** POL [gouvernement] cabinet; **faire partie du ~** to be in OU a member of the Cabinet; **~ du Premier ministre** Prime Minister's departmental staff ❑ **~ fantôme** shadow cabinet; **~ ministériel** minister's advisers, departmental staff. -**7.** [d'un musée] (exhibition) room; **~ des estampes/médailles** prints/medals room. -**8.** [meuble] cabinet. -**9.** [d'horloge] (clock) case.
◆ **cabinets** *fam nmpl* toilet, loo *Br*, bathroom *Am*.

câblage [kablaʒ] *nm* -**1.** TV [pose du réseau] cable TV installation, cabling; **le ~ d'une rue/ville** cabling a street/a town. -**2.** ÉLECTR [opération] wiring; [fils] cables. -**3.** [torsion] cabling.

câble [kabl] *nm* -**1.** [cordage - en acier] cable, wire rope; [- en fibres végétales] line, rope, cable; **~ de démarreur** OU **de démarrage** AUT jump lead; **~ de halage** OU **remorquage** NAUT towrope, towline; **~ d'accélérateur** AUT accelerator cable; **~ d'amarrage** NAUT mooring line OU cable; **~ de frein** AUT brake cable. -**2.** ÉLECTR cable; **~ électrique** electric cable; **~ hertzien** radio link *(by hertzian waves)*; **~ optique** optical fibre; **~ à paires** paired cable; **~ (à courant) porteur** carrier cable; **~ à quartes** quad OU quadded cable. -**3.** TV: **avoir le ~** to have cable TV; **transmettre par ~** to cablecast; **télévision par ~** OU **~s** cable television, cablevision. -**4.** [télégramme] cable, cablegram.

câblé, e [kable] *adj* -**1.** TV [ville, région] with cable television; **réseau ~** cable television network; **télévision ~e** cable television, cablevision. -**2.** INF hard-wired. -**3.** [à fonctionnement fixe] cabled. -**4.** *fam* [à la mode] switched on.
◆ **câblé** *nm* cord.

câbler [3] [kable] *vt* -**1.** TV [ville, région] to link to a cable television network, to wire for cable; [émission] to cable. -**2.** ÉLECTR to cable. -**3.** [fils] to twist together (into a cable), to cable. -**4.** TÉLÉC [message] to cable.

câblerie [kabləri] *nf* cable OU cable-manufacturing plant.

câbleur, euse [kablœr, øz] *nm, f* cable-layer.

câblodistribution [kablɔdistribysjɔ̃] *nf* cable television, cablevision.

câblogramme [kablɔgram] *nm* cablegram.

cabochard, e *fam* [kabɔʃar, ard] ◇ *adj* pigheaded, stubborn.

◇ *nm, f*: c'est un ~ he's pigheaded OU as stubborn as a mule.

caboche [kabɔʃ] *nf* -**1.** *fam* [tête] nut, noddle *Br*; **mets-toi (bien) ça dans la ~!** get that into your thick head!; **avoir la ~ dure** to be pigheaded. -**2.** [clou] hob-nail.

cabochon [kabɔʃɔ̃] *nm* -**1.** JOAILL cabochon. -**2.** [clou] stud.

cabosser [3] [kabɔse] *vt* [carrosserie, couvercle] to dent; **voiture cabossée** battered car; **chapeau cabossé** battered hat.

cabot [kabo] *nm* -**1.** ▽ [chien] dog, mutt *péj*. -**2.** *arg mil* corporal. -**3.** [mulet] common grey mullet. -**4.** [acteur] ham (actor).

cabotage [kabɔtaʒ] *nm* coastal navigation; **petit/grand ~** inshore/seagoing navigation.

caboter [3] [kabɔte] *vi* [gén] to sail OU to ply along the coast; [ne pas s'éloigner] to hug the shore.

caboteur [kabɔtœr] *nm* [navire] coaster, tramp.

cabotin, e [kabɔtɛ̃, in] ◇ *adj* [manières, personne] theatrical.

◇ *nm, f* -**1.** [personne affectée] show-off, poseur. -**2.** *péj* [acteur] ham (actor).

cabotinage [kabɔtinaʒ] *nm* [d'un poseur] affectedness, theatricality; [d'un artiste] ham acting; **faire du ~** to ham it up.

cabrer [3] [kabre] *vt* -**1.** [cheval]: **il cabra son cheval** he made his horse rear up. -**2.** AÉRON to nose up *(sép)*. -**3.** [inciter à la révolte]: **~ qqn** to put sb's back up.

◆ **se cabrer** *vpi* -**1.** [cheval] to rear up. -**2.** AÉRON to nose up. -**3.** [se rebiffer] to balk, to jib.

cabri [kabri] *nm* kid ZOOL.

cabriole [kabrijɔl] *nf* -**1.** [bond - d'un enfant] leap; [- d'un animal] prancing *(U)*, cavorting *(U)*; [acrobatie] somersault; **faire des ~s** [clown] to do somersaults; [chèvre] to prance OU to cavort (about); [enfant] to dance OU to jump about. -**2.** [manœuvre] clever manœuvre; **il a éludé la question/refusé l'invitation par une ~** he managed to dodge the question/to duck out of having to accept the invitation. -**3.** DANSE cabriole. -**4.** ÉQUIT capriole.

cabrioler [3] [kabrijɔle] *vi* [enfant] to leap (about); [animal] to prance OU to cavort (about).

cabriolet [kabrijɔlɛ] *nm* -**1.** [véhicule - automobile] convertible; [- hippomobile] cabriolet. -**2.** [meuble] cabriole chair.

cabus [kaby] *nm* white cabbage.

CAC, Cac [kak, sease] *(abr de* **cotation assistée en continu**): **l'indice ~40** *the French stock exchange shares index.*

caca *fam* [kaka] *nm* -**1.** [substance] : **c'est du ~** it's poo; **c'est du ~!** *fig* it's yucky!; **du ~ de chien** some dog dirt OU mess; **du ~ d'oiseau** some bird mess; **faire ~** to have a poo. -**2.** [étron] poo; **un ~ de chien** some dog poo; **un ~ d'oiseau** a bird dropping.

◆ **caca d'oie** *nm & adj inv* greenish-yellow.

cacaber [3] [kakabe] *vi* [perdrix] to call.

cacahouète [kakawɛt], **cacahuète** [kakaɥɛt] *nf* peanut.

cacao [kakao] *nm* -**1.** BOT [graine] cocoa bean. -**2.** CULIN: **(poudre de) ~** cocoa (powder); **au ~** cocoa-flavoured ‖ [boisson] cocoa.

cacaoté, e [kakaɔte] *adj* cocoa-flavoured.

cacaotier [kakaɔtje], **cacaoyer** [kakaɔje] *nm* cocoa tree.

cacaotière [kakaɔtjɛr], **cacaoyère** [kakaɔjɛr] *nf* cocoa plantation.

cacarder [3] [kakarde] *vi* to cackle ZOOL.

cacatoès [kakatɔɛs] *nm* cockatoo.

cacatois [kakatwa] *nm* [voile] royal; **grand/petit ~** main/fore royal; **(mât de) ~** royal mast.

cachalot [kaʃalo] *nm* sperm whale.

cache [kaʃ] ◇ *nf* [d'armes, de drogue] cache.

◇ *nm* -**1.** [pour œil, texte] cover card; [de machine à écrire] cover. -**2.** CIN & PHOT mask.

caché, e [kaʃe] *adj* -**1.** [dans une cachette - butin, or] hidden. -**2.** [sous-jacent - sentiment] secret; [- signification] hidden, secret; [- talent] hidden.

cache-cache [kaʃkaʃ] *nm inv*: **jouer à ~ (avec qqn)** *pr & fig* to play hide and seek (with sb).

cache-cœur [kaʃkœr] *nm inv* wrapover top.

cache-col [kaʃkɔl] *nm inv* scarf.

cachemire [kaʃmir] *nm* -**1.** [tissu, poil] cashmere; **en ~** cashmere *(modif)*. -**2.** VÊT [châle] cashmere shawl; [pullover] cashmere sweater; [gilet] cashmere cardigan. -**3.** *(comme adj)* [motif, dessin] paisley *(modif)*.

Cachemire [kaʃmir] *npr m*: **le ~** Kashmir; **au ~** in Kashmir.

cache-nez [kaʃne] *nm inv* scarf, comforter *Br*.

cache-pot [kaʃpo] *nm inv* (flower OU plant) pot holder.

cache-prise [kaʃpriz] *nm inv* socket cover.

cacher[1] [kaʃɛr] = **kasher**.

cacher[2] [3] [kaʃe] *vt* -**1.** [prisonnier, réfugié] to hide; [trésor, jouet] to hide, to conceal. -**2.** [accroc, ride] to hide, to conceal (from view); **il cache son jeu** *pr* he's not showing his hand; *fig* he's keeping his plans to himself, he's playing his cards close to his chest. -**3.** [suj: niche, grenier] to hide, to conceal. -**4.** [faire écran devant] to hide, to obscure; **~ un œil** [chez l'oculiste] to cover one eye (with one's hand); **~ la lumière** OU **le jour à qqn** to be in sb's light; **pousse-toi, tu caches ta sœur!** [en prenant une photo] get out of the way, you're right in front of your sister!; **tu me caches la vue!** you're blocking my view! -**5.** [ne pas révéler - sentiment, vérité] to hide, to conceal, to cover up *(sép)*; **~ son âge** to keep one's age (a) secret; **~ qqch à qqn** to conceal OU to hide sthg from sb; **toi, tu me caches quelque chose!** you're keeping something from me!; **je ne cache pas que...** I must say OU admit that...; **je ne (te) cacherai pas que je me suis ennuyé** to be frank with you, (I must say that) I was bored; **il l'aime, il ne l'a jamais caché** he loves her, he's never made any secret of it; **il n'a pas caché son soulagement** his relief was plain for all to see.

◆ **se cacher** ◇ *vp (emploi réfléchi)* -**1.** [suivi d'une partie du corps] : **je me cachais la tête sous les draps** I hid my head under the sheets; **cachez-vous un œil** cover one eye. -**2.** [au nég] : **ne pas se ~ qqch** to make no secret of sthg, to be quite open about sthg; **il me plaît, je ne m'en cache pas!** I like him, it's no secret!

◇ *vpi* -**1.** [aller se dissimuler - enfant, soleil] to hide; **se ~ derrière des rideaux/dans un bois** to hide behind curtains/in the woods; **se ~ de qqn**: **se ~ de ses parents pour fumer, fumer en se cachant de ses parents** to smoke behind one's parents' back. -**2.** [être dissimulé - fugitif] to be hiding; [- objet] to be hidden; **le village se cache dans la vallée** the village lies tucked away at the bottom of the valley.

cache-radiateur [kaʃradjatœr] *nm inv* radiator cover.

cache-sexe [kaʃsɛks] *nm inv* G-string.

cachet [kaʃɛ] *nm* -**1.** PHARM tablet; **un ~ d'aspirine** an aspirin (tablet). -**2.** [sceau] seal; [empreinte] stamp; **~ de la poste** postmark; **porter le ~ de Nice** to be postmarked Nice, to bear a Nice postmark; **le ~ de la poste faisant foi** date of postmark will be taken as proof of postage. -**3.** [salaire] fee. -**4.** [charme - d'un édifice, d'une ville] character; [- d'un vêtement] style; **avoir du ~** [édifice, village] to be full of character; [vêtements] to be stylish; **donner du ~ à** OU **faire le ~ de qqch** to give sthg its charm OU character; **n'avoir aucun ~** to be utterly lacking in character.

cache-tampon [kaʃtɑ̃pɔ̃] *(pl inv* OU **cache-tampons**) *nm* JEUX ≃ hunt-the-thimble.

cacheter [27] [kaʃte] *vt* [enveloppe, vin] to seal; **~ un billet à la cire** to seal a letter with wax.

cachette [kaʃɛt] *nf* [d'un enfant] hiding place; [d'un malfaiteur, d'un réfugié] hideout; [d'un objet] hiding place; **sors de ta ~!** [à un enfant] come out!

◆ **en cachette** *loc adv* [boire, fumer, lire, partir] secretly, in secret; [rire] to o.s., up one's sleeve; **il me l'a donné en ~** he gave it to me secretly OU without anybody noticing; **ils faisaient circuler le livre en ~** the book was circulated in secret; **en ~ de qqn** [boire, fumer] behind sb's back, while sb's back's turned; [préparer, décider] without sb knowing, unbeknownst to sb.

cachexie [kaʃɛksi] *nf* -**1.** MÉD cachexia. -**2.** VÉTÉR rot.

cachot [kaʃo] *nm* [de prisonnier] dungeon; **3 ans de ~** 3 years (locked away) in a dungeon.

cachotterie [kaʃɔtri] *nf* (little) secret; **elle aime faire des ~s** she likes to make a mystery of everything; **faire des ~s à qqn** to keep secrets from sb.

cachottier, ère *fam* [kaʃɔtje, ɛr] ◇ *adj* secretive; **il est ~** he's full of little mysteries OU secrets.

◇ *nm, f*: **c'est un ~** he's secretive; **tu ne me l'avais pas dit, petite cachottière!** you never told me, you secretive little thing!

cachou [kaʃu] *nm* -**1.** [bonbon] cachou. -**2.** [substance, teinture] catechou, cachou, cutch.

cacique [kasik] *nm* -**1.** [notable] cacique. -**2.** *arg scol*: **le ~** [à un concours] *student graduating in first place (especially from the École Normale Supérieure)*. -**3.** *fam* [personne importante] big shot, bigwig.

cacochyme [kakɔʃim] *litt* ◇ *adj hum* doddery, doddering.

◇ *nmf* dodderer.

cacophonie [kakɔfɔni] *nf* cacophony.

cacophonique [kakɔfɔnik] *adj* cacophonous.

cactacée [kaktase], **cactée** [kakte] *nf* member of the cactus family OU of the Cactaceae.

cactus [kaktys] *nm* cactus.

c.-à-d. *(abr écrite de* **c'est-à-dire**) i.e.

cadastral, e, aux [kadastral, o] *adj* cadastral.

cadastre [kadastr] *nm* -**1.** [plans] cadastral register, ≃ land register. -**2.** [service] : **le ~** cadastral survey (office), ≃ land registry.

cadastrer [3] [kadastre] *vt* ≃ to register with the land registry.

cadavéreux, euse [kadaverø, øz] *adj* [teint] livid, deathly pale; [fixité] corpse-like.

cadavérique [kadaverik] *adj* -**1.** [du cadavre] of a corpse; **rigidité ~** rigor mortis. -**2.** [rappelant un cadavre - blancheur] deathly, cadaverous; [- teint] deathly pale; [- fixité] corpse-like.

cadavre [kadavr] *nm* -**1.** [d'une personne - gén] corpse, body; [- à disséquer] cadaver; [d'un animal] body, carcass; **c'est un ~ ambulant** he's a walking corpse ❑ **il y a un ~ entre eux** they share a guilty secret. -**2.** *fam hum* [bouteille] empty bottle, empty.

◆ **cadavre exquis** *nm* [jeu] ≃ consequences; LITTÉRAT cadavre exquis.

caddie, caddy [kadi] nm [au golf] caddie, caddy.

Caddie® [kadi] *nm* [chariot] (supermarket) trolley *Br*, (grocery) cart *Am*.

caddy [kadi] = **caddie**.

cade [kad] *nm* cade BOT.

cadeau, x [kado] *nm* -**1.** [don] present, gift; **recevoir un ~ de qqn** to get a present from OU to be given a present by sb; **faire un ~ à qqn** to give sb a present OU a gift; **faire ~ de qqch à qqn** [le lui offrir] to make sb a present of sthg, go give sb sthg as a present; **je vous fais ~ du kiwi** I'll give you OU throw in the kiwi fruit for free; **je te dois 15 francs – je t'en fais ~!** I owe you 15 francs – forget it!; **ils ne font pas ~ des places!** *euph* the tickets aren't exactly cheap!; **il ne m'a pas fait de ~** [dans une transaction, un match] he didn't do me any favours; [critique] he didn't spare me; **dans la vie, on ne vous fait pas de ~** you can't expect things to be easy!; **ils ne font pas de ~!** [gendarmes, examinateurs, employeurs] they're not out to do anybody any favours!; **tiens, ~!** *hum* here's a little present for you! ❑ **~ d'anniversaire/de Noël** birthday/Christmas present; **~ de noces** OU **de mariage** wedding present; **~ d'entreprise** giveaway OU free gift; **~ publicitaire** free gift; **ce**

n'est pas un ~! *fam* [personne insupportable] he's a real pain!; [personne bête] he's no bright spark!; **les petits ~x entretiennent l'amitié** *prov* gifts oil the wheels of friendship. -**2.** *(comme adj; avec ou sans trait d'union)*: **shampooing ~** free bottle of shampoo *(with a purchase)*.

cadenas [kadna] *nm* padlock; **fermer au ~** to padlock.

cadenasser [3] [kadnase] *vt* -**1.** [fermer] to padlock. -**2.** *fam* [emprisonner] to lock up *(sép)*, to put away *(sép)*.

cadence [kadɑ̃s] *nf* -**1.** DANSE & MUS [rythme] rhythm; **marquer la ~** to beat out the rhythm || [accords] cadence; [passage de soliste] cadenza. -**2.** LITTÉRAT cadence. -**3.** [d'un marcheur, d'un rameur] pace; **à une bonne ~** at quite a pace. -**4.** INDUST rate; **~ de production** rate of production; **~ de travail** work rate; **non aux ~s infernales!** no speed-up! -**5.** MIL: **~ de tir** rate of fire.

◆ **à la cadence de** *loc prép* at the rate of.

◆ **en cadence** *loc adv*: **taper des mains en ~** to clap in time; **marcher en ~** to march.

cadencé, e [kadɑ̃se] *adj* [marche, musique] rhythmical; [gestes, démarche] swinging; **au pas ~** MIL in quick time.

cadencer [16] [kadɑ̃se] *vt* [vers, phrase] to give rhythm to; **~ son pas** to march in rhythm.

cadet, ette [kadɛ, ɛt] ◇ *adj*: **frère ~, sœur ~te** [plus jeune que celui qui parle ou dont on parle] younger brother, younger sister; [dernier-né] youngest brother, youngest sister.

◇ *nm, f* -**1.** [dans une famille - dernier-né] : **le ~, la ~te** the youngest child OU one; **son ~** [fils] his youngest son OU boy; [frère] his youngest brother || [frère, sœur plus jeune] : **mon ~** my younger brother; **ma ~te** my younger sister. -**2.** [entre personnes non apparentées] : **être le ~ de qqn** to be younger than sb; **je suis son ~ de 4 ans** I'm 4 years his junior OU 4 years younger than he is. -**3.** SPORT junior *(between 13 and 16 years old)*.

◆ **cadet** *nm* -**1.** MIL [élève] cadet. -**2.** HIST [futur militaire] cadet. -**3.** *loc*: **c'est le ~ de mes soucis** it's the least of my worries.

cadi [kadi] *nm* cadi.

Cadix [kadiks] *npr* Cadiz.

cadmie [kadmi] *nf* zinc oxide residue.

cadmier [9] [kadmje] *vt* to coat with cadmium.

cadmium [kadmjɔm] *nm* cadmium.

cadogan [kadɔgɑ̃] = **catogan**.

cadrage [kadraʒ] *nm* -**1.** CIN & PHOT centring. -**2.** MIN framing. -**3.** IMPR [des dimensions] cropping; [des couleurs] masking.

cadran [kadrɑ̃] *nm* [d'une montre, d'une pendule] face, dial; [d'un instrument de mesure, d'une boussole] face; [d'un téléphone] dial; **~ solaire** sun dial.

cadre [kadr] *nm* **A.** -**1.** [d'une entreprise] executive; [d'un parti, d'un syndicat] cadre; **un poste de ~** an executive OU a managerial post; **~ supérieur** OU **dirigeant** senior executive, member of (the) senior management; **~ moyen** middle manager; **femme ~** woman executive; **jeune ~ dynamique** *hum* whizz kid, ≃ yuppie. -**2.** MIL officer, member of the officer corps.
B. -**1.** ADMIN [catégorie] grade, category *(within the Civil Service)*; **le ~ (de la fonction publique)** [toutes catégories] the Civil Service. -**2.** MIL corps; **~ d'active** ≃ active list; **~ de réserve** ≃ reserve list.
C. -**1.** [encadrement - d'un tableau, d'une porte, d'une ruche etc] frame; **~ de bicyclette** bicycle frame. -**2.** [environnement] setting, surroundings; **habiter dans un ~ agréable/de verdure** to live in pleasant surroundings/a leafy setting; **le ~ de** the scene of; **c'était le ~ de mes amours enfantines** it was the scene of my childhood loves ❑ **~ de vie** (living) environment. -**3.** [portée, limites - d'accords, de réformes] scope, framework; **une fois posé le ~ de votre réflexion** once you've defined the framework of your ideas ❑ **loi ~** outline law; **plan ~** blueprint (project); **réforme ~** general outline of reform. -**4.** IMPR box, space; **'~ réservé à l'administration'** 'for official use only'. -**5.** [emballage] crate, packing case. -**6.** ÉLECTR [de radio] frame aerial. -**7.** MIN casing.

◆ **cadres** *nmpl* -**1.** [contrainte]: **~s sociaux** social structures; **~s de la mémoire** structures of the memory. -**2.** ADMIN staff list; **être sur les ~s** to be a member of staff.

◆ **dans le cadre de** *loc prép* within the framework OU scope of; **dans le ~ de mes fonctions** as part of my job; **cela n'entre pas dans le ~ de mes fonctions** it falls outside the scope of my responsibilities.

cadrer [3] [kadre] ◇ *vi* -**1.** [correspondre - témoignages] to tally, to correspond; **les deux notions ne cadrent pas ensemble** the two ideas don't go together; **~ avec** to be consistent with; **sa déposition cadre bien avec les premiers témoignages** her statement is consistent with the earlier testimonies; **un suicide ne cadre pas du tout avec sa personnalité** she's not the sort of person who would ever commit suicide. -**2.** COMPTA: **faire ~ un compte** to square an account.

◇ *vt* CIN & PHOT to centre.

cadreur, euse [kadrœr, øz] *nm, f* cameraman (*f* camerawoman).

caduc, caduque [kadyk] *adj* -**1.** BOT deciduous. -**2.** PHYSIOL [dent] deciduous; [membrane] decidual. -**3.** PHON mute; **le schwa est ~** the schwa falls OU disappears. -**4.** JUR [accord, loi] null and void; [police d'assurances] lapsed; **devenir ~** [accord, contrat, loi] to lapse; **rendre ~** [accord, loi] to make null and void. -**5.** *sout* [qui n'est plus fondé - théorie] outmoded, obsolete.

◆ **caduque** *nf* PHYSIOL decidua, decidual membrane.

caducée [kadyse] *nm* -**1.** [de médecin, de pharmacien] caduceus, doctor's badge; **avoir le ~ sur son pare-brise** to display a doctor's symbol on one's car. -**2.** MYTH Caduceus.

caducifolié, e [kadysifɔlje] *adj* deciduous.

caducité [kadysite] *nf* deciduous nature OU character.

caduque [kadyk] *f* → **caduc**.

cæcal, e, aux [sekal, o] *adj* caecal.

cæcum [sekɔm] *nm* ANAT & VÉTÉR caecum.

caennais, e [kanɛ, ɛz] *adj* from Caen.

◆ **Caennais, e** *nm, f inhabitant of or person from Caen*.

cæsium [sezjɔm] = **césium**.

CAF [kaf] ◇ *npr f abr de* Caisse d'allocations familiales.

◇ *adj* (*abr de* **coût, assurance, fret**) cif.

cafard[1] [kafar] *nm* -**1.** ENTOM cockroach. -**2.** *fam loc*: **avoir le ~** to feel low, to feel down; **donner le ~ à qqn** to get sb down; **j'ai eu un coup de ~ hier** I felt a bit down yesterday.

cafard[2], **e** *fam* [kafar, ard] *nm, f* -**1.** [dénonciateur] sneak, telltale. -**2.** [faux dévot] (religious) hypocrite.

cafardage *fam* [kafardaʒ] *nm* sneaking, taletelling.

cafarder *fam* [3] [kafarde] ◇ *vi* -**1.** [rapporter] to sneak, to snitch. -**2.** [être déprimé] to feel depressed OU down.

◇ *vt* [quelqu'un] to sneak OU to snitch on *(insép)*.

cafardeur, euse[1] [kafardœr, øz] *nm, f* sneak, telltale.

cafardeux, euse[2] [kafardø, øz] *adj* [air, tempérament] gloomy; **je suis** OU **je me sens ~ en ce moment** I'm feeling low OU down at the moment.

café [kafe] ◇ *nm* -**1.** [boisson, graine] coffee; **faire du ~** to make coffee; **garçon, deux ~s** waiter, two coffees ❑ **~ frappé** OU **glacé** iced coffee; **~ instantané** OU **soluble** instant coffee; **~ nature** OU **noir** black coffee; **~ crème** coffee with cream; **~ filtre** filter coffee; **~ en grains** coffee beans; **j'achète mon ~ en grains** I buy coffee beans; **~ au lait** white coffee *Br*, coffee with milk *Am*; **~ moulu** ground coffee; **~ turc** Turkish coffee; **~ vert** unroasted coffee; **~ viennois** Viennese coffee. -**2.** [fin du repas] coffee, coffee-time; *Belg early evening meal (served with coffee)*, ≃ high tea *Br*; **au ~, il n'avait toujours pas terminé son histoire** he still hadn't finished his story by the time we got to the coffee; **venez pour le ~** come and have coffee with us *(after the meal)*. -**3.** [établissement]: **~ (bar)** (licensed) café; **~ littéraire** literary café; **c'est une discussion de ~ du Commerce** *péj* it's bar-room talk.

◇ *adj* coffee-coloured.

◆ **au café** *loc adj* [glace, entremets] coffee, coffee-flavoured; **chou au ~** chou bun with coffee-flavoured OU coffee-cream filling; **éclair au ~** coffee eclair.

◆ **café liégeois** *nm* coffee ice cream (sundae).

CAFÉ:

1. In French cafés, a small cup of strong black coffee is called "un (petit) café", "un express" or, colloquially, "un petit noir". This may be served "serré" (extra-strong), "léger" (weak) or "allongé" (diluted with hot water). An "express" with a tiny amount of milk added is called "une noisette". A large cup of black coffee is "un grand café", "un double express" or, colloquially, "un grand noir". Coffee with frothy, steam-heated milk is called "un (grand/petit) crème". The term "café au lait" is almost never used in cafés.

2. Parisian cafés have traditionally played an important part in the intellectual and artistic life of the city. For example, the Café de Flore was a favourite meeting place for the existentialists.

---

café-au-lait [kafeolɛ] *adj inv* coffee-coloured.

café-concert [kafekɔ̃sɛr] (*pl* **cafés-concerts**) *nm* , **caf'conc'** *fam* [kafkɔ̃s] *vieilli nm inv café where music-hall performances are given*.

caféier [kafeje] *nm* coffee tree.

caféière [kafejɛr] *nf* coffee plantation.

caféine [kafein] *nf* caffeine.

caféisme [kafeism] *nm* excessive coffee-drinking.

caf(e)tan [kaftɑ̃] *nm* caftan, kaftan.

cafétéria [kafeterja] *nf* cafeteria.

café-théâtre [kafeteatr] (*pl* **cafés-théâtres**) *nm* -**1.** [café avec spectacle] *café where theatre performances take place*. -**2.** [petit théâtre] alternative theatre.

cafetier [kaftje] *nm vieilli* café owner.

cafetière [kaftjɛr] *nf* -**1.** [machine] coffee maker; [récipient] coffeepot. -**2.** *fam* [tête] nut, noddle *Br*.

cafouillage *fam* [kafujaʒ] *nm* -**1.** [désordre] shambles, muddle; **il y a eu un ~ devant les buts** there was a scramble in front of the goal. -**2.** AUT misfiring.

cafouiller *fam* [3] [kafuje] *vi* -**1.** [projet, service] to get into a muddle; [décideur, dirigeant] to faff around OU about; [présentateur, orateur] to get mixed up OU into a muddle; **il a cafouillé dans ses explications** he got all confused (in his explanations); **~ avec le ballon** SPORT to fumble the ball. -**2.** AUT to misfire.

cafouilleur, euse[1] *fam* [kafujœr, øz] ◇ *adj* [personne]: **il est ~** he's totally disorganised.

◇ *nm, f* bungler.

cafouilleux, euse[2] *fam* [kafujø, øz] *adj* [explications] muddled; [service] shambolic *Br*, chaotic; **le départ de la course a été assez ~** there was chaos when the race started.

cafouillis *fam* [kafuji] = **cafouillage**.

cafre [kafr] *adj* & *nmf* kafir, kaffir.

cafter *fam* [3] [kafte] ◇ *vi* to sneak, to snitch.

◇ *vt*: **~ qqn** to sneak OU to snitch on sb; **elle a cafté que j'étais pas à l'école** she sneaked on me and said I wasn't at school.

cafteur, euse▽ [kaftœr, øz] *nm, f* sneak, snitch.

cage [kaʒ] *nf* -**1.** [pour animaux] cage; **un animal en ~** a caged animal; **mettre un animal en ~** to cage an animal; **~ à lapins** *pr* rabbit hutch; **habiter dans des ~s à lapins** *fig* to live in little boxes; **~ à oiseau** OU **oiseaux** cage, birdcage; **~ à poules** *pr* hen coop; **vivre dans une ~ à poules** *fig* to live in cramped surroundings.

-**2.** ANAT: ~ **thoracique** rib cage. -**3.** CONSTR: ~ **d'ascenseur** lift *Br* OU elevator *Am* shaft; ~ **d'escalier** stairwell. -**4.** [structure, enceinte]: ~ **d'écureuil** JEUX climbing frame; ~ **de Faraday** ÉLECTR Faraday cage. -**5.** MÉCAN: ~ **de roulement** ball bearing casing. -**6.** MIN: ~ **(d'extraction)** cage. -**7.** *fam* FTBL goal; **dans la** ~ in the net. -**8.** *fam* [prison] nick *Br*, slammer.

cageot [kaʒo] *nm* -**1.** [contenant] crate; [contenu] crate, crateful. -**2.** *fam péj* [laideron]: **quel** ~, **sa femme!** his wife looks like the back of a bus *Br* OU Mack truck *Am*!

cagibi [kaʒibi] *nm* boxroom *Br*, storage room *Am*.

cagne [kaɲ] = **khâgne**.

cagneux, euse [kaɲø, øz] ◇ *adj* [jambes] crooked; [cheval, personne] knock-kneed; **genoux** ~ knock knees.
◇ *nm, f* = **khâgneux**.

cagnotte [kaɲɔt] *nf* -**1.** [caisse, somme] jackpot; **la** ~ **est maintenant de 15 millions de centimes** the sum to be won is now 15 million centimes. -**2.** *fam* [fonds commun] kitty. -**3.** *fam* [économies] nest egg.

cagot, e [kago, ɔt] ◇ *adj* -**1.** *litt* [air] sanctimonious, holier-than-thou; [personne] sanctimonious. -**2.** HIST outcast *(presumed descendant of lepers under the Ancien Régime)*.
◇ *nm, f* hypocrite.

cagou [kagu] *nm* kagu.

cagoule [kagul] *nf* -**1.** [capuchon - d'enfant] balaclava; [- de voleur] hood; [- de moine] cowl; [- de pénitent] hood, cowl. -**2.** [manteau] cowl.

cahier [kaje] *nm* -**1.** SCOL notebook; ~ **de maths/géographie** maths/geography copybook ❑ ~ **de brouillon** roughbook *Br*, notebook (for drafts); ~ **d'exercices** exercise book; ~ **de textes** [d'élève] homework notebook; [de professeur] (work) record book; ~ **de travaux pratiques** lab (note) book. -**2.** [recueil]: ~ **des charges** [de matériel] specifications; [dans un contrat] remit; ~ **de revendications** claims register. -**3.** IMPR gathering.
◆ **cahiers** *nmpl* -**1.** LITTÉRAT [mémoires] diary, memoirs. -**2.** HIST: ~**s de doléances** book of grievances.

cahin-caha [kaɛ̃kaa] *loc adv*: **aller** ~ [marcheur] to hobble along; [entreprise, projet] to struggle along; **comment va-t-il?** — ~ how is he? — struggling along.

cahors [kaɔr] *nm* Cahors (wine).

cahot [kao] *nm* jolt, judder.

cahotant, e [kaɔtɑ̃, ɑ̃t] *adj* [chemin] bumpy, rough; [voiture] jolting, juddering.

cahotement [kaɔtmɑ̃] *nm* jolt, judder.

cahoter [3] [kaɔte] ◇ *vi* [véhicule] to jolt (along).
◇ *vt* [passagers] to jolt, to bump about; [voiture] to jolt.

cahoteux, euse [kaɔtø, øz] *adj* bumpy, rough.

cahute [kayt] *nf* -**1.** [abri] shack, hut. -**2.** *péj* [foyer] hovel.

caïd [kaid] *nm* -**1.** *fam* [dans une matière] wizard; [en sport] ace; [d'une équipe] star. -**2.** *fam* [chef - de bande] gang leader; [- d'une entreprise, d'un parti] big shot, bigwig; **jouer au** ~, **faire son** ~ to act tough. -**3.** HIST caid, local governor *(of indigenous origin, under French rule)*.

caillage [kajaʒ] = **caillement**.

caillasse [kajas] *nf* -**1.** [éboulis] loose stones, scree. -**2.** *fam péj* [mauvais sol] stones; **je ne peux rien planter, c'est de la** ~ I can't plant anything, the ground's nothing but stones.

caille [kaj] *nf* -**1.** ZOOL quail; **gras comme une** ~ as plump as a partridge. -**2.** [en appellatif]: **ma (petite)** ~ my pet.

caillé [kaje] ◇ *nm* curds.
◇ *adj m* [lait] curdled.

caillebotis [kajbɔti] *nm* -**1.** [grille] grating. -**2.** [plancher] duckboard.

caille-lait [kajlɛ] *nm inv* bedstraw BOT.

caillement [kajmɑ̃] *nm* [du lait] curdling; [du sang] coagulation, clotting.

cailler [3] [kaje] *vi* -**1.** [lait] to curdle; [sang] to coagulate, to clot; **faire** ~ **du lait** to curdle milk. -**2.** ▽ [avoir froid]: **ça caille ici!** it's bloody *Br* OU goddam *Am* freezing here!
◆ **se cailler**▽ ◇ *vpi* to be cold.
◇ *vpt*: **se** ~ **les miches, se les** ~ to be bloody cold; **on se les caille dehors!** it's bloody *Br* OU goddam *Am* freezing outside!

caillette [kajɛt] *nf* rennet stomach, abomasum.

caillot [kajo] *nm* [de sang] clot, blood-clot; [de lait] (milk) curd.

caillou, x [kaju] *nm* -**1.** [gén] stone. -**2.** TRAV PUBL: ~**x d'empierrement** road metal. -**3.** JOAILL stone; ~ **du Rhin** rhinestone. -**4.** *fam* [diamant] stone, sparkler. -**5.** MINÉR feldspar. -**6.** *fam* [crâne]: **avoir le** ~ **déplumé** to be bald; **il n'a plus un cheveu** OU **un poil sur le** ~ he's as bald as an egg OU a coot *Br* now.

cailloutage [kajutaʒ] *nm* -**1.** [empierrement - d'une route] metalling; [- d'une voie ferrée] ballasting. -**2.** [pierres - d'une route] road metal; [- d'une voie ferrée] ballast. -**3.** [pâte de faïence] hard paste.

caillouter [3] [kajute] *vt* [route] to metal; [voie ferrée] to ballast.

caillouteux, euse [kajutø, øz] *adj* [chemin, champ] stony; [plage] pebbly, shingly.

cailloutis [kajuti] *nm* TRAV PUBL road metal.

caïman [kaimɑ̃] *nm* caiman, cayman.

Caïn [kaɛ̃] *npr* Cain.

Caire [kɛr] *npr*: **Le** ~ Cairo; **au** ~ in Cairo.

cairn [kɛrn] *nm* cairn.

cairote [kɛrɔt] *adj* from Cairo.
◆ **Cairote** *nmf inhabitant of or person from Cairo*.

caisse [kɛs] *nf* **A.** -**1.** [gén] box, case, chest; [à claire-voie] crate; ~ **américaine** cardboard box; ~ **d'emballage** packing crate; ~ **à outils** toolbox. -**2.** [boîte de 12 bouteilles] case; **on a bu deux** ~**s de champagne** we drank two cases of Champagne. -**3.** HORT box, tub; **mettre un arbuste en** ~ to plant a shrub in a tub.
B. -**1.** [fût de tambour] cylinder; ~ **claire** side OU snare drum; ~ **de résonance** resonance chamber, resonating body; ~ **roulante** side drum; **grosse** ~ [tambour] bass drum; [musicien] bass drummer. -**2.** [corps de violon] belly, sounding board. -**3.** [d'horloge] case, casing.
C. -**1.** [carrosserie] body. -**2.** *fam* [voiture] car; **vieille** ~ old banger OU crate OU heap; **t'es venu avec ta** ~**?** did you come by car? -**3.** RAIL water tank.
D. -**1.** ANAT: ~ **du tympan** middle ear, tympanic cavity *spéc*. -**2.** *loc*: **il part** OU **s'en va de la** ~ *fam* it's his cough that'll carry him off *hum*.
E. -**1.** [tiroir] till; [petit coffre] cashbox; ~ **(enregistreuse)** till OU cash register; **tenir la** ~ to be the cashier; **partir avec la** ~ to run off with the takings; **on l'a pris en train de se servir dans la** ~ *pr* & *fig* he was caught helping himself from OU with his hand in the till; **faire une** ~ **commune** to put one's money together, to have a kitty; **les** ~**s de l'État** the coffers of the State. -**2.** [lieu de paiement - d'un supermarché] check-out, till; [- d'un cinéma, d'un casino, d'un magasin] cash desk; [- d'une banque] cashier's desk; **'caisse'** [panneau dans un magasin] 'please pay here'; **passer à la** ~ [magasin] to go to the cash desk; [supermarché] to go through the check-out; [banque] to go to the cashier's desk; [recevoir son salaire] to collect one's wages; **après ce qu'il a dit au patron, il n'a plus qu'à passer à la** ~**!** *fam* after what he said to the boss, he'll be getting his cards *Br* OU pink slip *Am*! -**3.** [argent - d'un commerce] cash (in the till), takings; **faire la** OU **sa** ~ to balance the till ❑ ~ **noire** slush fund. -**4.** BANQUE: ~ **d'épargne** ≃ savings bank.
F. -**1.** [organisme] office; ~ **d'Allocations familiales** Child Benefit office *Br*, Aid to Dependent Children office *Am*; **la Caisse des dépôts et consignations** *French funding body for public works and housing*; ~ **des écoles** *local schools' fund for extra-curricular activities, school meals etc*; ~ **de prévoyance** contingency fund; ~ **primaire d'Assurance maladie** *French Social Security office in charge of medical insurance*; ~ **de retraite** pension OU superannuation fund. -**2.** [fonds] fund, funds; **nous avons une** ~ **pour les cas sociaux** we have a fund for needy individuals.
◆ **en caisse** ◇ *loc adj* -**1.** FIN: **argent en** ~ cash. -**2.** HORT: **arbuste en** ~ boxed shrub.
◇ *loc adv*: **avoir 3 000 francs en** ~ to have 3,000 francs in the till; **je n'ai plus rien en** ~ COMM my till's empty; *fig* I'm broke.

caisserie [kɛsri] *nf* case OU crate manufacture.

caissette [kɛsɛt] *nf* -**1.** [contenant] small box. -**2.** [contenu] small boxful.

caissier, ère [kesje, ɛr] *nm, f* [d'une boutique, d'un casino, d'une banque] cashier; [d'un supermarché] check-out assistant *Br* OU clerk *Am*; [de cinéma] cashier, box-office assistant *Br*.

caisson [kɛsɔ̃] *nm* -**1.** TRAV PUBL [pour fondation] caisson, cofferdam; ~ **de pont** caisson *(for underwater work)*. -**2.** ARCHIT [pour plafond] coffer, caisson, lacunar. -**3.** NAUT caisson, cofferdam; ~ **étanche** OU **de flottabilité** buoyancy tank. -**4.** SPORT: ~ **hyperbare** bathysphere; **maladie** OU **mal des** ~**s** decompression sickness, the bends. -**5.** NUCL (nuclear reactor) casing. -**6.** HIST & MIL caisson, ammunition wagon.

cajoler [3] [kaʒɔle] *vt* [enfant] to cuddle.

cajolerie [kaʒɔlri] *nf* [manifestation de tendresse] cuddle; **faire des** ~**s à qqn** to cuddle sb.
◆ **cajoleries** *nfpl péj* [flatteries] flattery, cajolery.

cajoleur, euse [kaʒɔlœr, øz] ◇ *adj* -**1.** [affectueux - parent, ton] affectionate, loving. -**2.** *péj* [flatteur] coaxing, wheedling.
◇ *nm, f péj* [flatteur] wheedler, flatterer.

cajou [kaʒu] *nm*: **noix de** ~ cashew nut.

cajun [kaʒœ̃] *adj* Cajun.
◆ **Cajun** *nmf* Cajun.

cake [kɛk] *nm* fruit cake.

cal [kal] ◇ *nm* -**1.** [durillon - à la main] callus; [- au pied] corn. -**2.** BOT & MÉD callus.
◇ *(abr écrite de* **calorie***)* cal.

calabrais, e [kalabrɛ, ɛz] *adj* Calabrian.
◆ **Calabrais, e** *nm, f* Calabrian.

Calabre [kalabr] *npr f*: **(la)** ~ Calabria.

caladium [kaladjɔm] *nm* caladium.

Calais [kalɛ] *npr* Calais.

calaisien, enne [kalɛzjɛ̃, ɛn] *adj* from Calais.
◆ **Calaisien, enne** *nm, f inhabitant of or person from Calais*.

calaison [kalɛzɔ̃] *nf* draught NAUT.

calamar [kalamar] = **calmar**.

calamine [kalamin] *nf* -**1.** CHIM calamine. -**2.** AUT carbon deposit.

calaminer [3] [kalamine]
◆ **se calaminer** *vpi* to get covered with soot.

calamistré, e [kalamistre] *adj* brilliantined.

calamite [kalamit] *nf* BOT calamite.

calamité [kalamite] *nf* -**1.** [événement] calamity, catastrophe, disaster. -**2.** *fam hum* [personne] walking disaster.

calamiteux, euse [kalamitø, øz] *adj* calamitous, disastrous, catastrophic.

calancher▽ [3] [kalɑ̃ʃe] *vi* to kick the bucket, to snuff it *Br*.

calandre [kalɑ̃dr] *nf* -**1.** AUT radiator grill. -**2.** TEXT & PAPETERIE calender. -**3.** ORNITH: ~ **nègre** black lark. -**4.** AGR: ~ **du blé/riz** wheat/rice weavil.

calandrer [3] [kalɑ̃dre] *vt* to calender.

calanque [kalɑ̃k] *nf* (Mediterranean) creek.

calcaire [kalkɛr] ◇ *adj* [roche, relief] limestone *(modif)*; [sol] chalky, calcareous *spéc*; [eau] hard.
◇ *nm* -**1.** GÉOL limestone. -**2.** [dans une casserole] fur *Br*, sediment *Am*.

calcanéum [kalkaneɔm] *nm* calcaneum.

calcareux, euse [kalkarø, øz] *adj Belg*: **eau calcareuse** hard water.

calcédoine [kalsedwan] *nf* chalcedony.

calcémie [kalsemi] *nf* blood calcium content.

calcéolaire [kalseɔlɛr] *nf* calceolaria.

calcicole [kalsikɔl] *adj* calcicolous.

calcif *fam* [kalsif] *nm* pants *Br*, shorts *Am*.

calcification [kalsifikasjɔ̃] *nf* calcification.

calcifié, e [kalsifje] *adj* calcified.

calcifuge [kalsifyʒ] *adj* calcifuge.

calcin [kalsɛ̃] *nm* calcine.

calcination [kalsinasjɔ̃] *nf* calcination.

calciné, e [kalsine] *adj* [bois, corps, os, viande] charred, burned to a cinder; [mur, maison] charred.

calciner [3] [kalsine] *vt* -**1.** [transformer en chaux] to calcine. -**2.** [brûler] to burn to a cinder, to char. -**3.** [chauffer - brique, minerai] to calcine.
◆ **se calciner** *vpi* -**1.** [viande] to burn to a cinder. -**2.** [être chauffé - brique, minerai] to calcine.

calciphobe [kalsifɔb] *adj* calciphobe.

calcique [kalsik] *adj* calcic.

calcite [kalsit] *nf* calcite.

calcium [kalsjɔm] *nm* calcium.

calciurie [kalsjyri] *nf* calcium content of urine.

calcul [kalkyl] *nm* **A.** -**1.** [suite d'opérations] calculation; **faire un ~** to do a calculation; **faire des ~s** to calculate; **je fais des ~s à longueur de journée** I handle figures all day long; **ça reviendra moins cher, fais le ~!** *fam* it'll be cheaper, just work it out!; **faire le ~ de qqch** to work sthg out, to calculate sthg; **il suffit d'un rapide ~ pour voir que...** a quick calculation is all that's needed to see that...; **le raisonnement est correct, mais le ~ est faux** the method's right but the calculations are wrong ❑ **~ différentiel/intégral/vectoriel** differential/integral/vector calculus; **~ algébrique** calculus; **~ des probabilités** probability theory. -**2.** SCOL: **le ~** *fam* sums, arithmetic ❑ **~ mental** [matière] mental arithmetic; [opération] mental calculation. -**3.** [estimation] calculation, computation; **d'après mes ~s** according to my calculations; **tous ~s faits, le piano devrait pouvoir passer** working it out, we should get the piano through; **un bon ~** a good move; **ce n'est pas un bon ~** it's not a good way of going about things; **un mauvais** OU **faux ~** a bad move. -**4.** *péj* [manœuvre] scheme; **par ~** out of (calculated) self-interest; **sans ~** without any OU with no ulterior motive.
B. MÉD stone, calculus *spéc*; **~ biliaire** gall stone; **~ urinaire** OU **rénal** kidney stone, renal calculus *spéc*.

calculabilité [kalkylabilite] *nf* calculability.

calculable [kalkylabl] *adj* [prix] calculable; [dégâts] estimable; **c'est ~ de tête** you can work it out OU calculate it in your head.

calculateur, trice [kalkylatœr, tris] ◇ *adj péj* calculating, scheming.
◇ *nm, f* -**1.** [qui compte]: **c'est un bon/mauvais ~** he's good/bad at figures OU sums. -**2.** *péj* [qui manœuvre]: **un fin ~** a shrewd operator; **un ignoble ~** a scheming character.
◆ **calculateur** *nm* -**1.** *vieilli* [ordinateur] computer; **~ digital** OU **numérique** digital computer. -**2.** AUT: **~ embarqué** on-board computer.
◆ **calculatrice** *nf* [machine] calculator; **calculatrice de poche** pocket calculator.

calculer [3] [kalkyle] ◇ *vt* -**1.** [dépenses, dimension, quantité etc] to calculate, to work out *(sép)*; **on n'a pas encore calculé le montant de la facture** the bill hasn't been calculated yet; **~ qqch de tête** OU **mentalement** to work sthg out in one's head; **~ vite** to be quick at figures, to calculate quickly. -**2.** [avec parcimonie - pourboire, dépenses] to work out to the last penny, to budget carefully. -**3.** [évaluer - avantages, inconvénients, chances, risque] to calculate, to weigh up *(sép)*; **mal ~ qqch** to miscalculate sthg; **~ que** to work out OU to calculate that; **j'ai calculé qu'il me faudrait deux heures pour aller à Toulouse** I've worked out that it'll take me two hours to get to Toulouse. -**4.** [préparer - gestes, effets, efforts] to calculate, to work out *(sép)*; **j'ai tout calculé** I have it all worked out; **~ son élan** SPORT to work out one's run-up ❑ **~ son coup** *fam* to plan one's moves carefully; **tu as bien calculé ton coup!** you had it all figured out!; **tu as mal calculé ton coup!** you got it all wrong!
◇ *vi* to calculate; **il calcule vite et bien** he's quick at arithmetic.

calculette [kalkylɛt] *nf* pocket calculator.

calculeux, euse [kalkylø, øz] *adj* -**1.** [relatif aux calculs] calculous, calculary. -**2.** [affecté de calculs] calculous.

Calcutta [kalkyta] *npr* Calcutta.

caldoche [kaldɔʃ] *nmf white inhabitant of New Caledonia.*

cale [kal] *nf* **A.** -**1.** [pour bloquer - un meuble] wedge; [- une roue] wedge, chock; **mettre une voiture sur ~s** to put a car on blocks. -**2.** [d'ébéniste]: **~ à poncer** sanding block. -**3.** [sur rails] chock.
B. -**1.** NAUT hold. -**2.** [d'un quai] slipway; **mettre sur ~s** to lay down; **le bateau est sur ~** the boat is on the stocks ❑ **~ de construction** OU **de lancement** slip, slipway; **~ de radoub** graving OU dry dock; **~ sèche** dry dock; **être en ~ sèche** to be in dry dock.

calé, e *fam* [kale] *adj* -**1.** [instruit]: **~ en** well up on; **il est ~ en histoire** he's brilliant at history. -**2.** [difficile - problème] tough. -**3.** *fam Belg* [prêt] ready.

calebasse [kalbas] *nf* -**1.** [fruit, récipient] calabash, gourd. -**2.** *fam* [tête] nut, noddle *Br*.

calebassier [kalbasje] *nm* calabash tree.

calèche [kalɛʃ] *nf* barouche, calash.

calecif *fam* [kalsif] = **calcif**.

caleçon [kalsɔ̃] *nm* -**1.** [sous-vêtement]: **~ court, ~s courts** pair of (men's) underpants; **~ long, ~s longs** pair of long johns. -**2.** [pour nager]: **~ de bain** swimming trunks. -**3.** [pantalon] leggings.

Calédonie [kaledɔni] *npr f*: (la) **~** Caledonia.

calédonien, enne [kaledɔnjɛ̃, ɛn] *adj* Caledonian.
◆ **Calédonien, enne** *nm, f* Caledonian.

cale-étalon [kaletalɔ̃] (*pl* **cales-étalons**) *nf* stop-measure.

calembour [kalɑ̃bur] *nm* play on words, pun; **faire un ~** to make a pun; **faire des ~s** to play with words.

calembredaine [kalɑ̃brədɛn] *nf* [plaisanterie] joke.
◆ **calembredaines** *nfpl* [sornettes] balderdash, nonsense; **dire** OU **débiter des ~s** to talk a lot of (stuff and) nonsense.

calendes [kalɑ̃d] *nfpl* -**1.** ANTIQ calends. -**2.** *loc*: **renvoyer** OU **remettre qqch aux ~ grecques** to put sthg off OU to postpone sthg indefinitely.

calendrier [kalɑ̃drije] *nm* -**1.** [tableau, livret] calendar; **~ grégorien/républicain** Gregorian/Republican calendar; **~ perpétuel/à effeuiller** perpetual/tear-off calendar. -**2.** [emploi du temps] timetable, schedule; [plan - de réunions] schedule, calendar; [- d'un festival] calendar; [- d'un voyage] schedule; **j'ai un ~ très chargé** I have a very busy schedule OU timetable; **le ~ de ses visites officielles n'a pas encore été établi** her official visits haven't been timetabled OU scheduled yet ❑ **~ des rencontres** FTBL fixture list *Br*, match schedule *Am*.

CALENDRIER RÉPUBLICAIN:
The Republican calendar was first used in 1793. The year began on 22 September and was divided into twelve months of thirty days each, the remaining days being given over to celebrations. The names of the months were inspired by the changing seasons, the weather and the harvest:
vendémiaire, brumaire, frimaire, nivôse, pluviôse, ventôse, germinal, floréal, prairial, messidor, thermidor, fructidor.
The calendar was officially replaced by the Gregorian calendar in 1806.

---

cale-pied [kalpje] (*pl* **cale-pieds**) *nm* toe-clip.

calepin [kalpɛ̃] *nm* -**1.** [carnet] notebook. -**2.** *Belg* [serviette] briefcase.

caler [3] [kale] ◇ *vt* -**1.** [avec une cale - armoire, pied de chaise] to wedge, to steady with a wedge; [- roue] to chock, to wedge; **~ une porte** [pour la fermer] to wedge a door shut; [pour qu'elle reste ouverte] to wedge a door open. -**2.** [installer] to prop up *(sép)*; **~ qqn sur des coussins** to prop sb up on cushions; **le pied doit être bien calé dans la chaussure** the foot must be firmly held in the shoe; **bien calé dans son fauteuil** comfortably settled in his armchair. -**3.** *fam* [remplir]: **ça cale (l'estomac)** it fills you up, it's filling. -**4.** NAUT [mât] to house.
◇ *vi* -**1.** AUT [moteur, voiture] to stall; **j'ai calé** I've stalled. -**2.** [s'arrêter - dans une discussion] to be baffled; [- dans un repas] to be full up; **prends mon gâteau, je cale** have my cake, I'm full (up). -**3.** NAUT: **~ 15 pieds** to draw 15 feet, to have a draught *Br* OU draft *Am* of 15 feet; **~ trop** to be too deep in water.
◆ **se caler** ◇ *vpi* [s'installer]: **se ~ dans un fauteuil** to settle o.s. comfortably in an armchair.
◇ *vpt loc*: **se ~ les joues** *fam*, **se les ~** *fam* [bien manger] to stuff OU to feed one's face.

caleter[▽] [kalte] = **calter**.

calf [kalf] *nm abr de* **box-calf**.

calfat [kalfa] *nm* [ouvrier] calker, caulker.

calfatage [kalfataʒ] *nm* calking, caulking.

calfater [3] [kalfate] *vt* to calk, to caulk.

calfeutrage [kalføtraʒ], **calfeutrement** [kalføtrəmɑ̃] *nm* [d'une fenêtre, d'une porte] draught-proofing; [d'une ouverture] stopping up, filling.

calfeutrer [3] [kalføtre] *vt* [ouverture] to stop up *(sép)*, to fill; [fenêtre, porte - gén] to make draught-proof; [- avec un bourrelet] to weather-strip.
◆ **se calfeutrer** *vp (emploi réfléchi)* -**1.** [s'isoler du froid] to make o.s. snug. -**2.** [s'isoler du monde] to shut o.s. up OU away.

calibrage [kalibraʒ] *nm* -**1.** [d'un obus, d'un tube] calibration. -**2.** COMM [de fruits] grading. -**3.** IMPR castoff.

calibre [kalibr] *nm* -**1.** INDUST & MÉCAN gauge. -**2.** CONSTR & TRAV PUBL template. -**3.** ARM & TECH bore, calibre; **un canon de 70 ~s** a 70 millimetre gun; **de gros ~** large-bore; **de petit ~** small-bore. -**4.** COMM grade, (standardized OU standard) size. -**5.** *arg crime* [revolver] shooter *Br*, rod *Am*. -**6.** *fig* [type] class, calibre; **de ce ~** of this calibre OU class; **il est d'un autre ~** he's not in the same league.

calibrer [3] [kalibre] *vt* -**1.** [usiner - obus, revolver, tube] to calibrate. -**2.** COMM to grade. -**3.** IMPR to cast off *(sép)*.

calice [kalis] *nm* -**1.** BOT & PHYSIOL calyx. -**2.** RELIG chalice; **boire le ~ jusqu'à la lie** to endure one's sad fate courageously.

calicot [kaliko] *nm* -**1.** TEXT calico. -**2.** [bande] banner.

califat [kalifa] *nm* caliphate.

calife [kalif] *nm* caliph.

Californie [kalifɔrni] *npr f*: (la) **~** California; **la Basse-~** Lower California.

californien, enne [kalifɔrnjɛ̃, ɛn] *adj* Californian.
◆ **Californien, enne** *nm, f* Californian.

califourchon [kalifurʃɔ̃]
◆ **à califourchon** *loc adv* astride; **être à ~ sur qqch** to bestride OU to be astride sthg; **monter** OU **s'asseoir** OU **se mettre à ~ sur qqch** to sit astride OU to straddle sthg.

Caligula [kaligyla] *npr* Caligula.

câlin, e [kalɛ̃, in] *adj* -**1.** [regard, voix] tender. -**2.** [personne] affectionate.
◆ **câlin** *nm* cuddle; **faire un ~ à qqn** to give sb a cuddle; **faire des ~s à qqn** to (kiss and) cuddle sb.

câliner [3] [kaline] *vt* to (kiss and) cuddle, to pet.

câlinerie [kalinri] *nf* [qualité] tenderness; [geste] caress, cuddle; **faire des ~s à qqn** to kiss and cuddle sb.

calisson [kalisɔ̃] *nm*: **~ (d'Aix)** *lozenge-shaped sweet made of iced marzipan.*

calleux, euse [kalø, øz] *adj* -**1.** [main, peau] callous, horny. -**2.** MÉD [ulcère] callous.

call-girl [kɔlgœrl] (*pl* **call-girls**) *nf* call girl.
calligramme [kaligram] *nm* calligramme.
calligraphe [kaligraf] *nmf* calligrapher.
calligraphie [kaligrafi] *nf* calligraphy.
calligraphier [9] [kaligrafje] *vt* -**1.** BX-ARTS to calligraph. -**2.** [écrire avec soin]: ~ **qqch** to write sthg in a beautiful hand.
calligraphique [kaligrafik] *adj* calligraphic.
callosité [kalozite] *nf* callosity, callus.
calmant, e [kalmɑ̃, ɑ̃t] *adj* -**1.** PHARM [contre l'anxiété] tranquillizing; [contre la douleur] painkilling. -**2.** [propos] soothing.
◆ **calmant** *nm* -**1.** PHARM [contre l'anxiété] tranquillizer, sedative; **des** ~**s** tranquillizers; **prendre des** ~**s** to be on tranquillizers; **je voudrais m'arrêter de prendre des** ~**s** I want to come off tranquillizers. -**2.** [contre la douleur] painkiller.
calmar [kalmar] *nm* squid.
calme [kalm] ◇ *adj* -**1.** [sans agitation - quartier, rue] calm, quiet, peaceful; **nous avons passé trois jours** ~**s** we had three quiet days; **le malade a passé une nuit** ~ the patient had a peaceful night. -**2.** [sans mouvement - eau, étang, mer] still, calm; [- air] still; **par temps** ~ when there's no wind. -**3.** [maître de soi] calm, self-possessed; **parler d'une voix** ~ to talk calmly; **c'est un enfant très** ~ he's a very placid child; **rester** ~ to stay calm. -**4.** [peu productif -marché] quiet, dull, slack; **les affaires sont** ~**s en ce moment** business is slack OU quiet at the moment.
◇ *nmf* [personne] calm OU placid person.
◇ *nm* -**1.** [absence d'agitation] peace, quiet, calm; [de l'air, de l'eau] stillness; **avec** ~ calmly; **du** ~! [ne vous agitez pas] keep quiet!; [ne paniquez pas] keep cool!; **le** ~ peace and quiet; **j'ai besoin de** ~ **pour réfléchir** I need quiet OU peace and quiet to think; **être au** ~ to have OU to enjoy peace and quiet; **il faut rester au** ~ you should avoid excitement; **manifester dans le** ~ to hold a peaceful demonstration; **ramener le** ~ [dans une assemblée] to restore order; [dans une situation] to calm things down ❑ **c'est le** ~ **avant la tempête** this is the calm before the storm. -**2.** [silence] silence; **faire qqch dans le** ~ to do sthg quietly; **allons les enfants, on rentre dans le** ~! come on children, let's go back in quietly now! -**3.** [sang-froid] composure, calm; **du** ~! calm down!; **une femme d'un grand** ~ a very composed woman; **garder son** ~ to keep calm; **perdre son** ~ to lose one's composure; **recouvrer son** ~ to calm down, to regain one's composure. -**4.** [vent] calm; **c'est le** ~ **plat** [il ne se passe rien] there's nothing happening; [à la Bourse] the Stock Exchange is in the doldrums; [en mer] there's no wind.
◆ **calmes** *nmpl*: ~**s équatoriaux** doldrums.
calmement [kalməmɑ̃] *adv* calmly, quietly.
calmer [3] [kalme] *vt* -**1.** [rendre serein - enfant, opposant, foule] to calm down *(sép)*; **essaie de** ~ **les enfants** try and get the children to calm down; **nous devons** ~ **les esprits** [dans un groupe] we must put everybody's mind at rest; [dans la nation] we must put the people's minds at rest; ~ **le jeu** SPORT to calm the game down. -**2.** [dépassionner - mécontentement] to soothe, to calm; [- colère] to calm, to appease; [- querelle] to pacify, to defuse; [- débat] to restore order to; [- faim] to satisfy, to appease; [- soif] to quench. -**3.** [diminuer - fièvre, inflammation] to bring down *(sép)*; [- douleur] to soothe, to ease; [- désespoir, crainte] to ease, to allay; [- désir, passion, enthousiasme] to dampen; **pour** ~ **sa frayeur** to dispel OU to allay his fear; **pour** ~ **son impatience** to relieve her impatience; **ça devrait leur** ~ **les nerfs** that should soothe their (frayed) nerves.
◆ **se calmer** *vpi* -**1.** [devenir serein] to calm down; **attends que les choses se calment** wait for things to calm down. -**2.** [se taire] to quieten *Br* OU to quiet *Am* down. -**3.** [s'affaiblir - dispute, douleur] to die down OU away, to ease off OU up; [- fièvre] to die OU to go down; [- anxiété] to fade; [- passion] to fade away, to cool; [- faim, soif] to die down, to be appeased; **la douleur s'est calmée brusquement/peu à peu** the pain died away abruptly/eased up gradually. -**4.** MÉTÉO [averse] to ease off; [mer] to become calm; [vent] to die down, to drop.
calomel [kalɔmɛl] *nm* calomel.
calomniateur, trice [kalɔmnjatœr, tris] ◇ *adj* [parole] slanderous; [lettre] libellous.
◇ *nm, f* slanderer; [par écrit] libeller.
calomnie [kalɔmni] *nf* slander, calumny; **ce sont de pures** ~**s** it's all lies.
calomnier [9] [kalɔmnje] *vt* [dénigrer - personne] to slander, to calumniate; [- par écrit] to libel.
calomnieux, euse [kalɔmnjø, øz] *adj* [propos] slanderous; [écrit] libellous, slanderous.
caloporteur [kalɔpɔrtœr] *adj m* heat-conveying.
calorie [kalɔri] *nf* calorie; **ça apporte des** ~**s** [c'est nutritif] it'll help build you up; [cela fait grossir] it's fattening ❑ **grande** ~ kilocalorie, major calorie.
calorifère [kalɔrifɛr] ◇ *adj* -**1.** [produisant de la chaleur] heat-giving. -**2.** [transportant de la chaleur] heat-conveying.
◇ *nm* stove.
calorifique [kalɔrifik] *adj* [perte] heat *(modif)*; [valeur] calorific.
calorifuge [kalɔrifyʒ] ◇ *adj* heat-insulating.
◇ *nm* heat insulator.
calorifuger [17] [kalɔrifyʒe] *vt* to insulate, to lag.
calorimètre [kalɔrimɛtr] *nm* calorimeter.
calorimétrie [kalɔrimetri] *nf* calorimetry.
calorimétrique [kalɔrimetrik] *adj* calorimetric, calorimetrical.
caloriporteur [kalɔripɔrtœr] *adj m* heat-conveying.
calorique [kalɔrik] *adj* PHYS & PHYSIOL calorific, caloric.
calorisation [kalɔrizasjɔ̃] *nf* calorization.
calot [kalo] *nm* -**1.** VÊT cap. -**2.** MIL forage cap. -**3.** JEUX big marble.
calotin, e [kalɔtɛ̃, in] ◇ *adj* churchy.
◇ *nm, f* holy Joe.
calotte [kalɔt] *nf* -**1.** VÊT skullcap; [de prêtre] calotte, skullcap; **la** ~ *fam* the clergy. -**2.** *fam* [tape] box on the ear; **flanquer une** ~ **à qqn** to give sb a clip round the earhole; **(se) prendre** OU **recevoir une** ~ to get one's ears boxed. -**3.** ANAT: ~ **du crâne** OU **crânienne** top of the skull. -**4.** ARCHIT [voûte] calotte. -**5.** ASTRON: ~ **polaire** polar region. -**6.** *litt*: **la** ~ **des cieux** the dome OU vault of heaven. -**7.** MATH: ~ **sphérique** portion of a sphere. -**8.** GÉOG: ~ **glaciaire** icecap.
calotter *fam* [3] [kalɔte] *vt*: ~ **un enfant** to box a child around the ears.
calque [kalk] *nm* -**1.** [feuille] piece of tracing paper; [substance] tracing paper. -**2.** [dessin] tracing, traced design; **prendre** OU **faire un** ~ **de** to trace. -**3.** [copie - d'un tableau, d'un texte] exact copy, replica. -**4.** [répétition - d'une attitude, d'une erreur] carbon copy. -**5.** LING calque, loan translation.
calquer [3] [kalke] *vt* -**1.** [motif] to trace. -**2.** [imiter - manières, personne] to copy exactly. -**3.** LING to translate literally; **calqué sur** OU **de l'espagnol** translated literally from Spanish.
calter▽ [3] [kalte] *vi* to scarper *Br*, to cut and run *Am*.
◆ **se calter**▽ *vpi* to scarper *Br*, to cut and run *Am*.
calumet [kalymɛ] *nm* peace pipe; **fumer le** ~ **de la paix** *pr* to smoke the pipe of peace; *fig* to make peace.
calva *fam* [kalva] = **calvados**.
calvados [kalvados] *nm* Calvados, apple brandy.
calvaire [kalvɛr] *nm* -**1.** RELIG [crucifixion]: **le Calvaire (de Jésus)** the suffering of Jesus on the Cross. -**2.** [monument - à plusieurs croix] calvary; [- à une croix] wayside cross OU calvary. -**3.** BX-ARTS calvary, road to Calvary. -**4.** [souffrance] ordeal; **sa maladie a été un long** ~ his illness was a long ordeal.
Calvin [kalvɛ̃] *npr*: **Jean** ~ John Calvin.
calvinisme [kalvinism] *nm* Calvinism.
calviniste [kalvinist] ◇ *adj* Calvinist, Calvinistic.
◇ *nmf* Calvinist.
calvitie [kalvisi] *nf* -**1.** [absence de cheveux] baldness; ~ **précoce** premature baldness. -**2.** *fam* [emplacement] bald spot.
calypso [kalipso] *nm* calypso.
camaïeu, x [kamajø] *nm* -**1.** [tableau] monochrome painting. -**2.** [gravure] monochrome engraving. -**3.** [technique]: **le** ~ monochrome, monotint; **en** ~ [tableau] monochrome; **un** ~ **de bleus** a monochrome in blue. -**4.** [couleurs] merging shades; **le** ~ **du couchant** the shades of sunset.
camail [kamaj] *nm* -**1.** [d'un cheval] neck guard. -**2.** VÊT (ecclesiastical) cape, cope. -**3.** [du coq] neck feathers, hackles. -**4.** HIST camail.
camarade [kamarad] *nmf* -**1.** [ami] friend; ~ **de chambrée** roommate; ~ **de classe** classmate; ~ **d'école** schoolmate; ~ **de jeu** playmate; ~ **de régiment** comrade (in arms). -**2.** POL comrade. -**3.** [en appellatif] comrade.
camaraderie [kamaradri] *nf* [entre deux personnes] good fellowship, friendship; [dans un club, un groupe] companionship, camaraderie; **il n'y a que de la** ~ **entre eux** they're just (good) friends.
camard, e [kamar, ard] *adj vieilli* [nez] pug; [personne] pug-nosed.
◆ **Camarde** *nf litt*: **la Camarde** the Grim Reaper.
Camargue [kamarg] *npr f*: **la** ~ the Camargue (area).
camarilla [kamarija] *nf* camarilla.
cambial, e, aux [kɑ̃bjal, o] *adj* FIN exchange *(modif)*, currency *(modif)*.
cambiste [kɑ̃bist] ◇ *adj*: **banquier** ~ bank with a bureau de change OU foreign exchange counter; **marché** ~ currency OU foreign exchange market.
◇ *nmf* -**1.** BOURSE exchange broker. -**2.** [de bureau de change] bureau de change OU foreign exchange dealer.
cambium [kɑ̃bjɔm] *nm* cambium.
Cambodge [kɑ̃bɔdʒ] *npr m*: **le** ~ Cambodia; **au** ~ in Cambodia.
cambodgien, enne [kɑ̃bɔdʒjɛ̃, ɛn] *adj* Cambodian.
◆ **Cambodgien, enne** *nm, f* Cambodian.
◆ **cambodgien** *nm* LING Cambodian.
cambouis [kɑ̃bwi] *nm* dirty oil OU grease.
cambrage [kɑ̃braʒ] *nm* camber.
cambré, e [kɑ̃bre] *adj* [dos] arched; [pied] with a high instep; [personne] arched-back; [cheval] bow-legged.
cambrement [kɑ̃brəmɑ̃] = **cambrage**.
cambrer [3] [kɑ̃bre] *vt* -**1.** [pied] to arch; ~ **le dos** OU **les reins** to arch one's back. -**2.** TECH [barre, poutre] to camber.
◆ **se cambrer** *vpi* to arch one's back.
cambrien, enne [kɑ̃brijɛ̃, ɛn] *adj* Cambrian.
◆ **cambrien** *nm* Cambrian (period).
cambriolage [kɑ̃brijɔlaʒ] *nm* -**1.** [coup] burglary, break-in. -**2.** [activité]: **le** ~ burglary, housebreaking.
cambrioler [3] [kɑ̃brijɔle] *vt* [propriété] to burgle *Br*, to burglarize *Am*; [personne] to burgle; **se faire** ~ to be burgled.
cambrioleur, euse [kɑ̃brijɔlœr, øz] *nm, f* burglar, housebreaker.
Cambronne [kɑ̃brɔn] *npr*: **le mot de** ~ *euphemism for the word "merde"*.
cambrousse *fam* [kɑ̃brus], **cambrouse** *fam* [kɑ̃bruz] *nf péj* OU *hum* country, countryside; **en pleine** ~ in the middle of nowhere; **il arrive** OU **débarque de sa** ~ he's just up from the backwoods OU sticks.
cambrure [kɑ̃bryr] *nf* -**1.** [posture - du dos] curve; [- du pied, d'une semelle] arch. -**2.** TECH

[d'une chaussée, d'une pièce de bois] camber. -**3.** OPT curve. -**4.** [partie - du pied] instep; [- du dos] small. -**5.** [support de semelage] instep.

cambuse [kɑ̃byz] *nf* -**1.** NAUT storeroom. -**2.** *fam péj* [chambre, maison] dump, tip *Br*.

cambusier [kɑ̃byzje] *nm* storekeeper NAUT.

came [kam] *nf* -**1.** MÉCAN cam. -**2.** ▽ [drogue] junk. -**3.** ▽ [marchandises] stuff, junk.

camé, e[1]▽ [kame] ◇ *adj* high; **il est ~** he's on something.
◇ *nm, f* junkie.

camée[2] [kame] *nm* JOAILL cameo.

caméléon [kameleɔ̃] *nm* ZOOL chameleon.

camélia [kamelja] *nm* camellia.

camélidé [kamelide] *nm* camel, member of the camel family OU *spéc* the Camelidae.

camelot [kamlo] *nm* -**1.** [dans la rue] street peddler, hawker. -**2.** POL: **~ du roi** Royalist supporter *(in France)*.

camelote *fam* [kamlɔt] *nf* -**1.** [marchandise] stuff, goods; **c'est de la bonne ~** it's good stuff. -**2.** *péj* [mauvaise qualité]: **c'est de la ~** it's junk OU trash; **leurs bagues, c'est de la ~** their rings are cheap and nasty.

camembert [kamɑ̃bɛr] *nm* Camembert (cheese).

camer [3] [kame]
◆ **se camer**▽ *vpi* to be a junkie; **se ~ à la cocaïne** to be on coke.

caméra [kamera] *nf* -**1.** AUDIO, CIN & TV film *Br* OU movie *Am* camera; **il s'est expliqué devant les ~s** he gave an explanation in front of the television cameras ❑ **~ invisible** candid camera; **~ portative** press camera; **~ sonore** sound camera; **~ super-8** super 8 camera; **~ vidéo** video camera. -**2.** OPT: **~ électronique** OU **électronographique** electronic camera.

cameraman [kameraman] (*pl* **cameramans** OU **cameramen** [-mɛn]) *nm* cameraman *nm*, camera operator.

camériste [kamerist] *nf* -**1.** [dame d'honneur] lady-in-waiting. -**2.** [femme de chambre] chambermaid.

camerlingue [kamɛrlɛ̃g] *nm* camerlengo.

Cameroun [kamrun] *npr m*: **le ~** Cameroon; **au ~** in Cameroon.

camerounais, e [kamrunɛ, ɛz] *adj* Cameroonian.
◆ **Camerounais, e** *nm, f* Cameroonian.

Caméscope® [kameskɔp] *nm* camcorder.

camion [kamjɔ̃] *nm* -**1.** AUT lorry *Br*, truck *Am*; **'interdit aux ~s'** 'no HGVs' *Br*, '(no trucks)' *Am* ❑ **~ benne** dumper truck; **~ de déménagement** removal van *Br*, moving van *Am*; **~ à remorque** lorry with trailer; **~ à semi-remorque** articulated lorry *Br*, trailer truck *Am*. -**2.** [de peintre] (paint) pail.

camion-citerne [kamjɔ̃sitɛrn] (*pl* **camions-citernes**) *nm* tanker (lorry) *Br*, tank truck *Am*.

camionnage [kamjɔnaʒ] *nm* (road) haulage.

camionner [3] [kamjɔne] *vt* to haul, to transport by lorry *Br* OU truck *Am*.

camionnette [kamjɔnɛt] *nf* van.

camionneur [kamjɔnœr] *nm* -**1.** [conducteur] lorry *Br* OU truck *Am* driver. -**2.** [entrepreneur] (road) haulage contractor, (road) haulier *Br* OU hauler *Am*.

camisard [kamizar] *nm* HIST Calvinist partisan *(in the Cévennes uprising of 1702)*.

camisole [kamizɔl] *nf* -**1.** VÊT camisole. -**2.** PSYCH: **~ chimique** *drugs used to control the behaviour of violent psychiatric patients*; **~ de force** strait jacket.

camomille [kamɔmij] *nf* -**1.** BOT camomile. -**2.** [infusion] camomile tea.

camouflage [kamuflaʒ] *nm* -**1.** MIL [procédé] camouflaging; [matériel] camouflage. -**2.** [d'un message] coding. -**3.** ZOOL camouflage, mimicry.

camoufler [3] [kamufle] *vt* -**1.** MIL to camouflage. -**2.** [cacher - passage, gêne] to conceal; [- bavure] to cover up *(sép)*; [- vérité] to hide, to conceal. -**3.** [déguiser]: **de nombreux crimes sont camouflés en suicides** murders are often made to look like suicide.
◆ **se camoufler** *vp (emploi réfléchi)* -**1.** MIL to camouflage o.s. -**2.** ZOOL to camouflage itself, to mimic its environment.

camouflet [kamuflɛ] *nm* -**1.** *litt* [affront] snub, insult, affront. -**2.** MIL camouflet, stifler.

camp [kɑ̃] *nm* -**1.** MIL (army) camp; **~ militaire/retranché** military/fortified camp; **~ de base** base camp; **~ de prisonniers** prisoner of war camp; **~ volant** temporary camp; **vivre en ~ volant** *fig* [en situation changeante] to be always on the move; [en déménageant souvent] to live out of a suitcase; **lever le ~** *pr* to break camp; *fig* to make tracks. -**2.** HIST & POL camp; **~ (de concentration)** concentration camp; **la vie dans les ~s** life in the concentration camps; **~ de déportation** deportation camp; **~ d'extermination** OU **de la mort** death camp; **~ de réfugiés** refugee camp; **~ de travail (forcé)** forced labour camp; **Camp David** HIST Camp David; **le Camp du Drap d'or** HIST the Field of (the) Cloth of Gold *(meeting between François I of France and Henry VIII of England in 1520)*. -**3.** LOISIRS campsite, camping site; **je fais un ~ à Pâques avec ma classe** I'm going on a camping trip at Easter with my class; **j'envoie les enfants en ~ cet été** I'm sending the children off to summer camp this year ❑ **~ de scouts** scout camp. -**4.** JEUX & SPORT team, side. -**5.** [faction] camp, side; **il faut choisir son ~** you must decide which side you're on; **passer dans l'autre ~**, **changer de ~** to change sides, to go over to the other side. -**6.** *loc*: **ficher le ~** *fam* to clear off; **foutre le ~** ▽ [personne] to bugger off *Br*, to take off *Am*; **fous le ~!** shove OU piss off!; **mon pansement fout le ~** my plaster's coming off ❑ **tout fout le ~!** what is the world coming to?

campagnard, e [kɑ̃paɲar, ard] ◇ *adj* [accent, charme, style, vie] country *(modif)*, rustic.
◇ *nm, f* countryman (*f* countrywoman); **les ~s** countryfolk.

campagne [kɑ̃paɲ] *nf* -**1.** GÉOG [habitat] country; [paysage] countryside; **les travaux de la ~** farm OU agricultural work; **la ~ environnante** the surrounding country OU countryside; **une ~ plate** flat OU open country; **une ~ vallonnée** rolling countryside; **à la ~** in the country OU countryside. -**2.** [activité] campaign; **faire ~ pour/contre** to campaign for/against; **lancer une ~ pour/contre** to launch a campaign for/against; **~ de diffamation** smear campaign ❑ **~ électorale** election campaign; **~ de presse** press campaign; **~ publicitaire** OU **de publicité** COMM advertising campaign; [de recrutement] recruitment drive. -**3.** MIL campaign; **faire ~** to campaign, to fight ❑ **la ~ d'Italie** the Italian campaign; **les ~s napoléoniennes** Napoleon's campaigns. -**4.** ARCHÉOL: **~ de fouilles** excavation plan.
◆ **de campagne** *loc adj* -**1.** [rural - chemin, médecin, curé] country *(modif)*. -**2.** COMM [pain, saucisson] country *(modif)*. -**3.** MIL [tenue] field *(modif)*.
◆ **en campagne** *loc adv* in the field, on campaign; **être en ~** *fig* to be on the warpath; **entrer** OU **se mettre en ~** to go into action.

campagnol [kɑ̃paɲɔl] *nm* vole.

Campanie [kɑ̃pani] *npr f*: **(la) ~** Campania.

campanile [kɑ̃panil] *nm* [d'une église] belltower; [isolé] campanile.

campanulacée [kɑ̃panylase] *nf* member of the Campanulae.

campanule [kɑ̃panyl] *nf* bellflower, campanula *spéc*.

campé, e [kɑ̃pe] *adj*: **bien ~** well-built || [solide]: **bien ~ sur ses jambes** standing firmly on his feet|| [bien décrit]: **des personnages bien ~s** well-drawn characters.

campement [kɑ̃pmɑ̃] *nm* -**1.** [installation] camp, encampment; [terrain] camping place OU ground; [de bohémiens] caravan site; **'~ interdit'** 'no camping'; **établir un ~** to set up camp; **replier le ~** to break camp. -**2.** MIL [détachement] detachment of scouts.

camper [3] [kɑ̃pe] ◇ *vi* -**1.** LOISIRS to camp. -**2.** MIL to camp (out); **~ sur ses positions** MIL to stand one's ground; *fig* to stand one's ground, to stick to one's guns. -**3.** [habiter temporairement]: **je campe chez un copain en attendant** meanwhile, I'm camping (out) at a friend's.
◇ *vt* -**1.** THÉÂT [personnage] to play the part of; **personnage bien campé** well-played character. -**2.** [par un dessin - silhouette] to draw, to sketch out *(sép)*. -**3.** [par un écrit - personnage] to portray. -**4.** [placer]: **~ son chapeau sur l'oreille** to tilt one's hat over one's ear; **~ son chapeau sur sa tête** to stick one's hat on one's head. -**5.** MIL [troupes] to encamp.
◆ **se camper** *vpi*: **se ~ devant qqn** to plant o.s. in front of sb.

campeur, euse [kɑ̃pœr, øz] *nm, f* camper.

camphre [kɑ̃fr] *nm* camphor.

camphré, e [kɑ̃fre] *adj* camphorated.

camphrier [kɑ̃frije] *nm* camphor tree.

camping [kɑ̃piŋ] *nm* -**1.** [activité] camping; **faire du ~** to go camping, to camp; **on fait du ~** we're camping ❑ **~ sauvage** [non autorisé] camping on non-authorized sites; [en pleine nature] camping in the wild. -**2.** [terrain] camp OU camping site *Br*, campground *Am*; [pour caravanes] caravan *Br* OU trailer *Am* site.
◆ **de camping** *loc adj* [chaise, ustensiles] camp *(modif)*, camping.

camping-car [kɑ̃piŋkar] (*pl* **camping-cars**) *nm* camper-van *Br*, camper *Am*.

camping-caravaning [kɑ̃piŋkaravaniŋ] *nm inv* caravanning *Br*, camping in a trailer *Am*.

Camping-Gaz® [kɑ̃piŋgaz] *nm inv* butane gas-stove.

campus [kɑ̃pys] *nm* campus; **sur le ~** on campus.

camus, e [kamy, yz] *adj* [nez] pug; [personne] pug-nosed.

canada [kanada] *nf* Canada apple.

Canada [kanada] *npr m*: **le ~** Canada; **au ~** in Canada.

Canadair® [kanadɛr] *nm* fire-fighting plane, tanker plane *Am*.

canadianisme [kanadjanism] *nm* canadianism.

canadien, enne [kanadjɛ̃, ɛn] *adj* Canadian.
◆ **Canadien, enne** *nm, f* Canadian.
◆ **canadienne** *nf* -**1.** [tente] (ridge) tent. -**2.** VÊT fur-lined jacket. -**3.** [pirogue] (Canadian) canoe.

canaille [kanaj] ◇ *adj* -**1.** [polisson - air, manières] roguish. -**2.** [vulgaire - chanson, manières] coarse, vulgar.
◇ *nf* -**1.** [crapule] scoundrel, crook; **la ~** *vieilli* the rabble. -**2.** [ton affectueux]: **petite ~!** you little devil OU rascal!

canaillerie [kanajri] *nf litt* -**1.** [acte] low trick. -**2.** [malhonnêteté] crookedness. -**3.** [vulgarité] coarseness, vulgarity.

canal, aux [kanal, o] *nm* -**1.** NAUT canal; **sur les canaux et rivières** on the inland waterways ❑ **~ maritime** OU **de navigation** ship canal; **~ de jonction** junction canal; **~ latéral** lateral canal; **le ~ Calédonien** the Caledonian Canal; **le ~ de Mozambique** the Mozambique Channel; **le ~ de Panama/Suez** the Panama/Suez Canal. -**2.** TRAV PUBL duct, channel; **~ d'amenée** feed OU feeder channel. -**3.** AGR channel; **~ de drainage/d'irrigation** drainage/irrigation canal. -**4.** AUDIO & INF channel; **Canal + OU Plus** *French TV pay channel* || *Can* [chaîne] (TV) channel. -**5.** ARCHIT flute. -**6.** ANAT & VÉTÉR duct, canal; **~ auditif** auditory canal; **~ biliaire** bile duct; **~ déférent** vas deferens; **~ inguinal** inguinal canal; **~ lacrymal** tear duct, lacrymal canal *spéc*; **~ médullaire** medullary canal OU cavity. -**7.** BOT duct, canal. -**8.** ÉCON: **~ de distribution** distribution channel. -**9.** ASTRON canal.

◆ **par le canal de** *loc prép* through, via.

CANAL +:
Canal + broadcasts programmes that have to be unscrambled using a special decoding unit, although for part of the day its programmes can be seen without this device.

---

canalisable [kanalizabl] *adj* [énergie, pensées, efforts] which can be channelled.

canalisation [kanalizasjɔ̃] *nf* -**1.** TRAV PUBL [conduit] pipe; ~s [système] pipes, pipework, piping. -**2.** ÉLECTR wiring. -**3.** [travaux - d'une rivière] channelling; **la ~ de la région** equipping the area with a canal system. -**4.** [rassemblement - d'énergies, d'une foule, de pensées] channelling.

canaliser [3] [kanalize] *vt* -**1.** TRAV PUBL [cours d'eau] to channel; [région] to provide with a canal system. -**2.** [énergies, foule, pensées, ressources] to channel; **la police canalisait les manifestants vers la sortie** the police were channelling the demonstrators towards the exit.

canapé [kanape] *nm* -**1.** [siège] settee, sofa; ~ **convertible** bed settee, sofa bed. -**2.** CULIN [pour cocktail] canapé; **caviar sur ~** canapé of caviar ‖ [pain frit] canapé OU croûton *(spread with forcemeat, served with certain meats)*.

canapé-lit [kanapeli] (*pl* **canapés-lits**) *nm* bed settee, sofa bed.

canaque [kanak] *adj* Kanak.
◆ **Canaque** *nmf* Kanak.

canard [kanar] *nm* -**1.** ZOOL duck; ~ **mâle** drake; ~ **musqué** OU **de Barbarie** Muscovy OU musk duck; ~ **sauvage** wild duck; ~ **siffleur** widgeon; ~ **boiteux** *fig* lame duck. -**2.** CULIN duck; ~ **laqué** Peking duck; ~ **à l'orange** duck in orange sauce, duck à l'orange. -**3.** [terme affectueux]: **mon petit ~** sweetie, sweetie-pie. -**4.** *fam* [journal] paper, rag; **le Canard enchaîné** PRESSE *satirical French weekly newspaper*. -**5.** [informations] rumour. -**6.** [couac] false note; **faire un ~** to hit a false note, to go off key. -**7.** *fam* [sucre - au café] sugar lump dipped in coffee; [- à l'eau-de-vie] sugar lump dipped in eau-de-vie; [- au rhum] sugar lump dipped in rum; **faire un ~** to dip a lump of sugar into one's drink. -**8.** MÉD [bol] feeding cup.

canardeau, x [kanardo] *nm* duckling.

canarder [3] [kanarde] ◇ *vt* [avec une arme à feu] to snipe at *(insép)*, to take potshots at *(insép)*; [avec des projectiles] to pelt; **se faire ~** [au fusil] to be sniped at.
◇ *vi fam* [faire des fausses notes] to sing off key; [faire une fausse note] to hit a false note, to go off key.

canardière [kanardjɛr] *nf* -**1.** [mare] duck-pond. -**2.** CHASSE [zone] duck shoot; [fusil] punt gun.

canari [kanari] ◇ *nm* canary; **les Canaris** *the Nantes football team*.
◇ *adj inv* canary-yellow.

Canarie [kanari] *npr f*: **la Grande ~** Grand Canary.

canarien, enne [kanarjɛ̃, ɛn] *adj* Canarian.
◆ **Canarien, enne** *nm, f* Canarian.

Canaries [kanari] *npr fpl*: **les (îles) ~** the Canary Islands OU Canaries; **aux ~** in the Canaries.

canasson▽ [kanasɔ̃] *nm* horse, nag *péj*.

canasta [kanasta] *nf* canasta.

Canaveral [kanaveral] *npr* → **cap**.

Canberra [kɑ̃bɛra] *npr* Canberra.

cancale [kɑ̃kal] *nf* (Cancale) oyster.

cancan [kɑ̃kɑ̃] *nm* -**1.** [cri du canard] quack. -**2.** [danse] (French) cancan. -**3.** [bavardage] piece of gossip; **des ~s** gossip; **n'écoute pas les ~s** don't listen to gossip OU to what people say.

cancaner [3] [kɑ̃kane] *vi* -**1.** ZOOL to quack. -**2.** [médire] to gossip.

cancanier, ère [kɑ̃kanje, ɛr] ◇ *adj* gossipy.
◇ *nm, f* gossip.

cancer [kɑ̃sɛr] *nm* -**1.** MÉD cancer; **avoir un ~** to have cancer; ~ **du foie/de la peau** liver/skin cancer; **atteint d'un ~ rare** suffering from a rare form of cancer. -**2.** [fléau] cancer, canker.

Cancer [kɑ̃sɛr] *npr m* -**1.** ASTRON Cancer. -**2.** ASTROL Cancer; **être ~** to be Cancer OU a Cancerian.

cancéreux, euse [kɑ̃serø, øz] ◇ *adj* [cellule, tumeur] malignant, cancerous; [malade] cancer *(modif)*.
◇ *nm, f* cancer victim OU sufferer.

cancérigène [kɑ̃seriʒɛn] *adj* carcinogenic.

cancérisation [kɑ̃serizasjɔ̃] *nf*: **pour empêcher la ~ des cellules** to prevent cells from becoming malignant.

cancériser [3] [kɑ̃serize]
◆ **se cancériser** *vpi* to become cancerous OU malignant.

cancérogène [kɑ̃serɔʒɛn] = **cancérigène**.

cancérogenèse [kɑ̃serɔʒənɛz] *nf* carcinogenesis.

cancérologie [kɑ̃serɔlɔʒi] *nf* cancerology.

cancérologique [kɑ̃serɔlɔʒik] *adj* cancerologic, cancerological.

cancérologue [kɑ̃serɔlɔg] *nmf* cancerologist.

cancérophobie [kɑ̃serɔfɔbi] *nf* cancerophobia.

cancoillotte [kɑ̃kwajɔt] *nf* Cancoillotte *(soft cheese mixed with butter, from the Franche Comté region)*.

cancre [kɑ̃kr] *nm* dunce.

cancrelat [kɑ̃krəla] *nm* cockroach.

candélabre [kɑ̃delabr] *nm* -**1.** [flambeau] candelabra. -**2.** [colonne ornementée] ornate column. -**3.** [réverbère] street lamp.

candeur [kɑ̃dœr] *nf* ingenuousness, naivety; **il l'a raconté en toute ~** he recounted it quite candidly OU ingenuously.

candi [kɑ̃di] *adj m*: **sucre ~** sugar candy, rock candy.

candida [kɑ̃dida] *nm* candida.

candidat, e [kɑ̃dida, at] *nm, f* -**1.** POL candidate; **être ~ aux élections** to be a candidate in the elections, to stand *Br* OU to run in the elections; **être ~ à la présidence** to run for president, to stand for president *Br*. -**2.** [à un examen, à une activité] candidate; [à un emploi] applicant, candidate; **les ~s à l'examen d'entrée** entrance examination candidates; **être ~ à un poste** to be a candidate for a post; **il y a des ~s à la vaisselle?** *hum* any volunteers for the washing-up *Br* OU for doing the dishes *Am*?; **les ~s à l'aventure** adventure-seekers.

candidature [kɑ̃didatyr] *nf* -**1.** POL candidature, candidacy; **poser sa ~** to stand *Br*, to declare o.s. a candidate; **retirer sa ~** to stand down; **elle soigne sa ~ au poste de trésorière** she's working on her election to the post of treasurer ❑ ~ **multiple** standing *Br* OU running for election in several constituencies; ~ **officielle** standing *Br* OU running as official candidate. -**2.** [pour un emploi] application; **poser sa ~ (à)** to apply (for); **retirer sa ~** to withdraw one's application.

candide [kɑ̃did] *adj* ingenuous, naive.

candidement [kɑ̃didmɑ̃] *adv* ingenuously, naively.

candidose [kɑ̃didoz] *nf* candidiasis.

candir [32] [kɑ̃dir] *vt* [sucre, bonbon] to candy.
◆ **se candir** *vpi* to candy.

cane [kan] *nf* (female) duck.

Canebière [kanbjɛr] *npr f*: **la ~** *large avenue in Marseilles*.

LA CANEBIÈRE:
This name is sometimes used to refer to the city of Marseilles itself: "tout le monde en parle sur la Canebière".

Canée [kane] *npr f*: **La ~** Canea.

caner▽ [3] [kane] *vi* -**1.** [de peur] to chicken out. -**2.** [mourir] to kick the bucket.

caneton [kantɔ̃] *nm* -**1.** ZOOL duckling. -**2.** CULIN: ~ **à l'orange** duckling à l'orange.

canette [kanɛt] *nf* -**1.** ZOOL duckling. -**2.** [bouteille]: ~ **(de bière)** bottle (of beer). -**3.** [bobine] spool.

canevas [kanva] *nm* -**1.** [d'un roman, d'un exposé] framework. -**2.** TEXT canvas. -**3.** [d'une carte] graticule.

caniche [kaniʃ] *nm* -**1.** ZOOL poodle. -**2.** *péj* [personne] lapdog, poodle.

caniculaire [kanikylɛr] *adj* scorching, blistering.

canicule [kanikyl] *nf* -**1.** [grande chaleur] scorching heat; [en plein été]: **la ~** the midsummer heat; **une semaine de ~** a weeklong heatwave; **quelle ~!** what a scorcher! -**2.** ANTIQ canicülars, canicular days.

canidé [kanide] *nm* canine; **les ~s** the dog family, the Canidae *spéc*.

canif [kanif] *nm* penknife, pocketknife.

canin, e[1] [kanɛ̃, in] *adj* canine; **exposition ~e** dog show.

canine[2] [kanin] *nf* canine tooth.

canisse [kanis] = **cannisse**.

caniveau, x [kanivo] *nm* -**1.** [le long du trottoir] gutter. -**2.** [conduit] gutter, drainage channel.

canna [kana] *nm* canna; **les ~s** the Cannaceae.

cannabis [kanabis] *nm* [drogue, chanvre] cannabis.

cannabisme [kanabism] *nm* cannabis dependency.

cannage [kanaʒ] *nm* -**1.** [activité] caning. -**2.** [produit] cane work.

canne [kan] *nf* -**1.** [d'un élégant] cane; [d'un vieillard] walking-stick ❑ ~ **(anglaise)** crutch; **marcher avec des ~s** to be on crutches; ~ **blanche** white stick *Br* OU cane *Am*; **les ~s blanches** the visually disabled. -**2.** PÊCHE: ~ **à pêche** fishing-rod. -**3.** BOT: ~ **à sucre** sugar cane. -**4.** ARM: ~ **à épée** swordstick, sword cane. -**5.** [rotin] cane *(U)*.
◆ **cannes** *nfpl* ▽ [jambes] legs, pins; SPORT ski-poles, poles.

canné, e [kane] *adj* -**1.** [en rotin] cane *(modif)*. -**2.** ▽ [mort] dead as a doornail.

canne-béquille [kanbekij] (*pl* **cannes-béquilles**) *nf* crutch.

cannelé, e [kanle] *adj* -**1.** [orné de cannelures] fluted. -**2.** OPT fluted. -**3.** [à gouttière] grooved.

canneler [24] [kanle] *vt* to flute.

cannelier [kanəlje] *nm* cinnamon tree.

cannelle [kanɛl] ◇ *nf* -**1.** CULIN cinnamon; ~ **de Ceylan/Chine** Ceylon/China cinnamon. -**2.** [robinet] tap, faucet *Am*, spigot *Am*.
◇ *adj inv* pale brown, cinnamon-coloured.
◆ **à la cannelle** *loc adj* cinnamon-flavoured; **thé à la ~** cinnamon tea.

cannelloni [kanelɔni] (*pl inv* OU **cannellonis**) *nm* cannelloni.

cannelure [kanlyr] *nf* -**1.** [d'un vase, d'un pilier] flute, fluting. -**2.** [d'une vis, d'une pièce de monnaie] groove, grooving. -**3.** BOT & GÉOL stria, striation.

canner [3] [kane] ◇ *vt* [tabouret] to cane.
◇ *vi* ▽ = **caner**.

Cannes [kan] *npr* Cannes; **le festival de ~** the Cannes film festival.

cannette [kanɛt] = **canette 2, 3**.

cannibale [kanibal] ◇ *adj* & *nmf* cannibal *aussi fig*.
◇ *nm Belg* steak tartare on toast.

cannibalique [kanibalik] *adj* cannibalistic.

cannibaliser [3] [kanibalize] *vt* to cannibalize.

cannibalisme [kanibalism] *nm* -**1.** [anthropophagie] cannibalism. -**2.** [férocité] cannibalism, savagery.

cannisse [kanis] *nf* rush fence.

cannois, e [kanwa, az] *adj* from Cannes.
◆ **Cannois, e** *nm, f inhabitant of or person from Cannes*.

canoë [kanɔe] *nm* canoe; **faire du ~** to go canoeing.

canoéisme [kanɔeism] *nm* canoeing.

canoéiste [kanɔeist] *nmf* canoeist.

canoë-kayak [kanɔekajak] (*pl* canoës-kayaks) *nm*: faire du ~ to go canoeing.

canon [kanɔ̃] *nm* -**1.** ARM [pièce - moderne] gun; [- ancienne] cannon; [tube] barrel; **à ~ double** double-barrelled; **à ~ scié** sawn-off *Br*, sawed-off *Am*; **~ automatique** machine-gun; **~ mitrailleur** heavy machine-gun. -**2.** NAUT: **~ de chasse/retraite** fore/aft gun. -**3.** ÉLECTRON: **~ électronique** OU **à électrons** electron gun. -**4.** AGR: **~ arroseur** irrigation cannon. -**5.** LOISIRS & SPORT: **~ à neige** snow-making machine. -**6.** [de clé, de serrure] barrel. -**7.** MUS canon; **~ à trois voix** canon for three voices; **chanter en ~** to sing a OU in canon. -**8.** BX-ARTS canon. -**9.** *sout* [modèle] model, canon; **le ~ de la beauté/du bon goût** the canon of beauty/good taste; **elle était le ~ de l'élégance** she was a model of elegance. -**10.** RELIG canon; *(comme adj m)*: **droit ~** canonic law. -**11.** [de vin] glass (of wine); [d'eau-de-vie] shot (of spirits).

cañon [kaɲɔn] *nm* canyon.

canonial, e, aux [kanɔnjal, o] *adj* RELIG -**1.** [réglé par les canons] canonic, canonical. -**2.** [du chanoine] canonic.

canonicat [kanɔnika] *nm* canonry.

canonique [kanɔnik] ◇ *adj* -**1.** [conforme aux règles] classic, canonic, canonical. -**2.** RELIG canonic, canonical. -**3.** MATH canonical.
◇ *nf* canon.

canonisation [kanɔnizasjɔ̃] *nf* canonization, canonizing.

canoniser [3] [kanɔnize] *vt* to canonize.

canoniste [kanɔnist] *nm* canonist.

canonnade [kanɔnad] *nf* heavy gunfire, cannonade.

canonner [3] [kanɔne] *vt litt* to shell, to cannonade *litt*.

canonnier [kanɔnje] *nm* gunner.

canonnière [kanɔnjɛr] *nf* -**1.** NAUT gunboat. -**2.** [meurtrière] loophole.

Canossa [kanɔsa] *npr loc*: **aller à ~** to eat humble pie.

canot [kano] *nm* dinghy; **~ automobile** motorboat; **~ de pêche** fishing boat; **~ pneumatique** pneumatic OU inflatable dinghy; **~ de sauvetage** lifeboat.

canotage [kanɔtaʒ] *nm* boating; **faire du ~** to go boating.

canoter [3] [kanɔte] *vi* -**1.** [se promener] to go boating. -**2.** [manœuvrer] to handle a boat.

canoteur, euse [kanɔtœr, øz] *nm, f* rower *(in a dinghy)*.

canotier [kanɔtje] *nm* [chapeau] (straw) boater.

Canson® [kɑ̃sɔ̃] *npr*: **papier ~** drawing paper.

Cantabriques [kɑ̃tabrik] *npr* → **mont**.

cantal [kɑ̃tal] *nm* Cantal cheese.

Cantal [kɑ̃tal] *npr m*: **le ~** (the) Cantal (region).

cantaloup [kɑ̃talu] *nm* cantaloup (melon).

cantate [kɑ̃tat] *nf* cantata.

cantatrice [kɑ̃tatris] *nf* [d'opéra] (opera) singer; [de concert] (concert) singer; **'la Cantatrice chauve'** *Ionesco* 'The Bald Primadonna'.

canter [kɑ̃tɛr] *nm* ÉQUIT cantering *(up to the weighing enclosure)*.

cantilène [kɑ̃tilɛn] *nf* cantilena.

cantilever [kɑ̃tilevœr] ◇ *adj* -**1.** [poutre, pont] cantilever. -**2.** AÉRON cantilever.
◇ *nm* [poutre] cantilever.

cantine [kɑ̃tin] *nf* -**1.** [dans une école] dining hall, canteen; [dans une entreprise] canteen; **les élèves qui mangent à la ~** pupils who have school meals OU school dinners; **c'est bon à la ~?** are school dinners good? -**2.** [malle] (tin) trunk.

cantiner [3] [kɑ̃tine] *vi arg crime* to buy goods in prison.

cantique [kɑ̃tik] *nm* canticle; **Le Cantique des ~s** The Song of Songs, The Song of Solomon.

canton [kɑ̃tɔ̃] *nm* -**1.** [en France] division of an arrondissement, canton; [en Suisse] canton; [au Luxembourg] administrative unit, canton; [au Canada] township. -**2.** RAIL section. -**3.** ARCHIT canton. -**4.** HÉRALD canton.

Canton [kɑ̃tɔ̃] *npr* Canton.

cantonade [kɑ̃tɔnad]
◆ **à la cantonade** *loc adv* -**1.** [sans interlocuteur précis] to all present, to the company at large; **crier qqch à la ~** to call OU to shout sthg (out); **«téléphone!», cria-t-il à la ~** "phone!", he called out; **il a perdu mais ce n'est pas la peine de le crier** OU **de l'annoncer à la ~** he's lost but there's no need to proclaim OU to shout it from the rooftops. -**2.** THÉÂT: **parler à la ~** [depuis les coulisses] to speak off stage; [à une personne qui est dans les coulisses] to speak to the wings.

cantonais, e [kɑ̃tɔnɛ, ɛz] *adj* -**1.** CULIN [cuisine] Cantonese; **riz ~** (special) fried rice. -**2.** GÉOG Cantonese.
◆ **Cantonais, e** *nm, f* Cantonese; **les Cantonais** the Cantonese.
◆ **cantonais** *nm* LING Cantonese.

cantonal, e, aux [kɑ̃tɔnal, o] *adj* local.
◆ **cantonales** *nfpl election of representatives for the canton*, ≃ local elections.

cantonnement [kɑ̃tɔnmɑ̃] *nm* -**1.** [à une tâche, à un lieu] confinement, confining *(U)*. -**2.** MIL [lieu] billet; [action] billeting *(U)*.

cantonner [3] [kɑ̃tɔne] ◇ *vt* -**1.** [isoler]: **~ qqn dans un lieu** to confine sb to a place. -**2.** *fig*: **~ qqch à** OU **dans** [activité, explication] to limit OU to confine sthg to; **si la discussion reste cantonnée au taux de chômage** if the discussion remains confined to the rate of unemployment. -**3.** MIL to billet; **~ un soldat chez qqn** to billet a soldier on sb.
◇ *vi* to be billeted; **~ chez qqn** to be billeted on sb.
◆ **se cantonner à, se cantonner dans** *vp + prép* -**1.** [s'enfermer]: **se ~ dans** [lieu] to confine o.s. to; **il se cantonnait dans sa solitude** he took refuge in solitude. -**2.** [être limité]: **se ~ à** OU **dans** to be confined OU limited OU restricted to. -**3.** [se restreindre]: **se ~ à** OU **dans** [activité, explication] to confine OU to limit o.s. to.

cantonnier [kɑ̃tɔnje] *nm* -**1.** [sur une route] roadman, road mender. -**2.** RAIL platelayer *Br*, trackman *Am*.

cantonnière [kɑ̃tɔnjɛr] *nf* [de lit] valance; [rideau] pelmet.

Cantorbéry [kɑ̃tɔrberi] *npr* Canterbury.

canular [kanylar] *nm* -**1.** [action] practical joke, hoax; **faire un ~ à qqn** to hoax sb, to play a hoax on sb. -**2.** [parole] hoax.

canule [kanyl] *nf* cannula.

canuler▽ [3] [kanyle] *vt* to drive mad OU up the wall.

canut, use [kany, yz] *nm, f* silk weaver OU worker *(in Lyons)*.

canyon [kaɲɔn] = **cañon**.

canzone [kandzɔne] (*pl* canzoni [-ni]) *nf* canzone.

CAO (*abr de* **conception assistée par ordinateur**) *nf* CAD.

caoua▽ [kawa] *nm* coffee.

caoutchouc [kautʃu] *nm* -**1.** BOT (natural OU India) rubber. -**2.** CHIM (synthetic) rubber; **~ butyle Butyl**®; **~ Mousse**® foam rubber. -**3.** *fam* [élastique] rubber OU elastic band. -**4.** [soulier] galosh. -**5.** [ficus] rubber plant.
◆ **de caoutchouc, en caoutchouc** *loc adj* [semelle] rubber *(modif)*; **bottes en ~** gumboots *Br*, wellingtons, rubber boots *Am*.

caoutchoutage [kautʃutaʒ] *nm* -**1.** [processus] coating with rubber, rubberizing. -**2.** [enduit] rubberized coating.

caoutchouter [3] [kautʃute] *vt* to cover OU to overlay with rubber, to rubberize; **toile caoutchoutée** rubberized OU rubber-coated cloth.

caoutchouteux, euse [kautʃutø, øz] *adj* [viande] rubbery, chewy; [fromage] rubbery.

cap [kap] *nm* -**1.** GÉOG cape, headland, promontory; **doubler** OU **passer un ~** to round a cape. -**2.** AÉRON, AUT & NAUT course; **~ au compas** magnetic OU compass course; **~ au vent** head on to the wind; **changer de** OU **le ~** to alter one's OU to change course; **mettre le ~ sur** NAUT to steer OU to head for; AUT to head for; **mettre le ~ au large** to set out to sea; **suivre un ~** to steer a course. -**3.** [étape] milestone, hurdle; **passer** OU **franchir le ~ de** [dans une situation difficile] to get over, to come through; [dans une gradation, des statistiques] to pass the mark of; **il a passé le ~ de la cinquantaine** he's into his fifties; **l'adolescence est un ~ difficile à passer** adolescence is a difficult time to live through; **la revue a dépassé le ~ des deux mille lecteurs** the readership of the magazine has passed the two thousand mark.

CAPS:
le cap Blanc Cap Blanc;
le cap Bon Cap Bon;
le cap de Bonne-Espérance the Cape of Good Hope;
cap Canaveral Cape Canaveral;
le cap Horn Cape Horn;
le cap Nord North Cape.

Cap [kap] *npr*: **Le ~** [ville] Cape Town; [province] Cape Province; **au ~** in Cape Town.

Cap. (*abr écrite de* **capitaine**) Capt.

CAP *nm* -**1.** (*abr de* **certificat d'aptitude professionnelle**) *vocational training certificate (taken at secondary school)*, ≃ City and Guilds examination *Br*. -**2.** (*abr de* **certificat d'aptitude pédagogique**) teaching diploma.

capable [kapabl] *adj* -**1.** [compétent] capable, competent, able; **un architecte très ~** a very capable OU able architect. -**2.** JUR competent. -**3.** **être ~ de** [physiquement] to be able to, to be capable of; [psychologiquement] to be capable of; **~ de porter 30 kilos** capable of lifting OU able to lift 30 kilos; **te sens-tu ~ de te lever?** do you feel able to get up?; **~ de mentir** capable of lying; **il n'est pas ~ de se maîtriser** he's unable to control himself; **~ de générosité** capable of generosity OU of being generous; **~ de tout** capable of (doing) anything; **il est ~ de nous oublier!** [il est possible qu'il nous oublie] I wouldn't put it past him to forget us!

capacimètre [kapasimɛtr] *nm* faradmeter.

capacitaire [kapasitɛr] *nmf* -**1.** [diplômé] *holder of the "capacité en droit" qualification*. -**2.** [étudiant] *student preparing for the "capacité en droit" examination*.

capacitance [kapasitɑ̃s] *nf* capacitance.

capacité [kapasite] *nf* -**1.** [aptitude] ability, capability; **avoir la ~ de (faire) qqch** to have the ability to do sthg, to be capable of (doing) sthg; **diriger? il n'en a pas la ~** managing? he hasn't got the ability for it; **avoir une grande ~ de travail** to be capable of OU to have a capacity for hard work; **j'ai perdu toute ~ de concentration** I'm no longer able to concentrate; **ses ~s d'organisateur** his abilities as an organizer. -**2.** [d'un récipient, d'une salle, d'un véhicule] capacity; **sac d'une grande ~** roomy bag ❑ **~ vitale** OU **thoracique** ANAT & PHYSIOL vital capacity. -**3.** ÉLECTR capacitance. -**4.** INF & TÉLÉC capacity. -**5.** JUR capacity; **avoir ~ pour** to be (legally) entitled to; **je n'ai pas ~ pour vous répondre** *fig* it's not up to me to give you an answer ❑ **~ civile** civil capacity; **~ électorale** (electoral) franchise; **~ de jouissance** legal entitlement (to a piece of property). -**6.** [diplôme]: **~ en droit** *law diploma leading to a law degree course*. -**7.** ÉCON: **~ de financement** financing capacity; **~ productrice** maximum possible output OU capacity.
◆ **capacités** *nfpl* (intellectual) ability; **utiliser au mieux les ~s de qqn** to make the best use of sb's ability; **élève ayant des ~s mais paresseux** pupil with ability but inclined to be lazy.

capacitif, ive [kapasitif, iv] *adj* capacitive.

caparaçon [kaparasɔ̃] *nm* caparison.

caparaçonner [3] [kaparasɔne] *vt* -**1.** [cheval] to caparison. -**2.** [protéger] to cover from top to bottom.
◆ **se caparaçonner** *vpi* to deck o.s. out, to bedeck o.s.

cape [kap] *nf* -**1.** [pèlerine] cloak, cape; **rire sous ~** to laugh up one's sleeve. -**2.** [d'un cigare] wrapper, outer leaf. -**3.** [de torero] capa. -**4.** NAUT: être à la ~ to lie to; mettre à la ~ to heave to.

◆ **de cape et d'épée** *loc adj* cloak-and-dagger *(avant n).*

capelan [kaplɑ̃] *nm* capelin, caplin.

capeler [24] [kaple] *vt* -**1.** [cordage] to reeve. -**2.** [vague]: ~ **une lame par l'avant** to take a wave head-on.

capeline [kaplin] *nf* wide-brimmed hat, capeline.

capella → **a capella.**

CAPES, Capes [kapɛs] (*abr de* certificat d'aptitude au professorat de l'enseignement du second degré) *nm secondary school teaching certificate,* ≃ PGCE *Br.*

CAPES:
Candidates who pass the CAPES become "professeurs certifiés" and are entitled to teach in secondary schools.

capésien, enne [kapesjɛ̃, ɛn] *nm, f* -**1.** [étudiant] student preparing to take the CAPES. -**2.** [diplômé] CAPES-holder.

Capet [kapɛ] *npr*: **Hugues ~** Hugues Capet.

CAPET, Capet [kapɛt] (*abr de* certificat d'aptitude au professorat de l'enseignement technique) *nm specialized teaching certificate.*

capétien, enne [kapesjɛ̃, ɛn] *adj* Capetian.

◆ **Capétien, enne** *nm, f* Capetian *(descendant of Hugues Capet).*

capharnaüm [kafarnaɔm] *nm* [chaos] shambles; **un vrai ~, leur maison** their house is a real shambles; **je n'y retrouve rien, dans ce ~!** I can't find a thing in all this clutter!

Capharnaüm [kafarnaɔm] *npr* Capernaum.

cap-hornier [kapɔrnje] (*pl* cap-horniers) *nm* Cape Horner.

capillaire [kapilɛr] ◇ *adj* -**1.** [relatif aux cheveux] hair *(modif).* -**2.** [très fin - tube, vaisseau] capillary *(modif).*

◇ *nm* -**1.** [vaisseau] capillary. -**2.** [tube] capillary (tube). -**3.** BOT maidenhair (fern).

capillarite [kapilarit] *nf* capillaritis.

capillarité [kapilarite] *nf* ANAT & PHYS capillarity, capillary action.

◆ **par capillarité** *loc adv* by OU through capillary action.

capilliculteur, trice [kapilikyltœr, tris] *nm, f* trichologist *spéc,* specialist in hair care.

capilliculture [kapilikyltyr] *nf* hair care.

capilotade [kapilɔtad]

◆ **en capilotade** *loc adj* [écrasé] in a pulp; [fatigué et douloureux] aching; **j'ai les jambes en ~** my legs are aching.

capitaine [kapitɛn] *nm* -**1.** NAUT [dans la marine marchande] captain, master; [dans la navigation de plaisance] captain, skipper; **oui, ~** yes, sir ❑ **~ de corvette** MIL lieutenant commander; **~ de frégate** MIL commander; **~ au long cours** master mariner; **~ de port** ADMIN & NAUT harbour master; **~ de vaisseau** MIL captain. -**2.** MIL [dans l'armée - de terre] captain; [- de l'air] flight lieutenant *Br,* captain *Am*; *litt* leader of men, military commander; **les ~s d'industrie** the captains of industry. -**3.** SPORT captain. -**4.** [des pompiers] chief fire officer *Br,* fire chief *Am.* -**5.** ZOOL tread-fin.

capitainerie [kapitɛnri] *nf* harbour master's office.

capital[1], **aux**[1] [kapital, o] *nm* -**1.** FIN [avoir - personnel] capital *(U)*; [- d'une société] capital *(U)*, assets; **~ réel** OU **versé** paid-up capital; **~ engagé** capital expenditure; **~ d'exploitation** working capital; **~ financier** finance capital; **~ fixe** fixed OU capital assets; **~ foncier** land; **~ social** nominal capital; **~ social autorisé** authorized capital; **~ souscrit** subscribed capital ‖ ÉCON: **~ variable** variable capital. -**2.** [compensation]: **~ décès** death benefit; **~ départ** severance money OU pay. -**3.** [monde de l'argent, des capitalistes]: **le ~** capital; **le grand ~** big business; **'le Capital'** *Marx* 'Das Kapital'. -**4.** [accumulation] stock; **notre ~ de confiance auprès des usagers** the stock of good-will we have built up among users; **un ~ de connaissances** a fund of knowledge; **le ~ culturel du pays** the nation's cultural wealth; **le ~ intellectuel** intellectual resources; **le ~ forêt de la planète** the forest reserves of the planet; **n'entamez pas votre ~ santé** don't overtax your health.

◆ **capitaux** *nmpl* [valeurs disponibles] capital; **circulation des capitaux** circulation of capital; **fuite des capitaux** flight of capital ❑ **capitaux flottants** floating capital.

◆ **à capital anonyme** *loc adj* joint-stock.

◆ **au capital de** *loc prép* with assets of.

capital[2], **e, aux**[2] [kapital, o] *adj* -**1.** [importance] vital; [question, aide] fundamental, crucial, vital; **c'est ~** it's essential OU crucial; **c'est d'une importance ~e** it's of the utmost importance; **n'en fais pas une affaire ~e!** don't blow it up out of all proportion! -**2.** [le plus important - œuvre, projet] major. -**3.** [lettre - imprimée] capital; [- manuscrite] (block) capital. -**4.** JUR capital; **la peine ~e** capital punishment, the death penalty.

◆ **capitale** *nf* -**1.** POL & ADMIN capital (city); **la ~e** [Paris] the capital, Paris ❑ **~e régionale** regional capital; **la ~e des Gaules** *the city of Lyons.* -**2.** [centre]: **la ~e de la mode/de la saucisse** the capital of fashion/of the sausage. -**3.** IMPR capital (letter); **petite ~e** small capital.

◆ **en capitales** *loc adv* IMPR in capitals, in block letters; **écrivez votre nom en ~es (d'imprimerie)** write your name in block capitals, print your name.

capitalisable [kapitalizabl] *adj* capitalizable.

capitalisation [kapitalizasjɔ̃] *nf* capitalization; **~ boursière** capital stock.

capitaliser [3] [kapitalize] *vt* -**1.** FIN [capital] to capitalize; [intérêts] to add; [revenu] to turn into capital; **une fois que les intérêts ont été capitalisés** once the accrued interest has been calculated. -**2.** [amasser - argent] to save up *(sép),* to accumulate. -**3.** [accumuler] to save up *(sép)*; **~ des heures supplémentaires** [les faire] to do all one's overtime at once; [se les faire payer] to collect all one's overtime pay at once; **~ des connaissances** to accumulate knowledge.

capitalisme [kapitalism] *nm* capitalism.

capitaliste [kapitalist] ◇ *adj* capitalist, capitalistic.

◇ *nmf* capitalist.

capital-risque [kapitalrisk] *nm* venture OU risk capital.

capiteux, euse [kapitø, øz] *adj* -**1.** [fort - alcool, senteur] heady. -**2.** [excitant - charme, blonde] sensuous.

Capitole [kapitɔl] *npr m*: **le ~** [à Toulouse, à Rome] the Capitol; [à Washington] Capitol Hill, the Capitol.

Capitolin [kapitɔlɛ̃] *npr* → **mont.**

capiton [kapitɔ̃] *nm* -**1.** [matériau] padding. -**2.** [section rembourrée] boss, padded section.

capitonnage [kapitɔnaʒ] *nm* padding.

capitonner [3] [kapitɔne] *vt* to pad.

capitulaire [kapitylɛr] *adj* [cathédrale] capitular; [salle] chapter *(modif).*

capitulard, e [kapitylar, ard] *péj* ◇ *adj* defeatist.

◇ *nm, f* defeatist; **espèce de ~!** you quitter!, defeatist!

capitulation [kapitylasjɔ̃] *nf* -**1.** MIL [action] surrender, capitulation; [traité] capitulation; **~ sans conditions** unconditional surrender. -**2.** [fait de céder] surrendering.

capitule [kapityl] *nm* capitulum.

capituler [3] [kapityle] *vi* -**1.** MIL to surrender, to capitulate. -**2.** [céder] to surrender, to give in.

caporal, aux [kapɔral, o] *nm* -**1.** [dans l'armée de terre] lance corporal *Br,* private first class *Am.* -**2.** [dans l'armée de l'air] senior aircraftman *Br,* airman first class *Am.* -**3.** [tabac] Caporal tobacco. -**4.** HIST: **le Petit Caporal** (Napoleon) Bonaparte.

caporal-chef [kapɔralʃɛf] (*pl* caporaux-chefs [kapɔroʃɛf]) *nm* corporal.

caporaliser [3] [kapɔralize] *vt* to set petty rules for.

caporalisme [kapɔralism] *nm* -**1.** [autoritarisme] petty officiousness, bossiness. -**2.** [régime politique] military rule.

capot [kapo] ◇ *nm* -**1.** AUT bonnet *Br,* hood *Am.* -**2.** NAUT [tôle] cover; [ouverture] companion hatchway. -**3.** [d'une machine] hood.

◇ *adj inv* CARTES: **être ~** to make no tricks at all.

capotage [kapɔtaʒ] *nm* -**1.** [d'une machine, d'un moteur] hooding. -**2.** [culbute] overturning.

capote [kapɔt] *nf* -**1.** *fam* [préservatif] condom; **~ anglaise** *vieilli* French letter *Br,* condom. -**2.** [d'une voiture décapotable] hood *Br,* top *Am.* -**3.** [manteau] greatcoat. -**4.** [chapeau] bonnet.

capoter [3] [kapɔte] ◇ *vt* to fit with a hood.

◇ *vi* -**1.** [se renverser - voiture] to overturn, to roll over; [- bateau] to turn turtle. -**2.** *fam* [échouer - projet] to fall through, to collapse; [- tractation] to fall through.

Capoue [kapu] *npr* Capua.

Cappadoce [kapadɔs] *npr f*: **(la) ~** Cappadocia.

cappuccino [kaputʃino] *nm* cappuccino.

câpre [kapr] *nf* caper.

caprice [kapris] *nm* -**1.** [fantaisie] whim, passing fancy; **elle lui passe tous ses ~s** she indulges his every whim; **rien n'est réfléchi, il n'agit que par ~** he doesn't think things through, he just acts on impulse. -**2.** [colère] tantrum; **faire des ~s** to throw tantrums; **elle n'a pas mal, c'est un ~** she's not in pain, she's just being awkward OU difficult. -**3.** [irrégularité] freak, quirk; **une plante carnivore, véritable ~ de la nature** a carnivorous plant, a real freak of nature. -**4.** [engouement] (sudden) infatuation. -**5.** MUS capriccio, caprice.

capricieusement [kaprisjøzmɑ̃] *adv* capriciously.

capricieux, euse [kaprisjø, øz] *adj* -**1.** [coléreux] temperamental, awkward; **un enfant ~** an awkward child. -**2.** [fantaisiste] capricious, fickle. -**3.** [peu fiable - machine, véhicule] unreliable, temperamental; [- saison, temps] unpredictable.

capricorne [kaprikɔrn] *nm* ZOOL capricorn beetle.

Capricorne [kaprikɔrn] *npr m* -**1.** ASTRON Capricorn. -**2.** ASTROL Capricorn; **être ~** to be (a) Capricorn.

câprier [kaprije] *nm* caper (plant).

caprifoliacée [kaprifɔljase] *nf* caprifoil; **les ~s** the Caprifoliaceae.

caprin, e [kaprɛ̃, in] *adj* goat *(modif),* caprine *spéc.*

◆ **caprin** *nm* member of the goat family.

capriné [kaprine] *nm* member of the goat family OU *spéc* the Caprinae.

capron [kaprɔ̃] *nm* hautboy OU hautbois strawberry.

capsulage [kapsylaʒ] *nm* capsuling.

capsulaire [kapsylɛr] *adj* capsular.

capsule [kapsyl] *nf* -**1.** [d'un flacon] top, cap. -**2.** ASTRON: **~ (spatiale)** (space) capsule. -**3.** ARM cap, primer. -**4.** PHARM capsule. -**5.** BOT [du pavot, des mousses] capsule. -**6.** ANAT capsule; **~ interne** internal capsule; **~s surrénales** adrenal OU suprarenal gland.

capsuler [3] [kapsyle] *vt* to put a cap OU top on.

captage [kaptaʒ] *nm* -**1.** AUDIO & TÉLÉC picking up, receiving. -**2.** PHYS harnessing. -**3.** RAIL picking up (of current). -**4.** ÉCOL arresting. -**5.** MIN: **~ de grisou** degassing.

captateur, trice [kaptatœr, tris] *nm, f* inveigler; **~ de succession** inheritance hunter.

captation [kaptasjɔ̃] *nf* -**1.** JUR inveiglement. -**2.** PHYS harnessing.

captatoire [kaptatwar] *adj* inveigling JUR.

capter [3] [kapte] *vt* -**1.** [attention, intérêt] to capture. -**2.** PHYS to harness. -**3.** ÉCOL to arrest.

-**4.** AUDIO & TÉLÉC to pick up *(insép)*, to receive. -**5.** JUR to inveigle.

capte-suies [kaptəsɥi] *nm inv* extractor (fan).

capteur [kaptœr] *nm* -**1.** ÉCOL: ~ **(solaire)** solar panel. -**2.** [pour mesurer] sensor; [pour commander] probe.

captieux, euse [kapsjø, øz] *adj* specious, misleading.

captif, ive [kaptif, iv] ◇ *adj* -**1.** COMM [marché] captive. -**2.** [emprisonné] captive.
◇ *nm, f litt* captive.

captivant, e [kaptivɑ̃, ɑ̃t] *adj* captivating, riveting, enthralling.

captiver [3] [kaptive] *vt* to captivate, to rivet, to hold in thrall.

captivité [kaptivite] *nf* captivity; **garder un animal en** ~ to keep an animal in captivity.

capture [kaptyr] *nf* -**1.** [de biens] seizure, seizing, confiscation; [d'un navire, d'un tank] capture. -**2.** [arrestation] capture; **après sa** ~, **il a déclaré...** after he was captured OU caught, he said... -**3.** CHASSE & PÊCHE catching. -**4.** [biens ou animaux] catch, haul. -**5.** GÉOG & PHYS capture.

capturer [3] [kaptyre] *vt* -**1.** [faire prisonnier] to capture, to catch. -**2.** CHASSE & PÊCHE to catch. -**3.** [navire, tank] to capture.

capuche [kapyʃ] *nf* hood; ~ **en plastique** rain hood.

capuchon [kapyʃɔ̃] *nm* -**1.** VÊT [bonnet] hood; [manteau] hooded coat. -**2.** [d'un stylo] cap, top; [d'un dentifrice] top. -**3.** [d'une cheminée] cowl. -**4.** ANAT & ZOOL hood.
◆ **à capuchon** *loc adj* hooded.

capuchonné, e [kapyʃɔne] *adj* hooded.

capucin [kapysɛ̃] *nm* -**1.** RELIG Capuchin (Friar); **les** ~**s** the Capuchins. -**2.** ZOOL capuchin (monkey). -**3.** CHASSE hare.

capucine [kapysin] ◇ *nf* -**1.** BOT nasturtium. -**2.** [danse] (children's) round. -**3.** RELIG Capuchin nun.
◇ *adj inv* orangey-red.

capverdien, enne [kapvɛrdjɛ̃, ɛn] *adj* Cape Verdean.
◆ **Capverdien, enne** *nm, f* Cape Verdean.

Cap-Vert [kapvɛr] *npr m*: **le** ~ Cape Verde; **au** ~ in Cape Verde.

caque [kak] *nf* herring barrel; **la** ~ **sent toujours le hareng** *prov* what is bred in the bone will come out in the flesh *prov*.

caquelon [kaklɔ̃] *nm* fondue pot.

caquet [kakɛ] *nm* -**1.** [gloussement] cackle, cackling. -**2.** *fam* [bavardage] yakking; **il a un de ces** ~**s!** he yaks on and on! ❑ **rabattre** OU **rabaisser le** ~ **à qqn** *fam* to take sb down a peg or two, to put sb in his/her place.

caquetage [kaktaʒ] *nm* [bavardage - futile] prattle; [- indiscret] gossip.

caqueter [27] [kakte] *vi* -**1.** [poule] to cackle. -**2.** [tenir des propos - futiles] to prattle (on); [- indiscrets] to gossip.

car[1] [kar] (*abr de* **autocar**) *nm* bus, coach; ~ **de police** police van; ~ **de ramassage (scolaire)** school bus.

car[2] [kar] *conj sout* because, for; **il est efficace,** ~ **très bien secondé** he is efficient because he has very good back-up; ~ **voyez-vous, je n'ai jamais pu me résoudre à...** (for OU because) you see, I have never been able to bring myself to...; ~ **enfin, à quoi vous attendiez-vous?** I mean, what did you expect?

carabe [karab] *nm* ground beetle.

carabin *fam* [karabɛ̃] *nm* medic.

carabine [karabin] *nf* rifle; ~ **à air comprimé** air rifle OU gun.

carabiné, e *fam* [karabine] *adj* [note à payer, addition] stiff, steep; [rhume] filthy, stinking; [migraine] blinding; **une grippe** ~**e** a dreadful dose of the flu.

carabinier [karabinje] *nm* -**1.** [en Italie] carabiniere, policeman. -**2.** [en Espagne] carabinero, customs officer. -**3.** HIST carabineer, carabinier. -**4.** *loc*: **il arrive toujours comme les** ~**s** *fam* he always turns up too late.

carabistouille *fam* [karabistuj] *nf Belg*: **raconter des** ~**s** to talk nonsense.

Carabosse [karabɔs] *npr*: **la fée** ~ the wicked fairy *(in "Sleeping Beauty")*.

Caracas [karakas] *npr* Caracas.

caraco [karako] *nm* camisole.

caracole [karakɔl] *nf* caracole.

caracoler [3] [karakɔle] *vi* -**1.** [sautiller] to skip about, to gambol. -**2.** ÉQUIT to caracole.

caractère [karaktɛr] *nm* -**1.** [nature] character, nature, temperament; **ce n'est pas dans son** ~ **d'être agressif** it's not in character for him to be OU it's not in his nature to be aggressive. -**2.** [tempérament] temper; **quel** ~! what a temper!; **avoir bon** ~ to be good-natured; **avoir mauvais** ~ to be bad-tempered; **avoir un** ~ **de chien** *fam* OU **de cochon** *fam* to have a foul temper. -**3.** [volonté, courage] character; **avoir du** ~ to have character; **elle manque de** ~ she's not very strong-willed. -**4.** [type de personne] character; **les** ~**s doux sont souvent mal compris** gentle people are often misunderstood. -**5.** [particularité] nature, character; **le** ~ **religieux de la cérémonie** the religious nature of the ceremony; **pour donner un** ~ **d'authenticité à son œuvre** to give his work a stamp of authenticity; **sa conversation a le** ~ **d'une confession** he talks as if he were making a confession; **à** ~ **officiel** of an official nature. -**6.** [trait] characteristic, feature, trait; **tous les** ~**s d'une crise économique** all the characteristics of an economic crisis ‖ [dans des statistiques] characteristic. -**7.** [originalité] character; **un édifice qui a du** ~ a building with character; **sans aucun** ~ characterless. -**8.** BIOL character; ~ **acquis** acquired trait. -**9.** IMPR & INF character; **le choix des** ~**s** the choice of type ❑ ~**s gras**: **en** ~**s gras** in bold (type); ~**s d'imprimerie** block letters; **écrire en** ~**s d'imprimerie** please write in block letters.
◆ **de caractère** *loc adj*: **appartement/maison de** ~ apartment/house with character; **une femme de** ~ a woman of character.

caractériel, elle [karakterjɛl] ◇ *adj* -**1.** PSYCH [adolescent] maladjusted, (emotionally) disturbed. -**2.** [du caractère] character *(modif)*.
◇ *nm, f* [enfant] problem child; [adulte] maladjusted person.

caractérisation [karakterizasjɔ̃] *nf* characterization.

caractérisé, e [karakterize] *adj* [méchanceté] blatant; [indifférence] pointed.

caractériser [3] [karakterize] *vt* -**1.** [constituer le caractère de] to characterize; **avec la générosité qui le caractérise** with characteristic generosity; **qu'est-ce qui caractérise son art?** what are the main characteristics OU features of his work? -**2.** [définir] to characterize, to define.
◆ **se caractériser par** *vp + prép* to be characterized OU defined by.

caractéristique [karakteristik] ◇ *adj* characteristic, typical; **observez la rougeur** ~ note the characteristic red hue; **c'est** ~ **de sa façon d'agir** it's typical of his way of doing things.
◇ *nf* -**1.** [trait] characteristic, (distinguishing) feature OU trait. -**2.** MATH characteristic.

caractérologie [karakterɔlɔʒi] *nf* characterology.

caractérologique [karakterɔlɔʒik] *adj* characterological.

caracul [karakyl] *nm* caracul, karakul.

carafe [karaf] *nf* -**1.** [récipient - ordinaire] carafe; [- travaillé] decanter. -**2.** [contenu] jugful; [de vin] carafe; **une demi-**~ half a carafe (of wine). -**3.** *fam* [tête] nut. -**4.** *loc*: **rester** OU **tomber en** ~ [véhicule] to break down; [voyageur] to be stranded.

carafon [karafɔ̃] *nm* -**1.** [récipient - ordinaire] small jug OU carafe; [- travaillé] small decanter. -**2.** [contenu] (small) jugful; [de vin] small carafe. -**3.** *fam* [tête] nut; **il n'a rien dans le** ~! he's got no brains!

caraïbe [karaib] *adj* Caribbean.

Caraïbe [karaib] *npr f*: **la** ~ the Caribbean.

Caraïbes [karaib] *npr fpl*: **les (îles)** ~ the Caribbean, the West Indies; **la mer des** ~ the Caribbean (Sea).

carambolage [karɑ̃bɔlaʒ] *nm* -**1.** [de voitures] pileup, multiple crash. -**2.** [au billard] cannon.

carambole [karɑ̃bɔl] *nf* red (billiard) ball.

caramboler [3] [karɑ̃bɔle] ◇ *vi* to cannon.
◇ *vt* to crash into; **11 voitures carambolées** a pileup of 11 cars.

carambouillage [karɑ̃bujaʒ] *nm*, **carambouille** [karɑ̃buj] *nf* fraudulent selling of goods bought on credit.

carambouilleur, euse [karɑ̃bujœr, øz] *nm, f* swindler *(who fraudulently sells goods bought on credit)*.

caramel [karamɛl] ◇ *nm* -**1.** [pour napper] caramel. -**2.** [bonbon - dur] toffee, caramel; [- mou] toffee, fudge.
◇ *adj inv* caramel colour.

caramélisation [karamelizasjɔ̃] *nf* caramelization.

caraméliser [3] [karamelize] *vt* -**1.** [mets] to coat with caramel; [boisson, glace] to flavour with caramel. -**2.** [sucre] to caramelize.
◆ **se caraméliser** *vpi* to caramelize.

carapace [karapas] *nf* -**1.** ZOOL shell, carapace *spéc*. -**2.** *fig* (protective) shell.

carapater [3] [karapate]
◆ **se carapater** *fam vpi* to skedaddle, to scram, to make o.s. scarce; **c'est le moment de se** ~! it's time we made ourselves scarce!

carat [kara] *nm* [d'un métal, d'une pierre] carat; **chaîne de 22** ~**s** 22 carat (gold) chain.

Caravage [karavaʒ] *npr m*: **le** ~ Caravaggio; **un tableau du** ~ a painting by Caravaggio.

caravagesque [karavaʒɛsk], **caravagiste** [karavaʒist] *adj* of the Caravaggio school.

caravanage [karavanaʒ] *nm offic* caravaning.

caravane [karavan] *nf* -**1.** [véhicule - de vacancier] caravan *Br*, trailer *Am*; [- de nomade] caravan. -**2.** [convoi] caravan; ~ **publicitaire** following vehicles.

caravanier, ère [karavanje, ɛr] *nm, f* -**1.** [conducteur] caravanner. -**2.** [vacancier] caravanner *Br*, camper *(in a trailer) Am*.

caravaning [karavaniŋ] *nm* caravanning.

caravansérail [karavɑ̃seraj] *nm* caravanserai, caravansary.

caravelle [karavɛl] *nf* NAUT caravel.

Caravelle® [karavɛl] *nf* AÉRON Caravelle®.

carbochimie [karbɔʃimi] *nf* organic chemistry.

carbogène [karbɔʒɛn] *nm* carbogen.

carbohémoglobine [karbɔemɔglɔbin] *nf* carbohaemoglobin.

carbonade [karbɔnad] *nf* carbonade, carbonnade; ~ **flamande** beef stew with beer.

carbonado [karbɔnado] *nm* carbonado.

carbonarisme [karbɔnarism] *nm* Carbonarism.

carbonaro [karbɔnaro] *nm* Carbonaro.

carbonatation [karbɔnatasjɔ̃] *nf* carbonatation.

carbonate [karbɔnat] *nm* carbonate.

carbonater [3] [karbɔnate] *vt* to carbonate.

carbone [karbɔn] *nm* -**1.** [papier] (sheet of) carbon paper. -**2.** CHIM carbon; ~ **14** carbon-14; **dater au** ~ **14** to carbon-date, to date with carbon-14.

carboné, e [karbɔne] *adj* -**1.** CHIM carbonaceous. -**2.** MINÉR carboniferous.

carbonifère [karbɔnifɛr] ◇ *adj* carboniferous.
◇ *nm* Carboniferous (period).

carbonique [karbɔnik] *adj* carbonic.

carbonisage [karbɔnizaʒ] *nm* carbonizing.

carbonisation [karbɔnizasjɔ̃] *nf* carbonization.

carboniser [3] [karbɔnize] *vt* -**1.** [brûler - viande] to burn to a cinder; [- édifice] to burn to the ground; **des corps carbonisés** charred bodies. -**2.** [transformer en charbon] to carbonize, to turn into charcoal.

carbonnade [karbɔnad] = **carbonade**.

carbonyle [karbɔnil] *nm* carbonyl.

carbonylé, e [karbɔnile] *adj* carbonylic.

carboxyhémoglobine [karbɔksiemɔglɔbin] *nf* carboxyhaemoglobin.

carboxylase [karbɔksilaz] *nf* carboxylase.

carboxyle [karbɔksil] *nm* carboxyl.

carboxylique [karbɔksilik] *adj* carboxylic.

carburant [karbyrɑ̃] ◇ *adj m*: **mélange ~** mixture of air and petrol.
◇ *nm* fuel.

carburateur [karbyratœr] *nm* carburettor.

carburation [karbyrasjɔ̃] *nf* **-1.** AUT carburation. **-2.** MÉTALL carburization, carburizing.

carbure [karbyr] *nm* carbide.

carburé, e [karbyre] *adj* carburetted.

carburéacteur [karbyreaktœr] *nm* jet fuel.

carburer [3] [karbure] ◇ *vt* **-1.** AUT to carburate. **-2.** MÉTALL to carburize.
◇ *vi fam* **-1.** [aller vite]: **fais tes valises, et que ça carbure!** pack your bags, and be quick about it! **-2.** [travailler dur] to work flat out; [réfléchir] to use one's brain. **-3.** [fonctionner]: **ça carbure?** how are things?; **moi, je carbure au café** I can't do anything unless I have a coffee inside me.

carcan [karkɑ̃] *nm* **-1.** HIST [collier] collar shackle; **pris dans les règlements comme dans un ~** *fig* hemmed in by regulations. **-2.** [sujétion] yoke, shackles; **pour moi, la famille est un ~** for me, the family fetters and constrains. **-3.** [pour bétail] yoke.

carcasse [karkas] *nf* **-1.** [d'un animal] carcass. **-2.** *fam fig*: **amène ta ~!** get yourself over here!; **promener** OU **traîner sa (vieille) ~** to drag o.s. along. **-3.** [armature - d'un édifice] shell; [- d'un meuble] carcass; [- d'un véhicule] shell, body; [- d'un parapluie] frame. **-4.** ÉLECTR yoke ring. **-5.** MÉTALL casing, frame. **-6.** [d'un pneu] carcass; **~ diagonale** bias-ply tyre; **~ radiale** radial-ply tyre.

carcéral, e, aux [karseral, o] *adj* prison *(modif)*.

carcinogène [karsinɔʒɛn] *adj* carcinogenic.

carcinogenèse [karsinɔʒənɛz] *nf* carcinogenesis.

carcinoïde [karsinɔid] *adj* carcinoid.

carcinologie [karsinɔlɔʒi] *nf* carcinology.

carcinomateux, euse [karsinɔmatø, øz] *adj* carcinomatous.

carcinome [karsinom] *nm* carcinoma.

cardage [kardaʒ] *nm* carding.

cardamome [kardamɔm] *nf* cardamon, cardamum, cardamom.

cardan [kardɑ̃] *nm*: **(joint de) ~** universal joint.

carde [kard] *nf* edible part of a cardoon.

cardé [karde] *nm* **-1.** [fil] carded yarn. **-2.** [étoffe] carded cloth.

carder [3] [karde] *vt* to card.

cardeur, euse [kardœr, øz] *nm, f* carder, carding operator.
◆ **cardeuse** *nf* carding machine.

cardia [kardja] *nm* cardia.

cardiaque [kardjak] ◇ *adj* heart *(modif)*, cardiac; **une maladie ~** a heart disease; **elle est ~** she has a heart condition.
◇ *nmf* cardiac OU heart patient.

cardigan [kardigɑ̃] *nm* cardigan.

cardinal, e, aux [kardinal, o] *adj* **-1.** ASTROL & MATH cardinal. **-2.** [essentiel] essential, fundamental; **vertus ~es** cardinal virtues. **-3.** GÉOG: **points cardinaux** points of the compass.
◆ **cardinal, aux** *nm* **-1.** MATH cardinal number, cardinal. **-2.** RELIG cardinal. **-3.** ZOOL cardinal (grosbeak).

cardinalat [kardinala] *nm* cardinalate.

cardinalice [kardinalis] *adj* of a cardinal.

cardiogramme [kardjogram] *nm* cardiogram.

cardiographe [kardjograf] *nm* cardiograph.

cardiographie [kardjografi] *nf* cardiography.

cardiologie [kardjolɔʒi] *nf* cardiology.

cardiologue [kardjolɔg] *nmf* heart specialist, cardiologist *spéc.*

cardiomégalie [kardjomegali] *nf* megalocardia, cardiomegaly.

cardiomyopathie [kardjomjɔpati] *nf* cardiomyopathy.

cardiopathie [kardjopati] *nf* heart disease, cardiopathy *spéc.*

cardio-pulmonaire [kardjopylmɔnɛr] (*pl* cardio-pulmonaires) *adj* cardio-pulmonary; **maladie ~** heart and lung disease.

cardio-rénal, e, aux [kardjorenal, o] (*mpl* cardiorénaux, *fpl* cardio-rénales) *adj* cardiorenal; **maladie ~e** heart and kidney disease.

cardio-respiratoire [kardjorɛspiratwar] (*pl* cardio-respiratoires) *adj* cardiorespiratory; **maladie ~** disease of the heart and respiratory system.

cardiotonique [kardjotɔnik] *adj* & *nm* cardiotonic.

cardio-vasculaire [kardjovaskylɛr] (*pl* cardio-vasculaires) *adj* cardiovascular.

cardite [kardit] *nf* MÉD carditis.

cardon [kardɔ̃] *nm* cardoon.

Carélie [kareli] *npr f*: **(la) ~** Karelia.

carême [karɛm] *nm* **-1.** RELIG: **le ~** [abstinence] fasting; [époque] Lent; **faire ~** to fast for OU to observe Lent. **-2.** [saison] dry season *(in the West Indies)*.
◆ **de carême** *loc adj*: **face** OU **figure de ~** sad OU long face.

carénage [karenaʒ] *nm* **-1.** NAUT careenage. **-2.** AÉRON & AUT streamlined body.

carence [karɑ̃s] *nf* **-1.** MÉD deficiency; **~ en zinc** zinc deficiency; **avoir une ~** to suffer from a nutritive deficiency. **-2.** [d'une administration, d'une œuvre, d'une méthode] shortcomings, failings. **-3.** PSYCH: **~ affective** emotional deprivation. **-4.** JUR insolvency.
◆ **de carence, par carence** *loc adj* deficiency *(modif)*.

carencer [16] [karɑ̃se] *vt* to cause a nutritional deficiency in.

carène [karɛn] *nf* **-1.** NAUT hull. **-2.** AÉRON & AUT streamlined body. **-3.** BOT & ZOOL carina.

caréner [18] [karene] *vt* **-1.** NAUT to careen. **-2.** AUT & AÉRON to streamline.

carentiel, elle [karɑ̃sjɛl] *adj* deficiency-related.

caressant, e [karɛsɑ̃, ɑ̃t] *adj* **-1.** [personne] affectionate, loving; **un enfant ~** an affectionate child. **-2.** [doux - voix, sourire] warm, caressing; [- vent] *litt* caressing.

caresse [karɛs] *nf* **-1.** [attouchement] caress, stroke; **faire des ~s à** [chat] to stroke; [personne] to caress. **-2.** *litt* [douceur - d'un sourire] tenderness; [- du vent, du soleil] caress, kiss; **sous la ~ du soleil** kissed by the sun.

caresser [4] [karese] *vt* **-1.** [toucher -affectueusement] to stroke; [- sensuellement] to caress; **~ un enfant** to pet a child; **~ les cheveux de qqn** to stroke sb's hair; **~ qqn des yeux** OU **du regard** to gaze lovingly at sb ❑ **~ qqn dans le sens du poil: il faut le ~ dans le sens du poil** don't rub him (up) the wrong way. **-2.** *litt* [effleurer - tissu, papier] to touch lightly; **~ les touches d'un piano** to play the piano delicately. **-3.** [avoir, former]: **~ le dessein de faire** to be intent on doing; **~ le rêve de faire qqch** to dream of doing sthg. **-4.** *fam* [battre]: **~ les côtes à qqn** to give sb a good hiding; **~ les oreilles à qqn** to clout sb round the ear.

caret [karɛ] *nm* **-1.** [corde] rope yarn. **-2.** ZOOL hawksbill (turtle).

car-ferry [karferi] (*pl* car-ferries [-ri]) *nm* ferry, car-ferry.

cargaison [kargɛzɔ̃] *nf* **-1.** [marchandises] cargo, freight; **quelle est votre ~?** what (type of goods) are you carrying? **-2.** *fam* [quantité]: **une ~ de** a load of.

cargo [kargo] *nm* freighter.

cari [kari] *nm* **-1.** [épice] curry powder. **-2.** [plat] curry.
◆ **au cari** *loc adj*: **poulet au ~** chicken curry, curried chicken.

cariatide [karjatid] = **caryatide**.

caribou [karibu] *nm Can* caribou, reindeer.

caricatural, e, aux [karikatyral, o] *adj* **-1.** [récit, explication] distorted; **un féminisme ~** a mockery OU travesty of feminism. **-2.** [visage] grotesque. **-3.** [dessin, art] caricatural. **-4.** [exagéré] typical, caricature *(modif)*; **il a tout du vieux militaire ~** he's a typical old soldier.

caricature [karikatyr] *nf* **-1.** [dessin] caricature; **~ politique** (political) cartoon. **-2.** [déformation] caricature; **c'est une ~ de ce que j'ai dit** it makes a mockery of OU it's a complete distortion of what I said. **-3.** [laideron] scarecrow *fig*; **regarde-la, quelle ~!** just look at her, what a mess OU horror!

caricaturer [3] [karikatyre] *vt* **-1.** [dessiner] to caricature. **-2.** [déformer] to distort.

caricaturiste [karikatyrist] *nmf* caricaturist.

carie [kari] *nf* **-1.** MÉD [des dents, des os] caries; **elle n'a pas de ~s** she's got no holes in her teeth ❑ **~ dentaire** tooth decay. **-2.** BOT [du blé] bunt, smut; [des arbres] blight.

carié, e [karje] *adj* **-1.** MÉD [dent] decayed, bad; [os] carious. **-2.** [blé] smutty; [arbre] blighted.

carier [9] [karje] *vt* to decay, to cause decay in.
◆ **se carier** *vpi* to decay.

carillon [karijɔ̃] *nm* **-1.** [cloches] carillon; **on entendit un ~ dans le lointain** bells could be heard ringing in the distance. **-2.** [sonnerie - d'une horloge] chime; [- d'entrée] chime. **-3.** [horloge] chiming clock. **-4.** MUS carillon.

carillonné, e [karijɔne] *adj*: **fête ~e** high festival.

carillonnement [karijɔnmɑ̃] *nm* **-1.** [action] ringing. **-2.** [son] chiming.

carillonner [3] [karijɔne] ◇ *vi* **-1.** [cloches] to ring, to chime; **~ à toute volée** to peal out. **-2.** [à la porte] to ring (the doorbell) loudly.
◇ *vt* **-1.** *péj* [rumeur] to broadcast, to shout from the roof tops. **-2.** [festival] to announce with a peal of bells.

carillonneur, euse [karijɔnœr, øz] *nm, f* bell ringer.

Carinthie [karɛ̃ti] *npr f*: **(la) ~** Carinthia.

carioca [karjɔka] *adj* from Rio de Janeiro, of Rio de Janeiro.
◆ **Carioca** *nmf* Cariocan, Carioca.

cariste [karist] *nm* forklift truck operator.

caritatif, ive [karitatif, iv] *adj sout* charity *(modif)*.

carlin [karlɛ̃] *nm* ZOOL pug (dog).

carlingue [karlɛ̃g] *nf* **-1.** AÉRON cabin. **-2.** NAUT keelson.

carlisme [karlism] *nm* Carlism.

carliste [karlist] *adj* & *nmf* Carlist.

carmagnole [karmaɲɔl] *nf* MUS & VÊT carmagnole.

carme [karm] *nm* Carmelite, White Friar; **les ~s** the Carmelites.

carmel [karmɛl] *nm* **-1.** [de carmélites] carmel, Carmelite convent; [de carmes] carmel, Carmelite monastery. **-2.** [ordre]: **le ~** the Carmelite order.

carmélite [karmelit] *nf* Carmelite.

carmin [karmɛ̃] *nm* & *adj inv* crimson, carmine.

carminé, e [karmine] *adj litt* crimson, carmine.

Carnac [karnak] *npr* **-1.** [en Bretagne] Carnac; **les alignements de ~** *lines of standing stones at Carnac*. **-2.** [en Égypte] = **Karnak**.

carnage [karnaʒ] *nm* slaughter, carnage; **à l'examen, ça a été le ~!** *fam fig* they went down like nine pins in the exam!

carnassier, ère [karnasje, ɛr] *adj* [animal] carnivorous; [dent] carnassial.
◆ **carnassier** *nm* carnivore.
◆ **carnassière** *nf* **-1.** [dent] carnassial. **-2.** [sac] gamebag.

carnation [karnasjɔ̃] *nf litt* [teint] complexion; [en peinture] flesh tint.

carnaval [karnaval] *nm* **-1.** [fête] carnival; **pendant le ~** during carnival, at carnival time. **-2.** [mannequin]: **(Sa Majesté) Carnaval** King Carnival.

carnavalesque [karnavalɛsk] *adj* -**1.** [de carnaval] of the carnival. -**2.** [burlesque] carnivalesque, carnival-like.

Carnavalet [karnavalɛ] *npr*: le musée ~ *museum of Parisian history.*

LE MUSÉE CARNAVALET:
Situated in the Marais district of Paris, this museum retraces the history of Paris by means of paintings, documents and objects, many of them displayed in reconstructed period settings.

carne [karn] *nf* -**1.** *fam* [viande] tough meat. -**2.** ▽ [terme d'injure] swine; **petite ~, va!** you little swine!; **vieille ~!** old bag!

carné, e [karne] *adj* -**1.** [en diététique] meat-based. -**2.** [rosé] flesh-toned, flesh-coloured.

carnet [karnɛ] *nm* -**1.** [cahier] note-book. -**2.** [registre]: **~ d'adresses** address book; **~ de bal** dance card; **~ de bord** log book; **~ de notes** school report *Br*, report card *Am*; **elle a eu un bon ~ (de notes)** she got a good report *Br* OU good grades *Am*; **~ de route** log book; **~ de santé** child's health record. -**3.** [à feuilles détachables]: **~ de chèques** cheque book; **~ à souches** counterfoil book; **~ de tickets (de métro)** ten metro tickets; **~ de timbres** book of stamps. -**4.** ÉCON: **~ de commandes** order book; **avoir un bon ~ de commandes** to have a full order book. -**5.** [rubrique] births and deaths column; **~ mondain** court and social; **~ rose** births column.

carnier [karnje] *nm* gamebag.

carnivore [karnivɔr] ◇ *adj* carnivorous.
◇ *nm* carnivore, meat-eater.

carnotset, carnotzet [karnotze] *nm Helv room set aside for drinking with friends, usually in a cellar.*

Caroline [karɔlin] *npr f*: **(la) ~ du Nord** North Carolina; **(la) ~ du Sud** South Carolina.

Carolines [karɔlin] *npr fpl*: **les (îles) ~** the Caroline Islands.

carolingien, enne [karɔlɛ̃ʒjɛ̃, ɛn] *adj* Carolingian, of Charlemagne.

caroncule [karɔ̃kyl] *nf* ANAT, BOT & ZOOL caruncle.

carotène [karɔtɛn] *nm* carotene.

carotide [karɔtid] *nf* carotid.

carotidien, enne [karɔtidjɛ̃, ɛn] *adj* carotid.

carottage [karɔtaʒ] *nm* -**1.** GÉOL & MIN core boring. -**2.** *fam* [d'une somme] nicking *Br*, pinching; [d'une permission] wangling.

carotte [karɔt] ◇ *nf* -**1.** BOT carrot; **les ~s sont cuites** *fam* the game's up. -**2.** *fam* [récompense] carrot; **la ~ et le bâton** the carrot and the stick. -**3.** GÉOL & MIN core. -**4.** [tabac] plug. -**5.** [enseigne] tobacconist's sign.
◇ *adj inv* carroty *péj*, red, carrot-coloured.

carotter▽ [3] [karɔte] *vt* [argent, objet] to nick *Br*, to pinch; [permission] to wangle; **~ qqch à qqn** to swindle OU to diddle sb out of sthg.

carotteur, euse [karɔtœr, øz], **carottier, ère** [karɔtje, ɛr] *nm, f* [escroc] crook.
◆ **carottier** *nm* core drill.

caroube [karub] *nf* carob.

caroubier [karubje] *nm* carob (tree).

carouge [karuʒ] = **caroube**.

carpaccio [karpatʃjo] *nm* CULIN carpaccio.

Carpates [karpat] *npr fpl*: **les ~** the Carpathian Mountains OU Carpathians; **dans les ~** in the Carpathians.

carpatique [karpatik] *adj* Carpathian.

carpe [karp] ◇ *nf* carp.
◇ *nm* carpus.

carpeau, x [karpo] *nm* young carp.

carpelle [karpɛl] *nm* carpel.

carpette [karpɛt] *nf* -**1.** [tapis] rug. -**2.** *fam péj* [personne] doormat, spineless individual; **s'aplatir** OU **être (plat) comme une ~ devant qqn** to grovel in front of sb.

carpiculture [karpikyltyr] *nf* carp farming.

carpien, enne [karpjɛ̃, ɛn] *adj* carpal.

carpillon [karpijɔ̃] *nm* very small carp.

carquois [karkwa] *nm* quiver.

carrare [karar] *nm* Carrara marble.

carre [kar] *nf* -**1.** SPORT [d'un ski, d'un patin à glace] edge; **lâcher les ~s** to flatten the skis; **reprendre de la ~** to go back on one's edges. -**2.** [d'une planche] crosscut. -**3.** [sur un pin] notch *(for extracting resin)*.

carré, e [kare] *adj* -**1.** [forme, planche] square; **avoir les épaules ~es** to be square-shouldered. -**2.** GÉOM & MATH square. -**3.** [sans détours] straight, straightforward; **être ~ en affaires** to have a forthright business manner; **il est un peu trop ~** he's a bit blunt. -**4.** NAUT [mât] square-rigged; [voile] square.
◆ **carré** *nm* -**1.** [gén & GÉOM] square; **un petit ~ de ciel bleu** a little patch of blue sky; **~ blanc** *white square in the corner of the screen indicating that a television programme is not recommended for children.* -**2.** MATH square; **le ~ de six** six squared, the square of six; **élever un nombre au ~** to square a number. -**3.** HORT: **~ de choux** cabbage patch. -**4.** VÊT (square) scarf; **~ de coton** cotton square; **~ Hermès**® *designer headscarf made by Hermès (a status symbol in France).* -**5.** [viande]: **~ d'agneau/de mouton/de porc/de veau** loin of lamb/mutton/pork/veal. -**6.** [fromage]: **~ de l'Est** carré de l'Est cheese. -**7.** JEUX [au poker]: **~ d'as** four aces. -**8.** MIL square. -**9.** NAUT wardroom. -**10.** ANAT quadrate muscle.
◆ **carrée** *fam nf* pad; **un peu d'ordre dans la ~e!** get this place tidied up!
◆ **au carré** *loc adj* -**1.** [coiffure]: **coupe au ~** bob. -**2.** [lit] with hospital corners.

Carré [kare] *npr*: **maladie de ~** Carré's disease, canine distemper; **virus de ~** canine distemper virus.

carreau, x [karo] *nm* -**1.** [sur du papier] square; **papier à ~x** squared paper, graph paper; **mettre un motif au ~** to square up a design ‖ [motif sur du tissu] check; **veste à ~x** check OU checked jacket; **draps à petits ~x** sheets with a small check design OU pattern. -**2.** [plaque de grès, de marbre] tile. -**3.** [sol] tiled floor; **se retrouver sur le ~** *fam* [par terre] to end up on the floor; [pauvre] to wind up on Skid Row; **rester sur le ~** *fam* [être assommé] to be laid out; [être tué] to be bumped off; [échouer] to come a cropper *Br*, to take a spill *Am*. -**4.** [vitre] window-pane; [fenêtre] window. -**5.** CARTES diamond. -**6.** *fam loc*: **se tenir à ~**: **tiens-toi à ~!** watch your step!; **il s'est tenu à ~** he kept a low profile. -**7.** *Helv* [jardin] (square) garden.
◆ **carreaux**▽ *nmpl* [lunettes] specs; [yeux] peepers; **t'as vu l'autre là-bas avec ses ~x?** look at old four-eyes over there!

carrefour [karfur] *nm* -**1.** [de rues] crossroads *(sg)*, junction; **nous arrivons à un ~** [dans une vie, en politique] we've come to a crossroads. -**2.** [point de rencontre] crossroads; **Hong Kong, ~ de l'Asie** Hong Kong, crossroads of Asia; **un ~ d'idées** a forum of ideas. -**3.** [rencontre] forum, symposium.

carrelage [karlaʒ] *nm* -**1.** [carreaux] tiles, tiling; **poser un ~** to lay tiles OU a tiled floor. -**2.** [opération] tiling. -**3.** [sol] tiled floor.

carreler [24] [karle] *vt* [mur, salle de bains] to tile.

carrelet [karlɛ] *nm* -**1.** ZOOL plaice. -**2.** [filet] square fishing net. -**3.** [aiguille] half-moon needle. -**4.** [règle] square ruler.

carreleur [karlœr] *nm* tiler.

carrément [karemɑ̃] *adv* -**1.** [dire] straight out; [parler] bluntly; [agir] straight; **elle a ~ téléphoné au maire** she phoned straight to the mayor; **je vais le quitter! – ah, ~?** I'm going to leave him! – it's as serious as that, is it? -**2.** *fam* [en intensif] pretty *adv*, downright; **~ bête** downright stupid; **il est ~ en retard** he's well and truly late; **on gagne ~ un mètre** you gain a whole metre; **c'est ~ du vol/de la corruption** it's daylight robbery/blatant corruption; **tourne ~ à gauche** take a sharp left. -**3.** [poser] squarely, firmly.

carrer [3] [kare]
◆ **se carrer** *vpi* to settle, to ensconce o.s. *hum*.

carrier [karje] *nm* quarryman.

carrière [karjɛr] *nf* -**1.** [d'extraction] quarry. -**2.** [profession] career; **la Carrière** [diplomatie] the diplomatic service; **la ~ des armes** a military career. -**3.** [parcours professionnel] career; **faire ~ dans** to pursue a career in; **briser sa ~** to ruin OU to wreck one's career; **en début/en fin de ~** at the beginning/end of one's career. -**4.** *litt* [de la vie, du soleil] course; **la ~ de la gloire** the path to glory ❑ **donner (libre) ~ à** to give free rein to.
◆ **de carrière** *loc adj* [officier] regular; [diplomate] career *(modif)*.

carriérisme [karjerism] *nm* careerism.

carriériste [karjerist] *nmf* careerist, career-minded person.

carriole [karjɔl] *nf* -**1.** [à deux roues] cart. -**2.** *Can* car sleigh, cariole.

carrossable [karɔsabl] *adj* suitable for motor vehicles.

carrossage [karɔsaʒ] *nm* [angle] camber.

carrosse [karɔs] *nm* -**1.** [véhicule] coach; **~ d'apparat** state coach. -**2.** [panier] wine basket.

carrosser [3] [karɔse] *vt* -**1.** [voiture] to fit a body to. -**2.** *loc*: **elle est bien carrossée**▽ she's got a good figure, she's got curves in all the right places.

carrosserie [karɔsri] *nf* -**1.** AUT [structure] body; [habillage] bodywork. -**2.** [d'un appareil ménager] cover, case. -**3.** ▽ [d'une personne]: **belle ~!** nice figure! -**4.** [métier] coachwork, coach-building.

carrossier [karɔsje] *nm* coachbuilder.

carrousel [karuzɛl] *nm* -**1.** ÉQUIT carousel. -**2.** [de voitures, de personnes] merry-go-round; **le ~ ministériel** the comings and goings at the Ministry. -**3.** [à valises] carousel. -**4.** AUDIO carousel. -**5.** *Belg* [manège] merry-go-round, carousel.

carroyage [karwajaʒ] *nm* [en dessin] squaring.

carroyer [13] [karwaje] *vt* to square.

carrure [karyr] *nf* -**1.** [corps] build; **avoir une ~ d'athlète** to be built like an athlete. -**2.** [qualité] stature, calibre; **une présidente d'une ~ exceptionnelle** an exceptionally able chairwoman. -**3.** VÊT breadth across the shoulders.

carry [kari] = **cari**.

cartable [kartabl] *nm* [à bretelles] satchel; [à poignée] schoolbag.

carte [kart] *nf* **A.** -**1.** [carton pour la correspondance] card; **~ d'anniversaire** birthday card; **~ blanche** carte blanche; **donner** OU **laisser ~ blanche à qqn** to give sb carte blanche OU a free hand; **~ d'invitation** invitation card; **~ postale** postcard; **~ de visite** [personnelle] visiting *Br* OU calling *Am* card; [professionnelle] business card; **~ de vœux** New Year greetings card. -**2.** [carton de menus] menu; **la ~ des vins** the wine list ‖ [choix] menu; **ils ont une belle/petite ~** they have an impressive/a limited menu ‖ [menu à prix non fixe] à la carte menu; **choisissez dans la ~** choose one of the à la carte dishes. -**3.** [document officiel] card; **il a la ~ du parti écologiste** he's a card-carrying member of the green party ❑ **~ d'alimentation** OU **de rationnement** ration card; **~ d'abonnement** TRANSP season ticket OU pass; MUS & THÉÂT season ticket; **~ d'adhérent** OU **de membre** membership card; **~ d'électeur** voter registration card *Am*, polling card *Br*; **~ d'embarquement** boarding card; **~ d'entrée** pass; **~ d'étudiant** student card; **~ de famille nombreuse** discount card *(for families with at least three children)*; **~ de fidélité** discount card *(for regular customers)*; **~ grise** logbook *Br*, car registration papers *Am*; **~ d'identité professionnelle** [de représentant] (official) ID card; **~ d'invalidité** *handicapped person's travel pass*; **~ de lecteur** reader's *Br* OU library card; **~ (nationale) d'identité** (national) identity card OU ID card; **~ (nationale) de priorité** *card giving priority in queues and on public transport*; **Carte Orange** *pass for travel on the Paris transport system*; **~ de presse** presscard; **~ de résident** (long term) residence permit; **~ sanitaire** prostitute's registration papers; **fille** OU **prostituée en ~** registered prostitute; **~ de séjour (temporaire)** (temporary) residence permit; **~ de sortie** pupil's pass *(showing entitlement to leave school at certain times)*; **Carte Vermeil** *card entitling senior citizens to reduced rates in cinemas, on public transport etc*; **~ verte** green card. -**4.** [autorisant une transaction]: **Carte Bleue®** Visa Card® *(with which purchases are debited direct from the holder's current account)*; **~ de crédit** credit card *(to back up signatures on bills and to obtain cash from machines)*; **~ de paiement** credit card *(to effect automatic payment for goods and services)*; **~ de téléphone** Phonecard®. -**5.** INF (circuit) card OU board; **~ d'extension** expansion card; **~ d'extension mémoire** memory card; **~ graphique** graphics card; **~ magnétique** magnetic card; **~ à mémoire** OU **à puce** smart card; **~ perforée** punch card; **~ à pistes magnétiques** magnetic (striped) ledger card. -**6.** COMM: **~ de coloris** shade card.

B. GÉOG & GÉOL map; ASTRON, MÉTÉO & NAUT chart; **dresser une ~ de la région** to map (out) the area ❑ **~ du ciel** sky chart; **~ d'état-major** ≃ Ordnance Survey map *Br*, ≃ Geological Survey map *Am*; **~ marine** nautical chart; **~ routière** road map; **la ~ de** OU **du Tendre** LITTÉRAT map of the amorous sentiments *(from de Scudéry's novel "Clélie", 1660)*.

C. JEUX card; **tirer** OU **faire** *fam* **les ~s à qqn** to read sb's cards; **se faire tirer les ~s** to have one's cards read; **jouons la ~ de l'honnêteté/la qualité** *fig* let's go for honesty/quality; **jeu de ~s** [activité] card game; [paquet] pack of cards ❑ **~ forcée** *pr* forced card; *fig* Hobson's choice; **~ maîtresse** *pr* master card; *fig* master OU trump card; **une bonne ~** *fig* an asset; **abattre** OU **montrer ses ~s** to show one's hand; **jeter des ~s/une ~ sur la table** to put proposals/a proposal on the table; **jouer ~s sur table** to lay one's cards on the table; **il n'a pas joué toutes ses ~s** *pr* he hasn't played his last card; *fig* he still has a trick OU a card up his sleeve.

◆ **à cartes** *loc adj* card-programmed, card *(modif)*.

◆ **à la carte** ◇ *loc adj* -**1.** [au restaurant] à la carte. -**2.** [libre - programme, investissement] customized; [- horaire] flexible; **nos vacances à la ~** our do as you please holidays.
◇ *loc adv*: **manger à la ~** to eat à la carte.

◆ **de grande carte** *loc adj* [restaurant, établissement] first-class.

CARTE DE SÉJOUR:
Foreign nationals living in France are required to carry this identity card, issued by their local "préfecture".

---

cartel [kartɛl] *nm* -**1.** ÉCON cartel; **se rassembler en ~** to form a cartel. -**2.** POL coalition, cartel. -**3.** MIL cartel. -**4.** [pendule] (decorative) wall clock. -**5.** [plaque] name and title plaque *(on a painting, a statue)*.

carte-lettre [kartəlɛtr] (*pl* cartes-lettres) *nf* letter card.

cartellisation [kartelizasjɔ̃] *nf* [d'entreprises] cartelization.

carter [kartɛr] *nm* -**1.** ÉLECTR case, casing. -**2.** AUT: **~ d'engrenages** gearbox casing; **~ à l'huile** sump *Br*, oilpan *Am*; **~ du moteur** crankcase ‖ [de vélo] chain guard.

carte-réponse [kartrepɔ̃s] (*pl* cartes-réponse OU cartes-réponses) *nf* reply card.

cartésianisme [kartezjanism] *nm* Cartesianism.

cartésien, enne [kartezjɛ̃, ɛn] *adj* & *nm, f* Cartesian.

carte-vue [kartəvy] *nf Belg* (picture) postcard.

Carthage [kartaʒ] *npr* Carthage.

Carthagène [kartaʒɛn] *npr* Carthagena.

carthaginois, e [kartaʒinwa, az] *adj* Carthaginian.

◆ **Carthaginois, e** *nm, f* Carthaginian.

cartier [kartje] *nm* playing card manufacturer.

cartilage [kartilaʒ] *nm* -**1.** ANAT [substance] cartilage *(U)*. -**2.** [du poulet] piece of gristle.

cartilagineux, euse [kartilaʒinø, øz] *adj* -**1.** ANAT cartilaginous. -**2.** [poisson] gristly.

cartogramme [kartɔgram] *nm* cartogram.

cartographe [kartɔgraf] *nmf* cartographer.

cartographie [kartɔgrafi] *nf* cartography.

cartographique [kartɔgrafik] *adj* cartographic.

cartomancie [kartɔmɑ̃si] *nf* cartomancy, fortune-telling *(with cards)*.

cartomancien, enne [kartɔmɑ̃sjɛ̃, ɛn] *nm, f* fortune-teller *(with cards)*.

carton [kartɔ̃] *nm* -**1.** [matière] cardboard. -**2.** [boîte - grande] cardboard box; [- petite] carton. -**3.** [contenu - d'une grande boîte] cardboard boxful; [- d'une petite boîte] cartonful; **~ à chapeau** hatbox; **~ à chaussures** shoebox. -**4.** [rangement - pour dossiers] (box) file; [- pour dessins] portfolio; **le projet est resté dans les ~s** *fig* the project never saw the light of day, the project was shelved. -**5.** BX-ARTS sketch, cartoon; **~ de tapisserie** (tapestry) cartoon. -**6.** GÉOG insert map. -**7.** FTBL: **~ jaune** yellow card; **~ rouge** red card; **prendre** *fam* OU **ramasser** *fam* **un ~** to get thrashed. -**8.** *fam loc*: **taper le ~** to play cards; **faire un ~** [au ball-trap] to take a potshot; [réussir] to hit the jackpot; **faire un ~ sur qqn** to shoot sb down.

◆ **en carton** *loc adj* cardboard *(modif)*.

carton-feutre [kartɔ̃føtr] (*pl* cartons-feutres) *nm* roofing felt.

cartonnage [kartɔnaʒ] *nm* -**1.** [reliure] boarding. -**2.** [boîte] cardboard box. -**3.** [empaquetage] cardboard packing. -**4.** [fabrication] cardboard industry.

cartonner [3] [kartɔne] ◇ *vt* [livre] to bind in boards; **livre cartonné** hardback book.
◇ *vi fam* -**1.** [réussir] to hit the jackpot. -**2.** *loc*: **garé dans un couloir d'autobus, ça va ~!** he's parked in a bus lane, he's really going to catch it!; **ça cartonne sec!** its risky!

cartonnerie [kartɔnri] *nf* -**1.** [industrie] cardboard industry. -**2.** [commerce] cardboard trade. -**3.** [usine] cardboard factory.

cartonneux, euse [kartɔnø, øz] *adj* cardboard-like.

cartonnier, ère [kartɔnje, ɛr] *nm, f* -**1.** BX-ARTS tapestry designer, mosaic designer. -**2.** [fabricant] cardboard manufacturer.

◆ **cartonnier** *nm* filing cabinet *(for cardboard files)*.

carton-pâte [kartɔ̃pat] (*pl* cartons-pâtes) *nm* pasteboard.

◆ **de carton-pâte, en carton-pâte** *loc adj péj* [décor] cardboard *(modif)*; [personnage, intrigue] cardboard cut-out *(modif)*.

cartophile [kartɔfil] *nmf* picture postcard collector.

cartophilie [kartɔfili] *nf* picture postcard collecting.

cartothèque [kartɔtɛk] *nf* map library.

cartouche [kartuʃ] ◇ *nf* -**1.** ARM [projectile, charge] cartridge. -**2.** COMM [recharge] cartridge; [emballage groupant plusieurs paquets] carton. -**3.** PHOT cartridge, cassette, magazine. -**4.** ÉLECTR cartridge.
◇ *nm* -**1.** ANTIQ & BX-ARTS cartouche. -**2.** [sur un plan] box.

cartoucherie [kartuʃri] *nf* -**1.** [fabrique] cartridge factory. -**2.** [dépôt] cartridge depot.

cartouchière [kartuʃjɛr] *nf* -**1.** [de soldat] cartridge pouch. -**2.** [de chasseur] cartridge belt.

carvi [karvi] *nm* caraway.

cary [kari] = **cari**.

caryatide [karjatid] *nf* caryatid.

caryopse [karjɔps] *nm* caryopsis.

caryotype [karjɔtip] *nm* karyotype.

cas [ka] *nm* -**1.** [hypothèse]: **dans le premier ~** in the first instance; **dans le meilleur des ~** at best; **dans le pire des ~** at worst; **dans l'un des ~** in one case; **dans certains ~, en certains ~** in some OU certain cases; **en aucun ~** under no circumstances, on no account; **en pareil ~** in such a case; **auquel ~, en ce ~, dans ce ~** in which case, in that case, this being the case ❑ **~ de figure** case, instance; **envisageons ce ~ de figure** let us consider that possibility; **le ~ échéant** should this happen. -**2.** [situation particulière] case, situation; **c'est également mon ~** I'm in the same situation; **j'ai expliqué mon ~** I stated my case OU position; **certains animaux sont presque aveugles; c'est le ~ de la taupe** some animals, such as the mole, are almost blind; **ce n'est pas le ~** that's not the case; **~ particulier** special case; **c'est un ~ particulier, elle n'a pas de ressources** she's a special case, she has no income; **les ~ particuliers en grammaire russe** exceptions in Russian grammar; **se mettre dans un mauvais ~** to paint o.s. into a corner ❑ **~ de conscience** matter of conscience; **poser un ~ de conscience à qqn** to put sb in a (moral) dilemma; **~ d'espèce** individual OU particular case; **~ de force majeure** *pr* case of force majeure; *fig* case of absolute necessity; **~ limite** borderline case; **ce n'est pas un ~ pendable** it's no great crime; **c'est le ~ de le dire!** you've said it! -**3.** MÉD & SOCIOL case; **il y a eu trois ~ de varicelle** there have been three cases of chickenpox; **ce garçon est un ~!** *fam hum* that boy is something else OU a real case! -**4.** GRAMM case; **grammaire des** OU **de ~** case grammar; **langue à ~** inflected language. -**5.** *loc*: **faire grand ~ de** [argument, raison] to set great store by; [invité, ami] to make a great fuss OU much of; **on fit grand ~ du jeune romancier** much was made of the young novelist; **faire peu de ~ de** [argument, raison] to pay scant attention to; [invité, ami] to ignore.

◆ **au cas où** *loc conj* in case; **au ~ où il ne viendrait pas** in case he doesn't come ‖ *(comme adv)*: **prends un parapluie au ~ où** *fam* take an umbrella just in case.

◆ **dans le cas de** *loc prép sout*: **mettre qqn dans le ~ de faire** OU **d'avoir à faire qqch** to put sb in the position of having to do sthg.

◆ **dans tous les cas** = **en tout cas**.

◆ **en cas de** *loc prép* in case of; **en ~ de besoin** in case of need; **en ~ d'incendie** in the event of a fire; **en ~ d'urgence** in an emergency; **en ~ de perte de la carte** should the card be lost.

◆ **en tout cas** *loc adv* in any case OU event, anyway.

◆ **cas social** *nm* person needing social worker's assistance; **tous les ~ sociaux dans son école** all the underprivileged children at her school.

Casablanca [kazablɑ̃ka] *npr* Casablanca.

casanier, ère [kazanje, ɛr] ◇ *adj* stay-at-home.
◇ *nm, f* stay-at-home type, homebody.

casaque [kazak] *nf* [d'un jockey] silks; [de mousquetaire] paletot *(with wide sleeves)*; [blouse] paletot ❑ **tourner ~** [fuir] to turn and run; [changer d'opinion] to do a volte-face.

casbah [kazba] *nf* casbah, kasbah.

cascade [kaskad] *nf* -**1.** [chute d'eau] waterfall, cascade *litt*. -**2.** [abondance]: **une ~ de** [tissu] a cascade of; [compliments] a stream of; [sensations] a rush of, a gush of; **des ~s d'applaudissements** thundering applause. -**3.** [acrobatie] stunt; **faire de la ~** to do stunts.

◆ **en cascade** ◇ *loc adj* -**1.** [applaudissements] tumultuous; [rires] ringing. -**2.** ÉLECTR: **montage en ~** cascade OU tandem connection.
◇ *loc adv*: **ses cheveux tombaient en ~ sur ses épaules** her hair cascaded around her shoulders.

cascader [3] [kaskade] *vi litt* to cascade (down).

cascadeur, euse [kaskadœr, øz] *nm, f* stunt man (*f* woman).

case [kaz] *nf* -**1.** [d'un damier] square; [d'une grille de mots croisés] square; [d'un formulaire] box; **~ départ**: **retournez** OU **retour à la ~ départ** return to go; **retour à la ~ départ!** *fig* back to square one! -**2.** [d'un meuble, d'une boîte] compartment; **il a une ~ (de) vide** *fam* OU **en moins** *fam* he's not all there, he's got a screw loose.

-**3.** *Helv*: ~ **(postale)** postbox. -**4.** INF box. -**5.** RAD & TV slot. -**6.** [hutte] hut; 'la Case de l'oncle Tom' *Beecher-Stowe* 'Uncle Tom's Cabin'.

caséeux, euse [kazeø, øz] *adj* -**1.** *sout* [rappelant le fromage] caseous. -**2.** MÉD caseous.

caséification [kazeifikasjɔ̃] *nf* MÉD caseation.

caséine [kazein] *nf* casein.

casemate [kazmat] *nf* -**1.** [d'une fortification] casemate. -**2.** [ouvrage fortifié] blockhouse.

caser *fam* [3] [kaze] *vt* -**1.** [faire entrer] to fit in *(sép)*; **tu peux y ~ un canapé** you can fit a sofa in; **peux-tu ~ ça dans ta valise?** can you find room for this in your suitcase? -**2.** [dire - phrase, histoire] to get in *(sép)*. -**3.** [loger - invités] to put up *(sép)*; **les enfants sont casés chez la grand-mère** the children are staying at their grandma's. -**4.** [dans un emploi] to fix up *(sép)*; **elle est bien casée** she's fixed up nicely. -**5.** [marier] to marry off *(sép)*; **il est enfin casé** he's settled down at last.

◆ **se caser** *fam vpi* -**1.** [dans un emploi] to get fixed up with a job. -**2.** [se marier] to settle down. -**3.** [se loger] to find somewhere to live.

caserne [kazɛrn] *nf* -**1.** MIL barracks *(sg ou pl)*; ~ **de pompiers** fire station; **des plaisanteries de ~** barrack-room OU locker-room jokes. -**2.** *péj* [logements] soulless high-rise flats *Br* OU apartments *Am*.

casernement [kazɛrnəmɑ̃] *nm* -**1.** [action] quartering in barracks. -**2.** [locaux] barrack buildings.

caserner [3] [kazɛrne] *vt* to barrack.

cash [kaʃ] *adv* cash; **payer ~** to pay cash; **je te le vends, mais ~!** *fam* I'll sell it to you but it's cash on the nail!

cash and carry [kaʃɛndkari] *nm inv* cash-and-carry.

casher [kaʃɛr] = **kasher**.

cash-flow [kaʃflo] (*pl* **cash-flows**) *nm* cash flow.

cashmere [kaʃmir] *nm* cashmere.

casier [kazje] *nm* -**1.** [case - ouverte] pigeonhole; [- fermée] compartment; [- dans une consigne, un gymnase] locker; ~ **de consigne automatique** luggage locker. -**2.** [meuble - à cases ouvertes] pigeonholes; [- à tiroirs] filing cabinet; [- à cases fermées] compartment; [- à cases fermant à clef] locker. -**3.** [pour ranger - des livres] unit; [- des bouteilles] rack; [- dans un réfrigérateur] compartment. -**4.** [pour transporter] crate. -**5.** ADMIN & JUR record; ~ **fiscal** tax record; ~ **judiciaire** police OU criminal record; **un ~ judiciaire vierge** a clean (police) record; **maintenant, il a un ~ judiciaire** now he's got a criminal record. -**6.** PÊCHE pot.

casino [kazino] *nm* casino.

casoar [kazɔar] *nm* -**1.** ZOOL cassowary. -**2.** [plumet] plume *(on hats worn by Saint-Cyr cadets)*.

Caspienne [kaspjɛn] *npr f*: **la (mer) ~** the Caspian Sea.

casque [kask] *nm* -**1.** [pour protéger] helmet; **le port du ~ est obligatoire** crash helmets must be worn ❑ ~ **colonial** pith helmet; ~ **intégral** full face helmet; ~ **de moto** crash helmet; ~ **à pointe** spiked helmet; **les ~s bleus** the UN peace-keeping force. -**2.** [pour sécher] hairdrier. -**3.** AUDIO: ~ **(à écouteurs)** headphones, headset, earphones. -**4.** [cheveux] *litt*: **un ~ roux** a crown of red hair. -**5.** BOT helmet, galea. -**6.** ZOOL casque.

casqué, e [kaske] *adj* helmeted.

casquer▽ [3] [kaske] *vi* to cough up, to come up with the cash.

casquette [kaskɛt] *nf* cap; ~ **d'officier** officer's peaked cap.

cassable [kasabl] *adj* breakable.

cassage [kasaʒ] *nm* [d'assiettes] breaking; [de cailloux] crushing; [d'un syndicat] crushing; ~ **de gueule**▽ punch-up *Br*, fist-fight.

Cassandre [kasɑ̃dr] *npr* Cassandra; **jouer les ~** to be a prophet of doom OU a real Jeremiah.

cassant, e [kasɑ̃, ɑ̃t] *adj* -**1.** [cheveux, ongle] brittle; [métal] short. -**2.** [réponse] curt; **être ~ avec qqn** to be short OU curt with sb. -**3.** *fam* [fatigant]: **c'est pas vraiment ~** it's not exactly tiring OU overtaxing.

cassate [kasat] *nf* cassata.

cassation [kasasjɔ̃] *nf* -**1.** JUR cassation. -**2.** MIL reduction to the ranks.

casse [kas] ◇ *nm fam* [d'une banque] bank robbery; [d'une maison] break-in; **faire un ~ dans une maison** to do a house job.

◇ *nf* -**1.** IMPR case; **lettre bas/haut de ~** lower-case/upper-case letter. -**2.** [bris, dommage] breakage; **'on paye la ~'** 'breakages must be paid for'. -**3.** *fam* [bagarre]: **de la ~** a punch-up *Br* OU fist-fight; **il va y avoir de la ~** there's going to be a bit of punch up *Br* OU a free-for-all *Am*. -**4.** [de voitures] scrapyard; **mettre** OU **envoyer à la ~** to scrap; **vendre une voiture à la ~** to sell a car for scrap; **une idéologie bonne pour la ~** *fig* an ideology fit for the scrapheap. -**5.** BOT cassia.

cassé, e [kase] *adj* → **blanc, col**.

◆ **cassé** *nm* CULIN: **gros ~** large crack; **petit ~** small crack.

casse-cou [kasku] ◇ *adj inv* [personne] daredevil; [projet] risky.

◇ *nmf inv* daredevil.

casse-croûte *fam* [kaskrut] *nm inv* [repas léger] snack; [sandwich] sandwich.

casse-cul▽ [kasky] ◇ *adj inv* boring as hell; **ses cours sont ~** his lectures are a complete pain in the arse *Br* OU ass *Am*.

◇ *nmf inv* pain in the arse *Br* OU ass *Am*.

casse-graine *fam* [kasgrɛn] *nm inv* [repas léger] snack.

casse-gueule *fam* [kasgœl] ◇ *adj inv* [chemin] treacherous; [projet] risky; **dis donc, il est ~ ton escalier!** hey this staircase of yours is dangerous!; **c'est ~, ton projet!** this plan of yours is going to be a complete disaster!

◇ *nmf inv* daredevil.

◇ *nm inv* dangerous OU nasty spot.

casse-noisettes [kasnwazɛt] *nm inv* -**1.** [instrument] nutcracker. -**2.** DANSE: 'Casse-Noisette' *Tchaïkovski* 'Nutcracker Suite'.

casse-noix [kasnwa] *nm inv* -**1.** [instrument] nutcracker. -**2.** ZOOL nutcracker.

casse-pattes▽ [kaspat] *nm inv* [alcool] rotgut.

casse-pieds *fam* [kaspje] *adj inv* [ennuyeux] boring; [agaçant] annoying; **c'est ~ à faire** it's a nuisance OU drag OU bind; **un peu ~ à préparer** a bit of a hassle to prepare.

casse-pierre(s) [kaspjɛr] *nm inv* stone crusher.

casse-pipe(s) [kaspip] *nm inv* MIL & *fig*: **aller au ~** *fam* to go to war.

casser [3] [kase] ◇ *vt* -**1.** [mettre en pièces - table] to break (up); [- porte] to break down *(sép)*; [- poignée] to break off *(sép)*; [- noix] to crack (open); ~ **qqch en mille morceaux** to smash sthg to bits OU smithereens; ~ **qqch en deux** to break OU to snap sthg in two; **avoir envie de tout ~** to feel like smashing everything up ❑ ~ **sa tirelire** to break into one's piggybank; ~ **du bois** *pr* to chop wood; *fig fam* to crash-land; ~ **du sucre sur le dos de qqn** *fam* to knock sb when his/her back's turned; **un journal où on casse du coco**▽ a commie-bashing paper; ~ **la banque** JEUX & *fig* to break the bank; ~ **la baraque** *fam* THÉÂT to bring the house down; [faire échouer un plan] to ruin it all; **ne casse pas ma baraque en lui disant** *fam* don't ruin it all for me by telling him; ~ **la croûte** *fam* OU **graine** *fam* to have a bite to eat; ~ **le morceau** *fam* to spill the beans; ~ **sa pipe** *fam* to kick the bucket; **ça ne casse pas des briques** *fam* OU **les vitres** *fam* it's no great shakes OU no big deal; **il/ça ne casse pas trois pattes à un canard** *fam* he/it wouldn't set the world on fire. -**2.** [interrompre - fonctionnement, déroulement] to break; **le mécanisme est cassé** the mechanism is broken; **un homme que la douleur a cassé** *fig* a man broken by suffering; ~ **le rythme** to break the rhythm; ~ **l'ambiance** to spoil the atmosphere; ~ **une grève** to break a strike. -**3.** [démolir] to demolish; **on a dû ~ le mur** we had to knock down OU to demolish the wall; ~ **la salle de bains pour agrandir la chambre** to take the bathroom out to make the bedroom bigger. -**4.** [en parlant de parties du corps] to break; **avoue ou je te casse le bras!** own up or I'll break your arm! ❑ ~ **la figure** *fam* OU **gueule**▽ **à qqn** to smash sb's face in; ~ **les oreilles à qqn** *fam* [avec de la musique] to deafen sb; [en le harcelant] to give sb a lot of hassle; ~ **les reins à qqn** to put a stop to sb's career; ~ **les pieds à qqn** *fam* to get on sb's nerves OU wick *Br*; ~ **les noix à qqn**▼ to get on sb's tits; **tu nous les casses**▼ you're a fucking pain (in the neck). -**5.** [abîmer - voix] to damage, to ruin; **le rhum lui a cassé la voix** rum ruined her voice. -**6.** [annihiler - espoir] to dash, to destroy; [- moral] to crush; **la religion, la famille, ils veulent tout ~** religion, family values, they want to smash everything. -**7.** JUR [jugement] to quash; [arrêt] to nullify, to annul. -**8.** [rétrograder - officier] to break, to reduce to the ranks; [- fonctionnaire] to demote. -**9.** COMM: ~ **les prix** to slash prices; ~ **le métier** to operate at unfairly competitive rates. -**10.** ▽ [cambrioler] to do a job on. -**11.** *fam* [voiture] to take to bits *(for spare parts)*, to cannibalize.

◇ *vi* [verre, chaise] to break; [fil] to snap; [poignée] to break off; **la tige a cassé** [en deux] the stem snapped; [s'est détachée] the stem snapped off ❑ **tout passe, tout lasse, tout casse** *prov* nothing lasts.

◆ **se casser** ◇ *vpi* -**1.** [être mis en pièces - assiette] to break; [- poignée] to break off; **se ~ net** [en deux] to snap into two; [se détacher] to break clean off. -**2.** ▽ [partir] to push OU to buzz off; **casse-toi!** get lost!, push off!; **le voilà, casse-toi!** he's coming, scram! -**3.** [cesser de fonctionner - appareil, véhicule] to break down. -**4.** [être altéré - voix] to crack, to falter. -**5.** [être discontinu] to break (off); **votre pli de pantalon doit se ~ sur la chaussure** the crease of your trouser leg *Br* OU pant leg *Am* must break over the shoe.

◇ *vpt* to break; **se ~ le cou** *pr* to break one's neck; *fig* to come a cropper *Br*, to take a tumble; **se ~ le cul**▼ OU **les reins** *fam* [au travail] to bust a gut, to kill o.s.; **se ~ la figure** *fam* OU **gueule**▽ [personne] to come a cropper *Br*, to take a tumble; [livre, carafe] to crash to the ground; [projet] to come a cropper *Br*, to take a dive; **le projet s'est cassé la figure** the project bit the dust; **se ~ la tête** *fam* OU **nénette** *fam* to rack one's brains; **ne te casse pas la tête, fais une omelette** don't put yourself out, just make an omelette; **se ~ le nez** *fam* [ne trouver personne] to find no-one in; [échouer] to come a cropper *Br*, to bomb *Am*; **ça vaut mieux que de se ~ une jambe** *fam* it's better than a poke in the eye with a sharp stick.

◆ **à tout casser** *fam* ◇ *loc adj* [endiablé - fête] fantastic; [- succès] runaway; **une soirée à tout ~** one hell of a party.

◇ *loc adv* [tout au plus] at the (very) most.

casserole [kasrɔl] *nf* -**1.** [ustensile, contenu] saucepan. -**2.** *fam* [instrument de musique] flat OU off-key instrument; [voix] flat OU off-key voice; **chanter comme une ~** to sing off key. -**3.** CIN spot (light).

◆ **à la casserole** ◇ *loc adj* braised.

◇ *loc adv*: **faire** OU **cuire à la ~** to braise ❑ **passer à la ~** *fam* [être tué] to get bumped off; [subir une épreuve] to go through it; **elle est passée à la ~**▼ [sexuellement] she got laid.

casse-tête [kastɛt] *nm inv* -**1.** JEUX puzzle, brainteaser; **c'est un vrai ~ chinois** *fig* it's totally baffling. -**2.** [préoccupation] headache. -**3.** ARM club.

casse-tout *fam* [kastu] ◇ *adj inv* butterfingered.

◇ *nmf inv* butterfingers.

cassette [kasɛt] *nf* -**1.** AUDIO & INF cassette. -**2.** [coffret] casket. -**3.** [trésor royal] privy purse.

cassettothèque [kasɛtɔtɛk] *nf* cassette library.

casseur, euse [kasœr, øz] *nm, f* -**1.** [dans une manifestation] rioting demonstrator. -**2.** *fam* [cambrioleur] burglar. -**3.** COMM scrap dealer, scrap merchant *Br*.

cassis [kasis] *nm* -**1.** [baie] blackcurrant. -**2.** [plante] blackcurrant bush. -**3.** [liqueur] blackcurrant liqueur, cassis. -**4.** ▽ [tête] nut. -**5.** [dos d'âne] gully *(across a road)*.
Cassius [kasjys] *npr* Cassius.
cassolette [kasɔlɛt] *nf* -**1.** CULIN small baking dish. -**2.** [brûle-parfum] incense-burner.
cassonade [kasɔnad] *nf* light brown sugar.
cassoulet [kasulɛ] *nm* cassoulet, haricot bean stew *(with pork, goose or duck)*.
cassure [kasyr] *nf* -**1.** [fissure] crack. -**2.** [rupture dans la vie, le rythme] break. -**3.** VÊT fold; **la ~ de son pantalon** the crease in her trousers. -**4.** GÉOL break; [faille] fault.
castagnettes [kastaɲɛt] *nfpl* castanets; **ses dents jouaient des ~** his teeth were chattering; **ses genoux jouaient des ~** his knees were knocking.
caste [kast] *nf* ENTOM & SOCIOL caste.
castel [kastɛl] *nm litt* small castle.
castillan, e [kastijɑ̃, an] *adj* Castilian.
◆ **Castillan, e** *nm, f* Castilian.
◆ **castillan** *nm* LING Castilian.
Castille [kastij] *npr f*: **(la) ~** Castile; **~-La Manche** La Mancha; **~-León** Leon.
casting [kastiŋ] *nm* casting CIN & THEAT.
castor [kastɔr] *nm* -**1.** ZOOL beaver. -**2.** [fourrure] beaver.
Castor [kastɔr] *npr*: **~ et Pollux** Castor and Pollux.
castrat [kastra] *nm* -**1.** MUS castrato. -**2.** [homme castré] castrated man, eunuch.
castrateur, trice [kastratœr, tris] *adj* castrating.
castration [kastrasjɔ̃] *nf* -**1.** [d'un homme, d'une femme] castration. -**2.** [d'un animal - mâle] castration, gelding; [- femelle] castration, spaying. -**3.** BOT castration.
castrer [3] [kastre] *vt* -**1.** [homme, femme] to castrate; [cheval] to castrate, to geld; [chat] to castrate, to neuter, to spay. -**2.** BOT to castrate.
castrisme [kastrism] *nm* Castroism.
castriste [kastrist] ◇ *adj* Castroist.
◇ *nmf* Castroist, Castro supporter.
casuel, elle [kazɥɛl] *adj* -**1.** [éventuel] fortuitous. -**2.** LING case *(modif)*. -**3.** *Belg* [fragile] fragile.
casuiste [kazɥist] *nm* casuist.
casuistique [kazɥistik] *nf* casuistry.
casus belli [kazysbeli] *nm inv* casus belli.
catabolisme [katabɔlism] *nm* catabolism.
cataclysmal, e, aux [kataklismal, o] *adj* -**1.** GÉOG cataclysmal, cataclysmic. -**2.** [bouleversant] catastrophic, disastrous, cataclysmic.
cataclysme [kataklism] *nm* -**1.** GÉOG natural disaster, cataclysm. -**2.** [bouleversement] cataclysm, catastrophe, disaster.
cataclysmique [kataklismik] = **cataclysmal**.
catacombes [katakɔ̃b] *nfpl* catacombs.
catadioptre [katadjɔptr] *nm* -**1.** AUT reflector. -**2.** [sur une route] cat's eye.
catadioptrique [katadjɔptrik] *adj* catadioptric.
catafalque [katafalk] *nm* catafalque.
cataire [katɛr] *nf* catmint.
catalan, e [katalɑ̃, an] *adj* Catalan.
◆ **Catalan, e** *nm, f* Catalan.
◆ **catalan** *nm* LING Catalan.
catalepsie [katalɛpsi] *nf* catalepsy.
cataleptique [katalɛptik] *adj* & *nmf* cataleptic.
catalogage [katalɔgaʒ] *nm* cataloguing.
catalogne [katalɔɲ] *nf Can material woven from strips of coloured fabric*.
Catalogne [katalɔɲ] *npr f*: **(la) ~** Catalonia.
catalogue [katalɔg] *nm* -**1.** [liste - de bibliothèque, d'exposition] catalogue; **faire le ~ des toiles exposées** to catalogue OU to itemize the exhibits; **~ raisonné** BX-ARTS catalogue raisonné. -**2.** COMM [illustré] catalogue; [non illustré] price-list. -**3.** *péj* [énumération] (long) list.
cataloguer [3] [katalɔge] *vt* -**1.** [livre] to list, to catalogue; [bibliothèque] to catalogue; [œuvre, marchandise] to put into a catalogue. -**2.** *fam* [juger] to label, to categorize; **j'ai horreur d'être catalogué** I hate people putting labels on me.
catalpa [katalpa] *nm* catalpa.
catalyse [kataliz] *nf* catalysis.
catalyser [3] [katalize] *vt* -**1.** [provoquer - forces, critiques] to act as a catalyst for. -**2.** CHIM to catalyse.
catalyseur [katalizœr] *nm* -**1.** [personne, journal] catalyst; **il a été le ~ de...** he acted as a catalyst for... -**2.** CHIM catalyst.
catalytique [katalitik] *adj* catalytic.
catamaran [katamarɑ̃] *nm* -**1.** [voilier] catamaran. -**2.** [flotteurs] floats.
Catane [katan] *npr* Catania.
Cataphote® [katafɔt] *nm* reflector.
cataplasme [kataplasm] *nm* -**1.** MÉD poultice, cataplasm. -**2.** *fam* [aliment]: **j'ai encore ce ~ sur l'estomac** I can still feel that lead weight in my stomach.
cataplexie [katapleksi] *nf* MÉD & ZOOL cataplexy.
catapultage [katapyltaʒ] *nm* -**1.** AÉRON & ARM catapulting. -**2.** [d'un employé] rapid promotion.
catapulte [katapylt] *nf* AÉRON, ARM & JEUX catapult.
catapulter [3] [katapylte] *vt* -**1.** ARM & AÉRON to catapult. -**2.** [employé] to kick upstairs; **il a été catapulté directeur** he was pitchforked into the manager's job.
cataracte [katarakt] *nf* -**1.** MÉD cataract; **se faire opérer de la ~** to have a cataract operation. -**2.** [chute d'eau] waterfall, cataract.
catarrhal, e, aux [kataral, o] *adj* catarrhal.
catarrhe [katar] *nm* catarrh.
catarrheux, euse [katarø, øz] ◇ *adj* catarrhous.
◇ *nm, f* catarrh sufferer.
catastrophe [katastrɔf] *nf* -**1.** [désastre - en avion, en voiture] disaster; [- dans une vie, un gouvernement] catastrophe, disaster; **éviter la ~** to avoid a catastrophe; **frôler la ~** to come close to disaster; **une ~, la soirée chez Claude!** Claude's party was a total disaster!; **une ~, ce type!** *fam* that guy's a walking disaster!; **~, il nous manque deux chaises!** oh horrors, we're a couple of chairs short! -**2.** LITTÉRAT catastrophe, denouement.
◆ **en catastrophe** *loc adv*: **partir en ~** to rush off; **s'arrêter en ~** to make an emergency stop; **atterrir en ~** to make a forced OU an emergency landing.
catastropher [3] [katastrɔfe] *vt* to shatter, to stun; **air catastrophé** stunned look.
catastrophique [katastrɔfik] *adj* catastrophic, disastrous.
catastrophisme [katastrɔfism] *nm* catastrophism; **ne fais pas de ~!** don't be so pessimistic!
catch [katʃ] *nm* (all-in) wrestling; **faire du ~** to wrestle.
catcher [3] [katʃe] *vi* to wrestle.
catcheur, euse [katʃœr, øz] *nm, f* (all-in) wrestler.
catéchèse [kateʃɛz] *nf* catechesis.
catéchisation [kateʃizasjɔ̃] *nf* -**1.** RELIG catechization, catechizing. -**2.** *péj* indoctrination.
catéchiser [3] [kateʃize] *vt* -**1.** RELIG to catechize. -**2.** *péj* to indoctrinate.
catéchisme [kateʃism] *nm* -**1.** RELIG [enseignement, livre] catechism; **aller au ~** to go to catechism, ≃ to go to Sunday school. -**2.** *fig* doctrine, creed; **cela fait partie de leur ~** it's Gospel truth to them.
catéchiste [kateʃist] *nmf* [gén] catechist; [pour enfants] Sunday-school teacher.
catéchumène [katekymɛn] *nmf* -**1.** RELIG catechumen. -**2.** [que l'on initie] novice.
catégorie [kategɔri] *nf* -**1.** [pour classifier - des objets, des concepts] category, class, type; [- des employés] grade; **~ d'âge** age group; **~ sociale** social class; **~ socio-économique** socioeconomic class; **~ socioprofessionnelle** socioprofessional group. -**2.** [qualité - dans les transports, les hôtels] class; [- en boucherie]: **morceau de première/deuxième/troisième ~** prime/second/cheap cut. -**3.** SPORT class; **premier dans sa ~** first in his class; **toutes ~s** for all comers. -**4.** PHILOS category.
catégoriel, elle [kategɔrjɛl] *adj* -**1.** [d'une catégorie] category *(modif)*; **classement ~** classification by category. -**2.** SOCIOL: **revendications ~les** sectional claims *(claims relating to one category of workers only)*. -**3.** LING & PHILOS category *(modif)*.
catégorique [kategɔrik] *adj* -**1.** [non ambigu - refus] flat, categorical, point-blank. -**2.** [décidé] categorical; **il a été ~** he was adamant; **là-dessus, je serai ~** I'm not prepared to budge on that. -**3.** MATH & PHILOS categorical; **impératif ~** categorical imperative.
catégoriquement [kategɔrikmɑ̃] *adv* [nettement - affirmer] categorically; [- refuser] categorically, flatly, point-blank.
catégoriser [3] [kategɔrize] *vt* [ranger] to categorize.
catelle [katɛl] *nf Helv* ceramic tile.
caténaire [katenɛr] ◇ *adj* catenary *(modif)*.
◇ *nf* catenary.
catgut [katgyt] *nm* catgut MED.
cathare [katar] *adj* Cathar.
◆ **Cathare** *nmf* Cathar.
catharisme [katarism] *nm* Catharism.
catharsis [katarsis] *nf* PSYCH & THÉÂT catharsis.
cathartique [katartik] *adj* MÉD, PHYS & THÉÂT cathartic.
cathédral, e, aux [katedral, o] *adj* RELIG cathedral *(modif)*.
◆ **cathédrale** *nf* [édifice] cathedral; *(comme adj)*: **verre ~e** cathedral glass.
Catherine [katrin] *npr*: **sainte ~** Saint Catherine; **la Sainte-~** Saint Catherine's Day; **coiffer sainte ~** *to be still unmarried by the age of 25*; **~ d'Aragon** Catherine of Aragon; **~ de Medicis** Catherine de Medici; **~ de Russie** Catherine the Great.
catherinette [katrinɛt] *nf woman who is still single and aged 25 on St Catherine's Day*.
cathéter [katetɛr] *nm* catheter.
cathode [katɔd] *nf* cathode.
cathodique [katɔdik] *adj* cathodic.
catholicisme [katɔlisism] *nm* (Roman) Catholicism.
catholicité [katɔlisite] *nf* RELIG [caractère] catholicity; [groupe]: **la ~** [église] the (Roman) Catholic Church; [fidèles] the (Roman) Catholic community.
catholique [katɔlik] ◇ *adj* -**1.** RELIG (Roman) Catholic; **une institution ~** a Catholic OU an RC school. -**2.** *fam loc*: **pas très ~ comme façon de faire** [peu conventionnel] not a very orthodox way of doing things; [malhonnête] not a very kosher way of doing things; **un individu pas très ~** a rather shady individual.
◇ *nmf* (Roman) Catholic.
catholiquement [katɔlikmɑ̃] *adv* catholically, according to the ways of the (Roman) Catholic church.
catimini [katimini]
◆ **en catimini** *loc adv* on the sly OU quiet; **arriver/partir en ~** to sneak in/out.
catin [katɛ̃] *nf litt* trollop *vieilli*.
cation [katjɔ̃] *nm* cation.
cationique [katjɔnik] *adj* cationic.
catogan [katɔgɑ̃] *nm large bow holding the hair at the back of neck*.
Caton [katɔ̃] *npr* Cato.
cattleya [katleja] *nm* cattleya.
Catulle [katyl] *npr* Catullus.
Caucase [kokaz] *npr m* -**1.** [montagnes]: **le ~** the Caucasus. -**2.** [région]: **le ~** Caucasia.
caucasien, enne [kokazjɛ̃, ɛn] *adj* Caucasian; **les langues ~nes** the Caucasian languages.
◆ **Caucasien, enne** *nm, f* Caucasian.
caucasique [kokazik] *adj* Caucasian; **les langues ~s** the Caucasian languages.

cauchemar [koʃmar] *nm* -**1.** [mauvais rêve] nightmare; faire un ~ to have a nightmare. -**2.** [situation] nightmare; c'était un ~ pour moi d'apprendre les verbes irréguliers learning irregular verbs was a real nightmare for me. -**3.** [personne assommante] nuisance.

cauchemarder [3] [koʃmarde] *vi* [en dormant] to have nightmares.

cauchemardesque [koʃmardɛsk], **cauchemardeux, euse** [koʃmardø, øz] *adj* -**1.** [sommeil] nightmarish. -**2.** *fig* [horrifiant] nightmarish, hellish.

cauchois, e [koʃwa, az] *adj* from the Caux region.

◆ **Cauchois, e** *nm, f inhabitant of or person from the Caux region.*

caudal, e, aux [kodal, o] *adj* tail *(modif)*, caudal *spéc.*

caudillo [kaɔdijo] *nm* caudillo; le Caudillo General Franco.

causal, e, als OU **aux** [kozal, o] *adj* [rapport] LING & PHILOS causal.

causalisme [kozalism] *nm* doctrine of causality.

causalité [kozalite] *nf* causality.

causant, e *fam* [kozã, ãt] *adj* chatty; il n'est pas très ~ he's not exactly forthcoming.

causatif, ive [kozatif, iv] *adj* causative.

cause [koz] *nf* -**1.** [origine, motif] cause, reason, origin; remonter jusqu'aux ~s to go back to the origins; ~ de: la ~ profonde de sa tristesse the underlying reason for his sadness; être (la) ~ de qqch to cause sthg; être ~ que *litt*: le mauvais temps est ~ que je n'ai pu aller vous rendre visite I wasn't able to come and see you on account of the bad weather ❑ relation de ~ à effet causal relationship; à petite ~ grands effets *prov* great oaks from little acorns grow *prov*; et pour ~! and for a very good reason!; il n'est pas venu, et pour ~! he didn't come, for obvious reasons!; elle est malheureuse, et pour ~! she's unhappy, and with good reason OU as well she might be! -**2.** PHILOS cause; la ~ première/seconde/finale the prime/secondary/final cause. -**3.** JUR [affaire] case, brief; ~ célèbre *pr* & *fig* cause célèbre; ~ civile civil action; ~ criminelle criminal proceedings; un avocat sans ~s a briefless barrister; la ~ est entendue *pr* each side has put its case; *fig* there's no doubt about it ‖ [motif]: ~ licite/illicite just/unjust cause. -**4.** [parti que l'on prend] cause; la ~ des mineurs the miners' cause; faire ~ commune avec qqn to join forces with sb; une ~ perdue a lost cause; une bonne ~ a good cause; pour la bonne ~ [pour un bon motif] for a good cause; *hum* [en vue du mariage] *fam* with honourable intentions.

◆ **à cause de** *loc prép* -**1.** [par la faute de] because OU on account of, due OU owing to; j'ai perdu mon temps à ~ de toi I wasted my time because of you. -**2.** [en considération de] because OU on account of, due OU owing to; acceptée à ~ de ses diplômes taken on on account of her qualifications. -**3.** [par égard pour] for the sake OU because of; ils sont venus à cause de votre amitié they came because of your friendship.

◆ **en cause** ◇ *loc adj* -**1.** [concerné] in question; la voiture en ~ était à l'arrêt the car involved OU in question was stationary; la somme/l'enjeu en ~ the amount/the thing at stake. -**2.** [que l'on suspecte]: les financiers en ~ the financiers involved; certains ministres sont en ~ some ministers are implicated. -**3.** [contesté]: être en ~ [talent] to be in question ‖ JUR: affaire en ~ case before the court.

◇ *loc adv* -**1.** [en accusation]: mettre qqn en ~ to implicate sb; mettre qqch en ~ to call sthg into question. -**2.** [en doute]: remettre en ~ [principe] to question, to challenge; son départ remet tout en ~ her departure reopens the whole question OU debate.

◆ **en tout état de cause** *loc adv* in any case, at all events, whatever happens; en tout état de ~, nous ne pouvons partir que mardi whatever happens, we can only leave on Tuesday.

◆ **pour cause de** *loc prép* owing to, because of; 'fermé pour ~ de décès' 'closed owing to bereavement'; démissionner pour ~ de maladie to resign owing to ill-health OU on grounds of health.

causer [3] [koze] ◇ *vt* [provoquer - peine, problème] to cause; ~ des ennuis à qqn to make trouble for sb; cela m'a causé de graves ennuis it got me into a lot of trouble.

◇ *vi fam* -**1.** [bavarder]: ~ (à qqn) to chat (to sb); cause toujours (, tu m'intéresses)! yeah, yeah (I'll do what I like anyway)!; je l'avais prévenu, mais cause toujours! I'd warned him but I might as well have been talking to the wall! -**2.** [médire] to gossip, to prattle; ça a fait ~ dans le quartier it set tongues wagging in the district. -**3.** *(suivi d'un n sans art)* [parler]: ~ politique to talk about politics, to talk politics.

causerie [kozri] *nf* informal talk *(in front of an audience)*.

causette *fam* [kozɛt] *nf*: faire la ~ à qqn to chat with sb; faire un brin de ~ to have a little chinwag *Br*, to chew the fat *Am*.

causeur, euse [kozœr, øz] ◇ *adj* chatty, talkative.

◇ *nm, f* talker, conversationalist.

◆ **causeuse** *nf* love seat.

causse [kos] *nm* limestone plateau.

causticité [kostisite] *nf* CHIM & *fig* causticity.

caustique [kostik] ◇ *adj* -**1.** CHIM caustic. -**2.** [mordant] caustic, biting, sarcastic.

◇ *nm* CHIM caustic.

◇ *nf* OPT caustic (curve).

cautèle [kotɛl] *nf litt* wiliness, cunning.

cauteleux, euse [kotlø, øz] *adj litt* wily, cunning.

cautère [kotɛr] *nm* cautery; c'est un ~ sur une jambe de bois it's as much use as a poultice on a wooden leg.

cautérisation [koterizasjɔ̃] *nf* cauterization, cauterizing.

cautériser [3] [koterize] *vt* to cauterize.

caution [kosjɔ̃] *nf* -**1.** [somme] bail; payer la ~ de qqn to post bail for sb, to bail sb out ❑ ~ personnelle personal security. -**2.** [garant]: se porter ~ pour qqn to stand security OU surety OU guarantee for sb. -**3.** [garantie morale] guarantee; [soutien] support, backing; avec la ~ du ministre with the support OU the backing of the minister; donner OU apporter sa ~ à to support, to back ❑ ~ juratoire guarantee given on oath. -**4.** COMM security, guarantee; verser une ~ de 500 francs to pay 500 francs as security, to put down a 500 francs deposit (as security).

◆ **sous caution** ◇ *loc adj*: liberté sous ~ release on bail.

◇ *loc adv* [libérer] on bail.

CAUTION:
When renting accommodation in France, the future tenant is usually required to pay a "caution" or deposit (normally twice the monthly rent), repayable if the property is maintained in good condition. A "caution solidaire" is a statement signed by a third party guaranteeing payment of rent in the event of non-payment by the tenant. The term "caution parentale" is used when the guarantor is the tenant's mother or father.

---

cautionnement [kosjɔnmã] *nm* -**1.** [contrat] surety OU security bond. -**2.** [dépôt] COMM security, guarantee; JUR bail; ~ réel collateral security. -**3.** [soutien] support, backing.

cautionner [3] [kosjɔne] *vt* -**1.** JUR: ~ qqn [se porter caution] to post bail for sb; [se porter garant] to stand surety OU guarantee for sb. -**2.** [soutenir] to support, to back.

Caux [ko] *npr*: le pays de ~ the Caux region; dans le pays de ~ in the Caux region.

cavaillon [kavajɔ̃] *nm* Cavaillon melon.

cavalcade [kavalkad] *nf* -**1.** [défilé] cavalcade. -**2.** [course] stampede; pas de ~ dans l'escalier, s'il vous plaît! please, no stampeding down the stairs!; c'est tout le temps la ~ it's a hell of a rush all the time.

cavalcader [3] [kavalkade] *vi* to scamper around.

cavale [kaval] *nf* -**1.** *litt* [jument] mare ZOOL. -**2.** *arg crime* jailbreak; être en ~ to be on the run.

cavaler *fam* [3] [kavale] ◇ *vi* -**1.** [courir] to run OU to rush (around); j'ai cavalé toute la journée pour trouver un cadeau I ran around all day long looking for a present; je cavale tout le temps I'm on the go the whole time. -**2.** [se hâter] to scoot; il va falloir ~ si tu veux avoir ton train you'll have to get a move on if you want to catch your train. -**3.** [suj: homme] to chase women; [suj: femme] to chase men; il ne pense qu'à ~ après les femmes chasing women is all he (ever) thinks about.

◇ *vt* ▽ [agacer]: il commence à me ~ he's getting right up my nose *Br*, he's starting to tick me off *Am*.

◆ **se cavaler** *fam vpi* to clear off.

cavalerie [kavalri] *nf* -**1.** MIL cavalry; ~ légère light (cavalry OU horse) brigade; ~ lourde, grosse ~ armoured cavalry; la grosse ~ *fig* the run-of-the-mill stuff. -**2.** COMM: effets OU papiers de ~ accommodation bills OU notes.

cavaleur, euse *fam* [kavalœr, øz] *adj* [homme] philandering; [femme] man-eating; il est ~ he's a womanizer; elle est cavaleuse she'll go for anything in trousers.

◆ **cavaleur** *fam nm* philanderer, womanizer.

◆ **cavaleuse** *fam nf* man-eater.

cavalier, ère [kavalje, ɛr] ◇ *adj* -**1.** ÉQUIT: allée OU piste cavalière bridle path, bridleway. -**2.** *péj* [désinvolte - attitude] offhand, cavalier; [- réponse] curt, offhand; agir de façon cavalière to act in an offhand manner.

◇ *nm, f* -**1.** ÉQUIT rider. -**2.** [danseur] partner.

◆ **cavalier** *nm* -**1.** HIST Cavalier. -**2.** MIL cavalryman, mounted soldier. -**3.** BIBLE: les (quatre) Cavaliers de l'Apocalypse the (Four) Horsemen of the Apocalypse. -**4.** [pour aller au bal] escort; faire ~ seul [dans une entreprise] to go it alone; POL to be a maverick. -**5.** JEUX [aux échecs] knight. -**6.** [sur un dossier] tab. -**7.** [clou] staple. -**8.** [surcharge] rider.

cavalièrement [kavaljɛrmã] *adv* casually, in a cavalier OU an offhand manner.

cave[1] [kav] ◇ *adj* -**1.** *litt* [creux] hollow, sunken. -**2.** ANAT: veine ~ vena cava.

◇ *nm arg crime* -**1.** [étranger au milieu] outsider. -**2.** [dupe] gullible individual, soft touch.

cave[2] [kav] *nf* -**1.** [pièce] cellar; de la ~ au grenier *fig* [ranger, nettoyer] from top to bottom. -**2.** [vins] (wine) cellar; avoir une bonne ~ to keep a good cellar. -**3.** [cabaret] cellar *Br* OU basement *Am* nightclub. -**4.** [coffret]: ~ à cigares cigar box; ~ à liqueurs cellaret. -**5.** JEUX [gén] stake; [au poker] ante.

caveau, x [kavo] *nm* -**1.** [sépulture] vault, tomb, burial chamber. -**2.** [cabaret] club *(in a cellar)*.

caver [3] [kave] *vt litt* [creuser] to hollow OU to dig (out).

caverne [kavɛrn] *nf* -**1.** [grotte] cave, cavern; une ~ de brigands *fam* a den of thieves. -**2.** MÉD cavity.

caverneux, euse [kavɛrnø, øz] *adj* -**1.** [voix] sepulchral. -**2.** ANAT [poumon] cavernulous; [souffle, râle] cavernous.

cavernicole [kavɛrnikɔl] ◇ *adj* cavernicolous *spéc*, cave-dwelling.

◇ *nm* cave-dwelling OU *spéc* cavernicolous animal.

caviar [kavjar] *nm* -**1.** CULIN caviar, caviare; ~ rouge salmon roe; ~ d'aubergines aubergine *Br* OU eggplant *Am* purée. -**2.** IMPR blue pencil; passer au ~ to blue-pencil, to censor.

caviardage [kavjardaʒ] *nm* blue-pencilling, censoring; après un bon ~ after a thorough going over with the blue pencil.

caviarder [3] [kavjarde] *vt* to blue-pencil, to censor.

cavicorne [kavikɔrn] *nm* cavicorn animal.

caviste [kavist] *nm* cellarman.

cavitation [kavitasjɔ̃] *nf* MÉCAN & MÉTALL cavitation.

cavité [kavite] *nf* -**1.** [trou] cavity; une ~ entre deux roches a cavity OU gap between two rocks. -**2.** ANAT cavity; ~ articulaire socket; ~ cotyloïde acetabulum; ~ dentaire pulp cavity. -**3.** ÉLECTRON: ~ résonante resonant cavity, cavity resonator.

Cayenne [kajɛn] *npr* Cayenne.

CB [sibi] (*abr de* citizen's band, canaux banalisés) *nf* CB.

cc -**1.** (*abr écrite de* cuillère à café) tsp. -**2.** *abr écrite de* charges comprises.

CC (*abr écrite de* corps consulaire) CC.

CCE (*abr de* Commission des communautés européennes) *npr f* ECC.

CCI (*abr de* chambre de commerce et d'industrie) *nf* CCI.

CCP (*abr de* compte chèque postal, compte courant postal) *nm post office account*, ≃ giro account *Br*, ≃ Post Office checking account *Am*.

cd (*abr écrite de* candela) cd.

CD ◇ *nm* -**1.** *abr de* chemin départemental. -**2.** (*abr de* Compact Disc) CD. -**3.** *abr de* comité directeur.
◇ (*abr écrite de* corps diplomatique) CD.

CDD (*abr de* contrat à durée déterminée) *nm* fixed term contract; elle est en ~ she's on a fixed term contract.

CdF *npr mpl abr de* Charbonnages de France.

CDI *nm* -**1.** (*abr de* centre de documentation et d'information) *school library*. -**2.** (*abr de* contrat à durée indéterminée) permanent employment contract; elle est en ~ she's got a permanent employment contract.

CD-I (*abr de* Compact Disc interactif) *nm* interactive Compact Disc.

CD-Rom [sederɔm] (*abr de* Compact Disc read only memory) *nm inv* CD-Rom.

CDS (*abr de* Centre des démocrates sociaux) *npr m French political party*.

CDU *nf abr de* classification décimale universelle.

CDV (*abr de* Compact Disc Video) *nm* CVD.

ce[1] [sə] (*devant nm commençant par voyelle ou h muet* cet [sɛt], *f* cette [sɛt], *pl* ces [sɛ]) *adj dém* -**1.** [dans l'espace - proche] this, these *pl*; [- éloigné] that, those *pl*; cet homme qui vient vers nous the man (who's) coming towards us; tiens, prends cette canne here, take this walking-stick; tu vois cet immeuble? you see that building?; regarde de ce côté-ci look over here; cette veste, là-bas en vitrine that jacket, over there in the window; cet homme qui gesticule là-bas that man over there (who's) waving his arms about; je ne connais pas cette région-là I don't know that region; ces arbres, ces fleurs, ces jardins lui rappelaient son enfance these trees, these flowers, these gardens reminded him of his childhood. -**2.** [dans le temps - à venir] this, these *pl*; [- passé] last; vas-y ce matin go this morning; cette nuit nous mettrons le chauffage tonight we'll turn the heating on; cette nuit j'ai fait un rêve étrange last night I had a strange dream; cette semaine je n'ai rien fait I haven't done a thing this (past) OU this (last) week; cette année-là that year; ces jours-ci these days; ce jour *sout*: fait ce jour à Blois witnessed by my hand this day in Blois. -**3.** [désignant - ce dont on a parlé] this, these *pl*, that, those *pl*; [- ce dont on va parler] this, these *pl*; je t'ai déjà raconté cette histoire I've told you that story before; enfin, ces personnes se sont rencontrées these people finally met; cette remarque traduit son incompréhension this OU that remark shows that he doesn't understand; écoute cette histoire et tu vas comprendre listen to this story and you'll understand. -**4.** [suivi d'une proposition relative]: voici ce pont dont je t'ai parlé here's the OU that bridge I told you about; cet air que tu fredonnais that OU the tune you were humming; il était de ces comédiens qui... he was one of those actors who... -**5.** [emploi expressif]: cette douleur dans son regard! such grief in his eyes!; ce peuple! *fam* what a crowd!; cet enfant est un modèle de sagesse! this OU that child is so well behaved!; ce culot! *fam* what a nerve!, the cheek of it!; cette idée! what an idea!, the very idea!; et cette bière, elle vient? *fam* well, what about that beer then?; et ce roman tu le commences quand? when will you get started on that novel of yours?; et ces douleurs/cette grippe comment ça va? *fam* how's the pain/the flu doing?; ce roquet n'entrera pas chez moi! I won't have that nasty little dog in my house!; cette tache sur le mur m'inquiète that stain on the wall worries me; et pour ces messieurs, ce sera? now what will the OU you gentlemen have?

ce[2] [sə] (*devant 'e'* c' [s], *devant 'a'* ç' [s]) *pron dém* -**1.** [sujet du v 'être']: c'est à Paris it's in Paris; c'était hier it was yesterday; c'est toi! it's you!; c'est un escroc he's a crook; ce sont mes frères they are my brothers; ce doit/peut être son mari it must/could be her husband; dire oui, c'est renoncer à sa liberté saying yes means OU amounts to giving up one's freedom; tes amis, ce sont OU *fam* c'est des gens bien sympathiques your friends are really nice people; c'est rare qu'il pleuve en juin it doesn't often rain in June; c'est encore loin, la mer? is the sea still far away?, is it still a long way to the sea?; qui est-ce?, c'est qui? *fam* who is it?; où est-ce?, c'est où? *fam* where is it?; qu'est-ce que c'est?, c'est quoi? *fam* what is it?, what's that?; à qui est-ce? whose is it?; c'est à toi? is this OU is it yours?; serait-ce que tu as oublié? have you forgotten, by any chance? -**2.** [pour insister]: c'est la robe que j'ai achetée this is the dress (that) I bought; c'est l'auteur que je préfère he's/she's my favourite writer; c'est à vous, monsieur, que je voudrais parler it was you I wanted to speak to, sir; c'est à elle que je dois ma réussite she's the one I owe my success to, it is to her that I owe my success; c'est à lui/à toi de décider it's up to him/up to you to decide; c'est à pleurer de rage it's enough to make you weep with frustration. -**3.** ['c'est que' introduisant une explication]: si je te le demande, c'est que j'en ai besoin I wouldn't be asking you for it if I didn't need it; s'il ne parle pas beaucoup, c'est qu'il est timide if he doesn't say much, it's because he's shy. -**4.** [comme antécédent du pronom relatif]: ce qui, ce que what; ce qui m'étonne, c'est que... what surprises me is that...; ce qui est arrivé était à prévoir what happened was foreseeable; demande-lui ce qui lui ferait plaisir ask her what she'd like; voici ce que l'on me propose here's what I've been offered; il y a du vrai dans ce qu'il dit there's some truth in what he says; dis-moi ce que tu as fait tell me what you did ‖ (*reprenant la proposition*) which; cette action provoquerait une rupture, ce qui serait catastrophique such an action would cause a split, which would be disastrous; il dit en avoir les moyens, ce que je crois volontiers he says he can afford it, which I'm quite prepared to believe; ce dont: ce dont je ne me souviens pas, c'est l'adresse what I can't remember is the address; ce pour quoi: ce pour quoi j'ai démissionné the reason (why) I resigned; ce en quoi: ce en quoi je croyais s'est effondré the thing I believed in has collapsed ‖ [introduisant une complétive]: de ce que: je m'étonne de ce qu'il n'ait rien dit I'm surprised (by the fact that) he didn't say anything; à ce que: veille à ce que tout soit prêt make sure everything's ready; sur ce que: il insiste sur ce que le travail doit être fait en temps voulu he insists that the work must be done in the specified time. -**5.** [emploi exclamatif]: ce que tu es naïf! you're so naive!, how naive you are!; ce qu'elle joue bien! she's such a good actress!, what a marvellous actress she is!; tu vois ce que c'est que de mentir! you see what happens when you lie!, you see where lying gets you! -**6.** *loc*: ce me semble *sout* OU *hum* it seems to me, I think, methinks *lit* OU *hum*; vous êtes pressé, ce me semble it seems to me (that) OU you look like you're in a hurry; je n'ai rien reçu, ce me semble I don't think I've received anything, I don't appear to have received anything; ce faisant in so doing; il l'a radiée de la liste, ce faisant il la prive de ses droits he has struck her off the list, and in so doing he is depriving her of her rights; ce disant so saying, with these words; et ce: il n'a rien dit, et ce malgré toutes les menaces he said nothing, (and this) in spite of all the threats; sur ce: j'arrive et sur ce, le téléphone sonne I arrive and just then the phone rings; sur ce, je vous salue and now, I take my leave; sur ce, elle se leva with that, she got up; pour ce faire *sout* to this end; ils veulent construire et pour ce faire ils ont pris contact avec des entrepreneurs they want to start building and to this end they have contacted a firm of contractors.

CE ◇ *nm* -**1.** *abr de* comité d'entreprise. -**2.** (*abr de* cours élémentaire): ~ 1 *second year of primary school*; ~ 2 *third year of primary school*.
◇ *npr f* (*abr de* Communauté européenne) EC.

CEA (*abr de* Commissariat à l'énergie atomique) *npr m French atomic energy commission*, ≃ AEA *Br*, ≃ AEC *Am*.

céans [seɑ̃] *adv arch* here, within OU in this house.

CECA, Ceca [seka] (*abr de* Communauté européenne du charbon et de l'acier) *npr f* ECSC.

ceci [səsi] *pron dém* this; ~ n'est pas très loin de nos préoccupations actuelles this is not unrelated to our present concerns; ~ pour vous dire que... (all) this to tell you that...; ~ (étant) dit having said this OU that; à ~ près que except OU with the exception that; retenez bien ~... now, remember this...; ~ va vous étonner, écoutez... this will surprise you, listen...; son rapport a ~ d'étonnant que... her report is surprising in that...; ~ ne me concerne pas this is nothing to do with me; ~ n'explique pas cela one thing doesn't explain the other.

Cécile [sesil] *npr*: sainte ~ Saint Cecilia.

cécilie [sesili] *nf* caecilian.

cécité [sesite] *nf* blindness, cecity; ~ nocturne/verbale/des neiges night/word/snow blindness.

cédant, e [sedɑ̃, ɑ̃t] ◇ *adj* assigning, granting.
◇ *nm, f* assignor, grantor.

céder [18] [sede] ◇ *vt* -**1.** [donner] to give (up); il est temps de ~ l'antenne our time is up; nous cédons maintenant l'antenne à Mélanie we're now going to hand over to Mélanie; 'cédez le passage' 'give way' *Br*, 'yield' *Am*; ~ le passage à qqn to let sb through, to make way for sb ❑ ~ du terrain MIL to give ground, to fall back; *fig* to back down OU off; ~ le pas à qqn *pr* to give way to sb; *fig* to let sb have precedence; ~ sa place à qqn *pr* to give up one's seat to sb; *fig* to give up one's place to sb; il ne le cède à personne en ambition *sout* as far as ambition is concerned, he's second to none; des gens qui ne le cèdent à personne en ténacité people who are as tenacious as the best of them; il ne le cède en rien à nos plus grands peintres he can take his place alongside our greatest painters. -**2.** [vendre] to sell; il a cédé son fonds de commerce pour rien he gave up OU sold his business for next to nothing; je ne céderai jamais le verger I'll never part with OU sell the orchard; 'à ~' 'for sale' ‖ [faire cadeau de] to give away (*sép*), to donate; ~ ses biens à une fondation to donate OU to transfer one's assets to a foundation.
◇ *vi* -**1.** [se plier à la volonté d'autrui] to give in; je ne céderai pas! I won't give in, I won't back down! -**2.** MIL: ~ sous l'assaut de l'ennemi to be overpowered OU overwhelmed by the enemy. -**3.** [casser - étagère, plancher] to give way; [- câble, poignée] to break off; [- couture] to come unstitched.
◆ **céder à** *v + prép* -**1.** [ne pas lutter contre - sommeil, fatigue] to succumb to; [- tentation, caprice] to give in OU to yield to; la fièvre a cédé aux médicaments the drugs reduced the temperature; cette hypothèse cèdera à la première analyse this hypothesis won't stand up to

analysis. -**2.** [être séduit par] : ~ **à la facilité** to take the easy way out; ~ **à un homme** to give in to a man.

cédétiste [sedetist] ◇ *adj* CFDT *(modif).* ◇ *nmf* member of the CFDT.

CEDEX, Cedex [sedɛks] (*abr de* **courrier d'entreprise à distribution exceptionnelle**) *nm accelerated postal service for bulk users.*

cédille [sedij] *nf* cedilla.

cédrat [sedra] *nm* citron.

cédratier [sedratje] *nm* citron (tree).

cèdre [sɛdr] *nm* -**1.** [arbre] cedar (tree), arborvitae *Can*; ~ **du Liban** cedar of Lebanon. -**2.** [bois] cedar (wood).

cédrière [sedrijɛr] *nf Can* cedar grove.

CEE (*abr de* **Communauté économique européenne**) *npr f* EC.

CEG (*abr de* **collège d'enseignement général**) *nm former junior secondary school.*

CEGEP [seʒɛp] (*abr de* **collège d'enseignement général et professionnel**) *nm Can* ≃ college of further education.

cégépien, enne [seʒepjɛ̃, ɛn] *nm, f Can student of a CEGEP.*

cégétiste [seʒetist] ◇ *adj* CGT *(modif).* ◇ *nmf* member of the CGT.

CEI (*abr de* **Communauté des États indépendants**) *npr f* CIS.

ceindre [81] [sɛ̃dr] *vt litt* -**1.** [entourer] : **un cercle de fer ceignait son front** he had a band of iron around his head; **son bras ceignant ma taille** her arm around my waist; ~ **qqch de**: ~ **sa tête d'une couronne** to place a crown upon one's head; **un château ceint de hautes murailles** a castle surrounded by high walls. -**2.** [porter] : ~ **la couronne** to assume the crown; ~ **la tiare** to assume the priestly robe; ~ **l'écharpe tricolore** to don the mayoral (tricolour) sash.

◆ **se ceindre** *vpt litt*: **se** ~ **les reins** to gird one's loins.

ceinturage [sɛ̃tyraʒ] *nm* girdling HORT.

ceinture [sɛ̃tyr] *nf* -**1.** VÊT [en cuir, métal] belt; [fine et tressée] cord; [large et nouée] sash; [gaine, corset] girdle; ~ **de chasteté** chastity belt; ~ **fléchée** *Can* arrow sash; **faire** ~ *fam*, **se serrer la** ~ *fam* [se priver] to tighten one's belt. -**2.** SPORT [à la lutte] waistlock; [au judo et au karaté] belt; **elle est** ~ **blanche/noire** she is a white/black belt. -**3.** [accessoire] : ~ **de sauvetage** life belt; ~ **de sécurité** seat OU safety belt; **attachez votre** ~ fasten your seat belt. -**4.** [taille] COUT waistband; ANAT waist; **de l'eau jusqu'à la** ~ with water up to his waist; **nu jusqu'à la** ~ naked from the waist up; **il ne leur/vous arrive pas à la** ~ *fig* he doesn't hold a candle to them/you; **au-dessous de la ceinture**: **frapper au-dessous de la** ~ *pr & fig* to hit below the belt; **c'est un coup au-dessous de la** ~! that's a bit below the belt! -**5.** ZOOL: ~ **pelvienne/scapulaire** pelvic/pectoral girdle. -**6.** MÉD: ~ **orthopédique** surgical corset; ~ **de grossesse** maternity girdle. -**7.** TRANSP: **petite/grande** ~ inner/outer circle. -**8.** ARCHIT cincture. -**9.** ASTRON: ~ **de rayonnement** OU **radiations** OU **Van Allen** Van Allen belt. -**10.** [encerclement] belt, ring; **une** ~ **de peupliers** a belt of poplars; **une** ~ **montagneuse** a belt of mountains ❑ ~ **verte** green belt.

ceinturer [3] [sɛ̃tyre] *vt* -**1.** [saisir par la taille] to grab round the waist; SPORT to tackle. -**2.** [entourer un lieu] to surround, to encircle; **les remparts ceinturent la ville** the town is surrounded by ramparts. -**3.** HORT to girdle.

ceinturon [sɛ̃tyrɔ̃] *nm* -**1.** VÊT (broad) belt. -**2.** MIL [gén] belt; [à cartouches] cartridge belt; [à sabre] sword belt.

cela [səla] *pron dém* -**1.** [désignant un objet éloigné] that; **regardez** ~, **là-bas!** look at that (over there)! -**2.** [désignant - ce dont on vient de parler] this, that; [- ce dont on va parler] this; ~ **(étant) dit...** having said this OU that...; **je n'ai pas dit** ~ I didn't say that; ~ **mérite qu'on s'y intéresse** that OU this is worth studying; ~ **prouve que j'avais raison** that proves I was right; **je ne m'attendais pas à** ~ I wasn't expecting that; **après** ~, **on n'en entendit plus parler** after that, nothing more was heard of it; **malgré** ~ **il est resté fidèle à ses amis** inspite of (all) that, he remained loyal to his friends; **à part** ~ apart from that; **qu'est-ce que** ~ ? what is that?; ~ **n'explique pas ce qu'il a dit hier** this OU that doesn't explain what he said yesterday; **il est parti il y a un mois/une semaine de** ~ he left a month/a week ago; ~ **va vous étonner, écoutez...** this'll surprise you, listen...; **son histoire a** ~ **d'extraordinaire que...** her story is extraordinary in that... ❑ **c'est** ~! *iron* that's right!; **c'est** ~, **moquez-vous de moi!** that's right, have a good laugh (at my expense)!; **je suis folle, c'est (bien)** ~? so I'm out of my mind, is that it OU am I? -**3.** [remplaçant 'ce'] : ~ **est très étonnant** that is very surprising; ~ **est mieux ainsi** it's better this way. -**4.** [dans des tournures impersonnelles] it; ~ **ne fait rien** it doesn't matter; ~ **fait une heure que j'attends** I've been waiting for an hour; ~ **fait longtemps que nous ne nous sommes vus** it's been a long time since we've seen each other. -**5.** [emploi expressif] : **pourquoi** ~? why?, what for?; **qui** ~? who?, who's that?; **où** ~? where?, whereabouts?; **quand** ~? when?

céladon [seladɔ̃] ◇ *adj inv* pale green, celadon *litt.* ◇ *nm* celadon.

Célèbes [selɛb] *npr* Celebes; **à** ~ in Celebes.

célébrant [selebrɑ̃] *nm* celebrant.

célébration [selebrasjɔ̃] *nf* celebration; **la** ~ **du mariage se fera à...** the marriage ceremony will take place at...

célèbre [selɛbr] *adj* famous, famed; **devenir** ~ to become famous; **tristement** ~ notorious.

célébrer [18] [selebre] *vt* -**1.** [fêter - fête] to observe; [- anniversaire, messe, mariage] to celebrate. -**2.** [glorifier - personne] to extol the virtues of; [- exploit] to toast, to celebrate.

célébrité [selebrite] *nf* -**1.** [gloire] fame, celebrity. -**2.** [personne] celebrity, well-known personality.

celer [25] [səle] *vt arch* OU *litt*: ~ **qqch à qqn** to conceal sthg from sb; **à ne vous rien** ~ to tell you the truth.

céleri [sɛlri] *nm* celery; ~ **en branches** celery; ~ **rémoulade** celeriac salad.

céleri-rave [sɛlrirav] (*pl* **céleris-raves**) *nm* celeriac.

célérité [selerite] *nf litt* celerity *litt*, swiftness, speed; **avec** ~ swiftly, rapidly.

célesta [selɛsta] *nm* celesta.

céleste [selɛst] *adj* -**1.** [du ciel] celestial. -**2.** [du paradis] celestial, heavenly. -**3.** [de Dieu] divine. -**4.** [surnaturel - beauté, voix, mélodie] heavenly, sublime. -**5.** HIST: **le Céleste Empire** the Celestial Empire.

célibat [seliba] *nm* [d'un prêtre] celibacy; [d'un homme] celibacy, bachelorhood; [d'une femme] spinsterhood, celibacy; **elle a choisi le** ~ she decided to remain single OU not to marry; **vivre dans le** ~ [homme] to remain a bachelor; [femme] to remain single; [prêtre] to be celibate.

célibataire [selibatɛr] ◇ *adj* -**1.** [homme, femme] single, unmarried; [prêtre] celibate; **il est encore** ~ he's still a single man OU a bachelor; **elle est** ~ she is single OU unmarried. -**2.** ADMIN single. ◇ *nm* single man, bachelor; **les** ~**s paient davantage d'impôts que les hommes mariés** single men pay more tax than married men; **un** ~ **endurci** a confirmed bachelor; **un club pour** ~**s** a singles club. ◇ *nf* single woman OU girl.

celle *f* [sɛl] → **celui.**

celle-ci [sɛlsi] *f*, **celle-là** [sɛlla] *f* → **celui.**

celles [sɛl] *fpl* → **celui.**

cellier [selje] *nm* storeroom *(for wine or food)*, pantry.

Cellophane® [selɔfan] *nf* Cellophane®.

◆ **sous Cellophane** *loc adj* cellophane-wrapped.

cellulaire [selylɛr] *adj* -**1.** BIOL [de la cellule] cell *(modif)*; [formé de cellules] cellular. -**2.** TÉLÉC cellular; **téléphone** ~ cellular phone, Cellphone®. -**3.** MIN porous, poriferous. -**4.** TECH [béton] cellular; [matériau, mousse] expanded. -**5.** [carcéral] : **emprisonnement** OU **régime** ~ solitary confinement; **fourgon** OU **voiture** ~ prison van.

cellulase [selylaz] *nf* cellulase.

cellule [selyl] *nf* -**1.** BIOL cell. -**2.** [d'un prisonnier, d'un religieux] cell; **deux par** ~ two to a cell. -**3.** [élément constitutif] basic element OU unit; POL cell; ~ **familiale** family unit OU group. -**4.** [d'une ruche] cell. -**5.** AÉRON airframe. -**6.** PHOT: ~ **photoélectrique** photoelectric cell. -**7.** ACOUST & INF cell; ~ **(de) mémoire** storage cell. -**8.** TECH: ~ **photovoltaïque** photovoltaic cell.

cellulite [selylit] *nf* cellulitis.

cellulitique [selylitik] *adj* cellulitis *(modif).*

celluloïd [selylɔid] *nm* celluloid.

cellulose [selyloz] *nf* cellulose.

cellulosique [selylozik] *adj* cellulosic.

Celsius [sɛlsjys] *npr* Celsius.

celte [sɛlt] *adj* Celtic.

◆ **Celte** *nmf* Celt.

celtique [sɛltik] *adj* Celtic; **les langues** ~**s** the Celtic languages.

celui [səlɥi] (*f* **celle** [sɛl], *mpl* **ceux** [sø], *fpl* **celles** [sɛl]) *pron dém* -**1.** [suivi de la préposition 'de'] : **le train de 5 h est parti, prenons** ~ **de 6 h** we've missed the 5 o'clock train, let's get the 6 o'clock; **vous ajouterez à vos frais ceux de janvier** add January's expenses to the current ones; **j'ai comparé mon salaire avec** ~ **d'Eve** I compared my salary with Eve's; **ceux d'entre vous qui veulent s'inscrire** those of you who wish to register. -**2.** [suivi d'un pronom relatif] : ~, **celle** the one; **ceux, celles** those, the ones; **prête-moi ceux que tu as lus** lend me those OU the ones you have read; **c'est celle que j'ai achetée** that's the one I bought; **c'est** ~ **qui a réparé ma voiture** he's the one who fixed my car; **prends la rouge, c'est celle qui te va le mieux** take the red one, it's the one that suits you best; ~ **dont je t'ai parlé** the one I told you about. -**3.** [suivi d'un adj, d'un participe] : **achetez celle conforme aux normes** buy the one that complies with the standard; **tous ceux désirant participer à l'émission** all those wishing OU who wish to take part in the show.

◆ **celui-ci** (*f* **celle-ci**, *mpl* **ceux-ci**, *fpl* **celles-ci**) *pron dém* -**1.** [désignant une personne ou un objet proches] : ~**-ci, celle-ci** this one (here); **ceux-ci, celles-ci** these ones, these (here); **donne-moi** ~**-ci** give me this one (here); **c'est** ~**-ci que je veux** this is the one I want, I want this one; **passe-moi le pinceau, non pas** ~**-là,** ~**-ci** pass me the brush, no not that one, this one. -**2.** [désignant ce dont on va parler ou ce dont on vient de parler] : **son inquiétude était celle-ci...** his worry was as follows...; **elle voulait voir Anne, mais celle-ci était absente** she wanted to see Anne, but she was out.

◆ **celui-là** (*f* **celle-là**, *mpl* **ceux-là**, *fpl* **celles-là**) *pron dém* -**1.** [désignant une personne ou un objet éloignés] : ~**-là, celle-là** that one (there); **ceux-là, celles-là** those ones, those (over there); **donne-moi** ~**-là** give me that one (there); **c'est** ~**-là que je veux** that's the one I want, I want that one; **il n'y a aucun rapport entre les deux décisions, celle-ci n'explique pas celle-là** the two decisions are unconnected, the latter is no explanation for the former. -**2.** [emploi expressif] : **elle est bien bonne, celle-là!** that's a good one (that)!; *iron* that's a bit much!; **il a toujours une bonne excuse** ~**-là!** he's always got a good excuse, that one!

celui-ci [səlɥisi] *m*, **celui-là** [səlɥila] *m* → **celui.**

cément [semɑ̃] *nm* -**1.** MÉTALL cement. -**2.** ANAT cement, cementum.

cémentation [semɑ̃tasjɔ̃] *nf* cementation.

cémenter [3] [semɑ̃te] *vt* to cement.

cénacle [senakl] *nm* -**1.** RELIG cenacle. -**2.** *sout* [comité] literary coterie OU group; **admis au ~** admitted into the company of the select few.

cendre [sɑ̃dr] *nf* -**1.** [résidu - gén] ash, ashes; [- de charbon] cinders; **~ de bois/de cigarette** wood/cigarette ash; **une viande au goût de ~** meat with a smoky taste; **mettre** OU **réduire en ~s** [maison] to burn to the ground. -**2.** GÉOL (volcanic) ash. -**3.** *litt* [dépouille] ashes, remains. -**4.** RELIG: **les Cendres, le mercredi des Cendres** Ash Wednesday.

cendré, e [sɑ̃dre] *adj* -**1.** [gris] ashen, ash *(modif)*, ash-coloured. -**2.** [couvert de cendres] ash covered; **fromage ~** cheese matured in wood ash.
◆ **cendré** *nm* cheese matured in wood ash.
◆ **cendrée** *nf* -**1.** CHASSE & PÊCHE dust shot. -**2.** [revêtement] cinder; [piste] cinder track; **sur la ~e** (out) on the track.

cendreux, euse [sɑ̃drø, øz] *adj* -**1.** [plein de cendres] full of ashes. -**2.** [gris - écorce, roche] ash-coloured; [- teint] ashen, ashy. -**3.** MÉTALL grainy, granular; [sol] ashy.

cendrier [sɑ̃drije] *nm* [de fumeur] ashtray; [de fourneau] ash pit; [de poêle] ashpan; [de locomotive] ash box.

cendrillon [sɑ̃drijɔ̃] *nf litt* [servante] drudge.

Cendrillon [sɑ̃drijɔ̃] *npr* Cinderella.

cène [sɛn] *nf* -**1.** [dernier repas]: **la Cène** the Last Supper. -**2.** [communion] Holy Communion, Lord's Supper.

cénobite [senɔbit] *nm* cenobite.

cénotaphe [senɔtaf] *nm* cenotaph.

cens [sɑ̃s] *nm* -**1.** ANTIQ [recensement] census. -**2.** HIST [électoral]: **~ électoral** poll tax‖ [féodal] quitrent.

censé, e [sɑ̃se] *adj* supposed to; **tu n'es pas ~ le savoir** you're not supposed to know it; **être ~ faire qqch** to be supposed to do sthg; **vous êtes ~ arriver à 9 h** [indication] you're supposed to arrive at 9; [rappel à l'ordre] we expect you to arrive at 9.

censément [sɑ̃semɑ̃] *adv* apparently, seemingly.

censeur [sɑ̃sœr] *nm* -**1.** SCOL deputy headmaster OU head teacher *Br*, assistant principal *Am*; **Madame le ~** the deputy headmistress OU head teacher *Br*, the assistant principal *Am*. -**2.** [responsable de la censure] censor. -**3.** *sout* [critique] critic. -**4.** ANTIQ censor.

censitaire [sɑ̃sitɛr] *adj* poll-tax based.

censorat [sɑ̃sɔra] *nm* -**1.** SCOL deputy headship *Br*, position of assistant principal *Am*. -**2.** ANTIQ censorship.

censorial, e, aux [sɑ̃sɔrjal, o] *adj* censorial.

censurable [sɑ̃syrabl] *adj* censurable.

censure [sɑ̃syr] *nf* -**1.** [interdiction] censorship; **face à la ~ paternelle** faced with his father's instruction that he shouldn't do it ‖ [commission]: **la ~** the censors; [examen] censorship. -**2.** POL censure. -**3.** RELIG censure; **les ~s de l'Église** the censure of the Church. -**4.** PSYCH & ANTIQ censorship.

censurer [3] [sɑ̃syre] *vt* -**1.** [film, livre] to censor. -**2.** POL & RELIG to censure. -**3.** PSYCH to exercise censorship on. -**4.** *sout* [critiquer] to criticize, to censure.

cent [sɑ̃] ◇ *adj num* -**1.** *(card)* a OU one hundred; **~ mille** a hundred thousand; **deux ~s filles** two hundred girls; **trois ~ quatre rangs** three hundred and four rows ❑ **les Cent-Jours** HIST the Hundred Days; **t'as pas ~ balles?** *fam* can you give me one franc?; **elle est aux ~ coups** [affolée] she's frantic; **je te l'ai dit ~ fois** I've told you a hundred times; **tu as ~ fois raison** you're a hundred per cent right; **je préfère ~ fois celle-ci** I prefer this one a hundred times over; **faire les ~ pas** to pace up and down; **à ~ pieds sous terre** dead and buried; **~ sept ans** *fam*: **il y a ~ sept ans que...** it's been ages since...; **je ne vais pas attendre ~ sept ans** I'm not going to wait forever (and a day); **je m'embête** *fam* OU **m'emmerde**[▽] **à ~ sous de l'heure** I'm bored stiff OU to death; **on se faisait suer à ~ sous de l'heure** it was as exciting as watching paint dry; **'Cent Ans de solitude'** *Garcia Marquez* 'One Hundred Years of Solitude'. -**2.** *(ord)*: **chambre ~** room one hundred; **page deux ~ (six)** page two hundred (and six); **l'an neuf ~** the year nine hundred. -**3.** SPORT: **le ~ mètres** the hundred metres; **le quatre ~ mètres haies** the four hundred metres hurdle OU hurdles; **le ~ mètres nage libre** the hundred metres freestyle.
◇ *nm* -**1.** [chiffre]: **j'habite au ~** I live at number one hundred. -**2.** [centaine] hundred; **un ~ d'huîtres** a hundred oysters. -**3.** *loc*: **pour ~** per cent; **20 pour ~** 20 per cent; **~ pour ~ coton** a OU one hundred per cent pure cotton; **il est ~ pour ~ anglais** he's a hundred per cent English; **je suis ~ pour ~ contre** I'm wholeheartedly against it; **je te le donne en ~** guess, I'll give you three guesses. -**4.** [centime] cent BANK.

LES CENT-JOURS:
Napoleon's attempt to regain power on his return from Elba on 20 March 1815, ending in his defeat at Waterloo on 18 June and his second and final exile to St Helena.

---

centaine [sɑ̃tɛn] *nf* -**1.** [cent unités] hundred; **la colonne des ~s** the hundreds column. -**2.** **une ~ de** [environ cent] about a hundred, a hundred or so; **il faut compter une ~ de francs** it costs about a hundred francs OU a hundred francs or so; **plusieurs ~s de dollars** several hundred dollars; **elle a traité des ~s de personnes** she treated hundreds of people. -**3.** [âge]: **arriver à la ~** to reach one's hundredth birthday; **j'espère atteindre la ~** I hope to live to be a hundred; **dépasser la ~** to be over a hundred.
◆ **par centaines** *loc adv* by the hundreds; **les gens arrivent par ~s** people are arriving by the hundreds OU in their hundreds.

centaure [sɑ̃tɔr] *nm* centaur.

centaurée [sɑ̃tɔre] *nf* centaurea.

centenaire [sɑ̃tnɛr] ◇ *adj* hundred-year old; **plusieurs fois ~** several hundred years old.
◇ *nmf* [vieillard] centenarian.
◇ *nm* [anniversaire] centenary, centennial *Am* & *Can*.

centennal, e, aux [sɑ̃tenal, o] *adj* centennial.

centésimal, e, aux [sɑ̃tezimal, o] *adj* centesimal.

centiare [sɑ̃tjar] *nm* centiare.

centième [sɑ̃tjɛm] ◇ *adj ord* hundredth.
◇ *nm* -**1.** [fraction] hundredth part. -**2.** *loc*: **ce n'est pas le ~ de ce qu'il m'a dit/m'a fait** it doesn't even come close to what he told me/did to me.
◇ *nf* THÉÂT hundredth performance.

centigrade [sɑ̃tigrad] *adj* centigrade.

centigramme [sɑ̃tigram] *nm* centigram.

centilitre [sɑ̃tilitr] *nm* centilitre.

centime [sɑ̃tim] *nm* -**1.** [centième de franc] centime; **pas un ~** not a penny *Br* OU cent *Am*; **ça ne m'a pas coûté un ~** it didn't cost me a penny *Br* OU one cent *Am*. -**2.** FIN: **~s additionnels** additional tax.

centimètre [sɑ̃timɛtr] *nm* -**1.** [unité de mesure] centimetre. -**2.** [ruban] tape measure, tape line *Am*.

centimétrique [sɑ̃timetrik] *adj* centimetric.

centrafricain, e [sɑ̃trafrikɛ̃, ɛn] *adj* Central African.
◆ **Centrafricain, e** *nm, f* Central African.

centrage [sɑ̃traʒ] *nm* centring.

central, e, aux [sɑ̃tral, o] *adj* -**1.** [du milieu d'un objet] central; **le trou ~** the central OU middle hole. -**2.** [du centre d'une ville] central; **mon bureau est très ~** my office is very central. -**3.** ADMIN & POL central, national. -**4.** [principal] main, crucial; **le point ~ de votre exposé** the main OU crucial OU key point in your thesis. -**5.** PHON centre *(modif)*.
◆ **central** *nm* -**1.** TÉLÉC (telephone) exchange. -**2.** SPORT [de tennis]: **(court) ~** centre court.
◆ **centrale** *nf* -**1.** [usine] power station; **~e électrique/nucléaire/thermique** power/nuclear/thermal station. -**2.** POL: **~e ouvrière** trade *Br* OU labor *Am* union confederation. -**3.** [prison] county jail, penitentiary *Am*.
◆ **centrale d'achats** *nf* central purchasing department.

Centrale [sɑ̃tral] *npr grande école training highly-qualified engineers*.

centralien, enne [sɑ̃traljɛ̃, ɛn] *nm, f student or ex-student of Centrale*.

centralisateur, trice [sɑ̃tralizatœr, tris] *adj* centralizing.

centralisation [sɑ̃tralizasjɔ̃] *nf* centralization, centralizing.

centraliser [3] [sɑ̃tralize] *vt* to centralize.

centralisme [sɑ̃tralism] *nm* centralism.

centraméricain, e [sɑ̃tramerikɛ̃, ɛn] *adj* Central American.
◆ **Centraméricain, e** *nm, f* Central American.

centre [sɑ̃tr] *nm* -**1.** [milieu - gén] middle, centre; [- d'une cible] bull's eye, centre; **le ~** [d'une ville] the centre; **aller au ~** to go into the centre (of town); **le Centre** [en France] Central France, the Massif Central area; **elle était le ~ de tous les regards** all eyes were fixed on her ❑ **il se prend pour le ~ du monde** OU **de l'univers** he thinks the world revolves around him; **pour elle, je suis le ~ du monde** I'm the apple of her eye. -**2.** [concentration]: **~ industriel** industrial area; **~ urbain** town; **les grands ~s urbains** large conurbations. -**3.** [organisme] centre; **~ d'accueil** reception centre; **~ aéré** *holiday activity centre for schoolchildren*; **~ commercial** shopping centre OU *Br* precinct, (shopping) mall *Am*; **~ de contrôle** [spatial] mission control; **~ culturel** art OU arts centre; **~ de dépistage du cancer/SIDA** centre for cancer/AIDS screening; **~ pour femmes battues** women's refuge; **~ d'hébergement** rescue centre; **~ hospitalier** hospital (complex); **~ hospitalo-universitaire** teaching hospital; **~ d'instruction** military academy; **~ médical** clinic; **~ de renseignements (téléphoniques)** directory enquiries *Br*, information *Am*; **~ social** social services office; **~ de tri** sorting office. -**4.** [point essentiel] main OU key point, heart, centre; **le ~ du débat** the heart OU crux of the matter; **être au ~ de** to be the key point of, to be at the heart OU centre of; **la sécurité est au ~ de nos préoccupations** safety is at the centre of our concerns ❑ **~ d'intérêt** centre of interest. -**5.** SC centre; **~ de gravité** *pr* & *fig* centre of gravity; **~ phrénique** central tendon of the diaphragm; **~ nerveux** nerve centre; **~ vital** *pr* vital organs; *fig* nerve centre. -**6.** POL middle ground, centre; **un type du ~** *fam* a middle-of-the-roader ❑ **~ droit/gauche** moderate right/left; **il est (de) ~ droit** he's right-of-centre; **il est (de) ~ gauche** he's left-of-centre. -**7.** SPORT [au basketball] post, pivot; FTBL centre pass. -**8.** INDUST: **~ d'usinage** turning shop.

centrer [3] [sɑ̃tre] *vt* -**1.** [gén, PHOT & SPORT] to centre. -**2.** [orienter]: **centrons le débat** let's give the discussion a focus; **être centré sur** to be centred OU focussed around; **le documentaire était centré sur l'enfance de l'artiste** the documentary was focussed around the artist's childhood; **nos préoccupations sont centrées sur...** our number one concern is...

centreur [sɑ̃trœr] *nm plastic adaptor for singles on a record-player*.

centre-ville [sɑ̃trəvil] (*pl* **centres-villes**) *nm* town centre; **aller au ~** to go into the centre (of town).

centrifugation [sɑ̃trifygasjɔ̃] *nf* centrifugation.

centrifuge [sɑ̃trifyʒ] *adj* centrifugal.

centrifuger [17] [sɑ̃trifyʒe] *vt* to centrifuge.

centrifugeuse [sɑ̃trifyʒøz] *nf* -**1.** MÉD & TECH centrifuge. -**2.** CULIN juice extractor, juicer *Am*.

centripète [sɑ̃tripɛt] *adj* centripetal.

centrisme [sɑ̃trism] *nm* centrism.

centriste [sɑ̃trist] *adj* & *nmf* centrist.

centuple [sɑ̃typl] ◇ *adj*: 1 000 est un nombre ~ de 10 1,000 is a hundred times 10.
◇ *nm*: le ~ de 20 est 2 000 a hundred times 20 is 2,000; il a gagné le ~ de sa mise his bet paid off a hundredfold.
◆ **au centuple** *loc adv* a hundredfold.

centupler [3] [sɑ̃typle] ◇ *vt* to increase a hundredfold OU a hundred times, to multiply by a hundred.
◇ *vi* to increase a hundredfold.

centurie [sɑ̃tyri] *nf* century.

centurion [sɑ̃tyrjɔ̃] *nm* centurion.

cep [sɛp] *nm* BOT: ~ (de vigne) vine stock.

CEP *nm abr de* certificat d'études primaires.

cépage [sepaʒ] *nm* vine.

cèpe [sɛp] *nm* -**1.** BOT boletus. -**2.** CULIN cep.

cependant [səpɑ̃dɑ̃] *conj* however, nevertheless, yet; il n'avait pas très envie de sortir ce soir-là; ~ il se laissa entraîner he didn't really want to go out that night, nevertheless OU yet he let himself be dragged along; je suis d'accord avec vous, j'ai ~ une petite remarque à faire I agree with you, however I have one small comment to make; il parle très bien, avec un léger accent ~ he speaks very well, but with a slight accent.
◆ **cependant que** *loc conj litt* while.

céphalée [sefale], **céphalalgie** [sefalalʒi] *nf* headache, cephalgia *spéc.*

céphalique [sefalik] *adj* cephalic.

céphalopode [sefalɔpɔd] *nm* cephalopod; les ~s the Cephalopoda.

céphalo-rachidien, enne [sefalɔraʃidjɛ̃, ɛn] (*mpl* céphalo-rachidiens, *fpl* céphalo-rachidiennes) *adj* cerebrospinal, cephalorachidian *spéc.*

céphalosporine [sefalɔspɔrin] *nf* cephalosporin.

céphalothorax [sefalɔtɔraks] *nm* cephalothorax.

cérame [seram] ◇ *adj*: grès ~ Grecian urn.
◇ *nm* Grecian urn.

céramique [seramik] ◇ *adj* ceramic.
◇ *nf* -**1.** [art] ceramics *(U)*, pottery. -**2.** [objet] piece of ceramic. -**3.** [matière] ceramic; des carreaux de ~ ceramic tiles. -**4.** DENT dental ceramics OU porcelain.

céramiste [seramist] *nmf* ceramist.

céraste [serast] *nm* cerastes.

cérat [sera] *nm* cerate.

cerbère [sɛrbɛr] *nm litt* -**1.** [concierge] ill-tempered doorkeeper. -**2.** [geôlier] jailer.

Cerbère [sɛrbɛr] *npr* MYTH Cerberus.

cerce [sɛrs] *nf* curved template, hoop.

cerceau, x [sɛrso] *nm* [d'enfant, d'acrobate, de tonneau, de jupon] hoop; [de tonnelle] half-hoop.

cerclage [sɛrklaʒ] *nm* -**1.** [action de cercler] hooping. -**2.** MÉD cerclage. -**3.** [cercles d'une futaille] hooping.

cercle [sɛrkl] *nm* -**1.** GÉOM circle; [forme] circle, ring; tracer un ~ to draw a circle; décrire des ~s dans le ciel [avion, oiseau] to fly around in circles, to wheel round, to circle; faire ~ autour de qqn to stand OU to gather round sb in a circle; entourer qqch d'un ~ to put a ring round OU to circle sthg; en ~ in a circle; un village entouré d'un ~ de collines a village ringed with hills ❑ ~ vicieux vicious circle. -**2.** [gamme, étendue] range, circle; élargir le ~ de ses occupations to widen the range OU circle OU scope of one's occupations. -**3.** [groupe] circle, group; le ~ de mes amis my circle OU group of friends ❑ ~ de famille family (circle); ~ littéraire literary circle. -**4.** [club] club; un ~ militaire an officer's club. -**5.** [objet circulaire] hoop; ~ de roue (wheel) tyre. -**6.** ASTRON & MATH circle; grand ~ great circle; ~ horaire horary circle. -**7.** GÉOG: ~ polaire polar circle; ~ polaire Arctique/Antarctique Arctic/Antarctic Circle. -**8.** ÉCON: ~ de qualité quality circle.

cercler [3] [sɛrkle] *vt* -**1.** [emballage] to ring; [tonneau] to hoop; une caisse cerclée de fer an iron-bound crate. -**2.** MÉD to wire.

cercopithèque [sɛrkɔpitɛk] *nm* cercopithecid.

cercueil [sɛrkœj] *nm* coffin *Br*, casket *Am.*

céréale [sereal] *nf* -**1.** BOT cereal. -**2.** CULIN: des ~s (breakfast) cereal.

céréaliculture [serealikyltyr] *nf* cereal farming.

céréalier, ère [serealje, ɛr] *adj* cereal *(modif).*
◆ **céréalier** *nm* -**1.** [producteur] cereal farmer OU grower. -**2.** [navire] grain ship.

cérébelleux, euse [serebelø, øz] *adj* cerebellar.

cérébral, e, aux [serebral, o] ◇ *adj* -**1.** ANAT cerebral. -**2.** MÉD brain *(modif).* -**3.** [intellectuel - activité, travail] intellectual, mental; [- film, livre] cerebral, intellectual.
◇ *nm, f*: c'est un ~/une ~e he's/she's an intellectual.

cérébro-spinal, e, aux [serebrospinal, o] *adj* cerebrospinal.

cérémonial, als [seremɔnjal] *nm* [règles, livre] ceremonial.

cérémonie [seremɔni] *nf* -**1.** RELIG ceremony. -**2.** [fête] ceremony, solemn OU formal occasion; la ~ de remise des prix the award ceremony ❑ ~ d'ouverture/de clôture opening/closing ceremony; ~ nuptiale wedding ceremony. -**3.** ANTHR ceremony, rites; ~ d'initiation initiation rites; ~ du thé tea ceremony; c'est tout une ~: avant qu'il ne s'endorme, c'est tout une ~ it's quite a performance getting him to go to sleep.
◆ **cérémonies** *nfpl péj* [manières] fuss, palaver; ne fais pas tant de ~s don't make such a fuss.
◆ **avec cérémonie** *loc adv* ceremoniously.
◆ **de cérémonie** *loc adj* [tenue] ceremonial.
◆ **en grande cérémonie** *loc adv* [apporter, présenter] with great formality, very ceremoniously.
◆ **sans cérémonie** *loc adv* -**1.** [simplement] casually, informally; pas besoin de te changer, c'est sans ~ just come as you are, it's an informal occasion; venez dîner ce soir, sans ~ come and have dinner tonight, it won't be anything special. -**2.** *péj* [abruptement] unceremoniously, without so much as a by-your-leave.

cérémoniel, elle [seremɔnjɛl] *adj* RELIG ceremonial.

cérémonieusement [seremɔnjøzmɑ̃] *adv* ceremoniously, formally.

cérémonieux, euse [seremɔnjø, øz] *adj* ceremonious, formal.

CERES [serɛs] (*abr de* Centre d'études, de recherches et d'éducation socialiste) *npr m formerly, the intellectual section of the French socialist party.*

cerf [sɛr] *nm* stag.

cerfeuil [sɛrfœj] *nm* chervil.

cerf-volant [sɛrvɔlɑ̃] (*pl* cerfs-volants) *nm* -**1.** JEUX kite; jouer au ~ to fly a kite. -**2.** ZOOL stag beetle.

cerisaie [sərizɛ] *nf* cherry orchard; 'la Cerisaie' *Tchekhov* 'The Cherry Orchard'.

cerise [səriz] ◇ *nf* -**1.** [fruit] cherry. -**2.**▽ *loc*: avoir la ~ to be jinxed.
◇ *adj inv* cherry, cherry-red, cerise.

cerisier [sərizje] *nm* -**1.** [arbre] cherry (tree). -**2.** [bois] cherry (wood).

CERN, Cern [sɛrn] (*abr de* Conseil européen pour la recherche nucléaire) *npr m* CERN.

cerne [sɛrn] *nm* -**1.** [sous les yeux] shadow, (dark) ring; elle a des ~s she's got dark rings under her eyes. -**2.** TEXT ring; faire un ~ to leave a ring. -**3.** HORT (annual) ring. -**4.** BX-ARTS outline.

cerné, e [sɛrne] *adj*: avoir les yeux ~s to have (dark) rings under one's eyes.

cerneau, x [sɛrno] *nm* (shelled) walnut.

cerner [3] [sɛrne] *vt* -**1.** [entourer] to surround, to lie around; les lacs qui cernent la ville the lakes dotted around the OU surrounding the town. -**2.** [assiéger - ville] to surround, to seal off *(sép)*; [- armée, population] to surround; vous êtes cernés! you are surrounded! -**3.** [délimiter] to define, to determine, to mark out; cernons le problème let's specify the scope of the problem. -**4.** [ouvrir - noix] to crack open, to shell. -**5.** HORT to ring.

CERS (*abr de* Commission européenne de recherches spatiales) *nf* ESRO.

certain, e[1] [sɛrtɛ̃, *devant nm commençant par voyelle ou h muet* sɛrtɛn, sɛrtɛn] *adj* -**1.** [incontestable - amélioration] definite; [- preuve] definite, positive; [- avantage, rapport] definite, clear; [- décision, invitation, prix] definite; le médicament a des effets secondaires ~s the drug has definite side-effects; avec un enthousiasme ~ with real OU obvious enthusiasm; tenir qqch pour ~ to have no doubt about sthg; je tiens son accord pour ~ I have no doubt that he'll agree; c'est ~ [pour confirmer] undoubtedly, that's for certain OU sure; le projet a beaucoup de retard – c'est ~, mais... the project is a long way behind schedule – that's certainly true but...; j'aurais préféré attendre, c'est ~ I'd have preferred to wait, of course; une chose est ~e one thing's for certain OU sure; elle démissionne, c'est maintenant ~ it's now certain OU definite that she's resigning. -**2.** [inéluctable - échec, victoire] certain; devant un renvoi ~/une mort ~e faced with certain dismissal/death; on nous avait présenté son départ comme ~ we'd been told he was certain to go. -**3.** [persuadé]: être ~ de: être ~ de ce qu'on avance to be sure OU certain about what one is saying; il n'est pas très ~ de sa décision he's not sure he's made the right decision; êtes-vous ~ de votre bon droit? are you sure (that) you're in the right?; être ~ d'avoir fait qqch to be sure OU to be positive one has done sthg; il est ~ de revenir he's sure OU certain to return; si tu pars battu, tu es ~ de perdre! if you think you're going to lose, (then) you're bound OU sure OU certain to lose!; être ~ que, en être ~: êtes-vous sûr que c'était lui? – j'en suis ~! are you sure it was him? – I'm positive!; ils céderont – n'en sois pas si ~ they'll give in – don't be so sure; j'étais ~ que cela recommencerait I was sure OU I knew it would happen again; si j'étais ~ qu'il vienne if I knew (for sure) OU if I was certain that he was coming. -**4.** MATH & PHILOS certain.
◆ **certain** *nm* BOURSE fixed OU direct rate of exchange.

certain, e[2] [sɛrtɛ̃, *devant nm commençant par voyelle ou h muet* sɛrtɛn, sɛrtɛn] *adj indéf* -**1.** [exprimant l'indétermination]: à remettre à une ~e date to be handed in on a certain date; à un ~ moment at one point; un ~ nombre d'entre eux some of them; j'y ai cru un ~ temps I believed it for a while; un ~ temps après/avant a while later/earlier; d'un ~ point de vue, tu as raison in some ways OU in a sense, you're right; d'une ~e façon OU manière in a way; dans une ~e mesure to a certain extent, to an extent; dans OU en un ~ sens in a sense. -**2.** [exprimant une quantité non négligeable]: il a fait preuve d'une ~e intelligence he has shown a certain amount of OU some intelligence; il a un ~ talent he has some talent; il a eu une ~e influence sur elle he had some influence on her; il faut un ~ courage! you certainly need some pluck!; elle a un ~ culot! she's got some nerve! -**3.** [devant un nom de personne]: un ~ John a téléphoné someone called John phoned; les dialogues sont l'œuvre d'un ~... the dialogue is by someone called... OU by one...; il voit souvent un ~ Robert *péj* he sees a lot of some character called Robert.
◆ **certains, certaines** ◇ *adj indéf pl* [quelques] some, certain; ~es fois sometimes, on some occasions; dans ~es circonstances in certain OU some circumstances; ~s jours sometimes, on some days; ~s indices retrouvés chez lui... certain clues found at his home...; j'ai ~es idées sur la question I have some OU a few ideas on the subject; je connais ~es personnes qui n'auraient pas hésité I can think of some OU a few people who wouldn't have thought twice about it.

◇ *pron indéf pl* [personnes] some (people); [choses] some; [d'un groupe] some (of them); ~s pensent que... some people think that...; je travaille, moi, je ne suis pas comme ~s! *aussi hum* I work, unlike some people!; ~s d'entre vous semblent ne pas avoir compris some of you seem not to have understood; il a de nombreux amis et ~s sont très influents he has a lot of friends and some of them are very influential; il vend des gravures et ~es sont très jolies he sells engravings, and some (of them) are very pretty.

certainement [sɛrtɛnmɑ̃] *adv* -**1.** [sans aucun doute] certainly, surely, no doubt; il va ~ échouer he is bound to fail. -**2.** [probablement] surely, certainly; il y a ~ une solution à ton problème there must be OU there is surely a way to solve your problem; elle va ~ t'appeler she'll most likely call you; tu te souviens ~ de Paul? surely you remember Paul?, your remember Paul, surely?; il sera ~ le vainqueur he's the most likely candidate; je reviendrai ~ mardi I'll very likely come back on Tuesday. -**3.** [dans une réponse] certainly; je peux? – ~! may I? – certainly OU of course!; ~ pas! certainly not!

certes [sɛrt] *adv sout* -**1.** [assurément] certainly, indeed; vous n'ignorez ~ pas quelle est la situation I'm sure you are not unaware of the situation; ~, je ne pouvais pas lui dire la vérité I certainly couldn't tell him the truth. -**2.** [servant de réponse] certainly; acceptez-vous? – ~! do you accept? – certainly!; l'avez-vous lu? – ~! did you read it? – I certainly did OU I did indeed!; m'en voulez-vous? – ~ non! are you angry with me? – of course not OU certainly not! -**3.** [indiquant la concession] of course, certainly; ~, sa situation n'est pas enviable, mais que faire? his situation is certainly not to be envied, but what can be done?; je ne veux ~ pas la décourager, mais... I certainly wouldn't want to discourage her, but...; il est beau, ~, mais il n'est pas sympathique he's handsome, I grant you, but he's not very nice.

certif *fam* [sɛrtif] *nm abr de* certificat d'études (primaires).

certificat [sɛrtifika] *nm* -**1.** [attestation] certificate; ~ de bonne vie et de bonnes mœurs JUR character reference; ~ médical doctor's certificate; ~ de naissance birth certificate; ~ de navigabilité [aérienne] certificate of airworthiness; [maritime] certificate of seaworthiness; ~ d'origine certificate of origin; ~ de scolarité SCOL school attendance certificate; UNIV university attendance certificate; ~ de travail ≃ P 45 *Br*, attestation of employment; ~ de vaccination vaccination certificate. -**2.** [diplôme] diploma, certificate; ~ d'aptitude pédagogique → **CAP**; ~ d'aptitude professionnelle → **CAP**; ~ d'aptitude au professorat de l'enseignement du second degré → **CAPES**; ~ d'aptitude au professorat de l'enseignement technique → **CAPET**; ~ d'études (primaires) basic school-leaving qualification *(abolished in Metropolitan France in 1989)*.

certificateur [sɛrtifikatœr] ◇ *adj m* certifying, guaranteeing.
◇ *nm* [gén] certifier, guarantor; [de caution] counter-security.

certification [sɛrtifikasjɔ̃] *nf* -**1.** [authentification] authentification. -**2.** [garantie] (bank) guarantee. -**3.** [assurance, attestation] attestation, witnessing; ~ de signature OU des signatures witnessing of signatures.

certifié, e [sɛrtifje] ◇ *adj* holding the CAPES.
◇ *nm, f* CAPES holder.

certifier [9] [sɛrtifje] *vt* -**1.** [assurer] to assure; il m'a certifié que rien n'avait été vendu he assured me nothing had been sold. -**2.** JUR [garantir - caution] to guarantee, to countersecure; [- signature] to witness; [- document] to certify; certifié conforme: une copie certifiée conforme à l'original a certified copy of the original document.

certitude [sɛrtityd] *nf* certainty, certitude; ce n'est pas une hypothèse, c'est une ~ it's not a possibility, it's a certainty; avoir la ~ de qqch to be convinced of sthg; il viendra, j'en ai la ~ I'm convinced OU certain OU quite sure he'll come; je sais avec ~ que... I know for a certainty that...

ceruléen, enne [seryleɛ̃, ɛn] *adj litt* cerulean.

cérumen [serymɛn] *nm* earwax, cerumen *spéc*.

céruse [seryz] *nf* ceruse.

Cervantès [sɛrvɑ̃tɛs] *npr* Cervantes.

cerveau, x [sɛrvo] *nm* -**1.** ANAT brain; ~ antérieur forebrain; ~ moyen midbrain; ~ postérieur hindbrain; ~ brûlé *fam* reckless fool; les ~ brûlés the reckless; il a le ~ malade *fam* OU dérangé *fam* OU fêlé *fam* he's got a screw loose, he's cracked. -**2.** *fam* [génie] brainy person; c'est un ~ he's got brains. -**3.** [instigateur] brains; être le ~ de qqch to be the brains behind sthg. -**4.** INF: ~ électronique electronic brain.

cervelas [sɛrvəla] *nm* ≃ saveloy *(sausage)*.

cervelet [sɛrvəlɛ] *nm* cerebellum.

cervelle [sɛrvɛl] *nf* -**1.** ANAT brain. -**2.** *fam* [intelligence] brain; se mettre qqch dans la ~ to get sthg into one's head; il faudrait te le mettre dans la ~ get it into your head; il n'a OU il n'y a rien dans sa petite ~ he's got nothing between his ears; quand elle a quelque chose dans la ~ when she gets an idea into her head ❑ avoir une ~ d'oiseau OU une tête sans ~ to be bird-brained; se mettre la ~ à l'envers to rack one's brains. -**3.** CULIN brains; une ~ de mouton sheep's brains ❑ ~ de canut *fromage frais with herbs*.

cervical, e, aux [sɛrvikal, o] *adj* cervical.

cervicite [sɛrvisit] *nf* cervicitis.

cervidé [sɛrvide] *nm* cervid; les ~s the Cervidae.

Cervin [sɛrvɛ̃] *npr m*: le (mont) ~ the Matterhorn.

cervoise [sɛrvwaz] *nf* ale, barley wine.

ces [se] *pl* → **ce** *adj dém*.

CES (*abr de* collège d'enseignement secondaire) *nm former secondary school*.

césar [sezar] *nm* -**1.** [despote] tyrant, dictator. -**2.** CIN *French cinema award*.

César [sezar] *npr* Caesar; rendez à ~ ce qui appartient à ~ render unto Caesar that which is Caesar's.

césarienne [sezarjɛn] *nf* Caesarean section.

césium [sezjɔm] *nm* caesium.

cessant, e [sɛsɑ̃, ɑ̃t] *adj* → **affaire**.

cessation [sɛsasjɔ̃] *nf* -**1.** MIL: ~ des hostilités cease-fire. -**2.** [d'une activité] cessation, stopping; ~ du travail stoppage. -**3.** COMM: ~ de paiement suspension of payments; être en ~ de paiement to have suspended (all) payments; ~ d'activité termination of business.

cesse [sɛs] *nf*: n'avoir de ~ que *sout*: elle n'aura de ~ qu'elle n'ait trouvé la réponse she will not rest until she finds the answer.
◆ **sans cesse** *loc adv* continually, constantly; elle se plaint sans ~ she's constantly complaining, she complains all the time.

cesser [4] [sese] ◇ *vi* [pluie] to stop, to cease; [vent] to die down, to abate; [combat] to (come to a) stop; [bruit, mouvement] to stop, to cease; il y a trop d'absentéisme, il faut que cela cesse! too many people are staying away from work, this must stop!
◇ *vt* -**1.** [arrêter] to stop, to halt; ~ le travail to down tools, to walk out; les chantiers navals cessent le travail [dans un titre] stoppage at the shipyards; faire ~ qqch to put a stop to sthg; ~ de *sout* to stop; cesse de pleurer stop crying; ~ de fumer to give up OU to stop smoking; ne pas ~ de faire *sout* to carry on doing; il n'a pas cessé de pleuvoir it rained non-stop; il ne cesse pas de gémir he never stops moaning; ne ~ de faire *sout* to persist in doing; je ne cesse d'y penser I cannot stop myself thinking about it. -**2.** MIL: ~ le combat to stop fighting; ~ le feu to cease fire.

cessez-le-feu [seselfø] *nm inv* cease-fire.

cessibilité [sesibilite] *nf* assignability, transferability.

cessible [sesibl] *adj* assignable, transferable.

cession [sɛsjɔ̃] *nf* JUR transfer, assignment; ~ de bail lease transfer.

cession-bail [sɛsjɔ̃baj] (*pl* cessions-bails OU cessions-baux) *nf* lease-back.

cessionnaire [sɛsjɔnɛr] *nmf* assignee, transferee.

c'est-à-dire [setadir] *loc adv* -**1.** [introduisant une explication] that is (to say), i.e., in other words; toute la famille, ~ mes parents et mes sœurs all the family, i.e. OU that is, my parents and my sisters. -**2.** [introduisant une rectification] or rather; il est venu hier, ~ plutôt avant-hier he came yesterday, I mean OU or rather the day before yesterday.
◆ **c'est-à-dire que** *loc conj* -**1.** [introduisant un refus, une hésitation] actually, as a matter of fact; voulez-vous nous accompagner? – ~ que je suis un peu fatigué do you want to come with us? – I'm afraid OU actually I'm a bit tired; tu m'en veux? – ~ que oui, un peu are you angry with me? – well, actually, I am a bit. -**2.** [introduisant une explication] which means; il a acheté une maison, ~ qu'il s'est endetté he bought a house, which means he got himself into debt. -**3.** [introduisant une rectification] or rather; je ne sais pas ce qu'il veut, ~ que je préfère ne pas le savoir I don't know what he wants or rather I don't want to know.

césure [sezyr] *nf* caesura.

cet [sɛt] *m* → **ce** *adj dém*.

CET (*abr de* collège d'enseignement technique) *nm former technical school*.

cétacé [setase] *nm* cetacean; les ~s the Cetacea.

cétane [setan] *nm* cetane.

cétoine [setwan] *nf* beetle.

cétone [setɔn] *nf* ketone.

cétonique [setɔnik] *adj* ketonic.

cétonurie [setɔnyri] *nf* ketonuria.

cette [sɛt] *f* → **ce** *adj dém*.

ceux [sø] *pl* → **celui**.

ceux-ci [søsi] *mpl* , **ceux-là** [søla] *mpl* → **celui**.

Cévennes [sevɛn] *npr fpl*: les ~ the Cévennes.

cévenol, e [sevnɔl] *adj* from the Cévennes.
◆ **Cévenol, e** *nm, f inhabitant of or person from the Cévennes*.

Ceylan [selɑ̃] *npr* Ceylon.

ceylanais, e [selanɛ, ɛz] *adj* Ceylonese.
◆ **Ceylanais, e** *nm, f inhabitant of or person from Ceylon*.

cf. (*abr de* confer) cf.

CFA ◇ *npr* (*abr de* Communauté financière africaine): franc ~ *currency used in former French African colonies*.
◇ *nm* (*abr de* centre de formation des apprentis) *centre for apprenticeship training*.

CFAO (*abr de* conception et fabrication assistées par ordinateur) *nf* CADCAM.

CFC (*abr de* chlorofluorocarbone) *nm* CFC.

CFDT (*abr de* Confédération française démocratique du travail) *npr f French trade union*.

CFES (*abr de* certificat de fin d'études secondaires) *nm school-leaving certificate*.

CFF (*abr de* Chemins de fer fédéraux) *npr mpl Swiss railways*.

CFL (*abr de* Chemins de fer luxembourgeois) *npr mpl Luxembourg railways*.

CFP ◇ *npr f* (*abr de* Compagnie française des pétroles) *French oil company*.
◇ *npr* (*abr de* Colonies françaises du Pacifique): franc ~ *currency used in former French colonies in the Pacific area*.

CFTC (*abr de* Confédération française des travailleurs chrétiens) *npr f French trade union*.

CGC (*abr de* Confédération générale des cadres) *npr f French management union*.

CGPME (*abr de* Confédération générale des petites et moyennes entreprises) *npr f French small business employers' organization*.

CGT (*abr de* Confédération générale du travail) *npr f major association of French trade unions (affiliated to the Communist Party)*.

ch (*abr de* cheval-vapeur) hp.

ch. -**1.** *abr écrite de* charges. -**2.** *abr écrite de* chauffage. -**3.** *abr écrite de* cherche.

CH (*abr écrite de* Confédération helvétique) *Switzerland (as nationality sticker on a car)*.

chabichou [ʃabiʃu] *nm kind of goatsmilk cheese*.

chablis [ʃabli] *nm* ŒNOL Chablis.

chablon [ʃablɔ̃] *nm Helv* stencil.

chabot [ʃabo] *nm* ZOOL bullhead, miller's thumb.

chacal, als [ʃakal] *nm* -**1.** ZOOL jackal. -**2.** *péj* [personne] vulture, wolf.

cha-cha-cha [tʃatʃatʃa] *nm inv* cha-cha, cha-cha-cha.

chacun, e [ʃakœ̃, yn] *pron indéf* -**1.** [chaque personne, chaque chose] each; ~ **à sa façon** each in his own way; ~ **à sa façon, ils ont raison** each one is right in his own way; **je vous donne 10 minutes** ~ I'll give you 10 minutes each; **je les vends 15 F** ~ I'm selling them for 15 F each OU a piece; ~ **de each (one) of;** ~ **d'entre nous** each of us; ~ **des employés a une tâche à remplir** each employee has a job to do; ~ **de ses gestes** each of his gestures; ~ **son tour: Madame,** ~ **son tour** please wait your turn, Madam; **alors comme ça tu pars en vacances? – eh oui** ~ **son tour!** so you're off on holiday, are you? – well, it's my turn now!; **nous y sommes allés** ~ **à notre tour** we each went in turn. -**2.** [tout le monde] everyone, everybody; ~ **le dit** everyone says so; **à** ~ **ses goûts** to each his own; **à** ~ **son métier** every man to his own trade; **tout un** ~ everybody, each and every person ❑ **à** ~ **sa** ~**e** *fam* every Jack has his Jill; ~ **pour soi** every man for himself.

chafouin, e [ʃafwɛ̃, in] *adj péj*: **un petit visage** ~ a pinched OU foxy face.

chagrin[1] [ʃagrɛ̃] *nm* [peine] sorrow, grief; **causer du** ~ **à qqn** to cause distress to OU to distress sb; **avoir un** ~ **d'amour** to be disappointed in love.

chagrin[2] [ʃagrɛ̃] *nm* [cuir] shagreen.

chagrin[3]**, e** [ʃagrɛ̃, in] *adj litt* -**1.** [triste] sad, sorrowful, woeful *litt*. -**2.** [revêche] ill-tempered, quarrelsome.

chagrinant, e [ʃagrinɑ̃, ɑ̃t] *adj* grievous, distressing.

chagriner [3] [ʃagrine] *vt* -**1.** [attrister] to grieve, to distress. -**2.** [contrarier] to worry, to bother, to upset. -**3.** [cuir] to shagreen, to grain.

chah [ʃa] = **shah**.

chahut [ʃay] *nm* rumpus, hullabaloo, uproar; **faire du** ~ [élèves] to make a racket, to kick up a rumpus.

chahuter [3] [ʃayte] ◇ *vi* -**1.** [être indiscipliné] to kick up a rumpus, to make a racket. -**2.** [remuer]: **ça chahutait ferme sur le bateau!** it was a bit rough on the boat!

◇ *vt* -**1.** [houspiller - professeur] to rag, to bait; [- orateur] to heckle; **un professeur chahuté** a teacher who can't control his pupils; **se faire** ~: **il se fait** ~ **en classe** he can't keep (his class in) order. -**2.** [remuer] to knock about, to bash around.

chahuteur, euse *fam* [ʃaytœr, øz] ◇ *adj* rowdy, boisterous.

◇ *nm, f* rowdy.

chai [ʃɛ] *nm* wine and spirits storehouse.

chaînage [ʃɛnaʒ] *nm* -**1.** CONSTR [action] clamping, tying; [armature] clamps, ties; [mesurage] chaining. -**2.** INF chaining.

chaîne [ʃɛn] *nf* -**1.** [attache, bijou] chain; **le chien était attaché à sa niche par une** ~ the dog was chained to its kennel; **une** ~ **en or** a gold chain; **faire la** ~ *fig* to form a (human) chain; **former une** ~ **de solidarité** to create a network of support ❑ ~ **d'arpenteur** surveyor's chain; ~ **de bicyclette** bicycle chain; ~ **de sûreté** [sur un bijou] safety chain; [sur une porte] (door) chain; **briser ses** ~**s** to cast off one's chains OU shackles; **le peuple a brisé ses** ~**s** the people shook off their chains. -**2.** [suite] chain, series; **une** ~ **d'événements** a chain of events ❑ **la** ~ **alimentaire** ÉCOL the food chain; ~ **de montagnes** (mountain) range; ~ **parlée** LING (speech) utterances. -**3.** TV channel; **je regarde la première** ~ I'm watching channel one; **une** ~ **payante** a subscription TV channel. -**4.** AUDIO: ~ **hi-fi** hi-fi; ~ **stéréo** stereo; ~ **compacte** compact system; ~ **laser** CD system. -**5.** COMM [de restaurants, de supermarchés] chain. -**6.** INDUST: ~ **de montage/fabrication** assembly/production line. -**7.** INF string; ~ **vide/de caractères nul/**character string. -**8.** CHIM & PHYS chain. -**9.** TEXT warp. -**10.** DANSE chain; **faites la** ~! [dans une ronde] hold hands and make a circle! -**11.** CONSTR [barre] I-beam, tie-beam, tie-iron; [pilier] pier. -**12.** PÊCHE: ~ **à chalut** trawl grommet.

◆ **chaînes** *nfpl* AUT (snow) chains.

◆ **à la chaîne** ◇ *loc adj* [travail] assembly-line *(modif)*, production-line *(modif)*.

◇ *loc adv* [travailler, produire] on the production line; **faire qqch à la** ~ to mass-produce sthg; **ils ont été faits à la** ~ [gén] they're off the production line; *péj* they've been churned out (in their hundreds); **des objets produits à la** ~ mass-produced items.

◆ **en chaîne** *loc adj*: **des catastrophes en** ~ a whole catalogue of disasters.

chaîner [4] [ʃene] *vt* -**1.** CONSTR to chain, to tie. -**2.** [mesurer] to chain. -**3.** AUT [pneu] to put chains on; [voiture] to fit with chains. -**4.** INF to chain.

chaînette [ʃɛnɛt] *nf* -**1.** JOAILL small chain. -**2.** COUT: **(point de)** ~ chain stitch.

◆ **en chaînette** *loc adj* ARCHIT & GÉOM catenary.

chaînon [ʃɛnɔ̃] *nm* -**1.** [élément - d'une chaîne, d'un raisonnement] link; **le** ~ **manquant** *pr* & *fig* the missing link. -**2.** GÉOG secondary chain OU range (of mountains). -**3.** INF: ~ **de données** data link.

chair [ʃɛr] ◇ *nf* -**1.** [chez les humains, les animaux]: **la** ~, **les** ~**s** the flesh ❑ ~ **à canon** cannon fodder; ~ **fraîche: il aime la** ~ **fraîche** [ogre] he likes to eat children; *hum* [séducteur] he's a bit of a cradle-snatcher; **avoir la** ~ **de poule** [avoir froid, avoir peur] to have goose pimples; **quelle horreur! ça me donne** OU **j'en ai la** ~ **de poule!** how awful! it gives me goose pimples!; **bien en** ~ chubby; **un être de** ~ **et de sang** a creature of flesh and blood; **voir qqn en** ~ **et en os** to see sb in the flesh; ~ **à saucisse** *pr* sausage meat; **je vais en faire de la** ~ **à saucisse** *fam* OU **à pâté!** *fam fig* I'm going to make mincemeat out of him! -**2.** BOT flesh, pulp. -**3.** RELIG & *litt*: **la** ~ **est faible** the flesh is weak; **les plaisirs de la** ~ the pleasures of the flesh; **la** ~ **de sa** ~ his own flesh and blood ❑ **le péché de** ~ the sin of the flesh.

◇ *adj inv* [couleur] flesh, flesh-coloured.

◆ **chairs** *nfpl* BX-ARTS flesh parts OU tints.

chaire [ʃɛr] *nf* -**1.** [estrade] rostrum; **monter en** ~ *pr* to go up on the rostrum; *fig* to start one's speech. -**2.** RELIG throne, cathedra; **la** ~ **apostolique** the Holy See. -**3.** UNIV chair; **être titulaire d'une** ~ **de linguistique** to hold a chair in linguistics.

chaise [ʃɛz] *nf* -**1.** [siège] chair; ~ **à bascule,** ~ **berçante** *Can* rocking chair; ~ **de cuisine/jardin** kitchen/garden chair; ~ **haute** OU **d'enfant** OU **de bébé** highchair; ~ **électrique** electric chair; ~ **à porteurs** sedan (chair); ~ **longue** [d'extérieur] deck OU canvas chair; [d'intérieur] chaise longue; **faire de la** ~ **longue** to lounge about in a deck chair; ~ **percée** commode; ~ **pliante** folding chair; ~ **de poste** post chaise; ~ **roulante** wheelchair. -**2.** JEUX: ~**s musicales** musical chairs. -**3.** CONSTR wooden frame. -**4.** NAUT: **nœud de** ~ bowline.

chaisier, ère [ʃɛzje, ɛr] *nm, f* -**1.** [fabricant] chair maker. -**2.** [gardien] chair attendant *(in gardens or church)*.

chaland[1] [ʃalɑ̃] *nm* NAUT barge.

chaland[2]**, e** [ʃalɑ̃, ɑ̃d] *nm, f arch* & COMM regular customer.

chaland-citerne [ʃalɑ̃sitɛrn] (*pl* **chalands-citernes**) *nm* bunkering barge.

Chaldée [kalde] *npr f*: **(la)** ~ Chaldea.

chaldéen, enne [kaldeɛ̃, ɛn] *adj* Chaldean.

◆ **Chaldéen, enne** *nm, f* Chaldean.

◆ **chaldéen** *nm* LING Chaldee, Chaldean.

châle [ʃal] *nm* shawl.

chalet [ʃalɛ] *nm* [maison - alpine] chalet; [- de plaisance] (wooden) cottage.

chaleur [ʃalœr] *nf* -**1.** MÉTÉO heat; ~ **douce** warmth; **il fait une** ~ **lourde** it's very muggy; **quelle** ~! what a scorcher!; **'craint** OU **ne pas exposer à la** ~**'** 'store in a cool place'. -**2.** PHYS heat; ~ **massique** OU **spécifique** specific heat. -**3.** [sentiment] warmth; **leur accueil manquait de** ~ their welcome lacked warmth OU wasn't very warm; **il y avait une certaine** ~ **dans sa voix** his voice was warm (and welcoming); **plaider une cause avec** ~ to plead a case fervently OU with fervour ❑ ~ **humaine** human warmth. -**4.** BX-ARTS [d'une couleur] warmth.

◆ **chaleurs** *nfpl* -**1.** MÉTÉO: **les grandes** ~**s** the hottest days of the summer. -**2.** ZOOL heat; **la jument a ses** ~**s** the mare's on *Br* OU in *Am* heat.

◆ **en chaleur** *loc adj* -**1.** ZOOL on heat *Br*, in heat *Am*. -**2.** ▼ [homme, femme] horny.

chaleureusement [ʃalœrøzmɑ̃] *adv* warmly.

chaleureux, euse [ʃalœrø, øz] *adj* [remerciement] warm, sincere; [accueil] warm, cordial, hearty; [approbation] hearty, sincere; [voix] warm; [ami] warm-hearted.

châlit [ʃali] *nm* bedstead.

challenge [ʃalɑ̃ʒ] *nm* -**1.** [défi] challenge. -**2.** SPORT [épreuve] sporting contest; [trophée] trophy.

challenger [tʃalɛndʒœr] *nm* challenger.

chaloir [ʃalwar] *v impers arch* OU *litt*: **peu me** OU **peu m'en chaut** it matters (but) little to me.

chaloupe [ʃalup] *nf* [à moteur] launch; [à rames] rowing boat *Br*, rowboat *Am*.

chaloupé, e [ʃalupe] *adj* -**1.** [danse] gliding, swaying. -**2.** [démarche] rolling.

chalouper [3] [ʃalupe] *vi* -**1.** [danser] to sway, to glide. -**2.** [marcher] to waddle.

chalumeau, x [ʃalymo] *nm* -**1.** TECH blowlamp *Br*, blowtorch *Am*; **chauffer un métal au** ~ to heat a piece of metal with a blowlamp ❑ ~ **oxhydrique/oxyacétylénique** oxyhydrogen/oxyacetylene torch. -**2.** MUS pipe. -**3.** [paille] straw.

chalut [ʃaly] *nm* trawl; **pêcher au** ~ to trawl.

chalutage [ʃalytaʒ] *nm* trawling.

chalutier [ʃalytje] *nm* -**1.** [pêcheur] trawlerman. -**2.** [bateau] trawler; **petit** ~ dragger.

chamade [ʃamad] *nf*: **battre la** ~ to beat OU to pound wildly.

chamaille *fam* [ʃamaj] = **chamaillerie**.

chamailler *fam* [3] [ʃamaje]

◆ **se chamailler** *fam vp (emploi réciproque)* to bicker, to squabble.

◆ **se chamailler avec** *fam vp + prép* to bicker with.

chamaillerie *fam* [ʃamajri] *nf* squabble, tiff.

chamailleur, euse *fam* [ʃamajœr, øz] ◇ *adj* squabbling.

◇ *nm, f* bickerer, squabbler.

chaman [ʃaman] *nm* shaman.

chamanisme [ʃamanism] *nm* shamanism.

chamarrer [3] [ʃamare] *vt* to decorate, to adorn, to ornament; **un tissu chamarré** a rich and colourful material; **un costume chamarré d'or** a costume decorated with gold.

chamarrures [ʃamaryr] *nfpl* trimmings, adornments; **elle adore les** ~ she loves a glittery style of dress.

chambard *fam* [ʃɑ̃bar] *nm* din, racket, rumpus; **faire tout un** ~ [faire du bruit] to kick up (a din), to make a rumpus; [faire du désordre] to make a mess; [protester] to kick up (a fuss), to raise a stink.

chambardement *fam* [ʃɑ̃bardəmɑ̃] *nm* upheaval; le grand ~, le ~ général the troubles.
chambarder *fam* [3] [ʃɑ̃barde] *vt* [endroit, objets] to mess up *(sép)*, to turn upside down *(sép)*; [projets] to upset, to overturn, to turn upside down.
chambellan [ʃɑ̃belɑ̃] *nm* chamberlain.
chambertin [ʃɑ̃bɛrtɛ̃] *nm* Chambertin (wine).
chamboulement *fam* [ʃɑ̃bulmɑ̃] *nm* -**1.** [désordre] mess, shambles. -**2.** [changement] total change, upheaval; **il y a eu un ~ complet dans nos projets** our plans were turned upside down.
chambouler *fam* [3] [ʃɑ̃bule] *vt* [endroit, objets] to mess up *(sép)*, to turn upside down *(sép)*; [projets] to ruin, to upset, to mess up *(sép)*; **cette réunion imprévue a chamboulé mon emploi du temps** this last-minute meeting has messed up my schedule.
chambranle [ʃɑ̃brɑ̃l] *nm* [de cheminée] mantelpiece; [de porte] (door) frame OU casing; [de fenêtre] (window) frame OU casing.
chambre [ʃɑ̃br] *nf* -**1.** [pièce - d'une maison] room; [- d'un hôtel, d'une pension] room; **dans ma ~** in my room OU bedroom; **avoir une ~ en ville** [étudiant] to have a place in town; **faire ~ à part** to sleep in separate rooms; **faire ~ commune** to share the same room OU bedroom; **réserver une ~ d'hôtel** to book a hotel room; **~ individuelle** OU **pour une personne** single (room); **~ pour deux personnes** double room; '**~s à louer**' 'rooms available'; '**~ avec ou sans pension**' 'bed and breakfast or full board' ❑ **~ (à coucher)** bedroom; **~ d'amis** guest OU spare room; **~ de bonne** *pr* maid's room; [louée à un particulier] attic room *(often rented to a student)*; **~ d'enfant** child's room; [pour tout-petits] nursery; **~ de service** servant's room; **camarade de ~** roommate. -**2.** [local]: **~ forte** strongroom; **~ froide** cold room; **~ à gaz** gas chamber. -**3.** POL House Chamber; **la Chambre des communes** the House of Commons; **la Chambre des députés** the (French) Chamber of Deputies; **la Chambre haute/basse** the Upper/Lower Chamber; **la Chambre des lords** OU **des pairs** the House of Lords; **la Chambre des représentants** the House of Representatives. -**4.** JUR [subdivision d'une juridiction] chamber; **première ~** upper chamber OU court; **deuxième ~** lower chamber OU court ‖ [section] Court; **Chambre d'accusation** OU **des mises en accusation** Court of criminal appeal; **Chambre des appels correctionnels** District Court. -**5.** [organisme]: **Chambre de commerce** Chamber of Commerce; **~ de compensation** clearing house; **Chambre des métiers** Guild Chamber; **Chambre syndicale** Employer's Syndicate. -**6.** MUS: **musique de ~** chamber music. -**7.** NAUT [local]: **~ des cartes** OU **de navigation** chart house; **~ de chauffe** stokehold; **~ des machines** engine-room ‖ [cabine] cabin. -**8.** ASTRON: **~ de Schmidt** Schmidt telescope. -**9.** ARM chamber. -**10.** MÉCAN, PHYS & TECH chamber; **~ à air** inner tube; **sans ~ à air** tubeless; **~ de combustion** combustion chamber. -**11.** PHOT: **~ noire** darkroom. -**12.** OPT: **~ claire/noire** camera lucida/obscura. -**13.** ANAT: **~ antérieure** OU **de l'œil** anterior chamber of the eye; **~ pulpaire (d'une dent)** (tooth) pulp chamber.
◆ **en chambre** ◇ *loc adj* -**1.** *hum* [stratège, athlète] armchair *(modif)*. -**2.** [à domicile]: **couturière en ~** dressmaker working from home.
◇ *loc adv* [travailler] at OU from home.

LA CHAMBRE DES DÉPUTÉS:
This was the official name for the French parliamentary assembly until 1946, when the name "l'Assemblée nationale" was adopted.

chambrée [ʃɑ̃bre] *nf* MIL [pièce] (barrack) room; [soldats]: **toute la ~** all the soldiers in the barrack room.
chambrer [3] [ʃɑ̃bre] *vt* -**1.** ŒNOL to allow to breathe, to bring to room temperature. -**2.** *fam* [se moquer de] to pull sb's leg; **arrête de me ~!** stop pulling my leg!
chambrette [ʃɑ̃brɛt] *nf* small room.
chambrière [ʃɑ̃brijɛr] *nf* -**1.** [servante] chambermaid. -**2.** [fouet] lunging whip. -**3.** [béquille] cart-prop.
chameau, x [ʃamo] *nm* -**1.** ZOOL camel. -**2.** *fam péj* [personne]: **quel ~!** [homme] he's a real swine!; [femme] she's a real cow!; **oh, le petit ~!** little tyke!
chamelier [ʃaməlje] *nm* camel driver.
chamelle [ʃamɛl] *nf* she-camel.
chamito-sémitique [kamitɔsemitik] (*pl* **chamito-sémitiques**) ◇ *adj* Hamito-Semitic.
◇ *nm* LING Hamito-Semitic language group.
chamois [ʃamwa] ◇ *nm* -**1.** ZOOL chamois. -**2.** SPORT *skiing proficiency grade*. -**3.** [couleur] buff, fawn.
◇ *adj inv* buff, fawn.
chamoisage [ʃamwazaʒ] *nm* buffing.
chamoiser [3] [ʃamwaze] *vt* to buff.
chamoisette [ʃamwazɛt] *nf Belg* duster.
champ [ʃɑ̃] *nm* -**1.** AGR field; **~ de blé** field of wheat; **~ de maïs** cornfield; **mener les bêtes aux ~s** to graze a herd in the field OU fields; **un ~ de neige** a snowfield, a field of snow. -**2.** [périmètre réservé]: **~ d'aviation** airfield; **~ de courses** racecourse; **~ de foire** fairground; **~ de tir** ARM [terrain] rifle range; [portée d'une arme] field of fire. -**3.** [domaine, étendue] field; **le ~ de la psychanalyse/conscience** the field of psychoanalysis/consciousness; **élargir le ~ de ses activités** to widen the range OU scope of one's activities; **un vaste ~ d'action** a broad field of activity ❑ **avoir le ~ libre** to have a free hand; **laisser le ~ libre à qqn** to leave the field open for sb. -**4.** CIN & PHOT: **être dans le ~** to be in shot; **sortir du ~** to go out of shot. -**5.** ÉLECTR & PHYS field; **~ électrique/magnétique** electric/magnetic field; **~ de pesanteur** gravitational field. -**6.** FTBL: **~ (de jeu)** play area; **il a du ~ devant lui** he's got an open field in front of him; **prendre du ~** [pour observer] to step back; [pour réfléchir] to stand back; [pour sauter] to take a run-up. -**7.** HÉRALD field. -**8.** INF: **~ d'action** sensitivity; **~ variable** variable field. -**9.** LING & MATH field. -**10.** MÉD field; **~ opératoire/visuel** field of operation/view. -**11.** MIL: **aux ~s** general salute ❑ **~ de bataille** *pr* battlefield, battleground; *fig* mess; **la cuisine avait l'air d'un ~ de bataille** the kitchen looked like a bomb had hit it; **~ clos** *pr* battleground; **~ d'honneur** field of honour; **il est mort au ~ d'honneur** he died for his country; **~ de manœuvre** parade ground; **~ de mines** minefield. -**12.** MYTH: **les ~s Élysées** OU **Élyséens** the Elysian Fields.
◆ **champs** *nmpl* [campagne] country, countryside; **la vie aux ~s** country life; **se promener dans les ~s** to go for a walk in the country.
◆ **sur le champ** *loc adv* immediately, at once, right away.
champagne [ʃɑ̃paɲ] ◇ *nm* Champagne; **~ brut/rosé** extra dry/pink Champagne.
◇ *adj inv* -**1.** [couleur] Champagne *(modif)*. -**2.** ŒNOL → **fine**.
Champagne [ʃɑ̃paɲ] *npr f*: (la) ~ Champagne.
champagnisation [ʃɑ̃paɲizasjɔ̃] *nf* sparkling wine production *(according to the Champagne method)*.
champagniser [3] [ʃɑ̃paɲize] *vt*: **~ le vin** to make sparkling wine *(by using the Champagne method)*; **vins champagnisés** Champagne method wines.
Champ-de-Mars [ʃɑ̃dmars] *npr m*: **le ~** *the esplanade where the Eiffel Tower stands*.
champenois, e [ʃɑ̃pənwa, az] *adj* from Champagne; **méthode ~e** Champagne method.
◆ **Champenois, e** *nm, f inhabitant of or person from the Champagne region*.
◆ **champenoise** *nf bottle designed for Champagne*.
champêtre [ʃɑ̃pɛtr] *adj litt* [vie, plaisirs, travaux] country *(modif)*, rustic.
champignon [ʃɑ̃piɲɔ̃] *nm* -**1.** BOT & CULIN mushroom, fungus SCI; **~ de Paris** OU **de couche** button mushroom; **grandir** OU **pousser comme un ~** [enfant] to grow (up) fast; [ville, installations] to mushroom. -**2.** MÉD: **un ~, des ~s** a fungus, a fungal infection. -**3.** [nuage - atomique] mushroom cloud. -**4.** *fam* AUT accelerator (pedal); **mettre le pied** OU **appuyer sur le ~** to put one's foot down, to step on it.
champignonnière [ʃɑ̃piɲɔnjɛr] *nf* mushroom bed.
champignonniste [ʃɑ̃piɲɔnist] *nmf* mushroom grower.
champion, onne [ʃɑ̃pjɔ̃, ɔn] *nm, f* -**1.** SPORT champion; **le ~ du monde d'aviron** the world rowing champion; **c'est un ~ de la triche** *fam* he's a first-rate OU prize cheat. -**2.** [défenseur] champion; **se faire le ~ de qqch** to champion sthg.
◆ **champion** *fam adj m*: **pour les bêtises, il est ~!** he's a great one for getting up to stupid things!; **c'est ~!** it's terrific!
championnat [ʃɑ̃pjɔna] *nm* championship.
champlever [19] [ʃɑ̃lve] *vt* [gravure] to cut away *(insép)*; [émail] to chase.
Champs-Élysées [ʃɑ̃zelize] *npr mpl*: **les ~** the Champs-Elysées.
chançard, e *fam* [ʃɑ̃sar, ard] ◇ *adj* lucky, jammy *Br*.
◇ *nm, f* lucky dog OU devil, jammy devil *Br*.
chance [ʃɑ̃s] *nf* -**1.** [aléa, hasard] luck; **quelle ~ j'ai eue!** lucky me!; **bonne ~!** good luck!; **souhaiter bonne ~ à qqn** to wish sb good luck. -**2.** [hasard favorable] (good) luck; **c'est une ~ que je sois arrivée à ce moment-là!** it's a stroke of luck that I arrived then!; **avoir de la/ne pas avoir de ~** to be lucky/unlucky; **votre génération aura peut-être plus de ~ que la nôtre** your generation will perhaps have more luck than ours; **tenter sa ~** to try one's luck; **donner** OU **laisser sa ~ à qqn** to give sb his chance. -**3.** *(tjrs sg)* [sort favorable] luck, (good) fortune; **la ~ lui sourit** luck favours him; **la ~ a voulu que sa lettre se soit égarée** luckily his letter got lost; **dernière ~** last chance; **sa dernière ~ de salut** his last chance of salvation; **négociations de la dernière ~** last-ditch negotiations; **jour de ~** lucky day; **sa ~ tourne** his luck is changing; **porter ~** to bring (good) luck; **son intransigeance ne lui a pas porté ~** his intransigence has not brought him luck; **pousser sa ~** to push one's luck. -**4.** [éventualité, probabilité] chance; **tu n'as pas une ~ sur dix de réussir** you haven't got a one-in-ten chance of succeeding; **ce qu'il dit a toutes les ~s d'être faux** the chances are that what he is saying is wrong; **quelles sont mes ~s d'être nommé à ce poste?** what are my chances of being appointed to this post?; **il y a peu de ~s qu'on te croie** there's little chance (that) you'll be believed; **son projet a de fortes** OU **grandes ~s d'être adopté** his plan stands a good chance of being adopted; **je cherche à évaluer mes ~s de succès** I'm trying to evaluate my chances of success; **n'hésite pas, tu as tes ~s** don't hesitate, you've got OU you stand a chance; **tu assisteras au débat? — il y a des ~s** *fam* will you be present at the debate? — maybe.
◆ **par chance** *loc adv* luckily, fortunately; **par ~, le courant était coupé** luckily the current was turned OU switched off.
◆ **coup de chance** *nm* stroke of luck.
chancelant, e [ʃɑ̃slɑ̃, ɑ̃t] *adj* -**1.** [vacillant - démarche, pas] unsteady, wobbling; [- pile] tottering. -**2.** [faiblissant - santé] faltering, failing, fragile.
chanceler [24] [ʃɑ̃sle] *vi* -**1.** [vaciller - personne] to totter, to wobble, to stagger; [- pile d'objets] to be unsteady. -**2.** [faiblir - pouvoir, institution, autorité] to wobble, to totter; [- santé] to falter.
chancelier [ʃɑ̃səlje] *nm* -**1.** [d'ambassade] (embassy) chief secretary, chancellor *Br*; [de consu-

lat] first secretary. -**2.** POL: ~ **fédéral** chancellor; ~ **de l'Échiquier** Chancellor of the Exchequer. -**3.** HIST chancellor.

chancelière [ʃɑ̃səljɛr] *nf* -**1.** [épouse] chancellor's wife. -**2.** [chausson] foot muff.

chancellerie [ʃɑ̃sɛlri] *nf* -**1.** POL chancery, chancellery. -**2.** RELIG: ~ **apostolique** Chancery.

chanceux, euse [ʃɑ̃sø, øz] ◇ *adj* lucky, fortunate, happy *litt.*

◇ *nm, f* lucky man (*f* woman).

chancre [ʃɑ̃kr] *nm* -**1.** MÉD chancre; ~ **induré** OU **syphilitique** hard OU infective OU true chancre; ~ **mou** chancroid, soft chancre. -**2.** BOT canker. -**3.** *litt* [fléau] plague.

chancrelle [ʃɑ̃krɛl] *nf* chancroid, soft chancre.

chandail [ʃɑ̃daj] *nm* pullover, sweater.

Chandeleur [ʃɑ̃dlœr] *nf*: **la** ~ Candlemas.

chandelier [ʃɑ̃dəlje] *nm* [à une branche] candlestick; [à plusieurs branches] candelabrum, candelabra.

chandelle [ʃɑ̃dɛl] *nf* -**1.** [bougie] (tallow) candle; **le jeu n'en vaut pas la** ~ the game's not worth the candle; **brûler la** ~ **par les deux bouts** to burn the candle at both ends; **devoir une fière** ~ **à qqn** to be deeply indebted to sb; **tenir la** ~ to play gooseberry *Br.* -**2.** [feu d'artifice]: ~ **romaine** Roman candle. -**3.** *fam* [morve] trickle of snot. -**4.** AÉRON chandelle; **monter en** ~ to chandelle. -**5.** [tir] RUGBY up-and-under; **faire une** ~ TENNIS to lob the ball. -**6.** [position de gymnastique]: **faire la** ~ to perform a shoulder stand. -**7.** CONSTR prop, stay.

◆ **aux chandelles** ◇ *loc adj* [dîner, repas] candlelit.

◇ *loc adv* [dîner] by candlelight.

chanfrein [ʃɑ̃frɛ̃] *nm* -**1.** ZOOL snout, muzzle. -**2.** [pièce d'armure] chamfron, chamfrain. -**3.** ARCHIT chamfer, bevel edge.

chanfreiner [4] [ʃɑ̃frene] *vt* to chamfer, to bevel.

change [ʃɑ̃ʒ] *nm* -**1.** FIN [transaction] exchange; [taux] exchange rate; **quel est le** ~? what's the rate of exchange OU the exchange rate?; **faire le** ~ to deal in foreign exchange; '~ **(ouvert de 9 h à 11 h)**' 'bureau de change (open from 9 a.m. till 11 a.m.)' ❑ **donner le** ~ **à qqn** [le duper] to hoodwink sb, to put sb off the track; **gagner/perdre au** ~ *pr* to be better/worse off because of the exchange rate; *fig* to come out a winner/loser on the deal; **je perds au** ~ **du point de vue salaire** I'm worse off as far as my pay goes. -**2.** [couche]: ~ **complet** disposable nappy *Br* OU diaper *Am.*

changeable [ʃɑ̃ʒabl] *adj* [caractère, ordre] changeable, alterable.

changeant, e [ʃɑ̃ʒɑ̃, ɑ̃t] *adj* -**1.** [moiré] shot. -**2.** [inconstant - fortune] fickle, unpredictable; [- humeur] fickle, volatile, shifting. -**3.** MÉTÉO [temps] unsettled, changeable; **un ciel** ~ changing skies.

changement [ʃɑ̃ʒmɑ̃] *nm* -**1.** [substitution] change; ~ **de** change of; **après le** ~ **d'entraîneur/de régime** after the new trainer/regime came in ❑ ~ **d'adresse** change of address; **signaler son** ~ **d'adresse** to give out one's new address; **en cas de** ~ **de domicile** in case of a change of address; '~ **de propriétaire**' 'under new ownership'. -**2.** [modification] change; **un** ~ **très net s'est produit** there's been a definite change; **apporter des** ~**s à qqch** to alter sthg; **des** ~**s sont intervenus** there have been changes; **comment va-t-il? — pas de** OU **aucun** ~ how is he? — stable; ~ **de**: ~ **de température/temps** change in temperature/(the) weather ❑ ~ **de cap** change of course; ~ **de direction** change of course; ~ **de programme** TV change in the (published) schedule; *fig* change of plan OU in the plans. -**3.** [évolution]: **le** ~ change; **pour le** ~, **votez Poblon!** for a new future, vote Poblon!; **je voudrais bien un peu de** ~ I'd like things to change a little; **quand les enfants seront partis, ça fera du** ~ things will be different after the children have gone. -**4.** TRANSP change; **j'ai trois** ~**s/je n'ai pas de** ~ **pour aller chez elle** I have to change three times/I don't have to change to get to her place || [lieu]: **le** ~ **est au bout du quai** change (lines) at the end of the platform. -**5.** THÉÂT: ~ **à vue** transformation scene; ~ **de décor** *pr* scene change OU shift; **avoir besoin d'un** ~ **de décor** *fig* to be in need of a change of horizon. -**6.** SPORT: ~ **de joueurs** change of players, changeover; ~ **de balles!** TENNIS new balls! -**7.** AUT: ~ **de vitesse** [levier] gear lever, gear shift *Am* & *Can*; [en voiture] gear change OU shift; [à bicyclette] gear change.

changer [17] [ʃɑ̃ʒe] ◇ *vt* -**1.** [modifier - apparence, règlement, caractère] to change, to alter; [- testament] to alter; **on ne le changera pas** he'll never change; **mais ça change tout!** ah, that makes a big difference!; **ça ne change rien** it makes no difference OU odds *Br*; **qu'est-ce que ça change?** what difference does it make?; **je n'ai pas changé un mot à ton texte** I didn't alter a single OU one word of your text; **il ne veut rien** ~ **à ses habitudes** he won't alter his ways one jot OU iota ❑ ~ **les règles du jeu** *pr* to alter the rules of the game; *fig* to move the goalposts, to change the rules. -**2.** [remplacer - installation, personnel] to change, to replace; [- roue, ampoule, drap etc] to change; **ne change pas les assiettes** don't lay new plates; **j'ai fait** ~ **les freins** I had new brakes put in; **on change les balles tous les six jeux** new balls are used every sixth game; ~ **l'eau d'un vase** to change the water in a vase; **le directeur a été changé** there's been a change of manager; ~ **le décor** THÉÂT to shift the set. -**3.** FIN to change; ~ **de l'argent** to change money; ~ **un billet pour avoir de la monnaie** to change a note in order to get small change; ~ **des francs en lires** to change francs into lira. -**4.** [troquer]: ~ **son cheval borgne pour un aveugle** to go from the frying pan into the fire || *(en usage abs)*: **j'aime mieux ton écharpe, on change?** I like your scarf better, shall we swap?; **je ne voudrais pas** ~ **avec elle** *fam* I'd hate to be in her shoes. -**5.** [transformer]: ~ **du sable en or** to turn sand into gold; **elle a changé le prince en grenouille** she changed the prince into a frog ❑ **je veux bien être changé en pierre si...** I'll eat my hat if... -**6.** [transférer]: ~ **qqch de place** to move sthg; ~ **une cassette de face** to turn a cassette over; ~ **qqn de poste/service** to transfer sb to a new post/department ❑ ~ **son fusil d'épaule** to have a change of heart. -**7.** *fam* [désaccoutumer]: **pars en vacances, ça te changera un peu** *fam* you should go away somewhere, it'll be a change for you; **mets-toi en jupe, ça te changerait** *fam* wear a skirt, it'd make a change for you; **enfin un bon spectacle, ça nous change des inepties habituelles!** *fam* a good show at last, that makes a change from the usual nonsense!; **viens, ça te changera les idées** come along, it'll take your mind off things; **je broie du noir, il faut que je sorte pour me** ~ **les idées** I'm brooding, I must get out for a bit of a change of scene. -**8.** [vêtement] to change; ~ **un bébé** to change a baby; ~ **un malade** to put fresh clothes on a sick person.

◇ *vi (aux avoir)* -**1.** [se modifier - temps, idée, tarif etc] to change; **sa personnalité a changé** he's become different; **tu n'as pas changé** you've not changed, you're still the same; **les horaires de train vont** ~ there's going to be a new train timetable; **le corps change à ton âge** at your age, bodily OU physical changes occur; ~ **en bien/mal** to change for the better/worse ❑ **plus ça change plus c'est la même chose** *fam* the more things change the more they stay the same. -**2.** TRANSP [de métro, de train] to change. -**3.** [être remplacé] to change; **le président change tous les trois ans** there's a change of chairperson every three years.

◇ *vi (aux être)* [malade, personnalité] to change; **il est bien changé depuis son accident** he's changed a lot since his accident.

◆ **changer de** *v + prép*: ~ **d'adresse** [personne] to move to a new address; [commerce] to move to new premises; ~ **de nom/nationalité** to change one's name/nationality; ~ **de rouge à lèvres** to switch lipsticks, to use a different lipstick; ~ **de fournisseur** to use a different dealer; ~ **de partenaire** [en dansant, dans un couple] to change partners; ~ **de chaussettes** to change one's socks; ~ **de vêtements** to get changed; ~ **de coiffure** to get a new hairstyle; ~ **de style** to adopt a new style; ~ **de chaîne** [une fois] to switch channel; [constamment] to zap; **je dois** ~ **d'avion à Athènes** I have to get a connecting flight in Athens; ~ **de vie** to embark on a new life; ~ **d'avis** OU **d'idée** to change one's mind; ~ **de ton** to change one's tune; ~ **de direction** [gén] to change direction; [vent] to change; ~ **de place** to move; **changez de côté** [au tennis, au ping-pong] change OU switch sides; [dans un lit] turn over; ~ **d'aspect** to begin to look different; ~ **de forme** to change shape; **en chauffant, la sauce change de consistance** as it heats up, the sauce changes its consistency; **le courant a changé d'intensité** the intensity of the current has changed ❑ ~ **d'air** to have a break; ~ **d'avis comme de chemise** to keep changing one's mind; ~ **de cap** *pr* & *fig* to change course; ~ **de crèmerie** *fam* to take one's custom OU business elsewhere; ~ **de vitesse** AUT to change gear; *fig* to go into a new gear, to change pace; **change de disque!** *fam* put another record on!

◆ **se changer** ◇ *vp (emploi réfléchi)* [s'habiller] to get changed.

◇ *vpi* [se transformer]: **se** ~ **en** to change OU to turn into; **la grenouille se changea en princesse** the frog turned into a princess.

◆ **pour changer** *loc adv* for a change.

◆ **pour ne pas changer** *loc adv* as usual; **et toi, tu ne fais rien, pour ne pas** ~! and you do nothing, as usual!

changeur [ʃɑ̃ʒœr] *nm* -**1.** [personne] money changer. -**2.** [dispositif]: ~ **de billet** change machine; ~ **de disques** record changer; ~ **de monnaie** money changer.

channe [ʃan] *nf Helv* pewter jug.

chanoine [ʃanwan] *nm* canon.

chanoinesse [ʃanwanɛs] *nf* canoness.

chanson [ʃɑ̃sɔ̃] *nf* -**1.** MUS song; **mettre un texte en** ~ to set a text to music ❑ ~ **d'amour/populaire** love/popular song; ~ **à boire** drinking song; ~ **enfantine** children's song, nursery rhyme; ~ **de marins** shanty *Br*, chantey *Am* || *fig*: **c'est toujours la même** ~ it's always the same old story; **ça va, on connaît la** ~ enough of that, we've heard it all before; **ça, c'est une autre** ~ that's another story. -**2.** LITTÉRAT: ~ **de geste** chanson de geste, epic poem; **'la Chanson de Roland'** 'The Song of Roland'.

chansonnette [ʃɑ̃sɔnɛt] *nf* ditty, simple song.

chansonnier, ère [ʃɑ̃sɔnje, ɛr] *nm, f satirical cabaret singer or entertainer.*

◆ **chansonnier** *nm* -**1.** *vieilli* songwriter. -**2.** [recueil] songbook.

chant [ʃɑ̃] *nm* -**1.** [chanson] song; [mélodie] melody; ~ **grégorien** Gregorian chant; ~ **de guerre** battle hymn; ~ **funèbre** dirge; ~ **de Noël** Christmas carol; ~ **nuptial** wedding song; **son** ~ **du cygne** his swan song; **écouter le** ~ **des sirènes** to listen to the siren's OU mermaid's song; **'le Chant du départ'** *French revolutionary song written by Méhul.* -**2.** [action de chanter] singing. -**3.** [art de chanter] singing; **apprendre le** ~ to learn singing; **prendre des leçons de** ~ to take singing lessons. -**4.** [sons - d'un oiseau] singing, chirping; [- d'une cigale] chirping; [- d'un coq] crowing; **le** ~ **des vagues/de la source** *litt* the song of the waves/of the spring. -**5.** [forme poétique] ode, lyric; [division dans un poème] canto. -**6.** CONSTR edge; **posés de** ~ OU **sur** ~ set edgewise OU on edge.

◆ **au chant du coq** *loc adv* at cockcrow.

chantage [ʃɑ̃taʒ] *nm* blackmail; **faire du** ~ **à qqn** to blackmail sb.

chantant, e [ʃɑ̃tɑ̃, ɑ̃t] *adj* -**1.** [langue] musical; [voix, accent] lilting. -**2.** [aisément retenu - air] tuneful; **un opéra très** ~ an opera full of easily remembered tunes.

chanter [3] [ʃɑ̃te] ◇ *vi* -**1.** [personne] to sing; ~ juste/faux to sing in tune/out of tune; elle chantait accompagnée à la guitare she was singing to the accompaniment of a guitar ❑ ~ à tue-tête to sing one's head off; c'est comme si tu chantais *fam* it's like talking to a brick wall, you're wasting your breath; 'Chantons sous la pluie' *Donen* 'Singin' in the Rain'. -**2.** [oiseau] to sing, to chirp; [cigale] to chirp; [coq] to crow; écouter ~ les oiseaux to listen to the birds singing ‖ *litt* [rivière, mer, bouilloire] to sing; [eau bouillante] to hiss. -**3.** [être mélodieux - accent, voix] to lilt; avoir une voix qui chante to have a singsong voice. -**4.** *loc*: faire ~ qqn to blackmail sb; si ça te chante if you fancy it; viens quand ça te chante come whenever you feel like it OU whenever the mood takes you; ça te chante d'aller au concert? how do you fancy (going to) a concert?
◇ *vt* -**1.** MUS [chanson, messe] to sing. -**2.** [célébrer] to sing (of); ~ les exploits d'un héros to sing (of) a hero's exploits; ~ victoire to crow (over one's victory); ~ les louanges de qqn to sing sb's praises.

chanterelle [ʃɑ̃trɛl] *nf* -**1.** BOT chanterelle. -**2.** MUS E-string. -**3.** CHASSE decoy (bird).

chanteur, euse [ʃɑ̃tœr, øz] ◇ *nm, f* singer; ~ de charme crooner; ~ folk folk singer; ~ de rock rock singer; ~ des rues street singer.
◇ *adj*: oiseau ~ songbird.

chantier [ʃɑ̃tje] *nm* -**1.** [entrepôt] yard, depot. -**2.** [terrain] (working) site; aller au ~ OU sur le ~ to go on the site. -**3.** CONSTR: ~ (de construction) building site; ~ de démolition demolition site OU area. -**4.** TRAV PUBL roadworks. -**5.** NAUT: ~ naval shipyard. -**6.** *fam* [désordre] mess, shambles; ta chambre, c'est un vrai ~ your bedroom is a total shambles OU looks like a bomb's hit it.
◆ **en chantier** ◇ *loc adj*: la maison est en ~ they're still doing OU fixing *Am* up the house.
◇ *loc adv*: il a plusieurs livres en ~ he has several books on the stocks OU in the pipeline; mettre un ouvrage en ~ to get a project started.

chantilly [ʃɑ̃tiji] ◇ *adj inv* → **crème, dentelle**.
◇ *nf inv* whipped cream Chantilly.

chantonnement [ʃɑ̃tɔnmɑ̃] *nm* humming, crooning.

chantonner [3] [ʃɑ̃tɔne] *vt* & *vi* to hum, to croon, to sing softly.

chantoung [ʃɑ̃tuŋ] = **shantung**.

chantournement [ʃɑ̃turnəmɑ̃] *nm* jigsawing.

chantourner [3] [ʃɑ̃turne] *vt* to jigsaw.

chantre [ʃɑ̃tr] *nm* -**1.** RELIG cantor; grand ~ precentor. -**2.** *litt*: le ~ de the eulogist of OU apologist for.

chanvre [ʃɑ̃vr] *nm* BOT & TEXT hemp; ~ de Manille abaca, Manila hemp; ~ indien BOT Indian hemp; [drogue] marijuana.

chanvrier, ère [ʃɑ̃vrije, ɛr] ◇ *adj* hemp, hempen, hemplike.
◇ *nm, f* -**1.** [cultivateur] hemp grower. -**2.** [ouvrier] hemp dresser.

chaos [kao] *nm* -**1.** [confusion] chaos; un ~ de ruines a tangled heap of ruins. -**2.** RELIG: le Chaos Chaos.

chaotique [kaɔtik] *adj* chaotic.

chap. (*abr écrite de* chapitre) ch.

chapardage *fam* [ʃapardaʒ] *nm* petty theft; des ~s répétés pilfering.

chaparder *fam* [3] [ʃaparde] *vt* to pinch, to swipe; il s'est fait ~ sa montre he had his watch pinched OU nicked *Br*; on chapardait des fruits à l'étalage we used to pinch fruit from shops.

chapardeur, euse *fam* [ʃapardœr, øz] ◇ *adj* inclined to (petty) theft.
◇ *nm, f* (casual) thief; un ~ invétéré a habitual pilferer.

chape [ʃap] *nf* -**1.** RELIG [de prêtre] cope. -**2.** CONSTR screed; comme une ~ de plomb like a lead weight. -**3.** [d'un pneu] tread. -**4.** [d'une poulie] shell.

chapeau, x [ʃapo] *nm* -**1.** [couvre-chef] hat; ~ claque opera hat; ~ cloche cloche (hat); ~ de feutre felt hat; ~ de gendarme paper hat; ~ haut-de-forme top hat; ~ melon bowler OU derby *Am* (hat); ~ mou trilby *Br*, fedora *Am*; ~ de paille straw hat; mettre OU porter la main au ~ to raise one's hat; porter le ~ to carry the can *Br*, to take the rap *Am*; faire porter le ~ à qqn to force sb to carry the can *Br*, to leave sb holding the bag *Am*; tirer son ~ à qqn to take one's hat off to sb; saluer qqn ~ bas to doff one's hat to sb. -**2.** [d'un champignon] cap. -**3.** [de texte, d'article] introductory paragraph; RAD & TV introduction. -**4.** [d'un tuyau de cheminée] cowl.
◆ **chapeau** *interj* well done, bravo; je te dis ~! (I'll take) my hat off to you!
◆ **sur les chapeaux de roue** *loc adv*: prendre un virage sur les ~x de roue to take a turning on two wheels ❑ démarrer sur les ~x de roue *pr* to shoot off; [film, réception, relation] to get off to a great start.
◆ **chapeau chinois** *nm* -**1.** MUS crescent. -**2.** ZOOL limpet.
◆ **coup de chapeau** *nm* praise; donner un coup de ~ à qqn to praise sb; son livre mérite un coup de ~ his book deserves some recognition.

chapeauté, e [ʃapote] *adj*: femme bien gantée et bien ~e a woman with nice gloves and a nice hat on.

chapeauter [3] [ʃapote] *vt* -**1.** *fam* [superviser] to oversee, to supervise. -**2.** [article, texte] to write an introductory piece for.

chapelain [ʃaplɛ̃] *nm* chaplain.

chapelet [ʃaplɛ] *nm* -**1.** RELIG [collier] rosary, beads; [prières] rosary; dire son ~ to tell one's beads ❑ débiter OU dévider son ~ *fam* to come out with it. -**2.** [d'îles, de saucisses] string; [d'insultes] string, stream; un ~ de bombes a stick of bombs.

chapelier, ère [ʃapəlje, ɛr] ◇ *adj* [commerce, industrie] hat *(modif)*.
◇ *nm, f* hatter.

chapelle [ʃapɛl] *nf* -**1.** RELIG chapel; ~ ardente chapel of rest; transformer une salle en ~ ardente to turn a room into a temporary mortuary. -**2.** [cercle] clique, coterie.

chapellerie [ʃapɛlri] *nf* -**1.** COMM hat trade. -**2.** [industrie] hat OU hat-making industry. -**3.** [magasin] hat shop *Br* OU store *Am*.

chapelure [ʃaplyr] *nf* breadcrumbs; passer qqch dans la ~ to coat sthg with breadcrumbs.

chaperon [ʃaprɔ̃] *nm* -**1.** [surveillant] chaperon, chaperone; servir de ~ à qqn to chaperon OU to chaperone sb. -**2.** CONSTR [d'un mur] coping. -**3.** LITTÉRAT: 'le Petit Chaperon rouge' *Perrault* 'Little Red Riding Hood'.

chaperonner [3] [ʃaprɔne] *vt* -**1.** [jeune fille, groupe] to chaperon, to chaperone. -**2.** CONSTR to cope.

chapiteau, x [ʃapito] *nm* -**1.** ARCHIT capital, chapiter. -**2.** [cirque] big top; nous vous accueillons ce soir sous le plus grand ~ du monde we welcome you tonight under the world's biggest top. -**3.** [d'un alambic] head.

chapitral, e, aux [ʃapitral, o] *adj* [assemblée, délibération] capitular.

chapitre [ʃapitr] *nm* -**1.** [d'un livre] chapter. -**2.** FIN [d'un budget] item. -**3.** [question] matter, subject; il est exigeant sur le ~ des vins he's hard to please in the matter of OU as regards wines; tu as raison, au moins sur un ~ you're right, at least on one score. -**4.** RELIG [assemblée] chapter; [lieu] chapterhouse.

chapitrer [3] [ʃapitre] *vt* [sermonner] to lecture; [tancer] to admonish; je l'ai dûment chapitré sur ses responsabilités I gave him the appropriate lecture about his responsibilities.

chapka [ʃapka] *nf* shapka *(round brimless fur hat worn in Russia)*.

chapon [ʃapɔ̃] *nm* capon.

chaponner [3] [ʃapɔne] *vt* to caponize.

chaptalisation [ʃaptalizasjɔ̃] *nf* chaptalization, chaptalizing.

chaptaliser [3] [ʃaptalize] *vt* to chaptalize.

chaque [ʃak] *adj indéf* -**1.** [dans un ensemble défini] each, every; ~ enfant a reçu un livre each OU every child received a book; à ~ pas at every OU each step. -**2.** [dans un ensemble indéfini] every; ~ hiver every OU each winter; la distance est de trois mètres entre ~ poteau there is a distance of three metres between each pole; je pense à elle à ~ instant I think about her all the time; ~ chose en son temps! all in good time! ❑ à ~ jour suffit sa peine *prov* sufficient unto the day (is the evil thereof). -**3.** [chacun] each; on a gagné 1 000 francs ~ au Loto we won 1,000 francs each on the lottery; les disques sont vendus 150 francs ~ the records are sold at 150 francs each OU a piece.

char [ʃar] *nm* -**1.** MIL tank; ~ d'assaut OU de combat tank; fait comme un ~ d'assaut built like a tank. -**2.** LOISIRS float; ~ à voile sand yacht; faire du ~ à voile to go sand yachting. -**3.** [voiture]: ~ à bancs charabanc; ~ à bœufs ox cart; ~ funèbre hearse. -**4.** ANTIQ chariot; le ~ de l'État the ship of State. -**5.** *fam Can* car. -**6.** ▽ = **charre**.

charabia [ʃarabja] *nm* gobbledegook, gibberish.

charade [ʃarad] *nf* -**1.** [devinette] riddle. -**2.** [mime] (game of) charades.

charançon [ʃarɑ̃sɔ̃] *nm* weevil, snout beetle; ~ du blé/de la vigne grain/vine weevil.

charançonné, e [ʃarɑ̃sɔne] *adj* [fruit, grain] weevilled, weevily.

charbon [ʃarbɔ̃] *nm* -**1.** MIN coal; le rôti n'est plus qu'un morceau de ~ the roast is burnt to a cinder; se passer le visage au ~ to black one's face ❑ ~ aggloméré briquette; ~ de bois charcoal; aller au ~ *fam* to do one's bit; être OU marcher sur des ~s ardents to be on tenterhooks, to be like a cat on hot bricks *Br* OU a hot tin roof *Am*. -**2.** BX-ARTS [crayon] charcoal (pencil); [croquis] charcoal drawing. -**3.** [maladie - chez l'animal, chez l'homme] anthrax; [- des céréales] smut, black rust. -**4.** PHARM charcoal; ~ actif OU activé active OU activated carbon, activated charcoal. -**5.** ÉLECTR carbon.

charbonnages [ʃarbɔnaʒ] *nmpl* coalmines, collieries *Br*; les Charbonnages de France the French Coal Board.

charbonner [3] [ʃarbɔne] ◇ *vt* -**1.** BX-ARTS [croquis, dessin] to (draw with) charcoal. -**2.** [noircir - visage] to charcoal.
◇ *vi* -**1.** [mèche] to char. -**2.** NAUT to bunker, to coal.

charbonneux, euse [ʃarbɔnø, øz] *adj* -**1.** [noir] coal-black, coal-like. -**2.** [souillé] sooty black; avoir les yeux ~ *péj* to use heavy black eye makeup. -**3.** [brûlé] charred. -**4.** MÉD anthracoid. -**5.** BOT smutty.

charbonnier, ère [ʃarbɔnje, ɛr] ◇ *adj* [commerce, industrie] coal *(modif)*; navire ~ coaler, collier.
◇ *nm, f* [vendeur] coaler, coalman; [fabricant de charbon de bois] charcoal-burner; ~ est maître dans sa maison OU chez soi *prov* an Englishman's *Br* OU a man's *Am* home is his castle *prov*.
◆ **charbonnier** *nm* NAUT coaler, collier.
◆ **charbonnière** *nf* -**1.** [lieu] charcoal kiln OU stack. -**2.** *Belg* [seau à charbon] coal bucket. -**3.** ORNITH great tit.

charcutage *fam* [ʃarkytaʒ] *nm péj* [opération chirurgicale] butchering; [travail mal fait] hacking about; ~ électoral gerrymandering; faire du ~ électoral to gerrymander.

charcuter *fam* [3] [ʃarkyte] *vt péj* -**1.** [opérer] to butcher, to hack about. -**2.** [couper - volaille, texte] to hack to pieces OU about.
◆ **se charcuter** *fam vp* *(emploi réfléchi)*: je me suis charcutée en essayant de m'enlever l'écharde I made a real mess of my finger trying to get the splinter out; je me suis charcuté un doigt/le pied I mangled one of my fingers/my foot.

charcuterie [ʃarkytri] *nf* -**1.** [magasin] delicatessen. -**2.** [produits] cooked meats. -**3.** [fabrication] cooked meats trade.

CHARCUTERIE:
The "charcuterie" sells mainly food prepared with pork: sausages, pâtés, ham etc, collectively also known as "charcuterie". Ready-prepared dishes to take away are usually also sold.

charcutier, ère [ʃarkytje, ɛr] *nm, f* -**1.** [commerçant] pork butcher; **chez votre ~ habituel** ≃ at your local delicatessen. -**2.** *fam péj* [chirurgien] butcher.

chardon [ʃardɔ̃] *nm* -**1.** BOT thistle. -**2.** [sur un mur] spike.

chardon(n)ay [ʃardɔnɛ] *nm* Chardonay OU Chardonnay (wine).

chardonneret [ʃardɔnrɛ] *nm* goldfinch.

charentais, e [ʃarɑ̃tɛ, ɛz] *adj* from the Charente.

◆ **Charentais, e** *nm, f inhabitant of or person from the Charente.*

◆ **charentaise** *nf* [pantoufle] slipper.

CHARENTAISES:
These slippers made of a distinctive felt-like material traditionally symbolise old-fashioned conformism and home-loving attitudes in France (cf "pipe and slippers" in England).

Charente [ʃarɑ̃t] *npr f*: (la) ~ the Charente (region).

Charenton [ʃarɑ̃tɔ̃] *npr suburb of Paris, with a famous psychiatric hospital.*

charge [ʃarʒ] *nf* -**1.** [cargaison - d'un animal] burden; [- d'un camion] load; [- d'un navire] cargo, freight; **plier sous une lourde ~** to be weighed down by a heavy burden; **camion en pleine ~** fully laden lorry ❑ ~ **utile** capacity load, payload; ~ **à vide** empty weight. -**2.** [poussée] load. -**3.** [gêne] burden, weight *fig*; **c'est une telle ~ pour nous** it's such a burden to us. -**4.** [responsabilité] responsibility; **à qui revient la ~ de le faire?** who has OU carries the responsibility for doing it?; **à ~ pour toi d'apporter le vin** you'll be responsible for bringing OU it'll be up to you to bring the wine; **avoir ~ d'âmes** [prêtre] to have the care of souls; [parent] to have lives in one's care; **prendre en ~: nous prenons tous les frais médicaux en ~** we pay for OU take care of all medical expenses; **elle a pris son neveu en ~** she took on responsibility for her nephew; **à ton âge, tu dois te prendre en ~** at your age, you should take responsibility for yourself; **avoir qqn à (sa) ~** [gén] to be responsible for supporting sb; ADMIN to have sb as a dependant; **ses enfants sont encore à sa ~** his children are still his dependants; **prendre des frais/un orphelin à sa ~** to take on the expenditure/an orphan. -**5.** ADMIN [fonction] office; ~ **élective** elective office. -**6.** ARM charge; **il a reçu toute la ~ dans la poitrine** his chest took the full impact of the blast ❑ ~ **creuse** hollow charge; ~ **d'explosifs** explosive charge; ~ **nucléaire** nuclear charge. -**7.** ÉLECTR: **mettre une batterie en ~** to charge a battery ❑ ~ **électrique** electric charge; ~ **négative/positive** minus/positive charge. -**8.** PSYCH: ~ **affective** OU **émotionnelle** charge. -**9.** JUR [présomption] serious suspicion; **de très lourdes ~s pèsent sur lui** very serious suspicions are hanging over him. -**10.** [satire] caricature. -**11.** MIL [assaut] charge; **donner la ~** to charge; **sonner la ~** to sound the charge; **reculer devant une ~ de police** to retreat when the police charge ❑ **retourner** OU **revenir à la ~** *pr* to return to the attack; *fig* to go on the offensive again.

◆ **charges** *nfpl* [frais] costs; **~s de famille** dependants; **~s (locatives)** maintenance charges; **~s salariales** wage costs; **~s sociales** overheads.

◆ **à charge** *loc adv*: **avoir qqn à ~** [gén] to be responsible for supporting sb; ADMIN to have sb as a dependant.

◆ **à charge de** *loc prép*: **j'accepte, à ~ de revanche** I accept, provided you'll let me do the same for you; **à ~ de preuve** pending production of proof.

◆ **au pas de charge** *loc adv* at the double.

CHARGES:
Householders and tenants in blocks of flats are required to pay "charges", a monthly contribution to pay for the general upkeep of the building. In estate agencies, rent is expressed either including this sum ("charges comprises" or "cc") or excluding it ("hors charges" or "charges en sus"). Sometimes, the "charges" include heating costs.

chargé, e [ʃarʒe] *adj* -**1.** [occupé] busy, full; **j'ai une journée ~e demain** I have a busy day tomorrow. -**2.** [alourdi] intricate; **tissu/motif trop ~** overelaborate material/pattern. -**3.** *fig*: **avoir la conscience ~e** to have a guilty conscience; **un gangster au passé ~** a gangster with a past; **il a un casier judiciaire ~** he has a long (criminal) record. -**4.** MÉD: **estomac ~** overloaded stomach; **avoir la langue ~e** to have a furred tongue.

◆ **chargé** *nm* [responsable]: ~ **d'affaires** chargé d'affaires; ~ **de cours** ≃ part-time lecturer; ~ **de famille** person supporting a family; ~ **de mission** ≃ (official) representative.

chargement [ʃarʒəmɑ̃] *nm* -**1.** [marchandises - gén] load; [- d'un navire] cargo, freight. -**2.** [fait de charger - un navire, un camion] loading; [- une chaudière] stoking; [- une arme] loading. -**3.** ÉLECTR charging (up).

◆ **à chargement automatique** *loc adj* selfloading.

charger [17] [ʃarʒe] *vt* -**1.** [mettre un poids sur] to load; ~ **une voiture** to load a car; **tes livres chargent un peu trop l'étagère** the shelf is overloaded with your books; **être chargé** to be loaded; **il est entré, les bras chargés de cadeaux** he came in loaded down with presents; **les arbres sont chargés de fruits** the trees are loaded down OU groaning with fruit; ~ **son estomac** MÉD to overload one's stomach ❑ **être chargé comme une bête** OU **un âne** OU **un baudet** to be weighed down. -**2.** [prendre en charge - suj: taxi] to pick up *(sép)*. -**3.** [alourdir, encombrer] to overload; **les notes dont il charge les marges de ses cahiers** the notes that fill the margins of his notepads; **ces meubles chargent trop la pièce** this furniture makes the room look (too) cluttered; ~ **qqn de** to overload sb with; ~ **sa mémoire de détails** to overload one's memory with details. -**4.** [approvisionner - arme, caméra, magnétoscope] to load (up); ÉLECTR to charge (up). -**5.** [investir]: ~ **qqn de qqch** to put sb in charge of sthg; **on l'a chargé d'un cours à l'université** he was assigned to teach OU given a class at the university; **je vous charge d'un travail important** I'm giving you OU entrusting you with an important job; **il m'a chargé de vous transmettre un message** he asked me to give you a message. -**6.** [amplifier] to inflate, to put up *(sép)*. -**7.** [exagérer - portrait] to overdo; **ne charge pas ainsi ton rôle, joue plus en finesse** don't overact, be more subtle; **elle n'est pas si idiote, tu charges un peu la description!** she's not that stupid, you're overdoing it a bit! -**8.** [incriminer]: ~ **qqn** to make sb appear guiltier; **certains témoins ont essayé de le ~ au maximum** some witnesses tried to strengthen the prosecution's case against him. -**9.** [attaquer] to charge (at); **chargez!** charge!; **la police n'a pas chargé (les manifestants)** the police didn't charge (at the demonstrators).

◆ **se charger de** *vp + prép* -**1.** [obj: responsabilité] to take on, to take care of; **je me charge de tout** I'll take care of everything; **je me charge de lui remettre votre lettre** I'll see to it personally that he gets your letter; **qui va se ~ du travail?** who's going to take the job on? -**2.** [obj: élève, invité] to take care of, to look after; **quant à lui, je m'en charge personnellement** I'll personally take good care of him.

chargeur [ʃarʒœr] *nm* -**1.** PHOT magazine. -**2.** ARM cartridge clip. -**3.** ÉLECTR charger. -**4.** [ouvrier] loader. -**5.** NAUT shipper.

chargeuse [ʃarʒøz] *nf* -**1.** [distributrice] distributor. -**2.** MIN loading machine. -**3.** MÉTALL charging OU loading machine.

chariot [ʃarjo] *nm* -**1.** [véhicule - gén] wagon, waggon *Br*; [- à bagages] trolley *Br*, cart *Am*; [- dans un supermarché] trolley *Br*, cart *Am*; ~ **élévateur** fork-lift truck; ~ **élévateur à fourche** fork-lift truck. -**2.** ASTRON: **le Grand Chariot** the Great Bear *Br*, the Big Dipper *Am*; **le Petit Chariot** the Little Bear *Br* OU Dipper *Am*. -**3.** [de machine à écrire] carriage. -**4.** CIN & TV dolly.

charioter [3] [ʃarjɔte] *vt* to turn on a lathe.

charismatique [karismatik] *adj* -**1.** RELIG charismatic. -**2.** [séduisant] charismatic; **être ~** to have charisma.

charisme [karism] *nm* -**1.** RELIG charisma, charism. -**2.** [influence] charisma.

charitable [ʃaritabl] *adj* -**1.** [généreux] charitable; **se montrer ~ envers qqn** to be charitable OU to exercise charity towards sb; **avis** OU **conseil ~** *iron* so-called friendly bit of advice. -**2.** [association, mouvement] charitable, charity *(modif)*.

charitablement [ʃaritabləmɑ̃] *adv* charitably, generously; **je lui ai ~ conseillé d'abandonner le chant** *hum* I advised her in the kindest possible way to give up singing.

charité [ʃarite] *nf* -**1.** [altruisme] charity, love; **aurais-tu la ~ de leur rendre visite?** would you be kind enough to pay them a visit? ❑ ~ **bien ordonnée commence par soi-même** *prov* charity begins at home *prov*. -**2.** [aumône] charity; **demander la ~** to beg (for charity); **faire la ~ (à)** to give alms *vieilli* OU a handout (to); **je n'ai nul besoin qu'on me fasse la ~** *fig* I don't need anybody's help, I'll manage on my own; **la ~, s'il vous plaît!** can you spare some change, please?

◆ **de charité** *loc adj*: **fête de ~** benefit event; **œuvres de ~** charities; **vente de ~** charity sale.

charivari [ʃarivari] *nm* hurly-burly, hullabaloo.

charlatan [ʃarlatɑ̃] *nm péj* charlatan.

charlatanerie [ʃarlatanri] *nf péj* = **charlatanisme.**

charlatanesque [ʃarlatanɛsk] *adj péj* -**1.** [guérisseur] quackish. -**2.** [imposteur] phoney, bogus.

charlatanisme [ʃarlatanism] *nm péj* -**1.** [d'un guérisseur] quackery. -**2.** [d'un imposteur] charlatanism.

Charlemagne [ʃarləmaɲ] *npr* Charlemagne.

Charleroi [ʃarlərwa] *npr* Charleroi.

Charles [ʃarl] *npr*: ~ **Martel** Charles Martel; ~ **Quint** Charles V, Charles the Fifth; ~ **le Téméraire** Charles the Bold.

charleston [ʃarlɛstɔn] *nm* charleston.

charlot *fam* [ʃarlo] *nm* clown, joker; **jouer les ~s** to fool around.

Charlot [ʃarlo] *npr* CIN Charlie Chaplin.

charlotte [ʃarlɔt] *nf* CULIN charlotte; ~ **aux pommes** apple charlotte.

charmant, e [ʃarmɑ̃, ɑ̃t] *adj* charming, engaging, delightful; **nous étions en ~e compagnie** we were in delightful company; **vous avez eu là une ~e attention** how very thoughtful of you; **~e soirée!** *iron* what a great evening!; **c'est ~!** *iron* charming!

charme [ʃarm] *nm* -**1.** [attrait] charm; **faire le ~ de** to be the most attractive OU greatest asset of; **c'est ce qui fait tout son ~** that's what is so appealing OU charming about him; **leur maison ne manque pas de ~** their house is not without charm. -**2.** [d'une femme, d'un homme] charm, attractiveness; **les femmes lui trouvent du ~** women find him attractive ❑ **faire du ~ à qqn** to try to charm sb. -**3.** [enchantement] spell; **être sous le ~ de** to be under the spell of; **tenir qqn/un public sous le ~** to hold sb/an audience spellbound; le ~ est rompu the spell's broken. -**4.** *loc*: **se porter comme un ~** to be in excellent health OU as fit as a fiddle; **comment vous portez-vous? — comme un ~!** how do you feel? — never better! -**5.** BOT hornbeam.

◆ **charmes** *nmpl euph* [d'une femme] charms; **vivre** OU **faire commerce de ses ~s** to trade on one's charms.

◆ **de charme** *loc adj* -**1.** MUS: **chanson de ~** sentimental ballad. -**2.** *euph* [érotique - presse] soft-porn; **hôtesse de ~** escort.

charmer [3] [ʃarme] *vt* -**1.** [plaire à] to delight, to enchant; **son sourire l'a charmé** he was enchanted by her smile. -**2.** [envoûter - auditoire] to cast OU to put a spell on; [- serpent] to charm. -**3.** [dans des formules de politesse]: **être charmé de**: **je suis charmé de vous revoir** I'm delighted to see you again; **charmé de vous avoir rencontré** (it's been) very nice meeting you.

charmeur, euse [ʃarmœr, øz] ◇ *adj* [air, sourire] charming, engaging, delightful.

◇ *nm, f* -**1.** [séducteur] charmer; **méfie-toi de ce ~** watch out, he'll try and use his charm on you. -**2.** ~ **de serpents** snake charmer.

charmille [ʃarmij] *nf* -**1.** [berceau] bower, arbour. -**2.** [allée] tree-covered walk OU path.

charnel, elle [ʃarnɛl] *adj* -**1.** [sexuel] carnal; **l'amour ~** carnal love. -**2.** *sout* [physique - beauté] physical, bodily; **nous parlons d'eux en tant qu'êtres ~s** we're talking about them as human beings made of flesh and blood.

charnellement [ʃarnɛlmɑ̃] *adv sout* carnally; **connaître qqn ~** to have carnal knowledge of sb.

charnier [ʃarnje] *nm* -**1.** [fosse] mass grave. -**2.** [ossuaire] charnel house.

charnière [ʃarnjɛr] *nf* -**1.** ANAT & MENUIS hinge. -**2.** [transition] junction, turning point; **Goethe est à la ~ du XVIIIe et du XIXe siècle** Goethe stands at the junction of the 18th and 19th centuries; **marquer la ~ entre deux périodes** to be a turning point between two eras. -**3.** *(comme adj; avec ou sans trait d'union)*: **moment/siècle ~** moment/century of transition.

charnu, e [ʃarny] *adj* -**1.** [corps] plump, fleshy; [lèvres] full, fleshy; [fruits] pulpy. -**2.** ANAT fleshy, flesh-covered; **la partie ~e de son anatomie** *hum* his posterior. -**3.** ŒNOL ropy.

charognard [ʃarɔɲar] *nm* -**1.** ZOOL carrion feeder. -**2.** *fam* [exploiteur] vulture *fig*.

charogne [ʃarɔɲ] *nf* -**1.** [carcasse]: **une ~** a decaying carcass; **ces animaux se nourrissent de ~** these animals feed off carrion. -**2.** ▽[homme] bastard; [femme] bitch; **espèce de ~!** you bastard!

charolais, e [ʃarɔlɛ, ɛz] *adj* from the Charolais area.

◆ **Charolais, e** *nm, f inhabitant of or person from the Charolais area.*

◆ **Charolais** *npr m* Charolais area.

◆ **charolais** *nm* Charolais bull; **les ~** Charolais cattle.

◆ **charolaise** *nf* Charolais cow.

Charon [ʃarɔ̃] *npr* MYTH Charon.

Charonne [ʃarɔn] *npr* Charonne.

CHARONNE:
On 8 February 1962, Paris police charged a crowd of Communist demonstrators protesting against the OAS (a clandestine organization opposed to Algerian independence, then conducting a terrorist campaign in Paris), forcing them towards the closed gates of the Metro station "Charonne". Over a hundred people were injured and eight were crushed to death. Half a million people attended their funerals, and the incident became a symbolic event in the history of the French Left.

charpentage [ʃarpɑ̃taʒ] *nm* carpentry OU timber work.

charpente [ʃarpɑ̃t] *nf* -**1.** CONSTR skeleton, framework; **~ en bois** timber work; **maison à ~ de bois** wood frame house; **~ métallique** steel frame. -**2.** ANAT: **il a la ~ d'un boxeur** he's built like a boxer; **une ~ d'athlète** an athlete's build ❑ **~ osseuse** skeleton. -**3.** [schéma - d'un projet] structure, framework; [- d'un roman] outline.

charpenté, e [ʃarpɑ̃te] *adj*: **bien** OU **solidement ~** [personne] well-built; [film, argument] well-structured.

charpenter [3] [ʃarpɑ̃te] *vt* -**1.** CONSTR to carpenter. -**2.** [structurer - œuvre] to construct, to structure.

charpentier [ʃarpɑ̃tje] *nm* [ouvrier] carpenter; [entrepreneur] (master) carpenter.

charpie [ʃarpi] *nf* [pansement] lint, shredded linen.

◆ **en charpie** *loc adv*: **mettre** OU **réduire qqch en ~** to tear sthg to shreds; **je vais le mettre** OU **réduire en ~** *fig* I'll make mincemeat (out) of him; **il a servi de la viande en ~** he served meat that was cooked to shreds.

charre▽ [ʃar] *nm*: **c'est pas du ~** OU **des ~s!** no kidding!

charretée [ʃarte] *nf* -**1.** [contenu] cartful, cartload; **une ~ de blé** a cartload of wheat; **par ~s entières** by the cartload. -**2.** *fam* [grande quantité]: **une ~ d'insultes** loads OU a heap of insults; **des ~s de vieux machins** piles of old junk, old junk by the crateful.

charretier, ère [ʃartje, ɛr] ◇ *adj* [chemin, voie] cart *(modif)*.

◇ *nm, f* carter.

charrette [ʃarɛt] *nf* -**1.** AGR cart. -**2.** HIST: **la ~ des condamnés** the tumbrel OU tumbril. -**3.** *loc*: **faire partie de la ~**: **faire partie de la première/dernière ~** [d'employés licenciés] to be among the first/last group of people to be dismissed; **on ne sait pas qui va faire partie de la prochaine ~** you don't know where the axe is going to fall next time.

charriage [ʃarjaʒ] *nm* -**1.** TRANSP carriage, haulage. -**2.** GÉOL overthrust.

charrié, e [ʃarje] *adj* GÉOL displaced *(as the result of an overthrust)*.

charrier [9] [ʃarje] ◇ *vt* -**1.** [suj: personne] to cart OU to carry (along). -**2.** [suj: fleuve, rivière] to carry OU to wash along; **la Néva charrie d'énormes glaçons** the Neva carries great blocks of ice. -**3.** ▽ [railler]: **~ qqn** to take the mickey out of sb *Br*, to put sb on *Am*; **se faire ~** to get ribbed.

◇ *vi* ▽ [exagérer] to go too far OU (way) over the top; **10 francs d'augmentation, ils charrient!** 10 francs on the price, they've got a nerve!; **cette fois, tu charries vraiment!** you're going too far this time!; **je veux bien aider mais faut pas ~** I don't mind lending a hand, but I don't like people taking advantage.

charroi [ʃarwa] *nm* carting.

charron [ʃarɔ̃] *nm* -**1.** [fabricant] cartwright, wheelwright. -**2.** [réparateur] wheelwright.

charroyer [13] [ʃarwaje] *vt* to cart.

charrue [ʃary] *nf* plough *Br*, plow *Am*; **~ polysoc** multiple plough; **mettre la ~ avant les bœufs** to put the cart before the horse.

charte [ʃart] *nf* -**1.** [document] charter; **la ~ des droits de l'homme** the Charter of Human Rights. -**2.** HIST charter; **la Grande Charte** Magna Carta. -**3.** [plan]: **~ d'aménagement** development plan.

◆ **chartes** *nfpl* → **école**.

charter [ʃartɛr] *nm* [avion] chartered plane; [vol] charter flight.

chartiste [ʃartist] *nmf* -**1.** POL [en Grande-Bretagne] Chartist. -**2.** UNIV *student or former student of the École des chartes.*

chartreux, euse [ʃartrø, øz] *nm, f* Carthusian monk.

◆ **chartreux** *nm* [chat] British blue (cat).

◆ **chartreuse** *nf* -**1.** RELIG Charterhouse, Carthusian monastery, Carthusian convent; **'la Chartreuse de Parme'** *Stendhal* 'The Charterhouse of Parma'. -**2.** [liqueur] Chartreuse.

Charybde [karibd] *npr* Charybdis; **tomber de ~ en Scylla** to go from the frying pan into the fire.

chas [ʃa] *nm* eye *(of a needle)*.

chassant, e [ʃasɑ̃, ɑ̃t] *adj* MIN longitudinal.

chasse [ʃas] *nf* -**1.** [activité] shooting; [occasion] shoot; **~ au daim/renard/tigre** deer/fox/tiger hunt; **~ au lapin** (rabbit) shooting; **~ au lièvre** [gén] hare hunting; [avec lévriers] hare coursing; **~ au phoque** sealing, seal culling; **un pays de ~** an area that's good for hunting; **aller à la ~** [à courre] to go hunting; [au fusil] to go shooting; **dresser un chien pour la ~** [à courre] to train a dog for hunting OU the hunt; [au fusil] to train a dog for shooting OU the shoot ❑ **~ à courre** [activité] hunting; [occasion] hunt; **~ sous-marine** underwater fishing; **qui va à la ~ perd sa place** *prov* if somebody takes your place it serves you right for leaving it empty. -**2.** [domaine - de chasse à courre] hunting grounds; [- de chasse au fusil] shoot; **louer une ~** to rent a shoot; **'~ gardée'** 'private, poachers will be prosecuted'; **laisse-la tranquille, c'est ~ gardée** *fam* leave her alone, she's spoken for. -**3.** [butin] game; **la ~ a été bonne** we got a good bag; **faire bonne ~** to get a good bag. -**4.** [poursuite] chase, hunt; **faire** OU **donner la ~ à un cambrioleur** to hunt down a burglar; **prendre en ~ une voiture** to chase a car. -**5.** [recherche]: **~ à** search for; **faire la ~ à** to search for, to (try to) track down; **~ à l'homme** manhunt; **~ au trésor** treasure hunt; **~ aux sorcières** witch hunt; **faire la ~ au mari** *fam* to go hunting for a husband; **se mettre en ~ pour trouver** to go out hunting for; **se mettre en ~ pour trouver un emploi/une maison** to go job-hunting/house-hunting. -**6.** AÉRON: **la ~** fighter planes. -**7.** [d'eau] flush; **tirer la ~ (d'eau)** to flush the toilet.

◆ **en chasse** *loc adj* ZOOL on *Br* OU in *Am* heat.

chassé [ʃase] *nm* chassé.

châsse [ʃas] *nf* -**1.** RELIG [coffre] shrine; **orné** OU **paré comme une ~** [personne] extravagantly overdressed. -**2.** [de lunettes] frames.

chasse-clou [ʃasklu] *(pl* chasse-clous) *nm* nail punch.

chassé-croisé [ʃasekrwaze] *(pl* chassés-croisés) *nm* -**1.** [confusion]: **le ~ ministériel/de limousines** the comings and goings of ministers/of limousines. -**2.** DANSE set to partners.

chasselas [ʃasla] *nm*: **du ~** Chasselas grapes.

chasse-mouches [ʃasmuʃ] *nm inv* flyswatter.

chasse-neige [ʃasnɛʒ] *nm inv* -**1.** [véhicule] snowplough *Br*, snowplow *Am*. -**2.** [position du skieur] snowplough *Br*, snowplow *Am*; **descendre/tourner en ~** to snowplough down/round.

chassepot [ʃaspo] *nm* ARM chassepot.

chasser [3] [ʃase] ◇ *vt* -**1.** CHASSE to hunt; **il chasse le daim** he hunts deer; **~ le phoque** to seal. -**2.** [expulser] to drive out *(sép)*, to expel; **il a été chassé de chez lui** he was made to leave home; **elle l'a chassé de la maison** she sent him packing. -**3.** [congédier - employé] to dismiss. -**4.** [faire disparaître] to dispel, to drive away *(sép)*, to get rid of; **pour ~ les mauvaises odeurs** to get rid of bad smells; **sortez pour ~ les idées noires** go out and forget your worries ❑ **chassez le naturel, il revient au galop** nature will not easily be driven out. -**5.** [pousser] to drive (forward); **le vent chasse le sable/les nuages** the wind is blowing the sand/the clouds along.

◇ *vi* -**1.** [aller à la chasse - à courre] to go hunting; [- au fusil] to go shooting; **~ sur les terres d'autrui** *fig* to poach on somebody's preserve OU territory. -**2.** [déraper] to skid; **le navire chasse sur son ancre** NAUT the ship is dragging its anchor.

chasseresse [ʃasrɛs] ◇ *adj f*: **Diane ~** Diana the huntress.

◇ *nf litt* huntress.

châsses▽ [ʃas] *nmpl* peepers, eyes.

chasseur, euse [ʃasœr, øz] *nm, f* -**1.** CHASSE hunter, huntsman (*f* huntress); **un très bon ~** [de gibier à plumes] an excellent shot; **~ de daims** deerhunter; **le Chasseur français** PRESSE *hunting magazine whose small ads section is traditionally used by people looking for companionship.* -**2.** [chercheur]: **~ d'autographes** autograph

hunter; ⁓ d'images (freelance) photographer; ⁓ de têtes *pr* & *fig* headhunter. -3. AÉRON & MIL fighter (plane); ⁓ à réaction jet fighter; ⁓-bombardier fighter bomber. -4. MIL chasseur; ⁓ alpin Alpine chasseur. -5. [dans un hôtel] messenger (boy), bellboy *Am*.
◆ **chasseur** *adj inv* CULIN chasseur.

chassie [ʃasi] *nf* rheum; avoir de la ⁓ dans les yeux to have rheumy eyes.

chassieux, euse [ʃasjø, øz] ◇ *adj* [œil] rheumy; [personne] rheumy-eyed; avoir les yeux ⁓ to have rheumy eyes.
◇ *nm, f* rheumy-eyed person.

châssis [ʃasi] *nm* -1. CONSTR frame; ⁓ à tabatière skylight frame. -2. BX-ARTS stretcher; PHOT (printing) frame; ⁓ d'imprimerie IMPR chase. -3. AUT chassis, steel frame. -4. ▽ [corps féminin] chassis, figure; quel beau ⁓! *hum* what a body!

chaste [ʃast] *adj* chaste, innocent.

chastement [ʃastəmɑ̃] *adv* chastely, innocently.

chasteté [ʃastəte] *nf* chastity.

chasuble [ʃazybl] *nf* -1. RELIG chasuble. -2. VÊT: robe ⁓ pinafore dress.

chat, chatte [ʃa, ʃat] *nm, f* -1. ZOOL [gén] cat; [mâle] tomcat; [femelle] she-cat; un petit ⁓ a kitten; regarde le petit ⁓ look at the little pussy cat ❑ ⁓ européen OU de gouttière tabby (cat); ⁓ persan/siamois Persian/Siamese cat; ⁓ angora Angora cat; ⁓ de Birmanie Burmese cat; ⁓ sauvage wildcat; appeler un ⁓ un ⁓ to call a spade a spade; avoir un ⁓ dans la gorge to have a frog in one's throat; acheter ⁓ en poche to buy a pig in a poke; écrire comme un ⁓ to scrawl; il n'y a pas de quoi fouetter un ⁓ it's nothing to make a fuss about; j'ai d'autres ⁓s à fouetter I've got better things to do; il n'y avait pas un ⁓ *fam* there wasn't a soul about; à bon ⁓, bon rat *prov* it's tit for tat *loc*; ⁓ échaudé craint l'eau froide once bitten, twice shy *prov*; n'éveillez OU ne réveillez pas le ⁓ qui dort let sleeping dogs lie *prov*. -2. LITTÉRAT: 'le Chat botté' *Perrault* 'Puss in Boots'. -3. *fam* [terme d'affection] pussycat, sweetie, sweetheart. -4. JEUX: jouer à ⁓ to play tag; c'est Sonia le ⁓ Sonia's it; jouer à ⁓ perché to play off-ground tag; jouer au ⁓ et à la souris avec qqn *fig* to play cat-and-mouse with sb. -5. HIST & NAUT: ⁓ à neuf queues cat-o'-nine-tails.
◆ **chatte**▼ *nf* pussy, fanny *Br*.

châtaigne [ʃatɛɲ] *nf* -1. BOT chestnut; ⁓ d'eau water chestnut. -2. ▽ [coup] biff, clout; il s'est pris une de ces ⁓s! [il a été frappé] he got such a smack!; [il s'est cogné] he gave himself a nasty knock! -3. ZOOL: ⁓ de mer sea urchin.

châtaigneraie [ʃatɛɲərɛ] *nf* chestnut grove.

châtaignier [ʃateɲe] *nm* -1. BOT chestnut tree. -2. [bois] chestnut.

châtain [ʃatɛ̃] ◇ *adj m* [cheveux] chestnut (brown); ⁓ clair light brown; ⁓ doré OU roux auburn; être ⁓ to have brown hair.
◇ *nm* chestnut brown.

chataire [ʃatɛr] = **cataire**.

château, x [ʃato] *nm* -1. HIST castle; ⁓ fort fortified castle. -2. [palais] castle, palace; [manoir] mansion, manor (house); ⁓ de cartes house of cards; ses illusions se sont écroulées comme un ⁓ de cartes his illusions collapsed like a house of cards; bâtir OU faire des ⁓x en Espagne to build castles in the air; le Château *fam* [la présidence de la République] *humorous term referring to the French presidency*. -3. ŒNOL chateau; mis en bouteilles au ⁓ chateau bottled. -4. NAUT: ⁓ d'arrière aftercastle; ⁓ d'avant forecastle, fo'c's'le, fo'c'sle.
◆ **château d'eau** *nm* water tower.

chateaubriand, châteaubriant [ʃatobrijɑ̃] *nm* Chateaubriand (steak).

Château-la-Pompe *fam* [ʃatolapɔ̃p] *npr m hum* water; accompagné d'un verre de ⁓ washed down with a glass of good old tapwater *hum*.

châtelain, e [ʃatlɛ̃, ɛn] *nm, f* -1. [propriétaire - gén] owner of a manor; [- homme] lord of the manor; [- femme] lady of the manor. -2. HIST (feudal) lord.
◆ **châtelaine** *nf* -1. [chaîne de ceinture, bijou] chatelaine. -2. HIST [femme du châtelain] chatelaine, lady of the manor.

châtelet [ʃatlɛ] *nm* small (fortified) castle.

chat-huant [ʃaɥɑ̃] (*pl* chats-huants) *nm* tawny OU brown OU wood owl.

châtier [9] [ʃatje] *vt litt* -1. [punir] to chastise, to castigate *litt*. -2. [affiner] to polish, to refine; parler dans une langue châtiée to use refined language.

chatière [ʃatjɛr] *nf* -1. [pour un chat] cat door OU flap. -2. [dans un toit] ventilation hole.

châtiment [ʃatimɑ̃] *nm sout* chastisement, punishment.

chatoiement [ʃatwamɑ̃] *nm* [sur du métal, du verre] gleam, shimmer; [sur de la soie] (soft) glimmer.

chaton [ʃatɔ̃] *nm* -1. ZOOL kitten. -2. BOT catkin, ament *spéc*, amentum *spéc*. -3. [poussière] ball of fluff. -4. [par affection] darling. -5. JOAILL [tête de la bague] bezel; [pierre enchâssée] stone.

chatouille *fam* [ʃatuj] *nf* tickle; faire des ⁓s à qqn to tickle sb; elle adore les ⁓s she loves being tickled; elle craint les ⁓s she's ticklish.

chatouillement [ʃatujmɑ̃] *nm* tickle; je ressens encore un ⁓ dans les oreilles mais je n'ai plus mal my ears still tickle but it doesn't hurt anymore.

chatouiller [3] [ʃatuje] *vt* -1. [pour faire rire] to tickle; ⁓ les côtes à qqn *fam* to give sb a good thrashing. -2. [irriter] to tickle. -3. [exciter - odorat, palais] to titillate. -4. [heurter - amour-propre, sensibilité] to prick.

chatouilleux, euse [ʃatujø, øz] *adj* -1. [physiquement] ticklish. -2. [pointilleux] sensitive, touchy; il a un caractère ⁓ he's a touchy kind of person; ⁓ sur overparticular about; elle est très chatouilleuse sur ce qu'elle appelle le bon goût she's very sensitive OU particular about what she calls good taste.

chatouillis *fam* [ʃatuji] *nm* tickle; faire des ⁓ à qqn to tickle sb; aimer les ⁓ to love being tickled; craindre les ⁓ to be ticklish.

chatoyant, e [ʃatwajɑ̃, ɑ̃t] *adj* -1. [brillant] gleaming, glistening, shimmering. -2. [luisant] glimmering.

chatoyer [13] [ʃatwaje] *vi* -1. [briller] to gleam, to glisten, to shimmer. -2. [luire] to glimmer.

châtrer [3] [ʃatre] *vt* -1. [étalon, homme, taureau] to castrate; [verrat] to geld; [chat] to castrate, to fix *Am*. -2. [censurer - article] to make innocuous. -3. BOT [plante] to cut back; [fleur] to castrate.

chattemite [ʃatmit] *nf litt* & *péj*: faire la ⁓ to be all honey.

chatterie [ʃatri] *nf* -1. [câlinerie] coaxing; faire des ⁓s à qqn to pamper sb. -2. [friandise] delicacy.

chatterton [ʃatɛrtɔn] *nm* adhesive insulating tape, friction tape.

chat-tigre [ʃatigr] (*pl* chats-tigres) *nm* tiger cat.

chaud, e [ʃo, ʃod] *adj* -1. [dont la température est - douce] warm; [- élevée] hot; climat/temps/vent ⁓ [tempéré] warm climate/weather/wind; [tropical] hot climate/weather/wind; un bain ⁓ a hot bath; une boisson ⁓e a hot drink; un petit pain tout ⁓ a hot bun; ton thé est à peine ⁓ your tea is barely warm; son front est tout ⁓ his forehead is hot; les nuits deviennent plus ⁓es en juin the nights become warmer in June; au (moment le) plus ⁓ de la journée in the heat of the day ❑ marrons ⁓s roast chestnuts; ⁓ comme une caille snug as a bug in a rug; ⁓ devant! [au restaurant] out of the way! -2. [veste, couverture] warm. -3. [qui n'a pas refroidi] warm; le lit est encore ⁓ the bed is still warm; la place du directeur est encore ⁓e *fig* the manager's shoes are still warm. -4. [enthousiaste] ardent, warm, keen; de ⁓s partisans dedicated supporters; je ne suis pas très ⁓ pour le faire *fam* I'm not really eager to do it; son accueil n'a pas été très ⁓ he didn't welcome us too warmly. -5. [passionné] warm; avoir une ⁓e discussion sur qqch to debate sthg heatedly; une ⁓e amitié a loving OU close OU warm friendship; une ⁓e ambiance règne dans la salle the atmosphere in the room is wonderfully warm. -6. [agité, dangereux] hot; les points ⁓s du monde the danger spots in the world; le mois de septembre sera ⁓ there will be (political) unrest in September; l'alerte a été ⁓e it was a near OU close thing. -7. *fam* PRESSE hot (off the press); une nouvelle toute ⁓e an up-to-the-minute piece of news. -8. ▽ [sexuellement] hot, randy *esp Br*, horny; ⁓ lapin randy devil. -9. [couleur, voix] warm.
◆ **chaud** ◇ *adv* -1. [à une température élevée] hot; servir ⁓ serve hot; bois-le ⁓ drink it (while it's) hot; avoir ⁓ [douce chaleur] to feel warm; [forte chaleur] to feel hot; il fait ⁓ [douce chaleur] it's warm; [forte chaleur] it's hot ❑ on a eu ⁓! *fam* it was a close OU near thing; il fera ⁓ le jour où tu l'entendras dire merci! that'll be the day when you hear him say thank you!; ça ne me fait ni ⁓ ni froid I couldn't care less. -2. *fam* [cher] expensive; ça a dû coûter ⁓ it must have cost a mint OU cost an arm and a leg.
◇ *nm* -1. [chaleur]: le ⁓ the heat OU hot weather. -2. MÉD: un ⁓ et froid a chill.
◆ **chaude** *nf* MÉTALL heat, melt; ⁓e blanche/rouge white/red heat.
◆ **à chaud** *loc adv* -1. [en urgence]: l'opération s'est faite à ⁓ it was emergency surgery; sonder à ⁓ to do a spot poll; ne lui pose pas la question à ⁓ don't just spring the question on him in the midst of it all. -2. MÉTALL: souder à ⁓ to hot-weld; étirer un métal à ⁓ to draw metal under heat.
◆ **au chaud** *loc adv*: restez bien au ⁓ [au lit] stay nice and cosy OU warm in your bed; [sans sortir] don't go out in the cold; mettre OU garder des assiettes au ⁓ to keep plates warm.

chaudement [ʃodmɑ̃] *adv* -1. [contre le froid] warmly; se vêtir ⁓ to put on warm clothes. -2. [passionnément - gén] warmly, warmheartedly; [- recommander] heartily; [- féliciter] with all one's heart.

chaude-pisse▼ [ʃodpis] (*pl* chaudes-pisses) *nf* clap.

chaud-froid [ʃofrwa] (*pl* chauds-froids) *nm* CULIN chaudfroid.

chaudière [ʃodjɛr] *nf* boiler; ⁓ à bois/charbon wood-/coal-fired boiler; ⁓ accumulatrice de chaleur heat storage vessel; ⁓ à eau chaude hot water boiler; ⁓ à vapeur steam boiler; ⁓ nucléaire nuclear-powered boiler.

chaudron [ʃodrɔ̃] *nm* [en fonte] cauldron; [en cuivre] copper kettle OU boiler.

chaudronnerie [ʃodrɔnri] *nf* -1. [profession] boilermaking, boilerwork. -2. [marchandises - de grande taille] boilers; [- de petite taille] hollowware. -3. [usine] boilerworks.

chaudronnier, ère [ʃodrɔnje, ɛr] *nm, f* [gén] boilermaker; [sur du cuivre] coppersmith.

chauffage [ʃofaʒ] *nm* -1. [d'un lieu] heating; le ⁓ coûte cher heating costs a lot; système de ⁓ heating system. -2. [installation, système] heating (system); installer le ⁓ to put heating in ❑ ⁓ central/urbain central/district heating; ⁓ électrique/solaire electric/solar heating; ⁓ au gaz/au mazout gas-fired/oil-fired heating; ⁓ à air pulsé warm-air heating. -3. [chaleur] heat; baisser/monter le ⁓ [dans une maison] to turn the heating down/up; [en voiture] to turn the heater down/up.

chauffagiste [ʃofaʒist] *nm* heating specialist.

chauffant, e [ʃofɑ̃, ɑ̃t] *adj* [surface] heating.

chauffard [ʃofar] *nm* reckless driver; [qui s'enfuit] hit-and-run driver.

chauffe [ʃof] *nf* -1. [opération] stoking. -2. [temps] heating time; pendant la ⁓ [d'une machine] while the machine's warming up; [d'une chaudière] while the boiler's heating.
◆ **de chauffe** *loc adj* boiler (*modif*).

chauffe-assiettes [ʃofasjɛt] *nm inv* plate warmer, hostess tray.

chauffe-bain [ʃofbɛ̃] (*pl* chauffe-bains) *nm* water heater.

chauffe-biberon [ʃofbibrɔ̃] (*pl* chauffe-biberons) *nm* bottle warmer.

chauffe-eau [ʃofo] *nm inv* water heater; ~ **électrique** immersion heater.

chauffe-plats [ʃofpla] *nm inv* chafing dish.

chauffer [3] [ʃofe] ◇ *vi* -**1.** [eau, plat, préparation] to heat up; **mettre qqch à ~, faire ~ qqch** to heat sthg up; **ça chauffe trop, baisse le gaz** it's overheating, turn the gas down. -**2.** [dégager de la chaleur - radiateur] to give out heat; **un pâle soleil d'hiver qui chauffe à peine** a pale wintry sun, hardly giving out any heat; **en avril, le soleil commence à ~** in April, the sun gets hotter. -**3.** [surchauffer - moteur] to overheat; **ne laissez pas ~ l'élément** don't allow the element to overheat OU to get too hot. -**4.** *fam* [être agité]: **les choses commencent à ~** things are getting hot; **ça va ~!** there's trouble brewing!; **ça chauffe** [à un concert] things are really cooking. -**5.** JEUX to get warm; **tu chauffes!** you're getting warmer!
◇ *vt* -**1.** [chambre, plat] to warm OU to heat up (*sép*); ~ **une maison à l'électricité** to have electric heating in a house; **piscine chauffée** heated swimming pool. -**2.** *loc*: **tu commences à me ~ les oreilles** *fam* you're getting up my nose *Br*, you're starting to get my goat. -**3.** MÉTALL: ~ **un métal à blanc/au rouge** to make a metal white-hot/red-hot. -**4.** *fam* [exciter]: ~ **la salle** to warm up the audience; **il a chauffé la salle à blanc** OU **à bloc** he worked the audience up into a frenzy; ~ **un étudiant pour un examen** to cram a student for an exam.
◆ **se chauffer** *vpi* -**1.** [se réchauffer] to warm o.s. (up); **viens te ~ près du feu** come and warm yourself up OU get warm by the fire. -**2.** [dans un local]: **ils n'ont pas les moyens de se ~** they can't afford heating; **se ~ à l'électricité** to have electric heating; **se ~ au bois** to use a wood stove for heating.

chaufferette [ʃofrɛt] *nf* [bouillotte, boîte] footwarmer.

chaufferie [ʃofri] *nf* -**1.** [local] boiler room. -**2.** NAUT & NUCL stokehold.

chauffeur, euse [ʃofœr, øz] *nm, f* stoker, boiler attendant.
◆ **chauffeur** *nm* -**1.** [conducteur] driver; ~ **de camion** lorry *Br* OU truck *Am* driver; ~ **de taxi** taxi OU cab driver; ~ **du dimanche** *péj* Sunday driver. -**2.** [employé]: **location de voiture avec ~** chauffeur-driven hire-cars; **j'ai fait le ~ de ces dames toute la journée** *fam* I drove the ladies around all day long; **il est le ~ du président** he chauffeurs for the chairman □ ~ **de maître** chauffeur.
◆ **chauffeuse** *nf* low armless chair (*by a fireplace*).

chaulage [ʃolaʒ] *nm* -**1.** AGR liming. -**2.** CONSTR whitewashing.

chauler [3] [ʃole] *vt* -**1.** AGR to lime. -**2.** CONSTR to whitewash.

chaumard [ʃomar] *nm* fairlead.

chaume [ʃom] *nm* -**1.** [sur un toit] thatch; **recouvrir un toit de ~** to thatch a roof; **une maison au toit de ~** a thatched cottage. -**2.** AGR [paille] haulm; [sur pied] stubble. -**3.** *litt* [champ] stubble field.

chaumer [3] [ʃome] ◇ *vt* [champs] to clear stubble from, to clear of stubble.
◇ *vi* to clear stubble.

chaumière [ʃomjɛr] *nf* ≃ cottage; [avec un toit de chaume] thatched cottage; **faire causer** OU **jaser dans les ~s** to give the neighbours something to talk about.

chaussant, e [ʃosɑ̃, ɑ̃t] *adj* [botte, soulier] well-fitting.
◆ **chaussant** *nm* fitting qualities (*of a shoe or boot*).

chaussée [ʃose] *nf* -**1.** [d'une route] roadway, pavement *Am*; **ne restez pas sur la ~** stay off the road OU roadway; '**~ déformée**' 'uneven road surface'; '**~ glissante**' 'slippery road', 'slippery when wet'. -**2.** [talus] dyke, embankment; [voie surélevée] causeway; **la Chaussée des Géants** the Giant's Causeway.

chausse-pied [ʃospje] (*pl* chausse-pieds) *nm* shoehorn.

chausser [3] [ʃose] ◇ *vt* -**1.** [escarpins, skis, palmes] to put on (*sép*); ~ **les étriers** SPORT to put one's feet into the stirrups; **elle était chaussée de pantoufles de soie** she was wearing silk slippers. -**2.** [enfant, personne]: **viens ~ les enfants** come and put the children's shoes on for them. -**3.** [fournir en chaussures] to provide shoes for, to supply with shoes. -**4.** [lunettes] to put OU to slip on (*sép*). -**5.** AUT: **la voiture est chaussée de pneus neige** the car has snow tyres on. -**6.** [arbre, plante] to earth up.
◇ *vi*: **je suis difficile à ~** it's hard for me to find shoes that fit; **voici un modèle qui devrait mieux ~** this style of shoe should fit better; **du combien chausses-tu?** what size shoes do you take?; **je chausse du 38** I take a size 38 shoe, I take size 38 in shoes.
◆ **se chausser** ◇ *vp* (*emploi réfléchi*): **chausse-toi, il fait froid** put something on your feet, it's cold; **se ~ avec un chausse-pied** to use a shoehorn.
◇ *vpi* [se fournir]: **je me chausse chez Lebel** I buy my shoes at OU I get my shoes from Lebel's.

chausses [ʃos] *nfpl arch* hose, chausses.

chausse-trap(p)e [ʃostrap] (*pl* chausse-trapes OU chausse-trappes) *nf pr & fig* trap.

chaussette [ʃosɛt] *nf* -**1.** VÊT sock; **en ~s** in one's stockinged feet; **laisser tomber qqn comme une vieille ~** *fam* to ditch sb. -**2.** *fam vieilli*: ~ **à clous** (policeman's) boot.

chausseur [ʃosœr] *nm* -**1.** [fabricant] shoemaker. -**2.** [vendeur] shoemaker, footwear specialist.

chausson [ʃosɔ̃] *nm* -**1.** VÊT [d'intérieur] slipper; [de bébé] bootee. -**2.** [de danseuse] ballet shoe, pump; [de gymnastique] soft shoe; [dans la chaussure de ski] inner shoe; ~ **de neige** snow shoe. -**3.** CULIN turnover; ~ **aux pommes** ≃ apple turnover. -**4.** COUT: **point de ~** blind hem stitch.

chaussure [ʃosyr] *nf* -**1.** VÊT shoe; **acheter des ~s** to buy shoes OU footwear □ **trouver ~ à son pied** to find a suitable match; **elle a trouvé ~ à son pied** she found the right person. -**2.** LOISIRS & SPORT: **~s de marche** walking OU hiking boots; **~s de ski** ski boots. -**3.** COMM shoe trade; [industrie] shoe OU shoe-manufacturing industry.

chaut [ʃo] → **chaloir**.

chauve [ʃov] ◇ *adj* [crâne, tête] bald; [personne] bald, baldheaded; [montagne, pic] bare; ~ **comme un œuf** *fam* as bald as a coot *Br* OU as an egg *Am*.
◇ *nmf* bald person, bald man (*f* woman).

chauve-souris [ʃovsuri] (*pl* chauves-souris) *nf* bat.

chauvin, e [ʃovɛ̃, in] ◇ *adj* chauvinistic, jingoist, jingoistic.
◇ *nm, f* chauvinist, jingoist.

chauvinisme [ʃovinism] *nm* chauvinism, jingoism.

chaux [ʃo] *nf* lime; **mur passé** OU **blanchi à la ~** whitewashed wall; **enduire un arbre de ~** to lime a tree □ ~ **éteinte** slaked lime; ~ **vive** quicklime.

chavirement [ʃavirmɑ̃] *nm* -**1.** *litt* [d'un navire] capsizing, keeling over, overturning. -**2.** *fig* [effondrement] collapse.

chavirer [3] [ʃavire] ◇ *vi* -**1.** NAUT to capsize, to keel over, to turn turtle; **faire ~** to capsize. -**2.** [se renverser] to keel over, to overturn; **tout chavire autour de moi** everything around me is spinning. -**3.** [tourner - yeux] to roll; **avoir le cœur qui chavire** [de dégoût] to feel nauseated; [de chagrin] to be heartbroken.
◇ *vt* -**1.** [basculer] to capsize, to overturn. -**2.** [émouvoir] to overwhelm, to shatter; **il a l'air tout chaviré** he looks devastated.

chèche [ʃɛʃ] *nm* scarf.

chéchia [ʃeʃja] *nf* tarboosh, fez.

check-list [tʃɛklist] (*pl* check-lists) *nf* checklist.

check-up [tʃɛkœp] *nm inv* checkup.

chef [ʃɛf] ◇ *nm* -**1.** [responsable - gén] head; [- d'une entreprise] manager, boss; ~ **comptable** chief accountant; ~ **d'atelier** shop foreman; ~ **de bureau** head clerk; ~ **de cabinet** minister's *Br* OU secretary of state's *Am* principal private secretary; ~ **de chantier** site foreman; ~ **d'établissement** SCOL headmaster (*f* headmistress), principal; ~ **de famille** head of the family; ~ **de l'Église** Head of the Church; ~ **de l'État** Head of the State; **~s d'État** heads of state; ~ **d'entreprise** company manager; ~ **d'équipe** foreman; ~ **de rayon** department manager; ~ **de service** section head; ~ **du personnel** personnel OU staff manager. -**2.** MIL: ~ **d'escadron** major; ~ **d'état-major** chief of staff; ~ **de patrouille** patrol leader; ~ **de pièce** gun captain. -**3.** RAIL: ~ **de gare** station master; ~ **mécanicien** chief mechanic. -**4.** CULIN chef; **la spécialité du ~ aujourd'hui** the chef's special today. -**5.** MUS: ~ **de pupitre** head of section; ~ **des chœurs** choirmaster. -**6.** SPORT: ~ **de nage** *naut*. -**7.** [leader] leader; **elle a toutes les qualités d'un ~** she has all the qualities of a leader; **bravo, c'est toi le ~!** *hum* well done, boss! *hum* □ ~ **de bande** gang leader; ~ **de file** leader; **petit ~** *péj* [dans une famille] domestic tyrant; [au bureau, à l'usine] slave driver; **elle s'est débrouillée comme un ~!** *fam* she did really well! -**8.** (*comme adj*) head (*modif*), chief (*modif*); **infirmière ~** head nurse; **ingénieur ~** chief engineer; **médecin-~** ≃ senior consultant. -**9.** *hum* [tête] head; **opiner du ~** to nod. -**10.** JUR: ~ **d'accusation** charge OU count (of indictment). -**11.** HÉRALD chief.
◇ *nf* *fam* [responsable]: **la ~** the boss.
◆ **au premier chef** *loc adv* above all, first and foremost.
◆ **de son chef, de son propre chef** *loc adv* on one's own authority OU initiative; **j'ai agi de mon propre ~** I acted on my own initiative.
◆ **en chef** ◇ *loc adj*: **commandant en ~** commander-in-chief; **ingénieur en ~** chief engineer.
◇ *loc adv*: **commander en ~** to be commander-in-chief.
◆ **chef d'orchestre** *nm* -**1.** MUS conductor. -**2.** *fig* organizer, orchestrator.

chef-d'œuvre [ʃɛdœvr] (*pl* chefs-d'œuvre) *nm* masterpiece.

chefferie [ʃɛfri] *nf* [autorité politique] chieftaincy.

chef-garde [ʃɛfgard] *nm Belg* guard (*on a train*).

chef-lieu [ʃɛfljø] (*pl* chefs-lieux) *nm* ADMIN *in France, administrative centre of a "département", "arrondissement" or "canton"*.

cheftaine [ʃɛftɛn] *nf* [de louveteaux] cubmistress *Br*, den mother *Am*; [chez les jeannettes] Brown Owl *Br*, den mother *Am*; [chez les éclaireuses] captain.

cheikh [ʃɛk] *nm* sheik, sheikh.

chéiroptère [keirɔptɛr] = **chiroptère**.

chelem [ʃlɛm] *nm* JEUX & SPORT slam; **grand ~** grand slam; **petit ~** small OU little slam.

chemin [ʃəmɛ̃] *nm* -**1.** [allée] path, lane; ~ **creux** sunken lane; ~ **de halage** towpath; ~ **de ronde** covered way; ~ **de traverse** *pr* path across the fields; *fig* short cut; ~ **vicinal** OU **départemental** minor road; **être toujours sur les (quatre) ~s** OU **par voies et par ~s** to be always on the move OU road; **bandit** OU **voleur de grand ~** OU **grands ~s** highwayman; **il n'y va pas par quatre** OU **trente-six ~s** he doesn't beat about *Br* OU around *Am* the bush; **tous les ~s mènent à Rome** *prov* all roads lead to Rome *prov*. -**2.** [parcours, trajet] way; **faire** OU **abattre du ~** to go a long way; **le ~ que nous avons fait** OU **abattu** the long way we've come OU distance we've covered; **on s'est retrouvé à mi-~** OU **à moitié ~** we met halfway; **suivre le ~ de la balle** [au tennis] to follow the path of the ball; **demandons-lui notre ~** let's ask him how to get to our destination; **pas de problème, c'est sur mon ~** no problem, it's on my way; c'est le ~ le plus court/long it's the shortest/longest way; nous avons fait tout le ~ à pied/en voiture we walked/drove all the way; se frayer OU s'ouvrir un ~ dans la foule to force one's way through the crowd; barrer OU couper le ~ à qqn to be in OU to bar sb's way; passer son ~ *vieilli* to go on one's way; passez votre ~! on your way!; prendre le ~ de l'exil to go into exile; prendre des ~s détournés pour faire qqch *fig* to use roundabout means in order to do sthg ❑ prendre le ~ des écoliers to go the long way around; je voudrais des petits-enfants mais ça n'en prend pas le ~ I'd like some grandchildren but it doesn't seem to be on the agenda. -**3.** [destinée, progression] way; barrer OU couper le ~ à qqn to bar sb's way, to impede sb's progress; ouvrir/montrer le ~ to open/to lead the way; il va son ~ sans se préoccuper des autres he goes his way without worrying about other people; nos ~s se sont croisés autrefois we met a long time ago; faire son ~ to make one's way in life; cet enfant fera du ~, croyez-moi! this child will go far OU a long way, believe me!; mettre un obstacle sur le ~ de qqn to put an obstacle in sb's way; se mettre sur le ~ de qqn to stand in sb's way; trouver qqn sur son ~ [ennemi] to find sb standing in one's way; [futur époux] to meet sb; que je ne te retrouve pas sur mon ~! don't let me ever bump into you again! ❑ le ~ de Damas BIBLE the road to Damascus; trouver son ~ de Damas *fig* to see the light; le bon ~ the right track; ne t'arrête pas en si bon ~ don't give up now that you're doing so well; le droit ~ the straight and narrow. -**4.** RELIG: ~ de croix Way of the Cross. -**5.** [napperon]: ~ de table table runner.

◆ **chemin faisant** *loc adv* while going along; nous en avons parlé ~ faisant we talked about it on our way OU as we went along.

◆ **en chemin** *loc adv* on one's way OU the way; ne t'amuse pas en ~ don't mess around on the way.

chemin de fer [ʃəmɛ̃dfɛr] (*pl* chemins de fer) *nm* railway *Br*, railroad *Am*; voyager en ~ to travel by train; employé des ~s de fer rail worker *Br*, railman.

chemineau, x [ʃəmino] *nm vieilli* tramp, vagrant, hobo *Am*.

cheminée [ʃəmine] *nf* -**1.** [gén] shaft; [de maison] chimney (stack); [dans un mur] chimney; [d'usine] chimney (stack), smokestack; [de paquebot] funnel; ~ d'aération ventilation shaft. -**2.** [âtre] fireplace; [chambranle] mantelpiece; viens te réchauffer près de la ~ come and get warm by the fire OU fireplace. -**3.** GÉOL [d'un volcan] vent; ~ des fées devil's chimney.

cheminement [ʃəminmɑ̃] *nm* -**1.** [parcours] movement; le ~ des eaux souterraines the movement of underground water. -**2.** *fig* [développement] development, unfolding; le ~ de sa pensée the development of her thought. -**3.** MIL advance (under cover).

cheminer [3] [ʃəmine] *vi* -**1.** *litt* [avancer - marcheur] to walk along; [- fleuve] to flow; ~ avec difficulté à travers bois to struggle through the woods. -**2.** *fig* [progresser - régulièrement] to progress, to develop; [- lentement] to make slow progress OU headway. -**3.** MIL to advance (under cover). -**4.** [en topographie] to traverse.

cheminot [ʃəmino] *nm* RAIL railwayman *Br*, railroad man *Am*.

chemisage [ʃəmizaʒ] *nm* -**1.** [d'un projectile] jacketing. -**2.** [d'un conduit, d'un moule] lining.

chemise [ʃəmiz] *nf* -**1.** VÊT shirt; ~ américaine undershirt; ~ de nuit [de femme] nightgown, nightdress; [d'homme] nightshirt; en (bras OU manches de) ~ in shirt-sleeves; changer d'avis comme de ~ *fam* to keep changing one's mind; il donnerait jusqu'à sa ~ he'd give the shirt off his back; ils ne lui ont laissé que sa ~ they took everything but what he stood up in; je m'en soucie OU moque OU fiche *fam* comme de ma première ~ I don't give a tinker's cuss OU two hoots; perdre au jeu jusqu'à sa dernière ~ to gamble one's last penny *Br* OU cent *Am* away. -**2.** HIST: Chemises brunes Brownshirts; Chemises noires Blackshirts; Chemises rouges Redshirts. -**3.** [de carton] folder. -**4.** MÉCAN & TECH [enveloppe - intérieure] lining; [- extérieure] jacket.

chemiser [3] [ʃəmize] *vt* -**1.** MÉCAN & TECH [intérieurement] to line; [extérieurement] to jacket. -**2.** CULIN to coat with aspic jelly.

chemiserie [ʃəmizri] *nf* -**1.** [fabrique] shirt factory. -**2.** [boutique] gents' outfitter's *Br*, haberdasher's *Am*. -**3.** [industrie] shirt trade.

chemisette [ʃəmizɛt] *nf* [pour femme] short-sleeved blouse; [pour homme, pour enfant] short-sleeved shirt.

chemisier, ère [ʃəmizje, ɛr] *nm, f* shirtmaker *Br*, haberdasher *Am*.

◆ **chemisier** *nm* blouse.

chenal, aux [ʃənal, o] *nm* -**1.** [canal - dans les terres] channel; [- dans un port] fairway, channel. -**2.** GÉOL [sous la mer] trench. -**3.** MÉTALL: ~ de coulée runner.

chenapan [ʃ(ə)napɑ̃] *nm hum* OU *vieilli* rascal, rogue, scoundrel.

chêne [ʃɛn] *nm* -**1.** BOT oak; ~ rouvre Turkey oak; ~ vert holm oak, ilex; fort OU solide comme un ~ as strong as an ox. -**2.** MENUIS oak.

chéneau, x [ʃeno] *nm* gutter *(on a roof)*.

chêne-liège [ʃɛnljɛʒ] (*pl* chênes-lièges) *nm* cork oak.

chenet [ʃənɛ] *nm* andiron, firedog.

chènevis [ʃɛnvi] *nm* hempseed.

Chengdu [ʃɛŋdu] *npr* Chengdu.

chenil [ʃənil] *nm* -**1.** [établissement - pour la reproduction] breeding kennels; [- pour la garde] boarding kennels; [- pour le dressage] training kennels. -**2.** *Helv* [bric-à-brac] (load of) junk.

chenille [ʃənij] *nf* -**1.** ENTOM caterpillar; ~ du bombyx silk worm; ~ processionnaire processionary caterpillar. -**2.** MÉCAN caterpillar; véhicule à ~s tracked vehicle. -**3.** TEXT chenille.

chenillé, e [ʃənije] *adj* [engin, véhicule] tracked.

chenillette [ʃənijɛt] *nf* MIL small tracked vehicle; [pour neige] snowmobile.

chenu, e [ʃəny] *adj litt* -**1.** [vieillard] hoary. -**2.** [arbre] bald OU leafless (with age), glabrous *spéc*.

cheptel [ʃɛptɛl] *nm* -**1.** [bétail] livestock; avoir un ~ de 1 000 têtes to have 1,000 head of cattle; le ~ bovin de la France the total number of cattle in France. -**2.** JUR: ~ (vif) livestock; ~ mort farm equipment.

chèque [ʃɛk] *nm* -**1.** FIN cheque *Br*, check *Am*; tirer/toucher un ~ to draw/to cash a cheque; faire un ~ de 100 francs à qqn to write sb a cheque for 100 francs; ~ bancaire cheque; ~ barré crossed cheque; ~ en blanc blank cheque; donner un ~ en blanc à qqn *fig* to give sb carte blanche; ~ en bois *fam* OU sans provision dud cheque *Br*, bad check; il a fait un ~ sans provision his cheque bounced; ~ à ordre cheque to order; ~ au porteur bearer cheque; ~ postal *cheque drawn on the postal banking system*, ≃ giro (cheque) *Br*; ~ de voyage traveller's cheque. -**2.** [coupon]: ~ cadeau gift token; ~-essence petrol coupon OU voucher; ~ repas luncheon voucher.

Chèque-Déjeuner® [ʃɛkdeʒœne] (*pl* Chèques-Déjeuners) *nm* ≃ luncheon voucher.

Chèque-Restaurant® [ʃɛkrɛstɔrɑ̃] (*pl* Chèques-Restaurants) *nm* ≃ luncheon voucher.

chéquier [ʃekje] *nm* chequebook *Br*, checkbook *Am*.

cher, chère [ʃɛr] *adj* -**1.** [aimé] dear; elle m'est plus chère qu'une sœur she's dearer to me than a sister; ceux qui vous sont ~s your loved ones, the ones you love; un être ~ a loved one. -**2.** [dans des formules de politesse] dear; ~ Monsieur, chère Madame dear Sir, dear Madam; mon ~ ami my dear friend; mes bien OU très ~s amis dearest friends; bien ~s tous dearest friends; le ~ homme n'a pas compris *hum* OU *iron* the dear man didn't understand; mes bien OU très ~s frères RELIG beloved brethren. -**3.** [précieux] dear, beloved; il est retourné à ses chères études *hum* he's gone back to his ivory tower OU to his beloved books; ~ à: la formule si chère aux hommes politiques the phrase beloved of politicians, that favourite phrase of politicians; mon souhait le plus ~ my dearest OU most devout wish. -**4.** [onéreux] expensive, dear *Br*; c'est plus ~ it's dearer OU more expensive; c'est moins ~ it's cheaper OU less expensive; voilà un dîner pas ~! now this is a cheap dinner!; ne va pas chez Pablet, il est trop ~ don't go to Pablet's, his prices are too high.

◆ **cher** *adv* -**1.** COMM: coûter ~ to cost a lot, to be expensive; est-ce que ça te revient ~? does it cost you a lot?; ça me revient trop ~ it's too expensive for me, I can't afford it; prendre ~ *fam* to charge a lot; il te prend ~? how much does he charge (you)?; il prend trop ~ he charges too much; tu ne prends pas assez ~ you don't charge enough; il vaut ~ [bijou de famille] it's worth a lot OU valuable; [article en magasin] it's expensive; je l'ai eu pour pas ~ *fam* I didn't pay much for it; elle vend ~ *fam* her prices are high. -**2.** *loc*: donner ~: je donnerais ~ pour le savoir I'd give anything to know; je ne donne pas ~ de sa vie I wouldn't give much for his chances of survival; valoir ~: il ne vaut pas ~ he's a good-for-nothing; et toi, tu ne vaux pas plus ~ and you're no better.

◆ **chère** *nf hum* food, fare; la chère y est excellente the food there is superb ❑ faire bonne chère to eat well.

chercher [3] [ʃɛrʃe] *vt* -**1.** [avec les sens] to look OU to search for *(insép)*; que cherches-tu? what are you looking for?; cherche les clefs dans tes poches look in your pockets for the keys; ~ qqn du regard OU des yeux to look around for sb; ~ qqn/qqch à tâtons to fumble OU to grope for sb/sthg; il cherchait son enfant à tâtons dans le noir he groped around in the dark trying to find his child ❑ c'est comme ~ une aiguille dans une botte de foin it's like looking for a needle in a haystack; ~ la petite bête *fam* to split hairs; ~ des poux dans la tête de qqn *fam* to try and pick a fight with sb; cherchez la femme *allusion Alexandre Dumas, père* cherchez la femme. -**2.** [avec l'esprit] to try to find, to search for *(insép)*; je cherche son nom I'm trying to remember her name || *(en usage abs)*: tu donnes ta langue au chat? — attends, je cherche give up? — wait, I'm still thinking OU trying to think ❑ ~ des ennuis OU histoires OU crosses *fam* à qqn to try and cause trouble for sb; ~ chicane OU querelle à qqn to try and pick a quarrel with sb; ~ midi à quatorze heures *fam* to look for complications (where there are none); pas besoin de ~ midi à quatorze heures pour expliquer son départ no need to look too far to understand why he left. -**3.** [essayer de se procurer] to look OU to hunt for *(insép)*; je cherche cette édition rare depuis longtemps I've been hunting for this rare edition for years; ~ du travail to look for work, to be job-hunting; ~ une maison to look for a house, to be house-hunting; il faut vite ~ du secours you must get help quickly; il est parti ~ fortune à l'étranger he went abroad to look for fame and fortune; ~ refuge auprès de qqn to seek refuge with sb; ~ femme *vieilli* to look for a wife. -**4.** [aspirer à - tranquillité, inspiration] to look OU to search for *(insép)*, to seek (after); il ne cherche que son intérêt he thinks only of his own interests. -**5.** *fam* [provoquer] to look for *(insép)*; tu l'as bien cherché! you asked for it!; toujours à ~ la bagarre! always looking OU spoiling for a fight!; quand OU si on me cherche, on me trouve if anybody asks for trouble, he'll get it. -**6.** [avec des v de mouvement]: aller ~ qqn/qqch to fetch sb/sthg; aller ~ les enfants à l'école to pick the children up from school; monte/descends ~ la valise go (up/down) and fetch the suitcase; aller ~ qqn à l'aéroport to go and pick sb up at the airport ❑ aller ~ *fig*: que vas-tu ~ là? what on earth are you going on about?; mais qu'est-ce que tu vas encore ~, je n'ai rien dit de mal now what are you thinking of? I didn't mean anything bad; où as-tu été ~ que j'avais accepté? what made you think I said yes?; aller ~ dans les *fam*, aller ~ jusqu'à *fam*: ça va bien ~ dans les 1 000 F it's worth at least 1,000 F; ça peut aller ~ jusqu'à dix ans de prison it could get you up to ten years in prison; aller ~ loin *fam*: ça va ~ loin, cette histoire this is a bad business.

◆ **chercher à** *v + prép* to try OU to attempt OU to seek to; je ne cherche qu'à t'aider I'm only trying to help you; cherche pas à comprendre *fam* don't bother to try to OU and understand.

◆ **chercher après** *fam v + prép* to look for, to be OU to chase after; je cherche encore après ces maudites lunettes! I'm still after those damn glasses!

◆ **se chercher** ◇ *vp (emploi réciproque)*: ils se sont cherchés pendant longtemps they spent a long time looking for each other.

◇ *vpi*: il se cherche he's trying to sort himself out.

chercheur, euse [ʃɛrʃœr, øz] ◇ *adj* [esprit, mentalité] inquiring.

◇ *nm, f* -1. UNIV researcher, research worker; travailler comme ~ to be a researcher, to do research. -2. [aventurier]: un ~ de trésor a treasure seeker ❑ ~ d'or gold digger.

◆ **chercheur** *nm* ASTRON: ~ de comètes finder.

chère [ʃɛr] *f* → **cher**.

chèrement [ʃɛrmɑ̃] *adv* -1. [à un prix élevé] dearly, at great cost; la victoire fut ~ payée the victory was won at great cost. -2. *litt* [tendrement] dearly, fondly; aimer ~ qqn to love sb dearly.

chéri, e [ʃeri] ◇ *adj* darling, dear, beloved; mon gros bébé ~ my sweet darling baby; à notre grand-mère ~e [au cimetière] to our beloved grandmother.

◇ *nm, f* -1. *(en appellatif)* darling, dear, honey *Am*; qu'y a-t-il, ~? what's the matter, dear OU darling?; mon ~, je te l'ai dit cent fois darling, I've already told you a hundred times. -2. [personne préférée]: il a toujours été le ~ de ses parents he was always the darling of the family; voilà le ~ de ces dames *hum* here comes the ladykiller. -3. *fam* [amant] lover, boyfriend (*f* girlfriend); sa ~e l'a largué his girlfriend ditched him.

chérif [ʃerif] *nm* [prince arabe] sherif, sharif.

chérir [32] [ʃerir] *vt litt* [aimer - personne] to cherish, to love (dearly); [- démocratie, liberté] to cherish; [- mémoire, souvenir] to cherish, to treasure.

chérot *fam* [ʃero] ◇ *adj inv* pricey, on the pricey side.

◇ *adv*: il vend plutôt ~! his prices are on the stiff side!

cherry [ʃeri] (*pl* cherrys OU cherries) *nm* cherry brandy.

cherté [ʃɛrte] *nf*: la ~ des fraises the high price of strawberries; la ~ de la vie the high cost of living.

chérubin [ʃerybɛ̃] *nm* -1. RELIG cherub. -2. [enfant] cherub.

chétif, ive [ʃetif, iv] *adj* -1. [peu robuste] sickly, puny. -2. BOT stunted. -3. *litt* [peu riche - récolte] meagre, poor; [- vie] poor, wretched.

chevaine [ʃəvɛn] *nm* chub.

cheval, aux [ʃəval, o] *nm* -1. ZOOL horse; ~ d'attelage carthorse, plough horse; ~ de poste OU relais post-horse; ~ de bataille *fig* hobby-horse, pet subject; ~ de cirque circus horse; ~ de course racehorse; ~ de labour plough horse; ~ de manège school horse; ~ marin [hippocampe] sea horse; ~ de retour [récidiviste] recidivist; ~ de selle saddle horse; ~ de trait draught horse; changer OU échanger OU troquer son ~ borgne pour un aveugle to jump from the frying pan into the fire; travailler comme un ~ to work like a dog OU slave; à ~ donné on ne regarde pas la dent *prov* don't look a gift horse in the mouth *prov*; monter sur ses grands chevaux to get on one's high horse; ce n'est pas un OU le mauvais ~ he's not a bad guy OU sort; ça ne se trouve pas sous le pas OU sabot d'un ~ it doesn't grow on trees. -2. ÉQUIT (horseback) riding; elle aime beaucoup le ~ she loves riding; faire du ~ to ride, to go riding. -3. LOISIRS: ~ de bois wooden horse; faire un tour sur les chevaux de bois to go on the roundabout OU carousel; jouer aux petits chevaux JEUX ≃ to play ludo. -4. AUT & FIN: ~ fiscal horsepower *(for tax purposes)*. -5. MIL: ~ de frise cheval-de-frise. -6. ANTIQ: le ~ de Troie the Trojan horse. -7. [viande] horsemeat. -8. *fam péj* [femme]: grand ~ great horse of a woman.

◆ **à cheval** *loc adv* -1. ÉQUIT on horseback; aller au village à ~ to ride to the village, to go to the village on horseback; traverser une rivière à ~ to ride across a river. -2. [à califourchon]: être à ~ sur une chaise to be sitting astride a chair; l'étang est à ~ sur deux propriétés the pond straddles two properties; mon congé est à ~ sur février et mars my period of leave starts in February and ends in March. -3. *fam* [pointilleux]: être à ~ sur to be particular about; il est très à ~ sur les principes he is a stickler for principles; ils sont très à ~ sur la tenue they're very particular about dress.

◆ **de cheval** *loc adj* -1. CULIN horse *(modif)*, horsemeat *(modif)*. -2. *fam* [fort]: fièvre de ~ very high temperature; remède de ~ drastic remedy. -3. *péj* [dents, profil] horsey *péj*, horselike.

cheval-d'arçons [ʃəvaldarsɔ̃] *nm inv* vaulting horse.

chevalement [ʃəvalmɑ̃] *nm* -1. CONSTR shoring. -2. MIN (pit) head frame, gallows frame.

chevaler [3] [ʃəvale] *vt* to shore up *(sép)*.

chevaleresque [ʃəvalrɛsk] *adj* -1. [généreux] chivalrous; agir de façon ~ to behave like a gentleman. -2. [des chevaliers]: l'honneur/le devoir ~ a knight's honour/duty.

chevalerie [ʃəvalri] *nf* -1. [ordre] knighthood. -2. [institution] chivalry.

chevalet [ʃəvalɛ] *nm* -1. [d'un peintre] easel. -2. [support] stand, trestle. -3. MUS bridge. -4. HIST [de torture] rack.

chevalier [ʃəvalje] *nm* -1. HIST knight; il a été fait ~ he was knighted ❑ ~ errant knight-errant; ~ d'industrie wheeler-dealer; ~ servant (devoted) escort; le ~ de la Triste Figure LITTÉRAT the Knight of the Sorrowful Countenance; les ~s de la Table ronde the Knights of the Round Table. -2. ADMIN: ~ de la Légion d'honneur chevalier of the Legion of Honour. -3. ORNITH sandpiper.

chevalière [ʃəvaljɛr] *nf* signet ring.

chevalin, e [ʃəvalɛ̃, in] *adj* -1. [race] equine. -2. [air, allure, visage] horsey, horselike.

cheval-vapeur [ʃəvalvapœr] (*pl* chevaux-vapeur [ʃəvovapœr]) *nm* horsepower.

chevauchant, e [ʃəvoʃɑ̃, ɑ̃t] *adj* overlapping.

chevauchée [ʃəvoʃe] *nf* ride; 'la Chevauchée fantastique' *John Ford* 'Stagecoach'.

chevauchement [ʃəvoʃmɑ̃] *nm* -1. [superposition] overlap, overlapping; pour éviter tout ~ dans l'emploi du temps des élèves to avoid clashes OU overlaps between subjects in the students' timetable. -2. CONSTR spanning. -3. GÉOL thrust fault.

chevaucher [3] [ʃəvoʃe] *vt* -1. [monter sur - moto, cheval, balai, vague] to ride; [- âne, chaise] to sit astride OU astraddle. -2. [recouvrir en partie] to overlap.

◆ **se chevaucher** *vp (emploi réciproque)* -1. [être superposé - dents] to grow into each other; [- tuiles] to overlap; mon cours et le sien se chevauchent my lesson overlaps with hers. -2. GÉOL to overthrust.

chevau-léger [ʃəvoleʒe] (*pl* chevau-légers) *nm* -1. [soldat] soldier of the Household Cavalry. -2. [corps]: les ~s the Household Cavalry.

chevêche [ʃəvɛʃ] *nf* little owl.

chevelu, e [ʃəvly] ◇ *adj* -1. [ayant des cheveux] hairy. -2. [à chevelure abondante] longhaired. -3. BOT comose, comate.

◇ *nm, f péj* [personne] long-haired man (*f* woman).

◆ **chevelu** *nm* BOT root-hairs *(pl)*.

chevelure [ʃəvlyr] *nf* -1. [cheveux] hair; son abondante ~ her thick hair. -2. ASTRON tail.

chevet [ʃəvɛ] *nm* -1. [d'un lit] bedhead. -2. ARCHIT chevet.

◆ **au chevet de** *loc prép* at the bedside of.

◆ **de chevet** *loc adj* bedside *(modif)*.

cheveu, x [ʃəvø] *nm* -1. [poil] hair; ses ~x his hair; avoir les ~x noirs/longs/frisés to have black/long/curly hair; une fille aux ~x courts a girl with short hair, a short-haired girl; les ~x en désordre OU bataille with unkempt OU tousled hair; ~x au vent windblown hair; avoir le ~ rare to be thinning (on top); s'il touche à un seul ~ de ma femme... if he dares touch a hair on my wife's head... ❑ elle a les ~x raides comme des baguettes her hair's dead straight; en ~x *vieilli* bare-headed; il s'en est fallu d'un ~ qu'on y reste we missed death by a hair's breadth; une histoire à faire dresser les ~x sur la tête a story that makes your hair stand on end; le coup l'a manqué d'un ~ the blow missed him by a hair's breadth; il s'en est fallu d'un ~ qu'il ne soit renversé par une voiture he very nearly got run over; avoir un ~ sur la langue to (have a) lisp; se faire des ~x (blancs) to worry o.s. sick; venir OU arriver comme un ~ sur la soupe to come at the wrong time; sa question est tombée comme un ~ sur la soupe his question couldn't have come at a worse time; saisir une occasion aux ~x to seize an opportunity; c'est un peu tiré par les ~x it's a bit far-fetched; se prendre aux ~x to come to blows; avoir mal aux ~x *fam* to have a hangover. -2. [coiffure] hairstyle; tu aimes mes ~x comme ça? how do you like my haircut OU hairstyle?

◆ **à cheveux** *loc adj* hair *(modif)*.

◆ **à un cheveu de** *loc prép* within a hair's breadth of.

◆ **cheveux d'ange** *nmpl* -1. [guirlande] tinsel garland. -2. CULIN vermicelli.

cheville [ʃəvij] *nf* -1. ANAT ankle; ils avaient de la boue jusqu'aux ~s, la boue leur arrivait aux ~s they were ankle-deep in mud, the mud came up to their ankles ❑ son fils ne lui arrive pas à la ~ his son's hardly in the same league as him; personne ne lui arrive à la ~ he towers above everybody else *fig*. -2. MENUIS [pour visser] plug; [pour boucher] dowel; il est la ~ ouvrière du mouvement *fig* he's the mainspring OU kingpin of the movement. -3. MUS peg. -4. LITTÉRAT cheville, expletive. -5. [de boucher] hook.

◆ **en cheville** *loc adv*: être en ~ avec qqn to be in cahoots with sb; ils sont en ~ tous les deux they're in it together.

cheviller [3] [ʃəvije] *vt* to peg; l'armoire est chevillée the wardrobe is pegged together.

chevillette [ʃəvijɛt] *nf* [clé] (wooden) peg.

cheviotte [ʃəvjɔt] *nf* Cheviot wool.

chèvre [ʃɛvr] *nf* -1. ZOOL [mâle] goat, billy-goat; [femelle] goat, she-goat, nanny-goat; rendre qqn ~ *fam* to drive sb crazy. -2. [treuil] hoist; [chevalet] trestle.

chevreau, x [ʃəvro] *nm* -1. ZOOL kid. -2. [peau] kid.

chèvrefeuille [ʃɛvrəfœj] *nm* honeysuckle.

chevrette [ʃəvrɛt] *nf* -1. ZOOL [chèvre] kid, young nanny-goat OU she-goat; [femelle du chevreuil] roe, doe; [crevette] shrimp. -2. [fourrure] goatskin. -3. [trépied] tripod.

chevreuil [ʃəvrœj] *nm* -1. ZOOL roe deer. -2. CULIN venison.

chevrier, ère [ʃəvrije, ɛr] *nm, f* goatherd.

◆ **chevrier** *nm* chevrier bean.

chevron [ʃəvrɔ̃] *nm* -1. CONSTR rafter. -2. MIL chevron, V-shaped stripe. -3. [motif] chevron; veste à ~s [petits] herringbone jacket; [grands] chevron-patterned jacket.

chevronné, e [ʃəvrɔne] *adj* seasoned, experienced, practised; c'est un grimpeur ~ he's an old hand at climbing OU a seasoned climber.

chevrotant, e [ʃəvrɔtɑ̃, ɑ̃t] *adj* quavering.

chevrotement [ʃəvrɔtmɑ̃] *nm* quavering.

chevroter [3] [ʃəvrɔte] *vi* [voix] to quaver.

chevrotin [ʃəvrɔtɛ̃] *nm* -**1.** ZOOL fawn *(of roe deer)*. -**2.** CULIN [fromage] goat's cheese.

chevrotine [ʃəvrɔtin] *nf* piece of buckshot; ~s buckshot.

chewing-gum [ʃwiŋgɔm] (*pl* chewing-gums) *nm* gum, chewing-gum; un ~ a piece of gum.

Cheyenne [ʃejɛn] *nmf* Cheyenne; les ~s the Cheyenne.

chez [ʃe] *prép* -**1.** [dans la demeure de] : **je rentre ~ moi** I'm going home; **~ soi** at home; **rentrer ~ soi** to go home; **rester ~ soi** to stay at home OU in; **est-elle ~ elle en ce moment?** is she at home OU in at the moment?; **il habite ~ moi en ce moment** he's living with me OU he's staying at my place at the moment; **elle l'a raccompagné ~ lui** [à pied] she walked him home; [en voiture] she gave him a lift home; **puis-je venir ~ vous?** may I come over (to your place)?; **les amis ~ qui j'étais ce week-end** the friends I stayed with this weekend; **c'est juste à côté de ~ lui** it's just round the corner from his place; **ça s'est passé pas loin de/devant ~ nous** it happened not far from/right outside where we live; **elle arrive de ~ lui** she's just come from his place; **on pourrait passer ~ elle** we could drop by at her place OU drop in on her; **~ M. Durand** [dans une adresse] care of Mr Durand; **il se sent partout ~ lui** he's at home everywhere; **fais comme ~ toi** make yourself at home; *iron* do make yourself at home, won't you; **~ nous** [dans ma famille] in my OU our family; [dans mon pays] in my OU our country; **~ nous, on ne fait pas de manières** we don't stand on ceremony in our family; **~ moi, ma mère disait toujours...** in my family OU at home, my mother used to say... ❑ **chacun ~ soi** everyone should look to his own affairs; **c'est une coutume/un accent bien de ~ nous** it's a typical local custom/accent; **une bonne tarte aux pommes bien de ~ nous** *hum* a good old apple pie like mother used to make. -**2.** [dans un magasin, une société etc] : **aller ~ le coiffeur/le médecin** to go to the hairdresser's/the doctor's; **il est ~ le coiffeur/le médecin** he's at the hairdresser's/the doctor's; **acheter qqch ~ l'épicier** to buy sthg at the grocer's; **je l'ai acheté ~ Denver & Smith** I bought it from Denver & Smith; **dîner ~ Maxim's** to dine at Maxim's; **une robe de ~ Dior** a Dior dress, a dress designed by Dior; **il a travaillé ~ IBM** he worked at OU for IBM; **il a fait ses études ~ les jésuites** he studied with the Jesuits OU at a Jesuit school. -**3.** [dans un pays, un groupe, une espèce etc] : **~ les Russes** in Russia; **c'est une coutume ~ les Suédois** it's a Swedish custom; **~ les Grecs** in Ancient Greece; **cette expression est courante ~ les jeunes** this expression is widely used among young people; **~ l'homme** in men; **~ la femme** in women; **c'est fréquent ~ les mammifères** it's often the case in OU with mammals. -**4.** [dans une personne] : **ce qui me gêne ~ lui, c'est...** the problem with him is...; **c'est devenu une habitude ~ elle** it's become a habit with her; **il y a quelque chose que j'apprécie particulièrement ~ eux, c'est leur générosité** something I particularly like about them is their generosity. -**5.** [dans l'œuvre de] in; **~ Molière/Giotto** in Molière's/Giotto's work; **c'est souvent le cas ~ Marivaux** it's often the case with OU in Marivaux.

chez-soi [ʃeswa] *nm inv* home; **avoir un ~** OU **son ~** to have a home of one's own.

chiader▽ [3] [ʃjade] *vt* -**1.** [perfectionner] to polish up *(sép)*; **c'est vachement chiadé comme bagnole!** this car's got the works! -**2.** SCOL & UNIV to cram for, to swot (up) *Br*.

chiadeur, euse▽ [ʃjadœr, øz] *nm, f* SCOL swot *Br*, grind *Am*; [au travail] perfectionist.

chialer▽ [3] [ʃjale] *vi* to blubber, to bawl; **~ un bon coup** to bawl one's head off.

chialeur, euse▽ [ʃjalœr, øz] ◇ *adj* blubbering, bawling.

◇ *nm, f* blubbering OU bawling brat.

chiant, e▽ [ʃjɑ̃, ɑ̃t] *adj* -**1.** [assommant - personne, chose à faire, livre] boring; **ce qu'elle est ~e avec ses histoires!** she's so boring when she gets going with her stories!; **ce que c'est ~ cette vérification!** having to check all this is a real pain!; **son dernier bouquin est d'un ~!** his latest book is really bloody *Br* OU godawful *Am* boring! -**2.** [difficile - chose à faire] : **c'est ~ à mettre en service, cette imprimante!** this printer is a real pain to install! -**3.** [contrariant - personne, événement] annoying; **t'es ~e de pas répondre quand on te parle!** why can't you answer me when I speak to you, it really winds me up *Br* OU ticks me off *Am*!; **c'est ~, cette coupure de courant!** this power cut is a real pain in the neck OU arse *Br*!

chianti [kjɑ̃ti] *nm* Chianti.

chiard▽ [ʃjar] *nm* brat.

chiasma [kjasma] *nm* chiasm, chiasma.

chiasmatique [kjasmatik] *adj* chiasmal, chiasmatic.

chiasme [kjasm] *nm* -**1.** [figure de style] chiasmus. -**2.** ANAT & BX-ARTS chiasm, chiasma.

chiasse [ʃjas] *nf* -**1.** ▼ [diarrhée] runs, trots; **avoir la ~** to have the trots OU runs; **attraper la ~** to get the trots OU runs. -**2.** ▽ [poisse] : **quelle ~!** what a drag! -**3.** [de mouche, d'oiseau] shit.

chiatique▽ [ʃjatik] *adj* : **t'es vraiment ~** you're a bloody *Br* OU damn pain; **c'est vraiment ~** it's a complete drag.

chibre [ʃibr] *nm Helv popular Swiss card game.*

chic [ʃik] ◇ *adj inv fam* -**1.** [élégant] stylish, smart, classy; **pour faire ~** in order to look smart OU classy; **c'est très ~!** very classy! -**2.** [distingué] smart; **il paraît que cela fait ~ de...** it's considered smart (these days) to...; **les gens ~** the smart set. -**3.** [sympathique] nice; **c'est un ~ type!** he's a decent fellow OU nice guy!; **être ~ avec qqn** to be nice to sb; **c'était (vraiment) ~ de sa part** it was (really) nice of him; **sois ~, donne-le-moi!** be an angel, give it to me!

◇ *nm* -**1.** [élégance - d'une allure, d'un vêtement] style, stylishness, chic; **avoir du ~** to have style, to be chic; **veste qui a du ~** stylish jacket; **s'habiller avec ~** to dress smartly ❑ **bon ~ bon genre** *fam* ≃ Sloany *Br*, ≃ preppy *Am*. -**2.** *loc*: **avoir le ~ pour** *fam*: **il a le ~ pour dire ce qu'il ne faut pas** he has a gift for OU a knack of saying the wrong thing; **tu as vraiment le ~ pour trouver des petites robes chouettes** you've really got the knack of finding great little dresses.

◇ *interj fam vieilli* great, smashing; **tu viendras? ~ alors!** you'll be coming? great!

◆ **de chic** *loc adv* off the cuff, impromptu *adv*.

Chicago [ʃikago] *npr* Chicago.

chicane [ʃikan] *nf* -**1.** [dans un procès] quibble, pettifogging *(U)*, chicanery *(U)*. -**2.** [querelle] squabble. -**3.** SPORT [de circuit] chicane; [de gymkhana] zigzag. -**4.** CARTES chicane.

◆ **en chicane** *loc adj* slantwise.

chicaner [3] [ʃikane] ◇ *vt*: **~ qqn sur** to quibble with sb about; **on me chicane sur l'emploi de ce mot** they quibble about my use of this word.

◇ *vi* to quibble.

chicaneries [ʃikanri] *nfpl* bickering, quarrelling, quibbling.

chicaneur, euse [ʃikanœr, øz], **chicanier, ère** [ʃikanje, ɛr] ◇ *adj* quibbling.

◇ *nm, f* -**1.** [au tribunal] pettifogger. -**2.** [ergoteur] quibbler.

chicano [ʃikano] *adj* Chicano.

◆ **Chicano** *nmf* Chicano.

chiche [ʃiʃ] *adj* -**1.** [avare] mean; **être ~ de**: **il n'a pas été ~ de son temps/de ses efforts** he didn't spare his time/efforts; **il n'a pas été ~ de compliments** he was generous with his compliments. -**2.** [peu abondant - repas, dîner, récolte] scanty, meagre. -**3.** *fam* [capable] : **être ~ de**: **tu n'es pas ~ de le faire!** I'll bet you couldn't do it!; **elle est ~ de le faire!** she's quite capable of doing it! -**4.** *fam* [en pariant] : **~?** want to bet?; **~? — ~!** want to bet? — you're on!; **~ que je mange tout!** bet you I can eat it all!

chiche-kebab [ʃiʃkebab] (*pl* chiches-kebabs) *nm* kebab, shish kebab.

chichement [ʃiʃmɑ̃] *adv* -**1.** [de façon mesquine] meanly, stingily. -**2.** [pauvrement] scantily; **vivre ~** to lead a meagre existence.

chichi *fam* [ʃiʃi] *nm* [simagrée] airs (and graces); **faire des ~s** to put on airs; **ce sont des gens à ~s** these people give themselves airs; **un dîner sans ~s** an informal dinner; **ne fais pas tant de ~s pour une simple piqûre!** don't make such a fuss about a little injection!

chichiteux, euse *fam* [ʃiʃitø, øz] ◇ *adj* affected.

◇ *nm, f* show-off, poseur.

chicon [ʃikɔ̃] *nm* -**1.** [pomme de laitue] cos *Br* OU romaine *Am* lettuce heart. -**2.** *Belg* [endive] chicory.

chicorée [ʃikɔre] *nf* -**1.** [salade] endive. -**2.** [à café] chicory. -**3.** [fleur] (wild) chicory.

chicot [ʃiko] *nm* [d'une dent] stump; [d'un arbre] tree stump.

chicotin [ʃikɔtɛ̃] *nm* sap of aloes.

chié, e▽ [ʃje] *adj* -**1.** [réussi - soirée, livre] damn good; **c'est un ~ spectacle** it's a fabulous show; **oh, dis donc, c'est ~ comme appareil photo!** wow, what a brilliant camera! -**2.** [culotté] incredible; **il est ~, il n'a pas bronché quand j'ai dit qu'il mentait!** can you believe this guy? he didn't bat an eyelid when I accused him of lying! ‖ [drôle] a scream; **il est ~ quand il imite le directeur** he's a scream when he takes off the boss. -**3.** [difficile - tâche] hard; **alors là, c'est une ~e question!** well, that's a hell of a question!

◆ **chiée**▽ *nf* [grande quantité] : **une ~ de...** heaps OU a whole lot OU loads of...; **on a eu une ~ d'ennuis pendant le voyage** it was just one damn thing after another during the whole journey; **des ~s** loads; **des gens serviables, y en a pas des ~s!** helpful people don't exactly grow on trees!

chien, chienne [ʃjɛ̃, ʃjɛn] *nm, f* -**1.** ZOOL dog (*f* bitch); **~ d'arrêt** OU **couchant** pointer; **faire le ~ couchant** to fawn, to crawl; **~ d'appartement** pet dog; **~ d'aveugle** guide dog; **~ de berger** sheepdog; **~ de chasse** retriever; **~ courant** hound; **~ errant** stray dog; **~ de garde** *pr* guard dog; *fig* watchdog; **~ de manchon** lapdog; **~ de traîneau** husky; **~ policier** police dog; **~ de meute** hound; **~ de race** pedigree dog; **'~ méchant'** 'beware of the dog'; **de ~** *fam*: **un temps de ~** lousy weather; **il a un caractère de ~** he's cantankerous; **un regard de ~ battu** a hangdog expression; **bon à jeter aux ~s** fit for the bin *Br* OU garbage *Am*; **(rubrique des) ~s écrasés** minor news items; **se regarder en ~s de faïence** to stare at one another; **il est comme le ~ du jardinier** he's a dog in the manger; **ils sont comme ~ et chat** they fight like cat and dog; **comme un ~** like a dog; **comme un jeune ~** excitedly; **comme un ~ savant** *péj* like a trained monkey; **arriver comme un ~ dans un jeu de quilles** to turn up at just the wrong moment; **ce n'est pas fait pour les ~s** *péj* it is there for a good reason; **et ta fourchette, c'est pour les ~s?** *fam* what do you think your fork's for?; **merci mon ~!** *fam iron* I never heard you say thank you!; **je lui réserve** OU **garde un ~ de ma chienne** I've got something up my sleeve for him that he's not going to like one bit; **chienne de vie!** *fam* life's a bitch!; **un ~ regarde bien un évêque** a cat may look at a king; **bon ~ chasse de race** *prov* good breeding always tells; **il menace beaucoup, mais ~ qui aboie ne mord pas** *prov* his bark is worse than his bite; **les ~s aboient, la caravane passe** *prov* let the world say what it will; **'le Chien des Baskerville'** *Conan Doyle*

'The Hound of the Baskervilles'. -**2.** ▽ [terme d'insulte] bastard *nm*, bitch *nf*.

◆ **chien** *nm* -**1.** *loc*: avoir du ~ *fam*: elle a du ~ she's got sex-appeal. -**2.** ASTRON: le Grand/Petit Chien the Great/Little Dog. -**3.** ARM hammer, cock. -**4.** ZOOL: ~ de mer dogfish.

◆ **chiens** *nmpl* (long) fringe.

◆ **à la chien** *loc adv* [coiffé] with a long fringe.

◆ **de chien** *fam loc adj* [caractère, temps] lousy, rotten; avoir un mal de ~ à faire qqch to find it terribly difficult to do sthg.

◆ **de chien battu** *loc adj* hangdog.

◆ **en chien de fusil** *loc adv* curled up.

◆ **coup de chien** *nm* -**1.** MÉTÉO sudden squall. -**2.** *fig* bolt from the blue.

chien-assis [ʃjɛ̃asi] (*pl* chiens-assis) *nm* dormer window *Br*, dormer *Am*.

chien-chien [ʃjɛ̃ʃjɛ̃] (*pl* chiens-chiens) *nm* doggy; ~ à sa mémère *pr* Momma's little doggie-woggie; *fig* yes-man.

chiendent [ʃjɛ̃dɑ̃] *nm* couch grass; ça pousse comme du ~ it grows at a phenomenal rate.

chienlit *fam* [ʃjɑ̃li] *nf* -**1.** [désordre] mess, shambles; c'est la ~! it's a shambles! -**2.** [masque] mask. -**3.** [mascarade] mascarade.

chien-loup [ʃjɛ̃lu] (*pl* chiens-loups) *nm* Alsatian (dog), German shepherd.

chienne [ʃjɛn] *f* → **chien**.

chiennerie [ʃjɛnri] *nf* -**1.** ▽ [saleté]: cette ~ de métier! what a lousy job! -**2.** *litt* [comportement] meanness.

chier [9] [ʃje] *vi* -**1.** ▼ [déféquer] to (have *Br* OU take *Am* a) shit. -**2.** ▽ *loc*: ça chie (des bulles) [ça fait du scandale] it's a bloody scandal; [entre deux personnes] they're having a real bloody go at each other; attends qu'il te trouve avec elle, ça va ~ des bulles! the shit's really going to hit the fan if he finds you with her!; ~ dans les bottes de qqn [l'ennuyer à l'excès] to piss sb off; [lui jouer un sale tour] to play a dirty trick on sb; ~ dans la colle to be bang *Br* OU smack *Am* out of order; en ~ (des bulles OU des ronds de chapeau) to go through a lot of shit; j'en ai chié pour le terminer à temps! I've been sweating blood to get this finished on time!; faire ~ qqn [l'importuner, le contrarier] to bug sb; [l'ennuyer] to bore the pants off sb; fais pas ~! don't be such a pain in the arse *Br* OU ass *Am*!, give me a break!; tu (me) fais ~! give me a break, will you?; (ça) fait ~, ce truc! this thing's a real pain in the arse *Br* OU ass *Am*!; se faire ~ [s'ennuyer] to be bored stiff OU out of one's mind; se faire ~ à faire qqch: je vais pas me faire ~ à tout recopier! I can't be arsed *Br* OU bothered with writing it all out again!, I'm not bloody well writing it all out again!; il n'y a pas à ~, y a pas à ~ : y a pas à ~, faut que j'aie fini ce soir! like it or not, I've bloody well got to finish by tonight!

◆ **à chier** ▽ *loc adj* -**1.** [très laid]: son costard est à ~ his suit looks bloody awful *Br* OU godawful *Am*. -**2.** [très mauvais] crap; ce film est à ~ this film is (a load of) crap. -**3.** [insupportable]: il est à ~, ce prof! that teacher is a pain in the arse *Br* OU ass *Am*!

chiffe [ʃif] *nf*: c'est une vraie ~ molle he's got no guts, he's totally spineless; je suis une vraie ~ molle aujourd'hui [fatigué] I feel like a wet rag today.

chiffon [ʃifɔ̃] *nm* -**1.** [torchon] cloth; ~ à poussière duster *Br*, dust cloth *Am*. -**2.** [vieux tissu] rag; parler ~s to talk clothes OU fashion. -**3.** *péj* [texte]: qui est l'auteur de ce ~? who produced this rubbish *Br* OU garbage *Am*?

◆ **en chiffon** *loc adj* crumpled up (in a heap); toutes ses affaires sont en ~ his things are all crumpled up.

chiffonnade [ʃifɔnad] *nf* chiffonnade.

chiffonnage [ʃifɔnaʒ] *nm* rumpling, crumpling.

chiffonné, e [ʃifɔne] *adj* -**1.** [froissé] crumpled. -**2.** [fatigué] tired, worn; un visage ~ a tired OU worn face.

chiffonner [3] [ʃifɔne] *vt* -**1.** [vêtement] to rumple, to crumple; [papier] to crumple. -**2.** *fam* [préoccuper] to bother, to worry; ça n'a pas eu l'air de la ~ it didn't seem to bother her.

chiffonnier, ère [ʃifɔnje, ɛr] *nm, f* rag dealer, rag-and-bone man *nm*.

◆ **chiffonnier** *nm* [meuble] chiffonier, chiffonnier.

chiffrable [ʃifrabl] *adj* quantifiable.

chiffrage [ʃifraʒ] *nm* -**1.** [d'un code] ciphering. -**2.** [évaluation] (numerical) assessment. -**3.** MUS figuring.

chiffre [ʃifr] *nm* -**1.** MATH figure, number; nombre à deux/trois ~s two/three digit number; jusqu'à deux ~s après la virgule up to two decimal points; arrondi au ~ supérieur/inférieur rounded up/down; écrivez la somme en ~s write the amount out in figures; en ~s ronds in round figures; les ~s du cadran de la montre the figures on the watchface; aimer les ~s [le calcul] to like maths □ ~ arabe/romain Arabic/Roman numeral. -**2.** [montant] amount, sum; le ~ des dépenses s'élève à 2 000 francs total expenditure amounts to 2,000 francs. -**3.** [taux] figures, rate; ~ de diffusion d'un magazine a magazine's sales (figures); les ~s du chômage the unemployment figures. -**4.** COMM: ~ d'affaires turnover; ~ d'affaires à l'exportation total export sales; faire du ~ *fam* to run at a healthy profit. -**5.** INF digit; ~ binaire bit, binary digit; ~ de contrôle check digit. -**6.** TÉLÉC code, ciphering; [service] cipher (office). -**7.** [d'une serrure] combination. -**8.** [initiales] initials; [à l'ancienne] monogram; du papier à lettres à son ~ (his) personalized OU monogrammed stationery; brodé à leur ~ embroidered with their monogram. -**9.** MUS figure.

chiffré, e [ʃifre] *adj* -**1.** [évalué] assessed, numbered. -**2.** [codé] coded, ciphered. -**3.** MUS figured.

chiffrement [ʃifrəmɑ̃] *nm* [codage] ciphering.

chiffrer [3] [ʃifre] ◇ *vt* -**1.** [évaluer] to assess, to estimate; ~ des travaux to draw up an estimate (of the cost of work); il est trop tôt pour ~ le montant des dégâts it's too early to put a figure to the damage. -**2.** [numéroter] to number; ~ les pages d'un document to number the pages of OU to paginate *spéc* a document. -**3.** ADMIN, INF & MIL to cipher, to code, to encode. -**4.** [linge, vêtement - marquer de ses initiales] to mark OU to inscribe with initials; [- marquer d'un monogramme] to monogram. -**5.** MUS to figure.

◇ *vi* *fam* to cost a packet; ça chiffre! you're talking big money here!

◆ **se chiffrer** *vp (emploi passif)*: se ~ à [se monter à] to add up OU to amount to; se ~ en OU par to amount to, to be estimated at; sa fortune se chiffre par milliards his fortune amounts to billions; les pertes se chiffrent en centaines de têtes losses are estimated at several hundreds.

chiffreur, euse [ʃifrœr, øz] *nm, f* coder, ciphering clerk.

chignole [ʃiɲɔl] *nf* -**1.** [outil - à main] hand-drill; [- électrique] electric drill. -**2.** *fam péj* [voiture] heap.

chignon [ʃiɲɔ̃] *nm* bun, chignon; faire son ~ to coil up one's hair; défaire son ~ to undo one's chignon □ ~ banane long coil of hair.

chihuahua [ʃiwawa] *nm* Chihuahua.

chiisme [ʃiism] *nm* Shiism.

chiite [ʃiit] *adj* Shiah, Shiite.

◆ **Chiite** *nmf* Shiite.

Chili [ʃili] *npr m*: le ~ Chile; au ~ in Chile.

chilien, enne [ʃiljɛ̃, ɛn] *adj* Chilean.

◆ **Chilien, enne** *nm, f* Chilean.

chimère [ʃimɛr] *nf* -**1.** MYTH chimera. -**2.** [utopie] dream, fantasy; on est en pleine ~! this is a complete pipe dream!; je vous laisse à vos ~s I'll leave you alone with your pipe dreams.

chimérique [ʃimerik] *adj* -**1.** [illusoire] fanciful; des espoirs ~s fanciful hopes. -**2.** *litt* [utopiste] chimeric.

chimie [ʃimi] *nf* chemistry; la ~ de l'amour/des sentiments the chemistry of love/emotions □ ~ biologique biochemistry; ~ minérale inorganic chemistry; ~ organique organic chemistry.

chimiluminescence [ʃimilyminɛsɑ̃s] *nf* chemiluminescence.

chimiosynthèse [ʃimjɔsɛ̃tɛz] *nf* chemosynthesis.

chimiothérapie [ʃimjɔterapi] *nf* drug-therapy, chemotherapy *spéc*.

chimiothérapique [ʃimjɔterapik] *adj* [méthode] chemotherapeutic; [traitement] drug-based, chemotherapeutic *spéc*.

chimique [ʃimik] *adj* -**1.** [de la chimie] chemical. -**2.** *fam* [artificiel] chemical, artificial; tous ces trucs ~s qu'on trouve dans la nourriture all these additives you find in food.

chimiquement [ʃimikmɑ̃] *adv* chemically.

chimiste [ʃimist] *nmf* chemist; ingénieur ~ chemical engineer.

chimiurgie [ʃimjyrʒi] *nf* chemurgy.

chimpanzé [ʃɛ̃pɑ̃ze] *nm* chimpanzee.

chinchilla [ʃɛ̃ʃila] *nm* -**1.** [rongeur, fourrure] chinchilla. -**2.** [chat] chinchilla. -**3.** [lapin] chinchilla.

chine [ʃin] ◇ *nm* -**1.** [porcelaine] china. -**2.** [papier] rice paper.

◇ *nf* [brocante] secondhand goods trade.

◆ **à la chine** ◇ *loc adj*: vente à la ~ hawking; vendeur à la ~ hawker.

◇ *loc adv*: vendre qqch à la ~ to hawk sthg.

Chine [ʃin] *npr f*: (la) ~ China; ~ communiste Red OU Communist China; ~ nationaliste Nationalist China; ~ populaire, République populaire de ~ People's Republic of China.

chiné, e [ʃine] *adj* [tissu] chiné, mottled; [laine] bicoloured wool.

chiner [3] [ʃine] ◇ *vt* -**1.** TEXT to mottle. -**2.** *fam* [taquiner] to kid, to tease.

◇ *vi* [faire les boutiques] to go round the second-hand shops.

chinetoque ▼ [ʃintɔk] *adj & nmf racist term used with reference to Chinese people*, ≃ Chink, ≃ Chinky.

chineur, euse *fam* [ʃinœr, øz] *nm, f* [taquin] teaser.

chinois, e [ʃinwa, az] *adj* -**1.** [de Chine] Chinese. -**2.** *fam* [compliqué] twisted.

◆ **Chinois, e** *nm, f* Chinese; les Chinois the Chinese.

◆ **chinois** *nm* -**1.** LING Chinese; ~ du Nord Mandarin (Chinese); ~ du Sud Cantonese; pour moi, c'est du ~ it's all Greek to me. -**2.** CULIN [passoire] (conical) strainer; passer qqch au ~ to sieve sthg.

chinoiser [3] [ʃinwaze] *vi* to split hairs.

chinoiserie [ʃinwazri] *nf* -**1.** *fam* [complication] complication; ~s administratives red tape. -**2.** BX-ARTS chinoiserie.

chinook [ʃinuk] *nm* Chinook.

chintz [ʃints] *nm* chintz.

chiot [ʃjo] *nm* pup, puppy.

chiotte ▽ [ʃjɔt] *nf* [désagrément] drag, hassle; quel temps de ~! what bloody awful *Br* OU godawful *Am* weather!

◆ **chiottes** ▽ *nfpl* bog *Br*, john *Am*.

◆ **aux chiottes** ▽ *loc interj*: aux ~s! [tu dis des bêtises] (what a load of) bullshit!; aux ~s l'arbitre! the referee's a wanker!

chiourme [ʃjurm] *nf* -**1.** [rameurs]: la ~ the slaves *(on a galley)*. -**2.** [forçats]: la ~ the convicts *(in a penitentiary)*.

chiper *fam* [3] [ʃipe] *vt* to pinch, to swipe; elle me chipe tous mes pulls she's always pinching my sweaters.

chipie [ʃipi] *nf* minx.

chipolata [ʃipɔlata] *nf* chipolata.

chipotage *fam* [ʃipɔtaʒ] *nm* -**1.** [en discutant] quibbling, hairsplitting. -**2.** [en mangeant] nibbling.

chipoter *fam* [3] [ʃipɔte] *vi* -**1.** [discuter] to argue, to quibble; ne chipotons pas! let's not argue over trifles!; ~ sur les prix to haggle over prices. -2. [être difficile] to pick at one's food.

chipoteur, euse *fam* [ʃipɔtœr, øz] ◇ *adj* -1. [en discutant] quibbling. -2. [en mangeant] finicky. ◇ *nm, f* -1. [ergoteur] fault finder, quibbler. -2. [mangeur] picky eater.

chips [ʃips] *nfpl* (potato) crisps *Br* OU chips *Am*.

chique [ʃik] *nf* -1. [tabac] quid, chew (of tobacco); **ça ne vaut pas une ~** *fam* it's not worth a bean. -2. [cocon de soie] *small, poor-quality silk cocoon*.

chiqué *fam* [ʃike] *nm péj*: **~!** [dans un match] that's cheating!; **il n'a pas mal, c'est du ~** he's not in pain at all, he's putting it on OU just pretending; **faire du ~** to fake (it), to pretend.

chiquenaude [ʃiknod] *nf* -1. [pichenette] flick. -2. [impulsion] push.

chiquer [3] [ʃike] ◇ *vt* to chew. ◇ *vi* -1. [mâcher] to chew tobacco. -2. ▽ *loc*: **y a pas à ~** there's no doubt about it.

chiromancie [kirɔmɑ̃si] *nf* chiromancy, palmistry.

chiromancien, enne [kirɔmɑ̃sjɛ̃, ɛn] *nm, f* chiromancer.

chiropracteur [kirɔpraktœr] = **chiropraticien**.

chiropractie [kirɔprakti] *nf* chiropractic.

chiropraticien, enne [kirɔpratisjɛ̃, ɛn] *nm, f* chiropractor.

chiropratique [kiropratik] *adj Can* chiropractic.

chiropraxie [kirɔpraksi] = **chiropractie**.

chiroptère [kirɔptɛr] *nm* chiropter, chiropteran.

chiroubles [ʃirubl] *nm* Chiroubles (wine).

chirurgical, e, aux [ʃiryrʒikal, o] *adj* -1. MÉD surgical. -2. [précis] accurate.

chirurgie [ʃiryrʒi] *nf* surgery; **petite/grande ~** minor/major surgery; **~ esthétique** cosmetic surgery.

chirurgien, enne [ʃiryrʒjɛ̃, ɛn] *nm, f* surgeon.

chirurgien-dentiste [ʃiryrʒjɛ̃dɑ̃tist] (*pl* **chirurgiens-dentistes**) *nm* dental surgeon.

chistera [ʃistera] *nm* chistera.

chitine [kitin] *nf* chitin.

chitineux, euse [kitinø, øz] *adj* chitinous.

chiure [ʃjyr] *nf*: **~ de mouche** fly speck.

ch-l *abr écrite de* chef-lieu.

chlâsse▽ [ʃlas] *adj* -1. [ivre] tanked-up, rat-arsed *Br*; **il était complètement ~** he was pissed out of his head. -2. [fatigué] knackered *Br*, all in.

chleuh, e ▽ [ʃlø] *adj & nm, f offensive term used with reference to German people*; **les ~s** ≃ the Jerries, ≃ the Boche.

chlinguer▽ [3] [ʃlɛ̃ge] *vi péj* to stink, to pong *Br*; **ça chlingue, par ici!** it's a bit whiffy *Br* OU it sure stinks *Am* around here!

chloral, als [klɔral] *nm* chloral.

chloramphénicol [klɔrɑ̃fenikɔl] *nm* chloramphenicol.

chlorate [klɔrat] *nm* chlorate.

chloration [klɔrasjɔ̃] *nf* chlorination.

chlore [klɔr] *nm* -1. CHIM chlorine. -2. [Javel] bleach, bleaching agent.

chloré, e [klɔre] *adj* chlorinated.

chloreux [klɔrø] *adj m* chlorous.

chlorhydrate [klɔridrat] *nm* hydrochlorate.

chlorhydrique [klɔridrik] *adj* hydrochloric.

chlorique [klɔrik] *adj* chloric.

chlorofluorocarbone [klɔrɔflyɔrɔkarbɔn] *nm* CHIM chlorofluorocarbon.

chloroforme [klɔrɔfɔrm] *nm* chloroform.

chloroformer [3] [klɔrɔfɔrme] *vt* -1. MÉD to administer chloroform to. -2. [abrutir] to stultify.

chlorométrie [klɔrɔmetri] *nf* chlorometry.

chlorophylle [klɔrɔfil] *nf* -1. BOT chlorophyll. -2. [nature]: **les citadins avides de ~** city dwellers eager to breathe the fresh country air.

chlorophyllien, enne [klɔrɔfiljɛ̃, ɛn] *adj* chlorophyll *(modif)*.

chlorure [klɔryr] *nm* chloride.

chloruré, e [klɔryre] *adj* chlorinated.

chlorurer [3] [klɔryre] *vt* to chlorinate.

chnoque [ʃnɔk] = **schnock**.

chnouf [ʃnuf] = **schnouf**.

choc [ʃɔk] *nm* -1. [heurt] collision; **~ de deux objets** collision of two objects; **à l'épreuve des** OU **résistant aux ~s** shock-proof, shock-resistant; **l'essieu a subi un ~** the axle sustained a shock; **projeté dans le fossé par la violence du ~** thrown into the ditch by the force of the collision; **tenir le ~** *fam* to withstand the impact; **le verre n'a pas tenu le ~** the glass shattered with the impact. -2. MIL [affrontement] clash. -3. [incompatibilité] clash, conflict; **le ~ des générations** the generation gap. -4. [émotion] shock; **ça fait un ~!** it's a bit of a shock!; **ça m'a fait un sacré ~ de les revoir** it was a great shock to me to meet them again. -5. ÉLECTR shock; PHYS collision; **par ~s** by collision; **~ moléculaire** molecule collision. -6. MÉD shock; **~ allergique/anesthésique** allergic/anaesthesia shock; **~ émotif** emotional OU psychic shock; **~ opératoire** post-operative trauma OU shock. -7. ÉCON: **~ pétrolier** oil crisis. -8. [bruit - métallique] clang; [- sourd] thwack; [- cristallin] clink, tinkle. -9. *(comme adj; avec ou sans trait d'union)*: **argument/discours ~** hard-hitting argument/speech; **mesures ~s** hard-hitting measures; **des prix-~s** rock-bottom prices.

◆ **de choc** *loc adj* -1. MÉD & MIL shock *(modif)*; **état de ~** state of shock. -2. *fam* [efficace] ultra-efficient; **un patron de ~** a go-ahead OU whizz-kid manager. -3. *fam hum* [d'avant-garde] ultra-modern; **un curé de ~** a right-on OU with-it priest.

◆ **sous le choc** *loc adj*: **être sous le ~** MÉD to be in shock; [bouleversé] to be in a daze OU in shock.

chochotte *fam* [ʃɔʃɔt] *nf péj*: **quelle ~ tu fais!** [mijaurée] don't be so stuck-up!; [effarouchée] don't be so squeamish!; **elle n'aime pas ça, ~!** fancy that, Madam doesn't like it!; **il ne supporte pas cette odeur, ~!** oh dear, His Holiness can't stand the smell!

chocolat [ʃɔkɔla] ◇ *nm* -1. CULIN chocolate; **~ blanc** white chocolate; **~ à croquer** OU **noir** dark OU plain chocolate; **~ au lait** milk chocolate; **~ de ménage** cooking chocolate; **~ de régime** diet chocolate. -2. [friandise] chocolate; **~ fourré à la fraise** strawberry-flavoured chocolate; **~ glacé** choc ice. -3. [boisson] hot chocolate, cocoa; **boire du ~** to drink a cup of hot chocolate OU cocoa.

◇ *adj inv* -1. [couleur] chocolate brown. -2. *fam loc*: **être ~** to be had; **me voilà ~ une fois de plus!** and I'm the sucker, yet again!

◆ **au chocolat** *loc adj* chocolate *(modif)*.

chocolaté, e [ʃɔkɔlate] *adj* chocolate *(modif)*, chocolate-flavoured.

chocolaterie [ʃɔkɔlatri] *nf* chocolate factory.

chocolatier, ère [ʃɔkɔlatje, ɛr] *nm, f* -1. [fabricant] chocolate-maker. -2. [marchand] confectioner.

◆ **chocolatière** *nf* hot chocolate pot.

chocottes▽ [ʃɔkɔt] *nfpl*: **avoir les ~** to be scared stiff; **ça m'a donné** OU **filé les ~** it scared me out of my wits.

chœur [kœr] *nm* -1. MUS [chorale] choir, chorus; [morceau] chorus; **le ~ des prisonniers de «Fidelio»** the prisoners' chorus in "Fidelio". -2. *fig* [ensemble] body, group; **le ~ des critiques n'a pas ménagé ses louanges** the critics at large were highly appreciative. -3. ANTIQ chorus. -4. ARCHIT choir.

◆ **en chœur** *loc adv* -1. MUS: **chanter en ~** to sing in chorus. -2. [ensemble] (all) together; **tous en ~!** all together!; **parler en ~** to speak in unison; **ils sont tous allés à la plage en ~** they all went to the beach together.

choir [72] [ʃwar] *vi sout* to fall; **se laisser ~ sur une chaise/dans un fauteuil** to flop on to a chair/down in an armchair; **laisser ~ qqn** *fig* to drop sb.

choisi, e [ʃwazi] *adj* -1. [raffiné]: **une assemblée ~e** a select audience; **en termes ~s** in a few choice phrases; **il parle un langage ~** he chooses his words carefully. -2. [sélectionné] selected, picked; **cocher les articles ~s** tick the selected items.

choisir [32] [ʃwazir] *vt* -1. [sélectionner] to choose, to pick; **choisis ce que tu veux** take your choice OU pick; **à ta place, je choisirais celle-ci** if I were you, I'd choose this one; **voilà ce que/celui que j'ai choisi** this is/he's the one I've chosen; **j'ai choisi les pommes les plus mûres** I selected the ripest apples; **tu as choisi ton moment!** *iron* you picked a good time!; **il a choisi la liberté** he chose freedom ‖ *(en usage abs)*: **bien ~** to choose carefully, to be careful in one's choice; **je n'ai pas eu le temps de ~** I had no time to make my choice. -2. [décider] to decide, to choose, to elect; **ils ont choisi de rester** they decided OU chose to stay ‖ *(en usage abs)*: **je n'ai pas choisi, c'est arrivé comme ça** it wasn't my decision, it just happened.

choix [ʃwa] *nm* -1. [liberté de choisir] choice; **donner le ~ à qqn** to give sb a OU the choice; **avoir le ~ de qqch** to be able to choose sthg; **avoir un** OU **le ~** to have a choice; **je n'avais pas le ~** I had no choice, I didn't have any choice; **ils ne nous ont pas laissé le ~** they left us no alternative OU other option; **tu as le ~ entre rester et partir** you may choose either to stay or go; **vous avez le ~ des moyens** you may use whatever means you choose; **avoir le ~ des armes** *pr & fig* to have the choice of weapons. -2. [sélection] choice; **faire un ~** to make a choice; **arrêter son ~ sur** to decide on, to choose; **mon ~ est fait** I've made up my mind; **ses ~ sont toujours réfléchis** she's always cautious in her choice OU choices; **précisez votre ~ par téléphone** phone in your selection; **nous allons procéder au ~ des couleurs** we are going to choose the colour scheme; **chacun peut y trouver un article de son ~** everybody can find something that appeals to them; **vous avez gagné un voyage aux Seychelles avec la personne de votre ~** you've won a holiday for two in the Seychelles; **la carrière de votre ~** your chosen career. -3. [gamme]: **un ~ de** a choice OU range OU selection of; **ils ont un bon/grand ~ de robes** they have a good/large selection of dresses. -4. COMM: **de (premier) ~** first-grade, first-rate; **articles de second ~** seconds; **des fruits de premier ~** choice fruit; **viande de premier/deuxième/troisième ~** top/second/third grade meat. -5. PSYCH: **~ d'objet** object choice.

◆ **à choix multiple** *loc adj* multiple choice.

◆ **au choix** ◇ *loc adj* [question] optional. ◇ *loc adv*: **être promu au ~** to be promoted by selection; **prenez deux cartes au ~** choose OU select (any) two cards; **vous avez fromage ou dessert au ~** you have a choice of either cheeses or a dessert.

◆ **au choix de** *loc prép*: **répondre à trois des questions suivantes, au ~ du candidat** choose three out of the following questions.

◆ **de choix** *loc adj* -1. [de qualité] choice *(avant n)*, selected; **des vins/mets de ~** choice wines/food. -2. [spécial] special; **il gardera toujours une place de ~ dans nos cœurs** he will always have a special place in our hearts.

◆ **par choix** *loc adv* out of choice.

choke [tʃok] *nm Helv* AUT choke.

cholédoque [kɔledɔk] ◇ *adj m* bile *(modif)*. ◇ *nm*: **(canal) ~** bile duct.

choléra [kɔlera] *nm* MÉD & VÉTÉR cholera.

cholériforme [kɔleriform] *adj* choleriform.

cholérique [kɔlerik] ◇ *adj* choleraic. ◇ *nmf* cholera sufferer.

cholestérol [kɔlɛsterɔl] *nm* cholesterol; **avoir du ~** to have a high cholesterol level.

cholestérolémie [kɔlɛsterɔlemi] *nf* cholesterol level (of the blood).

chômable [ʃomabl] *adj*: **jour ~** public holiday.

chômage [ʃomaʒ] *nm* -1. [inactivité] unemployment; **la montée du ~** the rise in unemployment ❑ **~ partiel** short-time working; **~ technique**: **être mis au ~ technique** to be laid off. -**2.** *fam* [allocation] unemployment benefit, dole (money) *Br*; **toucher le ~** to be on the dole.

◆ **au chômage** ◇ *loc adj* [sans emploi] unemployed, out of work; **être au ~** to be unemployed OU out of work.

◇ *loc adv*: **s'inscrire au ~** to sign on *Br*, to register as unemployed.

chômé, e [ʃome] *adj*: **jour ~** public holiday.

chômer [3] [ʃome] *vi* -**1.** [être sans emploi] to be unemployed OU out of work. -**2.** [suspendre le travail - employé] to knock off work; [- entreprise, machine] to stand idle, to be at a standstill. -**3.** [avoir du loisir] to be idle, to have time on one's hands; **elle n'a pas le temps de ~** she hasn't got time to twiddle her thumbs; **il ne chôme pas** he's never short of something to do. -**4.** [être improductif]: **laisser ~ une terre** to allow land to lie fallow; **laisser ~ son argent** to let one's money lie idle.

chômeur, euse [ʃomœr, øz] *nm, f* [sans emploi] unemployed person; **il est ~** he's unemployed OU out of work; **les ~s** the unemployed; **le nombre des ~s est très important** the unemployment figures are high ☐ **les ~s de longue durée** the long-term unemployed.

chope [ʃɔp] *nf* mug.

choper *fam* [3] [ʃɔpe] ◇ *vt* -**1.** [contracter] to catch; **j'ai chopé la grippe** I've caught the flu. -**2.** [intercepter] to catch, to get, to nab; **tâche de la ~ à sa descente du train** try to get hold of her when she gets off the train. -**3.** [voler] to swipe, to pinch; **elle s'est fait ~ son porte-monnaie** she had her purse nicked *Br* OU snatched *Am*.

◇ *vi* SPORT to chop, to slice.

chopine [ʃɔpin] *nf* -**1.** *fam* [bouteille] bottle. -**2.** *fam* [verre] glass; **aller boire une ~** to go and have a jar *Br* OU a drink. -**3.** *Can* [mesure] half-pint.

chopper [ʃɔpœr] *nm* -**1.** ARCHÉOL chopper tool. -**2.** [moto] chopper. -**3.** ÉLECTRON chopper, vibrator.

chop suey [ʃɔpsɔj] (*pl* **chop sueys**) *nm* chop suey.

choquant, e [ʃɔkɑ̃, ɑ̃t] *adj* -**1.** [déplaisant] outrageous, shocking; **avec un mépris ~ de la justice** with outrageous disregard for justice. -**2.** [déplacé] offensive, shocking; **tu trouves sa tenue ~e?** do you find the way she's dressed offensive?

choqué, e [ʃɔke] *adj* shocked; **il les regardait d'un air profondément ~** he looked at them, visibly shocked.

choquer [3] [ʃɔke] *vt* -**1.** [heurter] to hit, to knock, to bump; **~ des verres** to clink glasses. -**2.** [scandaliser] to shock, to offend; **ça te choque qu'elle pose nue?** do you find it shocking OU offensive that she should pose naked?; **être choqué (de qqch)** to be shocked (at sthg) ‖ (*en usage abs*): **son intention était de ~** he intended to be offensive OU to shock; **leur album a beaucoup choqué** their album caused great offence. -**3.** [aller contre] to go against, to be contrary to; **~ le bon goût** to be OU to run contrary to good taste; **ce raisonnement choque le bon sens** such a piece of reasoning is an insult to common sense. -**4.** [traumatiser]: **ils ont été profondément choqués par sa mort** they were devastated by his death; **être choqué** MÉD to be in shock.

◆ **se choquer** ◇ *vp* (*emploi réciproque*) [s'entre-choquer] to come into collision.

◇ *vpi* [être scandalisé] to be shocked.

choral, e, als OU **aux** [kɔral, o] *adj* choral; **chants ~s** choral songs.

◆ **choral, als** *nm* MUS & RELIG choral, chorale.

◆ **chorale** *nf* choir, choral society.

chorégraphe [kɔregraf] *nmf* choreographer.

chorégraphie [kɔregrafi] *nf* choreography.

chorégraphique [kɔregrafik] *adj* choreographic.

choréique [kɔreik] ◇ *adj* choreal, choreic.

◇ *nmf* chorea sufferer.

choriste [kɔrist] *nmf* -**1.** RELIG chorister. -**2.** THÉÂT chorus singer; **les ~s** [au cabaret] the chorus line.

chorizo [ʃɔrizo] *nm* chorizo.

choroïde [kɔrɔid] *nf* choroid coat.

chorus [kɔrys] *nm*: **faire ~** to (all) agree, to speak with one voice.

chose [ʃoz] ◇ *nf* **A.** SENS CONCRET -**1.** [bien matériel, nourriture, vêtement] thing; **un livre et une table sont des ~s** tables and books are things OU objects; **les belles ~s** nice things; **il n'avait acheté que des bonnes ~s** he had only bought good things to eat; **elle a eu trop de ~s à Noël** she got too many things OU presents for Christmas; **j'ai encore deux ou trois ~s à acheter** I still have a couple of things to buy; **j'ai encore des ~s à lui chez moi** I still have a few of his things OU some of his belongings at home. -**2.** [objet ou produit indéterminé] thing; **quelle est cette ~ immonde?** what is this hideous thing?; **tu sais faire marcher cette ~?** do you know how this thing works? -**3.** PHILOS thing; **la ~ en soi** the thing in itself.

B. PERSONNE creature, thing; **être la ~ de qqn** [avoir été modelé par qqn] to be (like) putty in sb's hands; [être la possession de qqn] to belong to sb; **elle me prend pour sa ~** she thinks she can do what she wants with me.

C. SENS ABSTRAIT -**1.** [acte, fait]: **une ~** a thing, something; **les ~s** things; **j'ai encore beaucoup de ~s à faire** I've still got lots (of things) to do; **c'est une ~ que je ne savais pas** that's something I didn't know; **ah, encore une ~, je ne viendrai pas demain** oh, one more thing, I won't be coming tomorrow; **s'il y a bien une ~ qui m'agace, c'est son manque de ponctualité** if there's one thing that annoys me (about him), it's that he's never on time; **l'hypocrisie, c'est une ~ que je ne supporte pas** hypocrisy is something I can't bear; **une ~ est sûre, il perdra** one thing's (for) sure, he'll lose; **y a-t-il une ~** OU **y a-t-il ~** *litt* **plus belle que l'amour?** is there anything more beautiful than love?; **c'est une bonne ~ qu'elle soit restée** it's a good thing she stayed; **en avril, ce sera ~ faite** OU **la ~ sera faite** it will be done by April; **ce n'est pas la même ~** [cela modifie les données du problème] it's a different matter; **j'y suis retournée, mais ce n'est plus la même ~** I went back, but it's not the same thing; **la fidélité est une ~, l'amour en est une autre, une ~ est d'être fidèle, une autre (est) d'aimer** faithfulness is one thing, love is (quite) another; **ce n'est pas la ~ à dire/faire!** what a thing to say/do!; **c'est pas des ~s à dire/faire!** *fam* you just don't say/do that kind of thing!; **~ extraordinaire/curieuse, il était à l'heure!** amazingly/strangely enough, he was on time!; **je ne crois pas à toutes ces ~s** I don't believe in all that; **ce sont des ~s qui arrivent** it's just one of those things; **accomplir** OU **faire de grandes ~s** to do great things; **ce ne sont pas des ~s à faire en société** that's not done in polite circles; **elle fait beaucoup de ~s pour les handicapés** she does a lot for handicapped people; **faire bien les ~s** [savoir recevoir] to do things in style; **il ne fait pas les ~s à demi** OU **moitié** he doesn't do things by halves; **~ promise ~ due** a promise is a promise. -**2.** [parole] thing; **il dit une ~ et il en fait une autre** he says one thing and does something else; **la ~ que je n'ai pas comprise** what OU the thing I didn't understand; **je vais te dire une (bonne) ~, ça ne marchera jamais** let me tell you something, it'll never work; **il est sorti de sa voiture et il m'a dit de ces ~s!** *fam* he got out of his car and gave me a right mouthful!; **elle dit toujours des ~s sur ses collègues** she's always saying things about the people she works with; **qu'a-t-il dit? – peu de ~s en vérité** what did he say? – very little OU nothing much, actually; **bavarder** OU **parler de ~s et d'autres** to chat about this and that ☐ **dites-lui bien des ~s** give him my best regards. -**3.** [écrit] thing; **elle a écrit de bonnes ~s** she wrote some good things OU stuff; **comment peut-on écrire des ~s pareilles!** how can anyone write such things! -**4.** **la ~** [ce dont il est question]: **comment a-t-il pris la ~?** how did he take it?; **comment vois-tu la ~?** how do you see it OU things OU the matter?; **la ~ est entendue** we're agreed on this; **la ~ n'est pas faisable** it can't be done; **laisse-moi t'expliquer la ~** let me explain what it's all about ☐ **être porté sur la ~** *euph* to have a one-track mind. -**5.** *sout* [affaires]: **la ~ publique** POL the state. -**6.** JUR: **~ jugée** res judicata.

◇ *nm* *fam* -**1.** [objet impossible à nommer] thing, thingie; **passe-moi le..., le ~ bleu sur la table** give me the..., the blue thing on the table. -**2.** [personne impossible à nommer]: **Chose** [homme] What's-his-name, Thingie; [femme] What's-her-name, Thingie; **c'est une pièce avec Chose, tu sais, le grand blond!** it's a play with What's-his-name, you know, the tall blond guy!; **Madame Chose, elle devrait savoir ça** What's-her-name OU Mrs Thingie should know that.

◇ *adj* *fam* funny, peculiar; **être** OU **se sentir un peu ~** to feel a bit peculiar; **ton fils a l'air tout ~ aujourd'hui** your son looks a bit peculiar today.

◆ **choses** *nfpl* [situation] things; **les ~s de la vie** the things that go to make up life; **les ~s étant ce qu'elles sont** as things stand, things being as they are; **au point où en sont les ~s** as things now stand; **voilà où en sont les ~s** this is how things stand (at the moment); **en mettant les ~s au mieux/pire** looking on the bright/dark side (of things); **prendre les ~s comme elles viennent** to take life as it comes.

◆ **de deux choses l'une** *loc adv*: **de deux ~s l'une, tu es avec moi ou avec lui!** either you're on my side or you're on his!; **de deux ~s l'une, ou tu m'obéis ou tu vas te coucher!** either you do as I tell you or you go to bed, it's up to you!

chosification [ʃozifikasjɔ̃] *nf* reification.

chosifier [9] [ʃozifje] *vt* to reify, to consider as a thing.

Chostakovitch [ʃɔstakɔvitʃ] *npr* Shostakovich.

chott [ʃɔt] *nm* salt lake.

chou[1], **x** [ʃu] *nm* -**1.** BOT: **~ (cabus)** white cabbage; **~ de Bruxelles** Brussels sprout; **~ frisé** (curly) kale; **~ pommé** round cabbage; **~ rouge** red cabbage. -**2.** CULIN: **(petit) ~** chou; **~ à la crème** cream puff. -**3.** [ornement] round knot, rosette. -**4.** *fam loc*: **être dans les ~x** to be in a mess; **c'est dans les ~x!** that's torn it!, that's the end of that!; **avec cette pluie, son barbecue est dans les ~x** it's curtains for his barbecue in this rain; **faire ~ blanc** to draw a blank, to be out of luck; **faire ses ~x gras de qqch** to put sthg to good use; **rentrer dans le ~ à qqn** [en voiture] to slam into sb; [agresser] to go for sb.

chou[2], **choute** *fam* [ʃu, ʃut] *nm, f* -**1.** (*en appellatif*) honey, sugar, sweetheart; **mon pauvre ~!** you poor little thing!; **viens voir mamie, mon petit ~** come along with granny, sweetheart. -**2.** [personne aimable] darling, love; **c'est un ~** he's such a darling OU love. -**3.** (*comme adj inv*) [gentil] nice, kind; **tu es ~** [en demandant un service] there's a dear; [pour remercier] you're so kind, you're an absolute darling ‖ [mignon] cute; **il est vraiment ~ sur cette photo** isn't he cute in this picture?

chouan [ʃwɑ̃] *nm* Chouan (*member of a group of counter-revolutionary royalist insurgents, one of whose leaders was Jean Chouan, in the Vendée (Western France) from 1793 to 1800*).

chouannerie [ʃwanri] *nf*: **la ~** the Chouan uprising.

choucas [ʃuka] *nm* jackdaw.

chouchou, oute *fam* [ʃuʃu, ut] *nm, f péj* favourite; **c'est le ~ du prof** she's the teacher's pet; **le ~ de sa grand-mère** his grandmother's blue-eyed boy.

chouchoutage *fam* [ʃuʃutaʒ] *nm péj* favouritism.

chouchouter *fam* [3] [ʃuʃute] *vt* [élève] to give preferential treatment to; [filleul, ami] to mollycoddle, to pamper; **j'adore être chouchouté quand je suis malade** I love being pampered when I'm ill; **ton mari, tu le chouchoutes trop!** you shouldn't mollycoddle your husband so much!; **se faire ~** to let o.s. be mollycoddled.

choucroute [ʃukrut] *nf* **-1.** CULIN [chou] pickled cabbage; [plat] sauerkraut; **~ garnie** *sauerkraut with various types of pork meat and sausage*. **-2.** *fam* [coiffure] beehive.

Chou En-lai [ʃuɛnlaj] *npr* Chou En-lai.

chouette[1] [ʃwɛt] *nf* **-1.** ZOOL owl; **~ hulotte** tawny owl. **-2.** *fam péj* [femme]: **vieille ~** old bag.

chouette[2] [ʃwɛt] ◇ *adj fam* **-1.** [agréable] fantastic, lovely, terrific; **il me reste 100 francs, c'est ~!** fantastic, I've got 100 francs left!; **on a passé une ~ soirée hier** we had a terrific time last night; **~ journée, non?** lovely day, isn't it?; **elle est ~, ta sœur** your sister's really nice; **il a une ~ petite bouille, ce gosse** that kid's got a cute face; **ben il est ~ avec ce chapeau!** *iron* doesn't he look a riot with that hat on? **-2.** [gentil] kind; [coopératif] helpful; **il est vraiment ~** he's so good-natured; **il est très ~ avec nous** he's very good to us; **elle est drôlement ~ avec les enfants** she's really good with the kids; **sois ~, prête-moi ta voiture** be nice, lend me your car.
◇ *interj* great.

chouettement *fam* [ʃuɛtmɑ̃] *adv vieilli* **-1.** [gentiment] nicely. **-2.** [agréablement] fantastically, terrifically.

chou-fleur [ʃuflœr] (*pl* **choux-fleurs**) *nm* cauliflower.

chouia *fam* [ʃuja] *nm*: **un ~** a little OU wee OU tiny bit; **encore un ~ de crème** just a drop more cream; **un ~ trop à gauche** a teeny (weeny) bit too much to the left.

chou-navet [ʃunavɛ] (*pl* **choux-navets**) *nm* swede *Br*, rutabaga *Am*.

chou-palmiste [ʃupalmist] (*pl* **choux-palmistes**) *nm* cabbage tree.

chouquette [ʃukɛt] *nf* sugar bun.

chou-rave [ʃurav] (*pl* **choux-raves**) *nm* kohlrabi.

chouraver ▽ [3] [ʃurave] *vt* to swipe, to pinch; **~ qqch à qqn** to pinch sthg from sb.

chouriner [ʃurine] = **suriner**.

choute [ʃut] *f* → **chou**.

chow-chow [ʃoʃo] (*pl* **chows-chows**) *nm* chow (dog).

choyer [13] [ʃwaje] *vt* to cherish, to pamper, to make a fuss of.

CHR (*abr de* **centre hospitalier régional**) *nm regional hospital*.

chrême [krɛm] *nm* chrism, consecrated oil.

chrétien, enne [kretjɛ̃, ɛn] *adj & nm, f* Christian.

chrétiennement [kretjɛnmɑ̃] *adv*: **vivre ~** to live as a good Christian; **être enterré ~** to have a Christian burial.

chrétienté [kretjɛ̃te] *nf* Christendom.

Chris-Craft® [kriskraft] *nm inv* Chris-Craft®.

Christ [krist] *npr m*: **le ~** Christ.
◆ **christ** *nm* [crucifix] (Christ on the) cross, crucifix.

christiania [kristjanja] *nm* christie, christy.

christianisation [kristjanizasjɔ̃] *nf* Christianization, conversion to Christianity; **le pays avant la ~** the country before the spread of Christianity.

christianiser [3] [kristjanize] *vt* to evangelize, to convert to Christianity.

christianisme [kristjanism] *nm* Christianity.

christique [kristik] *adj* Christlike.

christologie [kristɔlɔʒi] *nf* christology.

Christophe [kristɔf] *npr*: **saint ~** Saint Christopher.

chromage [krɔmaʒ] *nm* chromium plating.

chromate [krɔmat] *nm* chromate.

chromatine [krɔmatin] *nf* chromatin.

chromatique [krɔmatik] *adj* **-1.** MUS & OPT chromatic. **-2.** BIOL chromosomal.

chromatisme [krɔmatism] *nm* chromaticism.

chromatogramme [krɔmatɔgram] *nm* chromatogram.

chromatographie [krɔmatɔgrafi] *nf* chromatography.

chromatophore [krɔmatɔfɔr] *nm* chromatophore.

chrome [krom] *nm* CHIM chromium.
◆ **chromes** *nmpl* [d'un véhicule] chrome, chromium-plated parts; **faire les ~s d'une voiture/bicyclette** to polish up a car/bicycle.

chromeux, euse [krɔmø, øz] *adj* chromous.

chromique [krɔmik] *adj* chromic.

chromo [krɔmo] *nm péj* poor quality colour-print.

chromodynamique [krɔmɔdinamik] *nf* chromodynamics *(sg)*.

chromogène [krɔmɔʒɛn] *adj* chromogenous, colour-producing.

chromolithographie [krɔmɔlitografi] *nf* chromolithography, process offset.

chromosome [krɔmɔzom] *nm* chromosome; **~ X/Y** X/Y chromosome; **jeu de ~s** set of chromosomes.

chromosomique [krɔmɔzomik] *adj* chromosomal, chromosome *(modif)*.

chromosphère [kromɔsfɛr] *nf* chromatosphere.

chronicité [krɔnisite] *nf* chronicity.

chronique [krɔnik] ◇ *adj* **-1.** MÉD chronic. **-2.** [constant] chronic; **chômage ~** chronic unemployment.
◇ *nf* **-1.** PRESSE [rubrique] column; **faire la ~ de** to report on ❑ **~ littéraire** arts page; **~ mondaine** gossip column; **~ des spectacles** (entertainments) listings. **-2.** LITTÉRAT chronicle. **-3.** BIBLE: **les Chroniques** Chronicles.

chroniquement [krɔnikmɑ̃] *adv* **-1.** MÉD chronically. **-2.** [constamment] chronically, perpetually.

chroniqueur, euse [krɔnikœr, øz] *nm, f* **-1.** [journaliste] commentator, columnist; **~ mondain** gossip columnist. **-2.** [historien] chronicler.

chrono *fam* [krɔno] ◇ *nm* stopwatch.
◇ *adv* by the clock; **250 ~** recorded speed 250 kph.

chronobiologie [krɔnɔbjɔlɔʒi] *nf* chronobiology.

chronogramme [krɔnɔgram] *nm* chronogram, timing chart.

chronographe [krɔnɔgraf] *nm* chronograph.

chronologie [krɔnɔlɔʒi] *nf* chronology, time sequence; **~ des événements** calendar of events.

chronologique [krɔnɔlɔʒik] *adj* chronological; **par ordre ~** in chronological order; **série ~** time series.

chronologiquement [krɔnɔlɔʒikmɑ̃] *adv* chronologically.

chronométrage [krɔnɔmetraʒ] *nm* timing, time-keeping.

chronomètre [krɔnɔmɛtr] *nm* stopwatch.

chronométrer [18] [krɔnɔmetre] *vt* to time *(with a stopwatch)*.

chronométreur, euse [krɔnɔmetrœr, øz] *nm, f* time-keeper.

chronométrie [krɔnɔmetri] *nf* chronometry.

chronométrique [krɔnɔmetrik] *adj* chronometric.

chronophotographie [krɔnɔfɔtɔgrafi] *nf* chronophotography.

chrysalide [krizalid] *nf* chrysalis; **sortir de sa ~** *fig* to come out of one's shell.

chrysanthème [krizɑ̃tɛm] *nm* chrysanthemum.

CHRYSANTHÈME:
Chrysanthemums are often associated with funerals in France, as they are traditionally used to decorate graves, especially on All Saints' Day.

---

chrysolite [krizɔlit] *nf* chrysolite, chrysolith.

CHS *nm* (*abr de* **centre hospitalier spécialisé**) *psychiatric hospital*.

ch'timi [ʃtimi] ◇ *adj* from the North of France.
◇ *nmf* northerner *(in France)*.

CHU *nm abr de* **centre hospitalo-universitaire**.

chuchotement [ʃyʃɔtmɑ̃] *nm* whisper; **des ~s** whispering.

chuchoter [3] [ʃyʃɔte] ◇ *vi* to whisper.
◇ *vt* [murmurer - mot d'amour, secret] to whisper; **~ qqch à qqn** to whisper sthg to sb; **il lui a chuchoté quelques mots à l'oreille** he whispered a few words in her ear.

chuchoterie [ʃyʃɔtri] *nf* whispers, whispered conversation.

chuchoteur, euse [ʃyʃɔtœr, øz] ◇ *adj* whispering.
◇ *nm, f* whisperer.

chuchotis [ʃyʃɔti] = **chuchotement**.

chuintant, e [ʃɥɛ̃tɑ̃, ɑ̃t] *adj* hushing.
◆ **chuintante** *nf* PHON palato-alveolar fricative.

chuintement [ʃɥɛ̃tmɑ̃] *nm* **-1.** PHON *use of palato-alveolar fricatives instead of sibilants (characteristic of certain French regional accents)*. **-2.** [sifflement d'une Cocotte-Minute, d'une bouilloire] hiss, hissing.

chuinter [3] [ʃɥɛ̃te] *vi* **-1.** ZOOL to hoot. **-2.** [siffler] to hiss. **-3.** PHON to pronounce OU articulate as a fricative.

chut [ʃyt] *interj* hush, sh, shhh.

chute [ʃyt] *nf* **-1.** [perte d'équilibre] fall; **faire une ~** to fall, to take a tumble; **faire une ~ de cheval** to come off a horse; **il a fait une ~ de neuf mètres** he fell nine metres; **il m'a entraîné dans sa ~** he dragged OU pulled me down with him; **'attention, ~ de pierres'** 'danger! falling rocks' ❑ **~ libre** free fall; **faire du saut en ~ libre** to skydive; **la livre est en ~ libre** *fig* the pound's plummeting. **-2.** [perte] fall; **la ~ des cheveux** hair loss; **au moment de la ~ des feuilles** when the leaves fall. **-3.** [baisse] drop, fall; **~ des ventes** COMM fall-off in sales; **la ~ des prix** the fall OU drop in prices; **~ de tension** MÉD drop in blood pressure; ÉLECTR & PHYS voltage drop; **~ de pression** pressure drop. **-4.** [effondrement - d'un gouvernement, d'une institution] collapse, fall; **entraîner qqn dans sa ~** to drag sb down with one. **-5.** MIL fall; **la ~ de Metz** the fall of Metz. **-6.** BIBLE: **la Chute** the Fall. **-7.** [cascade]: **~ d'eau** waterfall. **-8.** MÉTÉO: **~s de neige** snowfall; **~s de pluie** rainfall. **-9.** [fin - d'une histoire] punch line; **j'ai été surpris par la ~** [d'une situation] I was surprised by the outcome; **j'attends la ~ avec grand intérêt** I wonder how things will turn out ❑ **la ~ du jour** *litt* nightfall, the day's end. **-10.** ANAT: **~ des reins** small of the back. **-11.** [déchet - de tissu] scrap; [- de bois, de métal] offcut, trimming; **~s de pellicule** film trims; **c'est une scène qui est restée parmi les ~s** that scene ended up on the cutting-room floor; **une couverture faite avec des ~s (de tissu)** a blanket made of remnants (of fabric). **-12.** CONSTR [d'un toit] pitch, slope.
◆ **point de chute** *nm* **-1.** ARM point of impact. **-2.** *fig*: **j'ai un point de ~ à Milan** I have somewhere to stay in Milan.

CHUTES:
les chutes du Niagara (the) Niagara Falls;
les chutes Victoria (the) Victoria Falls;
les chutes d'Iguaçu the Iguaçu Falls.

---

chuter [3] [ʃyte] *vi* **-1.** *fam* [tomber] to fall. **-2.** [ne pas réussir] to fail, to come to grief; **~ sur** to fail on; **le candidat a chuté sur la dernière question** the candidate failed on the final question.

-**3.** [baisser] to fall, to tumble; faire ~ les ventes to bring sales (figures) tumbling down. -**4.** JEUX to go down.

chyme [ʃim] *nm* chyme.

Chypre [ʃipr] *npr* Cyprus; à ~ in Cyprus.

chypriote [ʃiprijɔt] = **cypriote.**

ci [si] *pron dém inv*: ~ **et ça** this and that; **faire ~ et ça** to do this and that.

-ci [si] *adv* -**1.** [dans l'espace]: **celui~** this one; **celui~ ou celui-là?** this one or that one? -**2.** [dans le temps - présent]: **à cette heure~ il n'y a plus personne** there's nobody there at this time of day; **ce mois~** this month; **cette semaine~** this week ‖ [dans le temps - futur]: **ils viennent dîner ce mercredi~** they're coming for dinner next Wednesday ‖ [dans le temps - passé]: **il n'a pas fait très beau ces jours~** the weather hasn't been too good just lately; **je ne l'ai pas beaucoup vu ces temps~** I haven't seen much of him lately. -**3.** [pour insister]: **je ne t'ai pas demandé ce livre~** THAT's not the book I asked for; **cette fois~ j'ai compris!** NOW I've got it!; **c'est à cette heure~ que tu rentres?** what time do you call this?

Ci (*abr écrite de* **curie**) Ci.

CIA (*abr de* **Central Intelligence Agency**) *npr f* CIA.

ciao *fam* [tʃao] *interj* ciao.

ci-après [siaprɛ] *adv* hereafter, hereinafter, following; **les dispositions ~** the provisions set out below; **~ dénommé l'acheteur** hereinafter referred to as the Buyer.

cibiche *fam* [sibiʃ] *nf vieilli* cig, ciggie.

cibiste [sibist] *nmf* CB user.

cible [sibl] *nf* -**1.** ARM & PHYS target; **~ fixe/mobile** stationary/moving target; **~ d'amarrage** docking target; **~ panoramique** landscape target. -**2.** *fig* [victime] target; **prendre qqn pour ~** to make sb the target of one's attacks; **c'est toujours lui qu'on prend pour ~** he's always the scapegoat; **sa maladresse fait de lui une ~ toute trouvée** his clumsiness makes him the obvious target for OU the butt of everybody's jokes. -**3.** COMM target group; **~ visée** intended target ❑ **population ~** target population; **public ~** TV & RADIO target audience. -**4.** LING: **langue ~** target language.

ciblé, e [sible] *adj* targeted.

cibler [3] [sible] *vt* [produit] to define a target group for; [public] to target.

ciboire [sibwar] *nm* RELIG ciborium.

ciboule [sibul] *nf*: **de la ~** scallion *Am* OU spring onion *Br* leaves.

ciboulette [sibulɛt] *nf*: **de la ~** chives.

ciboulot *fam* [sibulo] *nm* head; **se creuser le ~** to rack one's brain; **il n'a rien dans le ~** he's a dope, he's got nothing between his ears; **elle en a dans le ~!** she's not just a pretty face!

cicatrice [sikatris] *nf* -**1.** MÉD scar. -**2.** *fig* [marque] mark, scar; **~ indélébile** permanent scar; **laisser des ~s** to leave scars. -**3.** BOT scar (of attachment); **~ de feuille/de bourgeon** leaf/bud scar; **~ du haricot** hilum.

cicatriciel, elle [sikatrisjɛl] *adj* scar *(modif)*, cicatricial *spéc.*

cicatricule [sikatrikyl] *nf* tread.

cicatrisable [sikatrizabl] *adj* that can be healed.

cicatrisant, e [sikatrizɑ̃, ɑ̃t] *adj* healing.

◆ **cicatrisant** *nm* healing agent, cicatrizant *spéc.*

cicatrisation [sikatrizasjɔ̃] *nf* -**1.** MÉD scarring, cicatrization *spéc*; **la ~ se fait mal** the wound is not closing up properly. -**2.** [apaisement] healing.

cicatriser [3] [sikatrize] *vt* -**1.** MÉD to heal, to cicatrize *spéc.* -**2.** [adoucir] to heal.

◆ **se cicatriser** *vpi* [coupure] to heal OU to close up; [tissus] to form a scar; [blessure d'amour-propre] to heal.

Cicéron [siserɔ̃] *npr* Cicero.

cicérone [siserɔn] *nm* guide, mentor.

cicéronien, enne [siserɔnjɛ̃, ɛn] *adj* Ciceronian.

ci-contre [sikɔ̃tr] *adv* opposite; **illustré ~** as shown (in the picture) opposite.

CICR (*abr de* **Comité international de la Croix-Rouge**) *npr m* IRCC.

Cid [sid] *npr m*: **le ~** El Cid; 'le ~' *Corneille* 'Le Cid'.

ci-dessous [sidəsu] *adv* below.

ci-dessus [sidəsy] *adv* above; **l'adresse ~** the above address.

ci-devant [sidəvɑ̃] *nmf inv* HIST former aristocrat.

CIDEX, Cidex [sidɛks] (*abr de* **courrier individuel à distribution exceptionnelle**) *nm system grouping letter boxes in country areas.*

CIDJ (*abr de* **centre d'information et de documentation de la jeunesse**) *nm careers advisory service.*

cidre [sidr] *nm* cider; **~ bouché** bottled cider *(with a seal).*

cidrerie [sidrəri] *nf* cider-house.

CIDUNaTI [sidynati] (*abr de* **Comité interprofessionnel d'information et de défense de l'union nationale des travailleurs indépendants**) *npr m union of self-employed craftsmen.*

Cie (*abr écrite de* **compagnie**) Co.; **Johnson et ~** Johnson & Co.

ciel [sjɛl] (*pl sens 1, 3, 4 & 5* **cieux** [sjø], *pl sens 2, 6 & 7* **ciels**) ◇ *nm* -**1.** [espace] sky; **haut dans le ~** (high) up in the sky; **entre ~ et terre** in the air, in midair; **une explosion en plein ~** a midair explosion; **jusqu'au ~** (up) to the skies ❑ **lever les bras au ~** to throw up one's hands *(in exasperation, despair etc)*; **lever les yeux au ~** [d'exaspération] to roll one's eyes; **être tombé du ~** [arriver à l'improviste] to be heaven-sent OU a godsend; [être stupéfait] to be stunned. -**2.** MÉTÉO: **~ clair/nuageux** clear/cloudy sky. -**3.** ASTRON sky. -**4.** RELIG Heaven; **Mamie est montée OU partie au ~** Grandma has gone up to Heaven. -**5.** *litt* [fatalité] fate; [providence]: **c'est le ~ qui t'envoie** you're a godsend; **c'est le ~ qui nous envoie cet argent** that money's a godsend; **le ~ soit loué** thank heavens; **que le ~ vous entende!** may heaven help you! -**6.** [plafond]: **~ de chambre** canopy; **~ de lit** canopy. -**7.** MIL: **~ protecteur** overhead cover. ◇ *interj vieilli*: (juste) **~!** heavens above!, (good) heavens!

◆ **ciels** *nmpl litt* [temps]: **les ~s changeants de Bretagne** the changing skies of Brittany; **les ~s tourmentés de Van Gogh** BX-ARTS Van Gogh's tortured skies.

◆ **cieux** *nmpl litt* [région] climes, climate; **sous des cieux plus cléments** in milder climes; **partir vers d'autres cieux** to be off to distant parts.

◆ **à ciel ouvert** *loc adj* -**1.** MIN open-cast *Br*, open-cut *Am*. -**2.** [piscine, stade] open-air.

CIEP (*abr de* **Centre international d'études pédagogiques**) *npr m French centre for educational research.*

cierge [sjɛrʒ] *nm* -**1.** [bougie] altar candle. -**2.** BOT cereus.

cieux [sjø] *pl* → **ciel.**

cigale [sigal] *nf* cicada.

cigare [sigar] *nm* -**1.** [à fumer] cigar. -**2.** *fam* [tête] head. -**3.** *Belg* [réprimande] talking-to.

cigarette [sigarɛt] *nf* -**1.** [à fumer] cigarette; **fumer une ~** to smoke a cigarette, to have a smoke ❑ **~ filtre** filter-tipped cigarette. -**2.** CULIN: **~ (russe)** *short-crust biscuit shaped like a brandy snap.*

cigarière [sigarjɛr] *nf* cigar-maker.

cigarillo [sigarijo] *nm* cigarillo.

ci-gît [siʒi] *adv* here lies.

cigogne [sigɔɲ] *nf* stork.

cigogneau, x [sigɔɲo] *nm* young OU immature stork.

ciguë [sigy] *nf*: **(petite) ~** Fool's parsley; **grande ~** giant hemlock.

ci-inclus, e [siɛ̃kly, yz] (*mpl inv, fpl* **ci-incluses**) *adj (après le n)* enclosed.

◆ **ci-inclus** *adv*: **~ vos quittances** please find bill enclosed; **~ une copie du testament et les instructions du notaire** enclosures: one copy of the will and the solicitor's instructions.

ci-joint, e [siʒwɛ̃, ɛ̃t] (*mpl* **ci-joints**, *fpl* **ci-jointes**) *adj (après le n)* attached, enclosed; **après examen des pièces ~es** on studying the enclosed documents.

◆ **ci-joint** *adv*: **~ photocopie** photocopy enclosed; **veuillez trouver ~ la facture correspondante** please find enclosed OU attached the invoice relating to your order.

cil [sil] *nm* -**1.** ANAT eyelash, lash, cilium *spéc.* -**2.** BIOL: **~s vibratiles** cilia.

ciliaire [siljɛr] *adj* ciliary.

cilice [silis] *nm* hair shirt, cilice *spéc.*

cilié, e [silje] *adj* ciliate, ciliated.

cillement [sijmɑ̃] *nm* blinking, nictitation *spéc.*

ciller [3] [sije] *vi* -**1.** [battre des cils] to blink. -**2.** [réagir]: **il n'a pas cillé** he didn't bat an eyelid OU turn a hair; **ils contemplaient le spectacle sans ~** they contemplated the sight with no visible sign of emotion.

cimaise [simɛz] *nf* -**1.** BX-ARTS picture rail; **pendre un tableau aux plus hautes ~s** to sky a painting. -**2.** ARCHIT cymatium.

cime [sim] *nf* -**1.** GÉOG peak, summit, top; **les ~s** *litt* the mountain tops. -**2.** [haut d'un arbre] crown, top; **les singes vivent dans les ~s** monkeys live in the canopy of the forest.

ciment [simɑ̃] *nm* -**1.** CONSTR cement; **~ à prise lente/rapide** slow-setting/quick-setting cement; **~ armé** reinforced cement. -**2.** *sout* [lien] bond; **l'enfant fut le ~ de leur amour** the child acted as a bond between them.

cimentation [simɑ̃tasjɔ̃] *nf* cementing.

cimenter [3] [simɑ̃te] *vt* -**1.** CONSTR to cement. -**2.** [renforcer] to consolidate.

cimenterie [simɑ̃tri] *nf* cement factory OU works.

cimentier [simɑ̃tje] *nm* cement manufacturer.

cimeterre [simtɛr] *nm* scimitar.

cimetière [simtjɛr] *nm* cemetery, graveyard; [autour d'une église] churchyard; **~ de voitures** scrapyard *(for cars)*; **'le Cimetière marin'** *Paul Valéry* 'The Graveyard by the Sea'.

cinabre [sinabr] *nm* -**1.** CHIM cinnabar. -**2.** BX-ARTS vermilion.

ciné *fam* [sine] *nm* -**1.** [spectacle]: **le ~** the pictures; **se faire un ~** to go and see a film *Br* OU a movie *Am*. -**2.** [édifice] cinema *Br*, movie theater *Am*; **les vieux ~s d'autrefois** the fleapits of the old days.

cinéaste [sineast] *nmf* film-director *Br*, movie director *Am*; **~ amateur** amateur film-maker *Br* OU movie-maker *Am*.

ciné-club [sineklœb] (*pl* **ciné-clubs**) *nm* film society *Br*, movie club *Am*.

cinéma [sinema] *nm* -**1.** [édifice] cinema *Br*, movie theater *Am*; **~ d'art et d'essai** art house; **~ en plein air** [dans les pays chauds] open-air cinema; [aux U.S.A.] drive-in (movie-theater); **un vieux ~ de quartier** an old local cinema. -**2.** [spectacle, genre]: **le ~** the cinema *Br*, the movies *Am*; **des effets encore jamais vus au ~** effects never before seen on a screen ❑ **le ~ d'animation** cartoons, animation; **le ~ d'art et d'essai** art films *Br* OU movies *Am*; **le ~ muet** silent movies; **le ~ parlant** talking pictures, talkies; **festival de ~** film *Br* OU movie *Am* festival; **revue de ~** cinema magazine *Br*; **vedette de ~** film *Br* OU movie *Am* star. -**3.** [métier]: **le ~** film-making *Br*, movie-making *Am*; **faire du ~** [technicien] to work in films *Br* OU the movies *Am*; [acteur] to act in films *Br*, to be a screen actor; **étudiant en ~** student of film *Br* OU movies *Am*; **école de ~** film OU film-making school *Br*, movie-making school *Am*. -**4.** [industrie]: **le ~** the film *Br* OU movie *Am* industry. -**5.** *fam loc*: **du ~** faking, pretending; **faire du OU tout un ~ (pour)** to kick up a huge fuss (about); **alors c'était du ~,** ton voyage en Inde? so your trip to India was all a sham?; **le gosse a fait un ~ pas possible**

pour y retourner the kid made an awful fuss to go back there; arrête (de faire) ton ~! [de mentir] stop putting us on!; [de bluffer] stop shooting your mouth off!; se faire du ~ to fantasize.

◆ **de cinéma** *loc adj* [festival, revue, vedette] film *Br (modif)*, movie *Am (modif)*; [école] film-making *Br*, movie-making *Am*.

Cinémascope® [sinemaskɔp] *nm* Cinemascope®.

cinémathèque [sinematɛk] *nf* film *Br* OU movie *Am* library; la Cinémathèque française *the French film institute*.

LA CINÉMATHÈQUE FRANÇAISE:
Founded in 1936, the Cinémathèque specializes in the conservation and restoration of films; it also screens films for public viewing.

---

cinématique [sinematik] *nf* kinematics.

cinématographe [sinematɔgraf] *nm* cinematograph.

cinématographie [sinematɔgrafi] *nf* cinematography.

cinématographique [sinematɔgrafik] *adj* cinematographic, film *Br (modif)*, movie *Am (modif)*; les techniques ~s cinematic techniques; une grande carrière ~ a great career in the cinema; droits d'adaptation ~ film rights; droits de reproduction ~ film printing rights.

cinématographiquement [sinematɔgrafikmɑ̃] *adv* cinematographically; ~ parlant from the point of view of cinematography.

cinémographe [sinemɔgraf] *nm* tachograph.

cinémomètre [sinemɔmɛtr] *nm* tachometer, speedometer.

ciné-parc [sinepark] *nm Can* drive-in cinema.

cinéphile [sinefil] *nmf* film-lover *Br*, moviegoer *Am*.

cinéraire [sinerɛr] ◇ *adj* cinerary; urne ~ funeral urn.
◇ *nf* cineraria.

Cinérama® [sinerama] *nm* Cinerama®.

cinéroman [sinerɔmɑ̃] *nm* cinenovel.

cinétique [sinetik] ◇ *adj* kinetic.
◇ *nf* kinetics *(sg)*.

cinétisme [sinetism] *nm* kinetic art.

cinghalais, e [sɛ̃galɛ, ɛz] *adj* Singhalese, Sinhalese.
◆ **Cinghalais, e** *nm, f* Singhalese, Sinhalese.
◆ **cinghalais** *nm* LING Singhalese, Sinhalese.

cinglant, e [sɛ̃glɑ̃, ɑ̃t] *adj* -**1.** [violent] bitter, biting; une gifle ~e a stinging slap. -**2.** [blessant] biting, cutting, stinging; d'un ton ~ scathingly; des reproches ~s bitter criticism.

cinglé, e *fam* [sɛ̃gle] ◇ *adj* crazy, screwy, nuts; t'es pas un peu ~? are you crazy?
◇ *nm, f* loony *Br*, screwball *Am*; les ~s du volant/jazz/cinéma car/jazz/film fanatics.

cingler [3] [sɛ̃gle] ◇ *vi* -**1.** NAUT: ~ vers to sail (at full sail) towards, to make for. -**2.** *(tournure impersonnelle)*: ça cingle *fam* it's bitterly cold.
◇ *vt* -**1.** [fouetter] to lash; la pluie cingle les vitres the rain is lashing the window-panes. -**2.** [blesser] to sting.

cinoche *fam* [sinɔʃ] *nm* cinema *Br*, movies *Am (pl)*.

cinq [sɛ̃k] ◇ *adj num inv* -**1.** *(card)* five; ~ est la moitié de dix five is half of ten; ~ livres de pommes five pounds of apples; ~ cents/mille étoiles five hundred/thousand stars; ~ pour cent five per cent; ~ dixièmes five tenths; ils vivent à ~ dans la même pièce there are five of them living in the same room; ~ fois mieux five times better; elle a ~ ans [fillette] she's five (years old OU of age); [voiture] it's five years old; une fille de ~ ans a five-year old (girl) ❑ les ~ lettres *euph* ≃ a four-letter word; dire les ~ lettres à qqn to tell sb where to go; bouteille ~ étoiles *inexpensive wine bottle (with five stars embossed on the neck) for which a deposit is payable*. -**2.** *(ord)* five; à la page ~ on page five; au chapitre ~ in chapter five, in the fifth chapter; il arrive le ~ novembre he's arriving on November (the) fifth OU the fifth of November; quel jour sommes-nous? – le ~ novembre what's the date today? – the fifth of November. -**3.** [pour exprimer les minutes]: trois heures ~ five past three; trois heures moins ~ five to three; elle est arrivée à ~ *fam* she arrived at five past; ~ minutes [d'horloge] five minutes; [un moment] a short while; ~ minutes plus tard, il a changé d'avis after a few minutes he changed his mind; j'en ai pour ~ minutes it'll only take me a few minutes; il doit s'absenter ~ minutes pour changer sa voiture de place he's got to go and move his car, it'll only take him a few minutes; c'est à ~ minutes (d'ici) it's not very far from here.
◇ *nm inv* -**1.** MATH five; ~ et ~ font dix five and five are ten; deux fois ~ two times five, twice five. -**2.** [numéro d'ordre] number five; c'est le ~ qui a gagné number five wins; allez au ~ [maison] go to number five. -**3.** JEUX five; le ~ de carreau/pique the five of diamonds/spades ‖ [quille] kingpin. -**4.** [représentation]: dessiner un ~ to draw a (figure) five. -**5.** TV: La Cinq, La 5 *former French television channel*. -**6.** MUS: le groupe des Cinq the Five.
◆ **cinq sur cinq** *loc adv*: je te reçois ~ sur ~ *pr* receiving you loud and clear; *fig* & *hum* I see exactly what you mean; t'as compris? – ~ sur ~! got it? – got it!
◆ **en cinq sec** *fam loc adv* in no time at all, in the twinkling of an eye; en ~ sec, c'était fait it was done before you could say "Jack Robinson".

cinquantaine [sɛ̃kɑ̃tɛn] *nf* -**1.** [nombre]: une ~ de voitures fifty or so cars, about fifty cars. -**2.** [d'objets] (lot of) fifty. -**3.** [âge] fifty; il frise la ~ he's nearly fifty; il a la ~ bien sonnée he's well into fifties; quand on arrive à OU atteint la ~ when you reach fifty.

cinquante [sɛ̃kɑ̃t] ◇ *adj num inv* -**1.** *(card)* fifty; ~ est la moitié de cent fifty is half of one hundred; ~ et un fifty-one; ~-deux fifty-two; ~ et unième fifty-first; ~ mille habitants fifty thousand inhabitants; deux billets de ~ *fam* two fifty franc notes OU fifties; dans les années ~ in the fifties; la mode des années ~ fifties fashions; ~ pour cent des personnes interrogées pensent que... fifty per cent of OU half the people we asked think that...; il est mort à ~ ans he died at OU when he was fifty. -**2.** *(ord)* fifty; page/numéro ~ page/number fifty. -**3.** SPORT: le ~ mètres the fifty metres. -**4.** *loc*: il n'y en a pas ~ *fam*: des solutions, il n'y en a pas ~ there aren't that many ways to solve the problem; je te l'ai dit ~ fois! if I've told you once, I've told you a hundred times!
◇ *nm inv* -**1.** MATH fifty; ~ et ~ font cent fifty and fifty are a hundred; deux fois ~ two times fifty. -**2.** [numéro d'ordre] number fifty; c'est le ~ qui a gagné number fifty wins; allez au ~ [maison] go to number fifty. -**3.** [chiffre écrit]: le ~ n'est pas lisible the fifty is illegible.

cinquantenaire [sɛ̃kɑ̃tnɛr] ◇ *adj* fifty-year old.
◇ *nm* fiftieth anniversary, golden jubilee.

cinquantième [sɛ̃kɑ̃tjɛm] ◇ *adj num ord* fiftieth.
◇ *nm* fiftieth part.
◇ *nf* fiftieth performance.

cinquième [sɛ̃kjɛm] ◇ *adj num ord* fifth; le ~ volume de la collection the fifth volume in the series; le vingt-~ concurrent the twenty-fifth competitor; la quarante-~ année the forty-fifth year; arriver ~ to come fifth ❑ ~ colonne fifth column; ~ maladie MÉD fifth disease; être la ~ roue du carrosse OU de la charrette to be the fifth wheel.
◇ *nmf* -**1.** [personne] fifth, fifth man (*f* woman); je suis ~ [dans une file] I'm fifth; [dans un classement] I came fifth. -**2.** [objet] fifth (one); le ~ était cassé the fifth (one) was broken.
◇ *nm* -**1.** [étage] fifth floor. -**2.** [arrondissement de Paris] fifth (arrondissement). -**3.** MATH fifth; les quatre ~s du total four fifths of the total amount.
◇ *nf* -**1.** SCOL second form *Br*, seventh grade *Am*. -**2.** DANSE fifth (position).

cinquièmement [sɛ̃kjɛmmɑ̃] *adv* fifthly, in the fifth place.

cintrage [sɛ̃traʒ] *nm* -**1.** MÉTALL bending. -**2.** ARCHIT centering.

cintre [sɛ̃tr] *nm* -**1.** [porte-manteau] coat-hanger. -**2.** ARCHIT arch. -**3.** MÉTALL bend, curve. -**4.** [d'un siège] crest. -**5.** THÉÂT rigging loft; les ~s the flies.
◆ **(de) plein cintre** *loc adj* semicircular.

cintré, e [sɛ̃tre] *adj* -**1.** COUT close-fitting (at the waist), waisted. -**2.** *fam* [fou] crazy, nuts, screwy.

cintrer [3] [sɛ̃tre] *vt* -**1.** ARCHIT to arch, to vault. -**2.** [courber] to bend, to curve. -**3.** COUT to take in *(sép) (at the waist)*.

CIO (*abr de* Comité international olympique) *npr m* IOC.

cirage [siraʒ] *nm* [cire] shoe polish; [polissage] polishing.
◆ **dans le cirage** *fam loc adj*: être dans le ~ AÉRON to be flying blind; *fig* to be groggy.

circadien, enne [sirkadjɛ̃, ɛn] *adj* circadian.

circaète [sirkaɛt] *nm* circaetus.

Circé [sirse] *npr* Circe.

circoncire [101] [sirkɔ̃sir] *vt* to circumcise.

circoncis [sirkɔ̃si] ◇ *adj* circumcised.
◇ *nm* [garçon] circumcised boy; [homme] circumcised man.

circoncision [sirkɔ̃sizjɔ̃] *nf* circumcision.

circonférence [sirkɔ̃ferɑ̃s] *nf* -**1.** GÉOM circumference. -**2.** [tour] periphery.

circonflexe [sirkɔ̃flɛks] *adj* circumflex.

circonlocution [sirkɔ̃lɔkysjɔ̃] *nf péj* circumlocution; que de ~s! what a roundabout way of putting it!

circonscriptible [sirkɔ̃skriptibl] *adj* circumscribable.

circonscription [sirkɔ̃skripsjɔ̃] *nf* -**1.** ADMIN & POL area, district; ~ électorale constituency; ~ consulaire consular district. -**2.** GÉOM circumscription, circumscribing.

circonscrire [99] [sirkɔ̃skrir] *vt* -**1.** [limiter - extension, dégâts] to limit, to control; ~ un incendie to bring a fire under control, to contain a fire. -**2.** [préciser] to define the limits OU scope of. -**3.** GÉOM to circumscribe.

circonspect, e [sirkɔ̃spɛ, ɛkt] *adj* [observateur, commentateur] cautious, wary; [approche] cautious, circumspect.

circonspection [sirkɔ̃spɛksjɔ̃] *nf* caution, cautiousness, wariness; avec ~ cautiously, warily; agir avec la plus extrême ~ to be extremely cautious.

circonstance [sirkɔ̃stɑ̃s] *nf* -**1.** [situation]: ~s circumstances; quelles étaient les ~s? what were the circumstances?; étant donné les ~s given the circumstances OU situation. -**2.** [conjoncture] circumstance, occasion; profiter de la ~ to seize the opportunity. -**3.** JUR: ~s aggravantes/atténuantes aggravating/ mitigating OU extenuating circumstances.
◆ **de circonstance** *loc adj* -**1.** [approprié] appropriate, fitting; vers de ~ occasional verse. -**2.** GRAMM: complément de ~ adverbial phrase.
◆ **pour la circonstance** *loc adv* for the occasion.

circonstancié, e [sirkɔ̃stɑ̃sje] *adj* detailed; je ne vous ferai pas un rapport ~ I won't go into great detail.

circonstanciel, elle [sirkɔ̃stɑ̃sjɛl] *adj* GRAMM adverbial.

circonvenir [40] [sirkɔ̃vnir] *vt* [abuser - juge, témoin] to circumvent; ~ l'électorat to trick the voters.

circonvoisin, e [sirkɔ̃vwazɛ̃, in] *adj litt* neighbouring, surrounding.

circonvolution [sirkɔ̃vɔlysjɔ̃] *nf* -**1.** [enroulement] circumvolution. -**2.** ANAT convolution, gyrus.

circuit [sirkɥi] *nm* -**1.** AUT & SPORT circuit; ~ automobile racing circuit. -**2.** [randonnée] tour, trip; **faire le ~ des châteaux/vins** to do a tour of the chateaux/vineyards; **faire le ~ des bars** ≃ to go bar hopping *Am,* ≃ to go on a pub crawl *Br* ❑ ~ **touristique** organised trip OU tour. -**3.** [détour] detour, circuitous route; **faire un long ~ pour arriver quelque part** to make a long detour to get somewhere; **par tout un ~ de raisonnement** *fig* through a long and complicated thought process. -**4.** ÉLECTR & ÉLECTRON circuit; **couper le ~** to switch off ❑ ~ **imprimé** printed circuit; ~ **intégré** integrated circuit; ~ **logique** logical circuit. -**5.** [parcours] progression, route. -**6.** ÉCON channels; **le ~ de distribution du pain** the distribution channels for bread. -**7.** CIN network; **le film est fait pour le ~ commercial** it's a mainstream film. -**8.** [tuyaux] (pipe) system; ~ **de refroidissement** cooling system. -**9.** [pourtour d'une ville] circumference. -**10.** *loc*: **elle est encore dans le ~** she's still around; **quand je rentrerai dans le ~** when I'm back in circulation.
◆ **en circuit fermé** ◇ *loc adj* [télévision] closed-circuit *(modif).*
◇ *loc adv* -**1.** ÉLECTRON in closed circuit. -**2.** [discuter, vivre] without any outside contact.

circulaire [sirkylɛr] ◇ *adj* -**1.** [rond] circular, round. -**2.** [tournant - mouvement, regard] circular. -**3.** TRANSP return *Br (modif),* round-trip *Am (modif).* -**4.** [définition, raisonnement] circular.
◇ *nf* circular.

circulairement [sirkylɛrmɑ̃] *adv* [marcher, rouler] in a circle.

circularité [sirkylarite] *nf* -**1.** [forme] roundness. -**2.** [d'un raisonnement] circularity.

circulation [sirkylasjɔ̃] *nf* -**1.** TRANSP: **la ~ des camions est interdite le dimanche** lorries are not allowed to run on Sundays; **il y a de la/peu de ~ aujourd'hui** the traffic is heavy/there isn't much traffic today; **encore quelques petits problèmes de ~ au nord de Lyon** still some congestion north of Lyons ❑ ~ **aérienne/ferroviaire** air/rail traffic; **la ~ routière** road traffic. -**2.** [du sang, de l'air, d'un fluide] circulation; **avoir une bonne/mauvaise ~** to have good/bad circulation. -**3.** [déplacement] spread, movement; **la libre ~ des hommes et des idées** the free movement of men and ideas; **la ~ des capitaux** ÉCON the movement of capital. -**4.** [circuit]: **enlever** OU **retirer de la ~** COMM to take off the market; *fig* to take out of circulation; **être/mettre en ~** to be/to put on the market.

circulatoire [sirkylatwar] *adj* [appareil] circulatory.

circuler [3] [sirkyle] *vi* -**1.** [se déplacer - personne] to move; **circulez, il n'y a rien à voir** move along now, there's nothing to see; **je n'aime pas que les enfants circulent dans toute la maison** I don't like the children to have the run of the whole house ‖ TRANSP [conducteur] to drive; [flux de voitures] to move; [train] to run; **rien ne circule ce matin** the traffic's at a standstill this morning; **en Angleterre on circule à gauche** they drive on the left in England; **l'autobus 21 circule de nuit** the number 21 bus runs at night. -**2.** [air, fluide] to circulate. -**3.** [passer de main en main] to be passed around OU round; **le rapport circule** the report's being circulated; **faites ~ la bouteille** pass the bottle round. -**4.** [se propager] to circulate; **faire ~ des bruits** to spread rumours; **c'est une rumeur qui circule** it's a rumour that's going around; **l'information ne circule pas** information is not getting around.

circumlunaire [sirkɔmlynɛr] *adj* circumlunar.

circumnavigation [sirkɔmnavigasjɔ̃] *nf* circumnavigation.

circumpolaire [sirkɔmpɔlɛr] *adj* circumpolar.

circumstellaire [sirkɔmstelɛr] *adj* circumstellar.

circumterrestre [sirkɔmterɛstr] *adj* around-the-world *(avant n).*

cire [sir] *nf* -**1.** [encaustique] (wax) polish. -**2.** [dans une ruche] wax; ~ **d'abeille** beeswax; ~ **à cacheter** sealing wax. -**3.** [cérumen] earwax. -**4.** PÉTR mineral OU earth wax. -**5.** *loc*: **c'est une ~ molle** *fam* he's got no will of his own.
◆ **à (la) cire perdue** ◇ *loc adj* lost-wax.
◇ *loc adv* using the lost-wax process.
◆ **de cire** *loc adj* [poupée, figurine] wax *(modif);* **musée de ~, cabinet de ~** *vieilli* wax-works.

ciré, e [sire] *adj* waxed, polished.
◆ **ciré** *nm* -**1.** VÊT [gén] oilskin; [de marin] sou'wester. -**2.** TEXT oilskin.

cirer [3] [sire] *vt* -**1.** [faire briller - meuble, parquet] to wax, to polish; [- chaussure] to polish; ~ **les bottes à qqn** *fam fig* to lick sb's boots. -**2.** *loc*: **il en a rien à ~** ▽ he doesn't give a damn.

cireur, euse[1] [sirœr, øz] *nm, f* [de rue] shoe shiner, shoe-shine boy *(nm).*
◆ **cireuse** *nf* floor polisher.

cireux, euse[2] [sirø, øz] *adj* -**1.** [comme la cire] waxy, wax-like, waxen *litt.* -**2.** [jaunâtre] waxen *litt,* wax-coloured.

cirque [sirk] *nm* -**1.** LOISIRS [chapiteau] circus, big top; [représentation] circus; **aller au ~** to go to the circus. -**2.** *fam* [agitation] mess; **c'est pas un peu fini ce ~?** will you stop fooling around?; **c'est un vrai ~ ici!** it's pandemonium in here! -**3.** *fam* [scène] scene; **arrête un peu ton ~!** stop fooling around!; **faire son ~** to make a fuss; **tous les matins, elle fait son ~ pour s'habiller** every morning she makes an awful fuss about getting dressed. -**4.** GÉOG cirque, corrie; [sur la Lune] crater. -**5.** ANTIQ amphitheatre; **les jeux du ~** the circus games.

cirrhose [siroz] *nf* cirrhosis.

cirrhotique [sirɔtik] ◇ *adj* [foie] cirrhotic.
◇ *nmf* cirrhotic, cirrhosis sufferer.

cirrocumulus [sirɔkymylys] *nm inv* cirrocumulus.

cirrostratus [sirɔstratys] *nm inv* cirrostratus.

cirrus [sirys] *nm inv* cirrus.

cisaille [sizaj] *nf* [outil]: ~, ~**s** (pair of) shears ❑ ~ **à lame guillotine;** ~ **circulaire** rotary shears.

cisaillement [sizajmɑ̃] *nm* -**1.** MÉTALL cutting. -**2.** HORT pruning.

cisailler [3] [sizaje] *vt* -**1.** [barbelés, tôle] to cut. -**2.** [couper grossièrement] to hack (at).
◆ **se cisailler** ◇ *vpi* [métal] to shear off.
◇ *vpt* [se couper]: **il s'est cisaillé la joue** he cut OU slashed his cheek.

cisalpin, e [sizalpɛ̃, in] *adj* Cisalpine; **(la) Gaule ~e** Cisalpine Gaul.

ciseau, x [sizo] *nm* -**1.** [outil] chisel; **sculpter une figure au ~** to chisel out a figure ❑ ~ **à froid** cold chisel. -**2.** FTBL scissor-kick.
◆ **ciseaux** *nmpl* -**1.** [outil]: **(une paire de) ~x** (a pair of) scissors; **une paire de grands ~x** (a pair of) shears; **donner un coup de ~x dans un tissu** to cut a piece of material with scissors; **donner des coups de ~x dans un texte** to make cuts in a text ❑ ~**x à ongles** nail scissors. -**2.** SPORT: **saut en ~x** scissors jump; **sauter en ~x** to do a scissors jump.

ciselage [sizlaʒ], **cisèlement** [sizɛlmɑ̃] *nm* [d'une grappe de raisin] shearing; [du métal] engraving; [du cuir] embossing.

ciseler [25] [sizle] *vt* -**1.** MÉTALL [en défonçant] to engrave; [en repoussant] to emboss; **un bracelet en or ciselé** an engraved gold bracelet; **son nez délicatement ciselé** *fig* her finely chiselled nose. -**2.** *litt* [texte] to polish; **un sonnet délicatement ciselé** a delicately crafted sonnet. -**3.** [ciboulette] to snip. -**4.** [grappe de raisin] to shear (off).

ciselet [sizlɛ] *nm* small chisel.

ciseleur [sizlœr] *nm* engraver.

ciselure [sizlyr] *nf* -**1.** MÉTALL [en défoncé] engraving; [en repoussé] embossing. -**2.** BX-ARTS & MENUIS chiselling. -**3.** [de reliure] embossing.

Cisjordanie [sisʒɔrdani] *npr f*: **(la) ~** the West Bank.

cisjordanien, enne [sisʒɔrdanjɛ̃, ɛn] *adj* from the West Bank.
◆ **Cisjordanien, enne** *nm, f inhabitant of or person from the West Bank.*

ciste [sist] *nm* -**1.** [arbrisseau] cistus, rockrose. -**2.** ANTIQ cist. -**3.** [tombe] cist, kist.

cistercien, enne [sistɛrsjɛ̃, ɛn] *adj & nm, f* Cistercian; **les ~s** the Cistercians.

cistre [sistr] *nm* cithern, cittern.

citadelle [sitadɛl] *nf* -**1.** CONSTR citadel; **la ferme avait été transformée en ~** *fig* the farm had been made into a fortress. -**2.** [centre] stronghold.

citadin, e [sitadɛ̃, in] ◇ *adj* [habitude, paysage] city *(modif),* town *(modif);* [population] town-dwelling, city-dwelling.
◇ *nm, f* city-dweller, town-dweller.

citation [sitasjɔ̃] *nf* -**1.** [extrait] quotation. -**2.** JUR summons; ~ **à comparaître** [pour un témoin] subpoena; [pour un accusé] summons; **il a reçu une ~ à comparaître** [témoin] he was subpoenaed; [accusé] he was summonsed. -**3.** MIL: ~ **à l'ordre du jour** mention in dispatches.

cité [site] *nf* -**1.** [ville] city; [plus petite] town; ~ **linéaire** ribbon development. -**2.** [dans des noms de lieux]: **la Cité interdite** the Forbidden City; **la ~ des Papes** Avignon; **la ~ phocéenne** Marseille; **la Cité des Sciences et de l'Industrie** *science and technology museum complex at La Villette in northern Paris.* -**3.** [résidence] (housing) estate *Br* OU development *Am;* **les ~s de banlieue** suburban housing estates *(in France, often evocative of poverty and delinquency)* ❑ ~ **de transit** transit OU temporary camp; ~ **ouvrière** ≃ council estate *Br,* ≃ housing project *Am;* ~ **universitaire** hall of residence. -**4.** ANTIQ city-state. -**5.** RELIG: **la ~ céleste** the Heavenly City; **la ~ sainte** the Holy City; **'la Cité de Dieu'** *saint Augustin* 'The City of God'.

cité-dortoir [sitedɔrtwar] (*pl* **cités-dortoirs**) *nf* dormitory town.

cité-jardin [siteʒardɛ̃] (*pl* **cités-jardins**) *nf* garden city.

citer [3] [site] *vt* -**1.** [donner un extrait de] to cite, to quote (from); **je vous ai cité dans mon article** I quoted you in my article. -**2.** [mentionner] to mention; **son ouvrage principal n'est même pas cité** his main work isn't even mentioned; ~ **qqn en exemple** to cite sb as an example. -**3.** [énumérer] to name, to quote, to list. -**4.** JUR [témoin] to subpoena; [accusé] to summons. -**5.** MIL to mention; ~ **un soldat à l'ordre du jour** to mention a soldier in dispatches.

citerne [sitɛrn] *nf* -**1.** [cuve] tank; [pour l'eau] water tank, cistern. -**2.** NAUT tank. -**3.** [camion] tanker. -**4.** RAIL tank wagon *Br,* tank car *Am.*

cité U *fam* [sitey] *nf abr de* **cité universitaire.**

cithare [sitar] *nf* cithara.

cithariste [sitarist] *nmf* cithara player.

citizen band [sitizœnbɑ̃d] (*pl* **citizen bands**) *nf* citizens' band, CB.

citoyen, enne [sitwajɛ̃, ɛn] *nm, f* -**1.** HIST & POL citizen. -**2.** *fam* [personnage]: **qu'est-ce que c'est que ce ~-là?** [inquiétant] he's a bit of a queer fish *Br* OU odd duck *Am!;* [amusant] what an eccentric!

citoyenneté [sitwajɛnte] *nf* citizenship; **prendre la ~ française** to acquire French citizenship.

citrate [sitrat] *nm* citrate.

citrine [sitrin] *nf* citrine.

citrique [sitrik] *adj* citric.

citron [sitrɔ̃] *nm* -**1.** BOT lemon; ~ **pressé** freshly squeezed lemon juice; ~ **vert** lime. -**2.** *fam* [tête] nut. -**3.** ENTOM brimstone.
◆ **au citron** *loc adj* [lotion, savon] lemon *(modif);* [gâteau, sauce] lemon *(modif),* lemon-flavoured; **parfumé au ~** lemon-scented.

citronnade [sitrɔnad] *nf* lemonade.

citronné, e [sitrɔne] *adj* [gâteau] lemon-flavoured; [pochette] lemon-scented.

citronnelle [sitrɔnɛl] *nf* -**1.** [mélisse] lemon balm. -**2.** [aromate tropical] lemongrass. -**3.** [baume] citronella oil. -**4.** [boisson] citronella liqueur.

citronnier [sitrɔnje] *nm* lemon tree.

citrouille [sitruj] *nf* -**1.** [fruit] pumpkin. -**2.** *fam* [tête] nut.

cive [siv] *nf*: **de la ~** chives.

civelle [sivɛl] *nf* young eel.

civet [sivɛ] *nm* civet, stew; **~ de lièvre, lièvre en ~** civet of hare, ≃ jugged hare.

civette [sivɛt] *nf* -**1.** BOT: **de la ~** chives. -**2.** [animal, parfum, fourrure] civet.

civière [sivjɛr] *nf* stretcher.

civil, e [sivil] *adj* -**1.** [non religieux] civil; **mariage ~** civil marriage ceremony. -**2.** [non militaire] civilian; **porter des vêtements ~s** to wear civilian clothes. -**3.** ADMIN: **année ~e** calendar year; **jour ~** civil OU calendar day. -**4.** [non pénal] civil. -**5.** *litt* [courtois] courteous, civil.
◆ **civil** *nm* -**1.** [non militaire] civilian; **être en ~** [soldat] to be wearing civilian clothes; **policier en ~** plain clothes policeman. -**2.** JUR civil action; **porter une affaire au ~** to bring a case before the civil courts.
◆ **dans le civil** *loc adv* in civilian life.

civilement [sivilmɑ̃] *adv* -**1.** JUR: **se marier ~** to have a civil wedding; **être ~ responsable** to be legally responsible. -**2.** *sout* [courtoisement] courteously.

civilisable [sivilizabl] *adj* civilizable.

civilisateur, trice [sivilizatœr, tris] ◇ *adj* civilizing.
◇ *nm, f* civilizer.

civilisation [sivilizasjɔ̃] *nf* -**1.** SOCIOL civilization; **les grandes ~s du passé** great civilizations of the past. -**2.** [action de civiliser] civilization, civilizing. -**3.** [fait d'être civilisé] civilization. -**4.** *hum* [confort] civilization; **revenir à la ~ après dix jours sous la tente** to get back to civilization after ten days under canvas.
◆ **de civilisation** *loc adj*: **langue de ~** language of culture; **maladie de ~** social disease.

civilisé, e [sivilize] ◇ *adj* [nation, peuple] civilized; **on est chez des gens ~s, ici!** *fam* we're not savages!
◇ *nm, f* civilized person, member of a civilized society.

civiliser [3] [sivilize] *vt* to civilize, to bring civilization to.
◆ **se civiliser** *vpi* to become civilized.

civiliste [sivilist] *nmf* specialist in civil law.

civilité [sivilite] *nf litt* [qualité] politeness, polite behaviour, civility; **la plus élémentaire ~ voudrait que l'on fasse** OU **serait de...** it would be only polite to...
◆ **civilités** *nfpl litt* [paroles] polite greetings; **présenter ses ~s à qqn** to pay one's respects to sb; **rivalisant de ~s** making polite comments to one another.

civique [sivik] *adj* civic; **avoir l'esprit ~** to be public-spirited □ **éducation** OU **instruction ~** civics *(sg)*.

civisme [sivism] *nm* sense of citizenship, public-spiritedness.

cl *(abr écrite de* **centilitre**) cl.

clac [klak] *interj* [bruit - de fouet] crack; [- d'une fenêtre] slam; **le ~ ~ ~ des sabots des chevaux** the clip-clop of the horses' hooves.

clafoutis [klafuti] *nm tart made with cherries or other fruit and batter.*

claie [klɛ] *nf* -**1.** [pour les fruits] rack. -**2.** [barrière] fence, hurdle. -**3.** [tamis] riddle, screen.

claim [klɛm] *nm* -**1.** [titre] claim, mining concession. -**2.** [terrain] claim.

clair, e [klɛr] *adj* -**1.** [lumineux] light; **la pièce est très ~e le matin** the room gets a lot of sun in the morning; **une nuit ~e** a fine OU cloudless night; **une ~e journée de juin** a fine OU bright day in June; **il a le regard ~** he's got bright eyes. -**2.** [limpide - eau] clear, transparent; [- teint] clear. -**3.** [peu épais] thin; **soupe ~e** clear soup ‖ [rare] sparse; **des bois ~s** sparsely wooded area. -**4.** [couleur] light; **porter des vêtements ~s** to wear light OU light-coloured clothes; **vert/rose ~** light green/pink. -**5.** [bien timbré] clear; **d'une voix ~e** in a clear voice. -**6.** [compréhensible] clear; **un résumé ~ de la situation** a clear OU lucid account of the situation; **se faire une idée ~e de** to form a clear OU precise picture of. -**7.** [perspicace] clear; **avoir les idées ~es: je n'ai plus les idées très ~es** I can't see things clearly any more; **avoir l'esprit ~** to be clear-thinking. -**8.** [évident] obvious; **il est ~ que nous irons** it's obvious that we'll go, obviously we'll go □ **c'est ~ et net** it's obvious; **il n'a rien compris, c'est ~ et net** he clearly hasn't understood a thing; **c'est ~ comme le jour** OU **comme de l'eau de roche** OU **comme deux et deux font quatre** it's crystal-clear.
◆ **clair** ◇ *nm* -**1.** [couleur] light colour; **les ~s et les sombres** BX-ARTS light and shade. -**2.** ASTRON: **~ de lune** moonlight; **il y a un beau ~ de lune ce soir** it's a fine moonlit night tonight; **~ de terre** earth light. -**3.** *loc*: **le plus ~ de** the best part of; **passer le plus ~ de son temps à faire qqch** to spend most OU the best part of one's time doing sthg.
◇ *adv*: **il fait déjà ~ dehors** it's already light outside □ **parler ~: parlons ~!** let's not mince words!; **voir ~: on n'y voit plus très ~ à cette heure-ci** the light's not really good enough at this time of the day; **y voir ~** [dans une situation] to see things clearly; **j'aimerais y voir ~** I'd like to understand; **y voir ~ dans le jeu de qqn** to see right through sb, to see through sb's little game.
◆ **au clair** ◇ *loc adj*: **sabre au ~** drawn sword.
◇ *loc adv*: **mettre** OU **tirer qqch au ~** to clarify sthg; **il faut tirer cette affaire au ~** this matter must be cleared up.
◆ **en clair** *loc adv* -**1.** [sans code]: **envoyer un message en ~** to send an unscrambled message; **diffuser en ~** to broadcast unscrambled programmes. -**2.** *(en tête de phrase)* in plain language.
◆ **claire** *nf* [bassin] oyster bed.

clairance [klɛrɑ̃s] *nf* clearance.

clairement [klɛrmɑ̃] *adv* clearly; **il a répondu très ~** his answer was quite clear.

clairet, ette [klɛrɛ, ɛt] *adj* -**1.** [léger - sauce, vin] light, thin *péj*. -**2.** [faible - voix] thin, reedy.
◆ **clairet** *nm light red wine.*
◆ **clairette** *nf light sparkling wine.*

claire-voie [klɛrvwa] *(pl* **claires-voies**) *nf* -**1.** [barrière] lattice, open-worked fence. -**2.** ARCHIT clerestory, clearstory. -**3.** NAUT deadlight.
◆ **à claire-voie** *loc adj* open-work.

clairière [klɛrjɛr] *nf* [dans une forêt] clearing, glade.

clair-obscur [klɛrɔpskyr] *(pl* **clairs-obscurs**) *nm* -**1.** BX-ARTS chiaroscuro. -**2.** [pénombre] twilight, half-light.

clairon [klɛrɔ̃] *nm* MUS [instrument] bugle; [joueur] bugler; [orgue] clarion stop.

claironnant, e [klɛrɔnɑ̃, ɑ̃t] *adj* resonant, stentorian *litt*; **..., dit-il d'une voix ~e** ...he said, his words ringing out.

claironner [3] [klɛrɔne] ◇ *vi* to shout.
◇ *vt* to proclaim far and wide, to broadcast (to all and sundry).

clairsemé, e [klɛrsəme] *adj* [barbe, cheveux] sparse, thin; [arbres] scattered; **devant un public ~** to a sparse audience; **il a eu quelques succès ~s au cours des 20 dernières années** he has had occasional successes over the last 20 years.

clairsemer [19] [klɛrsəme]
◆ **se clairsemer** *vpi*: **ses cheveux commencent** OU **il commence à se ~** his hair is beginning to grow thin.

clairvoyance [klɛrvwajɑ̃s] *nf* -**1.** [lucidité] clearsightedness; **faire preuve de ~** to be clearsighted. -**2.** [de médium] clairvoyance.

clairvoyant, e [klɛrvwajɑ̃, ɑ̃t] ◇ *adj* -**1.** [lucide] clearsighted, perceptive. -**2.** [non aveugle] sighted. -**3.** [médium] clairvoyant.
◇ *nm, f* -**1.** [non aveugle] sighted person; **les ~s** the sighted. -**2.** [médium] clairvoyant.

clam [klam] *nm* clam.

clamecer▽ [16] [klamse] = **clamser**.

clamer [3] [klame] *vt* -**1.** [proclamer]: **~ son innocence** to protest one's innocence; **clamant leur mécontentement** making their dissatisfaction known. -**2.** [crier] to clamour, to shout.

clameur [klamœr] *nf* clamour; **pousser des ~s** to shout; **la ~ du marché montait** OU **les ~s du marché montaient jusqu'à nos fenêtres** the hubbub of the market could be heard from our windows.

clamp [klɑ̃p] *nm* MÉD clamp.

clamser▽ [3] [klamse] *vi* to kick the bucket.

clan [klɑ̃] *nm* -**1.** SOCIOL clan. -**2.** *péj* [coterie] clan, coterie, clique.

clandé▽ [klɑ̃de] *nm* -**1.** [maison de passe] whorehouse. -**2.** [maison de jeux] gambling den.

clandestin, e [klɑ̃dɛstɛ̃, in] ◇ *adj* -**1.** [secret] secret, underground, clandestine. -**2.** [illégal] illegal, illicit.
◇ *nm, f* [passager] stowaway; [immigré] illegal immigrant.

clandestinement [klɑ̃dɛstinmɑ̃] *adv* -**1.** [secrètement] secretly, in secret, clandestinely. -**2.** [illégalement] illegally, illicitly.

clandestinité [klɑ̃dɛstinite] *nf* [caractère secret] secrecy, clandestine nature, clandestineness *litt*.
◆ **dans la clandestinité** *loc adv* underground *(adv)*; **entrer dans la ~** to go underground; **des armes sont fabriquées dans la ~** weapons are made clandestinely.

clanique [klanik] *adj* -**1.** SOCIOL clan *(modif)*. -**2.** *péj* [coterie] clannish.

clanisme [klanism] *nm* -**1.** SOCIOL clan system. -**2.** *péj* [comportement] clannishness.

clapet [klapɛ] *nm* -**1.** TECH [soupape] valve; **~ d'admission/d'échappement** inlet/exhaust valve; **~ à charnière** poppet valve. -**2.** *fam* [bouche]: **elle a un de ces ~s!** she's a real chatterbox!, she can talk the hind legs off a donkey!; **ferme ton ~!** shut your mouth!

clapier [klapje] *nm* -**1.** [à lapins] hutch. -**2.** *péj* [appartement]: **c'est un vrai ~ ici!** it's like living in a shoe box in this place!

clapir [32] [klapir] *vi* [lapin] to squeal.

clapotant, e [klapɔtɑ̃, ɑ̃t] *adj* lapping.

clapotement [klapɔtmɑ̃] *nm* lapping.

clapoter [3] [klapɔte] *vi* [eau, vague] to lap.

clapoteux, euse [klapɔtø, øz] = **clapotant**.

clapotis [klapɔti] = **clapotement**.

clappement [klapmɑ̃] *nm* [de la langue] clicking; **des ~s de langue** clicks of the tongue.

clapper [3] [klape] *vi* to click one's tongue.

claquage [klakaʒ] *nm* -**1.** MÉD [muscle] strained muscle; [ligament] strained ligament; **se faire** OU **avoir un ~** [muscle] to strain a muscle; **pour éviter les ~s** [ligament] to avoid strained ligaments OU straining a ligament. -**2.** ÉLECTR (electric) breakdown.

claquant, e *fam* [klakɑ̃, ɑ̃t] *adj* exhausting, killing.

claque [klak] ◇ *nm* -**1.** [chapeau] opera hat. -**2.** ▽ [maison de tolérance] knocking-shop *Br*, cathouse *Am*.
◇ *nf* -**1.** [coup] smack, slap; **tu vas recevoir une ~!** you'll get a smack!; **une bonne ~** a stinger; **une ~ dans la gueule**▽ *pr* a smack in the gob *Br* OU kisser *Am*; *fig* a slap in the face. -**2.** THÉÂT claque. -**3.** *loc*: **j'en ai ma ~** *fam* [saturé] I've had it up to here; [épuisé] I'm shattered *Br* OU bushed *Am*. -**4.** [d'une chaussure] upper. -**5.** *Can* [chaussure] rubber overshoe.

claqué, e [klake] *adj* -**1.** *fam* [éreinté] worn out, shattered *Br*, bushed *Am*; **je suis ~!** I'm shattered! -**2.** MÉD strained.

claquement [klakmɑ̃] *nm* [bruit violent] banging, slamming; **le ~ sec du fouet** the sharp crack of the whip; **un ~ de doigts** a snap of the fingers; **sur un ~ de doigts** *fig* in the twinkling of an eye; **un ~ de langue** a clicking of the tongue; **entendre un ~ de portière** to hear a car door slam.

claquemurer [3] [klakmyre] *vt* to shut in *(sép)*.

◆ **se claquemurer** *vp (emploi réfléchi)* to shut o.s. in OU away.

claquer [3] [klake] ◇ *vt* -1. [fermer] to bang OU to slam (shut); ~ la porte *pr* to slam the door; *fig* to storm out; ~ la porte au nez de qqn *pr* to slam the door in sb's face; *fig* to send sb packing. -2. [faire résonner]: ~ sa langue to click one's tongue. -3. *fam* [dépenser] to spend; ils ont claqué tout l'héritage they spent all the money from the inheritance; elle claque un fric fou en vêtements she spends a fortune on clothes; j'ai tout claqué I blew the lot. -4. *fam* [fatiguer] to wear out *(sép)*; ça m'a claqué it was absolutely shattering *Br*, it wiped me out *Am*. -5. *fam* [gifler] to slap.
◇ *vi* -1. [résonner - porte] to bang; [- drapeau, linge] to flap; [- touche de clavier] to clack; un coup de feu a claqué a shot rang out. -2. *fam* [mourir] to peg out; [tomber en panne] to conk out; le frigo va ~ the fridge is on the way out; elle lui a claqué dans les bras she just died on him; le projet lui a claqué dans les doigts [il a échoué] his project fell through. -3. [céder avec bruit - sangle] to snap; [- baudruche, chewing-gum] to pop.
◆ **claquer de** *v + prép*: il claque des dents his teeth are chattering; ~ des doigts to snap one's fingers; ~ des mains [de joie, pour applaudir] to clap one's hands ❑ je claque du bec *fam* I'm starving.
◆ **se claquer** ◇ *vpi fam* [se fatiguer] to wear o.s. out; je me suis claqué pour rien I worked myself into the ground for nothing.
◇ *vpt*: se ~ un muscle to strain OU to pull a muscle; se ~ un ligament to strain OU to pull a ligament.

claqueter [27] [klakte] *vi* [cigogne] to clapper.

claquette [klakɛt] *nf* CIN clapperboard.
◆ **claquettes** *nfpl* -1. DANSE tap-dancing; faire des ~s *pr* to tap-dance. -2. [tongs] flipflops.

claquoir [klakwar] *nm* clapperboard.

clarification [klarifikasjɔ̃] *nf* -1. [d'une suspension, d'une sauce, du beurre] clarification; [d'un vin] settling. -2. [explication] clarification.

clarifier [9] [klarifje] *vt* -1. [rendre limpide - suspension, beurre, sauce] to clarify; [- vin] to settle. -2. [expliquer] to clarify, to make clear.
◆ **se clarifier** *vpi* -1. [s'éclaircir] to become clearer. -2. CHIM to become clarified.

clarine [klarin] *nf* cowbell.

clarinette [klarinɛt] *nf* clarinet.

clarinettiste [klarinetist] *nmf* clarinettist, clarinet player.

clarisse [klaris] *nf* Clarisse; les ~s the Poor Clares.

clarté [klarte] *nf* -1. [lumière] light; la ~ du jour daylight ‖ [luminosité] brightness. -2. [transparence] clarity, limpidness, clearness. -3. [intelligibilité] clarity, clearness; son raisonnement n'est pas d'une grande ~ his reasoning is not particularly clear; voir avec ~ que to see with great clarity OU perfectly clearly that.
◆ **clartés** *nfpl litt* knowledge.

clash *fam* [klaʃ] (*pl* clashs OU clashes) *nm* clash, conflict; il y a eu un ~ entre nous (à propos de...) we clashed (over...).

classable [klasabl] *adj* classable; cette musique est difficilement ~ it's hard to classify this kind of music.

classe [klas] *nf* **A.** -1. [salle] classroom. -2. [groupe] class; sa ~ his class OU classmates; toute la ~ riait the whole class laughed ❑ ~ de neige *residential classes in the mountains for schoolchildren*; ~ de mer *residential classes at the seaside for schoolchildren*; ~ verte *residential classes in the countryside for schoolchildren*; ~ transplantée *generic term referring to 'classe de neige', 'classe de mer' and 'classe verte'*. -3. [cours] class (C), lesson; ~ de français French class; ~ de perfectionnement advanced class; faire la ~ [être enseignant] to teach; [donner un cours] to teach OU to take a class; faire la ~: c'est moi qui leur fais la ~ I'm their teacher. -4. [niveau] class, form *Br*, grade *Am*; dans les grandes/petites ~s in the upper/ lower forms *Br*; silence, la petite ~! *hum* be quiet, children!; monter de ~ to go on to the next form; refaire OU redoubler une ~ to repeat a year ❑ ~s préparatoires *schools specialising in preparing pupils to take Grandes Écoles entrance exams*.
B. -1. [type] class, kind; MATH & SC class; [dans des statistiques] bracket, class, group; ~ d'âge age group; ~ de revenus income bracket; ~ grammaticale part of speech. -2. [rang] class, rank; former une ~ à part to be in a class OU league of one's own. -3. POL & SOCIOL class; ~ sociale social class; les ~s populaires OU laborieuses the working classes; les ~s moyennes/dirigeantes the middle/ruling classes; l'ensemble de la ~ politique the whole of the political establishment OU class; la ~ des petits commerçants shopkeepers as a group. -4. TRANSP class; première/deuxième ~ first/second class; billet de première/deuxième ~ first-/second-class ticket; voyager en première ~ to travel first class; ~ affaires/économique AÉRON business/economy class. -5. [niveau] quality, class; de grande ~ top-quality; de première ~ first-class; un hôtel de ~ internationale a hotel of international standing. -6. [distinction] class, style; avec ~ smartly, with elegance; avoir de la ~ to have class OU style ‖ *(comme adj)*: être ~ *fam* to be classy, to have class. -7. LING class.
C. MIL annual contingent; la ~ 70 the 1970 levy.
◆ **classes** *nfpl*: faire ses ~s MIL to go through training.
◆ **de classe** *loc adj* ENS: camarade de ~ classmate; livre de ~ schoolbook.
◆ **en classe** *loc adv*: aller en ~ to go to school; il a l'âge d'aller en ~ he's of school age; rentrer en ~ [pour la première fois] to start school; [à la rentrée] to go back to school, to start school again.

classé, e [klase] *adj* -1. [terminé] closed, dismissed; pour moi, c'est une affaire ~e all that's over and done with as far as I'm concerned. -2. [protégé] listed; monument/château ~ listed OU scheduled building/castle.

classement [klasmɑ̃] *nm* -1. [tri - de documents] classifying, ordering, sorting; [- d'objets] sorting, grading; faire un ~ de livres to sort out OU to classify books ‖ [rangement] filing; faire du ~ to do some filing; faire une erreur de ~ to file something in the wrong place. -2. CHIM grading; ~ volumétrique sizing. -3. [palmarès] ranking, placing; avoir un mauvais/bon ~ to do badly/well; donner le ~ d'un examen/d'une course to give the results of an exam/of a race; ~ des élèves class list; ~ de sortie pass list; premier au ~ général first overall. -4. INF sequencing. -5. ADMIN listing.

classer [3] [klase] *vt* -1. [archiver - vieux papiers] to file (away); [- affaire] to close; je considère que l'affaire est classée I consider this matter closed. -2. [agencer] to arrange, to classify, to sort; ~ qqch par ordre alphabétique to put sthg in alphabetical order; ~ ses idées to organize one's thoughts. -3. INF to sequence. -4. ADMIN [site] to list, to schedule. -5. [définir]: ~ qqn comme to categorize OU to label *péj* sb as; à sa réaction, je l'ai tout de suite classé I could tell straight away what sort of person he was from his reaction.
◆ **se classer** *vpi* -1. [dans une compétition] to finish, to rank; se ~ troisième to rank third; mon cheval s'est classé premier my horse came in OU finished first. -2. [prendre son rang]: se ~ parmi to rank among.

classeur [klasœr] *nm* -1. [chemise] binder, folder, jacket *Am*; ~ à anneaux ring binder; ~ à feuilles mobiles loose leaf binder. -2. [tiroir] filing drawer; [meuble] filing cabinet.

classicisme [klasisism] *nm* -1. BX-ARTS & LITTÉRAT classicism. -2. [conformisme] traditionalism.

classificateur, trice [klasifikatœr, tris] *adj* classifying.
◆ **classificateur** *nm* -1. INF classifier. -2. CHIM screen, sizer.

classification [klasifikasjɔ̃] *nf* -1. [répartition] classification; ~ du bois lumber grading. -2. [système] classification system; ~ décimale universelle Dewey decimal system. -3. NAUT [mode d'identification] class logo. -4. BIOL classification; ~ des animaux/végétaux animal/plant classification.

classificatoire [klasifikatwar] *adj* classifying, classificatory.

classifier [9] [klasifje] *vt* -1. [ordonner] to classify. -2. [définir] to label.

classique [klasik] ◇ *adj* -1. ENS classical; faire des études ~s to study classics. -2. LING & LITTÉRAT classical; les auteurs ~s the classical OU seventeenth and eighteenth-century authors; le français ~ seventeenth and eighteenth-century French ‖ DANSE & MUS [traditionnel] classical; [XVIIe siècle] classical, eighteenth-century; ANTIQ classical. -3. [conventionnel] conventional; matériel/armement ~ conventional equipment/weapons; vêtement de coupe ~ classically-cut garment. -4. [connu - sketch, plaisanterie, recette] classic; réaction ~ classic response; c'est le coup ~ [une chose qui se reproduit fréquemment] that's typical!; [une ruse connue] that's a well-known trick!; il m'a fait le coup ~ de la panne he gave me the old breakdown scenario. -5. ÉCON classic.
◇ *nm* -1. LITTÉRAT [auteur] classical author; [œuvre]: un ~ du genre a classic of its kind; connaître ses ~s to be well-read; c'est un des grands ~s de la littérature russe it's one of the great classics of Russian literature. -2. MUS [genre]: le ~ classical music ‖ [œuvre - gén] classic; [- de jazz] (jazz) standard. -3. [style - d'habillement, de décoration] classic style. -4. ÉQUIT classic.
◇ *nf* SPORT classic.

classiquement [klasikmɑ̃] *adv* -1. [avec classicisme] classically. -2. [habituellement] customarily; méthode ~ utilisée customary OU classic method.

Claude [klod] *npr* [empereur romain] Claudius.

claudicant, e [klodikɑ̃, ɑ̃t] *adj* limping.

claudication [klodikasjɔ̃] *nf* limp, claudication *spéc*.

claudiquer [3] [klodike] *vi* to limp.

Claudius [klodjys] *npr* Claudius.

clause [kloz] *nf* -1. JUR clause, stipulation; ~ de résiliation/retrait withdrawal/termination clause; ~ abusive unfair clause; ~ compromissoire arbitration clause; ~ conditionnelle proviso; ~ contraire stipulation to the contrary; ~ dérogatoire derogatory clause; ~ pénale penalty clause; ~ résolutoire resolutive clause; ~ de sauvegarde safety clause; ~ de style *pr* standard OU formal clause; ce n'est qu'une ~ de style *fig* it's only a manner of speaking. -2. POL [d'un traité] clause.

claustra [klostra] *nm* partition.

claustral, e, aux [klostral, o] *adj* -1. [d'un cloître] claustral, cloistral. -2. [retiré] cloistered.

claustration [klostrasjɔ̃] *nf* confinement.

claustrer [3] [klostre] *vt* to confine; vivre claustré to lead the life of a recluse.
◆ **se claustrer** *vp (emploi réfléchi)* to shut o.s. away; elle s'est claustrée she has become a recluse.

claustromanie [klostrɔmani] *nf* claustromania.

claustrophobe [klostrɔfɔb] ◇ *adj* claustrophobic.
◇ *nmf* claustrophobe, claustrophobic.

claustrophobie [klostrɔfɔbi] *nf* claustrophobia.

claveau, x [klavo] *nm* -1. [pierre taillée] gauged stone. -2. [voussoir] arch stone. -3. VÉTÉR sheep-pox.

clavecin [klavsɛ̃] *nm* harpsichord.

claveciniste [klavsinist] *nmf* harpsichordist, harpsichord player.

claver [3] [klave] *vt* IMPR & INF to keyboard, to type, to key (in).

claveter [27] [klavte] *vt* to spline.

clavette [klavɛt] *nf* key, pin; ~ de commande actuating pin; ~ plate/creuse flat/hollow key.

clavicorde [klavikɔrd] *nm* clavichord.

clavicule [klavikyl] *nf* collarbone, clavicle *spéc.*

clavier [klavje] *nm* -**1.** [d'une machine] keyboard; [d'un téléphone] keypad; ~ qwerty/azerty qwerty/azerty keyboard; ~ dactylographique alpha-numeric keyboard; ~ de fonctions function keyboard; ~ numérique ou auxiliaire keypad. -**2.** MUS [d'un piano] keyboard; [d'un orgue] manual; ~ main gauche [d'un accordéon] fingerboard; ~ de pédales pedal board; 'le Clavier bien tempéré' *Bach* 'The Well-Tempered Clavier'. -**3.** [registre] range; tout le ~ des émotions the whole spectrum of emotions.

claviste [klavist] *nmf* keyboard operator, keyboarder.

clayère [klɛjɛr] *nf* oyster bed.

clayette [klɛjɛt] *nf* shelf, tray; ~ coulissante d'un réfrigérateur slide-out shelf in a fridge.

clayon [klɛjɔ̃] *nm* wire stand.

clé [kle] = **clef**.

clearance [klirɑ̃s] = **clairance**.

clearing [kliriŋ] *nm* clearing FIN.

clébard▽ [klebar], **clebs**▽ [klɛps] *nm* dog, mutt.

clédar [kledar] *nm Helv* garden gate.

clef [kle] *nf* -**1.** [de porte, d'horloge, de boîte de conserve] key; [d'un tuyau de poêle] damper; la ~ est sur la porte the key's in the lock ou door ❑ la ~ des champs freedom; prendre la ~ des champs to get away; ~ à pompe pump-action key; les ~s de saint Pierre the papal authority; les ~s de la ville the freedom of the city; fausse ~ picklock; mettre la ~ sous la porte ou le paillasson *pr* to shut up shop; *fig* to disappear overnight. -**2.** [outil] spanner *Br*, wrench *Am*; ~ anglaise ou à molette monkey wrench; ~ à douilles socket wrench; ~ à pipe box spanner; ~ à tube tube spanner; ~ universelle adjustable spanner. -**3.** AUT: ~ de contact ignition key; mes ~s de voiture my car keys. -**4.** TÉLÉC: ~ d'appel call-button; ~ d'écoute audio-switch; ~ de réponse reply key ‖ INF: ~ d'accès enter key; ~ de protection data protection. -**5.** MUS clef, key; ~ de sol key of G, treble clef; ~ de fa key of F, bass clef; ~ d'ut key of C, C clef ‖ [touche] key; [d'un instrument - à vent] finger-plate; [- à corde] peg; ~s de tension screws. -**6.** [moyen]: la ~ de the key to; la ~ de la réussite the key to success. -**7.** [explication] clue, key; la ~ de l'énigme the key to the puzzle; la ~ du mystère the key to the mystery; la ~ de vos songes your dreams explained. -**8.** [influence déterminante]: la ~ de the key to; le parti écologiste détient la ~ des élections the green party holds the key to ou is a key factor in the election results; Gibraltar est la ~ de la Méditerranée he who holds Gibraltar holds the Mediterranean ‖ *(comme adj; avec ou sans trait d'union)* [essentiel] key *(avant n)*; mot/position ~ key word/post; témoin ~ key witness. -**9.** [introduction]: ~s pour l'informatique/la philosophie introduction to computer technology/philosophy. -**10.** [prise de lutte] arm lock; faire une ~ au bras de qqn to have sb in an arm lock. -**11.** ARCHIT: ~ d'arc keystone; ~ de voûte *pr* keystone, quoin; *fig* linchpin, cornerstone.

◆ **à clef** *loc adv*: fermer une porte à ~ to lock a door.

◆ **à clefs** *loc adj*: roman/film à ~s novel/film based on real characters *(whose identity is disguised)*.

◆ **à la clef** *loc adv* -**1.** MUS in the key signature; il y a un bémol/dièse à la ~ the key signature has a flat/sharp. -**2.** [en même temps]: avec... à la ~ with... thrown in; une promenade dans la campagne, avec visite des vignobles à la ~ a ride in the country with a tour of the vineyards thrown in. -**3.** [là-dessous]: il doit y avoir un meurtre à la ~ there's probably a murder at the bottom of all this.

◆ **clef(s) en main** ◇ *loc adj* -**1.** COMM: prix ~ ou ~s en main [d'un véhicule] on-the-road price; [d'une maison] all-inclusive price. -**2.** INDUST turnkey *(adj)*.

◇ *loc adv* -**1.** COMM: acheter une maison ~ ou ~s en main to buy a house with vacant ou immediate possession; acheter une voiture ~ ou ~s en main to buy a car ready to drive away. -**2.** INDUST on a turnkey basis.

◆ **sous clef** *loc adv* -**1.** [en prison] behind bars; mettre qqn sous ~ to lock sb up, to put sb behind bars. -**2.** [à l'abri]: garder qqch sous ~ to lock sthg away, to put sthg under lock and key.

clématite [klematit] *nf* clematis.

clémence [klemɑ̃s] *nf* -**1.** MÉTÉO mildness. -**2.** [pardon] leniency, mercy, clemency; s'en remettre à la ~ de qqn to throw o.s. on sb's mercy; l'accusé s'en remet à la ~ des juges the defendant throws himself on the mercy of the Court.

clément, e [klemɑ̃, ɑ̃t] *adj* -**1.** MÉTÉO mild; temps ~ sur toutes les régions mild weather throughout the country. -**2.** [favorable]: à une époque moins ~e in less happy times.

Clément [klemɑ̃] *npr*: saint ~ Saint Clement.

clémentine [klemɑ̃tin] *nf* clementine.

clémentinier [klemɑ̃tinje] *nm* clementine tree.

clenche [klɑ̃ʃ] *nf* -**1.** [loquet] latch. -**2.** *Belg* [poignée] doorhandle.

Cléopâtre [kleɔpatr] *npr* Cleopatra.

clepsydre [klɛpsidr] *nf* clepsydra.

cleptomane [klɛptɔman] = **kleptomane**.

cleptomanie [klɛptɔmani] = **kleptomanie**.

clerc [klɛr] *nm* -**1.** RELIG cleric. -**2.** *sout* scholar; grand ~: point n'est besoin d'être grand ~ pour deviner la fin de l'histoire you don't need to be a genius to guess the end of the story. -**3.** [employé]: ~ de notaire clerk; faire un pas de ~ *litt* to blunder.

clergé [klɛrʒe] *nm* clergy, priesthood; ~ régulier regular clergy; le bas ~ the lower clergy.

clergyman [klɛrʒiman] (*pl* clergymans ou clergymen [-mɛn]) *nm* clergyman.

clérical, e, aux [klerikal, o] *adj* [du clergé] clerical.

cléricalisme [klerikalism] *nm* clericalism.

Clermont-Ferrand [klɛrmɔ̃fɛrɑ̃] *npr* Clermont-Ferrand.

clermontois, e [klɛrmɔ̃twa, az] *adj* from Clermont-Ferrand.

◆ **Clermontois, e** *nm, f inhabitant of or person from Clermont-Ferrand*.

CLES, Cles [klɛs] (*abr de* contrat local emploi-solidarité) *nm community work scheme for young unemployed people*.

clic [klik] *interj* & *nm* click.

clic-clac [klikklak] *nm inv* clickety-click.

cliché [kliʃe] *nm* -**1.** PHOT [pellicule] negative; [photo] photograph, shot; il a pris quelques ~s de la cérémonie he took some photographs of the ceremony. -**2.** TECH [plaque] plate. -**3.** INF format, layout. -**4.** *péj* [banalité] cliché; tous ses gags sont des ~s his gags are all so corny.

clicher [3] [kliʃe] *vt* to plate, to stereotype.

click [klik] *nm* click (of the tongue).

client, e [kliɑ̃, ɑ̃t] *nm, f* -**1.** [acheteur] customer. -**2.** [clientèle]: les ~s customers, the clientele; les ~s d'un médecin a doctor's patients; les ~s d'un hôtel hotel guests. -**3.** HIST client. -**4.** *fam péj* [individu]: un drôle de ~ a dodgy customer; qu'est-ce qu'ils veulent, ces ~s-là? what's this crew after?

clientèle [kliɑ̃tɛl] *nf* -**1.** [clients] clientele, customers; 'la ~ est priée de...' 'customers are requested to...'; acheter une ~ à un confrère to buy a practice from a colleague; perdre sa ~ to lose one's customers. -**2.** POL: ~ électorale electorate, voters. -**3.** HIST patronage, protection.

clientélisme [kliɑ̃telism] *nm péj* populism.

clignement [kliɲmɑ̃] *nm*: ~ d'œil ou d'yeux [involontaire] blink; [volontaire] wink; des ~s d'œil ou d'yeux blinking.

cligner [3] [kliɲe] ◇ *vt* [fermer]: ~ les yeux to blink.

◇ *vi* [paupières, yeux] to blink.

◆ **cligner de** *v + prép* -**1.** [fermer involontairement]: ~ de l'œil to blink; ~ des yeux to blink. -**2.** [faire signe avec]: ~ de l'œil (en direction de qqn) to wink (at sb).

clignotant, e [kliɲɔtɑ̃, ɑ̃t] *adj* [signal] flashing; [lampe défectueuse] flickering; [guirlande] twinkling, flashing.

◆ **clignotant** *nm* -**1.** AUT [lampe] indicator *Br*, turn signal *Am*; mettre son ~ to indicate *Br*, to put on one's turn signal *Am*. -**2.** [signal] warning light; SPORT sequenced starting lights. -**3.** ÉCON [indice] (key) indicator.

clignotement [kliɲɔtmɑ̃] *nm* -**1.** [lumière - d'une guirlande, d'une étoile] twinkling; [- d'un signal] flashing; [- d'une lampe défectueuse] flickering. -**2.** [mouvement - des paupières] flickering; [- des yeux] blinking.

clignoter [3] [kliɲɔte] *vi* -**1.** [éclairer - étoile, guirlande] to twinkle; [- signal] to flash (on and off); [- lampe défectueuse] to flicker. -**2.** [automobiliste] to indicate *Br*, to put on one's turn signal *Am*.

climat [klima] *nm* -**1.** GÉOG climate; sous nos ~s in our country; sous d'autres ~s in other countries; partir vers des ~s plus sereins *sout* to travel to sunnier climes ❑ ~ artificiel artificial climate. -**2.** [ambiance] climate, atmosphere; un ~ de méfiance an atmosphere of suspicion; le ~ devient malsain! things are turning nasty!

climatique [klimatik] *adj* -**1.** MÉTÉO weather *(modif)*, climatic. -**2.** LOISIRS: centre/station ~ health centre/resort.

climatisation [klimatizasjɔ̃] *nf* -**1.** [dans un immeuble] air conditioning. -**2.** [dans une voiture] heating and ventilation.

climatiser [3] [klimatize] *vt* to air-condition, to instal air-conditioning in; restaurant climatisé restaurant with air-conditioning.

climatiseur [klimatizœr] *nm* air-conditioner, air-conditioning unit.

climatisme [klimatism] *nm* climatism.

climatologie [klimatɔlɔʒi] *nf* climatology.

climatologique [klimatɔlɔʒik] *adj* climatological.

climatologue [klimatɔlɔg] *nmf* climatologist.

clin [klɛ̃]

◆ **à clin** *loc adj*: un pont à ~ a clapboard bridge.

clin d'œil [klɛ̃dœj] (*pl* clins d'œil) *nm* -**1.** [clignement] wink; faire un ~ à qqn to wink at sb. -**2.** [allusion] hint, implied reference; cette partie de son discours est un ~ à... this part of his speech is an implied reference to...

◆ **en un clin d'œil** *loc adv* in the twinkling of an eye, in less than no time, in a flash.

clinicat [klinika] *nm* ≃ registrarship *(in a teaching hospital)*.

clinicien, enne [klinisjɛ̃, ɛn] *nm, f* -**1.** MÉD clinical practitioner. -**2.** PSYCH clinical psychologist.

clinique [klinik] ◇ *adj* clinical; conférence/médecine/psychologie ~ clinical lecture/medecine/psychology; leçon ~ teaching at the bedside; les signes ~s de l'affection the visible signs of the disease.

◇ *nf* -**1.** [établissement] (private) clinic; ~ d'accouchement maternity hospital. -**2.** [service] teaching department *(of a hospital)*.

cliniquement [klinikmɑ̃] *adv* clinically.

clinquant, e [klɛ̃kɑ̃, ɑ̃t] *adj* -**1.** [brillant] glittering, tinselly *péj*. -**2.** [superficiel - style] flashy; le monde ~ du show business the razzmatazz of show business.

◆ **clinquant** *nm* -**1.** [faux éclat]: le ~ de leurs conversations the superficial sparkle of their conversations. -**2.** [lamelle] tinsel.

Clio [klijo] *npr* Clio.

clip [klip] *nm* -**1.** [broche] clip, brooch. -**2.** [boucle d'oreille] clip-on earring. -**3.** [attache] clamp, clip; **~ de blocage** lock clip; **~s de fixation** holders. -**4.** [film] video.

clique [klik] *nf* -**1.** [coterie] clique, gang, coterie. -**2.** MIL [fanfare] band.

◆ **cliques** *nfpl*: **prendre ses ~s et ses claques** *fam* [partir] to up and leave; [emporter ses affaires] to pack one's bags (and go).

cliquer [3] [klike] *vi* to click.

cliquet [klikɛ] *nm* -**1.** [mécanisme] catch, dog, pawl; **~ de retenue** holding-dog; **~ d'entraînement** driving pawl. -**2.** [outil] ratchet; **à ~** ratchet *(modif)*.

cliquètement [klikɛtmɑ̃] = **cliquetis**.

cliqueter [27] [klikte] *vi* [clefs] to jangle; [petite serrure] to click; [grosse serrure] to clang, to clank; [épées] to click; [machine à écrire] to clack; [assiettes] to clatter; [verres] to clink.

cliquetis [klikti] *nm* [de clefs, de bracelets, de chaînes] jangling *(U)*; [d'épées] rattling *(U)*; [d'une machine à écrire] clacking *(U)*; [d'assiettes] clatter, clattering *(U)*; [de verres] clinking *(U)*.

cliquettement [klikɛtmɑ̃] = **cliquetis**.

clisse [klis] *nf* -**1.** [pour fromages] wicker tray. -**2.** [pour bouteilles] wicker jacket.

clitoridectomie [klitɔridɛktɔmi] *nf* clitoridectomy.

clitoridien, enne [klitɔridjɛ̃, ɛn] *adj* clitoral.

clitoris [klitɔris] *nm* clitoris.

clivable [klivabl] *adj* cleavable CHEM.

clivage [klivaʒ] *nm* -**1.** [de roche, de cristal] cleavage, splitting; **plan de ~** cleavage plane. -**2.** [séparation] split, division; **~ social** social divide; **il y a un net ~ entre les riches et les pauvres/la droite et la gauche** there's a sharp divide between rich and poor/right and left.

cliver [3] [klive] *vt* MINÉR to divide, to separate.

◆ **se cliver** *vpi* to split, to become divided.

cloaque [klɔak] *nm* -**1.** [égout] cesspool, open sewer. -**2.** *litt* [lieu sale] cesspool, cloaca *litt*. -**3.** ZOOL cloaca.

clochard, e [klɔʃar, ard] *nm, f* tramp.

clochardisation [klɔʃardizasjɔ̃] *nf*: **on observe une ~ croissante chez les jeunes** more and more young people are turning into vagrants.

clochardiser [3] [klɔʃardize] *vt* to turn into a tramp OU hobo *Am*.

◆ **se clochardiser** *vpi* to turn o.s. into a tramp OU hobo *Am*.

cloche [klɔʃ] ◇ *adj fam* [idiot] stupid; **c'est ~, cette histoire** what a stupid story; **ce que tu peux être ~!** what a dope OU ninny you are!
◇ *nf* -**1.** [instrument, signal] bell; **les enfants, c'est la ~!** [à l'école] children, the bell's ringing! ❑ **(chapeau) ~** cloche hat; **jupe ~** bell-shaped skirt; **s'en mettre plein OU se taper la ~** *fam* to stuff one's face; **déménager OU partir à la ~ de bois** to decamp. -**2.** HORT cloche. -**3.** CULIN dome, dish-cover; **~ à fromage** cheese dish *(with cover)*, cheese-bell. -**4.** NAUT: **~ de plongée OU à plongeur** diving-bell. -**5.** CHIM: **~ à vide** vacuum bell-jar. -**6.** *fam* [personne] idiot; **quelle ~, ce type!** what an idiot!; **salut, vieille ~!** hello, old thing! ❑ **comme une ~**: **ne reste pas là à me regarder comme une ~!** don't just stand there gawping at me! -**7.** *fam* [vagabondage]: **la ~** vagrancy; **être de la ~** to be of no fixed abode; **c'est la ~ là-bas sous le pont** it's cardboard city over there under the bridge.

◆ **en cloche** *loc adj* bell-shaped; **courbe en ~** bell-shaped curve.

◆ **sous cloche** *loc adv*: **mettre sous ~** HORT to put under glass, to cloche; *fig* to mollycoddle.

cloche-pied [klɔʃpje]

◆ **à cloche-pied** *loc adv*: **sauter à ~** to hop.

clocher[1] [klɔʃe] *nm* -**1.** [tour] bell-tower, church tower. -**2.** [village]: **son ~** the place where he was born; **il n'a jamais quitté son ~** he knows nothing of the world.

◆ **de clocher** *loc adj*: **esprit de ~** parochialism, village-pump mentality; **intérêts de ~** parochial interests; **querelles de ~** petty bickering.

clocher[2] [3] [klɔʃe] ◇ *vi fam* to be wrong; **qu'est-ce qui cloche?** what's wrong OU up?
◇ *vt* HORT to (put under a) cloche.

clocheton [klɔʃtɔ̃] *nm* pinnacle turret.

clochette [klɔʃɛt] *nf* -**1.** [petite cloche] small bell; **~ à vache** cow-bell; **~ à mouton** sheep-bell. -**2.** BOT [fleur] bell-flower; [corolle] bell-shaped flower.

clodo *fam* [klɔdo] *nmf* tramp, bum *Am*.

cloison [klwazɔ̃] *nf* -**1.** CONSTR partition; **mur de ~** dividing wall. -**2.** AÉRON & NAUT bulkhead; **~ étanche** watertight bulkhead. -**3.** ANAT & BOT dissepiment, septum; **~ nasale** nasal septum.

cloisonnage [klwazɔnaʒ] *nm* -**1.** ARCHIT partitioning. -**2.** NAUT bulkheading. -**3.** JOAILL cloisonné work.

cloisonné, e [klwazɔne] *adj* -**1.** ANAT & BOT septated. -**2.** JOAILL cloisonné.

cloisonnement [klwazɔnmɑ̃] *nm* -**1.** [division] division; **le ~ des services dans une entreprise** the excessive compartmentalisation of departments in a firm. -**2.** ARCHIT, JOAILL & NAUT = **cloisonnage**.

cloisonner [3] [klwazɔne] *vt* -**1.** CONSTR to partition off *(sép)*. -**2.** NAUT to bulkhead. -**3.** [séparer] to compartmentalise.

cloisonnisme [klwazɔnism] = **synthétisme**.

cloître [klwatr] *nm* -**1.** [couvent] convent, monastery. -**2.** ARCHIT [d'un couvent] cloister; [d'une cathédrale] close.

cloîtré, e [klwatre] *adj* [moine, religieuse] cloistered, enclosed; [ordre] monastic.

cloîtrer [3] [klwatre] *vt* -**1.** RELIG: **~ qqn** to shut sb up in a convent. -**2.** [enfermer] to shut up OU away; **nous sommes cloîtrés toute la journée/dans notre atelier** we're shut up all day/in our workshop.

◆ **se cloîtrer** *vp (emploi réfléchi)* to shut o.s. away.

clonage [klonaʒ] *nm* cloning.

clone [klon] *nm* clone.

cloner [3] [klone] *vt* to clone.

clonique [klonik] *adj* clonic.

clope *fam* [klɔp] *nm* OU *nf* fag *Br*, smoke *Am*.

cloper *fam* [3] [klɔpe] *vi* to smoke.

clopin-clopant [klɔpɛ̃klɔpɑ̃] *adv* -**1.** [en boitant]: **avancer ~** to hobble along; **traverser ~** to hobble across. -**2.** [irrégulièrement]: **ça va ~** it has its ups and downs.

clopiner *fam* [3] [klɔpine] *vi* to hobble along.

clopinettes *fam* [klɔpinɛt] *nfpl* (next to) nothing; **gagner des ~** to earn peanuts; **des ~!** [refus] nothing doing!, no way!

cloporte [klɔpɔrt] *nm* -**1.** ZOOL wood-louse. -**2.** *fam vieilli* [concierge] door-keeper, concierge.

cloque [klɔk] *nf* -**1.** BOT & MÉD blister. -**2.** [défaut] raised spot, blister; **faire des ~s** to blister; **la peinture fait des ~s** the paint has blistered. -**3.** *loc*: **être en ~** ▽ to have a bun in the oven.

cloqué, e [klɔke] *adj* seersucker *(modif)*.

◆ **cloqué** *nm* seersucker; **~ de soie** ripple silk.

cloquer [3] [klɔke] *vi* -**1.** [peinture, papier] to blister. -**2.** *fam* [peau] to come up in a blister.

clore [113] [klɔr] *vt* -**1.** *sout* [fermer - porte, volet] to close, to shut; [entourer - parc] to shut off *(sép)*; **verger clos** walled orchard. -**2.** FIN: **~ un compte** to close an account. -**3.** [conclure] to conclude, to end, to finish; **~ les débats** [s'arrêter] to end the discussion, to bring the discussion to a close; [reporter] to adjourn (the discussion); **les inscriptions seront closes le lundi 15** the closing date for applications is Monday 15th; **la scène qui clôt le film** the very last scene of the film.

clos, e [klo, kloz] *adj* -**1.** [fermé] closed, shut; **les yeux ~** with one's eyes shut; **garder OU rester la bouche ~e** to keep one's mouth shut; **trouver porte ~e** to find nobody at home; **l'incident est ~** the matter is closed. -**2.** PHON closed.

◆ **clos** *nm* garden *(usually adjoining the house)*.

close-combat [klɔzkɔ̃ba] *(pl* **close-combats***)* *nm* close combat.

closerie [klozri] *nf* flower-garden.

clôture [klotyr] *nf* -**1.** [palissade] fence, railings; **~ à claire-voie** split-rail fencing. -**2.** RELIG enclosure. -**3.** [fermeture] closing; **~ annuelle** closed for the season; **j'ai assisté à la ~** I attended the closing ceremony || [fin] end; **~ des inscriptions le 20 décembre** the closing date for applications is December 20th. -**4.** BOURSE close; **à la ~** at the close.

◆ **de clôture** *loc adj* [gén, BOURSE & COMM] closing.

clôturer [3] [klotyre] *vt* -**1.** [fermer] to enclose, to fence (in) *(sép)*. -**2.** [terminer] to close, to end; **~ les débats** to close the debate. -**3.** FIN [compte] to close.

clou [klu] *nm* -**1.** [pointe] nail; **~ d'ameublement** (upholstery) tack; **~ cavalier** staple; **~ (de) tapissier** (carpet) tack; **~ sans tête** brad; **un ~ chasse l'autre** *prov* new enthusiasms chase out old ones. -**2.** [summum]: **le ~ de** the climax OU highlight of. -**3.** CULIN: **~ de girofle** clove. -**4.** *fam* [furoncle] boil. -**5.** *loc*: **pas un ~** *fam*: **ça ne vaut pas un ~** it's not worth a bean; **il n'en fiche pas un ~** he doesn't do a stroke, he never lifts a finger; **qu'est-ce qu'il a eu? – pas un ~!** what did he get? – not a sausage! *Br* OU zilch! *Am*; **des ~s!** *fam* no way!, nothing doing!; **pour des ~s** *fam* for nothing. -**6.** *fam péj* [machine]: **vieux ~** [voiture] old banger *Br* OU crate *Am*; [bicyclette] old boneshaker *Br* OU bike.

◆ **clous** *nmpl* pedestrian OU zebra crossing *Br*, crosswalk *Am*.

◆ **à clous** *loc adj* [chaussure] hobnail *(modif)*; [pneu] studded.

◆ **au clou** *fam loc adv* in the pawnshop; **mettre qqch au ~** to pawn sthg, to hock sthg.

clouage [kluaʒ] *nm* nailing; **~ droit/en biais** face/edge nailing.

clouer [3] [klue] *vt* -**1.** [fixer] to nail (down). -**2.** [fermer] to nail shut; **~ le bec à qqn** *fam* to shut sb up. -**3.** [immobiliser] to pin down *(sép)*; **il est resté cloué au lit pendant trois jours** he was laid up in bed for three days; **être cloué de peur** to be transfixed with fear; **être cloué sur place** to be rooted to the spot.

cloutage [klutaʒ] *nm* [décoration] studding, studwork.

clouté, e [klute] *adj* -**1.** [décoré] studded. -**2.** [renforcé - chaussure, semelle] hobnailed; [- pneu] studded.

clouter [3] [klute] *vt* to stud.

Clovis [klɔvis] *npr* Clovis.

clovisse [klɔvis] *nf* clam.

clown [klun] *nm* clown; **faire le ~** to clown, to fool around; **quel ~, ce gosse!** *fig* that kid's a clown! ❑ **~ blanc** white-faced clown.

clownerie [klunri] *nf* -**1.** LOISIRS: **des ~s** clown's antics. -**2.** *péj* [bêtise] (stupid) prank; **faire des ~s** to clown OU to fool around.

clownesque [klunɛsk] *adj* clownish, clownlike.

CLT *(abr de* **Compagnie luxembourgeoise de télévision***)* *npr f Luxembourg TV company*.

club [klœb] *nm* -**1.** [groupe - de personnes] club; [- de nations] group; **le Club des 12** the 12 (member states of the EC). -**2.** LOISIRS: **~ de vacances** travel club. -**3.** FTBL club, team. -**4.** GOLF club.

Cluny [klyni] *npr* -**1.** [ville] Cluny. -**2.** [à Paris]: **l'hôtel et musée de ~** the Cluny Museum.

LE MUSÉE DE CLUNY:
This museum of the Middle Ages is in a 14th-century house in the centre of Paris. Adjoining it are the remains of some Roman baths ("les thermes de Cluny").

---

cluse [klyz] *nf* cluse, transverse valley.

clystère [klistɛr] *nm* clyster.

Clytemnestre [klitɛmnɛstr] *npr* Clytemnestra.

cm (*abr écrite de* centimètre) cm.

cm² (*abr écrite de* centimètre carré) sq.cm., cm².

cm³ (*abr écrite de* centimètre cube) cu.cm., cm³.

CM ◇ *nf abr de* Chambre des métiers.
◇ *nm* (*abr de* cours moyen): ~1 *fourth year of primary school*; ~2 *fifth year of primary school*.

CNAC [knak] (*abr de* Centre national d'art et de culture) *npr m official name of the Pompidou Centre*.

CNAM [knam] *npr m abr de* Conservatoire national des arts et métiers.

CNC *npr m* -**1.** (*abr de* Conseil national de la consommation) *consumer protection organization*. -**2.** (*abr de* Centre national de la cinématographie) *national cinematographic organization*.

CNCL (*abr de* Commission nationale de la communication et des libertés) *npr f former French TV and radio supervisory body*.

CNDP (*abr de* Centre national de documentation pédagogique) *npr m national organization for educational resources*.

CNE (*abr de* Caisse nationale d'épargne) *npr f national savings bank*.

CNEC [knɛk] (*abr de* Centre national de l'enseignement par correspondance) *npr m national education body organizing correspondence courses*.

CNES, Cnes [knɛs] (*abr de* Centre national d'études spatiales) *npr m French national space research centre*.

CNIL [knil] (*abr de* Commission nationale de l'informatique et des libertés) *npr f board which enforces data protection legislation*.

CNIT, Cnit [knit] (*abr de* Centre national des industries et des techniques) *npr m trade centre at la Défense near Paris*.

CNJA (*abr de* Centre national des jeunes agriculteurs) *npr m farmers' union*.

Cnossos [knɔsos] *npr* Knossos.

CNPF (*abr de* Conseil national du patronat français) *npr m national council of French employers*, ≃ CBI *Br*.

CNR (*abr de* Conseil national de la Résistance) *npr m central organization of the French Resistance founded in 1943*.

CNRS (*abr de* Centre national de la recherche scientifique) *npr m national organization for scientific research*, ≃ SRC *Br*.

CNTS (*abr de* Centre national de transfusion sanguine) *npr m national blood transfusion centre*.

CNUCED, Cnuced [knysɛd] (*abr de* Conférence des Nations unies pour le commerce et l'industrie) *npr f* UNCTAD.

coaccusé, e [kɔakyze] *nm, f* codefendant.

coach [kotʃ] (*pl* coachs OU coaches) *nm* coach SPORT, trainer.

coacquéreur [kɔakerœr] *nm* joint purchaser.

coadjuteur [kɔadʒytœr] *nm* coadjutor.

coadministrateur, trice [kɔadministratœr, tris] *nm, f* codirector.

coagulabilité [kɔagylabilite] *nf* coagulability.

coagulable [kɔagylabl] *adj* coagulable, which is liable to coagulate.

coagulant, e [kɔagylɑ̃, ɑ̃t] *adj* coagulating.
◆ **coagulant** *nm* coagulant.

coagulation [kɔagylasjɔ̃] *nf* [du sang] coagulation, coagulating *(U)*; [du lait] curdling *(U)*.

coaguler [3] [kɔagyle] *vi & vt* [sang] to coagulate; [lait] to curdle.
◆ **se coaguler** *vpi* [sang] to coagulate; [lait] to curdle.

coagulum [kɔagylɔm] *nm* clot, coagulum *spéc*.

coalescence [kɔalɛsɑ̃s] *nf* coalescence, coalescing *(U)*.

coalescent, e [kɔalɛsɑ̃, ɑ̃t] *adj* coalescent.

coalescer [21] [kɔalɛse] *vt* to blend, to mix METALL.

coalisé, e [kɔalize] ◇ *adj* allied.
◇ *nm, f* allied nation, ally.

coaliser [3] [kɔalize] *vt* to make into a coalition.
◆ **se coaliser** *vpi* to form a coalition.

coalition [kɔalisjɔ̃] *nf* POL coalition; *péj* conspiracy.

coaltar [kɔltar] *nm* coaltar; **être dans le ~** *fam fig* to be in a daze.

coassement [kɔasmɑ̃] *nm* croaking.

coasser [3] [kɔase] *vi* -**1.** [grenouille] to croak. -**2.** *péj* [commère] to gossip.

coassocié, e [kɔasɔsje] *nm, f* copartner.

coassurance [kɔasyrɑ̃s] *nf* coinsurance.

coati [kɔati] *nm* coati.

coauteur [kootœr] *nm* -**1.** LITTÉRAT coauthor, joint author; **mon ~** my coauthor. -**2.** JUR accomplice.

coaxial, e, aux [kɔaksjal, o] *adj* coaxial.

COB, Cob [kɔb] (*abr de* Commission des opérations de Bourse) *npr f commission for supervision of stock exchange operations*, ≃ Stockwatch *Br*, ≃ SEC *Am*.

cobalt [kɔbalt] *nm* cobalt.

cobalthérapie [kɔbalterapi], **cobaltothérapie** [kɔbaltɔterapi] *nf* cobaltotherapy.

cobaye [kɔbaj] *nm* guinea pig; **servir de ~** to be used as a guinea pig.

cobelligérant, e [kɔbeliʒerɑ̃, ɑ̃t] *adj & nm, f* cobelligerent.

cobol [kɔbɔl] *nm* Cobol, COBOL.

cobra [kɔbra] *nm* cobra; **~ royal** king cobra.

coca [kɔka] *nf* -**1.** BOT coca. -**2.** PHARM coca extract.
◆ **Coca®** *nm inv fam* [boisson] Coke®.

Coca-Cola® [kɔkakɔla] *nm inv* Coca-Cola®.

cocagne [kɔkaɲ]
◆ **de cocagne** *loc adj*: **époque/pays de ~** years/land of plenty.

cocaïne [kɔkain] *nf* cocaine.

cocaïnisme [kɔkainism] *nm* = **cocaïnomanie**.

cocaïnomane [kɔkainɔman] *nmf* cocaine addict.

cocaïnomanie [kɔkainɔmani] *nf* cocaine addiction.

cocarde [kɔkard] *nf* -**1.** [en tissu] rosette; HIST cockade. -**2.** [signe - militaire] roundel; [- sur une voiture officielle] official logo.

cocardier, ère [kɔkardje, ɛr] ◇ *adj péj* chauvinistic, jingoistic.
◇ *nm, f* chauvinist, jingoist.

cocasse [kɔkas] *adj* comical.

cocasserie [kɔkasri] *nf* funniness.

coccinelle [kɔksinɛl] *nf* ladybird *Br*, ladybug *Am*.

coccyx [kɔksis] *nm* coccyx.

coche [kɔʃ] ◇ *nf* -**1.** [encoche] notch. -**2.** *dial* [truie] sow.
◇ *nm* -**1.** HIST [voiture] stage coach; **manquer** OU **rater** OU **louper le ~** to miss the boat. -**2.** NAUT: **~ d'eau** (horse-pulled passenger) barge.

cochenille [kɔʃnij] *nf* cochineal.

cocher¹ [kɔʃe] *nm* coach driver; **~ de fiacre** cabman.

cocher² [3] [kɔʃe] *vt* to tick (off) *Br*, to check (off) *Am*.

cochère [kɔʃɛr] *adj f*: **porte ~** carriage entrance, porte cochère.

cochevis [kɔʃvi] *nm* crested lark.

Cochinchine [kɔʃɛ̃ʃin] *npr f*: (la) ~ Cochin China.

cochlée [kɔkle] *nf* cochlea.

cochon, onne *fam* [kɔʃɔ̃, ɔn] ◇ *adj* -**1.** [sale] dirty, filthy, disgusting; **tu ne vas pas rendre un devoir aussi ~?** are you really going to hand in such a messy piece of homework?; **ce n'est pas ~!** it's not bad! -**2.** [obscène] smutty, dirty, filthy.
◇ *nm, f* -**1.** [vicieux] lecher; **un vieux ~** a dirty old man. -**2.** [personne sale] (filthy) pig; **oh, le petit ~!** [à un enfant] you mucky pup!
◆ **cochon** *nm* -**1.** ZOOL pig; **~ de lait** suckling pig; **faire le ~ pendu** to hang by one's legs; **sale comme un ~** filthy dirty; **manger comme un ~** to eat like a pig; **amis** OU **copains comme ~s** as thick as thieves; **si les petits ~s ne te mangent pas** *hum* if the wolf doesn't get you. -**2.** [homme méprisable] dirty dog; **~ qui s'en dédit!** you've got a deal!; **ben mon ~!** well, well!
◆ **de cochon** *loc adj* [temps] foul, filthy; [caractère] foul.
◆ **cochon d'Inde** *nm* guinea pig.

cochonceté *fam* [kɔʃɔ̃ste] *nf* -**1.** [saleté]: **faire des ~s** to make a filthy mess. -**2.** [obscénité] piece of smut; **dire des ~s** to say dirty things.

cochonnaille [kɔʃɔnaj] *nf* pork products; **des ~s pendaient au plafond** sausages and hams were hanging from the ceiling.

cochonner [3] [kɔʃɔne] ◇ *vt fam* [dessin, chambre] to make a mess of.
◇ *vi* [truie] to pig.

cochonnerie *fam* [kɔʃɔnri] *nf* -**1.** [chose médiocre] rubbish *(U) Br*, trash *(U) Am*; **on t'a vendu une ~** they sold you a piece of rubbish *Br* OU junk ‖ [nourriture - mal préparée] pigswill *(U)*; [- de mauvaise qualité] junk *(U)*. -**2.** [saleté] mess *(U)*; **faire des ~s** to make a mess. -**3.** [obscénité] smut *(U)*; **dire des ~s** to say filthy things. -**4.** [action déloyale] dirty trick; **faire une ~ à qqn** to play a dirty trick on sb. -**5.** *(en appellatif)*: **~ de: ~ de voiture!/de brouillard!** damn this car!/this fog!

cochonnet [kɔʃɔnɛ] *nm* -**1.** [aux boules] jack. -**2.** [porcelet] piglet.

cocker [kɔkɛr] *nm* cocker (Spaniel).

cockpit [kɔkpit] *nm* cockpit.

cocktail [kɔktɛl] *nm* -**1.** [boisson] cocktail; [réception] cocktail party. -**2.** [mélange] mix, mixture. -**3.** ARM: **~ Molotov** Molotov cocktail.

coco [kɔko] *nm* -**1.** *langage enfantin* [œuf] egg. -**2.** *fam* [tête] nut; **il a rien dans le ~!** he's got nothing between the ears. -**3.** [individu]: **un drôle de ~** *péj* a shady customer; **c'est un joli ~!** *iron* what a charming individual! -**4.** *fam* [en appellatif - à un adulte] love *Br*, honey *Am*; [- à un enfant] sweetie; **petit ~: qu'est-ce qu'il a le petit ~?** what's wrong, little man? -**5.** *fam péj* [communiste] commie. -**6.** BOT: **(noix de) ~** coconut. -**7.** TEXT coir.
◆ **de coco** *loc adj* coconut *(modif)*.

cocoler [3] [kɔkɔle] *vt Helv* to cosset.

cocon [kɔkɔ̃] *nm* cocoon; **dans un ~** *fig* cocooned; **s'enfermer** OU **rester dans son ~** *fig* to stay in one's shell.

cocontractant, e [kɔkɔ̃traktɑ̃, ɑ̃t] *nm, f* contracting partner.

cocorico [kɔkɔriko] *nm* -**1.** *pr* cock-a-doodle-doo; **faire ~** to crow. -**2.** *fig expression of French national pride*; **~!** three cheers for France!

cocoter [kɔkɔte] *péj* = **cocotter**.

cocoteraie [kɔkɔtrɛ] *nf* coconut grove.

cocotier [kɔkɔtje] *nm* coconut palm; **tomber du ~** *fig* to be forced to retire.

cocotte [kɔkɔt] *nf* -**1.** [casserole] casserole dish; **cuire à la ~** to casserole. -**2.** *langage enfantin* [poule] hen; **~ en papier** paper bird. -**3.** [en appellatif] darling, love *Br*, honey *Am*. -**4.** *péj* [femme] tart; **sentir** OU **puer la ~** to stink of cheap perfume.
◆ **cocottes** *nfpl* MUS high staccato notes.
◆ **à la cocotte, en cocotte** *loc adv*: **cuit en ~** casseroled; **(faire) cuire qqch en ~** to casserole sthg.
◆ **en cocotte** *loc adj* [œuf] coddled.

Cocotte-Minute® [kɔkɔtminyt] *nf* pressure-cooker.
◆ **à la Cocotte-Minute** ◇ *loc adj* pressure-cooked.
◇ *loc adv* [cuit] in a pressure cooker.

cocotter *fam* [3] [kɔkɔte] *vi péj* to stink; **ça cocotte!** it stinks!

cocu, e *fam* [kɔky] ◇ *adj*: **il est ~** his wife's been unfaithful to him.
◇ *nm, f* -**1.** [conjoint trompé] deceived husband

(*f* wife); elle l'a fait ~ she was unfaithful to him. -**2.** [dupe] sucker.

cocuage *fam* [kɔkɥaʒ] *nm*: **il a très mal vécu son ~** he found his wife's unfaithfulness very difficult to accept.

cocufier *fam* [9] [kɔkyfje] *vt* to be unfaithful to, to cuckold *vieilli*.

cocyclique [kɔsiklik] *adj* belonging to the same circle.

codage [kɔdaʒ] *nm* -**1.** [chiffrement] coding. -**2.** LING encoding.

code [kɔd] *nm* -**1.** [ensemble de lois] code; **le ~ (civil)** the civil code; **~ de commerce** commercial law; **~ maritime** navigation laws; **~ pénal** penal code; **~ de la route** AUT Highway Code *Br*, rules of the road *Am*; **~ du travail** labour legislation. -**2.** [normes] code; **~ moral** moral code; **~ de la politesse** code of good manners. -**3.** [ensemble de conventions] code; **~ international de signaux** NAUT International Code; **~ télégraphique** telegraphic code; **~ des transmissions** signal OU signalling code. -**4.** [groupe de symboles] code; **science des ~s** cryptography ❑ **~ alphanumérique/binaire** alphanumeric/binary code; **~ (à) barres** bar code; **~ confidentiel** [d'une carte de crédit] personal identification number, PIN; **~ d'entrée** [sur une porte] door code; **~ à lecture optique** machine readable code line; **~ postal** post *Br* OU zip *Am* code; **~ de routage** routing information. -**5.** [manuel] code-book; **~ de chiffrement** cipher book; **~ de déchiffrement** code-book. -**6.** LING language. -**7.** SC: **~ génétique** genetic code.

◆ **codes** *nmpl* AUT dipped headlights *Br*, low beams *Am*.

◆ **en code** *loc adv* -**1.** [sous forme chiffrée] in code; **mettre qqch en ~** to cipher OU to code sthg. -**2.** AUT: **se mettre en ~** to dip one's headlights *Br*, to put on the low beams *Am*.

codé, e [kɔde] *adj* encoded, coded; **caractère/programme ~** coded character/program; **générateur d'impulsions ~es** pulse coder; **message ~** cryptogram; **question ~e** encoded question; **langage ~** secret language.

code-barres [kɔdbar] (*pl* **codes-barres**) *nm* bar code.

codébiteur, trice [kɔdebitœr, tris] *nm, f* joint debtor.

codéine [kɔdein] *nf* codeine.

codemandeur, eresse [kɔdəmɑ̃dœr, drɛs] *nm, f* joint plaintiff.

coder [3] [kɔde] *vt* -**1.** [chiffrer] to code, to encipher. -**2.** LING to encode.

codétenteur, trice [kɔdetɑ̃tœr, tris] *nm, f* joint holder.

codétenu, e [kɔdetny] *nm, f* fellow-prisoner.

codeur, euse [kɔdœr, øz] *nm, f* coder.

◆ **codeur** *nm* coding machine.

codicillaire [kɔdisilɛr] *adj* codicillary.

codicille [kɔdisil] *nm* JUR codicil.

codificateur, trice [kɔdifikatœr, tris] ◇ *adj* codifying.

◇ *nm, f* codifier.

codification [kɔdifikasjɔ̃] *nf* -**1.** [d'une profession, d'un système] codification. -**2.** JUR classification of laws.

codifier [9] [kɔdifje] *vt* -**1.** [pratique, profession] to codify. -**2.** JUR to classify.

codirecteur, trice [kɔdirɛktœr, tris] *nm, f* joint manager.

codiriger [17] [kɔdiriʒe] *vt*: **~ qqch** to manage sthg together OU jointly.

codon [kɔdɔ̃] *nm* codon.

coéchangiste [kɔeʃɑ̃ʒist] *nmf* party to an exchange.

coéditer [3] [kɔedite] *vt* to copublish.

coéditeur, trice [kɔeditœr, tris] ◇ *adj* copublishing.

◇ *nm, f* copublisher.

coédition [kɔedisjɔ̃] *nf* copublication.

coéducation [kɔedykasjɔ̃] *nf* coeducation.

coefficient [kɔefisjɑ̃] *nm* -**1.** MATH & PHYS coefficient; **~ multiplicateur** multiplying factor; **~ numérique** numerical coefficient; **~ de pénétration dans l'air** AUT drag factor; **~ de rendement** coefficient of efficiency. -**2.** [proportion] rating, ratio; **~ d'exploitation/de perte** operating/loss ratio; **~ d'erreur** OU **d'incertitude** margin of error; **~ d'octane** octane rating. -**3.** [valeur] weight, weighting; **affecter qqch d'un ~** to weight sthg; **l'anglais est affecté du ~ 3** English will be weighted at a rate equal to 300%; **~ correcteur applicable aux salaires** weighting applicable to salaries; **~ statistique** statistical weight.

COEFFICIENT:

In baccalauréat examinations, the grade for each subject is multiplied by a "coefficient" which is determined by the type of baccalauréat chosen. For a "bac C", which has a scientific bias, the "coefficient" for maths will be higher than the philosophy "coefficient", for example.

---

cœlacanthe [selakɑ̃t] *nm* coelacanth.

cœliaque [seljak] *adj* coeliac.

cœlioscopie [seljɔskɔpi] *nf* coelioscopy.

coenzyme [kɔɑ̃zim] *nf* coenzyme.

coéquation [kɔekwasjɔ̃] *nf* proportional assessment.

coéquipier, ère [kɔekipje, ɛr] *nm, f* teammate.

coercible [kɔɛrsibl] *adj* coercible, which can be coerced.

coercitif, ive [kɔɛrsitif, iv] *adj* coercive.

coercition [kɔɛrsisjɔ̃] *nf* coercion.

Coëtquidan [kɔɛtkidɑ̃] *npr important army base in Brittany where the Saint-Cyr military college is situated.*

cœur [kœr] *nm* **A.** ORGANE -**1.** ANAT heart; **une balle en plein ~** a bullet through the heart; **il est malade du ~** he's got a heart condition; **avoir le ~ solide**: **je n'ai pas le ~ assez solide** my heart is too weak ❑ **~ droit/gauche** right/left ventricle; **~ artificiel** artificial heart; **greffe du ~** heart transplant; **ça m'a donné** OU **j'ai eu un coup au ~** it really made me jump; **beau** OU **joli** OU **mignon comme un ~** as pretty as a picture. -**2.** [poitrine] heart, breast, bosom *litt*; **tenir qqn contre son ~** to hold sb to one's bosom *litt*. -**3.** [estomac]: **avoir le ~ au bord des lèvres** to feel queasy OU sick; **ça va mieux, ton mal au** OU **de ~?** do you still feel sick?; **avoir mal au ~** to feel sick; **ça me ferait mal au ~ de devoir le lui laisser!** *fam* I'd hate to have to leave it to him!; **mettre le ~ à l'envers à qqn** *fam* [le dégoûter] to sicken sb, to turn sb's stomach; **lever** OU **soulever le ~ à qqn** to sicken sb, to turn sb's stomach; **un spectacle à vous lever** OU **soulever le ~** a nauseating OU sickening sight; **avoir le ~ bien accroché**: **pour voir ce reportage il faut avoir le ~ bien accroché** this report is not for the squeamish.
B. SYMBOLE DE L'AFFECTIVITÉ -**1.** [pensées, for intérieur] heart; **ouvrir son ~ à qqn** to open one's heart to sb; **vider son ~** to pour out one's heart; **en avoir le ~ net**: **je veux en avoir le ~ net** I want to know OU to find out the truth; **je vais lui demander franchement, comme cela j'en aurai le ~ net** I'll ask him straight out, that way, I'll get to the bottom of the matter. -**2.** [énergie, courage] courage; **le ~ lui a manqué** his courage failed him; **avoir le ~ de** to have the heart to; **tu n'aurais pas le ~ de la renvoyer!** you wouldn't have the heart to fire her!; **donner du ~ à qqn** to give heart to OU to encourage sb ❑ **avoir le ~ à l'ouvrage**: **je n'ai pas le ~ à l'ouvrage** my heart isn't in it; **avoir du ~ au ventre** to be courageous; **donner** OU **mettre du ~ au ventre à qqn** to give sb courage; **y mettre du ~**: **elle adore son travail, elle y met du ~** she loves her work, she really puts her heart (and soul) into it; **allez, haut les ~s!** come on, chin up! -**3.** [humeur]: **il est parti le ~ joyeux** OU **gai** he left in a cheerful mood; **avoir le ~ léger/triste** to be cheerful/heavy-hearted; **d'un ~ léger** light-heartedly; **d'un ~ content** contentedly ❑ **avoir le ~ à faire qqch** to be in the mood to do OU to feel like doing sthg; **je n'ai plus le ~ à rire** I don't feel like laughing any more; **ne plus avoir le ~ à rien** to have lost heart; **ils travaillent, mais le ~ n'y est pas** they're working but their hearts aren't in it; **si le ~ t'en dit** if you feel like it, if the fancy takes you. -**4.** [charité, bonté]: **avoir du** OU **bon ~** to be kind OU kind-hearted; **elle a du** OU **bon ~** her heart is in the right place; **tu n'as pas de ~!** you're heartless!, you have no heart!; **ton bon ~ te perdra!** you're too kind-hearted for your own good!; **c'était un homme au grand ~** he was a good man; **ce sont des gens de ~** they're good people ❑ **il a un ~ gros comme ça** *fam* he'd give you the shirt off his back; **avoir le ~ sur la main** to be very generous; **avoir un ~ d'or** to have a heart of gold; **avoir un ~ dur** OU **sec** OU **de pierre** OU **d'airain** to have a heart of stone; **à vot' bon ~ (M'sieurs-Dames)** spare us a few pence *Br* OU a dime *Am*. -**5.** [siège des émotions, de l'amour] heart; **son ~ se remplit de joie** his heart filled with joy; **son ~ a parlé** he spoke from the heart; **laisser parler son ~** to let one's feelings come through; **venir du ~** to come (straight) from the heart; **des mots venus du (fond du) ~** heartfelt words; **aller droit au ~**: **vos paroles me sont allées droit au ~** your words went straight to my heart; **je garderai son souvenir dans mon ~** his memory will remain in my heart; **son ~ de mère ne pouvait s'y résigner** as a mother, her heart just couldn't accept it; **briser le ~ à qqn** [par chagrin d'amour] to break sb's heart; **cela me brise le ~ de le voir dans cet état** it breaks my heart to see him in such a state; **c'était à vous briser** OU **fendre le ~** it was heartbreaking OU heartrending; **cette fille lui a mis le ~ à l'envers** he lost his heart to that girl; **cela chauffe** OU **réchauffe le ~** it warms the cockles of your heart, it's heartwarming; **avoir le ~ serré** to have a lump in one's throat; **avoir le ~ déchiré** to be heartbroken; **avoir un ~ sensible/pur** to be a sensitive/candid soul; **mon ~ est libre** OU **à prendre** I'm fancy-free; **comment trouver le chemin de** OU **gagner son ~?** how can I win her heart?; **c'était un ami selon mon ~** *litt* he was a friend after my own heart; **ce sont des amis de ~** they're bosom friends ❑ **histoire de ~** love affair; **ses problèmes de ~** the problems he has with his love life; **avoir le ~ gros** to feel sad, to have a heavy heart; **il ne me porte pas dans son ~** *fam* he has no great liking for me, he's no great fan of mine; **le ~ a ses raisons (que la raison ne connaît point)** *allusion Pascal* the heart has its reasons which reason does not know nothing of; **coup de ~**: **voici nos coups de ~ dans la collection de printemps** here are our favourite spring outfits; **avoir un coup de ~ pour qqch** to fall in love with sthg, to be really taken with OU by sthg.
C. PERSONNE -**1.** [personne ayant telle qualité]: **c'est un ~ d'or** he has a heart of gold; **c'est un ~ sensible/pur** he's a sensitive/candid soul; **c'est un ~ dur** OU **sec** OU **de pierre** OU **d'airain** he has a heart of stone, he's heartless; **c'est un ~ de lion** he is lion-hearted ❑ **à ~ vaillant rien d'impossible** *prov* where there's a will there's a way *prov*. -**2.** [être aimé] darling, sweetheart; **tu viens, mon ~?** coming, darling?; **mon (petit) ~** my darling.
D. CENTRE -**1.** [d'un chou, d'une salade, d'un fromage] heart; [d'un fruit, d'un réacteur nucléaire] core; [d'une ville] heart, centre; **enlever le ~ d'une pomme** to core an apple ❑ **~ de laitue** lettuce heart; **~ de palmier** palm heart; **~ d'artichaut** *pr* artichoke heart; **ton frère est un ~ d'artichaut** *fig* your brother falls in love with every girl he sees OU meets; **Annie est un vrai ~ d'artichaut** Annie falls in love with every man she sees OU meets. -**2.** [d'un débat] central point; **le ~ de mon argument est que...** the central point of my argument is that...

-**3.** MENUIS: ~ **de merisier/peuplier** heart of cherry/poplar.

E. OBJET EN FORME DE CŒUR -**1.** JOAILL heart-shaped jewel. -**2.** CULIN heart-shaped delicacy; **petits ~s à la crème** hearts of fromage frais with cream. -**3.** JEUX: **du ~** hearts; **dame/dix de ~** queen/ten of hearts; **jouer à** OU **du ~** to play hearts.

◆ **à cœur** *loc adv* -**1.** [avec sérieux]: **prendre les choses à ~** to take things to heart; **elle prend vraiment son travail à ~** she really takes her job seriously; **ne prends pas ses critiques tant à ~** don't take her criticism so much to heart; **tenir à ~ à qqn: ce rôle me tient beaucoup à ~** the part means a lot to me; **avoir à ~ de faire qqch** to be very eager to do sthg. -**2.** CULIN: **fromage fait à ~** fully ripe cheese; **café grillé à ~** high roast coffee; **avocat mûr à ~** fully ripe avocado.

◆ **à cœur joie** *loc adv* to one's heart's content; **s'en donner à ~ joie** to have tremendous fun OU a tremendous time.

◆ **à cœur ouvert** ◇ *loc adj* [opération] open-heart *(modif)*.

◇ *loc adv*: **parler à ~ ouvert à qqn** to have a heart-to-heart (talk) with sb.

◆ **au cœur de** *loc prép*: **au ~ de l'été** at the height of summer; **au ~ de l'hiver** in the depths of winter; **au ~ de la forêt** deep in the forest; **au ~ de la nuit** in the OU at dead of night; **au ~ du Morvan** in the heart of the Morvan region; **au ~ de la ville** in the centre of town, in the town centre; **le sujet fut au ~ des débats** this subject was central to the debate.

◆ **cœur à cœur** *loc adv litt*: **parler ~ à ~ avec qqn** to have a heart-to-heart (talk) with sb.

◆ **de bon cœur** *loc adv* [volontiers - donner] willingly; [- parler] readily; **c'est de bon ~**: **ne me remerciez pas, c'est de bon ~ que je vous ai aidé** no need to thank me, it was a pleasure helping you.

◆ **de tout cœur** *loc adv* wholeheartedly; **être de tout ~ avec qqn** [condoléances] to sympathize wholeheartedly with sb; **je ne pourrai assister à votre mariage mais je serai de tout ~ avec vous** I won't be able to attend your wedding but I'll be with you in spirit.

◆ **de tout mon cœur, de tout son cœur** *etc loc adv* -**1.** [sincèrement - aimer] with all my/his *etc* heart, wholeheartedly; [- féliciter] most sincerely, with all one's heart; **je vous remercie de tout mon ~** I thank you from the bottom of OU with all my heart. -**2.** [énergiquement]: **y aller de tout son ~** *fam* to go at it hammer and tongs, to give it all one's got; **rire de tout son ~** to laugh one's head off.

◆ **en cœur** *loc adj* [bouche, pendentif] heart-shaped.

◆ **par cœur** *loc adv* -**1.** [de mémoire] by heart. -**2.** [très bien]: **connaître qqn par ~** to know sb inside out; **je connais toutes tes excuses par ~** I know all your excuses by heart. -**3.** *loc*: **dîner par ~** to go without (one's) dinner.

◆ **sans cœur** *loc adj* heartless.

◆ **sur le cœur** *loc adv*: **avoir qqch sur le ~** to have sthg on one's mind; **dis ce que tu as sur le ~** say what's (weighing) on your mind; **avoir un poids sur le ~** to have a heavy heart; **en avoir gros sur le ~** *fam* to be really upset; **la mousse au chocolat m'est restée sur le ~** *pr* the chocolate mousse made me feel sick; **ses critiques me sont restées** OU **me pèsent sur le ~** I still haven't got over the way she criticized me.

coexistence [kɔɛgzistɑ̃s] *nf* coexistence; **~ pacifique** peaceful coexistence.

coexister [3] [kɔɛgziste] *vi*: **~ (avec)** to coexist (with).

coextensif, ive [kɔɛkstɑ̃sif, iv] *adj* coextensive; **~ à** sharing the same area of application as.

COFACE [kɔfas] (*abr de* **Compagnie française d'assurances pour le commerce extérieur**) *npr f export insurance company*, ≃ ECGD.

coffrage [kɔfraʒ] *nm* -**1.** MIN & TRAV PUBL coffering, lining. -**2.** CONSTR casing.

coffre [kɔfr] *nm* -**1.** [caisse] box, chest; **~ à jouets** toybox; **~ à outils** tool box. -**2.** NAUT locker; **~ d'amarrage** mooring-buoy, trunk-buoy. -**3.** AUT boot *Br*, trunk *Am*; **~ de rangement** [d'un camion] storage compartment; **~ à bagages** [d'un autocar] baggage OU luggage compartment. -**4.** [coffre-fort] safe, strongbox; **les ~s de l'État** the coffers of the State; **les ~s sont vides à la fin du mois** the coffers are empty by the end of the month ‖ BANQUE safe-deposit box. -**5.** AÉRON: **~ à parachute** parachute canister. -**6.** ZOOL [poisson] coffer-fish. -**7.** *fam* [poitrine] chest; [voix] (big) voice; **avoir du ~** [du souffle] to have a good pair of lungs.

coffre-fort [kɔfrəfɔr] (*pl* **coffres-forts**) *nm* safe, strongbox.

coffrer [3] [kɔfre] *vt* -**1.** *fam* [emprisonner] to put behind bars; **se faire ~** to be sent down. -**2.** MIN to coffer. -**3.** CONSTR to form.

coffret [kɔfrɛ] *nm* -**1.** [petit coffre] box, case, casket; **dans un ~ cadeau** in a gift box; **un ~ de cinq savons** a boxed set of five soaps ❑ **~ à bijoux** jewellery box. -**2.** [cabinet] cabinet.

◆ **en coffret** *loc adv*: **présenté en ~** sold in a box; **'vendu en ~'** 'not to be sold separately'; **la présentation en ~ est ce qui fait le succès de ce produit** this item sells so well because it comes in a presentation box.

cofinancement [kɔfinɑ̃smɑ̃] *nm* cofinancing.

cofinancer [16] [kɔfinɑ̃se] *vt* to cofinance, to finance jointly.

cofondateur, trice [kɔfɔ̃datœr, tris] *nm, f* cofounder.

cogérance [kɔʒerɑ̃s] *nf* joint management.

cogérant, e [kɔʒerɑ̃, ɑ̃t] *nm, f* joint manager (*f* manageress).

cogérer [18] [kɔʒere] *vt* to manage jointly.

cogestion [kɔʒɛstjɔ̃] *nf* joint management OU administration.

cogitation [kɔʒitasjɔ̃] *nf hum* cogitation *(U)*, pondering *(U)*; **je te laisse à tes ~s** I'll leave you to think things over.

cogiter [3] [kɔʒite] *hum* ◇ *vi* to cogitate; **il faut que je cogite!** I must put my thinking cap on!

◇ *vt* to think out *(sép)*, to ponder.

cognac [kɔɲak] *nm* [gén] brandy; [de Cognac] Cognac.

cognassier [kɔɲasje] *nm* quince tree.

cogne [kɔɲ] *nm arg crime*: **les ~s** the fuzz *Br* OU cops *Am*.

cognée [kɔɲe] *nf* axe, hatchet.

cognement [kɔɲmɑ̃] *nm* knock, thump.

cogner [3] [kɔɲe] ◇ *vi* -**1.** [heurter] to bang, to knock; **qu'est-ce qui cogne?** what's that banging?; **le moteur cogne** there's a knocking sound in the engine; **son cœur cognait dans sa poitrine** his heart was thumping; **~ à la fenêtre** [fort] to knock on the window; [légèrement] to tap on the window. -**2.** *fam* [user de violence]: **mon père cognait** my father was violent; **~ sur qqn** to beat sb up; **ça va ~** things are going to get rough.

◇ *vt* -**1.** [entrer en collision avec] to bang OU to knock OU to smash into. -**2.** *fam* [battre] to whack, to wallop.

◆ **se cogner** ◇ *vpi* -**1.** [se faire mal]: **je me suis cogné!** I banged into something. -**2.** *loc*: **il s'en cogne**▽ he doesn't give a damn OU monkey's *Br*.

◇ *vpt*: **se ~ le coude** to hit OU to bang one's elbow.

cognitif, ive [kɔgnitif, iv] *adj* cognitive.

cognition [kɔgnisjɔ̃] *nf* cognitive processes, cognition.

cohabitation [kɔabitasjɔ̃] *nf* -**1.** [vie commune] cohabitation, cohabiting, living together. -**2.** POL *coexistence of an elected head of state and an opposition parliamentary majority.*

LA COHABITATION:
This term usually refers to the period (1986-1988) during which the socialist President (François Mitterrand) had a right-wing Prime Minister (Jacques Chirac), following the victory of the RPR in the legislative elections and Mitterrand's decision not to resign as President. It now also refers to the similar situation which arose following the 1993 elections.

---

cohabiter [3] [kɔabite] *vi* -**1.** [partenaires] to cohabit, to live together; [amis] to live together; **~ avec qqn** to live with sb; **ici, plusieurs races cohabitent** people of several different races live together here. -**2.** [coexister] to coexist; **faire ~ deux théories** to reconcile two theories.

cohérence [kɔerɑ̃s] *nf* [gén & OPT] coherence.

cohérent, e [kɔerɑ̃, ɑ̃t] *adj* -**1.** [logique] coherent. -**2.** [fidèle à soi-même] consistent; **être ~** to be true to o.s. -**3.** OPT coherent.

cohériter [3] [kɔerite] *vi* to inherit jointly.

cohéritier, ère [kɔeritje, ɛr] *nm, f* co-heir (*f* co-heiress).

cohésif, ive [kɔezif, iv] *adj* cohesive.

cohésion [kɔezjɔ̃] *nf* -**1.** [solidarité] cohesion, cohesiveness; **la ~ du groupe** the way the members of the group stick together. -**2.** [d'un adhésif] stickiness, cohesiveness.

cohorte [kɔɔrt] *nf* -**1.** ANTIQ cohort. -**2.** *péj* [foule]: **une ~ de hordes** OU **droves of.** -**3.** SOCIOL population.

cohue [kɔy] *nf* -**1.** [foule] crowd, throng. -**2.** [bousculade]: **dans la ~** amidst the general pushing and shoving, in the (general) melee.

coi, coite [kwa, kwat] *adj* speechless; **en rester ~** to be speechless; **se tenir ~** to keep quiet.

coiffe [kwaf] *nf* -**1.** VÊT [de paysanne] (traditional) headdress; [de nonne] (nun's) headdress; [garniture de chapeau] lining *(C)*. -**2.** ASTRONAUT & BOT cap. -**3.** [d'un livre relié] head cap. -**4.** ANAT caul.

coiffer [3] [kwafe] *vt* -**1.** [peigner - cheveux, frange] to comb; [- enfant, poupée] to comb the hair of; **tu es horriblement mal coiffé** your hair's all over the place; **cheveux faciles/difficiles à ~** manageable/unmanageable hair. -**2.** [réaliser la coiffure de] to do OU to style the hair of; **elle s'est fait ~ par Paolo** she had her hair done by Paolo; **qui vous coiffe d'habitude?** who normally does your hair?; **coiffez-le court s'il vous plaît** cut his hair short please; **j'ai payé une fortune pour être mal coiffé!** I spent a fortune on a hairstyle I don't like! -**3.** [chapeauter] to cover the head of; **être coiffé de noir** to be wearing a black hat; **il a coiffé la statue d'une casquette** he's put a cap on the statue. -**4.** [aller à]: **un rien la coiffe** she suits any hat; **cette toque te coiffe à ravir** you look wonderful in that fur hat. -**5.** [mettre sur sa tête] to put on; **il était coiffé d'un Stetson** he was sporting a stetson; **~ la couronne** to be crowned; **~ la mitre** to be ordained a bishop. -**6.** *litt* [couvrir]: **la neige coiffait les sommets** the mountain-tops were covered in snow; **la tour était coiffée d'étendards** the tower was crowned with flags. -**7.** [diriger] to control; **elle coiffe plusieurs services** she's in charge of several departments. -**8.** *loc*: **~ qqn (au** OU **sur le poteau)** to pip sb at the post *Br*, to pass sb up *Am*; **~ sainte Catherine: elle a coiffé sainte Catherine** she's 25 and still unmarried.

◆ **se coiffer** *vp (emploi réfléchi)* -**1.** [se peigner] to comb one's hair; [arranger ses cheveux] to do one's hair. -**2.** [mettre un chapeau] to put a hat on. -**3.** [acheter ses chapeaux]: **se ~ chez les grands couturiers** to buy one's hats from the top designers.

coiffeur, euse [kwafœr, øz] *nm, f* hairdresser, hair stylist; **aller chez le ~** to go to the hairdresser's ❑ **~ pour hommes** gentlemen's hairdresser, barber; **~ pour dames** ladies' hairdresser.

◆ **coiffeuse** *nf* dressing-table.

coiffure [kwafyr] *nf* -**1.** [coupe] hairdo, hairstyle; **se faire faire une nouvelle ~** to have one's hair styled OU restyled ❑ ~ à la garçonne Eton crop *Br*, urchin cut *Am*; ~ à la Jeanne d'Arc pudding-bowl cut. -**2.** [technique]: la ~ hairdressing. -**3.** [chapeau] headdress.

coin [kwɛ̃] *nm* -**1.** [angle] corner; **se cogner au ~ de la table** to hit the corner of the table; **le ~ de la rue** the corner of the street; **à un ~ de rue** on a street-corner; **la boulangerie qui est au ~** the baker's on OU at the corner ❑ **un ~ couloir/fenêtre** an aisle/a window seat; **à chaque ~ de rue, à tous les ~s de rue** all over the place, everywhere; **une robe comme on en trouve à tous les ~s de rue** a common or garden dress; **il n'y en a pas à tous les ~s de rue** you don't see many of them about; **au ~ du feu** *pr* by the fireside; **rester au ~ du feu** *fig* to stay at home; **au ~ d'un bois** *pr* somewhere in a wood; *fig* in a lonely place; **on n'aimerait pas le rencontrer au ~ d'un bois!** you wouldn't like to meet him on a dark night! -**2.** [commissure - des lèvres, de l'œil] corner; **du ~ de l'œil** [regarder, surveiller] out of the corner of one's eye. -**3.** [endroit quelconque] place, spot; **dans un ~ de la maison** somewhere in the house; **j'ai dû laisser mon livre dans un ~** I must have left my book somewhere or other; **dans un ~ de sa mémoire** in a corner of his memory; **bon ~: il connaît les bons ~s** he knows all the right places ‖ [espace réservé]: **le ~ des bricoleurs** COMM the do-it-yourself department ‖ *(suivi d'un n; avec ou sans trait d'union)*: **~ cuisine** kitchen recess; **~ salle à manger/salon** dining/sitting area ‖ [à la campagne] corner, place, spot; **quel ~ charmant!** what a lovely place!; **un petit ~ tranquille à la campagne** a quiet spot in the country; **un ~ perdu** [isolé] an isolated spot; [arriéré] a godforsaken place *péj*; **trouver un petit ~ pas cher (pour passer l'été)** to find somewhere not too expensive (for the summer); **c'est vraiment un ~ pourri!** *fam* what a dump! ❑ **les ~s et les recoins** the nooks and crannies; **le petit ~** *fam euph* the smallest room. -**4.** [parcelle] patch, plot; **un ~ de terre** a plot OU patch of land; **le ~ des fleurs** the flower plot; **il reste un ~ de ciel bleu** there's still a patch of blue sky. -**5.** IMPR [forme] die; [poinçon] stamp, hallmark; **idée marquée au ~ du bon sens** idea full of common sense. -**6.** [cale] wedge; **~ de centrage/serrage** centering/tightening wedge.

◆ **au coin** *loc adv*: **mettre un enfant au ~** to make a child stand in the corner (as punishment).

◆ **dans le coin** *loc adv* [dans le quartier - ici] locally, around here; [- là-bas] locally, around there; **elle habite dans le ~** [ici] she lives (somewhere) around here; [là-bas] she lives somewhere around there; **et Victor? — il est dans le ~** where's Victor? — somewhere around; **je passais dans le ~ et j'ai eu envie de venir te voir** I was in the area and I felt like dropping in (on you).

◆ **dans les coins** *loc adv* -**1.** [balayer, illuminer] in every nook and cranny. -**2.** *loc*: **connaître qqch dans les ~s** to know sthg like the back of one's hand.

◆ **dans son coin** *loc adv*: **laisser qqn dans son ~** to leave sb alone; **allons, ne laisse pas ton petit frère dans son ~** come on, make an effort to include your young brother; **rester dans son ~** to keep oneself to oneself; **elle reste toujours dans son ~** she doesn't mix.

◆ **dans tous les coins** *loc adv* everywhere, all over the place; **ils l'ont cherché dans tous les ~s** they went over the place with a fine-tooth OU fine-toothed comb looking for it, they searched high and low for it.

◆ **de coin** *loc adj* [étagère] corner *(modif)*.

◆ **du coin** *loc adj* local; **la boucherie du ~** the butcher's just round the corner, the local butcher's; **les gens du ~** [ici] people who live round here, the locals; [là-bas] people who live there, the locals; **être du ~** to live locally OU in the area; **désolé, je ne suis pas du ~** sorry, I'm not from around here.

◆ **en coin** ◇ *loc adj* [regard] sidelong; **un sourire en ~** a half-smile.

◇ *loc adv* [regarder, observer] sideways; **sourire en ~** to give a half-smile.

◆ **sur un coin de table** *loc adv*: **manger sur un ~ de table** to eat a hasty meal; **travailler sur un ~ de table** to bungle one's work; **ce n'est pas le genre de calcul qui peut se faire sur un ~ de table** that's not the sort of calculation you can do on the back of an envelope.

coinçage [kwɛ̃saʒ] *nm* TECH keying, wedging.

coincé, e *fam* [kwɛ̃se] *adj* -**1.** *péj* [inhibé] repressed, hung-up. -**2.** [mal à l'aise] tense, uneasy.

coincement [kwɛ̃smɑ̃] *nm* jamming.

coincer [16] [kwɛ̃se] ◇ *vt* -**1.** [immobiliser - volontairement] to wedge; [- accidentellement] to catch, to stick, to jam; **coince la roue avec une pierre** wedge the wheel with a stone; **mon manteau est coincé dans la portière** my coat's caught OU stuck in the door; **j'ai coincé la fermeture de ma robe** I got the zipper of my dress stuck; **il a été coincé entre la voiture et le mur** he was jammed OU trapped between the car and the wall. -**2.** *fam* [attraper] to corner, to nab, to collar; **se faire ~** to get nabbed; **j'arriverai bien à le ~ après le dîner** I'll corner him somehow after dinner. -**3.** *fam* [retenir]: **plus de trains? je suis coincé, maintenant!** the last train's gone? I'm in a real fix now!; **je suis coincé par ce qu'il a dit à ma mère** because of what he said to my mother, my hands are tied OU I'm stuck; **elle est coincée entre ses convictions et les exigences de la situation** she's torn between her convictions and the demands of the situation. -**4.** [mettre en difficulté - par une question] to catch out *(sép) Br*, to put on the spot; **là, ils t'ont coincé!** they've got you there!

◇ *vi* -**1.** [être calé]: **c'est la chemise bleue qui coince au fond du tiroir** the blue shirt at the back is making the drawer jam. -**2.** [être entravé] to stick; **les négociations coincent** the discussions have come to a sticking point ‖ *(tournure impersonnelle)*: **ça coince** *fam*: **ça coince (quelque part)** there's a hitch somewhere; **ça coince au niveau de mes parents!** my parents don't much care for the idea!

◆ **se coincer** ◇ *vpi* [se bloquer - clef, fermeture] to jam, to stick.

◇ *vpt*: **se ~ la main/le pied** to have one's hand/foot caught; **l'enfant s'est coincé le doigt dans la serrure** the child got his finger stuck in the lock.

coïncidence [kɔɛ̃sidɑ̃s] *nf* -**1.** [hasard] chance; **quelle ~ de vous voir ici!** what a coincidence seeing you here!; **c'est (une) pure ~** it's purely coincidental. -**2.** MATH coincidence. -**3.** ÉLECTRON: **~ d'oscillations** surging.

◆ **par coïncidence** *loc adv* coincidentally, by coincidence; **par ~, il était là aussi** by coincidence OU chance, he was there as well.

coïncident, e [kɔɛ̃sidɑ̃, ɑ̃t] *adj* -**1.** [dans l'espace] coextensive, coincident. -**2.** [dans le temps] concomitant, simultaneous.

coïncider [3] [kɔɛ̃side] *vi* -**1.** [s'ajuster l'un sur l'autre] to line up, to coincide, to be coextensive; **faites ~ les deux triangles** line up the two triangles (so that they coincide); **faire ~ les gains et les pertes** to equate gains and losses. -**2.** [se produire ensemble] to coincide; **nos anniversaires coïncident** our birthdays fall on the same day. -**3.** [concorder] to concord; **les deux témoignages coïncident** the two statements are consistent.

coin-coin [kwɛ̃kwɛ̃] ◇ *nm inv* quacking.

◇ *onomat* quack quack.

coïnculpé, e [koɛ̃kylpe] *nm, f* fellow-accused.

coing [kwɛ̃] *nm* quince.

coït [kɔit] *nm* coitus.

coke [kɔk] ◇ *nm* coke.

◇ *nf* *fam* coke.

cokéfaction [kɔkefaksjɔ̃] *nf* = **coking**.

cokéfiable [kɔkefjabl], **cokéfiant, e** [kɔkefjɑ̃, ɑ̃t] *adj* coking.

cokéfier [9] [kɔkefje] *vt* to coke.

cokerie [kɔkri] *nf* coking plant.

coking [kɔkiŋ] *nm* coking.

col [kɔl] *nm* -**1.** COUT collar; **~ boutonné** button-down collar; **~ cassé** wing collar; **~ châle** shawl collar; **~ cheminée** turtleneck; **~ chemisier** shirt collar; **~ Claudine** Peter Pan collar; **~ officier** mandarin collar; **~ Mao** Mao collar; **~ marin** sailor's collar; **faux ~** *pr* detachable collar; [de la bière] head; **un demi sans faux ~** a glass of beer with as little froth as possible; **~ blanc/bleu** white-collar/blue-collar worker; **~ roulé** [pull] polo-neck sweater; **se pousser du** OU **se hausser du** OU **se hausser le ~** *litt* to blow one's own trumpet. -**2.** [d'une bouteille] neck. -**3.** ANAT cervix, neck; **~ du fémur** neck of the thighbone; **~ de l'utérus** neck of the womb. -**4.** GÉOG pass, col; **le ~ du Saint-Gothard** the Saint Gotthard Pass.

col. *abr écrite de* colonne.

Col. (*abr écrite de* Colonel) Col.

cola [kɔla] = **kola**.

col-bleu *fam* [kɔlblø] (*pl* **cols-bleus**) *nm vieilli* sailor.

colchique [kɔlʃik] *nm* colchicum; **~ d'automne** autumn crocus.

cold-cream [kɔldkrim] (*pl* **cold-creams**) *nm* cold cream.

col-de-cygne [kɔldəsiɲ] (*pl* **cols-de-cygne**) *nm* swan-neck.

colégataire [kɔlegatɛr] *nmf* joint legatee.

coléoptère [kɔleɔptɛr] *nm* member of the Coleoptera.

colère [kɔlɛr] ◇ *nf* -**1.** [mauvaise humeur] anger, rage; **passer sa ~ sur qqn** to take out one's bad temper on sb ❑ **~ bleue** OU **noire** towering rage; **la ~ est mauvaise conseillère** *prov* anger and haste hinder good counsel. -**2.** [crise] fit of anger OU rage; [d'un enfant] tantrum; **faire** OU **piquer** *fam* **une ~** [adulte] to fly into a temper; [enfant] to have OU to throw a tantrum; **entrer dans une violente ~** to fly into a violent rage. -**3.** *litt* [des éléments, des dieux] wrath; **la ~ de Dieu** BIBLE the wrath of God ❑ **'Aguirre ou la ~ de Dieu'** *Herzog* 'Aguirre, the Wrath of God'.

◇ *adj vieilli*: **être ~** to be bad-tempered.

◆ **avec colère** *loc adv* angrily, in anger; **il se retourna avec ~** he turned round angrily; **va-t'en, dit-il avec ~** go away, he said in anger.

◆ **en colère** *loc adj* angry, livid, mad; **être en ~ contre qqn** to be angry with sb *Br* OU at sb *Am*; **mettre qqn en ~** to make sb angry; **se mettre en ~** to flare up, to lose one's temper; **je vais me mettre en ~!** I'm going to get angry!

coléreux, euse [kɔlerø, øz], **colérique** [kɔlerik] *adj* irritable, quick-tempered; **il a un caractère très ~** he's got quite a temper.

colibacille [kɔlibasil] *nm* colon bacillus.

colibacillose [kɔlibasiloz] *nf* colibacillosis.

colibri [kɔlibri] *nm* humming bird, colibri.

colifichet [kɔlifiʃɛ] *nm* knick-knack, trinket; **vendre des ~s** to sell fancy goods.

colimaçon [kɔlimasɔ̃] *nm* snail.

colin [kɔlɛ̃] *nm* [lieu noir] coley *Br*, pollock *Am*; [lieu jaune] pollack; [merlan] whiting; [merlu] hake.

colinéaire [kɔlineɛr] *adj* collinear.

colineau [kɔlino] *nm* codling.

colin-maillard [kɔlɛ̃majar] (*pl* **colin-maillards**) *nm* blind man's buff.

colinot [kɔlino] = **colineau**.

colin-tampon [kɔlɛ̃tɑ̃pɔ̃] (*pl* **colin-tampons**) *nm* drum beat; **il s'en moque** OU **il s'en soucie comme de ~** *fam vieilli* he doesn't give a damn about it.

colique [kɔlik] *nf* -**1.** *fam* [diarrhée] diarrhoea; **avoir la ~** to have diarrhoea; **ça me flanque la ~** *fig* it gives me the heebie-jeebies. -**2.** MÉD [douleur] colic, stomach ache; **~s néphrétiques** renal colic. -**3.** ▽ [contrariété] hassle, drag; **quelle ~!** what a pain!

colis [kɔli] *nm* package, packet, parcel; **~ piégé** parcel *Br* OU package *Am* bomb; **~ postal** postal packet; **par ~ postal** by parcel post.

colistier, ère [kɔlistje, ɛr] *nm, f* fellow candidate *(on a list or platform)*.

colite [kɔlit] *nf* colitis.

coll. -**1.** *abr écrite de* collection. -**2.** (*abr écrite de* collaborateurs): et ~ et al.

collabo [kɔlabo] *nmf péj* & HIST collaborationist.

collaborateur, trice [kɔlabɔratœr, tris] *nm, f* -**1.** [aide] associate. -**2.** [membre du personnel] member of staff. -**3.** *péj* & HIST collaborator, collaborationist.

collaboration [kɔlabɔrasjɔ̃] *nf* -**1.** [aide] collaboration, co-operation, help; **merci de votre** ~ thank you for your co-operation; ~ **étroite** close co-operation. -**2.** HIST [politique] collaborationist policy; [période] collaboration.

collaborationniste [kɔlabɔrasjɔnist] *nmf* & *adj péj* & HIST collaborationist.

collaborer [3] [kɔlabɔre] *vi* -**1.** [participer] to participate; **ont aussi collaboré...** also taking part were...; ~ **à** to take part OU to participate in; PRESSE to write for, to contribute to, to be a contributor to. -**2.** *péj* & HIST to collaborate.

collage [kɔlaʒ] *nm* -**1.** [fixation] gluing, sticking; ~ **des affiches** billposting, bill sticking; ~ **du papier peint** paperhanging. -**2.** BX-ARTS collage. -**3.** *fam* [concubinage] affair. -**4.** ŒNOL fining. -**5.** INDUST sizing.

collagène [kɔlaʒɛn] *nm* collagen.

collant, e [kɔlɑ̃, ɑ̃t] *adj* -**1.** [adhésif] adhesive, sticking; **papier** ~ gummed paper ‖ [poisseux] sticky; **j'ai les mains** ~**es** my hands are sticky. -**2.** [moulant] tightfitting; **un pull** ~ a skintight sweater. -**3.** *fam péj* [importun] limpet-like; **qu'il est** ~**!** [importun] he just won't leave you alone!; [enfant] he's so clinging!, he won't give you a minute's peace!

◆ **collant** *nm* -**1.** [bas] pair of tights, pantyhose *Am (U)*. -**2.** [de danse] leotard.

◆ **collante** *nf arg scol* [convocation] *letter asking a student to present himself for an exam*.

collapsus [kɔlapsys] *nm* collapse MÉD.

collatéral, e, aux [kɔlateral, o] ◇ *adj* -**1.** [de chaque côté] collateral; **les rues** ~**es** [les rues parallèles] the streets that run parallel; [les rues perpendiculaires] the side streets. -**2.** ANAT & JUR collateral. -**3.** GÉOG: **points collatéraux** intermediate points *(of the compass)*.

◇ *nm, f* JUR collateral relative.

◆ **collatéral, aux** *nm* ARCHIT aisle.

collation [kɔlasjɔ̃] *nf* -**1.** [repas] light meal, snack. -**2.** RELIG collation, conferral, conferment. -**3.** [de textes] collation.

collationnement [kɔlasjɔnmɑ̃] *nm* checking, collation.

collationner [3] [kɔlasjɔne] *vt* to collate.

colle [kɔl] *nf* -**1.** [glu] glue, adhesive; ~ **à bois** wood glue; ~ **végétale** vegetable size. -**2.** *fam* [énigme] trick question, poser, teaser; **poser une** ~ **à qqn** to set sb a poser; **là, vous me posez une** ~**!** you've got me there! -**3.** *arg scol* [examen] oral test; [retenue] detention; **avoir une** ~ to get detention, to be kept in OU behind (after school); **j'ai eu une** ~ I got detention; **mettre une** ~ **à qqn** to keep sb behind (in detention); **une heure de** ~ an hour's detention.

◆ **à la colle** *fam loc adv*: **ils sont à la** ~ they've shacked up together, they're living in sin *hum*.

collectage [kɔlɛktaʒ] *nm* collection, picking up.

collecte [kɔlɛkt] *nf* -**1.** [ramassage] collection; **faire la** ~ **du lait** to collect milk *(from farms for transportation to the local creamery)*; **faire la** ~ **des vieux journaux** to pick up (bundles of) old newspapers set aside for collection. -**2.** INF: ~ **des données** data collection OU gathering. -**3.** [quête] collection; **faire une** ~ to collect money, to make a collection; **je fais une** ~ **pour lui acheter un cadeau de notre part à toutes** I've started a kitty to buy her a present from us all.

collecter [4] [kɔlɛkte] *vt* [argent] to collect; [lait, ordures] to collect, to pick up *(sép)*.

collecteur, trice [kɔlɛktœr, tris] ◇ *adj* collecting.

◇ *nm, f* ADMIN: ~ **d'impôts** tax collector.

◆ **collecteur** *nm* -**1.** ÉLECTR collector, commutator. -**2.** MÉCAN manifold; ~ **d'admission** intake manifold; ~ **d'air** ÉLECTRON air-trap; ~ **de dynamo** collector ring; ~ **d'échappement** AUT exhaust manifold; ~ **de pont** NAUT deck manifold; ~ **supérieur** upper header. -**3.** CULIN drip cup, juice collector cup. -**4.** [égout] main sewer.

collectif, ive [kɔlɛktif, iv] *adj* -**1.** [en commun] collective, common; **une démarche collective serait plus efficace** collective representations would have more impact. -**2.** [de masse] general, mass *(modif)*, public; **suicide** ~ mass suicide; **licenciements** ~**s** mass redundancies; **terreur collective** general panic. -**3.** TRANSP group *(modif)*. -**4.** GRAMM collective.

◆ **collectif** *nm* -**1.** GRAMM collective noun. -**2.** FIN: ~ **budgétaire** interim budget, extra credits. -**3.** [groupe d'auteurs] group of writers; **ouvrage rédigé par un** ~ **sous la direction de Jean Dupont** by Jean Dupont et al.

collection [kɔlɛksjɔ̃] *nf* -**1.** [collecte] collecting; **il fait** ~ **de timbres** he collects stamps. -**2.** [ensemble de pièces] collection; ~ **privée** private collection; **aller voir les** ~**s d'un musée** to visit the collections of a museum; **une amende, je l'ajoute à ma** ~**!** *hum* another fine for my collection! -**3.** *fam péj* [clique]: **une** ~ **de** a bunch OU crew of; **une belle** ~ **d'imbéciles!** a fine bunch of idiots! -**4.** COMM [série - gén] line, collection; [- de livres] collection, series; **toute la** ~ the complete set, all the back issues; **dans la** ~ **jeunesse** in the range of books for young readers; **la** ~ **complète des œuvres de Victor Hugo** the collected works of Victor Hugo. -**5.** VÊT collection; **les** ~**s** [présentations] fashion shows; **pendant les** ~**s** while the fashion shows are on. -**6.** MÉD gathering.

collectionner [3] [kɔlɛksjɔne] *vt* -**1.** [tableaux, timbres] to collect. -**2.** *hum* [avoir en quantité]: **il collectionne les ennuis** he's never out of trouble; **les enfants collectionnent les virus!** children pick up every virus (that's) going!; **je collectionne les factures en ce moment!** I'm inundated with bills at the moment!

collectionneur, euse [kɔlɛksjɔnœr, øz] *nm, f* collector.

collectionnisme [kɔlɛksjɔnism] *nm* passion for hoarding OU collecting (things).

collectivement [kɔlɛktivmɑ̃] *adv* collectively; **ils sont** ~ **responsables** they're collectively responsible; **ils se sont élevés** ~ **contre la nouvelle loi** they protested as a group against the new law.

collectivisation [kɔlɛktivizasjɔ̃] *nf* collectivization, collectivizing.

collectiviser [3] [kɔlɛktivize] *vt* to collectivize.

collectivisme [kɔlɛktivism] *nm* collectivism.

collectiviste [kɔlɛktivist] *adj* & *nmf* collectivist.

collectivité [kɔlɛktivite] *nf* -**1.** [société] community; **au sein de la** ~ within the community; **dans l'intérêt de la** ~ in the public interest. -**2.** ADMIN: **les** ~**s locales** [dans un État] local authorities; [dans une fédération] federal authorities.

collège [kɔlɛʒ] *nm* -**1.** SCOL school; ~ **privé/technique** private/technical school; ~ **d'enseignement secondaire** → **CES**; ~ **d'enseignement technique** → **CET**; **le Collège de France** the Collège de France ‖ RELIG private school *(run by a religious organization)*. -**2.** [corps constitué] college. -**3.** ADMIN body; ~ **électoral** body of electors, constituency.

LE COLLÈGE DE FRANCE:
This place of learning near the Sorbonne holds public lectures given by prominent academics and specialists. It is not a university and does not confer degrees, although it is controlled by the Ministry of Education.

collégial, e, aux [kɔleʒjal, o] *adj* collegial, collegiate; **exercer un pouvoir** ~ to rule collegially.

◆ **collégiale** *nf* RELIG collegiate church.

collégialité [kɔleʒjalite] *nf* collegiality, collegial structure OU authority.

collégien, enne [kɔleʒjɛ̃, ɛn] *nm, f* schoolkid, schoolboy (*f* schoolgirl); **rougir comme un** ~ to blush like a schoolboy; **se conduire comme un** ~ to behave like a schoolkid ❑ **prendre qqn pour un** ~ to take sb for a fool; **tu me prends pour un** ~**!** do you think I was born yesterday?

collègue [kɔlɛg] *nmf* -**1.** [employé] colleague, fellow-worker; ~ **de bureau**: **je l'ai prêté à un** ~ **de bureau** I lent it to somebody at the office. -**2.** [homologue] opposite number; **son** ~ **de l'opposition** his counterpart in the opposition. -**3.** *fam hum* [autrui]: **demande au** ~ **de se pousser** ask our friend here to move over; **salut** ~**!** how's things!

coller [3] [kɔle] ◇ *vt* -**1.** [fixer - étiquette, timbre] to stick (down); [- tissu, bois] to glue (on); [- papier peint] to paste (up); [- affiche] to post, to stick up *(sép)*, to put up *(sép)*. -**2.** [fermer - enveloppe] to close up *(sép)*, to stick down *(sép)*. -**3.** [emmêler] to mat, to plaster; **le poil du chien est tout collé** the dog's coat is all matted; **les cheveux collés par la pluie** his hair plastered by the rain. -**4.** [appuyer] to press; ~ **le nez sur la vitre** to press one's face to the window; ~ **son oreille contre le mur** to press one's ear against the wall; ~ **qqn au mur** to put sb against a wall. -**5.** *fam* [suivre] to follow closely, to tag along behind; **ne me colle pas comme ça!** stop following me everywhere!, just let go of me, will you!; **la voiture nous colle de trop près** the car's keeping too close to us. -**6.** *fam* SCOL [punir] to keep in *(sép)*; **se faire** ~ to get a detention ‖ [refuser]: **se faire** ~ **à un examen** to fail an exam. -**7.** *fam* [mettre - chose] to dump, to stick; [- personne] to put, to stick; **colle ton sac là** stick OU dump your bag over there; **ils l'ont collée en pension/en prison** they stuck her in a boarding school/put her in jail; **je vais lui** ~ **mon poing sur la figure!** I'm going to thump him on the nose!; **je vous colle une contravention!** I'm booking you! -**8.** *fam* [imposer] to foist on, to saddle with; ~ **qqch à qqn**: **ils m'ont collé le bébé pour la semaine** they've lumbered *Br* OU saddled me with the baby for a week ‖ [obliger à devenir]: **ils l'ont collé responsable des sports** they saddled him with the sports editorship. -**9.** ŒNOL to fine. -**10.** INDUST to size.

◇ *vi* -**1.** [adhérer - timbre] to stick; **ces vieilles étiquettes ne collent plus** these old labels don't stick any more; **le caramel colle aux dents** toffee sticks to your teeth ‖ [être poisseux] to be sticky; **avoir les doigts qui collent** to have sticky fingers; **j'ai horreur de la confiture, ça colle** I hate jam, it's sticky ❑ ~ **aux basques** OU **aux semelles de qqn** *fam* to stick to sb like glue; ~ **au derrière** *fam* OU **aux fesses**[▽] **de qqn** *fig* to stick to sb like a limpet; ~ **à la peau de qqn** *pr* to fit sb tightly; *fig* to be inherent to OU innate in sb; **la méfiance lui colle à la peau** he was born suspicious. -**2.** [vêtement] to cling. -**3.** *fam* [aller bien]: **ça colle!** it's OK!, right-ho! *Br*; **ça ne colle pas** it doesn't work, something's wrong; **il y a quelque chose qui ne colle pas** there's something wrong somewhere; **ça ne colle pas pour demain soir** tomorrow night's off; **ça ne colle pas entre eux** they're not hitting it off very well; **les couleurs sont bien, c'est la taille qui ne colle pas** it's the right shade, but the size is no good; ~ **avec** to match up to, to fit in with; **ça ne colle pas avec son caractère** it's just not like him; **les faits ne collent pas les uns avec les autres** the facts don't make sense. -**4.** *fam* JEUX: **toi, tu colles (et nous, on se cache)!** you count (up to ten and we hide)!

◆ **coller à** *v + prép* [respecter] to be faithful to; ~ **à son sujet** to stick to one's subject; **vous collez trop à l'original** you're too close to the original text; ~ **à la réalité** to stay close to reality; une émission qui colle à l'actualité a programme that keeps up with current events.

◆ **se coller** ◇ *vpi* -**1.** [se blottir] to snuggle up OU to cling to, to hug; **les chatons se collaient les uns aux autres** the kittens were snuggling up to each other; **se ~ à** OU **contre un mur pour ne pas être vu** to press o.s. up against a wall in order not to be seen. -**2.** *fam* [s'installer]: **les enfants se sont collés devant la télé** the children plonked themselves down in front of the TV. -**3.** *loc*: **se ~ ensemble**▽ [vivre ensemble] to shack up together; **s'y ~** *fam* [s'atteler à un problème, une tâche] to make an effort to do sthg, to set about doing sthg; **maintenant, il faut t'y ~** you must get down to work now; **je vais m'y ~ sérieusement** I'm going to get down to it seriously.

◇ *vpt fam*: **se ~ qqch** to take sthg on; **c'est moi qui me colle les gosses!** I'm the one who has to put up with the kids!; **il s'est collé tout Proust pour l'examen** he got through all of Proust for the exam.

collerette [kɔlrɛt] *nf* -**1.** COUT collar, collarette; **~ de dentelle** lace collar ‖ HIST frill, ruff. -**2.** CULIN (paper) frill. -**3.** [sur une bouteille] neck-band label. -**4.** MÉCAN flange. -**5.** BOT annulus.

collet [kɔlɛ] *nm* -**1.** [col] collar; **être ~ monté** to be straight-laced; **mettre la main au ~ de qqn** to arrest OU to collar sb; **prendre qqn au ~** *pr* to seize OU to grab sb by the neck; *fig* to nab sb in the act. -**2.** CULIN neck; **~ de veau/bœuf** neck of veal/beef. -**3.** ANAT neck. -**4.** BOT annulus, ring. -**5.** [piège] noose, snare; **prendre un lapin au ~** to snare a rabbit.

colleter [27] [kɔlte] *vt* to seize by the collar; **se faire ~** to be collared OU nabbed.

◆ **se colleter** *vp (emploi réciproque)* to fight.

◆ **se colleter avec** *vp + prép* to struggle OU to wrestle with.

colleur, euse [kɔlœr, øz] *nm, f*: **~ d'affiches** billsticker, bill poster.

◆ **colleuse** *nf* -**1.** CIN splicer, splicing unit. -**2.** IMPR pasting machine. -**3.** PHOT mounting press.

colley [kɔlɛ] *nm* collie.

collier [kɔlje] *nm* -**1.** JOAILL necklace, necklet; **~ de perles** string of pearls; **~ ras du cou** choker. -**2.** [parure] collar; **~ de fleurs** garland of flowers. -**3.** [courroie - pour chien, chat] collar; **~ antipuces** flea collar; **~ de cheval** horse-collar ❑ **~ de misère** yoke of misery ‖ *fig*: **donner un coup de ~** to make a special effort; **encore un petit coup de ~!** just one more try!; **reprendre le ~** to get back into harness OU to the treadmill *péj*. -**4.** MÉCAN clip, collar, ring; **~ d'arbre** shaft collar; **~ de blocage** clamping ring; **~ de câble** cable clamp; **~ de fixation** bracket, clip; **~ de serrage** clamp collar; **~ ressort** spring clip. -**5.** [de plumes, de poils] collar, frill, ring; **pigeon à ~** ring-necked pigeon; **~ (de barbe)** short OU clipped beard; **porter le ~** to be bearded, to have a beard.

collimateur [kɔlimatœr] *nm* ASTRON & OPT collimator; ARM sight; **avoir qqn dans le ~** OU **son ~** to have one's eye on sb; **il est dans le ~ du patron** the boss has got his eye on him.

colline [kɔlin] *nf* hill, hillock, tussock; **les ~s** [au pied d'un massif] the foothills; **au sommet de la ~** up on the hilltop; **sur le versant de la ~** on the hillside.

collision [kɔlizjɔ̃] *nf* -**1.** [choc] collision, impact; **entrer en ~ avec** to collide with; **~ entre les manifestants et la police** clash between demonstrators and police ‖ AUT crash; **~ en chaîne** OU **série** (multiple) pile-up. -**2.** [désaccord] clash; **~ d'intérêts** clash of interests. -**3.** GÉOG & PHYS collision.

collocation [kɔlɔkasjɔ̃] *nf* -**1.** JUR order of priority, ranking. -**2.** LING collocation.

colloïdal, e, aux [kɔlɔidal, o] *adj* colloidal.

colloïde [kɔlɔid] *nm* colloid.

colloque [kɔlɔk] *nm* conference, colloquium, seminar.

colloquer [3] [kɔlɔke] *vt*: **~ des créanciers** *to list creditors in bankruptcy proceedings in the order in which they should be paid*.

collusion [kɔlyzjɔ̃] *nf* collusion; **il y a ~ entre eux** they're in collusion.

collusoire [kɔlyzwar] *adj* collusive.

collutoire [kɔlytwar] *nm* antiseptic throat preparation; **~ en aérosol** throat spray.

collyre [kɔlir] *nm* eyewash, antiseptic eye lotion.

colmatage [kɔlmataʒ] *nm* -**1.** [réparation] filling-up, plugging; **après le ~ des brèches du barrage** after plugging the gaps in the dam. -**2.** MIL consolidation. -**3.** AGR warping. -**4.** [fait d'obstruer] clogging, choking.

colmater [3] [kɔlmate] *vt* -**1.** [boucher] to fill in *(sép)*, to plug, to repair; **~ le déficit du commerce extérieur** to attempt to reduce the size of the trade gap ❑ **~ les brèches** *pr* & *fig* to close the gaps. -**2.** AGR to warp. -**3.** MIL to consolidate.

colo *fam* [kolo] *nf* (children's) holiday camp.

colocataire [kɔlɔkatɛr] *nmf* co-tenant.

colocation [kɔlɔkasjɔ̃] *nf* joint tenancy, joint occupancy.

cologarithme [kɔlɔgaritm] *nm* cologarithm.

Cologne [kɔlɔɲ] *npr* Cologne.

Colomb [kɔlɔ̃] *npr*: **Christophe ~** Christopher Columbus.

colombage [kɔlɔ̃baʒ] *nm* frame wall, studwork.

◆ **à colombages** *loc adj* half-timbered.

colombe [kɔlɔ̃b] *nf* dove; **les ~s et les faucons** POL the doves and the hawks.

Colombie [kɔlɔ̃bi] *npr f*: **(la) ~** Colombia.

Colombie-Britannique [kɔlɔ̃bibritanik] *npr f*: **(la) ~** British Columbia.

colombien, enne [kɔlɔ̃bjɛ̃, ɛn] *adj* Columbian.

◆ **Colombien, enne** *nm, f* Columbian.

colombier [kɔlɔ̃bje] *nm* dovecot, dovecote, pigeon house.

colombin, e [kɔlɔ̃bɛ̃, in] *adj* reddish-purple.

◆ **colombin** *nm* -**1.** ORNITH male pigeon. -**2.** ▽ [étron] turd.

◆ **colombine** *nf* AGR guano.

Colombine [kɔlɔ̃bin] *npr* Colombine.

colombium [kɔlɔ̃bjɔm] *nm* columbium.

Colombo [kɔlɔ̃bo] *npr* Colombo.

colombophile [kɔlɔ̃bɔfil] ◇ *adj* pigeon-fancying.

◇ *nmf* pigeon fancier.

colombophilie [kɔlɔ̃bɔfili] *nf* pigeon fancying.

colon [kɔlɔ̃] *nm* -**1.** [pionnier] colonist, settler. -**2.** [enfant] boarder, camper *(at a "colonie de vacances")*. -**3.** *arg mil* colonel; **ben mon ~!** *hum* struth!

côlon [kolɔ̃] *nm* colon.

colonel [kɔlɔnɛl] *nm* [de l'armée - de terre] colonel; [- de l'air] group captain *Br*, colonel *Am*.

colonelle [kɔlɔnɛl] *nf* colonel's wife.

colonial, e, aux [kɔlɔnjal, o] ◇ *adj* colonial; **l'empire ~** the (colonial) Empire, the colonies; **style ~ (américain)** colonial style, Early American.

◇ *nm, f* colonial; **mon père était un ~** my father lived in the colonies.

◆ **coloniale** *nf* MIL: **la ~e** the colonial troops.

colonialisme [kɔlɔnjalism] *nm* colonialism.

colonialiste [kɔlɔnjalist] ◇ *adj* colonialistic.

◇ *nmf* colonialist.

colonie [kɔlɔni] *nf* -**1.** [population] settlement. -**2.** POL [pays] colony; **vivre aux ~s** to live in the colonies ‖ [fondation]: **~ pénitentiaire** penal colony. -**3.** [minorité] colony; **la ~ indienne de Vancouver** the Indian colony in Vancouver; **la ~ bretonne de Paris** the Breton community in Paris. -**4.** ZOOL colony group; **une ~ de fourmis** a colony of ants; **des ~s de touristes marchaient vers la plage** crowds of tourists were marching along to the beach. -**5.** [communauté] community, (little) group; **une ~ de peintres** a little group of painters. -**6.** LOISIRS: **~ (de vacances)** *organized holidays for children*; **l'été dernier, j'ai fait une ~** [enfant] I went to summer camp last year; [moniteur] I worked at a summer camp OU I was a camp counsellor *Am* last summer; **aller à la montagne en ~ de vacances** [moniteur] to take a group of children on holiday to the mountains.

COLONIE DE VACANCES:

The "colonie de vacances" or "colo" is an integral part of childhood for many French people. The children's parents do not stay with them at the "colonie", the group being supervised by "moniteurs" (group leaders), who organize games and activities.

---

colonisable [kɔlɔnizabl] *adj* colonizable, fit for colonization.

colonisateur, trice [kɔlɔnizatœr, tris]

◇ *adj* colonizing.

◇ *nm, f* colonizer.

colonisation [kɔlɔnizasjɔ̃] *nf* -**1.** [conquête] colonization; **après la ~ de l'Afrique** after the colonization of Africa. -**2.** [période]: **la ~** (the age of) colonization. -**3.** *péj* [influence] subjugation, colonization.

colonisé, e [kɔlɔnize] ◇ *adj* colonized.

◇ *nm, f* inhabitant of a colonized country; **les ~s** colonized peoples.

coloniser [3] [kɔlɔnize] *vt* -**1.** POL to colonize. -**2.** *fam* [envahir] to take over *(sép)*, to colonize; **ne les laissez pas ~ nos plages!** don't let them take over our beaches! -**3.** *péj* [influencer] to subjugate, to influence; **les productions américaines ont-elles colonisé notre télévision?** have American programmes taken over our TV channels?

colonnade [kɔlɔnad] *nf* ARCHIT colonnade.

colonne [kɔlɔn] *nf* -**1.** ARCHIT column, pilaster, pillar; **~ dorique/ionique** Doric/Ionic column. -**2.** [monument] column; [colonnette] pillar; **~ Morris** *dark green ornate pillar used to advertise forthcoming attractions in Paris*; **la ~ Trajane** Trajan's Column. -**3.** CONSTR & TRAV PUBL [poteau] column, post, upright; **~ d'appui** support beam; **~ de levage** lifting column ‖ [conduite] riser, pipe; **~ de distribution** standpipe; **~ montante** rising main, riser. -**4.** ANAT: **~ (vertébrale)** backbone, spinal column *spéc*; **avoir mal à la ~** *fam* to have backache. -**5.** MÉCAN column; **~ de direction** steering column. -**6.** [masse cylindrique]: **~ de liquide/mercure** liquid/mercury column. -**7.** [forme verticale] column, pillar; **~ d'eau** column of water, waterspout; **~ de feu/fumée** pillar of fire/smoke. -**8.** [file] column, line; **~ de tête/queue** MIL front/rear column; **~ d'assaut** attacking column; **~ de ravitaillement** supply column ❑ **la ~ infernale** HIST *Republican soldiers fighting the people of Vendée in 1793*. -**9.** [d'un formulaire] column; **ne rien inscrire dans cette ~** do not write in this column; **les rangées et les ~s d'un tableau** the rows and columns of a table; **~ des unités** unit column. -**10.** PRESSE column; **~s rédactionnelles** editorial columns; **dans les ~s de votre quotidien** in your daily paper; **comme je l'écrivais hier dans ces ~s** as I wrote yesterday in these pages.

◆ **en colonne** *loc adv*: **en ~ par trois/quatre** in threes/fours; **les enfants étaient en ~ par deux** the children formed a line two abreast.

colonnette [kɔlɔnɛt] *nf* small column, colonnette.

colonoscopie [kɔlɔnɔskɔpi] *nf* colonoscopy.

colopathie [kɔlɔpati] *nf* colonopathy.

colophane [kɔlɔfan] *nf* colophony, rosin.

coloquinte [kɔlɔkɛ̃t] *nf* -**1.** BOT colocynth. -**2.** *fam* [tête] nut.

Colorado [kɔlɔrado] *npr m* -**1.** [État]: **le ~** Colorado. -**2.** [fleuve]: **le ~** the Colorado (River).

colorant, e [kɔlɔrɑ̃, ɑ̃t] *adj* colouring.

◆ **colorant** *nm* colorant, dye, pigment; **~ alimentaire** food colouring *(U)*, edible dye; **'sans ~s'** 'no artificial colouring'.

coloration [kɔlɔrasjɔ̃] *nf* -**1.** [couleur] pigmentation, colouring. -**2.** [chez le coiffeur] hair tinting; **se faire faire une ~** to have one's hair tinted; **je vous fais une ~?** shall I give you a colour rinse? -**3.** [de la voix, d'un instrument] colour. -**4.** [tendance]: **~ politique** political colour OU tendency.

coloré, e [kɔlɔre] *adj* -**1.** [teinté] brightly coloured; **une eau ~e** [à la teinture] water with dye in it; [avec du vin] water with just a drop of wine in it ‖ [bariolé] multicoloured. -**2.** [expressif] colourful, vivid, picturesque; **leur langage ~** their colourful language.

colorer [3] [kɔlɔre] *vt* -**1.** [teinter - dessin, objet] to colour; [- ciel, visage] to tinge, to colour; **~ qqch en rouge/jaune** to colour sthg red/yellow; **l'émotion lui colorait les joues** he was flushed with emotion; **l'aurore colore de rose les maisons des pêcheurs** dawn gives a pink tinge to the fishermen's cottages. -**2.** [teindre - tissu] to dye; [- bois] to stain, to colour. -**3.** CULIN [oignons, viande] to brown lightly.

◆ **se colorer** *vpi* [prendre couleur] to blush, to redden; **les pêches commencent à se ~** the peaches are beginning to ripen; **son visage se colora sous l'effet de la confusion** his face reddened with embarrassment; **se ~ de** *fig* to be tinged with; **sa colère se colorait d'attendrissement** his anger was tinged with pity.

coloriage [kɔlɔrjaʒ] *nm* -**1.** [technique] colouring; **faire du ~** OU **des ~s** to colour (a drawing). -**2.** [dessin] coloured drawing.

colorier [9] [kɔlɔrje] *vt* to colour in; **colorie le crocodile en vert** colour in the crocodile (in OU with) green.

colorimètre [kɔlɔrimɛtr] *nm* colorimeter, tintometer.

colorimétrie [kɔlɔrimetri] *nf* colorimetry, colorimetrics *(U)*.

coloris [kɔlɔri] *nm* [couleur] colour; [nuance] shade; **les ~ pastel** pastel shades OU colours; **nous avons cette jupe dans d'autres ~** we have the same skirt in other colours.

colorisation [kɔlɔrizasjɔ̃] *nf* colorization.

coloriser [3] [kɔlɔrize] *vt* to colorize.

coloriste [kɔlɔrist] *nmf* -**1.** BX-ARTS colourist. -**2.** IMPR colorer, colourist. -**3.** [coiffeur] hairdresser *(specializing in tinting)*.

colossal, e, aux [kɔlɔsal, o] *adj* huge, colossal.

colossalement [kɔlɔsalmɑ̃] *adv* hugely, colossally.

colosse [kɔlɔs] *nm* -**1.** [statue] colossus; **le ~ de Rhodes** the Colossus of Rhodes; **un ~ aux pieds d'argile** an idol with feet of clay. -**2.** [homme de grande taille] giant; **un ~ de l'automobile** *fig* a giant car manufacturer.

colostomie [kɔlɔstɔmi] *nf* colostomy.

colostrum [kɔlɔstrɔm] *nm* colostrum.

colportage [kɔlpɔrtaʒ] *nm* hawking, peddling.

colporter [3] [kɔlpɔrte] *vt* -**1.** [vendre] to hawk, to peddle. -**2.** [répandre] to hawk about *(sép)*; **qui a colporté la nouvelle?** who spread the news?

colporteur, euse [kɔlpɔrtœr, øz] *nm, f* hawker, pedlar; **~ de mauvaises nouvelles** bringer of bad tidings; **~ de ragots** scandalmonger.

colt [kɔlt] *nm* gun.

coltiner [3] [kɔltine] *vt* to carry; **~ de lourdes charges** to carry heavy loads.

◆ **se coltiner** *fam vpt* -**1.** [porter]: **se ~ une valise/boîte** to lug a suitcase/box around. -**2.** [supporter - corvée] to take on *(sép)*, to put up with *(insép)*; [- personne indésirable] to put up with; **celui-là, faut se le ~!** you certainly need patience to put up with him!

columbarium [kɔlɔ̃barjɔm] *nm* columbarium.

colvert [kɔlvɛr] *nm* mallard.

Colysée [kɔlize] *npr m*: **le ~** the Colosseum.

colza [kɔlza] *nm* colza, rape.

coma [kɔma] *nm*: **le ~** a coma; **tomber** OU **sombrer dans le ~** to go OU to fall into a coma ❑ **~ dépassé** irreversible coma.

Comanche [kɔmɑ̃ʃ] *nmf* Comanche; **les ~s** the Comanche.

comandant [kɔmɑ̃dɑ̃] *nm* joint mandator.

comandataire [kɔmɑ̃datɛr] *nmf* joint proxy.

comateux, euse [kɔmatø, øz] *adj* comatose.

combat [kɔ̃ba] *nm* -**1.** MIL battle, fight; **~ aérien/naval** air/sea battle; **~ d'arrière-garde** *pr* & *fig* rearguard action; **des ~s de rue** street fighting; **quelques ~s isolés dans les montagnes** some isolated skirmishes in the mountains; **aller au ~**: **les tanks ne sont jamais allés au ~** the tanks never went into battle; **il n'est jamais allé au ~** he never saw action ❑ **et le ~ cessa faute de combattants** and the combat ceased for want of fighters. -**2.** [lutte physique] fight; **~ corps à corps** hand-to-hand combat; **~ rapproché** close combat; **~ singulier** single combat; **en ~ singulier** *fig* on a one-to-one basis ‖ SPORT contest, fight; **~ de boxe** boxing match; **~ de coqs** cockfight. -**3.** [lutte morale, politique] struggle, fight; **continuons le ~!** the struggle goes on!; **le bon ~** the good fight; **mener le bon ~** to fight for a just cause; **le ~ contre l'alcoolisme/la pauvreté** the fight against alcoholism/poverty; **son ~ de tous les instants contre l'injustice** her relentless fight OU war against injustice; **son long ~ contre le cancer** his long struggle against cancer; **~ d'intérêts** clash of interests.

◆ **de combat** *loc adj* -**1.** MIL [zone] combat *(modif)*; [réserves] battle *(modif)*, war *(modif)*; **avion de ~** warplane, fighter plane; **navire de ~** battleship; **tenue de ~** battledress. -**2.** [de choc] militant.

combatif, ive [kɔ̃batif, iv] *adj* [animal] aggressive; [personne] combative, aggressive, pugnacious *litt*; **se montrer ~** to be ready for a fight; **être d'humeur ~** to be full of fight; **tu n'es pas d'humeur très combative aujourd'hui** you haven't got any fight in you today.

combativité [kɔ̃bativite] *nf* combativeness, aggressiveness, pugnacity *litt*.

combattant, e [kɔ̃batɑ̃, ɑ̃t] ◇ *adj* fighting.

◇ *nm, f* MIL combatant, fighter, soldier; [adversaire] fighter.

combattre [83] [kɔ̃batr] ◇ *vt* -**1.** MIL to fight (against); **~ l'ennemi** to give battle to the enemy. -**2.** [s'opposer à - inflation, racisme] to combat, to fight, to struggle against; [- politique] to oppose, to fight; **il est difficile de ~ son instinct** it's difficult to go against one's instincts; **il a longtemps combattu la maladie** he fought OU struggled against the disease for a long time. -**3.** [agir contre - incendie] to fight; **lotion qui combat l'acné** lotion for acne; **pour ~ l'effet nocif du soleil sur vos cheveux** to combat the effects of too much sun on your hair.

◇ *vi* -**1.** MIL to fight; **l'armée est prête à ~** the troops are ready to fight OU for action; **~ aux côtés d'une nation** to fight alongside a nation. -**2.** [en politique, pour une cause] to fight, to struggle; **les femmes ont combattu pour obtenir l'égalité des droits** women have fought OU struggled for equal rights.

combe [kɔ̃b] *nf* combe, valley.

combien [kɔ̃bjɛ̃] ◇ *adv* -**1.** [pour interroger sur le prix] how much; **c'est ~?**, **~ ça fait?** how much is it?; **~ coûte ce livre?** how much is this book?, how much does this book cost?; **~ je vous dois?** how much do I owe you?; **~ te faut-il?** how much (money) do you need?; **je ne sais même pas ~ il gagne** I don't even know how much he earns; **à ~ doit-on affranchir cette lettre?** how much postage does this letter need?; **à ~ se montent vos frais?** how much are your expenses?; **à ~ cela vous est-il revenu?** how much did you pay for that?; **l'indice a augmenté de ~?** how much has the rate gone up by?; **de ~ est le déficit?** how large is the deficit? -**2.** [pour interroger sur le nombre] how many; **~ serons-nous ce soir?** how many of us will there be this evening?; **~ sont-ils?** how many of them are there?; **~ se souviendront de lui?** how many will remember him?; **je me demande ~ ils sont** I wonder how many of them there are. -**3.** [pour interroger sur la distance, la durée, la mesure etc]: **~ tu pèses?** how much do you weigh?; **~ tu mesures?** how tall are you?; **~ y a-t-il de Londres à Paris?** how far is it from London to Paris?; **~ dure le film?** how long is the film?, how long does the film last?; **il est arrivé ~?** where did he come?; **~ ça lui fait maintenant?** *fam* how old is he now?; **il y a ~ entre lui et sa sœur?** what's the age difference between him and his sister?; **de ~ votre frère est-il votre aîné?** how much older than you is your brother? -**4.** [en emploi exclamatif] how; **vous ne pouvez pas savoir ~ il est distrait!** you wouldn't believe how absent-minded he is!; **~ je regrette de ne pas vous voir plus souvent!** how I regret not seeing you more often!; **tu ne peux pas savoir ~ je suis heureuse!** you can't imagine how happy I am!; **ces mesures étaient sévères mais ~ efficaces** these measures were drastic but extremely efficient; **c'est plus cher mais ~ meilleur!** it's more expensive but all the better for it!; **~ plus crédible était sa première version des faits!** his first version of the facts was so much more believable! ❑ **ô ~!** *litt* OU *hum*: **elle a souffert, ô ~!** she suffered, oh how she suffered!

◇ *nm inv*: **le ~ sommes-nous?** what's the date (today)?; **le bus passe tous les ~?** how often does the bus come?

◆ **combien de** *loc dét* -**1.** [pour interroger - suivi d'un n non comptable] how much; [- suivi d'un n comptable] how many; **~ d'argent avez-vous sur vous?** how much money have you got on OU with you?; **~ de sucre reste-t-il?** how much sugar is left?; **~ de paquets reste-t-il?** how many packets are left?; **~ de fois** how many times, how often; **~ de fois par semaine vas-tu au cinéma?** how many times a week do you go to the pictures?; **~ de fois faut-il que je te le répète?** how often OU how many times do I have to tell you?; **~ de temps** how long; **~ de temps resterez-vous?** how long will you be staying?; **depuis ~ de temps habitent-ils ici?** how long have they been living here for?; **~ y a-t-il de pays en Europe?** how many countries are there in Europe?; **~ veux-tu de lait dans ton thé?** how much milk do you want in your tea?; **~ de jours resterez-vous?** how many days OU how long will you be staying?; **~ d'enfants ont-ils?** how many children have they got? -**2.** [emploi exclamatif]: **~ d'ennuis il aurait pu s'éviter!** he could have saved himself so much trouble!

combientième [kɔ̃bjɛ̃tjɛm] ◇ *adj interr*: **c'est ta ~ tasse de thé aujourd'hui?** just how many cups of tea have you drunk today?; **c'est la ~ fois que je te le dis?** how many times have I told you?, I must have told you umpteen times!, if I've told you once I've told you a hundred times!

◇ *nmf* -**1.** [personne]: **c'est la ~ qui demande à être remboursée depuis ce matin?** how many does that make wanting their money back since this morning? -**2.** [objet]: **prends le troisième – le ~?** have the third one – which one did you say? -**3.** [rang]: **tu es le ~ en math?** how high are you OU where do you come in maths?

combinable [kɔ̃binabl] *adj* combinable.

combinaison [kɔ̃binɛzɔ̃] *nf* -**1.** CHIM [action] combining; [résultat] combination; [composé] compound. -**2.** [d'un cadenas] combination. -**3.** INF: **~ de code** password. -**4.** MATH combination. -**5.** POL: **~ ministérielle** composition of a cabinet. -**6.** VÊT [sous-vêtement] slip; [vêtement]: **~ anti-g** G suit; **~ de plongée** diving suit; **~ de ski** ski suit; **~ de travail** overalls; **~ de vol** flying suit; **~ pantalons** jump suit. -**7.** [assemblage]: **la ~ des deux éléments est nécessaire** the two elements must be combined; **la ~ de l'ancien avec le moderne est très réussie** the combination OU mixture of ancient and modern is very successful.

◆ **combinaisons** *nfpl péj* [manigances] schemes, tricks.

combinard, e *fam* [kɔ̃binar, ard] *adj & nm, f péj*: c'est un vrai ~, il est vraiment ~ he's a real schemer, he always knows some dodge or other.

combinat [kɔ̃bina] *nm* (industrial) combine.

combinateur [kɔ̃binatœr] *nm* -**1.** AUT selector switch. -**2.** RAIL controller.

combinatoire [kɔ̃binatwar] ◇ *adj* -**1.** [capable d'agencer] combinative. -**2.** LING combinatory. -**3.** MATH combinatorial.
◇ *nf* -**1.** LING combinatorial rules. -**2.** MATH combinatorial mathematics *(sg)*.

combine *fam* [kɔ̃bin] *nf* -**1.** [astuce, truc] scheme, trick; **il a toujours des ~s, lui!** he always knows some trick or other!; **j'ai une ~ pour entrer sans payer** I know a way of getting in for free; **c'est simple, il suffit de connaître la ~** it's easy when you know how. -**2.** VÊT slip.
◆ **dans la combine** *fam loc adv*: **être dans la ~** to be in on it; **mettre qqn dans la ~** to let sb in on it.

combiné, e [kɔ̃bine] *adj* joint, combined; **état-major ~** joint chief of staff.
◆ **combiné** *nm* -**1.** VÊT corselet, corselette. -**2.** TÉLÉC receiver, handset. -**3.** CHIM compound. -**4.** SPORT [gén] athletics event; [en ski] combined competition; **~ alpin** alpine combined competition; **~ nordique** northern combined competition. -**5.** HORT: **~ d'arrosage** sprinkler (system).

combiner [3] [kɔ̃bine] *vt* -**1.** [harmoniser - styles] to combine, to match; [- couleurs] to match, to harmonize, to mix; [- sons] to harmonize, to mix; **on peut ~ glaïeuls et marguerites** you can mix gladioli with daisies; **~ son travail et ses loisirs** to combine business with pleasure. -**2.** [comprendre] to combine; **un sentiment qui combine la crainte et le désir** a mixed feeling of fear and desire; **un appareil qui combine deux/diverses fonctions** a two-function/multi-function apparatus. -**3.** [planifier] to plan, to work out *(sép)*; **combine ton voyage de sorte que...** plan your trip so that...; **un itinéraire combiné à l'avance** an itinerary planned in advance; **bien combiné** well planned. -**4.** *fam péj* [manigancer] to think up *(sép)*; **on avait pourtant combiné de raconter la même chose!** but the idea was to give them the same story! -**5.** CHIM to combine; **~ une base avec un acide** to combine a base with an acid.
◆ **se combiner** *vpi* -**1.** [être présents ensemble - éléments] to be combined; **en lui se combinent la sensibilité et l'érudition** he combines sensitivity with erudition. -**2.** [s'harmoniser - couleurs] to match, to harmonize, to mix; [- sons] to harmonize, to mix. -**3.** CHIM: **se ~ avec** to combine with. -**4.** *fam* [se passer]: **ça se combine** OU **les choses se combinent bien** it's OU things are working out very well; **ça s'est mal combiné** it didn't work out.

comble [kɔ̃bl] ◇ *adj* packed, crammed.
◇ *nm* -**1.** [summum]: **le ~ de** the height OU epitome of; **le ~ du chic** the ultimate in chic; **le ~ du snobisme est de...** the last word in snobbery is to...; **du champagne et, ~ du luxe, du caviar** champagne and, oh, height of luxury, caviare ❑ **(c'est) un** OU **le ~!** that beats everything, that takes the biscuit *Br* OU takes the cake *Am*!; **le comble, c'est que...** to crown OU to cap it all...; **le ~, c'est qu'il est parti sans payer** and to crown it all OU to add insult to injury, he left without paying; **les objectifs ne sont pas atteints, un ~ pour une usine-pilote!** they haven't fulfilled their objectives, which is just not on for a model factory! -**2.** [charpente] roof timbers OU gable; **~ mansardé** mansard roof; **faux ~** mansard roof deck; **les ~s** the attic.
◆ **à son comble** *loc adv* at its height; **la panique était à son ~** the panic was at its height.
◆ **au comble de** *loc prép* at the height of, in a paroxysm of; **au ~ du bonheur** deliriously happy; **au ~ de la douleur** prostrate with OU in a paroxysm of grief.
◆ **pour comble de** *loc prép*: **pour ~ de malchance: et pour ~ de malchance, la voiture est tombée en panne** and then, to cap it all, the car broke down; **pour ~ d'hypocrisie, ils envoient leur fille chez les sœurs** then, to compound the hypocrisy, they send their daughter to a convent.

comblement [kɔ̃bləmɑ̃] *nm* filling in.

combler [3] [kɔ̃ble] *vt* -**1.** [boucher - cavité, creux] to fill in *(insép)*; **~ un trou avec de la terre** to fill in a hole with earth. -**2.** [supprimer - lacune, vide] to fill; [- silence] to break; [- perte, déficit] to make up for; **~ son retard** to make up for lost time. -**3.** [satisfaire - personne] to satisfy; [- désir, vœu] to satisfy, to fulfil; **je suis vraiment comblée!** I have everything I could wish for!, I couldn't ask for anything more!; **voilà un père comblé!** there's a contented father! -**4.** *fig* [couvrir, emplir]: **~ qqn de: ~ un enfant de cadeaux** to shower a child with gifts; **~ qqn de joie** to fill sb with joy.
◆ **se combler** *vpi* [trou] to get filled in, to fill up.

combo [kɔ̃bo] *nm* combo.

comburant, e [kɔ̃byrɑ̃, ɑ̃t] *adj* combustive.
◆ **comburant** *nm* oxidant.

combustibilité [kɔ̃bystibilite] *nf* combustibility.

combustible [kɔ̃bystibl] ◇ *adj* combustible.
◇ *nm* fuel.

combustion [kɔ̃bystjɔ̃] *nf* combustion; **à ~ interne** internal-combustion; **à ~ lente** slow-burning.

Côme [kom] *npr* Como.

come-back [kɔmbak] *nm inv* comeback; **faire son** OU **un ~** to make OU to stage a comeback.

COMECON, Comecon [kɔmekɔn] *(abr de* Council for Mutual Economic Assistance) *npr m* COMECON.

comédie [kɔmedi] *nf* -**1.** [art dramatique]: **jouer la ~** to act, to be an actor. -**2.** [pièce comique] comedy; **~ de caractères** character comedy; **~ de mœurs** comedy of manners; **~ de situation** situation comedy ❑ **~ musicale** musical; **'la Comédie humaine'** *Balzac* 'The Human Comedy'. -**3.** [genre] comedy; **acteur spécialisé dans la ~** comic actor. -**4.** [nom de certains théâtres]: **la Comédie du Nord** the Comédie du Nord. -**5.** *péj* [faux-semblant] act; **cette réception, quelle ~!** what a fiasco that party was!; **il nous joue** OU **fait la ~ du martyre** he's putting on his martyr act. -**6.** *fam* [caprice, colère] tantrum; **faire** OU **jouer la ~** to throw a tantrum, to make a fuss; **il m'a fait toute une ~ pour avoir le jouet** he kicked up a huge fuss to get the toy. -**7.** *fam* [histoire]: **c'est toute une ~ pour lui faire avaler sa soupe** you have to go through a whole rigmarole to get her to eat her soup; **pour avoir un rendez-vous, quelle ~!** what a palaver to get an appointment!
◆ **de comédie** *loc adj* comic, comedy *(modif)*; **personnage de ~** *pr* comedy character; *fig* clown, buffoon.

Comédie-Française [kɔmedifrɑ̃sɛz] *npr f*: **la ~** *French national theatre company.*

LA COMÉDIE-FRANÇAISE:
This state-subsidised company dates back to the seventeenth century; the theatre itself, officially called "le Théâtre-Français" or "le Français", is situated in the rue de Richelieu in Paris. Its repertoire consists mainly of classical works, although modern plays are sometimes staged.

---

comédien, enne [kɔmedjɛ̃, ɛn] ◇ *adj*: **elle est ~ne** *fig* she's putting on an act, she's a phoney.
◇ *nm, f* -**1.** [acteur - gén] actor *(f* actress); [- comique] comedian *(f* comedienne). -**2.** [hypocrite] phoney; **quel ~!** he's putting it on!

comédon [kɔmedɔ̃] *nm* blackhead, comedo *spéc*.

COMES, Comes [kɔmɛs] *(abr de* Commissariat à l'énergie solaire) *npr m solar energy commission.*

comestibilité [kɔmɛstibilite] *nf* edibility.

comestible [kɔmɛstibl] *adj* edible.
◆ **comestibles** *nmpl* food, foodstuffs.

comète [kɔmɛt] *nf* comet.

comice [kɔmis] *nf* [poire] comice pear.

comices [kɔmis] *nmpl* -**1.** ANTIQ comitia. -**2.** AGR: **~ agricoles** agricultural fair.

comique [kɔmik] ◇ *adj* -**1.** LITTÉRAT comic, comedy *(modif)*; **auteur ~** comic author. -**2.** [amusant] comical, funny; **avec une expression ~ sur le visage** with a comical look on his face.
◇ *nmf* -**1.** [artiste] comic, comedian *(f* comedienne); **c'est un grand ~** he's a great comic actor. -**2.** [auteur] comic author, writer of comedies OU comedy.
◇ *nm* -**1.** [genre] comedy; **le ~ de caractères/situation** character/situation comedy; **le ~ troupier** barrack-room comedy. -**2.** [ce qui fait rire]: **c'était du plus haut ~!** it was hysterically funny!; **le ~ de l'histoire, c'est que...** the funny part of it is that...

comiquement [kɔmikmɑ̃] *adv* comically, funnily.

comité [kɔmite] *nm* committee, board; **se constituer en ~** to form a committee ❑ **~ d'action** action committee; **~ central** central committee; **~ consultatif** advisory board; **~ de défense** defence committee; **~ directeur** steering committee; **~ électoral** POL electoral committee; **~ d'entreprise** works council; **~ exécutif** POL executive committee OU board; **~ de gestion** board of managers; **~ de lecture** supervisory committee; **~ de locataires** tenants' association; **~ de quartier** POL local committee; **le Comité de salut public** the Committee of Public Safety.
◆ **en comité secret** *loc adv* secretly.
◆ **en petit comité, en comité restreint** *loc adv* -**1.** ADMIN & POL as a small group. -**2.** [dans l'intimité]: **il faudra en discuter quand on sera en petit ~** we'll talk about it in private.

COMITÉ D'ENTREPRISE:
The "CE" looks after the general welfare of company employees and organizes subsidised leisure activities, outings, holidays etc. It also deals with industrial problems.

---

command [kɔmɑ̃] *nm* principal *(in purchase)*.

commandant [kɔmɑ̃dɑ̃] *nm* -**1.** MIL [de l'armée de terre] major; **~ d'armes** garrison commander ‖ [de l'armée de l'air] wing commander *Br*, lieutenant colonel *Am*; [de la marine] commander; **~ en second** first lieutenant ‖ [de la marine marchande] captain; **~ en chef** commander in chief. -**2.** NAUT captain. -**3.** AÉRON: **~ (de bord)** captain; **le ~ Durcot vous souhaite...** Captain Durcot wishes you...; **~ en second** second in command.

commande [kɔmɑ̃d] *nf* -**1.** COMM order; **passer/annuler une ~** to put in/to cancel an order; **passer ~ de 10 véhicules** to order 10 vehicles; **le garçon a pris la ~** the waiter took the order ‖ [marchandises] order, goods ordered; **notre ~ vient d'être livrée** our order has just been delivered; **j'ai été obligé de renvoyer toute la ~** I had to return all the goods (I had) ordered. -**2.** TECH control mechanism; **la ~ des essuie-glaces est cassée** the wiper mechanism is broken; **~ à distance** remote control. -**3.** INF control; **~ numérique** numerical control; **~ de contact** contact operate; **~ d'interruption** break feature.
◆ **commandes** *nfpl* [dispositif de guidage] controls; **être aux ~s** *pr* to be at the controls; *fig* to be in charge; **prendre les** OU **se mettre aux ~s** *pr* to take over at the controls; *fig* to take charge.
◆ **à la commande** *loc adv*: **payer à la ~** to pay while ordering; **payable à la ~** payment with order; **travailler à la ~** to work to order.
◆ **de commande** *loc adj* -**1.** MÉCAN control *(modif)*; **leviers** OU **organes de ~** controls. -**2.** *péj* [factice - enthousiasme, humour] forced, unnatu-

ral. -**3.** *litt* [indispensable]: **la plus grande circonspection/générosité est de ~ prudence/** generosity is of the essence.

◆ **sur commande** *loc adv* -**1.** COMM to order; **un objet fabriqué sur ~** an item manufactured to order OU according to specifications. -**2.** *péj* [pleurer, rire] to order.

commandement [kɔmɑ̃dmɑ̃] *nm* -**1.** [ordre] command, order; **donner un ~** to give an order; **obéir aux ~s de qqn** to obey sb's orders; **à mon ~, prêt, partez!** get ready to move when I give the order! -**2.** [fait de diriger] command; **prendre le ~ d'une section** to take over command of a platoon; **avoir le ~ de** [armée, pays] to be in command of, to lead. -**3.** [état-major] command; **le ~ allié** allied command; **~s territoriaux** territorial commands ❑ **le haut ~** the High Command. -**4.** JUR summons. -**5.** BIBLE commandment.

commander [3] [kɔmɑ̃de] ◇ *vt* -**1.** [diriger - armée, expédition, soldats, équipe] to command; [- navire] to be in command of; *(en usage abs)*: **tu dois lui obéir, c'est lui qui commande** you must obey him, he's in charge; **c'est moi qui commande ici!** I'm the one who gives the orders around here! -**2.** [ordonner]: **~ la retraite aux troupes** to order the troops back OU to retreat; **~ à qqn de faire** OU **qu'il fasse** *sout* **qqch** to order sb to do sthg; **il a commandé de se taire** OU **que l'on se taise** he demanded silence. -**3.** TECH: **l'ouverture des portes est commandée par une manette** the doors open by means of a lever; **la porte qui commande l'accès à la cave** the door to the cellar; **la télévision est commandée à distance** the television is remote-controlled. -**4.** COMM [tableau, ouvrage] to commission; [objet manufacturé, repas] to order; **on m'a commandé une affiche pour le festival** I was commissioned to do a poster for the festival; **peux-tu ~ un sandwich?** could you order a sandwich?; **~ une robe sur catalogue** to order a dress from a catalogue; **je vais ~ le menu** I'll take the fixed-price menu ‖ *(en usage abs)*: **c'est fait, j'ai déjà commandé** I've already ordered; **vous avez commandé?** has somebody taken your order? -**5.** *sout* [requérir] to demand; **la prudence commande le silence absolu** prudence demands total discretion, total discretion is required for the sake of prudence; **l'intérêt général commande que l'on soit modéré** for the sake of the general interest, moderation is required. -**6.** *litt* [maîtriser] to control; **il ne commande plus ses nerfs** he is no longer in control of his emotions.

◇ *vi* [primer]: **le devoir commande!** duty calls!; **le travail commande!** back to work!

◆ **commander à** *v + prép* -**1.** [donner des ordres à - armée] to command. -**2.** *litt* [maîtriser] to control; **on ne commande pas à ses désirs** desire cannot be controlled.

◆ **se commander** ◇ *vp (emploi passif) fam* [être imposé]: **je n'aime pas ces gens, ça ne se commande pas** I don't like those people, I can't help it; **l'amour ne se commande pas** you can't just decide to fall in love.

◇ *vpi sout* [être relié] to be connected OU interconnected, to connect, to interconnect; **toutes les pièces se commandent** all the rooms are interconnected.

commanderie [kɔmɑ̃dri] *nf* commandery.

commandeur [kɔmɑ̃dœr] *nm* -**1.** RELIG commander. -**2.** [dans un ordre civil] commander; **grand ~** Grand Commander.

commanditaire [kɔmɑ̃ditɛr] *nm* -**1.** [d'une entreprise commerciale] sleeping *Br* OU silent *Am* partner; [d'un tournoi, d'un spectacle] backer, sponsor. -**2.** *(comme adj)*: **associé ~** sleeping *Br* OU silent *Am* partner.

commandite [kɔmɑ̃dit] *nf* share *(of limited partner)*.

commanditer [3] [kɔmɑ̃dite] *vt* [entreprise commerciale] to finance; [tournoi, spectacle] to sponsor.

commando [kɔmɑ̃do] *nm* commando.

comme [kɔm] ◇ *conj* -**1.** [introduisant une comparaison] as, like; **c'est un jour ~ les autres** it's a day like any other; **ce n'est pas un homme ~ les autres** he's not like other men; **une maison pas ~ les autres** a very unusual house; **il fut ~ un second père pour moi** he was like a second father to me; **ce fut ~ une révélation** it was like a revelation; **il fait beau ~ en plein été** it's as hot as if it was the middle of summer; **nous nagerons ~ quand nous étions en Sicile** we'll swim like when we were in Sicily; **il a fait un signe, ~ pour appeler** he made a sign, as if to call out; **c'est ~ ta sœur, elle ne téléphone jamais** your sister's the same, she never phones; **je suis ~ toi, j'ai horreur de ça** I'm like you, I hate that kind of thing; **fais ~ moi, ne lui réponds pas** do as I do, don't answer him; **qu'est-ce que tu veux? – choisis ~ pour toi** what do you want? – get me the same as you; **blanc ~ neige** white as snow; **il parle ~ un livre** he talks like a book; **je l'ai vu ~ je vous vois** I saw it as sure as I'm standing here; **il reviendra – je ne dis pas ~ toi** he'll be back – I wouldn't be too sure; **il sera dentiste, tout ~ sa mère** he'll be a dentist, just like his mother ❑ **la voiture fait ~ un bruit** the car's making a funny noise; **j'ai ~ l'impression qu'on s'est perdus!** I've got a feeling we're lost!; **il y a ~ un défaut!** *fam* something seems to be wrong!; **c'est tout ~** as good as; **il ne m'a pas injurié, mais c'était tout ~** he didn't actually insult me, but it was close OU as good as; **elle n'a pas encore le rôle, mais c'est tout ~** she hasn't got the part yet, but it's as good as OU as near as makes no difference. -**2.** [exprimant la manière] as; **fais ~ il te plaira** do as you like OU please; **fais ~ je t'ai appris** do it the way I taught you; **tout s'est passé ~ je l'ai dit** everything happened as I said (it would); **il est venu, ~ je l'espérais** he came as I hoped he would; **si, ~ je le crois, il n'est pas trop tard** if, as I believe, it's not too late; **~ on pouvait s'y attendre, nos actions ont baissé** as could be expected, our shares have gone down; **~ je l'ai fait remarquer...** as I pointed out...; **ça s'écrit ~ ça se prononce** it's written as it's pronounced; **la connaissant ~ je la connais** knowing her as well as OU like I do; **si, ~ le dit Aristote...** if, as Aristotle says... ❑ **~ par hasard** surprisingly enough; **et ~ par hasard, il était en retard!** and surprisingly enough he was late!; **et quand je suis allé chez lui, il n'y avait personne, ~ par hasard!** and surprisingly enough when I went to see him there was no one there!; **et ~ de juste, il s'est mis à pleuvoir** and of course OU needless to say, it started to rain; **je passerai vous prendre à 9 h ~ convenu** I'll pick you up at 9 as (we) agreed OU planned; **~ de bien entendu: il n'est pas là, ~ de bien entendu** I might have known it OU just what you'd expect, he's not there; **j'ai oublié l'argent! – ~ de bien entendu!** I've forgotten to take the money! – you would, wouldn't you? OU that's just typical of you!; **~ dirait l'autre** *fam*, **~ dit l'autre** *fam* as the saying goes, to coin a phrase, as they say; **~ on dit** as they say; **~ il se doit** as is fitting, in a fitting manner; **on le recevra ~ il se doit** we'll receive him in a fitting manner; **~ il se doit en pareilles circonstances** as befits the circumstances, as is fitting in such circumstances; **~ qui dirait** *fam* sort of, kind of; **c'était ~ qui dirait un gémissement** it was a sort of moan; **~ bon vous semble** as you think best; **fais ~ bon te semble** do whatever you wish OU like; **vous accepterez ou non, ~ bon vous semblera** say yes or no, whatever you feel like; **~ ci ~ ça** *fam*: **comment ça va? – ~ ci ~ ça** how are you? – so-so; **tu t'entends bien avec lui? – ~ ci ~ ça** do you get on with him? – sort of OU so-so. -**3.** [tel que] like, such as; **une femme ~ elle mérite mieux** a woman like her deserves better; **une grande fille ~ toi ne pleure pas** a big girl like you doesn't cry; **mince ~ elle est, elle peut porter n'importe quoi** being as slim as she is everything suits her, she is so slim that everything suits her; **bête ~ il est, il serait capable de lui dire** he's so stupid, he'd even tell him; **les arbres ~ le marronnier...** trees like OU such as the chestnut...; **les grands mammifères, ~ l'éléphant...** big mammals, such as OU like elephants...; **D ~ Denise** D for Denise. -**4.** [en tant que] as; **il vaut mieux l'avoir ~ ami que ~ ennemi** I'd sooner have him as a friend than as an enemy; **je l'ai eu ~ élève** he was one of my students; **elle a réussi ~ actrice** she's a success as an actress; **ils se sont présentés à l'élection ~ libéraux** they ran in the election as liberals; **qu'est-ce que vous avez ~ vin?** what (kind of) wine do you have?; **qu'y a-t-il ~ dessert?** what's for dessert?; **c'est plutôt faible ~ excuse!** it's a pretty feeble excuse!; **c'est pas mal ~ clip** *fam* it's not a bad video; **~ gaffeur, tu te poses là!** *fam* when it comes to putting your foot in it, you really take the biscuit!; **c'est tout ce que j'ai eu ~ remerciements** that's all the thanks I got; **il n'y a qu'une table et deux chaises ~ meubles** the only furniture is a table and two chairs. -**5.** [pour ainsi dire]: **il restait sur le seuil, ~ paralysé** he was standing on the doorstep, (as if he was) rooted to the spot; **ta robe est ~ neuve!** your dress is as good as new!; **le village était ~ mort** the village seemed dead; **il était ~ fou** he was like a madman. -**6.** [et]: **l'un ~ l'autre aiment beaucoup voyager** they both love travelling; **lui ~ moi adorons les longues promenades** we both love long walks; **cette robe peut se porter avec ~ sans ceinture** you can wear this dress with or without a belt; **le règlement s'applique à tous, à vous ~ aux autres** the rules apply to everybody, you included; **un spectacle que les parents, ~ les enfants, apprécieront** a show which will delight parents and children alike; **à la ville ~ à la scène** in real life as well as on stage; **tout le monde s'y est mis, les jeunes ~ les vieux** everybody, young and old, got down to work; **la solidarité a joué son rôle en France ~ à l'étranger** solidarity played its part in France as well as abroad. -**7.** [indiquant la cause] since, as; **~ elle arrive demain, je prépare sa chambre** since OU as she's arriving tomorrow, I'll get her room ready; **~ j'ai bon cœur, je le lui ai donné** since OU as I'm generous, I gave it to him; **~ il était en retard, on a raté le film** since OU as he was late, we missed the film. -**8.** [au moment où] as, when; [pendant que] while; **le pot de fleurs est tombé juste ~ je passais** the flower pot fell just as OU when I was walking past; **~ le soir tombait, il se mit à neiger** as evening approached, it began to snow; **~ le rôti cuisait, je préparais les légumes** while the joint was cooking, I prepared the vegetables.

◇ *adv* -**1.** [emploi exclamatif] how (much); **~ c'est triste!** how sad (it is)!, it's so sad!; **~ tu es grande!** what a big girl you are now!, how big you've grown!; **~ je regrette de l'avoir fait!** I'm so sorry I did it!, how I regret having done it!; **~ il court vite!** he runs so fast!; **~ je te comprends!** I know exactly how you feel! -**2.** [indiquant la manière]: **tu sais ~ il est** you know what he's like OU how he is; **tu as vu ~ elle m'a traité!** you saw how OU the way she treated me!

◆ **comme ça** ◇ *loc adj* -**1.** [ainsi] like that; **je suis ~ ça** I'm like that; **va lui dire – je ne suis pas ~ ça, moi!** go and tell him – I'm not like that!; **il est ~ ça, on ne le changera pas!** that's the way he is, you won't change him!; **j'ai fait pousser une citrouille ~ ça!** I grew a pumpkin THAT big! -**2.** [admirable] great; **c'est une fille ~ ça!** she's a great girl!; **il a un vin blanc ~ ça!** he's got a fantastic white wine!; **et l'expo? – c'était ~ ça!** what about the exhibition? – it was great!

◇ *loc adv* -**1.** [de cette manière] like this OU that; **je ne peux pas sortir ~ ça** I can't go out (dressed) like this OU that; **qu'as-tu à me regarder ~ ça?** why are you staring at me like that?; **c'est ~ ça, que cela te plaise ou non!** that's how OU the way it is, whether you like it or not!; **il m'a répondu ~ ça qu'il était** majeur *fam* I'm old enough, he says to me; puisque OU si c'est ~ ça if that's how OU the way it is; je ne te dirai jamais plus rien, puisque c'est ~ ça I'll never tell you anything ever again, if that's the way OU how it is; depuis quand tousses-tu ~ ça? how long have you been coughing like that?; ne crie pas ~ ça! don't shout like that! -**2.** [en intensif] : alors ~ ça, tu te maries? (oh) so you're getting married?; où vas-tu ~ ça? where are you off to? -**3.** [de telle manière que] that way, so that; je te laisse la clef, ~ ça tu pourras entrer I'll leave you the key, so that you can let yourself in.

◆ **comme il faut** ◇ *loc adj* respectable, proper, well-bred; une jeune fille ~ il faut a very well-bred girl; des gens très ~ il faut very respectable people.
◇ *loc adv* -**1.** [correctement] properly; fais ton travail ~ il faut do your work properly; tu ne t'y prends pas ~ il faut you're doing it the wrong way, you're not doing it properly; tu n'as pas refermé la boîte ~ il faut you didn't close the box properly; elle est un peu maigre – et pourtant elle mange ~ il faut! she's a bit skinny – she eats well though OU and yet she eats properly! -**2.** *fam* [emploi exclamatif] : il s'est fait battre, et ~ il faut (encore)! he got well and truly thrashed!

◆ **comme quoi** *loc conj* -**1.** [ce qui prouve que] which shows OU (just) goes to show that; ~ quoi, on ne peut pas tout prévoir which (just) goes to show that you can't foresee everything; ~ quoi tu aurais mieux fait de te taire! which just goes to show that you should have kept quiet! -**2.** *fam* [selon quoi] : j'ai reçu des ordres ~ quoi personne ne devait avoir accès au dossier I've been instructed not to allow anybody access to that file; c'est une lettre ~ quoi je dois me présenter à leur bureau it's a letter telling me to go to their office.

◆ **comme si** *loc conj* -**1.** [exprimant la comparaison] as if; il se conduit ~ s'il était encore étudiant he behaves as if he was still a student ❑ ~ si de rien n'était as though nothing was wrong OU amiss; elle faisait ~ si de rien n'était she pretended (that) there was nothing wrong, she pretended (that) nothing had happened; mais je n'y connais rien – fais ~ si! but I don't know anything about it – just pretend! -**2.** [emploi exclamatif] as if, as though; c'est ~ si c'était fait! it's as good as done!; ~ s'il ne savait pas ce qu'il faisait! as if OU as though he didn't know what he was doing!

◆ **comme tout** *loc adv* really, extremely, terribly; tu es jolie ~ tout you really are pretty!, aren't you pretty!; il est malin ~ tout he's extremely cunning OU as cunning as they come; j'ai été malade ~ tout sur le bateau I was (as) sick as a dog on the boat.

commedia dell'arte [kɔmedjadɛlarte] *nf* commedia dell'arte.

commémoratif, ive [kɔmemɔratif, iv] *adj* memorial *(modif)*, commemorative; une plaque commémorative a commemorative plaque.

commémoration [kɔmemɔrasjɔ̃] *nf* commemoration; en ~ de in commemoration of, in memory of.

commémorer [3] [kɔmemɔre] *vt* to commemorate, to celebrate the memory of.

commençant, e [kɔmɑ̃sɑ̃, ɑ̃t] *nm, f* beginner.

commencement [kɔmɑ̃smɑ̃] *nm* -**1.** [première partie - de la vie, d'un processus] beginning, start, early stages; du ~ jusqu'à la fin from start to finish, from beginning to end; ~s [période] beginnings, early OU initial stages; les ~s ont été durs the early days were tough, things were pretty hard at the beginning ❑ c'est le ~ de la fin *hum* it's the beginning of the end; il y a un ~ à tout everybody has to learn to walk before they can run. -**2.** [essai] beginning, start, attempt; il y a eu un ~ d'émeute, vite réprimé a riot started, but was soon brought under control; son texte ne comporte pas même le ~ d'une idée there isn't even a vestige of an idea in his text. -**3.** JUR : ~ d'exécution *initial steps in the commission of a crime*; ~ de preuve par écrit prima facie evidence.

◆ **au commencement** *loc adv* in OU at the beginning; au ~ était le Verbe BIBLE in the beginning was the Word.

◆ **au commencement de** *loc prép* at the beginning OU start of; au ~ de la période JUR when the period commences.

commencer [16] [kɔmɑ̃se] ◇ *vt* -**1.** [entreprendre - ouvrage, jeu, apprentissage] to start, to begin; as-tu commencé ton livre? [celui que tu vas lire] have you started OU begun (reading) your book?; [celui que tu vas écrire] have you started OU begun (writing) your book?; il a commencé le repas he's started eating; allez, commence la vaisselle! come on, get going on the dishes!; vous commencez le travail demain you start (work) tomorrow; j'ai commencé des chaussons pour le bébé I've started (knitting) some bootees for the baby; ~ le piano/la compétition très jeune to start playing the piano/taking part in tournaments very young; nous allons ~ notre descente vers Milan we are beginning our descent towards Milan || *(en usage abs)*: à quelle heure tu commences? *fam* [au lycée] what time do you start school?; [au travail] what time do you start work? -**2.** [passer au début de - journée, soirée] to start, to begin; nous commencerons cette heure par un exposé we will begin this class with a talk; j'ai bien/mal commencé l'année I've made a good/bad start to the year. -**3.** [être au début de] to begin; la maille qui commence le rang the first stitch in the row; c'est son numéro qui commence le spectacle her routine begins the show, the show begins with her routine.
◇ *vi* -**1.** [débuter] to start; ne commence pas! don't start!; ce n'est pas moi, c'est lui qui a commencé! it wasn't me, HE started it!; ça commence bien! *aussi iron* things are off to a good start!; ~ à faire qqch to start OU to begin doing sthg; elle a commencé à repeindre la cuisine she started redecorating the kitchen; je commençais à m'inquiéter I was beginning to worry; tu commences à m'énerver! you're getting on my nerves!; je commence à en avoir assez! I've had enough!; ça commence à bien faire! *fam* enough is enough!, things have gone quite far enough! || *(tournure impersonnelle)*: il commence à pleuvoir/neiger it's started to rain/to snow; il commence à se faire tard *fam* it's getting late; ~ de *litt*: nous commencions de déjeuner we had started luncheon; ~ par: la pièce commence par un dialogue the play starts OU opens with a dialogue; la dispute a commencé par OU sur un malentendu the argument started with a misunderstanding; commençons par le commencement let's begin at the beginning, first things first; commence par enlever les couvertures first, take the blankets off; tu veux une moto? commence par réussir ton examen if you want a motorbike, start by passing your exam; je vais commencer par l'appeler the first thing I'm going to do is call him. -**2.** *(aux avoir ou être)* [avoir tel moment comme point de départ] to start, to begin; quand commence le trimestre? when does term start?; la séance commence à 20 h the session starts OU begins at 8 p.m.; à quelle heure ça commence? *fam* [cours, spectacle, match] what time does it start?; les vendanges ont commencé tard cette année the grape harvest started OU is late this year; les ennuis ont commencé quand il s'est installé au-dessous de chez moi the trouble started OU began when he moved in downstairs. -**3.** [se mettre à travailler] : ~ dans la vie to start off in life; ~ sur la scène/au cinéma to make one's stage/screen debut; j'ai commencé en 78 avec deux ouvrières I set up OU started (up) in '78 with two workers. -**4.** [premier dans un barème de prix] to start; les pantalons commencent à OU vers 200 F trousers start at OU from OU around 200 F.

◆ **à commencer par** *loc prép* starting with; que tout le monde contribue, à ~ par toi! let everyone give something, starting with you!

◆ **pour commencer** *loc adv* -**1.** [dans un programme, un repas] first; pour ~, du saumon to start the meal OU as a first course, salmon. -**2.** [comme premier argument] for a start, in the first place; pour ~, tu es trop jeune, et ensuite c'est trop cher! for a start you're too young, and anyway, it's too expensive!

commendataire [kɔmɑ̃datɛr] *adj* commendatory.

commensal, e, aux [kɔmɑ̃sal, o] *nm, f* -**1.** *litt* [compagnon de table] table companion; [hôte] guest. -**2.** ZOOL commensal.

commensalisme [kɔmɑ̃salism] *nm* commensalism.

commensurable [kɔmɑ̃syrabl] *adj* commensurable, measurable.

comment [kɔmɑ̃] ◇ *adv* -**1.** [de quelle manière] how; ~ lui dire que...? how am I/are we *etc* going to tell him that...?; ~ t'appelles-tu? what's your name?; ~ se fait-il qu'il n'ait pas appelé? how come he hasn't called?; ~ est-ce possible? how is it possible?; ~ faire? what shall we do?; je me demande ~ tout cela va finir I wonder how it's all going to end; ~ tu parles! *fam* what kind of language is that!; ~ allez-vous? how are you?; ~ va? *fam* how's things?; et les enfants, ~ ça va? and how are the children? -**2.** [quoi] : ~? sorry?, what (was that)?; je pars – ~? – j'ai dit, je pars I'm leaving – what (did you say)? – I said, I'm leaving. -**3.** [exprimant l'indignation, l'étonnement] : ~, c'est tout ce que tu trouves à dire? what! is that all you can say?; ~, tu n'as pas compris? what? you didn't understand? OU you mean you didn't understand?; ~ oses-tu me parler ainsi! how dare you talk to me like this!; ~, ce n'est pas encore prêt? you mean it's still not ready?; ~, mais c'est scandaleux! what! but that's scandalous! ❑ le concert t'a plu? – et ~! did you like the concert? – I certainly did!; il l'a bien eu – et ~! *fam* he really took him in – he certainly did!; mais ~ donc! of course!, by all means!; pouvons-nous entrer? – mais ~ donc! can we come in? – of course! OU by all means!; mais ~ donc! ne vous gênez surtout pas! *iron* don't mind me!
◇ *nm*: le ~ the how.

commentaire [kɔmɑ̃tɛr] *nm* -**1.** [remarque] comment, remark, observation; avez-vous des ~s? any comments OU remarks?; faire un ~ to make a remark OU a comment; il n'a pas fait de ~s dans la marge he didn't write any remarks in the margin; puis-je me permettre (de faire) un ~? may I say something?; je te dispense OU je me passe de tes ~s I can do without your remarks; c'est comme ça, et pas de ~! *fam* that's how it is, and don't argue (with me)!; cela se passe de ~ OU ~s it speaks for itself; sans ~! no comment! ❑ ~s de presse press comments. -**2.** *péj* [critique] comment; son mariage a suscité bien des ~s her marriage caused a great deal of comment OU gossip; les ~s des voisins ne vont pas manquer the neighbours will have a few things to say; avoir des ~s (à faire) sur: j'aurais des ~s à faire sur ton attitude d'hier soir I'd like to say something about your attitude last night. -**3.** PRESSE commentary; ~ de notre envoyé permanent à Bonn the commentary is by our correspondent in Bonn; ~ de la rencontre, Pierre Pastriot with live commentary from the stadium, Pierre Pastriot. -**4.** ENS: un texte avec ~ an annotated text; un ~ de la Bible a biblical commentary, a biblical exegesis ❑ ~ de texte: faire un ~ de texte to comment on a text; un ~ composé a written commentary. -**5.** INF comment. -**6.** LING comment, theme. -**7.** LITTÉRAT: les Commentaires de César Caesar's Commentaries.

commentateur, trice [kɔmɑ̃tatœr, tris] *nm, f* -**1.** ENS & LITTÉRAT commentator, reviewer, critic. -**2.** PRESSE [d'une cérémonie, d'un match] commentator; [d'un documentaire] presenter; ~ du journal télévisé broadcaster, anchorman *Am* || [observateur] observer, critic; pour certains ~s, il s'agit là d'une victoire for some observers, this is a victory.

commenter [3] [kɔmɑ̃te] *vt* -**1.** [expliquer - œuvre] to explain, to interpret; veuillez ~ ce dernier vers du poème please write a commentary on the last line of the poem; la façon dont Sartre a commenté Flaubert the way in which Sartre interpreted Flaubert; le directeur va maintenant ~ notre programme de fabrication the manager will now explain our manufacturing schedule. -**2.** [donner son avis sur] to comment on *(insép)*, to respond, to give one's response to; voulez-vous ~ les récentes critiques de l'opposition? would you care to respond to recent objections by the Opposition? -**3.** PRESSE [cérémonie, match] to cover, to do the commentary of OU for.

commérage [kɔmeraʒ] *nm* piece of gossip; ~s gossip; être friand de ~s to be fond of gossip; faire des ~s to gossip; ce ne sont que des ~s it's only hearsay.

commerçant, e [kɔmɛrsɑ̃, ɑ̃t] ◇ *adj* -**1.** [peuple, port, pays] trading *(modif)*; [rue, quartier] shopping *(modif)*; un quartier très ~ a good shopping area. -**2.** [qui a le sens du commerce]: ils en offrent deux pour le prix d'un, c'est très ~ they sell two for the price of one, that's good business sense; il a l'esprit ~ he's a born salesman, he could sell you anything; un sourire ~ *péj* a mercenary smile.
◇ *nm, f* shopkeeper *Br*, storekeeper *Am*; tous les ~s étaient fermés all the shops *Br* OU stores *Am* were closed ❑ ~ de détail retail trader; ~ en gros wholesale dealer; les petits ~s small OU retail traders.

commerce [kɔmɛrs] *nm* -**1.** [activité]: le ~ trade; faire le ~ des céréales to trade in cereals; être dans le ~ to be in trade, to run a business; faire du ~ avec qqn/un pays to trade with sb/a country ❑ le ~ extérieur/intérieur foreign/domestic trade; ~ de détail retail trade; le ~ en gros wholesale trade; faire ~ de ses charmes *euph* to cash in on one's charms. -**2.** [affaires] business; cela fait marcher le ~ it's good for business; le ~ marche mal business is slow; le monde du ~ the business world; le ~ français business in France ❑ ~ intégré corporate OU combined chain; le petit ~ (small) business. -**3.** [circuit de distribution]: on ne trouve pas encore ce produit dans le ~ this item is not yet available on the market; cela ne se trouve plus dans le ~ this item has gone off the market. -**4.** [magasin] shop *Br*, store *Am*; ouvrir OU monter un ~ to open OU to start a business; tenir un ~ to run a business. -**5.** *litt* [relation]: entretenir un ~ d'amitié avec qqn to keep company with sb || [fréquentation] company; renoncer au ~ des hommes to renounce the company of one's fellow-men.
◆ **de commerce** *loc adj* -**1.** [opération] commercial, business *(modif)*; [acte] trade *(modif)*; [code, tribunal] commercial; [école] business *(modif)*. -**2.** NAUT [marine, navire, port] trading, merchant *(modif)*.

commercer [16] [kɔmɛrse] *vi* to trade, to deal; ~ avec un pays to trade with a country.

commercial, e, aux [kɔmɛrsjal, o] *adj* -**1.** [activité] commercial; [relation] trade *(modif)*; adressez-vous à notre service OU secteur ~ please apply to our sales department; avoir des contacts commerciaux avec to have trading OU trade links with; pour des raisons ~es for commercial reasons ❑ droit ~ business law; l'anglais ~ business English; un gros succès ~ [film, pièce] a big box-office success; [livre] a best-selling book, a best-seller. -**2.** TV commercial; les chaînes ~es commercial channels. -**3.** *péj* [fait pour plaire] false; un sourire ~ an ingratiating smile; vos anciens fans trouvent que vous êtes devenu ~ your old fans think you've sold out.

commercialement [kɔmɛrsjalmɑ̃] *adv* commercially; ~ parlant from a business point of view.

commercialisable [kɔmɛrsjalizabl] *adj* marketable.

commercialisation [kɔmɛrsjalizasjɔ̃] *nf* marketing.

commercialiser [3] [kɔmɛrsjalize] *vt* -**1.** COMM to market, to commercialize; le modèle sera commercialisé en janvier the model will be coming onto the market in January. -**2.** JUR [dette, lettre de change] to market.

commère [kɔmɛr] *nf* -**1.** *péj* [médisante] gossip. -**2.** [bavarde] chatterbox. -**3.** LITTÉRAT: ma ~ la tortue Mrs Tortoise.

commettant [kɔmetɑ̃] *nm* principal.

commettre [84] [kɔmɛtr] *vt* -**1.** [perpétrer - erreur] to make; [- injustice] to perpetrate; [- meurtre] to commit; quand le crime a-t-il été commis? when did the crime take place?; ~ une maladresse to commit a blunder, to make a gaffe; ~ une imprudence to take an unwise step. -**2.** JUR [nommer - arbitre, avocat, huissier] to appoint; ~ un avocat (à la défense) to appoint OU to name a lawyer (for the defence); commis d'office appointed by the court. -**3.** NAUT to lay up rope. -**4.** *hum & péj* [produire - livre, émission] to be responsible for; il avait commis quelques articles dans les années 80 he had penned a few articles back in the eighties.
◆ **se commettre avec** *vp + prép litt* to associate with.

comminatoire [kɔminatwar] *adj* -**1.** *litt* [menaçant] threatening. -**2.** JUR *giving a warning that payment is due*.

comminutif, ive [kɔminytif, iv] *adj* comminuted.

commis [kɔmi] *nm* -**1.** JUR agent. -**2.** [employé - de magasin] helper, assistant; [- de banque] runner, junior clerk; [- de ferme] lad, boy, farm hand; ~ boucher OU de boucherie butcher's boy; ~ greffier assistant to the court clerk; ~ voyageur *vieilli* travelling salesman. -**3.** ADMIN: grand ~ de l'État senior OU higher civil servant. -**4.** MIL & NAUT: ~ aux vivres steward.

commisération [kɔmizerasjɔ̃] *nf* commiseration; sans ~ ruthlessly, pitilessly.

commissaire [kɔmisɛr] *nm* -**1.** [membre d'une commission] commissioner. -**2.** SPORT steward; ~ d'une course race steward. -**3.** ADMIN: ~ de la Marine/de l'Air chief administrator in the Navy/the Air Force; ~ de la République commissioner of the Republic; ~ du gouvernement government commissioner; ~ de police (police) superintendent *Br*, (police) captain *Am*, precinct captain *Am*; bonjour, Monsieur le ~ good morning, Superintendent *Br* OU Captain *Am*; ~ divisionnaire chief superintendent *Br*, police chief *Am*; ~ principal chief superintendent *Br*, chief of police *Am*. -**4.** FIN: ~ aux comptes auditor. -**5.** NAUT: ~ de OU du bord purser. -**6.** HIST [en URSS] commissar.

commissaire-priseur [kɔmisɛrprizœr] (*pl* commissaires-priseurs) *nm* auctioneer.

commissariat [kɔmisarja] *nm* -**1.** [fonction] commissionership. -**2.** ADMIN: ~ de l'Air Air Force staff; ~ de la Marine Admiralty Board *Br*, Naval Command *Am*. -**3.** FIN: ~ aux comptes auditorship. -**4.** [local]: ~ (de police) police station OU precinct *Am*.

commission [kɔmisjɔ̃] *nf* -**1.** [groupe] commission, committee; ~ d'arbitrage arbitration committee; ~ du budget budget committee; ~ de contrôle supervisory committee; ~ d'enquête committee OU commission of enquiry; ~ d'examen board of examiners; ~ paritaire joint commission; ~ parlementaire parliamentary committee OU commission; être en ~ to be in committee; renvoyer un projet de loi en ~ to commit a bill. -**2.** JUR [pouvoir] commission; ~ rogatoire letters rogatory. -**3.** MIL: ~ d'armistice armistice council; ~ militaire army exemption tribunal. -**4.** [pourcentage] commission, percentage; toucher une ~ sur une vente to get a commission OU percentage on a sale; ajoute 5 % de ~ pour l'agence add a 5 % commission for the agency; travailler à la ~ to work on a commission basis OU for a percentage. -**5.** [course] errand; j'ai envoyé mon fils faire des ~s I've sent my son off on some errands; n'oublie pas de lui faire la ~ [de lui donner le message] don't forget to give him the message. -**6.** *fam euph*: la petite/grosse ~ number one/two; faire la petite/grosse ~ to do a wee-wee/poo. -**7.** *sout* [perpétration]: la ~ d'un crime the commission of a crime.
◆ **commissions** *nfpl* [achats] shopping; faire les ~s to do some shopping; sors les ~s de la voiture get the shopping out of the car.

commissionnaire [kɔmisjɔnɛr] *nmf* [intermédiaire] commission agent *Br*, broker, agent; ~ en douane customs agent OU broker; ~ de transport forwarding agent.

commissionnement [kɔmisjɔnmɑ̃] *nm* commissioning.

commissionner [3] [kɔmisjɔne] *vt* to commission.

commissoire [kɔmiswar] *adj*: clause ~ commissoria lex.

commissural, e, aux [kɔmisyral, o] *adj* commissural.

commissure [kɔmisyr] *nf* -**1.** [dans le cerveau] commissure. -**2.** [de la bouche] corner.

commode[1] [kɔmɔd] *adj* -**1.** [pratique - moyen de transport] useful, convenient; [- outil] useful, handy; c'est bien ~ d'avoir un marché dans le quartier it's very handy OU convenient having a market in the area; les talons aiguilles ne sont pas très ~s pour marcher high heels aren't very practical for walking (in). -**2.** [facile] easy; ce n'est pas ~ à analyser it's not easy to analyse; ce n'est pas ~ de concilier deux activités reconciling two different jobs is not easy OU a simple task; c'est OU ce serait trop ~ ! that would be too easy! -**3.** [aimable]: elle n'est pas ~ (à vivre) she's not easy to live with; son patron n'est pas ~ her boss isn't an easy person to get along with. -**4.** *vieilli* [indulgent - morale] liberal, easy-going.

commode[2] [kɔmɔd] *nf* chest of drawers.

commodément [kɔmɔdemɑ̃] *adv* -**1.** [confortablement] comfortably. -**2.** *vieilli* [aisément] easily.

commodité [kɔmɔdite] *nf* -**1.** [facilité] convenience; pour plus de ~ for greater convenience, to make things more convenient. -**2.** [aspect pratique]: la ~ d'une maison the comfort OU convenience of a house; j'habite à côté de mon bureau, c'est d'une grande ~ I live next door to my office, it's extremely convenient.
◆ **commodités** *nfpl* [agréments] conveniences; *vieilli* [toilettes] toilet, toilets.

commotion [kɔmɔsjɔ̃] *nf* -**1.** [choc] shock; être sous le coup de la ~ to be dazed by the shock. -**2.** MÉD [d'un organe]: ~ cérébrale concussion. -**3.** *sout* [perturbation] upheaval, agitation; les ~s sociales/politiques dans l'Allemagne de 1933 the social/political upheavals in the Germany of 1933.

commotionner [3] [kɔmɔsjɔne] *vt* to shake up *(sép)*; la terrible nouvelle l'a commotionné the appalling news gave him a shock.

commuable [kɔmɥabl] *adj* commutable.

commuer [7] [kɔmɥe] *vt* to commute; ~ une peine de prison en amende to commute a prison sentence to a fine.

commun, e[1] [kɔmœ̃, yn] *adj* -**1.** [non exclusif - jardin, local] shared, common; [- ami] mutual; hôtel avec salle de télévision ~e hotel with public TV lounge; ~ à: une langue ~e à cinq millions de personnes a language shared by five million people; le court de tennis est ~ à tous les propriétaires the tennis court is the common property of all the residents; point ~ à deux lignes crossing point of two lines. -**2.** [fait en collaboration - travail, politique] shared, common; nous avons pris la décision ~e de...

we took a joint decision to... || [en communauté]: la vie ~e [conjugale] conjugal life, the life of a couple; ils vont reprendre la vie ~e they're going to live together again. -3. [identique - caractère, passion] similar; [- habitude] common, shared, identical; nous avons des problèmes ~s we share the same problems, we have similar problems; il n'y a pas de ~e mesure entre... there's no similarity whatsoever between...; c'est sans ~e mesure avec... there's no comparison with... -4. [courant - espèce, usage, faute] common, ordinary, run-of-the mill; une plante ~e dans cette région a plant that is common in this region; il est d'un courage peu ~ he's uncommonly OU exceptionally brave; un nom peu ~ a very unusual name; c'est une croyance ~e que... it's a commonly held belief that..., many people believe that... -5. *péj* [banal] common, coarse; il la trouvait ~e he thought she was common. -6. LING common. -7. MATH: le plus grand ~ dénominateur the highest common denominator.

◆ **commun** *nm*: l'homme du ~ *vieilli* the common man; c'est hors du ~ this is exceptional OU unusual; cela sort du ~ this is very unusual ❑ le ~ de: le ~ des mortels the common run of people; le ~ des mortels ne pourra sans doute pas comprendre the man in the street won't be able to understand; le ~ des lecteurs the average reader.

◆ **communs** *nmpl* outbuildings, outhouses.

◆ **d'un commun accord** *loc adv* by mutual agreement, by common consent; tous d'un ~ accord ont décidé que... they decided unanimously that...

◆ **en commun** *loc adv*: avoir qqch en ~ (avec) to have sthg in common (with); nous mettons tout en ~ we share everything.

communal, e, aux [kɔmynal, o] *adj* -1. ADMIN [en ville] ≃ of the urban district; [à la campagne] ≃ of the rural district. -2. [du village - fête] local *(modif)*, village *(modif)*. -3. *Belg*: conseil ~ town council; maison ~e town hall.

◆ **communale** *fam nf* primary *Br* OU grade *Am* school.

◆ **communaux** *nmpl Belg* [terres] common land.

communaliser [3] [kɔmynalize] *vt* ≃ to put under the jurisdiction of the local authority.

communard, e [kɔmynar, ard] ◇ *adj* HIST of the (Paris) Commune.

◇ *nm, f* -1. HIST Communard, member of the (Paris) Commune. -2. [boisson] *red wine mixed with crème de cassis liqueur.*

communautaire [kɔmynotɛr] *adj* -1. [vie, esprit] communal, community *(modif)*. -2. [du Marché commun] Common Market *(modif)*, Community *(modif)*.

communautarisation [kɔmynotarizasjɔ̃] *nf* joint exploitation of oceanic or maritime resources.

communauté [kɔmynote] *nf* -1. [similitude - de vues, de pensées] likeness, closeness; [- d'intérêts] community; [- de sentiments] commonness. -2. [groupe] community; ~ linguistique group of people speaking the same language; la ~ scientifique the scientific community; la ~ universitaire the academic community; la ~ des fidèles [d'une paroisse] the congregation; ~ religieuse religious community ❑ la Communauté économique européenne the European Economic Community; la Communauté européenne du charbon et de l'acier the European Coal and Steel Community; la Communauté européenne de l'énergie atomique the European Atomic Energy Community; les Communautés européennes the European Community. -3. [public]: la ~ the general public. -4. JUR joint estate.

◆ **en communauté** *loc adv* [vivre] communally, as a community.

commune[2] [kɔmyn] ◇ *f* → **commun**.

◇ *nf* -1. [agglomération] commune ADMIN; une jolie petite ~ rurale a nice little country village; la ~ et ses alentours [en ville] ≃ the urban district; [à la campagne] ≃ the rural district. -2. [habitants]: la ~ [en ville] people who live within the urban district; [à la campagne] people who live within the rural district. -3. [administrateurs]: c'est la ~ qui paie the local authority OU the council *Br* is paying. -4. HIST: la Commune (de Paris) the (Paris) Commune. -5. [en Grande-Bretagne]: les Communes the House of Commons.

COMMUNE:
There are 36,000 "communes" or administrative districts in France, some with less than 25 inhabitants. Each "commune" has an elected mayor.

LA COMMUNE:
A revolutionary government set up in Paris from 18 March-28 May 1871 after the Prussian siege was lifted. It was brutally put down by soldiers sent in by Thiers' government in Versailles. An important landmark in the history of European socialism.

---

communément [kɔmynemɑ̃] *adv* commonly, usually; il n'arrive pas ~ que... it is unusual for...; la torture est encore ~ pratiquée là-bas torture is still routinely practised there; la renoncule terrestre, ~ appelée bouton d'or ranunculus, commonly known as OU usually called the buttercup.

communiant, e [kɔmynjɑ̃, ɑ̃t] *nm, f* communicant.

communicable [kɔmynikabl] *adj* -1. [exprimable] communicable; c'est une impression difficilement ~ it's a feeling difficult to put into words. -2. [transmissible - données, informations] communicable; ces données ne sont pas ~s this data is classified.

communicant, e [kɔmynikɑ̃, ɑ̃t] *adj* communicating; deux chambres ~es two connecting *Br* OU adjoining *Am* rooms.

communicatif, ive [kɔmynikatif, iv] *adj* -1. [qui se répand - rire, bonne humeur] infectious. -2. [bavard] communicative, talkative.

communication [kɔmynikasjɔ̃] *nf* -1. [annonce] announcement, communication; j'ai une ~ importante à vous faire I have an important announcement to make; donner ~ de qqch to communicate sthg. -2. [exposé - fait à la presse] statement; [- fait à des universitaires, des scientifiques] paper; les ~s des intervenants seront publiées all papers read at the conference will be published; faire une ~ sur l'atome to deliver a lecture on the atom. -3. [transmission] communicating, passing on, transmission; pour éviter la ~ de ces maladies to stop the spread of these diseases; avoir ~ d'un dossier to get hold of a file, to have had a file passed on to one; je n'ai pas eu ~ de sa nouvelle adresse her new address hasn't been passed on to me; demander ~ d'un dossier to ask for a file (to be handed on to one); donner ~ d'un dossier (à qqn) to pass on a file (to sb); 'arrêt des ~s à 16 h' [dans une bibliothèque] 'no book deliveries after 4 p.m.' ❑ ~ au ministère public *court order submitting a case to the public prosecutor*; donner ~ de pièces to give discovery of documents. -4. [contact] communication, contact; être en ~ avec qqn to be in contact OU touch with sb; vous devriez vous mettre en ~ avec elle you should get in touch with her; cela rend désormais possible la ~ entre gens malentendants this has made it possible for the hard of hearing to communicate with each other; depuis l'explosion, nous n'avons plus de ~ avec l'extérieur we haven't been able to communicate with the outside world since the blast. -5. [échange entre personnes] communication; il a des problèmes de ~ (avec les autres) he has problems communicating with OU relating to people; il n'y a pas de ~ possible avec elle it's impossible to get through to her || [diffusion d'informations]: la ~: les techniques de la ~ media techniques; la ~ de masse the mass media; ~ interne [dans une entreprise] interdepartmental communication. -6. [moyen de liaison] (means of) communication; toutes ~s entre les deux pays ont été interrompues all communication between the two countries has been stopped. -7. TÉLÉC: ~ téléphonique (phone) call; je prends la ~ I'll take the call; il est en ~ avec... he's speaking to..., he's on the phone to...; la ~ a été coupée we were cut off; le prix de la ~ a augmenté the cost of a phone call has gone up; avoir la ~: vous avez la ~ you're through; pour obtenir la ~, faites le 12 dial 12 in order to get through; ~ interurbaine inter-city OU city-to-city call; ~ en PCV reverse-charge call *Br*, collect call *Am*. -8. INF: ~ homme-machine man-machine dialogue.

◆ **communications** *nfpl* MIL communications.

◆ **de communication** *loc adj* -1. [porte, couloir] connecting. -2. [réseau, satellite] communications *(modif)*; moyens de ~ means of communication. -3. [agence] publicity *(modif)*.

communier [9] [kɔmynje] *vi* -1. RELIG to communicate, to receive Communion. -2. *litt* [s'unir spirituellement]: ~ dans un même idéal to be united in OU to share the same ideals; ~ avec qqn to share the same feelings as sb; ~ avec la nature to be at one OU to commune with nature.

communion [kɔmynjɔ̃] *nf* -1. RELIG [communauté de foi] communion; Communion des saints communion of saints || [partie de la messe]: Communion (Holy) Communion || [cérémonie]: première ~ first communion; ~ solennelle solemn communion. -2. *litt* [accord]: nous nous sommes découvert une ~ d'idées et de sentiments we found that we shared the same ideas and feelings; être en ~ avec qqn to be at one OU to commune with sb; être en ~ d'idées OU d'esprit avec qqn to share sb's ideas.

communiqué [kɔmynike] *nm* communiqué; un ~ officiel an official communiqué OU announcement; un ~ de presse a press release.

communiquer [3] [kɔmynike] ◇ *vt* -1. [transmettre - information] to communicate, to give; [- demande] to transmit; [- dossier, message] to pass on *(sép)*; [- savoir, savoir-faire] to pass on, to hand down *(sép)*; ~ le goût de la lecture à ses enfants to pass on one's love of reading to one's children. -2. PHYS [chaleur, lumière] to transmit; [mouvement, impulsion] to impart; ~ de l'énergie à un corps to transmit energy to a body. -3. [donner par contamination] to transmit; il leur a communiqué son fou rire/enthousiasme he passed on his giggles/enthusiasm to them. -4. [annoncer] to announce, to impart, to communicate; j'ai une chose importante à vous ~ I have something important to say to you; rien ne nous a été communiqué we have heard nothing; selon une nouvelle qu'on nous communique à l'instant according to news just in.

◇ *vi* -1. [échanger des messages] to communicate; ~ par téléphone/lettre to communicate by phone/letter; les dauphins communiquent entre eux dolphins communicate with each other || [échanger des sentiments]: leur problème est qu'ils n'arrivent pas à ~ avec leurs parents their problem is that they can't communicate with their parents; dans une famille, il faut apprendre à ~ members of a family must learn to express their feelings to each other; j'ai besoin de ~ I need to express my feelings (to others). -2. [être relié] to interconnect; la chambre communique avec la salle de bains there's a connecting door between the bathroom and the bedroom; une maison où les pièces communiquent a house with interconnecting rooms; une chambre avec salle de bains qui communique a bedroom with bathroom en suite.

◆ **se communiquer** ◇ *vp (emploi passif)* [être transmis - don, savoir, savoir-faire] to be passed on, to be handed down; le vrai talent ne se communique pas you can't teach people how to be talented.

◇ *vpi* [se propager - incendie] to spread; [- maladie] to spread, to be passed on; **l'infection s'est communiquée à tout le groupe** the infection spread throughout the group; **sa peur risque de se ~ à tout son entourage** he's likely to make everyone else as frightened as he is.

communisant, e [kɔmynizɑ̃, ɑ̃t] ◇ *adj* Communistic; **un journal ~** a paper with Communist sympathies.
◇ *nm, f* Communist sympathizer, fellow traveller.

communisme [kɔmynism] *nm* Communism.

communiste [kɔmynist] *adj* & *nmf* Communist.

commutable [kɔmytabl] *adj* -**1.** [éléments] commutable. -**2.** JUR = **commuable**.

commutateur [kɔmytatœr] *nm* ÉLECTR & ÉLECTRON [de circuits] changeover switch, commutator; [interrupteur] switch; **actionner un ~** [pour allumer] to switch on; [pour éteindre] to switch off.

commutatif, ive [kɔmytatif, iv] *adj* -**1.** MATH commutative. -**2.** LING commutable. -**3.** JUR commutative.

commutation [kɔmytasjɔ̃] *nf* -**1.** [substitution] commutation, substitution; LING & MATH commutation. -**2.** JUR: **~ de peine** commutation of a sentence. -**3.** ÉLECTR & ÉLECTRON commutation, switching; **une ~ permet de passer automatiquement sur piles** it switches itself on to battery. -**4.** INF & TÉLÉC switch-over, switching; **~ de bande/circuits** tape/circuit switching.

commutativité [kɔmytativite] *nf* -**1.** MATH commutativity. -**2.** LING commutability.

commutatrice [kɔmytatris] *nf* rotary converter.

commuter [3] [kɔmyte] ◇ *vt* -**1.** LING & MATH to commute; **~ A et B** to commute A and OU with B. -**2.** ÉLECTR to commutate.
◇ *vi* -**1.** MATH to commute. -**2.** LING to substitute, to commute.

Comores [kɔmɔr] *npr fpl*: **les ~** the Comoro Islands, the Comoros; **aux ~** in the Comoro Islands.

comorien, enne [kɔmɔrjɛ̃, ɛn] *adj* Comoran, Comorian.
◆ **Comorien, enne** *nm, f* Comoran, Comorian.

compacité [kɔ̃pasite] *nf* compactness.

compact, e [kɔ̃pakt] *adj* -**1.** [dense - matière] solid, dense; [- foule] dense, packed; [- poudre] pressed, compacted. -**2.** [ski] short. -**3.** AUDIO, AUT & PHOT compact. -**4.** MATH compact.
◆ **compact** *nm* -**1.** [ski] short ski. -**2.** *vieilli* [poudre] pressed powder. -**3.** [chaîne hi-fi] music centre *Br*, single-unit hi-fi *Am*. -**4.** [disque] compact disc, CD; **disponible en ~** available on CD. -**5.** [appareil photo] compact (camera).

compactage [kɔ̃paktaʒ] *nm* -**1.** [technique] compacting *(U)*. -**2.** [résultat] compaction.

Compact Disc® [kɔ̃paktdisk] (*pl* Compact Discs) *nm* compact disc, CD.

compacteur [kɔ̃paktœr] *nm* road roller, steamroller.

compagne [kɔ̃paɲ] *nf* -**1.** [camarade] companion; **elle a rejoint ses ~s** she went over to join the other schoolgirls; **~ de classe/jeux** (female) classmate/playmate; **elle a été ma ~ d'infortune** she suffered with me, she was my companion in misery. -**2.** [épouse] wife; [concubine] girlfriend. -**3.** [animal domestique] companion; **sa chatte est une fidèle ~** her cat is a faithful companion.

compagnie [kɔ̃paɲi] *nf* -**1.** [présence] company; **sa ~ m'est insupportable** I can't stand her company OU being with her; **elle avait un chien pour toute ~** her dog was her only companion; **être d'une ~ agréable/sinistre** to be a pleasant/gloomy companion; **être de bonne/mauvaise ~** to be good/bad company; **être en bonne/mauvaise ~** to be in good/bad company; **je te laisse en bonne ~** I leave you in good hands; **tenir ~ à qqn** to keep sb company; **il te faudrait de la ~** you need some company; **se passer de ~: tu sais, je me passerais bien de ~!** I could do with being left alone, you know!; **il n'aime pas la ~** he doesn't enjoy company OU being with people. -**2.** [groupe] party, company, gang; **une joyeuse ~** a lively company OU group OU gang; **toute la ~ était là** the whole gang was there. -**3.** COMM & INDUST company; **~ aérienne** airline (company); **~ d'assurances** insurance company; **~ maritime** shipping company OU line; **Michel Darot et ~** *pr* Michel Darot and Company; **tout ça, c'est mensonge/arnaque et ~** *fam fig* that's nothing but a pack of lies/a swindle. -**4.** THÉÂT: **~ (théâtrale)** (theatre) group OU company OU troupe. -**5.** ZOOL [de sangliers] herd; [de perdreaux] covey, flock. -**6.** MIL company; **~ de chars** tank brigade; **~ d'éclairage et d'appui** lighting and support company. -**7.** [dans des noms d'organisations]: **Compagnie de Jésus** Society of Jesus; **Compagnies républicaines de sécurité** ≃ S.A.S. *Br*, ≃ state troopers *Am*.
◆ **de compagnie** ◇ *loc adj* [animal] domestic.
◇ *loc adv sout* [voyager] together.
◆ **en compagnie de** *loc prép* accompanied by, (in company) with.

compagnon [kɔ̃paɲɔ̃] *nm* -**1.** [camarade] companion; **~ d'armes** brother OU comrade in arms; **~ de bord** shipmate; **~ de captivité** companion in captivity; **~ de cellule** cellmate; **~ d'exil** fellow exile; **~ de jeux** playmate; **~ de route** OU **voyage** travelling companion; **~ de table** table companion; **~ d'infortune** companion in misery OU misfortune. -**2.** [époux] husband, companion; [ami, concubin] boyfriend; **mon ~** my companion. -**3.** [animal] friend; **il a un chien pour tout ~** his only friend is a dog. -**4.** [franc-maçon] companion. -**5.** HIST [ouvrier]: **Compagnon du Tour de France** journeyman, apprentice ‖ [résistant]: **Compagnon de la Libération** (French) Resistance fighter. -**6.** INDUST unskilled worker OU labourer. -**7.** BOT: **~ rouge/blanc** red/white campion.

compagnonnage [kɔ̃paɲɔnaʒ] *nm* HIST -**1.** [chez un maître] ≃ apprenticeship. -**2.** [association] guild.

comparabilité [kɔ̃parabilite] *nf* comparability.

comparable [kɔ̃parabl] *adj* comparable, similar; **on aboutit à des résultats ~s** we arrive at similar results; **comparons ce qui est ~** let's compare like with like; **ce n'est pas ~** there's no comparison; **je n'ai jamais rien goûté de ~** I've never tasted anything like it; **une fonction ~ à celle de comptable** a function comparable with OU similar to that of an accountant.

comparaison [kɔ̃parɛzɔ̃] *nf* -**1.** [gén] comparison; **faire la** OU **une ~ entre deux qualités** to compare two qualities; **c'est sans ~ avec le mien** it cannot possibly be compared with mine; **elle est, sans ~, la plus grande chanteuse du moment** she's by far our best contemporary singer; **aucune ~!** there's no comparison!; **point de ~** point of comparison; **comment décider sans avoir un point de ~?** how can you possibly make up your mind without some means of comparison?; **supporter** OU **soutenir la ~ avec qqch** to bear OU to stand comparison with sthg. -**2.** [figure de style] comparison, simile; **adverbe de ~** comparative adverb.
◆ **en comparaison de** *loc prép* in comparison OU as compared with, compared to.

comparaître [91] [kɔ̃parɛtr] *vi* to appear; **~ en justice** to appear before a court; **appelé** OU **cité à ~** summoned to appear.

comparant, e [kɔ̃parɑ̃, ɑ̃t] ◇ *adj* appearing before the court.
◇ *nm, f person appearing before the court.*

comparateur [kɔ̃paratœr] *nm* comparator.

comparatif, ive [kɔ̃paratif, iv] *adj* comparative; **étude comparative** comparative study ❑ **publicité comparative** comparative advertising.
◆ **comparatif** *nm* comparative; **~ de supériorité/d'infériorité** comparative of greater/lesser degree.

comparatisme [kɔ̃paratism] *nm* -**1.** LING comparative linguistics. -**2.** LITTÉRAT comparative literature.

comparatiste [kɔ̃paratist] *nmf* -**1.** LING specialist in comparative linguistics. -**2.** LITTÉRAT specialist in comparative literature.

comparativement [kɔ̃parativmɑ̃] *adv* comparatively, by OU in comparison.

comparé, e [kɔ̃pare] *adj* comparative.

comparer [3] [kɔ̃pare] *vt* -**1.** [confronter] to compare; **~ deux tableaux** to compare two pictures; **~ un livre à** OU **avec un autre** to compare a book to OU with another; **comparez les prix avant d'acheter** compare prices before you buy; **il faut ~ ce qui est comparable** you must compare like with like. -**2.** [assimiler]: **~ qqch/qqn à** to compare sthg/sb to; **comme artiste, il ne peut être comparé à Braque** as an artist, he cannot compare with Braque; **je le compare toujours à Groucho Marx** he always reminds me of Groucho Marx.
◆ **se comparer à** ◇ *vp + prép* to compare o.s. with.
◇ *vp (emploi passif)*: **ce sont deux choses qui ne se comparent pas** there can be no comparison between these two things.
◆ **comparé à** *loc prép* compared to OU with, in comparison to.

comparse [kɔ̃pars] *nmf* -**1.** THÉÂT extra, walk-on; **un rôle de ~** a walk-on part. -**2.** *péj* [d'un brigand, d'un camelot] stooge.

compartiment [kɔ̃partimɑ̃] *nm* -**1.** RAIL compartment; **~ de 1re classe** first-class compartment. -**2.** [case - d'une boîte] compartment; [- d'un sac] pocket. -**3.** [carreau] square. -**4.** NAUT tank. -**5.** INF: **~ protégé** hold area.
◆ **à compartiments** *loc adj* [tiroir, classeur] divided into compartments.

compartimentage [kɔ̃partimɑ̃taʒ] *nm*, **compartimentation** [kɔ̃partimɑ̃tasjɔ̃] *nf* [d'une caisse, d'une armoire] partitioning; [d'une administration, des connaissances] compartmentalization, fragmenting.

compartimenter [3] [kɔ̃partimɑ̃te] *vt* [caisse, armoire] to partition, to divide into compartments; [administration, connaissances] to compartmentalize, to split into small units.

comparution [kɔ̃parysjɔ̃] *nf* appearance; **~ en justice** court appearance; **~ en conseil de discipline** appearance before a disciplinary committee.

compas [kɔ̃pa] *nm* -**1.** AÉRON & NAUT compass; **~ gyroscopique** gyrocompass. -**2.** GÉOM (pair of) compasses; **~ d'épaisseur** spring-adjusting callipers; **~ à pointes sèches** dividers; **~ de réduction** proportional compasses; **avoir le ~ dans l'œil** to be a good judge OU to have a good idea of distance; **le placard tient juste, tu as eu le ~ dans l'œil!** the cupboard just fits, you judged that well!
◆ **au compas** *loc adv* -**1.** NAUT by the compass. -**2.** [avec précision] with military precision.

compassé, e [kɔ̃pase] *adj* stiff, strait-laced.

compassion [kɔ̃pasjɔ̃] *nf* compassion, sympathy; **avec ~** compassionately.

compatibilité [kɔ̃patibilite] *nf* compatibility; **~ sanguine** blood-group compatibility OU matching.

compatible [kɔ̃patibl] *adj* [gén, CHIM & TECH] compatible; **leurs modes de vie ne sont pas ~s** their life-styles are totally incompatible; **cela n'est pas ~ avec mon emploi du temps** this won't fit into my schedule.

compatir [32] [kɔ̃patir]
◆ **compatir à** *v + prép*: **je compatis à votre douleur** I sympathize with you in your grief, I share in your grief ‖ *(en usage abs)*: **je compatis!** I sympathize!; *iron* my heart bleeds!

compatissant, e [kɔ̃patisɑ̃, ɑ̃t] *adj* sympathetic, compassionate.

compatriote [kɔ̃patrijɔt] *nmf* compatriot, fellow countryman (*f* countrywoman).

compensable [kɔ̃pɑ̃sabl] *adj* -**1.** [perte] that can be compensated, compensable *Am*. -**2.** [chèque] clearable.

compensateur, trice [kɔ̃pɑ̃satœr, tris] *adj* -**1.** [indemnité] compensating, compensatory. -**2.** [pendule] compensation *(modif)*.

◆ **compensateur** *nm* -**1.** [appareil] compensator. -**2.** AÉRON (trim) tab.

compensation [kɔ̃pɑ̃sasjɔ̃] *nf* -**1.** [dédommagement] compensation; **je travaille dur mais il y a des ~s** I work hard but there are compensations. -**2.** FIN [de dettes] offsetting; [de chèques] clearing. -**3.** JUR: **~ des dépens** sharing of the costs *(among different parties)*. -**4.** MÉD & PSYCH compensation; **elle mange par ~** she eats for comfort. -**5.** NAUT correction, adjustment. -**6.** AÉRON tabbing. -**7.** MÉCAN & PHYS balancing.

◆ **en compensation** *loc adv* as a OU by way of (a) compensation.

◆ **en compensation de** *loc prép* by way of compensation OU as compensation OU to compensate for.

compensatoire [kɔ̃pɑ̃satwar] *adj* -**1.** [qui équilibre] compensatory, compensating. -**2.** FIN countervailing.

compensé, e [kɔ̃pɑ̃se] *adj* -**1.** MÉD compensated. -**2.** [semelle]: **chaussures à semelles ~es** platform shoes. -**3.** COMM: **publicité ~e** prestige advertising.

compenser [3] [kɔ̃pɑ̃se] *vt* -**1.** [perte] to make up for *(insép)*, to offset; **rien ne compense la perte d'un ami** nothing makes up for the loss of a friend ‖ *(en usage abs)*: **pour ~, je l'ai emmenée au cinéma** by way of compensation, I took her to the cinema; **au moins, le dîner était bon, cela compense** at least the meal was good, that makes up for it. -**2.** JUR: **~ les dépens** to order each party to pay its own costs. -**3.** MÉD to compensate, to counterbalance; PSYCH to compensate; *(en usage abs)*: **elle mange pour ~** she eats for comfort. -**4.** MÉCAN & PHYS to balance. -**5.** NAUT to adjust, to correct. -**6.** FIN [dette] to offset, to balance out *(sép)*.

◆ **se compenser** *vp (emploi réciproque)* to make up for one another.

compère [kɔ̃pɛr] *nm* -**1.** [complice - d'un camelot] accomplice; [- d'un artiste] stooge. -**2.** LITTÉRAT: **(mon) ~ le lapin** Mister Rabbit.

compère-loriot [kɔ̃pɛrlɔrjo] (*pl* **compères-loriots**) *nm* sty MÉD, stye.

compétence [kɔ̃petɑ̃s] *nf* -**1.** [qualification, capacité] competence; **j'ai des ~s en informatique** I have computer skills; **ses ~s en traduction** her ability as a translator; **avoir recours aux ~s d'un expert** to refer to an expert; **cela n'entre pas dans mes ~s, ce n'est pas de ma ~** [cela ne fait pas partie de mes attributions] this doesn't come within my remit; [cela me dépasse] that's beyond my competence. -**2.** JUR competence; **~ territoriale** jurisdiction. -**3.** LING & MÉD competence. -**4.** *fam* [personne] top expert.

compétent, e [kɔ̃petɑ̃, ɑ̃t] *adj* -**1.** [qualifié] competent, skilful, skilled; **en cuisine, je suis assez ~e** I'm quite a good cook; **un ouvrier ~** a competent worker; **~ en la matière: les gens ~s en la matière** people who know about OU are conversant with this topic; **seul le maire est ~ en la matière** only the mayor is competent to act in this matter. -**2.** [approprié] relevant; **les services ~s** the relevant departments, the departments concerned.

compétiteur, trice [kɔ̃petitœr, tris] *nm, f* -**1.** [rival]: **le ~ de qqn** sb's rival. -**2.** COMM & SPORT competitor.

compétitif, ive [kɔ̃petitif, iv] *adj* -**1.** [concurrentiel] competitive; **leurs produits sont très ~s** their products are highly competitive OU very competitively priced. -**2.** [peu cher] competitive; **des prix très ~s** very good OU competitive prices; **leurs chaînes hi-fi sont à des prix ~s** their hi-fi equipment is competitively priced.

compétition [kɔ̃petisjɔ̃] *nf* -**1.** [rivalité] competition, competing; **j'ai horreur de la ~** I hate having to compete (with others). -**2.** [niveau d'activité sportive] competition; **faire de la ~** [athlétisme] to take part in competitions; AUT & NAUT to race; **j'arrête la ~** I'm giving up (taking part in) competitive events ‖ *(comme adj inv)*: **elle a le niveau ~ en aviron** she's a top-level oarswoman; **le cours ~** [au ski] the advanced (ski) class. -**3.** [concours - en athlétisme, en natation] competition, event; AUT & NAUT competition, race; [- au tennis] tournament.

◆ **de compétition** *loc adj*: **des skis de ~** [de descente] racing skis; [de fond] eventing skis ❑ **sport de ~** competitive sport.

◆ **en compétition** *loc adv* SPORT at competition level.

◆ **en compétition avec** *loc prép* competing OU in competition with.

compétitivité [kɔ̃petitivite] *nf* competitiveness.

compilateur, trice [kɔ̃pilatœr, tris] *nm, f* -**1.** *sout* [auteur] compiler. -**2.** *péj* [plagiaire] plagiarist.

◆ **compilateur** *nm* INF compiler.

compilation [kɔ̃pilasjɔ̃] *nf* -**1.** [fait de réunir des textes] compiling; [ensemble de textes, de morceaux de musique] compilation. -**2.** *péj* [plagiat] plagiarizing, synthesizing; [ouvrage] (mere) compilation OU synthesis *péj*. -**3.** INF compilation.

compiler [3] [kɔ̃pile] *vt* -**1.** [assembler] to put together *(sép)*, to assemble. -**2.** *péj* [suj: plagiaire] to borrow from. -**3.** INF to compile.

complainte [kɔ̃plɛ̃t] *nf* -**1.** LITTÉRAT, MUS & *litt* lament, plaint. -**2.** JUR complaint.

complaire [110] [kɔ̃plɛr]

◆ **complaire à** *v + prép litt*: **~ à qqn** to please sb.

◆ **se complaire** *vpi*: **se ~ dans qqch** to revel OU to delight OU to take pleasure in sthg; **il se complaît dans son malheur** he wallows in his own misery; **se ~ à dire/faire qqch** to take great pleasure in saying/doing sthg.

complaisamment [kɔ̃plɛzamɑ̃] *adv* -**1.** [avec amabilité] kindly, obligingly. -**2.** *péj* [avec vanité] smugly, complacently, with self-satisfaction.

complaisance [kɔ̃plɛzɑ̃s] *nf* -**1.** [amabilité] kindness, obligingness; **avec ~** kindly, obligingly. -**2.** [vanité] complacency, smugness, self-satisfaction; **avec ~** smugly, complacently. -**3.** [indulgence - des parents] laxity, indulgence; [- d'un tribunal, d'un juge] leniency, indulgence; [- d'un mari] connivance.

◆ **complaisances** *nfpl* favours.

◆ **de complaisance** *loc adj*: **certificat** OU **attestation de ~** phoney certificate *(given to please the person concerned)*; **billet de ~** COMM accommodation bill.

◆ **par complaisance** *loc adv* out of sheer politeness, purely OU merely to be polite.

complaisant, e [kɔ̃plɛzɑ̃, ɑ̃t] *adj* -**1.** [aimable] kind; [serviable] obliging, complaisant. -**2.** [vaniteux] smug, self-satisfied, complacent; **prêter une oreille ~e aux éloges** to lap up praise. -**3.** [indulgent - parents] lax, indulgent; [- juge, tribunal] indulgent, lenient; **elle a un mari ~** her husband turns a blind eye to her infidelities.

complément [kɔ̃plemɑ̃] *nm* -**1.** [supplément]: **un ~ d'information est nécessaire** further OU additional information is required; **demander un ~ d'enquête** to order a more extensive inquiry. -**2.** [reste] rest, remainder; **voici 300 francs, vous aurez le ~ ce soir** here's 300 francs, you'll get the remainder tonight. -**3.** MÉD complement; **fixation** OU **déviation du ~** complement fixation; **~ inactivé** complementoid. -**4.** MATH complement. -**5.** LING complement; **~ (d'objet) direct/indirect** direct/indirect object; **~ d'agent** agent; **~ de comparaison** comparative expansion; **~ circonstanciel** adverbial phrase. -**6.** ADMIN: **~ familial** means-tested family allowance *(for parents with three children above the age of three)*.

complémentaire [kɔ̃plemɑ̃tɛr] ◇ *adj* -**1.** [supplémentaire - information] additional, further. -**2.** [industries, couleurs] complementary. -**3.** LING & MATH complementary. -**4.** ÉCON complementary. -**5.** SCOL: **cours ~** ≃ secondary modern school.

◇ *nm* MATH complementary.

complémentarité [kɔ̃plemɑ̃tarite] *nf* -**1.** [fait de se compléter] complementarity; **la ~ du jaune et du violet** the complementary qualities of yellow and purple. -**2.** ÉCON complementarity.

complet, ète [kɔ̃plɛ, ɛt] *adj* -**1.** [qui a tous ses éléments - série, collection, parure] complete, full; [- œuvre] complete; **la panoplie n'est pas complète** there's something missing from the set ❑ **café/thé ~** COMM continental breakfast with coffee/tea; **change ~** disposable nappy *Br* OU diaper *Am*; **pension complète** full board. -**2.** [approfondi - compte-rendu, description] full, comprehensive; [- analyse, examen] thorough, full; **une lecture complète du manuscrit** a thorough OU an in-depth reading of the manuscript. -**3.** [entier] full; **nous resterons un mois ~** we'll stay a full month; **le ticket est valable pour la journée complète** the ticket is valid for the whole day. -**4.** [bondé - bus, métro, stade] full; **'complet'** [hôtel] 'no vacancies'; [parking] 'full'; **nous sommes ~s** [salle de concert, théâtre, restaurant] we're (fully) booked. -**5.** [parfait - homme, artiste] all-round *(avant n)*, complete; **un sportif ~** an all-round athlete. -**6.** [total, absolu] total, absolute; **je demande le silence ~** I must have complete silence; **il vous faut un repos ~** you need absolute rest; **c'est un échec ~** it's a total failure; **ils vivent dans la pauvreté la plus complète** they live in utter OU absolute OU abject poverty; **un fiasco ~** a complete (and utter) disaster ❑ **c'est ~!** that's all we needed!, that's the last straw!, that caps it all! -**7.** [fournissant tout le nécessaire]: **la natation est un sport ~** swimming is an all-round sport; **le lait est un aliment ~** milk is a complete food, milk contains all the necessary nutrients. -**8.** CULIN [pain, farine, spaghetti] wholemeal; [riz] brown. -**9.** BOT complete.

◆ **complet** *nm* VÊT: **~, ~-veston** (man's) suit.

◆ **au (grand) complet** *loc adj*: **(toute) l'équipe au ~** the whole team; **mes amis étaient là au ~** all my friends showed up; **tous les documents au ~** the complete set of documents; **les couverts ne sont pas au ~** there are some knives and forks missing.

complètement [kɔ̃plɛtmɑ̃] *adv* -**1.** [totalement] completely, totally; **une maison ~ refaite** a completely renovated house; **c'est ~ faux** it's totally OU completely wrong; **~ nu** stark naked; **il n'est pas ~ responsable** he's not wholly to blame; **sa thèse est ~ terminée** her thesis is completely finished; **le jeu les a ~ ruinés** gambling left them totally penniless. -**2.** [vraiment] absolutely; **elle est ~ folle** she's stark raving mad; **je suis ~ d'accord** I absolutely OU totally agree; **il est ~ fou d'elle!** he's absolutely mad about her!

compléter [18] [kɔ̃plete] *vt* -**1.** [ajouter ce qui manque à - collection, dossier] to complete; [- somme, remboursement] to make up *(sép)*; **il a complété sa collection par un Van Gogh** he completed his collection with a painting by Van Gogh. -**2.** [approfondir - analyse, notes] to complete; [- enquête] to finish, to complete; **~ son éducation/sa formation** to complete one's education/training. -**3.** [constituer le dernier élément de] to complete, to finish OU to round off *(sép)*; **un index complète le guide** the guide is completed by an index; **pour ~ le tout** to cap OU to crown it all.

◆ **se compléter** ◇ *vp (emploi passif)*: **ma collection se complète peu à peu** my collection will soon be complete.

◇ *vp (emploi réciproque)* [personnes, caractères] to complement (one another); **le vin et le fromage se complètent parfaitement** wine complements cheese perfectly.

complétif, ive [kɔ̃pletif, iv] *adj*: **proposition complétive** noun clause.

◆ **complétive** *nf* noun clause.

complétion [kɔ̃plesjɔ̃] *nf* completion.

complétive [kɔ̃pletiv] *nf* noun clause *(functioning as the object of a verb)*.

complétude [kɔ̃pletyd] *nf sout* [fait d'être complet] completeness.

complexe [kɔ̃plɛks] ◇ *adj* -**1.** [compliqué - processus, trajet] complicated; [- caractère, personne] complex, complicated; **pour des raisons ~s** for complex reasons. -**2.** LING & MATH complex.
◇ *nm* -**1.** PSYCH complex; **avoir des ~s** *fam* to be hung up ❑ **~ d'infériorité/de supériorité/d'Œdipe** inferiority/superiority/Oedipus complex. -**2.** CONSTR & ÉCON complex; **~ hospitalier/industriel** medical/industrial complex; **un grand ~ hôtelier** a large hotel complex; **un ~ touristique** a tourist centre. -**3.** CHIM & MATH complex.
◆ **sans complexe(s)** ◇ *loc adj* -**1.** [simple] natural. -**2.** *péj* [sans honte] uninhibited; **elle est sans ~, celle-là!** she's so brazen!
◇ *loc adv* -**1.** [sans manières] quite naturally OU simply, uninhibitedly. -**2.** *péj* [avec sans-gêne] uninhibitedly; **elle s'est ruée sur le buffet sans ~** she went straight for the buffet quite unashamedly.

complexé, e [kɔ̃plɛkse] ◇ *adj* neurotic; **elle est ~e par son poids** she has a complex about her weight.
◇ *nm, f*: **c'est un ~** he has a lot of complexes.

complexer [4] [kɔ̃plɛkse] *vt* -**1.** [personne]: **arrête, tu vas le ~** stop, you'll give him a complex. -**2.** CHIM to unite into a complex.

complexifier [9] [kɔ̃plɛksifje] *vt* to complicate, to make more complex.

complexion [kɔ̃plɛksjɔ̃] *nf litt* constitution; **être de ~ robuste/délicate** to have a healthy/delicate constitution.

complexité [kɔ̃plɛksite] *nf* complexity.

complication [kɔ̃plikasjɔ̃] *nf* -**1.** [problème] complication; **oui mais attendez, il y a une ~** yes but wait, it's more complicated than you think; **tu cherches des ~s là où il n'y en a pas** you're reading more into it than is justified; **pourquoi faire des ~s?** why make things more difficult than they need be? -**2.** [complexité] complicatedness, complexity; **elle aime les ~s** she likes things to be complicated.
◆ **complications** *nfpl* MÉD complications; **s'il n'y a pas de ~s, il s'en sortira** if no complications set in OU arise, he'll pull through.

complice [kɔ̃plis] ◇ *adj* [regard, sourire, silence] knowing; **être ~ de qqch** to be (a) party to sthg.
◇ *nmf* -**1.** [malfrat] accomplice; **c'est un de leurs ~s** he's in league with them. -**2.** [ami, confident] partner, friend; **sa femme et ~ de tous les instants** his wife and constant companion. -**3.** [dans un spectacle, un canular] partner.

complicité [kɔ̃plisite] *nf* -**1.** JUR complicity; **avec la ~ de qqn** with the complicity of sb, with sb as an accomplice. -**2.** [entente, amitié]: **elle lui adressa un sourire de ~** she smiled at him knowingly, she gave him a knowing smile; **nous avons retrouvé ce très vieux film avec la ~ du réalisateur** we've unearthed this very old footage, with the kind help of the director.
◆ **en complicité avec** *loc prép* in collusion with.

complies [kɔ̃pli] *nfpl* complin, compline.

compliment [kɔ̃plimɑ̃] *nm* -**1.** [éloge] compliment; **faire un ~ à qqn** to pay sb a compliment, to pay a compliment to sb; **on m'a fait des ~s sur mon soufflé** I was complimented on my soufflé. -**2.** [félicitations] congratulations; **adresser des ~s au vainqueur** to congratulate the winner; **(je vous fais) mes ~s!** *iron* congratulations!, well done! -**3.** [dans des formules de politesse] compliment; **mes ~s à votre épouse** my regards to your wife; **avec les ~s de l'auteur** with the author's compliments; **~s au chef!** *aussi hum* my compliments to the chef! -**4.** [discours] congratulatory speech.

complimenter [3] [kɔ̃plimɑ̃te] *vt* -**1.** [féliciter] to congratulate; **~ qqn sur son succès** to congratulate sb on OU for having succeeded. -**2.** [faire des éloges à] to compliment; **Julie m'a complimentée sur OU pour ma robe** Julie complimented me on my dress.

complimenteur, euse [kɔ̃plimɑ̃tœr, øz] ◇ *adj litt* obsequious.
◇ *nm, f* flatterer.

compliqué, e [kɔ̃plike] ◇ *adj* -**1.** [difficile à comprendre - affaire, exercice, phrase] complicated; [- jeu, langue, livre, problème] difficult; [- plan] intricate; **elle avait un nom ~** she had a real tongue-twister of a name; **c'est trop ~ à expliquer** it's too hard to explain; **regarde, ce n'est pourtant pas ~!** look, it's not so difficult to understand! -**2.** [ayant de nombreux éléments - appareil, mécanisme] complicated, complex, intricate. -**3.** [qui manque de naturel - personne] complicated; [- esprit] tortuous; **que les rapports entre les gens sont ~s!** relationships (between people) are so complicated! -**4.** MÉD: **fracture ~e** compound fracture.
◇ *nm, f fam*: **ta sœur, c'est une ~e!** your sister certainly likes complications!
◆ **compliqué** *nm*: **c'est d'un ~!** it's so complicated!

compliquer [3] [kɔ̃plike] *vt* to complicate, to make (more) difficult OU complicated; **~ la tâche des sauveteurs** to make things harder for the rescuers; **il me complique la vie** he makes things OU life difficult for me.
◆ **se compliquer** ◇ *vpi* -**1.** [devenir embrouillé] to become (more) complicated; **l'affaire se complique!** things are getting complicated!, the plot thickens! *hum*; **la situation se complique** the situation is becoming more and more involved. -**2.** MÉD to be followed by complications; **un rhume mal soigné peut se ~** an untreated cold can give rise to complications.
◇ *vpt*: **se ~ la vie** OU **l'existence** to complicate things for o.s.; **ne te complique donc pas la vie!** don't make life difficult for yourself!

complot [kɔ̃plo] *nm* -**1.** POL plot; **le ~ des poudres** HIST the Gunpowder Plot. -**2.** [menées] plot, scheme.

comploter [3] [kɔ̃plɔte] ◇ *vt* to plot; **qu'est-ce que vous complotez tous les deux?** what are you two plotting?, what are you two up to?
◇ *vi* to be part of a plot; **punis pour avoir comploté** punished for their part in the plot; **~ de** to conspire to; **~ de tuer qqn** to conspire to kill sb, to plot sb's murder.

comploteur, euse [kɔ̃plɔtœr, øz] *nm, f* plotter.

componction [kɔ̃pɔ̃ksjɔ̃] *nf* -**1.** [gravité affectée] gravity, solemnity; **avec ~** with solemnity. -**2.** RELIG compunction, contrition.

comportement [kɔ̃pɔrtəmɑ̃] *nm* -**1.** [attitude] behaviour. -**2.** AUT & SC [d'un véhicule] performance, behaviour; [de pneus] performance; [d'une molécule] behaviour. -**3.** PSYCH behaviour.

comportemental, e, aux [kɔ̃pɔrtəmɑ̃tal, o] *adj* -**1.** [relatif à la façon d'être] behaviour *(modif)*, behavioural. -**2.** PSYCH behaviourist.

comportementalisme [kɔ̃pɔrtəmɑ̃talism] *nm* behaviourism.

comporter [3] [kɔ̃pɔrte] *vt* -**1.** [être muni de] to have, to include; **l'immeuble ne comporte pas d'escalier de secours** the building doesn't have a fire escape. -**2.** [être constitué de] to be made up OU to consist of; **la maison comporte trois étages** it's a three storey house. -**3.** [contenir] to contain; **le reportage comporte des interviews inédites** the report contains original interviews. -**4.** [entraîner] to entail, to imply; **c'est un voyage qui comporte des risques** it's a risky trip; **tout métier comporte des inconvénients** every profession has its disadvantages; **elle a choisi l'aventure, avec tout ce que cela comporte de dangers** she chose to lead a life of adventure with all the risks it entailed. -**5.** [permettre, admettre] to allow, to admit; **la règle comporte quelques exceptions** there are one or two exceptions to this rule.
◆ **se comporter** *vpi* -**1.** [réagir - personne] to act, to behave, to respond; **tâche de bien te ~** try to behave (yourself OU well); **il s'est très mal comporté** he behaved very badly; **se ~ en enfant/en adulte** to act childishly/like an adult; **comment se comporte-t-elle en classe?** how does she behave in class? -**2.** [fonctionner - voiture, pneus] to behave, to perform; [- molécule] to behave; **la voiture se comporte très bien sur verglas** the car handles very well on ice.

composant, e [kɔ̃pozɑ̃, ɑ̃t] *adj* -**1.** [qui constitue] constitutive. -**2.** LING compound *(modif)*.
◆ **composant** *nm* -**1.** [élément] component, constituent. -**2.** CONSTR, INDUST & LING component.
◆ **composante** *nf* [gén, MATH & PHYS] component.

composé, e [kɔ̃poze] *adj* -**1.** [formé d'un mélange - bouquet, salade] mixed, composite. -**2.** [affecté - attitude] studied; **un visage ~** a studied look. -**3.** BOT [feuille] compound; [inflorescence] composite; **fleur ~e** composite (flower). -**4.** ARCHIT composite. -**5.** LING [temps] compound *(modif)*; **mot ~** compound (word). -**6.** CHIM, ÉCON & MATH compound *(modif)*.
◆ **composé** *nm* -**1.** [ensemble]: **~ de** mixture OU blend OU combination of. -**2.** CHIM & MATH compound. -**3.** LING compound (word).
◆ **composée** *nf* composite (flower); **les ~es** the Compositae.

composer [3] [kɔ̃poze] ◇ *vt* -**1.** [rassembler pour faire un tout - équipe, cabinet] to form, to select (the members of); [- menu] to prepare, to put together *(sép)*; [- bouquet] to make up *(insép)*; **~ un plateau de fromages** to prepare a selection of cheeses. -**2.** [écrire - roman, discours] to write; [- poème, symphonie] to compose; [- programme] to draw up *(sép)*, to prepare; **une chanson que j'ai composée en cinq minutes/une nuit** a song I dashed off in five minutes/composed in one night. -**3.** [faire partie de] to (go to) make up *(insép)*; **les personnes qui composent le gouvernement** the politicians who make up the government. -**4.** *litt* [apprêter, étudier - attitude]: **~ son visage** to compose one's features; **~ son personnage** to create an image for o.s. -**5.** TÉLÉC [numéro de téléphone] to dial; [code] to key (in). -**6.** IMPR to set.
◇ *vi* -**1.** [transiger] to compromise; **entre époux, il faut ~** there must be a certain amount of give and take between husband and wife; **tu ne sais pas ~** you're (too) uncompromising; **~ avec qqn/sa conscience** to come to a compromise with sb/one's conscience. -**2.** SCOL to take an exam; **~ en histoire** to take a history test OU exam. -**3.** MUS: **il ne compose plus depuis des années** he hasn't composed OU written anything for years; **il compose** he writes music.
◆ **se composer** *vpt*: **se ~ un visage de circonstance** to assume an appropriate expression.
◆ **se composer de** *vp + prép* to be made up OU composed of; **l'équipe se compose de onze joueurs** the team is made up of OU comprises eleven players; **le noyau se compose d'un proton et d'un neutron** the nucleus is made up of OU is composed of a proton and a neutron.

composeuse [kɔ̃pozøz] *nf* typesetter.

composite [kɔ̃pozit] ◇ *adj* -**1.** [mobilier, population] heterogeneous, mixed, composite; [foule, assemblée] mixed. -**2.** ARCHIT & TECH composite.
◇ *nm* ARCHIT composite order.

compositeur, trice [kɔ̃pozitœr, tris] *nm, f* -**1.** MUS composer. -**2.** IMPR compositor, typesetter.

composition [kɔ̃pozisjɔ̃] *nf* -**1.** [fabrication, assemblage - d'un produit, d'un plat, d'un menu] making up, putting together; [- d'un bouquet] making up, arranging; [- d'une équipe, d'une assemblée, d'un gouvernement] forming, formation, setting up. -**2.** [écriture - d'une symphonie] composition; [- d'un poème, d'une lettre] writing; [- d'un programme] drawing up. -**3.** [éléments - d'une assemblée, d'un gouvernement, d'un menu] composition; [- d'un programme] elements; quelle sera la ~ du jury? who will the members of the jury be?, who will make up the jury? || CULIN & PHARM composition; des conservateurs entrent dans la ~ du produit this product contains preservatives; '~: eau, sucre, fraises' 'ingredients: water, sugar, strawberries'. -4. BX-ARTS & PHOT [technique, résultat] composition; avoir le sens de la ~ to have a good eye for composition; la ~ est déséquilibrée the composition is unbalanced. -5. IMPR typesetting, composition; ~ automatique OU programmée automatic typesetting. -6. CHIM composition. -7. LING compounding. -8. SCOL [dissertation] essay, composition; [examen] test, exam, paper; ~ française French paper.

◆ **à composition** *loc adv sout*: amener qqn à ~ to lead sb to a compromise; arriver OU venir à ~ to come to a compromise.

◆ **de bonne composition** *loc adj* accommodating, good-natured, easy-going.

◆ **de composition** *loc adj* [rôle] character *(modif)*.

◆ **de ma composition, de sa composition** *etc loc adj* of my/his *etc* (own) making; il a chanté une petite chanson de sa ~ he sang a little song he'd written; je vais servir une ratatouille de ma ~ I'm going to serve my own version of ratatouille.

◆ **de mauvaise composition** *loc adj* difficult.

compost [kɔ̃pɔst] *nm* compost.

compostage [kɔ̃pɔstaʒ] *nm* -1. [pour dater] datestamping. -2. [pour valider] punching. -3. AGR composting.

composter [3] [kɔ̃pɔste] *vt* -1. [pour dater] to datestamp. -2. [pour valider] to punch. -3. AGR to compost.

COMPOSTER:
Rail passengers in France are required to insert their ticket into a special punching machine ("composteur") on the platform before beginning their journey. The words "à composter" printed across the ticket mean that the passenger must do this before getting on the train.

---

composteur [kɔ̃pɔstœr] *nm* -1. [dateur] datestamp. -2. [pour valider] ticket-punching machine. -3. INF: ~ de données data cartridge.

compote [kɔ̃pɔt] *nf* CULIN compote, (fruit) purée; ~ de fruits stewed fruit, compote; ~ de poires pear compote.

◆ **en compote** *loc adj* -1. [fruits] stewed; elle ne mange que des fruits en ~ all she ever eats is stewed fruit. -2. *fam* [meurtri, détruit] smashed up; j'ai les pieds en ~ my feet are killing me; il a la figure en ~ his face has been beaten to a pulp.

compotier [kɔ̃pɔtje] *nm* fruit bowl.

compound [kɔ̃pund] *adj inv* compound *(modif)*.

compréhensibilité [kɔ̃preɑ̃sibilite] *nf* intelligibility.

compréhensible [kɔ̃preɑ̃sibl] *adj* [intelligible] intelligible; [excusable, concevable] understandable.

compréhensif, ive [kɔ̃preɑ̃sif, iv] *adj* -1. [disposé à comprendre] understanding. -2. PHILOS comprehensive.

compréhension [kɔ̃preɑ̃sjɔ̃] *nf* -1. [fait de comprendre] comprehension, understanding; des notes nécessaires à la ~ du texte notes that are necessary to understand OU for a proper understanding of the text; nous testons leur rapidité de ~ we try to see how quickly they understand. -2. [bienveillance] sympathy, understanding; être plein de ~ to be very understanding. -3. LING & MATH comprehension.

comprendre [79] [kɔ̃prɑ̃dr] *vt* **A.** -1. [saisir par un raisonnement] to understand, to comprehend; je ne comprends pas la logique de ce que tu dis I don't understand the logic behind what you're saying; c'est simple, qu'y a-t-il à ~? it's very plain, what is there to understand?; il comprend vite mais il faut lui expliquer longtemps! *hum* he's a bit slow on the uptake!; c'est à n'y rien ~ it's just baffling; (c'est) compris? [vous avez suivi] is it clear?, do you understand?; [c'est un ordre] do you hear me!; (c'est) compris! all right!, OK!; faire ~ qqch à qqn [le lui prouver] to get sb to understand sthg; [l'en informer] to give sb to understand sthg; je lui ai bien fait ~ que tout était fini I gave him to understand that it was all over; se faire ~: est-ce que je me fais bien ~? [mon exposé est-il clair?] is my explanation clear enough?; [ton menaçant] do I make myself clear?; il a vite compris son malheur OU sa douleur! *fig* it didn't take him long to understand that he was in trouble!; quand j'ai vu la pile de dossiers, j'ai compris mon malheur OU ma douleur! when I saw that great pile of files, I knew what I was in for! || *(en usage abs)*: elle a fini par ~ [se résigner] she finally got the message; ça va, j'ai compris, tu préfères que je m'en aille! OK, I get the message, you want me to go! -2. [saisir grâce à ses connaissances - théorie, langue] to understand; pour ~ le cubisme in order to understand cubism; elle comprend parfaitement le russe she understands Russian perfectly; se faire ~ to make o.s. understood; je n'arrive pas à me faire ~ en allemand I can't make myself understood in German. -3. [saisir par une intuition] to understand, to realize; il a compris qu'il était condamné he understood OU realized he was doomed; comprends-tu l'importance d'une telle décision? do you realize how important a decision it is?; je commence à ~ où il veut en venir I'm beginning to realize what he's after. -4. [admettre] to understand; je comprends qu'on s'énerve dans les bouchons it's quite understandable that people get irritable when caught in traffic jams; je ne comprends pas qu'elle ne m'ait pas appelé I don't understand why she didn't call me; je n'arrive toujours pas à ~ ce qui lui a pris I still can't figure out what got into him || *(en usage abs)*: elle n'a pas osé, il faut ~ (aussi)! she didn't dare, you have to put yourself in her shoes! -5. [concevoir] to understand, to see; voilà comment je comprends la vie! now this is what I call living!; c'est ainsi que je comprends le rôle this is how I understand OU see the part || *(en usage abs)* [pour établir un lien avec l'interlocuteur]: tu comprends?, comprends-tu? you see?, you know?; tu comprends, ce qui me plaît c'est de vivre à la campagne you see, what I like is living in the country. -6. [avoir les mêmes sentiments que] to understand, to sympathize with; je ne le comprendrai jamais I'll never understand him; elle comprend les jeunes she understands young people; je vous comprends, cela a dû être terrible I know how you feel, it must have been awful; je la comprends, avec un mari pareil! *fam* I don't blame her with the sort of husband she's got! -7. [apprécier] to have a feeling for, to understand; un public qui comprend l'art abstrait an audience that understands abstract art; il ne comprend pas la plaisanterie he can't take a joke.

B. -1. [être composé entièrement de] to contain, to be made up OU to be comprised OU to consist of; la maison comprend cinq pièces the house consists of five rooms; la cérémonie comprend trois phases the ceremony's made up of three (different) phases. -2. [être composé en partie de] to include, to contain; l'équipe comprend trois joueurs étrangers there are three foreign players in the team. -3. [englober] to include; le prix comprend les frais d'envoi the price includes postage; si l'on comprend les cousins et cousines if you include the cousins (as well); la TVA est-elle comprise dans le total? did you include OU count VAT (in the total)? -4. *(au passif)* [se situer]: l'inflation sera comprise entre 5 % et 8 % inflation will be (somewhere) between 5% and 8%; la partie comprise entre la table et le mur the section between the table and the wall.

◆ **se comprendre** ◇ *vp (emploi passif)* to be understandable; c'est une réaction/un motif qui se comprend it's an understandable response/motive; cela se comprend, ça se comprend understandably enough; elle ne veut plus le voir, cela se comprend understandably enough, she won't see him any more.

◇ *vp (emploi réciproque)* to understand one another; nous nous sommes mal compris we failed to understand OU we misunderstood each other.

◇ *vp (emploi réfléchi) fam loc*: je me comprends! I know what I'm getting at (even if others don't)!

comprenette *fam* [kɔ̃prənɛt] *nf*: il n'a pas la ~ facile, il a la ~ dure he's a bit slow-witted, he's a bit slow on the uptake.

compresse [kɔ̃prɛs] *nf* compress, pack.

compresser [4] [kɔ̃prese] *vt* to pack (tightly) in, to pack in tight.

compresseur [kɔ̃presœr] *nm* -1. [d'un réfrigérateur] compressor. -2. MÉCAN supercharger. -3. TRAV PUBL: (rouleau) ~ steamroller.

compressibilité [kɔ̃presibilite] *nf* -1. MÉCAN & PHYS compressibility. -2. *fig* [flexibilité]: cela dépend de la ~ des dépenses it depends on how much expenditure can be cut down OU reduced.

compressible [kɔ̃presibl] *adj* -1. MÉCAN & PHYS compressible. -2. *fig* [réductible] reducible; commençons par les dépenses ~s let's begin with expenses that can be cut down OU reduced.

compressif, ive [kɔ̃presif, iv] *adj* [bandage, appareil] compressive.

compression [kɔ̃presjɔ̃] *nf* -1. MÉCAN & PHYS compression. -2. [des dépenses, du personnel] reduction, cutting-down; procéder à une ~ des effectifs to cut down the work force; des ~s budgétaires cuts OU reductions in the budget. -3. MÉD compression. -4. INF compression; ~ des caractères digit compression.

◆ **à compression (de vapeur)** *loc adj* compression *(modif)*.

◆ **de compression** *loc adj* MÉCAN [pompe] compression *(modif)*.

comprimé, e [kɔ̃prime] *adj* compressed.

◆ **comprimé** *nm* tablet.

comprimer [3] [kɔ̃prime] *vt* -1. [serrer - air, vapeur, gaz] to compress; [- objets] to pack (in) tightly; [- foin, paille] to compact, to press tight; cette robe me comprime la taille this dress is much too tight for me around the waist; les voyageurs étaient comprimés dans le train the travellers were jammed OU packed tight in the train. -2. [diminuer - dépenses] to curtail, to trim, to cut down *(sép)*; [- effectifs] to trim OU to cut down *(sép)*. -3. [contenir - colère, joie, rire] to hold back *(sép)*, to suppress, to repress; [- larmes] to hold back *(sép)*. -4. INF to pack. -5. MÉD to compress.

compris, e [kɔ̃pri, iz] ◇ *adj* -1. [inclus - service, boisson] included; 3 900 F de loyer, charges ~es 3,900 F rent, all maintenance charges included; ils vivent à cinq, l'oncle ~ the five of them live together, the uncle included; non ~ not included; service non ~ service not included, not inclusive of the service charge; y ~ included, including; 32 personnes y ~ l'équipage 32 people including the crew OU the crew included; je travaille tous les jours y ~ le dimanche I work every day including Sundays OU Sundays included || [dans les dates] inclusive; je serai parti du premier au 15 ~ I'll be away from the first to the 15th inclusive. -2. [pensé]: bien ~ well thought-out.

◇ *interj fam* AÉRON & TÉLÉC: ~! *aussi hum* roger!

◆ **tout compris** *loc adv* net, all inclusive, all in *Br*; on a payé 1 200 F tout ~ we paid 1,200 F all inclusive OU all in.

compromettant, e [kɔ̃prɔmetɑ̃, ɑ̃t] *adj* [document, action] incriminating; [situation] compromising; évitez toute relation ~e avoid associating with anybody who might compromise you.

compromettre [84] [kɔ̃prɔmɛtr] ◇ *vt* -1. [nuire à la réputation de] to compromise; ils ont tenté de la ~ they tried to compromise her; compromis par une cassette compromised OU incriminated because of a cassette; il est compromis dans l'affaire he's implicated OU involved in the affair. -2. [mettre en danger - fortune, avenir, santé] to put in jeopardy, to jeopardize; s'il pleut, notre sortie est compromise if it rains, our outing is unlikely to go ahead.

◇ *vi* JUR to compromise.

◆ **se compromettre** *vp (emploi réfléchi)* to risk OU to jeopardize one's reputation, to be compromised.

compromis [kɔ̃prɔmi] *nm* -1. [concession] compromise; [moyen terme] compromise (solution); **la vie de couple implique des ~** living together means making compromises; **trouver un ~** to reach OU to come to a compromise. -2. JUR: **~ de vente** provisional sale agreement.

compromission [kɔ̃prɔmisjɔ̃] *nf* base action, (piece of) dishonourable behaviour; **elle est prête à n'importe quelle ~ pour réussir** she will stoop to anything in order to succeed.

compromissoire [kɔ̃prɔmiswar] *adj* arbitration *(modif)*.

comptabilisation [kɔ̃tabilizasjɔ̃] *nf* FIN: **faire la ~ des recettes et des dépenses** to balance out credits and debits.

comptabiliser [3] [kɔ̃tabilize] *vt* -1. FIN to list, to enter in the accounts. -2. [compter] to count; **je n'ai pas comptabilisé ses allées et venues** I didn't keep a record of his comings and goings; **~ les appels** to list OU to itemize phone calls.

comptabilité [kɔ̃tabilite] *nf* -1. [profession] accountancy, accounting; **faire de la ~** to work as an accountant. -2. [comptes] accounts, books; **faire sa ~** to do one's books OU book-keeping; **faire la ~ de qqn** to do sb's books OU book-keeping; **ma ~ est à jour** my books are OU my book-keeping is up-to-date. -3. [technique] accounting, book-keeping; **~ analytique** cost accounting; **~ à partie double** double-entry book-keeping. -4. [service, bureau] accounts (division OU section); **adressez-vous à la ~** apply to the accounts department. -5. ÉCON & FIN: **~ nationale** national auditing; **~ publique** public finance.

comptable [kɔ̃tabl] ◇ *adj* -1. FIN accounting *(modif)*, book-keeping *(modif)*. -2. LING count *(modif)*, countable. -3. *sout* [responsable]: **être ~ (à qqn) de qqch** to be accountable OU answerable (to sb) for sthg.

◇ *nmf* accountant; **~ du Trésor public** Treasury Official.

comptage [kɔ̃taʒ] *nm* counting; **faire le ~ des voitures à l'entrée et à la sortie** to count the cars going in and coming out.

comptant [kɔ̃tɑ̃] ◇ *adj m*: **je lui ai versé 1 000 F ~** I paid him 1,000 F in cash.

◇ *adv* cash; **payer ~** to pay cash; **acheter/vendre ~** to buy/to sell for cash.

◆ **au comptant** *loc adv* cash *adv*; **acheter/vendre au ~** to buy/to sell for cash.

compte [kɔ̃t] *nm* A. CALCUL, SOMME CALCULÉE -1. [énumération] counting; **faire le ~ (de)** [dénombrer] to count (up); **ils ont fait le ~ des absents** they counted (up) the number of people absent; **faites le ~ vous-même** work it out (for) yourself; **le ~, les ~s** calculation ❑ **~ à rebours** *pr* & *fig* countdown; **commencer le ~ à rebours** *pr* & *fig* to start the countdown. -2. [somme totale] (sum) total; **j'ai le ~** I've got the right money; **je vous remercie, monsieur, le ~ est bon** OU **y est!** thank you sir, that's right!; **il n'y a pas le ~** [dénombrement] they're not all here OU there, some are missing; [addition] it doesn't add up; **faire le ~ de** [totaliser] to add up; **quand on fait le ~...** when you reckon it all up... ❑ **~ rond: cela fait un ~ rond** that makes it a (nice) round sum OU figure; **cela ne fait pas un ~ rond** it comes to an odd figure; **faire bon ~** to be generous (when serving), to give generous helpings; **faire son ~ (pour)** *fam*: **comment fais-tu ton ~ pour te tromper à chaque fois/pour que tout le monde soit mécontent?** how do you manage to get it wrong every time/manage it so (that) nobody's satisfied?; **mais comment il a fait son ~?** but how did he make such a mess of it? -3. [avantage]: **trouver son ~: j'y trouve mon ~** I do well out of it, it works out well for me; **il n'y trouvait pas son ~, alors il est parti** [il ne gagnait pas assez d'argent] he wasn't doing well enough out of it, so he left; [dans une relation] he wasn't getting what he wanted out of it, so he left. -4. [dû]: **demander son ~** to ask for one's wages; **donner son ~ à qqn** to give sb (his) notice ❑ **avoir son ~ (de)** to have more than one's fair share OU more than enough (of); **je n'ai pas mon ~ de sommeil** I don't get all the sleep I need OU enough sleep; **avoir eu son ~ d'ennuis** to have had one's fair share of trouble; **il a déjà son ~** *fam* [il a beaucoup bu] he's had quite enough to drink already; **recevoir son ~** *pr* to get one's (final) wages; *fig fam* to get the sack *Br* OU one's marching orders; **régler son ~ à qqn** *pr* to pay sb off; *fig fam* to give sb a piece of one's mind; **je vais lui régler son ~!** *fig* I'm going to give him a piece of my mind!; **régler ses ~s** [mettre en ordre ses affaires] to put one's affairs in order; **régler ses ~s avec qqn** [le payer] to settle up with sb; [se venger] to settle one's OU old scores with sb; **son ~ est bon** *fam* OU **sera vite réglé** he's had it, he's done for.

B. DANS LE DOMAINE FINANCIER ET COMMERCIAL -1. [de dépôt, de crédit] account; **~ courant** current *Br* OU checking *Am* account; **~ de dépôt** deposit *Br* OU savings *Am* account; **~ épargne logement** savings account *(for purchasing a property)*; **~ joint** joint account; **~ numéroté** numbered account. -2. [facture] bill, check *Am*; **faites-moi** OU **préparez-moi le ~** may I have the bill, please?; **régler un ~** [payer] to settle a bill; [mettre au net une situation] to clear the air; [se venger] to settle a score OU an old score. -3. [bilan]: **~ de profits et pertes** profit and loss account.

C. LOCUTIONS: **à mon/son** *etc* **~: reprendre à son ~** [magasin] to take over in one's own name; [idée, écrit] to adopt; **il a pris le repas à son ~** he paid for the meal; **être** OU **travailler à son ~** to be self-employed; **il est à son ~ maintenant** he's his own boss now, he's set up on his own now; **à ~ d'auteur** at the author's own expense; **en ~: nous sommes en ~, vous me réglerez tout à la fin** as we're doing business together, you may pay me in full at the end; **passer** OU **porter une somme en ~** [recette] to credit a sum; [dépense] to debit a sum; **je suis en ~ avec ton frère** I've got some business to settle with your brother; **demander ~ de qqch à qqn** to ask sb for an explanation of sthg, to ask sb to account for sthg; **rendre des ~s (à qqn)** to give OU to offer (sb) an explanation; **je n'ai de ~s à rendre à personne** I don't owe anybody any explanations, I don't have to justify my actions to anybody; **je n'ai pas de ~s à vous rendre** I don't have to justify myself to you; **rendre ~ de qqch à qqn** [s'en expliquer] to justify sthg to sb ‖ [faire un rapport]: **si vous rencontrez des difficultés, rendez-en ~ au chef d'équipe** if you have any difficulties, report to the team leader; **il est venu nous rendre ~ de l'accident** he came to give us an account of the accident; **devoir des ~s à qqn** to be responsible OU accountable to sb; **je ne dois de ~s à personne** I don't have to account for OU to justify my actions to anybody; **il ne te doit pas de ~s** he doesn't owe you any explanations; **prendre qqch en ~** [prendre en considération] to take sthg into account OU consideration; **se rendre ~ (de qqch)** to realize sthg; **je ne me rendais pas ~ de l'effort que cela lui avait coûté** I hadn't realized OU appreciated the effort she'd put into it; **te rends-tu ~ de ce que tu fais?** do you realize OU really understand what you're doing?; **on lui a collé une étiquette dans le dos mais il ne s'en est pas rendu ~** somebody stuck a label on his back but he didn't notice; **non mais, tu te rends ~?** *fam* [indignation] can you believe it?; **tenir ~ de qqch** to take account of sthg, to take sthg into account; **elle n'a pas tenu ~ de mes conseils** she took no notice of OU ignored my advice; **si vous avez réglé récemment, ne tenez pas ~ du présent rappel** if you have settled the account in the last few days, please ignore this reminder; **~ tenu de** in view OU in the light of; **~ non tenu de** leaving out, excluding.

◆ **comptes** *nmpl* accounts, accounting; **faire/tenir les ~s** to do/to keep the accounts; **elle tient bien ses ~s** she keeps her accounts in good order; **j'ai mal fait mes ~s** I've made a mistake in my accounts ❑ **~s d'apothicaire: faire des ~s d'apothicaire** to work things out to the last penny OU *Am* cent; **les bons ~s font les bons amis** *prov* pay your debts and you'll keep your friends.

◆ **à bon compte** *loc adv* [acheter] cheap, cheaply; **s'en tirer à bon ~** [sans frais] to manage to avoid paying a fortune; [sans conséquences graves] to get off lightly.

◆ **à ce compte, à ce compte-là** *loc adv* [selon ce raisonnement] looking at it OU taking it that way.

◆ **de compte à demi** *loc adv* [en partageant - les frais] sharing the expenses OU costs; [- les bénéfices] sharing the profits, with a half-share of the profits.

◆ **pour compte** *loc adv*: **laisser des marchandises pour ~** to leave goods on a merchant's hands.

◆ **pour le compte** *loc adv* for the count; **il est resté à terre pour le ~** he was out for the count.

◆ **pour le compte de** *loc prép* for; **elle travaille pour le ~ d'une grande société (mais n'en fait pas partie)** she works for a large firm (but isn't on the payroll), she freelances for a large firm.

◆ **pour mon compte, pour son compte** *etc loc adv* for my/his *etc* part, as for me/him *etc*; **pour son ~, il la trouvait antipathique** as for him, he thought she was unpleasant.

◆ **sur le compte de** *loc prép* -1. [à propos de] on, about, concerning; **on a dit bien des bêtises sur son ~** people talked a lot of nonsense about him. -2. *loc*: **mettre qqch sur le ~ de qqn** *pr* to put sthg on sb's bill; **mettre qqch sur le ~ de qqch** to put sthg down to sthg; **je mets ses excentricités sur le ~ de sa jeunesse** I put her eccentric behaviour down to her youth.

◆ **tout compte fait, tous comptes faits** *loc adv* -1. [en résumé] all in all, on balance, all things considered. -2. [après tout] thinking about it, on second thoughts.

compte(-)chèques [kɔ̃tʃɛk] (*pl* **comptes-chèques** OU **comptes chèques**) *nm* current *Br* OU checking *Am* account; **~ postal** *account held at the Post Office*, ≃ giro account *Br*; **les comptes-chèques postaux** *the banking service of the French Post Office*, ≃ the Giro Bank *Br*.

compte-gouttes [kɔ̃tgut] *nm inv* dropper.

◆ **au compte-gouttes** *fam loc adv* very sparingly; **payer qqn au ~** to pay sb off in dribs and drabs; **ils les prêtent au ~, leurs vidéos!** they don't like lending out too many videos at a time!

compter [3] [kɔ̃te] ◇ *vt* -1. [dénombrer - images, objets, personnes] to count; **avez-vous compté l'argent de la caisse/les absents?** have you counted the money in the till/the people who are absent?; **il s'est mis à ~ les billets** he started to count the notes; **on peut ~** OU **on a vite compté les cadeaux qu'elle a faits!** *péj* you can count the presents she's given on the fingers of one hand!; **on ne compte plus ses crimes** she has committed countless OU innumerable crimes; **as-tu compté combien de jours elle a été absente?** have you counted the number of days she was missing OU absent?; **j'ai compté qu'il restait 200 francs dans la caisse** according to my reckoning, there are 200 francs left in the till; **~ les heures/jours** [d'impatience] to be counting the hours/days; **on peut lui ~ les côtes** he's as thin as a rake; **il m'a compté absent/présent** *fam* he marked me (down as) absent/present ❑ **~ les points** *pr* & *fig* to keep score. -2. [mesurer - quantité] to measure OU to count (out); [- unités] to count (out); **le temps lui est compté, ses jours sont comptés** his days are numbered; **il ne comptait pas sa peine/ses efforts** he spared no pains/effort; **tu es toujours à ~ tes sous!** you're always counting your pennies!; **il lui compte chaque sou** OU **son argent** *fig* he grudges her every penny OU *Am* cent. -**3.** [faire payer] to charge for; **~ qqch à qqn** to charge sb for sthg; **j'ai compté trois heures de ménage** I've charged for three hours' housework; **le serveur nous a compté 15 francs de trop** the waiter has overcharged us by 15 francs, the waiter has charged us 15 francs too much. -**4.** [payer, verser] to pay; **il m'a compté deux jours à 110 francs** he paid me (for) two days at 110 francs. -**5.** [inclure] to count (in), to include; **nous ne vous compterons pas la pièce détachée** we won't charge you OU there'll be no charge for the spare part; **dans le total nous n'avons pas compté le vin** wine has not been included in the overall figure; **tu as compté les boissons aussi?** did you count the drinks as well? -**6.** [classer - dans une catégorie]: **~ qqch/qqn parmi** to count sthg/sb among, to number sthg/sb among; **je compte ce livre parmi mes préférés** I count this book among my favourites. -**7.** [prendre en considération] to take into account, to take account of; **on vous comptera vos années d'ancienneté** your length of service will be taken into account; **et je ne compte pas la fatigue!** and that's without mentioning the effort!; **~ qqn/qqch pour: nous devons ~ sa contribution pour quelque chose** we must take some account of her contribution. -**8.** [avoir] to have; **notre musée compte quelques tableaux rares** our museum has OU boasts several rare paintings; **la capitale compte deux millions d'habitants** the capital has two million inhabitants; **l'association compte maintenant 67 adhérents** the association now has OU numbers 67 members; **nous sommes heureux de vous ~ parmi nous ce soir** we're happy to have OU to welcome you among us tonight; **il compte beaucoup d'artistes au nombre de** OU **parmi ses amis** he numbers many artists among his friends || [avoir à son actif] to have; **elle compte déjà cinq victoires dans des grands tournois** she's already won five big tournaments; **quand on compte 20 années de service** when you've been 20 years with the same company. -**9.** [avoir l'intention de] to intend; **~ faire qqch** to intend to do sthg, to mean to do sthg, to plan to do sthg; **que comptes-tu faire ce soir?** what are your plans for OU what do you intend to do tonight?; **ils m'ont renvoyé – que comptes-tu faire maintenant?** I've been fired – what do you intend to do now?; **dis-lui ce que tu comptes faire** tell him what your intentions are OU what you have in mind; **nous comptions aller en Grèce cet été** we'd planned to go to Greece this summer. -**10.** [prévoir] to allow, to reckon; **nous comptons une demi-bouteille de vin par personne** we allow half a bottle of wine per person; **il faut ~ entre 100 et 200 F pour un repas** you have to allow between 100 and 200 F for a meal; **je compte qu'il y a un bon quart d'heure de marche/une journée de travail** I reckon there's a good quarter of an hour's walk/there's a day's work || *(en usage abs)*: **~ juste** to skimp; **~ large** to be generous; **deux canards pour 10 personnes? c'est ~ un peu juste!** two ducks between 10 people? that's cutting it a bit fine!; **il faudra deux heures pour y aller, en comptant large** it will take two hours to get there, at the most. -**11.** SPORT [boxeur] to count out *(sép)*.

◇ *vi* -**1.** [calculer] to count, to add up; **apprendre à ~** to learn to count; **ça fait 37 – je sais ~!** it's 37 – I do know how to count (, thank you)!; **ne me dérange pas quand je compte** don't disturb me when I'm counting; **~ jusqu'à 10** to count (up) to 10; **~ sur ses doigts** to count on one's fingers; **~ avec une calculette** to add up with a calculator; **~ vite** to add up quickly; **si je compte bien, tu me dois 345 francs** if I've counted right OU according to my calculations, you owe me 345 francs; **tu as dû mal ~** you must have got your calculations wrong, you must have miscalculated. -**2.** [limiter ses dépenses] to be careful (with money); **ils sont obligés de ~ maintenant** they have to be careful with money now; **c'est quelqu'un qui n'a jamais compté** he has never been one to worry about money; **savoir ~** to be good at looking after one's money; **ne t'inquiète pas pour la tante, elle sait ~!** don't worry about the aunt, she knows how to look after her own interests OU her money! -**3.** [importer] to count, to matter; **ce qui compte, c'est ta santé/le résultat** the important thing is your health/the end result; **40 ans d'ancienneté, ça compte!** 40 years (of) service DOES count for something!; **une des personnes qui ont le plus compté dans ma vie** one of the most important people in my life; **tu comptes beaucoup pour moi** you mean a lot to me; **le médecin est un personnage qui compte dans le village** the doctor is a highly respected figure in the village; **je prendrai ma décision seule! – alors moi, je ne compte pas?** I'll make my own decision! – so I don't count OU matter, then?; **tu as triché, ça ne compte pas** you cheated, it doesn't count; **à l'examen, la philosophie ne compte presque pas** philosophy is a very minor subject in the exam; **~ double/triple** to count double/triple; **~ pour** to count for; **~ pour quelque chose/rien** to count for something/nothing; **et moi, je ne compte pour rien?** what about me then? don't I count for OU mean anything?; **quand il est invité à dîner, il compte pour trois!** when he's invited to dinner he eats enough for three! ❑ **~ pour du beurre** *fam* to count for nothing; **et moi, dans tout ça, je compte pour du beurre?** so I don't count, then? -**4.** [figurer]: **~ parmi** to rank with, to be numbered among; **elle compte parmi les plus grands pianistes de sa génération** she ranks among the greatest pianists of her generation.

◆ **compter avec** *v + prép* to reckon with; **désormais, il faudra ~ avec l'opposition** from now on, the opposition will have to be reckoned with; **dans une course, il faut toujours ~ avec le vent** in a race, the wind always has to be reckoned with.

◆ **compter sans** *v + prép* to fail to take into account, to fail to allow for; **il avait compté sans la rapidité de Jones** he had failed to take Jones' speed into account.

◆ **compter sur** *v + prép* [faire confiance à] to count OU to rely OU to depend on *(insép)*; [espérer - venue, événement] to count on *(insép)*; **on ne peut pas ~ sur lui** he can't be relied on, you can't count OU rely OU depend on him; **c'est quelqu'un sur qui tu peux ~** he's/she's a reliable person; **je compte sur son aide** I'm counting on his help; **ne compte pas trop sur la chance** don't count OU rely too much on luck; **je vous le rendrai – j'y compte bien!** I'll give it back to you – I should hope so!; **je peux sortir demain soir? – n'y compte pas!** can I go out tomorrow night? – don't count OU bank on it!; **~ sur qqn/qqch pour: compte sur lui pour aller tout répéter au patron!** you can rely on him to go and tell the boss everything!; **si c'est pour lui jouer un mauvais tour, ne comptez pas sur moi!** if you want to play a dirty trick on him, you can count me out!; **~ sur qqn/qqch pour que: ne compte pas sur moi pour que j'arrange les choses!** don't count on me to patch things up! ❑ **compte là-dessus (et bois de l'eau fraîche)!** *fam iron* you must be joking!, dream on!; **tu me prêteras ta moto? – c'est ça, compte là-dessus (et bois de l'eau fraîche)!** will you lend me your motorbike? – you must be joking!

◆ **se compter** ◇ *vp (emploi passif)* to be counted; **les détournements de fonds se comptent par dizaines** there have been dozens of cases of embezzlement; **ses succès ne se comptent plus** her successes are innumerable OU are past counting ❑ **ça se compte sur les doigts de la main** you can count them on the fingers of one hand.

◇ *vp (emploi réfléchi)* -**1.** [s'estimer] to count OU to consider o.s.; **je ne me compte pas parmi les plus malheureux** I count myself as one of the luckier ones. -**2.** [s'inclure dans un calcul] to count OU to include o.s.; **non, nous sommes six – ah oui, j'avais oublié de me ~** no, there are six of us – oh yes, I forgot to count OU to include myself.

◆ **à compter de** *loc prép* as from OU of; **à ~ du 7 mai** as from OU of May 7th; **à ~ de ce jour, nous ne nous sommes plus revus** from that day on, we never saw each other again.

◆ **à pas comptés** *loc adv* -**1.** [lentement]: **marcher à pas comptés** to walk OU to go at a snail's pace. -**2.** [prudemment] slowly but surely, with cautious steps.

◆ **à tout compter** *loc adv* all things considered, all in all.

◆ **en comptant** *loc prép* including; **il faut deux mètres de tissu en comptant l'ourlet** you need two metres of material including OU if you include the hem.

◆ **sans compter** ◇ *loc adv* [généreusement]: **donner sans ~** to give generously OU without counting the cost; **se dépenser sans ~** to spare no effort.

◇ *loc prép* to say nothing of, not to mention; **il y aura beaucoup de monde, sans ~ ceux qui viennent sans prévenir** there'll be a lot of people, even without counting OU not to mention the ones who'll come without letting us know beforehand.

◆ **sans compter que** *loc conj* quite apart from the fact that; **il est trop tôt pour aller dormir, sans ~ que je n'ai pas du tout sommeil** it's too early to go to bed, quite apart from the fact that I'm not at all sleepy.

◆ **tout bien compté** *loc adv* all things considered, all in all.

compte(-)rendu [kɔ̃trɑ̃dy] (*pl* **comptes rendus** OU **comptes-rendus**) *nm* [d'une conversation] account, report; [d'une séance, d'un match, d'une visite professionnelle] report; [d'un livre, d'un spectacle] review; **faire le ~ d'un livre** to review a book; **faire le ~ de la réunion** to report on the meeting; **~ d'audience** court session record.

compte-tours [kɔ̃ttur] *nm inv* rev counter, tachometer *spéc*.

compteur [kɔ̃tœr] *nm* [appareil] meter; [affichage] counter; **relever le ~** to read the meter; **mettre le ~ à zéro** to set the counter on zero; **remettre le ~ à zéro** to reset the counter; **la voiture a 1 000 kilomètres au ~** the car has 1,000 kilometres on the clock ❑ **~ à gaz/d'eau/d'électricité** gas/water/electricity meter; **~ Geiger** Geiger counter; **~ kilométrique** milometer *Br*, mileometer *Br*, odometer *Am*; **~ bloqué** *fam* [conduire, rouler] with one's foot to the floor, like a maniac; **~ de vitesse** speedometer; **~ volumétrique** volumeter; **remettre les ~s à zéro** to start from scratch again, to go back to square one.

comptine [kɔ̃tin] *nf* [chanson] nursery rhyme; [formule] counting-out rhyme.

comptoir [kɔ̃twar] *nm* -**1.** [bar] bar; **j'ai pris un café au ~** I had a coffee at the bar OU counter. -**2.** COMM [table] counter. -**3.** HIST trading post. -**4.** ÉCON trading syndicate. -**5.** BANQUE bank branch; **~ national d'escompte** national discount branch. -**6.** *Helv* [foire] fair *(where items are exhibited and sold)*.

compulser [3] [kɔ̃pylse] *vt* to consult, to refer to *(insép)*.

compulsif, ive [kɔ̃pylsif, iv] *adj* compulsive PSYCH.

compulsion [kɔ̃pylsjɔ̃] *nf* compulsion PSYCH.

compulsionnel, elle [kɔ̃pylsjɔnɛl] *adj* compulsive PSYCH.

computation [kɔ̃pytasjɔ̃] *nf* computation (of time).

computer [kɔ̃pjutœr], **computeur** [kɔ̃pytœr] *nm* computer.

comtal, e, aux [kɔ̃tal, o] *adj* of a count, of an earl *Br*.

comtat [kɔ̃ta] *nm* county.

comte [kɔ̃t] *nm* count, earl *Br*; **'le Comte de Monte-Cristo'** *Dumas* 'The Count of Monte Christo'.

comté [kɔ̃te] *nm* -**1.** [territoire d'un comte] earldom. -**2.** [division géographique] county. -**3.** [fromage] comté (cheese).

comtesse [kɔ̃tɛs] *nf* countess.

comtoise [kɔ̃twaz] *nf* [horloge] grandfather OU longcase clock.

con, conne▽ [kɔ̃, kɔn] ◇ *adj* -**1.** [stupide] bloody *Br* OU damn stupid; [irritant] bloody *Br* OU damn infuriating; **ce que c'est ~!** it's so bloody *Br* OU damn stupid!; **ce que t'es ~!** you're so bloody stupid *Br* OU so dumb *Am*!; **il est pas ~!** he's no fool! ❑ **~ comme un balai** OU **la lune** OU **un manche** thick as two short planks *Br*, as dumb as they come *Am*; **se retrouver tout ~** to look an idiot, to end up looking stupid; **quand sa perruque s'est envolée, il s'est retrouvé tout ~** he looked a real fool when his wig blew off. -**2.** [regrettable] silly, stupid; **c'est vraiment ~ que t'aies pas pu le prévenir!** it's really stupid that you weren't able to let him know in time!
◇ *nm, f* [personne stupide] bloody *Br* OU goddam *Am* fool; **pauvre ~!** you schmuck *Am* OU prat *Br*!; **bande de ~s!** (what a) load of jerks!; **le roi des ~s** a complete and utter prat *Br* OU jerk *Am*; **jouer au ~, faire le ~** to arse around *Br*, to screw around *Am*; **fais pas le ~ avec ce rasoir!** put that bloody *Br* OU goddam *Am* razor down!
◆ **à la con**▽ *loc adj* -**1.** [stupide] bloody stupid; **c'est une histoire à la ~** it's a bloody stupid story. -**2.** [de mauvaise qualité] crappy, shitty; **j'en ai ras le bol de cette bagnole à la ~!** I'm fed up with this bloody *Br* OU goddam *Am* car!
◆ **con**▼ *nm* cunt.

Conakry [kɔnakri] *npr* Conakry, Konakri.

conard▼ [kɔnar] = **connard**.

conasse▼ [kɔnas] = **connasse**.

concassage [kɔ̃kasaʒ] *nm* [de la pierre, du sucre] crushing, pounding; [du poivre] grinding.

concasser [3] [kɔ̃kase] *vt* [broyer - pierre, sucre] to crush, to pound; [- poivre] to grind.

concasseur [kɔ̃kasœr] ◇ *adj m* crushing; **cylindre ~** crushing cylinder.
◇ *nm* crusher.

concaténation [kɔ̃katenasjɔ̃] *nf* concatenation.

concave [kɔ̃kav] *adj* concave.

concavité [kɔ̃kavite] *nf* -**1.** [fait d'être concave] concavity. -**2.** [creux] hollow, cavity.

concéder [18] [kɔ̃sede] *vt* -**1.** [donner - droit, territoire] to concede, to grant; **on leur a concédé des terres** they were granted some land. -**2.** [admettre] to admit, to grant; **je te concède ce point** I grant you that point; **elle parle bien, ça je te le concède** I must admit that she's a good speaker, she's a good speaker, I grant you. -**3.** SPORT [point, corner] to concede, to give away *(sép)*; **il n'a pas concédé un seul set en dix matches** he hasn't given away OU conceded a single set in his last ten matches.

concélébrer [18] [kɔ̃selebre] *vt* to concelebrate.

concentrateur [kɔ̃sɑ̃tratœr] *nm* INF concentrator.

concentration [kɔ̃sɑ̃trasjɔ̃] *nf* -**1.** [attention]: **~ (d'esprit)** concentration; **l'exercice nécessite une grande ~** the exercise requires great concentration; **faire un effort de ~** to try to concentrate; **elle fait des erreurs par manque de ~** she makes mistakes because she doesn't concentrate enough. -**2.** [rassemblement] concentration; **pour éviter la ~ de tous les pouvoirs chez un seul homme** to make sure that all power isn't concentrated in the hands of one man; **la ~ de l'industrie textile dans le Nord** the concentration of the textile industry in the North ❑ **~ du feu** OU **tir** MIL concentration of fire; **~ de troupes** MIL troop concentration; **~ urbaine** conurbation. -**3.** CHIM, CULIN & PHARM concentration; **augmenter la ~ en sucre d'un sirop** to increase the sugar content of a syrup. -**4.** ÉCON: **~ horizontale/verticale** horizontal/vertical integration.

concentrationnaire [kɔ̃sɑ̃trasjɔnɛr] *adj* -**1.** HIST: **l'univers ~** life in the (concentration) camps; **l'horreur ~** the horror of the (concentration) camps. -**2.** [rappelant les camps] like a concentration camp.

concentré, e [kɔ̃sɑ̃tre] *adj* -**1.** [attentif]: **je n'étais pas assez ~** I wasn't concentrating hard enough. -**2.** CHIM, CULIN & PHARM concentrated. -**3.** [concis - style] compact, taut; **dans une lettre très ~e** in a letter that was very much to the point.
◆ **concentré** *nm* -**1.** CULIN & PHARM [de jus de fruit] concentrate; [de parfum] extract; **~ de tomate** tomato purée. -**2.** [résumé] summary, boiled-down version *péj*; **on leur fait apprendre un ~ d'histoire de France** they're made to learn a boiled-down OU potted version of French history.

concentrer [3] [kɔ̃sɑ̃tre] *vt* -**1.** [rassembler - troupes, foule, élèves] to concentrate, to mass; **c'est là que l'on a concentré les malades** this is where all the sick people have been gathered together. -**2.** [intérêt, efforts] to concentrate, to focus; **~ (toute) son attention sur** to concentrate (all) one's attention on. -**3.** CHIM, CULIN & PHARM to concentrate. -**4.** OPT to focus.
◆ **se concentrer** *vpi* -**1.** [être attentif] to concentrate; **la radio m'empêche de me ~** the radio is preventing me from concentrating OU is ruining my concentration; **se ~ sur qqch** to concentrate OU to focus on sthg; **je vais me ~ sur l'anglais pour l'examen** I'm going to concentrate on English for the exam. -**2.** [se réunir - foule] to gather, to cluster, to concentrate; **la foule s'était concentrée sur le parvis** the crowd had converged on the square. -**3.** [se canaliser] to be concentrated OU focussed; **se ~ sur un seul problème** to concentrate on a single issue.

concentrique [kɔ̃sɑ̃trik] *adj* concentric.

concept [kɔ̃sɛpt] *nm* concept, notion.

concepteur, trice [kɔ̃sɛptœr, tris] *nm, f* designer.

conception [kɔ̃sɛpsjɔ̃] *nf* -**1.** [notion] idea, concept, notion; **sa ~ du socialisme** his idea of socialism; **elle a une ~ originale de la vie** she has an original way of looking at life. -**2.** *litt* [compréhension] understanding. -**3.** BIOL conception. -**4.** [élaboration - gén] design; [- par une entreprise] product design; **produit de ~ française** French-designed product; **un ventilateur d'une ~ toute nouvelle** a fan with an entirely new design. -**5.** INF: **~ assistée par ordinateur** computer-aided design; **~ et fabrication assistées par ordinateur** computer-aided manufacturing.

conceptualisation [kɔ̃sɛptɥalizasjɔ̃] *nf* conceptualization.

conceptualiser [3] [kɔ̃sɛptɥalize] *vt* to conceptualize.

conceptualisme [kɔ̃sɛptɥalism] *nm* conceptualism.

conceptuel, elle [kɔ̃sɛptɥɛl] *adj* conceptual.

concernant [kɔ̃sɛrnɑ̃] *prép* -**1.** [relatif à] concerning, regarding; **pour toutes questions ~ nos nouveaux produits** for all questions concerning OU regarding OU relating to our new products. -**2.** [à propos de] regarding, with regard to; **~ la réduction des impôts, voilà ce qu'il a dit** regarding OU with regard to taxes, this is what he said.

concerner [3] [kɔ̃sɛrne] *vt* to concern; **écoute un peu, cette discussion te concerne** listen! this discussion has implications for you OU concerns you; **cette histoire ne nous concerne pas** this business doesn't concern us OU is of no concern to us OU is no concern of ours; **les salariés concernés par cette mesure** the employees concerned OU affected by this measure; **se sentir concerné** to feel (morally) involved; **une génération qui ne se sent pas concernée** an indifferent generation.
◆ **en ce qui concerne** *loc prép* concerning, as regards; **en ce qui me/le concerne** as far as I'm/he's concerned, from my/his point of view, as for me/him.

concert [kɔ̃sɛr] *nm* -**1.** MUS concert; **~ rock/de musique classique** rock/classical (music) concert; **~ de musique sacrée** concert of sacred music; **aller au ~** to go to a concert; **je vais peu au ~** I don't go to concerts very often, I'm not much of a concert-goer. -**2.** *fig* [ensemble] chorus; **~ de louanges/protestations** chorus of praises/protests; **un ~ de sifflets/marteaux-piqueurs** a chorus of whistles/pneumatic drills. -**3.** *sout* [entente] entente; **le ~ des nations africaines** the entente between African nations.
◆ **de concert** *loc adv* together, jointly, concertedly; **nous avons décidé de ~ que...** together we have decided that...
◆ **de concert avec** *loc prép* in conjunction OU concert with, jointly OU together with; **agir de ~ avec qqn** to act jointly OU in conjunction with sb.
◆ **en concert** *loc adv*: **il faut les voir en ~** you have to see them in concert OU on stage; **Béhel en ~** [sur une affiche, un disque] Béhel live OU in concert.

concertant, e [kɔ̃sɛrtɑ̃, ɑ̃t] *adj* concertante.

concertation [kɔ̃sɛrtasjɔ̃] *nf* -**1.** [dialogue] dialogue; **une plus grande ~ entre les pays industrialisés serait désirable** a greater dialogue between the industrialized countries would be welcome. -**2.** [consultation] consultation; **sans ~ préalable avec les syndicats** without consulting the unions.

concerté, e [kɔ̃sɛrte] *adj* -**1.** [commun - plan, action] concerted, joint. -**2.** ÉCON: **fixation ~e des prix** common pricing OU price fixing.

concerter [3] [kɔ̃sɛrte] *vt* to plan OU to devise jointly.
◆ **se concerter** *vp (emploi réciproque)* to consult together, to confer.

concertino [kɔ̃sɛrtino] *nm* [groupe, morceau] concertino.

concertiste [kɔ̃sɛrtist] *nmf* -**1.** [gén] concert performer OU artist. -**2.** [soliste] soloist *(in a concerto)*.

concerto [kɔ̃sɛrto] *nm* concerto; **~ grosso** concerto grosso; **'(les) Concertos brandebourgeois'** *Bach* '(The) Brandenburg Concertos'.

concessif, ive [kɔ̃sesif, iv] *adj* GRAMM concessive.
◆ **concessive** *nf* GRAMM concessive clause.

concession [kɔ̃sesjɔ̃] *nf* -**1.** [compromis] concession; **faire des ~s** to make concessions; **je l'ai fait, mais au prix de nombreuses ~s** I did it but I had to concede a lot (of ground); **c'est un homme sans ~** he's an uncompromising man. -**2.** JUR [action de concéder] concession, conceding; **faire la ~ d'un terrain à** to grant a piece of land to; **accorder une ~ à** to grant a concession to; **retirer une ~ à** to withdraw a concession from. -**3.** [terrain] concession; **~ minière/pétrolière** mining/oil concession; **~ funéraire** burial plot.
◆ **de concession** *loc adj* GRAMM concessive.

concessionnaire [kɔ̃sesjɔnɛr] ◇ *adj* concessionary.
◇ *nmf* COMM dealer, franchise holder; **renseignez-vous auprès de votre ~ (automobile)** see your (car) dealer.

concevable [kɔ̃səvabl] *adj* conceivable; **c'est difficilement ~** it's hardly conceivable; **il n'est pas ~ que...** it's inconceivable that...

concevoir [52] [kɔ̃səvwar] *vt* -**1.** [avoir une notion de] to conceive of *(insép)*, to form a notion of; **~ l'infini** to form a notion of infinity ‖ *(en usage abs)*: **la faculté de ~** the ability to think ❑ **ce que l'on conçoit bien s'énonce clairement** *allusion Boileau* what is clearly understood can be clearly expressed. -**2.** [imaginer] to imagine, to conceive of *(insép)*; **~ la maison idéale** to imagine the ideal home; **je ne conçois pas de repas sans vin** I can't imagine a meal without wine. -**3.** [comprendre] to understand, to see; **c'est ainsi que je conçois l'amour** this is my idea of love OU how I see love; **cela vous est difficile, je le conçois** I can (well) understand that it's difficult for you; ~ **qqch comme** to conceive OU to see sthg as. -**4.** *litt* [ressentir - haine, amitié] to conceive, to develop. -**5.** [créer - meuble, décor, ouvrage] to design; [- plan, programme] to conceive, to devise, to think up *(sép)*; **parc bien/mal conçu** well-/poorly-designed garden. -**6.** [rédiger - message, réponse] to compose, to couch; **une lettre conçue en ces termes** a letter written as follows OU couched in the following terms. -**7.** BIOL to conceive; *(en usage abs)*: **les femmes qui ne peuvent pas** ~ women who cannot have children OU conceive.

◆ **se concevoir** *vp (emploi passif)* to be imagined; **une telle politique se conçoit en temps de guerre** such a policy is understandable in wartime.

conchoïdal, e, aux [kɔ̃kɔidal, o] *adj* conchoidal.

conchoïde [kɔ̃kɔid] *nf* conchoid.

conchyliculteur, trice [kɔ̃kilikyltœr, tris] *nm, f* shellfish breeder.

conchyliculture [kɔ̃kilikyltyr] *nf* shellfish breeding.

conchyliologie [kɔ̃kiljɔlɔʒi] *nf* conchology.

concierge [kɔ̃sjɛrʒ] *nmf* -**1.** [gardien - d'immeuble] caretaker, janitor *Am*; [- d'hôtel] porter *Br*, receptionist. -**2.** *fam péj* [bavard] gossip, blabbermouth.

CONCIERGE:
In French apartment buildings, the concierge does general cleaning jobs, sees to it that no unwelcome visitors enter the building, and often also delivers mail to the occupants of the building. The concierge usually lives in a small flat ("la loge") just inside the front entrance.

---

conciergerie [kɔ̃sjɛrʒəri] *nf* -**1.** [loge] caretaker's office, janitor's lodge *Am*. -**2.** HIST: **la Conciergerie** the Conciergerie prison *(in Paris)*.

concile [kɔ̃sil] *nm* council; ~ **œcuménique** ecumenical council; ~ **de Trente** Council of Trent.

conciliable [kɔ̃siljabl] *adj* reconcilable, compatible; **les études sont-elles** ~**s avec le métier de chanteur?** is studying compatible with a singing career?; **des principes difficilement** ~**s** principles difficult to reconcile.

conciliabules [kɔ̃siljabyl] *nmpl* chatting; **c'est fini, ces** ~**?** *fam* have you finished yakking?

conciliaire [kɔ̃siljɛr] *adj* conciliar.

conciliant, e [kɔ̃siljɑ̃, ɑ̃t] *adj* [personne] conciliatory, accommodating; [paroles, ton] conciliatory, placatory.

conciliateur, trice [kɔ̃siljatœr, tris] ◇ *adj* conciliatory, placatory.

◇ *nm, f* conciliator, arbitrator.

conciliation [kɔ̃siljasjɔ̃] *nf* -**1.** [médiation] conciliation; **esprit de** ~ spirit of conciliation; **geste de** ~ conciliatory gesture. -**2.** JUR conciliation, arbitration. -**3.** *litt* [entre deux personnes, deux partis] reconciliation.

conciliatoire [kɔ̃siljatwar] *adj* conciliatory.

concilier [9] [kɔ̃silje] *vt* -**1.** [accorder - opinions, exigences] to reconcile; ~ **travail et plaisir** to manage to combine work with pleasure. -**2.** [gagner - faveurs, sympathie] to gain, to win; **sa gentillesse lui a concilié la sympathie de tous** his kindness made him popular with everybody.

◆ **se concilier** *vpt*: **se** ~ **l'amitié de qqn** to gain OU to win sb's friendship; **se** ~ **les électeurs** to win the voters over.

concis, e [kɔ̃si, iz] *adj* [style] concise, tight; [écrivain] concise; **soyez plus** ~ come to the point.

concision [kɔ̃sizjɔ̃] *nf* concision, conciseness, tightness; **style d'une extrême** ~ extremely concise OU tight style.

concitoyen, enne [kɔ̃sitwajɛ̃, ɛn] *nm, f* fellow citizen.

conclave [kɔ̃klav] *nm* conclave.

concluant, e [kɔ̃klyɑ̃, ɑ̃t] *adj* [essai, démonstration] conclusive; **peu** ~ inconclusive.

conclure [96] [kɔ̃klyr] ◇ *vt* -**1.** [terminer - discussion, travail] to end, to conclude, to bring to a close OU conclusion; [- repas] to finish OU to round off *(sép)*; *(en usage abs)*: ~ **par** to end OU to conclude with; **elle a conclu par un appel à l'unité** she ended with a call for unity; **maintenant, vous devez** ~ now you must come to a conclusion. -**2.** [déduire] to conclude; **que peut-on** ~ **de cette expérience?** what conclusion can be drawn from this experience?; **n'ayant pas eu de réponse, j'en conclus que...** not having had an answer I conclude that... -**3.** [accord] to conclude; [traité] to sign; [- cessez-le-feu] to agree to *(insép)*; ~ **une affaire** to conclude OU to clinch a deal; **marché conclu!** it's a deal!

◇ *vi* JUR: **les témoignages concluent contre lui/en sa faveur** the evidence goes against him/in his favour.

◆ **conclure à** *v + prép*: **ils ont dû** ~ **au meurtre** they had to conclude that it was murder.

◆ **pour conclure** *loc adv indép* as a OU in conclusion, to conclude.

conclusif, ive [kɔ̃klyzif, iv] *adj sout* [paragraphe] closing, final.

conclusion [kɔ̃klyzjɔ̃] *nf* -**1.** [fin] conclusion. -**2.** [déduction] conclusion; **on en est arrivé à la** ~ **suivante** we came to OU reached the following conclusion; **gardons-nous des** ~**s hâtives** let's not jump to conclusions; **tirer une** ~ **de qqch** to draw a conclusion from sthg; ~**, la voiture est fichue** *fam* the result is that the car's a write-off.

◆ **conclusions** *nfpl* [d'un rapport] conclusions, findings; JUR submissions; **déposer** OU **signifier des** ~**s** to file submissions with a court.

◆ **en conclusion** *loc adv indép* as a OU in conclusion, to conclude.

concocter [3] [kɔ̃kɔkte] *vt* to concoct.

concombre [kɔ̃kɔ̃br] *nm* BOT cucumber.

◆ **concombre de mer** *nm* ZOOL sea cucumber.

concomitance [kɔ̃kɔmitɑ̃s] *nf* concomitance.

concomitant, e [kɔ̃kɔmitɑ̃, ɑ̃t] *adj* concomitant, attendant.

concordance [kɔ̃kɔrdɑ̃s] *nf* -**1.** [conformité] agreement, similarity; **la** ~ **des empreintes/dates** the similarity between the fingerprints/dates. -**2.** GRAMM: ~ **des temps** sequence of tenses. -**3.** GÉOL conformability. -**4.** [index] concordance.

◆ **en concordance avec** *loc prép* in agreement OU keeping OU accordance with.

concordant, e [kɔ̃kɔrdɑ̃, ɑ̃t] *adj* -**1.** [correspondant]: **les versions sont** ~**es** the stories agree OU match OU are in agreement. -**2.** GÉOL conformable.

concordat [kɔ̃kɔrda] *nm* -**1.** RELIG concordat. -**2.** COMM winding-up arrangement.

concordataire [kɔ̃kɔrdatɛr] *adj* -**1.** RELIG concordat *(modif)*. -**2.** COMM: **failli** ~ certified bankrupt.

concorde [kɔ̃kɔrd] *nf litt* concord, harmony.

concorder [3] [kɔ̃kɔrde] *vi* [versions, chiffres] to agree, to tally; [groupes sanguins, empreintes] to match; **faire** ~ **qqch et** OU **avec qqch** to make sthg and sthg agree.

concourant, e [kɔ̃kurɑ̃, ɑ̃t] *adj* -**1.** GÉOM: **droites** ~**es** concurrent OU convergent lines. -**2.** [actions, volontés] joint, concerted, united.

concourir [45] [kɔ̃kurir] *vi* -**1.** [être en compétition] to compete; **elle a refusé de** ~ **cette année** she has refused to enter competitions OU to compete this year; **il est trop jeune pour que je le fasse** ~ he's too young for me to enter him in competitions; ~ **avec qqn** to compete with OU against sb. -**2.** GÉOM to converge. -**3.** JUR to have concurrent claims.

◆ **concourir à** *v + prép* to contribute to; **beaucoup de facteurs ont concouru à sa réussite** a number of factors contributed to his success; **tout concourt à me faire croire qu'il ment** everything leads me to believe that he's lying.

concours [kɔ̃kur] *nm* -**1.** [aide] aid, help, support; **prêter son** ~ **à** to lend one's support to; **grâce au** ~ **du maire** thanks to the mayor's help OU support. -**2.** [combinaison]: **un heureux/un fâcheux** ~ **de circonstances** a lucky/an unfortunate coincidence. -**3.** [épreuve] competition, contest; ~ **de beauté/de chant** beauty/singing contest; ~ **agricole/hippique** agricultural/horse show. -**4.** ENS competitive (entrance) exam; **le** ~ **d'entrée à l'ÉNA** the entrance exam for ÉNA ❑ **le** ~ **de l'Eurovision** the Eurovision song contest; **le** ~ **général** *annual competition between the best senior pupils at French lycées*.

◆ **avec le concours de** *loc prép* with the participation of, in association with.

◆ **par concours, sur concours** *loc adv* [recruter, entrer] on the results of a competitive entrance exam.

concret, ète [kɔ̃krɛ, ɛt] *adj* -**1.** [palpable] concrete; **un objet** ~ a thing, a concrete object. -**2.** [non théorique] concrete, practical; **faire des propositions concrètes** to make concrete OU practical proposals. -**3.** [s'appuyant sur l'expérience] concrete, empirical, experiential; **un esprit** ~ a practical mind. -**4.** LING & MUS concrete.

◆ **concret** *nm*: **le** ~ that which is concrete, the concrete; **ce qu'il nous faut, c'est du** ~ we need something we can get our teeth into.

concrètement [kɔ̃krɛtmɑ̃] *adv* concretely, in concrete terms; **je ne vois pas** ~ **ce que ça peut donner** I can't visualize what it would be like; ~**, qu'est-ce que cela va entraîner pour les usagers?** in concrete terms, what will that mean for the users?

concrétion [kɔ̃kresjɔ̃] *nf* CHIM, GÉOL & MÉD concretion.

concrétisation [kɔ̃kretizasjɔ̃] *nf* concretization, materialization; **la** ~ **d'un rêve** a dream come true.

concrétiser [3] [kɔ̃kretize] *vt* [rêve] to realize; [idée, proposition] to make concrete.

◆ **se concrétiser** *vpi* [rêve] to come true, to materialize; [proposition, idée] to be realized, to take concrete form OU shape.

concubin, e [kɔ̃kybɛ̃, in] *nm, f* -**1.** [amant] concubine, partner. -**2.** JUR partner, cohabitee.

concubinage [kɔ̃kybinaʒ] *nm* -**1.** [vie de couple]: **vivre en** ~ to live as man and wife, to cohabit. -**2.** JUR cohabitation, cohabiting; ~ **notoire** common-law marriage.

concupiscence [kɔ̃kypisɑ̃s] *nf* [envers les biens] greed; [envers le sexe] lust, concupiscence *litt*.

concupiscent, e [kɔ̃kypisɑ̃, ɑ̃t] *adj* [envers les biens] greedy; [envers le sexe] lustful, concupiscent *litt*.

concurremment [kɔ̃kyramɑ̃] *adv* at the same time, concurrently.

◆ **concurremment avec** *loc prép* -**1.** [de concert avec] in conjunction OU concert with. -**2.** [en même temps que] concurrently with.

concurrence [kɔ̃kyrɑ̃s] *nf* -**1.** [rivalité] competition; **faire (de la)** ~ **à** to be in competition OU to compete with; **les Japonais nous livrent une** ~ **acharnée** we're engaged in a cut-throat competition with the Japanese ❑ ~ **déloyale** unfair competition OU trading. -**2.** [rivaux]: **la** ~ the competition.

◆ **en concurrence avec** *loc prép* competing OU in competition with.

◆ **à concurrence de, jusqu'à concurrence de** *loc prép* up to, to the limit of; **vous pouvez être à découvert jusqu'à** ~ **de 5 000 F** your overdraft limit is 5,000 F.

concurrencer [16] [kɔ̃kyrɑ̃se] *vt* to compete OU to be in competition with; **ils nous concurrencent dangereusement** they're very dangerous OU serious competitors for us.

concurrent, e [kɔ̃kyrɑ̃, ɑ̃t] ◇ *adj* competing, rival *(avant n)*.

◇ *nm, f* -**1.** COMM & SPORT competitor. -**2.** SCOL candidate.

concurrentiel, elle [kɔ̃kyrɑ̃sjɛl] *adj* competitive; **marchandises vendues à des prix ~s** competitively-priced goods.

concussion [kɔ̃kysjɔ̃] *nf* embezzlement, misappropriation of public funds.

concussionnaire [kɔ̃kysjɔnɛr] ◇ *adj* embezzling.
◇ *nmf* embezzler.

condamnable [kɔ̃danabl] *adj* blameworthy, reprehensible.

condamnation [kɔ̃danasjɔ̃] *nf* -**1.** [action] sentencing, convicting; **il a fait l'objet de trois ~s pour vol** he's already had three convictions for theft, he's been convicted three times for theft ‖ [peine] sentence; **~ aux travaux forcés** sentence of hard labour; **~ à mort** death sentence; **~ à la réclusion à perpétuité** life sentence, sentence of life imprisonment; **~ par défaut/par contumace** decree by default/in absentia. -**2.** [blâme] condemnation, blame; **c'est une ~ sans appel de sa politique extérieure** it's an out and out condemnation of his foreign policy. -**3.** [fin - d'un projet, d'une tentative] end; **ce projet est la ~ de l'enseignement privé** this project spells the end of private education. -**4.** AUT [blocage] locking; [système] locking device.

condamnatoire [kɔ̃danatwar] *adj* JUR condemnatory.

condamné, e [kɔ̃dane] *nm, f* JUR sentenced OU convicted person; **~ à la réclusion perpétuelle** life prisoner, lifer; **l'aile des ~s à mort** Death Row ❑ **~ à mort** prisoner under sentence of death; **la cigarette du ~** the condemned man's last cigarette.

condamner [3] [kɔ̃dane] *vt* -**1.** JUR [accusé] to sentence; **~ qqn à mort/aux travaux forcés** to sentence sb to death/to hard labour; **condamné à trois mois de prison pour...** sentenced to three months' imprisonment for...; **condamné à une amende** fined; **condamné aux dépens** ordered to pay costs; **condamné pour meurtre** convicted of murder; **~ qqn par défaut/par contumace** to sentence sb by default/in absentia; **faire ~ qqn** to get OU to have sb convicted. -**2.** [interdire - magazine] to forbid publication of; [- pratique] to forbid, to condemn; **la société condamne la bigamie** society forbids OU condemns bigamy; **la loi condamne l'usage de stupéfiants** the use of narcotics is forbidden by law. -**3.** [désapprouver - attentat, propos] to express disapproval of; **~ qqn pour avoir fait** OU **d'avoir fait qqch** to blame sb for having done sthg; **l'expression est condamnée par les puristes** the use of the phrase is condemned OU is disapproved of by purists. -**4.** [accuser] to condemn; **son silence la condamne** her silence condemns her. -**5.** [suj: maladie incurable] to condemn, to doom; [rendre infaisable] to doom; **les médecins disent qu'il est condamné** the doctors say that there is no hope for him; **les malades condamnés sont renvoyés chez eux** terminally-ill patients are sent back home; **ce projet est condamné par manque d'argent** the project is doomed through lack of money. -**6.** [murer - porte, fenêtre] to block up *(sép)*, to seal off *(sép)*; **la troisième chambre avait été condamnée** the third bedroom had been closed up; **~ toutes les fenêtres d'une maison** to board up the windows in a house; **~ sa porte** *fig* to bar one's door. -**7.** [obliger]: **je suis condamnée à rester alitée pendant dix jours** I'm confined to bed for ten days.

condé [kɔ̃de] *nm arg crime* [flic] cop; **les ~s** the fuzz, the cops.

condensable [kɔ̃dɑ̃sabl] *adj* condensable.

condensateur [kɔ̃dɑ̃satœr] *nm* -**1.** ÉLECTR condenser, capacitor. -**2.** OPT: **~ optique** condenser.

condensation [kɔ̃dɑ̃sasjɔ̃] *nf* -**1.** CHIM & PHYS condensation. -**2.** [buée] condensation; **une pièce où il y a beaucoup de ~** a very damp room. -**3.** [d'un texte] reducing, abstracting.

condensé [kɔ̃dɑ̃se] *nm* digest, summary, abstract.

condenser [3] [kɔ̃dɑ̃se] *vt* -**1.** CHIM & PHYS to condense. -**2.** [raccourcir - récit] to condense, to cut down; **style condensé** terse style.
◆ **se condenser** *vpi* to condense.

condenseur [kɔ̃dɑ̃sœr] *nm* -**1.** CHIM, MÉTALL & PHYS condenser; **~ à mélange** jet OU injection condenser; **~ à surface** surface condenser. -**2.** OPT condenser.

condescendance [kɔ̃desɑ̃dɑ̃s] *nf* condescension; **un air de ~** an air of condescension, a patronizing attitude; **faire preuve de ~ à l'égard de qqn** to patronize sb.

condescendant, e [kɔ̃desɑ̃dɑ̃, ɑ̃t] *adj* [hautain - regard, parole] condescending, patronizing.

condescendre [73] [kɔ̃desɑ̃dr]
◆ **condescendre à** *v + prép* to condescend to; **elle a condescendu à me recevoir** *aussi hum* she condescended OU deigned to see me.

condiment [kɔ̃dimɑ̃] *nm* [épices] condiment; [moutarde] (mild) mustard.

condisciple [kɔ̃disipl] *nmf* SCOL classmate, schoolmate; UNIV fellow student.

condition [kɔ̃disjɔ̃] *nf* -**1.** [préalable] condition; **une des ~s du progrès** one of the conditions of OU requirements for progress; **mettre une ~ à qqch** to set a condition before sthg can be done; **j'accepte mais j'y mets une ~** I accept but on one condition; **j'irai avec toi à une ~: on prend la voiture** I'll come with you on one condition: we take the car ❑ **~ nécessaire/suffisante** necessary/sufficient condition; **~ préalable** prerequisite; **~ requise** requirement; **une ~ sine qua non de** an absolute prerequisite for. -**2.** [état] condition, shape; **~ physique/psychologique** physical/psychological shape; **être en bonne ~ physique** to be in condition, to be fit; **en grande** OU **excellente ~ physique** in excellent shape; **être en petite** OU **mauvaise ~ physique** to be in poor physical shape, to be unfit. -**3.** [position sociale] condition, rank, station; **des gens de toutes ~s** people from all walks of life; **une femme de ~ modeste** a woman from a modest background; **épouser qqn de sa ~** to marry a person of one's station OU condition; **la ~ paysanne au XIXe siècle** the situation of peasants in the 19th century; **pour améliorer leur ~** in order to improve their lot ❑ **la ~ féminine** the lives of women, the female condition; **la ~ ouvrière** the condition of the working-class. -**4.** [destinée]: **la ~ humaine** the human condition. -**5.** GRAMM & JUR condition.
◆ **conditions** *nfpl* -**1.** [environnement] conditions; **~s climatiques/économiques** weather/economic conditions; **dans des ~s normales de température** at normal temperatures ❑ **~s de vie/travail** living/working conditions. -**2.** [termes] terms; **les ~s d'un accord** the terms of an agreement; **aux ~s les plus avantageuses** on the most favourable terms; **vos ~s seront les miennes** I'll go along with whatever conditions you wish to lay down; **quelles sont ses ~?** what terms is he offering? ❑ **~s de vente/d'achat** terms of sale/purchase; **~s de paiement/de remboursement** payment/repayment terms.
◆ **à (la) condition de, sous (la) condition de** *loc prép* on condition that, providing OU provided (that); **tu peux y aller à ~ de ne pas rentrer tard** you may go on condition that OU provided (that) you don't come back late.
◆ **à (la) condition que, sous (la) condition que** *loc conj* on condition that, provided OU providing (that); **je ne dirai rien à ~ que tu en fasses autant** I won't say anything on condition that OU provided (that) you do the same.
◆ **dans ces conditions** *loc adv* under these conditions; **dans ces ~s, j'accepte** under these conditions, I accept; **dans ces ~s, pourquoi se donner tant de mal?** if that's what it's like, why go to so much trouble?
◆ **en condition** *loc adv* -**1.** [en bonne forme] in shape; **mettre en ~** [athlète, candidat] to get into condition OU form; **se mettre en ~** to get (o.s.) fit OU into condition OU into shape. -**2.** [dans un état favorable]: **mettre le public en ~** to condition the public. -**3.** *arch* [dans la domesticité]: **entrer en ~ chez qqn** to enter sb's service.
◆ **sans conditions** *loc adv* unconditionally.
◆ **sous condition** *loc adv* conditionally; **acheter sous ~** to buy on approval.

conditionné, e [kɔ̃disjɔne] *adj* -**1.** PSYCH conditioned. -**2.** [climatisé - bureau, autocar] air-conditioned. -**3.** COMM [marchandise] packaged.

conditionnel, elle [kɔ̃disjɔnɛl] *adj* -**1.** [soumis à condition] conditional, tentative; **notre soutien est ~ et dépend de...** our support is conditional on... -**2.** PSYCH conditioned. -**3.** GRAMM conditional.
◆ **conditionnel** *nm* GRAMM conditional (mood); **~ présent/passé** present/perfect conditional tense.
◆ **conditionnelle** *nf* GRAMM conditional clause.
◆ **au conditionnel** *loc adv* -**1.** GRAMM in the conditional. -**2.** [comme une hypothèse]: **la nouvelle est à prendre au ~** the news has yet to be confirmed OU checked; **il faut l'annoncer au ~** it's not yet certain.

conditionnellement [kɔ̃disjɔnɛlmɑ̃] *adv* conditionally, tentatively.

conditionnement [kɔ̃disjɔnmɑ̃] *nm* -**1.** [fait d'emballer, emballage] packaging. -**2.** TEXT conditioning. -**3.** INDUST processing. -**4.** PSYCH conditioning; **~ classique** classical conditioning; **~ instrumental** OU **opérant** instrumental learning.

conditionner [3] [kɔ̃disjɔne] *vt* -**1.** [emballer - marchandise, aliments] to package. -**2.** TEXT to condition. -**3.** INDUST to process. -**4.** [influencer] to condition, to influence; **la publicité conditionne nos choix** advertising conditions OU influences our choices; **on l'a conditionné pour réagir de la sorte** he's been conditioned to react this way; **notre départ est conditionné par son état de santé** our going away depends on OU is conditional on her state of health. -**5.** [climatiser] to air-condition.

conditionneur, euse [kɔ̃disjɔnœr, øz] *nm, f* food-processing specialist.
◆ **conditionneur** *nm* -**1.** [climatiseur] air conditioner. -**2.** INDUST packer.

condoléances [kɔ̃dɔleɑ̃s] *nfpl* condolences; **lettre de ~** letter of condolence; **présenter ses ~** to offer one's condolences; **veuillez accepter mes plus sincères ~** please accept my deepest sympathy OU my most sincere condolences; **toutes mes ~,** Paul with deepest sympathy OU heartfelt condolences, Paul.

condom [kɔ̃dɔm] *nm* condom, sheath.

condominium [kɔ̃dɔminjɔm] *nm* condominium.

condor [kɔ̃dɔr] *nm* condor.

condottiere [kɔ̃dɔtjɛr] *(pl* **condottieri** [-ri]) *nm* condottiere.

conductance [kɔ̃dyktɑ̃s] *nf* conductance.

conducteur, trice [kɔ̃dyktœr, tris] ◇ *adj* -**1.** ÉLECTR conductive. -**2.** *fig* [principal - principe, fil] guiding.
◇ *nm, f* -**1.** TRANSP driver; **~ d'autobus** bus driver. -**2.** INDUST operator; **~ de travaux** foreman *(f* forewoman), clerk of works.
◆ **conducteur** *nm* PHYS conductor.

conductibilité [kɔ̃dyktibilite] *nf* conductivity.

conductible [kɔ̃dyktibl] *adj* conductive, conductible.

conduction [kɔ̃dyksjɔ̃] *nf* conduction; **~ électrolytique** electrolysis.

conductivité [kɔ̃dyktivite] *nf* conductivity.

conduire [80] [kɔ̃dɥir] *vt* -**1.** [emmener] to take, to drive; **~ les enfants à l'école** to take OU to drive the children to school; **je vais t'y ~, si tu veux** I'll drive OU take you there, if you like; ~

qqn jusqu'à la porte to see sb to the door, to show sb the way out; ~ le troupeau à l'alpage to drive the cattle to the high pastures; le policier l'a conduit au poste the policeman took him down to the station. -2. [guider] to lead; ~ un cheval par la bride to lead a horse by the bridle; ~ un aveugle dans la rue to lead a blind man along the street; les empreintes m'ont conduit jusqu'au hangar *fig* the footprints led me to the shed. -3. [donner accès à] to lead to *(insép)*, to open out onto *(insép)*; cet escalier ne conduit nulle part this staircase doesn't lead anywhere. -4. [mener]: ~ qqn à: ~ qqn au désespoir to drive sb to desperation; cela me conduit à penser que... this leads me to believe that..., I am led to believe that...; ce qui nous conduit à la conclusion suivante which leads OU brings us to the following conclusion; ~ qqn à la victoire [entraîneur, entraînement] to lead sb (on) to victory || *(en usage abs)*: cette filière conduit au bac technique this stream allows you to go on to OU this stream leads to a vocational school-leaving qualification; la jalousie conduit aux pires excès jealousy leads to OU can cause extremes of bad behaviour. -5. TRANSP [véhicule] to drive; [hors-bord] to steer; *(en usage abs)*: qui conduisait? who was driving?, who was behind the wheel?; ils conduisent trop longtemps sans s'arrêter they spend too much time behind the wheel without a break; ~ à droite/gauche to drive on the right-/left-hand side of the road; ~ bien/mal/vite to be a good/bad/fast driver. -6. [diriger - état] to run, to lead; [- affaires, opérations] to run, to conduct, to manage; [- travaux] to supervise; [- recherches, enquête] to conduct, to lead; [- délégation, révolte] to head, to lead. -7. [être en tête de]: ~ le deuil to be at the head of the funeral procession, to be a chief mourner. -8. MUS [orchestre, symphonie] to conduct. -9. [faire passer - eau] to carry, to bring; l'oléoduc qui conduit le pétrole à travers le désert the pipeline which carries the oil across the desert. -10. PHYS [chaleur, électricité] to conduct, to be a conductor of.

◆ **se conduire** ◇ *vp (emploi passif)* [être piloté] to be driven, to drive; une voiture qui se conduit facilement a car that's easy to drive. ◇ *vpi* [se comporter] to behave, to conduct o.s.; ce n'est pas une façon de se ~ avec une dame that's no way to behave to a lady; se ~ bien to behave (o.s.) well; tâche de bien te ~ try to behave (yourself); se ~ mal to behave badly, to misbehave; nos joueurs se sont conduits comme des sauvages our players behaved like brutes.

conduit [kɔ̃dɥi] *nm* -1. TECH conduit, pipe; ~ d'aération air duct; ~ de ventilation ventilation shaft; ~ de fumée flue. -2. ANAT canal, duct; ~ auditif auditory canal; ~ lacrymal tear OU lachrymal *spéc* duct.

conduite [kɔ̃dɥit] *nf* -1. [pilotage - d'un véhicule] driving; [- d'un hors-bord] steering; ~ tout terrain cross-country driving ❑ la ~ à droite/gauche driving on the right-/left-hand side of the road; avec ~ à droite right-hand drive *(modif)*; avec ~ à gauche left-hand drive *(modif)*; ~ en état d'ivresse drink driving, drinking and driving; faire un bout OU brin de ~ à qqn (jusqu'à) *fam* to walk sb part of the way (to). -2. [comportement] conduct, behaviour; avoir une ~ étrange to behave oddly; pour bonne ~ [libéré, gracié] for good behaviour; mauvaise ~ misbehaviour, misconduct. -3. [direction - des affaires] management, conduct; [- de la guerre] conduct; [- d'un pays] running; [- des travaux] supervision. -4. AUT: ~ intérieure saloon (car) *Br*, sedan *Am*. -5. TECH pipe; [canalisation principale] main; ~ d'eau/de gaz water/gas pipe; ~ forcée pressure pipeline.

condyle [kɔ̃dil] *nm* condyle.

condylien, enne [kɔ̃diljɛ̃, ɛn] *adj* condylar.

cône [kon] *nm* -1. GÉOM cone; en forme de ~ conical, coneshaped. -2. BOT pine cone. -3. GÉOL: ~ de déjection alluvial cone; ~ volcanique volcanic OU volcano cone. -4. ANAT: ~ rétinien retinal cone. -5. ZOOL cone shell. -6. [glace] cone, cornet.

conf. *(abr écrite de* confort): tt ~ mod. cons.

confabulation [kɔ̃fabylasjɔ̃] *nf* PSYCH confabulation.

confection [kɔ̃fɛksjɔ̃] *nf* -1. CULIN preparation, making. -2. COUT [fabrication -d'une robe] making; [- d'un veston] tailoring; la ~ INDUST the clothing industry OU business; je ne trouve pas ma taille en ~ I can't find my size in ready-to-wear clothes OU in the shops.

◆ **de confection** *loc adj* ready-to-wear, ready-made, off-the-peg *Br*.

confectionner [3] [kɔ̃fɛksjɔne] *vt* -1. [préparer - plat, sauce] to prepare, to make. -2. COUT [robe] to make, to sew; [veston] to tailor; c'est sa mère qui confectionne les costumes des enfants it's her mother who runs up the children's costumes.

confectionneur, euse [kɔ̃fɛksjɔnœr, øz] *nm, f* clothes manufacturer.

confédéral, e, aux [kɔ̃federal, o] *adj* confederal.

confédération [kɔ̃federasjɔ̃] *nf* -1. [nation] confederation, confederacy; la Confédération helvétique the Swiss Confederation. -2. POL: confédération générale du travail → **CGT**.

confédéré, e [kɔ̃federe] ◇ *adj* confederate. ◇ *nm, f Helv person from another canton.*

◆ **confédérés** *nmpl* HIST: les ~s the Confederates.

confédérer [18] [kɔ̃federe] *vt* to confederate.

confer [kɔ̃fɛr] *vt*: ~ page 36 see page 36.

conférence [kɔ̃ferɑ̃s] *nf* -1. [réunion] conference; ~ internationale sur la paix international peace conference; donner OU tenir une ~ to hold a meeting OU conference ❑ ~ de presse press conference; ~ au sommet summit conference. -2. [cours] lecture; donner une ~ sur Milton to give OU to deliver a lecture on Milton, to lecture on Milton. -3. BOT [poire] conference pear.

◆ **en conférence** *loc adv* in a meeting.

conférencier, ère [kɔ̃ferɑ̃sje, ɛr] *nm, f* speaker.

conférer [18] [kɔ̃fere] ◇ *vt* -1. [décerner - titre, droit] to confer, to bestow; ~ une médaille à qqn to confer a medal on OU upon sb. -2. *fig* [donner - importance, prestance] to impart. ◇ *vi* [discuter] to talk, to hold talks.

confesse [kɔ̃fɛs] *nf* [confession]: aller à/revenir de ~ to go to/to come back from confession ❑ chacun son tour, comme à ~ *hum* one at a time.

confesser [4] [kɔ̃fese] *vt* -1. RELIG [péché] to confess (to); [personne] to hear the confession of, to be the confessor of; *(en usage abs)*: le Père Guérin ne confessera pas aujourd'hui Father Guérin will not hear confessions today. -2. *fam* [faire parler]: ~ qqn to make sb talk. -3. *litt* [foi, convictions] to proclaim. -4. [reconnaître, admettre] to admit, to confess; j'ai eu tort, je le confesse I admit OU confess I was wrong.

◆ **se confesser** *vpi* to confess, to make one's confession; se ~ à un prêtre to confess to a priest.

confesseur [kɔ̃fesœr] *nm* -1. RELIG confessor. -2. [confident] confidant (*f* confidante).

confession [kɔ̃fesjɔ̃] *nf* -1. RELIG [aveu, rite] confession; faire une ~ *pr* & *fig* to make a confession, to confess. -2. [appartenance] faith, denomination; être de ~ luthérienne/anglicane to belong to the Lutheran/Anglican faith. -3. *litt* [proclamation] proclaiming. -4. LITTÉRAT: 'Confessions' *Rousseau* 'Confessions'.

confessionnal, aux [kɔ̃fesjɔnal, o] *nm* confessional.

confessionnel, elle [kɔ̃fesjɔnɛl] *adj* denominational.

confetti [kɔ̃feti] *nm* (piece of) confetti; des ~s confetti; ils ont quitté le bal masqué sous une pluie de ~s they were showered with confetti as they left the masked ball.

confiance [kɔ̃fjɑ̃s] *nf* -1. [foi - en quelqu'un, quelque chose] trust, confidence; avec ~ confidently; envisager son avenir avec ~ to feel confident about one's future; avoir ~ en qqn/qqch to trust sb/sthg, to have confidence in sb/sthg; faire ~ à qqn to trust sb; peut-on lui faire ~? can he be trusted?, is he trustworthy OU reliable?; elle a mon entière ~ I have complete confidence in her; placer sa ~ en qqn to put one's trust OU to place one's confidence in sb; j'ai ~ en l'avenir de mon pays I have faith in the future of my country. -2. POL: voter la ~ au gouvernement to pass a vote of confidence in the government ❑ vote de ~ vote of confidence. -3. [aplomb]: ~ en soi confidence, self-confidence, self-assurance; manquer de ~ en soi to lack self-confidence; reprendre ~ en soi to regain one's self-confidence.

◆ **de confiance** *loc adj*: poste de ~ position of trust; personne de ~ reliable OU trustworthy person; les hommes de ~ du président the President's advisers.

◆ **en confiance** *loc adv*: mettre qqn en ~ to win sb's trust; se sentir OU être en ~ (avec qqn) to feel safe (with sb).

◆ **en (toute) confiance** *loc adv* with complete confidence; tu peux y aller/l'acheter en toute ~ you can go there/buy it with confidence.

confiant, e [kɔ̃fjɑ̃, ɑ̃t] *adj* -1. [qui fait confiance] trusting, trustful. -2. [qui exprime la confiance] trusting, confident. -3. [qui a confiance]: être ~ dans OU en to have confidence in; je suis ~ dans la réussite de notre programme I have confidence in the success of our programme, I'm confident that our programme will be a success; il est ~ (en lui-même) he's self-assured OU self-confident.

confidence [kɔ̃fidɑ̃s] *nf* confidence; faire une ~ à qqn to confide something to sb, to trust sb with a secret; faire des ~s à qqn to confide in sb; mettre qqn dans la ~ to take sb into one's confidence, to let sb into the secret; être dans la ~ to be in on the OU a secret; se faire des ~s to confide in each other ❑ ~s sur l'oreiller *hum* pillow talk.

◆ **en confidence** *loc adv* in (strict) confidence.

confident, e [kɔ̃fidɑ̃, ɑ̃t] *nm, f* confidant (*f* confidante).

confidentialité [kɔ̃fidɑ̃sjalite] *nf* confidentiality.

confidentiel, elle [kɔ̃fidɑ̃sjɛl] *adj* [information] confidential; [entretien] private; à titre ~ in confidence, confidentially.

confidentiellement [kɔ̃fidɑ̃sjɛlmɑ̃] *adv* confidentially, in (strict) confidence.

confier [9] [kɔ̃fje] *vt* -1. [dire - craintes, intentions] to confide, to entrust; ~ un secret à qqn to confide OU to entrust a secret to sb, to share a secret with sb; il m'a confié qu'il voulait divorcer he confided to me that he wanted to get a divorce. -2. [donner] to entrust; ~ ses clefs à un ami to entrust one's keys to a friend; ~ une mission à qqn to entrust a mission to sb, to entrust sb with a mission; la garde de Marie a été confiée à sa mère Marie has been put in her mother's care. -3. *litt* [livrer] to consign.

◆ **se confier** *vpi* [s'épancher] to confide; se ~ à qqn to confide in sb; je n'ai personne à qui me ~ I have nobody to confide in; elle ne se confie pas facilement she doesn't confide in people easily.

◆ **se confier à** *vp + prép* [s'en remettre à] to trust to; se ~ à sa bonne étoile to trust to one's lucky star.

configuration [kɔ̃figyrasjɔ̃] *nf* -1. [aspect général] configuration, general shape; la ~ des lieux the layout of the place. -2. CHIM & INF configuration.

confiné, e [kɔ̃fine] *adj* [air] stale; [atmosphère] stuffy; vivre ~ chez soi to live shut up indoors.

confinement [kɔ̃finmɑ̃] *nm* -1. [enfermement] confinement. -2. PHYS: ~ d'un plasma confinement, containment. -3. [d'une espèce animale] concentration *(in a particular area)*.

confiner [3] [kɔ̃fine] *vt* [reléguer] to confine; ~ un acteur dans des rôles comiques to confine an actor to comic parts.
◆ **confiner à** *v* + *prép* -**1.** *sout* [être voisin de - pays, maison] to border on. -**2.** *fig* [être semblable à] to border OU to verge on; **passion qui confine à la folie** passion bordering OU verging on madness.
◆ **se confiner** *vp (emploi réfléchi)* [s'enfermer] : **se ~ dans son bureau** to confine o.s. to one's study, to shut o.s. away in one's study.
◆ **se confiner à** *vp* + *prép* [se limiter à] to confine o.s. OU to limit o.s. OU to keep to; **je préfère ne pas me ~ aux auteurs que je connais bien** I'd rather not confine myself to OU keep to those writers I'm familiar with.

confins [kɔ̃fɛ̃] *nmpl* [limites - d'un pays] borders; [- d'un savoir, de l'intelligence] confines, bounds; **les ~ de l'Europe et de l'Asie** the borders of Europe and Asia.
◆ **aux confins de** *loc prép* on the borders of; **aux ~ du conscient et de l'inconscient** *fig* on the borders of the conscious and the unconscious.

confire [101] [kɔ̃fir] *vt* [dans du sucre] to preserve, to candy; [dans du vinaigre] to pickle.
◆ **se confire** *vpi litt*: **se ~ en dévotion** to be excessively pious.

confirmand, e [kɔ̃firmɑ̃, ɑ̃d] *nm, f* confirmand.

confirmatif, ive [kɔ̃firmatif, iv] *adj* confirmative.

confirmation [kɔ̃firmasjɔ̃] *nf* -**1.** [attestation] confirmation; **obtenir ~ d'un résultat** to receive confirmation of a result, to have a result confirmed; **donnez-nous ~ de votre rendez-vous** please give us confirmation of OU please confirm your appointment; **en ~ de** as a OU in confirmation of, confirming; **il m'en a donné ~ lui-même** he confirmed it to OU for me himself. -**2.** RELIG confirmation; **recevoir la ~** to be confirmed; **donner la ~** to confirm. -**3.** JUR upholding.

confirmé, e [kɔ̃firme] *adj* [professionnel] experienced.

confirmer [3] [kɔ̃firme] *vt* -**1.** [rendre définitif - réservation, nouvelle] to confirm; **~ par écrit** to confirm by letter OU in writing; **cela reste à ~** it remains to be confirmed, it is as yet unconfirmed. -**2.** [renforcer - témoignage, diagnostic, impression] to confirm, to bear out *(insép)*; **ceci confirme mes** OU **me confirme dans mes soupçons** this bears out OU confirms my suspicions. -**3.** [affermir - position, supériorité] to reinforce; **~ qqn dans ses fonctions** to confirm sb in office. -**4.** RELIG to confirm; **se faire ~** to be confirmed.
◆ **se confirmer** *vpi* -**1.** [s'avérer - rumeur] to be confirmed; **son départ se confirme** it's been confirmed that he's leaving; **il se confirme que...** it has now been confirmed that... -**2.** [être renforcé - tendance, hausse] to become stronger.

confiscable [kɔ̃fiskabl] *adj* liable to seizure OU to being seized, confiscable.

confiscation [kɔ̃fiskasjɔ̃] *nf* -**1.** [saisie] confiscation, seizure, seizing. -**2.** JUR forfeiture.

confiserie [kɔ̃fizri] *nf* -**1.** [produit] sweet *Br*, candy *Am*; **acheter des ~s** to buy confectionery, to buy sweets *Br*, to buy candy *Am*. -**2.** [industrie] confectionery (business OU trade). -**3.** [magasin] confectioner's, sweet shop *Br*, candy store *Am*. -**4.** [des olives, des sardines] pickling.

confiseur, euse [kɔ̃fizœr, øz] *nm,f* confectioner.

confisquer [3] [kɔ̃fiske] *vt* -**1.** [retirer - marchandises, drogue] to confiscate, to seize; [- sifflet, livre] to take away *(sép)*, to confiscate; **~ qqch à qqn** to take sthg away from OU to confiscate sthg from sb. -**2.** [supprimer] to take away *(sép)*, to suppress; **le pouvoir a confisqué nos libertés** the authorities have taken away OU suppressed our civil rights. -**3.** JUR to seize, to confiscate.

confit, e [kɔ̃fi, it] *adj* [fruits] candied, crystallized; [cornichons] pickled; **ailes de canards ~es** conserve of duck wings.
◆ **confit** *nm* conserve; **~ d'oie** goose conserve.

confiteor [kɔ̃fiteɔr] *nm inv* Confiteor.

confiture [kɔ̃fityr] *nf* jam, preserve; **~ de fraises/mûres** strawberry/blackberry jam; **~ d'oranges** (orange) marmalade; **tartine de ~** slice of bread with jam; **faire des ~s** to make jam ❑ **donner de la ~ aux cochons** *fam* to throw OU to cast pearls before swine.
◆ **en confiture** *loc adv*: **mettre qqch en ~** to reduce sthg to a pulp.

confiturerie [kɔ̃fityrri] *nf* jam factory.

confiturier, ère [kɔ̃fityrje, ɛr] ◇ *adj* jam *(modif)*.
◇ *nm, f* jam OU preserve manufacturer.
◆ **confiturier** *nm* jam dish.

conflagration [kɔ̃flagrasjɔ̃] *nf* -**1.** [conflit] conflagration, conflict. -**2.** [bouleversement] major upheaval.

conflictuel, elle [kɔ̃fliktɥɛl] *adj* [pulsions, désirs] conflicting, clashing; **situation/relation ~le** antagonistic situation/relationship.

conflit [kɔ̃fli] *nm* -**1.** MIL conflict, war; **le ~ irano-irakien** the Iran-Iraq war ❑ **~ armé** armed conflict OU struggle; **~ limité** limited conflict. -**2.** [heurt] : **entrer en ~ avec** to conflict with, to come into conflict with; **il y a beaucoup de ~s internes** there's a lot of infighting; **le ~ des générations** the clash between generations. -**3.** JUR conflict; **~ d'attribution/de juridiction** conflict of authority; **~ social** OU **du travail** labour OU industrial dispute.

confluence [kɔ̃flyɑ̃s] *nf* -**1.** GÉOG confluence. -**2.** [rencontre] confluence, convergence; **à la ~ de** at the junction of; **à la ~ du marxisme et de la psychanalyse** where Marxism and psychoanalysis meet.

confluent [kɔ̃flyɑ̃] *nm* -**1.** GÉOG confluence; **au ~ du Rhône et de la Saône** at the confluence of the Saône and the Rhône. -**2.** [point de rencontre] junction. -**3.** ANAT confluence.

confluer [3] [kɔ̃flye] *vi* -**1.** GÉOG to meet, to merge. -**2.** *litt* [être réunis] to converge.

confondant, e [kɔ̃fɔ̃dɑ̃, ɑ̃t] *adj* astonishing, astounding.

confondre [75] [kɔ̃fɔ̃dr] *vt* -**1.** [mêler - films, auteurs, dates] to confuse, to mix up *(sép)*; **il a confondu la clef du garage et celle de la porte** he mistook the garage key for the door key, he mixed up the garage key and the door key; **j'ai confondu leurs voix** I got their voices mixed up; **~ qqn/qqch avec** to mistake sb/sthg for; **on me confond avec ma cousine** I'm mistaken for OU people mix me up with my cousin ‖ *(en usage abs)*: **on ne se connaît pas, vous devez ~** we've never met, you must be making a mistake OU be mistaken; **attention, c'est elle que j'aime, ne pas ~** OU **ne confondons pas!** hey, don't get it wrong, I love HER! -**2.** [démasquer - menteur, meurtrier] to unmask, to confound; **le misérable était enfin confondu!** at last the rogue was unmasked! -**3.** *sout* [étonner] to astound, to astonish; **une telle naïveté a de quoi vous ~** such naivety is truly astounding; **être** OU **rester confondu devant** to be speechless in the face of OU astounded by.
◆ **se confondre** *vpi* -**1.** [se mêler - fleuves] to flow together, to merge; [- formes, couleurs] to merge; **dans mon rêve, Marie et Sophie se confondaient en une seule personne** in my dream, Marie and Sophie merged into one person OU were one and the same (person). -**2.** [être embrouillé] to be mixed up OU confused; **les dates se confondaient dans mon esprit** the dates became confused OU were all mixed up in my mind.
◆ **se confondre en** *vp* + *prép*: **se ~ en excuses/remerciements** to be effusive in one's apologies/thanks.

conformation [kɔ̃fɔrmasjɔ̃] *nf* -**1.** [aspect physique] build; **sa ~ anatomique** its anatomical structure; **avoir une ~ normale** to be normally built; **un enfant qui a une mauvaise ~** a child with poor bone structure. -**2.** CHIM conformation, configuration.

conforme [kɔ̃fɔrm] *adj* -**1.** COMM standard; **on ne peut pas brancher l'appareil, la fiche n'est pas ~** the machine can't be plugged in, the plug isn't standard; **ce n'est pas ~ à la loi** this is not in accordance with the law. -**2.** [conventionnel] conventional, standard. -**3.** [semblable] identical; **~ à l'original** true to the original; **ce n'est pas ~ à l'esquisse** it bears little resemblance to OU doesn't match the sketch; **une maison ~ à mes goûts** a house in keeping with my OU after my own tastes.

conformé, e [kɔ̃fɔrme] *adj*: **bien ~** [fœtus] well-formed; [enfant] well-built; **mal ~** [fœtus] malformed; **un enfant mal ~** a child with poor bone structure.

conformément [kɔ̃fɔrmemɑ̃] *adv*: **~ à** in accordance OU in conformity with, according to; **~ au souhait que vous avez exprimé** in accordance with your wish; **vivre ~ à ses principes** to live in accordance OU conformity with one's principles; **tout s'est déroulé ~ au plan** everything was done according to plan; **~ à l'article 26** in accordance with clause 26.

conformer [3] [kɔ̃fɔrme] *vt* -**1.** COMM [standardiser] to make standard, to produce according to the standards. -**2.** [adapter] : **~ qqch à** to adapt OU to match sthg to; **~ ses envies à ses possibilités financières** to tailor OU to match one's desires to one's financial means; **ils ont conformé leur tactique à la nôtre** they modelled their tactics on ours.
◆ **se conformer à** *vp* + *prép* [se plier à] to conform to; **se ~ aux habitudes de qqn** to conform to sb's habits ‖ [suivre] to comply with, to abide by; **se ~ à une décision** to abide by OU to comply with a decision.

conformisme [kɔ̃fɔrmism] *nm* conventionality, conformism.

conformiste [kɔ̃fɔrmist] ◇ *adj* -**1.** [traditionnel] conformist, conventional. -**2.** HIST Conformist.
◇ *nmf* conformist, conventionalist.

conformité [kɔ̃fɔrmite] *nf* -**1.** [ressemblance] similarity; **étonné par la ~ des deux statuettes** surprised by the similarity of the two figurines; **~ de goûts/d'intérêts** similarity of tastes/of interests. -**2.** [obéissance] : **la ~ à** conformity to; **la ~ aux usages sociaux** conformity to social customs. -**3.** [conventionnalisme] conventionality.
◆ **en conformité avec** *loc prép* in accordance OU conformity with, according to.

confort [kɔ̃fɔr] *nm* -**1.** [commodités] : **le ~** [d'un appartement, d'un hôtel] modern conveniences; [d'un aéroport] modern facilities; **un cinq-pièces tout ~** a five-room apartment with all mod cons *Br* OU modern conveniences *Am*. -**2.** [aise physique] : **le ~** comfort; **j'aime (avoir) mon ~** I like being comfortable; **son petit ~** his creature comforts; **pour votre ~, nous avons prévu des serviettes parfumées** scented tissues are available for your convenience ❑ **améliorer le ~ d'écoute** to improve sound quality. -**3.** [tranquillité] : **le ~ intellectuel** self-assurance.

confortable [kɔ̃fɔrtabl] *adj* -**1.** [douillet - lit, maison] comfortable, cosy, snug; **la chaise n'est pas très ~** the chair's rather uncomfortable. -**2.** [tranquillisant - situation, routine] comfortable; **être dans une position peu ~** *pr* & *fig* to be in an awkward position. -**3.** [important - retraite, bénéfice] comfortable.

confortablement [kɔ̃fɔrtabləmɑ̃] *adv* comfortably; **être ~ assis** to be comfortably seated; **vivre ~** [dans l'aisance] to lead a comfortable existence, to be comfortably off.

conforter [3] [kɔ̃fɔrte] *vt* [renforcer - position, avance] to reinforce, to strengthen; **ce que tu dis conforte mon interprétation** what you say bears out OU confirms my interpretation; **cela la conforte dans la mauvaise opinion qu'elle a de moi** it confirms her poor opinion of me; **le franc a conforté sa position** the franc has strengthened its position.

confraternel, elle [kɔ̃fratɛrnɛl] *adj* fraternal.
confraternité [kɔ̃fratɛrnite] *nf* fraternity OU brotherhood between colleagues.
confrère [kɔ̃frɛr] *nm* -**1.** [collègue] colleague; **un ~ de la BBC** a BBC colleague; **un de mes ~s du journal** one of my colleagues on the paper, one of my fellow journalists; **un de mes ~s qui est spécialiste des maladies vasculaires** one of my colleagues who specializes in vascular diseases. -**2.** [journal] rival newspaper; RAD & TV rival channel; **à cette heure-là, notre ~ diffusait un match** at that time the other side OU channel was showing a match.
confrérie [kɔ̃freri] *nf* -**1.** [groupe professionnel] fraternity; **la ~ des journalistes sportifs** the fraternity of sports writers ❑ **~ gastronomique** *association for the promotion of good food.* -**2.** RELIG confraternity, brotherhood.
confrontation [kɔ̃frɔ̃tasjɔ̃] *nf* -**1.** [face-à-face] confrontation; **la ~ du violeur avec la victime OU entre le violeur et la victime est-elle une bonne chose?** is it a good idea to confront the rapist with his victim? -**2.** JUR confrontation. -**3.** [comparaison] comparison. -**4.** [conflit] confrontation; **~ armée** armed confrontation OU conflict; **il cherche toujours à éviter les ~s OU la ~** he always tries to avoid confrontation.
confronter [3] [kɔ̃frɔ̃te] *vt* -**1.** [mettre face à face - accusés, témoins] to confront; **être confronté à OU avec qqn** to be confronted with sb. -**2.** [faire reconnaître]: **être confronté à une difficulté** to be faced OU confronted with a difficulty; **~ qqn avec les conséquences de ses actes** to confront sb with the consequences of his/her actions; **il n'est pas toujours facile d'être confronté à la réalité** it's not always easy to face up to reality. -**3.** [comparer - textes, points de vue] to compare; **~ un vers avec un autre OU un vers et un autre OU deux vers** to compare one line with another OU one line to another OU two lines (together).
confucéen, enne [kɔ̃fyseɛ̃, ɛn] *adj & nm, f* Confucian.
confucianisme [kɔ̃fysjanism] *nm* Confucianism.
confucianiste [kɔ̃fysjanist] = **confucéen.**
Confucius [kɔ̃fysjys] *npr* Confucius.
confus, e [kɔ̃fy, yz] *adj* -**1.** [imprécis - souvenir, impression] unclear, confused, vague; [- idées, explication] muddled; [- situation, histoire] confused, involved; **c'est un esprit ~** he is muddleheaded. -**2.** [désordonné - murmures, cris] confused; [- amas] confused, disorderly; **des voix ~es** a confused babble of voices; **un enchevêtrement ~ de fils multicolores** a confused tangle of many coloured threads. -**3.** [embarrassé]: **c'est un cadeau magnifique, je suis ~e** it's a splendid present, I'm quite overwhelmed OU I really don't know what to say; **je l'ai tellement regardé qu'il en est resté tout ~** I stared at him so much he didn't know what to do with himself; **~ de** ashamed at, embarrassed by; **être ~ de sa propre ignorance** to be ashamed of one's (own) ignorance; **je suis ~ de t'avoir fait attendre** I'm awfully OU dreadfully sorry to have kept you waiting.
confusément [kɔ̃fyzemɑ̃] *adv* -**1.** [vaguement] confusedly, vaguely; **sentir ~ que** to have a vague feeling that. -**2.** [indistinctement] unintelligibly, inaudibly.
confusion [kɔ̃fyzjɔ̃] *nf* -**1.** [méprise] mix-up, confusion; **la ~ entre les deux notions est fréquente** the two notions are often mixed up OU confused. -**2.** [désordre] confusion, disarray, chaos; **la fête s'est terminée dans la ~ générale** the party ended in total confusion; **semer OU répandre la ~ dans une assemblée** to throw a meeting into confusion; **il régnait une ~ indescriptible dans la gare** the station was in a state of indescribable confusion OU chaos; **jeter la ~ dans l'esprit de qqn** to sow confusion in sb's mind, to throw sb into confusion. -**3.** PSYCH: **~ mentale** mental confusion. -**4.** [honte] embarrassment, confusion; **rougir de ~** to blush (with shame); **à ma grande ~** to my great embarrassment. -**5.** JUR: **~ de dette** confusion. -**6.** POL: **~ des pouvoirs** nonseparation of legislative, executive and judiciary powers.
confusionnel, elle [kɔ̃fyzjɔnɛl] *adj* confusional.
confusionnisme [kɔ̃fyzjɔnism] *nm* disinformation.
conga [kɔ̃ga] *nm* -**1.** [danse] conga. -**2.** [tambour] conga drum.
congé [kɔ̃ʒe] *nm* -**1.** [vacances] holiday *Br*, vacation *Am*; ADMIN & MIL leave; **trois semaines de ~** three weeks off, three weeks' leave; **vous avez ~ le 11 novembre?** do you have the 11th of November off?; **les écoles ont ~ le 30** the schools are out OU break up on the 30th; **j'ai ~ le lundi** I have Mondays off, I'm off on Mondays, Monday is my day off ❑ **~ pour convenance personnelle** compassionate leave; **~ formation** in-service training; **~ de maladie** sick leave; **~ (de) maternité** maternity leave; **~ de naissance** (three-day) paternity leave; **~ parental (d'éducation)** *parent's right to time off without pay (after a birth or an adoption)*; **~ de paternité** paternity leave; **~s payés** paid holidays *Br* OU vacation *Am*; **~ sabbatique** sabbatical (leave); **~s scolaires** school holidays *Br* OU vacation *Am*; **~ sans solde** time off without pay, unpaid leave; **jour de ~** day off. -**2.** [avis de départ] notice; **donner son ~ à son patron** to hand in one's notice to the boss; **donner son ~ à son propriétaire** to give notice to one's landlord; **donner (son) ~ à un employé** to give notice to OU to dismiss an employee; **demander son ~** [serviteur] to ask to leave. -**3.** [adieu] leave; **prendre ~** to (take one's) leave, to depart; **prendre ~ de** to take one's leave of.
◆ **en congé** *loc adv*: **être en ~** [soldat] to be on leave; [écolier, salarié] to be on holiday *Br* OU vacation *Am*; **je suis en ~ demain jusqu'à lundi** I'm off (from) tomorrow till Monday.
congéable [kɔ̃ʒeabl] *adj* that may be terminated *(at landlord's request)*.
congédiable [kɔ̃ʒedjabl] *adj* liable to be dismissed *(at any time)*.
congédiement [kɔ̃ʒedimɑ̃] *nm* -**1.** [licenciement] dismissal. -**2.** [d'un bail] termination.
congédier [9] [kɔ̃ʒedje] *vt* [employé] to dismiss, to discharge; [locataire] to give notice to; [importun] *sout* to send away *(sép)*.
congelable [kɔ̃ʒlabl] *adj* freezable, that can be frozen, suitable for freezing.
congélateur [kɔ̃ʒelatœr] *nm* deep freeze, freezer.
congélation [kɔ̃ʒelasjɔ̃] *nf* -**1.** [technique] freezing; [durée] freezing time; **supporte bien la ~** may be frozen; **ne supporte pas la ~** does not freeze well ❑ **sac de ~** freezer bag. -**2.** [passage à l'état de glace] freezing, turning to ice; **point de ~** freezing point.
congeler [25] [kɔ̃ʒle] *vt* to freeze; **tarte/viande congelée** frozen pie/meat.
◆ **se congeler** ◇ *vp (emploi passif)* [dans un congélateur] to freeze; **la mayonnaise ne se congèle pas** you can't freeze mayonnaise (successfully), mayonnaise doesn't freeze well.
◇ *vpi* [eau] to freeze.
congénère [kɔ̃ʒenɛr] ◇ *adj* congeneric; **~ à** congeneric with.
◇ *nmf* -**1.** [animal de la même espèce] congener. -**2.** *péj* [personne]: **toi et tes ~s** you and your sort; **sans ses ~s, il se comporte correctement** away from his peers, he behaves well.
congénital, e, aux [kɔ̃ʒenital, o] *adj* congenital; **il est bête, c'est ~!** *fam hum* he was born stupid!; **une maladie ~e** a congenital illness.
congénitalement [kɔ̃ʒenitalmɑ̃] *adv* congenitally.
congère [kɔ̃ʒɛr] *nf* snowdrift.
congestif, ive [kɔ̃ʒɛstif, iv] *adj* congestive.
congestion [kɔ̃ʒɛstjɔ̃] *nf* congestion; **il a eu une ~** *fam* he has had a stroke ❑ **~ cérébrale** stroke; **~ pulmonaire** congestion of the lungs.
congestionner [3] [kɔ̃ʒɛstjɔne] *vt* -**1.** [partie du corps] to congest; [visage] to flush. -**2.** [encombrer - réseaux routiers] to congest, to clog up *(sép)*.
◆ **se congestionner** *vpi* -**1.** [visage] to become flushed. -**2.** [être encombré] to become clogged up OU congested; **une autoroute congestionnée** a heavily congested motorway.
conglomérat [kɔ̃glɔmera] *nm* ÉCON & GÉOL conglomerate.
conglomération [kɔ̃glɔmerasjɔ̃] *nf* conglomeration.
conglomérer [18] [kɔ̃glɔmere] *vt* to conglomerate.
conglutiner [3] [kɔ̃glytine] *vt* to thicken.
Congo [kɔ̃go] *npr m*: **le ~** [pays] the Congo; [fleuve] the Congo River, the River Congo; **au ~** in the Congo; **le ~ Belge** the Belgian Congo.
Congo-Kinshasa [kɔ̃gokinʃasa] *npr m former name of the Republic of Zaïre.*
congolais, e [kɔ̃gɔlɛ, ɛz] *adj* Congolese.
◆ **Congolais, e** *nm, f* Congolese; **les Congolais** the Congolese.
◆ **congolais** *nm* CULIN coconut cake.
congratulations [kɔ̃gratylasjɔ̃] *nfpl litt* felicitations.
congratuler [3] [kɔ̃gratyle] *vt litt* to congratulate.
congre [kɔ̃gr] *nm* conger (eel).
congréer [15] [kɔ̃gree] *vt* to worm NAUT.
congréganiste [kɔ̃greganist] ◇ *adj* congregational.
◇ *nmf* congregant.
congrégation [kɔ̃gregasjɔ̃] *nf* -**1.** [ordre] congregation, order. -**2.** [assemblée de prélats] congregation.
congrégationalisme [kɔ̃gregasjɔnalism] *nm* Congregationalism.
congrégationaliste [kɔ̃gregasjɔnalist] ◇ *adj* Congregational, Congregationalist.
◇ *nmf* Congregationalist.
congrès [kɔ̃grɛ] *nm* [conférence, colloque] congress; **~ médical/scientifique** medical/scientific congress ❑ **le Congrès (américain)** Congress; **membre du Congrès** member of Congress, Congressman (*f* Congresswoman); **le ~ de Vienne** HIST the Congress of Vienna.
congressiste [kɔ̃gresist] *nmf* participant at a congress.
congru, e [kɔ̃gry] *adj* MATH congruent.
congruence [kɔ̃gryɑ̃s] *nf* congruence.
congruent, e [kɔ̃gryɑ̃, ɑ̃t] *adj* congruent.
conicité [kɔnisite] *nf* conic shape.
conifère [kɔnifɛr] *nm* conifer.
conique [kɔnik] *adj* -**1.** [pointu] conical, coneshaped. -**2.** MATH conic.
conjectural, e, aux [kɔ̃ʒɛktyral, o] *adj* conjectural.
conjecturalement [kɔ̃ʒɛktyralmɑ̃] *adv* conjecturally.
conjecture [kɔ̃ʒɛktyr] *nf* conjecture, surmise; **se perdre en ~s** to be perplexed; **nous en sommes réduits aux ~s** we can only guess.
conjecturer [3] [kɔ̃ʒɛktyre] *vt sout* to conjecture OU to speculate about *(insép)*; **~ l'évolution politique** to conjecture OU to speculate about the development of the political situation; **je ne conjecture rien de bon de la situation** I can't see anything good coming out of the situation; **~ que** to surmise that ‖ *(en usage abs)*: **que s'est-il passé? — on ne peut que ~** what happened? — one can but guess; **~ sur** to make guesses about.
conjoint, e [kɔ̃ʒwɛ̃, ɛ̃t] ◇ *adj* -**1.** [commun - démarche] joint. -**2.** [lié - cas, problème] linked, related. -**3.** [qui accompagne]: **note ~e** attached note. -**4.** MUS conjoint, conjunct.
◇ *nm, f* ADMIN spouse; **il faut l'accord des deux ~s** the agreement of both husband and wife is necessary; **les futurs ~s** the bride and groom, the future couple.

conjointement [kɔ̃ʒwɛ̃tmɑ̃] *adv* jointly; ~ avec mon associé together with my associate; vous recevrez ~ la facture et le catalogue you'll find the invoice enclosed with the catalogue.

conjoncteur-disjoncteur [kɔ̃ʒɔ̃ktœrdisʒɔ̃ktœr] (*pl.* **conjoncteurs-disjoncteurs**) *nm* circuit breaker.

conjonctif, ive [kɔ̃ʒɔ̃ktif, iv] *adj* -**1.** GRAMM conjunctive. -**2.** ANAT connective.
◆ **conjonctive** *nf* -**1.** GRAMM conjunctive clause. -**2.** ANAT conjunctiva.

conjonction [kɔ̃ʒɔ̃ksjɔ̃] *nf* -**1.** [union] union, conjunction; **dû à la ~ de deux facteurs** due to the conjunction of two factors. -**2.** GRAMM conjunction; **~ de coordination/de subordination** coordinating/subordinating conjunction. -**3.** ASTRON conjunction.

conjonctival, e, aux [kɔ̃ʒɔ̃ktival, o] *adj* conjunctival.

conjonctivite [kɔ̃ʒɔ̃ktivit] *nf* conjunctivitis.

conjoncture [kɔ̃ʒɔ̃ktyr] *nf* -**1.** [contexte] situation, conditions; **la ~ internationale actuelle** the current international context OU situation; **dans la ~ actuelle** under the present circumstances, at this juncture. -**2.** ÉCON economic situation OU trends; **attendre une amélioration de la ~** to wait for economic conditions to improve; **de ~** conjunctural; **étude de ~** study of the (overall) economic climate; **crise de ~** economic crisis.

conjoncturel, elle [kɔ̃ʒɔ̃ktyrɛl] *adj* [crise, chômage] cyclical; **prévisions ~les** economic forecasts; **test ~** economic test.

conjoncturiste [kɔ̃ʒɔ̃ktyrist] *nmf* economic planner.

conjugable [kɔ̃ʒygabl] *adj* which can be conjugated.

conjugaison [kɔ̃ʒygɛzɔ̃] *nf* -**1.** BIOL, CHIM & GRAMM conjugation. -**2.** [union] union, conjunction.

conjugal, e, aux [kɔ̃ʒygal, o] *adj* conjugal.

conjugalement [kɔ̃ʒygalmɑ̃] *adv* conjugally; **vivre ~** to live as a married couple OU as husband and wife.

conjugué, e [kɔ̃ʒyge] *adj* -**1.** [uni - efforts] joint, combined. -**2.** CHIM, MATH & OPT conjugate.
◆ **conjugués** *nmpl* MATH conjugate complex numbers.

conjuguées [kɔ̃ʒyge] *nfpl* conjugatae.

conjuguer [3] [kɔ̃ʒyge] *vt* -**1.** [verbe] to conjugate; **~ au futur** to conjugate in the future tense. -**2.** [unir - efforts, volontés] to join, to combine.
◆ **se conjuguer** ◇ *vp (emploi passif)* GRAMM to conjugate, to be conjugated.
◇ *vpi* [s'unir] to work together, to combine.

conjurateur, trice [kɔ̃ʒyratœr, tris] *nm, f* conjuror, sorcerer.

conjuration [kɔ̃ʒyrasjɔ̃] *nf* -**1.** [complot] conspiracy. -**2.** [incantation] conjuration.

conjuré, e [kɔ̃ʒyre] *nm, f* conspirator, plotter.

conjurer [3] [kɔ̃ʒyre] *vt* -**1.** *litt* [supplier] to beg, to beseech *litt*; **il la conjura de ne pas le dénoncer** he begged OU besought *litt* her not to give him away; **ne le bats pas, je t'en conjure** don't hit him, I beseech you *litt* OU I beg (of) you. -**2.** [écarter - mauvais sort, danger, crise] to ward off *(sép)*, to keep at bay. -**3.** *litt* [manigancer] to plot; **~ la perte de qqn** to plot sb's downfall.
◆ **se conjurer** *vpi litt* to conspire; **se ~ contre** to plot OU to conspire against.

connaissance [kɔnɛsɑ̃s] *nf* -**1.** [maîtrise dans un domaine] knowledge; **avoir une ~ intuitive/empirique de** to have an intuitive/empirical knowledge of; **une ~ approfondie de l'espagnol** a thorough knowledge OU good command of Spanish ❑ **la ~ de soi** self-knowledge. -**2.** PHILOS: **la ~** knowledge; **toutes les branches de la ~** all areas of (human) knowledge. -**3.** [fait d'être informé]: **avoir ~ de qqch** to know OU to learn about sthg; **il n'en a jamais eu ~** he never learnt about it, he was never notified of it; **prendre ~ des faits** to learn about OU to hear of the facts; **il est venu à notre ~ que...** it has come to our attention that...; **porter qqch à la ~ de qqn** to bring sthg to sb's knowledge OU attention. -**4.** [conscience] consciousness; **avoir toute sa ~** to be fully conscious; **il gisait là/il est tombé, sans ~** he was lying there/he fell unconscious; **perdre ~** to lose consciousness; **reprendre ~** to come to, to regain consciousness; **faire reprendre ~ à qqn** to bring sb to OU round. -**5. faire la ~ de qqn, faire ~ avec qqn** [rencontrer qqn] to make sb's acquaintance, to meet sb; **on a lié** OU **fait ~ à Berne** we met in Bern; **une fois que vous aurez mieux fait ~** once you've got to know each other better; **faire la ~ d'un auteur** to get to know an author; **prendre ~ d'un texte** to read OU to peruse a text; **faire ~ avec qqch** [aborder qqch] to discover, to get to know. -**6.** [ami] acquaintance; **c'est une simple ~** he's a mere OU nodding acquaintance; **faire de nouvelles ~s** to make new acquaintances, to meet new people; **agrandir le cercle de ses ~s** to widen one's circle of acquaintances.
◆ **connaissances** *nfpl* knowledge; **avoir des ~s** to be knowledgeable; **avoir de solides ~s en** to have a thorough knowledge of OU a good grounding in; **avoir des ~s sommaires en** to have a basic knowledge of, to know the rudiments of; **mes ~s en chimie sont tout ce qu'il y a de rudimentaire** my knowledge of chemistry is extremely rudimentary.
◆ **à ma connaissance, à sa connaissance** *etc loc adv indép* to (the best of) my/his *etc* knowledge, as far as I know/he knows *etc*; **pas à ma ~** not to my knowledge, not as far as I know, not that I know of; **il n'y avait pas, à sa ~, de cas semblable dans la famille** there was, as far as he knew, no similar case in the family.
◆ **de connaissance** *loc adj*: **être entre gens de ~** to be among familiar faces; **nous sommes entre gens de ~ ici** we all know each other here; **être en pays de ~** [dans un domaine] to be on familiar ground; [dans un milieu] to be among familiar faces.
◆ **de ma connaissance, de sa connaissance** *etc loc adj*: **une personne de ma ~** an acquaintance of mine, somebody I know.
◆ **en connaissance de cause** *loc adv*: **faire qqch en ~ de cause** to do sthg with full knowledge of the facts; **et j'en parle en ~ de cause** and I know what I'm talking about.

connaissement [kɔnɛsmɑ̃] *nm* bill of lading, waybill.

connaisseur, euse [kɔnɛsœr, øz] ◇ *adj* [regard, air] expert *(avant n)*, knowledgeable.
◇ *nm, f* connoisseur; **un public de ~s** a knowledgeable audience, an audience of experts; **parler de qqch en ~** to speak knowledgeably about sthg; **être ~ en pierres précieuses** to be a connoisseur of OU knowledgeable about gems.

connaître [91] [kɔnɛtr] *vt* **A.** AVOIR UNE IDÉE DE -**1.** [avoir mémorisé - code postal, itinéraire, mot de passe] to know; **connais-tu le chemin pour y aller?** do you know how to get there OU the way there?; **la cachette était connue d'elle seule** she was the only one who knew where the hiding place was; **je connais des bars espagnols à Paris** I know some Spanish bars in Paris; **~ les bonnes adresses** to know (all) the best places to go. -**2.** [être informé de - information, nouvelle] to know; **impatient de ~ les résultats** anxious to know OU to hear the results; **tu connais celle du cheval qui ne voulait pas boire?** *fam* do you know OU have you heard the one about the horse who wouldn't drink?; **faire ~** [avis, sentiment] to make known; [décision, jugement] to make known, to announce; **je vous ferai ~ ma décision plus tard** I'll inform you of my decision OU I'll let you know what I've decided later; **les patrouilleurs nous font ~ la position des canons ennemis** scout planes let us know the position of enemy fire OU give us intelligence about the position of enemy fire; **je ne te connaissais pas ce manteau** I didn't know you had this coat, I've never seen you wearing this coat (before); **je ne lui connais aucun défaut** I'm not aware of her having any faults; **on ne lui connaissait aucun ennemi** he had no known enemies. -**3.** [avoir des connaissances sur - langue, ville, appareil, œuvre] to know, to be familiar with; [- technique] to know, to be acquainted with; [- sujet] to know (about); **je ne connais pas l'italien** I don't know OU cannot speak Italian; **je connais un peu l'informatique** I have some basic knowledge of computing; **apprenez à ~ votre corps** learn to know your body; **je ne conduirai pas, je ne connais pas ta voiture** I won't drive, I'm not familiar with OU I don't know your car; **elle connaît tout sur tout** *aussi iron* she knows everything there is to know; **il connaît bien les Alpes** he knows the Alps well; **je connais mal les dauphins** my knowledge of dolphins is patchy, I don't know much about dolphins; **connais-tu Flaubert?** do you know (the work of) OU have you read Flaubert?; **faire ~**: **faire ~ un produit** to publicise a product; **sa traduction a fait ~ son œuvre en France** her translation has brought his work to French audiences; **ça me/le connaît** *fam*: **les bons vins, ça le connaît!** he knows a thing or two about OU he's an expert on good wine!; **la mécanique, ça le connaît!** he's a dab hand *Br* OU a whiz at mechanics!; **connaît pas** *fam*: **dans ces bleds perdus, le téléphone, connaît pas** in these godforsaken places they've never (even) heard of a telephone; **à cet âge-là, la propreté, connaît pas** at that age they don't know the meaning of the word cleanliness; **y ~ quelque chose en** to have some idea OU to know something about; **tu y connais quelque chose en informatique?** do you know anything about computers?; **ne rien y ~**: **je n'y connais rien en biologie** I don't know a thing about biology; **je ne mange pas de cette horreur! – tu n'y connais rien!** I won't eat that horrible stuff! – you don't know what's good for you! || *(en usage abs)*: **tu sais comment ça marche? – oui, je connais** do you know how it works? – yes, I do ❑ **~ son affaire** OU **métier** to know one's job; **en ~ un bout** *fam* OU **rayon** *fam* **sur** to know a thing or two about; **~ la chanson** *fam* OU **musique** *fam* to have heard it all before; **il te remboursera – ouais, je connais la musique!** he'll pay you back – yeah, (I've) heard that one before! -**4.** *litt* [reconnaître] to recognize, to know *litt*; **~ qqn à qqch** to recognize sb because of sthg.
B. IDENTIFIER, ÊTRE EN RELATION AVEC -**1.** [par l'identité] to know; **~ qqn de vue/nom/réputation** to know sb by sight/name/reputation; **on la connaissait sous le nom de Louise Michel** she was known as Louise Michel; **se faire ~** [révéler son identité] to make o.s. known; [devenir une personne publique] to make o.s. OU to become known; **notre auditeur n'a pas voulu se faire ~** our listener didn't want his name to be known OU wished to remain anonymous; **la police ne le connaît que trop bien!** the police know him only too well!; **je suis patient, tu me connais** I'm patient, you know me; **la connaissant, ça ne me surprend pas** knowing her, I'm not surprised; **tu me connais mal!** you don't know me!; **elle a bien connu ton oncle** she knew your uncle well; **je ne le connais qu'un peu** he's only an acquaintance of mine; **je la connais depuis toujours** I've always known her; **je t'ai connue plus enjouée** I've known you to be chirpier; **je l'ai connu enfant** I knew him when he was a child; **si tu fais ça, je ne te connais plus!** if you do that, I'll have nothing more to do with you! ❑ **je te connais comme si je t'avais fait!** *fam* I know you as if you were my own OU like the back of my hand! -**2.** [rencontrer] to meet; **emmène-moi chez lui, j'aimerais le ~** take me to his house, I'd like to meet him; **ah, si je t'avais connue plus tôt!** if only I'd met you earlier!; **je l'ai connu au cours du tournage** I got to know him while we were

shooting the picture. -**3.** BIBLE [sexuellement] to have carnal knowledge of, to know BIBLE.

C. ÉPROUVER -**1.** [peur, amour] to feel, to know, to experience; **dans ses bras, j'ai connu l'amour** in her arms, I understood what love was; **une famille où il pourra enfin ~ la tendresse** a family where he will at last experience affection. -**2.** [faire l'expérience de] to experience; **tu n'as pas connu les petits bars de Saint-Germain!** you never knew OU experienced the little bars in Saint-Germain!; **la tour avait connu des jours meilleurs** the tower had seen better days; **ah, l'insouciance de la jeunesse, j'ai connu ça!** I was young and carefree once!; **ses promesses, je connais!** *fam* don't talk to me about his promises!; **faire ~ qqch à qqn** to introduce sb to sthg || [obtenir - succès, gloire] to have, to experience; **enfin, elle connut la consécration** she finally received the highest accolade; **ma douleur ne connaîtra jamais aucun soulagement** there will never be any relief from my pain. -**3.** [subir - crise] to go OU to live through *(insép)*, to experience; [- épreuve, humiliation, guerre] to live through *(insép)*, to suffer, to undergo; **il a connu bien des déboires** he has had OU suffered plenty of setbacks; **puis Rome connut la décadence** then Rome went through a period of OU fell into decline; **sa carrière a connu des hauts et des bas** her career has had its ups and downs; **le corps de l'enfant connaît ensuite une période d'intenses bouleversements** profound changes then take place in the child's body.

D. ADMETTRE -**1.** [suj: chose] to have; *(au nég)* to know; **son ambition ne connaît pas de bornes** OU **limites** her ambition is boundless OU knows no bounds. -**2.** [suj: personne]: **ne pas ~ de** *litt*: **il ne connaît pas de maître** he knows no master; **ne ~ que**: **Rex ne connaît que son maître** Rex only responds to OU knows his master; **il ne connaît que le travail** work is the only thing he's interested in OU he knows; **la voiture, tu ne connais que ça!** *fam* cars, that's all you're interested in!; **il ne connaît que le mensonge** he is incapable of telling the truth; **ils ne connaissent que le règlement!** they always stick to the rules OU go by the book!; **contre les rhumes, je ne connais qu'un bon grog** there's nothing like a good old rum toddy to cure a cold.

◆ **connaître de** *v + prép* JUR: **ce tribunal ne connaît pas des fraudes fiscales** this court is not empowered to deal with tax fraud.

◆ **se connaître** ◇ *vp (emploi réfléchi)* to know o.s., to be self-aware; **je n'oserais jamais, je me connais** I'd never dare, I know what I'm like; **le yoga vous aide à mieux vous ~** yoga helps you to get to know yourself better OU is the way to greater self-knowledge ☐ **connais-toi toi-même** *allusion Socrate* know thyself; **ne plus se ~** *vieilli* [de colère] to be beside o.s.

◇ *vp (emploi réciproque)* to be acquainted, to have met (before); **vous vous connaissez?** have you met (before)?; **tout le monde se connaît?** has everybody met everybody else?; **les deux joueurs se connaissent bien, ils ont déjà disputé 15 matches ensemble** the two players know each other well, they've already played 15 matches together.

◇ *vpi* [être expert]: **s'y ~**: **s'y ~ en architecture** to know a lot about architecture; **je ne m'y connais pas en antiquités** I don't know anything about antiques; **je m'y connais peu en informatique** I don't know much about computers; **ah ça, pour râler, il s'y connaît!** *fam* he's very good at grumbling!; **pour les gaffes, tu t'y connais!** *fam* when it comes to blunders, you take some beating! ☐ **ou je ne m'y connais pas!** or I'll eat my hat!

connard▼ [kɔnar] *nm* wanker *Br*, arsehole *Br*, asshole *Am*.

connasse▼ [kɔnas] *nf* stupid cow OU bitch.

connectable [kɔnɛktabl] *adj* connectable.

connecter [4] [kɔnɛkte] *vt* to connect.

◆ **se connecter à** *vp + prép* INF to connect o.s. to.

connecteur [kɔnɛktœr] *nm* connector.

Connecticut [kɔnɛktikœt] *npr m*: **le ~** Connecticut.

connectivite [kɔnɛktivit] *nf* collagenosis.

connerie▽ [kɔnri] *nf* -**1.** [stupidité] stupidity; **sa ~ se lit sur sa figure** you can tell he's a prat *Br* OU schmuck *Am* just by looking at him. -**2.** [acte, remarque] stupid thing; **c'est incroyable ce qu'il peut raconter comme ~s** it's incredible what rubbish he comes out with sometimes; **faire des ~s**: **depuis qu'elle est arrivée, elle ne fait que des ~s** she's been an absolute bloody *Br* OU goddamn *Am* liability since the day she arrived.

connétable [kɔnetabl] *nm* HIST constable.

connexe [kɔnɛks] *adj* [idées, problèmes] closely related.

connexion [kɔnɛksjɔ̃] *nf* [gén, INF & ÉLECTR] connection.

connexité [kɔnɛksite] *nf* relatedness.

connivence [kɔnivɑ̃s] *nf sout* connivance, complicity; **avec la ~ du gardien** with the warden's connivance; **être de ~ avec** to be in connivance with, to connive with; **ils sont de ~** they're in league with each other; **un regard de ~** a conniving look.

connivent, e [kɔnivɑ̃, ɑ̃t] *adj* connivent.

connotation [kɔnɔtasjɔ̃] *nf* -**1.** LING connotation. -**2.** [nuance] overtone.

connoter [3] [kɔnɔte] *vt* -**1.** LING to connote. -**2.** PHILOS to connote, to imply, to have overtones of.

connu, e [kɔny] *adj* -**1.** [découvert - univers] known. -**2.** [répandu - idée, tactique] well-known, widely known. -**3.** [célèbre - personnalité, chanteur] famous, well-known; **un de ses tableaux les moins ~s** one of his least well-known OU least-known paintings; **une blague connue** *fam* an old joke ☐ **il est ~ comme le loup blanc** everybody knows him.

◆ **connu** *nm*: **le ~ et l'inconnu** the known and the unknown.

conque [kɔ̃k] *nf* -**1.** ZOOL conch. -**2.** ANAT external ear, concha *spéc*.

conquérant, e [kɔ̃kerɑ̃, ɑ̃t] ◇ *adj* -**1.** MIL & POL conquering. -**2.** [hautain - sourire] domineering; [- démarche] swaggering; **il entra d'un air ~** he swaggered in.

◇ *nm, f* conqueror.

conquérir [39] [kɔ̃kerir] *vt* -**1.** MIL & POL to conquer. -**2.** [acquérir - espace, pouvoir] to gain control over, to capture, to conquer; **~ de nouveaux marchés** to conquer OU to capture new markets ☐ **se comporter comme en pays conquis** to act as if one owns the place. -**3.** [séduire - cœur, public] to win (over) *(sép)*, to conquer; **~ un homme/une femme** to win a man's/a woman's heart; **être conquis** to be entirely won over.

conquête [kɔ̃kɛt] *nf* -**1.** [action] conquest; **partir à la ~ de l'Amérique** to set out to conquer America; **il a fait la ~ de ma cousine** he's made a conquest of my cousin, he's won my cousin's heart. -**2.** [chose gagnée] conquest, conquered territory; **les ~s des premiers jours de la révolution** the conquests of the early days of the revolution. -**3.** *fam* [personne] conquest; **sa dernière ~ s'appelle Peter** her latest conquest is called Peter.

conquistador [kɔ̃kistadɔr] *nm* conquistador.

consacrant [kɔ̃sakrɑ̃] ◇ *adj m* consecrating.

◇ *nm* consecrating priest, consecrator.

consacré, e [kɔ̃sakre] *adj* -**1.** RELIG [hostie] consecrated; [terre] hallowed. -**2.** [accepté - rite, terme] accepted, established; **c'est l'expression ~e** it's the accepted way of saying it. -**3.** [célèbre - artiste, cinéaste] established, recognized.

consacrer [3] [kɔ̃sakre] *vt* -**1.** **~ qqch à** [réserver qqch à qqn] to devote OU to dedicate sthg to; **les week-ends sont consacrés aux enfants/au sport** weekends are devoted to the children/to sports; **combien de temps consacrez-vous à la lecture?** how much time do you devote to OU spend reading?; **as-tu dix minutes à me ~?** can you spare me ten minutes?; **consacrons-lui notre couverture cette semaine** let's devote our front page to her this week. -**2.** RELIG [pain, autel, église, évêque] to consecrate; **~ un temple à Jupiter** to consecrate OU to dedicate a temple to Jupiter; **le sang de nos fils a consacré ce lieu** *litt* the blood of our sons has hallowed this place. -**3.** [entériner - pratique, injustice] to sanction, to hallow; **expression consacrée par l'usage** expression that has become established by usage; **tradition consacrée par le temps** time-honoured tradition. -**4.** [couronner - artiste, acteur] to crown, to turn into a star; **le jury l'a consacré meilleur acteur de l'année** the jury voted him best actor of the year.

◆ **se consacrer à** *vp + prép* to devote OU to dedicate o.s. to; **je ne peux me ~ à mon fils que le soir** I can only find time for my son in the evenings; **se ~ à Dieu** to consecrate one's life to the service of OU to devote o.s. to God.

consanguin, e [kɔ̃sɑ̃gɛ̃, in] ◇ *adj*: **sœur ~e** half-sister *(on the father's side)*; **mariage ~** intermarriage, marriage between blood relatives.

◇ *nm, f* half-brother (*f* half-sister) *(on the father's side)*; **les ~s** blood relations OU relatives.

consanguinité [kɔ̃sɑ̃ginite] *nf* -**1.** [parenté] consanguinity. -**2.** [mariages consanguins] intermarriage.

consciemment [kɔ̃sjamɑ̃] *adv* consciously, knowingly.

conscience [kɔ̃sjɑ̃s] *nf* -**1.** [connaissance] consciousness, awareness; **avoir ~ de** to be conscious OU aware of; **prendre ~ de qqch** to become aware of OU to realize sthg; **ça m'a fait prendre ~ de la précarité du bonheur** it made me realize OU aware (of) how precarious happiness is ☐ **~ de classe** class consciousness; **~ collective/politique** collective/political consciousness; **~ de soi** self-awareness. -**2.** [sens de la morale] conscience; **agir selon sa ~** to act according to one's conscience; **libérer** OU **soulager sa ~** to relieve one's conscience; **avoir qqch sur la ~** to have sthg on one's conscience; **avoir un poids sur la ~**: **elle a un poids sur la ~** there is a heavy weight on her conscience; **avoir une ~ large** OU **élastique** *fam* to have a very flexible sense of right and wrong; **sa ~ ne le laissera pas tranquille** OU **en paix** his conscience will give him no rest; **avoir la ~ tranquille** to have an easy conscience; **je n'ai pas la ~ tranquille de l'avoir laissé seul** I have an uneasy conscience OU I feel bad about having left him alone; **avoir bonne ~** to have a good OU clear conscience; **avoir mauvaise ~** to have a guilty conscience; **tu dis ça pour te donner bonne ~** you're saying this to appease your conscience; **le monde occidental se donne bonne ~** the Western world is appeasing its conscience ☐ **c'est une affaire** OU **un cas de ~** it's a matter of conscience; **crise de ~** crisis of conscience; **j'ai ma ~ pour moi** my conscience is clear; **acheter les ~s** to buy off people's consciences. -**3.** [lucidité] consciousness; **perdre ~** to lose consciousness; **reprendre ~** to regain consciousness, to come to. -**4.** [application]: **~ professionnelle** conscientiousness; **faire son travail avec beaucoup de ~ professionnelle** to do one's job very conscientiously, to be conscientious in one's work.

◆ **en (toute) conscience** *loc adv* in all conscience; **je ne peux, en ~, te laisser partir seul** I can't decently let you go on your own.

consciencieusement [kɔ̃sjɑ̃sjøzmɑ̃] *adv* conscientiously.

consciencieux, euse [kɔ̃sjɑ̃sjø, øz] *adj* [élève] conscientious, meticulous; [travail] meticulous.

conscient, e [kɔ̃sjɑ̃, ɑ̃t] *adj* -**1.** [délibéré - geste, désir, haine] conscious; **être ~ du danger** to be aware OU conscious of the danger. -**2.** [lucide - blessé] conscious.

◆ **conscient** *nm*: **le ~** the conscious (mind).

conscription [kɔ̃skripsjɔ̃] *nf* conscription, draft *Am*.

conscrit [kɔ̃skri] *nm* conscript, draftee *Am*; armée de ~s conscript OU draft *Am* army ❑ se faire avoir comme un ~ *fam* to be completely taken in.

consécrateur [kɔ̃sekratœr] = **consacrant.**

consécration [kɔ̃sekrasjɔ̃] *nf* **-1.** RELIG consecration. **-2.** [confirmation - d'une coutume] establishment, sanctioning; [- d'une injustice] sanctioning. **-3.** [couronnement - d'un artiste, d'une carrière] consecration, apotheosis, crowning point.

consécutif, ive [kɔ̃sekytif, iv] *adj* **-1.** [successif] consecutive; **dormir 12 heures consécutives** to sleep for 12 consecutive hours OU for 12 hours running; **c'est la cinquième fois consécutive qu'il remet le rendez-vous** this is the fifth time running OU in a row that he's postponed the meeting; ~ **à: les dégâts ~s à l'incendie** the damage brought about OU caused by the fire; **l'infarctus est souvent ~ au surmenage** heart attacks are often the result of stress. **-2.** GRAMM & MATH consecutive.

consécution [kɔ̃sekysjɔ̃] *nf* [gén & LOGIQUE] consecution.

consécutivement [kɔ̃sekytivmɑ̃] *adv* consecutively; **subir ~ quatre défaites** to suffer four consecutive defeats OU four defeats in a row; **les accidents se sont produits ~** the accidents happened one after another OU the other.

◆ **consécutivement à** *loc prép* after, as a result of, following; ~ **à un incident technique** as a result of OU following a technical hitch.

conseil [kɔ̃sɛj] *nm* **-1.** [avis] piece of advice, counsel; **un dernier petit ~** one last word OU piece of advice; **un ~ d'ami** a friendly piece of advice; **des ~s** [d'ami] advice; [trucs] tips, hints; **~s aux bricoleurs/jardiniers** hints for handymen/gardeners; **agir sur/suivre le ~ de qqn** to act on/to take sb's advice; **écouter le ~ de qqn** to listen to OU to take sb's advice; **demander ~ à qqn** to ask sb's advice, to ask sb for advice; **si j'avais un ~ à te donner** if I had one piece of advice to give you; **prendre ~ auprès de qqn** to take advice from sb. **-2.** [conseiller] adviser, consultant; ~ **en publicité** advertising consultant; ~ **en organisation** organizational consultant; ~ **fiscal** tax consultant; ~ **juridique** legal adviser ‖ *(comme adj; avec ou sans trait d'union)*: **ingénieur ~** consultant engineer; **avocat ~** legal consultant; **parfumeur-~** cosmetics consultant. **-3.** [assemblée] board; [réunion] meeting; **tenir ~** to hold a meeting ❑ ~ **d'administration** [d'une société] board of directors; [d'une organisation internationale] governing body; ~ **d'arrondissement** district council; ~ **de cabinet** cabinet council, council of ministers; **le Conseil constitutionnel** *French government body ensuring that laws, elections and referenda are constitutional*; **le Conseil économique et social** *consultative body advising the government on economic and social matters*; **le Conseil d'État** the (French) Council of State; **le Conseil de l'Europe** the Council of Europe; ~ **de famille** board of guardians; ~ **général** ≃ county council; ~ **de guerre** [réunion] war council, ≃ War Cabinet; [tribunal] court-martial; **passer en ~ de guerre** to be court-martialled; **faire passer qqn en ~ de guerre** to court-martial sb; ~ **interministériel** interministerial council; **le Conseil des ministres** ≃ the Cabinet; ~ **municipal** [en ville] ≃ town council, ≃ local (urban) council; [à la campagne] ≃ parish council *Br*, ≃ local (rural) council; ~ **des prud'hommes** industrial arbitration court, ≃ ACAS *Br*; ~ **régional** regional council; ~ **de révision** MIL recruiting board, draft board *Am*; **le Conseil de sécurité** the Security Council; **le Conseil supérieur de la magistrature** *French state body that appoints members of the judiciary*. **-4.** ENS: ~ **de classe** staff meeting *(concerning a class)*; ~ **de discipline** disciplinary committee; ~ **d'établissement** ≃ board of governors *Br*, ≃ board of education *Am*; ~ **d'UFR** departmental (management) committee; **Conseil d'Université** ≃ university Senate *Br*, ≃ Board of Trustees *Am*.

◆ **de bon conseil** *loc adj*: **un homme de bon ~** a man of sound advice, a good counsellor; **demande-lui, elle est de bon ~** ask her, she's good at giving advice.

LE CONSEIL CONSTITUTIONNEL:
The "Conseil constitutionnel" has nine members appointed for a nine-year period, and also includes the surviving former Presidents of France. The President of the Republic and any member of parliament can refer laws to the Conseil constitutionnel for scrutiny.

LE CONSEIL D'ÉTAT:
The French Council of State has 200 members. It acts both as the highest court to which the legal affairs of the state can be referred, and as a consultative body to which bills and rulings are submitted by the government prior to examination by the "Conseil des ministres".

LE CONSEIL SUPÉRIEUR DE LA MAGISTRATURE:
This state body has ten members: the Minister of Justice and nine others appointed by the President of the Republic. It advises on the appointment of members of the "magistrature", and on specific points of law concerning the judiciary. It is also consulted when the President wishes to exercise his official pardon.

LE CONSEIL DES MINISTRES:
The President himself presides over the "Conseil des ministres", which traditionally meets every Wednesday morning; strictly speaking, when ministers assemble in the sole presence of the Prime Minister, this is known as "le Conseil du cabinet".

---

conseiller[1] [4] [kɔ̃seje] *vt* **-1.** [recommander - livre, dentiste] to recommend; ~ **qqch/qqn à qqn** to recommend sthg/sb to sb. **-2.** [donner son avis à - ami, enfant] to advise, to give advice to; **elle conseille le président sur les questions économiques** she advises OU counsels the President on economic matters; **on m'a bien/mal conseillé** I was given good/bad advice; ~ **à qqn de faire qqch** to advise sb to do sthg; **je vous conseille de réserver** I advise you to make a reservation; **il n'est pas conseillé de conduire par ce temps** it's not advisable to drive in this weather.

conseiller[2], **ère** [kɔ̃seje, ɛr] *nm, f* **-1.** [guide] adviser, counsellor *Br*, counselor *Am*; [spécialiste] adviser; ~ **économique/juridique** economic/legal adviser; ~ **matrimonial** marriage guidance counsellor. **-2.** ENS: ~ **d'éducation** ≃ year head *Br*, ≃ dean *Am*; ~ **d'orientation** careers adviser *Br*, guidance counselor *Am*; ~ **pédagogique** educational adviser. **-3.** [membre d'un conseil] councillor *Br*, councilor *Am*, council member; ADMIN: ~ **d'État** member of the Conseil d'État; ~ **municipal** [en ville] ≃ local OU town councillor; [à la campagne] ≃ local councillor; ~ **régional** regional councillor.

conseilleur, euse [kɔ̃sejœr, øz] *nm, f péj* giver of advice; **les ~s ne sont pas les payeurs** *prov* it's very easy to give advice when you're not going to suffer the consequences.

consensuel, elle [kɔ̃sɑ̃sɥɛl] *adj* **-1.** [contrat] consensus *(modif)*, consensual; **une politique ~le** a strategy of seeking the middle ground, consensus politics. **-2.** ANAT consensual.

consensus [kɔ̃sɛ̃sys] *nm* consensus (of opinion); **il n'y a pas de ~ là-dessus** there's no consensus of OU generally agreed opinion on this.

consentant, e [kɔ̃sɑ̃tɑ̃, ɑ̃t] *adj* **-1.** [victime] willing. **-2.** JUR: **les trois parties sont ~es** the three parties are in agreement OU are agreeable ❑ **adultes ~s** consenting adults.

consentement [kɔ̃sɑ̃tmɑ̃] *nm* consent; **donner son ~ à** to (give one's) consent to; **avec/sans le ~ de la famille** with/without the family's consent ❑ ~ **exprès/tacite** JUR formal/tacit consent; **divorce par ~ mutuel** divorce by mutual consent.

consentir [37] [kɔ̃sɑ̃tir] *vt* to grant; **on m'a consenti une remise de 10 %/un délai supplémentaire de 15 jours** I was allowed a 10% discount/another two weeks.

◆ **consentir à** *v + prép* to consent OU to agree to; ~ **à une hausse des salaires** to consent OU to agree to a wage increase; **elle n'a pas consenti à m'accompagner** [n'a pas été d'accord pour le faire] she didn't agree to come with me; [n'a pas daigné le faire] she didn't deign to OU stoop so low as to accompany me; **consentiront-ils à ce que tu épouses un étranger?** will they consent to your marrying a foreigner?; **j'y ai consenti à contrecœur** I agreed to it OU allowed it reluctantly.

conséquemment [kɔ̃sekamɑ̃] *adv* consequently; ~ **à** as a result of, following (on OU upon).

conséquence [kɔ̃sekɑ̃s] *nf* consequence, repercussion; **lourd de ~s** with serious consequences; **ma gaffe a eu pour ~ de les brouiller** my blunder resulted in their falling out (with each other); **cela ne tirera pas à ~** this won't have any repercussions OU will be of no consequence; **une déclaration sans ~** [sans importance] a statement of no OU little consequence; [sans suite] an inconsequential statement.

◆ **de conséquence** *loc adj*: **personne de ~** person of consequence OU importance; **une affaire de ~** a matter of (some) consequence.

◆ **en conséquence** *loc adv* **-1.** [par conséquent] consequently, therefore. **-2.** [comme il convient] accordingly.

◆ **en conséquence de** *loc prép* as a consequence OU result of; **en ~ de quoi** as a result of which.

conséquent, e [kɔ̃sekɑ̃, ɑ̃t] *adj* **-1.** [cohérent] consistent; **être ~ avec soi-même** to be consistent; **être ~ dans ses engagements** to be consistent in one's commitments. **-2.** *litt* [conforme]: ~ **à** in keeping OU conformity OU agreement with. **-3.** *fam* [important - moyens, magasin] sizeable; [- somme] tidy. **-4.** GÉOG consequent.

◆ **conséquent** *nm* **-1.** PHILOS consequent. **-2.** MUS answer.

◆ **par conséquent** *loc adv* consequently, as a result.

conservateur, trice [kɔ̃sɛrvatœr, tris] ◇ *adj* **-1.** [prudent - placement, gestion] conservative; **avoir un esprit ~** to be conservative-minded. **-2.** POL [gén] conservative; **le parti ~** [en Grande-Bretagne] the Conservative OU Tory Party; [au Canada] the Progressive Conservative Party.
◇ *nm, f* POL [gén] conservative; [en Grande-Bretagne] Conservative, Tory.

◆ **conservateur** *nm* **-1.** [additif] preservative. **-2.** [responsable - de musée] curator; [- de bibliothèque] librarian; ~ **des eaux et forêts** ≃ forestry commissioner; ~ **des hypothèques** ≃ registrar of mortgages.

conservation [kɔ̃sɛrvasjɔ̃] *nf* **-1.** [dans l'agroalimentaire] preserving. **-2.** [maintien en bon état] keeping, preserving, safeguarding; **pour ce qui est de la ~ des archives** as far as keeping the archives is concerned. **-3.** BIOL & PHYS: ~ **de l'énergie** conservation of energy. **-4.** [état] state of preservation; **des originaux dont la ~ est remarquable/lamentable** originals in a remarkable/appalling state of preservation. **-5.** ADMIN: ~ **des eaux et forêts** ≃ Forestry Commission; ~ **des hypothèques** ≃ Land Registry.

conservatisme [kɔ̃sɛrvatism] *nm* **-1.** [prudence] conservatism. **-2.** POL [gén] conservatism; [en Grande-Bretagne] Conservatism.

conservatoire [kɔ̃sɛrvatwar] ◇ *adj* protective.
◇ *nm* [école] school, academy; ~ **de musique** music school, academy of music ❑ **le Conservatoire (national supérieur d'art dramatique)** *national drama school in Paris*; **le Conservatoire (national supérieur de musique)** the Paris

Conservatoire; le Conservatoire national des arts et métiers *science and technology school in Paris*.

conserve [kɔ̃sɛrv] *nf* item of tinned *Br* OU canned *Am* food; **les ~s** tinned *Br* OU canned *Am* food; **~ de viande** tinned *Br* OU canned *Am* meat; **~s de fruits** conserves; **~s en bocaux** bottled preserves; **se nourrir de ~s** to live on OU out of tins *Br* OU cans *Am*; **aliments en ~** tinned *Br* OU canned *Am* food; **mettre en ~** to tin *Br*, to can *Am*; **on ne va pas en faire des ~s!** *hum* we're not going to hang on to it forever!

◆ **de conserve** *loc adv*: **naviguer de ~** to sail in convoy; **aller de ~** *fig & litt* to go (all) together; **agir de ~** *litt* to act in concert.

conservé, e *fam* [kɔ̃sɛrve] *adj*: **bien ~** well-preserved.

conserver [3] [kɔ̃sɛrve] *vt* -**1.** [préparation alimentaire - dans le vinaigre] to pickle; [- dans le sel, par séchage, en congelant] to preserve; [- dans le sucre] to preserve, to conserve; [- dans des boîtes] to preserve, to tin *Br*, to can *Am*; [- en bocal] to bottle. -**2.** ARCHIT, CONSTR & ÉCOL [édifice, énergie] to preserve. -**3.** [stocker] to keep, to store, to stock; **'~ à l'abri de l'humidité'** 'keep OU store in a dry place'; **'~ hors de la portée des enfants'** 'keep out of children's reach'. -**4.** [avoir en sa possession - photos, relations] to keep, to hang on to *(insép)*; **~ qqch précieusement** to treasure sthg; **~ la partie B de ce formulaire** keep OU retain part B of this form. -**5.** [garder - charme, force, illusion, calme] to keep, to retain; **~ (toute) sa tête** [rester calme] to keep one's head OU self-control; [être lucide] to have all one's wits about one; **une idée qui conserve toute son actualité** an idea which is still very topical; **elle a conservé sa beauté** she's kept OU retained her looks; **j'ai toujours conservé mes amis** I've always kept (up with) my friends; **j'ai conservé mes grands-parents** I've still got my grandparents; **cette crème conserve à votre peau toute sa jeunesse** this cream will help your skin retain its youthfulness; **le sport, ça conserve** *fam* sport keeps you young; **~ son amitié à qqn** to stay friendly with sb. -**6.** [à la suite d'une expérience]: **~ qqch de: ~ des séquelles d'une maladie** to suffer the aftereffects of a disease; **j'en ai conservé un excellent souvenir** I've retained very good memories of it; **j'en ai conservé la peur du noir** it left me with a fear of the dark; **je veux en ~ le souvenir** I want to hold on to the memory of it. -**7.** NAUT: **~ sa position** to hold one's position. -**8.** MIL: **~ ses positions** to hold fast.

◆ **se conserver** ◇ *vp (emploi passif)* [être stocké] to be kept; **les pommes doivent se ~ sur des clayettes** apples must be stored on racks.

◇ *vpi* [durer - aliment] to keep; [- poterie, parchemin] to survive; **les truffes au chocolat ne se conservent pas longtemps** (chocolate) truffles don't keep long; **les seuls documents qui se soient conservés** the only documents which survived.

conserverie [kɔ̃sɛrvəri] *nf* -**1.** [industrie] tinning *Br* OU canning *Am* industry. -**2.** [technique] tinning *Br*, canning *Am*. -**3.** [usine] tinning *Br* OU canning *Am* factory.

conserveur [kɔ̃sɛrvœr] *nm* manufacturer of tinned *Br* OU canned *Am* food.

considérable [kɔ̃siderabl] *adj* considerable; **c'est une personnalité ~** he's got a remarkable personality; **une personnalité ~ dans le monde des lettres** a prominent figure in the world of literature.

considérablement [kɔ̃siderabləmɑ̃] *adv* considerably; **elle nous a ~ influencés** she had a considerable influence on us.

considérant [kɔ̃siderɑ̃] *nm* preamble JUR.

considération [kɔ̃siderasjɔ̃] *nf* -**1.** [examen] consideration, scrutiny; **la question mérite ~** the question is worth considering. -**2.** [préoccupation] consideration, factor; **ce ne sont pas les seules ~s** these are not the only considerations; **ce sont des ~s bassement matérielles** these are very mundane preoccupations; **les ~s de temps** the time factor; **se perdre en ~s techniques** to get lost in technical considerations; **si l'on s'arrête à ce genre de ~s** if we pay too much attention to this kind of detail. -**3.** [respect] regard, esteem; **par ~ pour** out of respect OU regard for; **jouir d'une grande ~** to be highly considered OU regarded, to be held in great esteem ❑ **veuillez agréer l'assurance de ma ~ distinguée** yours faithfully *Br*, yours sincerely *Am*.

◆ **en considération** *loc adv*: **faire entrer qqch en ~** to bring sthg into play OU consideration; **prendre qqch en ~** to take sthg into account OU consideration; **toutes les candidatures seront prises en ~** all applications will be given careful consideration; **omettre de prendre en ~** to leave out of consideration.

◆ **en considération de** *loc prép*: **en ~ de votre état de santé** because of OU given OU considering your health; **en ~ de vos services** in (full) recognition of your services.

◆ **sans considération de** *loc prép*: **sans ~ de personne** without taking individual cases into consideration OU account; **sans ~ du coût** regardless OU heedless of OU without considering (the) cost.

considérer [18] [kɔ̃sidere] *vt* -**1.** [regarder] to gaze OU to stare at *(insép)*; **~ qqn avec hostilité** to stare at sb in a hostile manner; **considérons la droite AB** consider the line AB. -**2.** [prendre en compte - offre, problème] to consider, to take into consideration, to weigh up *(sép)*; **~ le pour et le contre** to weigh up the pros and cons; **nous devons ~ l'intérêt de tous** we have to take everybody's interests into account OU consideration; **il faut ~ que l'accusé est mineur** it must be taken into account OU be borne in mind that the defendant is underage. -**3.** [croire] to consider, to deem; **je la considère qualifiée pour ce travail** I consider her (to be) qualified for this job; **je considère ne pas en avoir le droit** OU **que je n'en ai pas le droit** I consider that I don't have any right to do so. -**4.** [juger]: **~ bien/mal** to hold in high/low esteem; **~ qqn/qqch comme** to regard OU to consider sb/sthg as; **elle me considère comme sa meilleure amie** she regards me as OU looks upon me as OU considers me to be her best friend; **je considère ta réponse comme un refus** I regard your answer as a refusal. -**5.** [respecter] to respect, to hold in high esteem OU regard; **on considérait beaucoup votre père dans les milieux financiers** your father was highly respected OU was held in high regard in financial circles; **un spécialiste hautement considéré** a highly-regarded OU highly-respected expert.

◆ **à tout bien considérer, tout bien considéré** *loc adv* -**1.** [en résumé] all things considered, taking everything into consideration, considering; **elle s'est bien débrouillée, tout bien considéré** she managed rather well, considering. -**2.** [pour changer d'avis] on second thoughts OU further consideration; **tout bien considéré, je ne me présente plus** having thought (further) about it OU on further consideration, I'm not standing after all.

consignataire [kɔ̃siɲatɛr] *nmf* -**1.** COMM consignee. -**2.** NAUT consignee, forwarding agent. -**3.** JUR depositary.

consignation [kɔ̃siɲasjɔ̃] *nf* -**1.** COMM consignment; **en ~** on consignment. -**2.** JUR deposit. -**3.** [d'un emballage] charging a deposit on; **la ~ est de 10 centimes** there's a 10-centime refund on return.

consigne [kɔ̃siɲ] *nf* -**1.** [instruction] orders, instructions; **ils ont reçu pour ~ de ne pas tirer** they've been given orders not to shoot; **je n'ai pas (reçu) de ~s** I have received no instructions; **elle avait pour ~ de surveiller sa sœur** she'd been told to keep an eye on her sister. -**2.** [punition] MIL confinement to barracks; SCOL detention; **on m'a filé deux heures de ~** *fam* I was kept in (detention) for two hours. -**3.** RAIL left-luggage office *Br*, checkroom *Am*; **~ automatique** (left-luggage *Br*) lockers. -**4.** COMM deposit; **il y a un franc de ~ sur la bouteille** there's a one-franc deposit on the bottle, you get one franc back on the bottle.

consigné, e [kɔ̃siɲe] *adj* returnable; **non ~** nonreturnable.

consigner [3] [kɔ̃siɲe] *vt* -**1.** [déposer - valise] to put in the left-luggage office *Br* OU checkroom *Am*. -**2.** FIN [somme] to deposit. -**3.** [emballage] to put OU to charge a deposit on; **la bouteille est consignée 50 centimes** there's a 50-centime deposit on the bottle. -**4.** [noter] to record, to put down *(sép)*; **~ ses pensées dans un journal** to put OU to write down one's thoughts in a diary; **~ qqch par écrit** to put down sthg in writing OU on paper; **~ les déclarations des témoins** to take down statements. -**5.** MIL to confine to barracks; SCOL to keep in (detention). -**6.** [interdire]: **~ sa porte à qqn** *sout* to bar one's door to sb, to refuse sb admittance; **~ une salle de jeux** to bar entrance to a gaming room; **'consigné à la troupe'** 'out of bounds to troops'. -**7.** NAUT to consign.

consistance [kɔ̃sistɑ̃s] *nf* -**1.** [état] consistency; **~ crémeuse/dure** creamy/firm consistency; **donner de la ~ à une sauce** to thicken a sauce; **prendre ~** [sauce] to thicken; **le projet prend ~** *fig* the project is taking shape; **sans ~** *fig* [rumeur] groundless, ill-founded; [personne] spineless; [discours, raisonnement] woolly. -**2.** [cohérence] consistency.

consistant, e [kɔ̃sistɑ̃, ɑ̃t] *adj* -**1.** [épais - sauce, peinture] thick. -**2.** [substantiel - plat, repas] substantial. -**3.** [bien établi - argument, rumeur] well-founded, well-grounded.

consister [3] [kɔ̃siste]

◆ **consister à** *v + prép* to consist in; **son rôle consistait à claquer une porte** his part consisted in slamming a door.

◆ **consister dans, consister en** *v + prép* to consist of; **en quoi consiste votre mission?** what does your mission consist of?, what is your mission all about?; **l'exposition consiste en sculptures et tableaux** the exhibition consists of OU is made up of sculptures and paintings; **l'intérêt de la pièce consiste dans les effets scéniques** the interest of the play lies in OU lies with its stage effects.

consistoire [kɔ̃sistwar] *nm* consistory.

consœur [kɔ̃sœr] *nf* -**1.** [collègue] (female) colleague. -**2.** RELIG sister nun.

consol [kɔ̃sɔl] *nm* consol.

consolable [kɔ̃sɔlabl] *adj* consolable.

consolant, e [kɔ̃sɔlɑ̃, ɑ̃t] *adj* consoling, comforting.

consolateur, trice [kɔ̃sɔlatœr, tris] ◇ *adj* comforting, consolatory.

◇ *nm, f* comforter.

consolation [kɔ̃sɔlasjɔ̃] *nf* -**1.** [soulagement] consolation, comfort, solace *litt*; **la compagnie de son chien était une maigre ~** his dog was of little comfort to him. -**2.** [personne ou chose qui réconforte] consolation; **sa fille est sa seule ~** his daughter is his sole consolation.

◆ **de consolation** *loc adj* [épreuve, tournoi] runners-up *(modif)*; [lot, prix] consolation *(modif)*.

console [kɔ̃sɔl] *nf* -**1.** [table] console table. -**2.** CONSTR cantilever, bracket. -**3.** ARCHIT console. -**4.** MUS [d'un orgue] console; [d'une harpe] neck. -**5.** INF console; **~ de visualisation** (visual) display unit; **~ de jeux** video game.

consoler [3] [kɔ̃sɔle] *vt* to console, to comfort; **rien ne pouvait le ~** [enfant] nothing could cheer him up OU console him; [veuf, poète] nothing could bring him comfort OU solace *litt*; **si cela peut te ~** if it's any consolation.

◆ **se consoler** ◇ *(emploi réfléchi)* to console o.s.; **se ~ dans l'alcool** to find solace in drink.

◇ *vpi* to console o.s., to be consoled; **Marc ne s'est jamais consolé de la mort de sa femme** Marc never got over losing his wife; **on dirait qu'elle s'est vite consolée!** it looks like she got over it fast!

consolidation [kɔ̃sɔlidasjɔ̃] *nf* -**1.** [d'un édifice, d'un meuble] strengthening, reinforcement; [d'un mur] bracing, buttressing, reinforcement. -**2.** COUT [d'un bouton, d'un talon] reinforcement. -**3.** [renforcement - d'une amitié, d'une position, d'un pouvoir] consolidation, strengthening; on assiste à la ~ de la dictature the dictatorship is consolidating its power. -**4.** MÉD setting. -**5.** JUR consolidation. -**6.** FIN consolidation. -**7.** GÉOL & TRAV PUBL bracing, strengthening.

consolidé, e [kɔ̃sɔlide] *adj* [fonds, bilan] consolidated; [dette] funded.

◆ **consolidés** *nmpl* consols.

consolider [3] [kɔ̃sɔlide] *vt* -**1.** [renforcer - édifice, meuble] to strengthen; [- mur] to brace, to buttress. -**2.** [affermir - position, majorité, amitié] to consolidate, to strengthen. -**3.** MÉD to set, to reduce. -**4.** JUR to consolidate. -**5.** FIN to consolidate; **le franc a consolidé son avance à la Bourse** the franc has strengthened its lead on the Stock Exchange.

consommable [kɔ̃sɔmabl] *adj* -**1.** [nourriture] edible; [boisson] drinkable. -**2.** CHIM consumable.

consommateur, trice [kɔ̃sɔmatœr, tris]

◇ *adj*: **système ~ d'électricité** electricity consuming system; **les pays fortement ~s de pétrole** the countries that consume large quantities of crude oil.

◇ *nm, f* -**1.** [par opposition à producteur] consumer. -**2.** [client - d'un service] customer, user.

consommation [kɔ̃sɔmasjɔ̃] *nf* -**1.** [absorption - de nourriture] consumption; **viande impropre à la ~** meat unfit for (human) consumption. -**2.** [utilisation - de gaz, d'électricité] consumption; **elle fait une grande ~ de parfum/papier** she goes through a lot of perfume/paper. -**3.** ÉCON: **la ~** consumption (of goods and services); **la ~ des ménages** household consumption ❑ **biens/société de ~** consumer goods/society. -**4.** AUT (petrol *Br* OU gas *Am*) consumption; **une ~ de 4 litres aux 100 (km)** a consumption of 4 litres per 100 km. -**5.** [au café] drink; **prendre une ~** [boire] to have a drink; **la serveuse a déjà pris les ~s** *fam* the waitress has already taken the orders (for the drinks). -**6.** *litt* [accomplissement - d'un crime] perpetration; [- d'un mariage] consummation.

consommé, e [kɔ̃sɔme] *adj sout* consummate.

◆ **consommé** *nm* clear soup, consommé.

consommer [3] [kɔ̃sɔme] *vt* -**1.** [absorber - nourriture] to eat, to consume; [- boisson] to drink, to consume; **les Français consomment beaucoup de pain** French people eat a lot of bread; **le pays où l'on consomme le plus de café** the country with the highest coffee consumption ‖ *(en usage abs)*: **toute personne attablée doit ~** anyone occupying a table must order a drink; **les gens qui ne consomment pas** nondrinking customers; **'à ~ frais'** 'serve chilled'; **'à consommer avant (fin)...'** 'best before (end)...'; **je consommais des montagnes de BD** *fam fig* I used to devour loads of comics. -**2.** [utiliser - essence, charbon] to use (up), to consume, to go through *(sép)*; **une voiture qui consomme beaucoup/peu (d'essence)** a car that uses a lot of/that doesn't use much petrol; **les industries qui consomment de l'aluminium** industries that use aluminium. -**3.** JUR [mariage] to consummate. -**4.** *litt* [accomplir - crime] to perpetrate; [- ruine] to bring about the completion of.

consomptible [kɔ̃sɔ̃ptibl] *adj* consumable; **produits ~s** consumables.

consomptif, ive [kɔ̃sɔ̃ptif, iv] *adj* wasting *(avant n)*.

consomption [kɔ̃sɔ̃psjɔ̃] *nf vieilli* [amaigrissement] wasting; [tuberculose] consumption.

consonance [kɔ̃sɔnɑ̃s] *nf* -**1.** LITTÉRAT & MUS consonance. -**2.** [sonorité] sound; **je n'aime pas la ~ de ce mot** I don't like the sound of that word; **de ~ anglaise, aux ~s anglaises** English-sounding.

consonant, e [kɔ̃sɔnɑ̃, ɑ̃t] *adj* LITTÉRAT & MUS consonant.

consonantique [kɔ̃sɔnɑ̃tik] *adj* -**1.** [des consonnes] consonantal, consonant *(modif)*; **le système ~** the consonant system. -**2.** ACOUST consonant, resonant.

consonantisme [kɔ̃sɔnɑ̃tism] *nm* consonant system *(of a language)*.

consonne [kɔ̃sɔn] *nf* consonant.

consort [kɔ̃sɔr] *adj m* consort.

◆ **consorts** *nmpl péj*: **Paul et ~s** Paul and his kind, Paul and those like him.

consortage [kɔ̃sɔrtaʒ] *nm Helv farmers' association*.

consortial, e, aux [kɔ̃sɔrsjal, o] *adj relating to a consortium or a syndicate*.

consortium [kɔ̃sɔrsjɔm] *nm* consortium, syndicate; **constituer un ~** to form a consortium; **les chaînes ont constitué un ~** the channels have become syndicated.

conspirateur, trice [kɔ̃spiratœr, tris] *nm, f* conspirator, plotter, conspirer.

conspiration [kɔ̃spirasjɔ̃] *nf* conspiracy, plotting; **Conspiration des poudres** HIST Gunpowder Plot.

conspirer [3] [kɔ̃spire] ◇ *vi*: **~ contre** to conspire OU to plot OU to scheme against; **~ à** *sout* to conspire to; **tout conspire à la réussite de ce projet** everything conspires OU combines to make this project a success.

◇ *vt* to plot, to scheme.

conspuer [7] [kɔ̃spɥe] *vt sout* to shout down *(sép)*.

constamment [kɔ̃stamɑ̃] *adv* -**1.** [sans interruption] continuously, continually. -**2.** [très fréquemment] constantly.

constance [kɔ̃stɑ̃s] *nf* -**1.** [persévérance] constancy, steadfastness; **vous avez de la ~!** you're so patient! -**2.** *litt* [fidélité] constancy, fidelity, faithfulness. -**3.** PSYCH invariability, constancy.

Constance [kɔ̃stɑ̃s] *npr* → **lac.**

constant, e [kɔ̃stɑ̃, ɑ̃t] *adj* -**1.** [invariable] unchanging, constant; **~ dans ses amitiés** faithful to one's friends OU in friendship; **~ dans ses goûts** to be unchanging in one's tastes. -**2.** [ininterrompu] continual, continuous, unceasing. -**3.** MATH constant. -**4.** FIN constant; **en francs ~s** in constant francs.

◆ **constante** *nf* -**1.** MATH & PHYS constant. -**2.** ÉLECTR: **~e diélectrique** (dielectric) permittivity, dielectric constant. -**3.** MÉTÉO: **~e solaire** solar constant. -**4.** [caractéristique stable] stable OU permanent trait. -**5.** INF constant; **~e complexe/double précision/réelle** complex/double precision/real constant.

Constantin [kɔ̃stɑ̃tɛ̃] *npr* [empereur] Constantine.

Constantine [kɔ̃stɑ̃tin] *npr* Constantine.

Constantinople [kɔ̃stɑ̃tinɔpl] *npr* Constantinople.

constat [kɔ̃sta] *nm* -**1.** [acte] certified statement OU report; **~ d'accident** accident statement; **faisons le ~** [après un accident] let's fill in the necessary papers (for the insurance); **~ d'adultère** adultery report; **~ à l'amiable** mutually-agreed accident report; **~ d'huissier** process-server's affidavit. -**2.** [bilan] review; **faire un ~ d'échec** to acknowledge OU to admit a failure.

constatation [kɔ̃statasjɔ̃] *nf* -**1.** [observation] noting, noticing; **la ~ d'une fuite a entraîné une vérification de l'ensemble du système** the discovery of a leak led to a checkup of the entire system. -**2.** [remarque] remark, comment, observation; **faites-moi part de vos ~s** let me have your comments; **ce n'est pas un reproche, c'est une simple ~** this isn't a criticism, it's just an observation OU I'm just stating a fact, I'm not criticizing, I'm just saying; **première ~, le liquide vire au bleu** the first thing to note is that the liquid turns blue.

◆ **constatations** *nfpl* [d'une enquête] findings; **procéder aux ~s** to establish the facts.

constater [3] [kɔ̃state] *vt* -**1.** [remarquer] to note, to observe, to notice; **on constate une régression de la criminalité** a decline in criminality can be observed; **je constate que tu fumes toujours autant** I notice you still smoke just as much; **j'ai constaté une légère amélioration de son état de santé** I've noticed a slight improvement in his health; **je suis forcée de constater que je ne peux te faire confiance** I am forced to the conclusion that I can't trust you; **constatez par vous-même!** just see for yourself!; **~ plusieurs erreurs** to note OU to notice several mistakes. -**2.** [enregistrer - décès] to certify; [- faits] to record, to list; **l'expert est venu ~ les dégâts** the expert came to assess the damage.

constellation [kɔ̃stelasjɔ̃] *nf* -**1.** ASTRON constellation. -**2.** [ensemble - de savants, de célébrités] constellation, galaxy; **une ~ de taches** stains all over.

consteller [4] [kɔ̃stele] *vt* to spangle, to stud; **de nombreuses décorations constellent son uniforme** his uniforme is adorned with medals; **constellé de: un ciel constellé d'étoiles** a star-studded sky; **une robe constellée de taches** a dress spattered with stains; **un visage constellé de taches de rousseur** a face covered in freckles.

consternant, e [kɔ̃stɛrnɑ̃, ɑ̃t] *adj* distressing; **d'une bêtise ~e** appallingly stupid; **la pièce est ~e** the play's dire OU appallingly bad.

consternation [kɔ̃stɛrnasjɔ̃] *nf* consternation, dismay; **la ~ était générale** everybody was appalled.

consterner [3] [kɔ̃stɛrne] *vt* to appall, to fill with consternation; **consterné par une nouvelle** appalled by a piece of news; **regarder qqch d'un air consterné** to look with consternation upon sthg.

constipation [kɔ̃stipasjɔ̃] *nf* constipation.

constipé, e [kɔ̃stipe] ◇ *adj* -**1.** MÉD constipated. -**2.** *fam* [guindé]: **être** OU **avoir l'air ~** to look ill-at-ease OU uncomfortable; **un style ~** a constipated style.

◇ *nm, f* -**1.** MÉD constipated person. -**2.** *fam* [personne guindée] repressed OU stuffy person.

constiper [3] [kɔ̃stipe] *vt* to constipate.

constituant, e [kɔ̃stitɥɑ̃, ɑ̃t] *adj* -**1.** [élément] constituent. -**2.** JUR & POL: **pouvoir ~** constituent power.

◆ **constituant** *nm* -**1.** JUR & POL constituent; HIST *member of the 1789 Constituent Assembly*. -**2.** CHIM component. -**3.** LING constituent; **~ immédiat** immediate constituent.

◆ **Constituante** *nf* HIST: **la Constituante** the Constituent Assembly.

constitué, e [kɔ̃stitɥe] *adj* -**1.** [personne]: **un homme normalement ~** a (physically) normal man; **un individu solidement ~** a sturdily-built individual; **bien ~** hardy. -**2.** POL [autorité] constituted.

constituer [7] [kɔ̃stitɥe] *vt* -**1.** [créer - collection] to build up *(sép)*, to put together *(sép)*; [- bibliothèque] to build OU to set up *(sép)*; [- société anonyme, association, gouvernement] to form, to set up *(sép)*; [- équipe, cabinet] to form, to select (the members of); [- dossier] to prepare; **son père voulait lui ~ un patrimoine** his father wanted to set him up with an estate. -**2.** [faire partie de] to form, to constitute, to (go to) make up; **ces cinq pages constituent l'introduction** these five pages form the introduction; **les timbres qui constituent sa collection** the stamps that make up his collection; **l'eau est constituée de...** water consists OU is composed of... -**3.** [être] to be, to represent; **le vol constitue un délit** theft is OU constitutes an offence; **sa présence constitue un danger** his presence spells danger. -**4.** JUR [nommer] to name, to appoint; **~ qqn président** to appoint sb as OU to make sb chairman; **~ qqn son légataire** JUR to name OU to appoint sb one's legatee. -**5.** [établir]: **~ une dot/une rente à qqn** to settle a dowry/a pension on sb.

◆ **se constituer** ◇ *vpi* -**1.** [être composé]: **se ~ de** to be made up of. -**2.** [se mettre en position de]: **se ~ prisonnier** to give o.s. up; **se ~ partie civile** to file a civil action. -**3.** [se former] to form, to be formed; **un nouveau comité s'est consti-**

tué a new committee has formed OU has been formed OU has been created; se ~ en to form; **ils se sont constitués en association** they formed a society.

◇ *vpt*: se ~ qqch to build sthg up OU to amass sthg (for o.s.); se ~ **une vidéothèque** to build up a video library; se ~ **un patrimoine** to amass an estate.

constitutif, ive [kɔ̃stitytif, iv] *adj* -**1.** [qui compose] constituent, component; **les éléments ~s de l'eau** the elements which make up OU the constituent elements of water. -**2.** [typique - propriété] constitutive. -**3.** JUR constitutive.

constitution [kɔ̃stitysjɔ̃] *nf* -**1.** [création - d'une collection] building up, putting together; [- d'une bibliothèque] building up, setting up; [- d'une association, d'une société, d'un gouvernement] forming, formation, setting up; [- d'un dossier] preparation, putting together; [- d'une équipe] selection. -**2.** [composition - d'un groupe] composition; [- d'une substance] makeup, composition. -**3.** POL [lois] constitution; [régime]: ~ **républicaine** republic; ~ **monarchique** monarchy. -**4.** [santé] constitution, physique; **une bonne/solide** ~ a sound/sturdy constitution; **être de ~ fragile** [souvent malade] to be susceptible to disease. -**5.** PHARM [en homéopathie] composition. -**6.** JUR [d'une dot, d'une rente] settling, settlement; [désignation]: ~ **d'un avoué** appointment OU briefing of a lawyer; ~ **de partie civile** filing of a civil action.

constitutionnaliser [3] [kɔ̃stitysjɔnalize] *vt* to constitutionalize, to make constitutional.

constitutionnalité [kɔ̃stitysjɔnalite] *nf* constitutionality.

constitutionnel, elle [kɔ̃stitysjɔnɛl] *adj* constitutional.

constitutionnellement [kɔ̃stitysjɔnɛlmɑ̃] *adv* constitutionally.

constricteur [kɔ̃striktœr] ◇ *adj m* ANAT & ZOOL constrictor.

◇ *nm* -**1.** ANAT constrictor. -**2.** ZOOL boa constrictor.

constriction [kɔ̃striksjɔ̃] *nf* constriction.

constrictor [kɔ̃striktɔr] ◇ *adj* = **constricteur**.

◇ *nm* boa constrictor.

constringent, e [kɔ̃strɛ̃ʒɑ̃, ɑ̃t] *adj* constringent.

constructeur, trice [kɔ̃stryktœr, tris] *adj* building, manufacturing.

◆ **constructeur** *nm* -**1.** [d'édifices] builder. -**2.** [d'appareils, d'engins] manufacturer; ~ **automobile** car manufacturer; ~ **naval** shipbuilder. -**3.** INF handler, builder. -**4.** *litt*: ~ **d'empire** empire builder.

constructible [kɔ̃stryktibl] *adj* constructible; **terrain** OU **parcelle** ~ plot suitable for building on, building land.

constructif, ive [kɔ̃stryktif, iv] *adj* -**1.** [qui fait progresser] constructive, positive. -**2.** CONSTR constructional, building *(modif)*.

construction [kɔ̃stryksjɔ̃] *nf* -**1.** [édification] building, construction; **la ~ de la tour a duré un an** it took a year to build OU to erect the tower; **c'était de la bonne ~ à l'époque** building standards were high in those days. -**2.** [édifice] building, construction; **des ~s récentes** new buildings, recent constructions. -**3.** [fabrication] building, manufacturing; **la ~ automobile** car manufacturing; **appareil de ~ française** French-built machine || [entreprise]: ~**s navales** shipbuilding (industry); ~**s aéronautiques** aircraft industry. -**4.** [structure - d'une œuvre] structure; [- d'une phrase] construction, structure; **ce n'est qu'une ~ idéologique** it's only an ideological construction. -**5.** GRAMM construction; **ce verbe a une ~ passive** this verb is construed passively OU has a passive construction. -**6.** MATH figure, construction.

◆ **de construction** *loc adj* -**1.** [matériau] building *(modif)*, construction *(modif)*. -**2.** JEUX: **jeu de ~** set of building blocks.

◆ **en construction** *loc adv* under construction; **la maison est encore en ~** the house is still being built OU still under construction.

constructivisme [kɔ̃stryktivism] *nm* BX-ARTS & PHILOS constructivism.

constructiviste [kɔ̃stryktivist] *adj* & *nmf* BX-ARTS & PHILOS constructivist.

construire [98] [kɔ̃strɥir] *vt* -**1.** [route, barrage] to build, to construct; [maison] to build; **une maison récemment construite** a newly-built house; **tous ensemble pour ~ l'Europe!** *fig* all united to build a new Europe! || *(en usage abs)*: **leur rêve, c'est de pouvoir faire ~** they dream of having their own house built. -**2.** INDUST [fabriquer] to build, to manufacture. -**3.** [structurer - pièce, roman] to structure, to construct; [- théorie, raisonnement] to build, to develop; [- figure de géométrie] to draw, to construct; ~ **correctement une phrase** to construct a sentence properly. -**4.** GRAMM [verbe] to construe; **on construit «vouloir» avec le subjonctif** "vouloir" is construed with OU takes the subjunctive.

◆ **se construire** *vp (emploi passif)* -**1.** [être édifié] to be built; **ça se construit par ici!** *fam* a lot of stuff's going up OU a lot of building's going on around here!; **la campagne environnante s'est construite** the surrounding countryside has become a built-up area. -**2.** GRAMM: **se ~ avec** to be construed with, to take.

consubstantialité [kɔ̃sypstɑ̃sjalite] *nf* consubstantiality.

consubstantiation [kɔ̃sypstɑ̃sjasjɔ̃] *nf* consubstantiation.

consubstantiel, elle [kɔ̃sypstɑ̃sjɛl] *adj* consubstantial.

consul [kɔ̃syl] *nm* -**1.** [diplomate] consul; **le ~ de France** the French consul. -**2.** HIST Consul *(in France from 1799 to 1804)*. -**3.** ANTIQ consul.

consulaire [kɔ̃sylɛr] *adj* consular.

consulat [kɔ̃syla] *nm* -**1.** [résidence, bureaux] consulate. -**2.** [fonction diplomatique] consulship. -**3.** HIST: **le Consulat** the Consulate *(in France from 1799 to 1804)*. -**4.** ANTIQ consulship.

consultable [kɔ̃syltabl] *adj* [ouvrage, fichier] which may be consulted, available for reference OU consultation.

consultant, e [kɔ̃syltɑ̃, ɑ̃t] ◇ *adj*: **avocat ~** counsel in chamber; **médecin ~** consultant.

◇ *nm, f* consultant; ~ **en gestion** management consultant.

consultatif, ive [kɔ̃syltatif, iv] *adj* advisory.

consultation [kɔ̃syltasjɔ̃] *nf* -**1.** [d'un plan, d'un règlement] consulting, checking; **la ~ d'un dictionnaire** looking words up in a dictionary; **après ~ de mon emploi du temps** after checking my timetable. -**2.** POL: ~ **électorale** election. -**3.** [chez un professionnel] consultation; **donner des ~s** [gén] to hold consultations; [médecin] to have one's surgery *Br* OU office hours *Am*; **horaires de ~** [chez un médecin] surgery *Br* OU office *Am* hours; **il demande 700 F pour la ~** he charges 700 F for (his) professional services. -**4.** INF: ~ **de table** table lookup; ~ **de fichier** file browsing OU browse.

consulter [3] [kɔ̃sylte] ◇ *vt* -**1.** [demander l'avis de - médecin] to visit, to consult; [- avocat, professeur] to consult, to seek advice from; [- voyante] to visit; **il ne m'a même pas consulté** he didn't even ask for my opinion; ~ **qqn du regard** to look questioningly at sb || *(en usage abs)*: **se décider à ~** to decide to go to the doctor's; **lorsqu'il est venu ~, j'ai prescrit des antibiotiques** when he came to see me, I prescribed some antibiotics. -**2.** [lire - livre, dictionnaire] to refer to *(insép)*; [- plan, montre, baromètre, horaire] to look at *(insép)*, to check; [- horoscope] to read; **quand je consulte le miroir** when I look at myself in the mirror; ~ **ses notes** to go over one's notes. -**3.** *sout (au nég)* [prendre en compte]: **il ne consulte que son intérêt** he's guided only by self-interest. -**4.** INF to search.

◇ *vi* [docteur] to hold surgery, to see patients.

◆ **se consulter** *vp (emploi réciproque)* [discuter] to confer; **ils se sont consultés avant de m'annoncer la nouvelle** they conferred before giving me the news; **se ~ du regard** to look questioningly at one another.

consumable [kɔ̃symabl] *adj*: **cette matière est ~** this substance will burn.

consumer [3] [kɔ̃syme] *vt* -**1.** [brûler] to burn, to consume; **le feu a consumé tous les livres** the fire destroyed all the books; **les bûches consumées dans la cheminée** the charred logs in the fireplace. -**2.** *litt* [tourmenter]: **la jalousie la consume** she's consumed with jealousy; **il est consumé de chagrin** OU **par le chagrin** he is racked with grief.

◆ **se consumer** *vpi* -**1.** [brûler] to burn; **laisser une cigarette se ~** to let a cigarette burn (out). -**2.** *litt* [être tourmenté]: **il se consume de désespoir** he's wasting away in OU with despair; **se ~ d'amour pour qqn** to pine for sb.

consumérisme [kɔ̃symerism] *nm*: **le ~** consumerism.

consumériste [kɔ̃symerist] *adj*: **le mouvement ~** the consumerist movement.

contact [kɔ̃takt] *nm* -**1.** [toucher] touch, contact. -**2.** AUT, ÉLECTR & RAD contact, switch; **le ~ ne se fait pas** there's no contact; **il y a un mauvais ~** there's a loose connection somewhere; **mettre/couper le ~** ÉLECTR to switch on/off; AUT to turn the ignition on/off; **nous avons perdu le ~ radio avec eux** we're no longer in radio contact with them. -**3.** [lien] contact; **avoir des ~s avec** to have contact with; **il a perdu tout ~ avec le réel** he's lost all contact with reality; **prendre des ~s** to establish some contacts; **prendre ~ avec qqn** to contact sb, to get in touch with sb; **j'ai gardé le ~ avec mes vieux amis** I'm still in touch with my old friends; **il est d'un ~ facile** he's easy to get on with; **avec ma belle-famille, il n'y a pas tellement de ~** my in-laws aren't very close (to us). -**4.** [personne - dans les affaires, l'espionnage, le trafic de drogue] contact, connection. -**5.** GÉOM: **(point de) ~ de deux plans** intersection OU meeting point of two planes. -**6.** PHOT contact (print). -**7.** ÉQUIT contact.

◆ **au contact de** *loc prép*: **au ~ de l'air** in contact with OU when exposed to the air; **sursauter au ~ d'une main** to jump at the touch of a hand; **ne pas mettre au ~ de l'œil** avoid contact with the eyes; **il a changé à mon contact** he's changed since he met me.

◆ **de contact** *loc adj* -**1.** AUT ignition *(modif)*. -**2.** RAIL [fil, ligne] contact *(modif)*. -**3.** OPT contact *(modif)*.

◆ **en contact** ◇ *loc adj* -**1.** [reliés - personnes] in touch. -**2.** [adjacents - objets, substances] in contact. -**3.** ÉLECTR connected.

◇ *loc adv*: **rester en ~ avec qqn** to keep OU to stay OU to remain in touch with sb; **entrer en ~ avec qqn** to contact sb, to get in touch with sb; AÉRON & MIL to make contact with sb; **mettre en ~** [personnes] to put in touch (with each other); [objets, substances] to bring into contact; AÉRON to establish contact between.

contacter [3] [kɔ̃takte] *vt* to contact, to get in touch with; **on peut me ~ par téléphone au bureau** you can reach me by phone at the office; **veuillez ~ ma secrétaire** please get in touch with my secretary.

contacteur [kɔ̃taktœr] *nm* ÉLECTR contactor.

contactologiste [kɔ̃taktɔlɔʒist] *nmf* contact lens specialist.

contagieux, euse [kɔ̃taʒjø, øz] ◇ *adj* [personne] contagious; [maladie, rire] infectious, contagious; **son virus/enthousiasme est ~** his virus/enthusiasm is catching.

◇ *nm, f* contagious patient; **les ~ ne sont pas acceptés à la crèche** children with contagious diseases will not be admitted to the nursery.

contagion [kɔ̃taʒjɔ̃] *nf* -**1.** MÉD contagion; **pour éviter tout risque de ~** to avoid any risk of infection OU contagion. -**2.** [d'un rire, d'une peur] contagiousness, infectiousness.

contagiosité [kɔ̃taʒjozite] *nf* contagiousness; **à haute** OU **forte ~** highly contagious.

container [kɔ̃tɛnɛr] = **conteneur**.

contaminateur, trice [kɔ̃taminatœr, tris]
◇ *adj* infectious.
◇ *nm, f* infectious carrier; chercher le ~ de qqn to look for the contact who infected sb.

contamination [kɔ̃taminasjɔ̃] *nf* -**1.** MÉD contamination; pour éviter la ~ to avoid contamination. -**2.** [de l'environnement, des aliments] contamination; ~ radioactive radioactive contamination. -**3.** LING contamination. -**4.** *litt* [corruption] (moral) pollution.

contaminer [3] [kɔ̃tamine] *vt* -**1.** MÉD to contaminate, to infect. -**2.** ÉCOL to contaminate. -**3.** *litt* [corrompre - personne] to corrupt.

conte [kɔ̃t] *nm* story, tale; ~s de Bretagne Breton stories OU tales OU legends ❑ ~ de bonnes femmes old wives' tale; ~ de fées *pr* & *fig* fairy tale; 'Contes du chat perché' *Aymé* 'The Wonderful Farm'.

contemplateur, trice [kɔ̃tɑ̃platœr, tris] *nm, f* contemplator.

contemplatif, ive [kɔ̃tɑ̃platif, iv] ◇ *adj* -**1.** [pensif] thoughtful, contemplative, meditative. -**2.** RELIG contemplative.
◇ *nm, f* contemplative; c'est un ~ he likes to muse.

contemplation [kɔ̃tɑ̃plasjɔ̃] *nf* -**1.** [méditation] contemplation, reflection; en ~ devant lost in admiration of. -**2.** RELIG contemplation.

contempler [3] [kɔ̃tɑ̃ple] *vt* to contemplate, to gaze at *(insép)* OU upon *(insép)*; d'ici, vous pouvez ~ le superbe paysage from here, you can see the superb view; ~ qqn avec amour to gaze lovingly at sb.

contemporain, e [kɔ̃tɑ̃pɔrɛ̃, ɛn] ◇ *adj* -**1.** [de la même époque] contemporary; être ~ de to be contemporary with; elle est ~e de Colette she's a contemporary of Colette's. -**2.** [moderne] contemporary, modern, present-day.
◇ *nm, f* contemporary; mon/son ~ my/his contemporary; les ~s n'ont rien compris à son attitude his contemporaries didn't understand his attitude.

contempteur, trice [kɔ̃tɑ̃ptœr, tris] *nm, f litt* denigrator, despiser; ses ~s those who derided him.

contenance [kɔ̃tnɑ̃s] *nf* -**1.** [attitude] attitude, bearing; il essayait de prendre OU se donner une ~ he was trying to put on a brave face; faire bonne ~ to put up a bold OU good front; perdre ~ to lose one's composure. -**2.** [capacité - d'un tonneau, d'un réservoir] capacity; [- d'un navire] (carrying OU holding) capacity.

contenant [kɔ̃tnɑ̃] *nm* container.

conteneur [kɔ̃tənœr] *nm* -**1.** INDUST container; ~ à gaz gas tank; mise en ~ containerization. -**2.** HORT (large) plant holder.

contenir [40] [kɔ̃tnir] *vt* -**1.** [renfermer] to contain, to hold; chaque boîte contient 10 cigares each box contains OU holds 10 cigars; l'enveloppe contenait le reçu the receipt was enclosed in the envelope; que contient ce colis? what's in this parcel?; votre article contient beaucoup de paradoxes your article is full of OU contains many contradictions. -**2.** [être constitué de] to contain; boissons qui contiennent de l'alcool drinks containing alcohol. -**3.** [avoir telle capacité] to hold; véhicule pouvant ~ 35 personnes assises/debout vehicle seating 35/with standing room for 35 people. -**4.** [réprimer - foule, larmes, sanglots] to hold back *(sép)*; [- poussée, invasion] to contain; [- rire, colère] to suppress; une colère mal contenue barely suppressed anger.
◆ **se contenir** *vpi* to control o.s.; ils ne pouvaient plus se ~ [ils pleuraient] they couldn't hold back their tears any longer; [ils riaient] they couldn't disguise their mirth any longer.

content, e [kɔ̃tɑ̃, ɑ̃t] *adj* -**1.** [heureux] happy, glad, pleased; ils avaient l'air très ~s they looked very happy OU pleased; je suis ~ que tu aies pu venir I'm glad that you could make it; je ne suis pas ~ du tout I'm not at all pleased OU happy; s'il n'est pas ~, c'est pareil! *fam* he can like it or lump it! -**2.** [satisfait] : être ~ de to be satisfied with; je suis très ~ de moi I'm very pleased with myself; non ~ de *sout* not content with; non ~ d'être riche, il veut aussi être célèbre not content with being rich OU not satisfied with being rich, he wants to be famous as well.
◆ **content** *nm sout*: avoir (tout) son ~ de qqch to have (had) one's fill of sthg; laisse-les s'amuser tout leur ~ let them play as much as they like.

contentement [kɔ̃tɑ̃tmɑ̃] *nm* satisfaction, contentment; avec ~ contentedly ❑ ~ de soi self-satisfaction.

contenter [3] [kɔ̃tɑ̃te] *vt* -**1.** [faire plaisir à] to please, to satisfy; voilà qui devrait ~ tout le monde this should satisfy OU please everybody. -**2.** [satisfaire] to satisfy.
◆ **se contenter de** *vp + prép* -**1.** [s'accommoder de] to be content OU to content o.s. with, to make do with; elle s'est contentée d'une modeste chambre she contented herself OU was satisfied with a modest room; il se contente de peu he's easily satisfied. -**2.** [se borner à] : en guise de réponse, elle s'est contentée de sourire she merely smiled in reply.

contentieux, euse [kɔ̃tɑ̃sjø, øz] *adj* contentious.
◆ **contentieux** *nm* -**1.** [conflit] dispute, disagreement; il y a un ~ entre eux they're in dispute. -**2.** [service] legal department OU bureau. -**3.** [affaire] litigation; ~ administratif procedure in contentious administrative matters; ~ fiscal tax litigation; ~ électoral procedure in contentious electoral matters.

contention [kɔ̃tɑ̃sjɔ̃] *nf* -**1.** *litt* exertion, application; ~ d'esprit concentration. -**2.** MÉD [d'un os] setting, reduction; [d'un malade] restraint; moyen de ~ splint. -**3.** VÉTÉR restraint.

contenu [kɔ̃tny] *nm* -**1.** [d'un récipient, d'un paquet] content, contents. -**2.** [teneur - d'un document] content, text; quel est le ~ du texte? what does the text say? -**3.** LING (linguistic) content. -**4.** PSYCH: ~ latent latent content.

conter [3] [kɔ̃te] *vt litt* to relate, to tell; je vais vous ~ l'histoire de Barbe-Bleue I'll tell you the story of Bluebeard ❑ ~ fleurette à qqn to murmur sweet nothings to sb; en ~: on m'en a conté de belles sur toi! I've heard some fine things about you!; elle ne s'en laisse pas ~ she's not easily taken in.

contestable [kɔ̃tɛstabl] *adj* debatable, questionable.

contestataire [kɔ̃tɛstatɛr] ◇ *adj* protesting OU revolting *(against established values)*; un journal ~ an antiestablishment newspaper; c'est un ~ he's always calling things into question.
◇ *nmf* antiestablishment protester.

contestation [kɔ̃tɛstasjɔ̃] *nf* -**1.** [d'une loi, d'un testament, d'un document] contesting, opposing; [d'un récit, d'un droit] contesting, questioning; [d'une compétence] questioning, challenging, doubting; sans ~ (possible) beyond (all possible) dispute OU question. -**2.** [litige] dispute, controversy, debate. -**3.** POL: la ~ protests, protesting, the protest movement.

conteste [kɔ̃tɛst]
◆ **sans conteste** *loc adv* indisputably, unquestionably.

contester [3] [kɔ̃tɛste] ◇ *vt* -**1.** [testament] to contest, to object to; [récit, document] to dispute, to question; [compétence] to question, to dispute, to throw into doubt; je ne conteste pas que votre tâche ait été difficile I don't dispute OU doubt the fact that you had a difficult task; je ne lui conteste pas le droit de... I don't challenge OU question his right to...; être contesté to be a subject of controversy; une personnalité très contestée a very controversial personality. -**2.** POL to protest OU to rebel against.
◇ *vi* -**1.** [discuter] : obéir aux ordres sans ~ to obey orders blindly OU without raising any objections. -**2.** POL to protest.

conteur, euse [kɔ̃tœr, øz] *nm, f* -**1.** [narrateur] narrator, storyteller. -**2.** [écrivain] storyteller.

contexte [kɔ̃tɛkst] *nm* -**1.** [situation] context. -**2.** INF environment. -**3.** LING: ~ linguistique/de situation linguistic/situational context.
◆ **en contexte** *loc adv* [voir, examiner] in context; mettre qqch en ~ to put sthg into context, to contextualize sthg.

contextuel, elle [kɔ̃tɛkstɥɛl] *adj* contextual.

contexture [kɔ̃tɛkstyr] *nf* -**1.** [d'un tissu, d'un matériel] texture. -**2.** *sout* [d'une œuvre] structure.

contigu, ë [kɔ̃tigy] *adj* -**1.** [bâtiments, terrains, objets] contiguous, adjacent, adjoining; les maisons ~ës à la nôtre [accolées] the houses joining on to ours. -**2.** *sout* [époques, sujets, domaines] close, contiguous.

contiguïté [kɔ̃tigɥite] *nf* -**1.** [proximité - de bâtiments, de terrains, d'objets] contiguity, adjacency, proximity. -**2.** *sout* [de domaines, d'époques, de sujets] closeness, contiguousness, contiguity. -**3.** INF adjacency.

continence [kɔ̃tinɑ̃s] *nf* -**1.** [abstinence] continence, (self-imposed) chastity. -**2.** [sobriété, discrétion] restraint. -**3.** MÉD continence.

continent[1] [kɔ̃tinɑ̃] *nm* -**1.** GÉOG continent; l'Ancien/le Nouveau Continent the Old/the New World. -**2.** [par opposition à une île] : le ~ the mainland.

continent[2]**, e** [kɔ̃tinɑ̃, ɑ̃t] *adj* -**1.** [chaste] continent, chaste; [sobre, discret] discreet, restrained, reserved. -**2.** MÉD continent.

continental, e, aux [kɔ̃tinɑ̃tal, o] ◇ *adj* -**1.** [par opposition à insulaire] mainland *(modif)*. -**2.** GÉOG [climat, température] continental.
◇ *nm, f* person who lives on the mainland; les continentaux people from the mainland.

continentalité [kɔ̃tinɑ̃talite] *nf* continental climatic characteristics.

contingence [kɔ̃tɛ̃ʒɑ̃s] *nf* MATH & PHILOS contingency.
◆ **contingences** *nfpl* contingencies, eventualities; les ~s de la vie quotidienne everyday happenings OU events; prévoir toutes les ~s to take unforeseen circumstances into consideration.

contingent[1] [kɔ̃tɛ̃ʒɑ̃] *nm* -**1.** [quantité] (allotted) share. -**2.** [quota] quota. -**3.** [troupe] contingent; [ensemble des recrues] call-up *Br*, draft *Am*; le ~, les soldats du ~ those conscripted, the conscripts, the draft *Am*.

contingent[2]**, e** [kɔ̃tɛ̃ʒɑ̃, ɑ̃t] *adj* -**1.** PHILOS contingent. -**2.** *litt* [sans importance] incidental.

contingentement [kɔ̃tɛ̃ʒɑ̃tmɑ̃] *nm* -**1.** ÉCON fixing of quotas, restriction. -**2.** COMM quota system, apportioning by quota.

contingenter [3] [kɔ̃tɛ̃ʒɑ̃te] *vt* -**1.** ÉCON [importations] to limit, to fix a quota on; [produits de distribution] to restrict the distribution of. -**2.** COMM to distribute OU to allocate according to a quota.

continu, e [kɔ̃tiny] *adj* -**1.** [ininterrompu - effort, douleur, bruit] continuous, unremitting, relentless; [- soins] constant; [- ligne, trait] continuous, unbroken; [- sommeil] unbroken. -**2.** ÉLECTR [courant] direct. -**3.** MATH continuous. -**4.** TEXT [métier] throstle (frame).
◆ **continu** *nm* MATH & PHILOS continuum.
◆ **continue** *nf* LING continuant.
◆ **en continu** *loc adv* -**1.** [sans arrêt] continuously, uninterruptedly. -**2.** IMPR continuously.

continuateur, trice [kɔ̃tinɥatœr, tris] *nm, f* continuator.

continuation [kɔ̃tinɥasjɔ̃] *nf* -**1.** [suite] continuation, extension; notre politique doit être la ~ de la vôtre our policy must be a continuation of yours. -**2.** [fait de durer] continuing, continuance. -**3.** *loc*: bonne ~! *fam* all the best!

continuel, elle [kɔ̃tinɥɛl] *adj* -**1.** [ininterrompu] continual. -**2.** [qui se répète] constant, perpetual; des pannes ~les constant breakdowns.

continuellement [kɔ̃tinɥɛlmɑ̃] *adv* -**1.** [de façon ininterrompue] continually. -**2.** [de façon répétitive] constantly, perpetually.

continuer [7] [kɔ̃tinɥe] ◇ *vt* -**1.** [faire durer - exposé] to carry on *(insép)*; [- conversation] to carry on *(insép)*, to maintain, to keep up *(sép)*; [- études] to continue, to keep up *(sép)*, to go on with *(insép)*; **continuez le repas sans moi** go on with the meal without me; **je veux ~ le chant** I want to keep up my singing. -**2.** [dans l'espace] to continue, to extend; **continue le trait jusqu'au bout** continue the line to the end; **nous voulons ~ la cuisine en démolissant la resserre** we want to extend the kitchen by pulling down the pantry; **~ son chemin** [voyageur] to keep going; [idée] to keep gaining momentum.

◇ *vi* -**1.** [dans le temps] to go OU to carry on *(insép)*; **'la vente continue pendant les travaux'** 'business as usual during alterations'; **une histoire qui a continué pendant tout le repas** a story that went on throughout the meal; **si tu continues, ça va mal aller!** if you keep this up, you'll be sorry!; **tu vois, continua-t-elle** you see, she went on; **une telle situation ne peut ~** this situation cannot be allowed to continue; **~ à** OU **de faire qqch** to continue to do OU to keep on doing sthg; **il continue de** OU **à pleuvoir** it keeps on raining; **malgré cela, il continue à fumer** in spite of this, he continues to smoke OU carries on smoking; **ma plante continue de grandir** my plant keeps getting bigger. -**2.** [dans l'espace] to continue, to carry on *(insép)*, to go on *(insép)*; **la route continue jusqu'au village** the road runs straight on to the village; **arrête-toi ici, moi je continue** you can stop right here, I'm going on; **continue!** [à avancer] keep going!; **continue tout droit jusqu'au carrefour** keep straight on to the crossroads.

◆ **se continuer** *vpi* -**1.** [dans le temps] to carry on, to be carried on. -**2.** [dans l'espace] to extend.

continuité [kɔ̃tinɥite] *nf* -**1.** [d'un effort, d'une tradition] continuity; [d'une douleur] persistence; **la ~ dans l'action** continuity of action. -**2.** MATH continuity.

continûment [kɔ̃tinymɑ̃] *adv litt* continually.

continuum [kɔ̃tinɥɔm] *nm* continuum; **~ espace-temps** space-time continuum.

contondant, e [kɔ̃tɔ̃dɑ̃, ɑ̃t] *adj* blunt.

contorsion [kɔ̃tɔrsjɔ̃] *nf* [d'acrobate] contortion, acrobatic feat *(involving twisting the body)*; **il a fait toutes sortes de ~s pour atteindre la boîte** he had to twist right round to reach the box.

contorsionner [3] [kɔ̃tɔrsjɔne]

◆ **se contorsionner** *vpi* to twist one's body, to contort o.s.; **se ~ comme un ver** to squirm OU to wriggle about like a worm.

contorsionniste [kɔ̃tɔrsjɔnist] *nmf* contortionist.

contour [kɔ̃tur] *nm* -**1.** [d'un vase, d'une maison, d'une silhouette] contour, outline, shape; **la nuit estompait les ~s du vieux moulin** darkness blurred the outlines of the old mill; **~ d'un caractère** INF character outline. -**2.** [arrondi - d'un visage] curve; [- d'une rivière, d'un chemin] winding part OU section.

contourné, e [kɔ̃turne] *adj* -**1.** [avec des courbes]: **la balustrade ~e d'un balcon** the curved railing of a balcony. -**2.** [peu naturel] over-elaborate; **un style ~** overblown rhetoric. -**3.** HÉRALD: **animal ~** animal regardant.

contournement [kɔ̃turnəmɑ̃] *nm* -**1.** [d'un obstacle - à pied] bypassing, walking round OU around; [- en voiture] driving round OU around. -**2.** [d'une difficulté] bypassing, circumventing; [d'une loi] circumventing.

contourner [3] [kɔ̃turne] *vt* -**1.** [faire le tour de - souche, flaque] to walk around *(insép)*; [- ville] to bypass, to skirt; **ayant contourné la forêt** [à pied] having walked round the forest; [en voiture] having driven round the forest ‖ MIL [position] to skirt. -**2.** [éluder - loi, difficulté] to circumvent, to get round *(insép)*. -**3.** *litt* [modeler - vase, piédestal] to fashion OU to shape (into complex curves).

contraceptif, ive [kɔ̃traseptif, iv] *adj* contraceptive.

◆ **contraceptif** *nm* contraceptive, means *(sg)* of contraception.

contraception [kɔ̃trasɛpsjɔ̃] *nf* contraception; **moyen de ~** means *(sg)* of contraception.

contractant, e [kɔ̃traktɑ̃, ɑ̃t] ◇ *adj* contracting.

◇ *nm, f*: **les ~s** the contracting parties.

contracté, e [kɔ̃trakte] *adj* -**1.** ANAT [muscle, mâchoire, voix] taut, tense. -**2.** [nerveux - personne] tense.

contracter [3] [kɔ̃trakte] *vt* -**1.** [se charger de - dette] to incur, to run up *(sép)*; [- assurance] to take out *(sép)*; [- obligation, engagement] to take on *(sép)*; **~ une dette de reconnaissance** *fig* to be beholden to sb; **~ une alliance** to enter into an alliance; **~ mariage avec qqn** *sout* to contract a marriage with sb. -**2.** [acquérir - manie, habitude] to develop, to acquire; [- maladie] to contract, to catch. -**3.** [réduire - liquide, corps] to contract. -**4.** [raidir - muscle] to contract, to tighten, to tauten; [- visage, traits] to tense (up), to tighten (up); **le visage contracté par la peur** his/her face taut with fear; **il avait les mâchoires contractées** his jaw was stiff. -**5.** [rendre anxieux] to make tense; **avant la représentation, elle est toujours très contractée** before the performance, she's always very tense. -**6.** LING to contract.

◆ **se contracter** *vpi* -**1.** [être réduit - liquide, corps] to contract, to reduce; [- fibre] to shrink. -**2.** [se raidir - visage, traits] to tense (up), to become taut; **ne vous contractez pas** don't tense up. -**3.** LING [mot] to contract, to be contracted.

contractile [kɔ̃traktil] *adj* contractile.

contractilité [kɔ̃traktilite] *nf* contractility.

contraction [kɔ̃traksjɔ̃] *nf* -**1.** [raidissement - d'un muscle] contracting, tensing; [- du visage, des traits, de l'estomac] tensing, tightening (up); [- des mâchoires] clamping; [raideur - d'un muscle] tenseness, tautness; [- de l'estomac] tightness; [- des mâchoires] stiffness. -**2.** MÉD: **~ (utérine)** contraction. -**3.** LING contraction. -**4.** SCOL: **~ de texte** summary; **faire une ~ de texte** to summarize a text. -**5.** PHYS contraction; **~ des longueurs** OU **de Lorentz** Lorentz OU Lorentz-Fitzgerald contraction.

contractualisation [kɔ̃traktɥalizasjɔ̃] *nf* -**1.** [d'un problème] contract-based solution. -**2.** [d'un agent] appointment as a public servant.

contractualiser [3] [kɔ̃traktɥalize] *vt* -**1.** [problème] to solve by a contract. -**2.** [employé] to hire as a public servant.

contractuel, elle [kɔ̃traktɥɛl] *adj* contractual, contract *(modif)*.

◆ **contractuel** *nm* ADMIN contract public servant; [policier] (male) traffic warden *Br* OU policeman *Am*.

◆ **contractuelle** *nf* (female) traffic warden *Br*, traffic policewoman *Am*.

contractuellement [kɔ̃traktɥɛlmɑ̃] *adv* contractually.

contracture [kɔ̃traktyr] *nf* -**1.** MÉD contraction, cramp. -**2.** ARCHIT contracture.

contracturer [3] [kɔ̃traktyre] *vt* to contract.

contradicteur [kɔ̃tradiktœr] *nm* contradictor; **il y avait de bruyants ~s dans l'auditoire** there were some noisy hecklers in the audience.

contradiction [kɔ̃tradiksjɔ̃] *nf* -**1.** [contestation] contradiction; **elle ne supporte pas la ~** she can't stand contradiction OU being contradicted; **porter** OU **apporter la ~**: **porter la ~ dans une discussion** to be a dissenter in a discussion; **désolé de devoir porter la ~ mais...** I'm sorry to have to differ but... -**2.** [incompatibilité] contradiction, inconsistency; **trop de ~s dans son témoignage** too many contradictions OU inconsistencies in her testimony; **il est plein de ~s** he's full of contradictions; **«soleil» et «noir», il y a une ~ entre ces deux mots** "soleil noir" is a contradiction in terms. -**3.** LOGIQUE contradiction. -**4.** JUR allegation.

◆ **en contradiction avec** *loc prép* in contradiction with; **c'est en ~ avec sa façon de vivre** it goes against his style of life; **être en ~ avec soi-même** to be inconsistent.

contradictoire [kɔ̃tradiktwar] *adj* -**1.** [opposé - théories, idées] contradictory, clashing; [- témoignage] conflicting; **débat/réunion ~** open debate/meeting; **~ à** in contradiction to, at variance with; **c'est ~ à** OU **avec ce que tu viens de dire** this contradicts what you've just said. -**2.** LOGIQUE contradictory. -**3.** JUR: **jugement ~** *judgement rendered in the presence of the parties involved*.

contradictoirement [kɔ̃tradiktwarmɑ̃] *adv* -**1.** [de façon opposée] contradictorily. -**2.** JUR *in the presence of the parties involved*.

contraignable [kɔ̃trɛɲabl] *adj* that can be constrained.

contraignant, e [kɔ̃trɛɲɑ̃, ɑ̃t] *adj* [occupation] restricting; [contrat] restrictive; [horaire] restricting, limiting.

contraindre [80] [kɔ̃trɛ̃dr] *vt* -**1.** [obliger]: **~ qqn à**: **la situation nous contraint à la prudence** the situation forces us to be careful; **les grèves nous ont contraints à annuler notre voyage** the strikes forced us to cancel our trip; **être contraint de** to be obliged to; **je suis contraint de rester à Paris** I'm obliged OU forced to stay in Paris. -**2.** *litt* [réprimer - désir, passion] to constrain *litt*, to restrain, to keep a check on. -**3.** *litt* [réprimer]: **~ une personne dans ses choix** to restrict sb's choice. -**4.** JUR to constrain.

◆ **se contraindre** *vp* *(emploi réfléchi)* to force o.s.

contraint, e [kɔ̃trɛ̃, ɛ̃t] *adj* -**1.** [emprunté - sourire] constrained, forced, unnatural; [- politesse] unnatural. -**2.** [obligé]: **~ et forcé** under duress; **elle est venue ~e et forcée** she came under duress OU because she had no choice.

◆ **contrainte** *nf* -**1.** [obligation] constraint, imposition; **les ~s sociales** social constraints. -**2.** [force] constraint; **céder sous la ~** to give in under pressure. -**3.** [gêne] constraint, embarrassment; **parler sans ~** to speak uninhibitedly. -**4.** JUR: **~ par corps** imprisonment for non-payment of debts.

contraire [kɔ̃trɛr] ◇ *adj* -**1.** [qui s'oppose]: **ils ont des avis ~s** they hold opposite opinions; **face à cela, on peut avoir deux attitudes ~s** in the face of this, two radically opposed attitudes are possible; **sauf avis ~** unless otherwise informed. -**2.** [inverse - vent] contrary; **fais le tour dans le sens ~** go the opposite way round; **dans le sens ~ à celui des aiguilles d'une montre** anticlockwise *Br*, counterclockwise *Am*. -**3.** *sout* [défavorable, nuisible] contrary, unfavourable. -**4.** LOGIQUE contrary. -**5.** MUS contrary.

◇ *nm* -**1.** [inverse]: **le ~** the opposite; **j'avais raison, ne me dis pas le ~** I was right, don't deny it; **le ~ de** the opposite of; **elle est le ~ d'une timide** she's not shy, quite the opposite OU contrary; **il est le ~ de son père** he's the opposite of his father; **elle dit toujours le ~ de ce que disent les autres** she always says the opposite of what others say; **on peut comprendre par là une chose et son ~** you can interpret this statement either one way or the other; **dire tout et son ~** to contradict o.s. -**2.** LING opposite, antonym.

◆ **au contraire, bien au contraire, tout au contraire** *loc adv* quite the reverse OU opposite.

◆ **au contraire de** *loc prép* unlike.

◆ **contraire à** *loc prép*: **c'est ~ à mes principes** it's against my principles; **style de vie ~ à l'hygiène** unhygienic lifestyle; **le sort était ~ à leur amour** *litt* fate stood in the way of their love.

contrairement [kɔ̃trɛrmɑ̃]

◆ **contrairement à** *loc prép*: **~ à ce qu'il m'a dit/aux prévisions** contrary to what he told me/to all expectations; **~ à son frère** unlike his brother.

contralto [kɔ̃tralto] *nm* contralto.

contrapontiste, contrapuntiste [kɔ̃trapɔ̃tist] *nmf* contrapuntist.

contrariant, e [kɔ̃trarjɑ̃, ɑ̃t] *adj* [personne] annoying; [nouvelle] annoying, upsetting; **il n'est pas ~** he's an easy-going person.

contrarié, e [kɔ̃trarje] *adj* [amour] frustrated, thwarted; **tu as l'air ~** you look annoyed OU upset.

contrarier [9] [kɔ̃trarje] *vt* **-1.** [ennuyer - personne] to annoy, to upset; **je ne voulais pas te ~** I didn't mean to annoy you; **si cela ne te contrarie pas** if you don't mind. **-2.** [contrecarrer - ambitions, amour] to thwart; [- mouvement, action] to impede, to bar; **~ un gaucher** to force a left-handed person to use his right hand. **-3.** [contraster] : **~ des couleurs** to use contrasting shades.
◆ **se contrarier** *vp (emploi réciproque)* **-1.** [aller à l'encontre de - forces] to oppose one another. **-2.** [être en conflit - personnes] to clash. **-3.** [s'opposer - formes, couleurs] to contrast.

contrariété [kɔ̃trarjete] *nf* **-1.** [mécontentement] annoyance, vexation; **éprouver une ~** to be annoyed OU upset; **elle doit avoir une grosse ~** something must have upset her a lot; **elle a dû avoir une petite ~** she must have had some minor setback. **-2.** *sout* [opposition] clash; **~ d'humeur** clash of personalities.

contraste [kɔ̃trast] *nm* contrast; **faire ~ (avec qqch)** to contrast (with sthg); **deux couleurs qui font ~** two contrasting shades.
◆ **de contraste** *loc adj* [substance] contrast *(modif)*.
◆ **en contraste** *loc adv*: **mettre deux choses en ~** to contrast two things.
◆ **en contraste avec, par contraste avec** *loc prép* by contrast to OU with, in contrast to OU with.

contrasté, e [kɔ̃traste] *adj* [couleurs, situations] contrasting; [photo, image] contrasty.

contraster [3] [kɔ̃traste] ◇ *vt* [caractères, situations, couleurs] to contrast; [photo] to show up the contrast in.
◇ *vi* to contrast; **~ avec qqch** to contrast with sthg.

contrat [kɔ̃tra] *nm* **-1.** [acte, convention] contract; **passer un ~ avec qqn** to enter into a contract with sb; **un ~ de deux ans** a two-year contract ❑ **~ bilatéral/consensuel** bilateral/consensual contract; **~ d'adhésion** membership agreement; **~ administratif** public service contract; **~ d'assurance** insurance policy; **~ à durée déterminée** fixed term contract; **~ de louage** rental contract; **~ de mariage** marriage contract; **il n'y a pas eu de ~ de mariage** there was no marriage contract drawn up; **~ de prestation de service** service contract; **~ de travail** contract of employment; **~ de vente** bill of sale; **~ verbal** verbal contract OU undertaking; **remplir son ~** JUR to fulfil the terms of one's contract; *fig* [s'exécuter] to keep one's promise. **-2.** [entente] agreement, deal; **un ~ tacite** an unspoken agreement. **-3.** PHILOS: **~ social** social contract; **'Du ~ social'** *Rousseau* 'The Social Contract'. **-4.** *arg crime* [de tueur] contract. **-5.** CARTES contract; **réaliser son ~** to make one's contract.

contrat-type [kɔ̃tratip] *(pl* **contrats-types)** *nm* skeleton contract.

contravention [kɔ̃travɑ̃sjɔ̃] *nf* **-1.** [amende] (parking) fine; [avis] (parking) ticket. **-2.** [infraction] contravention, infraction, infringement; **être en ~, se mettre en état de ~** to contravene OU to infringe the law.

contre [kɔ̃tr] ◇ *prép* **-1.** [indiquant la proximité] against, on; **s'appuyer ~ un arbre/une palissade** to lean against a tree/a fence; **l'échelle était dressée ~ le mur** the ladder was against the wall; **se frotter ~ qqch** to rub (o.s.) against OU on sthg; **se blottir ~ qqn** to cuddle up to sb; **elle s'est endormie ~ moi** she fell asleep on me OU against me; **joue ~ joue** cheek to cheek; **pare-chocs ~ pare-chocs** bumper to bumper; **tenir qqn tout ~ soi** to hold sb close; **allongé tout ~ elle** lying right next to OU beside her; **un coup ~ la vitre** a knock on OU at the window; **je me suis cogné la tête ~ le radiateur** I hit my head on the radiator; **les vagues se brisaient ~ la jetée** the waves were breaking against OU on the jetty; **lancer une balle ~ le mur** to throw a ball against OU at the wall; **jeter des cailloux ~ un carreau** to throw pebbles at a window; **gare ta voiture ~ la mienne** park your car next to mine; **mettez-vous ~ le mur** stand (right) by the wall. **-2.** [indiquant l'opposition] against; **nager ~ le courant** to swim upstream OU against the current; **notre équipe aura le vent ~ elle** our team will play into the wind; **une attaque ~ qqn** an attack against OU on sb; **agir ~ qqn** to act against sb; **être en colère ~ qqn** to be angry at OU with sb; **nous avons des preuves ~ lui** we have (some) evidence against him; **je suis ~ l'intervention** I'm opposed to OU against (the idea of) intervention; **trop de gens sont ~ cette réforme** there are too many people against this reform; **qui se présente ~ le candidat sortant?** who's running against the outgoing candidate?; **voter ~ qqn/qqch** to vote against sb/sthg; **Durier ~ Chardin** JUR Durier versus Chardin; **le match ~ le Brésil** the Brazil match, the match against OU with Brazil; **jouer ~ qqn** to play against sb; **c'est ~ mes principes** that goes OU it's against my principles; **c'est ~ ma religion** it's against my religion; **avoir qqch ~ qqn** to have sthg against sb; **je n'ai rien ~ toi personnellement** it's nothing personal, I've nothing personal against you; **je l'ai fait ~ ma volonté** I did it against my will; **agir ~ les ordres/son devoir** to act against orders/counter to one's duty; **pour une fois, j'irai ~ mon habitude** for once, I'll break my habit; **vous allez ~ l'usage/le règlement** you're going against accepted custom/the regulations. **-3.** [pour protéger de] against; **pastilles ~ la toux** cough lozenges; **lutter ~ l'alcoolisme** to fight (against) alcoholism; **que faire ~ l'inflation?** what can be done about OU against OU to combat inflation?; **c'est le seul recours ~ cette décision** it's the only appeal against this decision; **s'assurer ~ le vol** to take out insurance against theft. **-4.** [en échange de] for, in exchange OU return for; **j'ai échangé mon livre ~ le sien** I swapped my book for hers; **elle est revenue sur sa décision ~ une promesse d'augmentation** she reconsidered her decision after being promised a rise; **que demandent-ils ~ la libération des otages?** what do they want in return for releasing the hostages? **-5.** [indiquant une proportion, un rapport] against, to; **parier à 10 ~ 1** to bet at 10 to 1; **10 ~ 1 qu'ils vont gagner!** ten to one they'll win!; **156 voix ~ 34** 156 votes to 34; **ils nous sont tombés dessus à trois ~ un** there were three of them for every one of us, they were three to one against us; **le dollar s'échange à 5,82 francs ~ 5,67 hier** the dollar is trading at 5.82 francs compared to OU (as) against 5.67 yesterday. **-6.** [contrairement à] : **~ toute apparence** contrary to OU despite all appearances; **~ toute attente** contrary to all expectations; **~ toute logique** against all logic; **~ toute prévision** against all the odds.
◇ *adv* **-1.** [indiquant la proximité] : **approche-toi du mur, et appuie-toi ~** go up to the wall and lean against it; **il n'a pas vu le poteau, et sa tête a heurté ~** he didn't see the post, and he banged his head against OU on it. **-2.** [indiquant l'opposition] against; **cette réforme ne passera pas, trop de gens sont ~** this reform won't get through, too many people are against it; **ah non, moi je suis ~!** I'm against it!; **on partage? – je n'ai rien ~** shall we share? – I've nothing against it OU it's OK by me; **c'est l'instinct, tu ne pourras pas aller ~** it's instinctive, you won't be able to fight it; **~? levez la main** hands up those against *Br*, all against, hands up *Am*.
◇ *nm* **-1.** [argument opposé] : **le pour et le ~** the pros and cons. **-2.** SPORT & JEUX [au volley, au basket] block; [en escrime] counter; [au billard] kiss; [au bridge] double; **marquer sur un ~** FTBL to score on a counter attack; **faire un ~** RUGBY to intercept the ball.
◆ **là-contre** *loc adv sout*: **c'est votre droit, je n'ai rien à dire là-~** it's your right, I have nothing to say in opposition.
◆ **par contre** *loc adv* on the other hand; **il est très compétent, par ~ il n'est pas toujours très aimable** he's very competent, but on the other hand he's not always very pleasant; **il parle espagnol, par ~ son anglais laisse encore à désirer** his Spanish is good, but his English isn't all it might be.

contre-acculturation [kɔ̃trakyltyrasjɔ̃] *(pl* contre-acculturations) *nf* counteracculturation.

contre-alizé [kɔ̃tralize] *(pl* **contre-alizés)** *nm* anti-trade (wind).

contre-allée [kɔ̃trale] *(pl* **contre-allées)** *nf* [d'une avenue] service OU frontage *Am* road; [d'une promenade] side track OU path.

contre-amiral [kɔ̃tramiral] *(pl* **contre-amiraux** [-ro]) *nm* rear admiral.

contre-appel [kɔ̃trapɛl] *(pl* **contre-appels)** *nm* second roll call.

contre-assurance [kɔ̃trasyrɑ̃s] *(pl* **contre-assurances)** *nf* reinsurance.

contre-attaque [kɔ̃tratak] *(pl* **contre-attaques)** *nf* **-1.** MIL [gén] counterattack; [à l'explosif] counter-blast. **-2.** [dans une polémique] counterattack, counter-blast.

contre-attaquer [3] [kɔ̃tratake] *vt* to counter-attack, to strike back *(sép)*.

contrebalancer [16] [kɔ̃trəbalɑ̃se] *vt* **-1.** [poids] to counterbalance. **-2.** [compenser - inconvénients, efforts] to offset, to make up for *(insép)*, to compensate.
◆ **se contrebalancer** ◇ *vp (emploi réciproque)* [s'équilibrer - raisons, hypothèses] to counterbalance each other; [- dépenses] to cancel each other out.
◇ *vpi fam* [se moquer] : **je m'en contrebalance** I couldn't give a damn.

contrebande [kɔ̃trəbɑ̃d] *nf* **-1.** [trafic] smuggling, contraband; **faire de la ~** to smuggle (in) goods. **-2.** [marchandises] contraband, smuggled goods; [alcool] bootleg; **~ de guerre** wartime smuggling.
◆ **de contrebande** *loc adj* smuggled (in), contraband *(modif)*.
◆ **en contrebande** *loc adv*: **faire entrer/sortir qqch en ~** to smuggle sthg in/out.

contrebandier, ère [kɔ̃trebɑ̃dje, ɛr] *nm, f* smuggler.

contrebas [kɔ̃trəba]
◆ **en contrebas** *loc adv* lower down, below *(adv)*.
◆ **en contrebas de** *loc prép* below.

contrebasse [kɔ̃trəbas] *nf* **-1.** [instrument] (double) bass, contrabass. **-2.** [musicien] (double) bass player, double bassist.

contrebassiste [kɔ̃trəbasist] *nmf* (double) bass player, double bassist.

contrebasson [kɔ̃trəbasɔ̃] *nm* contrabassoon, double bassoon.

contrebatterie [kɔ̃trəbatri] *nf* counterbattery.

contre-braquer [3] [kɔ̃trəbrake] *vi* to drive into a skid.

contrebuter [3] [kɔ̃trəbyte] *vt* to buttress, to prop OU to shore up *(sép)*.

contrecarrer [3] [kɔ̃trəkare] *vt* [personne] to thwart; [projet, initiative] to thwart, to block.

contrechamp [kɔ̃trəʃɑ̃] *nm* reverse shot.

contre-chant [kɔ̃trəʃɑ̃] *(pl* **contre-chants)** *nm* counterpoint.

contre-choc [kɔ̃trəʃɔk] *(pl* **contre-chocs)** *nm* backlash.

contrecœur[1] [kɔ̃trəkœr] *nm* **-1.** [d'un foyer] fireback. **-2.** RAIL guardrail, check rail *Br*.

contrecœur[2] [kɔ̃trəkœr]
◆ **à contrecœur** *loc adv* reluctantly, unwillingly, grudgingly.

contrecollé, e [kɔ̃trəkɔle] *adj*: **bois ~** thick plywood.

contrecoup [kɔ̃trəku] *nm* **-1.** [répercussion] repercussion, aftereffect; **subir le ~ de qqch** to suffer the aftershock OU aftereffects of sthg. -2. [ricochet] rebound.

contre-courant [kɔ̃trəkurɑ̃] (*pl* contre-courants) *nm* countercurrent.

◆ **à contre-courant** *loc adv* -1. [d'un cours d'eau] against the current, upstream. -2. [à rebours] : aller à ~ to go against the grain.

◆ **à contre-courant de** *loc prép*: aller à ~ de la mode to go against the trend; cela va à ~ de ce que je voulais faire that is the (exact) opposite of what I wanted to do.

contre-courbe [kɔ̃trəkurb] (*pl* contre-courbes) *nf* countercurve.

contre-culture [kɔ̃trəkyltyr] (*pl* contre-cultures) *nf* counterculture.

contredanse [kɔ̃trədɑ̃s] *nf* -1. DANSE contredanse, contra danse. -2. *fam* [contravention] ticket; avoir une ~ to get a ticket, to get booked.

contredire [103] [kɔ̃trədir] *vt* [personne, propos] to contradict; sa version contredit la tienne his version is at variance with OU contradicts yours; les faits contredisent cette hypothèse the facts contradict OU go against this assumption.

◆ **se contredire** ◇ *vp (emploi réciproque)* -1. [personnes] : ils se contredisent (l'un l'autre) they contradict each other. -2. [témoignages, faits, propositions] to be in contradiction (with each other), to contradict each other.
◇ *vp (emploi réfléchi)*: il se contredit he contradicts himself.

contredit [kɔ̃trədi]

◆ **sans contredit** *loc adv* unquestionably, undoubtedly.

contrée [kɔ̃tre] *nf litt* [pays] country, land *litt*; [région] region, area; dans une ~ lointaine in a faraway land.

contre-écrou [kɔ̃trekru] (*pl* contre-écrous) *nm* locknut.

contre-emploi [kɔ̃trɑ̃plwa] (*pl* contre-emplois) *nm* miscasting.

contre-empreinte [kɔ̃trɑ̃prɛ̃t] (*pl* contre-empreintes) *nf* fossil imprint.

contre-enquête [kɔ̃trɑ̃kɛt] (*pl* contre-enquêtes) *nf* counterinquiry.

contre-épreuve [kɔ̃treprœv] (*pl* contre-épreuves) *nf* -1. IMPR counterproof. -2. [contre-essai] repetition test, countercheck.

contre-espionnage [kɔ̃trɛspjɔnaʒ] (*pl* contre-espionnages) *nm* counterespionage.

contre-essai [kɔ̃tresɛ] (*pl* contre-essais) *nm* repetition OU second test, countercheck.

contre-exemple [kɔ̃trɛgzɑ̃pl] (*pl* contre-exemples) *nm* [illustration] counterexample; choisir un ~ to choose an example that goes against the rule; il a donné un ~ he gave evidence to the contrary.

contre-expertise [kɔ̃trɛkspɛrtiz] (*pl* contre-expertises) *nf* second expert evaluation OU opinion.

contre-extension [kɔ̃trɛkstɑ̃sjɔ̃] (*pl* contre-extensions) *nf* counterextension.

contrefaçon [kɔ̃trəfasɔ̃] *nf* -1. [action d'imiter - une signature, une écriture, une monnaie] counterfeiting, forging; [- un brevet] infringement. -2. [copie - d'un produit, d'un vêtement] imitation, fake; [- d'une signature, d'une écriture, de monnaie] counterfeit, forgery; méfiez-vous des ~s be wary of imitations.

contrefacteur, trice [kɔ̃trəfaktœr, tris] *nm, f* [de produits] copier, imitator, faker; [de billets] counterfeiter, forger.

contrefaire [109] [kɔ̃trəfɛr] *vt* -1. [parodier] to mimic, to take off *(sép)*. -2. [imiter - signature, écriture, argent] to counterfeit, to forge; [- brevet] to infringe. -3. [déformer - visage] to distort; [- voix] to alter, to change, to distort.

contrefait, e [kɔ̃trəfɛ, ɛt] *adj* -1. [déformé] deformed, misshapen. -2. [falsifié - signature, écriture, argent] counterfeit, forged.

contre-fenêtre [kɔ̃trəfənɛtr] (*pl* contre-fenêtres) *nf* double window sash.

contre-feu [kɔ̃trəfø] (*pl* contre-feux) *nm* -1. [plaque] fireback. -2. [incendie] backfire.

contrefiche [kɔ̃trəfiʃ] *nf* -1. [étai] oblique prop OU stay. -2. ARCHIT [jambe de force] brace, strut.

contreficher [3] [kɔ̃trəfiʃe]

◆ **se contreficher de** *fam vp + prép* to be indifferent to; je me contrefiche de ses problèmes I don't give two hoots about her problems; je m'en contrefiche I couldn't care less, who gives a damn?

contre-fil [kɔ̃trəfil] (*pl* contre-fils) *nm* opposite direction.

◆ **à contre-fil** *loc adv* against the grain.

contre-filet [kɔ̃trəfilɛ] (*pl* contre-filets) *nm* sirloin (steak).

contrefort [kɔ̃trəfɔr] *nm* -1. ARCHIT buttress, abutment. -2. [d'une chaussure] stiffener. -3. BOT & GÉOG spur.

◆ **contreforts** *nmpl* GÉOG foothills.

contrefoutre [116] [kɔ̃trəfutr]

◆ **se contrefoutre de**▽ *vp + prép*: je m'en contrefous I don't give a shit OU toss *Br* (about it).

contre-haut [kɔ̃trəo]

◆ **en contre-haut** *loc adv* (up) above.

◆ **en contre-haut de** *loc prép* (up) above.

contre-indication [kɔ̃trɛ̃dikasjɔ̃] (*pl* contre-indications) *nf* -1. MÉD contraindication. -2. [argument, raison] counter-argument; je ne vois pas de ~ à ce que nous construisions sur ce terrain I see no reason why we shouldn't build on this piece of land.

contre-indiqué, e [kɔ̃trɛ̃dike] (*mpl* contre-indiqués, *fpl* contre-indiquées) *adj* -1. MÉD contraindicated. -2. [déconseillé] inadvisable.

contre-indiquer [3] [kɔ̃trɛ̃dike] *vt* to contraindicate.

contre-interrogatoire [kɔ̃trɛ̃terɔgatwar] (*pl* contre-interrogatoires) *nm* cross-examination.

contre-jour [kɔ̃trəʒur] (*pl* contre-jours) *nm* -1. [éclairage] back light. -2. [photo] contre-jour shot.

◆ **à contre-jour, en contre-jour** *loc adv* [être placé - personne] with one's back to the light; [- objet] against the light OU sunlight; une photo prise à ~ a contre-jour shot.

contre-la-montre [kɔ̃trəlamɔ̃tr] *nm inv* time trial.

contremaître [kɔ̃trəmɛtr] *nm* -1. [dans un atelier] foreman, supervisor. -2. NAUT petty officer.

contremaîtresse [kɔ̃trəmɛtrɛs] *nf* forewoman, supervisor.

contre-manifestant, e [kɔ̃trəmanifɛstɑ̃, ɑ̃t] (*mpl* contre-manifestants, *fpl* contre-manifestantes) *nm, f* counterdemonstrator.

contre-manifestation [kɔ̃trəmanifɛstasjɔ̃] (*pl* contre-manifestations) *nf* counterdemonstration.

contre-manifester [3] [kɔ̃trəmanifɛste] *vi* to hold a counterdemonstration.

contremarche [kɔ̃trəmarʃ] *nf* -1. [d'escalier] riser. -2. MIL countermarch.

contremarque [kɔ̃trəmark] *nf* -1. [billet - au spectacle] voucher *(exchanged for ticket at the entrance)*; [- de transport] extra portion (of ticket). -2. ÉQUIT bishopping *(of horse's teeth)*. -3. COMM & HÉRALD countermark.

contremarquer [3] [kɔ̃trəmarke] *vt* - COMM & HÉRALD to countermark.

contre-mesure [kɔ̃trəməzyr] (*pl* contre-mesures) *nf* [gén & MIL] countermeasure; ~ électronique jamming device.

contre-nature [kɔ̃trənatyr] *adj inv* unnatural, contrary to nature.

contre-offensive [kɔ̃trɔfɑ̃siv] (*pl* contre-offensives) *nf* -1. MIL counteroffensive. -2. [réplique] counteroffensive, counterblast.

contre-OPA [kɔ̃trɔpea] *nf* counter bid.

contrepartie [kɔ̃trəparti] *nf* -1. [compensation] compensation; ce travail est pénible, mais il y a des ~s this job is difficult but there are compensations || [financière] compensation, consideration; vous aurez la ~ financière de la perte subie you will be financially compensated for the loss incurred. -2. [registre comptable] duplicate register. -3. BOURSE market making. -4. [opposé - d'une opinion] opposite view; [- d'un argument] corollary, obverse, converse.

◆ **en contrepartie** *loc adv* -1. [en compensation] in OU by way of compensation. -2. [en revanche] on the other hand. -3. [en retour] in return.

◆ **en contrepartie de** *loc prép* (as a OU in compensation) for; service en ~ duquel vous devrez payer la somme de ... for which services you will pay the sum of...

contre-passation [kɔ̃trəpasasjɔ̃] (*pl* contre-passations) *nf*, **contrepassement** [kɔ̃trəpasmɑ̃] *nm* reversing OU transferring *(of an amount)*.

contre-pente [kɔ̃trəpɑ̃t] (*pl* contre-pentes) *nf* reverse slope.

contre-performance [kɔ̃trəpɛrfɔrmɑ̃s] (*pl* contre-performances) *nf* bad result, performance below expectation; elle a eu OU fait *fam* une série de ~s she's had a run of bad results.

contrepèterie [kɔ̃trəpɛtri] *nf* spoonerism.

contre-pied [kɔ̃trəpje] (*pl* contre-pieds) *nm* -1. [opposé - d'une opinion] opposite (view); [- d'un argument] converse, obverse; prendre le ~ de: prendre le ~ d'une hypothèse to oppose a hypothesis; prenons le ~ de sa position let's take the (exact) opposite position to hers. -2. SPORT: prendre un adversaire à ~ to catch an opponent off balance. -3. CHASSE backscent; prendre le ~ [chien] to run heel; *fig* to take the opposite view.

contreplacage [kɔ̃trəplakaʒ] *nm* -1. [procédé] plywood construction. -2. [feuille] plywood panel.

contreplaqué [kɔ̃trəplake] *nm* plywood.

contreplaquer [3] [kɔ̃trəplake] *vt* to laminate into plywood.

contre-plongée [kɔ̃trəplɔ̃ʒe] (*pl* contre-plongées) *nf* low-angle shot.

◆ **en contre-plongée** *loc adv* from below; prends-la en ~ get a low-angle shot of her, shoot her from below.

contrepoids [kɔ̃trəpwa] *nm* [gén] counterbalance, counterweight; [d'une horloge] balance weight; [d'un funambule] balancing pole; faire ~ (à qqch) *pr & fig* to provide a counterweight (to sthg).

contre-poil [kɔ̃trəpwal]

◆ **à contre-poil** *loc adv* the wrong way; prendre qqn à ~ *fam* to rub sb up the wrong way.

contrepoint [kɔ̃trəpwɛ̃] *nm* LITTÉRAT & MUS counterpoint.

◆ **en contrepoint** *loc adv* -1. LITTÉRAT & MUS contrapuntally. -2. *litt* [en même temps] at the same time, concurrently.

◆ **en contrepoint de** *loc prép* -1. LITTÉRAT & MUS as counterpoint to. -2. [avec] as an accompaniment to.

contre-pointe [kɔ̃trəpwɛ̃t] (*pl* contre-pointes) *nf* -1. ARM back edge of sword. -2. MÉCAN tailstock.

contrepointiste [kɔ̃trəpwɛ̃tist] = **contrapuntiste**.

contrepoison [kɔ̃trəpwazɔ̃] *nm* antidote.

contre-porte [kɔ̃trəpɔrt] (*pl* contre-portes) *nf* [d'isolation] inner door; [de protection] screen door.

contre-pouvoir [kɔ̃trəpuvwar] (*pl* contre-pouvoirs) *nm challenge to established authority*.

contre-préparation [kɔ̃trəpreparasjɔ̃] (*pl* contre-préparations) *nf* counterpreparation.

contre-productif, ive [kɔ̃trəprɔdyktif, iv] (*mpl* contre-productifs, *fpl* contre-productives) *adj* counterproductive.

contre-projet [kɔ̃trəprɔʒɛ] (*pl* contre-projets) *nm* counterplan, counterproject; y a-t-il des ~s? are there any (other) projects to rival this one?

contre-propagande [kɔ̃trəprɔpagɑ̃d] (*pl* contre-propagandes) *nf* counterpropaganda.

contre-proposition [kɔ̃trəprɔpozisjɔ̃] (*pl* contre-propositions) *nf* counterproposal.

contre-publicité [kɔ̃trəpyblisite] (*pl* contre-publicités) *nf* [qui concurrence] *advertisement intended to downgrade a competitor*; [qui manque son objectif] *advertisement which has missed its target*.

contrer [3] [kɔ̃tre] *vt* -**1.** [s'opposer à] to block, to counter; elle me contre systématiquement she tries to block everything I do. -**2.** JEUX to double. -**3.** SPORT [au volley] to block *(a smash)*; [au rugby] to block *(a kick)*; [à la boxe] to counter *(a punch)*.

contre-révolution [kɔ̃trərevɔlysjɔ̃] (*pl* contre-révolutions) *nf* counterrevolution.

contre-révolutionnaire [kɔ̃trərevɔlysjɔnɛr] (*pl* contre-révolutionnaires) *adj* & *nmf* counterrevolutionary.

contrescarpe [kɔ̃trɛskarp] *nf* counterscarp.

contreseing [kɔ̃trəsɛ̃] *nm* countersignature.

contresens [kɔ̃trəsɑ̃s] *nm* -**1.** [mauvaise interprétation] misinterpretation; [mauvaise traduction] mistranslation; faire un ~ to mistranslate *(a word or a passage)*. -**2.** [aberration] sheer nonsense; la politique pétrolière de ce pays est un ~ this country's oil policy is an absurdity. -**3.** TEXT wrong way *(of fabric)*.

◆ **à contresens** *loc adv* -**1.** [traduire, comprendre, marcher] the wrong way. -**2.** TEXT against the grain.

contresignataire [kɔ̃trəsiɲatɛr] *nmf* countersigner.

contresigner [3] [kɔ̃trəsiɲe] *vt* to countersign.

contretemps [kɔ̃trətɑ̃] *nm* -**1.** [empêchement] hitch, mishap, setback; à moins d'un ~ unless there's a hitch, unless something unexpected crops up. -**2.** MUS offbeat.

◆ **à contretemps** *loc adv* -**1.** [inopportunément] at the wrong time OU moment. -**2.** MUS off the beat.

contre-terrorisme [kɔ̃trətɛrɔrism] (*pl* contre-terrorismes) *nm* counterterrorism.

contre-terroriste [kɔ̃trətɛrɔrist] (*pl* contre-terroristes) *adj* & *nmf* counterterrorist.

contre-torpilleur [kɔ̃trətɔrpijœr] (*pl* contre-torpilleurs) *nm* destroyer.

contre-transfert [kɔ̃trətrɑ̃sfɛr] (*pl* contre-transferts) *nm* countertransfer, countertransference.

contretype [kɔ̃trətip] *nm* duplicate.

contre-valeur [kɔ̃trəvalœr] (*pl* contre-valeurs) *nf* exchange value; pour la ~ de 300 francs in exchange for 300 francs.

contrevenant, e [kɔ̃trəvnɑ̃, ɑ̃t] *nm, f* offender.

contrevenir [40] [kɔ̃trəvnir]

◆ **contrevenir à** *v + prép*: ~ à qqch to contravene OU to infringe sthg.

contrevent [kɔ̃trəvɑ̃] *nm* -**1.** [volet] shutter. -**2.** MÉTALL back-draught. -**3.** CONSTR strut, brace.

contrevérité [kɔ̃trəverite] *nf* falsehood, untruth.

contre-visite [kɔ̃trəvizit] (*pl* contre-visites) *nf* further consultation *(for a second medical opinion)*.

contre-voie [kɔ̃trəvwa] (*pl* contre-voies) *nf* parallel track *(going in the opposite direction)*.

◆ **à contre-voie** *loc adv*: monter/descendre à ~ to get on/off on the wrong side of the train.

contribuable [kɔ̃tribɥabl] *nmf* taxpayer.

contribuer [7] [kɔ̃tribɥe] *vi* [financièrement] to contribute (money), to pay a share.

◆ **contribuer à** *v + prép*: ~ à qqch to have a part in OU to contribute to sthg; ~ à l'achat d'un cadeau to contribute to (buying) a present; ~ au succès de to contribute to OU to have a part in the success of; elle n'a pas contribué à la discussion she took no part in the discussion; la forêt contribue à l'agrément de la région the forest is one of the things that helps to make the area so pleasant; ~ à faire qqch to go towards doing sthg.

contribution [kɔ̃tribysjɔ̃] *nf* -**1.** [argent apporté] contribution, sum contributed; ma ~ a été de 200 francs I contributed 200 francs. -**2.** [aide] contribution, help; sa ~ au spectacle se limite à la rédaction du programme his only contribution to the show is the writing of the programme. -**3.** [impôt] tax; ~ indirecte indirect taxation.

◆ **Contributions** *nfpl* ≃ Inland Revenue *Br*, ≃ Internal Revenue Service *Am*.

◆ **à contribution** *loc adv*: mettre qqn à ~ to get sb involved; mets-le à ~ ask him to help.

contrit, e [kɔ̃tri, it] *adj* contrite, chastened.

contrition [kɔ̃trisjɔ̃] *nf* -**1.** *litt* [repentir] contrition *litt*, remorse. -**2.** RELIG: acte de ~ act of contrition.

contrôlabilité [kɔ̃trolabilite] *nf* controllability.

contrôlable [kɔ̃trolabl] *adj* -**1.** [maîtrisable] that can be controlled, controllable. -**2.** [vérifiable] that can be checked OU verified, checkable, verifiable.

contrôle [kɔ̃trol] *nm* -**1.** [maîtrise] control; garder/perdre le ~ de sa voiture to keep/to lose control of one's car; avoir le ~ de [d'un secteur, de compagnies] to have (owning) control of; [d'un pays, d'un territoire, d'un match] to be in control of ❑ ~ de soi-même self-control; ~ des naissances birth control. -**2.** [surveillance - de personnes, de travail] supervision, control ❑ ~ budgétaire ÉCON budgeting control; ~ de gestion ÉCON management control; ~ économique OU des prix price control; ~ des changes exchange control; ~ judiciaire ≃ probation; placé sous ~ judiciaire ≃ put on probation. -**3.** [inspection - d'actes, de documents] control, check, checking; ~ des comptes OU fiscal audit; il a un ~ fiscal ≃ the Inland Revenue *Br* OU IRS *Am* is checking his returns; ~ d'identité OU de police identification papers control OU check; ~ de douane customs control; ~ de routine routine check-up. -**4.** [bureau] check point. -**5.** SPORT [de la balle, du ballon] control. -**6.** SCOL test; avoir un ~ en chimie to have a chemistry test ❑ ~ continu (des connaissances) continuous assessment. -**7.** JOAILL [poinçon] hallmark; [bureau] hallmark centre. -**8.** MIL [liste] list, roll. -**9.** INF: ~ carré crosscheck; ~ de la coupure de mot hyphenation control; ~ de parité odd-even check. -**10.** TÉLÉC monitoring.

contrôler [3] [kɔ̃trole] *vt* -**1.** [maîtriser - émotions, sentiments] to control, to master, to curb; [- respiration] to control; [- discussion, match] to control, to master; [- véhicule] to control, to be in control of; contrôle tes nerfs! get a grip on yourself!; nous ne contrôlons plus la situation the situation is out of our control. -**2.** [surveiller - personnes, travail] to supervise; nous sommes contrôlés toutes les semaines a supervisor checks our work every week. -**3.** [vérifier - renseignement, exactitude] to check, to verify; [- billet, papiers, validité] to check, to control; [- qualité] to control; [- bon fonctionnement] to check, to monitor; [- traduction] to check; je vais ~ ce que tu m'as dit/si tu m'as dit la vérité I'll check what you told me/whether you told me the truth. -**4.** [avoir sous son autorité - affaires, secteur] to be in control of, to control; [- territoire, zone] to control, to be in command of. -**5.** SPORT [ballon] to have control of. -**6.** JOAILL to hallmark. -**7.** TÉLÉC to monitor. -**8.** FIN [prix] to control; [dépenses, comptes] to audit.

◆ **se contrôler** *vp (emploi réfléchi)* to control o.s., to be in control of o.s.; il ne se contrôlait plus he'd lost his grip on himself, he was (totally) out of control.

contrôleur, euse [kɔ̃trolœr, øz] *nm, f* -**1.** RAIL ticket inspector. -**2.** AÉRON: ~ aérien air traffic controller. -**3.** ADMIN & FIN: ~ (de gestion) auditor; ~ (des impôts) (tax) inspector OU assessor; ~ des douanes customs inspector.

◆ **contrôleur** *nm* -**1.** INDUST regulator. -**2.** [horloge] telltale *Br*, time clock. -**3.** INF controller; ~ de transmission/communication transmission/communication controller; ~ interne de disques internal storage control.

contrordre [kɔ̃trɔrdr] *nm* countermand, counterorder; il y a ~, vous ne partez plus orders have been countermanded OU changed, you're not leaving; à moins d'un OU sauf ~ unless otherwise informed; sauf ~, je te retrouve à six heures à la gare unless you hear from me, I'll meet you at six at the station.

controversable [kɔ̃trɔvɛrsabl] *adj* debatable, disputable.

controverse [kɔ̃trɔvɛrs] *nf* [débat] controversy; donner lieu à ~ to be controversial.

controversé, e [kɔ̃trɔvɛrse] *adj* (much) debated OU disputed.

contumace [kɔ̃tymas] *nf* contumacy, refusal to appear in court, contempt of court.

◆ **par contumace** *loc adv* in absentia.

contusion [kɔ̃tyzjɔ̃] *nf* contusion *spéc*, bruise.

contusionner [3] [kɔ̃tyzjɔne] *vt* to bruise; visage contusionné face covered in bruises.

conurbation [kɔnyrbasjɔ̃] *nf* conurbation.

convaincant, e [kɔ̃vɛ̃kɑ̃, ɑ̃t] *adj* [document, orateur] convincing, persuasive; faites-vous ~ try to be persuasive.

convaincre [114] [kɔ̃vɛ̃kr] *vt* -**1.** [persuader] to convince, to persuade; je n'ai pas su le ~ I couldn't convince him; essaie de la ~ de venir try to persuade her to come; ~ qqn de faire qqch to persuade sb to do sthg, to talk sb into doing sthg; votre dernier argument m'a convaincu your last argument has won me over. -**2.** [prouver coupable]: ~ qqn de mensonge to force sb to admit he/she lied; ~ qqn de vol to convict sb of theft, to find sb guilty of theft.

◆ **se convaincre** *vp (emploi réfléchi)* to realize, to accept; il faut te ~ que tout est fini you must realize OU understand OU accept that it's all over; il est difficile de s'en ~ it's difficult to accept it.

convaincu, e [kɔ̃vɛ̃ky] ◇ *adj* convinced; un partisan ~ du socialisme a firm believer in socialism; parler d'un ton ~ to talk with conviction.

◇ *nm, f* firm OU great OU strong believer *(in an idea)*.

convalescence [kɔ̃valesɑ̃s] *nf* -**1.** MÉD convalescence; être en ~ to be convalescing. -**2.** MIL *army convalescence leave*.

convalescent, e [kɔ̃valesɑ̃, ɑ̃t] *adj* & *nm, f* convalescent.

convecteur [kɔ̃vɛktœr] *nm* convector.

convection [kɔ̃vɛksjɔ̃] *nf* convection.

convenable [kɔ̃vnabl] *adj* -**1.** [approprié] suitable, fitting, appropriate; au moment ~ at the right OU appropriate moment. -**2.** [décent - tenue] decent, respectable; [- comportement] seemly, correct; mets une robe plus ~ put a more decent dress on; une famille très ~ a very respectable OU decent OU upstanding family; ce n'est pas très ~ de parler fort it's not very polite to talk loudly. -**3.** [acceptable - devoir] passable, adequate; [- logement, rémunération] decent, adequate.

convenablement [kɔ̃vnabləmɑ̃] *adv* -**1.** [de façon appropriée] suitably, appropriately. -**2.** [décemment] decently, properly; habille-toi ~ dress decently OU respectably; se tenir ~ to behave properly. -**3.** [de façon acceptable]: gagner ~ sa vie to earn a decent wage; il s'exprime très ~ en italien he has a fairly good knowledge of Italian; une pièce ~ éclairée a fairly well-lit room; il travaille ~ à l'école his schoolwork is fairly good; on y mange ~ the food is quite adequate there.

convenance [kɔ̃vnɑ̃s] *nf litt* [adéquation] appropriateness, suitability; la ~ d'humeur OU de goût entre deux personnes affinity of taste between two people.

◆ **convenances** *nfpl* propriety, decorum, accepted (standards of) behaviour; respecter les ~s to respect OU to observe the proprieties.

◆ **à ma convenance, à sa convenance** *etc loc adv* as suits me/him *etc* (best); **je choisirai une couleur à ma ~** I'll choose a shade to suit me.

◆ **de convenance** *loc adj* SOCIOL: **mariage de ~** marriage of convenience.

◆ **pour convenance(s) personnelle(s)** *loc adv* for personal reasons.

convenir [40] [kɔ̃vniʀ] *vt*: **c'est convenu ainsi** it's been agreed this way; **comme cela a été convenu** as agreed; **~ que** to agree OU to accept OU to admit that; **tu dois bien ~ qu'elle est belle** you must admit she's beautiful.

◆ **convenir à** *v + prép* -**1.** [être approprié à] to suit; **cette table conviendra parfaitement à ma cuisine** this table's perfect for my kitchen || *(en usage abs)*: **dire les mots qui conviennent** to say the right words; **trouver le ton qui convient** to find the right OU suitable tone. -**2.** [plaire à] to suit; **lundi matin me conviendrait assez** Monday morning would suit me fine; **10 h, cela vous convient-il?** does 10 o'clock suit you?; **ce travail ne lui convient pas du tout** this job's not right for him at all; **une mode qui convient à toutes les femmes** a style that looks good on OU suits all women; **la vie que je mène me convient parfaitement** the life I lead suits me perfectly; **cette chaleur ne me convient pas du tout** this heat doesn't agree with me at all.

◆ **convenir de** *v + prép* -**1.** [se mettre d'accord sur] to agree that; **nous avions convenu de nous retrouver à midi** we had agreed to meet at noon; **~ d'un endroit** to agree upon a place; **il est convenu avec la direction de...** it's agreed with the management to...; **somme convenue** agreed sum; **comme convenu** as agreed. -**2.** [reconnaître]: **~ de qqch** to admit sthg; **~ de ses erreurs** to admit OU to acknowledge one's errors; **je conviens d'avoir dit cela** I admit to having said that; **j'en conviens volontiers** I don't mind admitting it.

◆ **il convient de** *v impers* -**1.** [il est souhaitable de] it is advisable OU a good idea to; **il convient de fermer cette porte à clé** it is advisable to lock this door; **il voudrait savoir ce qu'il convient de faire** he would like to know the right thing to do. -**2.** [il est de bon ton de] it is proper OU the done thing to; **il convient d'apporter des fleurs à la maîtresse de maison** it is the done thing to bring flowers for one's hostess.

◆ **se convenir** *vp (emploi réciproque)* to suit one another.

convent [kɔ̃vɑ̃] *nm* Masonic assembly.

convention [kɔ̃vɑ̃sjɔ̃] *nf* -**1.** [norme] convention; **les ~s orthographiques** spelling conventions; **un système de ~s** an agreed system. -**2.** [règle de bienséance] (social) convention; **respecter les ~s** to conform to accepted social behaviour OU established conventions. -**3.** [accord - tacite] agreement, understanding; [- officiel] agreement; [- diplomatique] convention; **~ signée entre le patronat et les syndicats** union OU union-management agreement ❑ **~ collective (du travail)** collective agreement. -**4.** POL [assemblée - aux États-Unis] convention; [- en France] assembly. -**5.** HIST: **la Convention** the French National Convention *(1792-1795)*.

◆ **de convention** *loc adj* conformist, conventional.

◆ **par convention** *loc adv*: **par ~, nous appellerons cet ensemble N** let us call this set N; **par ~, on symbolise la vitesse par un v** speed is usually symbolised by a v.

conventionnalisme [kɔ̃vɑ̃sjɔnalism] *nm* conventionalism, conformism.

conventionné, e [kɔ̃vɑ̃sjɔne] *adj* -**1.** [médecin, clinique] subsidized, designated by the health system, ≃ National Health *Br*. -**2.** [honoraires, prix] set; **prêt ~** low-interest (subsidized) loan.

conventionnel, elle [kɔ̃vɑ̃sjɔnɛl] *adj* -**1.** [conformiste] conventional, conformist; **formules ~les** clichés, platitudes. -**2.** [arbitraire - signe, valeur] conventionally agreed. -**3.** POL: **accords ~s** agreements resulting from collective bargaining; **politique ~le** policies relating to union-management agreements. -**4.** JUR contractual. -**5.** ARM conventional.

◆ **conventionnel** *nm* -**1.** [membre d'une convention] member *(of a convention)*. -**2.** HIST: **Conventionnel** member of the French National Convention *(1792-1795)*.

conventionnellement [kɔ̃vɑ̃sjɔnɛlmɑ̃] *adv* conventionally, unoriginally *péj*.

conventionnement [kɔ̃vɑ̃sjɔnmɑ̃] *nm* MÉD medical care, ≃ National Health Service contract *Br*; **le ~ d'une clinique** a clinic's adherence to a (public) medical care system.

conventionner [3] [kɔ̃vɑ̃sjɔne] *vt* ≃ to link to the NHS System *Br* OU a (public) medical care system.

conventuel, elle [kɔ̃vɑ̃tɥɛl] *adj* conventual.

◆ **conventuel** *nm* Friar Minor Conventual.

convenu, e [kɔ̃vny] *adj*: **style ~** conventional style; **l'intrigue est très ~e** the plot is very obvious.

convergence [kɔ̃vɛʀʒɑ̃s] *nf* -**1.** [confluence - de chemins, de lignes] convergence, confluence. -**2.** [concordance]: **la ~ de nos efforts** the convergence of our efforts (on a common goal); **la ~ de nos conclusions** the fact that our conclusions lead to a single result. -**3.** MATH & OPT convergence.

convergent, e [kɔ̃vɛʀʒɑ̃, ɑ̃t] *adj* convergent.

converger [17] [kɔ̃vɛʀʒe] *vi* -**1.** [confluer] to converge, to meet at a point; **tous les chemins convergent vers la clairière** all paths converge on the clearing. -**2.** [aboutir au même point]: **nos conclusions convergent** we tend toward the same conclusions. -**3.** MATH & OPT to converge.

convers, e [kɔ̃vɛʀ, ɛʀs] *adj* -**1.** RELIG lay *(avant n)*. -**2.** LOGIQUE converse.

conversation [kɔ̃vɛʀsasjɔ̃] *nf* -**1.** [discussion] discussion, conversation, talk; **une ~ animée** a heated discussion; **être en grande ~** to be deep in conversation; **elle est en grande ~ avec son mari** she's deep in conversation with her husband; **engager la ~ (avec qqn)** to start up a conversation (with sb); **suite à ma ~ téléphonique avec votre secrétaire** following my phone conversation with your secretary; **interrompre sa ~** to break off in mid-conversation; **interrompre une ~** to interrupt a conversation; **détourner la ~** to change the subject, to steer the conversation in another direction; **amener la ~ sur qqch** to steer the conversation towards sthg, to bring sthg up in the conversation; **il écrit dans le style de la ~** he writes in a conversational style, his style of writing is colloquial; **je n'aime pas sa ~** I don't like the way he talks ❑ **avoir de la ~** to be a good conversationalist; **il n'a aucune ~** he never has anything to say, he's a poor conversationalist. -**2.** [pourparlers]: **~s diplomatiques** diplomatic talks OU negotiations; **des ~s entre les syndicats et le patronat** talks between unions and management.

conversationnel, elle [kɔ̃vɛʀsasjɔnɛl] *adj* interactive; **en mode ~** in interactive OU conversational mode.

converser [3] [kɔ̃vɛʀse] *vi* to converse, to talk.

conversion [kɔ̃vɛʀsjɔ̃] *nf* -**1.** [de chiffres, de mesures, de devises] conversion, converting; **~ des miles en kilomètres** converting of miles to kilometres. -**2.** RELIG conversion; **à cause de sa ~ au judaïsme** because of her conversion OU because she converted to Judaism. -**3.** [ralliement] conversion. -**4.** NAUT turning around. -**5.** [au ski] kick turn. -**6.** JUR & SC conversion. -**7.** [formation] retraining.

converti, e [kɔ̃vɛʀti] ◇ *adj* converted.

◇ *nm, f* convert.

convertibilité [kɔ̃vɛʀtibilite] *nf* convertibility.

convertible [kɔ̃vɛʀtibl] ◇ *adj* -**1.** [transformable] convertible; **~ en qqch** convertible into sthg ❑ **avion ~** convertiplane, convertoplane; **canapé ~** sofa bed, bedsettee *Br*, convertible sofa *Am*; **fauteuil ~** convertible armchair. -**2.** FIN convertible.

◇ *nm* -**1.** [canapé] sofa bed, bedsettee *Br*, convertible sofa *Am*. -**2.** AÉRON convertiplane, convertoplane.

convertir [32] [kɔ̃vɛʀtiʀ] *vt* -**1.** [convaincre] to convert; **~ qqn à** [religion] to convert sb to; [opinion, mouvement] to win sb over OU to convert sb to. -**2.** FIN & MATH [mesure, grandeur, argent] to convert; **~ des francs en dollars** to convert francs into dollars. -**3.** INF [données] to convert; **~ en numérique** to digitize. -**4.** LOGIQUE to convert. -**5.** [transformer]: **~ une vieille gare en musée** to convert OU to transform an old railway station into a museum.

◆ **se convertir** *vpi* [athée] to become a believer; [croyant] to change religion; **se ~ à** [religion, mouvement] to be converted to, to convert to.

convertissage [kɔ̃vɛʀtisaʒ] *nm* conversion MÉTALL.

convertisseur, euse [kɔ̃vɛʀtisœʀ, øz] *nm, f* RELIG converter.

◆ **convertisseur** *nm* -**1.** MÉTALL converter; **~ Bessemer** Bessemer converter. -**2.** ÉLECTR converter, convertor. -**3.** TV converter; **~ d'images** image converter. -**4.** MÉCAN: **~ de couple** torque converter. -**5.** INF: **~ de signal** converter; **~ tournant** motor generator (set); **~ série-parallèle** staticizer.

convexe [kɔ̃vɛks] *adj* convex.

convexion [kɔ̃vɛksjɔ̃] = **convection**.

convexité [kɔ̃vɛksite] *nf* convexity.

conviction [kɔ̃viksjɔ̃] *nf* [certitude] conviction, belief; **j'ai la ~ que...** it's my belief that..., I'm convinced that...; **avec/sans ~** with/without conviction.

◆ **convictions** *nfpl* [credo] fundamental beliefs; **avoir des ~s politiques** to have political convictions.

convier [9] [kɔ̃vje] *vt litt* -**1.** [faire venir] to invite; **~ qqn à une soirée/un repas** to invite sb to a party/a meal. -**2.** [inciter]: **~ qqn à faire qqch** to invite OU to urge sb to do sthg.

convive [kɔ̃viv] *nmf* guest *(at a meal)*; **combien y aura-t-il de ~s?** how many people will be at the meal?

convivial, e, aux [kɔ̃vivjal, o] *adj* -**1.** [ambiance, fête] convivial. -**2.** INF user-friendly.

convivialité [kɔ̃vivjalite] *nf* -**1.** [d'une société] conviviality. -**2.** INF user-friendliness.

convocable [kɔ̃vɔkabl] *adj* summonable.

convocation [kɔ̃vɔkasjɔ̃] *nf* -**1.** [appel - d'une assemblée, d'un concile, de ministres] calling together, convening; [- de témoins, d'un employé] summoning. -**2.** [avis écrit] notification; **vous recevrez bientôt votre ~** you'll be notified shortly || JUR summons *(sg)*.

convoi [kɔ̃vwa] *nm* -**1.** AUT & NAUT convoy; **~ d'ambulances/de péniches** string of ambulances/of barges; '**~ exceptionnel**' 'wide OU dangerous load'. -**2.** RAIL train; **~ postal** postal *Br* OU mail *Am* train. -**3.** [cortège] convoy; **un ~ de prisonniers** a convoy of prisoners ❑ **~ funèbre** funeral procession.

◆ **en convoi** *loc adv* in convoy.

convoiement [kɔ̃vwamɑ̃] *nm* [gén] escorting, convoying; AÉRON *shuttling of new planes to operational zones*.

convoiter [3] [kɔ̃vwate] *vt* -**1.** [vouloir - argent, héritage, poste] to covet, to be after *(insép)*; **j'avais enfin le rôle tant convoité** at last, I had the role I had longed for. -**2.** *litt* [par concupiscence] to lust after *(insép)*.

convoitise [kɔ̃vwatiz] *nf* -**1.** [désir - d'un objet] desire, covetousness; [- d'argent] greed, cupidity; **agir par ~** to act out of greed; **regarder qqch avec ~** to stare at sthg greedily; **exciter** OU **exaspérer les ~s** to arouse envy OU greed. -**2.** *litt* [concupiscence]: **~ (de la chair)** lust.

convoler [3] [kɔ̃vɔle] *vi arch*: **~ en secondes noces** to re-marry ❑ **~ en justes noces** *hum* to be wed.

convoluté, e [kɔ̃vɔlyte] *adj* convolute *(modif)*, coiled.

convolvulacée [kɔ̃vɔlvylase] *nf* convolvulus.

convoquer [3] [kɔ̃vɔke] *vt* [appeler - assemblée, concile, ministres] to call together *(sép)*, to convene; [- témoin] to summon to a hearing; [- employé, postulant] to call in *(sép)*; [- journalistes, presse] to invite; **ils m'ont convoqué pour passer un entretien** they've called OU asked me in for an interview; **elle est convoquée chez le proviseur** she's been summoned to the principal's office; **je suis convoqué à 9 h au centre d'examens** I have to be at the examination centre at 9.

convoyage [kɔ̃vwajaʒ] = **convoiement**.

convoyer [13] [kɔ̃vwaje] *vt* [accompagner] to escort; MIL to convoy.

convoyeur, euse [kɔ̃vwajœr, øz] ◇ *adj* escort *(modif)*.
◇ *nm, f* escort.
◆ **convoyeur** *nm* -**1.** [transporteur]: ~ **de fonds** [entreprise] security firm *(transporting money)*, ≃ Securicor® *Br*; [homme] security guard, ≃ Securicor guard *Br*. -**2.** NAUT convoy (ship). -**3.** MÉCAN conveyer, conveyor.

convulser [3] [kɔ̃vylse] *vt* to convulse; **la peur convulsait son visage** her face was convulsed OU distorted with fear.
◆ **se convulser** *vpi* to be convulsed; **il se convulsait de douleur** he was convulsed with pain.

convulsif, ive [kɔ̃vylsif, iv] *adj* -**1.** MÉD convulsive. -**2.** [brusque]: **un mouvement ~** a sudden OU uncontrolled movement.

convulsion [kɔ̃vylsjɔ̃] *nf* -**1.** MÉD convulsion; **il fut soudain pris de ~s** he suddenly went into convulsion OU convulsions. -**2.** [agitation] convulsion, upheaval, disturbance.

convulsionnaire [kɔ̃vylsjɔnɛr] *nmf* convulsionary mystic.

convulsionner [3] [kɔ̃vylsjɔne] *vt* [visage] to convulse, to distort; [patient] to send into convulsion OU convulsions.

convulsivement [kɔ̃vylsivmɑ̃] *adv* convulsively.

coobligé, e [kɔɔbliʒe] *nm, f* joint debtor.

cooccupant, e [kɔɔkypɑ̃, ɑ̃t] *nm, f* co-occupier.

cooccurrence [kɔɔkyrɑ̃s] *nf* co-occurrence.

Cook [kuk] *npr* → **détroit**.

cool *fam* [kul] ◇ *adj inv* cool, laid-back, relaxed; **ils sont ~, ses parents** his parents are easy going.
◇ *nm inv* MUS cool jazz.

coolie [kuli] *nm* coolie.

coopérant, e [kɔɔperɑ̃, ɑ̃t] ◇ *adj* cooperative.
◇ *nm, f* aid worker.
◆ **coopérant** *nm conscript doing National Service in a non-military capacity in a developing country*.

coopérateur, trice [kɔɔperatœr, tris] ◇ *adj* cooperative.
◇ *nm, f* [collaborateur] cooperator, collaborator; [adhérent] member of a cooperative.

coopératif, ive [kɔɔperatif, iv] *adj* cooperative, helpful.
◆ **coopérative** *nf* -**1.** ÉCON cooperative, co-op. -**2.** SCOL: ~ **scolaire** fund-raising group *(of pupils under the supervision of a teacher)*.

coopération [kɔɔperasjɔ̃] *nf* -**1.** [collaboration] cooperation; **il nous a offert sa ~** he offered to cooperate (with us). -**2.** ÉCON & POL economic cooperation. -**3.** ADMIN & MIL *form of National Service in which the person works abroad on an aid project*; **le ministère de la Coopération et du Développement** ministry promoting the development of Third World countries. -**4.** ÉCON cooperation, cooperative action.

coopératisme [kɔɔperatism] *nm doctrine encouraging the cooperative movement*.

coopérer [18] [kɔɔpere] *vi* to cooperate; **~ à qqch** to cooperate in (doing) sthg, to collaborate on doing sthg.

cooptation [kɔɔptasjɔ̃] *nf* co-option.

coopter [3] [kɔɔpte] *vt* to co-opt.

coordinateur, trice [kɔɔrdinatœr, tris]
◇ *adj* coordinating.
◇ *nm, f* coordinator.

coordination [kɔɔrdinasjɔ̃] *nf* -**1.** [d'une opération] coordination. -**2.** [des mouvements] coordination; **il n'a aucune ~** he is totally uncoordinated.

coordonnateur, trice [kɔɔrdɔnatœr, tris] = **coordinateur**.

coordonné, e [kɔɔrdɔne] *adj* -**1.** [harmonieux] coordinated. -**2.** LING: **propositions ~es** coordinate clauses. -**3.** [assorti] matching; **veste et jupe ~es** matching OU coordinating jacket and skirt.
◆ **coordonnés** *nmpl* [vêtements] coordinates, (matching) separates; [linge] matched set.
◆ **coordonnées** *nfpl* -**1.** GÉOG & MATH coordinates. -**2.** *fam* [adresse]: **laissez-moi vos ~es** leave me your name, address and phone number; **je n'ai même pas ses ~es!** I don't even know where to reach her!

coordonner [3] [kɔɔrdɔne] *vt* -**1.** [organiser] to coordinate, to integrate; **il est là pour ~ les secours** his job is to act as coordinator for the emergency services. -**2.** [assortir] to match; **~ des accessoires** to match OU to coordinate accessories. -**3.** LING to coordinate.

copain, copine *fam* [kɔpɛ̃, kɔpin] ◇ *nm, f* [ami] buddy *Am*, mate *Br*, friend; **Anne, c'est vraiment une supercopine** Anne's a really good friend; **un ~ d'école/de bureau** a school/an office chum; **être/rester bons ~s** to be/to remain good friends; **fais-en profiter les ~s!** let everybody share it!; **il retrouvera vite du boulot grâce aux ~s** he'll soon find another job through his connections ❑ **petit ~** boyfriend; **petite copine** girlfriend.
◇ *adj*: **être très ~** OU **être ~-~ avec** to be very pally with; **~s comme cochons** *fam* thick as thieves.

copartage [kɔpartaʒ] *nm* coparcenary.

copartageant, e [kɔpartaʒɑ̃, ɑ̃t] *nm, f* coparcener, parcener.

copartager [17] [kɔpartaʒe] *vt*: **~ qqch** to be coparcener OU coparceners in sthg.

coparticipant, e [kɔpartisipɑ̃, ɑ̃t] ◇ *adj* in copartnership.
◇ *nm, f* copartner.

coparticipation [kɔpartisipasjɔ̃] *nf* copartnership.

copaternité [kɔpatɛrnite] *nf* joint responsibility *(for invention)*.

copeau, x [kɔpo] *nm* [fragment - de métal] (metal) chip; [- de bois] (wood) chip; **des ~x** [de métal] chips, filings; [pour l'emballage] woodwool.

Copenhague [kɔpənag] *npr* Copenhagen.

Copernic [kɔpɛrnik] *npr* Copernicus.

copernicien, enne [kɔpɛrnisjɛ̃, ɛn] *adj* Copernican.

copiage [kɔpjaʒ] *nm péj* [plagiat] copying; SCOL & UNIV cribbing.

copie [kɔpi] *nf* -**1.** [reproduction légitime - d'un document] copy, duplicate; [- d'une lettre] copy; **je vais en faire une ~** I'll go and make a copy (of it); **il est la ~ de son père** he's the image of his father ❑ **~ carbone** carbon copy, cc; **~ certifiée conforme (à l'original)** certified copy. -**2.** [reproduction frauduleuse - d'un tableau, d'une cassette, d'un produit] copy, imitation, reproduction; **ce n'était pas un vrai Pollock mais une ~** it wasn't a real Pollock but a copy OU fake. -**3.** [feuille] sheet; **des ~s simples/doubles** *single-/double-width sheets of squared paper used for schoolwork*. -**4.** SCOL [devoir] paper; **il m'a rendu une très bonne ~** he did a very good paper OU piece of work for me ❑ **rendre ~ blanche** *pr* to hand in a blank paper; *fig* to fail to come up with the solution *(for a problem)*. -**5.** CIN, RAD & TV [exemplaire] copy. -**6.** PRESSE: **la ~** copy; **être en mal de ~** to be short of copy; **des journalistes en mal de ~** journalists short of OU desperate for something to write about. -**7.** INF: **~ libre/en clair** blind/hard copy.
◆ **pour copie conforme** *loc adv* certified accurate.

copier [9] [kɔpje] *vt* -**1.** [reproduire légitimement - modèle] to reproduce, to copy; **j'ai copié cette robe sur un modèle de couturier** I copied this dress from a designer model. -**2.** [reproduire frauduleusement - bijou, tableau] to fake, to copy. -**3.** [transcrire - document, texte] to copy (out), to make a copy of; **~ un rapport au propre** to make a fair copy of a report ‖ [punition] to copy out *(sép)*; **vous me copierez dix fois cette phrase** write out this sentence ten times. -**4.** SCOL [pour tricher] to copy; **monsieur, il copie (l'exercice) sur moi/son livre** Sir, he's copying (the exercise) from me/his book. -**5.** [chercher à imiter - attitude, personne] to copy, to imitate; **ils copient les Américains** they imitate the Americans. -**6.** *fam loc*: **tu me la copieras!, vous me la copierez!** that's something that's going to stick with me for a while!

copieur, euse[1] [kɔpjœr, øz] *nm, f* [plagiaire] plagiarist; SCOL & UNIV cribber.
◆ **copieur** *nm* [de documents] copier.

copieusement [kɔpjøzmɑ̃] *adv* [manger] heartily; [annoter] copiously; [servir] generously; **après un repas ~ arrosé** after a meal washed down with generous amounts of wine; **il s'est fait ~ insulter par sa femme** *hum* he got quite a mouthful from his wife.

copieux, euse[2] [kɔpjø, øz] *adj* [repas] copious, hearty, lavish; [ration] lavish, big, giant *Am*; [notes] copious.

copilote [kɔpilɔt] *nmf* co-pilot.

copinage *fam* [kɔpinaʒ] *nm péj* (mutually profitable) chumminess; **par ~** through the old boy network *Br* OU one's connections.

copine [kɔpin] *f* → **copain**.

copiner [3] [kɔpine]
◆ **copiner avec** *fam v + prép* to pal up with.

copinerie *fam* [kɔpinri] *nf* chumminess.

copiste [kɔpist] *nmf* -**1.** [de musique ou de textes] copyist, transcriber. -**2.** IMPR platemaker.

coplanaire [kɔplanɛr] *adj* coplanar.

coposséder [18] [kɔpɔsede] *vt* to own jointly, to have joint ownership of.

copossession [kɔpɔsesjɔ̃] *nf* joint ownership.

copra(h) [kɔpra] *nm* copra.

coprin [kɔprɛ̃] *nm* ink OU inky cap.

coproduction [kɔprɔdyksjɔ̃] *nf* coproduction; **ce film est une ~ des télévisions française et italienne** this film has been coproduced by French and Italian television.

coproduire [80] [kɔprɔdɥir] *vt* to coproduce, to produce jointly.

copropriétaire [kɔprɔprijetɛr] *nmf* co-owner, joint owner, coproprietor.

copropriété [kɔprɔprijete] *nf* joint ownership.
◆ **en copropriété** *loc adj* jointly owned.

copte [kɔpt] *adj* Coptic.
◆ **Copte** *nmf* Copt.
◆ **copte** *nm* LING Coptic.

copulatif, ive [kɔpylatif, iv] *adj* copulative.

copulation [kɔpylasjɔ̃] *nf* copulation.

copule [kɔpyl] *nf* copula.

copuler [3] [kɔpyle] *vi* to copulate.

copyright [kɔpirajt] *nm* copyright.

coq [kɔk] ◇ *nm* -**1.** [mâle - de la poule] cock, rooster *Am*; [- des gallinacés] cock, cockbird; **~ de bruyère** capercailie, capercaillie; **~ de combat** gamecock; **~ d'été** hoopoe; **~ faisan** cock pheasant; **~ d'Inde** turkey-cock; **~ de perdrix** partridge; **~ de roche** cock-of-the-rock; **être comme un ~ en pâte** to be in clover; **avoir des mollets de ~** to be spindly-legged, to have legs like matchsticks; **passer** OU **sauter du ~ à l'âne** to flit from one subject to another. -**2.** [figure, symbole]: **~ de clocher** weathercock, weather vane; **~ gaulois** *French national symbol (a cockerel)*. -**3.** CULIN chicken; **~ au vin** coq au vin. -**4.** *fam* [fanfaron, séducteur] lady-killer; **le ~ de** OU **du village** the local Casanova. -**5.** NAUT (ship's) cook.
◇ *adj* SPORT [catégorie, poids] bantam *(modif)*.

LE COQ GAULOIS:
The cockerel is the symbol of France. Its cry, "cocorico!", is sometimes used to express national pride: "trois médailles d'or pour la France - cocorico!".

coq-à-l'âne [kɔkalan] *nm inv* -**1.** [dans la conversation] sudden change of subject; **faire un ~** to go on to something completely different. -**2.** LITTÉRAT skit, satirical farce.

coquard *fam*, **coquart** *fam* [kɔkar] *nm* shiner, black eye.

coque [kɔk] *nf* -**1.** [mollusque] cockle. -**2.** [de noix, de noisette, d'amande] shell. -**3.** [boucle - de ruban] loop, bow; [- de cheveux] curl, lock. -**4.** [châssis] NAUT hull; AÉRON hull, fuselage; AUT shell, body. -**5.** [de chaussure de ski] shell. -**6.** *fam* [embarcation]: **~ (de noix)** skiff.
◆ **à la coque** *loc adj* [œuf] soft-boiled.

coquelet [kɔklɛ] *nm* young cockerel.

coquelicot [kɔkliko] *nm* poppy.

coqueluche [kɔklyʃ] *nf* -**1.** MÉD whooping-cough, pertussis *spéc*. -**2.** *fam fig*: **il est la ~ de l'école** he's the darling OU heartthrob of the school.

coquelucheux, euse [kɔklyʃø, øz] ◇ *adj* [personne] suffering from whooping-cough; **toux coquelucheuse** whooping-cough.
◇ *nm, f* whooping-cough sufferer.

coquerel [kɔkrɛl] *nm Can* cockroach.

coqueron [kɔkrɔ̃] *nm* -**1.** NAUT peak; **~ avant** forepeak; **~ arrière** after-peak. -**2.** *Can* [logement] tumbledown house.

coquet, ette [kɔkɛ, ɛt] *adj* -**1.** [qui a le goût de la toilette] who enjoys being elegant; **elle est très ~te** she's always very smartly dressed. -**2.** [élégant - maison, mobilier] fashionable, stylish. -**3.** *vieilli* [qui cherche à séduire] coquettish, flirtatious. -**4.** *fam* [important - somme, indemnité] tidy, nice (little).
◆ **coquette** *nf* -**1.** [femme] coquette, flirt. -**2.** THÉÂT stage coquette; **jouer les grandes ~tes** *pr* to specialize in stage coquette parts; *fig* to be a coquette.

coquetier [kɔktje] *nm* -**1.** [godet] eggcup. -**2.** [pêcheur] cockle gatherer. -**3.** *fam loc*: **gagner** OU **décrocher le ~** to hit the jackpot.

coquettement [kɔkɛtmɑ̃] *adv* -**1.** [décorer, meubler] elegantly, stylishly; [s'habiller] smartly, stylishly, elegantly. -**2.** [sourire, répondre] coquettishly, flirtatiously.

coquetterie [kɔkɛtri] *nf* -**1.** [goût de la toilette] interest in one's looks, desire to look elegant. -**2.** *litt* [flirt] act of coquetry OU flirtatiousness; **faire des ~s à qqn** to flirt with sb; **être en ~ avec qqn** to be flirtatious with sb. -**3.** *loc*: **avoir une ~ dans l'œil** *fam* to have a cast in one's eye OU a slight squint.

coquillage [kɔkijaʒ] *nm* -**1.** [mollusque] shellfish. -**2.** CULIN: **manger des ~s** to eat shellfish OU seafood. -**3.** [coquille] shell; **collectionner des ~s** to collect sea-shells.

coquillard▽ [kɔkijar] *nm* [œil] eye; **~s** peepers.

coquille [kɔkij] *nf* -**1.** [enveloppe - de mollusque, d'œuf, de noix] shell; **rentrer dans sa ~** *fig* to go OU to retire into one's shell; **rester dans sa ~** *fig* to be introverted; **sortir de sa ~** [cesser d'être timide] to come out of one's shell, to open up; **~ Saint-Jacques** [mollusque] scallop; [enveloppe] scallop shell. -**2.** [récipient] shell, scallop, scallop-shaped dish. -**3.** CULIN: **~ de beurre** butter curl; **~ de poisson** fish served in a shell. -**4.** ARCHIT shell. -**5.** [bateau]: **~ de noix** *fam* cockleshell. -**6.** SPORT box. -**7.** MÉD spinal bed. -**8.** VÊT cup. -**9.** IMPR [en composition] misprint; [d'une seule lettre] literal; [en dactylographie] typo.
◆ **coquille d'œuf** *adj inv* eggshell.

coquillette [kɔkijɛt] *nf*: **des ~s** pasta *(shaped like curved macaroni)*.

coquin, e [kɔkɛ̃, in] ◇ *adj* -**1.** [espiègle] mischievous; **comme elle est ~e, cette petite!** what a little rascal OU devil she is! -**2.** [grivois - histoire] risqué, naughty; **une œillade ~e** a provocative glance. -**3.** *fam dial* OU *hum*: **~ de sort!** I'll be darned!
◇ *nm, f* [enfant] (little) rascal OU devil.
◆ **coquin** *nm* -**1.** *arch* [voyou] rogue, scoundrel. -**2.** GÉOL nodule of phosphate of lime.
◆ **coquine** *nf arch* strumpet.

coquinerie [kɔkinri] *nf litt* -**1.** [caractère malicieux] mischievousness, roguishness. -**2.** [acte malicieux] trick, prank; **faire une ~ à qqn** to play a trick on sb ‖ [acte malfaisant] dirty OU mean trick; [escroquerie] swindle.

cor [kɔr] *nm* -**1.** MUS horn; **~ (de chasse)** hunting horn; **~ anglais** cor anglais, English horn; **~ d'harmonie** French horn. -**2.** [au pied] corn.
◆ **à cor et à cri** *loc adv*: **réclamer qqch/qqn à ~ et à cri** to clamour for sthg/sb.

corail, aux [kɔraj, o] *nm* -**1.** JOAILL & ZOOL coral. -**2.** CULIN coral, red part.
◆ **de corail** *loc adj* [rouge] coral-red, coral, coral-coloured.

corallien, enne [kɔraljɛ̃, ɛn] *adj* coralloid, coralline.

coralline [kɔralin] *nf* coralline.

Coran [kɔrɑ̃] *nm*: **le ~** the Koran.

coranique [kɔranik] *adj* [texte, école] Koranic.

corbeau, x [kɔrbo] *nm* -**1.** ORNITH crow; **~ corneille** crow; **~ freux** rook; **grand ~** raven. -**2.** *fam péj* [auteur anonyme] writer of poison-pen letters; **la police savait qui était le ~** the police knew who'd written the poison-pen letter. -**3.** *vieilli* [escroc] shark. -**4.** ARCHIT corbel, bracket.

corbeille [kɔrbɛj] *nf* -**1.** [contenant, contenu] basket; **~ à courrier** desk tray; **~ à ouvrage** workbasket; **~ à pain** breadbasket; **~ à papier** wastepaper basket OU bin. -**2.** THÉÂT dress circle. -**3.** ARCHIT bell. -**4.** BOURSE [à Paris] trading floor; **à la ~** [en style journalistique] on the (Paris) Stock Exchange.
◆ **corbeille de mariage** *nf* [des invités] wedding presents; [du marié] groom's wedding presents *(to the bride)*; **mon père avait mis la voiture dans ma ~ de mariage** the car was a wedding present from my father.

corbeille-d'argent [kɔrbɛjdarʒɑ̃] (*pl* **corbeilles-d'argent**) *nf* sweet alyssum.

corbillard [kɔrbijar] *nm* hearse.

corbleu [kɔrblø] *interj arch* by Jove.

cordage [kɔrdaʒ] *nm* -**1.** [lien] rope; **les ~s** ropes and cables. -**2.** [mesure] measuring by the cord. -**3.** [d'une raquette] strings; [action de corder] stringing; **faire refaire le ~ de sa raquette** to have one's racket re-strung.
◆ **cordages** *nmpl* NAUT rigging.

corde [kɔrd] *nf* -**1.** [lien] rope; **attaché au poteau par une ~** roped to the post ❑ **tirer (un peu trop) sur la ~** *fam* [profiter d'autrui] to push one's luck, to go a bit too far; [abuser de sa santé, ses forces] to push o.s. to the limits, to overdo it; **il tombe** OU **pleut des ~s** *fam* it's raining cats and dogs, it's bucketing down. -**2.** [câble tendu]: **~ à linge** clothesline; **~ raide** high wire, tightrope; **être sur la ~ raide** *pr* to be on OU to walk the tightrope; *fig* to walk a tightrope, to do a (difficult) balancing act. -**3.** [pour pendre] rope; **la ~** [supplice] the rope; **il mérite la ~!** he deserves to be hanged OU to hang!; **passer la ~ au cou à qqn** to send sb to the gallows ❑ **se mettre** OU **se passer la ~ au cou** [se mettre à la merci de qqn] to put one's head in a noose; [se marier] *fam* to saddle o.s. with a wife; **il ne faut pas parler de ~ dans la maison d'un pendu** *prov* talk not of ropes in a hanged man's house; **toucher la ~ du pendu** to touch wood; **il ne vaut pas la ~ pour le pendre** hanging's too good for him. -**4.** [matériau] cord, rope. -**5.** ACOUST & MUS string; **instruments à ~s** string instruments; **toucher** OU **faire vibrer** OU **faire jouer la ~ sensible** to touch an emotional chord, to tug at the heartstrings. -**6.** JEUX, LOISIRS & SPORT rope; ÉQUIT rail; **~ à nœuds** knotted climbing rope; **~ à sauter** skipping rope; **sauter à la ~** to skip; **~ lisse** climbing rope. -**7.** [d'une arbalète, d'une raquette] string; **avoir plus d'une ~** OU **plusieurs ~s à son arc** to have more than one string to one's bow. -**8.** ANAT cord; **~ dorsale** spinal cord; **~ du jarret** hamstring; **~ du tympan** chorda tympani; **~s vocales** vocal cords; **c'est dans ses ~s** it's right up her street, it's her line. -**9.** TEXT thread; **des manches qui montraient la ~** threadbare sleeves. -**10.** [mesure] cord. -**11.** MATH chord.
◆ **cordes** *nfpl* [instruments] strings, stringed instruments.
◆ **à la corde** *loc adv* AUT & ÉQUIT: **être à la ~** to be on the inside; **prendre un virage à la ~** to hug a bend.
◆ **dans les cordes** *loc adv* [d'un ring] on the ropes; **aller dans les ~s** *pr* & *fig* to be on the ropes.
◆ **de corde, en corde** *loc adj* [semelle] cord *(modif)*; [revêtement] whipcord *(modif)*; [échelle] rope *(modif)*.

cordé[1] [kɔrde] *nm member of the Cordata*.

cordé[2], **e** [kɔrde] *adj* GÉOL [lave] ropy.
◆ **cordée** *nf* roped party.

cordeau, x [kɔrdo] *nm* -**1.** [fil] string, line. -**2.** [mèche] fuse; **~ Bickford** Bickford fuse; **~ détonant** detonator fuse.
◆ **tiré au cordeau** *loc adj* [allée] perfectly straight, straight as a die.

cordelette [kɔrdəlɛt] *nf* cord.

cordelière [kɔrdəljɛr] *nf* -**1.** [corde] cord. -**2.** ARCHIT cable moulding, ropework.

corder [3] [kɔrde] *vt* -**1.** [lier] to rope up *(sép)*. -**2.** [mettre en corde] to twist (into ropes OU a rope). -**3.** [raquette] to string. -**4.** [mesurer - bois] to cord.
◆ **se corder** *vpi* [légume] to become OU to go stringy.

corderie [kɔrd(ə)ri] *nf* -**1.** [industrie] ropemaking trade OU industry. -**2.** [usine] rope factory.

cordial, e, aux [kɔrdjal, o] *adj* warm, cordial, friendly; **une haine/aversion ~e pour...** a heartfelt hatred of/disgust for...
◆ **cordial, aux** *nm* [boisson] tonic, pick-me-up.

cordialement [kɔrdjalmɑ̃] *adv* -**1.** [saluer] warmly, cordially; **ils se détestent ~** they heartily detest each other. -**2.** [en bas de lettres]: **~ vôtre** kind regards.

cordialité [kɔrdjalite] *nf* warmth, cordiality.

cordiforme [kɔrdifɔrm] *adj* cordate, cordiform.

cordillère [kɔrdijɛr] *nf* mountain range, cordillera *spéc*; **la ~ des Andes** the Andes (cordillera).

cordon [kɔrdɔ̃] *nm* -**1.** [attache - de rideaux] cord; [- d'un bonnet, d'un sac] string; [- de soulier] lace; **~ de sonnette** bellpull ❑ **tenir les ~s de la bourse** to hold the purse strings. -**2.** [ligne - de policiers] row, cordon; [- de peupliers] row, line; **~ sanitaire** MÉD cordon sanitaire; MIL cordon sanitaire, buffer zone. -**3.** ANAT: **~ médullaire** spinal cord; **~ ombilical** umbilical cord; **~ spermatique** spermatic cord. -**4.** GÉOL: **~ littoral** offshore bar. -**5.** [insigne] sash; **avoir** OU **recevoir le grand ~** to be awarded the grand-croix of the Légion d'honneur. -**6.** ARCHIT cordon.

cordon-bleu [kɔrdɔ̃blø] (*pl* **cordons-bleus**) *nm* cordon bleu (cook), gourmet cook.

cordonnerie [kɔrdɔnri] *nf* -**1.** [boutique - moderne] heel bar, shoe repair shop *Br* OU store *Am*; [- artisanale] cobbler's. -**2.** [activité] shoe repairing, cobbling.

cordonnet [kɔrdɔnɛ] *nm* -**1.** [pour lier] (piece of) cord. -**2.** [pour orner] (piece of) braid.

cordonnier, ère [kɔrdɔnje, ɛr] *nm, f* [qui répare] shoe repairer, cobbler; [qui fabrique] shoemaker; **les ~s sont toujours les plus mal chaussés** *prov* the shoemaker's son always goes barefoot *prov*.

cordouan, e [kɔrdwɑ̃, an] *adj* from Cordoba.
◆ **Cordouan, e** *nm, f inhabitant of or person from Cordoba*.
◆ **cordouan** *nm* [de chèvre, de cheval] cordovan.

Cordoue [kɔrdu] *npr* Cordoba.

Corée [kɔre] *npr f* Korea; **(la) ~ du Nord/Sud** North/South Korea.

coréen, enne [kɔreɛ̃, ɛn] *adj* Korean.
◆ **Coréen, enne** *nm, f* Korean.
◆ **coréen** *nm* LING Korean.
coreligionnaire [kɔrəliʒjɔnɛr] *nmf* coreligionist; vos ~s those who share your religious denomination.
coresponsable [kɔrɛspɔ̃sabl] ◇ *adj* jointly responsible.
◇ *nmf* person sharing responsibility; les ~s those jointly responsible.
Corfou [kɔrfu] *npr* Corfu; à ~ in Corfu.
coriace [kɔrjas] *adj* -**1.** [dur - viande] tough, chewy. -**2.** [problème, personne] tough; **des taches ~s** tough stains, stains that won't come out; **c'est ~!** [situation] it's a tough one!; **elle est ~!** she's a tough one!
coriandre [kɔrjɑ̃dr] *nf* [plante] (fresh) coriander; [graines] coriander seeds.
coricide [kɔrisid] *nm* corn remover.
corindon [kɔrɛ̃dɔ̃] *nm* corundum.
corinthien, enne [kɔrɛ̃tjɛ̃, ɛn] *adj* Corinthian.
◆ **Corinthien, enne** *nm, f* Corinthian.
corme [kɔrm] *nf* whitebeam berry.
cormier [kɔrmje] *nm* whitebeam.
cormoran [kɔrmɔrɑ̃] *nm* cormorant.
cornac [kɔrnak] *nm* elephant keeper, mahout.
cornaline [kɔrnalin] *nf* cornelian.
cornaquer *fam* [3] [kɔrnake] *vt* to lead, to guide, to act as a guide to.
corne [kɔrn] *nf* -**1.** [d'un animal, d'un diable] horn; **faire les ~s à qqn** to mock sb *(by making a gesture with one's fingers shaped like horns)*; **hou les ~s!** *fam* shame on you!; **avoir** OU **porter des ~s** *fam* to be a cuckold; **faire porter des ~s à qqn** *fam* to cuckold sb. -**2.** [matériau] horn; **bouton de ~** horn button; **lunettes à monture de ~** horn-rimmed glasses OU spectacles. -**3.** [outil]: ~ **à chaussures** shoehorn. -**4.** MUS horn; ~ **de brume** fog horn. -**5.** [récipient] horn; ~ **d'abondance** [ornement] horn of plenty, cornucopia; BOT horn of plenty. -**6.** [callosité]: **avoir de la ~** to have calluses. -**7.** [coin de page] dog-ear; **faire une ~ à** to turn down the corner of. -**8.** [forme - d'un mont] peak; [- d'un bois] (horn-shaped) corner; [- de la Lune, d'un champ, d'une terre] horn; **la Corne de l'Afrique** the Horn of Africa. -**9.** CULIN: ~ **de gazelle** *horn-shaped cake*.
◆ **à cornes** *loc adj* -**1.** [bête] horned. -**2.** [chapeau] cocked.
corné, e[1] [kɔrne] *adj* [qui a l'apparence de la corne] corneous, horned.
corned-beef [kɔrnbif] *nm inv* corned beef.
cornée[2] [kɔrne] *nf* ANAT cornea.
cornéen, enne [kɔrneɛ̃, ɛn] *adj* corneal.
corneille [kɔrnɛj] *nf* crow; ~ **mantelée** hooded crow.
cornélien, enne [kɔrneljɛ̃, ɛn] *adj* [héros, vers] Cornelian, of Corneille; **choix** OU **dilemme ~** conflict of love and duty.
cornemuse [kɔrnəmyz] *nf* (set of) bagpipes.
cornemuseur [kɔrnəmyzœr], **cornemuseux** [kɔrnəmyzø] *nm* bagpiper, piper.
corner[1] [kɔrnɛr] *nm* FTBL corner kick.
corner[2] [3] [kɔrne] ◇ *vt* -**1.** [plier - par négligence] to dog-ear; [- volontairement] to turn down the corner OU corners of. -**2.** *fam* [clamer - nouvelle] to blare out *(sép)*; *(en usage abs)*: ~ **aux oreilles de qqn** to deafen sb.
◇ *vi* -**1.** CHASSE to sound a horn. -**2.** AUT & *arch* to hoot, to sound one's horn; **corne!** sound your horn! -**3.** VÉTÉR to wheeze. -**4.** *loc*: **les oreilles ont dû lui/te ~** his/your ears must have been burning.
cornet [kɔrnɛ] *nm* -**1.** [papier] cornet; [contenu] cornet, cornetful; **un ~ de frites** a bag of chips *Br* OU French fries *Am*; **mettre sa main en ~** to cup one's hand to one's ear. -**2.** *Helv* [sac en papier] paper bag; [sac en plastique] plastic bag. -**3.** CULIN [gaufrette] cone; [gaufrette et glace] ice cream cone, cornet *Br*; ~ **à la crème** cream horn; ~ **de jambon** stuffed slice of ham *(rolled in the shape of a horn)*. -**4.** [gobelet]: ~ **à dés** dice cup. -**5.** MUS [d'un orgue] cornet stop; [instrument]: ~ **(à pistons)** cornet. -**6.** ANAT: ~ **de nez** turbinate body. -**7.** ACOUST: ~ **acoustique** ear trumpet.
cornette [kɔrnɛt] *nf* [de religieuse] cornet.
◆ **cornettes** *nfpl Helv cone-shaped Swiss pasta*.
cornettiste [kɔrnetist] *nmf* cornet player.
corniaud [kɔrnjo] *nm* -**1.** [chien] mongrel. -**2.** *fam* [imbécile] nitwit, nincompoop.
corniche [kɔrniʃ] *nf* -**1.** GÉOG [roche] ledge; [neige] cornice. -**2.** [route] corniche (road). -**3.** ARCHIT cornice. -**4.** *arg scol class preparing for admission to Saint-Cyr*.
cornichon [kɔrniʃɔ̃] *nm* -**1.** [légume] gherkin; [condiment] (pickled) gherkin. -**2.** *fam* [imbécile] nitwit, nincompoop. -**3.** *arg scol student preparing for the entrance examination to Saint-Cyr*.
cornière [kɔrnjɛr] *nf* -**1.** [barre] angle bar. -**2.** [tuile] corner tile.
corniot [kɔrnjo] = **corniaud**.
corniste [kɔrnist] *nmf* horn player.
cornouaillais, e [kɔrnwajɛ, ɛz] *adj* -**1.** [de la Cornouaille] from Cornouaille. -**2.** [de la Cornouailles] Cornish.
◆ **Cornouaillais, e** *nm, f* Cornishman *(f* Cornishwoman).
◆ **cornouaillais** *nm* LING Cornish.
Cornouaille [kɔrnwaj] *npr f*: (la) ~ Cornouaille *(region in NW France)*.
Cornouailles [kɔrnwaj] *npr f*: (la) ~ Cornwall.
cornouille [kɔrnuj] *nf* cornelian cherry.
cornouiller [kɔrnuje] *nm* cornus, dogwood (tree); [rouge] redwood.
cornu, e [kɔrny] *adj* horned.
◆ **cornue** *nf* retort.
Corogne [kɔrɔɲ] *npr*: La ~ La Coruña.
corollaire [kɔrɔlɛr] *nm* [conséquence] consequence; LOGIQUE corollary; **le ~ obligé de la hausse des prix** the inevitable consequence of the rise in prices; **cela a pour ~ une inflation endémique** a consequence of this is endemic inflation, this results in endemic inflation.
corolle [kɔrɔl] *nf* corolla.
Coromandel [kɔrɔmɑ̃dɛl] *npr* → **côte**.
coron [kɔrɔ̃] *nm* [quartier] mining village; [maison] miner's cottage.
coronaire [kɔrɔnɛr] ◇ *adj* coronary.
◇ *nf* coronary artery.
coronal, e, aux [kɔrɔnal, o] *adj* -**1.** ASTRON of the solar corona. -**2.** ANAT coronal.
coronarien, enne [kɔrɔnarjɛ̃, ɛn] *adj* coronary.
coronarite [kɔrɔnarit] *nf* coronaritis.
corporatif, ive [kɔrpɔratif, iv] *adj* [institution, système] corporative; [image, esprit] corporate.
corporation [kɔrpɔrasjɔ̃] *nf* [groupe professionnel] corporate body; **dans notre ~** in our profession.
corporatisme [kɔrpɔratism] *nm* -**1.** POL corporatism. -**2.** *péj* [esprit de caste] professional protectionism.
corporatiste [kɔrpɔratist] *adj* & *nmf* corporatist.
corporel, elle [kɔrpɔrɛl] *adj* -**1.** [douleur] physical; [fonction] bodily; [châtiment] corporal; [hygiène] personal; **soins ~s** care of OU caring for one's body. -**2.** PHILOS endowed with a (physical) body.
corps [kɔr] *nm* -**1.** [membres] body; **tremblant de tout son ~** trembling all over; **nationaliser? il faudra me passer sur le ~!** *fig* & *hum* nationalize? (it'll be) over my dead body!; **elle te passerait sur le ~ pour obtenir le poste** *fig* she'd trample you underfoot to get the job ❑ **faire ~ avec** to be at OU as one with. -**2.** [cadavre] body; **porter un ~ en terre** to lay a body to rest. -**3.** [élément, substance] body; ~ **simple/composé** simple/compound body; ~ **céleste** celestial OU heavenly body; ~ **étranger** foreign body; ~ **gras** fatty substance; ~ **noir** black body. -**4.** [groupe, communauté] corporation; **le ~ médical** the medical profession; **le ~ diplomatique** the diplomatic corps; **le ~ professoral** the teaching profession *(excluding primary school teachers)*; **le ~ professoral de l'université** the teaching staff of the university; **le ~ électoral** the electorate, the body of voters; ~ **législatif** legislative body; ~ **politique** body politic ❑ **un ~ d'état** OU **de métier** a building trade; **le ~ de ballet** DANSE the corps de ballet; ~ **constitué** constituent body; **grand ~ de l'État** *senior civil servants recruited through the École nationale d'administration*. -**5.** MIL: ~ **d'armée** army corps; ~ **de cavalerie** cavalry brigade; ~ **expéditionnaire** task force; ~ **franc** commando; ~ **de garde** [soldats] guards; [local] guardroom; **chansons de ~ de garde** ≃ rugby songs; **plaisanteries de ~ de garde** barrack-room jokes; ~ **de troupes** unit of troops. -**6.** [partie principale - d'un texte] body; [- d'une machine] main part; [- d'un cylindre] barrel; ~ **de bâtiment** wing (of a building); ~ **de logis** main building‖ [majorité] bulk, greater part. -**7.** [ensemble - de lois, de textes] body, corpus; [- de preuves] body; **le ~ du délit** corpus delicti. -**8.** [consistance - d'un tissu, d'un arôme] body; **un vin qui a du ~** a full-bodied wine; **donner ~ à une idée/un plan** to give substance to an idea/a scheme; **prendre ~** [sauce] to thicken; [projet] to become more concrete, to take shape. -**9.** IMPR body. -**10.** ANAT: ~ **caverneux** erectile tissue *(of the penis)*; ~ **vitré** vitreous body. -**11.** RELIG: **le ~ mystique du Christ** the Body of Christ.
◆ **à corps perdu** *loc adv* with all one's might; **se jeter** OU **se lancer à ~ perdu dans** to throw o.s. headlong into; **il se jeta** OU **lança à ~ perdu dans son travail** he immersed himself in his work.
◆ **à mon corps défendant, à son corps défendant** *etc loc adv* reluctantly.
◆ **corps et âme** *loc adv* body and soul.
◆ **corps et biens** *loc adv* NAUT: **perdu ~ et biens** lost with all hands; **il s'est perdu ~ et biens** *fig* he's disappeared without trace.
corps à corps [kɔrakɔr] ◇ *nm pr* hand-to-hand combat OU fight; *fig* hard struggle.
◇ *loc adv* hand to hand; **lutter ~** [physiquement] to fight hand to hand.
corps-mort [kɔrmɔr] (*pl* **corps-morts**) *nm* moorings, (mooring) buoys.
corpulence [kɔrpylɑ̃s] *nf* -**1.** [volume corporel] build. -**2.** [obésité] stoutness, corpulence; **avoir de la ~** to be stout OU corpulent; **un monsieur d'une certaine ~** *euph* a rather portly gentleman, a gentleman of ample girth.
corpulent, e [kɔrpylɑ̃, ɑ̃t] *adj* stout, corpulent, portly.
corpus [kɔrpys] *nm* -**1.** [recueil] corpus, collection. -**2.** LING corpus.
corpusculaire [kɔrpyskylɛr] *adj* corpuscular.
corpuscule [kɔrpyskyl] *nm* ANAT & PHYS corpuscle.
corral, als [kɔral] *nm* corral.
correct, e [kɔrɛkt] *adj* -**1.** [sans fautes - calcul, description] correct, accurate; [- déroulement] correct, proper. -**2.** [décent - tenue] proper, correct, decent. -**3.** [courtois] courteous, polite; **un monsieur tout à fait ~** a well-bred gentleman, a gentleman with (good) manners; **tu n'as pas été très ~ en partant sans prévenir** it was rather ill-mannered OU impolite of you to leave without warning. -**4.** [acceptable] acceptable, decent; **5 000 francs, c'est ~** 5,000 francs, that's fair enough OU acceptable; **trois jours de travail pour 2 500 francs, il a été plutôt ~ avec toi** 2,500 francs for three days' work, he was certainly very fair (with you). -**5.** [peu remarquable] decent, OK; **le concert était ~, sans plus** the concert was OK (, that's all one can say).
correctement [kɔrɛktəmɑ̃] *adv* -**1.** [sans fautes] correctly, accurately. -**2.** [selon la décence, la courtoisie] properly, decently. -**3.** [de façon peu remarquable] reasonably well; **on a mangé ~** we had a reasonable meal.

correcteur, **trice** [kɔrɛktœr, tris] ◇ *adj* corrective.
◇ *nm, f* -**1.** SCOL & UNIV examiner. -**2.** IMPR proofreader.
◆ **correcteur** *nm* [dispositif] corrector.

correctif, **ive** [kɔrɛktif, iv] *adj* corrective.
◆ **correctif** *nm* -**1.** [rectification] qualifying statement, corrective; **je voudrais apporter un ~ à ce qu'a dit mon collègue** I'd like to qualify what my colleague said. -**2.** [atténuation] toning down; **apporter un ~ à des mesures** to soften measures.

correction [kɔrɛksjɔ̃] *nf* -**1.** [rectificatif] correction; **apporter une ~ à une déclaration** [mise au point] to qualify a statement; [atténuation] to tone down a statement || [action de rectifier] correction, correcting; **la ~ des troubles de la vue** correcting eye defects. -**2.** SCOL marking *Br*, grading *Am*; **elle fait ses ~s** she's doing her marking. -**3.** IMPR: **la ~** [lieu] the proofreading department; [personnel] proofreaders, the proofreading department ❑ **~ d'auteur** author's corrections OU emendations; **~ d'épreuves** proofreading. -**4.** [punition] beating. -**5.** [conformité] accuracy; **la ~ d'une traduction** the accuracy of a translation. -**6.** [comportement] correctness, propriety; **apprenez-leur la ~** teach them manners OU how to behave (properly); **il a agi avec ~** he showed good manners.

correctionnalisation [kɔrɛksjɔnalizasjɔ̃] *nf* referral to a criminal court.

correctionnaliser [3] [kɔrɛksjɔnalize] *vt* ≃ to commit for trial to the magistrate's court *Br* OU criminal *Am* court.

correctionnel, **elle** [kɔrɛksjɔnɛl] *adj*: **peine ~le** correctional penalty; **tribunal ~** ≃ magistrate's *Br* OU criminal *Am* court.
◆ **correctionnelle** *nf*: **la ~le** ≃ magistrate's *Br* OU criminal *Am* court; **passer en ~le** to go before a magistrate *Br* OU judge.

Corrège [kɔrɛʒ] *npr m*: **le ~** Correggio; **un tableau du ~** a painting by Correggio.

corrélat [kɔrela] *nm* correlate.

corrélatif, **ive** [kɔrelatif, iv] *adj* LING & LOGIQUE correlative.
◆ **corrélatif** *nm* LING correlative.

corrélation [kɔrelasjɔ̃] *nf* -**1.** [rapport] correlation; **il y a (une) ~ entre A et B** A and B are correlated; **il n'y a aucune ~ entre les deux** the two are unrelated; **mettre en ~** to correlate. -**2.** MATH correlation.

corrélationnel, **elle** [kɔrelasjɔnɛl] *adj* correlational.

corrélativement [kɔrelativmɑ̃] *adv* correlatively.

corrélé, **e** [kɔrele] *adj* correlated.

corréler [18] [kɔrele] *vt* to correlate.

correspondance [kɔrɛspɔ̃dɑ̃s] *nf* -**1.** [lettres] post *Br*, mail *Am*, correspondence; [échange de lettres] correspondence; **~ commerciale** business correspondence; **être en ~ avec** [par lettre] to correspond with; **par ~**: **cours par ~** correspondence courses; **elle étudie l'anglais par ~** she's learning English through a correspondence course; **faire des études supérieures par ~** to take a degree through a correspondence course, ≃ to do an Open University course *Br*. -**2.** PRESSE correspondence. -**3.** TRANSP connection; [train, bus] connection; [vol] connecting flight; **la ~ est au bout du quai** change trains at the end of the platform; **la ~ est assurée entre les aérogares** a shuttle service is provided between the air terminals. -**4.** [similitude] conformity; [rapport] correspondence; **la ~ de leurs ambitions** the uniformity of their ambitions. -**5.** MATH correspondence.

correspondant, **e** [kɔrɛspɔ̃dɑ̃, ɑ̃t] ◇ *adj* -**1.** [qui s'y rapporte] corresponding, correspondent, relevant; **une commande et la facture ~e** an order and the corresponding invoice OU the invoice that goes with it, corresponding; **il n'y a pas de terme grec ~** there's no equivalent OU corresponding term in Greek. -**2.** *sout* [qui écrit] corresponding; **membre ~ de la société** corresponding member of the society.
◇ *nm, f* -**1.** TÉLÉC *person one is speaking to*: **votre ~ est en ligne** you're through; **nous recherchons votre ~** we're trying to connect you. -**2.** [épistolaire] correspondent; **le ~ de mon fils** my son's pen-friend; **tous mes ~s me disent que...** all the people who write to me tell me that... -**3.** [avec qui l'on traite] correspondent; **mon ~ était Butier** Butier was the person I was dealing with. -**4.** PRESSE: **~ (de presse)** (press) correspondent; **notre ~ à Moscou** our Moscow correspondent. -**5.** SCOL guardian *(of a boarder)*.

correspondre [75] [kɔrɛspɔ̃dr] *vi* [par lettre] to correspond, to write (letters to one another); [par téléphone] to be in touch by telephone; **~ avec qqn** [par lettre] to correspond with sb, to write to sb; [par téléphone] to stay in touch with sb; **l'entreprise correspond avec l'Allemagne** the firm has contacts in Germany.
◆ **correspondre à** *v + prép* -**1.** [équivaloir à] to be equivalent to; **mon rôle correspond à celui d'un de vos «tutors»** my function is equivalent OU may be compared to that of what you call a tutor. -**2.** [être conforme à - désir] to correspond to; [- vérité] to correspond to, to tally with; [- besoin] to meet. -**3.** [être lié à] to correspond to.
◆ **se correspondre** *vp* *(emploi réciproque)* -**1.** [communiquer - salles] to communicate, to connect. -**2.** [être en relation - idées, mots] to correspond.

Corrèze [kɔrɛz] *npr f*: **(la) ~** the Corrèze.

corrézien, **enne** [kɔrezjɛ̃, ɛn] *adj* from the Corrèze.
◆ **Corrézien**, **enne** *nm, f inhabitant of or person from the Corrèze*.

corrida [kɔrida] *nf* -**1.** [de taureaux] bullfight. -**2.** *fam* [agitation] carry-on *Br*, to-do; **les gosses font la ~ dans leur chambre** the kids are racing OU tearing round their bedroom; **cette ~ pour la faire s'habiller!** what a performance trying to get her dressed!

corridor [kɔridɔr] *nm* -**1.** [d'un bâtiment] corridor, passage. -**2.** [territoire] corridor.

corrigé [kɔriʒe] *nm* correct version; **faire un ~ de qqch** to give the correct version of sthg; **un ~ du problème de physique** a model answer to the physics problem.

corriger [17] [kɔriʒe] *vt* -**1.** SCOL [copie] to mark *Br*, to grade *Am*; [en cours] to correct, to give the correct version. -**2.** [vérifier - texte] to correct, to amend; [- faute] to correct; IMPR to proofread. -**3.** [modifier - vice] to cure; [- mauvaise habitude] to break; [- posture] to correct; [- comportement] to improve. -**4.** [débarrasser]: **~ qqn de** [vice, mauvaise posture] to cure sb of; [mauvaise habitude] to rid sb of. -**5.** [adoucir - agressivité] to mitigate; [- parole dure] to soften; **l'ajout de miel corrige l'acidité du fruit** adding honey softens the acid taste of the fruit. -**6.** ARM: **~ le tir** to adjust the firing; **corrigeons le tir, je l'accuse non de malveillance mais de négligence** my words are in danger of being distorted, I didn't say she's been malicious, just careless.
◆ **se corriger** ◇ *vp* *(emploi réfléchi)* -**1.** [vérifier ses fautes - élève, auteur] to correct one's (own) work; [se reprendre - orateur, présentateur] to correct o.s. -**2.** [devenir - plus sage] to improve (one's behaviour); [- moins immoral] to mend one's ways. -**3.** [se guérir]: **se ~ de** [avarice, paranoïa] to cure o.s. of; [mauvaise habitude] to rid o.s. of.
◇ *vp* *(emploi passif)* [être rectifié] to be put right; **la myopie se corrige avec une bonne paire de lunettes** short-sightedness can be corrected with a good pair of glasses.

corrigible [kɔriʒibl] *adj* rectifiable.

corroboration [kɔrɔbɔrasjɔ̃] *nf* corroboration.

corroborer [3] [kɔrɔbɔre] *vt* to corroborate, to confirm.

corrodant, **e** [kɔrɔdɑ̃, ɑ̃t] *adj* corrosive.

corroder [3] [kɔrɔde] *vt* [métal] to corrode, to eat into *(insép)*; [amitié, bonheur] to corrode.

corrompre [78] [kɔrɔ̃pr] *vt* -**1.** [vicier - denrée] to taint, to spoil; [- sang] to taint, to rot; [- air] to taint, to pollute. -**2.** [pervertir - innocent, enfant] to corrupt. -**3.** [soudoyer - fonctionnaire] to bribe. -**4.** *litt* [faire dévier - langue, sens] to distort, to debase. -**5.** *litt* [troubler - joie, bonheur] to mar, to taint *litt*, to spoil.

corrompu, **e** [kɔrɔ̃py] *adj* -**1.** [en décomposition] rotting. -**2.** [vil] corrupted. -**3.** [vénal] venal; **des juges ~s** judges amenable to being bribed.

corrosif, **ive** [kɔrɔzif, iv] *adj* -**1.** [satire, auteur] corrosive, biting, caustic. -**2.** [acide] corrosive.

corrosion [kɔrɔzjɔ̃] *nf* CHIM, GÉOL & MÉTALL corrosion.

corroyer [13] [kɔrwaje] *vt* -**1.** [cuir] to curry. -**2.** [métal] to weld. -**3.** [bois] to trim.

corrupteur, **trice** [kɔryptœr, tris] ◇ *adj* corrupting.
◇ *nm, f* -**1.** [qui soudoie] briber. -**2.** *litt* [qui débauche] corrupter.

corruptible [kɔryptibl] *adj* corruptible.

corruption [kɔrypsjɔ̃] *nf* -**1.** [vénalité] corruption; [fait de soudoyer] corruption, bribing; **il a tout utilisé, même la ~** he used every available means, including corruption ❑ **~ de fonctionnaire** bribery and corruption. -**2.** [avilissement - de la jeunesse, d'un innocent] corruption. -**3.** [putréfaction - d'un cadavre, d'une substance] corruption, decomposition, putrefaction. -**4.** *litt* [déviation - d'une langue, de termes] distortion, corruption, debasement *litt*; **la ~ du goût** corruption of taste; **la ~ du jugement** distortion of judgement.

corsage [kɔrsaʒ] *nm* [blouse] blouse; [d'une robe] bodice.

corsaire [kɔrsɛr] ◇ *nm* pirate, corsair; **du temps des ~s** when pirates used to roam the high seas.
◇ *adj*: **pantalon ~** breeches.

corse [kɔrs] *adj* Corsican.
◆ **Corse** *nmf* Corsican.
◆ **corse** *nm* LING Corsican.

Corse [kɔrs] *npr f*: **(la) ~** Corsica; **(la) ~-du-Sud** Southern Corsica; **(la) Haute-~** Upper Corsica.

corsé, **e** [kɔrse] *adj* -**1.** [fort de goût - café] full-flavoured; [- vin] full-bodied; [- mets] spicy; **la sauce est trop ~e** the sauce is too strong. -**2.** [scabreux] racy, spicy. -**3.** [difficile]: **il était ~, cet examen!** that exam was a real stinker!

corselet [kɔrsəlɛ] *nm* -**1.** [d'une armure] corselet, corslet. -**2.** ENTOM & VÊT corselet.

corser [3] [kɔrse] *vt* -**1.** [compliquer - problème] to aggravate, to make harder to solve; [- exercice] to complicate; **ils corsent l'addition** *fam* they rip you off. -**2.** [rendre - plus intéressant] to liven up *(sép)*; [- plus osé] to make racier; **elle corsait ses récits de détails savoureux** she livened up her stories with spicy details. -**3.** CULIN to make spicier; [boisson] to spike; [vin] to strengthen.
◆ **se corser** *vpi* -**1.** [se compliquer] to become harder to solve; **l'affaire se corse** the plot thickens; **c'est là que l'histoire se corse** at this point the story gets really complicated. -**2.** [devenir osé] to become spicy. -**3.** [devenir plus intéressant] to liven up; **vers minuit, au club, les choses se corsaient** the club used to liven up OU to come to life around midnight.

corset [kɔrsɛ] *nm* -**1.** [sous-vêtement] corset. -**2.** MÉD: **~ orthopédique** (orthopedic) corset. -**3.** [d'un arbre] protective fence. -**4.** *fig* [contrainte] straight-jacket.

corseter [28] [kɔrsəte] *vt* -**1.** [institution, jeunesse] to constrict; **corseté de principes** hemmed about with principles. -**2.** VÊT to fit with a corset.

corsetier, **ère** [kɔrsətje, ɛr] *nm, f* corsetiere.

corso [kɔrso] *nm* procession of floats; **~ fleuri** procession of flowered floats.

cortège [kɔrtɛʒ] *nm* -**1.** [accompagnateurs] cortege; [d'un roi] retinue; **la guerre et son ~ de**

malheurs the war and its attendant tragedies. -**2.** [série] series, succession; **un ~ d'échecs** a trail of failures; **tout le ~ des maladies infantiles** the full complement of childhood diseases. -**3.** [défilé] procession; **un long ~ de fourmis** a long trail of ants; **un ~ de manifestants** a march (of protesters); **le ~ allait de la Bastille à la République** the demonstration stretched from the Bastille to the place de la République ❑ **~ funèbre** funeral cortege OU procession; **~ nuptial** bridal procession.

Cortes [kɔrtɛs] *nfpl* Cortes.

cortex [kɔrtɛks] *nm* cortex.

cortical, e, aux [kɔrtikal, o] *adj* cortical.

corticoïde [kɔrtikɔid], **corticostéroïde** [kɔrtikɔsterɔid] *adj & nm* corticosteroid.

corticosurrénal, e, aux [kɔrtikɔsyrenal, o] *adj* adrenocortical.

◆ **corticosurrénale** *nf* adrenal cortex.

corticothérapie [kɔrtikɔterapi] *nf* corticotherapy.

cortisone [kɔrtizɔn] *nf* cortisone.

cortisonique [kɔrtizɔnik] *adj* -**1.** [relatif à la cortisone] cortisone *(modif).* -**2.** [dérivé] cortisone-based.

corvéable [kɔrveabl] *adj & nmf* HIST liable to the corvée.

corvée [kɔrve] *nf* -**1.** [activité pénible] chore; **repasser, quelle ~!** ironing's such a chore OU a drag! -**2.** [service] duty; MIL fatigue; **être de ~** [soldat] to be on fatigue duty; **être de ~ de pluches** *fam*/**de chiottes**▽ to be on spud-peeling/on latrine duty; **c'est toujours la mère qui est de ~** *hum* it's always the mother who has to do everything; **on est de ~ de vaisselle** we're on dishwashing duty. -**3.** HIST corvée.

corvette [kɔrvɛt] *nf* corvette.

corvidé [kɔrvide] *nm* member of the Corvidae.

coryphée [kɔrife] *nm* -**1.** ANTIQ coryphaeus. -**2.** MUS choirmaster. -**3.** DANSE coryphee, ballerina.

coryza [kɔriza] *nm* coryza, headcold.

COS [kɔs] *nm abr de* **coefficient d'occupation des sols.**

cosaque [kɔzak] *nm* cossack.

cosécante [kɔsekɑ̃t] *nf* cosecant.

cosignataire [kɔsiɲatɛr] *nmf* cosignatory.

cosigner [3] [kɔsiɲe] *vt* to cosign.

cosinus [kɔsinys] *nm* cosine.

cosmétique [kɔsmetik] *adj & nm* cosmetic.

cosmétologie [kɔsmetɔlɔʒi] *nf* cosmetology.

cosmétologue [kɔsmetɔlɔg] *nmf* cosmetologist.

cosmique [kɔsmik] *adj* -**1.** ASTRON cosmic. -**2.** *fam* [très grand] cosmic.

cosmodrome [kɔsmɔdrom] *nm* cosmodrome.

cosmogonie [kɔsmɔgɔni] *nf* cosmogony.

cosmogonique [kɔsmɔgɔnik] *adj* cosmogonic, cosmogonical.

cosmographe [kɔsmɔgraf] *nmf* cosmographer.

cosmographie [kɔsmɔgrafi] *nf* cosmography.

cosmographique [kɔsmɔgrafik] *adj* cosmographic, cosmographical.

cosmologie [kɔsmɔlɔʒi] *nf* cosmology.

cosmologique [kɔsmɔlɔʒik] *adj* cosmologic, cosmological.

cosmonaute [kɔsmɔnot] *nmf* cosmonaut.

cosmopolite [kɔsmɔpɔlit] ◇ *adj* -**1.** [ville, foule] cosmopolitan, multi-ethnic. -**2.** [personne] cosmopolitan, international. -**3.** BOT & ZOOL ubiquitous.

◇ *nmf* cosmopolitan person.

cosmopolitisme [kɔsmɔpɔlitism] *nm* -**1.** [d'une personne] cosmopolitanism, internationalism. -**2.** [d'un lieu] cosmopolitan air.

cosmos [kɔsmos] *nm* [univers] cosmos; [espace] space, outer-space.

cossard, e▽ [kɔsar, ard] ◇ *adj* lazy.

◇ *nm, f* lazybones.

cosse [kɔs] *nf* -**1.** BOT pod, husk. -**2.** ÉLECTR cable terminal. -**3.** NAUT eye. -**4.** ▽ *loc*: **avoir la ~** to feel lazy.

cossu, e [kɔsy] *adj* [famille] affluent, well-off, wealthy; [quartier] affluent, moneyed; [maison] wealthy-looking, affluent-looking.

Costa Brava [kɔstabrava] *npr f*: **la ~** the Costa Brava; **sur la ~** on the Costa Brava.

Costa del Sol [kɔstadɛlsɔl] *npr f*: **la ~** the Costa del Sol; **sur la ~** on the Costa del Sol.

costal, e, aux [kɔstal, o] *adj* costal, rib *(modif).*

costard *fam* [kɔstar] *nm* suit; **~ de sapin** *hum* wooden overcoat, coffin.

Costa Rica [kɔstarika] *npr m*: **le ~** Costa Rica; **au ~** in Costa Rica.

costaricien, enne [kɔstarisjɛ̃, ɛn] *adj* Costa Rican.

◆ **Costaricien, enne** *nm, f* Costa Rican.

costaud, e *fam* [kɔsto, od] ◇ *adj* -**1.** [personne] hefty, beefy; **elle est ~** OU **~e** she's built like a tank; **un type ~** a great hulk of a bloke *Br* OU guy *Am.* -**2.** [solide - meuble, arbre, tissu] strong, tough, resilient. -**3.** [ardu - problème] tough; **c'est ~, comme bouquin!** it's pretty solid stuff, that book! -**4.** [fort - alcool] strong, robust.

◇ *nm, f* beefy bloke *Br* OU fellow (*f* hefty lass).

◇ *nm*: **c'est du ~** [édifice] it's built to last; [argument] it's solid stuff.

costume [kɔstym] *nm* -**1.** [complet] suit. -**2.** [tenue] costume; **en ~ de cérémonie** in ceremonial costume OU dress ❑ **en ~ d'Adam/d'Ève** in his/her birthday suit; **~ de bain** bathing costume *Br* OU suit; **un ~ en sapin** *fam hum* a wooden overcoat. -**3.** HIST & THÉÂT costume; **l'histoire du ~** the history of costume.

costumé, e [kɔstyme] *adj*: **des enfants ~s** children in fancy dress; **bal ~** fancy-dress ball.

costumer [3] [kɔstyme] *vt*: **~ qqn en Pierrot** to dress sb up as a Pierrot.

◆ **se costumer** *vp (emploi réfléchi)* to wear fancy dress; **se ~ en diable** to dress up as a devil.

costumier, ère [kɔstymje, ɛr] *nm, f* -**1.** [vendeur, loueur] costumier, costumer. -**2.** THÉÂT wardrobe master (*f* mistress).

cosy [kɔzi] *nm vieilli bed with built-in shelves running along the headboard and down one side.*

cotable [kɔtabl] *adj* quotable ST. EX.

cotangente [kɔtɑ̃ʒɑ̃t] *nf* cotangent.

cotation [kɔtasjɔ̃] *nf* -**1.** BOURSE quotation. -**2.** ARCHIT & CONSTR: **~ fonctionnelle** *illustration of the most important dimensions of machine parts in a drawing.*

cote [kɔt] *nf* -**1.** BOURSE [valeur] quotation; [liste] share (price) index; **inscrit à la ~** quoted on the stock exchange. -**2.** COMM quoted value. -**3.** *fam* [estime]: **~ d'amour** OU **de popularité** [d'un homme politique] standing with the electorate OU (popular) rating OU popularity; [d'un film, d'une idée] (popular) rating; **avoir une bonne ~** to be held in high regard OU esteem; **avoir la ~** *fam* to be popular. -**4.** ARCHIT, CONSTR & TRAV PUBL measurement. -**5.** GÉOG height; **~ d'alerte** *pr* flood OU danger level; *fig* crisis OU flash point; **la ~ d'alerte est atteinte** we're at flash point. -**6.** [dans une bibliothèque - sur un livre] shelf mark; [- sur un périodique] serial mark. -**7.** ADMIN assessment; **~ mobilière** property assessment OU rate; **~ mal taillée** awkward compromise.

coté, e [kɔte] *adj* -**1.** [apprécié - quartier] sought-after; [- produit] highly rated; **un architecte/gynécologue ~** an architect/a gynaecologist who's (much) in demand; **être bien/mal ~** to have a good/bad reputation; **elle est bien ~e** she's highly thought of; **il est mal ~** he has a very poor reputation. -**2.** BOURSE listed; **valeurs ~es en Bourse** listed securities.

côte [kot] *nf* -**1.** [hauteur] slope, incline; [à monter, à descendre] hill; **monter la ~** to go uphill; **descendre la ~** to go downhill; **en haut de la ~** on the top of the hill. -**2.** [rivage] coast; [vu d'avion, sur une carte] coastline; **ils vivent sur la ~** they live on the coast. -**3.** ANAT rib; **vraie/fausse ~** true/false rib; **~ flottante** floating rib; **se tenir les ~s (de rire)** *fam* to be in stitches; **caresser** OU **chatouiller les ~s à qqn** *fam* to give sb a good hiding; **avoir les ~s en long** *fam* to be bone idle. -**4.** [de porc, d'agneau, de veau] chop; [de bœuf] rib; **~ première** [de veau] shoulder chop; [d'agneau] lamb chop *Br*, loin chop *Am*; **~ seconde** [d'agneau] neck cutlet *Br*, rib chop *Am.* -**5.** ARCHIT, BOT & TEXT rib; **~ de bette** rib of beet OU chard; **point de ~s** ribbing stitch. -**6.** NAUT: **aller à la** OU **faire la ~** to hug the coast.

◆ **côte-à-côte** *loc adv* [marcher, s'asseoir] side by side; [travailler, lutter] side by side, shoulder to shoulder.

CÔTES:

la Côte d'Amour the Atlantic coast near La Baule;
la Côte d'Argent the Atlantic coast between the Gironde and Bidassoa estuaries;
la Côte d'Azur the French Riviera;
la Côte de Coromandel the Coromandel Coast;
la Côte d'Émeraude part of the Northern French coast, near Saint-Malo;
la Côte de Malabar the Malabar Coast;
la Côte d'Opale the coast between Calais and Dieppe;
la Côte Vermeille part of the Mediterranean coast, between Collioure and Cerbère.

---

côté [kote] *nm* -**1.** [d'un tissu, d'une médaille] side; **le ~ humide du mur** the damp side of the wall. -**2.** [d'un jardin, d'une pièce, d'une rue] side; **ton ~ du lit** your side of the bed; **le ~ sud de la ville** the south side OU part of town ❑ **~ cour/jardin** THÉÂT stage left/right; **~ sous le vent** NAUT leeward side; **~ du vent** windward side. -**3.** [du corps] side, flank; **dormir sur le ~** to sleep on one's side; **recevoir un coup au ~** to be hit in the side; **une douleur au ~** a pain in the side. -**4.** [parti] side; **il s'est mis de mon ~** he sided with me. -**5.** [aspect] side; **le ~ publicité** the advertizing side (of things); **~ travail** *fam* on the work front, workwise. -**6.** [facette - d'une personnalité] side, facet; [- d'une situation] side, aspect; **elle a un ~ naïf** there's a naive side to her; **chaque emploi a ses bons et ses mauvais ~s** every job has its good and bad sides OU points; **prendre qqch du bon/mauvais ~** to take sthg in good/bad part; **les bons ~s de la vie** the good things in life; **voir le bon ~ des choses** to look on the bright side ❑ **d'un ~** in a way, in some respects; **d'un ~ ... d'un autre ~** on the one hand ... on the other hand.

◆ **à côté** *loc adv* -**1.** [tout près] next door; [pas très loin] nearby; **les voisins d'à ~** the nextdoor neighbours. -**2.** [mal]: **passer** OU **tomber à ~** to miss; **répondre à ~**: **elle a répondu à ~** [exprès] she avoided the question; [involontairement] her answer was not to the point.

◆ **à côté de** *loc prép* -**1.** [pas loin] next to; **à ~ de la cible** off target; **passer à ~ de** [chemin, difficulté, porte] to miss; [aubaine] to miss out on; **il est passé à ~ du bonheur** he missed out on happiness ❑ **à ~ de ça** on the other hand; **être à ~ de la plaque** *fam* to have (got hold of) the wrong end of the stick; **être** OU **marcher à ~ de ses pompes** *fam* to be in another world. -**2.** [par rapport à] by OU in comparison with; **il fait plutôt avare à ~ de son frère** he seems rather mean compared to his brother.

◆ **à mon côté, à son côté** *etc*, **à mes côtés, à ses côtés** *etc loc adv* by my/his *etc* side; **une grande épreuve t'attend mais je serai à tes ~s** a great ordeal awaits you but I'll be by your side.

◆ **de côté** *loc adv* -**1.** [de travers - regarder] sideways; [- sauter, tomber] aside, to one side; **la casquette posée de ~** the cap worn to OU on one side. -**2.** [en réserve] aside, to one side; **mettre qqch de ~** to put sthg aside OU by; **laisser qqch de ~** to put sthg to one side; **laisser qqn de ~** to leave sb out.

◆ **de ... côté** *loc adv*: **il y a un arbre de chaque ~** there's a tree (on) each side; **allons de ce ~-ci** let's go this way ❑ **de ce/de l'autre ~**

de la barrière *pr* & *fig* on this side/on the other side of the fence; **voir de quel ~ vient le vent** *fig* to see which way the wind blows *loc*.

◆ **de mon côté, de son côté** *etc loc adv* -1. [en ce qui concerne] for my/his *etc* part. -2. [de la famille] on my/his *etc* side of the family.

◆ **de tous côtés** *loc adv* -1. [partout - courir] everywhere, all over the place; [- chercher] everywhere, high and low. -2. [de partout] from all sides.

◆ **du côté de** *loc prép* -1. [dans l'espace]: **elle est partie du ~ du village** she went towards the village; **du ~ de chez toi** around where you live; **la maison est située du ~ sud de la baie** the house is on the south side of the bay; **le vent vient du ~ de la mer** the wind's blowing from the sea. -2. [parmi]: **cherchons du ~ des auteurs classiques** let's look amongst classical authors. -3. *loc*: **être du ~ du manche** to be on the strongest OU winning side; **il s'est mis du ~ du manche** he made sure he was on the strongest OU winning side.

◆ **du côté où** *loc conj*: **tomber du ~ où ça penche** to follow one's inclinations.

◆ **d'un côté et de l'autre** *loc adv* here and there.

coteau, x [kɔto] *nm* -1. [versant] hillside, slope. -2. [colline] hill.

◆ **coteaux** *nmpl* vineyards *(on a hillside)*.

Côte-de-l'Or [kotdəlɔr] *npr f*: **la ~** the Gold Coast.

Côte-d'Ivoire [kotdivwar] *npr f*: **(la) ~** the Ivory Coast.

Côte-d'Or [kotdɔr] *npr f*: **(la) ~** the Côte-d'Or *(département in Burgundy)*.

côtelé, e [kotle] *adj* ribbed.

côtelette [kotlɛt] *nf* -1. [de viande]: **~ d'agneau** lamb chop ❑ **~s découvertes** [d'agneau] ≃ middle of neck; **~s premières** [d'agneau] ≃ best end of neck. -2. *fam* [d'une personne] rib; **en plein dans les ~s** slap bang in the ribcage.

coter [3] [kɔte] *vt* -1. BOURSE to list (on the share index); **coté en Bourse** ≃ listed on the Stock Exchange; **des valeurs qui seront cotées en Bourse demain** ≃ shares which will go on the Stock Exchange tomorrow. -2. COMM to price, to give a list price for. -3. [évaluer - œuvre d'art] to rate. -4. [dans une bibliothèque - livre] to assign a class OU shelf mark to; [- périodique] to assign a serial mark to. -5. GÉOG to write in the heights on. -6. ARCHIT, CONSTR & TRAV PUBL [dessin] to mark the dimensions on.

coterie [kɔtri] *nf péj* set, clique *péj*, coterie *litt*.

Côtes-d'Armor [kotdarmɔr] *npr fpl*: **les ~** the Côtes-d'Armor *(département in Brittany)*.

coteur [kɔtœr] *nm* jobber.

cothurne [kɔtyrn] *nm* buskin, cothurnus.

côtier, ère [kotje, ɛr] *adj* [région, navigation] coastal; [pêche] inshore; [chemin] coast *(modif)*; **un fleuve ~** a river that rises close to the coast.

cotillon [kɔtijɔ̃] *nm* -1. *hum* petticoat. -2. [farandole] cotillion, cotillon.

◆ **cotillons** *nmpl* party novelties.

cotisant, e [kɔtizɑ̃, ɑ̃t] ◇ *adj* contributing.

◇ *nm, f* [à une association] subscriber; [à une assurance, à une fête] contributor.

cotisation [kɔtizasjɔ̃] *nf* [pour une fête] contribution; [à une association] subscription, dues; [pour la protection sociale] contributions.

cotiser [3] [kɔtize] *vi* [par choix] to subscribe; [par obligation] to pay one's contributions; **~ à une caisse de retraite** to contribute to a pension fund.

◆ **se cotiser** *vpi* to club together; **le groupe s'est cotisé** everyone in the group contributed.

côtoiement [kotwamɑ̃] *nm* contact; **le ~ du danger** contact with danger.

coton [kɔtɔ̃] ◇ *nm* -1. BOT [fibre, culture] cotton; [plante] cotton plant. -2. TEXT [tissu] cotton; [fil] (cotton) thread, piece of cotton. -3. [ouate]: **~ (hydrophile)** cotton wool, (absorbent) cotton *Am* ❑ **avoir du ~ dans les oreilles** *fam* to be cloth-eared; **avoir les jambes en ~: j'ai les jambes en ~** my legs are like cotton wool OU jelly. -4. [tampon de ouate] (cotton wool) swab *Br*, (cotton) swab *Am*.

◇ *adj fam* hard, tough, difficult; **c'est (plutôt) ~!** it's (rather) tough OU tricky!

cotonnade [kɔtɔnad] *nf* cotton fabric, cottonade.

cotonner [3] [kɔtɔne]

◆ **se cotonner** *vpi* [tissu] to fluff (up); [fruit] to go like cotton-wool.

cotonnerie [kɔtɔnri] *nf* -1. [culture] cotton-growing. -2. [terrain] cotton plantation. -3. [fabrique] cotton mill.

cotonneux, euse [kɔtɔnø, øz] *adj* -1. BOT downy. -2. *litt* [vaporeux] fleecy; **un ciel ~** a cotton-wool sky. -3. [sourd - bruit] muffled. -4. [texture]: **une poire/purée cotonneuse** a pear/puree tasting of cotton-wool.

cotonnier, ère [kɔtɔnje, ɛr] ◇ *adj* cotton *(modif)*.

◇ *nm, f* cotton spinner.

◆ **cotonnier** *nm* cotton (plant).

Coton-Tige® [kɔtɔ̃tiʒ] *(pl* **Cotons-Tiges***)* *nm* cotton bud *Br*, Q-tip® *Am*.

côtoyer [13] [kotwaje] *vt* -1. [vivre près de] to mix with; **elle côtoie le danger tous les jours** she faces danger everyday. -2. *litt* [suj: personne] to follow. -3. [suj: chemin] to skirt OU to run alongside; [suj: fleuve] to flow OU to run alongside.

cotre [kɔtr] *nm* cutter.

cotte [kɔt] *nf* -1. ARM: **~ d'armes** coat of arms; **~ de mailles** coat of mail. -2. [de travail] overalls *(pl)*, dungarees *(pl)*.

cotylédon [kɔtiledɔ̃] *nm* ANAT & BOT cotyledon.

cou [ku] *nm* -1. ANAT neck; **un pendentif autour du ~** a pendant round her neck; **sauter** OU **se jeter au ~ de qqn** to throw one's arms around sb's neck; **se casser** OU **se rompre le ~** to break one's neck ❑ **il y est jusqu'au ~** he's up to his neck in it. -2. ZOOL neck. -3. VÊT neck. -4. [d'une bouteille, d'un vase] neck.

couac [kwak] ◇ *nm* [note] false note; **faire un ~** [au piano] to hit the wrong key; [en chantant] to hit the wrong note, to go off key.

◇ *onomat* arrk, quack.

couard, e [kwar, ard] *litt* ◇ *adj* cowardly.

◇ *nm, f* coward, poltroon *litt*.

couardise [kwardiz] *nf litt* cowardice.

couchage [kuʃaʒ] *nm* [matériel] bed; [préparatifs] sleeping arrangements; **matériel de ~** bedding.

couchailler *fam* [3] [kuʃaje] *vi péj* to sleep around.

couchant, e [kuʃɑ̃, ɑ̃t] *adj* → **chien, soleil**.

◆ **couchant** *nm litt* [occident] west.

couche [kuʃ] *nf* -1. [épaisseur - de peinture] coat; [- de maquillage] layer; **passer une ~ de minium sur une grille** to give a railing a coat of red lead ❑ **avoir** OU **en tenir une ~** *fam* to be (as) thick as a brick *Br* OU as two short planks *Br*, to be as dumb as they come *Am*. -2. ASTRON & GÉOL layer, stratum. -3. SOCIOL level, social stratum. -4. HORT hotbed. -5. [de bébé] nappy *Br*, diaper *Am*. -6. *litt* [lit] bed.

◆ **couches** *nfpl vieilli* [accouchement] confinement; **elle est morte en ~s** she died in childbirth.

couché, e [kuʃe] *adj* -1. [allongé] lying down; [au lit] in bed; **~!** [à un chien] (lie) down! -2. [écriture] slanting, sloping. -3. [pli] recumbent.

couche-culotte [kuʃkylɔt] *(pl* **couches-culottes***)* *nf* disposable nappy *Br* OU diaper *Am*.

coucher[1] [kuʃe] *nm* -1. [action] going to bed; **le ~ est à 11 h** bedtime is at 11 o'clock; **le ~ du roi** the king's going-to-bed ceremony; **le ~ d'un enfant** a child's bedtime routine. -2. [moment] bedtime; **deux cachets au ~** two tablets at bedtime OU before bed; **la lune à son ~** *litt* the setting moon ❑ **~ de soleil** sunset; **au ~ du soleil** at sunset, at sundown *Am*.

coucher[2] [3] [kuʃe] ◇ *vt* -1. [mettre au lit] to put to bed; [allonger] to lay down *(sép)*; **~ qqn sur le carreau** *fam* to knock sb down, to lay sb out. -2. [héberger] to put up *(sép)*, to accommodate; **je peux ~ toute la famille** I can accommodate the entire family; **la maison peut ~ dix personnes** the house can accommodate OU sleep ten. -3. [poser - par terre] to lay down *(sép)*; **~ une bouteille/moto** to lay a bottle/motorbike on its side; **la pluie a couché les herbes** the rain flattened the grasses; **l'orage a couché les arbres** the storm brought the trees down; **poteaux couchés en travers de la rivière** poles lying across the river; **le vent coucha le bateau** the wind made the boat keel over OU keeled the boat over; **~ un fusil en joue** ARM to aim a gun. -4. *sout* [écrire] to set down (in writing OU on paper); **~ ses pensées sur le papier** to write down one's thoughts, to commit one's thoughts to writing; **~ qqn sur son testament** to name sb in one's will; **~ qqn sur une liste** to include sb's name in a list.

◇ *vi* -1. [aller dormir] to go to bed; **cela va te faire ~ tard** that will keep you up late. -2. [dormir] to sleep; **on couchera à l'hôtel** [une nuit] we'll spend the night OU we'll sleep in a hotel; [plusieurs nuits] we'll stay in a hotel; **les deux enfants couchent au grenier** the two children sleep in the attic; **tu restes ~?** are you staying overnight OU the night?; **~ à la belle étoile** to sleep out in the open; **~ sous les ponts** to sleep rough; **la voiture couche dehors** the car stays in the street at night. -3. ▽ [sexuellement] to sleep around.

◆ **coucher avec** *fam v + prép* to go to bed OU to sleep with.

◆ **se coucher** *vpi* -1. [dans un lit] to go to bed; **je vous empêche de vous ~?** am I keeping you up? ❑ **se ~ avec** OU **comme les poules** to go to bed early; **va te ~!** *fam* get lost OU knotted *Br*! -2. [s'allonger] to lie down; **se ~ en chien de fusil** to lie curled up OU in the foetal position; **se ~ à plat ventre** to lie face down; **il se couchait sur sa copie pour que je ne puisse pas la lire** he was leaning over his work so I couldn't read it; **se ~ sur son guidon** to lean hard against one's handlebars. -3. [soleil, lune] to set, to go down. -4. NAUT to keel over.

coucherie *fam* [kuʃri] *nf* sleeping around; **qui s'intéresse à leurs ~s?** who's interested in their sexual goings-on OU in who they go to bed with?

couche-tard [kuʃtar] *nmf inv* night owl; **c'est un ~** he's always late to bed, he's a night owl.

couche-tôt [kuʃto] *nmf inv*: **c'est un ~** he's always early to bed.

couchette [kuʃɛt] *nf* [d'un train] couchette; [d'un bateau] bunk.

coucheur, euse *fam* [kuʃœr, øz] *nm, f*: **c'est un ~** he sleeps around, he's promiscuous ❑ **mauvais ~** awkward customer.

couci-couça *fam* [kusikusa] *loc adv* so-so.

coucou [kuku] ◇ *nm* -1. ZOOL cuckoo; **(pendule à) ~** cuckoo clock. -2. BOT cowslip. -3. *fam* [avion] crate, heap.

◇ *interj* -1. [cri] hi. -2. JEUX peekaboo, coo-ee.

coude [kud] *nm* -1. ANAT elbow; **~s au corps** elbows in; **jusqu'au ~** up to one's elbow; **donner un coup de ~ à qqn** [comme signe] to nudge sb; [accidentellement, par agression] to dig one's elbow into sb ❑ **faire du ~ à qqn** to nudge sb; **jouer des ~s** *pr* to push and shove, to jostle; *fig* to manoeuvre; **les gens jouaient des coudes pour atteindre le guichet** people were pushing and shoving to get to the kiosk; **~ à ~** [marcher, travailler] shoulder to shoulder, side by side; **sous le ~: garder** OU **mettre** OU **tenir qqch sous le ~** to keep sthg shelved indefinitely, to keep sthg on the back burner; **lever le ~** *fam* to booze; **se serrer** OU **se tenir les ~s** to stick together. -2. [d'un vêtement] elbow; [pièce en cuir, en tissu] elbow patch. -3. [d'un tuyau] bend, elbow; [d'une route] bend; **le couloir fait un ~** there's a sharp bend in the passage.

coudé, e [kude] *adj* bent, angled.

◆ **coudée** *nf* -1. *loc*: **avoir les ~es franches** to have elbow room. -2. *arch* [mesure] cubit.

cou-de-pied [kudpje] (*pl* cous-de-pied) *nm* instep.

couder [3] [kude] *vt* to bend (at an angle).

coudière [kudjɛr] *nf* elbow pad.

coudoiement [kudwamɑ̃] *nm*: le ~ de mixing with.

coudoyer [13] [kudwaje] *vt* -**1.** [fréquenter] to rub shoulders OU to mix with. -**2.** [frôler] to brush past. -**3.** [suj: réalité, image] to stand side by side with.

coudre [86] [kudr] *vt* -**1.** COUT [robe] to make; [morceaux] to sew OU to stitch together *(sép)*; [bouton] to sew on *(sép)*; [semelle] to sew OU to stitch on *(sép)*; **il aime ~** he enjoys sewing; **~ à la main/machine** to sew by hand/machine; **cousu (à la) machine** machined ❑ **cousu (à la) main** hand-stitched; **du cousu main** *fam* top quality stuff; **être (tout) cousu d'or** to be extremely wealthy; **c'est cousu de fil blanc** it's plain for all to see; **mensonge cousu de fil blanc** transparent lie. -**2.** [volaille] to sew up *(sép)*. -**3.** [plaie] to stitch up *(sép)*, to sew up *(sép)*. -**4.** [livre] to stitch (together).
◆ **à coudre** *loc adj* sewing.

coudrier [kudrije] *nm* hazel tree.

Coué [kwe] *npr*: **méthode ~** autosuggestion, Couéism.

couenne [kwan] *nf* -**1.** [de porc] rind. -**2.** *Helv* [de fromage] rind. -**3.** MÉD buffy coat.

couenneux, euse [kwanø, øz] *adj* -**1.** [semblable à la couenne] rind-like. -**2.** MÉD buffy.

couette [kwɛt] *nf* -**1.** [de cheveux]: **des ~s** bunches. -**2.** [édredon] duvet, (continental) quilt.

couffin [kufɛ̃] *nm* -**1.** [pour bébé] Moses basket, bassinet *Am*. -**2.** [cabas] (straw) basket.

cougouar [kugwar], **couguar** [kug(w)ar] *nm* cougar.

couic [kwik] *onomat* squeak.
◆ **que couic** *loc adv* zilch, nothing.

couille▼ [kuj] *nf* -**1.** [testicule] nut, ball, bollock *Br*; **un coup de pied dans les ~s** a kick in the balls ❑ **avoir des ~s (au cul)** [montrer du courage, de la fermeté] to have balls; **il n'a pas de ~s** he's got no balls; **casser** OU **peler les ~s à qqn** [l'importuner, l'agacer au plus haut point] to get on sb's tits *Br*, to break sb's balls *Am*. -**2.** [échec, insuccès, erreur] cock-up *Br*, ball-up *Am*; **il m'est arrivé une ~** there's been a bit of a cock-up; **partir en ~** to cock up, to fuck up. -**3.** [personne]: **une ~ molle** a wanker *Br*, a pantywaist *Am*, a wimp.

couillon [kujɔ̃] ◇ *nm* -**1.** ▽ [imbécile] wally *Br*, airhead *Am*; [dupe] mug. -**2.** *fam* [dans le Midi]: **salut, ~!** ≃ hello, mate! *Br*.
◇ *adj* ▽ bloody stupid.

couillonnade▽ [kujɔnad] *nf* [histoire] damn stupid thing to say; [action] damn stupid thing to do; [objet] piece of junk; **dire des ~s** to talk rubbish; **fais pas de ~s** don't do anything daft; **après on te donne une médaille ou une ~ de ce genre** afterwards they give you a medal or some such piece of junk; **c'est de la ~** [discours] it's a load of bull OU (old) cobblers *Br*; **l'entraînement le samedi, c'est de la ~** you'd have to be a moron to train on Saturdays.

couillonner▽ [3] [kujɔne] *vt* to rip off, to con; **te laisse pas ~** don't let yourself be conned, don't be taken for a sucker.

couinement [kwinmɑ̃] *nm* -**1.** [d'une souris] squeak, squeaking; [d'un lièvre, d'un porc] squeal, squealing. -**2.** [d'un enfant] whine, whining. -**3.** [d'un frein] squeal, squealing.

couiner [3] [kwine] *vi* -**1.** [souris] to squeak; [lièvre, porc] to squeal. -**2.** [enfant] to whine. -**3.** [frein] to squeal.

coulage [kulaʒ] *nm* [d'une statue] casting; [d'un métal, de la cire, du verre] pouring.

coulant, e [kulɑ̃, ɑ̃t] *adj* -**1.** *fam* [personne] easygoing, lax *péj*; **ils sont ~s avec les passeurs** they shut their eyes to the activities of the dealers; **elle est plus ~e avec toi** she lets you get away with more. -**2.** [léger - vin] smooth; **il est ~** it slips down easily. -**3.** [fluide - style, prose] free, free-flowing. -**4.** [fromage] runny.

coulée [kule] *nf* -**1.** [de sang, de peinture] streak. -**2.** [chute]: **~ de lave** lava flow; **~ de neige** snowslide; **~ de boue** mudslide. -**3.** MÉTALL [injection] casting; [masse] casting. -**4.** [d'un animal] run.

coulemelle [kulmɛl] *nf* parasol mushroom.

couler [3] [kule] ◇ *vi* -**1.** [fleuve, eau] to run, to flow; [larmes] to run down, to flow; **la sueur coulait sur son visage** [abondamment] sweat was pouring down his face; [goutte à goutte] sweat was trickling down his face; **fais ~ l'eau** turn on the water; **le vin coulait à flots** wine flowed freely; **le sable/l'argent coule entre ses doigts** sand/money trickles through her fingers; **faire ~ un bain** to run a bath; **avoir le nez qui coule** to have a runny nose; **il a les yeux qui coulent** he has watery eyes; **laisser ~ son sang** to let o.s. bleed; **faire ~ le sang** to spill OU to shed blood; **faire ~ de la salive** *fig* to cause some tongue-wagging, to set the tongues wagging; **faire ~ beaucoup d'encre** *fig* to cause a lot of ink to flow ❑ **il coulera de l'eau sous les ponts avant que...** there'll be a lot of water under the bridge before... -**2.** [progresser facilement] to flow; **le temps coule** time slips by; **depuis, sa vie a coulé, calme et tranquille** since then, he has enjoyed a calm and peaceful life ❑ **~ de source** to follow (on naturally); **cela coule de source** [évident] it's obvious; [naturel] it's second nature; **laisse ~!** *fam* don't bother!, just drop it! -**3.** [avoir une fuite - robinet] to leak, to drip. -**4.** [se liquéfier - fromage, bougie] to run. -**5.** [sombrer - nageur] to go under; [- bateau] to go down, to sink; **~ à pic** to go straight to the bottom; **~ pavillon haut** to lose gracefully ‖ [entreprise, politicien] to sink, to go down.
◇ *vt* -**1.** [faire sombrer - bateau] to sink; [- entreprise, concurrent] to sink, to bring down *(sép)*. -**2.** *litt* [passer]: **~ des jours heureux** to spend some happy days. -**3.** [ciment] to pour; [métal] to cast; **~ l'eau d'une chaudière** to run OU to draw water out of a boiler; **~ du plomb dans un joint** to run lead into a joint. -**4.** [fabriquer - statue] to cast. -**5.** AUT: **~ une bielle** to run a rod.
◆ **se couler** ◇ *vpi* [se glisser]: **se ~ dans** [lit, foule] to slip into; **elle se coula dans son lit et s'endormit aussitôt** she slipped into her bed and went to sleep straight away; **il s'est coulé dans le moule** *fig* he slipped into the mould; **se ~ le long de** to slide alongside; **se ~ le long des murs** to hug the walls.
◇ *vpt*: **se la ~ douce** *fam* to have it easy, to live the life of Riley.

couleur [kulœr] *nf* -**1.** [impression visuelle] colour; **le vert est une ~** green is a colour; **de ~ vive** brightly-coloured; **une jolie ~ verte** a pretty shade of green; **je n'ai jamais vu la ~ de son argent** I've never seen the colour of his money; **de quelle ~ est sa voiture?** what colour is his car? ❑ **~s fondamentales/complémentaires** primary/complementary colours; **~ de muraille** stone grey; **en voir de toutes les ~s** *fam*: **on en a vu de toutes les ~s** we've been through some hard times; **en faire voir à qqn de toutes les ~s** to give sb a hard time; **il nous en a fait voir de toutes les ~s** he gave us a hard time. -**2.** [pour les cheveux] tint, colour; **se faire faire une ~** to have one's hair tinted, to have some colour put in. -**3.** JEUX suit. -**4.** [vivacité] colour; **le texte a beaucoup de ~** the text has a good deal of colour OU is very colourful ❑ **~ locale** local colour; **un restaurant très ~ locale** a restaurant with plenty of local colour. -**5.** [aspect - général] light, colour; **voir la situation sous de nouvelles ~s** to see the situation in a new light; **décrire l'avenir sous les ~s les plus sombres/sous de belles ~s** to describe the future in the gloomiest terms/in the most glowing colours; **quelle sera la ~ politique de votre nouveau journal?** what will be the political colour of your new newspaper?; **la ~ du temps** the spirit of the times. -**6.** [d'une personne] shade, colour; **changer de ~** to change colour; **passer par toutes les ~s de l'arc-en-ciel** to go (through) all the colours of the rainbow ‖ [carnation]: **la ~ de la peau** skin colour. -**7.** HÉRALD & MUS colour.
◆ **couleurs** *nfpl* -**1.** [linge] coloureds. -**2.** [peintures] coloured paints; **~s à l'huile** oil paints; **~s à l'eau** watercolours. -**3.** [bonne mine] (healthy) glow, colour; **prendre des ~s** to get a tan OU a bit of colour in one's cheeks; **avoir des ~s** to look well. -**4.** SPORT [d'une équipe] colours; [d'un jockey, d'un cheval] livery; **elle a défendu les ~s de la France** she defended the French flag. -**5.** HÉRALD colour.
◆ **aux couleurs de** *loc prép*: **aux ~s du parti** in party colours; **aux ~s du propriétaire** [yacht] flying the owner's flag; [cheval] in the owner's colours.
◆ **de couleur** *loc adj* coloured.
◆ **en couleur** *loc adv* in colour; **tout en ~** in full colour ❑ **haut en ~** very lively OU colourful OU picturesque.

couleuvre [kulœvr] *nf*: **~ (à collier)** grass snake.

couleuvreau, x [kulœvro] *nm* young grass snake.

couleuvrine [kulœvrin] *nf* culverin.

coulis [kuli] ◇ *nm* -**1.** CULIN purée, coulis. -**2.** [mortier] grout.
◇ *adj m*: **vent ~** draught *(through a crack)*.

coulissant, e [kulisɑ̃, ɑ̃t] *adj* sliding.

coulisse [kulis] *nf* -**1.** THÉÂT: **la ~, les ~s** the wings; **les ~s du pouvoir** the corridors of power ❑ **dans les ~s, en ~** THÉÂT in the wings; *fig* behind the scenes; **on murmure en ~ que...** THÉÂT there's an off-stage rumour that...; *fig* they say behind the scenes that... -**2.** [glissière] runner. -**3.** COUT hem *(through which to pass tape)*. -**4.** BOURSE unofficial stock market.
◆ **à coulisse** *loc adj* sliding.

coulissement [kulismɑ̃] *nm* sliding motion.

coulisser [3] [kulise] ◇ *vi* to slide, to run.
◇ *vt* -**1.** [volet] to provide with runners. -**2.** COUT to hem *(in order to run a tape through)*; **pantalon coulissé** trousers with a draw-string waist.

couloir [kulwar] *nm* -**1.** [d'un bâtiment] corridor, passage; [d'un wagon] corridor; **les ~s du métro** the corridors of the tube *Br* OU subway *Am*; **intrigues de ~** backstage manoeuvring; **bruits de ~s** rumours. -**2.** TRANSP: **~ (de circulation)** lane; **~ aérien** air traffic lane. -**3.** [entre des régions, des pays] corridor. -**4.** GÉOG gully, couloir *spéc*; **le ~ rhodanien** the Rhone Corridor; **~ d'avalanche** avalanche corridor. -**5.** [d'un appareil de projection] track. -**6.** SPORT lane; TENNIS tramlines, alley *Am*.

coulomb [kulɔ̃] *nm* coulomb.

coulommiers [kulɔmje] *nm* Coulommiers cheese.

coulpe [kulp] *nf*: **battre sa ~** to beat one's breast.

coulure [kulyr] *nf* -**1.** [traînée] streak. -**2.** MÉTALL run-out. -**3.** BOT *washing-away of pollen by spring rains, causing crop failure*.

country [kuntri] *nm inv* OU *nf inv* Country (and Western) music.

coup [ku] *nm* **A.** HEURT, DÉFLAGRATION -**1.** [gén] blow, knock; [avec le poing] punch, blow; [avec le pied] kick; **un ~ violent** a hard knock; **un ~ brutal** a nasty blow; **elle a failli mourir sous ses ~s** he thrashed her to within an inch of her life, he nearly battered her to death; **frapper à ~s redoublés** to hit twice as hard; **donner un ~: donner un petit ~ à** OU **sur qqch** to tap sthg lightly; **donner un ~ sec sur qqch** to give sthg a (hard OU smart) tap; **un ~ dans les tibias** a kick in the shins; **donner un ~ sur la table** [avec le poing] to thump the table, to bang one's fist (down) on the table; **en arriver** OU **en venir aux ~s** to come to blows; **prendre un ~** [par un objet] to take OU to get a knock; [par quelqu'un d'autre] to get hit; **j'ai pris un ~ sur la tête** I got a knock OU a bang on the head; **prendre des ~s** to get knocked about; **recevoir un ~** to get hit; **il a reçu un ~ sur la tête** he was hit on the head; **j'en ai reçu des ~s quand j'étais petit!** I was constantly knocked about when I was little!; rendre ~ pour ~ *aussi fig* to hit back, to give as good as one gets ❑ un ~ de pied a kick; ~s et blessures JUR grievous bodily harm; inculpé de ~s et blessures charged with inflicting grievous bodily harm; porter un ~ à qqn *pr* to strike sb; porter un ~ mortel à qqn to strike sb a fatal blow; les grandes surfaces ont porté un ~ au petit commerce *fig* small traders have been dealt a blow by large retail chains; le ~ a porté *pr* & *fig* the blow struck home. -**2.** [attaque, choc] blow, shock; ça m'a fait un ~ [émotion] it gave me a shock; [déception] it was a blow; les mauvais ~s de la vie the nasty blows that life deals you ❑ sale ~ (pour la fanfare)! *fam* that's a bit of a blow OU downer!; en prendre un ~ *fam*: le buffet en a pris un ~ pendant le déménagement the dresser got a bit bashed in the move; trois échecs d'affilée, son moral en a pris un ~ with three successive failures, her morale has taken a bit of a bashing; avec le krack boursier, l'économie en a pris un ~ the economy has suffered a great deal from the crash; accuser le ~ to reel under the blow; tenir le ~: j'ai trop de travail, je ne sais pas si je tiendrai le ~ I've got too much work, I don't know if I'll be able to cope; il faut que tu tiennes le ~ jusqu'à la fin de la semaine you'll have to keep going until the end of the week; porter un (rude) ~ à qqn to deal sb a (severe) blow; le transfert de l'avant-centre a porté un (rude) ~ à l'équipe the transfer of the centre forward dealt a (severe) blow to OU was quite a blow for the team's prospects. -**3.** BOXE punch, blow; ~ bas *pr* & *fig* blow OU punch below the belt; tous les ~s sont permis *pr* & *fig* (there are) no holds barred; compter les ~s *pr* & *fig* to keep score. -**4.** ARM shot, blast; un ~ de revolver a shot, a gunshot; le ~ est parti [revolver] the gun went off; [fusil] the rifle went off; il a reçu un ~ de fusil en pleine poitrine he got shot full in the chest with a rifle; je n'ai pas envie de recevoir des ~s de fusil! I don't want to get shot at!; tirer un ~ de canon to fire OU to blast a cannon; le ~ est passé très près the bullet just whistled past ❑ (revolver à) six ~s six-shot gun; faire ~ double CHASSE to do a right and left; *fig* to kill two birds with one stone. -**5.** [bruit - gén] knock; [- sec] rap; [craquement] snap; entendre des ~s de feu to hear gunshots OU (the crackle of) gunfire; des ~s au carreau knocking OU knocks on the window; un ~ de gong a bang on a gong || [heure sonnée] stroke; le dernier ~ de 3 h the last stroke of three; les douze ~s de minuit the twelve strokes of midnight. -**6.** ▼ [éjaculation]: tirer un OU son ~ to shoot one's load.

B. GESTE, ACTION -**1.** [mouvement d'une partie du corps]: un ~ d'aile a wingbeat; un ~ de bec a peck; un ~ de corne a butt with the horn; un ~ de coude [qui fait mal] a dig with the elbow; [signal] a nudge; un ~ de dent a bite; un ~ de langue a lick; elle nettoyait ses chatons à (grands) ~s de langue she was licking the kittens clean ❑ un ~ de griffe OU patte *pr* a swipe with the claw; un ~ de bec OU dent OU griffe OU patte *fig* a cutting remark; un ~ d'œil a glance, a (quick) look; jeter un ~ d'œil à to glance OU to have a (quick) look at; avoir le ~ d'œil [être observateur] to be observant; [évaluer les distances] to be a good judge of distance. -**2.** [emploi d'un instrument]: donner un (petit) ~ de brosse/chiffon à qqch to give sthg a (quick) brush/wipe; donne-lui un ~ de fer run an iron over it, give it a quick iron; passe un ~ d'aspirateur au salon give the living room a quick vacuum; passe un ~ d'éponge sur la table give the table a wipe (with the sponge); il a reçu un ~ de gourdin sur la tête he was clubbed on the head; un ~ de marteau a blow with a hammer; il s'est donné un ~ de marteau sur le doigt he hit his finger with a hammer; il a reçu un ~ de marteau sur la tête he was hit on the head with a hammer; je vais te donner un ~ de peigne I'll give your hair a comb; il creusait la terre à ~s de pioche he dug the earth with a pick; elle a donné un ~ de rame she pulled on the oar; donner un ~ de balai dans une pièce to give a room a sweep; passe un ~ dans la salle de bain *fam* give the bathroom a going-over ❑ ~ de téléphone OU fil *fam* phone call; donner OU passer un ~ de téléphone à qqn to call sb (on the phone); recevoir un ~ de téléphone to get a (phone) call; tu as eu trois ~s de fil there were three (phone) calls for you; en deux OU trois ~s de cuillère à pot *fam* in a trice, in the twinkling of an eye, before you can say Jack Robinson; en donner OU ficher *fam* OU mettre *fam* un ~ to get down to business; il va falloir qu'on en mette OU en mettre un ~ we'll have to get down to it OU to get a move on; mets-en un bon ~! give it everything you've got!, go for it! -**3.** GOLF & BILLARD stroke; TENNIS shot, stroke; ~ droit forehand stroke; ~ droit croisé cross court forehand (stroke); elle a retourné le service en ~ droit she returned the serve with her forehand. -**4.** *fam* [savoir-faire] knack; avoir le ~: pour la pâtisserie, il a le ~ he's a dab hand *Br* OU a champ *Am* at baking cakes; elle a le ~ pour tailler dans le tissu sans patron she's got the knack of cutting material without a pattern; ah, tu as le ~ pour mettre la pagaille! you really have a gift OU a knack for creating havoc, don't you!; prendre le ~: une fois que tu auras pris le ~, ça ira tout seul! you'll find it's very easy once you get used to it OU once you've got the knack! -**5.** MÉTÉO: ~ de roulis/tangage sudden roll/dip; il y a eu un petit ~ de roulis/tangage the boat started rolling/pitching a bit; ~ de chaleur heatwave; ~ de mer heavy swell; ~ de vent gust of wind. -**6.** [effet soudain] wave; j'ai un ~ de cafard I feel down all of a sudden; j'ai eu un ~ de fatigue suddenly, a wave of tiredness came over me; il a eu un ~ de folie et a acheté une Rolls he went mad and bought himself a Rolls-Royce ❑ avoir un ~ de chaleur to feel the beginnings of sunstroke; ~ de grisou firedamp explosion; ~ de soleil sunburn *(U)*. -**7.** *fam* [boisson] drink; j'ai le hoquet – bois un ~ I've got (the) hiccups – drink something OU have a drink; tu me sers un ~ (à boire)? could you pour me a drink?; tu boiras OU prendras bien un ~ avant de partir? you'll have a drink before you go OU one for the road, won't you?; boire un ~ de trop to have one too many; un ~ de rouge a glass of red wine; un ~ de gnôle a nip of brandy. -**8.** [lancer] throw; elle a renversé toutes les boîtes de conserve en un seul ~ she knocked down all the cans in one throw || [aux dés] throw (of the dice); on joue la tournée en trois ~s let's have three goes with the dice to see who'll pay for the round || [action] JEUX move; CARTES go; la partie se joue dans les premiers ~s the game is won or lost in the opening moves ❑ c'est un ~ pour rien [essai] it's a trial run; [échec] it's a failure.

C. ACTE OU SITUATION EXCEPTIONNELS -**1.** *fam* [mauvais tour] trick; il prépare un ~ he's up to something OU some trick; (faire) un mauvais OU sale ~ (à qqn) (to play) a dirty trick (on sb); c'est un ~ de: je parie que c'est un ~ de Julie! I bet Julie's behind this!; ~ en traître blow below the belt, stab in the back; monter un ~ contre qqn to set sb up, to frame sb; faire le ~ à qqn: il nous a encore fait le ~ he's pulled the same (old) trick on us again; faire le ~ de ... à qqn: il a essayé de me faire le ~ de la panne he tried to pull the old running-out-of-petrol trick on me; il m'a fait le ~ du charme et j'ai craqué he pulled the old seduction trick on me and I fell for it; on ne me refera pas le ~ de la vaisselle! I won't get conned into doing the dishes again!; ne me fais pas le ~ de ne pas venir! now don't stand me up, will you! ❑ ~ monté put-up job, frame-up; faire un ~ en douce: elle a fait un ~ en douce she's cooked up something behind everybody's back; il fait toujours ses ~s en douce everything he does is underhand. -**2.** *arg crime* [vol, escroquerie] job; ils sont sur un gros ~ avec le Balafré they're on to a big job OU number with Scarface; il était sur le ~ du supermarché he was in on the supermarket job. -**3.** *fam* [affaire]: je veux l'acheter mais on est plusieurs sur le ~ I want to buy it but there are several people interested; expliquer le ~ à qqn to explain the situation OU set-up to sb; être dans tous les ~s to have a finger in every pie; rattraper le ~ to sort things out; il a manqué OU raté son ~ he didn't pull it off; elle a réussi son ~ she pulled it off; tu as vu le ~ de la marée noire, ça a été vite étouffé! did you see that business about the oil spill, they hushed that one up quickly!; c'est un ~ à avoir un accident, ça! that's the sort of thing that causes accidents!; combien crois-tu que ça va coûter? – oh, c'est un ~ de 3 000 F how much do you think it will cost? – well, about 3,000 F || [personne - sexuellement] ▼: c'est un bon ~ he/she's a good lay. -**4.** [action remarquable, risquée] coup; faire un beau OU joli ~ to pull a (real) coup; elle a décroché le contrat, quel joli ~! she landed the contract, what a coup!; quand il s'agit d'un gros ~, elle met la main à la pâte when it's something really important, she lends a hand; c'est un ~ à faire OU tenter it's worth trying OU a try ❑ un ~ d'État [putsch] a coup (d'état); *fig* a coup, a palace revolution. -**5.** [circonstance marquante]: un ~ du sort OU du destin a blow dealt by fate; un ~ du ciel OU de la Providence a twist of fate; un ~ de chance OU de pot *fam* OU de bol *fam* a stroke of luck, a lucky break; t'as vraiment eu un ~ de chance OU pot *fam* OU bol! *fam* you were a lucky dog!, you certainly got a lucky break there!; marquer le ~ to mark the occasion.

D. FOIS time, go; du premier ~ first time, at the first attempt; j'ai eu mon permis au second ~ I passed my driving test at the second attempt; au prochain ~, tu vas y arriver you'll do it next time OU at your next go; essaie encore un ~ have another go; ce ~-ci, on s'en va this time, we're off; ce ~-là, je crois qu'elle a compris I think she got the message that time; pour un ~ *fam* just for (this) once; pour un ~, tu peux bien le laisser sortir en semaine! let him go out on a weekday, just for OU this once!; un bon ~ *fam*: c'est ça, pleure un bon ~ that's it, have a good cry; dites-le lui un bon ~, qu'on n'en parle plus! tell him once and for all, and let's not talk about it any more!; vous devriez vous expliquer un bon ~! you should have a serious conversation once and for all!; un grand ~ *fam*: souffle un grand ~! [en se mouchant, sur des bougies] blow!; respire un grand ~ take a deep breath.

◆ **à coups de** *loc prép*: démoli à ~s de marteau smashed to pieces with a hammer; ils se battaient à ~s d'oreillers they were having a pillow-fight; il ne discute qu'à ~s de statistiques the only thing he puts forward is statistics; la productivité a été augmentée à ~s de primes spéciales productivity was increased through OU by dint of special bonuses.

◆ **à coup sûr** *loc adv* undoubtedly, certainly, for sure; tu vas à ~ sûr rater ton train! one thing's (for) sure, you'll miss your train!; à ~ sûr, tu ne t'attendais pas à ça! you certainly never expected that!; elle ne s'engage qu'à ~ sûr she only commits herself when she's certain of the outcome.

◆ **à grands coups** *loc adv*: boire qqch à grands ~s to gulp sthg down; il frappait sur la porte à grands ~s he banged on the door.

◆ **à petits coups** *loc adv*: boire qqch à petits ~s to sip sthg; elle frappait sur la porte à petits ~s she knocked gently at the door.

◆ **après coup** *loc adv* afterwards, later on; son attitude, après ~, s'expliquait bien it was easy to explain her attitude afterwards OU in retrospect.

◆ **au coup par coup** *fam loc adv* bit by bit; négocier au ~ par ~ to have piecemeal negotiations; les avantages sociaux ont été obtenus au ~ par ~ the social welfare were won bit by bit.

◆ **coup sur coup** *loc adv* one after the other, in quick succession; **deux angines ~ sur ~** two attacks of tonsillitis in quick succession.

◆ **dans le coup** *fam* ◇ *loc adj*: **les gens dans le ~** hip OU trendy people; **être dans le ~: elle est dans le ~** [complice] she's in on it OU involved in it; [à la mode] she's hip OU with it; **moi, je ne suis pas dans le ~** [dans l'affaire] it's nothing to do with me, it doesn't involve me; **moi, je ne suis plus dans le ~** [dans l'affaire] count me out OU leave me out of it; **à quatre-vingts ans, il n'est plus dans le ~** [au courant] at eighty years of age he's a bit out of touch OU out of it; **pour le pop, je ne suis plus dans le ~** I've not kept up with OU I'm rather out of touch with the pop scene.

◇ *loc adv*: **mettre qqn dans le ~** to let sb in on the act; **c'est Ramon qui m'a mis dans le ~** Ramon got me involved in it OU in on it.

◆ **du coup** *loc adv* as a result; **alors, du ~, tu ne pars plus!** so that means, you're not going anymore!; **elle ne pouvait pas venir, du ~ j'ai reporté le dîner** as she couldn't come, I put the dinner off, she couldn't come so I put the dinner off.

◆ **d'un (seul) coup** *loc adv* in one (go); **avale-les d'un ~** swallow them down in one (go); **il a tout bu d'un ~** he drank the whole lot in one go; **elle a fait tomber toutes les boîtes de conserve d'un ~** she knocked all the cans down in one throw.

◆ **pour le coup** *loc adv*: **pour le ~, je ne savais plus quoi faire** at that point, I didn't know what to do next; **j'ai failli renverser aussi le lait, c'est pour le ~ qu'il aurait été en colère!** *fam* I nearly spilt the milk as well, he certainly would have been furious then!

◆ **sous le coup de** *loc prép*: **sous le ~ de la colère, on dit des choses qu'on regrette après** when you're in a temper, you say things which you regret later; **sous le ~ de l'excitation, il a trop promis** in the heat of the moment, he made promises he couldn't keep; **il est encore sous le ~ de l'émotion** he still hasn't got over the shock; **tomber sous le ~ de qqch** to come within the scope of sthg; **tomber sous le ~ de la loi** to be punishable by law; **si vous ne payez pas, vous tombez sous le ~ d'une expulsion** if you don't pay, you become liable to eviction.

◆ **sur le coup** *loc adv* -**1.** [immédiatement] instantly; **il est mort sur le ~** he died instantly. -**2.** [à ce moment-là] straightaway, there and then; **je n'ai pas compris sur le ~** I didn't understand immediately OU straightaway; **sur le ~, j'ai accepté, mais je le regrette aujourd'hui** I accepted straightaway, but now I regret it.

◆ **sur le coup de** *loc prép*: **sur le ~ de 6 h/de midi** roundabout 6 o'clock/midday.

◆ **coup de tête** *nm* -**1.** [dans une bagarre] head butt; **donner un ~ de tête à qqn** to head-butt sb. -**2.** SPORT header. -**3.** *fig* (sudden) impulse; **sur un ~ de tête** on (a sudden) impulse.

coupable [kupabl] ◇ *adj* -**1.** [fautif] guilty; **se sentir ~** to feel guilty; **prendre un air ~** to look sheepish OU guilty. -**2.** [responsable] guilty, culpable; JUR guilty. -**3.** *litt* [amour, rêve, pensée] sinful, reprehensible; [action] culpable.

◇ *nmf* -**1.** [élément responsable] culprit; **le vrai ~, c'est l'amour** the real culprit is love. -**2.** JUR guilty party.

coupage [kupaʒ] *nm* [mélange] blending; [avec de l'eau] diluting, dilution, watering down.

coupailler [3] [kupaje] *vt péj* to hack away at.

coupant, e [kupɑ̃, ɑ̃t] *adj* -**1.** [tranchant - ciseaux] sharp; **herbe ~e** grass you can cut yourself on. -**2.** [caustique - ton, remarque] cutting, biting.

◆ **coupant** *nm* cutting edge.

coup-de-poing [kudpwɛ̃] (*pl* **coups-de-poing**) ◇ *nm*: **~ américain** knuckle-duster.

◇ *adj* [argument, chanson] hard-hitting; [politique] tough and uncompromising.

coupe [kup] *nf* -**1.** [action] cutting (out); [coiffure]: **~ (de cheveux)** cut, haircut; **faire refaire sa ~** to have one's hair restyled ❑ **~ au carré** (square) bob. -**2.** COUT [forme] cut; [action] cutting; [tissu] length; **un ensemble à la ~ impeccable** an impeccably-cut suit. -**3.** [dessin] section; **~ longitudinale** longitudinal section. -**4.** [au microscope] section. -**5.** JEUX [séparation] cut, cutting. -**6.** [sciage] cutting (down); [étendue] felling area; [entaille] section; **~ sombre** *pr* thinning out; *fig* drastic cut; **faire des ~s sombres dans un budget** to drastically cut a budget; **~ réglée** periodic felling; **mettre en ~ réglée** *pr* to fell on a regular basis; *fig* to bleed OU to drain systematically. -**7.** LING & LITTÉRAT break, caesura; **~ syllabique** syllable break. -**8.** [verre, contenu - à boire] glass; [- à entremets] dish; **~ de glace/fruits** [dessert] ice cream/fruit *(presented in a dish)* ❑ **~ à glace** sundae dish; **la ~ est pleine** the cup is full.

◆ **à la coupe** *loc adj*: **fromage/jambon à la ~** cheese cut/ham sliced at the request of the customer.

◆ **sous la coupe de** *loc prép* -**1.** [soumis à]: **être sous la ~ de qqn** to be under sb's thumb; **tomber sous la ~ de qqn** to fall into sb's clutches. -**2.** JEUX: **jouer sous la ~ de qqn** to lead (after sb has cut).

coupé [kupe] *nm* AUT & DANSE coupé.

coupe-choux *fam* [kupʃu] *nm inv* -**1.** [sabre] sabre. -**2.** *hum* (cut-throat) razor.

coupe-cigares [kupsigar] *nm inv* cigar cutter.

coupe-circuit [kupsirkɥi] (*pl inv* OU **coupe-circuits**) *nm* cutout.

coupe-coupe [kupkup] *nm inv* machete.

coupée [kupe] *nf* gangway.

coupe-faim [kupfɛ̃] *nm inv* -**1.** [gén] snack. -**2.** MÉD appetite suppressant.

coupe-feu [kupfø] *nm inv* -**1.** [espace] firebreak, fire line. -**2.** [construction] fireguard.

coupe-file [kupfil] (*pl* **coupe-files**) *nm* pass.

coupe-gorge [kupgɔrʒ] *nm inv* [quartier] dangerous area, area where you take your life in your hands; [bâtiment] death trap.

coupe-jarret [kupʒarɛ] (*pl* **coupe-jarrets**) *nm litt* cutthroat.

coupe-légumes [kuplegym] *nm inv* vegetable cutter, vegetable slicer.

coupelle [kupɛl] *nf* -**1.** [petite coupe] (small) dish. -**2.** CHIM cupel.

coupe-ongles [kupɔ̃gl] *nm inv* (pair of) nail clippers.

coupe-papier [kuppapje] (*pl inv* OU **coupe-papiers**) *nm* paper knife.

couper [3] [kupe] ◇ *vt* -**1.** [entailler] to cut; [gravement] to slash; **aïe, je me suis coupé!** ouch, I cut myself!; **il s'est coupé le doigt avec la lame** the blade cut his finger; **coupé à la jambe** with a cut on his leg; **le vent lui coupant le visage** *fig* the wind stinging her face ❑ **~ le souffle** OU **la respiration à qqn** to take sb's breath away; **beau à ~ le souffle** breathtakingly beautiful; **à ~ au couteau**: **le brouillard était à ~ au couteau** the fog was so thick you couldn't see your hand in front of your face OU you could have cut it with a knife; **un accent à ~ au couteau** an accent you could cut with a knife; **~ bras et jambes à qqn** [surprise] to amaze sb; **ça lui a coupé les jambes** [de fatigue] that's really tired him out. -**2.** [membre] to cut off *(sép)*; [tête] to cut off, to chop (off); **il a fallu lui ~ un doigt** he had to have a finger off OU amputated; **~ la tête** OU **le cou à un canard** to chop a duck's head off. -**3.** [mettre en morceaux - ficelle] to cut; [- gâteau] to cut up *(sép)*; [- saucisson] to cut up, to slice (up); [- bois] to chop (up); **elle est obligée de lui ~ sa viande** she has to cut up his meat (for him); **~ en tranches** to cut up, to cut into slices, to slice ❑ **elle se ferait ~ en morceaux plutôt que de...** she'd rather die than...; **~ la poire en deux** to meet (the other person) half-way, to come to a compromise; **~ les ponts avec qqn** to break all ties OU to break off relations with sb; **~ les cheveux en quatre** to split hairs *loc.* -**4.** [tailler - fleurs] to cut; [- bordure] to cut off *(sép)*; [- arbre] to cut OU to chop down *(sép)*, to fell; **~ les cheveux à qqn** to cut OU to trim sb's hair; **~ qqn de qqch** to cut sb off from sthg; **je me sens coupé de tout** I feel cut off from everything OU totally isolated ❑ **~ le mal à la racine** to strike at the root of the evil; **~ l'herbe sous le pied à qqn** to cut the ground OU to pull the carpet from under sb's feet. -**5.** COUT [robe] to cut out *(sép)*; [tissu] to cut. -**6.** [écourter - film, texte] to cut; [ôter - remarque, séquence] to cut (out), to edit out *(sép)*; **garde l'introduction mais coupe les citations latines** keep the introduction but edit OU cut OU take out the Latin quotations. -**7.** [arrêter - crédit] to cut; **~ l'eau** [par accident] to cut off the water; [volontairement] to turn OU to switch off the water; **son père va lui ~ les vivres** his father will stop supporting him OU will cut off his means of subsistence. -**8.** [faire cesser - fièvre] to bring down *(sép)*; [- appétit] to spoil, to ruin; [- relations diplomatiques, conversation] to break off; **~ la parole à qqn** to cut sb short; **ne coupe pas la parole comme ça!** don't cut in like that!; **la joie lui coupait la parole** joy rendered him speechless; **~ qqn** *fam* to interrupt sb; **vous me coupez tout le temps!** you're always cutting in (when I'm speaking) OU interrupting (me)! ❑ **~ la chique** *fam* OU **le sifflet** *fam* **à qqn** to shut sb up; **~ ses effets à qqn** to spoil sb's show, to take the wind out of sb's sails. -**9.** CIN: **coupez!** cut! -**10.** TÉLÉC to cut off *(sép)*. -**11.** [barrer - route] to cut off *(sép)*; [- retraite] to block off *(sép)*, to cut off; **l'arbre nous coupait la route** the tree blocked our path. -**12.** [diviser - surface] to cut; [- ligne] to cut, to intersect; [- voie] to cross, to cut across; **la rue coupe la ville en deux** the road cuts the town in two OU bisects the town; **où le chemin de fer coupe la route** where the railway line cuts across OU crosses the road; **une famille coupée en deux** *fig* a family split down the middle. -**13.** [diluer - lait] to add water to, to thin OU to water down *(sép)*; **~ du vin** [à l'eau] to water wine down; [avec d'autres vins] to blend wine. -**14.** JEUX [partager] to cut; [jouer l'atout] to trump. -**15.** SPORT [balle] to slice.

◇ *vi* -**1.** [être tranchant] to cut, to be sharp; **attention, ça coupe!** careful, it's sharp! -**2.** [prendre un raccourci]: **~ à travers champs** to cut across fields OU country; **~ par une petite route** to cut through by a minor road; **coupons par le moulin** let's take a short-cut via the mill; **~ au plus court** to take the quickest way. -**3.** [interrompre] to cut in; **faux, coupa-t-elle** not true, she cut in.

◆ **couper à** *v + prép*: **~ court à qqch** [mettre fin à] to cut sthg short, to curtail sthg; **~ à qqch** to get out of sthg; **tu ne couperas pas à la vaisselle!** you won't get out of doing the dishes!; **y ~: on n'y a pas coupé, à son sermon!** sure enough we got a lecture from him!

◆ **se couper** ◇ *vp* *(emploi réfléchi)* to cut o.s.; **se ~ les ongles** to cut OU to trim one's nails; **se ~ le** OU **au front** to cut one's forehead; **se ~ les veines** to slit OU to slash one's wrists ❑ **se ~ en quatre pour qqn** [une fois] to bend over backwards to help sb; [continuellement] to devote o.s. utterly to sb.

◇ *vpi* -**1.** [lignes, routes] to cut across one another, to intersect. -**2.** *fam* [se contredire] to contradict o.s

couper-coller [kupekɔle] *vt & vi* cut-and-paste.

couperet [kuprɛ] *nm* -**1.** [d'une guillotine] blade, knife. -**2.** [à viande] cleaver, chopper.

couperose [kuproz] *nf* red blotches (on the face), rosacea *spéc.*

couperosé, e [kuproze] *adj* blotchy and red, affected by rosacea *spéc.*

coupeur, euse [kupœr, øz] *nm, f* -**1.** COUT cutter. -**2.** *loc*: **un ~ de cheveux en quatre** a nitpicker.

coupe-vent [kupvɑ̃] *nm inv* -**1.** VÊT windcheater *Br*, Windbreaker® *Am.* -**2.** TRANSP V-shaped deflector.

couplage [kuplaʒ] *nm* ÉLECTR & MÉCAN coupling.

couple [kupl] ◇ *nm* -**1.** [de gens] couple; [d'animaux] pair. -**2.** MÉCAN & PHYS couple; ~ **moteur** torque. -**3.** MATH pair. -**4.** NAUT frame; **interdiction de se mettre à** ~ no double-mooring.
◇ *nf* -**1.** CHASSE [chiens] couple; [colliers] leash. -**2.** *litt* & *vieilli*: **une** ~ **de** a couple of.

couplé [kuple] *nm* [au tiercé] double.

coupler [3] [kuple] *vt* -**1.** [mettre deux à deux] to couple together, to pair up OU off *(sép)*. -**2.** ÉLECTR & MÉCAN to couple. -**3.** CHASSE to leash together.

couplet [kuplɛ] *nm* -**1.** [strophe] verse; [chanson] song. -**2.** *péj* [discours] tirade; **il y allait de son** ~ **sur la jeunesse d'aujourd'hui** he gave his little set piece on the young people of today.

coupleur [kuplœr] *nm* -**1.** ÉLECTR, RAIL & TRANSP coupler. -**2.** INF coupler; ~ **synchrone** synchronous coupler.

coupole [kupɔl] *nf* -**1.** ARCHIT dome; **petite** ~ cupola; **la Coupole** [Académie] the Académie française; [restaurant] *restaurant in Paris famous as a former meeting place for artists*; **entrer sous la Coupole** to be made a member of the Académie française. -**2.** ARM cupola.

coupon [kupɔ̃] *nm* -**1.** TEXT remnant. -**2.** [de papier] coupon. -**3.** FIN [droit attaché à un titre] coupon. -**4.** TRANSP: ~ **annuel/mensuel** yearly/monthly pass || *Belg* rail OU train ticket.

coupon-réponse [kupɔ̃repɔ̃s] *(pl* **coupons-réponse***)* *nm* reply coupon.

coupure [kupyr] *nf* -**1.** [blessure] cut; **la** ~ **est profonde** it's a deep cut, it's quite a gash ❑ **il connaît la** ~ *arg crime* he knows just the trick. -**2.** [trêve, repos] break; **une bonne** ~ **dans la semaine** a good break during the week. -**3.** ÉLECTR power cut, blackout; **il y a une** ~ **de gaz/d'eau** the gas/the water has been cut off. -**4.** [suppression - dans un texte] deletion. -**5.** [article]: ~ **de journal/presse** newspaper/press cutting. -**6.** FIN note, bill *Am*; **grosses** ~**s** large denominations.

couque [kuk] *nf Belg* cake.

cour [kur] *nf* -**1.** [d'immeuble] courtyard; [de ferme] yard, farmyard; **avec vue sur (la)** ~ looking onto the inside of the building OU onto the courtyard ❑ ~ **d'honneur** main courtyard; ~ **de récréation** SCOL playground; **des choses qui se disent dans la** ~ **de récréation** things which are said in the playground OU at playtime; ~ **des Miracles** HIST *area in Paris where vagrants had the right of sanctuary*; **c'était la** ~ **des Miracles dans la salle d'attente** *fig* the waiting room was utter bedlam; **n'en jetez plus, la** ~ **est pleine** *fam* please, no more! -**2.** [d'un roi] court; *fig* [admirateurs] following, inner circle (of admirers); **c'est la** ~ **du roi Pétaud** it's chaotic; **être bien en** ~ to be in favour; **être mal en** ~ to be out of favour. -**3.** JUR [magistrats] court; **Messieurs, la Cour!** all rise!, be upstanding in court! *Br* || [tribunal]: ~ **d'appel** Court of Appeal, appellate court *Am*; ~ **d'assises** ≃ Crown Court *Br*, ≃ Circuit court *Am*; **Cour de cassation** final Court of Appeal; **Cour européenne des droits de l'homme** European Court of Human Rights; **Haute** ~ High Court *(for impeachment of president or ministers)*. -**4.** ADMIN: **Cour des comptes** *the French audit office*, ≃ controller and auditor general *Br*, ≃ General Accounting Office *Am*. -**5.** *Belg* toilets. -**6.** *loc*: **faire la** ~ **à qqn** to court sb, to woo sb.

LA COUR DES COMPTES:
This state body supervises the financial affairs of public bodies and local authorities, and monitors the way public funds are used.

---

courage [kuraʒ] *nm* -**1.** [bravoure] courage, bravery; **avec** ~ courageously, bravely; **le** ~ **me manqua** my courage failed me; **avoir le** ~ **de ses opinions** to have the courage of one's convictions ❑ **prendre son** ~ **à deux mains** to muster all one's courage. -**2.** [énergie] will, spirit; **travailler avec** ~ to work with a will; **tu pars travailler? bon** ~! you're off to work? hope it goes well!; ~, **la journée est bientôt finie** keep it up, the day's nearly over; **un whisky pour te donner du** ~ a whisky to buck you up; **prendre** ~ to take heart; **perdre** ~ to lose heart, to become discouraged; **elle n'a pas le** ~ **d'aller travailler** she doesn't feel up to going to work.

courageusement [kuraʒøzmɑ̃] *adv* -**1.** [se battre, parler] courageously, bravely. -**2.** [travailler] with a will.

courageux, euse [kuraʒø, øz] *adj* courageous, brave; ~ **mais pas téméraire** brave but not reckless OU foolhardy.

couramment [kuramɑ̃] *adv* -**1.** [bien] fluently; **elle parle le danois** ~ she speaks Danish fluently OU fluent Danish. -**2.** [souvent] commonly; **objet employé** ~ object in general use; **l'expression s'emploie** ~ the expression is in common usage; **ça se dit** ~ it's a common OU an everyday expression; **cela m'arrive** ~ it happens to me frequently; **cela se fait** ~ it's common practice.

courant[1] [kurɑ̃] *nm* -**1.** ÉLECTR: ~ **(électrique)** (electric) current; **branché sur le** ~ plugged into the mains; **couper le** ~ to cut the power off; **mettre le** ~ to switch the power on; **rétablir le** ~ to put the power back on; **prendre le** ~ *fam* to get a shock OU an electric shock ❑ ~ **alternatif/continu** alternating/direct current; **le** ~ **passe** [entre des amis] they're on the same wavelength; **c'est un bon conférencier/acteur, le** ~ **passe** he's a good lecturer/actor, he comes across well. -**2.** [dans l'eau] current, stream; **il y a trop de** ~ the current is too strong ❑ **suivre le** ~ *pr* to go with the current; *fig* to follow the crowd, to go with the tide; **nager contre** OU **remonter le** ~ *pr* to swim against the current; *fig* to go against the tide. -**3.** [dans l'air] current; ~ **(atmosphérique)** airstream, current; ~ **d'air** draught; **il y a des** ~**s d'air** it's draughty; **se déguiser** OU **se transformer en** ~ **d'air** *hum* to vanish into thin air. -**4.** [tendance] current, trend; **le** ~ **classique** the classical movement; **les** ~**s de l'opinion** currents OU trends in public opinion; **un** ~ **d'optimisme** a wave of optimism. -**5.** [masse mouvante] movement, shift; **les** ~**s de population** shifts of population; **les** ~**s commerciaux sont perturbés** commercial progress is disturbed. -**6.** [ce qui est quotidien]: **le** ~ everyday life.
◆ **au courant** ◇ *loc adj* [informé]: **personne/journal bien au** ~ well-informed person/paper; **il est parti mais les gens au** ~ **n'ont rien dit** he left but those who knew about it OU who were in the know kept quiet.
◇ *loc adv*: **se tenir au** ~ to keep abreast of things OU o.s. informed; **mettre qqn au** ~ to let sb know, to fill sb in; **pour vous mettre au** ~ so that you know, in order to fill you in; **tenir qqn au** ~ to keep sb posted OU informed.
◆ **au courant de** *loc prép* -**1.** [informé de]: **au** ~ **des nouvelles méthodes** well up on new methods; **tu es au** ~ **de la panne?** do you know about the breakdown? -**2.** *litt* [au fil de]: **écrire qqch au** ~ **de la plume** [rapidement] to dash sthg off; [sans effort] to pen sthg with ease; **des mots qui viennent au** ~ **de la plume** words that flow from the pen.
◆ **dans le courant de** *loc prép* in OU during the course of.

courant[2], **e** [kurɑ̃, ɑ̃t] *adj* -**1.** [quotidien - vie, dépenses] everyday; [- travail] everyday, routine; **en anglais** ~ in everyday OU conversational English. -**2.** [commun - problème, maladie] common; [- incident] everyday. -**3.** [normal - modèle, pointure] standard. -**4.** [actuel] current; **le mois** ~ the current month; **votre lettre du 17** ~ your letter of the 17th instant *Br* OU the 17th of this month.
◆ **courante** *nf* -**1.** *fam* [diarrhée]: **la** ~**e** the runs. -**2.** DANSE courante.

courbatu, e [kurbaty] *adj* aching (and stiff).

courbature [kurbatyr] *nf* ache; **plein de** ~**s** aching (and stiff) all over.

courbaturé, e [kurbatyre] *adj* aching (and stiff).

courbe [kurb] ◇ *adj* curving, rounded, curved.
◇ *nf* -**1.** GÉOM curve, curved OU rounded line. -**2.** [sur un graphique] curve; **la** ~ **d'apprentissage** the learning curve; **tracer la** ~ **de** to plot the curve of, to graph. -**3.** GÉOG: ~ **de niveau** contour line.

courbement [kurbəmɑ̃] *nm* curving.

courber [3] [kurbe] ◇ *vt* -**1.** [plier] to bend; **arbre courbé par le poids des fruits** tree bending under OU with the weight of the fruit. -**2.** [personne]: ~ **la tête** to bow OU to bend one's head; ~ **le front sur qqch** to bend over sthg; **marcher le dos courbé** to walk with a stoop ❑ ~ **l'échine devant qqn** to give in OU to submit to sb; **courbant l'échine devant les difficultés** giving OU caving in when faced with difficulties.
◇ *vi litt*: ~ **sous le poids** to be weighed down by a burden.
◆ **se courber** *vpi* -**1.** [ployer - arbre, barre] to bend. -**2.** [personne - gén] to bend down; [- de vieillesse] to stoop; [- pour saluer] to bow (down); [- par soumission]: **se** ~ **devant qqch** to bow before sthg, to submit to sthg.

courbette [kurbɛt] *nf* -**1.** [salut] low bow; **faire des** ~**s à qqn** *péj* to kowtow to sb, to bow and scrape to sb. -**2.** [d'un cheval] curvet.

courbure [kurbyr] *nf* curved line OU shape, curvature.

courette [kurɛt] *nf* [d'un immeuble] small yard OU courtyard, close; [d'une ferme] small yard OU farmyard.

coureur, euse [kurœr, øz] ◇ *adj* -**1.** [cheval] racing. -**2.** *fam* [séducteur]: **il est très** ~ he's a womanizer OU philanderer; **elle est très coureuse** she's a real maneater.
◇ *nm, f* -**1.** SPORT runner; [sauteur de haies] hurdler; ~ **de fond/demi-fond** long-distance/middle-distance runner; ~ **cycliste** (racing) cyclist; ~ **automobile** racing driver; ~ **motocycliste** motorcycle OU motorbike driver. -**2.** *fam* [séducteur] womanizer (*f* maneater); ~ **de dot** dowry-hunter; ~ **de jupons** womanizer, philanderer. -**3.** [amateur]: **un** ~ **de fêtes/musées** inveterate party-goer/museum-goer. -**4.** *Can*: ~ **des bois** fur trader.
◆ **coureurs** *nmpl vieilli* & ZOOL running birds.

courge [kurʒ] *nf* -**1.** CULIN (vegetable) marrow *Br*, squash *Am*; [plante, fruit] gourd, squash. -**2.** *fam* [imbécile] idiot, dope, twit.

courgette [kurʒɛt] *nf* courgette *Br*, zucchini *Am*.

courir [45] [kurir] ◇ *vi* -**1.** [gén] to run; [sportif, lévrier] to run, to race; **entrer/sortir/traverser en courant** to run in/out/across; **monter/descendre l'escalier en courant** to run up/down the stairs; **partir en courant** to run off; **il arriva vers moi en courant** he ran up to me; **j'ai couru à perdre haleine** OU **à fond de train** *fam* OU **à toutes jambes** I ran as fast as my legs could carry me; **il partit en courant à toutes jambes** he raced off; ~ **ventre à terre** to run flat out; ~ **tête baissée (vers)** to rush headlong (towards); ~ **après qqn** to run after sb ❑ ~ **comme un lièvre** to run like a hare; ~ **comme le vent** to run like the wind. -**2.** [se déplacer - nuée] to race along OU by; [- eau] to rush, to run; **ses doigts couraient sur les touches** his fingers ran up and down the keyboard; **laisser** ~ **sa plume** to let one's pen run freely. -**3.** [se précipiter] to rush, to run; **toujours en train de** ~ **chez le médecin** always running to the doctor; **j'y cours** I'll rush over; **et tes confitures? — j'y cours!** what about the jam you're making? — I'm just going to see to it now!; **la pièce qui fait** ~ **tout Paris** the play all Paris is flocking to see; **un mot écrit en courant** a rushed note, a note that's been dashed off; **j'ai couru partout pour les cadeaux** I rushed everywhere for presents; **j'ai couru toute la journée** I've been in a rush OU I've been run off my feet all day. -**4.** [se propager - rumeur, idée]: **un bruit qui court** a rumour that's going round;

faire ~ un potin to spread a piece of gossip; le bruit court que... rumour has it that... -**5.** [temps] to run; l'année qui court the current year; la location court jusqu'au 25 it's rented until the 25th; par les temps qui courent nowadays. -**6.** [s'étendre]: ~ le long de [rivière, voie ferrée] to run OU to stretch along; ses notes couraient en marge du texte his notes ran in the margin (next to the text). -**7.** FIN [intérêt] to accrue; laisser ~ des intérêts to allow interest to accrue. -**8.** *loc*: tu peux (toujours) ~! *fam* no way!; l'épouser? il peut toujours ~! *fam* marry her? he doesn't have a hope in hell!; laisser ~ *fam* [abandonner] to forget, to drop; ~ sur le système▽ OU le haricot▽ à qqn [l'énerver] to get up sb's nose *Br* OU on sb's nerves; il commence à me ~! he's beginning to get up my nose *Br* OU to tick me off *Am*! -**9.** NAUT to sail.
◇ *vt* -**1.** SPORT [course] to compete in, to run. -**2.** [sillonner - ville, mers] to roam, to rove; chemins courant la campagne *litt* paths darting through the countryside ❑ ~ les rues to be run-of-the-mill OU nothing unusual; cela court les rues [idée, style] it's run-of-the-mill; quelqu'un comme ça, ça ne court pas les rues people like that are hard to come by. -**3.** [fréquenter] to go round; elle court les musées she's an inveterate museum-goer; ~ les fêtes to go to all the parties; ~ les filles to chase girls, to be a womanizer ❑ ~ le jupon OU le cotillon to flirt with women; ~ la gueuse *fam* OU le guilledou *fam* OU la prétentaine *fam hum* to go wenching. -**4.** [rechercher - honneurs, poste] to seek; acteur courant le cachet actor desperate for work || [encourir]: ~ un risque to run a risk || [tenter]: ~ sa chance to try one's chance. -**5.** CHASSE to hunt; il ne faut pas ~ deux lièvres à la fois *prov* if you run after two hares you will catch neither *prov*.
◆ **courir à** *v + prép* [faillite, désastre] to head for; elle court à sa perte she's on the road to ruin.
◆ **courir après** *v + prép* [rechercher]: ~ après qqn *fam* to bug sb; ~ après un poste to be after a job; ~ après la célébrité to strive for recognition; il court toujours après le temps he's always short of time; elle ne court pas après l'argent she's not after money; il peut toujours ~ après son argent! he'll never see his money again!
◆ **courir sur** *v + prép* [approcher de]: ~ sur ses 60 ans to be approaching 60.

courlis [kurli], **courlieu, x** [kurljø] *nm* curlew.

couronne [kurɔn] *nf* -**1.** [coiffure - d'un souverain] crown; [- d'un pair] coronet; ~ de fleurs d'oranger crown OU circlet of orange blossom; ~ de lauriers crown of laurels, laurel wreath; ~ d'épines crown of thorns; ~ royale royal crown ❑ ~ mortuaire (funeral) wreath; porter la ~ *pr* & *fig* to wear the crown. -**2.** HIST & POL: la Couronne d'Angleterre/de Belgique the English/Belgian Crown; prétendre à la ~ to lay claim to the throne; il aspire à la Couronne de France he wants to become King of France; les joyaux de la Couronne the Crown jewels. -**3.** [cercle] crown, circle; une ~ de nuages entourait la montagne the mountain was surrounded by a ring of clouds. -**4.** [périphérie]: la petite ~ *the suburbs adjacent to Paris*. -**5.** DANSE crown. -**6.** [pain] ring OU ring-shaped loaf. -**7.** [prothèse dentaire] crown. -**8.** AUT: ~ dentée crown wheel. -**9.** ARCHIT & ASTRON corona. -**10.** [monnaie] crown. -**11.** [d'un arbre] crown.
◆ **en couronne** *loc adj* -**1.** [en rond]: fleurs en ~ wreath of flowers; nattes en ~ plaits (worn) in a crown. -**2.** CULIN in a ring.

couronné, e [kurɔne] *adj* crowned.

couronnement [kurɔnmɑ̃] *nm* -**1.** [cérémonie] coronation, crowning. -**2.** [réussite] crowning achievement. -**3.** [récompense]: cette année a vu le ~ de ses efforts this year her efforts were finally rewarded.

couronner [3] [kurɔne] *vt* -**1.** [roi] to crown; elle fut couronnée reine/impératrice she was crowned queen/empress || ANTIQ & HIST [orateur, soldat] to crown with a laurel wreath. -**2.** [récompenser - poète, chercheur] to award a prize to; [- œuvre, roman] to award a prize for. -**3.** [conclure - carrière, recherches, vie] to crown; sa nomination vient ~ sa carrière her nomination is the crowning achievement of her career; et pour ~ le tout *fam* and to crown it all, and on top of all that. -**4.** [dent] to crown.
◆ **se couronner** *vpt*: se couronner les genoux to graze one's knees.

courre [kur] → **chasse**.

courrier [kurje] *nm* -**1.** [correspondance - reçue] mail, letters, post *Br*; [- à envoyer] letters (to be sent); j'ai beaucoup de ~ en retard I've got a lot of letters to write; il y a du ~ pour moi aujourd'hui? are there any letters for me OU have I got any mail OU is there any post *Br* for me today?; elle reçoit beaucoup de ~ she receives large quantities of mail; le ~ est-il arrivé? has the postman *Br* OU mailman *Am* been yet?; avec la grève, il y a du retard dans le ~ with the strike, there are delays in mail deliveries; faites partir ça avec le premier ~ send this first post today *Br*, send this by the first mail *Am*. -**2.** [lettre]: un ~ a letter. -**3.** ADMIN & POL [messager] courier. -**4.** [chronique] column; ~ du cœur agony column, problem page; ~ des lecteurs letters (to the editor). -**5.** INF: ~ électronique e-mail. -**6.** TRANSP mail; HIST [homme] messenger.

courriériste [kurjerist] *nmf* columnist; ~ du cœur agony aunt.

courroie [kurwa] *nf* -**1.** [gén] belt strap. -**2.** TECH belt; ~ de transmission driving belt; ~ de ventilateur AUT fan belt.

courroucer [16] [kuruse] *vt sout* to anger, to infuriate.
◆ **se courroucer** *vpi sout* to become incensed OU infuriated.

courroux [kuru] *nm sout* anger, ire *litt*, wrath *litt*; les flots en ~ *litt* the raging sea.

cours [kur] *nm* **A.** ÉCOULEMENT, SUCCESSION -**1.** GÉOG [débit] flow; [parcours] course; avoir un ~ lent to be slow-flowing; avoir un ~ rapide to be fast-flowing; dévier le ~ d'une rivière to divert the course of a river ❑ ~ d'eau [ruisseau] stream; [rivière] river. -**2.** [déroulement - des années, des saisons, de pensées] course; [- d'événements] course, run; [- de négociations, d'une maladie, de travaux] course, progress; donner OU laisser (libre) ~ à [joie, indignation] to give vent to; [imagination] to give free rein to; donner libre ~ à son chagrin to express one's grief freely; reprendre son ~: la vie reprend son ~ life goes on; l'Histoire reprend son ~ history must take its course; en suivant/remontant le ~ du temps going forward/back in time. -**3.** ASTRON course. -**4.** [dans des noms de rue] *avenue*. -**5.** CONSTR: ~ d'assise course OU layer *(of bricks etc)*.
B. DANS LE DOMAINE FINANCIER -**1.** [de devises] rate; ~ des devises OU du change foreign exchange rate OU rate of exchange ❑ ~ forcé forced currency; avoir ~ [monnaie] to be legal tender OU legal currency; [pratique] to be common; avoir ~ légal to be legal tender OU a legal currency; ne plus avoir ~ [monnaie] to be out of circulation, to be no longer legal tender OU a legal currency; [pratique, théorie] to be obsolete; [expression, terme] to be obsolete OU no longer in use. -**2.** [d'actions] price, trading rate; au ~ du marché at the market OU trading price; au ~ du jour at today's rate; ~ limite limit price; premier ~, ~ d'ouverture opening price; dernier ~, ~ de clôture closing price; le ~ d'ouverture/de clôture de ces actions était de 20 F these shares opened/closed at 20 F.
C. DANS LE DOMAINE SCOLAIRE ET UNIVERSITAIRE -**1.** [classe] SCOL class, lesson; UNIV class, lecture; [ensemble des leçons] course; aller en ~ to go to one's class; être en ~ to be in class; sécher les ~ *fam* to play truant; suivre des ~ to attend a course; suivre un ~ OU des ~ d'espagnol to go to OU to attend a Spanish class; prendre des ~ to take lessons OU a course; elle prend des ~ au Conservatoire she attends the Conservatoire; j'ai ~ tout à l'heure [élève, professeur] I have a class later; j'ai ~ tous les jours [élève, professeur] I have classes every day; faire ~: c'est moi qui vous ferai ~ cette année I'll be teaching you this year; les professeurs ne font pas ~ cet après-midi there are no lessons this afternoon; qui nous fera ~ pendant votre absence? who's going to take our class while you're away?; tu ne vas pas me faire un ~ sur la politesse? are you going to give me a lecture on how to be polite? ❑ ~ par correspondance correspondence course; UNIV ≃ Open University course *Br*; ~ magistral lecture; donner/prendre des ~ particuliers to give/to have private tuition; je prends des ~ particuliers de français I get OU have private tuition in French; ~ de perfectionnement proficiency course; ~ du soir evening class. -**2.** [manuel] course, coursebook, textbook. -**3.** [degré - dans l'enseignement primaire]: ~ préparatoire ≃ first-year infants class *Br*, ≃ nursery school *Am*; ~ élémentaire ≃ second-year infants class *Br*, ≃ first grade *Am*; ~ moyen ≃ third-year infants class *Br*, ≃ second grade *Am*. -**4.** [établissement] school.
◆ **au cours de** *loc prép* during, in OU during the course of; au ~ du débat in the course of OU during the debate; au ~ des siècles over the centuries; au ~ de notre dernier entretien when we last spoke; ça se décidera au ~ des prochaines semaines it'll be decided in the weeks to come.
◆ **en cours** *loc adj* [actuel]: l'année/le tarif en ~ the current year/price; affaire/travail en ~ business/work in hand; examen en ~ examination in progress; être en ~ [débat, réunion, travaux] to be under way, to be in progress; une enquête est en ~ investigations are taking place.
◆ **en cours de** *loc prép* in the process of; en ~ de construction under construction, in the process of being built; en ~ de réparation in the process of being repaired, undergoing repairs; en ~ d'investigation being investigated, under investigation; c'est en ~ d'étude it's being examined; il nous a laissés en ~ de partie he left us in the middle of the game; en ~ de route on the way.

course [kurs] *nf* -**1.** SPORT [compétition] race; épuisé par sa ~ exhausted from his running; il a dû arrêter en pleine ~ he had to stop in the middle of the race; faire la ~ to race; on fait la ~ jusqu'à la cabane! race you OU last (one) to the hut!; faire la ~ avec qqn to race (with) sb; les enfants, on ne fait pas la ~! children, no running!; c'est toujours la ~ au bureau *fig* we're always run off our feet at the office ❑ ~ attelée/à handicap harness/handicap race; ~ de fond OU d'endurance long-distance race; ~ de OU en chars chariot race; ~ automobile motor OU car race; ~ de chevaux (horse) race; ~ cycliste cycle race; ~ de demi-fond middle-distance race; ~ d'obstacles ÉQUIT steeplechase; ~ d'orientation orienteering; ~ à pied race; ~ de relais relay race; ~ en sac sack race; ~ de taureaux bullfight; ~ (de vaches) landaises, ~ de vachettes *bullfight with young cows*; ~ de vitesse sprint *Br*, dash *Am*; ~ contre la montre *pr* race against the clock, time-trial; *fig* race against time; être dans la ~ *fam* to be hip OU with it *vieilli*; rester dans la ~ to stay in OU to be still in the race; l'entreprise essaie de rester dans la ~ the company's trying to keep up with the competitors. -**2.** [activité]: la ~ [à pied] running; [en voiture, à cheval] racing; je fais de la ~ à pied tous les jours I run every day; la ~ à: la ~ aux armements the arms race; la ~ au pouvoir/à la présidence the race for power/the presidency. -**3.** [randonnée]: faire une ~ en montagne to go for a trek in the mountains. -**4.** [d'un taxi - voyage] journey; [- prix] fare; payer (le prix de) la ~ to pay the fare. -**5.** [commission] errand; j'ai une ~ à faire I've got to buy something OU to get something from the shops || [d'un coursier, d'un messager] errand. -**6.** [trajectoire - d'un astre, d'un pendule] course, trajectory; [- d'un missile] flight; [- d'un piston] stroke. -**7.** *Helv* [trajet] trip *(by train or boat)*; [excursion] excursion.

◆ **courses** *nfpl* -**1.** [commissions]: **faire les/des ~s** to do the/some shopping; **il est parti faire quelques ~s** he went out to do a bit of shopping; **la liste des ~s** the shopping list. -**2.** [de chevaux] races; **jouer aux ~s** to bet on the races OU on the horses; **il a gagné 15 000 francs aux ~s** he won 15,000 francs on the races.

course-croisière [kurskrwazjɛr] (*pl* courses-croisières) *nf* boat race.

course-poursuite [kurspursɥit] (*pl* courses-poursuites) *nf* -**1.** SPORT track race. -**2.** [entre policiers et voleurs] car chase.

courser *fam* [3] [kurse] *vt* to chase, to run after *(insép)*, to go for *(insép)*.

coursier, ère [kursje, ɛr] *nm, f* errand boy (*f* girl); [à moto] dispatch rider.

◆ **coursier** *nm* -**1.** [transporteur]: **envoyer qqch par ~** to send sthg by courier ❑ **~ international** courier company. -**2.** *litt* [cheval] steed.

coursive [kursiv] *nf* -**1.** NAUT gangway. -**2.** CONSTR (raised) passageway.

court, e [kur, kurt] *adj* **A.** DANS L'ESPACE -**1.** [en longueur - cheveux, ongles] short; **il a les jambes ~es** he's got short legs; **~ sur pattes** *fam* [chien] short-legged; [personne] short; **à manches ~es** short-sleeved, with short sleeves; **la jupe est trop ~e de trois centimètres** the skirt is three centimetres too short; **la ligne droite est le plus ~ chemin d'un point à un autre** a straight line is the shortest distance between two points; **quel est le plus ~ chemin de Sens à Troyes?** what's the shortest way OU distance OU route between Sens and Troyes?; **il y a un chemin plus ~** there's a shorter OU quicker way; **je l'ai suivi sur une ~e distance** I followed him a short OU little way. -**2.** ANAT [os, muscle] short. -**3.** RAD [onde] short. -**4.** NAUT: **vague** OU **mer ~e** choppy sea.

B. DANS LE TEMPS -**1.** [bref, concis - discours, lettre, séjour, durée etc] short, brief; **son histoire était ~e mais bonne** *fam* his story was short but sweet; **les jours sont de plus en plus ~s** the days are getting shorter (and shorter) OU are drawing in; **les années semblent bien ~es!** the years seem to fly by OU to pass so quickly!; **pendant un ~ instant** for a brief OU fleeting moment; **mon séjour a été plus ~ que prévu** my stay was shorter than planned ❑ **cycle ~** *course of studies leading to qualifications exclusive of university entrance*; **il fera un cycle ~** he won't be doing a course leading on to university. -**2.** [proche]: **à ~ terme** short-term; **dette/emprunt à ~ terme** short-term debt/loan; **j'ai des projets à ~ terme** I have some plans in OU for the short term.

C. FAIBLE, INSUFFISANT -**1.** [faible - avance, avantage] small; [- majorité] small, slender; **après sa ~e victoire sur son compatriote** after a narrow victory over his fellow countryman; **Zanoa a mené la course sur une ~e distance** Zanoa led the race by a short distance; **au virage, il avait une ~e avance sur le peloton** in the bend, he was leading the bunch by a short distance ❑ **gagner d'une ~e tête** *pr & fig* to win by a short head. -**2.** [restreint]: **avoir la respiration ~e** OU **le souffle ~** to be short of breath OU wind. -**3.** *fam* [insuffisant - connaissances] slender, slim; [- quantité, mesure] meagre, skimpy; **nos revenus sont un peu ~s pour envisager un emprunt** we don't really earn enough to consider taking out a loan; **10 sur 20, c'est un peu ~** 10 out of 20, it's a bit borderline; **deux bouteilles pour six, c'est un peu ~** two bottles for six people, that's a bit on the mean *Br* OU stingy side; **10 000 F pour refaire le toit, l'estimation me semble ~e** 10,000 F to redo the roof, the estimate seems on the low side to me; **tu n'as que trois mètres de tissu? c'est un peu ~** you've only got three metres of material? that's a bit skimpy; **l'avion décolle dans 30 minutes — c'est trop ~ pour l'avoir** the plane takes off in 30 minutes – we won't make it in time; **plutôt ~ comme excuse!** (it's) a bit of a pathetic excuse!; **sa rubrique est amusante mais les idées sont ~es** his column is entertaining but short on ideas; **à ~es vues** [personne] limited (in one's understanding); [explication] limited ❑ **avoir la vue ~e** *pr & fig* to be short-sighted; **avoir la mémoire ~e** to have a short memory.

◆ **court** ◇ *adv* -**1.** [en dimension]: **je me suis fait couper les cheveux ~** I had my hair cut short; **des cheveux coupés** OU **taillés très ~** [gén] hair cut very short; **se coiffer ~** to keep one's hair short; **elle s'habille ~** she wears her skirts short; **cet été, on s'habillera ~** this summer, short dresses and skirts will be in fashion OU hemlines will be high. -**2.** [en durée]: **pour faire ~** *fam* to cut a long story short. -**3.** [brusquement]: **s'arrêter ~** to stop short; **tourner ~** [discussion, projet] to come to an abrupt end.

◇ *nm* -**1.** [terrain]: **~ (de tennis)** tennis court; **sur le ~** on (the) court; **~ en bitume** hard court; **~ en gazon** grass court; **~ en terre battue** clay court. -**2.** COUT & VÊT: **le ~** short fashions OU hemlines OU styles. -**3.** *loc*: **aller au plus ~** to take the quickest course of action; **allons au plus ~, qui a pris l'argent?** let's not beat about the bush, who took the money?; **prendre par le** OU **au plus ~** [chemin, procédure] to take a short cut.

◆ **à court** *fam loc adv* short on cash, hard-up, a bit short.

◆ **à court de** *loc prép*: **être à ~ d'idées/de vivres** to have run out of ideas/food; **nous étions presque à ~ d'eau** we were low on OU running short of water; **être à ~ d'argent** to be short of money; **à ~ de personnel** short-staffed; **elle n'est jamais à ~ d'arguments** she's never at a loss for an argument.

◆ **de court** *loc adv*: **prendre qqn de ~** [ne pas lui laisser de délai de réflexion] to give sb (very) short notice; [le surprendre] to catch sb unawares OU napping.

◆ **tout court** *loc adv*: **Maximilien de la Fontanière, Maxime tout ~ pour les amis** Maximilien de la Fontanière, or just Maxime to his friends; **appelez-moi Jeanne, tout ~** just call me Jeanne; **cela indigne les chrétiens démocrates et même les chrétiens tout ~** this is shocking to Christian Democrats and even to Christians full stop *Br* OU period *Am*.

courtage [kurtaʒ] *nm* brokerage; **vente par ~** selling on commission; **ces articles sont vendus par ~** these items are sold on commission.

courtaud, e [kurto, od] ◇ *adj* -**1.** [personne] short-legged, squat, dumpy. -**2.** VÉTÉR docked and crop-eared.

◇ *nm, f* -**1.** [personne] short-legged OU squat OU dumpy person. -**2.** [chien] docked and crop-eared dog; [cheval] docked and crop-eared horse.

court-bouillon [kurbujɔ̃] (*pl* courts-bouillons) *nm* court-bouillon; **faire cuire au** OU **dans un ~** to cook in a court-bouillon.

court-circuit [kursirkɥi] (*pl* courts-circuits) *nm* ÉLECTR short circuit; **faire ~** to short-circuit.

court-circuiter [3] [kursirkɥite] *vt* -**1.** ÉLECTR to short, to short-circuit. -**2.** *fam* [assemblée, personnel] to bypass; [procédure] to bypass, to short-circuit; **court-circuite-le avant qu'il ne signe** grab him before he signs.

court-courrier [kurkurje] (*pl* court-courriers) *nm* short-haul plane.

courtepointe [kurtəpwɛ̃t] *nf* duvet, counterpane.

courtier, ère [kurtje, ɛr] *nm, f* -**1.** BOURSE broker. -**2.** COMM: **~ en assurances/vins** insurance/wine broker; **~ maritime** ship OU shipping broker.

courtilière [kurtiljɛr] *nf* mole cricket.

courtine [kurtin] *nf* curtain.

courtisan [kurtizɑ̃] *nm* -**1.** HIST courtier. -**2.** *sout* [flatteur] flatterer, sycophant.

courtisane [kurtizan] *nf litt* courtesan.

courtisanerie [kurtizanri] *nf litt* flattery, sycophancy *litt*.

courtiser [3] [kurtize] *vt* -**1.** [femme] to court, to woo, to pay court to. -**2.** [pays, puissants] to woo; **~ le pouvoir/la gloire** to woo power/fame; **il le courtisait servilement** he fawned on him obsequiously.

court-jus *fam* [kurʒy] (*pl* courts-jus) *nm* short ELEC.

court(-)métrage [kurmetraʒ] (*pl* courts métrages OU courts-métrages) *nm* short film, short.

courtois, e [kurtwa, az] *adj* -**1.** [poli - personne, manières] civil, courteous; **un homme ~** a courteous man; **d'un ton ~** civilly, courteously; **être ~ envers qqn** to be courteous OU civil towards sb. -**2.** HIST & LITTÉRAT [amour] courtly; [roman, littérature] about courtly love.

courtoisement [kurtwazmɑ̃] *adv* courteously.

courtoisie [kurtwazi] *nf* courteousness; **avec ~** courteously.

court-vêtu, e [kurvety] (*mpl* court-vêtus, *fpl* court-vêtues) *adj*: **des femmes ~es** women in short skirts.

couru, e [kury] *adj* -**1.** [populaire] fashionable, popular; [spectacle] popular; **les bars les plus ~s** the most fashionable bars. -**2.** *fam* [certain]: **c'est ~ (d'avance)!** it's a (dead) cert! *Br*, it's a sure thing! *Am*; **c'était ~!** it was bound to happen!, it was a foregone conclusion!

couscous [kuskus] *nm* couscous.

couscoussier [kuskusje] *nm* couscous steamer.

cousette [kuzɛt] *nf* -**1.** [étui] sewing kit. -**2.** *fam* [couturière] dressmaker's apprentice.

couseuse [kuzøz] *nf* -**1.** [couturière] sewer. -**2.** IMPR stitcher. -**3.** [machine à coudre] industrial sewing-machine.

cousin, e [kuzɛ̃, in] *nm, f* cousin; **~ germain** first OU full cousin; **petit ~, ~ au second degré** second cousin; **~ éloigné** OU **à la mode de Bretagne** *hum* distant relation.

◆ **cousin** *nm* ENTOM (big) mosquito.

cousinage [kuzinaʒ] *nm vieilli* -**1.** [parenté] cousinhood. -**2.** [cousins]: **son ~** his kinsfolk OU kinfolk *Am*.

cousiner [3] [kuzine] *vi*: **~ (avec qqn)** to be on friendly terms (with sb).

coussin [kusɛ̃] *nm* -**1.** [de siège, de meuble] cushion; **un ~ de feuilles/mousse** a cushion of leaves/moss ‖ *Belg* [oreiller] pillow. -**2.** TECH: **~ d'air** air cushion.

coussinet [kusinɛ] *nm* -**1.** [petit coussin] small cushion. -**2.** ZOOL cushion. -**3.** MÉCAN bearing; **~ de bielle** big end bearing ‖ RAIL chair. -**4.** ARCHIT coussinet, cushion.

coût [ku] *nm* -**1.** [prix] cost, price; **~ d'achat/de remplacement** purchase/replacement cost; **~ de production** production cost; **~ de la vie** cost of living; **~ du capital** capital cost; **~ du crédit** credit charges OU cost; **~ salarial** cost of an employee for his employer. -**2.** *fig*: **le ~ social de la privatisation** the social cost of privatization; **le ~ de ses imprudences** the cost OU consequences of his foolishness.

coûtant [kutɑ̃] *adj m* cost *(modif)*.

couteau, x [kuto] *nm* -**1.** [à main] knife; [d'une machine, d'un mixer] blade; **il a ouvert le paquet avec un ~** he cut the parcel open (with a knife); **il joue facilement du** OU **manie facilement le ~** he's quick with the knife; **comme si on lui enfonçait un ~ dans le cœur** as if he'd been stabbed in the heart ❑ **~ à beurre/pain** butter/bread knife; **~ de cuisine/de table** kitchen/table knife; **~ économe** OU **éplucheur** OU **à éplucher** potato peeler; **~ pliant** OU **de poche** pocket knife; **~ de chasse** hunting knife; **~ à cran d'arrêt** flick-knife; **~ à désosser** boning knife; **~ électrique** electric carving knife; **~ à filets de sole** filleting knife; **~ à**

viande carving knife; coup de ~ stab (with a knife); donner un coup de ~ à qqn to stab sb (with a knife); prendre *fam* OU recevoir un coup de ~ to be knifed, to get stabbed; ils l'ont tué à coups de ~ they stabbed OU knifed him to death; enfoncer le ~ dans la plaie to dig the knife in; remuer OU retourner le ~ dans la plaie to twist the knife in the wound; avoir le ~ sous la gorge to have a gun pointed at one's head; jouer les seconds ~x (dans une affaire) to play a secondary role in a business, to play second fiddle. -2. [d'une balance] knife edge. -3. BX-ARTS palette knife; peinture au ~ knife painting. -4. ZOOL razor shell *Br* OU clam *Am*.

◆ **à couteaux tirés** *loc adv*: être à ~x tirés avec qqn to be at daggers drawn with sb.

couteau-scie [kutosi] (*pl* couteaux-scies) *nm* serrated-edge knife.

coutelas [kutla] *nm* -1. [de cuisine] large kitchen knife. -2. ARM cutlass.

coutelier, ère [kutəlje, ɛr] *nm, f* cutler, cutlery specialist.

coutellerie [kutɛlri] *nf* -1. [ustensiles] cutlery. -2. [lieu de fabrication] cutlery works. -3. [lieu de vente] kitchen-ware shop *Br* OU store *Am* (specializing in cutlery). -4. [industrie] cutlery industry.

coûter [3] [kute] ◇ *vt* -1. [exiger - efforts] to cost; ça ne coûte rien d'être aimable! it doesn't cost anything to be kind!; ça te coûterait beaucoup d'être poli/de me répondre? would it be asking too much for you to be polite/to answer me?; cette démarche lui a beaucoup coûté it was a very difficult OU painful step for him to take; ça ne m'a pas beaucoup coûté de ne pas y aller it was no great hardship for me not to go; tu peux bien l'aider, pour ce que ça te coûte! it wouldn't be any trouble for you to help her! -2. [provoquer - larmes] to cost, to cause; les nuits blanches que son roman lui a coûtées the sleepless nights her novel cost her. -3. [entraîner la perte de - carrière, membre, vote] to cost; ça a failli lui ~ la vie it nearly cost him his life; un accident qui a coûté la vie à dix personnes a accident which claimed the lives of ten people.

◇ *vi* COMM to cost; combien ça coûte? *fam* how much is it?, how much does it cost?; cela m'a coûté 200 francs it cost me 200 francs; je veux cette maison, ça coûtera ce que ça coûtera I want that house no matter how much it costs ‖ *(en usage abs) fam* une voiture, ça coûte! a car is an expensive thing! ❑ ~ une fortune OU les yeux de la tête OU la peau des fesses *fam* to cost a fortune OU the earth OU an arm and a leg; ~ cher [produit, service] to be expensive, to cost a lot of money; ça va lui ~ cher! *fig* she's going to pay for this!; cela ne coûte pas cher it's cheap OU inexpensive.

◆ **coûte que coûte** *loc adv* at all costs, whatever the cost, no matter what.

coûteux, euse [kutø, øz] *adj* -1. [onéreux] expensive, costly; peu ~ cheap; c'est d'un entretien ~ it's expensive to maintain; une guerre coûteuse en vies humaines a war costing many human lives OU with a high cost in human lives. -2. [lourd de conséquences]: des préjugés ~ pour l'avenir de l'homme prejudices for which future generations will have to pay the price.

coutil [kuti] *nm* drill.

coutume [kutym] *nf* -1. [tradition] custom; c'est une ~ bretonne it's a Breton custom; je t'embrasse, c'est la ~ I'll give you a kiss, it's the custom; comme c'est la ~ en Alsace as is the custom OU is customary in Alsace; d'après OU selon la ~ as custom dictates; selon une ~ ancienne according to an age-old tradition. -2. [habitude, manie] habit, custom; selon OU comme c'était ma ~ as was my habit OU wont *litt*; avoir (pour) ~ de faire to be in the habit of OU accustomed to doing; elle n'a pas ~ de partir sans prévenir she doesn't usually leave without warning; comme de ~ as usual; il pleuvait, comme de ~ as usual, it was raining; elle a allumé elle-même toutes les bougies, comme de ~ she lit all the candles herself, as was her custom; moins que de ~ less than usual, not as much as usual; plus que de ~ more than usual. -3. JUR customary.

coutumier, ère [kutymje, ɛr] *adj* -1. [habituel] customary, usual. -2. [habitué à]: ~ de: il ne m'a pas rendu toute ma monnaie – il est ~ du fait! he short-changed me – that wouldn't be the first time OU that's one of his usual tricks!; j'ai oublié et pourtant je ne suis pas ~ du fait I forgot, and yet it's not something I usually do; boire est une chose dont elle n'est pas coutumière she doesn't usually drink.

◆ **coutumier** *nm* customary.

couture [kutyr] *nf* -1. [action de coudre, passe-temps, produit]: la ~ sewing; j'ai de la ~ à faire I've got some sewing to do; elle fait de la ~ dans le jardin she's sewing in the garden; ne touche pas à ma ~ leave my sewing alone ‖ [confection]: la ~ (artisanale) dressmaking; la haute ~ (haute) couture, fashion design. -2. [suite de points] seam; faire une ~ à qqch to seam sthg; ~ apparente OU sellier top stitching, overstitching; ~ plate OU rabattue flat seam; ~ anglaise French seam. -3. *litt* [cicatrice] scar; [points de suture] stitches. -4. [d'un moulage, d'une sculpture] seam.

◆ **à coutures** *loc adj* [bas, collant] seamed, with seams.

◆ **sans coutures** *loc adj* [bas, collant] seamless.

◆ **sous toutes les coutures** *loc adv* from every angle, very closely, under a microscope *fig*.

couturé, e [kutyre] *adj* scarred; tout ~ de cicatrices/rides criss-crossed with scars/wrinkles.

couturier, ère [kutyrje, ɛr] *nm, f* [fabricant - de complets] tailor; [- de chemises] shirtmaker; [- de robes] dressmaker; j'ai besoin d'une couturière pour mes ravaudages I need somebody to do some sewing (and mending) for me.

◆ **couturier** *nm* -1. [de haute couture]: (grand) ~ fashion designer. -2. ANAT: grand ~ sartorius *spéc* OU tailor's muscle.

◆ **couturière** *nf* THÉÂT *rehearsal preceding the final dress rehearsal, enabling last-minute alterations to costumes.*

couvain [kuvɛ̃] *nm* nest of insect eggs.

couvaison [kuvɛzɔ̃] *nf* -1. [période] incubation. -2. [action] brooding.

couvée [kuve] *nf* -1. [œufs] clutch. -2. [oisillons] brood, clutch; la nouvelle ~ de jeunes cinéastes the new generation OU breed of young filmmakers ❑ il n'est pas né de la dernière ~ he wasn't born yesterday. -3. *fam* [famille]: sa ~ her brood.

couvent [kuvɑ̃] *nm* -1. [de religieuses] convent; [de religieux] monastery; entrer au ~ to enter a convent OU nunnery *vieilli*. -2. [pensionnat] convent school.

couventine [kuvɑ̃tin] *nf* [religieuse] conventual; [pensionnaire] convent schoolgirl.

couver [3] [kuve] ◇ *vt* -1. [pour faire éclore - suj: oiseau] to sit on *(insép)*; [- suj: incubateur] to hatch, to incubate; quand la mouette couve when the seagull sits on its eggs OU broods OU is broody ❑ ~ des yeux OU du regard [personne aimée] to look lovingly at; [friandise, bijou] to look longingly at. -2. *péj* [protéger - enfant] to overprotect, to cocoon. -3. MÉD to be coming down with; je crois que je couve quelque chose I can feel something coming on. -4. *litt* [préparer - vengeance, revanche] to plot.

◇ *vi* -1. [feu] to smoulder. -2. [être sous-jacent - rébellion] to be brewing (up); [- sentiment] to smoulder; la haine qui couvait en elle the hatred that was smouldering inside her; la révolte couvait chez les paysans a peasant revolt was brewing (up); ~ sous la cendre to be brewing (up), to bubble under the surface.

couvercle [kuvɛrkl] *nm* -1. [qui se pose, s'enfonce] lid, cover; [qui se visse] top, screw-top, cap. -2. AUT [de piston] cover.

couvert[1] [kuvɛr] *nm* -1. [cuiller, fourchette, couteau] knife, fork and spoon; des ~s en argent silver cutlery ‖ [avec assiette et verre] place setting; mettre le ~ to lay OU to set the table; j'ai mis trois ~s I've laid three places OU the table for three; mets deux ~s de plus lay OU set two extra places; elle a son ~ chez Triot she has her meals OU she's a regular at Triot's; tu auras toujours ton ~ chez moi there'll always be a place for you at my table. -2. [prix d'une place au restaurant] cover charge.

couvert[2], **e** [kuvɛr, ɛrt] *adj* -1. [abrité - allée, halle, marché] covered; [- piscine] indoor *(avant n)*. -2. [vêtu - chaudement] warmly-dressed, (well) wrapped-up OU muffled-up; [- décemment] covered (up); j'aime avoir les jambes ~es I like my legs to be covered up; rester ~ [garder son chapeau] to keep one's hat on. -3. MÉTÉO [temps] dull, overcast; [ciel] overcast, clouded-over; attendez-vous à un après-midi ~ expect a cloudy afternoon.

◆ **couvert** *nm litt* leafy canopy.

◆ **à couvert** *loc adv*: être à ~ [de projectiles] to be under cover; [de critiques, de soupçons] to be safe; se mettre à ~ [de projectiles] to get under OU to take cover; [de critiques, de soupçons] to cover OU to safeguard o.s.

◆ **à couvert de** *loc prép* protected against; ici, nous serons à ~ de la pluie here, we'll be sheltered from the rain.

◆ **sous couvert de** *loc prép* in the guise of; sous ~ de sollicitude, elle me suit partout she follows me around, pretending to be helpful.

◆ **sous le couvert de** *loc prép* -1. [sous l'apparence de] in the guise of. -2. [sous la responsabilité de]: sous le ~ de son chef/frère hiding behind his boss/brother. -3. *litt* [à l'abri de]: sous le ~ d'un bois in the shelter of a wood.

couverture [kuvɛrtyr] *nf* -1. [morceau de tissu] blanket; sous les ~s under the blankets OU covers; ~ chauffante electric blanket; ~ de survie space OU survival blanket; amener OU tirer la ~ à soi [après un succès] to take all the credit; [dans une transaction] to get the best of the deal. -2. CONSTR [activité] roofing; [ouvrage] (type of) roof. -3. PRESSE [activité] coverage; assurer la ~ d'un événement to give coverage of OU to cover an event ‖ [page] cover, front page; mettre un sujet en ~ to put a story on the front page, to make a story front-page news. -4. [d'un livre] cover. -5. [d'un besoin] covering, catering for; la ~ des besoins en viande est insuffisante meat needs are not sufficiently catered for ❑ ~ sociale Social Security cover; avoir une ~ sociale to belong to a benefit scheme. -6. [prétexte] disguise, façade; le financier/la société qui leur servait de ~ the financier/company they used as a front. -7. MIL cover.

◆ **de couverture** *loc adj* MIL & PRESSE cover *(modif)*.

couveuse [kuvøz] *nf* -1. [poule] brooder, sitter. -2. [machine]: ~ (artificielle) incubator.

couvoir [kuvwar] *nm* [local] hatchery.

couvrant, e [kuvrɑ̃, ɑ̃t] *adj* [peinture, vernis] that covers well.

◆ **couvrante**▽ *nf* blanket.

couvre-chef [kuvrəʃɛf] (*pl* couvre-chefs) *nm hum* hat, headgear.

couvre-feu [kuvrəfø] (*pl* couvre-feux) *nm* curfew.

couvre-joint [kuvrəʒwɛ̃] (*pl* couvre-joints) *nm* CONSTR bead, batten.

couvre-lit [kuvrəli] (*pl* couvre-lits) *nm* bedspread, counterpane.

couvre-livre [kuvrəlivr] (*pl* couvre-livres) *nm* dust jacket.

couvre-pied(s) [kuvrəpje] (*pl* couvre-pieds) *nm* quilt.

couvreur [kuvrœr] *nm* roofer.

couvrir [34] [kuvrir] ◇ *vt* -1. [d'une protection, d'une couche - meuble] to cover; [- livre, cahier] to cover, to put a dust cover on; [d'un couvercle - poêle] to cover, to put a lid on; ~ le feu to bank up the fire; ~ de [surface]: ~ un mur de peinture to paint a wall; il avait couvert le mur de graffiti/posters he'd covered the wall with graffiti/posters; ~ avec OU de [protéger] to cover with; couvrez les fraisiers avec de la paille cover OU protect your strawberry plants with straw; toit couvert de chaume thatched roof; ~ qqn de [lui donner en abondance]: ~ qqn de cadeaux/ d'injures/de louanges/de reproches to shower sb with gifts/ insults/ praise/reproaches; ~ qqn de caresses/baisers to stroke/to kiss sb all over; ~ qqn de honte to make sb feel ashamed; ~ qqn d'or to shower sb with gifts. -**2.** [vêtir] to wrap OU to cover OU to muffle up *(sép)*; couvre bien ta gorge! make sure your throat is covered up! || [envelopper] to cover; une mantille lui couvrait la tête her head was covered with a mantilla, a mantilla covered her head; la jupe couvre tout juste le genou the skirt barely covers the knee. -**3.** [dissimuler - erreur] to cover up *(sép)*; [protéger] to cover up for; ils le couvrent [pour une erreur] they're covering up for him; il avance l'argent, mais en cas de difficulté, c'est moi qui le couvre he puts up the money but if there's a problem, I step in. -**4.** [étouffer] to drown (out), to cover; les basses couvrent trop les ténors the basses drown out the tenors. -**5.** [assurer - dégâts, frais, personne, risque] to cover, to insure; l'assurance me couvre contre l'incendie the insurance policy covers me against fire. -**6.** [inclure] to cover, to include; le prix couvre la livraison et l'entretien the price covers OU includes delivery and maintenance. -**7.** [compenser] to cover; les recettes ne couvrent plus les dépenses income no longer covers expenses; nous couvrons nos frais maintenant we're paying our way now. -**8.** MIL [retraite, soldat] to cover, to give cover; on te couvre we've got you covered; ~ ses arrières to cover one's rear. -**9.** [parcourir] to cover; elle a couvert les 15 km en 52 minutes she covered OU ran the 15 km in 52 minutes. -**10.** [englober - dans l'espace] to cover; [- dans le temps] to span; leur propriété couvre 10 hectares their estate covers OU occupies 10 hectares; le réseau couvre toute la région the network covers the whole area; ses recherches couvrent près de 30 ans his research spans nearly 30 years. -**11.** [avoir pour rayon d'action - suj: émetteur, représentant] to cover. -**12.** PRESSE to cover, to give coverage to; ~ entièrement un procès to give full coverage to a trial. -**13.** FIN [emprunt] to underwrite; [enchère] to bid higher than, to outbid. -**14.** VÉTÉR to cover. -**15.** JEUX [carte] to cover.

◇ *vi*: peinture qui couvre bien paint that covers well.

◆ **se couvrir** ◇ *vp (emploi réfléchi)* -**1.** [se vêtir] to dress warmly, to wrap up (well). -**2.** [mettre un chapeau] to put on one's hat. -**3.** SPORT to cover o.s. -**4.** [se garantir] to cover o.s.

◇ *vpi* [ciel] to become overcast, to cloud over; le temps se couvre it's OU the sky is clouding over.

◆ **se couvrir de** *vp + prép*: se ~ de fleurs/ bourgeons/feuilles to come into bloom/bud/ leaf; le champ s'est couvert de coquelicots poppies have come up all over the field; se ~ de boutons to come out OU to become covered in spots; la place s'est couverte de monde the square became crowded OU swamped with people; se ~ de ridicule to make o.s. look ridiculous; se ~ de honte/gloire to cover o.s. with shame/glory.

covalence [kɔvalɑ̃s] *nf* covalency.

covariance [kɔvarjɑ̃s] *nf* covariance.

covendeur, euse [kɔvɑ̃dœr, øz] *nm, f* co-seller.

cover-girl [kɔvœrgœrl] *(pl* cover-girls) *nf* cover girl.

cow-boy [kɔbɔj] *(pl* cow-boys) *nm* cowboy; jouer aux ~s et aux Indiens to play (at) cowboys and Indians.

coxal, e, aux [kɔksal, o] *adj* coxal.

coxalgie [kɔksalʒi] *nf* coxalgia.

coxarthrose [kɔksartroz] *nf* arthritis of the hip.

coyote [kɔjɔt] *nm* coyote.

CP *(abr de* cours préparatoire) *nm first year of primary school*.

CPAM *(abr de* caisse primaire d'assurances maladie) *nf national health insurance office*.

cps *(abr écrite de* caractères par seconde) cps.

cpt *abr écrite de* comptant.

CQFD *(abr de* ce qu'il fallait démontrer) QED; et cela prouve que tu tiens vraiment à elle, ~! *fam* and this proves that you're really fond of her, there you are!

CR *nm abr de* compte-rendu.

crabe [krab] *nm* -**1.** CULIN & ZOOL crab; ~ enragé OU vert green crab; ~ nageur swimming crab. -**2.** *fam péj* [personne] rat, foul creature.

◆ **en crabe** *loc adv*: marcher/se déplacer en ~ to walk/to move sideways; voler en ~ AÉRON to drift.

crabot [krabo] *nm* direct-drive dog clutch.

crac [krak] *onomat* -**1.** [bois, os] crack, snap; [biscuit] snap; [tissu] rip. -**2.** *fam loc*: ~ boum, et ~ hey presto.

crachat [kraʃa] *nm* -**1.** [salive] spit; des ~s spit, spittle. -**2.** *fam* [médaille] medal, gong *Br*.

craché, e *fam* [kraʃe] *adj*: tout ~: c'est sa mère tout ~! she's the spitting image of her mum!; ça, c'est du Maud tout ~! that's just like Maud!, that's Maud all over!

crachement [kraʃmɑ̃] *nm* -**1.** [fait de cracher] spitting; [crachat] mucus, sputum *spéc*; avoir des ~s de sang to spit blood. -**2.** [projection - de flammes, vapeur] burst, shower; [- de scories, d'étincelles] shower. -**3.** [bruit - d'un haut-parleur] crackle, crackling.

cracher [3] [kraʃe] ◇ *vi* -**1.** [personne] to spit; ~ par terre to spit on the floor ❑ ~ sur qqn *pr & fig* to spit at sb; ~ à la figure de qqn *pr & fig* to spit in sb's face; c'est comme si on crachait en l'air! *fam* it's like whistling in the wind!; il ne faut pas ~ dans la soupe don't bite the hand that feeds you; ~ sur qqch *fam*: il ne crache pas sur le champagne he doesn't turn his nose up at champagne; je ne cracherais pas sur 2 000 francs! I wouldn't turn my nose up at OU say no to 2,000 francs!; l'autorité a du bon, ne crache pas dessus! there are things to be said for authority, don't knock it!; ~ au bassinet to cough up. -**2.** [chat, marmotte] to spit, to hiss. -**3.** [fuir - stylo] to splutter; [- robinet] to splutter, to splash. -**4.** [nasiller - haut-parleur, radio] to crackle.

◇ *vt* -**1.** [rejeter - sang] to spit; [- aliment] to spit out *(sép)*; ~ ses poumons *fam* to cough up one's lungs. -**2.** [projeter - suj: volcan, canon] to belch (forth OU out); [- suj: fusil] to shoot a burst of, to spit; [- suj: robinet] to spit OU to splutter out *(sép)*; ~ des flammes OU du feu [dragon] to breathe fire; il est fort ton calvados, je vais ~ des flammes! *fam hum* your Calvados is pretty strong, I'll be breathing fire! -**3.** [énoncer - insultes] to spit out *(sép)*, to hiss; «racaille!», cracha-t-elle en sortant "scum!", she hissed on her way out. -**4.** *fam* [donner - argent] to cough up *(sép)*, to fork out *(sép)*; grand-père ne les crache pas facilement! grandpa's a real old skinflint! || *(en usage abs)*: si tu veux la marchandise, il faut ~ if you want the stuff, you've got to cough up.

cracheur, euse [kraʃœr, øz] ◇ *adj* ZOOL spitting *(avant n)*.

◇ *nm, f* spitter; ~ (de feu) fire-eater.

crachin [kraʃɛ̃] *nm* (fine) drizzle.

crachiner [3] [kraʃine] *v impers*: il crachine it's drizzling.

crachoir [kraʃwar] *nm* spittoon; tenir le ~ *fam* to go on and on, to monopolize the conversation; tenir le ~ à qqn: je n'ai pas envie de lui tenir le ~! I don't feel like listening to her rambling on for hours!

crachotement [kraʃɔtmɑ̃] *nm* [d'une radio, d'un téléphone] crackle, crackling; [d'un robinet, d'une personne] splutter, spluttering.

crachoter [3] [kraʃɔte] *vi* [personne] to splutter, to sputter; [radio, téléphone] to crackle; [robinet] to splutter.

crachouiller *fam* [kraʃuje] = **crachoter**.

crack [krak] *nm* -**1.** ÉQUIT crack. -**2.** *fam* [personne - gén] wizard; [- en sport] ace; c'est un ~ en ski he's an ace skier; c'est un ~ en latin he's brilliant at Latin.

cracker [krakœr] *nm* cracker CULIN.

cracking [krakiŋ] *nm* cracking PETR.

cracra *fam* [krakra], **cradingue**▽ [kradɛ̃g], **crado** *fam* [krado] *adj inv* [personne, objet] filthy; [restaurant] grotty *Br*, lousy *Am*.

craie [krɛ] *nf* chalk, limestone; une ~ a stick of chalk; dessiner qqch à la ~ to chalk sthg out; écrire qqch à la ~ to chalk sthg, to write sthg with chalk; il y avait des croix à la ~ sur leurs portes crosses had been chalked on their doors.

craignos▽ [krɛɲos] *adj inv*: c'est ~! [louche] it's dodgy *Br* OU not kosher!; [ennuyeux] it's the pits!

crailler [3] [kraje] *vi* to caw.

craindre [80] [krɛ̃dr] *vt* -**1.** [redouter - personne] to fear, to be frightened OU afraid of; [- événement] to fear, to be afraid OU scared of; ~ Dieu to go in fear of OU to fear God; je ne crains personne! nobody can frighten me!, I'm not afraid of anyone!; sa grosse voix le faisait ~ de tous ses élèves his booming voice made all his pupils afraid of him; qui ne craint pas la mort? who isn't afraid of death OU dying?; je ne crains pas les piqûres I'm not afraid OU scared of injections; ~ le pire to fear the worst; ne crains rien have no fear, never fear, don't be afraid; il n'y a rien à ~ there's no cause for alarm, there's nothing to fear; il y a tout à ~ d'une intervention militaire one can expect the worst from a military intervention; ~ de prendre l'avion to be afraid of flying. -**2.** [tenir pour probable] to fear; alors, je suis renvoyé? – je le crains so, I'm fired? – I'm afraid so; elle pourrait nous dénoncer – c'est à ~ she might give us away – unfortunately, (I think) it's likely; elle craignait toujours d'être en retard she was always afraid of being late; je crains de l'avoir blessée I'm afraid I've hurt her; si je ne craignais pas de vous choquer if I wasn't afraid of shocking you; craignant de la réveiller, il a retiré ses chaussures he took off his shoes, for fear of waking her up; je crains qu'il (n') ait oublié I'm afraid that OU I fear he might have forgotten; on craint un peu partout que... there are widespread fears that...; je crains fort qu'il (ne) soit déjà trop tard I fear OU I'm very much afraid it's already too late; je crains que oui/ non I fear OU I'm afraid so/not. -**3.** [être sensible à]: ça craint le froid [plante] it's sensitive to cold, it doesn't like the cold; c'est un bois qui craint les chocs it's a fairly fragile kind of wood; 'craint l'humidité' 'keep OU store in a dry place'; c'est une étoffe qui ne craint rien it's a material that'll stand up to anything. -**4.** ▽ *loc*: ça craint [c'est louche] it's dodgy *Br* OU not kosher; [c'est ennuyeux] it's the pits.

◆ **craindre pour** *v + prép*: ~ pour qqn/qqch to fear for sb/sthg; je crains pour sa santé I fear for her health; ~ pour sa vie to fear for OU to go in fear of one's life.

crainte [krɛ̃t] *nf* [anxiété] fear; la ~ de l'échec fear of failure OU failing; il vivait dans la ~ d'être reconnu he lived OU went in fear of being recognized; n'aie aucune ~ OU sois sans ~, tout se passera bien don't worry OU never fear, everything will be all right; éveiller OU susciter les ~s de qqn to alarm sb.

◆ **de crainte de** *loc prép (suivi de l'inf)* for fear of; de ~ de la blesser for fear of hurting her.

◆ **de crainte que** *loc conj (suivi du subj)* for fear of, fearing that; de ~ qu'on (ne) l'accuse for fear of being accused, fearing that she might be accused; il faut agir vite, de ~ que la situation (n') empire we must act quickly, lest OU in case the situation should get worse.

craintif, ive [krɛ̃tif, iv] ◇ *adj* -**1.** [facilement effarouché - personne] timid, shy; [- animal] timid. -**2.** [qui reflète la peur - regard, geste] timorous, fearful.

◇ *nm, f* -**1.** [timide] timid OU shy person. -**2.** [timoré] faint-hearted OU timorous person.

craintivement [krɛ̃tivmɑ̃] *adv* -**1.** [timidement] timidly, shyly. -**2.** [avec peur] timorously, fearfully.

cramé, e *fam* [krame] *adj* [rôti] burnt, charred; [tissu] burnt, scorched; **la tarte est complètement ~e** the tart is burnt to a cinder.

◆ **cramé** *fam nm*: **ça sent le ~** there's a smell of burning; **ne mange pas le ~** don't eat the burnt bits.

cramer *fam* [3] [krame] ◇ *vi* [immeuble] to be on fire; [rôti, tissu] to burn; [circuit électrique, prise] to burn out; **tous ses cheveux ont cramé** his hair was completely burnt; **il y a quelque chose qui crame dans la cuisine** there's something burning in the kitchen.

◇ *vt* [rôti] to burn (to a cinder), to let burn; [vêtement] to burn, to scorch.

cramine *fam* [kramin] *nf Helv* (intense) cold.

cramique [kramik] *nm Belg brioche with raisins.*

cramoisi, e [kramwazi] *adj* [velours] crimson; [visage] flushed, crimson; **il est devenu ~** [de honte, de timidité] he flushed crimson OU blushed; [de colère] his face turned crimson ❑ **rouge ~** crimson red.

◆ **cramoisi** *nm* crimson.

crampe [krɑ̃p] *nf* -**1.** MÉD cramp; **j'ai une ~ au pied/à la cuisse** I have a cramp in my foot/thigh; **~ d'estomac** [gén] stomach cramp; [de faim] hunger pang; **la ~ de l'écrivain** writer's cramp. -**2.** [pièce de serrage] cramp.

crampon [krɑ̃pɔ̃] *nm* -**1.** [de chaussures - de sport] stud; [- de montagne] crampon; [de fer à cheval] calk. -**2.** BOT [de plante grimpante] tendril; [d'algue] sucker. -**3.** [crochet - pour saisir et retenir] cramp. -**4.** *fam péj* [personne]: **c'est un/une ~** he/she sticks like a leech; **j'espère qu'elle viendra sans son ~ de mari!** I hope she won't bring along her husband, he's so clingy! || *(comme adj)*: **un enfant un peu ~** a clinging child; **laisse-moi, que tu es ~!** give me some space, will you!

cramponner [3] [krɑ̃pɔne] *vt* -**1.** ▽ [importuner] to pester; **tu me cramponnes avec tes questions!** stop pestering me with your questions! -**2.** *fam* [s'accrocher à] to cling to; **ne cramponne pas tout le temps ton père!** just leave your father alone will you!, give your father a break! -**3.** TECH [pièces] to cramp together.

◆ **se cramponner** *vpi* -**1.** [s'agripper] to hold on, to hang on; **cramponne-toi bien, on démarre!** hold on tight, here we go!; **se ~ à** [branche, barre] to cling (on) OU to hold on to; [personne] to cling (on) to. -**2.** *fam* [s'acharner - malade] to cling OU to hang on; [- étudiant] to stick with it; **il est distancé mais il se cramponne** he's outdistanced but he's clinging on; **se ~ à la vie/à un espoir** to cling to life/hope.

cran [krɑ̃] *nm* -**1.** [entaille - d'une étagère, d'une crémaillère] notch; [trou - d'une ceinture] hole, notch; **il resserra/desserra sa ceinture d'un ~** he tightened/loosened his belt one notch; **baisser/monter d'un ~** [dans une hiérarchie] to come down/to move up a peg; [sa voix] to fall/to rise slightly. -**2.** COUT [sur un ourlet] notch; [point de repère] nick. -**3.** [mèche ondulée] wave. -**4.** ARM catch; **~ de sûreté** safety catch; **~ d'arrêt** *fam* [couteau] flick-knife. -**5.** *fam* [courage]: **allons, un peu de ~!** [sois courageux] come on, be brave!; [ne te laisse pas aller] come on, pull yourself together!; **avoir du ~** to have guts.

◆ **à cran** *fam loc adj* uptight, edgy, on edge; **avoir les nerfs à ~** to be edgy OU uptight.

crâne [kran] ◇ *nm* -**1.** ANAT skull, cranium *spéc.* -**2.** *fam* [tête]: **avoir mal au ~** to have a headache; **mets-toi bien ça dans le ~!** get that into your head!; **tu as le ~ dur!** [têtu] you're so pigheaded!; [lent à comprendre] you're so thickskulled! ❑ **alors, ~ d'œuf!** hey, baldy! -**3.** *arg crime*: **faire un ~** [policier] to make an arrest, to get a result.

◇ *adj* -**1.** *litt* [courageux] bold, gallant; **très ~, il entra dans la pièce** he swaggered into the room. -**2.** [bien portant]: **il n'est pas encore bien ~** he hasn't quite recovered yet.

crânement [kranmɑ̃] *adv litt* [fièrement] gallantly.

crâner *fam* [3] [krane] *vi* to show off, to swank *Br*; **elle ne crânait plus devant le prof!** she wasn't so sure of herself OU so brave when the teacher came in!

crânerie [kranri] *nf litt* -**1.** [bravoure] gallantry. -**2.** [vanité] conceit.

crâneur, euse *fam* [kranœr, øz] *péj* ◇ *adj*: **être ~** to be a bit of a show-off.

◇ *nm, f* show-off, hotshot *Am*; **faire le ~** to show off, to swank *Br*.

crânien, enne [kranjɛ̃, ɛn] *adj* cranial.

cranté, e [krɑ̃te] *adj* [ourlet] notched; [lame de ciseaux] serrated; [cheveux] wavy.

cranter [3] [krɑ̃te] *vt* [ourlet] to notch; [roue] to put notches on; [cheveux] to wave.

crapahuter [3] [krapayte] *vi arg mil* to plough along.

crapaud [krapo] *nm* -**1.** ZOOL toad; **~ accoucheur** midwife toad; **~ de mer** angler-fish. -**2.** MINÉR flaw. -**3.** MUS baby grand piano. -**4.** [fauteuil] squat armchair.

crapaudine [krapɔdin] *nf* -**1.** [de gouttière] strainer; [de baignoire] pop-up waste hole. -**2.** CONSTR gudgeon.

◆ **à la crapaudine** *loc adj* CULIN spatchcock *(modif).*

crapette [krapɛt] *nf* card game *(played by 2 people).*

crapule [krapyl] ◇ *nf* -**1.** [individu] crook, villain; **petite ~!** you little rat! -**2.** *litt* [pègre]: **la ~** the riff-raff.

◇ *adj* roguish; **une expression/un air ~** a roguish phrase/look.

crapuleux, euse [krapylø, øz] *adj* -**1.** [malhonnête] crooked, villainous. -**2.** *litt* [débauché] dissolute.

craquage [krakaʒ] = **cracking.**

craque *fam* [krak] *nf* fib, whopper; **et me raconte pas de ~s!** and no lies!

craquée *fam* [krake] *nf Helv*: **une ~ de** a load of.

craquelage [kraklaʒ] *nm* -**1.** [effet]: **le ~ d'un vernis** the cracks in a varnish. -**2.** [fabrication, art] crackled china manufacture.

craquelé, e [krakle] *adj* -**1.** [fissuré] cracked; **j'ai la peau des mains toute ~e** my hands are badly chapped. -**2.** [décoré de craquelures] crackled.

◆ **craquelé** *nm*: **le ~** [procédé] crackling; [verre] crackleware.

craquèlement [krakɛlmɑ̃] *nm* (network of) cracks, cracking.

craqueler [24] [krakle] *vt* [fendiller] to crack; [poterie] to crackle.

◆ **se craqueler** *vpi* [peinture, peau] to crack; [poterie] to crackle.

craquelin [kraklɛ̃] *nm Belg brioche with crystallised sugar.*

craquelure [kraklyr] *nf* -**1.** [accidentelle] crack; **les ~s du tableau** BX-ARTS the craquelure on OU cracks in the painting. -**2.** [artificielle] crackle.

craquement [krakmɑ̃] *nm* [de bois qui casse] snap, crack; [d'un plancher] creak; [d'herbes sèches] crackle; [de chaussures] squeak, creak.

craquer [3] [krake] ◇ *vi* -**1.** [plancher] to creak; [bois qui casse] to snap, to crack; [cuir, soulier] to squeak, to creak; [herbes sèches] to crackle; **faire ~ ses doigts** to crack one's knuckles; **faire ~ une allumette** to strike a match; **les branches du chêne craquaient dans la bourrasque** the oak branches were creaking in the gale. -**2.** [se fendre - couture, tissu] to split; [- sac] to split open; [- fil, lacets] to break, to snap off; [- banquise] to crack, to split (up); [- collant] to rip; **le pull a craqué aux emmanchures** the sweater came apart round the armholes. -**3.** *fam* [perdre le contrôle de soi] to break down, to crack up; **ses nerfs ont craqué** she had a nervous breakdown, she cracked up; **il était vraiment trop mignon, il m'a fait ~** *fig* he was too cute, I just went wild over him; **j'ai craqué pour une petite peluche rose** I fell in love with a little pink cuddly toy. -**4.** *fam* [s'effondrer - commerce, institution, projet] to founder, to be falling apart, to be on the verge of collapse.

◇ *vt* -**1.** [couture] to split, to tear. -**2.** [allumette] to strike. -**3.** *fam* [dépenser] to blow; **elle a craqué tout son argent au jeu** she blew all her money at the gambling tables. -**4.** PÉTR to crack.

craquètement [krakɛtmɑ̃] = **craquettement.**

craqueter [27] [krakte] *vi* -**1.** [brindille, sachet en plastique] to crackle. -**2.** [cigogne, grue] to screech; [cigale] to chirp.

craquettement [krakɛtmɑ̃] *nm* -**1.** [de brindilles] crackling. -**2.** ZOOL clattering, chirping.

crash [kraʃ] *nm* -**1.** [accident] crashing (to the ground). -**2.** [atterrissage forcé] crash landing; **faire un ~** to crash-land.

crasher [3] [kraʃe]

◆ **se crasher** *fam vpi* -**1.** AÉRON [s'écraser] to crash; [atterrir] to crash-land. -**2.** [conducteur, véhicule] to crash; **il s'est crashé contre un arbre** he smashed OU crashed into a tree.

craspec▽ [kraspɛk] *adj* filthy.

crasse [kras] ◇ *nf* -**1.** [saleté] filth; **couvert de ~** filthy, covered in filth; **il vit dans la ~** he lives in squalor. -**2.** *fam* [mauvais tour] dirty OU nasty trick; **faire une ~ à qqn** to play a dirty OU nasty trick on sb. -**3.** TECH: **la ~, les ~s** [scories] scum, dross, slag; [résidus] scale. -**4.** MÉD: **~ sénile** senile keratosis || VÉTÉR: **~ des porcelets** keratosis of pigs.

◇ *adj fam* [ignorance, stupidité] crass; **d'une ignorance ~** abysmally ignorant, pig-ignorant.

crasseux, euse [krasø, øz] *adj* [mains, vêtements] filthy, grimy, grubby; [maison] filthy, squalid; [personne] filthy; **une cuisinière toute crasseuse** a stove caked with dirt.

◆ **crasseux**▽ *nm* comb.

crassier [krasje] *nm* slag heap.

cratère [kratɛr] *nm* ANTIQ & GÉOG crater.

cratériforme [krateriform] *adj* crater-shaped.

cravache [kravaʃ] *nf* (riding) switch, riding crop, horsewhip.

◆ **à la cravache** *loc adv* ruthlessly, with an iron hand.

cravacher [3] [kravaʃe] ◇ *vt* [cheval] to use the whip on; [personne] to horsewhip.

◇ *vi fam* -**1.** [en voiture] to belt along, to go at full tilt OU speed. -**2.** [travailler dur] to slog *Br* OU to plug *Am* away.

cravate [kravat] *nf* -**1.** VÊT tie, necktie *Am*; **en costume et ~** wearing a suit and a tie ❑ **s'en envoyer** OU **s'en jeter un derrière la ~** *fam* to knock back a drink. -**2.** *loc*: **~ de chanvre** *fam* hangman's noose.

cravater [3] [kravate] *vt* -**1.** VÊT [homme] to put a tie on. -**2.** [attraper par le cou] to grab by the neck; SPORT to get in a headlock, to put a headlock on. -**3.** ▽ [arrêter]: **se faire ~** to get nabbed. -**4.** ▽ [voler] to pinch, to swipe; **je me suis fait ~ mes papiers** someone's pinched OU swiped my papers.

◆ **se cravater** *vp (emploi réfléchi)* to put on a tie.

crawl [krol] *nm* crawl; **faire du** OU **nager le ~** to do OU to swim the crawl.

crawlé [krole] *adj* → **dos.**

crawler [3] [krole] *vi* to do OU to swim the crawl.

crawleur, euse [krolœr, øz] *nm, f* crawl specialist *(swimmer).*

crayeux, euse [krɛjø, øz] *adj* -**1.** GÉOL chalky. -**2.** [qui ressemble à la craie - teint] chalk-like; [- fromage] (hard and) chalky; **il avait un visage ~** he had a chalk-like complexion.

crayon [krɛjɔ̃] *nm* -**1.** [pour écrire, dessiner] pencil; **~ gras** OU **à mine grasse** soft lead pencil; **~ à** OU **de papier** lead pencil; **~ sec** OU **à mine sèche** dry lead pencil; **~ de couleur** coloured pencil, crayon; **~ à dessin** drawing pencil; **~ à lèvres** [rouge à lèvres] lipstick; [pour contours] lip pencil; **~ noir** [à papier] (lead) pencil; **~ pour les yeux** [à cils] eye OU eyeliner pencil; [à sourcils] eyebrow pencil; **coup de ~** [rature] pencil stroke; [d'un artiste] drawing style; **avoir un bon coup de ~** to be good at drawing. -**2.** BX-ARTS [œuvre] pencil drawing, crayon-sketch; **~ lithographique** litho cray, grease pencil *Am*. -**3.** *litt* [ébauche]: **le premier ~ de son projet** the first rough outline OU draft of her project. -**4.** NUCL: **~ (combustible)** fuel rod OU pin. -**5.** OPT: **~ optique** OU **lumineux** electronic OU light pen; **~ hémostatique** styptic pencil. -**6.** PHARM: **~ (médicamenteux)** pencil; **~ au nitrate d'argent** silver-nitrate OU caustic pencil.

◆ **crayons** *fam nmpl* [cheveux]: **se faire tailler les ~s** to get a haircut.

◆ **au crayon** ◇ *loc adj* [ajout, trait] pencilled. ◇ *loc adv* [dessiner, écrire] in pencil; **écris-le au ~ dans ton cahier** pencil it in your notebook; **dessine-le au ~ sur mon plâtre** write it in pencil on my plaster cast; **dessiner qqch au ~ de couleur** to crayon sthg; **faire ses yeux au ~** to outline one's eyes with eye pencil.

crayon-feutre [krɛjɔ̃føtr] (*pl* **crayons-feutres**) *nm* felt-tip (pen).

crayon-lecteur [krɛjɔ̃lɛktœr] (*pl* **crayons-lecteurs**) *nm* electronic OU light pen.

crayonnage [krɛjɔnaʒ] *nm* -**1.** [gribouillis] scribble. -**2.** [esquisse] pencil sketch OU drawing.

crayonner [3] [krɛjɔne] *vt* -**1.** [dessiner rapidement] to sketch (in pencil); **il crayonna son visage sur la nappe** he made a quick pencil sketch of her face on the tablecloth. -**2.** [gribouiller - feuille, mur] to scribble on *(insép)*; **~ sur un bloc-notes** to doodle on a notepad. -**3.** [écrire - au crayon] to pencil; [- rapidement] to jot down *(sép)*.

crayonneur [krɛjɔnœr] *nm* sketch artist, cartoonist.

CRDP (*abr de* **centre régional de documentation pédagogique**) *nm local centre for educational resources*.

créance [kreɑ̃s] *nf* -**1.** FIN & JUR [dette] claim, debt; [titre] letter of credit; **~ exigible** debt due; **~ hypothécaire** debt secured by a mortgage; **~ irrécouvrable** bad debt. -**2.** *litt* [foi] credence; **donner ~ à qqch** [ajouter foi à] to give OU to attach credence to; [rendre vraisemblable] to lend credibility to.

créancier, ère [kreɑ̃sje, ɛr] *nm, f* creditor.

créateur, trice [kreatœr, tris] ◇ *adj* [esprit, pouvoir, divinité] creative; **imagination créatrice** creativity.

◇ *nm, f* [de mode, d'un produit, d'une pièce de théâtre] designer.

◆ **Créateur** *nm* RELIG: **le Créateur** the Creator, our Maker.

créatif, ive [kreatif, iv] ◇ *adj* [esprit] creative, imaginative, inventive; **une atmosphère créative** a creative atmosphere.

◇ *nm, f* [gén] creative person; [de publicité] designer.

créatine [kreatin] *nf* creatin, creatine.

créatinine [kreatinin] *nf* creatinine.

création [kreasjɔ̃] *nf* -**1.** [œuvre originale - bijou, parfum, vêtement] creation; COMM & INDUST new product; **nos nouvelles ~s** our new range. -**2.** THÉÂT [d'un rôle] creation; [d'une pièce] first production of, creation; **il y aura de nombreuses ~s au festival** a lot of new plays will be performed at the festival. -**3.** [fait de créer - une mode, un style] creation; [- un vêtement] designing, creating; [- une entreprise] setting up; [- une association] founding, creating; [- des emplois] creating, creation; **il y a eu 3 000 ~s d'emplois en mai** 3,000 new jobs were created in May; **il s'agit d'une ~ de poste** it's a newly created post. -**4.** BIBLE: **la ~** the Creation.

créativité [kreativite] *nf* -**1.** [qualité] creativity, creativeness, creative spirit. -**2.** LING creativity.

créature [kreatyr] *nf* -**1.** [personne ou bête créée] creature; **les ~s de Dieu** God's creatures. -**2.** [femme]: **~ de rêve** gorgeous creature ‖ *péj* creature. -**3.** [personne soumise] slave, tool; **tous sont des ~s du ministre** they're all tools of the Minister.

crécelle [kresɛl] *nf* rattle; **jouer de la ~** to play the rattle.

◆ **de crécelle** *loc adj*: **bruit de ~** grating sound; **une voix de ~** a grating OU rasping voice.

crécerelle [kresrɛl] *nf* kestrel.

crèche [krɛʃ] *nf* -**1.** [établissement préscolaire] day nursery *esp Br*, child-care center *Am*; [dans un centre sportif, magasin] crèche *Br*, day-care center *Am*; **notre université est pourvue d'une ~** there are crèche *Br* OU day-care *Am* facilities in our university. -**2.** [de la Nativité]: **~ (de Noël)** (Christ Child's) crib ‖ *litt* [mangeoire] manger, crib. -**3.** ▽ [chambre, maison] pad.

crécher▽ [18] [kreʃe] *vi* -**1.** [habiter] to live. -**2.** [loger temporairement] to doss down *Br*, to crash; **il faut qu'on trouve un endroit où ~** we need to find somewhere to doss down *Br* OU to crash; **je peux ~ chez toi ce soir?** can I crash at your place tonight?

crédence [kredɑ̃s] *nf* -**1.** [desserte d'église] credence (table), credenza. -**2.** [buffet] credenza.

crédibiliser [1] [kredibilize] *vt* to give credibility to.

crédibilité [kredibilite] *nf* credibility; **il n'a presque plus de ~ auprès des gens** his credibility (rating) is very low; **perdre sa ~** to lose one's credibility.

crédible [kredibl] *adj* credible, believable; **son histoire n'est pas ~** his story is unconvincing OU is hardly credible.

CRÉDIF, Crédif [kredif] (*abr de* **Centre de recherche et d'étude pour la diffusion du français**) *npr m official body promoting use of the French language*.

crédirentier, ère [kredirɑ̃tje, ɛr] *adj recipient of an allowance*.

crédit [kredi] *nm* -**1.** BANQUE [actif] credit; [en comptabilité] credit, credit side; **porter 100 francs au ~ de qqn** to credit sb OU sb's account with 100 francs, to credit 100 francs to sb OU sb's account; **j'ai 2 890 francs à mon ~** I am 2,890 francs in credit. -**2.** COMM [paiement différé, délai] credit; [somme allouée] credit; **~ sur six mois** six months' credit; **faire ~ à qqn** to give sb credit, to give credit to sb; **il n'a pas voulu me faire ~ pour la table** he wouldn't let me have the table on credit; **'la maison ne fait** OU **nous ne faisons pas ~'** 'no credit'; **accorder/obtenir un ~** to grant/to obtain credit; **j'ai pris un ~ sur 25 ans pour la maison** I've got a 25 year mortgage on the house; **la banque pratique des ~s** [sur un compte courant] the bank grants overdrafts; [prêts] the bank grants loans ❑ **~ à court/long terme** long-term/short-term credit; **~ gratuit/illimité** free/unlimited credit; **~ fournisseur** OU **interentreprises** supplier credit; **~ acheteur** export customer credit; **~ bancaire** bank credit; **~ en blanc** blank credit, loan without security, unsecured loan; **~ à la consommation** consumer credit; **~ croisé** BOURSE swap agreement; **~ documentaire** documentary credit; **~ à l'exportation** export credit; **~ d'impôt** tax rebate OU credit *(for bondholders)*; **~ personnalisé** individual OU personal credit arrangement OU facility; **~ public** public loan; **~-relais**, **~-relais** bridging loan. -**3.** *sout* [confiance, estime] credibility, esteem; **jouir d'un grand ~ auprès de qqn** to be high in sb's esteem; **connaître un grand ~** [idée, théorie] to be widely accepted OU held; **il n'a plus aucun ~** he's lost all credibility; **elle comptait sur son ~ pour faire accepter l'idée** she was relying on her influence to get her idea accepted; **donner du ~ aux propos de qqn** to give credence to what sb says; **trouver ~ auprès de qqn** [personne] to win sb's confidence; [histoire] to find credence with OU to be believed by sb.

◆ **crédits** *nmpl* [fonds] funds; **l'enseignement a besoin de plus de ~s** education needs more funding; **on s'attend à une réduction des ~s pour les bibliothèques** a reduction in funding for libraries is to be expected; **accorder des ~s** to grant OU to allocate funds ‖ [autorisation de dépenses]: **~s budgétaires** supplies; **voter des ~s** to vote supplies.

◆ **à crédit** ◇ *loc adj*: **vente à ~** sale on credit. ◇ *loc adv* -**1.** COMM: **acheter à ~** to buy on credit; **vendre qqch à ~** to sell sthg on credit. -**2.** UNIV *Can* credit.

◆ **à mon crédit, à son crédit** *etc loc adv* to my/her *etc* credit; **c'est à mettre** OU **porter à son ~** one must credit him with it.

◆ **de crédit** *loc adj* [agence, établissement] credit *(modif)*.

crédit-bail [kredibaj] (*pl* **crédits-bails**) *nm* leasing.

créditer [3] [kredite] *vt* -**1.** BANQUE [somme] to credit to sb's account, to credit sb's account with. -**2.** SPORT to credit with; **on a crédité le coureur de 10 secondes** the runner has been credited with 10 seconds. -**3.** *fig*: **être crédité de** to be given credit OU to get the praise for; **c'est lui qui en sera crédité** he'll get (all) the credit for it.

créditeur, trice [kreditœr, tris] ◇ *adj* [solde] credit *(modif)*; **avoir un compte ~** to have an account in credit.

◇ *nm, f* customer in credit, credit-worthy customer.

credo [kredo] *nm inv* -**1.** [principe] credo, creed; **~ politique** political creed OU credo; **c'est mon ~** it's the thing I most fervently believe in. -**2.** RELIG: **le Credo** the (Apostles') Creed.

crédule [kredyl] *adj* gullible, credulous; **que tu es ~!** you'll believe anything!

crédulité [kredylite] *nf* gullibility, credulity.

créer [15] [kree] *vt* -**1.** [inventer, concevoir - personnage, style] to create; [- machine] to invent; [- vêtement] to create, to design; [- mot] to invent, to coin; **c'est lui qui a créé la formule** he coined the phrase OU expression; **écharpe/bague créée par Mélodie** scarf/ring created by Mélodie. -**2.** THÉÂT [rôle] to create, to play for the first time; [pièce] to produce for the first (time). -**3.** [occasionner, engendrer - emploi, différences, difficultés] to create; [- poste] to create, to establish; [- atmosphère] to create, to bring about *(insép)*; [- tension] to give rise to; [- précédent] to set; **~ des ennuis** OU **difficultés à qqn** to create problems for OU to cause trouble to sb; **il ne nous a créé que des ennuis** he's given us nothing but trouble; **cela crée des jalousies** it causes jealousy; **elle a créé la surprise en remportant le match** she caused a sensation by winning the match. -**4.** [fonder - association, mouvement] to create, to found; [- entreprise] to set up *(sép)*; [- État] to establish, to create.

◆ **se créer** ◇ *vp (emploi passif)* [être établi] to be set up OU created; **des associations se créent un peu partout** societies are being founded OU set up almost everywhere.

◇ *vpt*: **se ~ une image** to create an image for o.s.; **il s'est créé un monde à lui** he's created a world of his own; **se ~ une excuse** to invent an excuse for o.s.; **se ~ une clientèle** to build up a clientele.

crémage [kremaʒ] *nm* -**1.** [du lait] creaming. -**2.** TEXT tinting, dying.

crémaillère [kremajɛr] *nf* -**1.** [de cheminée] trammel (hook). -**2.** AUT & MÉCAN rack. -**3.** RAIL rack.

◆ **à crémaillère** *loc adj*: **engrenage/direction à ~** rack (and pinion) gearing/steering; **chemin de fer à ~** rack railway.

crémant [kremɑ̃] ◇ *adj m* slightly sparkling.
◇ *nm* Crémant wine.

crémation [kremasjɔ̃] *nf* cremation.

crématoire [krematwar] ◇ *adj* crematory.
◇ *nm* cremator *Br*, cinerator *Am*.

crématorium [krematɔrjɔm] *nm* crematorium *Br*, crematory *Am*.

crème [krɛm] ◇ *nf* -**1.** CULIN [préparation] cream; [entremets] cream (dessert); [peau du lait] skin; **~ au chocolat/citron** chocolate/lemon cream ❑ **~ anglaise** custard; **~ au beurre** butter cream; **~ brûlée** crème brûlée; **~ (au)**

caramel crème caramel; ~ Chantilly sweetened chilled whipped cream; ~ **épaisse** double *Br* OU heavy *Am* cream; ~ **fouettée** whipped cream; ~ **fraîche** dairy OU fresh cream; ~ **glacée** ice-cream; ~ **du lait** top of the milk; ~ **liquide** single cream; ~ **pâtissière** confectioner's custard; ~ **renversée** custard cream *Br*, cup custard *Am*; **la ~ de** *fam*: **c'est la ~ des maris** he's the perfect husband; **ses grands-parents, c'est la ~ des gens** his grandparents are wonderful people. -**2.** [potage]: ~ **de brocoli** cream of broccoli soup; ~ **de poireaux** cream of leek soup. -**3.** [boisson]: ~ **de cassis** crème de cassis; ~ **de cacao/menthe** crème de cacao/menthe. -**4.** [cosmétique] cream; ~ **(de soins) pour les mains/le visage** hand/face cream; ~ **antirides** anti-wrinkle cream; ~ **de beauté** beauty OU skin cream; ~ **décolorante** bleaching cream; ~ **dépilatoire** hair removing cream; ~ **hydratante** moisturizing cream, moisturizer; ~ **médicinale** treatment cream; ~ **à raser** shaving cream.

◇ *adj inv* off-white, cream, cream-coloured.

◇ *nm* -**1.** [couleur] cream (colour). -**2.** *fam* [café] white coffee *Br*, coffee with milk OU cream; **un grand/petit ~** a large/small cup of white coffee.

◆ **à la crème** *loc adj* [gâteau] cream *(modif)*; **framboises à la ~** raspberries and cream; **veau à la ~** veal with cream sauce.

crémerie [krɛmri] *nf* -**1.** [boutique] *shop selling cheese and other dairy products*. -**2.** *vieilli* [café, restaurant] café.

crémeux, euse [kremø, øz] *adj* -**1.** [onctueux] creamy, unctuous, smooth. -**2.** [gras - fromage] soft.

crémier, ère [kremje, ɛr] *nm, f* dairyman (*f* dairywoman).

crémone [kremɔn] *nf* espagnolette.

créneau, x [kreno] *nm* -**1.** ARCHIT [creux] crenel (embrasure), crenelle; [bloc de pierre] crenellation; **les ~x** the crenellations OU battlements; **à ~x** crenellated ❑ **monter au ~** *fam* to step into the breach. -**2.** [meurtrière] slit, loophole; ~ **de visée** aiming slit. -**3.** AUT [espace] gap, (parking) space; **faire un ~** to reverse into a (parking) space *Br*, to parallel park *Am*. -**4.** RAD & TV [temps d'antenne] slot; ~ **horaire/publicitaire** time/advertizing slot; **l'émission occupera le ~ 20-22 h** the programme will be slotted in between 8 p.m. and 10 p.m. || [dans un emploi du temps] slot, gap. -**5.** ÉCON gap (in the market), opening; **trouver un bon ~** to find a good opening (in the market).

crénelage [krɛnlaʒ] *nm* -**1.** [fait d'entailler] milling *(U)*. -**2.** [entailles] milled edge.

crénelé, e [krɛnle] *adj* -**1.** ARCHIT crenelated, crenellated. -**2.** BOT crenate, scalloped. -**3.** MÉTALL notched; [pièce de monnaie] milled.

créneler [24] [krɛnle] *vt* -**1.** ARCHIT to crenellate. -**2.** MÉTALL to notch; [pièce de monnaie] to mill.

crénelure [krɛnlyr] *nf* -**1.** ARCHIT crenellation. -**2.** MÉTALL notch.

crénom *fam* [krenɔ̃] *interj vieilli*: ~ **(de nom OU de Dieu)!** [d'impatience] for God's OU Pete's sake!; [de colère] damn it!; [de surprise] blimey! *Br*, holy cow! *Am*.

créole [kreɔl] *adj* creole.

◆ **Créole** *nmf* Creole.

◆ **créole** *nm* LING creole.

créosote [kreɔzɔt] *nf* creosote.

créosoter [3] [kreɔzɔte] *vt* to creosote.

crêpage [krɛpaʒ] *nm* -**1.** [fait d'apprêter - un tissu] crimping; [- un papier] cockling OU crinkling (up). -**2.** [des cheveux] backcombing; ~ **de chignon** [coups] fight OU set-to *(between women)*; **attention au ~ de chignon!** be careful the women don't come to blows!

crêpe[1] [krɛp] *nm* -**1.** TEXT crepe, crêpe; ~ **de Chine** crepe de Chine; ~ **de deuil** OU **noir** black mourning crepe; **porter un ~** [brassard] to wear a black armband; [au revers de la veste] to wear a black ribbon; [sur le chapeau] to wear a black hatband. -**2.** [caoutchouc] crepe rubber.

◆ **de crêpe** *loc adj* -**1.** [funéraire] mourning; **voile de ~** mourning veil. -**2.** [chaussures, semelle] rubber *(modif)*.

crêpe[2] [krɛp] *nf* CULIN pancake; ~ **au beurre/sucre** pancake with butter/sugar; ~ **au jambon et aux champignons** pancake filled with ham and mushrooms ❑ ~ **dentelle** *light very thin pancake*; ~ **Suzette** crêpe suzette.

crêpelé, e [krɛple] *adj* [ondulé] frizzy; [à l'africaine] afro.

crêpelure [krɛplyr] *nf* [ondulations] frizziness; [à l'africaine] Afro hairstyle.

crêper [4] [krepe] *vt* -**1.** [cheveux] to backcomb. -**2.** TEXT to crimp, to crisp. -**3.** [papier] to cockle OU to crinkle (up).

◆ **se crêper** *vpt*: **se ~ les cheveux** to backcomb one's hair ❑ **se ~ le chignon** *fam* to have a go at each other OU a bust-up.

crêperie [krɛpri] *nf* [restaurant] pancake restaurant, creperie; [stand] pancake stall.

crépi, e [krepi] *adj* roughcast *(modif)*.

◆ **crépi** *nm* roughcast.

crêpier, ère [krepje, ɛr] *nm, f* [d'un restaurant] pancake restaurant owner; [d'un stand] pancake maker OU seller.

◆ **crêpière** *nf* [poêle] pancake pan; [plaque] griddle.

crépine [krepin] *nf* -**1.** ZOOL & CULIN caul. -**2.** TECH strainer.

crépinette [krepinɛt] *nf* CULIN flat sausage *(in a caul)*.

crépir [32] [krepir] *vt* to roughcast.

crépissage [krepisaʒ] *nm* roughcasting.

crépitation [krepitasjɔ̃] *nf* MÉD: ~ **osseuse** crepitation, crepitus; ~ **pulmonaire** lung crepitation.

◆ **crépitations** *nfpl* [d'un feu, de coups de feu] crackle, crackling.

crépitement [krepitmɑ̃] *nm* [d'un feu] crackle, crackling; [d'une fusillade] rattle; [d'une friture] splutter; [de la pluie] pitter-patter; **les ~s de la grêle sur les feuilles** the pattering of hail on the leaves.

crépiter [3] [krepite] *vi* -**1.** [feu, coups de feu] to crackle; [pluie] to patter; [friture] to splutter. -**2.** MÉD to crepitate.

crépon [krepɔ̃] *nm* -**1.** [papier] crepe paper. -**2.** TEXT crepon, seersucker.

CREPS, Creps [krɛps] (*abr de* **centre régional d'éducation physique et sportive**) *nm regional sports centre*.

crépu, e [krepy] *adj* [cheveux] frizzy; **il est ~** he's got frizzy hair.

crépusculaire [krepyskylɛr] *adj* -**1.** *litt* [lueur, moment] twilight *(modif)*; **une beauté ~** *fig* a fading beauty. -**2.** ZOOL crepuscular.

crépuscule [krepyskyl] *nm* -**1.** [fin du jour] twilight, dusk. -**2.** ASTRON [lumière - du soir] twilight; [- du matin] dawn light. -**3.** MUS: **'le Crépuscule des dieux'** *Wagner* 'Götterdämmerung', 'Twilight of the Gods'.

◆ **au crépuscule de** *loc prép litt*: **au ~ de sa vie/du siècle** in the twilight of his life/the closing years of the century.

crescendo [kreʃɛndo, kreʃẽdo] ◇ *nm* -**1.** MUS crescendo; **faire un ~** to go crescendo; **ça se joue en ~** it must be played crescendo. -**2.** [montée] escalation; **pour enrayer le ~ de la violence** to stop the rising tide OU the escalation of violence.

◇ *adv* crescendo; **aller ~** [notes] to go crescendo; [bruits, voix] to grow louder and louder; [violence] to rise, to escalate; [mécontentement] to reach a climax.

cresson [kresɔ̃] *nm* BOT & CULIN cress; ~ **(d'eau OU de fontaine)** water cress; ~ **de jardin** OU **de terre** garden cress, (American) land cress; ~ **des prés** cardamine, lady's smock.

cressonnette [kresɔnɛt] *nf* cardamine, lady's smock.

cressonnière [kresɔnjɛr] *nf* (water) cress bed.

crésus [krezys] *nm* Croesus, rich man.

Crésus [krezys] *npr* Croesus.

Crésyl® [krezil] *nm* disinfectant *(containing cresol)*.

crêt [krɛt] *nm* hogsback.

crétacé, e [kretase] *adj* Cretaceous.

◆ **crétacé** *nm* Cretaceous (period).

Crète [krɛt] *npr f*: **(la) ~** Crete.

crête [krɛt] *nf* -**1.** ORNITH [d'oiseau] crest; [de volaille] comb. -**2.** MIL [d'un casque] crest. -**3.** [haut - d'une montagne, d'un toit] crest, ridge; [- d'un mur] crest, top; [- d'une vague] crest; ~ **de plage** OU **prélittorale** GÉOG watershed. -**4.** ANAT: ~ **du tibia** OU **iliaque** edge OU crest of the shin. -**5.** SC peak.

crêté, e [krete] *adj litt* [oiseau, casque] crested.

crête-de-coq [krɛtdəkɔk] (*pl* **crêtes-de-coq**) *nf* -**1.** BOT cockscomb. -**2.** MÉD venereal papilloma.

crétin, e [kretɛ̃, in] ◇ *adj* moronic.

◇ *nm, f* -**1.** [imbécile] moron, cretin. -**2.** MÉD & *vieilli* cretin.

crétinerie [kretinri] *nf* -**1.** [comportement] stupidity, idiocy, moronic behaviour. -**2.** [acte] idiotic thing (to do); [propos] idiotic thing (to say).

crétinisant, e [kretinizɑ̃, ɑ̃t] *adj* [abêtissant] mind-numbing, mind-numbingly stupid.

crétiniser [3] [kretinize] *vt* [public] to turn into morons; [personne] to turn into a moron.

crétinisme [kretinism] *nm* -**1.** [caractère] stupidity, idiocy. -**2.** MÉD & *vieilli* cretinism.

crétois, e [kretwa, az] *adj* Cretan.

◆ **Crétois, e** *nm, f* Cretan.

cretonne [krətɔn] *nf* cretonne.

creusement [krøzmɑ̃] *nm* [d'un trou] digging; [d'un canal] digging, cutting; [d'un puits] digging, sinking.

creuser [3] [krøze] *vt* -**1.** [excaver - puits, mine] to dig, to sink; [- canal] to dig, to cut; [- tranchée] to dig, to excavate; [- sillon] to plough; [- passage souterrain, tunnel] to make, to bore, to dig; ~ **un trou** [à la pelle] to dig a hole (with a shovel); [en grattant] to scratch a hole; ~ **un terrier** to burrow; **la taupe creuse un chemin sous terre** moles make tunnels underground; **ils ont creusé une piscine dans leur jardin** they've made OU built a swimming pool in their garden; **les marches ont été creusées à même la roche** the steps have been carved out of the rock; **la carrière a été creusée à ciel ouvert** it's an opencast quarry; **la rivière a creusé son lit** the river has hollowed out its bed; ~ **sa propre tombe** *fig* to dig one's own grave; **ça a creusé un abîme** OU **fossé entre eux** this has opened up a gulf between them; ~ **l'écart entre soi et le reste du peloton/de ses concurrents** to widen the gap between o.s. and the rest of the bunch/and one's competitors; ~ **sa tombe avec ses dents** to eat o.s. into an early grave. -**2.** [faire un trou dans - gén] to hollow (out); [- avec une cuillère] to scoop (out); ~ **la terre** to dig (a hole in) the earth. -**3.** [ployer]: ~ **les reins** OU **le dos** to arch one's back; ~ **la taille** to exaggerate one's waist. -**4.** [marquer - traits du visage]: **joues creusées par la souffrance** cheeks sunken with pain; **le visage creusé par la fatigue** his face hollow with fatigue; **des rides lui creusaient le front** her brow was furrowed with wrinkles. -**5.** *fam* [ouvrir l'appétit de] to make hungry; **la marche m'a creusé** the walk gave me an appetite OU whetted my appetite OU made me feel hungry || *(en usage abs)*: **les émotions, ça creuse!** *hum* excitement gives you an appetite! -**6.** [approfondir - idée] to look OU to go into *(insép)*; [- problème, question] to look OU to delve into *(insép)*; **tu n'as pas assez creusé l'aspect sociologique du problème** you didn't go into enough detail about the sociological aspect of the problem || *(en usage abs)*: **il paraît intelligent, mais il vaut mieux ne pas ~ (trop loin)** he seems intelligent, but it might be better not to go into it too deeply. -**7.** COUT [décolleté] to make deeper OU lower; [emmanchure] to make bigger.

◆ **se creuser** ◇ *vp (emploi réfléchi)*: **tu ne t'es pas beaucoup creusé pour écrire ce texte!** you didn't overtax yourself when you wrote this text! ❑ se ~ la tête OU la cervelle *fam* to rack one's brains.

◇ *vpi* -**1.** [yeux, visage] to grow hollow; [joues] to grow gaunt OU hollow; [fossettes, rides] to appear; **la mer commence à se ~** the sea's starting to swell. -**2.** [augmenter - écart] to grow bigger; **le fossé entre eux se creuse** the gap between them is widening.

creuset [krøzɛ] *nm* -**1.** PHARM & TECH crucible, melting pot; [d'un haut-fourneau] crucible, hearth. -**2.** [rassemblement] melting pot, mixture; **~ de cultures** a melting pot of cultures.

creux, euse [krø, krøz] *adj* -**1.** [évidé - dent, tronc] hollow; *fig*: **j'ai le ventre ~** my stomach feels hollow, I feel hungry; **je ne peux pas travailler quand j'ai le ventre** OU **l'estomac ~** I can't work on an empty stomach. -**2.** [concave - joues] hollow, gaunt; [- visage] gaunt; [- yeux] sunken, hollow; **aux joues creuses** hollow-cheeked; **aux yeux ~** hollow-eyed; **une assiette creuse** a soup dish; **un chemin ~** a sunken lane. -**3.** [qui résonne - voix] cavernous, hollow; [- son] hollow. -**4.** *péj* [inconsistant - discours, phrases] empty, meaningless; [- promesses] hollow, empty; [- argumentation] weak. -**5.** [sans activité]: **périodes creuses** [au travail] slack periods; [dans une tarification] off-peak periods; **pendant la saison creuse** [pour le commerce] during the slack season; [pour les vacanciers] during the off-peak season; **heures creuses: la communication/le trajet aux heures creuses ne vous coûtera que 15 F** the phone call/journey will cost you only 15 F off-peak. -**6.** COUT [pli] inverted.

◆ **creux** ◇ *nm* -**1.** [trou - dans un roc] hole, cavity; [- d'une dent, d'un tronc] hollow (part), hole, cavity; **la route est pleine de ~ et de bosses** the road is bumpy OU is full of potholes; **avoir un ~ (à l'estomac)** *fam* to feel peckish *Br* OU a bit hungry. -**2.** [concavité - d'une main, d'une épaule] hollow; [- de l'estomac] pit; **il a bu dans le ~ de ma main** it drank out of my hand; **j'ai mal dans le ~ du dos** OU **des reins** I've a pain in the small of my back; **le ~ de l'aisselle** the armpit. -**3.** [dépression - d'une courbe, d'une vague] trough; **il y avait des ~ de dix mètres** [sur la mer] there were waves ten metres high. -**4.** [inactivité] slack period; **il y a un ~ des ventes en janvier** business slows down OU slackens off in January; **j'ai un ~ dans mon emploi du temps entre deux et quatre** I've got a gap in my timetable between two and four. -**5.** BX-ARTS mould. -**6.** NAUT [d'une voile] belly.

◇ *adv*: **sonner ~** to give OU to have a hollow sound.

◆ **au creux de** *loc prép*: **au ~ de ses bras** (nestled) in his arms ❑ **au ~ de la vague** *pr* in the trough of the wave; **être au ~ de la vague** *fig* [entreprise, personne] to be going through a bad patch.

crevaison [krəvɛzɔ̃] *nf* puncture *Br*, flat *Am*; **avoir une ~** to have a puncture OU a flat tyre *Br*, to have a flat *Am*.

crevant, e *fam* [krəvɑ̃, ɑ̃t] *adj* -**1.** [pénible - travail] exhausting, backbreaking; [- enfant] exhausting. -**2.** [drôle - personne] killing, priceless; [- histoire, spectacle] killing, side-splitting; **elle est ~e, sa gamine** her kid's a scream OU riot.

crevard, e▽ [krəvar, ard] *nm, f* [personne famélique] half-starved wretch.

crevasse [krəvas] *nf* -**1.** GÉOG [dans le sol] crevice, fissure, split; [sur un roc] crack, crevice, fissure; [d'un glacier] crevasse. -**2.** [sur les lèvres, les mains] crack, split; **mes doigts sont couverts de ~s** my fingers are badly chapped.

crevassé, e [krəvase] *adj* -**1.** [sol] cracked, fissured. -**2.** [peau] chapped.

crevasser [3] [krəvase] *vt* -**1.** [sol] to cause cracks OU fissures in. -**2.** [peau] to chap.

◆ **se crevasser** *vpi* -**1.** [sol] to become cracked. -**2.** [peau] to become chapped.

crevé, e [krəve] *adj* -**1.** [pneu] flat, punctured; [tympan] pierced; [ballon] burst; **les yeux ~s** with gouged-out eyes; **j'ai un pneu ~** I've got a puncture *Br* OU flat *Am*. -**2.** [mort - animal] dead. -**3.** [fatigué] shattered *Br*, bushed *Am*.

◆ **crevé** *nm* COUT slash.

◆ **à crevés** *loc adj* [chaussure, manche] slashed.

crève *fam* [krɛv] *nf* [rhume] bad cold; **j'ai la ~** I've got a bad cold; **attraper** OU **choper la ~** to catch cold; **tu vas attraper la ~** you'll catch your death (of cold).

crève-cœur [krɛvkœr] *nm inv*: **c'est un ~ de les voir** it's a heartbreaking OU heart-rending sight to see them; **c'est un ~ d'entendre cela** it's heartbreaking OU heart-rending to hear this.

crève-la-faim *fam* [krɛvlafɛ̃] *nm inv* half-starved wretch.

crever [19] [krəve] ◇ *vt* -**1.** [faire éclater - abcès] to burst (open); [- bulle, ballon, sac] to burst; [- pneu] to puncture, to burst; [- tympan] to puncture, to pierce; **un cri vint ~ le silence** a cry pierced OU rent the silence; **le toit de la grange crevé par la grêle** the barn roof torn open by the hail storm; **~ un œil à qqn** [agression] to gouge OU to put out sb's eye; [accident] to blind sb in one eye; **cela crève le cœur** it's heartbreaking OU heart-rending; **tu me crèves le cœur!** you're breaking my heart!; **la viande rouge? il s'en ferait ~ la panse!** *fam* he could stuff himself with red meat until he burst! ❑ **ça crève les yeux** *fam* [c'est évident] it's as plain as the nose on your face, it sticks out a mile; [c'est visible] it's staring you in the face, it's plain for all to see; **~ la peau**▽ OU **paillasse**▽ **à qqn** to do sb in; **~ le plafond** [prix] to go through the roof; **~ l'écran** [acteur] to have great presence (on the screen). -**2.** *fam* [fatiguer] to wear out; **ce boulot/gosse me crève** this job/kid is wearing me out; **c'est ce rhume qui m'a crevé** that cold did me in; **ça vous crève, les transports en commun!** using public transport wears you out!; **~ sa monture** to ride one's horse to death; **~ ses bœufs** to work one's oxen to death. -**3.** *loc*: **~ la faim** *fam* [par pauvreté] to be starving; **~ la dalle**▽ [avoir faim] to be starving OU famished.

◇ *vi* -**1.** [éclater - pneu] to puncture; [- ballon, bulle, nuage] to burst; [- abcès] to burst; **on a crevé sur la rocade** *fam* we had a puncture *Br* OU a flat *Am* on the bypass; **faire ~ du riz** CULIN to burst rice. -**2.** ▽ [mourir] to snuff it *Br*, to kick the bucket; **qu'il crève!** to hell with him!; **aide-moi — tu peux toujours ~ (la gueule ouverte)!** help me – go to hell!; **ils me laisseraient ~ comme un chien** they'd just let me die like a dog; **on monte jusqu'au sommet — tu veux me faire ~!** let's go up to the top – do you want to kill me? -**3.** [mourir - animal, végétal] to die (off); **faire ~ qqch** to kill sthg (off); **les moutons crevaient tous** the sheep were all dying.

◆ **crever de** *fam v + prép* -**1.** [éprouver]: **~ de faim** [par pauvreté] to be starving; [être en appétit] to be starving OU famished; **~ de soif** to be parched; **je crève (de chaud)!** I'm baking OU boiling!; **on crève de froid ici** it's freezing cold OU you could freeze to death here; **faire ~ qqn de faim** to starve sb to death; **~ d'ennui** to be bored to death; **c'est à ~ de rire** it's a hoot OU scream OU riot; **~ de peur/d'inquiétude** to be scared/worried to death. -**2.** [être plein de]: **~ de jalousie** to be eaten up with jealousy; **~ d'orgueil** to be puffed up OU bloated with pride; **~ de suffisance** to be puffed up OU bloated with self-importance; **je crève d'impatience de le voir** I can't wait to see him; **~ d'envie de faire qqch** to be dying to do sthg; **je ne veux pas de gâteau — mais si, tu en crèves d'envie** I don't want any cake – oh yes you do, you're dying for some.

◆ **se crever** *fam vp (emploi réfléchi)*: **se ~ au boulot** OU **à la tâche** to work o.s. to death; **je ne me suis pas crevé à l'usine pendant 40 ans pour que mon fils en fasse autant!** I didn't slave away OU slog my guts out *Br* in a factory for 40 years just so my son could do the same! ❑ **se ~ le cul**▼ to slog away *Br*, to bust one's ass *Am*.

crevette [krəvɛt] *nf*: **~ d'eau douce** (freshwater) shrimp; **~ grise** shrimp; **~ nordique** deep-water OU northern prawn; **~ rose** (common) prawn.

crevettier [krəvɛtje] *nm* -**1.** [filet] shrimping net. -**2.** [bateau] shrimper, shrimp boat.

crevoter *fam* [3] [krəvɔte] *vi Helv* to vegetate.

CRF *npr f abr de* **Croix-Rouge française**.

cri [kri] *nm* -**1.** [éclat de voix - gén] cry; [- puissant] shout, yell; [- perçant] shriek, scream; **un petit ~ aigu** a squeak; **un ~ perçant** a shriek; **un ~ rauque** a squawk; **les ~s des rues** street cries; **des ~s lui parvenaient du jardin** he could hear somebody shouting in OU cries coming from the garden; **qu'est-ce que c'est que tous ces ~s?** what is all this shouting OU noise about?; **~ de douleur** cry OU scream of pain; **~ de joie** cry OU shout of joy; **~ d'indignation** cry OU scream of indignation; **~ d'horreur** shriek OU scream of horror; **jeter** OU **pousser un ~** to cry out; **pousser un ~ de joie/douleur** to cry out with joy/in pain ❑ **pousser des ~s** *pr* to cry out, to shout; *fig* to make loud protests; **jeter** OU **pousser des hauts ~s** to raise the roof, to raise a hue and cry, to kick up a fuss; **pousser des ~s d'orfraie** OU **de paon** [hurler] to screech like a thing possessed; [protester] to raise the roof. -**2.** ZOOL [d'un oiseau] call; [d'un petit oiseau] chirp; [d'une chouette, d'un paon, d'un singe] screech; [d'une mouette] cry; [d'un dindon] gobble; [d'un perroquet] squawk; [d'un canard] quack; [d'une oie] honk; [d'une souris] squeak; [d'un porc] squeal; **quel est le ~ de la chouette?** what noise does the owl make?; **'le Cri'** *Munch* 'The Scream'. -**3.** [parole] cry; **~ d'amour** cry of love; **~ d'avertissement** warning cry; **~ de détresse** cry of distress; **jeter** OU **lancer un ~ d'alarme** to warn against the danger; **défiler au ~ de «des sous, des sous!»** to march chanting "more money now!" ❑ **~ du cœur** cri de coeur, cry from the heart.

◆ **à grands cris** *loc adv*: **appeler qqn à grands ~s** to shout for sb; **demander** OU **réclamer qqch à grands ~s** to cry out OU to clamour for sthg.

◆ **dernier cri** ◇ *loc adj* [voiture, vidéo] state-of-the-art; **il s'est acheté des chaussettes dernier ~** he bought the latest thing in socks.

◇ *nm inv*: **c'est le dernier ~** [vêtement] it's the (very) latest vogue OU fashion OU thing; [machine, vidéo] it's state-of-the-art.

criaillement [kriajmɑ̃] *nm* ORNITH [d'une oie] honk; [d'un paon] screech; [d'un faisan] cry; **les ~s des volatiles le réveillaient dès l'aube** the noise of birds would wake him up at dawn.

◆ **criaillements** *nmpl* [bruit de dispute] screeching, shrieking.

criailler [3] [kriaje] *vi* -**1.** *fam* [crier sans cesse] to screech, to shriek; **~ après qqn** to shriek at sb. -**2.** ORNITH [faisan] to cry; [oie] to honk; [paon] to squawk, to screech.

criailleries [kriajri] *nfpl* [de dispute] screeching, shrieking.

criailleur, euse *fam* [kriajœr, øz] *adj* screeching, shrieking.

criant, e [krijɑ̃, ɑ̃t] *adj* [erreur] glaring; [mauvaise foi, mensonge] blatant, glaring, rank *adj*; [parti pris] blatant; [différence, vérité] obvious, striking; [injustice] flagrant, blatant, rank; [preuve] striking, glaring.

criard, e [krijar, ard] *adj* -**1.** [bruyant - enfant] squalling; [- oiseau] screeching; [- voix] shrill, piercing; **un enfant ~** a noisy child. -**2.** [vif - couleur] loud, garish; [- tenue] garish, gaudy. -**3.** [urgent - dettes] pressing.

crib [krib] *nm* AGR crib.

criblage [kriblaʒ] *nm* -**1.** [tamisage - de sable, de grains] riddling, sifting; [- de charbon] riddling, screening, sifting; [- d'un minerai] screening, jigging. -**2.** [calibrage - de fruits, d'huîtres] grading.

crible [kribl] *nm* [pour des graines, du sable] riddle, sift; [pour un charbon, un minerai] screen; **passer au ~** [charbon] to riddle, to screen, to sift; [grains, sable] to riddle, to sift; [fruits, œufs] to grade; [région] to go over with a fine-tooth comb, to comb; [preuves] to sift OU to examine closely; [document] to examine closely, to go over with a fine-tooth comb; [candidat] to screen (for a job).

cribler [3] [krible] *vt* **-1.** [tamiser - sable, grains] to riddle, to sift; [- minerai] to screen, to jig; [- charbon] to riddle, to screen. **-2.** [calibrer - fruits, œufs] to grade. **-3.** ~ de [trouer de]: ~ **qqch de trous** to riddle sthg with holes; ~ **qqn de balles** to riddle sb with bullets; ~ **qqch de flèches** to shoot sthg full of arrows; **la façade est criblée d'impacts de balles** the facade is riddled with bullet holes. **-4.** ~ de [assaillir de]: ~ **qqn de coups** to rain blows on sb; ~ **qqn de questions** to bombard sb with questions, to fire questions at sb; ~ **qqn de reproches** to heap reproaches on sb. **-5. être criblé de** [accablé de] to be covered in; **être criblé de dettes** to be crippled with debt, to be up to one's eyes in debt.

cribleur [kriblœr] *nm* [personne] screener, sifter; [machine] sifter, sifting machine.

cric[1] [krik] *onomat* [bruit de déchirement] rip, crack; ~ (crac)! [tour de clé] click!

cric[2] [krik] *nm* AUT (car) jack; **mettre une voiture sur** OU **élever une voiture avec un** ~ to jack a car up ❑ ~ **hydraulique/à vis** hydraulic/screw jack.

cricket [krikɛt] *nm* SPORT cricket; **jouer au** ~ to play cricket.

cricri [krikri] *nm* **-1.** *fam* [grillon] cricket. **-2.** [cri du grillon] chirp, chirp-chirp.

criée [krije] *nf* fish market *(where auctions take place)*.

◆ **à la criée** ◇ *loc adj*: **une vente à la** ~ an auction.

◇ *loc adv* by auction; **vendre du thon à la** ~ to auction off tuna.

crier [10] [krije] ◇ *vi* **-1.** [émettre un son - gén] to cry (out); [- d'une voix forte] to shout, to yell; [- d'une voix perçante] to scream, to screech, to shriek; **il n'a même pas crié quand on lui a fait la piqûre** he didn't even cry out when he got the injection; **ne crie pas, je ne suis pas sourd!** there's no need to shout OU yell, I'm not deaf!; **ne fais pas** ~ **ta mère!** don't get your mother angry!; **ça crie, ta radio, baisse-la donc!** *fam* your radio's blaring, turn it down!; ~ **de douleur** to scream with OU to cry out in pain; ~ **de joie** to shout for joy; ~ **de plaisir** to cry out with pleasure ❑ ~ **comme un sourd** *fam* to shout one's head off; ~ **comme un damné** *fam* OU **putois** *fam* OU **veau** *fam* [fort] to shout OU to yell at the top of one's voice; [avec des sons aigus] to squeal like a stuck pig; [protester] to scream blue murder; ~ à: ~ **à l'injustice** to call it an injustice; ~ **au génocide** to call it a genocide, to brandish the word genocide; ~ **au miracle** to hail it as a miracle; ~ **au scandale** to call it a scandal, to cry shame; ~ **à l'assassin** to cry blue murder; ~ **au loup** to cry wolf; ~ **au voleur** to cry (stop) thief; ~ **à l'aide** OU **au secours** to shout for help. **-2.** ZOOL [oiseau] to call; [souris] to squeak; [porc] to squeal; [chouette, singe] to call, to screech; [perroquet] to squawk; [paon] to screech; [oie] to honk. **-3.** [freins, pneu] to squeak, to screech; [cuir, craie] to squeak; [charnière] to creak.

◇ *vt* **-1.** [dire d'une voix forte - avertissement] to shout OU to cry (out); [- insultes, ordres] to bawl OU to yell out *(sép)*; **il criait « arrêtez-le, arrêtez-le »** "stop him, stop him", he shouted; **elle nous cria de partir** she shouted at us to go; **quelqu'un criait «au feu!»** someone was shouting "fire!" ❑ **sans** ~ **gare** [arriver] without warning; [partir] without so much as a by-your-leave. **-2.** [faire savoir]: ~ **son innocence** to proclaim OU to protest one's innocence; ~ **son dégoût/horreur** to proclaim one's disgust/indignation; ~ **casse-cou** to point out the danger; ~ **famine** to complain of hunger; ~ **misère** [se plaindre] to complain of hardship; **ses oripeaux criaient misère** his rags betokened his impoverished state; ~ **victoire** to crow (over one's victory); ~ **contre** to complain OU to shout about *(insép)*; **ils crient contre la TVA** they're shouting about VAT ❑ ~ **qqch sur les toits** [le rendre public] to shout OU to proclaim sthg from the rooftops; [s'en vanter] to let everyone know about sthg; **ne va pas le** ~ **sur les toits!** there's no need to publicize it! **-3.** [demander]: ~ **vengeance** to call for revenge ❑ ~ **grâce** *pr* to beg for mercy; *fig* to cry for mercy; ~ **haro sur qqn** to call shame on sb; ~ **haro sur le baudet** to raise a hue and cry.

◆ **crier après** *fam v + prép* **-1.** [s'adresser à] to shout OU to yell at. **-2.** [réprimander] to scold.

crieur, euse [krijœr, øz] *nm, f* **-1.** [vendeur de journaux] newspaper seller OU vendor. **-2.** [dans une criée] auctioneer. **-3.** HIST: ~ **(public)** town crier.

crime [krim] *nm* **-1.** JUR [infraction pénale] crime, (criminal) offence; **commettre un** ~ to commit a crime ❑ **un** ~ **contre l'État** (high) treason OU a crime against the state; ~ **contre l'humanité** crime against humanity; ~ **contre la paix** crime against peace; ~ **de guerre** war crime; ~ **de lèse-majesté** *pr* act OU crime of lèse-majesté; **il n'a pas salué le patron,** ~ **de lèse-majesté!** *fig* & *hum* he didn't say hello to the boss, what a heinous crime!; ~ **politique** political offence. **-2.** [meurtre] murder; **c'est le** ~ **parfait** it's the perfect crime; **l'heure du** ~ the time of the murder; **le motif du** ~ the motive for the murder; **commettre un** ~ to commit a murder ❑ ~ **crapuleux** heinous crime; ~ **(à motif) sexuel** sex crime OU murder; ~ **passionnel** crime passionnel, crime of passion; **l'arme du** ~ the murder weapon. **-3.** [acte immoral, forfait] crime, act; **c'est un** ~ **de démolir ces églises** it's a crime OU it's criminal to knock down these churches; **son seul** ~ **est d'avoir dit tout haut ce que chacun pensait** his only crime OU fault was to say aloud what everybody was thinking; **ce n'est pas un** ~! it's not a crime!; **faire à qqn un** ~ **de qqch** *litt* to reproach sb with sthg ❑ ~ **contre nature** act OU crime against nature; **'Crime et châtiment'** *Dostoïevski* 'Crime and Punishment'. **-4.** [criminalité]: **le** ~ crime; **la lutte contre le** ~ the fight against crime ❑ **le** ~ **ne paie pas** *prov* crime doesn't pay.

Crimée [krime] *npr f*: **(la)** ~ (the) Crimea.

criminalisation [kriminalizasjɔ̃] *nf* criminalization.

criminaliser [3] [kriminalize] *vt* to criminalize.

◆ **se criminaliser** *vpi* to become criminalized.

criminaliste [kriminalist] *nmf* specialist in criminal law.

criminalistique [kriminalistik] *nf* crime-detection techniques.

criminalité [kriminalite] *nf* **-1.** SOCIOL crime; **lutter contre la** ~ to fight crime; **la grande/petite** ~ serious/petty crime. **-2.** *sout* [caractère criminel] criminality, criminal nature.

criminel, elle [kriminɛl] ◇ *adj* **-1.** [répréhensible - action, motif] criminal; **acte** ~ criminal offence, crime; **une organisation** ~**le** a criminal organization, a crime syndicate. **-2.** [relatif aux crimes - droit, enquête] criminal; [- brigade] crime *(modif)*. **-3.** [condamnable - acte] criminal, reprehensible; **c'est** ~ **de...** it's criminal to..., it's a crime to...; **avoir des pensées** ~**les** to think wicked thoughts.

◇ *nm, f* [gén] criminal; [meurtrier] murderer; ~ **de guerre** war criminal.

◆ **criminel** *nm* JUR [juridiction criminelle]: **le** ~ criminal law; **avocat au** ~ criminal lawyer; **poursuivre qqn au** ~ to institute criminal proceedings against sb.

criminellement [kriminɛlmɑ̃] *adv* **-1.** [répréhensiblement] criminally. **-2.** JUR: **poursuivre qqn** ~ to institute criminal proceedings against sb.

criminogène [kriminɔʒɛn] *adj*: **des attitudes** ~**s** attitudes liable to encourage crime.

criminologie [kriminɔlɔʒi] *nf* criminology.

criminologiste [kriminɔlɔʒist], **criminologue** [kriminɔlɔg] *nmf* criminologist.

crin [krɛ̃] *nm* **-1.** [de cheval] hair. **-2.** [rembourrage] horse hair. **-3.** BOT: ~ **végétal** vegetable (horse) hair.

◆ **à tout crin, à tous crins** *loc adj* [réactionnaire, révolutionnaire] out-and-out, diehard; **les conservateurs à tout** ~ the diehard OU dyed-in-the-wool conservatives.

◆ **de crin, en crin** *loc adj* horsehair *(modif)*.

crincrin *fam* [krɛ̃krɛ̃] *nm* (squeaky) fiddle; **il a joué un air sur son** ~ he scraped out a tune on his fiddle.

crinière [krinjɛr] *nf* **-1.** ZOOL mane. **-2.** *fam* [chevelure] mane, mop *péj* OU *hum*. **-3.** [d'un casque] plume.

crinoline [krinɔlin] *nf* **-1.** TEXT crinoline. **-2.** VÊT crinoline petticoat.

◆ **à crinoline** *loc adj* [robe] crinoline *(modif)*.

crique [krik] *nf* **-1.** GÉOG creek, inlet, (small) rocky beach. **-2.** MÉTALL tear, split.

criquet [krikɛ] *nm* locust; ~ **pèlerin** OU **migrateur** migratory locust.

crise [kriz] *nf* **-1.** [période, situation difficile] crisis; **traverser une** ~ to go through a crisis OU a critical time; **la** ~ **de la quarantaine** the midlife crisis; ~ **de confiance** crisis of confidence; ~ **de conscience** crisis of conscience; ~ **d'identité** identity crisis. **-2.** ÉCON & POL crisis; ~ **du logement/papier** housing/paper shortage; ~ **boursière** [grave] crisis OU panic on the Stock Exchange; [passagère] blip on the Stock Exchange; ~ **économique** economic crisis OU slump; ~ **politique** political crisis; **la** ~ **de 1929** the 1929 slump. **-3.** [accès] outburst, fit; ~ **de colère** fit of rage; ~ **de rage** angry outburst; ~ **de larmes** fit of crying; ~ **de désespoir** fit of despair; ~ **de jalousie** fit of jealousy; **quelle** OU **la** ~ **(de rire)!** *fam* what a scream OU hoot OU riot!; **être pris d'une** ~ **de rire** to laugh uproariously ‖ [de colère] (fit of) rage; **piquer une** ~ *fam* to throw OU to have a fit; **pas besoin de nous faire une** ~ **pour ça!** *fam* no need to kick up such a fuss! ‖ [besoin urgent]: **pris d'une** ~ **de rangement** feeling an urge to tidy things up. **-4.** MÉD: ~ **d'appendicite/d'arthrose** attack of appendicitis/arthritis; ~ **épileptique** OU **d'épilepsie** epileptic fit; ~ **d'apoplexie** apoplectic fit ❑ **une** ~ **cardiaque** a heart attack; ~ **de foie** queasy feeling; **tu vas attraper une** ~ **de foie à manger tous ces chocolats** *fam* you'll make yourself sick if you eat all these chocolates; ~ **de nerfs** fit of hysterics, attack of nerves; **elle a fait une** ~ **de nerfs** she went into hysterics.

◆ **en crise** *loc adj*: **être en** ~ to undergo a crisis.

crispant, e [krispɑ̃, ɑ̃t] *adj* [attente] nerveracking; [lenteur, stupidité, personne] exasperating, irritating, infuriating; **un bruit** ~ a noise which sets your teeth on edge, a grating noise; **arrête de me dire comment jouer, c'est** ~ **à la fin!** stop telling me how to play, it's getting on my nerves!; **ce que tu peux être** ~**e!** you are so infuriating!

crispation [krispasjɔ̃] *nf* **-1.** [tension - du visage] tension; [- des membres] contraction. **-2.** [tic] twitch; **le médicament peut provoquer des** ~**s au niveau des mains** the drug can cause the hands to twitch. **-3.** [anxiété] nervous tension. **-4.** [du cuir] shrivelling; [du papier] cockling.

crispé, e [krispe] *adj* **-1.** [contracté - sourire, rire] strained, tense; [- personne, visage, doigts] tense. **-2.** *fam* [irrité] irritated, exasperated.

crisper [3] [krispe] *vt* **-1.** [traits du visage] to contort, to tense; [poings] to clench; **ne crispez pas vos doigts sur le volant** don't grip the wheel too tightly; **le visage crispé par la souffrance** his face contorted OU tense with pain. **-2.** *fam* [irriter]: ~ **qqn** to get on sb's nerves; **ce bruit me crispe** this noise grates on my nerves. **-3.** [rider - cuir] to shrivel up *(sép)*; [papier] to cockle up *(sép)*.

◆ **se crisper** *vpi* **-1.** [se contracter - visage] to tense (up); [- doigts] to contract; [- sourire] to become strained OU tense; [- poings] to clench; **ses mains se crispèrent sur les barreaux** his hands tightened on the bars; **je me crispe dès que je suis sur des skis** I get all tensed up as soon as I put on skis; **les rapports entre les deux parties se sont crispés** *fig* tension has mounted between the two parties. -**2.** *fam* [s'irriter] to get annoyed.

criss [kris] = **kriss**.

crissement [krismɑ̃] *nm* [de pneus, de freins] squealing, screeching; [du cuir] squeaking; [de neige, de gravillons] crunching; [d'étoffe] rustling; [d'un bâton de craie] grating.

crisser [3] [krise] *vi* [pneus, freins] to squeal, to screech; [cuir] to squeak; [neige, gravillons] to crunch; [étoffe, papier] to rustle; [scie] to grate; **la craie crissait sur le tableau** the chalk grated on the blackboard.

cristal, aux [kristal, o] *nm* -**1.** MINÉR: **un ~, du ~** crystal ❑ **~ de roche** rock crystal. -**2.** PHYS: **cristaux de neige, cristaux de givre** ice-crystals; **cristaux de sel** salt crystals; **cristaux de sucre** sugar granules OU crystals; **cristaux de soude** washing soda ❑ **cristaux liquides** liquid crystals. -**3.** [objet] piece of crystalware OU of fine glassware; **des cristaux** crystalware, fine glassware || [d'un lustre] crystal droplets.

◆ **de cristal** *loc adj* -**1.** [vase] crystal *(modif)*. -**2.** [pur - eau] crystal-like, crystalline; [- voix] crystal-clear, crystalline.

cristallerie [kristalri] *nf* -**1.** [fabrication] crystal-making. -**2.** [usine] (crystal) glassworks. -**3.** [objets]: **de la ~** crystalware, fine glassware.

cristallin, e [kristalɛ̃, in] *adj* -**1.** *litt* [voix] crystal-clear, crystalline; [eau] crystalline. -**2.** MINÉR [massif, rocher] crystalline.

◆ **cristallin** *nm* ANAT crystalline lens.

cristallinien, enne [kristalinjɛ̃, ɛn] *adj* crystalline lens *(modif)*.

cristallisable [kristalizabl] *adj* crystallizable.

cristallisation [kristalizasjɔ̃] *nf* crystallization, crystallizing.

cristallisé, e [kristalize] *adj* crystallized.

cristalliser [3] [kristalize] *vt* to crystallize.

◆ **se cristalliser** *vpi* to crystallize.

cristallochimie [kristalɔʃimi] *nf* crystalochemistry.

cristallochimique [kristalɔʃimik] *adj* crystalochemical.

cristallographie [kristalɔgrafi] *nf* crystallography.

cristallographique [kristalɔgrafik] *adj* crystallographical.

cristalloïde [kristalɔid] *adj* & *nm* crystalloid.

cristallomancie [kristalɔmɑ̃si] *nf* crystal-glazing.

cristallophyllien, enne [kristalɔfiljɛ̃, ɛn] *adj* crystalliferous.

cristaux [kristo] *pl* → **cristal**.

criste-marine [kristmarin] (*pl* cristes-marines) *nf* samphire.

critère [kritɛr] *nm* -**1.** [principe] criterion; **~ moral/religieux** moral/religious criterion; **nos produits doivent remplir certains ~s** our products must meet certain standards OU comply with certain criteria; **~s de sélection** selection criteria; **nous n'avons pas les mêmes ~s de sélection** we don't select according to the same criteria. -**2.** [référence] reference (point), standard; **les résultats de l'année précédente nous servent de ~** we use the results of the previous year as a reference point OU a benchmark.

critérium [kriterjɔm] *nm* SPORT [en cyclisme] rally; [en natation] gala; **le grand ~, le ~ des deux ans** ÉQUIT maiden race for two-year-olds.

criticailler *fam* [3] [kritikaje] *vt péj* [personne] to niggle at *(insép)*, to criticize; [ouvrage, idée] to niggle about *(insép)*.

critiquable [kritikabl] *adj* which lends itself to criticism; **une décision peu ~** an uncontentious decision.

critique [kritik] ◇ *adj* -**1.** [qui condamne - article, personne] critical; *péj* [- personne] faultfinding; **se montrer très ~ envers** OU **à l'égard de** to be very critical towards; **elle est très ~** she's always finding fault, she's hypercritical; **voir qqch d'un œil (très) ~** to have (great) reservations about sthg. -**2.** [plein de discernement - analyse, œuvre, personne] critical; **je souhaite que tu portes un regard ~ sur mon texte** I'd like you to have a critical look at my text; **avoir l'esprit** OU **le sens ~** to have good judgement, to be discerning; **il n'a aucun esprit** OU **sens ~** he lacks discernment. -**3.** [crucial - étape, période] critical, crucial; [- opération, seuil] critical; **à un moment ~** at a critical moment. -**4.** [inquiétant - état de santé, situation] critical; **atteindre un stade ~** to reach a critical stage. -**5.** SC critical; **chemin ~** critical path.

◇ *nmf* [commentateur] critic, reviewer; **~ d'art** art critic; **~ de cinéma** film critic OU reviewer; **~ de théâtre** drama critic; **~ littéraire** book reviewer, literary critic; **~ musical** music critic.

◇ *nf* -**1.** PRESSE review; UNIV critique, appreciation; **~ cinématographique** film review; **~ littéraire** literary OU book review; **~ musicale/théâtrale** music/drama review; **je ne lis jamais les ~s** I never read reviews OU what the critics write. -**2.** [activité]: **la ~** criticism; **la ~ théâtrale** drama criticism; **la ~ gastronomique** food writing; **la ~ littéraire** literary criticism; **il s'est spécialisé dans la ~ littéraire** he specialized in literary criticism; **faire la ~ de** PRESSE to review; UNIV to write an appreciation OU a critique of ❑ **'Critique de la raison pratique/pure'** *Kant* 'Critique of Practical/Pure Reason'. -**3.** [personnes]: **la ~** the critics; **très bien/mal accueilli par la ~** acclaimed/panned by the critics; **l'approbation/le mépris de la ~** critical acclaim/scorn. -**4.** [blâme] criticism; **adresser** OU **faire une ~ à un auteur** to level criticism at an author. -**5.** [fait de critiquer]: **la ~** criticism, criticizing ❑ **la ~ est aisée** OU **facile (mais l'art est difficile)** criticism is easy but art is difficult.

critiquer [3] [kritike] *vt* -**1.** [blâmer - initiative, mesure, personne] to criticize, to be critical of; **tu es toujours à me ~!** you find fault with everything I do!; **il s'est déjà fait ~ pour sa négligence** he has already been criticized for his negligence. -**2.** [analyser] to critique, to criticize.

critiqueur, euse *fam* [kritikœr, øz] *nm, f péj* faultfinder; **les ~s** those who carp OU who find fault.

croassement [krɔasmɑ̃] *nm* caw, cawing.

croasser [3] [krɔase] *vi* to caw.

croate [krɔat] *adj* Croat, Croatian.

◆ **Croate** *nmf* Croat, Croatian.

◆ **croate** *nm* LING Croat, Croatian.

Croatie [krɔasi] *npr f*: **(la) ~** Croatia.

croc [kro] *nm* -**1.** ZOOL [de chien] tooth, fang; [d'ours, de loup] fang; **montrer les ~s** [animal] to bare its teeth OU fangs; **la Prusse montrait les ~s** *fig* Prussia was showing its teeth. -**2.** *fam* [dent] (long) tooth; **avoir les ~s: j'ai les ~s** I could eat a horse. -**3.** [crochet - de boucher] butcher's OU meat hook; [- de marinier] hook, boathook; **moustache en ~s** handlebar moustache.

croc-en-jambe [krɔkɑ̃ʒɑ̃b] (*pl* crocs-en-jambe) *nm*: **faire un ~ à qqn** *pr* & *fig* to trip sb up.

croche [krɔʃ] *nf* MUS quaver *Br*, eighth note *Am*; **double ~** semiquaver *Br*, sixteenth note *Am*; **triple ~** demisemiquaver *Br*, thirty-second note *Am*; **quadruple ~** hemidemisemiquaver *Br*, sixty-fourth note *Am*.

croche-patte *fam* [krɔʃpat] (*pl* croche-pattes), **croche-pied** [krɔʃpje] (*pl* croche-pieds) = **croc-en-jambe**.

crocher [3] [krɔʃe] *vt* NAUT to hook.

crochet [krɔʃɛ] *nm* -**1.** [attache, instrument] hook; [pour volets] catch; **~ d'arrêt** pawl, catch; **~ d'attelage** coupling hook; **~ à bottes** boot-hook; **~ de boucher** OU **boucherie** meat-hook, butcher's hook; **~ à boutons** button-hook. -**2.** [de serrurier] picklock, lock pick. -**3.** COUT [instrument] crochet hook; [technique] crochet; [ouvrage] crochetwork; **faire du ~** to crochet. -**4.** SPORT hook; **il l'a envoyé à terre d'un ~ à la tête** he knocked him down with a hook to the head; **~ du droit/gauche** right/left hook. -**5.** [détour] detour, roundabout way; **faire un ~** to make a detour, to go a roundabout way. -**6.** [virage brusque - d'une voie] sudden OU sharp turn; [- d'une voiture] sudden swerve; **faire un ~** [rue] to bend sharply; [conducteur] to swerve suddenly. -**7.** [concours]: **~ radiophonique** talent contest. -**8.** IMPR square bracket; **entre ~s** in square brackets. -**9.** ZOOL [d'un serpent] fang; [d'un chamois] horn; ENTOM hook.

◆ **au crochet** ◇ *loc adj* [nappe, châle] crocheted.

◇ *loc adv*: **faire un vêtement au ~** to crochet a garment; **terminer un vêtement au ~** to finish a garment with a crocheted trim.

crochetage [krɔʃtaʒ] *nm* [d'une serrure] picking.

crocheter [28] [krɔʃte] *vt* [serrure] to pick; [porte] to pick the lock on.

crocheteur [krɔʃtœr] *nm* picklock.

crochu, e [krɔʃy] *adj* [nez] hooked, hook *(modif)*; [doigts, mains] claw-like.

croco *fam* [krɔko] *nm* crocodile, crocodile-skin.

◆ **en croco** *fam loc adj* crocodile *(modif)*.

crocodile [krɔkɔdil] *nm* -**1.** ZOOL crocodile. -**2.** [peau] crocodile, crocodile skin. -**3.** RAIL alarm contact.

◆ **en crocodile** *loc adj* crocodile *(modif)*.

crocodilien [krɔkɔdiljɛ̃] *nm* crocodilian; **les ~s** the Crocodilia.

crocus [krɔkys] *nm* crocus.

croire [107] [krwar] ◇ *vt* -**1.** [fait, histoire, personne] to believe; **tu crois son histoire?** do you believe what he says?; **je te crois sur parole** I'll take your word for it; **crois-moi, il faut y aller** believe me, you must go; **je te crois!** *iron* I believe you!; **je ne peux pas ~ pareille méchanceté de toi** I can't believe (that) you could be so nasty; **je n'en crois pas un mot** I don't believe a word of it; **je te prie de ~ qu'il va entendre parler de nous!** believe me, we haven't finished with him!; **tu ne me feras pas ~ que...** I refuse to believe that...; **en ~** [se fier à]: **croyez-en ceux qui ont l'expérience** take it from those who know; **si j'en crois cette lettre** if I go by what this letter says; **si vous m'en croyez** if you ask me OU want my opinion; **je n'en crois pas mes yeux/oreilles** I can't believe my eyes/ears ❑ **~ dur comme fer que** *fam* to be firmly convinced that; **aller ~: ne va pas ~ ça!** don't you believe it!; **ne va pas ~ qu'il a toujours raison** don't think he's always right. -**2.** [penser] to believe, to think; **je croyais pouvoir venir plus tôt** I thought OU assumed I could come earlier; **à la voir on croirait voir sa sœur** to look at her, you'd think she was her sister; **on croit rêver!** it's unbelievable!; **tu ne crois pas si bien dire** you don't know how right you are; **on l'a crue enceinte** she was believed OU thought to be pregnant; **je veux ~ qu'il finira pas accepter la vérité** I want to believe he'll accept the truth in the end; **elle en sait plus long que tu ne crois** she knows more than you think; **je ne suis pas celle que vous croyez** I'm not that kind of person; **il est à** OU **il faut ~ que tout lui réussit** seemingly, everything comes right for him; **il faut ~ que tu avais tort** it looks like you were wrong; **je crois que oui** I believe OU think so; **il croit que non** he doesn't think so, he thinks not; **on croirait qu'il dort** he looks as if he's asleep.

◇ *vi* -**1.** [sans analyser] to believe; **on leur apprend à réfléchir et non à ~** they're taught to think and not simply to believe what they're told. -**2.** RELIG to believe; **il croit** he's a believer; **je ne crois plus** I've lost my faith; **~ à** to believe in; **~ à la vie éternelle** to believe in eternal life; **il ne croit ni à Dieu ni au diable** he's a complete heathen; **~ en Dieu** to believe in God.

◆ **croire à** *v + prép* -**1.** [avoir confiance en] to believe in; **~ à la paix** to believe in peace; **il faut ~ à l'avenir** one must have faith in the future. -**2.** [accepter comme réel] to believe in; **~ aux fantômes** to believe in ghosts; **tu crois encore au Père Noël** you're so naive. -**3.** [dans la correspondance]: je vous prie de ~ à mes sentiments les meilleurs yours sincerely; croyez à mon amitié toute dévouée yours ever.

◆ **croire en** *v + prép* [avoir confiance en] to believe in; j'ai vraiment cru en lui I really believed in him.

◆ **se croire** ◇ *vpt* [penser avoir]: se ~ qqch: il se croit tous les droits he thinks he can get away with anything; il se croit du génie he thinks he's a genius.

◇ *vpi* -**1.** [se juger]: il se croit beau/intelligent he thinks he's handsome/intelligent; tu te crois malin? think you're clever, do you?; elle se croit quelqu'un she thinks she's something special; où te crois-tu? where do you think you are? -**2.** *fam loc*: se ~ sorti de la cuisse de Jupiter to think one is God's gift (to mankind); s'y ~: il s'y croit! he really thinks a lot of himself!; et ton nom en grosses lettres sur l'affiche, mais tu t'y crois déjà! and your name in huge letters on the poster, you're letting your imagination run away with you!

◆ **à en croire** *loc prép*: à en ~ qqn/qqch if sb/sthg is to be believed.

◆ **à n'y pas croire, à ne pas y croire** *loc adv*: c'est à n'y pas ~! you just wouldn't believe OU credit it!

◆ **faut croire** *fam*, **il faut croire** *loc interj* (it) looks like it, it would seem so.

croisade [krwazad] *nf* -**1.** HIST crusade; les ~s the (Holy) Crusades. -**2.** *fig* [campagne] campaign, crusade; partir en ~ contre l'injustice to go on a crusade OU to mount a campaign against injustice.

croisé, e [krwaze] *adj* -**1.** [en croix]: avoir les bras ~s/jambes ~es to have one's arms folded/legs crossed; assis les jambes ~es sitting cross-legged. -**2.** LITTÉRAT [rimes] alternate. -**3.** [hybride - animal, plante] crossbred. -**4.** VÊT [veste, veston] double-breasted.

◆ **croisé** *nm* -**1.** TEXT twill. -**2.** HIST crusader.

◆ **croisée** *nf* -**1.** [intersection] crossing; être à la ~e des chemins to be at the parting of the ways. -**2.** ARCHIT: ~e d'ogives intersecting ribs; ~e de OU du transept transept crossing. -**3.** [fenêtre] casement.

croisement [krwazmɑ̃] *nm* -**1.** [intersection] crossroads, junction; au ~ de la rue et de l'avenue at the intersection of the street and the avenue. -**2.** [hybridation] crossbreeding, crossing, interbreeding; faire des ~s (de races) to crossbreed OU to interbreed (animals); c'est un ~ entre un épagneul et un setter it's a cross between a spaniel and a setter, it's a spaniel-setter crossbreed. -**3.** [rencontre]: le ~ de deux voitures/navires two cars/boats passing each other.

croiser [3] [krwaze] ◇ *vt* -**1.** [mettre en croix - baguettes, fils] to cross; ~ les jambes to cross one's legs; ~ les bras to cross OU to fold one's arms ❑ ~ le fer OU l'épée avec qqn *pr* & *fig* to cross swords with sb. -**2.** [traverser] to cross, to intersect, to meet; là où la route croise la voie ferrée where the road and the railway cross, at the junction of the road and the railway ❑ ~ la route OU le chemin de qqn *fig* to come across sb; il a croisé ma route il y a longtemps our paths crossed a long time ago. -**3.** [rencontrer] to pass, to meet; je l'ai croisé dans la rue I passed him on the street; je l'ai croisée en sortant de chez toi I met her as I was leaving your place; ses yeux ont croisé les miens her eyes met mine. -**4.** [hybrider] to cross, to crossbreed, to interbreed.

◇ *vi* -**1.** VÊT to cross over. -**2.** NAUT to cruise.

◆ **se croiser** ◇ *vp* *(emploi réciproque)* -**1.** [se rencontrer] to come across OU to meet OU to pass each other; nous nous sommes croisés chez ton frère we saw each other briefly OU met (each other) at your brother's; leurs regards se sont croisés their eyes met. -**2.** [aller en sens opposé - trains] to pass (each other); [- lettres] to cross; nos chemins se sont croisés, nos routes se sont croisées our paths met.

◇ *vpt* [mettre en croix]: se ~ les bras *pr* to fold one's arms; *fig* [être oisif] to twiddle one's thumbs.

◇ *vpi* HIST to go off to the Crusades.

Croisette [krwazɛt] *npr f*: (le boulevard de) la ~ *famous boulevard running along the seafront in Cannes*.

croiseur [krwazœr] *nm* MIL cruiser.

croisière [krwazjɛr] *nf* cruise; faire une ~ aux Bahamas to go on a cruise to the Bahamas; nous étions en ~ en juin we went on a cruise in June.

croisiériste [krwazjerist] *nmf* tourist on a cruise.

croisillon [krwazijɔ̃] *nm* [d'une fenêtre] cross bar.

croissance [krwasɑ̃s] *nf* -**1.** PHYSIOL growth; elle est en pleine ~ she's growing fast. -**2.** [développement - d'une plante] growth; [- d'un pays] development, growth; [- d'une entreprise] growth, expansion; ~ démographique population growth; la ~ zéro zero growth; notre entreprise est en pleine ~ our company is growing OU expanding.

croissant[1] [krwasɑ̃] *nm* -**1.** CULIN croissant; ~ au beurre croissant made with butter; ~ ordinaire croissant made without butter; ~ au fromage cheese-filled croissant. -**2.** [forme incurvée] crescent; des boucles d'oreilles en ~ crescent-shaped earrings. -**3.** ASTRON crescent; ~ de lune crescent of moon. -**4.** HIST & GÉOG: le Croissant fertile the Fertile Crescent.

croissant[2], **e** [krwasɑ̃, ɑ̃t] *adj* [qui augmente] growing, increasing; tension ~e dans le sud du pays increasing tension in the south of the country.

croissanterie [krwasɑ̃tri] *nf* croissant shop *Br* OU store *Am*.

Croissant-Rouge [krwasɑ̃ruʒ] *npr m*: le ~ the Red Crescent.

croître [93] [krwatr] *vi* -**1.** PHYSIOL to grow; quelques fleurs croissent sur la berge there are a few flowers growing on the bank. -**2.** [augmenter - rivière] to swell; [- lune] to wax; les jours ne cessent de ~ the days are growing longer; elle sentait ~ en elle une violente colère she could feel a violent rage growing within her; ça ne fait que ~ et embellir it's getting better and better; *iron* it's getting worse and worse; ~ en: ~ en beauté et en sagesse to grow wiser and more beautiful; aller croissant to be on the increase; le bruit allait croissant the noise kept growing ❑ croissez et multipliez *allusion Bible* be fruitful and multiply.

croix [krwa] *nf* -**1.** [gibet] cross; mettre qqn sur la ~ to crucify sb; il est mort sur la ~ he died on the cross ❑ la (Sainte) Croix RELIG the (Holy) Cross; porter sa ~ to have one's cross to bear. -**2.** [objet cruciforme] cross; une petite ~ autour du cou a small cross round his neck; les (deux) poutres font une ~ the beams form a cross ❑ c'est la ~ et la bannière pour le faire manger it's an uphill struggle to get him to eat; ~ de bois, ~ de fer, si je mens, je vais en enfer *fam* cross my heart (and hope to die). -**3.** [emblème] cross; ~ de Malte/St André Maltese/St Andrew's cross; ~ latine/grecque Latin/Greek cross; ~ en tau OU de St-Antoine tau OU St Anthony's cross; ~ ansée ansate cross; ~ gammée swastika; la ~ de Lorraine the cross of Lorraine *(cross with two horizontal bars, the symbol of the Gaullist movement)*. -**4.** [récompense] cross, medal; [de la Légion d'honneur] Cross of the Legion of Honour; la ~ de guerre the Military Cross. -**5.** [signe écrit] cross; signer d'une ~ to sign with a cross; marquer qqch d'une ~ to put a cross on sthg; mettre une ~ dans une case to put a cross in a box ❑ c'est un jour à marquer d'une ~ blanche it's a red-letter day; faire OU mettre une croix sur qqch to forget OU to kiss goodbye to sthg; les vacances, j'ai mis une ~ dessus I've decided I might as well forget about going on holiday; tu peux faire une ~ là-dessus you might as well kiss it goodbye OU forget it. -**6.** PRESSE: la Croix (l'Événement) *Catholic daily newspaper*. -**7.** COUT: point de ~ cross-stitch. -**8.** ASTRON: Croix du Sud Southern Cross.

◆ **en croix** ◇ *loc adj*: les skis en ~ with skis crossed.

◇ *loc adv*: placer OU mettre deux choses en ~ to lay two things crosswise.

Croix-Rouge [krwaruʒ] *npr f*: la ~ the Red Cross; la ~ française the French Red Cross.

crolle *fam* [krɔl] *nf Belg* curl.

crollé *fam* [krɔle] *adj Belg* curly.

croquant, e [krɔkɑ̃, ɑ̃t] *adj* crisp, crunchy.

◆ **croquant** *fam nm*: le ~ the crunchy part.

croque-au-sel [krɔkosɛl]

◆ **à la croque-au-sel** *loc adv* (raw) with salt; manger des artichauts à la ~ to eat raw artichokes dipped in salt.

croque-madame [krɔkmadam] *nm inv toasted cheese and ham sandwich with a fried egg on top*.

croquembouche [krɔkɑ̃buʃ] *nm tiered cake made up of choux profiteroles*.

croque-mitaine [krɔkmitɛn] (*pl* croque-mitaines) *nm* bogeyman.

croque-monsieur [krɔkməsjø] *nm inv toasted cheese and ham sandwich*.

croque-mort *fam* [krɔkmɔr] (*pl* croque-morts) *nm* undertaker's assistant; il a vraiment une allure de ~ he has a really funereal look about him.

croquenot▽ [krɔkno] *nm* clodhopper, beetle-crusher.

croquer [3] [krɔke] ◇ *vt* -**1.** [broyer entre ses dents - pomme, radis, sucre d'orge] to crunch. -**2.** *fam* [dépenser - héritage] to squander; elle va ~ ta fortune she'll squander all your money. -**3.** [esquisser] to sketch; [décrire] to outline; il est (joli OU mignon) à ~ *fam* he looks good enough to eat.

◇ *vi* to be crisp OU crunchy; des radis qui croquent (sous la dent) crunchy radishes.

◆ **croquer dans** *v + prép* to bite OU to crunch into.

croquet [krɔkɛ] *nm* -**1.** JEUX croquet. -**2.** CULIN almond biscuit *Br* OU cookie *Am*.

croquette [krɔkɛt] *nf* CULIN croquette.

◆ **croquettes** *nfpl* [pour animal] dry food.

croqueur, euse [krɔkœr, øz] ◇ *adj* crisp, crunchy.

◇ *nm, f* devourer; croqueuse de diamants *fam* gold digger.

croquignolet, ette *fam* [krɔkiɲɔlɛ,ɛt] *adj* sweet, cute.

croquis [krɔki] *nm* sketch; faire un ~ de qqch to sketch sthg; elle est partie faire des ~ dans la vieille ville she went to do some sketches in the old town ❑ ~ coté dimensional sketch.

crosne [kron] *nm* Japanese artichoke.

cross-country [krɔskuntri] (*pl* cross-countrys OU cross-countries) *nm* , **cross** [krɔs] *nm inv* [à pied] cross-country running; [à cheval] cross-country riding; faire du ~ [à pied] to go cross-country running; [à cheval] to go cross-country riding.

crosse [krɔs] *nf* -**1.** RELIG crosier, crozier. -**2.** SPORT [canne - de hockey] stick; [- de golf] club; [- du jeu de crosse] crosse. -**3.** *Can* [jeu] lacrosse. -**4.** [extrémité courbe - d'une canne] crook; [- d'un violon] scroll. -**5.** ARM [d'un revolver] grip, butt; [d'un fusil] butt; ils l'ont tué à coups de ~ they beat him to death with their rifle butts ❑ lever OU mettre la ~ en l'air [se révolter] to refuse to fight; [se rendre] to surrender. -**6.** [d'un canon] trail. -**7.** BOT [d'une fougère] crosier. -**8.** ANAT [de l'aorte] arch.

crossing-over [krɔsiŋɔvœr] *nm inv* crossing-over BIOL.

crotale [krɔtal] *nm* rattlesnake.

croton [krɔtɔ̃] *nm* croton.

crotte [krɔt] *nf* -**1.** [d'un animal] dropping; [d'un bébé] poo *(U)*; ton chien pourrait aller faire sa ~ ailleurs! *fam* your dog could do its business somewhere else! ❑ ~ (de bique)! *fam* sugar! -**2.** *fam péj* [chose ou personne méprisée]: c'est de la ~ (de bique) it's a load of rubbish *Br* OU garbage *Am*; il se prend pas pour de la ~! he really fancies himself! *Br*, he thinks he's God's gift!; c'est pas de la ~!▽ it's none of your (cheap) rubbish *Br* OU trash *Am*! -**3.** CULIN: ~ au chocolat chocolate. -**4.** [morve]: ~ de nez *fam* bogey. -**5.** *fam* [par affection]: ma petite ~! *fam* you little sweetie you!

crotté, e [krɔte] *adj* muddy, mucky; ~ comme un barbet covered in mud.

crotter [3] [krɔte] ◇ *vt* [chaussures, voiture] to dirty, to muddy.
◇ *vi* *fam* [chien] to do its business.

crottin [krɔtɛ̃] *nm* -**1.** [de cheval] dung, manure. -**2.** CULIN *small round goat's milk cheese*.

croulant, e [krulɑ̃, ɑ̃t] ◇ *adj* crumbling, tumbledown; une vieille maison ~e a tumbledown old house.
◇ *nm, f* *fam péj* old fogey.

crouler [3] [krule] *vi* -**1.** [tomber - édifice] to collapse, to crumble, to topple; le mur menace de ~ the wall is about to collapse; ~ sous: l'étagère croule sous le poids des livres the shelf is sagging under the weight of the books; arbre croulant sous les fruits tree laden with fruit; un baudet qui croulait sous son chargement a donkey weighed down with its load; ~ sous le poids des ans/soucis *fig* to be weighed down by age/worry; la salle croula sous les applaudissements *fig* the auditorium thundered with applause. -**2.** [se désintégrer - empire, société] to be on the verge of collapse, to be crumbling; le krach boursier a fait ~ certaines entreprises some firms collapsed OU went under as a result of the Stock Market crash.

croup [krup] *nm* croup; faux ~ false croup.

croupe [krup] *nf* -**1.** ZOOL croup, rump; prendre qqn en ~ to have sb ride pillion; monter en ~ to ride pillion. -**2.** *fam* ANAT behind. -**3.** [sommet - d'une colline] hilltop; [- d'une montagne] mountain top.

croupetons [kruptɔ̃]
◆ **à croupetons** *loc adv*: être à ~ to crouch, to squat; se mettre à ~ to squat down, to crouch (down).

croupi, e [krupi] *adj* [eau] stagnant, foul.

croupier [krupje] *nm* JEUX croupier.

croupière [krupjɛr] *nf* crupper.

croupion [krupjɔ̃] *nm* -**1.** ORNITH rump. -**2.** CULIN parson's *Br* OU pope's *Am* nose. -**3.** *fam* [fesses] bum *Br*, butt *Am*. -**4.** *(comme adj; avec ou sans trait d'union)*: parti ~ POL rump of a party; Parlement Croupion HIST Rump Parliament.

croupir [32] [krupir] *vi* -**1.** [eau] to stagnate, to grow foul. -**2.** *fig* [s'encroûter, moisir]: ~ dans un cachot to rot in jail; je ne vais pas ~ ici toute ma vie I'm not going to rot here all my life; ~ dans l'ignorance to wallow in one's ignorance.

croupissant, e [krupisɑ̃, ɑ̃t] *adj* [eau, mare] putrid, foul.

croupissement [krupismɑ̃] *nm* *litt*: le ~ des eaux the fouling of the waters.

CROUS, Crous [krus] (*abr de* Centre régional des œuvres universitaires et scolaires) *npr m student representative body dealing with accommodation, catering etc*.

crousille [kruzij] *nf* *Helv* piggybank.

croustade [krustad] *nf* croustade.

croustillant, e [krustijɑ̃, ɑ̃t] *adj* -**1.** CULIN [biscuit, gratin] crisp, crunchy; [baguette, pain] crusty. -**2.** [osé] saucy.

croustiller [3] [krustije] *vi* [biscuit, gratin] to be crisp OU crunchy; [baguette, pain] to be crusty.

croûte [krut] *nf* -**1.** [partie - du pain] crust; [- du fromage] rind; une ~ de pain a crust; il ne reste que quelques ~s *péj* there's only a few (old) crusts left ‖ [préparation] pastry shell; ~ de vol-au-vent vol-au-vent case. -**2.** ▽ [nourriture] grub; t'as préparé la ~? is the food ready?; apporter sa ~ to bring one's own grub. -**3.** [dépôt] layer; ~ de rouille/saleté layer of rust/dirt. -**4.** GÉOL: la ~ terrestre the earth's crust. -**5.** MÉD scab; ~s de lait cradle cap. -**6.** *fam péj* [tableau] (bad) painting. -**7.** [de cuir] hide. -**8.** *péj* [personne]: quelle ~! *fam* what a stick-in-the-mud!

croûter▽ [3] [krute] *vi* to have a bite (to eat); tout le monde a besoin de ~ everybody has to eat.

croûteux, euse [krutø, øz] *adj* scabby.

croûton [krutɔ̃] *nm* -**1.** CULIN [frit] crouton; [quignon] (crusty) end, crust. -**2.** *fam péj* [personne]: vieux ~ fossil.

crown [kraun] *nm* crown glass.

croyable [krwajabl] *adj* believable, credible; c'est à peine ~ it's hardly credible; son histoire n'est pas ~ his story is incredible OU unbelievable.

croyance [krwajɑ̃s] *nf* -**1.** [pensée] belief; les ~s populaires popular beliefs, conventional wisdom. -**2.** [fait de croire] faith; la ~ en Dieu faith OU belief in God; la ~ à OU en la démocratie belief in democracy. -**3.** [religion] faith, religion.

croyant, e [krwajɑ̃, ɑ̃t] ◇ *adj*: il est/n'est pas ~ he's a believer/non-believer, he believes/he doesn't believe in God.
◇ *nm, f* believer.

CRS (*abr de* compagnie républicaine de sécurité) *nm* [policier] state security policeman; les ~ ont chargé les manifestants the security police charged the demonstrators; les ~ responsables de la surveillance des plages the security police responsible for keeping watch over the beaches.

cru, e[1] [kry] *adj* -**1.** [non cuit - denrée] raw, uncooked; [- céramique] unfired; [non pasteurisé]: beurre/lait ~ unpasteurized butter/milk. -**2.** [sans préparation - soie] raw; [- minerai] crude; [- bois] untreated. -**3.** [aveuglant - couleur] crude, harsh, glaring; [- éclairage] harsh, blinding, glaring. -**4.** [net] blunt, uncompromising; c'est la vérité toute ~e it's the pure, unadorned truth. -**5.** [osé] coarse, crude. -**6.** *Belg* [temps] damp and cold.
◆ **cru** ◇ *nm* -**1.** CULIN: le ~ et le cuit the raw and the cooked. -**2.** ŒNOL [terroir] vineyard; [vin] vintage, wine; les grands ~s de Bourgogne the great wines of Burgundy.
◇ *adv* -**1.** [sans cuire]: manger qqch ~ to eat sthg raw ❑ avaler OU manger qqn tout ~ to make mincemeat out of OU to wipe the floor with sb; je ne vais pas t'avaler tout ~! I'm not going to eat you! -**2.** [brutalement]: parler ~ to speak bluntly; je vous le dis tout ~ I'm telling you it as it is.
◆ **à cru** *loc adv* -**1.** ÉQUIT bareback. -**2.** ARCHIT without foundations.
◆ **de mon cru, de son cru** *etc loc adj*: une histoire de son ~ a story of his own invention.
◆ **du cru** *loc adj*: un vin du ~ a local wine; les gens du ~ the locals.

cruauté [kryote] *nf* -**1.** [dureté] cruelty. -**2.** [acte] cruel act, act of cruelty. -**3.** *litt* [rudesse] harshness, (extreme) severity, cruelty *litt*; la ~ de l'hiver the severity of the winter.

cruche [kryʃ] ◇ *nf* -**1.** [récipient] pitcher, jug. -**2.** [contenu] jugful. -**3.** *fam péj* [personne] nitwit, dumbbell.
◇ *adj* *fam péj* dumb, stupid; ce que tu peux être ~! you're so dumb!, you ninny!

cruchon [kryʃɔ̃] *nm* -**1.** [récipient] small jug. -**2.** [contenu] small jugful.

crucial, e, aux [krysjal, o] *adj* crucial, vital.

crucifère [krysifɛr] ◇ *adj* cruciferous.
◇ *nf* crucifer; les ~s the Cruciferea.

crucifié, e [krysifje] ◇ *adj* crucified.
◇ *nm, f* -**1.** [victime] crucified person. -**2.** RELIG: le Crucifié Jesus Christ.

crucifiement [krysifimɑ̃] *nm* = **crucifixion**.

crucifier [9] [krysifje] *vt* -**1.** [mettre en croix]: ~ qqn to crucify sb. -**2.** *litt* [humilier] to crucify.

crucifix [krysifi] *nm* crucifix.

crucifixion [krysifiksjɔ̃] *nf* crucifixion.

cruciforme [krysifɔrm] *adj* cruciform, shaped like a cross.

cruciverbiste [krysivɛrbist] *nmf* crossword (puzzle) enthusiast.

crudité [krydite] *nf* -**1.** [d'une couleur, de la lumière] harshness. -**2.** [brutalité - d'une réponse] bluntness. -**3.** [vulgarité] coarseness, crudeness.
◆ **crudités** *nfpl* CULIN raw vegetables; [sur un menu] mixed salads, assorted raw vegetables.

crue[2] [kry] *nf* -**1.** [élévation de niveau] rise in the water level; la rivière en ~ a inondé la ville the river burst its banks and flooded the town. -**2.** [inondation]: la ~ des rivières au printemps the swelling of the rivers in the spring; en période de ~ when there are floods.

cruel, elle [kryɛl] ◇ *adj* -**1.** [méchant - personne] cruel; [dur - propos] cruel, harsh. -**2.** [pénible - destin] cruel, harsh, bitter; [- dilemme, choix] cruel, painful; [- perte] cruel; être dans un ~ embarras to be in a painfully difficult situation; être dans une ~le incertitude to be horribly uncertain.
◇ *nm, f* *litt* cruel man (*f* woman).

cruellement [kryɛlmɑ̃] *adv* -**1.** [méchamment] cruelly; traiter qqn ~ to be cruel to sb. -**2.** [péniblement] sorely; j'ai ~ ressenti son absence I missed him sorely; faire ~ défaut to be sorely lacking.

cruiser [kruzœr] *nm* cruiser.

crûment [krymɑ̃] *adv* -**1.** [brutalement] bluntly; laissez-moi vous dire ~ ce que j'en pense let me tell you quite frankly what I think about it; pour parler ~ to put it bluntly. -**2.** [grossièrement] coarsely; s'exprimer ~ devant les enfants to use coarse language in front of the children.

crural, e, aux [kryral, o] *adj* [de la cuisse] crural; arcade ~e inguinal ligament; nerf ~ femoral nerve.

crustacé, e [krystase] *adj* crustaceous.
◆ **crustacé** *nm* -**1.** ZOOL crustacean; les ~s the Crustacea, the Crustaceans. -**2.** CULIN: des ~s seafood.

cryochirurgie [krijɔʃiryrʒi] *nf* cryosurgery.

cryogénie [krijɔʒeni] *nf* cryogenics *(sg)*.

cryptage [kriptaʒ] *nm* -**1.** [d'un message] coding. -**2.** [d'une émission de télévision] coding, scrambling TV.

crypte [kript] *nf* ARCHIT & ANAT crypt.

crypté, e [kripte] *adj* -**1.** [message] coded. -**2.** [émission de télévision] coded, scrambled.

cryptocommuniste [kriptɔkɔmynist] *adj* & *nmf* cryptocommunist.

cryptogame [kriptɔgam] ◇ *adj* cryptogamic, cryptogamous.
◇ *nmf* cryptogam.

cryptogamie [kriptɔgami] *nf* cryptogamy.

cryptogamique [kriptɔgamik] *adj* cryptogamic, cryptogamous.

cryptogénétique [kriptɔʒenetik] *adj* cryptogenetic.

cryptogramme [kriptɔgram] *nm* cryptogram.

cryptographie [kriptɔgrafi] *nf* cryptography.

cryptographique [kriptɔgrafik] *adj* cryptographic.

cryptomeria [kriptɔmerja] *nm* cryptomeria.

cs (*abr écrite de* cuillère à soupe) tbs, tbsp.

CSA (*abr de* Conseil supérieur de l'audiovisuel) *npr m French broadcasting supervisory body*.

CSCE (*abr de* Conférence sur la sécurité et la coopération en Europe) *npr f* CSCE.

CSEN (*abr de* Confédération des syndicats de l'éducation nationale) *npr f confederation of teachers' unions*.

CSG (*abr de* contribution sociale généralisée) *nf income-related tax contribution*.

CSP *nf abr de* catégorie socio-professionnelle.

Cte *abr écrite de* comte.

Ctesse *abr écrite de* comtesse.

CUB [kyb] (*abr de* Communauté urbaine de Bordeaux) *nf syndicate of local authorities in the Bordeaux area*.

Cuba [kyba] *npr* Cuba; à ~ in Cuba.

cubage [kybaʒ] *nm* -**1.** [évaluation] cubage, cubic content. -**2.** [volume] cubic volume, cubature, cubage.

cubain, e [kybɛ̃, ɛn] *adj* Cuban.

◆ **Cubain, e** *nm, f* Cuban.

cube [kyb] ◇ *adj* cubic; **mètre/centimètre ~** cubic metre/centimetre.

◇ *nm* -**1.** GÉOM & MATH cube; **quel est le ~ de 4?** what's 4 cubed OU the cube of 4? -**2.** [objet cubique] cube; **couper de la viande en ~s** to cut meat into cubes; **la bâtisse ressemble à un gros ~ de béton** the building's like a big concrete cube OU box. -**3.** JEUX (building) block. -**4.** *fam* [cylindrée]: **un gros ~** [moto] a big bike.

cuber [3] [kybe] ◇ *vt* to determine the cubic volume of.

◇ *vi* -**1.** [contenir]: **le réservoir cube 100 litres** the tank has a cubic capacity of 100 litres. -**2.** *fam* [être cher]: **tout ça finit par ~** it all adds up.

cubilot [kybilo] *nm* cupola furnace.

cubique [kybik] ◇ *adj* -**1.** [en forme de cube] cube-shaped, cube-like, cubic. -**2.** MATH & MINÉR cubic.

◇ *nf* MATH cubic.

cubisme [kybism] *nm* Cubism.

cubiste [kybist] ◇ *adj* Cubist, Cubistic.

◇ *nmf* Cubist.

Cubitainer® [kybitenɛr] *nm* plastic container *(for liquids)*.

cubital, e, aux [kybital, o] *adj* ulnar.

cubitus [kybitys] *nm* ulna.

cuboïde [kybɔid] *adj* cuboid.

cucul *fam* [kyky] *adj inv*: **~ (la praline)** silly, goofy.

cucurbitacée [kykyrbitase] *nf* cucurbit; **les ~s** the Cucurbitaceae.

cueillage [kœjaʒ] *nm* gathering.

cueillette [kœjɛt] *nf* -**1.** [ramassage - de fruits] gathering, picking; [- de fleurs] picking. -**2.** [récolte] crop, harvest; **as-tu fait bonne ~?** did you get a good crop OU collect a lot? -**3.** SOCIOL gathering; **une tribu qui vit de la ~** a tribe of gatherers.

cueilleur, euse [kœjœr, øz] *nm, f* [de fruits] picker, gatherer; [de fleurs] picker.

cueillir [41] [kœjir] *vt* -**1.** [récolter - fruits] to gather, to pick; [- fleurs] to pick, to pluck. -**2.** [trouver] to pick up *(sép)*, to collect; **il est venu me ~ chez moi** he came to pick me up at my place; **où es-tu allé ~ pareille idée?** where on earth did you get that idea? -**3.** *fam* [surprendre] to catch, to grab; **si tu veux sa permission, cueille-la à son arrivée** if you want to get her permission, (make sure you) catch her as she comes in ❑ **être cueilli à froid** to be caught off guard. -**4.** *fam* [arrêter] to nab, to collar. -**5.** [saisir au passage] to snatch, to grab; **~ un baiser** to snatch a kiss; **la serveuse cueillit un menu au passage** the waitress grabbed a menu as she walked past.

Cuenca [kwɛŋka] *npr* Cuenca.

cui-cui [kɥikɥi] *nm inv* tweet-tweet; **faire ~** to tweet, to go tweet-tweet.

cuillère, cuiller [kɥijɛr] *nf* -**1.** [instrument] spoon; **~ à café** OU **à moka** teaspoon; **~ à dessert** dessert spoon; **~ à soupe** tablespoon; **petite ~** teaspoon; **en deux** OU **trois coups de ~ à pot** *fam* in a jiffy, in no time at all; **la ~ de bois** SPORT the wooden spoon. -**2.** [contenu] spoonful; **~ à café** teaspoonful; **~ à soupe** tablespoonful. -**3.** PÊCHE spoon, spoonbait. -**4.** ARM [d'une grenade] safety catch. -**5.** ▽ [main] mitt, paw.

◆ **à la cuillère** ◇ *loc adj*: **pêche à la ~** spinning, trolling.

◇ *loc adv* -**1.** [en mangeant]: **nourrir** OU **faire manger qqn à la ~** to spoon-feed sb; **mange ton yaourt à la ~** eat your yoghurt with a spoon; **mange le reste de ta sauce à la ~** spoon up the rest of your gravy. -**2.** PÊCHE: **pêcher la truite à la ~** to spin OU to troll for trout.

cuillerée [kɥijere] *nf* spoonful; **une ~ à soupe** de a tablespoonful of; **une ~ à café de** a teaspoonful of; **et une ~ pour maman!** a spoonful for Mummy!

cuir [kɥir] *nm* -**1.** [peau - traitée] leather; [- brute] hide; **le ~** VÊT leather clothes; COMM & INDUST leather goods; **un ~** *fam* a leather jacket ❑ **~ brut** OU **cru** OU **vert** rawhide; **~ bouilli** cuir-bouilli; **~ de Russie** Russia leather. -**2.** [peau humaine] skin; **~ chevelu** scalp; **entre ~ et chair** under the skin; **tomber sur** OU **tanner le ~ à qqn** *fam* to tan sb's hide, to give sb a belting. -**3.** [lanière]: **~ à rasoir** strop. -**4.** *fam* [faute de liaison] incorrect liaison *(introducing an unwanted consonant between two words)*.

◆ **de cuir, en cuir** *loc adj* leather *(modif)*.

cuirasse [kɥiras] *nf* -**1.** HIST [armure] breastplate, cuirass, corselet. -**2.** MIL [d'un char] armour. -**3.** [carapace] cuirass.

cuirassé, e [kɥirase] *adj* [char, navire] armoured, armour-plated.

◆ **cuirassé** *nm* battleship; **'le Cuirassé Potemkine'** *Eisenstein* 'The Battleship Potemkin'.

cuirasser [3] [kɥirase] *vt* -**1.** MIL to armour, to armour-plate. -**2.** [endurcir] to harden; **son enfance difficile l'a cuirassé contre tout** his difficult childhood has made him very thick-skinned.

◆ **se cuirasser** *vpi* -**1.** HIST to put on a breastplate. -**2.** [s'endurcir] to harden o.s.

cuirassier [kɥirasje] *nm* HIST cuirassier.

cuire [98] [kɥir] ◇ *vt* -**1.** CULIN [viande, légumes] to cook; [pain] to bake; **pain cuit au feu de bois** bread baked in a wood-fired oven. -**2.** [brûler - peau] to burn; **la canicule a cuit les prés** the fields are parched as a result of the heatwave.

◇ *vi* -**1.** CULIN [aliment] to cook; **~ à feu doux** OU **petit feu** to simmer; **~ à gros bouillons** to boil hard; **il faut le temps que ça cuise!** give it time to cook!; **poulet prêt à ~** oven-ready chicken; **faire ~ qqch** to cook sthg; **j'ai trop fait ~ les légumes** I've overcooked the vegetables; **tu n'as pas fait assez ~ la viande** you've undercooked the meat ❑ **laisser qqn ~ dans son jus** *fam* to let sb stew in his/her own juice; **va te faire ~ un œuf!** *fam* get lost!; **je l'ai envoyé se faire ~ un œuf** *fam* I sent him packing. -**2.** *fam* [souffrir de la chaleur]: **je cuis!** I'm roasting!; **on cuit dans cette voiture!** it's boiling hot in this car! -**3.** [brûler] to burn, to sting; **les yeux me cuisent** my eyes are burning OU stinging. -**4.** *sout*: **il vous en cuira** you'll regret it; **il pourrait t'en ~** you might regret it.

◆ **à cuire** *loc adj*: **chocolat à ~** cooking chocolate; **pommes à ~** cooking apples.

cuisant, e [kɥizɑ̃, ɑ̃t] *adj* -**1.** [douleur, sensation] burning, stinging; **il ressentit une douleur ~e à la jambe** he felt a burning pain in his leg. -**2.** [affront, injure] stinging, bitter.

cuisine [kɥizin] *nf* -**1.** [lieu] kitchen; **~ roulante** field kitchen. -**2.** [art] cooking, cookery *Br*; **faire la ~** to cook; **elle fait très bien la ~** she's an excellent cook; **sais-tu faire la ~?** can you cook?; **j'aime faire la ~** I enjoy cooking; **la ~ au beurre/à l'huile** cooking with butter/oil; **~ bourgeoise** good plain home cooking. -**3.** [ensemble de mets] cuisine, food, dishes; **~ fine et soignée** carefully prepared dishes OU food; **apprécier la ~ chinoise** to enjoy Chinese food ❑ **~ allégée, ~ minceur** cuisine minceur, lean cuisine; **la nouvelle ~** nouvelle cuisine. -**4.** [cuisiniers]: **la ~** [dans un château] the kitchen staff; [à la cantine] the catering OU kitchen staff. -**5.** [meubles] kitchen (furniture); **~ intégrée** fitted kitchen; **~ en kit** do-it-yourself kitchen units. -**6.** *fam péj* [complications] complicated OU messy business; [malversations] wheeler-dealing; **la ~ électorale/parlementaire** electoral/parliamentary wheeler-dealing; **se livrer à toute une ~ sur les statistiques** to massage the statistics.

◆ **cuisines** *nfpl* [au restaurant] kitchen; NAUT galley.

◆ **de cuisine** *loc adj* -**1.** [table, couteau] kitchen *(modif)*. -**2.** [culinaire]: **livre de ~** cookbook, cookery book *Br*; **recette de ~** recipe.

cuisiné, e [kɥizine] *adj*: **plat ~** ready-cooked dish.

cuisiner [3] [kɥizine] ◇ *vt* -**1.** [plat, dîner] to cook; **spécialités cuisinées au vin rouge** specialities cooked in red wine; **qu'est-ce que tu nous as cuisiné pour ce soir?** what have you cooked for us tonight? -**2.** *fam* [interroger - accusé, suspect] to grill. -**3.** *fam* [préparer - promotion, élection] to prepare carefully.

◇ *vi* to cook; **j'aime ~** I like cooking.

cuisinette [kɥizinɛt] *nf* kitchenette.

cuisinier, ère [kɥizinje, ɛr] *nm, f* cook.

◆ **cuisinière** *nf* stove, cooker *Br*; **cuisinière électrique** electric cooker; **cuisinière à gaz** gas cooker OU stove.

cuissage [kɥisaʒ] *nm* → **droit**.

cuissard [kɥisar] *nm* -**1.** [d'un cycliste] cycling shorts. -**2.** [d'une armure] cuisse, cuish.

cuissardes [kɥisard] *nfpl* -**1.** [de femme] thigh boots. -**2.** [de pêcheur] waders.

cuisse [kɥis] *nf* -**1.** ANAT thigh; **avoir la ~ légère** *fam* OU **hospitalière** *fam hum* to be free with one's favours, to put it about. -**2.** ZOOL leg. -**3.** CULIN leg; **~s de grenouille** frogs' legs; **~ de poulet** chicken leg.

cuisseau, x [kɥiso] *nm* [de veau] haunch.

cuissettes [kɥisɛt] *nfpl Helv* (sports) shorts.

cuisson [kɥisɔ̃] *nf* -**1.** CULIN [fait de cuire - le pain, les gâteaux] baking; [- un rôti] roasting, cooking; **temps de ~** cooking time ‖ [manière de cuire] cooking technique; **quelle ~?** [viande] how would you like your meat cooked? -**2.** [brûlure] burning, smarting.

cuissot [kɥiso] *nm* -**1.** [de gibier] haunch. -**2.** [d'une armure] cuisse, cuish.

cuistance▽ [kɥistɑ̃s] *nf* grub; **faire la ~** to make the grub.

cuistot *fam* [kɥisto] *nm* cook, chef.

cuistre [kɥistr] *nm sout* -**1.** [pédant] pedant, prig. -**2.** [rustre] lout, boor.

cuistrerie [kɥistrəri] *nf* pedantry, priggishness.

cuit, e [kɥi, kɥit] *adj* -**1.** [aliment] cooked; **viande bien ~e** well-done meat; **viande ~e à point** medium rare meat ❑ **jambon ~** cooked ham; **attendre que ça tombe tout ~ (dans le bec)** to wait for things to fall into one's lap. -**2.** [brûlé - peau] burnt, sunburnt; [- jardin, champ] parched. -**3.** *fam* [usé] worn down, threadbare; **elles sont ~es, mes bottes!** my boots have had it!; **mon embrayage est ~** my clutch has had it. -**4.** *fam* [perdu]: **je suis ~!** I'm done for!, I've had it!; **notre sortie de dimanche, c'est ~!** we can kiss our Sunday excursion goodbye! -**5.** ▽ [ivre] loaded, plastered.

◆ **cuit** *nm* -**1.** CULIN: **le ~** the cooked. -**2.** *loc*: **du tout ~**: **c'est du tout ~** it's as good as done (already); **ça n'a pas été du tout ~** it was no walkover.

◆ **cuite** *nf* -**1.** ▽ [beuverie]: **(se) prendre une ~e** to get plastered; **il tenait une de ces ~es!** *fam* he'd had a skinful! -**2.** [de céramiques] firing.

cuiter [3] [kɥite]

◆ **se cuiter**▽ *vpi* to get plastered; **il s'est cuité** he had a skinful.

cuivrage [kɥivraʒ] *nm* copperplating.

cuivre [kɥivr] *nm* -**1.** MÉTALL copper; **mine/bracelet de ~** copper mine/bracelet ❑ **~ jaune** brass; **~ rouge** copper. -**2.** BX-ARTS [planche] copperplate.

◆ **cuivres** *nmpl* -**1.** [casseroles] copper (pots and) pans. -**2.** MUS brass instruments.

cuivré, e [kɥivre] *adj* -**1.** BX-ARTS copperplated. -**2.** [rouge] copper-coloured; **avoir le teint ~** OU **la peau ~e** [par le soleil] to be tanned; [naturellement] to be swarthy; **des cheveux ~s** auburn hair. -**3.** [son, voix] resonant.

cuivrer [3] [kɥivre] *vt* -**1.** MÉTALL to copperplate, to coat OU to sheathe with copper. -**2.** [donner une teinte rougeâtre] to bronze, to tan.

cuivreux, euse [kɥivrø, øz] *adj* cupreous.

cuivrique [kɥivrik] *adj* cupric.

cul [ky] *nm* -**1.** ▼ [fesses] arse *Br*, ass *Am*; **un coup de pied au ~** a kick up the pants OU backside; **il l'a fait avancer à grands coups de pied au ~** he propelled him along with kicks up the backside ❑ **faire la bouche en ~ de poule** to purse one's lips, to pout; **avoir du ~** to be a jammy *Br* OU lucky bastard; **avoir le ~ bordé de nouilles** to be a jammy *Br* OU lucky bastard; **avoir** OU **être le ~ entre deux chaises** to have a foot in each camp; **j'ai une ambulance au ~** I've got an ambulance right on my tail; **on va lui foutre les flics au ~** let's get the cops on his tail; **cause** OU **parle à mon ~, ma tête est malade** I don't give a shit (about what you're saying); **comme ~ et chemise** as thick as thieves; **~ nu: être** OU **aller (le) ~ nu** to go around bare-arsed; **~ par-dessus tête** arse over tit *Br*, head over heels; **tu l'as dans le ~** you're screwed; **c'est toi qui l'auras dans le ~** you'll be the one that gets screwed; **se le foutre** OU **mettre au ~: tu peux te le foutre** OU **mettre au ~!** go (and) fuck yourself!, up yours!; **le ~ par terre: j'en suis tombé** OU **ça m'a mis le ~ par terre** I was flabbergasted OU stunned; **et mon ~, c'est du poulet?** sod off!; **mon ~!** my arse!; **montrer son ~** to show everything one's got; **montrer** OU **tourner son ~** to show a clean pair of heels; **plein le ~: en avoir plein le ~** to be totally pissed off; **plein le ~, de leurs conneries!** I've had it up to here with their stupid tricks!; **pousser qqn au ~** to be on sb's back; **être sur le ~: je suis sur le ~!** [fatigué] I'm knackered! *Br*, I'm bushed! *Am*; [surpris] I can't believe it!; **tirer au ~** to do sod all *Br*, to goldbrick *Am*; **tomber sur le ~** to fall on one's arse; **(en) tomber** OU **rester sur le ~** to be flabbergasted. -**2.** ▼ [sexe] sex; **il ne pense qu'au ~** he's got sex on the brain, he's a sex-maniac; **leurs histoires de ~ ne m'intéressent pas** what they do in the sack is of no interest to me. -**3.** [fond d'une bouteille] bottom; **un ~ de bouteille** the bottom of a bottle ❑ **faire ~ sec** *fam* to down a drink in one; **~ sec!** *fam* bottoms up! -**4.** [dans des expressions à valeur de n]: **gros ~** *fam* [camion] juggernant *Br*, big truck *Am*; **faux ~** VÊT bustle; [hypocrite] ▽ hypocrite; **~ béni** ▽ religious bigot.

culasse [kylas] *nf* -**1.** ARM breech. -**2.** MÉCAN cylinder head.

cul-blanc [kyblɑ̃] (*pl* **culs-blancs**) *nm* wheatear.

culbutage [kylbytaʒ] *nm* knocking over, tumbling.

culbute [kylbyt] *nf* -**1.** [pirouette] somersault; **faire des ~s** to do somersaults. -**2.** [chute] fall, tumble; **il a fait la ~ dans l'escalier** he fell head over heels down the stairs. -**3.** *fam* COMM & FIN collapse; **faire la ~** [faire faillite] to go bankrupt, to collapse; [revendre] to double one's investment.

culbuter [3] [kylbyte] ◇ *vi* [à la renverse] to tumble, to fall (over backwards); [en avant] to fall OU to tumble (headfirst).
◇ *vt* -**1.** [faire tomber - personne] to knock over (*sép*). -**2.** [venir à bout de - régime] to topple, to overthrow. -**3.** MIL: **~ l'ennemi** to overwhelm the enemy. -**4.** ▽ [femme] to lay.

culbuteur [kylbytœr] *nm* -**1.** [jouet] tumbler. -**2.** MIN tippler, tipper. -**3.** AUT rocker arm.

cul-de-basse-fosse [kydbasfos] (*pl* **culs-de-basse-fosse**) *nm* dungeon.

cul-de-jatte [kydʒat] (*pl* **culs-de-jatte**) *nmf* legless person.

cul-de-lampe [kydlɑ̃p] (*pl* **culs-de-lampe**) *nm* -**1.** IMPR tailpiece. -**2.** ARCHIT [dans une église] cul-de-lampe, pendant; [dans une maison] bracket, corbel.

cul-de-poule [kydpul]
◆ **en cul-de-poule** *fam loc adj*: **une bouche en ~** a pouting little mouth.

cul-de-sac [kydsak] (*pl* **culs-de-sac**) *nm* -**1.** [rue] dead end, cul-de-sac. -**2.** [situation] blind alley, no-win situation. -**3.** ANAT cul-de-sac.

culée [kyle] *nf* abutment pier.

culer [3] [kyle] *vi* NAUT to drop astern.

culinaire [kylinɛr] *adj* culinary; **l'art ~** the art of cooking; **mes talents ~s** my culinary skills; **les délices ~s de la Bourgogne** the gastronomic delights of Burgundy.

culminant, e [kylminɑ̃, ɑ̃t] *adj*: **point ~** ASTRON zenith; GÉOG peak, summit, highest point; *fig* acme, apex; **quel est le point ~ des Alpes?** what is the highest point of the Alps?; **les investissements sont à leur point ~** investment has reached a peak.

culmination [kylminasjɔ̃] *nf* culmination ASTRON.

culminer [3] [kylmine] *vi* -**1.** GÉOG: **les plus hauts sommets culminent à plus de 8 000 mètres** the highest peaks are more than 8,000 meters high; **l'Everest culmine à 8 848 mètres** Everest is 8,848 meters at its highest point. -**2.** [être à son maximum] to reach its peak, to peak; **la fréquentation culmine en juillet-août** the number of visitors peaks in July-August. -**3.** ASTRON to culminate.

culot [kylo] *nm* -**1.** *fam* [aplomb] cheek *Br*, nerve; **tu as un sacré ~!** you've got a nerve OU a cheek!; **il ne manque pas de ~** he's a cool customer; **tu parles d'un ~!** talk about nerve! -**2.** [partie inférieure - d'une lampe] base, bottom; [- d'une cartouche] base, cap; [- d'une ampoule] base. -**3.** MÉTALL [résidu] residue, cinder, slag. -**4.** [d'une pipe] dottle.
◆ **au culot** *fam loc adv*: **faire qqch au ~** to bluff one's way through sthg; **il faut y aller au ~** you've got to bluff your way through it.

culottage [kylɔtaʒ] *nm* -**1.** [d'une pipe] seasoning. -**2.** [dépôt] sooty layer.

culotte [kylɔt] *nf* -**1.** [sous-vêtement - de femme] (pair of) knickers *Br* OU panties *Am*; [- d'enfant] (pair of) knickers *Br* OU pants; **faire dans sa ~** *fam* to dirty one's pants; [avoir peur] to be scared stiff; **on a ri à en faire** *fam* OU **pisser**▽ **dans nos ~s** we wet OU pissed ourselves laughing. -**2.** [pantalon] trousers *Br*, pants *Am*; HIST breeches; **~s courtes** shorts; **tu étais encore en ~ courte** OU **~s courtes** *fig* you were still in short pants; **des peintres/explorateurs en ~ courte** OU **~s courtes** young painters/explorers; **pour nos gastronomes en ~ courte** OU **~s courtes** for our young gourmets; **je m'en moque** OU **m'en fiche comme de ma première ~** *fam* I don't give a damn; **porter la ~** to wear the trousers *Br* OU pants *Am*; **~ de cheval** VÊT riding breeches, jodhpurs; MÉD cellulite *(on the tops of the thighs)*; **(vieille) ~ de peau** Colonel Blimp *Br*, (old) military type. -**3.** [du bœuf, du veau] rump. -**4.** ▽ JEUX & SPORT: **prendre** OU **ramasser une ~** to get trounced. -**5.** VÊT: **une jupe-~** culottes.

culotté, e *fam* [kylɔte] *adj* [effronté] cheeky *Br*, sassy *Am*; **il est drôlement ~ en affaires!** he's a businessman who takes risks!

culotter [3] [kylɔte] *vt* -**1.** [vêtir] to put trousers *Br* OU pants *Am* on. -**2.** [pipe] to season; [théière] to blacken; **culotté par** covered in; **culotté par la suie** sooty, covered in soot; **culotté par l'âge** blackened with age.

culottier, ère [kylɔtje, ɛr] *nm, f* tailor *(who specializes in making trousers)*.

culpabilisant, e [kylpabilizɑ̃, ɑ̃t] *adj* guilt-provoking.

culpabilisation [kylpabilizasjɔ̃] *nf*: **la ~ des victimes** making the victims feel guilty, putting the burden of guilt on the victims.

culpabiliser [3] [kylpabilize] ◇ *vt*: **~ qqn** to make sb feel guilty.
◇ *vi* to feel guilty, to blame o.s.
◆ **se culpabiliser** *vp (emploi réfléchi)* to feel guilty, to blame o.s.

culpabilité [kylpabilite] *nf* -**1.** PSYCH guilt, guilty feeling; **je ressens un certain sentiment de ~ à son égard** I feel rather guilty about her. -**2.** JUR guilt.

culte [kylt] *nm* -**1.** RELIG [religion] religion, faith; [cérémonie] service; [dans le protestantisme]: **aller au ~** to go to church; **assister au ~** to attend church; **célébrer le ~** to worship. -**2.** [adoration] cult, worship; **le ~ de la personnalité** personality cult; **elle a le ~ du passé** she worships the past; **vouer un ~ à qqn** to worship sb; **il voue à son maître un véritable ~** he worships his master. -**3.** *(comme adj)* cult; **film ~** cult film *Br* OU movie *Am*.

cul-terreux *fam* [kytɛrø] (*pl* **culs-terreux**) *nm péj* country bumpkin, redneck *Am*.

cultivable [kyltivabl] *adj* [région, terre] arable, farmable.

cultivar [kyltivar] *nm* cultivar.

cultivateur, trice [kyltivatœr, tris] *nm, f* farmer.
◆ **cultivateur** *nm* [machine] cultivator.

cultivé, e [kyltive] *adj* -**1.** AGR cultivated; **passer dans les terres ~es** to walk across ploughed fields. -**2.** [éduqué] cultured, well-educated; **les gens ~s** educated people.

cultiver [3] [kyltive] *vt* -**1.** AGR [champ, terres] to cultivate, to farm; [plantes] to grow. -**2.** [conserver obstinément - accent] to cultivate; **elle cultive le paradoxe** she cultivates a paradoxical way of thinking. -**3.** [entretenir - relations, savoir] to keep up; **cultive ton russe** keep up your Russian; **~ sa mémoire** to work on one's memory; **cultivez l'ambassadeur** make sure you're in with the Ambassador. -**4.** [protéger] to protect, to safeguard; **elle cultive son indépendance** she protects her independence.
◆ **se cultiver** ◇ *vpi* to educate o.s.; **elle s'est cultivée par elle-même** she's self-taught.
◇ *vpt*: **se ~ l'esprit** to cultivate the mind.

cultuel, elle [kyltɥɛl] *adj* [association, liberté] religious.

cultural, e, aux [kyltyral, o] *adj* [activité, méthode] farming.

culturalisme [kyltyralism] *nm* cultural anthropology.

culture [kyltyr] *nf* -**1.** [production - de blé, de maïs] farming; [- d'arbres, de fleurs] growing; **~ intensive/extensive** intensive/extensive farming; **faire de la ~ commerciale** OU **de rapport** to specialize in cash crops; **~ associée** companion crop; **~ maraîchère** market gardening *Br*, truck farming *Am*. -**2.** [terrains] fields OU lands (under cultivation); **ne passe pas à travers les ~s** don't walk across fields with crops; **l'étendue des ~s renseigne sur la richesse d'un pays** the size of the fields under cultivation indicates the wealth of a country; **de grande/moyenne ~** [pays, région] with a high percentage of large/middle-sized farms. -**3.** [espèce] crop; **introduire une nouvelle ~** to introduce a new crop. -**4.** [connaissance]: **la ~** culture; **parfaire sa ~** to improve one's mind ❑ **~ générale** general knowledge; **avoir une bonne ~ générale** [candidat] to be well up on general knowledge; [étudiant] to have had a broadly-based education; **et maintenant, une question de ~ générale** and now, a general knowledge question; **~ de masse** mass culture. -**5.** [civilisation] culture, civilization. -**6.** BIOL culture; **faire une ~ de cellules** to grow cells ❑ **~ de tissus** tissue culture; **~ microbienne** microbe culture. -**7.** *vieilli* & SPORT: **~ physique** SCOL physical education, PE; **elle fait de la ~ physique tous les matins** she does exercises every morning.
◆ **de culture** *loc adj* AGR farming *(modif)*.
◆ **en culture** *loc adv* under cultivation; **combien avez-vous d'hectares en ~?** how many hectares do you farm OU do you have under cultivation?

culturel, elle [kyltyrɛl] *adj* cultural.

culturellement [kyltyrɛlmɑ̃] *adv* culturally.

culturisme [kyltyrism] *nm* bodybuilding.

culturiste [kyltyrist] *nmf* bodybuilder.

culturologie [kyltyrɔlɔʒi] *nf* cultural anthropology.

cumin [kymɛ̃] *nm* -**1.** [plante] cumin. -**2.** [condiment] caraway.

cumul [kymyl] *nm* -**1.** [de plusieurs activités] multiple responsibilities OU functions; [de plusieurs salaires] concurrent drawing; **faire du ~** *fam* [directeur] to wear several hats; [artisan] to moonlight. -**2.** JUR plurality, combination; **~ d'actions** plurality of actions; **~ d'infractions** combination of offences; **~ des peines** cumulative sentence. -**3.** POL: **le ~ des fonctions** plurality of offices, pluralism.

cumulable [kymylabl] *adj*: **fonctions ~s** posts which may be held concurrently; **retraites ~s** retirement pensions which may be drawn concurrently.

cumulard, e *fam* [kymylar, ard] *nm, f péj* -**1.** POL politician with several mandates. -**2.** [directeur] *person making money as the head of several companies.* -**3.** [employé] holder of several jobs.

cumulatif, ive [kymylatif, iv] *adj* cumulative.

cumulativement [kymylativmɑ̃] *adv* cumulatively.

cumuler [3] [kymyle] *vt* -**1.** [réunir - fonctions] to hold concurrently; [- retraites, salaires] to draw concurrently. -**2.** [accumuler] to pile up *(sép)*; **il cumule les erreurs depuis son arrivée** he's done nothing but make mistakes since he arrived. -**3.** JUR to accrue; **intérêts cumulés** accrued interest.

cumulet [kymylɛ] *nm Belg* somersault.

cumulo-nimbus [kymylɔnɛ̃bys] *nm inv* cumulonimbus.

cumulus [kymylys] *nm* -**1.** MÉTÉO cumulus. -**2.** [citerne] hot water tank.

cunéiforme [kyneifɔrm] *adj* & *nm* cuneiform.

cuniculiculture [kynikylikyltyr], **cuniculture** [kynikyltyr] *nf* rabbit breeding.

cunnilingus [kynilɛ̃gys], **cunnilinctus** [kynilɛ̃ktys] *nm* cunnilingus.

cupide [kypid] *adj litt* grasping, greedy; **il regardait l'argent d'un air ~** he was looking greedily at the money; **il est vraiment ~** he's a money grabber.

cupidement [kypidmɑ̃] *adv litt* greedily.

cupidité [kypidite] *nf litt* greed.

cupidon [kypidɔ̃] *nm* MYTH [ange] cupid.

Cupidon [kypidɔ̃] *npr* MYTH [ange] Cupid.

cuprifère [kyprifɛr] *adj* cupriferous.

cuprique [kyprik] *adj* cupric, cupreous, coppery.

cupro-alliage [kyprɔaljaʒ] (*pl* **cupro-alliages**) *nm* copper-base alloy.

cupro-aluminium [kyprɔalyminjɔm] (*pl* **cupro-aluminiums**) *nm* cupro-aluminium, aluminium bronze.

cuproammoniaque [kyprɔamɔnjak] *nf* cuprammonium.

cupronickel [kyprɔnikɛl] *nm* cupronickel.

cuproplomb [kyprɔplɔ̃] *nm* copperlead.

cupule [kypyl] *nf* cupule.

curabilité [kyrabilite] *nf* curableness, curability.

curable [kyrabl] *adj* curable, which can be cured.

curaçao [kyraso] *nm* curaçao, curaçoa.

curage [kyraʒ] *nm* [d'un égout] sewage purification; [d'un fossé] ditch cleaning.

curare [kyrar] *nm* curare, curari.

curarisant, e [kyrarizɑ̃, ɑ̃t] *adj* curarizing.
◆ **curarisant** *nm* curarizing substance.

curarisation [kyrarizasjɔ̃] *nf* curarization.

curatelle [kyratɛl] *nf* guardianship, trusteeship JUR.

curateur, trice [kyratœr, tris] *nm, f* guardian, trustee JUR.

curatif, ive [kyratif, iv] *adj* healing.

curcuma [kyrkyma] *nm* curcuma.

cure [kyr] *nf* -**1.** MÉD [technique, période] treatment; **~ d'amaigrissement** slimming *Br* OU weight-loss *Am* course; **~ de repos** rest cure; **~ de sommeil** sleep therapy; **~ thermale** treatment at a spa. -**2.** PSYCH: **la ~** the talking cure. -**3.** *fam* [excès]: **une ~ de: faire une ~ de romans policiers** to go through a phase of reading nothing but whodunits. -**4.** *loc*: **il n'a ~ de...** *litt* he cares nothing about... -**5.** RELIG [fonction] cure; [paroisse] parish; [presbytère] vicarage.

curé [kyre] *nm* (Catholic) priest; **aller à l'école chez les ~s** to be educated by priests; **elle est toujours fourrée chez les ~s** *fam* she's very churchy.

cure-dent(s) [kyrdɑ̃] (*pl* **cure-dents**) *nm* toothpick.

curée [kyre] *nf* -**1.** CHASSE quarry; **il a provoqué les médias, et ça a été la ~** *fig* he provoked the media and they were soon baying for his blood ❑ **~ chaude/froide** hot/cold quarry. -**2.** [ruée] (mad) scramble, rush; **à son départ ça a été la ~ pour prendre sa place** people walked all over each other to get his job after he left.

cure-ongle(s) [kyrɔ̃gl] (*pl* **cure-ongles**) *nm* nail cleaner.

cure-oreille [kyrɔrɛj] (*pl* **cure-oreilles**) *nm* ear pick.

cure-pipe(s) [kyrpip] (*pl* **cure-pipes**) *nm* pipe cleaner.

curer [3] [kyre] *vt* to scrape clean.
◆ **se curer** *vpt*: **se ~ les ongles** to clean one's nails; **se ~ les dents** to pick one's teeth (clean); **se ~ les oreilles** to clean (out) one's ears.

curetage [kyrtaʒ] *nm* -**1.** MÉD curettage. -**2.** CONSTR renovation *(of a historical part of a town)*.

cureter [27] [kyrte] *vt* to curette.

cureton *fam* [kyrtɔ̃] *nm péj* priest.

curette [kyrɛt] *nf* curette, curet.

Curiace [kyrjas] *npr*: **les ~s** the Curiatii.

curial, e, aux [kyrjal, o] *adj* curial; **maison ~e** presbytery.

curie [kyri] *nf* -**1.** ANTIQ curia. -**2.** RELIG curia, Curia. -**3.** PHYS [unité] curie.

curiethérapie [kyriterapi] *nf* radiotherapy.

curieusement [kyrjøzmɑ̃] *adv* -**1.** [avec curiosité - regarder] curiously. -**2.** [étrangement - s'habiller] oddly, strangely; *(en tête de phrase)*: **~, il n'a rien voulu dire** strangely OU funnily enough, he wouldn't say anything; **~, les valises avaient disparu** oddly enough, the suitcases had disappeared.

curieux, euse [kyrjø, øz] ◇ *adj* -**1.** [indiscret] curious, inquisitive. -**2.** [étrange] curious, odd, strange; **c'est un ~ personnage** he's a strange character; **il m'a répondu d'une manière curieuse** he gave me a strange answer. -**3.** [avide de savoir] inquiring, inquisitive; **avoir un esprit ~** to have an inquiring mind; **~ de: il est ~ d'entomologie** he has a keen interest in entomology; **soyez ~ de tout** let your interests be wide-ranging.
◇ *nm, f* -**1.** [badaud] bystander, onlooker; **autour d'un accident, il y a toujours des ~** *péj* people always gather round when there's been an accident. -**2.** [indiscret] inquisitive person.
◆ **curieux** *nm* -**1.** [ce qui est étrange] : **c'est là le plus ~ de l'affaire** that's what's so strange. -**2.** *arg crime* examining magistrate, beak *Br*.
◆ **en curieux** *loc adv*: **je suis venu en ~** I just came to have a look.

curiosité [kyrjozite] *nf* -**1.** [indiscrétion] inquisitiveness, curiosity; **puni de sa ~** punished for being overinquisitive; **mû par une ~ malsaine** out of morbid curiosity ❑ **la ~ est un vilain défaut** *prov* curiosity killed the cat *prov*. -**2.** [intérêt] curiosity; **il faut éveiller la ~ des enfants** it's a good thing to arouse children's curiosity; **vous avez de drôles de ~s!** you're interested in some very strange things! -**3.** [caractéristique] oddity, idiosyncrasy; **c'est une des ~s de son caractère** it's one of the odd things about him. -**4.** [objet] curio, curiosity, oddity; **boutique** OU **magasin de ~s** bric-à-brac OU curiosity *vieilli* shop.
◆ **curiosités** *nfpl*: **les ~s de Nemours** interesting and unusual things to see in Nemours.
◆ **par (pure) curiosité** *loc adv* out of (sheer) curiosity, just for curiosity's sake.

curiste [kyrist] *nmf person taking the waters at a spa*; **les ~s viennent ici pour...** people come to this spa in order to...

curling [kœrliŋ] *nm* curling SPORT.

curriculum vitae [kyrikylɔmvite] *nm inv* curriculum vitae, CV, résumé *Am*.

curry [kyri] = **cari**.

curseur [kyrsœr] *nm* cursor.

cursif, ive [kyrsif, iv] *adj* [écriture] cursive; [lecture, style] cursory.
◆ **cursive** *nf* cursive.

cursus [kyrsys] *nm* degree course; **~ universitaire** degree course.

curviligne [kyrviliɲ] *adj* curvilinear, curvilineal.

CUS [kys] (*abr de* **Communauté urbaine de Strasbourg**) *nf syndicate of local authorities in the Strasbourg area*.

cuscute [kyskyt] *nf* dodder; **~ du lin** flax dodder.

custode [kystɔd] *nf* AUT rear side panel.

cutané, e [kytane] *adj* cutaneous *spéc*, skin *(modif)*.

cuti *fam* [kyti] *nf* (*abr de* **cuti-réaction**) → **virer**.

cuticule [kytikyl] *nf* ANAT, BOT & ZOOL cuticle.

cuti-réaction [kytireaksjɔ̃] (*pl* **cuti-réactions**) *nf* skin test *(for detecting TB or allergies)*.

cutter [kœtœr, kytɛr] *nm* Stanley® knife.

cuvage [kyvaʒ] *nm*, **cuvaison** [kyvɛzɔ̃] *nf* ŒNOL fermentation in vats.

cuve [kyv] *nf* -**1.** [réservoir] tank, cistern. -**2.** [pour le blanchissage, la teinture] vat. -**3.** ŒNOL vat, tank; **~ close** pressure tank.

cuvée [kyve] *nf* -**1.** [contenu] tankful, vatful. -**2.** ŒNOL vintage; **la ~ 1987 sera excellente** the 1987 vintage will be excellent; **la dernière ~ de Polytechnique** *fam fig* the latest batch of graduates from the École Polytechnique.

cuvelage [kyvlaʒ] *nm* tubbing.

cuveler [24] [kyvle] *vt* to tub.

cuver [3] [kyve] ◇ *vi* [vin] to ferment.
◇ *vt*: **~ son vin** to sleep off the booze ‖ *(en usage abs)*: **laisse-le ~ en paix** leave him to sleep it off.

cuvette [kyvɛt] *nf* -**1.** [récipient - gén] basin, bowl, washbowl; [- des WC] pan; [- d'un lavabo] basin. -**2.** GÉOG basin.

cuvier [kyvje] *nm* fermenting room OU cellar.

CV ◇ *nm* (*abr de* **curriculum vitae**) CV, résumé *Am*; **ça fera bien dans ton ~** it'll look good on your CV.
◇ (*abr écrite de* **cheval**) [puissance fiscale] *classification for scaling of car tax*.

CVS (*abr de* **corrigées des variations saisonnières**) *adj seasonally adjusted*.

cx *nm inv* [coefficient de pénétration dans l'air] *drag coefficient*.

cyanhydrique [sjanidrik] *adj* hydrocyanic.

cyanogène [sjanɔʒɛn] *nm* cyanogen.

cyanose [sjanoz] *nf* cyanosis.

cyanoser [3] [sjanoze] *vt* to cyanize.

cyanuration [sjanyrasjɔ̃] *nf* cyanidation, cyanization.

cyanure [sjanyr] *nm* cyanide.

cyanurer [3] [sjanyre] *vt* to cyanide, to cyanize.

Cybèle [sibɛl] *npr* Cybele.

cybernéticien, enne [sibɛrnetisjɛ̃, ɛn]
◇ *adj* cybernetic.
◇ *nm, f* cyberneticist.

cybernétique [sibɛrnetik] *nf* cybernetics *(sg)*.

cyclable [siklabl] *adj* cycle *(modif)*.

Cyclades [siklad] *npr fpl*: **les ~** the Cyclades.

cycladique [sikladik] *adj* Cycladic.

cyclamate [siklamat] *nm* cyclamate.

cyclamen [siklamɛn] *nm* cyclamen.

cyclane [siklan] *nm* cycloalkane, cycloparaffin.

cycle [sikl] *nm* -**1.** [série] cycle; **le ~ des saisons** the cycle of the seasons ❑ **~ lunaire/solaire** ASTRON lunar/solar cycle. -**2.** [évolution] cycle; **le ~ d'un produit** the cycle of a product *(from manufacture to consumption)* ❑ **~ économique** ÉCON economic cycle. -**3.** SCOL & UNIV cycle; **il suit un ~ court/long** ≃ he'll leave school at sixteen/go on to higher education ❑ **premier ~** SCOL lower secondary school years *Br*, junior high school *Am*; UNIV first and second years *Br*, freshman and sophomore years *Am*; **second ~** SCOL upper school *Br*, high school *Am*; UNIV last two years of a degree course; **troisième ~** postgraduate studies; **être en troisième ~** to be a postgraduate student. -**4.** LITTÉRAT cycle; **le ~ d'Arthur** the Arthurian cycle. -**5.** [véhicule] cycle; **le ~** INDUST the bicycle industry. -**6.** PHYSIOL: **~ œstral** œstrous cycle.

cyclique [siklik] *adj* cyclic, cyclical.

cyclisation [siklizasjɔ̃] *nf* cyclization.

cycliser [3] [siklize] *vt* to cyclize.

cyclisme [siklism] *nm* cycling; faire du ~ tous les dimanches to go cycling every Sunday ❑ ~ sur piste track cycle racing; ~ sur route road cycle racing.
cycliste [siklist] ◇ *adj*: coureur ~ racing cyclist, cycler *Am*; course ~ cycle race.
◇ *nmf* cyclist, cycler *Am*.
◇ *nm* [short] (pair of) cycling shorts.
cyclo-cross [siklɔkrɔs] *nm inv* cyclo-cross.
cycloïdal, e, aux [siklɔidal, o] *adj* cycloidal GEOM.
cycloïde [siklɔid] *nf* cycloid GEOM.
cyclomoteur [siklɔmɔtœr] *nm* small motorcycle, scooter.
cyclomotoriste [siklɔmɔtɔrist] *nmf* scooter rider.
cyclonal, e, aux [siklɔnal, o] *adj* cyclonic, cyclonical, cyclonal.
cyclone [siklon] *nm* [dépression] cyclone; [typhon] cyclone, hurricane.
cyclonique [siklɔnik] *adj* cyclonic.
cyclope [siklɔp] *nm* -**1.** MYTH: Cyclope Cyclops. -**2.** ZOOL cyclops.
cyclopéen, enne [siklɔpeɛ̃, ɛn] *adj* -**1.** ARCHÉOL Pelasgian, Pelasgic. -**2.** *litt* [gigantesque] Cyclopean, titanic, colossal.
cyclo-pousse [siklɔpus] *nm inv* ≃ (pedal-powered) rickshaw.
cyclopropane [siklɔprɔpan] *nm* cyclopropane.
cyclosporine [siklɔspɔrin] *nf* cyclosporin-A.
cyclothymie [siklɔtimi] *nf* cyclothymia.
cyclothymique [siklɔtimik] *adj* & *nmf* cyclothymic, cyclothymiac.
cyclotourisme [siklɔturism] *nm* cycle touring; faire du ~ to go on a cycling holiday *Br* OU vacation *Am*.
cyclotron [siklɔtrɔ̃] *nm* cyclotron.
cygne [siɲ] *nm* -**1.** ORNITH swan; ~ mâle cob; jeune ~ cygnet. -**2.** ASTRON: le Cygne Cygnus, the Swan.
cylindrage [silɛ̃draʒ] *nm* -**1.** TRAV PUBL rolling. -**2.** TEXT mangling.
cylindre [silɛ̃dr] *nm* -**1.** AUT & GÉOM cylinder; un moteur à quatre/six ~s a four/six-cylinder engine ❑ une six ~s a six-cylinder car. -**2.** MÉCAN roller.
cylindrée [silɛ̃dre] *nf* cubic capacity, capacity displacement *Am*; une petite ~ a small OU small-engined car.
cylindrer [3] [silɛ̃dre] *vt* -**1.** TRAV PUBL to roll. -**2.** TEXT to mangle.
cylindrique [silɛ̃drik] *adj* cylindric, cylindrical.
cylindroïde [silɛ̃drɔid] *adj* cylindroid.
cymaise [simɛz] = **cimaise**.
cymbalaire [sɛ̃balɛr] *nf* ivy-leaved toadflax.
cymbale [sɛ̃bal] *nf* cymbal; coup de ~s crash of cymbals.
cymbalier, ère [sɛ̃balje, ɛr] *nm, f*, **cymbaliste** [sɛ̃balist] *nmf* cymbalist.
cymbalum [sɛ̃balɔm] *nm* cymbalo, dulcimer.
cynégétique [sineʒetik] ◇ *adj* hunting *(modif)*.
◇ *nf* hunting.
cynique [sinik] ◇ *adj* cynical.
◇ *nmf* -**1.** [gén] cynic. -**2.** PHILOS Cynic.
cyniquement [sinikmɑ̃] *adv* cynically.
cynisme [sinism] *nm* -**1.** [attitude] cynicism. -**2.** PHILOS Cynicism.
cynocéphale [sinɔsefal] *nm* dog-faced baboon.
cynodrome [sinɔdrom] *nm* greyhound track.
cypho-scoliose [sifoskɔljoz] (*pl* cypho-scolioses) *nf* kyphoscoliosis.
cyphose [sifoz] *nf* kyphosis.
cyprès [siprɛ] *nm* cypress.
cyprin [siprɛ̃] *nm* crucian carp.
cypriote [siprijɔt] *adj* [paysan, village] Cypriot, Cypriote; [paysage] Cypriot, Cyprus *(modif)*.
◆ **Cypriote** *nmf* Cypriot, Cypriote.
cyrillique [sirilik] *adj* Cyrillic.
Cyrus [sirys] *npr* Cyrus.
cystectomie [sistɛktɔmi] *nf* cystectomy.
cystéine [sistein] *nf* cysteine.
cystine [sistin] *nf* cystine.
cystique [sistik] *adj* cystic.
cystite [sistit] *nf* cystitis.
cystographie [sistɔgrafi] *nf* cystography.
cystoscopie [sistɔskɔpi] *nf* cystoscopy.
Cythère [sitɛr] *npr* Cythera.
cytise [sitiz] *nm* laburnum.
cytobiologie [sitɔbjɔlɔʒi] *nf* cytobiology.
cytodiagnostic [sitɔdjagnɔstik] *nm* cytodiagnosis.
cytogénéticien, enne [sitɔʒenetisjɛ̃, ɛn] *nm, f* cytogeneticist.
cytogénétique [sitɔʒenetik] *nf* cytogenetics *(sg)*.
cytologie [sitɔlɔʒi] *nf* cytology.
cytologique [sitɔlɔʒik] *adj* cytologic, cytological.
cytologiste [sitɔlɔʒist] *nmf* cytologist.
cytolyse [sitɔliz] *nf* cytolysis.
cytolytique [sitɔlitik] *adj* cytolytic.
cytoplasme [sitɔplasm] *nm* cytoplasm.
cytoplasmique [sitɔplasmik] *adj* cytoplasmic.
czar [tsar] = **tsar**.

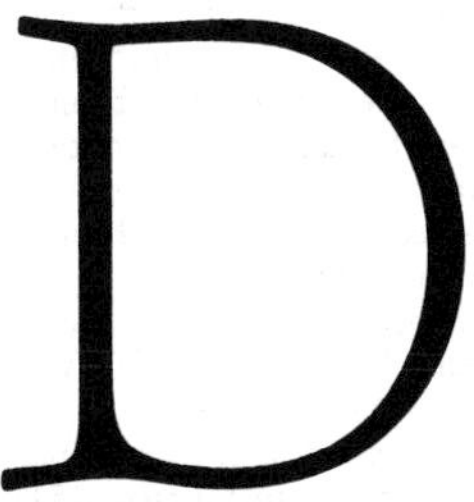

d, D [de] *nm* d, D.
d *abr écrite de* **déci.**
d' [d] → **de.**
D *abr écrite de* **dépression.**
da (*abr écrite de* **déca-**) da.
DA (*abr écrite de* **dinar algérien**) DA.
d'abord [dabɔr] → **abord.**
d'ac *fam* [dak] *loc adv* OK; **on y va,** ~? we're going, OK?
Dacca [daka] *npr f* [jusqu'en 1982] Dacca; [depuis 1982] Dhaka.
d'accord [dakɔr] → **accord.**
Dacron® [dakrɔ̃] *nm* Terylene® *Br,* Dacron® *Am.*
dactyle [daktil] *nm* -**1.** LITTÉRAT dactyl, dactylic. -**2.** BOT cocksfoot.
dactylique [daktilik] *adj* dactylic.
dactylo [daktilo] *nmf* typist.
dactylographe [daktilɔgraf] *nmf* typist.
dactylographie [daktilɔgrafi] *nf* typing, typewriting; **prendre des cours de** ~ to learn how to type.
dactylographier [9] [daktilɔgrafje] *vt* to type (up).
dactylographique [daktilɔgrafik] *adj* typing.
dactyloscopie [daktilɔskɔpi] *nf* fingerprinting, fingerprint identification.
dada [dada] ◇ *adj* Dadaist, Dadaistic.
◇ *nm* -**1.** BX-ARTS & LITTÉRAT Dada, Dadaism. -**2.** *fam* [cheval] gee-gee *Br,* horsie. -**3.** *fam* [passe-temps] hobby; [idée] hobbyhorse; **le voilà reparti sur** OU **il a enfourché son** ~ he's on his hobbyhorse again; **c'est son nouveau** ~ it's his latest obsession.
dadais [dadɛ] *nm* oaf; **grand** ~ clumsy oaf.
dadaïsme [dadaism] *nm* Dada, Dadaism.
dadaïste [dadaist] ◇ *adj* Dadaist, Dadaistic.
◇ *nmf* Dadaist.
dague [dag] *nf* -**1.** ARM dagger. -**2.** ZOOL [du cerf, du daim] spike.
daguerréotype [dagereɔtip] *nm* [procédé, image] daguerreotype.
daguerréotypie [dagereɔtipi] *nf* daguerreotypy.
daguet [dagɛ] *nm* young stag *(less than 2 years old).*
dahlia [dalja] *nm* dahlia.
Dahomey [daɔmɛ] *npr m*: **le** ~ Dahomey; **au** ~ in Dahomey.
dahu [day] *nm* imaginary animal *(used to tease children).*
daigner [4] [deɲe] *vt*: ~ **faire qqch** to deign to do sthg.
daim [dɛ̃] *nm* -**1.** ZOOL (fallow) deer; ~ **mâle** buck. -**2.** [cuir suédé] buckskin, doeskin.
◆ **de daim, en daim** *loc adj* suede *(modif).*
daine [dɛn] *nf* doe.
dais [dɛ] *nm* canopy.

Dakar [dakar] *npr* Dakar.
dakin [dakɛ̃] *nm* Dakin's solution.
Dakota [dakɔta] *npr m*: **le** ~ Dakota; **le** ~ **du Nord/Sud** North/South Dakota.
dal (*abr écrite de* **décalitre**) dal.
dalaï-lama [dalailama] (*pl* **dalaï-lamas**) *nm* Dalai Lama.
Dalila [dalila] *npr* Delilah.
dallage [dalaʒ] *nm* -**1.** [processus] paving. -**2.** [surface] pavement.
dalle [dal] *nf* -**1.** [plaque] flagstone; ~ **de marbre/pierre** marble/stone slab; **recouvrir une allée de** ~**s** to surface a driveway with stone slabs ❑ ~ **funéraire** tombstone. -**2.** CONSTR slab; ~ **de béton** concrete slab; ~ **de recouvrement** cover slab; ~ **pleine** reinforced concrete slab. -**3.** *fam* [faim]: **avoir** OU **crever la** ~ to be starving OU famished; **je crève la** ~ I could eat a horse. -**4.** *fam loc*: **avoir la** ~ **en pente** to be a boozer.
◆ **que dalle** *fam loc adv* damn all *Br,* zilch *Am*; **on n'y voit que** ~ you can't see a damn thing; **il a fichu que** ~ he didn't do a damn thing.
daller [3] [dale] *vt* to pave.
dalleur [dalœr] *nm* paviour.
Dalloz [daloz] *npr*: **les** ~ *series of law reference books.*
dalmate [dalmat] *adj* Dalmatian.
◆ **Dalmate** *nmf* Dalmatian.
Dalmatie [dalmasi] *npr f*: **(la)** ~ Dalmatia.
dalmatien, enne [dalmasjɛ̃, ɛn] *nm, f* Dalmatian ZOOL.
dalot [dalo] *nm* -**1.** NAUT scupper. -**2.** CONSTR culvert.
daltonien, enne [daltɔnjɛ̃, ɛn] ◇ *adj* daltonic *spéc,* colour-blind.
◇ *nm, f* colour-blind person.
daltonisme [daltɔnism] *nm* daltonism *spéc,* colour blindness.
dam[1] (*abr écrite de* **décamètre**) dam.
dam[2] [dam] *nm*: **au grand** ~ **de qqn** *litt* [à son préjudice] to the detriment of sb; [à son mécontentement] to the great displeasure of sb.
damage [damaʒ] *nm* [de la terre] packing (down), ramming down; [de la neige] packing down; [d'une piste] grooming.
daman [damɑ̃] *nm* hyrax, dassie.
damas [dama(s)] *nm* -**1.** TEXT damask. -**2.** BOT damson. -**3.** MÉTALL damask steel.
Damas [damas] *npr* Damascus; **le chemin de** ~ the road to Damascus.
damasquinage [damaskinaʒ] *nm* damascening.
damasquiner [3] [damaskine] *vt* to damascene.
damassé, e [damase] *adj* damask *(modif).*
◆ **damassé** *nm* damask.
damasser [3] [damase] *vt* to damask.

dame [dam] ◇ *nf* -**1.** [femme] lady; **nous parlions avec ces** ~**s** we were talking to these ladies; **ah, ma bonne** OU **pauvre** ~ *fam,* **les temps ont bien changé!** ah, my dear, times have changed!; **qu'est-ce que je vous sers, ma petite** ~? *fam* what would you like, love *Br* OU miss? ❑ ~ **de charité** Lady Bountiful; ~ **de compagnie** lady's companion; **la Dame de fer** the Iron Lady; ~ **patronnesse** patroness; ~ **pipi** *fam* lavatory attendant. -**2.** *fam* [épouse]: **votre** ~ your missus OU old lady. -**3.** [titre] lady; **une grande** ~ a (noble) lady ❑ ~ **d'honneur** lady-in-waiting; **la première** ~ **de France** France's First Lady; **faire** OU **jouer les grandes** ~**s** *péj* to put on airs; **sa** ~, **la** ~ **de ses pensées** his ladylove. -**4.** JEUX [aux dames] king; **aller à la** OU **mener un pion à** ~ to crown ‖ [aux cartes et aux échecs] queen; **la** ~ **de cœur** the queen of hearts. -**5.** NAUT: ~ **de nage** rowlock *Br,* oarlock *Am.* -**6.** CONSTR [mur]: ~ **de remblai** dam. -**7.** [outil de pavage] beetle, rammer.
◇ *interj dial* OU *vieilli* of course, well; ~ **oui!** yes, indeed!
◆ **dames** *nfpl*: **(jeu de)** ~**s** draughts *Br,* checkers *Am.*
◆ **de dames, pour dames** *loc adj* [bicyclette, revolver] ladies'; **une bicyclette de** ~**s** a ladies' bicycle.
dame-d'onze-heures [damdɔ̃zœr] (*pl* **dames-d'onze-heures**) *nf* star-of-Bethlehem, starflower.
dame-jeanne [damʒan] (*pl* **dames-jeannes**) *nf* demijohn.
damer [3] [dame] *vt* -**1.** [tasser - terre] to ram down *(sép),* to pack down *(sép)*; [- neige] to pack down; [- piste] to groom. -**2.** JEUX [pion] to crown; ~ **le pion à qqn** *fig* to outwit sb.
damier [damje] *nm* JEUX draughtboard *Br,* checkerboard *Am*; **un tissu à** OU **en** ~ checked material.
damnable [danabl] *adj litt* RELIG damnable.
damnation [danasjɔ̃] *nf* -**1.** RELIG damnation; **'la Damnation de Faust'** *Berlioz* 'The Damnation of Faust'. -**2.** *arch* [juron]: ~! damnation!
damné, e [dane] ◇ *adj* -**1.** *fam péj* [maudit] cursed, damn, damned. -**2.** RELIG damned.
◇ *nm, f* RELIG damned person OU soul; **les** ~**s** the damned; **comme un** ~ like a thing possessed.
damner [3] [dane] *vt* RELIG to damn; **faire** ~ **qqn** *fam fig* to drive sb round the bend.
◆ **se damner** *vp (emploi réfléchi)* to damn o.s.; **je me damnerais pour un chocolat** I'd give anything for a chocolate.
Damoclès [damɔklɛs] *npr* Damocles; **l'épée de** ~ the sword of Damocles.

damoiseau, x [damwazo] *nm* -**1.** HIST [gentilhomme] (young) squire. -**2.** *hum* [jeune empressé] (dashing) young blade.

damoiselle [damwazɛl] *nf* HIST -**1.** [fille noble] damsel *(title given to an unmarried noblewoman)*. -**2.** [femme de damoiseau] (young) squire's wife.

dan [dan] *nm* dan; **premier/deuxième ~** first/second dan.

danaïde [danaid] *nf* monarch butterfly.

Danaïdes [danaid] *npr fpl*: **les ~** Danaides.

dancing [dɑ̃siŋ] *nm* dance hall.

dandinement [dɑ̃dinmɑ̃] *nm* [d'un canard, d'une personne] waddling; **son ~ a fait rire tout le monde** everybody was laughing at the way he waddled about.

dandiner [3] [dɑ̃dine]

◆ **se dandiner** *vpi* [canard, personne] to waddle; **il est entré/sorti en se dandinant** he waddled in/out.

dandinette [dɑ̃dinɛt] *nf* -**1.** [technique] dapping. -**2.** [appât] dap.

dandy [dɑ̃di] *nm* dandy.

dandysme [dɑ̃dism] *nm* dandyism.

Danemark [danmark] *npr m*: **le ~** Denmark; **au ~** in Denmark.

danger [dɑ̃ʒe] *nm* danger; **attention, il y a du ~** look out, it's dangerous; **les ~s de la route** the hazards of the road; **en grand ~ de** in great danger of; **en ~ de mort** in danger of one's life; **il y a un ~ d'inondation** there is a danger of flooding; **pas de ~** *fam*: **il n'y a pas de ~ qu'il dise oui** it's not likely he'll say yes; **moi, t'accompagner? pas de ~!** you mean I'd have to go with you? no way! ❑ **~ public** *fam* public menace.

◆ **en danger** *loc adj*: **être en ~** [personne] to be in danger; [paix, honneur] to be jeopardized; **la patrie est en ~** the nation is under threat; **ses jours sont en ~** there are fears for his life; **ses jours ne sont plus en ~** his condition is now stable; **mettre qqn en ~** to put sb's life at risk; **mettre un projet en ~** to jeopardize a project.

◆ **sans danger** *loc adj* [médicament] safe; **c'est sans ~, ouvre-le** it's safe, open it.

dangereusement [dɑ̃ʒrøzmɑ̃] *adv* dangerously, perilously.

dangereux, euse [dɑ̃ʒrø, øz] *adj* -**1.** [risqué] dangerous, perilous, hazardous; **zone dangereuse** danger area OU zone; **'baignade/escalade dangereuse'** danger, no swimming/no climbing. -**2.** [nuisible] dangerous, harmful; **les couleuvres ne sont pas dangereuses** grass snakes are harmless.

dangerosité [dɑ̃ʒrozite] *nf litt* dangerousness.

danois, e [danwa, az] *adj* Danish.

◆ **Danois, e** *nm, f* Dane.

◆ **danois** *nm* -**1.** LING Danish. -**2.** ZOOL (Great) Dane.

dans [dɑ̃] *prép* -**1.** [dans le temps - gén] in; [- insistant sur la durée] during; [- dans le futur] in; [- indiquant un délai] within; **~ l'Antiquité** in Antiquity; **~ son enfance** in OU during her childhood, when she was a child; **c'était à la mode ~ les années 50** it was fashionable in OU during the 50's; **~ un déménagement, on casse toujours quelque chose** when you move house, things always get broken; **les gaz qui se dégagent ~ une réaction chimique** gases given off in a chemical reaction; **je n'ai qu'un jour de libre ~ la semaine** I only have one day off during the week; **l'avion atterrit ~ 25 minutes** the plane lands in 25 minutes OU minutes' time; **~ dix ans, on ne parlera plus de son livre** in ten years OU years' time, his book will be forgotten; **~ quelques minutes, la suite de notre programme** normal service will be resumed as soon as possible; **vous serez livré ~ la semaine** you'll get the delivery within the week OU some time this week; **à consommer ~ les cinq jours** eat within five days of purchase. -**2.** [dans l'espace] in; [avec des limites] within; [avec mouvement] into; **ils ont cherché partout ~ la maison** they looked through the whole house, they looked everywhere in the house; **~ la rue** in the street; **~ le métro** [wagon] on the underground; [couloirs] in the underground; **~ le train/l'avion** on the train/the plane; **monte ~ la voiture** get in OU into the car; **partout ~ le monde** all over the world, the world over; **~ le quartier** in the neighbourhood; **habiter ~ Paris** to live in (central) Paris; **~ l'espace** in space; **je suis bien ~ ces chaussures** I feel comfortable in these shoes, these shoes are comfortable; **avoir mal ~ le dos** to have backache; **ils se sont couchés ~ l'herbe** they lay down in OU on the grass; **elle avait des reflets d'or ~ les cheveux** she had golden highlights in her hair; **j'aime être ~ tes bras** I love being in your arms; **prenant sa tête ~ ses mains** holding his head in his hands; **~ ces murs** within these walls; **le triangle est inscrit ~ le cercle** the triangle is circumscribed within the circle; **~ un rayon de 15 km** within a 15 km radius; **restez ~ les limites du parc** stay within the boundaries of the estate; **entrer ~ une pièce** to go into a room; **passez ~ la salle d'attente** go into the waiting room; **plonger ~ une piscine** to dive into a swimming-pool; **prendre qqn ~ ses bras** to take sb in one's arms; **~ la brume/pénombre** in the mist/dark; **je ne pouvais pas l'entendre ~ ce vacarme** I couldn't hear him in all that noise; **elle a une profonde tristesse ~ le regard** there is a great deal of sadness in her eyes; **~ Descartes** in (the works of) Descartes; **~ son dernier film** in his last film; **c'est ~ le journal** it's in the paper. -**3.** [à partir de - prendre, boire, manger] out of, from; **j'ai pris l'argent ~ le tiroir** I took the money out of OU from the drawer; **boire ~ un verre** to drink out of OU from a glass; **la phrase a été prise ~ mon discours** the quote was lifted from my speech. -**4.** [à travers] through; **passe le doigt ~ l'anneau** put your finger through the ring; **ils progressaient lentement ~ la neige** they were making slow progress through the snow; **un murmure a couru ~ la foule** a murmur ran through the crowd. -**5.** [indiquant l'appartenance à un groupe]: **~ l'enseignement** in OU within the teaching profession; **il est ~ le commerce** he's in business; **quelqu'un ~ l'assistance** someone in the audience; **être ~ la CEE** to be in OU a member of the EEC; **il est ~ mon équipe** he's on OU in my team; **~ nos rangs** within our ranks; **nous sommes ~ le même club** we're in OU we belong to the same club; **ministre de la Santé ~ le dernier gouvernement** Minister of Health in the last government. -**6.** [indiquant la manière, l'état]: **~ son sommeil** in his sleep; **mettre qqn ~ l'embarras** to put sb in an awkward situation; **mourir ~ la misère** to die in poverty; **je ne suis pas ~ le secret** I haven't been let in on OU I'm not in on the secret; **~ sa hâte, elle a perdu un soulier** in her haste, she lost a shoe; **~ l'effervescence des préparatifs** in the excitement of the preparations; **il la voyait ~ son délire** in his delirium he thought he could see her; **je l'ai fait ~ ce but** I did it with this aim in mind; **~ le but de** in order to, with the aim of; **~ l'espoir de** in the hope of; **je l'aime bien ~ ce rôle** I like him in this role; **une maison bâtie ~ le style Régence** a house built in Regency style; **un contrat rédigé ~ les formes légales** a contract drawn out OU up in legal terms; **prendre un mot ~ son sens littéral** to take a word in its literal sens OU literally; **c'est quelqu'un ~ ton genre** it's somebody like you. -**7.** [indiquant une approximation]: **~ les** around; **ça coûtera ~ les 200 francs** it'll cost around 200 francs; **il était ~ les cinq heures du soir** it was around five pm; **il doit avoir ~ les 50 ans** he must be about 50.

dansable [dɑ̃sabl] *adj* danceable.

dansant, e [dɑ̃sɑ̃, ɑ̃t] *adj* -**1.** [qui danse] dancing. -**2.** [qui invite à danser]: **un rythme ~** a rhythm which makes you want to (get up and) dance. -**3.** [où l'on danse]: **soirée ~e** party *(where one dances)*; **thé ~** tea dance.

danse [dɑ̃s] *nf* -**1.** [activité] dance; **il aime la ~** he likes dancing ❑ **~ classique** ballet OU classical dancing; **~ folklorique** folk dancing; **~ sur glace** ice-dancing; **~ paysanne** country dancing; **~ de salon** ballroom dancing; **~ du ventre** belly dancing; **école de ~** [classique] ballet school; [moderne] dance school; **entrer dans la ~** *pr* to join in the dance; *fig* to join in; **conduire** OU **mener la ~** *fig* to play a leading role, to call the tune. -**2.** [suite de pas - dans un ballet, au bal] dance; **jouer une ~** to play a dance (tune); **la ~ des reflets sur le lac** reflections dancing on the surface of the lake; **la ~ des hirondelles dans les airs** swallows swooping back and forth in the sky. -**3.** [agitation]: **c'est la ~ des valeurs ce mois-ci à la Bourse** share values are fluctuating this month on the Stock Exchange. -**4.** MÉD: **~ de Saint-Guy** St Vitus' dance; **tu as la ~ de Saint-Guy, ou quoi?** *fam* can't you stop fidgeting? -**5.** ▽ [correction] hiding, thrashing, belting; **flanquer une ~ à qqn** to beat the living daylights out of sb. -**6.** BX-ARTS: **~ macabre** dance of death, danse macabre.

danser [3] [dɑ̃se] ◇ *vi* -**1.** DANSE to dance; **vous dansez?** would you like to dance?; **on danse?** shall we (have a) dance?; **~ sur une corde raide** to walk a tightrope; **faire ~ qqn** [suj: cavalier] to (have a) dance with sb; [suj: musicien] to play dance tunes for sb ❑ **~ devant le buffet** *fam*: **chez nous, on dansait devant le buffet** at home, the cupboard was always bare. -**2.** [bouger - reflet, bouchon] to move, to bob up and down; [- mots, lignes] to swim; **tout dansait devant ses yeux** everything was swimming before his eyes.

◇ *vt* to dance; **~ une valse/un tango** to (dance a) waltz/tango; **~ « Casse-Noisette »** to dance OU to perform "the Nutcracker Suite".

◆ **se danser** *vp (emploi passif)*: **ballet qui se danse en costumes modernes** ballet performed in contemporary dress; **le twist ne se danse plus** nobody dances the twist any more.

danseur, euse [dɑ̃sœr, øz] *nm, f* -**1.** [gén] dancer; [de ballet] ballet dancer; **~ de claquettes** tap-dancer; **~ de corde** tightrope walker; **~ étoile** principal dancer; **danseuse étoile** prima ballerina. -**2.** [cavalier]: **mon ~** my partner.

◆ **danseur** *nm*: **~ mondain** (male) escort.

◆ **danseuse** *adj f* flexible, yielding.

◆ **en danseuse** *loc adv*: **monter la colline en danseuse** to cycle up the hill standing on the pedals.

Dante [dɑ̃t] *npr* Dante.

dantesque [dɑ̃tɛsk] *adj litt* Dantean, Dantesque.

Danube [danyb] *npr m*: **le ~** the (River) Danube.

danubien, enne [danybjɛ̃, ɛn] *adj* Danubian.

DAO (*abr de* **dessin assisté par ordinateur**) *nm* CAD.

daphné [dafne] *nm* daphne.

daphnie [dafni] *nf* daphnia.

dard [dar] *nm* -**1.** ENTOM [d'une abeille, d'une guêpe] sting. -**2.** ARM & HIST javelin.

Dardanelles [dardanɛl] *npr fpl*: **les ~** the Dardanelles.

darder [3] [darde] *vt* -**1.** [lancer] to shoot; **le soleil du matin dardait ses rayons sur la plage** shafts of morning sunlight fell on the beach; **~ un regard furieux sur qqn** to shoot an angry look at sb. -**2.** [dresser] to point; **rose qui darde ses épines** rose pointing its thorns.

dare-dare *fam* [dardar] *loc adv* double-quick, on the double; **va chercher la boîte, et ~!** go and get the box, and get a move on!

Dar es-Salaam [darɛssalam] *npr* Dar es-Salaam.

Darios [darjos], **Darius** [darjys] *npr* Darius.

darne [darn] *nf* fish steak, thick slice of fish *(cut across the body)*.

darse [dars] *nf* [en Méditerranée] harbour basin.

dartois [dartwa] *nm* CULIN dartois pastry.

dartre [dartr] *nf* dartre; avoir des ~s to have dry patches on one's skin.

dartreux, euse [dartrø, øz] *adj* scabby, dartrous *spéc*.

dartrose [dartroz] *nf* dartrose.

darwinien, enne [darwinjɛ̃, ɛn] *adj* Darwinian.

darwiniste [darwinist] ◇ *adj* Darwinist, Darwinistic.
◇ *nmf* Darwinist.

DAT (*abr de* digital audio tape) *nm* DAT.

datable [databl] *adj* datable, dateable; ces rochers sont facilement/difficilement ~s these rocks are easy to date/are not easily dated.

datage [dataʒ] *nm*: le ~ de qqch assigning a date to OU dating sthg.

DATAR, Datar [datar] (*abr de* Délégation à l'aménagement du territoire et à l'action régionale) *npr f regional land development agency*.

datation [datasjɔ̃] *nf* dating; il y a eu une erreur de ~ du fossile the fossil was incorrectly dated.

datcha [datʃa] *nf* dacha.

date [dat] *nf* -**1.** [moment précis] date; je ne peux pas lire la ~ I can't read the date; une lettre sans ~ an undated letter; nous avons fixé la ~ de la conférence au 13 juin we have decided to hold the conference on June 13th; se retrouver chaque année à ~ fixe to meet on the same day every year; prenons ~ let's decide on a date ❑ ~ limite [pour un projet] deadline; ~ limite de vente COMM sell-by date; ~ de naissance date of birth; ~ de péremption expiry date. -**2.** [période] date; à la ~ dont tu me parles, j'étais encore aux États-Unis at the time you're telling me about, I was still in the United States; les grandes ~s de notre histoire the most important dates in our history ❑ faire ~: c'est une réalisation qui fera ~ (dans l'histoire) it's an achievement which will stand out (in history). -**3.** BANQUE: ~ de valeur value date.
◆ **de... date** *loc adj*: un allié de longue OU vieille ~ a long-standing ally; c'est une amitié de fraîche ~ they haven't been friends for very long.
◆ **en date** *loc adv*: quelle est sa dernière voiture en ~? what is his latest car (to date)?
◆ **en date du** *loc prép*: lettre en ~ du 28 juin letter dated June 28th.

dater [3] [date] ◇ *vt* -**1.** [inscrire la date] to date, to put a date on; carte datée de mardi postcard dated Tuesday. -**2.** [déterminer l'âge de - fossile, manuscrit, édifice] to date.
◇ *vi* -**1.** [compter] to stand out, to be a milestone; cet événement datera dans sa vie this event will stand out in his life. -**2.** [être désuet -tenue] to look dated OU old-fashioned; [- expression] to sound old-fashioned; [- film] to show its age, to have aged, to be dated.
◆ **dater de** *v + prép* to date from, to go back to; un livre qui date du XVIIe siècle a book dating back to the 17th century; de quand date votre dernière visite? when was your last visit?; notre amitié ne date pas d'hier we go OU our friendship goes back a long way; voilà une idée qui ne date pas d'hier this idea's been around for quite some time.
◆ **à dater de** *loc prép*: à ~ du 1er mars, vous ne faites plus partie du service as of OU effective from March 1st, you are no longer on the staff.

dateur [datœr] ◇ *adj m*: timbre ~ date stamp.
◇ *nm* date stamp; ~ automatique de billet ticket dating machine.

datif, ive [datif, iv] *adj* JUR: tuteur ~ guardian appointed by a court; tutelle dative trusteeship OU guardianship ordered by a court.
◆ **datif** *nm* LING dative.

dation [dasjɔ̃] *nf* giving, conferring.

datte [dat] *nf* date; il n'en fiche *fam* OU fout▽ pas une ~ he doesn't do a damn thing.

dattier [datje] *nm* date palm.

daube [dob] *nf* -**1.** CULIN stew; bœuf en ~ stewed beef. -**2.** *fam Helv* [idiot] twit.

dauber [3] [dobe] *litt* ◇ *vt* to jeer OU to scoff at.
◇ *vi* to jeer, to scoff.

dauphin [dofɛ̃] *nm* -**1.** ZOOL dolphin. -**2.** [tuyau] shoe. -**3.** HIST: le ~ the dauphin. -**4.** [successeur] heir apparent, successor; qui est votre ~? who's in line for your job?

dauphine [dofin] *nf* HIST: la ~ the dauphine.

Dauphiné [dofine] *npr m*: le ~ the Dauphiné (region).

dauphinois, e [dofinwa, az] *adj* from the Dauphiné; gratin ~ gratin dauphinois *(sliced potatoes baked with cream)*.
◆ **Dauphinois, e** *nm, f inhabitant of or person from the Dauphiné*.

daurade [dɔrad] *nf* sea bream.

davantage [davɑ̃taʒ] *adv* -**1.** [plus] more; donne m'en ~ give me some more; tu devrais lire ~ you should read more; je ne t'en dirai pas ~ I won't tell you any more; le droit l'intéresse ~ que l'économie law interests him more than economics; je ne lui ferai pas ~ de reproches I won't reproach him any more; je voudrais ~ de cerises I'd like (some) more cherries; il a eu ~ de chance que les autres he was luckier than the others. -**2.** [de plus en plus]: chaque jour qui passe nous rapproche ~ each day that goes by brings us closer together; je t'aime chaque jour ~ I love you more and more every day. -**3.** [plus longtemps]: je n'attendrai pas ~ I won't wait any longer.

David [david] *npr* BIBLE David.

davier [davje] *nm* forceps.

Davis [devis] *npr*: coupe ~ Davis Cup.

Dawha [dɔa] *npr*: (al-) ~ Doha.

dB (*abr écrite de* décibel) dB.

DB *nf abr de* division blindée.

DCA (*abr de* défense contre les aéronefs) *nf* AA *(anti-aircraft)*.

DCT (*abr de* diphtérie, coqueluche, tétanos) *nm vaccine against diphtheria, tetanus and whooping cough*.

DDA (*abr de* Direction départementale de l'agriculture) *npr f local offices of the Ministry of Agriculture*.

DDASS, Ddass [das] (*abr de* Direction départementale d'action sanitaire et sociale) *npr f department of health and social security*; un enfant de la ~ a state orphan.

DDD (*abr de* digital digital digital) DDD.

DDE (*abr de* Direction départementale de l'équipement) *npr f local offices of the Ministry of the Environment*.

DDT (*abr de* dichloro-diphényl-trichloréthane) *nm* DDT.

DDTAB (*abr de* diphtérie, tétanos, typhoïde, paratyphoïde A) *nm vaccine against diphtheria, tetanus, typhoid and paratyphoid*.

de [də] (*devant voyelle ou h muet* d' [d], *contraction de 'de' avec 'le'* du [dy], *contraction de 'de' avec 'les'* des [de]) ◇ *prép* **A.** INDIQUANT L'ORIGINE, LE POINT DE DÉPART -**1.** [indiquant la provenance] from; il n'est pas d'ici he's not from (around) here; la voiture venait de la gauche the car was coming from the left; une boule s'est décrochée du sapin a bauble fell off the Christmas tree; vue de l'intérieur seen from (the) inside; il a sorti un lapin de son chapeau he produced OU pulled a rabbit out of his hat; sortir de table to leave the table; c'est un cadeau de mon oncle it's a present from my uncle. -**2.** [à partir de]: de quelques fleurs des champs, elle a fait un bouquet she made a posy out of OU from a few wild flowers; faire un drame de rien to make a fuss over nothing. -**3.** [indiquant l'auteur] by; un roman de Mishima a novel by Mishima; «Amarcord» de Fellini 'Amarcord' by Fellini, Fellini's 'Amarcord'. -**4.** [particule]: Madame de Sévigné Madame de Sévigné; épouser un/une de quelque chose *fam* to marry a man/woman with an aristocratic sounding name.

B. DANS LE TEMPS -**1.** [à partir de] from; notre amitié date de cette époque our friendship dates from that period; de ce jour from that day. -**2.** [indiquant le moment]: de jour during the OU by day; de nuit during the OU by night; travailler de nuit/de jour to work nights/days; se lever de bonne heure to get up early; il n'a pas travaillé de l'année he hasn't worked all year; je ne le vois pas de la semaine I don't see him at all during the week; le train de 9 h 30 the 9.30 train ‖ [depuis]: de longtemps, on n'avait vu cela such a thing hadn't been seen for a long time.

C. INDIQUANT LA CAUSE: rougir de plaisir to blush with pleasure; mourir de peur/de faim to die of fright/of hunger; trembler de froid to shiver with cold; pleurer de joie to cry for joy; souffrir de rhumatismes to suffer from rheumatism; se tordre de douleur/de rire to be doubled up in pain/with laughter.

D. INDIQUANT LE MOYEN, L'INSTRUMENT: faire signe de la main to wave; d'un coup de fouet with a crack of the whip; il voit mal de l'œil gauche he can't see properly with his left eye; se nourrir de fruits to eat fruit; poussez la porte du pied push the door (open) with your foot.

E. INDIQUANT LA MANIÈRE: manger de bon appétit to eat heartily; de toutes ses forces with all one's strength; d'un air coupable looking guilty, with a guilty look on his/her *etc* face; d'une démarche vigoureuse with a purposeful stride.

F. AVEC DES NOMBRES, DES MESURES -**1.** [emploi distributif]: 100 francs de l'heure 100 francs per OU an hour; 50 francs du kilomètre 50 francs per OU a kilometre. -**2.** [introduisant une mesure]: un appartement de 60 m^2 a 60 m^2 flat; un homme d'1 m 80 a man who is 1 m 80 tall; une femme de 30 ans a 30-year-old woman; un moteur de 15 chevaux a 15 h.p. engine; un cadeau de 3 000 francs a gift worth 3,000 francs; une équipe de 15 personnes a team of 15. -**3.** [indiquant une différence dans le temps, l'espace, la quantité]: distant de cinq kilomètres five kilometres away; ma montre retarde de 10 mn my watch is 10 minutes slow; ce colis est trop lourd de 100 grammes this parcel is 100 grammes too heavy.

G. INDIQUANT L'APPARTENANCE: la maison de mes parents/Marie my parents'/Marie's house; le frère de Pierre Pierre's brother; la porte du salon the living room door; les clefs de la voiture the car keys; les pays de la CEE the countries in the EEC, the EEC countries; pour les membres du club for members of the club OU club members; pour les joueurs du club for the players belonging to the club; les élèves de sa classe the pupils in his class.

H. MARQUANT LA DÉTERMINATION -**1.** [indiquant la matière, la qualité, le genre etc]: un buffet de chêne an oak dresser; un bonhomme de neige a snowman; une robe de mariée a wedding dress; une équipe de spécialistes a team of specialists; une réaction d'horreur a horrified reaction; une pause de publicité a commercial break; un livre d'un grand intérêt a book of great interest; des vêtements d'un goût contestable clothes of questionable taste; elle est d'un snob! she is so snobbish!, she's such a snob! -**2.** [indiquant le contenu, le contenant]: l'eau de la citerne the water in the tank; un verre d'eau a glass of water; un pot de fleurs [récipient] a flower pot; [fleurs] a pot of flowers; une bouteille de whisky a bottle of whisky; [récipient] a whisky bottle. -**3.** [dans un ensemble]: la plupart de ses amis most of his friends; le plus jeune de la classe the youngest pupil in the class; le plus jeune des deux the younger of the two. -**4.** [avec une valeur emphatique]: l'as des as the champ; le fin du fin the very latest thing.

I. SERVANT DE LIEN SYNTAXIQUE -**1.** [après un verbe]: parler de qqch to speak about OU of sthg; douter de qqch to doubt OU to have doubts about sthg; se séparer de qqn to leave sb; cessez de m'importuner stop bothering me; se libérer du passé to free o.s. from the past; **se souvenir de qqch** to remember sthg; **instruire qqn de ses intentions** to notify sb of one's plans; **traiter qqn de menteur** to call sb a liar; **ce champ est entouré d'une palissade** this field is surrounded by a fence; **il a été tué d'une balle** he was killed by a bullet OU shot dead. -**2.** [après un substantif]: **l'amour de qqch** the love of sthg; **l'acquisition du langage** language acquisition; **troubles de l'audition** hearing problems; **sur présentation de votre carte** on presentation of your card; **la volonté de vaincre** the will to win. -**3.** [après un adjectif]: **sûr de soi** sure of o.s.; **fier de son succès** proud of one's success; **il est facile de critiquer** it's easy to criticize. -**4.** [après un pronom]: **rien de nouveau** nothing new; **personne d'absent?** nobody missing?; **qui d'autre l'aurait fait?** who else would have done it?; **quoi de plus beau que la mer?** what is more beautiful than the sea?; **y a-t-il quelqu'un de blessé?** is anybody hurt? -**5.** [devant un adj, pp ou adv]: **c'est une heure de perdue** that's an hour lost; **encore un verre de cassé!** another glass broken!, another broken glass!; **j'ai quelques heures de libres** I have a few hours free; **restez une semaine de plus** stay (for) one more OU an extra week. -**6.** [introduisant un n en apposition]: **la ville de Paris** the city of Paris; **le mois de janvier** the month of January; **au mois de janvier** in January; **cet imbécile de Pierre** that idiot Pierre. -**7.** [indiquant le sujet d'un ouvrage]: **De l'art d'être mère** The Art of Being a Mother. -**8.** *litt* [introduisant un infinitif]: **de lire me fatigue** reading tires me; **et tous de rire** they all burst into laughter.

◇ *article partitif* -**1.** [dans une affirmation]: **j'ai acheté de la viande** I bought (some) meat; **il me faudra du courage** I'll need (some) courage; **respirer de l'air frais** to breathe fresh air; **c'est de la provocation/de l'entêtement!** it's sheer provocation/pig-headedness!; **j'ai bu de ce vin** I drank some of that wine; **écouter de la musique** to listen to music; **manger de la viande** to eat meat; **je ne porte que du coton** I only (ever) wear cotton, I wear nothing but cotton; **je préfère ne boire que de l'eau** I prefer to drink only water OU nothing but water; **lire du Proust** to read something by Proust OU some Proust; **chanter du Fauré** to sing some Fauré OU a piece by Fauré || [dans une interrogation]: **prends-tu du sucre dans ton café?** do you take sugar in your coffee? || [dans une négation]: **il n'y a pas de place** there's no room, there isn't any room; **ils ne vendent pas de viande** they don't sell meat; **n'as-tu pas de lavande dans ton jardin?** haven't you got any lavender in your garden? -**2.** [exprimant une comparaison]: **il y a du prophète chez lui** he's a bit like a prophet ❑ **ça c'est du Julien tout craché** OU **du pur Julien** that's Julien all over, that's typical of Julien.

◇ *article défini* [dans une affirmation]: **il a de bonnes idées** he has OU he's got (some) good ideas; **cela pose de grands problèmes** this poses (some) serious problems || [dans une négation]: **je n'ai pas de bouteilles à la cave** I have no OU I haven't got any bottles in the cellar; **nous ne faisons pas de projets pour cet été** we are not making any plans for this summer.

◆ **de... à** *loc corrél* -**1.** [dans l'espace] from... to; **de Paris à Marseille** from Paris to Marseilles; **du Nord au Midi** from (the) North to (the) South. -**2.** [dans le temps] from... to; **du 15 au 20 mars** from the 15th to the 20th of March; **de Noël à Pâques** from Christmas to Easter; **ouvert du lundi au vendredi** open Monday through Friday *Am*, open (from) Monday to Friday; **d'un instant à l'autre** [progressivement] from one minute to the next; [bientôt] any minute OU time now; **d'ici à demain** by tomorrow. -**3.** [dans une énumération] from... to; **on y trouve tout, des chaussettes aux fours à micro-ondes** they've got everything, from socks to microwave ovens. -**4.** [dans une évaluation]: **ça vaut de 500 à 600 francs** it's worth between 500 and 600 francs; **il y a de 4 000 à 5 000 emplois en jeu** there are between 4,000 and 5,000 jobs at stake.

◆ **de... en** *loc corrél* -**1.** [dans l'espace] from... to; **aller de ville en ville** to go from town to town. -**2.** [dans le temps]: **de jour en jour** from day to day; **l'espoir s'amenuisait d'heure en heure** hope dwindled as the hours went by; **le nombre d'étudiants augmente d'année en année** the number of students is getting bigger by the year OU every year OU from one year to the next. -**3.** [dans une évolution]: **aller de mal en pis** to go from bad to worse; **de déduction en déduction, il avait trouvé le coupable** he'd deduced who the culprit was; **aller de déception en déception** to go from one disappointment to the next; **un musée où vous irez de surprise en surprise** a museum where many surprises await you.

DE *adj abr de* **diplômé d'État.**

dé [de] *nm* -**1.** JEUX die; **des ~s** dice; **jouer aux ~s** to play dice; **jeter les ~s** to cast the dice ❑ **coup de ~** OU **~s** throw of the dice; **jouer qqch sur un coup de ~s** to gamble sthg away; **les ~s (en) sont jetés** the die is cast. -**2.** CULIN cube; **couper du lard en ~s** to dice bacon. -**3.** COUT: **~ (à coudre)** thimble; **je prendrai un ~ à coudre de cognac** I'll have a tiny glass of cognac.

DEA (*abr de* **diplôme d'études approfondies**) *nm postgraduate diploma.*

dead-heat [dɛdit] (*pl* **dead-heats**) *nm* dead heat.

dealer [dilœr] *nm* [de drogue] dealer; **des petits ~s** pushers.

déambulateur [deɑ̃bylatœr] *nm* walking frame, zimmer.

déambulation [deɑ̃bylasjɔ̃] *nf litt* strolling, ambling (along).

déambulatoire [deɑ̃bylatwar] *nm* ambulatory.

déambuler [3] [deɑ̃byle] *vi* to stroll, to amble (along).

deb *fam* [dɛb] *nf* deb, debutante.

débâcher [3] [debaʃe] *vt* [camion, toit] to take the canvas sheet OU the tarpaulin off.

débâcle [debakl] *nf* -**1.** [d'une rivière] breaking up (of ice); **nous sommes arrivés au moment de la ~** we arrived when the ice was starting to break up. -**2.** MIL rout. -**3.** [faillite - d'une institution, d'un système] collapse; **après la ~ des actions Unilor** after the Unilor share collapse.

débâillonner [3] [debajɔne] *vt*: **~ qqn** to remove sb's gag; **~ la presse** to end press censorship.

déballage [debalaʒ] *nm* -**1.** [des bagages] unpacking; **le ~ de nos affaires nous a pris plusieurs heures** it took us several hours to unpack our things. -**2.** [éventaire] display; **acheter des tissus au ~ du marché Saint-Pierre** to buy material on display at the Marché St Pierre. -**3.** *fam* [aveu] outpouring; **un ~ de sentiments** an outpouring of feeling.

déballastage [debalastaʒ] *nm* ballast dumping.

déballer [3] [debale] *vt* -**1.** [bagages] to unpack; **aide-moi à ~ les livres** help me (to) unpack the books. -**2.** [exposer - produits] to display; *(en usage abs)*: **il déballe le dimanche aux Puces** he has a stall on Sundays at the flea market. -**3.** *fam* [sentiments] to unload; **il est venu me ~ ses histoires** he came and unloaded his problems onto me.

déballonner [3] [debalɔne]

◆ **se déballonner** *fam vpi* to chicken out.

débandade [debɑ̃dad] *nf* -**1.** [déroute] rout. -**2.** [panique] panic, rush; **la ~ est générale** everybody's panicking.

◆ **à la débandade** *loc adv*: **les enfants sortent de l'école à la ~** children are piling out of school.

débander [3] [debɑ̃de] ◇ *vt* -**1.** MÉD [plaie] to remove OU to take the bandages off; **~ les yeux d'un prisonnier** to remove the blindfold from a prisoner's eyes. -**2.** TECH [arc] to unbend; [ressort] to slacken, to loosen.

◇ *vi* -**1.** ▼ to lose one's hard-on. -**2.** *fam loc*: **sans ~** without letting up.

◆ **se débander** *vpi* -**1.** [s'éparpiller] to scatter, to disperse. -**2.** TECH [ressort] to recoil.

débaptiser [3] [debatize] *vt* [place, rue] to change the name of, to give another name to.

débarbouillage [debarbujaʒ] *nm* washing.

débarbouiller [3] [debarbuje] *vt* [enfant, visage] to wash.

◆ **se débarbouiller** *fam vp (emploi réfléchi)* to wash one's face; **débarbouille-toi avant de venir dîner** wash your face before dinner.

débarbouillette [debarbujɛt] *nf Can* face flannel *Br*, washcloth *Am*.

débarcadère [debarkadɛr] *nm* [de passagers] landing stage; [de marchandises] wharf.

débardage [debardaʒ] *nm* [de marchandises] unloading; [de bois] unlading.

débarder [3] [debarde] *vt* to unload.

débardeur [debardœr] *nm* -**1.** [ouvrier] docker *Br*, longshoreman *Am*. -**2.** VÊT [tricot] tank top; [tee-shirt] sleeveless T-shirt.

débarqué, e [debarke] ◇ *adj* [passager] disembarked.

◇ *nm, f* disembarked passenger.

débarquement [debarkəmɑ̃] *nm* -**1.** [déchargement - de marchandises] unloading; [- de passagers] landing; **le ~ des marchandises prendra plusieurs jours** it will take several days to unload the goods. -**2.** HIST: **le (jour du) ~** D-day, the Normandy landings.

◆ **de débarquement** *loc adj* [quai] arrival *(modif)*; [navire, troupe, fiche] landing *(modif)*.

débarquer [3] [debarke] ◇ *vt* -**1.** [décharger - marchandises] to unload; [- voyageurs] to land. -**2.** *fam* [limoger] to fire, to sack *Br*, to can *Am*; **il s'est fait ~** he got the sack *Br* OU boot.

◇ *vi* -**1.** NAUT to disembark, to land; MIL to land. -**2.** [descendre]: **~ de** [train] to get off, to alight from. -**3.** *fam* [arriver] to turn OU to show up; **il a débarqué chez moi à minuit** he turned up at my place at midnight. -**4.** *fam* [être ignorant]: **tu débarques ou quoi?** where have you been?; **mets-moi au courant, je débarque** give me an update, I haven't a clue what's going on.

débarras [debara] *nm* -**1.** [dépôt] storage room. -**2.** *fam loc*: **bon ~!** good riddance!

débarrasser [3] [debarase] *vt* -**1.** [nettoyer - table] to clear; [enlever - assiette] to clear (away); **ne débarrasse pas les verres** leave the glasses on the table ❑ **~ le plancher** *fam* to clear OU to buzz off; **je serai ravi quand ils auront débarrassé le plancher** I'll be delighted to see the back of them. -**2.** [désencombrer]: **~ qqn/qqch de**: **je vais te ~ de ta valise** I'll take your case; **il m'a demandé de le ~ de sa vieille table** he asked me to take his old table off his hands; **~ la ville de ses voyous** to rid the city of its hooligans, to flush the hooligans out of the city; **l'arrivée du livreur m'a débarrassé de cette bavarde** the arrival of the deliveryman gave me the opportunity to get rid of that chatterbox; **~ la cave de vieilles bouteilles** to clear old bottles out of the cellar; **je fais le nettoyage maintenant pour en être débarrassé (plus tard)** I'll do the cleaning now to get it out of the way; **~ qqn de ses mauvaises habitudes** to rid sb of his bad habits.

◆ **se débarrasser de** *vp + prép* -**1.** [se défaire de] to get rid of; **je me suis débarrassé de mes vieux livres** I got rid of my old books; **une mycose dont je n'arrive pas à me ~** a fungal infection I can't get rid of. -**2.** [éloigner - importun] to get rid of; [- serviteur] to get rid of, to dismiss. -**3.** [veste, gants] to take off, to remove; [sac à main, éventail] to put down; *(en usage abs)*: **débarrasse-toi, tu vas avoir trop chaud** take your coat OU jacket off, you'll be too hot.

débat [deba] *nm* -**1.** [controverse] debate, discussion; **trancher un ~** to conclude a discussion; **~ avec l'auteur** discussion with the author.

-**2.** [conflit intérieur] inner turmoil; ~ **de conscience** moral dilemma.

◆ **débats** *nmpl* POL & JUR proceedings.

débâtir [32] [debatir] *vt* COUT to unpick the basting from.

débatteur [debatœr] *nm* debater.

débattre [83] [debatr] *vt* [discuter - thème, question] to discuss, to thrash out *(sép)*; **ils ont longtemps débattu le prix** they haggled at length over the price.

◆ **débattre de, débattre sur** *v + prép* to debate, to discuss; **il faudra ~ de ces problèmes** these problems will have to be discussed.

◆ **se débattre** *vpi* -**1.** [s'agiter - victime] to struggle; [- poisson] to thrash about; **se ~ contre un voleur** to struggle with a thief. -**2.** [lutter] : **se ~ dans les problèmes financiers** to struggle against financial difficulties; **se ~ contre l'angoisse** to wrestle OU to grapple with anxiety.

◆ **à débattre** *loc adj*: **'prix à ~'** open to offers, negotiable; **'3 000 F à ~'** '3,000 F or nearest offer'; **conditions à ~** conditions to be negotiated.

débattue [debaty] *nf Helv*: **j'ai la ~** my fingers are numb with cold.

débauchage [deboʃaʒ] *nm* -**1.** [renvoi] laying off, making redundant *Br*. -**2.** [détournement] : **le ~ des meilleurs cerveaux** luring away the best brains.

débauche [deboʃ] *nf* -**1.** [dévergondage] debauchery; **inciter qqn à la ~** to debauch sb. -**2.** [profusion] : **une ~ de** : **une ~ de mets rares** an abundance of rare delicacies; **une ~ d'imagination** unbridled imagination; **une ~ de couleurs** a riot of colours.

◆ **de débauche** *loc adj* [passé, vie] dissolute.

débauché, e [deboʃe] ◇ *adj* [personne] debauched; [vie] dissolute.

◇ *nm, f* debauched person, libertine.

débaucher [3] [deboʃe] *vt* -**1.** [licencier] to lay off; *(en usage abs)*: **on débauche dans le textile** there are lay-offs in the textile industry. -**2.** [corrompre] to debauch. -**3.** *fam* [détourner] to lure OU to tempt away *(sép)*; **se laisser ~ pour partir deux jours à la mer** to let o.s. be tempted away for two days at the seaside. -**4.** [inciter - à la grève] to incite to strike; [- à quitter un emploi] to lure OU to tempt away *(sép)*, to poach; **~ les meilleurs cerveaux** to lure away OU to poach the best brains.

débecqueter▽ [28] [debɛkte] = **débecter**.

débecter▽ [4], **débéqueter**▽ [28] [debɛkte] *vt* to sicken; **ça me débecte** it makes me sick OU want to puke; **la compromission me débecte** I can't stomach compromises; **t'es pas débecté!** you're a brave man, I wouldn't touch that with a bargepole *Br* OU a ten-foot pole *Am*!

débile [debil] ◇ *adj* -**1.** *fam* [inepte - livre, film, décision] stupid, daft *Br*, dumb *Am*; [- personne, raisonnement] stupid, moronic; **il est complètement ~** he's a complete idiot; **c'est ~, comment peux-tu dire ça?** how can you talk such nonsense? -**2.** *vieilli* [faible - corps] frail, weak, feeble; [- intelligence] deficient.

◇ *nmf* -**1.** *fam* [idiot] moron, cretin, idiot. -**2.** PSYCH: **~ léger/moyen/profond** mildly/moderately/severely retarded person; **~ mental** retarded person.

débilisation [debilizasjɔ̃] *nf* (increasing) mental retardation.

débilitant, e [debilitɑ̃, ɑ̃t] *adj* -**1.** [affaiblissant] debilitating, enervating. -**2.** [démoralisant] demoralizing, discouraging. -**3.** *fam* [abrutissant] mindnumbing; **complètement ~, ce boulot!** that job's about as interesting as shelling peas!

débilité [debilite] *nf* -**1.** *fam* [caractère stupide] stupidity, silliness, inanity. -**2.** PSYCH: **~ (mentale)** (mental) retardation. -**3.** [faiblesse] debility.

débiliter [3] [debilite] *vt sout* -**1.** [affaiblir] to debilitate, to enervate, to weaken. -**2.** [déprimer] to drag down *(sép)*, to dishearten, to demoralize.

débine▽ [debin] *nf* poverty; **être dans la ~** to be hard up OU broke.

débiner *fam* [3] [debine] *vt* to run down *(sép)*.

◆ **se débiner** *fam vpi* -**1.** [s'enfuir] to clear out, to make o.s. scarce; **te débine pas, j'ai à te parler** stick around, I want to talk to you. -**2.** [s'écrouler] to come OU to fall apart; **un vieux fauteuil qui se débine de partout** an old armchair falling apart at the seams.

débineur, euse *fam* [debinœr, øz] *nm, f* backbiter.

débirentier, ère [debirɑ̃tje, ɛr] *nm, f* payer of an allowance.

débit [debi] *nm* -**1.** [quantité - d'eau, de passagers] flow; [- de vapeur] capacity; [- de gaz] output; [- de marchandises, de clients] turnover; GÉOG flow. -**2.** [élocution] (speed of) delivery; **il a un sacré ~** *fam* he talks nineteen to the dozen. -**3.** INF & TÉLÉC rate; **~ binaire** bit rate; **~ de traitement** data throughput OU speed. -**4.** ÉLECTR output; **~ de courant** power output, delivery rate; **~ capacitif** charging capacity. -**5.** COMM: **~ de boissons** bar; **~ de tabac** tobacconist *Br*, tobacco store *Am*. -**6.** MÉD output, rate; **~ cardiaque** cardiac output; **~ sanguin** circulation rate. -**7.** FIN debit; [sur un relevé] debit side. -**8.** COMM bill; **je n'ai pas encore fait le ~ (à la caisse)** I haven't rung it up yet.

◆ **au débit de** *loc prép*: **inscrire une somme au ~ d'un compte** to charge an amount of money to sb's account; **porter une somme au ~ d'un compte** to debit an account; **5 200 francs à votre ~** 5,200 francs on the debit side (of your account).

débitable [debitabl] *adj* -**1.** [bois] good OU ready for cutting up. -**2.** ÉCON: **compte ~** account one may draw money from, account with open access.

débitage [debitaʒ] *nm* cutting up; **~ de bois** conversion of timber.

débitant, e [debitɑ̃, ɑ̃t] *nm, f*: **~ de boissons** publican *Br*, bar owner *Am*; **~ de tabac** tobacconist *Br*, tobacco dealer *Am*.

débiter [3] [debite] *vt* -**1.** [couper - matériau, tissu, bœuf] to cut up *(sép)*; [- bois] to cut OU to saw up *(sép)*; **~ du jambon en tranches** to slice ham. -**2.** COMM to retail, to sell (retail); **~ du vin** to retail wine, to be in the wine retail trade. -**3.** INDUST [machine, usine] to turn out *(sép)*, to produce; **je ne veux pas ~ du roman de gare** *fam* I don't want to churn out trashy novels *péj* ‖ *(en usage abs)*: **pas de temps à perdre, il faut que ça débite!** *fam* no time to lose, we must churn the stuff out! *péj*. -**4.** [déverser - pompe] to discharge, to yield; [- fleuve] to have a flow rate of. -**5.** [laisser passer] : **~ 100 clients à l'heure** to have a turnover of 100 customers per hour. -**6.** *péj* [dire - texte] to reel off *(sép)*; [- sermon] to deliver; [- banalité] to spout, to mouth; **~ des mensonges** to come out with a lot of lies; **~ ses leçons par cœur** to recite one's homework parrot-fashion. -**7.** FIN to debit.

débiteur, trice [debitœr, tris] ◇ *adj* [colonne, compte, solde] debit *(modif)*; [personne, société] debtor *(modif)*.

◇ *nm, f* -**1.** FIN debtor. -**2.** *sout* [obligé] : **être ~ de qqn** to be indebted to sb OU in sb's debt.

débitmètre [debimɛtr] *nm* flow meter.

déblai [deblɛ] *nm* [dégagement] digging OU cutting (out).

◆ **déblais** *nmpl* [gravats] debris *(sg)*, excavated material, rubble; [terre] (dug OU excavated) earth.

◆ **en déblai** *loc adj* sunken; **route en ~** sunken road.

déblaiement [deblɛmɑ̃] *nm* -**1.** [dégagement - d'un terrain, d'une ruine] clearing (out); **le ~ de la forêt après l'accident aérien** clearing the forest of wreckage after the plane crash. -**2.** MIN removing the overburden, stripping.

déblatérer [18] [deblatere]

◆ **déblatérer contre** *v + prép péj* to rant (and rave) about, to sound off about.

déblayage [deblɛjaʒ] = **déblaiement**.

déblayer [11] [debleje] *vt* -**1.** [dégager - lieu, neige, terre] to clear (out); **~ la neige autour de la maison** to clear the snow from around the house; **~ un chantier des gravats** to clear rubble from a building site. -**2.** TRAV PUBL to cut, to excavate, to dig. -**3.** *fig* [travail] to do the groundwork OU spadework on; **~ le terrain** [se débarrasser des détails] to do the groundwork; **allez, déblaie le terrain!** *fam* [va-t'en] go on, clear OU shove off!

déblocage [deblɔkaʒ] *nm* -**1.** MÉCAN [d'un écrou, d'un dispositif] unblocking, releasing; [de freins] unjamming. -**2.** [réouverture - d'un tuyau] clearing, freeing, unblocking; [- d'une route] clearing. -**3.** ÉCON [des salaires, des prix] unfreezing; BANQUE [d'un compte] freeing. -**4.** MIN haulage.

débloquer [3] [deblɔke] ◇ *vt* -**1.** MÉCAN [écrou, dispositif] to release, to unblock, to free; [freins] to unjam, to release. -**2.** [rouvrir - rue] to clear (of obstructions); **~ les discussions** *fig* to get the negotiations back on course; **~ la situation** [après un conflit] to break the stalemate; [la sortir de l'enlisement] to get things moving again. -**3.** ÉCON [prix, salaires] to unfreeze; BANQUE [compte, crédit] to free, to unfreeze; COMM [stock] to release. -**4.** *fam* [décontracter] : **ça m'a débloqué** it got rid of some of my inhibitions.

◇ *vi fam* -**1.** [en parlant] to talk rubbish *Br* OU nonsense. -**2.** [être déraisonnable] to be nuts OU cracked; **tu débloques!** you're out of your mind!

débobiner [3] [debɔbine] *vt* to unwind, to unreel, to uncoil.

déboires [debwar] *nmpl* disappointments, setbacks, (trials and) tribulations; **s'épargner** OU **s'éviter des ~** to spare o.s. a lot of trouble.

déboisement [debwazmɑ̃] *nm* deforestation, clearing (of trees).

déboiser [3] [debwaze] *vt* -**1.** [couper les arbres de] to deforest, to clear of trees; **~ un terrain** to clear trees from a piece of land. -**2.** MIN to draw the timbers of, to clear.

déboîtement [debwatmɑ̃] *nm* [luxation - de l'épaule, de la hanche] dislocation; [- de la rotule] slipping.

déboîter [3] [debwate] ◇ *vt* -**1.** [démonter - tuyau] to disconnect; [- objet] to unfasten, to release, to uncouple; [- porte, fenêtre] to take off its hinges. -**2.** MÉD to dislocate, to put out *(sép)*.

◇ *vi* [véhicule] : **~ (d'une file)** to change lanes; **~ d'une place** to pull out of a parking space.

débonder [3] [debɔ̃de] *vt* to unplug.

◆ **se débonder** *vpi* -**1.** [tonneau] to overflow. -**2.** [personne] to pour out one's troubles, to open up.

débonnaire [debɔnɛr] *adj* [air] kindly, debonair; [personne] good-natured, easy-going, debonair.

débonnairement [debɔnɛrmɑ̃] *adv litt* debonairly *litt*, good-naturedly.

débordant, e [debɔrdɑ̃, ɑ̃t] *adj* [extrême - affection] overflowing; [- activité] tireless; [- imagination] wild, unbridled, boundless; **d'un enthousiasme ~** bubbling with enthusiasm; **ressentir une joie ~e** to be bursting with joy; **être ~ de** to be full of; **~ d'éloges/d'énergie** full of praise/of energy; **~ de santé/de vie** bursting with health/with vitality; **il est ~ de tendresse envers elle** he is full of tenderness for her.

débordé, e [deborde] *adj* -**1.** [peu disponible] (very) busy. -**2.** [surmené] overworked.

débordement [debɔrdəmɑ̃] *nm* -**1.** [écoulement - d'une rivière] overflowing; [- d'un liquide] running over, overflowing. -**2.** [profusion - de paroles] rush, torrent; [- d'injures] outburst, volley; [- de joie] outburst, explosion; **des ~s d'émotion** emotional outbursts. -**3.** [manœuvre] outflanking; **il y a eu ~ des syndicats par la base** the rank and file have gone further than the union intended. -**4.** INF overflow.

◆ **débordements** *nmpl* [agitation] wild OU uncontrolled OU extreme behaviour; *litt* [débauche] excesses.

déborder [3] [debɔrde] ◇ *vi* -**1.** [rivière] to overflow; [bouillon, lait] to boil over; **le fleuve a débordé de son lit** the river has burst its banks; **l'eau a débordé du lavabo** the sink has overflowed; **son chagrin/sa joie débordait** she could no longer contain her grief/her delight; ~ **de** to overflow OU to be bursting with; ~ **de joie** to be bursting with joy. -**2.** [récipient] to overflow, to run over; [tiroir, sac] to be crammed, to spill over; **la casserole est pleine à** ~ the saucepan's full to the brim OU to overflowing; **laisser** ~ **la baignoire** to let the bath overflow; ~ **de: train qui déborde de voyageurs** train chock-full of OU crammed with passengers; **sac qui déborde de vêtements** bag overflowing with clothes. -**3.** [faire saillie] to stick OU to jut out, to project; **la pile de gravats débordait sur l'allée** the heap of rubble had spilled out into the lane; ~ **en coloriant un dessin** to go over the edges while colouring in a picture. -**4.** NAUT to shove off.
◇ *vt* -**1.** [dépasser] to stick OU to jut out from; **la pierre déborde le mur d'un centimètre** the stone juts out one centimetre from the wall. -**2.** [s'écarter de] : **vous débordez le sujet** you've gone beyond the scope of the topic ‖ *(en usage abs)*: **nous débordons un peu, il est midi et deux minutes** we're going slightly over time, it's two minutes past twelve. -**3.** [submerger - troupe, parti, équipe] to outflank; **le syndicat est débordé par la base** the rank and file are going further than the union intended; **être débordé: être débordé de travail** to be up to one's eyes in OU snowed under with work; **être débordé par les événements** to let things get on top of one; **je suis débordé par toutes ces nouvelles modes** I can't keep up with all these new fashions. -**4.** [tirer] : ~ **les draps** to untuck the sheets.

◆ **se déborder** *vpi*: se ~ **en dormant** to come untucked OU to throw off one's covers in one's sleep.

débosseler [24] [debɔsle] *vt* [gén] to straighten out *(sép)*; [en martelant] to beat OU to hammer out *(sép)*; [en tirant] to pull back into shape; [en poussant] to push back into shape.

débotté [debɔte]

◆ **au débotté** *loc adv litt*: **prendre qqn au** ~ to pounce on sb, to take sb unawares; **répondre au** ~ to answer off the cuff.

débotter[1] [debɔte] = **débotté**.

débotter[2] [3] [debɔte] *vt* to remove the boots of.

◆ **se débotter** *vp (emploi réfléchi)* to take one's boots off.

débouché [debuʃe] *nm* -**1.** [possibilité d'emploi] career prospect. -**2.** [perspective de vente] outlet, avenue for products; [marché] market. -**3.** [issue] end; **avoir un** ~ **sur la mer** to have an outlet to the sea.

◆ **au débouché de** *loc prép* at the end of; **au** ~ **du défilé dans la vallée** where the pass opens out into the valley.

déboucher [3] [debuʃe] ◇ *vt* -**1.** [ouvrir - bouteille de bière, tube] to uncap, to take the top off, to open; [- bouteille de vin] to uncork, to open; [- flacon] to unstop, to remove the stopper from; **on débouche une bouteille pour fêter ça!** let's crack open a bottle to celebrate! -**2.** [débloquer - pipe, trou, gicleur] to clear, to clean out *(sép)*; [- lavabo] to unblock, to unstop, to clear; [- tuyau, conduit] to clear, to unclog; [- nez] to unblock; [- oreille] to clean out *(sép)*.
◇ *vi* -**1.** [aboutir] : ~ **de** to emerge from, to come out of; ~ **sur** to open into, to lead to; **la rue débouche sur l'avenue** the street leads to the avenue. -**2.** *fig*: ~ **sur** to lead to; **des études qui ne débouchent sur rien** a course that doesn't lead anywhere; ~ **sur des résultats** to have positive results.

◆ **se déboucher** *vpt*: se ~ **le nez** to clear one's nose.

déboucheur [debuʃœr] *nm* -**1.** [produit] drain clearing liquid. -**2.** [dispositif] : ~ **à ventouse** plunger, plumber's friend *Am*; ~ **flexible** flexible cable *(for clearing pipes)*.

déboucler [3] [debukle] *vt* -**1.** [détacher - ceinture] to unbuckle, to undo, to unfasten. -**2.** [cheveux] : **la pluie avait débouclé ses cheveux** the rain had straightened his curly hair.

déboulé [debule] *nm* -**1.** DANSE déboulé. -**2.** SPORT burst of speed. -**3.** CHASSE breaking of cover.

◆ **au déboulé** *loc adv*: **tirer un animal au** ~ to shoot an animal as it breaks cover.

débouler [3] [debule] ◇ *vi* -**1.** [surgir] to emerge suddenly; **l'enfant a déboulé de derrière une voiture** the child shot out OU emerged suddenly from behind a parked car; **elle a déboulé du coin de la rue comme une folle** she came round the corner like a bat out of hell; **ils ont déboulé dans le couloir** they charged OU hurtled into the passage. -**2.** CHASSE to start, to bolt. -**3.** [tomber] to tumble down.
◇ *vt*: ~ **les escaliers** [en courant] to race OU to hurtle down the stairs; [après être tombé] to tumble down the stairs.

déboulonnage [debulɔnaʒ], **déboulonnement** [debulɔnmɑ̃] *nm* unbolting, removal of bolts.

déboulonner [3] [debulɔne] *vt* -**1.** TECH to unbolt, to remove the bolts (from); ~ **une statue** to take down a statue. -**2.** *fam* [évincer] to oust; **se faire** ~ to get fired, to get the sack *Br* OU the boot.

débourbage [deburbaʒ] *nm* [lavage] washing, clearing (from mud).

débourber [3] [deburbe] *vt* -**1.** [nettoyer - minerai, charbon] to wash, to clean, to clear (from mud); [- rivière] to dredge. -**2.** [sortir de la boue] to pull OU to drag OU to haul out of the mud.

débourbeur [deburbœr] *nm* clearing OU washing drum, trommel washer.

débourrage [deburaʒ] *nm* -**1.** [vidage] clearing. -**2.** TEXT fluffing, shredding.

débourrement [deburmɑ̃] *nm* bud burst.

débourrer [3] [debure] *vt* -**1.** [trou] to clear. -**2.** [cheval] to break in *(sép)*. -**3.** TEXT to fettle, to strip.

débours [debur] *nm* expenditures, outlay.

déboursement [debursəmɑ̃] *nm* disbursement.

débourser [3] [deburse] *vt* to spend, to lay out *(sép)*; **je ne débourserai pas un centime** I won't pay a penny; **sans rien** ~ without spending OU paying a penny.

déboussoler [3] [debusɔle] *vt* to confuse, to disorientate, to bewilder; **il est déboussolé depuis le départ de sa mère** his mother's departure has unsettled him.

debout [dəbu] ◇ *adv* -**1.** [en parlant des personnes - en station verticale] standing up; **manger** ~ to eat standing up; ~ ! get OU stand up!; **il était** ~ **sur la table** he was standing on the table; **ils l'ont mis** ~ they helped him to his feet OU helped him up; **se mettre** ~ to stand (up), to rise; **je préfère rester** ~ I'd rather stand; **je suis resté** ~ **toute la journée** I was on my feet all day; **ne restez pas** ~ (please) sit down; **tenez-le** ~ keep him upright OU in a standing position; **ça glisse, on ne peut pas rester** ~ it's so slippery it's difficult to stop falling over; **depuis l'opération elle a du mal à se tenir** ~ she's been very unsteady on her feet since the operation; **bébé se tient** ~ baby can stand up; **on peut se tenir** ~ **dans sa camionnette** his van is big enough to stand up in; **il ne tient plus** ~ [fatigué] he's dead on his feet; [ivre] he's legless. -**2.** [en parlant d'animaux] : **le girafeau est déjà** ~ the baby giraffe has already found its feet OU is already up on its legs; **le vieux chien s'est mis** ~ the old dog got up OU to its feet. -**3.** [en parlant d'objets] upright, vertical; **mettre un livre** ~ **contre la lampe** to stand a book against the lamp; **mettre une chaise** ~ to stand a chair up; **du bois** ~ **et sur pied** standing timber; **mettre un cercueil** ~ to upend a coffin, to stand a coffin on end ‖ *fig*: **mettre un projet** ~ to set up a project; **tenir** ~ to hold up, to stand up to examination; **le raisonnement ne tient pas** ~ the argument doesn't hold water OU hold up; **votre idée tient** ~ your idea really makes sense. -**4.** [éveillé] up; ~ ! get up!; ~ **là-dedans!** get up, you lot!; **être** ~ **à 5 h** to be up at 5 o'clock; **il n'est pas encore** ~ he's not up OU out of bed yet; **je reste** ~ **très tard** I stay up very late; **rester** ~ **toute la nuit à jouer aux cartes** to sit OU to stay up all night playing cards. -**5.** [en bon état] standing; **les murs sont encore** ~ the walls are still standing; **la maison de mon enfance est encore** ~ the house where I lived as a child is still there; **la république ne restera pas longtemps** ~ the republic won't hold out for long. -**6.** [guéri] up on one's feet (again), up and about; [sorti de chez soi, de l'hôpital] out and about. -**7.** *litt* [dignement] uprightly, honourably; **mourir (tout)** ~ to die with one's boots on.
◇ *adj*: **place** ~ standing room.

débouté, e [debute] *nm, f* severed plaintiff.

◆ **débouté** *nm* nonsuit.

déboutement [debutmɑ̃] *nm* nonsuiting, dismissal.

débouter [3] [debute] *vt* to nonsuit, to dismiss; **être débouté de sa plainte** to be nonsuited, to have one's suit dismissed.

déboutonnage [debutɔnaʒ] *nm* unbuttoning.

déboutonner [3] [debutɔne] *vt* to unbutton.

◆ **se déboutonner** *vp (emploi réfléchi)* -**1.** [ouvrir ses vêtements] to unbutton (o.s.). -**2.** *fam* [parler franchement] to open up.

débraillé, e [debraje] *adj* [allure, vêtements, personne] slovenly, sloppy, scruffy; [manières] slovenly; [conversation] unrestrained.

◆ **débraillé** *nm* slovenliness; **être en** ~ to be scruffy; **traîner en** ~ *fam* to slop around.

débranchement [debrɑ̃ʃmɑ̃] *nm* -**1.** [déconnexion - d'un tuyau] disconnecting; [- d'un appareil électrique] unplugging. -**2.** RAIL splitting up; ~ **en palier** flat shunting, shunting on level-tracks.

débrancher [3] [debrɑ̃ʃe] *vt* -**1.** [déconnecter - tuyau] to disconnect; [- appareil électrique] to unplug. -**2.** RAIL [train] to split up.

débrayage [debrɛjaʒ] *nm* -**1.** AUT disengaging of the clutch. -**2.** [grève] stoppage, walkout.

débrayer [11] [debreje] ◇ *vt* -**1.** AUT to declutch *Br*, to disengage the clutch of. -**2.** [machine] to throw out of gear, to put out of operation.
◇ *vi* -**1.** AUT to declutch *Br*, to disengage the clutch; **débrayez!** put the clutch in! -**2.** [faire grève] to stop work, to come out OU to go on strike.

débridé, e [debride] *adj* unbridled, unrestrained, unfettered.

débridement [debridmɑ̃] *nm* -**1.** *litt* [déchaînement] unbridling, unleashing. -**2.** MÉD [d'une blessure] excising; [d'un abcès] lancing.

débrider [3] [debride] *vt* -**1.** [cheval] to unbridle. -**2.** MÉD [plaie] to unbind. -**3.** *loc*: **sans** ~ nonstop, without stopping, at a stretch.

débris [debri] *nm* -**1.** *(gén pl)* [fragment - de verre] piece, splinter, shard; [- de vaisselle] (broken) piece OU fragment; [- de roche] crumb, debris *(sg)*; [- de métal] scrap; [- de végétal] piece OU crumb of vegetable matter, debris *(sg)*. -**2.** *(gén pl)* [nourriture] scraps, crumbs; *litt* [restes - d'une fortune, d'un royaume] last shreds, remnants; [détritus] litter, rubbish *Br*. -**3.** ▽ [vieillard] : (vieux) ~ old codger.

débrouillage [debrujaʒ] *nm* -**1.** [de fils] disentangling, untangling, unravelling. -**2.** [d'une énigme] puzzling out, unravelling, untangling.

débrouillard, e [debrujar, ard] ◇ *adj* resourceful.
◇ *nm, f* resourceful person.

débrouillardise [debrujardiz] *nf* resourcefulness.

débrouille *fam* [debruj] *nf*: s'en sortir par la ~ to improvise one's way out of trouble; l'art de la ~ the art of making do (with what's at hand).

débrouillement [debrujmɑ̃] = **débrouillage**.

débrouiller [3] [debruje] *vt* -**1.** [démêler - fils] to unravel, to untangle, to disentangle; [- énigme] to puzzle out *(sép)*, to untangle, to unravel; ~ les affaires de qqn to sort out sb's business affairs. -**2.** *fam* [enseigner les bases à] to teach the basics to; ~ qqn en gestion to give sb a grounding in management.

◆ **se débrouiller** *vpi* -**1.** [faire face aux difficultés] to manage; **débrouille-toi** you'll have to manage by yourself; **comment vas-tu te ~ maintenant qu'elle est partie?** how will you cope now that she's gone?; **elle se débrouille très bien dans Berlin** she really knows her way around Berlin; **tu parles espagnol? — je me débrouille** do you speak Spanish? — I get by; **se ~ en anglais** to have a working knowledge of English; **j'ai dû me ~ avec le peu que j'avais** I had to make do OU manage with what little I had; **je me suis débrouillé pour avoir des places** I managed to wangle some seats; **se ~ pour se faire inviter par qqn** to wangle an invitation out of sb ❑ **donne cette casserole, tu te débrouilles comme un pied** *fam* give me that pan, you're all thumbs. -**2.** [subsister financièrement] to make ends meet, to manage; **j'étais seule dans la vie, j'ai dû me ~** I was on my own, I had to fend for myself; **on se débrouille** we get by OU manage.

débroussaillage [debrusajaʒ], **débroussaillement** [debrusajmɑ̃] *nm* -**1.** [nettoyage] clearing; **le ~ d'un sous-bois** clearing of the undergrowth. -**2.** [étude]: **le ~ d'un problème** the groundwork OU spadework OU preliminary work on a problem.

débroussailler [3] [debrusaje] *vt* -**1.** [terrain] to clear (of brambles). -**2.** *fig* [travail, problème] to do the groundwork OU spadework on.

débucher[1], **débuché** [debyʃe] *nm* CHASSE breaking from cover.

débucher[2] [3] [debyʃe] ◇ *vt* to start, to drive from cover.

◇ *vi* to break from cover.

débudgétisation [debydʒetizasjɔ̃] *nf* removing from the budget, debudgeting.

débudgétiser [3] [debydʒetize] *vt* to remove from the budget, to debudget.

débureaucratiser [3] [debyrokratize] *vt* to make less bureaucratic.

débusquement [debyskəmɑ̃] *nm* dislodgement.

débusquer [3] [debyske] *vt* -**1.** CHASSE to start, to flush. -**2.** [découvrir] to hunt out *(sép)*; **le logiciel débusque la moindre faute d'orthographe** the software can track down the slightest spelling mistake.

début [deby] *nm* -**1.** [commencement] beginning, start; **le ~ de la semaine** the beginning OU start of the week; **le ~ de notre amitié** the beginning OU start of our friendship; **le ~ d'une maladie** the beginning OU onset of an illness; **le ~ d'un livre** the beginning OU opening of a book; **salaire de ~** starting salary; **un ~**: **ce n'est pas mal pour un ~** it's quite good for a first try OU attempt; **ce n'est qu'un ~** that's just the start OU beginning; **il y a un ~ à tout** you have to start sometime; **un ~ de**: **ressentir un ~ de fatigue** to start feeling tired; **un ~ de grippe** the first signs of flu. -**2.** [dans l'expression des dates]: **~ mars** at the beginning of OU in early March.

◆ **débuts** *nmpl* [dans une carrière] start; [dans le spectacle] debut; **il a eu des ~s difficiles** it wasn't easy for him at the start; **mes ~s dans le journalisme** my first steps OU early days as a journalist; **en être à ses ~s** [projet] to be in its early stages; [personne] to have just started (out) ‖ [en société] debut; **faire ses ~s** to make one's debut ‖ [première période] beginnings; **les ~s de l'aviation** the beginnings of aviation; **le rock à ses ~s** early rock music.

◆ **au début** *loc adv* at first, to begin with; **au ~ il voulait un vélo, maintenant il veut une voiture** he started out wanting a bike, now he wants a car.

◆ **au début de** *loc prép*: **au ~ du printemps/de l'année** at the beginning of spring/of the year; **j'en suis encore au ~ du livre** I've only just started the book; **aider qqn au ~ d'un travail/d'une carrière** to start sb (off) in a job/in a career.

◆ **au tout début, tout au début** *loc adv* at the very beginning, right at the beginning.

◆ **dès le début** *loc adv* from the outset OU very start OU very beginning.

◆ **du début à la fin** *loc adv* [d'un livre, d'une histoire] from beginning to end; [d'une course, d'un événement] from start to finish.

débutant, e [debytɑ̃, ɑ̃t] ◇ *adj* [dans un apprentissage] novice *(modif)*; [dans une carrière] young; **un professeur ~** a young teacher.

◇ *nm, f* [dans un apprentissage] beginner, novice; [dans une carrière] beginner; **espagnol pour les ~s** beginner's Spanish ❑ **grand ~** absolute beginner; **se faire avoir comme un ~** *fam* to be taken in like a real greenhorn.

◆ **débutante** *nf* debutante.

débuter [3] [debyte] ◇ *vi* -**1.** [commencer] to start, to begin; **~ par** to start (off) with; **l'histoire débute par un mariage** the story begins with a wedding. -**2.** [être inexpérimenté] to be a beginner, to begin; **elle débute dans le métier** she's new to the job. -**3.** [commencer à travailler] to start (out), to begin; **il a débuté comme serveur dans un restaurant** he started out as a waiter in a restaurant. -**4.** [au spectacle] to make one's debut; **il a débuté dans le rôle de Faust** he made his debut OU first appearance as Faust. -**5.** [en société]: **~ (dans le monde)** to make one's debut, to come out.

◇ *vt fam*: **c'est nous qui débutons le concert** we're on first, we're opening the show.

deçà [dəsa] *adv*: **~ (et) delà** *litt* hither and thither.

◆ **en deçà** *loc adv* on this side; **ne franchissez pas la rivière, restez en ~** don't cross the river, stay on this side.

◆ **en deçà de** *loc prép* -**1.** [de ce côté-ci de] (on) this side of; **en ~ de la frontière** on this side of the border; **en ~ des Alpes** this side of the Alps. -**2.** *fig*: **en ~ d'un certain seuil** below a certain level; **rester en ~ de la vérité** to be short of the truth; **ce travail est en ~ de ses possibilités** this job doesn't exploit his potential to the full.

déca *fam* [deka] *nm* decaffeinated coffee, decaf.

déca- [deka] *préf* deca-.

décabosser [3] [dekabɔse] *vt* [gén] to straighten out *(sép)*; [en martelant] to beat OU to hammer out *(sép)*; [en tirant] to pull back into shape; [en poussant] to push back into shape.

décachetage [dekaʃtaʒ] *nm* opening, unsealing.

décacheter [27] [dekaʃte] *vt* [ouvrir - en déchirant] to open, to tear open; [- en rompant le cachet] to unseal, to break open.

décade [dekad] *nf* -**1.** [série de dix] decade. -**2.** [dix jours] period of ten days. -**3.** [dix ans] decade.

décadenasser [3] [dekadnase] *vt* to remove the padlock from, to take the padlock off.

décadence [dekadɑ̃s] *nf* decadence, decline, decay; **la ~ romaine** Roman decadence; **la ~ de l'Empire romain** the decline OU fall of the Roman Empire.

◆ **en décadence** ◇ *loc adj* declining, decaying, decadent.

◇ *loc adv*: **tomber** OU **entrer en ~** to become decadent, to start to decline.

décadent, e [dekadɑ̃, ɑ̃t] ◇ *adj* -**1.** [en déclin] decadent, declining, decaying. -**2.** BX-ARTS & LITTÉRAT decadent.

◇ *nm, f* decadent.

◆ **décadents** *nmpl*: **les ~s** the Decadents.

décadrage [dekadraʒ] *nm* -**1.** CIN off-centring. -**2.** INF off-registration.

décadrer [3] [dekadre] *vt* -**1.** MIN to draw the timbers of, to remove the timbering of. -**2.** [décentrer]: **être décadré** INF [perforation] to be off-punch; CIN to be off-cent.

décaèdre [dekaɛdr] ◇ *adj* decahedral.

◇ *nm* decahedron.

décaféiné, e [dekafeine] *adj* decaffeinated.

◆ **décaféiné** *nm* decaffeinated coffee.

décagonal, e, aux [dekagɔnal, o] *adj* decagonal.

décagone [dekagɔn] *nm* decagon.

décaissement [dekɛsmɑ̃] *nm* -**1.** FIN payment, disbursement *spéc.* -**2.** [déballage] unpacking. -**3.** BOT planting out.

décaisser [4] [dekese] *vt* -**1.** FIN to pay, to disburse *spéc.* -**2.** [déballer] to unpack, to take out of its container. -**3.** BOT to plant out *(sép)*.

décalage [dekalaʒ] *nm* -**1.** [dans l'espace] space, interval, gap. -**2.** [dans le temps] interval, timelag, lag; **~ horaire** time difference; **souffrir du ~ horaire** to have jet lag. -**3.** [manque de concordance] discrepancy, gap; **~ entre la théorie et la pratique** discrepancy between theory and practice. -**4.** AUDIO shift, displacement; **~ de fréquence** frequency shift; **~ de l'image** image displacement; **~ son-image** pull-up sound advance, sound to image stagger. -**5.** ASTRON: **~ spectral** spectral shift. -**6.** INF shift; **introduire qqch par ~** to shift sthg in ❑ **~ arithmétique/logique/de la virgule** arithmetic/logical/point shift.

◆ **en décalage** *loc adj* -**1.** [dans le temps]: **nous sommes en ~ par rapport à Bangkok** there's a time difference between here and Bangkok. -**2.** [sans harmonie]: **être en ~ avec qqn** to have a different mentality from sb; **on est en complet ~** we're on completely different wavelengths.

décalaminage [dekalaminaʒ] *nm* -**1.** [d'un moteur] decarbonization, decoking, decarburization. -**2.** MÉTALL descaling.

décalaminer [3] [dekalamine] *vt* -**1.** [moteur] to decarbonize, to decoke, to decarburize. -**2.** MÉTALL to descale.

décalcification [dekalsifikasjɔ̃] *nf* decalcification, decalcifying.

décalcifier [9] [dekalsifje] *vt* to decalcify.

◆ **se décalcifier** *vpi* to become decalcified.

décalcomanie [dekalkɔmani] *nf* -**1.** [image] transfer, decal, decalcomania *spéc*; **faire des ~s** to do transfers. -**2.** [procédé] transfer process, decal, decalcomania *spéc.*

décaler [3] [dekale] *vt* -**1.** [dans l'espace] to pull OU to shift (out of line); **~ qqch vers l'avant/l'arrière/la gauche** to shift sthg forward/back/to the left; **les sièges sont décalés** the seats are staggered; **cette façade est légèrement décalée par rapport aux autres** this house is slightly out of line with the others. -**2.** [dans le temps - horaire] to shift; **l'horaire a été décalé d'une heure** [avancé] the schedule was brought forward an hour; [reculé] the schedule was brought OU moved one hour back. -**3.** [désorienter]: **être décalé par rapport à la réalité** to be out of phase with reality. -**4.** [ôter les cales de] to unwedge.

◆ **se décaler** *vpi* to move (out of line); **décalez-vous à droite** move OU step to the right; **décalez-vous d'un rang en avant/arrière** move forward/back a row.

décalitre [dekalitr] *nm* decalitre.

décalogue [dekalɔg] *nm* Decalogue.

décalotter [3] [dekalɔte] *vt*: **~ le pénis** to pull back the foreskin.

décalquage [dekalkaʒ] *nm* tracing, transferring.

décalque [dekalk] *nm* tracing.

décalquer [3] [dekalke] *vt* to trace, to transfer.

Décaméron [dekamerɔ̃] *npr*: **'Décaméron'** *Boccace* 'The Decameron'.

décamètre [dekamɛtr] *nm* decametre.

décamper [3] [dekɑ̃pe] *vi* to make o.s. scarce, to buzz off; **décampe!** clear out!, beat it!; **faire ~ qqn** to chase OU to drive sb out.

décan [dekɑ̃] *nm* decan.

décaniller *fam* [3] [dekanije] *vi* to clear out OU off, to scram; **il n'y a pas moyen de les faire ~** there's no budging them.

décantage [dekɑ̃taʒ] *nm*, **décantation** [dekɑ̃tasjɔ̃] *nf* [d'un liquide] settling, clarification; [de l'argile] washing; [des eaux usées] clarification; [du vin] decantation, settling.

décanter [3] [dekɑ̃te] *vt* -**1.** [purifier - liquide] to allow to settle, to clarify; [- argile] to wash; [- produit chimique] to decant. -**2.** [éclaircir] to clarify; **~ ses idées** to think things over.
◆ **se décanter** *vpi* -**1.** [liquide] to settle. -**2.** [situation] to settle down; **il faut laisser les choses se ~** one must allow things to sort themselves out OU to settle down.

décanteur [dekɑ̃tœr] *nm* -**1.** CHIM decantation OU decanting glass. -**2.** PÉTR settler. -**3.** [pour les eaux usées] tank; **~ primaire** detritus pit.

décapage [dekapaʒ] *nm* [nettoyage - en grattant] scraping, scouring; [- par un produit chimique] stripping, pickling; [- par la chaleur] burning off; [- par projection de sable] sandblasting.

décapant, e [dekapɑ̃, ɑ̃t] *adj* -**1.** [nettoyant]: **agent** OU **produit ~** stripper. -**2.** [incisif - remarque] caustic, vitriolic; [- roman, article] corrosive; **elle avait un humour ~** she had a caustic sense of humour.
◆ **décapant** *nm* stripper CONSTR.

décaper [3] [dekape] *vt* -**1.** [nettoyer - gén] to clean off *(sép)*; [- en grattant] to scrape clean; [- avec un produit chimique] to strip; [- à la chaleur] to burn off *(sép)*; **~ la peinture d'une porte** to strip the paint off a door; **~ une façade** to sandblast the outside of a building; **~ un parquet** to sand (down) floorboards. -**2.** *fam* [râcler] to burn through *(insép)*, to scour *péj*; **ça décape la gorge** it burns your throat. -**3.** GÉOL to clear of surface soil.

décapeuse [dekapøz] *nf* scraper.

décapitation [dekapitasjɔ̃] *nf* beheading, decapitation.

décapiter [3] [dekapite] *vt* -**1.** [personne]: **~ qqn** [le supplicier] to behead sb, to cut sb's head off, to decapitate sb; [accidentellement] to cut sb's head off, to decapitate sb. -**2.** [arbre, fleur] to top, to cut the top off. -**3.** [entreprise, gouvernement] to decapitate, to deprive of leaders.

décapode [dekapɔd] *nm* decapod; **les ~s** the Decapoda.

décapotable [dekapɔtabl] ◇ *adj* convertible; **sa voiture est ~** her car has a folding top, she drives a convertible.
◇ *nf* convertible.

décapoter [3] [dekapɔte] *vt* -**1.** [replier le toit de] to fold back the roof of *Br*, to lower the top of *Am*. -**2.** [enlever le toit de] to remove the roof *Br* OU top *Am* of.

décapsulage [dekapsylaʒ] *nm* opening.

décapsulation [dekapsylasjɔ̃] *nf* MÉD decortication, decapsulation.

décapsuler [3] [dekapsyle] *vt* to uncap, to take the top off.

décapsuleur [dekapsylœr] *nm* bottle-opener.

décapuchonner [3] [dekapyʃɔne] *vt* to take the cap off.

décarbonater [3] [dekarbɔnate] *vt* to decarbonate.

décarboxylation [dekarbɔksilasjɔ̃] *nf* decarboxylation.

décarburation [dekarbyrasjɔ̃] *nf* decarburization.

décarburer [3] [dekarbyre] *vt* to decarburize.

décarcasser [3] [dekarkase]
◆ **se décarcasser** *fam vpi* to go through a lot of hassle, to sweat (blood).

décarreler [24] [dekarle] *vt* [sol] to take tiles up from; [mur] to strip tiles off.

décartellisation [dekartelizasjɔ̃] *nf* decartelization.

décasyllabe [dekasilab], **décasyllabique** [dekasilabik] *adj* decasyllabic.
◆ **décasyllabe** *nm* decasyllable.

décathlon [dekatlɔ̃] *nm* decathlon.

décathlonien [dekatlɔnjɛ̃] *nm* decathlete.

décati, e *fam* [dekati] *adj* [personne] decrepit; [corps] decrepit, wasted; **un vieux tout ~** an old man gone all to seed OU pot.

décatir [32] [dekatir] *vt* to hot-press, to decatize *Br*, to decate *Am*.
◆ **se décatir** *fam vpi* to become decrepit.

décatissage [dekatisaʒ] *nm* hot-pressing, decatizing *Br*, decating *Am*.

décavé, e *fam* [dekave] ◇ *adj* [qui a perdu au jeu] cleaned out; [ruiné] flat broke, stony-broke *Br*.
◇ *nm, f* ruined gambler.

decca [deka] *nm* Decca®.

Deccan [dekɑ̃] *npr* Deccan.

décéder [18] [desede] *vi sout* to die, to pass away *euph*; **il est décédé dans la nuit** he passed away during the night; **il est décédé depuis longtemps** he died a long time ago; **personne décédée** deceased person; **s'il vient à ~** in the event of his death.

décelable [deslabl] *adj* -**1.** [par analyse] detectable. -**2.** [par observation] discernible, detectable, perceivable.

déceler [25] [desle] *vt* -**1.** [repérer - erreur] to detect, to spot, to discover; **~ une fuite** to detect OU to find OU to trace a leak; **~ un don pour la musique chez qqn** to detect OU to notice an aptitude for music in sb; **je n'ai rien décelé d'anormal** I've found nothing wrong || [percevoir] to detect, to discern, to perceive. -**2.** [révéler] to reveal, to betray, to give away *(sép)*; **sa voix décelait son émotion** his voice betrayed his emotion.

décélération [deselerasjɔ̃] *nf* deceleration, slowing down.

décélérer [18] [deselere] *vi* to decelerate, to slow down.

décembre [desɑ̃br] *nm* December.

décemment [desamɑ̃] *adv* -**1.** [correctement] decently, properly; **se tenir ~** to behave properly. -**2.** [suffisamment] properly; **j'espère que tu te nourris ~** I hope you're feeding yourself properly. -**3.** [raisonnablement] decently; **on ne peut pas ~ lui raconter ça** we can't very well OU we can hardly tell him that.

décence [desɑ̃s] *nf* decency; **avoir la ~ de** to have the (common) decency to.

décennal, e, aux [desenal, o] *adj* decennial.

décennat [desena] *nm* decade *(of leadership)*.

décennie [deseni] *nf* decade, decenium, decennary.

décent, e [desɑ̃, ɑ̃t] *adj* -**1.** [convenable] decent; **être en tenue ~e** to be properly dressed; **il serait plus ~ de donner l'argent à une œuvre** it would be more fitting OU proper to give the money to a charity. -**2.** [acceptable] decent, reasonable; **avoir un salaire ~** to earn a decent OU an adequate wage; **faire qqch d'une manière ~e** to do sthg reasonably well; **un prix ~** a reasonable OU fair price; **un repas ~** a decent meal.

décentrage [desɑ̃traʒ] *nm* off-centring.

décentralisateur, trice [desɑ̃tralizatœr, tris] ◇ *adj* decentralization *(modif)*, decentralist.
◇ *nm, f* decentralist, supporter of decentralization.

décentralisation [desɑ̃tralizasjɔ̃] *nf* decentralization, decentralizing.

décentraliser [3] [desɑ̃tralize] *vt* to decentralize.

décentrement [desɑ̃trəmɑ̃] *nm* PHOT: **~ vertical/horizontal** vertical/horizontal movement of the lens.

décentrer [3] [desɑ̃tre] *vt* to bring out of centre; **être décentré** to be off-centre.

déception [desɛpsjɔ̃] *nf* disappointment; **la grande ~ de sa vie** the great disappointment of his life; **quelle ~!** what a disappointment!

décercler [3] [desɛrkle] *vt* to unhoop.

décérébration [deserebrasjɔ̃] *nf* decerebration, pithing.

décérébrer [18] [deserebre] *vt* to decerebrate, to pith.

décerner [3] [desɛrne] *vt* -**1.** [prix, médaille] to award; [titre, distinction] to confer on. -**2.** JUR to issue.

décervelage [desɛrvəlaʒ] *nm* braining.

décerveler [24] [desɛrvəle] *vt* to brain.

décès [desɛ] *nm* JUR OU *sout* death.

décevant, e [desəvɑ̃, ɑ̃t] *adj* disappointing.

décevoir [52] [desəvwar] *vt* to disappoint; **elle attendait beaucoup mais elle a été très déçue** she was expecting a lot but she was very disappointed; **elle l'a beaucoup déçu** he was quite disappointed with her; **tu me déçois** I'm disappointed in you; **il ne va pas être déçu!** *iron* he's going to get a shock!; **je croyais rencontrer l'homme idéal, je n'ai pas été déçue!** *iron* I thought I was meeting the ideal man, what a letdown!

déchaîné, e [deʃene] *adj* [mer, vent] raging, wild; [passions] unbridled, raging; [personne] wild; [public] raving, delirious; [opinion publique] outraged; [foule] riotous, uncontrollable; **tu es ~, ce soir!** *fam* you're on top form tonight!

déchaînement [deʃɛnmɑ̃] *nm* [des éléments, de la tempête] raging, fury; [de colère, de rage] outburst; **rien ne justifie un tel ~** this outburst is totally unjustified.

déchaîner [4] [deʃene] *vt* -**1.** [déclencher - violence, colère] to unleash, to arouse; [- enthousiasme] to arouse; [- rires] to trigger off *(sép)*; **~ l'hilarité générale** to set off a storm of laughter; **~ les passions: Greta Garbo a déchaîné les passions** Greta Garbo inspired many great passions; **son article a déchaîné les passions** his article caused an outcry OU aroused strong passions. -**2.** [mettre en colère]: **c'est ce que j'ai dit qui l'a déchaîné** it was what I said that sent him wild; **il est déchaîné contre vous** he's ranting and raving against you.
◆ **se déchaîner** *vpi* -**1.** [tempête, vent] to rage. -**2.** [hilarité, applaudissements] to break OU to burst out; [instincts] to be unleashed; **se ~ contre** to rave at OU against; **la presse s'est déchaînée contre le gouvernement** the press railed at the government; **elle s'est déchaînée contre son frère** she lashed out OU let fly at her brother; **sa colère s'est déchaînée contre nous** he unleashed his anger on us.

déchanter [3] [deʃɑ̃te] *vi* to be disillusioned, to become disenchanted; **il croyait avoir trouvé l'amour mais il a déchanté** he thought he'd found love but the scales fell from his eyes.

décharge [deʃarʒ] *nf* -**1.** ARM [tir] shot; **il y a eu trois ~s** there were three shots; **prendre** OU **recevoir une ~ en pleine poitrine** to get shot in the chest. -**2.** ÉLECTR discharge; **~ électrique** electric OU field discharge; **prendre une ~** *fam* to get a shock. -**3.** [écrit, quittance] discharge paper, chit; **je veux qu'on me signe une ~** I want a signed piece of paper saying I'm not responsible. -**4.** [dépotoir] dump, rubbish tip *Br*, garbage dump *Am*; **'~ interdite'** 'no dumping'. -**5.** IMPR set-off sheet, offset sheet. -**6.** PHYSIOL rush; **~ d'adrénaline** rush of adrenaline.
◆ **à la décharge de** *loc prép*: **à sa ~, il faut dire que...** in his defence, it has to be said that...
◆ **de décharge** *loc adj* -**1.** GÉOG: **courant de ~** discharge OU discharging current. -**2.** CONSTR [arc] relieving.

déchargement [deʃarʒəmɑ̃] *nm* -**1.** [d'une arme, d'un véhicule] unloading. -**2.** ÉLECTRON dump.

décharger [17] [deʃarʒe] ◇ *vt* -**1.** [débarrasser de sa charge - véhicule, animal] to unload; [- personne] to unburden; **je vais te ~** [à un voyageur] let me take your luggage; [au retour des magasins] let me take your parcels for you. -**2.** [enlever - marchandises] to unload, to take off *(sép)*; [- passagers] to set down *(sép)*; **~ des bananes d'un navire** to unload bananas from OU to take bananas off a ship; **~ le sable d'un camion** to dump the sand from a truck; **le train déchargeait ses passagers** the train was setting down its passengers. -**3.** [soulager] to relieve, to unburden; ~ **sa conscience** to relieve OU to unburden one's conscience; ~ **son cœur** *litt* to unburden one's heart; ~ **qqn de la comptabilité** to take the accounting off sb's hands, to relieve sb of the accounting; **être déchargé de ses fonctions** to be discharged OU dismissed. -**4.** [disculper] to clear, to exonerate. -**5.** CONSTR to relieve, to discharge. -**6.** ARM [tirer avec] to fire, to discharge; ~ **son arme sur qqn** to fire one's gun at sb || [ôter la charge de] to unload. -**7.** ÉLECTR to discharge. -**8.** ÉLECTRON to dump. -**9.** [laisser libre cours à] to vent, to give vent to; ~ **sa bile** to vent one's spleen; ~ **sa colère** to give vent to one's anger; ~ **sa mauvaise humeur sur qqn** to vent one's temper on sb.

◇ *vi* -**1.** [déteindre - étoffe] to run. -**2.** ▼ [éjaculer] to come.

◆ **se décharger** *vpi* -**1.** ÉLECTR [batterie] to run down, to go flat; [accumulateur] to run down, to lose its charge. -**2.** [se débarrasser]: se ~ **(de qqch) sur**: **je vais essayer de me ~ de cette corvée sur quelqu'un** I'll try to hand over the chore to somebody else; **tu te décharges toujours sur les autres** you're always shifting responsibility onto other people.

déchargeur [deʃarʒœr] *nm* -**1.** [appareil] unloader. -**2.** *vieilli* [personne - dans un port] stevedore, docker *Br*, longshoreman *Am*; [- aux halles] labourer.

décharné, e [deʃarne] *adj* -**1.** [maigre - personne] emaciated, gaunt, wasted; [- visage] emaciated, gaunt, haggard; [- main] bony. -**2.** [aride - paysage, vallée] bare, bald.

déchaumage [deʃomaʒ] *nm* stubble ploughing.

déchaumer [3] [deʃome] *vt* to plough up the stubble of.

déchaussage [deʃosaʒ] *nm* baring of the roots *(by frost)*.

déchaussé, e [deʃose] *adj* -**1.** [sans chaussures - pied] bare, shoeless, unshod; [- personne] barefoot. -**2.** [branlant - dent] loose; [- mur] laid bare. -**3.** [moine, nonne] discalced.

déchaussement [deʃosmɑ̃] *nm* [d'une dent] loosening, agomphiasis *spéc*; [d'un mur] laying bare.

déchausser [3] [deʃose] *vt* -**1.** [personne]: ~ qqn to take off sb's shoes || [retirer]: ~ **ses skis** to take off one's skis || *(en usage abs)* to lose one's skis. -**2.** HORT to bare the roots of. -**3.** CONSTR [mur] to lay bare.

◆ **se déchausser** ◇ *vp (emploi réfléchi)* [personne] to take off one's shoes.

◇ *vpi* [dent] to get loose; **avoir les dents qui se déchaussent** to have receding gums.

dèche▽ [dɛʃ] *nf* dire poverty; **je ne peux pas l'acheter, c'est la ~!** I can't afford it, I'm skint *Br* OU broke!; **être dans la ~** to be skint *Br* OU broke.

déchéance [deʃeɑ̃s] *nf* -**1.** [avilissement] (moral) degradation; **tomber dans la ~** to go into (moral) decline. -**2.** [déclin social] lowering of social standing. -**3.** RELIG fall. -**4.** JUR loss, forfeit; ~ **de l'autorité parentale** loss of parental authority. -**5.** POL [d'un monarque] deposition, deposing; [d'un président] removal *(after impeachment)*.

déchet [deʃɛ] *nm* -**1.** [portion inutilisable] : **dans les pommes qu'on m'a vendues il y avait du ~** some of the apples I bought were unusable; **dans un ananas il y a beaucoup de ~** there's a lot of waste in a pineapple. -**2.** *péj* [personne] (miserable) wretch. -**3.** COMM: ~ **de route** losses in transit.

◆ **déchets** *nmpl* -**1.** [résidus] waste; **des ~s de tissu** off-cuts; **des ~s de viande** meat scraps; **des ~s de nourriture** food scraps; **~s radioactifs/toxiques** radioactive/toxic waste. -**2.** PHYSIOL waste matter.

déchetterie [deʃɛtri] *nf* waste collection centre *(for sorting and recycling)*.

déchiffonner [3] [deʃifɔne] *vt* to uncrumple, to smooth out *(sép)*, to smooth the creases out of.

déchiffrable [deʃifrabl] *adj* decipherable; **écriture ~** legible handwriting.

déchiffrage [deʃifraʒ] *nm* sight-reading.

déchiffrement [deʃifrəmɑ̃] *nm* deciphering.

déchiffrer [3] [deʃifre] *vt* -**1.** [comprendre - inscription, manuscrit] to decipher; [- langage codé] to decipher, to decode; **je déchiffre à peine son écriture** I can barely make out her handwriting. -**2.** [lire] to spell out *(sép)*; *(en usage abs)*: **apprendre à ~** to start spelling out words. -**3.** MUS to sight-read. -**4.** [élucider - énigme] to puzzle out *(sép)*, to make sense of.

déchiffreur, euse [deʃifrœr, øz] *nm, f* decipherer.

déchiquetage [deʃiktaʒ] *nm* shredding, tearing.

déchiqueté, e [deʃikte] *adj* -**1.** [irrégulier - feuille] jagged; [- montagne] jagged, ragged. -**2.** [tailladé] torn to bits, hacked about.

déchiqueter [27] [deʃikte] *vt* [papier, tissu] to rip (to shreds), to tear (to bits); **le chien a déchiqueté la couverture** the dog chewed the blanket to pieces OU bits; **la bombe les a déchiquetés** the bomb blew them to pieces.

déchiqueture [deʃiktyr] *nf* -**1.** [partie déchiquetée] shred. -**2.** [entaille] tear, rip. -**3.** [bord irrégulier] jagged edge.

déchirant, e [deʃirɑ̃, ɑ̃t] *adj* [spectacle] heartbreaking, heartrending; [cri] agonizing, harrowing; [séparation] unbearably painful.

déchirement [deʃirmɑ̃] *nm* -**1.** [arrachement] tearing, ripping, rending. -**2.** [souffrance] wrench; **le ~ des adieux** the wrench of separation. -**3.** [désunion] rift; **un pays en proie à des ~s politiques** a country torn apart by internal strife.

déchirer [3] [deʃire] *vt* -**1.** [lacérer] to tear, to rip; **attention, tu vas ~ ton collant** mind not to rip your tights. -**2.** [mettre en deux morceaux] to tear; ~ **une page en deux** to tear a page into two || [mettre en morceaux] to tear up OU to pieces; **il s'est fait ~ par la critique** *fig* he was torn apart OU torn to shreds by the critics. -**3.** [arracher] to tear off *(sép)*; ~ **un ticket d'un carnet** to tear a ticket out from a book ❑ ~ **le voile** to unmask the truth. -**4.** [ouvrir]: ~ **une enveloppe** to tear OU to rip open an envelope. -**5.** [blesser] to tear (the skin OU flesh of), to gash; **le barbelé m'avait déchiré la jambe** I'd gashed my leg on the barbed wire; **un bruit qui déchire les tympans** an earpiercing OU earsplitting noise; **une douleur qui déchire la poitrine** a stabbing pain in the chest; ~ **qqn** OU **le cœur de qqn** *litt* to break sb's heart, to make sb's heart bleed; **être déchiré par la douleur** to be racked with pain. -**6.** *litt* [interrompre - nuit, silence] to rend, to pierce; **un cri déchira la nuit** a scream pierced the night; **un éclair déchira le ciel** a flash of lightning rent the sky. -**7.** [diviser] to tear apart; **la guerre déchire le pays** the war is tearing the country apart; **des familles déchirées par la guerre** war-torn families; **je suis déchiré entre eux deux** I'm torn between the two of them.

◆ **se déchirer** ◇ *vp (emploi réciproque)* [se faire souffrir] to tear each other apart.

◇ *vp (emploi passif)* to tear; **ce tissu se déchire facilement** this material tears easily.

◇ *vpi* [vêtement, tissu, papier] to tear, to rip; [membrane] to break; **mon gant s'est déchiré** my glove got torn; **les brumes matinales se déchirent au premier soleil** *litt* the morning mists dissolve as the sun comes out.

◇ *vpt* MÉD: se ~ **un muscle/tendon/ligament** to tear a muscle/tendon/ligament.

déchirure [deʃiryr] *nf* -**1.** [accroc] tear, rip, split. -**2.** *litt* [souffrance] wrench. -**3.** MÉD tear; ~ **musculaire** pulled muscle. -**4.** [trouée] crack, opening.

déchlorurer [3] [deklɔryre] *vt* to dechloridize.

déchoir [71] [deʃwar] ◇ *vi* -**1.** *(aux être)*: **il est déchu de son rang** he has lost OU forfeited his social standing. -**2.** *litt (aux avoir)* [s'abaisser] to demean o.s.; **il croira ~ en acceptant cela** he'll think he's demeaning himself if he agrees to this; **ce ne serait pas ~ que de...** it wouldn't be demeaning to... || [diminuer - fortune, prestige] to wane.

◇ *vt* [priver]: ~ **qqn d'un droit** to deprive sb of a right.

déchristianisation [dekristjanizasjɔ̃] *nf* dechristianization, dechristianizing.

déchristianiser [3] [dekristjanize] *vt* to dechristianize.

déchu, e [deʃy] *adj* [prince, roi] deposed, dethroned; [président] deposed; [ange, humanité] fallen.

déci [desi] *nm Helv decilitre of wine*.

décibel [desibɛl] *nm* decibel.

décidabilité [desidabilite] *nf* decidability.

décidable [desidabl] *adj* decidable.

décidé, e [deside] *adj* -**1.** [résolu] resolute, determined, decided; **elle est entrée d'un pas ~** she strode resolutely into the room. -**2.** [réglé] settled.

décidément [desidemɑ̃] *adv* definitely, clearly; ~, **ça ne marchera jamais** obviously it'll never work out; ~, **c'est une manie** you're really making a habit of it, aren't you?; ~ **tu exagères!** honestly, you are the limit!; **j'ai encore cassé un verre – ~!** I've broken another glass – it's not your day, is it!

décider [3] [deside] *vt* -**1.** [choisir] to decide (on); **ils ont décidé la guerre** they've decided to go to war; ~ **de faire** to decide OU to resolve to do; ~ **d'accepter/de ne pas accepter la proposition** to decide in favour of/against the proposal; ~ **de se rendre plutôt que de mourir** to decide to surrender rather than die; ~ **que: il a décidé que nous irions demain** he's decided that we'll go tomorrow; **il a décidé qu'il ne prendrait pas l'avion** he's decided not to OU that he won't fly; ~ **combien/quoi/comment/si** to decide how much/what/how/whether; ~ **quelle maison acheter** to decide which house to buy; **c'est décidé** it's settled; **c'est décidé, je reste** I'm staying, that's settled || *(en usage abs)*: **c'est toi qui décides** it's your decision, it's up to you; **c'est le temps qui décidera** it will depend on the weather; **en cas de guerre, c'est la force de frappe qui décidera** if there's a war, the outcome will be decided solely by firepower. -**2.** [entraîner]: ~ **qqn à** to convince OU to persuade sb to; **ce n'est pas cela qui m'a décidé à partir** that's not what convinced OU persuaded me to go; **décide-la à rester** persuade her to stay; **la pluie m'a décidé à ne pas sortir** I decided to stay in because of the rain. -**3.** *sout* [régler - ordre du jour] to decide, to set; [- point de droit] to resolve, to give a ruling on, to decide on; ~ **en faveur de qqn** to give a ruling in favour of sb.

◆ **décider de** *v + prép* -**1.** [influencer] to determine; **leur intervention a décidé de la victoire** their intervention brought about the victory; **le résultat de l'enquête décidera de la poursuite de ce projet** the results of the survey will determine whether (or not) we carry on with the project. -**2.** [choisir - lieu, date] to choose, to determine, to decide on. -**3.** [juger]: **ta mère en a décidé ainsi!** your mother's decision is final!; **le sort en décida autrement** fate decreed otherwise.

◆ **se décider** ◇ *vp (emploi passif)* to be decided (on); **les choses se sont décidées très vite** things were decided very quickly; **la couleur des tissus se décide au printemps** fabric shades are decided on OU decisions are made about fabric shades in the spring.

◇ *vpi* [faire son choix] to make up one's mind; **décide-toi** make up your mind; **je n'arrive pas à me ~** I'm in two minds; **se ~ pour** to decide on; **elle s'est décidée pour un chat siamois** she decided on a Siamese cat; **se ~ à: je me suis décidé à l'acheter** I decided OU resolved to buy it; **elle s'est décidée à déménager** she's made up her mind to move out; **je ne me décide pas à le jeter** I can't bring myself to throw it out;

la voiture s'est enfin décidée à démarrer the car finally decided to start || *(tournure impersonnelle)*: il se décide à faire beau it looks like the weather's trying to improve.

décideur [desidœr] *nm* decision-maker.

décigramme [desigram] *nm* decigramme, decigram.

décilage [desilaʒ] *nm* division into deciles.

décile [desil] *nm* decile.

décilitre [desilitr] *nm* decilitre.

décimal, e, aux [desimal, o] *adj* decimal; fraction ~e decimal, decimal fraction.

◆ **décimale** *nf* decimal place; nombre à trois ~s number given to three decimal places.

décimalisation [desimalizasjɔ̃] *nf* decimalization.

décimaliser [3] [desimalize] *vt* to decimalize.

décimation [desimasjɔ̃] *nf* decimation, decimating.

décime [desim] *nm* -**1.** ADMIN 10% increase *(in tax)*. -**2.** HIST [dix centimes] tenth part of a franc, ten centimes.

décimer [3] [desime] *vt* to decimate.

décimètre [desimɛtr] *nm* decimetre.

décimétrique [desimɛtrik] *adj* decimetric.

décintrage [desɛ̃traʒ], **décintrement** [desɛ̃trəmɑ̃] *nm* -**1.** CONSTR striking down of the centre, taking down of the centre. -**2.** COUT letting out.

décintrer [3] [desɛ̃tre] *vt* -**1.** CONSTR to strike down OU to take down the center. -**2.** COUT to let out *(sép)*.

décisif, ive [desizif, iv] *adj* [déterminant - influence, intervention] decisive; [- preuve] conclusive; [- élément, facteur, coup] decisive, deciding; il n'y a encore rien de ~ there's nothing conclusive OU definite yet; il a eu un argument ~ what he said clinched the argument; ça, c'est la question décisive! that's the decider!; à un moment ~ de ma vie at a decisive moment OU at a watershed in my life.

décision [desizjɔ̃] *nf* -**1.** [résolution] decision; arriver à une ~ to come to OU to reach a decision; prendre une ~ to make a decision; je n'ai pas pris de ~ là-dessus I haven't made up my mind about it; qui a pris cette ~? whose decision was it?; la ~ t'appartient the decision is yours, it's for you to decide; soumettre qqch à la ~ d'un comité to ask a committee to make a decision on sthg. -**2.** JUR: ~ judiciaire court ruling; par ~ judiciaire by order of the court. -**3.** [fermeté] decision; agir avec ~ to be resolute; avoir de la ~ to be decisive; manquer de ~ to be hesitant OU irresolute; montrer de la ~ to show resolution OU decisiveness. -**4.** INF decision.

◆ **de décision** *loc adj* [organe, centre] decision-making.

décisionnaire [desizjɔnɛr] *nmf* decision-maker.

décisionnel, elle [desizjɔnɛl] *adj* decision-making *(modif)*.

décisoire [desizwar] *adj*: serment ~ decisive oath.

déclamateur, trice [deklamatœr, tris] *péj* ◇ *adj* bombastic.
◇ *nm, f* declaimer.

déclamation [deklamasjɔ̃] *nf* -**1.** [art de réciter] declamation. -**2.** [emphase] declamation, ranting.

déclamatoire [deklamatwar] *adj* -**1.** [art] declamatory. -**2.** *péj* [style] declamatory, bombastic.

déclamer [3] [deklame] *vt* to declaim.

déclarant, e [deklarɑ̃, ɑ̃t] ◇ *adj* declaratory.
◇ *nm, f* declarant.

déclaratif, ive [deklaratif, iv] *adj* -**1.** JUR declaratory. -**2.** GRAMM declarative.

déclaration [deklarasjɔ̃] *nf* -**1.** [communication] declaration, statement; faire une ~ à la presse to issue a declaration OU statement to the press; je ne ferai aucune ~! no comment!; je ne peux pas faire de ~ I can't comment. -**2.** [témoignage] declaration, statement; faire une ~ aux gendarmes to make a statement to the police; selon les ~s du témoin according to the witness's statement. -**3.** ADMIN declaration; faire une ~ à la douane to declare something at customs; faire une ~ à son assurance to file a claim with one's insurance company; ~ de perte: faire une ~ de perte de passeport à la police to report the loss of one's passport to the police ❑ ~ d'impôts tax return; remplir sa ~ d'impôts to fill in one's tax return; ~ de naissance birth registration; ~ sous serment statement under oath. -**4.** [aveu] declaration; faire une ~ d'amour OU sa ~ (à qqn) to declare one's love (to sb). -**5.** [proclamation] declaration, proclamation; ~ de guerre/d'indépendance declaration of war/of independence; la Déclaration des droits de l'homme et du citoyen the Declaration of Human Rights *(of 1791)*; ~ de principe declaration of principle. -**6.** INF declaration.

LA DÉCLARATION DES IMPÔTS:
People in France are required to declare their taxable earnings at the beginning of the year. Thrice-yearly tax payments ("tiers provisionnels") are based on one third of the previous year's total, the final payment being adjusted according to the actual tax owed. It is also possible to pay tax on a monthly basis. This is known as "mensualisation".

LA DÉCLARATION DES DROITS DE L'HOMME ET DU CITOYEN:
Adopted by the National Assembly on 4 August 1789, the Declaration proclaims the inalienable natural right of all men to freedom, condemns the privileged class of the Ancien Régime and declares all citizens equal before the law. In 1793, the preface to the Constitution of year 1 added the right to education, work and freedom of assembly to the text of 1789.

---

déclaratoire [deklaratwar] *adj* declaratory.

déclaré, e [deklare] *adj* declared; mon ennemi ~ my declared OU sworn enemy; une animosité ~e a declared animosity; un fasciste ~ a professed OU self-confessed fascist; un opposant ~ an avowed opponent.

déclarer [3] [deklare] *vt* -**1.** [proclamer] to declare, to announce, to assert; le gouvernement a déclaré que... the government announced OU declared that...; ~ une séance ouverte to declare a meeting open ❑ ~ forfait SPORT to withdraw; *fig* to throw in the towel; ~ la guerre à *pr* & *fig* to declare war on. -**2.** *(avec un adj ou une loc adj)* [juger]: ~ qqn coupable to find sb guilty; on l'a déclaré incapable de gérer sa fortune he was pronounced incapable of managing his estate. -**3.** [affirmer] to profess, to claim; elle déclare agir pour le bien de tous she professes to work for the good of everyone; il déclare être innocent he claims to be innocent OU protests his innocence; il déclare être resté chez lui he claims he stayed at home. -**4.** [révéler] to state, to declare; il n'a pas déclaré ses intentions he didn't state his intentions; ~ son amour OU sa flamme à qqn *litt* to declare one's love to sb. -**5.** [dire officiellement] to declare; ~ ses revenus/employés to declare one's income/employees; ~ un enfant à la mairie to register the birth of a child; ~ un vol to report a theft; rien à ~ nothing to declare; si vous avez quelque chose à ~ à la douane if you have anything to declare at the customs.

◆ **se déclarer** *vpi* -**1.** [se manifester - incendie, épidémie] to break out; [- fièvre, maladie] to set in. -**2.** [se prononcer] to take a stand; se ~ sur une question/un point to take a stand on a question/a point; elle ne veut pas se ~ sur cette question she refuses to state her opinion on the matter; se ~ pour/contre l'avortement to come out in favour of/against abortion; se ~ pour/contre la monarchie to declare for/against the monarchy. -**3.** *(avec un adj ou une loc adj)* [se dire] to say; il s'est déclaré coupable he said he was guilty; il s'est déclaré ravi he said how pleased he was. -**4.** *litt* [dire son amour] to declare one's love.

déclassé, e [deklase] ◇ *adj* -**1.** SOCIOL déclassé. -**2.** [hôtel, joueur] downgraded.
◇ *nm, f*: c'est un ~ he has lost his social status OU come down in the world.

déclassement [deklasmɑ̃] *nm* -**1.** [dans la société] fall OU drop in social standing; [dans une hiérarchie] downgrading, loss of status. -**2.** [dévalorisation] depreciation. -**3.** [mise en désordre] putting out of order. -**4.** RAIL change to a lower class. -**5.** NAUT decommissioning.

déclasser [3] [deklase] *vt* -**1.** [déranger] to put out of order. -**2.** [rétrograder] to downgrade. -**3.** [déprécier] to demean; ce travail le déclassait he was lowering OU demeaning himself in that job. -**4.** [changer de catégorie - hôtel] to downgrade; RAIL to change to a lower class. -**5.** NAUT to decommission.

◆ **se déclasser** *vpi* -**1.** SOCIOL to move one step down the social scale. -**2.** [dans un train] to change to a lower-class compartment; [dans un navire] to change to lower-class accommodation.

déclenchement [deklɑ̃ʃmɑ̃] *nm* -**1.** [début - d'un événement] starting point, start, trigger; [- d'une attaque] launching. -**2.** ÉLECTRON triggering. -**3.** MÉCAN release.

déclencher [3] [deklɑ̃ʃe] *vt* -**1.** [provoquer - attaque] to launch; [- révolte, conflit] to trigger (off), to bring about *(sép)*; [- grève, émeute, rires] to trigger OU to spark off *(sép)*. -**2.** TECH [mettre en marche - mécanisme, minuterie] to trigger, to activate; [- sonnerie, alarme] to set off *(sép)*. -**3.** INF to trigger.

◆ **se déclencher** *vpi* -**1.** [commencer - douleur, incendie] to start. -**2.** [se mettre en marche - sirène, sonnerie, bombe] to go off; [- mécanisme] to be triggered off OU released.

déclencheur [deklɑ̃ʃœr] *nm* -**1.** ÉLECTR release, circuit breaker. -**2.** PHOT shutter release; ~ automatique time release, self-timer. -**3.** TECH release, tripping device.

déclic [deklik] *nm* -**1.** [mécanisme] trigger, releasing mechanism. -**2.** [bruit] click; se fermer avec un ~ to click shut; s'enclencher avec un ~ to click into place. -**3.** [prise de conscience]: il s'est produit un ~ et elle a trouvé la solution things suddenly fell into place OU clicked and she found the answer; pour moi, la lecture de ce livre a été le ~ things finally fell into place for me when I read this book; pour moi, cette aventure a été le ~ what happened made me come to my senses.

déclin [deklɛ̃] *nm* -**1.** [diminution] decline, waning; le ~ de la popularité d'un acteur the decline of an actor's popularity; le ~ de l'influence de Rome the waning influence of Rome; le soleil à son ~ the setting sun. -**2.** *litt* [fin] close; le ~ du jour nightfall, dusk; le ~ de la vie the twilight years.

◆ **en déclin** *loc adj* on the decline; les adhésions sont en ~ membership is declining OU falling off OU on the decline; un hebdomadaire en ~ a weekly paper with falling readership figures.

◆ **sur le déclin** *loc adj* [prestige, puissance] declining, on the wane; [malade] declining; votre pauvre mère est sur le ~ your poor mother is getting worse; un acteur sur le ~ an actor who's seen better days.

déclinable [deklinabl] *adj* declinable; une gamme d'ordinateurs ~ en plusieurs configurations a range of computers enabling several different configurations.

déclinaison [deklinɛzɔ̃] *nf* -**1.** GRAMM declension. -**2.** ASTRON & PHYS declination; ~ magnétique magnetic declination OU variation.

déclinant, e [deklinɑ̃, ɑ̃t] *adj* [force] declining, deteriorating; [influence, grandeur] declining, waning, fading; [société] declining, decaying.

déclinatoire [deklinatwar] *nm* -**1.** [boussole] surveyor's compass. -**2.** JUR declinatory; élever un ~ to except the jurisdiction of the court.

décliner [3] [dekline] ◇ *vt* -**1.** GRAMM to decline; **l'amour est décliné dans toutes les chansons** *fig* love is an ever-recurrent theme in songs. -**2.** [énoncer - identité] to give, to state. -**3.** [refuser - responsabilité, invitation] to decline, to refuse; [- offre] to decline, to refuse, to reject; ~ **toute responsabilité** to refuse all responsibilities.
◇ *vi* [soleil] to set; [vieillard, jour] to decline; [malade] to decline, to fade; [santé, vue] to deteriorate; [prestige] to wane, to decline.

décliqueter [27] [deklikte] *vt* to release, to disengage.

déclive [dekliv] ◇ *adj* declivitous *spéc*, downward sloping.
◇ *nf*: en ~ sloping.

déclivité [deklivite] *nf* -**1.** [descente] downward slope, declivity *spéc*, incline. -**2.** [inclinaison - d'une route, d'un chemin de fer] gradient.

décloisonnement [deklwazɔnmɑ̃] *nm* decompartmentalization, decompartmentalizing.

décloisonner [3] [deklwazɔne] *vt* to decompartmentalize.

déclouer [3] [deklue] *vt* [planche] to remove OU to pull the nails out of; [couvercle] to prise *Br* OU to pry *Am* open *(sép)*.
◆ **se déclouer** *vpi* to fall OU to come apart.

décochage [dekɔʃaʒ] *nm* MÉTALL shaking out.

décocher [3] [dekɔʃe] *vt* -**1.** [lancer - flèche] to shoot, to fire; [- coup] to throw; **il m'a décoché un coup de pied** he kicked me; **le cheval lui a décoché une ruade** the horse lashed out OU kicked at him. -**2.** [émettre - regard, sourire] to dart, to flash, to shoot; [- plaisanterie, méchanceté] to fire, to shoot.

décoction [dekɔksjɔ̃] *nf* decoction.

décodage [dekɔdaʒ] *nm* -**1.** [d'un texte] decoding, deciphering. -**2.** INF & TV decoding, unscrambling.

décoder [3] [dekɔde] *vt* -**1.** [texte] to decode. -**2.** INF & TV to decode, to unscramble.

décodeur [dekɔdœr] ◇ *adj m* decoding.
◇ *nm* decoder.

décoffrage [dekɔfraʒ] *nm* striking of formwork, dismantling of shuttering *Br*.

décoffrer [3] [dekɔfre] *vt* to strike the formwork of, to dismantle the shuttering of *Br*.

décoiffer [3] [dekwafe] *vt* -**1.** [déranger la coiffure de]: ~ **qqn** to mess up sb's hair; **elle est toute décoiffée** her hair's in a mess. -**2.** [ôter le chapeau de]: ~ **qqn** to remove sb's hat. -**3.** *fam loc*: **ça décoiffe** it takes your breath away.
◆ **se décoiffer** *vp (emploi réfléchi)* -**1.** [déranger sa coiffure] to mess up OU *Am* to muss up one's hair. -**2.** [ôter son chapeau] to remove one's hat.

décoincement [dekwɛ̃smɑ̃], **décoinçage** [dekwɛ̃saʒ] *nm* [déblocage - d'un objet] unjamming, freeing, loosening; [- d'une vertèbre, d'une articulation] loosening up.

décoincer [16] [dekwɛ̃se] *vt* [débloquer - objet] to unjam, to free; [- vertèbre, articulation] to loosen up *(sép)*.
◆ **se décoincer** *vpi* -**1.** [objet] to unjam, to work loose. -**2.** *fam* [personne] to relax, to let one's hair down.

décolérer [18] [dekɔlere] *vi*: **ne pas** ~: **il n'a pas décoléré de la journée** he's been furious OU fuming all day; **elle ne décolère jamais** she's permanently in a temper.

décollage [dekɔlaʒ] *nm* -**1.** AÉRON takeoff; ASTRONAUT lift-off, blast-off; **au** ~ AÉRON at OU on takeoff; ASTRONAUT on takeoff OU lift-off. -**2.** [d'une enveloppe, d'un papier] unsticking. -**3.** ÉCON & SOCIOL takeoff.

décollation [dekɔlasjɔ̃] *nf arch* decollation.

décollé, e [dekɔle] *adj*: **avoir les oreilles ~es** to have ears that stick out.

décollement [dekɔlmɑ̃] *nm* -**1.** [d'un papier] unsticking. -**2.** MÉD: ~ **de la rétine** detachment OU separation of the retina; ~ **épiphysaire** epiphysial fracture.

décoller [3] [dekɔle] ◇ *vi* -**1.** AÉRON to take off; ASTRONAUT to take OU to lift OU to blast off. -**2.** [quitter le sol - skieur, motocycliste] to take off. -**3.** *fam* [partir] to leave; **elle ne décolle pas de la bibliothèque** she never moves from OU leaves the library. -**4.** [progresser - exportation, pays] to take off; **au troisième trimestre, il a fini par** ~ his work finally took off in the third term. -**5.** [s'échapper] to escape; ~ **du réel** OU **de la réalité** to be in another world. -**6.** *fam* [être distancé - sportif, élève] to fall OU to drop behind; ~ **du reste de la classe** to drop behind the rest of the class.
◇ *vt* -**1.** [détacher - papier] to unstick, to unglue, to peel off *(sép)*; ~ **à la vapeur** to steam off; ~ **dans l'eau** to soak off; ~ **une enveloppe** [en tirant] to open an envelope; [à la vapeur] to steam open an envelope. -**2.** *fam* [faire partir] to tear OU to prise away *(sép)*; **on ne peut pas le** ~ **de la télévision** there's no prising him away from the TV. -**3.** *fam* [quitter]: **il ne nous a pas décollés de la journée** he followed us about all day long. -**4.** LOISIRS [au billard] to nudge away from the cushion.
◆ **se décoller** ◇ *vp (emploi passif)* to come off; **ça se décolle simplement en tirant dessus** just pull it and it comes off.
◇ *vpi* -**1.** [se détacher] to come OU to peel off; **du papier peint qui se décolle** peeling wallpaper. -**2.** MÉD to become detached.

décolletage [dekɔltaʒ] *nm* -**1.** VÊT cutting out of the neck; [décolleté] low-cut neckline, décolletage. -**2.** AGR topping. -**3.** TECH slicing, skiving.

décolleté, e [dekɔlte] *adj* -**1.** VÊT low-cut, low-necked, décolleté; **robe ~e dans le dos** dress cut low in the back. -**2.** [femme] décolleté, wearing a low-cut dress.
◆ **décolleté** *nm* -**1.** VÊT low neckline; **un** ~ **plongeant** a plunging neckline. -**2.** [d'une femme] cleavage.

décolleter [27] [dekɔlte] *vt* -**1.** [robe] to give a low neckline to; [personne] to reveal the neck and shoulders of. -**2.** AGR to top. -**3.** TECH to cut off *(sép)*.

décolleteur, euse [dekɔltœr, øz] *nm, f* lathe operator.
◆ **décolleteuse** *nf* -**1.** AGR (beet) topper. -**2.** TECH automatic lathe, autolathe.

décolonisation [dekɔlɔnizasjɔ̃] *nf* decolonization, decolonizing.

décoloniser [3] [dekɔlɔnize] *vt* to decolonize.

décolorant, e [dekɔlɔrɑ̃, ɑ̃t] *adj* -**1.** [gén] decolorant, decolouring. -**2.** [pour cheveux] decolorizing *(avant n)*, decolorant, bleaching *(avant n)*.
◆ **décolorant** *nm* -**1.** [gén] decolorant. -**2.** [pour cheveux] decolorizing agent, bleaching agent.

décoloration [dekɔlɔrasjɔ̃] *nf* -**1.** [atténuation de la couleur] fading, discolouration. -**2.** [disparition de la couleur] bleaching, discolouring; ~ **d'une plante** bleaching of a plant. -**3.** [des cheveux] bleach treatment; **faire une** ~ to bleach someone's hair.

décoloré, e [dekɔlɔre] *adj* -**1.** [fané] faded. -**2.** [blondi] bleached; **une femme ~e** a peroxide OU bleached blonde. -**3.** [livide - visage, joue] ashen, pale.

décolorer [3] [dekɔlɔre] *vt* -**1.** [affaiblir la couleur de] to fade. -**2.** [éclaircir] to discolour; ~ **des cheveux** to bleach hair; **cheveux décolorés par le soleil** hair lightened OU bleached by the sun.
◆ **se décolorer** ◇ *vp (emploi réfléchi)* [personne] to bleach one's hair.
◇ *vpi* -**1.** [tissu, papier] to fade, to lose its colour. -**2.** [liquide] to lose its colour.

décombres [dekɔ̃br] *nmpl* -**1.** [d'un bâtiment] debris *(sg)*, rubble, wreckage. -**2.** *litt* [d'une civilisation] ruins.

décommander [3] [dekɔmɑ̃de] *vt* [commande] to cancel; [invitation, rendez-vous] to cancel, to call off *(sép)*; [invité] to put off *(sép)*.
◆ **se décommander** *vpi* to cancel (one's appointment).

décompensation [dekɔ̃pɑ̃sasjɔ̃] *nf* decompensation.

décompensé, e [dekɔ̃pɑ̃se] *adj* decompensated.

décomplexer [4] [dekɔ̃plɛkse] *vt* to encourage, to reassure; **ça m'a décomplexé** it made me feel more confident OU less inadequate.

décomposable [dekɔ̃pozabl] *adj* -**1.** [corps chimique, matière] decomposable. -**2.** [texte, idée] analysable, that can be broken down. -**3.** MATH [équation] that can be factorized; [polynôme] that can be broken up. -**4.** PHYS resoluble.

décomposer [3] [dekɔ̃poze] *vt* -**1.** CHIM to decompose, to break down *(sép)*. -**2.** PHYS [force] to resolve; [lumière] to disperse. -**3.** MATH to factorize; ~ **en facteurs premiers** to resolve into prime factors. -**4.** [analyser - texte, raisonnement] to break down *(sép)*, to analyse; [- mouvement, processus] to decompose, to break up *(sép)*; [- exercice, mélodie] to go through (step by step) *(insép)*; ~ **un pas de danse** to go through a dance step || GRAMM [phrase] to parse. -**5.** [pourrir - terre, feuilles] to decompose, to rot. -**6.** [altérer]: **l'horreur qui décomposait ses traits** the horror reflected in his contorted features; **un visage décomposé par la peur** a face distorted with fear; **être décomposé** to look stricken.
◆ **se décomposer** ◇ *vp (emploi passif)*: **se** ~ **en** to break down into; **le texte se décompose en trois parties** the text can be broken down OU divided into three parts || GRAMM [phrase] to be parsed; MATH to be factorized.
◇ *vpi* -**1.** [pourrir] to decompose, to decay, to rot. -**2.** [s'altérer - visage] to become distorted; **soudain son visage s'est décomposé** his face suddenly fell.

décomposeur [dekɔ̃pozœr] *nm* decomposer.

décomposition [dekɔ̃pozisjɔ̃] *nf* -**1.** CHIM decomposition, breaking down. -**2.** PHYS [de la lumière] dispersion; [d'une force] resolution. -**3.** MATH factorization; ~ **en facteurs premiers** prime factorization; ~ **en éléments simples** expansion into partial fractions. -**4.** [analyse] analysis, breaking down; **faire la** ~ **d'un planning/d'une tâche** to break down a schedule/a task || GRAMM parsing; **faire la** ~ **d'une phrase** to parse a sentence. -**5.** INF breakdown. -**6.** [pourrissement - de la matière organique] decomposition, decay, rot; [- de la société] decline, decay, decadence; **en (état de)** ~ [cadavre] decomposing, decaying, rotting; [société] declining, decaying. -**7.** [altération - des traits] contortion.

décompresser [4] [dekɔ̃prese] *vi* -**1.** BIOL to undergo decompression. -**2.** *fam* [se détendre] to relax, to unwind.

décompresseur [dekɔ̃presœr] *nm* -**1.** PHYS decompression device. -**2.** AUT & MÉCAN decompressor.

décompression [dekɔ̃presjɔ̃] *nf* -**1.** MÉD & TECH decompression. -**2.** *fam* [détente] unwinding, relaxing. -**3.** AUT & MÉCAN decompression.

décomprimer [3] [dekɔ̃prime] *vt* to decompress.

décompte [dekɔ̃t] *nm* -**1.** [calcul] working out, reckoning, calculation; **faire le** ~ **des intérêts** to work out OU to calculate the interest; **faire le** ~ **des voix** to count the votes; **faire le** ~ **des points** to add OU to reckon up the score. -**2.** [déduction] deduction; **je vous fais le** ~ **des deux fromages** I'll take the two cheeses off (your bill).

décompter [3] [dekɔ̃te] ◇ *vt* -**1.** [déduire] to deduct. -**2.** [dénombrer] to count.
◇ *vi* to strike the wrong time.

déconcentration [dekɔ̃sɑ̃trasjɔ̃] *nf* -**1.** ADMIN devolution. -**2.** ÉCON [décentralisation] decentralization, dispersion. -**3.** [dilution] dilution. -**4.** [manque d'attention] lack of concentration.

déconcentrer [3] [dekɔ̃sɑ̃tre] *vt* -**1.** [transférer - pouvoir] to devolve. -**2.** [distraire]: ~ **qqn** to distract sb's attention; **le bruit l'a déconcentré** the noise distracted his attention. -**3.** CHIM [diluer]: ~ **une solution** to dilute a solution.
◆ **se déconcentrer** *vpi* to lose (one's) concentration.

déconcertant, e [dekɔ̃sɛrtɑ̃, ɑ̃t] *adj* disconcerting, off-putting.

déconcerter [3] [dekɔ̃sɛrte] *vt* to disconcert.

déconditionnement [dekɔ̃disjɔnmɑ̃] *nm* deconditioning.

déconditionner [3] [dekɔ̃disjɔne] *vt* to decondition.

déconfit, e [dekɔ̃fi, it] *adj* crestfallen.

déconfiture [dekɔ̃fityr] *nf* -**1.** [échec] collapse, defeat, rout; **tomber en** ~ *litt* OU *hum* to collapse. -**2.** JUR insolvency.

décongélation [dekɔ̃ʒelasjɔ̃] *nf* defrosting, thawing.

décongeler [25] [dekɔ̃ʒle] *vt* to defrost, to thaw.

décongestionner [3] [dekɔ̃ʒɛstjɔne] *vt* -**1.** [dégager - route] to relieve congestion in, to ease the traffic load in. -**2.** MÉD to decongest, to relieve congestion in OU the congestion of.

déconnecter [4] [dekɔnɛkte] *vt* -**1.** [débrancher - tuyau, fil électrique] to disconnect. -**2.** *fam fig* to disconnect, to cut off *(sép)*; **il est totalement déconnecté de la réalité** he's totally cut off from reality.

déconner▽ [3] [dekɔne] *vi* -**1.** [dire des bêtises] to talk rubbish *Br*, to bullshit; **arrête de** ~ don't talk rubbish OU nonsense. -**2.** [s'amuser] to horse OU to fool around. -**3.** [faire des bêtises] to mess around; **déconne pas!** stop messing about! -**4.** [mal fonctionner] to be on the blink.

déconneur, euse▽ [dekɔnœr, øz] *nm, f* clown.

déconnexion [dekɔnɛksjɔ̃] *nf* disconnection.

déconseiller [4] [dekɔ̃seje] *vt* to advise against; **c'est déconseillé** it's not (to be) recommended, it's to be avoided; **'baignade déconseillée'** 'bathing not recommended'.

déconsidération [dekɔ̃siderasjɔ̃] *nf litt* discredit.

déconsidérer [18] [dekɔ̃sidere] *vt* to discredit; **ces révélations l'ont déconsidéré** these revelations have cast a slur on OU have discredited him; **il est complètement déconsidéré** he is utterly discredited, he has lost all credibility.

◆ **se déconsidérer** *vp (emploi réfléchi)* to bring discredit upon o.s., to lose one's credibility.

déconsigner [3] [dekɔ̃siɲe] *vt* -**1.** [bagage] to collect from the left-luggage office *Br* OU checkroom *Am*. -**2.** [bouteille, emballage] to return the deposit on. -**3.** MIL to release from confinement to barracks.

déconstruction [dekɔ̃stryksjɔ̃] *nf* LITTÉRAT & PHILOS deconstruction.

déconstruire [98] [dekɔ̃strɥir] *vt* LITTÉRAT & PHILOS to deconstruct.

décontamination [dekɔ̃taminasjɔ̃] *nf* decontamination; ~ **d'un site nucléaire** decontaminating a nuclear site.

décontaminer [3] [dekɔ̃tamine] *vt* to decontaminate.

décontenancer [16] [dekɔ̃tnɑ̃se] *vt* to disconcert, to discountenance.

◆ **se décontenancer** *vpi* to lose one's composure.

décontractant, e [dekɔ̃traktɑ̃, ɑ̃t] *adj* relaxing.

décontracté, e [dekɔ̃trakte] *adj* -**1.** [détendu - muscle, corps] relaxed; [- caractère] easy-going, relaxed; [- attitude] relaxed, composed, unworried; [- style, vêtements] casual. -**2.** *péj* [désinvolte] casual, off-hand.

décontracter [3] [dekɔ̃trakte] *vt* [muscle] to relax, to unclench; **elle sait** ~ **les nouveaux venus** she knows how to put newcomers at ease.

◆ **se décontracter** *vpi* to relax.

décontraction [dekɔ̃traksjɔ̃] *nf* -**1.** [relâchement, détente] relaxation, relaxing. -**2.** [aisance] coolness, collectedness.

déconventionner [3] [dekɔ̃vɑ̃sjɔne] *vt* to allow to opt out *(of the National Health system)*.

déconvenue [dekɔ̃vny] *nf* disappointment.

décor [dekɔr] *nm* -**1.** [décoration - d'un lieu] interior decoration, decor; [- d'un objet] pattern, design. -**2.** [environs] setting; **la maison était située dans un** ~ **magnifique** the house stood in magnificent scenery OU surroundings. -**3.** CIN, THÉÂT & TV set, scenery, setting; ~ **de cinéma** film *Br* OU movie *Am* set; ~ **de théâtre** stage set; **tourné en** ~**s naturels** shot on location; **le** ~ **est planté, le roman peut commencer** *fig* the scene is set, the novel can start‖ [toile peinte] backdrop, backcloth. -**4.** [apparence] façade, pretence; **tout ceci n'est qu'un** ~ this is all a façade.

◆ **dans le(s) décor(s)** *fam loc adv*: **aller** OU **entrer** OU **valser dans le** ~ [voiture, automobiliste] to go off the road; **envoyer dans le** ~ [voiture, automobiliste] to force off the road; **d'un coup de poing, elle l'a envoyé dans le** ~ she sent him flying against the wall with a punch.

décorateur, trice [dekɔratœr, tris] *nm, f* -**1.** [d'appartement] interior decorator OU designer. -**2.** THÉÂT [concepteur] set designer OU decorator; [peintre] set painter.

décoratif, ive [dekɔratif, iv] *adj* decorative, ornamental.

décoration [dekɔrasjɔ̃] *nf* -**1.** [ornement] decoration *(C)*. -**2.** [technique] decoration, decorating. -**3.** [médaille] medal, decoration.

décorder [3] [dekɔrde] *vt* -**1.** [détortiller] to untwist, to unravel. -**2.** [enlever la corde de] to untie, to take the string off.

◆ **se décorder** *vpi* to unrope.

décoré, e [dekɔre] ◇ *adj* [qui a reçu une distinction] decorated; [qui porte un insigne] wearing one's medals.

◇ *nm, f person who has been awarded a decoration*.

décorer [3] [dekɔre] *vt* -**1.** [orner - intérieur, vase, assiette] to decorate; [- table, arbre] to decorate, to adorn; **une table décorée de fleurs** a table adorned with flowers; **une tente décorée de drapeaux** a marquee decked out with flags. -**2.** [personne] to decorate; **être décoré de la Légion d'honneur** to be awarded the Legion of Honour; **il mérite d'être décoré** he deserves a medal.

décorner [3] [dekɔrne] *vt* -**1.** [animal] to dehorn. -**2.** [page] to smooth out *(sép)*; [livre, cahier] to straighten the dog-ears of.

décorticage [dekɔrtikaʒ] *nm* -**1.** [d'une crevette] peeling, shelling; [du grain] hulling, husking; [d'une noix] shelling. -**2.** [analyse] dissection, thorough analysis.

décortication [dekɔrtikasjɔ̃] *nf* -**1.** HORT decortication, barbing. -**2.** MÉD decortication.

décortiquer [3] [dekɔrtike] *vt* -**1.** [éplucher - crevette] to peel, to shell; [- grain] to hull, to husk; [- noix, amande] to shell; **riz non décortiqué** rice in the husk. -**2.** HORT [arbre] to decorticate, to bark. -**3.** [analyser] to dissect, to analyse; **apprendre à** ~ **un texte** to learn to take a text to pieces OU to dissect a text. -**4.** MÉD to decorticate.

décorum [dekɔrɔm] *nm* -**1.** [bienséance] decorum, propriety. -**2.** [protocole] etiquette, ceremonial.

décote [dekɔt] *nf* -**1.** [réduction d'impôt] tax relief. -**2.** BOURSE below par rating.

découcher [3] [dekuʃe] *vi* to stay out all night; **elle a découché** she stayed out all night, she didn't sleep at home last night.

découdre [86] [dekudr] ◇ *vt* [vêtement, couture] to undo, to unpick; [point] to take out *(sép)*; [bouton] to take OU to cut off *(sép)*; **mon bouton est décousu** my button has come off.

◇ *vi*: **en** ~ to fight; **vouloir en** ~ to be spoiling for a fight; **en** ~ **avec qqn** to cross swords with sb.

◆ **se découdre** *vpi* [vêtement] to come unstitched; [bouton] to come off.

découler [3] [dekule]

◆ **découler de** *v + prép* to follow from; **...et tous les avantages qui en découlent** ...and all the ensuing benefits ‖ *(tournure impersonnelle)*: **il découle de cette idée que...** it follows from this idea that...; **il n'en découle pas forcément que vous ayez raison** it doesn't necessarily follow that you are right.

découpage [dekupaʒ] *nm* -**1.** [partage - d'un tissu, d'un gâteau] cutting (up); [- d'une volaille, d'une viande] carving; [- en tranches] slicing (up). -**2.** [image - à découper] figure *(for cutting out)*; [- découpée] cut-out (picture); **faire des** ~**s dans un illustré** to cut things out of a comic. -**3.** CIN shooting script. -**4.** INF: ~ **du temps** time slicing. -**5.** POL: ~ **électoral** division into electoral districts, apportionment *Am*; **refaire le** ~ **électoral** to review constituency boundaries *Br*, to redistrict *Am*. -**6.** TECH blanking, cutting.

découpe [dekup] *nf* -**1.** COUT piece of appliqué work. -**2.** [de la viande] (type of) cut. -**3.** [tronçonnage] cutting (up); **faire la** ~ to cut to length.

découpé, e [dekupe] *adj* -**1.** [irrégulier - côte] indented, ragged; [- montagne] rugged, craggy, jagged; [- feuille d'arbre] incised, serrate. -**2.** [en morceaux] cut.

découper [3] [dekupe] *vt* -**1.** [détacher - image] to cut out *(sép)*; ~ **des articles dans le journal** to take cuttings out of the newspaper. -**2.** [partager - gâteau, papier, tissu] to cut up *(sép)*; [- viande, volaille] to carve; **il a découpé le gâteau en parts égales** he cut the cake into equal parts; **couteau à** ~ carving knife. -**3.** [disséquer - texte, film] to dissect; [- phrase] to parse. -**4.** [échancrer]: **le temps a découpé la côte** over the years, the coast has become deeply indented.

◆ **se découper** *vp (emploi passif)*: **ce poulet se découpe tout seul** this chicken practically carves itself.

◆ **se découper sur** *vp + prép* to be outlined against.

découpeur, euse [dekupœr, øz] *nm, f* press operator.

◆ **découpeuse** *nf* cutting machine.

découplage [dekuplaʒ] *nm* -**1.** ÉLECTRON decoupling. -**2.** ÉLECTR uncoupling.

découplé, e [dekuple] *adj*: **bien** ~ well-built, strapping.

découpler [3] [dekuple] *vt* -**1.** CHASSE & ÉLECTR to uncouple. -**2.** ÉLECTRON to decouple.

découpoir [dekupwar] *nm* punch, cutting press.

découpure [dekupyr] *nf* -**1.** [découpe] workmanship. -**2.** [bord - d'une dentelle, d'une guirlande] edge; [- d'une côte] indentations.

◆ **découpures** *nfpl* [de papier] clippings, shavings, shreds; [de tissu] cuttings, off-cuts.

décourageant, e [dekuraʒɑ̃, ɑ̃t] *adj* -**1.** [nouvelle, situation] discouraging, disheartening, depressing. -**2.** [personne] hopeless.

découragement [dekuraʒmɑ̃] *nm* discouragement, despondency, despondence; **le** ~ **m'a envahi** I felt utterly discouraged OU dispirited.

décourager [17] [dekuraʒe] *vt* -**1.** [abattre] to discourage, to dishearten; ~ **qqn de faire qqch** to discourage sb from doing sthg; **avoir l'air découragé** to look discouraged OU dispirited; **ne te laisse pas** ~ don't be discouraged. -**2.** [refuser - familiarité] to discourage.

◆ **se décourager** *vpi* to get discouraged, to lose heart; **ne te décourage pas** don't give up.

découronnement [dekurɔnmɑ̃] *nm* dethronement, deposal.

découronner [3] [dekurɔne] *vt* -**1.** [roi] to dethrone, to depose. -**2.** *litt* [ôter le sommet de] to cut the top off.

décours [dekur] *nm* -**1.** ASTRON wane. -**2.** MÉD regression.

décousu, e [dekuzy] *adj* -**1.** COUT [défait - vêtement] undone, unstitched; [- ourlet] undone. -**2.** [incohérent - discours] incoherent, disjointed; [- conversation] desultory, disjointed; [- style] disjointed, rambling; [- idées] disjointed, disconnected, random.

découvert, e[1] [dekuvɛr, ɛrt] *adj* [terrain, allée, voiture] open; [tête, partie du corps] bare, uncovered.

◆ **découvert** *nm* -**1.** COMPTA deficit. -**2.** BANQUE overdraft; **avoir un** ~ **de...** to be overdrawn by... -**3.** BOURSE short (account).

◆ **à découvert** ◇ *loc adj* -**1.** FIN [sans garantie] uncovered, unsecured. -**2.** BOURSE without cover; **être à ~** to be caught short ❑ **vente à ~** short sale. -**3.** BANQUE overdrawn; **être à ~** to be overdrawn, to have an overdraft.
◇ *loc adv* -**1.** [sans dissimuler] openly; **agir à ~** to act openly. -**2.** [sans protection] without cover; **cuire à ~** to cook without a lid; **sortir à ~** to break cover; **la marée laisse ces rochers à ~** the tide leaves these rocks exposed.

découverte[2] [dekuvɛrt] *nf* -**1.** [détection] discovery, discovering; **faire la ~ d'un gisement de pétrole** to strike oil; **faire la ~ d'un vieux livre au grenier** to unearth an old book in the attic‖ [chose détectée] discovery, find; **faire une ~ macabre** to make a macabre discovery. -**2.** [prise de conscience] discovery, discovering; **la ~ du monde extérieur par le petit enfant** a small child's discovery of the world. -**3.** [personne de talent] discovery, find; **ce jeune auteur est la ~ de l'année** this young writer is the year's big discovery. -**4.** THÉÂT & TV backcloth. -**5.** MIN cutting.
◆ **à la découverte de** *loc prép* -**1.** [en explorant] on a tour of; **allez à la ~ du Londres de Sherlock Holmes** discover London in the footsteps of Sherlock Holmes; **ils sont partis à la ~ de la forêt amazonienne** they went exploring in the Amazon rain forest. -**2.** [à la recherche de] in search of; **aller à la ~ d'un trésor** to go in search of a treasure.

découverture [dekuvɛrtyr] *nf* unroofing, stripping (of the roof).

découvreur, euse [dekuvrœr, øz] *nm, f* discoverer.

découvrir [34] [dekuvrir] *vt* -**1.** [dénicher] to discover, to find; **~ qqch au fond d'un coffre** to find sthg in the bottom of a trunk; **~ des armes dans une cache** to unearth a cache of weapons; **on a découvert l'arme du crime** the murder weapon has been found; **~ du pétrole/de l'or** to strike oil/gold; **j'ai découvert les lettres par accident** I came across the letters by accident; **~ l'Amérique** to discover America. -**2.** [solution - en réfléchissant] to discover, to work out *(sép)*; [- subitement] to hit on OU upon *(insép)*; **soudain j'ai découvert la signification de son silence** suddenly I discovered why he had been keeping silent. -**3.** [détecter] to discover, to detect; **~ qqch à qqn**: **on lui a découvert une tumeur** they found he had a tumour. -**4.** [surprendre - voleur, intrus] to discover; [- secret, complot] to discover, to uncover; **et si l'on vous découvrait?** what if you were found out?; **on a découvert un passager clandestin** a stowaway has been found; **j'ai découvert que c'était faux** I found out (that) it wasn't true ❑ **~ le pot aux roses** to discover the truth; **en la voyant dissimuler les lettres, j'ai découvert le pot aux roses** when I saw her hide the letters, I found out what had been going on. -**5.** [faire connaître] to uncover, to disclose, to reveal; **~ ses projets** to reveal OU to disclose one's plans; **~ son jeu** to show one's hand. -**6.** [apercevoir] to see; **du balcon on découvre la mer** from the balcony one has a view of the sea; **le rideau levé, on découvrit une scène obscure** the raised curtain revealed a darkened stage; **~ un ami dans la foule** to catch sight of OU to spot a friend in a crowd; **~ des phoques sur les rochers** to sight OU to spot seals on a rock. -**7.** [ôter ce qui couvre - fauteuil] to uncover; [- statue] to uncover, to unveil; [- casserole] to uncover, to take the lid off; **ils ont découvert le tombeau des rois** they have uncovered the tomb of the kings; **il fait chaud dans la chambre, va ~ le bébé** it's hot in the bedroom, take the covers off the baby. -**8.** [exposer - flanc, frontière] to expose. -**9.** [mettre à nu - épaule, cuisse] to uncover, to bare, to expose; [- mur, pierre] to uncover, to expose; **la jupette lui découvrait largement les jambes** her skirt showed rather a lot of her legs; **un décolleté qui découvre un peu trop la gorge** a neckline showing OU exposing a bit too much cleavage.
◆ **se découvrir** ◇ *vp (emploi réfléchi)* -**1.** [se déshabiller] to dress less warmly, to take a layer OU some layers off; [au lit] to throw off one's bedclothes. -**2.** [ôter son chapeau] to take off one's hat. -**3.** [se connaître] to (come to) understand o.s.; **on se découvre avec l'âge** one comes to know o.s. with age. -**4.** [s'exposer] to expose o.s. to attack; **un boxeur ne doit pas se ~** a boxer mustn't lower his guard.
◇ *vp (emploi passif)* to emerge, to be discovered; **des scandales, il s'en découvre tous les jours** scandals come to light OU are discovered every day.
◇ *vp (emploi réciproque)* to discover each other.
◇ *vpt*: **se ~ qqch** [se trouver qqch]: **je me suis découvert une grosseur à l'aine** I discovered I had a lump in my groin; **elle s'est découvert des amis partout** she discovered she had friends everywhere; **il s'est découvert un don pour la cuisine** he found he had a gift for cooking.
◇ *vpi*: **ça se découvre** it's clearing up; **les cimes se découvrent** the mist is lifting off the mountain tops.
◆ **se découvrir à** *vp + prép litt* [se confier] to confide in, to open up to; **il ne se découvre à personne** he doesn't confide in anyone.

décrassage [dekrasaʒ] *nm* -**1.** AUT & INDUST scrubbing, cleaning out, cleanup; **faire le ~ du carburateur** to clean out OU to decoke the carburettor; **faire le ~ d'une tête de lecture** to clean a tape head. -**2.** [du corps] scrubbing; [de l'esprit] training, sharpening up.

décrasser [3] [dekrase] *vt* -**1.** [laver - peigne, tête de lecture] to clean; [- poêle, casserole] to scour, to clean out *(sép)*; [- linge] to scrub; [- enfant] to scrub (down), to clean up *(sép)*. -**2.** *fam* [dégrossir] to give a basic grounding, to teach the basics. -**3.** AUT & INDUST to clean out *(sép)*, to decoke. -**4.** *fam* [remettre en forme] to get back into shape, to tone up; **un peu d'exercice vous décrassera** some exercise will get you back into shape again.
◆ **se décrasser** *vp (emploi réfléchi)* to clean up, to give o.s. a good scrub; **décrasse-toi les mains** give your hands a scrub.

décrédibiliser [3] [dekredibilize] *vt* to discredit, to deprive of credibility, to take away the credibility of.

décrêpage [dekrɛpaʒ] *nm* straightening OU combing (out).

décrêper [4] [dekrepe] *vt* to straighten (out).

décrépir [32] [dekrepir] *vt* to strip the roughcast off.
◆ **se décrépir** *vpi*: **la façade se décrépit** the roughcast is coming off the front of the house.

décrépissage [dekrepisaʒ] *nm* stripping of roughcast.

décrépit, e [dekrepi, it] *adj* decrepit.

décrépitude [dekrepityd] *nf* -**1.** [décadence] decay; **tomber en ~** [civilisation] to decline, to decay; [institution] to become obsolete. -**2.** [mauvais état] decrepitude, decrepit state.

décret [dekrɛ] *nm* -**1.** JUR decree, edict; **promulguer un ~** to issue a decree ❑ **~ d'application** *presidential decree affecting the application of a law.* -**2.** RELIG decree.
◆ **décrets** *nmpl litt*: **les ~s du destin/de la Providence** what fate/Providence has decreed; **les ~s de la mode** the dictates of fashion.
◆ **par décret** *loc adv*: **gouverner par ~** to govern OU to rule by decree.

décréter [18] [dekrete] *vt* -**1.** [ordonner - nomination, mobilisation] to order; [- mesure] to decree, to enact. -**2.** [décider]: **~ que** to decree that; **le patron a décrété qu'on ne changerait rien** the boss decreed OU ordained that nothing would change; **elle a décrété qu'elle n'irait pas se coucher** she said categorically that she wasn't going to bed; **elle a décrété qu'elle n'aimait pas les glaces** she claims not to like ice-cream; **quand il a décrété quelque chose, il ne change pas d'avis** when he's made up his mind about something, he doesn't change it.

décrier [10] [dekrije] *vt* [collègues, entourage] to disparage; [livre, œuvre, théorie] to criticize, to censure, to decry.

décriminaliser [3] [dekriminalize] *vt* to decriminalize.

décrire [99] [dekrir] *vt* -**1.** [représenter] to describe, to portray; **elle a très bien décrit son amie** she portrayed OU described her friend very accurately; **l'histoire décrit une passion** the story depicts OU describes a passion; **son exposé décrit bien la situation** his account gives a good picture of the situation. -**2.** [former - cercle, ellipse] to describe, to draw; [- trajectoire] to follow, to describe; **~ des cercles dans le ciel** to fly in circles; **~ des cercles dans l'eau** [nageur] to swim in circles; [bateau] to go in circles; [ride] to make circles; **~ des méandres** to follow a winding course, to meander (along); **la route décrit une courbe** the road curves OU bends.

décrispation [dekrispasjɔ̃] *nf* thaw, thawing; **la ~ entre les deux pays** the easing of tension between the two countries.

décrisper [3] [dekrispe] *vt* -**1.** [muscle] to relax, to untense. -**2.** [relations] to thaw; [ambiance] to ease; **pour ~ la situation** to ease the situation.
◆ **se décrisper** *vpi* to relax, to unwind.

décrochage [dekrɔʃaʒ] *nm* -**1.** [enlèvement - d'un rideau, d'un tableau] unhooking, taking down; [- d'un wagon] uncoupling. -**2.** ÉLECTR pulling out of synchronism. -**3.** MIL disengagement. -**4.** AÉRON stall. -**5.** ASTRONAUT leaving orbit. -**6.** RAD break in transmission. -**7.** *fam* [désengagement]: **le ~ par rapport à la réalité** being out of touch with reality.

décrochement [dekrɔʃmɑ̃] *nm* -**1.** [fait de se décrocher] slipping. -**2.** ARCHIT [retrait] recess; **faire un ~** [bâtiment] to form an angle; [mur] to form OU to have a recess. -**3.** GÉOL thrust fault. -**4.** MÉD: **~ de la mâchoire** dislocation of the jaw.

décrocher [3] [dekrɔʃe] ◇ *vt* -**1.** [dépendre] to unhook, to take down *(sép)*; **~ un peignoir** to take a bathrobe off the hook OU peg; **il a décroché ses gants de boxe** *fig* he went back to boxing OU into the ring again ❑ **~ la lune** to do the impossible; **ne me demande pas de (te) ~ la lune** don't ask me to do the impossible; **~ la timbale** *fam* OU **le coquetier** *fam* OU **le cocotier** *fam* OU **le pompon** *fam* to hit the jackpot. -**2.** [enlever - chaîne, laisse] to take off *(sép)*; [- wagon] to uncouple; **~ le fermoir d'un collier** to undo (the clasp of) a necklace. -**3.** TÉLÉC: **~ le téléphone** [le couper] to take the phone off the hook; [pour répondre] to pick up the phone; **elle a décroché au bout de dix sonneries** she picked up the receiver OU telephone after ten rings; **tu décroches?** could you answer OU get it? -**4.** *fam* [obtenir] to land, to get; **~ une grosse commande** to land a big order; **elle a décroché le boulot du siècle** she got OU landed herself a plum job. -**5.** FIN: **~ le dollar de l'or** to take the dollar off the gold standard.
◇ *vi* -**1.** *fam* [abandonner] to opt out; **les étudiants qui décrochent** students who drop out. -**2.** *fam* [se déconcentrer] to switch off; **j'ai complètement décroché** [cessé de comprendre] I was completely lost; [cessé d'écouter] I stopped paying any attention, I switched off completely. -**3.** [être distancé] to drop OU to fall behind; **j'ai décroché du reste du groupe** I fell behind OU I couldn't keep up with the rest of the group. -**4.** *fam* [se désintoxiquer] to kick the habit; **~ de l'héroïne** to come off OU to kick heroin. -**5.** AÉRON to stall. -**6.** FIN: **le franc a décroché du Mark** the franc has lost against the German mark.
◆ **se décrocher** ◇ *vpi*: **le tableau s'est décroché** the painting came unhooked.
◇ *vpt*: **il s'est décroché la mâchoire** he dislocated his jaw.

décrocheur, euse [dekrɔʃœr, øz] *nm, f Can* (high school) dropout.

décrochez-moi-ça *fam* [dekrɔʃemwasa] *nm inv vieilli* secondhand clothes shop *Br* OU store *Am*.

décroisement [dekrwazmɑ̃] *nm* [de fibres] uncrossing.

décroiser [3] [dekrwaze] *vt*: ~ **les jambes/les bras** to uncross one's legs/one's arms.

décroissance [dekrwasɑ̃s] *nf* -**1.** [diminution] decrease, fall, decline; **une** ~ **rapide de la natalité** a sharp decline in the birth rate. -**2.** NUCL: ~ **radioactive** radioactive decay.

décroissant, e [dekrwasɑ̃, ɑ̃t] *adj* -**1.** MATH decreasing. -**2.** LING falling. -**3.** ASTRON waning, decreasing, decrescent.

décroissement [dekrwasmɑ̃] *nm litt* decrease, decline.

décroître [94] [dekrwatr] *vi* -**1.** [diminuer - nombre, intensité, force] to decrease, to diminish; [- eaux] to subside, to go down; [- fièvre] to abate, to subside, to decrease; [- bruit] to die down, to lessen, to decrease; [- son] to fade, to die down; [- vent] to let up, to die down; [- intérêt, productivité] to decline, to drop off; [- vitesse] to slacken off, to drop; [- taux d'écoute] to drop; [- lumière] to grow fainter, to grow dimmer, to fade; [- influence] to decline, to wane; **le nombre des divorces a décru** the number of divorces has decreased; **les jours décroissent** the days are drawing in OU getting shorter; **il voyait leurs silhouettes** ~ **à l'horizon** he could see their silhouettes getting smaller and smaller on the horizon; **aller en décroissant** to be on the decrease; **le son va en décroissant** the sound is gradually fading. -**2.** ASTRON to wane.

décrottage [dekrɔtaʒ] *nm* scrubbing.

décrotter [3] [dekrɔte] *vt* -**1.** [nettoyer] to scrape the mud off. -**2.** *fam* [dégrossir] to refine, to take the rough edges off; **elle n'arrivera jamais à le** ~ she'll never get him to change.

décrottoir [dekrɔtwar] *nm* [pour chaussures] (boot) scraper.

décrue [dekry] *nf* decrease OU dropping of the water level; **attendre la** ~ [lors d'une inondation] to wait for the flood to subside; [lors d'une crue] to wait for the water level to go down OU to drop OU to fall.

décryptage [dekriptaʒ], **décryptement** [dekriptəmɑ̃] *nm* -**1.** [décodage] deciphering, decipherment, decoding. -**2.** [éclaircissement] elucidation, working out.

décrypter [3] [dekripte] *vt* -**1.** [décoder - message, texte ancien] to decode, to decipher. -**2.** [éclaircir] to elucidate, to work out *(sép)*.

déçu, e [desy] *adj* -**1.** [personne] disappointed. -**2.** [amour] disappointed, thwarted; [espoir] disappointed.

décubitus [dekybitys] *nm* decubitus.

décuivrer [3] [dekɥivre] *vt* to remove copper plating from.

de cujus [dekyʒys] *nm*: le ~ [qui a fait un testament] the testator; [sans testament] the deceased.

déculasser [3] [dekylase] *vt* to debreech.

déculottée▽ [dekylɔte] *nf* thrashing, clobbering, hammering; **prendre une** ~ to get thrashed OU clobbered OU hammered.

déculotter [3] [dekylɔte] *vt*: ~ **qqn** [lui enlever sa culotte] to take sb's pants *Br* OU underpants *Am* off; [lui enlever son pantalon] to take sb's trousers *Br* OU pants *Am* off.

◆ **se déculotter** ◇ *vp (emploi réfléchi)* [enlever - sa culotte] to take one's pants *Br* OU underpants *Am* down; [- son pantalon] to drop one's trousers *Br* OU pants *Am*.

◇ *vpi* -**1.** *fam* [se montrer lâche] to lose one's nerve OU bottle *Br*. -**2.** ▽ [avouer] to squeal.

déculpabilisation [dekylpabilizasjɔ̃] *nf*: **la** ~ **de la sexualité** removing the guilt attached to sexuality.

déculpabiliser [3] [dekylpabilize] *vt*: ~ **qqn** to stop sb feeling guilty; **je suis déculpabilisée** I no longer feel guilty.

◆ **se déculpabiliser** *vp (emploi réfléchi)* to get rid of one's guilt.

déculturation [dekyltyrasjɔ̃] *nf* loss of cultural identity.

décuple [dekypl] *nm*: **le** ~ **de trois** ten times three; **le** ~ **de ton salaire** ten times your salary.

◆ **au décuple** *loc adv* tenfold.

décuplement [dekypləmɑ̃] *nm* -**1.** [d'une somme, d'un chiffre] tenfold increase. -**2.** [augmentation] : **ceci permettra le** ~ **de nos chances de succès** this will greatly increase our chances of success.

décupler [3] [dekyple] *vt* -**1.** [rendre dix fois plus grand] to increase tenfold. -**2.** [augmenter] to increase greatly; **la rage décuple les forces** rage greatly increases one's strength.

décuvage [dekyvaʒ] *nm* , **décuvaison** [dekyvɛzɔ̃] *nf* racking.

décuver [3] [dekyve] *vt* to rack.

dédaignable [dedɛɲabl] *adj*: **ce n'est pas** ~ it's not to be scoffed at.

dédaigner [4] [dedeɲe] *vt* -**1.** [mépriser - personne] to look down on *(sép)*, to despise, to scorn; [- compliment, richesse] to despise, to disdain. -**2.** [refuser - honneurs, argent] to despise, to disdain, to spurn; **une augmentation, ce n'est pas à** ~ a rise is not to be sniffed at; **ne dédaignant pas la bonne chère** not being averse to good food. -**3.** [ignorer - injure, difficulté] to ignore, to disregard.

◆ **dédaigner de** *v + prép litt*: **elle a dédaigné de parler** she didn't deign to speak; **il n'a pas dédaigné de goûter à ma cuisine** he was not averse to tasting my cooking; **dédaignant de visiter le château** not deigning to visit the castle.

dédaigneusement [dedɛɲøzmɑ̃] *adv* contemptuously, disdainfully.

dédaigneux, euse [dedɛɲø, øz] ◇ *adj* -**1.** [méprisant - sourire, moue, remarque] contemptuous, disdainful. -**2.** *sout*: ~ **de** [indifférent à] disdainful OU contemptuous of; **je n'ai jamais été** ~ **de l'argent** I've never been one to spurn OU to despise money.

◇ *nm, f* disdainful OU scornful OU contemptuous person; **les** ~ those who scoff.

dédain [dedɛ̃] *nm* scorn, contempt, disdain.

◆ **de dédain** *loc adj* disdainful, scornful, contemptuous.

dédale [dedal] *nm* maze; **un vrai** ~**, ces greniers!** these attics are like a rabbit warren!; **dans le** ~ **des rues** in the maze of streets; **dans le** ~ **des lois** in the maze of the law.

Dédale [dedal] *npr* Daedalus.

dedans [dədɑ̃] ◇ *adv* [reprenant 'dans' + substantif] inside, in it/them *etc*; [par opposition à 'dehors'] inside, indoors; [à partir de - prendre, boire, manger] out of, from; **tu m'attendras dehors ou** ~? will you wait for me outside or inside OU indoors?; **rentrons, il fait meilleur** ~ let's go in, it's warmer inside; **de** ~**, on ne voit rien** you can't see anything from inside; **une cabane, allons nous cacher** ~ there's a hut, let's go and hide inside OU in it; **prends les draps dans l'armoire, ils sont sûrement** ~ take the sheets from the cupboard, I'm sure they're in there; **donne-moi mon sac, la lettre est** ~ give me my bag, the letter is inside OU in it; **il y a de l'anis** ~ there's aniseed in it; **quand j'achète des chaussures, je veux me sentir bien** ~ when I buy shoes, I want to feel comfortable in them; **quelle belle eau, cela donne envie de plonger** ~ what lovely water, it makes you feel like diving into it OU in; **le tiroir était ouvert, j'ai pris l'argent** ~ the drawer was open, I took the money out of OU from it; **ce verre est sale, ne bois pas** ~ this glass is dirty, don't drink out of OU from it; **il faut élargir l'ourlet et passer l'élastique** ~ you must widen the hem and run the elastic band through it; **on n'apprécie pas le luxe quand on vit** ~ you don't appreciate luxury when you've got it ❑ **ne me parle pas de comptes, je suis en plein** ~ *fam* don't talk to me about the accounts, I'm right in the middle of them OU up to my eyeballs in them; **tu veux du mystère? on est en plein** ~ you want mystery? we're surrounded by it; **rentrer** ~ *fam*: **je lui suis rentré** ~ [en voiture] I drove straight OU right into him; [à pied] I walked straight OU bumped into him; [je l'ai battu] I let him have it; **mettre** OU **ficher qqn** ~ *fam* [le tromper] to confuse OU to muddle sb; [en prison] to put sb inside; **je me suis fichu** ~ *fam* I got it wrong; **tomber en plein** ~ to fall right into it; **le piège, il est tombé en plein** ~ he fell right into the trap.

◇ *nm* inside.

◆ **en dedans** *loc adv*: **c'est creux en** ~ it's hollow inside; **marcher les pieds en** ~ to be pigeon-toed.

◆ **en dedans de** *loc prép*: **en** ~ **d'elle-même, elle regrette son geste** deep down OU inwardly, she regrets what she did.

dédicace [dedikas] *nf* -**1.** [formule manuscrite - d'un ami] (signed) dedication; [- d'une personnalité] autograph, (signed) dedication. -**2.** [formule imprimée] dedication. -**3.** RAD dedication. -**4.** RELIG [consécration] dedication, consecration; [fête] *celebration of the consecration of a place of worship*.

dédicacer [16] [dedikase] *vt* -**1.** [ouvrage, photo] : ~ **un livre à qqn** to autograph OU to sign a book for sb; **la valeur des livres dédicacés** the value of books signed by the author. -**2.** RAD to dedicate.

dédicatoire [dedikatwar] *adj* dedicatory, dedicative; **formule** OU **inscription** ~ dedication.

dédié, e [dedje] *adj* INF dedicated; **ordinateur** ~ dedicated computer.

dédier [9] [dedje] *vt* -**1.** [livre, symphonie] to dedicate. -**2.** *litt* [vouer]: **dédiant toutes ses pensées à son art** dedicating OU devoting all her thoughts to her art; **sans jamais lui** ~ **une pensée** with never (so much as) a thought for her.

dédifférenciation [dediferɑ̃sjasjɔ̃] *nf* -**1.** [dans un processus] dedifferentiation. -**2.** BIOL dedifferentiation.

dédifférencier [9] [dediferɑ̃sje]

◆ **se dédifférencier** *vpi* to undergo dedifferentiation.

dédire [103] [dedir]

◆ **se dédire** *vpi* -**1.** [se rétracter - délibérément] to recant, to retract. -**2.** [manquer - à sa promesse] to go back on OU to fail to keep one's word; [- à son engagement] to fail to honour one's commitment; **se** ~ **de** [promesse] to go back on, to fail to keep; [engagement] to fail to honour.

dédit [dedi] *nm* -**1.** *sout* [rétractation] retraction; [désengagement] failure to keep one's word; **un engagement qui ne tolère aucun** ~ a binding commitment, a commitment which must be honoured. -**2.** JUR [modalité] default; [somme] forfeit, penalty.

dédite [dedit] *nf Helv* = **dédit**.

dédommagement [dedɔmaʒmɑ̃] *nm* compensation; **demander** OU **réclamer un** ~ to claim compensation; **voilà un piètre** ~ **de mes efforts** it's hardly compensation for all the effort I put in.

◆ **en dédommagement** *loc adv* as compensation; **quand il est en retard il offre des fleurs, en** ~ when he's late he gives flowers by way of apology.

◆ **en dédommagement de** *loc prép* as a OU in compensation for, to make up for; **tenez, en** ~ **de votre dérangement** please take this for your trouble.

dédommager [17] [dedɔmaʒe] *vt* -**1.** [pour une perte] to compensate, to give compensation to; **les paysans n'ont pas été dédommagés** the peasants have received no compensation; ~ **qqn d'une perte** to compensate sb for a loss, to make good sb's loss; **fais-toi** ~ **pour la perte de la récolte** claim compensation for loss of the crop. -**2.** [pour un désagrément] to compensate; **cela te dédommagera d'avoir attendu** this'll make up for your having had to wait; **le succès l'a dédommagé de tous ses efforts** success compensated OU made up for all his effort.

dédorer [3] [dedɔre] *vt* to remove the gilt from; cadre dédoré tarnished frame; aristocratie dédorée *fig* faded aristocracy.

dédouanage [dedwanaʒ], **dédouanement** [dedwanmɑ̃] *nm* [action] clearing through customs; [résultat] customs clearance.

dédouaner [3] [dedwane] *vt* -**1.** ADMIN [marchandise] to clear through customs. -**2.** [personne] to clear (the name of).

◆ **se dédouaner** *vp (emploi réfléchi)* to make up for one's past misdeeds; **ne crois pas te ~ en me signant des chèques** don't think you can get round me by signing cheques.

dédoublage [dedublaʒ] *nm* diluting.

dédoublement [dedubləmɑ̃] *nm* -**1.** [d'un groupe, d'une image] splitting OU dividing in two. -**2.** PSYCH: **~ de la personnalité** dual personality; **souffrir d'un ~ de la personnalité** to suffer from a split OU dual personality. -**3.** TRANSP putting on an extra train.

dédoubler [3] [deduble] *vt* -**1.** [diviser - groupe] to split OU to divide in two; [- brin de laine] to separate into strands. -**2.** TRANSP: **~ un train** to put on OU to run an extra train. -**3.** COUT to remove the lining of. -**4.** JOAILL to split lengthwise.

◆ **se dédoubler** *vpi* -**1.** PSYCH: **sa personnalité se dédouble, il se dédouble** he suffers from a split OU dual personality; **je cuisine, viens ici, je ne peux pas me ~!** *hum* I'm cooking, come here, I can't be everywhere at once! -**2.** [se diviser - convoi, image] to be split OU divided in two; [- ongle] to split.

dédramatiser [3] [dedramatize] *vt* [situation] to make less dramatic.

déductibilité [dedyktibilite] *nf* -**1.** [d'une hypothèse] deducibility. -**2.** MATH deductibility.

déductible [dedyktibl] *adj* deductible; **frais ~s des revenus** expenditure deductible against tax.

déductif, ive [dedyktif, iv] *adj* deductive.

déduction [dedyksjɔ̃] *nf* -**1.** [d'une somme] deduction; **~ faite de** after deduction of, after deducting. -**2.** [conclusion] conclusion, inference; **tirer des ~s de** to derive conclusions from. -**3.** [enchaînement d'idées] deduction; **faire une ~** to go through a process of deduction; **avoir une grande puissance de ~** to have great powers of deduction.

◆ **par déduction** *loc adv* by deduction, through a process of deduction.

déduire [98] [dedɥir] *vt* -**1.** [frais, paiement] to deduct, to take off *(sép)*. -**2.** [conclure] to deduce, to infer.

déesse [deɛs] *nf* -**1.** MYTH & RELIG goddess; **la ~ aux cent bouches** OU **voix** *litt* Fame. -**2.** [femme] stunningly beautiful woman.

◆ **de déesse** *loc adj* [allure, port] majestic.

DEFA, Defa [defa] *(abr de* **diplôme d'État relatif aux fonctions d'animation**) *nm diploma for senior youth leaders*.

de facto [defakto] *loc adv* de facto.

défaillance [defajɑ̃s] *nf* -**1.** [évanouissement] blackout; [malaise] feeling of faintness; **avoir une ~** [s'évanouir] to faint, to have a blackout; [être proche de l'évanouissement] to feel faint; **des ~s dues à la chaleur** weak spells caused by the heat. -**2.** [faiblesse] weakness; **avouer dans un moment de ~** to confess in a moment of weakness. -**3.** [lacune] lapse, slip; **une ~ de mémoire** a memory lapse; **une seule ~ et vous êtes renvoyé** one single mistake and you're fired; **j'ai eu une ~ à l'oral** I didn't do myself justice at the oral; **les ~s du syndicat** the union's failings; **les ~s du rapport** the weak spots in the report. -**4.** [mauvais fonctionnement] failure, fault; **en cas de ~ du système** in case of a failure in the system; **le moteur a régulièrement des ~s** the engine is always breaking down. -**5.** MÉD: **~ cardiaque/rénale** heart/kidney failure. -**6.** JUR default.

◆ **sans défaillance** *loc adj* [mémoire] faultless; [attention, vigilance] unflinching.

défaillant, e [defajɑ̃, ɑ̃t] *adj* -**1.** [près de s'évanouir]: **des spectateurs ~s** spectators about to faint OU on the verge of fainting. -**2.** [faible - santé] declining, failing; [- cœur, poumon] weak, failing; [- force, mémoire] failing; [- détermination] weakening, faltering; [- voix] faltering. -**3.** [qui ne remplit pas son rôle - appareil] malfunctioning; **une télévision ~e** a malfunctioning TV set; **dû à l'organisation ~e du concert** due to the poor organisation of the concert. -**4.** JUR defaulting; **témoin ~ au tribunal** witness who fails to appear in court.

défaillir [47] [defajir] *vi litt* -**1.** *aussi hum* [être près de s'évanouir] to be about to faint OU on the verge of fainting; **en entendant ce nom, il défaillit** on hearing this name he nearly fainted OU swooned *litt*. -**2.** [s'amollir]: **~ de** to swoon OU to go weak at the knees with; **~ de plaisir** to swoon with pleasure. -**3.** [forces, mémoire] to fail; [détermination] to weaken, to falter, to flinch.

défaire [109] [defɛr] *vt* -**1.** [détacher - nœud] to untie, to unfasten; [- fermeture] to undo, to unfasten; [- cravate] to undo, to untie; **~ les lacets d'une botte** to unlace a boot; **~ ses cheveux** to let one's hair down *literal*; **avec les cheveux défaits** [pas encore arrangés] with her hair undone, with tousled hair; [que l'on a dérangés] with her hair messed up. -**2.** [découdre - ourlet] to undo, to unpick; **~ le bâti d'un ourlet** to unpick a hem. -**3.** [démonter - décor de théâtre] to take down *(sép)*, to dismantle; [- maquette] to take apart *(sép)*, to disassemble; [- tente] to take down *(sép)*. -**4.** [déballer - paquet] to open, to unwrap; **~ ses valises** to unpack. -**5.** [mettre en désordre]: **~ le lit** [pour changer les draps] to strip the bed; [en jouant] to rumple the bedclothes; **le lit défait** [pas encore fait] the unmade bed; **le lit n'a pas été défait** the bed hasn't been slept in. -**6.** [détruire]: **faire et ~ des gouvernements** to make and break governments. -**7.** *litt* [délivrer]: **~ qqn de** to rid sb of; **défaites-nous de ces sots!** deliver OU save us from these fools! -**8.** *litt* [armée] to defeat.

◆ **se défaire** *vpi* -**1.** [se détacher - nœud] to come loose OU undone; [- coiffure, paquet] to come undone; [- tricot] to fray, to come undone, to unravel. -**2.** [être détruit - gouvernement, amitié] to break; [- destinée] to come apart. -**3.** [se décomposer]: **son visage se défit** [de chagrin] he looked distraught; [de déception] his face fell.

◆ **se défaire de** *vp + prép sout* [employé, dettes, meuble] to get rid of, to rid o.s. of; [idée] to put out of one's mind; **une habitude dont j'ai eu du mal à me ~** a habit I found it hard to break; **il ne veut pas se ~ de son vieux chien** he won't get rid of his old dog.

défait, e[1] [defɛ, ɛt] *adj* -**1.** [accablé]: **être ~** to be broken. -**2.** [décomposé]: **il se tenait là, le visage ~** he stood there, looking distraught.

défaite[2] [defɛt] *nf* MIL, POL & SPORT defeat.

défaitisme [defetism] *nm* -**1.** MIL defeatism. -**2.** [pessimisme] defeatism, negative attitude.

défaitiste [defetist] ◇ *adj* defeatist.

◇ *nmf* -**1.** MIL defeatist. -**2.** [pessimiste] defeatist.

défalcation [defalkasjɔ̃] *nf* deduction; **~ faite des frais** after deduction of expenses.

défalquer [3] [defalke] *vt* to deduct.

défatigant, e [defatigɑ̃, ɑ̃t] *adj* relaxing, soothing.

◆ **défatigant** *nm* muscle relaxant.

défatiguer [3] [defatige] *vt* to refresh, to relax.

défaufiler [3] [defofile] *vt* to remove the tacking from.

défausser [3] [defose] *vt* to straighten out *(sép)* again.

◆ **se défausser** *vpi* to discard an unwanted card.

défaut [defo] *nm* -**1.** [imperfection - d'un visage, de la peau] blemish, imperfection; [- d'un tissu, d'un appareil] defect, flaw; [- d'un diamant, d'une porcelaine] flaw; [- d'un projet] drawback, snag; **il y a un ~ de fonctionnement** it doesn't work OU work properly; **le ~ de** OU **avec** *fam* **ton attitude, c'est que...** the trouble with your attitude is that...; **ce roman/jardin a le grand ~ de manquer de couleur** the big problem with this novel/garden is (that) it lacks colour ❑ **~ d'élocution** OU **de prononciation** speech defect OU impediment; **~ de fabrication** manufacturing defect; **il y a comme un ~!** *fam hum* there's something wrong somewhere!; **une télévision sans son, il y a comme un ~!** *fam* a television with no sound, there's something funny going on there! -**2.** [tache morale] fault, failing. -**3.** [manque]: **~ de** lack OU want of; **~ de mémoire** memory lapse; **~ d'attention** lapse in concentration; **~ de sagesse** lack OU want of wisdom; **faire ~** to be lacking; **l'argent faisant ~** [il y a peu d'argent] money being short; [il n'y a pas d'argent] there being no money; **ses forces lui ont fait ~** his strength failed him; **le temps me fait ~** I don't have the time; **l'imagination est loin de lui faire ~** he is far from lacking (in) imagination; **notre fournisseur nous a fait ~** our supplier let us down. -**4.** [bord, lisière]: **au ~ des côtes** under the ribcage ❑ **le ~ de la cuirasse** OU **de l'armure** the chink in one's OU the armour. -**5.** JUR default; **faire ~** to default ❑ **~ de paiement** default in payment, non-payment. -**6.** PHYS: **~ de masse** mass defect. -**7.** INF default setting.

◆ **à défaut** *loc adv* if not, failing that; **des roses ou, à ~, des tulipes** roses or, failing that, tulips.

◆ **à défaut de** *loc prép* for lack OU for want of; **un voyage reposant à ~ d'être intéressant** a restful if not interesting trip.

◆ **en défaut** *loc adv* -**1.** [en faute]: **être en ~** to be at fault; **son pouvoir de réflexion est en ~** his ability to think is at fault; **prendre qqn en ~** to catch sb out, to fault sb; **on ne le prend pas en ~** you can't fault him. -**2.** CHASSE: **mettre les chiens en ~** to set the hounds on the wrong scent.

◆ **par défaut** *loc adv* -**1.** [sans agir] by default; **avoir un poste par ~** to get a job by default. -**2.** MATH: **calculé par ~** (worked out) to the nearest decimal point. -**3.** JUR by default. -**4.** INF by default.

◆ **sans défaut** *loc adj* flawless.

défaveur [defavœr] *nf* discredit, disfavour; **c'est tombé en ~** it's gone out of favour OU fashion; **cela a tourné à ma ~** it worked against me in the end.

défavorable [defavɔrabl] *adj* unfavourable; **voir qqch d'un œil ~** to view sthg unfavourably; **en cas d'avis ~ du jury** should the jury return an unfavourable verdict.

défavorablement [defavɔrabləmɑ̃] *adv* unfavourably.

défavoriser [3] [defavɔrize] *vt* [dans un partage] to treat unfairly; [dans un examen, une compétition] to put at a disadvantage; **classes défavorisées** underprivileged social classes.

défécation [defekasjɔ̃] *nf* -**1.** PHYSIOL defecation. -**2.** CHIM defecation, purification.

défectif, ive [defɛktif, iv] *adj* defective GRAMM.

défection [defɛksjɔ̃] *nf* -**1.** [fait de quitter] abandonment, abandoning; **après la ~ de son père** after his father walked out. -**2.** [désistement - d'un allié, d'un partisan] withdrawal of support, defection; [- d'un touriste, d'un client] cancellation; **cet été, nous avons eu beaucoup de ~s** many tourists stayed away this summer; **faire ~** [allié] to withdraw support; [invité] to fail to appear.

défectueusement [defɛktɥøzmɑ̃] *adv* in a faulty manner.

défectueux, euse [defɛktɥø, øz] *adj* [appareil, produit] faulty, defective, substandard; [loi] defective.

défectuosité [defɛktɥozite] *nf* -**1.** [mauvaise qualité] substandard quality, defectiveness. -**2.** [malfaçon] imperfection, defect, fault.

défendable [defɑ̃dabl] *adj* -**1.** MIL defensible. -**2.** [justifiable - position] defensible; [- comportement] justifiable; [- idée] tenable, defensible;

des théories qui ne sont pas ~s indefensible theories.

défendeur, eresse [defɑ̃dœr, drɛs] *nm, f* defendant.

défendre [73] [defɑ̃dr] *vt* -**1.** [interdire] to forbid; ~ **l'accès au jardin** to forbid access to the garden; ~ **à qqn de faire qqch** to forbid sb to do sthg; **je te défends d'approcher/de parler** I forbid you to come nearer/to speak; ~ **qqch à qqn**: **elle lui défend les bonbons** she doesn't allow him to eat sweets; **l'alcool lui est défendu** he's not allowed to drink alcohol; **être défendu** to be forbidden; **c'est défendu** it's not allowed, it's forbidden. -**2.** MIL [pays, population] to defend; [forteresse] to defend, to hold; **ville mal défendue** badly defended town; ~ **chèrement sa vie** to fight for dear life. -**3.** [donner son appui à - ami] to defend, to protect, to stand up for; [- idée] to defend, to champion, to support; ~ **son honneur** to defend one's honour; ~ **ses couleurs/son titre** to defend OU to fight for one's colours/title; ~ **une cause** to defend OU to champion a cause; ~ **l'intérêt national** to defend OU to safeguard the national interest; **je défends mon point de vue** I'm defending OU standing up for my point of view. -**4.** [préserver]: ~ **qqn contre** OU **de qqch** to protect sb from OU against sthg. -**5.** JUR to defend.

◆ **se défendre** ◇ *vp (emploi réfléchi)* -**1.** [en luttant - physiquement] to defend o.s.; [- verbalement] to stand up for OU to defend o.s.; **se ~ jusqu'au bout** to fight to the last. -**2.** [se protéger]: **se ~ de** OU **contre** to protect o.s. from OU against.

◇ *vp (emploi passif)* [être plausible] to make sense; **cela se défend** that makes sense; **il dit que c'est trop long et cela se défend** he says it's too long and he has a point OU it's a fair point.

◇ *vpi* -**1.** *fam* [être compétent] to get by; **elle n'est pas la meilleure mais elle se défend** she's not the best but she gets by; **il se défend bien en maths** he's quite good at maths; **il ne se défend pas trop bien avec les femmes** he doesn't have much success with women; **pour 50 ans elle ne se défend pas mal!** she's not bad for 50!

◆ **se défendre de** *vp + prép* -**1.** [s'interdire de]: **se défendant de penser du mal d'elle** refusing to think ill of her || [s'empêcher de] to refrain from. -**2.** [nier]: **se ~ de toute compromission** to deny being compromised; **se défendant d'avoir dit cela** denying having said that; **il se défend de vouloir la quitter** he won't admit that he wants to leave her.

défends [defɑ̃] = **défens**.

défenestration [defənɛstrasjɔ̃] *nf* defenestration.

défenestrer [3] [defənɛstre] *vt* to defenestrate, to throw out of the window.

◆ **se défenestrer** *vp (emploi réfléchi)* to jump out of the window.

défens [defɑ̃]

◆ **en défens** *loc adj to which access is forbidden to grazing animals.*

défense [defɑ̃s] *nf* -**1.** [interdiction] prohibition; **malgré la ~ de sa mère** despite his mother having forbidden it; **mais ~ expresse d'en parler!** but you're strictly forbidden to talk about it!; '~ **d'entrer**' 'no admittance OU entry'; '**danger, ~ d'entrer**' 'danger, keep out'; '~ **d'afficher**' 'stick no bills'; '~ **de fumer**' 'no smoking'; '~ **de déposer des ordures**' 'no dumping'. -**2.** [protection] defence; **la ~ de la langue française** the defence of the French language; **pour la ~ des institutions** in order to defend OU to safeguard the institutions || [moyen de protection] defence; **ne pas avoir de ~** to be unable to defend o.s.; **sans ~ contre le désespoir** defenceless in the face of despair. -**3.** [dans un débat] defence; **prendre la ~ de qqn/qqch** to stand up for OU to defend sb/sthg. -**4.** MIL defence; **la Défense nationale** national defence; **un problème concernant la Défense nationale** a problem of national defence; ~ **opérationnelle du territoire** home defence; ~ **passive** civil defence; **un secret Défense** a military secret. -**5.** PHYSIOL defence; **les ~s de l'organisme** the body's defences || PSYCH defence; **impossible de discuter, il est toujours en position de ~** there's no talking to him, he's always on the defensive. -**6.** JUR defence; **présenter la ~** to put the case for the defence. -**7.** SPORT: **la ~** [action, joueurs] the defence; **jouer la ~** to play a defensive game. -**8.** ZOOL tusk. -**9.** NAUT fender.

◆ **défenses** *nfpl* MIL defences.

◆ **de défense** *loc adj* -**1.** MIL: **ligne de ~** line of defence. -**2.** PSYCH defence *(modif).*

◆ **pour ma défense, pour sa défense** *etc loc adv* in my/his *etc* defence; **je dirai pour ma ~ que...** I will say in my (own) defence that...

◆ **sans défense** *loc adj* -**1.** [animal, bébé] defenceless, helpless. -**2.** MIL undefended.

◆ **Défense** *npr f*: **la Défense** *ultra-modern business district west of Paris.*

défenseur [defɑ̃sœr] *nm* -**1.** [partisan - de la foi] defender; **les ~s de ces idées** advocates OU supporters of these ideas; ~ **de l'art pour l'art** advocate of art for art's sake; **jouer les ~s de la veuve et de l'orphelin** OU **des faibles et des opprimés** *hum* to play at protecting the weak and the oppressed. -**2.** JUR counsel for the defence *Br*, defense attorney *Am*; **l'accusé et son ~** the accused and his counsel. -**3.** SPORT defender.

défensif, ive [defɑ̃sif, iv] *adj* [armes, mesures] defensive.

◆ **défensive** *nf*: **la défensive** the defensive; **être** OU **se tenir sur la défensive** to be (on the) defensive; **ne sois pas toujours sur la défensive** don't be so defensive.

défensivement [defɑ̃sivmɑ̃] *adv* defensively.

déféquer [18] [defeke] ◇ *vi* to defecate.

◇ *vt* to defecate, to purify.

déférence [deferɑ̃s] *nf* respect, deference.

déférent, e [deferɑ̃, ɑ̃t] *adj* -**1.** [employé, attitude, discours] deferential, respectful. -**2.** ANAT: **canal ~** vas deferens.

◆ **déférent** *nm* ANAT vas deferens.

déférer [18] [defere] *vt* [affaire] to refer to a court; [accusé] to bring before a court; ~ **qqn à la justice** to hand sb over to the law; ~ **un officier en conseil de guerre** to bring an officer before a court-martial.

◆ **déférer à** *v + prép* to defer to.

déferlant, e [defɛrlɑ̃, ɑ̃t] *adj* [vague] breaking.

◆ **déferlante** *nf* -**1.** GÉOG breaker. -**2.** [invasion] tidal wave; **la grande ~e du tourisme estival** the tidal wave of summer tourists.

déferlement [defɛrləmɑ̃] *nm* -**1.** GÉOG breaking. -**2.** [invasion]: ~ **de** [soudain] flood of; [continu] stream of; **comment arrêter le ~ du vandalisme?** how can the advancing tide of hooliganism be stopped? -**3.** [accès]: **un ~ d'émotion** a surge OU wave of emotion; **un ~ de colère dans le parti** a wave of anger sweeping the party.

déferler [3] [defɛrle] ◇ *vi* -**1.** [vague] to break; **une vague de violence/racisme déferla sur le pays** *fig* a wave of violence/racism spread through the country. -**2.** [se répandre] to rush into; **déferlant dans le parc** streaming into the park; **ils déferlaient dans la rue** they flooded into the streets; **la famille déferlait chez elle** her whole family turned up at her door. -**3.** [fuser - émotion, applaudissements] to erupt.

◇ *vt* to unfurl, to stream NAUT.

déferrage [defɛraʒ] *nm* [d'un cheval] unshoeing.

déferrement [defɛrmɑ̃] *nm* [d'un cheval] unshoeing; [d'un coffre] removing iron plates from.

déferrer [4] [defere] *vt* [cheval] to unshoe; [coffre] to remove iron plates from.

défervescence [defɛrvesɑ̃s] *nf* abatement of fever, defervescence.

défeuillaison [defœjɛzɔ̃] *nf* defoliation, falling of leaves; **à la ~** when the leaves fall, when the trees lose their leaves.

défeuiller [5] [defœje] *vt litt* to strip of leaves; **paysage défeuillé** leafless scenery.

◆ **se défeuiller** *vpi litt* to shed its leaves, to defoliate.

défi [defi] *nm* -**1.** [appel provocateur] challenge; **jeter** OU **lancer un ~ à qqn** to throw down the gauntlet to sb, to challenge sb; **relever un ~** to take up the gauntlet OU a challenge || [attitude provocatrice] defiance; **refuser par ~** to refuse out of defiance. -**2.** [remise en question]: **un ~ à** a challenge to; **c'est un ~ à ma position de chef de famille** it's a challenge to my position as head of the family; **c'est un ~ au bon sens** it defies common sense.

◆ **au défi** *loc adv*: **mettre qqn au ~ (de faire)** to challenge sb (to do); **je mets quiconque au ~ de comprendre leur formulaire** I challenge anybody to understand their form.

◆ **de défi** *loc adj* [attitude, air] defiant.

défiance [defjɑ̃s] *nf* -**1.** [méfiance] mistrust, distrust; **enfant sans ~** unsuspecting child; **parler sans ~** to speak unsuspectingly. -**2.** [désapprobation]: **vote de ~** vote of no confidence.

défiant, e [defjɑ̃, ɑ̃t] *adj* [enfant, air] mistrustful, distrustful.

défibrage [defibraʒ] *nm* -**1.** [de canne à sucre] grinding. -**2.** [du bois] pulping.

défibrer [3] [defibre] *vt* -**1.** [canne à sucre] to grind. -**2.** [bois] to pulp.

défibrillateur [defibrijatœr] *nm* defibrillator.

défibrillation [defibrijasjɔ̃] *nf* defibrillation.

déficeler [24] [defisle] *vt* [paquet] to untie, to take the string off; [rôti] to remove the string from, to take the string off.

déficience [defisjɑ̃s] *nf* -**1.** MÉD deficiency. -**2.** PSYCH: ~ **mentale** mental retardation.

déficient, e [defisjɑ̃, ɑ̃t] *adj* -**1.** MÉD deficient. -**2.** [insuffisant - théorie] weak, feeble.

déficit [defisit] *nm* -**1.** ÉCON & FIN deficit; **société en ~** company in deficit ❑ ~ **budgétaire** budget deficit; ~ **commercial** trade deficit OU gap. -**2.** MÉD: ~ **immunitaire** immunodeficiency; ~ **intellectuel** PSYCH mental retardation. -**3.** [manque] gap, lack.

déficitaire [defisitɛr] *adj* -**1.** ÉCON & FIN in deficit; **être ~** to be in deficit. -**2.** [insuffisant - production, récolte] poor.

défier [9] [defje] *vt* -**1.** [dans un duel, un jeu] to challenge; ~ **qqn du regard** to give sb a challenging look; **je te défie de trouver moins cher** I defy you to find a better price. -**2.** [affronter - danger] to defy, to brave; **défiant les lois de l'équilibre** defying the laws of gravity; **prix/qualité défiant toute concurrence** absolutely unbeatable prices/quality.

◆ **se défier de** *vp + prép litt* to mistrust, to distrust; **elle se défie d'elle-même** she doesn't trust herself.

défigurer [3] [defigyre] *vt* -**1.** [enlaidir, mutiler] to disfigure; **l'accident/la maladie l'a défiguré** the accident/illness has disfigured him; **défiguré par les larmes/la colère** his face disfigured by tears/distorted with anger. -**2.** [ville, environnement] to blight, to ruin; **la tour défigure la place** the tower block ruins the square. -**3.** [caricaturer - vérité, faits] to distort; **défigurant les intentions de l'auteur** distorting the author's intentions.

défilé [defile] *nm* -**1.** [procession - pour une fête] procession; [- de militaires] march, parade; [- de manifestants] march; **un ~ de mode** a fashion show. -**2.** [multitude - d'invités, de pensées] stream, procession; [- de souvenirs] string, procession. -**3.** GÉOG defile, narrow pass.

défilement [defilmɑ̃] *nm* -**1.** [d'un film, d'une bande] unwinding; [d'un texte sur écran] scrolling. -**2.** MIL defilade.

défiler [3] [defile] ◇ *vi* -**1.** [marcher en file] to file (along); [pour être vu] to march, to parade; [pour manifester] to march; **les élèves défilent devant la statue** the pupils file past the statue; ~ **dans la rue** to march through the streets; **les mannequins défilaient** the models were parading up and down the catwalk. -**2.** [être nombreux]: **les journalistes ont défilé au ministère toute la journée** the journalists were in and out of the ministry all day; **ses amis ont défilé à son chevet** his friends came to his bedside one after the other; **les petites amies défilent** he has one girlfriend after another. -**3.** [se dérouler - bande magnétique] to unwind; [- texte informatique] to scroll; [- souvenirs, publicité] to stream past; **les pâturages défilaient sans fin** the fields rolled past endlessly; [rapidement] the fields flashed by; **toute ma vie a défilé dans ma tête** my whole life flashed before my eyes.

◇ *vt* -**1.** [perles] to unthread; [collier] to unstring. -**2.** MIL to put under cover, to defilade. -**3.** TEXT to shred.

◆ **se défiler** *fam vpi* -**1.** [fuir] to slip away. -**2.** [esquiver une responsabilité]: **n'essaie pas de te ~** don't try to get out of it; **il s'est défilé** he got OU wriggled out of it.

défini, e [defini] *adj* -**1.** [qui a une définition] defined; [précis] precise; **une utilisation bien ~e** a well-defined usage. -**2.** GRAMM: **article ~** definite article; **passé ~** preterite.

◆ **défini** *nm*: **le ~** that which is defined.

définir [32] [definir] *vt* -**1.** [donner la définition de] to define; **~ un dauphin comme un mammifère** to define a dolphin as a mammal. -**2.** [décrire - sensation] to define, to describe; [- personne] to describe, to portray. -**3.** [circonscrire - objectif, politique, condition] to define; **notre mode de travail reste à ~** our method of working has still to be defined; **je définirais mon rôle comme étant celui d'un négociateur** I'd define OU describe my role as that of a negotiator.

définissable [definisabl] *adj* definable.

définitif, ive [definitif, iv] *adj* -**1.** [irrévocable - décision] final; [- acceptation] definitive; **leur séparation est définitive** they're splitting up for good; **c'est non et c'est ~!** it's no and that's that! -**2.** [qui fait autorité - œuvre] definitive; [- argument] conclusive; **il a écrit un article ~ sur le matérialisme** he's written the definitive article on materialism.

◆ **définitif** *nm*: **le ~** that which is definitive; **à ce stade de ma vie, je veux du ~** at my time of life I want something more definite.

◆ **en définitive** *loc adv* finally, when all's said and done, in the final analysis; **elle n'est pas malheureuse, en définitive** when all is said and done, she's not unhappy.

définition [definisjɔ̃] *nf* -**1.** [d'une idée, d'un mot] definition. -**2.** LOGIQUE definition. -**3.** [de mots croisés] clue. -**4.** PHOT & TÉLÉC definition.

◆ **par définition** *loc adv* by definition; **pour elle les hommes sont égoïstes, par ~** as far as she is concerned men are, by definition, selfish.

définitionnel, elle [definisjɔnɛl] *adj* [relatif à une définition] definitional; [qui est une définition] definitional.

définitivement [definitivmɑ̃] *adv* for good.

défiscaliser [3] [defiskalize] *vt* to exempt from tax.

déflagrant, e [deflagrɑ̃, ɑ̃t] *adj* deflagrating.

déflagration [deflagrasjɔ̃] *nf* -**1.** [explosion] explosion; [combustion] deflagration. -**2.** [conflit] clash; **une ~ mondiale** a worldwide conflict.

déflagrer [3] [deflagre] *vi* to deflagrate.

déflation [deflasjɔ̃] *nf* FIN & GÉOL deflation.

déflationniste [deflasjɔnist] ◇ *adj* [principe] deflationist; [mesure] deflationary.

◇ *nmf* deflationist.

déflecteur [deflɛktœr] *nm* -**1.** AUT quarter light *Br*, vent *Am*. -**2.** NAUT & PHYS deflector.

défleurir [32] [deflœrir] *litt* ◇ *vt* [rose] to deadhead, to take the heads off, to top; [arbre] to remove the blossom from; [paysage] to remove the flowers from.

◇ *vi* [arbre] to shed its blossom; [paysage] to lose its flowers.

déflexion [deflɛksjɔ̃] *nf* -**1.** PHYSIOL deflection; [en obstétrique] disengagement, extension. -**2.** PHYS deflection. -**3.** AÉRON [vers le haut] upwash; [vers le bas] downwash.

défloraison [deflɔrɛzɔ̃] *nf litt* falling of blossoms.

défloration [deflɔrasjɔ̃] *nf* defloration.

déflorer [3] [deflɔre] *vt* -**1.** [fille] to deflower. -**2.** *litt* [sujet] to corrupt, to spoil.

défluent [deflyɑ̃] *nm* distributary.

défoliant [defɔljɑ̃] *nm* defoliant.

défoliation [defɔljasjɔ̃] *nf* defoliation.

défolier [9] [defɔlje] *vt* to defoliate.

défonçage [defɔ̃saʒ] *nm* -**1.** [destruction - d'une porte] breaking down; [- d'un mur] smashing down; [- d'un tonneau, d'une caisse] smashing open. -**2.** AGR deep ploughing *Br* OU plowing *Am*.

défonce▽ [defɔ̃s] *nf* high *(n)*; **son seul plaisir, c'est la ~** his only pleasure in life is getting high; **~ aux solvants** glue-sniffing; **~ à l'acide** dropping acid; **~ aux amphétamines** taking speed, speeding.

défoncé, e [defɔ̃se] *adj* -**1.** [cabossé - lit, sofa] battered; [- chemin] rutted. -**2.** ▽ [drogué] stoned, high; **des mecs ~s** guys on drugs; **ils étaient complètement ~s** they were stoned out of their minds.

défoncement [defɔ̃smɑ̃] = **défonçage**.

défoncer [16] [defɔ̃se] *vt* -**1.** [démolir - porte] to smash in *(sép)*, to knock down *(sép)*; [- mur] to smash OU to knock down *(sép)*, to demolish; [- lit] to break OU to smash (up); [- chaussée] to break up *(sép)*; [- caisse, tonneau] to smash OU to stave in *(sép)*; **le choc lui a défoncé trois côtes** the impact cracked three of her ribs; **les chars ont défoncé la route** the tanks have broken up the road surface; **il a eu le crâne défoncé** he smashed his skull. -**2.** ▽ [suj: drogue]: **~ qqn** to get sb high; **moi, c'est le café qui me défonce** *hum* I get my kicks from coffee. -**3.** AGR to deep-plough.

◆ **se défoncer** *vpi* -**1.** *fam* [se démener - au travail] to work flat out; [- en se distrayant] to have a wild time; **je me suis défoncé pour finir le manuscrit** I bust a gut to get the manuscript finished; **il s'est défoncé sur scène hier soir** he gave it all he had on stage last night. -**2.** ▽ [se droguer] to get high; **elle se défonce tous les soirs** she gets stoned out of her mind every night; **il se défonce à l'héroïne** he's on heroin; **je me défonce au café** *hum* I'm on coffee.

défonceuse [defɔ̃søz] *nf* -**1.** AGR breaker plough. -**2.** TRAV PUBL ripper, rooter.

déforcer [16] [defɔrse] *vt Belg* to weaken, to make weaker.

déforestation [defɔrɛstasjɔ̃] *nf* deforestation; **faire de la ~** to deforest.

déformant, e [defɔrmɑ̃, ɑ̃t] *adj* distorting.

déformation [defɔrmasjɔ̃] *nf* -**1.** [changement de forme - gén] putting out of shape; [- par torsion] bending out of shape; [- en frappant] knocking out of shape; [- par la chaleur] warping. -**2.** [travestissement - d'une pensée, de la réalité] distortion, misrepresentation; [- d'une image] distortion, warping ❑ **~ professionnelle**: **elle pose toujours des questions, c'est une ~ professionnelle** she's always asking questions because she's used to doing it in her job; **ne fais pas attention, c'est de la ~ professionnelle!** *hum* don't worry, it's just my job!

déformer [3] [defɔrme] *vt* -**1.** [changer la forme de - planche] to warp; [- barre] to bend (out of shape); [- pare-chocs] to knock out of shape, to buckle; [- chaussure, pantalon] to put out of shape, to ruin the shape of; **chapeau déformé** hat that's gone out of OU lost its shape. -**2.** [transformer - corps] to deform; [- visage, voix] to distort; **les mains déformées par le rhumatisme** hands twisted by rheumatism; **traits déformés par la haine** features contorted with hatred. -**3.** [changer le comportement de]: **le journalisme vous déforme** being a journalist affects everything you do; **l'enseignement l'a déformé** he's taken on all the mannerisms of the typical teacher. -**4.** [fausser - réalité, pensée] to distort, to misrepresent; [- image] to distort; [- goût] to warp; [- paroles] to misquote; **vous déformez la réalité/vérité** you're twisting the facts/truth.

◆ **se déformer** *vpi* [vêtement] to become shapeless, to go out of OU to lose its shape; [planche] to become warped; [barre] to become bent; **le pull ne s'est pas déformé** the sweater kept its shape OU didn't go out of shape.

défoulement [defulmɑ̃] *nm* release; **danser est un bon ~** dancing is a good way of unwinding; **crier par ~** to shout to release one's pent-up emotions.

défouler [3] [defule]

◆ **se défouler** *vpi* to release one's pent-up emotions, to unwind; **dansez pour vous ~** dance away your frustrations.

défourner [3] [defurne] *vt* [pain] to take out (of the oven); [poterie] to take out (of the kiln).

défraîchir [32] [defreʃir] *vt* [rideau] to give a worn look to; [couleur] to fade; **vendre des articles défraîchis** to sell shopsoiled articles; **les fleurs sont défraîchies** the flowers are past their best; **des idées un peu défraîchies** *fig* rather stale ideas.

◆ **se défraîchir** *vpi* [rideau, couleur] to fade; [pantalon] to become worn.

défrayer [11] [defreje] *vt* -**1.** [indemniser]: **~ qqn de** to meet sb's expenses for. -**2.** *loc*: **~ la chronique** to be the talk of the town *loc*, to be widely talked about; **~ la conversation** to be the main topic of conversation.

défrichage [defriʃaʒ] *nm* -**1.** [d'un terrain] clearing. -**2.** [approche]: **le ~ d'un texte du programme** a first look at a book on the syllabus.

défriche [defriʃ] *nf* clearing, clear patch.

défrichement [defriʃmɑ̃] = **défrichage**.

défricher [3] [defriʃe] *vt* -**1.** [nettoyer - terrain] to clear; **~ le terrain avant de négocier** *fig* to clear the way for negotiations. -**2.** [préparer - texte] to have a first look at; [- enquête] to do the spadework for; **mon assistant a défriché votre dossier** my assistant did some preliminary work on your file.

défricheur, euse [defriʃœr, øz] *nm, f*: **les premiers ~s** the people OU settlers who first cleared the land.

défriper [3] [defripe] *vt* to smooth out *(sép)*, to take the creases out of.

défriser [3] [defrize] *vt* -**1.** [cheveux, moustache] to straighten out *(sép)*, to take the curl OU curls out of. -**2.** *fam* [contrarier] to bug; **c'est ce qui la défrise** that's what's bugging her OU getting to her.

défroisser [3] [defrwase] *vt* to smooth out *(sép)*, to take the creases out of.

◆ **se défroisser** *vpi* to lose its creases.

défroncer [16] [defrɔ̃se] *vt* -**1.** COUT to take the gathers from. -**2.** [détendre]: **~ les sourcils** to stop frowning.

défroque [defrɔk] *nf* -**1.** [vêtement] (old) rags; **on lui passait les ~s de son frère** he used to get his brother's cast-offs. -**2.** [d'un religieux] effects.

défroqué, e [defrɔke] ◇ *adj* defrocked, unfrocked.

◇ *nm, f* [prêtre] defrocked priest; [moine] defrocked monk.

défroquer [3] [defrɔke] *vi* to be defrocked OU unfrocked.

défruiter [3] [defrɥite] *vt* [huile d'olive] to remove the fruity flavour from.

défunt, e [defœ̃, œ̃t] *litt* ◇ *adj* -**1.** [décédé - parent, mari] late; **son ~ cousin** her late cousin. -**2.** [terminé - royauté] defunct; [- espoir, amour] lost, extinguished.

◇ *nm, f* deceased person; **le ~** the deceased; **prière pour les ~s** prayer for the dead.

dégagé, e [degaʒe] *adj* -**1.** [ouvert - vue] open; **une allée ~e** a treeless drive. -**2.** [mis à nu] cleared; [épaules] bare; **les tempes ~es** with one's hair brushed back. -**3.** [désinvolte - air, ton] casual; **dit-elle d'un petit air** ~ she said casually OU trying to look casual. -**4.** MÉTÉO clear, cloudless.

◆ **dégagé** *nm* DANSE dégagé.

dégagement [degaʒmɑ̃] *nm* -**1.** [émanation - d'odeur] emanation; [- de chaleur] release, emission, emanation; **un ~ de gaz** [accidentel] a gas leak; [volontaire] a release of gas. -**2.** [espace - dans une maison] passage, hall; [- dans une ville] open space; [- dans un bois] clearing; **un ~ d'un mètre entre le pont et le véhicule** one metre headroom between the bridge and the vehicle. -**3.** [déblaiement] opening out, digging out; **le ~ du temple par les archéologues** excavation of the temple by the archaeologists. -**4.** MIL & POL disengagement. -**5.** [au mont-de-piété] redeeming *(from pawn)*. -**6.** SPORT [d'un ballon] clearance. -**7.** ESCRIME disengagement. -**8.** MÉD crowning.

dégager [17] [degaʒe] *vt* -**1.** [sortir] to free; **il a essayé de ~ sa main de la mienne** he tried to pull his hand away OU to free his hand from mine; **~ à grand mal une pierre du mur** to free OU to prise a stone from a wall with great difficulty; **~ qqn d'une voiture en flammes** to free sb from OU to pull sb clear of a burning car; **ils l'ont dégagée au chalumeau** they cut her out with a blowtorch; **~ un prisonnier de ses chaînes** to unshackle OU to unfetter a prisoner. -**2.** [enlever - arbres tombés, ordures] to remove, to clear; **~ les branches de la route** to clear the branches off the road, to clear the road of branches. -**3.** [désencombrer - couloir, table, salle] to clear (out); [- sinus] to clear, to unblock; [- poitrine, gorge] to clear; [- ouverture, chemin] to open; **une coupe qui dégage la nuque** a hairstyle cut very short at the back; **la robe dégage les épaules** the dress leaves the shoulders bare; **dégagez la piste!** *fam fig* (get) out of the way! -**4.** FIN [crédit] to release. -**5.** [annuler]: **~ sa parole** to go back on one's word; **~ sa responsabilité** to deny responsibility; **~ qqn de sa promesse** to release OU to free sb from their promise; **~ qqn de ses dettes** to cancel sb's debt; **il est dégagé de ses obligations militaires** he has completed his military service. -**6.** [émettre -odeur] to give off *(insép)*, to emit; [- gaz] to release, to emit. -**7.** [manifester - quiétude] to radiate; **la bibliothèque dégageait une impression de sérénité** the library had an atmosphere of great calm. -**8.** [extraire - règle, principe] to draw; [- vérité] to draw, to bring out *(sép)*, to extract; **~ la beauté d'un poème** to bring out the beauty of OU in a poem. -**9.** [du mont-de-piété] to redeem *(from pawn)*. -**10.** ESCRIME to disengage. -**11.** SPORT [ballon] to clear; *(en usage abs)*: **~ en touche** to put the ball into touch. -**12.** DANSE to perform a dégagé. -**13.** *fam (en usage abs)* [partir]: **dégage!** clear off!, get lost!

◆ **se dégager** ◇ *vp (emploi passif)* [conclusion] to be drawn; [vérité] to emerge, to come out; **il se dégage du rapport que les torts sont partagés** it appears from the report that both sides are to blame.
◇ *vp (emploi réfléchi)* -**1.** [s'extraire]: **se ~ d'un piège** to free o.s. from a trap; **se ~ d'une étreinte** to extricate o.s. from an embrace; **le chien s'est dégagé de sa laisse** the dog's slipped its lead; **se ~ du peloton** to leave the bunch behind. -**2.** [se libérer - d'un engagement]: **j'étais invité mais je vais me ~** I was invited but I'll get out of it; **il s'est dégagé en prétextant une indisposition** he cried off on the grounds of being unwell; **se ~ d'une affaire/d'une association** to drop out of a deal/an association; **se ~ d'une obligation** to free o.s. from an obligation; **se ~ de sa promesse** to break one's word.
◇ *vpi* -**1.** [se déplacer] to move OU to step aside, to step back, to move out of the way; **elle s'est dégagée pour me laisser passer** she moved to one side OU out of the way to let me get through. -**2.** [se vider - route] to clear; [- ciel] to clear; [- sinus] to become unblocked, to clear. -**3.** [émaner - odeur, gaz, fumée] to emanate, to be given off; [se manifester - quiétude] to emanate, to radiate; **la tendresse qui se dégage de sa lettre** the love which permeates her letter.

dégaine *fam* [degɛn] *nf* [démarche] (peculiar) gait; [aspect ridicule] (gawky) look; **tu parles d'une ~!** just look at that!

dégainer [4] [degene] *vt* -**1.** ARM [épée] to unsheathe, to draw; [revolver] to draw; *(en usage abs)*: **avant que le gangster ait pu ~** before the gangster could draw his gun. -**2.** TECH to unsheathe.

déganter [3] [degɑ̃te]
◆ **se déganter** *vp (emploi réfléchi)* to take off OU to remove one's glove OU gloves.

dégarnir [32] [degarnir] *vt* -**1.** [ôter les objets de - salon] to empty; [- collection] to deplete; **le placard est bien dégarni!** the cupboard's practically empty OU bare!; **j'ai complètement dégarni le mur** I've taken everything off the wall; **les devantures sont dégarnies de leurs mannequins** the dummies have been removed from the window displays; **l'autel est dégarni de ses bougies** the altar has been stripped of its candles. -**2.** [ôter l'argent de - portefeuille] to empty, to deplete; [- compte en banque] to drain, to draw heavily on. -**3.** [ôter les cheveux de - crâne] to cause to go bald; **un peu dégarni par les années** balding slightly with age. -**4.** [ôter les feuilles de] to strip of its leaves; **l'hiver a dégarni les arbres** winter has stripped the trees of their leaves; **la rose, dégarnie de ses piquants** the rose, bereft *litt* OU stripped of its thorns; **le parc, dégarni de ses cyprès** the park, stripped of its cypresses.

◆ **se dégarnir** *vpi* -**1.** [se vider - boîte, collection, rayonnage] to become depleted; [- groupe] to become depleted, to thin out. -**2.** [devenir chauve] to go bald, to start losing one's hair; **il commence à se ~ sur le dessus (du crâne)** he's going thin on top; **son front se dégarnit** his hairline is receding; **son crâne se dégarnit** he's losing hair OU thinning on top. -**3.** [arbre] to lose its leaves; [forêt] to become depleted OU thinner.

dégasolinage [degazɔlinaʒ] *nm*: **~ (d'un gaz)** recovery of crude oil (from a gas).

dégasoliner [3] [degazɔline] *vt* [gaz] to recover crude oil from.

dégât [dega] *nm* damage; **il y a du ~** OU **des ~s** there's some damage; **il n'y a pas de ~s?** *fam* [après un accident] no harm done?; **il est fragile, si elle le quitte il y aura du ~** *fam* he's vulnerable, it'll really hurt him if she leaves him; **faire des ~s** to cause damage; **les chenilles ont fait des ~s/de gros ~s dans le verger** the caterpillars have caused some damage/wreaked havoc in the orchard ❑ **~s des eaux** water damage; **assuré contre les ~s des eaux** insured against water damage; **~s matériels** structural damage.

dégauchir [32] [degoʃir] *vt* -**1.** [redresser] to straighten out *(sép)*. -**2.** MENUIS to plane.

dégauchissage [degoʃisaʒ] *nm* -**1.** [redressement] straightening. -**2.** MENUIS planing.

dégazage [degazaʒ] *nm* -**1.** MÉTALL (gas) extraction. -**2.** [d'un pétrolier, d'une mine de charbon] degassing.

dégazer [3] [degaze] ◇ *vt* MÉTALL to extract gas from.
◇ *vi* [pétrolier] to degas.

dégazolinage [degazɔlinaʒ] = **dégasolinage**.

dégazoliner [degazɔline] = **dégasoliner**.

dégazonner [3] [degazɔne] *vt* to unturf, to take the turf up from.

dégel [deʒɛl] *nm* -**1.** GÉOG thaw; **au ~** when the thaw comes. -**2.** [après un conflit] thaw; **une période de ~** POL a period of detente.

dégelée *fam* [deʒle] *nf* thrashing.

dégeler [25] [deʒle] ◇ *vt* -**1.** [décongeler] to defrost. -**2.** [réchauffer - sol, étang] to thaw (out); [- tuyau] to unfreeze. -**3.** *fam* [mettre à l'aise] to thaw (out), to relax; **je n'arrive pas à ~ mon collègue** I can't get my colleague to loosen up; **elle sait ~ un auditoire** she knows how to warm up an audience. -**4.** [améliorer - relations diplomatiques] to thaw. -**5.** FIN [crédits] to unfreeze.
◇ *vi* -**1.** [se réchauffer - banquise, étang] to thaw. -**2.** [décongeler] to defrost.

◆ **se dégeler** *vpi* -**1.** [se décongeler] to defrost. -**2.** [se réchauffer - sol, étang] to thaw (out). -**3.** *fam* [être moins timide] to thaw (out), to relax; **dégèle-toi un peu!** come on, relax OU let your hair down! -**4.** [s'améliorer - relations] to improve; **les relations entre les deux pays se dégèlent** there is a thaw in relations between the two countries.

dégénératif, ive [deʒeneratif, iv] *adj* degenerative.

dégénéré, e [deʒenere] *adj* & *nm, f* degenerate.

dégénérer [18] [deʒenere] *vi* -**1.** [perdre ses qualités - race, plante] to degenerate; **ses gags ont beaucoup dégénéré** his jokes have really gone downhill. -**2.** [s'aggraver] to worsen, to deteriorate; **une discussion amicale qui risque de ~** a friendly discussion which could get out of hand ‖ MÉD [tumeur] to become malignant; **l'infection a dégénéré** the infection became severe. -**3.** [se changer]: **~ en** to degenerate into; **sa bronchite a dégénéré en pneumonie** his bronchitis developed into pneumonia.

dégénérescence [deʒeneresɑ̃s] *nf* -**1.** BIOL degeneration. -**2.** *litt* [déclin] degeneration, becoming degenerate; **~ morale** degeneration of moral standards.

dégermer [3] [deʒɛrme] *vt* to remove the germ from, to degerm.

dégingandé, e [deʒɛ̃gɑ̃de] *adj* gangling, lanky.

dégivrage [deʒivraʒ] *nm* [d'un congélateur] defrosting; [d'une surface, d'un avion] de-icing; **le ~ des vitres d'une voiture** de-icing the windows of a car.

dégivrer [3] [deʒivre] *vt* [congélateur] to defrost; [surface] to de-ice; **~ les vitres d'une voiture** to de-ice the windows of a car.

dégivreur [deʒivrœr] *nm* -**1.** [d'un réfrigérateur] defroster. -**2.** AÉRON de-icer.

déglaçage [deglasaʒ] *nm* -**1.** CULIN deglazing. -**2.** [d'un bassin] melting of the ice, thawing. -**3.** [du papier] removal of gloss.

déglacement [deglasmɑ̃] *nm* melting of the ice, thawing.

déglacer [16] [deglase] *vt* -**1.** CULIN [poêle] to deglaze; **déglacez au vin blanc** deglaze the pan with white wine. -**2.** [papier] to remove the gloss from. -**3.** [étang] to remove the ice from, to melt the ice on.

déglaciation [deglasjasjɔ̃] *nf* retreating of glaciers, deglaciation.

déglinguer *fam* [3] [deglɛ̃ge] *vt* -**1.** [mécanisme] to break, to bust; **un vélo tout déglingué** a bike which is coming apart OU falling to pieces. -**2.** [santé] to wreck; **la fugue de son fils l'a déglingué** his son running away from home just broke him.

◆ **se déglinguer** *fam vpi* -**1.** [ne plus fonctionner] to be bust; [mal fonctionner] to go on the blink; [se détacher] to come OU to work loose. -**2.** [santé] to get worse; [poumons, reins] to go to pieces; **je me déglingue** *hum* I'm falling to pieces.

déglutir [32] [deglytir] *vi* to swallow, to gulp.

déglutition [deglytisjɔ̃] *nf* -**1.** [de salive] swallowing, deglutition *spéc*. -**2.** [d'aliments] swallowing, deglutition *spéc*.

dégobiller *fam* [3] [degɔbije] *vt* to throw up *(sép)*.

dégoiser *fam* [3] [degwaze] *péj* ◇ *vt* to spout, to come out with; **qu'est-ce que tu dégoises?** what are you (going) on about?
◇ *vi* to blather.

dégommage [degɔmaʒ] *nm* -**1.** [d'un timbre] removing the gum from. -**2.** *fam* [renvoi] sacking *Br*, firing; [destitution] unseating.

dégommer [3] [degɔme] *vt* -**1.** [timbre] to remove the gum off OU from. -**2.** *fam* [renvoyer] to sack *Br*, to can *Am*, to fire; [destituer] to unseat.

dégonflage [degɔ̃flaʒ] *nm* **-1.** [d'un ballon, d'une bouée, d'un pneu] letting air out of; **ajuster la pression par ~** to adjust the pressure by letting air out. **-2.** *fam* [lâcheté] chickening OU bottling *Br* out; **c'est du ~ de ta part!** you're chickening out!

dégonflé, e [degɔ̃fle] ◇ *adj* **-1.** [ballon] deflated; [pneu] flat. **-2.** *fam* [lâche] chicken *(modif)*.
◇ *nm, f fam* chicken.

dégonflement [degɔ̃fləmɑ̃] *nm* **-1.** [d'un pneu, d'une bouée, d'un ballon] deflation; **pour compenser le ~ du pneu** in order to compensate for the amount of air that's been let out of the tyre. **-2.** MÉD: **~ d'un doigt/pied** reduction of the swelling in a finger/foot.

dégonfler [3] [degɔ̃fle] *vt* **-1.** [ballon, bouée, pneu] to deflate, to let air out of. **-2.** MÉD [jambes, doigt] to bring down OU to reduce the swelling in. **-3.** [démystifier - prétention, mythe] to deflate, to debunk.
◆ **se dégonfler** *vpi* **-1.** [ballon] to go down, to deflate. **-2.** MÉD [jambes, doigt] to become less swollen; **ma cheville se dégonfle** the swelling in my ankle's going down. **-3.** *fam* [perdre courage] to chicken OU to bottle *Br* out.

dégorgement [degɔrʒəmɑ̃] *nm* **-1.** [fait de déverser] disgorging. **-2.** [décharge - d'égout] discharging, overflow. **-3.** ŒNOL *removing of the sediment from a champagne bottle.*

dégorgeoir [degɔrʒwar] *nm* **-1.** [d'un tuyau] overflow pipe OU duct. **-2.** [à huîtres] disgorger. **-3.** [d'un forgeron] fuller, creaser. **-4.** PÊCHE disgorger.

dégorger [17] [degɔrʒe] ◇ *vt* **-1.** [déverser] to disgorge. **-2.** [débloquer - conduit] to unblock. **-3.** PÊCHE to disgorge. **-4.** TEXT to clean, to cleanse. **-5.** ŒNOL to remove the sediment from *(a bottle)*. **-6.** [vomir] to vomit.
◇ *vi* **-1.** TEXT to bleed. **-2.** CULIN [ris de veau, cervelle] to soak *(in cold water)*; [concombre] to drain *(having been sprinkled with salt)*; **faire ~** [ris de veau, cervelle] to (leave to) soak; [concombre] to drain of water *(by sprinkling with salt)*; [escargot] to clean *(by salting and starvation)*.

dégoter *fam* [3], **dégotter** *fam* [3] [degɔte] *vt* [objet rare] to unearth; [idée originale] to hit on *(insép)*; **où tu l'as dégoté, ce type?** where on earth did you find this guy?

dégoulinade [degulinad] *nf* [coulée] trickle, drip.

dégoulinant, e [degulinɑ̃, ɑ̃t] *adj* dripping; **les mains toutes ~es** with dripping wet hands; **être ~** [après la pluie] to be dripping wet.

dégoulinement [degulinmɑ̃] *nm* [en traînées] trickling; [goutte à goutte] dripping.

dégouliner [3] [deguline] *vi* [peinture, sauce] to drip; [larmes, sang] to trickle down; **son maquillage dégoulinait** her make-up was running; **tu as fait ~ de la peinture sur le panneau** you've let paint drip on the panel.

dégoupiller [3] [degupije] *vt* ARM to take the pin out of.

dégourdi, e *fam* [degurdi] ◇ *adj*: **être ~** to be smart OU on the ball; **il n'est pas très ~** he's a bit slow on the uptake.
◇ *nm, f*: **c'est un petit ~!** there are no flies on him!

dégourdir [32] [degurdir] *vt* **-1.** [ranimer] to bring the circulation back to. **-2.** [réchauffer - liquide] to warm up *(sép)*. **-3.** *fam* [rendre moins timide]: **~ qqn** to teach sb a thing or two, to wise sb up.
◆ **se dégourdir** ◇ *vpt* [remuer]: **se ~ les jambes** to stretch one's legs; **se ~ les doigts avant de jouer du piano** to warm up before playing the piano.
◇ *vpi fam* [devenir moins timide] to learn a thing or two, to wise up.

dégourdissement [degurdismɑ̃] *nm* [d'un membre - ankylosé] bringing circulation back; [- gelé] warming up.

dégoût [degu] *nm* **-1.** [aversion] disgust, distaste. **-2.** [lassitude] weariness; **par ~ de la vie** through world-weariness. **-3.** *litt* [répugnance]: **avoir du ~ pour qqch** to have an aversion to sthg.

dégoûtant, e [degutɑ̃, ɑ̃t] ◇ *adj* [sale] disgusting, disgustingly dirty; [salace - film, remarque] disgusting, dirty; **c'est ~!** [injuste] it's disgusting OU awful!
◇ *nm, f* **-1.** [personne sale]: **petit ~!** you little pig! **-2.** [vicieux]: **vieux ~!** you dirty old man! **-3.** *fam* [personne injuste]: **quelle ~e!** that wretched woman!; **quel ~!** the swine!

dégoûtation *fam* [degutasjɔ̃] *nf*: **quelle ~!** [chose] how disgusting!; [situation] what a disgusting state of affairs!

dégoûté, e [degute] ◇ *adj* **-1.** [écœuré] repulsed, disgusted; **prendre des airs ~s** to put on a look of disgust, to wrinkle one's nose; **elle m'a regardé d'un air ~** she gave me a look of utter disgust; **il n'est pas ~!** *hum* he's not very fussy! **-2.** [indigné] outraged, revolted, disgusted.
◇ *nm, f*: **faire le ~** to be fussy, to make a fuss; **ne fais pas trop la ~e, tu n'as pas d'autres propositions** you've had no other offers, so don't turn your nose up at it.

dégoûter [3] [degute] *vt* **-1.** [écœurer] to disgust, to repel, to be repugnant to; **le baiser la dégoûta** she found the kiss repulsive. **-2.** [indigner] to disgust, to outrage, to be (morally) repugnant to; **les égoïstes le dégoûtent** selfish people disgust him; **tu me dégoûtes avec ton cynisme!** you're so cynical you make me sick! **-3.** [lasser] to put off; **il gagne toujours, c'est à vous ~!** he always wins, it's enough to make you sick!; **la vie le dégoûtait** he was weary of life OU sick of living; **~ qqn de qqch** to put sb off sthg; **cela m'a dégoûté de la viande** that put me off meat; **c'est à vous ~ d'être serviable** it's enough to put you (right) off being helpful.
◆ **se dégoûter** *vp (emploi réfléchi)*: **je me dégoûte!** I disgust myself!
◆ **se dégoûter de** *vp + prép*: **se ~ de qqn/qqch** to get sick of sb/sthg; **tu vas te ~ des gâteaux** you're going to put yourself right off cakes.

dégouttant, e [degutɑ̃, ɑ̃t] *adj* dripping; **toute ~e de pluie** dripping wet; **les mains ~es de sang** hands dripping with blood.

dégoutter [3] [degute] *vi* to drip; **son front dégoutte de sueur** his forehead is dripping with sweat, sweat is dripping off his forehead.

dégradant, e [degradɑ̃, ɑ̃t] *adj* degrading.

dégradation [degradasjɔ̃] *nf* **-1.** [destruction - d'un objet] wear and tear; **les objets subissent la ~ du temps** objects suffer wear and tear with time; **la ~ de la façade du château** the erosion of the castle facade. **-2.** [détérioration - de rapports, d'une situation] deterioration, worsening. **-3.** [avilissement] degradation; **~ morale** moral degradation. **-4.** CHIM degradation. **-5.** PHYS: **~ de l'énergie** dissipation of energy. **-6.** INF: **~ de données** corruption of data. **-7.** [d'une couleur] toning down, gradation; [de la lumière] gradation. **-8.** [d'un officier] ≃ dishonourable discharge; **~ civique** loss of civil rights.

dégradé [degrade] *nm* **-1.** [technique] shading off; [résultat] gradation; **un ~ de verts** greens shading off into each other. **-2.** [d'une coiffure] layered style.
◆ **en dégradé** *loc adj*: **tons en ~** colours shading off (into one another).

dégrader [3] [degrade] *vt* **-1.** [abîmer] to damage. **-2.** [envenimer - rapports humains] to damage, to cause to deteriorate. **-3.** [avilir] to degrade. **-4.** [couleurs] to shade (into one another); [lumières] to reduce gradually. **-5.** [cheveux] to layer. **-6.** MIL: **~ un officier** to strip an officer of his rank.
◆ **se dégrader** *vpi* [meuble, bâtiment] to deteriorate; [relation] to deteriorate; [santé] to decline; [langage] to deteriorate, to become debased; **le temps se dégrade** the weather's getting worse.

dégrafer [3] [degrafe] *vt* [papiers] to unstaple; [col, robe] to undo, to unfasten; [ceinture] to undo; [bracelet] to unclasp, to unhook; **tu veux que je te dégrafe?** *fam* shall I undo your dress?
◆ **se dégrafer** ◇ *vp (emploi passif)* [robe] to undo.
◇ *vp (emploi réfléchi)* [ôter sa robe] to undo OU to unfasten one's dress; [ôter son corset] to undo OU to unfasten one's corset.
◇ *vpi* [jupe] to come undone; [papiers] to come unstapled; [collier] to come unhooked.

dégraissage [degrɛsaʒ] *nm* **-1.** [nettoyage] removal of grease marks. **-2.** *fam* [diminution du personnel] shedding staff. **-3.** *fam* [élimination du surplus] trimming; **faire du ~ sur un manuscrit** to trim a manuscript down. **-4.** CULIN [d'un bouillon] skimming off the fat; [d'une viande] trimming off the fat.

dégraissant, e [degrɛsɑ̃, ɑ̃t] *adj* [détachant] grease-removing.
◆ **dégraissant** *nm* [détachant] grease remover.

dégraisser [4] [degrese] *vt* **-1.** [ôter les taches de] to remove grease marks from. **-2.** *fam* [entreprise] to make cutbacks in; [personnel] to cut back *(sép)*, to shed; *(en usage abs)*: **il va falloir ~** there will have to be cutbacks in staff. **-3.** *fam* [dissertation, manuscrit] to pare down *(sép)*, to trim down *(sép)*. **-4.** CULIN [sauce] to skim the fat off; [viande] to cut OU to trim the fat off.

degré [dəgre] *nm* **-1.** [échelon - d'une hiérarchie] degree, grade; **d'accord, il faut sévir, mais il y a des ~s** of course, you should be strict but there are degrees of strictness; **à un ~ avancé de** at an advanced stage of; **cancéreux au dernier ~** in the last stages of cancer ❑ **le premier/second ~** SCOL primary/secondary education; **second ~: une remarque à prendre au second ~** a remark not to be taken at face value. **-2.** [point] degree; **un tel ~ de dévouement** such a degree of devotion; **compréhensif jusqu'à un certain ~** understanding up to a point OU to a degree; **intelligent au plus haut ~** of the highest intelligence; **courageux au plus haut ~** most courageous. **-3.** [unité] degree; **du gin à 47,5 ~s** 83° proof gin, 47,5 degree gin *(on the Gay-Lussac scale)* ❑ **~ alcoolique** OU **d'alcool** alcohol content; **~ Baumé/Celsius/Fahrenheit** degree Baumé/Celsius/Fahrenheit. **-4.** ASTRON, GÉOM & MATH degree; **équation du premier/second ~** equation of the first/second degree. **-5.** GRAMM degree. **-6.** MUS degree; **~ conjoint** conjoint OU conjunct degree; **~ disjoint** disjunct degree. **-7.** [de parenté] degree; **cousin au premier ~** first cousin. **-8.** *(surtout au pl)* [d'un escalier] step; [d'une échelle] rung.
◆ **par degrés** *loc adv* by OU in degrees, gradually.

dégréer [15] [degree] *vt* to unrig.

dégressif, ive [degresif, iv] *adj* [tarif] on a sliding scale; [impôt] on a sliding scale according to income.

dégressivité [degresivite] *nf* degression.

dégrèvement [degrɛvmɑ̃] *nm* FIN: **~ fiscal** [d'une entreprise] tax relief; [d'un produit] reduction of tax OU duty.

dégrever [19] [degrəve] *vt* **-1.** FIN [contribuable, entreprise] to grant tax relief to; [produit] to reduce the tax OU duty on. **-2.** JUR to lift a mortgage.

dégriffé, e [degrife] *adj* reduced *(and with the designer label removed)*; **robe ~e** *designer dress with the label removed sold at a reduced price.*
◆ **degriffé** *nm* reduced (and unlabelled) designer item.

dégringolade [degrɛ̃gɔlad] *nf* **-1.** [chute] tumbling (down). **-2.** [baisse - des prix] slump; [- d'une réputation] plunge; **l'industrie est en pleine ~** the industry is in the middle of a slump; **il était si admiré, quelle ~!** he was such an object of admiration, what a comedown!; **~ des cours en Bourse** collapse of OU slump on the Stock Exchange.

dégringoler [3] [degrɛ̃gɔle] ◇ *vi* **-1.** [chuter] to tumble down; [bruyamment] to crash down. **-2.** [baisser - prix] to slump, to tumble; [- réputation] to plunge. **-3.** [pleuvoir]: **ça dégringole!** it's tipping it down!

◇ *vt*: ~ **l'escalier** [courir] to run OU to race down the stairs; [tomber] to tumble down the stairs.

dégrippant [degripɑ̃] *nm* penetrating grease.

dégripper [3] [degripe] *vt* to release *(parts which are stuck)*.

dégrisement [degrizmɑ̃] *nm* [désillusion] sobering up, coming back down to earth; [après l'ivresse] sobering up.

dégriser [3] [degrize] *vt* [désillusionner] to bring back down to earth, to sober up *(sép)*; [après l'ivresse] to sober up *(sép)*; **le lendemain, dégrisé, il réfléchit** the next day, having sobered up, he started to think.

◆ **se dégriser** *vpi* to sober up.

dégrossir [32] [degrosir] *vt* -**1.** [apprenti, débutant] to polish, to smooth the rough edges of; **des jeunes gens mal dégrossis** uncouth young men; **son séjour la dégrossira un peu** her stay will smooth off some of her rough edges. -**2.** [théorie, question] to do the groundwork on; [texte du programme] to have a first look at. -**3.** [bloc de pierre, de bois] to rough-hew.

dégrossissage [degrosisaʒ], **dégrossissement** [degrosismɑ̃] *nm* -**1.** [d'une personne] polishing, smoothing the rough edges of. -**2.** [d'une théorie, d'une question] sorting out, doing the spadework on; **faire le ~ d'un projet** to do a first rough sketch for a project. -**3.** [d'un bloc de pierre, de bois] rough-hewing.

dégrouiller [3] [degruje]

◆ **se dégrouiller**▽ *vpi* to get a move on, to hurry up; **dégrouillez-vous!** hurry up!, get a move on!

dégroupement [degrupmɑ̃] *nm* [d'une classe] dividing OU splitting (up); [d'objets] splitting (up).

dégrouper [3] [degrupe] *vt* [classe] to divide OU to split (up); [objets] to split (up).

déguenillé, e [degənije] ◇ *adj* ragged, tattered; **tout ~** in rags, in tatters.

◇ *nm, f* ragamuffin.

déguerpir [32] [degɛrpir] *vi* to run away, to decamp; **faire ~ un intrus** to drive away an intruder.

dégueu▽ [degø] *adj inv* yucky; **c'est pas ~!** it's pretty good!; **trois millions, pas ~!** three million, that's a (pretty) tidy sum!

dégueulasse▽ [degœlas] ◇ *adj* -**1.** [sale] disgusting, filthy, yucky. -**2.** [injuste] disgusting, lousy. -**3.** [vicieux] disgusting, filthy. -**4.** [sans valeur] lousy, crappy; **c'est pas ~ comme cadeau** it's a pretty nice present, it's not a bad present.

◇ *nmf* -**1.** [personne sale] filthy pig. -**2.** [débauché]: **un gros ~** a filthy lecher. -**3.** [personne immorale]: **tu t'es conduit comme un (vrai) ~** you behaved like a real swine; **c'est une ~** she's a bitch.

dégueulasser▽ [3] [degœlase] *vt* to louse *Am* OU to muck *Br* up *(sép)*.

dégueulasserie▽ [degœlasri] *nf* -**1.** [crasse] filth; [chose sale] filthy thing. -**2.** [injustice]: **c'est de la ~!** it's rotten OU disgusting!; **ils l'ont exécuté, une ~ de plus!** they've executed him, yet another atrocity!

dégueuler▽ [5] [degœle] ◇ *vi* to throw up, to puke.

◇ *vt* to throw up *(sép)*, to puke up *(sép)*.

dégueulis▽ [degœli] *nm* puke.

déguiller [3] [degije] *Helv* ◇ *vt* [arbre] to fell.

◇ *vi* to tumble.

déguisé, e [degize] *adj* -**1.** [pour une fête] in fancy dress; [pour duper] in disguise, disguised. -**2.** *péj* [mal habillé] ridiculously dressed. -**3.** [changé - voix] disguised. -**4.** [caché - intention] disguised, masked, veiled; [- agressivité] veiled.

déguisement [degizmɑ̃] *nm* -**1.** [pour une fête] fancy dress, costume; [pour duper] disguise. -**2.** [d'une voix] disguising.

déguiser [3] [degize] *vt* -**1.** [pour une fête] to dress up *(sép)*; **déguisé en: déguisé en pirate** dressed (up) as a pirate, wearing a pirate costume ‖ [pour duper] to disguise. -**2.** [mal habiller] to dress ridiculously; **ne lui mets pas tous ces rubans, tu la déguises** don't put all those ribbons on her, you'll make her look ridiculous. -**3.** [changer - voix] to disguise. -**4.** [cacher - intention, vérité] to disguise, to mask, to veil; **elle ne put ~ sa honte** she could not conceal her shame.

◆ **se déguiser** *vp (emploi réfléchi)* [pour une fête] to dress up; [pour duper] to put on a disguise, to disguise o.s.; **se ~ en courant d'air** *fam* to vanish, to do a disappearing act.

dégurgiter [3] [degyrʒite] *vt* -**1.** [aliment] to bring (back) up *(sép)*. -**2.** [leçon] to regurgitate, to repeat parrot fashion.

dégustateur, trice [degystatœr, tris] *nm, f* taster.

dégustation [degystasjɔ̃] *nf* -**1.** [par un convive] tasting *(U)*; [par un dégustateur] tasting, sampling. -**2.** [dans une cave] (free) tasting. -**3.** [à un étalage, dans un restaurant] tasting *(C)*; **'~ de fruits de mer à toute heure'** 'seafood served all day'.

déguster [3] [degyste] ◇ *vt* -**1.** [manger, boire - suj: convive] to taste; [- suj: dégustateur professionnel] to taste, to sample; **venez ~ nos spécialités** come and taste OU try our specialities. -**2.** [écouter, lire, regarder] to savour.

◇ *vi fam* [recevoir des coups] to get a bashing; [être mal traité] to have a rough time; [souffrir] to be in agony, to go through hell; **ils dégustent, les parents d'adolescents!** parents of teenagers go through hell!; **attends qu'il rentre, tu vas ~!** just wait till he gets home, you'll really catch it!

déhaler [3] [deale] *vt* NAUT to haul out.

◆ **se déhaler** *vpi* NAUT to haul itself out.

déhanché, e [deɑ̃ʃe] *adj* -**1.** [balancé] swaying. -**2.** [boiteux] limping.

déhanchement [deɑ̃ʃmɑ̃] *nm* -**1.** [démarche - séduisante] swaying walk; [- claudicante] limp, lop-sided walk. -**2.** [posture] *standing with one's weight on one leg.*

déhancher [3] [deɑ̃ʃe]

◆ **se déhancher** *vpi* -**1.** [en marchant] to sway (one's hips). -**2.** [sans bouger] to stand with one's weight on one leg.

déharnacher [3] [dearnaʃe] *vt* to unharness.

déhiscent, e [deisɑ̃, ɑ̃t] *adj* dehiscent.

dehors[1] [dəɔr] ◇ *nm* -**1.** [surface extérieure d'une boîte, d'un bâtiment] outside. -**2.** [plein air] outside; **odeur venue du ~** smell coming from outside; **les bruits du ~** the noises from outside. -**3.** [étranger]: **menace venue du ~** threat from abroad. -**4.** SPORT [en patinage] outside edge; **faire un ~** to go on one's outside edge.

◇ *nmpl* [apparences] appearances; **sous des ~ égoïstes** beneath a selfish exterior.

dehors[2] [dəɔr] *adv* [à l'extérieur] outside; [en plein air] outside, outdoors, out of doors; [hors de chez soi] out; **manger ~** to eat outside; **dormir ~** to sleep outdoors OU in the open; **il est bronzé parce qu'il passe son temps ~** he's brown because he spends all his time outside OU outdoors OU out of doors; **on ne voit rien de ~** you can't see anything from the outside; **passe par ~ pour aller dans la cuisine** go round the outside to get to the kitchen; **elle est toujours ~** she's always out (and about); **j'étais ~ toute la matinée** I was out all morning; **mettre qqch ~** to put sthg out; **mettre qqn ~** *fam* to kick sb out; [renvoyer] to sack sb; **si tu recommences je te fous ~**▽ do it again and you're out (on your ear); **ils ont mis 500 ouvriers ~** they sacked 500 workers.

◆ **en dehors** *loc adv* -**1.** [à l'extérieur] outside. -**2.** [vers l'extérieur]: **avoir OU marcher les pieds en ~** to walk with one's feet turned out.

◆ **en dehors de** *loc prép* -**1.** [excepté] apart from; **en ~ de toi** apart from you; **en ~ de ce que j'ai vu** apart from what I have seen. -**2.** [à l'écart de]: **une petite auberge en ~ des grands axes** a small inn off the beaten track; **il se tient toujours en ~ des discussions** he always keeps out of discussions; **reste en ~ de leur dispute** don't get involved in OU stay out of their quarrel. -**3.** [au-delà de] outside (of), beyond; **c'est en ~ de ses capacités** it's beyond his capabilities.

déhouiller [3] [deuje] *vt* to extract coal from.

déhoussable [deusabl] *adj* with loose OU removable covers, with a loose OU removable cover.

déicide [deisid] ◇ *adj* deicidal.

◇ *nmf* deicide.

◇ *nm* deicide.

déictique [deiktik] *adj* & *nm* deictic.

déification [deifikasjɔ̃] *nf* deification.

déifier [9] [deifje] *vt* to deify, to turn into a god.

déisme [deism] *nm* deism.

déiste [deist] ◇ *adj* deistic, deistical.

◇ *nmf* deist.

déité [deite] *nf* deity, god.

déjà [deʒa] *adv* -**1.** [dès maintenant, dès lors] already; **~ là!** here already!; **j'ai fini — ~!** I've finished — already!; **cela fait trois ans ~** it's been three years already; **est-ce qu'il est ~ parti?** has he already left?; **il doit être ~ loin** he must be far away by now; **il savait ~ lire à l'âge de 4 ans** he already knew how to read at the age of 4; **enfant, il aimait ~ les fleurs** even as a child he liked flowers; **quand nous rentrerons, il fera ~ nuit** when we get back it will already be dark; **on serait ~ riche!** we would be rich by now! -**2.** [précédemment]: **je vous l'ai ~ dit** I've told you already; **tu lui en as ~ parlé?** have you already spoken to him about it?; **tu l'as ~ vu sur scène?** have you ever seen him on stage?; **il l'a ~ vue quelque part** he's seen her somewhere before. -**3.** [emploi expressif]: **il est d'accord sur le principe, c'est ~ beaucoup** he's agreed on the principle, that's something; **~ qu'il est en mauvaise santé** he's in poor health as it is; **elle est ~ assez riche** she's rich enough as it is; **ce n'est ~ pas si mal** you could do worse; **c'est ~ quelque chose** it's better than nothing; **donne 10 francs, ce sera ~ ça** give 10 francs, that'll be a start; **on a perdu une valise, mais ni l'argent ni les passeports, c'est ~ ça!** we lost a case, but not our money or passports, which is something at least!; **il faut ~ qu'il ait son examen** he needs to pass his exam first, first of all, let him pass his exam; **mange ~ ta soupe** eat your soup first OU for a start. -**4.** *fam* [pour réitérer une question] again; **tu as payé combien ~?** how much did you pay again?; **elle s'appelle comment ~?** what did you say her name was?, what's she called again?; **le sucre est où, ~?** where is the sugar again?

déjanter [3] [deʒɑ̃te] *vt* -**1.** [pneu] to remove from its rim, to take the rim off. -**2.** ▽ *(au pp)*: **complètement déjanté, le mec** that guy's off his trolley.

déjauger [17] [deʒoʒe] *vi* [navire, hydravion] to hydroplane.

déjà-vu [deʒavy] *nm inv* -**1.** [banalité] commonplace; **c'est du ~ comme idée** that idea's a bit banal. -**2.** [sensation]: **(sensation OU impression de) ~** (feeling of) déjà vu.

déjection [deʒɛksjɔ̃] *nf* -**1.** PHYSIOL [action] evacuation. -**2.** GÉOL [d'un volcan]: **~s** ejecta.

◆ **déjections** *nfpl* PHYSIOL faeces, dejecta *spéc.*

déjeté, e [deʒte] *adj* -**1.** *fam* [diminué physiquement] worn, worn-down; **elle n'est pas ~e!** *hum* she's pretty well preserved! -**2.** [dévié - mur, corps] lop-sided, crooked; [- colonne vertébrale] twisted. -**3.** *fam Belg* [en désordre] messy; [déformé] deformed.

déjeter [27] [deʒte] *vt* to cause to become lop-sided.

déjeuner[1] [5] [deʒœne] *vi* -**1.** [repas de la mi-journée] to (have) lunch; **invite-le à ~** invite him for OU to lunch; **~ d'une salade** to have a salad for lunch. -**2.** *Belg* & *Helv* [repas du matin] to have breakfast.

déjeuner[2] [deʒœne] *nm* -**1.** [repas de la mi-journée] lunch, luncheon; **prendre son ~** to have lunch; **un ~ d'affaires** a business lunch. -**2.** *Belg* & *Helv* [repas du matin] breakfast. -**3.** [tasse et soucoupe] (large) breakfast cup and saucer. -**4.** *loc*: **~ de soleil** short-lived feeling, flash in the pan.

déjouer [6] [deʒwe] *vt* [vigilance] to evade, to elude; [complot, machination] to thwart, to foil; [plan] to thwart, to frustrate; [feinte] to outsmart.

déjuger [17] [deʒyʒe]

◆ **se déjuger** *vpi sout* [changer d'avis] to go back on OU to reverse one's decision.

de jure [deʒyre] *loc adv* de jure.

delà [dəla] *adv* → **deçà**.

délabré, e [delabre] *adj* -**1.** [en ruine - maison, mur] dilapidated, crumbling. -**2.** [qui n'est plus florissant - santé, réputation] ruined; **une vieille toute ~e** an old wreck of a woman.

délabrement [delabrəmɑ̃] *nm* -**1.** [d'un bâtiment] disrepair, ruin, dilapidation. -**2.** [d'un esprit, d'un corps] deterioration; **les patients étaient dans un état de ~ total** the patients were in a state of total neglect. -**3.** [d'une réputation] ruin; [d'une fortune] depletion.

délabrer [3] [delabre] *vt* -**1.** [bâtiment, meuble] to ruin. -**2.** [santé] to ruin; [organe] to damage. -**3.** [réputation] to ruin.

◆ **se délabrer** *vpi* [bâtiment] to go to ruins; [meuble] to become rickety, to fall apart; [entreprise] to collapse.

délacer [16] [delase] *vt* [soulier, botte] to undo (the laces of); [corset] to unlace.

◆ **se délacer** ◇ *vp (emploi réfléchi)* [ôter ses souliers] to undo OU to unlace one's shoes; [ôter ses bottes] to undo OU to unlace one's boots; [ôter son corset] to unlace one's corset; [ôter sa robe] to unlace one's dress.

◇ *vpi* [soulier] to become undone; [corset] to become unlaced.

délai [delɛ] *nm* -**1.** [répit] extension (of time); **demande un ~ pour trouver l'argent** ask for more time to find the money; **donner** OU **accorder un ~ (supplémentaire) à qqn** to grant sb an extension. -**2.** [temps fixé] time limit; **tu donnes des ~s trop longs aux sous-traitants** you give the sub-contractors too much delivery time ❑ **~ de livraison** delivery time; **~ de paiement** repayment period. -**3.** [période d'attente] waiting period; **il faut un ~ de trois jours avant que votre compte soit crédité** the cheque will be credited to your account after a period of three working days. -**4.** JUR: **~ de carence** *period during which benefit is not paid*; **~ de congé** (period covered by a) dismissal notice; **~ de grâce** period of grace; **un ~ de grâce de 10 jours** 10 days' grace.

◆ **dans les délais** *loc adv* within the (prescribed OU allotted) time limit, on time.

◆ **dans les meilleurs délais, dans les plus brefs délais** *loc adv* in the shortest possible time, as soon as possible; **j'y serai dans les plus brefs ~s** I'll be there very shortly.

◆ **dans un délai de** *loc prép* within (a period of); **livrable dans un ~ de 30 jours** allow 30 days for delivery.

◆ **sans délai** *loc adv* without delay OU delaying, immediately, forthwith.

délai-congé [delɛkɔ̃ʒe] (*pl* **délais-congés**) *nm* JUR term OU period of notice.

délainage [delɛnaʒ] *nm* fellmongering, fellmongery.

délainer [4] [delene] *vt* to remove wool from.

délaissé, e [delese] *adj* [époux] deserted; [ami] forsaken, neglected; [parc] neglected.

délaissement [delɛsmɑ̃] *nm* -**1.** *sout* [abandon - par un époux] desertion; [- par un ami] neglecting. -**2.** *sout* [désengagement - d'une activité] neglecting, dropping. -**3.** JUR [d'un bien] relinquishment; [d'un droit] relinquishment, renunciation.

délaisser [4] [delese] *vt* -**1.** [quitter - époux] to desert; [- ami] to neglect. -**2.** [ne plus exercer - temporairement] to neglect; [- définitivement] to give up *(sép)*. -**3.** JUR to relinquish.

délassant, e [delasɑ̃, ɑ̃t] *adj* [bain, lotion] relaxing, refreshing, soothing; [film] relaxing.

délassement [delasmɑ̃] *nm* -**1.** [passe-temps] way of relaxing. -**2.** [état] relaxation, rest.

délasser [3] [delase] *vt* [physiquement] to relax, to refresh, to soothe; [mentalement] to relax, to soothe.

◆ **se délasser** *vpi* to relax.

délateur, trice [delatœr, tris] *nm, f sout* & *péj* informer *péj*.

délation [delasjɔ̃] *nf sout* denouncing, informing; **mais ce serait de la ~!** but that would be tantamount to denunciation!

délavage [delavaʒ] *nm* -**1.** [d'un tissu] fading; [d'une aquarelle] toning down. -**2.** [de terres] soaking, waterlogging.

délavé, e [delave] *adj* [tissu] faded; [aquarelle] toned down; [terres] waterlogged.

Delaware [dəlawar] *npr m*: **le ~** Delaware.

délayage [delɛjaʒ] *nm* -**1.** [mélange - de farine, de poudre] mixing. -**2.** *fig* & *péj* [d'un exposé] toning down; [d'une idée] watering down; **faire du ~** to waffle *Br*, to spout off *Am*; **elle fait du ~ en attendant la liaison avec Moscou** she's filling in time while she waits for the Moscow link-up.

délayer [11] [deleje] *vt* -**1.** [diluer - poudre] to mix. -**2.** [une idée, un discours] to pad OU to spin out *(sép)*. -**3.** *péj* [affadir - exposé] to thin OU to water down *(sép)*.

Delco® [delko] *nm* distributor AUT.

délectable [delɛktabl] *adj litt* delectable, delightful.

délectation [delɛktasjɔ̃] *nf litt* delight, delectation *litt*.

délecter [4] [delɛkte]

◆ **se délecter** *vpi litt*: **se ~ à qqch/à faire qqch** to take great delight in sthg/in doing sthg; **je me délecte à la regarder** I find her delightful to watch.

délégataire [delegatɛr] *nmf* delegatee.

délégateur, trice [delegatœr, tris] *nm, f* delegator.

délégation [delegasjɔ̃] *nf* -**1.** [groupe envoyé] delegation; **envoyé en ~** sent as a delegation. -**2.** [commission] commission. -**3.** [fait de mandater] delegation; **agir par ~ pour qqn** to act on the authority of OU as a proxy for sb ❑ **~ judiciaire** *delegation of powers to the commissaire de police by the Public Prosecutor's Department*; **~ de pouvoirs** delegation of powers; **~ de vote** proxy voting. -**4.** [dans des noms d'organismes] delegation. -**5.** RELIG: **~ apostolique** apostolic delegation.

délégué, e [delege] *nm, f* delegate; **~ apostolique** apostolic delegate; **~ de classe** *pupil elected to represent his class*, ≃ class rep; **~ des parents** parents' representative; **~ du personnel** staff representative; **~ syndical** union representative, shop steward.

déléguer [18] [delege] *vt* -**1.** [envoyer - groupe, personne] to delegate; **j'ai délégué mon oncle pour voter à ma place** I have asked my uncle to cast my vote. -**2.** [transmettre - pouvoir] to delegate; *(en usage abs)*: **il faut savoir ~** you must learn to delegate.

délestage [delɛstaʒ] *nm* -**1.** AÉRON & NAUT unballasting. -**2.** TRANSP relief; **itinéraire de ~** relief route; **opération de ~** scheme for relieving congestion. -**3.** ÉLECTR selective power cut.

délester [3] [delɛste] *vt* -**1.** *fam* [voler]: **~ qqn de** *hum* to relieve sb of. -**2.** [décharger]: **~ qqn d'une valise/d'une obligation** to relieve sb of a suitcase/of an obligation. -**3.** AÉRON & NAUT to unballast. -**4.** TRANSP to relieve traffic congestion on. -**5.** ÉLECTR [secteur] to cut off power from, to black out *(sép)*.

◆ **se délester de** *vp + prép* to get rid of.

délétère [deletɛr] *adj* -**1.** [gaz] noxious, deleterious. -**2.** *sout* [doctrine, pouvoir] deleterious, obnoxious.

délétion [delesjɔ̃] *nf* deletion BIOL.

Delhi [deli] *npr* Delhi.

délibérant, e [deliberɑ̃, ɑ̃t] *adj* [assemblée] deliberative.

délibératif, ive [deliberatif, iv] *adj* [fonction] deliberative.

délibération [deliberasjɔ̃] *nf* -**1.** [discussion] deliberation; **le projet sera mis en ~** the project will be debated; **après ~ du jury** after due deliberation by the jury. -**2.** [réflexion] deliberation, thinking; **après (mûre) ~** after careful consideration.

◆ **délibérations** *nfpl* [décisions] resolutions, decisions.

délibératoire [deliberatwar] *adj* deliberative.

délibéré, e [delibere] *adj* -**1.** [intentionné] deliberate, wilful. -**2.** [décidé] resolute, determined, thought-out.

◆ **délibéré** *nm* deliberation of the court; **mettre en ~** to adjourn for further deliberation.

délibérément [deliberemɑ̃] *adv* -**1.** [intentionnellement] deliberately, intentionally, wilfully. -**2.** [après réflexion] after thinking it over (long and hard), after due consideration.

délibérer [18] [delibere] *vi* -**1.** [discuter] to deliberate; **le jury ayant délibéré** after due deliberation by the jury; **~ de** to deliberate. -**2.** *litt* [réfléchir] to ponder, to deliberate.

délicat, e [delika, at] ◇ *adj* -**1.** [fragile - tissu] delicate; [- peau] sensitive; [- santé] delicate, frail; [- intestin, estomac] sensitive, delicate; [- enfant, plante] fragile. -**2.** [sensible - palais] discerning. -**3.** [subtil - forme, aquarelle, nuance, travail] delicate, fine; [- doigts, traits] delicate, dainty; [- mets, saveur] refined; [- odeur] delicate; **poser un vase d'un geste ~** to put down a vase delicately OU gently; **le ~ doigté du pianiste** the pianist's delicate OU light touch. -**4.** [difficile - situation] delicate, awkward, tricky; [- opération chirurgicale, problème] difficult, tricky; **c'est ~, je n'aurais pas voulu que cela se sache** it's tricky, I'd have preferred it to have remained a secret. -**5.** [courtois] thoughtful, considerate; **c'est un geste ~ que de téléphoner avant d'y aller** it's a considerate gesture to phone before going; **peu ~ avec ses parents** not very considerate towards his parents. -**6.** [difficile à contenter] fussy, particular; **être ~ sur un point d'honneur** to be particular about a point of honour; **être ~ sur la nourriture** to be fussy about one's food. -**7.** [scrupuleux - conscience, procédé] scrupulous; **elle est peu ~e en affaires** she's rather unscrupulous when it comes to business.

◇ *nm, f*: **faire le ~** [devant un mets] to be fussy; [devant le sang, la malhonnêteté] to be squeamish; **ne fais pas le ~, tu en as entendu bien d'autres!** don't act so shocked, you've heard worse than that in your life!; **quel petit ~!** what a sensitive soul!

délicatement [delikatmɑ̃] *adv* -**1.** [sans brusquerie - poser, toucher] delicately, gently; [- travailler, orner] delicately, daintily. -**2.** [agréablement et subtilement - peindre, écrire] delicately, finely; [- parfumer] delicately, subtly. -**3.** [avec tact] delicately, tactfully.

délicatesse [delikatɛs] *nf* -**1.** [subtilité - d'une saveur, d'un coloris] delicacy, subtlety; [- d'une dentelle, d'un geste, d'un visage] delicacy, fineness, daintiness; [- d'un travail artisanal] delicacy; [- d'une mélodie] subtlety; **avoir une grande ~ de goût** to have very refined tastes. -**2.** [fragilité - d'un tissu] delicate texture, fragility. -**3.** [honnêteté] scrupulousness, punctiliousness; **agir en affaires avec une grande ~** to be scrupulously honest in business. -**4.** [tact] delicacy, tact, tactfulness; **il n'en a rien dit, par ~** he kept quiet out of tact, he tactfully said nothing; **quelle ~!** how tactful! -**5.** [difficulté - d'une situation, d'une opération] delicacy, sensitiveness, trickiness.

◆ **délicatesses** *nfpl litt* [gestes aimables] kind attentions; **elle a eu des ~s à notre égard** she showed consideration towards us.

délice [delis] *nm* -**1.** [source de plaisir] delight; **c'est un ~** [mets, odeur] it's delicious; [d'être au soleil, de nager, de lire] it's sheer delight. -**2.** [ravissement] delight, (great) pleasure; **ses paroles**

la remplissaient de ~ his words filled her with delight.

◆ **délices** *nfpl* -**1.** [plaisirs] delights, pleasures; les ~s de la campagne the delights of the countryside; faire les ~s de qqn to delight sb, to give sb great pleasure; faire ses ~s de qqch to take delight in sthg, to enjoy sthg greatly. -**2.** CULIN: ~s de brebis animelles *Br*, fry *Am*.

◆ **avec délices** *loc adv* with great pleasure, with delight.

délicieusement [delisjøzmɑ̃] *adv* -**1.** [agréablement] deliciously, delightfully, exquisitely; elle était ~ parfumée her perfume was delightful OU divine. -**2.** *(en intensif)*: son repas était ~ bon his meal was absolutely delicious; ~ bien: elle était ~ bien dans ses bras she was wonderfully happy in his arms; il peint ~ bien he paints delightfully well.

délicieux, euse [delisjø, øz] *adj* -**1.** [qui procure du plaisir - repas, parfum, sensation] delicious; [- lieu, promenade, chapeau] delicious, lovely, delightful. -**2.** [qui charme - femme, geste] lovely, delightful; votre sœur est délicieuse! your sister's a delight (to be with)!

délictuel, elle [deliktɥɛl], **délictueux, euse** [deliktɥø, øz] *adj sout* criminal.

délié, e [delje] *adj* -**1.** [sans épaisseur - écriture] fine; [- cou] slender; avoir la silhouette ~e to be slender. -**2.** [agile - esprit] sharp; [- doigt] nimble, agile; avoir la langue ~e to be chatty.

◆ **délié** *nm* upstroke.

délier [9] [delje] *vt* -**1.** [dénouer - ruban] to untie; [- gerbe, bouquet] to undo; déliez-lui les mains untie his hands. -**2.** [rendre agile]: un exercice pour ~ les jambes/les doigts an exercise to loosen the leg muscles/the fingers; pour lui ~ la langue to make him talk; le vin délie la langue wine loosens the tongue. -**3.** [délivrer]: ~ qqn de [promesse, engagement] to free OU to release sb from. -**4.** RELIG to absolve.

◆ **se délier** *vpt* [s'exercer]: se ~ les jambes/les doigts to relax one's leg muscles/one's fingers.

◆ **se délier de** *vp + prép* to release o.s. from; se ~ d'une obligation to free o.s. from an obligation.

délimitation [delimitasjɔ̃] *nf* -**1.** [fait de circonscrire - un terrain] demarcation, delimitation; [- un sujet, un rôle] defining, delineating, delimitation. -**2.** [limites] delimitation.

délimiter [3] [delimite] *vt* [espace, frontière] to demarcate, to delimit, to circumscribe; [sujet] to define, to delimit.

délinquance [delɛ̃kɑ̃s] *nf*: la ~ criminality ❑ la ~ juvénile juvenile delinquency; la petite ~ petty crime.

délinquant, e [delɛ̃kɑ̃, ɑ̃t] ◇ *adj* delinquent.
◇ *nm, f* offender; ~ primaire first offender.

déliquescence [delikesɑ̃s] *nf* -**1.** CHIM deliquescence. -**2.** [déclin] gradual decay, creeping rot.

◆ **en déliquescence** ◇ *loc adj* declining, decaying.
◇ *loc adv*: tomber en ~ to be on the decline, to fall into decline.

déliquescent, e [delikesɑ̃, ɑ̃t] *adj* -**1.** CHIM deliquescent. -**2.** [déclinant] declining, decaying, decrepit.

délirant, e [delirɑ̃, ɑ̃t] *adj* -**1.** [malade] delirious; fièvre ~e delirious fever. -**2.** *fam* [insensé - accueil, foule] frenzied, tumultuous; [- imagination] frenzied, wild; [- luxe, prix] unbelievable, incredible; c'est ~ de travailler dans de telles conditions working in such conditions is sheer madness OU lunacy.

délire [delir] *nm* -**1.** MÉD delirium, delirious state; avoir le ~ to be delirious OU raving ❑ ~ de grandeur PSYCH delusions of grandeur; ~ de persécution persecution mania. -**2.** [incohérences]: un ~ d'ivrogne a drunkard's ravings. -**3.** *fam loc*: c'est le OU du ~: partout où il se produit, c'est le OU du ~ wherever he performs, audiences go wild OU crazy; sa nouvelle collection, c'est du ~ total his new collection is out of this world; demander aux gens de payer 50 % en plus, c'est du ~! asking people to pay 50% over the odds is stark staring madness!; ce n'est plus de la mise en scène, c'est du ~! it's no longer stage production, it's sheer madness!

◆ **en délire** *loc adj* delirious, ecstatic; des supporters en ~ delirious OU frenzied supporters.

délirer [3] [delire] *vi* [malade] to be delirious, to rave; tu délires! *fig* you're out of your mind!

delirium tremens [delirjɔmtremɛ̃s] *nm inv* delirium tremens; avoir une crise de ~ to have an attack of delirium tremens.

délit [deli] *nm* -**1.** JUR [infraction] (nonindictable) offence *Br*, misdemeanor *Am*; ~ d'adultère adultery; ~ civil tort; ~ de fuite failure to report an accident; être incarcéré pour ~ d'opinion to be put in prison because of one's beliefs; ~ de presse violation of the press laws. -**2.** BOURSE: ~ d'initié insider trading OU dealing.

déliter [3] [delite] *vt* MIN to split.

◆ **se déliter** *vpi* -**1.** GÉOL to exfoliate. -**2.** *litt* [se désagréger] to crumble.

délitescence [delitesɑ̃s] *nf* -**1.** MÉD delitescence. -**2.** CHIM efflorescence.

délitescent, e [delitesɑ̃, ɑ̃t] *adj* efflorescent.

délivrance [delivrɑ̃s] *nf* -**1.** *litt* [libération - d'une ville] liberation, deliverance; [- d'un captif] release. -**2.** [soulagement] relief; attendre la ~ *euph* to await death as a release from pain. -**3.** [d'un visa, d'un certificat] issue; ~ d'un brevet issue of a patent. -**4.** MÉD expulsion OU birth of the afterbirth.

délivrer [3] [delivre] *vt* -**1.** [libérer - prisonnier] to release, to (set) free; ~ le peuple to set the people free. -**2.** [soulager] to relieve; se sentir délivré to feel relieved; ainsi délivré de ses incertitudes, il décida de... thus freed from doubt, he decided to...; rien ne pouvait la ~ de la jalousie *litt* nothing could release her from jealousy. -**3.** [visa, titre] to deliver, to issue; [ordonnance, autorisation] to give, to issue. -**4.** [faire parvenir - paquet, courrier] to deliver; [- signal] to put out *(sép)*.

déloger [17] [delɔʒe] ◇ *vt* -**1.** [congédier - locataire] to throw OU to turn out *(sép)*, to oust; après trois ans, comment ~ les locataires? after three years, how do you get the tenants out? -**2.** [débusquer - lapin] to start.
◇ *vi* -**1.** [décamper] to move out (hurriedly); allez, déloge! *fam* [pousse-toi] come on, move (out of the way)!; il finira bien par ~ he'll clear off eventually; faire ~ qqn to throw sb out, to get sb to move. -**2.** *Belg* [découcher] to sleep out; il a délogé hier he didn't come home last night.

Délos [delos] *npr* Delos; à ~ on Delos.

déloyal, e, aux [delwajal, o] *adj* -**1.** [infidèle - ami] disloyal, unfaithful, untrue *litt*. -**2.** [malhonnête - concurrence] unfair; [- méthode] dishonest, underhand; [- coup] foul, below-the-belt.

déloyalement [delwajalmɑ̃] *adv* disloyally, unfairly, in an underhand manner.

déloyauté [delwajote] *nf* -**1.** [caractère perfide] disloyalty, treacherousness. -**2.** [action] disloyal act, betrayal; commettre une ~ envers qqn to play sb false, to be disloyal to sb; les petites ~s finissent par tuer l'amour petty betrayals eventually spell the death of love.

Delphes [dɛlf] *npr* Delphi.

delphinium [dɛlfinjɔm] *nm* delphinium.

delphinologie [dɛlfinɔlɔʒi] *nf* (scientific) study of dolphins.

delta [dɛlta] ◇ *nm inv* [lettre] delta; en ~ delta-shaped.
◇ *nm* GÉOG: ~ (littoral) delta; le ~ du Nil the Nile Delta.

deltaïque [dɛltaik] *adj* deltaic, delta *(modif)*.

deltaplane [dɛltaplan] *nm* -**1.** [véhicule] hang-glider. -**2.** [activité] hang-gliding; faire du ~ to go hang-gliding.

deltoïde [dɛltɔid] *adj* & *nm* ANAT deltoid.

déluge [delyʒ] *nm* -**1.** [averse] downpour, deluge. -**2.** BIBLE: le Déluge the Flood ❑ ça remonte au ~ *fam* it's ancient history; ne remonte pas au ~! *fam* [en racontant une histoire] give us the short version!; après moi le ~! *allusion Madame de Pompadour* what happens when I'm gone is none of my concern! -**3.** [abondance - de paroles, de larmes, de plaintes] flood, deluge; [- de coups] shower; je reçois un ~ de publicités par la poste I'm inundated with junk mail; le standard est submergé par un ~ d'appels the switchboard is deluged with calls.

déluré, e [delyre] ◇ *adj* -**1.** [malin - enfant, air] quick, sharp, resourceful. -**2.** *péj* [effronté - fille] forward, brazen.
◇ *nm, f*: un petit ~ a smart kid; une petite ~e a brazen little thing.

délurer [3] [delyre] *vt* -**1.** *litt* [éveiller] to awaken to the world around. -**2.** [dévergonder]: ~ qqn to open sb's eyes.

◆ **se délurer** *vpi* -**1.** [devenir éveillé] to wake up *fig*, to become aware. -**2.** [se dévergonder] to become too forward; vers 14 ans, ils se délurent when they're about 14 they start learning the ways of the world.

délustrage [delystraʒ] *nm* taking the lustre OU gloss off TEX.

délustrer [3] [delystre] *vt* to take the lustre OU gloss off TEX.

démagnétisation [demaɲetizasjɔ̃] *nf* -**1.** [d'une bande, d'une carte] demagnetization. -**2.** NAUT degaussing.

démagnétiser [3] [demaɲetize] *vt* -**1.** [carte] to demagnetize. -**2.** NAUT to degauss.

◆ **se démagnétiser** *vpi* to become demagnetized.

démagogie [demagɔʒi] *nf* demagogy, demagoguery.

démagogique [demagɔʒik] *adj* demagogic, demagogical.

démagogue [demagɔg] ◇ *adj* demagogic, rabble-rousing; ils sont très ~s they're real rabble-rousers.
◇ *nmf* demagogue.

démaillage [demajaʒ] *nm* -**1.** [d'un tricot] undoing, unravelling. -**2.** NAUT unlinking.

démailler [3] [demaje] *vt* -**1.** [défaire - tricot] to undo, to unravel; [- chaîne] to unlink. -**2.** PÊCHE to take out of the net.

◆ **se démailler** *vpi* [tricot] to unravel, to fray, to come undone.

démailloter [3] [demajɔte] *vt* [bébé] to take the nappy *Br* OU diaper *Am* off, to change; [doigt blessé] to take the bandage off; [momie] to unwrap.

demain [dəmɛ̃] *adv* -**1.** [lendemain] tomorrow; ~ matin/après-midi tomorrow morning/afternoon; ~ soir tomorrow evening OU night; à partir de ~ as from tomorrow, from tomorrow on, starting tomorrow; pendant la journée de ~ tomorrow; les journaux de ~ tomorrow's papers; c'est ~ le grand jour tomorrow's the big day; ~ en huit a week tomorrow, tomorrow week *Br*; ~ en quinze two weeks tomorrow; avance, on ne va pas rester là jusqu'à ~! *fam*, avance, sinon on y sera encore ~! *fam fig* come on, let's not stay here all night! ❑ ~ il fera jour tomorrow is another day; ~ on rase OU rasera gratis *hum* tomorrow never comes *loc*; ce n'est pas ~ la veille it's not going to happen overnight OU in a hurry; ce n'est pas ~ la veille que le système changera the system's not going to change overnight; ce n'est pas pour ~: l'égalité des salaires n'est pas pour ~ equal pay isn't just around the corner; il ne faut pas remettre à ~ ce que l'on peut faire le jour même *prov* never put off till tomorrow what you can do today *prov*. -**2.** [à l'avenir] in the future; et si ~ ils nous déclaraient la guerre? what if in the future OU at some future point they were to declare war on us?

◆ **à demain** *loc interj*: salut, à ~! bye, see you tomorrow!

◆ **de demain** *loc adj* [futur]: les architectes/écoles de ~ the architects/schools of tomorrow.

démanché, e [demɑ̃ʃe] *adj* [outil] handleless, with no handle.

◆ **démanché** *nm* shift MUS.

démanchement [demɑ̃ʃmɑ̃] *nm* **-1.** [d'un membre] dislocation. **-2.** [d'un outil] removal of the handle.

démancher [3] [demɑ̃ʃe] *vt* [couteau, marteau] to remove the handle of; [lame] to work out of its handle.

◆ **se démancher** *vpi* **-1.** [balai] to lose its handle, to work loose in the handle. **-2.** *fam* [se démener]: se ~ **pour obtenir qqch** to move heaven and earth OU to bust a gut to get sthg.

demande [dəmɑ̃d] *nf* **-1.** [requête] request; ~ **d'argent** request for money; **adresser toute ~ de renseignements à...** send all inquiries to...; **accéder à/refuser une ~** to grant/to turn down a request ❑ ~ **en mariage** (marriage) proposal; **faire sa ~ (en mariage) (auprès de qqn)** to propose (to sb); ~ **de rançon** ransom demand. **-2.** ADMIN & COMM application; **faire une ~ de bourse/visa** to apply for a scholarship/visa; ~ **d'indemnité** claim for compensation; **remplir une ~** to fill in an application (form) ❑ ~ **d'emploi** job application; **'~s d'emploi'** 'situations wanted'. **-3.** ÉCON demand; ~ **excédentaire** excess demand; **la ~ des consommateurs** consumer demand; **la ~ croissante de magnétoscopes** the increasing demand for video-recorders; **il y a une forte ~ de traducteurs** translators are in great demand, translators are very much sought after. **-4.** JUR: ~ **en justice** petition; ~ **en renvoi** request for transfer of a case (to another court). **-5.** [expression d'un besoin] need; **la ~ doit venir du patient lui-même** the patient must express a need; **donne-lui de la tendresse, car il y a une ~ de sa part** be loving to him, he's in need of it.

◆ **à la demande** *loc adj & adv* on demand.

◆ **à la demande générale** *loc adv* by popular request.

demandé, e [dəmɑ̃de] *adj* sought-after, in demand; **le modèle B est très ~** model B is in great demand, demand for model B is high.

demander [3] [dəmɑ̃de] *vt* **-1.** [solliciter - rendez-vous, conseil, addition] to ask for *(insép)*, to request; ~ **un congé** to ask for leave; **le cuisinier a demandé son samedi** the cook has asked to have Saturday off; **qu'as-tu demandé pour Noël?** what did you ask for for Christmas?; ~ **l'aumône** OU **la charité** to ask for charity, to beg for alms; **je ne demande pas la charité** *fig* I'm not asking for any favours; ~ **une faveur** OU **un service à qqn** to ask sb a favour; ~ **le divorce** to petition OU to file for divorce; ~ **la main de qqn** to ask for sb's hand (in marriage); ~ **qqn en mariage** to propose to sb; ~ **grâce** to ask OU to beg for mercy; ~ **pardon** to apologize; **je te demande pardon** I'm sorry; **il m'a demandé pardon de sa conduite** he apologized to me for his behaviour; **je vous demande pardon, mais c'est ma place** I beg your pardon, but this is my seat; **je vous demande pardon?** (I beg your) pardon?; ~ **qqch à qqn**: ~ **un délai à son éditeur** to ask one's publisher for more time; ~ **audience à qqn** to request an audience with sb; **je ne t'ai jamais demandé quoi que ce soit** I never asked you for anything; ~ **à qqn de faire**: **il m'a demandé de lui prêter ma voiture** he asked me to lend him my car; **ne me demande pas de m'en réjouir** don't ask OU expect me to be pleased about it ‖ *(en usage abs)*: **il suffisait de ~** you only had to OU all you had to do was ask. **-2.** [exiger - indemnité, dommages] to claim, to demand; [- rançon] to demand, to ask for; **nous demandons de meilleures conditions de travail** we want OU we're asking for better working conditions; ~ **l'impossible** to ask for the impossible; ~ **justice** to demand justice OU fair treatment; ~ **qqch à qqn** to ask sthg of sb; **je ne peux pas faire ce que vous me demandez** I can't do what you're asking of me; **que demande un citoyen à l'État?** what does a citizen ask of the State?; **il ne demandait pas beaucoup à la vie** he didn't ask much of life; **en ~**: **il ne faut pas trop m'en ~/lui en ~** you mustn't ask too much of me/him; **il en demande 500 F** he wants OU he's asking 500 F for it; ~ **que**: **tout ce que je demande, c'est qu'on me laisse seul** all I want OU ask is to be left alone ❑ **qui ne demande rien n'a rien** if you don't ask, you don't get; ~ **la lune** to ask for the moon; **je ne demande que ça** OU **pas mieux!** I'm OU I'll be only too pleased!; **elle ne demande pas mieux que de t'héberger** she'll be only too pleased to put you up; **tu es riche et célèbre, que demande le peuple?** *fam* you're rich and famous, what more do you want? **-3.** [réclamer la présence de - gén] to want; [- médecin] to send for *(insép)*, to call (for); [- prêtre] to ask for *(insép)*; **on te demande au téléphone/aux urgences** you're wanted on the telephone/in casualty; **il y a une demoiselle qui vous demande** there's a young lady wanting to see you ‖ [au téléphone]: **qui demandez-vous?** who would you like to speak to?; **demandez-moi le siège à Paris/M. Blanc** get me the head office in Paris/Mr Blanc. **-4.** [chercher à savoir] to ask; ~ **qqch à qqn**: ~ **l'heure à qqn** to ask sb the time; ~ **son chemin à qqn** to ask sb for directions; **je lui ai demandé la raison de son départ** I asked her why she (had) left; **il y a des choses qu'il vaut mieux ne pas ~** some things are better left unasked, there are some things one had better not ask; ~ **des nouvelles de qqn** to ask after sb; **j'ai demandé de tes nouvelles à Marie** I asked for news of you from Marie, I asked Marie about you; **demande-lui comment il s'appelle et d'où il vient** ask him what his name is and where he comes from; **je lui demanderai s'il peut t'aider** I'll ask him whether he can help you ‖ *(en usage abs)*: **demandez à votre agent de voyages** ask your travel agent; **on ne t'a rien demandé (à toi)!** nobody asked YOU!, nobody asked for YOUR opinion! ❑ **je ne te demande pas l'heure qu'il est** *fam*, **est-ce que je t'ai demandé si ta grand-mère fait du vélo?**▽ mind your own business!, who asked your opinion?; **à quoi servent les flics, je vous le demande** *fam* OU **je vous demande un peu!** *fam* what are the police for, I ask you?; **il avait tout peint en noir, je te demande un peu!** *fam* he'd painted everything black, can you believe it! **-5.** [faire venir - ambulance] to send for *(sép)*, to call (for); ~ **un taxi** to call a cab. **-6.** [chercher à recruter - vendeur, ingénieur] to want, to require; **'on demande un livreur'** 'delivery boy wanted OU required'; **on demande beaucoup de secrétaires** there's a great demand for secretaries, secretaries are in great demand. **-7.** [nécessiter] to need, to require, to call for *(insép)*; **cela demande une patience que je n'ai pas** this requires OU needs the kind of patience I don't have; **cela demande une explication** this calls for an explanation; **ça demande réflexion** it needs thinking about, it needs some thought; **cette plante demande un arrosage quotidien** this plant needs to be watered every day; **une manipulation qui demande une grande précision** an experiment that calls for the utmost precision; **ce livre a demandé beaucoup de recherches** the writing of this book required much research.

◆ **demander à** *v + prép* to ask to; **je n'ai pas demandé à naître** I never asked to be born; **il demande à voir le chef de rayon** he wants to see the department supervisor; **je demande à voir!** *fam* I'll believe this when I see it! ❑ **je ne demande qu'à vous embaucher/aider** I'm more than willing to hire/help you; **ce pauvre petit ne demande qu'à vivre** this poor little mite's only asking for a chance to live.

◆ **demander après** *fam v + prép*: **il demande après toi** [il te réclame] he's asking for you; **ils ont demandé après toi** [pour avoir de tes nouvelles] they asked how you were OU after you.

◆ **se demander** ◇ *vp (emploi passif)*: **cela ne se demande pas!** need you ask! *iron.*

◇ *vpi* to wonder, to ask o.s.; **je me demande où j'ai bien pu le mettre** I wonder where I can have possibly put it; **on est en droit de se ~ pourquoi/comment/si...** one may rightfully ask o.s. why/how/whether...

◆ **sans demander son compte, sans demander son reste** *loc adv* [partir] without further ado, without so much as a by-your-leave *hum*; **il s'est enfui sans ~ son reste** he ran off without so much as a by-your-leave *hum.*

demandeur[1], **eresse** [dəmɑ̃dœr, drɛs] *nm, f* plaintiff, complainant; ~ **en appel** appellant.

demandeur[2], **euse** [dəmɑ̃dœr, øz] ◇ *nm, f* **-1.** TÉLÉC caller; ~, **parlez** you're through, caller. **-2.** ADMIN: ~ **d'emploi** job seeker; **je suis ~ d'emploi** I'm looking for a job; **mesures pour les ~s d'emploi** measures for those seeking work OU employment.

◇ *adj*: **les Français sont très ~s de ce produit** there is an enormous demand for this product in France.

démangeaison [demɑ̃ʒɛzɔ̃] *nf* **-1.** [irritation] itch; **j'ai des ~s partout** I'm itching all over; **donner des ~s à qqn** to make sb itch; **où ressentez-vous cette ~?** where does it OU do you itch? **-2.** *fam* [envie] itch; **j'ai des ~s de le frapper** I'm itching to hit him.

démanger [17] [demɑ̃ʒe] *vt* to itch, to be itching; **ce pull me démange** that pullover makes me itch; **la langue le** OU **lui démangeait** *fam fig* he was itching OU dying to say something; **ça la** OU **lui démangeait de dire la vérité** she was itching OU dying to tell the truth.

démantèlement [demɑ̃tɛlmɑ̃] *nm* **-1.** [démolition] demolition, pulling OU taking to pieces. **-2.** [éclatement] breaking up, dismantling.

démanteler [25] [demɑ̃tle] *vt* **-1.** [démolir - rempart] to demolish, to tear down *(sép)*. **-2.** [désorganiser - réseau, secte] to break up *(sép)*; [- entreprise, service] to dismantle.

démantibuler [3] [demɑ̃tibyle] *vt* to demolish, to take to bits OU pieces.

◆ **se démantibuler** *fam vpi* [se rompre] to fall apart, to come to pieces.

démaquillage [demakijaʒ] *nm* make-up removal; **le ~ dure deux heures** it takes two hours to remove OU to take off the make-up; **gel/lotion pour le ~ des yeux** eye-make-up removing gel/lotion.

démaquillant, e [demakijɑ̃, ɑ̃t] *adj*: **crème/lotion ~e** cleansing cream/lotion.

◆ **démaquillant** *nm* cleanser, make-up remover; ~ **pour les yeux** eye-make-up remover.

démaquiller [3] [demakije] *vt* to remove the make-up from.

◆ **se démaquiller** *vp (emploi réfléchi)* to remove OU to take off one's make-up; **se ~ les yeux** to remove one's eye-make-up.

démarcatif, ive [demarkatif, iv] *adj* demarcating.

démarcation [demarkasjɔ̃] *nf* **-1.** [limite] demarcation, dividing line. **-2.** [fait de démarquer] boundary-defining, demarcating.

démarchage [demarʃaʒ] *nm* COMM door-to-door selling; **faire du ~ à domicile** to do door-to-door selling; **'~ interdit'** 'no hawkers' ❑ ~ **électoral** POL canvassing.

démarche [demarʃ] *nf* **-1.** [allure] gait, walk; **avoir une ~ gracieuse** to have a graceful gait, to walk gracefully. **-2.** [initiative] step, move; **faire toutes les ~s nécessaires** to take all the necessary steps; **faire une ~ auprès de la direction** to approach the management; **~s administratives/juridiques** administrative/legal procedures. **-3.** [approche] approach; ~ **intellectuelle/philosophique** intellectual/philosophical approach; **trois ~s différentes à partir d'un même sujet** three different ways of approaching OU tackling the same subject.

démarcher [3] [demarʃe] *vt* [client, entreprise] to visit.

démarcheur, euse [demarʃœr, øz] *nm, f* COMM door-to-door salesman (*f* saleswoman).

démarquage [demarkaʒ] *nm* **-1.** COMM markdown, marking down. **-2.** [fait d'ôter la marque]: le ~ des vêtements [après un changement de propriétaire] removing (the) labels from clothes; [pour les vendre moins cher] removing the designer labels from clothes. **-3.** [plagiat] copying, plagiarizing; la pièce n'est qu'un habile ~ the play is nothing but a clever copy. **-4.** SPORT: le ~ d'un joueur escaping from a marker.

démarque [demark] *nf* **-1.** COMM marking down, markdown; ~ inconnue pilfering, shrinkage. **-2.** SPORT freeing.

démarquer [3] [demarke] ◇ *vt* **-1.** [enlever la marque de]: ~ des vêtements to remove the designer labels from clothes. **-2.** COMM to mark down *(sép)*. **-3.** SPORT to free. **-4.** [plagier] to copy, to plagiarize.

◇ *vi* [cheval] to lose mark of mouth.

◆ **se démarquer** *vp (emploi réfléchi)* SPORT to shake off one's marker.

◆ **se démarquer de** *vp + prép* to distinguish o.s. OU to be different from.

démarrage [demaraʒ] *nm* **-1.** AUT & MÉCAN [mouvement] moving off; ~ en trombe shooting off || [mise en marche] starting; le ~ de la voiture starting the car; ~ en côte hill-start. **-2.** [commencement] start; le ~ d'une campagne publicitaire the start of an advertising campaign. **-3.** SPORT kick. **-4.** NAUT casting off, unmooring.

démarrer [3] [demare] ◇ *vt* to start; on a démarré cette affaire avec très peu d'argent we started this business with very little money.

◇ *vi* **-1.** AUT & MÉCAN [se mettre à fonctionner] to start (up); [s'éloigner] to move off; ~ au quart de tour to start first time. **-2.** [débuter] to start; le feuilleton démarre le 18 mars the series starts on March 18th. **-3.** [dans une progression - économie] to take off, to get off the ground; les ventes ont bien démarré sales have got off to a good start; l'association a mis du temps à ~ the association got off to a slow start. **-4.** SPORT [coureur] to kick. **-5.** NAUT to cast off, to unmoor. **-6.** *fam* [s'en aller] to shift *Br*, to budge; je ne démarrerai pas d'ici tant que tu ne m'auras pas dit la vérité I'm not moving OU budging from here until you've told me the truth.

démarreur [demarœr] *nm* starter; ~ automatique self-starter.

démasquer [3] [demaske] *vt* **-1.** [ôter le masque de] to unmask. **-2.** [confondre - traître, menteur] to unmask, to expose. **-3.** [dévoiler - hypocrisie] to unmask, to reveal. **-4.** *loc*: ~ ses batteries *pr* to unmask one's guns; *fig* to show one's hand.

◆ **se démasquer** *vp (emploi réfléchi)* **-1.** [ôter son masque] to take off one's mask, to unmask o.s. **-2.** *fig* to throw off OU to drop one's mask.

démastiquer [3] [demastike] *vt* to remove the putty from.

démâtage [demataʒ] *nm* dismasting.

démâter [3] [demate] ◇ *vt* to dismast.

◇ *vi* to lose its mast OU masts, to be dismasted.

dématérialisation [dematerjalizasjɔ̃] *nf* annihilation NUCL.

démazouter [3] [demazute] *vt* to remove fuel oil from.

démêlage [demɛlaʒ] *nm* [des cheveux] disentangling, untangling.

démêlant, e [demɛlɑ̃, ɑ̃t] *adj* [baume] conditioning.

◆ **démêlant** *nm* hair conditioner.

démêlé [demele] *nm* [querelle, dispute] quarrel; ~s problems, trouble; avoir des ~s avec qqn to have a bit of trouble OU a few problems with sb; elle a eu des ~s avec l'administration she's had some trouble OU problems with the authorities.

démêlement [demɛlmɑ̃] = **démêlage**.

démêler [4] [demele] *vt* **-1.** [cheveux] to untangle, to disentangle, to comb out *(sép)*; [nœud, filet] to disentangle, to untangle. **-2.** [éclaircir - mystère, affaire] to clear up *(sép)*, to disentangle, to see through *(insép)*; ~ les intentions de qqn to fathom (out) sb's intentions; ~ la vérité du mensonge OU le vrai du faux to disentangle truth from falsehood, to sift out the truth from the lies. **-3.** *litt*: avoir quelque chose à ~ avec qqn to have a bone to pick with sb.

◆ **se démêler** *vp (emploi passif)* [cheveux] to comb out, to be disentangled; ses cheveux se démêlent tout seuls his hair combs out beautifully.

◆ **se démêler de** *vp + prép vieilli* to extricate o.s. from; se ~ de ses affaires de famille to extricate o.s. from one's family problems.

démêloir [demɛlwar] *nm* large-toothed comb.

démembrement [demɑ̃brəmɑ̃] *nm* **-1.** [partage] dismemberment, breaking up, carving up. **-2.** JUR: ~ de la propriété division of inherited property *(between heirs)*.

démembrer [3] [demɑ̃bre] *vt* **-1.** [dépecer - carcasse] to dismember. **-2.** [désorganiser - association] to carve OU to split up *(sép)*, to dismantle.

déménagement [demenaʒmɑ̃] *nm* **-1.** [changement de domicile] move; c'est mon quatrième ~ it's my fourth move, it's the fourth time I've moved (house *Br*); on les a aidés à faire leur ~ we helped them move house *Br* OU to move ❑ camion de ~ removal *Br* OU moving *Am* van; entreprise de ~ removal company OU firm *Br*, mover *Am*; prime de ~ relocation allowance OU expenses. **-2.** [déplacement des meubles]: le ~ du salon est fini we've finished moving the furniture out of the living room. **-3.** [mobilier] furniture; le ~ est arrivé the furniture has arrived.

déménager [17] [demenaʒe] ◇ *vt* [salon] to move the furniture out of, to empty of its furniture; [piano, meubles] to move, to remove *Br*; j'ai tout déménagé dans ma chambre I moved everything into my bedroom.

◇ *vi* **-1.** [changer de maison] to move (house *Br*); ~ d'une maison to move out of a house ❑ ~ à la cloche de bois *fam* to do a moonlight flit *Br*, to fly the coop. **-2.** [changer de lieu] to move. **-3.** *fam* [partir] to clear off; il est dans mon bureau? je vais le faire ~ vite fait! in my office, is he? I'll have him out of there in no time! **-4.** ▽ [déraisonner] to be off one's nut OU rocker. **-5.** ▽ [faire de l'effet]: t'as vu la blonde? elle déménage! did you see that blonde? she's a knockout!; un rock'n roll qui déménage a mind-blowing rock'n roll number.

déménageur [demenaʒœr] *nm* **-1.** [ouvrier] removal man *Br*, (furniture) mover *Am*; [entrepreneur] furniture remover *Br*, mover *Am*. **-2.** *fam* [homme] great hulk (of a man); ses gardes du corps, c'est des vrais ~s his bodyguards are built like barn doors.

déménageuse [demenaʒøz] *nf Helv* removal van.

démence [demɑ̃s] *nf* **-1.** [gén] insanity, madness. **-2.** MÉD dementia; ~ précoce dementia praecox; ~ présénile presenile dementia. **-3.** *fam* [conduite déraisonnable]: c'est de la ~! it's madness!

démener [19] [demne]

◆ **se démener** *vpi* **-1.** [s'agiter] to thrash about, to struggle; se ~ comme un beau diable to thrash about, to struggle violently. **-2.** [faire des efforts]: se ~ pour to exert o.s. OU to go out of one's way (in order) to; il faut se ~ pour trouver un emploi you have to put yourself out if you want to find a job; je me suis démenée pour le retrouver I went to great lengths to find him.

dément, e [demɑ̃, ɑ̃t] ◇ *adj* **-1.** [gén] mad, insane. **-2.** MÉD demented. **-3.** *fam* [remarquable] fantastic, terrific, ace. **-4.** *fam péj* [inacceptable] incredible, unbelievable; c'est ~, tout ce qu'on lui demande de faire! the amount she's being asked to do is sheer lunacy!

◇ *nm, f* MÉD dementia sufferer, demented person.

démenti [demɑ̃ti] *nm* denial; publier un ~ to print a denial; opposer un ~ formel à une rumeur to deny a rumour categorically; le témoignage reste sans ~ the testimony remains uncontradicted.

démentiel, elle [demɑ̃sjɛl] *adj* **-1.** PSYCH insane. **-2.** MÉD dementia *(modif)*. **-3.** [excessif, extravagant] insane *fig*.

démentir [37] [demɑ̃tir] *vt* **-1.** [contredire - témoin] to contradict. **-2.** [nier - nouvelle, rumeur] to deny, to refute; les autorités démentent avoir envoyé des troupes the authorities deny having sent troops; son regard démentait ses paroles the look in his eyes belied his words.

◆ **se démentir** *vpi*: son amitié pour moi ne s'est jamais démentie his friendship has been unfailing; des méthodes dont l'efficacité ne s'est jamais démentie methods that have proved consistently efficient.

démerdard, e▽ [demɛrdar, ard] ◇ *adj*: toi qui es ~, trouve-nous des places pour demain soir you always seem to be able to wangle this kind of thing, find us some seats for tomorrow night; il est ~, il s'en sortira he's always got some trick up his sleeve, he'll make it; il n'est pas ~ pour deux sous he hasn't got a clue.

◇ *nm, f*: c'est un sacré ~ [il est ingénieux] he's a shrewd customer OU a clever bugger *Br*; [il sait se tirer d'un mauvais pas] he can always wriggle his way out of a tricky situation.

démerder [3] [demɛrde]

◆ **se démerder**▽ *vpi* to get by, to manage; il se démerde pas mal pour un débutant he's not bad for a beginner; t'inquiète pas, je me démerderai don't worry, I'll manage somehow; tu devras te ~ sans moi you'll have to get along without me; et moi, comment je vais me ~? and how the hell am I supposed to cope?

démérite [demerit] *nm litt* fault, flaw, demerit *litt*; il n'y a aucun ~ à avoir agi ainsi there's nothing wrong in having acted this way.

démériter [3] [demerite] *vi sout* [s'abaisser]: ~ aux yeux de qqn to come down in sb's esteem; il n'a jamais démérité he has never proved unworthy of the trust placed in him; il n'a démérité en rien he has incurred no blame, he has in no way demeaned himself.

démesure [deməzyr] *nf* [d'un personnage] excessiveness, immoderation; [d'une passion, d'une idée] outrageousness; donner dans la ~ to (tend to) be excessive; la ~ absurde de ses projets the absurdity of his grandiose projects.

démesuré, e [deməzyre] *adj* **-1.** [énorme - empire] vast, enormous; d'une longueur ~e interminable. **-2.** [exagéré - orgueil] immoderate, inordinate; [- appétit] huge, gross; cette affaire a pris une importance ~e this affair has been blown up out of all proportion.

démesurément [deməzyremɑ̃] *adv* excessively, immoderately, inordinately; la plante avait poussé ~ the plant had grown inordinately tall; des yeux ~ ouverts eyes as round as saucers.

Déméter [demetɛr] *npr* Demeter.

Démétrios [demetrijos] *npr* Demetrius.

démettre [84] [demɛtr] *vt* **-1.** MÉD [os, bras] to dislocate, to put out of joint. **-2.** [destituer] to dismiss; ~ qqn de ses fonctions to dismiss sb from his duties.

◆ **se démettre** ◇ *vpt*: se ~ le poignet to dislocate one's wrist, to put one's wrist out of joint.

◇ *vpi* to resign, to hand in one's resignation; se ~ de son poste [directeur] to resign one's post OU from one's job; [député, président] to resign from office.

démeubler [5] [demøble] *vt* to remove the furniture from; la pièce est un peu démeublée the room looks rather bare.

demeurant [dəmœrɑ̃]
◆ **au demeurant** *loc adv* [du reste] for all that, notwithstanding; **photographe de talent et très joli garçon au ~** a talented photographer and very good-looking with it.

demeure [dəmœr] *nf* -**1.** [maison] residence. -**2.** *sout* [domicile] dwelling-place, abode. -**3.** JUR delay; **mettre qqn en ~ de payer** to give sb notice to pay; **mettre qqn en ~ de témoigner/de s'exécuter** to order sb to testify/to comply.
◆ **à demeure** *loc adv*: **il s'est installé chez elle à ~** he moved in with her permanently OU for good.

demeuré, e [dəmœre] ◇ *adj* half-witted, backward.
◇ *nm, f* half-wit.

demeurer [5] [dəmœre] *vi* -**1.** [rester - dans tel état] *(aux être)* to remain; **~ silencieux/inconnu** to remain silent/unknown; **en ~ là: l'affaire en est demeurée là** the matter rested there; **il vaut mieux en ~ là pour aujourd'hui** we'd better leave it at that for today. -**2.** [subsister] *(aux être)* to remain, to be left; **peu de traces demeurent** there are few traces left; **~ à qqn** [rester sa propriété] to be left to sb; **cette épée nous est demeurée de notre père** this sword was left to us by our father. -**3.** *sout* [habiter] *(aux avoir)* to live, to stay; **où demeuriez-vous alors?** where were you living then?; **il demeure toujours à la même adresse** he's still living at the same address.

demi, e [dəmi] ◇ *adj inv (devant le n, avec trait d'union)* -**1.** [moitié de] half; **une ~-pomme** half an apple; **plusieurs ~-pommes** several halves of apple; **une ~-livre de pommes** a half-pound of OU half a pound of apples. -**2.** [incomplet]: **cela n'a été qu'un ~-succès** it wasn't a complete OU it was only a partial success.
◇ *nm, f* [moitié] half; **j'achète un pain? – non, un ~** shall I buy a loaf? – no, just (a) half.
◆ **demi** *nm* -**1.** [bière]: **~ (de bière)** ≃ half *Br*, ≃ half-pint *Br*; **prends deux ~s** get two half-pints OU two halves. -**2.** SPORT: **~ droite** FTBL right half OU halfback; **~ de mêlée** RUGBY scrum half; **~ d'ouverture** RUGBY fly OU stand-off half. -**3.** *Helv* [vin] *half a litre of wine*.
◆ **demie** *nf*: **la ~e** half past; **à la ~e de chaque heure** every hour on the half hour, at half past every hour; **on va attendre la ~e** we'll wait till half past; **à la ~e de 4 h** at half past 4; **je te rappelle à la ~e** I'll call you back at half past.
◆ **à demi** *loc adv* -**1.** *(avec un adj)*: **à ~ mort** half-dead; **être à ~ convaincu** to be half-convinced; **bûche à ~ consumée** half-burnt log. -**2.** *(avec un v)*: **ouvrir la porte à ~** to half-open the door; **faire les choses à ~** to do things by halves.
◆ **et demi, et demie** *loc adj* -**1.** [dans une mesure] and a half; **quinze mètres et ~** fifteen and a half metres; **ça dure deux heures et ~e** it lasts two and a half hours; **boire une bouteille et ~e** to drink a bottle and a half. -**2.** [en annonçant l'heure]: **à trois heures et ~e** at three thirty, at half past three.

demiard [demjar] *nm Can* [vin] *quarter of a pint of wine*.

demi-botte [dəmibɔt] (*pl* demi-bottes) *nf* ankle-boot.

demi-bouteille [dəmibutɛj] (*pl* demi-bouteilles) *nf* half-bottle, half-a-bottle *(approximately 37 cl)*.

demi-brigade [dəmibrigad] (*pl* demi-brigades) *nf* [bataillons] *group of two or three battalions led by a colonel*.

demi-canton [dəmikɑ̃tɔ̃] (*pl* demi-cantons) *nm Helv state of the Swiss confederation which is one half of a divided canton*.

demi-cercle [dəmisɛrkl] (*pl* demi-cercles) *nm* half-circle, semicircle.
◆ **en demi-cercle** *loc adv* in a semicircle.

demi-circulaire [dəmisirkylɛr] (*pl* demi-circulaires) *adj* [canal] semicircular.

demi-colonne [dəmikɔlɔn] (*pl* demi-colonnes) *nf* demi-column, semi-column.

demi-deuil [dəmidœj] (*pl* demi-deuils) *nm* VÊT half-mourning.
◆ **à la demi-deuil** *loc adj* CULIN *coated in a white sauce and garnished with truffles*.

demi-dieu [dəmidjø] (*pl* demi-dieux) *nm* demigod.

demi-douzaine [dəmiduzɛn] (*pl* demi-douzaines) *nf* -**1.** [six] half-dozen, half-a-dozen; **deux ~s** two half-dozens; **une ~ de tomates** a half-dozen OU half-a-dozen tomatoes. -**2.** *fam* [plusieurs]: **une ~ de gens attendaient** half-a-dozen people were waiting.

demi-droite [dəmidrwat] (*pl* demi-droites) *nf* half-line, half-ray.

demi-figure [dəmifigyr] (*pl* demi-figures) *nf* half-length (portrait).

demi-fin, e [dəmifɛ̃, in] (*mpl* demi-fins, *fpl* demi-fines) *adj* COMM: **petits pois ~s** garden peas; **haricots ~s** green beans.

demi-finale [dəmifinal] (*pl* demi-finales) *nf* semifinal; **les ~s femmes/hommes** the women's/men's semifinals.

demi-finaliste [dəmifinalist] (*pl* demi-finalistes) *nmf* semifinalist.

demi-fond [dəmifɔ̃] *nm inv* -**1.** [activité] middle-distance running; **faire du ~** to do middle-distance running. -**2.** [course] middle-distance race.

demi-frère [dəmifrɛr] (*pl* demi-frères) *nm* half-brother.

demi-gros [dəmigro] *nm inv* wholesale *(dealing in retail quantities)*.

demi-heure [dəmijœr] (*pl* demi-heures) *nf* half-hour; **une ~** half an hour; **il y en a un toutes les ~s** there's one every half-hour; **laisser mijoter une ~** allow to simmer for half an hour.

demi-jour [dəmiʒur] (*pl* demi-jours) *nm* [clarté] half-light; [crépuscule] twilight, dusk.

demi-journée [dəmiʒurne] (*pl* demi-journées) *nf* half-day, half-a-day; **une ~ de travail** half-a-day's work, a half-day's work; **travailler trois ~s par semaine** to work three half-days a week; **je lui dois sa ~** I owe her half-a-day's pay OU for half-a-day's work.

démilitarisation [demilitarizasjɔ̃] *nf* demilitarization.

démilitariser [3] [demilitarize] *vt* to demilitarize.

demi-litre [dəmilitr] (*pl* demi-litres) *nm* half-litre, half-a-litre; **un ~ de lait, s'il vous plaît** half-a-litre of milk please.

demi-longueur [dəmilɔ̃gœr] (*pl* demi-longueurs) *nf* half-length, half-a-length; **une ~ d'avance** a half-length's lead; **gagner d'une ~** to win by half-a-length.

demi-lune [dəmilyn] (*pl* demi-lunes) *nf* -**1.** [ouvrage fortifié] demi-lune, half-moon. -**2.** [place urbaine] crescent.
◆ **en demi-lune** *loc adj* half-moon *(modif)*, half-moon-shaped.

demi-mal [dəmimal] (*pl* demi-maux [-mo]) *nm*: **il n'y a que ~** there's no great harm done.

demi-mesure [dəmiməzyr] (*pl* demi-mesures) *nf* -**1.** [compromis] half measure; **elle ne connaît pas les ~s** OU **ne fait pas de** *fam* **~s** she doesn't do things by halves. -**2.** COUT semifinished tailoring. -**3.** [moitié d'une mesure] half measure.

demi-mondaine [dəmimɔ̃dɛn] (*pl* demi-mondaines) *nf arch* demimondaine.

demi-mot [dəmimo]
◆ **à demi-mot** *loc adv*: **il comprend à ~** he doesn't need to have things spelled out for him; **on se comprend à ~** we understand each other without having to say anything.

déminage [deminaʒ] *nm* [sur la terre] mine clearance; [en mer] mine sweeping.

déminer [3] [demine] *vt* to clear of mines.

déminéralisation [demineralizasjɔ̃] *nf* -**1.** [de l'eau] demineralization. -**2.** PHYSIOL mineral deficiency.

déminéraliser [3] [demineralize] *vt* -**1.** [eau] to demineralize. -**2.** PHYSIOL to deprive of minerals.
◆ **se déminéraliser** *vpi* [malade] to become deficient in essential minerals.

démineur [deminœr] ◇ *adj m* bomb-disposal *(modif)*.
◇ *nm* bomb-disposal expert, member of a bomb-disposal unit.

demi-pause [dəmipoz] (*pl* demi-pauses) *nf* minim *Br*, half-note rest *Am*.

demi-pension [dəmipɑ̃sjɔ̃] (*pl* demi-pensions) *nf* [à l'hôtel] half-board; **être en ~** SCOL to have school lunches OU dinners.

demi-pensionnaire [dəmipɑ̃sjɔnɛr] (*pl* demi-pensionnaires) *nmf* pupil who has school dinners.

demi-pièce [dəmipjɛs] (*pl* demi-pièces) *nf* (110 litre) wine keg.

demi-place [dəmiplas] (*pl* demi-places) *nf* -**1.** [au spectacle] half-price ticket OU seat. -**2.** TRANSP half-fare.

demi-portion [dəmipɔrsjɔ̃] (*pl* demi-portions) *nf* -**1.** [moitié de portion] half-helping. -**2.** *fam péj* OU *hum* [personne] half-pint, pip-squeak.

demi-queue [dəmikø] (*pl* demi-queues) *adj & nm*: **un (piano) ~** a baby grand (piano).

demi-relief [dəmirəljɛf] (*pl* demi-reliefs) *nm* mezzo-relievo.

demi-saison [dəmisɛzɔ̃] (*pl* demi-saisons) *nf* [printemps] spring; [automne] autumn, fall *Am*; **un temps de ~** the sort of mild weather you get in spring or autumn.

demi-sel [dəmisɛl] *nm inv* -**1.** [beurre] slightly salted butter. -**2.** [fromage] Demi-sel *(slightly salted cream cheese)*. -**3.** *arg crime* [souteneur] small-time pimp; [voyou] small-time gangster.

demi-siècle [dəmisjɛkl] (*pl* demi-siècles) *nm* half-century.

demi-sœur [dəmisœr] (*pl* demi-sœurs) *nf* half-sister.

demi-solde [dəmisɔld] (*pl* demi-soldes) *nf* half-pay MIL.

demi-sommeil [dəmisɔmɛj] (*pl* demi-sommeils) *nm* half-sleep, doze, drowsiness; **dans mon ~, j'ai entendu...** while I was half asleep, I heard...
◆ **en demi-sommeil** *loc adj* half-asleep; **entreprise/marché en ~** sluggish business/market.

demi-soupir [dəmisupir] (*pl* demi-soupirs) *nm* quaver *Br* OU eighth note *Am* rest.

démission [demisjɔ̃] *nf* -**1.** [départ] resignation; **donner sa ~** to hand in OU to tender one's resignation, to resign. -**2.** [irresponsabilité] abdication of responsibility; **la ~ face au terrorisme** the abdication of responsibility in the face of terrorism; **à cause de la ~ des parents** because of the refusal of parents to shoulder their responsibilities.

démissionnaire [demisjɔnɛr] ◇ *adj* resigning, outgoing.
◇ *nmf* person resigning; **les ~s** those who have resigned.

démissionner [3] [demisjɔne] ◇ *vi* -**1.** [quitter son emploi] to resign, to hand in one's resignation OU notice; **~ de: ~ de son poste de directeur** to resign (one's position) as manager. -**2.** [être irresponsable] to fail to shoulder one's responsibilities; **~ devant qqn** to give in to sb; **~ devant qqch** to give in when faced with sthg; **c'est trop difficile, je démissionne** *fam* it's too hard, I give up.
◇ *vt fam* [renvoyer]: **~ qqn** to talk sb into resigning; **ils l'ont démissionné?** did he resign or was he fired?

demi-tarif [dəmitarif] (*pl* demi-tarifs) *nm* [billet] half-price ticket; [carte] half-price card; [abonnement] half-price subscription; **abonnement à ~** half-price subscription; **voyager à ~** to travel at half-fare; **'enfants ~'** 'children half price'.

demi-teinte [dəmitɛ̃t] (*pl* demi-teintes) *nf* halftone.
◆ **en demi-teinte** *loc adj* -**1.** PHOT halftone. -**2.** [subtil] subtle, delicate; **sa musique/personnalité en ~** her subtle music/personality.

demi-ton [dəmitɔ̃] (*pl* **demi-tons**) *nm* semitone *Br*, half step *Am*; ~ **diatonique/chromatique** diatonic/chromatic semitone *Br* OU half step *Am*.

demi-tour [dəmitur] (*pl* **demi-tours**) *nm* -**1.** [pivotement] about-face, about-turn; **faire un ~** [gén & MIL] to about-face, to about-turn; **~, droite!** MIL (right) about face! -**2.** AUT U-turn; **faire un ~** to do OU to pull a U-turn; **faire ~** [piéton] to retrace one's steps; [conducteur] to turn back.

démiurge [demjyrʒ] *nm* demiurge, creator.

demi-vérité [dəmiverite] (*pl* **demi-vérités**) *nf* half-truth.

demi-vie [dəmivi] (*pl* **demi-vies**) *nf* BIOL & PHYS half-life.

demi-volée [dəmivɔle] (*pl* **demi-volées**) *nf* half-volley.

démobilisable [demɔbilizabl] *adj* eligible for demobilization.

démobilisateur, trice [demɔbilizatœr, tris] *adj* [démotivant] demobilizing; **vous avez mené une campagne démobilisatrice** your would-be supporters got bored with your campaign.

démobilisation [demɔbilizasjɔ̃] *nf* -**1.** MIL demobilization; **à la ~** when demobilization time came. -**2.** [démotivation] growing apathy; **on constate une ~ de l'opinion publique sur ces questions** public opinion has become apathetic about OU has turned away from these issues.

démobiliser [3] [demɔbilize] *vt* -**1.** MIL to demobilize. -**2.** [démotiver] to cause to lose interest, to demotivate.

démocrate [demɔkrat] ◇ *adj* -**1.** [gén] democratic. -**2.** [dans des noms de partis] Democratic. ◇ *nmf* -**1.** [gén] democrat. -**2.** [aux États-Unis] Democrat.

démocrate-chrétien, enne [demɔkratkretjɛ̃, ɛn] (*mpl* **démocrates-chrétiens**, *fpl* **démocrates-chrétiennes**) *adj* & *nm, f* Christian Democrat.

démocratie [demɔkrasi] *nf* -**1.** [système] democracy; ~ **directe/représentative** direct/representative democracy; ~ **populaire** people's democracy. -**2.** [pays] democracy, democratic country; **vivre en ~** to live in a democracy; **on est en ~, non?** *fam* this is a free country, as far as I know!

démocratique [demɔkratik] *adj* -**1.** POL democratic. -**2.** [respectueux des désirs de tous] democratic; **tu as pris une décision pas très ~** your decision was biased; **notre groupe est très ~** in our group, everyone gets a chance to have their say.

démocratiquement [demɔkratikmɑ̃] *adv* democratically.

démocratisation [demɔkratizasjɔ̃] *nf* -**1.** POL democratization, making more democratic. -**2.** [mise à la portée de tous]: **la ~ du ski** putting skiing holidays within everyone's reach.

démocratiser [3] [demɔkratize] *vt* -**1.** POL to democratize, to make more democratic. -**2.** [rendre accessible] to bring within everyone's reach; **~ les voyages à l'étranger** to put foreign travel within everyone's reach.

◆ **se démocratiser** *vpi* -**1.** POL to become more democratic. -**2.** [être accessible] to become available to anyone.

Démocrite [demɔkrit] *npr* Democritus.

démodé, e [demɔde] *adj* [style, technique] old-fashioned, outdated, out-of-date; [parents] old-fashioned.

démoder [3] [demɔde]

◆ **se démoder** *vpi* to go out of fashion OU vogue, to become old-fashioned; **le long ne se démode pas** long skirts will never go out of fashion.

démodulateur [demɔdylatœr] *nm* demodulator.

démodulation [demɔdylasjɔ̃] *nf* demodulation.

démoduler [3] [demɔdyle] *vt* to demodulate.

démographe [demɔgraf] *nmf* demographer, demographist.

démographie [demɔgrafi] *nf* demography.

démographique [demɔgrafik] *adj* demographic, population (*modif*); **poussée/explosion ~** population increase/explosion.

demoiselle [dəmwazɛl] *nf* -**1.** [jeune femme] young lady; **~ d'honneur** bridesmaid; **~ de compagnie** lady's companion; **'les Demoiselles d'Avignon'** *Picasso* 'Les Demoiselles d'Avignon'. -**2.** *vieilli* [célibataire] maiden lady; **j'ai une tante qui est encore ~** I have an aunt who is still unmarried. -**3.** *dial* [fille]: **votre ~** your daughter. -**4.** ZOOL dragonfly. -**5.** GÉOL: **~ (coiffée)** chimney-rock. -**6.** [outil] rammer.

démolir [32] [demɔlir] *vt* -**1.** [détruire - immeuble, mur] to demolish, to pull OU to tear down (*sép*); [- jouet, voiture] to wreck, to smash up (*sép*). -**2.** [anéantir - argument, théorie] to demolish; [- projet] to ruin, to play havoc with; [- réputation, autorité] to shatter, to destroy; **l'alcool lui a démoli la santé** alcohol ruined OU wrecked his health. -**3.** *fam* [anéantir - auteur, roman] to pan; **la presse peut ~ un homme politique** the press can break a politician. -**4.** *fam* [battre] to thrash, to beat up (*sép*); **~ le portrait à qqn** to beat OU to smash sb's face in. -**5.** *fam* [épuiser] to do in (*sép*); **le déménagement m'a démoli** the move has left me shattered *Br* OU bushed *Am*; **la mort de son père l'a démolie** she was shattered by her father's death.

◆ **se démolir** *vpt*: **se ~ la santé** to ruin one's health; **se ~ la santé à faire qqch** *fam* to break one's back OU to bust a gut doing sthg; **te démolis pas la santé à les chercher** don't wear yourself out looking for them.

démolissage [demɔlisaʒ] *nm* [critique] panning.

démolisseur [demɔlisœr] *nm* -**1.** [ouvrier] demolition worker, wrecker *Am*. -**2.** [entrepreneur] demolition contractor. -**3.** [détracteur] destructive critic.

démolition [demɔlisjɔ̃] *nf* demolition, pulling OU tearing down.

◆ **de démolition** *loc adj*: **chantier/entreprise de ~** demolition site/contractors; **une campagne de ~ systématique** *fig* a systematic campaign of destruction.

◆ **en démolition** *loc adj* being demolished, under demolition.

démon [demɔ̃] *nm* -**1.** RELIG: **le ~** the Devil; **être possédé du ~** to be possessed by the devil ❑ **comme un ~** like a thing possessed. -**2.** MYTH daemon, daimon; **son ~ intérieur** *fig* [mauvais] the evil OU demon within (him); [bon] the good spirit within (him). -**3.** [tentation] demon; **le ~ de la curiosité/du jeu** the demon of curiosity/gambling ❑ **le ~ de midi** the mid-life crisis. -**4.** [enfant turbulent]: **(petit) ~** (little) devil OU demon.

démonétisation [demɔnetizasjɔ̃] *nf* -**1.** FIN demonetization, demonetarization. -**2.** [discrédit] discrediting, bringing into disrepute.

démonétiser [3] [demɔnetize] *vt* -**1.** FIN to demonetize, to demonetarize. -**2.** [discréditer] to discredit, to bring into disrepute.

démoniaque [demɔnjak] ◇ *adj* [ruse, rire] demonic, diabolical, fiendish.

◇ *nmf* person possessed by the devil.

démonisme [demɔnism] *nm* demonism, belief in demons.

démonologie [demɔnɔlɔʒi] *nf* demonology.

démonstrateur, trice [demɔ̃stratœr, tris] *nm, f* COMM demonstrator, salesperson (*in charge of demonstrations*).

démonstratif, ive [demɔ̃stratif, iv] *adj* -**1.** [expressif] demonstrative, expressive, effusive; **peu ~** reserved, undemonstrative. -**2.** [convaincant] demonstrative, conclusive. -**3.** GRAMM demonstrative.

◆ **démonstratif** *nm* [pronom] demonstrative pronoun; [adjectif] demonstrative adjective.

démonstration [demɔ̃strasjɔ̃] *nf* -**1.** LOGIQUE & MATH [preuve] demonstration, proof; [ensemble de formules] demonstration; **la ~ est (maintenant) faite** OU **n'est plus à faire** *fig* it has been proved beyond all doubt ❑ **~ par l'absurde** reductio ad absurdum. -**2.** COMM demonstration; **faire la ~ d'un aspirateur** to demonstrate a vacuum cleaner. -**3.** [prestation] display, demonstration; **faire une ~ de karaté** to give a karate demonstration; **faire une ~ aérienne** to put on an air display. -**4.** [fait de manifester] demonstration, show; **faire une ~ de force** to display one's strength; **faire la ~ de son talent** to show one's talent; **voici la ~ de sa duplicité** this shows his duplicity.

◆ **démonstrations** *nfpl* [effusions] (great) show of feeling, gushing; [crises] outbursts; **~s de tendresse/joie/colère** show of tenderness/joy/anger; **faire de grandes ~s d'amitié à qqn** to put on a great show of friendship for sb; **toutes ces ~s ne te mèneront nulle part** these outbursts will get you nowhere.

démonstrativement [demɔ̃strativmɑ̃] *adv* demonstratively, conclusively.

démontable [demɔ̃tabl] *adj* which can be dismantled OU taken to pieces.

démontage [demɔ̃taʒ] *nm* dismantling, taking to pieces; **pour faciliter le ~** to make it easier to dismantle.

démonté, e [demɔ̃te] *adj* [mer] raging, stormy; **par une mer ~e** in heavy seas.

démonte-pneu [demɔ̃tpnø] (*pl* **démonte-pneus**) *nm* tyre lever *Br*, tire iron *Am*.

démonter [3] [demɔ̃te] *vt* -**1.** [désassembler - bibliothèque, machine] to dismantle, to take down (*sép*); [- moteur] to strip down (*sép*), to dismantle; [- fusil, pendule] to dismantle, to take to pieces, to take apart (*sép*); [- manche de vêtement, pièce rapportée] to take off (*sép*). -**2.** [détacher - pneu, store, persienne] to remove, to take off (*sép*); [- rideau] to take down (*sép*). -**3.** [décontenancer] to take aback (*sép*); **ma question l'a démontée** she was taken aback OU flummoxed by my question; **ne te laisse pas ~ par son ironie** don't be flustered by his ironic remarks. -**4.** ÉQUIT to unseat, to unhorse.

◆ **se démonter** ◇ *vp* (*emploi passif*) to be taken to pieces, to be dismantled; **ça se démonte facilement** it can be easily dismantled.

◇ *vpi* [se troubler] to lose countenance, to get flustered.

démontrabilité [demɔ̃trabilite] *nf* demonstrability.

démontrable [demɔ̃trabl] *adj* demonstrable, provable; **c'est facilement ~** it's easy to prove.

démontrer [3] [demɔ̃tre] *vt* -**1.** MATH to prove; **démontrez que c'est une bijection** prove OU demonstrate that it's a bijection ❑ **~ qqch par A plus B** to prove sthg conclusively; **je ne peux pas te le ~ par A plus B** I can't quote you chapter and verse. -**2.** [montrer par raisonnement] to prove, to demonstrate; **~ son erreur à qqn** to prove to sb that he/she's wrong, to prove sb wrong. -**3.** [révéler] to show, to reveal, to indicate; **un geste qui démontre notre bonne volonté** a gesture that shows OU demonstrates our goodwill.

démoralisant, e [demɔralizɑ̃, ɑ̃t] *adj* [remarque, nouvelle] demoralizing, disheartening, depressing; **elle est ~e!** she's depressing!

démoralisateur, trice [demɔralizatœr, tris] *adj* demoralizing.

démoralisation [demɔralizasjɔ̃] *nf* demoralization; **ne nous laissons pas gagner par la ~!** let's not become disheartened OU demoralized!

démoraliser [3] [demɔralize] *vt* to demoralize, to dishearten; **il ne faut pas te laisser ~** you mustn't let it get you down.

◆ **se démoraliser** *vpi* to become demoralized, to lose heart.

démordre [76] [demɔrdr]

◆ **démordre de** *vp* + *prép*: **ne pas ~ de** to stick to, to stand by; **il ne démord pas de son idée** he won't budge from his position; **rien ne m'en fera ~** I'll stick to my guns come what may;

elle veut y aller seule et elle n'en démord pas she wants to go there alone and she won't have it any other way.

Démosthène [demɔstɛn] *npr* Demosthenes.

démotique [demɔtik] *adj* -**1.** [écriture] demotic. -**2.** [grec] modern.

démotivant, e [demɔtivɑ̃, ɑ̃t] *adj* demotivating, disheartening, dispiriting; **c'est plutôt ~!** it's not exactly encouraging!

démotivation [demɔtivasjɔ̃] *nf* demotivation, loss of motivation.

démotiver [3] [demɔtive] *vt* to demotivate, to discourage; **les salaires les ont démotivés** the low salary levels have discouraged them.

démoulage [demulaʒ] *nm* [d'une statuette] removal from the mould; [d'un gâteau] turning out.

démouler [3] [demule] *vt* [statuette] to remove from the mould; [gâteau] to turn out *(sép)*; [tarte] to remove from its tin.

démoustication [demustikasjɔ̃] *nf* clearing of mosquitoes.

démoustiquer [3] [demustike] *vt* to rid of mosquitoes.

démultiplicateur [demyltiplikatœr] *nm* reduction system.

démultiplication [demyltiplikasjɔ̃] *nf*: **(rapport de) ~** reduction ratio.

démultiplier [10] [demyltiplije] *vt* -**1.** MÉCAN to reduce, to gear down *(sép)*. -**2.** *fam* [multiplier] to increase; **~ les pouvoirs de décision** to reinforce the executive through increased powers.

démuni, e [demyni] *adj* -**1.** [pauvre] destitute. -**2.** [sans défense] powerless, resourceless.

démunir [32] [demynir] *vt* to deprive; **~ qqn de qqch** to deprive OU to divest sb of sthg.

◆ **se démunir de** *vp + prép* to part with, to give up.

démuseler [24] [demyzle] *vt* [animal] to unmuzzle, to remove the muzzle from; **~ la presse** to lift restrictions on the freedom of the press.

démystifiant, e [demistifjɑ̃, ɑ̃t] *adj* -**1.** [qui détrompe] eye-opening. -**2.** [qui rend moins mystérieux] demystifying.

démystificateur, trice [demistifikatœr, tris]
◇ *adj* -**1.** [qui détrompe] eye-opening. -**2.** [qui rend moins mystérieux] demystifying.
◇ *nm, f* demystifier.

démystification [demistifikasjɔ̃] *nf* -**1.** [d'une dupe] opening the eyes of. -**2.** [d'un mystère, d'un phénomène] demystification.

démystifier [9] [demistifje] *vt* -**1.** [détromper] to open the eyes of. -**2.** [rendre moins mystérieux] to explain, to demystify.

démythification [demitifikasjɔ̃] *nf* demythologization, making less mythical OU into less of a myth.

démythifier [9] [demitifje] *vt* to demythologize, to make less mythical OU into less of a myth.

dénantir [32] [denɑ̃tir] *vt* JUR to deprive of securities.

dénasaliser [3] [denazalise] *vt* to denasalize.

dénatalité [denatalite] *nf* fall OU drop in the birth rate.

dénationalisation [denasjɔnalizasjɔ̃] *nf* denationalization, denationalizing.

dénationaliser [3] [denasjɔnalize] *vt* to denationalize.

dénaturaliser [3] [denatyralize] *vt* to denaturalize.

dénaturant, e [denatyrɑ̃, ɑ̃t] *adj* adulterating.
◆ **dénaturant** *nm* denaturant.

dénaturation [denatyrasjɔ̃] *nf* denaturation.

dénaturé, e [denatyre] *adj* -**1.** [alcool] denatured. -**2.** [pervers - goût] unnatural, perverted; **quelle mère ~e je fais!** what a bad mother I am!

dénaturer [3] [denatyre] *vt* -**1.** [modifier - alcool] to adulterate, to denature; [- saveur] to alter, to adulterate. -**2.** [fausser - propos, faits, intention] to distort, to misrepresent, to twist; **vous dénaturez mes propos!** you're twisting my words OU putting words into my mouth!; **c'est ~ nos efforts!** it's making a mockery of our efforts!

dénazification [denazifikasjɔ̃] *nf* denazification.

dénazifier [9] [denazifje] *vt* to denazify.

dendrite [dɑ̃drit] *nf* ANAT & GÉOL dendrite.

dendritique [dɑ̃dritik] *adj* dendritic, dendritical.

dénébuler [3] [denebyle], **dénébuliser** [3] [denebylize] *vt* to clear of fog, to dispel the fog over.

dénégation [denegasjɔ̃] *nf* -**1.** [contestation] denial; **convaincu de son innocence par des ~s énergiques** persuaded of his innocence by his energetic denials. -**2.** PSYCH denial.

◆ **de dénégation** *loc adj* [geste, attitude] denying, of denial; **en signe de ~** as a sign of disagreement.

déneigement [denɛʒmɑ̃] *nm* snow clearing; **le ~ des cols** clearing the cols of snow.

déneiger [23] [deneʒe] *vt* to clear of snow, to clear the snow from.

dengue [dɑ̃g] *nf* dengue, breakbone fever.

déni [deni] *nm* -**1.** JUR denial; **~ de justice** denial of justice. -**2.** PSYCH: **~ de réalité** denial.

déniaiser [4] [denjeze] *vt* -**1.** [dépuceler] to take away sb's innocence; **j'ai été déniaisé à 15 ans** I lost my innocence when I was fifteen. -**2.** [rendre moins naïf] to open the eyes of.

◆ **se déniaiser** *vpi* [devenir moins naïf] to learn the ways of the world.

dénicher [3] [deniʃe] ◇ *vt* -**1.** *fam* [trouver - collier, trésor] to dig out *(sép)*, to unearth; [- informations] to dig up OU out *(sép)*; [- chanteur, cabaret] to discover, to spot; **~ de jeunes acteurs** to scout for young actors; **j'ai déniché un chouette petit restaurant** I've found a great little restaurant; **elle a l'art de ~ des antiquités intéressantes** she has a talent for hunting out interesting antiques. -**2.** [oiseau] to remove from the nest.
◇ *vi* [oiseau] to leave the nest, to fly away.

dénicheur, euse [deniʃœr, øz] *nm, f* -**1.** [d'oiseaux] bird's nester. -**2.** [découvreur]: **~ de talents** talent scout OU spotter; **~ de bibelots rares** curio-hunter.

dénicotiniser [3] [denikɔtinize] *vt* to denicotinize.

dénicotiniseur [denikɔtinizœr] *nm* cigarette filter.

denier [dənje] *nm* -**1.** HIST [monnaie - romaine] denarius; [- française] denier; **je l'ai payé de mes ~s** I paid for it out of my own pocket; **j'en suis de mes ~s** I had to pay with my own money ❑ **le ~ du culte** contribution to parish costs; **le ~ de Saint-Pierre** *annual diocesan gift made to the Pope (since 1849)*; **les ~s publics** OU **de l'État** public money. -**2.** TEXT denier; **bas de 20 ~s** 20-denier stockings.

dénier [9] [denje] *vt* -**1.** [rejeter - responsabilité] to deny, to disclaim. -**2.** [refuser] to deny, to refuse; **~ qqch à qqn** to deny OU to refuse sb sthg.

dénigrement [denigrəmɑ̃] *nm* denigration, disparagement; **le mot ne s'emploie que par ~** the word is only used disparagingly.

◆ **de dénigrement** *loc adj*: **esprit/paroles de ~** disparaging spirit/remarks; **campagne de ~** smear campaign.

dénigrer [3] [denigre] *vt* to disparage, to denigrate, to run down *(sép)*.

dénigreur, euse [denigrœr, øz] *nm, f* disparager; **les ~s** those who are always finding fault.

denim [dənim] *nm* denim.

dénitrification [denitrifikasjɔ̃] *nf* denitrification.

dénitrifier [9] [denitrifje] *vt* to denitrify.

dénivelé *nm*, **dénivelée** *nf* [denivle] difference in level OU height.

déniveler [24] [denivle] *vt* to make uneven.

dénivellation [denivɛlasjɔ̃] *nf*, **dénivellement** [denivɛlmɑ̃] *nm* -**1.** [action] making uneven, putting out of level. -**2.** [pente] slope; **les ~s de la route** the dips in the road.

dénombrable [denɔ̃brabl] *adj* countable; **non ~** uncountable.

dénombrement [denɔ̃brəmɑ̃] *nm* counting (out), count; **le ~ des animaux** counting the animals; **faire un ~ de la population** to do a population count.

dénombrer [3] [denɔ̃bre] *vt* to count (out); **on dénombre 130 morts à ce jour** at the latest count there were 130 dead; **~ les habitants d'une ville** to count the population of a town.

dénominateur [denɔminatœr] *nm* MATH denominator; **~ commun** common denominator; **plus grand ~ commun** highest common denominator; **avoir comme** OU **en ~ commun** to have as a common denominator; **avoir un ~ commun** [personnes] to have something in common, to share (some) common ground.

dénominatif [denɔminatif] *nm* GRAMM denominative.

dénomination [denɔminasjɔ̃] *nf* -**1.** [fait de nommer] naming, denomination. -**2.** [nom] designation, denomination, name.

dénommé, e [denɔme] *adj*: **le ~ Joubert** the man called Joubert; **une ~e Madame Barda** a certain OU one Mrs Barda.

dénommer [3] [denɔme] *vt* -**1.** [donner un nom à] to name, to call. -**2.** JUR to name.

dénoncer [16] [denɔ̃se] *vt* -**1.** [complice, fraudeur] to denounce, to inform on *(insép)*; [camarade de classe] to tell on *(insép)*; **~ qqn aux autorités** to denounce sb OU to give sb away to the authorities. -**2.** [condamner - dangers, abus] to denounce, to condemn; **tous les jours, nous dénonçons ces atrocités** every day we condemn these atrocities. -**3.** [annuler - armistice, traité] to renege on *(insép)*; [- contrat] to terminate. -**4.** *sout* [dénoter] to indicate, to betray; **son silence dénonçait sa culpabilité** his silence betrayed his guilt.

◆ **se dénoncer** *vp* *(emploi réfléchi)* to give o.s. up.

dénonciateur, trice [denɔ̃sjatœr, tris]
◇ *adj* denunciatory; **lettre dénonciatrice** letter of denunciation.
◇ *nm, f* informer.

dénonciation [denɔ̃sjasjɔ̃] *nf* -**1.** [accusation] denunciation; **arrêté sur la ~ de son frère** arrested on the strength of his brother's denunciation ❑ **~ calomnieuse** false accusation. -**2.** [révélation - d'une injustice] exposure, denouncing, castigating. -**3.** [rupture - d'un traité] denunciation, reneging on; [- d'un contrat] termination.

dénotation [denɔtasjɔ̃] *nf* LING & PHILOS denotation; **cela fait partie de la ~ du terme** it's part of the core meaning OU the denotation of the word.

dénoter [3] [denɔte] *vt* -**1.** LING & PHILOS to denote. -**2.** [être signe de] to denote, to indicate.

dénouement [denumɑ̃] *nm* [d'un film, d'une histoire, d'une pièce] dénouement; [d'une crise, d'une affaire] outcome, conclusion; **un heureux ~** a happy ending, a favourable outcome.

dénouer [6] [denwe] *vt* -**1.** [défaire - ficelle, lacet] to undo, to untie, to unknot; [- cheveux] to let down *(sép)*, to loosen. -**2.** [résoudre - intrigue] to unravel, to untangle.

◆ **se dénouer** ◇ *vpi* -**1.** [cheveux] to come loose OU undone; [lacet] to come undone OU untied. -**2.** [crise] to end, to be resolved.
◇ *vpt* [cheveux] to let down *(sep)*.

dénoyautage [denwajotaʒ] *nm* stoning *Br*, pitting *Am*.

dénoyauter [3] [denwajote] *vt* to stone *Br*, to pit *Am*.

dénoyauteur [denwajotœr] *nm* stoner *Br*, pitter *Am*.

dénoyer [13] [denwaje] *vt* MIN to unwater.

denrée [dɑ̃re] *nf* commodity; **~s coloniales** exotic produce; **~s de première nécessité** staple foods, staples ❑ **~s alimentaires** foodstuffs; **~s périssables** perishable goods, perishables; ~ rare: c'est une ~ rare que la générosité generosity is hard to come by.

dense [dɑ̃s] *adj* -**1.** [épais - brouillard, végétation] thick, dense. -**2.** [serré - foule] thick, tightly packed; [- circulation] heavy; **population peu ~** sparse population. -**3.** [concis - style] compact, condensed. -**4.** PHYS dense. -**5.** MATH dense.

densément [dɑ̃semɑ̃] *adv* [cultivé] thickly, densely; [peuplé] densely; [écrit] tightly, tautly.

densification [dɑ̃sifikasjɔ̃] *nf* [du brouillard, de la foule] thickening; **la ~ de la population sur le littoral** the increasing concentration of population along the coast.

densifier [9] [dɑ̃sifje] *vt* to make denser, to increase the density of.

densimètre [dɑ̃simɛtr] *nm* densimeter.

densimétrie [dɑ̃simetri] *nf* densimetry.

densimétrique [dɑ̃simetrik] *adj* densimetric.

densité [dɑ̃site] *nf* -**1.** PHYS density; **~ de charge/courant** ÉLECTR charge/current density. -**2.** [abondance - du brouillard, de la foule] denseness, thickness; **selon la ~ de la circulation** depending on how heavy the traffic is ❑ **~ de population** population density; **pays à faible/forte ~ de population** sparsely/densely populated country. -**3.** MATH: **~ de probabilité** probability density. -**4.** PHOT density. -**5.** INF: **~ d'enregistrement** packing OU recording OU data density.

dent [dɑ̃] *nf* -**1.** ANAT tooth; **faire** OU **percer ses ~s** to cut one's teeth, to teethe; **faire une ~** to cut a (new) tooth ❑ **~s du bas/haut** lower/upper teeth; **~s de devant/du fond** front/back teeth; **~ barrée** impacted tooth; **~ de lait** baby OU milk *Br* tooth; **~ permanente** permanent OU second tooth; **~ à pivot** post; **~ de sagesse** wisdom tooth; **coup de ~** *pr* bite; *fig* scathing attack; **d'un grand coup de ~** with one snap of the jaws; **à petits coups de ~** in little nibbles; **fausses ~s** false teeth; **mal** OU **rage de ~s** toothache; **avoir la ~** *fam* to be ravenous OU starving; **avoir** OU **garder une ~ contre qqn** *fam* to have a grudge against sb, to bear sb a grudge; **avoir la ~ dure pour qqn** to be scathing about OU very hard on sb; **avoir les ~s longues** to fix one's sights high; **être sur les ~s** *fam* [occupé] to be hectically busy; [anxieux] to live on one's nerves; **la police est sur les ~s** the police are on red alert; **il n'y a pas de quoi remplir une ~ creuse** *fam* this wouldn't keep a sparrow alive; **montrer les ~s** *pr* & *fig* to bare one's teeth; **se faire les ~s** to cut one's teeth; **l'escalade du mont Blanc, c'était juste pour se faire les ~s** climbing Mont Blanc was just for starters; **le jeune ténor s'est fait les ~s sur «la Bohème»** the young tenor cut his teeth on "La Bohème"; **se mettre qqch sous la ~** to find sthg to eat; **on n'avait rien à se mettre sous la ~** we didn't have a thing to eat; **tout ce qui lui tombe sous la ~** anything he can get his teeth into; **'les Dents de la mer'** *Spielberg* 'Jaws'. -**2.** [de roue, d'engrenage] cog; [de courroie] tooth. -**3.** [pointe - d'une scie, d'un peigne] tooth; [- d'une fourchette, d'une herse] tooth, prong; **à deux ~s** two-pronged; **à trois ~s** three-pronged. -**4.** BOT serration. -**5.** GÉOG jap. -**6.** ÉLECTRON: **~s de scie** sawtooth waveform.

◆ **à belles dents** *loc adv*: **déchirer qqch à belles ~s** to tear into sthg; **mordre dans** OU **croquer** OU **manger qqch à belles ~s** *pr* to eat one's way through sthg; **mordre dans** OU **croquer la vie à belles ~s** *fig* to live (one's) life to the full.

◆ **en dents de scie** *loc adj* [couteau] serrated; **évolution en ~s de scie** uneven development; **elle a eu une scolarité en ~s de scie** her education was a very uneven business.

◆ **entre ses dents** *loc adv*: **parler entre ses ~s** to mutter; **répondre entre ses ~s** to mutter an answer.

◆ **toutes dents dehors** *loc adv* with a beaming smile, flashing all one's teeth; *péj* with a mouthful of teeth.

dentaire [dɑ̃tɛr] ◇ *adj* [hygiène] oral, dental; [cabinet, études, école] dental.

◇ *nf* -**1.** *fam* ENS dental school; **faire ~** to study dentistry. -**2.** BOT toothwort.

dental, e, aux [dɑ̃tal, o] *adj* PHON dental.

◆ **dentale** ◇ *nf* dental (consonant).

◇ *nm* ZOOL dentalium.

dent-de-lion [dɑ̃dəljɔ̃] (*pl* **dents-de-lion**) *nf* dandelion.

denté, e [dɑ̃te] *adj* [courroie] toothed; [feuille] serrate, dentate.

◆ **denté** *nm* ZOOL dentex.

dentelé, e [dɑ̃tle] *adj* [contour] jagged, indented; [feuille] dentate, serrate.

denteler [24] [dɑ̃tle] *vt* to indent the edge of, to give a jagged outline to; **machine/ciseaux à ~** pinking machine/shears.

dentelle [dɑ̃tɛl] ◇ *nf* -**1.** [tissu] lace, lacework; **faire de la ~** to do lacework; **des gants de** OU **en ~** lace gloves ❑ **~ à l'aiguille** OU **au point** lace, needlepoint; **~ de Chantilly** Chantilly lace; **~ au fuseau** pillow lace; **~ de papier** lacy paper; **il ne fait pas dans la ~** *fam* he doesn't go in for subtleties. -**2.** [morceau de tissu] piece of lacework.

◇ *adj inv* -**1.** VÊT: **bas ~** lace stocking. -**2.** CULIN: **crêpes ~** paper-thin pancakes.

◆ **de dentelle, en dentelle** *loc adj* lace *(modif)*.

dentellier, ère [dɑ̃təlje, ɛr] *nm, f* lacemaker, laceworker.

dentelure [dɑ̃tlyr] *nf* -**1.** [découpe] serration, jagged edge. -**2.** ARCHIT denticulation. -**3.** [d'un timbre] perforations.

denticule [dɑ̃tikyl] *nm* ZOOL denticle.

◆ **denticules** *nmpl* ARCHIT row of dentils.

denticulé, e [dɑ̃tikyle] *adj* ARCHIT & BOT denticulate.

dentier [dɑ̃tje] *nm* denture, dentures, dental plate.

dentifrice [dɑ̃tifris] ◇ *adj*: **eau ~** mouthwash; **pâte ~** toothpaste; **poudre ~** tooth powder.

◇ *nm* toothpaste.

dentine [dɑ̃tin] *nf* dentin, dentine.

dentiste [dɑ̃tist] *nmf* dentist.

dentisterie [dɑ̃tistəri] *nf* dentistry.

dentition [dɑ̃tisjɔ̃] *nf* -**1.** [dents] teeth, dentition *spéc*; **avoir une bonne ~** to have good teeth ❑ **~ adulte** OU **définitive** adult teeth, secondary dentition *spéc*; **~ lactéale** OU **de lait** baby teeth, primary dentition *spéc*. -**2.** [poussée] tooth growth.

denture [dɑ̃tyr] *nf* -**1.** ANAT & ZOOL set of teeth, dentition *spéc*. -**2.** TECH teeth, cogs.

dénucléarisation [denyklearizasjɔ̃] *nf* denuclearization.

dénucléariser [3] [denyklearize] *vt* [région] to denuclearize.

dénudation [denydasjɔ̃] *nf* -**1.** MÉD stripping. -**2.** *litt* baring, laying bare.

dénudé, e [denyde] *adj* [dos, corps] bare, unclothed; [crâne] bald; [terrain] bare, bald; [fil électrique] bare.

dénuder [3] [denyde] *vt* [dos, épaules] to leave bare; [sol, câble, os, veine] to strip.

◆ **se dénuder** *vpi* -**1.** [se déshabiller] to strip (off). -**2.** [se dégarnir - crâne] to be balding; [- arbre] to become bare; **attention, le fil se dénude!** be careful, the wire is coming through!

dénué, e [denɥe] *adj*: **~ de** lacking in, devoid of; **~ d'intérêt** utterly uninteresting, devoid of interest; **~ de bon sens** devoid of common sense; **~ d'humanité** inhuman, devoid of human feeling; **~ d'ambiguïté** unambiguous; **~ de sincérité/d'humour** lacking in sincerity/humour; **être ~ de tout** to be destitute.

dénuement [denymɑ̃] *nm* destitution; **être dans le ~ le plus complet** to be utterly destitute.

dénutri, e [denytri] ◇ *adj* malnourished.

◇ *nm, f person suffering from malnutrition*.

dénutrition [denytrisjɔ̃] *nf* malnutrition.

déodorant [deɔdɔrɑ̃] ◇ *adj m* deodorant *(modif)*.

◇ *nm* deodorant.

déontologie [deɔ̃tɔlɔʒi] *nf* professional code of ethics, deontology; **la ~ médicale** the medical code of ethics.

déontologique [deɔ̃tɔlɔʒik] *adj* ethical, deontological.

dép. -**1.** *abr écrite de* **départ**. -**2.** *abr écrite de* **département**.

dépaillage [depajaʒ] *nm* removal of the straw seating.

dépailler [3] [depaje] *vt* to remove the straw seating from.

dépannage [depanaʒ] *nm* -**1.** [réparation] fixing, repairing, repair job; **SOS ~s** emergency breakdown service; **faire un ~** to fix a breakdown. -**2.** *fam* [aide] helping out; **merci pour le ~** thanks for helping (me) out.

◆ **de dépannage** *loc adj*: **voiture de ~** breakdown lorry *Br*, tow truck *Am*; **service de ~** breakdown service.

◆ **en dépannage** *fam loc adv*: **prête-moi 100 francs en ~** lend me 100 francs just to tide me over; **j'ai pris une intérimaire en ~** I hired a temp to help us out.

dépanner [3] [depane] *vt* -**1.** [réparer - voiture, mécanisme] to repair, to fix; **~ qqn sur le bord de la route** *fam* to help sb who's broken down on the side of the road ‖ *(en usage abs)*: **nous dépannons 24 heures sur 24** we have a 24-hour breakdown service. -**2.** *fam* [aider] to help out *(sép)*, to tide over *(sép)*; **elle m'a dépanné en me prêtant sa machine** she helped me out by lending me her typewriter; **est-ce que 100 francs pourraient te ~?** would 100 francs help you out OU tide you over?

dépanneur, euse [depanœr, øz] *nm, f* [d'appareils] repairman (*f* repairwoman); [de véhicules] breakdown mechanic.

◆ **dépanneur** *nm Can* ≃ corner shop *Br*, ≃ convenience store *Am*.

◆ **dépanneuse** *nf* breakdown lorry *Br*, tow truck *Am*.

dépaquetage [depaktaʒ] *nm* unpacking, unwrapping.

déparaffinage [deparafinaʒ] *nm* paraffin extraction.

dépareillé, e [depareje] *adj* -**1.** [mal assorti - serviettes, chaussettes] odd; **mes draps sont tous ~s** none of my sheets match; **articles ~s** oddments. -**2.** [incomplet - service, collection] incomplete. -**3.** [isolé]: **un volume ~ d'une collection** a single volume (that used to be part of) a collection.

dépareiller [4] [depareje] *vt* -**1.** [désassortir]: **~ des draps** to put unmatched OU non matching sheets together. -**2.** [ôter des éléments à] to leave gaps in.

déparer [3] [depare] *vt* [paysage] to disfigure, to spoil, to be a blight on; [visage] to disfigure; **les fenêtres déparent la façade** the windows detract from the beauty of OU spoil the façade; **un compact qui ne dépare pas ma collection** a compact disc well worthy of my collection; **le petit chapeau ne dépare pas du tout l'ensemble** the little hat goes very nicely with the rest.

déparier [deparje] = **désapparier**.

départ [depar] *nm* -**1.** TRANSP departure; **le ~ du train est à 7 h** the train leaves at 7 a.m.; **le ~ est dans une heure** we're leaving in an hour; **'~s grandes lignes'** 'main-line departures'; **'~s banlieue'** 'suburban OU local departures' ❑ **hall des ~s** RAIL (departure) concourse; AÉRON & NAUT departure lounge. -**2.** [fait de quitter un lieu] going; **on en a parlé après son ~** we discussed it after he went ❑ **les grands ~s** *the mass exodus of people from Paris and other major cities at the beginning of the holiday period, especially in August*; **le grand ~** *pr* the big move; *fig* the passage into the great beyond. -**3.** [d'une course] start; **donner le ~ d'une course** to start a race, to give the signal to start a race; **douze chevaux ont pris le ~ (de la course)** there were twelve starters; **prendre un nouveau ~ dans la vie** *fig* to make a fresh start in life, to turn over a new leaf ❑ ~ arrêté/lancé/décalé standing/flying/staggered start; faux ~ false start; prendre un bon/mauvais ~ *pr* & *fig* to get off to a good/bad start. -**4.** [après démission ou renvoi] departure; au ~ **du directeur** when the manager left OU quit (the firm); **ils exigent le ~ du président** they are demanding the chairman's resignation; ~ **volontaire** voluntary severance. -**5.** [origine] start, beginning; **au ~** at first, to begin with; **au ~, je ne voulais pas qu'il le sache** at first OU to begin with, I didn't want him to know. -**6.** COMM: **prix ~ usine** factory price, ex works price *Br*. -**7.** *sout* [distinction] distinction, separation, differenciation; **faire le ~ entre** to draw a distinction between, to distinguish between; **une thèse où le ~ n'a pas été bien fait entre causes et conséquences** a thesis which makes no attempt to distinguish OU to differentiate between causes and effects.

◆ **au départ de** *loc prép*: **visites au ~ des Tuileries** tours departing from the Tuileries; **au ~ du Caire, tout allait encore bien entre eux** when they left Cairo, everything was still fine between them.

◆ **de départ** *loc adj* -**1.** [gare, quai, heure] departure *(modif)*; **date de ~** [en avion] flight date; [en bateau] sailing date. -**2.** [initial]: **point de ~** starting point; **revenir à son point de ~** to get back to the beginning; **l'idée de ~** the initial OU original idea; **prix de ~** [dans une enchère] upset OU asking price; **salaire de ~** initial OU starting salary.

◆ **sur le départ** *loc adv* on the point of departure, ready to depart OU to go.

départager [17] [departaʒe] *vt* -**1.** [séparer - ex-aequo] to decide between; ~ **l'un de l'autre** to decide between one and the other. -**2.** ADMIN & POL to settle the voting, to give the casting vote.

département [departəmɑ̃] *nm* -**1.** [du territoire français] département, department; **les ~s d'outre-mer** French overseas departments. -**2.** [service] department, service, division; **le ~ du contentieux** the legal department. -**3.** [ministère] department, ministry; ~ **ministériel** ministry; **le Département d'État** the State Department, the Department of State. -**4.** *Helv administrative authority in a Swiss canton.*

départemental, e, aux [departəmɑ̃tal, o] *adj* -**1.** [des départements français] of the département, departmental. -**2.** [dans une entreprise, une organisation] departmental, sectional. -**3.** [ministériel] ministerial.

◆ **départementale** *nf* [route] secondary road, ≃ B-road *Br*.

départementalisation [departəmɑ̃talizasjɔ̃] *nf* ADMIN conferring the statute of département on.

départementaliser [3] [departəmɑ̃talize] *vt* -**1.** [territoire d'outre-mer] to confer the statute of département on, to make into a département. -**2.** [budget, responsabilité] to devolve to the départements.

départir [32] [departir] *vt litt* to assign, to apportion; ~ **une tâche à qqn** to assign OU to apportion a task to sb.

◆ **se départir de** *vp + prép*: **se ~ de** to depart from, to abandon, to lose; **sans se ~ de sa bonne humeur** without losing his good humour; **elle ne se départit pas de son calme** she remained unruffled; **il s'est départi de ses sarcasmes habituels** he abandoned his usual sarcasm.

départiteur [departitœr] *nm* JUR: (**juge**) ~ arbitrator.

dépassant [depasɑ̃] *nm* COUT piece of edging.

dépassé, e [depase] *adj* [mentalité, technique] outdated, old-fashioned; **c'est ~ tout ça!** all that's old hat!; **tu es ~, mon pauvre!** you're behind the times, my friend!

dépassement [depasmɑ̃] *nm* -**1.** AUT passing, overtaking *Br*. -**2.** [excès] exceeding, excess; ~ **de coûts** cost overrun; ~ **d'horaire de 15 minutes** overrun of 15 minutes ❑ ~ **de budget** FIN overspending. -**3.** [surpassement]: ~ (**de soi-même**) surpassing o.s., transcending one's own capabilities. -**4.** ADMIN *charging, by a medical practitioner, of more than the standard fee recognised by the social services.*

dépasser [3] [depase] ◇ *vt* -**1.** [doubler - voiture] to pass, to overtake *Br*; [- coureur] to outrun, to outdistance. -**2.** [aller au-delà de - hôtel, panneau] to pass, to go OU to get past; [- piste d'atterrissage] to overshoot; **attention de ne pas ~ le tournant!** be careful you don't miss the turn-off!; ~ **son temps de parole** to talk longer than was agreed. -**3.** [être plus grand que] to stand OU to be taller than; **notre immeuble dépasse les autres** our building stands higher OU is taller than the others; **elle me dépasse d'une tête** she's a head taller than me. -**4.** [déborder sur] to go over OU beyond; **ne dépasse pas la ligne tracée par la maîtresse** don't go over the line drawn by the teacher; **votre renommée dépasse les frontières** your fame has spread abroad. -**5.** [suivi d'une quantité, d'un chiffre] to exceed, to go beyond; **'ne pas ~ la dose prescrite'** 'do not exceed the prescribed dose'; **montants dépassant 500 francs** amounts in excess of OU exceeding 500 francs; **les socialistes nous dépassent en nombre** the socialists outnumber us, we're outnumbered by the socialists; **l'exposé ne doit pas ~ 20 minutes** the talk must not last longer than OU exceed 20 minutes; ~ **le budget de 15 millions** to go 15 million over budget; **l'addition dépasse rarement 200 francs** the bill' s seldom more than OU seldom goes over 200 francs; **je n'ai pas dépassé 60 km/h** I did not exceed OU I stayed below 60 km/h; **elle a dépassé la trentaine** she's turned thirty, she's over thirty; **ça dépasse mes moyens** it's beyond my means, it's more than I can afford. -**6.** [surpasser - adversaire] to surpass, to do better than, to be ahead of; **elle veut ~ sa sœur aînée** she wants to do better than her elder sister; ~ **l'attente de qqn** to surpass OU to exceed sb's expectations; **cela dépasse tout ce que j'avais pu espérer** this is beyond all my hopes OU my wildest dreams; ~ **qqn/qqch en:** ~ **qqn/qqch en drôlerie/stupidité** to be funnier/more stupid than sb/sthg; **ça dépasse tout ce que j'ai vu en vulgarité** for sheer vulgarity, it beats everything I've ever seen; **elle nous dépassait tous en musique** she was a far better musician than any of us. -**7.** [outrepasser - ordres, droits] to go beyond, to overstep; **cela dépasse l'entendement** it is beyond comprehension; **la tâche dépasse mes forces** the task is beyond me; **les mots ont dépassé ma pensée** I got carried away and said something I didn't mean ❑ ~ **les bornes** OU **les limites** OU **la mesure** OU **la dose** *fam* to go too far, to overstep the mark; **cette fois, ça dépasse les bornes** OU **la mesure** OU **la dose** *fam* this time it's gone too far. -**8.** [dérouter]: **être dépassé par les événements** to be overtaken OU swamped by events; **une telle ignorance me dépasse** such ignorance defeats me; **les échecs, ça me dépasse!** chess is (quite) beyond me! -**9.** [surmonter]: **avoir dépassé un stade/une phase** to have gone beyond a stage/a phase.

◇ *vi* -**1.** AUT to pass, to overtake *Br*; **'interdiction de ~'** 'no overtaking' *Br*, no passing *Am*. -**2.** [étagère, balcon, corniche] to jut out, to protrude; **notre perron dépasse par rapport aux autres** our front steps stick out further than the others. -**3.** [chemisier, doublure] to be hanging out OU untucked; **ton jupon dépasse!** your slip's showing!; ~ **de** to be sticking out OU protruding from (under); **pas une mèche ne dépassait de son chignon** her chignon was impeccable OU hadn't a hair out of place; **un revolver dépassait de son sac** a gun was sticking out of her bag; **la doublure dépasse de** OU **sous la robe** the lining shows below the dress.

◆ **se dépasser** ◇ *vp (emploi réciproque)* to pass one another; **les voitures cherchent toutes à se ~** the cars are all jostling for position.

◇ *vpi* [se surpasser] to surpass OU to excel o.s.

dépassionner [3] [depasjɔne] *vt* [débat] to take the heat out of, to calm OU to cool down.

dépatouiller [3] [depatuje]

◆ **se dépatouiller** *fam vpi* to manage to get by; **se ~ d'une situation** to get out of OU to wriggle one's way out of a situation; **qu'il se** OU **s'en dépatouille tout seul!** he can get out of this one by himself!

dépavage [depavaʒ] *nm*: **le ~ des rues** removing the cobblestones from the streets.

dépaver [3] [depave] *vt* to remove the cobblestones from.

dépaysant, e [depeizɑ̃, ɑ̃t] *adj*: **un voyage ~** a trip that gives you a complete change of scene.

dépaysement [depeizmɑ̃] *nm* -**1.** [changement de cadre] change of scene OU scenery; **un petit ~ ne te ferait pas de mal** you could do with a change of scene; **à Moscou, on a une extraordinaire impression de ~** when you're in Moscow everything feels totally unfamiliar. -**2.** [malaise] feeling of unfamiliarity; **les enfants n'aiment pas le ~** children don't like changes in environment.

dépayser [3] [depeize] *vt* -**1.** [changer de cadre] to give a change of scenery OU surroundings to; **laissez-vous ~ à seulement une heure de Paris** treat yourself to a change of scene OU scenery just an hour away from Paris. -**2.** [désorienter] to disorientate; **se sentir dépaysé** to feel like a stranger OU like a fish out of water; **on fait tout pour que le touriste ne soit pas dépaysé** we do everything possible to make the tourist feel at home.

dépeçage [depəsaʒ], **dépècement** [depɛsmɑ̃] *nm* -**1.** [d'un animal de boucherie] cutting OU carving up. -**2.** [d'un pays] dismembering, carving up.

dépecer [29] [depəse] *vt* -**1.** [démembrer - proie] to tear limb from limb; [- volaille] to cut up *(sép)*. -**2.** [détruire - empire] to dismember, to carve up *(sép)*.

dépêche [depɛʃ] *nf* -**1.** ADMIN dispatch; ~ **diplomatique** diplomatic dispatch. -**2.** TÉLÉC: ~ **(télégraphique)** telegram, wire; **envoyer une ~ à qqn** to wire OU to telegraph sb. -**3.** [nouvelle] news item *(sent through an agency)*; **une ~ nous arrive à l'instant** a news item OU some news has just reached us.

dépêcher [4] [depeʃe] *vt sout* [enquêteur] to send, to dispatch.

◆ **se dépêcher** *vpi* to hurry (up); **pas besoin de se ~** (there's) no need to hurry; **mais dépêche-toi donc!** come on, hurry up!; **se ~ de faire qqch** to hurry OU to hasten to do sthg; **dépêche-toi de finir cette lettre** hurry up and finish that letter; **on s'est dépêchés de rentrer** we hurried home, we went back home in a hurry.

dépeigner [4] [depeɲe] *vt*: ~ **qqn** to mess up OU to muss OU to ruffle sb's hair; **elle est toujours dépeignée** her hair's always untidy OU dishevelled.

dépeindre [81] [depɛ̃dr] *vt* to depict, to portray.

dépenaillé, e [depənaje] *adj* [vêtement, rideau] scruffy, ragged, tattered; **un mendiant tout ~** a beggar in rags.

dépénalisation [depenalizasjɔ̃] *nf*: **la ~ d'un acte** decriminalizing an act.

dépénaliser [3] [depenalize] *vt* to decriminalize.

dépendance [depɑ̃dɑ̃s] *nf* -**1.** [subordination] dependence; **être dans** OU **sous la ~ de qqn** to be subordinate to sb; **vivre dans la ~** to be dependent, to lead a dependent life; **nous devrions diminuer notre ~ économique/énergétique par rapport au nucléaire** we should reduce our dependence on the nuclear industry for our economic/energy needs ‖ [d'un drogué] dependence. -**2.** [annexe] outhouse, outbuilding. -**3.** [territoire] dependency. -**4.** LING dependence.

dépendant, e [depɑ̃dɑ̃, ɑ̃t] *adj* -**1.** [subordonné] dependent; **être ~ de qqn/qqch** to be dependent on sb/sthg. -**2.** [drogué] dependent.

dépendeur [depɑ̃dœr] *nm loc*: un (grand) ~ d'andouilles *fam* a lazy good-for-nothing.

dépendre [73] [depɑ̃dr] *vt* [décrocher - tableau, tapisserie] to take down *(sép)*.

◆ **dépendre de** *v + prép* -**1.** [être soumis à] to be answerable to; **il dépend du chef de service** he's answerable OU responsible to the departmental head; **nous dépendons du Ministère** we're answerable to the Ministry. -**2.** [faire partie de - domaine, territoire] to be a dependency of, to belong to; **le parc dépend du château** the park is part of the castle property. -**3.** [devoir ses ressources à] to depend on OU upon, to be dependent on; ~ **(financièrement) de qqn** to be financially dependent on OU upon sb; **je ne dépends que de moi-même** [professionnellement] I'm my own boss; [affectivement, financièrement] I can stand on my own two feet; ~ **d'un pays pour le pétrole** to be dependent on a country for one's oil supply. -**4.** [varier selon] to depend on; **ça dépend de la couleur que tu veux** it depends on what shade you want; **tu viendras? – ça dépend!** OU **ça va ~!** will you come? – it (all) depends!; **notre avenir en dépend** our future depends OU rests on it; **notre mariage dépend de sa décision** our marriage depends OU hangs on his decision; **ça ne dépend pas que de moi** it's not entirely up to me ‖ *(tournure impersonnelle)*: **il dépend de toi que ce projet aboutisse** whether this project succeeds depends on OU is up to you; **il dépend de toi de rester ou de partir** it's up to you whether you stay or not.

dépens [depɑ̃] *nmpl* JUR costs.

◆ **aux dépens de** *loc prép* at the expense of; **rire aux ~ de qqn** to laugh at sb's expense; **s'amuser aux ~ de sa santé** to have a good time at the expense of one's health; **je l'ai appris à mes ~** I learnt it to my cost.

dépense [depɑ̃s] *nf* -**1.** [frais] expense, expenditure; **occasionner de grosses ~s** to mean a lot of expense OU a big outlay; **je ne peux pas me permettre cette ~** I can't afford to lay out OU to spend so much money; **faire des ~s** to spend (money) ❑ ~**s de consommation** consumer spending; ~**s d'entretien** maintenance (costs); ~**s d'exploitation** working OU operating costs; ~**s d'infrastructure** social overhead capital; ~**s d'investissement** OU **d'équipement** capital spending OU expenditure; ~**s du ménage** household expenses; ~**s publiques** public OU government spending; ~**s sociales** spending on social services; ~**s et recettes** ÉCON & FIN expenditure and income. -**2.** [fait de dépenser] spending; **pousser qqn à la ~** to push OU to encourage sb to spend (money); **faire la ~ de qqch** to lay out OU to spend money on sthg; **regarder à la ~** to watch what one spends, to watch every penny; **ne regardez pas à la ~** spare no expense. -**3.** [consommation] consumption; ~ **de temps** expenditure of time; ~ **de temps inutile** waste of time ❑ ~ **de carburant** fuel consumption.

dépenser [3] [depɑ̃se] *vt* -**1.** [argent] to spend; **à quoi dépenses-tu ton argent?** what do you spend your money on?; ~ **son salaire en cadeaux** to spend one's salary on gifts ‖ *(en usage abs)*: ~ **sans compter** to spend (money) lavishly OU without counting the cost. -**2.** [consommer - mazout] to use. -**3.** [employer - temps] to spend; [- énergie] to expend.

◆ **se dépenser** *vpi* -**1.** [se défouler] to let off steam; **ainsi, tu te dépenseras physiquement** that way, you'll get some exercise; **elle a besoin de se ~** she needs an outlet for her (pent-up) energy. -**2.** [se démener] to expend a lot of energy, to work hard; **tu t'es beaucoup dépensé pour cette soirée** you've worked hard for (the success of) this party; **se ~ en efforts inutiles** to waste one's energies in useless efforts; **se ~ sans compter pour qqch** to put all one's energies into sthg, to give sthg one's all.

dépensier, ère [depɑ̃sje, ɛr] ◇ *adj* extravagant; **j'ai toujours été ~** I've always been a big spender, money has always slipped through my fingers.

◇ *nm, f* spendthrift; **un grand ~** a big spender.

déperdition [depɛrdisjɔ̃] *nf* -**1.** [de chaleur, de matière] loss. -**2.** *litt* [de volonté, d'enthousiasme] fading, waning.

dépérir [32] [deperir] *vi* [malade] to fade OU to waste away; [de tristesse] to pine away; [plante] to wilt, to wither; [industrie] to decline.

dépérissement [deperismɑ̃] *nm* -**1.** [affaiblissement] fading OU wasting OU pining away; [déclin] decline. -**2.** JUR: ~ **de preuves** loss of validity of evidence.

dépersonnalisation [depɛrsɔnalizasjɔ̃] *nf* [gén & PSYCH] depersonalization.

dépersonnaliser [3] [depɛrsɔnalize] *vt* [gén & PSYCH] to depersonalize.

◆ **se dépersonnaliser** *vpi* [individu] to become depersonalized, to lose one's personality; [lieu, œuvre] to become anonymous.

dépêtrer [4] [depetre] *vt*: ~ **qqn/qqch de** to extricate OU to free sb/sthg from; ~ **qqn d'une situation** to extricate sb from OU to get sb out of a situation.

◆ **se dépêtrer de** *vp + prép* -**1.** [de filets, de pièges] to free o.s. from; **le bouvreuil n'arrivait pas à se ~ du filet** the bullfinch couldn't free itself from OU find its way out of the net. -**2.** [d'un gêneur] to put off *(sép)*; [d'une situation]: **il nous a dit tant de mensonges qu'il ne peut plus s'en ~** he's told us so many lies that he can no longer extricate himself from them; **j'ai tant de dettes que je ne peux plus m'en ~** I have so many debts I don't even know how to start paying them off.

dépeuplement [depœpləmɑ̃] *nm* -**1.** SOCIOL depopulation. -**2.** [désertion]: **le ~ de la forêt** [déboisement] clearing OU thinning (out) the forest; [absence d'animaux] the disappearance of animal life from the forest; **le ~ des rivières** [volontaire] destocking the rivers; [par la pollution] the destruction of the fish stocks of the rivers.

dépeupler [5] [depœple] *vt* -**1.** SOCIOL to depopulate. -**2.** [volontairement - étang] to empty (of fish), to destock; [- forêt] to clear (of trees), to thin out the trees of; ~ **l'étang/la forêt** [involontairement] to kill off the fish stocks in the pond/trees in the forest.

◆ **se dépeupler** *vpi* -**1.** SOCIOL to become depopulated. -**2.** [rivière] to lose its stock; [forêt] to thin out.

déphasage [defazaʒ] *nm* -**1.** ÉLECTR phase difference. -**2.** PSYCH loss of contact with reality, feeling of disconnectedness.

déphasé, e [defaze] *adj* -**1.** ÉLECTR out-of-phase. -**2.** [désorienté] out of touch; **être ~ par rapport à la réalité** to be out of touch with reality; **il est complètement ~** he lives in a different world.

déphaser [3] [defaze] *vt* -**1.** ÉLECTR to cause a phase difference in. -**2.** [désorienter]: **son séjour prolongé à l'hôpital l'a déphasé** his long stay in hospital made him lose touch with reality.

déphaseur [defazœr] *nm* phase splitter.

déphosphoration [defɔsfɔrasjɔ̃] *nf* dephosphoration.

déphosphorer [3] [defɔsfɔre] *vt* to dephosphorate.

dépiauter *fam* [3] [depjote] *vt* -**1.** [lapin] to skin, to take the skin off; [fruit] to peel. -**2.** [analyser]: ~ **un texte** to dissect a text.

dépigmentation [depigmɑ̃tasjɔ̃] *nf* depigmentation, loss of pigmentation.

dépilation [depilasjɔ̃] *nf* -**1.** MÉD hair loss. -**2.** [épilation] hair removal, removal of (unwanted) hair.

dépilatoire [depilatwar] ◇ *adj* depilatory.

◇ *nm* depilatory OU hair-removing cream.

dépiler [3] [depile] *vt* -**1.** MÉD to cause hair loss to. -**2.** [cuirs, peaux] to grain. -**3.** MIN to remove pit-props from.

dépiquer [3] [depike] *vt* -**1.** [repiquer] to transplant. -**2.** [égrener - blé] to thresh; [- riz] to hull. -**3.** COUT to unstitch, to unpick.

dépistage [depistaʒ] *nm* -**1.** MÉD screening; **le ~ du cancer** screening for cancer. -**2.** [recherche] detection, unearthing; **l'auteur se livre à un travail de ~ sur des documents historiques** the author has done some detective work on historical documents. -**3.** CHASSE tracking down.

dépister [3] [depiste] *vt* -**1.** [criminel] to track down *(sép)*; [source, ruse] to detect, to unearth. -**2.** MÉD to screen for; **des techniques pour ~ le cancer** cancer screening techniques. -**3.** CHASSE [lièvre] to track down *(sép)*; [chien] to put off the scent. -**4.** [perdre - poursuivant] to throw off *(sép)*.

dépit [depi] *nm* pique; **faire qqch par ~** to do sthg in a fit of pique OU out of spite; **ressentir du ~ contre qqn** to be annoyed with sb; **j'en ai conçu un peu de ~** I was a little piqued OU vexed at it; **j'en aurais pleuré de ~** I was so upset I could have cried ❑ ~ **amoureux** heartache, unrequited love; **faire qqch par ~ amoureux** to do sthg out of unrequited love; **se marier par ~ amoureux** to marry on the rebound.

◆ **en dépit de** *loc prép* despite, in spite of; **faire qqch en ~ du bon sens** to do sthg with no regard for common sense.

dépité, e [depite] *adj* (greatly) vexed, piqued.

dépiter [3] [depite] *vt* to pique, to vex; **son refus m'a profondément dépité** I was greatly vexed OU piqued at his refusal.

déplacé, e [deplase] *adj* -**1.** [malvenu - démarche, remarque, rire] inappropriate; **sa présence était ~e** his presence was uncalled-for. -**2.** [de mauvais goût - plaisanterie] indelicate, shocking. -**3.** SOCIOL displaced.

déplacement [deplasmɑ̃] *nm* -**1.** [mouvement] moving, shifting; **le ~ de l'aiguille sur le cadran** the movement of the hands around the clock face; **le ~ à gauche de l'électorat** the swing to the left by the electorate ❑ ~ **d'air** displacement of air. -**2.** [sortie] moving about; [voyage] (business) trip; **Josie me remplace pendant mes ~s** Josie steps in for me when I'm away on business; **le docteur m'a interdit tout ~** the doctor said I mustn't go out at all; **merci d'avoir fait le ~** thanks for coming all this way; **joli panorama, ça vaut le ~!** *fam* what a lovely view, it's definitely worth going out of your way to see it!; **la soirée ne valait pas le ~** the party wasn't worth going to. -**3.** [mutation - d'un employé] transfer; ~ **d'office** transfer. -**4.** NAUT displacement; **navire de 15 000 tonnes de ~** ship with a 15,000-ton displacement. -**5.** MÉD: ~ **d'organe** organ displacement; ~ **de vertèbre** slipped disc. -**6.** PSYCH displacement. -**7.** CHIM displacement.

◆ **de déplacement** *loc adj* -**1.** TRANSP: **moyen de ~** means OU mode of transport. -**2.** PSYCH displacement *(modif)*.

◆ **en déplacement** *loc adv* away; **Bordeaux est en ~ à Marseille** SPORT Bordeaux are playing away against Marseilles; **la directrice est en ~** the manager's away (on business); **envoyer qqn en ~** to send sb away on a business trip.

déplacer [16] [deplase] *vt* -**1.** [vase, meuble, pion] to move, to shift; **déplace-le vers la droite** move OU shift it to the right ❑ ~ **de l'air** *fam hum* [en parlant] to talk big OU a lot of hot air; **la délégation déplaçait beaucoup d'air** the delegation looked as though it was taking itself very seriously indeed. -**2.** [élève, passager] to move; [population] to displace. -**3.** [infléchir]: ~ **la discussion** to shift the emphasis of the discussion; **ne déplacez pas le problème** don't change the question. -**4.** MÉD [os] to displace, to put out of joint; [vertèbre] to slip. -**5.** [muter - fonctionnaire] to transfer; ~ **qqn par mesure disciplinaire** to transfer sb for disciplinary reasons. -**6.** [faire venir - médecin, dépanneur] to send for; **ils ont déplacé l'ambulance pour cela?** did they really get the ambulance out for that?; **son concert a déplacé des foules**

crowds flocked to his concert; **on avait déplacé des sommités** experts had been summoned. -**7.** [dans le temps - festival, rendez-vous] to change, to shift, to move; **~ une date** [l'avancer] to move a date forward; [la reculer] to put back a date. -**8.** NAUT to have a displacement of. -**9.** MIL: **~ le tir** to shift fire. -**10.** POL: **~ des voix (en faveur de)** to shift votes (towards).

◆ **se déplacer** ◇ *vpi* -**1.** [masse d'air, nuages] to move, to be displaced; [aiguille d'horloge] to move. -**2.** [marcher] to move about OU around, to get about OU around; **se ~ à l'aide de béquilles** to get about on crutches; **ne pas se ~ pendant le spectacle** do not move around during the show; **avec notre messagerie, faites vos courses sans vous ~** do your shopping from home with our Teletext service; **cela ne vaut pas/vaut le coup de se ~** *fam* it's not worth/it's worth the trip. -**3.** [voyager] to travel, to get about; **je me déplace beaucoup pour mon travail** I travel a lot in my job, my job involves a lot of travelling.

◇ *vpt*: **se ~ une vertèbre** to slip a disc.

déplafonnement [deplafɔnmɑ̃] *nm*: **~ des cotisations** removal of the upper limit for contributions.

déplafonner [3] [deplafɔne] *vt* to raise the ceiling, to remove the upper limit for.

déplaire [110] [deplɛr]

◆ **déplaire à** *v + prép* -**1.** [rebuter] to put off *(sép)*; **son attitude m'a (souverainement) déplu** his attitude put me off (completely), I didn't like his attitude (at all); **je lui déplais tant que ça?** does he dislike me as much as that?; **un café? voilà qui ne me déplairait pas** OU **ne serait pas pour me ~** a coffee? I wouldn't say no!; **il m'a parlé franchement, ce qui n'a pas été pour me ~** he was frank with me, which I liked; **il ne lui déplairait pas de vivre à la campagne** he wouldn't object to living in the country. -**2.** [contrarier] to annoy, to offend; **ce que je vais dire risque de vous ~** I'm afraid you may not like what I'm going to say; **ne vous (en) déplaise** *litt* OU *hum* whether you like it or not; **n'en déplaise à Votre Majesté** may it please your Majesty; **n'en déplaise aux libéraux** whatever the liberals may say.

◆ **se déplaire** ◇ *vp (emploi réciproque)* [ne pas se plaire l'un à l'autre] to dislike each other OU one another.

◇ *vpi* [être mal à l'aise] to be unhappy OU dissatisfied; **ils se sont déplu chez leur tante** they disliked staying with their aunt, they were unhappy at their aunt's; **je ne me suis pas déplu ici** I quite enjoyed OU liked it here.

déplaisant, e [deplɛzɑ̃, ɑ̃t] *adj* -**1.** [désagréable] unpleasant, nasty; **une ~e odeur de gaz** an unpleasant smell of gas. -**2.** [désobligeant] unpleasant, offensive; **une remarque ~e** an offensive OU unpleasant remark; **cette surveillance est assez ~e** being watched like this is rather unpleasant. -**3.** [discourtois - personne] hostile, rude; **inutile d'être aussi ~ au téléphone** there's no need to be so rude OU abrupt on the phone; **toute la famille est ~e** the whole family's pretty unpleasant.

déplaisir [deplezir] *nm* -**1.** *litt* [tristesse] unhappiness. -**2.** [mécontentement] displeasure, disapproval; **elle me verrait sans ~ me fiancer avec Arnaud** she'd be quite pleased if I got engaged to Arnaud; **je fais les corvées ménagères sans ~** I don't mind doing the housework; **ils constatèrent sa présence avec un vif ~** they were most displeased to see him.

◆ **à mon grand déplaisir, à son grand déplaisir** *etc loc adv* much to my/his *etc* chagrin; **on ne lui a pas permis de donner son avis, à son grand ~** he was most put out that he wasn't allowed to give his opinion, to his chagrin he was not asked for his opinion.

déplantage [deplɑ̃taʒ] *nm* , **déplantation** [deplɑ̃tasjɔ̃] *nf*: **le ~ des arbustes** taking up OU removing OU uprooting the shrubs; **le ~ de la forêt** clearing the forest.

déplanter [3] [deplɑ̃te] *vt* [arbuste] to uproot, to take up *(sép)*; [jardin] to clear (of plants), to remove the plants from; [piquet] to dig out *(sép)*, to remove.

déplantoir [deplɑ̃twar] *nm* hand-fork.

déplâtrage [deplatraʒ] *nm* -**1.** CONSTR removal of the plaster; **le ~ d'un mur** stripping the plaster off a wall. -**2.** MÉD removal of the plaster cast.

déplâtrer [3] [deplatre] *vt* -**1.** CONSTR to strip of plaster, to remove the plaster from. -**2.** MÉD to take out of a plaster cast; **se faire ~: il va se faire ~ demain** his plaster cast's coming off tomorrow.

déplétion [deplesjɔ̃] *nf* CHIM & PHYSIOL depletion.

dépliage [deplijaʒ] *nm* unfolding, spreading out.

dépliant, e [deplijɑ̃, ɑ̃t] *adj* extendable, extensible.

◆ **dépliant** *nm* -**1.** [brochure] brochure, leaflet; **~ publicitaire** advertising leaflet; **~ touristique** travel brochure. -**2.** IMPR foldout.

déplier [10] [deplije] *vt* -**1.** [journal, lettre] to open out OU up *(sép)*, to unfold; **~ la pièce de tissu** to spread the cloth out; **dépliant ses dentelles devant les clientes** spreading his pieces of lace before the customers || [bras, jambes] to stretch; **~ bras et jambes avant de se lever** to stretch one's arms and legs before getting up; **les rangées étaient si serrées que je ne pouvais ~ mes jambes** the rows of seats were so close (together) that I couldn't stretch my legs. -**2.** [mètre pliant] to stretch (out); [canapé] to open up, to extend.

◆ **se déplier** *vp (emploi passif)* -**1.** [s'ouvrir] to unfold, to open out; **les cartes routières ne se déplient pas facilement** roadmaps aren't very easy to unfold. -**2.** [s'étirer - mètre pliant] to stretch (out). -**3.** [être escamotable] to open out; **un canapé qui se déplie** a foldaway sofa-bed.

déplissage [deplisaʒ] *nm* -**1.** [d'un tissu plissé] unpleating. -**2.** [défroissage] smoothing out.

déplisser [3] [deplise] *vt* -**1.** [enlever les plis de] to unpleat; **~ une jupe** to take the pleats out of a skirt. -**2.** [défriper] to smooth out *(sép)*; **~ une écharpe au fer** to iron the creases out of a scarf.

déploiement [deplwamɑ̃] *nm* -**1.** [des ailes d'un oiseau] spreading out, unfolding; NAUT unfurling. -**2.** MIL deployment; **un grand ~** OU **tout un ~ de police** a large deployment of police ❑ **~ en éventail** fan-shaped deployment; **~ en tirailleurs** deployment in extended order. -**3.** [manifestation]: **~ de** show OU demonstration OU display of; **un brillant ~ d'érudition** a brilliant display OU show of erudition; **un grand ~ de force** a great show of strength; **un ~ d'affection** a display of affection; *péj* a gush of affection.

déplombage [deplɔ̃baʒ] *nm* -**1.** [d'une dent] removing the filling from. -**2.** [ouverture] removal of the seal OU seals; **la douane a procédé au ~ des wagons** the customs officials proceeded to remove the seals from the trucks.

déplomber [3] [deplɔ̃be] *vt* -**1.** [dent] to remove the filling from. -**2.** [ouvrir] to take the seals off, to remove the seals from. -**3.** INF to break through the protection of, to hack into *(insép)*.

déplorable [deplɔrabl] *adj* -**1.** [regrettable] deplorable, regrettable, lamentable. -**2.** [mauvais - résultat] appalling; [- plaisanterie] awful, terrible, appalling; **elle s'habille avec un goût ~** she dresses with appallingly bad taste.

déplorablement [deplɔrabləmɑ̃] *adv* deplorably, lamentably.

déploration [deplɔrasjɔ̃] *nf* -**1.** MUS lament. -**2.** BX-ARTS: **Déploration du Christ** Pietà.

déplorer [3] [deplɔre] *vt* -**1.** *sout* [regretter] to object to, to regret, to deplore; **~ le mauvais caractère de qqn** to object to sb's bad temper; **je déplore que vous n'ayez pas compris** I find it regrettable that you didn't understand; **on déplore que l'auteur n'ait pas eu plus souvent recours à l'autocensure** it is to be regretted that the author did not exercise self-censorship more often. -**2.** [constater]: **nous n'avons eu que peu de dégâts à ~** fortunately, we suffered only slight damage; **on ne déplore que deux blessés légers** fortunately, only two people were slightly injured; **on déplore la mort d'une petite fille dans l'accident** sadly, a little girl was killed in the accident. -**3.** *litt* [pleurer sur] to lament OU to mourn for; **~ le départ de qqn** to mourn sb's departure; **~ la mort d'un ami** to grieve over the death of a friend.

déployer [13] [deplwaje] *vt* -**1.** [déplier] to spread out *(sép)*, to unfold, to unroll; **~ les voiles** NAUT to unfurl OU to extend the sails. -**2.** [faire montre de] to display, to exhibit, to show off *(sép)*; **~ un luxe impressionnant** to indulge in a great display of luxury; **elle a déployé toute son éloquence** she showed off her powers of oratory; **il m'a fallu ~ des trésors de persuasion auprès d'elle** I had to work very hard at persuading her. -**3.** MIL to deploy.

◆ **se déployer** *vpi* -**1.** NAUT to unfurl. -**2.** [foule] to extend, to stretch out. -**3.** MIL to be deployed.

déplumé, e [deplyme] *adj* -**1.** [sans plumes] featherless; **des tourterelles ~es** turtledoves that have lost their feathers. -**2.** *fam* [chauve] bald, balding; **nounours tout ~** balding teddy-bear.

déplumer [3] [deplyme]

◆ **se déplumer** *vpi* -**1.** [perdre ses plumes] to lose OU to drop its feathers; **un vieux chapeau qui se déplume** an old hat that's losing its feathers. -**2.** *fam* [devenir chauve]: **il** OU **son crâne se déplume** he's going bald OU thinning on top.

dépoétiser [3] [depɔetize] *vt* to depoetize, to deprive of its poetic character.

dépointer [3] [depwɛ̃te] *vt* -**1.** ARM to move OU to point away from the target. -**2.** TV to point away from its best reception position.

◆ **se dépointer** *vpi* -**1.** ARM to move away from the OU off target. -**2.** TV to move away from its best reception position.

dépoitraillé, e *fam* [depwatraje] *adj péj* bare-chested; **tout ~** with his shirt open almost down to his navel.

dépolarisant, e [depɔlarizɑ̃, ɑ̃t] *adj* depolarizing.

◆ **dépolarisant** *nm* depolarizer.

dépolarisation [depɔlarizasjɔ̃] *nf* depolarization.

dépolariser [3] [depɔlarize] *vt* to depolarize.

dépoli, e [depɔli] *adj* frosted, ground.

◆ **dépoli** *nm* -**1.** [verre] ground glass. -**2.** PHOT focusing screen.

dépolir [32] [depɔlir] *vt* to grind.

◆ **se dépolir** *vpi* to lose its shine, to become tarnished.

dépolissage [depɔlisaʒ] *nm* [du verre] grinding.

dépolitisation [depɔlitizasjɔ̃] *nf* [d'une personne, d'un thème] depoliticization.

dépolitiser [3] [depɔlitize] *vt* to depoliticize; **faut-il ~ le sport?** should politics be kept out of sport?

dépolluer [7] [depɔlɥe] *vt* to cleanse, to clean up *(sép)*; **~ les plages** to clean up the beaches.

dépollution [depɔlysjɔ̃] *nf* cleaning up, decontamination; **~ de l'eau** water purification.

dépolymérisation [depɔlimerizasjɔ̃] *nf* depolymerization.

déponent, e [depɔnɑ̃, ɑ̃t] *adj* deponent.

◆ **déponent** *nm* deponent verb.

dépopulation [depɔpylasjɔ̃] *nf* depopulation.

déport [depɔr] *nm* -**1.** TÉLÉC radar data, transmission. -**2.** BOURSE & FIN backwardation.

déportation [depɔrtasjɔ̃] *nf* -**1.** HIST [exil] transportation, deportation. -**2.** [en camp] deportation, internment; **pendant mes années de ~** during my years in a concentration camp.

déporté, e [depɔrte] *nm, f* -**1.** [prisonnier] deportee, internee. -**2.** HIST convict.

déportement [depɔrtəmɑ̃] *nm* [embardée] swerve, swerving.

◆ **déportements** *nmpl litt* misbehaviour, misconduct.

déporter [3] [depɔrte] *vt* **-1.** [exiler] to deport, to send to a concentration camp. **-2.** [déplacer]: **la voiture a été déportée par le vent/choc** the car was blown/knocked off (its) course.

◆ **se déporter** *vpi* [doucement] to move aside; [brusquement] to swerve; **se ~ vers la droite/gauche** to veer (off) to the right/left.

déposant, e [depozɑ̃, ɑ̃t] *nm, f* **-1.** BANQUE depositor. **-2.** JUR deponent, witness. **-3.** [d'un brevet, d'une marque] applicant.

dépose [depoz] *nf* taking out OU down; **~ gratuite de vos anciens appareils** your old appliances removed free of charge.

déposer [3] [depoze] ◇ *vt* **-1.** [poser] to lay OU to put down *(sép)*; **~ un bébé dans un landau** to lay a baby down in a pram; **~ un bébé dans une poussette** to put OU to sit a baby in a push-chair. **-2.** [gerbe] to lay; [objet livré] to leave, to drop off *(sép)*; **~ sa valise à la consigne** to put one's suitcase in the left luggage lockers; **~ sa valise chez qqn** to leave one's suitcase with sb; **quelqu'un a déposé une lettre pour vous** somebody left a letter for you; **~ les armes** *pr* to hand in one's weapons; *fig* to lay down one's arms, to give up the fight. **-3.** [faire descendre de véhicule] to drop (off); **je te dépose?** can I drop you somewhere?, can I give you a lift somewhere? ‖ [décharger] to unload, to set down *(sép)*; **le car a déposé le matériel près de la plage** the coach unloaded the equipment near the beach. **-4.** [argent, valeurs] to deposit; **~ de l'argent en banque** to deposit money with a bank; **~ des titres en garde** to deposit securities in safe custody. **-5.** ADMIN: **~ son bilan** to file for bankruptcy, to go into (voluntary) liquidation; **~ un brevet** to file a patent application, to apply for a patent; **~ sa candidature** to apply; **~ une plainte** to register a complaint; **~ un projet de loi** to introduce OU to table a bill. **-6.** [destituer - roi] to depose. **-7.** *litt* [donner]: **~ un baiser sur le front de qqn** to kiss sb's forehead gently. **-8.** [démonter - radiateur, étagère] to remove, to take out OU down *(sép)*.

◇ *vi* **-1.** JUR to give evidence, to testify. **-2.** CHIM to form a deposit, to scale. **-3.** ŒNOL to settle, to form a sediment.

◆ **se déposer** *vpi* to settle.

dépositaire [depozitɛr] *nmf* **-1.** JUR depositary, trustee; **être le ~ d'une lettre** to hold a letter in trust; **il n'est que le ~ de la fortune de son frère** he is merely the trustee of his brother's fortune. **-2.** COMM agent; **~ exclusif** sole agent; **~ d'une marque** agent for a brand; **~ de journaux** newsagent. **-3.** *litt* [confident] repository; **faire de qqn le ~ d'un secret** to entrust sb with a secret.

déposition [depozisjɔ̃] *nf* **-1.** [témoignage] deposition, evidence, statement; **faire une ~** to testify; **recevoir une ~** to hear a witness. **-2.** [destitution - d'un roi] deposition. **-3.** BX-ARTS: **Déposition (de Croix)** Deposition.

déposséder [18] [depɔsede] *vt* to dispossess; **sa famille a été dépossédée** his family was stripped of all its possessions; **~ qqn de** to deprive sb of.

dépossession [depɔsesjɔ̃] *nf* deprivation, dispossessing.

dépôt [depo] *nm* **-1.** [remise - d'un rapport] handing in, submission; [- d'un paquet, d'un télégramme] handing in; **'courrier, dernier ~ à 18 h'** last mail collection at 6 p.m. **-2.** ADMIN [inscription] application, filing; [enregistrement] filing, registration; **~ d'une liste électorale** presentation of a list of candidates ☐ **~ de bilan** bankruptcy; **réclamer le ~ de bilan** to ask for the auditors to be brought in; **~ de brevet** patent registration; **~ légal** legal copyrighting; **~ d'une marque** registration of a trademark; **~ d'une plainte** lodging of a complaint; **~ d'un projet de loi** introduction OU tabling of a Bill. **-3.** FIN [démarche] depositing; [somme] deposit; **~ à terme/vue** open-access/restricted-access deposit ☐ **banque de ~** bank of deposit; **compte de ~** deposit account. **-4.** GÉOL deposit; **~ alluvial/de cendres/de carbone** alluvial/ash/carbon deposit; **~ glaciaire** glacial drift. **-5.** [couche] layer; [sédiment] deposit, sediment; **~ calcaire** OU **de tartre** layer of scale OU fur; **~ marin** silt; **~ de poussière** layer of dust. **-6.** ŒNOL sediment. **-7.** MÉTALL depositing, deposition; **~ de cuivre** copperfoiling; **~ électrolytique** electrodeposition; **~ métallique** sputtering. **-8.** [entrepôt] store, warehouse; **~ des machines** engine house ☐ **~ de charbon** coal depot; **~ de matériel** storage yard; **~ mortuaire** mortuary; **~ d'ordures** rubbish dump OU tip *Br*, garbage dump *Am*. **-9.** MIL depot; **~ de munition** ammunition dump; **~ de vivres** supply dump, commissary *Am*. **-10.** TRANSP depot, station *Am*. **-11.** [boutique] retail outlet; **~ de pain** place where bread is sold; **l'épicier fait ~ de pain** the grocer sells bread. **-12.** [prison] (police) cells *(in Paris)*; **au ~** in the cells; **écroué au ~** committed to the cells.

◆ **en dépôt** *loc adv* FIN in trust, in safe custody; **confier qqch en ~ à qqn** to entrust sb with sthg; **avoir en ~** to have on bond; **mettre en ~** to bond.

dépotage [depɔtaʒ] *nm* **-1.** HORT transplanting. **-2.** CHIM decanting. **-3.** [vidage] discharging, dumping.

dépotement [depɔtmɑ̃] *nm* = **dépotage**.

dépoter [3] [depɔte] *vt* **-1.** HORT to plant out *(sép)*, to transplant. **-2.** [transvaser] to decant. **-3.** [vider] to discharge, to empty.

dépotoir [depɔtwar] *nm* **-1.** [décharge] dump; [usine] disposal plant, sewage works. **-2.** *péj* [lieu sale] pigsty; **ta chambre est un vrai ~** your bedroom's a complete pigsty; **empêcher la Manche de devenir un ~** to prevent the Channel becoming an open sewer. **-3.** *fam* [débarras] dumping ground; **l'enseignement technique ne doit pas devenir un ~** vocational schools must not be used as dumping grounds.

dépôt-vente [depovɑ̃t] (*pl* **dépôts-ventes**) *nm* second-hand shop; **mettre qqch en ~** to put sthg on sale or return.

dépouille [depuj] *nf* **-1.** [cadavre]: **~ (mortelle)** (mortal) remains; **les ~s des victimes ont été rapatriées hier** bodies were repatriated yesterday. **-2.** [peau - d'un mammifère] hide, skin; [- d'un reptile] slough. **-3.** MÉCAN clearance. **-4.** MÉTALL draft, draw.

◆ **dépouilles** *nfpl* [trophée] booty, plunder, spoils; [héritage] personal effects.

dépouillé, e [depuje] *adj* **-1.** [sans peau] skinned; [sans feuilles] leafless; **des arbres ~s** bare trees. **-2.** [sans ornement] plain, simple, uncluttered; **un style ~** a concise OU terse style. **-3.** [dénué]: **~ de** lacking in, short on. **-4.** ŒNOL colourless.

dépouillement [depujmɑ̃] *nm* **-1.** [analyse] breakdown, collection and analysis; **~ des données** data reduction; **~ d'un scrutin** tally OU counting of the votes. **-2.** [ouverture]: **~ du courrier** opening of the mail. **-3.** [simplicité - d'un décor] bareness, soberness. **-4.** [concision] conciseness, terseness. **-5.** [dénuement] dispossession, destitution.

dépouiller [3] [depuje] *vt* **-1.** [lapin] to skin. **-2.** [câble] to strip; **la bise a dépouillé les arbres** the north wind has stripped the trees bare OU of their leaves. **-3.** *sout* [quitter] to cast aside *(sép)*, to strip off *(sép)*; **~ ses vêtements** to throw OU to strip off one's clothes; **les reptiles dépouillent leur peau** ZOOL reptiles slough off OU shed their skin. **-4.** [voler] to deprive, to dispossess, to despoil *litt*; **~ qqn de** to deprive sb of; **ils m'ont dépouillé de tout ce que j'avais sur moi** they stripped me of OU took everything I had on me. **-5.** [lire - journal, courrier, inventaire] to go through *(insép)*; [analyser - questionnaire, réponses] to analyse, to study, to scrutinize; [- données] to process; **~ le scrutin** POL to count the votes.

◆ **se dépouiller** *vpi* **-1.** [arbre, végétation] to lose; **les arbres se dépouillent peu à peu** the trees are gradually losing OU shedding their leaves. **-2.** ZOOL to slough off its skin.

◆ **se dépouiller de** *vp + prép* **-1.** [se défaire de]: **se ~ de ses vêtements** to strip off; **se ~ de tous ses biens** to give away all one's property. **-2.** *litt* [se départir de] to cast off *(sép)*; **il ne s'est pas dépouillé un seul instant de son arrogance** he didn't depart from his arrogant attitude for a single moment.

dépourvu, e [depurvy] *adj* **-1.** [misérable] destitute, penniless. **-2.** [manquant]: **~ de** short on, devoid of, lacking in; **c'est ~ de tout intérêt** it is of OU holds no interest at all; **chambre ~e de confort** room lacking in comfort; **totalement ~ de scrupules** totally unscrupulous; **sa remarque n'était pas entièrement ~e de bon sens** his remark was not entirely devoid of common sense; **un décor monotone ~ d'arbres** a drab treeless landscape.

◆ **au dépourvu** *loc adv*: **prendre qqn au ~** to catch sb off guard OU unawares; **ils ont été pris au ~ par cette information** the news caught them unawares.

dépoussiérage [depusjeraʒ] *nm* dust removal, dusting.

dépoussiérant, e [depusjerɑ̃, ɑ̃t] *adj* dust-removing; **filtre ~** dust filter.

◆ **dépoussiérant** *nm* dust remover.

dépoussiérer [18] [depusjere] *vt* **-1.** [nettoyer] to dust (off). **-2.** [rajeunir] to rejuvenate, to give a new lease of life to.

dépoussiéreur [depusjerœr] *nm*: **~ électrostatique** electrostatic dust precipitator.

dépravation [depravasjɔ̃] *nf* depravity, perversion, perverseness.

dépravé, e [deprave] ◇ *adj* immoral, depraved, perverted.

◇ *nm, f* degenerate, pervert.

dépraver [3] [deprave] *vt* **-1.** [corrompre] to deprave, to corrupt, to pervert. **-2.** *litt* [altérer - goût, jugement] to corrupt, to spoil.

◆ **se dépraver** *vpi* to become depraved OU perverted.

dépréciateur, trice [depresjatœr, tris]

◇ *adj* disparaging, deprecatory, depreciative.

◇ *nm, f* depreciator, disparager.

dépréciatif, ive [depresjatif, iv] *adj* derogatory, disparaging.

dépréciation [depresjasjɔ̃] *nf* depreciation, drop OU fall in value; **la ~ des propriétés foncières** the drop in property values.

déprécier [9] [depresje] *vt* **-1.** FIN to depreciate, to cause to drop in value. **-2.** [dénigrer] to run down *(sép)*, to belittle, to disparage.

◆ **se déprécier** ◇ *vp (emploi réfléchi)* [se déconsidérer] to belittle OU to disparage o.s., to run o.s. down.

◇ *vpi* FIN to depreciate.

déprédateur, trice [depredatœr, tris] ◇ *adj* depredatory, plundering.

◇ *nm, f* [pilleur] depredator, plunderer; [escroc] swindler, embezzler.

déprédation [depredasjɔ̃] *nf* **-1.** [dégâts] (wilful) damage; **commettre des ~s sur qqch** to cause wilful damage to sthg. **-2.** [détournement]: **~ de biens** misappropriation of property; **~ des finances publiques** embezzlement of public funds.

déprendre [79] [deprɑ̃dr]

◆ **se déprendre de** *vp + prép litt* to give up; **il lui a été difficile de se ~ de sa façon de vivre** he found it difficult to give up his old way of life; **se ~ de qqn** to fall out of love with sb.

dépressif, ive [depresif, iv] *adj* [personne] depressive, easily depressed; [caractère] depressive; avoir des tendances dépressives to be depressive.

dépression [depresjɔ̃] *nf* -**1.** MÉD & PSYCH depression, depressiveness; ~ **nerveuse** nervous breakdown; **tu ne vas pas nous faire une** ~? you're not going to get depressed, are you?; **avoir** OU **faire** *fam* **une** ~ **(nerveuse)** to go into a depression, to have a nervous breakdown. -**2.** GÉOG depression. -**3.** [absence de pression] vacuum; [différence de pression] suction. -**4.** MÉTÉO cyclone, barometric depression, low. -**5.** ÉCON depression, slump.

dépressionnaire [depresjɔnɛr] *adj* -**1.** ÉCON slump *(modif)*; **le marché a des tendances** ~**s** the market's sliding towards a slump. -**2.** MÉTÉO low pressure *(modif)*.

dépressurisation [depresyrizasjɔ̃] *nf* depressurization.

dépressuriser [3] [depresyrize] *vt* to depressurize.

déprimant, e [deprimɑ̃, ɑ̃t] *adj* [démoralisant] depressing, disheartening, demoralizing.

◆ **déprimant** *nm* MIN wetting agent.

déprime *fam* [deprim] *nf*: **faire une** ~ to have a (nervous) breakdown; **il est en pleine** ~ he's having a (nervous) breakdown.

déprimé, e [deprime] *adj* -**1.** [abattu] dejected, depressed; **je suis plutôt** ~ **aujourd'hui** I feel rather down today. -**2.** [aplati] depressed, flattened.

déprimer [3] [deprime] ◇ *vt* -**1.** [abattre] to depress, to demoralize. -**2.** [enfoncer] to push in *(sép)*, to press down *(sép)*; **le choc a déprimé l'aile avant** the front wing was dented in the crash.

◇ *vi* *fam* to be depressed.

déprogrammation [deprɔgramasjɔ̃] *nf* RAD & TV withdrawal OU removal of a programme (from a schedule).

déprogrammer [3] [deprɔgrame] *vt* -**1.** RAD & TV to withdraw OU to remove from the schedule. -**2.** [déconditionner] to debrief.

DEPS *(abr de* **dernier entré premier sorti)** LIFO.

dépucelage [depyslaʒ] *nm* [d'une fille] defloration, deflowering; [d'un garçon] loss of virginity.

dépuceler [24] [depysle] *vt* to deflower; **se faire** ~ **par une femme plus âgée** to lose one's virginity to an older woman.

depuis [dəpɥi] ◇ *prép* -**1.** [à partir d'une date ou d'un moment précis] since; **il est là** ~ **hier** he has been here since yesterday; ~ **le 10 mars** since March 10th; ~ **le début** from the very beginning, right from the beginning; **je ne l'ai/l'avais pas vu** ~ **son mariage** I haven't/hadn't seen him since his marriage; **ils ne se sont jamais reparlé** ~ **leur dispute** they haven't spoken to each other again since their argument; ~ **son accident, il boite** he walks with a limp since his accident; **il nous suit** ~ **Tours** he's been following us since (we left) Tours; **je ne fais du golf que** ~ **cette année** I only started to play golf this year. -**2.** [exprimant une durée] for; ~ **10 ans** for 10 years; **il est parti** ~ **plus d'un mois** he's been gone now for over a month; **je ne l'avais pas vu** ~ **un an quand je l'ai rencontré** I hadn't seen him for a year when I met him; **il n'est pas en forme** ~ **quelques jours** he hasn't been on form for the last few days; ~ **longtemps** for a long time; ~ **quelque temps** of late; **il ne joue plus** ~ **quelque temps** he hasn't been playing of late OU lately, he hasn't played for some time; ~ **peu** recently, not long ago; **la piscine n'est ouverte que** ~ **peu** the pool opened only recently; ~ **toujours** always; **les hommes font la guerre** ~ **toujours** men have always waged war; **nous répétons la pièce** ~ **trois mois** we've been rehearsing the play for three months; ~ **combien de temps le connais-tu?** how long have you known him for? ❑ ~ **le temps: et tu ne sais toujours pas t'en servir** ~ **le temps!** and you still don't know how to use it after all this time!; **il me l'a rendu hier** — ~ **le temps!** he gave it back to me yesterday – it took him long enough OU and not before time! -**3.** [dans l'espace, un ordre, une hiérarchie] from; **il lui a fait signe** ~ **sa fenêtre** he waved to him from his window; ~ **le sommet, le village paraissait si petit** from the top of the hill, the village seemed so small; **des matelas** ~ **300 francs** mattresses from 300 francs (upwards); **toutes les tailles** ~ **le deux ans** all sizes from two years upwards.

◇ *adv*: **je ne l'ai rencontré qu'une fois, je ne l'ai jamais revu** ~ I only met him once and I've not seen him again since (then); **trois lettres en janvier et rien** ~ three letters in January and nothing since (then).

◆ **depuis... jusqu'à** *loc corrél* -**1.** [dans le temps] from... to; ~ **le début jusqu'à la fin** from the beginning to the end; ~ **12 h jusqu'à 20 h** from 12 to OU till 8 p.m. -**2.** [dans l'espace, un ordre, une hiérarchie] from... to; **remonter un fleuve** ~ **son embouchure jusqu'à sa source** to follow a river from its mouth to its source; ~ **le premier jusqu'au dernier** from the first to the last; **ils vendent de tout,** ~ **les parapluies jusqu'aux sandwiches** they sell everything, from umbrellas to sandwiches.

◆ **depuis le temps que** *loc conj*: ~ **le temps que tu me le promets...** you've been promising me that for such a long time...; ~ **le temps que tu le connais, tu pourrais lui demander** considering how long you've known him you could easily ask him; ~ **le temps que tu voulais y aller!** you've been wanting to go there for ages now!

◆ **depuis lors** *loc adv sout* since then; **il n'est pas retourné au village** ~ **lors** he hasn't been back to the village since then; ~ **lors, plus rien** since then, nothing more.

◆ **depuis quand** *loc adv* -**1.** [pour interroger sur la durée] how long; ~ **quand m'attends-tu?** how long have you been waiting for me?; ~ **quand travaillait-il pour vous?** how long had he been working for you? -**2.** [exprimant l'indignation, l'ironie] since when; ~ **quand est-ce que tu me donnes des ordres?** since when do you give me orders?; **j'ai arrêté de fumer — ah oui,** ~ **quand?** I've stopped smoking – since when?

◆ **depuis que** *loc conj* since; **je ne l'ai pas revu** ~ **qu'il s'est marié** I haven't seen him since he got married; **je veux être danseuse** ~ **que j'ai cinq ans** I've wanted to be a dancer (ever) since I was five; ~ **que j'ai arrêté de fumer, je me sens mieux** I feel better since I stopped smoking.

dépuratif, ive [depyratif, iv] *adj* cleansing, depurative.

◆ **dépuratif** *nm* depurative.

dépurer [3] [depyre] *vt* -**1.** MÉD to clear, to depurate. -**2.** CHIM to purify.

députation [depytasjɔ̃] *nf* -**1.** [envoi] deputation, mandating. -**2.** [groupe] delegation, deputation. -**3.** POL office of Deputy, membership of the Assemblée Nationale; **se présenter à la** ~ to stand for the position of Deputy.

député [depyte] *nm* -**1.** [représentant] delegate, representative. -**2.** POL [en France] deputy; [en Grande-Bretagne] member of Parliament; [aux États-Unis] Congressman *(f* Congresswoman); ~**-maire** *deputy who is also a mayor*; **femme** ~ [en Grande-Bretagne] woman MP; [aux États-Unis] Congresswoman.

députer [3] [depyte] *vt sout* to send, to delegate; ~ **qqn auprès d'un ministre** to send sb (as delegate) OU to delegate sb to speak to the Minister.

déqualification [dekalifikasjɔ̃] *nf* deskilling.

déqualifier [9] [dekalifje] *vt* to deskill.

der [dɛr] *nm* OU *nf inv loc*: **la** ~ **des** ~ the war to end all wars.

déracinable [derasinabl] *adj* eradicable, easy to suppress OU to uproot.

déraciné, e [derasine] ◇ *adj* BOT & *fig* uprooted; **ils se sentent** ~**s** they feel cut off from their roots.

◇ *nm, f* person without roots; **les** ~**s** people without roots.

déracinement [derasinmɑ̃] *nm* -**1.** BOT uprooting. -**2.** [extirpation] eradication, suppression; **le** ~ **des préjugés** eradicating prejudice. -**3.** [exil] uprooting (from one's environment); **ce fut pour eux un** ~ **complet** it was a complete change of environment for them.

déraciner [3] [derasine] *vt* -**1.** BOT to uproot; ~ **qqn** *fig* to uproot sb, to deprive sb of his roots. -**2.** [détruire - vice, racisme] to root out *(sép)*; **ces habitudes sont difficiles à** ~ these habits die hard.

déraillement [derajmɑ̃] *nm* -**1.** RAIL derailment; **il y a eu un** ~ **à Foissy** a train came off the track OU was derailed at Foissy. -**2.** [d'un disque] groove jumping.

dérailler [3] [deraje] *vi* -**1.** RAIL to go off OU to leave the rails; **faire** ~ **un wagon** to derail a truck. -**2.** *fam* [fonctionner mal] to be on the blink; **elle déraille, cette radio!** this radio's on the blink!; **faire** ~ **les négociations** to derail the talks. -**3.** *fam* [déraisonner] to go off the rails; [se tromper] to talk through one's hat; **tu dérailles complètement!** you're talking utter nonsense!

dérailleur [derajœr] *nm* derailleur.

déraison [derɛzɔ̃] *nf litt* foolishness, folly.

déraisonnable [derɛzɔnabl] *adj* foolish, senseless; **une attente/attitude** ~ irrational expectation/behaviour; **il serait** ~ **de partir si tard** it wouldn't be wise to leave so late.

déraisonnablement [derɛzɔnabləmɑ̃] *adv* foolishly, senselessly, unwisely.

déraisonner [3] [derɛzɔne] *vi* -**1.** [dire des sottises] to talk nonsense. -**2.** [divaguer] to rave.

dérangé, e [derɑ̃ʒe] *adj* -**1.** *fam* [bizarre] crazy, nuts, screwy *Am*; **t'es pas un peu** ~? have you gone out of your mind? -**2.** [malade] upset; **il a l'estomac** OU **il est** ~ he's got an upset stomach. -**3.** [en désordre - coiffure] dishevelled, messed-up; [- tenue] untidy; **en rentrant j'ai trouvé le salon/tiroir** ~ when I got home I found the living room/drawer in a mess.

dérangeant, e [derɑ̃ʒɑ̃, ɑ̃t] *adj* -**1.** [qui fait réfléchir] thought-provoking. -**2.** [qui crée un malaise] distressing, upsetting, worrying.

dérangement [derɑ̃ʒmɑ̃] *nm* -**1.** [panne] failure, fault. -**2.** [désordre] disarrangement, disorder. -**3.** [gêne] trouble, inconvenience; **je peux le recevoir sans grand** ~ it won't be any trouble for me to put him up. -**4.** MÉD disturbance, upset; ~ **de l'esprit** insanity, mental derangement ❑ ~ **gastrique** OU **intestinal** OU **de l'intestin** stomach upset. -**5.** [déplacement] trip; **cela m'épargnera le** ~ it'll save me having to go; **cela ne vaut pas/vaut le** ~ it isn't/it's worth a detour.

◆ **en dérangement** *loc adj* out of order, faulty; **'en** ~**'** 'out of order'; **le circuit est en** ~ there's a fault in the circuit.

déranger [17] [derɑ̃ʒe] ◇ *vt* -**1.** [mettre en désordre] to mix OU to muddle up *(sép)*, to make a mess of; **ne dérange pas mes papiers!** don't get my papers mixed up OU in a muddle!; **rien n'a été dérangé** nothing was touched; ~ **la coiffure de qqn** to mess up sb's hair. -**2.** [gêner] to bother, to disturb; **'ne pas** ~**'** 'do not disturb'; **si cela ne vous dérange pas** if you don't mind; **est-ce que cela vous dérange si...?** do you mind if...?; **ça ne te dérange pas de poster ma lettre?** would you mind posting my letter for me?; **et alors, ça te dérange?** *fam* so, what's it to you?; **ça te dérangerait d'être poli?** *fam* would it be too much trouble for you to be polite? -**3.** [interrompre] to interrupt, to intrude upon; **allô, Marie, je te dérange?** hullo Marie, is this a good time to talk?; **désolé de vous** ~ sorry to disturb you. -**4.** [perturber] to interfere with, to upset, to unsettle; **cela dérange mes projets** it interferes with my plans; ~ **l'esprit de qqn** to disturb the balance of sb's mind. -**5.** [estomac] to upset.

◇ *vi*: **ses livres dérangent** his books are a challenge to the reader.

◆ **se déranger** *vpi* -**1.** [venir] to come; [sortir] to go out; **il a refusé de se** ~ he wouldn't come (out); je refuse de me ~ I refuse to go; s'est-elle dérangée pour la réunion? did she put in an appearance at the meeting?; le téléphone évite de se ~ the telephone saves one from having to make unnecessary journeys; grâce à l'ordinateur, faites vos courses sans vous ~ thanks to the computer, you can shop without leaving home; se ~ pour rien to have a wasted journey. -2. [se pousser] to move (aside); ne te dérange pas, je passe très bien stay where you are, I can get through. -3. [cesser son activité] : ne vous dérangez pas, ne te dérange pas (please) don't put yourself out; ne vous dérangez pas, je reviendrai please don't go to any trouble, I'll come back later.

dérapage [derapaʒ] *nm* -1. SPORT [en ski] side-slipping; faire du ~ to sideslip || [en moto] skidding. -2. AÉRON & AUT skid; ~ contrôlé controlled skid. -3. [dérive] (uncontrolled) drifting; le ~ des prix the uncontrolled increase in prices; le ~ de l'économie the downward spiral of the economy. -4. [erreur] mistake, slip-up.

déraper [3] [derape] *vi* -1. [gén] to skid. -2. [au ski] to sideslip. -3. AÉRON to skid sideways. -4. [aller mal] to go wrong. -5. [faire erreur] to slip up. -6. *péj* [devenir mauvais] to drift (uncontrollably); dommage que son article dérape à deux pages de la fin it's a pity her article starts to go off at a tangent two pages before the end.

dératé, e [derate] *nm, f*: courir comme un ~ to run like lightning.

dératisation [deratizasjɔ̃] *nf* rodent control.

dératiser [3] [deratize] *vt* to clear of rats OU rodents.

derby [dɛrbi] (*pl* derbys OU derbies) *nm* -1. ÉQUIT derby; le ~ d'Epsom the Derby. -2. [match] local derby. -3. [chaussure] derby shoe.

déréalisation [derealizasjɔ̃] *nf* loss of the sense of reality.

déréaliser [3] [derealize] *vt* to remove the sense of reality from.

derechef [dərəʃɛf] *adv hum* once again, one more time.

déréglage [dereglaʒ] *nm* [gén] malfunction; RAD & TV detuning.

dérèglement [derɛgləmɑ̃] *nm* [dérangement] disturbance, trouble; ~ des saisons upsetting of the seasons.

◆ **dérèglements** *nmpl* [écarts] dissoluteness, debauchery.

déréglementation [dereglәmɑ̃tasjɔ̃] *nf* deregulation.

déréglementer [3] [dereglәmɑ̃te] *vt* to deregulate.

dérégler [18] [deregle] *vt* -1. MÉCAN [mécanisme] to disturb, to put out *(sép)*; [carburateur] to put OU to throw out of tuning; le compteur est déréglé the meter's not working properly; l'orage a déréglé la pendule électrique the storm has sent the electric clock haywire. -2. [perturber] to unsettle, to upset; ~ son sommeil to disturb one's sleep pattern; ~ son appétit to upset one's appetite.

◆ **se dérégler** *vpi* MÉCAN to go wrong, to start malfunctioning; le carburateur s'est déréglé the carburettor's out, the idling needs adjusting; ma fixation s'est déréglée my binding's come loose.

dérégulation [deregylasjɔ̃] *nf* deregulation.

déréguler [3] [deregyle] *vt* to deregulate.

déréliction [dereliksjɔ̃] *nf* RELIG dereliction *(of man by God)*.

déresponsabiliser [3] [derɛspɔ̃sabilize] *vt*: ~ qqn [le priver de responsabilité] to deprive sb of responsibility; [dans une entreprise] to give sb a less responsible job.

dérider [3] [deride] *vt* -1. [détendre] to cheer up *(sép)*; je n'ai pas réussi à le ~ I couldn't get a smile out of him; ça l'a déridé it brought a smile to his lips, that cheered him up a bit. -2. [déplisser] to unwrinkle.

◆ **se dérider** *vpi* to brighten, to cheer up.

dérision [derizjɔ̃] *nf* -1. [moquerie] derision, mockery; tourner qqn/qqch en ~ to scoff at sb/sthg; ne tourne pas sa tentative en ~ don't mock his effort. -2. [ironie] irony; du barreau à la prison, quelle ~! he was at the Bar and he's now behind bars, what bitter irony!

dérisoire [derizwar] *adj* -1. [risible] derisory, ridiculous, laughable. -2. [piètre - salaire, prix] derisory, ridiculous. -3. [sans effet] inadequate, trifling, pathetic.

dérisoirement [derizwarmɑ̃] *adv* ridiculously, preposterously.

dérivable [derivabl] *adj* derivable MATH.

dérivatif, ive [derivatif, iv] *adj* derivating LING.

◆ **dérivatif** *nm* distraction, escape, outlet; le travail sert de ~ à son chagrin work is an outlet for his grief.

dérivation [derivasjɔ̃] *nf* -1. [d'un cours d'eau] diversion. -2. ÉLECTR shunt, branch circuit. -3. CHIM, LING & MATH derivation. -4. NAUT drift. -5. MÉD diversion.

◆ **de dérivation** *loc adj* -1. [détourné] : canal de ~ headrace; conduite de ~ by-pass. -2. ÉLECTR dividing.

dérive [deriv] *nf* -1. [dérapage] drifting, drift; la ~ de l'économie the downward spiral of the economy; sa ~ vers l'alcoolisme his drifting OU slipping into alcoholism; aller à la ~ *pr* to drift, to go adrift; *fig* to go downhill. -2. NAUT [déplacement] drift, drifting off course; [quille] centreboard, keel; partir à la ~ to drift. -3. AÉRON [trajectoire] drift, drifting off course; [empennage] fin, stabilizer; ~ d'empennage tailfin; ~ de queue vertical fin; ~ ventrale lower vertical fin. -4. [d'un cerf-volant] keel. -5. ARM deflection. -6. GÉOG : ~ des continents continental drift; ~ des vents d'ouest west wind drift; ~ latérale leeway.

◆ **en pleine dérive** *loc adj* on the decline; ayant eu son heure de gloire, le chanteur est en pleine ~ after a successful spell, the singer's popularity is fading fast.

dérivé, e [derive] *adj* -1. LING & MATH derived. -2. ÉLECTR diverted, shunt; circuit ~ branch circuit.

◆ **dérivé** *nm* -1. CHIM derivative. -2. LING derivation. -3. [sous-produit] by-product.

◆ **dérivée** *nf* MATH derivative.

dériver [3] [derive] ◇ *vi* NAUT to drift, to be adrift.

◇ *vt* -1. [détourner - rivière] to divert (the course of). -2. ÉLECTR to shunt. -3. CHIM & MATH to derive.

◆ **dériver de** *v + prép* -1. [être issu de] to derive OU to come from. -2. CHIM to be produced from. -3. LING to stem OU to derive from; mots français qui dérivent du latin French words derived from Latin.

dériveur [derivœr] *nm* -1. [voile] storm-spanker. -2. [bateau] sailing boat *(with a centre-board)*.

dermatite [dɛrmatit] = **dermite**.

dermato *fam* [dɛrmato] *nmf* dermatologist, skin-specialist.

dermatologie [dɛrmatɔlɔʒi] *nf* dermatology.

dermatologiste [dɛrmatɔlɔʒist], **dermatologue** [dɛrmatɔlɔg] *nmf* dermatologist, skin-specialist.

dermatose [dɛrmatoz] *nf* dermatosis, skin disease; ~ professionnelle industrial dermatosis.

derme [dɛrm] *nm* derm, (true) skin.

dermique [dɛrmik] *adj* dermic, dermal.

dermite [dɛrmit] *nf* dermitis, dermatitis.

dermographisme [dɛrmɔgrafism] *nm* dermatography.

dernier, ère [dɛrnje, *devant nm commençant par voyelle ou h muet* dɛrnjer, dɛrnjɛr] ◇ *adj* A. DANS LE TEMPS -1. *(avant le n)* [qui vient après tous les autres - avion, bus, personne] last; [- détail, préparatif] final; la dernière femme à être condamnée à mort the last woman to be sentenced to death; le ~ enchérisseur the highest bidder; un ~ mot/point! one final word/point!; le ~ jour des soldes the last day of the sales; le ~ lundi d'avril the last Monday in April; il vient de terminer ses ~s examens [en fin de cycle d'études] he's just taken his final exams OU finals; un Warhol dernière période a late Warhol; les dernières années de sa vie the last years of his life; jusqu'à son ~ jour to his dying day, until the day he died; ce furent ses dernières paroles these were his dying OU last words; ses dernières pensées sont allées vers sa fille her last thoughts were for her daughter; ses dernières volontés his last wishes ❑ ~ arrivant OU arrivé OU venu latecomer; les ~s arrivés s'assoient au fond, s'il vous plaît! latecomers, please sit at the back!; je résume pour les ~s venus OU arrivés OU arrivants I'll sum up for those of you who've just got here; sa dernière demeure her final resting place; la dernière édition the late edition; la dernière séance the last OU late performance; le ~ sommeil eternal rest; avoir le ~ mot: il faut toujours qu'il ait le ~ mot he always has to have the last word; rendre les ~s devoirs OU honneurs OU un ~ hommage à qqn to pay a final tribute OU one's last respects to sb. -2. *(avant le n)* [arrêté, ultime] final; c'est mon ~ prix [vendeur] it's the lowest I'll go; [acheteur] that's my final offer; c'est le ~ avertissement! it's your last OU final warning!; Napoléon fut le ~ conquérant Napoleon was the last conqueror; dans un ~ sursaut de rage in a final burst of rage; en dernière analyse in the final OU last analysis, when all's said and done. -3. [précédent] last, previous; la nuit dernière last night; lundi ~ last Monday; l'été ~ last summer; mon ~ emploi my last OU previous job; la dernière fois, la fois dernière last time; où ont eu lieu les ~s jeux Olympiques? where did the previous OU last Olympic Games take place?; ces dix dernières années these last ten years. -4. *(avant le n)* [le plus récent] last, latest; achète-moi la dernière biographie de Proust get me the latest biography of Proust; à la dernière minute, à la dernière seconde, au ~ moment: une décision prise à la dernière seconde a last-minute decision; je ferai mes valises au ~ moment I'll pack at the last minute OU possible moment; une nouvelle de dernière minute a late newsflash; on nous apprend/ils apprirent en dernière minute que... we've just heard this minute/at the last minute they heard that...; ces ~s temps lately, of late; les ~s temps de the last stages OU days of, the end of; pendant les ~s temps de son mandat towards the end of his mandate; tu connais la dernière nouvelle? have you heard the latest?; aux dernières nouvelles, le mariage aurait été annulé according to the latest news, the wedding's been cancelled; aux dernières nouvelles, elle était en Alaska she was last heard of in Alaska; de dernière heure [changement] last-minute; une information de dernière heure a late newsflash ❑ il n'est pas né OU tombé de la dernière pluie OU averse he wasn't born yesterday.

B. DANS L'ESPACE -1. [du bas - étagère] bottom; les chaussettes sont dans le ~ tiroir the socks are in the bottom drawer. -2. [du haut] top; au ~ étage on the top floor. -3. [du bout] last; un siège au ~ rang a seat in the back (row); sur la photo, c'est la dernière personne à droite in the picture, he's the last person on the right.

C. DANS UN CLASSEMENT, UNE HIÉRARCHIE -1. [dans une série] last; la dernière lettre de l'alphabet the last letter of the alphabet; suite à la dernière page continued on the back page; quelqu'un vient d'acheter le ~ billet someone's just bought the last ticket. -2. [le plus mauvais] last, bottom; en dernière position in last position, last; en dernière position du championnat (at the) bottom of the league (table); le ~ élève de la classe the pupil at the bottom of the class; je suis ~ à l'examen I came last OU bottom *Br* in the exam; arriver bon ~ to come in last. -3. [le meilleur] top, highest; le ~ échelon the highest level.

D. EN INTENSIF **-1.** *(avant le n)* [extrême, sens positif]: **de la dernière importance** of paramount OU of the utmost importance; **du ~ chic** extremely smart; **se battre avec la dernière énergie** to fight with the utmost vigour; **nos fauteuils sont du ~ confort** our armchairs are the ultimate in comfort; **atteindre le ~ degré de la perfection** to attain the summit of perfection. **-2.** *(avant le n)* [extrême, sens négatif]: **être du ~ égoïsme** to be extraordinarily selfish; **un acte de la dernière lâcheté** the most cowardly of acts; **traiter qqn avec le ~ mépris** to treat sb with the greatest contempt; **c'est de la dernière effronterie/impolitesse** it's extremely cheeky/rude; **du ~ mauvais goût** in appalling bad taste; **le ~ degré du désespoir** the depths of despair; **c'est la dernière chose à faire** it's the last thing one should do; **il est la dernière personne à qui je voudrais faire du tort** he's the last person I'd want to harm!; **un couteau électrique! c'est bien le ~ appareil que j'achèterais!** an electric knife! I can't imagine I'd ever want one of them!; **c'est le ~ métier qu'on puisse imaginer** it's the lowest job you could imagine; **se livrer aux ~s excès** to indulge in the most abominable excesses ❑ **faire subir les ~s outrages à une femme** *euph* to violate a woman.

◇ *nm,f* **-1.** [dans le temps] last OU final one; **je suis partie la dernière** I left last, I was the last one to leave; **je suis arrivé dans les ~s** I was among the last OU final ones to arrive; **le ~ à l'avoir vue en vie** the last person to see her alive ❑ **'le Dernier des Mohicans'** *Cooper* 'the Last of the Mohicans' ‖ [dans une famille] youngest; **le ~** the youngest OU last (boy); **la dernière** the youngest OU last (girl); **ses deux ~s** his two youngest (children); **le petit ~** the youngest son; **la petite dernière** the youngest daughter. **-2.** [dans l'espace - celui du haut] top one; [- celui du bas] last OU bottom one; [- celui du bout] last one; **son dossier est le ~ de la pile** her file is at the bottom of the pile; **où es-tu sur la photo? — je suis le ~ sur la gauche** where are you in the picture? — I'm the last one on the left. **-3.** [dans une hiérarchie - le pire]: **j'étais toujours le ~ en classe** I was always (at the) bottom of the class; **tu arrives le ~ avec 34 points** you come last with 34 points; **elle est la dernière à qui je le dirais** she's the last person I'd tell; **le ~ des ~s** *fam* the lowest of the low; **même le ~ des imbéciles aurait compris** *fam* even the stupidest idiot would have got the message; **le ~ des lâches n'aurait pas fait ça** even the worst coward wouldn't have done that; **tu es le ~ des menteurs!** you're the most terrible liar!; **je serais vraiment le ~ des idiots!** I'd be a complete fool!; **c'est le ~ des maris** he's a terrible husband ‖ [dans une série] last one; **allez, on en prend un ~!** [verre] let's have a last one (for the road)!; **ils les ont tués jusqu'au ~** every single one of them was killed. **-4.** [dans une narration]: **ce ~, cette dernière** [de deux] the latter; [de plusieurs] this last, the last-mentioned; **il attendait la réponse de Luc, mais ce ~ se taisait** he was waiting for Luc's answer but the latter kept quiet; **Myriam, Annie et Joëlle étaient parties et on avait retrouvé la voiture de cette dernière sur une plage** Myriam, Annie and Joëlle had gone away and Joëlle's car had been found on a beach.

◆ **dernier** *nm* **-1.** [étage] top floor. **-2.** [dans une charade]: **mon ~ est/a...** my last is/has...

◆ **dernière** *nf* **-1.** THÉÂT last performance. **-2.** *fam* [nouvelle]: **tu connais la dernière?** have you heard the latest?; **je te raconte la dernière de Fred** let me tell you about Fred's latest.

◆ **au dernier degré, au dernier point** *loc adv* extremely, to the highest OU last degree; **j'étais excédé au ~ point** I was utterly furious; **méticuleux au ~ point** meticulous to the last degree; **c'est un alcoolique au ~ degré** he's a complete alcoholic; **drogué au ~ degré** drugged to the eyeballs.

◆ **au dernier degré de** *loc prép* in the utmost; **au ~ degré de la misère** in the utmost poverty; **au ~ degré du désespoir** in the depths of despair.

◆ **de dernier ordre** *loc adj* third-rate.

◆ **dernier délai** *loc adv* at the latest.

◆ **en dernier** *loc adv* last; **entrer en ~** to go in last, to be the last one to go in; **son nom a été mentionné en ~** his name was mentioned last OU was the last one to be mentioned; **en ~, je mangerais bien une glace** I wouldn't mind an ice cream to finish; **ajoute le sel en ~** add the salt last OU at the end.

◆ **en dernier lieu** *loc adv* finally, lastly.

◆ **en dernier recours, en dernier ressort** *loc adv* as a last resort.

dernièrement [dɛrnjɛrmɑ̃] *adv* lately, not long ago, (quite) recently.

dernier-né, dernière-née [dɛrnjene, dɛrnjɛrne] *(mpl* derniers-nés, *fpl* dernières-nées) *nm, f* **-1.** [benjamin] last-born (child). **-2.** COMM: **le ~ de notre gamme d'ordinateurs** the latest addition to OU creation in our range of computers.

dérobade [derɔbad] *nf* **-1.** *sout* [fuite] avoidance, evasion; **il a pris mon silence pour une ~** when I said nothing, he thought I was trying to avoid answering. **-2.** ÉQUIT jib, refusal.

dérobé, e [derɔbe] *adj sout* **-1.** [caché] hidden, concealed, secret; **couloir/escalier ~** secret corridor/staircase. **-2.** [volé] stolen, purloined *litt.*

◆ **à la dérobée** *loc adv* secretly, on the sly, furtively; **regarder qqn à la ~e** to steal a glance at sb; **il la surveillait à la ~e** he was watching her furtively; **ils sont sortis à la ~e** they stole out of the room.

dérober [3] [derɔbe] *vt sout* **-1.** [voler] to steal; **~ qqch à qqn** to steal sthg from sb; **on lui a dérobé son argent** he has been robbed of his money; **~ un baiser (à qqn)** *litt* to steal a kiss (from sb). **-2.** [cacher]: **~ qqch à la vue** to hide OU to conceal sthg from view.

◆ **se dérober** *vpi* **-1.** [éluder la difficulté] to shy away from OU to avoid a difficulty; **dans son article elle se dérobe** in her article she fudges the issue. **-2.** ÉQUIT to jib, to refuse; **se ~ devant l'obstacle** to refuse at the jump. **-3.** [s'effondrer] to collapse, to give way; **ses genoux se dérobaient sous lui** his legs gave way under him; **le sol s'est dérobé brusquement** the ground suddenly caved in.

◆ **se dérober à** *vp + prép* to avoid, to evade; **se ~ aux regards** to conceal o.s., to hide; **se ~ à ses obligations** to evade OU to shirk one's responsibilities.

dérochage [derɔʃaʒ] *nm* [décapage] pickling TECH.

dérochement [derɔʃmɑ̃] *nm* removal of rocks CIV ENG.

dérocher [3] [derɔʃe] ◇ *vt* **-1.** CHIM to pickle, to strip. **-2.** TRAV PUBL to clear of rocks.

◇ *vi* [alpiniste] to fall (from a rock face).

dérogation [derɔgasjɔ̃] *nf* (special) dispensation OU exemption; **consentir une ~** to grant an exemption; **~ aux usages** departure from custom; **par ~ à la réglementation** notwithstanding the rules; **sauf ~ explicite** unless otherwise specified.

dérogatoire [derɔgatwar] *adj* derogatory JUR.

déroger [17] [derɔʒe] *vi sout* to demean o.s.; **en se mêlant à nous, il croirait ~** he thinks it's beneath him to associate with people like us.

◆ **déroger à** *v + prép* **-1.** [manquer à] to depart from; **~ à la loi/ses principes** to depart from the law/one's principles; **sans ~ à ses habitudes** without departing from one's usual practices. **-2.** HIST: **~ à son rang** to lose caste *(after working at a demeaning occupation)*.

dérouillée▽ [deruje] *nf* belting, thrashing; **je vais lui mettre une ~!** I'll give him what for!

dérouiller [3] [deruje] ◇ *vt* **-1.** [enlever la rouille sur] to remove the rust from. **-2.** [assouplir - doigts, esprit] to loosen up *(sép)*; [- jambes] to stretch.

◇ *vi fam* **-1.** [être battu] to get it; **tu vas ~!** you're for it OU going to get it! **-2.** [souffrir] to be in agony; **qu'est-ce que j'ai dérouillé avec mon entorse!** when I sprained my ankle, it was sheer hell!

◆ **se dérouiller** *vpt*: **se ~ les doigts** to loosen up one's fingers; **se ~ les jambes** to stretch one's legs; **se ~ l'esprit** to exercise one's mind.

déroulage [derulaʒ] *nm* **-1.** [déroulement] unrolling, unwinding. **-2.** MENUIS [procédé] veneer-ing-cutting; [industrie] veneer-making.

déroulement [derulmɑ̃] *nm* **-1.** [débobinage] unreeling, unwinding. **-2.** [cours - d'une cérémonie, d'un discours] course; **le ~ des événements** the course OU sequence of events.

dérouler [3] [derule] *vt* **-1.** [débobiner - câble] to unroll, to unwind, to uncoil; [- tapis, rouleau] to unroll; **~ le tapis rouge pour qqn** *fig* to roll out the red-carpet for sb. **-2.** MENUIS to cut OU to plane veneer from.

◆ **se dérouler** *vpi* **-1.** [se déployer - câble, bande] to unwind, to uncoil, to unroll; **le fleuve/la vallée/le paysage se déroule sous nos yeux** the river/the valley/the landscape unfolds before our eyes. **-2.** [avoir lieu] to take place, to be going on; **les spectacles qui se déroulent en ce moment** the shows currently running; **les deux opérations se déroulent en même temps** the two operations are concurrent; **les épreuves se sont déroulées conformément au règlement** the exams were conducted in accordance with the rules. **-3.** [progresser] to develop, to progress; **sa carrière se déroule exactement comme prévu** her career's going OU progressing according to plan.

dérouleur [derulœr] *nm* **-1.** [de papier, de bande] tape winder; **~ de bande magnétique** tape unit, magnetic tape drive; **~ de film magnétique** magnetic film handler. **-2.** [de cuisine] kitchen roll dispenser.

dérouleuse [deruløz] *nf* **-1.** [à bois] unwinding machine. **-2.** ÉLECTR cable-drum.

déroutage [derutaʒ] *nm* rerouting.

déroutant, e [derutɑ̃, ɑ̃t] *adj* perplexing, disconcerting, puzzling.

déroute [derut] *nf* **-1.** MIL retreat, rout; **être en pleine ~** to be in full flight; **mettre qqn en ~** to disconcert sb; **l'armée a été aisément mise en ~** the army was easily routed; **le loup a mis le troupeau en ~** the wolf scattered the flock. **-2.** [débâcle] ruin; **l'entreprise est en pleine ~** the firm's collapsing.

déroutement [derutmɑ̃] = **déroutage**.

dérouter [3] [derute] *vt* **-1.** [changer l'itinéraire de] to reroute. **-2.** [étonner] to disconcert, to perplex; **la question l'a dérouté** the question threw him off balance. **-3.** CHASSE to throw off the track.

derrick [derik] *nm* derrick.

derrière [dɛrjɛr] ◇ *prép* **-1.** [en arrière de] behind; **ça s'est passé ~ chez moi** it happened behind my house; **~ la colline, il y a une forêt** on the other side of the hill OU beyond the hill there is a forest; **il y a un chien ~ la grille** there's a dog (on) the other side of the gate; **reste au coin, les mains ~ la tête** remain standing in the corner with your hands behind your head; **regarde ~ toi!** look behind you! ‖ *fig*: **il a l'impression que ses plus belles années sont ~ lui** he feels his best years are behind him; **avec une telle expérience ~ elle, elle n'aura pas de mal à retrouver un emploi** with that kind of experience behind her she'll have no trouble finding a job; **être ~ qqn** [le soutenir] to support sb; **il sait que le public est ~ lui** he knows that the public supports him OU is behind him; **ne sois pas toujours ~ moi!** [à me surveiller] stop watching everything I do all the time! ❑ **je sais bien ce qu'elle dit ~ mon dos** I'm quite aware of what she says behind my back; **il faut toujours être ~ lui OU ~ son dos** he has to be watched all the time; **avoir une idée ~ la tête** to have a fixed idea; **lui, quand il a une idée ~ la tête!** when he's got an idea in his head there's no stopping him! **-2.** [à la suite de] behind; **un motard roulait ~ le convoi** a policeman was riding behind the convoy; **passe ~ moi, tu sentiras moins le vent** get behind me, you won't feel the wind so much; **l'un ~ l'autre** one behind the other; **le Kenyan est en première place, avec loin ~ lui le Jamaïcain** the Kenyan is in first place with the Jamaican a long way behind; **il a rapidement laissé ses camarades loin ~ lui** he soon left his classmates far behind; **leur équipe est passée ~ nous au classement** their team has dropped behind us in the league; **les Italiens sont ~ nous en matière d'électronique** as far as electronics is concerned, the Italians are lagging behind us. -**3.** [sous] beneath, under; **~ son indifférence apparente** beneath his apparent indifference; **qu'y a-t-il ~ tout ça?** what's the key to all this?, what's behind all this?, what's all this really about?

◇ *adv* -**1.** [en arrière] behind, the other side; **tu vois le bureau de poste? la bibliothèque est juste ~** do you see the post office? the library's just behind it; **regarde ~ avant de tourner** look behind before you turn off; **passe ~, tu verras mieux** come through, you'll get a better view; **restez ~ et suivez notre voiture** stay behind and follow our car. -**2.** [du côté arrière] at the back; **ça se boutonne ~** it buttons up at the back; **tes cheveux sont trop longs ~** your hair's too long at the back || [sur la face arrière] on the back; **écris le nom de l'expéditeur ~** write the sender's name on the back. -**3.** [dans le fond] at the rear OU back; **le jardin est ~** the garden is at the rear OU back (of the house); **mettez les plus grands de la classe ~** put the tallest pupils at the rear OU back; **installe-toi ~** [dans une voiture] sit in the back; **hé, taisez-vous ~!** hey, be quiet there in the back! -**4.** *fig* behind; **elle est loin ~** she's a long way behind.

◇ *nm* -**1.** [d'un objet, d'un espace] back. -**2.** *fam* [fesses] bottom, posterior *hum*; **pousse ton ~!** shift your backside!; **avoir le ~ à l'air** to be bare-bottomed ❑ **coup de pied au ~** kick up the backside OU *Am* in the pants; **être** OU **rester** OU **tomber le ~ par terre** to be stunned OU flabbergasted; **avoir qqn au ~** to have sb on one's tail. -**3.** ZOOL rump; **le chien assis sur son ~** the dog sitting on its haunches.

◆ **de derrière** ◇ *loc adj* [dent, jardin, roue, siège] back *(modif)*; **la porte de ~** the back door; **voici une vue de ~** here's a rear view.

◇ *loc prép* -**1.** [par l'arrière de] from behind; **il est arrivé de ~ la maison** he arrived from behind the house. -**2.** *loc*: **de ~ les fagots** very special; **une bouteille de ~ les fagots** a very special wine.

derviche [dɛrviʃ] *nm* dervish; **~ tourneur** whirling dervish.

des [de] ◇ *art indéf* → **un**.

◇ *prép* → **de**.

dès [dɛ] *prép* -**1.** [dans le temps] from; **~ son arrivée, j'ai compris que quelque chose n'allait pas** from the moment OU as soon as he arrived, I realised that there was something wrong; **~ son retour, il faudra y penser** as soon as he comes back, we'll have to think about it; **~ le début** from the beginning; **~ la première fois** right from the start; **~ les premiers jours d'avril** from early April onwards; **prêt ~ 8 h** ready by 8 o'clock; **~ le quinzième siècle** as far back as the fifteenth century; **~ Noël** from Christmas onwards; **je vais le faire ~ aujourd'hui** I'm going to do it this very day; **~ maintenant** from now on; **vous pouvez réserver vos places ~ maintenant** booking is now open; **pouvez-vous commencer ~ maintenant?** can you start straight away?; **il y pensait ~ avant sa retraite** he was thinking of it even before he retired. -**2.** [dans un ordre, un rang, une hiérarchie]: **~ le troisième échelon, on paye plus d'impôts** when you get to grade three OU from grade three upwards you pay more taxes; **~ la sixième, on apprend l'anglais** English is studied from the first year onwards; **~ la seconde année** from the second year onwards; **~ sa nomination** as soon as he was appointed; **~ l'entrée en vigueur de la loi** as soon as the law comes into force; **~ le deuxième verre, il ne savait plus ce qu'il disait** after his second glass he started talking nonsense. -**3.** [dans l'espace]: **~ le seuil** on reaching the doorstep; **~ la frontière** on reaching the border; **~ la sortie du village commence la forêt** the woods lie just beyond the village.

◆ **dès lors** *loc adv* -**1.** [à partir de là] from then on, since (then); **il a quitté la ville; ~ lors, on n'a plus entendu parler de lui** he left the town and he's never been heard of since. -**2.** [en conséquence] consequently, therefore; **tu es d'accord avec lui: ~ lors, je n'ai plus rien à dire** you agree with him: in which case OU consequently I have nothing more to say.

◆ **dès lors que** *loc conj* -**1.** [étant donné que] as, since; [du moment où] from the moment (that); **~ lors qu'il a renoncé à ce poste, il ne peut prétendre à une augmentation** given that OU since OU as he refused that job, he can't expect a rise; **~ lors qu'il a été déclaré coupable, rien ne saurait le sauver** from the moment he was found guilty, nothing could possibly save him. -**2.** [dès que] as soon as; **~ lors que la loi entre en vigueur, il faut s'y conformer** as soon as the law comes into force, it must be respected.

◆ **dès que** *loc conj* -**1.** [aussitôt que] as soon as; **~ que possible** as soon as possible; **~ que tu pourras, téléphone-moi** ring me up as soon as you can; **nous partirons ~ que tout le monde sera prêt** we'll go once OU (just) as soon as everybody's ready. -**2.** [chaque fois que] whenever; **~ qu'il peut, il part en vacances** whenever he can, he goes off on holiday.

désabonner [3] [dezabɔne] *vt* to cancel the subscription of.

◆ **se désabonner** *vp (emploi réfléchi)* to stop subscribing, to cancel OU to withdraw OU to discontinue one's subscription; **se ~ à une revue** to stop taking a magazine.

désabusé, e [dezabyze] *adj* -**1.** [déçu] disillusioned, disenchanted. -**2.** [amer] embittered.

désabuser [3] [dezabyze] *vt* to disabuse; **je la croyais honnête mais l'enquête m'a désabusé** I thought she was honest but the inquiry opened my eyes.

désaccord [dezakɔr] *nm* -**1.** [litige] conflict, disagreement, dissension; **s'il y a ~** if there's any disagreement. -**2.** [contraste] discrepancy, disharmony *litt*. -**3.** MUS disharmony.

◆ **en désaccord** *loc adj*: **les parties en ~** the dissenting parties; **ils sont en ~ en ce qui concerne l'éducation de leurs enfants** they disagree about their children's education.

◆ **en désaccord avec** *loc prép* -**1.** [en conflit avec] conflicting OU clashing OU in conflict with. -**2.** [sans cohérence avec]: **sa conduite est en ~ avec ses principes** his behaviour is not consistent with his principles.

désaccorder [3] [dezakɔrde] *vt* MUS to detune; **le piano est désaccordé** the piano's out of tune.

◆ **se désaccorder** *vpi* MUS to go out of tune.

désaccoupler [3] [dezakuple] *vt* to uncouple.

désaccoutumance [dezakutymɑ̃s] *nf* -**1.** [perte d'une habitude] loss of a habit. -**2.** MÉD & PSYCH end of a dependency; **la ~ du tabac** breaking tobacco dependency.

désaccoutumer [3] [dezakutyme] *vt* -**1.** [déshabituer] to disaccustom, to cause to lose a habit. -**2.** MÉD & PSYCH: **~ qqn** to end sb's dependency.

◆ **se désaccoutumer de** *vp + prép* -**1.** [se déshabituer]: **se ~ de faire** to get out of the habit of doing. -**2.** MÉD & PSYCH to lose one's dependency on; **se ~ du tabac** to kick the tobacco habit.

désacralisation [desakralizasjɔ̃] *nf* deconsecration.

désacraliser [3] [desakralize] *vt* to remove the sacred character from; *fig* to demythologize.

désactiver [3] [dezaktive] *vt* -**1.** CHIM to deactivate, to make ineffective. -**2.** NUCL to decontaminate.

désadaptation [dezadaptasjɔ̃] *nf* loss of adaptability.

désadapté, e [dezadapte] ◇ *adj*: **un malade ~** a patient who's lost the ability to adapt OU to adjust (to normal life).

◇ *nm, f* misfit; **les ~s** those who can't adapt OU adjust (to normal life) any more.

désaffectation [dezafɛktasjɔ̃] *nf* -**1.** MIL transfer. -**2.** [d'une église] deconsecration, secularization, secularizing; [d'une gare] closing down, putting out of use OU commission.

désaffecté, e [dezafɛkte] *adj* [église] deconsecrated, secularized; [gare, entrepôt] disused.

désaffecter [4] [dezafɛkte] *vt* [église] to deconsecrate, to secularize; [entrepôt] to close down, to put out of use OU commission; **il a désaffecté son garage pour en faire un atelier** he turned his garage into a workshop.

désaffection [dezafɛksjɔ̃] *nf* disaffection, loss of interest; **manifester une certaine ~ pour qqch** to lose interest in OU to turn one's back on sthg; **expliquer la ~ du public à l'égard de la religion** to explain why people turn their backs on religion.

désagréable [dezagreabl] *adj* -**1.** [déplaisant] disagreeable, displeasing, unpleasant; **souvenirs ~s** unpleasant memories; **~ à voir** unsightly; **une odeur ~** a nasty smell; **ce n'est pas ~** it's rather pleasant OU nice; **ce petit vent n'est pas ~** this gentle breeze is (very) welcome. -**2.** [peu sociable] bad-tempered, rude, unkind; **elle est ~ avec tout le monde** she's rude to everybody.

désagréablement [dezagreabləmɑ̃] *adv* unpleasantly, offensively; **un bruit qui résonne ~ aux oreilles** a noise that grates on the ears.

désagrégation [dezagregasjɔ̃] *nf* -**1.** [d'un tissu, d'un béton] disintegration. -**2.** GÉOL weathering. -**3.** [d'une équipe] break-up, breaking OU splitting up, disbanding.

désagréger [22] [dezagreʒe] *vt* -**1.** [effriter] to break up *(sép)*, to cause to disintegrate OU to crumble. -**2.** [désunir - équipe] to break up *(sép)*, to disband.

◆ **se désagréger** *vpi* -**1.** [s'effriter] to powder; GÉOL to be weathered. -**2.** [groupe, équipe] to break up, to disband; **le club s'est désagrégé** the club disbanded.

désagrément [dezagremɑ̃] *nm* annoyance, inconvenience; **causer des ~s à qqn** to cause trouble for sb, to inconvenience sb; **les voyages impliquent parfois quelques ~s** travelling sometimes involves inconvenience.

désaimantation [dezɛmɑ̃tasjɔ̃] *nf* demagnetization, demagnetizing.

désaimanter [3] [dezɛmɑ̃te] *vt* to demagnetize.

désaliénation [dezaljenasjɔ̃] *nf* release from alienation.

désaliéner [18] [dezaljene] *vt* to free from alienation.

désalpe [dezalp] *nf Helv* transhumance *(from the high pastures)*.

désalper [3] [dezalpe] *vi Helv to come down from the high pastures*.

désaltérant, e [dezalterɑ̃, ɑ̃t] *adj* refreshing, thirst-quenching.

désaltérer [18] [dezaltere] *vt* to refresh, to quench the thirst of.

◆ **se désaltérer** *vpi* to quench OU to slake one's thirst.

désambiguïser [3] [dezɑ̃bigɥize] *vt* to disambiguate.

désamidonner [3] [dezamidɔne] *vt* to remove the starch from.

désamorçage [dezamɔrsaʒ] *nm* -**1.** ARM [d'une bombe] defusing; [d'une arme] unpriming. -**2.** ÉLECTR running down, de-energization. -**3.** MÉCAN air-binding.

désamorcer [16] [dezamɔrse] *vt* -**1.** ARM [grenade] to defuse; [arme] to unprime. -**2.** ÉLECTR to run down *(sép)*, to de-energize. -**3.** MÉCAN: **~ une pompe** to draw off the water from a pump. -**4.** [contrecarrer] to defuse, to forestall, to inhibit; **des mesures d'urgence pour ~ la grève** emergency measures to defuse the strike.

désapparier [9] [dezaparje] *vt* **-1.** [gants, chaussettes] to split (up). **-2.** [bœufs] to uncouple.

désappointé, e [dezapwɛ̃te] *adj sout* disappointed, frustrated.

désappointement [dezapwɛ̃tmɑ̃] *nm litt* disappointment, dissatisfaction.

désappointer [3] [dezapwɛ̃te] *vt sout* to disappoint.

désapprendre [79] [dezaprɑ̃dr] *vt* to forget, to unlearn; **il a désappris l'italien** he can't speak Italian any more; **je crois bien avoir désappris le piano** I'm afraid I can no longer play the piano; **l'enfant avait désappris à sourire** the child no longer knew how to smile; **~ de faire qqch** *litt* to lose the habit of doing sthg.

désapprobateur, trice [dezaprɔbatœr, tris] *adj* censorious, disapproving; **d'un air ~** with a look of disapproval.

désapprobation [dezaprɔbasjɔ̃] *nf* disapproval; **exprimer ouvertement sa ~** to disagree openly.

désapprouver [3] [dezapruve] *vt* **-1.** [condamner] to disapprove (of); **un mariage civil? sachez que je désapprouve!** a registry office *Br* OU civil *Am* wedding? let me say that I thoroughly disapprove OU I do not approve! **-2.** [s'opposer à] to be opposed OU to object to, to find unacceptable; **la commission désapprouvera cette solution** this solution will be unacceptable to the committee; **nous désapprouvons le concept de discrimination** we strongly oppose the notion of discrimination.

désapprovisionner [3] [dezaprɔvizjɔne] *vt* **-1.** [magasin, placard] to drain of stocks, to empty of supplies. **-2.** BANQUE: **~ son compte** to remove funds from OU to empty one's account. **-3.** ARM to unload, to empty.

désarçonner [3] [dezarsɔne] *vt* **-1.** ÉQUIT to unseat; **il a été désarçonné plusieurs fois** he was unhorsed several times. **-2.** [étonner] to disconcert, to baffle, to put out *(sép)*; **son intervention a désarçonné l'orateur** his remark threw the speaker off balance.

désargenté, e *fam* [dezarʒɑ̃te] *adj* penniless; **une famille ~e** a family fallen on hard times; **je suis plutôt ~ ces jours-ci** I'm a bit short (of money) at the moment.

désargenter [3] [dezarʒɑ̃te] *vt* **-1.** MIN to desilver. **-2.** [bijou, couvert] to wear off the silver plate of. **-3.** *fam* [priver d'argent] to deprive of cash.

◆ **se désargenter** *vpi* to wear bare of silver; **les couteaux se sont désargentés** the knives have lost their silver plating.

désarmant, e [dezarmɑ̃, ɑ̃t] *adj* **-1.** [touchant] disarming; **un sourire ~** a disarming smile; **elle est ~e de gentillesse** she is disarmingly sweet. **-2.** [confondant] amazing, breathtaking; **une telle ignorance est ~e** such ignorance is breathtaking.

désarmé, e [dezarme] *adj* **-1.** ARM uncocked. **-2.** NAUT laid up. **-3.** [surpris] dumbfounded.

désarmement [dezarməmɑ̃] *nm* **-1.** MIL & POL disarmament. **-2.** ARM uncocking. **-3.** NAUT laying-up, release.

désarmer [3] [dezarme] ◇ *vt* **-1.** MIL & POL to disarm. **-2.** ARM to uncock. **-3.** [attendrir] to disarm; **être désarmé par la bonne volonté de qqn** to find sb's willingness disarming; **ce genre de remarque vous désarme** this kind of remark takes the wind out of your sails. **-4.** [priver de moyens]: **être désarmé devant la vie/les mauvaises influences** to be ill-equipped to cope with life/to deal with bad influences. **-5.** NAUT to lay up *(sép)*, to put out of commission.

◇ *vi* **-1.** MIL to disarm. **-2.** *loc*: **il ne désarme pas** he won't give in, he keeps battling on; **sa haine ne désarme pas** her hatred is unrelenting; **les journaux ne désarmeront pas** the press stories will go on and on.

désarrimage [dezarimaʒ] *nm* **-1.** NAUT shifting OU slipping *(of cargo)*. **-2.** [sur un véhicule]: **à cause du ~ de la cargaison** [accidentel] because the load came off; [volontaire] because the load was unstrapped OU unfastened.

désarrimer [3] [dezarime] *vt* **-1.** NAUT to cause (the cargo) to move about. **-2.** [sur un véhicule] to unrope.

◆ **se désarrimer** *vpi* **-1.** NAUT to come loose. **-2.** [sur un véhicule] to come off OU loose.

désarroi [dezarwa] *nm* dismay, (utter) confusion; **être dans le ~ le plus profond** to be utterly dismayed, to be in utter confusion.

désarticulation [dezartikylasjɔ̃] *nf* **-1.** [torsion] disarticulation, dislocation, disjointing. **-2.** ÉCON disarticulation.

désarticulé, e [dezartikyle] *adj* dislocated, out of joint.

désarticuler [3] [dezartikyle] *vt* to disjoint, to dislocate.

◆ **se désarticuler** ◇ *vpi* [se contorsionner] to twist OU to contort o.s.

◇ *vpt* [par accident]: **se ~ un doigt/le genou** to put a finger/one's knee out of joint.

désassembler [3] [dezasɑ̃ble] *vt* to dismantle, to take apart *(sép)*, to take to pieces, to disassemble.

désassimilation [dezasimilasjɔ̃] *nf* dissimilation, catabolism.

désassimiler [3] [dezasimile] *vt* to catabolize.

désassorti, e [dezasɔrti] *adj* **-1.** [mal accordé] ill-matched; **ils sont parfaitement ~s** they're completely ill-matched. **-2.** [dépareillé] odd; **je ne trouve que des gants ~s** I can only find odd gloves; **le service à thé est ~** the tea set is incomplete.

désassortiment [dezasɔrtimɑ̃] *nm* **-1.** [d'un magasin] running down the stock of. **-2.** [d'un service] putting together odds and ends of; [de gants, de chaussettes] splitting up.

désastre [dezastr] *nm* **-1.** [calamité] calamity, catastrophe, disaster; **ils ne purent que constater l'ampleur du ~** they could only record the extent of the damage. **-2.** [échec] disaster, failure; **le gâteau d'anniversaire fut un ~** the birthday cake was a complete failure; **sa coiffure est un vrai ~!** her hair's a disaster!

désastreusement [dezastrøzmɑ̃] *adv* disastrously, catastrophically.

désastreux, euse [dezastrø, øz] *adj* **-1.** [catastrophique] calamitous, disastrous, catastrophic; **des conditions de vie désastreuses** wretched living conditions. **-2.** [exécrable] disastrous, awful, terrible; **des résultats ~ en physique** appalling results in physics; **cela a eu un effet ~ sur la suite de sa carrière** it had a disastrous effect on his later career; **le spectacle/pique-nique a été ~** the show/picnic was a complete flop.

désatellisation [desatelizasjɔ̃] *nf* [d'un pays] emerging out of satellite status.

désatelliser [3] [desatelize] *vt* [pays] to free from dependence, to release from satellite status.

désavantage [dezavɑ̃taʒ] *nm* **-1.** [inconvénient] disadvantage, drawback; **avoir tous les ~s de qqch** to get the worst OU brunt of sthg. **-2.** [infériorité] disadvantage, handicap.

◆ **au désavantage de** *loc prép*: **c'est à ton ~** it's not to your advantage; **se montrer à son ~** to show o.s. in an unfavourable light; **tourner au ~ de qqn** to go against sb, to turn out to be a handicap for sb.

désavantager [17] [dezavɑ̃taʒe] *vt* [défavoriser] to (put at a) disadvantage, to penalize; **~ un concurrent** to put a competitor at a disadvantage; **l'animal est désavantagé par son poids** the animal is handicapped by its weight; **il est désavantagé par son jeune âge** he is handicapped by his youth, his youth is against him; **elle est désavantagée simplement parce qu'elle est une femme** she's at a disadvantage simply because she is a woman.

désavantageusement [dezavɑ̃taʒøzmɑ̃] *adv* disadvantageously.

désavantageux, euse [dezavɑ̃taʒø, øz] *adj* detrimental, disadvantageous; **vendre à des conditions moins désavantageuses** to sell at a better price; **c'est ~ pour les petites entreprises** this works against the interests of small businesses.

désaveu, x [dezavø] *nm* **-1.** [reniement] disavowal, retraction; **contraindre qqn au ~** to force sb to retract. **-2.** [condamnation] repudiation; **il n'a pas supporté ce ~ public** he couldn't stand the idea of being condemned in public. **-3.** JUR: **~ de paternité** repudiation of paternity. **-4.** PSYCH denial.

désavouer [6] [dezavwe] *vt* **-1.** [renier - propos] to disavow, to repudiate; **~ une dette** to repudiate a debt; **~ sa promesse** to go back on one's word, to break one's promise. **-2.** [refuser de reconnaître - représentant, candidat] to challenge the authority OU legitimacy of; **elle avait un si bon accent qu'un autochtone ne l'aurait pas désavouée** her accent was so good that a native would not have been ashamed of it. **-3.** JUR to disclaim, to repudiate.

◆ **se désavouer** *vpi* to retract.

désaxé, e [dezakse] ◇ *adj* **-1.** MÉCAN out of alignment; **cylindre ~** offset cylinder; **rotor ~** unbalanced rotor; **roue ~e** dished wheel. **-2.** [dérangé] mentally deranged, unbalanced, unhinged.

◇ *nm, f* (dangerous) lunatic, psychopath.

désaxer [3] [dezakse] *vt* **-1.** MÉCAN to offset, to throw out of alignment. **-2.** [perturber] to unhinge; **ils ont été désaxés par la guerre** the war unhinged them OU left them psychologically disturbed.

Descartes [dekart] *npr* Descartes.

descellement [desɛlmɑ̃] *nm*: **à cause du ~ des dalles** [accidentel] because the flagstones have worked loose; [volontaire] because the flagstones have been loosened.

desceller [4] [desele] *vt* **-1.** [ouvrir] to unseal, to take the seal off. **-2.** [détacher] to loosen; **les briques sont descellées** the bricks have worked loose OU are loose.

◆ **se desceller** *vpi* to work loose.

descendance [desɑ̃dɑ̃s] *nf* **-1.** JUR descent, lineage. **-2.** [progéniture] descendants.

descendant, e [desɑ̃dɑ̃, ɑ̃t] ◇ *adj* down *(avant n)*, downward, descending; **escalator ~** down escalator; **mouvement ~** downward movement.

◇ *nm, f* **-1.** [dans une famille] descendant. **-2.** [partisan] follower; **un ~ des pointillistes** a latter-day pointillist.

◆ **descendant** *nm* ASTROL descendant.

descendeur, euse [desɑ̃dœr, øz] *nm, f* [skieur] downhill skier, downhiller; **~ en rappel** [alpiniste] abseiler.

◆ **descendeur** *nm* descender.

descendre [73] [desɑ̃dr] ◇ *vi* *(aux être)* **A. -1.** [personne, mécanisme, avion - vu d'en haut] to go down; [- vu d'en bas] to come down; [oiseau] to fly OU to swoop down; **~ à la cave** to go down to the cellar; **j'ai rencontré la concierge en descendant** I met the caretaker on my way down; **aide-moi à ~** help me down; **ils descendront par la face nord** they'll climb down OU make their descent via the North face; **je descends toujours par l'escalier** I always go down by the stairs OU take the stairs down; **dès qu'ils ont 15 ans, ils descendent dans la mine** as soon as they're 15 they go down the mine; **les plongeurs descendent jusqu'à 60 mètres** the divers go down to depths of 60 metres; **quand les saumons descendent vers la mer** when the salmon go OU swim downriver to the sea; **notre équipe est descendue à la huitième place** our team moved down OU dropped to eighth place; **le premier coureur à ~ au-dessous de dix secondes au 100 mètres** the first runner to break ten seconds for the 100 metres; **l'ascenseur ne descend pas plus bas** the lift doesn't go down any further; **la pièce de monnaie ne voulait pas ~ (dans la fente)** the coin wouldn't go down (the slot); **le store ne veut pas ~** the blind won't come down; **le Yo-Yo monte et descend** the yo-yo's going up and down; **son chapeau lui descendait jusqu'aux yeux** his hat came down over his eyes;

mes chaussettes descendent my socks are coming down OU slipping down; faire ~ : fais ~ la malade help the patient down; ils ont fait ~ les passagers sur les rails they made the passengers get down onto the tracks; qu'il soit prêt ou non, fais-le ~ get him to come down, whether he's ready or not; cette défaite fait ~ notre équipe à la septième place this defeat means that our team will move down OU drop to seventh place; je vais faire ~ l'ascenseur I'll call the lift; c'est ce mécanisme qui fait ~ la plate-forme this mechanism brings the platform down OU lowers the platform; ~ de [échafaudage, échelle] to come OU to climb down from, to get down from; [arbre] to climb OU to come down out of; descends de la balançoire! get off the swing!; les marins descendent de la mâture the seamen climb down the rigging; descends de cette échelle! get down from that ladder!; descends de là, tu vas tomber get down from there or you'll fall ❑ ~ dans la rue to take to the streets; ~ au tombeau to go to one's grave. -2. [air froid, brouillard] to come down; [soleil] to go down; la nuit OU le soir descend night is closing in OU falling; on sent la fraîcheur du soir ~ you can feel the cool of the evening coming down. -3. [se rendre - dans un lieu d'altitude inférieure, dans le Sud, à la campagne] to go down; je descends au marché I'm going to the market; ~ en ville to go into town, to go downtown *Am*; je suis descendu à Bordeaux en voiture I drove down to Bordeaux; ils sont descendus en auto-stop they hitched down; les voiliers descendront le long de la côte atlantique the yachts will sail south along the Atlantic coast; les réfugiés continuent à ~ vers le sud the refugees are still travelling south; samedi, je descends chez mes parents I'll go down to my parents' on Saturday. -4. [poser pied à terre - d'un véhicule] to get off, to alight; 'ne pas ~ avant l'arrêt complet du train' please do not attempt to alight until the train has come to a complete standstill; ~ à terre to go ashore; ~ de bateau to get off a boat, to land; ~ de voiture to get out of a car; il descendait de l'avion he was getting off OU out of the plane; ~ de cheval to get off a horse, to dismount; ~ de vélo to get off one's bike; descends vite! [d'une voiture, d'un train] get OU jump out, quick!; à quelle station descendez-vous? where do you get off?; aider une vieille dame à ~ to help an old lady off. -5. [faire irruption]: la police est descendue chez elle/dans son bar the police raided her place/her bar. -6. [se loger] to stay; ~ dans un hôtel to put up at OU to stay at a hotel; nous descendons toujours à l'Hôtel de la Gare we always stay at the Hôtel de la Gare. -7. *fam* [repas, boisson] to go OU to slip down; ton petit vin rouge descend bien your red wine goes down very easily; les saucisses ne descendent pas the sausages won't go down; bois un café pour faire ~ tout ça have a coffee to wash it all down ❑ ça descend: avec lui, ça descend! [il boit] he certainly knows how to knock it back!; [il mange] he certainly knows how to tuck it away! -8. DANSE & THÉÂT to go downstage.

B. -1. ~ à OU jusqu'à [cheveux, vêtement] to come down to; [puits] to go down to; des robes qui descendent jusqu'au genou/jusqu'aux chevilles knee-length/ankle-length dresses; la jupe doit ~ jusqu'au-dessous du genou the skirt must cover the knee; cet automne, les robes descendront jusqu'au genou this autumn, hemlines are coming down to the knee; le puits descend jusqu'à 150 mètres the well is 150 metres deep OU goes down to 150 metres. -2. [suivre une pente - rivière] to flow down; [- route] to go down OU downwards; [- toit] to slope down; le sentier descendait parmi les oliviers the path threaded its way down through the olive grove; un chemin qui descend a downward path, a path that slopes down; le jardin descend en pente douce jusqu'à la plage the garden slopes gently down to the beach; ~ en pente raide [route, terrain, toit] to drop sharply; la route descend brusquement the road suddenly dips.

C. -1. [baisser - marée, mer] to go out *(insép)*, to ebb; [- prix] to go down, to fall; les eaux sont enfin descendues the floods have subsided at last; le mercure descend dans le baromètre the mercury's dropping in the barometer; la température est descendue au-dessous de zéro the temperature has dropped OU fallen below zero; les températures ne descendent jamais au-dessous de 10° temperatures never go below 10°; le thermomètre descend *fam* the weather's OU it's getting colder; ses notes n'arrêtent pas de ~ depuis mars his marks have been getting worse since March; les taux d'intérêt sont descendus brusquement interest rates fell sharply OU dropped suddenly; le pain est descendu à 2 F bread's gone down to 2 F; faire ~ [cours, fièvre, notes] to bring down *(sép)*; [inflation, prix] to bring OU to push down *(sép)*; j'ai essayé de lui faire ~ son prix I tried to get him to lower his price. -2. [s'abaisser moralement] to stoop; je ne descendrai jamais jusqu'à la supplier I'll never stoop to begging her; ~ dans l'estime de qqn to go down in sb's estimation. -3. MUS to go OU to drop down; ~ d'une octave to go down OU to drop an octave; les altos descendent très bas dans la deuxième mesure the altos go down very low in the second bar.

⋄ *vt (aux avoir)* -1. [parcourir - escalier, montagne] to go down *(insép)*; ~ une pente to go down a hill; elle a descendu toute la pente sur le dos she went OU slid all the way down the slope on her back; ~ le courant [détritus, arbre] to float downstream; ~ un fleuve [en nageant] to swim downstream; [en bateau] to sail down a river; [en canoë] to canoe down a river, to go down a river in a canoe; ils ont descendu le Mississippi en radeau they went down the Mississippi on a raft; il a descendu tout le terrain balle au pied FTBL he ran the length of the field with the ball. -2. [placer plus bas - tableau] to lower; [- store] to pull down *(sép)*, to lower; il faudrait ~ le cadre de deux centimètres the frame should be taken down two centimetres. -3. [porter vers le bas - colis] to take down *(sép)*, to bring down *(sép)*, to get down *(sép)*; aide-moi à ~ la valise du filet help me take OU lift OU get the suitcase (down) from the rack; descendez les chaises en bas de la pelouse carry the chairs down to the bottom of the lawn; tu pourrais me ~ une veste, s'il te plaît? could you bring me down a jacket please?; d'abord, il faut ~ l'équipement dans le puits first, the equipment has to be lowered into the shaft; ils ont descendu le sauveteur au bout d'une corde they lowered the rescuer on the end of a rope. -4. [amener en voiture] to take OU to drive down *(sép)*; je te descendrai jusqu'à la pharmacie I'll drive you OU I'll give you a lift down to the pharmacy. -5. *fam* [abattre - gangster] to gun OU to shoot down *(sép)*; [- avion] to bring OU to shoot down *(sép)*; se faire ~ to get shot; tu aurais pu te faire ~! you could have got shot! -6. *fam* [boire - bouteille] to down, to knock back *(sép)*; il a descendu quelques bières he knocked back a few beers. -7. MUS: ~ la gamme to go down the scale.

◆ **descendre de** *v + prép* [être issu de] to be descended from; l'homme descend du singe man is descended from the apes; le prince descendait des Habsbourg the prince was descended from the Habsburgs.

descente [desɑ̃t] *nf* -1. [pente] slope, hill; ~ rapide drop, steep slope; '~ dangereuse' 'steep gradient'; courir/déraper dans la ~ to run/to skid down; on ira vite, il n'y a que des ~s we'll do it in no time, it's all downhill. -2. [progression] going down; [chute] drop, fall. -3. [sortie d'un véhicule] getting off, alighting; 'station en courbe, attention à la ~' RAIL 'mind the gap'; à sa ~ d'avion as he disembarked OU got off the aircraft; à sa ~ du bateau as he landed OU disembarked. -4. NAUT companionway; échelle de ~ companion ladder; écoutille de ~ hatchway. -5. MIN: ~ de mine descending shaft. -6. SKI downhill race; ALPINISME: ~ en rappel abseiling. -7. AÉRON descent; ~ en piqué dive; ~ en spirale spinning dive, spiral descent; ~ en vol plané glide, gliding fall. -8. MÉD: ~ d'organe OU d'organes prolapse. -9. CONSTR: ~ d'antenne downlead; ~ de gouttière rainwater pipe, downpipe; ~ de paratonnerre down inductor; puits de ~ snow chute. -10. [contrôle] inspection; [attaque] raid; ~ sur les lieux inspection (on site); faire une ~ ADMIN to carry out a (surprise) inspection; MIL to mount a raid; *fam* to make an unexpected visit; les oiseaux ont fait une ~ sur le cerisier *fam* the birds have raided the cherrytree; quand tes sœurs font une ~, on ne retrouve plus les choses à leur place! *fam* when your sisters come to visit OU descend on us, they turn everything upside down! ❑ ~ de police police raid. -11. BX-ARTS: ~ de Croix deposition. -12. *fam loc*: avoir une bonne ~ [boire beaucoup] to be able to take one's drink; [manger beaucoup] to be a big eater.

◆ **descente de lit** *nf* -1. [tapis] bedside rug. -2. *fam péj* toadie.

déscolarisation [deskɔlarizasjɔ̃] *nf* taking out of the school system.

déscolariser [3] [deskɔlarize] *vt* to take out of the school system.

descripteur, trice [dɛskriptœr, tris] *nm, f* describer.

◆ **descripteur** *nm* INF descriptor.

descriptible [dɛskriptibl] *adj* describable; sa joie n'était pas ~ his joy was beyond description OU words.

descriptif, ive [dɛskriptif, iv] *adj* -1. [présentation, texte] descriptive; devis ~ specification. -2. BX-ARTS, LING & LITTÉRAT descriptive. -3. GÉOM solid.

◆ **descriptif** *nm* [d'un appartement] description; [de travaux] specification.

description [dɛskripsjɔ̃] *nf* -1. [fait de décrire] description, depiction; faire la ~ de qqch to describe OU to depict sthg. -2. BX-ARTS & LITTÉRAT description, descriptive passage. -3. LING descriptive analysis OU study.

déséchouer [6] [dezeʃwe] *vt* to set afloat, to float off *(sép)*.

◆ **se déséchouer** *vpi* to get afloat.

déségrégation [desegregasjɔ̃] *nf* desegregation.

désembourber [3] [dezɑ̃burbe] *vt* to pull OU to get out of the mud.

désembourgeoiser [3] [dezɑ̃burʒwaze] *vt* to free from bourgeois habits.

◆ **se désembourgeoiser** *vpi* to lose one's bourgeois mentality.

désembouteiller [4] [dezɑ̃buteje] *vt* -1. AUT to unblock; ~ les grandes villes to ease the traffic in the big cities. -2. TÉLÉC: ~ le standard to remove the overload from OU to unjam the exchange.

désembrouiller [3] [dezɑ̃bruje] *vt* to disentangle, to unmesh, to make less complicated.

désembuage [dezɑ̃bɥaʒ] *nm* demisting.

désembuer [7] [dezɑ̃bɥe] *vt* to demist.

désemparé, e [dezɑ̃pare] *adj* -1. [perdu]: être tout ~ to be at a loss; sans argent dans cette ville étrangère, il était complètement ~ in that foreign town with no money, he had no idea what to do. -2. AÉRON & NAUT out of control.

désemparer [3] [dezɑ̃pare] *vi*: sans ~ without a pause OU break; lire des heures sans ~ to read for hours on end.

désemplir [32] [dezɑ̃plir] *vi*: leur maison ne désemplit pas their house is always full.

désencadrer [3] [dezɑ̃kadre] *vt* -1. [ôter du cadre] to take out of its frame. -2. ÉCON: ~ le crédit to ease credit restrictions OU controls.

désenchaîner [4] [dezɑ̃ʃene] *vt* to unchain, to take out of OU to free from chains.

désenchanté, e [dezɑ̃ʃɑ̃te] ⋄ *adj* disenchanted, disillusioned.

◇ *nm, f* disenchanted OU disaffected person; les ~s du socialisme those who have become disenchanted with socialism.

désenchantement [dezɑ̃ʃɑ̃tmɑ̃] *nm* disillusionment, disenchantment, disillusion.

désenchanter [3] [dezɑ̃ʃɑ̃te] *vt* -1. *litt* [désensorceler] to release OU to free from a spell. -2. [décevoir] to disillusion, to disappoint.

désenclavement [dezɑ̃klavmɑ̃] *nm* opening to outside influences.

désenclaver [3] [dezɑ̃klave] *vt* to open to the outside world.

désencombrement [dezɑ̃kɔ̃brəmɑ̃] *nm* clearing, unblocking.

désencombrer [3] [dezɑ̃kɔ̃bre] *vt* [couloir] to clear, to unblock.

désencrasser [3] [dezɑ̃krase] *vt* [ustensile, four] to clean out; [moteur] to decarbonize, to decoke.

désendettement [dezɑ̃dɛtmɑ̃] *nm* clearing of debts, debt-clearing.

désendetter [4] [dezɑ̃dete] *vt*: ~ **qqn** to free sb of OU to release sb from debt.

◆ **se désendetter** *vp (emploi réfléchi)* to get out of debt, to clear one's debts.

désenfiler [3] [dezɑ̃file]

◆ **se désenfiler** *vpi* to come unthreaded.

désenflammer [3] [dezɑ̃flame] *vt* to reduce the inflammation in.

◆ **se désenflammer** *vpi* to become less inflamed.

désenfler [3] [dezɑ̃fle] ◇ *vt* to bring down *(sép)* OU to reduce the swelling of.

◇ *vi* to become less swollen; **ma cheville désenfle** the swelling in my ankle's going down.

désenfumer [3] [dezɑ̃fyme] *vt* to clear of smoke.

désengagement [dezɑ̃gaʒmɑ̃] *nm* disengagement, backing out.

désengager [17] [dezɑ̃gaʒe] *vt* to free OU to release from (a) commitment.

◆ **se désengager** *vp (emploi réfléchi)* -1. [se dépolitiser] to give up one's political commitment. -2. [se décommander] to back out of a commitment.

désengorger [17] [dezɑ̃gɔrʒe] *vt* [tuyau, rue] to unblock, to clear; ~ **le marché** ÉCON to reduce the overload on the market.

désengrener [19] [dezɑ̃grəne] *vt* to disengage, to ungear.

◆ **se désengrener** *vpi* to become disengaged.

désenivrer [3] [dezɑ̃nivre] *vt* to sober up *(sép)*.

◆ **se désenivrer** *vpi* to sober up.

désennuyer [14] [dezɑ̃nɥije] *vt sout* to dispel the boredom of.

◆ **se désennuyer** *vpi sout* to dispel one's boredom.

désenrayer [11] [dezɑ̃reje] *vt* to unjam.

◆ **se désenrayer** *vpi* to come unstuck.

désensablement [dezɑ̃sabləmɑ̃] *nm* dredging (of sand).

désensabler [3] [dezɑ̃sable] *vt* -1. [extraire] to get out of OU to extract from the sand. -2. [nettoyer] to free OU to clear of sand.

◆ **se désensabler** *vpi* [chenal] to become clear of sand.

désensibilisation [desɑ̃sibilizasjɔ̃] *nf* MÉD & PHOT desensitizing, desensitization.

désensibiliser [3] [desɑ̃sibilize] *vt* -1. MÉD & PHOT to desensitize. -2. [désintéresser]: ~ **qqn de qqch** to make sb less interested in sthg.

désensorceler [24] [dezɑ̃sɔrsəle] *vt* to free OU to release from a spell.

désentortiller [3] [dezɑ̃tɔrtije] *vt* -1. [détordre] to untwist. -2. [démêler] to disentangle, to sort out *(sép)*.

désentraver [3] [dezɑ̃trave] *vt* to unchain.

désenvaser [3] [dezɑ̃vaze] *vt* -1. [extraire] to get out of OU to extract from the mud. -2. [nettoyer] to clear (of mud).

désenvelopper [3] [dezɑ̃vlɔpe] *vt* to unwrap, to remove the wrappings from.

désenvenimer [3] [dezɑ̃vnime] *vt* -1. MÉD to cleanse of venom, to take the venom out of. -2. [apaiser - querelle, discussion] to take the sting out of; ..., **dit-elle pour ~ le débat** ...she said, pouring oil on troubled waters.

désépaissir [32] [dezepesir] *vt* to thin (down), to dilute.

déséquilibre [dezekilibr] *nm* -1. [inégalité] imbalance; **il y a un ~ dans les programmes de la chaîne** the channel's schedule is unbalanced || ÉCON disequilibrium, imbalance; ~ **de la balance commerciale** unfavourable trade balance. -2. [perte d'équilibre] loss of balance. -3. PSYCH: ~ **mental** OU **psychique** derangement. -4. PHYSIOL imbalance.

◆ **en déséquilibre** *loc adj* [mal posé] off balance; [branlant] unsteady, wobbly.

déséquilibré, e [dezekilibre] ◇ *adj* [personne, esprit] unbalanced, deranged.

◇ *nm, f* maladjusted person.

déséquilibrer [3] [dezekilibre] *vt* -1. [faire perdre l'équilibre à] to throw off balance; [faire tomber] to tip over; **le vent l'a déséquilibré** the wind blew him off balance. -2. [déstabiliser - système, économie] to throw off balance, to destabilize. -3. [faire déraisonner]: ~ **qqn** to disturb the balance of sb's mind.

désert, e [dezɛr, ɛrt] *adj* [abandonné] deserted, empty; [inhabité] desolate, uninhabited; **l'endroit était ~** the place was deserted, there was nobody around.

◆ **désert** *nm* -1. GÉOG desert. -2. [lieu inhabité] desert, wilderness, wasteland; **c'est le ~ ici!** it's deserted here!; **un ~ de béton** a concrete desert ❑ **il crie** OU **parle** OU **prêche dans le ~** his words fall on deaf ears. -3. *litt* [monotonie] vacuity; **le ~ de ma vie** my vacuous OU empty life.

DÉSERTS:
le désert de Gobi the Gobi Desert;
le désert du Kalahari the Kalahari Desert;
le désert de Libye the Libyan Desert;
le désert du Namib the Namib Desert;
le désert de Nubie the Nubian Desert;
le désert du Sahara the Sahara Desert.

---

déserter [3] [dezɛrte] ◇ *vi* MIL to desert.

◇ *vt* -1. [quitter sans permission] to desert; **pour avoir déserté son poste** for having deserted his post. -2. [abandonner - parti, cause] to abandon, to give up on *(insép)*. -3. [suj: touristes, clients] to desert. -4. *litt* [amant, ami] to abandon, to forsake *litt*.

déserteur [dezɛrtœr] *nm* deserter.

désertification [dezɛrtifikasjɔ̃] *nf* GÉOG desertification.

désertifier [9] [dezɛrtifje]

◆ **se désertifier** *vpi* to turn into a desert.

désertion [dezɛrsjɔ̃] *nf* -1. MIL desertion. -2. [fait de quitter]: **la ~ des campagnes** the rural exodus. -3. [d'une cause, d'un parti] deserting, abandoning.

désertique [dezɛrtik] *adj* [du désert] desert *(modif)*; [sans végétation] infertile.

désescalade [dezɛskalad] *nf* de-escalation.

désespérance [dezɛsperɑ̃s] *nf litt* despair.

désespérant, e [dezɛsperɑ̃, ɑ̃t] *adj* -1. [navrant] hopeless; **d'une paresse ~e** hopelessly lazy; **il ne sait toujours pas compter, c'est ~!** he still can't count, it's hopeless!; **toujours pas de lettre, c'est ~!** still no letter, it's enough to drive you to despair! -2. [très mauvais] appalling, dreadful; **le temps est ~!** the weather's dreadful OU appalling!; **ses menus sont ~s!** his menus are dreadful! -3. [douloureux] appalling, distressing, terrible; **le spectacle ~ des enfants qui ont faim** the heartbreaking sight of starving children.

désespéré, e [dezɛspere] ◇ *adj* -1. [au désespoir] desperate, despairing. -2. [extrême - tentative] desperate, reckless; [- mesure] desperate. -3. [sans espoir] hopeless; **c'est un cas ~** [incorrigible] it's a hopeless case; [gravement malade] the patient is critical; **être dans un état ~** [malade] to be in a critical condition. -4. [très déçu] deeply OU horribly disappointed.

◇ *nm, f* -1. [personne sans espoir] desperate person. -2. [suicidé] suicide.

désespérément [dezɛsperemɑ̃] *adv* -1. [avec désespoir] desperately; **on entendait appeler ~ à l'aide** desperate cries for help could be heard. -2. [extrêmement] hopelessly, desperately; **ce train est ~ lent** this train is desperately slow; **je suis ~ seul** I'm desperately OU horribly lonely.

désespérer [18] [dezɛspere] ◇ *vi* to despair, to give up hope; **il ne faut jamais ~!** never say die! *hum*, you should never give up hope!

◇ *vt* -1. [exaspérer] to drive to despair; **tu me désespères!** what am I going to do with you? -2. [décourager] to drive OU to reduce to despair; **elle en a désespéré plus d'un** she'd driven more than one (suitor) to despair.

◆ **désespérer de** *v + prép*: ~ **de qqch** to have lost faith in sthg; **je désespère de ses capacités** I no longer believe he's capable of anything; ~ **de faire qqch** to despair of doing sthg; **ils désespéraient d'atteindre la côte** they despaired of reaching the shore; **je ne désespère pas d'obtenir le poste** I still think I may get OU I haven't yet given up on the idea of getting the job.

◆ **se désespérer** *vpi* to (be in) despair.

désespoir [dezɛspwar] *nm* despair; **faire le ~ de qqn** to drive OU to reduce sb to despair; **à mon grand ~, il n'a pu venir** to my despair, he was unable to come; **avec ~** despairingly, in despair; **cette sauce est mon ~** I despair of ever being able to make this sauce.

◆ **au désespoir** ◇ *loc adj*: **être au ~** [être désespéré] to be desperate, to have lost all hope; [être désolé] to be desperately OU deeply sorry; **je suis au ~ de ne pouvoir vous répondre** I'm deeply OU desperately sorry that I am unable to answer you.

◇ *loc adv*: **mettre qqn au ~** to drive OU to reduce sb to despair; **tu me mets au ~** I despair of you.

◆ **en désespoir de cause** *loc adv* in desperation, as a last resort; **en ~ de cause, elle essaya sa propre clef** as a last resort she tried her own key.

désétatiser [3] [dezetatize] *vt* to remove from state control.

désexciter [3] [dezɛksite] *vt* to de-energize ELEC.

déshabillage [dezabijaʒ] *nm* -1. [d'une personne] undressing; **une cabine pour le** OU **de ~** a cubicle (for undressing). -2. [dégarnissage - d'une pièce] emptying (of ornaments); [- d'un fauteuil] stripping of upholstery.

déshabillé [dezabije] *nm* négligé.

déshabiller [3] [dezabije] *vt* -1. [dévêtir]: ~ **qqn** to undress sb, to take sb's clothes off; ~ **qqn du regard** to undress sb with one's eyes ❑ **c'est ~ saint Pierre pour habiller saint Paul** it's robbing Peter to pay Paul. -2. [vider - pièce] to empty (of ornaments); [dégarnir - fauteuil] to strip the upholstery from.

◆ **se déshabiller** *vp (emploi réfléchi)* -1. [se dénuder] to strip (off), to take one's clothes off. -2. [ôter un vêtement]: **déshabille-toi** take off your coat.

déshabituer [7] [dezabitɥe] *vt*: ~ **qqn du tabac** to make sb give up (using) tobacco; ~ **qqn de faire qqch** to break sb of the habit of doing sthg.

◆ **se déshabituer de** *vp + prép*: **il s'est déshabitué de l'alcool** he got out of the habit of drinking.

désherbage [dezɛrbaʒ] *nm* weeding.

désherbant, e [dezɛrbɑ̃, ɑ̃t] *adj* weed-killing *(avant n)*.

◆ **désherbant** *nm* weed-killer.

désherber [3] [dezɛrbe] *vt* to weed.

déshérence [dezerɑ̃s] *nf* escheat.

◆ **en déshérence** ◇ *loc adj* [succession] escheated.
◇ *loc adv*: tomber en ~ to escheat.

déshérité, e [dezerite] ◇ *adj* -**1.** [pauvre] underprivileged, deprived. -**2.** [région] poor *(lacking natural advantages)*. -**3.** [privé d'héritage] disinherited.
◇ *nm, f* deprived person; les ~s the destitute.

déshéritement [dezeritmɑ̃] *nm* disinheritance.

déshériter [3] [dezerite] *vt* -**1.** [priver d'héritage] to cut out of one's will, to disinherit; **si tu continues, je te déshérite!** *hum* carry on like this and I'll cut you off without a penny! -**2.** [défavoriser]: **il se croit déshérité** he feels hard done by.

déshonnête [dezɔnɛt] *adj litt* immodest, improper, indecent.

déshonneur [dezɔnœr] *nm* -**1.** [perte de l'honneur] disgrace, dishonour *Br*, dishonor *Am*; **vivre dans le ~** to live in dishonour. -**2.** [honte] disgrace; **il n'y a aucun ~ à travailler de ses mains** there's no disgrace in working with one's hands; **c'est le ~ de sa famille** he's a disgrace to his family.

déshonorant, e [dezɔnɔrɑ̃, ɑ̃t] *adj* -**1.** [qui prive de l'honneur] dishonourable, disgraceful. -**2.** [humiliant] degrading, humiliating, shameful; **cela n'a rien de ~** there's nothing shameful about it.

déshonorer [3] [dezɔnɔre] *vt* -**1.** [nuire à l'honneur de] to dishonour, to bring shame upon, to bring into disrepute; **cette attitude déshonore la profession tout entière** such behaviour brings the whole profession into disrepute; **il a déshonoré le nom de ses ancêtres** he has dishonoured the family name. -**2.** *litt* [abuser de] to disrespect; ~ **une jeune fille** to take away a girl's virtue. -**3.** *litt* [lieu, monument] to spoil OU to ruin the look of.
◆ **se déshonorer** *vp (emploi réfléchi)* to bring disgrace upon o.s.

déshuiler [3] [dezɥile] *vt* to de-oil.

déshuileur [dezɥilœr] *nm* oil-separator.

déshumanisation [dezymanizasjɔ̃] *nf* dehumanization.

déshumanisé, e [dezymanize] *adj* -**1.** [lieu] impersonal; [personne, ton] coldhearted, unsympathetic. -**2.** [fabrication, travail] automated.

déshumaniser [3] [dezymanize] *vt* to dehumanize.
◆ **se déshumaniser** *vpi* to become dehumanized.

déshumidificateur [dezymidifikatœr] *nm* dehumidifier.

déshumidification [dezymidifikasjɔ̃] *nf* dehumidification.

déshumidifier [9] [dezymidifje] *vt* to dehumidify.

déshydratant, e [dezidratɑ̃, ɑ̃t] *adj* demoisturizing.
◆ **déshydratant** *nm* desiccant.

déshydratation [dezidratasjɔ̃] *nf* -**1.** PHYSIOL dehydration; **évitez la ~** avoid dehydration OU becoming dehydrated; **être dans un état de ~** to be dehydrated || [de la peau] loss of moisture, dehydration. -**2.** TECH dehydration, dewatering; **~ des boues** sludge dewatering. -**3.** CHIM dehydration.

déshydraté, e [dezidrate] *adj* -**1.** PHYSIOL dehydrated. -**2.** [aliment] desiccated, dehydrated.

déshydrater [3] [dezidrate] *vt* -**1.** PHYSIOL to dehydrate; [peau] to dehydrate, to dry (out). -**2.** TECH to dehydrate, to dewater. -**3.** [aliment] to dehydrate, to desiccate. -**4.** CHIM to dehydrate.
◆ **se déshydrater** *vpi* [personne] to become dehydrated; [peau] to lose moisture, to become dehydrated.

déshydrogénation [dezidrɔʒenasjɔ̃] *nf* dehydrogenation, dehydrogenization.

déshydrogéner [18] [dezidrɔʒene] *vt* to dehydrogenate, to dehydrogenize.

désidérabilité [deziderabilite] *nf* ÉCON desireability, use-value.

desiderata [dezideRata] *nmpl sout* requirements, wishes; **les ~ du personnel** the wishes of the staff; **le menu est-il conforme à tes ~?** *hum* does the menu meet with your requirements?

design [dizajn] *nm* [création] design; ~ **industriel** industrial design || *(comme adj inv)* designer *(modif)*; **mobilier ~** designer furniture.

désignation [deziɲasjɔ̃] *nf* -**1.** JUR: ~ **du défendeur/requérant** name of the defendant/plaintiff. -**2.** [nomination] appointment, nomination; ~ **de nouveaux membres d'une commission** appointment of new members of a committee.

désigné, e [deziɲe] *adj*: **tout ~**: **c'est le porte-parole tout ~ des élèves** he's the ideal spokesperson for the students; **être tout ~ pour faire qqch** to be the right person to do sthg; **elle est toute ~e pour succéder à son oncle** she's the most suitable choice as her uncle's successor.

designer [dizajnœr] *nm* designer.

désigner [3] [deziɲe] *vt* -**1.** [montrer] to indicate, to point at OU to *(sép)*, to show; **~ qqn du doigt** to point at sb. -**2.** [choisir] to choose, to single out *(sép)*; **~ qqn comme héritier** to name sb as one's heir. -**3.** [nommer - expert, président] to appoint; [- représentant] to nominate; **~ qqn pour un poste** to appoint sb to a post; **le président de séance a été désigné à la majorité des voix** the chairperson was elected by a majority of votes. -**4.** [s'appliquer à] to designate, to refer to; **le mot «félin» désigne de nombreux animaux** the word "feline" refers to many animals. -**5.** ADMIN [répertorier] to list, to set out *(sép)*; **les conditions désignées à l'annexe ii** specifications set out in Annex ii. -**6.** [exposer]: **~ qqn à: un geste qui vous désignera à sa fureur** a gesture which will surely unleash his fury on you.
◆ **se désigner** *vpi* [se proposer] to volunteer; **se ~ pour une mission** to volunteer for a mission.
◆ **se désigner à** *vp + prép*: **se ~ à l'attention générale** to draw attention to o.s.

désillusion [dezilyzjɔ̃] *nf* disappointment, disillusionment, disillusion; **connaître des ~s** to be disillusioned OU disenchanted.

désillusionnement [dezilyzjɔnmɑ̃] *nm* becoming disillusioned.

désillusionner [3] [dezilyzjɔne] *vt* to disillusion, to undeceive; **être désillusionné** to be disenchanted OU disillusioned.

désincarcération [dezɛ̃karserasjɔ̃] *nf*: **sa ~ a pris une heure** it took an hour to free him.

désincarnation [dezɛ̃karnasjɔ̃] *nf* disembodiment.

désincarné, e [dezɛ̃karne] *adj* -**1.** [sans corps] disembodied. -**2.** [irréel] insubstantial, unreal.

désincrustant, e [dezɛ̃krystɑ̃, ɑ̃t] *adj* -**1.** [pour la peau] cleansing. -**2.** [détartrant] descaling.
◆ **désincrustant** *nm* -**1.** [pour la peau] cleanser. -**2.** [détartrant] scale solvent.

désincrustation [dezɛ̃krystasjɔ̃] *nf* -**1.** [de la peau] cleansing. -**2.** [détartrage] descaling.

désincruster [3] [dezɛ̃kryste] *vt* -**1.** [peau] to cleanse. -**2.** [détartrer] to scale off *(sép)*.

désindexer [4] [dezɛ̃dɛkse] *vt* to stop indexation of; **ces pensions ont été désindexées** these retirement schemes are no longer index-linked.

désindustrialisation [dezɛ̃dystrijalizasjɔ̃] *nf* deindustrialization.

désinence [dezinɑ̃s] *nf* -**1.** GRAMM inflection, ending. -**2.** BOT terminal growing.

désinfectant, e [dezɛ̃fɛktɑ̃, ɑ̃t] *adj* disinfecting *(avant n)*.
◆ **désinfectant** *nm* disinfectant.

désinfecter [4] [dezɛ̃fɛkte] *vt* to disinfect.

désinfection [dezɛ̃fɛksjɔ̃] *nf* disinfection, disinfecting.

désinflation [dezɛ̃flasjɔ̃] *nf* deflation, disinflation.

désinflationniste [dezɛ̃flasjɔnist] *adj* deflationary, deflationist.

désinformation [dezɛ̃fɔrmasjɔ̃] *nf* disinformation.

désinformer [3] [dezɛ̃fɔrme] *vt* to disinform.

désinsectisation [dezɛ̃sɛktizasjɔ̃] *nf* insect control.

désinsectiser [3] [dezɛ̃sɛktize] *vt* to rid of insects.

désinsertion [dezɛ̃sɛrsjɔ̃] *nf*: **~ sociale** dropping out.

désintégration [dezɛ̃tegrasjɔ̃] *nf* -**1.** [d'un matériau, d'un groupe] disintegration, breaking-up, splitting. -**2.** NUCL disintegration; **~ radioactive** radioactive decay.

désintégrer [18] [dezɛ̃tegre] *vt* -**1.** [matériau] to crumble, to disintegrate; [groupe, famille] to break up *(sép)*, to split (up) *(sép)*. -**2.** NUCL to disintegrate.
◆ **se désintégrer** *vpi* -**1.** [exploser] to disintegrate. -**2.** [groupe, famille, théorie] to disintegrate, to collapse. -**3.** *hum* [disparaître] to vanish into thin air.

désintéressé, e [dezɛ̃terese] *adj* -**1.** [impartial] disinterested, objective, unprejudiced. -**2.** [généreux] selfless, unselfish; **ses conseils sont parfaitement ~s** his advice is completely disinterested.

désintéressement [dezɛ̃terɛsmɑ̃] *nm* -**1.** [impartialité] disinterestedness, impartiality, absence of bias. -**2.** [générosité] selflessness. -**3.** [désintérêt]: **~ pour** lack of interest in, indifference to. -**4.** FIN buying out.

désintéresser [4] [dezɛ̃terese] *vt* [créancier] to pay off *(sép)*; [actionnaire] to buy out *(sép)*.
◆ **se désintéresser de** *vp + prép*: **se ~ de qqch** to be uninterested OU to lose interest in sthg.

désintérêt [dezɛ̃terɛ] *nm* indifference, lack of interest; **manifester du ~ pour** to show indifference to OU no interest in.

désintoxication [dezɛ̃tɔksikasjɔ̃] *nf* -**1.** MÉD detoxification. -**2.** [contre-propagande] counteracting.

désintoxiquer [3] [dezɛ̃tɔksike] *vt* -**1.** MÉD to detoxify. -**2.** [informer] to counteract.

désinvestir [32] [dezɛ̃vɛstir] ◇ *vt* -**1.** ÉCON to disinvest in. -**2.** MIL: **~ une ville** to raise the blockade of a town.
◇ *vi* to become less involved.

désinvestissement [dezɛ̃vɛstismɑ̃] *nm* -**1.** ÉCON disinvestment. -**2.** PSYCH withdrawal of involvement.

désinvolte [dezɛ̃vɔlt] *adj* -**1.** [sans embarras] casual, nonchalant. -**2.** *péj* [trop libre] offhand.

désinvolture [dezɛ̃vɔltyr] *nf péj* off-handedness; **avec ~** offhandedly; **elle le traite avec ~** she's rather offhand with him.

désir [dezir] *nm* -**1.** [aspiration] want, wish, desire; **il a le ~ de plaire** he wishes to please; **ses ~s ont été satisfaits** his wishes have been met; **j'ai toujours eu le ~ d'écrire** I've always wanted OU had a desire to write; **prendre ses ~s pour des réalités** to indulge in wishful thinking; **tu ne crois pas que tu prends tes ~s pour des réalités?** don't you think that's wishful thinking? || [souhait exprimé] wish; **selon le ~ de qqn** following sb's wishes; **il sera fait selon votre ~** it shall be done as you wish; **à l'encontre des ~s de qqn** against sb's wishes. -**2.** [motivation] desire, drive; **~ d'enfant** PSYCH wish to reproduce. -**3.** [appétit sexuel] desire; **rempli de ~** [personne] consumed with desire; [œil] lustful.

désirable [dezirabl] *adj* -**1.** [souhaitable] desirable; **il a toutes les qualités ~s** he has all the qualities one could wish for; **peu ~** undesirable. -**2.** [séduisant] desirable, (sexually) exciting.

désirer [3] [dezire] *vt* -**1.** [aspirer à - paix, bonheur] to wish for; **~ ardemment** to crave OU to long for; **je ne désire pas leur perte** I do not wish to ruin them; **je n'ai plus rien à ~** I have nothing left to wish for; **il a tout ce qu'il peut ~** he has everything he could wish for || *(en usage abs)*: **tu ne peux ~ mieux** you couldn't wish for anything better || *(suivi d'un inf)*: **elle a toujours désiré posséder un piano** she's always wanted to own a piano; **je désirerais savoir si...** I would like to know if...; **~ vivement rencontrer qqn** to be eager to meet sb; **laisser à ~** to leave something to be desired, to fail to come up to expectations; **laisser beaucoup à ~** to leave a lot to be desired ❑ **se faire ~: ton père se fait ~!** where could your father have got to?; **cette bière se fait ~!** how long's that beer going to take? -**2.** [avoir comme intention]: **~ faire** to want OU to wish to do; **désirez-vous ouvrir un compte?** do you want OU wish to open an account?; **je désire faire une déposition** I would like to make a statement; **les enfants désirent rester avec leur père** the children would prefer to stay with their father; **il ne désirait pas vous faire de la peine** he didn't mean to hurt you. -**3.** [dans un achat, une prestation de service]: **vous désirez?** can I help you?; **quelle couleur désirez-vous?** which colour would you like?; **où désirez-vous aller?** where would you like to go? -**4.** [vouloir]: **je désire que tu restes** I want OU wish you to stay. -**5.** [sexuellement] to desire, to lust after, to covet BIBLE.

désireux, euse [dezirø, øz] *adj*: **~ de faire** inclined OU willing to do; **très ~ de faire** eager to do; **assez peu ~ de le suivre** reluctant to follow him; **il était apparemment peu ~ de poursuivre la discussion** apparently, he was not willing to continue the discussion.

désistement [dezistəmɑ̃] *nm* -**1.** POL withdrawal, standing down. -**2.** JUR [d'une poursuite] withdrawal; [d'une demande] waiver.

désister [3] [deziste]

◆ **se désister** *vpi* -**1.** POL to stand down, to withdraw. -**2.** JUR: **se ~ d'une poursuite** to withdraw a suit; **se ~ d'une demande** to waive a claim.

désobéir [32] [dezɔbeir] ◇ *vi* -**1.** [être désobéissant] to be disobedient. -**2.** [enfreindre un ordre] to disobey; **~ à** to disobey, to fail to obey; **~ aux ordres/à ses parents** to disobey orders/one's parents; **tu m'as désobéi!** you disobeyed me!, you didn't do as you were told!; **~ aux lois** to break the law; **~ à un code** to disregard a code.

◇ *vt (au passif uniquement)*: **elle n'accepte pas d'être désobéie** she will not stand for disobedience.

désobéissance [dezɔbeisɑ̃s] *nf* -**1.** [manque de discipline] disobedience, rebelliousness. -**2.** [action] act of disobedience.

désobéissant, e [dezɔbeisɑ̃, ɑ̃t] *adj* [enfant] disobedient, rebellious; [chien] disobedient.

désobligeamment [dezɔbliʒamɑ̃] *adv* disagreeably, unpleasantly.

désobligeant, e [dezɔbliʒɑ̃, ɑ̃t] *adj* -**1.** [inamical] disagreeable, unkind. -**2.** [blessant] invidious.

désobliger [17] [dezɔbliʒe] *vt* to offend, to hurt, to upset; **vous le désobligeriez en ne venant pas à son dîner** you'd offend him by not coming to his dinner party; **sans vouloir vous ~** no offence (meant).

désobstruction [dezɔpstryksjɔ̃] *nf* removal OU clearing of obstructions.

désobstruer [3] [dezɔpstrye] *vt* -**1.** [tuyau] to clear. -**2.** MÉD to remove an obstruction from.

désodé, e [desɔde] *adj* sodium-free, salt-free.

désodorisant, e [dezɔdɔrizɑ̃, ɑ̃t] *adj* deodorizing *(avant n)*.

◆ **désodorisant** *nm* deodorizer, air-freshener.

désodoriser [3] [dezɔdɔrize] *vt* to deodorize.

désœuvré, e [dezœvre] *adj*: **être ~** to have nothing to do; **~, il errait dans le parc** having nothing (better) to do, he would roam about the park.

désœuvrement [dezœvrəmɑ̃] *nm* idleness; **par ~** for want of an occupation; **par ~, l'enfant a mis les livres en pièces** the boy tore up the books because he had nothing better to do.

désolant, e [dezɔlɑ̃, ɑ̃t] *adj* -**1.** [triste - spectacle] wretched, pitiful, awful. -**2.** [contrariant] annoying, irritating; **je lui ai donné toutes les chances et il n'en a rien fait, c'est ~!** I gave him every chance and he didn't do anything, it's so annoying!

désolation [dezɔlasjɔ̃] *nf* -**1.** [chagrin] desolation, grief; **être plongé dans la ~** to be disconsolate; **après son départ, ce fut la ~** when she'd gone, gloom descended. -**2.** [cause de chagrin]: **cet enfant est ma ~** I despair of this child. -**3.** *litt* [d'un lieu, d'un paysage] desolation, desolateness, bleakness.

désolé, e [dezɔle] *adj* -**1.** [contrit] apologetic, contrite; **à sa mine ~e, j'ai compris qu'il l'avait cassé** when I saw him looking so apologetic, I gathered he'd broken it || [en s'excusant] sorry; **je suis vraiment ~** I am awfully OU really sorry; **~ de vous déranger** sorry to disturb you; **il est ~ de ne pas vous avoir vu** he's sorry he missed you; **~, j'étais là avant vous!** *iron* excuse me OU sorry, (but) I was here before you!; **ah, je suis ~, ces deux notions ne sont pas identiques** excuse me OU I'm sorry, but these two concepts are not the same. -**2.** *litt* [triste] disconsolate, sorrowful. -**3.** *litt* [aride] desolate, bleak.

désoler [3] [dezɔle] *vt* -**1.** [attrister] to distress, to sadden; **la faillite de la maison le désole, après tant d'efforts** he's distressed about the company's bankruptcy, after all that effort. -**2.** [irriter]: **tu me désoles!** I just don't know what to do with you!

◆ **se désoler** *vpi* to be sorry; **ne te désole pas pour une petite tache** there's no need to be sorry about a little stain; **se ~ de** to be disconsolate OU in despair about OU over; **le chœur se désole de la mort du roi Laïos** the chorus shows its sorrow at the death of King Laïos; **ses parents se désolent de la voir si malheureuse** it grieves her parents to see her so unhappy.

désolidariser [3] [desɔlidarize]

◆ **se désolidariser de** *vp + prép* to dissociate o.s. from.

désopilant, e [dezɔpilɑ̃, ɑ̃t] *adj* hilarious, hysterically funny.

désordonné, e [dezɔrdɔne] *adj* -**1.** [désorganisé - dossier, esprit] confused, untidy. -**2.** [personne] disorderly. -**3.** [lieu] untidy, messy. -**4.** [irrégulier] helter-skelter *(modif)*; **courir de façon ~e** to run helter-skelter OU pell-mell; **le chien faisait des bonds ~s** the dog was leaping about all over the place. -**5.** *litt* [immoral] disorderly, disordered.

désordre [dezɔrdr] ◇ *nm* -**1.** [fouillis] mess; **quel ~ là-dedans!** what a mess OU it's chaos in there!; **mettre le ~ dans une pièce** to mess up a room. -**2.** [manque d'organisation] muddle, confusion, disarray; **~ des idées** confused ideas. -**3.** [agitation] disorder, disturbance; **semer le ~** to cause a disturbance, to wreak havoc; **lorsque le chat sauta, ce fut un beau ~ parmi les poules** when the cat jumped, the hens went into a panic ❑ **~ sur la voie publique** JUR disorderly conduct. -**4.** *litt* [immoralité] disorderliness; **vivre dans le ~** to live in disorder. -**5.** JEUX: **gagner le tiercé dans le ~** to win a place bet in the wrong order.

◇ *adj* messy, untidy; **que tu es ~!** you're so untidy!

◆ **désordres** *nmpl* -**1.** [émeutes] riots; **des ~s ont éclaté** riots have OU rioting has broken out. -**2.** *litt* [débauche] dissolute OU disorderly behaviour; **se livrer à des ~s** to lead a disorderly life.

◆ **en désordre** ◇ *loc adj* [lieu] messy, unkempt, untidy; [cheveux] unkempt, dishevelled; **une chambre en ~** an untidy room; **mon bureau était tout en ~** my desk was in a terrible mess.

◇ *loc adv*: **mettre en ~** to mess OU to muddle up; **il a mis mes dossiers en ~** he got my files all muddled up.

désorganisateur, trice [dezɔrganizatœr, tris]
◇ *adj* disorganizing, disruptive.
◇ *nm, f* disorganizer.

désorganisation [dezɔrganizasjɔ̃] *nf* disorganization, disruption.

désorganiser [3] [dezɔrganize] *vt* [service] to disorganize, to disrupt; [fiches] to disrupt the order of.

désorientation [dezɔrjɑ̃tasjɔ̃] *nf* -**1.** [perplexité] disorientation, confusion. -**2.** PSYCH: **~ spatiale/temporelle** spatial/temporal disorientation.

désorienté, e [dezɔrjɑ̃te] *adj* -**1.** [perplexe] confused, disoriented. -**2.** [égaré] lost.

désorienter [3] [dezɔrjɑ̃te] *vt* -**1.** [faire s'égarer] to cause to become disoriented, to disorientate. -**2.** [déconcerter] to confuse, to throw into confusion OU disarray, to disorientate. -**3.** MIL & OPT to disorientate.

désormais [dezɔrmɛ] *adv* [à partir de maintenant] from now on, henceforth; [dans le passé] from that moment on, from then on, from that time (on); **je ferai attention ~** I'll pay attention from now on; **nous étions amis ~** from then on we were friends.

désossement [dezɔsmɑ̃] *nm* boning.

désosser [3] [dezɔse] *vt* -**1.** [viande] to bone. -**2.** *fam* [étudier] to go over with a fine tooth comb. -**3.** *fam* [démonter] to take to bits.

◆ **se désosser** *vpi* [se désarticuler] to contort o.s.

désoxydant [dezɔksidɑ̃] *nm* deoxidizer.

désoxydation [dezɔksidasjɔ̃] *nf* deoxidation, deactivation.

désoxyder [3] [dezɔkside] *vt* to deoxidize, to deactivate; **acier désoxydé** killed steel.

désoxyribonucléique [dezɔksiribɔnykleik] *adj* BIOL: **acide ~** deoxyribonucleic acid.

desperado [dɛsperado] *nm* desperado.

despote [dɛspɔt] *nm* -**1.** POL despot, tyrant. -**2.** [personne autoritaire] tyrant, bully.

despotique [dɛspɔtik] *adj* -**1.** POL despotic, tyrannical, dictatorial. -**2.** [autoritaire] despotic, domineering, bullying.

despotiquement [dɛspɔtikmɑ̃] *adv* POL & *fig* despotically, tyrannically, dictatorially.

despotisme [dɛspɔtism] *nm* -**1.** POL despotism; **~ éclairé** HIST enlightened despotism. -**2.** [autorité] tyranny, bullying.

desquamation [dɛskwamasjɔ̃] *nf* -**1.** [de la peau] desquamation *spéc*, flaking; [des écailles] scaling off. -**2.** GÉOL: **~ en écailles** exfoliation.

desquamer [3] [dɛskwame] *vi* [peau] to flake, to desquamate *spéc*; [écailles] to scale off.

◆ **se desquamer** *vpi* [peau] to flake (off), to desquamate *spéc*; [écailles] to scale off.

desquelles [dekɛl] *fpl* → **lequel**.

desquels [dekɛl] *mpl* → **lequel**.

DESS (*abr de* **diplôme d'études supérieures spécialisées**) *nm postgraduate diploma*.

dessablage [desablaʒ], **dessablement** [desabləmɑ̃] *nm* -**1.** [filtrage] sand-trapping. -**2.** TECH removal of sand.

dessabler [3] [desable] *vt* [allée] to remove sand from; [eau, chenal] to remove silt from.

dessaisir [32] [desezir] *vt* JUR: **~ qqn de** to deny sb jurisdiction over.

◆ **se dessaisir de** *vp + prép* -**1.** [se départir de]: **se ~ de qqch** to part with OU to relinquish sthg. -**2.** JUR: **se ~ d'une affaire** to decline (to exercise) jurisdiction over a case.

dessaisissement [desezismɑ̃] *nm* relinquishment.

dessalage [desalaʒ], **dessalement** [desalmɑ̃] *nm* -**1.** CHIM desalination. -**2.** CULIN removal of salt.

dessaler [3] [desale] ◇ *vt* -**1.** [ôter le sel de] to desalinate, to remove the salt from; **~ du poisson** to freshen fish. -**2.** *fam* [dégourdir] to wise up *(sép)*, to educate in the ways of the world.

◇ *vi* NAUT to overturn.

◆ **se dessaler** *fam vpi* to get wise, to wise up; **il s'est drôlement dessalé depuis qu'il travaille!** he's learnt a thing or two since he started working!

dessangler [3] [desɑ̃gle] *vt* [cheval] to ungirth.

dessaouler [desule] = **dessoûler**.

Desse *abr écrite de* duchesse.

desséchant, e [deseʃɑ̃, ɑ̃t] *adj* -**1.** [asséchant] drying, withering; **un vent ~** a searing wind. -**2.** [activité, études] soul-destroying. -**3.** CHIM desiccating.

desséché, e [deseʃe] *adj* -**1.** [pétale, feuille] withered, dried; [cheveux, peau] dry; [gorge] parched. -**2.** [décharné] emaciated, wasted. -**3.** [cœur, personne] hardened.

dessèchement [desɛʃmɑ̃] *nm* -**1.** [perte d'humidité] drying up. -**2.** [procédé] desiccation, drying (out). -**3.** [stérilité - du cœur] hardening; [- d'un élan créateur] drying up.

dessécher [18] [deseʃe] *vt* -**1.** [peau, cheveux] to dry out *(sép)*; [pétale, feuille] to wither; **trop de soleil dessèche la peau** too much sun dries the skin; **la bouche desséchée par la peur** mouth dry OU parched with fear. -**2.** [amaigrir] to emaciate, to waste; **son corps desséché par la maladie** his body wasted by illness. -**3.** [endurcir]: **~ le cœur de qqn** to harden sb's heart; **un vieux solitaire desséché** a hardened old recluse.

◆ **se dessécher** *vpi* -**1.** [peau, cheveux] to go dry. -**2.** [cœur] to harden.

dessein [desɛ̃] *nm litt* intention, goal, purpose; **son ~ est de prendre ma place** his intention is to OU he has determined to take my place; **j'ai formé** OU **j'ai le ~ de faire** I intend OU it is my intention to do.

◆ **à dessein** *loc adv* deliberately, purposely.

◆ **dans le dessein de** *loc prép* in order OU with a view to.

desseller [4] [desele] *vt* to unsaddle.

desserrage [deseraʒ], **desserrement** [desɛrmɑ̃] *nm* -**1.** [processus] loosening, slackening. -**2.** [résultat] looseness.

desserrer [4] [desere] *vt* -**1.** [vis, cravate, ceinture] to loosen. -**2.** [relâcher] to relax; **~ son étreinte** to let go of OU to relax one's hold; **quand j'ai desserré les bras, elle s'est laissée choir à terre** when I relaxed my embrace, she let herself fall to the ground || [dents] to unclench; **il n'a pas desserré les dents** OU **lèvres** *fig* he didn't utter a word, he never opened his mouth. -**3.** [frein] to release.

◆ **se desserrer** *vpi* -**1.** [se dévisser] to come loose. -**2.** [se relâcher - étreinte] to relax.

dessert [desɛr] *nm* dessert, pudding *Br*, sweet *Br*; **veux-tu un ~?** will you have some dessert?; **au ~** at the end of the meal ❑ **assiette à ~** dessert plate; **cuillère à ~** dessertspoon.

desserte [desɛrt] *nf* -**1.** [meuble] sideboard; [table roulante] tea-trolley *Br*, tea wagon *Am*. -**2.** TRANSP service; **~ aérienne** air service; **l'hiver, la ~ est supprimée** the service doesn't run in winter; **la ~ du village est très mal assurée** the village is poorly served by public transport.

dessertir [32] [desɛrtir] *vt* to unset.

◆ **se dessertir** *vpi* to come unset.

dessertissage [desɛrtisaʒ] *nm* unsetting.

desservir [38] [desɛrvir] *vt* -**1.** [débarrasser] to clear (away), to remove; *(en usage abs)*: **puis-je ~?** may I clear the table? -**2.** [désavantager] to be detrimental OU harmful to, to go against; **son intervention m'a desservi** he did me a disservice by intervening. -**3.** TRANSP to serve; **le village est mal desservi** public transport to the village is poor; **l'hôpital est desservi cinq fois par jour** there is a bus (service) to the hospital five times a day; **ce train dessert les stations suivantes** this train stops at the following stations. -**4.** RELIG [paroisse] to serve. -**5.** [donner accès à] to lead to; **une allée dessert la maison** a drive leads up to the house; **un couloir dessert les chambres** a corridor leads off to the bedrooms.

dessiccateur [desikatœr] *nm* desiccator.

dessiccation [desikasjɔ̃] *nf* [gén] desiccation, drying; [du bois] drying.

dessiller [3] [desije] *vt litt*: **~ les yeux de** OU **à qqn** to cause the scales to fall from OU to open sb's eyes.

◆ **se dessiller** *vpi litt*: **mes yeux se dessillent** the scales have fallen from my eyes.

dessin [desɛ̃] *nm* -**1.** [croquis] drawing; **les ~s de Michel-Ange** Michelangelo's drawings; **des ~s d'enfants** children's drawings ❑ **~ humoristique** OU **de presse** cartoon *(in a newspaper)*; **~ animé** cartoon; **~ à main levée** free hand drawing; **~ à la plume** pen and ink drawing; **~ au trait** outline drawing; **tu veux peut-être aussi que je te fasse un ~?** *fam* do you want me to spell it out for you?; **pas besoin d'un** OU **de faire un ~, elle a compris!** you don't have to spell it out for her, she's got the message! -**2.** [art]: **le ~** drawing; **apprendre le ~** to learn (how) to draw. -**3.** [technique]: **la vigueur de son ~** the firmness of her drawing technique. -**4.** TECH: **~ industriel** draughtsmanship, industrial design; **~ coté** dimensioned drawing; **~ assisté par ordinateur** computer-aided design. -**5.** [forme, ligne] line, outline; **pour donner à vos sourcils un ~ parfait** to give your eyebrows the perfect shape. -**6.** [ornement] design, pattern; **un tissu à ~s géométriques** a fabric with geometric patterns.

◆ **à dessin** *loc adj*: **planche/table à ~** drawing board/table.

◆ **de dessin** *loc adj*: **cours/école de ~** art class/school.

dessinateur, trice [desinatœr, tris] *nm, f* -**1.** [technicien]: **~ (industriel)** draughtsman. -**2.** [concepteur] designer. -**3.** BX-ARTS: **il est meilleur ~ que peintre** he draws better than he paints; **~ d'études** design draughtsman; **~ humoristique** cartoonist.

dessinateur-cartographe [desinatœrkartɔgraf] *(pl* **dessinateurs-cartographes)** *nm* cartographer.

dessiné, e [desine] *adj*: **bien ~** well-formed, well-defined.

dessiner [3] [desine] *vt* -**1.** BX-ARTS to draw; **~ qqch sur le vif** to draw sthg from life || *(en usage abs)*: **il dessine bien** he's good at drawing; **~ à la plume/au crayon/au fusain** to draw in pen and ink/in pencil/in charcoal. -**2.** [former] to delineate; **menton/visage bien dessiné** firmly delineated chin/face; **bouche finement dessinée** finely drawn OU chiselled mouth. -**3.** TECH [meuble, robe, bâtiment] to design; [paysage, jardin] to landscape. -**4.** [souligner] to show up the shape of.

◆ **se dessiner** *vpi* -**1.** *litt* [se profiler] to stand out; **les douces collines du Perche se dessinent au lointain** the gentle slopes of the Perche hills stand out in the far distance. -**2.** [apparaître] to emerge; **une solution commence à se ~** a solution is emerging; **certaines tendances se dessinent** certain tendencies are beginning to emerge.

dessoler [3] [desɔle] *vt* AGR: **~ un champ** to change the rotation of crops in a field.

dessouder [3] [desude] *vt* -**1.** TECH to unsolder. -**2.** *arg crime* [tuer] to do in *(sép)*, to waste.

◆ **se dessouder** *vpi* to become unsoldered.

dessoudure [desudyr] *nf* unsoldering.

dessoûler [3] [desule] ◇ *vt* to sober up *(sép)*; **tu es dessoûlé maintenant?** are you sober now? ◇ *vi* to sober up; **il ne dessoûle pas de la journée** he's drunk all day.

dessous [dəsu] ◇ *adv* underneath; **les prix sont marqués ~** the prices are marked underneath; **mets-toi ~** get under it; **il porte une chemise, et rien ~** he's wearing a shirt, with nothing underneath.

◇ *nm* [d'un meuble, d'un objet] bottom; [d'une feuille] underneath; **le ~ de l'assiette est sale** the bottom of the plate is dirty; **les gens du ~** the people downstairs, the downstairs neighbours ❑ **les ~ de la politique/de la finance** the hidden agenda in politics/in finance; **le ~ des cartes** OU **du jeu** the hidden agenda; **avoir le ~** to come off worst, to get the worst of it; **être dans le trente-sixième ~** to be down in the dumps.

◇ *nmpl* [sous-vêtements] underwear; **des ~ coquins** sexy underwear.

◆ **de dessous** *loc prép* from under, from underneath; **enlève ça de ~ la table** pick that up from under OU underneath the table.

◆ **en dessous** *loc adv* underneath; **la feuille est verte en ~** the leaf is green underneath; **les gens qui habitent en ~** the people downstairs, the people in the flat *Br* OU apartment *Am* below ❑ **agir en ~** to act in an underhand way; **rire en ~** to laugh up one's sleeve; **regarder qqn par en ~** to steal a glance at sb.

◆ **en dessous de** *loc prép* below; **en ~ de zéro** below zero; **vous êtes très en ~ de la vérité** you're very far from the truth.

dessous-de-bouteille [dəsudbutɛj] *nm inv* coaster *(for a bottle)*.

dessous-de-bras [dəsudbra] *nm inv* dress shield.

dessous-de-plat [dəsudpla] *nm inv* table mat *(to protect the table from hot dishes)*, hot pad *Am*.

dessous-de-table [dəsudtabl] *nm inv péj* bribe.

dessuinter [3] [desɥɛ̃te] *vt* to scour TEX.

dessus [dəsy] ◇ *adv* [placer, monter] on top; [marcher] on it; [passer, sauter] over it; **écrivez l'adresse ~** write the address on top; **c'est écrit ~** it's written on it; **monte ~, tu verras mieux** get on top (of it), you'll get a better view; **assieds-toi ~** sit on it; **ils lui ont tiré/tapé ~** they shot at him/hit him ❑ **ne compte pas trop ~** don't count on it too much; **je suis ~ depuis un moment** [affaire, travail] I've been (working) on it for a while; [appartement] I've been looking into it for a while.

◇ *nm* -**1.** [d'un objet, de la tête, du pied] top; [de la main] back; **prends la nappe du ~, elle est repassée** take the tablecloth on the top, it's been ironed ❑ **avoir/prendre le ~** to have/to get the upper hand; **après 15 minutes de jeu, l'équipe marseillaise a nettement pris le ~ sur ses adversaires** after 15 minutes of play the Marseilles team gained a definite advantage over their opponents; **reprendre le ~** [gagner] to get back on top (of the situation), to regain the upper hand; **elle a bien repris le ~** [après une maladie] she was soon back on her feet again; [après une dépression] she got over it quite well; **le ~ du panier** the cream, the elite. -**2.** [étage supérieur]: **les voisins du ~** the people upstairs, the upstairs neighbours; **l'appartement du ~** the flat above.

◆ **de dessus** *loc prép*: **enlève ça de ~ la table!** take it off the table!

◆ **en dessus** *loc adv* on top.

dessus-de-lit [dəsydli] *nm inv* bedspread.

dessus-de-porte [dəsydpɔrt] *nm inv* BX-ARTS orverdoor.

déstabilisateur, trice [destabilizatœr, tris], **déstabilisant, e** [destabilizɑ̃, ɑ̃t] *adj* [conflit, politique] destabilizing.

déstabilisation [destabilizasjɔ̃] *nf* destabilization.

déstabiliser [3] [destabilize] *vt* [pays, régime] to destabilize.

déstalinisation [destalinizasjɔ̃] *nf* destalinization.

déstaliniser [3] [destalinize] *vt* to destalinize.

destin [dɛstɛ̃] *nm* -**1.** [sort] fate, destiny; **le ~ a voulu que...** fate has decreed that...; **un coup du ~** a blow from fate. -**2.** [vie personnelle] life, destiny, fate; **il a eu un ~ tragique** his destiny was tragic; **maître de son ~** master of his (own) fate. -**3.** [évolution] destiny, fate; **son roman a connu un ~ imprévu** her novel had an unexpected fate; **leur union devait avoir un ~ malheureux** their marriage was fated (to be unhappy).

destinataire [dɛstinatɛr] *nmf* -**1.** [d'une lettre] addressee; [de produits] consignee. -**2.** LING listener.

destination [dɛstinasjɔ̃] *nf* **-1.** [lieu] destination. **-2.** [emploi] purpose, use; **quelle ~ lui donneras-tu?** what do you plan to use it for?; **détourné de sa ~ primitive** diverted from its original purpose; **la ~ de ce projet est de faire...** the project is intended OU meant to do...

◆ **à destination** *loc adv*: **arriver à ~** to get to one's destination.

◆ **à destination de** *loc prép*: **avion/vol à ~ de Nice** plane/flight to Nice; **les voyageurs à ~ de Paris** passengers for Paris; **le train de 15 h 30 à ~ de Bordeaux** the three thirty train to Bordeaux.

destinée [dɛstine] *nf* **-1.** [sort]: **la ~** fate; **la ~ de qqn/qqch** the fate in store for sb/sthg. **-2.** [vie] destiny; **il tient ma ~ entre ses mains** he holds my destiny in his hands.

◆ **destinées** *nfpl sout*: **les dieux qui président à** OU **veillent sur nos ~s** the gods who decide our fate (on earth); **hautes ~s: appelé** OU **promis à de hautes ~s** destined for great things; **de hautes ~s l'attendaient** she was destined to achieve great things.

destiner [3] [dɛstine] *vt* **-1.** [adresser]: **~ qqch à qqn** to intend sthg for sb; **cette remarque ne t'est pas destinée** this remark isn't meant OU intended for you; **voici le courrier qui lui est destiné** here is his mail OU the mail for him; **festival destiné aux enfants** children's festival. **-2.** [promettre]: **~ qqn à** to destine sb for; **rien ne/tout me destinait au violon** nothing/everything led me to become a violonist; **nous étions destinés l'un à l'autre** we were meant for each other; **on la destine à quelque gros industriel** her family wants to marry her off to some rich industrialist; **il était destiné à mourir jeune** he was fated to die young; **il était destiné à régner** he was destined to reign; **son idée était destinée à l'échec dès le départ** his idea was bound to fail OU doomed (to failure) from the very start. **-3.** [affecter]: **~ qqch à** to set sthg aside for; **~ des fonds à** to allocate funds to, to set aside OU to earmark funds for; **somme destinée à l'achat d'un microscope** sum set aside to buy a microscope.

◆ **se destiner à** *vp + prép*: **se ~ au journalisme/couvent** to want to become a journalist/enter a convent.

destituable [dɛstitɥabl] *adj* [fonctionnaire] dismissible; [roi] deposable; **il n'est pas ~** [fonctionnaire] he cannot be dismissed (from his post); [officier] he cannot be stripped of his rank.

destituer [7] [dɛstitɥe] *vt* [fonctionnaire] to relieve from duties, to dismiss; [roi] to depose; [officier] to demote.

destitution [dɛstitysjɔ̃] *nf* [d'un fonctionnaire] dismissal; [d'un roi] deposition, deposal; [d'un officier] demotion.

déstocker [3] [destɔke] *vt* to take out of stock.

destrier [dɛstrije] *nm arch* charger, steed.

destroyer [dɛstrwaje, dɛstrɔjœr] *nm* destroyer MIL.

destructeur, trice [dɛstryktœr, tris] ◇ *adj* destructive.

◇ *nm, f* destroyer.

destructible [dɛstryktibl] *adj* destructible; **facilement ~** easy to destroy; **difficilement ~** virtually indestructible.

destructif, ive [dɛstryktif, iv] *adj* [action, croyance] destructive.

destruction [dɛstryksjɔ̃] *nf* **-1.** [fait d'anéantir] destroying, destruction; **la ~ des récoltes** the destruction of the crops; **après la ~ de la ville par le feu/les bombardements** after the town had been gutted by fire/destroyed by bombing. **-2.** [dégâts] damage; **les ~s causées par la tornade** the damage caused by the tornado.

déstructuration [destryktyrasjɔ̃] *nf* destructuring.

déstructurer [3] [destryktyre] *vt* to remove the structure from.

◆ **se déstructurer** *vpi* to lose (its) structure, to become destructured.

désuet, ète [dezɥɛ, ɛt] *adj* [mot, vêtement] outdated, old-fashioned, out-of-date; [technique] outmoded, obsolete; **une chambre au charme ~** a room with old-fashioned charm.

désuétude [dezɥetyd] *nf* obsolescence; **tomber en ~** [mot] to fall into disuse, to become obsolete; [technique, pratique] to become obsolete.

désulfiter [3] [desylfite] *vt* [moût, vin] to desulphurize.

désulfuration [desylfyrasjɔ̃] *nf* desulphurization.

désulfurer [3] [desylfyre] *vt* to desulphurize.

désuni, e [dezyni] *adj* **-1.** [brouillé - famille, ménage] disunited, divided. **-2.** ÉQUIT off his stride.

désunir [32] [dezynir] *vt* **-1.** [brouiller - famille] to split, to divide; **ils sont désunis** they don't get on with each other any more. **-2.** [disjoindre]: **~ les éléments d'un ensemble** to separate the elements of a set (from each other), to split up a set.

◆ **se désunir** *vpi* [athlète] to lose one's stride.

désurchauffe [desyrʃof] *nf* desuperheating.

désurchauffer [3] [desyrʃofe] *vt* to desuperheat.

désynchroniser [3] [desɛ̃krɔnize] *vt* to put out of synchronization; **être désynchronisé** [film] to be out of synch.

désyndicalisation [desɛ̃dikalizasjɔ̃] *nf* declining level of unionization.

détachable [detaʃabl] *adj* [feuillet, capuchon] removable, detachable; **facilement ~** easily detachable.

détachage [detaʃaʒ] *nm* [nettoyage] cleaning, drycleaning.

détachant, e [detaʃɑ̃, ɑ̃t] *adj* [produit] stain removing.

◆ **détachant** *nm* stain remover.

détaché, e [detaʃe] *adj* **-1.** [ruban] untied. **-2.** [air, mine] detached, casual, offhand. **-3.** ADMIN: **fonctionnaire ~** civil servant on secondment *Br* OU on a temporary assignment *Am*. **-4.** MUS detached.

détachement [detaʃmɑ̃] *nm* **-1.** [désintéressement] detachment; **prendre un air de ~** to look detached OU casual; **montrer du ~ vis-à-vis de notre monde** to be indifferent to worldly things. **-2.** [troupe] detachment; **~ précurseur** advance party. **-3.** ADMIN secondment *Br*, temporary assignment *Am*.

◆ **en détachement** *loc adv* on secondment *Br*, on a temporary assignment *Am*.

◆ **en détachement auprès de** *loc prép* seconded to *Br*, on a temporary assignment with *Am*.

détacher [3] [detaʃe] *vt* **-1.** [libérer] to untie; **~ un animal** to untie an animal; **~ ses cheveux** to untie one's hair, to let one's hair down; **~ les mains d'un prisonnier** to untie a prisoner's hands; **~ une guirlande** to take down a garland; **~ une caravane** to unhitch OU to unhook a caravan; **la barque a été détachée par des voyous** the boat was detached from its moorings by vandals. **-2.** [séparer]: **~ une photo d'une lettre** [enlever le trombone] to unclip a picture from a letter; [enlever l'agrafe] to unstaple a picture from a letter; **~ une recette d'un magazine/un timbre d'un carnet** to tear a recipe out of a magazine/a stamp out of a book || *(en usage abs)*: **~ suivant le pointillé** tear (off) along the dotted line. **-3.** [défaire - ceinture] to unfasten; [- col] to unfasten, to loosen. **-4.** [détourner]: **~ ses yeux** OU **son regard de qqn** to take one's eyes off sb; **~ son attention d'une lecture** to stop paying attention to one's reading || [affectivement]: **~ qqn de** to take sb away from; **être détaché de** to be detached from OU indifferent to; **il est détaché des biens de ce monde** he has turned his back on all worldly goods. **-5.** ADMIN to send on secondment *Br* OU on temporary assignment *Am*; **je vais être détaché auprès du ministre** I will be sent on secondment to the Ministry; **il faut ~ quelqu'un de votre département pour m'aider** you must second *Br* OU assign somebody from your department to help me; **il est détaché à Paris** he's on secondment *Br* OU temporary assignment *Am* in Paris. **-6.** [faire ressortir] to separate (out); **détachez bien chaque mot/note** make sure every word/note stands out (clearly). **-7.** [vêtement] to clean; **j'ai donné ton costume à ~** I took your suit to the cleaner's.

◆ **se détacher** ◇ *vp (emploi réfléchi)* **-1.** [se libérer] to untie OU to free o.s.; **puis je me suis détachée de ma famille/de l'art figuratif** later, I grew away from my family/from figurative art. **-2.** [se décrocher] to unhook o.s.; **elle s'est détachée de la cordée** she detached herself from the climbing party.

◇ *vpi* **-1.** SPORT [se séparer - du peloton] to break away. **-2.** [se profiler] to stand out; **le mont Blanc se détache à l'horizon** Mont Blanc stands out against the horizon.

◆ **à détacher** *loc adj*: **fiche/recette à ~** tear-off card/recipe.

détail [detaj] *nm* **-1.** [exposé précis] breakdown, detailed account, itemization; **faire le ~: faire le ~ de qqch** to break sthg down, to itemize sthg; **faites-moi le ~ de ce qui s'est passé** tell me in detail what happened; **il n'a pas fait le ~!** *fam* he was a bit heavy-handed!; **tout le monde au poste, on ne fait pas le ~!** *fam* everyone down to the station, you're all under arrest! **-2.** [élément - d'un récit, d'une information] detail, particular; **les ~s croustillants de l'histoire** the juicy bits of the story; **je te passe les ~s** I won't bore you with the detail OU details; **c'est parfait jusque dans les moindres ~s** it's perfect down to the smallest detail; **soigner les ~s** to pay attention to detail; **pour plus de ~s, écrivez à...** for further details, write to... || [point sans importance] detail, minor point; **je trouve l'article longuet mais ce n'est qu'un ~** I think the article's a bit long, but that's a mere detail; **c'est un ~ de l'Histoire** it is a mere footnote of history; **ne nous arrêtons pas à ces ~s** let's not worry about these minor details. **-3.** BX-ARTS detail; **Clemenceau, ~ d'un portrait par Manet** Clemenceau, a detail from a portrait by Manet. **-4.** COMM retail. **-5.** [petite partie - d'un meuble, d'un édifice] detail; **vendu plus cher à cause du ~ Art nouveau** sold for a higher price because of the Art nouveau detail.

◆ **au détail** ◇ *loc adj* [vente] retail *(modif)*.

◇ *loc adv* COMM: **vendre qqch au ~** to sell sthg retail, to retail sthg; **vous vendez les œufs au ~?** do you sell eggs separately?

◆ **de détail** *loc adj* **-1.** [concernant un élément]: **faire quelques remarques de ~** to make a few comments about a detail. **-2.** [mineur] trifling, insignificant. **-3.** COMM retail *(modif)*.

◆ **en détail** *loc adv* in detail; **raconter une histoire en ~** to tell a story in detail.

détaillant, e [detajɑ̃, ɑ̃t] *nm, f* retailer.

détaillé, e [detaje] *adj* detailed.

détailler [3] [detaje] *vt* **-1.** COMM to sell retail; **nous détaillons cet ensemble pull, jupe et pantalon** we sell the sweater, skirt and trousers separately; **nous ne le détaillons pas** [service à vaisselle] we don't sell it separately; [fromage, gâteau] we only sell it whole. **-2.** [dévisager] to scrutinize, to examine; **~ qqn de la tête aux pieds** to look sb over from head to foot, to look sb up and down; **~ qqn effrontément** to stare insolently at sb. **-3.** [énumérer - faits, facture] to itemize, to detail.

détaler [3] [detale] *vi* [animal] to bolt; [personne] to decamp, to cut and run *Am*; **les gamins ont détalé comme des lapins** the kids scattered like rabbits; **s'il a détalé!** you couldn't see him for dust!

détartrage [detartraʒ] *nm* [des dents] scaling; [d'une bouilloire] descaling; **se faire faire un ~ (des dents)** to have one's teeth cleaned.

détartrant, e [detartrɑ̃, ɑ̃t] *adj* [produit, substance] descaling.

◆ **détartrant** *nm* descaling agent.

détartrer [3] [detartre] *vt* [dents] to scale; [bouilloire] to descale.

détaxation [detaksasjɔ̃] *nf*: la ~ des magnétoscopes [réduction] the reduction of duty OU tax on videorecorders; [suppression] the lifting of duty OU tax off videorecorders.

détaxe [detaks] *nf* **-1.** [levée]: la ~ des tabacs [réduction] the reduction of duty OU tax on tobacco; [suppression] the lifting of tax OU duty on tobacco. **-2.** [remboursement]: **cela m'a fait 500 francs de ~** the reduction of duty charges saved me 500 francs.

détaxer [3] [detakse] *vt*: ~ **l'alcool** [en diminuant la taxe] to reduce the duty OU tax on alcohol; [en supprimant la taxe] to lift the duty OU tax on alcohol.

détectable [detɛktabl] *adj* detectable; **le signal est à peine ~** the signal is almost undetectable.

détecter [4] [detɛkte] *vt* to detect, to spot.

détecteur [detɛktœr] *nm* detector; ~ **de faux billets** forged banknote detector; ~ **de fumée** smoke detector, smoke alarm; ~ **de grisou** firedamp detector; ~ **d'incendie** fire detector; ~ **de mines** mine detector; ~ **de particules** particle detector.

détection [detɛksjɔ̃] *nf* [gén] detection, detecting, spotting.

détective [detɛktiv] *nm* detective; **jouer les ~s** to play detective ❑ ~ **privé** private detective OU investigator.

déteindre [81] [detɛ̃dr] ◇ *vi* **-1.** [se décolorer] to run; ~ **au lavage** to run in the wash; **lave-le à l'eau froide, sinon le noir va ~ sur le rouge** wash it in cold water, otherwise the black colour will run into the red. **-2.** *fam* [humeur, influence] to rub off; **on dirait que la mauvaise humeur, ça déteint!** bad temper is catching, it seems!; ~ **sur** to rub off on, to influence; **sa gentillesse a déteint sur tout le monde** her kindness has rubbed off on everybody.
◇ *vt* [linge] to discolour *Br*, to discolor *Am*; [tenture, tapisserie] to fade.

dételage [detlaʒ] *nm* [d'un cheval] unharnessing, unhitching; [d'un bœuf] unyoking; [d'une voiture] unhitching; [d'un train] uncoupling.

dételer [24] [detle] ◇ *vt* **-1.** [cheval] to unharness, to unhitch; [bœuf] to unyoke; ~ **les chevaux de la carriole** to unhitch the horses from the cart. **-2.** [caravane, voiture] to unhitch; [wagon] to uncouple.
◇ *vi* *fam* [s'arrêter] to ease off; **on dételle!** time for a break!, let's call it a day!
◆ **sans dételer** *fam loc adv* without a break, non-stop.

détendeur [detɑ̃dœr] *nm* pressure reducing valve.

détendre [73] [detɑ̃dr] *vt* **-1.** [relâcher - corde] to ease, to loosen, to slacken; [- ressort] to release. **-2.** [décontracter] to relax; **la musique me détend** music relaxes me; ~ **l'atmosphère avec des plaisanteries** to relax the atmosphere with a few jokes. **-3.** [gaz] to depressurize.
◆ **se détendre** *vpi* **-1.** [corde, courroie] to ease, to slacken. **-2.** [se décontracter] to relax; **détends-toi!** relax!; **les enfants ont besoin de se ~ après un si long voyage en voiture** the children need to unwind after such a long car journey. **-3.** [s'améliorer - ambiance] to become less tense, to relax.

détendu, e [detɑ̃dy] *adj* **-1.** [calme] relaxed. **-2.** [corde, courroie] slack.

détenir [40] [detnir] *vt* **-1.** [posséder - record] to hold, to be the holder of; [- document, bijou de famille] to hold, to have (in one's possession); [- secret] to hold. **-2.** JUR [emprisonner] to detain; ~ **qqn préventivement** to hold sb on remand.

détente [detɑ̃t] *nf* **-1.** [relaxation] relaxation; **j'ai besoin de ~** I need to relax; **une heure de ~ après une journée d'école** an hour's relaxation OU break after a day at school; **quelques moments de ~** a few moments' relaxation. **-2.** POL: **la ~** détente. **-3.** [d'une horloge] catch; [d'un ressort] release mechanism. **-4.** ARM trigger. **-5.** SPORT spring; **avoir de la ~, avoir une belle ~** to have a powerful spring. **-6.** [d'un gaz] expansion.

détenteur, trice [detɑ̃tœr, tris] *nm, f* holder; **être le ~ d'un record** to hold a record.

détention [detɑ̃sjɔ̃] *nf* **-1.** [emprisonnement] detention; **être maintenu en ~** to be detained ❑ ~ **criminelle** imprisonment; **en ~ préventive** OU **provisoire** in detention awaiting trial, on remand; **mettre qqn en ~ préventive** to remand sb in custody. **-2.** [possession] possession; **arrêté pour ~ d'armes** arrested for illegal possession of arms.

détenu, e [detny] ◇ *adj* [accusé, prisonnier] imprisoned.
◇ *nm, f* prisoner; **les ~s manifestent** the prison inmates are demonstrating.

détergent, e [detɛrʒɑ̃, ɑ̃t] *adj* [poudre, produit] detergent *(modif)*.
◆ **détergent** *nm* [gén] detergent; [en poudre] washing powder; [liquide] liquid detergent.

déterger [17] [detɛrʒe] *vt* to clean.

détérioration [deterjɔrasjɔ̃] *nf* deterioration, worsening, degradation.

détériorer [3] [deterjɔre] *vt* to cause to deteriorate, to damage, to harm.
◆ **se détériorer** *vpi* [temps, climat social] to deteriorate, to worsen.

déterminable [detɛrminabl] *adj* determinable; **c'est facilement/difficilement ~** it's easy/difficult to determine.

déterminant, e [detɛrminɑ̃, ɑ̃t] *adj* deciding, determining; **le prix a été l'élément ~** the price was the deciding factor.
◆ **déterminant** *nm* **-1.** MATH determinant. **-2.** LING determiner.

déterminatif, ive [detɛrminatif, iv] *adj* determining.
◆ **déterminatif** *nm* LING determining adjective, determiner.

détermination [detɛrminasjɔ̃] *nf* **-1.** [ténacité] determination, resoluteness. **-2.** [résolution] determination, decision. **-3.** [de causes, de termes] determining, establishing; **la ~ des causes de l'accident sera difficile** it will be difficult to determine the cause of the accident. **-4.** LING & PHILOS determination. **-5.** BIOL determination, determining; ~ **des sexes** sex determination; ~ **du groupe sanguin** blood typing.

déterminé, e [detɛrmine] *adj* **-1.** [défini] determined, defined, circumscribed; **non encore ~** to be specified (later); **il n'a pas d'opinion ~e à ce sujet** he hasn't really made up his mind about this matter; **dans un but bien ~** for a definite reason; **à un prix bien ~** at a set price. **-2.** [décidé] determined, resolute; **avoir l'air ~** to look determined. **-3.** LING & PHILOS determined.
◆ **déterminé** *nm* LING determinatum, determinandum.

déterminer [3] [detɛrmine] *vt* **-1.** [définir] to ascertain, to determine; ~ **les causes d'un accident/les mobiles d'un crime** to determine the cause of an accident/the motives for a crime. **-2.** [inciter] to incite, to encourage; ~ **qqn à faire qqch** to encourage sb to do sthg; **est-ce lui qui vous a déterminé à agir ainsi?** did you act in this way because of him? **-3.** [causer] to determine; **qu'est-ce qui détermine l'achat?** what determines whether somebody will buy or not? **-4.** LING & PHILOS to determine. **-5.** BIOL [sexe] to determine; [groupe sanguin] to type.
◆ **se déterminer** *vpi* to decide, to make a decision, to make up one's mind; **se ~ à** to make up one's mind to.

déterminisme [detɛrminism] *nm* determinism.

déterministe [detɛrminist] ◇ *adj* determinist, deterministic.
◇ *nmf* determinist.

déterrage [deteraʒ] *nm* **-1.** [exhumation] digging up, unearthing. **-2.** AGR lifting *(a of ploughshare)*. **-3.** CHASSE unearthing; ~ **du blaireau** badger-baiting.

déterré, e [detere] *nm, f*: **avoir l'air d'un ~** OU **une mine de ~** OU **une tête de ~** to look deathly pale.

déterrement [detɛrmɑ̃] *nm* [exhumation] digging up, disinterment.

déterrer [4] [detere] *vt* **-1.** [os, trésor] to dig up *(sép)*, to unearth. **-2.** [exhumer - cadavre] to dig up *(sép)*, to disinter. **-3.** [dénicher - secret, texte] to dig out *(sép)*, to unearth.

détersif, ive [detɛrsif, iv] = **détergent**.

détersion [detɛrsjɔ̃] *nf* cleansing.

détestable [detɛstabl] *adj* dreadful, detestable, foul.

détestablement [detɛstabləmɑ̃] *adv* appallingly, dreadfully.

détester [3] [detɛste] *vt* **-1.** [personne] to hate, to detest, to loathe; **il me déteste cordialement** he passionately dislikes me. **-2.** [viande, jazz, politique etc] to hate, to detest, to loathe; **il déteste devoir se lever tôt** he hates having to get up early; **je déteste qu'on me mente** I hate OU I can't stand being lied to; **je ne déteste pas une soirée tranquille à la maison** I'm quite partial to a quiet evening at home; **il ne déteste pas les sucreries** he's rather fond of sweets; **je ne détesterais pas dîner au restaurant ce soir** I wouldn't mind eating out tonight.

déthéiné, e [deteine] *adj* decaffeinated.

détonant, e [detɔnɑ̃, ɑ̃t] *adj* detonating.

détonateur [detɔnatœr] *nm* **-1.** ARM detonator. **-2.** *fig* [déclencheur] detonator, trigger; **servir de ~ à qqch** to trigger off sthg.

détonation [detɔnasjɔ̃] *nf* **-1.** [coup de feu - gén] shot; [- d'un canon] boom, roar. **-2.** AUT backfiring.

détoner [3] [detɔne] *vi* to detonate.

détonner [3] [detɔne] *vi* **-1.** MUS to be out of tune OU off key. **-2.** [contraster - couleurs, styles] to clash; [- personne]: **j'ai peur de ~ parmi ces gens-là** I'm afraid of being out of place among these people.

détordre [76] [detɔrdr] *vt* [câble, corde, linge] to untwist.

détortiller [3] [detɔrtije] *vt* [câble, corde, linge] to untwist; ~ **un bonbon** to unwrap a sweet.

détour [detur] *nm* **-1.** [tournant] bend, curve, turn; [méandre] wind, meander; **la route fait de nombreux ~s jusqu'au bout/jusqu'en bas/jusqu'en haut de la vallée** the road winds all the way through/down/up the valley; **faire un brusque ~** to make a sharp turn. **-2.** [crochet] detour, diversion; **faire un ~ par un village** to make a detour through a village; **elle nous a fait faire un ~ pour venir ici** she brought us a roundabout way; **faisons un petit ~ par la psychanalyse** *fig* let's go off at a tangent for a minute and talk about psychoanalysis ❑ **valoir le ~** [restaurant, paysage] to be worth the detour; **sa cousine vaut le ~!** *fam* it's well worth it if only to meet his cousin! **-3.** [faux-fuyant] roundabout way; **un discours plein de ~s** a roundabout OU circumlocutory way of speaking.
◆ **au détour de** *loc prép* **-1.** [en cheminant le long de]: **au ~ de la route/du chemin/du fleuve** as you follow the road/path/river. **-2.** [en consultant, en écoutant]: **au ~ de votre livre/œuvre, on devine vos préoccupations** leafing through your book/glancing through your work, one gets an idea of your main concerns; **j'ai appris cela au ~ de la conversation** I learnt it in the course of the conversation.
◆ **sans détour** *loc adv* [parler, répondre] straightforwardly, without beating about the bush.

détourné, e [deturne] *adj* **-1.** [route, voie] roundabout *(avant n)*, circuitous. **-2.** [façon, moyen] indirect, roundabout, circuitous; **aboutir à une conclusion par des moyens ~s** to reach a conclusion in a roundabout way; **apprendre qqch de façon ~e** to learn sthg indirectly; **agir de façon ~e** to behave deviously.

détournement [deturnəmɑ̃] *nm* -**1.** [dérivation - d'une rivière] diverting, diversion. -**2.** AÉRON: ~ **d'avion** hijacking; **faire un ~ d'avion** to hijack a plane. -**3.** FIN misappropriation; ~ **d'actif** embezzlement; ~ **de fonds** embezzlement. -**4.** JUR: ~ **de mineur** corruption of a minor; ~ **de pouvoir** abuse of power.

détourner [3] [deturne] *vt* -**1.** TRANSP [circulation] to redirect, to divert, to reroute; [fleuve] to divert; **il a fallu ~ le convoi par le village** the convoy had to be re-routed through the village. -**2.** [avion, autocar] to hijack. -**3.** [éloigner - coup] to parry; [- arme] to turn aside OU away *(sép)*; ~ **les yeux** OU **le regard** to avert one's eyes, to look away; ~ **la tête** to turn one's head away; ~ **les soupçons** to divert suspicions (away from o.s.); ~ **les soupçons sur qqn** to divert suspicions toward sb. -**4.** [déformer - paroles, texte] to distort, to twist; **il sait comment ~ le sens du contrat à son profit** he knows how to make the wording of the contract work to his advantage. -**5.** [détacher] to take away *(sép)*; ~ **l'attention de qqn** to divert sb; **'il est interdit de ~ l'attention du chauffeur'** 'do not distract the driver'; ~ **qqn de son devoir** to make sb turn away from his/her duty; ~ **qqn du droit chemin** to lead sb astray. -**6.** [extorquer] to misappropriate; ~ **des fonds** to embezzle OU to misappropriate funds. -**7.** JUR [mineur] to corrupt.

◆ **se détourner** *vpi* [tourner la tête] to turn (one's head), to look away.

◆ **se détourner de** *vp + prép* to turn away from; **se ~ de Dieu** to turn away from God; **ne te détourne pas de moi** don't turn away from me; **se ~ de ses études** to turn away from one's studies; **en grandissant, je me suis détourné de la natation** I got tired of swimming as I grew older.

détoxication [detɔksikasjɔ̃] *nf* detoxication, detoxification.

détoxiquer [3] [detɔksike] *vt* to detoxicate, to detoxify.

détracteur, trice [detraktœr, tris] ◇ *adj* disparaging, detractory.

◇ *nm, f* disparager, detractor; **tous ses ~s** all his critics OU those who have attacked him.

détraqué, e [detrake] ◇ *adj* -**1.** [mal ajusté] badly adjusted. -**2.** [cassé] broken down. -**3.** *fam* [dérangé]: **on a un temps ~** the weather's gone haywire; **j'ai une santé ~e** my health is poor; **elle a les nerfs complètement ~s** she's a nervous wreck. -**4.** *fam* [désaxé] crazy, psychotic; **il est complètement ~** he's totally cracked.

◇ *nm, f fam* maniac, psychopath; ~ **sexuel** sex maniac.

détraquement [detrakmɑ̃] *nm*: **depuis le ~ de ma montre** [elle fonctionne mal] since my watch started going wrong; [elle est cassée] since my watch stopped working.

détraquer [3] [detrake] *vt* -**1.** [appareil]: ~ **qqch** [faire mal fonctionner] to make sthg go wrong; [empêcher de fonctionner] to put sthg out of order OU action. -**2.** *fam* [déranger]: **toutes ces études lui ont détraqué le cerveau** *hum* all that studying has addled his brain.

◆ **se détraquer** ◇ *vpi* [mal fonctionner] to go wrong; [cesser de fonctionner] to break down.
◇ *vpt fam*: **se ~ le foie/le système** to ruin one's liver/health.

détrempe [detrɑ̃p] *nf* -**1.** MÉTALL softening, annealing. -**2.** [produit - à base de lait, d'eau] distemper; [- à base d'œuf] tempera; [œuvre] distemper painting; **peindre un tableau à la** OU **en ~** to distemper a painting.

détremper [3] [detrɑ̃pe] *vt* -**1.** MÉTALL to soften, to anneal. -**2.** [cuir] to soak, to soften. -**3.** [mouiller - chiffon, papier] to soak (through); [- chaux] to slake; [- mortier] to mix with water. -**4.** BX-ARTS to distemper.

détresse [detrɛs] *nf* -**1.** [désespoir] distress, anxiety; **pousser un cri de ~** to cry out in distress. -**2.** [pauvreté] distress; **les familles dans la ~** families in dire need OU straits; **tomber dans une grande ~** to fall on hard times, to encounter hardship. -**3.** AÉRON & NAUT: **signal de ~** distress signal.

◆ **en détresse** *loc adj*: **navire/avion en ~** boat/plane in distress.

détricoter [3] [detrikɔte] *vt* to unknit, to unravel.

détriment [detrimɑ̃] *nm litt* detriment.

◆ **au détriment de** *loc prép* to the detriment of, at the cost of.

détritique [detritik] *adj* [sol, terrain] detrital.

détritivore [detritivɔr] *adj* [insecte] detritivorous *spéc*, waste-eating.

détritus [detrity(s)] *nm* piece of rubbish *Br* OU garbage *Am*; **des ~** refuse.

Detroit [detrwa] *npr* Detroit.

détroit [detrwa] *nm* -**1.** GÉOG strait; **les Détroits** the Dardanelles and the Bosphorus. -**2.** ANAT strait; ~ **inférieur/supérieur du bassin** pelvic outlet/inlet.

DÉTROITS:
Le détroit de Béring the Bering Strait;
le détroit de Cook the Cook Strait;
le détroit des Dardanelles the Dardanelles;
le détroit de Gibraltar the Strait of Gibraltar;
le détroit d'Hormuz OU **d'Ormuz** the Strait of Hormuz OU Ormuz;
le détroit de Magellan the Strait of Magellan;
le détroit de Malacca the Strait of Malacca.

---

détromper [3] [detrɔ̃pe] *vt* to disabuse; ~ **qqn** to put OU to set sb right.

◆ **se détromper** *vpi*: **détrompez-vous!** don't be so sure!; **si tu crois qu'il va venir, détrompe-toi!** if you think he's coming, you'd better think again!

détrôner [3] [detrone] *vt* -**1.** [roi] to dethrone, to depose. -**2.** [supplanter] to oust, to push into second position; **les compacts vont-ils ~ les cassettes?** will cassettes be ousted by CDs?

détrousser [3] [detruse] *vt litt* to rob.

détrousseur [detrusœr] *nm*: ~ **de grands chemins** *litt* highwayman.

détruire [98] [detrɥir] *vt* -**1.** [démolir, casser] to destroy; **le village a été détruit** the village was destroyed OU razed to the ground; **les deux véhicules sont détruits** both cars are write-offs; **détruisez cette lettre** destroy this letter; **l'enfant construit un château, puis le détruit** the child builds a castle, then demolishes it; **ma vie est détruite** my life is in ruins. -**2.** [éliminer - population, parasites] to destroy, to wipe out *(sép)*; [tuer - ennemi] to kill; [- animal malade, chien errant] to destroy. -**3.** [porter préjudice à - santé, carrière] to ruin, to destroy, to wreck; **tu as détruit la confiance que j'avais en toi** you have destroyed the trust I had in you; **tous ses espoirs ont été détruits en un instant** all her hopes were shattered in an instant; **ils cherchent à ~ la paix** they want to destroy peace.

◆ **se détruire** *vp (emploi réfléchi) vieilli* to do away with o.s.

dette [dɛt] *nf* -**1.** [d'argent] debt; **avoir une ~** to have run up a debt; **avoir des ~s** to be in debt; **avoir de plus en plus de ~s** to get deeper and deeper into debt; **avoir des ~s vis-à-vis de qqn** to be in debt to sb; **être couvert** OU **criblé** OU **perdu de ~s** to be up to one's eyes *Br* OU ears *Am* in debt; **faire des ~s** to get OU to run into debt; **je n'ai plus de ~s** I've cleared my debts ❑ ~ **consolidée** ÉCON & FIN consolidated debt; ~ **de l'État**, ~ **publique** national debt; ~ **extérieure** external OU foreign debt; ~ **flottante** floating debt; ~ **d'honneur** debt of honour; ~ **de jeu** gambling debt; ~ **passive** liability, debt; **qui paie ses ~s s'enrichit** *prov* he who pays his debts will prosper. -**2.** [obligation morale] debt; **régler sa ~ envers la société** to pay one's debt to society; **avoir une ~ de reconnaissance envers qqn** to be in sb's debt, to owe sb a debt of gratitude.

détumescence [detymesɑ̃s] *nf* detumescence.

DEUG [dœg] *(abr de* **diplôme d'études universitaires générales**) *nm university diploma taken after 2 years.*

DEUG, DEUST:
In French universities, students take the "DEUG" or the "DEUST" after two years of courses. They may then take further courses leading to the "licence" (the equivalent of a bachelor's degree).

---

deuil [dœj] *nm* -**1.** [chagrin] grief, mourning; **faire son ~ de** *fam*: **j'en ai fait mon ~** I've resigned myself to not having it; **ta nouvelle voiture, tu peux en faire ton ~** you might as well kiss your new car goodbye. -**2.** [décès] bereavement; **il y a eu un ~ dans la famille** there was a bereavement OU death in the family. -**3.** [tenue conventionnelle] mourning; **porter/prendre le ~ (de qqn)** to be in/to go into mourning (for sb). -**4.** [période] mourning; **son ~ n'aura pas duré longtemps** he didn't mourn for very long; **il l'a rencontrée pendant son ~** he met her when he was still in mourning. -**5.** [convoi] funeral procession; **conduire** OU **mener le ~** to be the chief mourner.

◆ **de deuil** *loc adj* [vêtement] mourning *(modif)*; **brassard de ~** black armband.

◆ **en deuil** *loc adj*: **une femme en ~** a woman in mourning; **la Bretagne est en ~** *fig* the whole of Britanny is in mourning.

◆ **en deuil de** *loc prép*: **être en ~ de qqn** to mourn for sb.

deus ex machina [deysɛksmakina] *nm inv* deus ex machina.

deusio *fam* [døzjo] *adv* secondly, second.

DEUST [dœst] *(abr de* **diplôme d'études universitaires scientifiques et techniques**) *nm university diploma taken after 2 years of science courses.*

deutérium [døterjɔm] *nm* deuterium.

deutéron [døterɔ̃] = **deuton**.

Deutéronome [døterɔnɔm] *npr m* Deuteronomy.

deuton [døtɔ̃] *nm* deuteron.

deux [dø] ◇ *adj num* -**1.** *(card)* two; **eux/nous ~** both of them/us; **des ~ côtés** on both sides; ~ **fois plus de livres** twice as many books; ~ **fois moins de livres** half as many books; **j'ai ~ mots à te dire** I want a word with you; **il n'y a pas ~ solutions** there's no choice in the matter; ~ **ou trois** a couple of, a few, one or two; **écris-moi ~ ou trois lignes de temps en temps** drop me a line from time to time; **une personne à ~ visages** a two-faced individual; ~ **avis valent mieux qu'un** two heads are better than one ❑ **à ~ pas** close by, not far away; **à ~ pas de** close by, not far away from; **à ~ doigts de** close to, within an inch of; **à ~ doigts de mourir** OU **de la mort** within an inch of death OU dying; **j'ai été à ~ doigts de le renvoyer** I came very close to OU I was within inches of firing him; **entre ~ âges** middle-aged; **pris entre ~ feux** MIL exposed to crossfire; *fig* caught in the crossfire; **nager entre ~ eaux** to sit on the fence; **je l'ai vu entre ~ portes** I only saw him briefly; **ils sont comme les ~ doigts de la main** they're as thick as thieves OU very close; **de ~ choses l'une** there's a choice; **de ~ choses l'une, on va chez Georges ou on reste ici!** what's it to be, go to George's or stay here?; ~ **sous de...**: **il n'a pas ~ sous de jugeote** he hasn't got a scrap of common sense; **en ~ coups de cuiller à pot**, **en ~ temps trois mouvements** *fam* in no time at all, in a jiffy; **de mes ~**▼ sodding *Br*, frigging, fucking; **t'as vu ce chauffard de mes ~?** did you see that stupid sod driving that car?; **il n'y a pas ~ poids (et) ~ mesures** the same standards have got to apply to everyone; ~ **précautions valent mieux qu'une** *prov* better safe than sorry; **de ~ maux, il faut choisir le moindre** one must choose the lesser of two evils. -**2.** *(ord)* two, second; **à la page ~** on page two, on the second page; **au chapitre ~** in chapter two, in the second chapter; **le ~ novembre** on November (the) second, on the second of November; Henri II Henry the Second.

◇ *nm* -**1.** [gén] two; **venez, tous les ~** come along, both of you ❑ **à nous ~!** right, let's get on with it!; **clair** OU **évident comme ~ et ~ font quatre** as clear as day; **lui et le dessin, ça fait ~!** *fam* he can't draw to save his life!; **elle et la propreté, ça fait ~!** *fam* she doesn't know the meaning of the word "clean"!; **les ~ font la paire** they're two of a kind; **en moins de ~** in no time at all, in the twinkling of an eye. -**2.** JEUX: **le ~ de trèfle** the two of clubs.

◆ **à deux** *loc adv* [vivre] as a couple; [travailler] in pairs.

◆ **deux à deux, deux par deux** *loc adv* two by two, in twos OU pairs; **les enfants, mettez-vous ~ par ~** children, get into twos OU pairs.

deuxième [døzjɛm] ◇ *adj ord* second; **'le Deuxième Sexe'** *Simone de Beauvoir* 'The Second Sex'.

◇ *nmf* second; **elle est la ~ sur la liste** she's second on the list.

deuxièmement [døzjɛmmɑ̃] *adv* secondly, in second place.

deux-mâts [døma] *nm inv* two-master.

deux-pièces [døpjɛs] *nm inv* -**1.** [maillot de bain] two-piece. -**2.** [costume] two-piece. -**3.** [appartement] two-room flat *Br* OU apartment *Am*.

deux-points [døpwɛ̃] *nm inv* colon PRINT.

deux-ponts [døpɔ̃] *nm inv* double-decker AERON.

deux-roues [døru] *nm inv* two-wheeled vehicle.

deux-temps [døtɑ̃] *nm inv* two-stroke.

deuzio *fam* [døzjo] = **deusio**.

dévaler [3] [devale] ◇ *vt* [en courant] to run OU to race OU to hurtle down; [en roulant] to tumble down.

◇ *vi* -**1.** [personne] to hurry OU to hurtle down; [torrent] to gush down; [lapin] to sprint down. -**2.** [s'abaisser - terrain] to fall OU to slope away. -**3.** [rouler] to tumble OU to bump down; **le chariot a dévalé tout seul** the trolley ran off on its own.

dévaliser [3] [devalize] *vt* -**1.** [voler - banque, diligence] to rob. -**2.** *fam* [vider] to raid; **ils ont dévalisé le garde-manger** they raided the larder; **tous les marchands de glaces ont été dévalisés** all the ice-cream vendors have sold out.

dévaloir [devalwar] *nm Helv* -**1.** [à la montagne] *path through a mountain forest for transporting logs*. -**2.** [vide-ordures] rubbish *Br* OU garbage *Am* chute.

dévalorisant, e [devalɔrizɑ̃, ɑ̃t] *adj* -**1.** FIN depreciating. -**2.** [humiliant] humbling, humiliating.

dévalorisation [devalɔrizasjɔ̃] *nf* -**1.** FIN depreciation. -**2.** [perte de prestige] devaluing, loss of prestige; **la ~ d'une profession/d'un diplôme** the loss of prestige of a profession/of a qualification.

dévaloriser [3] [devalɔrize] *vt* -**1.** [discréditer - personne, talent] to depreciate, to devalue. -**2.** COMM to cause a drop in the commercial value of. -**3.** FIN to devalue.

◆ **se dévaloriser** ◇ *vp (emploi réfléchi)* [se discréditer] to lose credibility; **se ~ aux yeux de qqn** to lose credibility with sb.

◇ *vpi* FIN to become devalued.

dévaluation [devalɥasjɔ̃] *nf* devaluation, devaluing.

dévaluer [7] [devalɥe] *vt* -**1.** FIN to devalue. -**2.** [déprécier] to devalue; **il l'a fait pour te ~ à tes propres yeux** he did it to make you feel cheap.

◆ **se dévaluer** *vpi* to drop in value.

devancement [dəvɑ̃smɑ̃] *nm*: **~ d'appel** enlistment before call-up.

devancer [16] [dəvɑ̃se] *vt* -**1.** [dans l'espace - coureur, peloton] to get ahead of, to outdistance; **je la devançais de quelques mètres** I was a few metres ahead of her; **sur ce marché, nous ne sommes plus devancés que par les Japonais** *fig* now only the Japanese are ahead of us in this market. -**2.** [dans le temps] to arrive ahead of; **je t'ai bien devancé, je suis arrivé hier** I got here well ahead of you, I arrived yesterday; **~ son siècle** OU **époque** to be ahead of one's time; **~ l'appel** MIL to enlist before call-up; *fig* to jump the gun. -**3.** [agir avant - personne]: **tu m'as devancé, c'est ce que je voulais lui offrir/lui dire** you beat me to it, that's just what I wanted to give her/to say to her. -**4.** FIN: **~ la date d'un paiement** to make a payment before it falls due.

devancier, ère [dəvɑ̃sje, ɛr] *nm, f* -**1.** [précurseur] precursor, forerunner. -**2.** [qui précède] predecessor.

devant [dəvɑ̃] ◇ *prép* -**1.** [en face de] in front of; [avec mouvement] past; **il s'est garé ~ la maison** he parked in front of the house; **ça s'est passé juste ~ chez moi** it happened just in front of my house; **il a déposé le paquet ~ la porte** he left the parcel outside the door; **tricoter ~ la télévision** to knit in front of the TV OU while watching TV; **toujours ~ la télé!** always glued to the TV! *péj*; **il faut mettre un zéro ~ le code** you have to put a zero in front of OU before the code; **elle est passée ~ moi sans me voir** she walked right past (me) without seeing me; **la voiture est passée/un lièvre a détalé ~ moi** the car drove/a hare bolted past me. -**2.** [en avant de] in front of; [en prenant de l'avance] ahead of; **il marchait ~ nous** he was walking in front of us; **nous passerons ~ lui pour lui montrer le chemin** we'll go ahead of him to show him the way; **passe ~ moi, tu verras mieux** go in front of me, you'll get a better view; **l'ère de la communication est ~ nous** the age of communication lies ahead of OU before us; **ils sont ~ nous en matière d'électronique** their electronics industry's ahead of ours; **leur équipe est passée ~ nous au classement** their team is now ahead of us in the league ❑ **~ soi: aller droit ~ soi** to go straight on OU ahead; *fig* to carry on regardless; **j'ai une heure ~ moi** I have an hour to spare; **elle avait une belle carrière ~ elle** she had a promising career ahead of her; **avoir quelques économies ~ soi** to have some savings put by. -**3.** [en présence de]: **pleurer ~ tout le monde** [devant les gens présents] to cry in front of everyone; [en public] to cry in public; **il vaudrait mieux ne pas en parler ~ lui** it would be better not to mention it in front of him; **~ témoins** in front of OU in the presence of witnesses; **ils comparaîtront ~ le tribunal demain** they will appear in court tomorrow; **porter une affaire ~ la justice** to bring a case before the courts OU to court; **je jure ~ Dieu...** I swear to God... -**4.** [face à] in the face of, faced with; [étant donné] given; **nos troupes ont reculé ~ leur puissance de feu** our troops withdrew in the face of their (superior) fire power; **~ l'hostilité croissante de l'opinion, ils ont renoncé** faced with mounting public opposition, they gave up; **son attitude ~ le malheur** his attitude in the face of *litt* OU to disaster; **~ des preuves accablantes** in the face of overwhelming evidence; **~ son hésitation...** as he was OU seeing that he was reluctant..., given his reluctance...; **~ la gravité de cette affaire** given the serious nature of this matter; **égaux ~ la loi** equal before the law.

◇ *adv* -**1.** [à l'avant]: **mettez les plus petits de la classe ~** put the shortest pupils at the OU in front; **installe-toi ~** sit in the front (of the car); **ça se boutonne ~** it buttons up at the front; **tes cheveux sont trop longs ~** your hair's too long at the front; **écris le nom du destinataire ~** write the addressee's name on the front; **faites passer la pétition ~** pass the petition forward ❑ **~ derrière** back to front, the wrong way round; **tu as mis ton pull ~ derrière** you've put your jumper on back to front OU the wrong way round. -**2.** [en face]: **tu es juste ~** it's right in front of you; **tu peux te garer juste ~** you can park (right) in front; **je suis passé ~ sans faire attention** I went past without paying attention. -**3.** [en tête]: **elle est loin ~** she's a long way ahead; **passe ~, tu verras mieux** come OU go through you'll get a better view; **marche ~** walk in front; **pars ~, je te rattraperai** go ahead I'll catch you up.

◇ *nm* [gén] front; NAUT bow, bows, fore; **avec cuisine sur le ~ (de l'immeuble)** with a kitchen at the front (of the building); **la figure B indique le ~** figure B shows the front; **la jupe est plus longue sur le ~** the skirt is longer at the front; **sur le ~ de la scène** *fig* in the lime light ❑ **prendre les ~s** to make the first move, to be the first to act.

◆ **de devant** ◇ *loc adj* [dent, porte] front.

◇ *loc prép*: **va-t-en de ~ la fenêtre** move away from the window; **va-t-en de ~ la télé** don't stand in front of the TV.

devanture [dəvɑ̃tyr] *nf* -**1.** [vitrine] shopwindow *Br*, storewindow *Am*. -**2.** [étalage] (window) display. -**3.** [façade] frontage, shopfront *Br*, storefront *Am*.

◆ **en devanture** *loc adv* in the window; **nous l'avons en ~** it's in the window.

dévastateur, trice [devastatœr, tris] ◇ *adj* devastating.

◇ *nm, f* wrecker.

dévastation [devastasjɔ̃] *nf* devastation, havoc.

dévaster [3] [devaste] *vt* -**1.** [lieu, pays, ville] to devastate, to lay waste; **les récoltes ont été dévastées** the crops were destroyed; **des villages dévastés** destroyed villages. -**2.** *litt* [cœur] to devastate, to desolate; **l'âme dévastée par ces morts successives** devastated by this succession of bereavements; **la souffrance a dévasté son visage** her looks have been ruined OU devastated by suffering.

déveine [devɛn] *nf* bad luck; **avec ma ~ habituelle** with my (usual) luck.

développable [devlɔpabl] *adj* MATH developable.

développante [devlɔpɑ̃t] *nf* MATH involute.

développé [devlɔpe] *nm* -**1.** DANSE developpé. -**2.** SPORT press.

développée [devlɔpe] *nf* MATH evolute.

développement [devlɔpmɑ̃] *nm* -**1.** [fait de grandir] development; **le ~ normal de l'enfant/du chêne** a child's/an oak's normal development || [fait de progresser] development, growth; **pour aider au ~ du sens des responsabilités chez les jeunes** in order to foster a sense of responsibility in the young. -**2.** ÉCON: **le ~** development; **une région en plein ~** a fast-developing area. -**3.** [exposé] exposition; **faire un ~ sur le sujet de** to develop the theme of; **entrer dans des ~s superflus** to go into unnecessary detail || MUS development (section). -**4.** [perfectionnement] developing; **nous leur avons confié le ~ du prototype** we asked them to develop the prototype for us; **payé 10 000 F pour le ~ du scénario** paid 10,000 F for script development. -**5.** PHOT [traitement complet] processing, developing; **une heure pour le ~ des photos** one hour to process the pictures || [étape du traitement] developing; **faire ressortir des contrastes au ~** to bring out contrasts during developing ❑ **appareil photo à ~ instantané** instant camera. -**6.** MÉCAN gear; **bicyclette avec un ~ de six mètres** bicycle with a six metre gear. -**7.** MATH development. -**8.** [déploiement - d'une banderole] unrolling.

◆ **développements** *nmpl* [prolongements] developments; **nous attendons les ~s de l'affaire** we await further developments; **à la lumière des récents ~s** in the light of recent developments.

développer [3] [devlɔpe] *vt* -**1.** [faire croître - faculté] to develop; [- usine, secteur] to develop, to expand; [- pays, économie] to develop; **pour ~ les muscles** for muscle development; **un jeu qui développe l'intelligence** a game which develops the player's intelligence. -**2.** [exposer - argument, plan] to develop, to enlarge on. -**3.** [symptôme, complexe] to develop. -**4.** PHOT [traiter] to process; [révéler] to develop; **faire ~ une pellicule** to have a film processed. -**5.** MATH to develop. -**6.** MÉCAN: **une bicyclette qui développe cinq mètres** a bicycle with a five metre gear. -**7.** [déballer - coupon] to unfold, to open out *(sép)*; [- paquet] to unwrap; [- banderole] to unroll.

◆ **se développer** *vpi* -**1.** [croître - enfant, plante] to develop, to grow; [- usine, secteur] to develop, to expand; [- pays, économie] to develop, to become developed; **les usines Viaut cherchent à se ~** Viaut wish to expand; **une région qui se développe** a developing area; **ça se développe beaucoup dans la région** *fam* the region is developing quickly; **il s'est beaucoup développé sur le plan physique** he has grown quite a lot; **il n'est pas très développé pour son âge** he's undersize for his age. -**2.** [apparaître - membrane, moisissure] to form, to develop. -**3.** [se déployer - armée] to be deployed; [- cortège] to spread out; [- argument] to develop, to unfold; [- récit] to develop, to progress, to unfold. -**4.** [se diversifier - technique, science] to improve, to develop. -**5.** [s'aggraver - maladie] to develop.

devenir[1] [dəvnir] *nm litt* -**1.** [évolution] evolution. -**2.** [avenir] future; **quel est le ~ de l'homme?** what is the future of mankind?

◆ **en devenir** *loc adj litt* [société, œuvre] evolving, changing; **en perpétuel ~** constantly changing, ever-changing.

devenir[2] [40] [dəvnir] *vi* -**1.** [acquérir telle qualité] to become; **~ professeur** to become a teacher; **~ la femme de qqn** to become sb's wife; **elle est devenue une femme** she's a woman now; **~ réalité** to become a reality; **~ vieux** to get OU to grow old; **~ rouge/bleu** to go red/blue; **l'animal peut ~ dangereux lorsqu'il est menacé** the animal can be dangerous when threatened ❑ **~ chèvre** *fam* [s'énerver] to blow one's top; **à (vous faire) ~ dingue** *fam*, **à (vous faire) ~ fou, à (vous faire) ~ chèvre** *fam* enough to drive you round the bend OU to make you scream. -**2.** [avoir tel sort]: **que sont devenus tes amis de jeunesse?** what happened to the friends of your youth?; **que sont devenues tes belles intentions?** what has become of your good intentions?; **et moi, qu'est-ce que je vais ~?** what's to become of me?; **et moi, qu'est-ce que je deviens dans tout ça?** and where do I fit into all this?; **je ne sais pas ce que je deviendrais sans toi** I don't know what I'd do without you; **qu'est-ce que tu es devenu, il y a une heure qu'on t'attend!** where have you been OU what have you been doing, we've been waiting for you for an hour! -**3.** *fam* [pour demander des nouvelles]: **que devenez-vous?** how are you getting on?; **et lui, qu'est-ce qu'il devient?** what about him?, what's he up to these days? -**4.** *(tournure impersonnelle)*: **il devient difficile de...** it's getting difficult to...; **il devient inutile de...** it's now pointless to...

dévergondage [devɛrgɔ̃daʒ] *nm* licentiousness, licentious OU immoral behaviour.

dévergondé, e [devɛrgɔ̃de] ◇ *adj* licentious, shameless.

◇ *nm, f* shameless person; **quel ~!** he's a wild one!

dévergonder [3] [devɛrgɔ̃de] *vt* to corrupt, to pervert, to lead into a life of licentiousness; **j'ai décidé de te ~, tu ne vas pas travailler aujourd'hui** *hum* I've decided to lead you astray, you're staying off work today.

◆ **se dévergonder** *vpi* to adopt a dissolute life style, to lead a life of licentiousness.

dévernir [32] [devɛrnir] *vt* to strip the enamel off.

déverrouillage [devɛrujaʒ] *nm* -**1.** ARM & INF unlocking. -**2.** [d'une porte] unbolting.

déverrouiller [3] [devɛruje] *vt* -**1.** ARM & INF to unlock. -**2.** [porte] to unbolt.

dévers [devɛr] *nm* -**1.** TRAV PUBL banking. -**2.** RAIL bank, banking, camber.

déversement [devɛrsəmɑ̃] *nm* -**1.** [écoulement] flowing. -**2.** [déchargement - d'eaux usées] pouring, discharging; [- de passagers] offloading, discharging; [- d'ordures] dumping, tipping *Br.*

déverser [3] [devɛrse] *vt* -**1.** [répandre - liquide] to pour, to discharge; **le canal déverse ses eaux dans un bassin** the canal discharges its water into a pool. -**2.** [décharger] to discharge; **les paysans ont déversé des tonnes de fruits sur la chaussée** the farmers dumped tons of fruit on the road. -**3.** [exprimer - chagrin, rage, plainte] to vent, to let OU to pour out; **~ des flots de larmes** to be in floods of tears; **~ des flots d'injures** to come out with a stream of abuse.

◆ **se déverser** *vpi* -**1.** [couler] to flow; **se ~ dans la mer** to flow into the sea. -**2.** [tomber]: **le chargement s'est déversé sur la route** the load tipped over OU spilled onto the road.

déversoir [devɛrswar] *nm* [d'un barrage] spillway, wasteweir *Br.*

dévêtir [44] [devetir] *vt* to undress; **dévêts-le** take his clothes off, undress him.

◆ **se dévêtir** *vp (emploi réfléchi)* to undress o.s., to get undressed, to take one's clothes off.

déviance [devjɑ̃s] *nf* deviance, deviancy.

déviant, e [devjɑ̃, ɑ̃t] *adj & nm, f* deviant.

déviateur [devjatœr] *nm* -**1.** ÉLECTRON deflector. -**2.** AÉRON: **~ de jet** thrust spoiler.

déviation [devjasjɔ̃] *nf* -**1.** TRANSP detour, diversion *Br*; **'~ à 500 mètres'** 'diversion in 500 metres'. -**2.** [écart] swerving, deviating; **il ne se permet aucune ~ par rapport à la ligne du parti** he will not deviate from OU be deflected away from the party line. -**3.** MÉD: **~ de la colonne vertébrale** curvature of the spine. -**4.** ÉLECTRON deflection. -**5.** NAUT [d'un compas] deviation. -**6.** ARM & MIN deviation.

déviationnisme [devjasjɔnism] *nm* deviationism.

déviationniste [devjasjɔnist] *adj & nmf* deviationist.

dévidage [devidaʒ] *nm* -**1.** [de la soie] unwinding, uncoiling. -**2.** [mise en écheveau] reeling, spooling.

dévider [3] [devide] *vt* -**1.** TEXT to wind up, to reel, to spool (up). -**2.** [dérouler - bobine] to unwind; [- câble, corde] to uncoil; **~ son rosaire** to say the rosary ❑ **~ son chapelet** *pr* to tell one's beads; **~ son chapelet à qqn** *fam fig* to give sb the whole saga.

dévidoir [devidwar] *nm* -**1.** TEXT reel, spool. -**2.** [de tuyau d'incendie] reel.

dévier [9] [devje] ◇ *vi* -**1.** [s'écarter] to swerve, to veer; **le bus a brusquement dévié sur la droite/gauche** the bus suddenly veered off to the right/left; **planeur dévié par le vent** glider blown off course OU deflected by the wind; **~ de** to move away, to swerve from; **nous n'irons pas, cela nous ferait ~ de notre chemin** we won't go, it would mean making a detour. -**2.** [dans un débat, un projet] to diverge, to deviate; **faire ~ la conversation** to change the subject; **l'association ne doit pas ~ par rapport à son but premier** the association must not be diverted from its original purpose OU must pursue its original goal unswervingly; **~ de** to move away from, to stray off. -**3.** [se pervertir]: **la conversation dévie (sur un sujet scabreux)** the conversation is becoming a bit risqué.

◇ *vt* -**1.** [repousser - balle, projectile] to deflect, to turn away OU aside *(sép)*; [- coup] to parry. -**2.** PHYS to refract. -**3.** [distraire - attention] to divert. -**4.** [détourner - circulation] to divert, to redirect, to reroute; **les appels sont déviés vers le standard** calls are diverted OU rerouted to the switchboard.

devin, devineresse [dəvɛ̃, dəvinrɛs] *nm, f* soothsayer; **il n'est pas ~!** he's not a mind-reader!; **pas besoin d'être ~ pour comprendre** you don't need to be a genius to understand.

devinable [dəvinabl] *adj* -**1.** [énigme] solvable; [secret] guessable. -**2.** [prévisible - avenir] foreseeable.

deviner [3] [dəvine] *vt* -**1.** [imaginer] to guess, to work out *(sép)*, to figure (out) *(sép)*; **devine qui est là** guess who's here; **je n'ai fait que ~** it was sheer guesswork; **à toi de ~ la suite** I'll leave it to you to figure out what happened next. -**2.** [découvrir - énigme, mystère]: **il a tout de suite deviné ses intentions** he saw through her right away; **il devine toujours ce que je pense** he reads me like a book; **tu ne devineras jamais ce qui m'est arrivé** you'll never guess what happened to me; **je n'arrive pas à ~ où il veut en venir** I can't work out what he's driving at; **~ que: j'ai deviné qu'il y avait quelque chose de bizarre** I guessed there was something strange. -**3.** [prédire - avenir] to foresee, to foretell. -**4.** [apercevoir]: **sous sa tunique on pouvait ~ un corps superbe** the contours of her superb body could be made out under her tunic. -**5.** *litt* [percer à jour]: **~ qqn** to see through sb.

◆ **se deviner** *vp (emploi passif)* -**1.** [être aperçu] to be made out; **sa tête se devine derrière le rideau** you can just make out her head behind the curtain; **le parc se devine derrière les hauts murs** the estate can just be made out behind the high walls. -**2.** [transparaître] to show (through); **sa détresse se devine derrière son extérieur enjoué** her distress can be seen through her apparent jollity; **son attachement se devine à de petits détails** his love shows through in the little things he does.

devinette [dəvinɛt] *nf* riddle; **poser une ~ (à qqn)** to ask (sb) a riddle; **jouer aux ~s** *pr* to play (at) riddles *fig*, to speak in riddles.

déviriliser [3] [devirilize] *vt* [homme] to unman.

devis [dəvi] *nm*: **~ (estimatif)** estimate, quotation; **faire** OU **établir un ~** to draw up an estimate; **il a fait un ~ de 40 000 F** he quoted 40,000 F (in his estimate); **faire faire des travaux sur ~** to have work done on the basis of an estimate.

dévisager [17] [devizaʒe] *vt*: **~ qqn** to stare (persistently) at sb; **on ne dévisage pas les gens** it's rude to stare.

devise [dəviz] *nf* -**1.** HÉRALD device. -**2.** [maxime] motto; **laisser faire les autres, c'est sa ~!** let the others do the work, that's his motto!; **la ~ de notre maison** our company motto. -**3.** FIN currency; **acheter des ~s** to buy foreign currency ❑ **~ forte/faible** hard/soft currency; **~ flottante** floating currency.

deviser [3] [dəvize] ◇ *vi litt* to converse *litt*, to talk.

◇ *vt Helv*: **~ qqn** to give sb an estimate.

dévissage [devisaʒ] *nm* unscrewing.

dévisser [3] [devise] ◇ *vt* -**1.** [desserrer - écrou, vis] to loosen; [détacher] to undo, to unscrew, to screw off *(sép)*; **dévissez le bouchon** unscrew the top off the bottle. -**2.** [tordre - bras, cou] to twist.

◇ *vi* [en montagne] to fall OU to come off.

◆ **se dévisser** ◇ *vp (emploi passif)* [se détacher] to unscrew, to undo; **le bouchon se dévisse facilement** the top twists off the bottle easily.

◇ *vpt*: **se ~ le cou/la tête** to screw one's neck/one's head round.

de visu [devizy] *loc adv*: **je l'ai constaté ~** I saw it for myself OU with my own eyes.

dévitaliser [3] [devitalize] *vt* to remove the nerve from, to devitalize *spéc.*

dévitrifier [9] [devitrifje] *vt* to devitrify.

dévoilement [devwalmɑ̃] *nm* -**1.** [d'une statue, d'un visage] unveiling. -**2.** [d'un secret, d'intentions] disclosing, revealing.

dévoiler [3] [devwale] *vt* -**1.** [dénuder - visage, épaule, statue] to unveil, to uncover; **~ ses charmes** *euph* to reveal all. -**2.** [exprimer - intention, sentiment] to disclose, to reveal, to unveil; **il a dévoilé ses pensées les plus secrètes** he laid bare his innermost thoughts ❑ **~ ses batteries** to unmask one's guns *fig.*

◆ **se dévoiler** ◇ *vp (emploi réfléchi)* [ôter son voile] to unveil one's face OU o.s.

◇ *vpi* [se manifester] to be disclosed OU revealed, to show up, to come to light; **son hypocrisie se dévoile peu à peu** his hypocrisy is gradually coming to light.

devoir[1] [dəvwar] *nm* -**1.** SCOL assignment, exercise; **~ de chimie** chemistry assignment OU exercise; **~ de français** (French) essay; **faire**

ses ~s to do one's homework ❑ ~ sur table (written) class test; ~s de vacances holiday *Br* OU vacation *Am* homework. -**2.** [impératifs moraux] duty; le ~ m'appelle duty calls; je ne l'ai prévenu que par ~ I warned him only because I thought it was my duty. -**3.** [tâche à accomplir] duty, obligation; les ~s d'une mère a mother's duties; faire OU accomplir OU remplir son ~ to carry out OU to do one's duty; merci – je n'ai fait que mon ~ thank you – I only did my duty; avoir le ~ de to have the duty to; vous avez le ~ de le signaler it's your duty to OU you must report it; se faire un ~ de qqch to make it one's duty to do sthg; se mettre en ~ de faire qqch to set about (doing) sthg; je me suis mis en ~ de l'éclairer I set about enlightening him ❑ ~ conjugal conjugal duties.

◆ **devoirs** *nmpl*: rendre les derniers ~s à qqn to pay sb a final homage OU tribute; rendre ses ~s à qqn to pay one's respects to sb.

◆ **de devoir** *loc adj*: homme/femme de ~ man/woman with a (strong) sense of duty.

◆ **du devoir de** *loc prép*: il est du ~ de tout citoyen de voter it is the duty of every citizen to vote; j'ai cru de mon ~ de l'aider I felt dutybound to help him; je l'ai rendu, comme il était de mon ~ I gave it back, as it was my duty to do OU as was my duty.

devoir[2] [53] [dəvwar] ◇ *v aux* -**1.** [exprime l'obligation]: il doit he has to, he needs to, he must; je dois partir à midi I must go at 12; dois-je être plus clair? do I need OU have to be more explicit?; je dois admettre que... I must admit that...; si vous deviez donner une définition du bonheur, quelle serait-elle? if you had to give a definition of happiness, what would it be?; il ne doit pas he must not, he musn't; on ne doit pas fumer smoking is forbidden OU is not allowed; tu ne dois pas le punir you musn't punish him. -**2.** [dans des conseils, des suggestions]: il devrait he ought to, he should; tu ne devrais pas boire you shouldn't drink. -**3.** [indique une prévision, une intention]: il doit m'en donner demain he's due to OU he should give me some tomorrow; c'est une pièce que l'on doit voir depuis un an! it's a play we've supposedly been going to see OU we've been planning to see for a year! || [dans le passé]: il devait venir mais je ne l'ai pas vu he was supposed to come OU to have come but I didn't see him. -**4.** [exprime une probabilité]: il/cela doit he/it must, he's/it's got to; il doit savoir he's bound to OU he must know; mais si, tu dois connaître son frère, un petit gros but you must know OU I'm sure you know her brother, a short fat man; il doit être fatigué he must be tired, he's probably tired; tu dois t'ennuyer tout seul! you must get bored on your own!, don't you get bored on your own?; si, les confitures doivent être sur l'étagère yes, the pots of jam must be OU have got to be on the shelf; il n'y a qu'une explication, elle a dû garder les clefs there's only one explanation, she must have kept the keys; il ne devait pas beaucoup l'aimer pour écrire cela he can't have really loved her to write this; il doit y avoir OU cela doit faire un an que je ne l'ai pas vu it must be a year since I (last) saw him; une offre qui devrait les intéresser an offer which should interest them. -**5.** [exprime l'inévitable]: nous devons tous mourir un jour we all have to die one day; il devait mourir à 20 ans he was to die when he was twenty; la maison où elle devait écrire «Claudine» the house where she was to write "Claudine" || [exprime une norme]: un bon chanteur doit savoir chanter en direct a good singer should be able to sing live; le four ne devrait pas faire ce bruit the oven isn't supposed to OU shouldn't make that noise. -**6.** *sout*: dût-il faire should he have *litt* OU even if he had to do; je l'aiderai, dussé-je aller en prison/y passer ma vie I'll help him, even if it means going to prison/devoting my life to it.
◇ *vt* -**1.** [avoir comme dette] to owe; ~ qqch à qqn to owe sb sthg, to owe sthg to sb; tu me dois 150 francs you owe me 150 francs; ~ de l'argent to owe money, to have debts; je te dois l'essence I owe you for the petrol; j'ai perdu, je te dois le repas I lost, I'll buy the meal for you; combien vous dois-je? how much do I owe you?; je ne demande que ce qui m'est dû I'm only asking for my due; ainsi, je ne te dois plus rien that way, I've cleared my debt with you OU I don't owe you anything now. -**2.** [être moralement obligé de fournir]: ~ qqch à qqn to owe sb sthg; je te dois des excuses/une explication I owe you an apology/explanation; je vous dois cet aveu I've got this to confess to you, I owe you this confession; je te dois bien ça that's the least I can do for you; traiter qqn avec le respect qu'on lui doit to treat sb with due respect; selon les honneurs dus à sa fonction with such pomp as befits her office. -**3.** [être redevable de]: ~ qqch à qqn to owe sthg to sb; je lui dois tout/beaucoup I owe him everything/a lot; je vous dois la vie I owe you my life; c'est à Guimard que l'on doit cette découverte we have Guimard to thank OU we're indebted to Guimard for this discovery; on lui doit un remarquable «Christ en croix» he's the creator of a remarkable "Christ on the Cross"; c'est à lui que je dois d'avoir trouvé du travail it's thanks to him that I found a job; le son doit sa qualité à des enceintes très performantes the good quality of the sound is due to excellent speakers; sa victoire ne doit rien au hasard her victory has nothing to do with luck.

◆ **se devoir** *vp (emploi réciproque)* [avoir comme obligation mutuelle]: les époux se doivent fidélité spouses OU husbands and wives must be faithful to each other.

◆ **se devoir à** *vp + prép*: il se doit aux siens he must spend time with his family; tu te dois à ta musique you must dedicate yourself to your music; je me dois à mon public I must attend to my fans.

◆ **se devoir de** *vp + prép* to have it as one's duty to; tu es grand, tu te dois de donner l'exemple you're a big boy now, it's your duty to show a good example.

dévolu, e [devɔly] *adj* -**1.** JUR: ~ à devolving on OU upon. -**2.** [destiné]: argent ~ à cet usage money allocated to that purpose.

◆ **dévolu** *nm loc*: jeter son ~ sur [chapeau, maison] to go for, to choose; elle a jeté son ~ sur lui she's set her cap at him.

dévolution [devɔlysjɔ̃] *nf* devolution.

dévonien, enne [devɔnjɛ̃, ɛn] *adj* Devonian.

◆ **dévonien** *nm*: le ~ the Devonian.

dévorant, e [devɔrɑ̃, ɑ̃t] *adj* -**1.** [faim] gnawing; [soif] burning. -**2.** [amour, passion] consuming, all-consuming, burning, powerful; éprouver une jalousie ~e to be consumed OU devoured by jealousy. -**3.** *litt* [feu] all-consuming.

dévorer [3] [devɔre] *vt* -**1.** [manger – suj: animal, personne] to devour; ~ son repas à belles dents to bolt one's meal down; il dévore! he eats like a horse!; les sauterelles dévorent les récoltes the locusts eat away at the crops; dévoré par les moustiques eaten alive OU bitten to death by mosquitoes; une voiture qui dévore les kilomètres a car which eats up the miles; ~ qqn de *fig*: ~ qqn des yeux OU du regard to stare hungrily at sb; ~ un enfant de baisers to smother a child with kisses. -**2.** [lire] to devour, to read avidly; j'ai dévoré tout Tolstoï I read my way avidly through (the whole of) Tolstoy; depuis le scandale, il dévore les journaux since the scandal he reads the papers avidly. -**3.** [consommer] to use (up); dans mon métier, je dévore du papier/de la pellicule in my job I use (up) huge quantities of paper/of film. -**4.** [anéantir] to consume, to swallow up; salaire en grande partie dévoré par les impôts salary swallowed up to a large extent by tax; ne te laisse pas ~ par ton travail don't let your work monopolize your time. -**5.** [tenailler] to devour; l'ambition le dévore he's eaten OU devoured by ambition; être dévoré par la faim to be ravenously hungry; être dévoré par l'envie to be eaten up with envy; elle n'est pas dévorée par les scrupules she isn't hampered by scruples.

dévoreur, euse *fam* [devɔrœr, øz] *nm, f*: ~ de: c'est une dévoreuse de romans à l'eau de rose she's an avid reader of sentimental novels.

dévot, e [devo, ɔt] ◇ *adj* devout.
◇ *nm, f* -**1.** [qui croit] staunch believer. -**2.** *péj* [bigot] sanctimonious individual; faux ~ *péj* pharisee.

dévotement [devɔtmɑ̃] *adv* devoutly, religiously.

dévotion [devosjɔ̃] *nf* -**1.** RELIG devoutness, religiousness, piety; fausse ~ *péj* false piety; ~ à la Sainte Vierge devotion to the Blessed Virgin. -**2.** *litt* [attachement] devotion; il voue une véritable ~ à sa mère he worships his mother; être à la ~ de qqn to be devoted to sb.

◆ **dévotions** *nfpl* [prières] devotions; faire ses ~s to perform one's devotions.

dévoué, e [devwe] *adj* -**1.** [fidèle] devoted, faithful; être ~ à ses amis to be devoted to one's friends; nous vous remercions de votre appui ~ we thank you for your staunch support. -**2.** *sout* [dans des formules de politesse]: votre ~ serviteur your humble servant; je vous prie de croire à mes sentiments les plus ~s Yours sincerely OU truly *Am*.

dévouement [devumɑ̃] *nm* -**1.** [abnégation] dedication, devotedness, devotion; soigner qqn avec ~ to look after sb devotedly; avoir l'esprit de ~ to be self-sacrificing. -**2.** [loyauté] devotion; son ~ à la cause his devotion to the cause.

dévouer [6] [devwe] *vt litt*: ~ qqch à to dedicate OU to devote sthg to; ~ sa vie à ses parents/à l'aide aux pays du tiers-monde to dedicate one's life to one's parents/to assisting Third World countries.

◆ **se dévouer** *fam vpi* [proposer ses services]: allez, dévoue-toi pour une fois! come on, make a sacrifice for once!; qui va se ~ pour faire le ménage? who's going to volunteer to clean up?; finir la tarte? bon, je me dévoue! *hum* you want me to finish up the tart? oh well, if I must!

◆ **se dévouer à** *vp + prép* [se consacrer à] to dedicate o.s. to.

dévoyé, e [devwaje] ◇ *adj* perverted, corrupted.
◇ *nm, f* corrupt individual.

dévoyer [13] [devwaje] *vt litt* to lead astray.

◆ **se dévoyer** *vpi* to go astray.

dextérité [dɛksterite] *nf* dexterity, deftness; avec ~ dexterously, deftly.

dextralité [dɛkstralite] *nf* dextrality.

dextrose [dɛkstroz] *nm* dextrose.

dfc (*abr écrite de* désire faire connaissance) *wishes to meet*.

dg (*abr écrite de* décigramme) dg.

DG (*abr de* directeur général) *nm* GM, CEO *Am*.

DGE (*abr de* dotation globale d'équipement) *nf state contribution to local government capital budget*.

DGF (*abr de* dotation globale de fonctionnement) *nf state contribution to local government revenue budget*.

DGI (*abr de* Direction générale des impôts) *npr f central tax office*.

DGSE (*abr de* Direction générale de la sécurité extérieure) *npr f French intelligence and espionage service*, ≃ MI6 *Br*, ≃ CIA *Am*.

DH (*abr écrite de* dirham) DH.

DI *nf abr de* division d'infanterie.

dia [dja] *interj signal to a horse to turn left*.

diabète [djabɛt] *nm* diabetes; ~ sucré diabetes mellitus.

diabétique [djabetik] *adj* & *nmf* diabetic.

diabétologie [djabetɔlɔʒi] *nf* diabetes research; un spécialiste en ~ a diabetes specialist.

diabétologue [djabetɔlɔg] *nmf* diabetes specialist.

diable [djabl] ◇ *nm* -**1.** RELIG devil; le ~ the Devil ❑ **avoir le ~ au corps**: **ce gamin a le ~ au corps** *fam* this child's a real handful; **comme un (beau) ~** [courir, sauter] like the (very) devil, like a thing possessed; [hurler] like a stuck pig; **comme un ~ dans un bénitier** like a cat on a hot tin roof; **comme s'il avait le ~ à ses trousses** [courir, partir] like greased lightning, as if his life depended on it; **faire le ~ à quatre** [faire du bruit] to make a din; [se démener] to raise hell and high water; **tirer le ~ par la queue** to live from hand to mouth; **c'est le ~ qui bat sa femme et marie sa fille** *prov* it's rainy and sunny at the same time. -**2.** [enfant] (little) devil; [homme]: **un bon ~** a good sort; **un grand ~** a great tall fellow; **un mauvais ~** a bad sort; **un pauvre ~** a wretched man, a poor wretch. -**3.** [chariot] trolley. -**4.** [jouet] jack-in-the-box. -**5.** [casserole] earthenware (cooking) pot. -**6.** ZOOL: ~ **(de Tasmanie)** Tasmanian devil.
◇ *adj* -**1.** [espiègle]: **que tu es ~!** stop being such a little devil! -**2.** CULIN [sauce] devilled.
◇ *adv*: **qui/que/comment ~?** who/what/how the devil?, who/what/how on earth?; **pourquoi ~ est-il allé si loin?** why the devil OU on earth did he go so far?
◇ *interj* heck, my goodness, goodness me; ~, **voilà une histoire bien compliquée!** goodness me, what a complicated story!
◆ **à la diable** *loc adv* -**1.** [vite et mal]: **un repas préparé à la ~** a meal thrown together quickly; **elle est sortie coiffée à la ~** she went out, after hastily running a comb through her hair. -**2.** CULIN: **œuf à la ~** devilled eggs.
◆ **au diable** *loc interj* to hell with; **au ~ les soucis!** to hell with worry!; **au ~ les convenances!** to hell with propriety!
◆ **au diable, à tous les diables, aux cinq cents diables** *loc adv*: **aller au ~** to go to hell; **envoyé au ~** sent packing; **envoie-les au ~** tell them they can go to blazes.
◆ **au diable vauvert, au diable vert** *loc adv* miles away.
◆ **ce serait (bien) le diable si** *loc conj* I'd be very surprised if, it would be surprising if.
◆ **ce n'est pas/ce ne serait pas le diable si** *loc conj* it's not the/it wouldn't be the end of the world if.
◆ **c'est (bien) le diable si, du diable si** *loc conj* (I'll be OU I'm) damned if.
◆ **diable de** *loc adj*: **ce ~ de rhumatisme** this damned rheumatism; **son ~ de frère** her damned brother.
◆ **du diable, de tous les diables** *loc adj*: **faire un boucan de tous les ~s** *fam* to kick up a hell of a racket; **il a eu un mal de tous les ~s pour finir à temps** he had a devil of a job to finish in time.
◆ **en diable** *loc adv sout* devilishly; **difficile en ~** devilishy OU fiendishly difficult; **jolie en ~** pretty as a picture; **retors en ~** sly as a fox.
◆ **le diable soit de** *loc prép arch* the devil take; **le ~ soit de ces gens-là/tes principes** the devil take these people/your principles.
◆ **(que) le diable m'emporte si, (que) le diable l'emporte si** *etc loc conj* the devil take me/him *etc* if.
◆ **le diable t'emporte, le diable l'emporte** *etc loc interj arch* the devil take you/him *etc*; **ils sont venus me réclamer de l'argent, le ~ les emporte!** they came to ask me for money, damn them!

diablement *fam* [djabləmɑ̃] *adv vieilli* damned; **c'est ~ bon!** it's damn OU damned good!; **cette pièce est ~ longue!** this play's interminable!; **il était ~ intéressé** he was awfully keen.

diablerie [djabləri] *nf* -**1.** [farce] piece of mischief, trick; **avec leurs petits cousins, ce ne sont que ~s** they get up to all sorts of mischief with their little cousins. -**2.** [sortilège] piece of devilry. -**3.** BX-ARTS & THÉÂT *scene featuring devils*.

diablesse [djablɛs] *nf* -**1.** RELIG she-devil. -**2.** [femme méchante] witch. -**3.** [fillette]: **petite ~!** you little devil!

diablotin [djablɔtɛ̃] *nm* -**1.** MYTH small OU little devil. -**2.** [enfant] imp. -**3.** [pétard] cracker.

diabolique [djabɔlik] *adj* diabolic, diabolical, devilish; **il a agi de façon ~** he acted diabolically.

diaboliquement [djabɔlikmɑ̃] *adv* diabolically, devilishly.

diabolo [djabɔlo] *nm* -**1.** [jouet] diabolo. -**2.** CULIN: ~ **menthe** *lemon soda with mint syrup*.

diacétylmorphine [diasetilmɔrfin] *nf* diacetylmorphine.

diachronie [djakrɔni] *nf* diachrony.

diachronique [djakrɔnik] *adj* diachronic.

diacide [diasid] *nm* diacid.

diaclase [djaklaz] *nf* diaclase, joint GEOL.

diaconal, e, aux [djakɔnal, o] *adj* diaconal.

diaconat [djakɔna] *nm* diaconate.

diaconesse [djakɔnɛs] *nf* deaconess.

diacre [djakr] *nm* deacon.

diacritique [djakritik] *adj* & *nm* diacritic.

diadème [djadɛm] *nm* diadem.

diagenèse [djaʒənɛz] *nf* diagenesis.

diagnostic [djagnɔstik] *nm* diagnosis; ~ **prénatal** antenatal diagnosis.

diagnostique [djagnɔstik] *adj* diagnostic.

diagnostiquer [3] [djagnɔstike] *vt* to diagnose; **on lui a diagnostiqué un diabète** he's been diagnosed as suffering from diabetes.

diagonal, e, aux [djagɔnal, o] *adj* diagonal.
◆ **diagonale** *nf* diagonal (line).
◆ **en diagonale** *loc adv* -**1.** [en biais] diagonally. -**2.** *fam* [vite]: **lire OU parcourir un livre en ~e** to skim through a book.

diagonalement [djagɔnalmɑ̃] *adv* diagonally.

diagramme [djagram] *nm* -**1.** [graphique] graph. -**2.** [croquis] diagram.

diagraphie [djagrafi] *nf* PÉTR logging.

dialcool [dialkɔl] *nm* dihydric alcohol.

dialectal, e, aux [djalɛktal, o] *adj* dialectal.

dialecte [djalɛkt] *nm* dialect.

dialecticien, enne [djalɛktisjɛ̃, ɛn] *nm, f* dialectician.

dialectique [djalɛktik] ◇ *adj* dialectic, dialectical.
◇ *nf* dialectic, dialectics *(aussi sg)*.

dialectiquement [djalɛktikmɑ̃] *adv* dialectically.

dialectologie [djalɛktɔlɔʒi] *nf* dialectology.

dialectologue [djalɛktɔlɔg] *nmf* dialectologist.

dialogue [djalɔg] *nm* -**1.** [discussion] dialogue *Br*, dialog *Am*; **le ~ Est-Ouest** dialogue between East and West; **ils ont eu un véritable ~ de sourds** they were not on the same wavelength at all. -**2.** CIN & THÉÂT dialogue; **écrire les ~s d'un film** to write the dialogue for a film; **le ~ est de Flore Thiais** dialogue by Flore Thiais ❑ **les ~s de Platon** PHILOS Plato's dialogues. -**3.** INF: ~ **homme-machine** interactive use (of a computer).

dialoguer [3] [djalɔge] ◇ *vi* -**1.** [converser] to converse. -**2.** [négocier] to have OU to hold talks; **les syndicats vont de nouveau ~ avec le ministre** the unions are to resume talks OU their dialogue with the minister. -**3.** INF: ~ **avec un ordinateur** to interact with a computer.
◇ *vt* [film, scénario] to write the dialogue for.

dialoguiste [djalɔgist] *nmf* dialogue writer.

dialyse [djaliz] *nf* dialysis; **se faire faire une ~** to undergo dialysis.

dialysé, e [djalize] *nm, f* dialysis patient.

dialyser [3] [djalize] *vt* to dialyse.

dialyseur [djalizœr] *nm* dialyser.

diamagnétique [djamaɲetik] *adj* diamagnetic.

diamagnétisme [djamaɲetism] *nm* diamagnetism.

diamant [djamɑ̃] *nm* diamond.

diamantaire [djamɑ̃tɛr] *nmf* -**1.** [vendeur] diamond merchant. -**2.** [tailleur] diamond cutter.

diamantifère [djamɑ̃tifɛr] *adj* diamantiferous.

diamétral, e, aux [djametral, o] *adj* diametral, diametric, diametrical.

diamétralement [diametralmɑ̃] *adv* diametrically; ~ **opposé** diametrically opposed.

diamètre [djamɛtr] *nm* diameter; **le fût fait 30 cm de ~** the barrel is 30 cm across OU in diameter; **couper le cercle dans son ~** cut the circle across.

Diane [djan] *npr* MYTH Diana; '~ **chasseresse**' *Houdon* 'Diana the Huntress'.

diantre [djɑ̃tr] *arch* ◇ *interj* ye gods *aussi hum*.
◇ *adv*: **qui ~ dit cela?** who the deuce OU the devil said that?; **que ~?** what the devil?

diapason [djapazɔ̃] *nm* [instrument] tuning fork; [registre] range, diapason.
◆ **au diapason** *loc adv* in tune; **il n'est plus au ~** he's out of touch; **se mettre au ~** to fall OU to step into line.
◆ **au diapason de** *loc prép* in tune with; **au ~ de ses enfants** in tune with one's children; **se mettre au ~ de** to fall in line with.

diaphane [djafan] *adj* diaphanous.

diaphonie [djafɔni] *nf* diaphony.

diaphragmatique [djafragmatik] *adj* [artère, veine] diaphragmatic.

diaphragme [djafragm] *nm* -**1.** ANAT & TECH diaphragm. -**2.** MÉD diaphragm *spéc*, (Dutch) cap. -**3.** PHOT stop, diaphragm.

diaphragmer [3] [djafragme] *vt* & *vi* PHOT to stop down; **diaphragmez à 11** stop down to 11, use stop number 11.

diapo *fam* [djapo] *nf* slide PHOT.

diapositive [djapozitiv] *nf* slide PHOT.

diapré, e [djapre] *adj litt* mottled.

diaprer [3] [djapre] *vt litt* to mottle.

diaprure [djapryr] *nf litt* shimmering OU iridescent colours; **la ~ de ses ailes** the rainbow colours of its wings.

diarrhée [djare] *nf* diarrhoea *Br*, diarrhea *Am*; **avoir la ~** to have diarrhoea.

diarrhéique [djareik] *adj* diarrhoeal, diarrhoeic.

diarthrose [djartroz] *nf* diarthrosis.

diaspora [djaspɔra] *nf* diaspora; **la ~ arménienne** the Armenian diaspora, Armenian communities throughout the world; **la Diaspora** the Diaspora.

diastase [djastaz] *nf* diastase.

diastole [djastɔl] *nf* diastole.

diatomée [djatɔme] *nf* diatom.

diatonique [djatɔnik] *adj* diatonic.

diatoniquement [djatɔnikmɑ̃] *adv* diatonically.

diatonisme [djatɔnism] *nm* diatonicism.

diatribe [djatrib] *nf* diatribe, (vicious) attack.

diazépam [djazepam] *nm* diazepam.

dicastère [dikastɛr] *nm Helv administrative division in the Swiss local government system*.

dicétone [disetɔn] *nf* diketone.

dichotomie [dikɔtɔmi] *nf* dichotomy.

dichotomique [dikɔtɔmik] *adj* dichotomous.

dico *fam* [diko] *nm* dictionary.

dicotylédone [dikɔtiledɔn] ◇ *adj* dicotyledonous.
◇ *nf* dicotyledon; **les ~s** Dicotyledonae.

Dictaphone® [diktafɔn] *nm* Dictaphone®.

dictateur [diktatœr] *nm* dictator; **'le Dictateur'** *Chaplin* 'The Great Dictator'.

dictatorial, e, aux [diktatɔrjal, o] *adj* dictatorial.

dictature [diktatyr] *nf* dictatorship; **la ~ du prolétariat** the dictatorship of the proletariat; **la ~ de la mode** the edicts of fashion.

dictée [dikte] *nf* -**1.** [à des élèves] dictation; ~ **musicale** musical dictation. -**2.** [à une secrétaire, un assistant] dictating; **écrire sous la ~ (de)**: **j'ai écrit sous sa ~ une lettre à son père** she dictated a letter for her father to me; **la ~ de son courrier lui a pris plus d'une heure** it took him over an hour to dictate his letters.

dicter [3] [dikte] *vt* -**1.** SCOL to read out as dictation. -**2.** [courrier, lettre, résumé] to dictate. -**3.** [imposer - choix] to dictate, to impose, to force; [- condition] to dictate; **on lui a dicté ses réponses** his replies had been dictated to him.

diction [diksjɔ̃] *nf* diction; **avoir une ~ parfaite** to speak with total clarity.

◆ **de diction** *loc adj* speech *(modif)*.

dictionnaire [diksjɔnɛr] *nm* -**1.** [livre] dictionary; **~ bilingue** bilingual dictionary; **~ de la musique/des beaux-arts** dictionary of music/of art; **~ encyclopédique/de langue** encyclopedic/language dictionary; **traduire un livre à coup de ~** *fam* to translate a book with a dictionary in one hand. -**2.** INF dictionary.

dicton [diktɔ̃] *nm* dictum, (popular) saying; **comme dit le ~** as they say, as the saying goes.

didacticiel [didaktisjɛl] *nm* piece of educational software, teachware *Am*.

didactique [didaktik] ◇ *adj* -**1.** [de l'enseignement] didactic. -**2.** [instructif] didactic, educational. -**3.** PSYCH: **analyse ~** training analysis.
◇ *nf* didactics *(sg)*.

didactiquement [didaktikmɑ̃] *adv* didactically.

didactisme [didaktism] *nm* didacticism.

didactyle [didaktil] *adj* didactyl, didactylous.

Didon [didɔ̃] *npr* Dido; **'~ et Énée'** *Purcell* 'Dido and Aeneas'.

dièdre [djɛdr] *nm* dihedron.

dieffenbachia [difɛnbakja] *nm* diffenbachia.

diélectrique [djelɛktrik] *adj* & *nm* dielectric.

Diên Biên Phu [djɛnbjɛnfu] *npr* Dien Bien Phu.

diencéphale [diɑ̃sefal] *nm* diencephalon.

diencéphalique [diɑ̃sefalik] *adj* diencephalic.

diérèse [djerɛz] *nf* LING & LITTÉRAT diaeresis, dieresis.

diergol [djɛrgɔl] *nm* diergol.

dièse [djɛz] *nm* sharp; **la ~** A sharp.

diesel [djezɛl] *nm* -**1.** [moteur] diesel engine OU motor. -**2.** [véhicule] diesel. -**3.** [combustible] diesel (oil).

diesel-électrique [djezɛlelɛktrik] (*pl* **diesels-électriques**) *adj* & *nm* diesel-electric.

diète [djɛt] *nf* -**1.** [régime] diet. -**2.** [absence de nourriture] fasting *(for health reasons)*. -**3.** HIST diet.

◆ **à la diète** *loc adv* -**1.** [au régime] on a diet. -**2.** [sans nourriture]: **mettre qqn à la ~** to prescribe a fast for sb.

diététicien, enne [djetetisjɛ̃, ɛn] *nm, f* dietician, dietitian, nutrition specialist.

diététique [djetetik] ◇ *adj* [aliment] health *(modif)*; [boutique] health food *(modif)*.
◇ *nf* nutrition science, dietetics *(sg) spéc*; **conseils de ~** nutritional advice.

dieu, x [djø] *nm* -**1.** [divinité] god; **le ~ de la Guerre/l'Amour** the god of war/love; **une vie sans dieu** a godless life; **il y a un ~ pour les ivrognes!** there must be a god who looks after drunks! ❑ **comme un ~** divinely, like a god; **jurer ses grands ~x** to swear to God. -**2.** [héros] god, idol; **les ~x du stade** the gods OU idols of sport. -**3.** [objet de vénération] god; **l'argent/l'art est son ~** money/art is his god, he idolizes money/art; **le ~ dollar** the (great) god dollar, the almighty dollar.

◆ **Dieu** *npr* -**1.** [gén] God; **le Dieu vivant** the living God; **Dieu le père** God the father; **il se prend pour Dieu le père** *péj* he thinks he's God (Himself); **vivre en Dieu** to live with God ❑ **le bon Dieu** the good Lord; **c'est le bon Dieu qui t'a puni** you got your just deserts (for being bad); **recevoir le bon Dieu** to receive the Holy Sacrament; **apporter le bon Dieu à un malade** to bring the Holy Sacrament to a sick person; **tous les jours** OU **chaque jour que (le bon) Dieu fait** every blessed day; **il va bien te rembourser, il n'y a pas de bon Dieu!** he'll give you your money back, surely to God OU goodness!; **on lui donnerait le bon Dieu sans confession** he looks as if butter wouldn't melt in his mouth; **comme le bon Dieu l'a fait** in his birthday suit; **il vaut mieux s'adresser à Dieu qu'à ses saints** it's better to talk to the organ-grinder than the monkey; **comme Dieu en France** *vieilli* [vivre] exceedingly well, comfortably; **si Dieu me prête vie** if I'm still alive (by then). -**2.** [dans des exclamations]: **Dieu me damne** OU **maudisse (si...)!** *litt* may God strike me dead (if...)!; **Dieu m'est témoin** *litt* as God is my witness; **Dieu me pardonne!** *litt* (may) God forgive me!; **Dieu nous protège** god OU Lord protect us; **Dieu veuille que tout se passe bien!** *litt* God willing, all will be well; **Dieu vous bénisse/entende!** *litt* may God bless/hear you!; **Dieu vous garde** *litt* God be with you; **c'est pas** OU **c'est-y Dieu possible!** *fam* it just can't be (true)!; **Dieu sait** God OU (the) Lord knows; **Dieu sait combien il l'a aimée!** God knows he loved her!; **Dieu sait si je l'ai aidé!** God knows I helped him!; **Dieu sait où je l'ai mis!** God only knows where I put it!; **elle l'aime vraiment? – Dieu seul le sait!** does she really love him? – God (only) knows!; **à Dieu va** OU **vat!** *litt* it's in God's hands!, in God's hands be it!; **à Dieu ne plaise!** *litt* God forbid!; **bon Dieu!** *fam* for God's sake!, for Pete's sake!; **bon Dieu de...** *fam* blasted..., blessed...; **ce bon Dieu de cabot a encore réveillé le gosse!** that blasted dog's woken up the kid again!; **bon Dieu de bon Dieu!** for crying out loud!; **Dieu ait son âme!** *litt* God rest his soul!; **Dieu le veuille!** *litt* God willing!; **Dieu merci!** thank God OU the Lord!; **grand Dieu!** good God OU Lord!; **grands dieux!** good heavens OU gracious!; **mon Dieu!** my God!, my goodness!, good Lord!; **mon Dieu** [dans des prières] Lord, God; **mon Dieu, aidez-moi!** help me, Lord!; **vingt dieux!** *hum* struth!

◆ **des dieux** *loc adj* [festin] sumptuous, princely; [plaisir] divine, exquisite.

diffamant, e [difamɑ̃, ɑ̃t] *adj* [texte] defamatory, libellous; [geste, parole] slanderous; **des propos ~s** slander.

diffamateur, trice [difamatœr, tris] ◇ *adj* [texte] defamatory, libellous; [geste, parole] slanderous.
◇ *nm, f* slanderer, defamer *litt*.

diffamation [difamasjɔ̃] *nf* -**1.** [accusation - gén] defamation; [- par un texte] libelling; [- par des discours] slandering. -**2.** [texte] libel; [geste, parole] slander.

◆ **de diffamation** *loc adj* [campagne] smear *(modif)*.

◆ **en diffamation** *loc adj*: **procès en ~** libel suit; **intenter un procès en ~ à qqn** [pour un texte injurieux] to bring an action for libel against sb; [pour des paroles injurieuses] to bring an action for slander against sb.

diffamatoire [difamatwar] *adj* [texte] defamatory, libellous; [geste, parole] slanderous; **parler/agir de façon ~** to speak/to act slanderously.

diffamer [3] [difame] *vt* [par écrit] to defame, to libel; [oralement] to slander.

différé, e [difere] *adj* -**1.** [paiement, rendez-vous, réponse] deferred, postponed. -**2.** RAD & TV prerecorded.

◆ **en différé** *loc adj* RAD & TV prerecorded.

différemment [diferamɑ̃] *adv* differently; **il agit ~ des autres** he's not acting like the others.

différence [diferɑ̃s] *nf* -**1.** [distinction] difference, dissimilarity; **il y a une ~ entre A et B** there's a difference between A and B, A and B are different, A is different from B; **faire la ~** [créer une disparité] to create the difference; [percevoir une disparité] to make the distinction, to notice OU to tell the difference; **les électeurs indécis feront la ~** the don't-knows will tip the balance; **je ne fais aucune ~ entre eux deux** I make no distinction between the two of them; **faire une ~** to make a difference, to be very different; **inintéressé ou désintéressé? cela fait une ~!** uninterested or disinterested? it's not the same thing at all OU there's quite a difference between the two!; **refuser l'invitation et être carrément désagréable, ça fait une sacrée ~!** *fam* there's a big difference between refusing the invitation and being positively rude about it; **il s'est excusé – cela ne fait aucune ~** he apologized – it doesn't make any OU it makes no difference; **faire des ~s entre ses enfants** to treat one's children differently from each other; **toute la ~ est là** it makes all the difference. -**2.** [écart] difference; **~ d'âge** age difference OU gap; **~ de caractère** difference in characters; **~ de taille** difference in size; **il y a une grande ~ de température entre le jour et la nuit** there's a big difference between night-time and day-time temperatures; **il y a deux ans de ~ entre eux** there are two years between them. -**3.** [particularité - culturelle, sexuelle]: **revendiquer sa ~** to be proud to be different. -**4.** MATH [d'une soustraction] result; [ensemble] difference. -**5.** PHILOS difference.

◆ **à la différence de** *loc prép* unlike.

◆ **à cette différence (près) que, à la différence que** *loc conj* except that; **j'ai accepté son offre à cette ~ près que, cette fois, je sais ce qui m'attend** I accepted his offer but this time I know what to expect.

différenciateur, trice [diferɑ̃sjatœr, tris] *adj* differentiating.

différenciation [diferɑ̃sjasjɔ̃] *nf* -**1.** [distinction] differentiation. -**2.** BIOL: **~ des sexes** sex determination.

différencier [9] [diferɑ̃sje] *vt* -**1.** [distinguer] to distinguish, to differentiate; **~ A et B** to differentiate between A and B; **rien ne les différencie** it's impossible to tell them apart; **ce qui nous différencie des animaux** that which sets us apart from animals. -**2.** BIOL to differentiate.

◆ **se différencier** *vpi* -**1.** [se distinguer] to be different, to differ; **ils se différencient (l'un de l'autre) par leur manière de parler** they're different from one another by the way they speak; **pour se ~ de sa sœur, elle s'est habillée en vert** she wore green to look different from her sister. -**2.** BIOL to differentiate.

différend [diferɑ̃] *nm* disagreement, dispute; **avoir un ~ avec qqn** to be in dispute with sb.

différent, e [diferɑ̃, ɑ̃t] ◇ *adj* -**1.** [distinct] different, distinct; **~ de** unlike, different from, distinct from; **très ~ de sa sœur** very unlike her sister; **ils sont très ~s** they're very unlike each other OU different; **il n'est pas désagréable, il est timide, c'est ~** he isn't unpleasant, he's shy, there's a difference. -**2.** [original] different; **un week-end un peu ~** a weekend with a difference; **nous avons voulu faire un film ~** we wanted to make a different kind of film.
◇ *adj indéf (devant le n, tjrs pl)* different, various; **~es personnes ont protesté** various people complained; **elle a écrit sous ~s noms** she wrote under various names; **elle est venue à ~es reprises** she came on several different occasions; **les ~s sujets que nous avons débattus** the various subjects we discussed.

différentiateur [diferɑ̃sjatœr] *nm* differentiator.

différentiel, elle [diferɑ̃sjɛl] *adj* differential.

◆ **différentiel** *nm* -**1.** [pourcentage] differential. -**2.** AUT differential (gear).

◆ **différentielle** *nf* MATH differential.

différentier [9] [diferɑ̃sje] *vt* MATH to differentiate.

différer [18] [difere] ◇ *vt* [repousser - rendez-vous, réponse, réunion] to defer, to postpone; **~ le paiement d'une dette** to put off OU to delay paying a debt.
◇ *vi* -**1.** [se différencier] to differ, to vary; **les coutumes diffèrent d'un endroit à un autre** customs vary from one place to another; **les traitements diffèrent du tout au tout** treatments vary quite drastically. -**2.** [s'opposer - dans un débat] to differ, to be at variance; **~ de qqn sur un sujet** to differ from OU to be at variance with sb on a subject.

difficile [difisil] ◇ *adj* -**1.** [peu facile à parcourir - route, montée] difficult, hard, tough; **la noire est la piste la plus ~** the toughest OU most difficult ski run is the black one. -**2.** [peu facile à réaliser] difficult, hard; **la tâche a été ~** it was a difficult task; **ce sera un livre ~ à vendre** this book will be hard to sell; **rien n'est plus ~ à faire** there's nothing more difficult to do; **ce n'est pas ~, si tu recommences, je te quitte!** it's very simple, if you do it again, I'm leaving you! -**3.** [douloureux] difficult, hard, tough; **traverser une période ~ après un deuil** to go through a bad OU tough time after a bereavement; **il m'est ~ de lui parler de son père** it's difficult OU hard for me to talk to him about his father. -**4.** [personne - d'un tempérament pénible] difficult, demanding; [- pointilleux] particular, awkward, fussy; **un enfant ~** a demanding child; **~ à vivre** difficult to live with; **son mari est ~ à vivre** her husband makes her life very difficult; **être ~ (sur la nourriture)** to be fussy about one's food; **elle est très ~ sur le choix de ses amis** she's very particular about her friends; **il est si ~ à satisfaire!** he's so hard to please! -**5.** [embarrassant - moralement] difficult, tricky; [- financièrement] difficult, tough; **la génétique pose des questions ~s** genetics raises difficult OU tricky questions; **connaître des années/moments ~s** [financièrement] to go through years/a time of penury. -**6.** [impénétrable - œuvre, auteur] difficult, abstruse.

◇ *nmf fam* fusspot, fussbudget; **ne fais pas le ~!** don't be so awkward OU fussy!

◇ *nm*: **le ~ dans cette affaire est de plaire à tous** the difficult part of this business is how to please everyone.

difficilement [difisilmɑ̃] *adv* with difficulty; **il s'endort ~** he has a hard time getting to sleep; **je peux ~ accepter** I find it difficult OU it's difficult for me to accept.

difficulté [difikylte] *nf* -**1.** [caractère ardu] difficulty; **nous ne nous cachons pas la ~ de l'entreprise** we're aware of the difficulty of the task; **exercices d'une ~ croissante** increasingly difficult exercises; **chercher la ~** to look for problems || [gêne] difficulty; **avoir de la ~ à faire qqch** to find it difficult to do sthg; **avoir de la ~ à marcher** to have difficulty walking, to walk with difficulty. -**2.** [problème] problem, difficulty; **il abandonne dès qu'il rencontre une ~** he gives up as soon as he comes up against a problem; **avoir des ~s en algèbre** to have difficulty OU difficulties in algebra; **faire des ~s** to raise difficulties, to make a fuss; **il a fait toutes sortes de ~s** he put up all sorts of arguments (against it); **je ne ferai pas de ~s** I won't stand in the way; **avoir des ~s avec qqn** to have difficulties OU problems with sb || [ennui - financier]: **avoir des ~s financières** to be in financial difficulties OU straits. -**3.** [point difficile] difficulty; **les ~s du français** the difficulties of the French language; **les ~s de ce requiem** the difficult passages in this requiem. -**4.** [impénétrabilité - d'une œuvre, d'un auteur] difficult OU abstruse nature.

◆ **en difficulté** *loc adj* [nageur] in difficulties; [navire, avion] in distress; **un enfant en ~** [à l'école] a child with learning difficulties; [à la maison] a child with behavioural problems; **un couple en ~** [affective] a couple with problems; [financière] a couple with money problems; **mettre qqn en ~** to put sb in a difficult OU an awkward situation; **la crise a mis plusieurs banques en ~** the crisis put several banks in a difficult position.

◆ **sans difficulté** *loc adv* easily, with no difficulty.

difficultueux, euse [difikyltɥø, øz] *adj litt* difficult.

diffluence [diflyɑ̃s] *nf* fork *(of a river)*.

difforme [difɔrm] *adj* deformed, misshapen.

difformité [difɔrmite] *nf* deformity, misshapenness.

diffracter [3] [difrakte] *vt* to diffract.

diffraction [difraksjɔ̃] *nf* diffraction.

diffus, e [dify, yz] *adj* [gén & BOT] diffuse.

diffusément [difyzemɑ̃] *adv* diffusely.

diffuser [3] [difyze] *vt* -**1.** [répandre - chaleur, lumière] to spread, to disseminate; **la lumière diffusée par une petite lampe de chevet** the (soft) light coming from a small bedside lamp. -**2.** TV to broadcast; **émission diffusée en direct/différé** live/prerecorded broadcast || AUDIO & RAD to broadcast; **de l'accordéon diffusé par haut-parleur** accordion music broadcast over a loud-speaker. -**3.** [propager - nouvelle, rumeur] to spread. -**4.** [distribuer - tracts] to hand out *(sép)*, to distribute; **des affiches antitabac ont été diffusées dans les cabinets médicaux** anti-smoking posters have been distributed OU circulated to doctors' surgeries || [dans l'édition] to distribute, to sell.

◆ **se diffuser** *vpi* [information, racontar] to spread.

diffuseur [difyzœr] *nm* -**1.** COMM distributing agent, distribute. -**2.** ACOUST, ÉLECTR & MÉCAN diffuser. -**3.** [de parfum] *decorative object containing scent used as an air freshener*. -**4.** [conduit] diffuser.

diffusion [difyzjɔ̃] *nf* -**1.** ACOUST diffusion, diffusivity. -**2.** PHYS [d'une particule] diffusion. -**3.** OPT diffusion. -**4.** MÉD spreading. -**5.** AUDIO, RAD & TV broadcasting. -**6.** [propagation - du savoir, d'une théorie] spreading. -**7.** [distribution - de tracts] distribution, distributing; [- de livres] distribution, selling. -**8.** [exemplaires vendus] number of copies sold, circulation.

◆ **en deuxième diffusion, en seconde diffusion** *loc adj* TV repeated, repeat *(modif)*.

digastrique [digastrik] *adj* digastric.

digérer [18] [diʒere] *vt* -**1.** PHYSIOL to digest; **je ne digère pas le lait** milk doesn't agree with me, I can't digest milk. -**2.** [assimiler - connaissances, lecture] to digest, to assimilate; **des notions de psychologie mal digérées** half-understood ideas on psychology. -**3.** *fam* [supporter] to stomach, to take; **je n'ai pas digéré le coup qu'il m'a fait** I'm not about to forgive him for what he did to me; **les enfants ne digèrent jamais le divorce des parents** children never really accept their parents' divorce.

digest [diʒɛst, daidʒɛst] *nm* digest.

digeste [diʒɛst] *adj*: **un aliment ~** an easily digested foodstuff.

digestible [diʒɛstibl] *adj* digestible.

digestif, ive [diʒɛstif, iv] *adj* digestive.

◆ **digestif** *nm* [alcool] digestif.

digestion [diʒɛstjɔ̃] *nf* digestion; **avoir une ~ lente** to digest one's food slowly; **ne te baigne pas pendant la ~** don't go swimming right after a meal.

digit [diʒit] *nm* digit.

digital, e[1], **aux** [diʒital, o] *adj* -**1.** ANAT digital. -**2.** [numérique] digital.

digitale[2] [diʒital] *nf* digitalis.

digitaline [diʒitalin] *nf* digitalin.

digitaliser [3] [diʒitalize] *vt* to digitalize, to digitize.

digité, e [diʒite] *adj* digitate, digitated.

digitigrade [diʒitigrad] *adj* & *nm* digitigrade.

digitoplastie [diʒitɔplasti] *nf* finger graft.

digne [diɲ] *adj* -**1.** [noble] dignified; **d'un air très ~** in a dignified manner; **rester ~ dans la douleur** to carry one's grief with dignity. -**2. ~ de** [qui mérite] worthy OU deserving of; **un détail ~ de votre attention** a detail worthy of your attention; **elle est ~ du premier prix** she deserves first prize; **~ de ce nom** worthy of the name; **~ de confiance** trustworthy; **~ de foi** credible; **~ d'être mentionné** worth mentioning; **une pièce ~ d'être vue** a play worth seeing. -**3. ~ de** [en conformité avec] worthy of; **ce n'est pas ~ de toi** it's unworthy of you; **il me faut une tenue ~ de cette occasion** I need an outfit worthy of this occasion; **il est le ~ fils de son père** *aussi hum* like father like son *prov*.

dignement [diɲmɑ̃] *adv* -**1.** [noblement] with dignity, in a dignified manner; **il s'en est allé ~** he left with dignity. -**2.** *litt* [justement]: **~ récompensé** justly rewarded.

dignitaire [diɲitɛr] *nm* dignitary.

dignité [diɲite] *nf* -**1.** [noblesse] dignity; [maintien] poise; **manquer de ~** to lack dignity, to be undignified. -**2.** [respect] dignity; **une atteinte à la ~ de l'homme** an affront to human dignity. -**3.** [fonction] dignity. -**4.** [honneur] honour.

digraphie [digrafi] *nf* double-entry bookkeeping.

digression [digresjɔ̃] *nf* digression; **tomber** OU **se perdre dans des ~s** to digress (endlessly).

digue [dig] *nf* -**1.** [mur] dyke, seawall; [talus] embankment. -**2.** *fig* [protection] safety valve, barrier.

diktat [diktat] *nm* diktat.

dilapidateur, trice [dilapidatœr, tris]

◇ *adj* spendthrift, wasteful.

◇ *nm, f* squanderer, spendthrift.

dilapidation [dilapidasjɔ̃] *nf* wasting, frittering away, squandering.

dilapider [3] [dilapide] *vt* to waste, to fritter away *(sép)*, to squander.

dilatabilité [dilatabilite] *nf* dilatability.

dilatable [dilatabl] *adj* dilatable.

dilatant, e [dilatɑ̃, ɑ̃t] *adj* dilative.

dilatateur, trice [dilatatœr, tris] *adj* dilatator *(modif)*, dilator *(modif)*.

◆ **dilatateur** *nm* dilatator, dilator.

dilatation [dilatasjɔ̃] *nf* -**1.** PHYS expansion. -**2.** [des narines, des pupilles] dilation; [de l'estomac] distension; [du col de l'utérus] dilation, opening. -**3.** *litt* [du cœur, de l'âme] filling.

dilater [3] [dilate] *vt* -**1.** PHYS to cause to expand. -**2.** [remplir d'air - tuyau, pneu] to inflate, to blow up *(sép)*. -**3.** [élargir - narine, pupille, veine] to dilate; [- col de l'utérus] to dilate, to open; [- poitrine] to expand, to swell; **~ le cœur à qqn** to fill sb's heart with joy; **~ la rate à qqn** *fam* to have sb in stitches.

◆ **se dilater** ◇ *vpi* -**1.** PHYS to expand. -**2.** [être gonflé - tuyau, pneu] to blow up, to inflate. -**3.** [être élargi - narine, pupille, veine] to dilate; [- col de l'utérus] to dilate, to open; [- poitrine] to expand, to swell.

◇ *vpt*: **se ~ les poumons** to fill one's lungs ❑ **se ~ la rate** *fam* to die laughing.

dilatoire [dilatwar] *adj* delaying, dilatory, procrastinating; **user de moyens ~s** to play for time; **donner une réponse ~** to answer evasively *(so as to play for time)*.

dilatomètre [dilatɔmɛtr] *nm* dilatometer.

dilection [dilɛksjɔ̃] *nf litt* (tender) love.

dilemme [dilɛm] *nm* dilemma; **être devant un ~** to face a dilemma; **être aux prises avec un ~** to be (caught) on the horns of a dilemma.

dilettante [dilɛtɑ̃t] ◇ *nmf* dilettante, dabbler.

◇ *adj* dilettantish, amateurish.

◆ **en dilettante** *loc adv*: **il fait de la peinture en ~** he dabbles in painting.

dilettantisme [dilɛtɑ̃tism] *nm* -**1.** [attitude dilettante] dilettantism. -**2.** [amateurisme] amateurishness.

diligemment [diliʒamɑ̃] *adv litt* -**1.** [soigneusement] scrupulously, conscientiously. -**2.** [rapidement] promptly, speedily, hastily.

diligence [diliʒɑ̃s] *nf* -**1.** [véhicule] stagecoach. -**2.** *litt* haste, dispatch *litt*; **avec ~** hastily, promptly, with dispatch *litt*; **faire ~** to make haste.

◆ **à la diligence de** *loc prép* JUR at the request OU behest of.

diligent, e [diliʒɑ̃, ɑ̃t] *adj litt* -**1.** [actif] prompt, speedy, active. -**2.** [assidu - soins] constant, assiduous; [- élève] diligent; [- employé] conscientious, scrupulous.

diligenter [3] [diliʒɑ̃te] *vt litt* & ADMIN to hasten, to expedite.

diluant [dilɥɑ̃] *nm* diluent.

diluer [7] [dilɥe] *vt* -**1.** [allonger - d'eau] to dilute, to water down *(sép)*; [- d'un liquide] to dilute. -**2.** [délayer] to thin down *(sép)*. -**3.** *péj* [discours, exposé] to pad OU to stretch out *(sép)*; [idée, argument] to dilute.

dilution [dilysjɔ̃] *nf* -**1.** [mélange de liquides] dilution, diluting; [ajout d'eau] dilution, watering down. -**2.** [désépaississement] thinning down. -**3.** [dissolution - d'un comprimé] dissolving. -**4.** *péj* [d'un discours] padding OU stretching out.

diluvien, enne [dilyvjɛ̃, ɛn] *adj* -**1.** BIBLE diluvial, diluvian. -**2.** [pluie] torrential.

dimanche [dimɑ̃ʃ] *nm* Sunday; le ~ **de Pâques** Easter Sunday; le ~ **des Rameaux** Palm Sunday; **'Un ~ après-midi à la Grande Jatte'** *Seurat* 'Sunday Afternoon on the Island of La Grande Jatte'.

◆ **du dimanche** *loc adj* -**1.** [journal] Sunday *(modif)*. -**2.** *fam péj* [amateur] *(modif)*: **chauffeur du ~** Sunday driver.

dîme [dim] *nf* tithe; **payer une ~** to (pay a) tithe ❑ **prélever une ~ (sur qqch)** *pr* to levy a tithe (on sthg); *fig* to take one's cut (of sthg).

dimension [dimɑ̃sjɔ̃] *nf* -**1.** [mesure] dimension, measurement; **prendre les ~s de qqch** to measure sthg (up); **prendre les ~s d'un événement** to get the measure of an event. -**2.** [taille] size, dimension; **une pièce de petite ~** a small-size OU small-sized room. -**3.** [importance] dimension; **cela donne une nouvelle ~ au problème** this gives a new dimension to the problem; **une erreur de cette ~** an error of this magnitude; **lorsque l'information prend les ~s d'une tragédie** when news assumes tragic proportions. -**4.** MATH & PHYS dimension.

◆ **à deux dimensions** *loc adj* two-dimensional.

◆ **à la dimension de** *loc prép* corresponding OU proportionate to; **un salaire à la ~ du travail requis** wages proportionate to OU commensurate with the work involved.

◆ **à trois dimensions** *loc adj* three-dimensional.

dimensionnel, elle [dimɑ̃sjɔnɛl] *adj* dimensional.

dimensionner [3] [dimɑ̃sjɔne] *vt* to lay out *(sép)*; **un appartement bien dimensionné** a well laid-out apartment.

diminué, e [diminɥe] *adj* -**1.** [affaibli]: **les personnes ~es** [physiquement] people who are no longer physically healthy; [mentalement] people with diminished mental faculties. -**2.** MUS diminished. -**3.** ARCHIT tapering. -**4.** [rang de tricot] decreased.

diminuer [7] [diminɥe] ◇ *vt* -**1.** [réduire - prix, impôts, frais, ration] to reduce, to cut; [- longueur] to shorten; [- taille, effectifs, volume, vitesse, consommation] to reduce; ~ **le chauffage** [pour qu'il fasse moins chaud] to turn down the heating; [pour économiser l'énergie] to cut down on the heating || [atténuer - douleurs, souffrance] to alleviate, to lessen. -**2.** [affaiblir - personne]: **la maladie l'a beaucoup diminué** his illness has affected him very badly; **sortir diminué d'une attaque** to suffer from the aftereffects of an attack. -**3.** [humilier - personne] to belittle, to cut down to size; **elle sort diminuée de cette affaire** her reputation has been badly damaged by this business || [déprécier - qualité]: **cela ne diminue en rien votre mérite** this doesn't detract from OU lessen your merit at all. -**4.** [en tricot] to decrease. -**5.** MUS to diminish. -**6.** *fam* [employé] to cut the pay of.

◇ *vi* -**1.** [pression] to fall, to drop; [volume] to decrease; [prix] to fall, to come down; [chômage, accidents, criminalité] to decrease, to be on the decrease OU wane; **le beurre a diminué** *fam* the price of butter's gone down. -**2.** [s'affaiblir - forces] to ebb away, to wane, to lessen; [- peur] to lessen; [- intérêt, attention] to drop, to lessen, to dwindle; **son appétit a diminué** he's lost some of his appetite. -**3.** [raccourcir]: **les jours diminuent** the days are getting shorter OU drawing in.

diminutif, ive [diminytif, iv] *adj* LING diminutive.

◆ **diminutif** *nm* -**1.** [nom] diminutive; **Greg est le ~ de Gregory** Greg is short for Gregory. -**2.** LING diminutive.

diminution [diminysjɔ̃] *nf* -**1.** [réduction - de prix, d'impôts, des frais, des rations] reduction, cutting; [- de longueur] shortening; [- de taille] reduction, shortening; [- de volume] decrease, decreasing; [- de pression] fall; [- de vitesse, de consommation, des effectifs] reduction; [- du chômage, de la violence] drop, decrease. -**2.** [affaiblissement - d'une douleur] alleviation; [- des forces] waning, lessening; [- de l'intérêt, de l'attention] drop, lessening; [- de l'appétit] decrease. -**3.** MUS diminution. -**4.** ARCHIT taper. -**5.** [en tricot] decrease; **faire une ~** to decrease.

dimorphe [dimɔrf] *adj* dimorphic, dimorphous.

dimorphisme [dimɔrfism] *nm* dimorphism.

DIN *(abr écrite de* dinar) Din.

DIN, Din [din] *abr* DIN.

dinanderie [dinɑ̃dri] *nf* -**1.** [technique] sheet metal craft. -**2.** [objet] artefact made from sheet metal.

dinandier [dinɑ̃dje] *nm* sheet metalware.

dînatoire [dinatwar] *adj*: **buffet ~** buffet-dinner; **goûter ~** early supper, (high) tea *Br*.

dinde [dɛ̃d] *nf* -**1.** ORNITH turkey (hen). -**2.** CULIN turkey. -**3.** [sotte]: **quelle petite ~!** what a stupid little goose!

dindon [dɛ̃dɔ̃] *nm* -**1.** ORNITH turkey (cock). -**2.** [sot] fool; **être le ~ de la farce** [dupe] to be taken for a ride; [victime de railleries] to end up a laughing stock.

dindonneau, x [dɛ̃dɔno] *nm* poult, young turkey.

dîner[1] [dine] *nm* -**1.** [repas du soir] dinner. -**2.** *Belg & Helv* [déjeuner] lunch.

dîner[2] [3] [dine] *vi* -**1.** [faire le repas du soir] to dine, to have dinner; **dînons au restaurant** let's eat out, let's go out for dinner; **avoir des amis à ~** to have friends to dinner OU round for dinner; ~ **de** to have for dinner, to dine off *(insép)*. -**2.** *Belg & Helv* [déjeuner] to have lunch.

dîner-spectacle [dinespɛktakl] *(pl* **dîners-spectacles**) *nm* cabaret dinner; **aller au ~** to dine at a cabaret.

dînette [dinɛt] *nf* -**1.** [jouet] toy OU doll's tea set, dining set; **jouer à la ~** to play (at) tea-parties. -**2.** *fam* [repas] light OU quick meal.

dîneur, euse [dinœr, øz] *nm, f* diner.

ding [diŋ] *onomat* ding; ~ **dong!** ding-dong!

dinghy [diŋgi] *(pl* **dinghys** OU **dinghies**) *nm* dinghy.

dingo [dɛ̃go] ◇ *adj fam* nuts, cracked; **il est complètement ~** he's completely nuts, he's got a screw loose.

◇ *nmf fam* nutcase, loony, wack *Am*.

◇ *nm* [chien] dingo.

dingue *fam* [dɛ̃g] ◇ *adj* -**1.** [fou] nuts, crazy, screwy *Am*; **elle est vraiment ~ de rouler aussi vite** she's got to be nuts to drive so fast; **il a signé, faut être ~!** he signed, how crazy can you get! -**2.** [incroyable] crazy, mad; **leurs prix sont ~s** [élevés, bas] their prices are crazy; **c'est ~ ce qu'il peut faire chaud ici** it's hot as hell here.

◇ *nmf* nutcase, nutter, screwball *Am*; **il conduit comme un vrai ~** he drives like a complete maniac; **c'est une maison de ~s!** this place is a real loony bin!; **c'est un ~ de motos** he's a motorbike freak.

dinguer *fam* [3] [dɛ̃ge] *vi vieilli*: **les assiettes dinguaient dans la cuisine!** plates were flying all over the kitchen!; **il m'a attrapé, j'ai dingué** he grabbed me and I went flying.

dinosaure [dinozɔr], **dinosaurien** [dinɔzɔrjɛ̃] *nm* dinosaur.

diocésain, e [djɔsezɛ̃, ɛn] *adj & nm, f* diocesan.

diocèse [djɔsɛz] *nm* diocese.

diode [djɔd] *nf* diode.

Diogène [djɔʒɛn] *npr* Diogenes.

dionysiaque [djɔnizjak] *adj* Dionysiac, Dionysian.

Dionysos [djɔnizos] *npr* Dionysus, Dionysos.

dioptre [djɔptr] *nm* dioptre *(surface)*.

dioptrie [djɔptri] *nf* dioptre *(unit)*.

dioptrique [djɔptrik] ◇ *adj* dioptric.

◇ *nf* dioptrics *(sg)*.

diorama [djɔrama] *nm* diorama.

dioxine [diɔksin] *nf* dioxin.

dioxyde [diɔksid] *nm* dioxide.

diphasé, e [difaze] *adj* diphase, diphasic, two-phase *(avant n)*.

diphénol [difenɔl] *nm* diphenol.

diphényle [difenil] *nm* diphenyl, biphenyl.

diphtérie [difteri] *nf* diphtheria.

diphtérique [difterik] ◇ *adj* diphtherial, diphtheric, diphtheritic.

◇ *nmf* diphtheria sufferer.

diphtongaison [diftɔ̃gɛzɔ̃] *nf* diphthongization.

diphtongue [diftɔ̃g] *nf* diphthong.

diphtonguer [3] [diftɔ̃ge] *vt* to diphthongize, to make into a diphthong.

diplodocus [diplɔdɔkys] *nm* -**1.** ZOOL diplodocus. -**2.** *fam fig* fossil, dodo.

diplomate [diplɔmat] ◇ *adj* diplomatic.

◇ *nmf* POL & *fig* diplomat.

◇ *nm* CULIN diplomat pudding.

diplomatie [diplɔmasi] *nf* -**1.** POL [relations, représentation] diplomacy; **la ~** [carrière] the diplomatic career; [corps] the diplomatic corps OU service. -**2.** [tact] diplomacy, tact; **avec ~** diplomatically, tactfully.

diplomatique [diplɔmatik] ◇ *adj* -**1.** POL diplomatic. -**2.** [adroit] diplomatic, tactful, courteous; **faire un mensonge ~** to tell a white lie; **avoir une maladie ~** to pretend to be indisposed.

◇ *nf* diplomatics *(sg)*.

diplomatiquement [diplɔmatikmɑ̃] *adv* -**1.** POL diplomatically. -**2.** [adroitement] diplomatically, courteously, tactfully.

diplôme [diplom] *nm* -**1.** [titre] diploma, qualification; **un ~ d'ingénieur** an engineering diploma; **elle a des ~s** she's highly qualified ❑ ~ **d'études approfondies** → **DEA**; ~ **d'études supérieures spécialisées** → **DESS**; ~ **d'études universitaires générales** → **DEUG**; ~ **universitaire de technologie** → **DUT**; ~ **d'études universitaires scientifiques et techniques** → **DEUST**; ~ **universitaire d'études littéraires** → **DUEL**; ~ **universitaire d'études scientifiques** → **DUES**. -**2.** [examen] exam; **il a raté son ~ de programmeur** he failed his computer programming exam. -**3.** HIST diploma.

diplômé, e [diplome] ◇ *adj* qualified.

◇ *nm, f* holder of a qualification; **embaucher des ~s** to take on people with qualifications.

dipolaire [dipɔlɛr] *adj* dipolar, dipole.

dipôle [dipol] *nm* dipole.

dipsomanie [dipsɔmani] *nf* dipsomania.

diptère [diptɛr] ◇ *adj* -**1.** ARCHIT dipteral. -**2.** ZOOL dipteran, dipterous.

◇ *nm* dipteran, dipteron; **les ~s** the Diptera.

diptyque [diptik] *nm* -**1.** BX-ARTS diptych. -**2.** [œuvre] *literary or artistic work in two parts*.

dire[1] [dir] *nm* JUR [mémoire] statement; [d'un créancier, d'un poursuivant] claim.

◆ **dires** *nmpl* statement; **confirmer les ~s de qqn** to confirm what sb says; **d'après** OU **selon les ~s de son père** according to his father OU to what his father said; **selon les ~s de son professeur, il était bon élève** according to his teacher, he was good at school.

◆ **au dire de** *loc prép*: **au ~ de son professeur** according to his teacher OU to what his teacher says; **au ~ de la mère, il a fallu trois hommes pour le tenir** according to the mother, it took three men to restrain him.

dire[2] [102] [dir] *vt* **A.** ARTICULER, PRONONCER -**1.** [énoncer] to say; **dis «ah»!** say "ah"!; **dites «je le jure»** say "I swear by Almighty God"; **quel nom dis-tu? Castagnel?** what name did you say OU what's the name again? Castagnel?; **il n'arrive pas à ~ ce mot** he cannot pronounce that word; **une poupée qui dit «oui»** a doll which says "yes"; **«je t'attendais» dit-elle** "I was waiting for you", she said; **vous avez dit**

«démocratie»? "democracy", did you say?; **je te dis zut!** *fam* get lost!; **je te dis merde!**▽ [pour porter bonheur] break a leg!; [pour insulter] get lost!; **comment dit-on «pain» en breton?** how do you say "bread" in Breton?, what's the Breton for "bread"?; **je ne dirais pas qu'il est distant, je dirais plutôt effarouché** I wouldn't say he's haughty, rather that he's been frightened off; **je n'ai pas dit «oublier», j'ai dit «pardonner»** I said "forgive", not "forget"; **une honte, que dis-je, une infamie!, une honte, pour ne pas ~ une infamie** a shame, not to say an infamy!; **qui dit... dit...: en ce temps-là, qui disait vol disait galère** in those days, theft meant the gallows; **qui dit fatigue dit inattention et qui dit inattention dit accident** when you're tired you're less vigilant and therefore more likely to have an accident; **si (l') on peut ~: tu as fini? — si on peut ~** have you finished? — in a way OU so to speak; **disons-le, disons le mot** let's not mince words; **c'est, disons le mot, une trahison** it's a betrayal, let's not mince words; **je me sens humilié, disons-le** I must admit OU confess I feel humiliated, to be honest OU frank (about it), I feel humiliated; **~ non** to say no, to refuse; **~ non au nucléaire** to say no to nuclear energy; **tu veux un gin? — je ne dis pas non** would you like a gin? — I wouldn't say no; **si on lui proposait le poste, il ne dirait pas non** if he was offered the job, he wouldn't say no OU wouldn't refuse; **~ oui** [gén] to say yes; [à une proposition] to accept; [au mariage] to say I do; **l'impôt sur les grandes fortunes, moi je dis oui!** I'm all in favour of a supertax on the rich!; **~ bonjour de la main** to wave (hello); **~ oui de la tête** to nod; **~ non de la tête** to shake one's head ❑ **il faut le ~ vite** *fam*: **obéissant? il faut le ~ vite** obedient? I'm not so sure about that; **c'est vite dit** *fam*: **malhonnêteté, c'est vite dit** dishonesty, that's a bit hasty; **déménager, c'est vite dit!** move? that's easier said than done; **c'est celui qui (le) dit qui (l') est** OU **qui y est** *fam*: **menteur! — c'est celui qui dit qui l'est!** liar! — you're the liar! -**2.** [réciter - prière, table de multiplication] to say; [- texte] to say, to recite, to read; [- rôle] to speak; **~ la/une messe** to say mass/a mass; **~ son chapelet** to say the rosary, to tell one's beads; **~ des vers** to recite verse, to give a recitation || *(en usage abs)*: **nul n'a oublié à quel point elle disait juste** nobody can forget how accurate her rendering was.

B. EXPRIMER -**1.** [oralement] to say, to tell; **que dis-tu là?** what did you say?, what was that you said?; **tu ne sais pas ce que tu dis** you don't know what you're talking about; **en physique, je ne comprends pas ce que dit le professeur** I can't understand what the physics teacher says OU is talking about; **elle dit tout ce qui lui passe par la tête** she says anything that comes into her head; **dis quelque chose!** say something!; **c'est juste pour ~ quelque chose** it was just for the sake of saying something; **j'ai l'habitude de ~ ce que je pense** I always speak my mind OU say what I think; **bon, bon, je n'ai rien dit!** OK, sorry I spoke!; **pourquoi ne m'as-tu rien dit de tout cela?** why didn't you speak to me OU tell me about any of this?; **dis-moi où il est** tell me where he is; **ne me dis pas que c'est brûlé!** don't tell me it's burnt!; **il me dit comme ça, «t'as pas le droit»** *fam* he goes to me "you can't do that"; **je suis un raté? tu sais ce qu'il te dit, le raté?** *fam* so I'm a loser, am I? well, do you want to hear what this loser's got to say to you?; **je te l'ai dit une fois, je ne te le redirai pas** OU **je ne te le dirai pas deux fois** I've told you before and I won't tell you again; **combien de fois faut-il que je te le dise?** how many times do I have to tell you?; **faire ~: impossible de lui faire ~ l'âge de sa sœur** he won't say OU give his sister's age; **ne me fais pas ~ ce que je n'ai pas dit!** don't put words into my mouth!; **laisser ~: laisser qqn ~ qqch** to let sb say sthg; **laissez-moi ~ ceci** let me say this; **laissez-la ~!** let her speak!; **pouvoir ~: je peux ~ que tu m'as fait peur!** you certainly frightened me!; **tu as de la chance, tu peux le ~!** you can definitely count yourself lucky!; **j'ai failli faire tout rater! — ça, tu peux le ~!** I nearly messed everything up — you can say that again! || *(en usage abs)*: **c'est idiot — dis toujours** it's silly — say it anyway; **j'ai une surprise — dis vite!** I have a surprise — let's hear it OU do tell!; **comment ~ OU dirais-je?** how shall I put it OU say? ❑ **ce disant** with these words, so saying; **ce qui est dit est dit** there's no going back on what's been said (before); **c'est (te/vous) ~ si: c'est (te) ~ s'il est riche!** that gives you an idea how wealthy he is!; **c'est ~ si je l'aimais!** so you see how much I loved her!; **c'est tout ~: il ne m'a même pas répondu, c'est tout ~** he never even answered me, that says it all; **pour tout ~** in fact, to be honest; **je ne te/vous le fais pas ~** how right you are, I couldn't have put it better myself; **je ne te le fais pas ~!** you said it!, my sentiments exactly!; **de l'escroquerie, je ne vous le fais pas ~!** a swindle, you said it! OU as you so rightly say!; **il va sans ~ que...** needless to say (that)...; **ça va sans ~** it goes without saying; **ça va sans ~ mais ça va encore mieux en le disant** *fam* it doesn't hurt to overstate it; **ce n'est pas pour ~** *fam*: **ce n'est pas pour ~, mais à sa place j'aurais réussi** though I say it myself, if I'd been him I'd have succeeded; **ce n'est pas pour ~ mais c'est bruyant** I don't mean to complain but it's noisy; **ce n'est pas pour ~ mais elle se débrouille bien** she's doing well, you've got to give her that, give her her due, she's doing well; **ce que j'avais pas dit là** *fam*: **alors j'ai parlé de racisme, ce que j'avais pas dit là!** then I mentioned racism and that really set the cat among the pigeons!; **ce que j'en dis: il en est incapable, enfin (moi), ce que j'en dis...** he's not capable of it, at least that's what I'd say...; **je ne dis pas** *fam* maybe; **je ne dis pas, mais...** that's as maybe but...; **je ne te/vous dis que ça** *fam*: **il a un petit manoir, je ne te dis que ça!** he owns a lovely little country house, what (more) can I say!; **voici une confiture maison, je ne te dis que ça** here's some homemade jam that's out of this world; **je te dis pas** *fam*: **il y avait un monde, je te dis pas!** you wouldn't have believed the crowds; **je te dis pas la pagaille qu'il y avait!** you should've seen the chaos! -**2.** [symboliquement] to express, to tell of; **je voudrais ~ mon espoir** I'd like to express my hope; **un journal où elle dit son dégoût de la vie** a diary in which she tells of her disgust for life; **comment ~ mon amour?** how can I express my love?; **toute cette haine que je n'avais jamais dite** all my unexpressed hatred; **une lettre où il me disait sa surprise** a letter telling me how surprised he was; **un sculpteur qui n'a plus rien/qui a encore beaucoup à ~** a sculptor who has nothing left to say/who still has a lot left to say; **vouloir ~** [signifier] to mean; **un haussement d'épaules dans ce cas-là, ça dit bien ce que ça veut ~** in a situation like that, a shrug (of the shoulders) speaks volumes ❑ **est-ce à ~ que...?** *sout* does this mean that...?; **qu'est-ce à ~?** *arch*: **vous partez, madame, qu'est-ce à ~?** Madam, what mean you by leaving? -**3.** [écrire] to say; **dans sa lettre, elle dit que...** in her letter she says that... -**4.** [annoncer - nom, prix] to give; **cela t'a coûté combien? — dis un prix!** how much did it cost you? — have a guess!; **dites un** OU **votre prix, je l'achète** name your price; **faire ~: le général vous fait ~ qu'il vous attend** the general has sent me to tell you he's waiting for you; **on m'a fait ~ qu'elle était sortie** I was told she'd gone out; **faire ~ à qqn de venir** to send for sb; **je lui ai fait ~ qu'on se passerait de lui** I let him know that we'd manage without him. -**5.** [prédire] to foretell, to tell; **tu verras ce que je te dis!** you just wait and see if I'm right!; **qui aurait dit que je l'épouserais?** who would have said that I'd marry him?; **je te l'avais bien dit** I told you so; **tu vas le regretter, moi je** *fam* OU **c'est moi qui** *fam* **te le dis!** you'll be sorry for this, let me tell you OU mark my words! -**6.** [ordonner] to tell; **il m'a dit d'arrêter** he told me to stop, he told me I must stop, he ordered me to stop ❑ **on ne me le dira pas** OU **je ne me le ferai pas ~ deux fois** I don't need to be told twice; **il ne se l'est pas fait ~ deux fois** he didn't have to be told twice || [conseiller] to tell; **tu me dis d'oublier, mais...** you tell me I must forget, but... -**7.** [objecter] to say, to object; **sa mère ne lui dit jamais rien** her mother never tells her off; **toi, on ne peut jamais rien te ~!** you can't take the slightest criticism!; **quand on lui a fait le vaccin, il n'a rien dit** when they gave him the injection he never said a word; **mais, me direz-vous, il n'est pas majeur** but, you will object OU I hear you say, he's not of age; **avoir** OU **trouver qqch à ~: as-tu quelque chose à ~ sur la façon dont j'élève nos enfants?** have you got any objections to OU anything to say about the way I bring up our children?; **j'aurais des choses à ~ sur l'organisation du service** I have a few things to say OU some comments to make about the organization of the department; **c'est tout ce que tu as trouvé à ~?** is that the best you could come up with?; **n'avoir rien à ~: Pierre n'est pas d'accord — il n'a rien à ~** Pierre doesn't agree — he's in no position to make any objections; **ne rien trouver à ~: il n'a rien trouvé à ~ sur la qualité** he had no criticisms to make about the quality; **elle est maligne, il n'y a pas à** OU **on ne peut pas ~** *fam* **(le contraire)** she's shrewd, there's no denying it OU and no mistake. -**8.** [affirmer] to say, to state; **le diriez-vous à la barre des témoins?** would you swear to it?; **si c'est vous qui le dites, si vous le dites, du moment que vous le dites** if you say so; **puisque je vous le dis!** I'm telling you!, you can take it from me!; **~ que** to say OU to state that; **elle dit que ce n'est pas vrai** she says it's not true; **moi je dis que c'est la seule solution** I say it's the only solution; **c'est le bon train? — je te dis que oui!** is it the right train? — yes it is! OU I'm telling you it is!; **il va neiger — la météo a dit que non** it looks like it's going to snow — the weather forecast said it wouldn't; **je n'ai jamais dit que j'étais spécialiste!** I never claimed to be OU said I was an expert!; **tu étais content, ne me dis pas le contraire!** you were pleased, don't deny it OU don't tell me you weren't!; **on dit que: on dit qu'il a un autre fils** rumour has it that OU it's rumoured that OU it's said that he has another son; **dit-on: loin des yeux, loin du cœur, dit-on** out of sight, out of mind, so the saying goes OU so they say; **laisser ~ que: je ne les laisserai pas ~ que mon fils est un fainéant** I won't allow them to OU let them say that my son's an idler; **je me suis laissé ~ que...** I hear OU I heard that...; **on le disait lâche** he was said OU alleged OU reputed to be a coward; **qui (me) dit que tu n'es pas un espion?** how can I tell OU who's to say (that) you're not a spy? ❑ **on dit ça** *fam*: **je m'en moque — on dit ça** I don't care — that's what you say OU that's what they all say; **ça ne coûtera pas grand-chose — que tu dis!** *fam* it won't cost much — that's what you think OU say!; **elle trouvera bien une place — qu'elle dit** *fam* she'll find a job, no problem — that's what she thinks!; **on dira ce qu'on voudra, mais l'amour ça passe avant tout** whatever people say, love comes before everything else. -**9.** [prétendre] to claim, to allege; **elle disait ne pas savoir qui le lui avait donné** she claimed OU alleged that she didn't know who'd given it to her || [dans des jeux d'enfants]: **on dirait qu'on serait des rois** *fam* let's pretend we're kings. -**10.** [admettre] to say, to admit; **tu ne m'aimes plus, dis-le** you don't love me any more, say OU admit it; **devoir ~: je dois ~ qu'elle est jolie** I must say OU admit she's pretty; **il a beaucoup travaillé, on doit le ~** it's got to be said that he's worked hard; **il faut ~ que: il faut bien ~ qu'il n'est plus tout jeune** he's not young any more, let's face it; **il faut ~ qu'elle a des excuses** (to) give her her due, there are mitigating circumstances; **disons que...** let's say (that)... -11. [décider]: il est dit que... fate has decreed that...; il ne sera pas dit que... let it not be said that...; rien n'est dit [décidé] nothing's been decided yet; [prévisible] nothing's for certain (yet); tout est dit [il n'y a plus à discuter] the matter is closed; [l'avenir est arrêté] the die is cast; tout n'est pas encore dit nothing's final yet; aussitôt dit, aussitôt fait no sooner said than done || *(en usage abs)*: j'ai dit! *hum* I have spoken!

C. PENSER, CROIRE -1. [penser] to say, to think; que disent les médecins? what do the doctors say?; ~ de: que dis-tu de ma perruque? what do you think of OU how do you like my wig?; que ~ de ce geste? what is one to make of this gesture?; et comme dessert? – que dirais-tu d'une mousse au chocolat? and to follow? – what would you say to OU how about a chocolate mousse?; ~ que... to think that...; ~ qu'elle était si jolie étant petite! to think that she was so pretty as a child! -2. [croire]: on dirait [introduit une comparaison, une impression]: si livide qu'on eût dit un fantôme *sout* so pale he looked like a ghost; quand il parle, on dirait son père he sounds just like his father; on dirait du thé [au goût] it tastes like tea; [à l'odeur] it smells like tea; [d'apparence] it looks like tea; on dirait de la laine [au toucher] it feels like wool; on dirait que je te fais peur you behave as if OU as though you were scared of me || [exprime une probabilité]: on dirait sa fille, au premier rang it looks like her daughter there in the front row; on dirait qu'ils vont passer avec 3 % de marge it looks like they'll get through with a 3% lead.

D. INDIQUER, DONNER DES SIGNES DE -1. [indiquer - suj: instrument] to say; [- suj: attitude, regard] to say, to show, to betray; que dit le baromètre? what does the barometer say?; l'horloge de l'école disait 5 h it was five o'clock according to the OU by the school clock; ses yeux disaient sa détresse you could see OU read the distress in his eyes; un geste qui disait sa peur a gesture that betrayed his fear; sa réponse te dira tout sur elle her answer will tell you all you need to know about her; à la voir, quelque chose me dit qu'elle va nous laisser en plan *fam* something about her tells me that she'll leave us in the lurch; mon intuition me dit qu'il reviendra I have a hunch (that) he'll be back; que dit ton épaule? *fam* how's your shoulder doing?; ça dit quoi, ce rosbif? *fam* how's that joint of beef doing? -2. [stipuler par écrit] to say; que dit la Bible/le dictionnaire à ce sujet? what does the Bible/dictionary say about this?; écoute ce que dit mon horoscope listen to what my horoscope says; la loi ne dit rien sur la vente de ces produits the law says nothing about the sale of these products. -3. [faire penser à]: ~ quelque chose: son visage me dit quelque chose I've seen her face before, her face seems familiar; ce nom vous dit-il quelque chose? have you come across OU heard the name before?; Lambert, cela ne vous dit rien? Lambert, does that mean anything to you?; cela ne me dit rien de bon OU qui vaille I'm not sure I like (the look of) it. -4. [tenter]: ta proposition me dit de plus en plus your suggestion's growing on me; tu viens? – ça ne me dit rien are you coming? – I'm not in the mood OU I don't feel like it; la viande ne me dit rien du tout en ce moment I'm off meat at the moment; j'ai tellement attendu pour l'avoir que maintenant il ne me dit plus grand-chose I waited so long to get it that now I've lost interest; ça te dirait d'aller à Bali? (how) would you like a trip to Bali?; ça te dirait d'aller jouer au tennis? are you in the mood for a game of tennis?

E. JEUX *(en usage abs)*: à vous de ~! your call!

◆ **se dire** ◇ *vp (emploi réciproque)* [échanger - secrets, paroles] to tell each other OU one another; nous n'avons plus rien à nous ~ we've got nothing left to say to each other; ils se disaient des injures/des mots doux they were exchanging insults/sweet nothings; nous nous disions tout we had no secrets from each other; qu'on se le dise *arch* let this be known; je n'emmène personne au cirque si ce bruit continue, qu'on se le dise! *hum* I'm not taking anyone to the circus if this noise doesn't stop, believe you me!

◇ *vp (emploi passif)* -1. [être formulé]: comment se dit «bonsoir» en japonais? how do you say "goodnight" in Japanese?, what's the Japanese for "goodnight"?; il est vraiment hideux – peut-être, mais ça ne se dit pas he's really hideous – maybe, but it's not the sort of thing you say; cela ne se dit pas à table/devant les enfants such things shouldn't be said at the table/in front of the children; se dit de [pour définir un terme] (is) said of, (is) used for, describes; se dit d'une personne affaiblie par la maladie said of a person weakened by ill-health. -2. [être en usage] to be in use, to be accepted usage; cela se dit encore par ici it's still in use OU they still say it around here; cela ne se dit plus guère it's not really accepted usage now OU used anymore.

◇ *vpt* [penser] to think (to o.s.), to say to o.s.; maintenant, je me dis que j'aurais dû accepter now I think I should have accepted; il est malin, que je me dis *fam* he's cunning, I thought to myself; je me suis dit comme ça que je risquais rien d'essayer *fam* I thought OU said to myself there was no harm in giving it a go; dis-toi bien que tu n'auras rien! you can be sure you won't get a thing!; dis-toi bien que je ne serai pas toujours là pour t'aider you must realize that OU get it into your head that I won't always be here to help you.

◇ *vpi* [estimer être] to say; il se dit flatté de l'intérêt que je lui porte he says he's OU he claims to be flattered by my interest in him || [se présenter comme] to say, to claim; elle se dit mannequin she claims to be OU she says she's a model; ils se disent attachés à la démocratie they claim to OU (that) they care about democracy.

◆ **dis (donc), dites (donc), dis-moi, dites-moi** *loc interj* [à propos]: dites donc, pour demain, on y va en voiture? by the way, are we driving there tomorrow? || [pour réprimander]: dites donc OU dites-moi Martin, vous n'étiez pas là à 9 h! by the way Martin, you weren't here at 9, were you?; dis donc OU dis-moi, faut pas se gêner! *fam* hey, do you mind?; tu te fiches de moi, dis! *fam* you're pulling my leg, aren't you?; tu me le sers, dis OU dis-moi, ce café? *fam* am I getting that coffee or not?; merde![▽] – dis donc, sois poli! shit! – hey, (mind your) language! || [pour interpeller]: dis donc, t'as pas une gomme? *fam* hey, have you got a rubber? || [pour supplier]: je peux y aller, dis? can I go, please?; vous lui parlerez de moi, dites? you will talk to her about me, won't you? || [exprime l'admiration, l'accord, la compassion]: c'est beau – eh dis, j'y ai mis le prix! that's beautiful – so it should be, I paid enough for it!; tu es bien habillé ce soir dis donc! my word, aren't you smart tonight!; il y a eu 60 morts – ben dites donc! *fam* 60 people were killed – good God!; ah dis donc, la belle moto! wow, get a load of that bike!

◆ **disons** *loc adv indép* -1. [environ] (let's) say; il nous faut, disons, deux secrétaires we need, (let's) say, two secretaries. -2. [pour se dérober] let's say; j'ai, disons, de bonnes raisons de ne pas te croire let's say I've got good reasons not to believe you; il a, disons, la cinquantaine bien sonnée let's say he's on the wrong side of fifty.

direct, e [dirɛkt] *adj* -1. [sans détour - voie, route, chemin] direct, straight. -2. TRANSP direct, without a change; c'est ~ en métro jusqu'à Pigalle the metro goes direct to Pigalle; un vol ~ Paris-New York a direct OU nonstop flight from Paris to New York. -3. [franc - question] direct; [- langage] straightforward; il a été très ~ avec moi he was very frank OU straightforward with me. -4. [sans intermédiaire - cause, conséquence] immediate; [- supérieur, descendant] direct; un rapport ~ entre deux événements a direct connection between two events; mettez-vous en relation ~e avec Bradel get in touch with Bradel himself. -5. ASTRON, GRAMM & MÉCAN direct. -6. LOGIQUE positive. -7. RAIL: c'est un train ~ jusqu'à Genève the train is nonstop to Geneva. -8. MIL: tir ~ direct fire. -9. JUR: impôts ~s income tax. -10. MATH direct.

◆ **direct** *nm* -1. SPORT straight punch; un ~ du gauche a straight left. -2. RAIL through OU nonstop train. -3. TV live; un chanteur qui préfère le ~ au playback a singer who prefers performing live to lipsynching.

◆ **directe** *nf* [ascension] direct route.

◆ **en direct** *loc adj* live.

directement [dirɛktəmɑ̃] *adv* -1. [tout droit] straight; rentre ~ à la maison go straight home; va ~ au lit go straight to bed; la route mène ~ à Deauville the road goes straight to Deauville. -2. [franchement]: entrer ~ dans le sujet to broach a subject immediately; allez ~ au fait come straight to the point. -3. [inévitablement] straight, inevitably; cela vous mènera ~ à la faillite this will lead you inevitably to bankruptcy. -4. [sans intermédiaire] direct; adresse-toi ~ au patron go straight to the boss; vendre ~ au public to sell direct to the public; j'achète le lait ~ à la ferme I buy the milk direct from the farm; il descend ~ des du Mail he's a direct descendant of the du Mail family. -5. [personnellement]: adressez-moi ~ votre courrier address your correspondence directly to me; cela ne vous concerne pas ~ this doesn't affect you personally OU directly; je me sens ~ visé *fam* I feel singled out OU personally targeted.

directeur, trice [dirɛktœr, tris] ◇ *adj* -1. [principal - force] controlling, driving; [- principe] guiding; [- idée, ligne] main, guiding. -2. AUT [roue] front *(modif)*.

◇ *nm, f* -1. [dans une grande entreprise] manager, director; [dans une petite entreprise] manager *(f* manageress); ~ financier/régional/du personnel financial/regional/personnel manager; ~ général general manager, chief executive officer *Am*. -2. ADMIN & POL director; ~ de prison prison governor *Br* OU warden *Am*; ~ de cabinet ≃ principal private secretary *Br*, ≃ chief of staff *Am*. -3. SCOL: ~ d'école headmaster *Br*, principal *Am*; directrice d'école headmistress *Br*, (lady) principal *Am*. -4. UNIV [d'un département] head of department, chairperson, chairman *(f* chairwoman); ~ de thèse (thesis) supervisor. -5. CIN, THÉÂT & TV director; ~ artistique artistic director; ~ de la photo director of photography; ~ de scène stage director; ~ du son sound director.

◆ **directeur** *nm* -1. HIST Director. -2. RELIG: ~ spirituel OU de conscience spiritual director.

◆ **directrice** *nf* MATH directrix.

directif, ive [dirɛktif, iv] *adj* directive.

◆ **directive** *nf* ADMIN, MIL & POL directive.

◆ **directives** *nfpl* orders, instructions.

direction [dirɛksjɔ̃] *nf* -1. [fonction de chef - d'une entreprise] management, managing; [- d'un orchestre] conducting, direction *Am*; [- d'un journal] editorship; [- d'une équipe sportive] captaining; prendre la ~ de [société, usine] to take over the running OU management of; [journal] to take over the editorship of; se voir confier la ~ d'une société/d'un journal/d'un lycée to be appointed manager of a firm/chief editor of a newspaper/head of a school; orchestre (placé) sous la ~ de orchestra conducted by. -2. [organisation - de travaux] supervision; [- d'un débat] chairing, conducting; [- de la circulation, des opérations] directing. -3. [maîtrise, cadres]: la ~ the management; la ~ refuse toute discussion avec les syndicats (the) management refuses to talk to the unions. -4. [bureau] manager's office. -5. [sens] direction, way; dans la même ~ the same way, in the same direction; dans la ~ opposée in the opposite direction; engagé dans une mauvaise ~ heading the wrong way; vous allez dans quelle ~? which way are you going?, where are you heading for?; prenez la ~ Nation

TRANSP take the Nation line; 'toutes ~s' 'all traffic'; **partir dans toutes les ~s** [coureurs, ballons] to scatter; [pétards] to go off in all directions; [conversation] to wander; **la discussion a pris une tout autre ~** the discussion took a different turn OU shifted to another subject. -**6.** CIN, THÉÂT & TV: **~ (d'acteurs)** directing, direction. -**7.** AUT & MÉCAN steering; **la ~ du vélo est faussée** the bicycle's handlebars are out of true ❑ **~ assistée** power steering.

◆ **de direction** *loc adj* [équipe] managerial.

◆ **en direction de** *loc prép* in the direction of, towards; **embouteillages en ~ de Paris** holdups for Paris-bound traffic; **les trains/avions/vols en ~ de Marseille** trains/planes/flights to Marseilles; **jeter un regard en ~ de qqn** to cast a glance at OU towards sb.

directionnel, elle [dirɛksjɔnɛl] *adj* directional.

directive [dirɛktiv] *f* → **directif.**

directivisme [dirɛktivism] *nm péj* authoritarianism.

directivité [dirɛktivite] *nf* -**1.** [d'une politique] authoritative nature. -**2.** ÉLECTRON directivity.

directo *fam* [dirɛkto] *adv* straight, right; **ça va ~ à la poubelle** it's going straight in the bin.

directoire [dirɛktwar] *nm* ADMIN & COMM directorate *(sg ou pl)*, board of directors.

◆ **Directoire** *npr m*: **le Directoire** the (French) Directory; **meuble Directoire** piece of Directoire furniture; **style Directoire** Directoire style.

directorat [dirɛktɔra] *nm* -**1.** ADMIN, SCOL & THÉÂT directorate, directorship. -**2.** COMM managership.

directorial, e, aux [dirɛktɔrjal, o] *adj* -**1.** [fonction, pouvoir] managerial, executive, directorial; **le bureau ~** the executive suite OU manager's office. -**2.** *Helv*: **régime ~** *(in Switzerland) political system in which government is carried out by a seven member body elected by Parliament*. -**3.** HIST Directory *(modif)*, of the Directory.

dirigeable [diriʒabl] ◇ *adj* dirigible.

◇ *nm* airship, dirigible.

dirigeant, e [diriʒɑ̃, ɑ̃t] ◇ *adj* ruling.

◇ *nm, f* POL [d'un parti] leader; [d'un pays] ruler, leader.

◆ **dirigeants** *nmpl* COMM: **~s sociaux** managerial staff.

diriger [17] [diriʒe] *vt* -**1.** [être à la tête de - usine, entreprise] to run, to manage; [- personnel, équipe] to manage; [- service, département] to be in charge of, to be head of; [- école] to be head of; [- orchestre] to conduct, to direct *Am*; [- journal] to edit; **une firme bien dirigée** a well-managed OU well-run firm; **mal ~ une société** to mismanage a company ‖ *(en usage abs)*: **savoir ~** to be a (good) manager. -**2.** [superviser - travaux] to supervise, to manage, to oversee; [- débat] to conduct; [- thèse, recherches] to supervise, to oversee; [- circulation] to direct; [- opérations] to direct, to oversee; **ceux qui veulent ~ les consciences** those who would influence other people's moral choices. -**3.** CIN, THÉÂT & TV to direct. -**4.** [piloter - voiture] to steer; [- bateau] to navigate, to steer; [- avion] to fly, to pilot; [- cheval] to drive; [guider - aveugle] to guide; [- dans une démarche] to direct, to steer; **~ qqn vers la sortie** to direct sb to the exit; **on vous a mal dirigé** you were misdirected; **~ les troupes vers le front** to move the troops up to the front; **un véhicule difficile à ~ sur route verglacée** a vehicle which is hard to handle on an icy road; **~ un étranger dans le dédale administratif** to guide OU to help a foreigner through the red tape; **elle a été mal dirigée dans son choix de carrière** she had poor career guidance; **~ qqn sur** OU **vers**: **~ un élève vers un cursus littéraire** to guide OU to steer a student towards an arts course; **la compassion n'a jamais dirigé ses actes** *fig* his behaviour was never guided OU ruled by compassion. -**5.** [acheminer - marchandises] to send; **~ des colis sur** OU **vers la Belgique** to send parcels to Belgium; **je fais ~ mes appels sur mon autre numéro** I have my calls redirected OU rerouted to my other number. -**6.** [orienter] to direct; **~ son regard vers qqn** to look in the direction of sb; **tous les yeux étaient dirigés sur elle** everyone was staring at her; **~ sa pensée vers qqch** to concentrate on OU to direct one's thoughts towards sthg; **~ la conversation sur un autre sujet** to steer the conversation on to OU to switch the conversation to a new subject; **~ ses espoirs vers qqn** to pin one's hopes on OU to vest one's hopes in sb ❑ **~ ses pas vers** *pr & fig* to head for. -**7.** [adresser hostilement] to level, to direct; **~ des accusations contre qqn** to level accusations at sb; **leurs moqueries étaient dirigées contre lui** he was the butt of their jokes. -**8.** [braquer]: **~ un télescope sur qqch** to train OU to point a telescope on OU at sthg; **une antenne dirigée vers la tour Eiffel** an aerial trained on the Eiffel tower; **lorsque la flèche est dirigée vers la droite** when the arrow points to the right ‖ ARM [tir] to aim; **~ un canon vers** OU **sur une cible** to aim OU to level OU to point a cannon at a target; **~ une arme sur qqn** to aim a weapon at OU to train a weapon on sb.

◆ **se diriger** *vpi* -**1.** [aller]: **se ~ sur** OU **vers** to head OU to make for; **se ~ vers la sortie** to make one's way to the exit; **arrêté alors qu'il se dirigeait vers la frontière** arrested while heading OU making for the border; **les voitures se dirigent vers la ligne d'arrivée** the cars are heading for the finish; **les pourparlers se dirigent vers un compromis** the discussions are moving towards a compromise; **nous nous dirigeons vers le conflit armé** we're headed for armed conflict. -**2.** [trouver son chemin] to find one's way; **l'avion a réussi à se ~ dans la tempête** the plane found its way through the storm; **un animal qui sait se ~ dans le noir** an animal which can find its way in the dark; **savoir se ~ dans une ville** to be able to find one's way round a city; **on apprend aux élèves à se ~ dans leurs études** pupils are taught to take charge of their own studies.

dirigisme [diriʒism] *nm* state control, state intervention.

dirigiste [diriʒist] ◇ *adj* interventionist.

◇ *nmf* partisan of state control.

dirlo [dirlo] *nmf arg scol* head, principal.

discal, e, aux [diskal, o] *adj* discal.

discarthrose [diskartroz] *nf* intervertebral disc arthrosis.

discernable [disɛrnabl] *adj* discernible, discernable, perceptible.

discernement [disɛrnəmɑ̃] *nm* -**1.** [intelligence] (good) judgement, discernment; **il a agi avec ~** he showed (good) judgement in what he did. -**2.** *sout* [discrimination] distinguishing, discrimination, discriminating; **le ~ entre ce qui est convenable et ce qui ne l'est pas** distinguishing between what is correct and what is not.

discerner [3] [disɛrne] *vt* -**1.** [voir] to discern, to distinguish, to make out *(insép)*; **on discernait à peine les contours** you could just make out the outline. -**2.** [deviner] to discern, to perceive, to detect; **j'ai cru ~ une certaine colère dans sa voix** I thought I could detect a hint of anger in his voice; **~ les motivations de qqn** to see through sb. -**3.** [différencier]: **~ qqch de qqch**: **~ le bien du mal** to distinguish (between) right and wrong, to tell right from wrong.

disciple [disipl] *nm* -**1.** RELIG & SCOL disciple. -**2.** [partisan] follower, disciple.

disciplinable [disiplinabl] *adj* disciplinable, liable to be disciplined.

disciplinaire [disiplinɛr] *adj* disciplinary.

disciplinairement [disiplinɛrmɑ̃] *adv* through the code of discipline.

discipline [disiplin] *nf* -**1.** [règlement] discipline. -**2.** [obéissance] discipline; **avoir de la ~** to be disciplined; **qui fait régner la ~ à la maison?** who keeps the children in order at home?; **faire grève par ~ syndicale** to join an official strike ❑ **~ alimentaire** observance of one's diet; **~ de vote** voting discipline. -**3.** SCOL & UNIV [matière] subject, discipline. -**4.** HIST discipline, whip, scourge.

discipliné, e [disipline] *adj* -**1.** [personne] obedient, disciplined. -**2.** [cheveux] neat (and tidy), well-groomed.

discipliner [3] [disipline] *vt* -**1.** [faire obéir - élèves, classe] to discipline, to (bring under) control. -**2.** [maîtriser - instincts] to control, to master; [- pensée] to discipline, to train. -**3.** [endiguer - rivière] to control. -**4.** [coiffer - cheveux] to groom.

◆ **se discipliner** *vp (emploi réfléchi)* to discipline o.s.

disc-jockey [diskʒɔkɛ] *(pl* **disc-jockeys)** *nmf* disc jockey.

disco [disko] ◇ *adj* disco; **musique ~** disco (music).

◇ *nm* [musique] disco (music); [danse, chanson] disco number.

◇ *nf fam vieilli* [discothèque] disco.

discobole [diskɔbɔl] *nm* ANTIQ discobolus, discobolos; 'le Discobole' *Myron* 'Discobolus', 'The Discus Thrower'.

discographie [diskɔgrafi] *nf* discography; **avoir une importante ~** to have made many recordings, to have recorded many pieces.

discoïde [diskɔid] *adj* discoid, discoidal.

discontinu, e [diskɔ̃tiny] *adj* -**1.** [ligne] broken; [effort] discontinuous, intermittent; **le bruit est ~** the noise occurs on and off. -**2.** LING & MATH discontinuous.

◆ **discontinu** *nm*: **le ~** that which is discontinuous.

◆ **discontinue** *nf* [consonne] stop (consonant).

discontinuer [7] [diskɔ̃tinɥe] *vt & vi litt* to stop, to cease.

◆ **sans discontinuer** *loc adv* nonstop, continuously, with no let-up; **bébé pleure pendant des heures sans ~** baby cries for hours on end.

discontinuité [diskɔ̃tinɥite] *nf* [gén & MATH] discontinuity.

disconvenir [40] [diskɔ̃vnir]

◆ **disconvenir de** *v + prép sout*: **je ne disconviens pas de son utilité** I don't deny its being useful OU its usefulness; **vous avez raison, je n'en disconviens pas** I don't deny that you're right.

discopathie [diskɔpati] *nf* lesion of an intervertebral disc.

discophile [diskɔfil] *nmf* record-collector, discophile *spéc.*

discordance [diskɔrdɑ̃s] *nf* -**1.** MUS discord, discordance, disharmony. -**2.** [disharmonie - de couleurs, de sentiments] lack of harmony, clash; [- entre des personnes, idées] clash, conflict, disagreement. -**3.** [écart] contradiction, inconsistency; **il existe certaines ~s entre les deux récits** the two stories contain several inconsistencies. -**4.** GÉOL discordance, discordancy, unconformability. -**5.** PSYCH dissociation.

discordant, e [diskɔrdɑ̃, ɑ̃t] *adj* -**1.** MUS discordant; [criard] harsh, grating. -**2.** [opposé - styles, couleurs, avis, diagnostics] clashing; **ils ont présenté des témoignages ~s** their testimonies were at variance with each other. -**3.** GÉOL discordant, unconformable.

discorde [diskɔrd] *nf* discord, dissension, dissention.

discothèque [diskɔtɛk] *nf* -**1.** [collection] record collection. -**2.** [meuble] record case OU holder. -**3.** [établissement de prêt] record OU music library. -**4.** [boîte de nuit] disco, night club.

discount [disk(a)unt] ◇ *nm* -**1.** [rabais] discount; **un ~ de 20 % (a)** 20% discount, 20% off. -**2.** [technique] discount selling.

◇ *adj inv* discount *(modif)*; **des épiceries/prix ~** discount groceries/prices.

discounter[1] [3] [disk(a)unte] *vt & vi* to sell at a discount.

discounter[2] [disk(a)untœr] *nm* discount dealer.

discoureur, euse [diskurœr, øz] *nm, f péj* speechifier; **dans cette famille, ce sont de**

grands ~s in that family, they love listening to the sound of their own voices.

discourir [45] [diskurir] *vi* -**1.** *litt* [bavarder] to talk. -**2.** *péj* [disserter] to speechify; **~ à perte de vue** sur l'avenir to talk endlessly about the future.

discours [diskur] *nm* -**1.** [allocution] speech, address; **faire un ~** to make a speech ❑ **~ de bienvenue** welcoming speech OU address; **~ d'inauguration** inaugural lecture OU speech; **~ du trône** POL inaugural speech *(of a sovereign before a Parliamentary session)*, King's Speech, Queen's Speech; **le ~ sur l'État de l'Union** the State of the Union Speech; **'Discours de la méthode'** *Descartes* 'Discourse on Method'. -**2.** *péj* [bavardage] chatter; **se perdre en longs ~** to talk OU to chatter endlessly; **tous ces (beaux) ~ ne servent à rien** all this fine talk doesn't get us anywhere; **rien de concret, que des ~!** nothing concrete, just (a lot of) words! -**3.** LING [langage réalisé] speech; [unité supérieure à la phrase] discourse; **~ direct** GRAMM direct speech; **~ indirect** GRAMM reported OU indirect speech. -**4.** LOGIQUE discourse. -**5.** [expression d'une opinion] discourse; **le ~ des jeunes** the sorts of things young people say; **tenir un ~ de droite** to talk like a right-winger.

discourtois, e [diskurtwa, az] *adj* discourteous, impolite.

discourtoisement [diskurtwazmɑ̃] *adv* discourteously, impolitely.

discourtoisie [diskurtwazi] *nf* discourtesy.

discrédit [diskredi] *nm* discredit, disrepute; **le ~ attaché à cette entreprise** this firm's discredited reputation; **jeter le ~ sur qqn/qqch** to discredit sb/sthg; **tomber dans le ~** to fall into disrepute.

discréditer [3] [diskredite] *vt* to discredit, to bring into disrepute.

◆ **se discréditer** ◇ *vp (emploi réfléchi)* [personne] to bring discredit upon o.s.; **se ~ auprès du public** to lose one's credibility with the public.

◇ *vpi* [idée, pratique] to become discredited.

discret, ète [diskrɛ, ɛt] *adj* -**1.** [réservé - personne, attitude] reserved, discreet. -**2.** [délicat - personne] tactful, discreet, diplomatic. -**3.** [qui garde le secret] discreet; **sois sans inquiétude, je serai ~** don't worry, I'll be discreet. -**4.** [effacé - personne, manières] unobtrusive, unassuming. -**5.** [dissimulé]: **sous emballage ~** in a plain wrapper; **envoi ~, sous pli ~** under plain cover. -**6.** [neutre - toilette, style] plain, sober, understated; [- couleur] subtle; [- lumière] subdued, soft; [- parfum] subtle; [- maquillage] light, subtle. -**7.** [isolé - lieu] quiet, secluded; **ils ont choisi une auberge discrète** they chose an inn where they could have some privacy. -**8.** MATH discrete.

discrètement [diskrɛtmɑ̃] *adv* -**1.** [sans être remarqué] quietly, discreetly, unobtrusively; **entrer/sortir ~** to slip in/out (unobtrusively); **j'aimerais lui parler ~** I'd like to have a quiet word with him. -**2.** [se maquiller, se parfumer] discreetly, lightly, subtly; [s'habiller] discreetly, quietly, soberly.

discrétion [diskresjɔ̃] *nf* -**1.** [réserve] discretion, tact, tactfulness; **manquer de ~** to be tactless. -**2.** [modestie] unobtrusiveness, self-effacement. -**3.** [sobriété - d'un maquillage] lightness, subtlety; [- d'une toilette] soberness; **s'habiller avec ~** to dress soberly OU quietly. -**4.** [silence] discretion; **comptez sur ma ~** you can count on my discretion.

◆ **à discrétion** *loc adv*: **avoir du café à ~** to have unlimited coffee OU as much coffee as you want; **vous pouvez manger à ~** you can eat as much as you like.

◆ **à la discrétion de** *loc prép* at the discretion of; **pourboire à la ~ du client** gratuities at the discretion of the customer.

discrétionnaire [diskresjɔnɛr] *adj* discretionary.

discriminant, e [diskriminɑ̃, ɑ̃t] *adj* distinguishing, discriminating.

◆ **discriminant** *nm* discriminant.

discrimination [diskriminasjɔ̃] *nf* -**1.** [ségrégation]: **~ raciale** racial discrimination. -**2.** *litt* [distinction] discrimination, distinction; **opérer la ~ entre deux choses** to distinguish between two things.

discriminatoire [diskriminatwar] *adj* discriminatory.

discriminer [3] [diskrimine] *vt* to distinguish.

disculper [3] [diskylpe] *vt*: **~ qqn de qqch** to exonerate sb from sthg.

◆ **se disculper** *vp (emploi réfléchi)*: **pour se ~ il invoqua l'ignorance** to vindicate OU to exonerate himself, he pleaded ignorance; **se ~ de qqch** to exonerate o.s. from sthg.

discursif, ive [diskyrsif, iv] *adj* -**1.** [raisonné] discursive. -**2.** LING discourse *(modif)*.

discussion [diskysjɔ̃] *nf* -**1.** [négociation] talk, discussion; **avec lui la ~ est impossible** he's incapable of compromise || [querelle] quarrel, argument; **pas de ~!** no arguing!, don't argue! -**2.** [débat] debate, discussion; **ils sont en pleine ~** they're in the middle of a debate; **la question de l'avortement prête OU donne matière OU est sujet à ~** the issue of abortion lends itself to debate. -**3.** [conversation] discussion, conversation; **dans la ~, il m'a dit que...** during our conversation, he told me that...

discutable [diskytabl] *adj* [fait, théorie, décision] debatable, questionable; [sincérité, authenticité] questionable, doubtful; [goût] dubious.

discutailler *fam* [3] [diskytaje] *vi péj* to quibble.

discutailleur, euse *fam* [diskytajœr, øz] *adj péj*: **il est très ~** he's a real quibbler.

discuté, e [diskyte] *adj* -**1.** [débattu] debated, discussed; **très ~** hotly debated. -**2.** [contesté - nomination] controversial, disputed; **une œuvre à l'authenticité ~e** a work of art whose authenticity is the subject of controversy OU is disputed.

discuter [3] [diskyte] ◇ *vt* -**1.** [débattre - projet de loi] to debate, to discuss; [- sujet, question] to discuss, to argue, to consider; **~ le bout de gras** *fam* OU **le coup** *fam* to chew the fat. -**2.** [contester - ordres] to question, to dispute; [- véracité] to debate, to question; [- prix] to haggle over; **un penalty qu'on discute encore** a penalty which they're still arguing about || *(en usage abs)*: **cesse de ~, avance!** don't argue OU no arguing, move on!; **inutile de ~, je ne céderai pas** it's no use arguing, I'm not going to give in.

◇ *vi* -**1.** [parler] to talk, to have a discussion; **~ de** to talk about *(insép)*, to discuss; **nous en avons longuement discuté** we've had a long discussion about it; **~ de choses et d'autres** to talk about this and that. -**2.** [négocier] to negotiate.

◆ **se discuter** *vp (emploi passif)* -**1.** [être débattu] to be debated; **le projet de loi se discute actuellement à l'Assemblée** the bill is being debated OU is under discussion in the Assembly. -**2.** [être discutable]: **ça se discute** that's debatable.

disert, e [dizɛr, ɛrt] *adj litt* articulate, eloquent, fluent.

disertement [dizɛrtəmɑ̃] *adv litt* articulately, eloquently, fluently.

disette [dizɛt] *nf* -**1.** [pénurie - gén] shortage, dearth; [- de nourriture] scarcity of food, food shortage. -**2.** *litt* [manque]: **~ d'argent** want OU lack of money.

diseur, euse [dizœr, øz] *nm, f*: **~ de bonne aventure** fortune-teller; **~ de bons mots** wit; **fin ~** fine talker; **les grands ~s ne sont pas les grands faiseurs** *prov* those who talk most aren't necessarily those who get things done.

disgrâce [disgras] *nf* -**1.** *sout* [défaveur] disgrace, disfavour; **la ~ d'un homme politique** a politician's disgrace; **tomber en ~** to fall into disfavour, to fall from grace. -**2.** *litt* [manque de grâce] inelegance, awkwardness.

disgracié, e [disgrasje] *adj* -**1.** [laid] ungraceful, ugly. -**2.** [en disgrâce] disgraced.

disgracier [9] [disgrasje] *vt litt* to disgrace.

disgracieux, euse [disgrasjø, øz] *adj* -**1.** [laid - visage] ugly, unattractive; [- geste] awkward, ungainly; [- comportement] uncouth; [- personne] unattractive, unappealing; [- objet] unsightly. -**2.** *litt* [discourtois] ungracious, discourteous.

disjoindre [82] [disʒwɛ̃dr] *vt* -**1.** [planches] to break up *(sép)*; **~ les pierres d'un mur** to break up a stone wall. -**2.** [causes, problèmes] to separate, to consider separately; **vous devriez ~ ce sujet des autres** you should deal with this matter separately.

◆ **se disjoindre** *vpi* to come apart.

disjoint, e [disʒwɛ̃, ɛ̃t] *adj* -**1.** MATH disjoint. -**2.** MUS disjunct.

disjoncter [3] [disʒɔ̃kte] *vi* to short-circuit.

disjoncteur [disʒɔ̃ktœr] *nm* circuit breaker, cutout (switch).

disjonctif, ive [disʒɔ̃ktif, iv] *adj* disjunctive.

◆ **disjonctif** *nm* disjunctive.

disjonction [disʒɔ̃ksjɔ̃] *nf* BIOL disjunction.

dislocation [dislɔkasjɔ̃] *nf* -**1.** [d'une caisse] breaking up; [d'un empire] dismantling; [d'un parti] breaking up, disintegration; [d'une manifestation] breaking up, dispersal. -**2.** MÉD & PHYS dislocation. -**3.** [contorsion] contorsion. -**4.** GÉOL fault.

disloquer [3] [dislɔke] *vt* -**1.** [caisse] to take to pieces, to break up *(sép)*; [poupée] to pull apart *(sép)*; **un corps tout disloqué** a mangled body. -**2.** [faire éclater - empire] to dismantle; [- parti] to break up *(sép)*. -**3.** MÉD to dislocate.

◆ **se disloquer** *vpi* -**1.** [meuble] to come OU to fall apart, to fall to pieces. -**2.** [éclater - fédération] to disintegrate, to break up *(sép)*; [- empire] to break up. -**3.** [se disperser - manifestation] to disperse, to break up. -**4.** MÉD to be dislocated. -**5.** [se contorsionner] to contort o.s.

disparaître [91] [disparɛtr] *vi* -**1.** [se dissiper - peur, joie] to evaporate, to fade, to disappear; [- douleur, problème, odeur] to disappear; [- bruit] to stop, to subside; [- brouillard] to clear, to vanish; **faire ~ qqch** [gén] to remove sthg; [supprimer] to get rid of sthg. -**2.** [devenir invisible - soleil, lune] to disappear; [- côte, bateau] to vanish, to disappear; **les rues ont disparu sous la neige** the roads have disappeared under the snow; **le soleil disparut à l'horizon** the sun disappeared below the horizon; **elle a disparu dans la foule** she vanished into the crowd; **disparais de ma vue!** get out of my sight! -**3.** [être inexplicablement absent] to disappear, to vanish; **le temps que j'arrive, la clef/ma sœur avait disparu** by the time I got there, the key/my sister had disappeared; **son mari a disparu (sans laisser d'adresse)** her husband has absconded; **faire ~ qqn/qqch** to conceal sb/sthg ❑ **~ de la circulation** OU **dans la nature** *fam* to vanish into thin air. -**4.** [ne plus exister - espèce, race] to die out, to become extinct; [- langue, coutume] to die out, to disappear; [mourir] to pass away, to die; **faire ~ qqn** *euph* to eliminate sb, to have sb removed; **~ en mer** to be lost at sea.

disparate [disparat] ◇ *adj* -**1.** [hétérogène - objets, éléments] disparate, dissimilar. -**2.** [mal accordé - mobilier] ill-assorted, non-matching; [- couple] ill-assorted, ill-matched; **deux chaises ~s** two chairs that don't match.

◇ *nm* OU *nf litt*: **le ~** the ill-assorted character OU nature.

disparité [disparite] *nf* disparity; **une ~ entre deux éléments** a disparity between two elements; **~ de** [revenus, prix] disparity in.

disparition [disparisjɔ̃] *nf* -**1.** [du brouillard] lifting, clearing; [du soleil] sinking, setting; [- d'une côte, d'un bateau] vanishing; [de la peur, du bruit] fading away; [du doute] disappearance; **frotter jusqu'à ~ des taches** rub until the stains disappear; **jusqu'à ~ de la douleur** until the pain disappears OU stops. -**2.** [absence - d'une personne, d'un porte-monnaie] disappearance; **depuis la ~ du bébé** since the baby went missing OU disappeared. -**3.** [extinction - d'une espèce] extinction; [- d'une langue, d'une culture] dying out, disappearance. -**4.** [mort] death, disappearance; **après sa ~** after his death.

disparu, e [dispary] ◇ *adj* -**1.** [mort] dead; **porté ~** [soldat] missing (in action); [marin] lost at sea; [passager, victime] missing believed dead. -**2.** [langue] dead; [coutume, culture] vanished, dead; [ère, époque] bygone.
◇ *nm, f* -**1.** [défunt] dead person; **les ~s** the dead; **les ~s en mer** [marins] men lost at sea. -**2.** [personne introuvable] missing person.

dispatcher [3] [dispatʃe] *vt* to dispatch, to send around *(sép)*.

dispatching [dispatʃiŋ] *nm* [du courrier] dispatching.

dispendieux, euse [dispɑ̃djø, øz] *adj litt* expensive, costly.

dispensable [dispɑ̃sabl] *adj* JUR liable to be exempted.

dispensaire [dispɑ̃sɛr] *nm* clinic.

dispensateur, trice [dispɑ̃satœr, tris] *nm, f* dispenser.

dispense [dispɑ̃s] *nf* -**1.** [exemption] exemption; **~ d'oral/du service militaire** exemption from an oral exam/from military service. -**2.** [certificat] exemption certificate. -**3.** [autorisation spéciale]: **~ d'âge** *special permission for people under or over the age limit*. -**4.** JUR: **~ de peine** dismissal of charges. -**5.** RELIG dispensation.

dispenser [3] [dispɑ̃se] *vt* -**1.** [exempter]: **~ qqn de qqch** to exempt sb from sthg; **il est dispensé de service militaire** he is exempt OU exempted from military service; **se faire ~ de gymnastique** to be excused (from) gym; **~ qqn de faire** to exempt sb from doing; **cela ne te dispense pas de payer** this doesn't exempt you from paying; **je vous dispense de me rendre un rapport cette fois** I'll excuse you from writing me a report this time; **je te dispense de tes sarcasmes** spare me your sarcasm. -**2.** RELIG: **~ qqn de qqch** to release sb from sthg. -**3.** [donner - charité] to dispense, to administer; [- parole] to utter; **~ des soins aux malades** to provide patients with medical care.
◆ **se dispenser de** *vp + prép* [obligation] to get out of; **je me dispenserais bien de cette corvée!** I could do without this chore!; **peut-on se ~ de venir à la répétition?** is it possible to skip the rehearsal?

dispersant, e [dispɛrsɑ̃, ɑ̃t] *adj* dispersive.
◆ **dispersant** *nm* dispersant.

dispersé, e [dispɛrse] *adj* -**1.** [famille, peuple] scattered; [habitations] scattered, spread out. -**2.** *fig*: **élève trop ~** [sur bulletin de notes] should pay more attention in class; **dans mon ancien poste j'étais trop ~** in my old job, I had too many different things to do. -**3.** PHYS disperse *(modif)*.

disperser [3] [dispɛrse] *vt* -**1.** [répandre - cendres, graines] to scatter. -**2.** [brume, brouillard] to disperse, to lift. -**3.** [efforts] to dissipate; [attention] to divide. -**4.** [foule, manifestants] to disperse, to break up *(sép)*, to scatter; [collection] to break up, to scatter. -**5.** [troupes] to spread out *(sép)*.
◆ **se disperser** *vpi* -**1.** [brume, brouillard] to lift, to disperse. -**2.** [manifestation, foule] to disperse, to break up. -**3.** [dans son travail] to tackle too many things at once; **la production s'est (trop) dispersée** the firm has overdiversified.

dispersif, ive [dispɛrsif, iv] *adj* dispersive.

dispersion [dispɛrsjɔ̃] *nf* -**1.** [de cendres, de débris] scattering. -**2.** [de la brume] dispersal, lifting. -**3.** [de troupes, de policiers] spreading out. -**4.** [d'une foule, de manifestants] dispersal. -**5.** [des forces, de l'énergie] waste; [de l'attention] dividing of attention; **une trop grande ~ de la production** overdiversification in manufacturing. -**6.** CHIM & PHYS dispersion. -**7.** ÉLECTR: **~ magnétique** magnetic leak OU leakage. -**8.** ARM: **~ du tir** dispersion. -**9.** [en statistiques] dispersion.

disponibilité [disponibilite] *nf* -**1.** [d'une fourniture, d'un service] availability; **j'aimerais réserver, quelles sont les ~s en juin?** I'd like to book, what's availability like in June? -**2.** [liberté] availability *(for an occupation)*; **pour élever des enfants, il faut avoir une grande ~** to bring up children you need to have a lot of time to devote to them ❑ **~ d'esprit** open-mindedness, receptiveness; **avoir une grande ~ d'esprit** to be very open-minded. -**3.** ADMIN: **mise en ~** (extended) leave. -**4.** JUR [de bien] (owner's) free disposal of property.
◆ **disponibilités** *nfpl* available funds, liquid assets.
◆ **en disponibilité** *loc adv*: **professeur en ~** teacher on (extended) leave; **se mettre en ~** to take (extended) leave.

disponible [disponibl] ◇ *adj* -**1.** [utilisable - article, service] available. -**2.** [libre - personnel, employé] free, available. -**3.** [ouvert - personne] receptive, open-minded; **mon père a toujours été quelqu'un de ~** my father has always been ready to listen. -**4.** ADMIN on (extended) leave.
◇ *nmf* ADMIN civil servant on (extended) leave of absence.
◇ *nm* COMM stock items.

dispos, e [dispo, oz] *adj* in good form OU shape.

disposant, e [dispozɑ̃, ɑ̃t] *nm, f* benefactor (*f* benefactress).

disposé, e [dispoze] *adj* -**1.** [arrangé]: **bien/mal ~** well-/poorly-laid out. -**2.** [personne]: **bien/mal ~** in a good/bad mood.

disposer [3] [dispoze] ◇ *vt* -**1.** [arranger - verres, assiettes] to lay, to set; [- fleurs] to arrange; [- meubles] to place, to arrange; **~ des convives autour d'une table** to seat guests at a table; **~ des sentinelles autour du camp** to position sentries around the camp; **j'ai disposé la chambre autrement** I've changed the layout of the bedroom. -**2.** [inciter]: **~ qqn à** to incline sb to OU towards; **l'isolement me disposait à l'écriture** being on my own induced me to write; **l'heure ne dispose pas aux confidences** this is not a suitable time for sharing secrets. -**3.** [préparer]: **~ qqn à** to prepare sb for; **ses études ne le disposent pas à la recherche** his course of studies does not prepare him for research OU to do research; **être disposé à faire qqch** to feel disposed OU to be willing to do sthg; **bien/mal ~ qqn à l'égard de** to put sb in a receptive/unreceptive frame of mind towards; **j'étais en retard, ce qui l'a tout de suite mal disposé à mon égard** I was late, which put him off me straightaway.
◇ *vi* [partir]: **vous pouvez ~** you may leave OU go.
◆ **disposer de** *v + prép* -**1.** [avoir] to have (at one's disposal OU available); **nous disposons de trente hommes pour cette mission** we have thirty men (available OU at our disposal) for this mission; **je ne dispose que de très peu d'argent liquide** I don't have much cash (available). -**2.** [utiliser] to use; **puis-je ~ de votre téléphone?** may I use your phone?; **disposez de moi comme il vous plaira** I am at your service; **croyez-vous pouvoir ~ de moi?** do you think you can just use me? -**3.** JUR: **~ de ses biens** to dispose of one's property.
◆ **se disposer à** *vp + prép* to prepare to; **je me disposais à partir** I was preparing to leave.

dispositif [dispozitif] *nm* -**1.** [appareil, mécanisme] machine, device; **~ d'alarme/de sûreté** alarm/safety device. -**2.** [mesures] plan, measure; **un important ~ policier sera mis en place** there will be a large police presence. -**3.** MIL plan. -**4.** CIN, THÉÂT & TV: **~ scénique** set. -**5.** JUR [jugement] sentence; [acte, traité] purview.

disposition [dispozisjɔ̃] *nf* -**1.** [arrangement - de couverts] layout; [- de fleurs, de livres, de meubles] arrangement; **la ~ du terrain** the lie of the land; **la ~ des pièces dans notre maison** the layout of the rooms in our house; **la ~ de la vitrine** the window display. -**2.** [fait d'arranger - des couverts] laying out, setting; [- des meubles] laying out, arranging; [- des fleurs] arranging. -**3.** [tendance - d'une personne] tendency; **avoir une ~ à la négligence/à grossir** to have a tendency to carelessness/to put on weight. -**4.** [aptitude] aptitude, ability, talent; **avoir une ~ pour** to have a talent for. -**5.** JUR clause, stipulation; **les ~s testamentaires de...** the last will and testament of... ‖ [jouissance] disposal; **avoir la ~ de ses biens** to be free to dispose of one's property. -**6.** ADMIN: **mise à la ~** secondment *Br*, temporary transfer *Am*.
◆ **dispositions** *nfpl* -**1.** [humeur] mood; **être dans de bonnes/mauvaises ~s** to be in a good/bad mood; **attends qu'il soit dans** OU **revenu à de meilleures ~s** wait until he's in a better mood; **être dans de bonnes ~s pour faire qqch** to be in the right mood to do OU for doing sthg; **être dans de bonnes/mauvaises ~s à l'égard de qqn** to be well-disposed/ill-disposed towards sb. -**2.** [mesures] measures; **prendre des ~s** [précautions, arrangements] to make arrangements, to take steps; [préparatifs] to make preparations.
◆ **à la disposition de** *loc prép* at the disposal of; **mettre** OU **tenir qqch à la ~ de qqn** to place sthg at sb's disposal, to make sthg available to sb; **se tenir à la ~ de** to make o.s. available for; **je suis à votre ~** I am at your service; **je suis** OU **me tiens à votre entière ~ pour tout renseignement complémentaire** should you require further information, please feel free to contact me.

disproportion [disprɔpɔrsjɔ̃] *nf* disproportion; **~ de salaire entre deux personnes** discrepancy between two people's salaries.

disproportionné, e [disprɔpɔrsjɔne] *adj* -**1.** [inégal] disproportionate; **~ à** out of (all) proportion to; **un prix ~ avec** OU **à la qualité** a price out of (all) proportion to the quality; **tu utilises des moyens ~s au but recherché** you're using a sledgehammer to crack a nut. -**2.** [démesuré] huge; **avoir des jambes ~es** to have abnormally long legs.

dispute [dispyt] *nf* quarrel, argument.

disputer [3] [dispyte] *vt* -**1.** [participer à - match, tournoi] to play; [- combat] to fight; **~ le terrain** MIL to dispute every inch of ground; *fig* to fight tooth and nail. -**2.** [tenter de prendre]: **~ qqch à qqn** to fight with sb over sthg; **~ la première place à qqn** to contend OU to vie with sb for first place. -**3.** *fam* [réprimander] to scold, to tell off *(sép)*; **tu vas te faire ~!** you're in for it! -**4.** *litt* [contester] to deny; **je ne vous dispute pas le succès de votre opération** I don't deny the success of your operation. -**5.** *loc*: **le ~ en... à qqn** *litt*: **nul ne le lui disputait en courage** nobody could rival his courage.
◆ **disputer de** *v + prép litt* to debate, to discuss.
◆ **se disputer** ◇ *vp (emploi passif)* [avoir lieu] to take place; **le tournoi se disputera demain** the tournament will take place OU will be played tomorrow.
◇ *vp (emploi réciproque)* [se quereller] to quarrel, to argue, to fight; **arrêtez de vous ~!** stop fighting OU arguing!
◇ *vpt*: **se ~ qqch** to fight over sthg; **deux amis qui se disputent un poste/une femme** two friends fighting over a job/a woman.
◆ **se disputer avec** *vp + prép* to have an argument OU a row with; **je me suis disputé avec Anne pour une question d'argent** I had an argument OU a row with Anne about money.

disquaire [diskɛr] *nmf* -**1.** [commerçant] record dealer; **tu trouveras ça chez un ~** you'll find this in a record shop. -**2.** [vendeur] record salesman (*f* saleswoman).

disqualification [diskalifikasjɔ̃] *nf* disqualification; **risquer la ~** to risk being disqualified.

disqualifier [9] [diskalifje] *vt* -**1.** SPORT to disqualify. -**2.** [discréditer] to discredit, to bring discredit on.
◆ **se disqualifier** *vp (emploi réfléchi)* to lose credibility.

disque [disk] *nm* -**1.** [cercle plat] disc; **~ de stationnement** parking disc. -**2.** ANAT, ASTRON

& MATH disc; le ~ de la lune the disc of the moon. -3. SPORT discus. -4. AUT: ~ d'embrayage clutch plate. -5. AUDIO record, disc; ~ compact compact disc; ~ vidéo videodisc. -6. INF disk; ~ analyseur/dur/magnétique scanner/hard/magnetic disk; ~ optique compact CD-Rom; ~ optique numérique digital optical disk; ~ souple, mini ~ floppy disk.

disquette [diskɛt] *nf* floppy disk, diskette.

disruptif, ive [disryptif, iv] *adj* disruptive ELEC.

disruption [disrypsjɔ̃] *nf* disruption ELEC.

dissection [disɛksjɔ̃] *nf* -1. MÉD dissection. -2. [analyse] (close OU minute) analysis, dissection; une ~ du texte permet de voir que... close analysis of the text allows one to see that...

dissemblable [disɑ̃blabl] *adj* different, dissimilar.

dissémination [diseminasjɔ̃] *nf* [de graines] scattering; [de troupes] scattering, spreading, dispersion; [de maisons, des habitants] scattering.

disséminer [3] [disemine] *vt* [graines] to scatter; quelques maisons disséminées a few scattered houses; sa famille est disséminée dans le monde her family is scattered all over the world.

◆ **se disséminer** *vpi* [graines] to scatter; [personnes] to spread (out).

dissension [disɑ̃sjɔ̃] *nf* disagreement, difference of opinion; il y a des ~s opinions differ.

dissentiment [disɑ̃timɑ̃] *nm litt* disagreement.

disséquer [18] [diseke] *vt* -1. MÉD to dissect. -2. [analyser] to dissect, to carry out a close OU minute analysis of.

dissertation [disɛrtasjɔ̃] *nf* -1. SCOL & UNIV essay. -2. *péj* [discours] (long and boring) speech; je t'en prie, pas de ~! please spare us the speechmaking!

disserter [3] [disɛrte] *vi* -1. ~ sur SCOL & UNIV to write an essay on. -2. *fig* & *péj* to hold forth on OU about.

dissidence [disidɑ̃s] *nf* -1. [rébellion] dissidence; un mouvement de ~ a rebel movement. -2. [dissidents] dissidents, rebels. -3. [scission] scission.

dissident, e [disidɑ̃, ɑ̃t] ◇ *adj* -1. [rebelle] dissident *(avant n)*, rebel *(avant n)*; un groupe ~ a splinter OU breakaway group. -2. RELIG dissenting.

◇ *nm, f* -1. [rebelle] dissident, rebel. -2. RELIG dissenter, nonconformist.

dissimilitude [disimilityd] *nf* dissimilarity.

dissimulateur, trice [disimylatœr, tris] ◇ *adj* dissembling.

◇ *nm, f* dissembler.

dissimulation [disimylasjɔ̃] *nf* -1. [fait de cacher] concealment. -2. [hypocrisie] deceit, dissimulation, hypocrisy; [sournoiserie] dissembling, secretiveness. -3. JUR: ~ d'actif (unlawful) concealment of assets.

dissimulé, e [disimyle] *adj* -1. [invisible - haine, jalousie] concealed. -2. *péj* [fourbe] deceitful, hypocritical.

dissimuler [3] [disimyle] *vt* -1. [cacher à la vue] to hide (from sight); des arbres dissimulaient la maison the house was hidden by trees. -2. [ne pas révéler - identité] to conceal; [- sentiments, difficultés] to hide, to conceal, to cover up *(sép)*; [- fait] to conceal, to disguise; n'essaie pas de me ~ les faits don't try to conceal the facts from me; ~ le fait que... to hide the fact that...; je ne vous dissimulerai pas que... I won't hide from you (the fact) that... -3. JUR [revenus, bénéfices] to conceal.

◆ **se dissimuler** ◇ *vp (emploi réfléchi)* [se cacher] to hide OU to conceal o.s.; se ~ derrière un rideau to hide (o.s.) behind a curtain.

◇ *vpt*: se ~ qqch to hide sthg from o.s.; ne nous dissimulons pas la difficulté de l'entreprise let us not delude ourselves as to the difficulties involved in the venture.

dissipateur, trice [disipatœr, tris] *litt* ◇ *adj* wasteful, spendthrift.

◇ *nm, f* squanderer, spendthrift.

dissipation [disipasjɔ̃] *nf* -1. [de nuages] dispersal, clearing; [du brouillard] lifting; [de craintes] dispelling. -2. [dilapidation - d'un héritage] wasting, squandering. -3. *litt* [débauche] dissipation. -4. [indiscipline] lack of discipline, misbehaviour.

dissipé, e [disipe] *adj* -1. [indiscipliné - classe] unruly, rowdy, undisciplined; élève ~ [sur bulletin de notes] this pupil doesn't pay enough attention in class. -2. [débauché] dissolute.

dissiper [3] [disipe] *vt* -1. [nuages, brouillard, fumée] to disperse; [malentendu] to clear up *(sép)*; [crainte, inquiétude] to dispel. -2. [dilapider - héritage, patrimoine] to dissipate, to squander. -3. [distraire] to distract, to divert.

◆ **se dissiper** *vpi* -1. [orage] to blow over; [nuages] to clear away, to disperse; [brouillard] to lift, to clear; [fumée] to disperse. -2. [craintes] to disappear, to vanish; [migraine, douleurs] to go, to disappear. -3. [s'agiter - enfant] to misbehave, to be undisciplined OU unruly; se dissipe en classe [sur bulletin de notes] pays little attention in class.

dissociabilité [disɔsjabilite] *nf* -1. [de questions, de chapitres] separableness, separability. -2. PHYS dissociability.

dissociable [disɔsjabl] *adj* -1. [questions, chapitres] separable. -2. PHYS dissociable.

dissociation [disɔsjasjɔ̃] *nf* -1. [de questions, de chapitres, d'une famille] separation. -2. PHYS dissociation.

dissocier [9] [disɔsje] *vt* -1. [questions, chapitres] to separate; [famille] to break up *(sép)*; ~ ses désirs de ses besoins to separate (out) one's desires and one's needs. -2. CHIM to dissociate.

dissolu, e [disɔly] *adj litt* dissolute.

dissolution [disɔlysjɔ̃] *nf* -1. [du sucre, du sel, d'un comprimé] dissolving; remuer jusqu'à ~ du sucre stir until the sugar has dissolved. -2. [d'une société] dissolution; [d'un groupe] splitting, breaking up. -3. JUR [d'un mariage, d'une association] dissolution; POL [d'un parlement] dissolution. -4. [pour pneus] rubber solution. -5. *litt* [débauche] dissoluteness, debauchery.

dissolvant, e [disɔlvɑ̃, ɑ̃t] *adj* -1. [substance] solvent, dissolvent. -2. *litt* [climat] enervating.

◆ **dissolvant** *nm* -1. [détachant] solvent. -2. [de vernis à ongles] nail polish remover.

dissonance [disɔnɑ̃s] *nf* -1. [cacophonie] dissonance, discord. -2. *litt* [de couleurs, d'idées] discord *litt*, clash, mismatch. -3. PSYCH: ~ cognitive cognitive dissonance. -4. MUS dissonance.

dissonant, e [disɔnɑ̃, ɑ̃t] *adj* -1. [sons, cris] dissonant, discordant, jarring; *litt* [couleurs] discordant *litt*, clashing. -2. MUS discordant.

dissoner [3] [disɔne] *vi litt* to be discordant *litt*, to clash.

dissoudre [87] [disudr] *vt* -1. [diluer - sel, sucre, comprimé] to dissolve; faites ~ le comprimé dissolve the tablet. -2. [désunir - assemblée, mariage] to dissolve; [- parti] to break up *(sép)*, to dissolve; [- association] to dissolve, to break up *(sép)*, to bring to an end.

◆ **se dissoudre** *vpi* -1. [sel, sucre, comprimé] to dissolve. -2. [groupement] to break up, to come to an end.

dissuader [3] [disɥade] *vt*: ~ qqn de (faire) qqch to dissuade sb from (doing) sthg; je l'ai dissuadé d'acheter une voiture I dissuaded him from OU talked him out of buying a car.

dissuasif, ive [disɥazif, iv] *adj* -1. [qui décourage] dissuasive, discouraging, off-putting *Br.* -2. MIL deterrent.

dissuasion [disɥazjɔ̃] *nf* dissuasion.

◆ **de dissuasion** *loc adj* [puissance] dissuasive.

dissyllabe [disilab], **dissyllabique** [disilabik] *adj* disyllabic.

◆ **dissyllabe** *nm* disyllable.

dissymétrie [disimetri] *nf* dissymmetry.

dissymétrique [disimetrik] *adj* dissymmetrical.

distance [distɑ̃s] *nf* -1. [intervalle - dans l'espace] distance; la ~ est grande entre Moscou et Londres Moscow is a long way from London; la ~ entre Pau et Tarbes OU de Pau à Tarbes the distance between Pau and Tarbes OU from Pau to Tarbes; on les entend à une ~ de 100 mètres you can hear them (from) 100 metres away OU at a distance of 100 metres; nous habitons à une grande ~ de la ville we live far (away) from the city; il a mis une ~ respectueuse entre lui et le fisc *hum* he made sure he stayed well out of reach of the taxman ❑ garder ses ~s to stay aloof, to remain distant; prendre ses ~s SPORT to space out; MIL to spread out in OU to form open order; prendre ses ~s envers OU à l'égard de qqn to hold o.s. aloof OU to keep one's distance from sb. -2. [parcours] distance; la jument est excellente sur cette ~ the mare is particularly suited to that distance ❑ tenir la ~ *pr* & *fig* to go the distance, to stay the course. -3. [intervalle - dans le temps]: ils sont nés à deux mois de ~ they were born within two months of each other; il l'a revue à deux mois de ~ he saw her again two months later. -4. [écart, différence] gap, gulf, great difference; mettre de la ~ entre soi et ses anciens amis to distance o.s. from one's old friends; la ~ qui existe entre la théorie et la pratique the gulf between theory and practice. -5. GÉOM distance. -6. OPT: ~ focale focal length.

◆ **à distance** *loc adv* -1. [dans l'espace] at a distance, from a distance, from afar; allumer la télévision à ~ to turn on the TV by remote control; tenir qqn à ~ to keep sb at a distance OU at arm's length; se tenir à ~ (de) to keep one's distance (from). -2. [dans le temps] at a distance in time.

◆ **de distance en distance** *loc adv* at intervals, in places.

distancer [16] [distɑ̃se] *vt* -1. SPORT to outdistance. -2. [surclasser] to outdistance, to outstrip; se faire ~ économiquement to lag behind economically.

distanciation [distɑ̃sjasjɔ̃] *nf* -1. [gén] detachment. -2. THÉÂT: l'effet de ~ the alienation effect.

distancier [9] [distɑ̃sje]

◆ **se distancier de** *vp + prép*: se ~ de qqch/qqn to distance o.s. from sthg/sb.

distant, e [distɑ̃, ɑ̃t] *adj* -1. [dans l'espace] far away, distant; être ~ de qqch to be far OU some distance from sthg; les deux écoles sont ~es de 5 kilomètres the (two) schools are 5 kilometres away from each other. -2. [dans le temps] distant; à une époque assez ~e a long time ago, in the distant past. -3. [personne] aloof, distant; [air, sourire] remote, distant; [rapports] distant, cool.

distendre [73] [distɑ̃dr] *vt* -1. [étirer - ressort] to stretch, to overstretch; [- peau] to stretch, to distend *spéc*; [- muscle] to strain. -2. [rendre moins intime - liens] to loosen.

◆ **se distendre** *vpi* -1. [s'étirer - peau, ventre] to stretch, to become distended *spéc*. -2. [devenir moins intime - liens] to loosen.

distension [distɑ̃sjɔ̃] *nf* [étirage - de l'intestin, de l'estomac] distension; [- d'un muscle] straining; [- d'un ressort] slackening (off).

distillat [distila] *nm* distillate.

distillateur [distilatœr] *nm* distiller.

distillation [distilasjɔ̃] *nf* distillation.

distiller [3] [distile] *vt* -1. [alcool, pétrole, eau] to distil. -2. *litt* [suc, venin] to secrete. -3. *litt* [ennui, tristesse] to exude.

distillerie [distilri] *nf* -1. [usine, atelier] distillery. -2. [activité] distilling.

distinct, e [distɛ̃, ɛ̃kt] *adj* -1. [clair, net] distinct, clear. -2. [différent] distinct, different; ~ de la précédente different from the previous one.

distinctement [distɛ̃ktəmɑ̃] *adv* distinctly, clearly.

distinctif, ive [distɛ̃ktif, iv] *adj* -1. [qui sépare] distinctive, distinguishing. -2. LING distinctive.

distinction [distɛ̃ksjɔ̃] *nf* -1. [différence] distinction; faire une ~ entre deux choses to make OU to draw a distinction between two things.

-**2.** [élégance, raffinement] refinement, distinction.

◆ **distinctions** *nfpl* [honneurs] honour.

◆ **sans distinction** *loc adv* indiscriminately, without exception; **il a renvoyé tout le monde sans ~** he fired everybody without exception.

◆ **sans distinction de** *loc prép* irrespective of.

distingué, e [distɛ̃ge] *adj* -**1.** [élégant - personne] distinguished; [- manières, air] refined, elegant, distinguished; **ça ne fait pas très ~** it's not very elegant. -**2.** [brillant, éminent] distinguished, eminent. -**3.** [dans une lettre]: **veuillez croire en l'assurance de mes sentiments ~s** yours faithfully OU sincerely.

distinguer [3] [distɛ̃ge] *vt* -**1.** [voir] to distinguish, to make out *(sép)*; **on distingue à peine leur contour** you can hardly distinguish their outline || *(en usage abs)*: **on distingue mal dans le noir** it's hard to see in the dark. -**2.** [entendre] to hear, to distinguish, to make out *(sép)*; **je ne distingue pas les aigus** I can't make out OU hear high notes. -**3.** [percevoir]: **je commence à ~ ses mobiles** I'm beginning to understand his motives; **j'ai cru ~ une certaine colère dans sa voix** I thought I detected a note of anger in his voice. -**4.** [différencier] to distinguish; **~ le vrai du faux** to distinguish truth from falsehood; **~ des jumeaux** to tell twins apart; **il est facile à ~ de son jumeau** he's easy to tell from his twin brother; **je n'arrive pas à les ~** I can't tell which is which, I can't tell them apart; **je n'arrive pas à ~ ces deux arbres** I can't tell the difference between these two trees; **comment ~ le diamant du zircon?** how can you tell the difference between diamond and zircon?; **la parole distingue l'homme de l'animal** speech distinguishes man from other animals; **sa voix la distingue des autres choristes** her voice distinguishes her OU marks her out from the other choristers. -**5.** [honorer] to single out (for reward), to honour.

◆ **se distinguer** ◇ *vp (emploi passif)* -**1.** [être vu] to be seen OU distinguished. -**2.** [différer]: **se ~ par: ces vins se distinguent par leur robe** you can tell these wines are different because of their colour.

◇ *vpi* [se faire remarquer] to distinguish o.s.; **son fils s'est distingué en musique** his son has distinguished himself OU done particularly well in music; **tu t'es particulièrement distinguée pour le repas de Noël** your Christmas dinner was particularly good.

◇ *vpi* [devenir célèbre] to become famous; **elle devait se ~ sur la scène de l'opéra** she was to become a famous opera singer.

◆ **se distinguer de** *vp + prép* -**1.** [différer de]: **le safran se distingue du curcuma par l'odeur** you can tell the difference between saffron and turmeric by their smell. -**2.** [être supérieur à]: **il se distingue de tous les autres poètes** he stands out from all other poets.

distinguo [distɛ̃go] *nm* distinction.

distique [distik] *nm* distich.

distomatose [distɔmatoz] *nf* distomiasis.

distordre [76] [distɔrdr] *vt* to twist.

distorsion [distɔrsjɔ̃] *nf* -**1.** [déformation] distortion. -**2.** [déséquilibre] imbalance.

distraction [distraksjɔ̃] *nf* -**1.** [caractère étourdi] absent-mindedness; **par ~** inadvertently || [acte étourdi] lapse in concentration; **excusez ma ~** forgive me, I wasn't concentrating. -**2.** [détente]: **il lui faut de la ~** he needs to have his mind taken off things || [activité] source of entertainment; **ma principale ~ est la musique** my main source of entertainment is music; **il n'y a pas assez de ~s le soir** there's not enough to do at night.

distraire [112] [distrɛr] *vt* -**1.** [déranger] to distract; **il cherche à ~ ses camarades** he's trying to distract his classmates; **tu te laisses trop facilement ~** you're too easily distracted. -**2.** [amuser] to entertain, to divert. -**3.** [détourner]: **~ qqn de: ~ un ami de ses soucis** to take a friend's mind off his worries.

◆ **se distraire** *vpi* -**1.** [s'amuser] to have fun, to enjoy o.s. -**2.** [se détendre] to relax, to take a break.

◆ **se distraire de** *vp + prép*: **elle ne parvient pas à se ~ de son malheur** she can't take her mind off her grief.

distrait, e [distrɛ, ɛt] ◇ *adj* absent-minded; **avoir l'air ~** to look preoccupied; **d'un air ~** abstractedly, absent-mindedly.

◇ *nm, f* absent-minded person; **j'ai oublié ma montre, quel ~!** I forgot my watch, how absent-minded of me!

distraitement [distrɛtmɑ̃] *adv* absent-mindedly, abstractedly.

distrayant, e [distrɛjɑ̃, ɑ̃t] *adj* amusing, entertaining.

distribuable [distribɥabl] *adj* distributable; **secours ~ en nature** aid available only in kind.

distribué, e [distribɥe] *adj* -**1.** [appartement]: **bien/mal ~** well-laid/poorly-laid out. -**2.** [données, information] distributed.

distribuer [7] [distribɥe] *vt* -**1.** [donner - feuilles, cadeaux, bonbons] to distribute, to give OU to hand out *(sép)*; [- cartes] to deal; [- courrier] to deliver; [- vivres] to dispense, to share out *(sép)*, to distribute; [- argent] to apportion, to distribute, to share out *(sép)*; **mon père n'hésitait pas à ~ les coups** *fam* my father had no misgivings about handing out punishment; **machine à ~ les billets/boissons** ticket/drinks machine. -**2.** [attribuer - rôles] to allocate, to assign; [- tâches, travail] to allot, to assign. -**3.** [répartir] to distribute, to divide (out); **~ les joueurs sur le terrain** to position the players on the field; **la richesse est mal distribuée à travers le monde** wealth is unevenly distributed throughout the world. -**4.** [approvisionner] to supply; **un réseau qui distribue le courant** a network that supplies OU provides power; **l'eau est distribuée dans tous les villages** water is supplied OU carried to all the villages. -**5.** CIN & THÉÂT [rôle] to cast; CIN [film] to distribute. -**6.** COMM & IMPR to distribute.

distributaire [distribytɛr] ◇ *adj* distributional.

◇ *nmf* recipient *(in a distribution)*.

distributeur, trice [distribytœr, tris] *nm, f* distributor, dispenser.

◆ **distributeur** *nm* -**1.** [non payant] dispenser; **~ de savon/gobelets/billets** soap/cup/cash dispenser || [payant]: **~ (automatique)** vending OU slot machine; **~ de cigarettes/de timbres** cigarette/stamp machine. -**2.** AUT & ÉLECTR distributor. -**3.** AGR: **~ d'engrais** muck-spreader.

distributif, ive [distribytif, iv] *adj* distributive.

distribution [distribysjɔ̃] *nf* -**1.** [remise - de vêtements, de cadeaux] distribution, giving OU handing out; [- de cartes] dealing; [- de secours] dispensing, distributing; [- de tâches, du travail] allotment, assignment; [- du courrier] delivery; **assurer la ~ du courrier** to deliver the mail ❑ **la ~ des prix** prize-giving day SCH. -**2.** [répartition dans l'espace - de pièces] layout; [- de joueurs] positioning. -**3.** [approvisionnement] supply; **~ d'eau/de gaz** water/gas supply. -**4.** BOT & SOCIOL [classement] distribution. -**5.** CIN & THÉÂT [des rôles] cast; **une brillante ~** an all-star cast; **c'est elle qui s'occupe de la ~** she's the one in charge of casting; **~ par ordre d'entrée en scène** characters in order of appearance || CIN [des films] distribution. -**6.** COMM distribution; **la grande ~** large volume distribution. -**7.** ÉCON, JUR & MATH distribution. -**8.** AUT timing. -**9.** LING (distributional) context.

distributionnel, elle [distribysjɔnɛl] *adj* distributional.

district [distrikt] *nm* -**1.** [région] district, region. -**2.** [d'une ville] district. -**3.** *Helv administrative subdivision of a canton*.

dit, e [di, dit] *adj* -**1.** [surnommé] (also) known as; **Louis XIV, ~ le Roi-Soleil** Louis XIV, (also) known as the Sun King; **Jeanne Dollé, ~e la Chatte** Jeanne Dollé, alias the Cat. -**2.** [fixé] appointed, indicated; **à l'heure ~e** at the appointed time, at the time indicated; **le jour ~** on the agreed OU appointed day.

◆ **dit** *nm* PSYCH: **le ~ et le non-~** the spoken and the unspoken.

dithyrambe [ditirɑ̃b] *nm* -**1.** ANTIQ dithyramb. -**2.** [panégyrique] panegyric, eulogy.

dithyrambique [ditirɑ̃bik] *adj* eulogistic, laudatory; **un article ~ sur son exposition** an article praising her exhibition to the skies.

dito [dito] *adv* ditto.

diurèse [djyrɛz] *nf* diuresis.

diurétique [djyretik] *adj & nm* diuretic.

diurne [djyrn] *adj* diurnal.

diva [diva] *nf* diva, (female) opera singer.

divagations [divagasjɔ̃] *nfpl* ramblings, meanderings.

divaguer [3] [divage] *vi* -**1.** [malade] to ramble, to be delirious; **la soif le fait ~** he's delirious with thirst. -**2.** *fam péj* [déraisonner] to be off one's head.

divalent, e [divalɑ̃, ɑ̃t] *adj* divalent.

divan [divɑ̃] *nm* -**1.** [meuble] divan, couch. -**2.** HIST: **le ~** the divan. -**3.** LITTÉRAT divan.

divergence [divɛrʒɑ̃s] *nf* -**1.** [différence]: **~ (d'idées OU de vues)** difference of opinion. -**2.** OPT & PHYS divergence.

divergent, e [divɛrʒɑ̃, ɑ̃t] *adj* -**1.** [opinions, interprétations, intérêts] divergent, differing. -**2.** OPT & PHYS divergent.

diverger [17] [divɛrʒe] *vi* -**1.** [intérêts, opinions] to differ, to diverge; **~ de** to diverge OU to depart from. -**2.** OPT & PHYS to diverge; **~ de** to diverge from.

divers, e [divɛr, ɛrs] *adj* -**1.** [variés - éléments, musiques, activités] diverse, varied; **nous avons abordé les sujets les plus ~** we talked about a wide range of topics; **les candidats viennent des horizons les plus ~** the candidates come from a wide variety of backgrounds; **pour ~es raisons** for a variety of reasons; **classique, jazz, ~** [chez un disquaire] classical, jazz, miscellaneous; **d'un côté de la cassette c'est du Brahms, de l'autre ~ morceaux** on one side of the tape, it's Brahms, on the other side, a mixture of music; **articles ~** COMM miscellaneous items. -**2.** [dissemblables - formes, goûts, motifs] different, various. -**3.** *(avant le n)* [plusieurs] various, several; **en ~es occasions** on several OU various occasions; **une personnalité aux ~ aspects** a multi-faceted personality; **à usages ~** multipurpose *(avant n)*. -**4.** *sout* [multiple - sujet] complex; [- paysage] varied, changing; **l'homme est ~** man is a multi-faceted being.

diversement [divɛrsəmɑ̃] *adv* -**1.** [différemment] in different ways. -**2.** [de façon variée] in diverse OU various ways.

diversification [divɛrsifikasjɔ̃] *nf* diversification; **une trop grande ~** overdiversification.

diversifier [9] [divɛrsifje] *vt* -**1.** [production, tâches] to diversify. -**2.** [varier] to make more varied; **dans sa deuxième période, l'artiste diversifie sa palette** in his second period, the artist uses a greater variety of colours.

◆ **se diversifier** *vpi* [entreprise, économie, centres d'intérêt] to diversify.

diversion [divɛrsjɔ̃] *nf* -**1.** *sout* [dérivatif] diversion, distraction; **faire ~** to create a distraction; **pour faire ~ à l'ennui** to alleviate boredom; **faire ~ à la douleur de qqn** to take sb's mind off his/her suffering. -**2.** MIL diversion.

diversité [divɛrsite] *nf* [variété] diversity, variety; **un paysage étonnant dans sa ~** an amazingly varied landscape || [pluralité - de formes, d'opinions, de goûts] diversity.

diverticule [divɛrtikyl] *nm* diverticulum.

diverticulose [divɛrtikyloz] *nf* diverticulitis.

divertir [32] [divɛrtir] *vt* -**1.** [amuser - suj: clown, spectacle, lecture] to entertain, to amuse; **le jeu divertit en instruisant** the game is entertaining as well as educational. -**2.** JUR to divert, to misappropriate. -**3.** *litt* [éloigner] : ~ **qqn de** to turn sb away OU to distract sb from.

◆ **se divertir** *vpi* -**1.** [se distraire] to amuse OU to entertain o.s.; **que faire pour se ~ ici?** what do you do for entertainment around here? -**2.** [s'amuser] to enjoy o.s., to have fun; **nous nous sommes beaucoup divertis à «Cyrano»** we enjoyed "Cyrano" very much.

◆ **se divertir de** *vp + prép*: se ~ **de qqn** to make fun of sb; **elle semblait se ~ de mon embarras** she seemed to find my confusion amusing.

divertissant, e [divɛrtisɑ̃, ɑ̃t] *adj* amusing, entertaining.

divertissement [divɛrtismɑ̃] *nm* -**1.** [jeu, passe-temps] distraction; [spectacle] entertainment. -**2.** [amusement] entertaining, distraction; **pour le ~ de la Cour** to amuse OU to entertain the Court. -**3.** MUS [intermède] divertissement; [divertimento] divertimento; DANSE divertissement. -**4.** JUR [de fonds] misappropriation.

dividende [dividɑ̃d] *nm* FIN & MATH dividend; **toucher** OU **recevoir un ~** to receive OU to get a dividend; **sans ~** ex-dividend.

divin, e [divɛ̃, in] *adj* -**1.** RELIG divine; **le ~ Auguste** ANTIQ the Divine Augustus; **le ~ enfant** the Holy Child; **le ~ Sauveur** the Holy OU Heavenly Saviour; **'la Divine Comédie'** *Dante* 'The Divine Comedy'. -**2.** [parfait - beauté, corps, repas, voix] divine, heavenly, exquisite; **des fraises au champagne, c'est ~** strawberries with champagne are simply divine.

divinateur, trice [divinatœr, tris] ◇ *adj* divining, clairvoyant; **puissance divinatrice** power of divination; **science divinatrice** divination.

◇ *nm, f* diviner.

divination [divinasjɔ̃] *nf* divination, divining.

divinatoire [divinatwar] *adj* divinatory.

divinement [divinmɑ̃] *adv* divinely, exquisitely.

divinisation [divinizasjɔ̃] *nf* deification, deifying.

diviniser [3] [divinize] *vt* to deify.

divinité [divinite] *nf* -**1.** [dieu] deity, divinity. -**2.** [qualité] divinity, divine nature.

divisé, e [divize] *adj* -**1.** [en désaccord - opinion, juges, parti] divided; **être ~ sur** to be divided on (the question of). -**2.** [fragmenté] divided.

diviser [3] [divize] *vt* -**1.** [fragmenter - territoire] to divide up *(sép)*, to partition; [- somme, travail] to divide up *(sép)*; [- cellule, molécule] to divide, to split. -**2.** MATH to divide; ~ **9 par 3** to divide 9 by 3; **9 divisé par 3 égale 3** 9 divided by 3 makes 3; **les bénéfices ont été divisés en 8** the profits were divided into 8 parts; **la classe est divisée en 3 groupes** the class is divided up into 3 groups; ~ **un domaine entre des héritiers** to divide up an estate between heirs. -**3.** [opposer] to divide, to set against each other; **les dissensions qui nous divisent** the disagreements that divide us; **l'association est divisée en deux sur le problème de l'intégration** the association is split down the middle on the problem of integration ❑ **c'est ~ pour (mieux) régner** it's (a case of) divide and rule.

◆ **se diviser** ◇ *vp (emploi passif)* MATH to be divisible.

◇ *vpi* -**1.** [cellule] to divide OU to split (up); [branche, voie] to divide, to fork; **se ~ en** to be divided into; **le texte se divise en cinq parties** the text is divided into five parts. -**2.** [opposition, parti] to split.

diviseur [divizœr] *nm* MATH divisor; **plus grand commun ~** highest common factor.

divisibilité [divizibilite] *nf* divisibility.

divisible [divizibl] *adj* divisible; **8 n'est pas ~ par 3** 8 cannot be divided by 3.

division [divizjɔ̃] *nf* -**1.** MATH division; **faire une ~** to do a division ❑ ~ **à un chiffre** simple division; ~ **à plusieurs chiffres** long division. -**2.** [fragmentation - d'un territoire] splitting, division, partition; **la ~ du travail** ÉCON the division of labour; ~ **cellulaire** BIOL cell division ‖ PHYS splitting. -**3.** [désaccord] division, rift; **le problème de la défense nationale crée des ~s au sein du parti** the party is divided over the defence issue. -**4.** FTBL division; **la première ~ du championnat** the first league division; **un club de première/deuxième/troisième ~** a first/second/third division club; ~ **d'honneur** ≃ fourth division; **en deuxième ~**, X bat Y in league division two, X beat Y ‖ BASE-BALL league; **première/deuxième ~** major/minor league. -**5.** MIL & NAUT division; ~ **blindée** armoured division. -**6.** ADMIN division. -**7.** [graduation] gradation.

divisionnaire [divizjɔnɛr] ◇ *adj* -**1.** FIN: **monnaie ~** fractional currency. -**2.** ADMIN [service] divisional.

◇ *nm* -**1.** MIL major general. -**2.** [commissaire] ≃ chief superintendent *Br*, ≃ police chief *Am*.

divorce [divɔrs] *nm* -**1.** JUR divorce; **demander le ~** to ask OU to petition for a divorce; **obtenir le ~ d'avec qqn** to get a divorce from sb ❑ ~ **par consentement mutuel** divorce by mutual consent, no-fault divorce *Am*. -**2.** *sout* [divergence] gulf.

divorcé, e [divɔrse] ◇ *adj* divorced.

◇ *nm, f* divorcee.

divorcer [16] [divɔrse] *vi* JUR to get a divorce, to get divorced; **elle a déjà divorcé une fois** she has already been divorced (once) before; ~ **d'avec qqn** to get divorced from OU to divorce sb.

divulgateur, trice [divylgatœr, tris] *nm, f* divulger.

divulgation [divylgasjɔ̃] *nf* divulgation, disclosure.

divulguer [3] [divylge] *vt* to divulge, to disclose, to reveal.

dix [dis, *devant consonne* di, *devant voyelle ou h muet* diz] ◇ *adj num card* ten; **il ne sait rien faire de ses ~ doigts** he can't do anything with his hands ❑ **les ~ commandements** BIBLE the Ten Commandments; **'les Dix Commandements'** *C.B. De Mille* 'The Ten Commandments'.

◇ *nm* ten.

dix-huit [dizɥit] *adj num & nm inv* eighteen.

dix-huitième [dizɥitjɛm] *adj ord & nmf* eighteenth.

dixie(land) [diksi(lɑ̃d)] *nm* dixie, trad jazz.

dixième [dizjɛm] *adj ord & nmf* tenth.

dixièmement [dizjɛmmɑ̃] *adv* in tenth place.

dix-neuf [diznœf] *adj num & nm inv* nineteen.

dix-neuvième [diznœvjɛm] *adj ord & nmf* nineteenth.

dix-sept [disɛt] *adj num & nm inv* seventeen.

dix-septième [disɛtjɛm] *adj ord & nmf* seventeenth.

dizain [dizɛ̃] *nm* ten-line poem.

dizaine [dizɛn] *nf* -**1.** [dix] ten. -**2.** [environ dix] about OU around ten, ten or so; **une ~ de bagues** around OU about ten rings.

DJ [didʒi, didʒe] *(abr de* **disc-jockey***)* DJ.

Djakarta [dʒakarta] *npr* Djakarta, Jakarta.

djebel [dʒebɛl] *nm* [en Afrique du Nord] jebel mountain.

Djedda [dʒɛda] *npr* Jedda, Jidda.

djellaba [dʒɛlaba] *nf* djellaba.

Djerba [dʒɛrba] *npr* Djerba.

Djibouti [dʒibuti] *npr* -**1.** [État] Djibouti; **à ~** in Djibouti. -**2.** [ville] Djibouti City.

djiboutien, enne [dʒibusjɛ̃, ɛn] *adj* Djiboutian.

◆ **Djiboutien, enne** *nm, f* Djiboutian.

djihad [dʒiad] *nm* jihad.

djinn [dʒin] *nm* jinn.

dm *(abr écrite de* **décimètre***)* dm.

DM *(abr écrite de* **Deutsche Mark***)* DM.

Dniepr [dnjɛpr] *npr m*: **le ~** the (River) Dnieper.

do¹ *(abr écrite de* **dito***)* do.

do² [do] *nm inv* C; [chanté] doh.

doberman [dɔbɛrman] *nm* Doberman (pinscher).

doc *fam* [dɔk] *(abr de* **documentation***) nf* literature, brochures; **pouvez-vous me donner de la ~ sur cet ordinateur?** could you give me some literature about this computer?

doc. *(abr écrite de* **document***)* doc.

DOC [dɔk] *nm abr de* **disque optique compact.**

docile [dɔsil] *adj* [animal] docile, tractable; [enfant, nature] docile, obedient; [cheveux] manageable.

docilement [dɔsilmɑ̃] *adv* docilely, obediently.

docilité [dɔsilite] *nf* [d'un animal, d'une personne] docility; **avec ~** docilely.

dock [dɔk] *nm* -**1.** [bassin] dock; ~ **de carénage/flottant** dry/floating dock. -**2.** [bâtiments, chantier] : **les ~s** the docks, the dockyard; **entrer aux ~s** [bateau] to dock ❑ **les ~s de Londres** London's Docklands. -**3.** [entrepôt] warehouse.

docker [dɔkɛr] *nm* docker.

docte [dɔkt] *adj litt* learned, erudite.

doctement [dɔktəmɑ̃] *adv* knowledgeably.

docteur [dɔktœr] *nm* -**1.** [médecin] : **le ~ Jacqueline R.** Dr Jacqueline R.; **faites venir le ~** send for the doctor; **dites-moi, ~** tell me, Doctor ❑ ~ **en médecine** doctor (of medicine); **'Docteur Jekyll et M. Hyde'** *Stevenson* 'Dr. Jekyll and Mr. Hyde'; **'le Docteur Jivago'** *Pasternak* 'Doctor Zhivago'. -**2.** UNIV Doctor; **quand je serai ~** when I get my doctorate ❑ ~ **en histoire/physique** Ph. D in history/physics; **Vuibert, ~ ès lettres** Vuibert, Ph. D. -**3.** RELIG: ~ **de l'Église** Doctor of the Church.

doctoral, e, aux [dɔktɔral, o] *adj* -**1.** [pédant] pedantic. -**2.** UNIV doctoral.

doctoralement [dɔktɔralmɑ̃] *adv* pedantically.

doctorat [dɔktɔra] *nm* doctorate; ~ **en droit/chimie** PhD in law/chemistry; ~ **d'État** doctorate *(leading to high-level research)*; ~ **de troisième cycle** doctorate *(awarded by a specific university)*, PhD.

doctoresse [dɔktɔrɛs] *nf vieilli* (woman) doctor.

doctrinaire [dɔktrinɛr] ◇ *adj* doctrinaire, dogmatic.

◇ *nmf* doctrinaire.

doctrinal, e, aux [dɔktrinal, o] *adj* doctrinal.

doctrine [dɔktrin] *nf* doctrine.

document [dɔkymɑ̃] *nm* -**1.** INF file. -**2.** [d'un service de documentation] document. -**3.** [de travail] document, paper; **des ~s sont tombés de sa valise** documents OU papers fell out of her case. -**4.** [témoignage] document; ~ **sonore** piece of sound archive. -**5.** JUR document, paper; ~**s de transport** transport documents.

documentaire [dɔkymɑ̃tɛr] ◇ *adj* -**1.** [qui témoigne - livre, preuve] documentary. -**2.** [de documentation] document *(modif)*.

◇ *nm* CIN & TV documentary.

documentaliste [dɔkymɑ̃talist] *nmf* -**1.** [gén] archivist. -**2.** SCOL (school) librarian.

documentariste [dɔkymɑ̃tarist] *nmf* documentary maker.

documentation [dɔkymɑ̃tasjɔ̃] *nf* -**1.** [publicités] literature; [instructions] instructions, specifications; **voulez-vous recevoir notre ~?** would you like us to send you our brochure?; **se référer à la ~** please refer to the instructions. -**2.** [informations] (written) evidence; **réunir une ~ sur qqch** to gather evidence on sthg. -**3.** [technique] documentation (technique). -**4.** [service] : **la ~** the research department.

documenté, e [dɔkymɑ̃te] *adj*: **bien** OU **très ~** [reportage, thèse] well-documented; [personne] well-informed.

documenter [3] [dɔkymɑ̃te] *vt* [thèse] to document; [avocat] to supply OU to provide with documents, to document.

◆ **se documenter** *vpi* to inform o.s.; **se ~ sur** to gather information OU material about; **mais tu sais tout! – je me suis documenté!** how come you know everything? – I've done my homework!

dodécaèdre [dɔdekaɛdr] *nm* dodecahedron.

dodécagone [dɔdekagɔn] *nm* dodecagon.

Dodécanèse [dɔdekanɛz] *npr m*: le ~ the Dodecanese.

dodécaphonique [dɔdekafɔnik] *adj* dodecaphonic.

dodécaphonisme [dɔdekafɔnism] *nm* dodecaphonism.

dodécaphoniste [dɔdekafɔnist] *nmf* dodecaphonist.

dodécasyllabe [dɔdekasilab] *nm* dodecasyllable.

dodeliner [3] [dɔdəline]
◆ **dodeliner de** *v + prép*: ~ de la tête to nod gently.

dodo [dodo] *nm* -**1.** *langage enfantin* [sommeil] sleep, beddy-byes; faire ~ to go beddy-byes OU bybyes. -**2.** *langage enfantin* [lit] bed; va au ~ (time to) go to beddy-byes. -**3.** ORNITH dodo.

dodu, e [dɔdy] *adj* [oie] plump; [personne, visage] plump, fleshy, chubby; [bébé] chubby.

doge [dɔʒ] *nm* doge.

dogmatique [dɔgmatik] ◇ *adj* dogmatic.
◇ *nmf* dogmatic person.
◇ *nf* dogmatics *(sg)*.

dogmatiquement [dɔgmatikmɑ̃] *adv* dogmatically.

dogmatiser [3] [dogmatize] *vi* to pontificate, to dogmatize.

dogmatisme [dɔgmatism] *nm* dogmatism.

dogme [dɔgm] *nm* dogma; **le libéralisme, c'est bien, mais n'en faisons pas un** ~ liberalism is a good thing but let's not stick to it too rigidly.

dogue [dɔg] *nm* mastiff; ~ **allemand/anglais** German/English mastiff.

Doha [dɔa] = **Dawha**.

doigt [dwa] *nm* -**1.** ANAT finger, digit *spéc*; **aux ~s fins** slender-fingered; **aux ~s boudinés** podgy-fingered; **faire courir ses ~s sur un clavier** to run one's fingers up and down a keyboard; **le ~ sur la bouche** with one's finger on one's lips; **lever le ~** to put one's hand up; **manger avec ses ~s** to eat with one's fingers; **mettre ses ~s dans** OU **se mettre les ~s dans le nez** to pick one's nose; **mettre son ~ dans l'œil de qqn** to poke sb in the eye ❑ **le ~ de Dieu** the hand of God; ~ **de pied** toe; **les ~s de pied en éventail** *fam* OU **en bouquet de violettes** *fam* with one's feet up; **~s de fée: couturière aux ~s de fée** very talented seamstress; **les ~s de fée qui ont réalisé cette figurine** the delicate fingers which created this figurine; **les ~s de fée qui ont pansé ma blessure** the gentle hands which dressed my wound; **petit ~** little finger; **ils sont comme les (deux) ~s de la main** [amis] they're like brothers, they're as thick as thieves; [de connivence] they're in it together, they're hand in glove; **glisser** OU **filer entre les ~s de qqn** to slip through sb's fingers; **mettre le ~ dans l'engrenage** to get involved; **une fois le ~ dans l'engrenage, comment refuser?** once you've got involved, how can you say no?; **se fourrer** *fam* OU **se foutre**▽ OU **se mettre** *fam* **le ~ dans l'œil (jusqu'au coude)** to be barking up the wrong tree; **les ~s dans le nez** *fam*: **tu pourrais le faire? – les ~s dans le nez!** could you do it? - standing on my head!; **gagner les ~s dans le nez** to win hands down; **mettre le ~ sur, toucher du ~** to identify precisely; **tu as mis le ~ dessus!** that's precisely it!, you've put your finger on it!; **là, nous touchons du ~ le problème principal** now we're getting to the crux of the problem; **faire toucher qqch du ~ à qqn** to get sb to see sthg; **c'est mon petit ~ qui me l'a dit** a little bird told me; **il ne bougera** OU **lèvera pas le petit ~ pour faire...** he won't lift a finger to do...; **le petit ~ sur la couture du pantalon** standing to attention. -**2.** [mesure] little bit; **raccourcir une jupe de deux ~s** to take a skirt up a little bit; **servez-m'en un ~** just pour me out a drop.
◆ **au doigt** *loc adj* [peinture]: **peinture au ~** finger-painting.
◆ **au doigt et à l'œil** *loc adv*: **mener** OU **faire marcher qqn au ~ et à l'œil** to have sb toe the line, to rule sb with a rod of iron; **il lui obéit au ~ et à l'œil** she rules him with a rod of iron.
◆ **à un doigt de, à deux doigts de** *loc prép* within an inch OU a hair's breadth of.

doigté [dwate] *nm* -**1.** MUS [annotation, position] fingering; [technique] fingering technique. -**2.** [adresse] dexterity; **pour ouvrir un coffre-fort il faut beaucoup de ~** to open a safe you need a very fine touch. -**3.** [tact] tact, diplomacy; **ne pas avoir de/avoir du ~** to be tactless/tactful.

doigter [3] [dwate] *vt* MUS to finger.

doigtier [dwatje] *nm* fingerstall.

doit [dwa] *nm* FIN debit; ~ **et avoir** debit and credit.

dojo [dɔʒo] *nm* dojo.

dol [dɔl] *nm* JUR fraud.

Dolby® [dɔlbi] *nm* Dolby®; **en ~ stéréo** in Dolby stereo.

doléances [dɔleɑ̃s] *nfpl* complaints, grievances.

dolent, e [dɔlɑ̃, ɑ̃t] *adj* -**1.** *litt* [plaintif - personne] doleful, mournful; [- voix] plaintive, mournful. -**2.** *péj* [sans énergie - personne] sluggish, lethargic. -**3.** *litt* [douloureux - corps] painful, sore.

dolichocéphale [dɔlikɔsefal] *adj* dolicephalous, dolicephalic.

doline [dɔlin] *nf* doline, dolina.

dollar [dɔlar] *nm* -**1.** [en Amérique du Nord] dollar. -**2.** CEE: ~ **vert** green dollar.

dolman [dɔlmɑ̃] *nm* VÊT dolman.

dolmen [dɔlmɛn] *nm* dolmen.

dolomite [dɔlɔmit] *nf* dolomite.

Dolomites [dɔlɔmit] *npr fpl*: **les ~** the Dolomites.

dolomitique [dɔlɔmitik] *adj* dolomitic.

dom [dɔm] *nm* -**1.** RELIG Dom. -**2.** [au Portugal] Dom.

DOM [dɔm] (*abr de* **département d'outre-mer**) *nm French overseas département*.

domaine [dɔmɛn] *nm* -**1.** [propriété] estate, (piece of) property; **entretenir les arbres du ~** to look after the trees on the estate; **vous êtes ici sur mon ~** you're on my land OU property; **mis en bouteille au ~** [dans le Bordelais] chateau-bottled ❑ **le ~ royal** ≃ Crown lands OU property; HIST [en France] the property of the Kings of France; ~ **skiable** area developed for skiing *(within a commune or across several communes)*; ~ **vinicole** domaine. -**2.** [lieu préféré] domain; **étant enfant, le grenier était mon ~** when I was a child, the attic was my domain OU kingdom. -**3.** JUR: **le ~** State property ❑ ~ **privé** private ownership; ~ **public** public ownership (of rights); **être dans le ~ public** to be out of copyright; **tomber dans le ~ public** to come into the public domain. -**4.** [secteur d'activité] field, domain, area; **le ~ musical/scientifique** the musical/scientific field; **dans le ~ de la prévention, il y a encore beaucoup à faire** as far as preventive action is concerned, there's still a lot to do; **dans tous les ~s** in every field OU domain; **dans tous les ~s de la recherche** in all research areas || [compétence, spécialité] field; **c'est du ~ du service commercial** that's for the marketing department to deal with; **l'art oriental, c'est son ~** she's a specialist in oriental art; **l'électricité, c'est mon ~** I know quite a bit about electricity. -**5.** [d'un dictionnaire] field; [indication] field label. -**6.** MATH domain.
◆ **Domaines** *nmpl* ADMIN: **cet étang appartient aux Domaines** this pond is State property.

domanial, e, aux [dɔmanjal, o] *adj* -**1.** [de l'État] national, state *(modif)*. -**2.** [privé] belonging to a private estate.

dôme [dom] *nm* -**1.** [cathédrale] (Italian) cathedral. -**2.** ARCHIT dome, cupola *spéc*. -**3.** *litt* [voûte] vault, canopy. -**4.** GÉOL dome.

domestication [dɔmɛstikasjɔ̃] *nf* [d'un animal, d'une plante] domestication; [d'une énergie] harnessing.

domesticité [dɔmɛstisite] *nf*: **la ~** [dans une maison] the (domestic OU household) staff; **avoir une nombreuse ~** to have a large staff OU many servants.

domestique [dɔmɛstik] ◇ *adj* -**1.** [familial - problème, vie] family *(modif)*; [- lieu] household *(modif)*. -**2.** [du ménage - affaires, devoirs, tâches] household *(modif)*, domestic; **les travaux ~s** household work, domestic chores; **personnel ~** domestic staff, (domestic) servants. -**3.** ÉCON [économie, marché] domestic, home *(modif)*. -**4.** [animal] domesticated; **les animaux ~s** pets.
◇ *nmf* domestic, servant; **les ~s** domestic staff, (domestic) servants, domestics; **je ne suis pas ta ~!** I'm not your servant!

domestiquer [3] [dɔmɛstike] *vt* [animal] to domesticate; [plante] to turn into a cultivated variety; [énergie] to harness.

domicile [dɔmisil] *nm* -**1.** [lieu de résidence] home, place of residence, domicile; [adresse] (home) address; **le chéquier sera renvoyé à votre ~** the chequebook will be sent to your home address; **nos représentants se rendent à votre ~** our representatives make house calls; **être sans ~** [sans foyer] to be homeless; **sans ~ fixe** of no fixed abode OU address ❑ ~ **fiscal/légal** address for tax/legal purposes; ~ **conjugal** marital home; ~ **permanent** permanent place of residence. -**2.** [d'une entreprise] registered address.
◆ **à domicile** ◇ *loc adj*: **soins à ~** domiciliary care, home treatment.
◇ *loc adv* [chez soi] at home; **travailler à ~** to work from home || [chez les autres]: **nous livrons à ~** we deliver to your home.

domiciliaire [dɔmisiljɛr] *adj* [visite] home *(modif)*, domiciliary.

domiciliataire [dɔmisiljatɛr] *nmf* paying agent BANK.

domiciliation [dɔmisiljasjɔ̃] *nf*: ~ **(bancaire)** payment *(by banker's order)*.

domicilier [9] [dɔmisilje] *vt* -**1.** ADMIN to domicile; **être fiscalement domicilié dans un pays** to be liable to pay tax in a country; **se faire ~ chez son père** to use one's father's address for official purposes; **domicilié à Tokyo/en Suède** domiciled in Tokyo/in Sweden; **je me suis domicilié à Nice** my official place of residence is Nice. -**2.** BANQUE & COMM to make payable *(by banker's order)*.

dominance [dɔminɑ̃s] *nf* -**1.** BIOL & PHYSIOL dominance, dominant nature. -**2.** ZOOL dominant behaviour.

dominant, e [dɔminɑ̃, ɑ̃t] *adj* -**1.** [principal - facteur, thème, trait de caractère] dominant, main; [- espèce] dominant; [- couleur] dominant, main, predominant; [- intérêt] main, chief; **l'idéologie ~e dans le pays** the prevailing ideology in the country. -**2.** BIOL [caractère, gène] dominant. -**3.** MÉTÉO [vent] dominant, prevailing.
◆ **dominante** *nf* -**1.** [aspect prépondérant] dominant OU chief OU main characteristic. -**2.** [teinte] predominant colour; **la ~e bleue des vitraux** the dominant blue colour of the stained glass windows; **une tapisserie à ~e jaune recouvrait les murs** the walls were covered with predominantly yellow paper. -**3.** MUS dominant; **cinquième/septième de ~e** dominant fifth/seventh. -**4.** UNIV main subject *Br*, major *Am*; **cursus à ~e linguistique** course with linguistics as the main subject; **suivre une licence à ~e sociologique** to take a degree specialising in sociology, to major in sociology *Am*.

dominateur, trice [dɔminatœr, tris] ◇ *adj* -**1.** [puissant - esprit, force, nation] dominating; [- passion] ruling. -**2.** [autoritaire - personne] domineering, overbearing; [- ton] imperious. -**3.** ZOOL dominant.
◇ *nm, f* -**1.** POL ruler. -**2.** [personne autoritaire] tyrant, despot.

domination [dɔminasjɔ̃] *nf* -**1.** [politique, militaire] domination, dominion, rule; **maintenir une île sous sa ~** to hold dominion over an island; **territoires sous ~ allemande** territories under German domination OU rule. -**2.** [prépondérance - d'un facteur] preponderance, domination. -**3.** [ascendant personnel, influence] domination, influence; **il exerçait sur eux une étrange ~** he had a strange hold over them; **subir la ~ de qqn** to be dominated by sb. -**4.** [contrôle - de sentiments] control; **~ de soi-même** self-control.

dominer [3] [dɔmine] *vt* -**1.** POL [nation, peuple] to dominate, to rule. -**2.** [contrôler - marché] to control, to dominate; **ils ont dominé le match** they had the best of OU they controlled the match. -**3.** [influencer - personne] to dominate; **c'est elle qui domine le couple** she's got the upper hand in their relationship; **elle domine complètement son patron** she's got her boss under her thumb. -**4.** [surclasser] to dominate, to outclass; **il s'est fait ~ pendant les premiers rounds** his opponent had the upper hand during the early rounds; **ils se sont fait ~ en mêlée** they were weaker in the scrums; **elle domine toutes les autres danseuses** she outclasses the other dancers. -**5.** [colère] to control; [complexe, dégoût, échec, timidité] to overcome; [passion] to master, to control; [matière, question] to master; **elle domine son sujet** she has mastered her subject; **~ la situation** to keep the situation under control. -**6.** [prédominer dans - œuvre, style, débat] to predominate in, to dominate; **le thème qui domine la campagne électorale** the main theme in OU the theme which dominates the electoral campaign || *(en usage abs)* [couleur, intérêt] to predominate, to be predominant; [caractéristique] to dominate, to be dominant; [idéologie, opinion] to prevail; **les femmes dominent dans l'enseignement** women outnumber men in teaching. -**7.** [surplomber] to overlook, to dominate; **de la tour, on domine tout le village** from the tower, you overlook the whole valley ❑ **~ qqn de la tête et des épaules** *pr* to be taller than sb by a head; *fig* to tower above sb, to be head and shoulders above sb.

◆ **se dominer** *vp (emploi réfléchi)* to control o.s.; **fou de rage, il ne se dominait plus** he was so angry, he could no longer control himself; **ne pas savoir se ~** to have no self-control.

dominicain, e[1] [dɔminikɛ̃, ɛn] *adj & nm, f* RELIG Dominican.

dominicain, e[2] [dɔminikɛ̃, ɛn] *adj* [de Saint-Domingue] Dominican.

◆ **Dominicain, e** *nm, f* Dominican.

dominical, e, aux [dɔminikal, o] *adj* Sunday *(modif)*, dominical.

dominion [dɔminjɔ̃] *nm* dominion.

Dominique [dɔminik] ◇ *npr*: **saint ~** Saint Dominic.

◇ *npr f*: **la ~** Dominica; **à la ~** in Dominica.

domino [dɔmino] *nm* -**1.** JEUX & VÊT domino; **jouer aux ~s** to play dominoes. -**2.** ÉLECTR connecting block.

Domitien [dɔmisjɛ̃] *npr* Domitian.

Dom Juan [dɔ̃ʒɥɑ̃] *npr* Don Juan.

dommage [dɔmaʒ] *nm* -**1.** JUR [préjudice] harm, injury; **causer un ~ à qqn** to cause OU to do sb harm ❑ **~ corporel** physical injury; **~s de guerre** war damage; **~s et intérêts, ~s-intérêts** damages. -**2.** *(gén pl)* [dégât matériel]: **~ matériel, ~s matériels** (material) damage; **le ~ n'était pas bien grand** there wasn't much harm done; **causer des ~s à** to cause damage to; **en cas de ~s sur le véhicule** in case of damage to the vehicle. -**3.** [expression d'un regret]: **(c'est) ~!** what a shame OU pity!; **c'est bien ~** it's a great shame OU pity; **c'est vraiment ~ de devoir abattre ce chêne** it's a real shame to have to cut down this oak; **ça ne m'intéresse pas! — ~!** I'm not interested! — pity!; **je ne peux pas venir — ~ pour toi!** I can't come — too bad (for you)!; **le plus ~, c'est que** *fam*... the worst of it is that...

dommageable [dɔmaʒabl] *adj* detrimental, damaging; **~ à** detrimental to, damaging to.

domotique [dɔmɔtik] *nf* home automation.

domptable [dɔ̃tabl] *adj* tameable; **facilement/difficilement ~** easy/difficult to tame.

domptage [dɔ̃taʒ] *nm* taming.

dompter [3] [dɔ̃te] *vt* -**1.** [animal] to tame. -**2.** *litt* [révoltés] to quash; [peuple] to subjugate. -**3.** [énergie, vent, torrent] to master; [rébellion] to break, to put down *(sép)*.

dompteur, euse [dɔ̃tœr, øz] *nm, f* tamer, lion-tamer.

DOM-TOM [dɔmtɔm] *(abr de* **départements et territoires d'outre-mer)** *npr mpl French overseas départements and territories.*

don [dɔ̃] *nm* -**1.** [aptitude naturelle] talent, gift; **~s artistiques** artistic gifts OU talents; **c'est un ~ chez elle** it's a talent OU a gift she has; **avoir le ~ de voyance** to be clairvoyant; **il a le ~ de guérir les brûlures** he has the gift of healing burns; **elle a le ~ de trouver des vêtements pas chers** she has a flair for finding cheap clothes; **mes initiatives ont le ~ de la contrarier** I seem to have a knack for upsetting her; **tu as le ~ d'envenimer les situations!** you have a knack for stirring up trouble!; **elle a un ~ pour la danse** she has a talent for dancing, she's a gifted dancer. -**2.** [cadeau] gift, donation; **faire ~ de qqch** to give sthg as a present OU gift; **la collection dont elle m'a fait ~** the collection she gave me as a present; **ceux qui ont fait ~ de leur vie pour leur pays** those who have laid down OU sacrificed their lives for their country ❑ **le ~ de soi** OU **de sa personne** self-denial, self-sacrifice; **~ en argent** cash donation; **~ en nature** donation in kind. -**3.** JUR donation; **faire ~ d'un bien à qqn** to donate a piece of property to sb. -**4.** MÉD donation, donating; **faire ~ de son rein** to donate one's kidney ❑ **encourager les ~s d'organes** to promote organ donation. -**5.** [en Espagne] Don.

Don [dɔ̃] *npr m*: **le ~** the (River) Don.

DON [dɔn] *nm abr de* **disque optique numérique.**

donataire [dɔnatɛr] *nmf* donee, recipient.

donateur, trice [dɔnatœr, tris] *nm, f* donor.

donation [dɔnasjɔ̃] *nf* [gén] donation, disposition; [d'argent] donation; **faire une ~ à un musée** to make a donation to a museum ❑ **~ entre vifs** donation inter vivos.

donc [dɔ̃k] *conj* -**1.** [par conséquent] so, therefore; **je n'en sais rien, inutile ~ de me le demander** I don't know anything about it, so there's no use asking me; **elle est tombée malade et elle a ~ annulé son voyage** she fell ill, so she cancelled her trip; **nous devrions ~ aboutir à un accord** we should therefore reach an agreement; **il faudra ~ envisager une autre solution** we should therefore think of another solution. -**2.** [indiquant une transition] so; **nous disions ~ que...** so, we were saying that...; **~, vous n'avez rien entendu?** so, you didn't hear anything? -**3.** [indiquant la surprise]: **c'était ~ toi!** so it was you!; **c'est ~ pour ça!** so that's why!; **voilà ~ pourquoi il n'est pas venu!** so that's why he didn't come then! -**4.** [renforçant une interrogation, une assertion, une injonction]: **mais qu'y a-t-il ~?** what's the matter, then?; **mais pourquoi ris-tu ~?** what are you laughing at OU about?; **que voulez-vous ~?** what do you want, then?; **fermez ~ la porte!** shut the door, will you!; **viens ~ avec nous!** come on!, come with us!; **allons ~, vous vous trompez** come on (now), you're mistaken; **allons ~, je ne te crois pas!** come off it, I don't believe you!; **comment ~ est-ce possible?** how can that be possible?; **eh ben dis ~!** well, really!; **essaie ~!** go on, try!; **essaie ~ pour voir!** *iron* just (you) try it!, go on then!; **tiens ~!** well, well, well!; **ben, voyons ~!** [évidemment] naturally!, what else!; [ne vous gênez pas] don't mind me!; **dites ~, pour qui vous vous prenez?** look here, who do you think you are?; **dis ~, à propos, tu l'as vue hier soir?** oh, by the way, did you see her yesterday evening?; **tais-toi ~!** just shut up, will you?; **range ~ tes affaires!** why don't you put your things away?

dondon *fam* [dɔ̃dɔ̃] *nf péj*: **une grosse ~** a big fat lump.

donjon [dɔ̃ʒɔ̃] *nm* keep, donjon.

don Juan [dɔ̃ʒɥɑ̃] *(pl* **dons Juans)** *nm* -**1.** [séducteur] Don Juan, lady's man. -**2.** MUS & LITTÉRAT: **'Don Juan'** *Mozart* 'Don Giovanni'; **'Don Juan'** *Byron* 'Don Juan'; *Pouchkine* 'The Stone Guest'.

donjuanesque [dɔ̃ʒɥanɛsk] *adj* [attitude, manières] of a Don Juan.

donne [dɔn] *nf* CARTES deal; **à moi la ~** it's my (turn to) deal; **il y a eu fausse** OU **mauvaise ~** there was a misdeal.

donné, e [dɔne] *adj* -**1.** [heure, lieu] fixed, given; **sur un parcours ~** on a given OU certain route; **à une distance ~e** at a certain distance; **il doit improviser sur un thème ~** he must improvise on a given theme. -**2.** [particulier, spécifique]: **sur ce point ~** on this particular point; **à cet instant ~** at this (very) moment; **à un moment ~** at one point (in time). -**3.** [bon marché]: **c'est ~!** it's dirt cheap!; **c'est pas ~!** it's hardly what you'd call cheap!

◆ **donné** *nm* PHILOS given.

◆ **donnée** *nf* -**1.** INF, MATH & SC piece of data, datum; **~es** data; **fichier/saisie/transmission de ~es** data file/capture/transmission; **en ~es corrigées des variations saisonnières** ÉCON with adjustments for seasonal variations, seasonally adjusted. -**2.** [information] piece of information; **~es** facts, information; **je ne connais pas toutes les ~es du problème** I don't have all the information about this question.

donner [3] [dɔne] ◇ *vt* **A.** CÉDER, ACCORDER -**1.** [offrir] to give; [se débarrasser de] to give away *(sép)*; [distribuer] to give out *(sép)*; **~ qqch à qqn** to give sthg to sb, to give sb sthg; **~ sa vie/son sang pour la patrie** to give (up) one's life/to shed blood for one's country; **~ qqch à qqn pour son anniversaire** to give sb sthg (as a present) for his/her birthday; **~ qqch en cadeau à qqn** to make sb a present of sthg; **~ qqch en souvenir à qqn** to give OU to leave sb sthg as a souvenir; **il est joli, ce tableau! — je te le donne** what a lovely picture! — please have it; **à ce prix-là, ma petite dame, je vous le donne!** at that price, dear, I'm giving it away!; **c'était donné, l'examen, cette année!** *fam* the exam was a piece of cake this year!; **dis donc, on te l'a donné, ton permis de conduire!** *hum* how on earth did you pass your driving test!; **~ sa place à qqn dans le train** to give up one's seat to sb on the train; **~ des timbres contre des disques** to swap stamps for records; **~ à boire à un enfant** to give a child a drink OU something to drink; **~ à manger aux enfants/chevaux** to feed the children/horses || *(en usage abs)* to give; **tu as donné à la quête?** did you give anything to the collection?; **~ aux pauvres** to give to the poor; **~ de son temps** to give up one's time; **~ de sa personne** to give of oneself ❑ **j'ai déjà donné!** *fam* I've been there OU through that already! -**2.** JUR [léguer] to leave; [faire don public de - argent, œuvre d'art, organe] to donate, to give; **~ une collection à la ville** to donate a collection to the town. -**3.** [accorder - subvention] to give, to hand out *(sép)*; [- faveur, interview, liberté] to give, to grant; [- prix, récompense] to give, to award; **~ sa fille en mariage à qqn** to marry one's daughter to sb; **~ la permission à qqn de faire qqch** to allow sb to do sthg, to give sb permission to do sthg; **~ rendez-vous à qqn** ADMIN to make an appointment with sb; [ami, amant] to make a date with sb; **~ à qqn l'occasion de faire qqch** to give sb the opportunity to do sthg OU of doing sthg; **~ son soutien à qqn** to give one's support to sb, to support sb; **~ son accord à qqn** to give sb one's consent || *(tournure impersonnelle)*: **il m'a été donné de voir l'original** I was privileged to see the original; **il n'est pas donné à tout le monde de...** not everybody is fortunate enough to... -**4.** [laisser] to give, to leave; **ça me donne cinq jours pour le finir** that gives OU leaves me five days to finish it; **il m'a donné trois heures/jusqu'en janvier pour le faire** he gave me three hours/until January to do it. -**5.** [confier] to give, to hand, to pass;

donne-moi ta lettre, je vais la poster let me have OU give me your letter, I'll post it; ~ une tâche à qqn to entrust sb with a job; ~ son manteau au teinturier to take one's coat to the dry cleaner's; elle m'a donné sa valise à porter she gave me her suitcase to carry; ~ qqch à faire [à un professionnel] to have sthg done; ~ ses enfants à garder to have one's children looked after; ~ son manteau à nettoyer to have one's coat cleaned. -**6.** [remettre - gén] to give; [- devoir] to give, to hand in *(sép)*; donne la balle, Rex, donne! come on Rex, let go (of the ball)!; donnez vos papiers hand over your papers. -**7.** [vendre - suj: commerçant] to give; donnez-moi un beau rôti I'd like a nice joint; des pêches, combien je vous en donne? *fam* how many peaches would you like? -**8.** [payer] to give; je lui donne 100 F de l'heure I give OU pay her 100 F an hour; et la table, combien m'en donnez-vous? how much OU what will you give me for the table?; combien t'en a-t-on donné? how much did you get for it?; je vous en donne 150 F I'll give you 150 F for it; je donnerais cher pour le savoir I'd give a lot to know that; je donnerais n'importe quoi pour le retrouver I'd give anything to find it again. -**9.** [administrer - médicament, sacrement] to give, to administer; [- bain] to give; ~ 15 ans de prison à qqn to give sb a 15-year prison sentence; ~ une punition à qqn to punish sb; 'ne pas ~ aux enfants de moins de trois ans' 'not suitable for OU not to be given to children under three'. -**10.** [appliquer - coup, baiser] to give; ~ une claque à qqn to give sb a clout round the ear; ~ une fessée à qqn to smack sb's bottom, to spank sb; ~ un coup à qqn to hit sb; ~ un coup de pied/poing à qqn to kick/to punch sb; ~ un coup de rabot/râteau/pinceau à qqch to go over sthg with a plane/rake/paintbrush. -**11.** [passer, transmettre] to give, to pass on *(sép)*; donnez-moi le sel pass OU hand me the salt; ~ son rhume à qqn to give sb one's cold, to pass one's cold on to sb; son père lui a donné le goût du théâtre she got her liking for the theatre from her father. -**12.** [organiser - dîner, bal] to give, to throw; l'association donnera un goûter the association will give a tea-party. -**13.** *loc:* je vous le donne en cent OU mille *fam* you'll never guess in a month of Sundays OU in a million years.

B. CONFÉRER -**1.** [assigner] to give; ~ un nom à qqn to give sb a name, to name sb; ~ un titre à qqn to confer a title on sb; je donne peu d'importance à ces choses I attach little importance to these things; on donne au verbe la valeur d'un substantif the verb is given noun status. -**2.** [attribuer]: on ne lui donnerait pas son âge he doesn't look his age; on lui donne facilement son âge he looks his age; quel âge me donnez-vous? how old would you say I am? -**3.** [prédire] to give; je ne lui donne pas trois mois [à vivre] I give her less than three months to live; [avant d'échouer] I'll give it three months at the most.

C. GÉNÉRER -**1.** [suj: champ] to yield; [suj: arbre fruitier] to give, to produce; la graine donne une nouvelle plante the seed produces a new plant; le vieux noyer donne encore des kilos de noix the old walnut tree still gives OU produces masses of nuts; les sources d'énergie qui donnent de l'électricité the energy sources which produce electricity. -**2.** [susciter, provoquer - courage, énergie, espoir] to give; [- migraine] to give, to cause; [- sensation] to give, to create; [- impression] to give, to produce; ~ des forces à qqn to give sb strength; cela m'a donné une belle frayeur it gave me a real fright; ~ du souci à qqn to worry sb; les enfants donnent du travail children are a lot of work; la promenade m'a donné de l'appétit the walk has given me an appetite; ~ des boutons à qqn to make sb come out in spots; faire la vaisselle me donne des boutons *fig* I'm allergic to washing-up; la maladie peut ~ des complications the illness may have complications; ça donne la diarrhée it gives you OU causes diarrhoea; le poisson, ça donne de la mémoire fish is good for your memory; les tilleuls donnent de l'ombre the lime trees give shade; ~ chaud/froid/faim/soif à qqn to make sb hot/cold/hungry/thirsty; ~ mal au cœur à qqn to make sb (feel) sick OU nauseous. -**3.** [conférer - prestige] to confer, to give; [- aspect, charme] to give, to lend; le procédé donne au tissu l'aspect du velours this process gives the material a velvety look; le grand air t'a donné des couleurs the fresh air has brought colour to your cheeks; ton maquillage te donne bonne mine your make-up makes you look well; ~ de l'ampleur à une veste to let a jacket out; pour ~ meilleur goût à la sauce to improve the taste of the sauce; pour ~ de la vitalité à vos cheveux to give bounce to your hair; pour ~ plus de mystère à l'histoire to make the story more mysterious. -**4.** [aboutir à - résultats] to give, to yield; [- effet] to result in; en ajoutant les impôts, cela donne la somme suivante when you add (in OU on) the tax, it comes to the following amount; j'espère que vos efforts donneront des résultats I hope your efforts will give OU yield results; le deuxième tour a donné la majorité aux écologistes the second ballot resulted in a majority for the green party; la combinaison de l'acide et du gaz donne un polymère a polymer is obtained from combining the acid with the gas ❑ ~ quelque chose/ne rien ~/ne pas ~ grand-chose: et ta candidature, ça donne quelque chose? have you had anything about your application?; les recherches n'ont rien donné the search was fruitless; la robe ne donne pas grand-chose comme cela, attends que j'y mette de la dentelle the dress doesn't look much like that, wait till I put some lace on it; qu'est-ce que ça donne?: j'ai ajouté du vin à la sauce – qu'est-ce que ça donne? I've added some wine to the sauce – what is it like now?; et la fac, qu'est-ce que ça donne? how's college going?; et ton épaule, qu'est-ce que ça donne? how's your shoulder doing?

D. EXPRIMER, COMMUNIQUER -**1.** [présenter, fournir - garantie, preuve, précision] to give, to provide; [- explication] to give; [- argument] to put forward *(sép)*; [- ordre, consigne] to give; ~ un conseil à qqn to give sb a piece of advice, to advise sb; ~ une réponse to give OU to provide an answer; ~ son avis to give one's opinion; ceux qui ont donné la combinaison gagnante... those who gave the winning numbers...; ~ ses sources to quote one's sources; ~ une certaine image de son pays to show one's country in a particular light; ~ à entendre OU comprendre que to let it be understood that; ces faits nous ont été donnés comme vrais we were led to believe that these facts were true; ~ qqch pour certain to give sthg as a certainty; on le donnait pour riche he was said OU thought to be rich; dans le village, on la donnait pour une sorcière in the village, she was rumoured to be a witch. -**2.** [dire] to give; ~ son nom to give one's name; donnez la date de la bataille de Crécy give the date of the battle of Crécy; qui peut me ~ la racine carrée de 196 who can give OU tell me the square root of 196?, who can tell me what the square root of 196 is?; ~ des nouvelles à qqn to give sb news; ~ des nouvelles de qqn to give news of sb; donnez-moi de ses nouvelles tell me how he is ❑ je te le donne pour ce que ça vaut *fam* that's what I was told, anyway. -**3.** [indiquer - suj: instrument] to give, to indicate, to show; l'altimètre donne l'altitude an altimeter gives OU shows the altitude. -**4.** *fam* [dénoncer] to give away *(sép)*, to rat on, to shop *Br*. -**5.** [rendre public - causerie, cours] to give; [- œuvre, spectacle] to put on; l'année où j'ai donné «Giselle» [dit par le metteur en scène] the year I put on "Giselle"; [dit par le danseur] the year I performed "Giselle"; elle donnera au printemps une édition critique de Proust she has a critical edition of Proust coming out in the spring; qu'est-ce qu'on donne au Rex? what's on at the Rex?; ce soir, on donne «Médée» sur la deuxième chaîne "Medea" is on channel two tonight.

◇ *vi* -**1.** [produire - arbre] to bear fruit, to yield; [- potager, verger, terre] to yield; le cerisier ne donnera pas avant deux ans the cherry tree won't bear OU have any fruit for a couple of years; la vigne a bien/mal donné cette année the vineyard had a good/bad yield this year; dis donc, elle donne, ta chaîne hi-fi! *fam* that's a mean sound system you've got there! ❑ ~ à plein [radio] to be on full blast, to be blaring (out); [campagne de publicité, soirée] to be in full swing; le soleil donne à plein the sun is beating down. -**2.** CARTES to deal; à toi de ~ your deal. -**3.** [attaquer] to charge; la police va ~ the police are about to charge; faire ~ la garde/troupe to send in the guards/troops.

◆ **donner dans** *v + prép* -**1.** [tomber dans]: ~ dans une embuscade to be ambushed; sans ~ dans le mélodrame without becoming too melodramatic; votre essai donne trop souvent dans le lyrisme your essay lapses too frequently into lyricism; on peut s'en réjouir, mais ne donnons pas dans l'excès d'optimisme we may feel pleased about it, but let's not be over-optimistic ❑ ~ dans le piège OU panneau to fall into the trap. -**2.** [se cogner contre]: l'enfant est allé ~ dans la fenêtre the child crashed into the window. -**3.** [déboucher sur] to give out onto; la porte donnait dans un couloir the door opened OU gave out onto a corridor; l'escalier donne dans une petite cour the staircase gives out onto OU leads to OU leads into a small courtyard.

◆ **donner de** *v + prép* -**1.** [cogner avec]: ~ du coude/de la tête contre une porte to bump one's elbow/one's head against a door. -**2.** [utiliser]: ~ du cor to sound the horn; ~ de l'éperon à son cheval to spur one's horse; ~ de la voix to raise one's voice ❑ ~ de la tête [animal] to shake its head; ne plus savoir où ~ de la tête *fig* to be run off one's feet. -**3.** NAUT: ~ de la bande to list. -**4.** *loc:* elle lui donne du «monsieur» she calls him "Sir".

◆ **donner sur** *v + prép* -**1.** [se cogner contre]: la barque alla ~ sur le rocher the boat crashed into the rock; ~ sur les écueils to strike the rocks. -**2.** [être orienté vers]: la chambre donne sur le jardin/la mer the room overlooks the garden/the sea; chambre donnant sur la mer room with a sea view.

◆ **se donner** ◇ *vp (emploi passif)* [film, pièce] to be on; sa pièce se donne à l'Odéon his play is being staged OU is on at the Odéon.

◇ *vpi* -**1.** [employer son énergie]: monte sur scène et donne-toi à fond get on the stage and give it all you've got; se ~ à: se ~ à une cause to devote o.s. OU one's life to a cause; elle s'est donnée à fond OU complètement dans son entreprise she put all her effort into her business. -**2.** *sout* [sexuellement]: se ~ à to give o.s. to.

◇ *vpt* -**1.** [donner à soi-même]: se ~ un coup de marteau sur les doigts to hit one's fingers with a hammer; se ~ les moyens de faire qqch to give o.s. the means to do sthg; se ~ du bon temps [gén] to have fun; *euph* to give o.s. a good time || [s'accorder] to give OU to allow o.s.; je me suis donné six mois pour finir ma thèse I've given OU allowed myself six months to finish my thesis; donne-toi un peu de repos allow yourself to rest for a while. -**2.** [échanger] to give one another OU each other; se ~ un baiser to give each other a kiss, to kiss; se ~ des coups to exchange blows; ils se sont donné leurs impressions they swapped views. -**3.** [se doter de] to give o.s.; se ~ un chef to give o.s. a leader; la capitale vient de se ~ un second opéra the capital has been given a second opera house. -**4.** [prétendre avoir]: il se donne trente ans he claims to be thirty. -**5.** *loc:* s'en ~ à cœur joie, s'en ~: les enfants s'en sont donné au square the children had the time of their lives in the park; avec les crêpes, ils s'en sont donné à cœur joie they really tucked into their pancakes.

◆ **se donner pour** *vp + prép* to pass o.s. off as, to claim to be; **elle se donne pour l'amie du ministre** she claims to be the minister's friend.

◆ **donnant, donnant** *loc adv* that's fair, fair's fair; **je te prête mon costume si tu me passes ta voiture, c'est donnant donnant** I'll lend you my suit if you lend me your car, you can't say fairer than that; **d'accord, mais c'est donnant, donnant** OK, but I want something in return.

donneur, euse [dɔnœr, øz] *nm, f* **-1.** *fam* [délateur] squealer, informer. **-2.** JEUX dealer. **-3.** MÉD donor; **~ de sang** blood donor; **~ universel** universal blood donor.

◆ **donneur** *nm* **-1.** ÉCON & FIN: **~ d'aval** backer, referee; **~ d'ordres** principal. **-2.** CHIM donor. **-3.** MÉD: **~ de sperme** sperm donor.

don Quichotte [dɔ̃kiʃɔt] (*pl* **dons Quichottes**) *nm* **-1.** [redresseur de torts]: **se poser en ~** to adopt a quixotic stance. **-2.** LITTÉRAT: **'Don Quichotte de la Manche'** *Cervantès* 'Don Quixote'.

donquichottisme [dɔ̃kiʃɔtism] *nm* quixotic attitudes.

dont [dɔ̃] *pron rel* **-1.** [exprimant le complément du nom - personne] whose; [- chose] whose, of which; **le club ~ je suis membre** the club to which I belong OU of which I'm a member, the club I belong to; **un projet ~ vous pouvez voir les grandes lignes** a plan whose general outline you can see, a plan, the general outline of which you can see; **un buffet ~ le bois est vermoulu** a sideboard with woodworm; **cette femme, ~ le charme les avait captivés** this woman whose charm had captivated them; **l'hôtel ~ nous avons apprécié la tranquillité** the hotel whose quietness we appreciated, the hotel of which we appreciated the quietness. **-2.** [exprimant la partie d'un tout - personnes] of whom; [- choses] of which; **il y a 95 candidats, ~ 33 Canadiens** there are 95 candidates, of whom 33 OU 33 of whom are Canadians; **des livres ~ la plupart ne valent rien** books, most of which are worthless; **deux personnes ont téléphoné, ~ ton frère** two people phoned, including your brother; **les invités étaient arrivés, ~ nos amis marseillais** the guests had arrived, amongst whom where OU including our friends from Marseilles ❑ **~ acte** JUR duly noted OU acknowledged. **-3.** [exprimant le complément de l'adjectif]: **le service ~ vous êtes responsable** the service for which you are responsible; **c'est la seule photo ~ je suis fier** it's the only photograph I'm proud of OU of which I'm proud. **-4.** [exprimant l'objet indirect]: **celui ~ je vous ai parlé** the one I spoke to you about; **ce ~ nous avons discuté** what we talked about; **explique-moi ce ~ il s'agit** tell me what it is about; **une corvée ~ je me passerais bien** a chore (which) I could well do without; **il n'y a rien là ~ on puisse se féliciter** there's nothing to be pleased about; **une affaire ~ il s'occupe** a matter which he is dealing with; **les vacances ~ tu rêves** the holidays which you dream of OU about. **-5.** [exprimant le complément du verbe - indiquant la provenance, l'agent, la manière etc]: **le mal ~ il souffre** the illness which he suffers from; **une personne ~ on ne sait rien** a person nobody knows anything about; **cette femme ~ je sais qu'elle n'a pas d'enfants** that woman who I know doesn't have any children; **la famille ~ je viens** the family (which) I come from; **le nectar ~ les abeilles tirent le miel** the nectar from which bees make honey, the nectar which bees make honey from; **les amis ~ il est entouré** the friends he is surrounded by; **les cadeaux ~ il a été comblé** the many presents (which) he received; **la façon ~ elle s'y prend** the way (in which) she goes about it; **la manière ~ il joue** the way (in which) he plays, his way of playing.

donzelle *fam* [dɔ̃zɛl] *nf hum* OU *péj* young lady OU thing.

dopage [dɔpaʒ] *nm* drug use *(in sport)*.

dopamine [dɔpamin] *nf* dopamin.

dopant, e [dɔpɑ̃, ɑ̃t] *adj* stimulant *(modif)*.

◆ **dopant** *nm* drug *(used as stimulant in competitions)*.

dope▽ [dɔp] *nf* dope.

doper [3] [dɔpe] *vt* **-1.** [droguer] to dope *(in a competition)*; **~ l'économie** to stimulate the economy artificially. **-2.** CHIM to dope.

◆ **se doper** *vp (emploi réfléchi)* to take drugs *(in a competition)*.

doping [dɔpiŋ] = **dopage**.

Doppler [dɔplɛr] *npr*: **effet ~** Doppler effect.

dorade [dɔrad] = **daurade**.

Dordogne [dɔrdɔɲ] *npr f*: **la ~** [région] (the) Dordogne (region); [rivière] the Dordogne (River).

doré, e [dɔre] *adj* **-1.** [bouton, robinetterie] gilt, gilded; **~ à la feuille** gilded with gold leaf; **~ sur tranche** [livre] gilt-edged, with gilded edges. **-2.** [chevelure, lumière] golden; [peau] golden brown; **ses cheveux d'un blond ~** his golden hair || [gâteau, viande] browned, golden brown. **-3.** [idéal - jours, rêves] golden. **-4.** [riche]: **la jeunesse ~e** the jeunesse dorée, gilded youth. **-5.** [dans des noms d'animaux] golden.

◆ **doré** *nm* **-1.** [dorure] gilt. **-2.** *Can* ZOOL yellow OU wall-eyed pike.

◆ **dorée** *nf* ZOOL John Dory, dory.

dorénavant [dɔrenavɑ̃] *adv* [à partir de maintenant] from now on, henceforth, henceforward; [dans le passé] from then on; **~, j'essaierai d'être moins distrait** from now on I'll try to be less absent-minded; **il décida que ~ elle serait son assistante** he decided that from then on she would be his assistant.

dorer [3] [dɔre] ◇ *vt* **-1.** [avec de l'or - couverts] to gild; **~ un cadre à la feuille** to gild a frame with gold leaf; **faire ~ qqch** to have sthg gilded ❑ **~ la pilule à qqn** *fam* to sugar the pill for sb. **-2.** [brunir - peau] to give a golden colour to, to tan; [- blés, poires] to turn gold; [- paysage] to shed a golden light on; **le couchant dorait les roseaux** the setting sun tipped the reeds with gold. **-3.** CULIN: **~ une pâte à l'œuf/au lait** to glaze pastry with egg yolk/with milk.

◇ *vi* CULIN to turn golden; **faire ~ la viande** brown the meat; **faites ~ les oignons** cook OU fry the onions until golden; **faites ~ la tarte** bake the pie until golden; **faites ~ les pommes de terre au four** put the potatoes in the oven to brown.

◆ **se dorer** *vp (emploi réfléchi)* [touriste] to sunbathe; **se ~ les jambes au soleil** to get one's legs nice and brown in the sun ❑ **se ~ la pilule** *fam* [bronzer] to lie in the sun getting o.s. cooked to a turn *hum*; [ne rien faire] to do sweet FA *Br* OU zilch *Am*.

doreur, euse [dɔrœr, øz] *nm, f* gilder.

dorien, enne [dɔrjɛ̃, ɛn] *adj* **-1.** HIST & MUS Dorian. **-2.** LING Doric.

◆ **Dorien, enne** *nm, f* Dorian.

◆ **dorien** *nm* LING Doric.

dorique [dɔrik] ◇ *adj* [ordre] Doric; **une colonne d'ordre ~** a Doric column.

◇ *nm*: **le ~** the Doric order.

dorloter [3] [dɔrlɔte] *vt* to pamper, to cosset.

dormance [dɔrmɑ̃s] *nf* dormancy.

dormant, e [dɔrmɑ̃, ɑ̃t] *adj* **-1.** [eau] still. **-2.** *litt* [passion, sensualité] dormant. **-3.** BIOL dormant, latent. **-4.** CONSTR [bâti, chassis] fixed.

◆ **dormant** *nm* **-1.** CONSTR [bâti] fixed frame, casing *(C)*; [vitre] fixed. **-2.** NAUT standing end.

dormeur, euse [dɔrmœr, øz] ◇ *adj* [poupée, poupon] sleeping.

◇ *nm, f* sleeper; **c'est un grand** OU **gros ~** he likes his sleep.

◆ **dormeur** *nm* [crabe] (common OU edible) crab.

◆ **dormeuse** *nf* [boucle d'oreille] stud earring.

dormir [36] [dɔrmir] *vi* **-1.** PHYSIOL to sleep; [à un moment précis] to be asleep, to be sleeping; **tu as bien dormi?** did you sleep well?; **dors bien!** sleep tight!; **j'ai dormi tout l'après-midi** I was asleep OU I slept all afternoon; **il dort tard le dimanche** he sleeps in on Sundays; **on dort mal dans ce lit** you can't get a good night's sleep in this bed; **tu as pu ~ dans le train?** did you manage to get some sleep on the train?; **parler en dormant** to talk in one's sleep; **je n'ai pas dormi de la nuit** I didn't sleep a wink all night; **la situation m'inquiète, je n'en dors pas** OU **plus (la nuit)** the situation worries me, I'm losing sleep over it; **le thé m'empêche de ~** tea keeps me awake; **ma jambe m'empêche de ~** my leg keeps me awake, I can't sleep because of my leg; **ce n'est pas cette histoire de pots-de-vin qui va m'empêcher de ~!** I don't intend to lose any sleep over that corruption business!; **avoir envie de ~** to be OU to feel sleepy; **~ d'un sommeil léger** [habituellement] to be a light sleeper; [à tel moment] to be dozing; **~ d'un sommeil profond** OU **lourd** OU **de plomb** [habituellement] to be a heavy sleeper; [à tel moment] to be fast asleep, to be sound asleep, to be in a deep sleep ❑ **~ à poings fermés** to be fast asleep, to be sleeping like a baby; **~ comme un ange** [bébé] to be sound asleep; [adulte] to sleep like a baby; **~ comme une bûche** OU **un loir** OU **une marmotte** OU **une souche** OU **un sabot** to sleep like a log; **il est là-haut, et dort comme une marmotte** he's upstairs, sound asleep OU dead to the world; **~ debout: tu dors debout** you can't (even) keep awake, you're dead on your feet; **histoire à ~ debout** cock and bull story, tall story; **elle a raconté au juge une histoire à ~ debout** she told the judge a pack of lies; **~ du sommeil du juste** to sleep the sleep of the just; **~ sur ses deux oreilles: tu peux dormir sur tes deux oreilles** there's no reason for you to worry, you may sleep soundly in your bed at night; **ne ~ que d'un œil: je ne dors que d'un œil** [je dors mal] I can hardly sleep, I hardly get a wink of sleep; [je reste vigilant] I sleep with one eye open; **qui dort dîne** *prov* he who sleeps forgets his hunger. **-2.** [être sans activité - secteur] to be dormant OU asleep; [- volcan] to be dormant; [- économies personnelles] to lie idle; [- économie nationale] to be stagnant; **ils ont laissé ~ le projet** they left the project on the back burner. **-3.** [être inattentif]: **dépêche-toi, tu dors!** come on, wake up!; **ce n'est pas le moment de ~!** now's the time for action!

dormitif, ive [dɔrmitif, iv] *adj* **-1.** *arch* [qui fait dormir] sleep-inducing, soporific. **-2.** *hum* [ennuyeux] soporific.

dorsal, e, aux [dɔrsal, o] *adj* **-1.** ANAT & ZOOL dorsal, back *(modif)*; **la face ~e de la main** the back of the hand. **-2.** PHON dorsal.

◆ **dorsal** *nm* ANAT: **grand ~**, **long ~** latissimus dorsi.

◆ **dorsale** *nf* **-1.** PHON dorsal consonant. **-2.** ZOOL dorsal fin. **-3.** GÉOL [élévation] ridge; [montagne] mountain range. **-4.** MÉTÉO: **~ barométrique** ridge of high pressure.

dorsalgie [dɔrsalʒi] *nf* backpain.

dortoir [dɔrtwar] *nm* dormitory; **les ~s de la caserne** the sleeping quarters of the barracks ❑ **cité** OU **ville ~** dormitory town.

dorure [dɔryr] *nf* **-1.** [or] gilt; **bureau couvert de ~s** desk covered in gilding. **-2.** [processus] gilding; **~ à la feuille/à la poudre** gold leaf/powder gilding; **~ sur tranches** [reliure] edge-gilding.

doryphore [dɔrifɔr] *nm* Colorado OU potato beetle.

dos [do] *nm* **-1.** ANAT back; **le bas de son ~** the small of her back; **avoir le ~ rond** to be hunched up OU round-shouldered; **avoir le ~ voûté** to have a stoop; **j'ai mal au ~** my back hurts, I've got (a) backache; **j'avais le soleil dans le ~** the sun was behind me OU on my back; **quand vous aurez l'église dans le ~, tournez à droite** when the church is OU with the church behind you, turn right; **être sur le ~** to be (lying) on one's back, to be supine OU *hum*; **mets-toi sur le ~** lie on your back; **tourner le ~ à qqn** [assis] to sit with one's back to sb; [debout] to stand with one's back to sb; [l'éviter] to turn one's back on sb; je ne l'ai vu que de ~ I only saw him from behind OU the back; j'étais ~ à la fenêtre I had my back to the window; où est la gare? – vous lui tournez le ~ where is the station? – it's in the opposite direction (to the one you're going); dès que j'ai le ~ tourné, il fait des bêtises as soon as my back is turned, he gets into mischief ❑ avoir bon ~: comme d'habitude, j'ai bon ~! as usual, I get the blame!; il a bon ~, le mauvais temps! (why not) blame the bad weather! *iron*; avoir le ~ large: j'ai le ~ large mais il ne faut pas exagérer! I can take a lot OU I may be resilient, but there are limits!; avoir qqch sur le ~ *fam*: ce gosse n'a rien sur le ~! that kid's not dressed warmly enough!; elle a pas mal de dettes sur le ~ she's up to her ears OU eyes in debt; c'est moi qui ai tous les préparatifs sur le ~ I've been saddled with all the preparations; il est toujours derrière mon ~ he's always breathing down my neck; faire qqch dans OU derrière le ~ de qqn to do sthg behind sb's back; être tombé sur le ~ et se casser le nez *fam* to be damned unlucky, to have rotten luck; être sur le ~ de *fam*: tu es toujours sur le ~ de ce gosse, laisse-le un peu! you're always nagging that kid, leave him alone!; vous aurez les syndicats sur le ~ the unions will be breathing down your necks; faire le gros ~ [chat] to arch its back; *fig* to lie low; faire qqch sur le ~ de: ils ont bâti leur empire sur le ~ des indigènes they built their empire at the expense of the natives; l'avoir dans le ~ *fam*: il l'a dans le ~! he's been had OU done!; fais gaffe, tu va l'avoir dans le ~! watch out or you'll get done!; mettre qqch sur le ~ de qqn *fam* [crime, erreur] to pin sthg on sb; ils lui ont tout mis sur le ~ they blamed OU pinned everything on him; c'est les flics qui m'ont mis ça sur le ~! I was set up by the cops!; je n'ai rien/pas grand-chose à me mettre sur le ~ I have got nothing/virtually nothing to wear; il s'est mis toute la responsabilité sur le ~ he shouldered the responsibility for the whole business; tirer dans le ~ de qqn to shoot OU to stab sb in the back *fig*; tomber sur le ~ de qqn *fam*: si le fisc lui tombe sur le ~, ça va lui coûter cher! if the taxman gets hold of OU catches him, it'll cost him!; avoir le ~ au mur to have one's back to the wall. -**2.** [d'une fourchette, d'un habit] back; [d'un couteau] blunt edge; [d'un livre] spine; corsage décolleté dans le ~ low-backed blouse ❑ il n'y est pas allé avec le ~ de la cuillère! *fam* [dans une action] he didn't go in for half-measures!; [dans une discussion] he didn't mince words! -**3.** SPORT: ~ crawlé back crawl; tu vas jusqu'à la bouée en ~ crawlé? are you going to back-crawl to the buoy?

◆ **à dos** ◇ *loc adj* → **sac**.
◇ *loc adv*: je ne veux pas l'avoir OU me le mettre à ~ I don't want him to turn against me OU to get his back up; il les avait tous à ~ they were all after him.

◆ **à dos de** *loc prép* on the back of; aller à ~ d'âne/d'éléphant to ride (on) a donkey/an elephant; le matériel est transporté à ~ de lamas/d'hommes the equipment is carried by llamas/men.

◆ **au dos** *loc adv* [d'une feuille] on the other side OU the back, overleaf.

◆ **au dos de** *loc prép* [d'une feuille] on the back of; signer au ~ d'un chèque to endorse a cheque.

◆ **dos à dos** *loc adv* with their backs to one another; mettez-vous ~ à ~ *pr* stand back to back OU with your backs to one another; mettre OU renvoyer deux personnes ~ à ~ *fig* to refuse to get involved in an argument between two people.

DOS, Dos [dɔs] (*abr de* Disc Operating System) *nm* DOS.

dosable [dozabl] *adj* which can be measured (out).

dosage [dozaʒ] *nm* -**1.** [détermination] measurement of OU measuring a quantity; faire un ~ to determine a quantity; les ~s d'albumine montrent que... the measured quantities of albumin show that... -**2.** [dose précise de médicaments] (prescribed) dose. -**3.** [mélange]: le ~ de ce cocktail est... the (correct) proportions for this cocktail are... -**4.** [équilibre] balance; il y a dans ses meubles un savant ~ d'esthétisme et de fonctionnel his furniture successfully combines aestheticism and functionalism. -**5.** ŒNOL sweetening OU dosing (of Champagne).

dos-d'âne [dodan] *nm inv* sleeping policeman *Br*, speed bump *Am*; pont en ~ humpback bridge.

dose [doz] *nf* -**1.** PHARM dose; MÉD dose, dosage; une forte ~ de ce médicament peut être mortelle in large doses, this drug can be fatal; prendre une forte ~ OU une ~ massive de sédatifs to take an overdose of sedatives; 'respecter les ~s prescrites' 'do not exceed the prescribed dose'. -**2.** COMM [quantité prédéterminée - gén] dose, measure; [- en sachet] sachet; mesurez trois ~s de lait en poudre take three measures of powdered milk; une ~ de désherbant pour 10 ~s d'eau one part weedkiller to 10 parts water; réduisez la ~ de lessive si votre eau n'est pas calcaire reduce the amount of washing powder if the water in your area is soft. -**3.** [quantité - d'un aliment, d'un composant] amount, quantity; je ne connais pas les ~s pour la vinaigrette I don't know the right proportions OU quantities to use when making vinaigrette; ~ de: ses documentaires ont tous une petite ~ d'humour there's a touch of humour in all his documentaries; il a une ~ de paresse peu commune he's uncommonly lazy; avec une petite ~ de bon sens/volonté with a modicum of common sense/willpower; il faut une sacrée ~ de bêtise/naïveté pour le croire you have to be pretty stupid/naive to believe him; j'ai eu ma ~ de problèmes! *fam* I've had my (fair) share of problems!; du moment qu'il a sa ~ journalière de télévision, il est content as long as he gets his daily dose of television, he's happy. -**4.** *loc*: avoir sa ~ *fam*: il a sa ~ *fam* [lassé, ivre] he's had a bellyful OU as much as he can stand; en avoir sa ~ *fam*: sa mère, j'en ai eu ma ~! I've seen quite enough of his mother!; les scènes de ménage, j'en ai ma ~! *fam* I've had it up to here with marital rows!; il tient sa OU en a une bonne ~ *fam* he's as thick as two short planks *Br*, he's as dumb as they come *Am*; ce type, la ~ qu'il se trimballe!▽ that guy's an absolute moron! -**5.** NUCL: ~ absorbée dose, dosage.

◆ **à faible dose** *loc adv* in small doses OU quantities.

◆ **à forte dose** *loc adv* in large quantities OU amounts.

◆ **à haute dose** *loc adv* in large doses OU quantities; travailler à haute ~ *fam* to work like a dog; irradié à haute ~ having received a large level of radiation.

◆ **à petite dose, à petites doses** *loc adv* in small doses OU quantities; j'aime bien le sport/ma sœur, mais à petites ~s I like sport/my sister, but (only) in small doses.

doser [3] [doze] *vt* -**1.** [médicament] to measure a dose of; [composant, ingrédient] to measure out (*sép*). -**2.** [équilibrer - cocktail, vinaigrette] to use the correct proportions for; comment doses-tu ton anisette? what proportions do you use for your anisette?; sa collection de printemps dose admirablement fantaisie et rigueur his spring collection is a wonderful combination of fantasy and severity. -**3.** [utiliser avec mesure]: ~ ses forces OU son effort to pace o.s; il faut savoir ~ ses critiques you have to know how far you can go in your criticism. -**4.** MÉD [albumine] to determine the quantity of.

doseur [dozœr] *nm* measure; (*comme adj*): bouchon/gobelet ~ measuring cap/cup.

dosimètre [dozimɛtr] *nm* dosimeter.

dossard [dosar] *nm* SPORT number (*worn by a competitor*); portant le ~ numéro 3 wearing number 3.

dossier [dosje] *nm* -**1.** [d'une chaise, d'un canapé] back. -**2.** [documents] file, dossier; avoir un ~ sur qqn to keep a file on sb, to keep sb on file; constituer OU établir un ~ sur un suspect to build up a file on a suspect; constituer OU établir un ~ sur les mammifères to put together a file on mammals; les élèves doivent faire un ~ sur un sujet de leur choix the pupils must do a project on the subject of their choice; il connaît OU possède son ~ he knows what he's talking about ‖ JUR [d'un prévenu] record; [d'une affaire] case file, dossier; ADMIN [d'un cas social] case file; ouvrir/fermer un ~ to open/to close a case file ❑ ~ d'inscription UNIV registration forms; ~ médical medical file OU records; ~ scolaire SCOL school record *Br*, student file *Am*. -**3.** PRESSE, RAD & TV: numéro spécial avec un ~ sur le Brésil special issue with an extended report on Brazil ❑ ~ de presse survey, (special) report. -**4.** [chemise cartonnée] folder, file.

Dostoïevski [dɔstɔjɛfski] *npr* Dostoevski, Dostoievsky.

dot [dɔt] *nf* [d'une mariée] dowry; [d'une religieuse] (spiritual) dowry.

◆ **en dot** *loc adv* as dowry; apporter qqch en ~ to bring sthg as one's dowry, to bring a dowry of sthg; il lui avait laissé une ferme en ~ he'd left her a farmhouse as part of her dowry.

dotal, e, aux [dɔtal, o] *adj* dotal.

dotation [dɔtasjɔ̃] *nf* -**1.** [fonds versés - à un particulier, une collectivité] endowment; [- à un service public] grant, funds. -**2.** [revenus - du président] (personal) allowance, emolument; [- d'un souverain] civil list. -**3.** [attribution - de matériel] equipment; la somme est réservée pour la ~ du service en ordinateurs the sum has been earmarked for providing OU equipping the department with computers ❑ ~ en personnel *Can* allocation of posts (*in the public service*).

doter [3] [dɔte] *vt* -**1.** [équiper]: ~ qqch de to provide OU to equip sthg with; machine dotée de mémoire machine equipped with a memory. -**2.** [gratifier]: la nature l'a dotée d'une beauté/d'une volonté exceptionnelle nature has endowed her with exceptional beauty/with an exceptionally strong will; pays doté d'une puissante industrie country with a strong industrial base; quand on est doté d'une bonne santé when you enjoy good health. -**3.** [donner une dot à] to give a dowry to; ses filles sont richement dotées his daughters have large dowries. -**4.** [financer - particulier, collectivité] to endow; [- service public] to fund.

◆ **se doter de** *vp + prép* to acquire.

douaire [dwɛr] *nm* dower.

douairière [dwɛrjɛr] *nf* -**1.** [veuve] dowager (lady). -**2.** *péj* [femme] rich old woman.

Douala [dwala] *npr* Douala.

douane [dwan] *nf* -**1.** [à la frontière]: poste de ~ customs; passer à la ~ to go through customs; il a été arrêté à la ~ he was stopped by customs officers OU when going through customs. -**2.** [administration]: la ~, les ~s, le service des ~s [gén] the Customs (service); [en Grande-Bretagne] Customs and Excise (department); entreposer qqch en ~ to put sthg in OU into bond; inspecteur des ~s customs officer; zone sous ~ area subject to customs authority. -**3.** [taxe]: (droits de) ~ customs duty OU dues; exempté de ~ duty-free, non-dutiable; s'acquitter des droits de ~ to clear customs.

douanier, ère [dwanje, ɛr] ◇ *adj* [tarif, visite] customs (*modif*).
◇ *nm, f* customs officer.

douar [dwar] *nm* douar.

doublage [dublaʒ] *nm* -**1.** CIN [d'un film] dubbing; [d'un acteur]: il n'y a pas de ~ pour les cascades there's no stand-in for the stunts. -**2.** [habillage d'un coffre] lining. -**3.** COUT lining.

double [dubl] ◇ *adj* -**1.** [deux fois plus grand - mesure, production] double; les profits seront ~s cette année profits will be double OU will have doubled this year; **un ~ whisky** a double whisky ❑ **chambre/lit ~** double room/bed; **disquette ~ densité/~ face** double-density/double-sided disk; **~ menton** double chin. **-2.** [à deux éléments identiques] double; **contrat en ~ exemplaire** contract in duplicate ❑ **~ deux/cinq** JEUX double two/five; **~ allumage** dual ignition; **en ~ aveugle** double-blind; **~ commande** dual controls; **à ~ commande** AUT dual-control; **faire un ~ débrayage** to double-declutch *Br*, to double-clutch *Am*; **~ faute** TENNIS double fault; **faire une ~ faute** to serve a double fault, to double-fault; **en ~ file: stationner en ~ file** to double-park; **je suis en ~ file** I'm double-parked; **à ~ fond** [mallette] double-bottomed, false-bottomed; **~ liaison** double bond; **~ nœud** double knot; **~ page** double page spread; **~ vitrage** double glazing; **faire poser un ~ vitrage à une fenêtre** to double-glaze a window; **faire ~ emploi** to be redundant; **faire ~ emploi avec qqch** to replicate sthg. **-3.** [à éléments différents - avantage, objectif] double, twofold; [- fonction, personnalité, tarification] dual; **le préjudice est ~** the damage is of two kinds OU is twofold; **avoir la ~ nationalité** to have dual nationality; **mener une ~ vie** to lead a double life ❑ **à ~ emploi** OU **usage** dual-purpose *(avant n)*; **~ jeu** *fig* double-dealing; **jouer** OU **mener (un) ~ jeu** to play a double game; **coup ~: faire coup ~** CHASSE to kill two animals with one shot; *fig* to kill two birds with one stone. **-4.** BOT: **lilas ~** double lilac.

◇ *nm* **-1.** [en quantité]: **six est le ~ de trois** six is twice three OU two times three; **coûter le ~ de** to cost twice as much as; **j'ai payé le ~** I paid double that price OU twice as much; **je croyais que ça coûtait 300 F – c'est plus du ~** I thought it was 300 F – it's more than twice that OU double that price; **les huîtres à 100 F, ça les met au ~ par rapport à l'an dernier!** *fam* oysters at 100 F, they've doubled (in price) since last year! **-2.** [exemplaire - d'un document] copy; [- d'un timbre de collection] duplicate, double; **tu as un ~ de la clé?** have you got a spare OU duplicate key?; **je garde des ~s de toute ma correspondance** I keep copies of all the letters I send. **-3.** [sosie] double, doppelgänger. **-4.** SPORT: **jouer un ~** to play (a) doubles (match); **c'est un bon joueur de ~** he's a good doubles player ❑ **~ messieurs/dames/mixte** men's/women's/mixed doubles.

◇ *adv* [compter] twice as much, double; [voir] double.

◆ **à double sens** ◇ *loc adj*: **un mot à ~ sens** a double-entendre; **une phrase à ~ sens** a double-entendre.

◇ *loc adv*: **on peut prendre la remarque à ~ sens** you can interpret OU take that remark two ways.

◆ **à double tranchant** *loc adj* [couteau, action] double-edged, two-edged; **attention, c'est un argument à ~ tranchant** beware, that argument could backfire on you.

◆ **à double tour** *loc adv*: **fermer à ~ tour** to double lock; **enfermer qqn à ~ tour** [en prison] to lock sb up (and throw away the key); [dans sa chambre] to lock sb up (and make sure they can't get away).

◆ **en double** *loc adv*: **les draps sont pliés en ~** the sheets are folded double OU doubled over; **mettre en ~** [obj: corde] to double over *(sép)*; [obj: couverture] to double over, to fold double; **j'ai une photo en ~** I've got two of the same photograph; **jouer en ~** SPORT to play (a) doubles (match).

doublé, e [duble] *adj* **-1.** COUT lined; **non ~** unlined. **-2.** CIN dubbed.

◆ **doublé** *nm* **-1.** CHASSE right and left; **faire un ~** to shoot a right and left. **-2.** [succès] double; **vainqueur du 100 et du 200 m, c'est un beau ~** he's won both the 100 and 200 m races, that's a nice double. **-3.** MUS turn. **-4.** JOAILL rolled gold.

double-crème [dubləkrɛm] *(pl* **doubles-crèmes)** *nm* ≃ cream cheese.

double-croche [dubləkrɔʃ] *(pl* **doubles-croches)** *nf* semi-quaver *Br*, sixteenth note *Am*.

double-décimètre [dublədesimɛtr] *(pl* **doubles-décimètres)** *nm* ruler.

doublement[1] [dubləmɑ̃] *nm* **-1.** [augmentation - d'un prix, d'une production] doubling *(U)*, twofold increase; **ils demandent le ~ de leur prime** they want their bonus to be doubled. **-2.** AUT overtaking *Br*, passing. **-3.** [d'une couverture, d'un papier, d'un tissu] doubling, folding; [d'un fil] doubling. **-4.** [d'une consonne] doubling.

doublement[2] [dubləmɑ̃] *adv* doubly; **c'est ~ ironique** there's a double irony there; **je suis ~ déçu/surpris** I'm doubly disappointed/surprised.

doubler [3] [duble] ◇ *vt* **-1.** [dépasser - coureur, véhicule] to overtake *Br*, to pass; **je me suis fait ~ par un cycliste** I was overtaken by a cyclist. **-2.** [porter au double - bénéfices, personnel, quantité] to double; **~ l'allure** OU **le pas** to quicken one's pace ❑ **~ la mise** JEUX to double the stake; *fig* to raise the stakes. **-3.** [garnir d'une doublure - coffret, jupe, tenture] to line; **~ un manteau de velours** to line a coat with velvet. **-4.** CIN [voix] to dub; [acteur] to stand in for, to double; **il se fait ~ pour les cascades** he's got a stand-in for his stunts. **-5.** [mettre en double - corde, fil] to double; [- couverture] to fold (in half), to double (over); **les enfants, doublez les rangs** children, walk in twos; **~ la route de Ligny à Verseil** to build a road parallel to the Ligny-Verseil road. **-6.** *fam* [trahir]: **~ qqn** [le voler] to pull a fast one on sb *(and get something that was rightly his)*; [le devancer] to pip sb at the post *Br*, to beat sb out *Am*. **-7.** CHASSE: **~ ses voies** to double back. **-8.** MUS [parties] to split; **là, Verdi a doublé les altos** at that point, Verdi split the alto (into two semi-choruses). **-9.** NAUT [cap] to double, to round; **~ le cap de la trentaine** *fig* to turn thirty; **l'inflation a doublé le cap des 5%** inflation has broken the 5% barrier. **-10.** *Belg* SCOL to take again *(sép)*; **il a doublé sa troisième** he had to do his fourth year again.

◇ *vi* **-1.** [bénéfices, poids, quantité] to double, to increase twofold. **-2.** TENNIS to double bounce.

◆ **se doubler de** *vp + prép* to be coupled with; **une mauvaise foi qui se double d'agressivité** bad faith coupled with aggressiveness.

double-rideau [dubləriðo] *(pl* **doubles-rideaux)** *nm* double curtains.

doublet [dublɛ] *nm* **-1.** JOAILL, LING & PHYS doublet. **-2.** OPT doublet (lens).

doubleur, euse [dublœr, øz] *nm, f Belg pupil repeating a year*; **c'est un ~** he's been put back a year.

doublon [dublɔ̃] *nm* **-1.** [pièce] doubloon. **-2.** IMPR doublet.

doublonner [3] [dublɔne]

◆ **doublonner avec** *v + prép* to duplicate.

doublure [dublyr] *nf* **-1.** [garniture] lining *(C)*. **-2.** CIN stand-in; THÉÂT understudy. **-3.** MÉTALL flaw, defect, scaling.

douce-amère [dusamɛr] *(pl* **douces-amères)** *nf* woody nightshade, bittersweet.

douceâtre [dusatr] *adj* [odeur, goût, saveur] sweetish; [sourire, ton, voix] sugary.

doucement [dusmɑ̃] *adv* **-1.** [avec délicatesse, sans brusquerie - caresser, poser, prendre] gently; [- manier] gently, with care; [- démarrer] smoothly; **~!** gently!, careful!; **~ avec les verres!** careful OU go gently with the glasses!; **~ avec le champagne/poivre!** (go) easy on the champagne/pepper!; **il m'a poussé, et pas ~ encore!** *fam* he gave me a real push!; **vas-y ~, il est encore petit** go easy on OU with him, he's only a child. **-2.** [lentement - marcher, progresser, rouler] slowly. **-3.** [graduellement - augmenter, s'élever] gently, gradually; **le champ descend ~ jusqu'à une rivière** the field slopes gently down to a river. **-4.** [sans bruit - chantonner] softly; **parle plus ~, il dort** lower your voice OU keep your voice down, he's sleeping; **mets la radio, mais ~** put the radio on, but quietly. **-5.** *fam* [discrètement]: **ça me fait ~ rigoler, son projet de créer une entreprise** his idea of setting up a company is a bit of a joke. **-6.** [pour calmer, contrôler]: **~, ~, vous n'allez pas vous battre, tout de même!** calm down, you don't want a fight, do you?; **~, je n'ai jamais dit ça!** hold on, I never said that! ❑ **~ les basses!** *fam* hey, hold on! **-7.** *fam* [moyennement] so-so; **comment va ton commerce? – ~** what about your business? – so-so OU it's just about keeping afloat.

doucereux, euse [dusrø, øz] *adj* [goût, liqueur] sweetish; *péj* sickly sweet; [voix, ton, paroles] sugary, honeyed; [manières, personne] suave, smooth.

doucette [dusɛt] *nf* corn salad, lamb's lettuce.

doucettement *fam* [dusɛtmɑ̃] *adv* [marcher, progresser] slowly; **ton grand-oncle va bien? – tout ~** how is your great-uncle? – a bit frail but he's fine.

douceur [dusœr] *nf* **-1.** [toucher - d'une étoffe, d'une brosse] softness; [- des cheveux, de la peau] softness, smoothness; **vos mains conserveront ainsi toute leur ~** your hands will remain smooth OU soft ‖ [goût - d'un vin] sweetness; [- d'un fromage] mildness. **-2.** [délicatesse - de caresses, de mouvements, de manières] gentleness; [- d'une voix] softness; **manipuler qqch avec ~** to handle sthg gently; **parler avec ~** to speak softly; **prendre qqn par la ~** to use the soft approach with sb; **la ~ de vivre** the gentle pleasures of life. **-3.** [bonté - d'une personne] sweetness, gentleness; [- d'un regard, d'un sourire] gentleness. **-4.** [d'un relief] softness; **la ~ de ses traits** his soft features. **-5.** TECH [d'une eau] softness. **-6.** MÉTÉO mildness; **surpris par la ~ du soir** surprised by the mildness of the evening. **-7.** [friandise] sweet.

◆ **douceurs** *nfpl* **-1.** [agréments] pleasures; **les ~s de la vie** the pleasures of life, the pleasant things in life. **-2.** [propos agréables] sweet words; **les deux conducteurs échangeaient des ~s au feu rouge** *iron* the two drivers were swapping insults while waiting for the lights to change.

◆ **en douceur** ◇ *loc adj* [décollage, démarrage] smooth.

◇ *loc adv* [sans brusquerie - gén] gently; [- démarrer, s'arrêter] smoothly; **réveille-moi en ~ la prochaine fois** next time, wake me up gently.

douche [duʃ] *nf* **-1.** [jet d'eau] shower; **prendre une ~** to have OU to take a shower; **il est sous la ~** he's in the shower ❑ **~ écossaise** *pr* hot and cold shower *(taken successively)*; **ce mélangeur ne marche pas, c'est la ~ écossaise!** that mixer tap's not working, you get scalded one minute and frozen the next!; **son refus m'a fait l'effet d'une ~ écossaise** his refusal came as a real shock. **-2.** [bac, cabine] shower unit; **les ~s** the showers ❑ **(pomme de) ~** shower head. **-3.** *fam* [averse]: **recevoir** OU **prendre une bonne ~** to get drenched OU soaked. **-4.** *fam* [choc, surprise] shock; [déception] let-down, anticlimax; **ça m'a fait l'effet d'une ~ (froide)** it came as a shock to me; **lui qui croyait être nommé directeur, quelle ~!** he thought he was going to be appointed manager, what a let-down for him! **-5.** *fam* [reproches] telling-off, dressing-down.

doucher [3] [duʃe] *vt* **-1.** [laver] to shower, to give a shower to; **je me suis fait ~** *fam* [par la pluie] I got drenched OU soaked. **-2.** *fam* [décevoir] to let down. **-3.** *fam* [réprimander]: **~ qqn** to tell sb off, to give sb a good telling-off.

◆ **se doucher** *vp (emploi réfléchi)* to have OU to take a shower.

doudoune [dudun] *nf* (thick) quilted jacket OU anorak.

doué, e [dwe] *adj* **-1.** [acteur, musicien] gifted, talented; **être ~ en dessin** to have a gift for OU to be good at drawing; **il est ~ dans tous les sports** he's an all-round sportsman; **être ~ pour tout** to be an all-rounder; **tu es vraiment ~ pour envenimer les situations!** you've got a real knack for stirring things up!; **je n'arrive pas à brancher le tuyau – tu n'es pas ~!** *fam* I can't connect the hose – you're hopeless! -**2.** [doté]: ~ **de** [obj: intelligence, raison] endowed with; [obj: mémoire] gifted OU blessed OU endowed with.

douer [6] [dwe] *vt*: ~ **qqn de** to endow sb with; **la nature l'a doué de...** nature has endowed OU blessed him with...

douille [duj] *nf* -**1.** [de cuisine] piping nozzle. -**2.** ARM (cartridge) case. -**3.** [d'une ampoule] (lamp) socket. -**4.** [de cylindre] casing.

douiller▽ [3] [duje] *vi* to cough up, to fork out; **la nourriture est super, mais ça douille** the food is great but it costs a packet OU an arm and a leg!

douillet, ette [dujɛ, ɛt] *adj* -**1.** [très sensible à la douleur] oversensitive; [qui a peur de la douleur] afraid of getting hurt; **que tu es ~!** *péj* don't be so soft! -**2.** [confortable - vêtement, lit] (nice and) cosy, snug.

◆ **douillette** *nf* -**1.** [robe de chambre] quilted dressing gown. -**2.** [de prêtre] quilted overcoat.

douillettement [dujɛtmɑ̃] *adv* cosily, snugly; **vous êtes ~ installé ici!** you're nice and cosy here!

douleur [dulœr] *nf* -**1.** [physique] pain; **je ne supporte pas la ~** I can't stand pain; **vous ne sentirez aucune ~** you won't feel any pain; **une ~ fulgurante/sourde** a searing/dull pain; **~s abdominales** stomachache; **~s rhumatismales** rheumatic pains; **j'ai une ~ à la cuisse** my thigh hurts, my thigh's sore, I've got a pain in my thigh; **quand mes vieilles ~s se réveillent** when my old pains OU aches and pains return. -**2.** [psychologique] grief, sorrow, pain; **à notre grande ~, il s'est éteint hier** to our great sorrow, he passed on yesterday; **j'ai eu la grande ~ de perdre ma femme il y a deux ans** I suffered the grief of losing my wife two years ago; **nous avons la ~ de vous faire part du décès de...** it's with great OU deep sorrow (and regret) that we have to announce the death of...; **nous avons eu la ~ d'apprendre que...** it was with great sorrow that we learned that... ❑ **les grandes ~s sont muettes** great sorrow is often silent.

douloureusement [duluʀøzmɑ̃] *adv* -**1.** [physiquement] painfully. -**2.** [moralement] painfully, grievously; **la disparition de sa sœur l'a ~ frappée** her sister's death was a great grief for her; **~ touché par le départ de sa femme** wounded OU very hurt by his wife's leaving him.

douloureux, euse [duluʀø, øz] *adj* -**1.** [brûlure, coup, coupure] painful; [articulation, membre] painful, sore; **mes jambes sont très douloureuses le soir** my legs are very sore OU hurt a lot at night. -**2.** [humiliation, souvenirs] painful; [circonstances, sujet, période] painful, distressing; [nouvelle] grievous, painful, distressing; [poème, regard] sorrowful.

◆ **douloureuse** *fam nf hum* [au restaurant] bill, check *Am*; [facture] bill; **on va bientôt recevoir la douloureuse** we'll soon get the bad news.

doum [dum] *nm* doum palm, doom palm.

doute [dut] *nm* -**1.** [soupçon] doubt; **avoir des ~s sur** OU **quant à** OU **au sujet de qqch** to have (one's) doubts OU misgivings about sthg; **je n'en ai pas le moindre ~** I haven't the slightest doubt about it; **il n'y a aucun ~ (possible), c'est lui** it's him, (there's) no doubt about it; **sa responsabilité ne fait pratiquement aucun ~** there's little doubt (about the fact) that she's responsible; **d'après les indices, il n'y a aucun ~ que c'est lui le coupable** the evidence leaves no doubt about him being the culprit; **de gros ~s pèsent sur lui/son innocence** heavy suspicion hangs over him/his innocence; **il y a des ~s quant à l'identité du peintre** there is some doubt as to the identity of the painter; **sa victoire ne faisait aucun ~** there was no doubt about her being the winner, her victory was certain; **il aura l'oscar, ça ne fait aucun ~** he'll get the Oscar, there's no doubt about that. -**2.** [perplexité, incertitude] doubt, uncertainty; PHILOS doubt; **il ne connaît pas le ~** he never has any doubts; **le ~ persiste sur ses motifs** there's still some doubt about his motives; **jeter le ~ sur** to cast OU to throw doubt on; **tu as semé** OU **mis le ~ dans mon esprit** you've made me doubtful.

◆ **dans le doute** *loc adv*: **être dans le ~** to be doubtful OU uncertain; **je suis toujours dans le ~ quant à sa sincérité** I'm still in doubt OU doubtful OU uncertain about his honesty; **laisser qqn dans le ~** [suj: personne, circonstances] to leave sb in a state of uncertainty ❑ **dans le ~ abstiens-toi** when in doubt do nothing.

◆ **en doute** *loc adv*: **mettre en ~** [suj: personne] to question, to challenge; [suj: circonstances, témoignage] to cast doubt on; **mettez-vous ma parole en ~?** do you doubt my word?

◆ **sans doute** *loc adv* -**1.** [probablement] most probably, no doubt; **sans ~ vous êtes-vous déjà rencontrés** you've probably met before; **comme elle te l'a sans ~ appris** as she has no doubt told you; **sans ~ aurait-il préféré cela** no doubt he would have preferred that. -**2.** [assurément]: **sans aucun** OU **nul ~** without (a) doubt, undoubtedly, indubitably. -**3.** [certes]: **tu me l'avais promis – sans ~, mais...** you'd promised me – that's true OU I know, but...

douter [3] [dute]

◆ **douter de** *v + prép* -**1.** [ne pas croire à - succès, victoire] to be doubtful of; [- fait, éventualité] to doubt; **~ de l'existence/la véracité de qqch** to doubt the existence/truth of sthg; **je n'ai jamais douté de ton talent** I never doubted your talent; **on peut ~ de la sécurité du système** the safety of the system is open to doubt; **tu viendras? – j'en doute fort** will you come? – I very much doubt it; **elle ne doute de rien** she has no doubt about anything; **je doute que le projet voie le jour** I have (my) doubts about the future of the project, I doubt whether the project will ever be realised || *(en usage abs)*: **j'étais prête à me marier, mais maintenant je doute** I was going to get married, but now I've got doubts. -**2.** [traiter avec défiance]: **~ de l'amour de qqn** to have doubts about sb's love; **~ d'un ami** to have doubts about a friend; **~ de la parole de qqn** to doubt sb's word; **comment peux-tu encore ~ de moi/ma bonne volonté?** how can you still have doubts about me/my good will?; **~ de soi** [habituellement] to have doubts about OU to lack confidence in o.s.; [à un moment] to have doubts about o.s.; **tu doutes trop de toi** you don't have enough confidence in yourself. -**3.** RELIG to have doubts about.

◆ **se douter de** *vp + prép*: **se ~ de** [s'attendre à] to know, to suspect; **j'aurais dû m'en ~** I should have known; **je me doutais un peu de sa réaction** I half expected him to react the way he did, his reaction didn't surprise me; **je me doutais un peu de son état d'esprit** I'd suspected OU guessed the state of mind he was in; **comme tu t'en doutes sûrement** as you've probably guessed; **il a eu très peur – je m'en doute** he got quite a fright – I can (well) imagine that; **il faudra que tu viennes me chercher – je m'en doute!** [irritation] you'll have to come and fetch me – well, yes, I expected that!; **j'ai raté le train – vu l'heure, on s'en serait douté!** I missed my train – given the time, that's pretty obvious!; **se ~ de qqch** [soupçonner qqch] to suspect sthg; **son mari ne s'est douté de rien pendant des années** her husband suspected nothing for years; **se ~ que**: **je ne me serais jamais douté que c'était possible** I'd never have thought it (was) possible; **je lui ai proposé de travailler pour moi, tout en me doutant bien qu'il refuserait** I suggested he work for me, but I knew he wouldn't accept; **j'étais loin de me ~ que...** little did I know that...; **tu te doutes bien que je te l'aurais dit si je l'avais su!** you know very well that I would have told you if I'd known!

douteux, euse [dutø, øz] *adj* -**1.** [non certain, non assuré - authenticité, fait] doubtful, uncertain, questionable; [- avenir, issue, origine etc] doubtful, uncertain; [- signature] doubtful; **il est ~ que...** it's doubtful whether...; **il n'est pas ~ que...** there's no doubt that... -**2.** *péj* [inspirant la méfiance - individu] dubious-looking; [- comportement, manœuvres, passé etc] dubious, questionable; **le portrait/sa plaisanterie était d'un goût ~** the portrait/her joke was in dubious taste. -**3.** [sale, dangereux] dubious; **du linge ~** clothes that are none too clean; **jetez toujours une viande douteuse** always throw away any meat you're not sure of; **l'installation électrique est douteuse** the wiring's none too safe.

douve [duv] *nf* -**1.** ÉQUIT waterjump. -**2.** HIST moat. -**3.** [d'un fût] stave. -**4.** ZOOL fluke; **~ du foie** liver fluke.

Douvres [duvr] *npr* Dover.

doux, douce [du, dus] ◇ *adj* -**1.** [au toucher - cheveux, peau] soft, smooth; [- brosse à dents] soft; **le ~ contact de la soie** the soft touch of silk. -**2.** [au goût - vin] sweet; [- fromage] mild. -**3.** [détergent, savon, shampooing] mild; [énergie, technique] alternative; [drogue] soft; **médecines douces** alternative medicine. -**4.** [sans brusquerie - geste, caresse, personne] gentle; [- pression] soft, gentle; [- balancement, pente] gentle; [- accélération] smooth; [- véhicule] smooth-running; **il a eu une mort douce** he died peacefully. -**5.** [bon, gentil - personne, sourire, tempérament etc] gentle; **~ comme un agneau** meek as a lamb. -**6.** [modéré - châtiment] mild; [- reproche] mild, gentle; [- éclairage, teinte] soft, subdued; [- chaleur, campagne, forme] gentle. -**7.** MÉTÉO [air, climat] mild; [chaleur, vent] gentle. -**8.** [harmonieux - intonation, mélodie, voix] soft, sweet, gentle; **quel ~ prénom!** what a sweet-sounding name! -**9.** [plaisant - rêves, souvenir] sweet, pleasant; [- paix, succès] sweet; **ton amour m'était alors si ~** *litt* how sweet it was, being loved by you then; **que ces mots sont ~ à entendre!** how sweet it is to hear these words! -**10.** PHON soft.

◇ *nm, f* [par affection]: **ma douce** my sweet.

◆ **doux** *adv* -**1.** [tiède]: **il fait ~** it's mild out. -**2.** *loc*: **tout ~!** [sans brusquerie] gently (now)!; [pour calmer] calm down!, easy now!; **vas-y tout ~ avec elle** be careful with her.

◆ **douce** *nf vieilli*: **sa douce** [sa fiancée] his beloved.

◆ **en douce** *fam loc adv* [dire, donner, partir etc] on the quiet, sneakily.

doux-amer, douce-amère [duzamɛr, dusamɛr] (*mpl* **doux-amers**, *fpl* **douces-amères**) *adj* bittersweet.

douzain [duzɛ̃] *nm* LITTÉRAT twelve-line poem.

douzaine [duzɛn] *nf* -**1.** [douze] dozen. -**2.** [environ douze]: **une ~ de** a dozen, around twelve; **une ~ d'escargots** a dozen snails; **une ~ de pages** about OU roughly twelve pages.

◆ **à la douzaine** *loc adv* [acheter, vendre] by the dozen; **il y en a à la ~** they are two a penny *Br*, they're a dime a dozen *Am*; **des chanteurs comme lui, il y en a à la ~!** *fam* singers like him are two a penny!, you'll find dozens of singers like him!

douze [duz] *adj num* & *nm inv* twelve.

douzième [duzjɛm] *adj ord* & *nmf* twelfth.

Dow Jones [dodʒɔns] *nm*: (indice) ~ Dow Jones (index).

doyen, enne [dwajɛ̃, ɛn] *nm, f* -**1.** [d'un club, d'une communauté] most senior member; [d'un pays] eldest OU oldest citizen; [d'une profession] doyen (*f* doyenne). -**2.** UNIV dean.

◆ **doyen** *nm* RELIG dean.

doyenné [dwajene] *nm* -**1.** [district, demeure] deanery. -**2.** [fonction] deanship.

DP *nm abr de* **délégué du personnel**.

DPLG (*abr de* **diplômé par le gouvernement**) *adj certificate for architects, engineers etc.*

DQ (*abr écrite de* **dernier quartier de lune**) *last quarter.*

dr (*abr écrite de* **droite**) R, r.

Dr (*abr écrite de* **Docteur**) Dr.

DR (*abr écrite de* **drachme**) Dr.

dracena, **dracæna** [drasena] *nm* dracaena.

drache [draʃ] *nf Belg* shower.

dracher [3] [draʃe] *vi Belg* to pour with rain.

drachme [drakm] *nf* drachma.

draconien, **enne** [drakɔnjɛ̃, ɛn] *adj* [mesure] drastic, draconian, stringent; [règlement] harsh, draconian; [régime] strict.

dragage [dragaʒ] *nm* [pour prélèvement] dragging, dredging; [pour nettoyage] dredging; ~ **de mines** minesweeping.

dragée [draʒe] *nf* -**1.** [confiserie] sugared almond; PHARM (sugar-coated) pill; **tenir la ~ haute à qqn** [dans une discussion, un match] to hold out on sb. -**2.** [balle] lead shot. -**3.** AGR dredge.

DRAGÉE:
A paper cone filled with sugared almonds ("un cornet de dragées") is a traditional gift at christenings in France.

dragéifié, **e** [draʒeifje] *adj* sugared, sugar-coated.

dragon [dragɔ̃] *nm* -**1.** MYTH dragon. -**2.** [gardien] dragon; ~ **de vertu** *hum* paragon of virtue. -**3.** *vieilli* [mégère] dragon. -**4.** ARM & HIST dragoon. -**5.** ZOOL: ~ **de Komodo** Komodo dragon.

dragonnade [dragɔnad] *nf* dragonnade *(raid on Protestants under Louis XIV)*.

dragonne [dragɔn] *nf* [d'un bâton de ski, d'une cravache] wrist-strap, wrist-loop; [d'une épée] swordknot.

dragster [dragstɛr] *nm* dragster.

drague [drag] *nf* -**1.** TRAV PUBL dredge; ~ **flottante** OU **hydrographique** dredger; ~ **à godets** bucket dredger. -**2.** PÊCHE dragnet. -**3.** *fam* [flirt]: **pour la ~, il est doué!** he's always on the pull *Br* OU on the make *Am*!

draguer [3] [drage] ◇ *vt* -**1.** [nettoyer - fleuve, canal, port] to dredge. -**2.** [retirer - mine] to sweep; [- ancre] to drag (anchor). -**3.** *fam* [fille, garçon] to chat up *(sép) Br*, to sweet-talk *Am*, to try to pick up *(sép)*; [en voiture] to cruise; **je me suis fait ~ par le serveur** the waiter chatted me up *Br* OU was giving me a line *Am*; **elle n'arrête pas de ~ les mecs** she's always chasing after the boys.
◇ *vi* to be on the pull *Br* OU on the make *Am*; ~ **en voiture** to cruise.

dragueur, **euse** *fam* [dragœr, øz] *nm, f*: **c'est un ~** he's always on the pull *Br* OU on the make *Am*; **sa sœur est une sacrée dragueuse** her sister's always chasing after boys.
◆ **dragueur** *nm* -**1.** [navire] dredger; ~ **de mines** minesweeper. -**2.** [matelot] dredgerman. -**3.** PÊCHE dragnet fisherman.

draille [draj] *nf* [en Provence] wide path *(for cattle on the move)*.

drain [drɛ̃] *nm* ÉLECTRON, MÉD & TRAV PUBL drain.

drainage [drɛnaʒ] *nm* -**1.** [d'une plaie, d'un sol] drainage. -**2.** [de capital, de ressources] tapping.

draine [drɛn] *nf* mistlethrush.

drainer [4] [drene] *vt* -**1.** [assécher] to drain. -**2.** [rassembler - capital, ressources] to tap. -**3.** [canaliser - foule] to channel; ~ **la circulation vers une voie de dégagement** to channel the traffic towards a relief road. -**4.** GÉOG: **la Seine draine les eaux de toute cette région** the waterways throughout the area flow towards OU drain into the Seine.

draisienne [drɛzjɛn] *nf* dandy horse.

draisine [drɛzin] *nf* RAIL track motorcar *Br*, gangcar *Am*, handcar *Am*.

drakkar [drakar] *nm* NAUT & HIST drakkar.

Dralon® [dralɔ̃] *nm* Dralon®.

dramatique [dramatik] ◇ *adj* -**1.** THÉÂT [musique, œuvre] dramatic. -**2.** [grave - conséquences, issue, période, situation] horrendous, appalling; **elle ne comprend rien aux équations, c'est ~!** she hasn't got a clue about equations, it's pretty appalling!; **j'ai raté mon permis de conduire — ce n'est pas ~!** I've failed my driving test — it's not the end of the world! -**3.** [tragique - dénouement, événement] dramatic; **il s'agrippait à la corniche, ce fut un moment ~** he was hanging off the ledge, it was a moment of intense drama.
◇ *nf* TV television play OU drama; RAD radio play OU drama.

dramatiquement [dramatikmɑ̃] *adv* [tragiquement] tragically; **encore un bal du samedi soir qui se termine ~** yet another Saturday night dance with a tragic ending.

dramatisation [dramatizasjɔ̃] *nf* dramatization.

dramatiser [3] [dramatize] *vt* -**1.** [exagérer - histoire] to dramatize; **ne dramatise pas!** don't make a drama out of it! -**2.** THÉÂT [œuvre] to dramatize, to turn into a play.

dramaturge [dramatyrʒ] *nm* playwright, dramatist.

dramaturgie [dramatyrʒi] *nf* -**1.** [art] dramatic art, drama. -**2.** [traité] treatise on dramatic art.

drame [dram] *nm* -**1.** THÉÂT [œuvre] drama; [genre] drama; ~ **bourgeois** bourgeois drama. -**2.** RAD & TV drama, play. -**3.** [événement] drama; **il l'a renversé, mais ce n'est pas un ~** he spilt it but it's not the end of the world; **faire un ~ de qqch** to make a drama out of sthg; **j'étais en retard, il en a fait tout un ~** I was late, he made such a fuss about it; **le ~, c'est que je n'ai pas assez d'argent pour me l'offrir** the sad thing is that I can't afford it; **il m'a surprise avec mon amant, le ~!** he caught me with my lover, it was just awful!; **tourner** OU **virer au ~**: **l'excursion a tourné** OU **viré au ~** the trip ended tragically; ~ **de la jalousie hier à Lyon** jealousy caused a tragedy yesterday in Lyons.

drap [dra] *nm* -**1.** [pour lit]: ~ **(de lit)** (bed) sheet; **des ~s** sheets, bedlinen; ~ **de dessus/dessous** top/bottom sheet; **dans de beaux** OU **vilains ~s**: **se retrouver** OU **se trouver dans de beaux ~s** to find o.s. up the creek (without a paddle); **nous voilà dans de beaux** OU **vilains ~s!** we're in a fine mess!; **tu me laisses** OU **mets dans de beaux ~s!** you've landed me in a fine mess! -**2.** [serviette]: ~ **de bain** bath-towel; ~ **de plage** beach towel. -**3.** *Belg* towel; ~ **de maison** table cloth. -**4.** TEXT woollen cloth; ~ **fin** broadcloth; **gros ~** coarse woollen cloth.

drapé [drape] *nm* [plis, tombé]: **la jupe a un beau ~** the skirt hangs beautifully.

drapeau, **x** [drapo] *nm* -**1.** [pièce d'étoffe] flag; MIL flag, colours; **saluer le ~** to salute the colours ❑ **le ~ blanc** the white flag, the flag of truce; **le ~ britannique** the British flag, the Union Jack; **le ~ rouge** the red flag; **le ~ tricolore** the French flag, the tricolour (flag); **combattre/se ranger sous le ~ de qqn** to fight under/to rally round sb's flag; **mettre son ~ dans sa poche** *fig* to hide one's political opinions. -**2.** [patrie]: **pour le ~** OU **l'honneur du ~** *aussi hum* ≃ for King and country *Br*, ≃ for the red, white and blue *Am*. -**3.** AÉRON: **mettre en ~** [hélice] to feather. -**4.** INF (flag) marker. -**5.** GOLF pin.
◆ **sous les drapeaux** *loc adv*: **être sous les ~x** [au service militaire] to be doing one's military service; [en service actif] to serve in one's country's armed forces.

drapement [drapmɑ̃] *nm* draping.

draper [3] [drape] *vt* -**1.** [couvrir - meuble] to drape, to cover with a sheet. -**2.** [arranger - châle, rideaux] to drape.
◆ **se draper** *vp (emploi réfléchi)*: **se ~ dans un châle** to drape OU to wrap o.s. in a shawl; **se ~ dans sa dignité** to stand on one's dignity; **se ~ dans sa vertu** to cloak o.s. in virtue.

draperie [drapri] *nf* -**1.** [tissu disposé en grands plis] drapery, hanging. -**2.** [industrie] cloth trade; [fabrique] cloth manufacture. -**3.** BX-ARTS drapery.

drap-housse [draus] (*pl* **draps-housses**) *nm* fitted sheet.

drapier, **ère** [drapje, ɛr] ◇ *adj*: **marchand ~** draper *Br*, clothier *Am*; **ouvrier ~** cloth worker.
◇ *nm, f* [fabricant] cloth manufacturer; [vendeur] draper *Br*, clothier *Am*.

drastique [drastik] *adj* -**1.** [mesure] harsh, drastic; [règlement] strict. -**2.** PHARM drastic.

drave [drav] *nf Can* drive *(of floating logs)*.

dravidien, **enne** [dravidjɛ̃, ɛn] *adj* Dravidian.
◆ **dravidien** *nm* Dravidian.

drawback [drobak] *nm* drawback COMM.

Dresde [drɛzd] *npr* Dresden.

dressage [drɛsaʒ] *nm* [d'un fauve] taming *(U)*; [d'un cheval sauvage] breaking in *(U)*; [d'un chien de cirque, de garde] training *(U)*; [d'un cheval de parade] dressage.

dressé, **e** [drese] *adj* -**1.** [oreille, queue] (standing) erect. -**2.** [chien] trained.

dresser [4] [drese] *vt* -**1.** [ériger - mât, pilier] to put up *(sép)*, to raise, to erect; [- statue] to put up *(sép)*, to erect; [- tente, auvent] to pitch, to put up *(sép)*; ~ **une échelle contre un mur** to put up OU to set up a ladder against a wall. -**2.** [construire - barricade, échafaudage] to put up *(sép)*, to erect; [- muret] to erect, to build; ~ **des obstacles devant qqn** to put obstacles in sb's way, to raise difficulties for sb. -**3.** [installer - autel] to set up *(sép)*; ~ **un camp** to set up camp; ~ **le couvert** OU **la table** to lay OU to set the table; ~ **un buffet** to set out a buffet ❑ ~ **ses batteries** to lay one's plans. -**4.** [lever - bâton] to raise, to lift; [- menton] to stick out; [- tête] to raise, to lift; ~ **les oreilles** [suj: chien] to prick up OU to cock its ears; ~ **l'oreille** [suj: personne] to prick up one's ears; **le chat dresse la queue** the cat sticks up its tail. -**5.** [dompter - fauve] to tame; [- cheval sauvage] to break in *(sép)*; [- cheval de cirque, chien de garde] to train; ~ **un chien à attaquer** to train a dog to attack. -**6.** *fam* [mater - soldat] to drill, to lick into shape; **ce gamin aurait besoin d'être dressé!** *fam* that kid needs to be taught his place!; **je vais le ~, moi!** I'll make him toe the line! -**7.** [établir - liste, inventaire] to draw up *(sép)*, to make out *(sép)*; [- bilan] to draw up, to prepare; ~ **le bilan d'une situation** to take stock of a situation; ~ **(une) contravention** to give a ticket *(for a driving offence)*. -**8.** [opposer]: ~ **qqn contre qqn/qqch** to set sb against sb/sthg. -**9.** MENUIS to dress.
◆ **se dresser** *vpi* -**1.** [se mettre debout] to stand up, to rise; **se ~ sur la pointe des pieds** to stand on tiptoe; **l'ours se dressa sur ses pattes de derrière** the bear rose OU reared OU stood up on its hind legs; **se ~ sur son séant** to sit up straight. -**2.** [oreille de chien] to prick up; **à ce nom, ses oreilles se sont dressées** [chien] when he heard that name, he pricked up his ears ❑ **un film à faire se ~ les cheveux sur la tête** OU **à vous faire ~ les cheveux sur la tête** a hair-raising film; **c'est à vous faire ~ les cheveux sur la tête!** it makes your hair stand on end! -**3.** [être vertical - montagne, tour] to stand, to rise; [dominer] to tower; **avec son clocher se dressant fièrement** with its belltower standing proudly; **un paravent se dresse entre le salon et la chambre** a screen stands between the lounge and the bedroom. -**4.** [surgir - obstacles] to rise, to stand; [- objet]: **on vit soudain se ~ les miradors** the watchtowers loomed up suddenly.
◆ **se dresser contre** *vp + prép* to rise up OU to rebel against.

dresseur, **euse** [drɛsœr, øz] *nm, f* [de fauves] tamer; [de chiens de cirque, de garde] trainer; [de chevaux sauvages] horsebreaker.

dressing [drɛsiŋ] *nm* dressing room *(near a bedroom)*.

dressoir [drɛswar] *nm* sideboard.

drève [drɛv] *nf Belg* tree-lined avenue.

Dreyfus [drɛfys] *npr*: **l'Affaire ~** the Dreyfus Affair.

L'AFFAIRE DREYFUS:
Captain Alfred Dreyfus was wrongly convicted of passing military secrets to the Germans in 1894. His innocence was gradually established, notably by Zola's letter "J'accuse" published in "l'Aurore". The affair, exacerbated by the fact that Dreyfus was Jewish, crystallized the opposition between left- and right-wing, dividing the nation between "dreyfusards", calling for justice and favouring reformist and socialist trends, and the antisemitic "anti-dreyfusards".

dreyfusard, e [drɛfyzar, ard] *nm, f* Dreyfus supporter.

DRH ◇ *nf* (*abr de* direction des ressources humaines) *personnel department*.
◇ *nm* (*abr de* directeur des ressources humaines) *personnel manager*.

dribble [dribl] *nm* dribble SPORT; **faire un ~** to dribble.

dribbler [3] [drible] *vi* to dribble SPORT.

drill [dril] *nm* ZOOL drill.

drille [drij] *nm* → **joyeux**.

dring [driŋ] *interj* ding, ding-a-ling.

dringuelle *fam* [drɛ̃gɛl] *nf Belg* tip.

drink *fam* [driŋk] *nm* drink.

drisse [dris] *nf* halyard.

drive [drajv] *nm* INF & SPORT drive.

driver[1] [drajvœr] *nm* ÉQUIT & GOLF driver.

driver[2] [3] [drajve] *vt* SPORT to drive.

drogue [drɔg] *nf* **-1.** [narcotique] drug *(C)*; **le jeu était devenu une ~ pour lui** gambling had become a drug for him; **le travail est ma ~** I'm a workaholic; **la télévision est une ~ pour eux** they're television addicts ❑ **~ douce/dure** soft/hard drug. **-2.** [usage]: **la ~** drug-taking, drugs; **la ~ est un fléau** drugs are a scourge of society. **-3.** CHIM & PHARM drug *(C)*.

drogué, e [drɔge] *nm, f* drug addict; **c'est une ~e du café** *fam* she's addicted to coffee; **les ~s du travail** *fam* workaholics.

droguer [3] [drɔge] *vt* **-1.** [toxicomane] to drug. **-2.** PHARM to dose with drugs; **une clinique où l'on drogue les aliénés** a clinic where the mentally ill are kept quiet with (massive doses of) drugs. **-3.** [boisson] to drug, to lace with a drug; [repas] to put a drug in.
◆ **se droguer** *vpi* to take drugs, to be on drugs; **je ne me drogue pas** I don't take drugs.

droguerie [drɔgri] *nf* **-1.** [boutique] ironmonger's *Br*, hardware store *Am*. **-2.** [activité] hardware trade.

droguiste [drɔgist] *nmf* ironmonger *Br*, keeper of a hardware store *Am*.

droit[1] [drwa] *nm* **-1.** JUR: **le ~** [lois, discipline] law; **faire son ~** to study law; **étudiant en ~** law student; **en ~, ça s'appelle «contrefaçon»** the legal term for that is "infringement"; **avoir le ~ pour soi** to have right OU the law on one's side ❑ **~ civil/commercial/constitutionnel** civil/company/constitutional law; **~ privé/public** private/public law; **~ commun** OU **coutumier** common law; **~ écrit** statute law; **~ international** international law; **~ pénal** criminal law; **capacité en ~** ≃ law degree; **point de ~** point of law. **-2.** [prérogative particulière] right; **connaître/défendre ses ~s** to know/to defend one's rights; **nos ~s en tant que consommateurs** our rights as consumers; **avoir des ~s sur qqch** to have rights to sthg; **tu n'as aucun ~ sur moi/cette maison** you have no power over me/no right to this house; **avoir ~ de vie et de mort sur qqn** to have the power of life and death over sb ❑ **~ d'aînesse** primogeniture; **~ d'asile** right of asylum; **~ d'association** right of (free) association; **~ à la couronne** entitlement to the crown; **~ de cuissage** HIST droit de seigneur; **dans cette entreprise, le ~ de cuissage est monnaie courante** sexual harassment is very common in this company; **~ divin** divine right; **~ de grâce** right of reprieve; **~ de grève** right to strike; **~ de passage** right of way *Br* OU easement *Am*; **le ~ des peuples à disposer d'eux-mêmes** the right of peoples to self-determination; **~ de préemption** pre-emptive right; **~ d'usage** right of user; **~ de visite** right of access; **~ de voirie** *tax paid by businesses who wish to place displays, signs etc on the public highway*; **le ~ de vote** the franchise, the right to vote; **les ~s de l'homme** human rights; **avoir ~ de cité** [idéologie] to be established, to have currency; **ce gosse a tous les ~s dans la maison** *fam* that kid lords it over the whole household; **ils se croient tous les ~s, ces gens-là!** these people think they can do what they like! **-3.** [autorisation sociale ou morale] right; **j'ai ouvert ton courrier – de quel ~?** I opened your mail – who gave you permission?; **de quel ~ l'a-t-il lue?** what gave him the right to read it?, what right had he to read it?; **donner ~ à: le billet donne ~ à une consommation gratuite** the ticket entitles you to one free drink; **son rang lui donne ~ à des privilèges particuliers** his rank entitles him to certain privileges; **donner le ~ à qqn de faire qqch** to give sb the right to OU to entitle sb to do sthg; **être en ~ de faire** to be entitled OU to have the right to do; **je suis en ~ d'obtenir des explications** I'm entitled to an explanation; **faire ~ à une demande** to accede to a demand, to grant a request; **reprendre ses ~s** [idée, habitude, nature] to reassert itself; **après Noël, la politique reprend ses ~s** after the Christmas break, politics returns to centre stage; **avoir ~ à** [explications] to have a right to; [bourse, indemnité] to be entitled to, to be eligible for; [reconnaissance, respect] to deserve; **je n'ai pas ~ à une retraite** I'm not entitled to a pension; **et moi, je n'y ai pas ~, au gâteau?** *fam* don't I get any cake then?; **on a encore eu ~ à ses souvenirs de guerre!** we were regaled with his war memories as usual!; **on va avoir ~ à une bonne saucée!** *fam* we'll get well and truly soaked!; **avoir ~ de regard sur** [comptabilité, dossier] to have the right to examine OU to inspect; [activités] to have the right to control; **avoir le ~ de faire** [gén] to be allowed OU to have the right to do; [officiellement] to have the right OU to be entitled to do; **tu n'as pas le ~ de parler ainsi!** you've no right to talk like that!; **tu as le ~ de te taire** *hum* you can shut up; **j'ai bien le ~ de me reposer!** I'm entitled to some rest, aren't I? ❑ **le ~ à la différence** the right to be different; **~ de réponse** right of reply. **-4.** [impôt, taxe] duty, tax; **payer des ~s sur les alcools** to pay duty on alcohol; **exempt de ~s** duty-free; **soumis à des ~s** dutiable ❑ **~ de timbre** stamp duty; **~s de douane** customs duties; **~s de succession** death duties. **-5.** [frais] fee; **~ d'entrée** entrance fee; **~s d'inscription** registration fee OU fees. **-6.** *loc*: **à bon ~** quite rightly, with good reason; **à qui de ~** to whom it may concern; **dans mon/son (bon) ~** within my/his rights; **il est tout à fait dans son bon ~ d'exiger...** he's well within his rights to demand...; **de (plein) ~** by rights, as a right; **c'est de plein ~ qu'il l'a repris** he took it back by right, he had every right to take it back; **membre de plein ~** ex officio member.
◆ **droits** *nmpl*: **~s (d'auteur)** [prérogative] rights, copyright; [somme] royalties; **avoir les ~s exclusifs pour** to have (the) sole rights for; **tous ~s (de reproduction) réservés** copyright OU all rights reserved; **tous ~s réservés pour le Canada** all rights reserved for Canada; **~s de traduction** translation copyright.

droit[2], **e**[1] [drwa, drwat] *adj* **-1.** [rectiligne - allée, bâton, nez] straight; **après le village, la route redevient ~e** after the village, the road straightens out again; **ta raie n'est pas ~e** your parting isn't straight OU is crooked ❑ **le ~ chemin** the straight and narrow (path); **rentrer dans le ~ chemin** to mend one's ways; **rester dans le ~ chemin** to keep to the straight and narrow (path). **-2.** [vertical, non penché - mur] upright, straight, plumb *spéc*; [- dossier, poteau] upright, straight; **restez le dos bien ~** keep your back straight; **être** OU **se tenir ~** [assis] to sit up straight; [debout] to stand up straight ❑ **piano ~** upright piano; **~ comme un cierge** OU **un i** OU **un piquet** (as) stiff as a poker OU a ramrod OU a post. **-3.** [d'aplomb] straight; **tiens le plat ~** hold the dish straight OU level OU flat; **mettre ~** [casquette, cadre] to set straight, to put straight, to straighten. **-4.** [loyal - personne] upright, honest. **-5.** [sensé - raisonnement] sound, sane. **-6.** VÊT: **manteau/veston ~** single-breasted coat/jacket; **col ~** stand-up collar; **jupe ~e** straight skirt. **-7.** ANAT: **muscle ~** musculus rectus.
◆ **droit** *adv* [écrire] in a straight line; [couper, rouler] straight (*adv*); **après le carrefour, c'est toujours tout ~** after the crossroads, keep going straight on OU ahead; **il s'est dirigé ~ vers moi** he walked straight towards me ❑ **aller ~ à: j'irai ~ au but** I'll come straight to the point, I won't beat about the bush; **il est allé ~ à l'essentiel** OU **au fait** he went straight to the point; **aller ~ à la catastrophe/l'échec** to be heading straight for disaster/a failure; **aller ~ à la ruine** to be on the road to ruin; **ça m'est allé ~ au cœur** I was deeply touched by it.
◆ **droite** *nf* GÉOM straight line.

droit[3], **e**[2] [drwa, drwat] *adj* [ailier, jambe, œil] right; **le côté ~** the right-hand side.
◆ **droit** *nm* right; **crochet du ~** right hook; **direct du ~** straight right.
◆ **droite** *nf* **-1.** [côté droit]: **la ~e** the right (side), the right-hand side; **à la ~e de Dieu** OU **du Père** on God's right hand; **tenir sa ~e** AUT to keep to the right; **de ~e et de gauche** from all quarters OU sides. **-2.** POL: **la ~e** the right wing.
◆ **à droite** *loc adv* **-1.** [du côté droit]: **conduire à ~e** to drive on the right-hand side; **tourne à ~e** turn right; **le poster est trop à ~e** the poster's too far to the right; **à ~e et à gauche** *fig* here and there, hither and thither *litt* OU *hum*, all over the place. **-2.** MIL: **à ~e, ~e!** right wheel!; **à ~e, alignement!** right, dress! **-3.** POL: **être à ~e** to be right-wing OU on the right; **être très à ~e** to be very right-wing OU on the far right.
◆ **à droite de** *loc prép* to OU on the right of.
◆ **de droite** *loc adj* **-1.** [du côté droit]: **la porte de ~e** the door on the right, the right-hand door. **-2.** POL: **les gens de ~e** rightwingers, people on the right; **l'électorat de ~e** right-wing electorate; **être de ~e** to be right-wing.

droitement [drwatmɑ̃] *adv* uprightly, honestly.

droit-fil [drwafil] (*pl* **droits-fils**) *nm* straight grain.
◆ **dans le droit-fil de** *loc prép* in line OU keeping with; **sa déclaration était dans le ~ de sa campagne** his statement was in keeping OU in line with the drift of his campaign.

droitier, ère [drwatje, ɛr] ◇ *adj* right-handed.
◇ *nm, f* right-handed person, right-hander.

droitisme [drwatism] *nm* rightism, right-wingness.

droiture [drwatyr] *nf* [d'une personne] uprightness, honesty; [d'intentions, de motifs] uprightness.

drolatique [drɔlatik] *adj* funny.

drôle [drol] ◇ *adj* **-1.** [amusant - personne, film, situation etc] comical, funny, amusing; **sa sœur est très ~** her sister's very funny OU good fun; **tu te crois ~!** you think you're funny!; **le plus ~ c'est que...** the funny thing is that...; **très ~!** *iron* very funny OU droll OU amusing!; **ça n'a rien de ~** it's not funny; **ce n'est pas ~!** [pas amusant] it's not funny!, I don't find that funny OU amusing!; [pénible] it's no joke!; **ce n'est pas toujours ~ au bureau!** life at the office isn't always a barrel of laughs!; **la grand-mère n'est pas toujours ~!** *fam* grandma isn't always easy!; **tu aurais dû le laisser faire – tu es ~, il se serait fait mal!** *fam* you should have let him – are you kidding? he'd have hurt himself! **-2.** [étrange] strange, funny, peculiar; **c'est ~, il était ici il y a un instant** that's strange OU funny

OU peculiar, he was here a minute ago; (tout/toute) ~ *fam*: **ça me fait (tout) ~ de revenir ici** it feels really strange to be back; **se sentir (tout) ~** to feel (really) weird; **je me suis sentie (toute) ~** I came over all funny; **~ de: en voilà une ~ d'idée!** what a strange OU funny OU weird idea!; **il a une ~ de façon d'exprimer sa gratitude!** he's got a funny way of showing gratitude!; **ça fait un ~ de bruit** it makes a strange OU funny noise; **~s de mœurs!** strange OU peculiar customs!; **~s de gens!** what peculiar OU strange people!; **tu en fais une ~ de tête!** you look as if something's wrong!; **avoir un ~ d'air** to look strange OU funny ❑ **la ~ de guerre** HIST the phoney war. -**3.** [en intensif]: **~ de** *fam*: **il a de ~s de problèmes en ce moment** he's got awful problems at the moment; **il faut un ~ de courage pour faire ça!** you need a hell of a lot of courage to do that!; **j'ai eu une ~ de grippe!** I had a bad case of flu; **ça a de ~s d'avantages!** it's got terrific OU fantastic advantages!

◇ *nm* -**1.** *litt* [voyou] rascal, rogue; [enfant déluré] little rascal OU rogue. -**2.** *arch* & *dial* [enfant] child.

◆ **drôles** *fam nfpl* [histoires]: **il en a entendu/raconté de ~s!** he heard/told some very weird stories!

drôlement [drolmɑ̃] *adv* -**1.** *fam* [vraiment]: **~ ennuyeux** awfully OU terribly boring; **ça sent ~ bon** it smells really great; **il fait ~ chaud ici!** it's awfully hot in here!; **j'ai ~ eu peur** I had quite a fright; **je m'étais ~ trompée sur son compte** I was really mistaken about him; **tu l'as ~ abîmée, la voiture** you didn't do that car an awful lot of good; **je me suis ~ fait mal** I really hurt myself. -**2.** [bizarrement - regarder, parler] in a strange OU funny OU peculiar way. -**3.** [de façon amusante] amusingly, comically.

drôlerie [drolri] *nf* -**1.** [d'une personne, d'un spectacle, d'une remarque] drollness, funniness, comicalness. -**2.** [acte] funny OU amusing OU comical thing (to do); [remarque] funny OU amusing OU comical thing (to say).

drôlesse [drolɛs] *nf vieilli* -**1.** [femme] (brazen) hussy. -**2.** *fam* [fillette] little minx.

dromadaire [drɔmadɛr] *nm* dromedary.

drome [drom] *nm* spar.

drop [drɔp], **drop-goal** [drɔpgol] (*pl* drop-goals) *nm* drop goal.

drosophile [drozɔfil] *nf* drosophila.

drosser [3] [drɔse] *vt* to drive NAUT.

Drouot [druo] *npr* → **hôtel**.

dru, e [dry] *adj* [cheveux, végétation] dense, thick; [pluie] heavy.

◆ **dru** *adv* [croître, pousser] densely, thickly; [pleuvoir] heavily; **les mauvaises herbes ont poussé ~** there has been a thick growth of weeds; **la pluie tombe ~** it's raining heavily; **les coups pleuvaient ~** *fig* blows rained down (on all sides).

drugstore [drœgstɔr] *nm* small shopping centre *Br* OU mall *Am*.

druide [drɥid] *nm* druid.

druidique [drɥidik] *adj* druidic, druidical.

druidisme [drɥidism] *nm* druidism.

drupe [dryp] *nf* drupe.

druze [dryz] *adj* Druzean, Druzian.

◆ **Druze** *nmf* Druze; **les Druzes** the Druze.

dry [draj] ◇ *adj inv* [apéritif, champagne] dry.

◇ *nm inv* dry Martini.

dryade [drijad] *nf* -**1.** MYTH dryad. -**2.** BOT dryas, mountain avens.

DST (*abr de* **Direction de la surveillance du territoire**) *npr f internal state security department*, ≃ MI5 *Br*, ≃ CIA *Am*.

DT (*abr de* **diphtérie, tétanos**) *nm vaccine against diphtheria and tetanus*.

D.T.COQ. [detekɔk] (*abr de* **diphtérie, tétanos, coqueluche**) *nm vaccine against diphtheria, tetanus and whooping cough*.

DTU (*abr écrite de* **dinar tunisien**) D.

du [dy] → **de**.

dû, due [dy] *adj* [à payer] owed; **quelle est la somme due?** what's the sum owed OU due?

◆ **dû** *nm* due; **je ne fais que lui réclamer mon ~** I'm only asking for what he owes me.

◆ **en bonne et due forme** *loc adv* JUR in due form.

◆ **jusqu'à due concurrence de** *loc prép* up to (a limit of); **jusqu'à due concurrence de 2 000 francs** up to 2,000 francs.

dual, e, aux [dɥal, o] *adj* dual.

dualisme [dɥalism] *nm* dualism.

dualiste [dɥalist] ◇ *adj* dualistic.

◇ *nmf* dualist.

dualité [dɥalite] *nf* duality.

Dubayy [dybaj] *npr* Dubai.

dubitatif, ive [dybitatif, iv] *adj* dubious, sceptical.

dubitativement [dybitativmɑ̃] *adv* sceptically.

Dublin [dyblɛ̃] *npr* Dublin.

dublinois, e [dyblinwa, az] *adj* from Dublin.

◆ **Dublinois, e** *nm, f* Dubliner.

duc [dyk] *nm* -**1.** [titre] duke. -**2.** ZOOL horned owl.

ducal, e, aux [dykal, o] *adj* ducal; **un titre ~** a duke's title.

ducasse [dykas] *nf dial* fair *(in Northern France)*.

ducat [dyka] *nm* ducat.

duché [dyʃe] *nm* duchy, dukedom.

duchesse [dyʃɛs] *nf* -**1.** [titre] duchess; **faire la ~** *péj* to play the fine lady. -**2.** [poire] duchess pear. -**3.** [meuble] duchesse.

ductile [dyktil] *adj* ductile.

ductilité [dyktilite] *nf* ductility.

Duduche [dydyʃ] *npr*: **le grand ~** *cartoon character created by Cabu representing an awkward adolescent*.

duègne [dɥɛɲ] *nf* duenna.

duel [dɥɛl] *nm* -**1.** [entre deux personnes] duel; **se battre en ~ avec un rival** to fight a duel OU to duel with a rival ❑ **pistolet de ~** duelling pistol. -**2.** [conflit - entre États, organisations] battle; **un ~ entre la droite et la gauche** a battle between right and left ❑ **~ d'artillerie** artillery battle. -**3.** [compétition]: **~ oratoire** verbal battle. -**4.** LING dual.

DUEL, Duel [dɥɛl] (*abr de* **diplôme universitaire d'études littéraires**) *nm former university diploma taken after 2 years of arts courses*.

duelliste [dɥelist] *nmf* duellist.

DUES, Dues [dɥɛs] (*abr de* **diplôme universitaire d'études scientifiques**) *nm former university diploma taken after 2 years of science courses*.

duettiste [dɥetist] *nmf* duettist.

duffle-coat (*pl* duffle-coats), **duffel-coat** (*pl* duffel-coats) [dœfœlkot] *nm* duffel coat.

dugong [dygɔ̃(g)] *nm* dugong.

dulcinée [dylsine] *nf hum* ladylove, dulcinea *litt*.

Dulcinée [dylsine] *npr* Dulcinea.

dum-dum [dumdum] *adj inv* → **balle**.

dûment [dymɑ̃] *adv* duly; **~ chapitré** told off in no uncertain terms.

dumping [dœmpiŋ] *nm* dumping ECON; **faire du ~** to dump (goods).

dundee [dœndi] *nm* ketch.

dune [dyn] *nf* dune.

dunette [dynɛt] *nf* poop.

Dunkerque [dœ̃kɛrk] *npr* Dunkirk.

duo [dyo] *nm* -**1.** MUS [chanté] duet; [instrumental] duet, duo; **chanter en ~** to sing a duet. -**2.** [dialogue] exchange. -**3.** MÉTALL two-high rolling mill.

duodécimal, e, aux [dyɔdesimal, o] *adj* duodecimal.

duodénal, e, aux [dyɔdenal, o] *adj* duodenal.

duodénite [dyɔdenit] *nf* duodenitis.

duodénum [dyɔdenɔm] *nm* duodenum.

dupe [dyp] ◇ *nf* dupe; **prendre qqn pour ~** to dupe sb, to take sb for a ride; **jeu de ~s** fool's game.

◇ *adj*: **elle a été ~ de ses promesses** she was fooled by his promises; **elle ment, mais je ne suis pas ~** she's lying but it doesn't fool me.

duper [3] [dype] *vt litt* to dupe, to fool.

◆ **se duper** *vp (emploi réfléchi)* to fool o.s.

duperie [dypri] *nf* dupery.

dupeur, euse [dypœr, øz] *nm, f litt* duper.

duplex [dyplɛks] *nm* -**1.** [appartement] maisonnette *Br*, duplex *Am*. -**2.** TÉLÉC duplex; **(émission en) ~** linkup.

duplexage [dyplɛksaʒ] *nm* setting up a linkup.

duplexer [4] [dyplɛkse] *vt* to set up a linkup.

duplicata [dyplikata] *nm* duplicate.

duplicateur [dyplikatœr] *nm* duplicator; **~ à alcool** spirit duplicator.

duplication [dyplikasjɔ̃] *nf* -**1.** [fait de copier] duplication, duplicating *(U)*. -**2.** AUDIO linking up. -**3.** BIOL doubling.

duplicité [dyplisite] *nf* duplicity, falseness, hypocrisy.

dupliquer [3] [dyplike] *vt* [document] to duplicate.

duquel [dykɛl] → **lequel**.

dur, e [dyr] ◇ *adj* -**1.** [ferme - viande] tough; [- muscle] firm, hard; [- lit, mine de crayon] hard; **bois ~** hardwood ❑ **~ comme du bois** OU **le marbre** OU **le roc** rock-hard. -**2.** [difficile] hard, difficult; **la route est ~e à monter** it's a hard road to climb; **c'est plutôt ~ à digérer, ton histoire!** *fam* your story's rather hard to take!; **il est parfois ~ d'accepter la vérité** accepting the truth can be hard OU difficult; **le plus ~ dans l'histoire, c'est de comprendre ce qui s'est passé** the hardest part of the whole business is understanding what really happened. -**3.** [pénible à supporter - climat] harsh; **les conditions de vie sont de plus en plus ~es** life gets harder and harder; **nous avons eu de ~s moments** we've been through some hard times; **le plus ~ est passé maintenant** the worst is over now; **les temps sont ~s** these are hard times ❑ **il a été à ~e école** he learnt the hard way; **plus ~e sera la chute** *allusion Bible* (the higher they come) the harder they fall; **~ ~** *fam*: **pas de congé?/plus de café? ~ ~!** *fam* no time off?/no coffee left? that's a blow! -**4.** [cruel]: **il m'est ~ de t'entendre parler ainsi** it's hard for me to hear you talk like this; **dis donc, tu es ~e!** don't be so nasty!; **ne sois pas ~ avec lui** don't be nasty to OU tough on him. -**5.** [rude, froid] harsh; **d'une voix ~e** in a harsh voice; **des couleurs ~es** harsh colours; **des yeux d'un bleu très ~** steely blue eyes. -**6.** [endurci] tough; **elle est ~e, elle n'a pas crié pendant l'accouchement** she's tough, she didn't cry out during labour; **~ à: il est ~ à la douleur** he's tough, he can bear a lot of (physical) pain; **il est ~ au travail** OU **à l'ouvrage** he's a hard worker ❑ **il est ~ à cuire** *fam* he's a hard nut to crack; **~ à la détente** *fam* tight-fisted; **être ~ d'oreille** OU **de la feuille** *fam* to be hard of hearing. -**7.** [intransigeant] hard; **avoir le cœur ~** to have a heart of stone, to be hardhearted; **la droite/gauche ~e** the hard right/left; **la partie ~e** OU **le noyau ~ du mouvement** the hard core of the movement. -**8.** PHON hard. -**9.** PHYS hard. -**10.** MÉTALL: **fer ~** chilled iron.

◇ *nm, f fam* -**1.** [personne sans faiblesse] toughie, tough nut *Br* OU cookie *Am*; **un ~ en affaires** a hard-nosed businessman ❑ **c'est un ~ à cuire** he's a hard nut to crack. -**2.** [voyou] tough guy, toughie; **un ~ de ~** a real tough nut *Br* OU tough guy. -**3.** POL hard-liner, hawk; **les ~s du parti** the hard core in the party.

◆ **dur** ◇ *nm* -**1.** [ce qui est solide]. -**2.** ▽ [train] train.

◇ *adv* -**1.** [avec force] hard; **il a tapé** OU **frappé ~** he hit hard; **il travaille ~ sur son nouveau projet** he's working hard OU he's hard at work on his new project ❑ **croire** OU **penser ~ comme fer que** to be firm in the belief that; **il croit ~ comme fer qu'elle va revenir** he believes doggedly OU he's adamant that she'll come back. -**2.** [avec intensité]: **le soleil tape ~ aujourd'hui** the sun is beating down today.

◆ **dures** *fam nfpl* [histoires, moments]: **il lui en a fait voir de ~es** he gave her a hard time; **il nous en a dit de ~es** he told us some really nasty things.

◆ **à la dure** *loc adv*: **élever ses enfants à la ~e** to bring up one's children the hard way; **ils ont toujours vécu à la ~e** they always had a tough life.

◆ **en dur** *loc adj*: **construction/maison en ~** building/house built with non-temporary materials.

◆ **sur la dure** *loc adv*: **coucher sur la ~e** to sleep on the ground.

durabilité [dyrabilite] *nf* [qualité] durableness, durability.

durable [dyrabl] *adj* -**1.** [permanent] enduring, lasting, long-lasting; **faire œuvre ~** to create a work of lasting significance. -**2.** ÉCON: **biens ~s** durable goods, durables.

durablement [dyrabləmɑ̃] *adv* durably, enduringly, for a long time; **le beau temps devrait persister ~ dans notre pays** fine weather should persist over the country.

dural, e, aux [dyral, o] *adj* dural, durematral.

Duralumin® [dyralymɛ̃] *nm* Duralumin®.

durant [dyrɑ̃] *prép* -**1.** *(avant le n)* [au cours de] during, in the course of; **il est né ~ la nuit** he was born during OU in the middle of the night; **'fermé ~ les travaux'** 'closed for alterations'. -**2.** *(après le n)* [insistant sur la durée] for; **il peut parler des heures ~** he can speak for hours (on end); **toute sa vie ~** his whole life through, throughout his whole life.

duratif, ive [dyratif, iv] *adj* LING durative.

◆ **duratif** *nm* LING durative.

durcir [32] [dyrsir] ◇ *vt* -**1.** [rendre plus dur] to harden, to make firmer; *fig* to harden, to toughen; **la colère durcissait son regard** his eyes were set in anger. -**2.** [limiter]: **~ les conditions du crédit au consommateur** to make it harder for consumers to obtain credit. ◇ *vi* [sol, plâtre] to harden, to go hard.

◆ **se durcir** *vpi* [personne] to harden o.s.; [cœur] to become hard.

durcissement [dyrsismɑ̃] *nm* -**1.** [raffermissement - du sol, du plâtre] hardening. -**2.** [renforcement]: **le ~ de l'opposition** the tougher stance taken by the opposition. -**3.** MIL stiffening (of enemy resistance).

durcisseur [dyrsisœr] *nm* hardener; **~ pour ongles** nail hardener.

durée [dyre] *nf* -**1.** [période] duration, length; **pendant la ~ de** during, for the duration of; **vente promotionnelle pour une ~ limitée** special sale for a limited period; **la ~ hebdomadaire du travail est de 39 heures** the statutory working week is 39 hours ☐ **disque longue ~** long playing record; **~ de conservation** ≃ sell-by date. -**2.** [persistance] lasting quality. -**3.** MUS, PHON & LITTÉRAT length. -**4.** PSYCH perceived (passage of) time; **vivre un traumatisme dans la ~** to experience a trauma through time.

◆ **de courte durée** *loc adj* short-lived.

◆ **de longue durée** *loc adj* [chômeur, chômage] long-term.

durement [dyrmɑ̃] *adv* -**1.** [violemment - frapper] hard; **je suis tombé ~** I had a hard fall, I fell really hard. -**2.** [avec sévérité] harshly, severely; **elle a élevé ses enfants ~** she brought up her children strictly. -**3.** [douloureusement]: **~ éprouvé par la mort de** deeply distressed by the death of; **son absence est ~ ressentie** she's sorely missed. -**4.** [méchamment - répondre] harshly.

dure-mère [dyrmɛr] (*pl* **dures-mères**) *nf* dura mater.

durer [3] [dyre] *vi* -**1.** [événement, tremblement de terre] to last, to go OU to carry on; **la situation n'a que trop duré** the situation has gone on far too long; **ça ne peut plus ~!** it can't go on like this!; **il pleure quand sa mère le quitte mais cela ne dure pas** he cries when his mother leaves him but it doesn't last OU he doesn't carry on for long; **ça durera ce que ça durera!** *fam* it might last and then it might not! -**2.** [rester, persister] to last; **ce soleil ne va pas ~** this sunshine won't last long; **faire ~: faire ~ les provisions** to stretch supplies, to make supplies last; **faire ~ le plaisir** to spin things out. -**3.** [moteur, appareil] to last; [œuvre] to last, to endure; **mon manteau m'a duré 10 ans** *fam* my coat lasted me 10 years, I got 10 years' wear out of my coat. -**4.** [peser]: **le temps me dure** time is lying heavy (on my hands) OU hangs heavily on me. -**5.** [vivre] to last; **il ne durera plus longtemps** he won't last OU live much longer.

Dürer [dyrɛr] *npr*: **Albrecht** OU **Albert ~** Albrecht Dürer.

dureté [dyrte] *nf* -**1.** [du sol, du plâtre] hardness, firmness. -**2.** [du climat, de conditions] harshness. -**3.** [d'un maître, d'une règle] severity, harshness; [d'une grève] bitterness, harshness; **traiter qqn avec ~** to be harsh to OU tough on sb. -**4.** [d'une teinte, d'une voix, d'une lumière] harshness. -**5.** CHIM [de l'eau] hardness. -**6.** PHYS hardness.

durillon [dyrijɔ̃] *nm* callus.

Durit® [dyrit] *nf* flexible pipe; **~ de radiateur** radiator hose.

Düsseldorf [dysɛldɔrf] *npr* Düsseldorf.

DUT (*abr de* **diplôme universitaire de technologie**) *nm diploma taken after two years at an institute of technology.*

duvet [dyvɛ] *nm* -**1.** [poils] down, downy hairs. -**2.** [plumes] down; **un oreiller en ~** a down pillow. -**3.** [sac de couchage] sleeping bag; [couette] duvet, quilt. -**4.** *Belg & Helv* eiderdown.

duveter [27] [dyvte]

◆ **se duveter** *vpi* to go OU to become downy, to get covered in down.

duveteux, euse [dyvtø, øz] *adj* downy.

dyade [djad] *nf* dyad, diad.

dyadique [djadik] *adj* dyadic.

dyarchie [djarʃi] *nf* dyarchy, diarchy.

dyke [dik] *nm* dyke GEOL.

dynamique [dinamik] ◇ *adj* -**1.** [énergique] dynamic, energetic. -**2.** [non statique] dynamic. ◇ *nf* -**1.** MUS & SC dynamics *(sg)*. -**2.** [mouvement] dynamics *(sg)*, dynamic; **la ~ révolutionnaire** the revolutionary dynamic. -**3.** PSYCH: **~ de groupe** group dynamics.

dynamiquement [dinamikmɑ̃] *adv* dynamically.

dynamisation [dinamizasjɔ̃] *nf* [excitation]: **responsable de la ~ de l'équipe** responsible for injecting enthusiasm into the team.

dynamiser [3] [dinamize] *vt* [équipe] to dynamize, to inject enthusiasm into.

dynamisme [dinamism] *nm* -**1.** [entrain] energy, enthusiasm. -**2.** PHILOS dynamism.

dynamitage [dinamitaʒ] *nm* blowing up OU blasting (with dynamite).

dynamite [dinamit] *nf* dynamite; **c'est de la ~!** *fam fig* it's dynamite!

dynamiter [3] [dinamite] *vt* -**1.** [détruire à l'explosif] to blow up OU to blast (with dynamite). -**2.** [abolir - préjugé] to do away with, to sweep away.

dynamiteur, euse [dinamitœr, øz] *nm, f* -**1.** [à l'explosif] dynamiter, dynamite expert. -**2.** [démystificateur] destroyer of received ideas.

dynamo [dinamo] *nf* dynamo, generator.

dynamoélectrique [dinamɔelɛktrik] *adj* dynamoelectric, dynamoelectrical.

dynamogène [dinamɔʒɛn], **dynamogénique** [dinamɔʒenik] *adj* dynamogenic.

dynamomètre [dinamɔmɛtr] *nm* dynamometer.

dynamométrique [dinamɔmetrik] *adj* dynamometric, dynamometrical.

dynaste [dinast] *nm* -**1.** ANTIQ dynast. -**2.** ENTOM dynastes.

dynastie [dinasti] *nf* -**1.** [de rois] dynasty. -**2.** [famille]: **la ~ des Bach/Bruegel** the line of famous Bachs/Bruegels.

dynastique [dinastik] *adj* dynastic, dynastical.

dyne [din] *nf* dyne.

dyscalculie [diskalkyli] *nf* acalculia.

dysenterie [disɑ̃tri] *nf* dysentery.

dysentérique [disɑ̃terik] ◇ *adj* dysenteric. ◇ *nmf* dysentery sufferer.

dysfonctionnement [disfɔ̃ksjɔnmɑ̃] *nm* malfunction, malfunctioning.

dysgraphie [disgrafi] *nf* dysgraphia.

dysharmonie [dizarmɔni] *nf* dysharmony, discord.

dyslalie [dislali] *nf* dyslalia.

dyslexie [dislɛksi] *nf* dyslexia.

dyslexique [dislɛksik] *adj & nmf* dyslexic.

dysménorrhée [dismenɔre] *nf* dysmenorrhoea *Br*, dysmenorrhea *Am*.

dysmorphie [dismɔrfi], **dysmorphose** [dismɔrfoz] *nf* dysmorphia, deformity.

dysorthographie [disɔrtɔgrafi] *nf* difficulty in spelling.

dyspepsie [dispɛpsi] *nf* dyspepsia.

dyspepsique [dispɛpsik], **dyspeptique** [dispɛptik] *adj & nmf* dyspeptic.

dysphagie [disfaʒi] *nf* dysphagia.

dysphonie [disfɔni] *nf* dysphonia.

dyspnée [dispne] *nf* dyspnoea.

dyssocial, e, aux [disɔsjal, o] *adj* anti-social.

dystrophie [distrɔfi] *nf* dystrophy.

dytique [ditik] *nm* dytiscid; **les ~s** the Dytiscidae.

E

e, E [ø] *nm* **-1.** [lettre] e, E; **e ouvert/fermé** open/close e; **e muet** silent e; **e dans l'o** e and o joined together. **-2.** MATH & PHYS e.

E (*abr écrite de* **est**) E.

EAO (*abr de* **enseignement assisté par ordinateur**) *nm* CAL.

eau, x [o] *nf* **-1.** [liquide incolore] water; **les fougères ont besoin d'~** ferns need water; **se mettre à l'~** [pour se baigner] to go in the water (for a swim); **des légumes/melons pleins d'~** watery vegetables/melons; **prendre l'~** [chaussure, tente] to leak, to be leaky, to be leaking; **dans l'~ de votre bain** in your bathwater; **dans l'~ savonneuse** in soapy water ❑ **~ déminéralisée/distillée** demineralized/distilled water; **~ calcaire** OU **dure** hard water; **~ bénite** holy water; **~ courante** running water; **avoir l'~ courante** to have running water; **~ douce** fresh water; **d'~ douce** freshwater, river *(modif)*; **~ de jouvence** waters of youth; **~ de mer** seawater; **~ de pluie** rainwater; **~ de vaisselle** dish OU washing-up water; **~ vive** (fresh) running water; **jeu d'~** OU **d'~x** fountains; **comme l'~ et le feu** as different as chalk and cheese *Br* OU as night and day *Am*; **ça doit valoir 15 000 F, enfin, c'est dans ces ~x-là!** *fam* it costs around 15,000 F more or less; **cela amène de l'~ à son moulin** it's (all) grist to his mill; **tu apportes de l'~ à mon moulin** you're adding weight to my argument; **il est passé/il passera beaucoup d'~ sous les ponts** a lot of water has gone/will flow under the bridge; **il y a de l'~ dans le gaz** *fam* there's trouble brewing; **porter de l'~ à la rivière** to bring OU to carry coals to Newcastle; **il ne trouverait pas d'~ à la rivière** OU **au lac** OU **à la mer** he can't find anything even if it's staring him in the face; **se jeter** OU **se lancer à l'~** *fig* to take the plunge; **tomber à l'~** to fall through; **j'en ai l'~ à la bouche** my mouth is watering; **ça me fait venir** OU **ça me met l'~ à la bouche** it makes my mouth water. **-2.** [boisson] water; **se mettre à l'~** to go on the wagon ❑ **~ plate** still water; **~ gazeuse** soda OU fizzy water; **~ minérale** mineral water; **~ du robinet** tap water; **~ de Seltz** soda water; **~ de source** spring water; **point d'~** [pour les animaux] watering hole; [dans un village] standpipe; **mettre de l'~ dans son vin** to climb down, to back off. **-3.** CULIN water; **~ de cuisson** cooking water; **conservez l'~ des légumes** keep the water in which the vegetables have cooked; **~ de fleur d'oranger** orange flower water; **~ sucrée** sugar water; **finir** OU **partir** OU **tourner** OU **s'en aller en ~ de boudin** *fam* to peter OU to fizzle out. **-4.** [parfum & PHARM]: **~ de Cologne** (eau de) Cologne; **~ dentifrice** mouthwash; **~ de parfum** perfume; **~ de rose** rose water; **~ de toilette** toilet water. **-5.** CHIM: **~ écarlate** stain-remover; **~ de Javel** bleach, Clorox® *Am*; **nettoyer une tache à l'~ de Javel** to bleach a stain out; **~ lourde** heavy water; **~ oxygénée** hydrogen peroxide. **-6.** [limpidité - d'un diamant] water; **de la plus belle ~** *pr* & *fig* of the first water; **dans l'~ claire de ses yeux** OU **de son regard** *litt* in her limpid eyes, in the pools of her eyes. **-7.** NAUT: **faire de l'~** [s'approvisionner] to take on water; **faire ~** [avoir une fuite] to take on water; **faire ~ de toutes parts** *fig* to go under.

◆ **eaux** *nfpl* **-1.** [masse] water; **les ~x se retirent** [mer] the tide's going out; [inondation] the (flood) water's subsiding ❑ **~x grasses** ÉCOL swill; [pour les porcs] slops; **~x ménagères** waste water; **~x usées** sewage; **hautes/basses ~x** GÉOG high/low water; **grandes ~x**: **les grandes ~x de Versailles** the fountains of Versailles; **on a eu droit aux grandes ~x (de Versailles)** *fam fig* she turned on the waterworks. **-2.** NAUT [zone] waters; **~x internationales/territoriales** international/territorial waters; **~x côtières** inshore waters; **dans les ~x de** in the wake of. **-3.** [d'une accouchée] waters. **-4.** [thermes] : **les ~x de Brouckke sont bonnes pour le foie** the waters at Brouckke are good for liver ailments; **prendre les ~x** to take the waters, to stay at a spa *(for one's health)*. **-5.** ADMIN: **les Eaux et Forêts** ≃ the Forestry Commission.

◆ **à grande eau** *loc adv*: **laver à grande ~** [au jet] to hose down; [dans un évier, une bassine] to wash in a lot of water; **rincer à grande ~** to rinse (out) thoroughly OU in a lot of water.

◆ **à l'eau** ◇ *loc adj* **-1.** CULIN boiled. **-2.** [perdu] : **mon week-end est à l'~** bang goes my weekend.

◇ *loc adv* CULIN: **cuire à l'~** [légumes] to boil; [fruits] to poach.

◆ **à l'eau de rose** *loc adj* sentimental; **des histoires à l'~ de rose** sentimental stories.

◆ **de la même eau** *loc adj péj* of the same ilk.

◆ **en eau** *loc adj* sweating profusely; **ils étaient en ~** the sweat was pouring off them.

◆ **en eau profonde** *loc adv* NAUT in deep (sea) waters.

eau-forte [ofɔrt] (*pl* **eaux-fortes**) *nf* **-1.** CHIM aqua fortis. **-2.** BX-ARTS etching.

eaux-vannes [ovan] *nfpl* effluent.

ébahir [32] [ebair] *vt* to astound, to dumbfound, to stun; **prendre un air ébahi** to look flabbergasted OU stunned.

◆ **s'ébahir de** *vp* + *prép* to marvel OU to wonder at.

ébahissement [ebaismɑ̃] *nm* amazement, astonishment.

ébarber [3] [ebarbe] *vt* **-1.** MÉTALL to burr, to edge, to trim. **-2.** [feuilles de papier] to trim. **-3.** AGR to clip, to trim. **-4.** CULIN [poisson] to trim.

ébats [eba] *nmpl* frolics, frolicking; **~ amoureux** lovemaking.

ébattre [83] [ebatr]

◆ **s'ébattre** *vpi* to frolic.

ébaubi, e [ebobi] *adj hum* dumbfounded, flabbergasted, stunned.

ébauchage [eboʃaʒ] *nm* **-1.** [façonnement] drafting, outlining. **-2.** MÉTALL roughing out.

ébauche [eboʃ] *nf* **-1.** [première forme - d'un dessin] rough sketch; [- d'un plan] outline; **projet à l'état d'~** project in its early stages; **çà et là, des ~s de barricades se dressaient** there were makeshift barricades here and there. **-2.** [fait de préparer - un dessin] roughing OU sketching out; [- un plan] outlining; **l'~ de son scénario est beaucoup plus précise maintenant** he has outlined his script more precisely now. **-3.** [début] : **l'~ de**: **l'~ d'un sourire** the beginning of a OU an incipient smile; **il eut l'~ d'un geste vers elle puis se ravisa** he started moving towards her then stopped; **une ~ de réconciliation** the first steps towards reconciliation.

ébaucher [3] [eboʃe] *vt* **-1.** [esquisser - dessin, portrait] to rough OU to sketch out; [- plan] to outline; **c'est un portrait qu'il vient juste d'~** it's a portrait he's just begun working on; **des formes vagues à peine ébauchées** a few indistinct shapes. **-2.** [commencer] to begin, to start; **~ des négociations/une réconciliation** to start the process of negotiation/reconciliation; **elle ébaucha un vague sourire/geste** she made as if to smile/to move; **~ un salut** [de la tête] to nod vaguely; [de la main] to wave vaguely. **-3.** JOAILL to begin to cut. **-4.** CONSTR & INDUST to rough-hew.

◆ **s'ébaucher** *vpi* to (take) form, to start up; **la relation qui s'ébauche entre eux** their fledgling relationship.

ébaucheur [eboʃœr] *nm* rougher.

ébauchoir [eboʃwar] *nm* **-1.** MÉTALL roughing chisel. **-2.** [de charron, de potier] chisel; MENUIS cutting chisel.

ébénacée [ebenase] *nf* member of the Ebenaceae.

ébène [ebɛn] *nf* ebony; **une table en ~** an ebony table; **noir d'~** ebony black.

ébénier [ebenje] *nm* ebony (tree); **faux ~** laburnum.

ébéniste [ebenist] *nm* cabinetmaker.

ébénisterie [ebenistəri] *nf* **-1.** [métier] cabinetmaking. **-2.** [placage] veneer; **une table en ~** a veneered table.

éberlué, e [ebɛrlɥe] *adj* dumbfounded, flabbergasted, stunned.

éblouir [32] [ebluir] *vt* **-1.** [aveugler] to dazzle; **les phares de la voiture m'ont ébloui** I was dazzled by the (glare of the) car's headlights. **-2.** [impressionner] to dazzle, to stun; **elle l'a**

ébloui dès leur première rencontre she dazzled him right from their first meeting; **sa fortune ne nous éblouit pas** we're not (much) impressed by her wealth.

éblouissant, e [ebluisɑ̃, ɑ̃t] *adj* -**1.** [aveuglant - couleur, lumière] dazzling. -**2.** [impressionnant - femme, performance] dazzling, stunning; **~ de: un violoniste ~ de talent** a stunningly talented violinist; **mise en scène ~e d'ingéniosité** stunningly ingenious staging.

éblouissement [ebluismɑ̃] *nm* -**1.** [fait d'être aveuglé] being dazzled. -**2.** [vertige] dizziness; **j'ai été pris d'~s** I felt dizzy OU faint; **avoir un ~** to have a dizzy spell; **il a eu un ~ et s'est écroulé** he fell in a faint. -**3.** [enchantement] dazzlement, bedazzlement.

ébonite [ebɔnit] *nf* ebonite, vulcanite.

éborgnement [ebɔrɲəmɑ̃] *nm* blinding (in one eye).

éborgner [3] [ebɔrɲe] *vt* to blind in one eye; **attention, tu vas m'~!** hey, watch my eyes!

◆ **s'éborgner** *vp (emploi réfléchi)* to put one's eye out.

éboueur [ebwœr] *nm* dustman *Br*, garbage collector *Am*.

ébouillantage [ebujɑ̃taʒ] *nm* scalding.

ébouillanter [3] [ebujɑ̃te] *vt* to scald.

◆ **s'ébouillanter** *vp (emploi réfléchi)* to scald o.s.; **s'~ la main/le pied** to scald one's hand/foot.

éboulement [ebulmɑ̃] *nm* -**1.** [chute] crumbling, subsiding, collapsing; **un ~ de terrain** a landslide. -**2.** [éboulis - de terre] mass of fallen earth; [- de rochers] mass of fallen rocks, rock slide; [- en montagne] scree.

ébouler [3] [ebule] *vt* to break OU to bring down *(sép)*; **la mer a éboulé les digues** the sea has broken down the dykes; **un vieux mur éboulé** a crumbling old wall.

◆ **s'ébouler** *vpi* [petit à petit] to crumble, to subside; [brutalement] to collapse, to cave in; **le terrain s'est éboulé** there has been a landslide.

éboulis [ebuli] *nm* [de terre] mass of fallen earth; [de rochers] mass of fallen rocks, rock slide; [en montagne] scree.

ébourgeonnement [eburʒɔnmɑ̃], **ébourgeonnage** [eburʒɔnaʒ] *nm* disbudding.

ébourgeonner [3] [eburʒɔne] *vt* to disbud.

ébouriffage [eburifaʒ] *nm* ruffling, tousling.

ébouriffant, e [eburifɑ̃, ɑ̃t] *adj* breathtaking, staggering, stunning.

ébouriffé, e [eburife] *adj* tousled, dishevelled; **je suis tout ~** my hair is all dishevelled.

ébouriffer [3] [eburife] *vt* -**1.** [décoiffer] to ruffle, to tousle. -**2.** *fam* [ébahir] to amaze, to dumbfound, to stun.

ébouter [3] [ebute] *vt* to take the end off.

ébranchage [ebrɑ̃ʃaʒ], **ébranchement** [ebrɑ̃ʃmɑ̃] *nm* lopping.

ébrancher [3] [ebrɑ̃ʃe] *vt* to lop the branches off.

ébranlement [ebrɑ̃lmɑ̃] *nm* -**1.** [départ - d'un cortège] moving OU setting off. -**2.** [tremblement - d'une vitre] tremor, shaking; **l'~ de l'immeuble causé par l'explosion** the vibrations of the building caused by the explosion; **causer l'~ du cabinet** *fig* to shake the Cabinet. -**3.** [choc] shock.

ébranler [3] [ebrɑ̃le] *vt* -**1.** [faire trembler] to shake, to rattle. -**2.** [affaiblir] to shake, to weaken; **le scandale a ébranlé le gouvernement** the government was shaken by the scandal; **~ la résolution de qqn** to shake sb's resolve; **~ la confiance de qqn** to shake OU to undermine sb's confidence; **~ la foi de qqn** to shake sb's faith; **~ les nerfs de qqn** to make sb very nervous. -**3.** [atteindre moralement] to shake; **ta gentillesse a fini par l'~** your kindness finally touched him; **très ébranlé par la mort de** shattered by the death of.

◆ **s'ébranler** *vpi* [cortège, train] to move OU to set off, to pull away.

ébrasement [ebrazmɑ̃] *nm* [d'une embrasure, d'un portail] splaying.

ébraser [3] [ebraze] *vt* to splay.

ébrasure [ebrazyr] *nf* = **ébrasement**.

ébrèchement [ebrɛʃmɑ̃] *nm* -**1.** [d'une assiette] chipping; [d'un couteau] nicking, notching. -**2.** [d'une fortune] depleting.

ébrécher [18] [ebreʃe] *vt* -**1.** [assiette, vase] to chip; [couteau, lame] to nick, to notch; **une assiette ébréchée** a chipped plate. -**2.** [fortune, héritage] to make a hole in, to deplete.

ébréchure [ebreʃyr] *nf* [sur un plat] chip; [sur une lame] nick, notch.

ébriété [ebrijete] *nf sout* intoxication; **être en état d'~** to be under the influence (of drink).

ébrouement [ebrumɑ̃] *nm* snort, snorting *(U) (of an animal)*.

ébrouer [3] [ebrue]

◆ **s'ébrouer** *vpi* -**1.** [cheval] to snort. -**2.** [personne] to shake o.s.

ébruitement [ebrɥitmɑ̃] *nm* disclosing, spreading.

ébruiter [3] [ebrɥite] *vt* to disclose, to spread.

◆ **s'ébruiter** *vpi* to spread.

ébulliomètre [ebyljɔmɛtr] *nm* ebullioscope.

ébulliométrie [ebyljɔmetri] *nf* ebullioscopy.

ébullioscope [ebyljɔskɔp] = **ébulliomètre**.

ébullioscopie [ebyljɔskɔpi] = **ébulliométrie**.

ébullition [ebylisjɔ̃] *nf* boiling; **pendant l'~** while the liquid is boiling ❑ **point d'~** boiling point.

◆ **à ébullition** *loc adv*: **porter de l'eau/du lait à ~** to bring water/milk to the boil; **arriver à ~** to come to the boil.

◆ **en ébullition** *loc adj* in turmoil; **il a le cerveau en ~** *fam* he's bubbling over with excitement; **tout le pays est en ~ depuis qu'ils l'ont arrêté** the whole country has been in turmoil since they arrested him.

éburné, e [ebyrne], **éburnéen, enne** [ebyrneɛ̃, ɛn] *adj* -**1.** [de l'ivoire] ivory *(modif)*. -**2.** MÉD eburnean, eburneous; **substance ~e** dentine.

écaillage [ekajaʒ] *nm* -**1.** [du poisson] scaling; [des huîtres] opening. -**2.** [d'une peinture] flaking OU peeling OU scaling off; [d'un vernis] chipping off.

écaille [ekaj] *nf* -**1.** ZOOL [de poisson, de serpent] scale; [matière] tortoiseshell; **les ~s lui tombèrent des yeux** the scales fell from his eyes. -**2.** [fragment - gén] chip; [- de peinture] flake. -**3.** ENTOM tortoiseshell. -**4.** BOT scale. -**5.** CONSTR scalloped moulding.

◆ **en écaille** *loc adj* tortoiseshell *(modif)*.

écaillé, e [ekaje] *adj* [plâtre, vernis] chipped, flaking off; [peinture] peeling.

écailler[1] [3] [ekaje] *vt* -**1.** CULIN [poisson] to scale; [huître] to open. -**2.** [plâtre, vernis] to cause to flake off OU to chip.

◆ **s'écailler** *vpi* [vernis, plâtre] to flake off; [peinture] to peel off.

écailler[2], **ère** [ekaje, ɛr] *nm, f* oyster seller.

écailleux, euse [ekajø, øz] *adj* -**1.** [poisson] scaly. -**2.** [ardoise, schiste] flaky.

écaillure [ekajyr] *nf* [d'un mur] chipped patch.

écale [ekal] *nf* husk.

écaler [3] [ekale] *vt* [noisette, noix] to husk.

écarlate [ekarlat] *adj* scarlet.

écarquiller [3] [ekarkije] *vt*: **~ les yeux** to open one's eyes wide, to stare (wide-eyed); **les yeux écarquillés par la peur** eyes wide with fear.

écart [ekar] *nm* -**1.** [variation] difference, discrepancy; **~ de poids/température** difference in weight/temperature ❑ **~ technologique** technology gap; **~ type** standard deviation. -**2.** [intervalle] gap, distance; **un ~ de huit ans les sépare, il y a huit ans d'~ entre eux** there's an eight-year gap between them; **réduire** OU **resserrer l'~ entre** to close OU to narrow the gap between. -**3.** [déviation] swerving; **~ par rapport à la norme** deviation from the norm; **faire un ~** [cheval] to shy; [voiture] to swerve; **il a fait un ~ pour éviter d'être aspergé de boue** he jumped aside to avoid being splashed with mud; **j'ai fait un petit ~ aujourd'hui: j'ai mangé deux gâteaux** I gave my diet a break today: I ate two cakes. -**4.** [excès]: **~s de langage** strong language; **~s de jeunesse** youthful indiscretions. -**5.** [hameau] hamlet. -**6.** JEUX discard. -**7.** DANSE & SPORT: **faire le grand ~** to do the splits. -**8.** [différence - en comptabilité] margin; [- en statistiques] deviation.

◆ **à l'écart** *loc adv* -**1.** [de côté] aside; **je mets mes sentiments personnels à l'~ dans cette histoire** in this business, I'm setting my personal feelings aside; **mettre un collaborateur à l'~** to put a colleague on the sidelines; **tenir qqn à l'~** to keep sb out of things; **rester** OU **se tenir à l'~** [dans une réunion, dans la société] to remain an outsider, to stay in the background. -**2.** [loin des habitations]: **vivre à l'~** to live in a remote spot.

◆ **à l'écart de** *loc prép*: **nous sommes un peu à l'~ du village** we live a little way away from the village; **il essaie de la tenir à l'~ de tous ses problèmes** he's trying to keep her away from all his problems; **se tenir à l'~ de la vie politique/du monde** to keep out of politics/the world.

écarté, e [ekarte] *adj* -**1.** [isolé] isolated, remote. -**2.** [loin l'un de l'autre]: **avoir les jambes ~es** to have one's legs wide apart; **garder les bras ~s** to keep one's arms outspread; **avoir les dents ~es** to be gap-toothed; **avoir les yeux ~s** to have widely-spaced eyes.

◆ **écarté** *nm* JEUX écarté.

écartèlement [ekartɛlmɑ̃] *nm* [torture] quartering, tearing apart.

écarteler [25] [ekartəle] *vt* -**1.** [torturer] to quarter, to tear apart *(sép)*. -**2.** [partager] to tear apart *(sép)*; **écartelé entre le devoir et l'amour** torn between duty and love.

écartement [ekartəmɑ̃] *nm* -**1.** RAIL: **~ (des rails** OU **de voie)** gauge. -**2.** AUT: **~ des essieux** wheelbase; **~ des roues** tracking. -**3.** [fait d'ouvrir] spreading (open), opening. -**4.** [évincement - d'un directeur] dismissing, removing.

écarter [3] [ekarte] *vt* -**1.** [disjoindre] to move apart *(sép)*, to separate; **~ deux arbres plantés trop près l'un de l'autre** to move two trees apart because they're too close to one another; **~ les pinces d'un crabe** to prize open a crab's pincers; **~ les rideaux** [le matin] to open the curtains; [pour observer] to move the curtain aside; **~ la foule** [pour laisser passer une vedette] to push the crowd away; **~ la foule pour passer** to push one's way through the crowd || [en parlant de parties du corps]: **~ les bras** to open OU to spread one's arms; **~ les jambes/doigts/orteils** to spread one's legs/fingers/toes. -**2.** [éloigner] to move away OU aside *(sép)*, to pull away OU aside *(sép)*; **écarte les enfants au cas où ils se brûleraient** pull the children away in case they burn themselves; **écarte plus la table du mur** move the table further away from the wall. -**3.** [détourner] to divert; **cette route vous écarte un peu** that road takes you a little bit out of your way. -**4.** [refuser] to dismiss, to set aside *(sép)*, to rule out *(sép)*; **j'ai écarté ta solution** I ruled out your solution; **il écarte systématiquement toute idée de compromis** he refuses to countenance any suggestion of compromise. -**5.** [tenir à distance]: **~ qqn de** [succession, conseil d'administration] to keep sb out of; **~ qqn du pouvoir** [aspirant] to cut sb off from the road to power; [homme d'État] to manoeuvre sb out of power; **être écarté du processus de décision** to be kept away from the decision-making. -**6.** JEUX to discard.

◆ **s'écarter** *vpi* to move away OU out of the way, to step OU to draw aside; **écarte-toi!** move OU get out of the way!; **s'~ de sa trajectoire** [fusée] to deviate from its trajectory; [pilote] to deviate from one's course; **s'~ du droit chemin** to go off the straight and narrow (path); **s'~ du sujet** to stray OU to wander from the subject; **ils se sont beaucoup écartés de l'idée initiale** they've strayed a long way away from the initial idea.

écarteur [ekartœr] *nm* retractor.
ecchymose [ekimoz] *nf* bruise, ecchymosis *spéc.*
ecclésial, e, aux [eklezjal, o] *adj* ecclesial; **biens ecclésiaux** church property.
Ecclésiaste [eklezjast] *nm*: **(le livre de) l'~** Ecclesiastes.
ecclésiastique [eklezjastik] ◇ *adj* [devoir] ecclesiastic, ecclesiastical; [habitude] priestly, priestlike.
◇ *nm* priest, ecclesiastic.
ecclésiologie [eklezjɔlɔʒi] *nf* ecclesiology.
écervelé, e [esɛrvəle] ◇ *adj* scatterbrained.
◇ *nm, f* scatterbrain.
ECG (*abr de* **électrocardiogramme**) *nm* ECG.
échafaud [eʃafo] *nm* scaffold; **cela l'a mené à l'~** this brought him to the scaffold OU led to his execution.
échafaudage [eʃafodaʒ] *nm* -**1.** CONSTR scaffolding; **matériel d'~** scaffolding. -**2.** [pile] heap, pile, stack; **un ~ de livres** a pile OU stack of books. -**3.** [élaboration - de systèmes] elaboration, construction.
échafauder [3] [eʃafode] ◇ *vt* -**1.** [entasser] to stack OU to heap OU to pile (up). -**2.** [construire - systèmes, théories] to build up, to construct; **~ des projets** to make plans.
◇ *vi* CONSTR to put up scaffolding, to scaffold.
échalas [eʃala] *nm* -**1.** [perche] pole, stake; **être droit** OU **raide comme un ~** to be as stiff as a poker OU ramrod. -**2.** *fam* [personne] beanpole; **c'est un grand ~** he's a real beanpole.
échalasser [3] [eʃalase] *vt* [haricot, vigne] to stake (up).
échalier [eʃalje] *nm* -**1.** [clôture] gate. -**2.** [échelle] stile.
échalote [eʃalɔt] *nf* shallot.
échancré, e [eʃɑ̃kre] *adj* -**1.** VÊT low-necked; **une robe très ~e sur le devant** a dress with a plunging neckline. -**2.** BOT serrated. -**3.** GÉOG [côte, littoral] indented, jagged.
échancrer [3] [eʃɑ̃kre] *vt* -**1.** COUT to cut a low neckline in. -**2.** [entailler] to indent.
échancrure [eʃɑ̃kryr] *nf* -**1.** VÊT low neckline; **faire une ~ en pointe** OU **en V dans le dos** to cut a V neckline in the back. -**2.** BOT serration. -**3.** GÉOG indentation.
échange [eʃɑ̃ʒ] *nm* -**1.** [troc] swap, exchange; **faire un ~** to swap, to do a swap; **ils ont fait l'~ de leurs bicyclettes** they swapped bicycles; **on fait l'~?** do you want to swap?, do you want to do a swap?; **~ de prisonniers** exchange of prisoners ❑ **~ standard** replacement *(of a spare part)*. -**2.** ÉCON trade; **le volume des ~s entre deux pays** the volume of trade between two countries ❑ **~s internationaux** international trade. -**3.** [aller et retour] exchange; **avoir un ~ de vues** to exchange opinions; **un long ~ de correspondance** a long exchange of letters; **~s culturels** cultural exchanges; **il y a eu un bref ~ d'insultes/de coups entre les deux hommes** there was a brief exchange of insults/blows between the two men; **on a entendu des ~s de coups de feu** exchanges of gunfire were heard ❑ **c'est un ~ de bons procédés** one good turn deserves another. -**4.** [visite]: **~ (linguistique)** (language) exchange. -**5.** JEUX: **faire (un) ~** [aux échecs] to exchange pieces. -**6.** SPORT: **~ de balles** [avant un match] knocking up; [pendant le match] rally; **quel bel ~!** what a beautiful rally! -**7.** BIOL: **~s gazeux** gaseous interchange. -**8.** JUR exchange.
◆ **en échange** *loc adv* in exchange, in return.
◆ **en échange de** *loc prép* in exchange OU return for.
échangeable [eʃɑ̃ʒabl] *adj* exchangeable; **nos articles sont ~s sur présentation d'un ticket de caisse** articles may be exchanged on production of a receipt.
échanger [17] [eʃɑ̃ʒe] *vt* -**1.** [troquer] to exchange, to swap; **~ un stylo contre** OU **pour un briquet** to exchange OU to swap a pen for a lighter. -**2.** [se donner mutuellement] to exchange; **ils ont échangé des lettres** there was an exchange of letters between them; **~ un regard/sourire** to exchange glances/smiles; **~ des coups avec qqn** to exchange blows with sb; **~ quelques mots avec qqn** to exchange a few words with sb. -**3.** SPORT: **~ des balles** [avant le match] to knock up.
◆ **s'échanger** ◇ *vp (emploi passif)* [être troqué] to be swapped; BOURSE to trade; **le dollar s'échange aujourd'hui à 5,12 francs** today the dollar is trading at 5.12 francs.
◇ *vp (emploi réciproque)*: **s'~ des disques** to swap records with each other.
échangeur [eʃɑ̃ʒœr] *nm* -**1.** TRANSP [carrefour] interchange; [donnant accès à l'autoroute] feeder; **un ~ à niveaux multiples** a multiple interchange. -**2.** PHYS: **~ (de chaleur)** heat exchanger. -**3.** CHIM: **~ d'ions** ion exchanger.
échangisme [eʃɑ̃ʒism] *nm* [pratique sexuelle] partner swapping.
échangiste [eʃɑ̃ʒist] *nmf* -**1.** JUR exchanger. -**2.** [de partenaire sexuel] swinger.
échanson [eʃɑ̃sɔ̃] *nm* HIST cupbearer; *hum* wine waiter.
échantillon [eʃɑ̃tijɔ̃] *nm* -**1.** COMM & SC sample, specimen; **~ publicitaire** free sample. -**2.** [cas typique] example, sample; **voici un ~ de son savoir-faire** here is an example of his knowhow; **un ~ de la poésie française du XVIe siècle** a fine example of 16th-century French poetry. -**3.** [de population] cross-section.
échantillonnage [eʃɑ̃tijɔnaʒ] *nm* -**1.** [action] sampling, selecting. -**2.** [de parfum] selection; [de papier peint, de moquette] sample book. -**3.** NAUT scantling. -**4.** INF & TÉLÉC sampling.
échantillonner [3] [eʃɑ̃tijɔne] *vt* -**1.** COMM & SC to sample. -**2.** [population] to take a cross-section of.
échappatoire [eʃapatwar] *nf* loophole, way out; **ne cherche pas d'~, réponds-moi!** don't hedge, answer me!; **je n'ai pas d'~ possible** I can't get out of it.
échappé, e [eʃape] *nm, f* competitor who has broken away; **les ~s du peloton** runners breaking away from the rest of the field.
◆ **échappée** *nf* -**1.** SPORT breakaway. -**2.** [espace ouvert à la vue] vista, view; **une ~e sur l'océan** an ocean view. -**3.** [dans un escalier] headroom. -**4.** [passage] space, gap; **l'~e d'un garage** garage entrance. -**5.** [instant]: **une brève ~e de soleil** a brief sunny spell.
◆ **par échappées** *loc adv* every now and then, in fits and starts.
échappement [eʃapmɑ̃] *nm* -**1.** [de gaz] exhaust; **~ libre** cutout. -**2.** [d'horloge] escapement. -**3.** [d'un escalier] headroom.
échapper [3] [eʃape] ◇ *vt loc*: **l'~ belle** to have a narrow escape; **ouf, on l'a échappé belle!** phew, that was close!
◇ *vi* -**1.** [s'enfuir]: **faire ~** [animal] to let out; [détenu] to help to escape; **laisser ~** to let loose; **il a laissé ~ le chien** he let the dog loose. -**2.** [être prononcé]: **pas un mot n'échappa de ses lèvres** OU **sa bouche** he didn't utter a single word; **laisser ~** to let slip. -**3.** [glisser] to slip; **le vase lui a échappé des mains** the vase slipped out of her hands. -**4.** [passer]: **laisser ~**: **j'ai pu laisser ~ quelques fautes** I may have overlooked a few mistakes; **laisser ~ une occasion** to miss an opportunity.
◆ **échapper à** *v + prép* -**1.** [se soustraire à] to avoid, to evade; **~ de justesse à une amende** to narrowly avoid being fined OU having to pay a fine; **~ à ses obligations** to evade one's duties; **il va être difficile d'~ à ses calembours** it will be difficult to get away from his puns. -**2.** [éviter] to escape from, to get away from; **il n'a pas pu ~ à ses ennemis** he couldn't escape from his enemies; **elle sent que sa fille lui échappe** she can feel (that) her daughter's drifting away from her. -**3.** [être dispensé de]: **~ à l'impôt** [officiellement] to be exempt from taxation; [en trichant] to evade income tax. -**4.** [être oublié par]: **rien ne lui échappe** she doesn't miss a thing; **rien n'échappe à son regard** she sees everything; **ce détail m'a échappé** that detail escaped me; **son nom m'échappe** his name escapes me OU has slipped my mind; **je me souviens de l'air mais les paroles m'échappent** I remember the tune but I forget the lyrics ‖ *(tournure impersonnelle)*: **il ne m'a pas échappé qu'il avait l'air ravi** it was obvious to me that he looked delighted; **il ne vous aura pas échappé que...** it will not have escaped your attention that... -**5.** [être enlevé à]: **la victoire lui a échappé** victory eluded him; **la fortune de leur tante leur a échappé** they couldn't get their hands on their aunt's money. -**6.** [être prononcé par]: **si des paroles désagréables m'ont échappé, je te prie de m'excuser** if I let slip an unpleasant remark, I apologize; **la phrase lui aura échappé** the remark must have slipped out.
◆ **s'échapper** *vpi* -**1.** [s'enfuir] to escape, to get away; **s'~ d'un camp** to escape from a camp; **le chat s'est échappé** the cat ran away OU escaped. -**2.** [se rendre disponible] to get away; **quand les enfants étaient petits, nous ne pouvions pas nous ~ facilement** when the children were small it was difficult for us to get away; **je ne pourrai pas m'~ avant midi** I won't be able to get away before noon. -**3.** [jaillir] to escape, to leak; **s'~ de**: **la lave s'échappe du volcan** lava is coming out of the volcano; **des mèches s'échappaient de son foulard** wisps of hair poked out from underneath her scarf. -**4.** [disparaître] to disappear, to vanish; **sa dernière chance s'est échappée** his last chance slipped away OU disappeared. -**5.** SPORT [coureur] to break OU to draw away.
écharde [eʃard] *nf* splinter.
écharner [3] [eʃarne] *vt* to flesh.
écharpe [eʃarp] *nf* -**1.** VÊT scarf; [d'un député, d'un maire] sash; **l'~ tricolore** *sash worn by French mayors at civic functions.* -**2.** [pansement] sling.
◆ **en écharpe** *loc adv* -**1.** MÉD: **avoir le bras en ~** to have one's arm in a sling. -**2.** *loc*: **prendre en ~** to hit broadside on; **la voiture s'est fait prendre en ~ par un camion** a truck hit the car broadside on.
écharper [3] [eʃarpe] *vt* to tear to pieces.
échasse [eʃas] *nf* -**1.** [bâton] stilt; **marcher** *fam* OU **être monté** *fam* **sur des ~s** to have long legs. -**2.** ZOOL stilt.
échassier [eʃasje] *nm* wader, wading bird.
échaudage [eʃodaʒ] *nm* -**1.** [brûlure] scalding. -**2.** AGR shrivelling, withering.
échauder [3] [eʃode] *vt* -**1.** [ébouillanter - volaille] to scald; [- vaisselle] to run boiling water over; [- théière] to warm. -**2.** [décevoir]: **l'expérience de l'année dernière m'a échaudé** my experience last year taught me a lesson; **il a déjà été échaudé une fois** he's had his fingers burned once already.
échauffant, e [eʃofɑ̃, ɑ̃t] *adj vieilli* overstimulating.
échauffement [eʃofmɑ̃] *nm* -**1.** [réchauffement - du sol, d'une planète] warming (up). -**2.** SPORT [assouplissement] warming-up; [exercices, période] warm-up. -**3.** [excitation] over-excitement. -**4.** MÉCAN overheating. -**5.** AGR fermenting.
échauffer [3] [eʃofe] *vt* -**1.** [chauffer] to heat (up), to warm up *(sép)*. -**2.** [exciter] to heat, to fire, to stimulate; **les esprits sont échauffés** feelings are running high ❑ **il m'échauffe la bile** OU **les oreilles** *fam* he really gets my goat OU on my nerves. -**3.** MÉCAN to overheat; [fermenter] to cause fermentation. -**4.** SPORT to warm up *(sép)*.
◆ **s'échauffer** *vpi* -**1.** SPORT to warm up. -**2.** [s'exciter] to become heated; **laisser son imagination s'~** to let one's imagination run wild OU riot; **il s'échauffe pour un rien** he blows OU flares up at the slightest provocation.
échauffourée [eʃofure] *nf* clash, skirmish.
échauguette [eʃogɛt] *nf* HIST watchtower.
échéance [eʃeɑ̃s] *nf* -**1.** [date - de paiement] date of payment; [- de maturité] date of maturity; [- de péremption] expiry date; **venir à ~** to fall due; **payable à quinze jours d'~** payable at two weeks' date. -**2.** [somme d'argent] financial

commitment. -**3.** [moment] term; **nous sommes à trois mois de l'~ électorale** there are three months to go before the date set for the election; **un mois avant l'~ de l'examen** one month before the exam (is due to take place).

◆ **à brève échéance, à courte échéance** ◇ *loc adj* short-term.
◇ *loc adv* in the short run.

◆ **à longue échéance** ◇ *loc adj* long-term.
◇ *loc adv* in the long run.

échéancier [eʃeɑ̃sje] *nm* -**1.** [livre] bill book, tickler *Am.* -**2.** [délais] schedule of repayments.

échéant, e [eʃeɑ̃, ɑ̃t] *adj* → **cas**.

échec [eʃɛk] *nm* -**1.** [revers] failure; **après l'~ de la conférence au sommet** after the failure of the summit conference; **la réunion s'est soldée par un ~** nothing came out of the meeting; **faire ~ à** to foil, to prevent; **faire ~ à un coup d'État** to foil OU to defeat a coup ☐ **l'~ scolaire** underperforming at school. -**2.** [défaite] defeat; **son ~ au championnat** his defeat in the championship. -**3.** JEUX: **~ (au roi)!** check!; **~ et mat!** checkmate!; **faire ~** to check; **faire ~ et mat** to checkmate.

◆ **échecs** *nmpl* chess *(U)*; **jouer aux ~s** to play chess.

◆ **en échec** *loc adv*: **mettre/tenir qqn en ~** to put/to hold sb in check; **il a tenu toutes les polices d'Europe en ~** he thwarted the entire European police network.

échelle [eʃɛl] *nf* -**1.** [outil] ladder; **monter dans l'~ sociale** *fig* to climb the social ladder ☐ **~ coulissante** extension ladder; **~ de corde** rope ladder; **~ d'incendie** fire escape; **~ de meunier** straight wooden staircase; **faire la courte ~ à qqn** *pr* to give sb a leg up; *fig* to give sb a leg up, to help sb better his/her prospects; **monter à l'~** to be unable to take a joke; **il n'y a plus qu'à tirer l'~** *fam* we might as well just give up; **après lui, il n'y a plus qu'à tirer l'~** he leaves all the rest standing. -**2.** [mesure] scale; **une carte à l'~ 1/10 000** a map on a scale of 1/10,000; **réduire l'~ d'un dessin** to scale a drawing down. -**3.** GÉOL scale; **sur l'~ de Richter** on the Richter scale. -**4.** [dimension] scale; **des évènements à l'~ mondiale** great world events; **des villes à l'~ humaine** cities (built) on a human scale. -**5.** JUR & ADMIN scale; **~ des valeurs** scale of values; **~ (mobile) des salaires** (sliding) salary scale. -**6.** MUS: **~ diatonique/chromatique** diatonic/chromatic scale. -**7.** BX-ARTS: **~ des couleurs** range of colours. -**8.** VÊT run, ladder *Br*; **faire une ~ à son bas** to ladder one's stocking. -**9.** NAUT: **~ de coupée** accommodation ladder. -**10.** HIST: **les Échelles du Levant** the Ports of the Levant. -**11.** *Helv* side *(of a farm trailer)*.

◆ **à grande échelle** ◇ *loc adj* -**1.** [dessin] large-scale. -**2.** [projet] ambitious.
◇ *loc adv* on a big scale.

◆ **à l'échelle** *loc adv*: **la façade n'est pas à l'~** the façade isn't (drawn) to scale; **dessiner une carte à l'~** to scale a map.

◆ **à l'échelle de** *loc prép* at the level OU on a scale of; **à l'~ de la région/planète** on a regional/world scale.

échelon [eʃlɔ̃] *nm* -**1.** [barreau] rung. -**2.** ADMIN grade; **grimper d'un ~** to go up one step OU grade; **changer d'~** to change grade. -**3.** [niveau] level; **à l'~ local** at local level. -**4.** MIL echelon.

◆ **à l'échelon de** *loc prép* at the level of; **à l'~ du ministère** at Ministry level.

échelonnement [eʃlɔnmɑ̃] *nm* -**1.** [dans l'espace] spreading out, placing at regular intervals. -**2.** [dans le temps - d'un paiement] spreading (out); [- de congés] staggering. -**3.** [graduation - de difficultés] grading.

échelonner [3] [eʃlɔne] *vt* -**1.** [dans l'espace - arbres, poteaux] to space out *(sép)*, to place at regular intervals. -**2.** [dans le temps - livraisons, remboursements, publication] to spread (out), to stagger, to schedule at regular intervals; **paiements échelonnés** payments in instalments, staggered payments. -**3.** [graduer - difficultés, problèmes] to grade, to place on a sliding scale. -**4.** MIL to echelon.

◆ **s'échelonner sur** *vp + prép* [suj: projet, travaux] to be spread out over.

écheniller [3] [eʃnije] *vt* to clear of caterpillars, to pick caterpillars off.

écheveau, x [eʃvo] *nm* -**1.** TEXT hank, skein. -**2.** [labyrinthe de rues] maze. -**3.** [embrouillamini] tangle; **démêler l'~ d'une intrigue** to untangle a plot.

échevelé, e [eʃəvle] *adj* -**1.** [ébouriffé] dishevelled, tousled. -**2.** [effréné] frantic, wild, unbridled; **une danse ~e** a wild dance.

écheveler [24] [eʃəvle] *vt litt* to tousle the hair of.

échevin [eʃvɛ̃] *nm* -**1.** HIST deputy mayor of a town. -**2.** *Belg* deputy burgmaster OU burgomaster.

échevinat [eʃəvina] *nm Belg office of the 'échevin'.*

échidné [ekidne] *nm* spiny anteater, echidna *spéc.*

échine [eʃin] *nf* -**1.** ANAT & ZOOL backbone, spine; **courber** OU **plier l'~ devant qqn** to submit to sb; **avoir l'~ souple** to be obsequious OU subservient. -**2.** CULIN chine. -**3.** ARCHIT echinus.

échiner [3] [eʃine]

◆ **s'échiner à** *vp + prép*: **s'~ à faire qqch** to wear o.s. out doing sthg.

échinocactus [ekinɔkaktys] *nm* hedgehog cactus, echinocactus *spéc.*

échinocoque [ekinɔkɔk] *nm* echinococcus.

échinoderme [ekinɔdɛrm] *nm* echinoderm; **les ~s** Echinodermata.

échiquéen, enne [eʃikeɛ̃, ɛn] *adj* chess *(modif)*.

échiquier [eʃikje] *nm* -**1.** JEUX chessboard; **le rôle que nous jouons sur l'~ européen/mondial** *fig* the part we play on the European/world scene. -**2.** POL: **L'Échiquier** the (British) Exchequer.

◆ **en échiquier** *loc adv*: **des arbres plantés en ~** trees planted out in a chessboard pattern.

écho [eko] *nm* -**1.** ACOUST echo; **il y a de l'~** there is an echo; **se faire l'~ d'une information** to spread a piece of news; **aucun journal ne s'en est fait l'~** the story was not picked up by any newspaper; **~ multiple** reverberations; **~ simple** echo; **~s parasites** clutter. -**2.** [bruit, propos répétés] rumour; **j'en ai eu des ~s** I heard something about it. -**3.** [accueil favorable]: **sa proposition n'a pas trouvé d'~** his offer wasn't taken into consideration. -**4.** [image] echo; **un ~ des préoccupations de l'époque** one of the (major) preoccupations of the age. -**5.** TV ghosting; **à cause des arbres, nous avons de l'~** we get ghosting because of the trees. -**6.** [rubrique de journal] gossip column.

◆ **à tous les échos** *loc adv* in all directions.

échocardiogramme [ekokardjɔgram] *nm* echocardiogram.

échoencéphalogramme [ekoɑ̃sefalɔgram] *nm* echoencephalogram.

échographie [ekografi] *nf* (ultrasound) scan; **se faire faire une ~** to have a scan OU an ultrasound scan.

échographier [9] [ekografje] *vt* to scan *(with an ultrasound scan)*.

échoir [70] [eʃwar] *vi* FIN to fall due; **intérêts à ~** outstanding interest.

◆ **échoir à** *v + prép sout*: **~ à qqn** to fall to sb; **le sort qui lui est échu n'est guère enviable** one can hardly envy his lot ‖ *(tournure impersonnelle)*: **c'est à moi qu'il échoit d'annoncer la mauvaise nouvelle** it falls to me to announce the bad news.

écholocation [ekolɔkasjɔ̃] *nf* echolocation.

échoppe [eʃɔp] *nf* -**1.** [outil] burin. -**2.** *vieilli* shop *Br*, store *Am.*

échotier, ère [ekɔtje, ɛr] *nm, f* [journaliste] gossip columnist.

échotomographie [ekotɔmɔgrafi] *nf* (ultrasound) scan.

échouage [eʃwaʒ], **échouement** [eʃumɑ̃] *nm* [d'un navire] grounding, running aground.

échouer [6] [eʃwe] ◇ *vi* -**1.** [rater - projet, tentative] to fail, to fall through; **ils ont échoué dans leur tentative de coup d'État** their attempted coup failed; **~ à un examen** to fail an exam. -**2.** *fam* [finir] to end OU to wind up; **un tableau de valeur échoué dans un grenier** a valuable painting that has ended up in an attic; **ils ont échoué dans un bar vers minuit** they ended OU wound up in a bar around midnight. -**3.** NAUT to ground, to run aground; **bateau échoué** boat aground; **quelques caisses échouées sur la plage** a few boxes washed up OU stranded on the beach.
◇ *vt* NAUT [accidentellement] to ground, to run aground; [volontairement] to beach.

◆ **s'échouer** *vpi* NAUT to run aground.

échu, e [eʃy] *adj*: **payer un loyer à terme ~** to pay at the end of the rental term.

écimage [esimaʒ] *nm* pollarding.

écimer [3] [esime] *vt* to pollard.

éclaboussement [eklabusmɑ̃] *nm* splashing, spattering.

éclabousser [3] [eklabuse] *vt* -**1.** [asperger] to splash, to spatter; **éclaboussé de: éclaboussé de boue** mud-spattered; **les cheveux éclaboussés de peinture** hair spotted with paint. -**2.** [nuire à la réputation de]: **~ qqn** to malign sb, to besmirch sb's reputation; **le scandale a éclaboussé certains de ses collègues** some of his colleagues were implicated in the scandal. -**3.** *litt* [impressionner]: **~ qqn de son luxe/sa richesse** to flaunt one's luxurious lifestyle/one's wealth in sb's face.

éclaboussure [eklabusyr] *nf* -**1.** [tache - de boue, de peinture] splash, spatter; **des ~s de sang** bloodstains. -**2.** [retombée] smear, smirch; **atteint par les ~s d'un scandale financier** implicated in a financial scandal.

éclair [eklɛr] *nm* -**1.** MÉTÉO flash of lightning; **~s** lightning; **~s en zigzag** forked lightning; **ses yeux jetaient** OU **lançaient des ~s** *fig* her eyes were flashing; **un ~ de colère passa dans ses yeux** anger flashed OU blazed in his eyes ☐ **comme un ~: entrer/sortir/traverser comme un ~** to dart in/out/across; **le peloton est passé comme un ~** the pack of cyclists flashed past; **prompt** OU **rapide** OU **vif comme l'~** (as) quick as a flash; **avec la rapidité** OU **vitesse de l'~** (as) quick as a flash. -**2.** [lueur - d'un coup de feu, d'un flash] flash; **la lame jetait des ~s dans la pénombre** the blade flashed OU glinted in the shadows. -**3.** [bref instant]: **un ~ de** a flash OU spark of; **dans un ~ de lucidité** in a flash of lucidity; **un ~ de génie** a flash of inspiration. -**4.** CULIN éclair; **~ au chocolat** chocolate éclair. -**5.** *(comme adj)* lightning *(modif)*; **visite ~** lightning OU flying visit ☐ **guerre ~** blitzkrieg.

◆ **en un éclair** *loc adv* in a flash OU a trice OU an instant; **tout lui est revenu à la mémoire en un ~** everything came back to her in a flash.

éclairage [eklɛraʒ] *nm* -**1.** [illumination artificielle] lighting; **à l'époque, l'~ était assuré par des torches** in those days people used torches for lighting ☐ **~ indirect** indirect OU concealed lighting. -**2.** [intensité de lumière] light; **l'~ est faible au premier étage** the first floor is badly lit. -**3.** [installation]: **l'~, les ~s** the lighting; **les ~s sont de Y. Dumais** lighting effects by Y. Dumais; **~ aux projecteurs** floodlighting. -**4.** BX-ARTS use of light; PHOT light. -**5.** [aspect] light, perspective; **sans cet ~ historique** without this historical perspective; **vu sous cet ~** seen in this light; **apporter à qqch un ~ nouveau** to look at sthg in a new way, to bring a new light to sthg. -**6.** MIL scouting expedition.

éclairagisme [eklɛraʒism] *nm* lighting engineering.

éclairagiste [eklɛraʒist] *nmf* -**1.** CIN, THÉÂT & TV lighting engineer. -**2.** COMM dealer in lights and lamps.

éclairant, e [eklɛrɑ̃, ɑ̃t] *adj* -**1.** [lumineux] lighting; **une fusée ~e** a flare. -**2.** [édifiant - commentaire, conclusion] enlightening.

éclaircie [eklɛrsi] *nf* -**1.** MÉTÉO sunny spell, bright interval. -**2.** [amélioration] improvement. -**3.** [de forêt] clearing.

éclaircir [32] [eklɛrsir] *vt* -**1.** [rendre moins sombre] to make lighter; **ce papier éclaircit la pièce** this wallpaper brightens up the room OU makes the room feel lighter; ~ **ses cheveux** to make one's hair (look) lighter; [par mèches] to put highlights in one's hair. -**2.** [rendre plus audible]: **des pastilles pour ~ la voix** OU **gorge** lozenges to clear the throat. -**3.** CULIN [sauce, soupe] to thin (down), to dilute. -**4.** [forêt] to thin (out). -**5.** [élucider - affaire, mystère] to clear up; [- situation] to clarify.

◆ **s'éclaircir** ◇ *vpi* -**1.** MÉTÉO to clear (up), to brighten up; **le ciel s'est éclairci** the sky's cleared OU brightened up; **ça s'éclaircit** *fam* it's brightening up. -**2.** [pâlir - cheveux] to go lighter OU paler OU blonder. -**3.** [se raréfier] to thin (out); **ses cheveux s'éclaircissent** his hair's getting thinner, he's going bald. -**4.** [être clarifié - mystère] to be solved; [- situation] to become clearer.

◇ *vpt*: **s'~ la voix** OU **gorge** to clear one's throat.

éclaircissage [eklɛrsisaʒ] *nm* -**1.** [des cheveux] highlighting, lightening. -**2.** [de forêt] thinning.

éclaircissant, e [eklɛrsisɑ̃, ɑ̃t] *adj* [lotion, shampooing] lightening, highlighting.

éclaircissement [eklɛrsismɑ̃] *nm* -**1.** [d'une peinture] lightening. -**2.** [explication] explanation; **demander des ~s** to ask for further information OU an explanation; **je voudrais des ~s sur ce point** I would like some further clarification on this point.

éclaire [eklɛr] *nf* -**1.** BOT greater celandine. -**2.** NAUT hatchway.

éclairé, e [eklere] *adj* -**1.** [lumineux]: **une pièce bien/mal ~e** a well-/badly-lit room. -**2.** [intelligent] enlightened.

éclairement [eklɛrmɑ̃] *nm* -**1.** *litt* lighting, shining. -**2.** PHYS illumination.

éclairer [4] [eklere] ◇ *vt* -**1.** [chemin, lieu] to light (up); **les phares éclairent la route** the road is lit by beacons; **une bougie éclairait la pièce** the room was lit by a candle; ~ **une cuisine au néon** to use fluorescent lighting in a kitchen; ~ **un stade avec des projecteurs** to floodlight a stadium; **marchez derrière moi, je vais vous ~** walk behind me, I'll light the way for you. -**2.** [égayer] to brighten OU to light up *(sép)*, to illuminate; **ses derniers instants ont été éclairés par la présence de ses enfants** his last moments were brightened up by the presence of his children; **le visage éclairé par un sourire** his face lit up by a smile; **un foulard rose éclairait sa robe sombre** a pink scarf brightened up her dark dress. -**3.** [rendre compréhensible] to clarify, to throw light on; **ces notes éclairent la pensée de l'auteur** these notes throw some light on the author's ideas. -**4.** [informer] to enlighten; **j'ai besoin qu'on m'éclaire sur ce point** I need sb to explain this point to me OU to enlighten me on this point ❑ ~ **la lanterne de qqn** to put sb in the picture. -**5.** MIL to scout out.

◇ *vi*: **la lampe n'éclaire plus** the lamp's gone out; **cette ampoule éclaire bien/mal** this bulb throws out a lot of/doesn't throw out much light.

◆ **s'éclairer** ◇ *vp (emploi réfléchi)*: **s'~ au gaz** to have gaslight; **s'~ à l'électricité** to have electric lighting; **s'~ à la bougie** to use candlelight; **tiens, prends ma lampe électrique pour t'~** here, take my flashlight to light your way.

◇ *vpi* -**1.** [s'allumer] to be lit; **les fenêtres s'éclairent une à une** the windows light up one by one. -**2.** [visage, regard] to brighten OU to light up. -**3.** [se résoudre] to get clearer; **enfin, tout s'éclaire!** it's all clear (to me) now!

éclaireur, euse [eklɛrœr, øz] *nm, f* [scout] boy scout (*f* girl scout); **les Éclaireurs de France** the (French) Scout Association.

◆ **éclaireur** *nm* MIL scout.

◆ **en éclaireur** *loc adv*: **envoyer qqn en ~** to send sb scouting; **partir en ~** to go (off) and scout around; **parti en ~ chercher un restaurant** scouting around for a restaurant.

éclampsie [eklɑ̃psi] *nf* eclampsia.

éclat [ekla] *nm* -**1.** [fragment - de verre, de métal] splinter, shard; [- de bois] splinter, sliver; **des ~s d'obus** shrapnel. -**2.** [bruit] burst; ~ **de rire** burst OU roar of laughter; **un ~ de voix** loud voices/a raised voice could be heard. -**3.** [scandale] scandal; **faire un ~ en public** to cause a public scandal OU embarrassment. -**4.** [de la lumière, du jour] brightness; [du soleil, de projecteur] glare; **l'~ d'un diamant** the sparkle of a diamond; **le soleil d'hiver brillait d'un ~ très doux** the winter sun shone with a pale light. -**5.** [du regard, d'un sourire, d'une couleur] brightness; [du teint] radiance, bloom; **elle a perdu tout son ~** she has lost all her bloom OU sparkle. -**6.** [splendeur] glamour, glitter; **l'~ d'un festival** the glamour OU glitter of a festival; **donner de l'~ à** to make glamorous. -**7.** ASTRON: ~ **absolu/apparent** true/apparent luminosity.

◆ **action d'éclat** *nf* feat.

◆ **coup d'éclat** *nm* feat; **faire un coup d'~** to pull off a coup.

éclatant, e [eklatɑ̃, ɑ̃t] *adj* -**1.** [soleil, couleur] dazzling, brilliant; [miroir, surface] sparkling; [dents] gleaming; **draps d'une blancheur ~e** OU **~s de blancheur** dazzling white sheets; **écharpe d'un rouge ~** bright red scarf; **un sourire ~** a dazzling smile. -**2.** [excellent - santé, teint] radiant, glowing; ~ **de**: **~e de beauté** radiantly beautiful. -**3.** [spectaculaire - revanche] spectacular; [- triomphe, victoire] resounding; **ce fut une victoire ~e** it was a resounding victory. -**4.** [bruyant] loud, resounding; **on entendait son rire ~** his booming OU hearty laugh could be heard.

éclaté [eklate] *nm* split diagram.

éclatement [eklatmɑ̃] *nm* -**1.** [déflagration - d'une bombe] explosion; [- d'un pneu, d'un fruit] bursting. -**2.** [rupture - d'un parti] breakup.

éclater [3] [eklate] *vi* -**1.** [exploser] to explode, to blow up, to burst; **le plat a éclaté lorsque je l'ai plongé dans l'eau bouillante** the dish shattered when I plunged it into the boiling water; **j'ai l'impression que ma tête/mon cœur/ma poitrine va ~** I feel as if my head/heart/chest is going to burst; **mon pneu a éclaté** my tyre burst. -**2.** [se fractionner] to split, to break up; **notre département a éclaté en plusieurs services** our department was broken up into several subdivisions. -**3.** [retentir]: **l'orage a enfin éclaté** the thunderstorm finally broke; **un coup de tonnerre a soudain éclaté** there was a sudden thunderclap; **des applaudissements éclatèrent** there was a burst of applause; **des coups de feu ont éclaté** shots were fired; ~ **de**: ~ **de rire** to burst out laughing; ~ **en**: ~ **en larmes/sanglots** to burst into tears/sobs; ~ **en reproches** to let out a stream of reproaches. -**4.** [se déclencher - guerre, scandale] to break out. -**5.** [apparaître] to stand out; **son talent éclate à chaque page** her talent stands out on each page. -**6.** [de colère] to explode; **j'ai cru qu'il allait ~** I thought he was going to explode; « **mais enfin!** », **éclata-t-il** "for goodness sake!", he burst out OU exploded. -**7.** [être célèbre] to be an instant success.

◆ **s'éclater** *fam vpi* to have a ball OU a whale of a time; **il s'éclate en faisant de la photo** he gets his kicks from photography; **on s'est éclatés hier soir au Palace** we had a fabulous time last night at the Palace.

éclateur [eklatœr] *nm* discharger.

éclectique [eklɛktik] ◇ *adj* [distraction, goût, opinion] eclectic, varied.

◇ *nmf* eclectic, person with eclectic tastes.

éclectisme [eklɛktism] *nm* eclecticism.

éclipse [eklips] *nf* -**1.** ASTRON eclipse; ~ **de Soleil/Lune** solar/lunar eclipse; ~ **annulaire/totale/partielle** annular/total/partial eclipse. -**2.** [éloignement] eclipse, decline; **revenir sur scène après une ~ de plusieurs années** to return to the stage after an absence of several years. -**3.** MÉD blackout.

◆ **à éclipses** *loc adj*: **phare/feu à ~s** intermittent beacon/light; **une carrière à ~s** *fig* a career progressing in fits and starts.

éclipser [3] [eklipse] *vt* -**1.** ASTRON to eclipse. -**2.** [surclasser] to eclipse, to overshadow, to outshine; **éclipsé sur le marché des ordinateurs par...** overshadowed OU outclassed on the computer market by...

◆ **s'éclipser** *fam vpi* to slip away OU out, to sneak off.

écliptique [ekliptik] *nm* ASTRON ecliptic.

éclisse [eklis] *nf* -**1.** MÉD splint. -**2.** RAIL fishplate. -**3.** MUS rib. -**4.** [claie à fromages] cheese tray.

éclopé, e [eklɔpe] ◇ *adj* lame, limping.

◇ *nm, f* person with a limp; **les ~s avaient du mal à suivre le convoi** the walking wounded had difficulty keeping up with the convoy; **les ~s de l'amour** *hum* the victims of love.

éclore [113] [eklɔr] *vi (aux être ou avoir)* -**1.** [œuf, poussin] to hatch (out); **les œufs ont éclos ce matin** the eggs hatched out this morning || *litt* [fleur] to open out; **des roses fraîches écloses** newly-opened roses. -**2.** *litt* [apparaître - jour, amour] to dawn; [- doute] to be born.

éclosion [eklozjɔ̃] *nf* -**1.** [d'un œuf] hatching; **jusqu'à leur ~** until they hatch || *litt* [d'une fleur] opening (out). -**2.** *litt* [d'un amour] dawning.

éclusage [eklyzaʒ] *nm* [d'un bateau, d'une péniche] locking, sluicing.

écluse [eklyz] *nf* lock; **une porte d'~** a lock OU sluice gate ❑ **lâcher** OU **ouvrir les ~s** to turn on the waterworks.

éclusée [eklyze] *nf* lockage water.

écluser [3] [eklyze] ◇ *vt* -**1.** NAUT [canal, voie d'eau] to lock; [bateau, péniche] to lock, to sluice. -**2.** ▽ [boire] to down, to knock back; **il avait déjà éclusé trois cognacs** *fam* he'd already downed three brandies.

◇ *vi* ▽ to booze, to knock back the booze; **qu'est-ce qu'il écluse!** he can certainly knock it back!

éclusier, ère [eklyzje, ɛr] *nm, f* lockkeeper.

écobuage [ekɔbyaʒ] *nm* burn-beating.

écœurant, e [ekœrɑ̃, ɑ̃t] *adj* -**1.** [nauséeux] nauseating, cloying, sickly; **la seule vue de ce gâteau est ~e** just looking at that cake OU the mere sight of that cake makes me feel sick. -**2.** [indigne] disgusting; **j'ai trouvé son comportement ~** his behaviour sickened me, I found his behaviour disgusting. -**3.** *fam* [démoralisant] sickening, disheartening; **elle réussit tout, c'est ~** she's good at everything, it's sickening OU it makes you sick.

écœurement [ekœrmɑ̃] *nm* -**1.** [nausée] nausea; **manger des chocolats jusqu'à ~** to make o.s. sick eating chocolates. -**2.** [aversion] disgust, aversion, distaste. -**3.** *fam* [découragement] discouragement; **quand les résultats ont été annoncés, ça a été l'~ général** everybody was pretty disheartened when they heard the results.

écœurer [5] [ekœre] *vt* -**1.** [donner la nausée] to sicken; **la vue de ce gâteau m'écœure** looking at that cake makes me feel sick. -**2.** [inspirer le mépris à] to disgust, to sicken; **sa mauvaise foi m'écœure** I'm disgusted by his bad faith. -**3.** *fam* [décourager] to dishearten, to discourage.

écolage [ekɔlaʒ] *nm* *Helv* school fees.

école [ekɔl] *nf* -**1.** [établissement] school; **aller à l'~** [tous les matins] to go to school; [à six ans] to start school, to reach school age; **tu peux retourner à l'~!** didn't they teach you that at school?; **une ~ de courage** a school for courage ❑ ~ **libre** OU **privée** private school; ~ **communale** local primary school; ~ **maternelle, petite ~** *fam* nursery school; ~ **primaire, grande ~** *fam* primary school; ~ **publique** state school *Br*, public school *Am*; **maître d'~** schoolmaster; **maîtresse d'~** schoolmistress; **bateau-~** training ship; **voiture-~** driving-school car; **faire l'~ buisson-**

nière to play truant; renvoyer qqn à l'~ to send sb back to school. -**2.** [cours] school; l'~ recommencera le 9 septembre school will reopen on September 9th; l'~ est obligatoire jusqu'à 16 ans school is compulsory up to the age of 16; pas de chewing-gum pendant l'~ chewing-gum must not be consumed during school hours. -**3.** [système] : l'~ laïque secular education; l'~ obligatoire compulsory schooling. -**4.** [collège supérieur] : grande ~ *competitive-entry higher education establishment*; École (centrale) des arts et manufactures, École centrale *prestigious engineering school*; École (nationale) des chartes *grande école for archivists and librarians*; École nationale d'administration → **ENA**; École nationale de la magistrature *grande école for the judiciary*; École normale d'instituteurs *former primary school teachers' training college*; École normale supérieure *prestigious training college for teachers and researchers*. -**5.** [lieu spécialisé] school; ~ de l'air flying school; ~ de conduite driving school; ~ de danse ballet school; ~ navale naval college; ~ de ski skiing school; ~ de voile sailing school. -**6.** [pédagogie] : l'~ active the active method of teaching. -**7.** [disciples] school; l'~ de Pythagore the Pythagorean school; l'~ française du Louvre the French collections at the Louvre ❑ faire ~ to attract a following; il a fait ~ he attracted a following; une hypothèse qui fera ~ a hypothesis bound to gain wide currency. -**8.** ÉQUIT: basse ~ basse école; haute ~ haute école.

◆ **à bonne école** *loc adv*: être à bonne ~ to learn a lot; avec lui, j'ai été à bonne ~ he taught me a lot.

◆ **à dure école, à rude école** *loc adv*: être à rude ~ to learn the hard way.

◆ **de la vieille école** *loc adj*: il est de la vieille ~ he's one of the old school OU guard.

L'ÉCOLE LAÏQUE:
The separation of Church and State, which reflects the Republican ideal and became law in 1905, is an important aspect of French culture. Since that date State education has been independent of the Church, and explicitly excludes religious instruction and religious ceremony.

écolier, ère [ekɔlje, ɛr] *nm, f* -**1.** SCOL [garçon] schoolboy; [fille] schoolgirl. -**2.** [novice] beginner.

écolo *fam* [ekɔlo] ◇ *adj* green.
◇ *nmf*: les ~s the Greens.

écologie [ekɔlɔʒi] *nf* ecology.

écologique [ekɔlɔʒik] *adj* [gén] ecological; [politique, parti] green.

écologiquement [ekɔlɔʒikmɑ̃] *adv* ecologically.

écologisme [ekɔlɔʒism] *nm* ecology.

écologiste [ekɔlɔʒist] *nmf* -**1.** [expert] ecologist, environmentalist. -**2.** [partisan] ecologist, green.

écomusée [ekɔmyze] *nm* natural conservation area.

éconduire [98] [ekɔ̃dɥir] *vt* [importun, vendeur] to dismiss, to get rid of; [soupirant] to jilt, to reject.

économat [ekɔnɔma] *nm* -**1.** [service - dans un collège, un hôpital] bursarship; [- dans un club] stewardship. -**2.** [bureau - dans un collège, un hôpital] bursar's office; [- dans un club] steward's office. -**3.** [coopérative] staff co-op.

économe [ekɔnɔm] ◇ *adj* -**1.** [avec l'argent] thrifty; être ~ to be careful with money. -**2.** [parcimonieux] : ~ de economical OU sparing with; être ~ de ses paroles/gestes to be sparing with one's words/gestures; être ~ de son temps to give of one's time sparingly; être ~ de ses moyens to use the means at one's disposal sparingly.
◇ *nmf* [d'une institution, d'un hôpital] bursar; [d'un club, d'un collège] steward.
◇ *nm* [couteau] (vegetable) peeler.

économètre [ekɔnɔmɛtr] *nmf*, **économétricien, enne** [ekɔnɔmetrisjɛ̃, ɛn] *nm, f* econometrist, econometrician.

économétrie [ekɔnɔmetri] *nf* econometrics *(sg)*.

économétrique [ekɔnɔmetrik] *adj* econometric.

économie [ekɔnɔmi] *nf* -**1.** [système] economy; ~ libérale/socialiste liberal/socialist economy; ~ dirigée planned economy; ~ mixte mixed economy; ~ parallèle OU souterraine black-market economy. -**2.** [discipline] economics; ~ (politique) economics; ~ d'entreprise business economics. -**3.** [épargne] economy, thrift; par ~, je prendrai le train I'll go by train to save money; une ~ de: nous avons fait une ~ de dix francs par livre we saved ten francs on each book; nous avons réalisé une ~ de cinq francs par pièce produite we made a saving of OU we saved five francs on each item produced; faire des ~s d'énergie to conserve OU to save energy; les ~s d'énergie energy conservation; ce sera une ~ de temps/d'argent it'll save time/money; avec une grande ~ de moyens with very limited means; faire l'~ de to save; je ferai l'~ d'un voyage it'll save me a trip ❑ une ~ OU des ~s de bouts de chandelles *péj* cheeseparing. -**4.** [structure] : nous n'approuvons pas l'~ générale du projet we do not approve of the structure of the project.

◆ **économies** *nfpl* savings; faire des ~s to save money; elle a quelques ~s she has some savings ❑ ~s d'échelle economies of scale; il n'y a pas de petites ~s *prov* take care of the pennies and the pounds will take care of themselves *prov*.

économique [ekɔnɔmik] ◇ *adj* -**1.** ÉCON economic; sanctions ~s economic sanctions ❑ géographie ~ economic geography. -**2.** [peu coûteux] economical, cheap, inexpensive.
◇ *nm*: l'~ the economic situation.

économiquement [ekɔnɔmikmɑ̃] *adv* -**1.** [frugalement] frugally. -**2.** ÉCON economically, from an economic point of view; les ~ faibles the lower income groups.

économiser [3] [ekɔnɔmize] ◇ *vt* -**1.** [épargner] to economize, to save. -**2.** [ménager - force] to save; [- ressources] to husband. -**3.** [limiter la consommation de] to save, to conserve.
◇ *vi* to save money; je n'arrive pas à ~ I just can't manage to save any money; ~ sur l'habillement to cut down on buying clothes, to spend less on clothes.

économiseur [ekɔnɔmizœr] *nm* economizer.

économisme [ekɔnɔmism] *nm* economism.

économiste [ekɔnɔmist] *nmf* economist.

écope [ekɔp] *nf* scoop.

écoper [3] [ekɔpe] ◇ *vt* [barque, bateau] to scoop (out).
◇ *vi fam* [recevoir une sanction, une réprimande] to take the rap; c'est lui qui a écopé he was the one who took the rap.

◆ **écoper de** *fam v + prép* to cop *Br*, to get; il a écopé de cinq ans de prison he got five years inside.

écoproduit [ekɔprɔdɥi] *nm* green product.

écorce [ekɔrs] *nf* -**1.** [d'un arbre] bark; [d'un fruit] peel. -**2.** GÉOG: l'~ terrestre the earth's crust. -**3.** [extérieur] exterior, outward appearance.

écorcer [16] [ekɔrse] *vt* [arbre] to bark; [fruit] to peel; [riz] to husk.

écorché, e [ekɔrʃe] *nm, f*: c'est un ~ vif he's hypersensitive; c'est une ~e vive she's hypersensitive; une sensibilité d'~ vif hypersensitivity.

◆ **écorché** *nm* -**1.** BX-ARTS écorché. -**2.** [dessin] cutaway.

écorchement [ekɔrʃəmɑ̃] *nm* [d'un animal] skinning.

écorcher [3] [ekɔrʃe] *vt* -**1.** [animal] to skin. -**2.** [torturer] to flay; ~ vif to flay alive; il pousse des hurlements OU il crie comme si on l'écorchait vif he's squealing like a stuck pig. -**3.** [blesser] to scratch, to graze; elle a eu les mains écorchées par les épines her hands were scratched by the thorns; ça t'écorcherait la bouche de dire merci/demander pardon? *fam* it wouldn't actually hurt to say thank you/sorry, would it?; ~ les oreilles à qqn to grate on sb's ears; la musique lui écorchait les oreilles the music grated on his ears; ce langage lui écorchait les oreilles he found these words offensive. -**4.** [mal prononcer - mot] to mispronounce; il écorche toujours mon nom he always mispronounces my name. -**5.** *fam* [escroquer] to fleece, to swindle.

◆ **s'écorcher** *vp (emploi réfléchi)* to scrape OU to scratch o.s.; je me suis écorché le pied I scraped OU scratched my foot.

écorcheur [ekɔrʃœr] *nm* -**1.** [d'animaux] flayer, skinner. -**2.** *fam* [escroc] swindler, crook.

écorchure [ekɔrʃyr] *nf* scratch, graze; se faire des ~s aux jambes to scratch one's legs.

écorner [3] [ekɔrne] *vt* -**1.** [endommager - cadre, meuble] to chip a corner off; [- livre, page] to fold down the corner of, to dog-ear; un livre tout écorné a dog-eared book. -**2.** [fortune, héritage] to make a dent in.

écornifleur, euse [ekɔrniflœr, øz] *nm, f vieilli* scrounger.

écornure [ekɔrnyr] *nf* [fragment] chip; la table est pleine d'~s the table is chipped all over.

écossais, e [ekɔsɛ, ɛz] *adj* -**1.** GÉOG [coutume, lande] Scottish; whisky ~ Scotch (whisky). -**2.** TEXT tartan.

◆ **Écossais, e** *nm, f* Scot, Scotsman (*f* Scotswoman); les Écossais Scottish people, the Scots.

◆ **écossais** *nm* -**1.** LING Scots Gaelic. -**2.** TEXT tartan.

Écosse [ekɔs] *npr f*: (l') ~ Scotland.

écosser [3] [ekɔse] *vt* [petits pois] to shell, to pod; [fèves] to shell.

écosystème [ekɔsistɛm] *nm* ecosystem.

écot [eko] *nm* share; payer chacun son ~ to pay one's share.

écotype [ekɔtip] *nm* ecotype.

écoulement [ekulmɑ̃] *nm* -**1.** [déversement] flowing out, outflow; système d'~ des eaux drainage system. -**2.** MÉD discharge. -**3.** [mouvement - de la foule] dispersal. -**4.** [passage] : l'~ du temps the passing of time. -**5.** [vente] selling, distributing.

écouler [3] [ekule] *vt* -**1.** [vendre] to sell; ~ entièrement son stock to clear one's stock. -**2.** [se débarrasser de - fausse monnaie, bijoux volés] to dispose OU to get rid of.

◆ **s'écouler** *vpi* -**1.** [se déverser - liquide] to flow (out); [- foule] to pour out; l'eau s'écoule peu à peu the water trickles out; laisser s'~ l'eau du bain to let the water out (of the bath). -**2.** [passer - année, temps] to go by, to pass (by).

écoumène [ekumɛn] *nm* GÉOG ecumene.

écourter [3] [ekurte] *vt* -**1.** [rendre plus court] to shorten, to cut short; nous avons dû ~ notre visite we had to cut our visit short. -**2.** VÉTÉR to dock.

écoute [ekut] *nf* -**1.** RAD listening; ~ permanente monitoring; heure OU période de grande ~ RAD peak listening time; TV peak viewing time, prime time; aux heures de grande ~ RAD & TV in prime time; émission programmée à une heure de grande ~ prime-time programme. -**2.** [détection] listening (in); ~ clandestine wiretapping; ~ sous-marine sonar; ~s (téléphoniques) phone tapping; mettre OU placer qqn sur ~s to tap sb's phone; être sur ~s: elle est sur ~s her phone's been tapped; poste d'~ listening post; table d'~ wiretapping set. -**3.** [attention] ability to listen; avoir une bonne ~ to be good at listening OU a good listener. -**4.** NAUT sheet; point d'~ clew.

◆ **à l'écoute de** *loc prép* -**1.** RAD: restez à l'~ de nos programmes de nuit stay tuned to our late night programmes. -**2.** [attentif à] : être à l'~ de l'actualité to be well up on current affairs.

◆ **aux écoutes** *loc adv*: être aux ~s to be tuned in to what's going on.

écouter [3] [ekute] *vt* -**1.** [entendre - chanson, discours, émission] to listen to *(insép)*; **c'est un des jeux les plus écoutés en France** it's one of the most popular radio games in France; ~ **la messe** to hear Mass || *(en usage abs)*: **n'**~ **que d'une oreille**: **je n'écoutais que d'une oreille** I was only half listening; ~ **de toutes ses oreilles** to be all ears; ~ **aux portes** to eavesdrop. -**2.** [porter attention] to listen to; **écoutez-moi avant de vous décider** listen to what I have to say before you make up your mind || *(en usage abs)*: **il sait** ~ he's a good listener; **il n'a même pas voulu** ~ he wouldn't even listen. -**3.** [obéir à] to listen to; **il faut** ~ **ses parents** you must do as your parents tell you; **tu vas finir par m'**~, **oui?** WILL you do as I say?; **n'écoutant que sa colère/sa douleur/son cœur** guided by his anger/pain/heart alone; ~ **la voix de la sagesse** to listen to the voice of reason. -**4.** [à l'impératif, à valeur d'insistance]: **écoutez, nous n'allons pas nous disputer!** listen OU look, let's not quarrel!; **écoute, ça suffit maintenant!** listen OU look here, that's enough now!; **écoute, c'est simple, il suffit de lui demander** listen, it's very simple, all we have to do is ask her.

◆ **s'écouter** ◇ *vp (emploi passif)*: **c'est le genre de musique qui s'écoute dans le recueillement** this is the kind of music one should listen to with reverence.

◇ *vp (emploi réfléchi)*: **il s'écoute trop** he's a bit of a hypochondriac; **si je m'écoutais, je le mettrais dehors** if I had any sense, I'd throw him out ❑ **s'**~ **parler** to love the sound of one's own voice.

écouteur [ekutœr] *nm* -**1.** TÉLÉC earpiece; **prendre l'**~ to listen in on the earpiece. -**2.** AUDIO earphone.

écoutille [ekutij] *nf* hatch, hatchway.

écouvillon [ekuvijɔ̃] *nm* -**1.** ARM & MÉD swab. -**2.** [goupillon] bottlebrush.

écrabouillage *fam* [ekrabujaʒ], **écrabouillement** *fam* [ekrabujmɑ̃] *nm* crushing, squashing.

écrabouiller *fam* [3] [ekrabuje] *vt* to crush, to squash; **tu m'as écrabouillé le pied!** you've crushed my foot!; **il a été complètement écrabouillé** he was crushed to death.

écran [ekrɑ̃] *nm* -**1.** [d'une console, d'un ordinateur] screen; ~ **cathodique** cathode screen; ~ **à cristaux liquides** liquid crystal display; ~ **plat** flat-faced screen; ~ **de visualisation** visual display screen, VDU, monitor. -**2.** CIN cinema screen; **à l'**~ OU **sur les** ~**s, cette semaine** what's on this week (at the cinema OU movies *Am*); **porter un roman à l'**~ to adapt a novel for the screen; **vedettes de l'**~ movie stars, stars of the big screen ❑ **le grand** ~ the big screen. -**3.** TV: **le petit** ~ television; **les programmes du petit** ~ **pour ce soir** what's on television tonight; **vedette du petit** ~ TV star. -**4.** [protection] screen, shield; **se faire un** ~ **contre le soleil avec un journal** to use a newspaper to keep off the sun; ~ **de fumée** *pr* & *fig* smoke screen; **faire** ~ **à**: **la maladresse de son style fait** ~ **à sa pensée** the clumsiness of his style prevents us from understanding his thoughts ❑ ~ **anti-bruit** noise-reduction screen; ~ **pare-fumée** smoke deflector; ~ **de protection** shield; ~ **solaire** sun screen; **crème** ~ **total** total protection sun cream OU block. -**5.** BX-ARTS silk-screen. -**6.** RAD & TV: ~ **(publicitaire)** advertising slot.

écrasant, e [ekrazɑ̃, ɑ̃t] *adj* -**1.** [insupportable] crushing, overwhelming; [chaleur] unbearable; [responsabilité] weighty, burdensome. -**2.** [charge de travail, proportion] overwhelming; **une majorité** ~**e en faveur de** an overwhelming majority in favour of.

écrasé, e [ekraze] *adj*: **au nez** ~ pug-nosed.

écrasement [ekrazmɑ̃] *nm* -**1.** [de fruits, de graines] squashing, crushing, pulping; [de pommes de terre] mashing. -**2.** [anéantissement - d'une révolte] crushing.

écraser [3] [ekraze] ◇ *vt* -**1.** [appuyer sur] to crush; ~ **l'accélérateur** OU **le champignon** *fam* to step on it, to step on the gas *Am*; ~ **le frein** to slam on the brake; ~ **les prix** to slash prices. -**2.** [fruit, pomme de terre] to mash; ~ **un moustique** to swat a mosquito; ~ **une cigarette** to stub a cigarette out. -**3.** [piéton, chat] to run over; **il s'est fait** ~ he was run over. -**4.** [faire mal à] to crush, to squash; **tu m'écrases les pieds** you're treading on my feet. -**5.** [accabler] to crush; ~ **de**: ~ **un pays d'impôts** to overburden a country with taxes; **être écrasé de fatigue** to be overcome by fatigue. -**6.** [rendre plus petit] to dwarf; **le monument écrase les immeubles alentour** the monument dwarfs the surrounding buildings. -**7.** [anéantir] to crush; **se faire** ~ **par l'équipe adverse** to get crushed by the opposing team. -**8.** [dominer] to outdo; **essayer d'**~ **qqn** to try and beat sb at his own game; **il écrase tout le monde de son luxe** he flaunts his luxurious lifestyle everywhere.

◇ *vi* ▽ -**1.** [se taire]: **écrase, tu veux bien!** shut up, will you! -**2.** *loc*: **en** ~ to sleep like a log.

◆ **s'écraser** ◇ *vp (emploi passif)* to be crushed; **les tomates s'écrasent facilement** tomatoes are easy to crush.

◇ *vpi* -**1.** [fruit, légume] to get crushed OU mashed OU squashed; **les fraises se sont écrasées dans mon sac** the strawberries got squashed inside my bag. -**2.** [tomber - aviateur, avion] to crash; [- alpiniste] to crash to the ground; **l'avion s'est écrasé au sol** the plane crashed; **s'**~ **contre un mur** to crash against a wall. -**3.** *fam* [se presser] to be OU to get crushed; **les gens s'écrasent pour entrer** there's a great crush to get in. -**4.** ▽ [se taire] to shut up, to pipe down; **il vaut mieux s'**~ better keep quiet OU mum; **toi, tu t'écrases!** just shut up, will you!

écraseur, euse *fam* [ekrazœr, øz] *nm, f* road hog.

écrémage [ekremaʒ] *nm* -**1.** CULIN skimming, creaming. -**2.** MÉTALL & PÉTR skimming.

écrémer [18] [ekreme] *vt* -**1.** CULIN to skim. -**2.** MÉTALL & PÉTR to skim. -**3.** [sélectionner] to cream off *(sép)*; ~ **une collection** to cream off the best pieces from a collection.

écrémeuse [ekremøz] *nf* [mécanique] skimmer; [centrifugeuse] cream separator.

écrêtement [ekrɛtmɑ̃] *nm* [nivelage] levelling; **l'**~ **des salaires** the levelling out of salaries.

écrevisse [ekrəvis] *nf* crayfish, crawfish *Am*; **avancer** OU **marcher comme une** ~ to take one step forward and two steps back.

écrier [10] [ekrije]

◆ **s'écrier** *vpi* to cry OU to shout (out), to exclaim; **«j'arrive», s'écria-t-elle** "I'm coming", she cried.

écrin [ekrɛ̃] *nm* [gén] box, case; [à bijoux] casket.

écrire [99] [ekrir] *vt* -**1.** [tracer - caractère, mot] to write; ~ **un t à la place d'un d** to write a t instead of a d || *(en usage abs)*: **mon crayon écrit mal** my pen doesn't write properly; **tu écris mal** [illisiblement] your handwriting is bad; ~ **dans la poussière avec un bâton** to draw letters in the dust with a stick ❑ ~ **comme un chat** to scrawl. -**2.** [rédiger - lettre, livre] to write; [- chèque, ordonnance] to write (out); ~ **une lettre à la machine/sur un traitement de texte** to type a letter on a typewriter/a word processor; **je veux que cela soit écrit dans le contrat** I want it written into the agreement; **c'est écrit noir sur blanc** OU **en toutes lettres** *fig* it's written (down) in black and white || *(en usage abs)*: ~ **pour demander des renseignements** to write in OU off for information; **elle écrit bien/mal** [du point de vue du style] she's a good/bad writer; **c'était écrit** it was bound to happen; **il était écrit qu'ils se retrouveraient** they were bound OU fated to find each other again ❑ **ce qui est écrit est écrit** *allusion Bible* what is written is written. -**3.** [noter] to write down; ~ **ses dépenses dans la marge** to write down one's expenses in the margin; **écris ce qu'il te dicte** write down what he dictates to you || *(en usage abs)*: ~ **sous la dictée** to take a dictation; **elle a écrit sous ma dictée** she took down what I dictated. -**4.** [épeler] to spell; **tu écris ça comment?** how do you spell it?; **tu as mal écrit le mot «apéritif»** you spelled the word "apéritif" wrong.

◆ **s'écrire** ◇ *vp (emploi passif)* [s'épeler] to be spelled; **ça s'écrit comment?** how do you spell it?

◇ *vp (emploi réciproque)* [échanger des lettres] to write to each other.

écrit, e [ekri, it] *adj* written; **des feuilles** ~**es** sheets with writing on; **épreuves** ~**es d'un examen** written part of an examination.

◆ **écrit** *nm* -**1.** [ce qui est sur le papier]: **les paroles s'envolent, les** ~**s restent** the spoken word goes, but the written word remains. -**2.** [document] document. -**3.** [œuvre] written work; **ses** ~**s le prouvent** the proof of it is in her written works. -**4.** ENS [examen] written examination OU papers; [partie] written part (of the examination).

◆ **par écrit** *loc adv* in writing; **confirmez-le nous par** ~ confirm it to us in writing, give us written confirmation; **mettre qqch par** ~ to put sthg down in writing.

écriteau, x [ekrito] *nm* board, notice, sign.

écritoire [ekritwar] *nf* -**1.** [coffret] writing case. -**2.** [en Afrique] writing implement.

écriture [ekrityr] *nf* -**1.** [calligraphie] writing; **faire une page d'**~ [gén] to do a one-page handwriting exercise; [punition] to do lines || [tracé] handwriting, writing; **avoir une** ~ **élégante** to have elegant handwriting, to write (in) an elegant hand. -**2.** [système] writing; ~ **chiffrée** coded writing; ~ **idéographique** ideographic writing. -**3.** [type de caractère] script; ~ **droite/en italique** upright/italic script. -**4.** [style] writing; **un roman d'une** ~ **recherchée** a novel written in a mannered style || [création] writing; **il a trouvé son salut dans l'**~ he found his salvation in writing. -**5.** FIN entry; **passer une** ~ to make an entry. -**6.** JUR written document. -**7.** RELIG: **l'**~ **sainte, les Écritures** the Scriptures.

◆ **écritures** *nfpl* COMM accounts, entries; **tenir les** ~**s** to do the bookkeeping ❑ **jeu d'**~**s** dummy entry; **par un jeu d'**~**s** by some creative accounting.

écrivailler [3] [ekrivaje] *vi péj* to scribble.

écrivailleur, euse [ekrivajœr, øz] *nm, f péj* [gén] scribbler; [journaliste] hack.

écrivaillon [ekrivajɔ̃] *nm péj* [gén] scribbler; [journaliste] hack.

écrivain [ekrivɛ̃] *nm* writer; **elle est** ~ she's a writer ❑ ~ **public** public letter writer.

écrivassier, ère [ekrivasje, ɛr] *nm, f péj* scribbler.

écrou [ekru] *nm* -**1.** MÉCAN nut; ~ **à ailettes** wing nut. -**2.** JUR committal.

écrouelles [ekruɛl] *nfpl arch* scrofula, king's evil.

écrouer [3] [ekrue] *vt* to imprison, to jail.

écrouir [32] [ekruir] *vt* to cold hammer, to work harden.

écroulement [ekrulmɑ̃] *nm* [d'un édifice, d'une théorie] collapse.

écrouler [3] [ekrule]

◆ **s'écrouler** *vpi* -**1.** [tomber - mur] to fall (down), to collapse; [- plafond, voûte] to cave in. -**2.** [être anéanti - empire, monnaie] to collapse; **tous ses espoirs se sont écroulés** all her hopes vanished. -**3.** [défaillir - personne] to collapse; **le témoin s'est écroulé devant le juge** the witness broke down in front of the judge; **j'ai cru que j'allais m'**~ **quand on me l'a annoncé** I thought I was going to pass out when they told me; **s'**~ **de sommeil/fatigue** to be overcome by sleep/weariness. -**4.** *fam loc*: **être écroulé (de rire)**: **j'étais écroulé en l'écoutant** I nearly died laughing just listening to him; **ils étaient écroulés** they were killing themselves laughing.

écroûter [3] [ekrute] *vt* AGR to fallow.

écru, e [ekry] *adj* -**1.** TEXT raw. -**2.** [couleur] ecru.
ecthyma [ɛktima] *nm* ecthyma.
ectoblaste [ɛktɔblast] *nm* ectoblast, ectoderm.
ectoblastique [ɛktɔblastik] *adj* ectoblastic, ectodermal, ectodermic.
ectoderme [ɛktɔdɛrm] = **ectoblaste**.
ectodermique [ɛktɔdɛrmik] = **ectoblastique**.
ectoparasite [ɛktɔparazit] ◇ *adj* ectoparasitic.
◇ *nm* ectoparasite.
ectopie [ɛktɔpi] *nf* ectopia, ectopy.
ectoplasme [ɛktɔplasm] *nm* -**1.** [du corps du médium] ectoplasm. -**2.** *fam péj* lightweight. -**3.** BIOL ectoplasm.
écu [eky] *nm* -**1.** HIST shield. -**2.** [ancienne monnaie] crown.
ÉCU, écu [eky] (*abr de* European Currency Unit) *nm* ECU, ecu.
écubier [ekybje] *nm* hawsehole.
écueil [ekœj] *nm* -**1.** NAUT reef. -**2.** *litt* [difficulté] pitfall, danger, hazard.
écuelle [ekɥɛl] *nf* bowl; une ~ de soupe a bowful of soup.
éculé, e [ekyle] *adj* -**1.** [botte, chaussure] down at heel, worn down at the heel. -**2.** [plaisanterie] hackneyed, well-worn.
écumage [ekymaʒ] *nm* -**1.** CULIN skimming. -**2.** [pillage - gén] scouring; [- d'une région] plundering.
écumant, e [ekymɑ̃, ɑ̃t] *adj litt* foamy, frothy; ~ **de rage** spitting with rage, foaming at the mouth (with rage).
écume [ekym] *nf* -**1.** [de la bière] foam, froth; [de la mer] foam, spume; **ôter l'~ des confitures** to remove the scum from jam; **ôter l'~ du bouillon** to skim broth. -**2.** MINÉR: ~ **de mer** meerschaum. -**3.** *litt* [de la société] scum, dross. -**4.** MÉTALL dross.
écumer [3] [ekyme] ◇ *vi* [cheval] to lather; ~ **(de rage** OU **colère)** to be foaming at the mouth (with rage), to foam with anger.
◇ *vt* -**1.** CULIN [confiture] to remove the scum from; [bouillon] to skim. -**2.** MÉTALL to scum. -**3.** [piller] to plunder; *fig* to go through; ~ **les mers** to scour the seas; **j'ai écumé tout le quartier pour trouver une boulangerie** I scoured the whole area to find a bakery; **en écumant les bibliothèques on devrait trouver cet ouvrage** if we go through the libraries systematically we should find this work.
écumeur [ekymœr] *nm* -**1.** HIST: ~ **des mers** pirate. -**2.** [escroc] plunderer.
écumeux, euse [ekymø, øz] *adj litt* foamy, frothy, spumy *litt*.
écumoire [ekymwar] *nf* skimmer, skimming laddle.
écureuil [ekyrœj] *nm* squirrel; l'Écureuil *nickname for the Caisse d'épargne (whose logo is a squirrel)*.
écurie [ekyri] *nf* -**1.** [local à chevaux, mulets, ânes] stable; **mettre à l'~** to stable ❑ **les ~s d'Augias** the Augean stables; **sentir l'~** to be in the home straight. -**2.** *fam* [endroit sale] pigsty. -**3.** [chevaux] stable; **portant la casaque de l'~ Sarmantes** riding in the colours of the Sarmantes stable ‖ SPORT stable, team. -**4.** [dans une maison d'édition] (writing) team. -**5.** *Helv dial* cowshed.
écusson [ekysɔ̃] *nm* -**1.** [écu] badge. -**2.** HIST escutcheon, coat of arms. -**3.** HORT bud. -**4.** [des insectes] scutellum.
écussonner [3] [ekysɔne] *vt* -**1.** HORT to bud. -**2.** COUT to sew a badge onto.
écuyer, ère [ekɥije, ɛr] *nm, f* -**1.** [acrobate de cirque] circus rider. -**2.** [cavalier] rider.
◆ **écuyer** *nm* -**1.** HIST [d'un chevalier] squire; [d'un souverain] (royal) equerry. -**2.** [professeur d'équitation] riding teacher.
eczéma [ɛgzema] *nm* eczema.
eczémateux, euse [ɛgzematø, øz] *adj* eczema (*modif*), eczematous *spéc*.
éd. (*abr écrite de* **édition**) ed., edit.
édam [edam] *nm* Edam (cheese).
edelweiss [edɛlvɛs] *nm* edelweiss.
éden [edɛn] *nm* -**1.** BIBLE: **l'Éden** (the Garden of) Eden. -**2.** *litt*: **un ~** an earthly paradise.
édénique [edenik] *adj* Edenic.
édenté, e [edɑ̃te] *adj* [vieillard, peigne, sourire] toothless.
◆ **édenté** *nm* ZOOL edentate; **les ~s** the Edentata.
édenter [3] [edɑ̃te] *vt* to break the teeth of.
EDF (*abr de* **Électricité de France**) *npr French national electricity company*.
édicter [3] [edikte] *vt* [loi] to decree, to enact.
édicule [edikyl] *nm* -**1.** [petit édifice] small edifice. -**2.** [toilettes] public lavatory; [abri] shelter.
édifiant, e [edifjɑ̃, ɑ̃t] *adj* -**1.** [lecture] instructive, improving, edifying. -**2.** *hum* [révélateur] edifying, instructive.
édification [edifikasjɔ̃] *nf* -**1.** [construction] erection, construction. -**2.** [instruction] edification, enlightenment; **pour l'~ des masses** for the edification of the masses.
édifice [edifis] *nm* -**1.** CONSTR edifice, building; ~ **public** public building. -**2.** [structure] structure, edifice, system; **l'~ des lois** the legal system, the structure of the law. -**3.** [assemblage] heap, mound, pile; **l'~ de sa chevelure** her elaborately piled-up hairstyle.
édifier [9] [edifje] *vt* -**1.** [construire - temple] to build, to construct, to erect. -**2.** [rassembler - fortune] to build up (*sép*), to accumulate; [- théorie] to construct, to develop. -**3.** [instruire] to edify, to enlighten; **vous voilà édifiés sur ses intentions** now you know what his (true) intentions are.
édile [edil] *nm* -**1.** ANTIQ aedile, edile. -**2.** *aussi hum* [magistrat municipal] town councillor, local worthy OU dignitary (on the town council).
Édimbourg [edɛ̃bur] *npr* Edinburgh.
édit [edi] *nm* edict, decree; **l'~ de Nantes** the Edict of Nantes.
édit. *abr écrite de* **éditeur**.
éditer [3] [edite] *vt* -**1.** COMM [roman, poésie] to publish; [disque] to produce, to release; [meuble, robe] to produce, to present. -**2.** INF to print out, to edit.
éditeur, trice [editœr, tris] ◇ *adj* publishing; **société éditrice** publishing company.
◇ *nm, f* publisher, editor; ~ **de disques** record producer.
◆ **éditeur** *nm* INF: ~ **de textes** text editor.
édition [edisjɔ̃] *nf* -**1.** [activité, profession] publishing; **le monde de l'~** the publishing world; **travailler dans l'~** to be in publishing OU in the publishing business. -**2.** [livre] edition; **une ~ critique de «Hamlet»** a critical edition of "Hamlet" ❑ ~ **augmentée** enlarged edition; ~ **originale** first edition; ~ **de poche** paperback edition, pocket book *Am*; **«Nana» dans l'~ de poche** the paperback edition OU version of "Nana"; ~ **revue et corrigée** revised edition. -**3.** [disque - classique] edition, release; [- de rock] release. -**4.** [de journaux] edition; **l'~ du matin/soir** the morning/evening edition ❑ ~ **spéciale** [de journal] special edition; [de revue] special issue; **tu me l'as déjà dit, c'est la deuxième** OU **troisième ~!** *fam hum* that's the second OU third time you've told me that! -**5.** TV: ~ **du journal télévisé** (television) news bulletin; **dans la dernière ~ de notre journal** in our late news bulletin ❑ ~ **spéciale en direct de Budapest** special report live from Budapest. -**6.** INF editing; ~ **électronique** electronic publishing.
édito *fam* [edito] *nm* editorial.
éditorial, e, aux [editɔrjal, o] *adj* editorial.
◆ **éditorial** *nm* [de journal] editorial, leader *Br*.
éditorialiste [editɔrjalist] *nmf* leader *Br* OU editorial writer.
Édouard [edwar] *npr* [roi] Edward; ~ **le Confesseur** Edward the Confessor.
édredon [edrədɔ̃] *nm* eiderdown, quilt.
éducable [edykabl] *adj* teachable.
éducateur, trice [edykatœr, tris] ◇ *adj* educational, educative.
◇ *nm, f* teacher, youth leader; ~ **spécialisé** teacher for special needs.
éducatif, ive [edykatif, iv] *adj* educational; **le système ~** the education system.
éducation [edykasjɔ̃] *nf* -**1.** [instruction] education; **il n'a aucune ~ musicale** [technique] he has no musical training; [connaissances générales] he has no musical education; **avoir reçu une bonne ~** to be well-educated; **je veux qu'elle reçoive une bonne ~** I want her to receive a good education; ~ **du consommateur** consumer education ❑ **l'Éducation nationale** the (French) Education Department; ~ **permanente** continuing education; ~ **physique (et sportive)** physical education, PE; ~ **professionnelle** professional training; ~ **sexuelle** sex education; ~ **spécialisée** special education; ~ **surveillée** approved *Br* OU reform *Am* schooling. -**2.** [d'un enfant] upbringing; [bonnes manières] good manners; **avoir de l'~** to be well-bred OU well-mannered; **manquer d'~** to be ill-bred OU ill-mannered; **il faut lui refaire toute son ~, à ce garçon** this boy needs to be taught good manners; **tu ne sais pas jouer au bridge, c'est toute une ~ à refaire!** *hum* you can't play bridge, where on earth were you brought up?
éducationnel, elle [edykasjɔnɛl] *adj* educational.
édulcorant, e [edylkɔrɑ̃, ɑ̃t] *adj* sweetening.
◆ **édulcorant** *nm* sweetener, sweetening agent; ~ **de synthèse** artificial sweetener.
édulcoration [edylkɔrasjɔ̃] *nf* -**1.** [sucrage] sweetening. -**2.** *litt* [modération] softening, weakening, watering down.
édulcorer [3] [edylkɔre] *vt* -**1.** [sucrer] to sweeten. -**2.** *litt* [modérer - propos, compte rendu] to soften, to water down (*sép*); [- texte] to bowdlerize.
éduquer [3] [edyke] *vt* -**1.** [instruire - élève, masses] to teach, to educate. -**2.** [exercer - réflexe, volonté] to train; ~ **le goût de qqn** to shape OU to influence sb's taste; ~ **l'œil/l'oreille de qqn** to train sb's eye/ear. -**3.** [élever - enfant] to bring up (*sép*), to raise; **être bien éduqué** to be well brought up OU well-bred OU well-mannered; **être mal éduqué** to be badly brought up OU ill-bred OU ill-mannered.
EEG (*abr de* **électroencéphalogramme**) *nm* EEG.
éfaufiler [3] [efofile] *vt* to unravel.
effaçable [efasabl] *adj* erasable.
effacé, e [efase] *adj* -**1.** [couleur] faded, discoloured. -**2.** [personne] self-effacing, retiring. -**3.** [épaules] sloping; [poitrine] flat.
effacement [efasmɑ̃] *nm* -**1.** [annulation - d'une faute] erasing; [oubli - d'un cauchemar, d'un souvenir] erasing, blotting out, obliteration. -**2.** [modestie]: ~ **de soi** self-effacement. -**3.** LING deletion. -**4.** AUDIO erasing, wiping out.
effacer [16] [efase] *vt* -**1.** [ôter - tache, graffiti] to erase, to remove, to clean off (*sép*); [- mot] to rub out *Br* (*sép*), to erase *Am*; [nettoyer - ardoise] to clean, to wipe; **effacez avec un chiffon humide** wipe off with a damp cloth. -**2.** [cassette, disquette] to erase, to wipe off (*sép*); ~ **une page d'un écran** INF to clear a screen of a page, to wipe a page off a screen. -**3.** [occulter - rêve, image] to erase; [- bêtise] to erase, to obliterate; **on efface tout et on recommence** [on se pardonne] let bygones be bygones, let's wipe the slate clean; [on recommence] let's go back to square one, let's start afresh. -**4.** [éclipser - adversaire] to eclipse, to outshine.
◆ **s'effacer** ◇ *vp* (*emploi passif*): **le crayon à papier s'efface très facilement** pencil rubs out easily OU is easily erased.
◇ *vpi* -**1.** [encre, lettres] to fade, to wear away; [couleur] to fade. -**2.** [s'écarter] to move OU to step aside; **s'~ pour laisser passer qqn** to step out of sb's way; **s'~ pour laisser entrer qqn** to step aside (in order) to let sb in. -**3.** [disparaître - souvenir, impression] to fade, to be erased. -**4.** [s'éclipser]: **s'~ au profit de son fils** to step aside and let one's son take over.

effaceur [efasœr] *nm*: ~ (d'encre) ink rubber *Br* OU eraser *Am*.

effarant, e [efarɑ̃, ɑ̃t] *adj* [cynisme, luxe] outrageous, unbelievable; [étourderie, maigreur] unbelievable, stunning.

effaré, e [efare] *adj* **-1.** [effrayé] alarmed. **-2.** [troublé] bewildered, bemused; **elle le regarda d'un air** ~ she looked at him with a bewildered air.

effarement [efarmɑ̃] *nm* **-1.** [peur] alarm. **-2.** [trouble] bewilderment, bemusement.

effarer [3] [efare] *vt* **-1.** [effrayer] to alarm. **-2.** [troubler] to bewilder, to bemuse.

effarouchement [efaruʃmɑ̃] *nm* frightening off OU away, scaring off OU away.

effaroucher [3] [efaruʃe] *vt* [intimider] to frighten away OU off, to scare away OU off; **il s'approcha doucement pour ne pas** ~ **les poissons** he approached quietly so as not to frighten the fish.

◆ **s'effaroucher** *vpi* [prendre peur] to take fright; **s'**~ **de** to shy at, to take fright at.

effecteur [efɛktœr] *nm* effector.

effectif, ive [efɛktif, iv] *adj* **-1.** [réel - travail, gain, participation] real, actual, effective; **l'armistice est devenu** ~ **ce matin** the armistice became effective OU took effect this morning || FIN effective. **-2.** [méthode, raisonnement] effective.

◆ **effectif** *nm* [d'un lycée] size, (total) number of pupils; [d'une armée] strength; [d'un parti] size, strength; **réduction de l'**~ **des classes** reduction in the number of pupils per class; **nos** ~**s sont au complet** we are at full strength; **le parti a augmenté ses** ~**s de 10 %** the party has increased its membership by 10%.

◆ **effectifs** *nmpl* MIL numbers, strength.

effectivement [efɛktivmɑ̃] *adv* **-1.** [efficacement] effectively, efficiently. **-2.** [véritablement] actually, really; **cela s'est** ~ **produit** that actually OU really happened; **c'est** ~ **le cas** this is actually the case. **-3.** [en effet] actually; **je suis** ~ **sorti dans l'après-midi** I DID actually go out in the afternoon; **j'ai dit cela,** ~ I did indeed say so; **on pourrait** ~ **penser que...** one may actually OU indeed think that...

effectivité [efɛktivite] *nf* **-1.** [efficacité] effectiveness, efficiency, efficaciousness. **-2.** [d'une méthode, d'un raisonnement] effectiveness.

effectuer [7] [efɛktɥe] *vt* [expérience, essai] to carry out *(sép)*, to perform; [trajet, traversée] to make, to complete; [saut, pirouette] to make, to execute; [service militaire] to do; [retouche, enquête, opération] to carry out *(sép)*.

◆ **s'effectuer** *vpi* [avoir lieu] to take place; **les inscriptions s'effectueront à 15 h** registration will take place OU will be at 3 p.m.

efféminé, e [efemine] *adj* effeminate.

◆ **efféminé** *nm* [garçon] effeminate boy; [homme] effeminate man.

efféminer [3] [efemine] *vt litt* to make effeminate.

efférent, e [eferɑ̃, ɑ̃t] *adj* efferent.

effervescence [efɛrvesɑ̃s] *nf* **-1.** CHIM effervescence. **-2.** [agitation] agitation, turmoil.

◆ **en effervescence** *loc adj* bubbling OU buzzing with excitement.

effervescent, e [efɛrvesɑ̃, ɑ̃t] *adj* **-1.** CHIM effervescent. **-2.** [excité] agitated.

effet [efɛ] *nm* **-1.** [résultat] effect, result, outcome; **c'est un** ~ **de la pesanteur** it's a result of gravity; **c'est bien l'**~ **du hasard si...** it's really quite by chance that...; **avoir un** ~: **cela n'a pas eu l'**~ **escompté** it didn't have the desired OU intended effect; **avoir pour** ~ **de: ton insistance n'aura pour** ~ **que de l'agacer** the only thing you'll achieve OU do by insisting is (to) annoy him; **faire un** ~: **le whisky lui fait toujours cet** ~ whisky always has OU produces this effect on him; **attends que le médicament fasse son** ~ wait for the medicine to take effect; **tes somnifères ne m'ont fait aucun** ~ your sleeping pills didn't work on me OU didn't have any effect on me; **être sans** ~: **le produit est sans** ~ **sur les taches de fruit** the product does not work on fruit stains; **rester** OU **demeurer sans** ~ to have no effect, to be ineffective; **notre pétition est restée** OU **demeurée sans** ~ our petition had no effect OU was ineffective; **mettre à** ~ to bring into effect, to put into operation; **prendre** ~: **prendre** ~ **à partir de** to take effect OU to come into operation as of ❑ ~ **placebo** placebo effect; ~ **en retour** blacklash; ~ **secondaire** MÉD side-effect; **relation de cause à** ~ cause and effect relationship. **-2.** [impression] impression; **faire beaucoup d'**~**/peu d'**~ to be impressive/unimpressive; **la nouvelle fit peu d'**~ **sur les employés** the staff were not very impressed by the news, the news didn't make much of an impression on the staff; **faire bon/mauvais/meilleur** ~: **son discours a fait (très) bon/mauvais** ~ **sur l'auditoire** the audience was (most) favourably impressed/extremely unimpressed by his speech; **une jupe fera meilleur** ~ **qu'un pantalon** a skirt will make a better impression than a pair of trousers; **faire l'**~ **de: il me fait l'**~ **d'un jeune homme sérieux** he strikes me as (being) a reliable young man; **elle me fait l'**~ **d'un personnage de bande dessinée** she reminds me of a cartoon character; **faire un** ~: **je t'assure que ça fera un** ~ **bœuf** *fam* I bet you it will make a terrific impression; **faire** OU **produire son petit** ~ *fam* to cause a bit of a stir OU a minor sensation; **c'est tout l'**~ **que ça te fait?** *fam* you don't seem to be too impressed; **quel** ~ **cela t'a-t-il fait de le revoir?** how did seeing him again affect you?; **ça m'a fait un sale** ~ it gave me a nasty turn. **-3.** [procédé] effect; ~ **de contraste/d'optique** contrasting/visual effect; ~ **(de) domino** domino effect; ~ **de style** stylistic effect; ~ **de perspective** 3-D OU 3-dimensional effect; **rechercher l'**~ to strive for effect; **manquer** OU **rater son** ~ [magicien] to spoil one's effect; [plaisanterie] to fall flat, to misfire; **créer un** ~ **de surprise** to create a surprise effect; **ça m'a coupé tous mes** ~**s** it stole my thunder; **faire des** ~**s de voix** to make dramatic use of one's voice; **un avocat qui fait des** ~**s de manches** a barrister who makes dramatic gestures ❑ ~ **de lumière** THÉÂT lighting effect; ~**s spéciaux** CIN special effects. **-4.** FIN & COMM: ~ **escomptable/négociable** discountable/negotiable bill; ~**s à payer/recevoir** notes payable/receivable; ~ **de commerce** bill of exchange; ~ **à courte échéance** short OU short-dated bill; ~ **à longue échéance** long OU long-dated bill; ~ **au porteur** bill payable to bearer; ~ **à vue** sight bill, demand bill OU draft; ~**s publics** government securities. **-5.** SC effect; ~ **Doppler/Compton/Joule** Doppler/Compton/Joule-Thompson effect; ~ **de serre** greenhouse effect. **-6.** SPORT spin; **donner de l'**~ **à une balle** to put a spin on a ball.

◆ **effets** *nmpl* [affaires] things; [vêtements] clothes; ~**s personnels** personal effects OU belongings.

◆ **à cet effet** *loc adv* to that effect OU end OU purpose.

◆ **en effet** *loc adv* **-1.** [effectivement]: **en** ~, **tu avais raison** you were right after all; **oui, je m'en souviens en** ~ yes, I do remember; **c'est ce que je me suis en** ~ **demandé** that's just what I wondered; **c'est en** ~ **la meilleure solution** it's actually OU in fact the best solution; **on peut en** ~ **interpréter l'événement de cette façon** it is indeed possible to interpret what happened in that way. **-2.** [introduisant une explication]: **je ne pense pas qu'il vienne; en** ~ **il est extrêmement pris ces derniers temps** I don't think he'll come, he's really very busy these days; **il n'a pas pu venir; en** ~, **il était malade** he was unable to come since he was ill. **-3.** [dans une réponse]: **drôle d'idée! — en** ~**!** what a funny idea! — indeed OU isn't it!; **y avez-vous songé? — en** ~**!** have you thought about it? — yes OU indeed I have!

◆ **sous l'effet de** *loc prép*: **être sous l'**~ **d'un calmant/de l'alcool** to be under the effect of a tranquillizer/the influence of alcohol; **j'ai dit des choses regrettables sous l'**~ **de la colère** anger made me say things which I later regretted.

effeuillage [efœjaʒ] *nm* **-1.** HORT thinning out of leaves. **-2.** *fam* [déshabillage] strip-tease.

effeuillaison [efœjɛzɔ̃] *nf*, **effeuillement** [efœjmɑ̃] *nm* shedding of leaves.

effeuiller [5] [efœje] *vt* [arbre] to thin out (the leaves of); [fleurs] to pull the petals off ❑ ~ **la marguerite** [fille] to play "he loves me, he loves me not"; [garçon] to play "she loves me, she loves me not".

◆ **s'effeuiller** *vpi* [arbre] to shed OU to lose its leaves; [fleur] to shed OU to lose its petals.

effeuilleuse *fam* [efœjøz] *nf* **-1.** [strip-teaseuse] stripper. **-2.** *Helv* [ouvrière] *woman employed to strip vines of unwanted shoots*.

efficace [efikas] *adj* **-1.** [utile - politique, intervention] effective, efficient, efficacious. **-2.** [actif - employé] efficient; [- médicament] effective, efficacious. **-3.** ÉLECTR: **watt** ~ true watt.

efficacement [efikasmɑ̃] *adv* effectively, efficiently, efficaciously.

efficacité [efikasite] *nf* effectiveness, efficiency, efficaciousness.

efficience [efisjɑ̃s] *nf sout* efficiency.

efficient, e [efisjɑ̃, ɑ̃t] *adj sout* efficient.

effigie [efiʒi] *nf* effigy.

◆ **à l'effigie de** *loc prép* bearing the effigy of, in the image of.

◆ **en effigie** *loc adv* in effigy.

effilage [efilaʒ] *nm* **-1.** TEXT fraying. **-2.** [des haricots] stringing. **-3.** [des cheveux] feathering.

effilé, e [efile] *adj* **-1.** [mince - doigt] slender, tapering; [- main] slender; [- oreille, queue] tapering ❑ **amandes** ~**es** CULIN split almonds. **-2.** [effiloché] frayed.

◆ **effilé** *nm* COUT fringe.

effilement [efilmɑ̃] *nm litt* fraying.

effiler [3] [efile] *vt* **-1.** [tissu] to fray, to unravel. **-2.** [allonger - ligne, forme] to streamline; ~ **sa moustache** to trim one's moustache into a point. **-3.** [cheveux] to feather. **-4.** [haricots] to string.

◆ **s'effiler** *vpi* **-1.** [s'effilocher] to fray, to unravel. **-2.** [s'allonger] to taper (off).

effilochage [efilɔʃaʒ] *nm* fraying.

effilocher [3] [efilɔʃe] *vt* to fray, to unravel.

◆ **s'effilocher** *vpi* to fray, to unravel.

effilocheuse [efilɔʃøz] *nf* fraying machine.

effilochure [efilɔʃyr], **effilure** [efilyr] *nf* loose thread.

efflanqué, e [eflɑ̃ke] *adj* [animal] raw-boned; [homme] lanky, tall and skinny.

effleurage [eflœraʒ] *nm* **-1.** [du cuir] buffing (of leather). **-2.** [massage] gentle massage.

effleurement [eflœrmɑ̃] *nm* **-1.** [contact] light touch. **-2.** [caresse] light touch, gentle stroke OU caress.

effleurer [5] [eflœre] *vt* **-1.** [frôler - cime, eau] to skim, to graze; [- peau, bras] to touch lightly, to brush (against); **il m'a effleuré en passant** he brushed past me; **la balle n'a fait qu'**~ **sa joue** the bullet only grazed his cheek; **ses doigts effleuraient le clavier** his fingers ran lightly over the keyboard. **-2.** [aborder - sujet] to touch on OU upon *(insép)*; **ça ne m'a même pas effleuré** it didn't even occur to me OU cross my mind. **-3.** [cuir] to buff.

effloraison [eflɔrɛzɔ̃] *nf* early flowering OU blooming.

efflorescence [eflɔresɑ̃s] *nf* **-1.** BOT & CHIM efflorescence. **-2.** *litt* blooming, flowering.

efflorescent, e [eflɔresɑ̃, ɑ̃t] *adj* BOT & CHIM efflorescent.

effluent, e [eflɥɑ̃, ɑ̃t] *adj* effluent.

◆ **effluent** *nm* **-1.** [eaux - de ruissellement] drainage water; [- usées] (untreated) effluent. **-2.** ÉCOL: ~ **radioactif** radioactive waste.

effluve [eflyv] *nm* **-1.** [odeur]: ~**s** [bonnes odeurs] fragrance, exhalations; [mauvaises odeurs] effluvia, miasma. **-2.** PHYS: ~ **électrique** discharge.

effondrement [efɔ̃drəmɑ̃] *nm* -**1.** [chute - d'un toit, d'un pont] collapse, collapsing, falling down; [- d'une voûte, d'un plafond] falling OU caving in. -**2.** [anéantissement - des prix, du dollar] collapse, slump; [- d'un empire] collapse. -**3.** [abattement] dejection; **être dans un état d'~ complet** to be in a state of utter dejection.

effondrer [3] [efɔ̃dre] *vt* -**1.** AGR to subsoil. -**2.** *fig*: **être effondré: après la mort de sa femme, il était effondré** he was prostrate with grief after his wife's death.

◆ **s'effondrer** *vpi* -**1.** [tomber - mur] to fall (down), to collapse; [- plafond, voûte] to collapse, to fall OU to cave in. -**2.** [être anéanti - monnaie] to collapse, to plummet, to slump; [- empire] to collapse, to crumble, to fall apart; [- rêve, projet] to collapse, to fall through; [- raisonnement] to collapse. -**3.** [défaillir] to collapse, to slump; **s'~ dans un fauteuil** to slump OU to sink into an armchair.

efforcer [16] [efɔrse]

◆ **s'efforcer** *vpi*: **s'~ de: s'~ de faire qqch** to endeavour to do sthg; **s'~ de maigrir** to try hard OU to do one's best to lose weight; **s'~ de sourire** to force o.s. to smile; **s'~ à: s'~ à l'amabilité** to try one's best to be polite; **s'~ à la clarté** to try to be as clear as possible.

effort [efɔr] *nm* -**1.** [dépense d'énergie] effort; **~ physique/intellectuel** physical/intellectual effort; **avec ~** with an effort; **sans ~** effortlessly; **encore un (petit) ~!** one more try!; **fournir un gros ~** to make a great deal of effort; **il a fourni un gros ~ au dernier trimestre** he worked very hard OU he put in a great deal of work in the last term; **tu aurais pu faire l'~ d'écrire/de comprendre** you could (at least) have tried to write/to understand; **faire un ~** to make an effort; **chacun doit faire un petit ~** everybody must do their share; **faire un ~ sur soi-même pour rester poli** to force o.s. to remain polite; **faire un ~ d'imagination** to try to use one's imagination; **faire un (gros) ~ de mémoire** to try hard to remember; **faire un ~ d'adaptation/de concentration** to try hard to adapt/to concentrate; **faire tous ses ~s pour obtenir qqch** to do one's utmost OU all one can to obtain sthg; **demander un ~ trop important à son organisme** to over-strain o.s. physically. -**2.** MÉCAN & TECH stress, strain; **~ de cisaillement/torsion** shearing/torsional stress; **~ de rupture** breaking strain; **~ de traction** traction.

effraction [efraksjɔ̃] *nf* JUR breaking and entering, housebreaking; **entrer par ~ dans une maison** to break into a house ❑ **vol avec ~** breaking and entering.

effraie [efrɛ] *nf*: (chouette) **~** barn-owl.

effranger [17] [efrɑ̃ʒe] *vt* to fray into a fringe.

◆ **s'effranger** *vpi* to fray; **la veste s'effrange aux bords** the coat is fraying at the edges.

effrayant, e [efrɛjɑ̃, ɑ̃t] *adj* -**1.** [qui fait peur] frightening, fearsome. -**2.** [extrême - chaleur, charge de travail] frightful, appalling; **c'est ~ l'appétit qu'il a!** *fam* he eats like a horse!

effrayer [11] [efreje] *vt* -**1.** [faire peur à] to frighten, to scare. -**2.** [décourager] to put OU to frighten off *(sép)*; **l'énormité de la tâche ne m'effrayait pas** the magnitude of the task didn't put me off; **sa petite phrase a effrayé les électeurs** his well-publicized remark frightened off the voters.

◆ **s'effrayer** *vpi* -**1.** [avoir peur] to become frightened, to take fright; **s'~ de qqch** to be frightened of sthg. -**2.** [s'alarmer] to become alarmed.

effréné, e [efrene] *adj* [poursuite, recherche] wild, frantic; [orgueil, curiosité, luxe] unbridled, unrestrained; **mener un train de vie ~** to lead a frantic OU hectic lifestyle.

effritement [efritmɑ̃] *nm* -**1.** [dégradation] crumbling away. -**2.** [affaiblissement] disintegration, erosion.

effriter [3] [efrite] *vt* to cause to crumble.

◆ **s'effriter** *vpi* -**1.** [se fragmenter - roche, bas-relief] to crumble away, to be eroded. -**2.** [diminuer - majorité, popularité] to crumble, to be eroded; [- valeurs, cours] to decline (in value).

effroi [efrwa] *nm* terror, dread; **inspirer de l'~ à qqn** to fill sb with terror; **regard plein d'~** frightened look; **un spectacle qui inspire l'~** an awe-inspiring sight.

effronté, e [efrɔ̃te] ◇ *adj* [enfant, manières, réponse] impudent, cheeky *Br*; [menteur, mensonge] shameless, barefaced, brazen.

◇ *nm, f* -**1.** [enfant] impudent OU cheeky child; **petite ~e!** you cheeky *Br* OU sassy *Am* little girl! -**2.** [adulte] impudent fellow (*f* brazen hussy).

effrontément [efrɔ̃temɑ̃] *adv* impudently, cheekily *Br*; **mentir ~** to lie shamelessly OU barefacedly OU brazenly.

effronterie [efrɔ̃tri] *nf* [d'un enfant, d'une attitude] insolence, impudence, cheek *Br*; [d'un mensonge] shamelessness, brazenness; **il a eu l'~ de me répondre** he had the nerve to OU he was impudent enough to answer me back.

effroyable [efrwajabl] *adj* -**1.** [épouvantable] frightening, appalling, horrifying. -**2.** [extrême - maigreur, misère] dreadful, frightful.

effroyablement [efrwajabləmɑ̃] *adv* awfully, terribly; **s'ennuyer ~** to be bored to death; **c'est ~ compliqué** it's awfully OU terribly complicated.

effusion [efyzjɔ̃] *nf* effusion, outpouring, outburst; **~ de sang** bloodshed; **sans ~ de sang** without any bloodshed; **~s de joie/tendresse** demonstrations of joy/affection; **remercier qqn avec ~** to thank sb effusively.

égaiement [egɛmɑ̃] *nm* cheering up, enlivenment, brightening up.

égailler [3] [egaje]

◆ **s'égailler** *vpi* to disperse, to scatter.

égal, e, aux [egal, o] ◇ *adj* -**1.** [identique] equal; **partager une tarte en parts ~es** to slice up a tart into equal parts; **deux mannequins de taille ~e** two models of the same height; **à travail ~ salaire ~** equal pay for equal work; **à prix ~, tu peux trouver mieux** for the same price, you can find something better; **des exercices d'~e difficulté** equally difficult exercises, exercises of equal difficulty; **à ~e distance de A et de B** equidistant from A and B, an equal distance from A and B; **la partie est ~e entre les deux joueurs** the players are evenly matched ❑ **toutes choses ~es d'ailleurs** all (other) things being equal; **faire jeu ~** *pr* to have an equal score, to be evenly matched (in the game); *fig* to be neck and neck; **~ à lui-même/soi-même: être** OU **rester ~ à soi-même** to remain true to form, to be still one's old self; **~ à lui-même, il n'a pas dit un mot** typically, he didn't say a word. -**2.** MATH: **3 est ~ à 2 plus 1** 3 is equal to 2 plus 1; **c'est ~** *sout* all the same; **c'est ~, tu aurais pu téléphoner** all the same, you could have phoned. -**3.** [régulier - terrain] even, level; [- souffle, pouls] even, regular; [- pas] even, regular, steady; [- climat] equable, unchanging; **être de caractère ~** OU **d'humeur ~e** to be even-tempered. -**4.** *loc*: **ça m'est (complètement) ~** [ça m'est indifférent] I don't care either way; [ça ne m'intéresse pas] I don't care at all, I couldn't care less; **tout lui est ~** he doesn't feel strongly about anything; **tout lui est ~ depuis qu'elle l'a quitté** he doesn't care about anything since she left him; **en train ou en avion, ça m'est ~** I don't care whether we go by train or plane.

◇ *nm, f* [personne] equal; **nos égaux** our equals; **la femme est l'~e de l'homme** woman is equal to man; **il n'a pas son ~ pour animer une fête** he's second to none when it comes to livening up a party; **son arrogance n'a d'~e que sa sottise** *sout* his arrogance is only equalled by his foolishness.

◆ **à l'égal de** *loc prép litt*: **je l'aimais à l'~ d'un fils** I loved him like a son.

◆ **d'égal à égal** *loc adv* [s'entretenir] on equal terms; [traiter] as an equal.

◆ **sans égal** *loc adj* matchless, unequalled, unrivalled.

égalable [egalabl] *adj*: **un exploit difficilement ~** a feat difficult to match.

également [egalmɑ̃] *adv* -**1.** [autant] equally; **je crains ~ le froid et la chaleur** I dislike the cold as much as the heat. -**2.** [aussi] also, too, as well; **je l'ai vu ~** I saw him as well OU too; **elle m'a ~ dit que...** she also told me that ...

égaler [3] [egale] *vt* -**1.** [avoir la même valeur que] to equal, to match; **~ le record mondial** to equal the world record; **la renommée de la fille égale celle de la mère** the daughter's renown equals OU matches that of her mother. -**2.** MATH: **3 fois 2 égale 6** 3 times 2 equals 6; **si X égale Y** let X equal Y. -**3.** *arch* [comparer] to rank; **~ Milton à Shakespeare** to rank Milton with Shakespeare. -**4.** [niveler] to level (out), to make flat.

égalisateur, trice [egalizatœr, tris] *adj* equalizing, levelling.

égalisation [egalizasjɔ̃] *nf* -**1.** [nivellement - des salaires, d'un terrain] levelling. -**2.** SPORT: **le but de l'~** the equalizer *Br*, the tying goal *Am*; **5 minutes après l'~** 5 minutes after the equalizer had been scored.

égaliser [3] [egalize] ◇ *vt* [sentier] to level (out); [frange] to trim; [conditions, chances] to make equal, to balance (out).

◇ *vi* SPORT to equalize *Br*, to tie.

◆ **s'égaliser** *vpi* to become more equal, to balance out.

égalitaire [egalitɛr] *adj* egalitarian.

égalitarisme [egalitarism] *nm* egalitarianism.

égalité [egalite] *nf* -**1.** ÉCON & SOCIOL equality; **~ des salaires/droits** equal pay/rights; **politique/principe d'~ des chances** equal opportunities policy/principle; **l'~ des citoyens devant la loi** the equality of citizens before the law. -**2.** MATH equality; **(signe d')~** equal OU equals sign. -**3.** GÉOM: **~ de deux triangles** isomorphism of two triangles. -**4.** TENNIS deuce; FTBL draw, tie. -**5.** [uniformité - du pouls] regularity; [- du sol] evenness, levelness; [- du tempérament] evenness; **être d'une grande ~ d'humeur** to be very even-tempered.

◆ **à égalité** *loc adv* TENNIS at deuce; [dans des jeux d'équipe] in a draw OU tie; **ils ont fini le match à ~** they tied.

◆ **à égalité avec** *loc prép* drawing OU tying with; **ils sont à ~ avec Riom** they're lying equal with Riom.

égard [egar] *nm* [point de vue]: **à bien des ~s** in many respects; **à cet/aucun ~** in this/no respect.

◆ **égards** *nmpl* [marque de respect] consideration; **être plein d'~s** OU **avoir beaucoup d'~s pour qqn** to show great consideration for OU to be very considerate towards sb; **manquer d'~s envers qqn** to show a lack of consideration for OU to be inconsiderate towards sb.

◆ **à l'égard de** *loc prép* -**1.** [envers] towards; **être dur/tendre à l'~ de qqn** to be hard on/gentle with sb; **ils ont fait une exception à mon ~** they made an exception for me OU in my case. -**2.** [à l'encontre de] against; **prendre des sanctions à l'~ de qqn** to impose sanctions against OU to apply sanctions to sb. -**3.** [quant à] with regard to; **elle émet des résistances à l'~ de ce projet** she's putting up some resistance with regard to the project.

◆ **à tous égards** *loc adv* in all respects OU every respect.

◆ **eu égard à** *loc prép sout* in view of, considering.

◆ **par égard pour** *loc prép* out of consideration OU respect for.

◆ **sans égard pour** *loc prép* with no respect OU consideration for, without regard for.

égaré, e [egare] *adj* -**1.** [perdu - dossier, touriste] lost; [- chat] lost, stray. -**2.** [affolé - esprit] distraught; [- regard] wild, distraught; **avoir l'air ~** to look distraught; **avoir le regard ~** to be wild-eyed.

égarement [egarmɑ̃] *nm* -**1.** [folie] distraction, distractedness; **dans son ~, il a oublié de...** he was so distraught he forgot to...; **dans un**

moment d'~ in a moment of panic OU confusion. -**2.** [perte] loss.

◆ **égarements** *nmpl litt*: les ~s de la passion the follies of passion; **revenir de ses ~s** to see the error of one's ways.

égarer [3] [egare] *vt* -**1.** [perdre - bagage, stylo] to lose, to mislay. -**2.** [tromper - opinion, lecteur] to mislead, to deceive; [- jeunesse] to lead astray; **un électorat égaré par des promesses fallacieuses** voters misled by fraudulent promises. -**3.** *litt* [affoler] to make distraught, to drive to distraction; **la douleur vous égare** you're distraught with pain; **il était égaré par la colère** anger made him lose his head.

◆ **s'égarer** *vpi* -**1.** [se perdre - promeneur] to lose one's way, to get lost; [- dossier, clef] to get lost OU mislaid; **s'~ dans des considérations secondaires** to get bogged down in minor considerations; **s'~ hors du droit chemin** to go off the straight and narrow. -**2.** [sortir du sujet] to wander; **à partir de là, le débat/ l'auteur s'égare** from then on, the discussion/ author wanders off the point; **ne nous égarons pas!** let's not wander off the point!, let's stick to the subject! -**3.** *litt* [s'oublier] to lose one's self-control, to forget o.s.; **quelle grossièreté, vous vous égarez!** how coarse, you're forgetting yourself!

égayer [11] [egeje] *vt* [convives] to cheer up *(sép)*; [chambre, robe, vie] to brighten up *(sép)*; [ambiance, récit] to brighten up *(sép)*, to liven up *(sép)*, to enliven.

◆ **s'égayer** *vpi sout*: **s'~ aux dépens de qqn** to have fun at sb's expense.

Égée [eʒe] *npr* → **mer**.

égéen, enne [eʒeɛ̃, ɛn] *adj* ANTIQ Aegean.

égérie [eʒeri] *nf* -**1.** [inspiratrice] muse; **elle est l'~ du groupe** she inspires the members of the group. -**2.** ANTIQ: **Égérie** Egeria.

égide [eʒid] *nf* MYTH aegis.

◆ **sous l'égide de** *loc prép sout* under the aegis of; **prendre qqn sous son ~** to take sb under one's wing.

Égine [eʒin] *npr* Aegina.

églantier [eglɑ̃tje] *nm* wild OU dog rose (bush); **~ odorant** sweetbriar.

églantine [eglɑ̃tin] *nf* wild OU dog rose.

églefin [egləfɛ̃] *nm* haddock.

église [egliz] *nf* [édifice] church; **aller à l'~** [pratiquer] to go to church, to be a churchgoer; **se marier à l'~** to be married in church, to have a church wedding; **on ne la voit pas souvent à l'~** she doesn't often come to OU attend church.

Église [egliz] *nf* -**1.** [de Jésus-Christ]: **l'~** the Church. -**2.** [communauté]: **l'~ catholique/ protestante** the Catholic/Protestant Church; **l'~ anglicane** the Church of England, the Anglican Church; **l'~ orthodoxe** the Orthodox Church; **l'~ réformée** the Reformed Church. -**3.** [catholicisme]: **l'~** the Roman Catholic Church, the Church of Rome. -**4.** [prêtres]: **l'~** the Church. -**5.** [fidèles]: **l'~** church members ❑ **l'~ militante/triomphante** the Church militant/triumphant.

◆ **d'Église** *loc adj*: **homme d'~** clergyman; **gens d'~** priests, clergymen.

églogue [eglɔg] *nf* eclogue.

ego [ego] *nm* ego.

égocentrique [egɔsɑ̃trik] ◇ *adj* egocentric, self-centred.

◇ *nmf* egocentric OU self-centred person.

égocentrisme [egɔsɑ̃trism] *nm* egocentricity, self-centredness.

égoïne [egɔin] *nf*: (scie) ~ handsaw.

égoïsme [egɔism] *nm* selfishness.

égoïste [egɔist] ◇ *adj* selfish.

◇ *nmf* selfish man (*f* woman).

égoïstement [egɔistəmɑ̃] *adv* selfishly.

égorgement [egɔrʒəmɑ̃] *nm* cutting OU slitting the throat.

égorger [17] [egɔrʒe] *vt* to cut OU to slit the throat of.

égorgeur [egɔrʒœr] *nm* cutthroat.

égosiller [3] [egɔzije]

◆ **s'égosiller** *vpi* -**1.** [crier] to shout o.s. hoarse. -**2.** [chanter fort] to sing at the top of one's voice.

égotisme [egɔtism] *nm* egotism.

égotiste [egɔtist] ◇ *adj* egotistic, egotistical.

◇ *nmf* egotist.

égout [egu] *nm* sewer; **les ~s** the sewers ❑ **~ collecteur** main sewer.

égoutier [egutje] *nm* sewer worker.

égouttage [egutaʒ], **égouttement** [egutmɑ̃] *nm* [du linge] leaving to drip-dry; [de légumes, de la vaisselle] draining; **~ des légumes dans une passoire** straining vegetables in a sieve.

égoutter [3] [egute] ◇ *vt* [linge] to leave to drip; [vaisselle] to drain; **~ des légumes dans une passoire** to strain vegetables in a sieve.

◇ *vi* [vaisselle] to drain; [linge] to drip; **mettre les verres à ~** to put the glasses to drain OU to drip; **faire ~ les haricots** to strain the beans.

◆ **s'égoutter** *vpi* [linge] to drip; [légumes, vaisselle] to drain.

égouttoir [egutwar] *nm* -**1.** [passoire] strainer, colander. -**2.** [pour la vaisselle] draining rack OU board, drainer.

égoutture [egutyr] *nf* drop, dribble; **les ~s du linge** the water dripping off the washing.

égrainage [egrenaʒ] = **égrenage**.

égrainer [4] [egrene] = **égrener**.

égrapper [3] [egrape] *vt* to stem.

égratigner [3] [egratiɲe] *vt* -**1.** [jambe, carrosserie] to scratch, to scrape; [peau] to graze. -**2.** *fam* [critiquer] to have a dig OU a go at; **ils l'ont bien égratigné dans l'«Écho»** they had a good go at him in the "Écho".

◆ **s'égratigner** *vp* *(emploi réfléchi)*: **s'~ le genou** to scrape OU to scratch OU to skin one's knee.

égratignure [egratiɲyr] *nf* -**1.** [écorchure] scratch, scrape, graze; **il s'en est sorti sans une ~** he escaped without a scratch. -**2.** [rayure] scratch; **faire une ~ à un panneau peint** to scratch a painted panel; **une fine ~ le long de l'aile avant** a thin scratch along the front wing.

égrenage [egrənaʒ] *nm* -**1.** [des fruits] stripping. -**2.** AGR [du maïs] shelling; [des graines fourragères] threshing.

égrener [19] [egrəne] *vt* -**1.** [blé] to shell; [pois] to shell, to pod; [coton] to gin; [ôter de sa tige - fruits] to take off the stalk; **des groseilles égrenées** redcurrants off the stalk. -**2.** [faire défiler]: **~ son chapelet** to tell one's beads, to say one's rosary; **pendule qui égrène les heures** clock marking out the hours; **~ un chapelet d'injures** to let out a stream of abuse.

◆ **s'égrener** *vpi* -**1.** [grains de raisin] to drop off the bunch; [grains de blé] to drop off the stalk. -**2.** [se disperser - famille, foule] to scatter OU to disperse slowly, to trickle away. -**3.** *litt* [heures] to tick by; [notes] to be heard one by one.

égreneuse [egrənøz] *nf* AGR [de blé] threshing machine; [de coton] gin.

égrillard, e [egrijar, ard] *adj* [histoire] bawdy, ribald; [personne] ribald.

égriser [3] [egrize] *vt* to grind MINER.

égruger [17] [egryʒe] *vt* to pound, to grind.

égueulé, e [egœle] *adj* cracked OU broken (at the neck).

Égypte [eʒipt] *npr f*: **(l')~** Egypt; **(la) Basse-~** Lower Egypt; **(la) Haute-~** Upper Egypt.

égyptien, enne [eʒipsjɛ̃, ɛn] *adj* Egyptian.

◆ **Égyptien, enne** *nm, f* Egyptian.

◆ **égyptien** *nm* LING Egyptian.

égyptologie [eʒiptɔlɔʒi] *nf* Egyptology.

égyptologue [eʒiptɔlɔg] *nmf* Egyptologist.

eh [e] *interj* hey; **~ vous, là-bas!** hey you, over there!

◆ **eh bien** *loc adv* -**1.** [au début d'une histoire] well, right. -**2.** [en interpellant] hey; **~ bien, que faites-vous là-bas?** hey, what are you up to, over there? -**3.** [pour exprimer la surprise] well, well; **~ bien, te voilà riche maintenant** well, well, you're a rich man now.

◆ **eh eh** *loc interj*: **~, ~! j'en connais un qui a fait une bêtise** who's done something silly then, eh?

◆ **eh là** *loc interj* hey; **~ là! attention!** hey, watch out!

◆ **eh non** *loc adv* well no; **~ non, je ne le lui ai jamais dit de son vivant** well no, I never told him when he was alive; **~ non, justement ce jour-là je ne peux pas** no, that's the one day I can't do it.

◆ **eh oui** *loc adv* well (, actually,) yes; **c'est fini? — ~ oui!** is it over? – I'm afraid so!

◆ **eh quoi** *loc adv interr* well, so what; **~ quoi, on n'a plus le droit de se reposer?** so can't we even have a rest any more?

éhonté, e [eɔ̃te] *adj* [menteur, tricheur] barefaced, brazen, shameless; [mensonge, hypocrisie] brazen, shameless.

eider [ɛdɛr] *nm* eider (duck).

eidétique [ɛjdetik] *adj* eidetic.

Eiffel [efɛl] *npr*: **la tour ~** the Eiffel Tower.

LA TOUR EIFFEL:
Paris's most famous landmark, constructed of steel on the Champ de Mars by Gustave Eiffel for the 1889 Exhibition. 320m high, it was for half a century the tallest man-made structure in the world. It has now also acquired a use as a television transmitter.

---

einsteinium [ɛnstɛnjɔm] *nm* einsteinium.

Eire [ɛr] *npr f*: **(l')~** Eire.

éjaculation [eʒakylasjɔ̃] *nf* ejaculation; **~ précoce** premature ejaculation.

éjaculer [3] [eʒakyle] *vt & vi* to ejaculate.

éjectable [eʒɛktabl] *adj* → **siège**.

éjecter [4] [eʒɛkte] *vt* -**1.** ARM to eject. -**2.** AÉRON & AUT to eject. -**3.** *fam* [renvoyer] to kick OU to chuck OU to boot out; **se faire ~ d'une boîte de nuit** to get kicked OU chucked OU booted out of a night club.

éjecteur [eʒɛktœr] *nm* -**1.** ARM & MÉCAN ejector. -**2.** INDUST [d'un réservoir] outlet works.

éjection [eʒɛksjɔ̃] *nf* -**1.** AÉRON, ARM & AUT ejection. -**2.** *fam* [expulsion] kicking OU chucking OU booting out.

éjointer [3] [eʒwɛ̃te] *vt* to clip the wing of.

élaboration [elabɔrasjɔ̃] *nf* -**1.** [d'une théorie, d'une idée] working out; **l'~ d'un projet de loi** drawing up a bill. -**2.** PHYSIOL elaboration. -**3.** METALL working-off. -**4.** PSYCH: **~ psychique** working out repressed emotions.

élaboré, e [elabɔre] *adj* -**1.** [complexe - dessin] elaborate, intricate, ornate; [perfectionné - système] elaborate, sophisticated; [détaillé - carte, schéma] elaborate, detailed. -**2.** BOT [sève] elaborated.

élaborer [3] [elabɔre] *vt* -**1.** [préparer - plan, système] to develop, to design, to work out *(sép)*. -**2.** PHYSIOL to elaborate.

◆ **s'élaborer** *vpi* [système, théorie] to develop.

elæis [eleis] *nm* oil palm.

élagage [elagaʒ] *nm* pruning.

élaguer [3] [elage] *vt* -**1.** HORT to prune. -**2.** [rendre concis - texte, film] to prune, to cut down *(sép)*. -**3.** [ôter - phrase, scène] to edit out *(sép)*, to cut.

élagueur [elagœr] *nm* tree-trimmer.

élan [elɑ̃] *nm* -**1.** SPORT run-up, impetus; **prendre son ~** to take a run-up; **saut avec/sans ~** running/standing jump. -**2.** [énergie] momentum; **prendre de l'~** to gather speed OU momentum; **prendre de l'~ avant de doubler un véhicule** to get up speed before overtaking a vehicle ❑ **être emporté par son propre ~** *pr & fig* to be carried along by one's own momentum; **emporté par son ~, il a tout raconté à sa mère** he got carried away and told his mother everything. -**3.** [impulsion] impulse, impetus; **donner de l'~ à une campagne** to give an impetus to OU to provide an impetus for a campaign. -**4.** [effusion] outburst, surge, rush; **~s de tendresse** surges OU rushes of affection; **~ de l'imagination** flight of fancy; **avoir des ~s d'énergie** to have sudden fits OU surges OU bursts of activity; ~ de générosité generous impulse; avoir des ~s to have a surge of feeling; contenir les ~s du cœur to check the impulses of one's heart; l'~ créateur creative drive; l'~ patriotique/nationaliste patriotic/nationalistic fervour; avec ~ eagerly, keenly, enthusiastically. -5. PHILOS: l'~ vital the life force. -6. ZOOL elk, moose *Am*.

élancé, e [elɑ̃se] *adj* slim, slender; à la taille ~e slim-waisted; à la silhouette ~e willowy.

élancement [elɑ̃smɑ̃] *nm* sharp OU shooting OU stabbing pain; avoir des ~s dans la cuisse to have a shooting OU sharp pain in the thigh; j'ai un ~ au côté I've got a sharp OU shooting pain in my side.

élancer [16] [elɑ̃se] *vi*: mon bras m'élance I've got a shooting pain in my arm.

◆ **s'élancer** *vpi* -1. [courir] to rush OU to dash forward; s'~ à la poursuite de qqn to dash after sb; s'~ au secours de qqn to rush to sb's aid, to rush to help sb; s'~ dans la rue to dash OU to rush into the street; s'~ vers qqn to dash OU to rush towards sb. -2. SPORT to take a run-up. -3. [se dresser - tour, flèche] to soar upwards.

élargir [32] [elarʒir] ◇ *vt* -1. [rendre moins étroit - veste] to let out *(sép)*; [- chaussure] to stretch, to widen; [- route] to widen; le miroir élargit la pièce the mirror makes the room look wider. -2. [débat] to broaden, to enlarge, to widen; ~ le cercle de ses relations to broaden OU to widen the circle of one's acquaintances; ~ son horizon to broaden OU to widen one's outlook. -3. [renforcer]: le gouvernement cherche à ~ sa majorité the government is seeking to increase its majority. -4. JUR [libérer - détenu] to free, to release.

◇ *vi fam* to get broader, to get bigger *(across the shoulders)*.

◆ **s'élargir** *vpi* -1. [être moins étroit - sentier, rivière] to widen, to get wider, to broaden (out); [- sourire] to widen. -2. [se relâcher - vêtement] to stretch; le col de l'utérus s'élargit the neck of the womb opens OU stretches. -3. [horizon, débat] to broaden out, to widen; le cercle de mes amis s'est élargi my circle of friends has broadened OU grown wider.

élargissement [elarʒismɑ̃] *nm* -1. [agrandissement - d'une route] widening. -2. [extension - d'un débat] broadening, widening. -3. *sout* [libération] freeing, release.

élasticimétrie [elastisimetri] *nf* elastometry.

élasticité [elastisite] *nf* -1. [extensibilité] stretchiness, stretch, elasticity; la ceinture a perdu toute son ~ there's no stretch left in the waistband. -2. ANAT elasticity. -3. [souplesse - d'un geste] suppleness; [- d'un pas] springiness. -4. *fam péj* [laxisme - d'une conscience, d'un règlement] accommodating nature. -5. [variabilité] flexibility; l'~ de l'offre/de la demande the elasticity of supply/of demand.

élastique [elastik] ◇ *adj* -1. [ceinture, cuir, tissu] stretchy, elastic; [badine] supple. -2. [agile - démarche] springy, buoyant; elle a un corps ~ she's got a supple body. -3. *fam péj* [peu rigoureux - conscience, règlement] accommodating, elastic. -4. [variable - horaire] flexible; [- demande, offre] elastic. -5. ANAT [tissu] elastic.

◇ *nm* -1. [bracelet] elastic band. -2. [ruban]: de l'~ elastic.

Élastiss® [elastis] *nm elasticated material*.

élastomère [elastɔmɛr] *nm* elastomer.

Elbe [ɛlb] ◇ *npr f* [fleuve]: l'~ the (River) Elbe.
◇ *npr* [île]: l'île d'~ Elba.

elbot [ɛlbo] *nm Belg* halibut.

eldorado [ɛldɔrado] *nm* Eldorado.

Eldorado [ɛldɔrado] *npr m*: l'~ Eldorado.

électeur, trice [elɛktœr, tris] *nm, f* -1. POL voter; les ~s the voters, the electorate; les maires et leurs ~s the mayors and those who elected them ❑ Grands ~s *body electing members of the (French) Senate*. -2. HIST Elector; le Grand Électeur the Great Elector.

électif, ive [elɛktif, iv] *adj* -1. POL elective. -2. [douleur, traitement] specific.

élection [elɛksjɔ̃] *nf* -1. [procédure] election, polls; les ~s ont lieu aujourd'hui today is election OU polling day; procéder à une ~ to hold an election; les résultats de l'~ the results of the election OU polling; jour des ~s election OU polling day; se présenter aux ~s to stand *Br* OU to run *Am* as a candidate ❑ ~s législatives/municipales general/local elections; ~ partielle by-election; ~ présidentielle presidential election. -2. [nomination] election; son ~ à la présidence her election as president OU to the presidency. -3. *litt* [choix] choice. -4. JUR: ~ de domicile choice of domicile.

◆ **d'élection** *loc adj* [choisi - patrie, famille] of (one's own) choice OU choosing, chosen.

électivité [elɛktivite] *nf* electivity.

électoral, e, aux [elɛktɔral, o] *adj* [liste] electoral; [succès] electoral, election *(modif)*; [campagne] election *(modif)*; en période ~e at election time; nous avons le soutien ~ des syndicats we can rely on the union vote.

électoralisme [elɛktɔralism] *nm péj* electioneering.

électoraliste [elɛktɔralist] *adj péj* [promesse, programme] vote-catching.

électorat [elɛktɔra] *nm* -1. [électeurs] electorate; l'importance de l'~ féminin/noir the importance of the women's/the black vote ❑ ~ flottant floating voters. -2. HIST electorate.

Électre [elɛktr] *npr* Electra.

électricien, enne [elɛktrisjɛ̃, ɛn] *nm, f* -1. [artisan] electrician. -2. [commerçant] electrical goods dealer.

électricité [elɛktrisite] *nf* -1. INDUST, SC & TECH electricity; ~ statique static (electricity). -2. [installation domestique] wiring; faire installer l'~ dans une maison to have a house wired; refaire l'~ dans une maison to rewire a house; nous n'avons pas l'~ dans notre maison de campagne there's no electricity in our country cottage; allumer l'~ [au compteur] to switch on (at) the mains. -3. [consommation] electricity (bill); payer son ~ to pay one's electricity bill; combien dépenses-tu d'~? how much is your electricity bill? -4. *fam* [tension] tension, electricity; il y a de l'~ dans l'air! there's a storm brewing!

électrification [elɛktrifikasjɔ̃] *nf* -1. [d'une ligne de chemin de fer] electrification, electrifying. -2. [d'une région]: l'~ des campagnes reculées bringing electricity to remote villages.

électrifier [9] [elɛktrifje] *vt* -1. [ligne de chemin de fer] to electrify. -2. [région] to bring electricity to.

électrique [elɛktrik] *adj* -1. TECH [moteur, radiateur, guitare] electric; [appareil, équipement] electric, electrical; [système, énergie] electrical; atmosphère ~ *fig* highly-charged atmosphere ❑ chaise ~ electric chair. -2. [par l'électricité statique] static; elle a les cheveux ~s *fam* her hair is full of static. -3. [couleur]: bleu ~ electric-blue.

électriquement [elɛktrikmɑ̃] *adv* electrically; commandé ~ working off electricity.

électrisable [elɛktrizabl] *adj* electrifiable, chargeable.

électrisant, e [elɛktrizɑ̃, ɑ̃t] *adj* -1. TECH electrifying. -2. [exaltant] electrifying, exciting.

électrisation [elɛktrizasjɔ̃] *nf* electrifying, charging.

électriser [3] [elɛktrize] *vt* -1. TECH to electrify, to charge. -2. *fam* [stimuler] to electrify, to rouse; de voir cela, ça les a électrisés this sight electrified them.

électroacoustique [elɛktrɔakustik] ◇ *adj* electroacoustic, electroacoustical.
◇ *nf* electroacoustics *(sg)*.

électroaffinité [elɛktrɔafinite] *nf* electron affinity.

électroaimant [elɛktrɔɛmɑ̃] *nm* electromagnet.

électrocapillarité [elɛktrɔkapilarite] *nf* electrocapillarity.

électrocardiogramme [elɛktrɔkardjɔgram] *nm* electrocardiogram.

électrocardiographe [elɛktrɔkardjɔgraf] *nm* electrocardiograph.

électrocardiographie [elɛktrɔkardjɔgrafi] *nf* electrocardiography.

électrocautère [elɛktrɔkɔtɛr] *nm* electrocautery, galvanocautery.

électrochimie [elɛktrɔʃimi] *nf* electrochemistry.

électrochimique [elɛktrɔʃimik] *adj* electrochemical.

électrochoc [elɛktrɔʃɔk] *nm* electric shock *(for therapeutic purposes)*; (traitement par) ~s electroconvulsive OU electroshock therapy; faire des ~s à qqn to give sb electroconvulsive therapy.

électrocinétique [elɛktrɔsinetik] *nf* electrokinetics *(sg)*.

électrocoagulation [elɛktrɔkɔagylasjɔ̃] *nf* electrocoagulation.

électrocopie [elɛktrɔkɔpi] *nf* xerography.

électrocuter [3] [elɛktrɔkyte] *vt* to electrocute.

◆ **s'électrocuter** *vp (emploi réfléchi)* to electrocute o.s., to be electrocuted; attention, on peut s'~ careful, you could get a fatal (electric) shock; il a failli s'~ he got a very bad electric shock.

électrocution [elɛktrɔkysjɔ̃] *nf* electrocution; vous risquez l'~ you're at risk OU in danger of being electrocuted.

électrode [elɛktrɔd] *nf* electrode.

électrodéposition [elɛktrɔdepozisjɔ̃] *nf* electrodeposition.

électrodiagnostic [elɛktrɔdjagnɔstik] *nm* electrodiagnosis.

électrodialyse [elɛktrɔdjaliz] *nf* electrodialysis.

électrodynamique [elɛktrɔdinamik] ◇ *adj* electrodynamic.
◇ *nf* electrodynamics *(sg)*.

électrodynamomètre [elɛktrɔdinamɔmɛtr] *nm* electrodynamometer.

électroencéphalogramme [elɛktrɔɑ̃sefalɔgram] *nm* electroencephalogram.

électroencéphalographie [elɛktrɔɑ̃sefalɔgrafi] *nf* electroencephalography.

électroformage [elɛktrɔfɔrmaʒ] *nm* electroforming.

électrogène [elɛktrɔʒɛn] *adj* -1. ZOOL electric. -2. ÉLECTR electricity-generating.

électroluminescence [elɛktrɔlyminesɑ̃s] *nf* electroluminescence.

électroluminescent, e [elɛktrɔlyminesɑ̃, ɑ̃t] *adj* electroluminescent.

électrolysable [elɛktrɔlizabl] *adj* susceptible to electrolysis.

électrolyse [elɛktrɔliz] *nf* electrolysis.

électrolyser [3] [elɛktrɔlize] *vt* to electrolyse.

électrolyseur [elɛktrɔlizœr] *nm* electrolyser.

électrolyte [elɛktrɔlit] *nm* electrolyte.

électrolytique [elɛktrɔlitik] *adj* electrolytic.

électromagnétique [elɛktrɔmaɲetik] *adj* electromagnetic.

électromagnétisme [elɛktrɔmaɲetism] *nm* electromagnetism.

électromécanicien, enne [elɛktrɔmekanisjɛ̃, ɛn] *nm, f* electromechanical engineer.

électromécanique [elɛktrɔmekanik]
◇ *adj* electromechanical.
◇ *nf* electromechanical engineering.

électroménager [elɛktrɔmenaʒe]
◇ *adj* (domestic OU household) electrical.
◇ *nm*: l'~ [appareils] domestic OU household electrical appliances; [activité] the domestic OU household electrical appliance industry; le petit ~ small household appliances.

électroménagiste [elɛktrɔmenaʒist] *nmf* dealer in household OU domestic electrical appliances.

électrométallurgie [elɛktrɔmetalyrʒi] *nf* electrometallurgy.

électromètre [elɛktrɔmɛtr] *nm* electrometer.

électrométrie [elɛktrɔmetri] *nf* electrometry.

électromoteur, trice [elɛktrɔmɔtœr, tris] *adj* electromotive.

◆ **électromoteur** *nm* electric motor.

électromyogramme [elɛktrɔmjɔgram] *nm* electromyogram.

électromyographie [elɛktrɔmjɔgrafi] *nf* electromyography.

électron [elɛktrɔ̃] *nm* electron; ~ **libre/lié** free/bound electron; ~ **négatif** negatron; ~ **positif** positron; **canon à ~s** electron tube.

électronégatif, ive [elɛktrɔnegatif, iv] *adj* electronegative.

électronicien, enne [elɛktrɔnisjɛ̃, ɛn] *nm, f* electronics engineer.

électronique [elɛktrɔnik] ◇ *adj* -**1.** INDUST & TECH [équipement] electronic; [microscope] electron *(modif)*; [industrie] electronics *(modif)*. -**2.** [de l'électron] electron *(modif)*. -**3.** MUS electronic.

◇ *nf* electronics *(sg)*; **l'~ grand public** the consumer electronics industry.

électroniquement [elɛktrɔnikmɑ̃] *adv* electronically.

électronucléaire [elɛktrɔnykleɛr] ◇ *adj* [centrale] nuclear.

◇ *nm* nuclear energy production.

électronvolt [elɛktrɔ̃vɔlt] *nm* electronvolt.

électro-osmose [elɛktroɔsmoz] *nf* electro-osmosis, electroendosmosis.

électrophone [elɛktrɔfɔn] *nm* record player.

électrophorèse [elɛktrɔfɔrɛz] *nf* electrophoresis.

électrophysiologie [elɛktrɔfizjɔlɔʒi] *nf* electrophysiology.

électroponcture [elɛktrɔpɔ̃ktyr] *nf* electropuncture.

électroportatif, ive [elɛktrɔpɔrtatif, iv] *adj*: **matériel ~** portable electrical equipment.

électropositif, ive [elɛktrɔpozitif, iv] *adj* electropositive.

électroradiologie [elɛktrɔradjɔlɔʒi] *nf* electroradiology.

électroradiologiste [elɛktrɔradjɔlɔʒist] *nmf* electroradiologist.

électroscope [elɛktrɔskɔp] *nm* electroscope.

électrostatique [elɛktrɔstatik] ◇ *adj* electrostatic.

◇ *nf* electrostatics *(sg)*.

électrotechnicien, enne [elɛktrɔtɛknisjɛ̃, ɛn] *nm, f* electrotechnician.

électrotechnique [elɛktrɔtɛknik] *nf* electrotechnics *(sg)*.

électrothérapie [elɛktrɔterapi] *nf* electrotherapy.

électrothermie [elɛktrɔtɛrmi] *nf* electrothermics *(sg)*.

électrovalence [elɛktrɔvalɑ̃s] *nf* electrovalency.

électrovalve [elɛktrɔvalv] *nf* electromagnetic valve.

électrovanne [elɛktrɔvan] *nf* electromagnetic sluice gate.

élégamment [elegamɑ̃] *adv* [s'habiller] elegantly, smartly; [écrire, parler] stylishly, elegantly.

élégance [elegɑ̃s] *nf* -**1.** [chic] elegance, smartness; **s'habiller avec ~** to dress elegantly OU smartly. -**2.** [délicatesse - d'un geste, d'un procédé] elegance; **savoir perdre avec ~** to be a good OU graceful loser. -**3.** [harmonie] grace, elegance, harmoniousness; **d'une grande ~ dans les proportions** very harmoniously proportioned. -**4.** [d'un style littéraire] elegance; [tournure] elegant OU well-turned phrase; **style plein d'~s** *péj* over-ornate style.

élégant, e [elegɑ̃, ɑ̃t] ◇ *adj* -**1.** [chic - personne, mobilier] elegant, smart, stylish; **se faire ~** to smarten o.s. up. -**2.** [courtois - procédé, excuse] handsome, graceful. -**3.** [harmonieux - architecture, proportions] elegant, harmonious, graceful; [- démonstration] elegant, neat; **une façon ~e de résoudre un problème mathématique** a neat solution to a mathematical problem.

◇ *nm, f* [homme] dandy; [femme] elegant OU smart woman; **vouloir faire l'~** to try to look fashionable.

élégiaque [eleʒjak] *adj* -**1.** LITTÉRAT elegiac. -**2.** *litt* [mélancolique] melancholy *(adj)*.

élégie [eleʒi] *nf* -**1.** ANTIQ elegy. -**2.** [poème, œuvre] elegy, lament.

élément [elemɑ̃] *nm* -**1.** [partie - d'un parfum, d'une œuvre] component, ingredient, constituent. -**2.** [donnée] element, factor, fact; **le seul ~ à prendre en considération** the only factor to be considered; **~s d'information** facts, information; **il n'y a aucun ~ nouveau** there are no new developments; **j'apporte un ~ nouveau au dossier** I have new material to add to the file. -**3.** [personne] element; **des ~s étrangers infiltrés dans le mouvement** foreign elements infiltrated into the movement; **~s indésirables** undesirables; **les ~s les plus conservateurs du parti** the party's most conservative elements; **c'est un des meilleurs ~s de mon service** he's one of the best people in my department; **de bons ~s dans ma classe** some good students in OU members of my class. -**4.** CHIM element; **l'~ oxygène** the element oxygen; **~ radioactif** radioactive element. -**5.** ÉLECTR [de pile, d'accumulateur] cell; **batterie de cinq ~s** five-cell battery ‖ [de bouilloire, de radiateur] element. -**6.** [de mobilier]: **~ (de cuisine)** kitchen unit; **acheter une cuisine par ~s** to buy kitchen units; **~s de rangement** storage units. -**7.** [milieu] element; **l'~ liquide** water; **les quatre ~s** the four elements; **lutter contre les ~s (naturels)** to struggle against the elements ❑ **être dans son ~** to be in one's element; **je ne me sens pas dans mon ~ ici** I don't feel at home OU I feel like a fish out of water here. -**8.** MIL unit; **~s blindés/motorisés** armoured/motorized units; **~ de tir** MIL piece of firing OU range data.

◆ **éléments** *nmpl* [notions] elements, basic principles; **j'en suis resté aux premiers ~s de latin** I've never had more than an elementary knowledge of Latin ‖ [comme titre] : « **Éléments de géométrie** » "Elementary Geometry".

élémentaire [elemɑ̃tɛr] *adj* -**1.** [facile - exercice] elementary; **c'est ~!** it's elementary! -**2.** [fondamental - notion, principe] basic, elementary; **la plus ~ politesse aurait dû l'empêcher de partir** basic good manners OU common courtesy should have prevented him from leaving. -**3.** NUCL elementary. -**4.** CHIM elemental. -**5.** SCOL primary.

Éléonore [eleɔnɔr] *npr*: **~ d'Aquitaine** Eleanor of Aquitaine.

éléphant [elefɑ̃] *nm* -**1.** [pachyderme] elephant; **il a une démarche d'~** *hum péj* he walks like an elephant; **~ femelle** cow elephant ❑ **~ d'Asie/d'Afrique** Indian/African elephant; **comme un ~ dans un magasin de porcelaine** like a bull in a china shop. -**2.** [phoque]: **~ de mer** sea elephant, elephant seal.

éléphanteau, x [elefɑ̃to] *nm* baby OU young elephant.

éléphantesque [elefɑ̃tɛsk] *adj* gigantic, mammoth *(modif)*.

éléphantiasique [elefɑ̃tjazik] *adj* elephantiasic.

éléphantiasis [elefɑ̃tjazis] *nm* elephantiasis.

éléphantin, e [elefɑ̃tɛ̃, in] *adj litt* elephantine.

élevage [ɛlvaʒ] *nm* -**1.** [activité] animal husbandry, breeding OU rearing *(of animals)*; **faire de l'~** to breed animals; **~ de poulets** OU **volaille** [intensif] battery-farming of chickens; [extensif] rearing free-range chickens, free-range chicken-farming; **~ des abeilles** beekeeping; **~ en batterie** battery farming; **~ des bovins** cattle-rearing; **~ des chevaux** horse-breeding; **~ des huîtres** oyster-farming; **~ des lapins** rabbit-breeding; **~ des moutons** sheep-farming. -**2.** [entreprise] farm; **un ~ de vers à soie/de visons** a silkworm/mink farm.

◆ **d'élevage** *loc adj* -**1.** [poulet] battery-reared. -**2.** [région]: **pays d'~** [bovin] cattle-rearing country; [ovin] sheep-farming country.

élévateur, trice [elevatœr, tris] *adj* -**1.** ANAT elevator *(modif)*; **muscle ~** elevator. -**2.** TECH [appareil, matériel] lifting.

◆ **élévateur** *nm* -**1.** ANAT elevator. -**2.** [en manutention] elevator, hoist.

élévation [elevasjɔ̃] *nf* -**1.** [augmentation] rise; **~ du niveau de vie** rise in the standard of living; **~ des températures** rise in temperatures. -**2.** MATH: **~ d'un nombre au carré** squaring of a number; **~ d'un nombre à une puissance** raising a number to a power. -**3.** ARCHIT [construction] erection, putting up; [plan] elevation. -**4.** [promotion] raising; **l'~ à la dignité de...** being elevated to the rank of... -**5.** [noblesse - de style, des sentiments] elevation, nobility; **~ d'âme** OU **d'esprit** high-mindedness. -**6.** ARM elevation; **donner à un canon 30° d'~** to fire a gun at an elevation of 30°. -**7.** RELIG: **l'Élévation (de l'hostie)** [moment, geste] the Elevation *(of the Host)*.

élévatoire [elevatwar] *adj* lifting, hoisting, elevator *(modif)*.

élève [elɛv] *nmf* -**1.** SCOL [enfant] pupil; [adolescent] student; **~ pilote** trainee pilot; **~ professeur** student OU trainee teacher. -**2.** [disciple] disciple, pupil. -**3.** MIL cadet; **~ officier** officer cadet *(in the Merchant Navy)*; **~ officier de réserve** military cadet. -**4.** AGR young stock animal. -**5.** HORT seedling.

élevé, e [elve] *adj* -**1.** [fort - prix, niveau de vie] high; **le nombre ~ des victimes/guérisons** the high number of victims/of patients cured; **taux peu ~** low rate. -**2.** [étage] high; [arbre] tall, *litt* lofty; **les branches les plus ~es** the highest OU top branches; **de la position ~e où j'étais, je voyais trois comtés** from my lofty observation point I could see three counties. -**3.** [important - position] high, high-ranking; [- rang, condition] high, elevated. -**4.** *litt* [noble - inspiration, style] elevated, noble, lofty; **un sens ~ du devoir** a strong sense of duty; **avoir une âme ~e** to be high-minded. -**5.** [éduqué]: **bien ~** well-mannered, well-bred, well brought-up; **mal ~** bad-mannered, ill-mannered, rude; **c'est très mal ~ de répondre** it's very rude OU it's bad manners to answer back ‖ [grandi]: **avec des enfants ~s, je dispose de plus de liberté** now that my children are grown-up, I have more freedom.

élever [19] [elve] *vt* -**1.** [éduquer - enfant] to bring up *(sép)*, to raise; **nous avons été élevés ensemble** we were brought up OU raised together; **j'ai été élevé dans le catholicisme** I was brought up a Catholic; **~ qqn dans du coton** to overprotect sb, to mollycoddle sb. -**2.** [nourrir - bétail] to breed, to raise; [- moutons, chiens] to breed; [- abeilles] to keep. -**3.** [hisser - fardeau] to raise, to lift (up) *(sép)*. -**4.** [ériger - statue, chapiteau] to erect, to raise, to put up *(sép)*. -**5.** [augmenter - prix, niveau, volume] to raise; **~ la voix** OU **le ton** to raise one's voice. -**6.** [manifester - objection, protestation] to raise; [- critique] to make. -**7.** [promouvoir] to elevate, to raise; **~ qqn au grade d'officier** to promote OU to raise sb to (the rank of) officer. -**8.** [ennoblir] to elevate, to uplift; **une lecture qui élève l'esprit** an elevating OU uplifting read ❑ **~ le débat** to raise the tone of the debate. -**9.** GÉOM: **~ une perpendiculaire** to raise a perpendicular ‖ MATH: **~ un nombre au carré/cube** to square/to cube a number; **~ un nombre à la puissance 3** to raise a number to the power of 3.

◆ **s'élever** *vpi* -**1.** [augmenter - taux, niveau] to rise, to go up; **la température s'est élevée de 10 degrés** the temperature has risen by OU has gone up 10 degrees. -**2.** [se manifester]: **on entend s'~ des voix** you can hear voices being raised; **s'~ contre** [protester contre] to protest against; [s'opposer à] to oppose. -**3.** [monter - oiseau] to soar, to fly OU to go up, to ascend; [- cerf-volant] to go up, to soar. -**4.** [être dressé - falaise, tour] to rise; [- mur, barricades] to stand;

là où s'élève maintenant l'école where the school now stands. -**5.** *fig* [moralement, socialement] to rise; **s'~ au-dessus de** [jalousies, passions, préjugés] to rise above; **s'~ au-dessus de sa condition** to rise above one's condition; **s'~ dans l'échelle sociale** to work one's way up OU to climb the social ladder; **s'~ à la force du poignet** to work one's way up unaided; **votre âme s'élèvera par des prières constantes** your soul will be elevated by constant prayer.

◆ **s'élever à** *vp + prép* [facture, bénéfices, pertes] to total, to add up to, to amount to; **le bilan s'élève à 10 morts et 12 blessés** the number of casualties is 10 dead and 12 injured.

éleveur, euse [elvœr, øz] *nm, f* stockbreeder; **~ de bétail** cattle breeder OU farmer, cattle rancher *Am*; **~ de chiens** dog breeder; **~ de moutons/volaille** sheep/chicken farmer.

◆ **éleveuse** *nf*: **~ à poussins** brooder.

elfe [ɛlf] *nm* elf, spirit of the air.

élider [3] [elide] *vt* to elide *spéc*, to drop.

◆ **s'élider** *vp* *(emploi passif)* to elide *spéc*, to be dropped, to disappear.

Élie [eli] *npr* BIBLE Elijah.

éligibilité [eliʒibilite] *nf* POL eligibility.

éligible [eliʒibl] *adj* POL eligible.

élimer [3] [elime] *vt* to wear thin; **pantalon élimé aux genoux** trousers worn OU threadbare at the knees.

◆ **s'élimer** *vpi* to wear thin, to become threadbare.

éliminateur, trice [eliminatœr, tris] *adj* -**1.** [qui exclut] eliminative, eliminatory, eradicating. -**2.** PHYSIOL eliminative.

élimination [eliminasjɔ̃] *nf* -**1.** PHYSIOL eliminating, voiding, expelling. -**2.** [exclusion] elimination, eliminating, excluding; **procéder par ~** to work sthg out by a process of elimination.

éliminatoire [eliminatwar] ◇ *adj* [note, épreuve] eliminatory; [condition, vote] disqualifying.

◇ *nf (souvent pl)* SPORT preliminary heat.

éliminer [3] [elimine] *vt* -**1.** PHYSIOL [déchets, urine] to void, to expel; [se débarrasser de] to remove, to get rid of; **~ les kilos en trop** to get rid of excess weight; **pour ~ le tartre** to remove tartar ‖ *(en usage abs)*: **il faut boire pour ~** you have to drink to clean out your system. -**2.** SPORT to eliminate, to knock out *(sép)*. -**3.** [rejeter - hypothèse, possibilité] to eliminate, to dismiss, to rule out *(sép)*; **~ qqch de** to exclude sthg from; **~ un nom d'une liste** to strike OU to cross a name off a list; **~ qqn d'un comité** to throw sb off a committee. -**4.** [tuer] to eliminate, to liquidate. -**5.** MATH to eliminate.

élingue [elɛ̃g] *nf* sling *(of a crane)*.

élinguer [3] [elɛ̃ge] *vt* to raise with a sling.

élire [106] [elir] *vt* -**1.** POL to elect; **être élu à une assemblée** to be elected to an assembly; **~ un nouveau président** to elect OU to vote in a new president; **ils l'ont élu membre de leur comité** they co-opted him onto their committee. -**2.** *litt* [choisir] to elect *litt*, to choose; **~ qqn pour confident** to choose sb as one's confidant. -**3.** *loc*: **~ domicile à** to take up residence OU to make one's home in.

Élisabeth [elizabɛt] *npr*: **la reine ~** Queen Elizabeth; **sainte ~** Saint Elizabeth.

élisabéthain, e [elizabetɛ̃, ɛn] *adj* Elizabethan.

élision [elizjɔ̃] *nf* elision; **il y a ~ du «e»** the "e" elides.

élitaire [elitɛr] *adj* elite *(modif)*.

élite [elit] *nf* -**1.** [groupe] elite; **une ~** an elite; **l'~ de** the elite OU cream of; **l'~ de la haute couture** top fashion designers. -**2.** *Helv* military obligation.

◆ **d'élite** *loc adj* elite *(modif)*, top *(avant n)*.

élitisme [elitism] *nm* elitism.

élitiste [elitist] *adj* & *nmf* elitist.

élixir [eliksir] *nm* -**1.** MYTH & PHARM elixir; **~ d'amour/de longue vie** elixir of love/life; **~ parégorique** paregoric (elixir). -**2.** *arch* [quintessence] quintessence, substance.

elle [ɛl] *(fpl* elles*)* *pron pers (3e pers)* -**1.** [sujet d'un verbe - personne] she; [- animal, chose] it; [- animal de compagnie] she; **~s** they; **Sophie est arrivée, ~ déjeune avec nous** Sophie has just arrived, she's eating with us; **viendra-t-~?** will she come? ❑ **~ est bien bonne!** *fam* that's a good one!; *iron* that's a bit much! -**2.** [emphatic - dans une interrogation]: **ta mère est-~ rentrée?** has your mother come back?; **Sophie a-t-~ appelé?** has Sophie called? -**3.** [emphatique - avec 'qui' et 'que']: **c'est ~ qui me l'a dit** she's the one who told me, it was she who told me; **ce sont ~s qui ont voulu partir** they were the ones who wanted to leave, it was they who wanted to leave; **c'est ~ que je ne supporte pas** she's the one I can't stand, it's her I can't stand. -**4.** [complément - personne] her; [- animal, chose] it; [- animal de compagnie] her; **dites-le-lui à ~** tell it to her, tell her it; **il n'aime qu'~** he loves only her; **nous sommes contents d'~** we are pleased with her.

ELLE:

Lorsque le pronom «elle» désigne une chose, il se traduit généralement par «it» en anglais. Cependant, lorsqu'il y a personnification de l'objet ou de la réalité désignés (par exemple, pour une voiture ou une nation) «elle» peut se traduire par «she».

---

ellébore [elebɔr] = **hellébore**.

elle-même [ɛlmɛm] *pron pers* [désignant - une personne] herself; [- une chose] itself; **elles-mêmes** themselves.

elles [ɛl] *fpl* → **elle**.

ellipse [elips] *nf* -**1.** MATH ellipse. -**2.** LING ellipsis; **parler par ~s** [allusivement] to hint at things, to express o.s. elliptically.

ellipsoïdal, e, aux [elipsɔidal, o] *adj* ellipsoidal.

ellipsoïde [elipsɔid] *nm* ellipsoid.

elliptique [eliptik] *adj* -**1.** MATH elliptic, elliptical. -**2.** LING elliptical.

elliptiquement [eliptikmɑ̃] *adv* elliptically.

élocution [elɔkysjɔ̃] *nf* [débit] delivery; [diction] diction, elocution; **avoir une ~ claire** to have clear diction.

élodée [elɔde] *nf* BOT water thyme, elodea *spéc*.

éloge [elɔʒ] *nm* -**1.** [compliment] praise; **couvrir qqn d'~s** to shower sb with praise; **décerner un très bel ~ à qqn** to give sb an accolade; **digne d'~s** praise-worthy; **faire l'~ de** to speak highly of OU in praise of; **faire son propre ~** to sing one's own praises, to blow one's own trumpet *Br* OU horn *Am*. -**2.** *litt* [panégyrique] eulogy; **faire l'~ d'un écrivain** to eulogize a writer ❑ **~ funèbre** funeral oration; **prononcer l'~ funèbre de qqn** to deliver a funeral oration in praise of sb.

◆ **à l'éloge de** *loc prép* (much) to the credit of; **elle a refusé, c'est tout à son ~** she said no, (much) to her credit.

élogieusement [elɔʒjøzmɑ̃] *adv* highly, favourably; **il a décrit ~ leur demeure** he was full of praise for their house.

élogieux, euse [elɔʒjø, øz] *adj* laudatory, complimentary, eulogistic; **il a été très ~ sur ton compte** he spoke very highly OU most favourably of you; **parler en termes ~ de** to speak very highly of, to be full of praise for.

éloigné, e [elwaɲe] *adj* -**1.** [loin de tout - province, village] distant, remote, faraway. -**2.** [distant]: **les deux villes sont ~es de 50 kilomètres** the two towns are 50 kilometres apart; **maintenant que tout danger est ~** now that there is no further risk, now that the danger is past; **~ de** [à telle distance de]: **ce n'est pas très ~ de l'aéroport** it's not very far (away) from the airport; **rien ne me tiendra ~ de toi** nothing will keep me away from you; **se tenir ~ du feu** to keep away from the fire; **se tenir ~ de la politique** to keep away from OU to steer clear of politics; **rien n'est plus ~ de mes pensées** nothing could be OU nothing is further from my thoughts; **je n'étais pas ~ de croire que l'affaire réussirait** *sout* I almost believed that the deal would come off. -**3.** [dans le temps] distant, remote, far-off; **tout cela me semble si ~ maintenant** all this seems so distant OU far away now; **dans un passé/avenir pas si ~ que ça** in the not-too-distant past/future. -**4.** [par la parenté] distant; **nous sommes parents ~s** we're distantly related; **nous sommes cousins ~s** we're distant cousins OU cousins several times removed. -**5.** [différent]: **~ de** far removed OU very different from; **c'est assez ~ de ce que j'ai fait jusqu'à maintenant** it's quite different from what I've been doing up to now.

éloignement [elwaɲmɑ̃] *nm* -**1.** [distance dans l'espace] distance, remoteness; **l'~ fait paraître la maison minuscule** distance makes the house look tiny; **l'~ du village ne facilite pas l'organisation des secours** the remoteness of the village makes rescue work more difficult. -**2.** [retrait]: **l'~ de la vie politique m'a fait réfléchir** being away from politics made me do some thinking. -**3.** [mise à distance] taking away, removing, removal; **le tribunal a ordonné l'~ de mes enfants** the court has ordered that my children be taken away from me.

éloigner [3] [elwaɲe] *vt* -**1.** [mettre loin] to move OU to take away *(sép)*; **~ sa chaise de la table** to move one's chair away from the table; **ils disent avoir éloigné l'enfant pour son propre bien** they say they took the child away for his own good; **les verres concaves éloignent les objets** concave mirrors make objects look distant; **ça nous éloignerait du sujet** that would take us away from the point. -**2.** [séparer]: **~ qqn de** to take sb away from; **mon travail m'a éloigné de ma famille** my work's kept me away from my family; **elle a tout fait pour l'~ de moi** she tried everything to take him away from me; **~ qqn du pouvoir** to keep sb out of power; **il a éloigné tous ses amis par son snobisme** his snobbish ways have alienated all his friends. -**3.** [repousser - insectes, mauvaises odeurs] to keep off *(sép)*, to keep at bay. -**4.** [dissiper - idée, souvenir] to banish, to dismiss; [- danger] to ward off *(sép)*; **~ les soupçons de qqn** to avert suspicion from sb. -**5.** [reporter - échéance] to postpone, to put off *(sép)*.

◆ **s'éloigner** *vpi* -**1.** [partir - tempête, nuages] to pass, to go away; [- véhicule] to move away; [- personne] to go away; **les bruits de pas s'éloignèrent** the footsteps grew fainter; **s'~ à la hâte/à coups de rame** to hurry/to row away; **ne vous éloignez pas trop, les enfants** don't go too far (away), children; **éloignez-vous du bord de la falaise** move away OU get back from the edge of the cliff; **éloignez-vous de cette ville quelque temps** leave this town for a while; **s'~ du sujet** to wander away from OU off the point. -**2.** [s'estomper - souvenir, rêve] to grow more distant OU remote; [- crainte] to go away; [- danger] to pass. -**3.** [s'isoler] to move OU to grow away; **s'~ du monde des affaires** to move away from OU to abandon one's involvement with the world of business; **s'~ de la réalité** to lose touch with reality. -**4.** [affectivement]: **il la sentait qui s'éloignait de lui** he could feel that she was growing away from him OU becoming more and more distant; **il s'est lentement éloigné de nous** he slowly drifted OU grew away from us. -**5.** [dans le temps]: **plus on s'éloigne de cette période...** the more distant that period becomes...

élongation [elɔ̃gasjɔ̃] *nf* -**1.** MÉD [d'un muscle] strained OU pulled muscle; [d'un ligament] pulled ligament; **se faire une ~** [d'un muscle] to strain OU to pull a muscle; [d'un ligament] to pull a ligament; **je souffre d'une ~ à la jambe** [muscle] I've strained OU pulled a muscle in my leg. -**2.** PHYS displacement. -**3.** ASTRON elongation.

éloquemment [elɔkamɑ̃] *adv* -**1.** [en parlant bien] eloquently. -**2.** [avec expressivité] eloquently, expressively. -**3.** [avec persuasion] eloquently, persuasively.

éloquence [elɔkɑ̃s] *nf* -**1.** [art de parler] eloquence, fine oratory. -**2.** [expressivité] eloquence, expressiveness. -**3.** [persuasion] persuasiveness, eloquence.

éloquent, e [elɔkɑ̃, ɑ̃t] *adj* -**1.** [parlant bien] eloquent; il est très ~ he's a fine speaker. -**2.** [convaincant - paroles] eloquent, persuasive; [- chiffres, réaction] eloquent; **un discours** ~ an eloquent speech. -**3.** [expressif] eloquent, expressive; **le geste était très** ~ the gesture said it all; **ces images sont** ~**es** these pictures speak volumes OU for themselves.

Eltsine [ɛltsin] *npr*: Boris ~ Boris Yeltsin.

élu, e [ely] ◇ *adj* -**1.** RELIG chosen. -**2.** POL elected.
◇ *nm, f* -**1.** POL [député] elected representative; [conseiller] elected representative, councillor ❑ les ~s **locaux** local councillors. -**2.** *hum* [bien-aimé]: **qui est l'heureux** ~? who's the lucky man?; l'~ **de mon/ton cœur** my/your beloved. -**3.** RELIG: les ~s the chosen ones, the elect.

élucidation [elysidasjɔ̃] *nf* elucidation, clarification.

élucider [3] [elyside] *vt* [mystère] to elucidate, to explain, to clear up *(sép)*; [problème, texte] to elucidate, to clarify.

élucubrations [elykybrasjɔ̃] *nf pl péj* ravings, rantings.

éluder [3] [elyde] *vt* to elude, to evade.

éluvial, e, aux [elyvjal, o] *adj* eluvial.

éluvion [elyvjɔ̃] *nf* eluvium.

Élysée [elize] *npr m* -**1.** MYTH Elysium. -**2.** POL: (le palais de) l'~ the Élysée Palace.

L'ÉLYSÉE:
This eighteenth-century palace near the Champs-Élysées in Paris is the official residence of the French President. The name is often used to refer to the presidency itself.

élyséen, enne [elizeɛ̃, ɛn] *adj* -**1.** MYTH Elysian. -**2.** POL from the Élysée Palace, presidential.

élytre [elitr] *nm* elytron, elytrum.

émaciation [emasjasjɔ̃] *nf* emaciation; l'~ **de leur corps** the emaciation OU the wasted state of their bodies.

émacié, e [emasje] *adj* emaciated, wasted.

émacier [9] [emasje] *vt* to emaciate.
◆ **s'émacier** *vpi* to become emaciated OU wasted.

émail [emaj] (*pl sens 1 & 2* **émaux** [emo], *pl sens 3* **émails**) *nm* -**1.** [matière] enamel. -**2.** [objet] piece of enamelware OU enamelwork. -**3.** ANAT enamel.
◆ **émaux** *nmpl* coloured enamels; **faire des émaux** to do enamel work.
◆ **d'émail, en émail** *loc adj* enamel *(modif)*, enamelled.

émaillage [emajaʒ] *nm* [en décoration] enamelling.

émailler [3] [emaje] *vt* -**1.** [en décoration] to enamel. -**2.** [parsemer] to dot, to scatter, to speckle; **les coquelicots émaillent le pré, le pré est émaillé de coquelicots** the field is scattered OU dotted OU speckled with poppies; ~ **un discours de citations** to pepper OU to sprinkle a speech with quotations; **une lettre émaillée de fautes** a letter riddled with mistakes; **un ciel émaillé d'étoiles** a star-studded sky.

émailleur, euse [emajœr, øz] *nm, f* enamel worker.

émanation [emanasjɔ̃] *nf* [expression] expression; l'~ **de la volonté populaire** the expression of the people's will; **ce journal est une** ~ **du pouvoir** this paper is a mouthpiece for the government.
◆ **émanations** *nfpl* [vapeurs] smells, emanations; **des** ~**s de gaz** a smell of gas; ~**s pestilentielles** miasmas, foul emanations; ~**s volcaniques** volatiles; ~**s toxiques** toxic fumes.

émancipateur, trice [emɑ̃sipatœr, tris] ◇ *adj* emancipatory, liberating.
◇ *nm, f* emancipator, liberator.

émancipation [emɑ̃sipasjɔ̃] *nf* -**1.** [libération - gén] emancipation; [- de la femme] emancipation, liberation. -**2.** JUR emancipation.

émancipé, e [emɑ̃sipe] ◇ *adj* [peuple] emancipated; [femme] emancipated, liberated.
◇ *nm, f* [sans préjugés] free spirit.

émanciper [3] [emɑ̃sipe] *vt* -**1.** [libérer - gén] to emancipate; [- femmes] to emancipate, to liberate; ~ **qqn de** to liberate OU to free sb from. -**2.** JUR to emancipate.
◆ **s'émanciper** *vpi* -**1.** [se libérer - gén] to become emancipated; [- femme] to become emancipated OU liberated; s'~ **de** to become free from; **sa peinture s'est émancipée de tout académisme** her painting has freed itself from any hint of academicism. -**2.** *péj* [devenir trop libre] to become rather free in one's ways.

émaner [3] [emane]
◆ **émaner de** *v + prép* [suj: odeur, lumière] to emanate OU to come from; [suj: demande, mandat] to come from, to be issued by; [suj: autorité, pouvoir] to issue from; **le doux parfum qui émane du chèvrefeuille** the sweet fragrance coming OU emanating from the honeysuckle; **il émanait d'elle un charme mélancolique** she had an aura of melancholy charm.

émargement [emarʒəmɑ̃] *nm* -**1.** [fait de signer] signing; ~ **d'un contrat** initialling a contract. -**2.** [signature] signature.

émarger [17] [emarʒe] *vt* -**1.** [signer] to sign; [annoter] to annotate. -**2.** [réduire la marge de] to trim.
◆ **émarger à** *v + prép*: ~ **au budget de l'État** to be paid out of state funds.

émasculation [emaskylasjɔ̃] *nf* -**1.** [castration] emasculation, emasculating. -**2.** *litt* [affaiblissement - gén] emasculation *litt*, weakening; [- d'une œuvre] bowdlerization; l'~ **d'une politique** taking all the teeth out of a policy.

émasculer [3] [emaskyle] *vt* -**1.** [castrer] to emasculate. -**2.** *litt* [affaiblir - politique, directive] to weaken; [- œuvre] to bowdlerize.

emballage [ɑ̃balaʒ] *nm* -**1.** [gén] packaging; [papier] wrapper; [matière] wrapping OU packing materials; ~ **consigné/perdu** returnable/non-returnable packing; **glaces en** ~ **consigné** ice-cream sold in returnable containers. -**2.** [processus] packing OU wrapping (up). -**3.** *fam* SPORT final sprint.
◆ **d'emballage** *loc adj* [papier] packing, wrapping; **toile d'**~ canvas wrapper.

emballant, e *fam* [ɑ̃balɑ̃, ɑ̃t] *adj* inspiring, thrilling, exciting; **une proposition** ~**e** an attractive OU exciting proposition; **pas très** ~ not very exciting.

emballement [ɑ̃balmɑ̃] *nm* -**1.** [d'un cheval] bolting; [d'un moteur] racing; l'~ **des cours à la Bourse** the Stock-Exchange boom. -**2.** [enthousiasme] sudden passion, flight OU burst of enthusiasm; **son** ~ **soudain pour le jazz** her sudden craze for jazz. -**3.** [emportement] burst OU fit of anger; **il a des** ~**s** he gets worked up very easily.

emballer [3] [ɑ̃bale] *vt* -**1.** [empaqueter - marchandises] to pack (up); [- cadeau] to wrap (up). -**2.** [moteur] to race. -**3.** *fam* [enthousiasmer - projet, livre] to grab, to thrill (to bits); **ça n'a pas l'air de l'**~ he doesn't seem to think much of the idea. -**4.** ▽ [arrêter - truand] to pull OU to run in *(sép)*, to nick *Br*, to bust *Am*. -**5.** ▽ [séduire] to chat up, to pull *Br*.
◆ **s'emballer** *vpi* -**1.** [cheval] to bolt; [moteur] to race; [cours, taux] to take off. -**2.** *fam* [s'enthousiasmer] to get carried away; **ne t'emballe pas trop vite!** don't get carried away!; s'~ **pour qqch** to get excited about sthg. -**3.** [s'emporter] to flare OU to blow up.

emballeur, euse [ɑ̃balœr, øz] *nm, f* packer.

embarbouiller *fam* [3] [ɑ̃barbuje] *vt* to confuse, to muddle, to befuddle.
◆ **s'embarbouiller** *fam vpi* to get mixed OU muddled up.

embarcadère [ɑ̃barkadɛr] *nm* landing stage, pier.

embarcation [ɑ̃barkasjɔ̃] *nf* (small) boat OU craft.

embardée [ɑ̃barde] *nf* [d'une voiture] swerve, lurch; [d'un bateau] yaw, lurch; **faire une** ~ [voiture] to swerve, to lurch; [bateau] to yaw, to lurch.

embargo [ɑ̃bargo] *nm* -**1.** NAUT embargo; **mettre l'**~ **sur un navire** to lay OU to put an embargo on a ship, to embargo a ship. -**2.** ÉCON embargo; **mettre un** ~ **sur** to enforce an embargo on, to embargo; **lever l'**~ **sur les ventes d'armes** to lift OU to raise the embargo on arms sales.

embarquement [ɑ̃barkəmɑ̃] *nm* -**1.** [de marchandises] loading. -**2.** [des passagers - d'un navire] embarkation, boarding; [- d'un avion] boarding; ~ **immédiat porte 16** now boarding at gate 16.

embarquer [3] [ɑ̃barke] ◇ *vt* -**1.** TRANSP [matériel, troupeau] to load; [passagers] to embark, to take on board. -**2.** NAUT: ~ **de l'eau** to take in OU to ship water. -**3.** *fam* [emporter - voiture, chien] to cart off OU away *(sép)*; **m'embarque pas mon blouson!** don't walk OU waltz off with my jacket! -**4.** *fam* [voler] to pinch, to filch, to nick *Br*; **les voleurs avaient tout embarqué dans le salon** the burglars had walked off with everything there was in the living room. -**5.** *fam* [arrêter - gang, manifestant] to pull in; **se faire** ~ **par les flics** to get pulled in by the police. -**6.** *fam* [entraîner] to lug OU to take off *(sép)*; **ils m'ont embarqué au match** they lugged OU dragged me off to the match; **c'est un chemin non carrossable, où nous embarques-tu?** it's a non-metalled road, where are you taking us (off) to? -**7.** *fam* [commencer]: **la réunion est bien/mal embarquée** the meeting's got off to a flying/lousy start.
◇ *vi* -**1.** [aller à bord] to board, to go aboard OU on board. -**2.** [partir en bateau] to embark; **nous embarquons demain pour Rio** we're embarking OU sailing for Rio tomorrow. -**3.** NAUT: **l'eau embarquait dans les cales** the holds were taking in OU shipping water.
◆ **s'embarquer** *vpi* [aller à bord] to embark, to go on board, to board; s'~ **pour une croisière** to embark on a cruise.
◆ **s'embarquer dans** *vp + prép* [entreprendre] to embark on OU upon, to begin, to undertake; s'~ **dans une aventure financière** to embark on OU to launch o.s. into a business venture; **dans quelle histoire me suis-je embarqué!** what sort of a mess have I got myself into!; **je ne savais pas dans quoi je m'embarquais en acceptant** I didn't know what I was walking into OU getting mixed up in when I said yes.

embarras [ɑ̃bara] *nm* -**1.** [malaise] embarrassment, confusion; **à mon grand** ~, **il m'a embrassé** to my great embarrassment, he kissed me. -**2.** [souci]: l'~, les ~ trouble; **tout l'**~ **que tu me causes** all the trouble you give me; **susciter des** ~ **à qqn** to cause sb a lot of trouble OU bother; **avoir des** ~ **financiers** OU **d'argent** to be in financial difficulties, to have money problems; **être dans l'**~ [dans la pauvreté] to be short of money. -**3.** [cause de souci] nuisance, cause of annoyance; **être un** ~ **pour qqn** to be a nuisance to sb. -**4.** [position délicate] predicament, awkward position OU situation; **être dans l'**~ [mal à l'aise] to be in a predicament OU in an awkward position; [face à un dilemme] to be in OU caught on the horns of a dilemma; **mettre dans l'**~: **ma question l'a mis dans l'**~ my question put him on the spot; **tirer qqn d'**~: **tirer un ami d'**~ to help a friend out of a predicament; **pour le tirer d'**~, **je suis allé sonner à la porte** to rescue him from an awkward situation OU to get him out of his predicament, I went and rang the bell ❑ l'~ **du choix** an embarrassment of riches; **on les a en dix teintes, vous avez** OU **vous n'avez que l'**~ **du choix** they come in ten different shades, you're spoilt for choice; **on n'a pas l'**~ **du choix, il faut accepter** we don't have much of a choice, we have to accept. -**5.** *péj* [simagrées]: **faire des** ~ to make a fuss. -**6.** MÉD: ~ **gastrique** upset stomach, stomach upset. -**7.** *vieilli*: **les** ~ **de la circulation** traffic congestion; **les** ~ **de Paris** street congestion in Paris.

embarrassant, e [ɑ̃barasɑ̃, ɑ̃t] *adj* -**1.** [gênant - silence, situation] embarrassing, awkward.

-**2.** [difficile - problème, question] awkward, thorny, tricky. -**3.** [encombrant - colis, vêtement] cumbersome.

embarrassé, e [ɑ̃barase] *adj* -**1.** [gêné - personne] embarrassed; [- sourire, regard] embarrassed, uneasy; **avoir l'air ~** to look embarrassed OU awkward. -**2.** [confus - explication] confused, muddled. -**3.** [encombré]: **avoir les mains ~es** to have one's hands full. -**4.** [pauvre] short (of money); **je me trouve plutôt ~ en ce moment** I'm a bit short (of money) at the moment. -**5.** MÉD: **avoir l'estomac ~** to have an upset stomach.

embarrasser [3] [ɑ̃barase] *vt* -**1.** [mettre mal à l'aise] to embarrass; **ça m'embarrasse de lui demander son âge** I'm embarrassed to ask her how old she is; **elle n'a dit cela que pour m'~** she only said that to embarrass me OU to make me feel ill at ease. -**2.** [rendre perplexe]: **ce qui m'embarrasse le plus c'est l'organisation du budget** what I find most awkward is how to organize the budget; **être embarrassé pour trouver le mot juste** to be at a loss for the right word; **je serais bien embarrassé de dire qui a raison** I'd be hard put OU at a loss to decide who was right. -**3.** [obstruer] to clutter up *(sép)*, to obstruct; **des colis embarrassaient le couloir** packages were cluttering up OU obstructing the corridor. -**4.** [entraver] to hamper, to hinder; **laisse-moi porter cette valise, elle t'embarrasse** let me carry that suitcase for you, it's weighing you down; **si je t'embarrasse, dis-le moi** please tell me if I'm in your way. -**5.** MÉD: **~ l'estomac** to cause a stomach upset.

◆ **s'embarrasser dans** *vp + prép*: **s'~ dans sa traîne** to trip over one's train; **s'~ dans ses mensonges/explications** to get tangled up in one's lies/explanations.

◆ **s'embarrasser de** *vp + prép* -**1.** [s'encombrer de] to burden o.s. with; **s'~ d'un parapluie/enfant** to burden o.s. with an umbrella/a child. -**2.** [s'inquiéter de] to trouble o.s. with; **pour réussir dans ce métier, il ne faut pas s'~ de scrupules** you mustn't trouble OU burden yourself with scruples if you want to succeed in this job; **sans s'~ de présentations** without bothering with the (usual) introductions.

embase [ɑ̃baz] *nf* MENUIS base.

embastiller [3] [ɑ̃bastije] *vt hum* to imprison, to incarcerate.

embauchage [ɑ̃boʃaʒ] *nm* hiring.

embauche [ɑ̃boʃ] *nf* hiring; **il n'y a pas d'~ (chez eux)** they're not hiring anyone, there are no vacancies; **quelle est la situation de l'~?** are companies taking on OU hiring staff?

embaucher [3] [ɑ̃boʃe] *vt* to take on *(sép)*, to hire.

embauchoir [ɑ̃boʃwar] *nm* shoetree.

embaumement [ɑ̃bommɑ̃] *nm* embalming.

embaumer [3] [ɑ̃bome] ◇ *vt* -**1.** [parfumer - air] to make fragrant; **la lavande embaumait la salle** the scent of lavender filled the room. -**2.** [sentir - parfum] to be fragrant with the scent of; [- odeur de cuisine] to be fragrant with the aroma of. -**3.** [momifier] to embalm.

◇ *vi* [femme] to be fragrant; [mets] to fill the air with a pleasant smell OU a delicious aroma; [fleur, plante] to fill the air with a lovely fragrance OU a delicate scent.

embaumeur, euse [ɑ̃bomœr, øz] *nm, f* embalmer.

embellie [ɑ̃beli] *nf* -**1.** MÉTÉO [de soleil] bright interval; [du vent] lull. -**2.** [amélioration]: **une ~ dans sa vie** a happier period in her life; **une ~ dans leurs rapports** an improvement in their relationship.

embellir [32] [ɑ̃belir] ◇ *vt* -**1.** [enjoliver - rue] to make prettier; [- pièce] to decorate, to adorn; **~ une femme** to make a woman prettier OU more beautiful; **la maturité l'a embellie** she's grown more beautiful with age. -**2.** [exagérer - histoire] to embellish, to embroider on *(insép)*, to add frills to; **~ la réalité** to make things seem more attractive than they really are.

◇ *vi* to grow prettier OU more beautiful.

embellissement [ɑ̃belismɑ̃] *nm* -**1.** [fait d'améliorer] embellishment, embellishing. -**2.** [apport - à un décor] embellishment; [- à une histoire] embellishment, frill; **il y a beaucoup d'~s dans son récit** there's a lot of poetic licence in his story.

emberlificoter *fam* [3] [ɑ̃bɛrlifikɔte] *vt* -**1.** [tromper - personne] to soft-soap, to sweet-talk. -**2.** [compliquer] to muddle up *(sép)*; **quelle histoire emberlificotée!** what a muddle OU mix-up of a story! -**3.** [empêtrer] to tangle up *(sép)*.

◆ **s'emberlificoter** *vpt*: **s'~ les pieds dans** to get (one's feet) tangled up in.

◆ **s'emberlificoter dans** *fam vp + prép* -**1.** [tissu, câbles] to get tangled up in. -**2.** [récit, calcul] to get muddled OU mixed up with.

emberlificoteur, euse *fam* [ɑ̃bɛrlifikɔtœr, øz]

◇ *adj* soft-soaping, sweet-talking.

◇ *nm, f* sweet-talker.

embêtant, e *fam* [ɑ̃bɛtɑ̃, ɑ̃t] *adj* -**1.** [lassant - travail] tiresome, boring. -**2.** [importun - enfant] annoying; **tu es ~ avec tes questions** you're a nuisance with all these questions. -**3.** [gênant] tricky, awkward; **c'est ~ d'inviter son ex-femme?** would it be awkward to invite his ex-wife OU if we invited his ex-wife?

embêtement *fam* [ɑ̃bɛtmɑ̃] *nm* problem, hassle; **~s** trouble; **avoir des ~s: va les voir au commissariat, sinon tu peux avoir des ~s** go and see them at the police station or you could get into trouble; **en ce moment, je n'ai que des ~s** it's just one damn thing after another at the moment.

embêter *fam* [4] [ɑ̃bete] *vt* -**1.** [importuner] to annoy, to bother; **n'embête pas ce pauvre animal** stop tormenting OU annoying that poor creature; **je leur renverrai le papier, rien que pour les ~!** I'll send them back the form, just to annoy them! -**2.** [lasser] to bore. -**3.** [mettre mal à l'aise] to bother, to annoy; **cela m'embête d'avoir oublié** it annoys OU bothers me that I forgot.

◆ **s'embêter** *fam vpi* -**1.** [s'ennuyer] to be bored; **s'~ à mourir** to be bored to death OU tears; **s'~ ferme** OU **à cent sous de l'heure** to be bored stiff OU to tears. -**2.** *loc*: **il s'embête pas!** [il est sans scrupules] he's got a nerve!; [il est riche] he does pretty well for himself!

◆ **s'embêter à** *vp + prép*: **je ne vais pas m'~ à les éplucher** I'm not going to bother peeling them; **et moi qui me suis embêtée à le refaire!** to think I went to (all) the trouble of doing it again!

emblavage [ɑ̃blavaʒ] *nm* sowing with cereal crop.

emblaver [3] [ɑ̃blave] *vt* to sow (with cereal crop).

emblavure [ɑ̃blavyr] *nf* field sown with cereal crop.

emblée [ɑ̃ble]

◆ **d'emblée** *loc adv* straightaway, right away, from the outset.

emblématique [ɑ̃blematik] *adj* emblematic.

emblème [ɑ̃blɛm] *nm* -**1.** [blason] emblem. -**2.** [insigne] emblem, symbol; **les ~s de la profession** the insignia of the trade.

embobeliner *fam* [3] [ɑ̃bɔbline], **embobiner** *fam* [3] [ɑ̃bɔbine] *vt* -**1.** [tromper] to take in *(sép)*, to hoodwink. -**2.** [manipuler] to get round *(insép)*; **il sait t'~** he knows how to twist you round his little finger OU to get round you; **je l'ai embobiné** I've got him where I want him; **tu ne m'embobineras pas avec toutes ces belles paroles** you won't sweet-talk me into it.

emboîtable [ɑ̃bwatabl] *adj*: **cubes/tuyaux ~s** cubes/pipes fitting into each other; **des tables ~s** a nest of tables.

emboîtage [ɑ̃bwataʒ] *nm* -**1.** [rangement en boîte] packing (into boxes). -**2.** [étui] case, casing.

emboîtement [ɑ̃bwatmɑ̃] *nm*: **l'~ de deux tuyaux/os** the interlocking of two pipes/bones; **à l'~ des deux pièces** at the join between the two parts, where the two parts fit into each other.

emboîter [3] [ɑ̃bwate] *vt* -**1.** [ajuster - tuyaux] to fit together; [- poupées russes] to fit into each other. -**2.** *loc*: **~ le pas à qqn** *pr* to follow close behind sb; *fig* to follow sb, to follow sb's lead.

◆ **s'emboîter** *vpi* to fit together OU into each other; **des tables/poupées qui s'emboîtent les unes dans les autres** a nest of tables/dolls.

emboîture [ɑ̃bwatyr] *nf* fit, joint.

embolie [ɑ̃bɔli] *nf* embolism.

embonpoint [ɑ̃bɔ̃pwɛ̃] *nm* stoutness, portliness; **prendre de l'~** to flesh out, to become stout, to put on weight.

embouche [ɑ̃buʃ] *nf* -**1.** [engraissement] fattening up. -**2.** [pré] grazing.

embouché, e [ɑ̃buʃe] *adj*: **mal ~** *fam* [grossier] foulmouthed.

emboucher [3] [ɑ̃buʃe] *vt* -**1.** MUS to put to one's mouth; **~ la trompette** to trumpet. -**2.** ÉQUIT: **~ un cheval** to put the bit in a horse's mouth.

embouchure [ɑ̃buʃyr] *nf* -**1.** GÉOG mouth. -**2.** MUS mouthpiece, embouchure. -**3.** ÉQUIT mouthpiece.

embourber [3] [ɑ̃burbe] *vt* [enliser] to stick.

◆ **s'embourber** *vpi* [dans la boue] to get bogged down OU stuck in the mud; **s'~ dans ses mensonges/contradictions** to get bogged down in one's lies/contradictions.

embourgeoisement [ɑ̃burʒwazmɑ̃] *nm* [d'un groupe] becoming (more) bourgeois; **l'~ des vieux quartiers rénovés** the gentrification of renovated inner city areas.

embourgeoiser [3] [ɑ̃burʒwaze]

◆ **s'embourgeoiser** *vpi* -**1.** POL to become (more) bourgeois. -**2.** *péj* [gén] to become fonder and fonder of one's creature comforts; [jeune couple] to settle down to a comfortable married life.

embout [ɑ̃bu] *nm* -**1.** [d'un parapluie] tip, ferrule. -**2.** [bout - d'un tuyau] nozzle; [- d'une seringue] adapter.

embouteillage [ɑ̃butɛjaʒ] *nm* -**1.** AUT traffic jam; [à un carrefour] gridlock *Am*; **il y a de gros ~s** traffic is (jammed) solid; **un monstrueux ~ au carrefour** a huge snarl-up at the crossroads. -**2.** *fam* TÉLÉC logjam (of calls); **il y a un ~ sur la ligne** the line is jammed with calls.

embouteiller [4] [ɑ̃buteje] *vt* -**1.** [mettre en bouteilles] to bottle. -**2.** AUT to jam (up) *(sép)*; **les routes sont embouteillées** the roads are congested OU jammed; **~ un carrefour** to gridlock a junction *Am*.

emboutir [32] [ɑ̃butir] *vt* -**1.** [heurter] to crash into *(insép)*; **je me suis fait ~ par un bus** I was hit by a bus; **l'aile est toute emboutie** the wing's all dented. -**2.** MÉTALL to stamp.

emboutissage [ɑ̃butisaʒ] *nm* stamping.

emboutisseur, euse [ɑ̃butisœr, øz] *nm, f* stamper.

◆ **emboutisseuse** *nf* stamper, stamping machine.

embranchement [ɑ̃brɑ̃ʃmɑ̃] *nm* -**1.** [carrefour - routier] fork; [- ferroviaire] junction. -**2.** [voie annexe - routière] side road; [- ferroviaire] branch line. -**3.** [d'égout] junction. -**4.** [dans un arbre]: **un nid dans l'~** a nest built where the trunk branches out. -**5.** ZOOL & BOT phylum.

embrancher [3] [ɑ̃brɑ̃ʃe]

◆ **s'embrancher** *vpi*: **s'~ (sur)** to join (up with).

embrasement [ɑ̃brazmɑ̃] *nm litt* -**1.** [incendie] blaze. -**2.** [rougeoiement]: **l'~ du couchant** the blaze of the setting sun. -**3.** [exaltation - de l'âme] kindling; [- de l'imagination] firing.

embraser [3] [ɑ̃braze] *vt litt.* -**1.** [incendier] to set ablaze OU on fire, to set fire to; **la soif qui lui embrasait la gorge** *fig* the thirst burning his throat. -**2.** [illuminer] to set ablaze OU aglow; **le soleil levant embrasait le ciel** the rising sun set the sky aglow. -**3.** [rendre brûlant] to make burning hot; **le soleil de midi embrasait la route** the road was burning hot under the midday sun. -**4.** [exalter - imagination] to fire;

[- âme] to kindle, to set aflame; ces projets d'aventure l'embrasaient this talk of adventure fired his imagination.

◆ **s'embraser** *vpi litt.* -**1.** [prendre feu] to catch fire, to blaze OU to flare up. -**2.** [s'illuminer] to be set ablaze. -**3.** [devenir brûlant] to become burning hot. -**4.** [s'exalter - âme, imagination] to be set on fire, to be kindled; [- opprimés] to rise up; les esprits s'embrasaient [par enthousiasme] imaginations were fired; [par colère] passions were running high.

embrassade [ɑ̃brasad] *nf*: une ~ a hug and a kiss; des ~s hugging and kissing, hugs and kisses.

embrasse [ɑ̃bras] *nf* tieback.

embrassée [ɑ̃brase] *adj f* → **rime**.

embrassements [ɑ̃brasmɑ̃] *nmpl* hugging and kissing, hugs and kisses.

embrasser [3] [ɑ̃brase] *vt* -**1.** [donner un baiser à] to kiss; l'embrassant sur le front kissing her (on the) forehead; ~ qqn sur la bouche to kiss sb on the lips; embrasse Mamie, on s'en va! kiss Granny good-bye!; elle l'embrassait avant qu'il ne s'endorme she used to kiss him goodnight; vous embrasserez vos parents pour moi (kind) regards to your parents; embrasse Lucie pour moi! give Lucie a big kiss OU hug for me! -**2.** *litt* [serrer dans ses bras] to embrace, to hug; qui trop embrasse, mal étreint *prov* he who grasps at too much loses all. -**3.** [adopter - idée, foi] to embrace, to take up *(sép)*; [- carrière] to take up. -**4.** [saisir]: ~ du regard to behold *litt*; ~ d'un seul coup d'œil to take in at a single glance. -**5.** [comprendre] to grasp; ~ les données complexes d'un problème to grasp the complex elements of a problem. -**6.** [englober] to encompass, to embrace.

◆ **s'embrasser** *vp (emploi réciproque)* to kiss (one another).

embrasure [ɑ̃brazyr] *nf* -**1.** [de porte] doorframe; [de fenêtre] window-frame; se tenir dans l'~ d'une porte/fenêtre to be framed in a doorway/window. -**2.** ARCHIT embrasure.

embrayage [ɑ̃brɛjaʒ] *nm* -**1.** [mécanisme] clutch. -**2.** [pédale] clutch (pedal). -**3.** [fait d'embrayer] putting in the clutch; voiture à ~ automatique automatic car.

embrayer [11] [ɑ̃breje] ◇ *vt* AUT to put in the clutch of.

◇ *vi* -**1.** AUT to put in OU to engage the clutch; embraye! clutch in! -**2.** *fam* [commencer] to get cracking, to go into action; ~ sur to get straight into.

embrigadement [ɑ̃brigadmɑ̃] *nm* -**1.** MIL [dans une brigade] brigading; [enrôlement forcé] being dragooned into the army OU pressed into service. -**2.** *péj* [adhésion forcée] press-ganging.

embrigader [3] [ɑ̃brigade] *vt* -**1.** MIL [dans une brigade] to brigade; [de force] to dragoon into the army, to press into service. -**2.** *péj* [faire adhérer] to press-gang; je ne veux pas être embrigadé dans leur mouvement I won't let myself be press-ganged into joining their movement.

embringuer *fam* [3] [ɑ̃brɛ̃ge] *vt*: ~ qqn dans to drag sb into.

embrocation [ɑ̃brɔkasjɔ̃] *nf* embrocation.

embrochement [ɑ̃brɔʃmɑ̃] *nm* CULIN putting on a spit.

embrocher [3] [ɑ̃brɔʃe] *vt* -**1.** CULIN to spit, to spit-roast. -**2.** *fam* [transpercer]: ~ qqn avec qqch to run sthg through sb.

embrouillage [ɑ̃brujaʒ] = **embrouillement**.

embrouillamini [ɑ̃brujamini] *nm* (hopeless) muddle OU mix-up.

embrouille *fam* [ɑ̃bruj] *nf*: des ~s shenanigans, funny business.

embrouillé, e [ɑ̃bruje] *adj* -**1.** [fils, câbles] tangled up, entangled, snarled up. -**2.** [situation] muddled, confusing.

embrouillement [ɑ̃brujmɑ̃] *nm*: tous ces incidents ont contribué à l'~ de la situation all these incidents helped confuse the situation.

embrouiller [ɑ̃bruje] *vt* -**1.** [emmêler] to tangle up; j'ai embrouillé les fils I got the wires tangled up ‖ *fig*: ~ qqn to muddle sb, to confuse sb. -**2.** [compliquer] to complicate; ~ la situation OU les choses to confuse matters.

◆ **s'embrouiller** *vpi* to get muddled (up), to get confused.

embroussaillé, e [ɑ̃brusaje] *adj* [jardin] overgrown; [cheveux] bushy; [barbe] bushy, shaggy.

embruiné, e [ɑ̃brɥine] *adj* covered in (a fine) drizzle.

embrumer [3] [ɑ̃bryme] *vt* -**1.** MÉTÉO to cover in mist; la ligne embrumée des cimes the misty mountain tops. -**2.** *litt* to cloud; le sommeil lui embrumait encore les yeux his eyes were still heavy OU blurred with sleep; intelligence embrumée par la boisson mind clouded with drink.

◆ **s'embrumer** *vpi* -**1.** MÉTÉO to mist over. -**2.** [esprit, intelligence] to become clouded.

embruns [ɑ̃brœ̃] *nm pl*: les ~ the sea spray OU spume.

embryogenèse [ɑ̃brijɔʒənɛz] *nf* embryogenesis.

embryogénie [ɑ̃brijɔʒeni] *nf* embryogeny.

embryogénique [ɑ̃brijɔʒenik] *adj* embryogenic.

embryologie [ɑ̃brijɔlɔʒi] *nf* embryology.

embryologique [ɑ̃brijɔlɔʒik] *adj* embryologic, embryological.

embryologiste [ɑ̃brijɔlɔʒist] *nmf* embryologist.

embryon [ɑ̃brijɔ̃] *nm* -**1.** BIOL & BOT embryo. -**2.** *fig* [commencement] embryo, beginning; un ~ de projet an embryonic project.

embryonnaire [ɑ̃brijɔnɛr] *adj* -**1.** BIOL & BOT embryonic. -**2.** *fig* [non développé] embryonic, incipient; idée encore à l'état ~ idea still at the embryonic stage.

embryopathie [ɑ̃brijɔpati] *nf* embryopathy.

embryoscopie [ɑ̃brijɔskɔpi] *nf* embryoscopy.

embûche [ɑ̃byʃ] *nf* -**1.** [difficulté] pitfall, hazard. -**2.** [piège] trap; examen semé d'~s exam paper full of trick questions.

embuer [7] [ɑ̃bɥe] *vt* to mist (up OU over); des lunettes embuées misted-up spectacles; les yeux embués de larmes eyes misty with tears.

embuscade [ɑ̃byskad] *nf* ambush; se tenir en ~ to lie in ambush ❑ tomber dans une ~ *pr* & *fig* to be caught in an ambush; tendre une ~ à qqn *pr* & *fig* to set up an ambush for sb.

embusqué, e [ɑ̃byske] *nm, f* MIL & *péj*: les ~s de l'arrière the troops that keep behind the lines.

embusquer [3] [ɑ̃byske]

◆ **s'embusquer** *vpi* -**1.** [pour attaquer] to lie in ambush. -**2.** *péj* [pendant la guerre] to avoid active service.

émécher [18] [emeʃe] *vt* to make tipsy; être (légèrement) éméché to be tipsy.

émeraude [emrod] ◇ *nf* emerald.

◇ *adj inv* emerald *(modif)*, emerald-green.

émergé, e [emɛrʒe] *adj*: les terres ~es the land above water level; la partie ~e de l'iceberg the visible part of the iceberg.

émergement [emɛrʒəmɑ̃] *nm* emergence.

émergence [emɛrʒɑ̃s] *nf* -**1.** [apparition - d'une idée] (sudden) appearance OU emergence. -**2.** GÉOG [d'une source] source. -**3.** OPT: point d'~ point of emergence.

émergent, e [emɛrʒɑ̃, ɑ̃t] *adj* -**1.** *sout* [idée] emerging, developing. -**2.** OPT emergent.

émerger [17] [emɛrʒe] *vi* -**1.** *fam* [d'une occupation, du sommeil] to emerge; ~ de to emerge from, to come out of. -**2.** [soleil] to rise, to come up. -**3.** [dépasser]: ~ de [eau] to float (up) to the top of, to emerge from; une bonne copie/un bon élève qui émerge du lot a paper/pupil standing out from the rest.

émeri [ɛmri] *nm* emery; papier OU toile ~ emery paper OU board.

éméritat [emerita] *nm Belg* emeritus professorship.

émérite [emerit] *adj* -**1.** [éminent] (highly experienced and) skilled, expert *(avant n)*. -**2.** *Belg*: professeur ~ emeritus professor.

émersion [emɛrsjɔ̃] *nf* -**1.** [apparition] emersion, surfacing. -**2.** ASTRON emersion.

émerveillement [emɛrvɛjmɑ̃] *nm* -**1.** [émotion] wonder, wonderment *litt*; il découvrait la mer avec ~ he discovered the sea with wonder. -**2.** [chose merveilleuse] wonder; le jardin ce matin, c'est un ~ the garden is a wonder to behold this morning.

émerveiller [4] [emɛrveje] *vt* to fill with wonder OU wonderment *litt*; elle fixait la poupée d'un regard émerveillé she gazed at the doll in wonder.

◆ **s'émerveiller** *vpi* to be filled with wonder, to marvel; il s'émerveillait d'un rien he marvelled at the smallest thing.

émétique [emetik] *adj* & *nm* emetic.

émetteur, trice [emetœr, tris] ◇ *adj* -**1.** RAD transmitting. -**2.** FIN issuing.

◇ *nm, f* -**1.** FIN drawer. -**2.** LING speaker.

◆ **émetteur** *nm* RAD [appareil] transmitter; [élément] emitter.

émetteur-récepteur [emetœrresɛptœr] (*pl* émetteurs-récepteurs) *nm* transmitter-receiver, transceiver.

émettre [84] [emɛtr] ◇ *vt* -**1.** [produire - rayon, son, onde, signal] to emit, to give out *(sép)*; [- odeur] to give off *(sép)*, to produce. -**2.** [exprimer - hypothèse, opinion] to venture, to put forward, to volunteer; [- doute, réserve] to express. -**3.** FIN [billet] to issue; [emprunt] to float. -**4.** RAD & TV to broadcast, to transmit.

◇ *vi*: ~ sur grandes ondes to broadcast on long wave.

émeu [emø] *nm* emu.

émeute [emøt] *nf* riot; il y a eu des ~s there has been rioting; tourner à l'~ to turn into a riot.

émeutier, ère [emøtje, ɛr] *nm, f* rioter.

émiettement [emjɛtmɑ̃] *nm* -**1.** [d'un gâteau] crumbling (away), being reduced to crumbs. -**2.** [dispersion - des efforts] frittering away, dissipating; [- du pouvoir] fragmentation.

émietter [4] [emjete] *vt* -**1.** [mettre en miettes - gâteau] to crumble, to break up *(sép)* (into crumbs). -**2.** [morceler - propriété] to break up *(sép)*. -**3.** *litt* [gaspiller - efforts] to fritter away *(sép)*, to disperse, to dissipate.

émigrant, e [emigrɑ̃, ɑ̃t] *nm, f* emigrant.

émigration [emigrasjɔ̃] *nf* emigration, emigrating *(U)*.

émigré, e [emigre] ◇ *adj* migrant.

◇ *nm, f* emigrant; HIST emigré.

émigrer [3] [emigre] *vi* -**1.** [s'expatrier] to emigrate. -**2.** ZOOL to migrate.

Émilie-Romagne [emilirɔmaɲ] *npr f*: (l') ~ Emilia-Romagna.

émincé [emɛ̃se] *nm* émincé; ~ de veau émincé of veal, veal cut into slivers *(and served in a sauce)*.

émincer [16] [emɛ̃se] *vt* CULIN to slice thinly, to cut into thin strips.

éminemment [eminamɑ̃] *adv* eminently.

éminence [eminɑ̃s] *nf* -**1.** GÉOG hill, hillock, knoll. -**2.** ANAT protuberance. -**3.** *loc*: ~ grise éminence grise; c'est l'~ grise du patron he's the power behind the boss.

Éminence [eminɑ̃s] *nf* -**1.** [titre]: son ~ le cardinal Giobba his Eminence Cardinal Giobba. -**2.** [cardinal] cardinal, Eminence.

éminent, e [eminɑ̃, ɑ̃t] *adj* eminent, prominent, noted; mon ~ collègue *sout* my learned colleague.

émir [emir] *nm* emir, amir.

émirat [emira] *nm* emirate; les Émirats arabes unis the United Arab Emirates.

émissaire [emisɛr] *nm* [envoyé] emissary, envoy.

émission [emisjɔ̃] *nf* -**1.** PHYS [de son, de lumière, de signaux] emission; ~ de particules particle emission. -**2.** RAD & TV [transmission de sons, d'images] transmission, broadcasting; [programme] programme; ~ en direct/en différé live/recorded broadcast; l'~ de nos programmes sera interrompue à 22 heures transmission of our programmes will be interrupted at 10 pm. -**3.** FIN [de monnaie, d'emprunt] issuing. -**4.** [de sons articulés]: ~ de voix utterance. -**5.** PHYSIOL emission.

emmagasinage [ãmagazinaʒ] *nm* COMM [dans une arrière-boutique] storage; [dans un entrepôt] warehousing.

emmagasiner [3] [ãmagazine] *vt* -**1.** COMM [marchandises - dans une arrière-boutique] to store; [- dans un entrepôt] to warehouse. -**2.** [accumuler - connaissances] to store up *(sép)*, to accumulate; [- provisions] to stock up on, to stockpile; ~ **la chaleur** to keep in the heat.

emmaillotement [ãmajɔtmã] *nm* [d'un bébé] swaddling; [d'un membre] wrapping up.

emmailloter [3] [ãmajɔte] *vt* [bébé] to swaddle; [membre] to wrap up *(sép)*.

emmanché, e▼ [ãmãʃe] *nm, f* jerk, dickhead.

emmanchement [ãmãʃmã] *nm*: l'~ **d'un outil** fitting a handle on a tool.

emmancher [3] [ãmãʃe] *vt* [ajuster - tête de râteau, lame] to fit into a handle.

◆ **s'emmancher** *fam vpi* [commencer]: s'~ **bien/mal** to be off to a good/bad start; **l'affaire était mal emmanchée** the business got off to a bad start.

emmanchure [ãmãʃyr] *nf* armhole.

Emmaüs [emays] *npr* Emmaüs; ~ **International** *charity organization to help the poor and homeless.*

EMMAÜS INTERNATIONAL:
Founded by l'abbé Pierre, this organization is partly financed by the work of the "chiffonniers", who collect and sell secondhand goods.

emmêlement [ãmɛlmã] *nm* tangle, snarl *péj.*

emmêler [4] [ãmele] *vt* -**1.** [mêler - cheveux, fils, brins de laine] to entangle, to tangle (up), to get into a tangle; **complètement emmêlé** all tangled up. -**2.** [rendre confus, confondre] to mix up *(sép)*; **j'emmêle les dates** I'm getting the dates confused; **des explications emmêlées** confused OU muddled explanations; **une situation emmêlée** a complicated situation.

◆ **s'emmêler** ◇ *vpi* -**1.** [être mêlé] to be tangled OU knotted OU snarled up. -**2.** [être confus - faits, dates] to get mixed up.
◇ *vpt*: s'~ **les pieds dans** to get one's feet caught in; s'~ **les pieds** *fam* OU **pédales** *fam* OU **pinceaux** *fam* OU **crayons** *fam* **dans qqch** *fig* to get sthg all muddled up.

emménagement [ãmenaʒmã] *nm* moving in.

emménager [17] [ãmenaʒe] *vi* to move in.

emmener [19] [ãmne] *vt* -**1.** [inviter à aller] to take along *(sép)*; **je t'emmène en montagne** I'll take you (with me) to the mountains; ~ **qqn dîner** to take sb out to dinner. -**2.** [forcer à aller] to take away *(sép)*. -**3.** [accompagner]: ~ **qqn à la gare** to take sb to the station; [en voiture] to give sb a lift to OU to drop sb off at the station. -**4.** *fam* [emporter] to take (away); **emmène la fourchette à la cuisine** take the fork into the kitchen. -**5.** SPORT [sprint, peloton] to lead.

emment(h)al [emɛ̃tal] *nm* Emmenthal, Emmental.

emmerdant, e▽ [ãmɛrdã, ãt] *adj* -**1.** [importun]: **il est** ~ he's a pain (in the neck); **il est pas** ~ he's not too much of a pain. -**2.** [gênant] bloody *Br* OU damn awkward; **c'est** ~ **d'avoir à laisser la porte ouverte** having to leave the door open is a real pain OU a bloody nuisance. -**3.** [ennuyeux] bloody *Br* OU godawful *Am* boring; **je ne l'ai pas lu jusqu'au bout, c'était trop** ~ I didn't read it to the end, it was too bloody boring (by half).

emmerde▽ [ãmɛrd] *nf* hassle; **avoir des** ~**s**: **en ce moment j'ai que des** ~**s** it's just one frigging hassle after another at the moment; **faire des** ~**s à qqn** to make trouble OU to cause hassle for sb.

emmerdement▽ [ãmɛrdəmã] *nm* hassle; **en ce moment j'ai que des** ~**s** it's just one frigging hassle after another at the moment; **être dans les** ~**s jusqu'au cou** to be up the creek.

emmerder▽ [3] [ãmɛrde] *vt* -**1.** [gêner] to bug; **elle va m'**~ **longtemps?** when is she going to stop hassling me?; **m'emmerde pas** stop bugging me; **plus j'y pense, plus ça m'emmerde** the more I think about it, the more it bugs me; **d'y aller, ça m'emmerde!** it's a bloody *Br* OU goddam *Am* nuisance having to go! -**2.** *(comme exclam)*: **je t'emmerde!** sod *Br* OU screw *Am* you!; **je l'emmerde!** screw him! *Am*, he can sod off! *Br.*

◆ **s'emmerder**▽ *vpi* -**1.** [s'ennuyer] to be bored stiff OU rigid; **on s'emmerde (à cent sous de l'heure) ici!** it's so bloody boring here! -**2.** *loc*: **il s'emmerde pas!** [il est sans scrupules] he's got a (bloody) nerve!; [il est riche] he does pretty well for himself!

◆ **s'emmerder à**▽ *vp + prép*: s'~ **à faire** to be bothered doing; **je vais pas m'**~ **à les éplucher** I can't be bothered OU fagged *Br* to peel them; **et moi qui me suis emmerdé à tout recopier!** to think I went to the trouble of copying the whole bloody thing out!

emmerdeur, euse▽ [ãmɛrdœr, øz] *nm, f* bloody *Br* OU damn pain.

emmétrope [ãmetrop] ◇ *adj* emmetropic.
◇ *nmf* emmetrope.

emmieller *fam* [4] [ãmjele] *vt euph* to bother, to bug; **ça l'emmielle** he finds it a bit of a pain.

emmitoufler [3] [ãmitufle] *vt* to wrap up (well) *(sép)*.

◆ **s'emmitoufler** *vp (emploi réfléchi)* to wrap up well; s'~ **dans une cape** to wrap o.s. up in a cape.

emmurer [3] [ãmyre] *vt* -**1.** [enfermer] to wall up OU in *(sép)*. -**2.** *fig & litt* [isoler] to immure.

◆ **s'emmurer dans** *vp + prép litt*: s'~ **dans le silence** to retreat into silence.

émoi [emwa] *nm litt* [émotion] agitation; [tumulte] commotion; **elle était tout en** ~ she was all in a fluster; **la population est en** ~ there's great agitation among the population.

émollient, e [emɔljã, ãt] *adj* emollient.

◆ **émollient** *nm* emollient.

émoluments [emɔlymã] *nmpl* [d'un employé] salary, wages; [d'un notaire] fees.

émonctoire [emɔ̃ktwar] *nm* emunctory.

émondage [emɔ̃daʒ] *nm* [d'arbuste, de buisson] pruning; [d'arbre] trimming (the top of).

émonder [3] [emɔ̃de] *vt* [arbuste, buisson] to prune; [arbre] to trim (the top of).

émondeur, euse [emɔ̃dœr, øz] *nm* pruner.

émondoir [emɔ̃dwar] *nm* pruning hook.

émotif, ive [emɔtif, iv] ◇ *adj* [personne] emotional, sentimental; [trouble, choc] psychological.
◇ *nm, f*: **c'est un grand** ~ he's very emotional.

émotion [emosjɔ̃] *nf* -**1.** [sensation] feeling; **une** ~ **indicible** indescribable feelings, a feeling that can't be put into words; ~**s fortes** strong feelings; **quelle** ~ **de l'avoir revu!** seeing him again was quite a shock! -**2.** [affectivité] emotion, emotionality; **l'**~ **n'est pas bonne conseillère** do not be guided by emotion OU your emotions; **se laisser gagner par l'**~ to become emotional. -**3.** [qualité - d'une œuvre] emotion; **l'**~ **qui se dégage de ces lignes/cet oratorio** the emotion emanating from these lines/this oratorio.

◆ **émotions** *fam nfpl*: **des** ~**s** a (nasty) fright; **j'ai eu des** ~**s** I got a fright; **donner des** ~**s à qqn** to give sb a (nasty) turn OU a fright.

◆ **avec émotion** *loc adv* emotionally; **ils se sont quittés avec** ~ they had an emotional parting.

◆ **sans émotion** *loc adv* without emotion.

émotionnable [emosjɔnabl] *adj* emotional.

émotionnant, e *fam* [emosjɔnã, ãt] *adj* impressive.

émotionnel, elle [emosjɔnel] *adj* [état, trouble] psychological.

émotionner *fam* [3] [emosjɔne] *vt* [émouvoir] to upset, to shake up *(sép)*.

◆ **s'émotionner** *fam vpi* [s'émouvoir] to react emotionally to; **il s'émotionne pour un rien** he gets worked up about the slightest little thing.

émotivité [emɔtivite] *nf* emotionalism.

émotter [3] [emɔte] *vt* [champ] to break up into clods (of earth).

émoulu, e [emuly] *adj* → **frais.**

émousser [3] [emuse] *vt* -**1.** [rasoir, épée] to blunt, to take the edge off. -**2.** [affaiblir - appétit, goût, peine] to dull, to take the edge off; [- curiosité] to temper.

◆ **s'émousser** *vpi* -**1.** [couteau] to become blunt, to lose its edge. -**2.** [faiblir - appétit, peine] to dull; [- curiosité] to become tempered.

émoustillant, e [emustijã, ãt] *adj* -**1.** [qui rend joyeux] exhilarating. -**2.** [sexuellement] titillating.

émoustiller [3] [emustije] *vt* -**1.** [animer] to excite, to exhilarate; **le champagne les avait tous émoustillés** they'd all got merry on champagne. -**2.** [sexuellement] to turn on *(sép)*.

émouvant, e [emuvã, ãt] *adj* moving, touching; **de façon** ~**e** movingly; **un moment** ~ an emotional moment.

émouvoir [55] [emuvwar] *vt* -**1.** [attendrir] to touch, to move; **ému jusqu'aux larmes** moved to tears. -**2.** [perturber] to disturb, to unsettle; **il est parti, cela ne semble pas t'**~ he's left, but you don't seem to be bothered (by it); **nullement ému par ces accusations** quite undisturbed OU unperturbed by these accusations; **se laisser** ~ to let o.s. be affected. -**3.** [sexuellement] to arouse, to excite.

◆ **s'émouvoir** *vpi* -**1.** [s'attendrir] to be touched OU moved; s'~ **à la vue de** to be affected by the sight of. -**2.** [être perturbé] to be disturbed OU perturbed. -**3.** [sexuellement] to be aroused OU excited.

◆ **s'émouvoir de** *vp + prép* to pay attention to; **le gouvernement s'en est ému** it came to the notice OU attention of the government.

empaillage [ãpajaʒ] *nm* -**1.** [d'un animal] stuffing. -**2.** [d'une chaise] bottoming (with straw). -**3.** HORT covering with straw.

empaillé, e *fam* [ãpaje] *nm, f péj* fat lump.

empailler [3] [ãpaje] *vt* -**1.** [animal] to stuff. -**2.** [chaise] to bottom with straw. -**3.** HORT to cover with straw.

empailleur, euse [ãpajœr, øz] *nm, f* -**1.** [d'animaux] taxidermist. -**2.** [de chaises] chair caner.

empalement [ãpalmã] *nm* impalement.

empaler [3] [ãpale] *vt* -**1.** [supplicier] to impale. -**2.** [embrocher] to put on a spit.

◆ **s'empaler** *vpi*: s'~ **sur une fourche/un pieu** to impale o.s. on a pitchfork/stake.

empan [ãpã] *nm* (hand) span.

empanacher [3] [ãpanaʃe] *vt* to plume, to deck out *(sép)* OU to decorate with plumes; **casque empanaché** plumed helmet.

empannage [ãpanaʒ] *nm* wearing NAUT.

empanner [3] [ãpane] *vt* to wear NAUT.

empaquetage [ãpaktaʒ] *nm* -**1.** COMM [action] packing, packaging; [emballage] packaging. -**2.** [confection d'un paquet-cadeau] wrapping up; [enveloppe] wrapping.

empaqueter [27] [ãpakte] *vt* -**1.** COMM to pack, to package. -**2.** [envelopper] to wrap up *(sép)*.

emparer [3] [ãpare]

◆ **s'emparer de** *vp + prép* -**1.** [avec la main - gén] to grab (hold of), to grasp, to seize; [- vivement] to snatch. -**2.** [prendre de force - territoire] to take over *(sép)*, to seize; [- véhicule] to commandeer; **la grande industrie s'est emparée des médias** big business has taken over the media; s'~ **de la conversation** to monopolize the conversation. -**3.** [tirer parti de - prétexte, idée] to seize (hold of). -**4.** [envahir]: **la colère s'est emparée d'elle** anger swept over her; **l'émotion s'est emparée d'elle** she was seized by a strong emotion; **le doute s'est emparé de moi** OU **mon esprit** I became a prey to OU my mind was seized with doubt.

empâté, e [ɑ̃pate] *adj* [langue, voix] slurred.

empâtement [ɑ̃patmɑ̃] *nm* -**1.** [obésité] fattening out; [épaississement - des traits] coarsening; [- de la taille] thickening. -**2.** BX-ARTS impasto.

empâter [3] [ɑ̃pate] *vt* -**1.** [bouffir] to make podgier; **l'âge ne l'a pas empâtée** she hasn't put on any weight with age; **les grossesses successives lui ont empâté la taille** she's grown fatter round the waist with each pregnancy. -**2.** [rendre pâteux]: **le vin lui a empâté la langue/voix** his speech/voice has become slurred from drinking wine. -**3.** BX-ARTS impaste.
◆ **s'empâter** *vpi* to put on weight; **sa taille/figure s'est empâtée** he's grown fatter round the waist/fatter in the face.

empathie [ɑ̃pati] *nf sout* empathy.

empattement [ɑ̃patmɑ̃] *nm* -**1.** CONSTR [de planches] tenoning; [d'un mur] footing; [d'une grue] base plate. -**2.** [d'un arbre, d'une branche] (wide) base. -**3.** AUT wheelbase. -**4.** IMPR serif.

empaumer *fam* [3] [ɑ̃pome] *vt* to con.

empêché, e [ɑ̃peʃe] *adj*: **il a été ~** [par un problème] he hit a snag; [il n'est pas venu] he couldn't make it; [il a été retenu] he was held up.

empêchement [ɑ̃peʃmɑ̃] *nm* -**1.** [obstacle] snag, hitch, holdup; **voir un ~ à qqch** to find a reason to prevent sthg from going ahead; **si tu as un ~, téléphone** [si tu as un problème] if you hit a snag, phone; [si tu ne viens pas] if you can't make it, phone; [si tu es retenu] if you're held up, phone. -**2.** JUR: **~ à mariage** impediment to a marriage.

empêcher [4] [ɑ̃peʃe] ◇ *vt* -**1.** [ne pas laisser]: **~ qqn de faire qqch** to prevent sb (from) OU to keep sb from OU to stop sb (from) doing sthg; **il m'a empêché de partir** he prevented me from leaving; **pousse-toi, tu m'empêches de voir!** move over, I can't see!; **un dispositif qui empêche l'eau de déborder** a device to stop the water overflowing; **~ que qqn/qqch (ne) fasse** to stop sb/sthg from doing, to prevent sb/sthg from doing ❑ **le café m'empêche de dormir** *pr* coffee keeps me awake; **ce n'est pas ça qui va l'~ de dormir!** *fig* he's not going to lose any sleep over that! -**2.** [pour renforcer une suggestion] to stop, to prevent; **cela ne t'empêche pas** OU **rien ne t'empêche de l'acheter à crédit** you could always buy it in instalments; **qu'est-ce qui nous empêche de le faire?** what's to prevent us (from) doing it?; **qu'est-ce qui vous empêche d'écrire à ses parents?** why don't you write to his parents? -**3.** [prévenir - mariage, famine] to prevent, to stop; **pour ~ l'hémorragie** to prevent a haemorrhage; **~ l'extension d'un conflit** to stop a conflict spreading; **cela n'empêche pas les sentiments!** you've got to have some feeling OU heart! ❑ **ça n'empêche pas** *fam* OU **rien** *fam*! it makes no difference! -**4.** [retenir]: **être empêché de faire: empêché de venir, il n'a pas pu voter** he couldn't vote, as he was (unavoidably) detained.
◇ *v impers*: **il n'empêche que** nevertheless; **il n'empêche qu'elle ne l'a jamais compris** the fact remains that she's never understood him; **il n'empêche que tu es encore en retard** maybe, but you're late again all the same.
◆ **s'empêcher de** *vp + prép*: **s'~ de faire** to refrain from OU to stop o.s. doing; **je ne peux pas m'~ de penser qu'il a raison** I can't help thinking he's right; **il n'a pas pu s'~ de le dire** he just had to say it; **elle ne peut pas s'~ de se ronger les ongles** she can't stop (herself) biting her nails.
◆ **n'empêche** *fam loc adv* all the same, though; **il a été assez gentil, n'empêche!** he was kind though!; **n'empêche, tu aurais pu (me) prévenir!** all the same OU even so, you could have let me know!
◆ **n'empêche que** *loc conj*: **on ne m'a pas écouté, n'empêche que j'avais raison** they didn't listen to me, even though I was right!

empêcheur, euse [ɑ̃peʃœr, øz] *nm, f*: **un ~ de danser** OU **tourner en rond** *fam* a spoilsport.

Empédocle [ɑ̃pedɔkl] *npr* Empedocles.

empeigne [ɑ̃pɛɲ] *nf* upper *(of a shoe)*.

empennage [ɑ̃pɛnaʒ] *nm* -**1.** AÉRON empennage. -**2.** ARM [d'un obus, d'une bombe] tail fins; [d'une arbalète] feathers.

empenne [ɑ̃pɛn] *nf* [d'une flèche, d'une arbalète] feathers.

empenné, e [ɑ̃pene] *adj* feathered.

empereur [ɑ̃prœr] *nm* emperor; **l'Empereur** HIST Napoleon (Bonaparte OU the first).

emperler [3] [ɑ̃pɛrle] *vt* -**1.** *litt* [couvrir]: **la sueur emperlait son front** his forehead glistened with beads of sweat; **pétales emperlés de rosée** petals covered with pearls of dew. -**2.** COUT to bead.

empesage [ɑ̃pəzaʒ] *nm* starching.

empesé, e [ɑ̃pəze] *adj* -**1.** [tissu] starched. -**2.** [discours, style] starchy.

empeser [19] [ɑ̃pəze] *vt* to starch.

empester [3] [ɑ̃pɛste] ◇ *vt* [pièce] to stink out *(sép) Br*, to make stink; [parfum] to stink of.
◇ *vi* to stink.

empêtré, e [ɑ̃petre] *adj* [air] awkward, self-conscious.

empêtrer [4] [ɑ̃petre] *vt* -**1.** [entortiller - personne] to trap, to entangle; [- jambes, chevilles] to trap, to catch; **empêtrée dans sa grosse veste** hampered by her bulky jacket; **empêtré dans ses couvertures** all tangled up in his blankets. -**2.** [embarrasser] to bog down *(sép)*; **être empêtré dans ses explications** to be bogged down OU muddled up in one's explanations; **être empêtré dans ses mensonges** to be caught in the web of OU trapped in one's own lies.
◆ **s'empêtrer** *vpi* -**1.** [s'entortiller] to become tangled up OU entangled; **elle s'est empêtrée dans la corde** she got tangled up in the rope. -**2.** [s'enferrer]: **s'~ dans** [dispute, explications] to get bogged down OU tied up in.

emphase [ɑ̃faz] *nf* -**1.** *péj* [grandiloquence] pomposity, bombast; **un discours plein d'~** a pompous speech; **avec ~** pompously, bombastically. -**2.** LING emphasis.

emphatique [ɑ̃fatik] *adj* -**1.** *péj* [grandiloquent] pompous, bombastic. -**2.** LING emphatic.

emphatiquement [ɑ̃fatikmɑ̃] *adv* pompously, bombastically.

emphysémateux, euse [ɑ̃fizematø, øz] ◇ *adj* emphysematous.
◇ *nm, f* person suffering from emphysema.

emphysème [ɑ̃fizɛm] *nm* emphysema.

emphytéose [ɑ̃fiteoz] *nf* right to a long lease.

emphytéotique [ɑ̃fiteɔtik] *adj*: **bail ~** long lease.

empiècement [ɑ̃pjɛsmɑ̃] *nm* yoke TEX.

empierrement [ɑ̃pjɛrmɑ̃] *nm* -**1.** [couche de pierres] gravel, road metal *Br*; [action]: **procéder à l'~ d'une route** to metal *Br* OU to gravel *Am* a road. -**2.** [pour le drainage] lining with stones.

empierrer [4] [ɑ̃pjere] *vt* -**1.** [route] to gravel, to metal *Br*. -**2.** [pour le drainage] to line with stones.

empiétement [ɑ̃pjetmɑ̃] *nm* encroachment, encroaching *(U)*.

empiéter [18] [ɑ̃pjete]
◆ **empiéter sur** *v + prép* -**1.** [chevaucher] to encroach on OU upon *(insép)*, to overlap with *(insép)*. -**2.** [envahir] to encroach on OU upon *(insép)*, to cut OU to eat into *(insép)*; **mon travail empiète de plus en plus sur mes loisirs** my work encroaches more and more upon my leisure time. -**3.** [usurper - liberté, pouvoir] to encroach on OU upon *(insép)*, to eat away at *(insép)*; **empiétant peu à peu sur nos privilèges** gradually eating away at our privileges.

empiffrer [3] [ɑ̃pifre]
◆ **s'empiffrer** *fam vpi* to stuff o.s.; **s'~ de gâteaux** to stuff o.s. with cakes.

empilable [ɑ̃pilabl] *adj* stackable.

empilage [ɑ̃pilaʒ] *nm* [de boîtes] piling OU stacking up; [de chaises] stacking up.

empilement [ɑ̃pilmɑ̃] *nm* [ordonné] stack; [désordonné] heap, pile, mound.

empiler [3] [ɑ̃pile] *vt* -**1.** [mettre en tas] to pile OU to heap up *(sép)*; [ranger en hauteur] to stack (up). -**2.** [thésauriser] to amass (large quantities of). -**3.** *fam* [tromper] to con, to rook.
◆ **s'empiler** ◇ *vp (emploi passif)* to be stacked up.
◇ *vpi* [s'entasser] to pile up; **s'~ dans** [entrer nombreux dans] to pile OU to pack into.

empileur, euse [ɑ̃pilœr, øz] *nm, f* -**1.** ▽ [escroc] trickster, conman, crook. -**2.** [ouvrier] stacker.

empire [ɑ̃pir] *nm* -**1.** [régime, territoire] empire; **pas pour un ~!** not for the world OU all the tea in China!; **l'~ d'Occident** the Western Empire; **l'~ d'Orient** [romain] the Eastern (Roman) Empire; [byzantin] the Byzantine Empire; **l'~ du Soleil Levant** the Land of the Rising Sun. -**2.** MYTH & RELIG: **l'~ céleste** the kingdom of heaven; **l'~ des ténèbres** hell. -**3.** [groupe d'états] empire. -**4.** COMM & INDUST empire. -**5.** *litt* [domination]: **l'~ des mers** the control of the seas. -**6.** *sout* [influence] influence; **avoir de l'~ sur qqn** to have a hold on OU over sb; **prendre de l'~ sur qqn** to gain influence over sb.
◆ **sous l'empire de** *loc prép sout* -**1.** [poussé par]: **sous l'~ de l'alcool** under the influence of alcohol; **sous l'~ de la jalousie** in the grip of jealousy; **sous l'~ du désir** possessed OU consumed by desire. -**2.** [soumis à]: **sous l'~ d'un mari brutal** under the sway of a brutal husband.

Empire [ɑ̃pir] *npr m*: **l'~, le premier ~** the (Napoleonic) Empire; **sous l'~** during the Napoleonic era; **noblesse d'~** nobility created by Napoleon (Bonaparte); **le Second ~** the Second Empire ‖ *(comme adj inv)*: **meubles ~** Empire furniture, furniture in the French Empire style.

empirer [3] [ɑ̃pire] ◇ *vi* [santé] to become worse, to worsen, to deteriorate; [mauvais caractère] to become worse.
◇ *vt* [maladie] to make worse, to cause to deteriorate.

empirique [ɑ̃pirik] *adj* -**1.** PHILOS & SC empirical. -**2.** *péj* [non rigoureux] empirical, purely practical.

empiriquement [ɑ̃pirikmɑ̃] *adv* -**1.** PHILOS & SC empirically. -**2.** *péj* [sans rigueur] empirically, without a basis in theory.

empirisme [ɑ̃pirism] *nm* -**1.** PHILOS & SC empiricism. -**2.** *péj* [pragmatisme] empiricism, charlatanry.

empiriste [ɑ̃pirist] *adj* & *nmf* empiricist.

emplacement [ɑ̃plasmɑ̃] *nm* -**1.** [pour véhicule] parking space. -**2.** [position - d'un édifice, d'un monument] site, location; [- d'une démarcation] position, place.

emplâtre [ɑ̃platr] *nm* -**1.** PHARM plaster. -**2.** *fam* [aliment]: **un véritable ~, leur purée!** their mashed potatoes go down like a lead weight! -**3.** *fam* [personne] clot *Br*, dort *Am*.

emplette [ɑ̃plɛt] *nf* -**1.** [fait d'acheter]: **faire ses/des ~s** to do one's/some shopping; **faire l'~ de** to purchase. -**2.** [objet acheté] purchase.

emplir [32] [ɑ̃plir] *vt litt* [récipient] to fill (up) *(sép)*; [esprit, salle] to fill.
◆ **s'emplir** *vpi litt* to fill up; **s'~ de** to fill up with.

emploi [ɑ̃plwa] *nm* -**1.** [travail] job; **il est sans ~** he is unemployed OU out of a job. -**2.** [fait d'employer] employing; **l'~ de spécialistes coûte cher** employing experts is expensive. -**3.** ÉCON: **l'~** employment; **la situation de l'~** the job OU employment situation. -**4.** [au spectacle] part; **limitée à des ~s de soubrette** restricted to playing chambermaids; **son ~, c'est les ingénues** she's typecast as an ingénue, she (always) plays ingénue parts; **danser/jouer à contre-~** to be miscast; **cet ~ de mari comblé te va mal** *fig* you're not playing the happy husband very convincingly ❑ **avoir le physique** OU **la tête de l'~** to look the part. -**5.** [utilisation] use; **il n'en a pas l'~** he has no use for it; **d'un ~ facile** easy to use; **faire mauvais ~ de son argent** to misuse one's money. -**6.** SCOL: ~ du temps [de l'année] timetable; [d'une journée, des vacances] timetable, schedule; **un ~ du temps chargé** a busy timetable OU schedule; **quel est mon ~ du temps aujourd'hui?** what's my schedule for today? -**7.** [cas d'utilisation - d'un objet] use; [- d'une expression] use, usage; **les divers ~s d'un verbe** the different uses of a verb. -**8.** [en comptabilité] entry.

employable [ɑ̃plwajabl] *adj* [personne] employable; [objet] usable.

employé, e [ɑ̃plwaje] *nm, f* employee; **généreux avec leurs ~s** generous with their staff OU their employees ❑ ~ **de banque** bank clerk; ~ **de bureau** office worker; **j'attends un ~ du gaz** I'm expecting someone from the gas board *Br* OU company *Am*; ~ **de maison** servant; ~**s de maison** domestic staff; ~ **des postes** postal worker.

employer [13] [ɑ̃plwaje] *vt* -**1.** [professionnellement] to employ; **nous employons 200 personnes** we employ 200 people, we have 200 people on our staff, we employ a staff of 200; **la ganterie emploie 300 personnes dans la région** the glove trade provides jobs for OU employs 300 local people; ~ **qqn à faire qqch** [l'assigner à une tâche] to use sb to do sthg. -**2.** [manier - instrument, machine] to use. -**3.** [mettre en œuvre - méthode, ruse] to employ, to use; ~ **la force** to use force; ~ **beaucoup d'énergie à faire qqch** to expend a lot of energy doing sthg; ~ **son énergie à faire** to devote OU to apply one's energy to doing; **de l'argent bien employé** money well spent, money put to good use; **des fonds mal employés** misused funds; **tu vas y ~ toutes tes réserves** you will use up all your reserves doing it. -**4.** [expression] to use; **mal ~ un mot** to misuse a word, to use a word incorrectly. -**5.** [temps, journée] to spend; **bien ~ son temps** to make good use of one's time; **mal ~ son temps** to misuse one's time, to use one's time badly, to waste one's time. -**6.** COMPTA to enter.

◆ **s'employer** ◇ *vp (emploi passif)* -**1.** [mot] to be used; **ce verbe ne s'emploie plus** that verb is no longer in common usage. -**2.** [outil, machine] to be used.

◇ *vpi vieilli* [s'activer]: **s'~ pour** OU **en faveur de** to exert o.s. on behalf of.

◆ **s'employer à** *vp + prép* [se consacrer à] to devote OU to apply o.s. to; **je m'y emploie** I'm working on it.

employeur, euse [ɑ̃plwajœr, øz] *nm, f* employer.

emplumer [3] [ɑ̃plyme] *vt* to decorate with feathers.

empocher [3] [ɑ̃pɔʃe] *vt* -**1.** [mettre dans sa poche] to pocket. -**2.** [s'approprier] to snap up *(sép)*.

empoignade [ɑ̃pwaɲad] *nf* -**1.** [coups] brawl, set-to. -**2.** [querelle] row, set-to.

empoigne [ɑ̃pwaɲ] *nf* → **foire**.

empoigner [3] [ɑ̃pwaɲe] *vt* -**1.** [avec les mains] to grab, to grasp. -**2.** [émouvoir] to grip.

◆ **s'empoigner** *vp (emploi réciproque)* to set to; **ils se sont tous empoignés** there was a general mêlée OU free-for-all.

empois [ɑ̃pwa] *nm* starch.

empoisonnant, e *fam* [ɑ̃pwazɔnɑ̃, ɑ̃t] *adj* -**1.** [exaspérant] annoying; **ce que tu peux être ~!** you can be so annoying OU you're such a pain sometimes! -**2.** [ennuyeux] tedious, boring.

empoisonnement [ɑ̃pwazɔnmɑ̃] *nm* PHYSIOL poisoning; ~ **par le plomb** lead poisoning.

empoisonner [3] [ɑ̃pwazɔne] *vt* -**1.** [tuer] to poison. -**2.** ÉCOL to contaminate, to poison. -**3.** [mettre du poison sur - flèche] to poison. -**4.** [dégrader - rapports] to poison, to taint, to blight; [- esprit] to poison; ~ **l'existence à qqn** to make sb's life a misery. -**5.** [importuner] to bother; **tu m'empoisonnes avec tes questions!** you're driving me up the wall with your questions!

◆ **s'empoisonner** *vpi* -**1.** PHYSIOL to get food poisoning. -**2.** *fam* [s'ennuyer] to be bored stiff.

◆ **s'empoisonner à** *vp + prép* [se donner du mal pour]: **je ne vais pas m'~ à coller toutes ces enveloppes!** I can't be bothered to seal all those envelopes!; **on va s'~ à peindre deux couches?** is it worth (going to the trouble of) painting two coats?

empoisonneur, euse [ɑ̃pwazɔnœr, øz] *nm, f* -**1.** *fam* [importun - qui lasse] nuisance, bore; [- qui gêne] nuisance, pain (in the neck). -**2.** [assassin] poisoner.

empoissonnement [ɑ̃pwasɔnmɑ̃] *nm* -**1.** [action] stocking with fish. -**2.** [état] stock of fish.

empoissonner [3] [ɑ̃pwasɔne] *vt* to stock with fish.

emport [ɑ̃pɔr] *nm* AÉRON: **capacité d'~** maximum payload.

emporté, e [ɑ̃pɔrte] ◇ *adj* [coléreux - homme] quick-tempered; [- ton] angry.

◇ *nm, f* quick-tempered person.

emportement [ɑ̃pɔrtəmɑ̃] *nm* -**1.** [colère] anger *(U)*; [accès de colère] fit of anger. -**2.** *litt* [passion] transport; **aimer qqn avec ~** to love sb passionately.

emporte-pièce [ɑ̃pɔrtəpjɛs] *nm inv* punch TECH.

◆ **à l'emporte-pièce** *loc adj*: **avoir des formules/jugements à l'~** to have a bold turn of phrase/very clear views.

emporter [3] [ɑ̃pɔrte] *vt* -**1.** [prendre avec soi] to take; **n'oubliez pas d'~ vos pilules** don't forget to take your tablets (with you); **en randonnée, je n'emporte que le strict minimum** I only ever carry the lightest possible load on a hike; **je n'emporterai que ta promesse** *fig* I will bring away OU take with me nothing but your promise ❑ ~ **un secret dans la** OU **sa tombe** to take OU to carry a secret to the grave; **il ne l'emportera pas au paradis!** he's not getting away with that! -**2.** [transporter - stylo, parapluie, chaton] to take; [- bureau, piano, blessé] to carry (off OU away); **emporte tout ça au grenier/à la cave** take these things (up) to the attic/(down) to the cellar; ~ **un malade sur un brancard** to carry off a sick person on a stretcher; **l'avion qui nous emporte vers le soleil** the plane taking OU carrying us off to sunny climes. -**3.** [retirer - livre, stylo] to take (away), to remove; [- malle, piano] to carry away *(sép)*, to remove; **qui a emporté la clef?** who removed the key?; **la mer emporte le varech** the wrack is carried OU swept away by the sea; **feuilles emportées par le vent** leaves carried OU swept along by the wind ❑ **'Autant en emporte le vent'** *Mitchell* 'Gone With the Wind'. -**4.** [voler] to take, to go off with; **ils ont tout emporté!** they took everything! -**5.** [endommager] to tear apart; **l'ouragan a emporté les toits des maisons** the hurricane blew the roofs off the houses; **une grenade lui a emporté l'épaule** a bullet blew his shoulder off OU tore his shoulder apart; **cette sauce emporte la bouche** this sauce takes the roof of your mouth off. -**6.** [émouvoir - suj: amour, haine] to carry (along) *(sép)*; [- suj: élan] to carry away *(sép)*; **il s'est laissé ~ par son imagination** he let his imagination run away with him. -**7.** [tuer - suj: maladie]: **il a été emporté par un cancer** he died of cancer. -**8.** [gagner - victoire] to win, to carry off *(sép)*; ~ **la décision** to win OU to carry the day; ~ **l'adhésion de qqn** to win sb's support ❑ ~ **tous les suffrages** POL to get all the votes; *fig* to win general approval; ~ **le morceau** *fam* to have the upper hand; **l'~** [argument] to win OU to carry the day; [attitude, méthode] to prevail; **la raison a fini par l'~** reason finally triumphed OU prevailed; **le plus fort l'emportera** [boxeurs] the stronger man will win; [concurrents] the best competitor will come out on top OU carry the day; **l'~ en: Cendrillon l'emportait en beauté (sur les autres)** Cinderella was far more beautiful (than the others); **l'~ sur** to win OU to prevail over. -**9.** MIL [place] to take.

◆ **s'emporter** *vpi* -**1.** [personne] to lose one's temper, to flare up. -**2.** [cheval] to bolt.

◆ **à emporter** *loc adj* to take away *Br*, to go *Am*; **nous faisons des plats à ~** we have a takeaway *Br* OU takeout *Am* service.

empotage [ɑ̃pɔtaʒ] *nm* potting HORT.

empoté, e *fam* [ɑ̃pɔte] ◇ *adj* clumsy, awkward.

◇ *nm, f* clumsy oaf.

empotement [ɑ̃pɔtmɑ̃] = **empotage**.

empoter [3] [ɑ̃pɔte] *vt* to pot HORT.

empourprer [3] [ɑ̃purpre] *vt litt* -**1.** [horizon] to (tinge with) crimson. -**2.** [de honte, de plaisir] to make flush (bright crimson).

◆ **s'empourprer** *vpi litt* -**1.** [horizon] to turn crimson. -**2.** [joues, personne] to flush (bright crimson).

empoussiérer [18] [ɑ̃pusjere] *vt* to cover with dust, to make dusty.

empreindre [81] [ɑ̃prɛ̃dr] *vt litt* [pensée] to mark, to stamp; [cœur, comportement] to mark; **empreint de: empreint d'un amour véritable** marked by true love; **ses manières sont empreintes de bonté** her ways are full of kindness; **d'un ton empreint de gravité** in a grave tone of voice; **empreint de danger** fraught with danger.

empreinte [ɑ̃prɛ̃t] *nf* -**1.** [du pas humain] footprint; [du gibier] track; ~**s (digitales)** fingerprints; **les ~s du cambrioleur** the burglar's fingerprints. -**2.** [d'un sceau] imprint; [sur une médaille] stamp; **(frappé) à l'~ du roi** stamped with the king's head. -**3.** [d'une serrure] impression; **prendre l'~ de** to take the impression of. -**4.** [influence] mark, stamp. -**5.** PSYCH imprint. -**6.** [d'une dent] impression. -**7.** GÉOL imprint. -**8.** BIOL: ~ **génétique** genetic fingerprint.

empressé, e [ɑ̃prese] ◇ *adj* [fiancé] thoughtful, attentive; [serveuse, garde-malade] attentive.

◇ *nm, f*: **faire l'~ auprès de qqn** to be attentive towards sb.

empressement [ɑ̃prɛsmɑ̃] *nm* -**1.** [zèle] assiduousness, attentiveness; **montrer de l'~** to be eager to please. -**2.** [hâte] enthusiasm, eagerness, keenness; **il est allé les chercher avec ~/sans (aucun) ~** he went off to get them enthusiastically/(very) reluctantly.

empresser [4] [ɑ̃prese]

◆ **s'empresser** *vpi*: **s'~ autour** OU **auprès de qqn** [s'activer] to bustle around sb; [être très attentif] to surround sb with attentions, to attend to sb's needs; **les hommes s'empressent autour d'elle** she always has men hovering around her.

◆ **s'empresser de** *vp + prép*: **s'~ de faire qqch** to hasten to do sthg; **il s'est empressé de mettre l'argent dans sa poche** he hastily put the money in his pocket.

emprise [ɑ̃priz] *nf* -**1.** [intellectuelle, morale] hold; **l'~ du désir** the ascendancy of desire; **sous l'~ de la peur** under the influence of fear; **être sous l'~ de qqn** to be under sb's thumb. -**2.** ADMIN & JUR expropriation.

emprisonnement [ɑ̃prizɔnmɑ̃] *nm* imprisonment; **condamné à 5 ans d'~** sentenced to 5 years in prison, given a 5-year sentence ❑ ~ **à perpétuité** life imprisonment.

emprisonner [3] [ɑ̃prizɔne] *vt* -**1.** [incarcérer - malfaiteur] to imprison, to put in jail, to put in prison. -**2.** [immobiliser] to trap; **le cou emprisonné dans une minerve** his neck tightly held in OU constricted by a surgical collar. -**3.** [psychologiquement]: ~ **dans:** ~ **qqn dans une morale** to put sb in a moral straitjacket; **emprisonné dans des habitudes dont il ne peut pas se défaire** trapped in habits he is unable to break.

emprunt [ɑ̃prœ̃] *nm* -**1.** FIN [procédé] borrowing; [argent] loan; **faire un ~** to borrow money, to take out a loan; **faire un ~ de 10 000 francs** to raise a loan of OU to borrow 10,000 francs; ~ **à 11 %** loan at 11%; **il faudra recourir à un ~** we'll have to borrow ❑ ~ **d'État/public** national/public loan. -**2.** [d'un vélo, d'un outil] borrowing. -**3.** LING [processus] borrowing; [mot] loan (word). -**4.** [fait d'imiter] borrowing; [élément imité] borrowing.

◆ **d'emprunt** *loc adj* [nom] assumed.

emprunté, e [ɑ̃prœ̃te] *adj* -**1.** [peu naturel - façon] awkward; [- personne] awkward, self-conscious. -**2.** *litt* [factice - gloire] usurped; [- sentiments] feigned; **un air de bonté ~** a feigned air of goodness.

emprunter [3] [ɑ̃prœ̃te] *vt* -**1.** FIN to borrow. -**2.** [outil, robe] to borrow. -**3.** [nom] to assume. -**4.** [imiter - élément de style] to borrow, to take; **des coiffures empruntées aux punks** hairstyles borrowed from punk; **pour ~ le style des publicitaires, nous dirons...** borrowing from advertizing style, one might say... -**5.** [route] to take; [circuit] to follow; **vous êtes priés d'~ le souterrain** you are requested to use the underpass. -**6.** LING to borrow; **mot emprunté** loan (word); **mot emprunté à l'anglais** word borrowed OU loan from English.

emprunteur, euse [ɑ̃prœ̃tœr, øz] *nm, f* borrower.

empuantir [32] [ɑ̃pɥɑ̃tir] *vt* [salle] to stink out *(sép) Br*, to make stink; [air] to fill with a foul smell.

empuantissement [ɑ̃pɥɑ̃tismɑ̃] *nm* [d'une salle] filling with a foul smell; [de l'air] infecting with a foul smell.

EMT (*abr de* **éducation manuelle et technique**) *nf practical sciences.*

ému, e [emy] *adj* [de gratitude, de joie, par une musique, par la pitié] moved; [de tristesse] affected; [d'inquiétude] agitated; [d'amour] excited; **~ jusqu'aux larmes** moved to tears; **parler d'une voix ~e** to speak with (a voice full of) emotion; **lis-le d'une façon plus ~e** read it with more feeling; **trop ~ pour parler** too overcome by emotion to be able to speak; **je garde d'elle un souvenir ~** I have fond memories of her.

émulateur [emylatœr] *nm* emulator.

émulation [emylasjɔ̃] *nf* -**1.** [compétition] emulation. -**2.** INF emulation.

émule [emyl] *nmf* emulator; **le dictateur et ses ~s** the dictator and his followers.

émulseur [emylsœr] *nm* [appareil] emulsifier.

émulsif, ive [emylsif, iv] *adj* emulsive.

◆ **émulsif** *nm* emulsifier.

émulsifiable [emylsifjabl] *adj* emulsifiable.

émulsifiant, e [emylsifjɑ̃, ɑ̃t] = **émulsif**.

émulsion [emylsjɔ̃] *nf* CHIM, CULIN & PHOT emulsion.

émulsionnant, e [emylsjɔnɑ̃, ɑ̃t] = **émulsif**.

émulsionner [3] [emylsjɔne] *vt* -**1.** [produit] to emulsify. -**2.** PHOT to coat with emulsion.

en [ɑ̃] ◇ *prép* **A.** DANS LE TEMPS [indiquant - le moment] in; [- la durée] in, during; **en 1992** in 1992; **en été** in summer; **en avril** in April; **en soirée** in the evening; **je l'ai fait en 10 minutes** I did it in 10 minutes; **en deux heures c'était fini** within two hours it was over; **en 40 ans de carrière...** in my 40 years in the job...; **il a plu une fois en trois mois** it rained once in three months; **je n'ai pas le temps en semaine** I have no time OU I don't have the time during the week.

B. DANS L'ESPACE [indiquant - la situation] in; [- la direction] to; **habiter en montagne/en Turquie** to live in the mountains/in Turkey; **habiter en Arles/en Avignon** to live in Arles/in Avignon; **se promener en forêt/en ville** to walk in the forest/around the town; **faire une croisière en Méditerranée** to go on a cruise around the Mediterranean; **aller en Espagne** to go to Spain; **partir en mer** to go to sea; **partir en forêt** to go off into the forest || *fig*: **en moi-même, j'avais toujours cet espoir** deep down OU in my heart of hearts, I still had that hope; **trouver en soi la force de faire qqch** to find in o.s. the strength to do sthg; **en mon âme et conscience...** in all honesty...; **ce que j'apprécie en lui** what I like about him.

C. INDIQUANT LE DOMAINE: **bon en latin/physique** good at Latin/physics; **j'ai eu 18 sur 20 en chimie** I got 18 out of 20 in chemistry; **je ne m'y connais pas en peinture** I don't know much about painting; **il fait de la recherche en agronomie** he's doing research in agronomy; **en cela** OU **ce en quoi il n'a pas tort** and I have to say he's right OU not wrong there; **elle est intraitable en affaires** she's very tough in business matters OU when it comes to business; **malheureux en amour** unlucky in love; **je suis fidèle en amitié** I'm a faithful friend; **expert en la matière** an expert on OU in the subject || *Belg*: **je n'en peux rien** I can't help it.

D. INDIQUANT LA COMPOSITION: **chaise en bois/fer** wooden/iron chair; **table en marbre** marble table; **jupe en velours/coton** velvet/cotton skirt; **c'est en quoi?** *fam* what's it made of?

E. INDIQUANT LA MANIÈRE, LE MOYEN -**1.** [marquant l'état, la forme, la manière]: **être en colère/en rage** to be angry/in a rage; **être en forme** to be on (good) form; **être en sueur** to be covered in OU with sweat; **être en transe** to be in a trance; **le pays est en guerre** the country is at war; **les arbres sont en fleurs** the trees are in blossom; **se conduire en gentleman** to behave like a gentleman; **mourir en héros** to die like a hero; **en véritable ami, il m'a prévenu** good friend that he is OU being a true friend, he warned me; **en gage de ma bonne foi** as a token of my goodwill; **je suis venu en ami** I came as a friend; **je l'ai eu en cadeau** I was given it as a present; **il m'a envoyé ces fleurs en remerciement** he sent me these flowers to say thank you; **peint en bleu** painted blue; **je la préfère en vert** I prefer it in green; **un policier en uniforme** a policeman in uniform; **on ne te voit pas souvent en robe** you don't wear dresses very often, it's not often we see you in a dress; **il était en pyjama** he was in his pyjamas, he had his pyjamas on; **couper qqch en deux** to cut sthg in two OU in half; **on nous a répartis en deux groupes** we were divided into two groups; **ils étaient disposés en cercle** they were in a circle; **en (forme de) losange** diamond-shaped; **il est en réunion** he's in a meeting; **j'ai passé Noël en famille** I spent Christmas with my family; **discuter qqch en comité** to discuss sthg as a committee; **faire qqch en cachette/en vitesse/en douceur** to do sthg secretly/quickly/smoothly; **faire une photo en noir et blanc** to take a black and white picture OU photo; **une video en super huit** a video in super eight, a super eight video; **c'est vendu en sachets** it's sold in sachets; **du sucre en morceaux** sugar cubes; **du lait en poudre** powdered milk; **un château en ruines** a ruined castle; **une rue en pente** a street on a slope OU a hill. -**2.** [introduisant une mesure] in; **je veux le résultat en dollars** I want the result in dollars; **je vous ai donné l'équivalent de 550 francs en livres** I've given you the equivalent of 550 francs in pounds; **un tissu en 140 de large** 140 cm wide material; **auriez-vous la même robe en 38?** do you have the same dress in a 38?; **la chanson est en sol** the song's in (the key of) G. -**3.** [indiquant une transformation] into; **convertir des marks en yens** to convert marks into yen; **l'eau se change en glace** water turns into ice; **se déguiser en fille** to dress up as a girl; **la citrouille se transforma en carrosse** the pumpkin turned into a coach; **son chagrin s'est mué en amertume** his grief turned into bitterness. -**4.** [marquant le moyen]: **j'y vais en bateau** I'm going by boat; **ils ont fait le tour de l'île en voilier** they sailed round the island (in a yacht); **elle est venue en taxi** she came in a OU by taxi; **en voiture/train** by car/train; **avoir peur en avion** to be scared of flying; **ils ont descendu le fleuve en canoë** they canoed down the river; **payer en liquide** to pay cash.

F. AVEC LE GÉRONDIF -**1.** [indiquant la simultanéité]: **il est tombé en courant** he fell while running; **il chantait tout en dansant** he was singing and dancing at the same time; **nous en parlerons en prenant un café** we'll talk about it over a cup of coffee; **en buvant et en mangeant, on a passé un bon moment** we had a good time, eating and drinking; **c'est en le voyant que j'ai compris** when I saw him I understood; **rien qu'en le voyant, elle se met en colère** she gets angry just seeing him, the mere sight of him makes her angry; **tout en marchant, elles tentaient de trouver une réponse** while walking OU as they walked, they tried to find an answer. -**2.** [indiquant la concession, l'opposition]: **tout en se plaignant, il a fini par faire ce qu'on lui demandait** although he complained about it OU for all his complaining, in the end he did what was asked of him; **en étant plus conciliant, il ne changeait toujours pas d'avis** whilst OU although he was more conciliatory, he still wouldn't change his mind. -**3.** [indiquant la cause, le moyen, la manière]: **en ne voulant jamais la croire, tu l'as blessée** you hurt her by never believing her; **il marche en boitant** he walks with a limp; **il est parti en courant** he ran off; **retapez en changeant toutes les majuscules** type it out again and change all the capitals; **faites pénétrer la pommade en massant doucement** rub the cream in gently; **en s'entraînant tous les jours on fait des progrès** you can make progress by training every day; **ce n'est pas en criant que l'on résoudra le problème** shouting won't solve the problem; **vous y arriverez en persévérant** through perseverance you will succeed. -**4.** [introduisant une condition, une supposition] if; **en travaillant avec plus de méthode, tu réussirais** if you worked more methodically, you would succeed; **en prenant un cas concret, on voit que...** if we take a concrete example, we can see that...; **en supposant que...** supposing that...; **bon, en admettant que vous ayiez raison...** OK, supposing you're right...

G. INTRODUISANT LE COMPLÉMENT DU VERBE in; **croire en Dieu** to believe in God; **croire en qqn/qqch** to believe in sb/sthg; **espérer en qqch** to put one's hope in sthg.

◇ *pron* **A.** COMPLÉMENT DU VERBE -**1.** [indiquant le lieu]: **il faudra que tu ailles à la poste — j'en viens** you'll have to go to the post office — I've just got back from OU just been there; **il partit à la guerre et n'en revint pas** he went off to war and never came back; **il est toujours là-bas, il n'en a pas bougé** he's still there, he hasn't moved. -**2.** [indiquant la cause, l'agent]: **on en meurt** you can die of OU from it; **je n'en dors plus** it's keeping me awake at nights; **il en a beaucoup souffert** he has suffered a lot because of it; **elle était tellement fatiguée qu'elle en pleurait** she was so tired (that) she was crying; **j'en suis étonné** that surprises me; **mes enfants la connaissent et elle en est très aimée** my children know her and love her very much OU and she's very much loved by them. -**3.** [complément d'objet]: **voilà des fraises/du lait, donne-lui-en** here are some strawberries/here's some milk, give him some; **passe-moi du sucre — il n'en reste plus** give me some sugar — there's none left; **si tu n'aimes pas la viande/les olives, n'en mange pas** if you don't like meat/olives, don't eat any; **et du vin, tu n'en bois jamais?** what about wine? don't you ever drink any?; **tous les invités ne sont pas arrivés, il en manque deux** all the guests haven't arrived yet, two are missing; **j'ai ces deux cassettes — je voudrais en écouter une** I've got these two tapes — I'd like to listen to one of them; **j'en ai vu plusieurs/certains** I saw several/some of them; **tu en as acheté beaucoup** you've bought a lot (of it/of them); **on en a trop entendu** [des mensonges] we've heard too many of them; [d'un secret] we've heard too much of it; **tu n'en as pas dit assez** you haven't said enough. -**4.** [avec une valeur emphatique]: **elle en a, de l'argent!** she's got plenty of money, she has!; **tu en as de la chance!** you really are lucky, you are!; **j'en ai chanté des chansons!** I've sung lots of songs, I have! -**5.** [complément d'objet indirect] about it; **parlez-m'en** tell me about it; **nous en reparlerons plus tard** we'll talk about it again later; **ne vous en souciez plus** don't worry about it any more; **j'en aviserai le**

directeur I'll inform the manager about it. -**6.** [comme attribut]: **les volontaires? – j'en suis!** any volunteers? – me!; **c'en est** that's what it is.
B. COMPLÉMENT DU NOM OU DU PRONOM: **j'en garde un bon souvenir** I have good memories of it; **j'aime beaucoup cette chanson – tu en connais les paroles?** I like this song a lot – do you know the lyrics OU words?; **écoute ces voix et admires-en la beauté** listen to these voices and admire their beauty; **vous pouvez lui faire confiance, je m'en porte garant** you can trust him, take it from me OU take my word for it.
C. COMPLÉMENT DE L'ADJECTIF: **sa maison en est pleine** his house is full of it/them; **j'en suis très satisfait** I'm very satisfied with it/them; **tu en es sûr?** are you sure (of that)?; **elle en est convaincue** she's convinced of it; **elle n'en est pas fière** she's not proud of it.
D. DANS DES LOCUTIONS VERBALES: **il en va de même pour lui** the same goes for him; **s'en prendre à qqn** to blame OU to attack sb; **s'en tenir à** to limit o.s. to, to content o.s. with; **si l'on en croit les journaux** if we are to believe the newspapers, if the newspapers are to be believed; **il n'en croit pas ses oreilles/yeux** he can't believe his ears/eyes.

ENA, Ena [ena] (*abr de* École nationale d'administration) *npr f prestigious grande école training future government officials*.

enamourer [3] [ɑ̃namure]
◆ **s'enamourer de** *vp + prép litt* to become enamoured with.

énarchie [enarʃi] *nf old-boy network of graduates of the ENA*.

énarque [enark] *nmf student or former student of the École Nationale d'Administration*.

en-avant [ɑ̃navɑ̃] *nm inv* forward pass.

en-but [ɑ̃byt] *nm inv* in-goal.

encablure [ɑ̃kablyr] *nf* cable, 195 metres; *fig*: **à une ~ de** a stone's throw away from; **à deux ~s de** not very far from.

encadré [ɑ̃kadre] *nm* box PRINT.

encadrement [ɑ̃kadrəmɑ̃] *nm* -**1.** [mise sous cadre] framing; [cadre] frame. -**2.** [embrasure - d'une porte] door frame; [- d'une fenêtre] window frame; **apparaissant dans l'~ de la porte** appearing (framed) in the doorway. -**3.** [responsabilité - de formation] training; [- de surveillance] supervision; [- d'organisation] backing; [personnel]: **l'~** [pour former] the training staff; [pour surveiller] the supervisory staff. -**4.** ÉCON: **~ des prix** price controls; **~ des crédits** credit control.

encadrer [3] [ɑ̃kadre] *vt* -**1.** [dans un cadre] to (put into a) frame; **son frère, alors, il est à ~!** his brother's really priceless! -**2.** [border] to frame, to surround; **un dessin encadré de bleu** a drawing with a blue border; **le visage encadré de lourds bandeaux** her face framed with heavy coils of hair. -**3.** [flanquer] to flank; **deux potiches encadraient la cheminée** two large vases stood on either side of OU flanked the fireplace. -**4.** [surveiller, organiser] to lead, to organize, to supervise; **les guides qui encadrent l'expédition** the guides leading the expedition; **les scouts sont bien encadrés** the scout pack has reponsible leaders. -**5.** *fam* [percuter] to smash OU to slam into *(insép)*. -**6.** *fam* [supporter - personne] to stand; **je ne peux pas l'~** I can't stand (the sight of) him.

encadreur, euse [ɑ̃kadrœr, øz] *nm, f* picture framer.

encager [17] [ɑ̃kaʒe] *vt* to cage, to put in a cage.

encagoulé, e [ɑ̃kagule] *adj* hooded, wearing a hood OU balaclava.

encaissable [ɑ̃kɛsabl] *adj* cashable.

encaissage [ɑ̃kɛsaʒ] *nm* boxing, packing.

encaisse [ɑ̃kɛs] *nf* cash in hand, cash balance; **~ métallique** gold and silver reserves.

encaissé, e [ɑ̃kese] *adj* [vallée] deep, steep-sided.

encaissement [ɑ̃kɛsmɑ̃] *nm* -**1.** [d'une vallée] steep-sidedness. -**2.** FIN [d'argent] cashing in, receipt; [d'un chèque] cashing. -**3.** [de marchandises] boxing, packing. -**4.** HORT tubbing, planting in tubs.

encaisser [4] [ɑ̃kese] *vt* -**1.** FIN [argent] to receive; [chèque] to cash. -**2.** *fam* [subir - gifle, injure, échec] to take; **~ un coup** SPORT to take a blow; **il n'a pas encaissé que tu lui mentes** he just can't stomach the fact that you lied to him ‖ *(en usage abs)*: **ne dis rien, encaisse!** take it, don't say anything!; **il faut pouvoir ~** you have to be able to take a few hard knocks. -**3.** *fam* [tolérer]: **je ne peux pas l'~** I can't stand him. -**4.** [empaqueter] to box, to pack in boxes. -**5.** [planter - arbuste] to plant (out) in a box OU tub.

encaisseur, euse [ɑ̃kɛsœr, øz] *nm, f* debt collector.

encalminé, e [ɑ̃kalmine] *adj* becalmed NAUT.

encan [ɑ̃kɑ̃] *nm*: **vente à l'~** auction; **mettre qqch à l'~** *fig* & *litt* to sell sthg to the highest bidder.

encanaillement [ɑ̃kanajmɑ̃] *nm* [d'une personne] mixing with the riff-raff; [du langage, d'un comportement] increasing coarseness.

encanailler [3] [ɑ̃kanaje]
◆ **s'encanailler** *vpi* -**1.** [par snobisme] to mix with the riff-raff, to slum it *hum*; **la mode s'encanaille** the "canaille" look is in. -**2.** [se dégrader] to go to the dogs.

encapuchonner [3] [ɑ̃kapyʃɔne] *vt* -**1.** [personne, tête] to put a hood on; **la tête encapuchonnée** hooded; **enfants encapuchonnés** children with their hoods on. -**2.** [stylo] to put the cap on.

encart [ɑ̃kar] *nm* insert, inset; **~ publicitaire** advertising insert.

encarter [3] [ɑ̃karte] *vt* -**1.** IMPR to insert, to inset. -**2.** [fixer sur un carton] to card. -**3.** TEXT to card.

en-cas, encas [ɑ̃ka] *nm inv* snack, something to eat; **j'ai un petit ~ dans mon sac** I have (a little) something to eat in my bag.

encaserner [3] [ɑ̃kazɛrne] *vt* to barrack.

encastrable [ɑ̃kastrabl] *adj* built-in.

encastrement [ɑ̃kastrəmɑ̃] *nm* -**1.** [d'un placard - action] building in, recessing; [placard, étagères] built-in fitting. -**2.** [d'un interrupteur - action] flushing in; [interrupteur] flush fitting.

encastrer [3] [ɑ̃kastre] *vt* -**1.** [placard] to build in *(sép)*, to slot in *(sép)*; [interrupteur] to recess, to fit flush; [coffre-fort] to recess; **four encastré** built-in oven. -**2.** [dans un boîtier, un mécanisme] to fit.

encaustiquage [ɑ̃kostikaʒ] *nm* polishing, waxing.

encaustique [ɑ̃kostik] *nf* polish, wax.

encaustiquer [3] [ɑ̃kostike] *vt* to polish, to wax.

encaver [3] [ɑ̃kave] *vt* to cellar.

enceindre [81] [ɑ̃sɛ̃dr] *vt litt*: **~ la ville de murs** to encircle OU to surround the city with walls.

enceinte [ɑ̃sɛ̃t] ◇ *adj f* [femme] pregnant; **~ de son premier enfant** expecting her first child; **~ de trois mois** three months pregnant; **elle est ~ de ses œuvres** she's pregnant by him.
◇ *nf* -**1.** [mur]: **(mur d') ~** surrounding wall. -**2.** [ceinture] enclosure, fence; **protégé par une ~ de fossés** closed in by a circular moat. -**3.** ACOUST speaker.
◆ **dans l'enceinte de** *loc prép* within (the boundary of); **dans l'~ du parc** within OU inside the park; **dans l'~ du tribunal** within the courtroom.

encens [ɑ̃sɑ̃] *nm* -**1.** [résine] incense. -**2.** *fig* & *litt* sycophancy, flattery.

encensement [ɑ̃sɑ̃smɑ̃] *nm* -**1.** [d'un écrivain] praising to the skies. -**2.** RELIG incensing.

encenser [3] [ɑ̃sɑ̃se] *vt* -**1.** RELIG to incense. -**2.** [louer - mérites] to praise to the skies; [- écrivain] to praise to the skies, to shower praise upon.

encensoir [ɑ̃sɑ̃swar] *nm* -**1.** RELIG censer. -**2.** *loc*: **un coup d'~** *fam* a piece of sycophancy; **savoir manier l'~** *fam* to be a skilful flatterer.

encépagement [ɑ̃sepaʒmɑ̃] *nm* stock of vines *(in a vineyard)*.

encéphale [ɑ̃sefal] *nm* encephalon.

encéphalique [ɑ̃sefalik] *adj* encephalic.

encéphalite [ɑ̃sefalit] *nf* encephalitis.

encéphalogramme [ɑ̃sefalɔgram] *nm* encephalogram.

encéphalographie [ɑ̃sefalɔgrafi] *nf* encephalography.

encéphalopathie [ɑ̃sefalɔpati] *nf* encephalopathy.

encerclement [ɑ̃sɛrkləmɑ̃] *nm* -**1.** [fait d'être entouré] being hemmed in OU surrounded. -**2.** [fait d'entourer] surrounding.

encercler [3] [ɑ̃sɛrkle] *vt* -**1.** [marquer] to ring, to draw a ring round, to encircle; **encerclé d'un trait rouge** with a red ring round it. -**2.** [entourer] to surround, to encircle, to form a circle around; **les voies rapides qui encerclent notre cité** the expressways encircling OU the ring of expressways around our city. -**3.** [cerner] to surround, to encircle, to hem in *(sép)*; **village encerclé par des soldats** village surrounded by troops.

enchaîné [ɑ̃ʃene] *nm* fade CIN & TV.

enchaînement [ɑ̃ʃɛnmɑ̃] *nm* -**1.** [série] sequence, series *(sg)*; **raconte-moi l'~ des événements** tell me what the sequence of events was; **un ~ de circonstances favorables** a series of favourable circumstances. -**2.** [lien] (logical) link; **faire un ~** [dans un raisonnement] to link up two ideas; [dans un exposé] to link up two items. -**3.** [structure] structure, logical sequence; **les idées sont bonnes mais l'~ n'est pas assez apparent** the ideas are good but it's not apparent how they follow on from each other *Br* OU how they are connected. -**4.** DANSE enchaînement, linked-up steps. -**5.** SPORT linked-up movements; **un bel ~ à la poutre** a fluid sequence of movements on the beam; **faire un ~** to do movements in sequence, to link up movements. -**6.** MUS: **~ des accords** chord progression.

enchaîner [4] [ɑ̃ʃene] ◇ *vt* -**1.** [lier - personne] to put in chains, to chain; **~ à** to chain (up) to; **chien enchaîné à un arbre** dog chained up to a tree. -**2.** [attacher ensemble - prisonniers] to chain (up) together *(sép)*; [- maillons] to link (up) *(sép)*. -**3.** [asservir - média] to trammel, to shackle; [- personne] to enslave; [- libertés] to put in chains OU shackles. -**4.** [relier - idées, mots] to link (up), to link OU to string together; **vos arguments ne sont pas bien enchaînés** your arguments aren't presented in logical sequence OU don't follow on from each other *Br*. -**5.** [dans une conversation]: **«c'est faux», enchaîna-t-elle** "it's not true", she went on. -**6.** DANSE to link; SPORT [mouvements] to run together OU into each other, to link up (together); **la séquence est bien/mal enchaînée** the sequence flows naturally/feels jerky.
◇ *vi* -**1.** [continuer logiquement] to move OU to follow on; **enchaîne avec les diapositives** follow on with the slides; **~ sur: elle a enchaîné sur les élections** she went on to talk about the election. -**2.** RAD & TV to link up two items of news; **le duplex n'est pas prêt? tant pis, enchaînons** isn't the linkup ready? never mind, let's go on to the next item. -**3.** CIN to fade; **~ sur une scène** to fade into a scene.
◆ **s'enchaîner** *vpi* [idées] to follow on (from one another) *Br*, to be connected; [images, épisodes] to form a (logical) sequence; [événements] to be linked together; **tes paragraphes s'enchaînent mal** your paragraphs don't hang together well OU are a bit disjointed.

enchanté, e [ɑ̃ʃɑ̃te] *adj* -**1.** [magique] enchanted. -**2.** [ravi] delighted, pleased; **~!** pleased to meet you!; **je suis (vraiment) ~ de vous rencontrer**

I am (really) delighted OU (very) pleased to meet you.

enchantement [ɑ̃ʃɑ̃tmɑ̃] *nm* -**1.** [en magie] (magic) spell, enchantment; **comme par ~** as if by magic. -**2.** [merveille] delight, enchantment; **la soirée fut un véritable ~** the evening was absolutely delightful OU enchanting.

enchanter [3] [ɑ̃ʃɑ̃te] *vt* -**1.** [faire plaisir à] to enchant, to charm, to delight; **elle nous a enchantés par son humour** we were charmed OU delighted by her sense of humour; **cela ne l'enchante pas (beaucoup)** OU **guère** he's none too pleased OU happy (at having to do it); **cela ne m'enchante pas (beaucoup) de devoir y aller en voiture** I can't say I'm happy OU thrilled at having to drive there. -**2.** [dans des formules de politesse]: **je serais enchanté de...** I'd be delighted OU very pleased to...; **mon fils sera enchanté de vous raccompagner** my son will be delighted to OU will gladly see you home; **enchanté (de faire votre connaissance)!** pleased to meet you! -**3.** [par la magie] to bewitch, to cast a spell on.

enchanteur, eresse [ɑ̃ʃɑ̃tœr, trɛs] *adj* enchanting, bewitching, magical.

◆ **enchanteur** *nm* -**1.** [magicien] enchanter, sorcerer. -**2.** [séducteur] charmer.

◆ **enchanteresse** *nf* -**1.** [magicienne] enchantress, witch. -**2.** [séductrice] charmer, enchantress.

enchâssement [ɑ̃ʃasmɑ̃] *nm* JOAILL setting.

enchâsser [3] [ɑ̃ʃase] *vt* -**1.** JOAILL to set. -**2.** [insérer - mot] to highlight.

enchausser [3] [ɑ̃ʃose] *vt* to earth (up).

enchemiser [3] [ɑ̃ʃmize] *vt* -**1.** ARM to jacket. -**2.** [tuyau] to lag.

enchère [ɑ̃ʃɛr] *nf* -**1.** [vente] auction; **vendre aux ~s** to sell by auction; **mettre aux ~s** to put up for auction. -**2.** [offre d'achat] bid; **faire une ~** to bid, to make a bid; **faire monter les ~s** *pr* to raise the bidding; *fig* to raise the stakes. -**3.** JEUX bid.

enchérir [32] [ɑ̃ʃerir] *vi litt* [devenir cher] to become dearer OU more expensive, to go up in price.

◆ **enchérir sur** *v + prép* -**1.** [dans une enchère]: **~ sur une offre** to make a higher bid; **~ sur une somme** to go over and above an amount; **~ sur qqn** to bid higher than sb. -**2.** *litt* [aller au-delà de] to go (over and) beyond; **~ sur son devoir** to go beyond what one is required to do, to overstep the boundaries of one's duty.

enchérissement [ɑ̃ʃerismɑ̃] *nm litt*: **l'~ de** the rise in the price of.

enchérisseur, euse [ɑ̃ʃerisœr, øz] *nm, f* bidder.

enchevaucher [3] [ɑ̃ʃəvoʃe] *vt* to overlap CONSTR.

enchevêtrement [ɑ̃ʃəvɛtrəmɑ̃] *nm* -**1.** [objets emmêlés] tangle, tangled mass; **un ~ de branches** tangled branches, a tangle of branches; **dans un ~ de draps et de couvertures** in a tangle of sheets and blankets. -**2.** [confusion] tangle, tangled state, confusion.

enchevêtrer [4] [ɑ̃ʃəvɛtre] *vt* -**1.** [mêler - fils, branchages] to tangle (up), to entangle. -**2.** [embrouiller - histoire] to confuse, to muddle; **une intrigue enchevêtrée** a complicated OU muddled plot.

◆ **s'enchevêtrer** *vpi* -**1.** [être emmêlé - fils] to become entangled, to get into a tangle; [- branchages] to become entangled. -**2.** [être confus - idées, événements] to become confused OU muddled.

enchifrené, e [ɑ̃ʃifrəne] *adj vieilli* [nez] blocked; **une voix ~e** a voice thick with catarrh.

enclave [ɑ̃klav] *nf* -**1.** [lieu] enclave; **une ~ de maisons isolées parmi les lotissements** an enclave of detached houses surrounded by housing developments. -**2.** [groupe, unité] enclave; **notre petite ~ culturelle perpétue les traditions de notre pays d'origine** within our little group of expatriates, we uphold our native country's traditions. -**3.** GÉOL inclusion, xenolith.

enclavement [ɑ̃klavmɑ̃] *nm* [d'une nation] setting up as an enclave; [d'un jardin] enclosing, hemming in.

enclaver [3] [ɑ̃klave] *vt* -**1.** [entourer - terrain] to enclose, to hem in *(sép)*. -**2.** [insérer]: **~ entre** to insert between. -**3.** [placer l'un dans l'autre] to fit into each other, to interlock.

enclenchement [ɑ̃klɑ̃ʃmɑ̃] *nm* -**1.** [action] engaging; [résultat] engagement; **avant l'~ du loquet** before the catch engages. -**2.** [dispositif] interlock.

enclencher [3] [ɑ̃klɑ̃ʃe] *vt* -**1.** MÉCAN to engage. -**2.** [commencer - procédure] to set in motion, to get under way, to set off *(sép)*.

◆ **s'enclencher** *vpi* -**1.** MÉCAN to engage. -**2.** [commencer - démarche, procédure] to get under way, to get started.

enclin, e [ɑ̃klɛ̃, in] *adj*: **~ à qqch/à faire qqch** inclined to sthg/to do sthg.

encliquetage [ɑ̃kliktaʒ] *nm* ratchet mechanism.

encliqueter [27] [ɑ̃klikte] *vt* to ratchet.

enclore [113] [ɑ̃klɔr] *vt* to enclose; **enclos de: enclos d'une haie** hedged in; **enclos d'un mur** walled in.

enclos [ɑ̃klo] *nm* -**1.** [terrain] enclosed plot of land; [à moutons] pen, fold; [à chevaux] paddock. -**2.** [muret] wall. -**3.** [grillage] (wire) fence.

enclouer [3] [ɑ̃klue] *vt* -**1.** [cheval] to prick *(a horse when shoeing)*. -**2.** MÉD to pin together *(sép)*.

enclume [ɑ̃klym] *nf* -**1.** [du forgeron] anvil; [du couvreur] (slater's) iron; [du cordonnier] last; **entre l'~ et le marteau** between the devil and the deep blue sea *loc*. -**2.** ANAT anvil.

encoche [ɑ̃kɔʃ] *nf* -**1.** [entaille] notch. -**2.** [d'une flèche] nock. -**3.** [d'un livre] thumb index; **avec ~s** thumb-indexed, with thumb index.

encocher [3] [ɑ̃kɔʃe] *vt* -**1.** [entailler] to notch. -**2.** [flèche] to nock.

encodage [ɑ̃kɔdaʒ] *nm* encoding.

encoder [3] [ɑ̃kɔde] *vt* to encode.

encodeur, euse [ɑ̃kɔdœr, øz] *nm, f* encoder.

encoignure [ɑ̃kwaɲyr, ɑ̃kɔɲyr] *nf* -**1.** [angle] corner. -**2.** [table] corner table; [placard] corner cupboard; [siège] corner chair.

encollage [ɑ̃kɔlaʒ] *nm* pasting, sizing.

encoller [3] [ɑ̃kɔle] *vt* to paste, to size.

encolleuse [ɑ̃kɔløz] *nf* sizing machine.

encolure [ɑ̃kɔlyr] *nf* -**1.** ANAT, VÊT & ZOOL neck. -**2.** ÉQUIT neck; **à une ~ du vainqueur** a neck behind the winner.

encombrant, e [ɑ̃kɔ̃brɑ̃, ɑ̃t] *adj* -**1.** [volumineux] bulky, cumbersome. -**2.** [dont on ne sait que faire]: **une plante/statue ~e** a plant/statue that gets in the way. -**3.** [importun] inhibiting, awkward; **le jeune couple trouvait la petite sœur ~e** the young couple felt the little sister was in the way.

encombre [ɑ̃kɔ̃br]

◆ **sans encombre** *loc adv* safely, without mishap; **tu es rentré sans ~?** did you get home safely?; **s'ils parviennent à revenir sans ~** if nothing untoward happens to them on their way back.

encombré, e [ɑ̃kɔ̃bre] *adj* -**1.** [route]: **l'autoroute est très ~e** traffic on the motorway is very heavy, there is very heavy traffic on the motorway. -**2.** [plein d'objets]: **avoir les mains ~es** to have one's hands full; **un salon ~** a cluttered living room. -**3.** [bronches] congested.

encombrement [ɑ̃kɔ̃brəmɑ̃] *nm* -**1.** [embouteillage] traffic jam. -**2.** [fait d'obstruer] jamming, blocking; **par suite de l'~ des lignes téléphoniques/de l'espace aérien** because the telephone lines are overloaded/the air space is overcrowded. -**3.** [entassement] clutter, cluttered state. -**4.** [dimension] size; **meuble de faible ~** small OU compact piece of furniture. -**5.** MÉD: **~ des voies respiratoires** congestion of the respiratory system.

encombrer [3] [ɑ̃kɔ̃bre] *vt* -**1.** [remplir] to clutter (up), to fill OU to clog up *(sép)*; **~ qqch de** to clutter sthg (up) with; **j'ai la mémoire encombrée de dates** my memory's cluttered up with OU chock-full of dates. -**2.** [obstruer - couloir] to block (up); [- route] to block OU to clog up *(sép)*; [- circulation] to hold up *(sép)*; **une ville très encombrée** a congested city, a city choked with traffic. -**3.** [saturer]: **les logiciels encombrent le marché** there's a surplus OU glut of software packages on the market; **une profession encombrée** an overcrowded profession. -**4.** [charger - d'un objet lourd] to load (down), to encumber; **~ qqn de** to load sb down with. -**5.** [suj: objet gênant]: **tiens, je te donne ce vase, il m'encombre** here, have this vase, I don't know what to do with it; **que faire de ces sacs qui nous encombrent?** what shall we do with these bags that are in the way? -**6.** [gêner] to burden, to encumber; **son enfant l'encombre** her child's a burden to her; **encombré de: encombré d'une famille nombreuse** encumbered OU burdened with a large family; **je ne veux pas vous ~ quand je serai vieux** I don't want to be a burden to you when I'm old. -**7.** TÉLÉC to overload, to jam.

◆ **s'encombrer** ◇ *vpi* [avoir trop de bagages, de vêtements] to be loaded OU weighed down; **laisse ta valise là si tu ne veux pas t'~** leave your case there if you don't want to be weighed down; **s'~ de** *fig* to be overburdened with; **je ne m'encombre pas de biens matériels** I don't allow myself to become encumbered with material possessions; **il ne s'encombre pas de scrupules** he's not exactly overburdened with scruples; **ne nous encombrons pas de diplomatie** let's not be overly diplomatic.

◇ *vpt*: **s'~ l'esprit de** to fill one's mind OU to cram one's head with; **s'~ la mémoire de** to fill OU to load one's memory with.

encontre [ɑ̃kɔ̃tr]

◆ **à l'encontre** *loc adv sout* in opposition; **je n'ai rien à dire à l'~** I have no objections.

◆ **à l'encontre de** *loc prép sout*: **aller à l'~ de** to go against, to run counter to; **cette décision va à l'~ du but recherché** this decision is self-defeating OU counterproductive; **ceci va à l'~ de toutes nos espérances** this goes against all our hopes.

encorbellement [ɑ̃kɔrbɛlmɑ̃] *nm* corbelled construction; **balcon en ~** corbelled balcony.

encorder [3] [ɑ̃kɔrde] *vt* to rope up *(sép)*.

◆ **s'encorder** *vpi* to rope up (together).

encore [ɑ̃kɔr] *adv* -**1.** [toujours] still; **il travaillait ~ à minuit** he was still working at midnight; **la banque sera ~ ouverte à 19 h** the bank will still be open at 7 p.m.; **tu es ~ là?** so you're still here?, are you still here?; **j'ai ~ faim** I'm still hungry; **ils en sont ~ à taper tout à la machine** they're still using typewriters. -**2.** [pas plus tard que] only; **ce matin ~, il était d'accord** only this morning he was in agreement; **hier ~, je lui ai parlé** only yesterday I spoke to him. -**3.** [dans des phrases négatives]: **pas ~** not yet; **je n'ai pas ~ fini** I haven't finished yet; **~ rien** still nothing, nothing yet; **je n'ai ~ rien écrit** I haven't written anything (down) yet, I still haven't written anything (down); **vous n'avez ~ rien vu!** you haven't seen anything yet!; **je n'avais ~ jamais vu ça!** I'd never seen anything like it before! -**4.** [de nouveau]: **il est ~ venu la voir** he came to see her again; **tu manges ~!** you're not eating again, are you!; **~ toi!** (not) you again!; **je me suis coupé — ~!** I've cut myself — not again!; **~ une fois, c'est non!** the answer's still no!; **si tu fais ça ~ une fois...** if you do that again OU one more time OU once more...; **~ de la glace?** some more OU a little more ice-cream?; **je te sers ~ un verre?** will you have another drink?; **~ une panne!** not another breakdown!; **qui ~?** who else?; **quoi ~?** [dans une énumération] what else?; [ton irrité] *fam* now what?; **qu'est-ce qu'il y a ~?** what is it this time?; **et puis quoi ~?** [dans une énumération] what else?; *iron* will that be all?; [marquant l'incrédulité] whatever next?; **elle est bien élevée, charmante, mais ~?** she's well brought-up and charming, and (apart from that)?; **~ un qui ne sait pas ce qu'il veut!** another one who doesn't know what he wants!

-**5.** [davantage]: **il va grandir ~** he's still got a bit more growing to do; **réduisez-le ~** reduce it even more; **il faudra ~ travailler cette scène** that scene still needs more work on it || [devant un comparatif]: **il est ~ plus gentil que je n'imaginais** he is even nicer than I'd imagined (he'd be); **ses affaires vont ~ mieux que l'an dernier** his business is even more successful than it was last year, his business is going even better than it did last year; **elle travaille ~ plus qu'avant** she works even harder than before; **~ autant** as much again; **~ pire** even OU still worse. -**6.** [introduisant une restriction]: **il ne suffit pas d'être beau, il faut ~** OU **~ faut-il être intelligent** it's not enough to be good-looking, you need to be intelligent too; **c'est bien beau d'avoir des projets, ~ faut-il les réaliser** it's all very well having plans, but the important thing is to put them into practice; **si ~ il** OU **~ s'il était franc, on lui pardonnerait** if only OU if at least he was honest you could forgive him; **si ~ tu conduisais, on pourrait se relayer au volant** if only you could drive, we could take turns at the wheel ❑ **je t'en donne 100 francs, et ~!** I'll give you 100 francs for it, if that!; **et ~, on ne sait pas tout!** and even then we don't know the half of it!; **~ heureux!** thank goodness for that!; **~ une chance qu'il n'ait pas été là!** thank goodness OU it's lucky he wasn't there!

◆ **encore que** *loc conj*: **j'aimerais y aller, ~ qu'il soit tard** I'd like to go even though it's late; **~ que nous pourrions le faire nous-mêmes!** although, we could do it ourselves!; **on a assez d'argent, ~ que, avec l'assurance à payer...** we've enough money, although with the insurance still to be paid...

encorner [3] [ɑ̃kɔrne] *vt* to gore.

encornet [ɑ̃kɔrnɛ] *nm* squid.

encoubler [3] [ɑ̃kuble]

◆ **s'encoubler** *vpi Helv* to trip over.

encourageant, e [ɑ̃kuraʒɑ̃, ɑ̃t] *adj* [paroles] encouraging; [succès, résultat] encouraging, promising.

encouragement [ɑ̃kuraʒmɑ̃] *nm* encouragement, support.

encourager [17] [ɑ̃kuraʒe] *vt* -**1.** [inciter] to encourage; **~ qqn du geste** to wave to sb in encouragement; **~ qqn de la voix** to cheer sb (on); **~ qqn à faire** to encourage sb to do. -**2.** [favoriser] to stimulate; **un prix fondé pour ~ l'initiative** an award set up to stimulate OU to foster the spirit of enterprise.

◆ **s'encourager** ◇ *vp (emploi réfléchi)* to spur o.s. on.

◇ *vp (emploi réciproque)* to cheer each other on.

encourir [45] [ɑ̃kurir] *vt* [dédain, reproche, critique] to incur, to bring upon o.s.

encrage [ɑ̃kraʒ] *nm* inking.

encrassement [ɑ̃krasmɑ̃] *nm* [d'un filtre] clogging (up); [d'un tuyau] clogging (up), fouling (up); [d'une arme] fouling (up).

encrasser [3] [ɑ̃krase] *vt* -**1.** [obstruer - filtre] to clog up *(sép)*; [- tuyau] to clog OU to foul up *(sép)*; [- arme] to foul up *(sép)*. -**2.** [salir] to dirty, to muck up *(sép)*.

◆ **s'encrasser** *vpi* -**1.** [s'obstruer - filtre] to become clogged (up); [- tuyau] to become clogged (up), to become fouled up; [- arme] to become fouled up. -**2.** [se salir] to become dirty.

encre [ɑ̃kr] *nf* -**1.** [pour écrire] ink; **écrire à l'~** to write in ink ❑ **~ de Chine** Indian ink; **~ sympathique** invisible ink. -**2.** [style]: **écrire de sa plus belle ~** to write in one's best style. -**3.** ZOOL ink; **calmars à l'~** squid in its ink.

encrer [3] [ɑ̃kre] *vt* to ink.

encreur [ɑ̃krœr] *adj m* inking.

encrier [ɑ̃krije] *nm* [pot] inkpot; [accessoire de bureau] inkstand; [récipient encastré] inkwell.

encroûté, e *fam* [ɑ̃krute] ◇ *adj*: **être ~** [dans ses préjugés] to be a fuddy-duddy OU stick-in-the-mud; [dans sa routine] to be stuck in a rut.

◇ *nm, f* -**1.** [personne ayant des préjugés]: **un vieil ~** an old fuddy-duddy OU stick-in-the-mud. -**2.** [personne routinière]: **mener une vie d'~** to be in a rut.

encroûtement [ɑ̃krutmɑ̃] *nm* -**1.** *fam* [d'une personne] rut, mundane routine; **comment le sortir de son ~?** how can you get him out of his rut? -**2.** [d'une paroi] becoming encrusted, encrusting. -**3.** [d'une plaie] scabbing.

encroûter [3] [ɑ̃krute] *vt* -**1.** [couvrir - de terre, de sang] to encrust; [- de calcaire] to fur up *(sép)*. -**2.** [rendre routinier] to get stuck in a rut; **je suis complètement encroûté** I'm stuck in a routine OU rut. -**3.** *fam* [abêtir] to turn into a vegetable.

◆ **s'encroûter** *vpi* -**1.** [s'encrasser - vêtement] to become encrusted; [- bouilloire] to scale OU to fur up. -**2.** *fam* [devenir routinier] to be in a rut; **s'~ dans**: **il s'encroûte dans ses habitudes** he's got into a rut; **il s'encroûte dans son métier** he's really in a rut in that job.

enculé, e▼ [ɑ̃kyle] *nm, f* bastard, arsehole *Br*, asshole *Am*; **quelle bande d'~s!** what a load of wankers *Br* OU shits *Am*!; **tous des ~s!** they're all bastards!

enculer▼ [3] [ɑ̃kyle] *vt* to bugger, to fuck; **je t'encule!, va te faire ~!** fuck off! ❑ **~ les mouches** to nit-pick.

encuvage [ɑ̃kyvaʒ] *nm* vatting.

encuver [3] [ɑ̃kyve] *vt* to vat.

encyclique [ɑ̃siklik] *adj & nf* encyclical.

encyclopédie [ɑ̃siklɔpedi] *nf* encyclopedia.

encyclopédique [ɑ̃siklɔpedik] *adj* -**1.** [d'une encyclopédie] encyclopedic. -**2.** [érudit]: **un esprit/une mémoire ~** a mind/memory that retains every detail || [connaissances] exhaustive, extensive, encyclopedic.

encyclopédisme [ɑ̃siklɔpedism] *nm* quest for all-round knowledge.

encyclopédiste [ɑ̃siklɔpedist] *nmf* -**1.** [auteur] encyclopedist. -**2.** HIST: **les ~s** OU **Encyclopédistes** Diderot's Encyclopedists, the authors of the Encyclopédie.

endéans [ɑ̃deɑ̃] *prép Belg* within.

en-dehors [ɑ̃dəɔr] *nm* turning out *(U)*.

endémicité [ɑ̃demisite] *nf* endemicity, endemic nature.

endémie [ɑ̃demi] *nf* endemic disease.

endémique [ɑ̃demik] *adj* [gén & MÉD] endemic; **~ en Malaisie/dans notre société** endemic to Malaysia/our society.

endettement [ɑ̃dɛtmɑ̃] *nm* indebtedness; **~ extérieur** foreign debt.

endetter [4] [ɑ̃dete] *vt* -**1.** FIN to get into debt; **il est lourdement endetté** he's heavily in debt. -**2.** *fig*: **être endetté envers qqn** to be indebted to sb.

◆ **s'endetter** *vpi* to get into debt; **ne vous endettez pas davantage** don't get any further into debt; **je me suis endetté de 100 000 francs** I got 100,000 francs in debt.

endeuiller [5] [ɑ̃dœje] *vt* -**1.** [famille, personne] to plunge into mourning. -**2.** [réception, course] to cast a tragic shadow over. -**3.** *litt* [tableau, paysage] to give a dismal aspect to.

endiablé, e [ɑ̃djable] *adj* -**1.** [danse, musique, poursuite] wild, frenzied; **se lancer dans une ronde ~e** to begin to dance wildly OU frenziedly in a circle. -**2.** [enfant] boisterous, turbulent, unruly.

endiguement [ɑ̃digmɑ̃] *nm* -**1.** [d'un cours d'eau] dyking (up). -**2.** [d'émotions, d'un développement] holding back; [du chômage, de dettes] checking, curbing.

endiguer [3] [ɑ̃dige] *vt* -**1.** [cours d'eau] to dyke (up). -**2.** [émotion, développement] to hold back *(sép)*, to check; [chômage, excès] to curb.

endimanché, e [ɑ̃dimɑ̃ʃe] *adj* in one's Sunday best.

endive [ɑ̃div] *nf* chicory, French endive.

endoblaste [ɑ̃dɔblast] *nm* endoblast.

endoblastique [ɑ̃dɔblastik] *adj* endoblastic.

endocarde [ɑ̃dɔkard] *nm* endocardium.

endocardite [ɑ̃dɔkardit] *nf* endocarditis.

endocarpe [ɑ̃dɔkarp] *nm* endocarp.

endocrine [ɑ̃dɔkrin] *adj* endocrine.

endocrinien, enne [ɑ̃dɔkrinjɛ̃, ɛn] *adj* endocrinal, endocrinous.

endocrinologie [ɑ̃dɔkrinɔlɔʒi] *nf* endocrinology.

endocrinologue [ɑ̃dɔkrinɔlɔg], **endocrinologiste** [ɑ̃dɔkrinɔlɔʒist] *nmf* endocrinologist.

endoctrinement [ɑ̃dɔktrinmɑ̃] *nm* indoctrination.

endoctriner [3] [ɑ̃dɔktrine] *vt* to indoctrinate.

endoderme [ɑ̃dɔdɛrm] = **endoblaste**.

endogame [ɑ̃dɔgam] ◇ *adj* endogamous.

◇ *nmf* endogamous man (*f* woman).

endogamie [ɑ̃dɔgami] *nf* endogamy.

endogène [ɑ̃dɔʒɛn] *adj* BIOL & GÉOL endogenous.

endolorir [32] [ɑ̃dɔlɔrir] *vt* to make painful; **le corps tout endolori** aching all over; **mon pied était endolori** my foot hurt OU was aching; **épaule endolorie** painful OU aching shoulder.

endolorissement [ɑ̃dɔlɔrismɑ̃] *nm* -**1.** [action] hurting. -**2.** [douleur] ache, aching.

endomètre [ɑ̃dɔmɛtr] *nm* endometrium.

endométriose [ɑ̃dɔmetrioz] *nf* endometriosis.

endométrite [ɑ̃dɔmetrit] *nf* endometritis.

endommagement [ɑ̃dɔmaʒmɑ̃] *nm* damaging.

endommager [17] [ɑ̃dɔmaʒe] *vt* [bâtiment] to damage; [environnement, récolte] to damage, to harm.

endomorphisme [ɑ̃dɔmɔrfism] *nm* endomorphism.

endoparasite [ɑ̃dɔparazit] ◇ *adj* endoparasitic.

◇ *nm* endoparasite.

endoplasme [ɑ̃dɔplasm] *nm* endoplasm.

endoréique [ɑ̃dɔreik] *adj* endorheic.

endoréisme [ɑ̃dɔreism] *nm* endorheic.

endormant, e [ɑ̃dɔrmɑ̃, ɑ̃t] *adj* -**1.** [professeur, film] boring. -**2.** [massage, tisane] sleep-inducing.

endormeur, euse [ɑ̃dɔrmœr, øz] *nm, f litt* beguiler, enticer; **les ~s** those who lull you into a sense of false security.

endormi, e [ɑ̃dɔrmi] ◇ *adj* -**1.** [sommeillant] sleeping; **il est ~** he's asleep OU sleeping; **à moitié ~** half asleep. -**2.** [apathique] sluggish, lethargic. -**3.** [calme - ville] sleepy, drowsy. -**4.** [faible - désir] dormant; [- vigilance] lulled. -**5.** [ankylosé]: **une jambe ~e** a leg which has gone to sleep.

◇ *nm, f* [personne apathique] do-nothing, ne'erdo-well.

endormir [36] [ɑ̃dɔrmir] *vt* -**1.** [d'un sommeil naturel] to put OU to send to sleep; [avec douceur] to lull to sleep. -**2.** [anesthésier] to put to sleep. -**3.** [ennuyer] to send to sleep, to bore. -**4.** [tromper - électeurs, public] to lull into a false sense of security. -**5.** [affaiblir - douleur] to deaden; [- scrupules] to allay; **~ la vigilance de qqn** to get sb to drop his guard.

◆ **s'endormir** *vpi* -**1.** [d'un sommeil naturel] to drop off OU to go to sleep, to fall asleep. -**2.** [sous anesthésie] to go to sleep. -**3.** [mourir] to pass away OU on. -**4.** [se relâcher] to let up, to slacken off; **ne nous endormons pas, on joue dans deux jours!** this is no time to slacken off, we're playing in two days time! ❑ **s'~ sur ses lauriers** to rest on one's laurels. -**5.** [devenir calme - maisonnée, pays] to grow calm. -**6.** [s'affaiblir - douleur] to subside, to die down; [- scrupules] to be allayed; [- vigilance] to slacken.

endormissement [ɑ̃dɔrmismɑ̃] *nm*: **au moment de l'~** when falling asleep; **qui aide à l'~** sleep-inducing.

endorphine [ɑ̃dɔrfin] *nf* endorphin.

endos [ɑ̃do] = **endossement**.

endoscope [ɑ̃dɔskɔp] *nm* endoscope.

endoscopie [ɑ̃dɔskɔpi] *nf* endoscopy.

endoscopique [ɑ̃dɔskɔpik] *adj* endoscopic.

endosmose [ɑ̃dɔsmoz] *nf* endosmosis.

endosperme [ɑ̃dɔspɛrm] *nm* endosperm.

endossable [ɑ̃dɔsabl] *adj* endorsable.
endossataire [ɑ̃dosatɛr] *nmf* endorsee.
endossement [ɑ̃dosmɑ̃] *nm* BANQUE & FIN endorsement.
endosser [3] [ɑ̃dose] *vt* -**1.** [revêtir] to put OU to slip on *(sép)*, to don. -**2.** [assumer] to assume; **~ la responsabilité de qqch** to shoulder OU to assume the responsibility for sthg; **~ les conséquences d'une erreur** to accept OU to assume the consequences of a mistake; **faire ~ à qqn les conséquences d'un acte** to make sb assume the responsibility for the consequences of an action. -**3.** BANQUE & FIN to endorse. -**4.** [livre] to back.
endosseur [ɑ̃dosœr] *nm* endorser.
endothélial, e, aux [ɑ̃dɔteljal, o] *adj* endothelial.
endothélium [ɑ̃dɔteljɔm] *nm* endothelium.
endothermique [ɑ̃dɔtɛrmik] *adj* endothermic, endothermal.
endotoxine [ɑ̃dɔtɔksin] *nf* endotoxin.
endroit [ɑ̃drwa] *nm* -**1.** [emplacement] place; **à l'~ de sa chute** where he fell; **à quel ~ tu l'as mis?** where OU whereabouts did you put it?; **ce n'est pas au bon ~** it's not in the right place; **il est assis au même ~ depuis une heure** he's been sitting in the same place OU spot for the last hour; **j'ai besoin d'un ~ pour ranger mes affaires** I need a place OU space to store my things; **l'~ de la réunion** the place for OU the venue of the meeting; **si tu ne peux pas le mettre à cet ~, mets-le ailleurs** if you can't put it there, put it somewhere else. -**2.** [localité] place, spot; **il y a de belles églises à cet ~** there are some beautiful churches in this area; **un ~ tranquille** a quiet place OU spot; **l'~** the locality, the area; **les gens de l'~ sont très accueillants** the local people OU locals are very friendly. -**3.** [partie - du corps, d'un objet] place; [- d'une œuvre, d'une histoire] place, point; **cela fait mal à quel ~?** where does it hurt?; **en plusieurs ~s** in several places; **c'est l'~ le plus drôle du livre** it's the funniest part OU passage in the book; **on va reprendre au même ~** we'll start again at the same point; **tout le monde pleure au même ~** everybody cries at the same point ❑ **toucher qqn à un ~ sensible** *pr* to touch a sore spot; *fig* to touch a nerve. -**4.** [d'un vêtement] right side. -**5.** *euph*: **petit ~** smallest room in the house; **aller au petit ~** to go and spend a penny *Br*, to go powder one's nose *Am*. -**6.** GÉOG south-facing slope.
◆ **à l'endroit** *loc adv* -**1.** [le bon côté en haut] right side up. -**2.** [le bon côté à l'extérieur] right side out. -**3.** [le bon côté devant] right side round; **remettre son pull à l'~** to put one's pullover on again the right way round. -**4.** TRICOT [dans les explications]: **deux mailles à l'~** two plain, knit two; **un rang à l'~** knit one row.
◆ **à l'endroit de** *loc prép litt* [personne] towards; [événement, objet] regarding, with regard to, in regard to.
◆ **par endroits** *loc adv* in places, here and there; **il y a de l'herbe par ~s** there's some grass here and there OU in places.
enduire [98] [ɑ̃dɥir] *vt* -**1.** [recouvrir] to coat OU to spread OU to cover with *(sép)*; **~ de: ~ de beurre le fond d'un plat** to smear the bottom of a dish with butter; **~ qqch de colle** to apply glue to sthg; **il enduisait ses jambes de crème solaire** he was smoothing OU rubbing suntan oil on his legs; **enduit d'une substance collante** smeared OU coated with sticky matter. -**2.** CONSTR: **~ un mur** to plaster a wall over, to face a wall *(with finishing plaster)*.
enduit [ɑ̃dɥi] *nm* -**1.** [revêtement] coat, coating, facing; **~ au ciment** cement facing. -**2.** [plâtre] plaster; **~ de lissage/de rebouchage** finishing/sealing plaster. -**3.** MÉD coating *(on the tongue, the stomach)*.
endurable [ɑ̃dyrabl] *adj* endurable, bearable.
endurance [ɑ̃dyrɑ̃s] *nf* -**1.** [d'une personne] endurance, stamina. -**2.** [d'une matière, d'une machine] endurance, resilience; **~ à la flexion** bending endurance, stress fatigue limit. -**3.** SPORT endurance.
endurant, e [ɑ̃dyrɑ̃, ɑ̃t] *adj* resistant, tough.
endurci, e [ɑ̃dyrsi] *adj* -**1.** [invétéré] hardened, inveterate; **célibataire ~** confirmed bachelor. -**2.** [insensible - âme, caractère] hardened; **des cœurs ~s** hard-hearted people.
endurcir [32] [ɑ̃dyrsir] *vt* -**1.** [rendre résistant - corps, personne] to harden, to toughen; **être endurci à** to be hardened to, to be inured to. -**2.** [rendre insensible] to harden.
◆ **s'endurcir** *vpi* -**1.** [devenir résistant] to harden o.s., to become tougher; **je me suis endurci avec l'âge** age has made me tougher OU has toughened me; **s'~ à** to become hardened OU inured to. -**2.** [devenir insensible] to harden one's heart.
endurcissement [ɑ̃dyrsismɑ̃] *nm* -**1.** [endurance] hardening, toughening. -**2.** [insensibilité]: **son ~ au fil des années** his increasing hard-heartedness over the years; **l'~ du cœur** the hardening of the heart.
endurer [3] [ɑ̃dyre] *vt* to endure, to bear, to stand; **comment peut-il ~ qu'on lui parle ainsi?** how can he tolerate being spoken to in that way?; **il a dû ~ beaucoup d'épreuves** he had to put up with OU to suffer a lot of trials and tribulations; **je n'endure plus vos critiques** *vieilli* I can't put up with OU endure OU tolerate you criticizing me anymore.
enduro [ɑ̃dyro] *nm* cross-country motorcycle race.
Énée [ene] *npr* Aeneas.
Énéide [eneid] *nf*: **'l'~'** *Virgile* 'The Aeneid'.
énéolithique [eneɔlitik] ◇ *adj* Aeneolithic.
◇ *nm* Aeneolithic (period).
énergétique [enɛrʒetik] ◇ *adj* -**1.** ÉCOL & ÉCON energy *(modif)*. -**2.** [alimentation] energy-giving, energizing; [besoins, apport] energy *(modif)*.
◇ *nf* energetics *(sg)*.
énergie [enɛrʒi] *nf* -**1.** [dynamisme] energy, stamina, drive; **parler avec ~** to speak vigorously; **se mettre au travail avec ~** to start work energetically; **avoir de l'~** to have a lot of energy; **donner de l'~ à qqn** to invigorate OU to energize sb; **être sans** OU **manquer d'~** to lack energy, to be listless; **mettre toute son ~ à** to devote OU to apply all one's energies to. -**2.** [force] energy, vigour, strength; **il faudrait dépenser trop d'~** it would be too much of an effort ❑ **avec l'~ du désespoir** with the strength born of desperation. -**3.** SC & TECH energy, power; **~ électrique/solaire** electrical/solar energy; **~ potentielle/cinétique** potential/kinetic energy; **~ éolienne** wind power; **~ nucléaire** nuclear power OU energy; **les ~s nouvelles** new sources of energy. -**4.** PSYCH: **~ psychique** psychic energy.
◆ **énergies** *nfpl*: **rassembler les ~s d'un pays** to mobilize the people of a country; **nous aurons besoin de toutes les ~s pour le déménagement** we'll need all the help we can get for the move.
énergique [enɛrʒik] *adj* -**1.** [fort - mouvement, intervention] energetic, vigorous; [- mesure] energetic, drastic, extreme; [- paroles] emphatic; [- traitement] strong, powerful. -**2.** [dynamique - personne, caractère] energetic, forceful, active; [- visage] determined-looking.
énergiquement [enɛrʒikmɑ̃] *adv* [bouger, agir] energetically, vigorously; [parler, critiquer, refuser] energetically, emphatically.
énergisant, e [enɛrʒizɑ̃, ɑ̃t] *adj* energizing, energy-giving.
◆ **énergisant** *nm* energizer.
énergumène [enɛrgymɛn] *nmf* energumen *litt*, wild-eyed fanatic OU zealot.
énervant, e [enɛrvɑ̃, ɑ̃t] *adj* irritating, annoying, trying.
énervation [enɛrvasjɔ̃] *nf* -**1.** MÉD denervation. -**2.** *vieilli* [affaiblissement] enervation.
énervé, e [enɛrve] *adj* -**1.** [irrité] irritated, annoyed. -**2.** [tendu] edgy; **il est souvent ~** he's often edgy OU on edge. -**3.** [agité] agitated, restless.
énervement [enɛrvəmɑ̃] *nm* -**1.** [agacement] irritation, annoyance; **notre départ s'est fait dans l'~ général** everyone was getting irritated with everyone else when we left. -**2.** [tension] edginess. -**3.** [agitation] restlessness.
énerver [3] [enɛrve] *vt* -**1.** [irriter] to annoy, to irritate; **ça m'énerve quand il dit des idioties** it gets on my nerves when he says stupid things; **son attitude m'énerve** I find his behaviour annoying OU irritating; **cette musique m'énerve** this music is getting on my nerves. -**2.** [agiter] to make restless, to excite, to overexcite; **n'énerve pas le petit avant son coucher** don't excite the little one before he goes to bed.
◆ **s'énerver** *vpi* -**1.** [être irrité] to get worked up OU annoyed OU irritated. -**2.** [être excité] to get worked up OU excited OU overexcited; **il ne faut pas laisser les enfants s'~ avant de se coucher** the children mustn't get worked up OU excited before going to bed.
enfaîter [4] [ɑ̃fɛte] *vt* to top with ridge tiles.
enfance [ɑ̃fɑ̃s] *nf* -**1.** [période de la vie - gén] childhood; [- d'un garçon] boyhood; [- d'une fille] girlhood; **dès sa plus tendre ~** from a very tender age; **dès sa première ~** in his infancy; **dès son ~** from an early age; **retomber en ~** to regress; **il retombe en ~** he's in his second childhood ❑ **la petite ~** infancy, babyhood, early childhood. -**2.** [enfants] children; **l'~ délinquante/malheureuse** delinquant/unhappy children. -**3.** [commencement] infancy, start, early stage; **c'est l'~ de l'art** it's child's play.
◆ **d'enfance** *loc adj* childhood *(modif)*.
enfant [ɑ̃fɑ̃] ◇ *adj* -**1.** [jeune]: **il était encore ~ quand il comprit, tout ~ encore, il comprit** he was still a child when he understood. -**2.** [naïf] childlike; **je suis resté très ~** I'm still a child at heart.
◇ *nmf* -**1.** [jeune - gén] child; [- garçon] little boy; [- fille] little girl; **décédé sans ~s** JUR having died without issue; **un ~ à naître** an unborn child OU baby; **faire l'~** to act like a child; **ne fais pas l'~!** act your age!, don't be such a baby!, grow up!; **il n'y a plus d'~s!** children are so precocious these days!; **prendre qqn pour un ~** to treat sb like a child ❑ **~ bleu** blue baby; **~ de chœur** *pr* choirboy, altarboy; **comme un ~ de chœur** *fig* like an angel OU a cherub; **ce n'est pas un ~ de chœur** he's no angel; **~ gâté** spoilt child; **l'~ Jésus** Baby Jesus; **~ prodige** child prodigy; **~ terrible** enfant terrible; **~ trouvé** foundling; **bonne d'~s** *vieilli* nanny; **grand ~** overgrown child; **ce sont de grands ~s** they're very naive; **c'est un jeu d'~** it's child's play; **petit ~** infant, little child, small child; **laissez venir à moi les petits ~s** BIBLE suffer the little children to come unto me; **dormir comme un ~** to sleep like a baby; **comme l'~ qui vient de naître** (as) innocent as a new-born babe. -**2.** [descendant] child; **faire un ~** to have a child; **faire un ~ à une femme** to have a child with a woman; **avoir de jeunes ~s/de grands ~s** to have a young family/grown-up children; **ils n'ont pas d'~s** they're childless; **un couple sans ~s** a childless couple; **être en mal d'~** to be longing for a child; **un ~ de la crise/des années 80** a child of the depression/of the 80s; **la chorale, c'est son ~** the choir is his brainchild, he was the one who set up the choir ❑ **~ de l'amour** love child; **~ de la balle: je suis un ~ de la balle** [théâtre] I was born into the theatre; [cirque] I was born under the big top; **~ de Marie** RELIG child of Mary; **ce n'est pas une ~ de Marie** *fig* she's no saint; **~ du pays** [homme] son of the soil; [femme] daughter of the soil; **l'~ prodigue** the prodigal son; **~ unique** only child. -**3.** [en appellatif] child; **mon ~** my child; **belle ~** dear girl OU child; **alors, les ~s, encore un peu de champagne?** *fam* a bit more champagne, boys and girls OU folks?;

bon, les ~s, on y va? *fam* come on you lot, let's go! || [comme insulte]: ~ de▼: ~ de putain OU de salaud son of a bitch.

◆ **bon enfant** *loc adj inv* good-natured; **tenez, je suis bon ~, je ne vous fais pas payer les intérêts** look, I'll be good to you, I won't charge you any interest; **d'un ton bon ~** good-naturedly.

◆ **d'enfant** *loc adj* -**1.** [des enfants - dessin, imagination] child's. -**2.** [puéril] childlike, childish *péj*, babyish *péj*.

enfantement [ɑ̃fɑ̃tmɑ̃] *nm litt* -**1.** [création] birth, bringing forth. -**2.** [accouchement] childbirth.

enfanter [3] [ɑ̃fɑ̃te] *vt litt* -**1.** [produire] to give birth to, to create, to bring forth *(sép) litt*; **les héros que notre pays a enfantés** the heroes that our country has brought forth. -**2.** [suj: mère] to give birth to; **tu enfanteras dans la douleur** BIBLE in sorrow thou shalt bring forth children.

enfantillage [ɑ̃fɑ̃tijaʒ] *nm* -**1.** [action, parole] piece of childishness; **arrête ces ~s!** don't be so childish!, do grow up! -**2.** [chose sans importance] trifle, trifling matter.

enfantin, e [ɑ̃fɑ̃tɛ̃, in] *adj* -**1.** [de l'enfance] childlike; **voix ~e** child's OU childlike voice || [adulte] childlike; **avoir un sourire ~** [homme] to have a boyish smile; [femme] to have a girlish smile. -**2.** [simple] easy; **c'est ~** there's nothing to it, it's child's play. -**3.** [puéril] childish, infantile, puerile.

enfariné, e [ɑ̃farine] *adj* covered with white powder; **la gueule ~e, le bec ~** like a fool.

enfariner [3] [ɑ̃farine] *vt* to cover with flour.

enfer [ɑ̃fɛr] *nm* -**1.** RELIG hell; **~ et damnation!** *hum* (hell and) damnation!, heck!; **l'~ est pavé de bonnes intentions** *prov* the road to hell is paved with good intentions *loc*. -**2.** [lieu, situation désagréable] hell; **sa vie est un véritable ~** his life is absolute hell; **l'~ de la guerre** the inferno of war. -**3.** [d'une bibliothèque] *section where books forbidden to the public are stored*.

◆ **enfers** *nmpl* MYTH: **les ~s** the underworld; **descendre aux ~s** to go down into the underworld.

◆ **d'enfer** *loc adj* [vie] hellish; [bruit] deafening; [feu] blazing, raging; **jouer un jeu d'~** to play high stakes.

enfermement [ɑ̃fɛrməmɑ̃] *nm* -**1.** [action d'enfermer] shutting OU locking up. -**2.** [fait d'être enfermé] seclusion.

enfermer [3] [ɑ̃fɛrme] *vt* -**1.** [mettre dans un lieu clos - personne, animal] to shut up OU in *(sép)*; **la nuit, on enferme le chien** at night we shut the dog up OU in; **~ un enfant dans un placard** to lock a child in a closet. -**2.** [emprisonner - criminel] to lock up OU away *(sép)*, to put under lock and key; [- fou] to lock up; **~ qqn dans une cellule** to shut sb up in a cell; **ce type-là, il faudrait l'~!** *fam* [dangereux] that guy ought to be locked up!; [fou] that guy needs his head examined! -**3.** [ranger] to put OU to shut away *(sép)*; [en verrouillant] to lock up OU away *(sép)*. -**4.** [confiner] to confine, to coop up *(sép)*; **enfermé dans une petite pièce toute la journée** cooped up in a small room all day; **je me sens enfermé** I feel cooped up; **ne restez pas enfermés, voilà le soleil!** don't stay indoors, the sun's come out!; **~ qqn dans: ~ qqn dans un dilemme** to put sb in a dilemma; **~ qqn dans un rôle** *pr* & *fig* to typecast sb; **être enfermé dans ses contradictions** to remain trapped OU bound by one's own contradictions. -**5.** [entourer] to enclose; **les murailles enferment la ville** the walls enclose the town. -**6.** [contenir - allusion, menace] to contain; **un triangle enfermé dans un cercle** a triangle circumscribed by OU in a circle. -**7.** [maintenir] to confine, to restrict; **~ la poésie dans des règles strictes** to confine poetry within strict rules. -**8.** SPORT to hem in *(sép)*.

◆ **s'enfermer** *vp (emploi réfléchi)* -**1.** [se cloîtrer - dans un couvent] to shut o.s. up OU away. -**2.** [verrouiller sa porte] to shut o.s. up OU in, to lock o.s. in; **s'~ dehors** to lock OU to shut o.s. out. -**3.** [s'isoler] to shut o.s. away; **elle s'enferme à la bibliothèque toute la journée** she spends all day in the library; **s'~ dans le silence** to retreat into silence; **s'~ dans ses contradictions** to become caught up in one's own contradictions; **s'~ dans un rôle** to stick to a role.

enferrer [4] [ɑ̃fere] *vt* [avec une lame] to run through *(sép)*, to transfix.

◆ **s'enferrer** *vpi* -**1.** [s'enfoncer] to make matters worse; **s'~ dans ses explications** to get tangled OU muddled up in one's explanations; **s'~ dans ses mensonges** to be caught OU trapped in the mesh of one's lies; **tais-toi, tu t'enferres** don't say any more, you're only making matters worse for yourself. -**2.** [s'embrocher] to spike OU to spear o.s. -**3.** PÊCHE [poisson] to hook itself.

enfiévrer [18] [ɑ̃fjevre] *vt* to fire, to stir up *(sép)*; **~ les esprits** to stir people up; **~ l'imagination** to fire the imagination; **une atmosphère enfiévrée** a feverish atmosphere.

◆ **s'enfiévrer** *vpi* to get excited; **s'~ pour une idée nouvelle** to get very excited over a new idea.

enfilade [ɑ̃filad] *nf* -**1.** [rangée] row, line; **une ~ de peupliers** a row of poplars. -**2.** MIL enfilade.

◆ **en enfilade** ◇ *loc adj*: **des pièces en ~** a suite of adjoining rooms; **le salon et la salle à manger sont en ~** the living room opens into OU adjoins the dining room; **la chambre et la salle de bains sont en ~** the bedroom has an en suite bathroom; **maisons en ~** [toutes mitoyennes] a row of terraced houses *Br* OU townhouses *Am*, a terrace *Br*; [mitoyennes deux à deux] a row of semi-detached houses; [isolées] a row of houses.

◇ *loc adv*: **prendre en ~** MIL to enfilade; **prendre les rues en ~** to follow along in a straight line from one street to the next.

enfilage [ɑ̃filaʒ] *nm* threading.

enfiler [3] [ɑ̃file] *vt* -**1.** [faire passer]: **~ un élastique dans un ourlet** to thread a piece of elastic through a hem. -**2.** [disposer - sur un fil] to thread OU to string (on) *(sép)*; [- sur une tige] to slip on *(sép)*; **~ une aiguille** to thread a needle; **~ des bagues sur un doigt** to slip rings onto a finger; **~ des tomates sur une brochette** to put tomatoes onto a skewer, to skewer tomatoes ❑ **~ des perles** *fam* to waste one's time with trifles. -**3.** [mettre - vêtement] to pull OU to slip on *(sép)*, to slip into *(sép)*; **~ ses gants** to put OU to pull one's gloves on; **~ son collant** to slip on one's tights. -**4.** [suivre] to take, to use; **~ un long couloir** [à pied] to walk down a long passage; [à bicyclette] to ride down a long passage; **la voiture a enfilé la rue jusqu'au carrefour** the car drove up the street to the crossroads. -**5.** *fam* [débiter] to string (together), to spout; **elle n'a fait qu'~ des banalités** she did nothing but spout one cliché after another. -**6.** ▼ [sexuellement] to screw.

◆ **s'enfiler** ◇ *vpi*: **s'~ dans** to go into; **s'~ sous un porche** to disappear into a doorway.

◇ *vpt fam* -**1.** [avaler - boisson] to knock back, to put away; [- nourriture] to guzzle, to gobble up *(sép)*, to put away *(sép)*. -**2.** [faire - corvée] to get through *(insép)*.

enfin [ɑ̃fɛ̃] *adv* -**1.** [finalement] at last; **les voilà! – ah, ~!** here they are! – ah, at last!; **vous voilà ~!** here OU there you are at last!; **il est ~ prêt!** he's ready at last!; **~! depuis le temps!** and not before!, and about time too!; **~ seuls!** alone at last!; **un accord a été ~ conclu** an agreement has at last been reached. -**2.** [en dernier lieu] finally; **~, j'aimerais vous remercier de votre hospitalité** finally, I would like to thank you for your hospitality; **je vais en Suisse, en Allemagne et ~ en Grèce** I'll go to Switzerland, Germany and finally to Greece. -**3.** [bref] in short, in brief, in a word; **il est brutal, instable, ~ c'est un homme dangereux** he's violent, unstable, in short OU in a word (he's) a dangerous man. -**4.** [cependant] still, however, after all; **ce sera difficile, ~, on peut essayer** it'll be difficult, still we can try; **elle est triste, mais ~ elle s'en remettra** she's sad, but still, she'll get over it; **oui mais ~, c'est peut-être vrai** after all it might well be true. -**5.** [avec une valeur restrictive] well, at least; **elle est jolie, ~, à mon avis** she's pretty, (or) at least I think she is; **c'est très joli, ~ ce n'est pas mal** it's very pretty, well OU at least, it's not bad; **il était malade, ~ c'est ce qu'il dit** he was sick, at least that's what he says. -**6.** [emploi expressif]: **~! c'est la vie!** oh well, such is life!; **ce n'est pas la même chose, ~!** oh come on, it's not the same thing at all!; **~, qu'est-ce qui t'a pris?** what on earth possessed you?; **~, reprends-toi!** come on, pull yourself together!; **~ qu'est-ce qu'il y a?** what on earth is the matter?; **c'est son droit, ~!** it's his right, after all!; **tu ne peux pas faire ça, ~!** you can't DO that!

enflammé, e [ɑ̃flame] *adj* -**1.** [en flammes - allumette, torche] lighted, burning; [- bûche] burning. -**2.** *litt* [rouge] burning, fiery; **elle est entrée, le visage tout ~** she came in, her face burning. -**3.** [passionné - discours, déclaration] impassioned, fiery; [- nature] fiery, hot-blooded. -**4.** MÉD inflamed.

enflammer [3] [ɑ̃flame] *vt* -**1.** [mettre le feu à - bois] to light, to kindle, to ignite; [- branchages] to ignite; [- allumette] to light, to strike; [- papier] to ignite, to set on fire, to set alight. -**2.** *litt* [rougir] to flush; **la fièvre enflammait ses joues** his cheeks were burning OU flushed with fever. -**3.** [exalter - imagination, passion] to kindle, to fire; [- foule] to inflame. -**4.** MÉD to inflame.

◆ **s'enflammer** *vpi* -**1.** [prendre feu - forêt] to go up in flames, to catch fire, to ignite; [- bois] to burst into flame, to light. -**2.** *litt* [rougir - visage, ciel] to flush; **le ciel s'enflammait au soleil levant** the rising sun set the sky ablaze; **son visage s'enflamma de colère** his face was flushed with anger. -**3.** [s'intensifier - passion] to flare up. -**4.** [s'enthousiasmer] to be fired with enthusiasm.

enflé, e [ɑ̃fle] ◇ *adj* swollen.

◇ *nm, f* ▽ fathead, jerk.

enfler [3] [ɑ̃fle] ◇ *vt* -**1.** [gonfler - forme] to cause to swell, to make swell; [- voix] to make louder, to raise. -**2.** [majorer - calcul, budget] to inflate. -**3.** *litt* [exagérer - difficulté, prestige] to overestimate.

◇ *vi* [augmenter de volume - cheville] to swell (up); [- voix] to boom (out).

◆ **s'enfler** *vpi* [voix] to boom (out); [voile] to billow OU to swell OU to fill out.

enflure [ɑ̃flyr] *nf* -**1.** [partie gonflée] swelling. -**2.** [emphase] bombast, turgidity, pompousness; **il donne dans l'~** he tends to be pompous. -**3.** ▽ [personne détestable] jerk.

enfoiré, e▽ [ɑ̃fware] *nm, f* bastard.

enfoncé, e [ɑ̃fɔ̃se] *adj* [yeux] sunken, deep-set.

enfoncement [ɑ̃fɔ̃smɑ̃] *nm* -**1.** [destruction - d'un mur] breaking down; [- d'une porte] breaking down, bashing in. -**2.** [fait de faire pénétrer] driving in. -**3.** [profondeur] (penetration) depth. -**4.** [cavité] depression, hollow. -**5.** MÉD fracture; **~ de la boîte crânienne** skull fracture; **~ du thorax** flail chest. -**6.** NAUT difference of draught *Br* OU draft *Am*.

enfoncer [16] [ɑ̃fɔ̃se] ◇ *vt* -**1.** [faire pénétrer - piquet, aiguille] to push in *(sép)*; [- vis] to drive OU to screw in *(sép)*; [- clou] to drive OU to hammer in *(sép)*; [- épingle, punaise] to push OU to stick in *(sép)*; [- couteau] to stick OU to thrust in *(sép)*; **il a enfoncé le pieu d'un seul coup** he drove OU stuck the stake home in one; **elle lui a enfoncé un revolver dans le dos** she thrust OU jabbed a gun into his back ❑ **il faut ~ le clou** it's important to ram the point home. -**2.** [faire descendre] to push OU to ram (on); **il enfonça son chapeau jusqu'aux oreilles** he rammed his hat onto his head. -**3.** [briser - côte, carrosserie] to stave in *(sép)*, to crush; [- porte] to break down *(sép)*, to bash in *(sép)*, to force open *(sép)*; [- barrière, mur] to smash, to break down *(sép)*; **la voiture a enfoncé la barrière** the car crashed

through the fence ❑ ~ **une porte ouverte** OU **des portes ouvertes** [prouver l'évidence] to labour *Br* OU labor *Am* the point. -**4.** [vaincre - armée, troupe] to rout, to crush; ~ **un front** to break through a frontline; ~ **un adversaire** *fam* to crush an opponent. -**5.** [condamner]: ~ **qqn: son témoignage n'a fait que l'**~ he just dug himself into a deeper hole with that statement.
◇ *vi* to sink; ~ **dans la neige** to sink into the snow.
◆ **s'enfoncer** ◇ *vpi* -**1.** [dans l'eau, la boue, la terre] to sink (in); **le navire s'enfonçait lentement** the boat was slowly going down OU sinking; **ils s'enfoncèrent dans la neige jusqu'aux genoux** they sank knee-deep into the snow; **s'**~ **dans un marécage** to sink OU to be sucked into a bog; **s'**~ **jusqu'aux genoux** to sink up to one's knees; **les vis s'enfoncent facilement dans le bois** screws go OU bore easily through wood. -**2.** [se lover]: **s'**~ **dans** to sink into; **s'**~ **dans un fauteuil** to sink into an armchair; **s'**~ **sous une couette** to burrow OU to snuggle under a quilt || *péj*: **s'**~ **dans son chagrin** to bury o.s. in one's grief. -**3.** [s'engager]: **s'**~ **dans** to penetrate OU to go into; **le chemin s'enfonce dans la forêt** the path runs into the forest; **plus on s'enfonce dans la forêt plus le silence est profond** the further you walk into the forest the quieter it becomes; **ils s'enfoncèrent dans la nuit** they disappeared into the night. -**4.** [s'affaisser - plancher, terrain] to give way, to cave in. -**5.** [aggraver son cas] to get into deep OU deeper waters, to make matters worse; **plus tu t'excuses, plus tu t'enfonces** you're only making matters worse (for yourself) by apologizing so much.
◇ *vpt*: **s'**~ **une épine dans le doigt** to get a thorn (stuck) in one's finger; **s'**~ **une idée dans la tête** to get an idea into one's head; **je ne reviendrai pas, enfonce-toi bien ça dans la tête!** and I won't be back, just get that into your thick head!

enfonceur, euse [ɑ̃fɔ̃sœr, øz] *nm, f*: **c'est un** ~ **de portes ouvertes** *fam* he's a great one for stating the obvious.

enfouir [32] [ɑ̃fwir] *vt* -**1.** [mettre sous terre - os, trésor] to bury. -**2.** [blottir] to nestle; **elle a enfoui sa tête dans l'oreiller** she buried her head in the pillow. -**3.** [cacher] to stuff, to bury; **la lettre était enfouie sous une pile de dossiers** the letter was buried under a pile of files.
◆ **s'enfouir** *vpi* -**1.** [s'enterrer] to bury o.s.; **s'**~ **dans le sable** to bury o.s. in the sand. -**2.** [se blottir] to burrow; **s'**~ **dans un terrier/sous les couvertures** to burrow in a hole/under the blankets.

enfouissement [ɑ̃fwismɑ̃] *nm* burying.

enfourchement [ɑ̃furʃəmɑ̃] *nm* forked mortise and tenon joint.

enfourcher [3] [ɑ̃furʃe] *vt* [bicyclette, cheval] to mount, to get on *(insép)*; [chaise] to straddle; ~ **son cheval de bataille** OU **son dada** to get on one's hobbyhorse.

enfournage [ɑ̃furnaʒ], **enfournement** [ɑ̃furnəmɑ̃] *nm* -**1.** TECH [de la céramique] setting. -**2.** [mise dans un four] putting into the oven.

enfourner [3] [ɑ̃furne] *vt* -**1.** [mettre dans un four] to put into an oven; ~ **des briques** to feed a kiln (with bricks). -**2.** *fam* [entasser] to shove OU to cram OU to push (in); ~ **du linge dans une machine à laver** to cram laundry into a washing machine. -**3.** *fam* [manger] to put away *(sép)*, to wolf down *(sép)*; **elle a enfourné une pizza entière** she put away a whole pizza.
◆ **s'enfourner** *fam vpt*: **s'**~ **qqch** [le manger] to wolf sthg down; **s'**~ **qqch dans la bouche** to cram OU to stuff sthg into one's mouth; **il se l'est enfourné dans le bec** he shoved it into his mouth.
◆ **s'enfourner dans** *vp + prép* [entrer dans] to rush OU to pile into; **l'équipe s'enfourna dans le car** the team piled into the bus.

enfreindre [81] [ɑ̃frɛ̃dr] *vt* to infringe; ~ **la loi** to break OU to infringe the law; ~ **le règlement** to fail to comply with OU to break the rules.

enfuir [35] [ɑ̃fɥir]
◆ **s'enfuir** *vpi* to run away, to flee; **ils se sont enfuis avec l'argent** they ran away OU they ran off OU they made off with the money; **s'**~ **avec qqn** [pour échapper à des sanctions] to run away OU off with sb; [pour se marier] to elope with sb; **s'**~ **de prison** to break out of OU to escape from jail; **s'**~ **de chez soi** to run away from home; **s'**~ **d'un pays** to flee a country; **il s'est enfui en Suisse** he fled to Switzerland.

enfumage [ɑ̃fymaʒ] *nm* [d'un animal, d'un insecte] smoking out.

enfumé, e [ɑ̃fyme] *adj* [pièce] smoky, smoke-filled; [paroi] sooty.

enfumer [3] [ɑ̃fyme] *vt* -**1.** [abeille, renard] to smoke out *(sép)*. -**2.** [pièce] to fill with smoke; [paroi] to soot up *(insép)*.

enfutailler [3] [ɑ̃fytaje], **enfûter** [3] [ɑ̃fyte] *vt* to barrel, to cask.

engagé, e [ɑ̃gaʒe] ◇ *adj* -**1.** [politisé - artiste, littérature] political, politically committed, engagé. -**2.** ARCHIT engaged. -**3.** [inscrit]: **les concurrents** ~**s dans la course** the competitors who are signed up to take part in the race.
◇ *nm, f* MIL volunteer.

engageant, e [ɑ̃gaʒɑ̃, ɑ̃t] *adj* [manières, sourire] engaging, winning; [regard] inviting; [perspective] attractive, inviting; **un restaurant bien peu** ~ a less than inviting restaurant.

engagement [ɑ̃gaʒmɑ̃] *nm* -**1.** [promesse] commitment, undertaking, engagement; **contracter un** ~ to enter into a commitment; **faire honneur à/manquer à ses** ~**s** to honour/to fail to honour one's commitments; **passer un** ~ **avec qqn** to come to an agreement with sb; **prendre l'**~ **de** to undertake OU to agree to; **respecter ses** ~**s envers qqn** to fulfil *Br* OU to fulfill *Am* one's commitments OU obligations towards sb; **sans** ~ **de date** date subject to change; **sans** ~ **de votre part** with no obligation on your part; [dans une publicité] no obligation to buy. -**2.** [dette] (financial) commitment, liability; **faire face à ses** ~**s** to meet one's commitments. -**3.** [embauche] appointment, hiring; ~ **à l'essai** appointment for a trial period || CIN & THÉÂT job; **acteur sans** ~ out of work actor. -**4.** [début] beginning, start; **l'**~ **des négociations** the start OU opening of the negotiations; **l'**~ **des travaux** the start OU beginning of the work. -**5.** MIL [combat] engagement, action, clash; [mise en action]: ~ **d'une troupe** committing troops to action || [recrutement] enlistment. -**6.** [prise de parti] commitment; **c'est de cette époque que date son** ~ he started getting involved politically from that point on, his political commitment dates from that time. -**7.** [mise en gage] pawning. -**8.** MÉD engagement; **l'**~ **de la tête** engagement of the head. -**9.** SPORT [participation] entry; **son** ~ **dans le tournoi** his entry into OU entering the competition || FTBL kickoff.

engager [17] [ɑ̃gaʒe] *vt* -**1.** [insérer - clef, disquette] to insert, to put OU to slot in *(sép)*; ~ **une vitesse** to put a car into gear || [faire pénétrer]: ~ **une péniche dans une écluse** to move a barge into a lock. -**2.** [lier] to bind, to commit; **voilà ce que je pense, mais ça n'engage que moi** that's how I see it, but it's my own view; **ce sont des conclusions qui n'engagent que vous/l'auteur** these are your own/the author's ownconclusions; ~ **qqn à qqch: cela ne t'engage à rien** it doesn't commit you to anything. -**3.** [mettre en jeu - énergie, ressources] to invest, to commit; [- fonds] to put in *(sép)*; ~ **sa parole** to give one's word (of honour *Br* OU honor *Am*); ~ **sa responsabilité** to accept responsibility. -**4.** [inciter]: ~ **qqn à: je vous engage à la prudence/modération** I advise you to be prudent/moderate; ~ **qqn à faire qqch** to advise sb to do sthg. -**5.** [commencer] to open, to start, to begin; ~ **la conversation avec qqn** to engage sb in conversation, to strike up a conversation with sb; ~ **le débat** to start the discussion; **les négociations ont été engagées mardi** the talks got under way on Tuesday; **l'affaire est mal engagée** the whole thing is off to a bad start; ~ **le match** FTBL to kick off; RUGBY to begin. -**6.** [embaucher] to take on *(sép)*, to hire. -**7.** MIL [envoyer] to commit to military action; [recruter] to enlist. -**8.** [mettre en gage] to pawn.
◆ **s'engager** *vpi* -**1.** [commencer - négociations, procédure, tournoi] to start, to begin; **une conversation s'est engagée entre les voyageurs** the passengers struck up a conversation. -**2.** [prendre position] to take a stand; **elles n'ont pas peur de s'**~ they're not afraid of taking a stand; **s'**~ **contre la peine de mort** to campaign against OU to take a stand against the death penalty. -**3.** MIL to enlist; **s'**~ **avant l'appel** to volunteer before conscription. -**4.** [auprès d'un employeur] to hire o.s. out; **s'**~ **comme jeune fille au pair** to get a job as an au pair.
◆ **s'engager à** *vp + prép*: **s'**~ **à faire qqch** [promettre] to commit o.s. to doing sthg, to undertake to do sthg.
◆ **s'engager dans** *vp + prép* -**1.** [avancer dans - suj: véhicule, piéton] to go OU to move into; **la voiture s'est engagée dans une rue étroite** the car drove OU turned into a narrow street; **s'**~ **dans un carrefour** to pull OU to draw out into a crossroads. -**2.** [entreprendre] to enter into, to begin; **s'**~ **dans des pourparlers difficiles** to embark on OU to begin difficult negotiations; **le pays s'est engagé dans la lutte armée** the country has committed itself to OU has entered into armed struggle. -**3.** SPORT: **s'**~ **dans une course/compétition** to enter a race/an event.

engainant, e [ɑ̃gɛnɑ̃, ɑ̃t] *adj* sheathing.

engainer [4] [ɑ̃gene] *vt* to sheathe.

engazonnement [ɑ̃gazɔnmɑ̃] *nm* [par plaques] turfing; [par semis] grassing.

engazonner [3] [ɑ̃gazɔne] *vt* [par plaques] to turf; [par semis] to grass.

engeance [ɑ̃ʒɑ̃s] *nf péj* scum, trash *Am*; **ils feraient n'importe quoi pour se procurer de l'argent, quelle (sale)** ~! they'd do anything for money, what scum!

engelure [ɑ̃ʒlyr] *nf* chilblain.

engendrement [ɑ̃ʒɑ̃drəmɑ̃] *nm* begetting BIBLE, fathering.

engendrer [3] [ɑ̃ʒɑ̃dre] *vt* -**1.** [procréer] to beget BIBLE, to father; **les fils qu'il a engendrés** the sons he fathered; **les fils qu'elle a engendrés** the sons she bore; **les fils qu'ils ont engendrés** the sons they brought into the world. -**2.** [provoquer - sentiment, situation] to generate, to create, to breed *péj*; **il n'engendre pas la mélancolie** *hum* he's great fun. -**3.** LING & MATH to generate.

engerber [3] [ɑ̃ʒɛrbe] *vt* AGR to sheaf.

engin [ɑ̃ʒɛ̃] *nm* -**1.** [appareil] machine, appliance; ~ **agricole** piece of farm machinery; ~**s de levage** lifting gears; ~ **de levage électrique** electric hoist; ~ **de manutention** conveyor, handling equipment; ~ **de nivelage** planer *Br*, leveler *Am*. -**2.** MIL weaponry. -**3.** *fam* [chose] contraption, thingamabob, thingamajig. -**4.** ▽ [pénis] tool.

engineering [ɛnʒiniriŋ] *nm*: **l'**~ engineering.

englober [3] [ɑ̃glɔbe] *vt* -**1.** [réunir] to encompass; **son livre englobe tout ce qui est connu sur le sujet** her book encompasses OU covers the whole range of knowledge on the subject. -**2.** [inclure] to include; ~ **un texte dans un recueil** to include a piece in an anthology.

engloutir [32] [ɑ̃glutir] *vt* -**1.** [faire disparaître] to swallow up *(sép)*, to engulf; **une île engloutie par la mer** an island swallowed up by the sea. -**2.** [manger] to gobble up *(sép)*, to gulp OU to wolf down *(sép)*; **il engloutit des quantités incroyables de chocolat** he puts away an incredible amount of chocolate; **ils ont englouti le gâteau en un rien de temps** they demolished the cake in no time. -**3.** [dépenser] to squander; **les travaux ont englouti tout l'argent qui me restait** the work swallowed up all the money I had left; **il a englouti son capital dans son agence** he sank all his capital into his agency; **ils ont englouti des sommes énormes**

dans la maison they sank vast amounts of money into the house.

◆ **s'engloutir** *vpi* [vaisseau] to be swallowed up OU engulfed, to sink.

engloutissement [ɑ̃glutismɑ̃] *nm* -**1.** [d'un navire, d'une ville] swallowing up, engulfment. -**2.** [d'une fortune] squandering.

engluement [ɑ̃glymɑ̃], **engluage** [ɑ̃glyaʒ] *nm* liming, birdliming.

engluer [3] [ɑ̃glye] *vt* -**1.** CHASSE [oiseau, branche] to lime, to birdlime. -**2.** [rendre collant] to make sticky; **des doigts englués de colle** fingers sticky with glue.

◆ **s'engluer** *vpi* -**1.** [se couvrir de glu] to become gluey. -**2.** *fig*: **s'~ dans qqch** to get bogged down in sthg; **s'~ dans une vie médiocre** to become bogged down in a life of mediocrity.

engober [3] [ɑ̃gɔbe] *vt* to coat with slip.

engoncer [16] [ɑ̃gɔ̃se] *vt* to cramp, to restrict; **être engoncé dans ses vêtements** to be restricted by one's clothes; **tu as l'air (d'être) engoncé dans ce manteau** that coat looks too tight for you.

engorgement [ɑ̃gɔrʒəmɑ̃] *nm* [d'un tuyau] flooding; [d'un sol] saturation; **l'~ des grandes villes** congestion in the big cities; **l'~ du marché automobile** saturation in the car industry, the glut of cars on the market ❑ **~ mammaire** engorgement.

engorger [17] [ɑ̃gɔrʒe] *vt* [canalisation] to flood; [route] to congest, to jam; [organe] to engorge; [sol] to saturate; [marché] to saturate, to glut.

engouement [ɑ̃gumɑ̃] *nm* -**1.** [pour une activité, un type d'objet] keen interest; **un ~ pour le jazz** a keen interest in jazz; **d'où te vient cet ~ soudain pour la politique?** how come you're so smitten with politics all of a sudden? -**2.** [élan amoureux] infatuation; **avoir un ~ pour** to be infatuated with.

engouer [6] [ɑ̃gwe]

◆ **s'engouer de, s'engouer pour** *vp + prép* [activité, objet] to have a craze OU a sudden passion for; [personne] to become infatuated with.

engouffrement [ɑ̃gufrəmɑ̃] *nm* -**1.** [consommation - de nourriture] wolfing, cramming; [- d'argent] sinking, squandering. -**2.** [entrée - du vent] rushing OU sweeping OU blowing in; [- de la foule] rushing in; [- de la mer] surging OU rushing in.

engouffrer [3] [ɑ̃gufre] *vt* -**1.** [avaler] to wolf OU to shovel (down), to cram (in). -**2.** [entasser] to cram OU to stuff (in). -**3.** [dépenser] to swallow up *(sép)*; **ils ont engouffré des sommes énormes dans la maison** they sank vast amounts of money into the house.

◆ **s'engouffrer** *vpi* [foule] to rush, to crush; [personne] to rush, to dive; [mer] to surge, to rush; [vent] to blow, to sweep, to rush; **s'~ dans un taxi** [seul] to dive into a taxi; [à plusieurs] to pile into a taxi.

engoulevent [ɑ̃gulvɑ̃] *nm* nightjar; **~ d'Amérique** nighthawk, bullbat.

engourdi, e [ɑ̃gurdi] *adj* -**1.** [doigt, membre] numb, numbed; **j'ai les doigts ~s** my fingers have gone numb; **à force d'être resté dans cette position, j'ai la jambe ~e** I have been sitting like this so long that my leg has gone to sleep. -**2.** [esprit, imagination] slow, lethargic.

engourdir [32] [ɑ̃gurdir] *vt* -**1.** [insensibiliser - doigt, membre] to numb, to make numb; [- sens] to deaden; **être engourdi par le froid** to be numb with cold; **la chaleur a engourdi les élèves** the heat made the pupils drowsy OU sluggish; **mes gencives étaient engourdies par la piqûre** my gums had gone numb with the anaesthetic. -**2.** [ralentir - esprit, faculté] to blunt, to dull; **la fatigue lui engourdissait l'esprit** he was so tired he couldn't think straight.

◆ **s'engourdir** *vpi* to go numb; **mes doigts commençaient à s'~** my fingers were starting to go numb.

engourdissant, e [ɑ̃gurdisɑ̃, ɑ̃t] *adj* [froid] numbing; [chaleur] oppressive.

engourdissement [ɑ̃gurdismɑ̃] *nm* -**1.** [insensibilité physique] numbness. -**2.** [affaiblissement - des facultés] blunting, blurring. -**3.** [torpeur] drowsiness, sleepiness.

engrais [ɑ̃grɛ] *nm* fertilizer; **~ chimique** artificial fertilizer; **~s verts** OU **végétaux** green OU vegetable manure; **mettre une bête à l'~** to fatten (up) an animal.

engraissement [ɑ̃grɛsmɑ̃], **engraissage** [ɑ̃grɛsaʒ] *nm* fattening (up).

engraisser [4] [ɑ̃grese] ◇ *vt* AGR [bétail] to fatten up *(sép)*; **~ une oie** to fatten a goose ‖ [terre] to feed.

◇ *vi* to grow fat OU fatter, to put on weight; **ta fille a besoin d'~ un peu** *hum* your daughter needs fattening up OU feeding up a bit.

◆ **s'engraisser** *vpi* to get fat; **il s'engraisse sur le dos de ses employés** *fig* he lines his pockets by underpaying his employees.

engraisseur, euse [ɑ̃grɛsœr, øz] *nm, f* fat stockman (*f* stockwoman).

engrangement [ɑ̃grɑ̃ʒmɑ̃] *nm* -**1.** AGR gathering in, storing. -**2.** [de documents] storing, collecting.

engranger [17] [ɑ̃grɑ̃ʒe] *vt* -**1.** AGR to gather, to get in *(sép)*. -**2.** [documents] to store (up), to collect.

engraver [3] [ɑ̃grave] *vt* -**1.** *litt* [ensabler] to ground, to run aground. -**2.** [couvrir de graviers] to gravel (over). -**3.** CONSTR to notch *(a piece of roofing lead)*.

engrenage [ɑ̃grənaʒ] *nm* -**1.** MÉCAN gear; **les ~s d'une machine** the wheelwork OU train of gears OU gearing of a machine ❑ **~ à chevrons** herringbone OU double-helical gear; **~ conique** bevel gear pair. -**2.** *fig* trap; **être pris dans l'~** to be caught in a trap; **être pris dans l'~ du jeu** to be trapped in the vicious circle of gambling.

engrènement [ɑ̃grɛnmɑ̃] *nm* meshing.

engrener [19] [ɑ̃grəne] ◇ *vt* -**1.** MÉCAN to gear, to mesh. -**2.** AGR to feed with grain, to fill with grain.

◇ *vi* to gear, to mesh.

◆ **s'engrener** *vpi* to gear, to mesh, to be in mesh.

engrosser▽ [3] [ɑ̃grose] *vt* to knock up *(sép)*.

engueulade▽ [ɑ̃gœlad] *nf* -**1.** [réprimande] rollicking *Br*, bawling out *Am*; **lettre d'~** angry letter; **recevoir une ~** to get a rollicking *Br* OU bawled out *Am*. -**2.** [querelle] slanging match *Br*, run-in *Am*; **avoir une ~ avec quelqu'un** to have a slanging match *Br* OU a run-in *Am* with sb.

engueuler▽ [5] [ɑ̃gœle] *vt*: **~ qqn** to give sb a rollicking *Br*, to bawl sb out *Am*; **ce n'est pas la peine de m'~** there's no need to have a go at me; **je vais l'~** I'm going to give him what for; **se faire ~** to get a rollicking *Br*, to get chewed out *Am*.

◆ **s'engueuler**▽ ◇ *vp (emploi réciproque)*: **on ne va tout de même pas s'~ pour ça** we're not going to fight over this, are we?

◇ *vpi*: **s'~ avec quelqu'un** to have a row with sb.

enguirlander [3] [ɑ̃girlɑ̃de] *vt* -**1.** [décorer] to garland, to deck with garlands. -**2.** *fam* [réprimander] to tick off *(sép) Br*, to chew out *(sép) Am*; **se faire ~** to get a ticking-off *Br* OU a chewing-out *Am*.

enhardir [32] [ɑ̃ardir] *vt* to embolden, to make bolder, to encourage.

◆ **s'enhardir** *vpi*: **l'enfant s'enhardit et entra dans la pièce** the child plucked up courage and went into the room; **je me suis enhardi à lui demander son nom** I plucked up the courage to ask him his name.

enharmonie [ɑ̃narmɔni] *nf* enharmony.

enharmonique [ɑ̃narmɔnik] *adj* enharmonic.

enharnacher [3] [ɑ̃arnaʃe] *vt* ÉQUIT to harness.

enherber [3] [ɑ̃nɛrbe] *vt* to grass (over).

ENI [eni] *npr f abr de* **École normale d'instituteurs.**

énième [enjɛm] *adj* umpteenth, nth; **pour la ~ fois** for the umpteenth time.

énigmatique [enigmatik] *adj* enigmatic, mysterious, puzzling.

énigmatiquement [enigmatikmɑ̃] *adv* enigmatically.

énigme [enigm] *nf* -**1.** [mystère] riddle, enigma, puzzle; **les enquêteurs tentent de résoudre l'~ de sa disparition** the police are trying to solve the riddle of his disappearance. -**2.** [devinette] riddle; **le Sphinx parle par ~s** the Sphinx talks in riddles.

enivrant, e [ɑ̃nivrɑ̃, ɑ̃t] *adj* -**1.** [qui rend ivre] intoxicating. -**2.** [exaltant] heady, exhilarating; **ce furent des moments ~s** those were heady days.

enivrement [ɑ̃nivrəmɑ̃] *nm* elation, exhilaration.

enivrer [3] [ɑ̃nivre] *vt* -**1.** [soûler - suj: vin] to make drunk, to intoxicate. -**2.** [exalter] to intoxicate, to exhilarate, to elate; **le succès l'enivrait** he was intoxicated by his success.

enjambée [ɑ̃ʒɑ̃be] *nf* step; **grande ~** stride; **avancer à grandes ~s dans la rue** to stride along the street; **faire de grandes ~s** to take long steps OU strides; **il a franchi le ruisseau en une ~** he crossed the stream in one stride.

enjambement [ɑ̃ʒɑ̃bmɑ̃] *nm* -**1.** LITTÉRAT enjambment. -**2.** BIOL crossing-over.

enjamber [3] [ɑ̃ʒɑ̃be] *vt* [muret, rebord] to step over *(insép)*; [fossé] to stride across OU over *(insép)*; [tronc d'arbre] to stride OU to step over *(insép)*; **le pont enjambe le Gard** the bridge spans the river Gard.

enjeu [ɑ̃ʒø] *nm* JEUX stake, stakes; **c'est un ~ important** the stakes are high; **l'~ d'une guerre** the stakes of war.

enjoindre [82] [ɑ̃ʒwɛ̃dr] *vt litt*: **~ à qqn de faire qqch** to enjoin sb to do sthg.

enjôlement [ɑ̃ʒolmɑ̃] *nm* wheedling, cajoling.

enjôler [3] [ɑ̃ʒole] *vt* to cajole, to wheedle; **il a réussi à m'~** he managed to cajole me (into accepting).

enjôleur, euse [ɑ̃ʒolœr, øz] ◇ *adj* cajoling, wheedling; **un sourire ~** a wheedling smile.

◇ *nm, f* cajoler, wheedler.

enjolivement [ɑ̃ʒɔlivmɑ̃] *nm* embellishment, embellishing.

enjoliver [3] [ɑ̃ʒɔlive] *vt* -**1.** [décorer - vêtement] to embellish, to adorn; **enjolivé de** adorned with. -**2.** [travestir - histoire, récit, vérité] to embellish, to embroider; **~ les faits** to embroider the facts.

enjoliveur [ɑ̃ʒɔlivœr] *nm* hubcap.

enjolivure [ɑ̃ʒɔlivyr] *nf* embellishment, ornament.

enjoué, e [ɑ̃ʒwe] *adj* [personne, caractère] cheerful, jolly, genial; [remarque, ton] playful, cheerful, jolly.

enjouement [ɑ̃ʒumɑ̃] *nm* cheerfulness, playfulness, geniality.

enjuguer [3] [ɑ̃ʒyge] *vt* to yoke.

enkysté, e [ɑ̃kiste] *adj* encysted.

enkystement [ɑ̃kistəmɑ̃] *nm* encystment, encystation.

enkyster [3] [ɑ̃kiste]

◆ **s'enkyster** *vpi* to encyst, to turn into a cyst.

enlacement [ɑ̃lasmɑ̃] *nm* -**1.** [entrecroisement] intertwining, interlacing, entwinement. -**2.** [embrassement] (lovers') embrace.

enlacer [16] [ɑ̃lase] *vt* -**1.** [ceindre - tronc] to wind OU to twist round *(insép)*. -**2.** [agripper - avec un bras, une tentacule] to clasp; **~ qqn** to embrace sb (tenderly); **elle l'enlaça** she put her arms around him; **ils étaient tendrement enlacés** they were locked in a tender embrace; **~ le cou de qqn** to put one's arms round sb's neck. -**3.** [mêler] to interweave, to intertwine, to interlace; **~ des brins de laine** to weave OU to braid yarns of wool; **initiales enlacées** interwoven initials; **les doigts enlacés** fingers entwined.

◆ **s'enlacer** *vp (emploi réciproque)* [amoureux] to embrace, to hug; [lutteurs] to be locked together.

enlaidir [32] [ãledir] ◇ *vt* to make ugly; ~ le paysage to be a blot on the landscape OU an eyesore; une cicatrice lui enlaidissait le visage a scar on his face spoilt his looks.
◇ *vi* to become ugly; il a enlaidi avec l'âge he's lost his (good) looks OU become ugly with age.
◆ **s'enlaidir** *vpi* to make o.s. (look) ugly.

enlaidissement [ãledismã] *nm*: les nouvelles constructions ont contribué à l'~ du quartier the area has been disfigured partly by the new buildings.

enlevé, e [ãlve] *adj* [style, rythme] lively, spirited; ses dialogues sont ~s he writes quickfire dialogues; une caricature ~e a rapidly drawn caricature.

enlèvement [ãlɛvmã] *nm* -**1.** [rapt] abduction, kidnapping; l'~ des Sabines the rape of the Sabine women. -**2.** [fait d'ôter] removal, taking away; l'~ d'une tache/d'un organe the removal of a stain/of an organ. -**3.** [ramassage]: l'~ des ordures a lieu le mardi rubbish is collected on Tuesdays.

enlever [19] [ãlve] *vt* -**1.** [ôter - couvercle, housse, vêtement] to remove, to take off *(sép)*; [- étagère] to remove, to take down *(sép)*; enlève ton manteau, mets-toi à l'aise take your coat off and make yourself comfortable; ~ les pépins to take the pips out; ne mets pas ta voiture là, elle va être enlevée don't park your car here, it'll get towed away OU removed; ils ont enlevé le reste des meubles ce matin they took away OU collected what was left of the furniture this morning ❑ enlevez, c'est pesé! that's it! -**2.** [arracher] to remove, to pull out; ~ les mauvaises herbes to pull out the weeds; ~ les pissenlits d'une plate-bande to weed the dandelions out of a flower bed; se faire ~ une dent to have a tooth pulled out OU extracted; ~ un clou avec des tenailles to prise *Br* OU to pry *Am* a nail out with a pair of pliers. -**3.** [faire disparaître] to remove; ~ une tache [gén] to remove a stain; [en lavant] to wash out a stain; [en frottant] to rub out a stain; [à l'eau de Javel] to bleach out a stain; ~ les plis d'une chemise to take the creases out of a shirt; ~ qqch au burin to chip OU to chisel sthg off; ~ un passage d'un texte to remove a passage from OU to cut a passage out of a text. -**4.** [soustraire]: ~ qqch à qqn to take sthg away from sb, to deprive sb of sthg; ça lui a enlevé le goût des mathématiques it put him off mathematics; ça m'enlève mes scrupules it dispels OU allays my misgivings; j'ai peur qu'on ne m'enlève la garde de mon enfant I'm afraid they'll take my child away from me; ne m'enlevez pas tous mes espoirs don't deprive OU rob me of all hope. -**5.** [obtenir - récompense] to carry off *(sép)*, to win; il a enlevé la victoire he ran away with the victory; ~ un marché to get OU to secure a deal. -**6.** [soulever] to lift; ~ 10 kilos sans effort to lift 10 kilos easily; le ballon les a enlevés haut dans les airs the balloon took OU lifted them high up into the air. -**7.** *litt* [faire mourir] to carry off *(sép)*; c'est un cancer qui nous l'a enlevé cancer took him from us. -**8.** MIL to carry, to seize. -**9.** [exécuter vite - sonate, chanson] to dash off *(sép)*. -**10.** [kidnapper] to abduct, to kidnap, to snatch; il a été enlevé à son domicile he was snatched from his home; il l'a enlevée pour l'épouser he ran off with her to get married.
◆ **s'enlever** ◇ *vp (emploi passif)* -**1.** [s'ôter - vêtement, étiquette] to come off; [- écharde] to come out; le costume s'enlève par le haut you slip the costume off over your head; le costume s'enlève par le bas you step out of the costume; ça s'enlève en arrachant/décollant it tears/ peels off; comment ça s'enlève? how do you take it off? -**2.** [s'effacer - tache] to come out OU off; le vernis ne s'enlève pas the varnish won't come off.
◇ *vpt*: s'~ une écharde du doigt to pull a splinter out of one's finger; s'~ une épine du pied *fig* to get rid of a niggling problem.

enliasser [3] [ãljase] *vt* to bundle (up), to tie into a bundle.

enlisement [ãlizmã] *nm* -**1.** [enfoncement] sinking. -**2.** [stagnation] stagnation; le manque de coopération a entraîné l'~ des pourparlers due to a lack of cooperation, the talks have reached a stalemate.

enliser [3] [ãlize] *vt*: ~ un bateau dans la vase to get a boat stuck in the mud; ~ ses roues to get one's wheels stuck.
◆ **s'enliser** *vpi* -**1.** [s'embourber] to get bogged down OU stuck, to sink; s'~ dans des sables mouvants to sink OU to get sucked (down) into quicksand. -**2.** *fig* to get bogged down; s'~ dans la routine to get OU to be bogged down in routine.

enluminer [3] [ãlymine] *vt* to illuminate.

enlumineur, euse [ãlyminœr, øz] *nm, f* illuminator.

enluminure [ãlyminyr] *nf* illumination.

ENM *npr f abr de* École nationale de la magistrature.

enneigé, e [ãneʒe] *adj* [champ, paysage] snow-covered; [pic] snow-capped.

enneigement [ãnɛʒmã] *nm* snow cover; l'~ annuel yearly OU annual snowfall; il y a un bon ~ cette année there's a lot of snow this year; bulletin d'~ snow report.

enneiger [23] [ãneʒe] *vt* to cover with OU in snow; la campagne est enneigée the countryside's covered in snow; les routes sont enneigées the roads are snowed up.

ennemi, e [ɛnmi] ◇ *adj* -**1.** MIL enemy *(modif)*, hostile. -**2.** [inamical] hostile, unfriendly; [adverse]: familles/nations ~es feuding families/ nations. -**3.** ~ de [opposé à]: être ~ du changement to be opposed OU averse to change.
◇ *nm, f* -**1.** MIL enemy, foe *litt*; passer à l'~ to go over to the enemy. -**2.** [individu hostile] enemy; on ne lui connaissait aucun ~ she had no known enemy; se faire des ~s to make enemies; se faire un ~ de qqn to make an enemy of sb ❑ ~ mortel mortal enemy; ~ public (numéro un) public enemy (number one). -**3.** [antagoniste]: l'~ de: le bien est l'~ du mal good is the enemy of evil.

ennoblir [32] [ãnɔblir] *vt* [personne] to ennoble; [caractère, esprit] to ennoble, to elevate; [physique] to lend dignity to.

ennoblissement [ãnɔblismã] *nm* -**1.** [élévation] ennoblement, ennobling. -**2.** TEXT finishing, processing.

ennuager [17] [ãnɥaʒe] *vt litt* to cloud; ciel ennuagé cloudy sky.

ennui [ãnɥi] *nm* -**1.** [problème] problem, difficulty; des ~s trouble, troubles, problems; attirer des ~s à qqn to get sb into trouble; avoir des ~s: avoir de gros ~s to be in bad trouble; tu vas avoir des ~s you're going to get into trouble; avoir des ~s avec la police to be in trouble with the police; des ~s de: avoir des ~s d'argent to have money problems; avoir des ~s de voiture to have problems with one's car; avoir des ~s de moteur to have engine trouble; avoir des ~s de santé to have health problems; faire des ~s à qqn to get sb into trouble; l'~: c'est ça l'~! that's the hitch OU trouble!; l'~ c'est que... the trouble is that...; l'~, c'est qu'il ne peut pas venir the problem OU trouble is he can't come ❑ un ~ ne vient jamais seul *prov* it never rains but it pours *prov*. -**2.** [lassitude] boredom; à mourir d'~ deadly boring; c'était à mourir d'~ it was dreadfully OU deadly boring. -**3.** *litt* [mélancolie] ennui.

ennuyer [14] [ãnɥije] *vt* -**1.** [contrarier] to worry, to bother; ce contretemps m'ennuie beaucoup this complication worries me a great deal; avoir l'air ennuyé to look bothered OU worried; ça m'ennuie de les laisser seuls I am loath to OU I don't like to leave them alone; ça m'ennuie de te le dire mais... I'm sorry to have to say this to you but...; cela m'ennuierait d'être en retard I'd hate to be late. -**2.** [déranger] to inconvenience, to bother, to annoy; je ne voudrais pas vous ~ mais... I don't OU wouldn't like to bother you but...; sa sœur l'ennuie tout le temps his sister keeps bothering him; tu l'ennuies avec tes questions you're annoying him with your questions. -**3.** [lasser] to bore; les jeux de cartes m'ennuient I find card games boring.
◆ **s'ennuyer** *vpi* [être lassé] to be bored; elle s'ennuie toute seule she gets bored on her own; avec lui on ne s'ennuie pas! *hum* he's great fun!; au moins on ne s'ennuie pas ici! *hum* at least you can't say it's boring here! ❑ s'~ comme un rat mort *fam* to be bored to death.
◆ **s'ennuyer de** *vp + prép*: s'~ de qqn/qqch to miss sb/sthg.

ennuyeux, euse [anɥijø, øz] *adj* -**1.** [lassant - travail, conférencier, collègue] boring, dull; ~ à mourir OU à périr OU comme la pluie (as) dull as ditchwater *Br* OU dishwater *Am*, deadly boring. -**2.** [fâcheux] annoying, tiresome; c'est ~ qu'il ne puisse pas venir [regrettable] it's a pity (that) he can't come; [contrariant] it's annoying OU a nuisance that he can't come.

énoncé [enɔ̃se] *nm* -**1.** [libellé - d'un sujet de débat] terms; [- d'une question d'examen, d'un problème d'arithmétique] wording. -**2.** [lecture] reading, declaration; à l'~ des faits when the facts were stated; écouter l'~ du jugement to listen to the verdict being read out. -**3.** LING utterance.

énoncer [16] [enɔ̃se] *vt* [formuler] to formulate, to enunciate, to express; cela peut être énoncé plus simplement it can be formulated OU expressed OU put in simpler terms.

énonciatif, ive [enɔ̃sjatif, iv] *adj* enunciative.

énonciation [enɔ̃sjasjɔ̃] *nf* -**1.** [exposition] statement, stating. -**2.** LING enunciation.

enorgueillir [32] [ãnɔrgœjir] *vt litt* to make proud.
◆ **s'enorgueillir de** *vp + prép* to be proud of; il s'enorgueillit du succès de son livre he is proud of the success of his book.

énorme [enɔrm] *adj* -**1.** [gros] enormous, huge. -**2.** [important] huge, enormous, vast; une somme ~ a huge OU vast amount of money; ça fait une différence ~ that makes all the difference; 100 francs, ce n'est pas ~ 100 francs isn't such a huge amount; elle n'a pas dit non, c'est déjà ~! she didn't say no, that's a great step forward! -**3.** [exagéré] outrageous; un mensonge ~ an outrageous lie; il a inventé une histoire ~ pour expliquer son absence he made up a (totally) outrageous story to account for his absence.

énormément [enɔrmemã] *adv* enormously, hugely; le spectacle m'a ~ plu I liked the show very much indeed; s'amuser ~ to enjoy o.s. immensely OU tremendously; ~ de [argent, bruit] an enormous OU a huge OU a tremendous amount of; il y avait ~ de monde dans le train the train was extremely crowded; ils ont mis ~ de temps à comprendre it took them ages to understand.

énormité [enɔrmite] *nf* -**1.** [ampleur - d'une difficulté] enormity; [- d'une tâche, d'une somme, d'une population] enormity, size. -**2.** [extravagance] outrageousness, enormity; l'~ de son crime the enormity of his crime. -**3.** [propos] piece of utter OU outrageous nonsense; vous dites des ~s what you're saying is totally outrageous.

enquérir [39] [ãkerir]
◆ **s'enquérir de** *vp + prép sout* to inquire about OU after; s'~ de la santé de qqn to inquire OU to ask after sb's health.

enquête [ãkɛt] *nf* -**1.** [investigation] investigation, inquiry; faire OU mener sa petite ~ to make discreet inquiries; il a fait l'objet d'une ~ he was the subject of an investigation; elle est chargée de l'~ she's in charge of the investigation; mener une ~ sur un meurtre to investigate a murder; ouvrir/conduire une ~ to open/to conduct an investigation ❑ ~ judiciaire (suite à un décès) inquest; ~ d'utilité publique public inquiry. -**2.** [étude] survey, investigation; faire une ~ to conduct a survey;

notre ~ a porté sur l'alcoolisme the topic of our survey was alcoholism. -3. PRESSE (investigative) report, exposé.

enquêté, e [ãkete] *nm, f* interviewee.

enquêter [4] [ãkete] *vi* to investigate; **c'est elle qui enquête** she's in charge of the investigation; **~ sur un meurtre** to inquire into OU to investigate a murder.

enquêteur, euse OU **trice** [ãkɛtœr, øz, tris] *nm, f* -**1.** [de police] officer in charge of investigations, investigator. -**2.** [de sondage] pollster. -**3.** [sociologue] researcher.

enquiquinant, e *fam* [ãkikinã, ãt] *adj* irritating; **des voisins ~s** awkward neighbours; **elle est ~e à toujours se plaindre** the way she complains all the time is a real pain.

enquiquinement *fam* [ãkikinmã] *nm*: **des ~s** hassle; **je n'ai eu que des ~s avec cette voiture** I've had nothing but hassle with this car.

enquiquiner *fam* [3] [ãkikine] *vt* -**1.** [ennuyer] to bore (stiff). -**2.** [irriter] to bug; **il m'enquiquine** he bugs me; **je les enquiquine!** to hell with them!

◆ **s'enquiquiner** *fam vpi* [s'ennuyer] to be bored (stiff).

◆ **s'enquiquiner à** *fam vp + prép*: **je ne vais pas m'~ à tout recopier** I can't be fagged *Br* OU bothered to copy it out again.

enquiquineur, euse *fam* [ãkikinœr, øz] *nm, f* pain, drag, nuisance.

enracinement [ãrasinmã] *nm* -**1.** BOT rooting. -**2.** *fig* [d'une opinion, d'une coutume] deep-rootedness.

enraciner [3] [ãrasine] *vt* -**1.** BOT to root. -**2.** [fixer - dans un lieu, une culture] to root; **se sentir profondément enraciné dans une culture** to feel deeply rooted in a culture. -**3.** [fixer dans l'esprit] to fix, to implant; **bien enraciné** [idée] firmly implanted OU entrenched; [habitude] deeply ingrained; [croyance] deep-seated, deep-rooted.

◆ **s'enraciner** *vpi* -**1.** BOT to root, to take root. -**2.** [se fixer] to take root, to become firmly fixed; **s'~ profondément dans une culture/l'esprit** to become deeply rooted in a culture/the mind.

enragé, e [ãraʒe] ◇ *adj* -**1.** MÉD rabid. -**2.** [furieux] enraged, livid.

◇ *nm, f* -**1.** HIST [pendant la Révolution française] enragé; [en 1968] militant student. -**2.** [passionné]: **un ~ de: un ~ de football/ski/musique** a football/skiing/music fanatic.

enrageant, e *fam* [ãraʒã, ãt] *adj* maddening, infuriating.

enrager [17] [ãraʒe] *vi* [être en colère] to be furious OU infuriated; **j'enrage de m'être laissé prendre** I'm enraged OU furious at having been caught; **faire ~ qqn** [l'irriter] to annoy sb; [le taquiner] to tease sb mercilessly.

enraiement [ãrɛmã], **enrayement** [ãrɛjmã] *nm* stopping, checking; **l'~ d'une épidémie** checking the progress of an epidemic.

enrayage [ãrɛjaʒ] *nm* -**1.** ARM jamming. -**2.** MÉCAN blocking.

enrayer [11] [ãreje] *vt* -**1.** ARM to jam. -**2.** MÉCAN to block. -**3.** [empêcher la progression de - processus] to check, to stop, to call a halt to; **~ la crise** to halt the economic recession; **~ l'inflation** to check OU to control OU to curb inflation; **l'épidémie est enrayée** the epidemic has been halted.

◆ **s'enrayer** *vpi* to jam.

enrégimenter [3] [ãreʒimãte] *vt* to press-gang; **je déteste être enrégimenté!** I hate being regimented!; **~ qqn dans qqch** to press-gang sb into sthg.

enregistrable [ãrəʒistrabl] *adj* -**1.** ADMIN & JUR receivable. -**2.** AUDIO recordable.

enregistrement [ãrəʒistrəmã] *nm* -**1.** JUR [fait de déclarer] registration, registering; [entrée] entry. -**2.** COMM [fait d'inscrire] booking; [entrée] booking, entry. -**3.** TRANSP [à l'aéroport] check-in; [à la gare] registration; **procéder à l'~ de ses bagages** [à l'aéroport] to check one's luggage in; [à la gare] to register one's luggage. -**4.** AUDIO recording; **~ magnétique** tape recording; **~ audio/vidéo/sur cassette** audio/video/cassette recording. -**5.** INF [informations] record; [duplication] recording; [consignation] logging. -**6.** [diagramme] trace.

◆ **d'enregistrement** *loc adj* -**1.** COMM registration *(modif).* -**2.** INF [clef, tête, structure] format *(modif)*; [densité, support] recording *(modif)*; [unité] logging *(modif).*

enregistrer [3] [ãrəʒistre] *vt* -**1.** [inscrire - opération, transaction, acte] to enter, to record; [- déclaration] to register, to file; [- note, mention] to log; [- commande] to book (in); **~ un jugement** to enrol *Br* OU to enroll *Am* OU to enter a judgement. -**2.** [constater] to record, to note; **l'entreprise a enregistré un bénéfice de...** the company showed a profit of...; **on enregistre une baisse du dollar** the dollar has fallen in value. -**3.** AUDIO [dupliquer - cassette audio, disque] to record, to tape; [- cassette vidéo] to record, to video, to video-tape; **musique enregistrée** taped OU recorded music ‖ [pour commercialiser - disque, émission, dialogue] to record; *(en usage abs)*: **ils sont en train d'~** they're doing OU making a recording. -**4.** [afficher] to register, to record, to show; **l'appareil n'a rien enregistré** nothing registered on the apparatus, the apparatus did not register anything. -**5.** [retenir] to take in *(sép)*; **d'accord, c'est enregistré** all right, I've got that; **je n'ai rien enregistré de ce que j'ai lu** I haven't taken in any of what I read ‖ *(en usage abs)*: **je lui ai dit mais il n'a pas enregistré** I told him but it didn't register OU he didn't take it in; **je ne dis rien mais j'enregistre** I don't say anything but I take it all in. -**6.** TRANSP [à l'aéroport] to check in *(sép)*; [à la gare] to register.

enregistreur, euse [ãrəʒistrœr, øz] *adj* recording *(modif).*

◆ **enregistreur** *nm* recorder, recording device.

enrhumer [3] [ãryme] *vt* to give a cold to; **être enrhumé** to have a cold.

◆ **s'enrhumer** *vpi* to catch cold, to get a cold.

enrichi, e [ãriʃi] *adj* -**1.** *péj* [personne] nouveau riche. -**2.** [amélioré] enriched.

enrichir [32] [ãriʃir] *vt* -**1.** [rendre riche] to enrich, to make rich OU richer. -**2.** [améliorer - savon, minerai, culture] to enrich; [- esprit] to enrich, to improve; **cette expérience m'a enrichi** I'm all the richer for that experience.

◆ **s'enrichir** ◇ *vpi* -**1.** [devenir riche] to grow rich OU richer, to become rich OU richer. -**2.** [se développer - collection] to increase, to develop; [- esprit] to be enriched, to grow.

◇ *vpt*: **s'~ l'esprit** to improve one's mind.

enrichissant, e [ãriʃisã, ãt] *adj* [rencontre] enriching; [travail] rewarding; [lecture] enriching, improving.

enrichissement [ãriʃismã] *nm* -**1.** [thésaurisation] becoming rich OU richer. -**2.** [amélioration - d'un minerai, d'un sol, de l'esprit] improvement, improving. -**3.** NUCL enrichment.

enrobage [ãrɔbaʒ] *nm* [d'un aliment] coating.

enrobé, e [ãrɔbe] *adj* [personne] plump, chubby.

◆ **enrobé** *nm* [revêtement] surfacing.

◆ **enrobés** *nmpl* coated materials; **~s à froid/chaud** cold/hot mix.

enrobement [ãrɔbmã] = **enrobage.**

enrober [3] [ãrɔbe] *vt* -**1.** [enduire] to coat; **~ qqch de** to coat sthg with; **~ de chocolat** to coat with chocolate. -**2.** [adoucir] to wrap OU to dress up *(sép)*; **il a enrobé son reproche de mots affectueux** he wrapped his criticism in kind words.

enrochement [ãrɔʃmã] *nm* riprap.

enrôlé [ãrole] *nm* enlisted private.

enrôlement [ãrolmã] *nm* -**1.** MIL enlistment. -**2.** ADMIN & JUR enrolment.

enrôler [3] [ãrole] *vt* -**1.** MIL to enrol *Br*, to enroll *Am*, to enlist. -**2.** *fig*: **~ qqn dans** to recruit sb into; **~ qqn dans un parti/groupe** to recruit sb into a party/group. -**3.** ADMIN & JUR to enrol *Br*, to enroll *Am*, to record.

◆ **s'enrôler** *vpi* to enrol *Br*, to enroll *Am*, to enlist, to sign up.

enrouement [ãrumã] *nm* hoarseness.

enrouer [6] [ãrwe] *vt* to make hoarse; **d'une voix enrouée** hoarsely.

◆ **s'enrouer** *vpi* [de froid] to get hoarse; [en forçant sa voix] to make o.s. hoarse; **je me suis enroué à force de crier/chanter** I shouted/sang myself hoarse.

enroulable [ãrulabl] *adj* windable.

enroulement [ãrulmã] *nm* -**1.** [mise en rouleau] rolling up, winding on; **pour assurer l'~ correct du papier** to ensure that the paper winds on properly. -**2.** [volute] whorl, scroll. -**3.** ÉLECTR [bobinage] winding; [bobine] coil.

enrouler [3] [ãrule] *vt* -**1.** [mettre en rouleau - corde] to wind, to coil (up); [- ressort] to coil; [- papier, tapis] to roll up *(sép)*; **lierre enroulé autour d'un arbre** ivy twined OU wound round a tree. -**2.** [envelopper]: **~ dans** to roll OU to wrap in; **~ un corps dans un drap** to wrap a body in a sheet.

◆ **s'enrouler** ◇ *vp (emploi réfléchi)*: **s'~ dans une couverture** to wrap o.s. up in a blanket.

◇ *vpi* [corde, fil] to be wound OU to wind (up); [serpent] to coil (itself); **le papier s'enroule autour de ce cylindre** the paper winds round this cylinder.

enrouleur, euse [ãrulœr, øz] *adj* winding, coiling.

◆ **enrouleur** *nm* -**1.** [tambour] drum, reel. -**2.** [galet] idle pulley, idler, roller; **~ de ceinture automatique** automatic seat belt winder, inertia reel.

◆ **à enrouleur** *loc adj* self-winding.

enrubanner [3] [ãrybane] *vt* to decorate OU to adorn with ribbons.

ENS *npr f abr de* École normale supérieure.

ensablement [ãsabləmã] *nm* [d'un bateau] running aground; [d'un tuyau] choking (up) with sand; [d'une route] sanding over; [d'un port] silting up; **des travaux vont être faits pour éviter l'~ des véhicules à cet endroit** they're going to alter the road to stop vehicles getting stuck in the sand at this point.

ensabler [3] [ãsable] *vt* -**1.** [couvrir de sable]: **être ensablé** [port, estuaire] to be silted up; [route, piste] to be covered in sand (drifts). -**2.** [enliser]: **une voiture ensablée** a car stuck in the sand.

◆ **s'ensabler** *vpi* -**1.** [chenal] to silt up. -**2.** [véhicule] to get stuck in the sand. -**3.** [poisson] to bury itself in the sand.

ensachage [ãsaʃaʒ] *nm* bagging (up), sacking, packaging.

ensacher [3] [ãsaʃe] *vt* to bag, to sack.

ENSAD, Ensad [ɛnsad] *(abr de* École nationale supérieure des arts décoratifs) *npr f grande école for applied arts.*

ENSAM, Ensam [ɛnsam] *(abr de* École nationale supérieure des arts et métiers) *npr f grande école for engineering.*

ensanglanter [3] [ãsãglãte] *vt* -**1.** [tacher] to bloody; **un mouchoir ensanglanté** a blood-stained handkerchief; **il entra, le visage ensanglanté** he came in with his face covered in blood. -**2.** [lieu, époque] to bathe in blood; **les crimes qui ont ensanglanté la ville** the crimes which have bathed the town in blood.

enseignant, e [ãsɛɲã, ãt] ◇ *adj* → **corps.**

◇ *nm, f* teacher.

enseigne [ãsɛɲ] ◇ *nm* -**1.** MIL: **~ de vaisseau 1re classe** sub-lieutenant *Br*, lieutenant junior grade *Am*; **~ de vaisseau 2e classe** midshipman *Br*, ensign *Am*. -**2.** HIST [porte-drapeau] ensign.

◇ *nf* -**1.** [panneau] sign; **~ lumineuse** OU **au néon** neon sign. -**2.** *litt* [étendard] ensign.

◆ **à telle enseigne que, à telles enseignes que** *loc conj* so much so that.

enseignement [ãsɛɲmã] *nm* -**1.** [instruction] education; **~ assisté par ordinateur** computer-assisted learning; **~ par correspondance** correspondence courses. -**2.** [méthodes d'instruction] teaching (methods); **son ~ prend en compte la vie familiale de l'enfant** his teaching methods take the child's family background into account; **l'~ des langues est excellent dans mon collège** languages are taught very well at my school. **-3.** [système scolaire]: **~ primaire/supérieur** primary/higher education; **~ privé** private education; **~ professionnel** vocational education; **~ programmé** programmed instruction; **~ public** state education OU schools; **l'~ du second degré** secondary education; **~ technique** technical education. **-4.** [profession]: **l'~** teaching, the teaching profession; **entrer dans l'~** to go into teaching; **travailler dans l'~** to work in education OU the teaching profession. **-5.** [leçon] lesson, teaching; **tirer un ~ de qqch** to learn (a lesson) from sthg; **quel ~ en avez-vous tiré?** what did you learn from it?; **les ~s d'un maître** the teachings of a master.

enseigner [4] [ɑ̃seɲe] *vt* to teach; **~ qqch à qqn** to teach sb sthg OU sthg to sb || *(en usage abs)*: **elle enseigne depuis trois ans** she's been teaching for three years.

ensellement [ɑ̃sɛlmɑ̃] *nm* saddle.

ensellure [ɑ̃selyr] *nf* hollow-back, lordosis *spéc*.

ensemble[1] [ɑ̃sɑ̃bl] *nm* **-1.** [collection - d'objets] set, collection; [- d'idées] set, series; [- de données, d'informations, de textes] set, body, collection; **la table et la chaise forment un ~** the table and chair are part of the same set; **un ~ de conditions** a set of conditions. **-2.** [totalité] whole; **la question dans son ~** the question as a whole; **il faudrait réunir ses écrits en un ~ cohérent** we should collect his writings together in a coherent whole; **l'~ de: l'~ des joueurs** all the players; **l'~ des réponses montre que...** the answers taken as a whole show that...; **il s'est adressé à l'~ des employés** he spoke to all the staff OU the whole staff. **-3.** [simultanéité] unity; **évoluer avec ~** to move simultaneously OU in unison; **manquer d'~** to lack unity; **ils ont protesté dans un ~ parfait** they protested unanimously. **-4.** [groupe] group; **~ de chanteurs** group of singers ❑ **~ instrumental** (instrumental) ensemble; **~ vocal** vocal group. **-5.** VÊT suit, outfit; **~ de plage** beach outfit; **~ pantalon** trouser suit. **-6.** MATH set; **~ vide** empty set.

◆ **dans l'ensemble** *loc adv* on the whole, by and large, in the main; **dans l'~ tout va bien** on the whole OU by and large OU in the main everything's fine; **dans l'~ les prix montent** on the whole OU overall, prices are rising.

◆ **d'ensemble** *loc adj* **-1.** [général] overall, general; **mesures d'~** comprehensive OU global measures; **vue d'~** overall OU general view. **-2.** MUS: **faire de la musique d'~** to play in an ensemble.

◆ **grand ensemble** *nm* housing project.

ensemble[2] [ɑ̃sɑ̃bl] *adv* **-1.** [l'un avec l'autre] together; **ils y sont allés ~** they went together; **ne vous séparez pas, restez bien ~** don't separate, stay together; **elles en sont convenues ~** they agreed (between themselves); **nous en avons parlé ~** we spoke OU we had a talk about it; **aller bien ~** [vêtements, couleurs] to go well together; [personnes] to be well matched; **ils vont mal ~** [vêtements] they don't match; [couple] they're ill-matched; **être bien/mal ~** to be on good/bad terms; **ils sont ~ depuis plusieurs mois** they've been together for several months. **-2.** [en même temps] at once, at the same time; **ne parlez pas tous ~** don't speak all at once; **ils sont arrivés tous les deux ~** they both arrived at the same time.

ensemblier [ɑ̃sɑ̃blije] *nm* **-1.** [décorateur] interior designer. **-2.** CIN & TV props assistant.

ensembliste [ɑ̃sɑ̃blist] *adj* set *(modif)* MATH.

ensemencement [ɑ̃səmɑ̃smɑ̃] *nm* **-1.** AGR seeding, sowing. **-2.** PÊCHE stocking. **-3.** BIOL seeding.

ensemencer [16] [ɑ̃səmɑ̃se] *vt* **-1.** AGR to sow, to seed; **champ ensemencé de tournesols** field seeded OU sown with sunflowers. **-2.** PÊCHE to stock. **-3.** BIOL to culture.

enserrer [4] [ɑ̃sere] *vt* **-1.** [agripper] to clutch, to grasp, to grip. **-2.** [être autour de - suj: col, bijou] to fit tightly around; **un bracelet lui enserrait le bras** she wore a tightly-fitting bracelet around her arm; **des fortifications enserrent la vieille ville** fortified walls form a tight circle around the old town.

ENSET, Enset [ɛnsɛt] *(abr de* **École nationale supérieure de l'enseignement technique)** *npr f grande école training science and technology teachers.*

ensevelir [32] [ɑ̃səvlir] *vt* **-1.** *litt* [dans un linceul] to shroud, to enshroud *litt*; [dans la tombe] to entomb. **-2.** [enfouir] to bury; **l'éruption a enseveli plusieurs villages** the eruption buried several villages; **elle a enseveli l'image de cette tragédie au plus profond de sa mémoire** *fig* she buried the image of the tragedy deep in her memory.

◆ **s'ensevelir dans** *vp + prép pr & fig* to bury o.s. in.

ensevelissement [ɑ̃səvlismɑ̃] *nm* **-1.** *litt* [mise dans un linceul] enshrouding; [- au tombeau] entombment. **-2.** [disparition - d'une ruine, d'un souvenir] burying.

ensilage [ɑ̃silaʒ] *nm* **-1.** [méthode] ensilage, silaging. **-2.** [produit] silage.

ensiler [3] [ɑ̃sile] *vt* to ensile, to silage.

ensileuse [ɑ̃siløz] *nf* silo filler.

en-soi [ɑ̃swa] *nm inv*: **l'~** the thing in itself.

ensoleillé, e [ɑ̃sɔleje] *adj* sunny, sunlit; **très ~** sundrenched.

ensoleillement [ɑ̃sɔlɛjmɑ̃] *nm* (amount of) sunshine, insolation *spéc*; **la pièce n'a pas un bon ~** the room doesn't get much sun OU sunlight; **l'~ annuel** the number of days of sunshine per year.

ensoleiller [4] [ɑ̃sɔleje] *vt* **-1.** [donner du soleil à] to bathe in OU to fill with sunlight. **-2.** *fig* to brighten (up); **cet enfant ensoleillait leur existence** that child was like a ray of sunshine in their lives.

ensommeillé, e [ɑ̃sɔmeje] *adj* sleepy, drowsy, dozy; **les yeux tout ~s** eyes heavy with sleep.

ensorcelant, e [ɑ̃sɔrsəlɑ̃, ɑ̃t] *adj* bewitching, entrancing, spellbinding.

ensorceler [24] [ɑ̃sɔrsəle] *vt* to bewitch, to cast a spell over; **elle m'a ensorcelé** I fell under her spell.

ensorceleur, euse [ɑ̃sɔrsəlœr, øz] ◇ *adj* bewitching, entrancing, spellbinding.

◇ *nm, f* **-1.** [sorcier] enchanter (*f* enchantress), sorcerer (*f* sorceress). **-2.** [charmeur] charmer.

ensorcellement [ɑ̃sɔrsɛlmɑ̃] *nm* bewitchment, enchantment; **elle ne pouvait résister à l'~ de ce pays étrange** she fell irresistibly under the spell of that strange country.

ensuite [ɑ̃sɥit] *adv* **-1.** [dans le temps - puis] then, next; [- plus tard] later, after, afterwards; **qu'est-ce que vous prendrez ~?** what will you have to follow?; **et ~, que s'est-il passé?** and what happened next?, and then what happened?; **ils ne sont arrivés qu'~** they didn't arrive until later; **ils se sont disputés, ~ de quoi on ne l'a jamais revu** they fell out, after which we didn't see him again. **-2.** [dans l'espace] then, further on; **la porte d'entrée donnait sur le salon et ~ venait la chambre** the front door opened into the living room and then came the bedroom.

ensuivre [89] [ɑ̃sɥivr]

◆ **s'ensuivre** *vpi* **-1.** [en résulter] to follow, to ensue; **sa maladie et toutes les conséquences qui s'en sont suivies** his illness and all the ensuing consequences || *(tournure impersonnelle)*: **il s'ensuit que** it follows that; **il ne s'ensuit pas forcément que tu as raison** it doesn't necessarily follow that you are right. **-2.** *litt* [venir après] to follow (on); **les jours qui s'ensuivirent furent calmes** the following OU subsequent days were quiet. **-3.** *loc*: **et tout ce qui s'ensuit** and so on (and so forth).

entablement [ɑ̃tabləmɑ̃] *nm* ARCHIT entablature.

entacher [3] [ɑ̃taʃe] *vt* **-1.** [souiller] to sully, to soil; **ce scandale a entaché son honneur** the scandal has sullied his reputation. **-2.** [marquer] to mar; **une attitude entachée d'hypocrisie** an attitude marred by hypocrisy. **-3.** JUR: **entaché de nullité** null.

entaillage [ɑ̃tajaʒ] *nm* notching.

entaille [ɑ̃taj] *nf* **-1.** [encoche] notch, nick. **-2.** [blessure] gash, slash, cut; **petite ~** nick; **se faire une ~ au front** to gash one's forehead.

entailler [3] [ɑ̃taje] *vt* **-1.** [fendre] to notch, to nick; **~ un rondin à coups de hache** to make notches in a log with an axe. **-2.** [blesser] to gash, to slash, to cut; **la lame lui a entaillé l'arcade sourcilière** the blade slashed his face above the eye.

entame [ɑ̃tam] *nf* **-1.** [morceau - de viande] first slice OU cut; [- de pain] crust. **-2.** JEUX opening.

entamer [3] [ɑ̃tame] *vt* **-1.** [jambon, fromage] to start; [bouteille, conserve] to open. **-2.** [durée, repas] to start, to begin; [négociation] to launch, to start, to initiate; [poursuites] to institute, to initiate; **nous avons entamé une longue procédure** we have started OU launched a long procedure. **-3.** [réduire - fortune, économies] to make a dent OU hole in; [- résistance] to lower, to deal a blow to; [- ligne ennemie] to break through. **-4.** [ébranler] to shake; **rien ne peut ~ sa confiance en lui** nothing can shake OU undermine his self-confidence. **-5.** [user] to damage; **l'acide entame le fer** acid eats into OU corrodes metal; **le coin a été entamé** the corner was damaged OU chipped. **-6.** [écorcher - peau] to graze. **-7.** JEUX to open.

entartrage [ɑ̃tartraʒ] *nm* **-1.** [d'une chaudière, d'un tuyau] scaling, furring (up) *Br*. **-2.** [d'une dent - processus] scaling; [- état] scale, tartar deposit.

entartrer [3] [ɑ̃tartre] *vt* **-1.** [chaudière, tuyau] to scale, to fur (up) *Br*. **-2.** [dent] to cover with tartar OU scale.

◆ **s'entartrer** *vpi* **-1.** [chaudière, tuyau] to scale, to fur up *Br*. **-2.** [dent] to become covered in tartar OU scale.

entassement [ɑ̃tasmɑ̃] *nm* **-1.** [amas] heap, pile, stack; [mise en tas] heaping OU piling up, stacking. **-2.** [fait de s'agglutiner] crowding; **l'~ des voyageurs dans le wagon** the crowding of passengers into the carriage.

entasser [3] [ɑ̃tase] *vt* **-1.** [mettre en tas] to heap OU to pile OU to stack (up); **~ de la terre** to heap up OU to bank up earth. **-2.** [accumuler - vieilleries, journaux] to pile OU to heap (up); **elle entasse toutes ses affaires dans cette pièce** she piles up OU stores all her stuff in this room. **-3.** [thésauriser - fortune, argent] to pile up *(sép)*, to heap up *(sép)*. **-4.** [serrer] to cram OU to pack (in); **ils vivent entassés à quatre dans une seule pièce** the four of them live in one cramped room.

◆ **s'entasser** *vpi* [neige, terre] to heap OU to pile up, to bank; [vieilleries, journaux] to heap OU to pile up; [personnes] to crowd (in OU together), to pile in.

ente [ɑ̃t] *nf* [greffon] scion; [greffe] graft.

entendement [ɑ̃tɑ̃dmɑ̃] *nm* comprehension, understanding; **cela dépasse l'~** it's beyond all comprehension OU understanding.

entendeur [ɑ̃tɑ̃dœr] *nm*: **à bon ~ salut** *prov* a word to the wise is enough *prov*.

entendre [73] [ɑ̃tɑ̃dr] *vt* **-1.** [percevoir par l'ouïe] to hear; **parlez plus fort, on n'entend rien** speak up, we can't hear a word (you're saying); **silence, je ne veux pas vous ~!** quiet, I don't want to hear a sound from you!; **tu entends ce que je te dis?** do you hear me?; **elle a dû m'~ le lui dire** she must have overheard me telling him; **tu entends ce que tu dis?** do you know what you're saying?; **j'entends pleurer à côté** I can hear someone crying next door; **~ dire** to hear; **j'ai entendu dire qu'il était parti** I heard that he had left; **c'est la première fois que j'entends (dire) ça** that's the first I've heard of it; **je ne connais l'Islande que par ce que j'en ai entendu dire** I only know Iceland through what I've heard other people say about it; **on**

entend dire beaucoup de choses sur son compte one hears many things about him; ~ parler de to hear about OU of; il ne veut pas ~ parler d'informatique he won't hear of computers; j'ai entendu parler de leur maison I've heard about their house; je ne sais pas où il est, on n'entend plus parler de lui depuis un moment I don't know where he is, he's not been heard of for quite a while; je ne veux plus ~ parler de lui I don't want to hear him mentioned again; on entend beaucoup parler de lui ces temps-ci à la radio we hear a lot about him on the radio at the moment; on n'entend parler que de lui/de sa pièce he's/his play's the talk of the town; vous n'avez pas fini d'en ~ parler! you haven't heard the last of this! || *(en usage abs)*: est-ce qu'il entend? can he hear properly?; j'entends mal de l'oreille droite my hearing's bad in the right ear ❑ on entendrait/on aurait entendu voler une mouche you could hear/could have heard a pin drop; j'aurai tout entendu! whatever next?; j'en ai entendu de belles *fam* OU de bonnes *fam* OU des vertes et des pas mûres *fam* sur son compte I've heard a thing or two about him; ce qu'il faut ~!, ce qu'il faut pas ~! *fam* the things some people come out with!, the things you hear!; il vaut mieux ~ ça que d'être sourd! *fam* what a load of rubbish *Br* OU hogwash *Am*! -2. [écouter] to hear, to listen to; aller ~ un concert to go to a concert; essayer de se faire ~ to try to make o.s. heard; il ne veut rien ~ he won't listen ❑ à l'~, à les ~: à les ~ tout serait de ma faute to hear them talk OU according to them it's all my fault; ~ raison to see sense; faire ~ raison à qqn to make sb listen to reason, to bring sb to his/her senses; il va m'~! I'll give him hell!; si elle me pose encore un lapin, elle va m'~! if she stands me up once more, I'll give her a piece of my mind! -3. [accepter - demande] to agree to *(insép)*; [- vœu] to grant; nos prières ont été entendues our prayers were answered. -4. RELIG: ~ la messe to attend OU to hear mass; ~ une confession to hear OU to take a confession. -5. JUR [témoin] to hear, to interview. -6. *sout* [comprendre] to understand; entend-il la plaisanterie? can he take a joke?; c'est comme ça que j'entends la vie! this is the life!; comment entendez-vous cette remarque? how do you interpret this remark?; il doit être bien entendu que... it must be properly understood that...; donner qqch à ~ OU laisser ~ qqch à qqn: elle m'a laissé OU donné à ~ que... she gave me to understand that...; ~ qqch à [être versé dans]: y entendez-vous quelque chose? do you know anything about it? || *(en usage abs)*: j'entends bien I (do) understand; certes, j'entends, mais... certainly, I do understand, but... ❑ n'y ~ rien OU goutte *vieilli*: je n'y entends rien en politique I don't understand a thing about politics; il ne l'entend pas de cette oreille he won't have any of it. -7. [apprendre] to hear; qu'est-ce que j'entends, tu n'as pas été sage? what's this OU what did I hear, you didn't behave yourself? -8. [vouloir dire] to mean; qu'entendez-vous par là? what do you mean by that?; un étranger, j'entends quelqu'un qui ne m'était pas connu a stranger, I mean someone I didn't know ❑ y ~ finesse OU malice *vieilli*: sans y ~ malice without meaning any harm (by it); elle n'y entendait pas malice she never meant OU intended any harm by it. -9. [vouloir] to want, to intend; fais comme tu l'entends do as you wish OU please; j'entends qu'on m'obéisse I intend to OU I mean to OU I will be obeyed; je n'entends pas être exploité I have no intention of being OU I won't be exploited; il entend bien partir demain he's determined to go tomorrow.

◆ **s'entendre** ◇ *vp (emploi passif)* -1. [être perçu] to be heard; cela s'entend de loin you can hear it OU it can be heard from far off || [être utilisé - mot, expression] to be heard; cela s'entend encore dans la région you can still hear it said OU used around here. -2. [être compris] to be understood; ces chiffres s'entendent hors taxes these figures do not include tax; (cela) s'entend [c'est évident] obviously, it's obvious, that much is clear; après l'hiver, (cela) s'entend when the winter is over, of course OU it goes without saying.

◇ *vp (emploi réciproque)* -1. [pouvoir s'écouter] to hear each other OU one another. -2. [s'accorder] to agree; s'~ sur un prix to agree on a price; entendons-nous bien let's get this straight. -3. [sympathiser] to get on; ils ne s'entendent pas they don't get on ❑ s'~ comme chien et chat to fight like cat and dog; s'~ comme larrons en foire to be as thick as thieves.

◇ *vp (emploi réfléchi)* -1. [percevoir sa voix] to hear o.s.; on ne s'entend plus tellement il y a de bruit there's so much noise, you can't hear yourself think; tu ne t'entends pas! you should hear yourself (talking)!, if (only) you could hear yourself! -2. *loc*: quand je dis qu'il est grand, je m'entends, il est plus grand que moi when I say he's tall I really mean he's taller than myself.

◇ *vpi*: s'y ~ [s'y connaître]: il s'y entend en mécanique he's good at OU he knows (a lot) about mechanics; s'y ~ pour to know how to; s'y ~ pour réparer un vélo to know how to fix a bicycle; elle s'y entend pour tout embrouiller! she's a great one for getting into a mess!

◆ **s'entendre avec** *vp + prép* -1. [s'accorder avec] to reach an agreement with; parvenir à s'~ avec qqn sur qqch to come to an understanding OU to reach an agreement with sb about sthg. -2. [sympathiser avec] to get on with.

entendu, e [ɑ̃tɑ̃dy] *adj* -1. [complice - air, sourire] knowing; hocher la tête d'un air ~ to nod knowingly. -2. [convenu] agreed; (c'est) ~, je viendrai all right OU very well, I'll come.

enténébrer [18] [ɑ̃tenebre] *vt litt* to darken, to fill with darkness.

entente [ɑ̃tɑ̃t] *nf* -1. [harmonie] harmony; entre eux c'est l'~ parfaite they're in complete harmony (with each other); il y a une bonne ~ entre eux they're on good terms (with each other); vivre en bonne ~ to live in harmony. -2. POL agreement, understanding; arriver à une ~ sur to come to an understanding OU agreement over || ÉCON agreement, accord; ~ entre producteurs agreement between producers ❑ ~ industrielle cartel, combine. -3. HIST: l'Entente cordiale the Entente Cordiale.

◆ **à double entente** *loc adj* ambiguous; une expression à double ~ a double entendre; c'est à double ~ it's ambiguous OU a double entendre.

enter [3] [ɑ̃te] *vt* -1. CONSTR to scarf. -2. HORT to graft.

entéralgie [ɑ̃teralʒi] *nf* enteralgia.

entérinement [ɑ̃terinmɑ̃] *nm* -1. JUR ratification. -2. [acceptation - d'un usage] confirmation, ratification, adoption; [- d'un état de fait] acceptance, approval.

entériner [3] [ɑ̃terine] *vt* -1. JUR to ratify, to confirm. -2. [approuver - usage] to adopt; [- état de fait, situation] to go along with, to assent to.

entérique [ɑ̃terik] *adj* enteric.

entérite [ɑ̃terit] *nf* enteritis.

entérobactérie [ɑ̃terɔbakteri] *nf* enterobacterium.

entérocolite [ɑ̃terɔkɔlit] *nf* enterocolitis.

entérocoque [ɑ̃terɔkɔk] *nm* enterococcus.

entérokinase [ɑ̃terɔkinaz] *nf* enterokinase.

entérovaccin [ɑ̃terɔvaksɛ̃] *nm* enterovaccine.

enterrement [ɑ̃tɛrmɑ̃] *nm* -1. [funérailles] funeral; cette soirée, c'était un ~ de première classe it was like watching paint dry, that party. -2. [ensevelissement] burial. -3. [cortège] funeral procession. -4. [abandon - d'une idée, d'une dispute] burying; [- d'un projet] shelving, laying aside.

◆ **d'enterrement** *loc adj* [mine, tête] gloomy, glum; faire une tête d'~ to wear a gloomy OU long expression; ne prends pas cette mine d'~! cheer up, it may never happen!

enterrer [4] [ɑ̃tere] *vt* -1. [ensevelir] to bury; être enterré vivant to be buried alive. -2. [inhumer] to bury, to inter; vous nous enterrerez tous you'll outlive us all ❑ ~ sa vie de garçon to celebrate one's last night as a bachelor, to hold a stag party. -3. [oublier - scandale] to bury, to hush (up); [- souvenir, passé, querelle] to bury, to forget (about); [- projet] to shelve, to lay aside.

◆ **s'enterrer** *vp (emploi réfléchi) pr* to bury o.s.; *fig* to hide o.s. away; aller s'~ en province to hide o.s. away in the country.

entêtant, e [ɑ̃tɛtɑ̃, ɑ̃t] *adj* heady.

en-tête [ɑ̃tɛt] *nm* -1. [sur du papier à lettre] letterhead, heading. -2. IMPR head, heading. -3. INF header.

◆ **à en-tête** *loc adj* [papier, bristol] headed; papier à ~ de la compagnie company notepaper.

◆ **en en-tête de** *loc prép* at the head OU top of; mettez l'adresse en ~ de la lettre put the address at the top of the letter; je veux le logo en ~ de la feuille I want the sheet headed with the logo.

entêté, e [ɑ̃tete] ◇ *adj* obstinate, stubborn.
◇ *nm, f* stubborn OU obstinate person.

entêtement [ɑ̃tɛtmɑ̃] *nm* stubbornness, obstinacy.

entêter [4] [ɑ̃tete] *vt* to make dizzy; ce parfum m'entête I find this perfume quite intoxicating.

◆ **s'entêter** *vpi*: s'~ à faire to persist in doing; s'~ à écrire à qqn to persist in writing to sb; elle s'entête à vouloir/à ne pas vouloir venir she's set her mind on/against coming; s'~ dans: s'~ dans l'erreur to persist in one's error.

enthousiasmant, e [ɑ̃tuzjasmɑ̃, ɑ̃t] *adj* exciting, thrilling.

enthousiasme [ɑ̃tuzjasm] *nm* enthusiasm, keenness; être plein d'~, déborder d'~ to be full of OU to be bubbling with enthusiasm; avec ~ enthusiastically; parler de qqch avec ~ to enthuse over sthg.

enthousiasmer [3] [ɑ̃tuzjasme] *vt* to fill with enthusiasm; cela n'avait pas l'air de l'~ he didn't seem very enthusiastic (about it).

◆ **s'enthousiasmer** *vpi*: il s'enthousiasme facilement he's easily carried away; s'~ pour qqn/qqch to be enthusiastic about sb/sthg.

enthousiaste [ɑ̃tuzjast] ◇ *adj* enthusiastic, keen.
◇ *nmf* enthusiast; c'est un grand ~! he's very keen!

entiché, e [ɑ̃tiʃe] *adj*: être ~ de to be wild about.

entichement [ɑ̃tiʃmɑ̃] *nm litt* -1. [amour] infatuation; son ~ pour lui n'a pas duré bien longtemps her infatuation with him did not last very long. -2. [enthousiasme] passion; leur ~ pour la Turquie their passion for Turkey.

enticher [3] [ɑ̃tiʃe]

◆ **s'enticher de** *vp + prép*: s'~ de qqn [s'amouracher de qqn] to become infatuated with sb; s'~ de qqch [s'enthousiasmer pour qqch] to become very keen on sthg; il s'est entiché de littérature espagnole he's become very keen on Spanish literature.

entier, ère [ɑ̃tje, ɛr] *adj* -1. [complet] whole, entire; une semaine entière a whole OU an entire week; pendant des journées/des heures entières for days/hours on end; manger un camembert ~ to eat a whole camembert; dans le monde ~ in the whole world, throughout the world; trois chapitres ~s lui sont consacrés three whole chapters are devoted to him; payer place entière to pay the full price; tout ~, tout entière: je le voulais tout ~ pour moi I wanted him all to myself; tout ~ à, tout entière à: être tout ~ à son travail to be completely wrapped up OU engrossed in one's work. -2. *(avant le n)* [en intensif] absolute, complete; il a mon entière confiance I have complete confidence in him; donner entière satisfaction à qqn to give sb complete satisfaction. -3. *(après le v)* [intact] intact; la difficulté reste entière the problem remains unresolved.

-**4.** [absolu - personne] : **c'est quelqu'un de très ~** she is someone of great integrity. -**5.** CULIN [lait] full-cream *Br*, whole. -**6.** MATH : **nombre ~** integer, whole number. -**7.** VÉTÉR entire.

◆ **entier** *nm* MATH [nombre] integer, whole number.

◆ **dans son entier** *loc adv* as a whole; **l'industrie automobile dans son ~** the car industry as a whole.

◆ **en entier** *loc adv* : **manger un gâteau en ~** to eat a whole OU an entire cake; **je l'ai lu en ~** I read all of it, I read the whole of it, I read it right through.

entièrement [ɑ̃tjɛrmɑ̃] *adv* entirely, completely; **le bureau a été ~ refait** the office has been completely refitted; **la maison avait été construite ~ en pierre de taille** the house had been made entirely of freestone; **je l'ai ~ lu** I read all of it, I read the whole of it, I read it (all) through; **tu as ~ raison** you're quite OU absolutely right; **tu n'as pas ~ tort** there's some truth in what you say; **ce n'est pas ~ faux** it's not completely OU entirely wrong, there's some truth in it.

entièreté [ɑ̃tjɛrte] *nf* entirety.

entité [ɑ̃tite] *nf* -**1.** [abstraction] entity. -**2.** MÉD : **~ morbide** morbid entity.

entoilage [ɑ̃twalaʒ] *nm* -**1.** [technique] mounting on OU covering with canvas. -**2.** [toile] canvas cover.

entoiler [3] [ɑ̃twale] *vt* -**1.** [renforcer] to mount on canvas. -**2.** [recouvrir] to cover with canvas.

entôlage▽ [ɑ̃tolaʒ] *nm* fleecing *(of a prostitute's client)*.

entôler▽ [3] [ɑ̃tole] *vt* to fleece.

entomologie [ɑ̃tɔmɔlɔʒi] *nf* entomology.

entomologique [ɑ̃tɔmɔlɔʒik] *adj* entomologic, entomological.

entomologiste [ɑ̃tɔmɔlɔʒist] *nmf* entomologist.

entomophage [ɑ̃tɔmɔfaʒ] *adj* entomophagous.

entomophile [ɑ̃tɔmɔfil] *adj* entomophilous.

entomostracé [ɑ̃tɔmɔstrase] *nm* entomostracan.

entonner [3] [ɑ̃tɔne] *vt* -**1.** [hymne, air] to strike up *(insép)*, to start singing; **~ les louanges de qqn** to start singing sb's praises. -**2.** [du vin] to put in a barrel, to barrel.

entonnoir [ɑ̃tɔnwar] *nm* -**1.** [ustensile] funnel. -**2.** GÉOG sinkhole, swallow hole. -**3.** [trou d'obus] shell-hole, crater. -**4.** *fam loc hum* : **avoir un bon ~** to have hollow legs.

entorse [ɑ̃tɔrs] *nf* -**1.** [foulure] sprain; **se faire une ~ au poignet** to sprain one's wrist. -**2.** [exception] infringement (of); **faire une ~ au règlement** to bend the rules; **ce serait une ~ à mes principes** that would mean compromising my principles; **faire une ~ à son régime** to break one's diet.

entortillement [ɑ̃tɔrtijmɑ̃], **entortillage** [ɑ̃tɔrtijaʒ] *nm* twisting, winding.

entortiller [3] [ɑ̃tɔrtije] *vt* -**1.** [enrouler - ruban, mouchoir] to twist, to wrap; **~ de la ficelle autour d'un bâton** to twist OU to wrap a piece of string round a stick; **~ une mèche de cheveux autour de son doigt** to wind OU to twist a strand of hair round one's finger. -**2.** [compliquer] : **être entortillé** to be convoluted. -**3.** *fam* [tromper] to hoodwink, to con; **il essaie de t'~** he's trying to con you.

◆ **s'entortiller** *vpi* -**1.** [s'enrouler - lierre] to twist, to wind. -**2.** [être empêtré] to get caught OU tangled up; **s'~ dans ses explications** to get tangled up in one's explanations.

entourage [ɑ̃turaʒ] *nm* [gén] circle; [d'un roi, d'un président] entourage; **~ familial** family circle; **on dit dans l'~ du Président que...** sources close to the President say that...; **il s'entend bien avec son ~** he gets on well with the people around him.

entouré, e [ɑ̃ture] *adj* -**1.** [populaire] : **une actrice très ~e** an actress who is very popular OU who is the centre of attraction. -**2.** [par des amis] : heureusement, elle est très ~e fortunately, she has a lot of friends around her.

entourer [3] [ɑ̃ture] *vt* -**1.** [encercler - terrain, mets] to surround; **un châle entourait ses épaules** a shawl was wrapped around her shoulders; **~ qqch/qqn de** : **~ un champ de barbelés** to surround a field with barbed wire, to put barbed wire around a field; **~ un mot de** OU **en rouge** to circle a word in red; **~ qqn de ses bras** to put OU to wrap one's arms around sb. -**2.** [environner] : **le monde qui nous entoure** the world around us OU that surrounds us. -**3.** [graviter autour de - suj : foule, conseillers] to surround, to be around. -**4.** [soutenir - malade, veuve] to rally round *(insép)*; **~ qqn de** : **~ un ami de son affection** to surround a friend with affection.

◆ **s'entourer de** *vp + prép* -**1.** [placer autour de soi] to surround o.s. with, to be surrounded by; **s'~ d'objets d'art/d'excellents musiciens** to surround o.s. with works of art/with excellent musicians ‖ *(en usage abs)* : **savoir s'~** to know all the right people. -**2.** [vivre au sein de] : **s'~ de mystère** to shroud o.s. in mystery; **s'~ de beaucoup de précautions** to take elaborate precautions.

entourloupe *fam* [ɑ̃turlup], **entourloupette** *fam* [ɑ̃turlupɛt] *nf* nasty OU dirty trick; **faire une ~ à qqn** to play a dirty trick on sb.

entournure [ɑ̃turnyr] *nf* armhole.

entracte [ɑ̃trakt] *nm* -**1.** CIN & THÉÂT interval *Br*, intermission *Am*; **à** OU **pendant l'~** in the interval *Br*, during the intermission *Am*; **un ~ de 15 minutes** a 15 minute interval *Br* OU intermission *Am*. -**2.** [spectacle] interlude, entr'acte. -**3.** [pause] break, interlude.

entraide [ɑ̃trɛd] *nf* mutual aid; **comité d'~** ADMIN support committee.

entraider [4] [ɑ̃trede]

◆ **s'entraider** *vp (emploi réciproque)* to help one another OU each other.

entrailles [ɑ̃traj] *nfpl* -**1.** ANAT & ZOOL entrails, guts; **être pris aux ~** [être ému] to be stirred to the depths of one's soul. -**2.** *litt* [ventre] womb. -**3.** [profondeur - de la terre] depths, bowels; [- d'un piano, d'un navire] innards.

entr'aimer [4] [ɑ̃treme]

◆ **s'entr'aimer** *vp (emploi réciproque) litt* to love one another OU each other.

entrain [ɑ̃trɛ̃] *nm* -**1.** [fougue] spirit; **avoir beaucoup d'~, être plein d'~** to be full of life OU energy; **retrouver son ~** to cheer OU to brighten up again; **il faut y mettre un peu plus d'~** you need to put a little more spirit into it. -**2.** [animation] liveliness; **musique pleine d'~** lively music; **la fête manquait d'~** the party wasn't very lively.

◆ **avec entrain** *loc adv* with gusto, enthusiastically.

◆ **sans entrain** *loc adv* half-heartedly, unenthusiastically.

entraînable [ɑ̃trɛnabl] *adj* : **facilement ~** easily influenced.

entraînant, e [ɑ̃trɛnɑ̃, ɑ̃t] *adj* [chanson] catchy, swinging; [rythme] swinging, lively; [style, éloquence] rousing, stirring.

entraînement [ɑ̃trɛnmɑ̃] *nm* -**1.** [d'un sportif] training, coaching; [d'un cheval] training; **séance d'~** training session; **manquer d'~** to be out of training; **des centaines d'heures d'~** hundreds of hours of training; **se blesser à l'~** to hurt o.s. while training OU during a training session. -**2.** [habitude] practice; **il ne faut pas de technique spéciale, juste un peu d'~** there's no need for any special skills, just some practice. -**3.** MÉCAN drive; **~ à chaîne/par courroie** chain/belt drive.

◆ **d'entraînement** *loc adj* -**1.** ÉQUIT & SPORT [séance, matériel] training *(modif)*; **camp d'~ militaire** military training camp. -**2.** MÉCAN drive *(modif)*.

entraîner [4] [ɑ̃trene] *vt* -**1.** [emporter] to carry OU to sweep along *(sép)*; *fig* to carry away *(sép)*; **le torrent entraînait tout sur son passage** the torrent swept everything along with it; **entraînés par la foule** swept along by the crowd; **se laisser ~ par la musique** to let o.s. be carried away by the music; **cette discussion nous entraînerait trop loin** that discussion would carry OU take us too far ‖ [tirer - wagons] to pull, to haul; [actionner - bielle] to drive; **poulie entraînée par une courroie** belt-driven pulley. -**2.** [conduire] to drag (along); **il m'a entraîné au fond de la salle** he dragged me (off) to the back of the room; **un étranger peut vous ~ dans les bois** a stranger might entice you into the woods; **c'est lui qui m'a entraîné dans cette affaire** he's the one who dragged me into this mess; **se laisser ~ dans une polémique** to let o.s. be dragged into a controversy; **il a entraîné son associé dans sa faillite** he dragged his partner down with him when he went bankrupt; **ce sont les grands qui les entraînent à faire des bêtises** it's the older children who encourage them to be naughty ▫ **~ qqn dans sa chute** *pr* to pull OU to drag sb down in one's fall; *fig* to pull sb down with one. -**3.** [occasionner] to bring about *(sép)*, to lead to *(insép)*, to involve; **cela risque d'~ de gros frais** this is likely to involve heavy expenditure; **sa victoire entraînerait la fin de la démocratie** his victory would lead to OU mean the end of democracy. -**4.** ÉQUIT & SPORT [équipe, boxeur] to train, to coach; [cheval] to train; **~ qqn à la natation** to coach sb in swimming.

◆ **s'entraîner** *vpi* SPORT to train; **je m'entraîne tous les matins** I train every morning; **s'~ pour les** OU **en vue des Jeux Olympiques** to be in training OU to train for the Olympic Games; **s'~ au saut à la perche** to be in training OU to train for the pole vault; **s'~ à faire qqch** [gén] to teach o.s. to do sthg; SPORT to train o.s. to do sthg.

entraîneur, euse [ɑ̃trɛnœr, øz] *nm, f* [d'un cheval] trainer; [d'un sportif] trainer, coach; **~ d'hommes** *fig* leader of men.

◆ **entraîneuse** *nf* hostess *(in a bar)*.

entrant, e [ɑ̃trɑ̃, ɑ̃t] ◇ *adj* incoming.

◇ *nm, f* -**1.** SPORT substitute. -**2.** [celui qui entre] : **les ~s et les sortants** those who go in and those who come out.

entr'apercevoir [52] [ɑ̃trapɛrsəvwar] *vt* to catch a (fleeting) glimpse of.

entrave [ɑ̃trav] *nf* -**1.** [obstacle] hindrance, obstacle; **~ à la circulation** hindrance to traffic; **cette mesure est une ~ au libre-échange** this measure is an obstacle OU a hindrance to free trade. -**2.** [chaîne - d'esclave] chain, fetter, shackle; [- de cheval] shackle, fetter; **mettre des ~s à un cheval** to fetter a horse.

◆ **sans entraves** *loc adj* unfettered.

entravé, e [ɑ̃trave] *adj* -**1.** VÊT hobble *(modif)*. -**2.** PHON checked.

entraver [3] [ɑ̃trave] *vt* -**1.** [gêner - circulation] to hold up *(sép)*. -**2.** [contrecarrer - initiative, projet] to hinder, to hamper, to get in the way of; **~ une négociation** to hamper negotiations. -**3.** [attacher - esclave] to put in chains; [- cheval] to fetter, to shackle. -**4.** *arg crime* : **j'y entrave rien** OU **que dalle** OU **que couic** I don't get this at all.

entre [ɑ̃tr] *prép* -**1.** [dans l'espace] between; [dans] in; [à travers] through, between; **la distance ~ la Terre et la Lune** the distance between the Earth and the Moon; **~ de hautes murailles** between high walls; **Lyon est à la cinquième place, ~ Marseille et Bordeaux** Lyon is in fifth place, between Marseille and Bordeaux; **tenir un enfant ~ ses bras** to hold a child in one's arms; **tenir qqch ~ ses mains** to hold sthg in one's hands; **une phrase ~ crochets** a sentence in square brackets; **ce sont deux moitiés de génoise avec du chocolat ~** it's two halves of sponge cake with chocolate in between; **il passa la main ~ les barreaux** he put his hand through the bars; **le soleil passait ~ les interstices des persiennes** the sun was filtering through the slats of the shutters; **l'aiguille glissa ~ ses doigts** the needle slipped through his fingers. -**2.** [dans le temps] between; **~ 1830 et 1914** between 1830 and 1914; **il y**

a 15 ans de différence ~ les deux frères there is a 15 year difference between the two brothers; j'ai réussi à le voir ~ deux réunions I managed to see him between two meetings; ~ le travail et le transport, je n'ai plus de temps à moi between work and travel, I haven't any time left. -**3.** [indiquant un état intermédiaire]: **une couleur ~ le jaune et le vert** a colour between yellow and green; **elle était ~ le rire et les larmes** she didn't know whether to laugh or cry; **pris ~ le désir de le frapper et celui de l'embrasser** wanting both to hit him and kiss him; **le cidre est doux ou sec? — ~ les deux** is the cider sweet or dry? — it's between the two OU in between; **c'était bien? — ~ les deux** *fam* was it good? — so-so. -**4.** [exprimant une approximation] between; **il y a ~ 10 et 12 km** it's between 10 and 12 kms; **les températures oscilleront ~ 10 et 15°** temperatures will range from 10 to 15°; **ils ont invité ~ 15 et 20 personnes** they've invited 15 to 20 people. -**5.** [parmi] among; **choisir une solution ~ plusieurs autres** to choose one solution among OU from several others; **partagez le gâteau ~ les enfants** share the cake between the children; **certains d'~ eux** some of them OU among them; **ceux d'~ vous qui désireraient venir** those among you OU of you who'd like to come; **lequel est le plus âgé d'~ vous?** who is the oldest amongst you?; **d'~ toutes ses sonates, c'est celle que je préfère** of all his sonatas, that's the one I like most; **tu as le choix ~ trois réponses** you've got a choice of three answers; **choisir ~ plusieurs candidats** to choose among OU between several candidates; **je me souvenais de ce jour ~ tous** I remembered that day above all others; **je le reconnaîtrais ~ tous** [personne] I'd know him anywhere; [objet] I couldn't fail to recognize it; **brave ~ les braves** bravest of the brave. -**6.** [dans un groupe]: **passer une soirée ~ amis** to spend an evening among friends; **parle, nous sommes ~ amis** you can talk, we're among friends OU we're all friends here; **on se réunit ~ anciens combattants** we've got together a gathering of veterans; **nous ferons une petite fête, juste ~ nous** [à deux] we'll have a small party, just the two of us; [à plusieurs] we'll have a party, just among ourselves; **ils ont tendance à rester ~ eux** they tend to keep themselves to themselves; **~ nous, il n'a pas tort** [à deux] between you and me, he's right; [à plusieurs] between us, he's right; **~ vous et moi** between you and me. -**7.** [indiquant une relation]: **le combat ~ les deux adversaires a été sanglant** the fight between the two enemies was bloody; **les clans se battent ~ eux** the clans fight (against) each other, there are fights between the clans; **qu'y a-t-il ~ vous?** what is there between you?; **il n'y a plus rien ~ nous** there's nothing between us any more; **l'amitié ~ ces deux hommes** the friendship between these two men; **la différence ~ toi et moi** the difference between you and me; **il y a une analogie ~ ces deux situations** there's an analogy between these situations.

◆ **entre autres** *loc adv*: **sa fille, ~ autres, n'est pas venue** his daughter, for one OU among others, didn't come; **sont exposés, ~ autres, des objets rares, des œuvres de jeunesse du peintre, etc.** the exhibition includes, among other things, rare objects, examples of the artist's early work etc.

entrebâillement [ɑ̃trəbajmɑ̃] *nm*: **dans/par l'~ de la porte** in/through the half-open door.

entrebâiller [3] [ɑ̃trəbaje] *vt* [porte, fenêtre] to half-open; **laisse la porte entrebâillée** leave the door half-open OU ajar.

entrebâilleur [ɑ̃trəbajœr] *nm* door chain.

entrechat [ɑ̃trəʃa] *nm* -**1.** DANSE entrechat. -**2.** *hum* [bond] leap, spring; **faire des ~s** to leap about.

entrechoquement [ɑ̃trəʃɔkmɑ̃] *nm* [de verres] clinking; [de cymbales] clashing; [des dents] chattering.

entrechoquer [3] [ɑ̃trəʃɔke] *vt* to knock OU to bang together.

◆ **s'entrechoquer** *vp* *(emploi réciproque)* -**1.** [se heurter - verres] to clink (together); [- épées] to clash (together); [- dents] to chatter. -**2.** [affluer - images, mots] to jostle together.

entrecolonnement [ɑ̃trəkɔlɔnmɑ̃] *nm* intercolumnation.

entrecôte [ɑ̃trəkot] *nf* entrecôte (steak); **~ minute** minute steak.

entrecoupé, e [ɑ̃trəkupe] *adj* [voix] broken.

entrecouper [3] [ɑ̃trəkupe] *vt* -**1.** [interrompre]: **la conversation a été entrecoupée de sonneries de téléphone** the phone kept interrupting the conversation; **une voix entrecoupée de sanglots** a voice broken by sobs. -**2.** [émailler]: **~ qqch de** to intersperse OU to pepper sthg with.

◆ **s'entrecouper** *vp* *(emploi réciproque)* to intersect.

entrecroisement [ɑ̃trəkrwazmɑ̃] *nm* intertwining, intersecting.

entrecroiser [3] [ɑ̃trəkrwaze] *vt* to intertwine.

◆ **s'entrecroiser** *vp* *(emploi réciproque)* to intersect.

entrecuisse [ɑ̃trəkɥis] *nm* ANAT crotch, crutch *Br*.

entre-déchirer [3] [ɑ̃trədeʃire]

◆ **s'entre-déchirer** *vp* *(emploi réciproque)* *pr* & *fig* to tear one another to pieces.

entre-deux [ɑ̃trədø] *nm inv* -**1.** [dans l'espace] space between, interspace. -**2.** [dans le temps] intervening period, period in between. -**3.** SPORT jump ball. -**4.** COUT: **~ de dentelle** lace insert. -**5.** [meuble] console table *(placed between two windows)*.

entre-deux-guerres [ɑ̃trədøgɛr] *nm inv* OU *nf inv*: **l'~** the interwar period; **la mode de l'~** fashion of the interwar period.

entre-deux-mers [ɑ̃trədømɛr] *nm inv* [vin] Entre-Deux-Mers.

Entre-deux-Mers [ɑ̃trədømɛr] *npr m* GÉOG: **l'~** the Entre-Deux-Mers area.

entre-dévorer [3] [ɑ̃trədevɔre]

◆ **s'entre-dévorer** *vp* *(emploi réciproque)* *pr* to devour one another; *fig* to tear one another to pieces.

entrée [ɑ̃tre] *nf* -**1.** [arrivée] entrance, entry; **l'~ au port du navire** the ship's entry into the port; **à l'~ en Italie** when crossing into Italy; **à son ~, tout le monde s'est levé** everybody stood up as she walked in OU entered; **faire une ~ discrète** to enter discreetly; **faire son ~ dans une pièce** to make one's entrance into a room; **faire son ~ dans le monde** *vieilli* [demoiselle] to come out (as a débutante); **~ en: ~ en action** coming into play; **dès son ~ en fonction, il devra...** as soon as he takes up office, he will have to...; **l'~ en guerre de la France** France's entry into OU France's joining the war; **~ en matière** [d'un livre] introduction; **~ en scène** entrance; **au moment de mon ~ en scène** as I made my entrance OU as I walked onto the stage; **l'~ en vigueur d'une loi** the promulgation of a law. -**2.** [adhésion] entry, admission; **l'~ de l'Espagne dans le Marché commun** Spain's entry into the Common Market; **au moment de l'~ à l'université** when students start university; **son ~ dans les ordres** his being ordained OU taking holy orders. -**3.** [accès] entry, admission; **se voir refuser l'~ d'une discothèque** to be refused admission OU entry to a nightclub; **l'~ est gratuite pour les enfants** there is no admission charge for children; **'entrée'** 'way in'; **'~ libre'** [dans un magasin] 'no obligation to buy'; [dans un musée] 'free admission'; **'~ interdite'** [dans un local] 'no entry', 'keep out'; [pour empêcher le passage] 'no way in', 'no access'; [dans un bois] 'no trespassing'; **'~ interdite à tout véhicule'** 'pedestrians only'; **'~ réservée au personnel'** 'staff only'; **avoir ses ~s: avoir ses ~s auprès de qqn** to have (privileged) access to sb; **avoir ses ~s dans un club** to be a welcome visitor to a club. -**4.** [voie d'accès - à un immeuble] entrance (door); [- à un tunnel, une grotte] entry, entrance, mouth; **~ des artistes** stage door; **~ principale** main entrance; **~ de service** service OU tradesmen's entrance. -**5.** [vestibule - dans un lieu public] entrance (hall), lobby; [- dans une maison] hall, hallway. -**6.** LOISIRS [billet] ticket; **je te paie ton ~** I'll pay for you OU buy your ticket || [spectateur] spectator; [visiteur] visitor; **nombre d'~s par salle** number of tickets sold per auditorium; **le film a fait deux millions d'~s** two million people have seen the film; **on n'a fait que 300 ~s** we sold only 300 tickets. -**7.** CULIN first course, starter; **je prendrai une salade en ~** I'll have a salad to start with || [dans un repas de gala] entrée. -**8.** INF: **~ des données** [gén] inputting of data, data input; [par saisie] keying in OU keyboarding of data. -**9.** [inscription] entry; **faire une ~ dans un registre/dictionnaire** to enter an item into a register/dictionary. -**10.** [réplique] cue; **ne rate pas ton ~** don't miss your cue. -**11.** TECH: **~ d'air** air inlet. -**12.** MUS entry.

◆ **entrées** *nfpl* COMPTA receipts, takings.

◆ **à l'entrée de** *loc prép* -**1.** [dans l'espace] at the entrance OU on the threshold of; **à l'~ de la grotte** at the entrance OU mouth of the cave. -**2.** *litt* [dans le temps] at the beginning of; **à l'~ du printemps** at the beginning of spring; **à l'~ de la vie** at the dawn of life.

◆ **d'entrée, d'entrée de jeu** *loc adv* from the outset, right from the beginning.

entrefaites [ɑ̃trəfɛt] *nfpl*: **sur ces ~** at that moment OU juncture.

entrefenêtre [ɑ̃trəfənɛtr] *nm* [pan de mur] pier *(between two windows)*.

entrefer [ɑ̃trəfɛr] *nm* air gap ELEC.

entrefilet [ɑ̃trəfilɛ] *nm* short piece, paragraph *(in a newspaper)*; **l'affaire a eu droit à un ~** there was a paragraph OU there were a few lines in the newspaper about it.

entregent [ɑ̃trəʒɑ̃] *nm*: **avoir de l'~** to know how to handle people.

entr'égorger [17] [ɑ̃tregɔrʒe]

◆ **s'entr'égorger** *vp* *(emploi réciproque)* to cut one another's throats.

entrejambe [ɑ̃trəʒɑ̃b] *nm* crotch.

entrelacement [ɑ̃trəlasmɑ̃] *nm* intertwining, interlacing.

entrelacer [16] [ɑ̃trəlase] *vt* to intertwine, to interlace; **initiales entrelacées** intertwined initials.

◆ **s'entrelacer** *vp* *(emploi réciproque)* to intertwine, to interlace.

entrelacs [ɑ̃trəla] *nm* interlacing.

entrelardé, e [ɑ̃trəlarde] *adj* [rôti] larded; [tranche de poitrine] streaky.

entrelarder [3] [ɑ̃trəlarde] *vt* -**1.** CULIN to lard. -**2.** [entrecouper]: **~ qqch de** to intersperse OU to interlard sthg with.

entremêlement [ɑ̃trəmɛlmɑ̃] *nm* intermingling *(U)*, entanglement.

entremêler [4] [ɑ̃trəmele] *vt* -**1.** [mêler - rubans, fleurs] to intermingle, to mix together *(sép)*. -**2.** [entrecouper]: **~ qqch de: paroles entremêlées de sanglots** words broken with sobs.

◆ **s'entremêler** *vp* *(emploi réciproque)* [fils, cheveux] to become entangled; [idées, intrigues] to become intermingled.

entremets [ɑ̃trəmɛ] *nm* entremets.

entremetteur, euse [ɑ̃trəmɛtœr, øz] *nm, f* -**1.** *vieilli* [intermédiaire] mediator, go-between. -**2.** *péj* [dans des affaires galantes] procurer (*f* procuress).

entremettre [84] [ɑ̃trəmɛtr]

◆ **s'entremettre** *vpi* [à bon escient] to intervene; **s'~ dans une querelle** to intervene in a quarrel; **s'~ entre deux délégations** to act as mediator OU to mediate between two delegations || [à mauvais escient] to interfere.

entremise [ɑ̃trəmiz] *nf* intervention, intervening *(U)*; **offrir son ~** to offer to act as mediator.

◆ **par l'entremise de** *loc prép* through.

entrepont [ɑ̃trəpɔ̃] *nm* steerage; **voyager dans l'~** to travel steerage OU in steerage class.

entreposage [ɑ̃trəpozaʒ] *nm* storing *(U)*, storage.

entreposer [3] [ɑ̃trəpoze] *vt* -**1.** [mettre en entrepôt] to store, to put in a warehouse, to warehouse; **marchandises entreposées** warehoused goods. -**2.** [déposer] to leave; ~ **des livres chez un ami** to leave some books with a friend.

entreposeur [ɑ̃trəpozœr] *nm* warehouse owner.

entrepositaire [ɑ̃trəpozitɛr] *nmf* owner of bonded goods.

entrepôt [ɑ̃trəpo] *nm* warehouse; **marchandises en** ~ warehoused goods, goods in storage ❑ ~ **de douane** bonded warehouse; **ville d'**~ entrepôt, free port.

entreprenant, e [ɑ̃trəprənɑ̃, ɑ̃t] *adj* -**1.** [dynamique] enterprising. -**2.** [hardi] forward.

entreprendre [79] [ɑ̃trəprɑ̃dr] *vt* -**1.** [commencer - lecture, étude] to begin, to start (on); [- croisière, carrière] to set out on OU upon *(insép)*; [- projet, démarche] to undertake, to set about *(insép)*; ~ **la rédaction d'une thèse** to begin OU to start writing a thesis; ~ **des études de droit** to begin studying law, to undertake law studies. -**2.** [séduire - femme] to make (amorous) advances towards. -**3.** [interpeller - passant] to buttonhole; ~ **qqn sur un sujet** to tackle sb about OU over a matter.

entrepreneur, euse [ɑ̃trəprənœr, øz] *nm, f* -**1.** CONSTR: ~ **de bâtiment** OU **construction** (building) contractor, builder. -**2.** [chef d'entreprise] entrepreneur; **petit** ~ small businessman; ~ **de transports** haulier *Br*, hauler *Am*; ~ **de pompes funèbres** funeral director, undertaker.

entreprise [ɑ̃trəpriz] *nf* -**1.** [société] firm, concern, business; **monter une** ~ to set up a business ❑ ~ **commerciale/industrielle** business/industrial concern; ~ **agricole** farm; ~ **familiale** family business OU firm; ~ **de pompes funèbres** funeral director's, undertaker's; ~ **de transports** transport company; ~ **de travaux publics** civil engineering firm; ~ **d'utilité publique** public utility company; **junior** ~ *company set up by students to gain experience of business*; **petite/moyenne/grosse** ~ small/medium-sized/large firm. -**2.** [monde des affaires]: **l'**~ business, the business world. -**3.** [régime économique] enterprise *(U)*; **l'**~ **publique/privée** public/private enterprise. -**4.** [initiative] undertaking, initiative.

◆ **entreprises** *nfpl hum* [avances] (amorous) advances.

◆ **d'entreprise** *loc adj* [matériel, véhicule] company *(modif)*.

entrer [ɑ̃tre] ◇ *vi (aux être)* **A. PÉNÉTRER** -**1.** [personne - gén] to enter; [- vu de l'intérieur] to come in; [- vu de l'extérieur] to go in; [- à pied] to walk in; [- à cheval, à bicyclette] to ride in; [véhicule] to drive in; **toc, toc! — entrez!** knock, knock! — come in!; **entrez, entrez!** do come in!, come on in!; **la cuisine est à droite en entrant** the kitchen is on the right as you come OU go in; **empêche-les d'**~ keep them out, don't let them in; **entrez sans frapper** go (straight) in; **il m'invita à** ~ he invited me in; **il me fit signe d'**~ he beckoned me in; **les visiteurs sont contrôlés en entrant et en sortant** visitors are checked on the way in and out; **les voleurs sont entrés par la porte de derrière** the burglars got in by the back door; **je suis simplement entré en passant** I just popped in; **il n'a fait qu'**~ **et sortir** he just popped in for a moment; ~ **en gare** to pull in (to the station); ~ **au port** to come into OU to enter harbour; ~ **dans** [gén] to enter, to come into, to go into; [à pied] to walk into; [obj: forêt] to penetrate; ~ **dans l'eau** to get into the water; **elle entra lentement dans son bain** she slowly lowered herself into the bath; **y a-t-il un autre moyen d'**~ **dans cette pièce?** is there another way into this room?; **comment entre-t-on dans ce parc?** where's the way into this park?; **le premier coureur à** ~ **dans le stade** the first runner to enter the stadium; **qui vous a permis d'**~ **chez moi?** who allowed you (to come) in?; **et voici les joueurs qui entrent sur le terrain/court** here are the players coming onto the field/court; **faire** ~ **qqn: faites-la** ~ [en lui montrant le chemin] show her in; [en l'appelant] call her in; **ils nous ont fait** ~ **dans une cellule** they got us into a cell; **laisser** ~ [obj: personne] to let sb in; **il ne les laisse jamais** ~ **dans la chambre noire** he never lets OU allows them into the black room ‖ [vent, eau]: **le vent entrait par rafales** the wind was blowing in in gusts; **un rayon de soleil entra dans la chambre** a ray of sunlight entered the room; **par où entre l'eau?** how does the water penetrate OU get in?; **laisser** ~: **ce genre de fenêtre laisse** ~ **plus de lumière** this kind of window lets more light in. -**2.** [adhérer]: ~ **dans** [obj: club, association, parti] to join, to become a member of; [obj: entreprise] to join; ~ **dans la CEE** to enter OU to join OU to become a member of the EEC; ~ **à l'université** to go to university; **elle entre à la maternelle/en troisième année** she's going to nursery school/moving up into the third year; ~ **dans le monde du travail** to start work; ~ **dans la magistrature** to become a magistrate, to enter the magistracy; ~ **au barreau** to become a lawyer; **quand elle est entrée au ministère de l'Agriculture** when she was appointed to the Ministry of Agriculture; ~ **dans une famille** [par mariage] to marry into a family; ~ **au service de qqn** to enter sb's service; **faire** ~ **qqn dans** [en l'aidant] to get sb into; [en le contraignant] to make sb join; **il a fait** ~ **sa fille comme attachée de presse** he got a job for his daughter as a press attaché ‖ [se mêler]: ~ **dans** to enter into; **je ne veux pas** ~ **dans vos histoires** I don't want to have anything to do with OU to be involved in your little schemes ‖ [se lancer]: **sans** ~ **dans les détails** without going into details; **elle est entrée dans des explications sans fin** she launched into endless explanations. -**3.** [être inclus]: **c'est entré dans les mœurs** it's become accepted; ~ **dans l'usage** [terme] to come into common use, to become part of everyday language; **elle est entrée dans la légende de son vivant** she became a living legend; **la TVA n'entre pas dans le prix** VAT isn't included in the price. -**4.** [s'enfoncer, pénétrer]: **les éperons entraient dans son poitrail** the spurs were digging into its breast; **l'écharde est entrée profondément dans sa cuisse** the splinter has gone deep into his thigh; **la balle/flèche est entrée dans son bras** the bullet/arrow lodged itself in her arm; **faire** ~: **faites** ~ **la pommade en massant** rub the cream in; **faire** ~ **qqch de force dans** to force sthg into; **faire** ~ **un clou dans une planche** [avec un marteau] to hammer a nail into a plank; **il s'évertuait à faire** ~ **le bouchon dans le goulot** he was striving to get the cork into OU to force the cork down the bottleneck; **faire** ~ **une sonde dans l'estomac** to get a sound in the stomach. -**5.** ÉCON [devises, produits] to enter; **faire** ~ **des marchandises** [gén] to get goods in; [en fraude] to smuggle goods in; **pour faire** ~ **plus de devises étrangères** to attract more foreign currencies. -**6.** [tenir, trouver sa place]: ~ **dans** to get in, to go in, to fit in; **tout n'entrera pas dans la valise** we won't get everything in the suitcase, everything won't fit in the suitcase; **ils ont réussi à** ~ **à quinze dans une 2 CV** they managed to get fifteen people in a 2 CV; **mais son pied n'entrait pas dans le soulier de verre** but the glass slipper didn't fit her; **ton morceau de puzzle n'entre pas là** your piece doesn't fit in here OU doesn't belong here; **la clé est trop grosse pour** ~ **dans la serrure** the key is too big to get in the keyhole; **faire** ~: **faire** ~ **des vêtements dans une valise** [en poussant] to press clothes in OU down in a suitcase; **je peux faire** ~ **un autre sac sous le siège** [gén] I can fit another bag under the seat; [en serrant] I can squeeze another bag under the seat. -**7.** *fam* [connaissances, explication] to sink in; **la chimie n'entre pas du tout** I just can't get the hang of chemistry; **l'informatique, ça entre tout seul avec elle** learning about computers is very easy with her as a teacher; **faire** ~: **faire** ~ **qqch dans la tête de qqn** to put sthg into sb's head; [à force de répéter] to drum OU to hammer sthg into sb's head; **elle lui fait** ~ **de telles idées dans la tête!** she puts such wild ideas into his head!; **les professeurs leur en font** ~ **dans la tête!** the teachers fill their heads with all sorts of ideas!; **comment veux-tu que je fasse** ~ **toutes ces statistiques dans ma tête?** how do you expect me to get all these statistics into my head?; **tu ne lui feras jamais** ~ **dans la tête que c'est impossible** you'll never get it into his head OU convince him that it's impossible. -**8.** RELIG: ~ **en religion** to enter the religious life; ~ **au couvent** to enter a convent; ~ **dans les ordres** to take orders. -**9.** THÉÂT: **la Reine entre** enter the Queen; **les sorcières entrent** enter the witches.

B. DÉBUTER -**1.** [dans une période]: ~ **dans** to enter; **nous entrons dans une ère de changement** we're entering a time of change; **la phase de restructuration dans laquelle l'entreprise vient d'**~ the restructuring phase which the company has just entered; **elle entre dans sa 97e année** she's entering her 97th year; **quand on entre dans l'âge adulte** when one becomes an adult. -**2.** [dans une action]: ~ **en**: ~ **en pourparlers** to start OU to enter negotiations; ~ **en correspondance avec qqn** to enter a OU to start a correspondence with sb; ~ **en conversation avec qqn** to strike up a conversation with sb; ~ **en concurrence** to enter into competition; ~ **en ébullition** to reach boiling point, to begin to boil; ~ **en guerre** to go to war.

◇ *vt (aux avoir)* -**1.** [produits - gén] to take in *(sép)*, to bring in *(sép)*, to import; [- en fraude] to smuggle in *(sép)*. -**2.** [enfoncer] to dig; **elle lui entrait les ongles dans le bras** [volontairement] she was digging her nails into his arm; [involontairement] her nails were digging into his arm. -**3.** [passer]: **entre la tête par ce trou-là** get your head through that hole. -**4.** INF to enter.

◆ **entrer dans** *v + prép* -**1.** [heurter - pilier, mur] to crash into; [- voiture] to collide with; **tu as vu ta portière? on t'est entré dedans!** have you seen your car door? someone's banged into you! -**2.** [être un élément constituant de]: ~ **dans la composition de** to go into; **l'eau entre pour moitié dans cette boisson** water makes up 50% of this drink. -**3.** [relever de - rubrique] to fall into, to come into; [- responsabilités] to be part of; **l'achat de votre compagnie n'est jamais entré dans mes plans** buying your company has never been part of my plans; **cela n'entre pas dans mes attributions** this is not within my responsibilities; **nos réformes entrent dans le cadre d'un grand projet social** our reforms are part of a large social scheme; **j'espère ne pas** ~ **dans cette catégorie de personnes** I hope I don't belong to that category of people.

entre-rail [ɑ̃trəraj] *(pl* **entre-rails**) *nm*: **l'**~ the space between the rails.

entresol [ɑ̃trəsɔl] *nm* mezzanine, entresol; **à l'**~ on the mezzanine, at mezzanine level.

entresolé, e [ɑ̃trəsɔle] *adj*: **étage** ~ mezzanine.

entre-temps [ɑ̃trətɑ̃] ◇ *adv* meanwhile, in the meantime.

◇ *nm inv arch*: **dans l'**~ in the meantime.

entretenir [40] [ɑ̃trətnir] *vt* -**1.** [tenir en bon état - locaux, château] to maintain, to look after *(insép)*, to see to the upkeep of; [- argenterie, lainage] to look after *(insép)*; [- matériel, voiture, route] to maintain; [- santé, beauté] to look after *(insép)*, to maintain; ~ **sa forme** OU **condition physique** to keep o.s. fit OU in shape. -**2.** [tenir dans le même état - feu] to keep going OU burning; [- querelle, rancune] to foster, to feed; [- enthousiasme] to foster, to keep alive *(sép)*; [- espoirs, illusions] to cherish, to entertain; [- fraîcheur, humidité] to maintain; ~ **une correspondance passionnée avec qqn** to keep up OU to carry on a passionate correspondence with sb. -**3.** [encourager]: ~ **qqn dans: c'est ce**

qui m'a entretenu dans l'erreur that is what kept me from seeing the mistake; ~ qqn dans l'idée que to keep sb believing that. -**4.** [payer les dépenses de - enfants] to support; [- maîtresse] to keep, to support; [- troupes] to keep, to maintain; **entretenu à ne rien faire** paid to do nothing; **se faire ~ par qqn** to be kept by sb. -**5.** ~ **qqn de** [lui parler de] to converse with OU to speak to sb about; ~ **qqn d'un projet** to speak to sb about a project.

◆ **s'entretenir** ◇ *vp (emploi réciproque)* to have a discussion, to talk; **ils se sont longuement entretenus de...** they had a lengthy discussion about...

◇ *vp (emploi passif)*: **le synthétique s'entretient facilement** man-made fabrics are easy to look after.

◆ **s'entretenir avec** *vp + prép* to converse with, to speak to; **s'~ avec qqn au téléphone** to speak to sb on the phone; **s'~ de qqch avec qqn** to have a discussion with sb about sthg.

entretenu, e [ɑ̃trətny] *adj* -**1.** [personne] kept. -**2.** [lieu]: **maison bien ~e** [où le ménage est fait] well-kept house; [en bon état] house in good repair; **maison mal ~e** [sale et mal rangée] badly kept house; [en mauvais état] house in bad repair; **jardin bien/mal ~** well-kept/neglected garden.

entretien [ɑ̃trətjɛ̃] *nm* -**1.** [maintenance] maintenance, upkeep. -**2.** [discussion - entre employeur et candidat] interview; [colloque] discussion; **solliciter/accorder un ~** to request/to grant an interview ❑ ~ **d'embauche** job interview. -**3.** RAD & TV [questions] interview.

entretoise [ɑ̃trətwaz] *nf* crosspiece, brace.

entretoiser [3] [ɑ̃trətwaze] *vt* to brace.

entre-tuer [7] [ɑ̃trətɥe]

◆ **s'entre-tuer** *vp (emploi réciproque)* to kill one another.

entrevoie [ɑ̃trəvwa] *nf*: **l'~** the space between the tracks.

entrevoir [62] [ɑ̃trəvwar] *vt* -**1.** [apercevoir] to catch sight OU a glimpse of; **je n'ai fait que l'~** I only caught a glimpse of him OU saw him briefly. -**2.** [pressentir - solution, vie meilleure] to glimpse; [- difficultés, issue] to foresee, to anticipate.

entrevue [ɑ̃trəvy] *nf* [réunion] meeting; [tête-à-tête] interview; **après son ~ avec le pape** after his meeting OU audience with the Pope.

entrisme [ɑ̃trism] *nm* entryism, entrism.

entropie [ɑ̃trɔpi] *nf* entropy.

entrouvert, e [ɑ̃truvɛr, ɛrt] *adj* [porte] half-open, ajar; **dormir la bouche ~e** to sleep with one's mouth slightly open.

entrouvrir [34] [ɑ̃truvrir] *vt* to half-open.

◆ **s'entrouvrir** *vpi* [porte] to half-open; [rideau] to draw back *(sép)* (slightly); [lèvres] to part.

entuber▽ [3] [ɑ̃tybe] *vt* to con, to rip off *(sép)*; **se faire ~** to be conned, to get ripped off.

enturbanné, e [ɑ̃tyrbane] *adj* turbaned.

énucléation [enykleasjɔ̃] *nf* -**1.** [d'un œil] enucleation. -**2.** [d'un noyau de fruit] stoning, pitting.

énucléer [15] [enyklee] *vt* -**1.** [œil] to enucleate. -**2.** [noyau] to stone, to pit.

énumératif, ive [enymeratif, iv] *adj* enumerative.

énumération [enymerasjɔ̃] *nf* -**1.** [énonciation] enumeration, enumerating. -**2.** [liste] list, catalogue.

énumérer [18] [enymere] *vt* to enumerate, to itemize, to list.

énuquer [3] [enyke]

◆ **s'énuquer** *vpi Helv* to break one's neck.

énurésie [enyrezi] *nf* enuresis *spéc*, bedwetting.

énurétique [enyretik] ◇ *adj* enuretic *spéc*, bedwetting *(modif)*.

◇ *nmf* enuresis sufferer *spéc*, bedwetter.

env. *abr écrite de* environ.

envahir [32] [ɑ̃vair] *vt* -**1.** [occuper - pays, palais] to invade, to overrun. -**2.** [se répandre dans] to overrun; **les touristes envahissent les plages** the beaches are overrun with tourists; **grenier envahi par les souris** attic overrun with mice; **plate-bande envahie par les mauvaises herbes** border overrun with weeds; **jardin envahi par la végétation** overgrown garden; **cette mode ne va pas tarder à ~ la France** it won't be long before this fashion sweeps France. -**3.** [déranger]: **se laisser ~ par les tâches quotidiennes** to let o.s. be swamped by daily duties. -**4.** [suj: sensation, crainte] to sweep over *(insép)*, to seize; **le doute l'a envahi** he was seized with doubt.

envahissant, e [ɑ̃vaisɑ̃, ɑ̃t] *adj* -**1.** [qui s'étend - végétation] overgrown; [- ambition, passion] invasive. -**2.** [importun - voisin, ami] interfering, intrusive; **je commence à trouver ta famille un peu ~e** I'm beginning to find your family a bit too intrusive.

envahissement [ɑ̃vaismɑ̃] *nm* invasion.

envahisseur [ɑ̃vaisœr] *nm* invader.

envasement [ɑ̃vazmɑ̃] *nm* silting up.

envaser [3] [ɑ̃vaze] *vt* to silt up *(sép)*.

◆ **s'envaser** *vpi* [canal] to silt up; [barque] to get stuck in the mud.

enveloppant, e [ɑ̃vlɔpɑ̃, ɑ̃t] *adj* [voix, paroles] enticing, seductive.

enveloppe [ɑ̃vlɔp] *nf* -**1.** [pour lettre] envelope; **prière de joindre une ~ affranchie** please enclose stamped addressed envelope OU s.a.e. *Br* ❑ ~ **autoadhésive** self-sealing envelope; ~ **à fenêtre** window envelope; ~ **gommée** stick-down envelope; ~ **de réexpédition** *special envelope used for forwarding several items at once*; ~ **rembourrée** padded envelope, Jiffy bag®. -**2.** BOT [membrane] covering membrane; [cosse] husk. -**3.** [revêtement - d'un pneu] cover, casing; [- d'un tuyau] lagging *(U)*, jacket. -**4.** FIN [don] sum of money, gratuity; [don illégal] bribe; [crédits] budget; **l'~ (budgétaire) du ministère de la Culture** the Arts budget; **nous disposons d'une ~ de 10 000 francs pour la maintenance** we have a budget of OU we've been allocated 10,000 francs for maintenance. -**5.** [aspect] exterior, outward appearance. -**6.** *litt* [corps]: ~ **mortelle** OU **charnelle** earthly OU mortal frame. -**7.** GÉOM envelope. -**8.** JUR: ~ **Soleau** *envelope for depositing designs etc at the patent office*.

◆ **sous enveloppe** *loc adv*: **mettre/envoyer sous ~** to put/to send in an envelope; **envoyer un magazine sous ~** [pour le dissimuler] to send a magazine under plain cover.

enveloppement [ɑ̃vlɔpmɑ̃] *nm* -**1.** [emballage] wrapping, packing *(U)*. -**2.** MIL encirclement, surrounding. -**3.** MÉD packing.

envelopper [3] [ɑ̃vlɔpe] *vt* -**1.** [empaqueter] to wrap (up); ~ **des fruits dans un journal** to wrap up fruit in a newspaper; **le papier qui enveloppait les réglisses** the paper in which the liquorice was wrapped ❑ **je vous l'enveloppe?** *hum* is that a deal? -**2.** [emmailloter] to wrap (up); ~ **un enfant dans une couverture** to wrap a child in a blanket OU a blanket around a child. -**3.** [entourer]: ~ **qqn de sa sollicitude** to lavish one's attention on sb. -**4.** [voiler - suj: brume, obscurité] to shroud, to envelop. -**5.** [englober]: ~ **du regard**: ~ **le paysage du regard** to take in the landscape; ~ **qqn du regard** to gaze at sb. -**6.** MIL to encircle, to surround.

◆ **s'envelopper dans** *vp + prép* [vêtement] to wrap o.s. in.

envenimation [ɑ̃vnimasjɔ̃] *nf* poisoning *(from a snake or insect bite)*.

envenimement [ɑ̃vnimmɑ̃] *nm* worsening.

envenimer [3] [ɑ̃vnime] *vt* -**1.** MÉD to poison, to infect. -**2.** [aggraver - conflit] to inflame, to fan the flames of; [- rapports] to poison, to spoil; **tu n'as fait qu'~ les choses** you've only made things OU matters worse.

◆ **s'envenimer** *vpi* -**1.** MÉD to fester, to become septic. -**2.** [empirer - relation] to grow more bitter OU acrimonious; [- situation] to get worse, to worsen.

enverguer [3] [ɑ̃vɛrge] *vt* to bend *(sail)*.

envergure [ɑ̃vɛrgyr] *nf* -**1.** [d'un oiseau, d'un avion] wingspan, wingspread. -**2.** NAUT breadth. -**3.** [importance - d'une manifestation, d'une œuvre] scale, scope; **de grande ~** large-scale; **son entreprise a pris de l'~** her company has expanded. -**4.** [d'un savant, d'un président] calibre; **il manque d'~** he doesn't have a strong personality.

envers [ɑ̃vɛr] ◇ *prép* [à l'égard de] towards, to; **elle est loyale ~ ses amis** she's loyal to her friends; **être cruel ~ qqn** to be cruel to OU towards sb; **ma dette ~ vous** my indebtedness to you; **son attitude ~ moi** his attitude towards me; **traître ~ sa patrie** traitor to one's country ❑ ~ **et contre tout** OU **tous** in the face of OU despite all opposition; **on a maintenu notre décision, ~ et contre tout** we kept to our decision, despite all opposition OU everything.

◇ *nm* -**1.** [autre côté]: **l'~** [d'un papier] the other side, the back; [d'une feuille d'arbre] the underside; [d'une médaille, d'un tissu] the reverse side; [d'une peau] the inside. -**2.** [mauvais côté] wrong side; **l'~ du décor** OU **tableau** the other side of the coin. -**3.** GÉOG cold northern slope *(of valley)*.

◆ **à l'envers** *loc adv* -**1.** [dans le mauvais sens]: **mettre à l'~** [chapeau] to put on the wrong way round, to put on back to front; [chaussettes] to put on inside out; [portrait] to hang upside down OU the wrong way up. -**2.** [mal, anormalement]: **tout va** OU **marche à l'~** everything is upside down OU topsy-turvy; **tu as tout compris à l'~** you misunderstood the whole thing; **il a l'esprit** OU **la tête à l'~** his mind is in a whirl, he doesn't know whether he's coming or going. -**3.** [dans l'ordre inverse] backwards, in reverse; **faire les mouvements à l'~** to do the movements backwards.

envi [ɑ̃vi]

◆ **à l'envi** *loc adv litt*: **ils se sont déchaînés contre moi à l'~** they vied with one another in venting their rage on me; **trois sketches féroces à l'~** three sketches, each more corrosive than the last.

enviable [ɑ̃vjabl] *adj* enviable; **peu ~** unenviable.

envie [ɑ̃vi] *nf* -**1.** [souhait, désir] desire; **mourir** OU **crever** *fam* **d'~ de faire qqch** to be dying to do sthg; **contenter** OU **passer son ~** to satisfy one's desire; **l'~ de qqch/de faire qqch** the desire for sthg/to do sthg; **avoir ~ de**: **j'avais (très) ~ de ce disque** I wanted that record (very much); **avoir ~ de rire/pleurer** to feel like laughing/crying; **avoir ~ de vomir** to feel sick; **je n'ai pas ~ de passer ma vie à ça** I don't want to spend the rest of my life doing that; **j'ai presque ~ de ne pas y aller** I have half a mind not to go; **il avait moyennement ~ de la revoir** he didn't really feel like seeing her again; **je le ferai quand j'en aurai ~** I'll do it when I feel like it; **donner à qqn ~ de faire**: **ça m'a donné ~ de les revoir** it made me want to see OU feel like seeing them again; **avoir ~ que**: **elle n'a pas ~ que tu restes** she doesn't want you to stay; **faire ~ à qqn**: **la robe beige me fait vraiment ~** I'm really tempted by the beige dress; **un voyage au Brésil, ça ne te fait pas ~?** aren't you tempted by a trip to Brazil?; **l'~ lui prend de** OU **il lui prend l'~ de faire...** he feels like OU fancies doing...; **ôter** OU **faire passer à qqn l'~ de faire**: **voilà qui lui ôtera l'~ de revenir** this'll make sure he's not tempted to come back ❑ ~ **de femme enceinte** (pregnant woman's) craving. -**2.** [désir sexuel] desire; **j'ai ~ de toi** I want you. -**3.** [besoin] urge; **être pris d'une ~ (pressante** OU **naturelle)** to feel the call of nature, to be taken short *Br*; **ça l'a pris comme une ~ de pisser**▽ he felt a sudden urge for it OU to do it. -**4.** [jalousie] envy; **faire ~ à qqn**: **sa réussite me fait ~** I envy her success, her success makes me jealous; **tant de luxe, ça (vous) fait ~** such luxury makes one OU you envious ❑ ~ **du pénis** PSYCH penis envy. -**5.** ANAT [tache] birthmark; [peau] hangnail; **des ~s** hangnails.

envier [9] [ɑ̃vje] *vt*: ~ **qqch à qqn** to envy sb (for) sthg; **on lui envie sa fortune** people envy (him) his wealth; **crois-tu avoir quelque chose à lui ~?** do you feel he's got something you haven't?; vous n'avez rien à lui ~ you have no reason to be envious of her; ~ qqn d'avoir fait qqch to envy sb for having done sthg.

envieusement [ɑ̃vjøzmɑ̃] *adv* enviously.

envieux, euse [ɑ̃vjø, øz] ◇ *adj* envious; être ~ de to be envious of, to envy.
◇ *nm, f* envious person; **faire des ~** to arouse OU to excite envy.

environ [ɑ̃virɔ̃] *adv* about, around; **il y a ~ six mois** about six months ago; **il était ~ midi** it was around OU about 12; **c'est à ~ deux heures de vol** it's about two hours away by plane OU a two-hour flight; **ça vaut ~ 1 000 francs** it costs around OU about 1,000 francs; **il habite à ~ 100 m** OU **à 100 m ~** he lives about 100 m from here.

environnant, e [ɑ̃virɔnɑ̃, ɑ̃t] *adj* surrounding; **la campagne ~e** the surrounding countryside, the country round about.

environnement [ɑ̃virɔnmɑ̃] *nm* -**1.** [lieux avoisinants] environment, surroundings, surrounding area; **l'~ immédiat de l'école est agréable** the school's immediate surroundings are pleasant. -**2.** [milieu] background; **l'~ culturel/familial** the cultural/family background. -**3.** ÉCOL: **l'~** the environment; **un produit qui respecte l'~** an environment-friendly product.
◆ **de l'environnement** *loc adj* [pollution, politique] environmental.

environnemental, e, aux [ɑ̃virɔnmɑ̃tal, o] *adj* environmental.

environnementaliste [ɑ̃virɔnmɑ̃talist] *nmf* environmentalist.

environner [3] [ɑ̃virɔne] *vt* to surround, to encircle; **être environné de** to be surrounded with.
◆ **s'environner de** *vp + prép* to surround o.s. with; **s'~ d'artistes** to surround o.s. with artists.

environs [ɑ̃virɔ̃] *nmpl* surroundings, surrounding area; **les ~ sont assez pittoresques** the surroundings are OU the surrounding area is quite picturesque; **les ~ de Paris** the area around Paris.
◆ **aux environs de** *loc prép* -**1.** [dans l'espace] near, close to; **aux ~ de Nantes** in the vicinity of OU near Nantes. -**2.** [dans le temps] around, round about; **aux ~ de Noël** around OU round about Christmas time, at Christmas or thereabouts; **aux ~ de midi** around noon, at noon or thereabouts; **aux ~ de 20 h** around 8 p.m.
◆ **dans les environs** *loc adv* in the local OU surrounding area.
◆ **dans les environs de** *loc prép* in the vicinity of, near; **elle habite dans les ~ d'Amiens** she lives near Amiens.

envisageable [ɑ̃vizaʒabl] *adj* conceivable; **oui, c'est ~** yes, it's conceivable; **ce n'est guère ~ à l'heure actuelle** it hardly seems possible at the present time, it's barely conceivable at present.

envisager [17] [ɑ̃vizaʒe] *vt* -**1.** [examiner] to consider; **~ tous les aspects d'un problème** to consider all the aspects of a problem. -**2.** [prévoir] to envisage, to contemplate, to consider; **~ des licenciements/réparations** to consider lay-offs/repairs; **~ de faire qqch** to consider OU to contemplate doing sthg; **j'envisage d'aller vivre là-bas** I'm contemplating going OU I'm thinking of going to live there.

envoi [ɑ̃vwa] *nm* -**1.** [fait d'expédier] sending; **faire un ~** [colis] to send a parcel; [lettre] to send a letter; **~ contre remboursement** cash on delivery; **contre ~ de** on receipt of. -**2.** [fait de faire déplacer] sending in, dispatching, dispatch; **décider l'~ des troupes** to decide to send in (the) troops; **l'~ d'un émissaire n'a pas réglé le problème** sending an emissary did not solve the problem. -**3.** [colis] parcel, consignment; [lettre] letter; **~ franco de port** postage-paid consignment; **~ recommandé** [colis] registered parcel; [lettre] registered letter; **~ recommandé avec accusé de réception** [colis] recorded delivery parcel *Br*, registered package with return receipt *Am*; [lettre] recorded delivery letter *Br*, registered letter with return receipt *Am*; **~ groupé** joint consignment; **un ~ en nombre** a (mass) mailing. -**4.** SPORT: **coup d'~** kick-off; **donner le coup d'~ d'un match** [arbitre] to give the sign for the match to start; [joueur] to kick off; **donner le coup d'~ d'une campagne** *fig* to get a campaign off the ground. -**5.** LITTÉRAT envoi. -**6.** JUR: **~ en possession** writ of possession.

envol [ɑ̃vɔl] *nm* -**1.** [d'un oiseau] taking flight; **l'aigle prit son ~** the eagle took flight. -**2.** AÉRON taking off *(U)*, takeoff.

envolée [ɑ̃vɔle] *nf* -**1.** [élan] flight; **~ de l'imagination** flight of fancy; **~ lyrique** flight of lyricism; **il s'est lancé dans une grande ~ lyrique** *hum* he waxed lyrical. -**2.** [augmentation] sudden rise; **l'~ du mark** the sudden rise of the mark.

envoler [3] [ɑ̃vɔle]
◆ **s'envoler** *vpi* -**1.** [oiseau] to fly off OU away. -**2.** AÉRON [avion] to take off; **je m'envole pour Tokyo demain** I'm flying (off) to Tokyo tomorrow. -**3.** [passer - temps] to fly. -**4.** [augmenter - cours, dollar] to soar. -**5.** [être emporté - écharpe] to blow off OU away; **le vent a fait s'~ tous les papiers** the wind sent all the documents flying (everywhere). -**6.** [disparaître - voleur, stylo] to disappear, to vanish (into thin air); **il n'a pourtant pas pu s'~, ce livre!** the book can't just have vanished into thin air!

envoûtant, e [ɑ̃vutɑ̃, ɑ̃t] *adj* spellbinding, bewitching, entrancing.

envoûtement [ɑ̃vutmɑ̃] *nm* bewitchment, spell.

envoûter [3] [ɑ̃vute] *vt* to bewitch, to cast a spell on; **être envoûté par une voix/femme** to be under the spell of a voice/woman.

envoûteur, euse [ɑ̃vutœr, øz] *nm, f* sorcerer (*f* sorceress).

envoyé, e [ɑ̃vwaje] *nm, f* [gén] messenger; POL envoy; PRESSE correspondent; **de notre ~ spécial à Londres** from our special correspondent in London.

envoyer [30] [ɑ̃vwaje] *vt* -**1.** [expédier - gén] to send (off); [- message radio] to send out *(sép)*; [- marchandises] to send, to dispatch; [- invitation] to send (out); [- vœux, condoléances] to send; [- CV, candidature] to send (in); [- argent, mandat] to send, to remit; **~ qqch par bateau** to ship sthg, to send sthg by ship; **Fred t'envoie ses amitiés** Fred sends you his regards; **~ un (petit) mot à qqn** to drop sb a line ❑ **~ des fleurs à qqn** *pr* to send sb flowers; *fig* to give sb a pat on the back. -**2.** [faire se déplacer] to send; **~ un homme dans** OU **sur la Lune** to send a man to the moon; **~ un enfant à l'école** to send a child (off) to school; **on les envoie à la mer/chez leur tante tous les étés** we send them (off) to the seaside/to their aunt's every summer; **on m'a envoyé aux nouvelles** I've been sent to find out whether there's any news; **~ un criminel en prison** to send a criminal to jail; **~ qqn dans l'autre monde** *euph* to send sb to meet his maker; **~ des soldats à la mort** to send soldiers to their deaths; **~ ses malades à un confrère** to send OU to refer one's patients to a colleague ‖ *(suivi d'un inf)*: **~ chercher qqn** to have sb picked up; **je l'ai envoyé la chercher à la gare** I sent him to the station to pick her up OU to fetch her; **~ chercher un médecin** to send for a doctor ❑ **~ dire: elle ne le lui a pas envoyé dire** she told him straight OU to his face; **~ promener** OU **balader** OU **paître** OU **bouler qqn** *fam*, **~ qqn au diable** *fam*, **~ qqn sur les roses** *fam* to send sb packing; **j'avais envie de tout ~ promener** *fam* OU **valser** *fam* I felt like chucking the whole thing in; **j'ai envoyé promener la famille/ma thèse** I sent my family packing/packed in my thesis; **~ dinguer qqn** *fam* [le repousser] to send sb sprawling; [l'éconduire] to send sb packing. -**3.** [projeter]: **~ un adversaire à terre** OU **au tapis** to knock an opponent down OU to the ground; **~ qqn dans le décor** *fam* to send sb flying; **~ une voiture dans le décor** *fam* to send a car skidding off the road. -**4.** [lancer - projectile] to throw, to fling; [- ballon] to throw; [- balle de tennis] to send; **~ la balle hors du court** to send the ball out of court; **envoie-moi ma chemise** throw me my shirt; **~ sa fumée dans les yeux de qqn** to blow smoke into sb's eyes; **~ des baisers à qqn** to blow sb kisses. -**5.** [donner - coup]: **~ des gifles** OU *fam* **baffes à qqn** to slap sb (in the face); **~ des coups de pied/poing à qqn** to kick/to punch sb ❑ **il le lui a envoyé dans les dents** *fam* OU **gencives** *fam* he really let him have it. -**6.** [hisser - pavillon] to hoist.
◆ **s'envoyer** ◇ *vp (emploi réciproque)* to send one another; **s'~ des lettres** to write to one another ❑ **s'~ des fleurs** *fam* to pat each other on the back.
◇ *vpt* -**1.** *fam* [subir - corvée] to get saddled with. -**2.** *fam* [consommer - bière, bouteille] to knock back *(sép)*, to down; [- gâteau] to wolf down; [sexuellement] ▽: **s'~ qqn** to get off with sb. -**3.** [se donner]: **je m'enverrais des gifles** OU **baffes!** *fam* I could kick myself! ❑ **s'~ des fleurs** *fam* to pat o.s. on the back.
◇ *vpi* ▽ *loc*: **s'~ en l'air** to have it off.

envoyeur, euse [ɑ̃vwajœr, øz] *nm, f* sender.

enzymatique [ɑ̃zimatik] *adj* enzymatic.

enzyme [ɑ̃zim] *nf* OU *nm* enzyme.

enzymologie [ɑ̃zimɔlɔʒi] *nf* enzymology.

enzymopathie [ɑ̃zimɔpati] *nf* enzyme deficiency.

éocène [eɔsɛn] ◇ *adj* eocene.
◇ *nm* Eocene (period).

Éole [eɔl] *npr* Aeolus.

éolien, enne [eɔljɛ̃, ɛn] *adj* aeolian *spéc*, wind *(modif)*.
◆ **éolienne** *nf* windmill, wind pump.

Éoliennes [eɔljɛn] *npr fpl*: **les (îles) ~** the Aeolian OU Lipari Islands.

éolithe [eɔlit] *nm* eolith.

EOR *nm abr de* **élève officier de réserve.**

éosine [eɔzin] *nf* eosin, eosine.

éosinophile [eɔzinɔfil] ◇ *adj* eosinophilic, eosinophilous.
◇ *nm* eosinophil, eosinophile.

éosinophilie [eɔzinɔfili] *nf* eosinophilia.

épagneul [epaɲœl] *nm* spaniel; **~ breton** Breton spaniel.

épais, aisse [epɛ, ɛs] *adj* -**1.** [haut - livre, strate, tranche] thick; [- couche de neige] thick, deep; **une planche épaisse de 10 centimètres** a board 10 centimetres thick; **avoir la langue épaisse** *fig* to have a coated tongue. -**2.** [charnu - lèvres, cheville, taille] thick; [- corps] thickset, stocky; **il n'est pas (bien) ~** *fam* he's thin (as a rake). -**3.** [dense - fumée, sauce, foule] thick; [- sourcil] thick, bushy. -**4.** [profond - silence, sommeil] deep; [- nuit] pitch-black. -**5.** *péj* [non affiné - esprit, intelligence] dull, coarse.
◆ **épais** ◇ *nm*: **au plus ~ de la foule** in the thick of the crowd; **au plus ~ de la forêt** deep in the heart of the forest.
◇ *adv* [tartiner, semer] thick, thickly; **il n'y en avait pas ~, de la viande** *fam* there wasn't much meat; **il n'y en avait pas ~, du bonhomme!** *fam* the man was as thin as a rake!

épaisseur [epɛsœr] *nf* -**1.** [d'un mur, d'un tissu, d'une strate] thickness; **un mur de 30 centimètres d'~** a wall 30 centimetres thick; **quelle en est l'~?** how thick is it? -**2.** [couche] layer, thickness; **plusieurs ~s de vêtements** several layers of clothes; **plier un papier en quatre/cinq ~s** to fold a piece of paper in four/five. -**3.** [densité - du brouillard, d'une soupe, d'un feuillage] thickness. -**4.** [intensité - du silence, du sommeil] depth; [- de la nuit] darkness, depth. -**5.** [substance] depth; **les personnages manquent d'~** the characters lack depth.

épaissir [32] [epesir] ◇ *vt* -**1.** [sauce, enduit] to thicken (up). -**2.** [grossir] to thicken; **le manque d'exercice lui a épaissi la taille** the lack of exercise had thickened his waistline; **les traits épaissis par l'alcool** his features bloated with alcohol.
◇ *vi* -**1.** [fumée, peinture, mayonnaise] to thicken, to get thicker. -**2.** [grossir - taille] to get thicker

OU bigger; [- traits du visage] to get coarser, to coarsen; il a beaucoup épaissi he's put on a lot of weight.

◆ **s'épaissir** *vpi* -**1.** [fumée, crème] to thicken, to get thicker. -**2.** [augmenter - couche de neige] to get thicker OU deeper; [- pile de feuilles] to get bigger. -**3.** [grossir - traits] to get coarse OU coarser; [- taille] to get thicker OU bigger; [- personne] to grow stout OU stouter. -**4.** *fig* [mystère, ténèbres] to deepen; **le mystère s'épaissit** [dans un fait divers] the mystery deepens; [dans un roman] the plot thickens.

épaississant, e [epesisɑ̃, ɑ̃t] *adj* thickening *(avant n)*.

◆ **épaississant** *nm* thickening agent.

épaississement [epesismɑ̃] *nm* thickening.

épamprer [3] [epɑ̃pre] *vt* to thin out the leaves of.

épanchement [epɑ̃ʃmɑ̃] *nm* -**1.** [confidences] outpouring. -**2.** MÉD extravasation; ~ **de synovie** housemaid's knee.

épancher [3] [epɑ̃ʃe] *vt* [tendresse, craintes] to pour out *(sép)*; [colère] to vent, to give vent to; ~ **sa bile sur qqn** to vent one's spleen on sb; ~ **son cœur** to open one's heart, to pour out one's feelings.

◆ **s'épancher** *vpi* -**1.** [se confier]: **s'~ auprès d'un ami** to open one's heart to OU to pour out one's feelings to a friend. -**2.** *litt* [couler] to pour out.

épandage [epɑ̃daʒ] *nm* manure spreading, manuring.

épandeur [epɑ̃dœr] *nm* manure spreader.

épandeuse [epɑ̃døz] *nf* gravel spreader.

épandre [74] [epɑ̃dr] *vt* to spread.

épanoui, e [epanwi] *adj* [rose, jeunesse] blooming; [sourire] beaming, radiant; **son corps ~** her body in its prime; **le tableau représente une maternité ~e** the painting depicts the fulfilment of motherhood.

épanouir [32] [epanwir] *vt* -**1.** *litt* [fleur] to open (up). -**2.** [détendre - visage] to light up *(sép)*.

◆ **s'épanouir** *vpi* -**1.** [fleur] to bloom, to open. -**2.** [visage] to light up. -**3.** [personne] to blossom; **une atmosphère où les enfants s'épanouissent** an atmosphere where children can develop.

épanouissant, e [epanwisɑ̃, ɑ̃t] *adj* fulfilling.

épanouissement [epanwismɑ̃] *nm* -**1.** [d'une plante] blooming, opening up. -**2.** [d'un visage] lighting up; [d'un enfant, d'une personnalité] fulfilment, self-fulfilment; **elle a trouvé son ~ dans le mariage** she's found fulfilment in marriage, she's blossomed since she got married; **une civilisation en plein ~** a civilization in full bloom.

épar [epar] *nm* [d'une porte] cross-bar; [d'un véhicule] shaft-bar; NAUT spar.

épargnant, e [eparɲɑ̃, ɑ̃t] *nm, f* saver, investor; **petits ~s** small investors.

épargne [eparɲ] *nf* -**1.** [économies] : **l'~** savings. -**2.** [fait d'économiser] saving; **encourager l'~** to encourage saving.

épargne-logement [eparɲlɔʒmɑ̃] *(pl* **épargnes-logements)** *nf*: **plan d'~** home savings plan; **prêt ~** home loan.

épargner [3] [eparɲe] ◇ *vt* -**1.** [économiser - argent, essence, forces] to save; **épargnez l'eau!** save OU don't waste water!; **tu n'as pas épargné la chantilly!** *hum* you didn't skimp on the whipped cream!; **n'~ ni sa peine ni son temps** to spare neither time nor trouble. -**2.** [éviter] : ~ **qqch à qqn** to spare sb sthg; **tu m'as épargné un déplacement inutile** you spared OU saved me a wasted journey; **je vous épargnerai les détails** I'll spare you the details; ~ **à qqn la honte/vue de qqch** to spare sb the shame/sight of sthg; **épargne-moi tes commentaires!** spare me your comments! -**3.** [ménager - vieillard, adversaire] to spare; **personne ne sera épargné** nobody OU no life will be spared; **l'incendie a épargné l'église** the church was spared by the fire.

◇ *vi* to save (money), to put money aside; ~ **sur qqch** *péj*: ~ **sur les loisirs** to save on leisure activities.

◆ **s'épargner** *vpt*: **s'~ qqch** to save o.s. sthg.

éparpillement [eparpijmɑ̃] *nm* -**1.** [de papiers, de graines] scattering, dispersal. -**2.** [de la pensée, des efforts] dissipation.

éparpiller [3] [eparpije] *vt* -**1.** [disperser - lettres, graines] to scatter; [- troupes, famille] to disperse; **éparpillés un peu partout dans le monde** scattered about the world. -**2.** [dissiper - attention, forces] to dissipate.

◆ **s'éparpiller** *vpi* -**1.** [se disperser - foule, élèves] to scatter, to disperse. -**2.** [disperser son énergie] to dissipate one's energies.

épars, e [epar, ars] *adj* scattered.

épatant, e *fam* [epatɑ̃, ɑ̃t] *adj vieilli* [temps, idée] splendid; **c'est un type ~!** he's a splendid fellow!

épate *fam* [epat] *nf péj* showing off; **faire de l'~** to show off.

épaté, e [epate] *adj* -**1.** *fam* [étonné] amazed. -**2.** [aplati - nez, forme] flat, snub.

épatement [epatmɑ̃] *nm* -**1.** *fam* [étonnement] amazement. -**2.** [du nez] flatness.

épater *fam* [3] [epate] *vt* -**1.** [étonner] to amaze; **ça t'épate, hein?** how about that then? -**2.** *péj* [impressionner] to impress; **pour ~ la galerie** in order to cause a sensation; **pour ~ le bourgeois** in order to shock *(middle class values)*.

◆ **s'épater** *vpi* [s'élargir] to spread out.

épaulard [epolar] *nm* killer whale.

épaule [epol] *nf* -**1.** ANAT shoulder; **être large d'~s** to be broad-shouldered ❑ **avoir les ~s tombantes** OU *fam* **en accent circonflexe** to be round-shouldered; **avoir la tête sur les ~s** to be level-headed; **donner un coup d'~ à qqn** to give sb a helping hand. -**2.** CULIN shoulder; ~ **d'agneau** shoulder of lamb.

épaulé-jeté [epoleʒəte] *(pl* **épaulés-jetés)** *nm* clean-and-jerk.

épaulement [epolmɑ̃] *nm* -**1.** CONSTR retaining wall. -**2.** MENUIS shouldering. -**3.** GÉOG escarpment.

épauler [3] [epole] *vt* -**1.** [fusil] to raise (to the shoulder). -**2.** [aider] to support, to back up *(sép)*; **il a besoin de se sentir épaulé** he needs to feel that people are supporting him OU are behind him. -**3.** VÊT to put shoulder pads into; **veste très épaulée** jacket with big shoulder pads.

◆ **s'épauler** *vp (emploi réciproque)* to help OU to support one another.

épaulette [epolɛt] *nf* -**1.** MIL epaulette. -**2.** VÊT shoulder pad. -**3.** [bretelle] shoulder strap.

épave [epav] *nf* -**1.** [débris] piece of flotsam (and jetsam). -**2.** [véhicule, bateau] wreck. -**3.** JUR [objet perdu] unclaimed object. -**4.** [personne] (human) wreck.

épée [epe] *nf* -**1.** ARM sword; **l'~ de Damoclès** the sword of Damocles; **c'est un coup d'~ dans l'eau** it's a waste of time; **mettre l'~ dans les reins de qqn** to chivy sb. -**2.** [escrimeur] swordsman *(f* swordswoman).

épeire [epɛr] *nf* garden spider, epeira *spéc*.

épéiste [epeist] *nmf* swordsman *(f* swordswoman).

épeler [24] [eple] *vt* [un nom] to spell (out).

◆ **s'épeler** *vp (emploi passif)*: **comment ça s'épelle?** how do you spell it?, how is it spelt?

épellation [epelasjɔ̃] *nf* spelling out.

épépiner [3] [epepine] *vt* to seed, to de-seed.

éperdu, e [epɛrdy] *adj* -**1.** [fou - regard, cri] wild, distraught; **la quête ~e de la vérité** the frantic quest for truth; **une fuite ~e** a headlong flight; ~ **de** overcome with; ~ **de bonheur** overcome with happiness; ~ **de joie** overcome with joy, overjoyed; ~ **de douleur** frantic OU distraught with grief. -**2.** [intense - gratitude] boundless; [- besoin] violent, intense.

éperdument [epɛrdymɑ̃] *adv* -**1.** [à la folie] madly, passionately; **aimer qqn ~** to love sb madly, to be madly in love with sb. -**2.** [en intensif] : **je m'en moque** OU **fiche** *fam* ~ I couldn't care less OU give a damn.

éperlan [epɛrlɑ̃] *nm* smelt.

éperon [eprɔ̃] *nm* -**1.** ÉQUIT & TRAV PUBL spur. -**2.** BOT & GÉOG spur; ~ **rocheux** rocky spur. -**3.** NAUT cutwater.

éperonner [3] [eprɔne] *vt* -**1.** ÉQUIT to spur (on). -**2.** [munir d'éperons] to put spurs on. -**3.** [stimuler] to spur on *(sép)*; **éperonné par la volonté de réussir** spurred on by the will to succeed. -**4.** NAUT to ram.

épervier [epɛrvje] *nm* -**1.** ORNITH sparrowhawk. -**2.** PÊCHE cast OU casting net.

épervière [epɛrvjɛr] *nf* hawkweed.

éphèbe [efɛb] *nm* ANTIQ ephebe; **(jeune) ~** *fig & hum* Adonis.

éphédrine [efedrin] *nf* ephedrin, ephedrine.

éphémère [efemɛr] ◇ *adj* [gloire, sentiment] short-lived, ephemeral, transient; [mode] short-lived; [regret] passing.

◇ *nm* ZOOL mayfly, dayfly, ephemera *spéc*.

éphéméride [efemerid] *nf* [calendrier] tear-off calendar.

◆ **éphémérides** *nfpl* ASTRON ephemeris.

Éphèse [efɛz] *npr* Ephesus.

Éphésien, enne [efezjɛ̃, ɛn] *nm, f* Ephesian.

épi [epi] *nm* -**1.** [de fleur] spike; [de céréale] ear. -**2.** [de cheveux] spike, bristle; **il a un ~** his hair sticks out (at the back). -**3.** TRAV PUBL breakwater.

◆ **en épi** *loc adv*: **voitures stationnées en ~** cars parked at an angle to the kerb.

épice [epis] *nf* spice.

épicé, e [epise] *adj* -**1.** CULIN highly spiced, hot, spicy. -**2.** [grivois - histoire] spicy.

épicéa [episea] *nm* spruce.

épicène [episɛn] *adj* epicene.

épicentre [episɑ̃tr] *nm* epicentre.

épicer [16] [epise] *vt* -**1.** CULIN to spice. -**2.** [corser - récit] to add spice to.

épicerie [episri] *nf* -**1.** [magasin] grocery shop *Br* OU store *Am*; **à l'~ du coin** at the local grocer's; ~ **fine** delicatessen. -**2.** [profession] grocery trade. -**3.** [aliments] provisions, groceries.

épicier, ère [episje, ɛr] *nm, f* grocer.

épicondyle [epikɔ̃dil] *nm* epicondyl.

épicondylite [epikɔ̃dilit] *nf* tennis elbow.

épicontinental, e, aux [epikɔ̃tinɑ̃tal, o] *adj* epicontinental.

épicrânien, enne [epikranjɛ̃, ɛn] *adj* epicranial.

Épicure [epikyr] *npr* Epicurus.

épicurien, enne [epikyrjɛ̃, ɛn] ◇ *adj* -**1.** PHILOS Epicurean. -**2.** [hédoniste] epicurean.

◇ *nm, f* -**1.** PHILOS Epicurean. -**2.** [bon vivant] epicure, bon viveur.

épicurisme [epikyrism] *nm* -**1.** PHILOS Epicureanism. -**2.** [hédonisme] hedonism, epicureanism.

épicycloïdal, e, aux [episiklɔidal, o] *adj* epicycloidal.

épicycloïde [episiklɔid] *nf* epicycloid.

Épidaure [epidɔr] *npr* Epidaurus.

épidémie [epidemi] *nf* epidemic; ~ **de typhus** epidemic of typhus, typhus epidemic; **c'est devenu une véritable ~** *pr & fig* it has reached epidemic proportions.

épidémiologie [epidemjɔlɔʒi] *nf* epidemiology.

épidémiologique [epidemjɔlɔʒik] *adj* epidemiological.

épidémique [epidemik] *adj* epidemic.

épiderme [epidɛrm] *nm* skin, epidermis *spéc*; **avoir l'~ sensible** *pr* to have a sensitive OU a delicate skin; *fig* to be thin-skinned OU touchy.

épidermique [epidɛrmik] *adj* -**1.** ANAT epidermic *spéc*, epidermal *spéc*, skin *(modif)*; [blessure] surface *(modif)*; [greffe] skin *(modif)*. -**2.** [immédiat - sentiment, réaction] instant; **je ne peux pas le sentir, c'est ~** I don't know why, I just can't stand him.

épidermomycose [epidɛrmɔmikoz] *nf* epidermomycosis.

épididyme [epididim] *nm* epididymis.

épididymite [epididimit] *nf* epididymitis.

épidote [epidɔt] *nf* epidote.
épidural, e, aux [epidyral, o] *adj* epidural.
épier [9] [epje] *vt* **-1.** [espionner] to spy on *(insép)*. **-2.** [guetter - réaction, mouvement] to watch closely; [- bruit] to listen out for; [- occasion] to be on the look-out, to watch for *(insép)*.
épierrage [epjɛraʒ], **épierrement** [epjɛrmɑ̃] *nm*: l'~ **d'un champ** removing stones from a field.
épierrer [4] [epjere] *vt* to clear of stones, to pick the stones out of.
épieu, x [epjø] *nm* MIL pike; CHASSE hunting spear.
épieur, euse [epjœr, øz] *nm, f* spy.
épigastre [epigastr] *nm* epigastrium.
épigastrique [epigastrik] *adj* epigastric.
épigenèse [epiʒənɛz] *nf* epigenesis BIOL.
épigénie [epiʒeni] *nf* epigenesis MINER.
épiglotte [epiglɔt] *nf* epiglottis.
épigone [epigɔn] *nm litt* epigone.
épigrammatique [epigramatik] *adj* epigrammatic.
épigramme [epigram] ◇ *nf* [poème] epigram; [mot] witticism.
◇ *nm* CULIN: ~**s d'agneau** épigramme of lamb *(fried or grilled in bread-crumbs)*.
épigraphe [epigraf] *nf* epigraph.
épigraphie [epigrafi] *nf* epigraphy.
épigraphique [epigrafik] *adj* epigraphic, epigraphical.
épigraphiste [epigrafist] *nmf* epigraphist, epigrapher.
épigyne [epiʒin] ◇ *adj* epigynous.
◇ *nf* epigyny.
épilation [epilasjɔ̃] *nf* hair removal; l'~ **des jambes** removal of hair from the legs; l'~ **du visage** removal of facial hair; l'~ **des sourcils** plucking the eyebrows.
épilatoire [epilatwar] *adj* depilatory, hair-removing *(avant n)*.
épilepsie [epilɛpsi] *nf* epilepsy.
épileptiforme [epilɛptifɔrm] *adj* epileptiform.
épileptique [epilɛptik] *adj* & *nmf* epileptic.
épileptoïde [epilɛptɔid] *adj* & *nmf* epileptoid.
épiler [3] [epile] *vt* [aisselles, jambes] to remove unwanted hair from; [sourcils] to pluck.
◆ **s'épiler** *vp (emploi réfléchi)* to remove unwanted hair; s'~ **les jambes à la cire** to wax one's legs.
épillet [epijɛ] *nm* BOT spikelet, spicule.
épilobe [epilɔb] *nm* willowherb.
épilogue [epilɔg] *nm* **-1.** LITTÉRAT & THÉÂT epilogue. **-2.** [issue] conclusion, dénouement.
épiloguer [3] [epilɔge] *vi*: **maintenant que c'est fait, on ne va pas** ~! now that it's done, there's no point going on about it!; ~ **sur qqch** to hold forth about OU to go over (and over) sthg.
Épinal [epinal] *npr* Epinal.
épinard [epinar] *nm* spinach; ~**s en branches** spinach leaves.
épine [epin] *nf* **-1.** [de fleur] thorn, prickle; [de hérisson] spine, prickle; **tirer** OU **ôter une** ~ **du pied à qqn** to get sb out of a spot; **tu m'a tiré une belle** ~ **du pied!** you've saved my life! **-2.** [buisson] thorn bush; ~ **blanche** hawthorne; ~ **noire** blackthorne. **-3.** ANAT: ~ **dorsale** backbone.
épinette [epinɛt] *nf* **-1.** MUS spinet. **-2.** *Can* [épicéa] spruce; **bière d'**~ spruce beer.
épineurien, enne [epinørjɛ̃, ɛn] *adj* chordate.
◆ **épineurien** *nm* member of the Chordata.
épineux, euse [epinø, øz] ◇ *adj* **-1.** BOT thorny, prickly. **-2.** [délicat - problème, contexte] thorny, tricky.
◇ *nm* thorn bush.
épine-vinette [epinvinɛt] (*pl* épines-vinettes) *nf* barberry.
épinglage [epɛ̃glaʒ] *nm* pinning (up).
épingle [epɛ̃gl] *nf* COUT pin; ~ **anglaise** OU **à nourrice** OU **de sûreté** safety pin; ~ **à chapeau** hatpin; ~ **à cheveux** hairpin; **virage en** ~ **à cheveux** hairpin bend; ~ **à linge** clothes peg *Br* OU pin *Am*; **monter qqch en** ~ to highlight sthg; **tirer** OU **retirer son** ~ **du jeu** to pull out.
épinglé, e [epɛ̃gle] *adj* terry *(modif)*.
◆ **épinglé** *nm* terry.
épingler [3] [epɛ̃gle] *vt* **-1.** [attacher - badge, papier] to pin (on); ~ **une robe** [pour l'assembler] to pin a dress together; [pour l'ajuster] to pin a dress up. **-2.** *fam* [arrêter] to nab; **se faire** ~ to get nabbed.
épinière [epinjɛr] *adj f* → **moelle**.
épinoche [epinɔʃ] *nf* stickleback.
épipaléolithique [epipaleɔlitik] *adj* post-paleolithic.
épipélagique [epipelaʒik] *adj* epipelagic.
épiphanie [epifani] *nf* **-1.** [fête]: **l'Épiphanie** Twelfth Night, the Epiphany. **-2.** [du Christ]: l'~ Epiphany.
épiphénomène [epifenɔmɛn] *nm* epiphenomenon.
épiphyse [epifiz] *nf* [os] epiphysis; [glande] epiphysis (cerebri), pineal gland.
épiphyte [epifit] ◇ *adj* epiphytic, epiphytical.
◇ *nm* epiphyte.
épique [epik] *adj* **-1.** LITTÉRAT epic. **-2.** [extraordinaire - discussion, scène] epic; **pour retrouver sa trace, ça a été** ~! finding out where he was was quite a saga!
Épire [epir] *npr* Epirus.
épiscopal, e, aux [episkɔpal, o] *adj* episcopal.
épiscopalien, enne [episkɔpaljɛ̃, ɛn] *adj* & *nm, f* episcopalian.
épiscopalisme [episkɔpalism] *nm* episcopalism, episcopalianism.
épiscopat [episkɔpa] *nm* episcopate, episcopacy.
épiscope [episkɔp] *nm* **-1.** OPT episcope *Br*, opaque projector *Am*. **-2.** MIL periscope *(of a tank)*.
épisiotomie [epizjɔtɔmi] *nf* episiotomy.
épisode [epizɔd] *nm* **-1.** [partie] episode, instalment; **feuilleton en six** ~**s** six-part serial. **-2.** [circonstance] episode; **un** ~ **heureux de ma vie** a happy episode in my life.
◆ **à épisodes** *loc adj* serialized; **sa vie est un roman à** ~**s** *fig* her life is a real saga.
épisodique [epizɔdik] *adj* **-1.** [ponctuel] occasional. **-2.** [secondaire] minor, secondary.
épisodiquement [epizɔdikmɑ̃] *adv* occasionally.
épisser [3] [epise] *vt* ÉLECTR & NAUT to splice.
épissoir [episwar] *nm* , **épissoire** [episwar] *nf* splicing fid.
épissure [episyr] *nf* splice NAUT.
épistasie [epistazi] *nf* epistasis.
épistaxis [epistaksis] *nf* nosebleed, epistaxis *spéc*.
épistémologie [epistemɔlɔʒi] *nf* epistemology.
épistémologique [epistemɔlɔʒik] *adj* epistemological.
épistémologiste [epistemɔlɔʒist], **épistémologue** [epistemɔlɔg] *nmf* epistemologist.
épistolaire [epistɔlɛr] *adj* [roman] epistolary; [style] letter-writing *(modif)*; **une liaison** ~ an affair conducted through letters.
épistolier, ère [epistɔlje, ɛr] *nm, f litt* letter writer.
épitaphe [epitaf] *nf* epitaph.
épitaxie [epitaksi] *nf* epitaxy, epitaxis.
épithélial, e, aux [epiteljal, o] *adj* epithelial.
épithélium [epiteljɔm] *nm* epithelium.
épithète [epitɛt] ◇ *adj* attributive.
◇ *nf* **-1.** GRAMM attribute. **-2.** [qualificatif] epithet; **quelques** ~**s malsonnantes** *hum* a few choice adjectives *hum*.
épitoge [epitɔʒ] *nf* **-1.** [écharpe] sash. **-2.** ANTIQ cloak *(worn over the toga)*.
épître [epitr] *nf* **-1.** RELIG epistle; **l'Épître aux Corinthiens** the Epistle to the Corinthians; **Épîtres des Apôtres** Epistles. **-2.** LITTÉRAT epistle. **-3.** ANTIQ epistle; **quand j'ai reçu son** ~ *hum* when I received his missive.
épizootie [epizɔɔti] *nf* epizootic disease.
épizootique [epizɔɔtik] *adj* epizootic.
éploré, e [eplɔre] *adj* [parent, veuve] tearful, weeping; [voix] tearful; **elle leva vers moi un visage** ~ she looked up at me, her face bathed in tears.
épluchage [eplyʃaʒ] *nm* **-1.** [de légumes] peeling. **-2.** [examen] dissection, critical examination.
éplucher [3] [eplyʃe] *vt* **-1.** [peler - pomme] to peel; [- poireau] to clean; ~ **une laitue** to pick the best leaves out of a lettuce. **-2.** [analyser - texte] to dissect, to go over *(insép)* with a fine-tooth comb; [- liste, statistiques] to go through *(insép)*.
épluchette [eplyʃɛt] *nf Can* corn-husking party.
éplucheur, euse [eplyʃœr, øz] *nm, f* peeler.
◆ **éplucheur** *nm* [couteau] potato OU vegetable peeler.
◆ **éplucheuse** *nf* automatic potato OU vegetable peeler.
épluchure [eplyʃyr] *nf* piece of peeling; ~**s de pommes** apple peelings.
épointage [epwɛ̃taʒ], **épointement** [epwɛ̃tmɑ̃] *nm* blunting.
épointer [3] [epwɛ̃te] *vt* [outil, crayon] to blunt.
éponge [epɔ̃ʒ] *nf* **-1.** ZOOL sponge. **-2.** [pour nettoyer] sponge; ~ **métallique** scouring pad, scourer; **effacer une tache d'un coup d'**~ to sponge a stain out OU away; **jeter l'**~ to throw in the sponge; **passer l'**~ **sur qqch** to forget all about sthg; **je passe l'**~ **pour cette fois** this time, I'll overlook it; **boire comme une** ~, **avoir une** ~ **dans le gosier** OU **l'estomac** to drink like a fish. **-3.** BOT: ~ **végétale** loofah, vegetable sponge. **-4.** *fam* [poumon] lung.
épongeage [epɔ̃ʒaʒ] *nm* mopping, sponging.
éponger [17] [epɔ̃ʒe] *vt* **-1.** [absorber - encre, vin] to soak OU to sponge (up); ~ **ses dettes** *fig* to pay off one's debts. **-2.** [nettoyer - table] to wipe, to sponge (down); [- visage] to sponge, to wipe.
◆ **s'éponger** *vpt*: s'~ **le front** to mop one's brow.
éponyme [epɔnim] *adj* eponymous.
épopée [epɔpe] *nf* [poème] epic (poem); [récit] epic (tale).
époque [epɔk] *nf* **-1.** [moment, date] time; **il y a un an à pareille** ~ this time last year; **les savants de l'**~ the scientists of the time OU day; **ça n'existait pas à l'**~ it didn't exist at the time OU in those days; **à cette** ~**-là** at that time, in those days; **à l'**~ **où j'étais étudiant** when I was a student; **les jeunes de notre** ~ the young people of today; **être de** OU **vivre avec son** ~ to move with the times; **quelle** ~! what times we live in!; **on vit une drôle d'**~ we live in strange times. **-2.** [période historique] age, era, epoch; **l'**~ **victorienne** the Victorian era OU age; **la Belle Époque** the Belle Epoque. **-3.** [style] period; **la Haute** ~ [Moyen Âge] the Middle Ages; [XVIe siècle] the High Renaissance. **-4.** GÉOL period. **-5.** ASTRON epoch.
◆ **d'époque** *loc adj* period *(modif)*; **la pendule est d'**~ it's a period clock.
épouillage [epujaʒ] *nm* delousing.
épouiller [3] [epuje] *vt* to delouse.
époumoner [3] [epumɔne]
◆ **s'époumoner** *vpi* to shout o.s. hoarse; **j'avais beau m'**~, **il n'entendait pas** even though I was yelling at the top of my voice, he still didn't hear me.
épousailles [epuzaj] *nfpl arch* nuptials.
épouse [epuz] *nf* wife, spouse; **voulez-vous prendre Maud Jolas pour** ~? do you take Maud Jolas to be your lawful wedded wife?
épousée [epuze] *nf arch* OU *dial* bride.
épouser [3] [epuze] *vt* **-1.** [se marier avec] to marry; **veux-tu m'**~? will you marry me?; ~ **une grosse dot** OU **fortune** to marry money OU into a rich family. **-2.** [adopter - idées] to espouse, to embrace; [- cause] to take up *(sép)*. **-3.** [suivre]: **une robe qui épouse la forme du corps** a figure-hugging OU close-fitting dress.

◆ **s'épouser** *vp (emploi réciproque)* to marry, to get married.

époussetage [epustaʒ] *nm* dusting (off).

épousseter [27] [epuste] *vt* -**1.** [nettoyer] to dust. -**2.** [enlever - poussière] to dust OU to flick off *(sép)*.

époustouflant, e *fam* [epustuflɑ̃, ɑ̃t] *adj* stunning, astounding, staggering.

époustoufler *fam* [3] [epustufle] *vt* to stun, to astound, to flabbergast.

épouvantable [epuvɑ̃tabl] *adj* -**1.** [très désagréable] awful, horrible, terrible; **il fait un temps ~** the weather's abominable; **elle a un caractère ~** she has a foul temper. -**2.** [effrayant] frightening, dreadful.

épouvantablement [epuvɑ̃tabləmɑ̃] *adv* -**1.** [en intensif] frightfully, terribly, dreadfully. -**2.** [de façon effrayante] frighteningly, dreadfully.

épouvantail [epuvɑ̃taj] *nm* -**1.** [pour oiseaux] scarecrow. -**2.** [menace] bogey, bogeyman; **agiter l'~ de la drogue** to use the threat of drugs as a bogey. -**3.** *péj* [personne - laide] fright; [- mal habillée] mess, sight; **elle a l'air d'un ~ habillée comme ça** she looks a real sight dressed like that.

épouvante [epuvɑ̃t] *nf* terror, dread; **être glacé d'~** to be terror-struck OU terror-stricken.

◆ **d'épouvante** *loc adj* [film, roman] horror *(modif)*.

épouvanter [3] [epuvɑ̃te] *vt* to terrify, to fill with terror OU dread.

époux [epu] *nm* husband, spouse; **voulez-vous prendre Paul Hilbert pour ~?** do you take Paul Hilbert to be your lawful wedded husband?; **les ~ Bertier** Mr and Mrs Bertier; **les futurs ~** the engaged couple; **les jeunes ~** the newly-weds.

époxyde [epɔksid] *nm* epoxide.

époxydique [epɔksidik] *adj* epoxy.

éprendre [79] [eprɑ̃dr]

◆ **s'éprendre de** *vp + prép litt*: **s'~ de qqn** to fall for sb, to become enamoured of sb *litt*.

épreuve [eprœv] *nf* -**1.** [test] test; **l'~ du temps** the test of time ❑ **~ de force** trial of strength. -**2.** [obstacle] ordeal, trial; **vie remplie d'~s** life of hardship ‖ *litt* [adversité]: **l'~** adversity, hardship; **rester digne dans l'~** to retain one's dignity in the face of adversity. -**3.** SCOL & UNIV [examen] test, examination; **~ écrite** paper, written test; **~ orale** oral (test) ‖ [copie] paper, script; **corriger des ~s** to mark exam papers. -**4.** SPORT event; **~s d'athlétisme** track events ❑ **~ éliminatoire** heat; **~ d'endurance** endurance trial; **~ contre la montre** time trial. -**5.** IMPR proof; **corriger** OU **revoir les ~s d'un livre** to proofread a book ❑ **dernière/première ~** final/galley proof. -**6.** PHOT print; **~s de tournage** CIN rushes. -**7.** HIST ordeal; **~s judiciaires** trial by ordeal; **l'~ du feu** ordeal by fire.

◆ **à l'épreuve** *loc adv*: **mettre qqn à l'~** to put sb to the test.

◆ **à l'épreuve de** *loc prép* proof against; **à l'~ des balles** bulletproof; **à l'~ du feu** fireproof.

◆ **à rude épreuve** *loc adv*: **mettre qqch à rude ~** to put sthg to the test; **mettre les nerfs de qqn à rude ~** to put sb's nerves to the test.

◆ **à toute épreuve** *loc adj* [mécanisme] foolproof; [patience, bonne humeur] unfailing.

épris, e [epri, iz] *adj litt*: **j'étais très ~e à l'époque** I was very much in love at the time; **être ~ de qqn** to be in love with sb; **ils sont très ~ (l'un de l'autre)** they're very much in love (with one another); **être ~ de liberté** to be in love with freedom.

éprouvant, e [epruvɑ̃, ɑ̃t] *adj* trying, testing; **un climat ~** a difficult climate.

éprouvé, e [epruve] *adj* [méthode, matériel] well-tested, tried and tested, proven; [compétence, courage] proven; [spécialiste] proven, experienced.

éprouver [3] [epruve] *vt* -**1.** [ressentir - douleur, haine] to feel, to experience; **je n'éprouve plus rien pour lui** I don't feel anything for him anymore; **~ une grande honte/déception** to feel deeply ashamed/disappointed; **~ le besoin de** to feel the need to. -**2.** [tester - procédé] to try OU to test (out); [- courage, personne] to test; **~ la résistance d'un matériau** to test (out) the resilience of a material; **~ la patience de qqn** to try sb's patience, to put sb's patience to the test; **ils nous ont dit cela pour nous ~** they told us that to test us. -**3.** [subir - pertes] to suffer, to sustain. -**4.** [faire souffrir] to try, to test; **son divorce l'a beaucoup éprouvée** her divorce was a very trying experience for her; **une région durement éprouvée par la crise** an area that has been hard-hit by the recession; **le gel a durement** OU **fortement éprouvé les récoltes** the crops have suffered greatly OU have sustained severe damage from the frost.

éprouvette [epruvɛt] *nf* test tube.

EPS (*abr de* **éducation physique et sportive**) *nf* PE.

epsilon [ɛpsilɔn] *nm* epsilon.

épucer [16] [epyse] *vt* to rid of fleas.

épuisable [epɥizabl] *adj* exhaustible.

épuisant, e [epɥizɑ̃, ɑ̃t] *adj* exhausting.

épuisé, e [epɥize] *adj* -**1.** [fatigué] exhausted, worn-out, tired-out. -**2.** COMM [article] sold-out; [livre] out of print; [stock] exhausted.

épuisement [epɥizmɑ̃] *nm* -**1.** [fatigue] exhaustion; **mourir d'~** to die of exhaustion; **être dans un état d'~ total** to be completely OU utterly exhausted, to be in a state of complete OU utter exhaustion. -**2.** COMM & INDUST exhaustion; **exploiter une mine jusqu'à ~** to exhaust a mine; **jusqu'à ~ des stocks** while stocks last; **jusqu'à ~ des provisions** until supplies run out.

épuiser [3] [epɥize] *vt* -**1.** [fatiguer] to exhaust, to wear OU to tire out *(sép)*; **tu m'épuises avec tes questions** you're wearing me out with your questions. -**2.** [exploiter - puits] to work dry *(sép)*; [- gisement, veine] to exhaust, to work out *(sép)*; [- sol, sujet] to exhaust. -**3.** [consommer - vivres, ressources] to exhaust, to use up *(sép)*; [- stocks] to exhaust.

◆ **s'épuiser** *vpi* -**1.** [être très réduit - provisions, munitions] to run out, to give out; [- source] to dry up; [- filon] to be worked out. -**2.** [se fatiguer - athlète] to wear o.s. out, to exhaust o.s.; [- corps] to wear itself out, to run out of steam; **s'~ à faire qqch** [s'évertuer à faire qqch] to wear o.s. out doing sthg; **je me suis épuisé à le lui faire comprendre** I wore myself out trying to make him understand.

épuisette [epɥizɛt] *nf* -**1.** [filet] landing net. -**2.** [pelle] bailer.

épulpeur [epylpœr] *nm* pulp extractor.

épurateur [epyratœr] *nm* filter, purifier; **~ d'air** air filter; **~ d'eau** water filter.

épuration [epyrasjɔ̃] *nf* -**1.** [de l'eau] purification, filtering. -**2.** [du style] refinement, refining. -**3.** POL purge.

épuratoire [epyratwar] *adj* purifying TECH.

épure [epyr] *nf* -**1.** [dessin fini] working drawing. -**2.** [projections] blueprint.

épurer [3] [epyre] *vt* -**1.** [liquide] to filter; [pétrole] to refine. -**2.** [style, langue] to refine, to make purer. -**3.** POL [administration] to purge.

épurge [epyrʒ] *nf* euphorbia.

équarrir [32] [ekarir] *vt* -**1.** [bois, pierre] to square (off). -**2.** [animal] to cut up *(sép)*.

équarrissage [ekarisaʒ] *nm* -**1.** [du bois, de la pierre] squaring (off). -**2.** [d'un animal] cutting up.

équarrisseur [ekarisœr] *nm* -**1.** [de bois, de pierre] squarer. -**2.** [aux abattoirs] butcher *(at a slaughterhouse)*.

équateur [ekwatœr] *nm* equator; **sous l'~** at the equator.

Équateur [ekwatœr] *npr m*: **(la république de) l'~** (the Republic of) Ecuador.

équation [ekwasjɔ̃] *nf* -**1.** MATH equation; **~ du premier/second degré** simple/quadratic equation. -**2.** ASTRON: **~ du temps** equation of time. -**3.** CHIM: **~ chimique** chemical equation. -**4.** PSYCH: **~ personnelle** personal equation.

équato-guinéen, enne [ekwatɔgineɛ̃, ɛn] *adj* from Equatorial Guinea.

◆ **Équato-Guinéen, enne** *nm, f* Equatorial Guinean.

équatorial, e, aux [ekwatɔrjal, o] *adj* -**1.** ASTRON & GÉOG equatorial. -**2.** BIOL: **plaque ~e** equatorial plate.

◆ **équatorial** *nm* equatorial *(telescope)*.

équatorien, enne [ekwatɔrjɛ̃, ɛn] *adj* Ecuadoran, Ecuadorian.

◆ **Équatorien, enne** *nm, f* Ecuadoran, Ecuadorian.

équerre [ekɛr] *nf*: **~ à dessin** set square; **~ d'arpenteur** optical square; **~ en T, double ~** T-square; **fausse ~** bevel square.

◆ **en équerre** *loc adj* T-shaped.

équestre [ekɛstr] *adj* [statue, peinture] equestrian; [exercice, centre] horseriding *(modif)*; **le sport ~** (horse) riding.

équeutage [ekøtaʒ] *nm* removing the stalk.

équeuter [3] [ekøte] *vt* [fruit] to pull the stalk off, to remove the stalk from.

équiangle [ekɥiɑ̃gl] *adj* equiangular.

équidé [ekide] *nm* member of the horse family OU of the Equidae.

équidistance [ekɥidistɑ̃s] *nf* equidistance.

◆ **à équidistance de** *loc prép*: **à ~ de Moscou et de Prague** half-way between Moscow and Prague.

équidistant, e [ekɥidistɑ̃, ɑ̃t] *adj* equidistant.

équilatéral, e, aux [ekɥilateral, o] *adj* equilateral; **ça m'est ~!** *fam hum* I really couldn't care less!

équilibrage [ekilibraʒ] *nm* balancing, counterbalancing; **faire faire l'~ des roues** AUT to have the wheels balanced.

équilibrant, e [ekilibrɑ̃, ɑ̃t] *adj* balancing *(modif)*.

équilibration [ekilibrasjɔ̃] *nf* balancing, counterbalancing, equilibration *spéc*.

équilibre [ekilibr] *nm* -**1.** [stabilité du corps] balance; **avoir (le sens) de l'~** to have a good sense of balance; **garder/perdre l'~** to keep/to lose one's balance; **faire perdre l'~ à qqn** to throw sb off balance *literal*. -**2.** [rapport de force] balance; **établir un ~ entre** to strike a balance between; **rétablir l'~** to restore the balance; **l'~ des forces** OU **du pouvoir** the balance of power; **l'~ de la terreur** the balance of terror; **l'~ naturel** the balance of nature. -**3.** ÉCON & FIN: **~ budgétaire** balance in the budget; **~ économique** economic equilibrium. -**4.** PSYCH: **manquer d'~** to be (mentally OU emotionally) unbalanced ❑ **~ mental** (mental) equilibrium. -**5.** CHIM & PHYS equilibrium; **~ indifférent/stable** PHYS unstable/stable equilibrium.

◆ **en équilibre** ◇ *loc adj* [plateau, pile de livres] stable.

◇ *loc adv*: **marcher en ~ sur un fil** to balance on a tightrope; **le clown tenait un verre en ~ sur son nez** the clown was balancing a glass on his nose.

équilibré, e [ekilibre] *adj* -**1.** PSYCH balanced, stable. -**2.** [sans disparité - budget] balanced; [- alimentation, emploi du temps] balanced, well-balanced; **mal ~** unbalanced, unstable.

équilibrer [3] [ekilibre] *vt* -**1.** [contrebalancer - poids, forces] to counterbalance; **faire ~ ses roues** to have the wheels balanced. -**2.** [rendre stable - balance, budget] to balance; **~ son régime** to follow a balanced diet.

◆ **s'équilibrer** *vp (emploi réciproque)* to counterbalance each other OU one another, to even out.

équilibreur [ekilibrœr] *nm* stabilizer.

équilibriste [ekilibrist] *nmf* [acrobate] acrobat; [funambule] tightrope walker.

équille [ekij] *nf* sand eel.

équimoléculaire [ekɥimɔlekylɛr] *adj* equimolecular.

équin, ine [ekɛ̃, in] *adj* equine.

équinoxe [ekinɔks] *nm* equinox; ~ de printemps/d'automne spring/autumn equinox.

équinoxial, e, aux [ekinɔksjal, o] *adj* equinoctial.

équipage [ekipaʒ] *nm* -**1.** AÉRON & NAUT crew; **membres de l'~** members of the crew, crew members; **homme d'~** crew member. -**2.** *arch* [escorte - d'un prince] retinue, suite; **aller en** OU **mener grand ~** *hum* to live in grand style. -**3.** MIL [matériel] equipment.

équipe [ekip] *nf* -**1.** [groupe - de chercheurs, de secouristes] team; **travailler en ~** to work as a team; **ils forment une ~ très soudée** they're a very close-knit team; **vous deux, vous allez faire ~?** would you two like to work together?; **faire ~ avec qqn** to team up with sb. -**2.** INDUST: **~ de jour/nuit** day/night shift; **travailler en** OU **par ~s** [à l'usine] to work in shifts; [sur un chantier] to work in gangs. -**3.** SPORT [gén] team; [sur un bateau] crew; **jouer en** OU **par ~s** to play in teams; **l'~ de France de rugby/hockey** the French rugby/hockey team; **~ d'amateurs/de professionnels** amateur/professional team; **l'Équipe** PRESSE *daily sports newspaper*. -**4.** [bande] crew, gang; **on formait une joyeuse ~** we were a happy lot.
◆ **d'équipe** *loc adj* -**1.** [collectif]: **esprit d'~** team OU group spirit; **travail d'~** teamwork. -**2.** SPORT [sport, jeu] team *(modif)*.

équipée [ekipe] *nf* -**1.** [aventure] escapade; **une folle ~** a mad escapade. -**2.** *hum* [promenade] jaunt.

équipement [ekipmɑ̃] *nm* -**1.** [matériel - léger] equipment, supplies; [- lourd] equipment; **renouveler l'~ d'une usine** to refit a factory ❑ **~ de bureau** office supplies; **~ électrique** electrical supplies; **~s spéciaux** AUT [pneus] snow tyres; [chaînes] chains. -**2.** [panoplie] kit, gear; **un ~ de ski** a set of skiing equipment OU gear; **un ~ de pêche en rivière** fishing tackle OU gear. -**3.** [infrastructure]: **~s collectifs** public amenities; **~s publics** public facilities; **~s sportifs/scolaires** sports/educational facilities; **l'~ routier/ferroviaire du pays** the country's road/rail infrastructure; **(le service de) l'Équipement** *local government department responsible for road maintenance and issuing building permits*. -**4.** [fait de pourvoir]: **procéder à l'~ d'un régiment** to equip a regiment; **procéder à l'~ d'un terrain de jeu** to equip a playing field. -**5.** AÉRON: **~ embarqué** OU **de bord** on-board equipment.
◆ **d'équipement** *loc adj* ÉCON: **biens d'~** capital goods.

équipementier [ekipmɑ̃tje] *nm* manufacturer of components.

équiper [3] [ekipe] *vt* -**1.** [pourvoir de matériel - armée, élève, skieur] to kit out *(sép)*, to fit out; [- navire] to fit out *(sép)*, to commission; [- salle] to equip, to fit out *(sép)*; [- usine] to equip; **cuisine tout** OU **entièrement équipée** fully-equipped kitchen; **être bien équipé pour une expédition** to be all set up OU kitted out for an expedition; **~ qqch de: ~ une maison d'un système d'alarme** to install a burglar alarm in a house. -**2.** [pourvoir d'une infrastructure]: **~ une ville d'un réseau d'égouts** to equip a town with a sewage system; **~ industriellement une région** to bring industry to a region.
◆ **s'équiper** *vp (emploi réfléchi)* to equip o.s., to kit o.s. out *Br*; **un micro-ondes? eh bien, on s'équipe!** a microwave? we are getting organized, aren't we!; **sa société s'est équipée en** OU **d'ordinateurs** his company has equipped itself with computers.

équipier, ère [ekipje, ɛr] *nm, f* team member; **son ~** his team mate OU fellow team member.

équipotent [ekɥipɔtɑ̃] *adj m* equipotent.

équipotentiel, elle [ekɥipɔtɑ̃sjɛl] *adj* equipotential.

équiprobable [ekɥiprɔbabl] *adj* equiprobable.

équitable [ekitabl] *adj* [verdict, répartition] fair, equitable; [juge] fair, fair-minded, even-handed.

équitablement [ekitabləmɑ̃] *adv* fairly, equitably.

équitation [ekitasjɔ̃] *nf* horse-riding, riding; **faire de l'~** to go horse-riding; **je n'ai jamais fait d'~** I've never been horse-riding, I've never ridden a horse.
◆ **d'équitation** *loc adj* [école, professeur, exercice] riding *(modif)*.

équité [ekite] *nf* equity, fairness, fair-mindedness.
◆ **en toute équité** *loc adv* very equitably OU fairly.

équivalence [ekivalɑ̃s] *nf* -**1.** [gén, LOGIQUE & MATH] equivalence. -**2.** UNIV: **faire une demande d'~, demander une ~** to request an equivalent rating of one's qualifications; **quels sont les diplômes étrangers admis en ~?** which foreign diplomas are recognized?

équivalent, e [ekivalɑ̃, ɑ̃t] *adj* [gén & MATH] equivalent; **le prix de vente est ~ au prix de revient** the selling price is equivalent to the cost price.
◆ **équivalent** *nm* [élément comparable] equivalent; **l'~ de 300 dollars en francs** the equivalent of 300 dollars in francs; **il n'y a pas d'~ anglais de ce mot** there is no English equivalent for this word ❑ **~ gramme** CHIM gram equivalent, equivalent weight; **~ mécanique de la chaleur** PHYS mechanical equivalent of heat.

équivaloir [60] [ekivalwar]
◆ **équivaloir à** *v + prép* [être égal à] to be equal OU equivalent to; [revenir à] to amount to; **le prix de cette voiture équivaut à un an de salaire** this car costs the equivalent of a year's salary; **ça équivaut à s'avouer vaincu** it amounts to admitting defeat.
◆ **s'équivaloir** *vp (emploi réciproque)* to be equiv-alent.

équivoque [ekivɔk] ◇ *adj* -**1.** [ambigu - terme, réponse] equivocal, ambiguous; [- compliment] double-edged, back-handed. -**2.** [suspect - fréquentation, comportement] questionable, dubious; [- personnage] shady.
◇ *nf* -**1.** [caractère ambigu] ambiguity *(U)*; **déclaration sans ~** unambiguous OU unequivocal statement; **un maître de l'~** a master of equivocation. -**2.** [malentendu] misunderstanding *(C)*; **afin d'éviter toute ~** in order to avoid any possibility of misunderstanding; **cela pourrait prêter à ~** this could be misinterpreted OU misconstrued. -**3.** [doute] doubt; **pour lever** OU **dissiper l'~ sur mes intentions** so as to leave no doubt as to my intentions.

érable [erabl] *nm* maple; **~ à sucre** sugar maple.

éradication [eradikasjɔ̃] *nf* eradication, rooting OU stamping out.

éradiquer [3] [eradike] *vt* to eradicate, to root OU to stamp out *(sép)*.

éraflement [erafləmɑ̃] *nm* scratching.

érafler [3] [erafle] *vt* -**1.** [écorcher - peau, genou] to scrape, to scratch, to graze. -**2.** [rayer - peinture, carrosserie] to scrape, to scratch.
◆ **s'érafler** *vpt*: **s'~ les mains** to graze one's hands.

éraflure [eraflyr] *nf* scratch, scrape; **se faire une ~ au coude** to scrape OU to graze one's elbow.

éraillé, e [eraje] *adj* -**1.** [rauque] rasping, hoarse; **avoir la voix ~e** to be hoarse. -**2.** [rayé - surface] scratched. -**3.** [injecté]: **avoir l'œil ~** to have bloodshot eyes.

éraillement [erajmɑ̃] *nm* hoarseness.

érailler [3] [eraje] *vt* -**1.** [surface] to scratch. -**2.** [voix] to make hoarse.
◆ **s'érailler** *vpt*: **s'~ la voix** to make o.s. hoarse.

éraillure [erajyr] *nf* scratch.

Érasme [erasm] *npr* Erasmus.

ère [ɛr] *nf* -**1.** [époque] era; **une nouvelle ~ commence** it's the beginning of a new era, a new era has begun; **270 ans avant notre ~** 270 BC; **en l'an 500 de notre ~** in the year 500 AD, in the year of our Lord 500 ❑ **l'~ chrétienne** the Christian era. -**2.** GÉOL era.

érecteur, trice [erɛktœr, tris] *adj* erector.

érectile [erɛktil] *adj* erectile.

érectilité [erɛktilite] *nf* erectility.

érection [erɛksjɔ̃] *nf* -**1.** PHYSIOL erection; **avoir une ~** to have an erection. -**2.** *litt* [édification] erection, raising *(U)*.

éreintage [erɛ̃taʒ] *nm* [critique] slating *Br*, panning.

éreintant, e [erɛ̃tɑ̃, ɑ̃t] *adj* gruelling, back-breaking.

éreintement [erɛ̃tmɑ̃] *nm sout* -**1.** [d'un auteur] slating *Br*, panning. -**2.** [fatigue] exhaustion.

éreinter [3] [erɛ̃te] *vt* -**1.** [épuiser] to exhaust, to wear out *(sép)*; **être éreinté** to be worn out. -**2.** [critiquer - pièce, acteur] to slate *Br*, to pan.
◆ **s'éreinter** *vpi* to wear o.s. out; **s'~ à faire qqch** to wear o.s. out doing sthg.

éreinteur, euse [erɛ̃tœr, øz] *nm, f* [critique] detractor.

érémitique [eremitik] *adj* eremitic, eremitical.

érésipèle [erezipɛl] = **érysipèle**.

erg [ɛrg] *nm* GÉOG & PHYS erg.

ergastoplasme [ɛrgastɔplasm] *nm* ergastoplasm, endoplasmic reticulum.

ergatif [ɛrgatif] *nm* ergative.

ergographe [ɛrgɔgraf] *nm* ergograph.

ergonomie [ɛrgɔnɔmi] *nf* ergonomics *(sg)*.

ergonomique [ɛrgɔnɔmik] *adj* ergonomic.

ergonomiste [ɛrgɔnɔmist] *nmf* ergonomist.

ergostérol [ɛrgɔsterɔl] *nm* ergosterol.

ergot [ɛrgo] *nm* -**1.** [de coq] spur; [de chien] dewclaw; **monter** OU **se dresser sur ses ~s** to get on one's high horse. -**2.** BOT ergot. -**3.** TECH lug.

ergotage [ɛrgɔtaʒ] *nm* quibbling.

ergotamine [ɛrgɔtamin] *nf* ergotamine.

ergoté, e [ɛrgɔte] *adj* [oiseau] spurred.

ergoter [3] [ɛrgɔte] *vi* to quibble; **~ sur des détails** to quibble about details.

ergoterie [ɛrgɔtri] *nf* = **ergotage**.

ergoteur, euse [ɛrgɔtœr, øz] *nm, f* quibbler.

ergothérapeute [ɛrgɔterapøt] *nmf* occupational therapist.

ergothérapie [ɛrgɔterapi] *nf* occupational therapy.

ergotisme [ɛrgɔtism] *nm* ergotism, Saint Anthony's fire.

éricacée [erikase] *nf* ericaceous plant *spéc*, heather *(C)*; **les ~s** the heathers OU Ericaceae *spéc*.

Érié [erje] *npr* → **lac**.

ériger [17] [eriʒe] *vt* -**1.** [édifier - statue, temple] to erect, to raise. -**2.** [instituer - comité, tribunal] to set up *(sép)*, to establish. -**3.** **~ qqch/qqn en** [le transformer en]: **le cynisme érigé en art** cynicism raised to the status of fine art.
◆ **s'ériger** *vpi*: **s'~ en moraliste/censeur** to set o.s. up as a moralist/a censor.

Erik [erik] *npr*: **~ le Rouge** Eric the Red.

Érin [erin] *npr f litt* Erin.

ermitage [ɛrmitaʒ] *nm* -**1.** [d'un ermite] hermitage. -**2.** [retraite] retreat.

ermite [ɛrmit] *nm* -**1.** RELIG hermit. -**2.** [reclus] hermit, recluse; **vivre comme un ~** OU **en ~** to live like OU as a hermit, to lead the life of a recluse.

éroder [3] [erɔde] *vt* to erode.

érogène [erɔʒɛn] *adj* erogenous, erogenic.

éros [eros] *nm*: **l'~** Eros PSYCH.

Éros [eros] *npr* Eros.

érosif, ive [erozif, iv] *adj* erosive.

érosion [erozjɔ̃] *nm* -**1.** GÉOG & MÉD erosion. -**2.** [dégradation] erosion; **~ monétaire** erosion of the value of money.

érotique [erɔtik] *adj* erotic.

érotiquement [erɔtikmɑ̃] *adv* erotically.

érotisation [erɔtizasjɔ̃] *nf* eroticization, eroticizing.

érotiser [3] [erɔtize] *vt* to eroticize.

érotisme [erɔtism] *nm* eroticism.

érotogène [erɔtɔʒɛn] = **érogène**.

érotologie [erɔtɔlɔʒi] *nf* erotology.
érotologique [erɔtɔlɔʒik] *adj* erotological.
érotomane [erɔtɔman] *nmf* erotomaniac.
érotomaniaque [erɔtɔmanjak] *adj* erotomaniac.
érotomanie [erɔtɔmani] *nf* erotomania.
erpétologie [ɛrpetɔlɔʒi] *nf* herpetology.
erpétologique [ɛrpetɔlɔʒik] *adj* herpetologic, herpetological.
erpétologiste [ɛrpetɔlɔʒist] *nmf* herpetologist.
errance [ɛrɑ̃s] *nf litt* wandering, roaming.
errant, e [ɛrɑ̃, ɑ̃t] *adj* wandering, roaming; **mener une vie ~e** to lead the life of a wanderer.
errata [erata] ◇ *pl* → **erratum**.
◇ *nm inv* [liste] list of errata.
erratique [eratik] *adj* **-1.** GÉOL & MÉD erratic. **-2.** *sout* [variation] erratic.
erratum [eratɔm] (*pl* errata [-ta]) *nm* erratum.
erre [ɛr] *nf* NAUT headway.
◆ **erres** *nfpl* CHASSE [traces] trail.
◆ **sur son erre** *loc adv sout*: **aller sur son ~** to coast (along), to freewheel.
errements [ɛrmɑ̃] *nmpl litt* erring ways *litt*, bad habits.
errer [4] [ɛre] *vi* **-1.** [marcher] to roam, to wander; **~ comme une âme en peine** to wander about like a lost soul. **-2.** [imagination] to wander, to stray; [regard] to wander, to rove. **-3.** *litt* [se tromper] to err.
erreur [ɛrœr] *nf* **-1.** [faute] mistake, error; **il doit y avoir une ~** there must be a OU some mistake; **il y a ~ sur la personne** you've got the wrong person, it's a case of mistaken identity; **c'est lui, pas d'~!** that's him all right!; **ce serait une ~ (que) de penser cela** it would be wrong OU a mistake to believe this; **être dans l'~** to be wrong OU mistaken; **faire** OU **commettre une ~** to make a mistake OU an error; **faire ~** to be wrong OU mistaken ❑ **~ de calcul** miscalculation; **~ de frappe** typing mistake OU error; **~ de plume** slip of the pen; **~ typographique** OU **d'impression** misprint, printer's error; **~ de traduction** mistake in translation, mistranslation; **l'~ est humaine** to err is human. **-2.** [errement] error; **des ~s de jeunesse** youthful indiscretions; **racheter ses ~s passées** to mend one's ways; **retomber dans les mêmes ~s** to lapse back into the same old bad habits. **-3.** JUR: **~ judiciaire** miscarriage of justice.
◆ **par erreur** *loc adv* by mistake.
◆ **sauf erreur** *loc adv*: **je crois, sauf ~, qu'il est venu hier** I believe, if I'm not mistaken, that he came yesterday; **sauf ~ de ma part, ce lundi-là est férié** unless I'm (very much) mistaken, that Monday is a public holiday.
◆ **sauf erreur ou omission** *loc adv* COMM & JUR errors and omissions excepted.
erroné, e [ɛrɔne] *adj* erroneous, mistaken.
ers [ɛr] *nm* vetch.
ersatz [ɛrzats] *nm* ersatz, substitute; **un ~ de café** ersatz coffee; **un ~ d'aventure/d'amour** a substitute for adventure/for love.
erse [ɛrs] ◇ *adj* Erse.
◇ *nf* NAUT grommet.
éructation [eryktasjɔ̃] *nf sout* eructation.
éructer [3] [erykte] ◇ *vi* to eruct, to belch.
◇ *vt sout*: **~ des injures** to belch (forth) insults.
érudit, e [erydi, it] ◇ *adj* erudite, learned, scholarly.
◇ *nm, f* scholar, erudite OU learned person.
érudition [erydisjɔ̃] *nf* erudition, scholarship.
éruptif, ive [eryptif, iv] *adj* GÉOL & MÉD eruptive.
éruption [erypsjɔ̃] *nf* **-1.** ASTRON & GÉOL eruption; **entrer en ~** to erupt; **volcan en ~** erupting volcano. **-2.** MÉD outbreak; **~ cutanée** rash; **~ de boutons** outbreak of spots. **-3.** *fig* outbreak; **~ de colère** fit of anger, angry outburst.
érysipèle [erizipɛl] *nm* erysipelas, Saint Anthony's fire.
érythémateux, euse [eritematø, øz] *adj* erythematous.
érythème [eritɛm] *nm* erythema.
érythrasma [eritrasma] *nm* erythrism.
Érythrée [eritre] *npr f*: **(l') ~** Eritrea.
érythréen, enne [eritreɛ̃, ɛn] *adj* Eritrean.
◆ **Érythréen, enne** *nm, f* Eritrean.
érythrine [eritrin] *nf* **-1.** CHIM erythrin, erythric acid. **-2.** BOT Erythrina.
érythroblaste [eritrɔblast] *nm* erythroblast.
érythroblastose [eritrɔblastoz] *nf* erythroblastosis.
érythrocytaire [eritrɔsitɛr] *adj* erythrocytic.
érythrocyte [eritrɔsit] *nm* red blood cell, erythrocyte *spéc*.
érythromycine [eritrɔmisin] *nf* erythromycin.
E/S (*abr écrite de* **entrée/sortie**) I/O.
ès [ɛs] *prép*: **licencié ~ lettres** ≃ Bachelor of Arts, ≃ BA; **licencié ~ sciences** ≃ Bachelor of Sciences, ≃ BSc; **docteur ~ lettres** ≃ Doctor of Philosophy, ≃ PhD.
Ésaü [ezay] *npr* Esau.
esbigner [3] [ɛzbiɲe]
◆ **s'esbigner** *fam vpi vieilli* [s'enfuir] to skedaddle, to make OU to clear off.
esbroufe *fam* [ɛzbruf] *nf* bluff; **faire de l'~** to bluff.
◆ **à l'esbroufe** *fam* ◇ *loc adj*: **vol à l'~** pocket-picking.
◇ *loc adv*: **il l'a fait à l'~** he bluffed his way through it.
esbroufer *fam* [3] [ɛzbrufe] *vt* to bluff.
esbroufeur, euse *fam* [ɛzbrufœr, øz] *nm, f* smooth talker, bluffer.
escabeau, x [ɛskabo] *nm* **-1.** [tabouret] stool. **-2.** [échelle] stepladder.
escabelle [ɛskabɛl] *nf Belg* stepladder.
escadre [ɛskadr] *nf* **-1.** NAUT squadron. **-2.** AÉRON wing.
escadrille [ɛskadrij] *nf* **-1.** NAUT squadron. **-2.** AÉRON flight, squadron; **~ de chasse** fighter squadron.
escadron [ɛskadrɔ̃] *nm* **-1.** [dans la cavalerie] squadron; [dans l'armée blindée] squadron; [dans la gendarmerie] company; **~ de chars** armoured squadron; **~ de la mort** POL death squad. **-2.** *fam hum* [groupe] bunch, gang.
escalade [ɛskalad] *nf* **-1.** SPORT [activité] rock climbing *(U)*; **faire de l'~** to go rock climbing ‖ [ascension] climb; **~ artificielle** artificial climb. **-2.** [d'un mur, d'une grille] climbing *(U)*, scaling *(U)*; **nous avons dû faire de l'~ pour arriver jusqu'à la maison** we had to scramble up to the house ‖ JUR illegal entry. **-3.** [aggravation] escalation; **l'~ de la violence** the escalation of violence; **l'~ des prix** the soaring of prices.
escalader [3] [ɛskalade] *vt* [grille, portail] to climb, to scale, to clamber up *(insép)*; [montagne] to climb; [muret] to scramble up *(insép)*.
Escalator® [ɛskalatɔr] *nm* escalator, moving staircase.
escale [ɛskal] *nf* **-1.** [lieu] NAUT port of call; AÉRON stop. **-2.** [halte] NAUT call; AÉRON stop, stopover; **faire ~ à** [navire] to call at, to put in at; [avion] to stop over at; **l'avion a fait une ~ forcée à Rio** the plane was forced to stop over at Rio; **visiter une ville pendant l'~** [d'un navire] to visit a town while the ship is in port; [d'un avion] to visit a town during a stopover ❑ **~ technique** refuelling stop.
◆ **sans escale** *loc adj* nonstop, direct.
escalier [ɛskalje] *nm* staircase, (flight of) stairs; **les ~s** the staircase OU stairs; **en bas des ~s** downstairs; **en haut des ~s** upstairs; **être dans l'~** OU **les ~s** to be on the stairs ❑ **~ mécanique** OU **roulant** escalator; **~ en colimaçon** OU **en vrille** spiral staircase; **~ dérobé** hidden staircase; **~ d'honneur** main staircase; **~ de secours** fire escape; **~ de service** backstairs, service stairs; **~ à vis** spiral staircase.
◆ **escaliers** *nmpl Belg* [marches] steps.
escalope [ɛskalɔp] *nf* escalope; **~ de veau/de poulet** veal/chicken escalope ❑ **~ milanaise** Milanese escalope; **~ panée** breaded escalope.
escamotable [ɛskamɔtabl] *adj* [train d'atterrissage] retractable; [lit, table] collapsible, foldaway.
escamotage [ɛskamɔtaʒ] *nm* **-1.** [disparition] conjuring OU spiriting away *(U)*. **-2.** [vol] filching *(U)*. **-3.** [action d'éluder] dodging *(U)*, evading *(U)*, skipping *(U)*.
escamoter [3] [ɛskamɔte] *vt* **-1.** [faire disparaître - mouchoir, carte] to conjure OU to spirit away *(sép)*; [- placard, lit] to fold away *(sép)*. **-2.** [voler] to filch. **-3.** [éluder - difficultés] to evade, to skirt round *(insép)*; [- mot, note] to skip. **-4.** AÉRON to retract.
escampette [ɛskɑ̃pɛt] *nf* → **poudre**.
escapade [ɛskapad] *nf* **-1.** [fugue]: **faire une ~** to run off OU away. **-2.** [séjour] jaunt; **une ~ de deux jours à Deauville** a two-day visit OU jaunt to Deauville.
escarbille [ɛskarbij] *nf* piece of soot.
escarboucle [ɛskarbukl] *nf* carbuncle.
escarcelle [ɛskarsɛl] *nf arch* moneybag; **300 francs vont tomber** OU **rentrer dans mon ~** *hum* I'm about to have a little windfall of 300 francs.
escargot [ɛskargo] *nm* snail; **avancer comme un ~** OU **à une allure d'~** to go at a snail's pace.
escargotière [ɛskargɔtjɛr] *nf* **-1.** [parc] snailery, snail farm. **-2.** [plat] snail dish.
escarmouche [ɛskarmuʃ] *nf* skirmish.
escarpe [ɛskarp] *nf* [talus] escarp.
escarpé, e [ɛskarpe] *adj* steep.
escarpement [ɛskarpəmɑ̃] *nm* **-1.** [pente] steep slope. **-2.** GÉOL: **~ de faille** fault scarp.
escarpin [ɛskarpɛ̃] *nm* court shoe.
escarpolette [ɛskarpɔlɛt] *nf arch* [balançoire] swing.
escarre [ɛskar] *nf* scab.
escarrifier [9] [ɛskarifje]
◆ **s'escarrifier** *vpi* to form a scab.
Escaut [ɛsko] *npr m*: **l'~** the (River) Scheldt.
eschatologie [ɛskatɔlɔʒi] *nf* eschatology.
eschatologique [ɛskatɔlɔʒik] *adj* eschatological.
esche [ɛʃ] = **aiche**.
Eschyle [eʃil] *npr* Aeschylus.
escient [esjɑ̃] *nm*: **à bon ~** advisedly, judiciously; **à mauvais ~** injudiciously, unwisely.
esclaffer [3] [ɛsklafe]
◆ **s'esclaffer** *vpi* to burst out laughing, to guffaw.
esclandre [ɛsklɑ̃dr] *nm* scene, scandal; **faire un ~** to make a scene.
esclavage [ɛsklavaʒ] *nm* **-1.** SOCIOL slavery; **réduire qqn en ~** to reduce sb to slavery, to make a slave out of sb. **-2.** [contrainte] slavery, bondage *litt*; **des triplés, quel ~!** triplets, what a life! **-3.** [dépendance]: **vivre dans l'~ de** to be a slave to; **subir l'~ de la drogue** to be a slave to drugs.
esclavagisme [ɛsklavaʒism] *nm* **-1.** SOCIOL slavery. **-2.** ENTOM helotism.
esclavagiste [ɛsklavaʒist] *nmf* supporter of slavery.
esclave [ɛsklav] ◇ *adj* **-1.** SOCIOL: **des Noirs ~s** black slaves. **-2.** *fig*: **~ de** [assujetti à]: **ne sois pas ~ de ses moindres désirs** don't give in to her every whim; **être ~ de l'alcool/du tabac** to be a slave to drink/to tobacco; **je refuse d'être ~ du ménage/de la cuisine!** I won't be a slave to housework/a kitchen slave!
◇ *nm* **-1.** SOCIOL slave. **-2.** *fig* slave; **elle en a fait son ~** she has made him (into) her slave, she has enslaved him; **l'~ de** a slave to, the slave of; **les ~s de la mode** fashion victims; **être l'~ de ses passions** to be a slave to one's passions.
escogriffe [ɛskɔgrif] *nm*: **un grand ~** a beanpole.
escomptable [ɛskɔ̃tabl] *adj* discountable.

escompte [ɛskɔ̃t] *nm* -**1.** BANQUE: **faire un ~ à 2 %** to allow a discount of 2%. -**2.** COMM discount.

escompter [3] [ɛskɔ̃te] *vt* -**1.** [espérer]: **~ qqch** to rely OU to count OU to bank on sthg; **~ une embauche définitive** to rely on (getting) a permanent job; **c'est mieux que ce que j'escomptais** it's better than what I expected. -**2.** BANQUE to discount.

escompteur [ɛskɔ̃tœr] *nm* discounter.

escopette [ɛskɔpɛt] *nf* blunderbuss.

escorte [ɛskɔrt] *nf* -**1.** AÉRON, MIL & NAUT escort. -**2.** [personne, groupe] escort; **servir d'~ à qqn** to escort sb; **il arriva avec toute son ~ de photographes** he arrived escorted by a whole bunch of photographers.

◆ **d'escorte** *loc adj* [escadron, avion] escort *(modif)*.

◆ **sous bonne escorte** *loc adv*: **être sous bonne ~** to be in safe hands; **reconduit sous bonne ~ jusqu'à la prison** brought back to prison under heavy escort.

escorter [3] [ɛskɔrte] *vt* -**1.** [ami, président, célébrité] to escort; [femme] to escort, to be the escort of; **escortée de ses admirateurs** surrounded by her admirers. -**2.** AÉRON, MIL & NAUT to escort.

escorteur [ɛskɔrtœr] *nm* escort ship.

escouade [ɛskwad] *nf* -**1.** MIL squad. -**2.** [équipe - de balayeurs, de contrôleurs] squad, gang.

escourgeon [ɛskurʒɔ̃] *nm* winter barley.

escrime [ɛskrim] *nf* fencing *(U)*; **faire de l'~** to fence.

escrimer [3] [ɛskrime]

◆ **s'escrimer** *vpi*: **s'~ à faire qqch** to strive to do sthg; **il s'escrimait à faire démarrer la voiture** he was struggling to get the car started; **s'~ sur qqch** *fig* to plug away at sthg; **ne t'escrime pas sur cet exercice** don't rack your brains over this exercise.

escrimeur, euse [ɛskrimœr, øz] *nm, f* fencer.

escroc [ɛskro] *nm* swindler, crook.

escroquer [3] [ɛskrɔke] *vt* -**1.** [voler - victime, client] to swindle, to cheat; [- argent, milliard] to swindle; **~ de l'argent à qqn** to swindle money out of sb, to swindle sb out of (his/her) money. -**2.** [extorquer]: **~ une signature à qqn** to worm a signature out of sb.

escroquerie [ɛskrɔkri] *nf* -**1.** [pratique malhonnête] swindle; **100 F le kilo, c'est de l'~!** 100 F a kilo, it's daylight *Br* OU highway *Am* robbery! -**2.** JUR fraud.

escudo [ɛskudo] *nm* escudo.

ésérine [ezerin] *nf* eserine, physostigmine.

esgourde *fam* [ɛsgurd] *nf* earhole.

eskimo [ɛskimo] = **esquimau**.

Ésope [ezɔp] *npr* Aesop.

ésotérique [ezɔterik] *adj* esoteric.

ésotérisme [ezɔterism] *nm* esotericism.

espace[1] [ɛspas] *nm* -**1.** [gén & ASTRON]: **l'~** space; **voyager dans l'~** to travel through space; **acquérir les notions de l'~ et du temps** to acquire notions of space and time || LITTÉRAT (outer) space. -**2.** [place, volume] space, room; **as-tu assez d'~?** do you have enough space OU room?; **manquer d'~** to be cramped; **la plante verte prend trop d'~** the potted plant takes up too much space OU room; **~ vital** living space. -**3.** [distance - physique] space, gap; [- temporelle] gap, interval, space; **il y a un petit ~ entre la cuisinière et le placard** there's a small gap between the stove and the unit; **laissez un ~ d'un mètre entre les deux arbres** leave (a gap of) one metre between the two trees. -**4.** [surface] space, stretch; **~ désertique** desert area ❑ **~ publicitaire** advertising space; **un ~ vert** a park; **des ~s verts** parkland. -**5.** GÉOM & MATH space; **~ euclidien** Euclidean space. -**6.** PSYCH space; **~ auditif** range of hearing; **~ visuel** field of vision. -**7.** AÉRON: **~ aérien** airspace; **dans l'~ aérien allemand** in German airspace.

◆ **dans l'espace de, en l'espace de** *loc prép* [dans le temps] within (the space of); **malade cinq fois en l'~ d'un mois** sick five times within (the space of) a month.

espace[2] [ɛspas] *nf* IMPR space.

espacement [ɛspasmɑ̃] *nm* -**1.** [dans le temps] spreading OU spacing out; **l'~ des paiements** staggering of payments. -**2.** [distance] space; **l'~ entre les tables** the space between the tables. -**3.** IMPR [entre deux lettres] space; [interligne] space (between the lines), spacing.

espacer [16] [ɛspase] *vt* -**1.** [séparer - lignes, mots, arbustes] to space out *(sép)*. -**2.** [dans le temps] to space out; **vous devriez ~ vos rencontres** you should meet less often OU less frequently; **j'ai espacé mes visites** my visits became less frequent.

◆ **s'espacer** *vpi* -**1.** [dans le temps - visites] to become less frequent. -**2.** [s'écarter - gymnastes]: **espacez-vous** move further away from each other; **les caractères s'espacent sur l'écran et remplissent le cadre** the characters spread out to fill the frame.

espace-temps [ɛspastɑ̃] (*pl* **espaces-temps**) *nm* space-time (continuum).

espadon [ɛspadɔ̃] *nm* swordfish.

espadrille [ɛspadrij] *nf* espadrille.

Espagne [ɛspaɲ] *npr f*: **(l') ~** Spain; **la guerre d'~** the Spanish Civil War.

espagnol, e [ɛspaɲɔl] *adj* Spanish.

◆ **Espagnol, e** *nm, f* Spaniard; **les Espagnols** the Spanish.

◆ **espagnol** *nm* LING Spanish.

espagnolette [ɛspaɲɔlɛt] *nf* window catch; **fermer une fenêtre à l'~** to leave a window on the latch OU ajar.

espalier [ɛspalje] *nm* -**1.** HORT espalier. -**2.** SPORT gym ladder.

espar [ɛspar] *nm* MIL & NAUT spar.

esparcette [ɛsparsɛt] *nf* sainfoin.

espèce [ɛspɛs] *nf* -**1.** SC species *(sg)*; **l'~ humaine** the human race, mankind; **des ~s animales/végétales** animal/plant species; **~ en voie de disparition** endangered species. -**2.** [sorte] sort, kind; **différentes ~s d'arbres** different sorts OU kinds OU species of trees; **il y a plusieurs ~s de café** there are various sorts of coffee; **rangez ensemble les livres de même ~** put books of the same kind together; **ça n'a aucune ~ d'importance!** that is of absolutely no importance!; **une ~/l'~ de** *aussi péj*: **c'était une ~ de ferme** it was a sort of farm OU a farm of sorts; **l'~ de malfrat barbu qui nous conduisait** the shady-looking fellow with a beard who was driving || *(comme exclam)*: **~ de** *fam péj*: **~ d'idiot!** you idiot!; **~ de snob!** what a snob you are! -**3.** JUR particular OU specific case.

◆ **espèces** *nfpl* -**1.** FIN cash; **payer en ~s** to pay cash ❑ **~s sonnantes et trébuchantes** hard cash. -**2.** RELIG species.

◆ **de... espèce** *loc adj péj*: **de ton ~** like you, of your kind; **de son ~** like him, of his kind; **des escrocs de ton/son ~** crooks like you/him; **des gens de leur ~** their sort *péj*, the likes of them *péj*; **les gens de cette ~** that sort, people of that ilk.

◆ **de la pire espèce** *loc adj* terrible; **c'est un menteur de la pire ~** he's the worst kind of liar, he's a terrible liar.

◆ **en l'espèce** *loc adv* in this particular case; **j'avais de bons rapports avec mes employés mais en l'~ l'affaire a fini au tribunal** I always had good relations with my employees but in this instance, the matter finished up in court.

◆ **sous les espèces de** *loc prép litt* [sous la forme de] in the form of.

espérance [ɛsperɑ̃s] *nf* -**1.** [espoir] hope, expectation. -**2.** [cause d'espoir] hope; **vous êtes mon unique ~** you're my only hope. -**3.** SOCIOL: **~ de vie** life expectancy. -**4.** MATH: **~ mathématique** (mathematical) expected value. -**5.** RELIG hope.

◆ **espérances** *nfpl* -**1.** [perspectives] prospects; **avoir de magnifiques ~s** to have wonderful prospects; **donner des ~s** to be promising || [aspirations] hopes; **fonder ses ~s sur qqn** to pin one's hopes on sb. -**2.** *euph* [espoir d'hériter] expectations, prospects of inheritance; **j'ai des ~s du côté maternel** I have great expectations on my mother's side.

◆ **contre toute espérance** *loc adv* contrary to (all) OU against all expectations.

espérantiste [ɛsperɑ̃tist] *adj & nmf* Esperantist.

espéranto [ɛsperɑ̃to] *nm* Esperanto.

espérer [18] [ɛspere] ◇ *vt* -**1.** [souhaiter] to hope; **~ le succès** to hope for success, to hope to succeed; **j'espère que vous viendrez** I hope (that) you will come; **j'espère vous revoir bientôt** I hope to see you soon; **j'espère arriver à la convaincre** I hope (that) I will be able to sway her || *(en usage abs)*: **j'espère (bien)!** I (do OU certainly) hope so! -**2.** [escompter] to expect; **n'espère pas qu'elle te rembourse** don't expect her to pay you back; **j'en espère de grandes choses** I expect great things to come of it; **je n'en espérais pas tant de lui** I didn't expect that much of him. -**3.** [attendre] to expect, to wait for *(insép)*; **on ne vous espérait plus!** we'd given up on you!

◇ *vi* to hope; **~ en** *sout* to have faith in; **~ en Dieu** to have faith OU to trust in God; **il faut ~ en des temps meilleurs** we must live in hope of better times.

esperluette [ɛspɛrlɥɛt] *nf* ampersand.

espiègle [ɛspjɛgl] ◇ *adj* [personne] impish, mischievous; [regard, réponse] mischievous.

◇ *nmf* (little) rascal, imp.

espièglerie [ɛspjɛgləri] *nf* -**1.** [caractère] impishness, mischievousness. -**2.** [farce] prank, trick, piece of mischief.

espion, onne [ɛspjɔ̃, ɔn] *nm, f* spy.

◆ **espion** *nm (comme adj; avec ou sans trait d'union)* spy *(modif)*; **avion ~** spy plane; **micro ~** bug; **satellite ~** spy satellite.

espionnage [ɛspjɔnaʒ] *nm* -**1.** [action] spying. -**2.** [activité] espionage; **~ industriel** industrial espionage.

◆ **d'espionnage** *loc adj* [film, roman] spy *(modif)*.

espionner [3] [ɛspjɔne] *vt* to spy on *(insép)*; *(en usage abs)*: **elle est là, qui espionne** there she is, snooping (around).

espionnite [ɛspjɔnit] *nf* spymania.

esplanade [ɛsplanad] *nf* esplanade.

espoir [ɛspwar] *nm* -**1.** [espérance] hope; **être plein d'~** to be very hopeful; **j'ai l'~ de le voir revenir** I'm hopeful that he'll return; **j'ai l'~ d'une récompense** I'm hoping for a reward; **nous avons encore bon ~** we remain confident; **j'ai bon ~ qu'il va gagner ou de le voir gagner** I'm confident that he'll win; **il n'y a plus d'~** [il va mourir] there's no hope left; [nous avons perdu] we've had it. -**2.** [cause d'espérance] hope; **tu es mon dernier ~** you're my last hope; **c'est un des ~s du tennis français** he's one of France's most promising young tennis players.

◆ **dans l'espoir de** ◇ *loc prép* in the hope of; **dans l'~ d'un succès immédiat** hoping for immediate success.

◇ *loc conj* in the hope of; **dans l'~ de vous voir bientôt** hoping to see you soon.

◆ **sans espoir** *loc adj* hopeless.

esprit [ɛspri] *nm* -**1.** [manière de penser] mind; **emmener des enfants à l'étranger pour leur ouvrir l'~** to take children abroad in order to broaden their minds; **avoir l'~ clair** to be clear-thinking; **avoir l'~ critique** to have a critical mind; **avoir l'~ étroit/large** to be narrow-minded/broad-minded; **avoir l'~ lent/vif** to be slow-witted/quick-witted; **avoir l'~ mal tourné** *fam* to have a dirty mind; **avoir un ~ positif** to have a positive outlook; **~ de: ~ d'analyse** analytical mind; **avoir l'~ d'analyse** to be analytical; **avoir l'~ d'aventure** to have a spirit of adventure; **avoir l'~ d'à-propos** to be quick off the mark; **avoir l'~ de contradiction** to be contrary OU argumentative; ~ de suite consistency; sans ~ de suite inconsistently; avoir l'~ de synthèse to pull ideas together well ❑ état d'~ state of mind; finesse d'~ shrewdness; avoir l'~ de l'escalier to be slow off the mark. -2. [facultés, cerveau] mind, head; as-tu perdu l'~? are you out of your mind?, have you completely lost your head?; maintenant que j'ai fini le rapport, j'ai l'~ libre now I've finished the report, I can relax; où avais-je l'~? what was I thinking of?; j'ai l'~ ailleurs I'm not concentrating; il n'a pas l'~ à ce qu'il fait his mind is elsewhere OU is not on what he's doing; dites-moi ce que vous avez à l'~ tell me what you have in mind; ça m'a traversé l'~ it occurred to me, it crossed my mind; une idée me vient à l'~ I've just thought of something. -3. [idée] sense; il a eu le bon ~ de ne pas téléphoner he had the sense not to call. -4. [mentalité] spirit; l'~ dans lequel cela a été fait the spirit in which it was done; l'~ du XVIIIe siècle the spirit of the 18th century; j'ai horreur des déguisements mais il faut entrer dans l'~ de la fête I hate dressing up, but you have to get into the party spirit; avoir l'~ sportif to be fond of sport ❑ ~ de chapelle OU clan OU clocher OU parti parochial attitude; avoir l'~ de clocher to be parochial; ~ de compétition/d'équipe competitive/team spirit; (avoir l') ~ de corps (to have) esprit de corps; avoir l'~ d'entreprise to be enterprising; avoir l'~ de famille to be family-minded; ~ de révolte rebelliousness; ~ de sacrifice spirit of sacrifice; mauvais ~ [attitude] unhelpfulness; [personne] troublemaker; faire preuve de mauvais ~ [perturber] to stir up trouble; [critiquer] to make nasty remarks; 'De l'~ des lois' *Montesquieu* 'The Spirit of Laws'. -5. [humeur]: avoir l'~ à: je n'ai pas l'~ à rire I'm not in the mood for laughing; ce matin-là, elle n'avait pas l'~ à faire les comptes that morning she was in no mood for doing any accounts. -6. [idée]: dans son ~ nous devrions voter according to him we should vote; dans mon ~, la chambre était peinte en bleu in my mind's eye, I saw the bedroom painted in blue; dans mon ~, les enfants partaient avant nous what I had in mind was for the children to go before us. -7. [personne] mind; c'est un ~ tatillon he's far too fussy ❑ un des ~s marquants de ce siècle one of the great minds OU leading lights of this century; un ~ fort a freethinker; un bel ~ a wit; les grands ~s se rencontrent *hum* great minds think alike. -8. [humour] wit; faire de l'~ *péj* to try to be witty OU funny; une remarque pleine d'~ a witty remark, a witticism; une femme pleine d'~ a witty woman; avoir de l'~ to be witty ❑ avoir de l'~ comme quatre OU jusqu'au bout des ongles to be very intelligent; l'~ court les rues wits are two a penny *Br* OU a dime a dozen *Am*. -9. RELIG spirit; l'~ est fort mais la chair est faible *allusion Bible* the spirit is willing but the flesh is weak; rendre l'~ *litt* to give up the ghost ‖ [ange]: Esprit Spirit; Esprits célestes Celestial OU Heavenly Spirits; Esprit malin, Esprit des ténèbres Evil Spirit, Evil One; Esprit Saint Holy Spirit OU Ghost. -10. [fantôme] ghost, spirit; croire aux ~s to believe in ghosts OU spirits; ~, es-tu là? is there anybody there? ❑ ~ frappeur poltergeist. -11. LING breathing; ~ doux/rude smooth/rough breathing. -12. CHIM [partie volatile] spirit; ~ de bois, ~-de-bois wood spirit, methanol; ~ de sel, ~-de-sel spirits of salt; ~ de vin, ~-de-vin spirits of wine, ethanol.

◆ **esprits** *nmpl* senses; avoir les ~s chamboulés *fam* to be nearly out of one's mind; reprendre ses ~s to get a grip on o.s.; reprends tes ~s! get a grip on yourself!

◆ **dans un esprit de** *loc prép*: dans un ~ de conciliation in an attempt at conciliation; dans un ~ de justice in a spirit of justice, in an effort to be fair.

esquarre [ɛskar] = **escarre**.

esquif [ɛskif] *nm litt* skiff.

esquille [ɛskij] *nf* [de bois] splinter; [d'os] bone splinter.

esquimau, aude, x [ɛskimo, od] *adj* Eskimo.

◆ **Esquimau, aude, x** *nm, f* Eskimo; les Esquimaux the Eskimos.

◆ **esquimau** *nm* LING Eskimo.

Esquimau® [ɛskimo] *nm* choc-ice on a stick *Br*, Eskimo *Am*.

esquimautage [ɛskimotaʒ] *nm* Eskimo roll.

esquintant, e *fam* [ɛskɛ̃tɑ̃, ɑ̃t] *adj* killing, backbreaking.

esquinter *fam* [3] [ɛskɛ̃te] *vt* -1. [endommager - chose] to bust, to damage; [- voiture] to smash up, to total *Am* & *Can*; [- santé] to ruin; la moto est complètement esquintée the bike is a wreck; tout l'avant est esquinté the front is totally smashed up; n'esquinte pas cette lampe! don't break that lamp! -2. [épuiser - personne] to exhaust, to knock out *(sép)*; toutes ces courses m'ont esquinté all this shopping has knocked me out OU done me in. -3. [dénigrer - livre, film] to pan, to slam, to slate *Br*.

◆ **s'esquinter** *fam vp (emploi réfléchi)* -1. [s'épuiser] to kill o.s.; ne t'esquinte pas au travail don't work yourself to death OU into the ground. -2. [s'abîmer]: s'~ la santé to ruin one's health; tu vas t'~ les yeux avec cet écran you'll strain your eyes with that screen; elle s'est esquinté le dos she's done her back in.

esquisse [ɛskis] *nf* -1. BX-ARTS sketch. -2. [aperçu - d'un projet, d'un discours, d'un roman] draft, outline. -3. [ébauche - d'un sourire] hint, shadow, ghost; [- d'un geste] hint; sans l'~ d'un regret with no regrets at all, without the slightest regret.

esquisser [3] [ɛskise] *vt* -1. BX-ARTS to sketch. -2. [projet, histoire] to outline, to draft. -3. [geste, mouvement] to give a hint of; il esquissa un geste d'approbation he gave a slight nod of approval; ~ un sourire to give a faint OU slight smile.

◆ **s'esquisser** *vpi* [sourire] to appear, to flicker; [solution, progrès] to appear.

esquive [ɛskiv] *nf* dodge, side step.

esquiver [3] [ɛskive] *vt* -1. [éviter - coup] to dodge. -2. [se soustraire à - question] to evade, to avoid, to skirt; [- difficulté] to skirt, to avoid, to side step; [- démarche, obligation] to shirk, to evade.

◆ **s'esquiver** *vpi* to slip OU to sneak out (unnoticed).

essai [esɛ] *nm* -1. [vérification - d'un produit, d'un appareil] test, testing, trial; [- d'une voiture] test, testing, test-driving. -2. [tentative] attempt, try; au deuxième ~ at the second try; nous avons fait plusieurs ~s we had several tries, we made several attempts; après notre ~ de vie commune after our attempt at living together; des ~s de lancement trial launches ❑ coup d'~ first attempt OU try. -3. [expérimentation]: faire l'~ de qqch to try sthg (out). -4. LITTÉRAT essay; 'Essais' *Montaigne* 'Essays'. -5. MIN assaying. -6. RUBGY try.

◆ **à l'essai** *loc adv* -1. [à l'épreuve]: mettre qqn/qqch à l'~ to put sb/sthg to the test. -2. COMM & JUR: engager OU prendre qqn à l'~ to appoint sb for a trial period; prendre qqch à l'~ to take sthg on approval.

◆ **d'essai** *loc adj* -1. AÉRON: pilote d'~ test pilot. -2. [période] trial *(modif)*.

essaim [esɛ̃] *nm* -1. ENTOM swarm. -2. [foule]: un ~ de [supporters, admirateurs] a throng OU swarm of; [adolescentes] a bevy OU gaggle *péj* of.

essaimage [esɛmaʒ] *nm* -1. ENTOM swarming. -2. *litt* [d'un peuple] dispersion; [d'une firme] expansion.

essaimer [4] [eseme] *vi* -1. ENTOM to swarm. -2. *litt* [se disperser - groupe] to spread, to disperse; [- firme] to expand.

essarter [3] [esarte] *vt* to grub, to clear.

essayage [esɛjaʒ] *nm* COUT & VÊT [séance] fitting; [action] trying on.

◆ **d'essayage** *loc adj* [cabine, salon] fitting *(modif)*.

essayer [11] [eseje] *vt* -1. [tenter]: ~ de faire to try to do, to try and do; n'essaie pas de patiner sur l'étang don't try to OU and skate on the pond; as-tu essayé d'arrêter de fumer? have you tried to stop smoking?; ~ que *fam*: j'essaierai que la soirée soit réussie I'll do my best to make the party a success ‖ *(en usage abs)*: essaie un peu! *fam* just you try! -2. [utiliser pour la première fois] to try (out) *(sép)*; ~ un (nouveau) restaurant to try a new restaurant; ~ une (nouvelle) marque de lessive to try (out) a new brand of washing powder. -3. [mettre - vêtement, chaussures] to try on. -4. [expérimenter] to try, to test; ~ un nouveau médicament to test a new drug; ~ un vaccin sur des animaux to test a vaccine on animals; ~ une voiture [pilote, client] to test-drive a car ❑ l'~ c'est l'adopter *publicity slogan indicating that a product is sure to please (sometimes used ironically)*. -5. MIN to assay.

◆ **s'essayer à** *vp + prép*: s'~ à (faire) qqch to try one's hand at (doing) sthg.

essayeur, euse [esɛjœr, øz] *nm, f* -1. COUT fitter. -2. MIN assayer.

essayiste [esejist] *nmf* essayist, essay writer.

esse [ɛs] *nf* -1. [crochet] (s-shaped) hook; [cheville] linchpin. -2. [de violon] (s-shaped) sound hole.

ESSEC, Essec [esɛk] (*abr de* **École supérieure des sciences économiques et commerciales**) *npr f grande école for management and business studies*.

essence [esɑ̃s] *nf* -1. PÉTR petrol *Br*, gas *Am*, gasoline *Am*; ~ ordinaire two-star petrol *Br*, regular gas *Am*; ~ sans plomb unleaded petrol *Br* OU gasoline *Am*. -2. [solvant] spirit, spirits; ~ de térébenthine spirit OU spirits of turpentine, turps. -3. CULIN essence; ~ de café coffee essence. -4. PHARM [cosmétique] (essential) oil, essence; ~ de rose rose oil, essence of roses. -5. CHIM quintessence. -6. BOT species; le parc contient de nombreuses ~s différentes the park contains many different species of trees. -7. PHILOS essence. -8. *sout* [contenu fondamental] essence, gist.

◆ **par essence** *loc adv sout* essentially, in essence.

essénien, enne [esenjɛ̃, ɛn] ◇ *adj* Essenian, Essenic.

◇ *nm, f* Essene.

essentiel, elle [esɑ̃sjɛl] *adj* -1. [indispensable] essential; ~ à: ~ à la vie essential to life; condition ~le à la réussite du projet condition which is essential for the success of the project. -2. [principal] main, essential; le point ~ du débat the main point of the debate. -3. PHILOS essential. -4. PHARM idiopathic.

◆ **essentiel** *nm* -1. [l'indispensable]: l'~ the basic essentials. -2. [le plus important]: l'~ c'est que tu comprennes the most important OU the main thing is that you should understand; l'~ de l'article se résume en trois mots the bulk of the article can be summed up in three words. -3. [la plus grande partie]: l'~ de la conversation most of the conversation; elle passe l'~ de son temps au téléphone she spends most of her time on the phone.

essentiellement [esɑ̃sjɛlmɑ̃] *adv* -1. [par nature] in essence, essentially. -2. [principalement] mainly, essentially.

esseulé, e [esœle] *adj litt* -1. [délaissé] forsaken. -2. [seul] forlorn, lonely.

essieu, x [esjø] *nm* axle, axletree.

essor [esɔr] *nm* [d'un oiseau] flight; [d'une entreprise, d'une industrie] rise, development; la sidérurgie connaît un nouvel ~ the steel industry has taken on a new lease of life; prendre son ~ [oiseau] to soar; [adolescent] to fend for o.s., to become self-sufficient; [économie, entreprise] to grow.

essorage [esɔraʒ] *nm* [à la machine] spinning; [à l'essoreuse à rouleaux] mangling; [à la main] wringing; 'pas d'~' 'do not spin'; au premier ~, ajoutez l'assouplissant at first cycle OU spin-dry, add fabric softener; l'~ de la salade (spin-) drying lettuce.

essorer [3] [esɔre] *vt* -**1.** [sécher] : ~ le linge [à la machine] to spin-dry the laundry; [à l'essoreuse à rouleaux] to put the laundry through the mangle; [à la main] to wring the laundry; ~ la salade to (spin-)dry the lettuce. -**2.** [terrain] to drain, to dry.

essoreuse [esɔrøz] *nf* -**1.** [pour le linge] : ~ (à tambour) spin-drier; ~ (à rouleaux) mangle. -**2.** [pour la salade] salad drier. -**3.** [pour le sucre] centrifugal separator.

essoucher [3] [esuʃe] *vt* to stub, to grub out *(sép)*.

essoufflement [esufləmɑ̃] *nm* breathlessness.

essouffler [3] [esufle] *vt* to make breathless; être essoufflé to be breathless OU out of breath; ce sont les marches qui m'ont essoufflé climbing the steps has left me breathless.
◆ **s'essouffler** *vpi* -**1.** PHYSIOL to get breathless. -**2.** [s'affaiblir - moteur] to get weak; [- production, économie] to lose momentum; [- inspiration, écrivain] to dry up.

essuie [esɥi] *nm Belg* [essuie-mains] hand towel; [torchon] cloth, tea towel; [serviette de bain] bath towel.

essuie-glace [esɥiglas] (*pl* essuie-glaces) *nm* windscreen *Br* OU windshield *Am* wiper; ~ arrière back wiper.

essuie-mains [esɥimɛ̃] *nm inv* hand towel.

essuie-meubles [esɥimœbl] *nm inv* duster.

essuie-pieds [esɥipje] *nm inv* doormat.

essuie-verres [esɥivɛr] *nm inv* glass cloth, tea towel.

essuyage [esɥijaʒ] *nm* -**1.** [séchage - de la vaisselle] wiping, drying up; [- des mains, du sol, d'une surface] wiping, drying. -**2.** [nettoyage - d'un meuble] dusting (down); [- d'un tableau noir] wiping, cleaning; [- d'une planche farinée, d'un mur plâtreux] wiping (down).

essuyer [14] [esɥije] *vt* -**1.** [sécher - vaisselle] to wipe, to dry (up); [- sueur] to wipe, to mop up *(sép)*, to wipe (off); [- main] to dry, to wipe dry; [- surface] to wipe (down); [- sol] to wipe, to dry; essuie tes mains wipe your hands; ~ une larme to wipe away a tear; ~ les larmes de qqn to dry sb's tears ❑ ~ les plâtres *fam* to have to endure initial problems; les premiers acheteurs de cette voiture ont essuyé les plâtres the first purchasers of this car had to put up with a few teething troubles. -**2.** [nettoyer - surface poussiéreuse] to dust (down); [- tableau noir] to wipe (clean), to clean; tes mains sont pleines de farine, essuie-les wipe your hands, they're covered in flour; essuie tes pieds sur le paillasson wipe your feet on the doormat. -**3.** [subir - reproches] to endure; [- refus] to meet with *(insép)*; [- défaite, échec, pertes] to suffer; [- tempête] to weather, to bear up against; ~ un coup de feu to be shot at; ~ le feu de l'ennemi to come under enemy fire.
◆ **s'essuyer** *vp (emploi réfléchi)* [se sécher] to dry o.s.; s'~ les mains to dry OU to wipe one's hands.

est [ɛst] ◇ *nm inv* -**1.** [point cardinal] east; ~ nord-~ east-north-east; ~ sud-~ east-south-east; nous allons vers l'~ we're heading eastward OU eastwards; une terrasse exposée à l'~ an east-facing OU east terrace; le soleil se lève à l'~ the sun rises in the east; la bise souffle de l'~ it's a harsh eastern wind. -**2.** [partie d'un pays, d'un continent] east, eastern area OU regions; l'~ de l'Italie Eastern Italy, the east of Italy; Est: l'Est HIST & POL Eastern Europe, Eastern European countries; [en France] the East (of France); l'Europe de l'Est Eastern Europe; l'Allemagne de l'Est East Germany; les pays de l'Est the Eastern Bloc; les départements de l'Est the departments in the east of France.
◇ *adj inv* [façade] east *(modif)*, east-facing; [secteur, banlieue] east *(modif)*, eastern; la côte ~ des États-Unis the East coast OU Eastern seaboard of the United States.
◆ **à l'est de** *loc prép* (to the) east of.

establishment [ɛstabliʃmɛnt] *nm* : l'~ [en GB] the Establishment; [gén] the dominant OU influential group OU body.

estafette [ɛstafɛt] *nf* MIL courier.

estafilade [ɛstafilad] *nf* slash, gash.

est-allemand, e [ɛstalmɑ̃, ɑ̃d] *adj* East German.

estaminet [ɛstaminɛ] *nm* estaminet *litt*, seedy café OU bar.

estampage [ɛstɑ̃paʒ] *nm* -**1.** TECH [façonnage] stamping; [empreinte] stamp. -**2.** *fam* [escroquerie] swindle, con.

estampe [ɛstɑ̃p] *nf* -**1.** [image] engraving, print; viens chez moi, je te montrerai mes ~s japonaises *hum* come up and see my etchings. -**2.** [outil] stamp.

estamper [3] [ɛstɑ̃pe] *vt* -**1.** TECH [façonner, marquer] to stamp. -**2.** *fam* [escroquer] to swindle, to con; ~ qqn de 100 francs to con sb out of 100 francs.

estampeur [ɛstɑ̃pœr] *nm* -**1.** TECH stamper. -**2.** *fam* [escroc] swindler, con-man.

estampillage [ɛstɑ̃pijaʒ] *nm* [d'un document] stamping; [d'une marchandise] marking.

estampille [ɛstɑ̃pij] *nf* [sur un document] stamp; [sur une marchandise] mark, trademark; dans cette famille, ils sont tous marqués de la même ~ *fam* they're all tarred with the same brush in that family.

estampiller [3] [ɛstɑ̃pije] *vt* [document] to stamp; [marchandise] to mark.

est-ce que [ɛskə] (*devant voyelle ou h muet* est-ce qu' [ɛsk]) *adv interr* -**1.** *(suivi d'un verbe plein)* [au présent] : ~ je/tu/nous/vous...? do I/you/we/you...?; est-ce qu'il/qu'elle...? does he/she...?; ~ vous aimez le thé? do you like tea? ‖ [au passé] : ~ vous avez acheté la maison? did you buy the house?; ~ vous dormiez bien? did you (use to) sleep well? ‖ [au futur] : ~ tu iras? will you go? -**2.** *(suivi d'un auxiliaire)* [au présent] : ~ je suis...? am I...?; ~ tu as une enveloppe? do you have OU have you got an envelope?; ~ je dois...? must I...?; ~ tu peux...? can you...? ‖ [au passé] : ~ tu y étais? were you there?; est-ce qu'il devait signer? should he have signed? ‖ [au futur] : ~ tu seras là? will you be there? ‖ [au futur proche] : ~ tu vas lui téléphoner? are you going to OU will you phone her? -**3.** [avec un autre adverbe interrogatif] : quand est-ce qu'il arrive? when does he arrive?; qui ~ tu as vu? who did you see?; pourquoi ~ tu ris? why are you laughing?

este [ɛst] = **estonien** *nm*.

ester[1] [ɛste] *vi* JUR [seulement à l'inf] : ~ en justice to go to court.

ester[2] [ɛstɛr] *nm* CHIM ester.

estérase [ɛsteraz] *nf* esterase.

estérification [ɛsterifikasjɔ̃] *nf* esterification.

estérifier [9] [ɛsterifje] *vt* to esterify.

Esther [ɛstɛr] *npr* BIBLE Esther.

esthète [ɛstɛt] *nmf* aesthete; cela ne plaira sûrement pas aux ~s *péj* this will offend some people's aesthetic sense.

esthéticien, enne [ɛstetisjɛ̃, ɛn] *nm, f* -**1.** [en institut de beauté] beautician. -**2.** BX-ARTS & PHILOS aesthetician.

esthétique [ɛstetik] ◇ *adj* -**1.** BX-ARTS & PHILOS aesthetic. -**2.** [joli] beautiful, lovely; ce chantier devant la maison n'est pas très ~ this building site in front of the house is not exactly beautiful.
◇ *nf* -**1.** BX-ARTS & PHILOS [science] aesthetics *(sg)*; [code] aesthetic. -**2.** [harmonie] beauty, harmony; j'ai mis la lampe dans le coin uniquement pour l'~ I put the lamp in the corner just for the effect. -**3.** INDUST : ~ industrielle industrial design.

esthétiquement [ɛstetikmɑ̃] *adv* -**1.** BX-ARTS & PHILOS aesthetically. -**2.** [harmonieusement] harmoniously, beautifully. -**3.** *(en adv indép)* [du point de vue de la beauté] aesthetically, from an aesthetic point of view; ~, ce n'est pas réussi aesthetically, it's a failure.

esthétisant, e [ɛstetizɑ̃, ɑ̃t] *adj péj* mannered.

esthétisme [ɛstetism] *nm* aestheticism.

estimable [ɛstimabl] *adj* -**1.** [digne de respect - personne] respectable. -**2.** [assez bon - ouvrage, film] decent.

estimatif, ive [ɛstimatif, iv] *adj* estimated.

estimation [ɛstimasjɔ̃] *nf* -**1.** [évaluation - d'un vase] appraisal, valuation; [- de dégâts] estimation, assessment; [- d'une distance] gaging, gauging. -**2.** [montant] estimate, estimation; d'après mon ~ according to my estimate OU estimation; nous sommes loin de l'~ de l'expert we're not even close to the figure produced by the expert. -**3.** [prévision] projection; le score réalisé par le candidat sortant dépasse toutes les ~s the outgoing candidate's score surpasses all the pollsters' projections.

estime [ɛstim] *nf* esteem, respect; avoir de l'~ pour qqn/qqch to have a great deal of respect for sb/sthg, to hold sb/sthg in high esteem; j'ai beaucoup d'~ pour lui/pour son travail I have a great deal of respect for him/for his work; baisser/monter dans l'~ de qqn to go down/up in sb's esteem; il force l'~ par son intégrité one cannot but respect his integrity; tenir qqn en grande OU haute ~ to hold sb in high esteem.
◆ **à l'estime** *loc adv* -**1.** NAUT by dead reckoning. -**2.** [approximativement] roughly; j'ai tracé les plans à l'~ I drew the plans blind; faire un budget à l'~ to work out a budget roughly.

estimé, e [ɛstime] *adj* -**1.** *sout* [respecté] : notre ~ collègue our esteemed colleague. -**2.** NAUT : point ~ estimated position.

estimer [3] [ɛstime] *vt* -**1.** [expertiser - valeur, dégâts] to appraise, to evaluate, to assess; les dégâts ont été estimés à mille francs the damage was estimated at a thousand francs; faire ~ un tableau to have a painting valued. -**2.** [évaluer approximativement - quantité] to estimate; [- distance] to gage, to gauge; on estime le taux d'abstention à 34 % the abstention rate has been estimated at 34%; pouvez-vous ~ le nombre des victimes? would you hazard a guess as to the number of casualties? -**3.** [apprécier - ami, écrivain, collègue] to regard with esteem, to esteem, to think highly of; je l'estime trop pour mettre sa parole en doute I esteem him too highly OU I have too much regard for him to doubt his word; ~ qqn à sa juste valeur to judge sb correctly; une pneumologue très estimée a highly regarded lung specialist. -**4.** [juger] to think, to consider, to believe; j'estime qu'il a eu tort I think OU believe (that) he was wrong; si tu estimes que tu peux le faire if you believe you can do it; j'estime avoir mon mot à dire I think I have the right to offer an opinion; elle estime que l'argent n'a pas d'importance she considers that money is of no importance.
◆ **s'estimer** *vpi (suivi d'un adj)* : s'~ heureux to count o.s. lucky; s'~ satisfait de/que to be happy with/that.

estivage [ɛstivaʒ] *nm* mountain summering.

estival, e, aux [ɛstival, o] *adj* summer *(modif)*.

estivant, e [ɛstivɑ̃, ɑ̃t] *nm, f* summer tourist, holidaymaker *Br*, vacationer *Am*.

estivation [ɛstivasjɔ̃] *nf* aestivation.

estoc [ɛstɔk] *nm* rapier; coup d'~ thrust; frapper d'~ et de taille to cut and thrust.

estocade [ɛstɔkad] *nf* -**1.** *loc litt* : donner OU porter l'~ à qqn to deal the death-blow to sb. -**2.** [lors d'une corrida] final sword thrust; donner OU porter l'~ à un taureau to dispatch a bull with the "estoque de puntilla".

estomac [ɛstɔma] *nm* -**1.** ANAT stomach; j'ai mal à l'~ I have a stomach ache; il a pris de l'~ *fam* he's developed a paunch OU potbelly; avoir l'~ bien accroché *fam* to have a strong stomach ❑ ça m'est resté sur l'~ *fam pr* it weighed on my stomach; *fig* it stuck in my craw; avoir l'~ dans les talons *fam* to be famished OU ravenous; avoir un ~ d'autruche *fam* to have a castiron stomach. -**2.** *fam* [hardiesse] : avoir de l'~ to have a cheek *Br* OU a nerve; manquer d'~ to lack guts.

◆ **à l'estomac** *fam loc adv*: **ils y sont allés à l'~** they bluffed their way through it; **quand on veut se faire accepter dans cette entreprise, il faut le faire à l'~** you need a lot of nerve if you want to get on in this company; **avoir qqn à l'~** to intimidate sb.

estomaquer *fam* [3] [ɛstɔmake] *vt* to stagger, to flabbergast.

estompage [ɛstɔ̃paʒ] *nm* stumping, shading off.

estompe [ɛstɔ̃p] *nf* -**1.** [outil] stump, tortillon. -**2.** [dessin] stump drawing.

estompement [ɛstɔ̃pmɑ̃] *nm* fading.

estomper [3] [ɛstɔ̃pe] *vt* -**1.** BX-ARTS to stump, to shade off *(sép)*. -**2.** [camoufler - ride] to smoothe over *(sép)*; [- silhouette] to dim, to blur; **les contours estompés des immeubles** the dim outline of buildings. -**3.** [atténuer - souvenir, sentiment] to dim, to blur.

◆ **s'estomper** *vpi* -**1.** [disparaître - contours] to become blurred. -**2.** [s'affaiblir - souvenir] to fade away; [- douleur, rancune] to diminish, to die down.

Estonie [ɛstɔni] *npr f*: (l')~ Estonia.

estonien, enne [ɛstɔnjɛ̃, ɛn] *adj* Estonian.

◆ **Estonien, enne** *nm, f* Estonian.

◆ **estonien** *nm* LING Estonian.

estoquer [3] [ɛstɔke] *vt* [taureau] to dispatch *(with the "estoque de puntilla")*.

estourbir *fam* [32] [ɛsturbir] *vt vieilli* -**1.** [assommer] to knock out *(sép)*, to lay out *(sép)*. -**2.** [tuer] to do in.

estrade [ɛstrad] *nf* [plancher] platform, rostrum, dais.

estragon [ɛstragɔ̃] *nm* tarragon.

estrapade [ɛstrapad] *nf* strappado.

estropié, e [ɛstrɔpje] ◇ *adj* crippled, maimed; **il en restera ~** he'll be left a cripple.
◇ *nm, f* cripple, disabled OU maimed person.

estropier [ɛstrɔpje] *vt* -**1.** *pr* to cripple, to maim. -**2.** *fig* [en prononçant] to mispronounce; [à l'écrit] to misspell; [texte] to mutilate; **~ une citation** to misquote a text.

estuaire [ɛstɥɛr] *nm* estuary.

esturgeon [ɛstyrʒɔ̃] *nm* sturgeon.

et [e] *conj* -**1.** [reliant des termes, des propositions] and; **il est beau et intelligent** he is handsome and intelligent; **noir et blanc** black and white; **le père et le fils** the father and the son; **une belle et brillante jeune fille** a beautiful, clever girl; **ils jouent au tennis et au hand-ball** they play tennis and handball; **une robe courte et sans manches** a short sleeveless dress; **gentiment et avec le sourire** nicely and with a smile; **toi et moi, nous savons ce qu'il faut faire** you and I know what should be done; **2 et 2 font 4** two and two make four, two plus two makes four; **il y a mensonge et mensonge** there are lies, and then there are lies; **quand on a vingt ans et toute sa santé** when one is twenty and in excellent health; **peux-tu aller chercher le pain, et passer chez le photographe?** can you go and buy the bread and drop in at the photo shop?; **quand il pleut et qu'on s'ennuie** when it rains and you're feeling bored; **un livre ancien et qui n'est plus en librairie** an old book which is out of print; **il connaît l'anglais, et très bien** he speaks English, and very well at that. -**2.** [exprimant une relation de simultanéité, de succession ou de conséquence]: **il s'est levé et il a quitté la pièce** he got up and left the room; **tu viens de commencer et tu es déjà fatigué?** you've only just started and you're tired already?; **j'ai bien aimé ce film, et toi?** I really liked the film, how OU what about you?; **ils ont donné un million et ils estiment que cela suffit!** they gave a million and they think that's enough!; **il travaille et ne réussit pas** he works but he's not successful. -**3.** [reliant des propositions comparatives]: **plus ça va, et plus la situation s'aggrave** as time goes on, the situation just gets worse; **moins je le vois et mieux je me porte!** the less I see him the better I feel!; **moins il travaille et moins il a envie de travailler** the less he works the less he feels like working. -**4.** [avec une valeur emphatique]: **et d'un, je n'ai pas faim, et de deux, je n'aime pas ça** for one thing I'm not hungry and for another I don't like it; **j'ai dû supporter et les enfants et les parents!** I had to put up with both the parents and the children OU with the parents AND the children!; **je l'ai dit et répété** I've said it over and over again, I've said it more than once; **c'est fini et bien fini!** that's the end of that!; **et moi alors?** (and) what about me?; **et les dix francs que je t'ai prêtés?** and (what about) the ten francs I lent you?; **et si on lui disait tout?** what if we told him everything?; **et les bagages?** what about the luggage?; **et pourquoi pas?** (and) why not?; **je n'ai pas envie d'y aller — et pourquoi?** I don't want to go — and why not?; **et pourtant...** and yet OU still...; **et voilà!** there you are!, there you go!; **et moi je vous dis que je n'irai pas** and I'm telling you that I won't go!; **et vous osez me proposer cela!** and you dare (to) suggest that!; **et voilà comment l'argent s'en va!** that's how money disappears!; **et tout à coup il se mit à courir** and suddenly he started running; **et c'est ainsi que se termine mon histoire...** and that is how my story ends...; **et on a ri!** how we laughed! || *litt*: **et le garçon de se sauver** at this the boy ran off; **et chacun d'exprimer sa satisfaction** whereupon each expressed his satisfaction. -**5.** [dans les nombres composés, les horaires, les poids et les mesures]: **vingt et un** twenty one; **vingt et unième** twenty-first; **deux heures et demie** half past two; **cinq heures et quart** five fifteen, a quarter past five; **deux kilos et demi** two and a half kilos.

ét. (*abr écrite de* **étage**) fl.

ETA (*abr de* **Euskadi Ta Askatasuna**) *npr f* ETA.

étable [etabl] *nf* cowshed.

établi [etabli] *nm* workbench.

établir [32] [etablir] *vt* -**1.** [duplex, liaison téléphonique] to set up *(sép)*, to establish. -**2.** [implanter - usine, locaux, quartier général] to establish, to set OU to put up *(sép)*; [- filiale] to establish; **~ son domicile à Paris** to take up residence in Paris. -**3.** *vieilli* [pourvoir d'une situation] to set up *(sép)* (in business); **j'attendrai d'avoir établi mes enfants** I'll wait until my children are settled in life; **il a établi son fils comme notaire** he set up his son as a solicitor; **elle est établie comme pharmacienne** she's set up as a chemist || [marier] to marry off *(sép)*. -**4.** [instaurer - règlement] to introduce, to promulgate; [- usage] to pass; [- pouvoir] to install, to implement; [- ordre, relation] to establish; **contester les coutumes établies** to challenge convention; **une fois le silence établi** once calm has been established; **~ un précédent** to set a precedent; **~ des liens d'amitié** to establish friendly relations. -**5.** [bâtir - réputation] to establish; [- empire] to build; **avoir une réputation bien établie** to have a well established reputation; **~ sa réputation sur des succès** to base one's reputation upon (one's) success. -**6.** [prouver]: **~ l'innocence de qqn** to establish sb's innocence, to vindicate sb; **~ l'identité de qqn** to establish sb's identity; **~ la vérité** to establish the truth; **nous cherchons à ~ qu'à 18 h, notre client était chez lui avec son épouse** we are trying to establish that at 6 p.m. our client was at home with his wife. -**7.** [dresser - organigramme] to set out *(sép)*; [- liste] to draw up *(sép)*; [- devis] to provide; [- chèque] to make out; [- programme, prix] to fix; **~ le prix d'un article** to price an item. -**8.** SPORT: **~ un record** to set a record.

◆ **s'établir** *vpi* -**1.** [vivre]: **ils ont préféré s'~ en banlieue** they chose to live in the suburbs. -**2.** [professionnellement] to set (o.s.) up (in business); **elle n'a pas assez d'argent pour s'~** she doesn't have enough funds to start out on her own; **s'~ à son compte** to set (o.s.) up in business, to become self-employed. -**3.** [être instauré]: **enfin, le silence s'établit** silence was finally restored; **une relation stable s'est établie entre nous** a stable relationship has developed between the two of us.

établissement [etablismɑ̃] *nm* **A.** -**1.** [institution] establishment, institution; **~ hospitalier** hospital; **~ pénitentiaire** prison, penitentiary *Am*; **~ religieux** [monastère] monastery; [couvent] convent; [collège] religious OU denominational school; [séminaire] seminary; **~ scolaire** school. -**2.** COMM firm; **les ~s Leroy** Leroy and Co; **les ~s Fourat et fils** Fourat and Sons
❑ **~ classé** *potentially dangerous industrial premises (having to conform to strict safety regulations)*; **~ financier** financial institution; **~ d'utilité publique** public utility. -**3.** ADMIN: **~ public** state-owned enterprise.

B. -**1.** [construction - d'un barrage, d'une usine] building, construction. -**2.** [instauration - d'un empire] setting up, establishing; [- d'un régime, d'une république] installing; [- d'un usage] establishing. -**3.** [préparation - d'un devis] drawing up, preparation; [- d'une liste] drawing up; [- d'un organigramme] laying out, drawing up. -**4.** [installation]: **l'~ des Français en Afrique** the settlement of the French in Africa. -**5.** *vieilli* [dans une profession] setting up; **son ~ dans la profession médicale** her setting up in medical practice; **l'~ de ses enfants dans le commerce** [il les a établis] his setting up his children in business; [ils se sont établis] his children setting (themselves) up in business || [par le mariage]: **l'~ de sa fille** his marrying off his daughter. -**6.** [preuve - de la vérité] establishment; **rien n'est possible sans l'~ de son identité** nothing can be done if his identity cannot be established.

étage [etaʒ] *nm* -**1.** [dans une maison] floor, storey *Br*, story *Am*; [dans un parking] level; **au troisième ~** [maison] on the third floor *Br*, on the fourth floor *Am*; [aéroport] on level three; **habiter au premier/dernier ~** to live on the first/top floor; **elle est dans les ~s** she's upstairs somewhere; **un immeuble de cinq ~s** a five-storey building. -**2.** GÉOL stage, layer. -**3.** AÉRON & TECH stage; **~ de pression** pressure stage. -**4.** MIN level. -**5.** [division - d'une pièce montée] tier; [- d'un buffet, d'une bibliothèque] shelf; **dans le placard, sur l'~ du haut** in the cupboard on the top shelf.

◆ **étages** *nmpl* -**1.** [escaliers]: **grimper/monter les ~s** to climb/to go upstairs; **monter les ~s à pied/en courant** to walk/to run up the stairs; **monter les ~s quatre à quatre** to take the stairs four at a time. -**2.** BOT: **~s de végétation** levels of vegetation.

◆ **à l'étage** *loc adv* upstairs, on the floor OU storey above.

◆ **de bas étage** *loc adj* -**1.** *vieilli* [humble] humble, low-class. -**2.** *péj* [vulgaire - cabaret] sleazy; [- plaisanterie] cheap.

étagement [etaʒmɑ̃] *nm* [de collines, de vignobles] terracing.

étager [17] [etaʒe] *vt* to stack, to set out OU to range in tiers.

◆ **s'étager** *vpi*: **les maisons s'étageaient le long de la pente** the houses rose up the slope in tiers.

étagère [etaʒɛr] *nf* [planche] shelf; [meuble] (set of) shelves; **~ encastrée** built-in shelves OU shelving.

étai [etɛ] *nm* -**1.** NAUT stay. -**2.** [poutre] stay, prop, strut.

étaiement [etɛmɑ̃] = **étayage**.

étain [etɛ̃] *nm* -**1.** [métal blanc] tin. -**2.** [vaisselle] piece of pewter ware; **des ~s** pewter (pieces).

◆ **en étain** *loc adj* pewter *(modif)*.

étal, als [etal] *nm* -**1.** [au marché] (market) stall. -**2.** [de boucher] block.

étalage [etalaʒ] *nm* -**1.** [vitrine] (display) window; [objets mis en vitrine] (window) display; **un bel ~ de poisson le vendredi** a nice display of fish on Friday; **faire un ~** to dress a window. -**2.** *péj* [démonstration]: **~ de: un tel ~ de luxe suscite des jalousies** such a display OU show of wealth causes jealousy; **faire ~ de: faire ~ de ses succès** to show off one's success;

faire ~ de son argent to flaunt one's wealth. -3. TEXT roving (of flax).

◆ **étalages** *nmpl* MÉTALL bosh.

étalager [17] [etalaʒe] *vt* to display, to do a window display of.

étalagiste [etalaʒist] *nmf* window dresser.

étale [etal] ◇ *adj* -1. [mer, fleuve] slack; [navire] becalmed; [vent] steady. -2. [paisible - circulation] slack.

◇ *nm* slack (water).

étalement [etalmɑ̃] *nm* -1. [déploiement - de papiers, d'objets] spreading (out); [- de marchandises] displaying. -2. [répartition - des vacances, des horaires, des paiements] staggering, spreading out. -3. [mise à plat] spreading out.

étaler [3] [etale] *vt* -1. [exposer - marchandise] to display, to lay out *(sép)*. -2. [exhiber - richesse, luxe] to flaunt, to show off *(sép)*; ~ **ses projets** to boast of one's plans; ~ **ses malheurs** to parade one's misfortunes; ~ **ses connaissances** to show off one's knowledge; ~ **sa vie privée** to parade one's private life. -3. [disposer à plat - tapis, tissu] to spread (out); [- plan, carte, journal] to open OU to spread (out); [- pâte à tarte] to roll out *(sép)*; ~ **ses cartes** OU **son jeu** to show one's hand. -4. [appliquer en couche - beurre, miel] to spread; [- pommade, fond de teint] to rub OU to smooth on; [- enduit] to apply; **une peinture facile à** ~ paint which is easy to apply. -5. [répartir - dates, paiements, rendez-vous] to spread out *(sép)*; ~ **les vacances des Français** to stagger holiday periods in France. -6. *arg scol*: **se faire** ~ **(à un examen)** to flunk an exam. -7. NAUT [orage] to weather out.

◆ **s'étaler** ◇ *vp (emploi passif)* [s'appliquer] to spread; **une peinture qui s'étale facilement** a paint which goes on easily.

◇ *vpi* -1. [s'étendre - ville, plaine] to stretch OU to spread out. -2. [être exhibé]: **sa richesse s'étale au grand jour** his wealth is plain for all to see; **son nom s'étale à la une de tous les journaux** his name is in OU is splashed over all the papers. -3. *fam* [s'affaler]: **s'~ dans un fauteuil/sur un canapé** to sprawl in an armchair/on a sofa. -4. *fam* [tomber] to fall (down), to take a tumble. -5. *fam péj* [prendre trop de place] to spread o.s. out; **si tu t'étalais moins, j'aurais la place de m'asseoir** if you didn't take up so much room, I might be able to sit down.

◆ **s'étaler sur** *vp + prép* to be spread over; **les vacances s'étalent sur trois mois** the holiday is spread over three months; **mon crédit s'étale sur cinq ans** my credit extends over five years; **ses rendez-vous s'étalent sur toute la semaine** he has appointments the whole week.

étalon [etalɔ̃] *nm* -1. ZOOL [cheval] stallion; [âne, taureau] stud. -2. [référence] standard; **~-or** gold standard; ~ **de change or** gold exchange standard; ~ **monétaire** monetary OU standard unit.

étalonnage [etalɔnaʒ], **étalonnement** [etalɔnmɑ̃] *nm* TECH [graduation] calibration, calibrating; [vérification] standardization, standardizing.

étalonner [3] [etalɔne] *vt* -1. TECH [graduer] to calibrate; [vérifier] to standardize. -2. SC [test] to table, to grade.

étamage [etamaʒ] *nm* -1. MÉTALL tinning, tinplating. -2. [d'une glace] silvering.

étambot [etɑ̃bo] *nm* stern post.

étamer [3] [etame] *vt* -1. MÉTALL to tin, to tin-plate. -2. [glace] to silver.

étameur [etamœr] *nm* -1. MÉTALL tinsmith. -2. [en miroiterie] silverer.

étamine [etamin] *nf* -1. BOT stamen. -2. [pour vêtement] etamine, etamin; [pour tamiser] muslin; **passer qqch à** OU **par l'~** *vieilli* to examine sthg very closely.

étampage [etɑ̃paʒ] *nm* swaging.

étampe [etɑ̃p] *nf* -1. MÉTALL swage. -2. [pour fer à cheval] punch.

étamper [3] [etɑ̃pe] *vt* -1. MÉTALL to swage. -2. [fer à cheval] to punch.

étanche [etɑ̃ʃ] *adj* [chaussure, montre] waterproof; [réservoir] watertight; [surface] water-resistant, water-repellent; ~ **à l'air** airtight.

étanchéité [etɑ̃ʃeite] *nf* [d'une montre, de chaussures] waterproofness; [d'un réservoir] watertightness; [d'un revêtement] water-resistance; ~ **à l'air** airtightness.

étanchement [etɑ̃ʃmɑ̃] *nm litt* [du sang] stemming, stanching, staunching; [de la soif] quenching, slaking; [des larmes] stanching, staunching; [d'une voie d'eau] stopping up.

étancher [3] [etɑ̃ʃe] *vt* -1. [rendre étanche] to make waterproof. -2. [arrêter - sang] to stanch, to staunch, to stem; [- voie d'eau] to stop up *(sép)*; ~ **sa soif** to quench OU to slake one's thirst.

étançon [etɑ̃sɔ̃] *nm* CONSTR stanchion, strut, post.

étançonner [3] [etɑ̃sɔne] *vt* to stanchion, to strut, to prop up *(sép)*.

étang [etɑ̃] *nm* pond.

étant [etɑ̃] *nm* PHILOS being.

étant donné [etɑ̃dɔne] *loc prép* given, considering; ~ **les circonstances** given OU in view of the circumstances.

◆ **étant donné que** *loc conj* since, given the fact that; ~ **qu'il pleuvait...** since OU as it was raining..

étape [etap] *nf* -1. [arrêt] stop, stopover; **arriver à l'~** to reach the stopover point; **faire ~ en chemin** to make a stop, to stop en route; **nous avons fait ~ à Lille** we stopped off OU over at Lille. -2. [distance] stage; **voyager par (petites) ~s** to travel in (easy) stages; **un voyage en deux ~s** a trip in two stages. -3. SPORT stage; **dans la prochaine ~ du Tour de France** in the next stage of the Tour de France. -4. [phase] phase, stage, step; **les différentes ~s de la vie** the different stages OU phases of life; **une réforme en plusieurs ~s** a reform in several stages.

étarquer [3] [etarke] *vt* NAUT to hoist home *(sép)*.

état [eta] *nm* **A.** MANIÈRE D'ÊTRE PHYSIQUE -1. [d'une personne - condition physique] state, condition; [- apparence] state; **le malade est dans un ~ grave** the patient's condition is serious; **son ~ empire/s'améliore** her condition is worsening/improving; **tu t'es mis dans un drôle d'~!** look at the state of you!; **quand elle le vit dans cet ~ pitoyable** when she saw him in such a pitiful state; **te voilà dans un triste ~!** you're in a sorry OU sad state!; **être dans un ~ second** [drogué] to be high; [en transe] to be in a trance; **en ~ de: être en ~ d'ivresse** OU **d'ébriété** to be under the influence (of alcohol), to be inebriated; **être en ~ de faire qqch** to be fit to do sthg; **être hors d'~ de, ne pas être en ~ de** to be in no condition to OU totally unfit to; **tu n'es pas en ~ de conduire** you're in no condition to drive OU not in a fit state to drive; **mettre qqn hors d'~ de nuire** [préventivement] to make sb harmless; [après coup] to neutralize sb ❑ ~ **général** general state of health; ~ **de santé** (state of) health, condition; ~ **de veille** waking state; **être dans un ~ intéressant** *fam hum* & *vieilli* to be in the family way. -2. [d'un appartement, d'une route, d'une machine, d'un colis] condition, state; **être en bon/mauvais ~** [meuble, route, véhicule] to be in good/poor condition; [bâtiment] to be in a good/bad state of repair; [colis, marchandises] to be undamaged/damaged; **le mauvais ~ des pneus a pu causer l'accident** the bad condition of the tyres might be the cause of accident; **vendu à l'~ neuf** [dans petites annonces] as new; **fauteuil en excellent ~** armchair in excellent condition; **voici l'~ du ciel pour demain** here is the weather forecast for tomorrow; **réduit à l'~ de** *(suivi d'un n)*: **réduit à l'~ de cendres/poussière** reduced to ashes/a powder; **en ~ de** *(suivi d'un n ou inf)*: **en ~ de marche** in working order; **quand tu seras de nouveau en ~ de marche** *fam hum* when you're back on your feet again OU back in circulation; **en ~ de rouler** AUT roadworthy; **en ~ de naviguer** NAUT seaworthy; **en ~ de voler** AÉRON airworthy; **être hors d'~ (de fonctionner)** to be out of order; **laisser une pièce en l'~** to leave a room as it is; **remettre en ~** [appartement] to renovate, to refurbish; [véhicule] to repair; [pièce de moteur] to recondition; **maintenir qqch en ~** [bâtiment, bateau, voiture] to keep sthg in good repair. -3. [situation particulière - d'un développement, d'une technique] state; **dans l'~ actuel des choses** as things stand at the moment, in the present state of affairs; **dans l'~ actuel de nos connaissances/de la science** in the present state of our knowledge/science; **l'~ de mes finances** my financial situation; **quand il est encore à l'~ larvaire** OU **de larve** when it's still a larva OU in a larval state; **le chat était retourné à l'~ sauvage** the cat had gone back to the wild state; **(en) ~ d'alerte/d'urgence** (in a) state of alarm/emergency; **être en ~ d'arrestation** to be under arrest; **à l'~ latent** latent ❑ **je me suis renseigné sur l'~ d'avancement des travaux** I enquired about the progress of the work; ~ **de choses** state of things; ~ **de fait** (established) fact; ~ **de guerre** state of war; **être en ~ de siège** to be under siege. -4. CHIM & PHYS: ~ **gazeux/liquide/solide** gaseous/liquid/solid state; ~ **amorphe/cristallin** amorphous/crystalline state; ~ **ionisé/neutre** ionized/neutral state ❑ **à l'~ brut** [pétrole] crude, unrefined, raw; **c'est de la bêtise à l'~ brut** it's plain stupidity; **à l'~ pur** [gemme, métal] pure; **c'est du racisme à l'~ pur** it's nothing more than racism.

B. MANIÈRE D'ÊTRE MORALE, PSYCHOLOGIQUE state; **être dans un ~ de grande excitation** to be in a state of great excitement OU very excited; **parfois, il tombait dans un ~ de grand abattement** sometimes, he would fall into a state of utter dejection; **elle n'est pas dans son ~ normal** she's not her normal OU usual self; **qu'as-tu dit pour la mettre dans cet ~?** what did you say to put her in such a state?; **ne te mets pas dans cet ~!** [à une personne inquiète, déprimée] don't worry!; [à une personne énervée] don't get so worked up!; **être en ~ de choc** [personne, pays] to be in a state of shock ❑ ~ **d'âme** mood; **avoir des ~s d'âme** to suffer from angst *hum*; **elle ne me fait pas part de ses ~s d'âme!** she doesn't confide in me!; **Monsieur a ses ~s d'âme!** *iron* he's always worrying about the meaning of life!; ~ **de conscience** state of consciousness; ~ **d'esprit** state OU frame of mind; ~ **limite** borderline state; **être dans tous ses ~s** [d'anxiété] to be beside o.s. with anxiety; [de colère] to be beside o.s. (with anger); **son fils n'est pas rentré de l'école, elle est dans tous ses ~s** her son hasn't returned from school, she's in a terrible state; **se mettre dans tous ses ~s** [en colère] to go off the deep end, to go spare.

C. CONDITION SOCIALE -1. [profession] trade, profession; [statut social] social position, standing, station; **l'~ militaire** the military profession; **il avait choisi l'~ ecclésiastique** he had chosen to become a clergyman; **il avait étudié pour sortir de son ~** he'd studied to climb the social ladder ❑ **il est cordonnier de son ~** he's a shoemaker by trade. -2. ADMIN: **(bureau de l') ~ civil** registry office. -3. HIST: **le tiers ~** the third estate; **les États généraux** the States OU Estates General; **les ~s provinciaux** provincial assembly of the three orders. -4. LING: **verbe d'~** stative verb.

D. DOCUMENT COMPTABLE OU LÉGAL -1. [compte rendu] account, statement; [inventaire] inventory; **l'~ des dépenses/des recettes** statement of expenses/takings; ~ **appréciatif** evaluation, estimation; ~ **comparatif/descriptif** comparative/descriptive account; **figurer sur les ~s d'une entreprise** to be on a company's payroll; ~ **de frais** bill of costs; ~ **liquidatif** winding-up inventory; **~s de service** MIL service record ; [professionnellement] professional record ❑ ~ **des lieux** inventory (of fixtures); **dresser** OU **faire un ~ des lieux** *pr* to draw up an inventory of fixtures; *fig* to take stock of the situation. **-2.** *loc*: **faire ~ de** [sondage, témoignages, thèse] to put forward *(sép)*; [document] to refer to; [fait] to mention; [soucis] to mention; **les premières estimations font ~ de plusieurs centaines de victimes** according to the initial estimates, several hundred people have been killed; **s'il y a eu un témoin, le rapport de police devrait en faire ~** if there was a witness, the police report should mention OU state this.

LES ÉTATS GÉNÉRAUX:
A consultative assembly of representatives of the three estates: clergy, nobility and third estate, or commoners. First convened in 1320 by Philippe le Bel, it had a turbulent relationship with the monarchy, which often tried to exploit it. It met for the last time in May 1789 in the "Jeu de Paume" in Versailles, where the Third Estate vowed not to disperse until they had established a constitution.

État [eta] *nm* **-1.** POL [nation] state; **~ de droit/fédéral** legitimate/federal state; **l'~ français** the French state OU nation; **l'~ d'Israël** (the state of) Israel; **l'~ de Washington** the State of Washington; **les ~s membres** the member states; **les ~s pontificaux** the Papal States ❑ **l'~-patron** the State as an employer; **l'~-providence** the Welfare state; **un ~ dans l'~** a state within a state; **l'~, c'est moi** *famous phrase attributed to Louis XIV proclaiming the absolute nature of the monarchy*. **-2.** ADMIN & ÉCON state; **géré par l'~** state-run, publicly run; **entreprise d'~** state-owned OU public *Br* company; **monopole d'~** state monopoly.

étatique [etatik] *adj* under state control, state-controlled.

étatisation [etatizasjɔ̃] *nf* **-1.** [nationalisation] nationalization. **-2.** [dirigisme] state control.

étatiser [3] [etatize] *vt* to bring under state control; **une firme étatisée** a state-owned company.

étatisme [etatism] *nm* state control.

étatiste [etatist] ◇ *adj* state-control *(modif)*. ◇ *nmf* supporter of state control.

état-major [etamaʒɔr] (*pl* **états-majors**) *nm* **-1.** MIL [officiers] general staff; [locaux] headquarters. **-2.** [direction - d'une entreprise] management; [- d'un parti politique] leadership; **le président et son ~** the president and his advisers.

états-unien, enne [etazynjɛ̃, ɛn] *adj* (North) American.

◆ **États-Unien, enne** *nm, f* (North) American.

États-Unis [etazyni] *npr mpl*: **les ~ (d'Amérique)** the United States (of America); **aux ~** in the United States.

étau, x [eto] *nm* vice; **être pris** OU **enserré (comme) dans un ~** *fig* to be caught in a vice; **l'~ se resserre** *fig* the noose is tightening; **avoir le cœur dans un ~** *fig* to feel a pang of anguish.

étau-limeur [etolimœr] (*pl* **étaux-limeurs**) *nm* shaper.

étayage [etɛjaʒ], **étayement** [etɛjmɑ̃] *nm* **-1.** [d'un mur] propping-up, shoring-up. **-2.** [d'un raisonnement] support, supporting, shoring-up.

étayer [11] [eteje] *vt* **-1.** [mur] to prop OU to shore up. **-2.** [raisonnement] to support, to back OU to shore up.

◆ **s'étayer sur** *vp + prép* [s'appuyer sur] to be based on.

etc. (*abr écrite de* et cetera) etc.

et cetera, et cætera [ɛtsetera] *loc adv* et cetera, and so on (and so forth).

été [ete] *nm* summer; **l'~ est ma saison préférée** summer OU summertime is my favourite season ❑ **l'~ indien** Indian summer; **l'~ de la Saint-Martin** Saint Martin's summer.

◆ **d'été** *loc adj*: **robe d'~** summer dress; **nuit d'~** summer's night; **l'heure d'~** daylight-saving time.

éteignoir [etɛɲwar] *nm* **-1.** [instrument] extinguisher. **-2.** *fam* [rabat-joie] wet blanket, spoilsport, killjoy.

éteindre [81] [etɛ̃dr] *vt* **-1.** [arrêter la combustion de - cigarette, incendie] to put out *(sép)*, to extinguish; [- bougie] to put OU to blow out *(sép)*; [- gaz, chauffage] to turn off *(sép)*. **-2.** ÉLECTR [phare, lampe] to turn OU to switch off *(sép)*; [radio, télévision] to turn off; **va ~ (dans) la chambre** *fam* switch off the light in the bedroom; **c'était éteint chez les voisins** the neighbours' lights were out. **-3.** [physiquement] to make darker; **cette ombre à paupières lui éteint le regard** that eye shadow makes her eyes look really dull ‖ [moralement]: **depuis son hospitalisation, elle est complètement éteinte** since she went into hospital she's been prostrate. **-4.** [annuler - dette, rente] to wipe out *(sép)*. **-5.** *litt* [soif] to quench, to slake *litt*; [désirs, sentiments] to kill.

◆ **s'éteindre** *vpi* **-1.** [cesser de brûler - feu, gaz, chauffage] to go out; [- bougie] to blow out; [- cigarette] to burn out; [- volcan] to die down. **-2.** ÉLECTR [lampe] to go out; [radio, télévision] to go off. **-3.** *litt* [se dissiper - ardeur, amour] to fade away; [- colère] to abate, to cool down. **-4.** *euph* [mourir - personne] to pass away. **-5.** [race] to die out, to become extinct.

éteint, e [etɛ̃, ɛ̃t] *adj* **-1.** [sans éclat - regard] dull, lacklustre; [- voix] lifeless; [- visage, esprit] dull; [- couleur] faded. **-2.** [chaux] slaked.

étendage [etɑ̃daʒ] *nm* **-1.** [action] hanging up OU out. **-2.** [corde] clothes line.

étendard [etɑ̃dar] *nm* **-1.** MIL standard; **lever l'~ de la révolte** *fig* to raise the standard of revolt. **-2.** BOT standard, vexillum *spéc*.

étendoir [etɑ̃dwar] *nm* **-1.** [corde] clothes line. **-2.** [lieu] drying shed.

étendre [73] [etɑ̃dr] *vt* **-1.** [beurre, miel] to spread; [pommade, fond de teint] to rub OU to smooth on. **-2.** [déplier - tapis, tissu] to unroll; [- plan, carte, journal] to open OU to spread (out); [- pâte à tarte] to roll out *(sép)*; **~ ses bras/jambes** to stretch (out) one's arms/legs. **-3.** [faire sécher]: **~ du linge** [dehors] to put the washing out to dry, to hang out the washing; [à l'intérieur] to hang up the washing. **-4.** [allonger - personne] to stretch out *(sép)*; **~ un blessé sur une civière** to place an injured person on a stretcher; **il m'a fait ~ sur le sol** he made me lie down on the ground. **-5.** [élargir - pouvoir] to extend; [- recherches] to broaden, to extend; [- cercle d'amis] to widen; **~ la signification d'un mot** to extend the meaning of a word; **~ son vocabulaire** to increase OU to extend one's vocabulary; **~ qqch à**: **~ une grève au secteur privé** to extend a strike to the private sector; **j'étendrais cette définition à toutes les espèces animales** I'd extend this definition to all species of animal. **-6.** [diluer - peinture] to dilute, to thin down *(sép)*; [- sauce] to thin out OU down *(sép)*, to water down *(sép)*; [- vin] to water down *(sép)*. **-7.** *fam* [vaincre] to thrash; **il a déjà étendu deux champions régionaux** he's already knocked out two regional champions; **se faire ~** [à un match de boxe] to get knocked OU laid out; [aux élections] to be trounced; [à un examen] to be failed.

◆ **s'étendre** *vpi* **-1.** [dans l'espace] to stretch; **la zone pluvieuse s'étendra du nord au sud** the rainy zone will stretch from North to South; **les banlieues s'étendaient à l'infini** the suburbs stretched out endlessly; **s' ~ à**: **mes connaissances ne s'étendent pas jusque-là** my knowledge doesn't stretch that far; **son ambition s'étendait aux plus hautes sphères de la politique** his ambition extended to the highest echelons of politics; **une loi qui s'étend à toutes les circonscriptions** a law that covers all districts. **-2.** [dans le temps]: **la période qui s'étend du XVIIe au XIXe siècle** the period stretching from the 17th to the 19th century; **les vacances s'étendent sur trois mois** the vacation stretches over three months. **-3.** [se développer - épidémie, grève] to spread; [- cercle d'amis] to widen; [- pouvoir] to widen, to increase, to expand; [- culture, vocabulaire] to increase, to broaden. **-4.** [s'allonger - malade] to stretch out, to lie down.

◆ **s'étendre sur** *vp + prép* to enlarge on; **je ne m'étendrai pas davantage sur ce sujet** I won't discuss this subject at any greater length; **elle ne s'est pas étendue sur ses projets d'avenir** she didn't enlarge on her future plans.

étendu, e [etɑ̃dy] *adj* **-1.** [vaste - territoire] big, wide, spread-out; [- banlieue] sprawling; **un panorama ~** a vast panorama. **-2.** [considérable - pouvoir, connaissances] extensive, wide-ranging; **sa culture très ~e lui permettait de briller** his vast culture allowed him to shine. **-3.** [étiré]: **les bras ~s** with outstretched arms; **les jambes ~es** with legs stretched out. **-4.** [dilué - vin, sauce] watered-down; [- peinture, couleur] thinned-down.

◆ **étendue** *nf* **-1.** [surface] area, stretch; **la forêt occupe une grande ~e dans cette région** the forest covers a huge area in this region; **une ~e désertique/d'eau** a stretch of desert/water. **-2.** [dimension] area; **un domaine d'une grande ~e** a large estate; **quelle est l'~ de ce terrain?** how large is this piece of land? **-3.** [durée]: **l'~e d'un discours** the length of a speech. **-4.** [ampleur] extent; **pour évaluer** OU **mesurer l'~e du désastre** to assess the extent of the disaster; **ses propos révèlent l'~e de sa culture/de son ignorance** his remarks show the extent of his knowledge/his ignorance. **-5.** MUS range. **-6.** PHILOS extension.

◆ **sur toute l'étendue de** *loc prép* [dans l'espace, dans le temps] throughout; **sur toute l'~e du pays** throughout the country; **sur toute l'~e de sa vie** throughout his life.

éternel, elle [etɛrnɛl] *adj* **-1.** PHILOS & RELIG eternal. **-2.** [sans fin] eternal, endless; **je lui voue une reconnaissance ~le** I'll be for ever OU eternally grateful to him; **cette situation ne sera pas ~le** this situation won't last for ever; **je ne serai pas ~** I won't live forever; **dans la nuit ~le** *fig & litt* in the endless night. **-3.** *(avant le n)* [invariable]: **c'est un ~ mécontent** he's perpetually discontented, he's never happy; **leurs ~les discussions politiques** their endless OU interminable political discussions; **son ~ cigare à la bouche** his inevitable cigar; **avec son ~le petite robe noire** with her inevitable little black dress ❑ **l'~ féminin** womankind.

Éternel [etɛrnɛl] *npr m*: **l'~** the Eternal ❑ **grand voyageur/amant devant l'~** *fam* inveterate traveller/lover.

éternellement [etɛrnɛlmɑ̃] *adv* eternally; **je l'aimerai ~** I will always love him, I'll love him forever; **je ne l'attendrai pas ~** I'm not going to wait for him for ever; **avec les cheveux ~ ébouriffés** with his perpetually tousled hair.

éterniser [3] [etɛrnize] *vt* **-1.** *péj* [prolonger - discussion, crise] to drag OU to draw out *(sép)*. **-2.** *litt* [perpétuer - nom, mémoire] to perpetuate.

◆ **s'éterniser** *vpi péj* **-1.** [durer - crise, discussion] to drag on. **-2.** *fam* [s'attarder]: **il est dix heures, ces gens s'éternisent!** it's ten o'clock, these people have outstayed their welcome!; **on ne va pas s'~ ici** we're not going to stay here for ever; **j'espère qu'elle ne va pas s'~ chez moi** I hope she's not going to hang around here too long.

éternité [etɛrnite] *nf* **-1.** PHILOS & RELIG eternity. **-2.** [longue durée] eternity; **il y avait une ~ que je ne l'avais vu** I hadn't seen him for ages OU an eternity; **l'attente chez le médecin m'a paru une ~** it seemed (like) an eternity before the doctor saw me; **la construction du stade va durer une ~** it will take forever to build the stadium.

◆ **de toute éternité** *loc adv litt* from time immemorial.

éternuement [etɛrnymɑ̃] *nm* sneeze; **être pris d'~s** to have a fit of sneezing.

éternuer [7] [etɛrnɥe] *vi* to sneeze.

étêtage [etɛtaʒ], **étêtement** [etɛtmɑ̃] *nm* pollarding.

étêter [4] [etete] *vt* [arbre] to pollard; [poisson] to cut off the head of; [clou, épingle] to knock the head off.

éteule [etœl] *nf* stubble.

éthane [etan] *nm* ethane.

éthanol [etanɔl] *nm* ethanol.

éther [etɛr] *nm* CHIM OU *litt* ether.

éthéré, e [etere] *adj* CHIM OU *litt* ethereal.

éthéromane [eterɔman] ◇ *adj* addicted to ether.
◇ *nmf* ether addict.

éthéromanie [eterɔmani] *nf* addiction to ether.

Éthiopie [etjɔpi] *npr f*: (l') ~ Ethiopia.

éthiopien, enne [etjɔpjɛ̃, ɛn] *adj* Ethiopian.
◆ **Éthiopien, enne** *nm, f* Ethiopian.
◆ **éthiopien** *nm* LING Ethiopic.

éthique [etik] ◇ *adj* ethic, ethical.
◇ *nf* -**1.** PHILOS ethics *(sg)*. -**2.** [code moral] ethic.

ethmoïdal, e, aux [ɛtmɔidal, o] *adj* ethmoid, ethmoidal.

ethmoïde [ɛtmɔid] ◇ *adj m* ethmoid.
◇ *nm* ethmoid (bone).

ethnarque [ɛtnark] *nm* ethnarch.

ethnie [ɛtni] *nf* ethnic group.

ethnique [ɛtnik] *adj* ethnic, ethnical.

ethnobiologie [ɛtnɔbjɔlɔʒi] *nf* ethnobiology.

ethnocentrique [ɛtnɔsɑ̃trik] *adj* ethnocentric.

ethnocentrisme [ɛtnɔsɑ̃trism] *nm* ethnocentrism.

ethnocide [ɛtnɔsid] *nm* ethnocide.

ethnographe [ɛtnɔgraf] *nmf* ethnographer.

ethnographie [ɛtnɔgrafi] *nf* ethnography.

ethnographique [ɛtnɔgrafik] *adj* ethnographic, ethnographical.

ethnolinguistique [ɛtnɔlɛ̃gɥistik] ◇ *adj* ethnolinguistic.
◇ *nf* ethnolinguistics *(sg)*.

ethnologie [ɛtnɔlɔʒi] *nf* ethnology.

ethnologique [ɛtnɔlɔʒik] *adj* ethnologic, ethnological.

ethnologue [ɛtnɔlɔg] *nmf* ethnologist.

ethnomusicologie [ɛtnɔmyzikɔlɔʒi] *nf* ethnomusicology.

ethnopsychiatrie [ɛtnɔpsikjatri] *nf* ethnopsychiatry.

éthologie [etɔlɔʒi] *nf* ethology.

ethos [etɔs] *nm* ethos.

éthyle [etil] *nm* ethyl.

éthylène [etilɛn] *nm* ethylene.

éthylénique [etilenik] *adj* ethylenic.

éthylique [etilik] ◇ *adj* ethyl *(modif)*, ethylic.
◇ *nmf* alcoholic.

éthylisme [etilism] *nm* alcoholism.

étiage [etjaʒ] *nm* -**1.** [niveau] low water level OU mark. -**2.** [abaissement] low water.

Étienne [etjɛn] *npr*: saint ~ Saint Stephen.

étier [etje] *nm* canal *(linking salt marshes with the sea, in W. France)*.

étincelage [etɛ̃slaʒ] *nm* -**1.** TECH spark erosion. -**2.** MÉD fulguration, surgical diathermy.

étincelant, e [etɛ̃slɑ̃, ɑ̃t] *adj* -**1.** [brillant - diamant, étoile] sparkling, gleaming, twinkling; [- soleil] brightly shining; [bien lavé - vaisselle] shining, sparkling, gleaming; **la mer ~e** the sparkling sea; **sapin de Noël ~** Christmas tree sparkling OU gleaming with lights; **~ de propreté** gleaming. -**2.** [vif - regard, œil] twinkling; **les yeux ~s de colère/de haine** eyes glinting with rage/with hate. -**3.** [plein de brio - conversation, esprit, style] brilliant, sparkling.

étinceler [24] [etɛ̃sle] *vi* -**1.** [diamant, étoile] to sparkle, to gleam, to twinkle; [soleil] to shine brightly; [vaisselle] to shine, to sparkle, to gleam; **la mer étincelait** the sea was sparkling; **le sapin de Noël étincelait** the Christmas tree was glittering with lights; **~ de propreté** to be gleaming; **~ de blancheur** to be gleaming white. -**2.** [regard, œil] to sparkle, to glitter; **ses yeux étincelaient de colère/jalousie/passion** her eyes glittered with anger/jealousy/passion; **ses yeux étincelaient de bonheur/fierté** her eyes were sparkling with happiness/pride. -**3.** [avoir du brio - conversation, style] to sparkle, to be brilliant.

étincelle [etɛ̃sɛl] *nf* -**1.** [parcelle incandescente] spark; **~ électrique** electric spark ❑ **faire des ~s** *pr* to throw off sparks; *fig* to cause a huge sensation, to be a big success; **on ne peut pas dire qu'il ait fait des ~s pendant son mandat** *hum* he didn't exactly set the world on fire during his term of office; **c'est l'~ qui a mis le feu aux poudres** it was this which sparked everything off. -**2.** [lueur] spark, sparkle; **jeter des ~s** to sparkle; **le casque poli jetait des ~s** the highly polished helmet sparkled; **son regard jette des ~s** [de joie] his eyes shine with joy; [de colère] his eyes flash with rage. -**3.** [bref élan]: **~ d'intelligence** spark of intelligence; **l'~ du génie** the spark of genius.

étincellement [etɛ̃sɛlmɑ̃] *nm* [d'un diamant, d'une lame] sparkle, glitter; [de la mer] glitter.

étiolement [etjɔlmɑ̃] *nm* -**1.** AGR & BOT bleaching, blanching, etiolation *spéc*. -**2.** [affaiblissement - d'une personne] decline, weakening; [- d'un esprit] weakening.

étioler [3] [etjɔle] *vt* -**1.** AGR & BOT to bleach, to blanch, to etiolate *spéc*. -**2.** [personne] to make weak OU pale OU sickly.
◆ **s'étioler** *vpi* -**1.** AGR & BOT to blanch, to wither. -**2.** [s'affaiblir - personne] to decline, to fade away, to become weak; [- esprit] to become lacklustre OU dull.

étiologie [etjɔlɔʒi] *nf* aetiology.

étiologique [etjɔlɔʒik] *adj* aetiologic, aetiological.

étique [etik] *adj litt* skinny, emaciated, scrawny.

étiquetage [etiktaʒ] *nm* [d'une marchandise] labelling; [d'un colis] ticketing, labelling.

étiqueter [27] [etikte] *vt* -**1.** [marchandise] to mark, to label; [colis] to ticket, to label. -**2.** *péj* [cataloguer] to label; **j'ai été étiqueté comme écologiste** I was labelled as a green.

étiqueteur, euse [etiktœr, øz] *nm, f* labeller.
◆ **étiqueteuse** *nf* labelling machine.

étiquette [etikɛt] *nf* -**1.** [marque - portant le prix] ticket; **~ autocollante** sticky label, sticker. -**2.** [appartenance] label; **mettre une ~ à qqn** to label sb; **on a collé cette ~ socialiste à notre journal** our paper has been labelled as socialist. -**3.** INF label. -**4.** [protocole]: **l'~** etiquette ❑ **~ de Cour** court etiquette.

étirable [etirabl] *adj* stretchable.

étirage [etiraʒ] *nm* -**1.** [du verre, du métal, du fil] drawing. -**2.** [du tissu, des peaux] stretching.

étirement [etirmɑ̃] *nm* [des membres, du corps] stretching.

étirer [3] [etire] *vt* -**1.** [allonger - membres, cou] to stretch; [- peloton, convoi] to stretch out *(sép)*. -**2.** [verre, métal] to draw (out). -**3.** TEXT to stretch.
◆ **s'étirer** *vpi* -**1.** [personne, animal] to stretch (out). -**2.** [s'éterniser - journée, récit] to draw out.

Etna [ɛtna] *npr m*: **l'~** (Mount) Etna.

étoffe [etɔf] *nf* -**1.** TEXT material, fabric; **acheter de l'~** to buy material; **des ~s somptueuses** rich fabrics. -**2.** [calibre - d'un professionnel, d'un artiste] calibre; **il est d'une autre/de la même ~** he's in a different/the same league; **manquer d'~** to lack calibre; **avoir l'~ de** to have the makings of; **il a l'~ d'un héros** he has the makings of a hero, he's the stuff heroes are made of; **avoir l'~ d'un chef** to be leadership material. -**3.** TECH base-metal alloy.
◆ **étoffes** *nfpl* IMPR mark-up *(on materials)*.

étoffé, e [etɔfe] *adj* [roman, récit] full of substance, well-rounded; [voix] deep, sonorous.

étoffer [3] [etɔfe] *vt* -**1.** [faire grossir] to put weight on; **son séjour à la campagne l'a étoffé** his spell in the country has made him fill out a bit. -**2.** [développer - roman, personnage] to flesh OU to fill out *(sép)*, to give substance to.
◆ **s'étoffer** *vpi* to fill out, to put on weight.

étoile [etwal] *nf* -**1.** ASTRON star; **contempler** OU **observer les ~s** to stargaze; **ciel parsemé** OU **semé d'~s** starry sky, sky studded with stars; **une nuit sans ~s** a starless night ❑ **~ géante/naine** giant/dwarf star; **~ du matin/soir** morning/evening star; **~ du berger** morning star; **~ double** double star; **~ filante** shooting star; **~ à neutrons** neutron star; **~ Polaire** pole star; **~ variable** variable star; **carrefour en ~** multi-lane junction; **voir les ~s en plein midi** to see stars. -**2.** [symbole, insigne] star; **hôtel trois/quatre ~s** three-star/four-star hotel; **congélateur à trois ~s** three-star freezer; **général à quatre ~s** four-star general ❑ **l'~ jaune/rouge** the yellow/red star; **l'Étoile de David** the Star of David. -**3.** [destin] stars, fate; **c'est sa bonne ~** it's his lucky star; **son ~ blanchit** OU **pâlit** her fortunes are waning, her star is fading. -**4.** *vieilli* [célébrité] star; **une ~ du cinéma** a movie star; **c'est une ~ montante** she's a rising star; **elle est l'~ du spectacle** she's the star of the show. -**5.** DANSE prima ballerina. -**6.** IMPR star, asterisk. -**7.** [médaille de niveau de ski] badge (of achievement); **première/deuxième/troisième ~** beginners/intermediate/advanced badge of proficiency *(at skiing)*; **aujourd'hui l'école de ski fait passer les ~s** the ski school is putting its pupils through the proficiency tests today. -**8.** ZOOL: **~ de mer** starfish. -**9.** MATH asterisk. -**10.** [à Paris]: **(place de) l'Étoile** place de l'Etoile *(in Paris)*.
◆ **à la belle étoile** *loc adv* [coucher, dormir] (out) in the open, outside.

étoilé, e [etwale] *adj* [ciel] starry, star-studded; [nuit] starry.

étoilement [etwalmɑ̃] *nm* star-shaped crack.

étoiler [3] [etwale] *vt* -**1.** *litt* [parsemer - d'étoiles] to spangle with stars; **~ qqch de: les vitres étoilées de givre** the window panes glittering with frost. -**2.** [fêler - vitre] to craze, to crack.
◆ **s'étoiler** *vpi* -**1.** *litt* [ciel] to become starry. -**2.** [vitre] to crack.

étole [etɔl] *nf* COUT & RELIG stole.

étonnamment [etɔnamɑ̃] *adv* amazingly, astonishingly.

étonnant, e [etɔnɑ̃, ɑ̃t] *adj* -**1.** [remarquable - personne, acteur, mémoire] remarkable, astonishing; [- roman] great, fantastic; [- voyage] fabulous. -**2.** [surprenant] surprising, amazing; **c'est ~ de sa part** it's quite amazing, coming from him; **rien d'~ à ce qu'il ait divorcé** no wonder he got divorced; **ça n'a rien d'~** it's no wonder.

étonnement [etɔnmɑ̃] *nm* surprise, astonishment, amazement; **je fus frappé d'~ en apprenant la nouvelle** I was astonished when I heard the news; **à mon grand ~** to my great surprise.

étonner [3] [etɔne] *vt* to amaze, to surprise; **je suis étonné de ses progrès** I'm amazed at the progress he's made; **elle m'étonne par son courage** I'm astonished at her courage; **cet enfant m'étonne de plus en plus** this child never ceases to amaze me; **ce que je vais vous dire va probablement vous ~** what I have to say may come as a surprise; **ça m'étonne qu'elle ne t'ait pas appelé** I'm surprised she didn't call you; **plus rien ne m'étonnera** nothing will surprise me anymore; **il avait l'air étonné** he looked astonished OU amazed; **cela m'étonnerait** I'd be surprised.
◆ **s'étonner** *vpi* to be surprised; **ne t'étonne pas si elle te quitte** don't be surprised if she leaves you; **je ne m'étonne plus de rien** nothing surprises me anymore; **je m'étonne qu'il ne soit pas venu** I'm surprised he didn't show up.

étouffant, e [etufɑ̃, ɑ̃t] *adj* -**1.** [oppressant - lieu, climat, ambiance] stifling. -**2.** [indigeste - mets] stodgy, heavy.

étouffe-chrétien *fam* [etufkretjɛ̃] *nm inv* heavy OU stodgy food; *(comme adj)* heavy, stodgy; **c'est un peu ~, sa quiche** his quiche is a bit stodgy.

étouffée [etufe]

◆ **à l'étouffée** ◇ *loc adj* steamed *(in a tightly shut pot)*.

◇ *loc adv*: cuire qqch à l'~ to steam sthg *(in a tightly shut steamer)*.

étouffement [etufmɑ̃] *nm* -**1.** [asphyxie] suffocation. -**2.** [respiration difficile] breathlessness; **avoir une sensation d'~** to have a feeling of breathlessness OU suffocation ‖ [crise] fit of breathlessness; **il a été pris d'~s pendant la nuit** he had a fit of breathlessness in the night. -**3.** [répression - d'une révolte] quelling; [- d'une rumeur] stifling; [camouflage - d'un scandale] hushing-up, covering-up.

étouffer [3] [etufe] ◇ *vt* -**1.** [asphyxier - personne, animal] : **le bébé a été étouffé** [accident] the baby suffocated to death; [meurtre] the baby was smothered; **mourir étouffé** to die of suffocation, to choke to death; **ne l'embrasse pas si fort, tu l'étouffes!** *hum* don't hug him so hard, you'll smother him! -**2.** [oppresser - suj: famille, entourage] to smother; [- suj: ambiance] to stifle; **le milieu familial l'étouffait** she found the family circle stifling. -**3.** [émouvoir fortement] : **la colère/l'émotion l'étouffe** he's choking with anger/emotion; **ce n'est pas la politesse qui l'étouffe** *fam hum* politeness isn't exactly his strong point; **ce n'est pas la conscience qui l'étouffe** *fam hum* he's not what you'd call tormented by pangs of conscience; **ça t'étoufferait de dire bonjour/de ranger ta chambre?** would it kill you to say hello/to tidy your room? -**4.** [arrêter, atténuer - feu] to put out *(sép)*, to smother; [- bruit] to muffle, to deaden; [- cris, pleurs, sentiment, rire] to stifle, to hold back *(sép)*; [- voix] to lower; [- révolte, rumeur] to quash; [- scandale] to hush OU to cover up *(sép)*.

◇ *vi* -**1.** [s'asphyxier] to suffocate, to choke; **j'ai failli ~ en avalant de travers** I almost choked on my food; ~ **de**: ~ **de colère/jalousie** to choke with anger/jealousy; ~ **d'indignation** to splutter with indignation. -**2.** [avoir chaud] to suffocate, to be gasping for air. -**3.** [être oppressé] to feel stifled; **j'étouffe dans ce milieu** this atmosphere stifles me.

◆ **s'étouffer** *vpi* to choke; **une sardine et une demi-tomate, on ne risque pas de s'~!** *hum* a sardine and half a tomato! there's no fear of us choking on that!

étouffoir [etufwar] *nm* -**1.** [pour la braise] charcoal extinguisher. -**2.** MUS damper. -**3.** *fam* [lieu] oven; **c'est un ~ ici!** it's like an oven in here!

étoupe [etup] *nf* [lin, chanvre] tow.

étourderie [eturdəri] *nf* -**1.** [faute] careless mistake. -**2.** [caractère] carelessness.

◆ **par étourderie** *loc adv* carelessly, without thinking.

étourdi, e [eturdi] ◇ *adj* [personne] careless; [acte, réponse] thoughtless.

◇ *nm, f* scatterbrain.

◆ **à l'étourdie** *loc adv* thoughtlessly, foolishly.

étourdiment [eturdimɑ̃] *adv* thoughtlessly, carelessly, foolishly.

étourdir [32] [eturdir] *vt* -**1.** [assommer] to stun, to daze; **le coup l'avait un peu étourdi** he was slightly dazed by the blow. -**2.** [griser - suj: vertige, sensation, alcool] to make dizzy OU light-headed; [- suj: odeur] to overpower; **le succès l'étourdissait** success had gone to his head; **cette perspective l'étourdissait** he was exhilarated at the prospect. -**3.** [abasourdir - suj: bruit] to deafen; **ces enfants m'étourdissent!** these children are making me dizzy (with their noise)! -**4.** *litt* [calmer - douleur, chagrin] to numb, to deaden.

◆ **s'étourdir** *vpi*: **s'~ dans le plaisir** to live a life of pleasure; **s'~ de paroles** to get drunk on words.

étourdissant, e [eturdisɑ̃, ɑ̃t] *adj* -**1.** [bruyant] deafening, ear-splitting. -**2.** [extraordinaire - beauté, créativité, activité] stunning; **il a fait une prestation ~e dans «Othello»** he was stunning in "Othello"; ~ **de**: **il est ~ de beauté** he's stunningly handsome; **être ~ d'esprit** to be very glib. -**3.** *litt* [grisant - adulation, passion] exciting, exhilarating.

étourdissement [eturdismɑ̃] *nm* -**1.** [vertige] fit of giddiness OU dizziness, dizzy spell; MÉD fainting fit, blackout; **j'ai eu un léger ~ dû à la chaleur** I felt slightly dizzy on account of the heat. -**2.** *litt* [griserie] exhilaration.

étourneau, x [eturno] *nm* -**1.** ORNITH starling. -**2.** *fam* [étourdi] birdbrain.

étrange [etrɑ̃ʒ] *adj* [personne] strange, odd; [chose, fait] strange, funny, odd; **quelle ~ coïncidence!** what a strange coincidence!; **chose ~, elle a dit oui** strangely enough, she said yes.

étrangement [etrɑ̃ʒmɑ̃] *adv* oddly, strangely; **il est ~ silencieux** he's strangely silent; **elle était ~ habillée** she was oddly dressed.

étranger, ère [etrɑ̃ʒe, ɛr] ◇ *adj* -**1.** [visiteur, langue] foreign; [politique] foreign. -**2.** [extérieur à un groupe] outside *(adj)*; **le piquet de grève était renforcé par des éléments ~s** the picket (line) had been reinforced by outside elements; ~ **à**: **je suis ~ à leur communauté** I'm not a member of OU I don't belong to their community; **des personnes étrangères au service** non-members of staff. -**3.** [non familier - voix, visage, région, sentiment] unknown, unfamiliar; **parmi les odeurs de la maison, il discernait un parfum ~** he could discern OU make out an unfamiliar perfume amongst the house's usual smells. -**4.** ~ **à** [sans rapport avec]: **je suis complètement ~ à cette affaire** I'm in no way involved in OU I have nothing to do with this business; **développement ~ au sujet** irrelevant development; **des considérations étrangères à notre discussion** points irrelevant OU extraneous to our discussion. -**5.** *sout*: ~ **à** [qui n'a pas le concept de] closed OU impervious to; **il est ~ à la pitié** he's completely lacking in compassion; **mon intention est étrangère à ces considérations mercantiles** these commercial considerations have nothing to do with my purpose.

◇ *nm, f* -**1.** [habitant d'un autre pays] foreigner, alien ADMIN; **'l'Étranger'** *Camus* 'The Stranger'. -**2.** [inconnu] stranger; **je suis devenu un ~ pour elle** I'm like a stranger to her now. -**3.** *Afr* [visiteur] guest *(staying at one's house for a few days)*.

◆ **étranger** *nm*: **l'~** foreign countries.

◆ **à l'étranger** *loc adv* abroad.

étrangeté [etrɑ̃ʒte] *nf* -**1.** [singularité - d'un discours, d'un comportement] strangeness, oddness. -**2.** *litt* [remarque] funny OU strange OU odd thing; [incident] strange OU odd fact.

étranglé, e [etrɑ̃gle] *adj* -**1.** [rauque - voix, son] tight, strained. -**2.** [resserré - rue, passage] narrow.

étranglement [etrɑ̃gləmɑ̃] *nm* -**1.** [strangulation] strangling, strangulation. -**2.** [étouffement, resserrement] tightening, constriction; **j'ai compris à l'~ de sa voix que...** the tightness in his voice told me that... -**3.** [passage étroit] bottleneck; **il y a un ~ dans la rue** the street forms a bottleneck; **grâce à l'~ du tuyau** owing to the narrower section of the pipe. -**4.** *litt* [restriction - des libertés] stifling. -**5.** MÉD strangulation; ~ **herniaire** strangulated hernia.

étrangler [3] [etrɑ̃gle] *vt* -**1.** [tuer - intentionnellement] to strangle; [- par accident] to strangle, to choke; **c'est sa longue écharpe qui l'a étranglée** she was choked to death OU strangled by her long scarf. -**2.** [serrer] to choke, to strangle, to constrict; **ce col roulé m'étrangle** this turtleneck is choking me OU is too tight around my neck; **avoir la taille étranglée** to wear clothes that are too tight around the waist; **avoir la taille étranglée par une grosse ceinture** to have a wide belt pulled in tight around the waist. -**3.** [faire balbutier - suj: colère, peur] to choke. -**4.** [ruiner] to decimate, to squeeze out of existence; **les supermarchés ont étranglé le petit commerce** supermarkets have decimated small businesses. -**5.** *litt* [restreindre - libertés] to stifle.

◆ **s'étrangler** *vpi* -**1.** [personne] to choke; **s'~ avec un os** to choke on a bone; **s'~ de**: **s'~ de rire** to choke with laughter; **s'~ d'indignation** to be speechless with indignation. -**2.** [voix] to choke. -**3.** [chemin, rue, vallée] to form a bottleneck, to narrow (down).

étrangleur, euse [etrɑ̃glœr, øz] *nm, f* strangler.

étrave [etrav] *nf* stem.

être[1] [2] [ɛtr] ◇ *vi* **A.** EXPRIME L'EXISTENCE, LA RÉALITÉ -**1.** [exister] to be, to exist; **l'homme n'est pas sans le regard des autres** man only exists through others' eyes; **ne nie pas ce qui est** don't deny the facts; **parlons de ce qui est et non de ce qui a été** let's talk of what is OU of the present and not of what used to be OU the past; **si Dieu est** if God exists; **si cela est** if (it is) so; **mon fils n'est plus** *litt* my son is no more *litt* OU has died OU passed away; **la nounou la plus patiente qui soit** the most patient nanny that ever was OU in the world; **le plus petit ordinateur qui soit** the tiniest computer ever ❑ ~ **ou ne pas ~** to be or not to be; **on ne peut pas ~ et avoir été** you only live once. -**2.** MATHS: **soit une droite AB** let AB be a straight line.

B. RELIE L'ATTRIBUT, LE COMPLÉMENT AU SUJET -**1.** [suivi d'un attribut] to be; **le boa est un serpent** the boa is a snake; **elle est professeur** she's a teacher; **le sac est trop lourd** the bag is too heavy; ~ **malade/déprimé** to be ill/depressed; **on est bien assis dans ce fauteuil** this armchair is comfortable; **je ne te le prêterai pas! — comment tu es!** *fam* I won't lend it to you! — you see what you're like!; **je suis comme je suis** I am what I am; **comment es-tu?** how do you feel?; **Bruno/ce rôle est tout pour moi** Bruno/this part means everything to me; **elle n'est plus rien pour lui** she no longer matters to him; **le pain n'est plus ce qu'il était** bread isn't as good as it used to be; **elle n'est plus ce qu'elle était** she's not what she used to be; **qui suis-je?** who am I?; **qui était-ce?** who was it?; **qui est-il exactement?** who is he, exactly? -**2.** [suivi d'une préposition] : ~ **à** [se trouver à]: ~ **à l'hôpital** to be in hospital; **je suis à la gare** I'm at the station; **où sommes-nous?** where are we?; **cela fait longtemps que je ne suis plus à Paris** I left Paris a long time ago; **le propriétaire? il est au troisième étage** the owner? he lives on the third floor; **j'y suis, j'y reste** here I am and here I stay; **je n'y suis pour personne** [à la maison] I'm not at home for anyone; [au bureau] I won't see anybody; **la Sardaigne est au sud de la Corse** Sardinia is (situated) south of Corsica; **laisse la plante où elle est** leave the plant where it is; **ta chemise est au lavage** your shirt is in the wash; **tout le monde est à la page 15/au chapitre 9?** is everybody at page 15/chapter 9?; **nous ne sommes qu'au début du tournoi** the tournament has just started; ~ **à** [appartenir à] : **ce livre est à moi** the book's mine; ~ **à** [être occupé à] : **il est tout à son travail** he's busy with his work; ~ **à** [être en train de]: **il est toujours à me questionner** he's always asking me questions; ~ **contre** to be against; ~ **de** [provenir de] to be from, to come from; **je suis de la Martinique** I come from OU was born in Martinique; ~ **de** [dater de]: **l'église est du XVIe** the church is from OU dates back to the 16th century; **la lettre est du 12** the letter's dated the 12th; **les œufs sont d'hier** the eggs were laid yesterday; ~ **de** [appartenir à] to belong to, to be a member of; **êtes-vous du club?** do you belong to the club?, are you a member of the club?; **Bruno est de sa famille** Bruno is a member of her family OU is a relative of hers; **le lys est de la famille des liliacées** the lily belongs to the family Liliaceae; ~ **de** [participer à] : **je suis de mariage le mois prochain** I've got (to go to) a wedding next month; **qui est de corvée de vaisselle?** who's on washing-up duty?; ~ **de** [se joindre à]:

acceptez-vous d'~ (un) des nôtres? would you care to join us?; **je regrette de ne pouvoir ~ des vôtres** I'm sorry I can't be with you; **les dossiers qui sont en attente** the pending files; **~ en** [lieu]: **~ en prison/en France** to be in prison/in France; **~ en** [matériau]: **la table est en chêne** the table is made of oak; **~ en** [pour exprimer l'état]: **~ en bonne santé** to be in good health; **~ en forme** to be fit; **~ sans: vous n'êtes pas sans savoir que...** I'm sure you're aware that...; **en ~ à: les joueurs en sont à deux sets partout** the players are two sets all; **j'en suis à la deuxième manche du pull** I'm doing OU knitting the second sleeve of the jumper; **le projet n'en est qu'au début** the project has only just started; **Christian, où en sommes-nous dans le match?** Christian, what's the situation in the match?; **où en es-tu avec Michel?** how is it going with Michel?; **où en es-tu dans le livre?** how far have you got into the book?; **j'en suis au moment où il découvre le trésor** I've got to the part OU the bit where he discovers the treasure; **où en étais-je?** [après une interruption dans une conversation] where was I?; **où en sont les travaux?** how's the work coming along?; **en ~ à faire qqch: j'en suis à me demander si...** I'm beginning to wonder if...; **tu en es encore à lui chercher des excuses! – oh non, je n'en suis plus là!** you're still trying to find excuses for him! – oh no, I'm past that!; **ne plus savoir où l'on en est: je ne sais plus du tout où j'en suis dans tous ces calculs** I don't know where I am any more with all these calculations; **j'ai besoin de faire le point sur ma vie, je ne sais plus où j'en suis** I've got to take stock of my life, I've completely lost track of everything; **y ~** [être prêt]: **tout le monde y est?** is everyone ready?; **vas-y, j'y suis** go on, I'm ready; **y ~** [comprendre]: **tu te souviens bien de Marie, une petite brune! – ah, oui, j'y suis maintenant!** but you must remember Marie, a brunette! – oh yes, I'm with you now!; **je n'y suis pas du tout!** I'm lost!; **alors ce serait lui le coupable? – vous n'y êtes pas du tout!** so you mean HE's the culprit? – you're not even warm! ❑ **~ dans une position intéressante** to be pregnant; **il est des nôtres!** he's one of us; **en ~** *fam*, **~ de ceux-là** *fam* [être homosexuel] to be one of them. **-3.** [dans l'expression du temps] to be; **nous sommes le 8/jeudi** today is the 8th/Thursday; **quel jour sommes-nous?** what day is it today?; **on est déjà au mois de mars** we are in March already; **on était en avril** it was April; **on n'est qu'en février** it's only February; **imaginez, nous sommes en 1804** imagine it's (the year) 1804; **le mariage est en août** the wedding is in August.

C. SUBSTITUT DE ALLER, PARTIR to go; **tu y as déjà été?** have you already been there?; **elle s'en fut lui porter la lettre** *litt* she went to take him the letter.

◇ *v impers* **-1.** [exister]: **il est** [il y a] *(suivi d'un sg)* there is; *(suivi d'un pl)* there are; **il est une île où...** there's an island where...; **il est des romanciers qui...** there are novelists who..., some novelists...; **il est des parfums si entêtants que...** some perfumes are so heady that...; **il était une fois un prince...** once (upon a time) there was a prince...; **s'il en est: un escroc s'il en est** a crook if ever there was one. **-2.** [pour exprimer l'heure]: **il est 5 h** it's 5 o'clock; **quelle heure est-il?** what time is it? **-3.** *loc sout*: **il en est ainsi** that's how it is; **il en est ainsi de toutes les démocraties** that's how it is in all democracies; **on a dit que vous vouliez démissionner – il n'en est rien** it was rumoured you wanted to resign – that's not true; **il n'est que de: il n'est que de lire les journaux pour s'en rendre compte** you only have to read the newspapers to be aware of it; **toujours est-il que** anyway.

◇ *v auxiliaire* **-1.** [sert à former les temps composés]: **je suis/j'étais descendu** I came/had come down; **dès qu'elle est apparue** as soon as she appeared; **serais-tu resté?** would you have stayed?; **tu te serais noyé si je n'avais pas été là!** you would have drowned if I hadn't been there!; **la tour s'est écroulée** the tower collapsed. **-2.** [sert à former le passif]: **des arbres ont été déterrés par la tempête** trees were uprooted during the storm. **-3.** [sert à exprimer une obligation]: **ce dossier est à préparer pour lundi** the file must be ready for Monday; **cela est à prouver** we have no proof of that yet.

◆ **cela étant** *loc adv* [dans ces circonstances] things being what they are; [cela dit] having said that.

être[2] [ɛtr] *nm* **-1.** BIOL & PHILOS being; **l'~** PHILOS being; **des ~s venus d'ailleurs** beings OU creatures from outer space; **un rêve peuplé d'~s étranges** a dream full of strange creatures ❑ **~ humain** human being; **~ de raison** rational being; **~ vivant** living thing; **'l'Être et le néant'** *Sartre* 'Being and Nothingness'. **-2.** RELIG: **l'Être éternel** OU **infini** OU **suprême** the Supreme Being; **le Grand Être** the Great I *Am*. **-3.** [personne] person; **c'est un ~ exceptionnel/cruel** he's an exceptional/cruel person; **il était tout ému de tenir ce petit ~ dans ses bras** he was very moved holding the little thing in his arms ❑ **un ~ cher** a loved one. **-4.** [cœur, âme] being, heart, soul; **tout son ~ rejetait de telles pratiques** all his being rejected such practices; **je le crois de tout mon ~** I believe it with all my heart; **au fond de son ~** deep down in his heart; **il a été bouleversé jusqu'au fond de son ~** he was profoundly moved.

étreindre [81] [etrɛ̃dr] *vt* **-1.** [serrer entre ses bras - ami, amant, adversaire] to hug, to clasp *litt*, to embrace. **-2.** *sout* [oppresser - suj: émotion, colère, peur] to seize, to grip.

◆ **s'étreindre** *vp (emploi réciproque)* [amis, amants] to hug (each other), to embrace each other; [lutteurs] to grip each other, to have each other in a tight grip.

étreinte [etrɛ̃t] *nf* **-1.** [embrassement] hug, embrace. **-2.** [d'un boa] constriction; [d'un lutteur] grip; **les troupes ennemies resserrent leur ~ autour de la ville** the ennemy troops are tightening their grip OU stranglehold on the city. **-3.** *litt* [oppression] grip, grasp.

étrenne [etrɛn] *nf loc litt*: **avoir l'~ de qqch** to have the first use of sthg.

◆ **étrennes** *nfpl* [cadeau] New Year's Day present; **qu'est-ce que tu veux pour tes ~s?** what would you like as a present for New Year's Day? || [pourboire] New Year's tip *(given to postmen, dustmen, delivery men etc in the weeks running up to the New Year)*, ≃ Christmas box *Br*, ≃ Christmas bonus *Am*.

étrenner [4] [etrene] ◇ *vt* [machine] to use for the first time; [robe, chaussures] to wear for the first time.

◇ *vi* [souffrir]: **c'est toi qui vas ~!** YOU're going to get OU catch it!

étrésillonner [3] [etrezijɔne] *vt* to brace, to strut, to prop.

étrier [etrije] *nm* **-1.** ÉQUIT stirrup; **coup de l'~** stirrup cup, one for the road; **tenir l'~ à qqn** *pr* to help sb mount; *fig* to give sb a leg up. **-2.** ANAT stirrup, stirrup-bone. **-3.** [d'escalade] étrier *Br*, stirrup *Am*. **-4.** CONSTR stirrup.

étrille [etrij] *nf* **-1.** [peigne] currycomb. **-2.** ZOOL swimming crab.

étriller [3] [etrije] *vt* **-1.** [cheval] to curry, to currycomb. **-2.** *fam* [vaincre] to crush, to trounce. **-3.** *fam* [critiquer] to pan, to slate *Br*. **-4.** *fam* [escroquer] to swindle, to con. **-5.** *vieilli* [frapper] to trounce, to thrash.

étripage [etripaʒ] *nm* **-1.** [d'un poisson] gutting; [d'une volaille, d'un gibier] drawing, cleaning. **-2.** *fam* [tuerie] slaughter.

étriper [3] [etripe] *vt* **-1.** [poisson] to gut; [volaille, gibier] to draw, to clean out *(sép)*. **-2.** *fam* [tuer]: **je vais l'~, celui-là!** I'm going to kill him OU to make mincemeat of him OU to have his guts for garters!

◆ **s'étriper** *fam vp (emploi réciproque)* to tear each other to pieces; **ils allaient s'~** they were at each other's throats.

étriqué, e [etrike] *adj* **-1.** [trop petit - vêtement] skimpy. **-2.** [mesquin - vie, habitudes, caractère] mean, petty; **un point de vue très ~** a very narrow outlook.

étrivière [etrivjɛr] *nf* stirrup leather.

étroit, e [etrwa, at] *adj* **-1.** [rue, bande, sentier] narrow; [vêtement] tight. **-2.** [mesquin - esprit] narrow; [- idées] limited; **être ~ d'esprit** to be narrow-minded; **avoir des vues ~es** to be limited in one's vision. **-3.** [proche - liens, rapport, complicité, collaboration] close. **-4.** [strict - surveillance] close, strict, tight; [- acception, interprétation] narrow, strict; **un mot dans son sens le plus ~** the strictest sense of a word.

◆ **à l'étroit** *loc adv*: **ils vivent** OU **sont logés à l'~** they haven't much living space.

étroitement [etrwatmɑ̃] *adv* **-1.** [strictement - respecter] strictly; [- surveiller] closely, strictly. **-2.** [intimement - relier] closely; **être ~ unis** to be closely allied, to have close links. **-3.** [à l'étroit]: **être ~ logé** to live in cramped conditions.

étroitesse [etrwatɛs] *nf* **-1.** [d'une route, d'un couloir] narrowness. **-2.** [mesquinerie]: **~ d'esprit** OU **de vues** narrow-mindedness.

étron [etrɔ̃] *nm* piece of excrement.

Étrurie [etryri] *npr f*: (l') ~ Etruria.

étrusque [etrysk] *adj* Etruscan, Etrurian.

◆ **Étrusque** *nmf* Etruscan, Etrurian.

◆ **étrusque** *nm* LING Etruscan, Etrurian.

étude [etyd] *nf* **-1.** [apprentissage] study; **l'~ des langues** the study of languages; **elle n'aime pas l'~** she doesn't like consideration OU studying. **-2.** [analyse, essai] study, paper; **une ~ sur les mollusques** a study of OU paper on molluscs ❑ **~ de texte** SCOL textual analysis. **-3.** [travail préparatoire] study; **ce projet est à l'~** this project is under study OU being studied ❑ **~ de faisabilité** feasability study; **~ d'impact** impact study; **~ de marché** market research. **-4.** SCOL [salle] study OU prep *Br* room; **elle reste à l'~ le soir** she stays on to study in the evenings || [période] study-time; **pendant l'~** during study-time. **-5.** JUR [charge] practice; [locaux] office. **-6.** MUS study, étude. **-7.** BX-ARTS study.

◆ **études** *nfpl* SCOL & UNIV studies; **faire des ~s** to study; **elle fait des ~s d'histoire** she studies history; **arrêter ses ~s** [par choix] to give up studying; [par rébellion] to drop out; **il a fait ses ~s à Bordeaux** he studied in Bordeaux; **payer ses ~s** to pay for one's education.

étudiant, e [etydjɑ̃, ɑ̃t] ◇ *adj* student *(modif)*.

◇ *nm, f* [avant la licence] undergraduate, student; [après la licence] postgraduate, student; **~ en droit/médecine** law/medical student; **~ de première année** first year (student).

étudié, e [etydje] *adj* **-1.** [bien fait - plan, dessin] specially OU carefully designed; [- discours] carefully composed; [- tenue] carefully selected. **-2.** COMM [prix] rockbottom. **-3.** [affecté - gestes] studied; **avoir un comportement ~** to have a studied manner.

étudier [9] [etydje] ◇ *vt* **-1.** [apprendre - matière] to learn, to study; [- leçon] to learn; [- piano] to learn (to play), to study; [- auteur, période] to study; **~ l'histoire** SCOL to study history; UNIV to study OU to read *Br* history || [observer - insecte] to study. **-2.** [examiner - contrat] to study, to examine; [- proposition] to consider, to examine; [- liste, inventaire] to go through *(insép)*, to check over *(insép)*; **nous étudierons votre suggestion** we'll consider your suggestion; **il faut ~ toutes les éventualités** we have to look at OU to examine all possible angles; **~ le terrain** to survey the land. **-3.** [observer - passant, adversaire] to watch, to observe. **-4.** [concevoir - méthode] to devise; [- modèle, maquette] to design; **être très étudié** to be specially designed; **c'est étudié pour** *fam* that's what it's for.

◇ *vi* **-1.** [faire ses études] to study, to be a student. **-2.** [travailler] to study.

◆ **s'étudier** ◇ *vp (emploi réfléchi)* **-1.** [se regarder soi-même] to gaze at OU to study o.s. **-2.** *péj* [s'observer avec complaisance] to admire o.s.
◇ *vp (emploi réciproque)* [se regarder l'un l'autre] to observe each other.
◇ *vpi* [se donner une attitude] to behave affectedly.

étui [etɥi] *nm* **-1.** [boîte - à lunettes, à cigares, de violon] case; ~ **de revolver** holster. **-2.** ARM: ~ **de cartouche** cartridge case.

étuvage [etyvaʒ] *nm* **-1.** CULIN steaming. **-2.** [séchage] drying, heating. **-3.** TECH baking, stoving.

étuve [etyv] *nf* **-1.** [sauna] steamroom; **quelle** ~ OU **c'est une vraie** ~ **ici!** it's steaming hot in here! ❑ ~ **sèche** dry heat bath. **-2.** TECH [pour stériliser] sterilizer, autoclave; [pour sécher] drier.

étuvée [etyve] = **étouffée**.

étuver [3] [etyve] *vt* **-1.** CULIN to steam. **-2.** [sécher] to dry, to heat. **-3.** TECH to bake, to stove.

étymologie [etimɔlɔʒi] *nf* **-1.** [discipline] etymology, etymological research. **-2.** [origine] etymology, origin; **l'**~ **d'un terme** the etymology OU origin of a term.

étymologique [etimɔlɔʒik] *adj* etymological.

étymologiquement [etimɔlɔʒikmɑ̃] *adv* etymologically.

étymologiste [etimɔlɔʒist] *nmf* etymologist.

E-U, E-U A *(abr de* **États-Unis (d'Amérique)***)* *npr mpl* US, USA.

Eubée [øbe] *npr f*: **(l')** ~ Euboea.

eucalyptol [økaliptɔl] *nm* eucalyptol, eucalyptole, cineole.

eucalyptus [økaliptys] *nm* eucalyptus.

eucaryote [økarjɔt] ◇ *adj* eucaryotic, eukaryotic.
◇ *nm* eucaryote, eukaryote.

eucharistie [økaristi] *nf*: **l'**~ the Eucharist, Holy Communion.

eucharistique [økaristik] *adj* Eucharistic.

Euclide [øklid] *npr* Euclid.

euclidien, enne [øklidjɛ̃, ɛn] *adj* Euclidean, Euclidian; **la géométrie ~ne** Euclidian geometry; **non** ~ non-Euclidean.

eudémis [ødemis] *nm* eudemis moth.

eudiomètre [ødjɔmɛtr] *nm* eudiometer.

eudiométrie [ødjɔmetri] *nf* eudiometry.

eudiométrique [ødjɔmetrik] *adj* eudiometric, eudiometrical.

eugénique [øʒenik] ◇ *adj* eugenic.
◇ *nf* = **eugénisme**.

eugénisme [øʒenism] *nm* eugenics *(sg)*.

eugéniste [øʒenist] *nmf* eugenicist, eugenist.

euh [ø] *interj* er.

Euménides [ømenid] *npr*: **'les** ~' *Eschyle* 'The Eumenides'.

eunuque [ønyk] *nm* eunuch.

euphémique [øfemik] *adj* euphemistic.

euphémisme [øfemism] *nm* euphemism; **je dis «mauvais» mais c'est un** ~ I say "bad" but it's an understatement.
◆ **par euphémisme** *loc adv* euphemistically.

euphonie [øfɔni] *nf* euphony.

euphonique [øfɔnik] *adj* **-1.** [harmonieux] euphonic, euphonious, harmonious. **-2.** GRAMM: **un «t»** ~ a euphonic "t".

euphoniquement [øfɔnikmɑ̃] *adv* euphonically, harmoniously.

euphorbe [øfɔrb] *nf* spurge, euphorbia *spéc*.

euphorbiacée [øfɔrbjase] *nf* member of the Euphorbiaceae.

euphorie [øfɔri] *nf* euphoria.

euphorique [øfɔrik] *adj* euphoric.

euphorisant, e [øfɔrizɑ̃, ɑ̃t] *adj* **-1.** [médicament, drogue] euphoriant. **-2.** [atmosphère, succès] heady.
◆ **euphorisant** *nm* [médicament] anti-depressant; [drogue] euphoriant.

euphoriser [3] [øfɔrize] *vt* to make euphoric.

Euphrate [øfrat] *npr m*: **l'**~ the (River) Euphrates.

eurafricain, e [ørafrikɛ̃, ɛn] *adj* Afro-European.

eurasiatique [ørazjatik] *adj* Eurasian.

Eurasie [ørazi] *npr f*: **(l')** ~ Eurasia.

eurasien, enne [ørazjɛ̃, ɛn] *adj* Eurasian.
◆ **Eurasien, enne** *nm, f* Eurasian.

eurêka [øreka] *interj* eureka.

Euripide [øripid] *npr* Euripides.

eurocentrisme [ørɔsɑ̃trism] *nm* Eurocentrism.

eurocommunisme [ørɔkɔmynism] *nm* Eurocommunism.

eurocrate [ørɔkrat] *nmf* Eurocrat.

eurodevise [ørɔdəviz] *nf* Eurocurrency.

eurodollar [ørɔdɔlar] *nm* Eurodollar.

eurofranc [ørɔfrɑ̃] *nm* Eurofranc.

euromarché [ørɔmarʃe] *nm* Euromarket.

euromissile [ørɔmisil] *nm* Euromissile.

euromonnaie [ørɔmɔnɛ] = **eurodevise**.

euro-obligation [ørɔbligasjɔ̃] *(pl* euro-obligations*)* *nf* Eurobond.

Europe [ørɔp] *npr f* **-1.** GÉOG: **(l')** ~ Europe; **(l')** ~ **centrale** Central Europe; **(l')** ~ **continentale** mainland Europe; **(l')** ~ **de l'Est** East OU Eastern Europe; **(l')** ~ **du Nord** Northern Europe; **(l')** ~ **du Sud** Southern Europe; **l'**~ **verte** European (community) agriculture; **ils ont parlé de l'**~ **verte** they discussed agriculture in the EC; **l'**~ **des douze** the Twelve, the twelve member states (of the EC). **-2.** RAD: ~ **1** *radio station broadcasting popular entertainment and general interest programmes*; ~ **2** *radio station broadcasting mainly music*.

européanisation [ørɔpeanizasjɔ̃] *nf* Europeanization, Europeanizing *(U)*.

européaniser [3] [ørɔpeanize] *vt* to Europeanize, to make European.

européen, enne [ørɔpeɛ̃, ɛn] *adj* European.
◆ **Européen, enne** *nm, f* European.

Eurovision [ørɔvizjɔ̃] *nf* Eurovision.

Eurydice [øridis] *npr* Eurydice.

eurytherme [øritɛrm] *adj* eurythermal, eurythermic, eurythermous.

eurythermie [øritɛrmi] *nf* eurythermy.

eurythmie [øritmi] *nf* **-1.** [harmonie] eurhythmy, eurythmy. **-2.** MÉD eurhythmia.

eurythmique [øritmik] *adj* eurhythmic, eurhythmical.

Eustache [østaʃ] *npr* Eustace.

eustatisme [østatism] *nm* eustasy.

euthanasie [øtanazi] *nf* euthanasia.

euthanasique [øtanazik] *adj* euthanasic, euthanasia *(modif)*.

eux [ø] *pron pers* **-1.** [sujet] they; ~ **l'ignorent encore** they still don't know about it; **si** ~ **refusent, nous n'y pouvons rien** if they refuse, there's nothing we can do; **ils le savent bien,** ~ they know it all right; **nous sommes invités,** ~ **pas** OU **non** we are invited but they aren't OU but not them; **ce sont** ~ **les responsables** they are the ones OU it is they who are responsible; ~ **seuls connaissent la réponse** only they know the answer; ~**, voter? cela m'étonnerait** them? vote? I doubt it very much!; **nous sommes plus satisfaits qu'**~ we're happier than they are. **-2.** [après une prép] them; **nous irons sans** ~ we'll go without them; **ne t'occupe pas d'**~ don't pay any attention to them; **avec** ~**, on ne sait jamais** you never know with them; **comment me débarrasser d'**~**?** how can I get rid of them? || *(lorsque l'obj représente les mêmes personnes que le suj)* themselves; **ils ne pensent qu'à** ~ they only think of themselves. **-3.** [suivi d'un nombre]: ~ **deux** both OU the two of them; ~ **quatre/cinq** the four/five of them.

eux-mêmes [ømɛm] *pron pers* themselves.

eV *(abr écrite de* **électron-volt***)* eV.

EV *(abr écrite de* **en ville***)* *sign used on mail to be delivered within the same town*.

évacuateur, trice [evakɥatœr, tris] *adj* evacuative, evacuation *(modif)*.
◆ **évacuateur** *nm*: ~ **(des eaux)** sluice.

évacuation [evakɥasjɔ̃] *nf* **-1.** PHYSIOL [de toxines] elimination, eliminating *(U)*; [du pus] draining off. **-2.** [écoulement] draining; **depuis les gelées, l'**~ **de l'eau ne se fait plus** since the frost came, the water no longer drains away; **une conduite assure l'**~ **des eaux usées** the waste water drains out through a pipe. **-3.** [d'une ville, d'un lieu] evacuation. **-4.** [sauvetage] evacuation, evacuating; **organiser l'**~ **des habitants** to evacuate the local people; ~ **des troupes par voie aérienne** air-lifting of the troops.

évacué, e [evakɥe] ◇ *adj*: **personne** ~**e** evacuee.
◇ *nm, f* evacuee.

évacuer [7] [evakɥe] *vt* **-1.** PHYSIOL [toxine] to eliminate; [excrément] to evacuate; [pus] to drain off *(sép)*. **-2.** [faire s'écouler] to drain; **les eaux usées sont évacuées par cette canalisation** the waste water drains out through this channel. **-3.** MIL [terrain] to move off *(insép)*; [position] to retreat from *(insép)*; [place forte] to leave. **-4.** [gare, navire, hôpital] to leave, to evacuate; **évacuez la salle!** please leave the room!; **faire** ~ **un bâtiment** to evacuate OU to clear a building. **-5.** [faire sortir]: ~ **qqn de** to evacuate sb from; **il faut** ~ **les enfants du premier étage** the children must be evacuated from the first floor.

évadé, e [evade] ◇ *adj* escaped.
◇ *nm, f* escaped prisoner, escapee; **un** ~ **de l'asile/de Fresnes** an escapee from the mental hospital/from Fresnes prison.

évader [3] [evade]
◆ **s'évader** *vpi* **-1.** [s'enfuir]: **s'**~ **de** to escape from, to break out of. **-2.** [pour oublier ses soucis] to escape, to get away from it all; **aller s'**~ **à la campagne** to get out of town for a break; **j'ai besoin de m'**~ I need to get away from it all.

évagination [evaʒinasjɔ̃] *nf* evagination.

évaluable [evalɥabl] *adj* appraisable, assessable; **difficilement** ~ [dégâts, montant] hard to appraise OU to evaluate; [foule] hard to estimate.

évaluation [evalɥasjɔ̃] *nf* **-1.** [estimation] assessment, evaluation, valuation; **faire l'**~ **d'un tableau** to estimate the value of OU to evaluate a painting. **-2.** [quantité évaluée] estimation.

évaluer [7] [evalɥe] *vt* **-1.** [estimer - bijou, tableau] to appraise, to assess, to evaluate; **faire** ~ **un meuble** to have a piece of furniture valued; **la propriété a été évaluée à trois millions** the estate has been valued at OU the value of the estate has been put at three million. **-2.** [mesurer - dégâts, volume, débit] to estimate; ~ **qqch à** to estimate OU to evaluate sthg at; **à combien évalue-t-on le nombre des victimes?** what is the estimated number of victims?; **on évalue les dégâts à 10 000 francs** the damage has been estimated at 10,000 francs. **-3.** [estimer approximativement - distance] to gauge; ~ **la fortune de qqn** to guess at (the size of) sb's wealth. **-4.** [juger - qualité] to weigh up *(sép)*, to gauge, to assess; **bien** ~ **la difficulté d'un projet** to make a realistic assessment of the difficulty of a project; **mal** ~ **les risques** to miscalculate the risks; **as-tu évalué les risques?** have you weighed up the risks?

évanescence [evanesɑ̃s] *nf litt* evanescence.

évanescent, e [evanesɑ̃, ɑ̃t] *adj litt* evanescent.

évangélique [evɑ̃ʒelik] *adj* **-1.** [de l'Évangile] evangelic, evangelical. **-2.** [protestant] Evangelical.

évangéliquement [evɑ̃ʒelikmɑ̃] *adv* evangelically.

évangélisateur, trice [evɑ̃ʒelizatœr, tris] ◇ *adj* evangelistic.
◇ *nm, f* evangelist.

évangélisation [evɑ̃ʒelizasjɔ̃] *nf* evangelization, evangelizing.

évangéliser [3] [evɑ̃ʒelize] *vt* to evangelize.

évangélisme [evɑ̃ʒelism] *nm* evangelism.

évangéliste [evɑ̃ʒelist] *nm* Evangelist.

évangile [evɑ̃ʒil] *nm* **-1.** RELIG: **l'Évangile** the Gospel; **les Évangiles** the Gospels; **l'Évangile**

selon saint... the Gospel according to Saint... -**2.** [credo] gospel.

évanouir [32] [evanwir]

◆ **s'évanouir** *vpi* -**1.** MÉD to faint, to pass out. -**2.** [disparaître - personne] to vanish (into thin air); [- craintes, illusions] to vanish, to disappear, to evaporate *litt*; **s'~ dans la nature** to fade into the background.

évanouissement [evanwismɑ̃] *nm* -**1.** [syncope] fainting *(U)*, blackout; **avoir un ~** to (go into a) faint. -**2.** [disparition] disappearance, disappearing, vanishing. -**3.** TÉLÉC fading.

évaporateur [evapɔratœr] *nm* evaporator.

évaporation [evapɔrasjɔ̃] *nf* evaporation.

évaporé, e [evapɔre] ◇ *adj* scatterbrained, birdbrained.

◇ *nm, f* birdbrain, dimwit.

évaporer [3] [evapɔre] *vt* to evaporate.

◆ **s'évaporer** *vpi* -**1.** [liquide] to evaporate. -**2.** [colère, crainte] to vanish, to disappear, to evaporate *litt*. -**3.** *fam* [disparaître] to vanish (into thin air); **ces lunettes n'ont pas pu s'~!** these glasses can't just have vanished (into thin air)!; **je me suis retourné et hop, il s'était évaporé!** I turned round and he'd gone, just like that!

évaporite [evapɔrit] *nf* evaporite.

évapotranspiration [evapɔtrɑ̃spirasjɔ̃] *nf* evapotranspiration.

évasé, e [evaze] *adj* [robe] flared; [ouverture, tuyau] splayed; [récipient] with a bell-shaped rim; **le verre a une jolie forme ~e** the glass has a nice curved shape; **la jupe a une jolie forme ~e** the skirt flares out nicely.

évasement [evazmɑ̃] *nm* [d'une ouverture, d'un tuyau] splay; [d'un entonnoir] widening-out.

évaser [3] [evaze] *vt* [jupe] to flare; [ouverture, tuyau] to splay.

◆ **s'évaser** *vpi* [chenal] to open out, to broaden; [forme, vêtement] to flare; [tuyau] to splay.

évasif, ive [evazif, iv] *adj* evasive, noncommittal.

évasion [evazjɔ̃] *nf* -**1.** [d'un prisonnier] escape; **tenter une ~** to try to escape. -**2.** [distraction]: **l'~** escapism; **j'ai besoin d'~** I need to get away from it all. -**3.** FIN & JUR: **~ fiscale** tax evasion. -**4.** ÉCON: **~ de capitaux** flight of capital.

◆ **d'évasion** *loc adj* escapist; **cinéma d'~** escapist films.

évasivement [evazivmɑ̃] *adv* evasively; **«qui sait», répondit-il ~** "who knows", was his vague reply OU he replied evasively.

Ève [ɛv] *npr* BIBLE Eve; **je ne le connais ni d'~ ni d'Adam** I don't know him from Adam.

◆ **en costume d'Ève, en tenue d'Ève** *loc adj* naked, in her birthday suit, in the altogether.

évêché [eveʃe] *nm* -**1.** [territoire] bishopric, diocese. -**2.** [demeure] bishop's palace OU house. -**3.** [ville] cathedral town.

évection [evɛksjɔ̃] *nf* evection.

éveil [evɛj] *nm* -**1.** *sout* [fin du repos] awakening *(C)*. -**2.** [déclenchement]: **l'~ de** the awakening OU early development OU first stirrings of; **l'~ des sens/de la sexualité** the awakening of the senses/of sexuality; **l'~ du sentiment artistique** the first stirrings OU glimmerings of a sense of aesthetics; **l'~ du sentiment national** the awakening OU dawning OU first stirrings of national feeling; **contrôler l'~ de la sensibilité motrice chez le nourrisson** to test the onset OU early development of motor sensitivity in infants; **l'~ de qqn à qqch** sb's awakening to sthg; **l'auteur raconte l'~ à l'amour d'une toute jeune fille** the author recounts the dawning of love in a young girl's heart. -**3.** ENS: **activité** OU **matière d'~** early-learning *(U)*. -**4.** [alerte]: **donner l'~** to raise the alarm; **donner l'~ à qqn** to arouse sb's suspicions, to put sb on his guard; **il s'est introduit dans la salle des coffres sans donner l'~** he entered the strongroom without arousing anybody's suspicions.

◆ **en éveil** *loc adv* -**1.** [sur ses gardes]: **être en ~** to be on the alert. -**2.** [actif]: **maintenant que ses soupçons sont en ~** now that his suspicions have been aroused; **à quatre ans, leur curiosité est en ~** by the time they're four, their curiosity is fully roused.

éveillé, e [eveje] *adj* -**1.** [vif - enfant, esprit] alert, bright, sharp; [- intelligence] sharp. -**2.** [en état de veille] awake; **tenir qqn ~** to keep sb awake; **se tenir ~** to stay awake.

éveiller [4] [eveje] *vt* -**1.** *litt* [tirer du sommeil] to awaken, to waken, to arouse. -**2.** [susciter - désir, jalousie, passion] to kindle, to arouse; [- amour] to arouse; [- méfiance] to arouse; [- curiosité, soupçons] to arouse, to awaken; [- espoir] to awaken; **~ l'attention** to attract attention; **~ l'intérêt de qqn** to attract sb's interest. -**3.** [stimuler - intelligence] to stimulate, to awaken.

◆ **s'éveiller** *vpi* -**1.** [ne plus dormir - personne] to awaken, to wake up, to waken. -**2.** *litt* [s'animer - campagne, village] to come to life, to wake up. -**3.** [se révéler - intelligence, talent] to reveal itself, to come to light. -**4.** [naître - curiosité, jalousie, méfiance] to be aroused; [- amour] to dawn, to stir.

◆ **s'éveiller à** *vp + prép*: **s'~ à un sentiment** [le ressentir] to wake up to OU to awaken to a feeling; **s'~ à l'amour** to awaken to love.

éveinage [evenaʒ] *nm* MÉD stripping *(U)*; **se faire faire un ~** to have one's veins stripped.

événement, évènement [evɛnmɑ̃] *nm* -**1.** [fait] event, occurrence, happening *(C)*; **plus tard, les ~s lui ont donné raison** what happened later OU the later events proved him right; **vacances pleines d'~s** eventful holidays; **débordé** OU **dépassé par les ~s** overtaken by events. -**2.** POL: **les ~s de**: **les ~s d'Algérie** the Algerian war of Independence; **les ~s de mai 68** the events of May 68. -**3.** [fait important] event; **quand le cirque venait au village, c'était un (grand) ~** when the circus came to our village, it was quite an event OU a big occasion; **leur rencontre est un ~ historique** their meeting is a historic event; **l'~ cinématographique/littéraire de cette année** the screen/literary event of this year; **~ sportif** sporting event; **faire** OU **créer l'~** to be news OU a major event; **sa nomination a créé l'~** her nomination was a major event; **sa démission fait l'~ dans tous les quotidiens** his resignation is making headlines in all the daily newspapers; **nous vous rappelons l'~ de la journée** here's the main news of the day again.

événementiel, elle, évènementiel, elle [evɛnmɑ̃sjɛl] *adj* purely descriptive.

évent [evɑ̃] *nm* -**1.** ZOOL blowhole, spiracle *spéc*. -**2.** TECH vent hole.

éventail [evɑ̃taj] *nm* -**1.** [accessoire] fan. -**2.** [gamme] range, spectrum; **l'~ de son répertoire** the range OU scope of his repertory; **~ des salaires** salary range OU spread; **l'~ politique** the political spectrum. -**3.** COMM range.

◆ **en éventail** *loc adj* [queue] spread-out.

éventaire [evɑ̃tɛr] *nm* -**1.** [étalage] stall. -**2.** [plateau] (street vendor's) tray.

éventé, e [evɑ̃te] *adj* -**1.** [altéré - bière, limonade] flat, stale; [- parfum, vin] musty, stale. -**2.** [connu - complot] discovered.

éventer [3] [evɑ̃te] *vt* -**1.** [avec un éventail, un magazine] to fan. -**2.** [grain] to aerate; [mine] to ventilate. -**3.** [révéler - secret] to disclose, to give away *(sép)*. -**4.** CHASSE to scent, to get the scent of.

◆ **s'éventer** ◇ *vp (emploi réfléchi)* [personne] to fan o.s.; **s'~ avec un magazine** to fan o.s. with a magazine.

◇ *vp (emploi passif)* [être divulgué - plan d'attaque, secret] to get out, to become public knowledge.

◇ *vpi* [s'altérer - parfum, vin] to go musty OU stale; [- limonade, eau gazeuse] to go flat OU stale.

éventration [evɑ̃trasjɔ̃] *nf* ventral rupture.

éventrer [3] [evɑ̃tre] *vt* -**1.** [éviscérer - avec un couteau] to disembowel; [- suj: animal à cornes] to gore; **il est mort éventré** he was gored to death. -**2.** [canapé, outre, oreiller, sac] to rip (open); [boîte en carton] to tear open; [coffret] to break open. -**3.** [champ] to rip open *(sép)*, to rip holes in; **l'immeuble a été éventré par une bombe** a bomb ripped the building apart.

◆ **s'éventrer** ◇ *vp (emploi réfléchi)* to disembowel o.s.

◇ *vpi* [se fendre - oreiller, sac] to burst open; **la barque s'est éventrée sur un récif** the boat hit a reef, ripping a hole in its hull.

éventreur [evɑ̃trœr] *nm* ripper; **Jack l'Éventreur** Jack the Ripper.

éventualité [evɑ̃tɥalite] *nf* -**1.** [possibilité] possibility, contingency; **l'~ de sa mort ne m'avait pas effleuré** the possibility of his dying hadn't occurred to me. -**2.** [circonstance] eventuality, possibility, contingency; **pour parer** OU **être prêt à toute ~** to be ready for anything that might crop up; **il faut envisager toutes les ~s** we must consider all the possibilities; **on pourrait donc me renvoyer – c'est une ~** so I could be fired – that's possible OU that may happen; **dans cette ~** in such an OU in this event.

◆ **dans l'éventualité de** *loc prép* in the event of; **dans l'~ d'une guerre** should a war break out, in the event of a war.

éventuel, elle [evɑ̃tɥɛl] *adj* [potentiel - client] potential, prospective; [- bénéfice] eventual, potential; [- issue, refus, remplaçant etc] possible; **à titre ~** as a possibility.

éventuellement [evɑ̃tɥɛlmɑ̃] *adv*: **tu me le prêterais? – ~** would you lend it to me? – maybe OU if need be; **les entreprises qui pourraient ~ nous racheter** the companies which might OU could buy us out.

évêque [evɛk] *nm* bishop; **~ suffragant** suffragan (bishop); **~ métropolitain** archbishop.

Everest [evrɛst] *npr m*: **l'~, le mont ~** Mount Everest.

Everglades [evœrglad] *npr mpl*: **les ~** the Everglades.

évertuer [7] [evɛrtɥe]

◆ **s'évertuer à** *vp + prép*: **s'~ à faire qqch** to strive OU to endeavour to do sthg; **je ne m'évertuerai pas à te convaincre** I won't waste energy trying to convince you.

éviction [eviksjɔ̃] *nf* -**1.** JUR eviction. -**2.** [expulsion]: **~ d'un poste** removal from a position ❑ **~ scolaire** expulsion, suspension.

évidage [evidaʒ] *nm* hollowing out.

évidement [evidmɑ̃] *nm* -**1.** [d'un fruit, d'un bloc de pierre, d'un tronc] hollowing OU scooping out *(U)*. -**2.** MÉD scraping out.

évidemment [evidamɑ̃] *adv* -**1.** [bien entendu] of course; [manifestement] obviously; **tu me crois? – ~!** do you believe me? – of course (I do)! -**2.** [marque la colère, l'irritation] needless to say, predictably enough; **~, elle n'a rien préparé!** needless to say she hasn't prepared a thing!; **j'ai oublié mes clés – ~!** [ton irrité] I've forgotten my keys – you would!

évidence [evidɑ̃s] *nf* -**1.** [caractère certain] obviousness; **l'~ d'un axiome** the obviousness of an axiom. -**2.** [fait manifeste] obvious fact; **c'est une ~** it's obvious; **il n'a dit que des ~s** *péj* he just stated the obvious. -**3.** [ce qui est indubitable]: **l'~** the obvious; **accepter** OU **se rendre à l'~** to accept OU to recognize the obvious; **c'est l'~ même!** it's quite obvious OU evident!; **refuser** OU **nier l'~** to refuse to accept the obvious.

◆ **en évidence** *loc adv* [chose, personne] in evidence; **ses décorations bien en ~ sur le buffet** his medals lying conspicuously OU there for all to see on the sideboard; **mettre en ~** [exposer] to display; [détail, talent] to bring out; **les chercheurs ont mis en ~ l'influence du virus** the researchers showed clearly the influence of the virus; **se mettre en ~** [se faire remarquer] to make o.s. conspicuous.

◆ **à l'évidence, de toute évidence** *loc adv* evidently, obviously.

évident, e [evidɑ̃, ɑ̃t] *adj* -**1.** [manifeste - manque, plaisir] obvious, evident; [- choix, raison] obvious, evident, self-evident; **son mépris n'est que trop ~** his contempt is only too obvious;

l'issue du match semblait ~e it seemed fairly certain what the result of the match would be; c'est ~! of course!, obviously!, that's obvious!; il est ~ que... it's obvious OU evident that... -**2.** *fam* [facile]: pas ~ not (that) easy; ce n'est pas une décision ~e à prendre it's not such an easy decision to make.

évider [3] [evide] *vt* [bloc de pierre, courgette, pomme] to hollow OU to scoop out *(sép)*.

évier [evje] *nm* (kitchen) sink; ~ à un bac sink; ~ à deux bacs double sink.

évincement [evɛ̃smɑ̃] *nm* -**1.** [d'un concurrent, d'un rival] ousting; elle a obtenu leur ~ du comité she managed to have them ousted from OU thrown off the committee. -**2.** JUR eviction.

évincer [16] [evɛ̃se] *vt* -**1.** [concurrent, rival] to oust, to supplant; ~ qqn d'un emploi to oust sb from a job; être évincé d'un comité to be thrown off a committee. -**2.** JUR to evict.

éviscération [eviserasjɔ̃] *nf* evisceration, eviscerating *(U)*.

éviscérer [18] [evisere] *vt* to eviscerate.

évitable [evitabl] *adj* [obstacle] avoidable; [accident] preventable.

évitage [evitaʒ] *nm* NAUT swinging.

évitement [evitmɑ̃] *nm* -**1.** RAIL shunting. -**2.** *Belg* TRANSP diversion.

◆ **d'évitement** *loc adj* -**1.** RAIL: voie d'~ siding. -**2.** PSYCH [réaction] avoidance *(modif)*.

éviter [3] [evite] ◇ *vt* -**1.** [ne pas subir - coup] to avoid; [- danger] to avoid, to steer clear of; [- corvée] to avoid, to shun; on ne pourra ~ la guerre we're unavoidably heading for war; la catastrophe a été évitée de justesse a catastrophe was averted by a hair's breadth; ~ que: pour ~ que la mayonnaise (ne) tourne to prevent the mayonnaise from OU to stop the mayonnaise curdling. -**2.** [ne pas heurter - ballon] to avoid, to dodge, to stay out of the way of; [- obstacle] to avoid, to miss; je n'ai pas pu vous ~ I couldn't avoid you; en essayant d'~ le chien trying to avoid OU to miss the dog. -**3.** [regard, personne] to avoid, to shun; ~ le regard de qqn OU qqn du regard to avoid sb's eyes; depuis notre querelle, il m'évite since we quarrelled he's been avoiding me. -**4.** [lieu, situation] to avoid; en passant par là, on évite le carrefour that way, you miss OU avoid the junction; j'évite les restaurants, ils sont trop enfumés I avoid going into restaurants, they're too smoky; elle évite la foule she shies away from crowds. -**5.** [maladresse, impair] to avoid; j'évite les coups de téléphone après minuit I avoid phoning after midnight; évitez le franglais try not to use franglais; ~ de faire qqch to try not to do sthg; évite de laisser tes disques par terre try not to leave your records on the floor; j'évite de me baisser I avoid bending OU I try not to bend down. -**6.** [aliment] to avoid; évitez les féculents avoid starchy foods; maintenant j'évite les œufs nowadays, I eat no eggs, I've cut eggs out now. -**7.** [épargner]: ~ qqch à qqn to spare sb sthg; évitons-lui tout souci let's keep him from worrying (about anything) OU spare him any worries; je ne peux pas lui ~ les déceptions I can't prevent her from experiencing disappointment; cela lui évitera d'avoir à sortir that'll save him having to go out.

◇ *vi* NAUT: ~ sur l'ancre to swing at anchor.

◆ **s'éviter** ◇ *vp (emploi réciproque)* to avoid each other OU one another, to stay out of each other's way.

◇ *vpt*: s'~ qqch to save OU to spare o.s. sthg; nous nous éviterons le détour en téléphonant d'abord we'll save ourselves the detour by phoning first; s'~ des tracas to spare OU to save o.s. trouble.

évocateur, trice [evɔkatœr, tris] *adj* evocative, suggestive.

évocation [evɔkasjɔ̃] *nf* -**1.** [rappel - du passé, d'une personne, d'un paysage etc] evocation, recalling, conjuring up; la simple ~ de cette scène la faisait pleurer just recalling this scene made her weep; je commencerai par une brève ~ du passé de notre collège I shall start with a brief recapitulation of the history of our college. -**2.** JUR evocation; droit d'~ right of evocation.

évolué, e [evɔlɥe] *adj* -**1.** [civilisé - peuple, société] advanced, sophisticated. -**2.** [progressiste - parents] broadminded; [- idées] progressive. -**3.** [méthode, technologie] advanced, sophisticated.

évoluer [7] [evɔlɥe] *vi* -**1.** [changer - maladie] to develop; [- mœurs, circonstances] to change, to develop; la position du syndicat a évolué depuis hier the union's position has changed since yesterday; les chiffres n'ont pas évolué the figures haven't changed; une maladie qui évolue lentement/rapidement an illness which develops slowly/rapidly. -**2.** [progresser - pays] to develop; [- civilisation, technique] to develop, to advance; [- personne] to mature. -**3.** [patineur, joueur] to move about; [danseur] to perform; [cerf-volant] to fly around; [poisson] to swim (about); elle évolue sur la glace avec une telle grâce she skates so gracefully; ils évoluent sur scène en patins à roulettes they move around the stage on roller-skates; les cercles dans lesquels elle a évolué *fig* the circles in which she moved. -**4.** MIL & NAUT to manoeuvre. -**5.** BIOL to evolve.

évolutif, ive [evɔlytif, iv] *adj* -**1.** [poste] with career prospects; une situation évolutive a situation which keeps developing, a fluid situation. -**2.** MÉD: maladie évolutive progressive illness.

évolution [evɔlysjɔ̃] *nf* -**1.** [changement - de mœurs] change; [- d'une institution, de la mode] evolution; [- d'idées, d'événements] development. -**2.** [progrès - d'un pays] development; [- d'une technique] development, advancement, evolution. -**3.** MÉD [d'une maladie] development, progression; [d'une tumeur] growth. -**4.** BIOL evolution. -**5.** *(souvent pl)* SPORT linked-up dance movements; les ~s [d'un joueur, d'un patineur] movements; ~s aquatiques water ballet.

◆ **à évolution lente** *loc adj* slow OU slowly developing.

◆ **à évolution rapide** *loc adj* rapidly developing.

évolutionnisme [evɔlysjɔnism] *nm* evolutionism, evolutionary theory.

évolutionniste [evɔlysjɔnist] *adj* & *nmf* evolutionist.

évoquer [3] [evɔke] *vt* -**1.** [remémorer - image, journée] to conjure up *(sép)*, to evoke; [- souvenirs] to call up *(sép)*, to recall, to evoke; ~ qqch à qqn to remind sb of sthg; le nom ne lui évoquait rien the name didn't ring any bells with OU meant nothing to him. -**2.** [recréer - pays, atmosphère] to call to mind, to conjure up *(sép)*, to evoke; la chanson évoque la vie des bateliers du siècle dernier the song conjures up the life of a bargee in the last century. -**3.** [rappeler par ressemblance] to be reminiscent of; un goût qui évoque un peu le romarin a taste slightly reminiscent of rosemary; elle m'évoque un peu ma tante she reminds me of my aunt a little. -**4.** [aborder - affaire, question] to allude to *(insép)*, to mention. -**5.** [appeler - démon, fantôme] to call up *(sép)*. -**6.** JUR *to transfer (a case) from an inferior to a superior court.*

ex- [ɛks] *préf* ex-; mon ~mari my ex-husband OU former husband; l'~champion du monde the ex-world OU former world champion.

ex abrupto [ɛksabrypto] *loc adv* abruptly, without warning.

exacerbation [egzasɛrbasjɔ̃] *nf* [d'une douleur] exacerbation, aggravation; [d'une tension] heightening.

exacerbé, e [ɛgzasɛrbe] *adj* exaggerated; il est d'une susceptibilité ~e he's extremely touchy.

exacerber [3] [ɛgzasɛrbe] *vt sout* [douleur, tension] to exacerbate, to aggravate, to sharpen; [colère, curiosité, désir] to exacerbate, to heighten; [mépris, remords] to deepen; des mesures qui vont ~ la concurrence measures which will sharpen OU heighten competition.

◆ **s'exacerber** *vpi* to worsen; sa jalousie s'exacerbait à cette vue seeing this, she became even more jealous.

exact, e [ɛgzakt] *adj* -**1.** [conforme à la réalité - description, information] exact, accurate; [- copie, réplique] exact, true; c'est ~, je t'avais promis de t'y emmener quite right OU true OU correct, I'd promised I'd take you there; ses prédictions se sont révélées ~es his forecasts proved true OU correct; il est ~ que nous n'avions pas prévu son départ true (enough), we hadn't anticipated (that) he'd leave. -**2.** [précis - mesure, poids, quantité] exact, precise; [- expression, mot] exact, right; le lieu ~ où cela s'est passé the precise OU exact place where it happened; as-tu l'heure ~e? have you got the right OU correct time?; au moment ~ où at the exact OU precise OU very moment when; pour être ~, disons que... to be accurate, let's say that... || MATH right, correct, accurate; l'addition n'est pas ~e the figures don't add up (properly) OU aren't right. -**3.** [fonctionnant avec précision - balance, montre] accurate. -**4.** [ponctuel] punctual, on time; être très ~ to be always on time OU very punctual; elle n'est jamais ~e à ses rendez-vous she's never on time for her appointments.

exactement [ɛgzaktəmɑ̃] *adv* -**1.** [précisément] exactly, precisely; c'est ~ ici qu'on a retrouvé le corps it's the exact place where the body was found; je ne sais pas ~ où ça se trouve I don't exactly know where it is; ce n'est pas ~ ce que je cherchais it's not exactly OU quite what I was looking for; mais c'est ~ le contraire! but it's exactly OU precisely the opposite!; il est très ~ 2 h 13 it is 2:13 precisely. -**2.** [tout à fait]: ~! exactly!, precisely!

exacteur [ɛgzaktœr] *nm* exactor, extortionist.

exaction [ɛgzaksjɔ̃] *nf* exaction, extortion.

◆ **exactions** *nfpl sout* violent acts, acts of violence; se livrer à OU commettre des ~s to perpetrate OU to commit acts of violence.

exactitude [ɛgzaktityd] *nf* -**1.** [conformité à la réalité] exactness, accuracy; l'~ historique historical accuracy. -**2.** [expression précise - d'une mesure] exactness, precision; [- d'une localisation] exactness; je me souviens avec ~ des mots de sa lettre I can remember the precise OU exact words she used in her letter. -**3.** [d'un instrument de mesure] accuracy. -**4.** [justesse - d'une traduction, d'une réponse] exactness, correctness. -**5.** [ponctualité] punctuality; être d'une parfaite ~ to be always perfectly on time ❑ l'~ est la politesse des rois *prov* punctuality is the politeness of kings. -**6.** *sout* [minutie] punctiliousness, meticulousness; faire son travail avec ~ to be punctilious in one's work.

ex aequo [ɛgzeko] ◇ *loc adj* placed equal; on trouve Lille et Nantes ~ à la troisième place Lille and Nantes come joint third; être ~ (avec) to tie OU to be placed equal (with); elle est première ~ avec la joueuse suédoise she's placed equal first with the Swedish player; premiers ~, Maubert et Vuillet [à un concours] the joint winners are Maubert and Vuillet; SCOL top marks *Br* OU highest grades *Am* have been awarded to Maubert and to Vuillet.

◇ *nmf inv*: il y a deux ~ pour la troisième place there's a tie for third place; séparer OU départager les ~ to break the tie.

exagération [ɛgzaʒerasjɔ̃] *nf* -**1.** [amplification] exaggeration, overstating *(U)*; tomber dans l'~ to exaggerate things; en l'écoutant, il faut faire la part de l'~ you must take what he says with a pinch of salt. -**2.** [écrit, parole] exaggeration, overstatement. -**3.** [outrance - d'un accent, d'une attitude] exaggeration.

◆ **avec exagération** *loc adv* exaggeratedly, excessively.

◆ **sans exagération** *loc adv*: tout le village a été détruit, sans ~ the whole village was destroyed, literally OU and that's no exaggeration.

exagéré, e [ɛgzaʒere] *adj* -**1.** [excessif - dépense, prix] excessive; [- éloge, critique] exaggerated, overblown; [- optimisme, prudence] excessive, exaggerated; [- hâte, mécontentement] undue; [- ambition, confiance en soi] excessive, overweening; 500 F par personne, c'est un peu ~! 500 F per person, that's a bit much!; il n'est pas ~ de parler de menace it wouldn't be an overstatement to call it a threat. -2. [outré - accent, attitude] exaggerated, overdone; en boitant de façon ~e limping exaggeratedly.

exagérément [ɛgzaʒeremɑ̃] *adv* excessively, exaggeratedly; ~ timide over-shy; ~ méticuleux over-punctilious.

exagérer [18] [ɛgzaʒere] ◇ *vt* -1. [amplifier - importance, dangers, difficultés] to exaggerate, to overemphasize, to overstate; [- mérites, pouvoir] to exaggerate, to overrate, to overstate; tu exagères mon influence you're crediting me with more influence than I have; n'exagérons rien let's not get carried away ‖ *(en usage abs)*: sans ~ without any exaggeration; sans ~, elle mesurait bien deux mètres I'm not kidding, she was at least two metres tall. -2. [outrer - accent, attitude] to overdo, to exaggerate; ~ son chagrin to put on a great show of grief; ~ les précautions to be overcautious.

◇ *vi*: ça fait deux heures que j'attends, il ne faut pas ~! I've been waiting for two hours, that's a bit much!; ça fait ton troisième gâteau, (là) t'exagères! *fam* that's your third pastry, aren't you overdoing it a bit?; j'étais là avant vous, faut pas ~! *fam* I was there before you, you've got a nerve!

◆ **s'exagérer** *vpt*: s'~ qqch to make too much of sthg; s'~ les mérites de qqn to exaggerate sb's merits.

exaltant, e [ɛgzaltɑ̃, ɑ̃t] *adj* [expérience, perspective] exciting; [harangue] elating, stirring; sa prestation n'est pas très ~e! his performance isn't particularly exciting!

exaltation [ɛgzaltasjɔ̃] *nf* -1. [excitation] (intense) excitement; [joie] elation; dans un état d'~ [excité] excited, overexcited; [euphorique] elated. -2. [célébration - d'un talent, d'une vertu, du travail] extolling, exalting, glorification. -3. PSYCH [d'un malade mental] overexcitement. -4. RELIG: Exaltation de la Sainte Croix Exaltation of the Cross.

exalté, e [ɛgzalte] ◇ *adj* -1. [intense - désir, passion] inflamed. -2. [excité - pèlerin, spectateur] excited; [- esprit] excited, inflamed; [- imagination] wild.

◇ *nm, f péj* fanatic, hothead *péj*.

exalter [3] [ɛgzalte] *vt* -1. [intensifier - désir] to excite, to kindle; [- enthousiasme] to fire, to excite; [- imagination] to fire, to stimulate, to stir up *(sép)*. -2. [exciter - foule, partisan] to excite; exalté par l'idée de carried away by the idea of. -3. *litt* [faire l'éloge de - beauté, bienfaits, talent] to glorify, to extol, to exalt *litt*. -4. *litt* [élever] to exalt, to ennoble.

◆ **s'exalter** *vpi* to become excited.

examen [ɛgzamɛ̃] *nm* -1. SCOL & UNIV examination, exam; il n'a pas donné le meilleur de lui-même à l'~ he underperformed in the exam; passer un ~ [série d'épreuves] to take an exam; [écrit] to sit *Br* OU to write *Am* a paper; [oral] to take a viva *Br* OU an oral (exam) ❑ ~ blanc mock exam *Br*, practice test *Am*; ~ écrit written exam; ~ d'entrée entrance exam; ~ de fin d'études final examination; ~ oral viva *Br*, oral (exam); ~ partiel mid-term exam; ~ de passage end-of-year OU sessional exam *Br*, final exam *Am (for admission to the year above)*. -2. MÉD [auscultation] (medical) examination; [analyse] test; ~s complémentaires further tests; ~ neurologique/sérologique neurological/serological test; ~ radiologique X-rays; se faire faire un ~/des ~s to have a test/some tests done; faire faire des ~s à un patient to send OU to refer a patient for (further) tests; je vais chercher mes ~s demain I'll go and pick up my test results tomorrow ❑ ~ de laboratoire test *(of blood, urine etc)*. -3. [inspection] inspection, examination; après ~ du corps de la victime having examined the body of the victim; je viens faire l'~ de l'installation électrique I've come to inspect the wiring. -4. [de documents, d'un dossier, d'un projet de loi] examination; [d'une requête] examination, consideration; [d'un texte] study; [d'une comptabilité] checking inspection; son argumentation ne résiste pas à l'~ his arguments don't stand up to examination OU under scrutiny ❑ ~ de conscience examination of (one's) conscience; faire son ~ de conscience [réfléchir] to do some soul-searching, to search one's conscience.

◆ **à l'examen** *loc adv* under consideration; mettre une question à l'~ to put a topic on the table for discussion.

examinateur, trice [ɛgzaminatœr, tris] *nm, f* examiner; les ~s [jury] the examining panel; [réunion] the board of examiners.

examiner [3] [ɛgzamine] *vt* -1. [réfléchir sur - dossier, documents] to examine, to go through *(insép)*; [- circonstances] to examine; [- requête] to examine, to consider; [- affaire] to investigate, to examine, to go into *(insép)*. -2. [regarder de près - personne, meuble, signature etc] to examine; [- emplacement, site] to examine, to inspect; ~ l'horizon to scan the horizon; ~ minutieusement une écriture to scrutinize OU to inspect a piece of handwriting ❑ ~ qqch à la loupe *pr* to look at sthg through a magnifying glass; *fig* to have a very close look at, to scrutinize. -3. MÉD [lésion, malade] to examine; tu devrais te faire ~ you should go and see a doctor; se faire ~ les yeux to have one's eyes tested. -4. SCOL & UNIV [candidat] to examine.

◆ **s'examiner** ◇ *vp (emploi réfléchi)*: s'~ dans un miroir to examine o.s. OU to look (closely) at o.s. in the mirror.

◇ *vp (emploi réciproque)* to scrutinize one another OU each other; ils s'examinaient avec méfiance they were eyeing each other up.

ex ante [ɛksɑ̃te] *loc adj* ex ante.

exanthématique [ɛgzɑ̃tematik] *adj* exanthematous, exanthematic.

exanthème [ɛgzɑ̃tɛm] *nm* exanthema, exanthem; ~s exanthemata, exanthemas, exanthems.

exarchat [ɛgzarka] *nm* exarchate.

exarque [ɛgzark] *nm* exarch.

exaspérant, e [ɛgzasperɑ̃, ɑ̃t] *adj* exasperating, infuriating.

exaspération [ɛgzasperasjɔ̃] *nf* -1. [colère] extreme annoyance, exasperation. -2. [intensification - d'un désir] exacerbation; [- d'une émotion] heightening; [- d'une douleur] aggravation, worsening.

exaspérer [18] [ɛgzaspere] *vt* -1. [irriter] to infuriate, to exasperate; être exaspéré contre qqn to be exasperated with sb. -2. *sout* [intensifier - dépit, désir] to exacerbate; [- douleur, tension] to aggravate.

◆ **s'exaspérer** *vpi* [désir, passion] to become exacerbated; [douleur] to worsen.

exaucement [ɛgzosmɑ̃] *nm* fulfilment, granting.

exaucer [16] [ɛgzose] *vt* -1. [désir, vœu] to grant, to fulfil; [prière] to answer, to grant. -2. [personne] to grant the wish of; Dieu m'avait exaucé God had answered OU heard my prayer.

ex cathedra [ɛkskatedra] *loc adv* -1. RELIG ex cathedra. -2. [doctement] solemnly, with authority.

excavateur, trice [ɛkskavatœr, tris] *nm, f* excavator, digger.

excavation [ɛkskavasjɔ̃] *nf* -1. [trou - artificiel] excavation, hole; [- naturel] hollow, cave; ~ minière mine. -2. [creusement] excavation, excavating, hollowing out.

excaver [3] [ɛkskave] *vt* to excavate.

excédant, e [ɛksedɑ̃, ɑ̃t] *adj* exasperating, infuriating.

excédé, e [ɛksede] *adj* infuriated, exasperated.

excédent [ɛksedɑ̃] *nm* -1. [surplus] surplus, excess; ~ de main-d'œuvre labour surplus; il y a un ~ de personnel dans le service the department is overstaffed; ~ de bagages excess luggage OU baggage; vous avez un ~ de bagages your luggage is overweight. -2. ÉCON & FIN: ~ brut d'exploitation gross operating profit; ~ de la balance commerciale balance of trade surplus; ~s pétroliers excess oil production.

◆ **en excédent** *loc adv* surplus *(modif)*, excess.

excédentaire [ɛksedɑ̃tɛr] *adj* [budget, balance commerciale, personnel] surplus *(modif)*; [poids] excess; on a stocké la récolte ~ the surplus crop was stored away; cette année, la récolte est ~ this year, the crop exceeds requirements.

excéder [18] [ɛksede] *vt* -1. [dépasser - poids, prix] to exceed, to be over, to be in excess of; [- durée] to exceed, to last more than; [- limite] to go beyond *(insép)*; les recettes excèdent les dépenses income is in excess of expenditure. -2. [outrepasser - pouvoirs, responsabilités] to exceed, to go beyond *(insép)*, to overstep; [- forces, ressources] to overtax. -3. [exaspérer] to exasperate, to infuriate. -4. *litt* [épuiser]: excédé de: excédé de fatigue exhausted, overtired; excédé de travail overworked.

excellemment [ɛkselamɑ̃] *adv sout* excellently.

excellence [ɛkselɑ̃s] *nf* -1. [qualité - d'une prestation, d'un produit] excellence. -2. [titre]: Excellence Excellency; Son/Votre Excellence His/Your Excellency.

◆ **par excellence** *loc adv* par excellence, archetypal; c'est le macho par ~ he's the archetypal male chauvinist, he's the male chauvinist par excellence.

excellent, e [ɛkselɑ̃, ɑ̃t] *adj* -1. [très bon - artiste, directeur, nourriture] excellent, first-rate; [- article, devoir, note] excellent; [- santé] excellent, perfect; c'est une ~e idée! that's an excellent OU a splendid idea!; il est ~ en Méphisto he's excellent as Mephisto. -2. *litt* [d'une grande bonté]: c'est un ~ homme he's a very good man.

exceller [4] [ɛksele] *vi* to excel, to shine; pose-lui des questions en botanique, c'est là qu'il excelle ask him questions on botany, that's where he shines; ~ dans to excel in OU at; elle excelle dans la pâtisserie she excels at baking, she's an excellent pastry cook; ~ en: je n'excelle pas en latin Latin isn't my strong point; ~ à faire to be particularly good at doing; il excelle à préparer le poisson he's an expert at (preparing) fish dishes.

excentré, e [ɛksɑ̃tre] *adj* -1. MÉCAN thrown off centre, set over. -2. [quartier, stade] outlying; c'est très ~ it's quite a long way out.

excentrer [3] [ɛksɑ̃tre] *vt* -1. MÉCAN to throw off centre *(sép)*, to set over *(sép)*. -2. [bâtiment, stade] to build far from the town centre.

excentricité [ɛksɑ̃trisite] *nf* -1. [attitude, acte] eccentricity; qu'est-ce que c'est encore que ces ~s? what's all this eccentric behaviour? -2. ASTRON & MATH eccentricity. -3. [d'un quartier] remoteness (from the town centre).

excentrique [ɛksɑ̃trik] ◇ *adj* -1. [bizarre] eccentric. -2. MATH eccentric. -3. [quartier, habitation] outlying.

◇ *nmf* [personne] eccentric.

◇ *nm* MÉCAN eccentric.

excentriquement [ɛksɑ̃trikmɑ̃] *adv* eccentrically.

excepté[1] [ɛksɛpte] *prép* except, apart from; tous les enfants ont eu les oreillons, ~ le plus petit all the children had the mumps, except OU apart from the youngest; il accepte tout, ~ d'avoir à me rendre des comptes he accepts everything, except having to be accountable to me; il y va souvent, ~ quand il n'a pas le temps he often goes (there) except when he doesn't have the time; je viens avec toi, ~ si ça te dérange I'll come with you, so long as you don't mind.

◆ **excepté que** *loc conj* except for OU apart from the fact that; tout s'est bien passé, ~ qu'on a attendu trois heures everything went well except for OU apart from the fact that we had to wait three hours.

excepté2, **e** [ɛksɛpte] *adj (après le n)* except, apart from; **elle ~e** except her, apart from her; **vous deux ~s** you two aside, except OU apart from you two; **eux ~s, personne n'en a entendu parler** no one heard about it apart from OU except them.

excepter [4] [ɛksɛpte] *vt* to except; **si l'on excepte Marie, toutes sont volontaires** with the exception of OU except Marie they have all volunteered; **toute son œuvre, sans ~ ses essais** all her work, including OU without excluding her essays.

exception [ɛksɛpsjɔ̃] -**1.** [chose, être ou événement hors norme] exception; **la neige est une ~ par ici** it rarely snows around here; **cette règle admet des ~s** there are (some) exceptions to this rule; **ils sont tous très paresseux, à une ~/quelques ~s près** all of them with one exception/a few exceptions are very lazy; **il n'accorde jamais d'interviews, c'était une ~** he never (normally) gives interviews, that was an exception; **faire ~** [être unique] to be an exception; **être l'~** to be the OU an exception; **son cas est une** OU **fait ~** her case is an exception OU is exceptional; **les collisions entre avions restent l'~** plane collisions are still very rare ❑ **l'~ confirme la règle** the exception proves the rule. -**2.** [dérogation] exception; **faire une ~ pour qqn/qqch** to make an exception for sb/sthg; **faire une ~ à** to make an exception to; **nous ferons une ~ à la règle** we'll bend the rules; **ce soir, je fais une petite ~ à mon régime** I'll break my diet just for tonight; **faire ~ de** [exclure] to make an exception of, to except; **si l'on fait ~ des enfants** the children excepted, if you except the children. -**3.** JUR plea; **~ péremptoire** peremptory plea; **~ d'illégalité/d'incompétence** plea of illegality/ incompetence; **opposer une ~** to put in a demurrer OU plea.

◆ **à l'exception de, exception faite de** *loc prép* except, with the exception of.

◆ **d'exception** *loc adj* -**1.** POL [mesure] exceptional; [loi] emergency *(modif)*. -**2.** [remarquable] remarkable, exceptional; **c'est un être d'~** [homme] he's an exceptional man; [femme] she's an exceptional woman.

◆ **sans (aucune) exception** *loc adv* without (any) exception; **sortez tous, sans ~!** out, every (single) one of you!

exceptionnel, elle [ɛksɛpsjɔnɛl] *adj* -**1.** [très rare - faveur, chance, circonstances] exceptional; [- accident, complication] exceptional, rare; [- mesure] exceptional, special; [unique - concert] special, one-off *Br*. -**2.** [remarquable - intelligence, œuvre] exceptional; **ma mère était un être ~** my mother was a remarkable OU an exceptional woman. -**3.** POL [assemblée, conseil, mesures] special, emergency *(modif)*.

◆ **exceptionnel** *nm*: **l'~** the exceptional.

exceptionnellement [ɛksɛpsjɔnɛlmɑ̃] *adv* -**1.** [beau, doué] exceptionally, extremely. -**2.** [contrairement à l'habitude] exceptionally; **notre magasin sera ouvert lundi ~** next week only, our shop will be open on Monday; **~, le square est fermé ce soir** for one night only, the park is closed this evening.

excès [ɛksɛ] ◇ *nm* -**1.** [surabondance]: **~ de** surplus OU excess of; **~ de poids/calories** excess weight/calories; **un ~ de potassium/ sucre dans le sang** an excess of potassium/ sugar in the blood; **les plantes souffrent d'un ~ de chaleur/froid** plants can be damaged by excessive heat/cold; **~ de prudence/rigueur/ sévérité** excessive care/rigour/harshness; **~ de zèle** overzealousness; **faire de l'~ de zèle** to go beyond the call of duty; **pas d'~ de zèle!** there's no need to be overzealous! -**2.** TRANSP: **~ de vitesse** speeding; **faire un ~ de vitesse** to exceed OU to break the speed limit. -**3.** [abus]: **~ de langage** immoderate language; **se livrer à** OU **commettre des ~ de langage** to use strong language; **~ de pouvoir** JUR abuse of power, action ultra vires *spéc*. -**4.** [manque de mesure]: **tomber dans l'~** to be extreme; **sois plus lyrique mais sans tomber dans l'~** be more lyrical but don't overdo it; **tomber dans l'~ inverse** to go to the opposite extreme ❑ **l'~ en tout est un défaut** *prov* moderation in all things *prov*.

◇ *nmpl*: **~ (de table)** overindulgence; **faire des ~** to eat and drink too much, to overindulge || [violences] excesses; [débauche] excesses.

◆ **à l'excès** *loc adv* to excess, excessively; **critiquer à l'~** to be excessive in one's criticism; **boire à l'~** to drink to excess.

◆ **avec excès** *loc adv* to excess, excessively, immoderately.

◆ **sans excès** *loc adv* with moderation, moderately.

excessif, ive [ɛksesif, iv] *adj* -**1.** [chaleur, sévérité, prix] excessive; [colère] undue; [enthousiasme, optimisme] undue, excessive; **500 F, ce n'est pas ~** 500 F is quite a reasonable amount to pay. -**2.** [personne] extreme; **c'est quelqu'un de très ~** he's given to extremes of behaviour; **elle est excessive dans ses critiques** she overdoes her criticism. -**3.** [intense]: **il fait un froid ~** it's hideously cold; **sans excessive gentillesse** without being especially pleasant.

excessivement [ɛksesivmɑ̃] *adv* -**1.** [trop - raffiné] excessively; [- cher] excessively, inordinately. -**2.** [tour critiqué] [extrêmement]: **cela lui déplaît ~** he dislikes it intensely; **il fait ~ froid** it's hideously cold.

excipient [ɛksipjɑ̃] *nm* excipient.

exciser [3] [ɛksize] *vt* to excise.

excision [ɛksizjɔ̃] *nf* excision.

excitabilité [ɛksitabilite] *nf* excitability.

excitable [ɛksitabl] *adj* -**1.** [facilement irrité]: **il est très ~** he gets worked up quickly OU annoyed easily. -**2.** BIOL excitable.

excitant, e [ɛksitɑ̃, ɑ̃t] *adj* -**1.** [stimulant - boisson] stimulating. -**2.** [aguichant - femme, homme, tenue] arousing. -**3.** [passionnant - aventure, projet, vie] exciting, thrilling; [- film, roman] exciting; **le match devient un peu plus ~** the match is warming up; **ce n'est pas très ~!** it's not very exciting!

◆ **excitant** *nm* stimulant, excitant.

excitation [ɛksitasjɔ̃] *nf* -**1.** [exaltation] excitement; **en proie à une grande ~** very excited, in a state of great excitement; **dans l'~ du moment** in the heat of the moment. -**2.** [stimulation - d'un sens] excitation; [- sexuelle] sexual arousal OU excitement. -**3.** PHYSIOL excitation, stimulation. -**4.** ÉLECTR & PHYS excitation.

excité, e [ɛksite] ◇ *adj* -**1.** [enthousiasmé] excited, thrilled; **~ à l'idée de la revoir** excited at OU thrilled by the idea of seeing her again; **ils sont sortis du bal complètement ~s** they left the dance in a state of tremendous excitement. -**2.** [stimulé - sens, curiosité, imagination] aroused, inflamed, stirred-up. -**3.** [agité - enfant, chien] excited, restless; [- candidat] tense, excited; **les animaux sont ~s, ils pressentent l'orage** the animals are restless, they can feel the storm coming. -**4.** [sexuellement - organe, personne] excited, aroused.

◇ *nm, f péj* hothead; **les ~s du volant** dangerous drivers.

exciter [3] [ɛksite] *vt* -**1.** [exalter] to excite, to exhilarate; **la vitesse l'excite** speed exhilarates her; **les malheurs des autres, ça l'excite!** *fam* other people's misfortunes turn him on!; **n'excite pas les enfants avant le coucher** don't get the children excited before bed. -**2.** [rendre agité - drogue, café] to make excited, to overstimulate, to stimulate; **éviter les aliments susceptibles d'~ le malade** avoid foods which may excite the patient. -**3.** [pousser]: **~ à: ~ qqn à la révolte** to urge sb to rebel, to incite sb to rebellion; **~ un chien à l'attaque** to egg a dog on to attack; **~ contre: ~ une foule contre un voleur** to whip up a crowd against a thief; **leur père les excite contre leur mère** their father gets them worked up against their mother. -**4.** [attiser - admiration, envie] to provoke; [- curiosité, intérêt, soupçons] to arouse, to stir up *(sép)*; [- amour, jalousie] to arouse, to inflame, to kindle; **~ le rire** to cause mirth. -**5.** [intensifier - appétit] to whet; [- rage] to whip up *(sép)*; [- désir] to increase, to sharpen; [- douleur] to intensify. -**6.** [sexuellement] to excite, to arouse. -**7.** *fam* [intéresser] to excite, to thrill, to get worked up; **cette perspective ne m'excite pas vraiment!** I can't say I'm thrilled OU wild about the idea! -**8.** *fam* [mettre en colère] to annoy, to bug; **tu commences à m'~!** you're beginning to bug me! -**9.** BIOL to stimulate. -**10.** ÉLECTR to excite.

◆ **s'exciter** *vpi* -**1.** *fam* [se mettre en colère] to get worked up; **t'excite pas!** don't get worked up!, keep your shirt on! -**2.** *fam* [s'acharner]: **s'~ sur: ne t'excite pas sur la fermeture Éclair!** go easy on the zipper! -**3.** [s'exalter] to get carried away OU excited OU overexcited; **ne t'excite pas trop, ce n'est qu'un petit rôle** don't get carried away, it's only a small part.

exclamatif, ive [ɛksklamatif, iv] *adj* exclamatory; **à valeur exclamative** used as an exclamation; **proposition exclamative** exclamation.

exclamation [ɛksklamasjɔ̃] *nf* -**1.** [cri] exclamation, cry; **des ~s de joie/surprise** cries of joy/surprise; **pousser une ~ de joie/surprise** to cry out with joy/in surprise. -**2.** LING exclamation.

exclamer [3] [ɛksklame]

◆ **s'exclamer** *vpi* to exclaim, to cry out; **toi! s'était-il exclamé** you! he had cried out OU exclaimed; **il n'y a pas de quoi s'~, leur décision est connue depuis plusieurs jours** there's nothing to be surprised about, their decision has been known for several days; **s'~ sur: s'~ sur la beauté de qqch** to cry out in admiration over the beauty of sthg; **tous s'exclamaient sur le nouveau-né** they were all admiring the new-born baby.

exclu, e [ɛkskly] ◇ *adj* -**1.** [non compris] excluded, left out; **main-d'œuvre ~e, la facture s'élève à 453 F** the bill amounts to 453 F, labour excluded; **du 15 au 30 ~** from the 15th to the 30th exclusive; **jusqu'à la ligne 22 ~e** up to line 21 inclusive, up to but excluding line 22. -**2.** [rejeté - hypothèse, solution] ruled out, dismissed, rejected; **l'hypothèse d'un meurtre n'est pas ~e** murder hasn't been ruled out; **une victoire de la gauche n'est pas ~e** a victory of the left is not to be ruled out; **il est ~ que je m'y rende** my going there is totally out of the question; **il n'est pas ~ qu'on les retrouve** it's not impossible that they might be found. -**3.** [renvoyé - définitivement] expelled; [- provisoirement] suspended.

◇ *nm, f*: **le grand ~ du palmarès à Cannes** the big loser in the Cannes festival.

exclure [96] [ɛksklyr] *vt* -**1.** [expulser - membre, élève] to expel; [- étudiant] to send down *Br (sép)*, to expel; **elle a été exclue du comité** she was expelled from OU thrown off the committee; **elle s'est fait ~ de l'école pour 3 jours** she's been suspended from school for 3 days. -**2.** [écarter]: **~ qqn d'une carrière** to exclude sb from OU to bar sb's access to a career; **~ qqn d'un club/d'une épreuve sportive** to debar sb from (joining) a club/(taking part in) a sporting occasion; **ils l'excluaient de leurs jeux** they used to exclude him from OU would not allow him to take part in their games; **les enfants sont exclus de la bibliothèque** the library is out of bounds to the children. -**3.** [mettre à part] to exclude, to leave aside OU out *(sép)*; **~ une facture de sa note de frais** to leave out OU to exclude a bill from one's expenses; **si l'on exclut le mois de mars** March excluded; **si l'on exclut de petits incidents techniques, tout s'est très bien passé** apart from a few minor technical hitches, everything went very well. -**4.** [être incompatible avec] to exclude, to preclude; **la chimiothérapie n'exclut pas d'autres formes de traitement** chemotherapy doesn't preclude other forms of treatment; **l'un n'exclut pas l'autre** they're not mutually exclusive; **~ que: sa nomination exclut qu'elle vienne vous voir en octobre** her appointment will prevent her coming to see you in October. -**5.** [rejeter - hypothèse] to exclude, to rule out *(sép)*, to reject; ~ **l'hypothèse d'un suicide** to rule out suicide; **la possibilité de subvention est à** ~ the possibility of obtaining subsidies is to be ruled out.

◆ **s'exclure** ◇ *vp (emploi réciproque)* [activités, solutions, traitements] to exclude OU to preclude one another, to be incompatible OU mutually exclusive.

◇ *vp (emploi réfléchi)* [s'exposer au rejet] to cut o.s. off; **l'enfant brutal s'exclut par son comportement** bullies cut themselves off from the other children because of the way they behave.

exclusif, ive [ɛksklyzif, iv] *adj* -**1.** [droit, modèle, privilège] exclusive; [droits de reproduction, usage] exclusive, sole; [dépositaire, concessionnaire] sole; **avoir la jouissance exclusive de** to be the sole user OU possessor of; **en vente exclusive en pharmacie** sold exclusively in pharmacies; **propriété exclusive de l'auteur** exclusive property of the author. -**2.** ~ **de** [incompatible avec] exclusive of, incompatible with; **les services proposés ne sont pas** ~**s l'un de l'autre** the services offered are not mutually exclusive. -**3.** [absolu - amour, relation] exclusive; **les jumeaux ont une relation exclusive** the twins relate to nobody outside each other; **avoir un goût** ~ **pour** to like only; **dans le but** ~ **de** with the sole aim of. -**4.** [intolérant] blinkered. -**5.** [dossier, image, reportage] exclusive. -**6.** LING & MATH disjunctive; **le «ou»** ~ **de l'expression «ouvert ou fermé»** the disjunctive "or" in the phrase "open or shut".

◆ **exclusive** *nf sout* [exclusion] debarment; **frapper qqn/un pays d'**~ to debar sb/a country; **jeter** OU **prononcer l'**~ **contre qqn** to debar sb; **être l'objet d'une** ~ to be debarred.

exclusion [ɛksklyzjɔ̃] *nf* -**1.** [renvoi] expulsion; **demander l'**~ **de qqn** [permanente] to ask for sb to be expelled; [temporaire] to ask for sb to be suspended; **son** ~ **du club** his expulsion from the club; **son** ~ **du comité** his expulsion OU exclusion from the committee; **son** ~ **des fonctions de trésorière** her being debarred from continuing as treasurer ❑ ~ **temporaire** suspension; **pendant son** ~ [temporaire] while he was suspended. -**2.** [mise à l'écart] exclusion, denial of access; **l'**~ **des femmes de la scène politique** the exclusion of women from the world of politics. -**3.** MATH exclusion.

◆ **à l'exclusion de** *loc prép* except, apart from, with the exception of; **tous les jours à l'**~ **de jeudi** every day apart from Thursday OU Thursday excluded.

exclusive [ɛksklyziv] *f* → **exclusif**.

exclusivement [ɛksklyzivmɑ̃] *adv* -**1.** [uniquement] exclusively, solely; **prix réduit le lundi** ~ reduced price on Mondays only; **il joue** ~ **de la harpe** he only plays the harp. -**2.** [non inclus]: **du 1**[er] **au 10** ~ from the 1st to the 10th exclusive. -**3.** [aimer] exclusively, in an exclusive way.

exclusivisme [ɛksklyzivism] *nm* exclusive character, exclusiveness.

exclusivité [ɛksklyzivite] *nf* -**1.** COMM [droit] exclusive rights; **avoir l'**~ **de** to have the exclusive rights for; **avoir l'**~ **d'une interview** to have the exclusive coverage of an interview; **l'agence a l'**~ **des photos** the agency has exclusive rights to the pictures. -**2.** [objet unique]: **ce modèle est une** ~ this is an exclusive design ‖ [article] exclusive (article); [interview] exclusive interview. -**3.** CIN film *Br* OU movie *Am* on general release. -**4.** [privilège exclusif]: **il n'a pas l'**~ **du talent** he doesn't have a monopoly on OU he's not the only one with talent.

◆ **en exclusivité** *loc adv* -**1.** COMM exclusively; **chemises Verpé en** ~ **chez Flakk** Flakk, sole authorized distributor for Verpé shirts. -**2.** [reportage, article] exclusively; **en** ~ **sur notre chaîne** exclusively on our channel; **ses lettres ont été publiées en** ~ **par le magazine «Aujourd'hui»** his letters were published as an exclusive by "Aujourd'hui" magazine. -**3.** CIN: **en première** ~ on general release.

excommunication [ɛkskɔmynikasjɔ̃] *nf* excommunication.

excommunié, e [ɛkskɔmynje] ◇ *adj* excommunicated.

◇ *nm, f* excommunicated person, excommunicate.

excommunier [9] [ɛkskɔmynje] *vt* to excommunicate.

excoriation [ɛkskɔrjasjɔ̃] *nf sout* excoriation, scratch.

excorier [9] [ɛkskɔrje] *vt sout* to excoriate, to scratch.

excrément [ɛkskremɑ̃] *nm* excrement; ~**s** excrement, faeces.

excrémentiel, elle [ɛkskremɑ̃sjɛl] *adj* excremental.

excréter [18] [ɛkskrete] *vt* to excrete.

excréteur, trice [ɛkskretœr, tris] *adj* excretory.

excrétion [ɛkskresjɔ̃] *nf* PHYSIOL excretion.

◆ **excrétions** *nfpl* [substance] excreta.

excrétoire [ɛkskretwar] *adj* excretory.

excroissance [ɛkskrwasɑ̃s] *nf* -**1.** MÉD growth, excrescence *spéc*. -**2.** *fig* excrescence *péj*.

excursion [ɛkskyrsjɔ̃] *nf* -**1.** [voyage - en car] excursion, trip; [- à pied] ramble, hike; [- à bicyclette] ride, tour; [- en voiture] drive; **faire une** ~ [avec un véhicule] to go on an excursion; [à pied] to go on OU for a hike; **une** ~ **dans le pays des vins** a tour of the vineyards; **faire une** ~ [d'un jour] to go on a day-trip; ~**s de deux jours au pays de Galles** two-day tours OU trips to Wales. -**2.** [sortie] outing, trip; **l'**~ **annuelle de l'école** the annual school outing OU trip.

excursionner [3] [ɛkskyrsjɔne] *vi* [faire une excursion] to go on OU for an excursion; [faire des excursions] to go touring.

excursionniste [ɛkskyrsjɔnist] *nmf* -**1.** [touriste en car, bateau] holiday-maker *Br*, vacationer *Am*; [d'un jour] day-tripper. -**2.** [randonneur] hiker, rambler.

excusable [ɛkskyzabl] *adj* excusable, forgivable; **tu n'es pas** ~ you have no excuse; **allons, c'est** ~! come on, it's understandable!

excuse [ɛkskyz] *nf* -**1.** [motif allégué] excuse, pretext; **j'étais fatigué – ce n'est pas une** ~! I was tired – it's no excuse!; **il a toujours une bonne** ~ **pour ne pas téléphoner** he always has a good excuse for not phoning; **tu n'as aucune** ~ you have no excuse; **sa conduite est sans** ~ her behaviour is inexcusable, there's no excuse for her behaviour; **donner pour** ~ **le manque d'argent** to use lack of money as an excuse; **trouver des** ~**s à qqn** to find excuses for OU to excuse sb; **je ne trouve pas d'**~ **à votre retard** I can see no valid reason for your being late ❑ **la belle** ~! *iron* what an OU that's some excuse!; **faites** ~! *hum* [regrets] I do apologize!; [objection] excuse me! -**2.** JUR: ~ **atténuante** extenuating excuse; ~ **absolutoire** excuse involving acquittal; ~ **légale** legal excuse.

◆ **excuses** *nfpl* [regrets] apology; **j'exige des** ~**s publiques** I want a public apology; **faire** OU **présenter ses** ~**s à qqn** to offer one's apologies OU to apologize to sb; **il vous fait ses plus plates** ~**s** he apologizes to you most humbly; **tu me dois des** ~**s** you owe me an apology.

excuser [3] [ɛkskyze] *vt* -**1.** [pardonner - conduite] to excuse, to forgive; [- personne] to forgive; **excusez mon indiscrétion mais...** excuse my OU forgive me for being indiscreet but...; **excuse-moi d'appeler si tard** forgive me OU I do apologize for phoning so late; **excusez-moi** [regret] forgive me, I'm sorry, I do apologize; [interpellation, objection, après un hoquet] excuse me; **excusez-moi mais je suis pressé** excuse me OU I'm sorry but I'm in a hurry; **je vous prie de** OU **veuillez m'**~ I (do) beg your pardon, I do apologize; **tu es tout excusé** you are forgiven, please don't apologize ‖ *(en usage abs)*: **excusez du peu!** *iron* is that all? -**2.** [justifier - attitude, personne] to excuse, to find excuses OU an excuse for; **tu l'excuses toujours!** you're always finding excuses for him!; **sa grossièreté ne peut être excusée** his rudeness is inexcusable, there is no excuse for his rudeness. -**3.** [accepter l'absence de] to excuse; **se faire** ~ to ask to be excused. -**4.** [présenter les excuses de]: **excuse-moi auprès de lui** apologize to him for me.

◆ **s'excuser** *vpi* -**1.** [demander pardon] to apologize; **ne vous excusez pas** (please) don't apologize; **tu pourrais t'**~! it wouldn't hurt you to say sorry!; **s'**~ **auprès de qqn** to apologize to sb; **je m'excuse de mon retard/de vous interrompre** sorry for being late/for interrupting you ❑ **qui s'excuse, s'accuse** *prov* he who apologises admits his guilt. -**2.** [ton indigné]: **je m'excuse (mais...)!** excuse me OU I'm sorry (but...)!; **je m'excuse mais je n'ai jamais dit ça!** excuse me but I never said that!

exécrable [ɛgzekrabl] *adj* -**1.** [mauvais - dîner, goût, spectacle] abysmal, awful, foul; [- temps] awful, rotten, wretched; [- travail] abysmal; **il est d'une humeur** ~ **aujourd'hui** he's in a foul OU filthy mood today; **avoir un caractère** ~ to be foul-tempered; **elle est** ~ **avec moi** she's horrible to me. -**2.** *sout* [odieux - crime] heinous.

exécrablement [ɛgzekrabləmɑ̃] *adv* abominably, abysmally.

exécration [ɛgzekrasjɔ̃] *nf sout* [dégoût, horreur] execration; **avoir qqch en** ~ to loathe OU to abhor sthg.

exécrer [18] [ɛgzekre] *vt sout* to loathe, to abhor.

exécutable [ɛgzekytabl] *adj* possible, feasible; **ce n'est pas** ~ **en trois jours** it can't possibly be done in three days.

exécutant, e [ɛgzekytɑ̃, ɑ̃t] *nm, f* -**1.** [musicien] performer. -**2.** *péj* [subalterne] subordinate, underling *péj*; **je ne suis qu'un simple** ~ I only carry out orders; **il a commandité l'assassinat, mais ce n'est pas lui l'**~ he ordered the murder but did not carry it out.

exécuter [3] [ɛgzekyte] *vt* -**1.** [mouvement, cabriole] to do, to execute; ~ **une manœuvre compliquée** [en voiture] to go through OU to execute a complicated manoeuvre. -**2.** [confectionner - maquette, statue] to make; [- tableau] to paint. -**3.** [interpréter - symphonie] to perform, to play; [- chorégraphie] to perform, to dance. -**4.** [mener à bien - consigne, ordre, mission] to carry out *(sép)*, to execute; [- projet] to carry out; ~ **un projet jusqu'au bout** to see a project through to the end. -**5.** [commande] to carry out *(sép)*. -**6.** [tuer - condamné] to execute, to put to death; [- victime] to execute, to kill. -**7.** *fam* [vaincre - joueur] to slaughter, to trounce; **elle s'est fait** ~ **en 2 sets 6-1/6-0** she was disposed of in straight sets 6-1/6-0. -**8.** *fam* [critiquer] to slate *Br*, to pan. -**9.** JUR [testament] to execute; [contrat] to fulfil the terms of; [arrêt, jugement, traité] to enforce; [débiteur] to distrain upon *(insép)*. -**10.** INF to run.

◆ **s'exécuter** *vpi* to comply, to do what one is told; **je lui demandai de sortir, il s'exécuta de mauvaise grâce** I asked him to go out, he did so OU complied reluctantly.

exécuteur, trice [ɛgzekytœr, tris] *nm, f* JUR [d'un jugement] enforcer; [mandataire]: ~ **testamentaire** [homme] executor; [femme] executor, executrix.

◆ **exécuteur** *nm*: ~ **des hautes œuvres** HIST executioner; *hum* axeman.

exécutif, ive [ɛgzekytif, iv] *adj* executive; **le pouvoir** ~ the executive (branch).

◆ **exécutif** *nm*: **l'**~ the executive.

exécution [ɛgzekysjɔ̃] *nf* -**1.** [d'une maquette] execution, making; [d'un tableau] execution, painting *(U)*. -**2.** [d'une symphonie, d'une chorégraphie] performance, performing. -**3.** [d'une menace, d'une décision] carrying out; [d'un projet] execution; **mettre qqch à** ~ to carry sthg out ❑ ~! MIL at the double!; **va ranger ta chambre,** ~! *hum* go and tidy up your bedroom, NOW OU on the double! -**4.** [d'une commande] carrying out. -**5.** [d'un condamné] : ~ (capitale) execution. -**6.** JUR [d'un jugement, d'un traité] enforcement; [d'un contrat] fulfilment; BOURSE distraint, distress.

exécutoire [ɛgzekytwar] ⋄ *adj* [jugement] enforceable; **formule ~** executory formula; **mesure ~** binding measure; **titre ~** writ of execution.
⋄ *nm* writ of execution.

exégèse [ɛgzeʒɛz] *nf* exegesis; **faire l'~ de** to write a critical interpretation of.

exégète [ɛgzeʒɛt] *nmf* exegete.

exégétique [ɛgzeʒetik] *adj* exegetical.

exemplaire[1] [ɛgzɑ̃plɛr] *adj* -**1.** [qui donne l'exemple - conduite] exemplary, perfect; [- personne] exemplary, model; **d'une correction ~** perfectly correct, with exemplary courtesy. -**2.** [qui sert d'exemple - punition] exemplary.

exemplaire[2] [ɛgzɑ̃plɛr] *nm* -**1.** [d'un document] copy; **en deux ~s** in duplicate; **en trois ~s** in triplicate; **le contrat est fait en quatre ~s** there are four copies of the contract; **le livre a été tiré à 10 000 ~s** 10,000 copies of the book were published; **le journal tire à 150 000 ~s** the newspaper has a circulation of 150,000. -**2.** [d'un coquillage, d'une plante] specimen, example.

exemplairement [ɛgzɑ̃plɛrmɑ̃] *adv* exemplarily.

exemplarité [ɛgzɑ̃plarite] *nf* exemplariness, exemplarity.

exemple [ɛgzɑ̃pl] *nm* -**1.** [d'architecture] example; [d'un défaut, d'une qualité] example; [d'une situation] example, instance; **donner qqch en** OU **comme ~** to give sthg as an example; **citer qqch en ~** to quote sthg as an example; **un bel ~ de poterie égyptienne** a fine example of Egyptian pottery; **c'est un bel ~ de coopération** that's a fine example OU instance of cooperation. -**2.** [modèle] example, model; **elle est l'~ de la parfaite secrétaire** she's a model secretary; **il est l'~ type du yuppie** he's a typical yuppie; **donner l'~** to give OU to set the example; **faire un ~** to make an example; **prendre ~ sur qqn** to take sb as a model OU an example; **servir d'~** [personne] to be taken as an example; **que cela vous serve d'~** let this be a warning to you; **suivre l'~ de qqn** to follow sb's example, to take one's cue from sb; **la France a dit non et d'autres pays ont suivi son ~** France said no and other countries followed suit; **ne suivez pas le mauvais ~ de vos prédécesseurs** don't follow the bad example set by your predecessors. -**3.** [de grammaire, de dictionnaire] (illustrative) example; **donnez-moi des ~s à l'impératif** give me examples in the imperative.
◆ **à l'exemple de** *loc prép*: **à l'~ de son maître** following his master's example; **il couchait par terre, à l'~ de ses soldats** he slept on the bare earth, just like his soldiers.
◆ **par exemple** *loc adv* -**1.** [comme illustration] for example OU instance. -**2.** [marque la surprise] : (**ça**) **par ~, c'est Pierre!** Pierre! well I never!; **ça par ~, le verre a disparu!** well, well, well, the glass has disappeared!
◆ **pour l'exemple** *loc adv*: **fusillé pour l'~** shot as an example (to others).
◆ **sans exemple** *loc adj* unprecedented.

exemplification [ɛgzɑ̃plifikasjɔ̃] *nf* exemplification, exemplifying.

exemplifier [9] [ɛgzɑ̃plifje] *vt* to exemplify.

exempt, e [ɛgzɑ̃, ɑ̃t] *adj* -**1.** [dispensé] : **~ de** [d'une obligation] exempt from; **~ d'impôts** non taxable, exempt from tax; **produits ~s de taxes** duty-free OU non dutiable goods; **~ de port** carriage free. -**2.** [dépourvu] : **~ d'erreur** faultless; **son attitude n'était pas ~e d'un certain mépris** her attitude wasn't without contempt.

exempté, e [ɛgzɑ̃te] *adj*: **~ du service militaire** exempt from military service; **~ de corvée** exempt from duty.
◆ **exempté** *nm* man exempt from military service.

exempter [3] [ɛgzɑ̃te] *vt*: **~ qqn de qqch: ~ un jeune homme du service militaire** to exempt a young man from military service; **~ qqn d'impôts** to exempt sb from taxes; **~ qqn d'une obligation** to exempt sb from an obligation.

exemption [ɛgzɑ̃psjɔ̃] *nf* -**1.** [dispense] exemption; **bénéficier de l'~ d'une taxe** to be exempt from a tax. -**2.** MIL exemption from military service.

exercé, e [ɛgzɛrse] *adj* [oreille, œil] trained, keen; [personne] trained, experienced.

exercer [16] [ɛgzɛrse] *vt* -**1.** [pratiquer - talent] to exercise; [- fonction] to fulfil, to exercise; [- art] to practise; **quel métier exercez-vous?** what's your job?; **~ le métier de dentiste/forgeron** to work as a dentist/blacksmith; **~ la médecine** to practise medicine || *(en usage abs)* [dentiste, homme de loi, médecin] to be in practice, to practise; **elle n'exerce plus** she doesn't practise anymore. -**2.** [faire usage de - autorité] to exercise, to exert; [- droit, privilège] to exercise; **~ une action sur** to act on; **~ un attrait sur qqn** to be attractive to OU to attract sb; **~ un contrôle sur** to control; **~ une influence sur** to exercise OU to exert an influence on; **~ une pression sur qqch** to press sthg, to exert pressure on sthg; **~ une pression sur qqn** to put pressure on OU to pressurize sb; **~ des sanctions contre** to carry out sanctions against; **~ sa verve contre qqn** *sout* to make sb the object of one's wit. -**3.** [entraîner - oreille, esprit, mémoire] to exercise, to train; **~ qqn à faire qqch** to train sb to do sthg; **~ un chien à attaquer** to train a dog to attack. -**4.** *litt* [mettre à l'épreuve - patience] to try (sorely).
◆ **s'exercer** *vpi* -**1.** [s'entraîner] to practise; **s'~ au piano** to practise (playing) the piano; **s'~ à faire des grimaces** to practise pulling faces. -**2.** [s'appliquer] : **s'~ sur** [force, pression] to be brought to bear on, to be exerted on; **l'attrait qui s'exerçait sur moi** the attraction I was feeling.

exercice [ɛgzɛrsis] *nm* -**1.** [mouvement physique] : **~s d'assouplissement/d'échauffement** stretching/warm-up exercises; **~s respiratoires** (deep) breathing exercises; **c'est un excellent ~ pour les pectoraux** it's an excellent exercise for the pectoral muscles; **faire des ~s** to exercise; **faire des ~s pour les abdominaux** to do exercises for OU to exercise one's stomach muscles. -**2.** [sport] : **~ (physique)** (physical) exercise; **l'~** exercise, exercising; **faire de l'~** to take exercise, to exercise; **tu devrais faire plus d'~** you should exercise more OU take more exercise; **je manque d'~** I don't take enough exercise. -**3.** SCOL exercise; **faire un ~** to do an exercise; **~ de chimie/physique** chemistry/physics exercise; **~s de grammaire/phonétique** grammar/phonetics exercises; **faire faire des ~s de grammaire/prononciation à qqn** to give sb exercises in grammar/pronunciation ❑ **~ de style** LITTÉRAT stylistic composition; **sa dernière collection est un ~ de style** *fig* his latest collection is an exercise in style. -**4.** MIL drill, exercise; **~ à la cible** target practice; **~s de tir** shooting drill OU practice; **faire l'~** to drill. -**5.** [usage] : **l'~ d'un droit** exercising a right; **l'~ du pouvoir** exercising power; **l'~ de responsabilités** carrying out responsibilities; **l'~ d'un métier** plying a trade; **condamné pour ~ illégal de la médecine** condemned for illegal practice of medicine; **dans l'~ de ses fonctions** in the execution of her duties. -**6.** FIN year; **les impôts pour l'~ 1993** taxes for the 1993 fiscal OU tax year ❑ **~ budgétaire** budgetary year.
◆ **à l'exercice** *loc adv* MIL on parade.
◆ **en exercice** *loc adj* [député, juge] sitting; [membre de comité] serving; [avocat, médecin] practising; **être en ~** [diplomate, magistrat] to be in OU to hold office.

exerciseur [ɛgzɛrsizœr] *nm* [gén] exercise machine OU bench; [pour la poitrine] chest expander.

exérèse [ɛgzerɛz] *nf* ablation.

exergue [ɛgzɛrg] *nm* -**1.** [dans un livre] inscription; **mettre qqch en ~: mettre une citation en ~ à un** OU **d'un texte** to head a text with quotation, to write a quotation as an epigraph to a text; **mettre un argument en ~** *fig* to underline OU to stress an argument. -**2.** [sur une médaille - espace] exergue; [- inscription] epigraph.

exfoliant, e [ɛksfɔljɑ̃, ɑ̃t] *adj* exfoliative.
◆ **exfoliant** *nm* exfoliant.

exfoliation [ɛksfɔljasjɔ̃] *nf* exfoliation, exfoliating *(U)*.

exfolier [9] [ɛksfɔlje] *vt* to exfoliate.

exhalaison [ɛgzalɛzɔ̃] *nf* [odeur - agréable] fragrance; [- désagréable] unpleasant odour; **les ~s fétides des égouts** the fetid fumes from the sewers.

exhalation [ɛgzalasjɔ̃] *nf* exhalation.

exhaler [3] [ɛgzale] *vt* -**1.** [dégager - parfum] to exhale; [- gaz, effluves, vapeur] to exhale, to give off *(sép)*; **les fromages qui séchaient exhalaient leur odeur sure** the drying cheeses gave off their sour smell. -**2.** [émettre - soupir] to breathe; [- gémissement] to utter, to give forth *(insép) litt*. -**3.** *litt* [être empreint de] : **la maison exhalait la mélancolie/le bonheur** the house exuded melancholy/radiated happiness. -**4.** [en respirant] to exhale.

exhaussement [ɛgzosmɑ̃] *nm* raising (up).

exhausser [3] [ɛgzose] *vt* [bâtiment, mur] to raise; **le bâtiment a été exhaussé de deux étages** two floors were added to the building.

exhaustif, ive [ɛgzostif, iv] *adj* exhaustive.

exhaustivement [ɛgzostivmɑ̃] *adv* exhaustively.

exhaustivité [ɛgzostivite] *nf* exhaustiveness.

exhiber [3] [ɛgzibe] *vt* -**1.** [afficher - décorations, muscles] to display, to show off *(insép)*; [- richesses] to display, to make a (great) show of; **~ sa science** to show off one's knowledge. -**2.** [au cirque, à la foire] to show, to exhibit. -**3.** [document officiel] to produce, to show, to present.
◆ **s'exhiber** *vpi* to parade (around).

exhibition [ɛgzibisjɔ̃] *nf* -**1.** [comportement] piece of provocative behaviour; **après cette ~ ridicule, tu n'as plus qu'à t'excuser!** apologize after making such an absurd exhibition of yourself! -**2.** *péj* [étalage] display; **une ~ de pectoraux sur la plage** a display of muscular chests on the beach. -**3.** [dans un concours] showing; **~ de chiens de race** pedigree dog show; **~ de bétail** cattle show || [comme attraction] exhibiting; **~ d'animaux de cirque** exhibiting circus animals. -**4.** SPORT exhibition. -**5.** [présentation - de documents] presentation.

exhibitionnisme [ɛgzibisjɔnism] *nm* exhibitionism.

exhibitionniste [ɛgzibisjɔnist] *nmf* exhibitionist.

exhortation [ɛgzɔrtasjɔ̃] *nf* exhortation; **la foule, excitée par ses ~s** the crowd, excited by his exhortations; **~ à** a call for; **je n'écoutais pas leurs ~s à la modération** I was deaf to their calls for moderation.

exhorter [3] [ɛgzɔrte] *vt* to urge; **~ qqn à la patience** to urge OU to exhort sb to be patient; **~ qqn à la prudence** to urge OU to exhort sb to be careful; **~ qqn à faire qqch** to exhort OU to urge sb to do sthg.
◆ **s'exhorter à** *vp + prép*: **s'~ à qqch: elle s'exhortait à la patience** she was exhorting herself to be patient; **s'~ à faire qqch** to exhort o.s. to do sthg.

exhumation [ɛgzymasjɔ̃] *nf* -**1.** [d'un cadavre] exhumation; [d'objets enfouis] excavation, digging out. -**2.** *fig* [de sentiments] unearthing; [de vieux documents] digging out OU up.

exhumer [3] [ɛgzyme] *vt* -**1.** [déterrer - cadavre] to exhume; [- objets enfouis] to excavate, to dig out *(sép)*. -**2.** [sentiments] to unearth; [vieux documents] to dig out OU up *(sép)*, to rescue from oblivion.

exigeant, e [ɛgziʒɑ̃, ɑ̃t] *adj* -**1.** [pointilleux - maître, professeur] demanding, exacting; [- malade] demanding; [- client] demanding, particular, hard to please; **je suis très ~ quant à la qualité** I'm very particular about quality; **tu es trop ~e avec tes amis** you ask OU expect too much from your friends. -**2.** [revendicateur] : **ne sois pas trop ~, c'est ton premier emploi** don't be too demanding OU don't expect too much, it's your first job. -**3.** [ardu - métier] demanding, exacting.

exigence [ɛgziʒɑ̃s] *nf* -**1.** [demande - d'un client] requirement; [- d'un ravisseur] demand. -**2.** [nécessité] demand; **répondre aux ~s de qualité/sécurité** to meet quality/safety requirements; **les ~s de ma profession** the demands OU requirements of my profession; **les ~s de la morale/du savoir-vivre** the demands of morality/of mannerliness. -**3.** [caractère exigeant - d'un client] particularity; [- d'un professeur, d'un parent] strictness, exactingness; **devant l'~ de son client** faced with such a demanding customer.

◆ **exigences** *nfpl* [salaire] expected salary; **quelles sont vos ~s?** what salary do you expect?; **en donnant vos nom, adresse et ~s** stating your name, address and expected salary.

exiger [17] [ɛgziʒe] *vt* -**1.** [compensation, dû] to demand, to claim. -**2.** [excuse] to require, to demand, to insist on *(insép)*; **~ la plus grande honnêteté de la part de qqn** to insist on scrupulous honesty from sb, to expect sb to be scrupulously honest; **~ beaucoup/trop de qqn** to expect a lot/too much from sb. -**3.** [déclarer obligatoire] to require; **la connaissance du russe n'est pas exigée** knowledge of Russian is not a requirement; **le port du casque est exigé** hard hats must be worn; **aucun visa n'est exigé** no visa is needed. -**4.** [nécessiter] to require, to need; **un métier qui exige beaucoup de précision** a job requiring great accuracy; **un bateau exige beaucoup d'entretien** a boat needs OU requires a lot of maintenance; **le poste exige beaucoup de déplacements** the post involves a lot of travelling; **nous interviendrons si la situation l'exige** we'll intervene if it becomes necessary.

exigibilité [ɛgziʒibilite] *nf* payability.

exigible [ɛgziʒibl] *adj* [impôt] due (for payment), payable; **cet impôt est ~ en septembre** payment of this tax falls due in September.

exigu, ë [ɛgzigy] *adj* [appartement, pièce] very small, tiny; [couloir] very narrow; **c'est un peu ~ pour ma famille** it's a bit cramped OU small for my family.

exiguïté [ɛgzigɥite] *nf* [d'une pièce] smallness; [d'un couloir] narrowness.

exil [ɛgzil] *nm* exile; **pendant son ~ londonien** while he was living in exile in London.

◆ **en exil** ◇ *loc adj* exiled.

◇ *loc adv* in exile; **vivre en ~** to live in exile; **envoyer qqn en ~** to exile sb; **je me sens en ~ loin de ma Bretagne natale** I feel like an exile away from my native Brittany.

exilé, e [ɛgzile] ◇ *adj* exiled.

◇ *nm, f* exile.

exiler [3] [ɛgzile] *vt* to exile.

◆ **s'exiler** *vpi* -**1.** [quitter son pays] to go into self-imposed exile. -**2.** [s'isoler] to cut o.s. off.

existant, e [ɛgzistɑ̃, ɑ̃t] *adj* [modèle, loi, tarif] existing, current, currently in existence.

existence [ɛgzistɑ̃s] *nf* -**1.** [vie d'un être] life, existence; **j'aurai travaillé toute mon ~** I'll have worked all my life OU days; **que d'~s misérables!** so many wretched lives! || [mode de vie] lifestyle; **j'en ai assez de cette ~** I've had enough of this (kind of) life; **il faut bien s'amuser dans l'~** you have to have some fun in life. -**2.** [durée - d'une constitution, d'une civilisation] lifespan, lifetime. -**3.** [réalité - d'un complot] existence; [- d'une substance] presence, existence. -**4.** [présence - d'une personne] presence; **manifester** OU **signaler son ~** to make one's presence known.

existentialisme [ɛgzistɑ̃sjalism] *nm* existentialism.

existentialiste [ɛgzistɑ̃sjalist] *adj* & *nmf* existentialist.

existentiel, elle [ɛgzistɑ̃sjɛl] *adj* existential.

exister [3] [ɛgziste] *vi* -**1.** [être réel] to exist, to be real; **le père Noël n'existe pas!** Father Christmas doesn't exist!; **ce personnage a bien existé, il vivait au XVIIe siècle** this character is real OU did exist, he lived in the 17th century; **le savon, ça existe!** *fam* there is such a thing as soap, you know!; **si Robert/le dentifrice n'existait pas, il faudrait l'inventer!** *hum* the world couldn't do without Robert/toothpaste!; **l'amour existe, je l'ai rencontré** love really does exist! -**2.** [subsister] to exist, to be extant; **l'hôtel existe toujours/n'existe plus** the hotel is still there/isn't there anymore; **les vieilles pratiques religieuses qui existent toujours au village** the old religious practices still extant OU which still exist in the village; **la galanterie, ça n'existe plus** (the age of) chivalry is dead. -**3.** [être important] to matter; **seul son métier existe pour lui** his job's the only thing that matters to him; **il n'y a pas que l'argent qui existe!** money isn't everything (in life)! -**4.** [vivre - personne] to be here; **tant que j'existerai** as long as I live; **fais comme si je n'existais pas** pretend I'm not here. -**5.** *(tournure impers)*: **il existe** *(suivi d'un sg)* there is, there's; *(suivi d'un pl)* there are; **il n'existe aucune directive à ce sujet** there are no guidelines for that; **il existe des appareils à dénoyauter les fruits** there are machines for taking stones out of fruit.

exit [ɛgzit] *vi*: **~ le Duc** exit the Duke.

ex-libris [ɛkslibris] *nm inv* ex-libris.

exobiologie [ɛgzɔbjɔlɔʒi] *nf* exobiology.

exocet [ɛgzɔsɛt] *nm* ZOOL flying fish.

exocrine [ɛgzɔkrin] *adj* exocrine.

exode [ɛgzɔd] *nm* -**1.** [départ] exodus; **l'~ des Parisiens en août** the annual exodus of Parisians from the capital in August; **l'~** HIST *the flight southward and westward of French civilians before the occupying German army in 1940*; **l'~ des cerveaux** the brain drain; **l'~ des capitaux** the flight of capital; **l'~ rural** the drift away from the land. -**2.** BIBLE: **l'Exode** the Exodus; **(le livre de) l'Exode** (the book of) Exodus.

exogame [ɛgzɔgam] ◇ *adj* exogamous, exogamic.

◇ *nmf* exogamous subject.

exogamique [ɛgzɔgamik] *adj* exogamous, exogamic.

exogène [ɛgzɔʒɛn] *adj* exogenous.

exonération [ɛgzɔnerasjɔ̃] *nf* exemption, exempting *(U)*; **~ fiscale** OU **d'impôt** tax exemption.

exonérer [18] [ɛgzɔnere] *vt* -**1.** ADMIN & FIN [contribuable, revenus] to exempt; **~ qqn d'impôts** to exempt sb from income tax; **~ des marchandises de taxes** to exempt goods from duty; **marchandises exonérées** non dutiable freight; **intérêt 12 % exonéré d'impôts** 12% interest rate, non taxable OU free of tax. -**2.** *sout* [dégager] : **~ qqn de** [obligation] to free sb from; [responsabilité] to exonerate OU to free sb from.

exophtalmique [ɛgzɔftalmik] *adj* exophthalmic.

exorbitant, e [ɛgzɔrbitɑ̃, ɑ̃t] *adj* -**1.** [trop cher - loyer] exorbitant, extortionate. -**2.** [démesurée - requête] outrageous; [- prétention] absurd.

exorbité, e [ɛgzɔrbite] *adj* bulging, protruding; **les yeux ~s** with bulging eyes, with his eyes out on stalks *hum*.

exorcisation [ɛgzɔrsizasjɔ̃] *nf* exorcizing.

exorciser [3] [ɛgzɔrsize] *vt* to exorcize.

exorcisme [ɛgzɔrsism] *nm* exorcism.

exorciste [ɛgzɔrsist] *nm* exorcist.

exorde [ɛgzɔrd] *nm* exordium.

exoréique [ɛgzɔreik] *adj* exoreic, exorheic.

exoréisme [ɛgzɔreism] *nm* exoreism, exorheism.

exosphère [ɛgzɔsfɛr] *nf* exosphere.

exotérique [ɛgzɔterik] *adj* exoteric.

exothermique [ɛgzɔtɛrmik] *adj* exothermic, exothermal.

exotique [ɛgzɔtik] *adj* [produit, fruit, pays] exotic.

exotisme [ɛgzɔtism] *nm* exoticism.

exotoxine [ɛgzɔtɔksin] *nf* exotoxin.

expansé, e [ɛkspɑ̃se] *adj* [polystyrène] expanded.

expansibilité [ɛkspɑ̃sibilite] *nf* expansibility.

expansible [ɛkspɑ̃sibl] *adj* expansible, liable to expand.

expansif, ive [ɛkspɑ̃sif, iv] *adj* -**1.** [communicatif - caractère, personne] expansive, exuberant, effusive; **il n'est pas très ~** he's never very forthcoming. -**2.** PHYS expansive.

expansion [ɛkspɑ̃sjɔ̃] *nf* -**1.** ÉCON: **~ (économique)** (economic) growth; **l'Expansion** PRESSE *weekly business magazine*. -**2.** [augmentation - d'un territoire, de l'univers] expansion, expanding *(U)*. -**3.** [propagation - d'une idéologie, d'une influence] spread. -**4.** CHIM & PHYS expansion, expanding *(U)*. -**5.** *litt* [épanchement] expansiveness, effusiveness; **avoir un besoin d'~** to need to open out (to others).

◆ **en expansion** *loc adj* ÉCON expanding, booming.

expansionnisme [ɛkspɑ̃sjɔnism] *nm* expansionism.

expansionniste [ɛkspɑ̃sjɔnist] *adj* & *nmf* expansionist.

expansivité [ɛkspɑ̃sivite] *nf* expansiveness.

expatriation [ɛkspatrijasjɔ̃] *nf* expatriation.

expatrié, e [ɛkspatrije] *adj* & *nm, f* expatriate.

expatrier [10] [ɛkspatrije] *vt* to expatriate.

◆ **s'expatrier** *vpi* to become an expatriate, to leave one's country (of origin).

expectative [ɛkspɛktativ] *nf* [attente - incertaine] state of uncertainty; [- prudente] cautious wait; [- pleine d'espoir] expectancy, expectation.

◆ **dans l'expectative** *loc adv*: **être dans l'~** [espérer] to be in a state of expectation; [être incertain] to be in a state of uncertainty.

expectorant [ɛkspɛktɔrɑ̃] *nm* expectorant.

expectoration [ɛkspɛktɔrasjɔ̃] *nf* expectoration.

expectorer [3] [ɛkspɛktɔre] *vi* & *vt* to expectorate.

expédient, e [ɛkspedjɑ̃, ɑ̃t] *adj sout* expedient.

◆ **expédient** *nm* -**1.** [moyen] expedient; **se tirer d'une difficulté par un ~** to find an expedient for getting out of a difficulty. -**2.** *loc*: **user** OU **vivre d'~s** to live by one's wits.

expédier [9] [ɛkspedje] *vt* -**1.** [envoyer - colis, lettre] to send, to dispatch; **~ par avion** to send by air mail; **~ par bateau** [lettre, paquet] to send surface mail; [marchandises] to send by sea, to ship; **~ par coursier** to send by courier; **~ par la poste** to send through the post *Br* OU mail; **~ par le train** to send by train OU rail. -**2.** [personne] to send off *(sép)*; **les colporteurs qui sonnent ici sont vite expédiés!** any hawkers ringing my bell soon get sent on their way!; **je vais l'~ en colonie de vacances** I'm going to send her off to a summer camp; **~ qqn dans l'autre monde** *fam* OU **au cimetière** *fam* to send sb off to meet their maker. -**3.** [bâcler, finir sans soin - dissertation, lettre] to dash off *(sép)*; [- corvée, travail] to make short work of, to dispatch; **elle a expédié le match en deux sets** she wrapped up the match in two sets. -**4.** [avaler vite - repas] to dispatch, to swallow; [- verre de vin] to knock back *(sép)*. -**5.** *loc*: **~ les affaires courantes** [employé] to deal with day-to-day matters (only); [président] to be a caretaker president. -**6.** JUR to draw up *(sép)*.

expéditeur, trice [ɛkspeditœr, tris] ◇ *adj* [bureau, gare, société] dispatching, forwarding.

◇ *nm, f* sender, forwarder.

expéditif, ive [ɛkspeditif, iv] *adj* -**1.** [efficace et rapide - procédé] expeditious, quick; [- personne] expeditious, prompt; **elle est plutôt**

expéditive! she certainly wastes no time! -**2.** *péj* [trop rapide - procès, justice] hasty.

expédition [ɛkspedisjɔ̃] *nf* -**1.** [voyage] expedition; ~ **en Antarctique** expedition to the Antarctic; **partir en** ~ to go on an expedition; **pour traverser la capitale, quelle** ~! *fam* it's quite an expedition to get across the capital!; **à chaque fois que l'on part en pique-nique, c'est une véritable** ~ every time we go on a picnic, it's a real expedition ‖ [équipe] (members of the) expedition. -**2.** MIL expedition. -**3.** [raid]: ~ **punitive** punitive raid OU expedition. -**4.** [envoi] sending, dispatch, dispatching; ~ **par bateau** [de marchandises] shipping. -**5.** [cargaison]: **une** ~ **de bananes** a consignment of bananas. -**6.** JUR (exemplified) copy.

expéditionnaire [ɛkspedisjɔnɛr] ◇ *adj* MIL expeditionary.
◇ *nmf* COMM forwarding agent.

expéditivement [ɛkspeditivmɑ̃] *adv* -**1.** [rapidement] expeditiously. -**2.** [à la hâte] hastily.

expérience [ɛksperjɑ̃s] *nf* -**1.** [pratique, connaissance] experience; **sa grande** ~ **des hommes** his long experience of men; **avoir de l'**~ **(en)** to have experience OU to be experienced (in); **il avait peu d'**~ **en amour** he wasn't an experienced lover; **plusieurs années d'**~ **en gestion seraient souhaitables** several years' experience in management OU management experience would be desirable. -**2.** [apprentissage, essai] experience; **ses** ~**s amoureuses** her love affairs; **ses premières** ~**s amoureuses** his first amorous experiences; **j'ai eu plusieurs** ~**s malheureuses avec ce mixer** I've had several bad experiences with this blender; **racontenous tes** ~**s praguoises** tell us about your experiences in Prague; **tenter une** ~ **de vie commune** to try living together; **faire l'**~ **de la haine** to experience hatred; **je ne voudrais pas refaire l'**~ **d'une opération** I wouldn't like to go through an operation again. -**3.** [test] experiment; ~ **de chimie** chemistry experiment; **faire des** ~**s (sur des rats)** to carry out experiments OU to experiment (on rats).
◆ **par expérience** *loc adv* from experience.
◆ **sans expérience** *loc adj* inexperienced; **un petit jeune sans** ~ an inexperienced youngster, a youngster still wet behind the ears.

expérimental, e, aux [ɛksperimɑ̃tal, o] *adj* -**1.** [avion] trial *(modif)*, experimental. -**2.** [méthode, sciences] experimental.

expérimentalement [ɛksperimɑ̃talmɑ̃] *adv* experimentally.

expérimentateur, trice [ɛksperimɑ̃tatœr, tris] *nm, f* experimenter.

expérimentation [ɛksperimɑ̃tasjɔ̃] *nf* experimentation.

expérimenté, e [ɛksperimɑ̃te] *adj* experienced, practised.

expérimenter [3] [ɛksperimɑ̃te] *vt* [vaccin] to try out *(sép)*, to test.

expert, e [ɛkspɛr, ɛrt] *adj* -**1.** [agile] expert; **d'une main** ~**e** with an expert hand; **d'une oreille** ~**e** with a trained ear; **pour un œil** ~ to the trained OU expert eye. -**2.** [savant] highly knowledgeable; **être** ~ **en la matière** to be a specialist in the subject; **être** ~ **en littérature chinoise** to be an expert on OU a specialist in Chinese literature.
◆ **expert** *nm* -**1.** [chargé d'expertise] expert, specialist; [en bâtiments] surveyor; [en assurances] valuer; ~ **judiciaire** legal expert; ~ **maritime** surveyor ‖ *(comme adj; avec ou sans trait d'union)*: **chimiste** ~ expert in chemistry; **médecin** ~ medical expert. -**2.** [connaisseur] expert, connoisseur; ~ **de** OU **en** expert on, specialist in.

expert-comptable [ɛkspɛrkɔ̃tabl] *(pl* **experts-comptables)** *nm* ≃ chartered accountant *Br*, ≃ certified public accountant *Am*.

expertement [ɛkspɛrtəmɑ̃] *adv* expertly.

expertise [ɛkspɛrtiz] *nf* -**1.** [examen - d'un meuble, d'une voiture] (expert) appraisal OU evaluation OU valuation; **faire faire une** ~ [pour assurer un bien] to have a valuation done; ~ **judiciaire** JUR court-ordered appraisal; ~ **médicale et psychiatrique** JUR expert opinion *(by a doctor)*. -**2.** [document] expert's OU valuer's report.

expertiser [3] [ɛkspɛrtize] *vt* [véhicule] to value; [dommages, meuble, tableau] to appraise, to assess, to value; **faire** ~ **une voiture** [gén] to have a car valued; [après un accident] to have the damage on a car looked at *(for insurance purposes)*.

expiable [ɛkspjabl] *adj* expiable.

expiation [ɛkspjasjɔ̃] *nf*: ~ **de** expiation of, atonement for.

expiatoire [ɛkspjatwar] *adj* expiatory.

expier [9] [ɛkspje] *vt* [crime, péché] to expiate, to atone for *(insép)*; *sout* [erreur, faute] to pay OU to atone for *(insép)*.

expirant, e [ɛkspirɑ̃, ɑ̃t] *adj* [personne, entreprise] dying, expiring, moribund; [voix] faint.

expirateur [ɛkspiratœr] *adj m* expiratory.

expiration [ɛkspirasjɔ̃] *nf* -**1.** [d'air] breathing out; **fléchissez au moment de l'**~ flex your knees when you breathe out. -**2.** [fin] expiration, expiry.
◆ **à expiration** *loc adv*: **arriver** OU **venir à** ~ **le 30 août** to expire by August 30th.
◆ **à l'expiration de** *loc prép*: **à l'**~ **du bail** when the lease expires; **à l'**~ **du délai** at the end of the stated period.
◆ **d'expiration** *loc adj* [date] expiry.

expirer [3] [ɛkspire] ◇ *vi* -**1.** *sout* [mourir] to expire, to breathe one's last. -**2.** *litt* [s'évanouir - lueur, son] to expire, to die away. -**3.** *(aux avoir ou être)* [cesser d'être valide - abonnement, bail, délai] to expire, to end; [- carte de crédit] to expire.
◇ *vt* [air] to breathe out *(sép)*; **expirez!** breathe out!

explétif, ive [ɛkspletif, iv] *adj* expletive, expletory; **le «ne»** ~ "ne" used as an expletive.
◆ **explétif** *nm* expletive.

explicable [ɛksplikabl] *adj* explainable, explicable; **c'est un phénomène difficilement** ~ it's a phenomenon which is difficult to explain OU which is not easily explained.

explicatif, ive [ɛksplikatif, iv] *adj* -**1.** [brochure, lettre] explanatory; **notice** OU **note explicative** [sur un emballage] instructions OU directions for use; [dans un dossier] explanatory note. -**2.** GRAMM: **proposition relative explicative** non-restrictive relative clause.

explication [ɛksplikasjɔ̃] *nf* -**1.** [éclaircissement - d'un fait, d'une situation] explanation; **demander des** ~**s à qqn** to ask sb for some explanations; **il a quitté sa femme sans** ~ he walked out on his wife without any explanations; **ça se passe d'**~ it's self-explanatory. -**2.** [motif - d'une attitude, d'un retard] explanation; **donner l'**~ **de qqch** to give the reason for sthg, to explain sthg. -**3.** SCOL & UNIV [d'une œuvre] commentary, analysis; ~ **de texte** critical analysis, appreciation of a text. -**4.** [discussion] discussion; [querelle] argument; **avoir une** ~ **avec qqn sur qqch** [discussion] to talk things over with sb; [querelle] to have an argument with sb.
◆ **explications** *nfpl* [mode d'emploi] instructions OU directions (for use).

explicitation [ɛksplisitasjɔ̃] *nf* -**1.** [d'intentions] making explicit OU plain. -**2.** [d'un texte] clarifying, clarification.

explicite [ɛksplisit] *adj* explicit; **en termes** ~**s** in explicit terms, plainly; **suis-je assez** ~? do I make myself plain (enough)?

explicitement [ɛksplisitmɑ̃] *adv* explicitly.

expliciter [3] [ɛksplisite] *vt* -**1.** [intentions] to make explicit OU plain. -**2.** [phrase] to clarify, to explain.

expliquer [3] [ɛksplike] *vt* -**1.** [faire comprendre - événement, réaction, fonctionnement etc] to explain; ~ **qqch à qqn** to explain sthg to sb; **cela ne se fait pas, je te l'ai expliqué mille fois!** I've explained it to OU told you time and again, it just isn't done! -**2.** [justifier - attitude, retard] to explain (away), to account for *(insép)*. -**3.** SCOL & UNIV [texte] to analyse, to make a critical analysis of, to comment on *(insép)*.
◆ **s'expliquer** ◇ *vp (emploi passif)* [être intelligible] to be explained; **tout s'explique!** that explains it!
◇ *vpi* [s'exprimer] to explain o.s., to make o.s. clear; **explique-toi mieux** make yourself clearer; **elle s'explique bien/mal** she expresses herself well/badly; **s'**~ **clairement** to explain o.s. clearly; **s'**~ **sur** [éclaircir]: **s'**~ **sur ses intentions** to make plain OU to explain one's intentions; **pouvez-vous vous** ~ **sur cette omission?** can you explain why this was omitted?
◇ *vp (emploi réciproque)*: **sors, on va s'**~! *fam* we'll talk this over outside!
◇ *vpt* [comprendre] to understand; **je n'arrive pas à m'**~ **son silence** I can't understand why he remains silent.
◆ **s'expliquer avec** *vp* + *prép* -**1.** [avoir une discussion avec] to talk things over with. -**2.** [se disputer avec]: **un jour, je vais m'**~ **avec elle!** one day I'll have it out with her!

exploit [ɛksplwa] *nm* -**1.** [action d'éclat] feat, exploit; ~ **sportif** remarkable sporting achievement; ~ **technique** technical feat OU exploit; **ses** ~**s amoureux** his amorous exploits; **il ne s'est pas vanté de ses** ~**s!** he didn't have much to be proud of!; **cela relève de l'**~ **d'avoir réussi à la convaincre!** it's no mean achievement to have convinced her! -**2.** JUR: ~ **(d'huissier)** writ.

exploitable [ɛksplwatabl] *adj* [idée, mine, terre etc] exploitable, workable; [énergie] exploitable.

exploitant, e [ɛksplwatɑ̃, ɑ̃t] *nm, f* [d'une carrière, d'un cinéma] owner; ~ **(agricole)** farmer; **petit** ~ smallholder *Br*, small farmer; ~ **forestier** forestry agent.

exploitation [ɛksplwatasjɔ̃] *nf* -**1.** [entreprise]: ~ **à ciel ouvert** open-cast mine; ~ **agricole** farm (estate); **petite** ~ **agricole** smallholding *Br*, small farm; ~ **familiale** family holding; ~ **forestière** forestry site; ~ **minière** mine; ~ **vinicole** [vignes] vineyard; [société] wine-producing establishment. -**2.** [d'un réseau ferroviaire] operating; [d'un cinéma] running; [d'une carrière, d'une forêt, d'une mine, d'un sol] exploitation, working; **l'**~ **forestière** forestry, lumbering; **mettre en** ~ [carrière, mine, terres] to exploit, to work. -**3.** [utilisation - d'une idée, d'un talent] exploitation, exploiting *(U)*, utilizing *(U)*; **elle a confié à une agence de publicité l'**~ **de son idée** she let an advertising agency make use of her idea. -**4.** [fait d'abuser de] exploitation, exploiting, taking (unfair) advantage of; **leur** ~ **de la misère d'autrui** their exploitation of other people's wretchedness ‖ [de la main-d'œuvre] exploitation; **l'**~ **de l'homme par l'homme** man's exploitation of man; **30 francs de l'heure, c'est de l'**~! 30 francs per hour, that's sheer exploitation!
◆ **d'exploitation** *loc adj* FIN & INF operating.

exploité, e [ɛksplwate] *adj* -**1.** [ferme, carrière, sous-sol] exploited. -**2.** [main-d'œuvre] exploited.

exploiter [3] [ɛksplwate] *vt* -**1.** [mettre en valeur - forêt, mine, terre etc] to exploit, to work; [faire fonctionner - cinéma] to run; [- tunnel, réseau ferroviaire] to run, to operate. -**2.** [tirer avantage de - talent] to exploit, to make use of; [- thème] to exploit; [- situation] to exploit, to make capital out of, to take advantage of. -**3.** *péj* [abuser de] to exploit, to take (unfair) advantage of; ~ **la naïveté de qqn** to take advantage of sb's naivety; ~ **la serviabilité de qqn** to exploit OU to take advantage of sb's helpfulness ‖ [main-d'œuvre] to exploit.

exploiteur, euse [ɛksplwatœr, øz] *nm, f* exploiter.

explorateur, trice [ɛksplɔratœr, tris] *nm, f* explorer.

exploration [ɛksplɔrasjɔ̃] *nf* -**1.** GÉOG & MÉD exploration. -**2.** [analyse] exploration, examination.

exploratoire [ɛksplɔratwar] *adj* exploratory, tentative.

explorer [3] [ɛksplɔre] *vt* -**1.** [voyager dans - contrée, île] to explore. -**2.** MÉD [voie respiratoire, tube digestif] to explore. -**3.** [examiner - possibilité] to explore, to examine.

exploser [3] [ɛksploze] *vi* -**1.** [détoner - grenade, mine, maison] to explode, to blow up; [- dynamite, gaz] to explode; **faire ~ une bombe** to set off OU to explode OU to detonate a bomb. -**2.** [augmenter - population] to explode; [- prix] to shoot up, to soar. -**3.** [se manifester soudain - mécontentement, joie] to explode; [- rage] to explode, to burst out; [- rires] to burst out; [- talent] to burst onto the scene; **~ en:** **~ en insultes** to burst out into abuse; **la salle explosa en applaudissements** the audience burst into thunderous applause. -**4.** *fam* [s'emporter] to flare up, to lose one's temper OU cool; **si tu continues, j'explose!** stop it or I'll lose my temper!

explosif, ive [ɛksplozif, iv] *adj* -**1.** [mélange, puissance] explosive; [obus] high-explosive. -**2.** [dangereux - situation, sujet] explosive, highly sensitive; [- atmosphère] explosive, charged. -**3.** [fougueux - tempérament] fiery, explosive. -**4.** LING explosive.

◆ **explosif** *nm* ARM explosive.

◆ **explosive** *nf* LING explosive (consonant).

explosion [ɛksplozjɔ̃] *nf* -**1.** [détonation - d'une bombe, d'une chaudière, d'une mine] explosion, blowing up; [- d'un gaz] explosion; **faire ~** [bombe] to go off, to explode; [obus] to explode. -**2.** [manifestation]: **~ d'enthousiasme/d'indignation** burst of enthusiasm/indignation; **~ de joie** outburst OU explosion of joy; **ce fut une ~ de rire dans le public** the audience burst out into peals of laughter. -**3.** [accroissement]: **~ démographique** population boom OU explosion; **l'~ démographique après la guerre** the post-war baby boom.

exponentiel, elle [ɛkspɔnɑ̃sjɛl] *adj* exponential.

exportable [ɛkspɔrtabl] *adj* exportable, which can be exported.

exportateur, trice [ɛkspɔrtatœr, tris] ◇ *adj* exporting; **être ~ de** to be an exporter of, to export; **les pays ~s de pétrole/céréales** oil/grain exporting countries.

◇ *nm, f* exporter.

exportation [ɛkspɔrtasjɔ̃] *nf* -**1.** [sortie] export, exportation; **réservé à l'~** for export only. -**2.** [marchandises] exports.

◆ **d'exportation** *loc adj* export *(modif)*.

exporter [3] [ɛkspɔrte] *vt* -**1.** COMM & ÉCON to export. -**2.** [répandre à l'étranger - idées, culture] to export, to spread abroad.

exposant, e [ɛkspozɑ̃, ɑ̃t] *nm, f* -**1.** [dans une galerie, une foire] exhibitor. -**2.** JUR petitioner.

◆ **exposant** *nm* MATH exponent.

exposé, e [ɛkspoze] *adj* -**1.** [orienté]: **ce balcon est bien/mal ~** the balcony gets a lot of sun/doesn't get much sun. -**2.** [non abrité] exposed, wind-swept; **champ très ~** very exposed field. -**3.** [montré] on show; **objet ~** [dans une galerie, une foire] item on show OU exhibit; **les articles ~s en vitrine** the items on display in the window; **une des voitures ~es** one of the cars on show. -**4.** [par les médias] exposed, overexposed; **le ministre est toujours très ~** the Minister is always in the public eye OU gets a lot of media coverage.

◆ **exposé** *nm* -**1.** [compte rendu] account, exposition; **faire un ~ sur** to give an account of. -**2.** SCOL & UNIV [écrit] (written) paper; [oral] talk, lecture; **faire un ~ sur** [oral] to give a talk OU to read a paper on; [écrit] to write a paper on. -**3.** JUR: **~ des motifs** exposition of motives.

exposer [3] [ɛkspoze] *vt* -**1.** [dans un magasin] to display, to put on display, to set out *(sép)*; [dans une galerie, dans une foire] to exhibit, to show; **nous exposerons à la foire du livre** we'll be among the exhibitors at the Book Fair. -**2.** [orienter]: **~ un jardin au sud** to expose a garden to the south, to give a garden a southern aspect; **chambre exposée au nord** room facing north, north-facing room. -**3.** [soumettre]: **~ qqch à: ~ son corps au soleil** to expose o.s. to the sun; **~ qqch à l'air** to expose sthg to the air; **~ qqch aux radiations** to expose OU to subject sthg to radiation; **~ qqn à** [critiques, ridicule] to expose sb to. -**4.** [mettre en danger - honneur, vie] to endanger, to put at risk. -**5.** [faire connaître - arguments, motifs] to expound, to put forward *(sép)*; [- intentions] to set forth OU out *(sép)*, to explain; [- revendications] to set forth, to put forward, to make known; **elle nous a exposé en détail ses projets** she explained to us in detail what her plans were. -**6.** LITTÉRAT & MUS to set out *(sép)*; [thème] to introduce; **dialogue destiné à ~ l'action** expository dialogue. -**7.** PHOT to expose.

◆ **s'exposer** *vp (emploi réfléchi)* -**1.** [se compromettre] to leave o.s. exposed; **il s'expose trop dans cette affaire** he's leaving himself far too exposed in this business; **s'~ à des poursuites judiciaires** to lay o.s. open to OU to run the risk of prosecution; **s'~ à des représailles** to expose o.s. to retaliation. -**2.** [se placer]: **s'~ au soleil** to stay out in the sun.

exposition [ɛkspozisjɔ̃] *nf* -**1.** [d'œuvres d'art] show, exhibition; [de produits manufacturés] exhibition, exposition; **~ de peinture/photos** painting/photo exhibition; **l'~ en vitrine a fané les tissus** being displayed in the window has caused the fabric to fade ❑ **~ de blanc** COMM special linen week OU event; **~ florale** flower show; **l'~ universelle** the World Fair. -**2.** [d'un corps] lying in state. -**3.** [d'arguments, de motifs] exposition, expounding *(U)*; [d'une situation, d'une théorie] exposition. -**4.** LITTÉRAT & MUS exposition. -**5.** [soumission]: **~ à qqch** [au danger, à une radiation, à un risque] exposure to sthg; **éviter l'~ au soleil** do not stay in the sun. -**6.** [orientation] orientation, aspect; **~ au sud** orientation to the south; **l'appartement a une double ~ nord-sud** the flat has north-facing and south-facing windows. -**7.** PHOT exposure.

◆ **d'exposition** *loc adj* expository, introductory.

exposition-vente [ɛkspozisjɔ̃vɑ̃t] (*pl* expositions-ventes) *nf* exhibition (of items for sale).

ex post [ɛkspɔst] *loc adj* ex post facto.

exprès[1] [ɛksprɛ] *adv* -**1.** [délibérément] on purpose, intentionally, deliberately; **c'est ~ que j'ai employé ce mot** I used this word on purpose OU intentionally OU deliberately; **faire ~: tu l'as vexé — je ne l'ai pas fait ~** you've offended him — I didn't mean to OU it wasn't intentional; **elle fait ~ de me contredire** she makes a point of contradicting me, she deliberately contradicts me; **il y a du papier à l'intérieur — c'est fait ~** there's some paper inside — it's meant to be like that. -**2.** [spécialement] especially, specially; **tu n'aurais pas dû venir ~** you shouldn't have come specially.

exprès[2], **expresse** [ɛksprɛs] *adj* -**1.** [avertissement, autorisation, ordre] express, explicit; [recommandation] express, strict; **défense expresse de fumer** smoking strictly prohibited. -**2.** [lettre, paquet] express *Br*, special delivery *Am* *(modif)*.

◆ **en exprès, par exprès** *loc adv*: **envoyer qqch en ~** to send sthg by express post *Br* OU special delivery *Am*.

express [ɛksprɛs] ◇ *adj inv* -**1.** TRANSP: **train ~** express OU fast train. -**2.** [café] espresso.

◇ *nm* -**1.** RAIL express OU fast train. -**2.** [café] espresso (coffee). -**3.** PRESSE: **l'Express** *weekly news magazine*.

expressément [ɛksprɛsemɑ̃] *adv* -**1.** [catégoriquement - défendre, ordonner] expressly, categorically; [- conseiller, prévenir] expressly. -**2.** [spécialement] specially, specifically; **je l'ai fait ~ pour toi** I did it specially for you.

expressif, ive [ɛkspresif, iv] *adj* -**1.** [suggestif - style] expressive, vivid; [- regard, visage] expressive, meaningful; [- ton] expressive; **sa mimique était expressive** the expression on her face said it all. -**2.** LING expressive.

expression [ɛksprɛsjɔ̃] *nf* -**1.** [mot, tournure] expression, phrase, turn of phrase; **avoir une ~ malheureuse** to use an unfortunate turn of phrase; **passez-moi l'~** (if you'll) pardon the expression ‖ [dans la correspondance]: **veuillez croire à l'~ de ma considération distinguée** yours faithfully *Br* OU truly *Am* ❑ **~ familière** colloquial expression, colloquialism; **~ figée** set phrase OU expression, fixed expression; **~ toute faite** [figée] set phrase OU expression; [cliché] hackneyed phrase, cliché. -**2.** [fait de s'exprimer] expression, expressing *(U)*, voicing *(U)*; **nous condamnons l'~ d'opinions racistes** we condemn the voicing of racist opinions; **lutter pour l'~ de ses revendications** to fight for the right to make one's demands heard. -**3.** [pratique de la langue]: **auteurs d'~ allemande** authors writing in German ❑ **~ écrite/orale** written/oral expression. -**4.** [extériorisation - d'un besoin, d'un sentiment] expression, self-expression; **trouver son ~ dans** to find (its) expression in ❑ **~ corporelle** self-expression through movement. -**5.** [vivacité] expression; **mets plus d'~ dans le dernier vers** put in more expression OU feeling when you read the last line; **geste/regard plein d'~** expressive gesture/look. -**6.** [du visage] expression, look; **ton ~** the look on your face. -**7.** INF & MATH expression.

◆ **sans expression** *loc adj* expressionless, poker-faced.

expressionnisme [ɛksprɛsjɔnism] *nm* expressionism.

expressionniste [ɛksprɛsjɔnist] *adj* & *nmf* expressionist.

expressivement [ɛkspresivmɑ̃] *adv* expressively.

expressivité [ɛkspresivite] *nf* expressivity, expressiveness; **avec beaucoup d'~** very expressively.

exprimable [ɛksprimabl] *adj* expressible; **ma joie est difficilement ~** my joy is difficult to express.

exprimer [3] [ɛksprime] *vt* -**1.** [dire - sentiment] to express; [- idée, revendication] to express, to voice; **par là, elle exprime son désespoir** in this way she expresses OU voices her despair; **comment vous ~ toute mon admiration?** how can I tell you how much I admire you?; **je tiens à vous ~ mon regret** I want to tell you how sorry I am; **mon émotion est difficile à ~** my emotion is difficult to put into words OU to express. -**2.** [manifester - mécontentement, surprise] to express, to show; **~ son amour par la musique** to express one's love through music. -**3.** [pour chiffrer une quantité, une somme] to state, to express; **~ une quantité en kilos** to state a quantity in kilos; **~ une somme en marks** to state a sum in marks. -**4.** [extraire - jus, pus] to express, to squeeze out *(sép)*.

◆ **s'exprimer** ◇ *vp (emploi passif)* [être dit - idée, sentiment] to be expressed, to express itself; [- opinion] to be heard.

◇ *vpi* -**1.** [dire sa pensée] to express o.s.; **laissez-le s'~** let him have his say OU express himself; **chacun doit s'~** all opinions must be heard; **je me suis exprimée sur ce sujet** I've expressed myself OU made my opinions known on the subject; **s'~ par signes** to use sign language. -**2.** [choisir ses mots] to express o.s.; **exprime-toi clairement** express yourself clearly, make yourself clear; **non, je me suis mal exprimé** no, I've put it badly; **si je peux m'~ ainsi** if I can put it that way. -**3.** [manifester sa personnalité] to express o.s.; **s'~ par la danse/musique** to express o.s. through dancing/music. -**4.** [se manifester - talent, sentiment] to express OU to show itself; **laisse ton cœur s'~** let your heart speak; **tant de mélancolie s'exprime dans son poème** her poem expresses so much melancholy.

expropriateur, trice [ɛkspropriјatœr, tris] *adj* expropriating *(avant n)*.

expropriation [ɛksprɔprijasjɔ̃] *nf* -**1.** [d'une personne] expropriation. -**2.** [d'une propriété] compulsory purchase.

exproprié, e [ɛksprɔprije] *adj* expropriated.

exproprier [10] [ɛksprɔprije] *vt* -**1.** [personne] to expropriate. -**2.** [maison, terre] to expropriate, to place a compulsory purchase order on *Br*; **se faire ~** to be expropriated, to have a compulsory purchase order placed on one's property *Br*.

expulser [3] [ɛkspylse] *vt* -**1.** [renvoyer - locataire] to evict, to throw out *(sép)*; [- membre, participant] to expel; [- immigrant] to expel, to deport; [- joueur] to send off *(sép)*; **elle a été expulsée du terrain** she was sent off the field. -**2.** MÉD to evacuate, to expel.

expulsif, ive [ɛkspylsif, iv] *adj* expulsive.

expulsion [ɛkspylsjɔ̃] *nf* -**1.** [d'un locataire] eviction; [d'un membre de comité] expulsion; [d'un étudiant] sending down *Br*, expulsion *Am*; [d'un immigrant] expulsion, deportation; [d'un joueur] sending off; **décider l'~ d'un élève** [définitive] to decide to expel a pupil; [temporaire] to decide to suspend a pupil. -**2.** MÉD expulsion, evacuation.

expurgation [ɛkspyrgasjɔ̃] *nf* expurgation, bowdlerization.

expurger [17] [ɛkspyrʒe] *vt* to expurgate, to bowdlerize.

exquis, e [ɛkski, iz] *adj* -**1.** [saveur, vin, gentillesse etc] exquisite; [personne] delightful; **il faisait un temps ~** the weather was balmy. -**2.** MÉD [douleur] exquisite.

exsangue [ɛksɑ̃g] *adj* -**1.** *litt* [pâle - figure, lèvres] bloodless, livid. -**2.** [ayant perdu du sang - corps, victime] bloodless; **après la guerre, notre industrie était ~** *fig* this country's industry was bled white by the war.

exsanguino-transfusion [ɛksɑ̃ginotrɑ̃sfuzjɔ̃] (*pl* **exsanguino-transfusions**) *nf* blood transfusion.

exsudat [ɛksyda] *nm* exudate.

exsudation [ɛksydasjɔ̃] *nf* exudation.

extase [ɛkstaz] *nf* -**1.** [exaltation] ecstasy, rapture; **être** OU **rester en ~ devant** to be in raptures OU ecstasies over; **tomber en ~ devant qqch/qqn** to go into ecstasies at the sight of sthg/sb. -**2.** RELIG ecstasy.

extasié, e [ɛkstazje] *adj* enraptured, ecstatic.

extasier [9] [ɛkstazje]

◆ **s'extasier** *vpi*: **s'~ devant** to go into raptures OU ecstasies over.

extatique [ɛkstatik] *adj* -**1.** [de l'extase - vision, transport] ecstatic; **état ~** ecstasy, trance. -**2.** [émerveillé] enraptured.

extemporané, e [ɛkstɑ̃pɔrane] *adj* extemporaneous.

extenseur [ɛkstɑ̃sœr] ◇ *adj* ANAT extensor.
◇ *nm* -**1.** ANAT extensor. -**2.** [machine] chest expander.

extensibilité [ɛkstɑ̃sibilite] *nf* extensibility.

extensible [ɛkstɑ̃sibl] *adj* [organe] extensible; [matière] tensible, extensible; [tissu] stretch; [liste] extendable; **mon budget n'est pas ~** I can't stretch my budget any further, I can't make my budget go any further.

extensif, ive [ɛkstɑ̃sif, iv] *adj* -**1.** AGR extensive. -**2.** PHYS [paramètre, force] extensive.

extension [ɛkstɑ̃sjɔ̃] *nf* -**1.** [étirement - d'un élastique, d'un muscle] stretching; [- d'une matière] extension; MÉD traction, extension. -**2.** [agrandissement - d'un territoire] expansion, enlargement; [- d'une entreprise, d'un marché, d'un réseau] expansion, extension; [- de pouvoirs, d'un incendie, d'une infection] extension, spreading; [- de droits] extension; **prendre de l'~** [territoire] to get bigger, to expand; [secteur] to grow, to develop; [infection] to spread, to extend; [incendie] to spread. -**3.** [élargissement]: **donner une ~ à un décret/une mesure** to extend the scope of a decree/a measure. -**4.** [partie ajoutée - d'un bâtiment, d'un réseau] extension. -**5.** INF extension; **carte d'~** expansion board. -**6.** LING & MATH extension.

◆ **en extension** *loc adj* -**1.** [secteur] developing, expanding; [production] increasing. -**2.** [muscle, ressort] stretched.

◆ **par extension** *loc adv* -**1.** [par généralisation]: **le vocabulaire militaire sert, par ~, à décrire les manœuvres électorales** by extension, military terminology may be used to describe electoral manoeuvering. -**2.** LING & MATH: **définir par ~** to define by extension.

extenso → **in extenso**.

extensomètre [ɛkstɑ̃sɔmɛtr] *nm* extensometer.

exténuant, e [ɛkstenɥɑ̃, ɑ̃t] *adj* exhausting.

exténuation [ɛkstenɥasjɔ̃] *nf* exhaustion.

exténuer [7] [ɛkstenɥe] *vt* to exhaust, to tire OU to wear out *(sép)*.

◆ **s'exténuer** *vpi* to exhaust o.s., to tire OU to wear o.s. out; **s'~ à faire qqch** to exhaust o.s. doing sthg.

extérieur, e [ɛksterjœr] *adj* -**1.** [ascenseur, escalier] outside; [cour, poche, mur, orbite, bord] outer; [porte] external, outer; **les bruits ~s la gênent** outside noises OU noises from outside distract her; **avoir des activités ~es** [hors du foyer] to have interests outside the home; [hors du travail] to have interests outside of work. -**2.** [excentré - quartier] outlying, out-of-town *Am*. -**3.** [non subjectif - monde, réalité] external. -**4.** [étranger à la personne, la chose considérée - influence, aide] outside, external; **ce sont des considérations ~es** these are external considerations; **~ à** outside (of); **personnes ~es à l'entreprise** persons not belonging to the staff; **une personnalité ~e au cinéma** a personality outside the world of films; **développement ~ au sujet** irrelevant development. -**5.** [apparent] external, surface *(modif)*, outward; **l'aspect ~** [d'un édifice, d'un objet] the outward appearance; [d'une personne] the exterior. -**6.** *péj* [superficiel] superficial, surface *(modif)*, token *(modif)*; **avec une compassion tout ~e** with token OU skin-deep compassion. -**7.** ÉCON & POL [dette] foreign, external. -**8.** GÉOM exterior. -**9.** TÉLÉC outside.

◆ **extérieur** *nm* -**1.** **l'~** [le plein air] the outside OU outdoors; **vernis pour l'~** varnish for exterior use. -**2.** **l'~** [ce qui est étranger] the outside (world); **être tourné vers l'~** to be outgoing; **l'~** ÉCON & POL abroad. -**3.** [bord]: **l'~ de: l'~ de la chaussée** the outside (of the road). -**4.** [apparence] outward appearance, exterior; **il a un ~ jovial** he's jolly on the outside; **sous un ~ rébarbatif** under a forbidding exterior. -**5.** SPORT: **l'~** [d'une piste, d'un circuit] the outside. -**6.** CIN location shot; **~s tournés à Rueil** shot on location in Rueil. -**7.** *Belg* FTBL winger.

◆ **à l'extérieur** *loc adv* -**1.** [en plein air] outside, outdoors; **manger à l'~** [en plein air] to eat outside OU outdoors; [hors de chez soi] to eat out. -**2.** [hors du système, du groupe] outside; **nous allons d'abord consulter à l'~** we shall first seek the opinion of outside consultants. -**3.** [en retrait] on the outside, on the periphery; **lorsqu'il y a conflit, elle reste toujours à l'~** she likes to stay out of a conflict. -**4.** SPORT [sur une piste] on the outside; [dans une autre ville] away; **jouer à l'~** to play away; **match joué à l'~** away match. -**5.** ÉCON & POL abroad. -**6.** TÉLÉC outside; **téléphoner à l'~** to make an outside call.

◆ **à l'extérieur de** *loc prép* outside of; **à l'~ du parc** outside of the park; **à l'~ de l'Afrique** outside Africa.

◆ **de l'extérieur** *loc adv* -**1.** [dans l'espace] from (the) outside; **vue de l'~, la maison paraît petite** seen from (the) outside, the house looks small. -**2.** [dans un système] from the outside; **considérer un problème de l'~** to look at a problem from the outside; **des gens venus de l'~** outsiders.

extérieurement [ɛksterjœrmɑ̃] *adv* -**1.** [au dehors] on the outside, externally. -**2.** [apparemment] outwardly.

extériorisation [ɛksterjɔrizasjɔ̃] *nf* -**1.** [de sentiments] expression, show, display. -**2.** PSYCH exteriorization, externalization.

extérioriser [3] [ɛksterjɔrize] *vt* -**1.** [montrer - sentiment] to express, to show; *(en usage abs)*: **il n'extériorise pas assez** he doesn't show his feelings enough. -**2.** PSYCH to exteriorize, to externalize.

◆ **s'extérioriser** ◇ *vp (emploi passif)* [joie, mécontentement] to be expressed, to show.
◇ *vpi* [personne] to show one's feelings.

extériorité [ɛksterjɔrite] *nf* exteriority.

exterminateur, trice [ɛkstɛrminatœr, tris]
◇ *adj* exterminating.
◇ *nm, f* exterminator.

extermination [ɛkstɛrminasjɔ̃] *nf* extermination.

exterminer [3] [ɛkstɛrmine] *vt* -**1.** [tuer - peuple, race] to exterminate. -**2.** *hum* [vaincre - adversaire] to annihilate.

externat [ɛkstɛrna] *nm* -**1.** SCOL [école] day school; [élèves] day pupils; [statut] non-residency; **pour mes enfants, je préfère l'~** I'd rather my children weren't boarders. -**2.** [en médecine] non-resident (medical) studentship; **pendant mon ~** while I was a non-resident student *Br* OU an extern *Am*; **faire son ~ à** to be a non-resident student OU an extern *Am* at.

externe [ɛkstɛrn] ◇ *adj* -**1.** [cause, facteur] external. -**2.** [orbite, bord] outer, external.
◇ *nmf* -**1.** SCOL day-pupil, non-boarder. -**2.** [en médecine] non-resident (medical) student *Br*, extern *Am*.

extérocepteur [ɛksterɔsɛptœr] *nm* exteroceptor.

extéroceptif, ive [ɛksterɔsɛptif, iv] *adj* exteroceptive.

extéroceptivité [ɛksterɔsɛptivite] *nf* exteroceptivity.

exterritorialité [ɛksteritɔrjalite] *nf* exterritoriality, extraterritoriality.

extincteur, trice [ɛkstɛ̃ktœr, tris] *adj* extinguishing *(avant n)*.

◆ **extincteur** *nm* (fire) extinguisher.

extinction [ɛkstɛ̃ksjɔ̃] *nf* -**1.** [arrêt - d'un incendie] extinction, extinguishment, putting out; **~ des feux** lights out. -**2.** [suppression - d'une dette] extinguishment; **espèce animale menacée** OU **en voie d'~** endangered animal species. -**3.** [affaiblissement]: **lutter jusqu'à l'~ de ses forces** to struggle until one has no strength left ❑ **~ de voix** MÉD loss of voice, aphonia *spéc*; **avoir une ~ de voix** to have lost one's voice. -**4.** CHIM [de chaux] slaking.

extirpable [ɛkstirpabl] *adj* -**1.** [extractible - tumeur] removable; [- plante] which can be rooted up OU pulled out. -**2.** [destructible - mal] eradicable.

extirpateur [ɛkstirpatœr] *nm* AGR harrow.

extirpation [ɛkstirpasjɔ̃] *nf* [extraction - d'une tumeur] removal, removing, extirpation *spéc*; [- d'une plante] rooting up, pulling out, uprooting.

extirper [3] [ɛkstirpe] *vt* -**1.** [ôter - tumeur] to remove, to extirpate *spéc*; [- épine, racine] to pull out *(sép)*; [- plante] to root up OU out *(sép)*, to uproot, to pull up *(sép)*; **~ qqn d'un fauteuil/piège** to drag sb out of an armchair/a trap; **~ qqn du lit** to drag OU to haul sb out of bed. -**2.** [détruire - préjugés, vice] to eradicate, to root out *(sép)*.

◆ **s'extirper** *vp (emploi réfléchi)*: **s'~ du lit** to drag OU to haul o.s. out of bed.

extorquer [3] [ɛkstɔrke] *vt* [fonds] to extort; **~ de l'argent à qqn** to extort money from sb; **~ des aveux à qqn** to wring a confession out of sb; **~ une signature à qqn** to force a signature out of sb.

extorqueur, euse [ɛkstɔrkœr, øz] *nm, f* extortioner.

extorsion [ɛkstɔrsjɔ̃] *nf* extortion; **~ de fonds** extortion of money.

extra [ɛkstra] ◇ *adj inv* -**1.** *fam* [exceptionnel - journée, personne, spectacle] great, terrific, super.

-**2.** COMM: **beurre (de qualité) ~** best butter; **poires (de qualité) ~** first class pears.
◇ *nm inv* -**1.** [gâterie] (special) treat; **faire** OU **s'offrir un ~** to give o.s. a treat, to treat o.s.; **et pour finir, des profiteroles – dis donc, tu as fait des ~!** and finally profiteroles – goodness, you've surpassed yourself! -**2.** [frais] extra cost OU expenditure, incidental expenditure; **avec les ~, la semaine nous est revenue à 2 500 F** if you include incidental expenditure OU with the extras, the week cost us 2,500 F. -**3.** [emploi ponctuel]: **faire des ~ comme ouvreuse** to earn extra money by working (occasionally) as an usherette. -**4.** [serveur] help.

extrabudgétaire [ɛkstrabydʒetɛr] *adj*: **des dépenses ~s** extrabudgetary costs, costs that have not been budgeted for.

extraconjugal, e, aux [ɛkstrakɔ̃ʒygal, o] *adj* extramarital.

extracteur [ɛkstraktœr] *nm* -**1.** ARM, CHIM & MÉD extractor. -**2.** [de miel] extractor, centrifuge. -**3.** [de fluides] extractor.

extractible [ɛkstraktibl] *adj* extractable.

extractif, ive [ɛkstraktif, iv] *adj* extractive.

extraction [ɛkstraksjɔ̃] *nf* -**1.** [origine] extraction, origin; **d'~ bourgeoise** from a bourgeois family. -**2.** MIN & PÉTR extraction; **l'~ de la pierre** quarrying (for stone); **l'~ du charbon** coal extraction OU mining. -**3.** [d'une dent, d'une épine] pulling out, extraction. -**4.** CHIM & MATH extraction, extracting.
◆ **de basse extraction** *loc adj* of low birth.
◆ **de haute extraction** *loc adj* highborn.

extrader [3] [ɛkstrade] *vt* to extradite.

extradition [ɛkstradisjɔ̃] *nf* extradition.

extrados [ɛkstrado] *nm* -**1.** ARCHIT extrados. -**2.** AÉRON upper surface *(of wing)*.

extra-dry [ɛkstradraj] *nm inv* extra-dry champagne.

extrafin, e [ɛkstrafɛ̃, in] *adj* [haricots, petits pois] extra fine; [chocolats] superfine; **de qualité ~e** extra fine.

extrafort, e [ɛkstrafɔr, ɔrt] *adj* [carton] strong, stiff; [colle] extra-strong; [moutarde] hot.
◆ **extrafort** *nm* bias-binding.

extragalactique [ɛkstragalaktik] *adj* extragalactic.

extraire [112] [ɛkstrɛr] *vt* -**1.** MIN & PÉTR [charbon] to extract, to mine; [pétrole] to extract; [pierre] to extract, to quarry. -**2.** [ôter - dent, écharde] to extract, to remove, to pull out *(sép)*; **~ qqch/qqn de**: **~ une balle d'une jambe** to extract OU to remove a bullet from a leg; **~ un ticket de sa poche** to take OU to dig a ticket out of one's pocket; **ils ont eu du mal à l'~ de sa voiture accidentée** they had great difficulty extricating him from the wreckage of his car. -**3.** CHIM, CULIN & PHARM to extract; [en pressant] to squeeze out *(sép)*; [en écrasant] to crush out *(sép)*; [en tordant] to wring out *(sép)*. -**4.** MATH to extract; **~ la racine carrée/cubique d'un nombre** to extract the square/cube root of a number. -**5.** [citer - passage, proverbe]: **~ de** to take OU to extract from; **c'est extrait de la Genèse** it's taken from Genesis.
◆ **s'extraire** *vp (emploi réfléchi)*: **s'~ de qqch** to climb OU to clamber out of sthg; **s'~ d'une voiture** [rescapé d'un accident] to extricate o.s. from (the wreckage of) a car; **s'~ d'un puits** to climb out of a well.

extrait [ɛkstrɛ] *nm* -**1.** [morceau choisi] extract; **un ~ de la conférence** an extract from the lecture; **un petit ~ de l'émission d'hier soir** a short sequence from last night's programme. -**2.** ADMIN: **~ (d'acte) de naissance** birth certificate; **~ de casier judiciaire** extract from police records. -**3.** CULIN & PHARM extract, essence; **~ de violette** extract OU essence of violets; **~ de viande** meat extract OU essence.

extrajudiciaire [ɛkstraʒydisjɛr] *adj* extrajudicial.

extralégal, e, aux [ɛkstralegal, o] *adj* extralegal.

extralucide [ɛkstralysid] *adj* & *nmf* clairvoyant.

extra-muros [ɛkstramyros] *loc adv* & *loc adj* outside the town, out of town.

extraordinaire [ɛkstraɔrdinɛr] *adj* -**1.** [inhabituel - histoire] extraordinary, amazing; [- cas, personnage, intelligence] extraordinary, exceptional; [- talent, courage] extraordinary, exceptional, rare; [- circonstances] extraordinary, special. -**2.** POL [mesures, impôt] special; [pouvoirs] special, emergency *(modif)*; **assemblée ~** special session, extraordinary meeting. -**3.** [remarquable - artiste, joueur, spectacle] remarkable, outstanding; [- temps] wonderful; **le repas n'avait rien d'~** OU **n'était pas ~** there was nothing special about the meal. -**4.** [étrange] extraordinary, strange; **qu'y-a-t-il d'~ à cela?** what's so strange OU special about that?; **tu es ~!** *fam* you're amazing!; *iron* you're the limit!
◆ **par extraordinaire** *loc adv*: **par ~, il était chez lui ce soir-là** he was at home that night, which was most unusual; **si par ~ il arrivait que...** if by some unlikely chance it happened that...; **quand par ~ il me rendait visite** on those rare occasions when he would visit me.

extraordinairement [ɛkstraɔrdinɛrmɑ̃] *adv* -**1.** [très] extraordinarily, extremely, exceptionally. -**2.** [bizarrement] extraordinarily, strangely, bizarrely.

extraparlementaire [ɛkstraparləmɑ̃tɛr] *adj* extraparliamentary.

extraplat, e [ɛkstrapla, at] *adj* extraflat, very slim, slimline; **une calculatrice ~e** a slimline calculator.

extrapolation [ɛkstrapɔlasjɔ̃] *nf* [SC & gén] extrapolation.

extrapoler [3] [ɛkstrapɔle] *vt* & *vi* [SC & gén] to extrapolate; **~ qqch d'un fait** to extrapolate sthg from a fact.

extrapyramidal, e, aux [ɛkstrapiramidal, o] *adj* extrapyramidal.

extrascolaire [ɛkstraskɔlɛr] *adj* out-of-school *(modif)*.

extrasensible [ɛkstrasɑ̃sibl] *adj* ultrasensitive.

extrasensoriel, elle [ɛkstrasɑ̃sɔrjɛl] *adj* extrasensory.

extrasystole [ɛkstrasistɔl] *nf* extrasystole.

extraterrestre [ɛkstratɛrɛstr] ◇ *adj* extraterrestrial.
◇ *nmf* extraterrestrial (being OU creature).

extra-utérin, e [ɛkstrayterɛ̃, in] (*mpl* **extra-utérins**, *fpl* **extra-utérines**) *adj* extra-uterine.

extravagance [ɛkstravagɑ̃s] *nf* -**1.** [outrance - d'une attitude, d'une personne, d'une réponse] extravagance; [- d'une demande, de dépenses] extravagance, unreasonableness; [- d'une tenue] extravagance, eccentricity. -**2.** [acte] extravagance; [parole] foolish thing (to say); **faire des ~s** to behave extravagantly, to do eccentric things; **dire des ~s** to talk wildly; **cette promesse était une ~** it was an extravagant promise to make.

extravagant, e [ɛkstravagɑ̃, ɑ̃t] *adj* -**1.** [déraisonnable - attitude, personne, tenue] extravagant, eccentric; [- idée] extravagant, wild, crazy; **raconter des histoires ~es** to tell wild stories, to make extravagant OU wild claims. -**2.** [excessif - demande, exigence, dépenses] extravagant, unreasonable.

extravaser [3] [ɛkstravaze]
◆ **s'extravaser** *vpi* to extravasate.

extraversion [ɛkstravɛrsjɔ̃] *nf* extraversion.

extraverti, e [ɛkstravɛrti] ◇ *adj* extroverted.
◇ *nm, f* extrovert.

extrémal, e, aux [ɛkstremal, o] *adj* extreme.

extrême [ɛkstrɛm] ◇ *adj* -**1.** [intense - confort, importance, soin etc] extreme, utmost; [froid] extreme, intense; **j'ai l'~ regret de vous annoncer que...** to my deepest OU very great regret, I have to tell you that...; **d'une complexité/maigreur ~** extremely complex/skinny. -**2.** [radical - idée] extreme; [- mesures] extreme, drastic; **être ~ dans ses idées** to hold extreme views. -**3.** [exceptionnel - cas, exemple, situation] extreme. -**4.** [le plus éloigné]: **la limite ~, l'~ limite** the furthest point; **la partie ~** the furthest part; **la date ~** the final date ❑ **l'~ droite/gauche** POL the extreme right/left.
◇ *nm* -**1.** [cas limite] extreme; **passer d'un ~ à l'autre** to go from one extreme to the other OU to another; **les ~s se rejoignent** extremes meet OU join up. -**2.** SC [terme] extreme.
◆ **à l'extrême** *loc adv* extremely, in the extreme; **il est méticuleux à l'~** he's conscientious in the extreme; **porter** OU **pousser les choses à l'~** to take OU to carry things to extremes.

extrêmement [ɛkstrɛmmɑ̃] *adv* extremely.

extrême-onction [ɛkstrɛmɔ̃ksjɔ̃] (*pl* **extrêmes-onctions**) *nf* extreme unction.

Extrême-Orient [ɛkstrɛmɔrjɑ̃] *npr m*: (l')~ the Far East.

extrême-oriental, e, aux [ɛkstrɛmɔrjɑ̃tal, o] *adj* Far Eastern.

extremis → **in extremis**.

extrémisme [ɛkstremism] *nm* extremism.

extrémiste [ɛkstremist] *adj* & *nmf* extremist.

extrémité [ɛkstremite] *nf* -**1.** [d'un bâtiment, d'une table, d'une jetée] end; [d'un bâton] end, tip; [d'un doigt, de la langue] tip; [d'un champ] edge, end; [d'un territoire] (furthest) boundary; **aux ~s de l'univers** at the outermost limits OU on the edge of the universe. -**2.** ANAT & MATH extremity. -**3.** [acte radical] extreme act; **pousser qqn à des ~s** to drive sb to extremes. -**4.** *sout* [brutalité] act of violence; **en venir à des ~s** to resort to violence; **il s'est porté à des ~s regrettables** unfortunately he resorted to acts of violence. -**5.** *sout* [situation critique] plight, straits, extremity; **être à la dernière ~** to be on the point of death; **être réduit à la dernière ~** to be in dire straits OU in a dreadful plight.

extrinsèque [ɛkstrɛ̃sɛk] *adj* extrinsic; **valeur ~ d'une monnaie** face value of a currency.

extruder [3] [ɛkstryde] *vt* INDUST to extrude.

extrusif, ive [ɛkstryzif, iv] *adj* extrusive.

extrusion [ɛkstryzjɔ̃] *nf* -**1.** INDUST extrusion, extruding. -**2.** GÉOL extrusion.

exubérance [ɛgzyberɑ̃s] *nf* -**1.** [entrain] exuberance, joie de vivre; **avec ~** exuberantly. -**2.** *litt* [action] exuberant behaviour *(U)*. -**3.** [énergie, vigueur - d'une végétation, d'un style] luxuriance; [- d'une imagination] wildness, exuberance; [- de figures, de formes] abundance, luxuriance.

exubérant, e [ɛgzyberɑ̃, ɑ̃t] *adj* -**1.** [joyeux - attitude, personne] exuberant. -**2.** [vigoureux - végétation, style] luxuriant; [- imagination] wild, exuberant.

exulcération [ɛgzylserasjɔ̃] *nf* ulceration.

exultation [ɛgzyltasjɔ̃] *nf litt* exultation *litt*, rejoicing.

exulter [3] [ɛgzylte] *vi* to exult, to rejoice.

exutoire [ɛgzytwar] *nm* -**1.** [dérivatif]: **un ~ à** an outlet for. -**2.** [pour liquides] outlet.

ex vivo [ɛksvivo] *loc adv* & *loc adj* ex vivo.

ex-voto [ɛksvɔto] *nm inv* ex voto.

eye-liner [ajlajnœr] (*pl* **eye-liners**) *nm* eyeliner.

Ézéchiel [ezekjɛl] *npr* BIBLE Ezekiel.

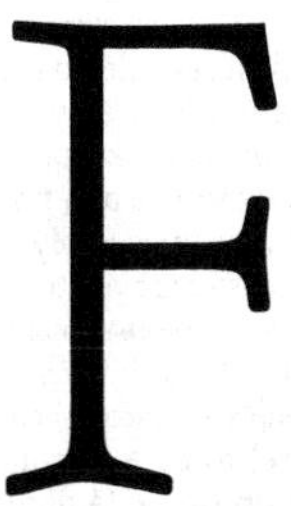

f, F [ɛf] *nm* -**1.** [lettre] f, F. -**2.** [appartement]: un F3 ≃ a two-bedroomed flat *Br* OU apartment *Am*; un F4 ≃ a three-bedroomed flat *Br* OU apartment *Am*.

F -**1.** (*abr écrite de* franc) F; 500 F 500 F, F 500, Ff 500. -**2.** (*abr écrite de* fahrenheit/farad) F.

fa [fa] *nm inv* F; en ~ majeur/mineur in F major/minor; un ~ bémol/dièse an F flat/sharp; en ~ bémol/dièse in F flat/sharp; chantez-moi un ~ sing me an F ‖ [chanté] fa, fah; chantez «ré, mi, ~» sing "re, mi, fa OU fah".

FAB (*abr de* franco à bord) FOB, fob.

fable [fabl] *nf* -**1.** LITTÉRAT fable. -**2.** *péj* [invention] lie, invention; c'est une ~! it's a fairytale! -**3.** *loc*: être la ~ du village to be the laughing stock of the village. -**4.** *litt* [légende] legend, tale.

fabliau [fablijo] *nm* fabliau.

fablier [fablije] *nm* book OU collection of fables.

fabricant, e [fabrikɑ̃, ɑ̃t] *nm, f* manufacturer, maker; ~ de voitures car manufacturer; ~ de chaussures shoemaker; je suis ~ de bougies I make candles, I'm a candlemaker.

fabricateur, trice [fabrikatœr, tris] *nm, f*: ~ de fausse monnaie counterfeiter; ~ de calomnies slanderer; ~ de fausses nouvelles scandalmonger.

fabrication [fabrikasjɔ̃] *nf* -**1.** INDUST manufacture, production; ~ assistée par ordinateur computer-aided manufacturing; ~ en série mass production. -**2.** [contrefaçon] counterfeiting, forging; ~ de fausse monnaie counterfeiting; ~ de faux en écritures forging of documents. -**3.** [production] workmanship; ~ soignée quality workmanship; de ~ maison home-made; c'est de ta ~? did you make it yourself? -**4.** *péj*: la ~ d'une vedette the manufacturing of a star; la ~ d'un président the making of a president.

◆ **de fabrication** *loc adj* [coûts, procédés] manufacturing *(modif)*; [numéro] serial *(modif)*.

fabrique [fabrik] *nf* -**1.** INDUST factory, works, mill; ~ de papier paper mill. -**2.** RELIG: conseil de ~ (parochial) church council.

◆ **de fabrique** *loc adj* [prix, secret] manufacturer's, trade *(modif)*; [marque] trade *(modif)*.

fabriqué, e [fabrike] *adj* -**1.** ÉCON [produit] manufactured. -**2.** [sans spontanéité - sentiment, réaction]: une jeune femme très ~e a young woman totally lacking in spontaneity.

fabriquer [3] [fabrike] *vt* -**1.** INDUST to make, to produce, to manufacture; [gâteau, pull-over, guirlande] to make; fabriqué en France made in France. -**2.** *fam* [faire] to do, to cook up *(sép)*; je me demande ce qu'il peut ~ toute la journée dans sa chambre I wonder what he gets up to in his room all day (long); qu'est-ce que tu fabriques, ces jours-ci? what are you up to these days?; ça alors, qu'est-ce que tu fabriques par ici? what on earth are you doing here?; qu'est-ce que tu as encore fabriqué avec mes clefs? *péj* now what have you gone and done with my keys?; qu'est-ce qu'il fabrique, ce bus? what's that bus up to? -**3.** *péj* [histoire] to concoct; [personnalité] to build up *(sép)*; ~ qqch de toutes pièces to make sthg up, to fabricate sthg; une histoire fabriquée de toutes pièces a made-up story; ils ont fabriqué (de toutes pièces) l'histoire du contrat soviétique the Soviet contract story was a complete fabrication.

fabulateur, trice [fabylatœr, tris] ◇ *adj* PSYCH confabulatory.
◇ *nm, f* fantasist.

fabulation [fabylasjɔ̃] *nf* fabrication.

fabuler [3] [fabyle] *vi* -**1.** PSYCH to fabricate. -**2.** *péj* [mentir] to tell tales; des ours? — je crois qu'il fabule un peu bears? — I think he's making it up.

fabuleusement [fabyløzmɑ̃] *adv* fabulously, fantastically.

fabuleux, euse [fabylø, øz] *adj* -**1.** [légendaire] fabulous, legendary; des animaux ~ fabulous beasts. -**2.** [hors du commun] incredible, fabulous; un destin ~ an incredible fate. -**3.** [élevé - prix, somme] tremendous, astronomical; pour un prix ~ for an astronomical price; elle gagne des sommes fabuleuses she earns a tremendous amount of money.

fabuliste [fabylist] *nmf* fabulist, writer of fables.

fac *fam* [fak] *nf*: en ~, à la ~ at university OU college.

FAC (*abr de* franc d'avarie commune) *adj* FGA, fga.

façade [fasad] *nf* -**1.** ARCHIT: la ~ du château the front of the palace ❑ ~ latérale side (aspect); ~ principale façade, (main) frontage. -**2.** [paroi] front wall OU panel. -**3.** [apparence] outward appearance, façade; ce n'est qu'une ~ it's all show OU a façade ‖ *péj* [faux-semblant] cover, pretence. -**4.** ▽ [visage] mug, face; se refaire la ~ to touch up one's make-up. -**5.** GÉOG: la ~ atlantique the Atlantic coast.

◆ **de façade** *loc adj* ostentatious, showy; un optimisme de ~ apparent optimism; une générosité de ~ a show of magnanimity.

face [fas] *nf* -**1.** [visage] face; recevoir une balle en pleine ~ to be hit by a bullet in the face; les muscles de la ~ facial muscles; des lésions de la ~ lesions on the face; ~ contre terre face down; tomber ~ contre terre to fall flat on one's face ❑ ~ de carême: arborer OU avoir une ~ de carême to have a long face; il est arrivé avec une ~ de carême he turned up wearing a long face OU looking very down in the mouth; ~ de crabe▽ OU d'œuf▽ OU de rat▽ face-ache *Br*, dog *Am*; ~ de lune round face; perdre/sauver la ~ to lose/to save face; se voiler la ~ *litt* to avert one's gaze. -**2.** [aspect] side; la ~ des choses the face of things; changer la ~ de to alter the face of; examiner un problème sous toutes ses ~s to consider every aspect of a problem. -**3.** [côté -d'une médaille] obverse; [- d'une monnaie] head, headside; [- d'un disque] side; la ~ B d'un disque the B-side OU flipside of a record; la ~ cachée de la lune the dark side of the moon; la ~ cachée d'un problème *fig* the hidden side OU aspect of a problem. -**4.** GÉOM & MÉCAN face, side; ~ de guidage guiding face; ~ portante bearing face. -**5.** INF: disquette double ~ double-sided disk. -**6.** COUT: double ~ double-faced; tissu double ~ double-faced fabric. -**7.** *loc*: faire ~ to face up to things, to cope; après l'accident, il lui a fallu faire ~ after the accident, he just had to cope; faire ~ à *pr* to stand opposite to, to face; *fig* to face up to; faire ~ à la mer to face the sea; les fenêtres font ~ au sud the windows face south; faire ~ à ses obligations to meet one's obligations; faire ~ à un danger to face up to a danger; faire ~ à une dépense to meet an expense; faire ~ aux critiques to face one's critics.

◆ **à la face de** *loc prép* -**1.** [devant]: à la ~ de son frère to his brother's face. -**2.** [publiquement]: à la ~ du monde OU de tous openly, publicly; crier sa joie/son désespoir à la ~ du monde to shout out one's joy/despair to the world at large; à la ~ de Dieu before God.

◆ **de face** *loc adj* face, facing; photo/portrait de ~ BX-ARTS & PHOT full-face photograph/portrait; vue de ~ ARCHIT front view OU elevation; clouage de ~ MÉCAN face nailing; loge de ~ THÉÂT box facing the stage; place de ~ TRANSP seat facing the engine.

◆ **d'en face** *loc adj*: ceux d'en ~ [adversaires] the opposition; [voisins] the people opposite OU (from) across the street; le garçon d'en ~ the boy across the way.

◆ **en face** *loc adv* [de front]: avoir le soleil en ~ to have the sun (shining) in one's face; regarder qqn en ~ to look sb in the face; regarder la mort en ~ to face up to death; regarder les choses en ~ to face facts; je lui ai dit la vérité en ~ I told him the truth to his face.

◆ **en face de** *loc prép* in front of; juste en ~ de moi right in front of me; sa maison est en ~ de l'église his house is opposite OU faces the church; mettre qqn en ~ des réalités to force sb to face reality; en ~ l'un de l'autre, l'un en ~ de l'autre face to face; se mettre en ~ de qqn *fig* to stand in sb's way.

◆ **face à** *loc prép* in front of; ~ au public in front of the audience; ~ à l'ennemi/aux médias faced with the enemy/media.

◆ **face à face** *loc adv* face to face; **nous étions enfin ~ à ~** at last we had come face to face; **parler à qqn ~ à ~** to speak to sb face to face OU in person; **mettre qqn ~ à ~ avec** to bring sb face to face with; **que feras-tu quand tu seras ~ à ~ avec lui?** what will you do when you're faced with OU face to face with him?

face-à-face [fasafas] *nm inv* [conversation] (face-to-face) meeting; [conflit] (one-to-one) confrontation; **~ télévisé** television debate *(between two politicians)*.

face-à-main [fasamɛ̃] (*pl* **faces-à-main**) *nm* lorgnette.

facétie [fasesi] *nf* [plaisanterie] facetious remark, joke; [trait d'esprit] witticism; **épargne-nous tes ~s!** spare us your jokes!; **se livrer à des ~s** to fool around.

facétieusement [fasesjøzmɑ̃] *adv* facetiously, humorously.

facétieux, euse [fasesjø, øz] ◇ *adj* facetious, humorous.
◇ *nm, f* joker, prankster.

facette [fasɛt] *nf* -**1.** ENTOM & JOAILL facet. -**2.** [aspect] facet, aspect, side; **sa personnalité présente d'autres ~s** there are other sides to his personality.
◆ **à facettes** *loc adj* -**1.** GÉOL & JOAILL multifaceted. -**2.** [personnalité, talent] multifaceted, many-sided.

facetter [4] [fasete] *vt* JOAILL to facet.

fâché, e [faʃe] *adj* -**1.** [irrité] angry, cross. -**2.** [brouillé]: **ils sont ~s** they're not on speaking terms. -**3.** *fig & hum*: **être ~ avec qqch** [sans goût pour]: **je suis ~ avec les langues/les chiffres** languages/figures are not my line; **il est ~ avec le savon** he's allergic to soap.

fâcher [3] [faʃe] *vt* [contrarier] to annoy, to vex; **acceptez, le contraire les fâcherait** do come, they'd be offended OU they'd resent it if you didn't; **ce retard me fâche infiniment** I am extremely annoyed at this delay; **je suis fâché de l'avoir manqué** I'm really sorry I missed him || *(au nég)*: **n'être pas fâché de**: **je ne serais pas fâché d'avoir une réponse** I wouldn't mind getting an answer; **ils n'étaient pas fâchés de se retrouver chez eux** they were rather pleased to be home again.
◆ **se fâcher** *vpi* -**1.** [se brouiller] to fall out OU to quarrel (with one another); **tes parents se sont fâchés?** did your parents quarrel?; **se ~ avec qqn** to quarrel OU to fall out with sb. -**2.** [se mettre en colère] to get cross OU angry, to lose one's temper; **tes parents se sont fâchés?** did your parents get angry?; **se ~ tout rouge** *fam* to blow one's top; **se ~ contre qqn** to get angry with sb.

fâcherie [faʃri] *nf* tiff; **entre eux, ce sont des ~s continuelles** they're always quarrelling (with each other OU one another).

fâcheusement [faʃøzmɑ̃] *adv* unfortunately, unpleasantly; **~ influencé** negatively affected; **il a été ~ impressionné** he was not at all impressed.

fâcheux, euse [faʃø, øz] ◇ *adj* regrettable, unfortunate; **une fâcheuse habitude** an unfortunate habit; **une formulation fâcheuse** an unfortunate OU a regrettable choice of words; **c'est ~!** it's rather a pity!; **il est ~ qu'il soit parti si tôt** it's a pity (that) he left so early; **qui a eu la fâcheuse idée de laisser cette porte ouverte?** whose stupid idea was it to leave that door open?
◇ *nm, f litt* bore.

facho *fam* [faʃo] *adj & nmf péj* fascist.

facial, e, aux [fasjal, o] *adj* facial.

faciès [fasjɛs] *nm* -**1.** [traits] facial aspect, features; **le ~ caractéristique de Cro-Magnon** Cro-Magnon man's typical features. -**2.** *péj* [visage] face; **un ~ grimaçant derrière le carreau** a grimacing face behind the windowpane. -**3.** BOT & GÉOL facies.

facile [fasil] ◇ *adj* -**1.** [aisé] easy; **essaie, c'est ~ comme tout!** try, it's very easy!; **rien de plus ~** nothing easier; **il ne m'est pas ~ d'expliquer la situation** it's not easy for me to explain the situation; **~ à faire** easy to do, easily done; **~ à comprendre** easily understood, easy to understand; **~ à lire** (easily) readable, easy to read; **~ à retenir** easy to remember, (easily) memorable; **c'est ~ à dire (mais moins ~ à faire), c'est plus ~ à dire qu'à faire** easier said than done; **~ d'accès** easy to reach, easily reached, readily accessible; **la gare n'est pas ~ d'accès** the station isn't easy to get to ❑ **~ comme bonjour** easy as pie. -**2.** [spontané, naturel] easy, ready; **elle a la parole/plume ~** speaking/writing comes easily to her; **avoir la larme ~** to be easily moved to tears || *péj* facile; **avoir l'ironie ~** to be unnecessarily sarcastic; **avoir l'argent ~** to be very casual about money. -**3.** [souple - caractère] easy, easy-going; **être ~ (à vivre)** to be easy-going; **tu n'as pas choisi quelqu'un de ~ (à vivre)** you haven't exactly picked someone easy to live with. -**4.** *péj* [libertin]: **une femme ~** OU **de mœurs ~s** a woman of easy virtue.
◇ *adv fam*: **je te fais ça en deux heures ~** I can have it done for you in two hours, no problem; **d'ici à la maison, il reste trente kilomètres ~** from here to the house, there's still a good thirty kilometres.

facilement [fasilmɑ̃] *adv* -**1.** [sans difficulté] easily, readily; **vous trouverez ~, c'est à deux pas** you'll find it easily, it's not very far; **pas ~ accessible** not readily accessible; **elle est ~ déroutée par la critique** she's easily thrown off balance by criticism. -**2.** [au moins] at least; **il fait ~ trois fautes par page** he makes at least three mistakes in a page; **je gagnerais ~ le double** I could easily earn twice as much.

facilitation [fasilitasjɔ̃] *nf* facilitation, facilitating.

facilité [fasilite] *nf* -**1.** [simplicité] easiness, ease; **selon le degré de ~ des exercices** depending on how easy the exercises are; **d'une grande ~ de lecture** very readable; **céder à** OU **se laisser aller à** OU **choisir la ~** *péj* to take the easy way out OU the easy option. -**2.** [possibilité] facility; **avoir toute ~ pour faire qqch** to have every opportunity of doing sthg. -**3.** [aptitude] gift, talent; **~ de parole** fluency; **avoir beaucoup de ~ pour** to have a gift for; **avec ~** easily, with ease; **avec une grande ~** with the greatest of ease; **il n'a pas la ~ de son frère** things don't come as easily to him as they do to his brother.
◆ **facilités** *nfpl* -**1.** [capacités] abilities; **avoir des ~s** to have ability OU aptitude; **votre enfant a des ~s** your child shows some aptitude. -**2.** FIN facilities; **~s de caisse** overdraft facilities; **~s de paiement** easy terms.

faciliter [3] [fasilite] *vt* to ease, to help along *(sép)*, to make easy; **~ les choses entre eux** to make things easier OU smoother between them; **tu ne me facilites pas le travail!** you're not making things easy for me!; **le vent ne leur facilite pas la tâche** the wind doesn't make it any easier for them; **sa connaissance de la langue a facilité son insertion** his grasp of the language helped him to settle in (more easily); **une influence qui a facilité ma carrière** an influence which helped my career along.

façon [fasɔ̃] *nf* -**1.** [manière] manner, way; **la phrase peut se comprendre de plusieurs ~s** the sentence can be interpreted in several ways; **je n'aime pas la ~ dont il me parle** I don't like the way he talks OU his way of talking to me; **elle a raison, mais ce qui me dérange, c'est la ~ dont elle le dit** she's right but what bothers me is the way OU manner in which she says it; **d'une ~ désordonnée** in a disorderly fashion; **d'une ~ générale** generally speaking; **de ~ agréable** pleasantly; **de ~ définitive** definitively, finally; **de ~ systématique** systematically ❑ **~ de parler** OU **dire** way of putting things, manner of speaking; **généreux, ~ de parler, il ne m'a jamais donné un centime!** *fam* generous, that's a funny way of putting it, he never gave me a penny!; **je vais lui dire ma ~ de penser, moi!** I'll give him a piece of my mind!; **~ de voir** angle, approach; **ils n'ont pas les mêmes ~s de voir** they have different points of view. -**2.** [moyen] way; **pour obtenir une audience de lui, il n'y a qu'une seule ~ de s'y prendre** there's only one way of getting OU to get an audience with him. -**3.** [fabrication] making, fashioning; [facture] craftsmanship, workmanship; [main-d'œuvre] labour. -**4.** COUT & VÊT cut. -**5.** *(suivi d'un n)* [qui rappelle]: **une nappe ~ grand-mère** a tablecloth like Grandma used to have; **dessin ~ Dürer** a drawing reminiscent of Dürer || [imitant]: **~ marbre/bois** imitation marble/wood; **un châle ~ cachemire** a paisley-patterned shawl.
◆ **façons** *nfpl* [manières] manners, behaviour; **en voilà des ~s!** manners!, what a way to behave!; **avoir des ~s engageantes** to be charming; **elle a des ~s de petite vieille** she sometimes behaves like a little old woman; **faire des ~s** [se faire prier] to make a fuss; [se pavaner] to put on airs.
◆ **à façon** *loc adj* [artisan] jobbing; [travail] contract *(modif)*; **centre de traitement** OU **travail à ~** INF data processing OU computer OU service bureau.
◆ **à la façon de** *loc prép* like, in the manner of; **à la ~ des vieilles gens** like old people; **peindre à la ~ des cubistes** to paint in the manner OU style of the Cubists; **elle portait le paquet sur la tête, un peu à la ~ d'une Africaine** she was carrying the parcel on top of her head, much like an African woman would.
◆ **à ma façon, à sa façon** *etc* ◇ *loc adj*: **une recette à ma/ta ~** a recipe of mine/yours; **un tour à sa ~** one of his tricks; **une invitation à leur ~** their style of invitation.
◇ *loc adv*: **je le ferai à ma ~** I'll do it my way; **chante-le à ta ~** sing it your way OU any way you like.
◆ **de bonne façon** *loc adj* COUT well-made, (beautifully) tailored.
◆ **de cette façon** *loc adv* -**1.** [comme cela] (in) this way, thus, in this manner; **ouvre la boîte de cette ~** open the box this way. -**2.** [par conséquent] that way; **nous irons demain, de cette ~ ils ne seront pas déçus** we'll go tomorrow, that way they won't be disappointed.
◆ **de façon à, de façon à ce que, de façon que** *loc conj* so that, so as to, in order to; **de ~ à pouvoir fermer la porte** so as to be able to shut the door; **j'ai fermé la fenêtre de ~ à éviter les courants d'air** I shut the window in order to prevent drafts; **il s'est levé de bonne heure de ~ à ce que tout soit prêt** he got up early so that everything would be ready in time; **je lui ai donné un siège, de ~ à ce qu'elle puisse attendre sans fatigue** I gave her a seat so that she could wait without getting tired.
◆ **de la belle façon** *loc adv iron*: **il s'est fait recevoir de la belle ~!** he got the sort of reception he deserves!
◆ **de la même façon** *loc adv* the same (way), identically, in like manner.
◆ **de la même façon que** *loc conj* like, as, the same (way) as.
◆ **de ma façon, de sa façon** *etc loc adj*: **une recette de ma/ta ~** a recipe of mine/yours; **un tour de sa ~** one of his tricks.
◆ **de quelle façon** *loc interr* how; **je l'empêcherai de le faire – et de quelle ~?** I'll stop him doing it – how?; **demande-lui de quelle ~ il compte payer** ask him how he wishes to pay.
◆ **de telle façon** *loc adv* so; **pourquoi criez-vous de telle ~?** why are you shouting like that?
◆ **de telle façon que** *loc prép* so that, in such a way that; **écrivez de telle ~ que le lecteur comprenne** write in such a way that the reader understands.
◆ **de toute façon, de toutes les façons** *loc adv* anyway, in any case.
◆ **d'une certaine façon** *loc adv* in a way, in a manner of speaking, so to speak; **sa mère était d'une certaine ~ sa sœur** his mother was something of a sister to him.

◆ **sans façon(s)** ◇ *loc adj* [style] simple, unadorned; [cuisine] plain; **nous sommes des gens sans ~** OU **~s!** we're simple folk!
◇ *loc adv* -1. [familièrement]: **elle m'a pris le bras sans ~** OU **~s** she took my arm quite naturally; **il agit sans ~** OU **~s avec ses parents** *péj* he's rather off-handed OU he behaves off-handedly with his parents. -2. [non merci] no thank you; **encore du fromage? – sans ~** OU **~s!** more cheese? – no thank you!
◆ **sans plus de façons** *loc adv* without further ado.

faconde [fakɔ̃d] *nf litt & péj* fluency, flow of words; **être doué d'une belle ~** to be a smooth talker.

façonnage [fasɔnaʒ] *nm* -1. [mise en forme] shaping, working. -2. IMPR forwarding.

façonné [fasɔne] *nm* TEXT figured fabric.

façonnement [fasɔnmɑ̃] = **façonnage**.

façonner [3] [fasɔne] *vt* -1. [modeler - argile] to shape, to fashion; [- métal] to shape, to work; **~ l'argile** to fashion clay. -2. *fig* to mould, to shape; **ces épreuves ont façonné son caractère** these ordeals have shaped her character. -3. [fabriquer] to manufacture, to produce, to make; **façonné à la main** handmade.

façonnier, ère [fasɔnje, ɛr] ◇ *adj* jobbing.
◇ *nm, f* jobbing worker.

fac-similé [faksimile] (*pl* **fac-similés**) *nm* -1. [reproduction] facsimile. -2. TÉLÉC [technique] facsimile; [document] facsimile, fax.

factage [faktaʒ] *nm* -1. [transport] parcels cartage, carriage and delivery. -2. [frais] transport costs. -3. [distribution] (postal) delivery.

facteur[1] [faktœr] *nm* -1. MATH & SC coefficient, factor; **~ aléatoire** random factor; **~ de sécurité** coefficient of safety, safety factor; **~ premier** prime factor. -2. MÉD: **~ Rhésus** rhesus OU Rh factor; **~ Rhésus négatif/positif** rhesus negative/positive. -3. [élément] element, factor; **~ d'identification** recognition factor; **~ humain** personal element; **le ~ temps** the time factor; **la courtoisie peut être un ~ de réussite** courtesy may be one of the ways to success. -4. [manutentionnaire] (transport) agent; **~ en douane** customs agent. -5. MUS instrument maker; **~ de pianos** piano maker; **~ d'orgues** organ builder.

facteur[2], **trice** [faktœr, tris] *nm, f* ADMIN postman *Br* (*f* postwoman), mailman *Am* (*f* mailwoman); **est-ce que le ~ est passé?** has the postman been yet?

factice [faktis] *adj* -1. [imité - diamant] artificial, false; [- marchandise de présentation] dummy (*modif*). -2. [inauthentique] artificial, simulated, false; **une joie ~** simulated happiness.

facticement [faktismɑ̃] *adv* artificially, factitiously.

facticité [faktisite] *nf* -1. [inauthenticité] artificiality, factitiousness. -2. PHILOS being a fact.

factieux, euse [faksjø, øz] ◇ *adj* seditious.
◇ *nm, f* rebel.

faction [faksjɔ̃] *nf* -1. [groupe] faction. -2. MIL sentry OU guard duty; **être en** OU **de ~** to be on sentry OU guard duty; **mettre une sentinelle de ~ devant la porte** to post a sentry in front of the door; **je suis resté en ~ plusieurs heures devant sa porte** I waited outside his door for hours. -3. [dans une entreprise] (8-hour) shift.

factionnaire [faksjɔnɛr] ◇ *nm* MIL sentry, guard.
◇ *nmf* [ouvrier] shift worker.

factitif, ive [faktitif, iv] *adj* factitive, causative.

factitif [faktitif] *nm* causative verb.

factoriel, elle [faktɔrjɛl] *adj* factorial, factor (*modif*).
◆ **factorielle** *nf* MATH factorial.

factoring [faktɔriŋ] *nm* factoring.

factorisation [faktɔrizasjɔ̃] *nf* factorization, factorizing.

factotum [faktɔtɔm] *nm* factotum, handyman; **je ne suis pas ton ~!** I'm not your servant!

factrice [faktris] *f* → **facteur**.

factuel, elle [faktɥɛl] *adj* [gén & PHILOS] factual.

facturation [faktyrasjɔ̃] *nf* -1. [action] invoicing, billing; **la ~ interviendra le 10 du mois** you will be invoiced on the 10th of each month ❑ **~ détaillée** itemized bill; **~ séparée** INF unbundling. -2. [service] invoice department.

facture [faktyr] *nf* -1. COMM invoice, bill; **établir une ~** to make out an invoice ❑ **~ détaillée** itemized invoice; **~ pro forma** OU **provisoire** pro forma invoice; **fausse ~** faked OU forged invoice; **payer** OU **régler une ~** to pay a bill; **payer la ~** *fig* to pay the price; **l'affaire des fausses ~s** *scandal involving the fraudulent financing of electoral campaigns using falsified receipts*. -2. MUS [de piano] making; [d'orgues] building. -3. [technique] craftsmanship, workmanship.
◆ **de bonne facture** *loc adj* [meuble, piano] well-made, beautifully crafted; [tableau] skillfully executed.

facturer [3] [faktyre] *vt* [article, service]: **~ qqch à qqn** to bill OU to invoice sb for sthg; **ils ne m'ont pas facturé la livraison** they didn't charge me anything me for delivery; **~ séparément le matériel et le logiciel** INF to unbundle.

facturette [faktyrɛt] *nf* (credit card sales) receipt, record of charge form.

facturier, ère [faktyrje, ɛr] *nm, f* invoice clerk.
◆ **facturier** *nm* sales book.
◆ **facturière** *nf* invoicing machine.

facultatif, ive [fakyltatif, iv] *adj* -1. [au choix] optional; **vous paierez obligatoirement le voyage mais l'assurance est facultative** you will have to pay for the trip but insurance is optional ❑ **épreuve facultative** optional subject. -2. [sur demande]: **arrêt ~** request stop.

facultativement [fakyltativmɑ̃] *adv* optionally, as an option.

faculté [fakylte] *nf* -1. [capacité] ability, capability; **~ d'adaptation** adaptability, ability to adapt; **la ~ de comprendre les enfants** the ability to understand children. -2. [fonction] ability; **les humains possèdent la ~ d'abstraire** mankind is capable of abstract thought. -3. *sout* [droit] freedom, right; **avec ~ d'achat ou de vente** with the option of purchase or sale; **avoir la ~ de** to have the right to OU the option of; **vous avez la ~ de refuser le contrat** you have the right to refuse to sign the contract; **il a la ~ de rester s'il le désire** he may OU he's free to stay if he wishes to || [autorité] power; **le jury a la ~ d'attribuer les mentions** the examiners are entitled to confer distinctions. -4. NAUT: **assurances sur corps et ~s** hull and cargo insurance. -5. JUR: **~s contributives** ability to pay. -6. UNIV [avant 1968] faculty; **la ~ des sciences** the science faculty || [depuis 1969] university, college; **on s'est connu à la** OU **en ~** [étudiants] we met at university OU when we were students. -7. *hum* [médecins]: **la Faculté m'interdit/lui recommande de faire du sport** my doctors forbid me/his doctors encourage him to engage in sports.
◆ **de faculté** *loc adj* [cours, professeur] university (*modif*); **des souvenirs de ~** memories of one's university OU student days.
◆ **facultés** *nfpl* [esprit] faculties, powers; **avoir toutes ses ~s** to be of sound mind OU in full possession of one's faculties; **il n'a pas toutes ses ~s** he's not in possession of all his faculties, he's not all there; **merci de faire confiance à mes ~s!** thank you for thinking I'm clever enough to do it!

fada *fam* [fada] *dial* ◇ *adj* cracked, nuts.
◇ *nmf* [fou]: **les ~s de la moto** motorbikes freaks.

fadaise [fadɛz] *nf* piece of nonsense; **~s** drivel, nonsense, rubbish.

fadasse [fadas] *adj péj* -1. [sans goût] insipid, tasteless, bland. -2. [sans éclat] dull; **des couleurs ~s** washed-out colours; **c'est une fille assez ~** she's rather dull.

fade [fad] *adj* -1. [sans saveur] insipid, tasteless, bland. -2. [banal] dull, pointless, vapid; **le compliment est plutôt ~** the compliment is rather flat.

fadeur [fadœr] *nf* -1. [insipidité] blandness, lack of flavour. -2. [banalité] blandness, vapidity.

fading [fadiŋ] *nm* fade RADIO.

fado [fado] *nm* fado.

faena [faena] *nf* faena.

fagot [fago] *nm* -1. [branches] bundle (of wood); **sentir le ~** [personne] to be a suspected heretic; [opinion] to smack of heresy. -2. [en Afrique] firewood.

fagotage [fagɔtaʒ] *nm* -1. *fam péj* [habillement] ridiculous getup. -2. [du bois] bundling (up).

fagoté, e *fam* [fagɔte] *adj péj*: **mal ~** badly dressed; **comme te voilà ~e!** what a sight you are!, look at the state of you! ❑ **~ comme l'as de pique** badly dressed.

fagoter [3] [fagɔte] *vt* -1. [bois, branches] to bind together, to tie up (*sép*) in bundles. -2. *fam péj* [habiller]: **sa mère le fagote n'importe comment** his mother dresses him like nothing on earth.
◆ **se fagoter** *fam vp* (*emploi réfléchi*) *péj*: **t'as vu comme elle se fagote!** have you seen some of the things she wears!

fagotin [fagɔtɛ̃] *nm* small bundle (of firewood).

Fahrenheit [farɛnajt] *npr*: **degré/échelle ~** Fahrenheit degree/scale.

faiblard, e *fam* [fɛblar] *adj* -1. [vieillard, convalescent] weak, frail. -2. [excuse] feeble, lame; [argument] feeble. -3. [lumière] weak.

faible [fɛbl] ◇ *adj* -1. [malade, vieillard] weak, frail; **se sentir ~** to feel weak || [fonction organique]: **avoir la vue ~** to have weak OU poor eyesight; **avoir le cœur/la poitrine ~** to have a weak heart/chest; **avoir les reins ~s** to have kidney trouble; **être de ~ constitution** to have a weak constitution. -2. [étai, construction] weak, flimsy, fragile; **la carlingue était trop ~** the cabin was too flimsy. -3. [esprit] weak, deficient; **il n'a que de ~s moyens intellectuels** his intellectual capacities are rather weak. -4. [médiocre - étudiant, résultat] weak, poor, mediocre; **une dissertation plutôt ~** a rather weak OU poor essay; **elle est ~ en travaux manuels** she's not very good at handicrafts. -5. [trop tempéré - style, argument, réforme] weak; [- jugement] mild; [- prétexte] feeble, flimsy; **le mot est ~!** that's an understatement! -6. [complaisant] weak, lax; [sans volonté] weak, spineless; **il est ~ avec ses enfants** he's lax OU too lenient with his children. -7. [impuissant - nation, candidat] weak. -8. COMM & ÉCON [demande] slack; [marge] low; [monnaie] weak; **de ~s revenus** a low income; **de ~s ressources** scant OU thin resources. -9. [léger] faint, light, slight; **une ~ lumière** a dim OU faint light; **un ~ bruit** a faint sound; **une ~ odeur de moisi** a faint OU slight musty smell; **brise/vent ~** light breeze/wind. -10. [peu important] low, small; **une ~ quantité de sucre** a small quantity of sugar; **à ~ débit** low-rate; **aller à ~ vitesse** to proceed at low speed; **appareil de ~ consommation** low-consumption appliance; **de ~ encombrement** compact; **à ~ teneur en minerai** of low mineral content, low-grade; **à ~ teneur en alcool** low in alcohol; **une ~ différence entre deux ouvrages** a slight difference between two books; **avoir de ~s chances de succès** to have slight OU slender chances of succeeding; **donner une ~ idée de ses capacités** to give a faint idea of one's abilities. -11. LING weak, unstressed.
◇ *nmf* weak-willed person; **c'est un ~** he's weak-willed; **~ d'esprit** simpleton.
◇ *nm* -1. [préférence]: **avoir un ~ pour qqch** to be partial to sthg; **avoir un ~ pour qqn** to have a soft spot for sb. -2. *litt* [point sensible] weak spot; **prendre qqn par son ~** to find sb's Achilles heel.

faiblement [fɛbləmɑ̃] *adv* -1. [sans force] feebly, weakly; **il protestait assez ~** he was protesting rather feebly. -2. [légèrement] faintly; **la cloche résonnait ~ dans le lointain** the bell was ringing faintly in the distance.

faiblesse [fɛblɛs] *nf* -**1.** [manque de vigueur physique] weakness, frailty; **ressentir une grande ~** to feel very weak; **la ~ de sa constitution** his weak constitution. -**2.** [d'une construction] weakness, flimsiness, fragility; [d'une économie, d'un système] weakness, fragility, vulnerability; [d'une voix, d'un son] dimness, faintness; [de la vue, de la poitrine] weakness. -**3.** [médiocrité - d'un élève] weakness; [- d'une œuvre, d'un argument] feebleness, weakness; **sa ~ à l'oral** his weakness OU poor performance in the orals ❑ **~ d'esprit** feeblemindedness. -**4.** [insignifiance - d'une différence, d'un écart] insignificance; **fermer une école à cause de la ~ des effectifs** to close a school because of insufficient numbers. -**5.** *litt* [lâcheté] weakness, spinelessness; **un homme d'une grande ~** a weak man; **être d'une grande ~ envers qqn** [être trop indulgent] to be overlenient with sb; **être d'une ~ coupable envers qqn** to be inexcusably soft with sb; **avoir la ~ de croire/dire** to be foolish enough to believe/to say; **avoir un moment de ~** to have a moment of weakness; **un moment de ~ et voilà une carrière politique gâchée** an entire political career ruined in a moment of weakness; **pour lui, l'amour filial est une ~** he considers that loving one's parents is a weakness. -**6.** [défaut] failing, flaw, shortcoming; **c'est là la grande ~ du scénario** this is the script's major flaw. -**7.** [préférence] weakness, partiality; **avoir une ~ pour** to have a weakness for, to be partial to. -**8.** *litt* [évanouissement] fainting fit, dizzy spell; **avoir une** OU **être pris de ~** to feel faint.

faiblir [32] [feblir] *vi* -**1.** [perdre de sa force] to get weaker; **son pouls faiblit** her pulse is getting weaker OU fainter; **ses forces faiblissaient** he was getting weaker; **chez elle, c'est la mémoire qui faiblit** her memory is failing; **chez elle, c'est la tête qui faiblit** she's going weak in the head; **le moteur/la batterie faiblit** the engine/the battery is failing. -**2.** [diminuer - vent, orage, bourrasque] to drop; [- lumière] to dwindle; [- enthousiasme, colère] to wane, to dwindle; **le jour faiblit** it's getting dark; **l'intérêt du public faiblit** public interest is waning; **le succès de la pièce ne faiblit pas** the play is still a great success. -**3.** [cesser d'être efficace - athlète, élève] to get weaker; **son style n'a pas faibli** her style is as vigorous as ever; **j'ai faibli en langues à la fin de l'année** my marks in modern languages got weaker towards the end of the year. -**4.** [plier - paroi, tige] to show signs of weakening; **les premiers rangs de policiers faiblissaient sous l'assaut** the front ranks of police were weakening under the assault. -**5.** *litt* [défaillir] to have a fainting fit.

faiblissant, e [fɛblisɑ̃, ɑ̃t] *adj* -**1.** [vieillard, malade] weakening. -**2.** [lumière, vent] failing. -**3.** [économie, pouvoir d'achat] slackening.

faïence [fajɑ̃s] *nf* faience, (glazed) earthenware; **~ de Delft** Delft, delftware; **~ fine** china.

faïencé, e [fajɑ̃se] *adj* [objet] made to resemble pottery; [tableau] crackled.

faïencerie [fajɑ̃sri] *nf* -**1.** [usine] pottery works. -**2.** [articles] (glazed) earthenware.

faïencier, ère [fajɑ̃sje, ɛr] *nm, f* potter, maker of (glazed) earthenware.

faignant, e [fɛɲɑ̃, ɑ̃t] = **feignant**.

faille [faj] *nf* -**1.** GÉOL fault. -**2.** [faiblesse] flaw, weakness; [incohérence] inconsistency, flaw; **il y a une ~ dans votre démonstration** your demonstration is flawed. -**3.** TEXT faille.

◆ **sans faille** *loc adj* [logique] faultless, flawless; [fidélité, dévouement] unfailing, unwavering.

failli, e [faji] *adj* & *nm, f* bankrupt.

faillibilité [fajibilite] *nf* fallibility.

faillible [fajibl] *adj* fallible.

faillir [46] [fajir] *vi* -**1.** [être sur le point de]: **j'ai failli rater la marche** I nearly missed the step; **pendant un moment, j'ai failli y croire** I almost believed it for a moment; **tu l'as attrapé? — non, mais j'ai failli!** *fam* did you catch it? — not quite! ❑ **j'ai failli attendre** *hum* so you decided to come, did you? -**2.** *litt* to fail in one's duty; **elle a failli** *euph* she fell.

◆ **faillir à** *v + prép sout*: **~ à une promesse** to fail to keep a promise; **~ à son devoir** to fail in one's duty; **~ à un engagement** to fail to honour a commitment.

◆ **sans faillir** *loc adv* unfailingly.

faillite [fajit] *nf* -**1.** COMM bankruptcy, insolvency; **faire ~** to go bankrupt. -**2.** [échec] failure; **la ~ de ses espoirs** the end OU collapse of his hopes; **le spectacle a connu une ~ complète** the show was a total failure; **les faits récents montrent la ~ de cette politique** recent events demonstrate the failure of this policy; **le projet a fait ~** the project flopped OU was a failure.

◆ **en faillite** ◇ *loc adj* bankrupt, insolvent; **être en ~** to be bankrupt.

◇ *loc adv*: **se mettre en ~** to file a petition for bankruptcy.

faim [fɛ̃] *nf* -**1.** [appétit] hunger; **avoir ~** to be hungry; **j'ai une de ces ~s, je meurs de ~, je crève** *fam* **de ~** I'm famished OU starving; **merci, je n'ai plus ~** I've had enough, thank you; **ça me donne ~** it makes me hungry; **il fait ~** *fam* I'm hungry; **j'ai une petite ~** I feel a bit peckish; **manger à sa ~** to eat one's fill; **mangez à votre ~** eat as much as you like ❑ **avoir une ~ de loup** to be ravenous; **j'ai une faim de loup** OU **à dévorer les montagnes** I could eat a horse; **rester sur sa ~** *pr* to be still hungry; *fig* to be left hanging; **tromper sa ~** to stave off hunger; **la ~ fait sortir le loup** OU **chasse le loup (hors) du bois** *prov* hunger drives the wolf out of the wood, necessity knows no law. -**2.** [famine]: **la ~** hunger, famine; **souffrir de la ~** to be starving OU a victim of starvation; **mourir de ~** to starve to death, to die of starvation. -**3.** [envie]: **~ de**: **sa ~ de tendresse** his yearning for tenderness; **avoir ~ de paix** to hunger OU to yearn for peace.

faine [fɛn] *nf* beechnut.

fainéant, e [feneɑ̃, ɑ̃t] ◇ *adj* idle, lazy.

◇ *nm, f* idler, layabout; **quel ~!** what a layabout!

fainéanter [3] [feneɑ̃te] *vi* to idle about OU around; **il passe des heures à ~** he spends hours twiddling his thumbs OU doing nothing.

fainéantise [feneɑ̃tiz] *nf* idleness, laziness.

faire [109] [fɛr] ◇ *vt* **A.** FABRIQUER, RÉALISER -**1.** [confectionner, fabriquer - objet, vêtement] to make; [- construction] to build; [- tableau] to paint; [- film] to make; [- repas] to make, to prepare; [- gâteau, pain] to make, to bake; [- vin] to make; [- bière] to brew; [concevoir - thèse, dissertation] to do; **il m'a fait une poupée avec de la paille** he's made me a doll with OU out of straw; **qu'as-tu fait (à manger) pour ce soir?** what have you prepared for dinner?; **je vais ~ du café** I'm going to make some coffee; **c'est elle qui fait ses propres chansons** she writes her own songs; **~ une loi** to make a law; **~ un portrait** [le peindre] to paint a portrait; [le dessiner] to draw a portrait; **il a fait un portrait fidèle de la situation** he gave a very accurate description of the situation; **il sait tout ~** he can turn his hand to anything; **grand-mère est super — oui, on n'en fait plus des comme ça!** *fam* grandma's great — yes, they broke the mould when they made her!; **ce pays fait d'excellents athlètes** this country produces excellent athletes; **les deux ou trois créateurs qui font la mode parisienne** the handful of designers who are Parisian fashion. -**2.** [produire, vendre]: **~ de l'élevage de bétail** to breed cattle; **~ du blé/de la vigne** to grow wheat/grapes; **~ une marque/un produit** to stock a make/an article; **je vous fais les deux à 350 F** *fam* you can have both for 350 F, I'll take 350 F for both. -**3.** [obtenir, gagner - bénéfices] to make; **~ de l'argent** to earn OU to make money. -**4.** [mettre au monde]: **~ un enfant** to have a child; **il veut que je lui fasse un enfant** he wants me to have his child; **il lui a fait deux enfants** he had two children with her; **la chatte a fait des petits** the cat has had kittens. -**5.** PHYSIOL: **~ ses besoins** *euph* to do one's business ‖ *(en usage abs)*: **tu as fait ce matin?** did you go to the toilet this morning?; **il a fait dans sa culotte** *fam* he messed his pants; **j'ai failli ~ dans mon froc**▽ *fig* I nearly crapped OU shit myself.

B. ACCOMPLIR, EXÉCUTER -**1.** [effectuer - mouvement, signe] to make; **~ un saut périlleux/la roue** to do a somersault/a cartwheel; **fais-moi un bisou** *fam*/**un sourire** give me a kiss/a smile; **~ des grimaces** to make OU pull faces ❑ **~ la grimace** to make a face; **~ la tête** OU **la gueule** *fam* to sulk. -**2.** [accomplir - choix, erreur, réforme, proposition] to make; [- inventaire] to do; [- discours] to deliver, to make, to give; [- conférence] to give; [- exercice] to do; [- recherches] to do, to carry out *(sép)*; [- enquête] to carry out *(sép)*; **~ ses études** to study; **il a fait ses études à la Sorbonne** he studied at the Sorbonne; **tu as fait tes maths?** have you done your maths homework?; **~ son devoir** to do one's duty; **~ une blague à qqn** to play a joke on sb; **~ des plaisanteries** to play tricks; **~ la cuisine** to do the cooking, to cook; **~ le ménage** to do the housework; **~ son lit** to make one's bed ❑ **la ~ à qqn** *fam*: **on ne me la fait pas, à moi!** [plaisanterie] I won't be taken in!; **on me l'a déjà faite, celle-là** I know that one already; **les voyages organisés, on me l'a déjà faite une fois et on ne me la fera plus!** one package tour was quite enough for me, thank you very much!; **le** OU **la ~ à l'esbroufe** OU **à l'épate** OU **au bluff** *fam* to bluff one's way through. -**3.** [étudier] to study, to do; **il veut ~ du droit** he wants to do law; **~ sa médecine** *fam* to do OU to study medicine; **je n'ai jamais fait de musique** I've never studied music; **nous faisons Richard III cette année** we're doing OU studying Richard III this year ‖ [suivre les cours de]: **elle voulait ~ l'ENA** she wanted to go to the ENA. -**4.** [pratiquer]: **~ de la poterie** to do pottery; **~ de la flûte/du violon** to play the flute/the violin; **~ de la danse** [cours] to go to dance classes; **il voulait ~ de la danse** he wanted to be a dancer; **~ du théâtre**: **il a fait un peu de théâtre** he's done some acting; **je veux ~ du théâtre** I want to be an actor OU to go on the stage; **~ de l'équitation/de la natation/de la voile** to go horseriding/swimming/sailing; **~ du basket/du tennis** to play basketball/tennis. -**5.** [écrire - lettre] to write; [- contrat, testament] to write, to make; **fais mieux tes t** write your t's better. -**6.** [dire] to say; **il fit oui/non de la tête** he nodded/he shook his head; **«non», fit-elle** "no", she said; **la vache fait «meuh!»** the cow goes "moo!"; **que fait le hibou?** what does the owl say? -**7.** [nettoyer - chambre, vitres] to clean, to do; **merci d'avoir fait mes chaussures** thank you for polishing OU cleaning my shoes ‖ [tapisser, aménager - pièce, maison] to do, to decorate. -**8.** [action non précisée] to do; **que fais-tu dans la vie?** what do you do (for a living)?; **qu'est-ce qu'il t'a fait, ton frère?** what has your brother done to you?; **je ne t'ai jamais rien fait!** I've never done you any harm!; **que pouvais-je ~ d'autre?** what else could I do?; **il a fort à ~** he's got lots to do; **tu es libre dimanche? — oui, je ne fais rien de spécial** are you free on Sunday? — yes, I'm not doing anything special; **tu fais quelque chose pour ton anniversaire?** are you doing anything for your birthday?; **elle ne veut jamais rien ~ sans lui** she never wants to do anything without him; **je fais ce que je peux!** I do what I can!; **ne ~ que**: **elle ne fait que se plaindre** she does nothing but complain; **il ne fait que me harceler** he won't stop pestering me; **ils n'ont fait que chuchoter pendant tout le film** they kept whispering right through the film ❑ **avoir qqch à ~ avec**: **je ne veux rien avoir à ~ avec eux!** I don't want anything to do with them; **~ qqch de qqn/qqch**: **qu'ai-je fait de mes clefs?** what have I done with OU where did I put my keys?; **que fais-tu de mes sentiments dans tout ça?** what about my feelings?; **que vais-je ~ de toi?** what am I going to do with you?; **elle fait ce qu'elle veut de lui** she can twist him round her little finger; **rien à ~: donne-le moi! — non, rien à ~!** give it to me! – nothing doing OU no way!; **rien à ~, le téléphone ne marche plus!** we're stuck, the phone doesn't work!; **tu lui as parlé? — oui, mais rien à ~, il ne cédera pas** did you talk to him? – yes, but it's no use, he won't give in; **je vais vous raccompagner — n'en faites rien!** I'll take you back – there's really no need!; **~ avec** *fam* to make do; **je n'ai que ce stylo — il faudra ~ avec!** I've only got this pen – I'll have to make do with that!; **j'apprécie peu sa façon de travailler mais il faut bien ~ avec!** I don't like the way he works but I suppose I'll just have to put up with it!; **~ sans** *fam* to (make) do without; **j'ai oublié le livre chez moi — il faudra ~ sans!** I've left the book at home – we'll just have to make do without it!; **autant que ~ se peut** if possible, as far as possible; **n'avoir que ~ de: je n'ai que ~ de tes conseils** I don't need your advice; **mais bien sûr, tu n'as que ~ de ma carrière!** but of course, my career matters very little to you OU you don't care about my career!; **pour ce ~** for that; **ce faisant** in so doing.

C. AVEC IDÉE DE DÉPLACEMENT **-1.** [se déplacer à la vitesse de] : **en marchant vite, tu peux faire 10 km à l'heure** if you walk fast, you can do OU cover 10 km in an hour; **le train peut ~ jusqu'à 400 km/h** the train can do 400 km/h; **vous faisiez du 120 km/h** [en voiture] you were driving at OU doing 120 km/h. **-2.** [couvrir - distance] : **le Concorde fait Paris-New York en moins de cinq heures** Concorde goes OU flies from Paris to New York in less than five hours; **il y a des cars qui font Londres-Glasgow** there's a coach service between London and Glasgow; **sur tous les trains qui font Lyon-Marseille** on all the trains which run between Lyon and Marseille. **-3.** [visiter] to go to, to visit; **nous n'avons jamais fait le sud de l'Italie** we've never been to the south of Italy || [inspecter, passer au crible] : **j'ai fait tous mes tiroirs, impossible de retrouver la photo** I searched through all my drawers, but I couldn't find the picture; **je n'ai pas envie de ~ tous les dossiers!** I don't feel like searching OU going through all the files!; **j'ai fait tous les étages avant de vous trouver** I looked on every floor before I found you; **j'ai fait tous les hôtels de la ville** [j'y suis allé] I did OU went to OU tried every hotel in town; [j'ai téléphoné] I called OU did OU tried every hotel in town; **~ les antiquaires** to go round the antique shops; **il fait les bars avant de rentrer chez lui** he goes to pubs before going home.

D. AVEC IDÉE DE TRANSFORMATION **-1.** [nommer] : **elle l'a fait baron** she gave him the title of Baron, she made him a baron; **elle l'a fait chevalier** she knighted him. **-2.** [transformer en] : **~ qqch de qqn/qqch** [le transformer] : **des rats, la fée fit des laquais** the fairy changed the rats into footmen; **ce film en a fait un sex-symbol** this film turned her into a sex symbol; **ce feuilleton en a fait une vedette** this series made him a star; **et ta robe bleue? — j'en ai fait une jupe** what about your blue dress? – I made it into a skirt; **garde les restes, j'en ferai une soupe** keep the leftovers, I'll make a soup with them; **ils ont fait trois appartements de leur grande maison** they converted OU made their big house into three flats; **la prison en a fait un criminel** prison turned him into a criminal OU made a criminal out of him; **c'était mon idée, mais il l'a faite sienne** it was my idea, but he took it from me OU he made it his own; **quand je te ferai mienne** *vieilli* OU *hum* when I make you mine || [présenter comme] : **c'était un tyran et votre livre en fait un héros!** he was a tyrant, and your book shows OU presents him as a hero! **-3.** [devenir] : **«cheval» fait «chevaux» au pluriel** the plural of "cheval" is "chevaux". **-4.** [servir de] : **une fois plié, le billard fait table** the billiard table, when folded, can be used OU can serve as a normal table; **un canapé qui fait lit** a convertible settee; **une carotte fera le nez du bonhomme de neige** you can make the snowman's nose with a carrot; **cette peau fera un beau tapis** this animal skin will make a nice rug; **le gymnase fait aussi salle des fêtes** the gymnasium is also used as a community hall; **c'est un hôtel qui fait restaurant** it's a hotel with a restaurant. **-5.** [remplir un rôle, une fonction] : **il fera un bon mari** he'll make OU be a good husband; **il fait le Père Noël dans les rues** he goes around the streets disguised as Father Christmas || CIN & THÉÂT to play the part of, to be; **qui fait le comte?** who plays the Count?; **il ferait un parfait Othello** he'd make OU be a perfect Othello || [imiter - personne] to imitate, to take off, to impersonate; [- automate, animal] to imitate; **il fait très bien le hibou** he imitates the owl very well, his imitation of the owl is very good; **ne fais pas l'idiot** don't be stupid; **ne fais pas l'innocent** don't play the innocent, don't come the innocent with me *Br*; **elle a fait l'étonnée** she pretended to be surprised OU feigned surprise; **il essayait de ~ son intéressant** he was showing off.

E. INDIQUE UN RÉSULTAT **-1.** [provoquer] : **~ de la poussière** to raise dust; **ce charbon fait beaucoup de fumée** this coal makes a lot of smoke; **ça va ~ une marque/une auréole** it will leave a mark/a ring; **l'accident a fait cinq morts** the accident left five dead OU claimed five lives; **cela fait tout son charme** that's where his charm lies; **ce qui fait l'intérêt de son livre** what makes his book interesting; **~ de la peine à qqn** to upset sb; **~ peur à qqn** to frighten sb; **~ du tort à qqn: ces propos risquent de vous ~ du tort** what you've said may well get you into trouble; **~ le malheur de qqn: il fera votre malheur** he'll make life very difficult for you; **~ le désespoir de qqn** to make sb despair; **~ quelque chose à qqn** [l'émouvoir] to move sb, to affect sb; **ce n'était qu'un animal, mais ça m'a fait quelque chose quand il est mort** it was only an animal but it did something to me OU affected me when it died; **ça m'a quand même fait quelque chose de le voir si triste** it did have an effect on me when I saw that he was so sad; **la vue du sang ne me fait rien** I don't mind the sight of blood, the sight of blood doesn't bother me; **~ que: la gravitation, force qui fait que les objets s'attirent** gravitation, the force which causes objects to be attracted towards each other; **ce qui fait que je suis arrivé en retard** which meant I was late || [pour exprimer un souhait] : **faites qu'il ne lui arrive rien!** please don't let anything happen to him! **-2.** [importer] : **qu'est-ce que cela peut ~?** what does it matter?, so what?; **qu'est-ce que cela peut te ~?** what's it to (do with) you?; **cela ne fait rien** it doesn't matter, never mind; **tu ne veux pas venir? ça ne fait rien!** [tant pis pour toi] you don't want to come? suit yourself!

F. INDIQUE UNE QUALITÉ, UNE FORME, UNE MESURE **-1.** [former] : **la route fait un coude** the road bends; **le circuit fait un huit** the circuit is (in the shape of) a figure of eight; **le tas fait une pyramide** the heap looks like a pyramid. **-2.** [coûter] to be, to cost; **ça fait combien?** how much is it?; **ça fait trop cher** it's too expensive; **ça vous fait 160 francs en tout** that'll be 160 francs altogether. **-3.** [valoir, égaler] to be, to make; **2 et 2 font 4** 2 and 2 are 4; **ça fait 23 en tout** that makes 23 altogether; **on a 150 francs, ça ne fait pas assez** we've got 150 francs, that's not enough. **-4.** [mesurer] : **le bateau fait 12 m de long/3 m de large** the boat is 12 m long/3 m wide; **la chambre fait 8 m²** the room is 8 m²; **il doit bien ~ 1 m 90** he must be 1 m 90 tall || VÊT : **je fais du 38** I take size 38; **elle fait du 37** [en chaussures] she takes a size 37 (shoe) || [peser] : **je fais 56 kg** I weigh OU am 56 kg; **cela (vous) fait une bonne livre** it's a bit over the pound. **-5.** [indique la durée, le temps] : **ça fait deux jours qu'il n'a pas mangé** he hasn't eaten for two days; **elle a téléphoné, cela fait bien une heure** she phoned at least an hour ago; **on s'est rencontrés ça fait trois mois** *fam* we met three months ago, it's been three months since we met; **cela faisait 10 ans que je n'avais pas joué** I hadn't played for 10 years || [durer - suj: vêtement, objet] *fam* to last; **ton cartable te fera encore bien cette année** your schoolbag will last OU do you this year; **cette robe m'a fait trois ans** this dress has lasted me three years; **une paire de chaussures ne me fait pas plus de six mois** I wear out a pair of shoes in six months; **le ragoût m'a bien fait trois repas** I got three meals out of that stew; **il n'a pas fait deux mois dans cette entreprise** he didn't stay in the company more than two months.

G. VERBE ATTRIBUTIF **-1.** [paraître] : **la broche fait bien** OU **joli** OU **jolie sur ta robe** the brooch looks nice on your dress; **elle parle avec un léger accent, il paraît que ça fait bien!** she talks with a slight accent, it's supposed to be smart!; **j'ai un bleu sur la joue maintenant, ah ça fait bien!** *iron* I've got a bruise on my cheek now, that's lovely!; **ça fait bizarre** it looks strange; **il me faudrait un nom qui fasse artiste** I would need a name which sounds good for an artist; **je ne vais pas lui réclamer 50 francs, ça ferait mesquin** I'm not going to ask her for 50 francs, it'd be OU look petty; **ça fait comment sur les montagnes russes?** *fam* what does it feel like OU what is it like on a roller coaster?; **ça fait comment de voir son nom sur une affiche?** what's it like to see your name on a poster?; **~ son âge** to look one's age; **elle ne fait pas son âge** she doesn't look her age. **-2.** *fam* [devenir, embrasser la carrière de] to be; **je veux ~ pompier** I want to be a fireman.

H. VERBE DE SUBSTITUTION : **range ta chambre — je l'ai déjà fait** go and tidy up your room – I've already done it; **vous le lui expliquerez mieux que je ne saurais le ~** you'll explain it to her better than I could; **tu lui écriras? — oui, je le ferai** will you write to him? – yes I will; **puis-je prendre cette chaise? — (mais) faites donc!** may I take this chair? – please do OU by all means!

◇ *vi* [agir] to do; **fais comme chez toi** [à l'arrivée de qqn] make yourself at home; **je peux prendre une douche? — bien sûr, fais comme chez toi** can I have a shower? – of course OU by all means; **fais comme chez toi, surtout!** *iron* you've got a nerve!, don't mind me! *iron*; **faites comme vous voulez** do as you please; **fais comme tu veux!** [ton irrité] suit yourself!; **je le lui ai rendu — tu as bien fait!** I gave it back to him – you did the right thing OU you did right!; **pourquoi l'as-tu acheté? — je croyais bien ~!** why did you buy it? – I thought it was a good idea!; **n'ai-je pas bien fait de lui répondre?** wasn't I right to answer him back?; **j'ai bien fait de me méfier** I was right to be suspicious; **tu ferais bien d'y réfléchir** you'd do well to OU you should OU you'd better think about it!; **pour bien ~, il faudrait réserver aujourd'hui** the best thing would be to book today, ideally we should book today; **ça commence à bien ~!** enough is enough!; **ça commence à bien ~, tes reproches!** *fam* I've had quite enough of your criticism!

◇ *v impers* **-1.** MÉTÉO : **il fait chaud/froid** it's hot/cold; **il faisait nuit** it was dark; **il fait (du) soleil** the sun is shining; **il fait bon au soleil** it's nice and warm in the sun; **il ne faisait pas bon avoir un nom à particule à cette époque** it wasn't a good thing to have an aristocratic-sounding name then. **-2.** *loc* : **c'en est fait de** *sout* OU *hum* : **c'en est fait de vous** you've had it, you're done for; **c'est bien fait: c'est bien fait pour toi, il ne fallait pas mentir** it serves you right, you shouldn't have lied.

◇ *v aux* **-1.** [provoquer une réaction] : **tu l'as fait rougir** you made her blush; **il peut ~ bouger ses oreilles** he can make his ears move, he can move his ears; **le soleil a fait jaunir le papier** the sun has made the paper turn yellow; **les oignons, ça fait pleurer** onions make you cry;

ne la fais pas pleurer! don't make her cry!; ça me fait dormir it puts OU sends me to sleep. -**2.** [forcer à] to make, to have; fais-moi penser à le lui demander remind me to ask him; faites-le attendre let him wait; [en lui demandant] ask him to wait; faites-le asseoir ask him to take a seat; il faut le ~ boire beaucoup you should give him plenty to drink; n'essaie pas de me ~ croire que... don't try to make OU to have me believe that...; il lui a fait avouer la vérité he made her confess the truth; ne me fais pas dire ce que je n'ai pas dit don't put words into my mouth; il me faisait ~ ses dissertations he had me write his essays for him. -**3.** [commander de]: ~ ~ qqch par qqn to have sb do OU make sthg, to have sthg done OU made by sb; j'ai fait laver/vérifier ma voiture I had my car washed/checked; elle fait repasser son linge she has her ironing done for her; il fait ~ ses costumes sur mesure he has his suits tailormade.

◆ **faire dans** *fam v + prép*: il ne fait pas dans le détail he doesn't bother about details; son entreprise fait maintenant dans les produits de luxe her company now produces luxury items; certains cinéastes n'hésitent pas à ~ dans le sordide some film makers don't hesitate to show sordid scenes.

◆ **se faire** ◇ *vp (emploi réfléchi)* -**1.** [réussir]: elle s'est faite seule she's a self-made woman. -**2.** [se forcer à]: se ~ pleurer/vomir to make o.s. cry/vomit.

◇ *vp (emploi réciproque)*: se ~ la guerre to wage war on each other.

◇ *vp (emploi passif)* -**1.** [être à la mode] to be fashionable, to be in fashion; les salopettes se font beaucoup/ne se font plus dungarees are very fashionable/are out of fashion; je ne sais pas ce qui se fait en ce moment I don't know what the fashions are at the moment. -**2.** [être socialement convenable]: ça ne se fait pas de demander son âge à une femme it's rude to ask a woman her age; ça ne se fait pas! it's not done!, you (just) don't do that!; tu peux dire merci, ça se fait! you're allowed to say thank you, you know! -**3.** [être réalisé]: sans argent le film ne se fera pas without money the film will never be made; le projet ne se fera pas sans elle there won't be a project without her; finalement ça ne se fera pas as it turns out, it's not going to happen; les choses se font petit à petit things evolve gradually; la capitale où la mode se fait the fashion capital; je dois signer un nouveau contrat, mais je ne sais pas quand cela va se ~ I'm going to sign a new contract, but I don't know when that will be; tu pourrais me prêter 1 500 F? — ça pourrait se ~ could you lend me 1,500 F? — that should be possible ‖ *(tournure impersonnelle)*: comment se fait-il que...? how come OU how is it that...?; il pourrait se ~ que... it might OU may be that..., it's possible that...; c'est ce qui se fait de mieux en papiers peints lavables it's the best washable wallpaper available.

◇ *vpi* -**1.** [se former]: les couples se font et se défont people get together and separate. -**2.** *(suivi d'un inf)*: se ~ opérer to have an operation; se ~ tuer to get killed; se ~ photographier [par qqn] to get OU have one's picture taken; [dans un Photomaton] to have some pictures (of o.s.) done; se ~ couper les cheveux to have one's hair cut; il se fait ~ ses vêtements chez un couturier he gets his clothes tailormade. -**3.** [devenir] to become; elle se fit toute douce she became very gentle; sa voix se fit plus grave his voice became deeper; les mesures de sécurité se sont faites plus rigoureuses security measures have been tightened up OU have become more stringent; il s'est fait le porte-parole de toute une génération he became the mouthpiece for a whole generation; Dieu s'est fait homme God took human form; s'il arrive à l'heure, je veux bien me ~ nonne! *fam* if he arrives on time, I'll eat my hat! ‖ *(tournure impersonnelle)*: il se fait tard it's getting late. -**4.** [s'améliorer - fromage] to ripen; [- vin] to mature; mes chaussures me serrent — elles vont se ~ my shoes feel tight — they'll stretch.

◇ *vpt* -**1.** [fabriquer]: se ~ un gâteau to make OU to bake a cake (for o.s.); elle se fait ses vêtements she makes her own clothes. -**2.** [effectuer sur soi]: il se fait ses piqûres seul he gives himself his own injections; je me suis fait une natte I've plaited my hair ‖ [se maquiller]: se ~ les ongles to do one's nails; se ~ les yeux to make up one's eyes. -**3.** *fam* [gagner]: elle se fait 30 000 F par mois she earns 30,000 F per month, she gets 30,000 F every month; il ne se fait pas grand-chose he doesn't earn OU get much. -**4.** *fam* [s'accorder]: on se fait un film/un petit café? what about going to see a film/going for a coffee?; on s'est fait les trois musées dans la journée we did the three museums in one day; quand est-ce qu'on se le fait, ce match? when are we going to have this game? -**5.** *fam* [supporter]: il faut se la ~! she's a real pain! -**6.** *arg crime* [tuer] to kill, to bump off; [agresser] to beat up; se ~ une banque [la voler] to rob a bank. -**7.** ▼[posséder sexuellement] to screw, to lay.

◆ **se faire à** *vp + prép* to get used to; elle ne t'aime plus, il faudra que tu t'y fasses she doesn't love you anymore, you'll have to get that into your head OU get used to it; il s'appelle Odilon — je ne m'y ferai jamais! his name is Odilon — I'll never get used to it!

◆ **s'en faire** *vpi* to worry; si je lui en parle, elle va s'en ~ if I tell her about it she'll worry; je ne m'en fais pas pour lui I'm not worried about him; ne t'en fais pas pour le dîner, je m'en occupe don't (you) worry about the dinner, I'll see to it; dans la vie faut pas s'en ~ *fam* you should take life easy ‖ *hum*: elle s'en souviendra, ne t'en fais pas! she'll remember, don't you worry!; encore au lit? tu ne t'en fais pas! still in bed? you're taking it easy, aren't you?; il roule en Jaguar maintenant — il ne s'en fait pas! he drives around in a Jaguar now — some people have all the luck!; tu as ouvert mon courrier? faut pas t'en ~! *fam* you've opened my mail? you've got some nerve OU don't mind me!

faire-part [fɛrpar] *nm inv* announcement; ~ de décès death notice; ~ de mariage wedding announcement.

faire-valoir [fɛrvalwar] *nm inv* -**1.** THÉÂT stooge, straight man; c'est lui le ~ de Robert he acts as straight man to Robert. -**2.** AGR farming; exploitation OU terres en ~ direct owner farm.

fair-play [fɛrplɛ] ◇ *nm inv* fair play, fair-mindedness.

◇ *adj inv* fair-minded; il est ~ [joueur] he plays fair; *fig* he has a sense of fair play.

faisabilité [fəzabilite] *nf* feasibility.

faisable [fəzabl] *adj* [réalisable] feasible; [possible] possible, practicable; c'est ~ it can be done; ce n'est pas ~ par un enfant no child could do it; tu peux être là à 14 h? — c'est ~ can you come at 2 o'clock? — I should think so.

faisan [fəzɑ̃] *nm* -**1.** ZOOL (cock) pheasant. -**2.** *fam péj* crook, con-man.

faisandage [fezɑ̃daʒ] *nm* hanging (of meat).

faisandé, e [fəzɑ̃de] *adj* -**1.** CULIN gamy, high. -**2.** [goût, littérature] decadent.

faisandeau [fəzɑ̃do] *nm* young pheasant.

faisander [3] [fəzɑ̃de] *vt* CULIN to hang.

◆ **se faisander** *vpi* -**1.** CULIN to get high. -**2.** [pourrir] to rot.

faisanderie [fəzɑ̃dri] *nf* pheasant farm.

faisane [fəzan] *adj f* & *nf*: (poule) ~ (hen) pheasant.

faisceau, x [fɛso] *nm* -**1.** [rayon] beam, ray; ~ cathodique cathode ray; ~ électronique electron beam; ~ hertzien radio beam; ~ lumineux light beam; ~ radar radar beam. -**2.** [gerbe] cluster, bundle; ~ aimanté bunch of magnets; ~ de fils wiring harness; ~ de ressorts cluster springs; ~ de preuves *fig* accumulation of evidence. -**3.** MIL [pyramides d'armes] stack of arms; former/rompre les ~x to stack/to unstack arms. -**4.** ANAT & BOT fascicle. -**5.** RAIL: ~ de voies group of sidings. -**6.** ANTIQ & HIST fasces; les ~x consulaires OU des licteurs the fasces of the consuls OU lictors.

faiseur, euse [fəzœr, øz] *nm, f* -**1.** [artisan] maker; le bon ~ a first-class tailor; ses costumes sortent de chez le bon ~ his suits are always smart and well-cut. -**2.** *péj*: faiseuse d'anges back-street abortionist; ~ d'embarras fusspot; ~ de miracles miracle worker; ~ de tours magician; ~ de vers poetaster. -**3.** *péj* [escroc] swindler, dishonest businessman; [hâbleur] show-off, braggart.

faisselle [fɛsɛl] *nf* -**1.** [récipient] cheese basket. -**2.** [fromage] fromage frais *(packaged in its own draining basket)*.

fait[1] [fɛ] *nm* -**1.** [action] act, deed; le ~ de qqn: l'erreur est de son ~ it was his mistake ❑ le ~ du prince JUR restraint of princes; POL government action; ~ d'armes feat of arms; ~s de guerre acts of war; les ~s et gestes de qqn everything sb says and does, sb's every move; il épiait tous mes ~s et gestes he was watching my every move; hauts ~s heroic deeds; prendre qqn sur le ~ to catch sb red-handed; prendre ~ et cause pour qqn to side with sb. -**2.** [événement] event, fact, occurrence; ~ notoire fact of common knowledge; ~ nouveau new development; les ~s lui ont donné raison she was proved right by events; au moment des ~s at the time; racontez-nous les ~s tell us what happened; les ~s qui lui sont reprochés the charge laid against him; niez-vous les ~s? do you deny the charge?; de ce ~ thereby; le contrat, de ce ~, est résilié the contract is thereby terminated; il est pénalisé par le seul ~ de son divorce the very fact that he's divorced puts him at a disadvantage; par le seul ~ que (solely) because of, due (solely) to the fact that ❑ ~ (juridique) JUR fact; ~ concluant JUR conclusive evidence; ~s constitutifs de délit JUR factors that constitute an offence; ~ exprès: c'est (comme) un OU on dirait un ~ exprès it's almost as if it was deliberate; comme (par) un ~ exprès, il n'avait pas de monnaie funnily enough, he had no change. -**3.** [réalité] fact; c'est un ~ it's a (matter of) fact; le ~ est là it's a fact; le ~ est que nous étions en retard the fact is we were late ❑ ~ accompli fait accompli; placer OU mettre qqn devant le ~ accompli to present sb with a fait accompli; ~ acquis: considérer qqch comme un ~ acquis to take sthg for granted; c'est loin d'être OU ce n'est pas un ~ acquis it's not a foregone conclusion; état de ~ (inescapable) fact; le ~ est! *fam* that's right!, you've said it!; je n'ai pas eu le temps de le faire, le ~ est! I have to admit that I didn't have enough time to do it! -**4.** [sujet, question] point; aller (droit) au ~ to go straight to the point; en venir au ~ to come OU to get to the point; venons-en au ~ let's come to the point. -**5.** *loc*: dire son ~ à qqn to give sb a piece of one's mind; je vais lui dire son ~, à ce goujat! I'm going to give this lout a piece of my mind!

◆ **au fait** *loc adv* by the way, incidentally; au ~, je t'ai remboursé? incidentally OU by the way, did I pay you back?; au ~, on pourrait y aller à pied? by the way, couldn't we walk there?

◆ **au fait de** *loc prép* well aware of, fully informed about; être au ~ de to know about, to be informed about; je ne suis pas très au ~ de ce problème I don't know much about this problem; il est très au ~ de ces questions he's very well informed about such matters; mettre qqn au ~ de la situation to inform sb about the situation.

◆ **de fait** *loc adj* -**1.** JUR actual, de facto. -**2.** [en affirmation]: il est de ~ que it is true OU a fact that; il est de ~ que je n'y avais pas pensé it is true OU a fact that it hadn't occurred to me.

◆ **de fait, en fait** *loc adv* in fact, actually, as a matter of fact; en ~, il n'est pas mon père actually OU in fact he isn't my father; de ~, je n'ai jamais compris ce qu'il voulait actually OU to be honest, I never understood what he wanted.

◆ **du fait de** *loc prép* because of, due to, on account of.

◆ **du fait que** *loc conj* because (of the fact that).

◆ **en fait de** *loc prép* -**1.** [en guise de] by way of; en ~ de nourriture, il n'y a qu'une boîte de sardines there's only a can of sardines by way of food. -**2.** [au lieu de] instead of; en ~ de chien, c'était un loup it wasn't a dog at all, it was a wolf.

fait[2], **e** [fɛ, fɛt] *adj* -**1.** [formé]: elle a la jambe bien ~e she's got shapely OU nice legs; une femme fort bien ~e a very good-looking woman ❑ ~ au tour shapely, well-turned; une taille ~e au tour a well-turned waist, a shapely figure. -**2.** [mûr] mature, ripe; un fromage ~ a fully ripened cheese; trop ~ overripe. -**3.** [maquillé] made-up; elle a les yeux ~s she's wearing eye make-up. -**4.** [prêt]: tout ~ [vêtement] ready-made, ready-to-wear; [tournure] set, ready-made; robes toutes ~es ready-to-wear OU *Br* off-the-peg dresses; une expression toute ~e a set phrase, a cliché; une excuse toute ~e a ready-made excuse.

faîtage [fɛtaʒ] *nm* [poutre] ridgeboard, ridgepiece; [couverture] ridge tiling.

fait divers (*pl* faits divers), **fait-divers** (*pl* faits-divers) [fɛdivɛr] *nm* -**1.** [événement] news story, news item. -**2.** [rubrique] (news) in brief; [page] news in brief; ne fréquente pas ces types-là si tu ne veux pas te retrouver dans les faits divers *fam* don't mix with those types if you don't want to end up as a crime statistic.

faîte [fɛt] *nm* -**1.** GÉOG crest, top. -**2.** [sommet] top, summit; le ~ des arbres était couvert de neige the tops of the trees were covered with snow. -**3.** CONSTR ridgepiece. -**4.** [summum] climax, acme; le ~ de la gloire the height of glory; atteindre le ~ de sa carrière to reach the climax of one's career.

faîteau [fɛto] *nm* ridge tile.

faîtier, ère [fetje] *adj Helv* central.

faîtière [fɛtjɛr] ◇ *adj f*: lucarne ~ dormer window; tuile ~ crest tile, ridge-tile.
◇ *nf* crest tile, ridge-tile.

faitout [fɛtu] *nm*, **fait-tout** [fɛtu] *nm inv* stewpot, cooking pot.

faix [fɛ] *nm litt* burden, load; le ~ des ans the weight of (advancing) years; ployer sous le ~ to bend beneath the load.

fakir [fakir] *nm* -**1.** RELIG fakir. -**2.** [magicien] conjurer.

fakirisme [fakirism] *nm* practice of a fakir.

falaise [falɛz] *nf* cliff; ~ d'éboulement secondary cliff; ~ littorale OU vive sea cliff; ~ morte ancient cliff.

falbalas [falbala] *nmpl péj* frills (and furbelows); une architecture sans ~ an unadorned style.

◆ **à falbalas** *loc adj* [robe, rideau] flouncy, frilly.

falconidé [falkɔnide] *nm* member of the falcon family OU Falconidae.

Falkland [folklɑ̃d] *npr fpl*: les (îles) ~ the Falkland Islands; aux îles ~ in the Falkland Islands.

fallacieusement [falasjøzmɑ̃] *adv* deceptively, misleadingly.

fallacieux, euse [falasjø, øz] *adj* -**1.** [trompeur] deceptive, misleading, fallacious; promesses fallacieuses false OU deceptive promises; l'espoir ~ de les rencontrer the illusory hope of meeting them; sous un prétexte ~ on some pretext. -**2.** [spécieux] insincere, specious; des arguments ~ specious arguments.

falloir [69] [falwar] *v impers* **A.** EXPRIME LE BESOIN -**1.** [gén]: pour ce tricot, il faut des aiguilles nº 6 to knit this jumper, you need number 6 needles; il faut deux heures pour y aller it takes two hours to get there; faut-il vraiment tout ce matériel? is all this equipment really necessary?; il est inspecteur des impôts — il en faut! *hum* he's a tax inspector — someone has to do it!; j'aime les bonnes choses — oui, mais point trop n'en faut! *hum* I like good things — OK, but you shouldn't overindulge!; on a besoin d'un gros marteau — j'ai ce qu'il faut dans la voiture we need a big hammer — I've got one in the car; je bois deux litres d'eau par jour — c'est ce qu'il faut I drink two litres of water a day — that's good; ajoutez de la moutarde, juste ce qu'il faut add some mustard, not too much; je crois que nous avons trouvé l'homme qu'il nous faut [pour un poste] I think we've found the right person for the job; c'est un homme très tendre qu'il me faut I need a man who is very loving; ce n'est pas la femme qu'il te faut she's not the right woman for you; pour cette recette, il vous faut... for this recipe, you need...; c'est tout ce qu'il vous fallait? [dans une boutique] anything else?; il me faudrait deux filets de cabillaud, s'il vous plaît I'd like two cod fillets, please; j'ai plus d'argent qu'il ne m'en faut I've got more money than I need; j'ai plus de temps qu'il ne m'en faut I've got time on my hands; il ne lui en faut pas beaucoup pour se mettre en colère it doesn't take a lot OU much to make her angry; il te faudrait une voiture you need a car ❑ je voudrais que tu tapes la lettre en trois exemplaires — et puis qu'est-ce qu'il te faut encore? *fam* I'd like you to type three copies of the letter — is that all?; il t'a fait ses excuses, qu'est-ce qu'il te faut de plus? *fam* he apologized, what more do you want?; il n'est pas très beau — qu'est-ce qu'il te faut! *fam* he's not really good-looking — you're hard to please!; ce n'est pas très cher — qu'est-ce qu'il te faut! *fam* it's not very expensive — well, what do you call expensive then?; je suis satisfait de lui — il t'en faut peu! *fam* I'm satisfied with him — you're not hard to please! -**2.** *(suivi d'une complétive au subj)*: il faudrait que nous nous réunissions plus souvent we should have more regular meetings.

B. EXPRIME L'OBLIGATION, LA NÉCESSITÉ -**1.** [gén]: je ne veux pas me faire opérer — il le faut pourtant I don't want to have an operation — you have no choice; je lui ai dit — le fallait-il vraiment? I told him — was it really necessary OU did you really have to?; il ne fallait pas *fam* [en recevant un cadeau] you shouldn't have; s'il le faut: nous irons jusque devant les tribunaux s'il le faut! we'll take the matter to the courts if we must OU if necessary! ❑ elle a ce qu'il faut où il faut *fam* she's got what it takes; du champagne, du saumon! — il faut ce qu'il faut! *fam* champagne and salmon! — well, you might as well do things in style! -**2.** *(suivi de l'inf)*: il faut m'excuser please forgive me, you must forgive me; il était furieux — il faut le comprendre he was furious — that's understandable; j'ai besoin d'aide — d'accord, que faut-il faire? I need help — all right, what do you want me to do?; je ne crois pas qu'il faille t'inquiéter I don't think you should worry; je n'ai pas envie — il faut pourtant le faire I don't feel like it — still, it has to be done; c'est un film qu'il faut voir (absolument) this film's a must; il faut bien se souvenir/se dire que... it has to be remembered/said that...; s'il fallait faire attention à tout ce que l'on dit! if one had to mind one's Ps and Qs all the time!; il ne fallait pas commencer! you shouldn't have started!; j'ai faim — il fallait le dire! I'm hungry — why didn't you say so?; qui faut-il croire? who is to be believed?; il me fallait lui mentir *sout* I had to lie to him. -**3.** *(suivi d'une complétive au subj)*: il a fallu que je m'absente I had to go out for a while; il a bien fallu que je lui dise! I had to tell him, didn't I? -**4.** *(au conditionnel, sens affaibli)*: il aurait fallu prévenir la police the police should have been called; attention, il ne faudrait pas que tu te trompes! careful, you'd better not make any mistakes!; ne dis rien, il ne faudrait pas que ça se sache don't breathe a word, nobody should know about it; il ne faudrait pas me prendre pour une idiote! do you think I'm stupid?; il faudrait pourtant que je m'achète une nouvelle voiture I ought to buy a new car, really. -**5.** [en intensif]: il faut le voir pour le croire! *fam* it has to be seen to be believed!; c'était dangereux, il fallait y aller *fam* [ton admiratif] it was dangerous, it took courage to do it; il faut le faire *fam*: il faut le faire! [en regardant un acrobate, un magicien] that's amazing!; ce qu'il a fait, il fallait le faire! what he did was quite something!; trois accidents en une semaine, il faut le faire! three accidents in a week, that must be a record!; ne pas fermer sa voiture, faut le faire! it takes a fool OU you've got to be completely stupid to leave your car unlocked!; ça représente un cheval — il fallait le deviner! it's supposed to be a horse — I'd never have known!; il fallait l'entendre! you should have heard him!; il fallait le voir jouer Hamlet! you should have seen him playing Hamlet!

C. EXPRIME UNE FATALITÉ: il a fallu que le téléphone sonne juste à ce moment-là! the phone had to ring just then!; je lui avais défendu, mais non, il a fallu qu'elle le fasse I'd told her not to, but she would have to do it.

D. POUR JUSTIFIER, EXPLIQUER: il faut que tu aies fait mal à Rex pour qu'il t'ait mordu! you must have hurt Rex to make him bite you!; il fallait que le vase soit OU fût *sout* très fragile pour se casser aussi facilement the vase must have been very fragile to break that easily.

◆ **s'en falloir** *v impers*: il s'en faut de: il s'en faut de beaucoup qu'il n'ait fini! he's far from having finished!; elle n'est pas de ton envergure, il s'en faut de beaucoup! she's not in your league, far from it!; peu s'en est fallu que je ne manque le train! I very nearly OU almost missed the train!; il s'en est fallu de rien OU d'un cheveu *fam* OU d'un doigt *fam* qu'il ne fût décapité he came within inches of having his head chopped off ❑ tant s'en faut far from it, not by a long way; il n'est pas paresseux, tant s'en faut he's far from being lazy.

Fallope [falɔp] *npr* → **trompe**.

falot[1] [falo] *nm* lantern.

falot[2], **e** [falo, ɔt] *adj* colourless, bland, vapid; c'est un personnage assez ~ he's rather insipid.

falsifiabilité [falsifjabilite] *nf* falsifiability.

falsifiable [falsifjabl] *adj* -**1.** [signature, document] falsifiable, forgeable. -**2.** PHILOS which can be falsified.

falsificateur, trice [falsifikatœr, tris] *nm, f* falsifier, forger.

falsification [falsifikasjɔ̃] *nf* falsification, faking, forgery; ~ des registres tampering with registers.

falsifier [9] [falsifje] *vt* [vin, lait] to adulterate; [document, signature] to forge, to falsify; les comptes ont été falsifiés the accounts have been falsified; il a falsifié les résultats he tampered with OU falsified the results.

falzar[▽] [falzar] *nm* trousers *Br*, pants *Am*.

famé, e [fame] *adj péj*: mal ~ ill-famed; lieu mal ~ place of ill-repute.

famélique [famelik] *adj*: un chat ~ a scrawny cat; un prisonnier ~ a half-starved prisoner.

fameusement [famøzmɑ̃] *adv* very, really; il est ~ rusé! he's really crafty!; on s'est ~ bien amusé we had a really good time.

fameux, euse [famø, øz] *adj* -**1.** [célèbre] famous, renowned, well-known; ~ entre tous widely recognized. -**2.** *fam* [bon] excellent, brilliant; ce fut une fameuse journée it has been a memorable day; ~, ton gâteau your cake is delicious; c'est ~ [repas, mets] it's excellent; j'ai bien une photo, mais elle n'est pas fameuse I have got a photograph, but it's not that good; l'image est bonne, mais la bande-son n'est pas fameuse the picture is OK, but the soundtrack isn't brilliant. -**3.** [en intensif]: c'est un ~ mystère it's quite a mystery; un ~ exemple de courage an outstanding example of courage. -**4.** [dont on parle] famous; et où as-tu acheté ce ~ bouquin? where did you buy the book you were talking about? -**5.** *iron* so-called; c'est ça, ton ~ trésor? is THAT your famous treasure?; montre-moi ce ~ chef-d'œuvre show me this so-called masterpiece.

familial, e, aux [familjal, o] *adj* -**1.** [de famille] domestic, family *(modif)*; vie/réunion ~e family life/meeting; une atmosphère ~e a friendly atmosphere; querelles ~es domestic quarrels; cet élève a des problèmes familiaux this pupil has problems at home; maladie ~e hereditary disease OU condition ❑ la cuisine ~e home cooking; quotient/revenu ~ family quotient/income. -**2.** COMM family-sized, economy *(modif)*; emballage ~ economy-size OU family pack.

◆ **familiale** *nf* estate (car) *Br*, station wagon *Am*.

familiarisation [familjarizasjɔ̃] *nf* familiarization.

familiariser [3] [familjarize] *vt*: ~ qqn avec to make sb familiar OU to familiarize sb with, to get sb used to.

◆ **se familiariser avec** *vp + prep* to familiarize o.s. with; se ~ avec to get used to, to become familiar with; se ~ avec les lieux to get one's bearings; se ~ avec une technique/langue to master a technique/language.

familiarité [familjarite] *nf* -**1.** [désinvolture] familiarity, casualness; je ne tolérerai aucune ~ dans mes rapports avec les étudiants I will not tolerate any familiarity in my relations with the students. -**2.** [connaissance]: ~ avec familiarity with, knowledge of; avoir une grande ~ avec Proust to have a close OU an intimate knowledge of Proust; sa ~ avec les oiseaux d'Europe du Nord her knowledge of the birds of Northern Europe; ~ de: acquérir une certaine ~ de l'anglais to gain a certain knowledge of English.

◆ **familiarités** *nfpl* liberties, undue familiarity; s'autoriser OU prendre des ~s avec qqn to take liberties OU to be overfamiliar with sb.

familier, ère [familje, ɛr] *adj* -**1.** [connu] familiar; un visage ~ a familiar face; ~ à: le problème m'est ~ I am familiar with the problem; la maison lui était familière he remembered the house quite clearly; ce spectacle/bruit lui était ~ it looked/sounded familiar to him. -**2.** [habituel] usual; une tâche familière a routine task; c'est l'une de ses attitudes familières it's one of her favourite poses; il est préférable de les voir dans leur décor ~ you should see them in their usual surroundings; ~ à: ce genre de travail leur est ~ they are used to this kind of work. -**3.** [apprivoisé] domestic, tame. -**4.** *péj* [cavalier] overfamiliar; je n'aime pas leurs attitudes familières/les gens trop ~s I don't like their offhand ways/people who are overfamiliar. -**5.** LING colloquial, informal.

◆ **familier** *nm* -**1.** [ami] familiar, friend; elle se déplace en tournée avec tous ses ~s she tours with her regular entourage. -**2.** [client] habitué, regular; les ~s de ce café this café's regulars.

familièrement [familjɛrmɑ̃] *adv* -**1.** [amicalement] familiarly, informally, casually. -**2.** [couramment] colloquially, in conversation; la saxifrage, ~ appelée mignonnette saxifrage, commonly named London pride.

familistère [familistɛr] *nm* -**1.** [coopérative] coop, cooperative. -**2.** HIST Fourierist cooperative.

famille [famij] *nf* -**1.** [foyer] family, household; la ~ Laverne the Laverne family, the Lavernes; ~ étendue/restreinte extended/nuclear family; revenu par ~ income per household; rentrer dans sa ~ to go back home ❑ ~ monoparentale single-parent family; ~ nombreuse, grande ~ *Helv* large family. -**2.** [enfants] family, children; comment va la petite ~? *fam* how are the children?; avec toute sa petite ~ with all her brood around her. -**3.** [tous les parents] family, relatives; une grande ~ de France one of the noblest families in France; il n'est pas de ma ~ he's no relation of mine; ils sont de la même ~ they're related; prévenir la ~ to inform sb's relatives; JUR to inform the next of kin; c'est une ~ de danseurs they're all dancers in their family, they're a family of dancers; je souhaite que mes bijoux ne sortent pas de la ~ I'd like my jewels to stay in the family; c'est ça, donne-lui ton rhume pour que ça ne sorte pas de la ~! *hum* that's right, give him your cold, let's keep things in the family! -**4.** BOT, LING & ZOOL family, group; ~ de langues group of languages; ~ de mots/plantes family of words/plants || CHIM & PHYS chain, family; ~ de l'uranium uranium series || MATH & MUS family; la ~ des instruments à vent winds, the wind family. -**5.** [idéologie] obedience, persuasion; de la même ~ politique of the same political persuasion; des gens appartenant à la même ~ spirituelle que nous our brothers in spirit.

◆ **de bonne famille** *loc adj* well-bred, from a good family.

◆ **de famille** ◇ *loc adj* [cercle, médecin] family *(modif)*; les biens de ~ the family estate ❑ chef OU soutien de ~ head of the family, (main) breadwinner.

◇ *loc adv*: c'est OU cela tient de ~ it runs in the family, it's in the blood.

◆ **des familles** *fam loc adj* cosy, nice (little); une petite soirée des ~s a cosy little party; je vais nous faire un petit gigot des ~s I'm going to cook a nice little leg of lamb for us.

◆ **en famille** *loc adv* -**1.** [en groupe]: passer Noël en ~ to spend Christmas with one's family OU at home. -**2.** [en confiance]: se sentir en ~ to feel at home; ma petite Sylvie, vous serez (comme) en ~ ici! my dear Sylvie, please consider yourself at home here!

famine [famin] *nf* famine, starvation; ils souffrent de la ~ they're victims of the famine, they're starving.

fan [fan] *nmf* fan; c'est un ~ de jazz he is a jazz fan; je me considère comme une ~ de Victor Hugo! I rank myself among Hugo's fervent admirers!; un ~ des films noirs [amateur] a film noir fan.

fana *fam* [fana] ◇ *adj* enthusiastic, crazy; il est ~ de sport he is crazy about sport.

◇ *nmf* fan; c'est une ~ de cinéma she loves the cinema.

fanage [fanaʒ] *nm* haymaking.

fanal, aux [fanal, o] *nm* lantern, lamp; ~ de locomotive headlight; ~ de bord NAUT ship's lantern, sidelight.

fanatique [fanatik] ◇ *adj* -**1.** RELIG & *péj* fanatical, bigoted, zealous. -**2.** [passionné] enthusiastic; il est ~ des jeux vidéo he's mad about video games; je ne suis pas ~ de la bière I'm not (that) keen on beer.

◇ *nmf* -**1.** RELIG & *péj* zealot. -**2.** [partisan] fan, fanatic.

fanatiquement [fanatikmɑ̃] *adv* fanatically, zealously.

fanatisation [fanatizasjɔ̃] *nf* fanaticization.

fanatiser [3] [fanatize] *vt* to fanaticize, to make fanatical; être fanatisé to become fanatical; suivi par une foule fanatisée followed by a frenzied crowd.

fanatisme [fanatism] *nm* fanaticism.

fan-club [fanklœb] (*pl* fans-clubs) *nm hum* admirers, supporters, fan club *fig*.

fandango [fɑ̃dɑ̃go] *nm* fandango.

fane [fan] *nf* -**1.** [de légumes] top; ~ de carotte/radis carrot/radish tops. -**2.** [feuille morte] (dead OU fallen) leaf.

faner [3] [fane] ◇ *vi* -**1.** AGR to make hay; ils sont en train de ~ they're at the haymaking. -**2.** [se flétrir] to wither.

◇ *vt* -**1.** AGR to ted, to toss. -**2.** [décolorer] to fade; fané par le soleil faded by the sun, sun-bleached; des couleurs fanées faded OU washed-out colours.

◆ **se faner** *vpi* -**1.** BOT to fade, to wither. -**2.** [perdre son éclat] to wane, to fade; sa beauté s'est fanée her beauty has lost its bloom OU faded.

faneur, euse [fanœr, øz] *nm, f* haymaker, tedder.

◆ **faneuse** *nf* tedder, tedding-machine.

fanfare [fɑ̃far] *nf* [air] fanfare; [orchestre - civil] brass band; [- militaire] military band.

◆ **en fanfare** *loc adv* noisily; annoncer la nouvelle en ~ to trumpet the news; réveiller qqn en ~ to wake sb up noisily OU brutally.

fanfaron, onne [fɑ̃farɔ̃, ɔn] ◇ *adj* boastful, swaggering; d'un air ~ boastfully.

◇ *nm, f* boaster, braggart, swaggerer; faire le ~ to crow; ah, tu ne fais plus le ~, maintenant? ah, so you're not so pleased with yourself now?

fanfaronnade [fɑ̃farɔnad] *nf* -**1.** [acte] bravado *(U)*; par ~ out of (sheer) bravado. -**2.** [remarque] boast.

fanfaronner [3] [fɑ̃farɔne] *vi* to boast, to brag, to swagger.

fanfreluche [fɑ̃frəlyʃ] *nf*: des ~s frills (and furbelows).

fange [fɑ̃ʒ] *nf litt* mire; vivre dans la ~ to live a life of degradation; sortir de la ~ to climb out of the gutter.

fangeux, euse [fɑ̃ʒø, øz] *adj litt* -**1.** [boueux] miry. -**2.** [abject] murky.

fanion [fanjɔ̃] *nm* flag, pennant.

fanon [fanɔ̃] *nm* -**1.** [d'une baleine] whalebone plate. -**2.** [bajoue - d'un bœuf] dew-lap; [- d'une dinde] lappet, wattle. -**3.** [d'un cheval] fetlock. -**4.** RELIG lappet (of a mitre).

fantaisie [fɑ̃tezi] *nf* -**1.** [originalité] imagination; avoir beaucoup de ~ to have a lively imagination; donner libre cours à sa ~ to give free rein to one's imagination; manquer de ~ to lack imagination || *péj* fantasy; vous interprétez le règlement avec beaucoup de ~ you have a rather imaginative interpretation of the rules. -**2.** [lubie] whim; je ne sais quelle ~ lui a pris I don't know what came over him; et s'il lui prend la ~ de partir? what if he should take it into his head to leave?; satisfaire une ~ to give in to a whim; se passer une ~ to indulge a caprice; s'offrir une ~ to give o.s. a treat, to treat o.s.; je m'offre une petite ~, un week-end à Amsterdam I'm giving myself a little treat, a weekend in Amsterdam; cette (petite) ~ va vous coûter cher *péj* you'll regret this little piece of self-indulgence. -**3.** [bibelot] fancy; un magasin de ~s a novelty shop. -**4.** BX-ARTS & LITTÉRAT (piece of) fantasy; MUS fantasy, fantasia; [créativité] fancy, imagination, imaginative power; le récit relève de la plus haute ~ the story is highly imaginative. -**5.** *(comme adj inv)* [simulé] imitation; kirsch ~ imitation kirsch; bijou ~ piece of costume jewellery || [peu classique] fancy; des boutons ~ fancy buttons.

◆ **de fantaisie** *loc adj* -**1.** [à bon marché - bijou, article] fancy *(modif)*. -**2.** [imaginaire - œuvre, récit] fantasy *(modif)*, imaginative. -**3.** [non officiel]: il portait un uniforme de ~ he was wearing a customized uniform.

◆ **à la fantaisie de, selon la fantaisie de** *loc prép*: n'en faire qu'à sa ~ to do exactly as one pleases.

fantaisiste [fɑ̃tezist] ◇ *adj* -**1.** [farfelu] eccentric, unconventional. -**2.** [inventé] fanciful; un récit des plus ~s a most fanciful OU whimsical account; c'est une explication/étymologie ~ that explanation/etymology is pure invention.

◇ *nmf* -**1.** THÉÂT variety artist, sketcher. -**2.** *péj* [dilettante] joker, clown; méfie-toi, c'est un ~ be careful, he's totally unreliable.

fantasia [fɑ̃tazja] *nf* fantasia.

fantasmagorie [fɑ̃tasmagɔri] *nf* -**1.** [féerie] phantasmagoria. -**2.** [effets de style] gothic effects.

fantasmagorique [fɑ̃tasmagɔrik] *adj* magical, phantasmagorical *lit*.

fantasmatique [fɑ̃tasmatik] *adj* fantasy *(modif)*.

fantasme [fɑ̃tasm] *nm* fantasy.

fantasmer [3] [fɑ̃tasme] *vi* to fantasize; **il fantasme beaucoup sur...** he fantasizes a lot OU he has a lot of fantasies about...

fantasque [fɑ̃task] *adj* -**1.** [capricieux] capricious, whimsical. -**2.** *litt* [bizarre] odd, weird.

fantassin [fɑ̃tasɛ̃] *nm* foot soldier, infantry man.

fantastique [fɑ̃tastik] ◇ *adj* -**1.** [fabuleux - animal, personnage] fantastical, fabulous, fantasy (*modif*). -**2.** BX-ARTS, CIN, LITTÉRAT & MUS: **roman ~** gothic novel; **cinéma ~** science-fiction OU fantasy films. -**3.** *fam* [formidable] great, brilliant; **j'ai gagné, n'est-ce pas ~?** I won, isn't it great OU marvellous?; **c'est un type ~!** he's a great guy! -**4.** [étonnant] extraordinary, unbelievable; **le ~ essor des technologies** the extraordinary progress of technology; **une somme ~** a fantastic amount of money; **déployer un luxe ~** to make a display of fantastic luxury; **il a un courage ~** he's incredibly courageous.
◇ *nm*: **le ~** [l'étrange] the fantastic, the supernatural; [genre] the gothic (genre).

fantastiquement [fɑ̃tastikmɑ̃] *adv* fantastically, terrifically, amazingly.

fantoche [fɑ̃tɔʃ] *nm péj* puppet; (*comme adj*): **un gouvernement/souverain ~** a puppet government/king; **une armée ~** a non-existent army.

fantomatique [fɑ̃tɔmatik] *adj* phantom (*modif*), ghostly.

fantôme [fɑ̃tom] *nm* -**1.** [revenant] ghost, phantom, spirit; **apparaître/disparaître comme un ~** to appear/to disappear as if by magic. -**2.** *litt* [apparence] ghostly image OU shape, ghost; **un ~ de** *péj*: **un ~ de chef** a make-believe leader, a leader in name only; **un ~ de parti politique** a phantom political party. -**3.** (*comme adj*): **cabinet ~** shadow cabinet; **société ~** bogus company; **des étudiants ~s** non-existent students; **où est ce rapport ~?** where is this supposed report?

FAO ◇ *nf* (*abr de* **fabrication assistée par ordinateur**) CAM.
◇ *npr f* (*abr de* **Food and Agricultural Organisation**) FAO.

faon [fɑ̃] *nm* fawn.

FAP (*abr de* **franc d'avarie particulière**) *adj* FPA, fpa.

faquin [fakɛ̃] *nm arch* knave.

far [far] *nm*: **~ (breton)** *Breton custard tart with prunes*.

farad [farad] *nm* farad.

Faraday [faradɛ] *npr* → **cage**.

faramineux, euse *fam* [faraminø, øz] *adj* [somme, fortune] huge, tremendous; **il a un aplomb ~** he's got an awful nerve; **c'est ~ ce qu'elle a pu dépenser!** the amount of money she spent was incredible!

farandole [farɑ̃dɔl] *nf* -**1.** DANSE farandole. -**2.** [au restaurant]: **et pour finir, la ~ des fromages/desserts** finally, choose from our cheese tray/dessert trolley.

faraud, e [faro, od] ◇ *adj* boastful; **te voilà bien ~e avec ta robe neuve!** you look very pleased with yourself in your new dress!; **il n'était pas si ~ pendant l'orage** he wasn't so cocky during the storm.
◇ *nm, f*: **faire le ~** to show off.

farce¹ [fars] ◇ *nf* -**1.** [tour] practical joke, prank, trick; **faire une ~ à qqn** to play a trick on sb; **quelqu'un t'a fait une ~** somebody has been pulling your leg; **la situation tournait à la ~** things were becoming farcical; **une mauvaise ~** a joke gone wrong; **la vie n'est qu'une ~** life is nothing but a farce. -**2.** LITTÉRAT & THÉÂT farce.
◇ *adj vieilli* comical; **c'était assez ~!** it was hilarious!
◆ **farces et attrapes** *nfpl* assorted tricks.

farce² [fars] *nf* CULIN forcemeat, stuffing.

farceur, euse [farsœr, øz] ◇ *adj* facetious; **il a l'œil ~** he has a waggish look; **ils sont ~s** they like playing tricks.
◇ *nm, f* practical joker, prankster; **petit ~!** you rascal!

farci, e [farsi] *adj* CULIN stuffed.

farcir [32] [farsir] *vt* -**1.** CULIN to stuff. -**2.** *fam* [remplir]: **~ qqch avec** OU **de** to fill sthg choc-a-block with, to cram sthg with; **cesse de lui ~ le crâne avec ces sottises!** stop cramming his head full of this nonsense!; **avoir la tête farcie (de qqch)**: **elle avait la tête farcie de superstitions** her head was crammed full of superstitious beliefs.
◆ **se farcir** *vpt*: **se ~ qqn** [le subir] *fam* to have to put up with OU to have to take sb; [sexuellement] ▾to have it off with *Br* OU to screw sb; **se ~ qqch** *fam* [le subir] to have to put up with OU to have to take sthg; [le boire] to knock sthg back, to down sthg; [le manger] to stuff o.s. with sthg; **faut se le ~!** it's a drag OU pain!; **son beau-frère/bouquin, faut se le ~!** his brother-in-law/book is a real pain!

fard [far] *nm* -**1.** [produit] colour (*for make-up*); **un ~ à joues** [crème] a cream blusher; [poudre] a powder blusher; **un ~ à paupières** an eyeshadow. -**2.** *vieilli* [maquillage]: **le ~** [gén] make-up; THÉÂT greasepaint.
◆ **sans fard** ◇ *loc adj* straightforward, frank.
◇ *loc adv* straightforwardly, frankly.

fardage [fardaʒ] *nm* COMM camouflage.

farde [fard] *nf Belg* -**1.** [cahier] exercise book. -**2.** [chemise] folder. -**3.** [cartouche] carton (*of cigarettes*).

fardeau [fardo] *nm* -**1.** [poids] burden, load. -**2.** [contrainte] burden, millstone; **elle souffrait d'être un ~ pour sa famille** she loathed being a burden to her family ❑ **le ~ fiscal** FIN the tax burden.

farder [3] [farde] *vt* -**1.** [maquiller] to make up (*sép*). -**2.** [cacher] to conceal, to mask; **~ la réalité/ses sentiments** to disguise the truth/one's feelings. -**3.** COMM to camouflage.
◆ **se farder** *vp* (*emploi réfléchi*) to make up one's face, to put one's make-up on.

farfadet [farfadɛ] *nm* imp, elf, goblin.

farfelu, e *fam* [farfəly] ◇ *adj* crazy, strange, cranky.
◇ *nm, f* oddball, weirdo, crackpot.

farfouiller *fam* [3] [farfuje] ◇ *vi* to grope about; **elle farfouille dans sa valise/sous le lit** she's groping about in her suitcase/under the bed; **ils ont farfouillé dans tous les tiroirs** they've been rummaging about in all the drawers.
◇ *vt* [chercher]: **qu'est-ce que tu farfouilles?** what are you after?

faribole *fam* [faribɔl] *nf* piece of nonsense; **d'où sors-tu ces ~s?** where did you get such a load of rot?; **et autres ~s** and all that nonsense; **~s!** nonsense!

farine [farin] *nf* -**1.** CULIN flour; **~ d'avoine** oatmeal; **~ de froment/seigle** wheat/rye flour; **~ de maïs** cornflour; **~ de poisson** fish meal. -**2.** [poudre] powder; **~ de forage** bore dust; **~ de moutarde** mustard powder.
◆ **de la même farine** *loc adj* of the same kind; **ce sont tous gens de la même ~** *litt* they're all alike.

fariner [3] [farine] *vt* to flour, to sprinkle flour over; **farinez le moule** dredge the tin with flour, flour the tin all over.

farineux, euse [farinø, øz] *adj* -**1.** [fariné] floury, flour-covered. -**2.** [pâteux - poire] mealy; **pommes de terre farineuses** floury OU mealy potatoes. -**3.** [féculent] farinaceous *spéc*, starchy. -**4.** [au goût de farine] chalky, floury.
◆ **farineux** *nm* starchy food; **évitez les ~ pendant quelque temps** avoid starch for a while.

farlouche [farluʃ] *nf Can mixture of raisins and molasses used in tarts*.

Farnésine [farnezin] *npr f*: **la ~** the Villa Farnesina.

farniente [farnjɛnte, farnjɑ̃t] *nm* idleness, laziness; **amateur de ~** idler.

farouche [faruʃ] *adj* -**1.** [inflexible] fierce, unflinching; **animé d'une volonté ~** moved by a fierce determination; **elle a une méfiance ~ à l'égard des religions** she is fiercely suspicious of all religion. -**2.** [sauvage] wild; **un animal peu ~** a tame animal ‖ [timide] shy, coy; **l'enfant est encore un peu ~** the child is still a bit shy; **c'est une femme** OU **une fille peu ~** *euph & hum* she is no model of virtue. -**3.** [brutal] cruel, savage; **un combat ~** a savage fight.

farouchement [faruʃmɑ̃] *adv* -**1.** [ardemment] definitely, unquestionably; **je suis ~ contre!** I am definitely against it!; **il est toujours ~ décidé à ne pas bouger** he's still adamant he won't move. -**2.** [violemment] fiercely, savagely; **se débattre ~** to kick and struggle.

fart [far(t)] *nm* skiing wax.

fartage [fartaʒ] *nm* waxing (*of skis*).

farter [3] [farte] *vt* to wax (*skis*).

fascicule [fasikyl] *nm* -**1.** [partie d'un ouvrage] instalment, part, section; **publié par ~s** published in parts. -**2.** [livret] booklet, manual; **le calendrier figure dans un ~ séparé** the timetable is given in a separate booklet ❑ **~ de mobilisation** mobilization instructions.

fasciculé, e [fasikyle] *adj* BIOL & BOT fasciculate.

fascinant, e [fasinɑ̃, ɑ̃t] *adj* captivating, fascinating.

fascinateur, trice [fasinatœr, tris] ◇ *adj* fascinating.
◇ *nm, f* captivator.

fascination [fasinasjɔ̃] *nf* fascination; **exercer une ~ sur** to be fascinating to.

fascine [fasin] *nf* bundle (of wood), faggot.

fasciner [3] [fasine] *vt* -**1.** [charmer] to captivate, to fascinate; **le spectacle les fascine** they're captivated by the show; **j'étais fasciné par l'adresse des marins dans les haubans** I was fascinated by the agility of the sailors up in the rigging; **elle est fascinée par ce garçon** she has been bewitched by that boy, she is under that boy's spell. -**2.** TRAV PUBL to fascine, to corduroy *Am*.

fascisant, e [faʃizɑ̃, ɑ̃t] *adj* fascist, fascistic, pro-fascist.

fascisation [faʃizasjɔ̃] *nf*: **présider à la ~ d'un régime** to steer a government towards fascism; **observer la ~ d'une politique** to note the increasingly fascistic OU fascist tendencies of a policy.

fasciser [3] [faʃize] *vt*: **~ un État** to take a state towards fascism; **~ un régime/une politique** to make a regime/policy increasingly fascistic.

fascisme [faʃism] *nm* -**1.** [autoritarisme] fascism. -**2.** HIST Fascism.

fasciste [faʃist] *adj & nmf* -**1.** [gén] fascist. -**2.** HIST Fascist.

faste [fast] ◇ *adj* -**1.** [favorable - année] good; [- jour] good, lucky; **les années ~s, nous gagnions bien notre vie** in a good year, we made a lot of money. -**2.** ANTIQ: **jour ~** lawful day.
◇ *nm* [luxe] sumptuousness, splendour; **avec ~** sumptuously, with pomp (and circumstance), munificently; **sans ~** simply, quietly, plainly.
◆ **fastes** *nmpl* -**1.** *litt* pomp; **les ~s de l'État** the pomp and circumstance of great state occasions. -**2.** ANTIQ annals.

fast-food [fastfud] *nm* fast-food restaurant.

fastidieusement [fastidjøzmɑ̃] *adv* boringly, dully, tediously.

fastidieux, euse [fastidjø, øz] *adj* boring, dull, tedious.

fastueusement [fastɥøzmɑ̃] *adv* sumptuously, with pomp (and circumstance), munificently.

fastueux, euse [fastɥø, øz] *adj* magnificent, munificent, sumptuous.

fat [fa(t)] *litt* ◇ *adj m* bumptious, conceited, self-satisfied; **prendre un air ~** to look smug.
◇ *nm* smug person.

fatal, e, als [fatal] *adj* **-1.** [fixé par le sort] fateful; **l'instant ~** the fatal moment. **-2.** [désastreux] disastrous, terrible; **vous n'avez pas bien lu le sujet de dissertation et cela vous a été ~** you misread the essay title and it proved disastrous for you. **-3.** [mortel - collision, blessure] fatal, mortal; **coup ~** deathblow; **porter un coup ~ à** [frappe] to deliver a deadly OU mortal blow to; *fig* to administer the coup de grâce to. **-4.** [inévitable] inevitable; **c'était ~** it was bound to happen, it was inevitable; **il est revenu, c'était ~** he came back, as was bound to happen.

fatalement [fatalmɑ̃] *adv* inevitably; **il devait ~ perdre** he was bound to lose.

fatalisme [fatalism] *nm* fatalism.

fataliste [fatalist] ◇ *adj* fatalist, fatalistic; **il est ~** he's resigned to his fate.
◇ *nmf* fatalist.

fatalité [fatalite] *nf* **-1.** [sort] destiny, fate; **poursuivi par la ~** pursued by fate; **c'est la ~** it's bad luck; **la ~ s'acharne contre eux** they're dogged by misfortune. **-2.** [circonstance fâcheuse] mischance; **je le vois chaque fois que je veux être seul, c'est une ~!** there must be a curse on me! every time I want to be alone, I see him!

fatidique [fatidik] *adj* **-1.** [marqué par le destin - date, jour] fated, fateful. **-2.** [important] crucial, momentous; **il est arrivé au moment ~** he arrived at the crucial moment; **c'est l'instant ~!** it's now or never!

fatigabilité [fatigabilite] *nf* fatigability.

fatigable [fatigabl] *adj*: **facilement ~** easily tired; **difficilement ~** untiring.

fatigant, e [fatigɑ̃, ɑ̃t] *adj* **-1.** [épuisant] tiring, wearing; **c'est très ~** it's exhausting; **la lumière vive est ~e pour les yeux** bright light is a strain on the eyes. **-2.** [agaçant] tiresome, tedious, annoying; **c'est ~, ce bourdonnement incessant** that endless buzzing is very annoying; **ce que tu peux être ~!** you're a real nuisance!; **il est ~ avec ses questions** he's tiresome with his questions.

fatigue [fatig] *nf* **-1.** [lassitude] tiredness, weariness; **tomber de ~** to be fit to drop; **je tombe** OU **je suis mort de ~** I'm dead on my feet; **va le coucher, il tombe de ~** put him to bed, he's fit to drop. **-2.** [tension] strain; **se remettre de la ~** OU **des ~s de l'examen** to recover from the stress of the exam ❑ **~ musculaire** stiffness; **~ nerveuse** nervous exhaustion; **~ oculaire** eyestrain. **-3.** TECH: **~ de l'acier** metal fatigue.

fatigué, e [fatige] *adj* **-1.** [las] tired, weary; **je suis si ~!** I am exhausted OU so tired!; **~ de rester debout/d'attendre** tired of standing/waiting. **-2.** [usé] overworked, worn; **un vieux manteau ~** a shabby old coat; **un livre ~** a well-thumbed book.

fatiguer [3] [fatige] ◇ *vt* **-1.** [épuiser] to tire OU to wear out *(sép)*; **les transports en commun me fatiguent beaucoup** using public transport wears me out; **je suis fatigué** I'm tired; **je suis très fatigué** I'm exhausted; **je suis trop fatigué pour pouvoir m'endormir** I'm too tired to go to sleep; **si ça ne te fatigue pas trop** *hum* if you don't mind. **-2.** [lasser] to annoy; **tu me fatigues avec tes critiques!** your constant criticism is getting on my nerves!; **ils nous fatiguent, à la fin, avec leurs publicités!** they're really getting on our nerves with their ads!; **tes mensonges continuels me fatiguent** you're wearing me out with your constant lying. **-3.** [user - machine, moteur] to put a strain on. **-4.** *dial* [remuer]: **~ la salade** to toss the (green) salad.
◇ *vi* **-1.** [peiner] to grow tired, to flag; **dépêche-toi, je fatigue!** hurry up, I'm getting tired! **-2.** MÉCAN [faiblir] to become weakened; [forcer] to bear a heavy strain. **-3.** NAUT to ride hard.
◆ **se fatiguer** ◇ *vpi* **-1.** [s'épuiser] to get tired, to tire o.s. out; **essaie de ne pas trop te ~** try not to get overtired; **les personnes âgées se fatiguent vite** old people tire OU get tired very easily; **se ~ à: elle se fatigue à tout faire à la maison** she tires herself out doing all the housework. **-2.** [faire un effort] to push o.s.; **ils ne se sont pas fatigués** they didn't exactly kill themselves. **-3.** [faire des efforts inutiles]: **ne te fatigue pas** don't waste your time; **c'était bien la peine que je me fatigue!** I could have saved my breath!; **ne te fatigue pas, je sais tout** don't bother OU don't waste your breath, I already know everything; **se ~ à faire qqch** [s'y appliquer] to wear o.s. out doing sthg; **je me fatigue à le lui répéter** I wear myself out telling her.
◇ *vpt*: **se ~ la vue** OU **les yeux** to put a strain on OU to strain one's eyes.
◆ **se fatiguer de** *vp + prép*: **se ~ de qqn/qqch** [s'en lasser] to get tired of sb/sthg; **elle se fatiguera vite de lui** she'll soon get tired of him.

fatma [fatma] *nf péj* North African woman.

fatras [fatra] *nm péj* **-1.** [tas] clutter, jumble; **tout un ~ de vieux papiers** a clutter of old papers. **-2.** [mélange] hotchpotch *Br*, hodgepodge *Am*; **un ~ de connaissances** a confused mass of knowledge.

fatuité [fatɥite] *nf* complacency, conceit, smugness.

fatum [fatɔm] *nm litt* destiny, fate.

faubourg [fobur] *nm* suburb; **~ industriel** industrial suburb; **~ résidentiel** residential suburb; **les ~s de la ville** the outskirts of the city; **dans les ~s de Vienne** in the suburbs of Vienna.

faubourien, enne [foburjɛ̃, ɛn] *adj* suburban; **accent ~** working-class accent.

fauchage [foʃaʒ] *nm* cutting, reaping.

fauchaison [foʃɛzɔ̃] *nf* **-1.** [moisson] cutting, reaping. **-2.** [moment] reaping time.

fauche [foʃ] *nf* **-1.** *fam* [vol] thieving, (petty) theft; [dans un magasin] shoplifting. **-2.** AGR & *vieilli* reaping. **-3.** *fam* [ruine]: **la ~** being flat broke.

fauché, e [foʃe] ◇ *adj* **-1.** *fam* [sans argent] broke, skint *Br*, cleaned out; **~ comme les blés** flat broke, stony broke *Br*. **-2.** AGR cut, reaped.
◇ *nm, f fam* penniless individual; **ce sont tous des ~s** they haven't got a penny between them.

faucher [3] [foʃe] *vt* **-1.** AGR to reap; **~ l'herbe sous le pied** OU **les pieds de qqn** to pull the carpet from under sb's feet. **-2.** [renverser] to knock OU to mow down *(sép)*; **les cyclistes ont été fauchés par un camion** the cyclists were knocked down by a lorry, a lorry ploughed into the cyclists. **-3.** [tuer]: **tous ces jeunes artistes fauchés à la fleur de l'âge** all these young artists struck down in the prime of life. **-4.** *fam* [voler] to pinch, to swipe; **qui a fauché le sel?** who's got the salt?

faucheur, euse [foʃœr, øz] *nm, f* mower, reaper.
◆ **faucheur** = **faucheux**.
◆ **faucheuse** *nf* **-1.** AGR mechanical reaper. **-2.** *litt*: **la Faucheuse** the (grim) Reaper.

faucheux [foʃø] *nm* harvest spider, daddy-long-legs.

Fauchon [foʃɔ̃] *npr luxury food shop in Paris.*

faucille [fosij] *nf* sickle, reaping hook; **la ~ et le marteau** the hammer and sickle.

faucon [fokɔ̃] *nm* **-1.** ORNITH falcon, hawk; **'le Faucon maltais'** *Hammett* 'The Maltese Falcon'. **-2.** POL hawk.

fauconneau [fokɔno] *nm* young hawk.

fauconnerie [fokɔnri] *nf* **-1.** [activité] hawking. **-2.** [abri] hawk-house.

fauconnier, ère [fokɔnje, ɛr] *nm, f* falconer.

faufil [fofil] *nm* basting OU tacking thread.

faufilage [fofilaʒ] *nm* basting, tacking.

faufiler [3] [fofile] *vt* COUT to baste, to tack.
◆ **se faufiler** *vpi* to slip through, to edge; **se ~ dans la foule** to weave through the crowd; **se ~ entre les voitures** to weave one's way through the traffic; **le chat s'est faufilé hors du jardin** the cat slipped out of the garden; **les enfants essayaient de se ~ au premier rang** the children were trying to sneak up to the front.

faune [fon] ◇ *nf* **-1.** ZOOL fauna, animal life. **-2.** *péj* [groupe] mob, bunch, crowd; **la ~ prétentieuse des beaux quartiers** the snobbish residents of the fashionable districts; **avec leurs blousons de cuir, quelle ~!** all in their leather jackets, what a bunch!
◇ *nm* MYTH faun.

faunesque [fonesk] *adj* faunlike.

faunique [fonik] *adj* faunal.

faussaire [fosɛr] *nmf* faker, forger, falsifier.

fausse [fos] *f* → **faux**.

fausse-couche [foskuʃ] *nf* miscarriage; **faire une ~** to have a miscarriage, to miscarry.

faussement [fosmɑ̃] *adv* **-1.** [à tort] wrongfully. **-2.** [en apparence] falsely, spuriously; **d'un air ~ ingénu** with a falsely innocent look, with feigned innocence; **une voix ~ inquiète** a voice simulating anxiety; **avoir un air ~ contrit** to pretend to look sorry, to assume a contrite look.

fausser [3] [fose] *vt* **-1.** [déformer - clef, lame] to bend, to put out of true; [détériorer - serrure] to damage. **-2.** [changer] to distort; **~ le sens d'une phrase** to distort the meaning of a sentence; **~ un résultat** to distort a result; **faire une présentation qui fausse la réalité** to present a distorted vision of reality; **~ les comptes** to falsify the accounts. **-3.** [diminuer la justesse de - esprit, raisonnement] to distort, to twist. **-4.** *loc*: **~ compagnie à qqn** to give sb the slip.
◆ **se fausser** *vpi* [voix d'orateur] to become strained; [voix de chanteur] to lose pitch.

fausset [fosɛ] *nm* **-1.** MUS: **(voix de) ~** falsetto (voice). **-2.** [de bois] spigot.

fausseté [foste] *nf* **-1.** [inexactitude] falseness, falsity; **dénoncer la ~ d'une assertion** to expose the fallacy of an argument. **-2.** [duplicité] duplicity, treachery; **un comportement empreint de ~** deceitful behaviour.

faute [fot] *nf* **-1.** [erreur] error, mistake; **faire une ~** to make a mistake; **j'ai fait une ~ dans ton nom** I misspelt your name; **cet exercice est rempli de ~s** this exercise is full of mistakes ❑ **~ de conduite** driving error; **~ de copiste** clerical error; **~ de frappe** [sur machine] typing error; INF keystroking error; **commettre une ~ de goût** to show a lack of taste; **~ de grammaire** grammatical error; **~ d'impression** misprint; **~ d'inattention** careless mistake; **~ d'orthographe** spelling mistake; **~ de prononciation** pronunciation mistake. **-2.** [manquement] misdeed, transgression; **~ envers la religion/la morale** transgression against religion/morality; **commettre une ~** to go wrong; **il n'a commis aucune ~** he did nothing wrong; **il a expié ses ~s** he paid dearly for his sins; **pour racheter les ~s de l'humanité** to redeem mankind ❑ **~ avouée est à moitié pardonnée** *prov* a fault confessed is half redressed *prov*. **-3.** [responsabilité] fault; **c'est (de) ma/ta ~** it's my/your fault; **c'est bien sa ~ s'il est toujours en retard** it's his own fault that he's always late; **tout ça, c'est ta ~!** it's your fault, the whole thing!; **c'est la ~ de ton frère** OU **à** *fam* **ton frère** it's your brother's fault; **à qui la ~?, la ~ à qui?** *fam* [question] who's to blame?, whose fault is it?; [accusation] you're the one to blame; **la ~ lui en incombe** the fault lies with him; **imputer la ~ à qqn** to lay the blame at sb's door; **aucune ~ ne peut lui être imputée** no blame attaches to him, he deserves no blame; **la ~ en revient à l'inflation** it's because of inflation ❑ **c'est la ~ à pas de chance** *fam* it's just bad luck; **c'est la ~ à Voltaire** *allusion Victor Hugo* it must be somebody else's fault. **-4.** ADMIN & JUR offence, wrongful act; **responsabilité des ~s et négligences du personnel** liability for the faults and defaults of the staff; **fait ou ~ de l'assuré** act or fault of the insured ❑ **~ par abstention** affirmative negligence; **~ commise dans l'exercice de fonctions officielles** instance of official misconduct; **~ délictuelle** technical offence; **~ disciplinaire** breach of discipline; **~ grave** serious offence, high misdemeanour; **~ intentionnelle** deliberate transgression of duty; ~ légère minor offence; ~ professionnelle professional misconduct. -5. *vieilli* [défaut]: faire ~ à qqn to break one's promise to sb ❑ **ne pas se faire ~ de**: **ne pas se faire ~ de dire/faire qqch** to make no bones about saying/doing sthg; **ils ne se sont pas fait ~ de nous prévenir** they did warn us several times; **je ne me suis pas fait ~ de lui rappeler sa promesse** I insisted on his keeping his promise. -6. SPORT fault; ~ **de pied** foot fault.

◆ **en faute** *loc adv*: **être en ~** to be at fault; **prendre qqn en ~** to catch sb in the act; **se sentir en ~** to feel that one is at fault.

◆ **faute de** *loc prép* for want of; ~ **d'un plat plus grand, j'ai posé la tarte sur une assiette** I put the pie on a plate because I had no bigger dish; ~ **de mieux** for want of anything better; ~ **de quoi** otherwise; **vous devez remplir personnellement l'imprimé, ~ de quoi la demande ne sera pas valable** you must fill in the form yourself or else the application will be null and void; ~ **de pouvoir aller au théâtre, il a regardé la télévision** since he couldn't go to the theatre he watched television (instead) ❑ ~ **de grives, on mange des merles** *prov* half a loaf is better than no bread *prov*, beggars can't be choosers *prov*.

◆ **par la faute de** *loc prép* because of, owing to; **j'ai perdu du temps par la ~ de cet imbécile** I wasted time because of that idiot.

◆ **sans faute** ◇ *loc adj* faultless, offenceless; **un parcours sans ~** a perfect race.

◇ *loc adv* without fail; **à demain sans ~** see you tomorrow without fail; **écris-moi sans ~** do write to me; **je le ferai sans ~** I'll do it without fail; **tu me donneras la clef sans ~** be sure and give me the key.

fauter [3] [fote] *vi* -1. *fam euph & hum* to sin, to go astray; ~ **avec qqn** to be led astray by sb. -2. *Afr* [en orthographe] to make a spelling mistake; [en français] to make a mistake in French.

fauteuil [fotœj] *nm* -1. [meuble] armchair, chair, seat; ~ **à bascule** rocking-chair; ~ **club** club chair; ~ **de jardin** deck-chair; ~ **roulant** wheelchair; **arriver OU gagner dans un ~** *fam* to win hands down. -2. THÉÂT: ~ **de balcon** dress-circle seat; ~ **d'orchestre** seat in the stalls *Br* OU the orchestra *Am*. -3. [présidence]: **occuper le ~** to be in the chair.

fauteur, trice [fotœr, tris] *nm, f*: ~ **de guerre** warmonger; ~ **de troubles** trouble-maker.

fautif, ive [fotif, iv] ◇ *adj* -1. [défectueux - liste] incorrect; [- citation] inaccurate. -2. [coupable] offending, responsible; **se sentir ~** to feel guilty.

◇ *nm, f* offender; **qui est le ~?** who's to blame?, who's the culprit?

fautivement [fotivmɑ̃] *adv* erroneously, by mistake.

fauve [fov] ◇ *adj* -1. [couleur] fawn-coloured, tawny. -2. [âpre - odeur] musky.

◇ *nm* -1. ZOOL big cat; **j'ai envoyé les ~s jouer dans le jardin** *fig & hum* I sent the monsters out to play in the garden; **les grands ~s** the big cats; **sentir le ~** *fam* to stink (of sweat); **ça sent le ~ dans cette pièce** this room stinks of sweat. -2. [couleur] fawn. -3. BX-ARTS Fauve, Fauvist.

fauverie [fovri] *nf* animal house *(where big cats are housed)*.

fauvette [fovɛt] *nf* warbler.

fauvisme [fovism] *nm* Fauvism.

faux[1] [fo] *nf* AGR scythe; **couper de l'herbe à la ~** to scythe through grass.

faux[2], **fausse** [fo, fos] *adj* **A.** CONTRAIRE À LA VÉRITÉ, À L'EXACTITUDE -1. [mensonger - réponse] wrong; [- affirmation] untrue; [- excuse, prétexte] false; [- nouvelle, promesse, témoignage] false; **condamné pour ~ serment** sentenced for perjury; **elle m'a donné un ~ nom et une fausse adresse** she gave me a false name and address ❑ ~ **ami** false friend; ~ **bruit** false rumour; **de ~ bruits courent sur son compte** there are false rumours about her; **faire une fausse sortie** to make a false exit. -2. [inexact - raisonnement] false, faulty; [- calcul] wrong; [- balance] faulty ❑ **faire fausse route** *pr* to go the wrong way; *fig* to be on the wrong track; **t'as tout ~** *fam* you're completely wrong. -3. [non vérifié - argument] false; [- impression] mistaken, wrong, false; [- espoir] false; **tu te fais une fausse idée de lui** you've got the wrong idea about him; **tu m'as fait une fausse joie** you got me all excited for nothing; **c'est un ~ problème** OU **débat** this is not the issue ❑ **fausse alerte** *pr & fig* false alarm. -4. [manqué]: **fausse couche** miscarriage; **faire une fausse couche** to have a miscarriage; ~ **départ** SPORT & *fig* false start; **faire un ~ mouvement** to pull something; **faire un ~ pas** *pr* to trip, to stumble; [faire une erreur] to make a false move; [faire une maladresse] to commit OU to make a faux pas. -5. MUS [piano, voix] out of tune; **fausse note** *pr* wrong note; **la cérémonie s'est déroulée sans une fausse note** the ceremony went (off) without a hitch.

B. CONTRAIRE AUX APPARENCES -1. [artificiel - dent, nez, barbe, poche] false; [- bijou, cuir, fourrure, marbre] imitation; [- plafond, poutre] false; **du ~ Boulle** imitation Boulle furniture. -2. [falsifié - monnaie] false, counterfeit, forged; [- carte à jouer] trick; [- papiers, facture] forged, false; [- testament] spurious; **une fausse pièce (de monnaie)** a forged OU fake coin; **fabriquer de la fausse monnaie** to counterfeit money; **c'est un ~ Renoir** it's a fake Renoir; **un trafic de ~ tableaux** a traffic of forged OU fake paintings. -3. [feint - candeur, émotion] feigned; **fausse modestie: pas de fausse modestie!** don't try to be modest!; **fausse pudeur** false modesty. -4. [pseudo -policier] bogus; [- intellectuel] pseudo. -5. [hypocrite - caractère, personne] false, deceitful; [- regard] deceitful, treacherous; ~ **frère** false friend; ~ **jeton** *fam*: **il est ~ jeton, c'est un ~ jeton** he's two-faced; ~ **cul**[▽]: **il est ~ cul, c'est un ~ cul** he's a two-faced bastard.

◆ **faux** ◇ *adv* -1. MUS [jouer, chanter] out of tune, off-key; **sonner ~** [excuse] to have a hollow OU false ring; **il riait d'un rire qui sonnait ~** he had a hollow laugh; **ça sonne ~** it doesn't ring true. -2. *loc*: **porter à ~** [cloison] to be out of plumb OU true; [objet] to be precariously balanced; [argument, raisonnement] to be unfounded.

◇ *nm* -1. JUR [objet, activité] forgery; **c'est un ~** [document, tableau] it's a fake OU a forgery ❑ **inculper qqn pour ~ et usage de ~** to prosecute sb for forgery and use of forgeries; **s'inscrire en ~ contre qqch** *fig* to dispute the validity of sthg. -2. [imitation]: **c'est du cuir? - non, c'est du ~** is it leather? - no, it's imitation. -3. LOGIQUE & PHILOS: **le ~** falsehood.

faux-bord [fobɔr] (*pl* faux-bords) *nm* lopside.

faux-bourdon [foburdɔ̃] (*pl* faux-bourdons) *nm* MUS faux-bourdon.

faux-filet [fofilɛ] (*pl* faux-filets) *nm* sirloin.

faux-fuyant [fofɥijɑ̃] (*pl* faux-fuyants) *nm* excuse, subterfuge; **répondre par des ~s** to give evasive answers.

faux-monnayeur [fomɔnɛjœr] (*pl* faux-monnayeurs) *nm* forger, counterfeiter.

faux-pont [fopɔ̃] (*pl* faux-ponts) *nm* orlop deck.

faux-semblant [fosɑ̃blɑ̃] (*pl* faux-semblants) *nm*: **ne vous laissez pas abuser par des ~s** don't let yourself be taken in by pretence.

faux-sens [fosɑ̃s] *nm inv* mistranslation.

favela [favɛla] *nf* favela, (Brazilian) shanty-town.

faveur [favœr] *nf* -1. [plaisir]: **faire une ~ à qqn** to do sb a favour; **faites-moi une ~** do me a favour; **faites-moi la ~ de l'inviter** do me a favour and invite him; **elle ne lui fit même pas la ~ d'un sourire** she didn't even favour him with a smile; **nous ferez-vous la ~ de votre visite?** will you honour us with a visit?; **faites-moi la ~ de m'écouter quand je parle** would you mind listening when I speak? -2. [bienveillance] favour; **par ~ spéciale** by special favour; **il a la ~ du président** he's in the president's good books; **elle a eu la ~ de la presse/du public** she found favour with the press/with the public. -3. [ruban] ribbon, favour.

◆ **faveurs** *nfpl sout* [marques d'intérêt] favours; **accorder/refuser ses ~s à qqn** *euph* to give/to refuse sb one's favours; **elle lui a accordé ses ~s** she obliged him with her favours.

◆ **à la faveur de** *loc prép* owing to, with the help of; **à la ~ de la nuit** under cover of darkness.

◆ **de faveur** *loc adj* preferential; **billet de ~** complimentary ticket; **jours de ~** days of grace; **prix de ~** preferential price.

◆ **en faveur** *loc adv*: **être/ne pas être en ~** to be in/out of favour; **être en ~ auprès de qqn** to be in favour with sb; **cette mode a été remise en ~** this fashion has come back into vogue.

◆ **en faveur de** *loc prép* -1. [à cause de] on account of. -2. [au profit de] to the benefit of, in favour of; **en ma/votre ~** in my/your favour; **il a abdiqué en ~ de son cousin** he abdicated in favour of his cousin.

favorable [favɔrabl] *adj* -1. [propice] favourable, right; **arriver au moment ~** to arrive at the right moment; **saisir le moment ~** to take the opportunity; **si le temps est ~** if the weather is favourable. -2. [bien disposé] favourable; **se montrer sous un jour ~** to show o.s. in a favourable light; **préjugé ~** bias; **prêter à qqn une oreille ~** to listen favourably to sb; **regarder le projet d'un œil ~** to be favourable to the project; ~ **à** in favour of, favourable to; **je suis plutôt ~ à son départ** I'm rather in favour of his going; **je suis ~ à cette décision/à vos idées** I approve of this decision/of your ideas.

favorablement [favɔrabləmɑ̃] *adv* favourably; **répondre ~** to say yes; **il a répondu ~ à mon invitation** he accepted my invitation; **si les choses tournent ~** if things turn out all right.

favori, ite [favɔri, it] ◇ *adj* [mélodie, dessert] favourite; [idée, projet] favourite, pet *(modif)*.

◇ *nm, f* -1. SPORT favourite. -2. [parmi les enfants] favourite; **c'est elle la ~te** [dans la famille] she's their darling; [en classe] she's the teacher's pet.

◆ **favori** *nm* HIST (king's OU royal) favourite.

◆ **favorite** *nf* HIST: **la ~te** the King's mistress.

◆ **favoris** *nmpl* sideboards, sideburns.

favorisé, e [favɔrize] *adj* fortunate; **les pays les plus ~s** the most favoured nations.

favoriser [3] [favɔrize] *vt* -1. [traiter avantageusement] to favour, to give preferential treatment to. -2. [être avantageux pour] to favour, to be to the advantage of; **le partage favorisait traditionnellement l'aîné** traditionally, the distribution of property was to the eldest son's advantage. -3. [faciliter] to further, to promote; ~ **les intérêts de la société** to further the interests of the firm; ~ **le développement de l'éducation/de l'économie** to promote educational/economic development.

favoritisme [favɔritism] *nm* favouritism.

fax [faks] (*abr de* **Téléfax**) *nm* -1. [machine] fax (machine). -2. [message] fax; **par ~** by fax.

faxer [3] [fakse] *vt* to fax.

fayard [fajar] *nm Helv* beech.

fayot *fam* [fajo] *nm* -1. [haricot] bean. -2. *péj* [personne servile] toady, creep.

fayoter *fam* [3] [fajɔte] *vi* to lick sb's boots.

FB (*abr écrite de* **franc belge**) BF.

FBI [ɛfbiaj] (*abr de* **Federal Bureau of Investigation**) *npr m* FBI.

FC (*abr de* **Football Club**) *nm* FC.

FCFA (*abr écrite de* **franc CFA**) *currency used in former French colonies in Africa*.

FCFP (*abr écrite de* **franc CFP**) *currency used in former French colonies in the Pacific*.

féal, e, aux [feal, o] *adj litt* faithful, trusty.

fébrifuge [febrifyʒ] *adj & nm* antifebrile, antipyretic, febrifuge.

fébrile [febril] *adj* -1. MÉD febrile; **un patient ~** a patient who's running a fever. -2. [agité] feverish, restless; **des préparatifs ~s** feverish preparations; **déployer une activité ~** to be in a fervent activity.

fébrilement [febrilmɑ̃] *adv* -**1.** [avec inquiétude] feverishly. -**2.** [avec hâte] hastily.

fébrilité [febrilite] *nf* febrility *spéc*, feverish state, feverishness.

fécal, e, aux [fekal, o] *adj* faecal.

fèces [fɛs] *nfpl* faeces.

fécond, e [fekɔ̃, ɔ̃d] *adj* -**1.** BIOL fecund, fertile. -**2.** [prolifique] prolific. -**3.** [aux productions nombreuses - écrivain, inventeur] prolific, productive; [- imagination] lively, powerful; **ils avaient inventé l'alphabet et l'idée fut ~e** *litt* they had invented the alphabet and the idea proved to be a fertile one; **puisse votre labeur être ~** *litt* may your labour bear much fruit; **~ en: terre ~e en fruits de toute sorte** *litt* land rich in every kind of fruit; **une journée ~e en événements** an eventful day; **un feuilleton ~ en rebondissements** a serial full of unexpected developments.

fécondabilité [fekɔ̃dabilite] *nf* fertility.

fécondable [fekɔ̃dabl] *adj* fertilizable.

fécondant, e [fekɔ̃dɑ̃, ɑ̃t] *adj* fertilizing.

fécondateur, trice [fekɔ̃datœr, tris] *adj litt* fertilizing.
◆ **fécondateur** *nm litt* fertilizer.

fécondation [fekɔ̃dasjɔ̃] *nf* -**1.** BIOL [des mammifères] fertilization, impregnation; [des ovipares] fertilization; **~ artificielle/in vitro** artificial/in vitro fertilization. -**2.** BOT fertilization, fertilizing.

féconder [3] [fekɔ̃de] *vt* -**1.** BIOL to fertilize; **la femelle est fécondée par le mâle** the male impregnates the female. -**2.** *litt* [terre, champ] to make fertile. -**3.** *litt*: **~ l'esprit/l'imagination/l'intelligence de qqn** to enrich sb's mind/imagination/intelligence.

fécondité [fekɔ̃dite] *nf* -**1.** BIOL fecundity. -**2.** *litt* [d'une terre, d'un jardin] fruitfulness. -**3.** *litt* [d'un esprit, d'un créateur] fertility.

fécule [fekyl] *nf* starch; **~ (de maïs)** cornflour *Br*, cornstarch *Am*; **~ de pomme de terre** potato flour.

féculent, e [fekylɑ̃, ɑ̃t] *adj* [aliment] starchy.
◆ **féculent** *nm* starchy food, starch; **évitez les ~s** avoid starch OU starchy foods.

fed(d)ayin [fedajin] *nm* fedayee; **les ~s** the Fedayeen.

fédéral, e, aux [federal, o] *adj* -**1.** POL federal. -**2.** *Helv* federal *(relative to the Swiss Confederation)*.
◆ **fédéraux** *nmpl* HIST Federalist troops.

fédéraliser [3] [federalize] *vt* to federalize, to turn into a federation.

fédéralisme [federalism] *nm* -**1.** POL federalism. -**2.** *Helv political tendency defending the independence of the Swiss cantons from federal authority.*

fédéraliste [federalist] ◇ *adj* federalist, federalistic.
◇ *nmf* federalist, federal.

fédérateur, trice [federatœr, tris] ◇ *adj* federative, federating.
◇ *nm, f* unifier.

fédératif, ive [federatif, iv] *adj* federative.

fédération [federasjɔ̃] *nf* -**1.** POL [gén] federation; [au Canada] confederation; **la Fédération de Russie** the Federation of Russia. -**2.** [groupe] federation; **~ syndicale** trade union.

fédéraux [federo] *nmpl* → **fédéral**.

fédéré, e [federe] *adj* federated.
◆ **fédéré** *nm* HIST federate.

fédérer [18] [federe] *vt* to federate, to form into a federation.

fée [fe] *nf* fairy; **sa bonne ~** his good fairy, his fairy godmother; **la ~ Carabosse** the wicked fairy; **c'est une ~ du logis** she's a wonderful housewife.

feed-back [fidbak] *nm inv* -**1.** [d'un système d'information] feedback. -**2.** PHYSIOL feedback.

feeder [fidœr] *nm* feeder (pipe).

féerie [fe(e)ri] *nf* -**1.** THÉÂT spectacular. -**2.** [merveille] enchantment; **elle n'oubliera jamais la ~ de cette nuit** she'll never forget the enchantment of that night; **le feu d'artifice était une ~ de lumières** the firework display was pure enchantment; **une ~ de couleurs** a riot of colour.

féerique [fe(e)rik] *adj* -**1.** MYTH fairy *(modif)*, magic, magical. -**2.** [beau - vue, spectacle] enchanting, magical.

feignant, e *fam* [fɛɲɑ̃, ɑ̃t] ◇ *adj* lazy, idle.
◇ *nm, f* loafer.

feindre [81] [fɛ̃dr] ◇ *vt* to feign; **~ la joie** to feign joy; **sa colère n'était pas feinte** her anger wasn't feigned.
◇ *vi* [dissimuler] to dissemble *litt*, to pretend; **~ de: elle feint de s'intéresser à cette histoire** she pretends she's interested in this story.

feinte [fɛ̃t] *nf* -**1.** [ruse] ruse. -**2.** *litt* [dissimulation] dissembling *(U)*, dissimulation, pretence; **sans ~** frankly, without pretence. -**3.** SPORT [à la boxe et à l'escrime] feint; [au football, au rugby etc] dummy *Br*, fake *Am*; **il a trompé l'arrière par une ~** he sold the fullback a dummy *Br*, he faked out the fullback *Am*. -**4.** MIL feint, sham attack.

feinter [3] [fɛ̃te] ◇ *vt* -**1.** SPORT: **~ l'adversaire** [à la boxe et à l'escrime] to feint at the opponent; **~ la passe** [au football et au rugby] to sell a dummy *Br*, to fake a pass *Am* || *(en usage abs)* to feint. -**2.** *fam* [duper] to fool, to take in *(sép)*; **il t'a bien feinté!** he really took you in!, he tricked you good and proper!; **feinté!** foiled again!
◇ *vi* to dummy *Br*, to fake *Am*.

feldspath [fɛldspat] *nm* feldspar.

feldspathique [fɛldspatik] *adj* feldspathic.

feldspathoïde [fɛldspatɔid] *nm* feldspathoid.

fêlé, e [fele] ◇ *adj* -**1.** [voix, son] hoarse, cracked. -**2.** *fam* [fou] cracked; **il est complètement ~!, il a le cerveau ~!** he's cracked OU nuts!
◇ *nm, f fam* nut, loony; **tous des ~s!** they're all bonkers OU cracked!

fêler [4] [fele] *vt pr* to crack; **une amitié que rien ne fêla jamais** *fig* & *litt* an undying friendship.
◆ **se fêler** *vpi* [tasse] to crack.

félicitations [felisitasjɔ̃] *nfpl* congratulation, congratulations; **(toutes mes) ~!** congratulations!; **adresser** OU **faire ses ~ à qqn** to congratulate sb; **recevoir les ~ de qqn pour qqch** to be congratulated by sb on sthg; **avec les ~ du jury** UNIV with the examining board's utmost praise, summa cum laude.

félicité [felisite] *nf litt* bliss, felicity.

féliciter [3] [felisite] *vt* to congratulate; **~ qqn de qqch** to congratulate sb on sthg; **je l'ai félicité d'avoir réussi son examen** I congratulated him on having passed his exam; **~ des jeunes mariés** to congratulate newly-weds; **permettez-moi de vous ~!** congratulations!; **je ne vous félicite pas!** you'll get no thanks from me!
◆ **se féliciter de** *vp + prép* -**1.** [se réjouir de]: **se ~ de qqch** to be glad OU pleased about sthg; **tous se félicitaient de sa réussite** they were all pleased about his success OU (that) he succeeded. -**2.** [se louer de]: **je me félicite d'être resté calme** I'm pleased to say I remained calm.

félidé [felide] *nm* feline; **les ~s** the Felidae.

félin, e [felɛ̃, in] *adj* -**1.** ZOOL feline. -**2.** [regard, démarche] feline, catlike.
◆ **félin** *nm* cat; **les ~s** the cat family.

félinité [felinite] *nf litt* felinity, cat-like quality.

fellaga, fellagha [felaga] *nm* fellagha *(name given by the French to Algerians fighting for independence)*.

fellah [fela] *nm* fellah.

fellation [felasjɔ̃] *nf* fellatio, fellation.

félon, onne [felɔ̃, ɔn] *adj* -**1.** *litt* [perfide] disloyal, treacherous, felonious *litt*. -**2.** HIST rebellious.
◆ **félon** *nm* -**1.** *litt* [traître] traitor. -**2.** HIST felon.

félonie [felɔni] *nf* -**1.** *litt* [traîtrise] disloyalty, treachery, act of betrayal. -**2.** HIST felony.

felouque [fəluk] *nf* felucca.

fêlure [felyr] *nf* -**1.** [d'un objet] crack; **la surface de la jarre était couverte de mille petites ~s** the surface of the jar was covered with a fine network of cracks; **il y a une ~ dans leur amitié** cracks are beginning to show in their friendship. -**2.** [de la voix] crack. -**3.** MÉD fracture.

femelle [fəmɛl] ◇ *adj* -**1.** ZOOL female. -**2.** ORNITH hen. -**3.** BOT & ÉLECTR female; **une prise ~** a socket.
◇ *nf* -**1.** ▽ *péj* [femme] female. -**2.** ZOOL female.

féminin, e [feminɛ̃, in] *adj* -**1.** BIOL: **la morphologie ~e** the female body. -**2.** [composé de femmes]: **des craintes parmi la population ~e** fears among the female population; **notre main-d'œuvre ~e** our female workers; **l'équipe ~e** the women's team. -**3.** [considéré comme typique de la femme]: **un métier ~** a woman's job; **elle est très ~e** she's very feminine; **il avait une voix ~e** he had a feminine OU an effeminate *péj* voice. -**4.** [qui a rapport à la femme]: **mode ~e** women's fashions; **revendications ~es** women's claims; **le tennis ~** women's tennis. -**5.** GRAMM & LITTÉRAT [nom, rime] feminine.
◆ **féminin** *nm* -**1.** GRAMM feminine (gender). -**2.** → **éternel**.

féminisant, e [feminizɑ̃, ɑ̃t] *adj* feminizing BIOL.

féminisation [feminizasjɔ̃] *nf* -**1.** BIOL feminization, feminizing *(U)*. -**2.** SOCIOL: **la ~ d'une profession/d'un milieu** increased female participation in a profession/in a group; **depuis la ~ de la profession** since women have entered the profession.

féminiser [3] [feminize] *vt* -**1.** BIOL to feminize. -**2.** GRAMM [mot] to put into the feminine gender. -**3.** [homme] to make effeminate. -**4.** SOCIOL: **il faut ~ ces professions** more women must be encouraged to enter those professions.
◆ **se féminiser** *vpi* -**1.** BIOL to feminize. -**2.** [homme] to become effeminate. -**3.** SOCIOL: **notre profession se féminise** more and more women are entering our profession; **le métier de médecin/détective se féminise** there are more and more women doctors/detectives.

féminisme [feminism] *nm* -**1.** [mouvement] feminism. -**2.** BIOL feminization.

féministe [feminist] *adj* & *nmf* feminist.

féminité [feminite] *nf* femininity.

femme [fam] *nf* -**1.** [personne] woman; **~ ingénieur/soldat** woman engineer/soldier; **une ~ à poigne/de parole** a tough/reliable woman; **~ au foyer** OU **d'intérieur** housewife; **~ de ménage, ~ à journée** OU **d'ouvrage** *Belg* cleaning lady, daily (woman) *Br*, maid *Am*; **~ d'affaires** businesswoman; **~ de chambre** maid, chambermaid; **~ de charge** housekeeper; **~ écrivain** woman writer; **~ de lettres** woman of letters; **~ du monde** socialite; **~ de petite vertu** woman of easy virtue; **~ policier** policewoman, WPC *Br*; **une ~ enfant** a childlike woman; **~ fatale** femme fatale; **une ~ fleur** a fragile flower of a woman. -**2.** [adulte]: **c'est une ~ maintenant** she's a woman now. -**3.** [ensemble de personnes]: **la ~, les ~s** woman, women; **la libération/les droits de la ~** women's liberation/rights. -**4.** [épouse] wife; **prendre qqn pour ~** to take sb as one's wife; **prendre ~** *sout* to take a wife. -**5.** *(comme adj)* [féminine]: **être très ~** to be very feminine; **je me sens très ~** I feel very much a woman OU very womanly; **à treize ans elle fait déjà très ~** at thirteen she already looks very much a woman; **elle devient ~** she's growing up, she's becoming a woman.

femmelette [famlɛt] *nf* -**1.** *péj* [homme] weakling; **pas de ~s chez nous!** we don't want any sissies around here! -**2.** [femme] weak OU frail woman.

femme-objet [famɔbʒɛ] (*pl* femmes-objets) *nf woman seen or treated as an object.*

fémoral, e, aux [femɔral, o] *adj* femoral *spéc*, thigh *(modif)*.

fémur [femyr] *nm* thigh bone, femur *spéc.*

FEN [fɛn] (*abr de* Fédération de l'Éducation nationale) *npr f teachers' trade union*, ≃ NUT *Br.*

fenaison [fənɛzɔ̃] *nf* [récolte] haymaking; [époque] haymaking time.

fendage [fɑ̃daʒ] *nm* [du bois] chopping; [de l'ardoise] splitting.

fendant[1] [fɑ̃dɑ̃] *nm* -**1.** ESCRIME sword thrust. -**2.** [raisin] Fendant grape. -**3.** [vin] Fendant (wine).

fendant[2], **e** *fam* [fɑ̃dɑ̃, ɑ̃t] *adj* hilarious, killing.

fendeur [fɑ̃dœr] *nm worker specializing in splitting slates or wood.*

fendillement [fɑ̃dijmɑ̃] *nm* [d'un miroir, d'un mur, d'un tableau] cracking; [du bois] splitting, springing; [du verre, de l'émail, du vernis, de la porcelaine] crazing, crackling.

fendiller [3] [fɑ̃dije] *vt* [miroir, mur, tableau] to crack; [bois] to split; [émail, verre, vernis, poterie] to craze, to crackle; **avoir les lèvres fendillées** to have chapped lips.

◆ **se fendiller** *vpi* [miroir, mur, tableau] to crack; [bois] to spring; [verre, poterie, émail, vernis] to craze, to crackle.

fendoir [fɑ̃dwar] *nm* chopper, cleaver.

fendre [73] [fɑ̃dr] *vt* -**1.** [couper - bois, roche] to split, to cleave; [- lèvre] to cut OU to split (open); ~ **une bûche en deux** to split OU to chop a log down the middle; ~ **le crâne à qqn** to split sb's skull (open); **ça vous fend** OU **c'est à vous** ~ **le cœur** it breaks your heart, it's heartbreaking, it's heartrending. -**2.** [fissurer - terre, sol, mur] to crack. -**3.** COUT [veste, jupe, robe] to make a slit in. -**4.** [traverser - foule] to push OU to force one's way through; ~ **les flots/l'air/le vent** *litt* OU *hum* to cleave through the seas/the air/the breeze.

◆ **se fendre** ◇ *vpi* -**1.** [s'ouvrir - bois] to split; [- terre, sol, mur] to crack. -**2.** *fam* [se ruiner]: **tu ne t'es pas trop fendu!** this really didn't ruin OU break you, did it!; **se** ~ **de**: **se** ~ **de 100 francs** to fork out OU to shell out 100 francs; **il s'est fendu d'une bouteille de vin** he forked out OU shelled out for a bottle of wine. -**3.** ESCRIME to lunge.
◇ *vpt*: **se** ~ **qqch**: **elle s'est fendu la lèvre** she cut her lip (open); **se** ~ **le crâne** to crack one's skull (open); **se** ~ **la gueule**▽ OU **pêche** *fam* OU **pipe** *fam* OU **poire** *fam* [rire] to split one's sides; [s'amuser] to have a ball.

fendu, e [fɑ̃dy] *adj* [robe, jupe] slit; [yeux] almond-shaped; **une bouche** ~**e jusqu'aux oreilles** a broad grin OU smile.

fenestrage [fənɛstraʒ] *nm* fenestration.

fenestron [fənɛstrɔ̃] *nm* tail rotor.

fenêtrage [fənɛtraʒ] = **fenestrage**.

fenêtre [fənɛtr] *nf* -**1.** CONSTR window; **ouvrir/fermer la** ~ to open/to close the window; **regarder par la** ~ to look out of the window; **sauter par la** ~ to jump out of the window; **ouvrir une** ~ **sur** *fig* to open a window on ❑ ~ **à battants** casement window; ~ **à coulisse** OU **à guillotine** sash window; ~ **mansardée** dormer window; ~ **en saillie** bay window; **fausse** ~ blind window; **une place côté couloir ou côté** ~? an aisle or a window seat? -**2.** ANAT fenestra; ~ **ovale/ronde** fenestra ovalis/rotunda. -**3.** INF window; ~ **de lecture-écriture** read-write slot. -**4.** [espace blanc] space, blank. -**5.** [d'une enveloppe] window. -**6.** GÉOL inlier. -**7.** ASTRON: ~ **atmosphérique** weather window. -**8.** ASTRONAUT: ~ **de lancement** launch window.

fenian, e [fenjɑ̃, an] *adj* & *nm, f* Fenian.

fennec [fenɛk] *nm* fennec.

fenouil [fənuj] *nm* fennel; ~ **doux** OU **de Florence** Florentine fennel.

fente [fɑ̃t] *nf* -**1.** [fissure - dans du bois] cleft, split; [- dans un sol, un mur] crack, fissure; [- dans une roche] cleft. -**2.** [ouverture - d'une jupe, des volets] slit; [- dans une boîte, sur une vis] slot; [- dans une veste] vent; [- pour passer les bras] armhole. -**3.** ESCRIME lunge.

féodal, e, aux [feɔdal, o] *adj* feudal.

◆ **féodal** *nm* [propriétaire] landlord; [seigneur] feudal lord.

féodalement [feɔdalmɑ̃] *adv* according to feudal law.

féodalisme [feɔdalism] *nm* feudalism.

féodalité [feɔdalite] *nf* -**1.** [système] feudal system. -**2.** *péj* [puissance] feudal power.

fer [fɛr] *nm* -**1.** CHIM iron *(U)*. -**2.** MÉTALL iron *(U)*; ~ **doux** soft iron; ~ **forgé** wrought iron. -**3.** [dans les aliments] iron *(U)*. -**4.** [barre] (iron) bar; ~ **en T/U** T/U girder. -**5.** [lame] blade; ~ **de lance** *pr* & *fig* spearhead; **tourner** OU **retourner le** ~ **dans la plaie** to twist the knife in the wound. -**6.** [instrument]: ~ **à dorer** gilding iron; ~ **à friser** curling tongs *Br* OU iron *Am*; ~ **à gaufrer** goffering iron; ~ **à repasser** iron; ~ **à souder** soldering iron; ~ **à vapeur** steam iron; ~ **électrique** (electric) iron; **coup de** ~: **passer un coup de** ~ **sur un pantalon** to give a pair of trousers a quick iron; **un petit coup de** ~ **et je suis prêt** I'll just run the iron over my things and I'll be ready; ~ **rouge** brand. -**7.** [protection]: ~ **à cheval** horseshoe ‖ [de chaussure] metal tip. -**8.** [de golf] iron *(C)*. -**9.** RAIL: **le** ~ rail, the railway system, the railways; **acheminer/transporter par** ~ to take/to carry by rail. -**10.** *litt* [épée] blade.

◆ **fers** *nmpl* [chaînes] irons, shackles; **mettre qqn aux** ~**s** to put sb in irons.

◆ **de fer** *loc adj* [moral, santé] cast-iron *(modif)*; [discipline, volonté] iron *(modif)*.

◆ **en fer à cheval** *loc adj* [escalier, table] horseshoe-shaped, horseshoe *(modif)*.

◆ **par le fer et par le feu** *loc adv* by fire and sword.

fer-blanc [fɛrblɑ̃] (*pl* fers-blancs) *nm* tin, tinplate.

◆ **en fer-blanc** *loc adj* tin *(modif)*; **boîte en** ~ can, tincan.

ferblanterie [fɛrblɑ̃tri] *nf* -**1.** [manufacture] tinplate making. -**2.** [objets] tinware. -**3.** *péj* [décorations] medals; **ils ont sorti toute leur** ~ they had all their medals on display.

ferblantier [fɛrblɑ̃tje] *nm* tinsmith.

feria [ferja] *nf* fair *(yearly, in Spain and Southern France)*.

férié, e [ferje] *adj*: **c'est un jour** ~ it's a (public) holiday; **on ne travaille pas les jours** ~**s** we don't work on holidays; **demain, c'est** ~ tomorrow's a (public) holiday.

férir [ferir] *vt (tjrs inf) loc litt*: **sans coup** ~ without any problem OU difficulty; **conquérir une région sans coup** ~ to conquer a region without bloodshed.

ferler [3] [fɛrle] *vt* to furl.

fermage [fɛrmaʒ] *nm* -**1.** [location] tenant farming. -**2.** [redevance] farm rent.

ferme[1] [fɛrm] *nf* -**1.** [maison] farmhouse; [exploitation] farm. -**2.** JUR: **prendre** ~ to rent, to farm; **donner à** ~ to let ❑ **bail à** ~ farm lease. -**3.** ARCHIT truss. -**4.** THÉÂT set piece.

ferme[2] [fɛrm] ◇ *adj* -**1.** [dur - sol] solid, firm; [- corps, chair, fruit, muscle] firm; **une viande un peu trop** ~ slightly tough meat. -**2.** [stable]: **être** ~ **sur ses jambes** to stand steady on one's legs OU firm on one's feet. -**3.** [décidé - ton, pas] firm, steady;..., **dit-elle d'une voix** ~..., she said firmly. -**4.** [inébranlable - volonté, décision] firm; **des prix** ~**s et définitifs** firm OU definite prices; **un engagement** ~ a firm commitment; **nous n'avons pas encore eu de réponse** ~ we haven't had a definite answer yet; **il est resté** ~ **sur le prix** he refused to bring the price down. -**5.** ÉCON steady, firm; **le dollar est resté** ~ the dollar stayed firm. -**6.** COMM [achat, vente] firm.
◇ *adv* -**1.** [solidement]: **tenir** ~ [clou] to hold; [personne, troupe] to stand firm, to hold on. -**2.** [beaucoup - travailler, boire] hard; **il boit** ~ he's a heavy OU a hard drinker. -**3.** [avec passion - discuter] with passion, passionately. -**4.** COMM: **acheter/vendre** ~ to buy/to sell firm.

fermé, e [fɛrme] *adj* -**1.** [obstrué] closed, blocked; **'col** ~**'** 'pass closed to traffic'. -**2.** [dont le battant ou le couvercle est clos] closed, shut; **une porte** ~**e** closed door; **j'ai laissé la porte à demi** ~**e** I left the door ajar OU half-open; **une boîte** ~**e** a box which is shut, a closed box ‖ [verrouillé] locked; **un local toujours** ~ a room that's always locked; **un radiateur** ~ a radiator that's been left off; ~ **à clé** locked; ~ **à double tour** double-locked. -**3.** [dont les éléments sont rapprochés] shut, closed up; **dormir la bouche** ~**e** to sleep with one's mouth shut; **les yeux** ~**s** *pr* & *fig* with one's eyes shut. -**4.** [à l'accès interdit - magasin, bureau, restaurant] closed; **vous restez** ~ **pendant Noël?** will you be staying closed over Christmas?; ~ **le lundi** closed on Mondays, closing day Monday ‖ CHASSE & PÊCHE closed. -**5.** [méfiant - visage] closed, inscrutable, impenetrable; [- regard] impenetrable; **une personnalité** ~**e** a secretive OU uncommunicative personality. -**6.** [exclusif - milieu, ambiance] exclusive, select. -**7.** PHON [syllabe, voyelle] closed. -**8.** SPORT [jeu] tight. -**9.** INF & MATH closed.

fermement [fɛrməmɑ̃] *adv* -**1.** [avec force] firmly, solidly, steadily. -**2.** [résolument] firmly, strongly.

ferment [fɛrmɑ̃] *nm* -**1.** CHIM ferment, leaven; ~**s lactiques** bacilli used in making yoghurt. -**2.** *litt* [facteur]: **un** ~ **de**: **leur présence est un** ~ **de haine** their presence stirs up hatred.

fermentable [fɛrmɑ̃tabl] = **fermentescible**.

fermentatif, ive [fɛrmɑ̃tatif, iv] *adj* fermentative.

fermentation [fɛrmɑ̃tasjɔ̃] *nf* -**1.** CHIM fermentation, fermenting. -**2.** *litt* [agitation] fermentation, commotion, unrest.

◆ **en fermentation** *loc adj* [raisin] fermenting.

fermenté, e [fɛrmɑ̃te] *adj* fermented.

fermenter [3] [fɛrmɑ̃te] *vi* -**1.** CHIM to ferment. -**2.** *litt* [sentiment] to be stirred; [esprit] to be in a ferment.

fermentescible [fɛrmɑ̃tesibl] *adj* fermentable, fermentescible.

fermer [3] [fɛrme] ◇ *vt* -**1.** [yeux] to shut, to close; [poing, doigts] to close; [enveloppe] to seal, to shut, to close; [carte routière, éventail] to fold, to close; [col, jupe] to fasten, to do up *(sép)*; [sac, valise, bocal, livre] to shut, to close; **fermez vos cahiers** close your exercise books; **ferme très fort les yeux** screw your eyes up tight ❑ ~ **les yeux sur qqch** to turn a blind eye to sthg; **je n'ai pas fermé l'œil de la nuit** I didn't get a wink (of sleep) all night; ~ **la bouche** *fam* OU **la gueule**▽ OU **le bec** *fam* **à qqn** to shut sb up; ~ **sa bouche** *fam* OU **sa gueule**▽ OU **son bec** *fam* to shut up, to shut one's trap; **la** ~: **je le savais mais je l'ai fermée**▽ I knew it but I didn't let on; **la ferme!**▽ shut up!, shut your face! -**2.** [porte] to close, to shut; ~ **les rideaux** to draw the curtains (together), to pull the curtains shut; ~ **une porte à clef** to lock a door; ~ **une porte à double tour** to double-lock a door; **il a fermé la porte d'un coup de pied** he kicked the door shut; **il a fermé la porte d'un coup d'épaule** [doucement] he nudged the door shut with his shoulder; [durement] he banged the door shut with his shoulder; ~ **ses portes** [boutique, musée] to shut, to close ‖ *(en usage abs)*: **on ferme!** closing now!; **ferme le tiroir** shut the drawer ❑ ~ **la porte au nez de qqn** *pr* to slam the door in sb's face; *fig* to shut one's door to sb. -**3.** *fam* [éteindre - électricité, lumière, compteur] to turn OU to switch off *(sép)*; [- robinet] to turn off; ~ **l'eau dans une maison** *fam* to turn the water off (at the mains) in a house; **ferme la télé** *fam* switch the TV off. -**4.** [rendre inaccessible - rue, voie] to block, to bar, to obstruct. -**5.** [interdire - frontière, port]: ~ **l'entrée d'un port** to close a harbour; ~ **son pays aux réfugiés politiques** to close one's borders to political refugees; **cette filière vous fermerait**

toutes les carrières scientifiques this course would prevent you from following any scientific career. -**6.** [faire cesser l'activité de]: ~ **un restaurant/théâtre** [pour un congé] to close a restaurant/theatre; [définitivement] to close a restaurant/theatre (down); **ne fermez pas notre école!** don't close our school (down)! ❑ ~ **boutique** [pour un congé] to shut up shop; [pour cause de faillite] to stop OU to cease trading; *fig* to give up. -**7.** [rendre insensible]: ~ **qqch à**: ~ **son âme à qqch** to harden one's heart to sthg; ~ **son cœur à qqn** to harden one's heart to sb; ~ **son esprit à qqch** to close one's mind to sthg; ~ **qqn à qqch**: **c'est elle qui m'a fermée aux études** she's the one who turned OU put me off studying. -**8.** [être à la fin de]: ~ **la marche** to be at the back of the procession; ~ **le bal** to be the last to leave the ball. -**9.** [délimiter]: **les montagnes qui ferment l'horizon/la vue** the mountains which shut off the horizon/block the view. -**10.** BANQUE & FIN [compte, portefeuille d'actions] to close. -**11.** SPORT: ~ **le jeu** to tighten up play. -**12.** [en écrivant]: **fermez les guillemets** *pr* unquote; *fig* (quote) unquote; **fermez la parenthèse** close brackets.

◇ *vi* -**1.** [se verrouiller - couvercle, fenêtre, porte] to close; **le portail ferme mal** the gate is difficult to close OU won't close properly; **le radiateur ferme mal** the radiator won't turn off properly. -**2.** [cesser son activité temporairement] to close, to shut; **le musée/parc va** ~ the museum/park will soon close; **la banque ferme le samedi** the bank closes Saturdays OU is closed on Saturday; **la chasse au faisan fermera la semaine prochaine** the pheasant season will close next week ‖ [cesser son activité pour toujours] to close down; **les usines ferment** factories are closing down.

◆ **se fermer** ◇ *vp (emploi passif)* [être attaché - col, robe, veste] to fasten, to do up.

◇ *vpi* -**1.** [être verrouillé - porte, fenêtre] to close; **les frontières se fermaient devant lui** *fig* countries were closing their borders to him; **se** ~ **à** [être inaccessible à]: **les sociétés occidentales se ferment à l'immigration** Western societies are closing their doors to immigrants; **son cœur s'est fermé à la pitié** he has become impervious to pity. -**2.** [se serrer, se plier - bras, fleur, huître, main] to close (up); [- aile] to fold; [- bouche, œil, paupière, livre, rideau] to close; [- blessure] to close (up), to heal; **mes yeux se ferment** I can't keep my eyes open. -**3.** [être impénétrable]: **on ne peut pas lui parler, elle se ferme aussitôt** there's no talking to her, she just switches off OU freezes up.

fermeté [fɛrməte] *nf* -**1.** [solidité - d'un objet] solidness, firmness; [- d'un corps] firmness. -**2.** [assurance - d'un geste] assurance, steadiness; [- d'une voix] firmness. -**3.** [autorité] firmness; **faire preuve de** ~ **à l'égard de qqn** to be firm with sb; **avec** ~ firmly, resolutely, steadfastly; **sans** ~ irresolutely, waveringly; **le gouvernement agit sans** ~ **aucune** the government is acting without any determination whatsoever. -**4.** BOURSE steadiness.

fermette [fɛrmɛt] *nf* -**1.** [habitation] small farm OU farmhouse. -**2.** CONSTR small truss.

fermeture [fɛrmətyr] *nf* -**1.** [obstruction]: **après la** ~ **du puits/tunnel** once the well/tunnel is blocked off; **la** ~ **du coffre se fera devant témoins** the safe will be locked OU sealed in the presence of witnesses. -**2.** [rabattement] closing; **la** ~ **des grilles avait lieu à midi** the gates were closed at noon; **'ne pas gêner la** ~ **des portes'** 'please do not obstruct the doors'. -**3.** COMM [arrêt des transactions]: **les plus belles affaires se font à la** ~ the best bargains are struck just before closing time OU the shop closes; **au moment de la** ~ [du bureau] at the end of the day's work; [de la banque, du magasin, du café] at closing time; **à la** ~ BOURSE at the close of trading ‖ ADMIN & FIN closing; **pour faciliter la** ~ **d'un compte courant** to make it easier to close a current account ❑ **jour de** ~ [hebdomadaire] closing day; [férié] public holiday. -**4.** [fin - d'une session, d'un festival] close, closing; CHASSE & PÊCHE closing; **demain, on fait la** ~ **ensemble** *fam* we're going out on the last (official) day of shooting tomorrow. -**5.** VÊT: ~ **Éclair**® OU **à glissière** zip (fastener) *Br*, zipper.

fermi [fɛrmi] *nm* fermi.

fermier, ère [fɛrmje, ɛr] *adj* -**1.** ÉCON [compagnie, société] farm *(modif)*. -**2.** COMM: **poulet/œuf** ~ free-range chicken/egg; **lait/beurre** ~ dairy milk/butter.

◆ **fermier** *nm* -**1.** AGR [locataire] tenant farmer; [propriétaire] farmer; [agriculteur] farmer. -**2.** HIST: ~ **général** farmer general.

◆ **fermière** *nf* -**1.** [épouse] farmer's wife. -**2.** [cultivatrice] woman farmer.

fermium [fɛrmjɔm] *nm* fermium.

fermoir [fɛrmwar] *nm* [de collier, de sac] clasp, fastener.

féroce [ferɔs] *adj* -**1.** [brutal - tyran, soldat] cruel, bloodthirsty. -**2.** [acerbe - humour, examinateur] cruel, harsh, ferocious; **dans une critique** ~ **qui vient de paraître** in a ferocious OU savage review just out. -**3.** [qui tue - animal, bête] ferocious. -**4.** [extrême - appétit] voracious.

férocement [ferɔsmɑ̃] *adv* -**1.** [brutalement] cruelly. -**2.** [avec dureté] harshly, ferociously.

férocité [ferɔsite] *nf* -**1.** [brutalité] cruelty, bloodlust. -**2.** [intransigeance] harshness, ferociousness. -**3.** [d'une bête] ferocity.

Féroé [ferɔe] *npr fpl*: **les** ~ the Faeroes; **aux** ~ in the Faeroes.

ferrade [fɛrad] *nf* branding *(of cattle)*.

ferrage [fɛraʒ] *nm* -**1.** [d'une roue] rimming; [d'une canne] tipping with metal. -**2.** [d'un cheval, d'un bœuf] shoeing. -**3.** PÊCHE striking.

ferraillage [fɛrajaʒ] *nm* -**1.** [action] framing with iron. -**2.** [armatures] iron framework.

ferraille [fɛraj] *nf* -**1.** [débris]: **de la** ~ scrap (iron); **un bruit de** ~ a clanking noise. -**2.** [rebut]: **la** ~: **mettre une machine à la** ~ to sell a machine for scrap; **bon pour la** OU **à mettre à la** ~ ready for the scrapheap, good for scrap. -**3.** *fam* [monnaie] small change.

ferrailler [3] [fɛraje] *vi* -**1.** ESCRIME to clash swords. -**2.** *fig* to clash, to cross swords; **le gouvernement a ferraillé avec les syndicats** the government clashed with the unions. -**3.** CONSTR [béton] to reinforce.

ferrailleur [fɛrajœr] *nm* -**1.** CONSTR ≃ building worker *(in charge of iron frameworks)*. -**2.** [commerçant] scrap merchant. -**3.** *arch* [duelliste] swashbuckler.

Ferrare [fɛrar] *npr* Ferrara.

ferré, e [fere] *adj* -**1.** [muni de fers - cheval] shod; [- chaussure] hobnailed; [- roue] rimmed; [- lacets] tagged. -**2.** *fam loc*: **être** ~ **sur qqch** to be a genius at sthg; **être** ~ **en qqch** to be well up on sthg; **elle est** ~**e en chimie** she's a genius at chemistry.

ferrement [fɛrmɑ̃] *nm* CONSTR iron framework.

ferrer [4] [fere] *vt* -**1.** [garnir - roue] to rim; [- canne] to tip with metal. -**2.** [cheval, bœuf] to shoe. -**3.** PÊCHE to strike.

ferreux, euse [fɛrø] *adj* ferrous.

ferricyanure [fɛrisjanyr] *nm* ferricyanide.

ferrimagnétisme [fɛrimaɲetism] *nm* ferrimagnetism.

ferrique [fɛrik] *adj* ferric.

ferrite [fɛrit] ◇ *nm* CHIM ferrite.

◇ *nf* MÉTALL ferrite.

ferroalliage [fɛrɔaljaʒ] *nm* iron alloy.

ferrochrome [fɛrɔkrom] *nm* ferrochromium, ferrochrome.

ferrocyanure [fɛrɔsjanyr] *nm* ferrocyanide.

ferroélectricité [fɛrɔelɛktrisite] *nf* ferroelectricity.

ferroélectrique [fɛrɔelɛktrik] *adj* ferroelectric.

ferromagnétique [fɛrɔmaɲetik] *adj* ferromagnetic.

ferromagnétisme [fɛrɔmaɲetism] *nm* ferromagnetism.

ferromanganèse [fɛrɔmɑ̃ganɛz] *nm* ferromanganese.

ferromolybdène [fɛrɔmɔlibdɛn] *nm* ferromolybdenum.

ferronickel [fɛrɔnikɛl] *nm* ferronickel.

ferronnerie [fɛrɔnri] *nf* -**1.** [art]: ~ **(d'art)** wrought-iron craft. -**2.** [ouvrage]: **une belle** ~ **du XVIIIe siècle** a fine piece of 18th-century wrought ironwork OU wrought-iron work; **des** ~**s, de la** ~ wrought ironwork, wrought-iron work. -**3.** [atelier] ironworks *(sg ou pl)*.

◆ **de ferronnerie, en ferronnerie** *loc adj* wrought-iron *(modif)*.

ferronnier [fɛrɔnje] *nm*: ~ **(d'art)** wrought-iron craftsman.

ferroviaire [fɛrɔvjɛr] *adj* [trafic, tunnel, réseau] rail *(modif)*, railway *Br (modif)*, railroad *Am (modif)*.

ferrugineux, euse [fɛryʒinø, øz] *adj* ferrugineous, ferruginous.

ferrure [fɛryr] *nf* -**1.** [garniture] metal hinge. -**2.** [fait de ferrer] shoeing *(U)*. -**3.** [fers] horseshoes.

ferry [fɛri] *(pl* **ferries***)* *nm* [pour voitures] car-ferry, ferry; [pour voitures ou trains] ferry, ferry-boat.

ferry-boat [fɛribot] *(pl* **ferry-boats***)* *nm* ferry-boat.

fertile [fɛrtil] *adj* -**1.** AGR & GÉOG fertile, rich; ~ **en**: **région** ~ **en agrumes** area rich in citrus fruit; **pays** ~ **en olives** olive-rich country. -**2.** *fig*: ~ **en** rich in; **une année** ~ **en événements** a very eventful year. -**3.** BIOL [femelle, femme, couple] fertile. -**4.** NUCL fertile.

fertilisable [fɛrtilizabl] *adj* AGR fertilizable.

fertilisant, e [fɛrtilizɑ̃, ɑ̃t] *adj* AGR fertilizing.

◆ **fertilisant** *nm* fertilizer.

fertilisation [fɛrtilizasjɔ̃] *nf* AGR & BIOL fertilization, fertilizing.

fertiliser [3] [fɛrtilize] *vt* AGR to fertilize.

fertilité [fɛrtilite] *nf* -**1.** AGR fertility, fruitfulness. -**2.** BIOL [d'un couple, d'une femme] fertility. -**3.** [d'un esprit, d'un cerveau] fertility; **connu pour la** ~ **de son imagination** famous for his fertile imagination.

féru, e [fery] *adj*: **être** ~ **de qqch** to be keen on OU highly interested in sthg.

férule [feryl] *nf* -**1.** *loc*: **être sous la** ~ **de qqn** to be under sb's strict authority. -**2.** [fouet] ferule, ferula. -**3.** BOT ferula.

fervent, e [fɛrvɑ̃, ɑ̃t] ◇ *adj* fervent, ardent.

◇ *nm, f* devotee, enthusiast, addict; **les** ~**s du rugby** rugby enthusiasts OU fans; **c'est une** ~**e de romans policiers** she's a detective story addict.

ferveur [fɛrvœr] *nf* fervour, ardour, enthusiasm; **avec** ~ with enthusiasm, fervently.

Fès [fɛz] *npr* Fez.

fesse [fɛs] *nf* -**1.** ANAT buttock, cheek; **les** ~**s** the buttocks; **un singe assis sur ses** ~**s** a monkey sitting on its behind; **montrer ses** ~**s à tout le monde** to be bare-bottomed; **poser ses** ~**s quelque part** *fam* to sit down somewhere; **pose tes** ~**s!** sit yourself down! -**2. la** ~ ▽ [le sexe] sex; [la pornographie] pornography, the porn industry; **raconter des histoires de** ~**s** *fam* to tell dirty jokes. -**3.** HIST NAUT tuck.

◆ **aux fesses** *fam loc adv*: **avoir qqn aux** ~**s** to have sb on one's back; **s'il refuse, je lui mets la police aux** ~**s!** if he refuses, I'll have the law on him!

fessée [fese] *nf* spanking; **avoir une** ~ to get spanked; **donner une** ~ **à qqn** to spank sb.

fesse-mathieu [fɛsmatjø] *(pl* **fesse-mathieux***)* *nm arch* skinflint, miser.

fesser [4] [fese] *vt* to spank.

fessier, ère [fesje, ɛr] *adj* buttocks *(modif)*, gluteal *spéc.*

◆ **fessier** *nm* -**1.** ANAT buttocks, gluteus *spéc.* -**2.** *fam* [postérieur] behind, bottom, bum *Br.*

fessu, e *fam* [fesy] *adj* with big buttocks, big-bottomed.

festif, ive [fɛstif, iv] *adj sout* festive.

festin [fɛstɛ̃] *nm* feast, banquet.

festival, als [fɛstival] *nm* festival; **un ~ de jazz** a jazz festival; **un ~ de** *fig* a brilliant display of; **on a eu droit à un ~ de calembours** we were treated to pun after pun.

festivalier, ère [fɛstivalje, ɛr] ◇ *adj* festival (*modif*).
◇ *nm, f* festival-goer.

festivité [fɛstivite] *nf* festivity; **les ~s du carnaval** the carnival festivities.

festoiement [fɛstwamɑ̃] *nm* feasting.

feston [fɛstɔ̃] *nm* **-1.** [guirlande & ARCHIT] festoon. **-2.** COUT scallop; **point de ~** blanket stitch.

festonner [3] [fɛstɔne] *vt* **-1.** ARCHIT to festoon. **-2.** *litt* [orner] to adorn, to embellish. **-3.** COUT: **~ un col** to trim a collar with fancy edging.

festoyer [3] [fɛstwaje] *vi* to feast.

fêtard, e [fɛtar, ard] *nm, f* roisterer, reveller, party-goer.

fête [fɛt] *nf* **-1.** [célébration - civile] holiday; [- religieuse] feast; **demain c'est ~** tomorrow we have a day off ❑ **la ~ de l'Assomption** (the feast of) the Assumption; **~ légale** public holiday; **la ~ des Mères** Mother's Day, Mothering Sunday *Br*; **~ mobile** movable feast; **la ~ des Morts** All Souls' Day; **la ~ nationale** [gén] national holiday; [en France] Bastille Day; [aux États-Unis] Independence Day; **la ~ de Noël** (the celebration of) Christmas; **la ~ des Pères** Father's Day; **la ~ des Rois** Twelfth Night, Epiphany; **la ~ du Travail** May Day. **-2.** [d'un saint] saint's day, name day; **j'ai oublié de lui souhaiter sa ~** I forgot to wish her a happy saint's day ❑ **faire sa ~ à qqn** *fam* to give sb a good hiding; **on va lui faire sa ~!** we're going to teach him a lesson he won't forget!; **ça va être ta ~!** you'll cop it *Br* OU catch hell *Am*! **-3.** [réunion - d'amis] party; **on donne** OU **organise une petite ~ pour son anniversaire** we're giving a party for his birthday, we're giving him a birthday party; **le film est une vraie ~ pour l'esprit/les sens** the film is really uplifting/a real treat for the senses ❑ **une ~ de famille** a family celebration OU gathering; **être de la ~** to be one of the party; **elle n'est jamais de la ~** she's always excluded from happy occasions; **être à la ~: il n'a jamais été à pareille ~** *fig* he's never had such a good time; **que la ~ commence!** let the festivities begin! **-4.** [foire] fair; [kermesse] fête, fete; [festival] festival, show; **c'est la ~ au village** [forains de passage] there's a fair in the village; [organisée par le village] the village fete is on; **(et) la ~ continue!** the fun's not over yet!; **aujourd'hui c'est la ~!** let's have fun today!; **ce n'est pas tous les jours (la) ~!** it's not everyday you have an excuse for a party! ❑ **la ~ de la bière** the beer festival; **~ foraine** [attractions] funfair *Br*, carnival *Am*; **la ~ de l'Humanité** OU **de l'Huma** *fam annual festival organized by the Communist daily newspaper 'l'Humanité'*; **la ~ de la Musique** *annual music festival organized in the streets of large towns*; **~ à Neu-Neu** *large funfair held in the Bois de Boulogne every summer*; **~ patronale** *town or village festival marking the patron saint's name*; **faire la ~** to have a party OU (some) fun OU a good time. **-5.** *loc*: **faire ~ à qqn** to greet sb warmly; **mon chien m'a fait ~ quand je suis revenu** my dog was all over me when I got back; **se faire une ~ de** to look forward eagerly to; **tu ne viens pas? elle qui s'en faisait une telle ~!** so you're not coming? she was so looking forward to it!
◆ **fêtes** *nfpl* [gén] holidays; [de Noël et du jour de l'an] the Christmas and New Year celebrations; **les ~s juives/catholiques** the Jewish/Catholic holidays ❑ **~s galantes** BX-ARTS fêtes galantes.
◆ **de fête** *loc adj* [air, habits] festive; **donnez un air de ~ à votre table** give your table a festive appearance.
◆ **en fête** *loc adj*: **la ville/les rues en ~** the festive town/streets; **regardez la nature en ~!** look! what a feast of nature!

> **FÊTE:**
> The French traditionally wish "bonne fête" to the person who has the same name as the saint commemorated on a particular day.

Fête-Dieu [fɛtdjø] (*pl* Fêtes-Dieu) *nf*: **la ~** Corpus Christi.

fêter [4] [fete] *vt* **-1.** [célébrer - anniversaire, événement] to celebrate; **une promotion? il faut ~ ça!** a promotion? that's worth celebrating! **-2.** [accueillir - personne] to fête, to fete; **~ l'équipe pour sa victoire** to have a party OU a celebration for the team's victory.

fétiche [fetiʃ] *nm* **-1.** [objet de culte] fetish, fetich. **-2.** [porte-bonheur] mascot; (*comme adj*) lucky; **mon numéro ~** my lucky number. **-3.** PSYCH fetish.

féticheur [fetiʃœr] *nm* [prêtre] animist priest.

fétichisme [fetiʃism] *nm* **-1.** [culte] fetishism, fetichism. **-2.** PSYCH fetishism. **-3.** [admiration] worship, cult; **le ~ des sondages électoraux** the obsession with pre-election polls.

fétichiste [fetiʃist] ◇ *adj* **-1.** RELIG & PSYCH fetishistic. **-2.** [admiratif] worshipping.
◇ *nmf* RELIG & PSYCH fetishist, fetichist.

fétide [fetid] *adj* fetid.

fétidité [fetidite] *nf* fetidness.

fétu [fety] *nm*: **~ (de paille)** (wisp of) straw; **comme un ~** like a feather.

feu[1], **x** [fø] ◇ *nm* **-1.** [combustion] fire; **faire du** OU **un ~** to make a fire; **allumer un ~** [gén] to light a fire; [dehors] to light a bonfire OU fire; **faire un bon ~** to get a good fire going; **assis autour du ~** sitting round the fire OU by the fireside; **~ de bois** (wood) fire; **~ de braises** (glowing) embers; **~ de cheminée** chimney fire; **mettre le ~ à une maison** to set a house on fire; **il y a le ~!** fire!; **il y a le ~ aux rideaux!** the curtains are on fire! ❑ **~ de camp** campfire; **~ d'enfer** roaring fire; **~ de joie** bonfire; **~ de paille** flash in the pan; **les ~x de la Saint-Jean** *bonfires lit to celebrate Midsummer's Day*; **le ~, l'épreuve du ~** HIST ordeal by fire; **prendre ~** *pr* to catch fire; **le canapé a pris ~** the sofa caught fire; **prendre ~** *fig* to get carried away, to get all worked up; **avoir le ~ sacré** to burn with enthusiasm; **il n'y a pas le ~ (au lac)!** *hum* what's the big hurry?, where's the fire?; **faire ~ de tout bois** to use all the means at one's disposal; **faire long ~** to hang fire; **elle n'a pas fait long ~ dans l'entreprise** she didn't last long in the company; **jouer avec le ~** to play with fire; **jeter** OU **lancer ~ et flammes** to be raging OU fuming; **il n'y a vu que du ~** he never saw a thing, he was completely taken in; **il se jetterait dans le ~ pour lui/eux** he'd do anything for him/them; **avoir le ~ au derrière** *fam* OU **aux fesses** *fam* OU **au cul**▼ [être pressé] to be in a tearing hurry; [sexuellement] to be horny. **-2.** [brûleur] ring, burner; **cuisinière à trois/quatre ~x** three-burner/four-burner stove; **à ~ doux** [plaque] on a gentle OU slow heat; [four] in a slow oven OU heat; **mijoter** OU **faire cuire à petit ~** to cook slowly; **tuer** OU **faire mourir qqn à petit ~** *fig* to kill sb slowly; **à grand ~** OU **~ vif** on a fierce heat; **avoir qqch sur le ~** to be (in the middle of) cooking sthg; **j'ai laissé le lait sur le ~!** I've left the milk on!; **un plat/ramequin qui va sur le ~** a fireproof dish/ramekin. **-3.** *fam* [briquet]: **du ~** a light; **il n'a jamais de ~** he's never got a light. **-4.** [en pyrotechnie]: **~ d'artifice** [spectacle] fireworks display; **son récital, un vrai ~ d'artifice!** *fig* his recital was a virtuoso performance!; **des ~x d'artifice** fireworks; **~ de Bengale** Bengal light. **-5.** MIL [tir] fire, shooting; [combats] action; **ouvrir le ~ (sur)** to open fire (on), to start firing (at); **cesser le ~** to cease fire; **faire ~** to fire, to shoot; **~!** fire!; **avoir vu le ~** to have seen action; **aller au ~** to go into battle OU action ❑ **un ~ croisé, des ~x croisés** *pr* a crossfire; **pris dans le ~ croisé de leurs questions** *fig* caught in the crossfire of their questions; **~ nourri** *pr* continuous OU constant stream; **un ~ nourri de plaisanteries** *fig* a constant stream of jokes; **~ roulant** *pr* constant barrage; **un ~ roulant de commentaires** *fig* a running commentary; **mettre le ~ aux poudres** *pr* to spark off an explosion; *fig* to spark things off; **c'est ce qui a mis le ~ aux poudres** *fig* that's what sparked things off. **-6.** TRANSP [signal]: **~ (tricolore** OU **de signalisation)** traffic lights; **~ rouge/orange/vert** red/amber/green light; **à droite au troisième ~ (rouge)** right at the third set of (traffic) lights; **donner le ~ vert à qqn/qqch** *fig* to give sb/sthg the green light. **-7.** AÉRON, AUT & NAUT light; **~ arrière** taillight; **~ de position** sidelight; **~ de recul** reversing light; **~ de stationnement** parking light; **~ stop** brake light; **~x de croisement** headlights; **~x de détresse** warning lights; **~x de navigation** sailing lights; **~x de route** headlights on full beam. **-8.** CIN & THÉÂT: **les ~x de la rampe** the footlights; **être sous le ~ des projecteurs** *pr* to be in front of the spotlights; *fig* to be in the limelight; **il est sous les ~x de l'actualité** he's very much in the news at the moment. **-9.** *litt* [ardeur] fire, passion, ardour. **-10.** *litt* [éclat, lumière] fire, light; **le ~ de son regard** her fiery eyes; **les ~x de la ville** the city lights; **jeter des ~x** to sparkle, to glitter; **le ~ d'un diamant** the blaze OU fire of a diamond ❑ **faire ~ des quatre fers** OU **pieds** to be full of zest. **-11.** [sensation de brûlure] burn; **le ~ me monta au visage** I went OU turned red, my face OU I flushed; **le ~ du rasoir** razor burn. **-12.** *arch* [maison] house, homestead; **un hameau de dix ~x** a hamlet with ten houses OU homes in it. **-13.** *fam* [pistolet] gun, rod *Am*.
◇ *adj inv* flame (*modif*), tan, flame-coloured; **rouge ~** flame red; **un yorkshire noir et ~** a black and tan yorkshire (terrier).
◆ **à feu et à sang** *loc adv*: **mettre un pays à ~ et à sang** to ransack and pillage a country.
◆ **au feu** *loc interj*: **au ~!** fire!
◆ **avec feu** *loc adv* passionately.
◆ **dans le feu de** *loc prép* in the heat of; **dans le ~ de l'action** in the heat of the moment.
◆ **en feu** *loc adj* **-1.** [incendié] blazing, burning; **une maison en ~** a house on fire, a burning house. **-2.** [brûlant]: **j'ai la bouche/gorge en ~** my mouth/throat is burning; **il entra, les joues en ~** he came in, cheeks ablaze.
◆ **sans feu ni lieu** *loc adv litt*: **être sans ~ ni lieu** to have nowhere to lay one's head.
◆ **tout feu tout flamme** *loc adj* burning with enthusiasm.
◆ **feu follet** *nm* will-o'-the-wisp.
◆ **coup de feu** *nm* **-1.** [tir]: **tirer un coup de ~** to fire a shot, to shoot; **on a entendu des coups de ~** we heard shots being fired OU gunfire. **-2.** *fig*: **c'est le coup de ~** there's a sudden rush on.

feu[2], **e** [fø] *adj sout (inv avant l'article ou le possessif)* late; **~ la reine** the late Queen; **ma ~e tante, ~ ma tante** my late aunt.

feuil [fœj] *nm* (thin) film.

feuillage [fœjaʒ] *nm* **-1.** [sur l'arbre] foliage *spéc*, leaves; **là-haut dans le ~** [d'un arbre] up there amongst the leaves; [de la forêt] up in the canopy. **-2.** [coupé] foliage *spéc*, greenery.

feuillaison [fœjɛzɔ̃] *nf* **-1.** [phénomène] foliation. **-2.** [époque] foliation period; **au moment de la ~** when trees foliate.

feuillant [fœjɑ̃] *nm* Feuillant monk; **les Feuillants** HIST *political club consisting of constitutional monarchists which held its meetings in the former Feuillants monastery in Paris from 1791 to 1792.*

feuillante [fœjɑ̃t] = **feuillantine 2**.

feuillantine [fœjɑ̃tin] *nf* **-1.** CULIN feuillantine pastry, puff pastry cake. **-2.** RELIG Feuillant nun.

feuillard [fœjar] *nm* **-1.** [pour tonneau] hoop wood. **-2.** [pour emballage] strap.

feuille [fœj] *nf* **-1.** BOT leaf; **~ d'acanthe** acanthus; **~ morte** dead OU fallen leaf; **descendre** OU **tomber en ~ morte** to make a falling-leaf roll. **-2.** [morceau de papier] sheet; **les ~s d'un cahier** the sheets OU leaves OU pages of a notebook ❑ **une ~ de papier** a sheet (of paper), a piece of paper; ~ volante (loose) sheet of paper. -3. PRESSE: ~ locale local paper; ~ à sensations gossip sheet. -4. [imprimé] form, slip; ~ de maladie OU de soins *claim form for reimbursement of medical expenses*; ~ de route OU de déplacement MIL travel warrant; ~ d'émargement pay sheet; ~ d'impôts tax form, tax return *Am*; ~ de paie payslip; ~ de présence attendance sheet; ~ de température MÉD temperature chart. -5. [plaque] leaf, sheet; ~ de métal/d'or metal/gold leaf. -6. INF sheet; ~ document/maîtresse/programme data/master data/program sheet.

◆ **à feuilles caduques** *loc adj* [arbre, arbuste] deciduous.

◆ **à feuilles persistantes** *loc adj* [arbre, arbuste] evergreen.

◆ **feuille de chêne** *nf* [laitue] leaf.

◆ **feuille de chou** *nf* -1. PRESSE rag. -2. *loc*: oreilles en ~ de chou *fam* cauliflower ears.

◆ **feuille de vigne** *nf* -1. BOT vineleaf. -2. BX-ARTS fig-leaf. -3. CULIN: ~s de vigne farcies dolmades, stuffed vine leaves.

feuillée [fœje] *nf litt* [abri] foliage bower.

◆ **feuillées** *nfpl* MIL latrine.

feuille-morte [fœjmɔrt] *adj inv* russet, yellowish-brown.

feuilleret [fœjrɛ] *nm* rabbet plane.

feuillet [fœjɛ] *nm* -1. [d'un formulaire] page, leaf. -2. BIOL layer; ~s embryonnaires germ layers. -3. ZOOL third stomach of ruminants. -4. MENUIS thin sheet of wood.

feuilletage [fœjtaʒ] *nm* -1. CULIN [action]: le ~ de la pâte rolling and folding pastry *(to produce puff pastry)* || [pâte] puff pastry. -2. GÉOL foliation.

feuilleté, e [fœjte] *adj* -1. CULIN puff *(modif)*. -2. GÉOL foliated. -3. TECH laminated.

◆ **feuilleté** *nm* -1. [dessert] puff pastry. -2. [hors-d'œuvre] vol-au-vent; ~ aux asperges asparagus in puff pastry.

feuilleter [27] [fœjte] *vt* -1. [album, magazine] to leaf OU to flip OU to flick through *(insép)*, to skim (through). -2. CULIN: ~ de la pâte to work the dough (into puff pastry) by rolling and folding it.

feuilleton [fœjtɔ̃] *nm* -1. PRESSE series *(sg)*, serial. -2. TV: ~ (télévisé) [sur plusieurs semaines] TV serial, mini-series; [sur plusieurs années] soap (opera). -3. LITTÉRAT feuilleton. -4. *fig* saga.

feuilletonesque [fœjtɔnɛsk] *adj* serial-like, soap-like, soap-opera-like; ses aventures ~s avec le fisc his saga with the tax people.

feuilletoniste [fœjtɔnist] *nmf* feuilletonist, serial writer.

feuillu, e [fœjy] *adj* leafy.

◆ **feuillu** *nm* lobed-leaved tree.

feuillure [fœjyr] *nf* rabbet, rebate.

feulement [følmɑ̃] *nm* growl.

feuler [3] [føle] *vi* to growl.

feutrage [føtraʒ] *nm* felting; lavez à l'eau froide pour empêcher le ~ wash in cold water to prevent felting.

feutre [føtr] *nm* -1. TEXT [étoffe] felt. -2. [chapeau] felt hat, ≃ fedora. -3. [stylo]: ~, stylo-~ felt-tip (pen); couvert de traces de ~ covered in felt-tip.

feutré, e [føtre] *adj* -1. [pull, vêtement] felted. -2. [garni de feutre - bourrelet] felt *(modif)*. -3. [silencieux - salon, atmosphère] quiet; [- voix] muffled; marcher à pas ~s to pad along (silently).

feutrer [3] [føtre] ◇ *vt* -1. TEXT to felt. -2. [garnir - selle] to pad OU to line (with felt).

◇ *vi* to felt, to become felted OU matted.

◆ **se feutrer** *vpi* to felt, to become felted OU matted.

feutrine [føtrin] *nf* felt.

fève [fɛv] *nf* -1. BOT bean; ~ de Calabar Calabar bean; ~ tonka tonka bean. -2. [des Rois] *lucky charm or token made of porcelain and hidden in a "galette des Rois"*.

février [fevrije] *nm* February.

fez [fɛz] *nm* fez.

FFA (*abr de* Forces françaises en Allemagne) *npr fpl French forces in Germany*.

FFI (*abr de* Forces françaises de l'intérieur) *npr fpl French Resistance forces during World War II*.

FFL (*abr de* Forces françaises libres) *npr fpl free French Army during World War II*.

FFR (*abr de* Fédération française de rugby) *npr f French rugby federation*.

fg *abr écrite de* faubourg.

FGA (*abr de* fonds de garantie automobile) *nm fund financed through insurance premiums to compensate victims of uninsured losses*.

FGDS (*abr de* Fédération de la gauche démocrate et socialiste) *npr f former French socialist party*.

FGEN (*abr de* Fédération générale de l'Éducation nationale) *npr f teachers' trade union*.

fi [fi] *interj* -1. *hum*: ~! pooh! -2. *loc*: faire ~ de [mépriser] to turn one's nose up at, to spurn; [ignorer] to ignore.

fiabilité [fjabilite] *nf* [crédibilité] reliability.

fiable [fjabl] *adj* [crédible] reliable.

FIAC [fjak] (*abr de* Foire internationale d'art contemporain) *npr f annual international contemporary art fair in Paris*.

fiacre [fjakr] *nm* fiacre, (horse-drawn) carriage.

fiançailles [fijɑ̃saj] *nfpl* -1. [promesse] engagement; à quand tes ~? when are you getting engaged? -2. [cérémonie] engagement party. -3. [durée] engagement (period).

fiancé, e [fijɑ̃se] *nm, f* fiancé *(f* fiancée); les ~s the betrothed *litt* OU *hum*, the engaged couple.

fiancer [16] [fijɑ̃se] *vt* to betroth; il fiance sa fille his daughter is getting engaged; elle est fiancée à Paul she's engaged to Paul, she and Paul are engaged.

◆ **se fiancer** *vpi* to get engaged; ils se fiancent en mars they are getting engaged in March.

fiasco [fjasko] *nm* -1. [entreprise, tentative] fiasco, flop; [film, ouvrage] flop; faire ~ to flop, to be a (total) failure. -2. [échec sexuel] failure to perform.

fiasque [fjask] *nf* (Italian) wine flask.

Fibranne® [fibran] *nf* staple, bonded fibre.

fibre [fibr] *nf* -1. [du bois] fibre, woodfibre; dans le sens de la ~ going with the grain (of the wood). -2. OPT & TECH fibre; ~ de verre fibreglass; ~ optique fibre optics *(sg)*. -3. TEXT: une ~ textile a fibre; les ~s naturelles/synthétiques naturally-occurring/man-made fibres. -4. [dans un muscle] muscle fibre. -5. [sentiment] feeling; avoir la ~ commerçante to be a born shopkeeper; avoir la ~ paternelle to have strong paternal feelings; faire jouer OU vibrer la ~ patriotique de qqn to play upon sb's patriotic feelings.

fibreux, euse [fibrø, øz] *adj* -1. [dur - viande] stringy, tough. -2. [à fibres - tissu, muscle] fibrous.

fibrillaire [fibrijɛr] *adj* fibrillar.

fibrillation [fibrijasjɔ̃] *nf* fibrillation, fibrillating *(U)*.

fibrille [fibrij] *nf* [fibre - courte] short fibre; [- fine] thin fibre.

fibrillé [fibrije] *nm* material resulting from fibrillation.

fibrine [fibrin] *nf* fibrin.

fibrineux, euse [fibrinø, øz] *adj* fibrinous.

fibrinogène [fibrinɔʒɛn] *nm* fibrinogen.

fibrinolyse [fibrinɔliz] *nf* fibrinolysis.

fibroblaste [fibrɔblast] *nm* fibroblast.

Fibrociment® [fibrɔsimɑ̃] *nm* fibrocement.

fibroïne [fibrɔin] *nf* fibroin.

fibromateux, euse [fibrɔmatø, øz] *adj* fibromatous.

fibromatose [fibrɔmatoz] *nf* fibromatosis.

fibrome [fibrom] *nm* -1. [tumeur] fibroma. -2. [dans l'utérus] fibroid.

fibromyome [fibrɔmjom] *nm* fibromyoma.

fibroscope [fibrɔskɔp] *nm* fibrescope.

fibroscopie [fibrɔskɔpi] *nf* fibrescopy.

fibrose [fibroz] *nf* fibrosis.

ficaire [fikɛr] *nf* figwort, lesser celandine.

ficelage [fislaʒ] *nm* tying up.

ficelé, e [fisle] *adj*: bien ~ [histoire, scénario] tight, seamless.

ficeler [24] [fisle] *vt* to tie up *(sép)*; elle est toujours ficelée comme un saucisson *fig* she's always bulging OU busting out of her clothes.

ficelle [fisɛl] *nf* -1. [corde] piece of string; de la ~ string ❑ la ~ est un peu grosse *fig* it sticks out like a sore thumb; connaître toutes les ~s du métier to know the ropes; ça, c'est une des ~s du métier that's one of the tricks of the trade; tirer les ~s to pull the strings. -2. [pain] *very thin baguette*. -3. *arg mil* officer's stripe. -4. *vieilli (comme adj)* [malin] cunning.

ficellerie [fisɛlri] *nf* string manufacture.

fichage [fiʃaʒ] *nm* [mise sur fichier] filing, recording.

fiche[1] *fam* [3] [fiʃ] *vt* -1. = **ficher** *(pp fichu)*. -2. *loc*: il n'en a rien à ~ he couldn't care less; on n'en a rien à ~, de leurs états d'âme! we couldn't care less about their scruples!; pour ce que j'en ai à ~! a fat lot I care!; va te OU allez vous faire ~! get lost!

◆ **se fiche** *fam* = **se ficher**.

◆ **se fiche de** *fam* = **se ficher de**.

fiche[2] [fiʃ] *nf* -1. [carton] piece of (stiff) card, (index) card; ~ cuisine recipe card; mettre qqch sur ~ to index OU *Br* to card-index sthg. -2. [papier] sheet, slip; ~ de paie pay slip; ~ signalétique identification slip OU sheet. -3. [formulaire] form; mettre qqn en OU sur ~ to open a file on sb; lui, on l'a sur ~ we've got a file on him, we've got him on file ❑ remplir une ~ d'hôtel to register (with a hotel), to fill in a (hotel) registration card. -4. JEUX counter. -5. INF: ~ suiveuse route card. -6. CONSTR hinge; ~ de porte door hinge. -7. ÉLECTR plug; ~ téléphonique phone OU jack plug; ~ multiple multiple adaptor OU adapter.

ficher[1] [3] [fiʃe] *vt* -1. [enfoncer] to drive OU to stick (in); ~ un pieu en terre to drive a stake into the ground; un couteau fiché entre les omoplates a knife stuck right between the shoulderblades. -2. [information] to file, to put on file; [suspect] to put on file; il est fiché the police have got a file on him.

ficher[2] *fam* [3] [fiʃe] *vt (pp fichu)* -1. [mettre]: fiche-le à la porte! throw OU kick him out!; son patron l'a fichu à la porte his boss fired him OU threw him out OU sacked *Br* him; fiche ça dans le placard throw OU stick it in the closet; ils l'ont fichu en prison they threw him in jail; fiche-moi ça dehors! get rid of this!; je lui ai fichu mon poing dans la figure I punched him in the face; qui a fichu ce rapport ici? who put this report here?; ~ à plat: ce temps me fiche à plat this weather really wipes me out; son départ nous a tous fichus à plat his departure took the wind out of our sails; ~ dedans: c'est cette phrase qui m'a fichu dedans it was that phrase that got me into trouble OU hot water; ils ont essayé de nous ~ dedans they tried to land us right in it; ~ en l'air: tu l'as fichue en l'air, sa lettre? did you throw away his letter?; ce contretemps fiche tout en l'air this last-minute hitch really messes everything up; ~ en rogne: arrête, tu vas le ~ en rogne! stop it, you're going to make him lose his temper!; c'est le genre de remarque qui me fiche en rogne that's the kind of remark that drives me mad; ~ par terre: fais attention sur ce vélo, tu vas te ~ par terre! mind how you go on that bike or you'll fall off; si c'est fermé mardi, ça fiche tout par terre! if it's closed on Tuesday, everything's ruined! -2. [faire] to do; qu'est-ce que tu fiches ici? what on earth OU the heck are you doing here?; je n'ai rien fichu aujourd'hui I haven't done a thing today; bon sang, qu'est-ce qu'il fiche? [où est-il] for God's sake, where on earth is he?; [que fait-il] what the heck is he doing? -3. [donner]: ~ qqch à qqn: ça me fiche le cafard it makes me feel down OU depressed; ça m'a fichu la chair de poule/la trouille it gave me the creeps/the willies; fiche-moi la paix! leave me alone!; je t'en ficherai, moi, du champagne! champagne? I'll give you champagne! ❑ je te fiche mon billet que... I'll bet my bottom dollar that... -4. *loc*: ~ le camp: fichez(-moi) le camp! scram!, push off!, beat it!, get out of here!; ils ont fichu le camp they scarpered *Br*, they beat it *Am*.

◆ **se ficher** *fam vpi* [se mettre]: de désespoir, elle s'est fichue à la Seine in despair, she jumped into the Seine; ils se sont fichus dans un fossé [en voiture] they drove into a ditch; [pour passer inaperçus] they jumped into a ditch; se ~ en l'air to do o.s. in; se ~ en colère to lose one's rag *Br*, to see red; se ~ dedans to land o.s. right in it.

◆ **se ficher de** *fam vp + prép* -1. [railler]: elle n'arrête pas de se ~ de lui she keeps making fun of him, she's forever pulling his leg; tu te fiches de moi ou quoi? are you kidding me?; 300 F pour ça? il se fiche de toi! 300 F for this? he's trying to swindle you OU he really takes you for a sucker!; ils se fichent du monde dans ce restaurant! [c'est cher] this restaurant is an absolute rip-off!; [le service est mauvais] they treat the customers like dirt in this restaurant!; eh bien, tu ne t'es pas fichu de nous! well, you've really done things in style! -2. [être indifférent à]: je me fiche de ce que disent les gens I don't care what OU I don't give a damn about what people say; ils n'ont pas aimé notre spectacle – qu'est-ce qu'on s'en fiche! they didn't like our show – so what! OU who cares! ❑ je m'en fiche comme de ma première chemise OU comme de l'an quarante OU complètement I don't give a damn (about it), I couldn't care less.

fichier [fiʃje] *nm* -1. [fiches] (card index) file, catalogue; le ~ de nos clients our file of customers; pour enrichir mon ~ to make my collection of files more complete. -2. [meuble] filing cabinet; [boîte] file. -3. INF file; ~ de détail/travail detail/scratch file; ~ principal main OU master file; ~ séquentiel sequential file.

fichtre *fam* [fiʃtr] *interj vieilli*: ~! (my) gosh!, my (my)!

fichtrement *fam* [fiʃtrəmɑ̃] *adv vieilli* darn; tout cela est ~ assommant this is just too darn boring; je n'en sais ~ rien! how the heck should I know!

fichu[1] [fiʃy] *nm* (large) scarf.

fichu[2], **e** *fam* [fiʃy] *adj* -1. [perdu]: il est ~ [malade, ruiné] he's had it; ta voiture est ~e your car's a write-off; pour samedi soir, c'est ~ Saturday evening's up the spout *Br* OU down the drain *Am*; si tu renverses de l'eau sur le daim, c'est ~ if you spill water on suede, it ruins it. -2. *(avant le n)* [mauvais] lousy, rotten; quel ~ temps! what lousy weather!; je suis dans un ~ état ce matin I feel lousy this morning. -3. *(avant le n)* [important]: ça fait une ~e différence that makes a heck of a difference; j'ai un ~ mal de dents I've got one hell of a nasty toothache. -4. [capable]: ~ de: il n'est même pas ~ de prendre un message correctement he can't even take a message properly; elle est ~e de partir! she's quite capable of leaving! -5. bien ~: il est bien ~ he's got a nice body; ce système est très bien ~ it's a very clever device; mal ~: il est mal ~ [de corps] he hasn't got a very nice body; leur manuel est mal ~ their handbook is lousy; je suis mal ~ aujourd'hui [malade] I feel lousy today.

fictif, ive [fiktif, iv] *adj* -1. [imaginaire] imaginary, fictitious. -2. [faux - promesse] false. -3. FIN fictitious.

fiction [fiksjɔ̃] *nf* -1. [domaine de l'imaginaire]: la ~ fiction; un tel concept relève de la ~ a concept like this is sheer fiction; elle vit dans la ~ *péj* she's living in a dream world; un livre de politique-~ a political novel. -2. [histoire] story, (piece of) fiction. -3. JUR fiction *(C)*; ~ légale OU de droit legal fiction.

fictivement [fiktivmɑ̃] *adv* in (one's) imagination; transposons-nous ~ au XVIIIe siècle let's imagine we're in the 18th century.

ficus [fikys] *nm* ficus; ~ elastica rubber plant.

fidèle [fidɛl] ◇ *adj* -1. [constant - ami] faithful, loyal, true; [- employé, animal] loyal, faithful; [- conjoint] faithful; [- client] regular, loyal; ~ à: elle a été ~ à sa parole OU promesse she kept her word; il est ~ à la promesse qu'il nous a faite he has kept faith with us, he has kept his promise to us; être ~ à une idée to stand by OU to be true to an idea; être ~ à un médecin/commerçant to be a regular patient/customer of; être ~ à une marque/un produit to stick with a particular brand/product; ~ à elle-même true to herself ❑ être ~ au poste to be reliable; elle est toujours ~ au poste you can always rely OU depend on her. -2. [conforme - copie, description] true, exact; [- traduction] faithful, close; [- historien, narrateur] faithful; [- mémoire] reliable, correct; [- balance] reliable, accurate; ~ à: livre ~ à la réalité book which is true to life.

◇ *nmf* -1. RELIG believer; les ~s [croyants] the believers; [pratiquants] the faithful; [assemblée] the congregation. -2. [adepte] devotee, follower; [client] regular, loyal; je suis un ~ de votre émission I never miss one of your shows.

fidèlement [fidɛlmɑ̃] *adv* -1. [régulièrement] regularly; père venait ~ nous voir father visited us regularly. -2. [loyalement] faithfully, loyally; suivre qqn ~ to follow sb faithfully. -3. [conformément] exactly, faithfully; copier ~ un document to reproduce a document exactly OU faithfully.

◆ **fidèlement vôtre** *loc adv* yours (ever).

fidélisation [fidelizasjɔ̃] *nf*: ~ des clients OU d'une clientèle maintaining of a regular clientele *(by a marketing policy)*.

fidéliser [3] [fidelize] *vt*: ~ ses clients OU sa clientèle to keep one's clientele *(by a marketing policy)*; ~ un public to maintain a regular audience *(by a commercial policy)*.

fidélité [fidelite] *nf* -1. [loyauté - d'un ami, d'un employé, d'un animal] faithfulness, loyalty; [- d'un conjoint] faithfulness, fidelity; [- d'un client] loyalty; sa ~ à sa parole OU promesse his faithfulness, his keeping faith. -2. [exactitude - d'un récit, d'une description] accuracy, faithfulness; [- de la mémoire] reliability; [- d'un instrument] accuracy, reliability.

Fidji [fidʒi] *npr fpl*: les (îles) ~ Fiji, the Fiji Islands.

fidjien, enne [fidʒjɛ̃, ɛn] *adj* Fijian.

◆ **Fidjien, enne** *nm, f* Fijian.

fiduciaire [fidysjɛr] *adj* fiduciary.

fief [fjɛf] *nm* -1. HIST fief. -2. [domaine réservé] fief, kingdom; n'entre pas dans la cuisine, c'est son ~! don't go into the kitchen, it's her kingdom OU preserve! ❑ un ~ électoral a politician's fief.

fieffé, e [fjefe] *adj* -1. HIST enfeoffed. -2. *fam péj* [extrême] complete, utter; un ~ menteur/voleur an arrant liar/thief; un ~ paresseux a real old lazybones.

fiel [fjɛl] *nm* -1. [bile] gall, bile. -2. *litt* [amertume] rancour, bitterness, gall; [méchanceté] venom; des propos pleins de ~ venomous words; un sourire plein de ~ a twisted smile.

fielleux, euse [fjɛlø, øz] *adj litt* venomous, spiteful.

fiente [fjɑ̃t] *nf*: de la ~ droppings.

fienter [3] [fjɑ̃te] *vi* to leave droppings.

fier[1] [9] [fje]

◆ **se fier à** *vp + prép* -1. [avoir confiance en] to trust (in); fiez-vous à moi, je le trouverai leave it to me OU trust me, I'll find him; je ne me fie pas à ce qu'il dit I don't believe a word he says; se ~ aux apparences to go by OU on appearances; ne vous y fiez pas! careful! -2. [compter sur] to rely on; ne te fie pas trop à ton assistant don't rely too much on your assistant; se ~ à sa mémoire to rely on one's memory.

fier[2], **fière** [fjɛr] ◇ *adj* -1. [satisfait] proud; il n'y a pas de quoi être ~ it's nothing to be proud of; l'enfant était tout ~ the child was really proud; ~ de: j'étais ~ d'avoir gagné I was proud (that) I won; je n'étais pas ~ de moi I wasn't pleased with OU proud of myself. -2. [noble] noble, proud; une âme fière *litt* a noble mind; ils sont trop ~s pour accepter de l'argent they're too proud to take money. -3. [arrogant - personnage] proud, arrogant, haughty; [- regard] haughty, supercilious; il est trop ~ pour nous serrer la main he's too proud to shake hands with us; quand il a fallu sauter, il n'était plus tellement ~ when it came to jumping, he didn't seem so sure of himself; avoir fière allure to cut (quite) a dash ❑ elle n'est pas fière pour deux sous *fam* she isn't at all stuck-up; être ~ comme Artaban OU comme un coq to be as proud as a peacock, to be puffed up with pride. -4. *fam (avant le n)* [extrême]: tu as un ~ culot! you've got some nerve!; c'est un ~ imbécile! what an idiot!

◇ *nm, f* proud person; faire le ~ to put on airs and graces; ne joue pas le ~ avec moi! it's no use putting on your airs and graces with me!

fier-à-bras [fjɛrabra] *(pl inv* OU fiers-à-bras) *nm* braggart.

fièrement [fjɛrmɑ̃] *adv* proudly.

fiérot, e *fam* [fjero, ɔt] ◇ *adj* proud; il était tout ~ he was as proud as a peacock.

◇ *nm, f*: faire le ~ to show off.

fierté [fjɛrte] *nf* -1. [dignité] pride; par ~, je ne lui ai pas parlé my pride wouldn't let me talk to him; ravaler sa ~ to swallow one's pride; elle n'a pas beaucoup de ~ she hasn't much self-respect; il a trop de ~ pour demander de l'aide he's too proud to ask for help; tu ne le lui as pas réclamé? – on a sa ~! *fam* didn't you ask him to give it back? – I do have some pride! -2. [arrogance] arrogance, haughtiness, superciliousness. -3. [satisfaction] (source of) pride; tirer ~ OU une grande ~ de to take (a) pride in, to pride o.s. on.

◆ **avec fierté** *loc adv* proudly.

fiesta *fam* [fjɛsta] *nf* (wild) party, rave-up *Br*, blowout *Am*; faire la ~ to live it up.

fièvre [fjɛvr] *nf* -1. MÉD fever, temperature; avoir de la ~ to have a temperature OU a fever; avoir beaucoup de ~ to have a high temperature OU a fever; il a 40 de ~ his temperature is up to 40°C; pour faire baisser la ~ (in order) to get the temperature down ❑ ~ tierce/quarte tertian/quartan fever; ~ aphteuse foot and mouth disease; une ~ de cheval a raging fever; ~ jaune yellow fever; ~ de Malte Malta fever; ~ typhoïde typhoid fever. -2. *sout* [agitation] excitement; elle parlait avec ~ she spoke excitedly; préparer un examen avec ~ to prepare for an exam feverishly; la ~ des présidentielles the excitement of the presidential elections; dans la ~ du moment in the heat of the moment. -3. [désir]: la ~ de: avoir la ~ de l'or to have a passion for gold.

fiévreusement [fjevrøzmɑ̃] *adv* MÉD & *fig* feverishly.

fiévreux, euse [fjevrø, øz] *adj* MÉD & *fig* feverish, febrile.

FIFA [fifa] *(abr de* Fédération internationale de football association) *npr f* FIFA.

fifille *fam* [fifij] *nf* little girl.

fifre [fifr] *nm* -1. [flûte] fife. -2. [joueur] fife player.

fifrelin *fam* [fifrəlɛ̃] *nm loc*: ça ne vaut pas un ~ it isn't worth a bean OU a dime *Am*.

fifty-fifty *fam* [fiftififti] *loc adv* fifty-fifty, half and half; partageons ~ let's go halves.

fig. *abr écrite de* figure.

figaro *fam* [figaro] *nm arch* [coiffeur] barber.

Figaro [figaro] ◇ *npr* Figaro.

◇ *npr m*: le ~ PRESSE *French daily newspaper.*

LE FIGARO:
"Le Figaro" is a quality broadsheet newspaper. Its political affinities are with the Right, and it has a predominantly conservative readership.

---

figé, e [fiʒe] *adj* -1. [sourire] set; debout devant la fenêtre dans une attitude ~e standing motionless in front of the window. -**2.** LING: **expression ~e** set phrase, idioma.

figement [fiʒmɑ̃] *nm* [de l'huile] congealing; [du sang] coagulation, clotting.

figer [17] [fiʒe] ◇ *vt* -**1.** [coaguler - huile] to congeal; [- sang] to coagulate, to clot; **ça m'a figé le sang dans les veines** it made my blood run cold; **des cris à vous ~ le sang** bloodcurdling screams. -**2.** [immobiliser - personne] : **la vue du tigre me figea sur place** I froze when I saw the tiger; **sa réponse m'a figé** his answer struck me dumb.

◇ *vi* [huile] to congeal; [sang] to coagulate, to clot.

◆ **se figer** *vpi* -**1.** [être coagulé - huile] to congeal; [- sang] to coagulate, to clot. -**2.** [s'immobiliser - attitude, sourire] to stiffen; [- personne] to freeze; **elle se figea sous l'effet de la terreur** she was rooted to the spot with fear; **se ~ au garde-à-vous** to stand to attention.

fignolage [fiɲɔlaʒ] *nm* perfecting, touching up, polishing (up).

fignoler [3] [fiɲɔle] *vt* to perfect, to polish OU to touch up *(sép)*; **un travail fignolé** a polished piece of work.

fignoleur, euse [fiɲɔlœr, øz] ◇ *adj* meticulous, finicky *péj*.

◇ *nm, f* meticulous OU finicky *péj* worker.

figue [fig] *nf* fig; **~ caque** kaki, (Japanese) persimmon; **~ de Barbarie** prickly pear; **~ des Hottentots** Hottentot OU sour fig.

figuier [figje] *nm* fig tree; **~ banian** banyan; **~ de Barbarie** prickly pear, opuntia *spéc*.

figurant, e [figyrɑ̃, ɑ̃t] *nm, f* CIN extra; THÉÂT extra, walk-on actor; DANSE figurant; **être réduit au rôle de ~** OU **à jouer les ~s** [dans une réunion] to be a mere onlooker; [auprès d'une personne importante] to be a stooge.

figuratif, ive [figyratif, iv] *adj* [art] figurative, representational; [artiste] representational; [plan] figurative.

◆ **figuratif** *nm* representational artist.

figuration [figyrasjɔ̃] *nf* -**1.** [figurants] : **la ~** CIN extras; THÉÂT extras, walk-on actors; DANSE figurants. -**2.** [métier] : **la ~** CIN being an OU working as an extra; THÉÂT doing a walk-on part; DANSE being a OU dancing as a figurant; **faire de la ~** CIN to work as an extra; THÉÂT to do walk-on parts; DANSE to dance as a figurant. -**3.** [fait de représenter] representation, figuration.

figure [figyr] *nf* -**1.** [visage] face; [mine] face, features; **faire triste** OU **piètre ~** to cut a sad figure, to be a sad OU sorry sight; **faire bonne ~** to look contented; **faire ~ de** : **il faisait ~ de riche** he was looked on OU thought of as a rich man; **parmi tous ces imbéciles, il fait ~ de génie!** all those idiots make him look like a genius!; **prendre ~** to take shape ❑ **ne plus avoir ~ humaine** to be totally unrecognizable OU disfigured; **le canapé n'avait plus ~ humaine** *hum* the sofa was totally worn out. -**2.** [personnage] figure; **une grande ~ de la politique** a great political figure; **c'est une ~!** he's quite a character! -**3.** NAUT & *fig*: **~ de proue** figurehead. -**4.** [illustration] figure, illustration; [schéma, diagramme] diagram, figure; **~ géométrique** geometrical figure. -**5.** JEUX picture card. -**6.** DANSE, MUS & SPORT figure; **~s libres** freestyle; **~s imposées** compulsory figures. -**7.** LING : **~ de mot** *vieilli* figure of speech; **~ de style** stylistic device.

figuré, e [figyre] *adj* LING [langage, sens] figurative.

◆ **au figuré** *loc adv* figuratively.

figurer [3] [figyre] ◇ *vt* -**1.** [représenter] to represent, to show, to depict; **sur la carte, les villages sont figurés par des points** villages are represented by dots on the map. -**2.** [symboliser] to symbolize; **la balance et le glaive figurent la justice** scales and the sword symbolize OU are the symbols of justice.

◇ *vi* -**1.** [apparaître] to appear; **votre nom ne figure pas sur la liste** your name doesn't appear OU isn't on the list; **~ au nombre des élus** to be among the successful candidates; **son cheval figure à l'arrivée** his horse is one of the winners of the race. -**2.** CIN to be an extra; THÉÂT to do a walk-on part.

◆ **se figurer** *vpt* -**1.** [imaginer] to imagine; **figurez-vous une sorte de grande pièce** imagine OU picture a huge room. -**2.** [croire] to believe; **il se figure qu'il va gagner de l'argent** he believes OU thinks he's going to make money; **figure-toi qu'il n'a même pas appelé!** he didn't even call, can you believe it!; **eh bien figure-toi que moi non plus, je n'ai pas le temps!** what you don't seem to realize is that I haven't got time either!

figurine [figyrin] *nf* figurine, statuette.

Fiji [fidʒi] = **Fidji**.

fil [fil] *nm* -**1.** TEXT [brin - de coton, de soie] piece of thread, strand; [- de laine] yarn *(U)*; [- pour coudre] thread, cotton; **cachemire trois/quatre ~s** three-ply/four-ply cashmere ❑ **~ à bâtir/à coudre** basting/sewing thread; **~ dentaire** dental floss; **~ d'Écosse** lisle; **~ de Nylon**® nylon thread; **de ~ en aiguille** one thing leading to another; **donner du ~ à retordre à qqn** to cause sb (no end of) trouble. -**2.** [lin] linen; **draps de ~** linen sheets. -**3.** [filament - de haricot] string; **haricots pleins de/sans ~s** stringy/stringless beans. -**4.** [corde - à linge] line; [- d'équilibriste] tightrope, high wire; [- pour marionnette] string; **~ d'Ariane** MYTH Ariadne's thread; **~ conducteur** OU **d'Ariane** [dans une enquête] (vital) lead; [dans une histoire] main theme; **débrouiller** OU **démêler les ~s d'une intrigue** to unravel the threads OU strands of a plot; **sa vie ne tient qu'à un ~** his life hangs by a thread; **un ~ de la Vierge** a gossamer thread; **des ~s de la Vierge** gossamer (threads); **avoir un ~ à la patte** to be tied down, to have one's hands tied. -**5.** [câble] wire; **~ de cuivre/d'acier** copper/steel wire ❑ **~ télégraphique/téléphonique** telegraph/telephone wire; **~ de terre** earth *Br* OU ground *Am* wire; **~ à couper le beurre** cheesewire; **~ électrique** wire; **~ de fer** wire; **~ de fer barbelé** barbed wire; **clôture en ~ de fer** [gén] wire fence; [barbelé] barbed wire fence; **c'est un ~ de fer, ce type!** that guy's as thin as a rake!; **~ à plomb** plumbline; **~ à souder** soldering wire. -**6.** *fam* [téléphone] : **un coup de ~** a (telephone) call; **donner** OU **passer un coup de ~ à qqn** to ring *Br* OU to call OU to phone sb up; **au bout du ~** on the phone, on the line; **à l'autre bout du ~** on the other end of the line. -**7.** [tranchant] edge; **donner le ~ à une lame** to sharpen a blade ❑ **passer qqn au ~ de l'épée** to put sb to the sword; **être sur le ~ du rasoir** to be on a knife edge. -**8.** [sens - du bois, de la viande] grain; **dans le sens contraire au ~, contre le ~** against the grain. -**9.** [cours - de l'eau] current, stream; [- de la pensée, d'une discussion] thread; **perdre/reprendre le ~ d'une histoire** to lose/to pick up the thread of a story; **le ~ des évènements** the chain of events.

◆ **au fil de** *loc prép* -**1.** [le long de] : **aller au ~ de l'eau** to go with the current OU stream. -**2.** [au fur et à mesure de] : **au ~ du temps** as time goes by; **au ~ des heures/semaines** as the hours/weeks go by, with the passing hours/weeks; **au ~ de la discussion je m'aperçus que...** as the discussion progressed I realized that...

◆ **sans fil** *loc adj* [télégraphie, téléphonie] wireless *(modif)*; [rasoir, téléphone] cordless.

fil-à-fil [filafil] *nm inv* pepper-and-salt cloth.

filage [filaʒ] *nm* -**1.** TEXT spinning. -**2.** MÉTALL drawing. -**3.** THÉÂT run-through.

filaire[1] [filɛr] *adj* telegraphic.

filaire[2] [filɛr] *nf* filaria.

filament [filamɑ̃] *nm* -**1.** [fibre] filament. -**2.** TEXT thread. -**3.** ÉLECTR filament.

filamenteux, euse [filamɑ̃tø, øz] *adj* filamentous, filamentary.

filandière [filɑ̃djɛr] *nf arch* spinner.

filandre [filɑ̃dr] *nf* -**1.** [fil de la Vierge] gossamer. -**2.** [dans un aliment] (tough) fibre.

filandreux, euse [filɑ̃drø, øz] *adj* -**1.** [fibreux - viande] stringy. -**2.** *péj* [confus - style, discours] long-winded.

filant, e [filɑ̃, ɑ̃t] *adj* -**1.** [qui file - liquide] free-running; **étoile ~e** shooting star. -**2.** MÉD [pouls] (very) weak.

filasse [filas] ◇ *nf* tow.

◇ *adj inv*: **cheveux (blonds) ~** *péj* dirty blond hair.

filateur [filatœr] *nm* spinning factory owner.

filature [filatyr] *nf* -**1.** TEXT [opérations] spinning; [usine] (spinning) mill. -**2.** [surveillance] shadowing, tailing; **prendre qqn en ~** to shadow OU to tail sb.

fildefériste [fildəferist] *nmf* high wire acrobat.

file [fil] *nf* -**1.** [suite - de véhicules] line, row; [- de personnes] line; **se mettre en ~** to queue up *Br*, to line up, to stand in line; **prendre la ~** to join the line; **marcher en** OU **à la ~** to walk in line ❑ **~ d'attente** queue *Br*, line *Am*; **en ~ indienne** in single file. -**2.** TRANSP lane; **la ~ de droite** the right-hand lane; **sur deux ~s** in two lanes. -**3.** MIL file of soldiers.

◆ **à la file** *loc adv* in a row, one after another OU the other; **il a bu trois verres à la ~** he drank three glasses in a row OU one after another.

◆ **de file** *loc adv Helv* [à la file] in a row, one after the other OU another.

filé [file] *nm* thread TEX.

filer [3] [file] ◇ *vt* -**1.** TECH & TEXT to spin; **~ un mauvais coton** *fam* [être malade] to be in bad shape; [se préparer des ennuis] to be heading for trouble. -**2.** ENTOM to spin. -**3.** [dérouler - câble, amarre] to pay out *(sép)*, to release; **ils filent des jours heureux** they live very happily. -**4.** [développer - image, métaphore] to draw OU to spin out *(sép)*; [tenir - note, son] to draw out *(sép)*. -**5.** JEUX [carte] to palm off *(sép)*; **~ les cartes** [au poker] to show one's hand. -**6.** [suivre - suj: détective] to tail, to shadow. -**7.** [déchirer - collant, bas] to ladder *Br*, to run. -**8.** *fam* [donner] : **file-moi dix francs** give us ten francs; **il m'a filé un coup de poing** he landed *Br* OU beaned *Am* me one; **~ un coup de pied** to kick; **on m'a filé le sale boulot** they landed *Br* OU stuck *Am* me with the rotten job; **je te file ma robe, je ne la mets jamais** you can have my dress, I never wear it; **attends, je te file du papier** wait, I'll let you have some paper; **elle m'a filé la grippe** she's given me the flu; **~ une gifle à qqn** to smack OU to slap sb in the face; **file-moi un coup de main** give us a hand. -**9.** *loc*: **~ le parfait amour** *fam* to live a great romance.

◇ *vi* -**1.** [liquide] to run, to flow; [fromage] to run. -**2.** [flamme, lampe] to smoke. -**3.** [se dérouler - câble] to run out. -**4.** NAUT: **~ (à) 20 nœuds** to sail OU to proceed at 20 knots. -**5.** [se déchirer - collants, bas] to ladder *Br*, to run; [- maille] to run. -**6.** [passer vite - coureur, véhicule] to dash; [- nuage] to fly (past); [- temps] to fly; **il a filé dehors** he dashed out; **il a filé dans sa chambre** [gén] he dashed OU flew into his bedroom; [après une réprimande] he stormed off to his room; **elle a filé à travers le jardin** she dashed OU flew across the garden; **il faut que je file si je veux avoir mon train** I must dash if I don't want to miss my train; **bon, je file!** right, I'm off!; **sa victime lui a filé entre les doigts** his victim slipped through his hands; **l'argent lui file entre les doigts** money just slips through his fingers; **les journées filent à une vitesse!** the days are just flying by! -**7.** *fam* [disparaître - cambrioleur] to scram, to scarper *Br*, to skedaddle *Am*; **quand je suis entré dans la boutique ils avaient filé!** when I went into the shop I found that they'd taken off!; **je t'ai assez vu, file!** I've had enough of you, scram! OU clear off! ❑ **~ à l'anglaise** to sneak off, to take French leave. -**8.** *fam* [argent] to go, to disappear, to vanish; **il a eu trois millions à la mort de son père mais tout a filé!** he inherited three million when his father died but now it's all gone! -**9.** *loc*: **~ doux** to behave, to be as good as gold; **avec sa tante, elle file doux!** she's as good as gold with her aunt!; avec moi tu as intérêt à ~ doux! just watch your step with me, that's all!

filet [filɛ] *nm* -**1.** ANAT fibre; ~ **nerveux** nerve fibre; ~ **de la langue** frenum linguae. -**2.** ARCHIT fillet. -**3.** TECH thread. -**4.** IMPR narrow OU thin line. -**5.** [petite quantité]: **un ~ de: un ~ d'eau** a trickle of water; **un ~ de bave** a dribble of saliva; **un ~ de sang** a trickle of blood; **un ~ d'air** a (light) stream of air; **un ~ de lumière** a (thin) shaft of light; **un ~ de citron/vinaigre** a dash of lemon/vinegar; **un (petit) ~ de voix** a thin (reedy) voice. -**6.** CULIN [de viande, de poisson] fillet; **un morceau dans le ~** [de bœuf] ≃ a sirloin OU porterhouse steak; **faire des ~s de sole** to fillet a sole ❑ ~ **mignon** filet mignon. -**7.** [ouvrage à mailles] net; ~ **à cheveux/à papillons** hair/butterfly net; ~ **(à bagages)** (luggage) rack; ~ **à provisions** string shopping bag; ~ **(de pêche)** (fishing) net; **attirer qqn dans ses ~s** *fig* to entrap OU to ensnare sb; **tendre un ~** [pour la chasse] to set a snare; *fig* to lay a trap; **coup de ~** [poissons] draught, haul; [suspects] haul. -**8.** SPORT [au football, au hockey, au tennis] net; [d'acrobate] safety net; **envoyer la balle dans le ~** to hit the ball into the net; **envoyer le palet au fond du ~** to slam the puck into the back of the net, to net the puck ❑ **monter au ~** *fig* to come to the net, to stick one's neck out; **travailler sans ~** *pr* & *fig* to perform without a safety net.

filetage [filtaʒ] *nm* TECH -**1.** [action] threading. -**2.** [filets] (screw) thread.

fileté [filte] *nm* cotton fabric.

fileter [28] [filte] *vt* -**1.** TECH to thread. -**2.** CULIN to fillet.

fileur, euse [filœr, øz] *nm, f* spinner.

filial, e, aux [filjal, o] *adj* filial.
◆ **filiale** *nf* subsidiary (company).

filialement [filjalmɑ̃] *adv* filially.

filialisation [filjalizasjɔ̃] *nf* division into subsidiary companies.

filialiser [3] [filjalize] *vt* to divide into subsidiary companies.

filiation [filjasjɔ̃] *nf* -**1.** [entre individus] line of descent, filiation; JUR filiation. -**2.** [entre des mots, des idées] relationship.

filière [filjɛr] *nf* -**1.** [procédures] procedures, channels; **passer par la ~ administrative** to go through administrative channels; **il est passé par la ~ pour devenir directeur** he worked his way up to become manager. -**2.** [réseau - de trafiquants, de criminels] network, connection; **ils ont démantelé la ~ française** they smashed the French connection; **remonter une ~** to trace a network back to its ringleaders. -**3.** SCOL & UNIV: **la ~ technique/scientifique** technical/scientific subjects; **nous avons suivi la même ~ jusqu'à 16 ans** we did the same subjects (as each other) until the age of 16. -**4.** MÉTALL: ~ **(à machine)** [pour étirage] draw, drawing plate; [pour tréfilage, filage] die. -**5.** ENTOM spinneret. -**6.** TEXT spinneret. -**7.** NAUT guardrail. -**8.** INDUST industry; **la ~ bois/électronique** the wood/electronics industry. -**9.** NUCL: **la ~ nucléaire** the nuclear option.

filiforme [filifɔrm] *adj* -**1.** [maigre] lanky, spindly. -**2.** MÉD [pouls] thready.

filigrane [filigran] *nm* -**1.** [d'un papier] watermark. -**2.** JOAILL filigree.
◆ **en filigrane** *loc adv* between the lines; **lire en ~** to read between the lines; **le problème du racisme apparaissait en ~ dans la discussion** the problem of racism was implicit in the discussion.

filigraner [3] [filigrane] *vt* -**1.** [papier] to watermark; **du papier filigrané** watermarked paper. -**2.** JOAILL to filigree.

filin [filɛ̃] *nm* rope.

fille [fij] *nf* -**1.** [enfant] girl; **c'est une belle/gentille ~** she's a good-looking/nice girl; **tu es une grande ~ maintenant** you're a big girl now; **c'est encore une petite ~** she's still a little girl. -**2.** [jeune fille] girl; **c'est une ~ que j'ai connue il y a 20 ans** I met that woman 20 years ago; **une ~ de la campagne** a country girl; **rester ~** *vieilli* to remain single OU unmarried ❑ ~ **mère** unmarried mother. -**3.** [descendante] daughter; **les ~s Richard ont toutes fait des études de droit** all the Richard girls OU daughters studied law; **la paresse est la ~ de l'oisiveté** *fig* laziness is the daughter of idleness ❑ **une ~ de bonne famille** a respectable girl; **tu es bien la ~ de ton père!** you're just like your father! -**4.** [en appellatif]: **ma ~** (my) girl; **ça, ma ~, je t'avais prévenue!** don't say I didn't warn you, (my) girl! -**5.** *vieilli* [employée]: ~ **d'auberge** serving girl; ~ **de cuisine** kitchen maid; ~ **de ferme** farm girl; ~ **de salle** [dans les hôpitaux] ward orderly. -**6.** *vieilli* [prostituée] whore; **aller chez les ~s** to go to a brothel, to go whoring ❑ ~ **publique** OU **de joie** OU **des rues** OU **perdue** *litt* prostitute; ~ **à soldats** soldiers' whore. -**7.** HIST: ~ **d'honneur** maid of honour. -**8.** RELIG: **les ~s du Carmel** the Carmelite nuns.

fillette [fijɛt] *nf* -**1.** [enfant] little girl. -**2.** [bouteille] small bottle *(for wine)*.

filleul, e [fijœl] *nm, f* godchild, godson *(f* goddaughter); ~ **de guerre** MIL *soldier taken care of by a woman during a war.*

film [film] *nm* -**1.** CIN [pellicule] film; [œuvre] film *Br*, movie *Am*; **tourner un ~** to shoot a film; **les ~s d'aventures/d'épouvante** adventure/horror films; **je n'aime pas les ~s doublés** I don't like a film to be dubbed ❑ ~ **muet/parlant** silent/talking film; ~ **en noir et blanc/en couleur** black and white/colour film; ~ **d'auteur** film d'auteur; ~ **documentaire** documentary film; ~ **catastrophe** disaster film *Br* OU movie *Am*; ~**X X** OU adults-only film. -**2.** PHOT film. -**3.** [couche] film; **un ~ d'huile** a film of oil. -**4.** [déroulement] sequence; **le ~ des événements** the sequence of events; **quand elle retraçait le ~ de sa vie** when she looked back on her life.

filmer [3] [filme] *vt* [scène, événement] to film, to shoot; [personnage] to film.

filmique [filmik] *adj* cinematic.

filmographie [filmɔgrafi] *nf* filmography.

filmologie [filmɔlɔʒi] *nf* film *Br* OU cinema studies.

filmothèque [filmɔtɛk] *nf* microfilm collection.

filocher *fam* [3] [filɔʃe] ◇ *vt* [suivre]: ~ **qqn** to tail sb.
◇ *vi* [aller vite] to scarper *Br*, to skedaddle *Am*.

filoguidé, e [filɔgide] *adj* wire-guided.

filon [filɔ̃] *nm* -**1.** GÉOL seam, vein; **ils ont déjà exploité ce ~** *fig* they have already exploited that goldmine. -**2.** *fam loc*: **trouver le ~**: **il a trouvé le ~ pour gagner de l'argent** [moyen] he found an easy way to make money; **trouver le ~** [situation lucrative] to strike it rich, to find the right connection *Am*; **j'ai enfin trouvé le ~** I've found a cushy number at last, I'm on the gravy train at last *Am*; **voilà un bon ~!** that's a soft OU an easy option!; **c'est un bon ~** it's a gold mine OU a money-spinner.

filonien, enne [filɔnjɛ̃, ɛn] *adj* -**1.** MIN seam *(modif)*. -**2.** GÉOL veined.

filou [filu] *nm* -**1.** [voleur] crook, rogue. -**2.** [ton affectueux] rascal, scamp; **oh le ~, il a caché mon livre!** the little rascal's hidden my book!

filoutage *fam* [filutaʒ] *nm* swindling.

filouter *fam* [3] [filute] *vt* -**1.** [dérober] to pinch, to swipe. -**2.** [escroquer] to cheat, to swindle.

filouterie [filutri] *nf* JUR fraud, swindle.

fils [fis] *nm* -**1.** [enfant] son, boy; **viens là, mon ~** come here my son OU boy; **tous les ~ Charley ont mal tourné** *fam* all the Charley boys OU sons went off the straight and narrow; **le ~ de la maison** the son of the house ❑ **un ~ à papa** *fam* a daddy's boy; **il est bien le ~ de son père!** he's just like his father!; **un ~ de famille** a wealthy young man; ~ **spirituel** spiritual son; **'le Fils ingrat'** *Greuze* 'The Prodigal Son'. -**2.** COMM: **Brunet & Fils** Brunet & Son OU Sons; **je voudrais parler à M. Picard ~** I'd like to talk to Mr Picard junior. -**3.** *litt* [descendant] descendant; [natif] son; **'la patrie reconnaissante à ses ~ sacrifiés'** lest we forget; **un ~ du terroir** a son of the land. -**4.** RELIG: **le Fils de l'homme** OU **de Dieu** the Son of man OU of God; **mon ~** my son. -**5.** *loc*: **être ~ de ses œuvres** to be a self-made man.

filtrage [filtraʒ] *nm* [d'un liquide] filtering; [de l'information, de personnes] screening.

filtrant, e [filtrɑ̃, ɑ̃t] *adj* [matériau, dispositif] filtering *(avant n)*; [crème, huile solaire] sunscreen *(modif)*; [verre] filter *(modif)*.

filtrat [filtra] *nm* filtrate.

filtration [filtrasjɔ̃] *nf* filtration, filtering.

filtre [filtr] *nm* filter; ~ **à café/huile** coffee/oil filter; ~ **solaire** sunscreen; ~ **à air** air filter.

filtre-presse [filtrəprɛs] *(pl* **filtres-presses**) *nm* filter press.

filtrer [3] [filtre] ◇ *vt* -**1.** [liquide, air, lumière] to filter. -**2.** [visiteurs, informations] to screen.
◇ *vi* -**1.** [liquide] to seep OU to filter through; [lumière, bruit] to filter through. -**2.** [nouvelles] to filter through.

fin[1] [fɛ̃] *nf* -**1.** [terme - d'une période, d'un mandat] end; [- d'une journée, d'un match] end, close; [- d'une course] end, finish; [- d'un film, d'un roman] end, ending *(C)*; **la ~ de l'année/de sa vie/d'un concert** the end of the year/his life/a concert; **jusqu'à la ~ des temps** OU **des siècles** until the end of time; **par une ~ d'après-midi de juin** late on a June afternoon; ~ **mai/1997** (at the) end of May/1997; **se battre/rester jusqu'à la ~** to fight/to stay to the very end; **mener qqch à bonne ~** to pull OU to carry sthg off (successfully); **mettre ~ à qqch** to put an end to sthg; **mettre ~ à ses jours** to put an end to one's life, to take one's own life; **prendre ~** to come to an end; **tirer** OU **toucher à sa ~** to come to an end, to draw to a close ❑ ~ **de citation** end of quotation; ~ **de semaine** *Can* weekend; **faire une ~** to settle down, to get married; **on n'en voit pas la ~** there doesn't seem to be any end to it; **tout ce travail, je n'en vois pas la ~!** I have so much work, there doesn't seem to be any end to it!; **ça y est, j'en vois la ~!** at last, I can see the light at the end of the tunnel!; **avoir** OU **connaître des ~s de mois difficiles** to find it hard to make ends meet (at the end of the month). -**2.** [disparition] end; **la ~ de la civilisation inca** the end OU death of Inca civilization; **la ~ du monde** the end of the world; **ce n'est quand même pas la ~ du monde!** it's not the end of the world, is it! ❑ **c'est la ~ de tout** OU **des haricots!** *fam hum* our goose is cooked! -**3.** [mort] death, end; **avoir une ~ tragique/lente** to die a tragic/slow death; **avoir une belle ~** to have a fine end; **la ~ approche** the end is near. -**4.** [objectif] end, purpose; **à cette ~** to this end, for this purpose, with that aim in mind; **à seule ~ de** with the sole aim of, (simply) for the sake of, purely in order to; **arriver** OU **parvenir à ses ~s** to achieve one's aim; **à des ~s politiques/religieuses** to political/religious ends ❑ ~ **en soi** end in itself; **la ~ justifie les moyens** *prov*, **qui veut la ~ veut les moyens** *prov* the end justifies the means *prov*. -**5.** JUR: ~ **de non-recevoir** demurrer; **opposer une ~ de non-recevoir à qqn** *fig* to turn down sb's request bluntly. -**6.** COMM: ~ **courant** at the end of the current month; ~**s de série** oddments.
◆ **à la fin** *loc adv* -**1.** [finalement] in the end, eventually. -**2.** *fam* [ton irrité]: **mais à la ~, où sont ces clefs?** where on earth have those keys got to?; **tu es énervant à la ~!** you're beginning to get on my nerves!
◆ **à la fin de** *loc prép* at the end OU close of.
◆ **à toutes fins utiles** *loc adv* -**1.** [pour information]: **je vous signale à toutes ~s utiles que...** for your information, let me point out that... -**2.** [le cas échéant] just in case; **dans la**

boîte à gants j'avais mis à toutes ~s utiles une carte de France I had put a map of France in the glove compartment just in case.

◆ **en fin de** *loc prép*: **en ~ de soirée/match** towards the end of the evening/match; **être en ~ de liste** to be OU to come at the end of the list; **être en ~ de course** [athlète, président] to be at the end of the road *fig*; **être en ~ de droit** to come to the end of one's entitlement *(to an allowance)* ❑ **en ~ de compte** in the end, when all is said and done.

◆ **fin de race** *loc adj* degenerate.

◆ **fin de siècle** *loc adj* decadent, fin de siècle.

◆ **sans fin** ◇ *loc adj* -**1.** [interminable] endless, interminable, never-ending. -**2.** TECH endless.

◇ *loc adv* endlessly, interminably.

fin2, **e**1 [fɛ̃, fin] *adj* -**1.** [mince - sable, pinceau] fine; [- cheveu, fil] fine, thin; [- écriture] fine, small; [- doigt, jambe, taille, main] slim, slender; [peu épais - papier, tranche] thin; [- collant, bas] sheer; **pluie fine** drizzle; **sel ~** table salt; **haricots verts ~s** high quality green beans. -**2.** [aiguisé - pointe] sharp. -**3.** [de qualité - aliments, produit] high-quality, top-quality; [- mets, repas] delicate, exquisite, refined; [- dentelle, lingerie] delicate, fine; [- or, pierre, vin] fine; **fines herbes** herbs. -**4.** [subtil - observation, description] witty, clever; [- personne] sharp, acute; [- esprit] sharp, keen, shrewd; [- plaisanterie] witty; **ce n'était pas très ~ de ta part** it wasn't very smart OU clever of you; **elle n'est pas très fine** she's not very bright; **c'est ~!** *fam iron* very clever!; **ne joue pas au plus ~ avec moi** don't try to outwit OU to outsmart me ❑ **c'est une fine mouche** he's a sharp customer. -**5.** [sensible - ouïe, vue] sharp, keen, acute; [- odorat] discriminating, sensitive. -**6.** *(avant le n)* [extrême]: **dans le** OU **au ~ fond du placard** at the very back of the closet; **au ~ fond de la campagne** in the depths of the countryside, in the middle of nowhere *péj*; **le ~ mot de l'histoire c'est que...** the best of it is that... -**7.** *(avant le n)* [excellent]: **~ connaisseur** (great) connoisseur; **un ~ connaisseur en vins** an expert on OU a (great) connoisseur of wines; **un ~ tireur** a crack shot ❑ **la fine équipe!** what a team!; **une ~e gueule** *fam*, **un ~ gourmet** a gourmet; **un ~ limier** super-sleuth.

◆ **fin** *adv* -**1.** [finement - moulu] fine, finely; [- taillé] sharp, sharply; **c'est écrit trop ~** it's written too small. -**2.** [tout à fait]: **être ~ prêt** to be ready; **nous sommes ~ prêts** we're all set, we're ready; **être ~ saoul** *sout* to be blind drunk.

final, e, als OU **aux** [final, o] *adj* -**1.** [qui termine] final, end *(modif)*. -**2.** LING & PHILOS final.

◆ **final, finale** *nm* DANSE & MUS finale.

◆ **finale** *nf* -**1.** LING [syllabe] final syllable; [voyelle] final vowel. -**2.** SPORT final.

finalement [finalmɑ̃] *adv* -**1.** [à la fin] finally, eventually, in the end. -**2.** [tout compte fait] after all, when all is said and done.

finaliser [3] [finalize] *vt* to finalize.

finalisme [finalism] *nm* finalism.

finaliste [finalist] ◇ *adj* -**1.** SPORT: **l'équipe ~** the team of finalists ‖ JEUX: **candidat ~** finalist. -**2.** PHILOS finalistic.

◇ *nmf* JEUX, PHILOS & SPORT finalist.

finalité [finalite] *nf* -**1.** [but] aim, purpose, end. -**2.** PHILOS finality.

finance [finɑ̃s] *nf* [profession]: **la ~** (the world of) finance; **entrer dans la ~** to enter the world of finance ❑ **la haute ~** high finance.

◆ **finances** *nfpl* -**1.** POL: **les Finances** ≃ the Exchequer *Br*, ≃ the Treasury Department *Am* ❑ **~s publiques** public finance. -**2.** *fam* [budget personnel]: **ça dépendra de mes ~s** it will depend on whether I can afford it or not; **mes ~s sont à zéro** my finances have hit rock-bottom.

financement [finɑ̃smɑ̃] *nm* financing *(U)*, finance.

financer [16] [finɑ̃se] *vt* [journal, projet] to finance, to back (financially), to put up the finance for; *(en usage abs)*: **une fois de plus, ce sont ses parents qui vont ~** *fam* once again, his parents will fork out.

financier, ère [finɑ̃sje, ɛr] *adj* -**1.** [crise, politique] financial; **problèmes ~s** [d'un État] financial problems; [d'une personne] money problems. -**2.** CULIN sauce financière, financière sauce *(made with sweetbreads, mushrooms etc)*.

◆ **financier** *nm* CULIN financier.

◆ **financière** *nf* CULIN: **à la financière** à la financière, with financière sauce.

financièrement [finɑ̃sjɛrmɑ̃] *adv* financially.

finasser *fam* [3] [finase] *vi* to scheme.

finasserie *fam* [finasri] *nf* scheming.

finaud, e [fino, od] ◇ *adj* cunning, shrewd, wily.

◇ *nm, f*: **c'est un (petit) ~** he's a crafty OU sly one.

fine2 [fin] ◇ *f* → **fin.**

◇ *nf* -**1.** [eau-de-vie] ≃ brandy; **~ champagne** *variety of Cognac*. -**2.** [huître]: **~s de claire** *specially fattened greenish oysters*.

finement [finmɑ̃] *adv* -**1.** [de façon fine - hacher, dessiner] finely. -**2.** [subtilement] subtly, with finesse.

fines [fin] *nfpl* fines MIN.

finesse [fines] *nf* -**1.** [délicatesse - d'un mets, d'un vin] delicacy; [- d'une étoffe] delicacy, fineness; **un portrait d'une grande ~ d'exécution** a very delicately painted portrait; **la ~ du trait dans les dessins de Dürer** the delicate lines of OU the finesse of Dürer's drawings; **jouer Chopin avec beaucoup de ~** to give a sensitive interpretation of Chopin. -**2.** [perspicacité] flair, finesse, shrewdness. -**3.** [subtilité] subtlety *(U)*; **une remarque pleine de ~** a very subtle remark; **~ d'esprit** intellectual refinement; **~ de goût** refined taste. -**4.** [acuité] sharpness, keenness; **la ~ avec laquelle il distingue les demi-tons** his good ear for the semi-tones. -**5.** [minceur - de la taille] slenderness, slimness; [- des cheveux, d'une poudre] fineness; [- du papier, d'un fil] thinness; **la ~ de ses traits** the fineness of her features; **des draps d'une grande ~** sheets of the finest cloth. -**6.** AÉRON aerodynamic efficiency. -**7.** NAUT sharpness.

◆ **finesses** *nfpl* [subtilités] subtleties, niceties; **les ~s du français** the subtleties of the French language; **les ~s de la diplomatie** diplomatic niceties.

finette [finɛt] *nf* brushed cotton.

fini, e [fini] *adj* -**1.** [perdu] finished; **c'est un homme ~** he's finished; **en tant que banquier, je suis ~** my banking career is finished. -**2.** *péj* [en intensif] complete, utter; **un imbécile ~** a complete OU an utter fool. -**3.** MATH & PHILOS finite. -**4.** [accompli, terminé] finished, accomplished.

◆ **fini** *nm* -**1.** [perfection] finish. -**2.** PHILOS: **le ~** that which is finite.

finir [32] [finir] ◇ *vt* -**1.** [achever - tâche, ouvrage] to finish (off); [- guerre, liaison] to end; [- études] to complete; [- période, séjour] to finish, to complete; **il a fini ses jours à Cannes** he ended his days in Cannes; **~ la soirée au poste** to wind up in a police cell (at the end of a night out); **finissez la vaisselle d'abord** first finish the dishes, get the dishes finished first; **mon travail est fini maintenant** my work's done now; **finis ta phrase** finish what you were saying; **~ de faire** to finish; **finis de faire tes devoirs** finish your homework ‖ *(en usage abs)*: **laisse-moi seulement ~** just let me finish; **je n'ai pas fini!** I haven't finished (what I have to say)! ❑ **c'en est fini de** *sout*: **c'en est bien fini de mes rêves!** that's the end of all my dreams; **en ~**: **finissons-en** let's get it over with; **elle a voulu en ~** [se suicider] she tried to end it all; **il faut en ~, cette situation ne peut plus durer** we must do something to put an end to this state of affairs; **en ~ avec**: **il veut en ~ avec la vie** he's had enough of life; **nous devons en ~ avec la crise économique** we must end the slump; **j'en aurai bientôt fini avec lui** I'll be done with him soon. -**2.** [consommer la dernière partie de] to use up (all of), to finish (off); **qui a fini l'eau de Cologne?** who's used up all OU finished off the Cologne?; **finis ton assiette** *fam* eat up OU finish off what's on your plate; **il a fini le gâteau/la bouteille** he finished off the cake/the bottle; **je finissais toujours les vêtements de mes aînés** I was always dressed in my elder brothers' hand-me-downs. -**3.** *fam (en usage abs)* [en réprimande]: **tu n'as pas bientôt fini!** will you stop it!; **tu as fini, oui, ou c'est une claque!** stop it now or you'll get a smack!; **c'est fini, ce boucan?** stop that racket, will you!

◇ *vi* -**1.** [arriver à son terme] to finish, to end; **la route finit au pont** the road stops at the bridge; **la réunion a fini dans les hurlements** the meeting ended in uproar; **le bal a fini sur une farandole** the ball ended with a farandole; **la leçon finit à quatre heures** the lesson finishes at four; **l'école finit en juin** school ends in June; **quand finit ton stage?** when's the end of your placement?; **son bail finit à Pâques** her lease expires OU lapses at Easter; **je finirai sur ce vers de Villon** let me end with this line from Villon; **pour ~** in the end, finally; **elle a marchandé mais pour ~ elle n'a pas acheté le tapis** she haggled over the price of the carpet but in the end she didn't buy it; **~ par** *(suivi d'un inf)*: **il a fini par renoncer/réussir** he finally gave up/succeeded; **ça finit par coûter cher** it costs a lot of money in the end; **ça a fini par des embrassades** it ended in a lot of hugging and kissing ❑ **fini de** *fam*: **et maintenant, fini de se croiser les bras!** and now let's see some action!; **en janvier, fini de rigoler, tu te remets au travail** come January there'll be no more messing around, you're going to have to get down to some work; **n'en pas ~, n'en plus ~**: **cette journée/son discours n'en finit pas** there's no end to this day/his speech; **si on tient compte des exceptions, on ne va plus en ~!** we'll never see the end of this if we take exceptions into account!; **un grand adolescent qui n'en finit pas** *hum* a big kid; **à n'en plus ~** endless, never-ending, interminable; **des plaintes à n'en plus ~** endless OU never-ending complaints; **~ en queue de poisson** *fam* to fizzle out. -**2.** [avoir telle issue]: **elle a fini juge** she ended up a judge; **il a mal fini** [délinquant] he came to a bad end; **un roman qui finit bien/mal** a novel with a happy/sad ending; **comment tout cela va-t-il ~?** where OU how will it all end? ❑ **tout est bien qui finit bien** *prov* all's well that ends well *prov*. -**3.** [mourir] to die; **~ à l'hôpital** to end one's days OU to die in hospital; **~ sous un autobus** to end up under a bus.

finish [finiʃ] *nm inv* SPORT finish; **jouer un match/une partie au ~** (to play a) match/game to the finish; **je l'ai eu au ~** *fam fig* I got him in the end.

finissage [finisaʒ] *nm* finishing.

finissant, e [finisɑ̃, ɑ̃t] *adj litt* [qui finit] finishing; **au jour ~** at dusk.

finisseur, euse [finisœr, øz] *nm, f* [gén & SPORT] finisher; **on peut lui faire confiance pour le marathon, c'est un ~!** we can count on him in the marathon, he's a finisher!

◆ **finisseur** *nm* TRAV PUBL finisher.

finissure [finisyr] *nf* casing-in.

Finistère [finistɛr] *npr m*: **le ~** Finistère.

finition [finisjɔ̃] *nf* -**1.** [détail]: **la ~ de l'anorak est très bien faite** the anorak's nicely finished; **les ~s** the finishing touches. -**2.** [perfectionnement] finishing off *(U)*; **les travaux de ~ prendront plusieurs jours** it will take several days to finish off the work.

finitude [finityd] *nf* finiteness.

finlandais, e [fɛ̃lɑ̃dɛ, ɛz] *adj* Finnish.

◆ **Finlandais, e** *nm, f* Finn.

◆ **finlandais** *nm* LING Finnish.

Finlande [fɛ̃lɑ̃d] *npr f*: **(la) ~** Finland.

finlandisation [fɛ̃lɑ̃dizasjɔ̃] *nf* Finlandization.

finnois, e [finwa, az] *adj* Finnish.

◆ **Finnois, e** *nm, f* Finn.

◆ **finnois** *nm* LING Finnish.

finno-ougrien, enne [finougrijɛ̃, ɛn] (*mpl* finno-ougriens, *fpl* finno-ougriennes) *adj* Finno-Ugric, Finno-Ugrian.

◆ **finno-ougrien** *nm* LING Finno-Ugric, Finno-Ugrian.

FINUL, Finul [finyl] (*abr de* Forces intérimaires des Nations unies au Liban) *npr f* UNIFIL.

fiole [fjɔl] *nf* -**1.** [bouteille] phial. -**2.** ▽ [tête] mug.

fion [fjɔ̃] *nm* -**1.** ▽ *loc*: donner le coup de ~ à to put the finishing touch to. -**2.** *Helv* [mot] witticism.

fioritures [fjɔrityr] *nfpl* -**1.** [décorations] embellishments. -**2.** MUS fioritura.

◆ **sans fioritures** *loc adj* plain, unadorned.

fioul [fjul] *nm* fuel (oil).

FIP [fip] (*abr de* France Inter Paris) *npr French national radio station broadcasting light music and traffic information.*

firmament [firmamɑ̃] *nm litt* firmament *litt*, heavens.

firme [firm] *nf* firm, company.

FIS [fis] (*abr de* Front islamique de salut) *npr m*: le ~ the FIS, the Islamic Salvation Front.

fisc [fisk] *nm* ≃ Inland *Br* OU Internal *Am* Revenue; des problèmes avec le ~ problems with the taxman.

fiscal, e, aux [fiskal, o] *adj* fiscal, tax *(modif)*; dans un but ~ for the purpose of revenue ❑ pression OU charge ~e tax burden; l'administration ~e the tax authorities; année ~e tax year, fiscal year *Am*; conseiller ~ tax adviser; fraude ~e tax evasion.

fiscalement [fiskalmɑ̃] *adv* fiscally, from the point of view of taxation; dans quel pays êtes-vous ~ domicilié? in which country do you pay tax?

fiscalisation [fiskalizasjɔ̃] *nf* taxing, taxation.

fiscaliser [3] [fiskalize] *vt* to tax.

fiscaliste [fiskalist] *nmf* tax expert.

fiscalité [fiskalite] *nf* [système, législation] tax system.

fish-eye [fiʃaj] (*pl* fish-eyes) *nm* fish-eye lens.

fissible [fisibl], **fissile** [fisil] *adj* MINÉR & NUCL fissile.

fission [fisjɔ̃] *nf* fission.

fissionner [3] [fisjɔne] *vt* to split.

fissuration [fisyrasjɔ̃] *nf* fissuring *spéc*, cracking.

fissure [fisyr] *nf* -**1.** [fente] crack, fissure *spéc*. -**2.** MÉD fissure. -**3.** *fig* [défaut] fissure, crack, chink; il y a des ~s dans son raisonnement her argument doesn't hold water.

fissurer [3] [fisyre] *vt* [mur, paroi] to crack, to fissure *spéc*.

fiston *fam* [fistɔ̃] *nm* son.

fistulaire [fistylɛr] *adj* fistular, fistulate.

fistule [fistyl] *nf* fistula.

fistuleux, euse [fistylø, øz] *adj* fistulous.

FIV [fiv] (*abr de* fécondation in vitro) *nf* IVF.

FIVETE, fivete [fivɛt] (*abr de* fécondation in vitro et transfert d'embryon) *nf* GIFT; une ~ a test-tube baby.

fixage [fiksaʒ] *nm* fixing PHOT.

fixateur, trice [fiksatœr, tris] *adj* fixative.

◆ **fixateur** *nm* -**1.** PHOT fixer. -**2.** [pour les cheveux] setting lotion. -**3.** BIOL fixative. -**4.** BX-ARTS fixative.

fixatif, ive [fiksatif, iv] *adj* fixative.

◆ **fixatif** *nm* fixative.

fixation [fiksasjɔ̃] *nf* -**1.** [accrochage] fixing, fastening; quel est le système de ~ des étagères? how are the shelves fixed to the wall? -**2.** [établissement - d'un prix] setting; [- d'un rendez-vous] making, fixing; être chargé de la ~ de l'impôt to be responsible for setting tax levels. -**3.** CHIM & BIOL fixation. -**4.** BX-ARTS & PHOT fixing. -**5.** PSYCH fixation, obsession; la ~ au père/à la mère father/mother fixation; faire une ~ sur qqch to be obsessed with OU by sthg; il fait une ~ sur les examens he's obsessed by exams. -**6.** [de ski] binding.

fixe [fiks] ◇ *adj* -**1.** [invariable - repère] fixed; prendre un médicament à heure ~ to take (a) medicine at a set time ❑ virgule ~ INF fixed point. -**2.** MIL: (à vos rangs,) ~! attention! -**3.** [immobile - œil, regard] fixed, staring. -**4.** [durable - emploi] permanent, steady. -**5.** ÉCON, FIN & JUR [droit] fixed duty *(modif)*; [prix] set; [revenu, salaire] fixed; assignation à jour ~ fixed summons.

◇ *nm* (fixed OU regular) salary.

◆ **au beau fixe** *loc adj* -**1.** MÉTÉO continuously sunny. -**2.** [optimiste]: humeur/moral au beau ~ permanently sunny mood/optimistic outlook.

fixement [fiksəmɑ̃] *adv* fixedly; elle le regarde ~ she's staring at him.

fixer [3] [fikse] *vt* -**1.** [accrocher - gén] to fix; [- par des épingles, des punaises] to pin (on); [- avec de l'adhésif] to tape (on); [- avec un fermoir, un nœud] to fasten; ~ un tableau au mur to put up a painting on a wall; ~ un badge sur un vêtement [avec une épingle] to pin a badge on (to) a garment; [en le cousant] to sew a badge on (to) a garment. -**2.** [en regardant] to stare; ~ les yeux OU son regard sur qqn/qqch to stare at sb/sthg; tout le monde avait les yeux fixés sur elle everybody was staring at her; il la fixe droit dans les yeux he's staring straight into her eyes. -**3.** [concentrer]: ~ son attention/esprit sur qqch to fix one's attention/mind on sthg; ~ son choix sur qqch to decide OU to settle on sthg; il a enfin fixé son choix sur une montre he finally decided on a watch. -**4.** [définir - date, lieu] to fix, to set, to decide on *(insép)*; ~ le prix des matières premières to fix a price for OU the price of raw materials; ~ le prix d'une réparation to cost a repair job; ~ un rendez-vous à qqn to arrange a meeting with sb; vous fixerez votre heure you decide on the time that suits you (best). -**5.** [informer]: ~ qqn to set sb straight; la voilà enfin fixée sur ton compte she's finally been set straight about you; te voilà fixé! now you know! -**6.** [établir]: ~ son domicile à Paris to take up (permanent) residence OU to settle (down) in Paris. -**7.** [stabiliser] to fix; ~ la langue/l'orthographe to standardize the language/the spelling. -**8.** BX-ARTS, CHIM & PHOT to fix.

◆ **se fixer** ◇ *vp (emploi passif)* [s'accrocher] to be fixed OU fastened; ça se fixe facilement sur le ski it fastens easily onto the ski; ça se fixe avec une courroie you attach it with a strap, you strap it on.

◇ *vpi* -**1.** [s'installer] to settle; elle s'est fixée en Irlande she settled (permanently) in Ireland. -**2.** [se stabiliser] to settle down; il s'est fixé après son mariage he settled down after he got married. -**3.** *arg drogue* to shoot up.

◇ *vpt*: il s'est fixé un but dans la vie, réussir he has (set himself) one aim in life, to succeed; fixons-nous trois tâches let's set ourselves three tasks.

◆ **se fixer sur** *vp + prép* [en faire le choix] to decide on; il s'est fixé sur une cravate bleue he decided on a blue tie.

fixing [fiksiŋ] *nm* BOURSE fixing *(of the price of gold)*.

fixisme [fiksism] *nm* creationism.

fixiste [fiksist] ◇ *adj* creationistic.

◇ *nmf* creationist.

fixité [fiksite] *nf* [d'une disposition] fixity, unchangeableness; [du regard] fixedness, steadiness.

fjeld [fjɛld] *nm* fjeld.

fjord [fjɔrd] *nm* fjord.

fl. (*abr écrite de* fleuve) R.

FL (*abr écrite de* florin) Fl, F, G.

flac [flak] *interj* splash.

flaccidité [flaksidite] *nf* flaccidity, flaccidness.

flache [flaʃ] *nf* -**1.** [creux] pothole. -**2.** [flaque] puddle. -**3.** [sur un arbre] blaze.

flacon [flakɔ̃] *nm* [de parfum, de solvant] (small) bottle; [de spiritueux] flask.

flaconnage [flakɔnaʒ] *nm* -**1.** [fabrication] bottle making. -**2.** [flacons] set of flasks, (small) bottles.

fla-fla *fam* [flafla] (*pl* fla-flas) *nm vieilli*: faire des ~s to make a huge fuss.

◆ **sans fla-flas** *fam loc adv* simply, without fuss.

flagada *fam* [flagada] *adj inv* pooped, washed-out.

flagellaire [flaʒelɛr] *adj* flagellar.

flagellant [flaʒɛlɑ̃] *nm* flagellant.

flagellateur, trice [flaʒɛlatœr, tris] *nm, f* scourger.

flagellation [flaʒɛlasjɔ̃] *nf* flagellation.

flagelle [flaʒɛl] *nm* flagellum.

flagellé, e [flaʒɛle] *adj* flagellate, flagellated.

◆ **flagellé** *nm* flagellate.

flageller [4] [flaʒɛle] *vt* -**1.** [battre] to whip. -**2.** *litt* [dénoncer] to flagellate.

flageolant, e [flaʒɔlɑ̃, ɑ̃t] *adj* [jambe] shaking, trembling, wobbly.

flageoler [3] [flaʒɔle] *vi* [jambes] to shake, to tremble, to wobble; ~ sur ses jambes to sway to and fro.

flageolet [flaʒɔlɛ] *nm* -**1.** BOT (flageolet) bean. -**2.** MUS flageolet.

flagorner [3] [flagɔrne] *vt litt* to fawn on *(insép)*.

flagornerie [flagɔrnəri] *nf litt* fawning, flattering, toadying.

flagorneur, euse [flagɔrnœr, øz] *nm, f litt* flatterer, toady.

flagrant, e [flagrɑ̃, ɑ̃t] *adj* -**1.** [évident] blatant, obvious, flagrant; avec une mauvaise volonté ~e with obvious reluctance; elle ne voulait pas le voir, c'était ~ she didn't want to see him, that much was obvious. -**2.** JUR: ~ délit flagrante delicto.

◆ **en flagrant délit** *loc adv* -**1.** JUR in flagrante delicto. -**2.** [sur le fait] in the act, red-handed; je t'ai pris en ~ délit I caught you red-handed OU in the act.

◆ **en flagrant délit de** *loc prép*: pris en ~ délit de mensonge caught lying; surpris en ~ délit de chapardage caught stealing.

flair [flɛr] *nm* -**1.** [odorat] scent. -**2.** [perspicacité] flair; il a du ~ he has flair.

flairer [4] [flɛre] *vt* -**1.** [humer - suj: chien] to scent, to sniff at *(insép)*; [- suj: personne] to smell; le chien flairait sa pâtée/le gibier the dog sniffed (at) its food/scented the game. -**2.** [deviner] to sense; ~ un danger to have a sense of impending danger; il a flairé qu'il y avait une astuce he could see there was a trick ❑ ~ le vent to see which way OU how the wind blows.

flamand, e [flamɑ̃, ɑ̃d] *adj* Flemish.

◆ **Flamand, e** *nm, f* Fleming; les Flamands the Flemish.

◆ **flamand** *nm* LING Flemish.

flamant [flamɑ̃] *nm* flamingo; ~ rose (pink) flamingo.

flambage [flɑ̃baʒ] *nm* -**1.** CULIN [d'une omelette] flambéing; [d'un poulet] singeing. -**2.** TEXT singeing. -**3.** MÉCAN buckling.

flambant, e [flɑ̃bɑ̃, ɑ̃t] *adj* -**1.** *litt* [bois, fagot] burning, blazing; MIN [houille] bituminous. -**2.** *loc*: ~ neuf brand new.

◆ **flambant** *nm* MIN bituminous coal.

flambard *fam*, **flambart** *fam* [flɑ̃bar] *nm vieilli* braggart.

flambeau, x [flɑ̃bo] *nm* -**1.** [torche] torch; [chandelier] candlestick; *fig* torch; nous sommes rentrés à la lumière des ~x we came back by torchlight; marche OU retraite aux ~x torchlit procession; passer OU transmettre le ~ to pass on the torch; se passer OU se transmettre le ~ (de génération en génération) to pass the tradition down (from generation to generation). -**2.** *litt* [lumière]: le ~ de: le ~ du rationalisme/de la foi the light of rationalism/faith.

flambée [flɑ̃be] *nf* -**1.** [feu] blaze, fire; faire une petite ~ to light a small fire; faire une bonne ~ to get a roaring fire going. -**2.** *fig* [poussée]: ~ de: une ~ de colère an outburst of anger;

une ~ de violence an outbreak OU a sudden wave of violence; la ~ des prix the leap in prices.

flambement [flɑ̃bmɑ̃] *nm* buckling MECH.

flamber [3] [flɑ̃be] ◇ *vt* -1. CULIN [lapin, volaille] to singe; [omelette] to flambé; **des crêpes flambées** flambéed pancakes. -2. *fam* [dilapider] to blow, to throw away *(sép)*; **il a de l'argent à ~** he has money to burn. -3. **être flambé** *fam* to have gambled all one's money away.
◇ *vi* -1. [se consumer] to burn (brightly). -2. [briller] to flash. -3. *fam* [jouer] to gamble (for big stakes). -4. MÉCAN to buckle.

flamberge [flɑ̃bɛrʒ] *nf* flamberge, flamberg; **mettre ~ au vent** *litt* OU *hum* to step into the breach.

flambeur, euse [flɑ̃bœr, øz] *nm, f* big-time gambler.

flamboiement [flɑ̃bwamɑ̃] *nm* [d'un incendie] blaze; [du regard] flashing.

flamboyant, e [flɑ̃bwajɑ̃, ɑ̃t] *adj* -1. [brillant - foyer] blazing, flaming; [- regard] flashing. -2. ARCHIT flamboyant *spéc*; **le gothique ~** high Gothic style.
◆ **flamboyant** *nm* BOT flamboyant.

flamboyer [13] [flɑ̃bwaje] *vi* -1. [être en flammes] to blaze OU to flare (up); **dans l'âtre qui flamboie** in the blazing hearth. -2. [briller - œil, regard] to flash.

flamenco, ca [flamɛnko, ka] *adj* flamenco.
◆ **flamenco** *nm* flamenco.

flamiche [flamiʃ] *nf* leek pie OU quiche.

flamingant, e [flamɛ̃gɑ̃, ɑ̃t] ◇ *adj* Flemish-speaking.
◇ *nm, f* -1. LING Flemish speaker. -2. POL Flemish nationalist.

flamme [flam] *nf* -1. [feu] flame; **faire une ~** to flare OU to blaze up; **cracher** OU **jeter** OU **lancer des ~s** [dragon] to breathe fire; [canon] to flare ❑ **la ~ du tombeau du Soldat inconnu** the Eternal Flame. -2. *litt* [éclat] fire; **dans la ~ de son regard** in her fiery eyes; **la ~ de son intelligence** the brilliance of her intellect. -3. [ferveur] fire; **discours plein de ~** impassioned speech. -4. *arch* OU *litt* [amour] ardour. -5. [fanion - d'un navire de guerre] pennent, pennon; [- de la cavalerie] pennon. -6. [sur une lettre] slogan. -7. ÉLECTR: **(ampoule) ~** candle bulb.
◆ **flammes** *nfpl*: **les ~s** fire; **périr dans les ~s** to burn to death, to be burnt alive ❑ **les ~s éternelles** OU **de l'enfer** *fig* hell fire.
◆ **à la flamme de** *loc prép* by the light of; **lire une inscription à la ~ d'un briquet** to read an inscription by the light of a cigarette lighter.
◆ **avec flamme** *loc adv* passionately.
◆ **en flammes** ◇ *loc adj* burning, blazing; **un château en ~s** a blazing castle.
◇ *loc adv*: **l'avion est tombé en ~s** the plane went down in flames; **descendre un auteur/une pièce en ~s** *fam* to pan an author/a play.

flammé, e [flame] *adj* [céramique] flambé.

flammèche [flamɛʃ] *nf* (flying) spark.

flammerole [flamrɔl] *nf* will-o'-the-wisp.

flan [flɑ̃] *nm* -1. CULIN (baked) egg custard; **~ à la vanille** vanilla OU vanilla-flavoured custard. -2. IMPR flong. -3. MÉTALL flan. -4. *fam loc*: **c'est du ~!** it's a load of bunkum OU bunk!; **des arguments à la ~** waffle *Br*, hooey *Am*; **en rester comme deux ronds de ~** to be flabbergasted.

flanc [flɑ̃] *nm* -1. ANAT [entre les côtes et le bassin] flank; [côté du corps] side. -2. ZOOL flank, side. -3. [côté - d'un navire] side; [- d'une colline] side, slope. -4. MIL flank. -5. *litt* [ventre maternel] womb. -6. HÉRALD flank. -7. *loc*: **tirer au ~** to be bone-idle.
◆ **à flanc de** *loc prép*: **à ~ de coteau** on the hillside.
◆ **sur le flanc** *loc adv* -1. ANAT on one's side; **il s'est retourné et s'est mis sur le ~** he rolled over on to his side. -2. *loc*: **être sur le ~** [épuisé] to be exhausted; [malade] to be laid up; **mettre qqn sur le ~** to exhaust sb; **ça m'a mis sur le ~** it really took it out of me.

flancher [3] [flɑ̃ʃe] *vi* -1. [faiblir] to give out, to fail; **j'ai la mémoire qui flanche** my memory's giving out on OU failing me; **son cœur a flanché** his heart gave out on him. -2. [manquer de courage] to waver; **ce n'est vraiment pas le moment de ~** this is really no time for weakness.

flanchet [flɑ̃ʃɛ] *nm* flank.

Flandre [flɑ̃dr] *npr f*: **(la) ~, (les) ~s** Flanders; **(la) ~-Occidentale** Western Flanders; **(la) ~-Orientale** Eastern Flanders; **en ~** OU **~s** in Flanders.

flandricisme [flɑ̃drisism] *nm* loan word from Flemish.

flandrin [flɑ̃drɛ̃] *nm arch*: **un grand ~** a lanky fellow.

flanelle [flanɛl] *nf* flannel TEX.

flâner [3] [flane] *vi* -1. [se promener] to stroll OU to amble (along). -2. *péj* [perdre son temps] to hang about, to lounge around, to idle; **on n'a pas le temps de ~ avant les examens** there's no time for hanging about before the exams.

flânerie [flanri] *nf* stroll, wander.

flâneur, euse [flanœr, øz] *nm, f* stroller.

flanquement [flɑ̃kmɑ̃] *nm* MIL flanking.

flanquer [3] [flɑ̃ke] *vt* -1. *fam* [lancer] to fling, to throw, to chuck; **ne me flanque pas ton gant dans la figure!** don't chuck OU throw your glove in my face!; **elle m'a flanqué son parapluie dans les mollets** she jabbed me in the shins with her umbrella; **~ qqn dehors** OU **à la porte** [l'expulser] to kick sb out; [le licencier] to sack *Br* OU to can sb ❑ **~ qqch en l'air** [le mettre au rebut] to chuck sthg out, to bin sthg; [en abandonner le projet] to chuck sthg in; **~ qqch par terre**: **il a flanqué les bouquins par terre** [volontairement] he chucked the books on the floor; [par maladresse] he knocked the books onto the floor; **j'ai tellement voulu réussir et toi tu vas tout ~ par terre** *fig* I wanted to succeed so badly and now you're going to mess it all up (for me); **ça m'a flanqué le moral par terre** it really got me down. -2. *fam* [donner]: **~ un P-V à qqn** to give sb a ticket; **~ une gifle à qqn** to smack OU to slap sb; **~ un coup de poing à qqn** to punch sb; **~ un coup de pied à qqn** to kick sb; **~ la trouille** OU **frousse à qqn** to scare the pants off sb; **ça m'a flanqué le cafard** it really got me down. -3. [être à côté de] to flank; **deux bougeoirs flanquaient le miroir** a candle-holder stood on either side of the mirror. -4. *fam péj* [accompagner]: **être flanqué de**: **elle est arrivée, flanquée de ses deux frères** she came in with her two brothers at her side OU flanked by her two brothers. -5. MIL to flank.
◆ **se flanquer** *fam* ◇ *vpi*: **se ~ par terre** to take a tumble.
◇ *vpt*: **ils se sont flanqué des coups** they had a scrap; **je me suis flanqué une bonne indigestion** I gave myself a right dose of indigestion ❑ **se ~ la figure** OU **gueule**▽ **par terre** to fall flat on one's face.

flapi, e *fam* [flapi] *adj* washed-out, worn-out.

flaque [flak] *nf* puddle; **une large ~ d'huile** a pool of oil.

flash [flaʃ] (*pl* **flashs** OU **flashes**) *nm* -1. PHOT [éclair] flash; [ampoule] flash bulb; **prendre une photo au ~** to take a picture using a flash ❑ **avoir un ~** *fam* to have a brainwave. -2. RAD & TV [d'information] newsflash. -3. CIN & TV [plan] flash. -4. ▽ [d'un drogué] flash.

flash-back [flaʃbak] *nm inv* flashback; **elle utilise beaucoup les ~ dans ses romans** there are a lot of flashbacks in her novels.

flasher [3] [flaʃe] *vi* [clignoter] to flash (on and off).
◆ **flasher sur** *fam v + prép* to go crazy over; **elle a vraiment flashé sur cette robe** she just went crazy over this dress.

flasque[1] [flask] *adj* -1. [muscle, peau] flaccid, flabby. -2. [veule] spineless; **c'est un être ~** he has no backbone.

flasque[2] [flask] *nm* -1. MÉCAN [d'une machine] flange, end-plate. -2. ARM cheek *(of gun carriage)*.

flasque[3] [flask] *nf* [pour whisky] (hip) flask; [à mercure] flask.

flat [flat] *nm Belg* (small) flat.

flatter [3] [flate] *vt* -1. [encenser] to flatter; **n'essaie pas de me ~!** flattery will get you nowhere!; **tu me flattes, je ne pense pas avoir si bien réussi** you flatter me, I don't think I did that well; **~ bassement qqn** to fawn upon sb. -2. [embellir] to be flattering to; **ce portrait la flatte plutôt** this portrait of her is rather flattering. -3. [toucher] to touch, to flatter; **il sera flatté de** OU **par tes remarques** he will be very touched by what you said; **j'ai été flatté qu'on me confie cette responsabilité** I was very touched OU flattered to be charged with this responsibility. -4. *litt* [encourager] to encourage; **~ les caprices de qqn** to pander to sb's whims; **~ la vanité de qqn** to indulge sb's vanity. -5. [caresser - cheval, chien] to stroke. -6. [être agréable à - vue, odorat etc] to delight, to be pleasing to; **un vin qui flatte le palais** a (wonderfully) smooth wine.
◆ **se flatter** *vpi*: **sans vouloir me ~, je crois que j'ai raison** though I say it myself, I think I'm right; **elle se flatte de savoir recevoir** she prides herself on knowing how to entertain OU on her skills as a hostess; **je me flatte que personne d'autre n'y ait pensé** I pride myself on being the only person to have thought of it, I take pride in the fact that nobody else thought of it.

flatterie [flatri] *nf* -1. [adulation] flattery. -2. [propos] flattering remark.

flatteur, euse [flatœr, øz] ◇ *adj* flattering; **sans vouloir être ~ à ton égard, c'est vraiment du beau travail** without wishing to flatter you, you did a really nice job.
◇ *nm, f* flatterer.

flatteusement [flatøzmɑ̃] *adv* flatteringly.

flatulence [flatylɑ̃s] *nf* flatulence.

flatulent, e [flatylɑ̃, ɑ̃t] *adj* flatulent.

flatuosité [flatɥozite] *nf* flatus.

Flavius [flavjys] *npr*: **~ Josèphe** Flavius Josephus.

FLB (*abr de* **Front de libération de la Bretagne**) *npr m Breton liberation front*.

FLE, fle [flə] (*abr de* **français langue étrangère**) *nm French as a foreign language*.

fléau, x [fleo] *nm* -1. [désastre] curse, plague; **Attila, le ~ de Dieu** HIST Attila the Hun, the scourge of God. -2. *fam* [cause de désagréments] pain; **sa fille est un véritable ~** his daughter is a pain OU pest; **ces baladeurs, quel ~!** personal stereos are a real pain! -3. [d'une balance] beam. -4. AGR flail. -5. ARM: **~ d'armes** flail.

fléchage [fleʃaʒ] *nm* marking (with arrows); **le ~ de l'itinéraire bis n'est pas terminé** the alternative route hasn't been completely marked out (with arrows) yet.

flèche [flɛʃ] *nf* -1. ARM [projectile] arrow; **partir comme une ~** to shoot off; **faire ~ de tout bois** to use all available means ‖ [d'un canon] trail. -2. [en balistique]: **~ d'une trajectoire** highest point of a trajectory. -3. [signe] arrow; **suivez la ~** follow the arrow. -4. ARCHIT [d'un arc] broach; [d'un clocher] spire. -5. [d'une balance] pointer. -6. MÉCAN [d'une grue] boom. -7. SPORT [au ski] *giant slalom proficiency test*. -8. AÉRON sweep-back; **avion à ~ variable** sweep-wing aircraft. -9. BOT: **~ d'eau** arrowhead. -10. GÉOG: **~ littorale** spit. -11. [timon] shaft. -12. *litt* [raillerie] broadside, jibe; **ses ~s ne m'atteignent pas** I pay no heed to his jibes ❑ **la ~ du Parthe** the Parthian OU parting shot.
◆ **en flèche** ◇ *loc adj* rising; **des cinéastes en ~** rising film-makers, film-makers on the way up.
◇ *loc adv* -1. [spectaculairement]: **monter en ~**

pr to go straight up (like an arrow), to shoot up; *fig* to shoot up; **les tarifs montent en ~** prices are rocketing; **au début de sa carrière il est monté en ~** he shot up at the beginning of his career; **partir en ~** *pr* to go off like an arrow, to shoot off; *fig* to shoot off. **-2.** [attelage]: **bœufs/chevaux attelés en ~** oxen/horses harnessed in tandem.

fléché, e [fleʃe] *adj* [itinéraire, parcours, route] sign-posted; **suivez la déviation ~e** follow the detour signs.

flécher [18] [fleʃe] *vt* [itinéraire, parcours] to mark with arrows, to sign-post.

fléchette [fleʃɛt] *nf* dart.

fléchi, e [fleʃi] *adj* LING inflected.

fléchir [32] [fleʃir] ◇ *vt* **-1.** [ployer] to bend, to flex; **fléchissez l'avant-bras** flex your forearm; **~ le genou devant qqn** to bow the knee to sb. **-2.** [apitoyer - juge, tribunal] to move, to pity; **se laisser ~** to relent.

◇ *vi* **-1.** [se ployer] to bend; **elle sentait ses genoux ~ sous elle** she could feel her knees giving way. **-2.** [baisser] to fall; **le dollar a de nouveau fléchi** the dollar has fallen again; **le chômage fléchit** unemployment is falling. **-3.** [céder] to weaken; **nous ne fléchirons pas devant la menace** we will not give in to threats; **leur père ne fléchissait jamais** their father was utterly inflexible.

fléchissement [fleʃismɑ̃] *nm* **-1.** [flexion - d'une partie du corps] flexing, bending. **-2.** [affaiblissement - des genoux] sagging; [- de la nuque] drooping. **-3.** [diminution - de la volonté] failing; **~ de la production/natalité** fall in production/in the birthrate.

fléchisseur [fleʃisœr] ◇ *adj m*: **muscle ~** flexor.

◇ *nm* flexor.

flegmatique [flɛgmatik] ◇ *adj* phlegmatic.

◇ *nmf* phlegmatic person.

flegmatiquement [flɛgmatikmɑ̃] *adv* phlegmatically.

flegme [flɛgm] *nm* phlegm, composure; **perdre son ~** to lose one's composure.

◆ **avec flegme** *loc adv* coolly, phlegmatically.

flegmon [flɛgmɔ̃] = **phlegmon**.

flemmard, e *fam* [flɛmar, ard] ◇ *adj* idle, lazy, workshy.

◇ *nm, f* idler, loafer.

flemmarder *fam* [3] [flɛmarde] *vi* to loaf about.

flemmardise *fam* [flɛmardiz] *nf* idleness, laziness.

flemme *fam* [flɛm] *nf* idleness, laziness; **j'ai vraiment la ~ d'y aller** I just can't be bothered to go; **je me sens comme une grosse ~ ce matin** I feel like loafing around this morning ❑ **tirer sa ~** to be bone-idle; **il tire une de ces ~s aujourd'hui!** he's been loafing around all day!

flétan [fletɑ̃] *nm* halibut.

flétrir [32] [fletrir] *vt* **-1.** BOT to wither, to wilt. **-2.** *litt* [ôter l'éclat de - couleur] to fade; [- teint] to wither; **les soucis ont flétri sa beauté** her good looks have been worn away by worry. **-3.** *litt* [avilir - ambition, espoir] to sully, to corrupt, to debase; **la vie a flétri en eux tout ce qu'il y avait d'innocence** life has robbed them of their innocence. **-4.** *litt* [condamner] to condemn, to denounce; **~ l'injustice** to denounce injustice.

◆ **se flétrir** *vpi* **-1.** BOT to wither, to wilt. **-2.** *litt* [perdre son éclat - peau] to wither; [- couleur, beauté] to fade.

flétrissure [fletrisyr] *nf* **-1.** BOT wilting. **-2.** *litt* [altération - du teint, de la peau] withering *(U)*. **-3.** *litt* [déshonneur] stain; **l'ignoble ~ dont vous l'avez marquée** the foul stain you placed upon her honour.

fleur [flœr] *nf* **-1.** BOT flower; [d'un arbre] blossom; **les ~s du cerisier** the cherry blossom; **le langage des ~s** the language of flowers; **une robe à ~s** a flowery dress, a dress with a flower motif ❑ **~ de lotus** lotus blossom; **~ d'oranger** [fleur] orange flower; [essence] orange flower water; **~ de la Passion** passion flower; **fraîche comme une ~** as fresh as a daisy; **jolie comme une ~** as pretty as a picture; **dites-le avec des ~s** *allusion slogan publicitaire* say it with flowers; **'les Fleurs du mal'** *Baudelaire* 'The Flowers of Evil'. **-2.** *fig*: **la ~ de** [le meilleur de]: **la ~ de l'âge** the prime of life; **~ de farine** fine wheat flour; **la ~ de la jeunesse** the full bloom of youth; **la fine ~ de** [l'élite de]: **c'est la fine ~ de l'école** he's the pride of his school; **la fine ~ de la canaille** a prize swine. **-3.** BIOL: **~ de vin/vinaigre** flower of wine/vinegar. **-4.** HÉRALD: **~ de lis** OU **lys** fleur-de-lys. **-5.** CHIM & *vieilli*: **~ d'arsenic** flowers of arsenic; **~ de soufre** flowers of sulphur. **-6.** *vieilli* [virginité] virginity; **perdre sa ~** to lose one's virtue. **-7.** *loc*: **faire une ~ à qqn** *fam* to do sb an unexpected favour OU a favour; **comme une ~: arriver comme une ~** to turn up out of the blue; **faire qqch comme une ~** to do sthg almost without trying; **c'est passé comme une ~** it was as easy as pie.

◆ **fleurs** *nfpl* **-1.** LITTÉRAT: **~s de rhétorique** flowers of rhetoric, rhetorical flourishes; **sans ~s de rhétorique** in plain language. **-2.** [louanges]: **couvrir qqn de ~s** to praise sb highly; **s'envoyer** OU **se jeter des ~s** *fam* [mutuellement] to sing one another's praises, to pat one another on the back; [à soi-même] to pat o.s. on the back.

◆ **à fleur de** *loc prép* on the surface of; **à ~ d'eau** just above the surface (of the water); **des yeux à ~ de tête** prominent eyes; **avoir les nerfs à ~ de peau** to be on edge; **une sensibilité à ~ de peau** hypersensitivity.

◆ **en fleur(s)** *loc adj* [rose, pivoine] in flower OU bloom, blooming; [arbre, arbuste] blossoming, in blossom.

◆ **fleur bleue** *loc adj* sentimental; **roman ~ bleue** sentimental novel; **il adore tout ce qui est ~ bleue** he loves anything sentimental.

fleurdelisé, e [flœrdəlize] *adj* decorated with fleurs-de-lis.

fleurer [5] [flœre] *vt litt* to smell of; **la chambre fleure le bois de pin** the bedroom smells of pinewood; **son histoire fleure le scandale** *fig* his story smacks of scandal; **~ bon** to smell sweetly of.

fleuret [flœrɛ] *nm* foil FENCING.

fleurette [flœrɛt] *nf* small flower, floweret, floret.

fleurettiste [flœrɛtist] *nmf* foilsman (*f* foilswoman).

fleuri, e [flœri] *adj* **-1.** [arbre, arbuste] in bloom OU blossom; **un balcon ~** a balcony decorated with flowers ❑ **'Rouen, ville ~e'** Rouen, town in bloom. **-2.** [orné de fleurs] flowered, flowery; **une nappe ~e** a flowery tablecloth. **-3.** *litt* [teint] florid. **-4.** [conversation, style] flowery, overornate.

fleurir [32] [flœrir] ◇ *vi* **-1.** BOT [rose, pivoine] to flower, to bloom; [arbre, arbuste] to flower, to blossom; **les arbres ont entièrement fleuri** the trees are in full bloom; **des visages butés où fleurissait un rare sourire** *fig & litt* stubborn faces across which a smile would occasionally spread. **-2.** [apparaître] to burgeon; **les antennes paraboliques qui fleurissent sur tous les toits** the satellite dishes mushrooming OU burgeoning all over every roof. **-3.** [se développer] to flourish, to thrive.

◇ *vt* to decorate with flowers; **les villageois ont fleuri leurs maisons** the villagers have decorated their houses with flowers; **~ une table** to decorate a table with flowers; **~ la tombe de qqn** to put flowers on sb's grave; **~ qqn** to pin a flower on sb's lapel.

fleuriste [flœrist] *nmf* **-1.** [vendeur] florist; **~ artificiel** artificial flower dealer. **-2.** [cultivateur] flower grower.

fleuron [flœrɔ̃] *nm* **-1.** [ornement - de reliure] flower, fleuron; [- en pierre] finial; **le (plus beau) ~ de...** *fig* the jewel of...; **cette bouteille est le plus beau ~ de ma cave** this is the finest bottle in my cellar; **on a volé le ~ de sa collection d'émeraudes** the finest emerald in his collection has been stolen. **-2.** BOT floret.

Fleury-Mérogis [flœrimerɔʒis] *npr town near Paris with a famous prison*.

fleuve [flœv] *nm* **-1.** [rivière] river *(flowing into the sea)*; **~ international** river going across national borders ❑ **~ côtier** coastal river; **le ~ Jaune** the Yellow River; **le ~ Zaïre** the (River) Zaïre. **-2.** [écoulement]: **un ~ de**: **un ~ de boue** a river of mud, a mudslide; **un ~ de larmes** a flood of tears. **-3.** *(comme adj; avec ou sans trait d'union)*: **une lettre ~** a very long letter.

flexibiliser [1] [flɛksibilize] *vt* to make flexible.

flexibilité [flɛksibilite] *nf* **-1.** [d'un matériau] pliability. **-2.** PSYCH flexible OU adaptable nature. **-3.** [adaptabilité - d'un arrangement, d'un horaire] flexibility, adaptability; [- d'un dispositif] versatility.

flexible [flɛksibl] ◇ *adj* **-1.** [pliable] pliable, flexible. **-2.** PSYCH flexible, adaptable, amenable to change. **-3.** [variable - arrangement] flexible; [- dispositif] versatile; **avoir des horaires ~s** to have a flexible schedule.

◇ *nm* **-1.** [tuyau] flexible tube. **-2.** MÉCAN flexible shaft.

flexion [flɛksjɔ̃] *nf* **-1.** [d'un arc, d'un ressort] bending *(U)*, flexion. **-2.** [des membres] flexing *(U)*; **~, extension!** bend, stretch! **-3.** LING inflection ❑ **~ nominale** noun inflection.

flexionnel, elle [flɛksjɔnɛl] *adj* [langue, langage] inflected.

flexographie [flɛksɔgrafi] *nf* flexography.

flexure [flɛksyr] *nf* flexure, fold; **~ continentale** shelf edge.

flibuste [flibyst] *nf*: **la ~** [piraterie] freebooting; [pirates] freebooters.

flibustier [flibystje] *nm* freebooter, buccaneer.

flic *fam* [flik] *nm* cop.

flicaille▽ [flikaj] *nf péj*: **la ~** the pigs OU cops.

flic flac [flikflak] *interj* splash splash, splish splosh.

flingue▽ [flɛ̃g] *nm* piece, gat *Am*.

flinguer▽ [3] [flɛ̃ge] *vt* to blow away *(sép)*, to waste.

◆ **se flinguer**▽ *vp (emploi réfléchi)* to blow one's brains out; **c'est à se ~!, il y a de quoi se ~!** it's enough to drive you round the bend!

flint [flint], **flint-glass** [flintglas] (*pl* flint-glasses) *nm* flint glass.

flippant, e▽ [flipɑ̃, ɑ̃t] *adj* depressing; **c'était ~!** it was a real downer!

flipper[1] [flipœr] *nm* pinball machine.

flipper[2]▽ [3] [flipe] *vi* **-1.** [être déprimé] to feel down; **lui raconte pas tes malheurs, tu vas le faire ~** don't go telling him your troubles, it'll only get him down. **-2.** [paniquer] to flip. **-3.** [drogué] to have a bad trip.

flirt [flœrt] *nm* **-1.** [relation] (little) fling; **ce n'est qu'un petit ~ entre eux** they are just having a fling; **elle aime le ~** she's a flirt, she loves flirting. **-2.** [ami] boyfriend; [amie] girlfriend; **un de ses anciens ~s** an old flame.

flirter [3] [flœrte] *vi* [badiner] to flirt; **elle aime ~** she's a flirt, she loves flirting ❑ **~ avec qqn** *pr* to have a little fling with sb; **~ avec qqn/qqch** *fig* to flirt with sb/sthg; **j'ai flirté avec les socialistes** I flirted with socialism.

flirteur, euse [flœrtœr, øz] ◇ *adj* flirting.

◇ *nm, f* flirt.

FLN (*abr de* Front de libération nationale) *npr m national liberation front in Algeria*.

FLNC (*abr de* Front de libération nationale corse) *npr m Corsican liberation front*.

FLNKS (*abr de* Front de libération nationale kanak et socialiste) *npr m Kanak independence movement in New Caledonia*.

floc [flɔk] *interj* splash.

flocage [flɔkaʒ] *nm* flocking TEX.

floche [flɔʃ] ◇ *adj* flossy; **fil/soie ~** floss thread/silk.

◇ *nf Belg* [gland] tassel.

flocon [flɔkɔ̃] *nm* [parcelle - de laine, de coton] flock; [- de neige] snowflake, flake; ~s d'avoine oatmeal; ~s de maïs cornflakes.
floconner [3] [flɔkɔne] *vi* to go fluffy.
floconneux, euse [flɔkɔnø, øz] *adj* [étoffe, neige, nuage] fluffy.
floculation [flɔkylasjɔ̃] *nf* flocculation, flocculating.
floculer [3] [flɔkyle] *vi* to flocculate.
flonflon [flɔ̃flɔ̃] *nm* oompah; on entendait les ~s du bal music could be heard coming from the dance.
flop *fam* [flɔp] *nm* flop; faire un ~ to be a flop.
flopée *fam* [flɔpe] *nf*: une ~ de a whole bunch of.
floraison [flɔrɛzɔ̃] *nf* -1. BOT [éclosion] blooming, blossoming, flowering; [saison] flowering time; quand les arbres sont en pleine ~ when the trees are in full bloom. -2. [apparition - d'artistes, d'œuvres]: une ~ de a boom in; il y a actuellement une ~ de publicités pour des banques at present there is something of a rash of advertisements for banks.
floral, e, aux [flɔral, o] *adj* [décor] floral; [exposition] flower *(modif)*.
floralies [flɔrali] *nfpl* flower show.
flore [flɔr] *nf* -1. [végétation] flora. -2. [ouvrage] flora. -3. MÉD: ~ intestinale intestinal flora.
floréal [flɔreal] *nm 8th month in the French Revolutionary calendar (from April 21 to May 20)*.
Florence [flɔrɑ̃s] *npr* Florence.
florentin, e [flɔrɑ̃tɛ̃, in] *adj* Florentine.
◆ **Florentin, e** *nm, f* Florentine.
◆ **florentine** *nf* CULIN: à la ~e Florentine *(cooked with spinach)*.
florès [flɔrɛs]
◆ **faire florès** *loc verbale litt* to enjoy great success, to be a huge success; elle a fait ~ dans les années vingt she was a roaring success in OU the toast of the twenties.
floricole [flɔrikɔl] *adj* flower-dwelling.
floriculture [flɔrikyltyr] *nf* floriculture *spéc*, flower-growing.
Floride [flɔrid] *npr f*: (la) ~ Florida.
floridée [flɔride] *nf* red alga, member of the Florideae *spéc*; les ~s the Florideae, the red algae.
florifère [flɔrifɛr] *adj* floriferous *spéc*, flowering.
florilège [flɔrilɛʒ] *nm* anthology.
florin [flɔrɛ̃] *nm* florin.
florissant, e [flɔrisɑ̃, ɑ̃t] *adj* [affaire, plante] thriving, flourishing; [santé] blooming.
flot [flo] *nm* -1. [masse] flood, stream; un ~ de boue a stream of mud; des ~s de larmes floods of tears; un ~ de gens a stream of people; un ~ de paroles a flood of words; un ~ de cheveux blonds *litt* flowing blond hair ❑ faire couler des ~s d'encre to cause much ink to flow; déverser des ~s de bile to pour out one's gall. -2. [marée]: le ~ the incoming OU rising tide.
◆ **flots** *nmpl litt*: les ~s the waves.
◆ **à flot** *loc adv* -1. NAUT: mettre un navire à ~ to launch a ship; remettre un bateau à ~ to refloat a boat. -2. [sorti des difficultés]: je suis à ~ maintenant I'm out of the woods now.
◆ **à flots** *loc adv* in floods OU torrents; la pluie ruisselle à ~s sur les toits the rain is running down the rooftops in torrents; la lumière du soleil entre à ~s dans la chambre sunlight is flooding OU streaming into the bedroom.
flottabilité [flɔtabilite] *nf* buoyancy.
flottable [flɔtabl] *adj* [bois] buoyant; [fleuve] floatable.
flottage [flɔtaʒ] *nm* [du bois, du verre] floating.
flottaison [flɔtɛzɔ̃] *nf* -1. [sur l'eau] buoyancy. -2. FIN floating.
flottant, e [flɔtɑ̃, ɑ̃t] *adj* -1. [sur l'eau - épave, mine] floating. -2. [ondoyant - chevelure] flowing; [- drapeau] billowing; elle préfère les robes un peu ~es she prefers loose-fitting dresses. -3. [hésitant - caractère, pensée] irresolute; le raisonnement est un peu ~ dans le dernier chapitre the line of argument loses its way slightly in the final chapter. -4. [variable] fluctuating, variable; les effectifs sont ~s the numbers fluctuate OU go up and down. -5. FIN floating. -6. ANAT [côte, rein] floating.
◆ **flottant** *nm* VÊT pair of baggy shorts.
flottation [flɔtasjɔ̃] *nf* flotation.
flotte [flɔt] *nf* -1. AÉRON & NAUT fleet. -2. *fam* [pluie] rain; [eau] water; on a eu de la ~ pendant un mois it poured for a month; des fraises pleines de ~ watery strawberries.
flottement [flɔtmɑ̃] *nm* -1. [incertitude] indecisiveness, wavering *(U)*; on note un certain ~ dans ses réponses his answers seem hesitant OU indecisive. -2. [imprécision] looseness, imprecision; il y a du ~ dans la boîte de vitesses the gears are a bit loose. -3. [ondoiement] flapping, fluttering. -4. [fluctuation - d'une monnaie] floating; [- de chiffres] fluctuation; il y a du ~ dans les effectifs numbers fluctuate OU go up and down. -5. MIL swaying.
flotter [3] [flɔte] ◇ *vi* -1. [surnager] to float; réussir à faire ~ un modèle réduit de bateau to keep a model boat afloat, to get a model boat to float. -2. [être en suspension] to hang; une bonne odeur de soupe flottait dans la cuisine the kitchen was filled with a delicious smell of soup; ~ dans l'air [idée, rumeur] to be going around. -3. [ondoyer - banderole] to flap, to flutter; ses cheveux flottent au vent/sur ses épaules her hair is streaming in the wind/hangs loose over her shoulders. -4. [être trop large] to flap (around); un short qui flottait autour de ses cuisses a pair of shorts flapping around his thighs ‖ [être au large]: elle flotte dans sa robe she's lost in that dress, her dress is too big for her. -5. *litt* [errer] to wander, to roam; laissez ~ votre imagination let your imagination roam, give free rein to your imagination; un vague sourire flottait sur ses lèvres a faint smile crossed her lips. -6. FIN [monnaie] to float.
◇ *vt* [bois] to float.
◇ *v impers fam* [pleuvoir] to rain; il a flotté toute la nuit it bucketed down *Br* OU it poured all night long.
flotteur [flɔtœr] *nm* ball, float.
flottille [flɔtij] *nf* -1. NAUT flotilla. -2. AÉRON squadron.
flou, e [flu] *adj* -1. [imprécis - souvenir] blurred, hazy; [- renseignements] vague. -2. CIN & PHOT out of focus. -3. [souple - vêtement] ample, flowing, loose-fitting; [- coiffure] soft.
◆ **flou** ◇ *nm* -1. CIN & PHOT blurredness, fuzziness; ~ artistique *pr* soft-focus effect; il a préféré donner *fam* OU rester dans le ~ artistique *fig* he chose to remain very vague about it. -2. [imprécision] vagueness.
◇ *adv*: je vois ~ I can't focus properly.
flouer [3] [flue] *vt* to rook, to con; il s'est fait ~ he was conned.
flouse▽, **flouze**▽ [fluz] *nm* dosh *Br*, dough *Am*.
FLQ (*abr écrite de* franco long du quai) FAQ.
fluage [flyaʒ] *nm* creep, drift METALL.
fluctuant, e [flyktɥɑ̃, ɑ̃t] *adj* fluctuating.
fluctuation [flyktɥasjɔ̃] *nf* fluctuation.
fluctuer [3] [flyktɥe] *vi* to fluctuate.
fluent, e [flyɑ̃, ɑ̃t] *adj* -1. MÉD bleeding. -2. *litt* [mouvant] flowing.
fluet, ette [flyɛ, ɛt] *adj* [personne] slender, slim; [voix] reedy.
fluide [flɥid] ◇ *adj* -1. CHIM fluid. -2. [qui coule facilement] fluid, smooth; la circulation est ~ *fig* there are no hold-ups (in the traffic); en un style ~ in a flowing style; en une langue ~ fluently. -3. [fluctuant - situation] fluctuating, changeable; [- pensée] elusive. -4. [flou - forme, blouse, robe] flowing.
◇ *nm* -1. CHIM fluid. -2. [d'un médium] aura; il a du ~ he has occult powers.
fluidifiant, e [flɥidifjɑ̃, ɑ̃t] *adj* expectorant.
◆ **fluidifiant** *nm* expectorant.
fluidifier [9] [flɥidifje] *vt* to fluidize.
fluidique [flɥidik] ◇ *adj* fluidic.
◇ *nf* fluidics *(sg)*.
fluidité [flɥidite] *nf* -1. [qualité - d'une crème, d'une sauce] smoothness, fluidity; grâce à la ~ de la circulation because there were no hold-ups in the traffic. -2. [flou - d'une forme, d'un vêtement] fluid OU flowing contours. -3. ÉCON flexibility.
fluographie [flyɔgrafi] *nf* fluorography.
fluor [flyɔr] *nm* fluorine.
fluoré, e [flyɔre] *adj* fluoridated.
fluorescéine [flyɔresein] *nf* fluorescein, fluoresceine.
fluorescence [flyɔresɑ̃s] *nf* fluorescence.
fluorescent, e [flyɔresɑ̃, ɑ̃t] *adj* fluorescent.
fluorhydrique [flyɔridrik] *adj* [acide] hydrofluoric.
fluorine [flyɔrin] *nf* fluor, fluorspar, fluorite *Am*.
fluorure [flyɔryr] *nm* fluoride.
fluotournage [flyɔturnaʒ] *nm* rotary extrusion.
flush [flœʃ, flɔʃ] (*pl* flushes) *nm* JEUX flush; ~ royal royal flush.
flûte [flyt] ◇ *nf* -1. [instrument] flute; ~ à bec recorder; ~ de Pan panpipe; ~ traversière flute; petite ~ piccolo; 'la Flûte enchantée' *Mozart* 'The Magic Flute'. -2. [verre] flute (glass). -3. [pain] *thin loaf of French bread*. -4. *Helv long-necked bottle*.
◇ *interj fam* drat, bother; oh, et puis ~, je me ferai mouiller! to hell with it, I'll just have to get wet!
◆ **flûtes** *fam nfpl* [jambes] pegs *Br*, gams *Am*; jouer OU se tirer des ~s to show a clean pair of OU to take to one's heels.
flûté, e [flyte] *adj* [rire, voix] reedy.
flûtiau, x [flytjo] *nm* tin OU penny whistle.
flûtiste [flytist] *nmf* flautist.
fluvial, e, aux [flyvjal, o] *adj* [érosion] fluvial; [navigation] river *(modif)*.
fluviatile [flyvjatil] *adj* fluviatile.
fluvio-glaciaire [flyvjɔglasjɛr] (*pl* fluvio-glaciaires) *adj* fluvioglacial.
fluviographe [flyvjɔgraf], **fluviomètre** [flyvjɔmɛtr] *nm* fluviograph, fluviometer.
fluviométrique [flyvjɔmetrik] *adj* [mesure] fluviometric.
flux [fly] *nm* -1. [marée] incoming tide; le ~ et le reflux the ebb and flow; le ~ et le reflux de la foule the ebbing and flowing of the crowd. -2. [écoulement - d'un liquide] flow; [- du sang menstruel] menstrual flow; un ~ menstruel abondant/léger a heavy/light flow. -3. [abondance]: un ~ de: noyé dans un ~ de paroles carried away by a stream of words; devant ce ~ de recommandations faced with this string of recommendations. -4. PHYS flux; ~ de courant current flow; ~ électrique electric flux; ~ lumineux luminous flux; ~ magnétique magnetic flux. -5. COMM: distribution à ~ tendus just-in-time distribution. -6. MÉTALL flux.
fluxion [flyksjɔ̃] *nf* MÉD inflammation; ~ dentaire gumboil, parulis *spéc*; ~ de poitrine *vieilli* pneumonia.
fluxmètre [flymɛtr] *nm* fluxmeter.
FM (*abr de* frequency modulation) *nf* FM.
Fme *abr écrite de* femme.
FMI (*abr de* Fonds monétaire international) *npr m* IMF.
FN *npr m abr de* Front national.
FNAC, Fnac [fnak] (*abr de* Fédération nationale des achats des cadres) *npr f chain of large stores selling hifi, books etc*.
FNEF, Fnef [fnɛf] (*abr de* Fédération nationale des étudiants de France) *npr f students' union*, ≃ NUS *Br*.
FNSEA (*abr de* Fédération nationale des syndicats d'exploitants agricoles) *npr f farmers' union*, ≃ NFU *Br*.
FO (*abr de* Force ouvrière) *npr f moderate workers' union (formed out of the split with Communist CGT in 1948)*.
FOB [fɔb] (*abr de* free on board) *adj inv* [transaction, vente] fob.

foc [fɔk] *nm* jib; grand ~ main OU outer jib; petit ~ inner jib.

focal, e, aux [fɔkal, o] *adj* -1. [central]: point ~ d'un raisonnement main OU central point in an argument. -2. MATH, OPT & PHOT focal.

◆ **focale** *nf* OPT & PHOT focal distance OU length.

focalisation [fɔkalizasjɔ̃] *nf* -1. OPT & PHYS focalization, focussing. -2. [concentration] focussing.

focaliser [3] [fɔkalize] *vt* -1. OPT & PHYS to focus. -2. [concentrer] to focus.

◆ **se focaliser sur** *vp + prép* to be focussed OU to focus on.

fœhn [føn] *nm* -1. [vent] foehn, föhn. -2. *Helv* hairdryer.

foëne [fwɛn] *nf* fishgig.

fœtal, e, aux [fetal, o] *adj* foetal, fetal.

fœtoscopie [fetɔskɔpi] *nf* foetoscopy.

fœtus [fetys] *nm* foetus.

fofolle *fam* [fɔfɔl] *f* → **foufou.**

föhn [føn] = **fœhn.**

foi [fwa] *nf* -1. RELIG faith; **acte/article/profession de** ~ act/article/profession of faith; **avoir la** ~ to have faith; **il faut avoir la** ~ **pour travailler avec elle** *hum* you have to be really dedicated to work with her ❑ **avoir la** ~ **du charbonnier** RELIG to have a naive belief in God; *fig* to be naively trusting; **n'avoir ni** OU **être sans** ~ **ni loi** to fear neither God nor man; **il n'y a que la** ~ **qui sauve!** *hum* faith is a wonderful thing! -2. **bonne** ~ [honnêteté]: **être de bonne** ~ to be sincere; **les gens de bonne** ~ honest people, decent folk; **il a agi en toute bonne** ~ he acted in good faith; **mauvaise** ~: **être de mauvaise** ~ to be insincere; **écoutez-le, il est de mauvaise** ~! listen to him, he himself doesn't believe what he's saying! -3. [confiance] faith, trust; **ajouter** OU **accorder** ~ **à des rumeurs** to give credence to rumours; ~ **dans,** ~ **en: il faut toujours garder** ~ **en soi-même** you must always trust (in) yourself; **avoir** ~ **en** OU **dans qqn** to have faith in OU to trust (in) sb; **elle a une** ~ **aveugle en lui** she trusts him blindly. -4. *litt* [parole] pledged word; **elle n'a pas respecté la** ~ **conjugale** she has broken her marital vows; ~ **de:** ~ **d'honnête homme!** on my word of honour!; **la robe sera prête demain,** ~ **de couturière!** *hum* I give you my word as a seamstress that the dress will be ready tomorrow! -5. [preuve]: **faire** ~ to be valid; **il n'y a qu'une pièce officielle qui fasse** ~ only an official paper is valid; **les coupons doivent être envoyés avant le 1er septembre, le cachet de la poste faisant** ~ the coupons must be postmarked no later than September 1st; **les bandes magnétiques ne font pas** ~ **au tribunal** tape recordings are not admissible evidence in court.

◆ **en foi de quoi** *loc pron* -1. JUR in witness whereof. -2. *sout* [en conséquence de quoi]: **il avait dit qu'il viendrait, en** ~ **de quoi j'ai préparé un petit discours** he had said he would come, on the strength of which I have prepared a little speech.

◆ **ma foi** *loc interj*: **ma** ~! well!; **viendrez-vous? — ma** ~ **oui!** will you come? — why, certainly!; **c'est ma** ~ **possible, qui sait?** it might be possible, who knows?

◆ **sous la foi de** *loc prép*: **sous la** ~ **du serment** on OU under oath.

◆ **sur la foi de** *loc prép*: **sur la** ~ **de ses déclarations/de sa réputation** on the strength of his statement/of his reputation.

foie [fwa] *nm* -1. ANAT liver. -2. CULIN liver; ~ **de broutard** calf's liver *(from an animal that has started grazing)*; ~ **de génisse** cow's liver; ~ **gras** foie gras; ~ **de veau** calf's liver *(from a milk-fed animal)*; ~ **de volaille** chicken liver.

◆ **foies**▽ *nmpl*: **avoir les** ~**s** to be scared stiff; **il m'a foutu les** ~**s** he scared the pants off me.

foin [fwɛ̃] *nm* -1. AGR hay; **rentrer le** ~ to bring in the hay; **c'est la saison des** ~**s** it's haymaking season; **faire les** ~**s** to make hay ❑ **avoir du** ~ **dans ses bottes** to have a fair bit tucked away; **chercher une aiguille** OU **une épingle dans une botte** OU **une meule de** ~ to look for a needle in a haystack. -2. [d'un artichaut] choke. -3. *loc*: **faire du** ~ *fam* [être bruyant] to make a din; [faire un scandale] to kick up a fuss.

◆ **foin de** *loc interj litt*: ~ **de l'argent et de la gloire!** the Devil take money and glory!

foire [fwar] *nf* -1. [marché] fair; ~ **aux bestiaux** cattle fair OU market; **la** ~ **à la ferraille et au jambon** *annual secondhand goods fair in the suburbs of Paris.* -2. [exposition] trade fair. -3. [fête foraine] funfair; **la** ~ **du Trône** *large annual funfair on the outskirts of Paris.* -4. *fam* [désordre] mess; **c'est une vraie** ~ **dans cette maison!** this house is a real dump!; **qu'est-ce que c'est que cette** ~, **voulez-vous bien faire vos devoirs!** will you stop messing about and get down to your homework!; **faire la** ~ to live it up. -5. *loc*: ~ **d'empoigne** free-for-all; **c'était une vraie** ~ **d'empoigne dans les vestiaires** there was an absolute free-for-all in the cloakroom; **avoir la** ~▼ *vieilli* to have the runs.

foire-exposition [fwarɛkspozisjɔ̃] (*pl* **foires-expositions**) *nf* trade fair.

foirer [3] [fware] *vi* -1. *fam* [rater] to fall through; **tu as encore tout fait** ~ you blew it again. -2. ARM to fail. -3. [vis] to slip.

foireux, euse [fwarø, øz] *adj* -1. *fam péj* [mal fait]: **cette bagnole foireuse** this wreck of a car; **leur espèce de festival** ~ their washout of a festival. -2. *fam* [poltron] yellow-bellied, chicken; **quel mec** ~! what a chicken! -3. ▼ [diarrhéique] shitty.

fois [fwa] *nf* -1. [exprime la fréquence]: **une** ~ once; **deux** ~ twice; **trois** ~ three times, thrice *litt*; **payez en six** ~ pay in six instalments; **ça a raté tellement de** ~ **que je n'essaie même plus** it went wrong so many times I don't even try any more; **une autre** ~, **il avait oublié ses gants** another time he'd left his gloves behind; **une autre** ~ **peut-être** [pour refuser une invitation] some other OU another time maybe; **que de** ~ **te l'ai-je dit!** how many times have I told you!; **neuf** ~ **sur dix, quatre-vingt-dix-neuf** ~ **sur cent** nine times out of ten, ninety-nine times out of a hundred; **par deux** ~ *litt* twice; **par trois** ~ *litt* three times, thrice *litt*; **pour la énième** ~ for the umpteenth time; **pour une** ~ for once; **allez, viens en boîte, pour une** ~! come to a club for once!; **une (bonne)** ~ **pour toutes** once and for all; **cette** ~ this time; **cette** ~, **je gagnerai** this time, I'll win; **cette** ~ **je vais me mettre en colère!** I'm really going to get cross this time!; **ça ira pour cette** ~, **mais ne recommencez pas** it's alright this once, but don't do it again; **(à) chaque** ~ **que, toutes les** ~ **que** every OU each time; **chaque** ~ **que j'essaie, je rate** every time I try, I fail ❑ **cent francs une** ~, **deux** ~, **trois** ~, **adjugé, vendu!** a hundred francs, going, going, gone!; **une** ~ **n'est pas coutume** just the once won't hurt; **il était une** ~ **un roi** once upon a time there was a king. -2. [dans les comparaisons] time; **c'est trois** ~ **plus grand** it's three times as big; **il y a dix** ~ **moins de spectateurs que l'année dernière** there are ten times fewer spectators than last year ❑ **deux** OU **trois** ~ **rien** virtually nothing, hardly anything. -3. *(comme distributif)*: **deux** ~ **par mois** twice a month; **une** ~ **par semaine** once a week; **trois** ~ **par an, trois** ~ **l'an** three times a year. -4. MATH times; 15 ~ 34 15 times 34. -5. *loc*: **une** ~ *(suivi d'un pp)*: **une** ~ **nettoyé, il sera comme neuf** once OU after it's been cleaned, it'll be as good as new; **tu n'as qu'à venir une** ~ **ton travail terminé** just come as soon as your work is finished; **nous aurons plus de temps une** ~ **installés** we'll have more time when we've settled in; **une** ~ **que: une** ~ **que tu auras compris, tout sera plus facile** once you've understood, you'll find everything's easier; **des** ~ *fam* [parfois] sometimes; **des** ~, **elle est plutôt bizarre** she's a bit strange sometimes; **non mais des** ~! honestly!; **dis donc des** ~, **tu trouves pas que tu exagères?** hey, don't you think you're pushing your luck?; **des** ~ **que** *fam* (just) in case; **je préfère l'appeler, des** ~ **qu'elle aurait oublié** I'd rather call her in case she's forgotten.

◆ **à la fois** *loc adv* together, at a time, at the same time; **versez la farine et le sucre à la** ~ add the flour and (the) sugar at the same time; **pas tous à la** ~! one at a time!, not all at once!

◆ **(tout) à la fois** *loc adv* both; **il rit et pleure (tout) à la** ~ he's laughing and crying at (one and) the same time; **elle est (tout) à la** ~ **auteur et traductrice** she's both an author and a translator.

◆ **une fois** *loc adv Belg* indeed.

foison [fwazɔ̃]

◆ **à foison** *loc adv litt* galore, plenty; **il y a de quoi boire à** ~ there's drinks galore.

foisonnant, e [fwazɔnɑ̃, ɑ̃t] *adj* abundant.

foisonnement [fwazɔnmɑ̃] *nm* -1. [de la végétation, d'idées, d'opinions] abundance, proliferation. -2. CHIM & TECH expansion.

foisonner [3] [fwazɔne] *vi* -1. [abonder] to abound; **une œuvre où les idées foisonnent** a work rich in ideas; ~ **de** OU **en qqch** to abound in sthg, to be full of sthg; **notre littérature foisonne en jeunes auteurs de talent** our literature abounds in OU is full of talented young authors. -2. CHIM & TECH to expand.

fol [fɔl] → **fou.**

folâtre [fɔlatr] *adj* [enjoué] frisky, frolicsome; **être d'humeur** ~ to be in a playful mood.

folâtrer [3] [fɔlatre] *vi* to frolic, to fool around.

folâtrerie [fɔlatrəri] *nf litt* frolicking.

foliacé, e [fɔljase] *adj* foliaceous, foliate.

foliaire [fɔljɛr] *adj* foliar.

foliation [fɔljasjɔ̃] *nf* BOT & GÉOL foliation.

folichon, onne *fam* [fɔliʃɔ̃, ɔn] *adj*: **un après-midi pas bien** ~ a pretty dull afternoon; **on ne peut pas dire que ses amis soient très** ~**s** his friends weren't exactly a bundle of laughs OU a laugh a minute; **elle n'est pas du genre** ~ she's a bit straightlaced.

folie [fɔli] *nf* -1. MÉD [démence] madness; **un accès** OU **une crise de** ~ a fit of madness. -2. [déraison] madness, lunacy; **c'est pure** ~ it's utter madness OU sheer folly; **elle a la** ~ **du ski** she's mad about skiing; **elle a la** ~ **du jeu** she's got the gambling bug ❑ **c'est de la** ~ **douce que de vouloir la raisonner** it's sheer lunacy to try to reason with her; **sortir par ce temps, c'est de la** ~ **furieuse!** it's (sheer) madness to go out in weather like this!; **avoir la** ~ **des grandeurs** to suffer from OU to have delusions of grandeur. -3. [acte déraisonnable] crazy thing to do, folly *litt*; **ce sont des** ~**s de jeunesse** those are just the crazy things you get up to when you're young; **j'ai fait une** ~ **en achetant ce manteau** I was crazy OU mad to buy that coat; **faire des** ~**s** [dépenser] to be extravagant. -4. HIST [maison] folly.

◆ **à la folie** *loc adv* passionately, to distraction; **aimer qqn à la** ~ to be madly in love with sb, to love sb to distraction.

folié, e [fɔlje] *adj* foliate.

folio [fɔljo] *nm* folio.

foliole [fɔljɔl] *nf* BOT leaflet.

foliot [fɔljo] *nm* foliot.

folioter [3] [fɔljɔte] *vt* to folio, to foliate.

folique [fɔlik] *adj m*: **acide** ~ folic acid.

folk [fɔlk] ◇ *adj* folk *(modif)*.

◇ *nm* folk music.

folklo *fam* [fɔlklo] *adj inv* weird; **c'est un type plutôt** ~ he's a bit of a weirdo.

folklore [fɔlklɔr] *nm* -1. DANSE & MUS: **le** ~ folklore. -2. *fam péj*: **c'est du** ~ it's a load of nonsense.

folklorique [fɔlklɔrik] *adj* -1. DANSE & MUS folk *(modif)*. -2. *fam* [insolite, ridicule] bizarre, weird; **tu l'aurais vu avec tous ses sacs en plastique, c'était** ~! you should have seen him with all those plastic bags, it was just too much!

folksong [fɔlksɔ̃g] *nm* folk (music).

folle [fɔl] ◇ *f* → **fou.**

◇ *nf* PÊCHE wide-mesh fishing net.

follement [fɔlmɑ̃] *adv* -1. [excessivement] madly; **il l'aime** ~ he's madly in love with her;

s'amuser ~ to have a great time; **le prix en est ~ élevé** the price is ridiculously high; **ce n'est pas ~ gai** it's not that much fun. -**2.** [déraisonnablement] madly, wildly.

follicule [fɔlikyl] *nm* ANAT & BOT follicle.

folliculine [fɔlikylin] *nf* folliculin.

folliculite [fɔlikylit] *nf* folliculitis.

fomentation [fɔmɑ̃tasjɔ̃] *nf litt* fomenting.

fomenter [3] [fɔmɑ̃te] *vt litt* to foment *litt*, to cause.

fonçage [fɔ̃saʒ] *nm* MIN boring, sinking.

foncé, e [fɔ̃se] *adj* dark, deep.

foncer [16] [fɔ̃se] ◇ *vi* -**1.** [s'élancer] to charge; ~ **contre** OU **sur son adversaire** to rush at one's adversary; ~ **droit devant soi** to go straight ahead; ~ **tête baissée** to rush OU to charge headlong ❑ ~ **dans le tas** *fam* to charge in, to pile in. -**2.** *fam* [se déplacer très vite] to speed along; **les coureurs foncent vers la victoire** the runners are sprinting on to victory. -**3.** *fam* [se hâter]: **nous avons tous foncé pour boucler le journal** we all rushed to finish the newspaper in time; **il a toujours su ~** *fig* he has always been the dynamic type ❑ ~ **dans le brouillard** to forge ahead (without worrying about the consequences). -**4.** [s'assombrir - cheveu] to go darker.
◇ *vt* -**1.** [teinte] to make darker, to darken. -**2.** [mettre un fond à] to (fit with a) bottom. -**3.** CULIN [au lard] to line with bacon fat; [avec de la pâte] to line with pastry. -**4.** MIN to bore, to sink.

fonceur, euse *fam* [fɔ̃sœr, øz] ◇ *adj* dynamic.
◇ *nm, f* dynamic type.

foncier, ère [fɔ̃sje, ɛr] *adj* -**1.** ADMIN & FIN [impôt, politique, problème] land *(modif)*; **biens ~s** (real) property, real estate; **droit ~** ground law; **propriétaire ~** landowner; **propriété foncière** land ownership, ownership of land. -**2.** [fondamental] fundamental, basic.
◆ **foncier** *nm* land OU property tax.

foncièrement [fɔ̃sjɛrmɑ̃] *adv* -**1.** [fondamentalement] fundamentally, basically; **l'argument est ~ vicieux** the argument is basically flawed. -**2.** [totalement] deeply, profoundly; **il est ~ ignorant** he's profoundly ignorant.

fonction [fɔ̃ksjɔ̃] *nf* -**1.** [emploi] office; **entrer en ~** OU **~s** to take up one's post; **faire ~ de** to act as; **ce couteau fera ~ de tournevis** this knife will do instead of a screwdriver; **il a pour ~ d'écrire les discours du président** his job is to write the president's speeches; **il occupe de hautes ~s** he has important responsibilities; **est-ce que cela entre dans tes ~s?** is this part of your duties?; **remplir ses ~s** to carry out one's job OU functions; **elle remplit les ~s d'interprète** she acts as interpreter; **se démettre de ses ~s** to resign one's post OU from one's duties; **démettre qqn de ses ~s** to dismiss sb (from his duties); **prendre ses ~s** to take up one's post. -**2.** [rôle] function; **~s de nutrition** nutritive functions; **c'est la première ~ de l'estomac** it's the main function of the stomach; **la pièce a pour ~ de maintenir l'équilibre de la balance** the part serves to keep the scales balanced ❑ **la ~ crée l'organe** *allusion Lamarck* necessity is the mother of invention. -**3. être ~ de** [dépendre de]: **sa venue est ~ de son travail** whether he comes or not depends on his work. -**4.** CHIM, LING & MATH function; **en ~ inverse de** in inverse ratio to.
◆ **de fonction** *loc adj*: **appartement** OU **logement de ~** tied accommodation *Br*, accommodation that goes with the job; **voiture de ~** company car.
◆ **en fonction de** *loc prép* according to; **payé en ~ de sa contribution au projet** paid according to one's contribution to the project.
◆ **fonction publique** *nf*: **la ~ publique** the civil OU public service.

fonctionnaire [fɔ̃ksjɔnɛr] *nmf* civil servant; **~ municipal** local government official; **haut ~** senior civil servant; **petit ~** minor official; **avoir une mentalité de petit ~** *péj* to have a petty bureaucratic mentality.

fonctionnaliser [3] [fɔ̃ksjɔnalize] *vt* [ameublement, cuisine] to make more functional.

fonctionnalisme [fɔ̃ksjɔnalism] *nm* functionalism.

fonctionnaliste [fɔ̃ksjɔnalist] ◇ *adj* functionalist, functionalistic.
◇ *nmf* functionalist.

fonctionnalité [fɔ̃ksjɔnalite] *nf* functionality.

fonctionnarisation [fɔ̃ksjɔnarizasjɔ̃] *nf* -**1.** [d'un employé] moving an employee into the public OU civil service. -**2.** [d'une profession] making a profession part of the public OU civil service.

fonctionnariser [3] [fɔ̃ksjɔnarize] *vt* to make part of the civil service.

fonctionnarisme [fɔ̃ksjɔnarism] *nm péj* officialdom, bureaucracy.

fonctionnel, elle [fɔ̃ksjɔnɛl] *adj* -**1.** MATH, MÉD & PSYCH functional. -**2.** [adapté] practical, functional; **des meubles ~s** functional furniture. -**3.** LING: **linguistique ~le** functional linguistics; **mot ~** function word.

fonctionnellement [fɔ̃ksjɔnɛlmɑ̃] *adv* functionally.

fonctionnement [fɔ̃ksjɔnmɑ̃] *nm* functioning, working; **pour assurer le bon ~ de votre machine à laver** to keep your washing machine in good working order; **ça vient d'un mauvais ~ de la prise** it's due to a fault in the plug.

fonctionner [3] [fɔ̃ksjɔne] *vi* [mécanisme, engin] to function, to work; [métro, véhicule] to run; **le moteur fonctionne mal/bien** the engine isn't/is working properly; **mon cœur fonctionne encore bien!** my heart is still going strong!; **faire ~ une machine** to operate a machine; **ça fonctionne avec des pièces de 10 francs** it works with 10 franc coins, you need 10 franc coins to work it; **ce sont les freins qui n'ont pas fonctionné** it was the brakes that failed.

fond [fɔ̃] *nm* -**1.** [partie la plus profonde] bottom; [extrémité] bottom, far end; **sans ~** bottomless; **le ~ d'un puits** the bottom of a well; **regarde bien dans le ~ du placard** take a good look at the back of the cupboard; **le ~ de sa gorge est un peu rouge** the back of her throat is a bit red; **s'exiler au fin ~ du désert** to hide o.s. away in the middle of the desert; **il y a cinq mètres de ~** [de profondeur] the water is five metres deep OU in depth; **aller par le ~** to sink; **envoyer par le ~** to send to the bottom, to sink; **couler par 100 m de ~** to sink to a depth of 100 m ❑ ~ **de culotte** OU **de pantalon** seat (of one's pants); **le ~ de l'œil** MÉD the back of the eye; **faire un examen du ~ de l'œil** MÉD to have an ophtalmoscopy; **les grands ~s marins** the depths of the ocean; **à ~ de cale** at rock bottom; **gratter** OU **vider** OU **racler les ~s de tiroir** *fam fig* to scrape around *(for money, food etc)*. -**2.** *fig* depths; **atteindre le ~ de la misère** to reach the depths of misery; **toucher le ~ (du désespoir)** to reach the depths of despair; **il connaît le ~ de mon cœur/âme** he knows what's in my heart/soul; **je vous remercie du ~ du cœur** I thank you from the bottom of my heart; **il faut aller jusqu'au ~ de ce mystère** we must get to the bottom of this mystery. -**3.** [cœur, substance] heart, core, nub; **voilà le ~ du problème** here is the core OU the root of the problem; **puis-je te dire le ~ de ma pensée?** can I tell you what I really think?; **le ~ et la forme** LITTÉRAT substance and form; **sur le ~**: **sur le ~, vous avez raison** you're basically right; **juger sur le ~** JUR to decide on the substance. -**4.** [tempérament] : **il a un bon ~** he's basically a good OU kind person; **elle n'a pas vraiment un mauvais ~** she's not really a bad person. -**5.** [arrière-plan] background; **le ~ de la toile est jaune** the background is yellow; **des fleurs sur ~ blanc** flowers on a white background; **sur un ~ de violons** with violins in the background ❑ **il y a un ~ de vérité dans ce que vous dites** there's some truth in what you're saying; ~ **sonore** background music; **mettre du Bach en ~ sonore** to play Bach as background music; **le ~ de l'air est frais** there's a chill OU nip in the air. -**6.** [reste] drop; **il reste un ~ de café** there's a drop of coffee left; **boire** OU **vider le ~ d'une coupe de champagne** to empty one's champagne glass ❑ **boire** OU **vider les ~s de bouteilles** to drink up the dregs; **le ~ du panier** the leftovers. -**7.** CULIN: ~ **de sauce/soupe** basis for a sauce/soup; ~ **d'artichaut** artichoke heart; ~ **de tarte** pastry case. -**8.** VÊT: ~ **de robe** slip. -**9.** MIN: **travailler au ~** to work at the coal face; **descendre au ~ de la mine** to go down the pit ❑ **les mineurs de ~** the men in the pits. -**10.** *loc*: **faire ~ sur** *sout* to put one's trust in.
◆ **à fond** *loc adv* in depth; **respirer à ~** to breathe deeply; **faire le ménage à ~ dans la maison** *fam* to clean the house thoroughly, to spring-clean; **se donner à ~** to give one's all; **se donner à ~ dans** OU **à qqch** to throw o.s. completely into sthg; **s'engager à ~ dans une aventure** *fam* to get deeply involved in an adventure; **pour apprendre** OU **connaître une langue à ~** *fam* in order to acquire OU to have a thorough knowledge of a language.
◆ **à fond de train** *loc adv* (at) full tilt.
◆ **à fond la caisse** *fam loc adv* (at) full tilt.
◆ **à fond les manettes** *fam* = **à fond la caisse.**
◆ **au fond** *loc adv* basically; **au ~, c'est mieux comme ça** it's better that way, really; **au ~, on pourrait y aller en janvier** in fact, we could go in January.
◆ **au fond de** *loc prép*: **c'est au ~ du couloir/de la salle** it's at the (far) end of the corridor/of the hall; **au ~ de la rivière** at the bottom of the river; **regarder qqn au ~ des yeux** to look deeply into sb's eyes.
◆ **dans le fond** = **au fond.**
◆ **de fond** *loc adj* -**1.** SPORT [épreuve, coureur, course] long-distance *(avant n)*; **ski de ~** cross-country skiing. -**2.** [analyse, remarque, texte] basic, fundamental; **article de ~** PRESSE leading article.
◆ **de fond en comble** *loc adv* [nettoyer, fouiller] from top to bottom; **revoir un texte de ~ en comble** *fig* to revise a text thoroughly.
◆ **fond de teint** *nm* (make-up) foundation.

fondamental, e, aux [fɔ̃damɑ̃tal, o] *adj* -**1.** SC fundamental, basic; **les lois ~es** fundamental OU organic laws; **la recherche ~e** basic OU fundamental research. -**2.** [de base] elementary, basic; **ce sont des choses ~es que vous devriez connaître** these are fundamental OU basic things you should know. -**3.** [important] fundamental, essential, crucial; **il est ~ que nous réparions notre erreur** it's crucial OU fundamental that we should correct our mistake. -**4.** PHYS [niveau] fundamental. -**5.** MUS fundamental.
◆ **fondamentale** *nf* MUS fundamental.

fondamentalement [fɔ̃damɑ̃talmɑ̃] *adv* fundamentally; **c'est ~ la même chose** it's basically the same thing; **~ opposés** radically opposed.

fondamentalisme [fɔ̃damɑ̃talism] *nm* (religious) fundamentalism.

fondamentaliste [fɔ̃damɑ̃talist] ◇ *adj* fundamentalist, fundamentalistic.
◇ *nmf* fundamentalist.

fondant, e [fɔ̃dɑ̃, ɑ̃t] *adj* -**1.** [glace, neige] melting, thawing. -**2.** [aliment]: **une poire ~e** a pear that melts in the mouth; **un rôti ~** a tender roast; **un bonbon/chocolat ~** a sweet/chocolate that melts in the mouth.
◆ **fondant** *nm* -**1.** CULIN [bonbon, gâteau] fondant. -**2.** MÉTALL flux.

fondateur, trice [fɔ̃datœr, tris] *nm, f* -**1.** [gén] founder. -**2.** JUR incorporator.

fondation [fɔ̃dasjɔ̃] *nf* -**1.** [création - d'une ville, d'une société] foundation; [- d'une bourse, d'un prix] establishment, creation. -**2.** [institution] foundation.
◆ **fondations** *nfpl* CONSTR foundations.

fondé, e [fɔ̃de] *adj* -**1.** [argument, peur] justified; **mes craintes ne sont que trop ~es** my fears are only too justified; **un reproche non ~** an unjustified reproach; **mal ~** ill-founded. -**2. être ~ à** [avoir des raisons de]: **je serais ~ à croire qu'il y a eu malversation** I would be justified in thinking OU I would have grounds for believing that embezzlement has taken place.

◆ **fondé de pouvoir** *nm* proxy.

fondement [fɔ̃dmɑ̃] *nm* -**1.** [base] foundation; **jeter les ~s d'une nouvelle politique** to lay the foundations of a new policy. -**2.** *fam hum* derrière *hum*, behind, backside. -**3.** PHILOS fundament.

◆ **sans fondement** *loc adj* [crainte, rumeur] groundless, unfounded.

fonder [3] [fɔ̃de] *vt* -**1.** [construire - empire, parti] to found; **~ un foyer** OU **une famille** *sout* to start a family. -**2.** COMM to found, to set up; **'maison fondée en 1930'** 'Established 1930'. -**3.** [appuyer]: **~ qqch sur** to base OU to found OU to pin sthg on; **elle fondait tous ses espoirs sur son fils** she pinned all her hopes on her son. -**4.** [légitimer - réclamation, plainte] to justify.

◆ **se fonder sur** *vp + prép* -**1.** [se prévaloir de] to base o.s. on; **sur quoi te fondes-tu pour affirmer pareille chose?** what grounds do you have for such a claim? -**2.** [remarque, théorie] to be based on.

fonderie [fɔ̃dri] *nf* -**1.** [procédé] casting, founding. -**2.** [usine] smelting works. -**3.** [atelier] foundry.

fondeur, euse [fɔ̃dœr, øz] *nm, f* -**1.** SPORT langläufer, cross-country skier. -**2.** [de bronze] caster; [de l'or, de l'argent] smelter.

◆ **fondeuse** *nf* [machine] smelter.

fondre [75] [fɔ̃dr] ◇ *vt* -**1.** [rendre liquide] to melt; **~ de l'or/de l'argent** to smelt gold/silver; **~ des pièces** to melt coins down. -**2.** [fabriquer - statue, canon, cloche] to cast, to found. -**3.** [dissoudre] to dissolve. -**4.** [combiner - couleurs] to blend, to merge; [- sociétés] to combine, to merge; **~ deux livres en un seul** to combine two books in one OU in a single volume.

◇ *vi* -**1.** [se liquéfier] to melt; **la glace fond au-dessus de 0° C** ice thaws at 0° C ❑ **~ comme cire** OU **neige au soleil** to vanish into thin air. -**2.** [se dissoudre] to dissolve; **faire ~ du sucre** to dissolve sugar; **~ dans la bouche** to melt in the mouth. -**3.** [s'affaiblir - animosité, rage] to melt away, to disappear; **il sent son cœur ~ quand il voit ses enfants** he can feel his heart melting when he sees his children; **le général a vu sa division ~ en quelques heures** the general saw his entire division vanish in a few hours ❑ **~ en larmes** to dissolve into tears. -**4.** *fam* [maigrir] to get thin; **il fond à vue d'œil** the weight's dropping off him; **j'ai fondu de trois kilos** I've lost three kilos.

◆ **fondre sur** *v + prép* to sweep OU to swoop down on.

◆ **se fondre** *vpi* -**1.** [se liquéfier] to melt. -**2.** [se mêler] to merge, to mix; **les couleurs se fondent à l'arrière-plan du tableau** the colours merge into the background of the painting; **se ~ dans la nuit/le brouillard** to disappear into the night/mist; **se ~ dans la masse** to melt OU to disappear into the crowd.

fondrière [fɔ̃drijɛr] *nf* -**1.** [sur une route] pothole. -**2.** [marécage] bog, quagmire.

fonds [fɔ̃] ◇ *nm* -**1.** [propriété] business; **un ~ de commerce** a business; **un ~ de boulangerie** a bakery business. -**2.** FIN fund; **~ commun de placement** unit trust, mutual fund *Am*; **~ d'amortissement** sinking fund; **~ de réserve** reserve fund; **~ de roulement** working capital; **Fonds monétaire international** International Monetary Fund. -**3.** [ressources] collection; **notre bibliothèque a un ~ très riche d'ouvrages du XVIIIe siècle** our library has a very rich collection of 18th-century books.

◇ *nmpl* -**1.** FIN funds; **des ~ ont été détournés** funds were embezzled; **être en ~** to be in funds; **rentrer dans ses ~** to recoup one's costs; **mes ~ sont au plus bas** *hum* funds are low; **prêter de l'argent à ~ perdu** to loan money without security ❑ **~ de prévoyance** contingency reserve; **les ~ publics** public funds; **les ~ propres** ÉCON shareholders' OU stockholders' equity; **~ secrets** secret funds; **collecte de ~** financial appeal, fundraising *(U)*; **organiser un dîner pour une collecte de ~** to organize a fund-raising dinner; **la mise de ~ initiale a été de 10 millions de livres** the venture capital OU seed money was 10 million pounds. -**2.** [argent] money; **je n'ai pas les ~ sur moi** I don't have the ready cash with OU on me.

fondu, e [fɔ̃dy] *adj* -**1.** [liquéfié] melted; MÉTALL molten; **de la neige ~e** slush ❑ **fromage ~** cheese spread. -**2.** [ramolli] melted. -**3.** BX-ARTS [teinte] blending.

◆ **fondu** *nm* -**1.** CIN dissolve; **les personnages apparaissent/disparaissent en ~** the characters fade in/out; **~ enchaîné** fade-in fade-out; **~ en ouverture** fade-in; **~ en fermeture** fade-out. -**2.** BX-ARTS blend.

◆ **fondue** *nf* CULIN: **~e bourguignonne** meat fondue; **~e de légumes** vegetable fondue; **~e savoyarde** (Swiss) cheese fondue.

fongibilité [fɔ̃ʒibilite] *nf* fungibility.

fongible [fɔ̃ʒibl] *adj* fungible.

fongicide [fɔ̃ʒisid] ◇ *adj* fungicidal.

◇ *nm* fungicide.

fongiforme [fɔ̃ʒifɔrm] *adj* fungiform.

fongique [fɔ̃ʒik] *adj* fungal, fungous.

fongosité [fɔ̃gozite] *nf* MÉD fungoid growth.

fongueux, euse [fɔ̃gø, øz] *adj* fungous.

fontaine [fɔ̃tɛn] *nf* -**1.** [édifice] fountain; **~ Wallace** *dark green ornate drinking fountain (typical of Paris)*. -**2.** [source] spring; **la Fontaine de Jouvence** the Fountain of Youth; **il ne faut pas dire: ~ je ne boirai pas de ton eau** *prov* never say never *prov*.

fontainebleau [fɔ̃tɛnblo] *nm* CULIN *soft cheese whipped with cream*.

fontainier [fɔ̃tenje] *nm* water engineer.

fontanelle [fɔ̃tanɛl] *nf* fontanelle.

fonte [fɔ̃t] *nf* -**1.** MÉTALL cast iron. -**2.** [fusion - gén] melting; [- du métal] smelting; [- des neiges] thawing; **à la ~ des neiges/glaces** when the snow/ice thaws. -**3.** IMPR fount, font *Am*. -**4.** AGR & HORT: **~ des semis** damping off seedlings.

fontis [fɔ̃ti] *nm* subsidence.

fonts [fɔ̃] *nmpl*: **~ (baptismaux)** (baptismal) font.

foot *fam* [fut] *nm* football *Br*, soccer *Am*; **jouer au ~** to play football.

football [futbol] *nm* football *Br*, soccer *Am*; **jouer au ~** to play football; **~ américain** American football, football *Am*.

footballeur, euse [futbolœr, øz] *nm, f* footballer *Br*, soccer player *Am*.

footing [futiŋ] *nm*: **le ~** jogging; **faire un ~** to go jogging, to go for a jog.

for [fɔr] *nm*: **en** OU **dans son ~ intérieur** in one's heart of hearts; **en mon ~ intérieur** deep down OU inside, in my heart of hearts.

FOR (*abr écrite de* forint) F, Ft.

forage [fɔraʒ] *nm* [d'un puits de pétrole] boring, drilling; [d'un puits, d'une mine] sinking.

forain, e [fɔrɛ̃, ɛn] ◇ *adj* [boutique] fairground *(modif)*; **marchand ~** stallholder.

◇ *nm, f* stallholder.

forban [fɔrbɑ̃] *nm* -**1.** [pirate] freebooter. -**2.** *péj* [escroc] crook.

forçage [fɔrsaʒ] *nm* forcing ARCHIT & HORT.

forçat [fɔrsa] *nm* HIST [sur une galère] galley slave; [dans un bagne] convict; **travailler comme un ~** to work like a slave; **mener une vie de ~** to have a hard life.

force [fɔrs] ◇ *nf* -**1.** [puissance - d'une tempête, d'un coup] strength, force; [- d'un sentiment] strength; [- d'une idée, d'un argument] strength, power; **dans toute la ~ du mot** OU **terme** in the strongest sense of the word OU term; **un vent (de) ~ 7** MÉTÉO a force 7 wind ❑ **~ exécutoire** JUR enforceability; **avoir ~ exécutoire** to be enforceable; **les ~s du mal** the forces of evil; **avoir ~ de loi** to have the force of law. -**2.** [vigueur physique] strength; **avoir beaucoup de ~** to be very strong; **être d'une ~ herculéenne** to be as strong as an ox; **avoir la ~ de** to have the strength to; **il sent sa ~ l'abandonner avec l'âge** he feels himself growing weaker with age; **sans ~** bereft of strength; **sentir ses ~s décliner** to feel one's strength ebbing; **reprendre des ~s** to regain one's strength; **c'est au-dessus de mes ~s** it's beyond me; **de toutes mes/ses ~s** with all my/his strength; **j'ai poussé la porte de toutes mes ~s** I pushed the door with all my might; **je le veux de toutes mes ~s** I want it with all my heart ❑ **être une ~ de la nature** to be a mighty force; **être dans la ~ de l'âge** to be in the prime of life; **les ~s vives de la nation** the nation's resources. -**3.** [puissance morale] strength; **ce qui fait sa ~, c'est sa conviction politique** his political commitment is his strength ❑ **~ d'âme** spiritual strength; **~ de caractère** strength of character. -**4.** [niveau]: **c'est un orateur de première ~** he's a first-class speaker; **elles sont de la même ~ en sciences** they're well-matched in science; **je ne suis pas de ~ à lui faire concurrence** I'm no match for him. -**5.** ADMIN & MIL: **la ~ nucléaire stratégique** OU **la ~ de frappe** OU **la ~ de dissuasion de la France** France's nuclear strike capacity; **la ~ publique, les ~s de l'ordre** the police; **les ~s armées** the (armed) forces; **~ d'intervention** task force; **les ~s navales/aériennes** the naval/air forces. -**6.** [suprématie] strength, might; **occuper une position de ~** to be in a position of strength; **~ est restée à la loi** the law prevailed. -**7.** [contrainte] force; **vaincre par la ~** to win by (using) force; **avoir recours à la ~** to resort to force; **nous ne céderons pas à la ~** we will not yield to force ❑ **il y a (cas de) ~ majeure** there are circumstances beyond one's control; **un coup de ~** POL & ÉCON a takeover by force; **la ~ prime le droit** might is right. -**8.** JUR: **~ majeure** force majeure; **c'est un cas de ~ majeure** it's completely unavoidable. -**9.** PHYS force; **~ centrifuge/centripète** centrifugal/centripetal force; **~ électromotrice** electromotive force; **~ d'inertie** force of inertia. -**10.** IMPR: **~ de corps** body size. -**11.** NAUT: **faire ~ de rames** to ply the oars; **faire ~ de voiles** to cram on sail. -**12.** *loc*: **~ est de** *sout*: **~ est de constater que...** there is no choice but to accept that...; **~ me fut d'accepter sa décision** I had no choice but to accept his decision; **par la ~ des choses/de l'habitude** by force of circumstance/of habit.

◇ *adv litt* OU *hum* many; **nous avons mangé ~ gigots** we ate a great many legs of lamb; **je le lui ai expliqué avec ~ exemples** I explained it to him by giving numerous examples.

◆ **à force** *fam loc adv*: **tu vas le casser, à ~!** you'll break it if you go on like that!; **à ~, je suis fatigué** I'm getting tired.

◆ **à force de** *loc prép* by dint of; **à ~ de parler** by dint of talking; **à ~ d'explications** by dint of explanation; **à ~ de volonté** by sheer will power.

◆ **à la force de** *loc prép* by the strength of; **grimper à la ~ des bras** to climb by the strength of one's arms; **s'élever à la ~ du poignet** *fig* to go up in the world by the sweat of one's brow.

◆ **à toute force** *loc adv* at all costs.

◆ **de force** *loc adv* by force; **il est entré de ~** he forced his way in; **on les a fait sortir de ~** they were made to leave.

◆ **en force** *loc adv* -**1.** [en nombre] in force, in large numbers; **ils sont arrivés en ~** they arrived in force OU in great numbers. -**2.** SPORT [sans souplesse]: **faire qqch en ~** to do sthg by brute force.

◆ **par force** *loc adv*: **par ~ nous nous sommes résignés à son départ** we were forced to accept OU we had to resign ourselves to his departure.

forcé, e [fɔrse] *adj* -1. [obligé] forced; **consentement/mariage ~** forced consent/marriage ❑ **atterrissage ~** emergency OU forced landing; **liquidation ~e** compulsory liquidation; **contraint et ~** under duress. -2. [inévitable] inevitable; **ça n'a pas marché, c'est ~, il était mal préparé** it didn't work out, which isn't surprising, because he wasn't properly prepared. -3. [sans spontanéité] strained; **rire ~** forced laugh; **comparaison ~e** artificial comparison.

forcement [fɔrsəmɑ̃] *nm* forcing.

forcément [fɔrsemɑ̃] *adv* inevitably, necessarily; **ça devait ~ arriver** it was bound to happen; **pas ~** not necessarily; **elle est restée très mince – ~, elle ne mange rien!** she has remained very slim – hardly surprising, she never eats a thing!

forcené, e [fɔrsəne] ◇ *adj* -1. [passionné] fanatical, frenzied; **c'est un admirateur ~ de Mozart** he's an ardent fan of Mozart. -2. [violent] frenzied; **frapper des coups ~s à la porte** to knock frenziedly at the door; **une haine ~e** a fanatical hatred.
◇ *nm, f* -1. [fou] maniac. -2. [passionné]: **un ~ de** a fanatic of; **un ~ du karaté** a karate fanatic OU maniac.

forceps [fɔrsɛps] *nm* forceps.

forcer [16] [fɔrse] ◇ *vt* -1. [obliger] to compel, to force; **~ qqn à faire qqch: l'ennemi a forcé l'avion à atterrir** the enemy forced the plane down; **il l'a forcée à quitter la société** he forced her out of the firm; **être forcé de faire qqch** to be forced to do sthg; **je suis forcée de rester au lit** I have (no choice but) to stay in bed; **écoute, personne ne te force!** listen, nobody's forcing you! ❑ **~ la main à qqn** to force sb's hand; **on lui a forcé la main** he was made to do it, his hand was forced. -2. [ouvrir de force - tiroir, valise] to force (open); [- serrure, mécanisme] to force; **~ un coffre-fort** to force a safe open; **~ la porte de qqn** *fig* to barge OU to force one's way into sb's house; **~ le passage** to push (one's way) through. -3. [outrepasser]: **~ la dose** PHARM to prescribe too large a dose; *fig* to go too far; **~ la note** to overdo it. -4. *arch* [violer - personne] to violate. -5. [susciter]: **son courage a forcé l'admiration/le respect de tous** his courage commanded everybody's admiration/respect. -6. [influencer - destin, événements] to influence. -7. [presser]: **~ le pas** to force the pace; **~ son cheval** ÉQUIT to overtax OU to override one's horse. -8. AGR & HORT to force. -9. [pousser trop loin]: **~ sa voix** to strain one's voice; **~ sa nature** to go against one's true nature; **il n'a pas besoin de ~ sa nature pour jouer les pères autoritaires** playing the heavy father comes naturally to him; **~ le sens d'un texte** to distort the meaning of a text. -10. CHASSE to run down.
◇ *vi* to force, to strain; **ne force pas, tu vas casser le mécanisme** don't force the mechanism, you'll break it; **pliez la jambe sans ~** bend your leg very gently OU without straining.
◆ **forcer sur** *v + prép* to overdo; **ne forcez pas sur les abdominaux** don't do too many stomach exercises; **il force sur les somnifères** *fam* he overdoes the sleeping pills ❑ **~ sur la bouteille** *fam* to drink too much; **il avait un peu forcé sur la bouteille** *hum* he'd had one over the eight *Br hum* OU one too many.
◆ **se forcer** *vp (emploi réfléchi)* [gén] to make an effort; [en mangeant] to force o.s.; **se ~ à lire/travailler** to force o.s. to read/to work.

forcing [fɔrsiŋ] *nm* SPORT pressure; **faire le ~** *pr* to put the pressure on; **faire du ~** *fam fig* to use fair means and foul.

forcir [32] [fɔrsir] *vi* to get bigger.

forclore [fɔrklɔr] *vt* JUR to debar.

forclos, e [fɔrklo, oz] *adj* JUR foreclosed, debarred.

forclusion [fɔrklyzjɔ̃] *nf* JUR debarment, foreclosure.

forer [3] [fɔre] *vt* [puits de pétrole] to bore, to drill; [puits, mine] to sink.

foresterie [fɔrɛstəri] *nf* forestry.

forestier, ère [fɔrɛstje, ɛr] ◇ *adj* [chemin, Code] forest *(modif)*.
◇ *nm, f* forester.

foret [fɔrɛ] *nm* drill.

forêt [fɔrɛ] *nf* -1. [arbres] forest; **~ vierge** virgin forest. -2. [multitude]: **une ~ de** a forest of.

forêt-galerie [fɔrɛgalri] (*pl* **forêts-galeries**) *nf* gallery forest.

Forêt-Noire [fɔrɛnwar] *npr f*: **la ~** the Black Forest.

foreur [fɔrœr] ◇ *adj m* [ingénieur, ouvrier] drilling *(modif)*.
◇ *nm* TECH driller.

foreuse [fɔrøz] *nf* drill.

forfaire [109] [fɔrfɛr]
◆ **forfaire à** *v + prép litt* to be false to.

forfait [fɔrfɛ] *nm* -1. [abonnement - de transport, à l'opéra] season ticket; [- au ski] pass, ski-pass; **~ train plus hôtel** package deal including train ticket and hotel reservation. -2. FIN: **être au ~** to be taxed on estimated income. -3. COMM: **payer qqn au ~** to pay sb a flat rate; **travailler au ~** to work for a flat rate. -4. SPORT [somme] withdrawal; **gagner par ~** to win by default. -5. *litt* [crime] infamy *litt*, (heinous) crime.

forfaitaire [fɔrfɛtɛr] *adj* inclusive; **montant ~** lump sum; **prix ~s** inclusive prices; **voyage à prix ~** package tour.

forfaiture [fɔrfetyr] *nf* -1. JUR abuse of authority. -2. HIST forfeiture.

forfanterie [fɔrfɑ̃tri] *nf litt* boastfulness.

forficule [fɔrfikyl] *nf* earwig; **les ~s** the Forficula.

forge [fɔrʒ] *nf* -1. [atelier] forge, smithy. -2. [fourneau] forge.

forgeable [fɔrʒabl] *adj* forgeable TECH.

forgeage [fɔrʒaʒ] *nm* forging TECH.

forger [17] [fɔrʒe] *vt* -1. TECH to forge; **~ à chaud** to hot-forge ❑ **~ les chaînes de qqn** *fig & litt* to forge bonds for sb; **c'est en forgeant qu'on devient forgeron** *prov* practice makes perfect *prov*. -2. [inventer - alibi] to make up *(sép)*; [- phrase] to coin; **une histoire forgée de toutes pièces** a fabricated story. -3. [fabriquer - document, preuve] to forge. -4. [aguerrir - personnalité, caractère] to form, to forge.
◆ **se forger** *vpt*: **se ~ une réputation** to earn o.s. a reputation; **se ~ un idéal** to build up an ideal for o.s.; **se ~ le caractère** to build up one's character.

forgeron [fɔrʒərɔ̃] *nm* blacksmith.

forgeur [fɔrʒœr] *nm litt* [de mots, de phrases] coiner; [de documents] forger.

formage [fɔrmaʒ] *nm* -1. MÉTALL forming. -2. [de plastique] moulding.

formaldéhyde [fɔrmaldeid] *nm* formaldehyde.

formalisation [fɔrmalizasjɔ̃] *nf* formalization.

formaliser [3] [fɔrmalize] *vt* [idée, théorie] to formalize.
◆ **se formaliser de** *vp + prép* to take offence at.

formalisme [fɔrmalism] *nm* -1. [attitude] respect for etiquette; **faire preuve de ~** to be a stickler for etiquette. -2. BX-ARTS & LITTÉRAT formalism. -3. PHILOS formalism.

formaliste [fɔrmalist] ◇ *adj* -1. [guindé] strict about etiquette. -2. BX-ARTS, LITTÉRAT & PHILOS formalistic.
◇ *nmf* -1. [personne guindée] stickler for etiquette. -2. BX-ARTS, LITTÉRAT & PHILOS formalist.

formalité [fɔrmalite] *nf* -1. ADMIN formality; **~s administratives/douanières** administrative/customs formalities. -2. [acte sans importance]: **notre enquête n'est qu'une simple** OU **pure ~** we're just making routine enquiries; **cet examen n'est qu'une ~** this medical test is a mere formality. -3. [cérémonial] formality.

formant [fɔrmɑ̃] *nm* formant.

format [fɔrma] *nm* -1. [dimension] size; **photo petit ~** small (format) print. -2. IMPR format; **livre en ~ de poche** paperback (book); **papier ~ A4/A3** A4/A3 paper. -3. INF format.

formatage [fɔrmataʒ] *nm* formatting.

formater [3] [fɔrmate] *vt* to format COMPUT.

formateur, trice [fɔrmatœr, tris] *adj* [rôle, influence] formative; **ce stage a été très ~** this training course was very instructive.

formation [fɔrmasjɔ̃] *nf* -1. [naissance] development, formation, forming; **la ~ d'un volcan/des dunes** the forming of a volcano/of (sand) dunes. -2. [groupe] group; **~ musicale** [classique] orchestra; [moderne] band; **~ politique** political group; **~ syndicale** (trade) union. -3. ENS [apprentissage] training *(U)*; **il faut que nous leur donnions une ~** we must train them || [connaissances] cultural background; **elle a une bonne ~ littéraire/scientifique** she has a good literary/scientific background; **il n'a aucune ~ musicale** he has no musical training; **architecte de ~, elle est devenue cinéaste** having trained as an architect, she turned to making films ❑ **~ continue** OU **permanente** *day release or night school education for employees provided by companies*; **~ accélérée** intensive training; **~ professionnelle** vocational training; **~ professionnelle pour adultes** adult education. -4. MIL [détachement, disposition] formation. -5. DANSE & SPORT formation. -6. PHYSIOL puberty; **au moment de la ~** when puberty occurs. -7. GÉOL formation. -8. LING: **la ~ du vocabulaire** vocabulary formation; **la ~ du féminin** the formation of the feminine.

forme [fɔrm] *nf* -1. [configuration] form, shape; **donner une ~ courbe à un vase** to give a curved shape to a vase; **un dessin de ~ géométrique** a geometrical pattern; **la Terre a la ~ d'une sphère** the Earth is spherical; **ne plus avoir ~ humaine** to be unrecognizable; **mettre en ~: mettez vos idées en ~** give your ideas some shape; **mettre un écrit en ~** to structure a piece of writing; **prendre la ~ de** to take (on) the form of, to assume the shape of; **prendre ~** to take shape, to shape up. -2. [état] form; **se présenter sous ~ gazeuse** to come in gaseous form OU in the form of a gas; **c'est le même sentiment sous plusieurs ~s** it's the same feeling expressed in several different ways; **nous voulons combattre la misère sous toutes ses ~s** we want to fight poverty in all its forms. -3. [silhouette] figure, shape; **une vague ~ apparut dans le brouillard** a vague figure appeared in the fog. -4. [type] form; **la ~ de gouvernement qui convient au pays** the form OU type of government (best) suited to the country; **la ~ monarchique/républicaine** the monarchical/republican form of government; **rechercher des ~s de vie différentes sur d'autres planètes** to look for different forms of life on other planets. -5. [style] form; **sacrifier à la ~** to put form above content; **une ~ plus concise serait préférable** a more concise form would be preferable. -6. MUS form; **~ sonate** sonata form. -7. LING form; **mettre un verbe à la ~ interrogative/négative** to put a verb into the interrogative/in the negative (form); **les ~s du futur** future tense forms. -8. JUR form; **respecter la ~ légale** to respect legal procedures. -9. *fam* [condition physique] form; **avoir** OU **tenir la ~** to be in great shape; **je n'ai** OU **ne tiens pas la ~** I'm in poor shape; **il tient la grande ~ en ce moment** he's in great form at the moment; **être en ~** to be on form; **être au mieux** OU **sommet de sa ~, être en pleine ~** to be on top form ❑ **ayez la ~, pas les ~s** *allusion slogan publicitaire* be fit not fat. -10. [moule - pour chapeau] crown; [- pour chaussure] last; [- pour fromage] mould. -11. PSYCH: **théorie de la ~** gestalt theory. -12. IMPR forme. -13. VÉTÉR ringbone. -14. MATH quantic.
◆ **formes** *nfpl* -1. [physique]: **avoir des ~s** to have a shapely figure; **avoir des ~s généreuses** to be curvaceous OU generously built. -2. [convention]: **les ~s** the conventions OU proprieties ❑ **y mettre les ~s** to be tactful; **elle n'a pas su y mettre les ~s** she wasn't very tactful about it; **elle a toujours respecté les ~s** she has always respected convention.

◆ **dans les formes** *loc adv* following the proper form.
◆ **de pure forme** *loc adj* [considération, protestation] purely formal.
◆ **en bonne (et due) forme** ◇ *loc adj* [contrat] bona fide.
◇ *loc adv* [établir un document] in due form, according to the proper form.
◆ **en forme de** *loc prép* [ressemblant à]: **en ~ de poisson** shaped like a fish, fish-shaped; **en ~ de croix** in the shape of a cross.
◆ **pour la forme** *loc adv* for the sake of form, as a matter of form.
◆ **sans forme** *loc adj* shapeless.
◆ **sans autre forme de procès** *loc adv* without further ado.
◆ **sous forme de, sous la forme de** *loc prép* in the form of, as; **un médicament qui existe sous ~ de comprimés** a drug available in tablet form.

formé, e [fɔrme] *adj* PHYSIOL fully-formed, fully-developed.

formel, elle [fɔrmɛl] *adj* **-1.** [net - ordre, refus] definite; [- identification, preuve] positive; **je suis ~, il ne viendra pas** I'm positive he won't come; **le médecin a été ~, pas de laitages!** no milk products, the doctor was quite clear about that! **-2.** [de la forme] formal; **la beauté ~le d'une nouvelle** the formal beauty of a short story. **-3.** [superficiel] formal; **leur protestation était purement ~le** their protest was purely formal OU for the sake of form. **-4.** PHILOS formal.

formellement [fɔrmɛlmɑ̃] *adv* **-1.** [nettement] categorically; **je vous le dis ~, je refuserai de signer** I'm telling you categorically that I'll refuse to sign. **-2.** [stylistiquement] formally. **-3.** PHILOS formally.

former [3] [fɔrme] *vt* **-1.** [donner un contour à - lettre] to shape, to form; [- phrase] to put together, to shape; **Dieu forma l'homme à son image** BIBLE God made man in his own image. **-2.** [créer - gouvernement, association] to form; **~ une unité de combat** to form a combat unit; **~ un train** to make up a train. **-3.** [se constituer en] to form; **ils ont formé un cortège/attroupement** they formed a procession/a mob. **-4.** [dessiner] to form; **le nuage forme un cœur** the cloud is shaped like a heart OU is heart-shaped; **tout cela forme un amas confus dans ma mémoire** all that's just a confused blur in my memory; **les collines alentour forment une vaste cuvette** the surrounding hills form a vast basin. **-5.** [constituer] to form; **nous ne formions qu'un seul être** we were as one; **ils forment un couple uni** they're a united couple; **ils forment un couple étrange** they make a strange couple. **-6.** [faire apparaître] to make, to form; **le froid forme du givre sur les vitres** the cold makes frost form on the windowpanes. **-7.** *sout* [créer, faire par la pensée]: **~ un projet** to think up a plan; **nous avons formé le dessein de nous marier** we are planning to marry; **~ des vœux pour le succès de qqn/qqch** to wish sb/sthg success; **tous les espoirs que nous formons pour eux** all the hopes we place in them. **-8.** LING to form; **formez le pluriel de «marteau-piqueur»** form OU give the plural of "marteau-piqueur"; **formez le conditionnel sur le futur** form the conditional tense using the future tense as a model. **-9.** HORT: **~ un poirier en fuseau** to train a pear tree into a cone-shape. **-10.** ENS & INDUST to train; **~ les jeunes en entreprise** to give young people industrial training; **~ qqn à qqch** to train sb in sthg; **~ son personnel à l'informatique** to train one's staff to use computers; **formé à la gestion** trained in management (techniques). **-11.** [développer] to develop; **un exercice qui forme l'oreille** an exercise which trains OU develops the ear; **~ le caractère de qqn** to develop OU to form sb's character; **~ l'esprit/le goût de qqn** to develop sb's mind/taste.
◆ **se former** ◇ *vpi* **-1.** [apparaître - croûte, pellicule, peau] to form; [- couche, dépôt] to form, to build up; **ces montagnes se sont formées à l'ère tertiaire** these mountains were formed during the Tertiary period. **-2. se ~ en** [se placer en] to form, to make; **se ~ en cortège** to form a procession; **se ~ en carré** to form a square. **-3.** [se perfectionner] to train o.s.; **elle s'est surtout formée au contact du public** she has learnt most of what she knows through dealing with the public; **se ~ sur le tas** to learn on the job OU as one goes along.
◇ *vpt*: **se ~ une opinion** to form an opinion.

Formica® [fɔrmika] *nm* Formica®.

formidable [fɔrmidabl] *adj* **-1.** [imposant] tremendous; *litt* formidable; **elle a une volonté ~, elle réussira!** she has tremendous willpower, she'll succeed! **-2.** *fam* [invraisemblable] incredible, unbelievable; **tu n'en as jamais entendu parler, c'est ~, ça!** it's incredible, you've never heard of it! **-3.** *fam* [admirable] great, wonderful; **c'est un type ~** he's a great guy.

formidablement [fɔrmidabləmɑ̃] *adv* tremendously; **tout était ~ bien** everything was just great; **elle sait ~ bien s'occuper des enfants** she's great OU marvellous with children.

formique [fɔrmik] *adj* formic.

formol [fɔrmɔl] *nm* formalin.

formoler [3] [fɔrmɔle] *vt* to use formalin on.

formosan, e [fɔrmɔzɑ̃, an] *adj* Formosan.
◆ **Formosan, e** *nm, f* Formosan.

Formose [fɔrmoz] *npr* Formosa; **à ~** in Formosa.

formulable [fɔrmylabl] *adj*: **la proposition n'est pas encore ~** the proposal can't yet be formulated; **~ en termes de droit** expressible in legal terms.

formulaire [fɔrmylɛr] *nm* form ADMIN.

formulation [fɔrmylasjɔ̃] *nf* formulation, wording; **la ~ de votre problème est incorrecte** you formulated your problem incorrectly, the way you formulated your problem is incorrect.

formule [fɔrmyl] *nf* **-1.** [tournure] expression, (turn of) phrase; **trouver la ~ qui convient** to find the right expression ❑ **elle a terminé sa lettre par une belle ~/une ~ toute faite** she ended her letter with a well-turned phrase/a ready-made phrase; **~ consacrée** accepted expression; **la ~ magique** the magic words; **~ de politesse** [dans une lettre] letter ending. **-2.** [imprimé] form. **-3.** CHIM & MATH formula; **la ~ pour convertir les degrés Fahrenheit en degrés Celsius** the formula for converting degrees Fahrenheit into degrees Celsius. **-4.** PHARM formula, composition. **-5.** [solution] formula, trick; **ils ont (trouvé) la ~ pour ne pas avoir d'ennuis** they've found a way of not having any problems. **-6.** [en langage publicitaire] way; **une ~ économique pour vos vacances** an economical way to spend your holidays; **nous vous proposons plusieurs ~s de crédit** we offer you several credit options; **une nouvelle ~ de spectacle/restaurant** a new kind of show/restaurant; **notre restaurant vous propose sa ~ à 90 F ou sa carte** our restaurant offers you a set menu at 90 F or an à la carte menu. **-7.** AUT formula; **courir en ~ 3** to compete in formula 3 races. **-8.** MÉD: **~ dentaire** dental formula.

formuler [3] [fɔrmyle] *vt* **-1.** [exprimer - doctrine, revendication] to formulate, to express; **elle m'a regardé sans oser ~ sa question** she looked at me without daring to ask her question. **-2.** [rédiger - théorème] to formulate; [- décret] to draw up *(sép)*.

fornicateur, trice [fɔrnikatœr, tris] *nm, f litt* OU *hum* fornicator.

fornication [fɔrnikasjɔ̃] *nf litt* OU *hum* fornication.

forniquer [3] [fɔrnike] *vi litt* OU *hum* to fornicate.

FORPRONU (*abr de* Forces de protection des Nations unies) *nf* UN-profor.

fors [fɔr] *prép arch* except, save *arch*; **tout est perdu, ~ l'honneur** *allusion François Ier* all is lost save honour.

forsythia [fɔrsisja] *nm* forsythia.

fort, e [fɔr, fɔrt] *adj* **A.** QUI A DE LA PUISSANCE, DE L'EFFET **-1.** [vigoureux - personne, bras] strong, sturdy; [- vent] strong, high; [- courant, jet] strong; [- secousse] hard; [- pluies] heavy; **mer ~e** MÉTÉO rough sea; **~ comme un Turc** OU **un bœuf** as strong as an ox. **-2.** [d'une grande résistance morale]: **une âme ~e** a steadfast soul; **rester ~ dans l'adversité** to remain strong OU to stand firm in the face of adversity. **-3.** [autoritaire, contraignant - régime] strong-arm *(avant n)*; **recourir à la manière ~e** to resort to strong-arm tactics; **il emploie la manière ~e avec ses enfants** he uses strong-arm methods with his children. **-4.** [puissant - syndicat, parti, économie] strong, powerful; [- monnaie] strong, hard; [- carton, loupe, tranquillisant] strong; **l'as est plus ~ que le roi** the ace is higher than the king; **colle (très) ~e (super** OU **extra)** strong glue; **tes lunettes sont trop ~es pour moi** your glasses are too strong for me; **c'est plus ~ que moi** I can't help it; **je l'ai frappé, c'était plus ~ que moi** I couldn't help hitting him; **~ de: ~ de son expérience** with a wealth of experience behind him; **~ de leur protection** reassured by their protection; **une équipe ~e de 40 hommes** a 40-strong team ❑ **l'homme ~ du parti** the strong man of the party. **-5.** [de grand impact - œuvre, film] powerful; [- argument] weighty, powerful, forcible; **le moment le plus ~ de la pièce** the most powerful moment in the play. **-6.** LING [formation, verbe] strong; [consonne] hard.
B. MARQUÉ **-1.** [épais, corpulent - jambes] big, thick; [- personne] stout, large; [- hanches] broad, large, wide; **avoir la taille ~e** to be big around the waist; **ils ont de jolis modèles pour les femmes ~es** they've got nice outsize designs. **-2.** [important quantitativement - dénivellation] steep, pronounced; [- accent] strong, pronounced, marked; [- fièvre, taux] high; [- hausse] large; [- somme] large, big; [- concentration] high; [- bruit] loud; [- différence] great, big; **il est prêt à payer le prix ~** he's willing to pay the full price; **au prix ~, le lave-linge vous coûterait 6 000 F** if you had to pay the full price, the washing machine would cost you 6,000 F; **baisse le son, c'est trop ~** turn the sound down, it's too loud. **-3.** [grand, intense - amour, haine] strong, intense; [- douleur] intense, great; [- influence] strong, big, great; [- propension] marked; **il recherche les sensations ~es** he's after big thrills; **avoir une ~e volonté** to be strong-willed, to have a strong will; **elle a une ~ personnalité** she's got a strong personality. **-4.** [au goût prononcé - café, thé, moutarde, tabac] strong; [- sauce] hot, spicy; **ces oignons sont très ~s** these onions are really strong ‖ [odeur] strong. **-5.** *fam loc*: **c'est un peu ~ (de café)** that's a bit rich; **et c'est moi qui devrais payer? alors ça c'est trop ~!** and I should pay? that's a bit much!; **le plus ~, c'est qu'il avait raison!** the best of it is that he was right!
C. HABILE [compétent, doué - personne]: **son frère est magicien/acrobate, il est très ~** her brother's a magician/an acrobat, and a very good one; **le marketing, c'est là qu'il est ~/que sa société est ~e** marketing is his/his company's strong point; **trouver plus ~ que soi** to meet one's match; **pour faire des gaffes, tu es ~e!** when it comes to making blunders, you take some beating!; **pour donner des leçons, elle est très ~e!** she's very good at lecturing people!; **~ en** very good at; **~ en gymnastique/en langues** very good at gymnastics/at languages; **il est très ~ à la volée** he volleys very well ❑ **avoir affaire à ~e partie** to have a strong OU tough opponent; **encore plus ~, il va vous dire le numéro de votre passeport!** better still, he's going to tell you what your passport number is!
◆ **fort** ◇ *adv* **-1.** [avec vigueur - taper, tirer] hard; **pousse plus ~** push harder ‖ [avec intensité]: **il pleut ~** *fam* it's raining hard OU pouring; **sentir ~** to smell; **mets le gaz plus/moins ~** turn the gas up/down; **le gaz est trop**

~ the gas is too high ❑ **tu y vas un peu ~!** you're going a bit far! -**2.** [bruyamment - parler] loudly, loud; **parle plus ~, on ne t'entend pas** speak up, we can't hear you; **parle moins ~** lower your voice; **ne chante pas si ~** don't sing so loud; **mets le son plus/moins ~** turn the sound up/down. -**3.** *sout* [très]: **~ désagréable** most disagreeable; **~ joli** very pretty; **c'est ~ bien dit!** well said!; **~ bien, partons à midi!** very well, let's leave at noon!; **j'en suis ~ aise!** *hum* I'm very pleased to hear it! -**4.** *loc*: **là, tu as fait très ~!** you've really excelled yourself!

◇ *nm* -**1.** [physiquement, moralement]: **les ~s et les faibles** the strong and the weak || [intellectuellement]: **un ~ en thème** a swot. -**2.** [spécialité] forte; **la cuisine, ce n'est pas ton ~!** cooking isn't your forte!; **la politesse n'est pas son ~!** politeness isn't his strongest point! -**3.** [forteresse] fort.

◆ **au (plus) fort de** *loc prép*: **au (plus) ~ de l'hiver** in the depths of winter; **au (plus) ~ de l'été** in the height of summer.

Fort-de-France [fɔrdəfrɑ̃s] *npr* Fort-de-France.

fortement [fɔrtəmɑ̃] *adv* -**1.** [avec force] hard; **appuyer ~ sur les deux bords pour les coller** press both ends tight to glue them together; **~ salé** heavily salted; **~ épicé** highly spiced. -**2.** [avec netteté] strongly; **des traits ~ marqués** strongly marked features. -**3.** [beaucoup] strongly; **il désire ~ vous rencontrer** he wishes very much to meet you; **être ~ tenté** to be sorely tempted; **être ~ intéressé par qqch** to be most interested in sthg.

forteresse [fɔrtərɛs] *nf* -**1.** [citadelle] fortress. -**2.** [prison] fortress. -**3.** AÉRON: **~ volante** flying fortress. -**4.** *fig* wall, barrier; **~ de préjugés** wall of prejudice.

fortiche *fam* [fɔrtiʃ] *adj*: **elle est ~ en anglais!** she's dead *Br* OU real *Am* good at English!

fortifiant, e [fɔrtifjɑ̃, ɑ̃t] *adj* -**1.** [nourriture] fortifying; [climat] bracing, invigorating. -**2.** *litt* [édifiant] uplifting.

◆ **fortifiant** *nm* tonic.

fortification [fɔrtifikasjɔ̃] *nf* -**1.** [mur] fortification, wall. -**2.** [action]: **la ~ d'une ville** the fortification of a town.

fortifier [9] [fɔrtifje] *vt* -**1.** [affermir - muscle, santé] to fortify, to strengthen; [- amitié, volonté] to strengthen; **~ qqn dans: il m'a fortifié dans ma décision** he strengthened me in my decision; **ainsi fortifié dans ses préjugés, il reprit la lecture du journal** with his prejudices thus confirmed, he went back to reading the paper. -**2.** [protéger] to fortify; **une ville fortifiée** a walled OU fortified town.

◆ **se fortifier** ◇ *vp (emploi passif)*: **la ville s'est fortifiée au XIIe siècle** the town was fortified OU walls were built around the town in the 12th century.

◇ *vpi* [muscle] to firm up, to grow stronger; [amitié, amour] to grow stronger; **l'exercice aide le corps à se ~** exercise helps the body grow stronger.

fortin [fɔrtɛ̃] *nm* small fort.

fortiori → **a fortiori**.

fortran [fɔrtrɑ̃] *nm* Fortran, FORTRAN.

fortuit, e [fɔrtɥi, it] *adj* [événement] fortuitous; **faire une rencontre ~e** to meet somebody by chance.

fortuitement [fɔrtɥitmɑ̃] *adv* fortuitously, by chance.

fortune [fɔrtyn] *nf* -**1.** [biens] wealth, fortune; **une ~ personnelle** private wealth, a private fortune; **toute sa ~ est en biens immobiliers** her entire fortune is in property OU real estate; **ça lui a rapporté une (petite) ~** *fam* it brought him a nice little sum; **c'était une ~ à l'époque** it was a lot of money at the time; **voici 50 francs, c'est toute ma ~!** *hum* here's 50 francs, it's all my worldly wealth!; **avoir de la ~** to be wealthy; **faire ~** to make one's fortune. -**2.** *litt* [hasard] good fortune, luck; **il a eu la bonne** OU **l'heureuse ~ de la connaître** he was fortunate enough to know her; **il a eu la mauvaise ~ de tomber malade** he was unlucky enough OU he had the misfortune to fall ill ❑ **un homme en bonnes ~s** a Don Juan; **être en bonne ~** *litt* to be successful *(with women)*; **faire contre mauvaise ~ bon cœur** to make the best of a bad job; **la ~ sourit aux audacieux** fortune favours the bold *prov*; **la ~ vient en dormant** good luck comes when you least expect it. -**3.** *litt* [sort] fortune; **leurs livres ont connu des ~s très diverses** their books had varying success. -**4.** NAUT: **~ de mer** [biens] property at sea; [risques] perils of the sea; **voile de ~** crossjack.

◆ **à la fortune du pot** *loc adv*: **inviter qqn à la ~ du pot** to invite sb to take pot luck; **viens, ce sera à la ~ du pot!** come and take pot luck!

◆ **de fortune** *loc adj* [lit] makeshift; [installation, réparation] temporary.

◆ **sans fortune** *loc adj* with no hope of an inheritance.

fortuné, e [fɔrtyne] *adj* -**1.** [riche] rich, wealthy. -**2.** *litt* [heureux] fortunate, blessed *litt*.

forum [fɔrɔm] *nm* ANTIQ & ARCHIT forum; [débat] forum.

fosse [fos] *nf* -**1.** [cavité] pit; **~ à purin** OU **fumier** manure pit; **~ (d'aisances)** cesspool; **~ aux lions** lion's den; **descendre dans la ~ aux lions** *fig* to enter the lion's den; **~ aux ours** bear pit; **~ septique** septic tank. -**2.** AUT & SPORT pit. -**3.** MUS: **~ d'orchestre** orchestra pit. -**4.** [tombe] grave; **~ commune** common grave; **creuser sa ~ avec ses dents** to dig one's own grave by eating badly. -**5.** ANAT fossa; **~s nasales** nasal fossae. -**6.** GÉOL trench; **~ sous-marine** ocean trench. -**7.** MIN pit.

fossé [fose] *nm* -**1.** [tranchée] ditch; **finir** OU **se retrouver dans le ~** to end up in a ditch; **~ antichar** MIL antitank ditch. -**2.** *fig* gulf, gap; **le ~ qui nous sépare** the gulf which divides us. -**3.** GÉOL trough; **~ tectonique** OU **d'effondrement** graben.

fossette [fosɛt] *nf* dimple.

fossile [fosil] ◇ *adj pr* fossil *(modif)*; *fig* fossil-like, fossilized.

◇ *nm pr* & *fig* fossil.

fossilifère [fosilifɛr] *adj* fossiliferous.

fossilisation [fosilizasjɔ̃] *nf* fossilization.

fossiliser [3] [fosilize] *vt* to fossilize.

◆ **se fossiliser** *vpi* to become fossilized.

fossoyeur [foswajœr] *nm* gravedigger; **les ~s de la révolution** *fig* & *litt* the destroyers OU gravediggers of the revolution.

fou [fu] *(devant nm commençant par voyelle ou h muet* **fol** [fɔl], *f* **folle** [fɔl]) ◇ *adj* -**1.** [dément] insane, mad; **devenir ~** to go mad OU insane; **je ne suis pas ~ tout de même, je l'ai bien vu hier** I'm not crazy OU mad you know, I really did see him yesterday; **un regard un peu ~** a somewhat crazed look; **être ~ de bonheur/joie/douleur** to be beside o.s. with happiness/joy/grief; **être ~ d'inquiétude** to be mad with worry ❑ **être ~ furieux** OU **à lier** to be (stark) raving mad. -**2.** [déraisonnable] mad; **je ne suis pas assez ~ pour y aller tout seul** I'm not mad OU crazy enough to go by myself; **ton projet est complètement ~** your plan is completely crazy OU mad; **avoir de folles pensées** to have wild thoughts ❑ **pas folle, la guêpe!** *fam* he's/she's not stupid!; **souvent femme varie, (bien) fol qui s'y fie** woman is fickle, man beware! -**3.** [hors de soi] wild, mad; **rendre qqn ~** to drive OU to send sb mad; **il est encore en retard, ça me rend folle!** he's late again, it drives me wild OU mad! -**4.** [passionné]: **être ~ de qqn/qqch** to be mad OU wild about sb/sthg; **elle est folle de football** she's mad keen on *Br* OU crazy about football. -**5.** [intense] mad, wild; **nous avons passé une folle soirée** we had a wild evening; **entre eux, c'est l'amour ~** they're crazy about each other, they're madly in love. -**6.** [incontrôlé] wild; **se lancer dans une course folle** to embark on a headlong chase; **camion/train ~** runaway truck/train; **boussole folle** crazy compass needle ❑ **folle avoine** wild oats; **avoir des mèches folles** to have wild OU straggly hair; **~ rire** (uncontrollable) giggle OU giggles; **avoir** OU **être pris d'un ~ rire** to have a fit of the giggles. -**7.** *fam* [très important] tremendous; **il y avait un monde ~** there was a huge crowd; **un prix ~** an extortionate price; **ça dure un temps ~** it goes on for ages; **nous avons mis un temps ~ pour venir** it took us ages to get here; **gagner un argent ~** to make piles OU a lot of money. -**8.** [incroyable] incredible; **c'est une histoire complètement folle!** it's the most incredible story!; **c'est ~, ce qui lui est arrivé** what happened to him is incredible. -**9.** JUR: **folle enchère** irresponsible bid.

◇ *nm, f* -**1.** [dément] madman (*f* madwoman); **envoyer qqn chez les ~s** *vieilli* to have sb locked up OU put away; **vous n'avez pas vu le feu rouge, espèce de ~?** didn't you see the red light, you stupid fool?; **tais-toi, vieille folle!** shut up, you crazy old woman!; **comme un ~** *pr* dementedly; [intensément] like mad OU crazy. -**2.** [excité] lunatic, fool; **ce jeune ~ va nous entraîner dans une catastrophe** that young fool will ruin us; **faire le ~** to act the fool OU idiot. -**3.** [passionné]: **c'est un ~ de moto** he's mad on OU crazy about bikes.

◆ **fou** *nm* -**1.** JEUX bishop. -**2.** HIST: **~ (du roi)** (court) jester; **plus on est de ~s plus on rit** the more the merrier *loc*. -**3.** ORNITH: **~ (de Bassan)** gannet.

◆ **folle** *nf* -**1.** *fam* [homosexuel] queen; **grande folle** raving queen. -**2.** *loc litt*: **la folle du logis** vivid imagination.

fouace [fwas] = **fougasse**.

fouailler [3] [fwaje] *vt litt* to whip, to lash; **la pluie leur fouaillait le visage** the rain lashed at their faces.

foucade [fukad] *nf litt* whim, passing fancy.

foudre¹ [fudr] *nm* -**1.** [tonneau] tun. -**2.** MYTH thunderbolt.

◆ **foudre de guerre** *nm* -**1.** [guerrier] great warrior. -**2.** *fig*: **ce n'est pas un ~ de guerre** *hum* he wouldn't say boo to a goose.

foudre² [fudr] *nf* MÉTÉO lightning; **il est resté comme frappé par la ~** he looked as if he had been struck by lightning ❑ **prompt** OU **rapide comme la ~** like lightning, with the speed of lightning.

◆ **foudres** *nfpl litt* wrath, ire *litt*; **il a tout fait pour s'attirer les ~s du public** he did everything to bring down the public's wrath upon him OU to incur the public's wrath.

◆ **coup de foudre** *nm* -**1.** MÉTÉO flash of lightning. -**2.** *fig* love at first sight; **entre eux deux, ça a été le coup de ~** it was love at first sight between (the two of) them.

foudroiement [fudrwamɑ̃] *nm* -**1.** [fait de foudroyer] striking. -**2.** [fait d'être foudroyé] being struck.

foudroyage [fudrwajaʒ] *nm* MIN caving.

foudroyant, e [fudrwajɑ̃, ɑ̃t] *adj* -**1.** [soudain] violent; **une crise cardiaque ~e** a massive coronary; **une mort ~e** (an) instant death. -**2.** [extraordinaire] striking, lightning *(modif)*; **faire des progrès ~s** to make lightning progress; **la pièce a connu un succès ~** the play was a massive success; **à une vitesse ~e** with lightning speed. -**3.** [furieux - regard]: **jeter des regards ~s à qqn** to look daggers at sb.

foudroyer [13] [fudrwaje] *vt* -**1.** MÉTÉO to strike; **deux personnes ont été foudroyées hier pendant l'orage** two people were struck by lightning yesterday during the thunderstorm. -**2.** [tuer] to strike down *(sép)*; **la sentinelle a été foudroyée par une balle perdue** the sentry was struck by a stray bullet; **foudroyé par une crise cardiaque** struck down by a heart attack; **~ qqn du regard** OU **des yeux** *fig* to look daggers at sb. -**3.** [anéantir] to strike down *(sép)*; **la mort de ses parents l'a foudroyé** he was crushed by his parents' death.

fouëne [fwɛn] = **foëne**.

fouet [fwɛ] *nm* -**1.** [instrument] whip. -**2.** CULIN whisk. -**3.** ORNITH: **~ de l'aile** wing tip.

◆ **de plein fouet** ◇ *loc adv* head-on.

◇ *loc adj* full on, head-on; [tir, choc] head-on; [collision] head-on.

◆ **coup de fouet** *nm* whiplash; *fig* boost; **donner un coup de ~ à qqn** *pr* to lash OU to whip sb; *fig* to give sb a boost; **ces vitamines te donneront un coup de ~** *fig* these vitamins will give you a boost OU a lift.

fouettard [fwɛtar] *adj m* → **père**.

fouetté, e [fwete] *adj* [crème] whipped.
◆ **fouetté** *nm* DANSE fouetté.

fouettement [fwɛtmɑ̃] *nm* [de la pluie, de la grêle] lashing; [d'une voile] flapping.

fouette-queue [fwɛtkø] (*pl* fouette-queues) *nm* agamid.

fouetter [4] [fwete] ◇ *vt* -**1.** [frapper] to whip, to flog; **~ son cheval** to whip one's horse; **l'air glacé lui fouettait le sang** *fig* the icy air got his circulation going ❑ **fouette, cocher!** don't spare the horses!; **il n'y a pas de quoi ~ un chat** there's nothing to get excited about. -**2.** CULIN [crème] to whip; [blanc d'œuf] to beat, to whisk. -**3.** [cingler - suj: pluie] to lash.
◇ *vi* -**1.** ▽ [empester] to reek, to stink, to pong *Br*; **ça fouette par ici!** there's a hell of a pong *Br* OU a stink in here! -**2.** ▽ [avoir peur] to wet o.s.

foufou, fofolle *fam* [fufu, fɔfɔl] *adj* daft, nutty, loopy.

fougasse [fugas] *nf kind of cake made of sweet pastry and flavoured with candied fruit or spices.*

fougère [fuʒɛr] *nf* fern; **~ arborescente** tree fern.

fougue [fug] *nf* -**1.** [ardeur] passion, spirit, ardour; **un discours rempli** OU **plein de ~** a fiery speech; **il s'est lancé dans cette aventure avec la ~ de ses vingt ans** he threw himself into this adventure with all the ardour of his twenty years; **se battre avec ~** to fight with spirit, to put up a spirited fight; **répondre avec ~** to answer with brio. -**2.** NAUT topgallant (mast).

fougueusement [fugøzmɑ̃] *adv* ardently, with brio, with passion.

fougueux, euse [fugø, øz] *adj* [personne] ardent, fiery, impetuous; [cheval] spirited; [réponse, résistance] spirited, lively.

fouillage [fujaʒ] *nm* AGR burrowing.

fouille [fuj] *nf* -**1.** [d'un lieu] search; **passer à la ~** to be searched ❑ **~ corporelle** [rapide] frisking; [approfondie] body search. -**2.** AGR digging (up). -**3.** MIN exploration, search; **travail en ~** earth digging. -**4.** ▽ [poche] pocket.
◆ **fouilles** *nfpl* ARCHÉOL dig, excavations; **participer à des ~s** to take part in a dig.

fouillé, e [fuje] *adj* [enquête] thorough, wide-ranging; [étude] detailed; [détails] elaborate.

fouiller [3] [fuje] ◇ *vt* -**1.** [explorer - tiroir] to search (through); **nous avons fouillé toute la maison/région** we searched the entire house/area; **fouille un peu tes poches, tu vas sûrement le retrouver!** have a look in your pockets, you're sure to find it‖ [au cours d'une vérification] to search, to go through *(insép)*; **la police a fouillé tous les bagages** the police went through all the luggage; **~ des voyageurs** [rapidement] to frisk travellers; [de façon approfondie] to search travellers. -**2.** [creuser - suj: cochon, taupe] to dig; **~ la terre** to root in OU to burrow in OU to dig the earth; **~ un site** ARCHÉOL to excavate a site. -**3.** [approfondir] to go deeply OU thoroughly; **il aurait fallu ~ la question** the question should have been researched more thoroughly.
◇ *vi* -**1.** [creuser] to dig; **c'est là qu'il vous faut ~** this is where you must dig. -**2.** [faire une recherche]: **~ dans qqch** [légitimement] to go through, to search; [par indiscrétion] to rifle through *péj*, to go through; **~ dans sa mémoire** to search one's memory; **~ dans son esprit** to rack one's brains; **~ dans le passé de qqn** to delve into sb's past.
◆ **se fouiller** *vp (emploi réfléchi)*: **se ~ les poches** to go through one's pockets ❑ **tu peux toujours te ~!** *fam* dream on!, nothing doing!; **une participation? il peut se ~!** let him have a share in the profits? he can whistle for it OU not likely!

fouilleur, euse [fujœr, øz] *nm, f* -**1.** ARCHÉOL excavator. -**2.** [policier] searcher.

fouillis [fuji] ◇ *nm* jumble; **quel ~ dans ta chambre!** what a dump your room is!; **un ~ de** a mass OU a jumble of; **le jardin n'est qu'un ~ de ronces** the garden's nothing but a mass of brambles; **se perdre dans un ~ de détails** to get bogged down in (a mass of) details.
◇ *adj* messy, untidy; **ce que tu peux être ~!** you're so messy!
◆ **en fouillis** *fam* ◇ *loc adj* in a mess; **une chambre en ~** a messy room; **des dossiers en ~** muddled-up files.
◇ *loc adv*: **laisser un lieu en ~** to leave a place in a mess.

fouinard, e *fam* [fwinar, ard] *adj* nosy, prying.
◆ **fouinard** *fam nm* busybody, nosy parker *Br*.

fouine [fwin] *nf* -**1.** ZOOL stone marten; **avoir un visage de ~** to be weasel-faced. -**2.** *fam* [fouineur] busybody, nosy parker *Br*; **avoir un air de ~** to look like a right nosy parker.

fouiner *fam* [3] [fwine] *vi* -**1.** [explorer] to go through; **~ au marché aux puces** to go hunting for bargains at the flea market. -**2.** *péj* [être indiscret] to nose about OU around; **il est toujours à ~ dans les affaires des autres** he keeps poking his nose into other people's business.

fouineur, euse *fam* [fwinœr, øz] ◇ *adj* nosy, prying.
◇ *nm, f* -**1.** [indiscret] busybody, nosy parker *Br*. -**2.** [chez les brocanteurs] bargain hunter.

fouir [32] [fwir] *vt* to burrow, to dig.

fouissage [fwisaʒ] *nm* burrowing, digging.

fouisseur, euse [fwisœr, øz] *adj* burrowing *(avant n)*, fossorial *spéc*.
◆ **fouisseur** *nm* burrower, fossorial animal *spéc*.

foulage [fulaʒ] *nm* -**1.** [du raisin] pressing, treading; [d'une peau] tanning; [d'un tissu] fulling. -**2.** IMPR impression.

foulant, e [fulɑ̃, ɑ̃t] *adj* -**1.** *fam* [fatigant] backbreaking, exhausting; **c'est pas ~!** it's not exactly backbreaking work! -**2.** → **pompe**.

foulard [fular] *nm* -**1.** VÊT scarf. -**2.** TEXT foulard.

foule [ful] *nf* -**1.** [gens] crowd, mob *péj*; **il y a ~** *fam* there are crowds OU masses of people; **il n'y a pas ~** *fam* there's hardly anyone around. -**2.** [masses populaires]: **la ~, les ~s** the masses; **un président qui plaît aux ~s** a popular president. -**3.** [grand nombre]: **une ~ de**: **une ~ de gens** a crowd of people; **une ~ d'amis** a host of friends; **j'ai une ~ d'histoires à te raconter** I've got lots of stories to tell you; **il m'a donné une ~ de détails** he gave me a whole mass of details.
◆ **en foule** *loc adv* [venir, se présenter] in huge numbers.

foulée [fule] *nf* stride; **avancer à longues ~s** to stride along.
◆ **dans la foulée** *fam loc adv*: **dans la ~, j'ai fait aussi le repassage** I did the ironing while I was at it.
◆ **dans la foulée de** *loc prép* SPORT: **rester dans la ~ de qqn** to stay close on sb's heels.

fouler [3] [fule] *vt* -**1.** [écraser - raisin] to press, to tread; [- céréale] to tread. -**2.** [marcher sur] to tread OU to walk on *(insép)*; **~ le sol natal** *litt* to tread the native soil ❑ **~ qqch aux pieds** *fig* to trample on sthg. -**3.** [cuir, peau] to tan. -**4.** TEXT to full.
◆ **se fouler** ◇ *vpi fam* [se fatiguer] to strain o.s.; **tu ne t'es pas beaucoup foulé** you didn't exactly strain OU overexert yourself, did you?
◇ *vpt*: **se ~ qqch** [se faire mal]: **se ~ la cheville** to sprain OU to twist one's ankle.

fouloir [fulwar] *nm* -**1.** [pour le raisin] wine press. -**2.** TEXT fulling mill. -**3.** [de tanneur] tanning drum.

foulon [fulɔ̃] *nm* -**1.** TEXT [machine]: **(moulin à) ~** fulling mill‖ [ouvrier] fuller. -**2.** [de tanneur] tanning drum.

foulque [fulk] *nf* ORNITH coot; **~ noire** rail.

foultitude *fam* [fultityd] *nf*: **une ~ de** loads OU masses of; **avoir une ~ de choses à faire** to have loads of things to do.

foulure [fulyr] *nf* sprain.

four [fur] *nm* -**1.** CULIN oven; **un plat allant au ~** an ovenproof dish ❑ **~ à micro-ondes** microwave oven; **~ à pain** baker's oven; **~ à pyrolyse** self-cleaning oven; **ouvrir la bouche comme un ~** to open one's mouth wide; **il fait chaud comme dans un ~** it's like an oven (in here); **il fait noir comme dans un ~** it's pitch dark; **avoir qqch au ~** *pr* to have sthg cooking (in the oven); *fig* to have sthg on the go *Br* OU in the pipeline; **on ne peut pas être à la fois au ~ et au moulin** you can't be in two places at the same time. -**2.** TECH furnace, kiln; **~ à chaux** lime kiln; **~ solaire** solar furnace. -**3.** HIST: **~ crématoire** (Hitler's) gas ovens. -**4.** *fam* [fiasco] flop; **sa pièce a été** OU **fait un ~** his play was a flop.

fourbe [furb] *litt* ◇ *adj* deceitful, treacherous.
◇ *nmf* cheat, treacherous OU false-hearted *litt* person.

fourberie [furbəri] *nf litt* -**1.** [duplicité] treacherousness. -**2.** [acte] treachery.

fourbi *fam* [furbi] *nm* -**1.** [ensemble hétéroclite] paraphernalia. -**2.** [truc] thingy.

fourbir [32] [furbir] *vt* -**1.** [nettoyer] to polish (up). -**2.** *litt & fig*: **~ ses armes** to prepare for war; **~ ses arguments** to line up one's arguments.

fourbissage [furbisaʒ] *nm* polishing (up).

fourbu, e [furby] *adj* -**1.** [personne] exhausted; **je suis ~** I'm tired out OU exhausted. -**2.** [cheval] foundered.

fourche [furʃ] *nf* -**1.** AGR fork; **~ à foin** pitchfork, hayfork. -**2.** [embranchement] fork; **quitte le chemin là où il fait une ~** leave the path where it forks. -**3.** [d'une bicyclette, d'un arbre] fork. -**4.** ENS *Belg* break, gap *(in one's timetable)*. -**5.** [de cheveux] split end. -**6.** ANTIQ: **les Fourches Caudines** the Caudine Forks; **passer sous les ~s caudines** *fig* to be humiliated. -**7.** HIST: **les ~s patibulaires** the gallows.

fourcher [3] [furʃe] *vi loc*: **sa langue a fourché** he made a slip (of the tongue); **excusez-moi, ma langue a fourché** sorry, it was a slip of the tongue.

fourchette [furʃɛt] *nf* -**1.** [pour manger] fork; **~ à escargots** snail fork; **~ à huîtres** oyster fork; **être une bonne ~** to be a hearty eater; **elle a un bon coup de ~** she's a hearty eater; **la ~ du père Adam** *hum* the fingers. -**2.** [écart] bracket; **une ~ comprise entre 1000 et 1500 francs** prices ranging from 1000 to 1500 francs; **maintenir nos produits dans une ~ de prix acceptable** to keep our products within an acceptable price range OU bracket. -**3.** ANAT: **~ sternale** jugular notch; **~ vulvaire** fourchette. -**4.** ZOOL [du cheval] frog; [de l'oiseau] wishbone, furcula *spéc*.

fourchu, e [furʃy] *adj* -**1.** [cheveux]: **avoir les cheveux ~s** to have split ends. -**2.** [tronc, route] forked. -**3.** [pied] cloven-hoofed; [sabot] cloven, cleft.

fourgon [furgɔ̃] *nm* -**1.** [voiture] van; **~ à bestiaux** cattle truck; **~ cellulaire** police van *Br*, patrol OU police wagon *Am*; **~ de déménagement** removal *Br* OU moving *Am* van; **~ funèbre** OU **funéraire** OU **mortuaire** hearse; **~ postal** mail van. -**2.** RAIL coach, waggon *Br*; **~ à bagages** luggage van *Br*, baggage car *Am*. -**3.** [tige de métal] poker.

fourgonner *fam* [3] [furgɔne] *vi* to poke OU to rummage about.

fourgonnette [furgɔnɛt] *nf* (small) van.

fourgue [furg] *nm arg crime* fence.

fourguer [3] [furge] *vt* -**1.** *arg crime* [vendre] to fence. -**2.** *fam péj* [donner]: **~ qqch à qqn** to palm off sthg on sb; **qui t'a fourgué ces vieilles nippes?** who palmed off those old clothes on you?

fouriérisme [furjerism] *nm* Fourierism.

fourme [furm] *nf* hard cheese *(made in Central France)*; ~ **d'Ambert** Fourme d'Ambert (blue) cheese.

fourmi [furmi] *nf* **-1.** ENTOM ant; ~ **rouge** red ant; ~ **blanche** termite. **-2.** [personne] busy bee; **ma tante a toujours été une (vraie)** ~ my aunt has always been a busy little bee. **-3.** *loc*: **avoir des** ~**s dans les jambes** to have pins and needles in one's legs. **-4.** *arg crime* [passeur] (small-time) pusher.

◆ **de fourmi** *loc adj* [travail] meticulous, painstaking.

fourmilier [furmilje] *nm* ZOOL anteater.

fourmilière [furmiljɛr] *nf* **-1.** ENTOM anthill, antheap. **-2.** [lieu animé] hive of activity; **l'aéroport s'est transformé en une véritable** ~ the airport was bustling with activity.

fourmilion, fourmi-lion [furmiljɔ̃] *(pl* **fourmis-lions)** *nm* antlion.

fourmillement [furmijmɑ̃] *nm* **-1.** [picotement] tingle; **j'ai des** ~**s dans les doigts** I've got pins and needles in my fingers. **-2.** [foisonnement - de promeneurs] swarming; [- d'idées] swarm.

fourmiller [3] [furmije] *vi* **-1.** [s'agiter] to swarm. **-2.** [être abondant] to abound; **un documentaire où fourmillent les révélations intéressantes** a documentary full of OU teeming with interesting revelations; ~ **de** [insectes, personnes] to swarm with; [fautes, idées] to be full of, to be packed with. **-3.** [picoter] to tingle; **j'ai les doigts qui fourmillent** I have pins and needles in my fingers.

fournaise [furnɛz] *nf* **-1.** *litt* [feu] blaze. **-2.** [lieu caniculaire]: **la ville est une** ~ **en été** the city's like an oven in the summer.

fourneau, x [furno] *nm* **-1.** [cuisinière] stove; **être aux** OU **derrière les** ~**x** to be cooking; **toujours à ses** ~**x!** always slaving over a hot stove! **-2.** MÉTALL furnace. **-3.** [d'une pipe] bowl. **-4.** [pour explosif] mine chamber.

fournée [furne] *nf* **-1.** [du boulanger] lot; **faire deux** ~**s de pain dans la matinée** to bake two batches of bread in the morning; **aujourd'hui nous n'avons fait qu'une** ~ today we only baked one batch. **-2.** *fam* [ensemble de personnes] lot; **le métro dégorge sa dernière** ~ the last lot of passengers leave the metro.

fourni, e [furni] *adj* **-1.** [touffu - cheveux] thick; [- barbe] heavy, thick; [- haie] luxuriant; **avoir des sourcils très** ~**s** to have bushy eyebrows. **-2.** [approvisionné]: **abondamment** OU **bien** ~ well supplied OU stocked.

fournier [furnje] *nm* ORNITH ovenbird.

fournil [furnil] *nm* bakehouse, bakery.

fourniment [furnimɑ̃] *nm* **-1.** MIL pack, equipment. **-2.** *fam* [attirail] gear, paraphernalia.

fournir [32] [furnir] *vt* **-1.** [ravitailler] to supply; **c'est eux qui me fournissent en pain** I buy (my) bread from them; **il n'y a plus de quoi** ~ **les troupes** there's nothing left to feed the army; ~ **qqn en** to supply sb with; ~ **une entreprise en matières premières** to supply a firm with raw materials ‖ *(en usage abs)*: **je ne peux plus** ~**, moi!** *hum* I can't cope anymore! **-2.** [procurer] to provide; ~ **qqch à qqn** to provide sb with sthg; **c'est la France qui leur fournit des armes** it's France who is providing OU supplying them with weapons; ~ **du travail aux chômeurs** to provide the unemployed with work; **vous devez nous** ~ **un devis/une pièce d'identité** you must provide us with an estimate/some form of identification; ~ **un alibi à qqn** to provide sb with an alibi; **la brochure vous fournira tous les renseignements nécessaires** the brochure will give you all the necessary information; **fournissez-moi l'argent demain** let me have the money tomorrow. **-3.** [produire] to produce; **ces vignes fournissent un vin de qualité moyenne** this vineyard produces a wine of average quality; **les régions du sud fournissent les agrumes et les olives** the southern regions produce citrus fruits and olives. **-4.** [accomplir]: ~ **un effort** to make an effort. **-5.** JEUX: ~ **la couleur demandée** to follow suit; ~ **à trèfle** to follow suit in clubs.

◆ **fournir à** *v + prép*: ~ **aux besoins de qqn** to provide for sb's needs; ~ **à la dépense** to defray the cost; ~ **aux frais** to defray expenses.

◆ **se fournir** *vpi*: **se** ~ **chez qqn** [alimentation, produits courants] to shop at sb's establishment; [fournitures, stocks] to get one's supplies from sb.

fournisseur [furnisœr] *nm* [établissement, marchand] supplier; ~**s de l'armée** army contractors; **quel est votre** ~ **habituel?** who's your usual supplier?; **c'est le plus gros** ~ **de papier de tout le pays** he's the biggest supplier of paper in the whole country.

fourniture [furnityr] *nf* [action] supplying, providing.

◆ **fournitures** *nfpl* [objets] materials; ~**s scolaires** school stationery.

fourrage [furaʒ] *nm* **-1.** AGR fodder. **-2.** VÊT [acte] lining; [peau] lining fur.

fourrager[1] [17] [furaʒe] *vi* to rummage through *(insép)*.

◆ **fourrager dans** *v + prép* to rummage through *(insép)*.

fourrager[2]**, ère** [furaʒe, ɛr] *adj* fodder *(modif)*.

◆ **fourragère** *nf* **-1.** MIL [décoration] fourragère. **-2.** [champ] field *(in which a fodder crop is grown)*. **-3.** [charrette] cart *(for fodder)*.

fourre [fur] *nf Helv* [d'un oreiller] pillowcase; [pour un édredon] quilt cover; [d'un disque] sleeve; [d'un livre] jacket.

fourré[1] [fure] *nm* [bois] thicket.

fourré[2]**, e** [fure] *adj* **-1.** [doublé de fourrure] fur lined; **des chaussons** ~**s** lined slippers. **-2.** CULIN filled; **bonbons** ~**s à la fraise** sweets *Br* OU candy *Am* with strawberry-flavoured centres ❑ **chocolats** ~**s** chocolate creams.

◆ **coup fourré** *nm* **-1.** ESCRIME double hit. **-2.** *fig* low trick.

fourreau, x [furo] *nm* **-1.** [d'une arme] sheath; [d'un parapluie] cover; **remettre son épée au** ~ to sheathe one's sword. **-2.** VÊT sheath dress. **-3.** ÉLECTR sleeve.

fourrer [3] [fure] *vt* **-1.** [doubler de fourrure] to line with fur. **-2.** CULIN [fruit, gâteau] to fill; **des dates fourrées à la pâte d'amandes** marzipan-filled dates, dates stuffed with marzipan. **-3.** *fam* [mettre] to stick, to shove; ~ **qqch dans** to stuff sthg in OU into; **ne fourre pas tes affaires dans le sac, range-les** don't just shove your things into the bag, put them in neatly; ~ **ses mains dans ses poches** to stick one's hands into one's pockets; ~ **son doigt dans son nez** to stick one's finger up one's nose ❑ ~ **son nez dans qqch** *péj* to stick one's nose into sthg. **-4.** *fam* [laisser - papier, vêtement] to put, to leave; ~ **qqch quelque part** to stick OU to leave sthg somewhere; **où as-tu fourré ce dossier?** where have you put OU left that file?; **mon assistant fourre tout n'importe où** my assistant sticks things any old where. **-5.** *fam* [placer - personne, animal] to stick, to put; **on l'a fourré en prison** they stuck him in jail; **on m'a fourré aux archives** I've been stuck away OU dumped in the archives section ❑ **être toujours fourré dans** OU **chez: il est toujours fourré chez ses parents/à l'église** he's always at his parents'/in the church; **ce chat/gosse, toujours fourré dans mes jambes!** that child/cat is always under my feet!

◆ **se fourrer** *fam* ◇ *vpi* **-1.** [se mettre]: **se** ~ **au lit/sous les couvertures/dans son sac de couchage** to snuggle down in bed/under the blankets/into one's sleeping bag; **ne plus savoir où se** ~: **il ne savait plus où se** ~ he wished the earth would open up and swallow him. **-2.** [s'engager]: **se** ~ **dans une sale affaire** to get mixed up in a nasty business; **se** ~ **dans un (vrai) guêpier** to land o.s. in real trouble. ◇ *vpt*: **se** ~ **un doigt dans le nez** to stick one's finger up one's nose; **se** ~ **une idée dans la tête** to get an idea into one's head.

fourre-tout [furtu] *nm inv* **-1.** [pièce] junk room; [placard] junk cupboard. **-2.** [valise] holdall *Br*, carryall *Am*; [trousse] pencil case. **-3.** *fig* jumble, ragbag; **cette loi est un** ~ this law is a real mess.

fourreur [furœr] *nm* furrier.

fourrier [furje] *nm* **-1.** MIL & NAUT quartermaster. **-2.** *litt*: **être le** ~ **de** to be a harbinger of. **-3.** HIST MIL [responsable de la nourriture] quartermaster; [responsable du logement] billeting officer.

fourrière [furjɛr] *nf* [pour chiens, voitures] pound; **emmener une voiture en** OU **à la** ~ to impound a car.

fourrure [furyr] *nf* **-1.** VÊT fur; **un manteau/une veste de** ~ a fur coat/jacket. **-2.** [peau préparée] fur. **-3.** ZOOL fur, coat; **l'ours blanc a une épaisse** ~ the polar bear has thick fur OU a thick coat. **-4.** [commerce]: **la** ~ the fur trade. **-5.** TECH packing. **-6.** HÉRALD fur.

fourvoiement [furvwamɑ̃] *nm litt* going astray.

fourvoyer [13] [furvwaje] *vt litt* to lead astray, to mislead.

◆ **se fourvoyer** *vpi* to be in error, to make a mistake, to go astray; **tu te fourvoies si tu crois qu'il va y renoncer** you're making a mistake if you think he'll give it up.

◆ **se fourvoyer dans** *vp + prép* to get o.s. involved in; **je me suis encore fourvoyé dans une drôle d'histoire** I got myself involved in some funny business again.

foutaise▽ [futɛz] *nf* crap, bull *Am*; **tout ça, c'est de la** ~**!** that's just a load of rubbish *Br* OU crap!; **arrête de raconter des** ~**s!** stop talking crap OU *Am* bull!

foutoir▽ [futwar] *nm* dump, tip *Br*; **sa chambre est un vrai** ~ her room is a complete tip.

foutre[1]▽ [futr] *adv*: **je n'en sais** ~ **rien** I'm buggered *Br* OU the hell *Am* if I know; **personne n'en sait** ~ **rien** fuck knows.

foutre[2] [116] [futr] ◇ *vt* ▽ **-1.** [envoyer, mettre]: **fous-le dans la valise** bung it in the case; ~ **qqch par la fenêtre** to chuck sthg out of the window; ~ **qqn par terre** to throw sb to the ground; ~ **une pile de livres par terre** to knock a pile of books to the ground; ~ **un rêve/un projet par terre** *fig* to wreck a dream/a project; ~ **qqn à la porte** to throw OU to chuck sb out; ~ **qqch en l'air** to ruin sthg, to screw sthg up; ~ **sur la gueule à qqn** to bash OU to smash sb's face in. **-2.** [donner] to give; ~ **une claque à qqn** to hit sb, to give sb a thump; ~ **la trouille à qqn** to give sb the creeps; ~ **le cafard à qqn** to get sb down; ~ **la paix à qqn** to leave sb alone, to get out of sb's hair; ~ **une raclée à qqn** *pr* to thump sb; **il m'a foutu une raclée au tennis** he gave me a hiding at tennis. **-3.** [faire] to do; **il ne fout rien de la journée** he doesn't do a damn OU bloody *Br* thing all day; **qu'est-ce que tu fous là?** what the hell are you doing here!; **qu'est-ce que tu fous, on est pressés!** what the (bloody) hell are you doing, we're in a hurry! ❑ **qu'est-ce que ça peut** ~**?** what the hell difference does that make?; **qu'est-ce que ça peut te/lui** ~**?** what the hell does it matter to you/him?; **rien à** ~: **il en a rien à** ~ he couldn't give a damn OU a toss *Br* OU monkey's *Br*; **rien à** ~**, de leur bagnole!** who cares about their damn car? **-4.** *loc*: **aller se faire** ~▼: **va te faire** ~ sod *Br* OU fuck off; **ça la fout mal** it looks pretty bad; **en** ~ **un coup: il va falloir en** ~ **un coup si on veut avoir fini demain** we'll have to get a bloody *Br* move on if we want to be finished by tomorrow!; ~ **le camp: mon mec a foutu le camp** my man's buggered off (and left me) *Br* OU run out on me *Am*; **fous le camp de chez moi!** get the hell out of my house!; **y'a ta barrette qui fout le camp** your hair slide's *Br* OU barrette's *Am* falling out; **tout fout le camp!** this place is going to the dogs!; ~ **son billet à qqn que: je te fous mon billet qu'ils sont déjà partis** I'll bet you anything you like they've already left; **je t'en fous: rembourser? je t'en fous, il ne remboursera jamais!** you think he's going to pay you back? you'll be

lucky; je t'en foutrai: je t'en foutrai, moi, du caviar! caviar? I'll give you bloody caviar!
◇ *nm* ▼ come.
◆ **se foutre**▽ ◇ *vpi*: se ~ entre les pattes de qqn to fall into sb's clutches; il s'est foutu par terre he fell flat, he came a cropper *Br* ❑ se ~ dedans to blow it; il s'est encore foutu dedans he blew it yet again.
◇ *vpt*: il s'est foutu de la peinture sur son pantalon he spilt paint all over his trousers ❑ s'en ~ plein la lampe to make a pig of o.s.; s'en ~ plein les poches to line one's pockets.
◆ **se foutre de**▽ *vp + prép* -**1.** [se moquer de] to laugh at, to make fun of; tu te fous de moi ou quoi! as you taking the piss?; ils se foutent du monde! they really take people for idiots!; 260 francs pour une heure de spectacle, ils se foutent de nous! 260 francs for an hour-long show, what kind of morons do they take us for? -**2.** [être indifférent à] not to give a damn OU a toss *Br* about; je me fous de ce qu'il fera I don't give a damn OU toss *Br* about what he'll do; il se fout de l'argent he doesn't give a damn about money.

foutrement▽ [futrəmɑ̃] *adv* extremely, damn; c'est ~ bon it's damn good; elle sait ~ bien qu'il ne l'épousera jamais she knows damn well he'll never marry her.

foutu, e▽ [futy] *adj* -**1.** [abîmé] buggered *Br*, screwed-up *Am*; [gâché] ruined; une voiture ~e a write-off; encore un collant ~! another pair of tights ruined!; des vacances ~es à cause de la grève holidays ruined on account of the strike. -**2.** *(avant le n)* [considérable] bloody *Br*, damn; tu as eu une ~e chance you were damn lucky; il lui a fallu une ~e volonté pour rester he needed a hell of a lot of willpower to stay. -**3.** *(avant le n)* [détestable] bloody *Br*, god-awful; quel ~ caractère! what a nasty individual!; quel ~ temps! what bloody awful weather! -**4.** *loc*: bien ~: cette machine est bien ~e what a clever machine; elle est plutôt bien ~e, sa pièce his play is pretty good; une fille très bien ~e a girl with a great figure; mal ~: il est mal foutu [de corps] he's got an ugly body; [malade] he feels awful; ~ de [en mesure de]: pas ~ de planter un clou dans un mur! can't even be bothered to hammer a nail into a wall!; je ne suis pas ~ de le lire en entier I just can't be bothered to read the whole thing; il est ~ de réussir he just might succeed.

fox [fɔks] = **fox-terrier**.

fox-hound [fɔksawnd] (*pl* **fox-hounds**) *nm* foxhound.

fox-terrier [fɔksterje] (*pl* **fox-terriers**) *nm* fox terrier.

fox-trot [fɔkstrɔt] *nm inv* fox-trot.

foyer [fwaje] *nm* -**1.** [chez soi] home; rentrer dans OU regagner ses ~s [pays natal] to go back to one's own country; [domicile] to return home; renvoyer qqn dans ses ~s to send sb home ❑ ~ conjugal family home; être femme au ~ to be a housewife; être mère au ~ to be a housewife and mother; il est père au ~ he keeps house and looks after the children. -**2.** [résidence collective] hall; ~ pour le troisième âge retirement home ❑ ~ d'étudiants (students') hall of residence; ~ d'immigrés immigrant workers' hostel. -**3.** [lieu de réunion - gén] hall; [- pour le public d'un théâtre] foyer; ~ des artistes greenroom; ~ socio-éducatif ≃ community centre *Br* OU center *Am*. -**4.** [âtre] hearth. -**5.** [dans une machine] firebox. -**6.** [centre] seat, centre; le ~ d'agitation the centre of the disturbance; un ~ d'incendie a fire; le ~ de la rébellion the centre of the rebellion. -**7.** MÉD: ~ infectieux OU d'infection source of infection; ~ tuberculeux tubercle. -**8.** OPT & PHYS focus, focal point; des lunettes à double ~ bifocals; lentilles à ~ variable variable focus lenses. -**9.** GÉOM focus. -**10.** ADMIN: ~ fiscal household.

FP (*abr de* franchise postale) PP.

FPA *nf abr de* formation professionnelle pour adultes.

FPLP (*abr de* Front populaire de libération de la Palestine) *npr m* PFLP.

FR3 (*abr de* France Régions 3) *npr former French state-owned television channel (now France 3)*.

frac [frak] *nm* tailcoat; en ~ wearing tails.

fracas [fraka] *nm* -**1.** [bruit] crash, roar; le ~ des vagues contre la falaise the crashing of the waves against the cliff; le ~ de la circulation sur l'avenue the roar of the traffic on the avenue. -**2.** *loc*: avec pertes et ~ unceremoniously.
◆ **à grand fracas** *loc adv* -**1.** [bruyamment] with a great deal of crashing and banging. -**2.** [spectaculairement] with a lot of fuss.

fracassant, e [frakasɑ̃, ɑ̃t] *adj* -**1.** [assourdissant] deafening, thunderous; la porte s'ouvrit avec un bruit ~ the door opened with a deafening bang. -**2.** [qui fait de l'effet] sensational, staggering; faire une déclaration ~e to make a sensational statement.

fracassement [frakasmɑ̃] *nm* [d'une voiture] smashing.

fracasser [3] [frakase] *vt* to smash; ~ qqch en mille morceaux to smash sthg into pieces; ~ une porte [volontairement] to smash a door in, to break a door down.
◆ **se fracasser** ◇ *vpi* to smash; se ~ contre OU sur to smash into.
◇ *vpt*: il s'est fracassé le crâne en tombant he cracked his head when he fell.

fraction [fraksjɔ̃] *nf* -**1.** MATH fraction. -**2.** [partie] fraction, part; une large ~ de la population a large proportion of the population; une ~ de seconde a fraction of a second. -**3.** RELIG breaking of the bread. -**4.** *Helv parliamentary committee*.

fractionnaire [fraksjɔnɛr] *adj* MATH [exposant, notation] fractional.

fractionné, e [fraksjɔne] *adj* CHIM [mélange] fractionated.

fractionnel, elle [fraksjɔnɛl] *adj* divisive.

fractionnement [fraksjɔnmɑ̃] *nm* -**1.** CHIM fractionation. -**2.** [morcellement] splitting OU dividing up.

fractionner [3] [fraksjɔne] *vt* -**1.** [diviser] to divide, to split up *(sép)*; vous pouvez ~ le remboursement you may pay in instalments; la propriété a été fractionnée entre les héritiers the estate was divided up between the heirs. -**2.** CHIM to fractionate.
◆ **se fractionner** *vpi* to split (up).

fractionnisme [fraksjɔnism] *nm* factionalism.

fractionniste [fraksjɔnist] ◇ *adj* splitting, wrecking POL.
◇ *nmf* splitter, wrecker POL.

fracturation [fraktyrasjɔ̃] *nf* GÉOL fracturing.

fracture [fraktyr] *nf* -**1.** MÉD fracture; ~ du crâne fractured skull; il a eu une ~ du crâne his skull was fractured; ~ fermée closed OU simple fracture; ~ multiple compound fracture; ~ ouverte open fracture. -**2.** *vieilli* [effraction] breaking open *(U)*; y a-t-il eu ~ du coffre? was the safe broken open OU broken into? -**3.** GÉOL fracture.

fracturer [3] [fraktyre] *vt* -**1.** [briser] to break open *(sép)*; ~ un coffre-fort à l'explosif to blow a safe. -**2.** PÉTR to fracture.
◆ **se fracturer** *vpt*: je me suis fracturé le bras/poignet I fractured my arm/wrist.

fragile [fraʒil] *adj* -**1.** [peu solide] fragile; 'attention, ~' 'fragile', 'handle with care'; j'ai les cheveux ~s my hair is easily damaged; c'est une pendule très ~ it's a very delicate clock. -**2.** [chétif, faible] frail; un enfant ~ a frail child; un bébé de constitution ~ a baby with a frail constitution; il est de santé ~ his health is rather delicate; il a l'estomac très ~ he has a delicate stomach. -**3.** [mal équilibré] delicate; une adolescente ~ qui est souvent déprimée a delicate adolescent who is often depressed. -**4.** [précaire] fragile, frail; un bonheur ~ a frail happiness; l'équilibre entre les deux partis au pouvoir est ~ the balance between the two governing parties is unstable OU fragile.

fragilisation [fraʒilizasjɔ̃] *nf* -**1.** PSYCH weakening. -**2.** MÉTALL embrittling.

fragiliser [3] [fraʒilize] *vt* -**1.** PSYCH to weaken; la mort de son père l'a beaucoup fragilisé his father's death left him very weak. -**2.** MÉTALL to embrittle.

fragilité [fraʒilite] *nf* -**1.** [d'une horloge, d'une construction] fragility, weakness; l'effondrement de l'immeuble est dû à la ~ des fondations the building collapsed because of weak foundations. -**2.** [d'un organe, d'un malade] weakness. -**3.** [d'un sentiment, d'une conviction, d'une victoire] fragility, frailty.

fragment [fragmɑ̃] *nm* -**1.** [débris] chip, fragment, piece; des ~s de verre bits of shattered glass, shards of glass. -**2.** [morceau - d'une œuvre en partie perdue] fragment; [- d'un air, d'une conversation] snatch; il nous a lu quelques ~s de son dernier roman he read a few extracts of his last novel for us; seuls ont survécu des ~s de l'inscription only fragments of the inscription have survived; des ~s d'une symphonie de Malher provenaient d'une maison voisine one could hear from a neighbouring house snatches of a Malher symphony; ~ de vérité shred of truth.

fragmentaire [fragmɑ̃tɛr] *adj* fragmentary, sketchy, incomplete.

fragmentairement [fragmɑ̃tɛrmɑ̃] *adv* sketchily.

fragmentation [fragmɑ̃tasjɔ̃] *nf* [fractionnement] division, splitting up.

fragmenter [3] [fragmɑ̃te] *vt* to divide, to split (up); le film a été fragmenté en deux épisodes pour la télévision the film was divided OU split into two parts for television.
◆ **se fragmenter** *vpi* to fragment, to split.

fragrance [fragrɑ̃s] *nf litt* fragrance.

fragrant, e [fragrɑ̃, ɑ̃t] *adj litt* fragrant.

frai [frɛ] *nm* -**1.** [œufs] spawn. -**2.** [poissons] fry. -**3.** [période] spawning season.

fraîche [frɛʃ] *f* → **frais**.

fraîchement [frɛʃmɑ̃] *adv* -**1.** [nouvellement] freshly, newly; ~ repeint freshly OU newly painted. -**2.** [froidement] coolly; il nous a reçus plutôt ~ he greeted us rather coolly. -**3.** *loc*: ça va plutôt ~ aujourd'hui *fam* it's a bit chilly today.

fraîcheur [frɛʃœr] *nf* -**1.** [température] coolness; dans la ~ du petit jour in the cool of early dawn; la ~ de la maison est agréable en été the coolness of the house is pleasant in summer. -**2.** [bonne qualité] freshness; pour conserver la ~ de vos légumes to keep your vegetables fresh. -**3.** [intensité - des couleurs] freshness, brightness; les coloris des rideaux ont gardé toute leur ~ the curtains have retained their fresh OU crisp colours; la robe n'est plus de la première ~ *fam* the dress isn't exactly brand new. -**4.** [éclat] freshness; dans toute la ~ de ses vingt ans with all the freshness of his youth. -**5.** [indifférence] coolness; la ~ de son accueil nous a surpris his cool reception was a surprise to us.

fraîchir [32] [frɛʃir] *vi* -**1.** [se refroidir] to get cooler; les jours fraîchissent, il faut vous couvrir the weather is getting cooler, you'd better put on warm clothing. -**2.** NAUT [vent] to freshen, to get stronger.

frais[1] [frɛ] *nmpl* -**1.** [dépenses] expenditure, expense, costs; cela lui a occasionné des ~ it cost him a certain amount (of money); les ~ du ménage a family's everyday expenditure; faire des ~ to pay out a lot of money; faire des ~ de toilette to spend money on clothes; à ~ communs sharing the expense; à grands ~ with much expense, (very) expensively; à moindre ~ cheaper; à peu de ~ cheaply ❑ ~ de déplacement travelling expenses; ~ d'entretien maintenance costs; ~ de garde child-minding costs; ~ d'habillement clothing expenses; ~ de mission expenses *(for a business trip)*; ~ de représentation entertainment allowance; ~ d'exploitation operating costs; ~ professionnels professional expenses; tous ~

payés all expenses paid; en être pour ses ~ to waste one's time; faire les ~ de qqch to pay the price for sthg; faire les ~ de la conversation to be the centre of the conversation; rentrer dans OU faire ses ~ to break even, to recoup one's expenses; il en a été pour ses ~ *pr* he didn't even break even; *fig* he was let down; se mettre en ~ to spend money; tu ne t'es pas mis en ~ you didn't exactly splash out *Br* OU put yourself out of pocket *Am*; aux ~ de la princesse *fam*: hôtel cinq étoiles, restaurants de luxe, tout ça aux ~ de la princesse *fam* five-star hotel, smart restaurants, all on expenses. -2. COMPTA outgoings; ~ financiers interest charges; ~ généraux overheads; ~ variables variable costs; faux ~ incidental costs. -3. JUR: ~ (de justice) (legal) costs; être condamné aux ~ to be ordered to pay costs. -4. ADMIN fees; ~ d'inscription registration fees; ~ de scolarité school fees.

frais[2], **fraîche** [frɛ, frɛʃ] ◇ *adj* -1. [un peu trop froid] cool, fresh; l'air est ~ ce soir it's chilly tonight. -2. [rafraîchissant] cooled, chilled; des boissons fraîches cold drinks. -3. [récent - œuf, huître] fresh; [- encre, peinture] wet; œufs ~ de ce matin eggs newly laid this morning; il y avait des fleurs fraîches sur la table there were freshly cut flowers on the table; des huîtres pas fraîches oysters which are no longer fresh; j'ai reçu des nouvelles fraîches I've got some recent news; la blessure OU la plaie est encore fraîche the wound is still fresh ❑ de fraîche date recent, new. -4. [agréable] fresh, sweet; un ~ parfum de lavande a sweet smell of lavender; avoir la bouche OU l'haleine fraîche to have sweet breath. -5. [reposé] fresh; envoyer des troupes fraîches sur le front to send fresh troops to the front; je ne me sens pas trop ~ ce matin *fam* I don't feel too good OU well this morning ❑ être ~ comme un gardon to be on top form; ~ et dispos as fresh as a daisy. -6. [éclatant] fresh; avoir une peau jeune et fraîche to have a young and fresh looking skin ❑ fraîche comme une rose fit as a fiddle. -7. [indifférent - accueil, réception] cool. -8. *fam* [en mauvais état] : être ~ to be in the soup; me voilà ~ ! I'm in a mess! -9. ÉCON: argent ~ ready cash. -10. NAUT fresh.

◇ *adv* newly, freshly; des fleurs ~ OU fraîches coupées freshly cut flowers.

◆ **frais** ◇ *adv* -1. [nouvellement] newly; ~ émoulu: ~ émoulu de la faculté de droit freshly graduated from law school. -2. [froid] : il fait ~ dans la maison it's chilly in the house; boire ~ drink chilled; servir ~ serve cold OU chilled.

◇ *nm* -1. [air frais] : le ~ the fresh air; si on allait prendre un peu le ~ à la campagne? how about going to the countryside for a breath of (fresh) air?

◆ **fraîche** *nf* -1. [heure] cool (of evening); attendre la fraîche pour sortir to wait for it to cool down before going out; à la fraîche in the cool evening air. -2. *arg crime* cash.

◆ **au frais** *loc adv* -1. [dans un lieu froid] in a cool place. -2. *arg crime* [en prison] in the cooler; mettre qqn au ~ to slam sb in the cooler.

◆ **de frais** *loc adv*: habillé de ~ having put on fresh clothes; rasé de ~ having recently had a shave.

fraisage [frɛzaʒ] *nm* -1. [usinage] milling. -2. [élargissement - d'un trou] reaming; [- pour vis] countersinking.

fraise [frɛz] ◇ *nf* -1. BOT strawberry; ~ des bois wild strawberry; aller aux ~s to go (off) for a roll in the hay. -2. *fam* [visage] mug. -3. [pour couper] mill, cutter. -4. [pour faire - un trou] reamer; [- un trou de vis] countersink (bit). -5. DENT drill. -6. ORNITH wattle. -7. CULIN & ZOOL caul. -8. VÊT ruff.

◇ *adj inv* strawberry (pink), strawberry-coloured.

◆ **à la fraise** *loc adj* strawberry *(modif)*, strawberry-flavoured.

fraiser [4] [freze] *vt* -1. [usiner] to mill; [évaser - trou] to ream; [- trou de vis] to countersink. -2. CULIN to knead.

fraiseur, euse [frɛzœr, øz] *nm, f* milling machine operator.

◆ **fraiseuse** *nf* milling machine.

fraiseur-outilleur [frɛzœrutijœr] (*pl* fraiseurs-outilleurs) *nm* milling machine operator.

fraisier [frɛzje] *nm* -1. BOT strawberry plant. -2. CULIN strawberry cream cake.

fraisure [frɛzyr] *nf* countersink (hole).

framboise [frɑ̃bwaz] *nf* -1. BOT raspberry. -2. [alcool] raspberry liqueur.

framboiser [3] [frɑ̃bwaze] *vt* to flavour with raspberry liqueur.

framboisier [frɑ̃bwazje] *nm* -1. BOT raspberry cane. -2. [gâteau] raspberry cream cake.

franc[1] [frɑ̃] *nm* [monnaie] franc; ancien/nouveau ~ old/new franc; ~ constant in constant OU inflation-adjusted francs; ~ courant: exprimé en ~s courants in real terms; ~ symbolique nominal sum.

franc[2], **franche** [frɑ̃, frɑ̃ʃ] *adj* -1. [honnête - réponse] frank, straightforward, honest; un rire ~ an open laugh; sois ~ avec moi be honest OU frank with me; il a l'air ~ he looks like an honest person, he has an honest look (about him) ❑ être ~ comme l'or to be as honest as the day is long; jouer ~ jeu to play fair; être ~ du collier to be straightforward. -2. [pur] strong; un rouge ~ a strong red; un album aux couleurs franches an album in strong colours. -3. *sout* & *péj (avant le n)* [parfait, extrême] utter; un ~ scélérat, une franche canaille a downright scoundrel; l'ambiance n'était pas à la franche gaieté the atmosphere wasn't exactly a happy one; rencontrer une franche hostilité to encounter outright hostility. -4. BOT: ~ de pied ungrafted ❑ arbre ~ cultivar; terre franche AGR loam. -5. JUR: jour ~: le jugement est exécutable au bout de trois jours ~s the decision of the court to be carried out within three clear days; ~ d'avarie free from average. -6. COMM & FIN free; boutique franche duty-free shop; port ~ free port; ville franche HIST free city; zone franche free zone.

◆ **franc** ◇ *adv*: parlons ~ let's be frank; je préfère te parler ~ I prefer to be frank with you.

◇ *adj m*: ~ de port (et d'emballage) postage paid.

◆ **coup franc** *nm* free kick.

franc[3], **franque** [frɑ̃, frɑ̃k] *adj* HIST Frankish.

◆ **Franc, Franque** *nm, f* Frank.

français, e [frɑ̃sɛ, ɛz] *adj* French.

◆ **Français, e** *nm, f* Frenchman (*f* Frenchwoman); les Français [la population] French people, the French; [les hommes] Frenchmen; les Françaises French women; le Français n'aime pas... the average Frenchman OU French person doesn't like...

◆ **français** *nm* LING French; en bon ~ in proper French; parler ~ to speak French.

◆ **à la française** ◇ *loc adj* [jardin, parquet] French, French-style.

◇ *loc adv* (in) the French way.

franc-bord [frɑ̃bɔr] (*pl* francs-bords) *nm* NAUT freeboard.

franc-comtois, e [frɑ̃kɔ̃twa, az] (*mpl* francs-comtois, *fpl* franc-comtoises) *adj* from Franche-Comté.

◆ **Franc-Comtois, e** *nm, f inhabitant of or person from Franche-Comté.*

France [frɑ̃s] ◇ *npr f*: (la) ~ France; vivre en ~ to live in France; la ~ est sa patrie France is his homeland; la ~ profonde grassroots France.

◇ *npr m* -1. [navire] : le ~ the 'France' *(French luxury liner)*. -2. TV: ~ 2, ~ 3 *French state-owned television channels.*

◆ **vieille France** *loc adj inv*: être OU faire (très) vieille ~ to be rather old-fashioned.

France-cul *fam* [frɑ̃sky] *abr de* France-Culture.

France-Culture [frɑ̃skyltyr] *npr radio station broadcasting mainly arts programmes.*

France-Dimanche [frɑ̃sdimɑ̃ʃ] *npr* PRESSE *popular Sunday newspaper.*

France-Infos [frɑ̃sɛ̃fo] *npr 24-hour radio news station.*

France-Inter [frɑ̃sɛ̃tɛr] *npr radio station broadcasting mainly current affairs programmes, interviews and debates.*

France-Musique [frɑ̃smyzik] *npr radio music station.*

France-Soir [frɑ̃sswar] *npr* PRESSE *daily newspaper with right-wing tendencies.*

Francfort [frɑ̃kfɔr] *npr*: ~ (sur-le-Main) Frankfurt (am Main).

Franche-Comté [frɑ̃ʃkɔ̃te] *npr f*: (la) ~ Franche-Comté.

franchement [frɑ̃ʃmɑ̃] *adv* -1. [sincèrement] frankly; parlons ~ let's be frank; à parler ~, je ne sais pas de quoi il s'agit to be honest with you, I don't know what it's all about ‖ *(en adv indép)* to be honest, honestly; ~, je ne sais que faire I honestly don't know what to do; écoute, ~, tu crois vraiment qu'il le fera? listen, do you honestly think he'll do it? -2. [sans équivoque] clearly, definitely; il a pris ~ parti pour son Premier ministre he came down unequivocally on the side of his Prime Minister. -3. [résolument] boldly; appuie ~ sur le bouton press firmly on the button; ils y sont allés ~ [dans un projet] they got right down to it; [dans une conversation, une négociation] they didn't mince words. -4. [vraiment] really; elle est devenue ~ jolie she became really pretty; il est ~ insupportable he's downright unbearable.

franchir [32] [frɑ̃ʃir] *vt* -1. [passer par-dessus - barrière, mur] to get over *(insép)*; il a franchi le fossé d'un bond he jumped over the ditch ❑ ~ un obstacle *fig* to get over an obstacle; ~ une difficulté to overcome a difficulty; ~ le pas to take the plunge. -2. [outrepasser - ligne, limite, date] to cross; au moment de ~ le seuil, je m'arrêtai I halted just as I was stepping across the threshold; ~ le mur du son to break through the sound barrier; il y a certaines limites à ne pas ~ there are certain limits which should not be overstepped ❑ ~ un cap *fig* to reach a milestone OU turning point; ~ le cap de la trentaine/cinquantaine to turn thirty/fifty. -3. [dans le temps] to last through; sa renommée a franchi les siècles his reputation has lasted OU come down intact through the centuries.

franchisage [frɑ̃ʃizaʒ] *nm* franchising.

franchise [frɑ̃ʃiz] *nf* -1. COMM & FIN [exploitation] franchise agreement; [exonération] exemption ❑ ~ de bagages baggage allowance; ~ douanière exemption from customs duties; en ~ postale official paid. -2. [d'une assurance] excess *Br*, deductible *Am*. -3. [honnêteté] frankness, straightforwardness; avec ~ frankly, straightforwardly; en toute ~ straight out.

franchisé [frɑ̃ʃize] *nm* franchisee.

franchiseur [frɑ̃ʃizœr] *nm* franchisor.

franchising [frɑ̃ʃajziŋ] = **franchisage**.

franchissable [frɑ̃ʃisabl] *adj*: un mur difficilement ~ a wall which is difficult to climb.

franchissement [frɑ̃ʃismɑ̃] *nm* [d'une barrière, d'un mur] getting over; [d'une rivière] crossing; [d'un obstacle, d'une difficulté] getting over, overcoming.

francien [frɑ̃sjɛ̃] *nm dialect spoken in Northern France during the Middle Ages, which developed into the French language.*

francilien, enne [frɑ̃siljɛ̃, ɛn] *adj* from Île-de-France *(region around Paris)*.

◆ **Francilien, enne** *nm, f inhabitant of or person from Île-de-France.*

francique [frɑ̃sik] ◇ *adj* Frankish.

◇ *nm* LING Frankish.

francisation [frɑ̃sizasjɔ̃] *nf* -1. LING [d'un mot] gallicizing, gallicization. -2. NAUT registering as French.

franciscain, e [frɑ̃siskɛ̃, ɛn] *adj* & *nmf* Franciscan.

franciser [3] [frɑ̃size] *vt* **-1.** LING [mot, terme] to gallicize; ~ un nom propre to give a proper name a French spelling. **-2.** NAUT [navire] to register as French.

francisque [frɑ̃sisk] *nf* francisc, francesque; ~ gallique *double-headed battleaxe (symbol of the Vichy government)*.

franciste [frɑ̃sist] *nmf* specialist in French language and literature.

francité [frɑ̃site] *nf* Frenchness.

franc-jeu [frɑ̃ʒø] (*pl* francs-jeux) *nm* fair play.

franc-maçon, onne [frɑ̃masɔ̃, ɔn] (*mpl* francs-maçons, *fpl* franc-maçonnes) *nm, f* Freemason.

franc-maçonnerie [frɑ̃masɔnri] (*pl* franc-maçonneries) *nf* [société secrète] : la ~ Freemasonry.

franco [frɑ̃ko] *adv* **-1.** [dans un envoi] postage paid. **-2.** *fam* [franchement] : y aller ~ to go straight OU right ahead.

franco- [frɑ̃ko] *préf* Franco-.

franco-canadien, enne [frɑ̃kokanadjɛ̃, ɛn] (*mpl* franco-canadiens, *fpl* franco-canadiennes) *adj* French Canadian.
◆ **franco-canadien** *nm* LING Canadian French.

François [frɑ̃swa] *npr* Francis; saint ~ (d'Assise) Saint Francis (of Assisi); ~ 1er Francis I.

François-Joseph [frɑ̃swaʒɔzɛf] *npr* Francis Joseph, Franz Josef.

francophile [frɑ̃kɔfil] ◇ *adj* Francophil, Francophile.
◇ *nmf* Francophile.

francophilie [frɑ̃kɔfili] *nf* love of (all) things French.

francophobe [frɑ̃kɔfɔb] ◇ *adj* Francophobe.
◇ *nmf* Francophobe.

francophobie [frɑ̃kɔfɔbi] *nf* Francophobia, dislike of (all) things French.

francophone [frɑ̃kɔfɔn] ◇ *adj* Francophone, French-speaking.
◇ *nmf* Francophone, French speaker.

francophonie [frɑ̃kɔfɔni] *nf*: la ~ *French-speaking countries.*

FRANCOPHONIE:
This is a wide-ranging cultural and political concept involving the promotion of French-speaking communities around the world.

---

franc-parler [frɑ̃parle] (*pl* francs-parlers) *nm* outspokenness; il a son ~ he doesn't mince (his) words.

franc-tireur [frɑ̃tirœr] (*pl* francs-tireurs) *nm* **-1.** MIL franc-tireur, irregular (soldier). **-2.** [indépendant] maverick.

frange [frɑ̃ʒ] *nf* **-1.** [de cheveux] fringe, bangs *Am.* **-2.** [de tissu] fringe. **-3.** [minorité] fringe; la ~ des indécis the waverers. **-4.** [bordure] (fringed) edge. **-5.** OPT: ~s d'interférence interference fringes.
◆ **à franges** *loc adj* fringed.

frangeant [frɑ̃ʒɑ̃] *adj m* → **récif**.

franger [17] [frɑ̃ʒe] *vt* [vêtement, tissu] to (edge with a) fringe.

frangin *fam* [frɑ̃ʒɛ̃] *nm* brother, bro.

frangine *fam* [frɑ̃ʒin] *nf* **-1.** [sœur] sister, sis. **-2.** [femme] chick.

frangipane [frɑ̃ʒipan] *nf* **-1.** CULIN [crème, gâteau] frangipane. **-2.** [fruit] frangipani.

frangipanier [frɑ̃ʒipanje] *nm* frangipani (tree).

franglais [frɑ̃glɛ] *nm* Franglais.

franquette [frɑ̃kɛt] *nf*: à la bonne ~ *fam* simply, informally; recevoir qqn à la bonne ~ to have sb round for a simple meal (among friends).

franquisme [frɑ̃kism] *nm* Francoism.

franquiste [frɑ̃kist] ◇ *adj* pro-Franco.
◇ *nmf* Franco supporter.

fransquillon [frɑ̃skijɔ̃] *nm Belg* **-1.** *péj* [personne affectée] *Belgian who speaks French with an affected accent.* **-2.** [Flamand francophone] *French-speaking Flemish person.*

fransquillonner [3] [frɑ̃skijɔne] *vi Belg péj to speak French with an affected accent.*

frappant, e [frapɑ̃, ɑ̃t] *adj* [ressemblance, exemple] striking.

frappe [frap] *nf* **-1.** [d'une secrétaire, d'un pianiste] touch; donner son texte à la ~ to give one's text (in) to be typed ❑ erreur OU faute de ~ typing error. **-2.** [copie] typed copy, typescript; lire la première ~ to read the top copy. **-3.** [d'une monnaie] minting. **-4.** SPORT [d'un footballeur] kick; [d'un boxeur] punch. **-5.** ▽ [voyou] hooligan, hoodlum; une petite ~ a young hooligan.

frappé, e [frape] *adj* **-1.** [boisson] iced; café ~ iced coffee; servir bien ~ serve chilled. **-2.** TEXT embossed. **-3.** *fam* [fou] crazy; il est un peu ~ he's a bit touched. **-4.** [bien exprimé] : parole bien ~e well-chosen word.

frappement [frapmɑ̃] *nm* knock, knocking.

frapper [3] [frape] ◇ *vt* **-1.** [battre - adversaire] to hit, to strike; je ne frappe jamais un enfant I never hit OU smack a child; ne me frappe pas! don't hit me!; ~ qqn à la tête to aim for sb's head; frappé à mort fatally hit. **-2.** [donner] to hit, to strike; ~ un grand coup OU un coup décisif *fig* to strike a decisive blow; ~ les trois coups *to give three knocks to announce the start of a theatrical performance.* **-3.** [percuter] to hit; ~ les touches d'un clavier to strike the keys on a keyboard; ~ la terre OU le sol du pied to stamp (one's foot); les grêlons frappaient durement la fenêtre hailstones were lashing the windowpane; être frappé d'une balle au front to be hit OU struck by a bullet in the forehead; être frappé par la foudre to be struck by lightning. **-4.** [affecter] to strike OU to bring down, to hit; le cancer a frappé le père et le fils cancer struck down both father and son; le deuil/mal qui nous frappe the bereavement/pain we are suffering ‖ *(en usage abs)*: le voleur de parapluies a encore frappé! *hum* the umbrella thief strikes again! **-5.** [s'appliquer à - suj: loi, sanction, taxe] to hit; un châtiment qui frappe les coupables a punishment which falls on the guilty. **-6.** [surprendre] to strike; un style qui frappe l'œil/ l'oreille a striking visual/musical style; ce qui me frappe chez lui, c'est sa désinvolture what strikes me about him is his offhandedness ‖ [impressionner] to upset, to shock; j'ai été frappé de sa pâleur I was shocked by his pallor; être frappé de stupeur to be stupefied OU struck dumb. **-7.** ~ qqn/qqch de [le soumettre à] : ~ qqn d'anathème to put an anathema on sb; ~ qqn d'une interdiction de séjour to ban sb; ~ l'alcool d'un impôt spécial to put a special tax on alcohol. **-8.** *litt* [entacher] : frappé de: attitude frappée de pédanterie attitude tinged with pedantry. **-9.** [vin] to chill; faut-il ou non ~ le champagne? should champagne be chilled or not? **-10.** BX-ARTS & TEXT to emboss. **-11.** MÉTALL to stamp; frappé au coin de *fig* which bears the mark OU hallmark of; une remarque frappée au coin du bon sens a common-sensical remark.
◇ *vi* **-1.** [pour entrer] to knock; ~ à la porte/ fenêtre to knock on the door/window; on a frappé someone knocked at the door; ~ à toutes les portes *fig* to try every avenue; ~ à la bonne/mauvaise porte *fig* to go to the right/ wrong place. **-2.** [pour exprimer un sentiment] : ~ dans ses mains to clap one's hands; ~ du poing sur la table to bang one's fist on the table; ~ du pied to stamp one's foot. **-3.** [cogner] to strike; les branches frappent contre la vitre the branches are tapping against the windowpane ❑ ~ dur OU sec to strike hard; ~ fort *pr* to hit hard; *fig* to hit hard, to act decisively; ~ à la tête to aim for the top.
◆ **se frapper** ◇ *vp (emploi réfléchi)* to hit o.s.; se ~ la poitrine to beat one's chest; se ~ le front to slap one's forehead.
◇ *vp (emploi réciproque)* to hit one another OU each other.
◇ *vpi fam* [s'inquiéter] to worry, to get (o.s.) worked up; ne te frappe pas pour si peu! don't get all worked up about such little things!

frappeur [frapœr] *adj m* → **esprit**.

fraser [3] [fraze] = **fraiser 2**.

frasil [frazil] *nm Can* frazil.

frasque [frask] *nf* escapade, prank; des ~s de jeunesse youthful indiscretions.

fraternel, elle [fratɛrnɛl] *adj* brotherly, fraternal; amour ~ brotherly love; ils sont unis par des liens quasi ~s they're almost as close as brothers.

fraternellement [fratɛrnɛlmɑ̃] *adv* brotherly, fraternally; agir ~ envers qqn to act in a brotherly way towards sb.

fraternisation [fratɛrnizasjɔ̃] *nf* fraternizing; la ~ entre les peuples fraternization between peoples.

fraterniser [3] [fratɛrnize] *vi* to fraternize.

fraternité [fratɛrnite] *nf* [lien] brotherhood, fraternity; ~ d'armes brotherhood of arms.

fratricide [fratrisid] ◇ *adj* [guerre, haine] fratricidal.
◇ *nmf* [meurtrier] fratricide.
◇ *nm* [meurtre] fratricide.

fratrie [fratri] *nf* brothers and sisters.

fraude [frod] *nf* **-1.** [tromperie] fraud; la ~ aux examens cheating at exams. **-2.** JUR: ~ électorale electoral fraud, vote OU ballot rigging; ~ fiscale tax evasion; ~ sur les produits fraudulent trading.
◆ **en fraude** *loc adv*: entrer/sortir en ~ to smuggle o.s. in/out; passer qqch en ~ to smuggle sthg in.

frauder [3] [frode] ◇ *vt* [état] to defraud; ~ le fisc to evade taxation.
◇ *vi* to cheat; ~ à OU dans un examen to cheat at an exam; ~ sur le poids to cheat on the weight, to give short measure.

fraudeur, euse [frodœr, øz] ◇ *adj* [attitude, tempérament] cheating.
◇ *nm, f* [envers le fisc] tax evader; [à la douane] smuggler; [à un examen] cheat; les ~s seront poursuivis those guilty of fraud will be prosecuted.

frauduleusement [frodyløzmɑ̃] *adv* fraudulently; faire entrer/sortir qqch ~ to smuggle sthg in/out.

frauduleux, euse [frodylø, øz] *adj* fraudulent.

fraxinelle [fraksinɛl] *nf* fraxinella.

frayer [11] [frɛje] ◇ *vt* [route, voie] to clear; ~ un chemin en abattant les arbres to clear a path by felling the trees; ~ la voie à qqch/qqn *fig* to pave the way for sthg/sb.
◇ *vi* ZOOL to spawn.
◆ **frayer avec** *v + prép* to associate with *(sép)*.
◆ **se frayer** *vpt*: se ~ un chemin OU un passage dans la foule to force OU to push one's way through the crowd; se ~ un chemin OU une route vers la gloire *fig* to work one's way towards fame.

frayeur [frɛjœr] *nf* fright; avoir des ~s nocturnes to suffer from night terrors; faire une ~ à qqn to give sb a fright.

freak *fam* [frik] *nm* dropout.

fredaine [fradɛn] *nf* escapade, prank; faire des ~s to get into OU up to mischief.

Frédéric [frederik] *npr*: ~ le Grand Frederick the Great.

Frédéric-Guillaume [frederikgijom] *npr* Frederick William.

fredonnement [fradɔnmɑ̃] *nm* humming.

fredonner [3] [fradɔne] ◇ *vt* [air, chanson] to hum.
◇ *vi* to hum.

free jazz [fridʒaz] *nm* free jazz.

free-lance [frilɑ̃s] (*pl* free-lances) ◇ *adj inv* freelance.
◇ *nmf* freelance, freelancer.
◇ *nm* freelancing, freelance work.

freesia [frezja] *nm* freesia.

Freetown [fritawn] *npr* Freetown.

freezer [frizœr] *nm* freezer compartment.

frégate [fregat] *nf* **-1.** ORNITH frigate bird. **-2.** NAUT frigate.

frein [frɛ̃] *nm* **-1.** AUT brake; actionner les ~s to brake; mettre le ~ *fam* to pull on the handbrake ❑ ~ à disque disc brake; ~ à main

handbrake; ~ moteur engine brake; ~ à tambour drum brake; coup de ~: donner un brusque coup de ~ to brake sharply OU suddenly; c'est un coup de ~ à l'économie *fig* this will act as a brake on the economy; mettre un ~ à to block. -**2.** ANAT fraenum, frenum.
◆ **sans frein** *loc adj* unbridled.

freinage [frɛnaʒ] *nm* braking.

freiner [4] [frene] ◇ *vt* -**1.** [ralentir - véhicule] to slow down *(sép)*; [- évolution] to check. -**2.** [amoindrir - impatience] to curb; [- enthousiasme] to dampen.
◇ *vi* [conducteur, auto] to brake; ta voiture freine bien/mal your car brakes are good/bad.

frelatage [frəlataʒ] *nm* adulteration.

frelaté, e [frəlate] *adj* -**1.** [nourriture, vin] adulterated. -**2.** *fig* & *litt* artificial; un mode de vie ~ an artificial way of life.

frelater [3] [frəlate] *vt* [lait, vin] to adulterate.

frêle [frɛl] *adj* -**1.** [fragile - corps, santé] frail, fragile; [- voix] thin, reedy; tout repose sur ses ~s épaules everything rests on her frail shoulders. -**2.** [ténu - espoir] frail, flimsy.

frelon [frəlɔ̃] *nm* hornet.

freluquet [frəlykɛ] *nm* -**1.** *fam* [homme chétif] pipsqueak, (little) runt. -**2.** *litt* [prétentieux] (young) whippersnapper.

frémir [32] [fremir] *vi* -**1.** [trembler] to shiver, to shudder; je frémis encore en y pensant thinking about it still sends shivers down my spine; ~ de colère to quiver with anger; ~ d'impatience to tremble with impatience; ~ de plaisir to quiver with pleasure. -**2.** *litt* [vibrer - tige, herbe] to quiver, to tremble; [- surface d'un lac] to ripple. -**3.** [avant l'ébullition] to simmer.

frémissant, e [fremisɑ̃, ɑ̃t] *adj* -**1.** [avant l'ébullition] simmering. -**2.** *litt* [feuilles] quivering, rustling; [surface d'un lac] quivering. -**3.** [en émoi] quivering, trembling; une sensibilité ~e a trembling sensitivity.

frémissement [fremismɑ̃] *nm* -**1.** [d'indignation, de colère] quiver, shiver, shudder; un ~ d'impatience la parcourut a thrill of impatience ran through her. -**2.** *litt* [des feuilles] rustling; [de la surface d'un lac] rippling. -**3.** [avant l'ébullition] simmer, simmering.

french cancan [frɛnʃkɑ̃kɑ̃] (*pl* french cancans) *nm* (French) cancan.

frêne [frɛn] *nm* -**1.** [arbre] ash (tree). -**2.** [bois] ash.

frénésie [frenezi] *nf* frenzy; une ~ de: être pris d'une ~ de voyages to have a strong urge to travel, to have the travel bug; avec ~ frantically, frenetically, wildly.

frénétique [frenetik] *adj* [agitation, hurlement] frantic; [joie, passion] frenzied; des applaudissements ~s frenzied applause.

frénétiquement [frenetikmɑ̃] *adv* frantically, frenetically, wildly.

Fréon® [freɔ̃] *nm* Freon®.

fréquemment [frekamɑ̃] *adv* frequently, often.

fréquence [frekɑ̃s] *nf* -**1.** [périodicité] frequency; quelle est la ~ des trains sur cette ligne? how many trains a day run on this line? -**2.** MÉD: ~ du pouls fast pulse rate. -**3.** ACOUST frequency; basse/moyenne/haute ~ low/middle/high frequency ‖ TÉLÉC wave length, (wave) band, frequency. -**4.** [en statistique] frequency; ~ cumulée cumulative frequency.

fréquencemètre [frekɑ̃smɛtr] *nm* frequency meter.

fréquent, e [frekɑ̃, ɑ̃t] *adj* -**1.** [répété] frequent. -**2.** MÉD: pouls ~ fast pulse.

fréquentable [frekɑ̃tabl] *adj*: sa famille n'est guère ~ her family isn't exactly the kind you'd care to associate with; c'est un endroit bien peu ~ it's not the sort of place you'd like to be seen in.

fréquentatif, ive [frekɑ̃tatif, iv] *adj* LING frequentative.

fréquentation [frekɑ̃tasjɔ̃] *nf* -**1.** [d'un lieu] frequenting. -**2.** COMM attendance. -**3.** [relation] acquaintance; quelles sont ses ~s? who does he associate with?; avoir de mauvaises ~s to keep bad company; ce garçon n'est pas une ~ pour toi you shouldn't associate with this boy. -**4.** *litt* [lecture]: la ~ des bons auteurs/de la littérature italienne reading good books/Italian literature.

fréquenter [3] [frekɑ̃te] *vt* -**1.** [lieu] to frequent; un endroit bien/mal fréquenté a place with a good/bad reputation; c'est un café très fréquenté par les jeunes it's a café that's very popular with young people. -**2.** [personne] to see frequently, to associate with; elle n'a jamais fréquenté sa belle-famille she never sees her in-laws ‖ [courtiser]: elle fréquente mon frère depuis un an she's been going out with my brother for a year ‖ *(en usage abs)*: il paraît qu'elle fréquente *fam vieilli* there are rumours she's courting. -**3.** *litt* [lire]: ~ les bons écrivains/la littérature italienne to read good books/Italian literature.
◆ **se fréquenter** *vp (emploi réciproque)*: ils se fréquentent depuis deux ans they've been going out for two years; ils se fréquentent assez peu they don't see much of each other.

frère [frɛr] *nm* -**1.** [dans une famille] brother; tu es un (vrai) ~ pour moi you're like a brother to me ❑ ~ aîné/cadet older/younger brother; ~ jumeau twin brother; ~ de lait foster brother; mon grand/petit ~ [de deux] my older/younger brother; [de plusieurs] my oldest/youngest brother; comme des ~s: se ressembler comme des ~s to be like two peas (in a pod); s'aimer comme des ~s to love each other like brothers; en ~s as brothers; partager en ~s to share fairly; ce sont des ~s ennemis a friendly rivalry exists between them; 'les Frères Karamazov' *Dostoïevski* 'The Brothers Karamazov'. -**2.** [compagnon] brother; salut, vieux ~! *fam* hello, old pal!; j'ai un bougeoir qui a perdu son ~ *fam hum* I've got one candle holder but I've lost its companion ❑ faux ~ false friend; ~s d'armes brothers in arms. -**3.** RELIG brother, friar; aller à l'école chez les ~s to go to a Catholic boys' school ❑ ~s mineurs Franciscans, Franciscan monks; ~s pêcheurs Dominican monks OU friars. -**4.** [au sein d'une communauté] brother. -**5.** *(comme adj)* [groupe, parti, pays] sister *(modif)*.

frérot *fam* [frero] *nm* kid brother, little brother; alors, ~, ça va? so how's it going, little brother OU bro?

Fresnes [frɛn] *npr town in the Paris suburbs with a well-known prison*.

fresque [frɛsk] *nf* -**1.** BX-ARTS fresco; peindre à ~ to paint in fresco. -**2.** [description] panorama, detailed picture.

fresquiste [frɛskist] *nmf* fresco painter.

fressure [fresyr] *nf* pluck.

fret [frɛ] *nm* -**1.** [chargement - d'un avion, d'un navire] cargo, freight; [- d'un camion] load; donner à ~ to freight; prendre à ~ to charter. -**2.** [prix - par air, mer] freight, freightage; [- par route] carriage.

fréter [18] [frete] *vt* [avion] to charter; [navire] to freight; [camionnette] to hire.

fréteur [fretœr] *nm* freighter.

frétillant, e [fretijɑ̃, ɑ̃t] *adj* [ver, poisson] wriggling; [queue] wagging; tout ~ d'impatience *fig* quivering with impatience.

frétillement [fretijmɑ̃] *nm* [de la queue] wagging; [de vers, de poissons] wriggling.

frétiller [3] [fretije] *vi* [ver, poisson] to wriggle; [queue] to wag; il frétille d'impatience *fig* he's quivering with impatience.

fretin [frətɛ̃] *nm* fry.

fretter [4] [frɛte] *vt* to hoop; béton fretté hooped concrete.

freudien, enne [frødjɛ̃, ɛn] *adj* & *nm, f* Freudian.

freudisme [frødism] *nm* Freudianism.

freudo-marxisme [frødomarksism] (*pl* freudo-marxismes) *nm* Freudian Marxism.

freux [frø] *nm* rook.

friabilité [frijabilite] *nf* [d'une roche] friableness, friability; [d'un biscuit] crumbliness.

friable [frijabl] *adj* [roche] crumbly, friable; [biscuit] crumbly.

friand, e [frijɑ̃, ɑ̃d] *adj*: ~ de fond of; il est très ~ de chocolat he's very fond of chocolate; être ~ de compliments to enjoy receiving compliments.
◆ **friand** *nm* -**1.** [salé] ≃ meat pie (in puff pastry). -**2.** [sucré] ≃ almond biscuit *Br* OU cookie *Am*.

friandise [frijɑ̃diz] *nf* sweetmeat, (sweet) delicacy, titbit; aimer les ~s to have a sweet tooth.

fribourg [fribur] *nm* Fribourg cheese.

Fribourg [fribur] *npr* Fribourg.

Fribourg-en-Brisgau [friburɑ̃brizgo] *npr* Freiburg.

fric *fam* [frik] *nm* cash, money; gagner plein de ~ to make loads of money; il est bourré de ~ he's loaded.

fricadelle [frikadɛl] *nf Belg* meatball.

fricandeau, x [frikɑ̃do] *nm* fricandeau.

fricandelle [frikɑ̃dɛl] *Belg* = **fricadelle**.

fricasse [frikas] *nf Helv* [grand froid] freeze.

fricassée [frikase] *nf* -**1.** [ragoût] fricassee; ~ de museaux *fam fig* & *hum* exchange of kisses; au moment de partir, c'est la ~ de museaux! just before leaving, everybody goes all kissy-kissy! -**2.** *Belg* ≃ eggs and bacon.

fricasser [3] [frikase] *vt* to fricasse.

fricatif, ive [frikatif, iv] *adj* fricative.

fric-frac▽ [frikfrak] *nm inv* burglary, break-in.

friche [friʃ] *nf* -**1.** AGR piece of fallow land, fallow. -**2.** INDUST: ~ industrielle industrial wasteland.
◆ **en friche** *loc adj* -**1.** AGR: terre en ~ plot of fallow land. -**2.** [inactif] unused; avoir l'esprit en ~ to have intellectual capacities which go unused; avoir des dons en ~ to have hidden talents.

frichti *fam* [friʃti] *nm* grub *Br*, chow *Am*.

fricot *fam* [friko] *nm* -**1.** [ragoût] ≃ stew. -**2.** [cuisine]: faire le ~ to cook.

fricotage *fam* [frikɔtaʒ] *nm péj* scheming.

fricoter *fam* [3] [frikɔte] *vt* -**1.** [cuisiner] to stew. -**2.** [manigancer] to cook up; je me demande ce qu'il fricote I wonder what he's up to OU what he's cooking up.
◆ **fricoter avec** *fam v + prép* -**1.** [sexuellement] to knock around with. -**2.** [être complice de] to cook something up with.

fricoteur, euse *fam* [frikɔtœr, øz] *nm, f* fiddler.

friction [friksjɔ̃] *nf* -**1.** [frottement] chafing. -**2.** [massage - gén] rub (down); [- du cuir chevelu] scalp massage. -**3.** [désaccord] friction; il y a des ~s entre eux they don't see eye to eye. -**4.** GÉOL & MÉCAN friction.

frictionnel, elle [friksjɔnɛl] *adj* MÉCAN frictional.

frictionner [3] [friksjɔne] *vt* to rub (down).
◆ **se frictionner** *vp (emploi réfléchi)* to rub o.s.; frictionne-toi bien give yourself a good rub down.

Frigidaire® [friʒidɛr] *nm* -**1.** [portant la marque] Frigidaire® (refrigerator). -**2.** *fam* [appareil quelconque] refrigerator, fridge; mettre qqch au ~ *fig* to put sthg on the back burner, to shelve sthg.

frigide [friʒid] *adj f* frigid.

frigidité [friʒidite] *nf* frigidity.

frigo *fam* [frigo] *nm* -**1.** [réfrigérateur] fridge. -**2.** [chambre froide] cold room.

frigorifié, e *fam* [frigɔrifje] *adj fig* frozen stiff.

frigorifier [9] [frigɔrifje] *vt* to refrigerate; la promenade m'a complètement frigorifié *fam fig* I'm frozen stiff after that walk.

frigorifique [frigɔrifik] ◇ *adj* refrigerated.
◇ *nm* -**1.** [établissement] cold store. -**2.** [appareil] refrigerator.

frigoriste [frigɔrist] *nmf* refrigerating engineer.

frileusement [friløzmɑ̃] *adv*: s'envelopper ~ dans des couvertures to wrap o.s. in blankets.

frileux, euse [frilø, øz] ◇ *adj* -**1.** [qui a froid] sensitive to cold. -**2.** [prudent] timid, unadventurous.
◇ *nm, f person who is sensitive to cold.*

frimaire [frimɛr] *nm 3rd month in the French Revolutionary calendar (from Nov 22 to Dec 21).*

frimas [frima] *nm litt* hoarfrost.

frime *fam* [frim] *nf* put-on; **c'est de la ~!** it's just a put-on!; **pour la ~** for show OU effect; **ses larmes, c'est pour la ~** he's crying crocodile tears.

frimer *fam* [3] [frime] *vi* to show off, to put on an act.

frimeur, euse *fam* [frimœr, øz] ◇ *adj* [attitude, ton] showy.
◇ *nm, f* show-off.

frimousse [frimus] *nf* (sweet) little face.

fringale *fam* [frɛ̃gal] *nf* -**1.** [faim] hunger; **j'ai une de ces ~s!** I'm starving! -**2.** [désir]: **une ~ de** a craving for.

fringant, e [frɛ̃gɑ̃, ɑ̃t] *adj* -**1.** [personne] dashing; **encore ~** (still) spry; **je ne me sens pas trop ~ aujourd'hui** I don't feel too good OU well today. -**2.** [cheval] frisky, spirited.

fringuer *fam* [3] [frɛ̃ge] *vt* to dress; **être bien/mal fringué** to be well/badly dressed; **elle est fringuée n'importe comment!** she's got no dress sense!
◆ **se fringuer** *fam vp (emploi réfléchi)* -**1.** [s'habiller] to dress o.s.; **fringue-toi, on y va!** get some clothes on (you), we're off! -**2.** [s'habiller bien] to do OU to get o.s. up.

fringues *fam* [frɛ̃g] *nfpl* gear, clobber *Br*, threads *Am*.

fripe [frip] *nf*: **la ~, les ~s** secondhand clothes.

friper [3] [fripe] *vt* -**1.** [chiffonner] to crumple OU to crease (up); **son pantalon était tout fripé aux genoux** his trousers were all creased around the knee. -**2.** [rider]: **avoir un visage tout fripé** to have crease-marks all over one's face.
◆ **se friper** *vpi* to crumple, to get crumpled.

friperie [fripri] *nf* -**1.** [boutique] secondhand clothes shop *Br* OU store *Am*. -**2.** [vêtements] secondhand clothes.

fripier, ère [fripje, ɛr] *nm, f* secondhand clothes dealer.

fripon, onne [fripɔ̃, ɔn] ◇ *adj* [enfant] mischievous, roguish; [sourire] roguish.
◇ *nm, f* rogue; **tu n'es qu'un petit ~!** you little rogue OU scamp!

fripouille [fripuj] *nf* -**1.** *péj* [scélérat] rascal, rogue. -**2.** [ton affectueux]: **(petite) ~!** you little rogue!

fripouillerie [fripujri] *nf* roguishness.

friqué, e *fam* [frike] *adj* loaded; **c'est un mec vachement ~** he's rolling in it.

friquet [frikɛ] *nm* tree sparrow.

frire [115] [frir] ◇ *vt* CULIN to fry; [en friteuse, dans un bain d'huile] to deep-fry; **poisson frit** fried fish ❑ **il est frit** *fam* he's had it, his goose is cooked.
◇ *vi* to fry; **faire ~ des poissons** to fry fish.

frisant, e [frizɑ̃, ɑ̃t] *adj* [lumière] oblique.

Frisbee® [frizbi] *nm* Frisbee®.

frise [friz] *nf* -**1.** ARCHIT & BX-ARTS frieze. -**2.** THÉÂT border.

Frise [friz] *npr f*: **(la) ~** Friesland.

frisé, e [frize] *adj* -**1.** [barbe, cheveux] curly; [personne] curly-haired; **être ~ comme un mouton** to have curly OU frizzy hair. -**2.** [chicorée] curly.
◆ **frisée** *nf* [chicorée] curly endive; **~ aux lardons** *curly endive salad with fried bacon pieces.*

friselis [frizli] *nm litt* [des feuilles] rustling; [de l'eau] quivering.

friser [3] [frize] ◇ *vt* -**1.** [barbe, cheveux] to curl; **se faire ~** to have one's hair curled. -**2.** [effleurer] to graze, to skim; **le ballon a frisé la vitre** the ball skimmed past the window. -**3.** [être proche de]: **elle doit ~ la quarantaine** she must be getting on for forty; **nous avons frisé la catastrophe** we came within an inch of disaster.
◇ *vi* to have curly hair; **~ naturellement** to have naturally curly hair.

frisette [frizɛt] *nf* -**1.** [de cheveux] small curl; **avoir des ~s** to have curly hair. -**2.** MENUIS narrow plank; **faire poser de la ~ sur un mur** to panel a wall.

frison, onne [frizɔ̃, ɔn] *adj* Friesian, Frisian.
◆ **Frison, onne** *nm, f* Frisian.
◆ **frison** *nm* LING Friesian, Frisian.
◆ **frisonne** *nf* [vache]: **~ne (pie-noire)** Friesian *Br*, Holstein *Am*.

frisottant, e [frizɔtɑ̃, ɑ̃t] *adj* [cheveux] frizzy.

frisotter [3] [frizɔte] ◇ *vt* to frizz.
◇ *vi* to be frizzy.

frisottis [frizɔti] = **frisette 2**.

frisquet, ette *fam* [friskɛ, ɛt] *adj* [temps, vent] chilly; **il fait plutôt ~ aujourd'hui** it's rather chilly OU there's a nip in the air today.

frisson [frisɔ̃] *nm* -**1.** [de froid, de fièvre] shiver; [de peur] shudder; **ton livre m'a donné des ~s** your book gave me the shivers; **être pris** OU **saisi de ~s** to get the shivers. -**2.** *litt* [bruissement - de l'eau] ripple; [- des feuilles] ripple.

frissonnant, e [frisɔnɑ̃, ɑ̃t] *adj* -**1.** [eau] simmering. -**2.** [personne] shivering; **être ~ de froid/fièvre** to shiver with cold/a high temperature.

frissonnement [frisɔnmɑ̃] *nm* -**1.** [de froid, de fièvre] shiver; [de peur] shudder; **un ~ lui parcourut le corps** a shiver ran through her body. -**2.** *litt* [de la surface d'un étang] ripple, rippling *(U)*; [des feuilles] rustling *(U)*.

frissonner [3] [frisɔne] *vi* -**1.** [de froid, de fièvre] to shiver; [de peur] to shudder; [de joie] to quiver; **elle frissonnait de bonheur** she was trembling with happiness. -**2.** *litt* [feuilles] to rustle; [surface d'un étang] to ripple.

frisure [frizyr] *nf* curls; **elle a une ~ légère** her hair is slightly curly.

frit, e[1] [fri, frit] *adj* fried.

frite[2] [frit] *nf* -**1.** CULIN chip *Br*, French fry *Am*; **des ~s** chips *Br*, French fries *Am*. -**2.** *loc*: **avoir la ~** *fam* to be on top form.

friterie [fritri] *nf* [restaurant] ≃ fast-food restaurant; [préfabriquée, ambulante] chip van *Br*, French fry vendor *Am*.

friteuse [fritøz] *nf* deep fryer, chip pan *Br*; **~ électrique** electric fryer.

fritillaire [fritilɛr] *nf* fritillary; **les ~s** the Fritillaria.

frittage [fritaʒ] *nm* -**1.** MÉTALL fritting. -**2.** [vitrification] fritting.

fritte [frit] *nf* frit.

fritter [3] [frite] *vt* to frit.

friture [frityr] *nf* -**1.** [aliments frits] fried food; [poissons] fried fish; **acheter de la ~** to buy (small) fish for frying. -**2.** CULIN [cuisson] frying; [matière grasse] deep fat. -**3.** ACOUST static; **il y a de la ~** we're getting some interference. -**4.** *Belg* [friterie] ≃ chip van *Br*, French fry vendor *Am*.

fritz▽ [frits] *nm vieilli & injurieux offensive term used with reference to Germans,* ≃ kraut.

frivole [frivɔl] *adj* [personne] frivolous, shallow; [sujet] frivolous.

frivolement [frivɔlmɑ̃] *adv* frivolously.

frivolité [frivɔlite] *nf* -**1.** [légèreté] frivolity, frivolousness; [manque de sérieux - d'un projet, d'une œuvre] triviality. -**2.** [vétille] trifle; **perdre son temps à des ~s** to waste time in frivolous pursuits OU frivolities.
◆ **frivolités** *nfpl vieilli* fancy goods, novelties.

froc [frɔk] *nm* -**1.** *fam* [pantalon] trousers, pants *Am*; **faire dans son ~**▼ to be scared shitless. -**2.** RELIG [habit] habit, frock; **jeter son ~ aux orties** to leave holy orders.

froebélien, enne [frøbeljɛ̃, ɛn] *nm, f Belg* primary school teacher.

froid, e [frwa, frwad] *adj* -**1.** [boisson, buffet, temps, moteur] cold; **un vent ~** a cold wind; **un jour d'hiver ~ et sec** a crisp winter day; **par un matin très ~** on a raw morning; **maintenant, les radiateurs sont ~s** now the radiators have gone cold. -**2.** [indifférent - personne] cold, insensitive, unfeeling; [- tempérament] cold; [- accueil] cold, chilly; [- réponse] cold, cool; [- attitude] cold, unfriendly; **ton/regard ~** hostile tone/stare; **devant ce spectacle, il est resté ~** he was unmoved by the sight; **ça me laisse ~** it leaves me cold; **style ~** bloodless OU cold style ❑ **colère ~e** cold fury; **~ comme le marbre** as cold as marble. -**3.** [triste] cold, bleak; **des murs ~s et nus** cold bare walls. -**4.** [couleur] cold, cool. -**5.** [ancien] cold, dead; **la piste est ~e** the scent is cold, the trail's gone dead.
◆ **froid** ◇ *nm* -**1.** [température]: **le ~** [climat] cold weather, the cold; [air] the cold (air); **par ce ~** in this cold; **les plantes qui supportent le ~** plants that can endure the cold; **conserver qqch au ~** to store sthg in a cold place ❑ **coup** OU **vague de ~** cold spell OU snap; **il fait un ~ de canard** OU **sibérien** it's freezing OU bitterly cold. -**2.** [sensation]: **avoir ~** to be OU to feel cold; **j'ai ~ aux mains** my hands are cold; **attraper** OU **prendre ~** to get OU to catch a cold; **je meurs de ~** *fam* I'm freezing (cold) ❑ **avoir ~ dans le dos** to feel one's blood run cold; **ça me donne ~ dans le dos** it makes my blood run cold, it sends shivers down my spine; **une histoire qui fait ~ dans le dos** a chilling OU creepy story; **il n'a pas ~ aux yeux** he's bold OU plucky. -**3.** [malaise]: **il y a un ~ entre eux** things have gone cool between them ❑ **jeter un ~** to cast a gloom over; **être en ~ avec qqn** to be on bad terms with sb.
◇ *adv*: **il fait ~ dehors** it's cold out; **en janvier, il fait ~** the weather's cold in January; **boire ~** [habituellement] to drink cold drinks; **remuez et buvez ~** stir and chill before drinking; **manger ~** [habituellement] to have one's food cold; **assaisonnez et mangez ~** season and leave to cool before eating.
◆ **à froid** ◇ *loc adj*: **opération à ~** interval operation.
◇ *loc adv* -**1.** [sans émotion] calmly, dispassionately; **je te dis cela à ~, mais j'ai pleuré quand je l'ai appris** I'm telling you this calmly but I cried when I first heard it. -**2.** [sans préparation]: **je ne peux pas répondre à ~** I can't answer off the top of my head OU improvise an answer; **prendre qqn à ~** to catch sb unawares OU off guard. -**3.** MÉTALL cold; **laminer à ~** to cold roll. -**4.** MÉD: **intervenir** OU **opérer à ~** to operate between attacks.

froidement [frwadmɑ̃] *adv* -**1.** [avec réserve] coldly, cooly. -**2.** [lucidement] dispassionately; **raisonner ~** to use cold logic. -**3.** [avec indifférence] cold-bloodedly; **abattre qqn ~** to shoot down sb in cold blood. -**4.** *loc*: **ça va ~!** *fam* I'm fine but a bit chilly!

froideur [frwadœr] *nf* -**1.** [indifférence méprisante] coldness, cold indifference. -**2.** [manque de sensualité] coldness. -**3.** *litt* [au toucher] feel; **son front avait la ~ du marbre** his forehead was cold as marble.
◆ **avec froideur** *loc adv* coldly, indifferently; **accueillir qqn avec ~** to give sb a chilly welcome.

froidure [frwadyr] *nf* -**1.** *litt* [temps] intense cold; [saison] cold season OU weather. -**2.** MÉD frostbite.

froissable [frwasabl] *adj* creasable; **robe trop ~** dress that creases (too) easily.

froissement [frwasmɑ̃] *nm* -**1.** [plis - d'un papier, d'une étoffe] crumpling, creasing. -**2.** [bruit] rustling, rustle. -**3.** *litt* [vexation] hurt feelings. -**4.** MÉD straining *(U)*.

froisser [3] [frwase] *vt* -**1.** [friper - tissu] to crease, to crumple; [- papier] to crumple, to crease; **une chemise froissée** a creased shirt. -**2.** [carrosserie] to dent. -**3.** [blesser - orgueil] to ruffle, to bruise; [- personne] to offend. -**4.** MÉD to strain.
◆ **se froisser** ◇ *vpi* -**1.** [vêtement] to crush, to crease. -**2.** [personne] to get hurt, to take offence, to be offended.
◇ *vpt*: **se ~ un muscle** to strain a muscle.

froissure [frwasyr] *nf* crease, rumple, wrinkle.

frôlement [frolmɑ̃] *nm* -**1.** [frottement] brush, light touch; **j'ai senti le ~ du chat contre ma jambe** I felt the cat brushing OU rubbing against my leg. -**2.** [bruit] rustle, swish, rustling sound.

frôler [3] [frole] *vt* -**1.** [effleurer] to brush, to touch lightly, to graze; **l'avion a frôlé les arbres** the plane skimmed OU grazed the treetops; **il m'a frôlé la joue du doigt** he stroked my cheek lightly; **la branche lui a frôlé les cheveux** the branch brushed against his hair. -**2.** [passer très près de] to come close to touching. -**3.** [échapper à] to come within a hair's breadth OU an ace of, to escape narrowly; **~ la mort** to come within a hair's breadth of death OU dying; **~ la catastrophe** to come within a hair's breadth of disaster.

◆ **se frôler** *vp (emploi réciproque)* to brush against OU to jostle each other; **les passants se frôlent** passers-by brush against OU jostle each other.

frôleur, euse [frolœr, øz] *adj* [geste] stroking.

◆ **frôleur** *nm* pervert *(who likes to rub up against women in crowds)*.

fromage [frɔmaʒ] *nm* -**1.** [laitage] cheese; **un ~** a cheese; **du ~** cheese; **prenez du ~** have some cheese; **plusieurs sortes de ~s** several kinds of cheese ❑ **~ de vache/brebis/chèvre** cow's/sheep's/goat's milk cheese; **~ blanc** fromage frais; **~ à pâte molle** soft cheese; **~ à tartiner** cheese spread; **en faire tout un ~** *fam* to kick up a (huge) fuss, to make a mountain out of a molehill. -**2.** *fam* [sinécure] cushy job OU number.

◆ **au fromage** *loc adj* [omelette, soufflé] cheese *(modif)*.

◆ **fromage de tête** *nm* brawn *Br*, headcheese *Am*.

fromageon [frɔmaʒɔ̃] *nm* goat's milk cheese *(from the South of France)*.

fromager, ère [frɔmaʒe, ɛr] ◇ *adj* cheese *(modif)*.

◇ *nm, f* -**1.** [commerçant] cheesemonger *Br*, cheese seller *Am*. -**2.** [fabricant] cheese maker, dairyman *(f* dairywoman).

◆ **fromager** *nm* -**1.** [récipient] cheese mould. -**2.** BOT kapok, silk-cotton tree, ceiba *spéc*.

fromagerie [frɔmaʒri] *nf* -**1.** [boutique] cheese shop *Br* OU store *Am*. -**2.** [fabrique] dairy.

froment [frɔmɑ̃] *nm* wheat.

frometon *fam* [frɔmtɔ̃] *nm* cheese.

fronce [frɔ̃s] *nf* [de tissu] gather; **faire des ~s à un tissu** to gather a piece of material.

◆ **à fronces** *loc adj* gathered.

froncement [frɔ̃smɑ̃] *nm*: **~ de sourcils** frown.

froncer [16] [frɔ̃se] *vt* -**1.** COUT to gather. -**2.** [rider]: **~ les sourcils** to knit one's brow, to frown; **~ le nez** to wrinkle one's nose.

frondaison [frɔ̃dɛzɔ̃] *nf* -**1.** [feuillage] foliage, leaves. -**2.** [époque] foliation.

fronde [frɔ̃d] *nf* -**1.** ARM sling. -**2.** [lance-pierres] catapult *Br*, slingshot *Am*. -**3.** *litt* [révolte] rebellion, revolt; **la Fronde** HIST the Fronde rebellion. -**4.** BOT frond.

LA FRONDE:
A civil war (1648-1653) during Louis XIV's minority, directed initially against his chief minister, Mazarin. The revolt of the "Parlement" and the erection of barricades in Paris was followed by the "Fronde des Princes", when a coalition under the Prince de Condé fought against royal troops under Turenne.

fronder [3] [frɔ̃de] *vt litt* to revolt against.

frondeur, euse [frɔ̃dœr, øz] ◇ *adj* insubordinate, rebellious.

◇ *nm, f* -**1.** HIST member of the Fronde, Frondeur. -**2.** [rebelle] rebel, troublemaker.

front [frɔ̃] *nm* -**1.** ANAT forehead, brow ❑ **baisser le ~** *pr* to lower one's head; **baisser** OU **courber le ~** *fig* to submit; **relever le ~** to regain confidence; **le ~ haut** proudly, with one's head held high; **avoir le ~ d'airain** *litt* to be cruel. -**2.** [d'une montagne] face; [d'un monument] frontage, façade; **~ de mer** seafront; **villa sur le ~ de mer** villa on the seafront OU facing the sea. -**3.** [audace]: **avoir le ~ de faire** to have the audacity OU impudence to do. -**4.** POL front; **le Front populaire** the Popular Front; **le Front national** the National Front; **~ uni** united front; **faire ~** to form a united front, to close ranks; **faire ~ devant l'adversaire** to present a united front to the enemy; **faire ~ commun contre qqn/qqch** to act jointly against sb/sthg. -**5.** MIL [zone] front; **des rumeurs couraient sur tout le ~** rumours were rife all along the front ‖ [ligne] frontline. -**6.** MIN [gén] face; [dans une houillère] coalface; **~ de taille** working face. -**7.** MÉTÉO front; **~ froid/chaud** cold/warm front.

◆ **au front** *loc adv* MIL at the front.

◆ **de front** *loc adv* -**1.** [directement] head-on; **aborder une difficulté de ~** to tackle a problem head-on; **il les a attaqués de ~ sur leurs activités boursières** he tackled them head-on about their Stock Exchange dealings. -**2.** [en vis-à-vis] head-on; **se heurter de ~** [véhicules] to collide head-on; [adversaires] to come into direct confrontation. -**3.** [côte à côte] abreast; **on ne peut pas passer de ~** you can't get through side by side; **nous marchions de ~** we were walking next to one another; **rouler à trois voitures de ~** to drive three (cars) abreast. -**4.** [en même temps] at the same time, at a time; **faire marcher deux affaires de ~** to run two businesses at once OU at a time.

LE FRONT POPULAIRE:
The coalition of socialists, radicals and communists who came to power in 1936 under Léon Blum. Within a remarkably short period it established the forty-hour week and holidays with pay for commerce and industry, and passed a range of laws relating to the rights of trade unions.

frontal, e, aux [frɔ̃tal, o] *adj* -**1.** ANAT & GÉOM frontal. -**2.** [conflit, attaque] head-on.

◆ **frontal** *nm* ANAT frontal bone.

frontalier, ère [frɔ̃talje, ɛr] ◇ *adj* border *(modif)*.

◇ *nm, f* cross-border commuter.

frontière [frɔ̃tjɛr] *nf* -**1.** POL border; **au-delà de la ~** over the border; **dans nos ~s** within our borders ❑ **poste/ville/zone ~** border post/town/zone. -**2.** [démarcation] boundary; **la ~ entre la veille et le sommeil** the borderline between sleeping and waking ❑ **~ naturelle/linguistique** natural/linguistic boundary. -**3.** [limite] frontier; **reculer les ~s de l'inconnu** to roll back the frontiers of the unknown; **son imagination n'a pas de ~** he has a boundless imagination. -**4.** MATH: **(point) ~** frontier.

frontignan [frɔ̃tiɲɑ̃] *nm* Frontignan (wine).

frontispice [frɔ̃tispis] *nm* [titre, illustration] frontispiece.

fronton [frɔ̃tɔ̃] *nm* -**1.** ARCHIT pediment. -**2.** SPORT [mur] fronton; [court] pelota court.

frottage [frɔtaʒ] *nm* [frottement] rubbing, scrubbing.

frottement [frɔtmɑ̃] *nm* -**1.** [friction] rubbing *(U)*, friction; **le ~ a fait un trou à ma chaussette** I've worn a hole in my sock. -**2.** [bruit] rubbing OU scraping noise. -**3.** MÉD friction murmur; **~ à deux temps** to and fro sound; **~ pleural** pleural rub.

◆ **frottements** *nmpl* [mésentente] dispute, disagreement; **il y a des ~s entre eux** there is some friction between them.

frotter [3] [frɔte] ◇ *vt* -**1.** [pour nettoyer] to rub, to scrub; **~ une tache avec une brosse** to scrub (off) a stain; **~ une tache avec du savon** to scrub a stain with soap; **~ une casserole** to scour a saucepan; **~ ses chaussures pour enlever la boue** to scrape the mud off one's shoes. -**2.** [pour enduire] to rub; **~ une table** to polish a table; **~ d'ail des croûtons** to rub croûtons with garlic ❑ **~ la manche à qqn** *fam Belg* to soft-soap sb. -**3.** [mettre en contact]: **~ deux pierres l'une contre l'autre** to rub OU to scrape two stones together; **~ une allumette** to strike a match; **~ un mur avec sa main** to rub one's hand against a wall. -**4.** [frictionner] to rub; **~ le dos de qqn** to give sb's back a rub, to rub sb's back.

◇ *vi* to scrape, to rub; **il y a quelque chose qui frotte sous la voiture** there's something under the car making a scraping noise; **le frein de mon vélo frotte** the brakes on my bike keep sticking.

◆ **se frotter** *vp (emploi réfléchi)* [se frictionner] to rub o.s. (down); **se ~ avec une serviette** to rub o.s. (down) OU to give o.s. a rub-down with a towel; **se ~ les yeux** to rub one's eyes ❑ **se ~ les mains** *pr* to rub one's hands (together); *fig* to rub one's hands.

◆ **se frotter à** *vp + prép* -**1.** [effleurer]: **se ~ à** OU **contre** to rub (up) against; **le chat se frotte contre ma jambe** the cat rubs (up) against my leg; **ne te frotte pas à lui quand il est en colère** *fig* steer clear of him when he's angry ❑ **s'y ~: ne vous y frottez pas, c'est trop dangereux** don't interfere OU meddle, it's too dangerous; **qui s'y frotte s'y pique** if you meddle you'll get your fingers burnt. -**2.** [se confronter à] to face; **elle a dû très vite se ~ au monde des affaires** she soon had to face the business world. -**3.** [fréquenter] to rub up against; **depuis le temps que je me frotte aux artistes, je les connais!** I've been around artists for long enough to know what they're like!

frotteur, euse [frɔtœr, øz] *adj* rubbing.

◆ **frotteur** *nm* -**1.** ÉLECTR brush spring, wiper; **~ de contact** contact finger. -**2.** RAIL carbon sliding, slip contact. -**3.** *fam* [frôleur] pervert *(who likes to rub up against women in crowds)*.

frottis [frɔti] *nm* -**1.** MÉD smear; **~ vaginal** cervical smear (test); **se faire faire un ~ (vaginal)** to have a smear test OU a cervical smear. -**2.** BX-ARTS scumbling.

frottoir [frɔtwar] *nm* rough strip *(on a box of matches)*.

froufrou, frou-frou [frufru] *(pl* **frous-frous**) *nm* [bruit] swish, rustle, froufrou.

◆ **froufrous, frous-frous** *nmpl* VÊT frills (and furbelows).

froufroutant, e [frufrutɑ̃, ɑ̃t] *adj* -**1.** [bruissant] rustling, swishing. -**2.** [à volants - robe, jupe] frilly, flouncy.

froufroutement [frufrutmɑ̃] *nm* rustle, swish.

froufrouter [3] [frufrute] *vi* to rustle, to swish.

froussard, e *fam* [frusar, ard] ◇ *adj* cowardly, chicken, yellow-bellied.

◇ *nm, f* coward, chicken, yellow-belly.

frousse *fam* [frus] *nf* fright; **avoir la ~** to be scared; **elle ne veut plus se présenter à l'examen, elle a la ~** she won't take the exam, she's got cold feet; **donner** OU **flanquer la ~ à qqn** to put the wind up *Br* OU to scare sb, to give sb the willies; **ça m'a donné** OU **flanqué la ~** it scared the pants off me.

fructidor [fryktidɔr] *nm 12th month in the French Revolutionary calendar (from Aug 18/19 to Sep 17/18)*.

fructifère [fryktifɛr] *adj* fruit-bearing, fructiferous *spéc*.

fructification [fryktifikasjɔ̃] *nf* -**1.** [processus] fructification. -**2.** [période] fruitage.

fructifier [9] [fryktifje] *vi* -**1.** AGR to be productive; BOT to bear fruit, to fructify. -**2.** ÉCON to yield a profit; **faire ~ son capital** to make one's capital yield a profit. -**3.** [produire des résultats] to bear fruit, to be productive OU fruitful; **une idée qui fructifie** an idea that bears fruit.

fructose [fryktoz] *nm* fructose, fruit sugar.

fructueusement [fryktɥøzmɑ̃] *adv* [avantageusement] fruitfully, productively, successfully.

fructueux, euse [fryktɥø, øz] *adj* -**1.** [fécond] fruitful, productive; **vos recherches ont-elles été fructueuses?** were your investigations fruitful OU successful?; **tout ce travail n'a pas été très ~** all this work yielded very few results. -**2.** [profitable] profitable; **une opération fructueuse** a profitable deal.

frugal, e, aux [frygal, o] *adj* -**1.** [simple] frugal; un repas ~ a frugal OU plain meal. -**2.** [qui mange peu] frugal.

frugalement [frygalmɑ̃] *adv* frugally.

frugalité [frygalite] *nf* frugality.

frugivore [fryʒivɔr] ◇ *adj* fruit-eating, frugivorous *spéc*.
◇ *nmf* fruit-eater, frugivore *spéc*.

fruit [frɥi] *nm* -**1.** BOT: un ~: après ton fromage, veux-tu un ~? would you like some fruit OU a piece of fruit after your cheese?; des ~s fruit; des arbres chargés de ~s trees heavy with fruit; il reste trois ~s there are three pieces of fruit left; manger des ~s to eat fruit ❑ ~ défendu forbidden fruit; ~ de la passion passion fruit; un ~ sec *pr* a piece of dried fruit; *fig* a failure; un ~ vert *fig* an immature young girl; ~s confits candied OU crystallized fruit; ~s déguisés *prunes, dates etc, stuffed with almond paste*; ~s jumeaux double fruits; ~s rafraîchis (chilled) fruit salad; c'est au ~ qu'on connaît l'arbre *prov* the tree is known by its fruit. -**2.** CULIN: ~s de mer seafood. -**3.** [résultat] fruit; le ~ de son travail the fruit OU result of his labours; le ~ de leur amours the fruit of their love; le ~ de ses entrailles *litt* the fruit of her womb; cela a porté ses ~s it bore fruit; les ~s de la Terre the fruits OU bounty of the Earth; avec ~ *litt* fruitfully, profitably. -**4.** JUR: ~s civils OU naturels emblements. -**5.** CONSTR batter; avoir du ~ to batter.

fruité, e [frɥite] *adj* fruity; ce vin est très ~ this wine is very fruity.

fruiterie [frɥitri] *nf* -**1.** [boutique] fruit store *Am*, fruiterer's (shop) *Br*. -**2.** [dépôt] storeroom (for fruit).

fruitier, ère [frɥitje, ɛr] ◇ *adj* fruit *(modif)*.
◇ *nm, f* fruiterer, greengrocer *Br*, fruit seller *Am*.
◆ **fruitier** *nm* -**1.** [verger] orchard. -**2.** [arbre] fruit tree. -**3.** [local] storeroom (for fruit).
◆ **fruitière** *nf* cooperative cheese dairy.

frusques *fam* [frysk] *nfpl* togs, gear; prends tes ~ et file! take your things OU gear and get out!

fruste [fryst] *adj* -**1.** [grossier - personne] uncouth, rough. -**2.** [sans élégance - style] unpolished, crude, rough. -**3.** MÉD mild.

frustrant, e [frystrɑ̃, ɑ̃t] *adj* frustrating.

frustration [frystrasjɔ̃] *nf* frustration.

frustré, e [frystre] ◇ *adj* frustrated.
◇ *nm, f* frustrated person; 'les Frustrés' *cartoon characters created by Claire Bretécher representing modern middle-class intellectuals*.

frustrer [3] [frystre] *vt* -**1.** [décevoir] to frustrate, to thwart; être frustré dans ses espoirs to be thwarted in one's hopes. -**2.** [priver]: ~ qqn de to rob sb of; ils ont été frustrés de la victoire they were robbed of their victory. -**3.** PSYCH to frustrate; il a été frustré par son échec he was frustrated by his failure. -**4.** JUR: ~ qqn de... to defraud sb of...

frutescent, e [frytɛsɑ̃, ɑ̃t] *adj* frutescent, fruticose.

FS (*abr de* franc suisse) SFr.

FSE *nm abr de* foyer socio-éducatif.

FTP (*abr de* Francs-tireurs et partisans) *nmpl Communist resistance during World War II*.

fuchsia [fyʃja] *nm* fuchsia.

fuchsine [fyksin] *nf* fuchsine, fuchsin, magenta.

fucus [fykys] *nm* wrack, fucus *spéc*; ~ vésiculeux bladderwrack.

fuégien, enne [fɥeʒjɛ̃, ɛn] *adj* from Tierra del Fuego.
◆ **Fuégien, enne** *nm, f inhabitant of or person from Tierra del Fuego*.

fuel [fjul], **fuel-oil** [fjulɔjl] (*pl* fuel-oils) *nm* (fuel OU heating) oil; ~ domestique domestic heating oil.

fugace [fygas] *adj* [beauté] transient, evanescent, ephemeral; [impression, souvenir, pensée] transient, fleeting.

fugacité [fygasite] *nf* transience, fleetingness.

fugitif, ive [fyʒitif, iv] ◇ *adj* -**1.** [en fuite] runaway, fugitive. -**2.** [fugace - vision, idée] fleeting, transient; [- bonheur] short-lived; [- souvenir] elusive.
◇ *nm, f* runaway, fugitive.

fugitivement [fyʒitivmɑ̃] *adv* fleetingly, briefly.

fugue [fyg] *nf* -**1.** MUS fugue. -**2.** [fuite]: faire une ~ [de chez soi] to run away from home; [d'une pension] to run away from boarding school; [pour se marier] to elope.

fugué, e [fyge] *adj* fugato.

fuguer [1] [fyge] *vi* to run away, to do a bunk *Br*.

fugueur, euse [fygœr, øz] ◇ *adj*: être ~ to keep running away; c'était un enfant ~ as a child, he used to run away repeatedly.
◇ *nm, f* runaway.

Führer [fyrœr] *npr m*: le ~ the Führer.

fuir [35] [fɥir] ◇ *vi* -**1.** [s'enfuir] to run away, to flee; les animaux fuyaient à notre approche the animals fled OU ran away as we came near; faire ~ qqn to frighten sb away, to put sb to flight; ~ à toutes jambes to run for dear OU one's life; ~ devant le danger to flee in the face of danger; laid à faire ~ as ugly as sin. -**2.** [s'éloigner] to vanish, to recede; des lignes qui fuient vers l'horizon lines that converge towards the horizon; le paysage fuyait par la vitre du train the landscape flashed past the window of the train. -**3.** *litt* [passer] to fly, to slip away; le temps fuit time flies. -**4.** [se dérober] to run away; ~ devant ses responsabilités to shirk OU to evade one's responsibilities. -**5.** [se répandre - eau] to leak; [- gaz] to leak, to escape; ~ à petites gouttes to seep OU to ooze (through). -**6.** [perdre son contenu - tonneau, stylo] to leak, to be leaky; un tuyau qui fuit a leaky pipe.
◇ *vt* -**1.** [abandonner] to flee (from); elle a fui le pays she fled the country. -**2.** [éviter] to avoid, to shun; il me fuit he's avoiding me; ~ les gens to avoid contact with other people; ~ le regard de qqn to avoid looking sb in the eye; on le fuit comme la peste people avoid him like the plague; ~ le danger to keep away from OU to avoid danger. -**3.** [se soustraire à, s'éloigner de] to shirk, to evade; ~ la tentation to flee from OU to avoid temptation. -**4.** [résister à] to elude; le sommeil le fuyait he couldn't sleep, sleep would not come to him.

fuite [fɥit] *nf* -**1.** [départ] escape, flight; prendre la ~ [prisonnier] to run away, to (make one's) escape; le chauffard a pris la ~ it was a hit-and-run accident; être en ~ to be on the run; mettre qqn/un animal en ~ to put sb/an animal to flight ❑ ~ en avant: l'action du gouvernement est considérée par certains comme une ~ en avant some people accuse the government of blindly refusing to come to terms with the problem; la ~ des cerveaux the brain drain. -**2.** FIN: ~ de capitaux flight of capital (abroad); ~ devant l'impôt tax evasion. -**3.** [écoulement - de liquide] leak, leakage; [- de gaz] leak; [- de courant] escape. -**4.** [fissure] puncture; boucher une ~ dans une bouée to stop a rubber ring leaking; trouver la ~ dans une chambre à air to find the leak in an inner tube. -**5.** [indiscrétion] leak. -**6.** BX-ARTS: point de ~ vanishing point.

Fuji-Yama [fuʒijama] *npr m*: le ~ the Fujiyama.

fulgurance [fylgyrɑ̃s] *nf litt* piercing OU blinding quality.

fulgurant, e [fylgyrɑ̃, ɑ̃t] *adj* -**1.** [rapide - réponse] lightning *(modif)*; [- idée] sudden; [- carrière] dazzling; j'ai eu une idée ~e an idea flashed OU shot through my mind. -**2.** [intense - douleur] shooting, fulgurating *spéc*; [- lumière] blinding, dazzling, fulgurant. -**3.** *litt* [éclatant - éclair] flashing; [- regard] blazing, flashing; [- beauté] dazzling.

fulguration [fylgyrasjɔ̃] *nf* -**1.** MÉTÉO heat lightning. -**2.** MÉD fulguration.

fulgurer [3] [fylgyre] *vi litt* to flash, to blaze.

fuligineux, euse [fyliʒinø, øz] *adj* -**1.** [qui produit de la suie] fuliginous *spéc*, sooty, smoky. -**2.** *fig* & *litt* fuliginous.

full [ful] *nm* full house GAMES.

fulminant, e [fylminɑ̃, ɑ̃t] *adj* -**1.** *litt* [menaçant - regard] furious, enraged, irate; [- lettre] venomous, vituperative. -**2.** CHIM fulminating.

fulminate [fylminat] *nm* fulminate.

fulmination [fylminasjɔ̃] *nf* -**1.** RELIG fulmination. -**2.** *litt* [colère] ire, wrath.

fulminer [3] [fylmine] ◇ *vi litt* to fulminate, to rail; ~ contre le gouvernement to fulminate OU to rail against the government.
◇ *vt* -**1.** *litt* [proférer] to thunder, to roar, to utter; ~ des menaces à l'égard de qqn to thunder OU to roar threats at sb. -**2.** RELIG to fulminate.

fulminique [fylminik] *adj* fulminic.

fumable [fymabl] *adj* smokable.

fumage [fymaʒ] *nm* -**1.** CULIN smoking, curing. -**2.** AGR manuring, dunging.

fumaison [fymɛzɔ̃] *nf* = **fumage 1**.

fumant, e [fymɑ̃, ɑ̃t] *adj* -**1.** [cheminée, feu] smoking, smoky; [cendres, décombres] smouldering. -**2.** [liquide, nourriture] steaming; assis autour de la soupe ~e sitting around a steaming bowl of soup. -**3.** [furieux] fuming; être ~ de colère to flare up with anger. -**4.** *fam* [remarquable] brilliant; un coup ~ a masterstroke. -**5.** CHIM fuming.

fumasse *fam* [fymas] *adj* furious, mad *Am*; elle était ~! she was furious!

fumé, e[1] [fyme] *adj* smoked.
◆ **fumé** *nm* [aliment] smoked food; évitez de consommer du ~ avoid smoked foods.

fume-cigare [fymsigar] *nm inv* cigar holder.

fume-cigarette [fymsigarɛt] *nm inv* cigarette holder.

fumée[2] [fyme] *nf* -**1.** [de combustion] smoke; il n'y a pas de ~ sans feu *prov* there's no smoke without fire. -**2.** [vapeur] steam.
◆ **fumées** *nfpl litt* stupor; dans les ~s de l'ivresse OU du vin in a drunken stupor.
◆ **en fumée** *loc adv*: partir OU s'en aller en ~ to go up in smoke.
◆ **sans fumée** *loc adj* smokeless.

fumer [3] [fyme] ◇ *vt* -**1.** [tabac] to smoke; ~ la pipe to smoke a pipe; je vais en ~ une dehors *fam* I'm going outside for a smoke ❑ ~ comme un pompier OU un sapeur to smoke like a chimney. -**2.** CULIN to smoke. -**3.** AGR to manure, to dung, to fatten.
◇ *vi* -**1.** [feu, cheminée] to smoke, to give off smoke; [cendres, décombres] to smoke, to smoulder; cheminée qui fume smoky chimney. -**2.** [liquide, nourriture] to steam, to give off steam; vois la bonne soupe qui fume look at the lovely steaming bowl of soup; on voyait ~ leurs flancs you could see the steam coming OU rising off their flanks. -**3.** CHIM to fume, to give off fumes. -**4.** *fam* [être furieux] to fume, to be mad *Am*.

fumerie [fymri] *nf* opium den.

fumerolle [fymrɔl] *nf* fumarole.

fumet [fymɛ] *nm* -**1.** [odeur - d'un plat] (pleasant) smell, aroma; [- d'un vin] bouquet. -**2.** CULIN stock, fumet. -**3.** CHASSE scent.

fumeur, euse[1] [fymœr, øz] *nm, f* -**1.** [adepte du tabac] smoker; les ~s smokers, people who smoke ❑ compartiment ~s smoking compartment OU car *Am*. -**2.** INDUST curer.

fumeux, euse[2] [fymø, øz] *adj* -**1.** [confus] hazy; idée fumeuse vague OU nebulous idea; il a l'esprit ~ his ideas are a bit woolly, he's woolly-minded. -**2.** [bougie, lampe] smoky.

fumier [fymje] *nm* -**1.** AGR manure. -**2.** ▽ bastard; espèce de ~! you bastard!

fumigateur [fymigatœr] *nm* -**1.** AGR fumigator. -**2.** MÉD inhaler.

fumigation [fymigasjɔ̃] *nf* -**1.** [pour un local] fumigation; faire des ~s de désinfectant to fumigate with disinfectant. -**2.** AGR & MÉD fumigation.

fumigène [fymiʒɛn] ◇ *adj* smoke *(modif).*
◇ *nm* smoke generator.

fumiste [fymist] ◇ *nm* -**1.** [installateur] heating specialist. -**2.** [ramoneur] chimney sweep.
◇ *adj* lackadaisical.
◇ *nmf péj* shirker.

fumisterie [fymistəri] *nf* -**1.** *fam péj* humbug, sham, farce; **une vaste ~** an absolute farce. -**2.** [métier - d'installateur] boiler installation OU fitting; [- de ramoneur] chimney sweeping.

fumivore [fymivɔr] ◇ *adj* [appareil] smoke extracting; [combustion] smokeless.
◇ *nm* smoke extractor.

fumoir [fymwar] *nm* -**1.** [pour fumeurs] smoking room, smoke room *Br.* -**2.** [pour aliments] smokehouse.

fumure [fymyr] *nf* -**1.** [engrais] manure, fertilizer. -**2.** [fertilisation] manuring, fertilizing.

fun [fœn] = **funboard.**

funambule [fynɑ̃byl] *nmf* tightrope walker, funambulist.

funboard [fœnbɔrd] *nm* funboard.

Funchal [funʃal] *npr* Funchal.

funèbre [fynɛbr] *adj* -**1.** [relatif aux funérailles] funeral *(modif)*; **cérémonie ~** funeral service; **chant ~** dirge; **convoi/oraison/marche ~** funeral procession/oration/march; **veillée ~** deathwatch, wake. -**2.** [lugubre] gloomy, lugubrious, funereal.

funérailles [fyneraj] ◇ *nfpl* funeral.
◇ *interj fam dial*: **~!** heavens!, blimey! *Br.*

funéraire [fynerɛr] *adj* funeral *(modif)*, funerary *spéc*; **urne/chambre ~** funerary urn/chamber.

funérarium [fynerarjɔm] *nm* funeral parlour, funeral home *Am.*

funeste [fynɛst] *adj* -**1.** [désastreux] disastrous, catastrophic; **erreur ~** fatal OU disastrous OU catastrophic error; **le jour ~ où je l'ai rencontré** that fateful OU ill-fated day when I met him; **l'ignorance est souvent ~** ignorance is often dangerous OU harmful; **suites ~s** tragic OU disastrous OU dire consequences; **être ~ à qqn** to have terrible consequences for sb. -**2.** *litt* [triste] lugubrious; **un récit ~** a sad tale. -**3.** *litt* [mortel] fatal, lethal.

funestement [fynɛstəmɑ̃] *adv litt* disastrously, catastrophically.

funiculaire [fynikylɛr] ◇ *adj* funicular.
◇ *nm* funicular (railway).

funk [fœnk] *nm*: **le ~** funk.

funky [fœnki] *nm* jazz funk.

FUNU, Funu [fyny] *(abr de* Force d'urgence des Nations unies) *npr f* UNEF.

furanne [fyran] *nm* furan.

furax *fam* [fyraks] *adj inv* livid, hopping mad.

furet [fyrɛ] *nm* -**1.** ZOOL ferret; **aller à la chasse au ~** to go ferreting. -**2.** *vieilli* [curieux] snoop. -**3.** JEUX pass the slipper.

furetage [fyrtaʒ] *nm* -**1.** [recherche] ferreting (around OU about), nosing (around OU about). -**2.** CHASSE ferreting.

fur et à mesure [fyreamzyr]
◆ **au fur et à mesure** *loc adv* gradually; **donnez-les moi au ~** give them to me gradually OU as we go along; **il s'adaptera au ~** he'll get used to it in time; **je préfère faire mon travail au ~ plutôt que de le laisser s'accumuler** I prefer to do my work as (and when) it comes rather than letting it pile up.
◆ **au fur et à mesure de** *loc prép* as; **au ~ de l'avance des travaux** as work proceeds; **au ~ des besoins** as needed; **je vous les enverrai au ~ de leur disponibilité** I'll send them to you as and when they are available.
◆ **au fur et à mesure que** *loc conj* as; **au ~ que le temps passe, l'angoisse augmente** as time goes by, anxiety grows; **l'eau s'écoule au ~ que je remplis l'évier** the water drains away as (soon as) I fill up the sink; **les oiseaux mangent les cerises au ~ qu'elles mûrissent** the birds eat the cherries as (soon as OU fast as) they get ripe.

fureter [28] [fyrte] *vi* -**1.** [fouiller] to ferret (around OU about), to snoop (around OU in sb's bag; **je suis allé ~ dans sa chambre** I had a snoop around his room; **les journalistes ont fureté dans mon passé** journalists pried into my past. -**2.** CHASSE to ferret.

fureteur, euse [fyrtœr, øz] ◇ *adj péj* prying.
◇ *nm, f* -**1.** *péj* [indiscret] snooper. -**2.** [fouilleur]: **elle a trouvé des merveilles au grenier/à la brocante, c'est une fureteuse** she found some real treasures in the attic/junk-shop, she loves poking around.

fureur [fyrœr] *nf* -**1.** [colère] rage, fury; **accès de ~** fit of anger OU rage; **~ noire** blind anger OU rage; **se mettre dans une ~ noire** to fly into a rage; **quand sa ~ s'est calmée** when his anger had died down. -**2.** [passion] passion; **la ~ du jeu** a mania OU passion for gambling; **la ~ de vivre** a lust for life ❑ **faire ~** to be all the rage. -**3.** *litt* [violence] rage, fury, wrath *litt*; **la ~ des flots** the wrath of the sea.
◆ **avec fureur** *loc adv* -**1.** [colériquement] furiously. -**2.** [passionnément] passionately.
◆ **en fureur** ◇ *loc adj* furious, enraged.
◇ *loc adv*: **entrer en ~** to fly into a rage OU fury; **mettre qqn en ~** to send sb wild with rage, to enrage sb.

furibard, e *fam* [fyribar, ard] *adj* hopping mad, livid.

furibond, e [fyribɔ̃, ɔ̃d] *adj* furious; **être ~ contre qqn** to be furious with sb.

furie [fyri] *nf* -**1.** [colère] fury, rage. -**2.** [mégère] fury; **elle s'est jetée sur lui comme une ~** she flew at him like a fury. -**3.** MYTH: **Furie** Fury.
◆ **avec furie** *loc adv* -**1.** [avec colère] furiously, angrily. -**2.** [ardemment] ardently, passionately, furiously; **elle écrivait avec ~** she wrote furiously. -**3.** [violemment] furiously, wildly, savagely.
◆ **en furie** *loc adj* furious, enraged; **les éléments en ~** *litt* the raging elements.

furieusement [fyrjøzmɑ̃] *adv* -**1.** [avec colère] furiously, angrily. -**2.** [violemment] furiously, wildly, savagely. -**3.** [extrêmement] hugely, tremendously, extremely; **avoir ~ envie de** to have a tremendous urge to.

furieux, euse [fyrjø, øz] ◇ *adj* -**1.** [enragé - personne] furious, (very) angry; [- geste, cri] furious; **cela me rend ~** it makes me furious; **d'un air ~** looking like thunder; **être ~ contre qqn** to be furious with sb; **je suis furieuse contre moi-même** I'm furious with myself; **~ de: être ~ de son échec** to be enraged OU infuriated at one's failure; **il est ~ d'apprendre que tout a été fait sans lui** he's furious to hear that it's all been done without him; **il est ~ d'avoir attendu** he's furious at having been kept waiting. -**2.** *litt* [violent] raging, wild; **tempête furieuse** raging storm; **les flots ~** the raging seas. -**3.** *litt* [passionné] furious; **haine furieuse** furious OU wild hatred. -**4.** [extrême] tremendous; **avoir une furieuse envie de dormir** to have an overwhelming desire to go to sleep.
◇ *nm, f* madman *(f* madwoman), maniac.

furoncle [fyrɔ̃kl] *nm* boil, furuncle *spéc.*

furonculeux, euse [fyrɔ̃kylø, øz] ◇ *adj* furuncular, furunculous.
◇ *nm, f* furunculosis sufferer.

furonculose [fyrɔ̃kyloz] *nf* furunculosis.

furtif, ive [fyrtif, iv] *adj* -**1.** [comportement] furtive; [geste, action] furtive, surreptitious, stealthy; [regard] furtive, sly; [sourire] quiet, secret; [larme] hidden. -**2.** MIL anti-radar.

furtivement [fyrtivmɑ̃] *adv* stealthily, surreptitiously, furtively.

fusain [fyzɛ̃] *nm* -**1.** BOT spindle (tree). -**2.** BX-ARTS [crayon] piece of charcoal; [dessin] charcoal.
◆ **au fusain** ◇ *loc adj* charcoal *(modif).*
◇ *loc adv* [dessiner, illustrer] in charcoal.

fusainiste [fyzɛnist] *nmf* charcoal artist OU sketcher.

fusant, e [fyzɑ̃, ɑ̃t] *adj* [qui ne détonne pas] fusing; **obus ~** ARM time shell.
◆ **fusant** *nm* time shell.

fuseau, x [fyzo] *nm* -**1.** [bobine] spindle; **dentelle/ouvrage aux ~x** bobbin lace/needlework. -**2.** VÊT ski pants *(with elasticated instep).* -**3.** GÉOM lune. -**4.** [mollusque] spindle-shell. -**5.** BIOL spindle.
◆ **en fuseau** ◇ *loc adj* tapered, spindle-shaped.
◇ *loc adv*: **tailler qqch en ~** to taper sthg.
◆ **fuseau horaire** *nm* time zone; **changer de ~ horaire** to go into a different time zone.

fusée [fyze] *nf* -**1.** ASTRONAUT rocket; **~ à étages multiples** multiple-stage rocket; **~ à trois étages** three-stage rocket; **~ orbitale** orbital rocket; **partir comme une ~** to be off like a shot, to shoot off. -**2.** [signal] rocket; **~ de détresse** flare; **~ éclairante** flare; **~ de signalisation** signal (sky) rocket. -**3.** ARM rocket, missile; **~ anti-engin** antimissile missile ‖ [détonateur] fuse. -**4.** MÉD sinus. -**5.** [de roue] stub axle. -**6.** [en horlogerie] fusee, fuzee. -**7.** HÉRALD fusil.

fusée-détonateur [fyzedetɔnatœr] *(pl* **fusées-détonateurs**) *nf* fuse.

fusée-sonde [fyzesɔ̃d] *(pl* **fusées-sondes**) *nf* probe, sounding rocket.

fuselage [fyzlaʒ] *nm* fuselage.

fuselé, e [fyzle] *adj* -**1.** [doigt] slender, tapered, tapering; [jambe] slender; [muscle] well-shaped; [colonne] tapered, tapering, spindle-shaped. -**2.** HÉRALD fusilly.

fuseler [24] [fyzle] *vt* -**1.** [former en fuseau] to taper. -**2.** AÉRON, AUT & NAUT to streamline.

fuser [3] [fyze] *vi* -**1.** [jaillir - vapeur] to gush OU to spurt (out); [- liquide] to jet OU to gush OU to spurt (out); [- lumière] to stream out; [- étincelle] to fly; **un projectile a fusé dans l'espace** a missile shot through the air. -**2.** [retentir - rire, voix] to burst out. -**3.** [bougie] to melt; [poudre] to burn slowly; [sels] to crackle.

fusette [fyzɛt] *nf* reel, spool.

fusibilité [fyzibilite] *nf* fusibility.

fusible [fyzibl] ◇ *adj* -**1.** [qui peut fondre] fusible, meltable. -**2.** [à point de fusion bas] fusible.
◇ *nm* fuse; **un ~ a grillé** a fuse blew; **où sont les ~s?** where is the fuse box? ❑ **~ à cartouche** cartridge fuse.

fusiforme [fyzifɔrm] *adj* spindle-shaped, fusiform *spéc.*

fusil [fyzi] *nm* -**1.** ARM gun, rifle; **~ automatique/semi-automatique** automatic/semiautomatic rifle; **~ à canon scié** sawn-off shotgun; **~ de chasse** shotgun; **~ à deux coups** double-barrelled gun; **~ à lunette** rifle with telescopic sight; **~ à répétition** repeating rifle; **~ sous-marin** speargun. -**2.** [tireur]: **un bon ~** a good shot. -**3.** [affiloir] steel.
◆ **coup de fusil** *nm* -**1.** [acte] shot; [bruit] shot, gunshot; **donner un coup de ~ à qqn** to shoot sb (with a rifle); **on entendait des coups de ~** you could hear shots being fired OU shooting; **un coup de ~ a déchiré le silence** the silence was shattered by the sound of a shot. -**2.** *fig*: **on y mange bien mais après, c'est le coup de ~!** it's a good restaurant, but the bill's a bit of a shock!

fusilier [fyzilje] *nm* rifleman, fusilier *Br*; **~ marin** marine.

fusillade [fyzijad] *nf* -**1.** [bruit] shooting *(U)*, gunfire; **j'ai entendu une ~** I heard a volley of shots. -**2.** [combat] gunfight, gun battle. -**3.** [exécution] shooting.

fusiller [3] [fyzije] *vt* -**1.** [exécuter] to shoot; **~ qqn du regard** to look daggers OU to glare at sb. -**2.** *fam* [détruire] to destroy, to wreck; **il a loupé le virage et fusillé sa bagnole** he missed the turn and wrote his car off *Br* OU totaled his car *Am.* -**3.** *fam* [dépenser] to blow.

fusilleur [fyzijœr] *nm* executioner.

fusil-mitrailleur [fyzimitrajœr] *(pl* **fusils-mitrailleurs**) *nm* light machine gun.

fusiniste [fyzinist] = **fusainiste.**

fusion [fyzjɔ̃] *nf* -**1.** MÉTALL fusion, melting. -**2.** MIN smelting. -**3.** [dissolution - du sucre, de la glace] melting. -**4.** NUCL: **~ (nucléaire)** fusion; **~ du cœur** nuclear meltdown. -**5.** [union -

d'idées, de sentiments] fusion; [- de groupes] fusion, merging; [- de peuples, de cultures] fusion, merging. -**6.** ÉCON merger, merging. -**7.** INF merge, merging.

◆ **en fusion** ◇ *loc adj* molten.

◇ *loc adv*: **mettre deux éléments en ~** to fuse two elements (together).

fusionnement [fyzjɔnmɑ̃] *nm* -**1.** ÉCON amalgamation, merger. -**2.** [rassemblement - de groupes, de cultures] merging, fusion.

fusionner [3] [fyzjɔne] ◇ *vt* to merge.

◇ *vi* -**1.** ÉCON to amalgamate, to merge. -**2.** INF to merge.

fustigation [fystigasjɔ̃] *nf litt.* -**1.** [correction] thrashing, beating. -**2.** [critique - d'une personne] censure; [- d'un vice] castigation, censure.

fustiger [17] [fystiʒe] *vt litt.* -**1.** [battre] to thrash. -**2.** [critiquer - personne, attitude] to censure, to criticize harshly; [- vice] to castigate.

fût [fy] *nm* -**1.** [d'un arbre] bole. -**2.** [tonneau] cask. -**3.** [partie - d'une vis, d'un poteau] shaft; [- d'une colonne] shaft, body. -**4.** [d'un canon] stock. -**5.** [d'un tambour] barrel, body.

futaie [fytɛ] *nf* forest, (piece of) timberland *Am*; **haute** OU **vieille ~** established OU mature forest.

futaille [fytaj] *nf* cask, barrel.

futaine [fytɛn] *nf* fustian.

futal *fam* [fytal], **fute** *fam* [fyt] *nm* trousers, pants *Am*.

futé, e [fyte] ◇ *adj* sharp, smart, clever; **ça, c'est ~!** *aussi iron* that was clever!; **il n'est pas très ~** he's not very bright.

◇ *nm, f* sharp person; **c'est une ~e** she's very sharp OU shrewd; **hé, petit ~, comment tu l'enlèves maintenant?** hey, smarty-pants, now how are you going to get it off again?

futile [fytil] *adj* -**1.** [frivole - raison] frivolous, trifling; [- occupation, lecture, personne] frivolous. -**2.** [sans valeur - vie] pointless, futile; **il serait ~ d'essayer** it would be futile OU pointless to attempt it.

futilement [fytilmɑ̃] *adv* frivolously.

futilité [fytilite] *nf* frivolousness; **une ~** [acte] a frivolous thing to do; [propos] a frivolous thing to say.

futur, e [fytyr] ◇ *adj* -**1.** [à venir - difficulté, joie] future *(modif)*; **les ~s emplois** the jobs to come; **les générations ~es** future OU coming generations; **la vie ~e** RELIG the afterlife. -**2.** *(avant le n)*: **~e mère** mother-to-be; **mon ~ époux** my future husband; **mes ~s collègues** my future colleagues; **un ~ client** a prospective client; **un ~ mathématicien** a future OU budding mathematician.

◇ *nm, f hum* intended *hum*, husband-to-be *(f* wife-to-be).

◆ **futur** *nm* -**1.** [avenir]: **le ~** the future; **le ~ proche** the immediate future. -**2.** GRAMM future (tense); **~ antérieur** future perfect.

futurisme [fytyrism] *nm* futurism.

futuriste [fytyrist] ◇ *adj* -**1.** [d'anticipation] futuristic. -**2.** BX-ARTS & LITTÉRAT futurist.

◇ *nmf* futurist.

futurologie [fytyrɔlɔʒi] *nf* futurology.

futurologue [fytyrɔlɔg] *nmf* futurologist.

fuyant, e [fɥijɑ̃, ɑ̃t] *adj* -**1.** [insaisissable - caractère] elusive; [- regard] shifty, elusive; **avoir le regard ~** to have shifty eyes, to be shifty-eyed. -**2.** [menton, front] receding; **un homme au menton ~** a weak-chinned man. -**3.** BX-ARTS vanishing; **ligne ~e** converging line. -**4.** *litt* [fugitif] fleeting, transient.

◆ **fuyant** *nm* vanishing perspective.

fuyard, e [fɥijar, ard] *nm, f* runaway, fugitive.

◆ **fuyard** *nm* MIL retreating soldier.

FV (*abr écrite de* **fréquence vocale**) VF.

g, G [ʒe] *nm* -**1.** [lettre] g, G; **G majuscule** capital G; **g minuscule** small g; **ça commence par un g** it begins with g; **G comme Georges** G for George; **ça s'écrit avec deux g** it's spelt with a double g OU two g's. -**2.** (*abr écrite de* **gramme**) g. -**3.** (*abr écrite de* **gauss**) G. -**4.** (*abr écrite de* **giga**) G. -**5.** PHYS [accélération de l'appesanteur] g. -**6.** PSYCH: **facteur g** g factor.

g. (*abr écrite de* **gauche**) L, l.

G7 *npr m*: **le ~** G7 *(the seven most industrialised countries)*.

GAB [gab] (*abr de* **guichet automatique de banque**) *nm* ATM *Am*, ≃ Minibank *Br*.

gabardine [gabardin] *nf* -**1.** [tissu] gabardine, gaberdine. -**2.** [vêtement] gabardine (coat).

gabariage [gabarjaʒ] *nm* templating NAUT.

gabarit [gabari] *nm* -**1.** [dimension] size; **de ~ réglementaire** regulation size ❑ **'hors ~'** 'heavy vehicles'. -**2.** *fam* [carrure] size, build; **il a un ~ impressionnant** he is extremely well-built; **c'est plutôt un petit ~** [poids] he's a bit on the light side; [stature] he's a bit on the short side. -**3.** *fam fig* calibre; **elle a/n'a pas le ~** she is/isn't up to it; **ils sont bien du même ~** it's six of one and half a dozen of the other. -**4.** TECH [pour mesure] gauge; [maquette] template; **~ de chargement** RAIL loading gauge; **~ de mise en page** IMPR (filmsetting) grid.

gabegie [gabʒi] *nf*: **la ~ administrative** bureaucratic waste.

gabelle [gabɛl] *nf* HIST salt tax *(in France)*.

gabelou [gablu] *nm* -**1.** *péj* & *hum* customs officer. -**2.** HIST salt-tax collector *(in France)*.

gabier [gabje] *nm* -**1.** NAUT deckhand. -**2.** HIST topman.

gabion [gabjɔ̃] *nm* -**1.** TRAV PUBL gabion. -**2.** CHASSE hide *Br*, blind *Am*.

gâble, gable [gabl] *nm* (Gothic) gable.

Gabon [gabɔ̃] *npr m*: **le ~** Gabon; **au ~** in Gabon.

gabonais, e [gabɔnɛ, ɛz] *adj* Gabonese.

◆ **Gabonais, e** *nm, f* Gabonese; **les Gabonais** the Gabonese.

gâchage [gaʃaʒ] *nm* -**1.** CONSTR mixing. -**2.** [gaspillage] waste.

gâche [gaʃ] *nf* -**1.** [de maçon] trowel. -**2.** [de verrou] keeper, strike; [de crémone] (espagnolette) plate; **~ automatique** remote control lock.

gâcher [3] [gaʃe] *vt* -**1.** [gaspiller - argent, talent, temps] to waste; **c'est de la nourriture gâchée** it's a waste of food; **il n'est pas très bon photographe, il aime surtout ~ de la pellicule** he's not very good at taking photos, he's just snap-happy. -**2.** [abîmer] to spoil, to ruin; **il m'a gâché mon dessin!** *fam* he messed up OU spoiled my drawing!; **ne dis rien, tu risques de tout ~!** keep quiet or you might spoil OU ruin everything!; **ne va pas me ~ le plaisir** *fam* don't go spoiling OU ruining it for me; **~ le métier** to spoil it for the others *(by undercutting prices or working for lower wages)*. -**3.** CONSTR [plâtre, ciment] to mix.

gâchette [gaʃɛt] *nf* -**1.** [d'arme à feu] trigger; **appuyez sur la ~** pull the trigger; **avoir la ~ facile/rapide** to be trigger-happy/quick on the draw. -**2.** [tireur]: **la meilleure ~ de l'Ouest** the fastest gun in the West. -**3.** ÉLECTRON [de semiconducteur] gate; [de tube] grid (electrode).

gâcheur, euse [gaʃœr, øz] ◇ *adj* wasteful.

◇ *nm, f* [gaspilleur] wasteful person, wastrel; [bâcleur] bungler, botcher.

◆ **gâcheur** *nm* CONSTR plasterer's mate *Br*, plasterer's helper *Am*.

gâchis [gaʃi] *nm* -**1.** [gaspillage] waste; **tout ce pain jeté, quel ~!** what a waste of all that bread!; **sa vie est un véritable ~** her life has been completely wasted. -**2.** [désordre] mess; **faire du ~** to make a mess; **~ politique** political muddle.

gadget [gadʒɛt] *nm* -**1.** [appareil] gadget; **une cuisine pleine de ~s** a kitchen full of gadgets. -**2.** [idée, projet] gimmick. -**3.** *(comme adj; avec ou sans trait d'union)*: **une mesure ~** a gimmicky measure; **une réforme ~** a token reform.

gadgétisation [gadʒetizasjɔ̃] *nf*: **la ~ croissante de la vie moderne** the increasing use of gadgetry in modern life.

gadgétisé, e [gadʒetize] *adj* gadgety.

gadidé [gadide] *nm* gadid ZOOL.

gadin▽ [gadɛ̃] *nm*: **prendre** OU **ramasser un ~** to come a cropper *Br*, to fall flat on one's face.

gadoue [gadu] *nf* -**1.** *fam* [boue] mud, muck. -**2.** AGR treated sewage.

gadouille▽ [gaduj] *nf* sludge.

gaélique [gaelik] ◇ *adj* Gaelic.

◇ *nm* LING Gaelic; **~ d'Écosse** Scots Gaelic; **~ d'Irlande** Irish.

gaffe [gaf] *nf* -**1.** *fam* [bêtise - en paroles] gaffe; [- en actions] blunder, boob *Br*, goof *Am*; **tu as fait une ~ en le lui racontant** you put your foot in it OU you dropped a clanger *Br* OU you goofed *Am* when you told her that. -**2.** *fam loc*: **faire ~** [faire attention] to be careful; **fais ~, c'est chaud!** watch out OU careful, it's hot! -**3.** NAUT boat-hook, hook. -**4.** PÊCHE gaff.

gaffer [3] [gafe] ◇ *vi* -**1.** *fam* [en parlant] to drop a clanger *Br*, to make a gaffe; [en agissant] to put one's foot in it, to boob *Br*, to goof *Am*. -**2.** ▽ [surveiller]: **va ~ au coin de la rue** go and keep a look out at the corner of the street.

◇ *vt* -**1.** ▽ [regarder]: **gaffe un peu ça!** get a load of this!; **gaffez si les flics s'amènent pas** keep an eye open for the cops. -**2.** PÊCHE to gaff.

◆ **se gaffer** *fam vpi Helv* to watch out.

gaffeur, euse *fam* [gafœr, øz] *nm, f* blunderer; **son ~ de frère** his blundering idiot of a brother; **c'est une gaffeuse née** she's always putting her foot in it.

gag [gag] *nm* gag, joke; **du coup j'ai laissé mes clefs à l'intérieur, c'est le ~!** now I've gone and locked myself out, what a farce this is! ❑ **~ à répétition** CIN running gag.

gaga *fam* [gaga] ◇ *adj* senile, gaga; **il est complètement ~, le vieux** he's a senile old fool.

◇ *nmf*: **quel vieux ~!** what a doddering old fool!

Gagarine [gagarin] *npr*: **Iouri ~** Yuri Gagarin.

gage [gaʒ] *nm* -**1.** [caution] security, collateral *(U)*; [au mont-de-piété] pledge; **laisser qqch en ~** to leave sthg as security; **mettre qqch en ~** to pawn sthg. -**2.** *fig* [garantie] guarantee; **sa compétence sera le ~ d'une bonne gestion** his competence will guarantee OU secure good management. -**3.** [témoignage] proof, token; **en ~ de** as proof of; **en ~ de mon amour** as proof OU a pledge of my love; **en ~ de ma bonne volonté** as a token of my goodwill; **son premier film est le ~ d'un grand talent** his first film gives proof OU shows evidence of great talent. -**4.** JEUX forfeit.

◆ **gages** *nmpl vieilli* [salaire] wages, pay; **être aux ~s de qqn** to be in sb's employ (as a servant); **il est aux ~s de la mafia** he's on the mafia payroll OU in the pay of the mafia.

gagé, e [gaʒe] *adj* -**1.** [objet] pledged, pawned. -**2.** [emprunt] secured; **~ sur l'or** backed by gold.

gager [17] [gaʒe] *vt* -**1.** FIN [emprunt] to secure, to guarantee. -**2.** *litt* [parier] to wager; **gageons qu'il l'épousera** I wager he'll marry her.

gageur, euse [gaʒœr, øz] *nm, f* COMM & JUR pledger, pawner.

gageure [gaʒyr] *nf sout* challenge; **c'est une ~ de vouloir la raisonner** trying to reason with her is quite a challenge; **pour le gouvernement, c'est une ~** the government is attempting the impossible; **soutenir la ~** to take up the challenge.

gagiste [gaʒist] *nmf* JUR pledgee, pawnee.

gagman [gagman] (*pl* **gagmen** [-mɛn]) *nm* gag writer, gag-man.

gagnable [gaɲabl] *adj* winnable; **le match est encore ~** the match can still be won.

gagnant, e [gaɲɑ̃, ɑ̃t] ◇ *adj* [ticket, coupon] winning *(avant n)*; **il est donné ~** he is favourite OU has been tipped to win; **il fallait jouer Fleur de Lys ~** you should have backed Fleur de Lys to win; **partir ~** *fig*: **elle part ~e** all the odds are in her favour; **jouer ~** *fig* to hold all the trump cards.

◇ *nm, f* winner; **c'est toi le grand ~ de l'histoire** you've come out on top, you've got the best of the bargain.

gagne *fam* [gaɲ] *nf* SPORT winning edge; **jouer la ~** to play to win.

gagne-pain [gaɲpɛ̃] *nm inv* livelihood; ces traductions sont son ~ these translations are his livelihood; c'est mon seul ~ it's my only means of existence.

gagne-petit [gaɲpəti] *nmf inv* -1. [personne qui gagne peu]: les ~ the lowpaid; ce sont des ~ they work for a pittance. -2. *péj* [personne qui manque d'ambition] small-time operator, small-timer.

gagner [3] [gaɲe] ◇ *vt* -1. [partie, match, élection, prix] to win; **si elle gagne son procès** if she wins her (court) case; **ce n'est pas gagné d'avance** it's a bit early to start talking about success; **c'est gagné!** *iron* now you've got what you asked for! ❑ ~ **le gros lot** *pr & fig* to win OU to hit the jackpot; **à tous les coups l'on** OU **on gagne!** everyone's a winner!; **c'est un pari gagné d'avance** it's in the bag. -2. [argent - comme rémunération] to earn, to make; [- comme récompense] to earn; [- dans une transaction] to make a profit of, to make; **combien gagne-t-elle par mois?** how much does she earn a month?; ~ **gros** *fam* to earn OU to make big money; **il a gagné gros avec son dernier bouquin** *fam* he made a bomb *Br* OU a packet on his last book; **il ne gagne presque rien** he earns next to nothing; **elle a gagné 500 francs sur la vente du tableau** she made 500 francs on the sale of the painting; ~ **une fortune à la loterie** to win a fortune on the lottery; **allez, prends, tu l'as bien gagné!** go on, take it, you've earned it! ❑ ~ **des mille et des cents** to earn a fortune; ~ **sa vie** OU **son pain** OU **son bifteck** *fam* OU **sa croûte** *fam* to earn a living OU one's daily bread; ~ **qqch à la sueur de son front** to earn sthg with the sweat of one's brow; **eh bien, j'ai gagné ma journée!** *fam iron* I should have stayed in bed today! -3. [avantage] to gain; **il y a tout à ~ à faire cette démarche** there's everything to gain OU to be gained from making this move; **et si j'accepte, qu'est-ce que j'y gagne?** and if I accept, what do I get out of it?; **qu'est-ce que tu gagnes à tout changer?** what's the point of changing everything?; **il y a gagné un bras cassé/une réputation de menteur** all he got out of it was a broken arm/a reputation for being a liar ❑ **c'est toujours ça de gagné!** that's something, anyway! -4. [économiser] to save; ~ **de la place** to save space; **en enlevant la porte on gagne 10 cm** if you take the door off you gain an extra 10 cm; ~ **du temps** [en allant très vite] to save time; [en atermoyant] to play for time. -5. ÉCON to gain; **l'indice a gagné deux points** the index has gone up by OU has gained two points. -6. [conquérir - ami] to win; [- partisan] to win over *(sép)*; ~ **l'amitié/l'appui de qqn** to win sb's friendship/support; ~ **qqn à une cause** to win sb over (to a cause). -7. [suj: sentiment, sensation] to overcome; **je sentais la panique me** ~ I could feel panic coming OU creeping over me ‖ [suj: épidémie, feu, nuages] to spread to; **le cancer gagne l'autre poumon** the cancer is spreading to the other lung; **s'ils se laissent ~ par le froid, ils sont perdus** if they allow the cold to take a grip of OU to get to them, they are finished; **j'ai fini par me laisser ~ par son enthousiasme** I ended up being infected by her enthusiasm ❑ ~ **du terrain** *pr & fig* to gain ground. -8. [rejoindre] to reach, to get to; **nous gagnerons Paris/le refuge avant la nuit** we will reach Paris/the refuge before nightfall; **il gagna la sortie** he made his way to the exit; **le ferry gagna le port/le large** the ferry reached port/got out into the open sea.

◇ *vi* -1. [l'emporter] to win; **on a gagné (par) 3 buts à 2** we won (by) 3 goals to 2, we won 3-2; ~ **aux courses** to win at the races; ~ **aux échecs** to win at chess; ~ **aux élections** to win the election; ~ **aux points** to win on points; **tu as gagné, on fera ce que tu demandes** you win, we'll do as you say; **à ce petit jeu, ce n'est pas toi qui gagneras** you're not going to beat me at that little game ❑ ~ **les doigts dans le nez** *fam* OU **dans un fauteuil** *fam* OU **haut la main** *fam* to win hands down. -2. [avancer - incendie, érosion] to gain ground; ~ **sur** to gain on; **ses concurrents gagnent sur lui** his competitors are gaining on him; **la mer gagne sur la côte** the sea is eating away at the coastline; ~ **en** to increase OU to gain in; ~ **en longueur** to increase in length, to grow longer; **notre production gagne en qualité** the quality of our product is improving.

◆ **gagner à** *v + prép*: **elle gagne à être connue** once you get to know her a bit she grows on you; **vin qui gagne à vieillir** wine for laying down OU which improves with age; **ils gagneraient à ce que nul ne l'apprenne** it would be to their advantage if nobody found out ❑ ~ **au change**, **y** ~: **accepte, tu y gagnes** OU **tu gagnes au change** say yes, it's to your advantage.

◆ **se gagner** ◇ *vp (emploi passif)*: **l'argent ne se gagne pas si facilement** it isn't so easy to make money.

◇ *vpt* to win, to earn; **se ~ l'estime de qqn** to win sb's esteem; **se ~ le respect de qqn** to earn sb's respect; **se ~ un adepte** to win over a follower.

gagneur, euse [gaɲœr, øz] *nm, f* winner, go-getter; **c'est un ~ né** he's a born winner.

◆ **gagneuse**▽ *nf* [prostituée] pro.

gai, e [gɛ] ◇ *adj* -1. [mine, décor, personnalité] cheerful, happy; [musique] cheerful, jolly; [couleur] bright, cheerful; **tu es bien ~ ce matin!** you're cheerful this morning!; **sa vie n'a pas toujours été très ~e** his life hasn't always been much fun OU a happy one; **pour rendre la maison un peu plus ~e** to cheer the house up a bit; **encore une panne! ça n'est vraiment pas ~!** another breakdown! that's (just) great!; **il pleut encore, c'est ~!** *iron* great, it's raining again! ❑ ~ **comme un pinson** happy as a lark OU a sandboy *Br*. -2. [un peu ivre] merry, tipsy. -3. LITTÉRAT: **'le Gai Savoir'** *Nietzsche* 'The Gay Science'. -4. [homosexuel] = **gay**.

◇ *nm, f* = **gay**.

gaiement [gemɑ̃] *adv* -1. [avec joie] cheerfully, cheerily. -2. [avec enthousiasme] cheerfully, heartily; **allons-y ~!** let's get on with it!

gaieté [gete] *nf* -1. [bonne humeur] cheerfulness, gaiety; **elle a retrouvé sa ~** she's cheered up again; **tu n'es pas d'une ~ folle ce matin** you're not exactly a bundle of fun this morning; **un accès de ~** a burst of merriment. -2. [d'une couleur] brightness, gaiety.

◆ **gaietés** *nfpl iron*: **les ~s du métro aux heures de pointe** the delights of the underground in the rush hour.

◆ **de gaieté de cœur** *loc adv* willingly, gladly; **je ne l'ai pas fait de ~ de cœur!** it's not something I enjoyed doing!

gaillac [gajak] *nm* Gaillac *(wine from SW France)*.

gaillard, e [gajar, ard] ◇ *adj* -1. [grivois] bawdy, lewd. -2. [vigoureux] lusty; **il est encore ~** he is still sprightly OU lively.

◇ *nm, f* [personne forte]: **c'est un sacré ~!** [homme viril] he's a lusty OU red-blooded fellow!; [costaud] he's a great strapping lad!; **c'est une (rude) ~e** she's no shrinking violet; **c'est une grande ~e** she's a big strapping girl OU lass *Br*.

◆ **gaillard** *nm* -1. *fam* [avec menace]: **toi mon ~, tu n'as pas intérêt à bouger!** you'd better not move, mate *Br* OU buddy *Am*! ‖ [avec amitié]: **c'est un ~ qui promet** he's a promising lad *Br* OU boy. -2. NAUT: ~ **d'avant** forecastle, fo'c'sle.

◆ **gaillarde** *nf* DANSE & MUS galliard.

gaillardement [gajardəmɑ̃] *adv* -1. [gaiement]: **elle accepte/supporte tout ça ~** she accepts/bears it all cheerfully. -2. [vaillamment] valiantly, gamely; **on se mit en marche ~** we set off boldly OU in good spirits; **elle va ~ sur ses 70 ans** she'll soon be a sprightly seventy.

gaillet [gajɛ] *nm* bedstraw BOT.

gaillette [gajɛt] *nf* (large) lump of coal.

gaîment [gemɑ̃] *arch* = **gaiement**.

gain [gɛ̃] *nm* -1. [succès] winning, gaining; **le ~ d'une bataille/d'un procès** the winning of a battle/of a court case ❑ ~ **de cause**: **elle a eu** OU **obtenu ~ de cause** [dans un procès] she won the case; *fig* it was agreed that she was in the right. -2. [économie] saving; **un ~ de place/temps** a saving of space/time; **cela permet un (énorme) ~ de place/temps** it saves (a lot of) space/time. -3. [progrès] benefit; **un ~ de 30 sièges aux élections** a gain of 30 seats in the elections. -4. [bénéfice financier] profit, gain; **faire des ~s importants à la Bourse** to make a big profit on the stock exchange ‖ [rémunération] earnings; **~s illicites** illicit earnings; **l'amour du ~** the love of gain. -5. ÉLECTRON gain; **commande automatique de ~** automatic gain control.

gaine [gɛn] *nf* -1. [étui - de poignard] sheath; [- de parapluie] cover. -2. ANAT & BOT sheath. -3. ARM priming tube. -4. BX-ARTS [piédestal] plinth. -5. CONSTR [conduit vertical] shaft, duct; [de climatisation] duct; ~ **d'aération** OU **de ventilation** ventilation shaft; ~ **d'ascenseur** lift shaft *Br*, elevator shaft *Am*. -6. ÉLECTRON jacket. -7. NAUT tabling. -8. NUCL can. -9. VÊT girdle.

gaine-culotte [gɛnkylɔt] (*pl* **gaines-culottes**) *nf* pantie girdle.

gainer [4] [gene] *vt* [câble] to sheathe, to encase; [cylindre, tuyau] to lag; **le corps gainé de vinyle bleu** her body sheathed in blue vinyl; **flacon gainé de cuir** leather-cased flask.

gainier [genje] *nm* BOT Judas tree.

gaîté [gete] *arch* = **gaieté**.

Gaius [gajys] *npr* Gaius.

gal, als [gal] *nm* PHYS gal.

Gal (*abr écrite de* **Général**) Gen.

gala [gala] *nm* gala; ~ **de charité** charity gala.

◆ **de gala** *loc adj* gala *(modif)*.

galactique [galaktik] *adj* galactic.

galactogène [galaktɔʒɛn] *adj & nm* galactagogue, galactogenetic.

galactose [galaktoz] *nm* galactose.

galamment [galamɑ̃] *adv* gallantly; **que c'est ~ dit!** there speaks a OU spoken like a true gentleman!

galandage [galɑ̃daʒ] *nm* brick-on-edge partition.

galant, e [galɑ̃, ɑ̃t] *adj* -1. [courtois] gallant, gentlemanly; **un homme ~** a gentleman; **sois ~, porte-lui son paquet** be a gentleman and carry her parcel for her; **un ~ homme** *sout* an honourable man, a gentleman. -2. *litt* [amoureux]: **un rendez-vous ~** a date, a rendezvous, a lover's tryst *vieilli*; **en ~e compagnie** in the company of the opposite sex ❑ **une femme ~e** a woman of easy virtue. -3. *Afr* [chic, à la mode] trendy.

◆ **galant** *nm vieilli* suitor, admirer.

galanterie [galɑ̃tri] *nf* -1. [courtoisie] courteousness, gallantry, chivalry; **la ~ se perd!** the age of chivalry is dead! -2. [compliment] gallant remark, gallantry.

galantine [galɑ̃tin] *nf* galantine.

Galapagos [galapagos] *npr fpl*: **les ~** the Galapagos.

galapiat *fam* [galapja] *nm vieilli* [polisson] rapscallion *arch*, rascal; [vaurien] good-for-nothing.

galaxie [galaksi] *nf* galaxy; **la Galaxie** the Galaxy.

galbe [galb] *nm* curve; **des jambes d'un ~ parfait** shapely legs.

galbé, e [galbe] *adj* -1. [commode, poterie] curved, with a curved outline; **les pieds ~s d'une commode** the curved legs of a chest of drawers. -2. [mollet - de femme] shapely; [- de sportif] muscular.

gale [gal] *nf* -1. MÉD scabies; **la ~ du ciment** bricklayer's itch; **embrasse-le, il n'a pas la ~!** *fam* give him a kiss, you won't catch anything!; **mauvais** OU **méchant comme la ~** wicked as sin. -2. *fam* [personne odieuse] rat, nasty piece of work *Br*. -3. VÉTÉR [du chien, du chat] mange; [du mouton] scab. -4. BOT scab.

galée [gale] *nf* galley PRINT.

galéjade [galeʒad] *nf dial* tall story.

galéjer [18] [galeʒe] *vi dial* to spin a yarn; **tu galèjes!** a likely story!

galène [galɛn] *nf* galena, galenite.

galère [galɛr] *nf* -**1.** [navire] galley; **condamné** OU **envoyé aux ~s** sent to the galleys. -**2.** *fam* [situation pénible] hassle; **c'est la ~ pour obtenir des places de théâtre** it's a real hassle getting theatre tickets; **vivre à Los Angeles sans voiture, c'est une vraie ~** life in Los Angeles without a car is a real hassle; **mais qu'allais-tu faire dans cette ~?** *allusion Molière* why on earth did you have to get mixed up in this?

galérer *fam* [18] [galere] *vi* [avoir du mal]: **on a galéré 2 heures dans la banlieue** we wasted two whole hours driving around the suburbs; **j'ai galéré toute la journée pour faire mes inscriptions** I've been running around (like mad) all day sorting out my enrolment; **elle a vachement galéré avant d'être connue** she had a hard time of it before she made it.

galerie [galri] *nf* -**1.** [local - d'expositions, de ventes] (art) gallery, private gallery; **~ d'art** OU **de peinture** OU **de tableaux** art gallery. -**2.** [salle d'apparat] hall, gallery; **la ~ des Glaces** the Hall of Mirrors. -**3.** [passage couvert] gallery; [arcade] arcade; **~ marchande** OU **commerciale** shopping arcade *Br*, shopping mall *Am*. -**4.** THÉÂT: **la ~** the gallery, the balcony ❑ **les deuxièmes ~s** [qui ne sont pas les plus hautes] the dress circle; [les plus hautes] the upper circle; **jouer pour la ~** to play to the gallery; **tout ce qu'il fait, c'est pour la ~** everything he does is to show off OU is calculated to impress; **amuser la ~** to play for laughs. -**5.** [souterrain - de taupe] tunnel; [- de termites] gallery. -**6.** MIN gallery, level. -**7.** AUT roof rack.

galérien [galerjɛ̃] *nm* galley slave; **travailler comme un ~** to work like a (galley) slave OU a horse OU a Trojan; **on mène une vie de ~ ici!** it's like working on a chain gang here!

galet [galɛ] *nm* -**1.** [caillou] pebble; **sur les ~s** on the shingle OU the pebble beach. -**2.** [roue] roller; MÉCAN roller; **~ de guidage** jockey wheel. -**3.** ARM: **~ porteur** track-supporting roller. -**4.** ARCHÉOL: **~ aménagé** pebble tool.

galetage [galtaʒ] *nm* rolling TECH.

galetas [galta] *nm* -**1.** *litt* [logement] hovel. -**2.** *Helv & dial* [grenier] attic, garret.

galeter [27] [galte] *vt* to roll TECH.

galette [galɛt] *nf* -**1.** [crêpe - épaisse] pancake, griddle cake; [- de froment, de sarrasin] pancake; [pain azyme] matzo bread; [biscuit] shortbread; **~ de maïs** corn bread *(U)*; **~ de pommes de terre** potato pancake ❑ **la ~ des Rois** *pastry traditionally eaten on Twelfth Night (in France)*. -**2.** ▽ [argent] dough *Am*, dosh *Br*; **ils se sont tirés avec la ~** they did a disappearing act with the dough; **elle a de la ~** she's rolling in it.

galeux, euse [galø, øz] ◇ *adj* -**1.** [qui a la gale] mangy. -**2.** [dégoûtant - façade, bâtisse] scruffy, dingy; [- quartier] squalid, seedy.
◇ *nm, f (gén au m) péj*: **on y trouve réunis tous les ~ de la terre** all the scum of the earth is there.

Galice [galis] *npr f*: (la) ~ Galicia.

Galicie [galisi] *npr f*: (la) ~ Galicia; **~ occidentale/orientale** Polish/Russian Galicia.

galicien, enne [galisjɛ̃, ɛn] *adj* [de Galice, de Galicie] Galician.
◆ **Galicien, enne** *nm, f* [de Galice, de Galicie] Galician.
◆ **galicien** *nm* LING [de Galice] Galician.

Galilée [galile] ◇ *npr f* GÉOG: (la) ~ Galilee.
◇ *npr* HIST Galileo.

galiléen, enne [galileɛ̃, ɛn] *adj* GÉOG & SC Galilean.
◆ **Galiléen, enne** *nm, f* Galilean.
◆ **Galiléen** *nm*: **le Galiléen** the Galilean.

galimatias [galimatja] *nm* gibberish *(U)*, gobbledegook *(U)*, nonsense *(U)*.

galion [galjɔ̃] *nm* galleon.

galipette [galipɛt] *nf* forward roll, somersault; **les enfants dévalaient la colline en faisant des ~s** the children were tearing down the hill doing somersaults.

galipot [galipo] *nm* -**1.** [résine] galipot, white resin. -**2.** NAUT blacking.

galle [gal] *nf* BOT gall.

Galles [gal] *npr*: **le pays de ~** Wales; **au pays de ~** in Wales.

gallican, e [galikɑ̃, an] *adj* Gallican.
◆ **Gallican, e** *nm, f* Gallican.

gallicanisme [galikanism] *nm* Gallicanism.

gallicisme [galisism] *nm* LING [calque du français] gallicism; [emprunt au français] French idiom, gallicism.

gallinacé, e [galinase] *adj* ZOOL gallinaceous, gallinacean.
◆ **gallinacé** *nm* gallinacean; **les ~s** the chicken family, the Gallinaceae *spéc*.

gallique [galik] *adj*: **acide ~** gallic acid.

gallium [galjɔm] *nm* gallium.

gallois, e [galwa, az] *adj* Welsh.
◆ **Gallois, e** *nm,f* Welshman (*f* Welshwoman); **les Gallois** the Welsh.
◆ **gallois** *nm* LING Welsh.

gallon [galɔ̃] *nm* gallon; **un ~ aux 30 miles** 30 miles to the OU per gallon ❑ **le ~ américain** the US gallon; **le ~ impérial** the imperial OU British gallon.

gallo-romain, e [galɔrɔmɛ̃, ɛn] (*mpl* gallo-romains, *fpl* gallo-romaines) *adj* Gallo-Roman.
◆ **Gallo-Romain, e** *nm, f* Gallo-Roman.

galoche [galɔʃ] *nf* -**1.** [chaussure] wooden-soled shoe, clog *(with leather uppers)*. -**2.** NAUT snatch block.

galon [galɔ̃] *nm* -**1.** TEXT [ruban] braid *(U)*, trimming *(U)*; **un ~ doré** a piece of gold braid. -**2.** MIL [insigne] stripe; **il a mis du temps pour gagner ses ~s d'officier** it took him a long time to earn his stripes ❑ **prendre du ~** to take a step up the ladder, to get a promotion.

galonné [galɔne] *nm arg mil* officer, brass hat *Br*; **les ~s** the top brass.

galonner [3] [galɔne] *vt* to braid, to trim (with braid); **col galonné de velours** velvet-trimmed collar.

galop [galo] *nm* -**1.** ÉQUIT gallop; **prendre le ~** to break into a gallop ❑ **~ d'essai** *pr* warm-up gallop; *fig* dry run. -**2.** DANSE galop. -**3.** MÉD: **bruit de ~** gallop OU cantering rhythm.
◆ **au galop** *loc adv* at a gallop; **mettre sa monture au ~** to put one's horse into a gallop ❑ **il a descendu la colline au ~** he galloped down the hill; **va m'acheter le journal, et au ~!** go and buy me the newspaper, and be quick about it!; **au triple ~** *fig* at top speed.

galopade [galɔpad] *nf* -**1.** [course] (mad) rush; **on y est arrivé à l'heure, mais après quelle ~!** we got there on time, but it was a real scramble OU dash! -**2.** ÉQUIT lope.

galopant, e [galɔpɑ̃, ɑ̃t] *adj* [consommation, inflation] galloping; [urbanisation] uncontrolled, unplanned.

galoper [3] [galɔpe] *vi* -**1.** ÉQUIT to gallop. -**2.** [aller trop vite - idées, images] to race; [- enfants] to charge; **ne galopez pas dans les escaliers!** don't charge up and down the stairs!; **~ après qqn/qqch** *fam* to chase (around) after sb/sthg.

galopeur [galɔpœr] *nm* galloper ÉQUIT.

galopin *fam* [galɔpɛ̃] *nm* (street) urchin, scamp; **espèce de petit ~!** you little devil!, you little brat!

galoubet [galubɛ] *nm* MUS three-holed fipple flute.

galuchat [galyʃa] *nm* (shark) shagreen.

galure▽ [galyr], **galurin**▽ [galyrɛ̃] *nm* hat.

galvanique [galvanik] *adj* -**1.** MÉD galvanic; **courant ~** galvanic current. -**2.** MÉTALL electroplating *(modif)*.

galvanisation [galvanizasjɔ̃] *nf* -**1.** MÉD galvanization. -**2.** MÉTALL galvanization.

galvaniser [3] [galvanize] *vt* -**1.** MÉD to galvanize. -**2.** MÉTALL to electroplate, to galvanize, to zinc-plate. -**3.** [stimuler] to galvanize OU to spur into action; **~ les foules** to whip up OU to provoke the crowds; **ça l'a galvanisé** [après une catastrophe] it galvanized OU spurred him into action; [après une bonne nouvelle] it lifted his spirits.

galvanisme [galvanism] *nm* MÉD galvanism.

galvanomètre [galvanɔmɛtr] *nm* galvanometer.

galvanoplastie [galvanɔplasti] *nf* electroplating, electrodeposition.

galvanoplastique [galvanɔplastik] *adj* electroplating *(modif)*, galvanoplastic *spéc*.

galvaudé, e [galvode] *adj* [mot] hackneyed, commonplace, clichéd; [plaisanterie] corny.

galvauder [3] [galvode] *vt* -**1.** [réputation] to sully, to tarnish. -**2.** [don, qualité] to prostitute; **un vrai musicien ne galvaude pas son talent pour de l'argent** a true musician won't prostitute his talent for the sake of money. -**3.** [mot, sens] to debase; **le mot a été galvaudé** the word has become clichéd OU hackneyed through overuse.
◆ **se galvauder** *vpi* to demean OU to lower o.s.

gamay [gamɛ] *nm* [cépage] Gamay (grape); [vin] Gamay (wine).

gamba [gɑ̃ba, *pl* gɑ̃bas] *nf type of large Mediterranean prawn*.

gambade [gɑ̃bad] *nf* [cabriole] leap, gambol, caper; **à chaque sonnerie, le chien se mettait à faire des ~s** each time the bell rang, the dog would start jumping OU frisking about.

gambader [3] [gɑ̃bade] *vi* to gambol, to leap OU to caper about; **les enfants gambadaient de joie autour de l'arbre de Noël** the children were gleefully capering around the Christmas tree.

gambe [gɑ̃b] *nf* → **viole**.

gamberge▽ [gɑ̃bɛrʒ] *nf*: **il est en pleine ~** [il combine quelque chose] he's plotting something; [il rêvasse] he's daydreaming.

gamberger▽ [17] [gɑ̃bɛrʒe] ◇ *vi* [penser] to think; **j'ai gambergé** [j'ai réfléchi] I've been mulling things over; [je me suis inquiété] I've been brooding.
◇ *vt* [combiner]: **je me demande ce qu'il gamberge** I wonder what he's up to; **ne t'en fais pas, j'ai tout bien gambergé** don't worry, I've got it all figured out OU sewn up.

gambette [gɑ̃bɛt] *nf* -**1.** *fam* [jambe] leg, pin *Br*, gam *Am*; **jouer** OU **tricoter des ~s** to go off like a shot, to leg it. -**2.** ORNITH redshank.

Gambie [gɑ̃bi] *npr f* -**1.** [pays]: (la) ~ the Gambia. -**2.** [fleuve]: **la ~, le fleuve ~** the Gambia (River).

gambien, enne [gɑ̃bjɛ̃, ɛn] *adj* Gambian.
◆ **Gambien, enne** *nm, f* Gambian.

gambiller *fam* [3] [gɑ̃bije] *vi vieilli* to jig about, to dance.

gambit [gɑ̃bit] *nm* JEUX gambit; **~ du roi/de la reine** king's/queen's gambit.

gamelle [gamɛl] *nf* -**1.** [récipient - d'un soldat] mess tin; [- d'un ouvrier] lunch box *Br* OU pail *Am*; **passe-moi ta ~** *fam* [assiette] give me your plate. -**2.** MIL & NAUT mess; **la ~ des officiers** the officer's mess. -**3.** *fam* CIN spot, spotlight. -**4.** ▽ *loc*: **ramasser** OU **prendre une ~** to fall flat on one's face, to come a cropper *Br*.

gamète [gamɛt] *nm* gamete.

gamétocyte [gametɔsit] *nm* gametocyte.

gamétogenèse [gametɔʒənɛz] *nf* gametogenesis.

gamin, e [gamɛ̃, in] ◇ *nm, f* kid.
◇ *adj* [puéril] childish; [espiègle] childlike, impish, playful.

gaminerie [gaminri] *nf* [acte] childish OU silly prank; [comportement] childishness, infantile behaviour; **ses ~s m'exaspéraient** his childish ways were driving me mad; **ce ne sont que des ~s** this is just childish, this is all very infantile.

gamma [gama] *nm* gamma.

gammaglobuline [gamaglɔbylin] *nf* gamma globulin.

gammagraphie [gamagrafi] *nf* gammaradiography.

gamme [gam] *nf* -**1.** MUS scale, gamut *spéc*; **~s chromatiques** chromatic scales; **faire ses ~s** *pr* to play one's scales; *fig* to go through the basics, to learn the ropes. -**2.** [série] range; **une nouvelle ~ de produits de beauté** a new range of beauty products; **une ~ de beiges, du plus clair au plus foncé** all shades of beige, from the lightest to the darkest; **le film joue sur toute la ~ des sentiments humains** the film runs the (whole) gamut of human feelings. -**3.** COMM: **bas/haut de ~**: **produits bas/haut de ~** down-market/up-market products; **un téléviseur haut de ~** an up-market OU a top-of-the-range TV.

gammée [game] *adj f*: **croix ~** swastika.

gamopétale [gamɔpetal] ◇ *adj* gamopetalous.
◇ *nf*: **les ~s** the Gamopetalae.

gamosépale [gamɔsepal] *adj* gamosepalous.

ganache [ganaʃ] *nf* -**1.** *péj*: **une (vieille) ~** an old codger. -**2.** [du cheval] lower jaw, cheek.

Gand [gɑ̃] *npr* Ghent.

gandin [gɑ̃dɛ̃] *nm sout* [dandy] dandy, fop.

gandoura [gɑ̃dura] *nf* gandoura.

gang [gɑ̃g] *nm* gang.

ganga [gɑ̃ga] *nm* sandgrouse.

Gange [gɑ̃ʒ] *npr m*: **le ~** the (River) Ganges.

gangétique [gɑ̃ʒetik] *adj* Gangetic.

ganglion [gɑ̃glijɔ̃] *nm* MÉD ganglion; **~ lymphatique** lymph ganglion OU node.

ganglionnaire [gɑ̃glijɔnɛr] *adj* ganglionic, ganglial; **neurone ~** ganglioneuron.

ganglioplégique [gɑ̃glijɔpleʒik] ◇ *adj* ganglioplegic.
◇ *nm* ganglion-blocking agent.

gangrène [gɑ̃grɛn] *nf* -**1.** MÉD gangrene; **~ sèche/humide/gazeuse** dry/moist/gas gangrene. -**2.** [corruption] scourge, canker; **la ~ du terrorisme** the scourge of terrorism.

gangrener [19] [gɑ̃grəne] *vt* -**1.** MÉD to cause to become gangrenous, to gangrene. -**2.** [corrompre] to corrupt, to rot.
◆ **se gangrener** *vpi* to become gangrenous; **la jambe risque de se ~** the leg may become gangrenous OU may get gangrene.

gangreneux, euse [gɑ̃grənø, øz] *adj* gangrenous.

gangster [gɑ̃gstɛr] *nm* -**1.** [bandit] gangster; **un film de ~s** a gangster film. -**2.** [escroc] cheat, swindler.

gangstérisme [gɑ̃gsterism] *nm* gangsterism.

gangue [gɑ̃g] *nf* -**1.** MIN [d'une pierre précieuse] gangue; [d'un minerai] deads. -**2.** [couche] coating; **recouvert d'une ~ de glace** coated with ice. -**3.** *fig*: **ils sont enfermés dans une ~ de préjugés** they are hidebound with prejudice.

ganse [gɑ̃s] *nf* COUT braid OU twine binding.

ganser [3] [gɑ̃se] *vt* [robe, tissu] to braid, to trim; [chapeau] to trim; **des canotiers gansés de velours** velvet-trimmed boaters; **~ une couture** to pipe a seam.

gant [gɑ̃] *nm* [accessoire] glove; **~ de boxe/d'escrime** boxing/fencing glove; **~ de crin** massage glove; **~ de fauconnier** falconer's gauntlet; **~ de motard** motorcycle glove; **~ de toilette** flannel *Br*, washcloth *Am*, facecloth *Am*; **~s de ménage** rubber gloves, washing-up gloves *Br*; **ça te/lui va comme un ~** it fits you/him like a glove; **se donner les ~s de qqch** to claim credit for sthg; **mettre** OU **prendre des ~s avec qqn** to handle sb with kid gloves; **pour lui annoncer la nouvelle je te conseille de prendre des ~s** I'd advise you to break the news to him very gently; **jeter le ~ (à qqn)** to throw down the gauntlet (to sb); **relever** OU **ramasser le ~** to take up the gauntlet, to accept the challenge.

gantelet [gɑ̃tlɛ] *nm* -**1.** HIST & SPORT gauntlet. -**2.** INDUST gauntlet, hand leather.

ganter [3] [gɑ̃te] ◇ *vt* to glove; **ses mains étaient gantées de dentelle noire** her hands were gloved in black lace, she was wearing black lace gloves.
◇ *vi*: **vous gantez du combien?** what size gloves do you take?
◆ **se ganter** *vp (emploi réfléchi)* [mettre ses gants] to put on OU to slip on one's gloves.

ganterie [gɑ̃tri] *nf* -**1.** [industrie] glove-making industry; [fabrique] glove factory. -**2.** [boutique] glove shop *Br* OU store *Am*, glover's; [négoce]: **la ~** the glove trade.

gantier, ère [gɑ̃tje, ɛr] *nm, f* glover.

gantois, e [gɑ̃twa, az] *adj* from Ghent.
◆ **Gantois, e** *nm, f inhabitant of or person from Ghent.*

GAO (*abr de* **gestion assistée par ordinateur**) *nf* CAM, computer-aided management.

garage [garaʒ] *nm* -**1.** [de voitures] garage; [de bateaux] boathouse; [de vélos] shed; [d'avions] shed, hangar; [de bus] garage, depot; **la voiture est au ~** the car is in the garage. -**2.** [atelier] garage, car repair shop *Am*; **ma voiture est au ~** my car is at the garage. -**3.** RAIL siding.

garagiste [garaʒist] *nmf* [propriétaire] garage owner; [gérant] garage manager; [mécanicien] (garage) mechanic.

garance [garɑ̃s] ◇ *nf* -**1.** BOT madder. -**2.** [teinture] madder (dye).
◇ *adj inv* [rouge] ruby red; **les uniformes** OU **pantalons ~** French uniforms *(in use until the 14-18 war)*.

garant, e [garɑ̃, ɑ̃t] ◇ *adj* -**1.** JUR: **être ~ d'une dette** to stand guarantor OU surety for a debt. -**2.** [responsable]: **être/se porter ~ de** to vouch OU to answer for; **elle viendra, je m'en porte ~** she'll come, I can vouch for that; **les pays ~s d'un traité** countries acting as guarantors of a treaty; **désormais, vous serez ~e de ses faits et gestes** from now on, you'll be answerable OU responsible for his conduct.
◇ *nm, f* [personne]: **tu es la ~e de notre réussite** thanks to you, we are assured of success.
◆ **garant** *nm* -**1.** JUR [personne] guarantor; [somme, bien, document] surety, security; **être le ~ de qqn** to stand surety for sb. -**2.** [responsable] guarantor; **les membres du GATT sont les ~s de la liberté des échanges** the members of GATT are the guarantors of free trade. -**3.** [garantie] guarantee, warranty; **la réputation d'un commerçant est le meilleur ~ de son honnêteté** a tradesman's reputation is the best guarantee of his honesty. -**4.** NAUT (tackle) fall.

garanti [garɑ̃ti] *nm* guarantee JUR.

garantie [garɑ̃ti] *nf* -**1.** COMM [assurance] guarantee; **j'ai acheté une voiture d'occasion avec six mois de ~** I've bought a second-hand car with a six-month guarantee OU warranty ❑ **~ des vices** guarantee against hidden defects OU faults; **contrat de ~** guarantee; **rupture de ~** breach of warranty. -**2.** JUR [obligation] guarantee; **~ de paiement** guarantee of payment. -**3.** [gage] guarantee; **demander des ~s à qqn** to ask sb for guarantees; **il me faut des ~s sérieuses** I need some reliable guarantees; **c'est sans ~!** I'm not promising OU guaranteeing anything! -**4.** POL: **~ individuelle, ~s individuelles** guarantee of individual liberties.
◆ **sous garantie** *loc adj* under guarantee; **un appareil sous ~** an appliance under guarantee.

garantique [garɑ̃tik] *nf* [technique] computer security technology; [théorie] data protection.

garantir [32] [garɑ̃tir] *vt* -**1.** [veiller sur] to guarantee, to safeguard; **la Constitution garantit les libertés civiques** the Constitution guarantees OU safeguards civil liberties. -**2.** [assurer - appareil] to guarantee; **cet appareil est garanti deux ans** this appliance is guaranteed for two years OU has a two-year guarantee; **l'antiquaire me l'a garanti d'époque** the antique dealer assured me OU guaranteed me it's a period piece; **le pull est garanti 100 % coton** the sweater is guaranteed 100 % cotton. -**3.** [promettre] to guarantee, to assure; **suis mes conseils et je te garantis le succès** take my advice and I guarantee you'll succeed OU I guarantee you success; **il m'a garanti que ça serait livré demain, il m'a garanti la livraison pour demain** he assured me that it would be delivered tomorrow, he guaranteed delivery for tomorrow; **je ne te garantis pas le soleil** I can't guarantee OU promise you any sun; **je te garantis que tu le regretteras!** I can assure you you'll regret it! -**4.** [protéger]: **~ qqn de** to protect sb from. -**5.** JUR: **~ qqn contre** to cover sb against; **mon assurance me garantit contre l'incendie** my insurance covers me against fire, I'm covered against fire. -**6.** FIN [paiement] to guarantee; [emprunt] to guarantee, to back; [créance] to secure.

garbure [garbyr] *nf Béarnaise vegetable broth (with goose)*.

garce▽ [gars] *nf* -**1.** *péj* bitch; **sale ~!** you rotten bitch!; **j'en ai marre de cette ~ de vie!** I'm fed up with this shitty life! -**2.** *vieilli* [prostituée] tart *Br*, whore *Am*.

garcette [garsɛt] *nf* NAUT gasket.

garçon [garsɔ̃] ◇ *nm* -**1.** [enfant] boy; **école de/vestiaire des ~s** boys' school/cloakroom; **nous avons un ~ et une fille** we've got a boy and a girl; **grand ~**: **un grand ~ comme toi, ça ne pleure pas** big boys like you don't cry; **petit ~**: **c'est un petit ~ à côté de son nouvel associé** he's (just) like a little boy beside his new partner ❑ **~ manqué** tomboy. -**2.** [homme] boy; **elle sort trop avec les ~s** she goes out too much with boys; **c'est un ~ qui connaît très bien l'entreprise** that chap knows the company very well ❑ **~ d'honneur** best man; **il est plutôt joli ~** he's quite good-looking; **c'est un bon ~** he's a good sort; **c'est un mauvais ~** he's a bad lot *Br*, he's bad news. -**3.** [célibataire]: **(vieux) ~** bachelor; **c'est vraiment un appartement de vieux ~** it's a real bachelor flat. -**4.** [employé]: **~ de bureau/courses** office/errand boy; **~ boucher** butcher's boy OU assistant; **~ coiffeur** junior *(in a hairdressing salon) Br*, hairdresser's assistant *Am*; **~ d'écurie** stable-boy; **~ de ferme** farm hand. -**5.** [serveur]: **~ (de café** OU **de salle)** waiter; **~, une bière, s'il vous plaît!** waiter, one beer please! -**6.** *fam* [en appellatif]: **attention, mon ~!** watch it, sonny!
◇ *adj m* -**1.** [célibataire] unmarried; **il est resté ~** he remained unmarried OU single OU a bachelor. -**2.** [qui a une apparence masculine] boyish; **ça fait très ~, cette coiffure** that haircut looks very boyish.

garçonne [garsɔn] *nf* HIST: **les ~s des années vingt** the flappers.
◆ **à la garçonne** *loc adv*: **coiffée à la ~** with an Eton crop; **habillée à la ~** dressed like a (twenties) flapper.

garçonnet [garsɔnɛ] *nm* -**1.** [petit garçon] (little) boy. -**2.** *(comme adj)*: **rayon ~** boys wear (department); **taille ~** boy's size.

garçonnier, ère [garsɔnje, ɛr] *adj* boyish; **des manières garçonnières** boyish ways.
◆ **garçonnière** *nf* bachelor pad.

garde[1] [gard] *nf* **A.** -**1.** [surveillance - d'un bien, d'un lieu]: **je te confie la ~ du manuscrit** I am entrusting you with the manuscript, I am leaving the manuscript in your safekeeping OU care; **assurer la ~ d'un immeuble** [police] to guard a building; [concierge] to look after a building, to be caretaker of a building; **ils dressent des chiens pour la ~** they train guard dogs; **faire bonne ~**: **on te prête la maison pour le week-end, mais fais bonne ~** we'll let you use our house for the weekend, but look after it carefully; **affecté à la ~ du palais présidentiel** on guard duty at the presidential palace; **monter la ~** to stand guard. -**2.** [protection - d'un enfant, d'un animal] care; **je confierai la ~ des enfants à ma tante** I will leave the children in the care of my aunt; **puis-je te confier la ~ de mon chien pendant deux jours?** would you take care of OU look after my dog for two days? -**3.** MÉD [service de surveillance]: **interne qui fait des ~s** locum *Br*, locum tenens *Br*, intern on duty *Am* ❑ **~ de nuit** night duty. -**4.** JUR custody; **la ~ des enfants fut confiée à la mère** the mother was given custody of the children, the children were left in the custody of their mother ❑ **~ à vue** police custody; **placé en ~ à vue** put into police custody; **droit de ~** (right of) custody.

B. SPORT guard ; **tenir la ~ haute** to keep one's guard up; **fermer/ouvrir sa ~** to close/to open one's guard; **baisser sa ~** to drop one's guard; **ne pas baisser sa ~ (devant qqn)** to remain on one's guard ❑ **n'avoir ~ de faire** *sout*: **je n'aurai ~ de vous contredire** I'll take good care not to contradict you; **prendre ~: prends ~!** watch out!; **prendre ~ à: prenez ~ à la marche** mind *Br* OU watch *Am* the step; **prendre ~ de: prenez ~ de ne rien oublier** make sure OU take care you don't leave anything behind; **prendre ~ (à ce) que** *sout*: **je prendrai ~ à ce qu'il ne parle pas** I shall ensure OU make sure he doesn't talk; **prends ~ qu'on ne te voie pas** make sure nobody sees you.

C. -**1.** [escorte, milice] guard; **~ (d'honneur)** guard of honour; **~ mobile** (State) security police; **la Garde républicaine** the Republican Guard *(on duty at French state occasions)*; **~ nationale** HIST national guard *(civil militia, 1789-1871)*; **la vieille ~** the old guard *(of a political party)*. -**2.** [soldats en faction] guard; **~ montante/descendante** relief/old guard.

D. -**1.** ARM [d'une arme blanche] hilt; **jusqu'à la ~** *fig* up to the hilt; **il s'est enferré dans ses mensonges jusqu'à la ~** he got completely tangled up in his own lies. -**2.** IMPR: **(feuille** OU **page de) ~** flyleaf.

◆ **gardes** *nfpl* guard *(civil militia, 1789-1871)*; **être/se tenir sur ses ~s** to be/to stay on one's guard.

◆ **de garde** *loc adj* -**1.** [affecté à la sécurité]: **chien de ~** watchdog, guard dog. -**2.** [qui se conserve]: **fromage de (bonne) ~** cheese that keeps well. -**3.** MÉD duty *(modif)*; **médecin de ~** duty doctor, doctor on duty; **elle est de ~ trois nuits par semaine** she's on duty three nights a week; **je suis de ~ demain soir** I'm on night duty tomorrow.

◆ **en garde** *loc adv* -**1.** MIL & SPORT: **en ~!** on (your) guard!; **mettez-vous en ~** take your guard. -**2.** [sous surveillance]: **ils prennent des animaux en ~ l'été** they board pets during the summer. -**3.** *loc*: **mettre qqn en ~** to warn sb; **je l'avais mise en ~ contre les dangers du tabac** I had warned her against the dangers of smoking. -**4.** JUR in care *Br*, in custody *Am*; **le juge a placé les enfants en ~** the judge had the children put into care *Br*, the judge made the children wards of court.

◆ **sous bonne garde** *loc adv*: **le stade est sous bonne ~** the stadium is under (heavy) guard; **ton argent est sous bonne ~** your money is in safe hands.

garde[2] [gard] ◇ *nmf* [personne qui garde quelqu'un, quelque chose]: **la ~ des enfants est une jeune Allemande** the childminder *Br* OU babysitter is a young German girl ❑ **~ du corps** bodyguard; **~ de nuit** night watchman; **~ rouge** Red Guard.

◇ *nm* -**1.** [surveillant] warden; **~ champêtre** rural policeman; **~ forestier** forest warden *Br*, forest ranger *Am*; **~ maritime** coastguard; **~ mobile** member of the (State) security police; **~ républicain** Republican guardsman *(on duty at French state occasions)*; **~ des Sceaux** (French) Minister of Justice, ≃ Lord Chancellor *Br*, ≃ Attorney General *Am*. -**2.** [soldat - en faction] guard; [- en service d'honneur] guardsman.

◇ *nf* MÉD nurse.

Garde [gard] *npr* → **lac**.

garde-à-vous [gardavu] *nm inv*: **des soldats au ~** soldiers standing at OU to attention; **~, fixe!** attention!, 'shun!; **se mettre au ~** to stand to attention.

garde-barrière [gardəbarjɛr] *(pl* **gardes-barrière** OU **gardes-barrières)** *nmf* level-crossing keeper *Br*, grade-crossing keeper *Am*.

garde-bœuf [gardəbœf] *(pl inv* OU **garde-bœufs** [-bø]) *nm* cattle egret.

garde-boue [gardəbu] *nm inv* mudguard.

garde-cendre(s) [gardəsɑ̃dr] *(pl* **garde-cendres)** *nm* [devant un foyer] fender.

garde-chasse [gardəʃas] *(pl* **gardes-chasse** OU **gardes-chasses)** *nm* gamekeeper.

garde-chiourme [gardəʃjurm] *(pl* **gardes-chiourme** OU **gardes-chiourmes)** *nm* -**1.** HIST warder *(in charge of a gang of convicts)*. -**2.** *péj* [surveillant brutal] martinet, disciplinarian.

garde-corps [gardəkɔr] *nm inv* -**1.** [balustrade] railing, handrail; [parapet] parapet. -**2.** NAUT [le long d'une vergue] lifeline; [sur le pont] manrope.

garde-côtes [gardəkot] *(pl inv) nm* coastguard vessel.

garde-feu [gardəfø] *(pl inv* OU **garde-feux)** *nm* fireguard, fire screen.

garde-fou [gardəfu] *(pl* **garde-fous)** *nm* -**1.** [barrière] railing, guardrail; [talus] (raised) bank. -**2.** *fig* [défense]: **servir de ~ contre** to safeguard against.

garde-frontière(s) [gardəfrɔ̃tjɛr] *(pl* **gardes-frontières)** *nm* border guard.

garde-magasin [gardmagazɛ̃] *(pl* **gardes-magasin** OU **gardes-magasins)** *nm* warehouseman; MIL storekeeper, quartermaster.

garde-malade [gardəmalad] *(pl* **gardes-malade** OU **gardes-malades)** *nmf* nurse.

garde-manger [gardəmɑ̃ʒe] *nm inv* [placard] food OU meat safe; [réserve] pantry, larder.

garde-meuble(s) [gardəmœbl] *(pl* **garde-meubles)** *nm* furniture depository *Br* OU storehouse; **mettre qqch au ~** to put sthg in storage.

Gardénal® [gardenal] *nm* phenobarbitone *Br*, phenobarbital *Am*.

gardénia [gardenja] *nm* gardenia.

garden-party [gardɛnparti] *(pl* **garden-partys** OU **garden-parties)** *nf* garden party.

garde-pêche [gardəpɛʃ] ◇ *nm (pl* **gardes-pêche)** water bailiff *Br*, fish warden *Am*.

◇ *nm inv* [en mer] fisheries protection vessel; [sur rivière] bailiff's boat *Br*, fish warden's boat *Am*.

garder [3] [garde] *vt* **A.** -**1.** [protéger - personne, animal] to look after *(insép)*; **il a fallu trouver quelqu'un pour ~ le bébé** we had to find someone to look after the baby; **elle garde des enfants** she does some childminding *Br* OU baby-sitting; **les moutons sont gardés par des chiens** the sheep are guarded by dogs ❑ **on n'a pas gardé les cochons ensemble!** *fam* don't be so familiar! -**2.** [surveiller - personne, lieu] to guard; **le stade était gardé par des hommes en armes** the stadium was guarded by armed men; **un cyprès garde l'entrée du cimetière** a cypress stands guard at the entrance to the cemetery. -**3.** [veiller sur] to keep an eye on; **pourriez-vous ~ mes affaires un instant?** would you mind keeping an eye on my things for a minute?; **elle m'a demandé de ~ la boutique** she asked me to keep an eye on OU to mind the shop for her. -**4.** *litt* [prémunir]: **~ qqn de qqch** to protect OU to save sb from sthg; **cette sage parole m'a gardé de bien des erreurs** this sound advice has kept OU saved me from many a mistake. -**5.** JUR: **~ qqn à vue** to keep OU to hold sb in custody.

B. -**1.** [suj: malade]: **~ le lit** to be confined to bed, to be laid up; **elle garde la chambre** she is confined to her room OU staying in her room. -**2.** MIL: **~ les arrêts** to remain under arrest.

C. -**1.** [conserver - aliment] to keep; **on peut ~ ce gâteau plusieurs mois** you can keep this cake OU this cake will keep for several months; '**~ à l'abri de la chaleur et de la lumière**' 'store in a cool dark place'. -**2.** [ne pas se dessaisir de] to keep; **j'ai gardé toutes ses lettres** I kept all his letters; **garde-le, un jour il aura de la valeur** hold onto it, one day it will be valuable. -**3.** [conserver sur soi] to keep on *(sép)*; **puis-je ~ mon chapeau/manteau?** may I keep my hat/coat on? -**4.** [conserver en dépôt] to keep; **la voisine garde mon courrier pendant mon absence** my neighbour keeps my mail for me when I'm away. -**5.** [réserver] to save, to keep; **je t'ai gardé du poulet** I've saved you some chicken, I've kept some chicken for you; **ne te fatigue pas trop, il faut ~ des forces pour ce soir** don't overtire yourself, save some of your energy for tonight; **garde-moi une place pour le cas où j'arriverais en retard** keep a seat for me in case I'm late; **attends que je termine mon histoire, j'ai gardé le meilleur pour la fin** wait for me to finish my story, I've kept the best bit until last ❑ **~ une poire pour la soif** to keep something for a rainy day; **~ qqch pour la bonne bouche** to save the best until last. -**6.** [retenir - ami] to keep; **tu es pressé, je ne te garderai pas longtemps** as you're in a hurry I won't keep you long; **va-t-elle ~ le bébé?** is she going to keep the baby?; **~ qqn à dîner** to have sb stay for dinner; **il a gardé sa secrétaire** he kept his secretary on; **il a gardé le même dentiste toute sa vie** he kept the same dentist all his life; **on les a gardés au commissariat** they were held at the police station. -**7.** [ne pas révéler] to keep; **~ un secret** to keep a secret; **~ le secret sur qqch** to keep sthg secret; **tu ferais bien de ~ ça pour toi** you'd better keep that to yourself. -**8.** [avoir à l'esprit]: **elle garde de son enfance une image heureuse** she has happy memories of her childhood; **je n'ai pas gardé de très bons souvenirs de cette époque** my memories of that time are not very happy ones; **~ qqch présent à l'esprit** to bear OU to keep sthg in mind. -**9.** [maintenir - attitude, sentiment] to keep; **~ l'anonymat** to remain anonymous; **~ son calme** to keep calm OU cool; **~ son sérieux** to keep a straight face; **~ le silence** to keep silent; **~ rancune à qqn de qqch** to bear OU to harbour a grudge against sb for sthg; **~ la tête froide** to keep one's head OU a cool head; **~ les yeux baissés** to keep one's eyes lowered. -**10.** *sout* [observer, respecter - règle, loi]: **~ le jeûne** to observe a fast; **~ ses distances** to keep one's distance. -**11.** [ne pas perdre - qualité]: **le mot garde encore toute sa valeur** the word still retains its full meaning.

◆ **se garder** ◇ *vp (emploi passif)* to keep; **les framboises ne se gardent pas (longtemps)** raspberries do not keep (long); **ça se garde une semaine au congélateur** it will keep for a week in the freezer; **des denrées qui se gardent six mois** foodstuffs with a shelf life of six months OU that will keep for six months.

◇ *vp (emploi réfléchi)*: **les enfants sont grands, ils se gardent tout seuls maintenant** the children are old enough to be left without a baby-sitter now.

◆ **se garder de** *vp + prép sout* -**1.** [éviter de]: **je me garderai bien de lui en parler** I'll be very careful not to talk to him about it; **garde-toi bien de le vexer** be very careful not to offend him. -**2.** [se méfier de]: **il faut se ~ des gens trop expansifs** one should beware OU be wary of overeffusive people; **gardons-nous de nos tendances égoïstes** let us try to curb our selfish tendencies.

garderie [gardəri] *nf* -**1.** [de quartier] day nursery *Br*, day-care center *Am*; [liée à une entreprise] crèche *Br*, baby-sitting services *Am*. -**2.** [étendue de bois] (forest ranger's) beat.

garde-rivière [gardərivjɛr] *(pl* **gardes-rivière** OU **gardes-rivières)** *nm* riverkeeper, river patrolman, waterways board official *Br*.

garde-robe [gardərɔb] *(pl* **garde-robes)** *nf* -**1.** [vêtements] wardrobe; **~ d'hiver** winter wardrobe; **il serait temps que je renouvelle ma ~** it's high time I bought myself some new clothes. -**2.** [penderie] wardrobe.

gardeur, euse [gardœr, øz] *nm, f litt*: **~ d'oies** goose herd; **~ de vaches** cowherd.

garde-voie [gardəvwa] *(pl* **gardes-voie** OU **gardes-voies)** *nm* (railway line *Br* OU railroad track *Am*) patrolman.

gardian [gardjɑ̃] *nm* herdsman *(in the Camargue)*.

gardien, enne [gardjɛ̃, ɛn] *nm, f* -**1.** [surveillant]: **~ d'immeuble** caretaker *Br*, porter *Br*, janitor *Am*; **le ~ du domaine** the warden of the estate ❑ **~ de musée** museum attendant; **~ de nuit** night watchman; **~ de phare** lighthouse keeper; **~ de parking** car park *Br* OU parking lot

Am attendant; ~ **de prison** prison warder *Br* OU officer, prison guard *Am*; ~ **de square** park attendant. -**2.** *fig* [protecteur] guardian, custodian; **le ~ de nos libertés/de la tradition/du patrimoine** the guardian of our freedom/of tradition/of our heritage.
◆ **gardien** ◇ *nm*: ~ **de but** goalkeeper; ~ **de la paix** police officer.
◇ *adj m*: **ange ~** guardian angel.
◆ **gardienne** [gardjɛn] *nf*: ~**ne d'enfants** nursery help OU helper *Br*, day-care assistant *Am*.

gardiennage [gardjɛnaʒ] *nm* [surveillance de bâtiments]: **assurer le ~ d'un entrepôt** to be in charge of security in a warehouse; **société de ~** security firm; **assurer le ~ d'une résidence** to be the caretaker OU porter in a block of flats *Br*, to be the doorman OU janitor in an apartment block *Am*.

gardienne [gardjɛn] *f* → **gardien**.

gardon [gardɔ̃] *nm* ZOOL roach.

gare [gar] ◇ *nf* -**1.** RAIL [installations et voies] station; [hall] (station) concourse; [bâtiments] station building OU buildings; **de quelle ~ part le train pour Calais?** which station does the train to Calais leave from?; **le train de 14 h 30 à destination de Paris va entrer en ~ voie 10** the train now arriving at platform 10 is the two thirty to Paris ❑ ~ **frontière/maritime** border/harbour station; ~ **de passage/transbordement** through/transshipment station; ~ **de passagers/marchandises** passenger/goods station; ~ **de triage** marshalling yard *Br*, switchyard *Am*; **romans de ~** cheap OU trashy novels. -**2.** [garage à bateaux] (river) basin; [d'un canal] passing place. -**3.** TRANSP: ~ **routière** [de poids lourds] haulage depot; [de cars] bus station, coach station *Br*.
◇ *interj*: ~ **à toi!**, ~ **à tes fesses!** *fam* you just watch it!; ~ **à vous si vous rentrez après minuit** if you come home after midnight, there'll be trouble!, you'd better be in by midnight, or else!; ~ **à tes doigts avec ce couteau** watch your fingers with that knife; ~ **dessous!** look out OU watch out down below!

garenne [garɛn] ◇ *nf* [lieu boisé] (rabbit) warren.
◇ *nm* ZOOL wild rabbit.

garer [3] [gare] *vt* -**1.** [véhicule] to park; **j'ai garé la voiture pas trop loin d'ici** I've parked the car not too far from here; **bien/mal garé** parked legally/illegally; **garé en double file** double-parked. -**2.** TRANSP [canot] to dock, to berth; [avion léger - dans un hangar] to put away *(sép)*; [- sur la piste] to park. -**3.** RAIL to shunt, to move into a siding, to switch *Am*.
◆ **se garer** *vpi* -**1.** [en voiture] to park; **trouver à se ~** to find a parking place OU space. -**2.** [s'écarter]: **gare-toi!** get out of the way!
◆ **se garer de** *vp* + *prép* [éviter]: **se ~ d'un danger** to steer clear of a danger; **garez-vous de ces gens-là** give those people a wide berth, steer clear of those people.

gargantua [gargɑ̃tɥa] *nm*: **un (véritable) ~** a glutton.

Gargantua [gargɑ̃tɥa] *npr*: **'(Vie inestimable du grand) ~'** *Rabelais* 'Gargantua and Pantagruel'.

gargantuesque [gargɑ̃tɥɛsk] *adj* gargantuan.

gargariser [3] [gargarize]
◆ **se gargariser** *vpi* to gargle.
◆ **se gargariser de** *vp* + *prép* to delight in *(insép)*; **il se gargarise volontiers de mots à la mode/de noms célèbres** he delights in trotting out fashionable words/in dropping famous names.

gargarisme [gargarism] *nm* [rinçage] gargling; [produit] mouthwash; **faire des ~s** to gargle.

gargote [gargɔt] *nf péj* cheap restaurant.

gargotier, ère [gargɔtje, ɛr] *nm, f* -**1.** [propriétaire]: **demande au ~** ask the guy who runs this cheap joint. -**2.** *péj* [mauvais cuisinier] bad cook.

gargouille [garguj] *nf* -**1.** [de gouttière] waterspout. -**2.** ARCHIT gargoyle.

gargouillement [gargujmɑ̃] *nm* -**1.** [d'une fontaine] gurgling. -**2.** [de l'estomac] rumbling; **j'ai des ~s dans le ventre** my stomach is rumbling.

gargouiller [3] [garguje] *vi* -**1.** [liquide] to gurgle. -**2.** [estomac] to rumble.

gargouillis [garguji] = **gargouillement**.

gargoulette [gargulɛt] *nf* -**1.** [cruche] goglet. -**2.** ▽ *vieilli* [gosier] throat, gullet, craw.

gargousse [gargus] *nf* cartridge bag.

garnement [garnəmɑ̃] *nm* brat, rascal; **le vilain ~, il s'est encore enfui** that little rascal has run away again.

garni, e [garni] *adj* -**1.** CULIN [plat du jour, viande] with vegetables; **choucroute ~e** sauerkraut with meat. -**2.** *vieilli* [chambre, logement, hôtel] furnished.
◆ **garni** *nm vieilli* furnished rooms OU accommodation.

garnir [32] [garnir] *vt* -**1.** [décorer]: **ils ont garni la table de fleurs et de bougies** they decorated the table with flowers and candles; **il faudrait quelques bibelots pour ~ les étagères** the shelves would look much nicer with a few ornaments (on them); **l'arbre sera garni de cheveux d'anges** the tree will be hung OU decorated with Christmas floss; **revers garnis de vison** mink-trimmed lapels. -**2.** [remplir]: **nous vendons la corbeille garnie de fruits** the basket is sold (complete) with an assortment of fruit; **la trousse de toilette est vendue entièrement garnie** the sponge bag *Br* OU toilet case *Am* comes complete with toiletries; **il est bien garni, ton frigo!** your fridge is very well stocked! -**3.** [équiper]: **les semelles sont garnies de pointes d'acier** the soles are steel-tipped ‖ AUT & RAIL [aménager - intérieur d'un véhicule] to fit. -**4.** [de tissu - siège] to cover, to upholster; [- vêtement, coffret] to line; **elle a garni la robe d'une doublure en satin** she lined the dress with satin; **je vais ~ les tiroirs de papier de soie** I'll line the drawers with tissue paper. -**5.** CULIN [remplir] to fill; [pour accompagner]: **toutes nos viandes sont garnies de pommes sautées** all our meat dishes come with OU are served with sautéed potatoes. -**6.** [remplir du nécessaire] to fill (up); ~ **la chaudière pour la nuit** to stoke OU to fill (up) the boiler for the night.
◆ **se garnir** *vpi* -**1.** [se remplir] to fill up; **le théâtre se garnissait de personnalités connues** the theatre was filling up with celebrities. -**2.** [se couvrir]: **les murs du nouveau musée se garnissent peu à peu** the walls of the new museum are gradually becoming lined with exhibits.

garnison [garnizɔ̃] *nf* garrison; **le régiment est en ~ à Nancy** the regiment is garrisoned OU stationed in Nancy.
◆ **de garnison** *loc adj* garrison *(modif)*.

garnissage [garnisaʒ] *nm* -**1.** [d'un chapeau] trim. -**2.** AUT [intérieur d'un véhicule] (interior) trim. -**3.** MÉTALL: ~ **acide/basique** acid/basic lining. -**4.** TECH [d'une chaudière] lining *(U)*.

garniture [garnityr] *nf* -**1.** [ensemble] (matching) set; **une ~ de boutons** a set of buttons ❑ ~ **de foyer** OU **de feu** set of fire irons; **une ~ de bureau** a set of desk accessories; ~ **de cheminée** (set of) mantelpiece ornaments; **une ~ de lit** a matching set of sheets and pillowcases. -**2.** [ornementation]: **avec une ~ de dentelle** trimmed with lace; **la ~ d'une automobile** the interior trim OU the upholstery of a car. -**3.** [protection]: ~ **de frein/d'embrayage** brake/clutch lining; ~ **de porte** door liner. -**4.** CULIN [d'un feuilleté] filling; [accompagnement - décoratif] garnish; [- de légumes]: **que servez-vous comme ~ avec le poisson?** what does the fish come with?, what is the fish served with?; **c'est servi sans ~** it is served without vegetables OU on its own; **'tout changement de ~ entraîne un supplément'** 'extra charge for change of vegetables'.
◆ **garnitures** *nfpl* [d'une serrure] wards.

Garonne [garɔn] *npr f*: **la ~** the (river) Garonne.

garrigue [garig] *nf* scrubland, garigue; **ça sent bon la ~** it smells of Provence.

garrot [garo] *nm* -**1.** MÉD tourniquet; **mettre un ~** to apply a tourniquet. -**2.** [supplice] garrotte. -**3.** [de scie] toggle. -**4.** ZOOL withers.

garrotter [3] [garɔte] *vt* -**1.** [attacher] to tie up *(sép)*, to bind. -**2.** *fig* [priver de liberté] to stifle, to muzzle; **tous les partis d'opposition ont été garrottés** the opposition parties have all been stifled OU muzzled. -**3.** [supplicier] to garrotte.

gars *fam* [ga] *nm* -**1.** [garçon, fils] boy, lad *Br*; **qu'est-ce qui ne va pas, mon petit ~?** what's the matter, kid OU sonny? -**2.** [jeune homme] boy, lad *Br*, guy *Am*; **allons-y, les ~** let's go, boys; **c'est un ~ bizarre** he's a weird bloke *Br* OU guy *Am*; **salut, les ~!** hi, lads! *Br*, hi, guys! *Am*.

Gascogne [gaskɔɲ] *npr f*: **(la) ~** Gascony.

gascon, onne [gaskɔ̃, ɔn] *adj* Gascon.
◆ **Gascon, onne** *nm, f* Gascon; **une offre de Gascon** an empty promise.
◆ **gascon** *nm* LING Gascon (variety).

gasconnade [gaskɔnad] *nf litt* [vantardise]: **des ~s** bragging; **raconter des ~s** to brag.

gas-oil (*pl* gas-oils), **gasoil** [gazɔjl, gazwal] *nm* = **gazole**.

Gaspar(d) [gaspar] *npr* BIBLE Caspar.

gaspillage [gaspijaʒ] *nm* waste; **un ~ de temps et d'argent** a waste of time and money; **évitez le ~ de nourriture/d'électricité/d'essence** don't waste food/electricity/petrol.

gaspiller [3] [gaspije] *vt* to waste, to squander; **en une semaine ils gaspillèrent les économies d'une année** they threw away OU squandered a year's savings in one week; **je ne vais pas ~ ma salive à lui expliquer tout cela** I won't waste my breath telling him all that; **il a gaspillé son talent** he has squandered his talent.

gaspilleur, euse [gaspijœr, øz] ◇ *adj* wasteful; **il est incroyablement ~** he's unbelievably wasteful OU extravagant.
◇ *nm, f* squanderer, spendthrift.

gastéropode [gasterɔpɔd] = **gastropode**.

gastralgie [gastralʒi] *nf* stomach pains, gastralgia *spéc*.

gastralgique [gastralʒik] *adj* gastralgic.

gastrectomie [gastrɛktɔmi] *nf* gastrectomy.

gastrique [gastrik] *adj* gastric, stomach *(modif)*; **embarras/lésion ~** stomach trouble/lesion.

gastrite [gastrit] *nf* gastritis.

gastro-entérite [gastrɔɑ̃terit] (*pl* gastro-entérites) *nf* gastroenteritis *(U)*.

gastro-entérologie [gastrɔɑ̃terɔlɔʒi] *nf* gastroenterology.

gastrofibroscopie [gastrɔfibrɔskɔpi] *nf* gastric endoscopy.

gastro-intestinal, e, aux [gastrɔɛ̃tɛstinal, o] *adj* gastrointestinal.

gastronome [gastrɔnɔm] *nmf* gastronome, gourmet.

gastronomie [gastrɔnɔmi] *nf* gastronomy; **ça ne va pas être de la haute ~, je fais un poulet rôti** don't expect anything fancy, I'm only doing roast chicken.

gastronomique [gastrɔnɔmik] *adj* gastronomic, gastronomical; **buffet ~** gourmet buffet; **critique ~** food and wine critic.

gastropode [gastrɔpɔd] *nm* gastropod, gasteropod; **les ~s** the snail family, Gastropoda *spéc*.

gastroscope [gastrɔskɔp] *nm* gastroscope.

gastroscopie [gastrɔskɔpi] *nf* gastroscopy.

gastrotomie [gastrɔtɔmi] *nf* gastrotomy.

gâteau, x [gato] *nm* -**1.** CULIN [pâtisserie] cake; [biscuit] biscuit *Br*, cookie *Am*; **donne-moi une petite part/tranche de ~** give me a small piece/slice of cake ❑ ~ **de riz/de semoule** ≃ rice/semolina pudding; ~ **d'anniversaire** birthday cake; ~ **apéritif** savoury biscuit *Br*, cracker *Am (to eat with drinks)*; ~ **marbré** marble cake; ~ **aux noix** walnut cake; ~ **sec** (sweet) biscuit *Br* OU cookie *Am*; **ça n'est pas du**

~ *fam* it isn't as easy as it looks; **c'est du** ~ *fam* it's a piece of cake OU a walkover *Am*. -**2.** *Helv* tart. -**3.** [masse pressée] cake; ~ **de miel** OU **de cire** honeycomb.

◆ **gâteau** *fam adj inv*: **c'est un papa** ~ he's a soft touch with his children; **j'ai eu un tonton** ~ I had an uncle who spoilt me rotten.

gâter [3] [gate] *vt* -**1.** [combler - ami, enfant] to spoil; **j'aime bien les** ~ **à Noël** I like to spoil them at Christmas; **j'ai été gâtée aujourd'hui, j'ai eu trois offres d'emploi** today was my lucky day, I had three job offers; **du champagne! vous nous avez gâtés!** champagne! you shouldn't have!; **tu n'es qu'une enfant gâtée!** a spoilt brat, that's what you are! -**2.** *loc*: **être gâté: quel beau temps, nous sommes vraiment gâtés** we're really lucky with the weather; **nous sommes gâtés avec cette pluie!** *iron* lovely weather for ducks!; **ne pas être gâté: tu as vu ce qu'il y a à la télévision ce soir, on n'est pas gâtés!** *fam* have you seen what's on TV tonight, great, isn't it? *iron*; **il n'est pas gâté par la nature** nature wasn't very kind to him. -**3.** [abîmer] to spoil; **l'humidité gâte les fruits** moisture makes fruit go bad OU spoils fruit; **la sauce a bouilli, ça l'a gâtée** the sauce boiled, that's what spoiled it; **la pluie a gâté la récolte** the rain has spoiled OU ruined the harvest; **elle a beaucoup de dents gâtées** she's got a lot of bad teeth. -**4.** [gâcher] to spoil; **il est beau et riche, ce qui ne gâte rien** he's good-looking and wealthy, which does him no harm.

◆ **se gâter** *vpi* -**1.** [pourrir - viande, poisson, lait] to go off *Br* OU bad; [- fruit] to go bad. -**2.** [se carier - dent] to decay, to go rotten. -**3.** [se détériorer - situation] to go wrong; **nos relations ont commencé à se** ~ our relationship is starting to go wrong OU sour; **voilà ses potes, attention ça va se** ~ *fam* here come his mates, things are going to get nasty; **regarde le ciel, le temps se gâte** look at the sky, it's starting to cloud over OU the weather's changing for the worse.

gâterie [gatri] *nf* -**1.** [cadeau] treat, present; **laisse-moi t'offrir une petite** ~ let me treat you to a little something, let me buy you a little treat. -**2.** [friandise] treat, titbit.

gâte-sauce [gatsos] (*pl inv* OU **gâte-sauces**) *nm* kitchen help.

gâteux, euse [gatø, øz] ◇ *adj* -**1.** [sénile] doddering, doddery; **un vieillard** ~ an old dodderer. -**2.** *fam* [stupide] gaga; **le bébé les rend tous** ~ they are all completely besotted by the baby, they all go gaga over the baby.

◇ *nm, f*: **un vieux** ~ *péj* a silly OU doddering old fool.

gâtifier *fam* [9] [gatifje] *vi* -**1.** [devenir gâteux] to go soft in the head. -**2.** [bêtifier]: **autour du bébé, tout le monde gâtifie** everyone goes gaga over the baby.

gâtion *fam* [gatjɔ̃] *nm Helv* spoilt brat.

gâtisme [gatism] *nm* MÉD senility; **il se répète, c'est du** ~! *péj* he is repeating himself, he must be going senile!

GATT, Gatt [gat] (*abr de* **General Agreement on Tariffs and Trade**) *npr m* GATT.

gauche [goʃ] ◇ *adj* -**1.** [dans l'espace] left; **la partie** ~ **du tableau est endommagée** the left OU left-hand side of the painting is damaged; **il est ailier** ~ he plays on the left wing. -**2.** [maladroit - adolescent] awkward, gawky; [- démarche] ungainly; [- manières] awkward, gauche; [- geste, mouvement] awkward, clumsy; **ses excuses étaient encore plus** ~**s que sa gaffe** his apologies were even clumsier OU more awkward than his blunder. -**3.** CONSTR warped. -**4.** MATH: **courbe** ~ skew curve.

◇ *nm* -**1.** SPORT [pied gauche]: **marquer un but du** ~ to score a goal with one's left (foot) ‖ [poing gauche]: **il a un** ~ **imparable** he has an unstoppable left. -**2.** CONSTR warping.

◇ *nf* -**1.** [côté gauche]: **la** ~ the left OU left-hand side; **il confond sa droite et sa** ~ he mixes up (his) right and left; **la page de** ~ the left-hand page; **il y a deux ascenseurs, prenez celui de** ~ there are two lifts, take the one on your OU on the left; **l'église est à** ~ **de l'hôtel** the church is to the left of the hotel; **la deuxième rue sur votre** ~ the second street on your left; **l'arabe s'écrit de droite à** ~ Arabic is written from right to left. -**2.** POL left; **quand la** ~ **est arrivée au pouvoir** when the left came to power; **elle vote à** ~ she votes (for the) left; **à droite comme à** ~**, on condamne les essais nucléaires** right and left both condemn nuclear testing.

◆ **à gauche** ◇ *loc interj* -**1.** MIL: **à** ~, ~! left (turn)! -**2.** NAUT: **à** ~! left!; **à** ~ **toute!** hard to port!; **à** ~ **tout doucement!** left hand down and slow!

◇ *loc adv* -**1.** [sur le côté gauche] on the left; **tournez à** ~ turn left. -**2.** *fam loc*: **mettre de l'argent à** ~ to put OU to tuck some money away.

◆ **de gauche** *loc adj* left-wing; **idées/parti de** ~ left-wing ideas/party; **être de** ~ to be left-wing OU a left-winger.

◆ **jusqu'à la gauche** *fam loc adv*: **on s'est fait arnaquer jusqu'à la** ~ we got completely ripped off, they cheated us good and proper; **il est compromis jusqu'à la** ~ **dans cette affaire** he's involved right up to the hilt in this business.

gauchement [goʃmɑ̃] *adv* clumsily.

gaucher, ère [goʃe, ɛr] ◇ *adj* left-handed; **il n'est pas** ~! he is (rather) good with his hands!

◇ *nm, f* [gén] left-hander; [boxeur] southpaw.

gaucherie [goʃri] *nf* -**1.** [attitude] clumsiness; **ils ont fait preuve d'une** ~ **inhabituelle dans cette affaire** they have handled this case with unusual clumsiness. -**2.** [acte, geste] awkwardness *(U)*; [expression] tactless OU insensitive statement; **des** ~**s typiques d'un garçon de 15 ans** awkwardness typical of a 15-year-old boy; **bon exposé, malgré quelques** ~**s** a good essay, despite some clumsy turns of phrase. -**3.** MÉD [prévalence manuelle] left-handedness.

gauchir [32] [goʃir] ◇ *vt* -**1.** CONSTR to warp, to buckle. -**2.** [altérer] to distort; **les préjugés gauchissent la réalité** prejudice distorts reality; **il accuse les journalistes d'avoir gauchi ses propos** he accuses the journalists of distorting OU misrepresenting his words.

◇ *vi* to warp.

◆ **se gauchir** *vpi* to warp.

gauchisant, e [goʃizɑ̃, ɑ̃t] POL ◇ *adj*: **être** ~ to have left-wing tendencies.

◇ *nm, f*: **c'est un** ~ he's on the left, he's got left-wing tendencies.

gauchisme [goʃism] *nm* POL [gén] leftism; [depuis 1968] New Leftism.

gauchissement [goʃismɑ̃] *nm* -**1.** CONSTR warping. -**2.** *fig* distortion, misrepresentation.

gauchiste [goʃist] POL ◇ *adj* [gén] left; [depuis 1968] (New) Leftist.

◇ *nmf* [gén] leftist; [depuis 1968] (New) Leftist.

gaucho[1] [goʃo] *nm* [gardien de troupeaux] gaucho.

gaucho[2] *fam* [goʃo] *adj inv* & *nmf péj* [de gauche] lefty, pinko.

gaudriole *fam* [godrijɔl] *nf* -**1.** [plaisanterie] bawdy joke. -**2.** [sexe]: **il ne pense qu'à la** ~ he's got a one-track mind.

gaufrage [gofraʒ] *nm* -**1.** [relief - sur du cuir, du métal] embossing; [- sur une étoffe] diapering. -**2.** [plissage d'un tissu] goffering. -**3.** IMPR goffering.

gaufre [gofr] *nf* -**1.** CULIN waffle. -**2.** [de cire] honeycomb.

gaufrer [3] [gofre] *vt* -**1.** [imprimer un relief sur - cuir, métal, papier] to emboss, to boss; [- étoffe] to diaper. -**2.** [plisser - tissu] to goffer; [- cheveux] to crimp; **elle s'est fait** ~ **les cheveux** she had her hair crimped.

gaufrerie [gofrəri] *nf Can* waffle.

gaufrette [gofrɛt] *nf* wafer.

gaufreur, euse [gofrœr, øz] *nm, f* -**1.** [de cuir, de métaux] embosser. -**2.** [de tissu] gofferer.

◆ **gaufreuse** *nf* embossing press.

gaufrier [gofrije] *nm* waffle iron.

gaufroir [gofrwar] *nm* goffer.

gaufrure [gofryr] *nf* goffering, embossed design.

gaulage [golaʒ] *nm* beating; **le** ~ **des noix** *beating walnuts down from trees.*

gaule [gol] *nf* -**1.** [perche] pole. -**2.** PÊCHE fishing rod.

Gaule [gol] *npr f*: **la** ~ Gaul.

gauler [3] [gole] *vt* -**1.** [arbre] to beat; [fruit] to beat down *(sép)* (from the tree). -**2.** ▽ *loc*: **se faire** ~ to get nicked *Br* OU busted *Am*.

gaullien, enne [goljɛ̃, ɛn] *adj* of de Gaulle, de Gaulle's; **l'éloquence** ~**ne** de Gaulle's eloquence.

gaullisme [golism] *nm* Gaullism.

gaulliste [golist] *adj* & *nmf* Gaullist.

gaulois, e [golwa, az] *adj* -**1.** HIST Gallic, Gaulish. -**2.** [grivois] bawdy; **plaisanterie** ~**e** bawdy joke; **l'humour** ~ bawdy humour.

◆ **Gaulois, e** *nm, f* Gaul.

◆ **gaulois** *nm* LING Gaulish.

◆ **gauloise** *nf* [cigarette] Gauloise.

gauloiserie [golwazri] *nf* -**1.** [plaisanterie] bawdy joke; [remarque] bawdy remark. -**2.** [attitude] bawdiness.

Gault et Millaut [goemijo] *nm*: **le** ~ *well-known French restaurant guide.*

gausser [3] [gose]

◆ **se gausser** *vpi litt* to mock; **gaussez-vous donc, braves gens!** well may you mock, good people!; **vous vous gaussez!** you jest!

gavage [gavaʒ] *nm* -**1.** AGR force-feeding, gavage; **le** ~ **des oies pour Noël** the fattening (up) of geese for Christmas. -**2.** MÉD tube-feeding.

gave [gav] *nm* (mountain) stream OU torrent *(in SW France).*

gaver [3] [gave] *vt* -**1.** AGR to force-feed. -**2.** [bourrer]: **on l'a gavé d'antibiotiques** he has been stuffed with antibiotics; **la télévision nous gave de publicités** we get an overdose of commercials on television.

◆ **se gaver de** *vp + prép* to fill OU to stuff o.s. up with; **ils se sont gavés de fraises** they stuffed themselves with strawberries; **cet été je me suis gavé de romans policiers** *fig* this summer I indulged myself with detective stories.

gavial, als [gavjal] *nm* gavial.

gavotte [gavɔt] *nf* DANSE & MUS gavotte.

gavroche [gavrɔʃ] ◇ *adj* [air, expression] mischievous, impish.

◇ *nm*: **un vrai petit** ~ a typical Parisian urchin.

gay [gɛ] *adj* & *nmf* gay; **il/elle est** ~ he's/she's gay.

gaz [gaz] ◇ *nm inv* -**1.** [pour le chauffage, l'éclairage] gas; **avoir le** ~ to have gas, to be on gas *Br*; **il n'y a pas le** ~ **ici** we don't have gas in this place; **employé du** ~ gasman ❑ ~ **de ville** town gas; **Gaz de France** *the French gas board.* -**2.** CHIM gas; ~ **asphyxiant/hilarant/lacrymogène** asphyxiant/laughing/tear gas; ~ **inerte/rare** inert/rare gas; ~ **carbonique** carbon dioxide; ~ **de combat** MIL poison gas; ~ **naturel** natural gas; ~ **parfait** ideal gas; ~ **propulseur** propellant; ~ **toxique** toxic gas. -**3.** MÉD [pour anesthésie] gas.

◇ *nmpl* -**1.** PHYSIOL: **avoir des** ~ to have wind *Br* OU gas *Am*. -**2.** [carburant]: ~ **brûlés** OU **d'échappement** exhaust fumes; ~ **d'admission** air-fuel mixture; ~ **de pétrole liquéfiés** liquid petroleum gas; **mettre les** ~ *fam* to put one's foot down *Br*, to step on the gas *Am*; **on roulait (à) pleins** ~ *fam* we were going flat out OU at full speed.

◆ **à gaz** *loc adj* gas *(modif)*; **réchaud à** ~ (portable) gas stove.

Gaza [gaza] *npr* Gaza; **la bande de** ~ the Gaza Strip.

gazage [gazaʒ] = **flambage 2**.

gaze [gaz] *nf* -**1.** TEXT gauze; ~ **métallique** wire gauze. -**2.** MÉD gauze; ~ **stérilisée** aseptic gauze.

gazé, e [gaze] ◇ *adj* gassed.
◇ *nm, f* (poison) gas victim.
gazéification [gazeifikasjɔ̃] *nf* -1. CHIM gasification. -2. MIN: ~ souterraine underground gasification; ~ du charbon (ex situ) coal distillation. -3. [de l'eau] aeration; [avec du gaz carbonique] carbonation.
gazéifier [9] [gazeifje] *vt* -1. CHIM to gasify. -2. [eau] to aerate; [avec du gaz carbonique] to carbonate.
gazelle [gazɛl] *nf* gazelle.
gazer [3] [gaze] ◇ *vt* -1. [asphyxier] to gas; il a été gazé [dans une chambre à gaz] he died in a gas chamber; [sur le champ de bataille] he was a victim of poison gas. -2. TEXT to singe.
◇ *vi fam* -1. [aller bien]: alors, ça gaze? — ça gaze! how's things? OU how's it going? — great!; ça ne gaze pas du tout en ce moment things aren't too great at the moment. -2. [foncer]: allez, gaze! step on it!, get a move on!
gazetier, ère [gaztje, ɛr] *nm, f* -1. *arch* gazette proprietor, gazetteer. -2. *péj* hack.
gazette [gazɛt] *nf* -1. *arch* [journal] gazette, newspaper; la Gazette de Lausanne PRESSE *Swiss daily newspaper*. -2. *fam vieilli* [bavard]: son mari est une vraie ~! her husband knows everybody's business OU all the latest gossip!
gazeux, euse [gazø, øz] *adj* -1. CHIM gaseous. -2. [boisson] fizzy, sparkling; [eau] sparkling, carbonated, fizzy; eau gazeuse naturelle naturally carbonated water. -3. MÉD gas *(modif)*.
gazier, ère [gazje, ɛr] *adj* gas *(modif)*.
◆ **gazier** *nm* -1. [employé du gaz] gasman. -2. ▽ [individu] guy, bloke *Br*, dude *Am*.
gazinière [gazinjɛr] *nf* gas stove, gas cooker *Br*.
gazoduc [gazɔdyk] *nm* gas pipeline.
gazogène [gazɔʒɛn] *nm* [appareil] gas generator; gaz de ~ producer gas.
gazole [gazɔl] *nm* -1. [pour moteur Diesel] diesel (oil), derv *Br*. -2. [combustible]: ~ de chauffe (domestic) fuel oil.
gazoline [gazɔlin] *nf* gasoline, gasolene.
gazomètre [gazɔmɛtr] *nm* gasholder, gasometer.
gazométrie [gazɔmetri] *nf* gasometry.
gazon [gazɔ̃] *nm* -1. [herbe]: du ~ turf; une motte de ~ a piece of turf, a sod. -2. [pelouse] lawn.
gazonnant, e [gazɔnɑ̃, ɑ̃t] *adj* tufty, grassy.
gazonner [3] [gazɔne] *vt* to turf, to grass (over).
gazouillant, e [gazujɑ̃, ɑ̃t] *adj* -1. [oiseau] chirping, warbling. -2. [bébé] babbling, gurgling.
gazouillement [gazujmɑ̃] *nm* -1. [d'oiseau] chirping *(U)*, warbling *(U)*. -2. [d'un bébé] babbling *(U)*, gurgling *(U)*. -3. *litt* [de l'eau] babbling; on n'entendait que le ~ d'une fontaine all that could be heard was the gurgling OU babbling of a fountain.
gazouiller [3] [gazuje] *vi* -1. [oiseau] to chirp, to warble. -2. [bébé] to babble, to gurgle. -3. *litt* [ruisseau, eau] to babble, to murmur, to gurgle.
gazouilleur, euse [gazujœr, øz] *adj* -1. [oiseau] chirping, warbling. -2. [bébé] babbling, gurgling.
gazouillis [gazuji] = **gazouillement**.
GB, G-B (*abr écrite de* Grande-Bretagne) *npr f* GB.
gd *abr écrite de* grand.
Gdansk [gdɑ̃sk] *npr* Gdansk.
GDF *npr abr de* Gaz de France.
geai [ʒɛ] *nm* jay.
géant, e [ʒeɑ̃, ɑ̃t] ◇ *adj* -1. [énorme] giant; une ville ~e a gigantic town; un écran ~ a giant screen; une clameur ~e an almighty clamour. -2. ASTRON giant.
◇ *nm, f* -1. [personne, chose de grande taille] giant; le chêne, ~ de la forêt *litt* the oak, giant of the forest ❑ le projet avance à pas de ~ the project is coming on *Br* OU moving along *Am* in leaps and bounds. -2. *fig*: les ~s de la littérature classique the giants OU great names of classical literature; le ~ du cyclisme français the star of French cycling; ils ont couronné un ~ they have given the award to one of the all-time greats; c'est un des ~s de l'électronique ÉCON it's one of the giants of the electronics industry. -3. MYTH giant.
gecko [ʒeko] *nm* gecko.
Geiger [ʒeʒɛr] *npr*: compteur (de) ~ Geiger counter.
geignard, e *fam* [ʒɛɲar, ard] ◇ *adj* [personne] whining, whingeing *Br*, whiny *Am*; et moi? dit-il d'une voix ~e what about me? he whined.
◇ *nm, f* [enfant] crybaby; [adulte] moaner, whinger *Br*, bellyacher *Am*.
geignement [ʒɛɲəmɑ̃] *nm* moaning *(U)*, groaning *(U)*.
geindre [81] [ʒɛ̃dr] *vi* -1. [gémir] to groan, to moan. -2. *fam* [pour des riens] to whine, to gripe. -3. *litt*: entends-tu le vent qui geint dans les arbres? can you hear the wind moaning in the trees?
geisha [geʃa] *nf* geisha (girl).
gel [ʒɛl] *nm* -1. MÉTÉO frost; persistance du ~ sur toute la moitié ouest it will stay frosty in the west. -2. [suspension]: le ~ des opérations militaires the suspension of military operations. -3. ÉCON freezing; le ~ des salaires the wage freeze; ce n'est pas le ~ des prix qui nous aidera freezing prices won't help us. -4. CHIM gel; ~ coiffant hair gel.
gélatine [ʒelatin] *nf* -1. CULIN gelatine; ~ de poisson isinglass, fish glue. -2. PHOT: une plaque enduite de ~ a gelatine-coated plate. -3. [explosif]: ~ explosive blasting gelatine.
gélatiné, e [ʒelatine] *adj* PHOT: papier ~ gelatine paper; plaque ~e gelatinized plate.
gélatineux, euse [ʒelatinø, øz] *adj* -1. [contenant de la gélatine] gelatinous; substance gélatineuse gelatinous substance; solution gélatineuse gelatine solution. -2. [flasque] gelatinous, jellylike, flaccid.
gélatino-bromure [ʒelatinɔbrɔmyr] (*pl* gélatino-bromures) *nm* gelatino-bromide; papier au ~ PHOT bromide paper.
gélatino-chlorure [ʒelatinɔklɔryr] (*pl* gélatino-chlorures) *nm* gelatino-chloride.
gelé, e [ʒəle] *adj* -1. AGR & MÉTÉO [sol] frozen; [pousse, bourgeon] frostbitten, frozen; [arbre] frozen. -2. *fig* [glacé] frozen; des draps ~s ice-cold sheets; être ~ jusqu'aux os to be frozen to the bone, to be frozen stiff. -3. MÉD frostbitten; il a eu les orteils ~s his toes were frostbitten, he got frostbite in his toes. -4. ÉCON & FIN frozen. -5. [hostile] icy, stone-cold.
◆ **gelée** *nf* -1. MÉTÉO frost; ~ blanche white frost, hoarfrost. -2. CULIN jelly; ~ de groseilles redcurrant jelly OU preserve.
◆ **en gelée** *loc adj* in jelly; volaille en ~ chicken in aspic OU jelly.
◆ **gelée royale** *nf* royal jelly.
geler [25] [ʒəle] ◇ *vt* -1. [transformer en glace - eau, sol] to freeze; le froid a gelé la rivière the cold has frozen the river (over). -2. [bloquer - tuyau, serrure] to freeze up *(sép)*. -3. [détruire - plante, tissu organique] to freeze; le froid a gelé les premières fleurs the cold has frozen OU nipped the first flowers. -4. [transir - visage] to chill, to numb; [- membres] to freeze. -5. [paralyser - négociations] to halt; [- projet] to halt, to block; [- capitaux, salaires, prix] to freeze; tous les crédits sont gelés jusqu'à nouvel ordre all funding has been frozen until further notice. -6. *fig* [refroidir] to chill; son intervention a gelé l'auditoire his speech killed the audience's enthusiasm OU put a damper on the proceedings.
◇ *vi* -1. [eau, liquide] to freeze; [lac] to freeze over. -2. [tuyau, serrure] to freeze up. -3. [pousses, légumes] to freeze, to be nipped by the frost. -4. [personne] to freeze; je gèle I'm frozen (stiff); ferme la porte, on gèle ici shut the door, it's freezing in here.
◇ *v impers*: il gèle it's freezing; il a gelé cette nuit it was below freezing OU zero last night; il a gelé blanc there's been a frost ❑ il gèle à pierre fendre it is freezing hard.
◆ **se geler** ◇ *vpi* [personne]: je me suis gelé là-bas I got (absolutely) frozen down there.
◇ *vpt*: on se les gèle▽ it's damned cold, it's brass monkey weather *Br*.
gélif, ive [ʒelif, iv] *adj* -1. GÉOL susceptible to frost heave. -2. AGR [champ] susceptible to spring frosts; [sol] susceptible to frost heave; [arbre] frost-cleft.
gélifiant, e [ʒelifjɑ̃, ɑ̃t] *adj* gelling.
◆ **gélifiant** *nm* gellant.
gélification [ʒelifikasjɔ̃] *nf* BOT & CHIM gelation, gelling.
gélifier [9] [ʒelifje] *vt* -1. CHIM to gel. -2. CULIN to make into a jelly, to jellify.
gélinotte [ʒelinɔt], **gelinotte** [ʒəlinɔt] *nf* hazel grouse, hazel hen.
gélose [ʒeloz] *nf* agar.
gélule [ʒelyl] *nf* capsule PHARM.
gelure [ʒəlyr] *nf* frostbite *(U)*.
Gémeaux [ʒemo] *npr mpl* -1. ASTRON Gemini. -2. ASTROL Gemini; les ~ Gemini; elle est ~ she's (a) Gemini.
gémellaire [ʒemelɛr] *adj* twin *(modif)*, gemellary *spéc*; grossesse ~ twin pregnancy.
gémellipare [ʒemelipar] *adj* gemelliparous.
gémelliparité [ʒemeliparite] *nf* twin pregnancy.
gémellité [ʒemelite] *nf*: le taux de ~ varie selon les pays the number of twin births varies from country to country.
gémination [ʒeminasjɔ̃] *nf* LING & MÉD gemination.
géminé, e [ʒemine] *adj* -1. [double] twin *(modif)*, geminate *spéc*; arcades ~es ARCHIT twin OU dual arcades; fenêtres ~es paired OU gemel windows. -2. LING: consonne ~e geminate consonant.
géminer [3] [ʒemine] *vt* -1. [gén] to geminate, to twin. -2. LING to geminate.
gémir [32] [ʒemir] *vi* -1. [blessé, malade] to moan, to groan. -2. [vent] to moan, to wail; [parquet, gonds] to creak. -3. [se plaindre] to moan, to whine. -4. *litt* [souffrir]: ~ dans les fers to languish in irons.
gémissant, e [ʒemisɑ̃, ɑ̃t] *adj* [blessé, malade] moaning, groaning; *fig*: les accents ~s d'un violon the wailing strains of a violin; les accents ~s de la bise the moaning of the north wind.
gémissement [ʒemismɑ̃] *nm* -1. [gén] moan, groan; pousser un ~ to (utter a) groan; le ~ du vent the moaning OU wailing of the wind. -2. [de la tourterelle] cooing *(U)*.
gemmage [ʒɛmaʒ] *nm* tapping (of a pine-tree).
gemmail, aux [ʒɛmaj, o] *nm* ARCHIT nonleaded stained glass (window).
gemmation [ʒɛmasjɔ̃] *nf* gemmation.
gemme [ʒɛm] ◇ *nf* -1. [pierre précieuse] gem. -2. [résine] (pine) resin.
◇ *adj*: sel ~ rock salt.
gemmer [4] [ʒeme] *vt* [arbre] to tap *(pine trees)*.
gemmifère [ʒɛmifɛr] *adj* gemmate.
gemmologie [ʒɛmɔlɔʒi] *nf* gemology, gemmology.
gemmule [ʒemyl] *nf* gemmule.
gémonies [ʒemɔni] *nfpl* -1. ANTIQ the Gemonies. -2. *loc*: traîner OU vouer qqn aux ~ to pillory sb; traîner OU vouer qqch aux ~ to hold sthg up to public ridicule.
gênant, e [ʒɛnɑ̃, ɑ̃t] *adj* -1. [encombrant] in the way; enlève ce fauteuil, il est ~ move that armchair, it's in the way. -2. [ennuyeux] annoying; les bus sont en grève? c'est ~, ça so the buses are on strike? what a nuisance OU how annoying; c'est ~ qu'elle ne soit pas à la réunion it's annoying OU it's a bit of a nuisance that she's not at the meeting; ce n'est pas ~ it doesn't matter; est-ce que c'est ~? does it matter? -3. [embarrassant] awkward, embarrassing; c'est ~ d'y aller sans avoir été invité I feel a bit awkward OU uncomfortable about going there without an invitation.
gencive [ʒɑ̃siv] *nf* ANAT gum; j'ai les ~s enflées my gums are swollen; prendre un coup-

dans les ~s *fam* to get socked in the jaw, to get a kick in the teeth ❑ elle lui a envoyé OU flanqué dans les ~s le détail de ce qu'elle lui reprochait *fam* she told him to his face everything she didn't like about him.

gendarme [ʒɑ̃darm] *nm* -**1.** [policier] gendarme, policeman; **jouer au ~ et au voleur** OU **aux ~s et aux voleurs** to play cops and robbers. -**2.** *fam* [personne autoritaire]: **faire le ~** to lay down the law; **leur mère est un vrai ~** their mother's a real OU *Br* right battle-axe. -**3.** *fam* [hareng] smoked herring. -**4.** [saucisse] *dry, flat sausage*. -**5.** [pointe rocheuse] gendarme.

gendarmer [3] [ʒɑ̃darme]
◆ **se gendarmer** *vpi*: **se ~ (contre)** [protester] to kick up a fuss (about); [s'indigner] to get on one's high horse (about).

gendarmerie [ʒɑ̃darməri] *nf* -**1.** [corporation] gendarmerie, police force. -**2.** [bureaux] gendarmerie, police station; [caserne] police OU gendarmerie barracks.

gendre [ʒɑ̃dr] *nm* son-in-law.

gène [ʒɛn] *nm* gene.

gêne [ʒɛn] *nf* -**1.** [matérielle]: **je resterais bien un jour de plus si ça ne vous cause aucune ~** I would like to stay for another day if it doesn't put you to any trouble OU if that's no bother; **sa présence parmi nous est une ~** his being here with us is a bit awkward. -**2.** [morale] embarrassment; **j'éprouvais une grande ~ à lui annoncer qu'il était renvoyé** I felt deeply embarrassed having to tell him that he was dismissed; **il a accepté l'argent avec une certaine ~** he was uncomfortable about taking the money; **il a accepté l'argent sans la moindre ~** he took the money without the slightest qualm; **un moment de ~** an awkward moment; **il y a une certaine ~ dans leurs relations** relations between them are rather strained ❑ **où il y a de la ~, il n'y a pas de plaisir** there's no need to stand on ceremony. -**3.** [difficulté physique] difficulty, discomfort; **éprouver** OU **avoir de la ~ à faire qqch** to find it difficult to do sthg. -**4.** [pauvreté]: **être dans la ~** to be in need; **sa mort nous a mis dans la ~** his death has left us in financial straits.
◆ **sans gêne** *loc adj* inconsiderate.

gêné, e [ʒene] *adj* -**1.** [personne, sourire] embarrassed; **pourquoi prends-tu cet air ~?** why are you looking so embarrassed?; **il n'est pas ~, lui!** *fam* he's got a nerve OU *Br* a cheek! -**2.** [serré] ill at ease, uncomfortable; **il se sentait ~ dans son nouvel uniforme** he felt uncomfortable in his new uniform ❑ **être ~ aux entournures** [mal à l'aise] to feel ill at ease OU self-conscious. -**3.** [financièrement]: **les personnes momentanément ~es peuvent demander une avance** people with temporary financial difficulties can ask for an advance.

généalogie [ʒenealɔʒi] *nf* -**1.** [ascendance] ancestry; **faire** OU **dresser sa ~** to trace one's ancestry OU family tree. -**2.** [science] genealogy.

généalogique [ʒenealɔʒik] *adj* genealogical.

généalogiste [ʒenealɔʒist] *nmf* genealogist.

génépi [ʒenepi], **genépi** [ʒənepi] *nm* -**1.** BOT wormwood. -**2.** [liqueur] genipi *(absinthe liqueur)*.

gêner [4] [ʒene] *vt* -**1.** [incommoder - suj: chose] to bother; **j'ai une poussière dans l'œil qui me gêne** there's a speck of dust in my eye that's bothering me; **est-ce que la fumée vous gêne?** does the smoke bother you?; **la lanière de mes sandales me gêne quand je marche** the straps on my sandals are uncomfortable when I walk; **mes lunettes me gênent pour mettre mon casque** my glasses get in the way when I put my helmet on; **j'ai oublié mes lunettes, ça me gêne pour lire** I've left my glasses behind and I'm finding it difficult to read. -**2.** [encombrer] to be in the way; **c'est le placard qui gêne pour ouvrir la porte** the door won't open because of the cupboard; **enlève cette boîte de là, elle gêne (le passage)** move that box, it's in the way; **ne bougez pas, vous ne me gênez pas du tout** don't move, you're not in my way at all. -**3.** [empêcher]: **la neige gênait la visibilité** visibility was hindered OU impaired by the snow; **ce camion gêne la circulation** that lorry is holding up the traffic; **je suis gêné dans mon métier par mes lacunes en mathématiques** the gaps in my knowledge of mathematics are a handicap OU a drawback in my line of business. -**4.** [importuner - suj: personne] to put out *(sép)*, to bother, to inconvenience; **ça ne le gênerait pas que j'arrive après minuit?** would it bother him OU put him out if I arrived after midnight?; **ça vous gêne si j'ouvre la fenêtre?** do you mind if I open the window?; **ça ne me gêne pas de le lui dire** I don't mind telling him (about it); **oui pourquoi, ça te gêne?** *fam* yes why, what's it to you OU got any objections? ‖ *(en usage abs)*: **ça ne gêne pas que tu viennes, il y a de la place** it'll be no bother OU trouble at all if you come, there's enough room. -**5.** [intimider] to embarrass; **j'étais horriblement gêné** I was terribly embarrassed; **les plaisanteries de son ami la gênaient** her friend's jokes embarrassed her OU made her feel uncomfortable. -**6.** [mettre en difficulté financière]: **en ce moment, cela me gênerait un peu de vous prêter cet argent** I can't really afford to lend you the money at the moment.
◆ **se gêner** ◇ *vp (emploi réciproque)*: **la chambre est trop petite, on se gêne les uns les autres** the room is too small, we're in each other's way. ◇ *vpi* -**1.** *fam* **je vais me ~, tiens!** just watch me!; **tu aurais tort de te ~!** why should you worry OU care?; **ne pas se ~: continuez votre repas, ne vous gênez pas pour moi** go on with your meal, don't mind me; **vous avez pris ma place, surtout ne vous gênez pas!** *iron* go on, take my seat, don't mind me!; **il y en a qui ne se gênent pas!** some people have got a nerve! -**2.** *Helv* to be shy.

général, e, aux [ʒeneral, o] *adj* -**1.** [d'ensemble] general; **les caractéristiques ~es du texte** the general features of the text; **la situation ~e** the general OU overall situation; **le phénomène est ~** the phenomenon is widespread, it's a general phenomenon; **le sens ~ d'un mot** the general OU broad meaning of a word; **l'état ~ du malade est stationnaire** the patient's overall condition remains unchanged. -**2.** [imprécis] general; **il s'en est tenu à des remarques ~es** he confined himself to generalities OU to some general remarks. -**3.** [collectif] general, common; **le bien ~** the common good; **à la demande ~e** by popular request; **à la surprise/l'indignation ~e** to everybody's surprise/indignation. -**4.** [total] general; **amnistie ~e** general amnesty. -**5.** ADMIN & POL [assemblée, direction] general; **il a été nommé directeur ~** he's been appointed managing director. -**6.** [discipline, science] general; **linguistique ~e** general linguistics.
◆ **général, aux** *nm* -**1.** MIL general; **~ en chef** commander in chief; **~ d'armée** general; **~ de brigade** brigadier *Br*, brigadier general *Am*; **~ de corps d'armée** lieutenant general; **~ de division** major general; **~ de brigade aérienne** air commodore *Br*, brigadier general *Am*; **~ de division aérienne** air vice-marshal *Br*, major general *Am*; **~ de corps aérien** air marshal *Br*, lieutenant general *Am*; **~ d'armée aérienne** air chief marshal *Br*, general *Am*. -**2.** RELIG general. -**3.** *(tjs au sing)* general; **aller du ~ au particulier** to move from the general to the particular.
◆ **générale** *nf* -**1.** THÉÂT (final) dress rehearsal. -**2.** MIL alarm call; **battre** OU **sonner la ~** to sound the alarm. -**3.** [épouse du général] general's wife.
◆ **en général** *loc adv* -**1.** [habituellement] generally; **en ~ il me prévient quand il rentre tard** he generally OU usually lets me know if he's going to be late (home). -**2.** [globalement]: **on parlait de l'amour en ~** we were talking about love in general; **tu parles en ~ ou (tu parles) de nous?** are you talking generally OU in general terms or (are you talking) about us?; **est-ce que vous êtes d'accord avec ses propos? – en ~, non** do you agree with what he says? – generally speaking, no!

généralat [ʒenerala] *nm* RELIG generalship.

généralement [ʒeneralmɑ̃] *adv* -**1.** [habituellement] generally, usually; **les magasins sont ~ fermés le dimanche** (the) shops are generally closed on Sundays. -**2.** [globalement] generally; **~ parlant** generally speaking; **on croit ~ que…** there is a widespread belief that…, it is widely believed that…

généralisable [ʒeneralizabl] *adj*: **l'expérience/la théorie est intéressante, mais est-elle ~?** it's an interesting experiment/theory, but can it be generalized OU applied more generally?

généralisateur, trice [ʒeneralizatœr, tris] *adj*: **c'est un livre trop ~** the book generalizes too much OU indulges in too many generalizations.

généralisation [ʒeneralizasjɔ̃] *nf* -**1.** [propos, idée] generalization. -**2.** [extension] generalization; **nous assistons à la ~ du conflit/de la maladie** the conflict/the disease is spreading.

généralisé, e [ʒeneralize] *adj* [cancer] general; [conflit, crise] widespread, generalized.

généraliser [3] [ʒeneralize] *vt* -**1.** [répandre]: **cette méthode/interdiction a été généralisée** this method/ban now applies to everybody; **cette mesure a été généralisée en 1969** this measure was extended across the board in 1969. -**2.** [globaliser] to generalize; **tu n'as pas le droit de ~** you have no right to generalize; **ne généralise pas ton cas personnel** don't generalize from your own experience.
◆ **se généraliser** *vpi* [crise, famine] to become widespread; **l'usage de la carte de crédit s'est généralisé** credit cards are now in general use.

généralissime [ʒeneralisim] *nm* generalissimo.

généraliste [ʒeneralist] ◇ *adj* [chaîne de télévision] general-interest *(avant n)*.
◇ *nmf* MÉD general practitioner, GP.

généralité [ʒeneralite] *nf* -**1.** [universalité] generality. -**2.** [majorité]: **dans la ~ des cas** in most cases.
◆ **généralités** *nfpl* [points généraux] general remarks; [banalités] generalities.

générateur, trice [ʒeneratœr, tris] *adj* -**1.** [créateur]: **la nouvelle politique salariale sera génératrice d'emplois** the new wages policy will create jobs OU generate employment; **une industrie génératrice d'emplois** a job-creating industry; **un fanatisme ~ de violence** a fanaticism that breeds violence. -**2.** MATH: **ligne génératrice d'une surface** line which generates a surface.
◆ **générateur** *nm* -**1.** ÉLECTR: **~ d'électricité** electricity generator; **~ de vapeur** steam generator. -**2.** NUCL: **~ isotopique** radioisotopic (power) generator. -**3.** INF: **~ de programmes** (program) generator; **~ automatique de programmes** report program generator; **~ de système expert** generic expert system tool; **~ de caractères** character generator.
◆ **génératrice** *nf* -**1.** ÉLECTR generator. -**2.** MATH generatrix.

génératif, ive [ʒeneratif, iv] *adj* generative.

génération [ʒenerasjɔ̃] *nf* -**1.** BIOL generation; **les organes de la ~** the reproductive organs ❑ **~ spontanée** spontaneous generation. -**2.** [groupe d'âge] generation; **les jeunes de ma ~** young people my age OU of my generation; **la ~ montante** the new generation; **quatre ~s vivent sous le même toit** four generations live under the same roof; **la ~ perdue** *fig* the lost generation ‖ [durée] generation; **entre le grand-père et le petit-fils il y a deux ~s** there are two generations between the grandfather and the grandson; **des immigrés de la seconde ~** second-generation immigrants; **il y a environ trois ~s par siècle** there are approximately three generations per century. -**3.** [d'une technique]: **les lecteurs de disques compacts de la quatrième ~** fourth-generation compact disc

OU CD players. -**4.** INF generation; ~ **de langage/machine/système** language/computer/system generation.

génératrice [ʒeneratris] *f* → **générateur**.

générer [18] [ʒenere] *vt* to generate.

généreusement [ʒenerøzmɑ̃] *adv* -**1.** [avec libéralité] generously; ~ **rétribué** generously rewarded. -**2.** [avec noblesse] generously; **il a ~ offert de nous aider** he generously offered to help us. -**3.** [en grande quantité]: **se servir à manger** ~ to help o.s. to a generous portion; **se verser ~ à boire** to pour o.s. a good measure.

généreux, euse [ʒenerø, øz] *adj* -**1.** [prodigue] generous; **il a été très** ~ he gave very generously, he was very generous; **laisser un pourboire** ~ to leave a generous OU handsome tip. -**2.** [noble - geste, tempérament] noble; **des sentiments** ~ unselfish OU noble sentiments. -**3.** [fertile - terre] generous, fertile. -**4.** [abondant - portion] generous; [- repas] lavish. -**5.** [plantureux]: **aux formes généreuses** curvacious; **une femme à la poitrine généreuse** a woman with an ample bosom. -**6.** ŒNOL [riche - en alcool] high in alcohol; [- en saveur] full-bodied.

générique [ʒenerik] ◇ *adj* generic.
◇ *nm* -**1.** CIN & TV credits; **au ~ de notre émission ce soir** and tonight we have for you, and tonight's programme includes ❑ ~ **de début/fin** opening/final credits. -**2.** [indicatif musical] signature tune.

générosité [ʒenerɔzite] *nf* -**1.** [largesse] generosity. -**2.** [bonté] generosity, kindness; **je l'ai fait dans un élan de** ~ I did it in a sudden fit of kindness; **tu fais ça par (pure) ~?** are you doing this out of the kindness of your heart? -**3.** [d'un vin] full body; [des formes] opulence.
◆ **générosités** *nfpl* [cadeaux] gifts, liberalities.

Gênes [ʒɛn] *npr* Genoa.

genèse [ʒənɛz] *nf* -**1.** [élaboration] genesis; **la ~ d'un livre** the genesis OU origin of a book; **faire la ~ de qqch** to trace the evolution of sthg. -**2.** BIBLE: **la Genèse** (the Book of) Genesis.

génésique [ʒenezik] *adj* generative.

genet [ʒənɛ] *nm* ZOOL jennet (horse).

genêt [ʒənɛ] *nm* BOT broom *(U)*.

généticien, enne [ʒenetisjɛ̃, ɛn] *nm, f* geneticist.

génétique [ʒenetik] ◇ *adj* genetic.
◇ *nf* genetics *(sg)*.

génétiquement [ʒenetikmɑ̃] *adv* genetically.

genette [ʒənɛt] *nf* genet, genette.

gêneur, euse [ʒɛnœr, øz] *nm, f*: **il ne cesse de m'appeler, quel ~!** he keeps phoning me, what a nuisance (he is)!

Genève [ʒənɛv] *npr* Geneva; **le lac de** ~ Lake Geneva.

Geneviève [ʒənvjɛv] *npr*: **sainte** ~ Saint Genevieve.

genevois, e [ʒənvwa, az] *adj* Genevan, Genevese.
◆ **Genevois, e** *nm, f* Genevan, Genevese; **les Genevois** the Genevans, the Genevese.

genévrier [ʒənevrije] *nm* juniper.

Gengis Khan [ʒɛ̃ʒiskɑ̃] *npr* Genghis Khan.

génial, e, aux [ʒenjal, o] *adj* -**1.** [qui a du génie] of genius; **Mozart était un compositeur** ~ Mozart was a composer of genius. -**2.** [ingénieux] brilliant; **ce fut une invention ~e** it was a brilliant invention. -**3.** *fam* [sensationnel] brilliant, great, fantastic; **un film** ~ a great OU brilliant OU fantastic film; **je n'ai pas trouvé cette exposition ~e** I didn't think much of that exhibition; **pas** ~ not exactly brilliant; **tu as vu le film hier soir? pas ~, hein?** did you see the film last night? no great shakes OU not up to much, was it?; **tu as gagné aux courses? mais c'est ~!** you've won on the horses? that's great OU fantastic OU brilliant!; **elle est ~e, ta copine** your girlfriend is great OU fantastic; **j'ai fait un gâteau au chocolat — ~!** I've made a chocolate cake – brilliant OU great!

génialement [ʒenjalmɑ̃] *adv* with genius, masterfully, brilliantly.

génie [ʒeni] *nm* -**1.** [don] genius; **avoir du** ~ to be a genius; **elle a le ~ des affaires** she has a genius for business; **tu as vraiment le ~ pour te mettre dans des situations impossibles!** you have a real gift for OU the knack of always getting into difficult situations! -**2.** [personne] genius; **c'est loin d'être un** ~ he's no genius; **à 15 ans, c'était déjà un ~ de l'électronique** at 15 he was already an electronics wizard. -**3.** [essence] genius; **le ~ de la langue française** the genius OU spirit of the French language; **le ~ d'un peuple** the genius of a people ❑ **'Génie du christianisme'** *Chateaubriand* 'The Genius of Christianity'. -**4.** LITTÉRAT & MYTH [magicien] genie; [esprit] spirit; ~ **des airs** spirit of the air ❑ **être le bon/mauvais ~ de qqn** to be a good/bad influence on sb. -**5.** TECH: **le Génie** engineering; **les officiers du Génie** ≃ the Royal Engineers *Br*, ≃ the (Army) Corps of Engineers *Am* ❑ ~ **atomique/chimique/civil/génétique** nuclear/chemical/civil/genetic engineering; ~ **maritime/militaire** marine/military engineering; ~ **logiciel** systems engineering; ~ **rural** agricultural engineering.
◆ **de génie** *loc adj* of genius; **c'est un musicien/une actrice de** ~ he's a musician/she's an actress of genius; **une idée de** ~ a brilliant idea.

genièvre [ʒənjɛvr] *nm* -**1.** BOT [arbre] juniper; [fruit] juniper berry; **grain de** ~ juniper berry. -**2.** [eau-de-vie] geneva.

génique [ʒenik] *adj* genic.

génisse [ʒenis] *nf* heifer.

génital, e, aux [ʒenital, o] *adj* ANAT & PSYCH genital; **organes génitaux** genitals, genitalia.

géniteur, trice [ʒenitœr, tris] *nm, f hum* progenitor.
◆ **géniteur** *nm* ZOOL sire.

génitif [ʒenitif] *nm* GRAMM genitive (case).

génito-urinaire [ʒenitɔyrinɛr] (*pl* **génito-urinaires**) *adj* genito-urinary.

génocide [ʒenɔsid] *nm* genocide.

génois, e [ʒenwa, az] *adj* Genoese, Genovese.
◆ **Génois, e** *nm, f* Genoese, Genovese; **les Génois** the Genoese, the Genovese.
◆ **génois** *nm* -**1.** LING Genoese OU Genovese (dialect). -**2.** NAUT Genoa (jib).
◆ **génoise** *nf* CULIN sponge cake; **une ~e fourrée aux abricots** an apricot sponge (cake).

génome [ʒenom] *nm* genome.

génotype [ʒenɔtip] *nm* genotype.

genou, x [ʒənu] *nm* -**1.** ANAT knee; **on était dans la neige jusqu'aux ~x** we were knee-deep OU up to our knees in snow; **cette année les jupes s'arrêtent au** ~ knee-length skirts are the fashion this year; **mon jean est troué aux ~x** my jeans have got holes at OU in the knees; **mettre un ~ à terre** to go down on one knee; **assis sur les ~x de sa mère** sitting on his mother's lap OU knee; **plier** OU **fléchir** OU **ployer le ~ devant qqn** to bow down OU to kneel before sb ❑ **faire du ~ à qqn** to play footsie with sb; **être sur les ~x** to be exhausted; **être aux ~x de qqn** to be at sb's feet. -**2.** TECH [joint] ball-and-socket joint. -**3.** COUT knee pad.
◆ **à genoux** *loc adv* -**1.** [les genoux sur le sol]: **elle lavait le sol à ~x** she was cleaning the floor on her hands and knees; **mets-toi à ~x** get down on your knees, kneel down. -**2.** *fig*: **être à ~x devant qqn** [lui être soumis] to be on one's knees before sb; [être en adoration devant lui] to worship sb; **le public français est à ~x devant lui** French audiences worship him; **c'est à tomber** OU **se mettre à ~x tellement c'est beau** it's so beautiful it bowls you over; **je ne vais pas me mettre à ~x devant lui** [le supplier] I'm not going to go down on my knees to him; **je te le demande à (deux) ~x** I beg of you.

genouillé, e [ʒənuje] *adj* ANAT: **corps** ~ geniculate body.

genouillère [ʒənujɛr] *nf* -**1.** [protection] knee pad. -**2.** [bandage] knee bandage OU support. -**3.** ARM knee piece, genouillère.

genre [ʒɑ̃r] *nm* -**1.** [sorte, espèce] kind, sort, type; **on y trouve des livres de tous les ~s** all sorts OU kinds OU types of books are found there; **quel ~ de femme est-elle?** what kind of woman is she?; **ce n'est pas le ~ à renoncer** she's not the sort to give up OU who gives up; **partir sans payer, ce n'est pas son** ~ it's not like him to leave without paying; **dans le ~ vulgaire on ne fait pas mieux!** beat that for vulgarity!; **il a exigé qu'on lui rembourse le dessert, tu vois le ~!** he had the dessert deducted from the bill, you know the sort!; **un ~ de** [une sorte de] a kind OU sort of; **elle m'a répondu quelque chose du ~ «je ne suis pas ta bonne»** she answered something along the lines of "I'm not here to wait on you". -**2.** [comportement, manières] type, style; **le ~ intellectuel** the intellectual type; **c'est le ~ star** she's the film star type; ~ **de vie** lifestyle; **avoir un drôle de** ~ to be an odd sort; **avoir bon/mauvais ~: leurs enfants ont vraiment bon** ~ their children really know how to behave; **elle a mauvais** ~ she's a bit vulgar; **il est romantique, tout à fait mon ~!** he's a romantic, just my type! ❑ **faire du ~, se donner un** ~ to put on airs, to give o.s. airs. -**3.** BIOL genus; **le ~ humain** mankind, the human race. -**4.** BX-ARTS genre; **le grand** ~ historical painting; **peinture de** ~ genre painting. -**5.** GRAMM gender. -**6.** LITTÉRAT genre; **le ~ policier** the detective genre, detective stories; **le ~ romanesque** the novel.
◆ **dans son genre** *loc adv* [à sa façon] in his/her (own) way; **c'est un artiste dans son** ~ he's an artist in his (own) way.
◆ **en son genre** *loc adv* [dans sa catégorie]: **elle est unique en son** ~ she's in a class of her own.
◆ **en tout genre, en tous genres** *loc adv* of all kinds; **fournitures de bureau en tout** ~ office equipment of all kinds; **travaux en tous ~s** all kinds of work undertaken.

gens[1] [ʒɛ̃s] (*pl* **gentes** [ʒɛ̃tɛs]) *nf* [groupe de familles] gens; **la ~ Cornelia** the gens Cornelia.

gens[2] [ʒɑ̃] *nmpl* OU *nfpl* -**1.** [personnes] *(adj au f si placé avant; adj au m si placé après)* people; **les vieilles** ~ old people, old folk; **les gens sont de plus en plus pressés** people are in more and more of a hurry; **que diront les ~?** what will people say?; **beaucoup de** ~ many people, a lot of people; **il y a des ~ qui demandent à vous voir** there are some people who want to see you; ~ **de la campagne** country folk OU people; **les ~ d'ici** people from around here, the locals; **les ~ du monde** society people; **des ~ simples** ordinary folk OU people; **les ~ de la ville** townspeople, townsfolk; **petites** ~ people of limited means; **les bonnes ~ murmurent que...** people are saying OU whispering that... -**2.** [corporation]: **comme disent les ~ du métier** as the experts OU the professionals say ❑ **les ~ d'Église** clergymen, the clergy, the cloth; ~ **de lettres** men and women of letters; ~ **de maison** servants, domestic staff; ~ **de mer** seafarers; **les ~ de robe** *litt* the legal profession; ~ **du spectacle** stage OU showbusiness people; **les ~ du voyage** [artistes] travelling players OU performers; [gitans] travellers.

gent [ʒɑ̃] *nf hum* [espèce]: **la ~ ailée** *sout* our feathered friends; **la ~ masculine/féminine** the male/female sex.

gentamicine [ʒɑ̃tamisin] *nf* gentimicin.

gentiane [ʒɑ̃sjan] *nf* -**1.** [plante] gentian. -**2.** [liqueur] gentian bitters.

gentil, ille [ʒɑ̃ti, ij] *adj* -**1.** [serviable] kind; **ils sont ~s avec moi** they're kind OU nice to me; **sois ~, apporte-moi mes lunettes** do me a favour and get my glasses for me; **vous serez ~ de me prévenir de leur arrivée** be kind enough to let me know when they are arriving; **merci, c'est** ~ thanks, that's very kind of you. -**2.** [aimable] nice, sweet; **je l'aime bien, il est** ~ I like him, he's nice; **ils ont écrit sur moi des choses ~les** they wrote some very nice things about me; **elle a pris mon idée sans me le dire, ce n'est pas très** ~ she stole my idea without telling me, that's not very nice (of her) ❑ **il est ~ comme un cœur** he's an absolute angel. -**3.** [joli] nice, pretty, cute; **un ~ petit minois** a cute little face; c'est ~ par ici it's nice OU pleasant around here. -**4.** [exprimant l'impatience]: **c'est bien ~ mais...** that's all very well but...; **c'est bien ~ tout ça mais si on parlait affaires?** that's all very well but what about getting down to business?; **tu es bien ~ mais quand est-ce que je vais récupérer mon argent?** that's all very well but when do I get my money back? -**5.** [obéissant] good; **il a été ~?** was he good?; **si tu es ~/~le** if you're a good boy/girl; **en voilà un ~ garçon!** there's a good boy! -**6.** *(avant n)* [considérable]: **une ~le somme** a tidy OU fair sum.

◆ **gentil** *nm* [non-juif] Gentile; **les ~s** the Gentiles.

gentilhomme [ʒɑ̃tijɔm] (*pl* **gentilshommes** [ʒɑ̃tizɔm]) *nm* -**1.** HIST nobleman, gentleman; **~ de la garde** gentleman-at-arms; **~ campagnard** (country) squire, country gentleman. -**2.** *litt* [gentleman] gentleman; **il se conduit toujours en ~** he always behaves like a gentleman.

gentilhommière [ʒɑ̃tijɔmjɛr] *nf* country seat, manor house.

gentillesse [ʒɑ̃tijɛs] *nf* -**1.** [d'une personne] kindness *(U)*; **j'étais touché par la ~ de leur accueil** I was moved by their kind welcome. -**2.** [dans des formules de politesse]: **ayez la ~ de me prévenir à l'avance** be so kind as to let me know beforehand. -**3.** [parole] kind word; **il lui chuchotait des ~s à l'oreille** he whispered kind words OU sweet nothings in her ear; **échanger des ~s** *iron* to exchange insults. -**4.** [acte] act of kindness; **elle est toujours prête à toutes les ~s** she's always ready to help people out.

gentillet, ette [ʒɑ̃tijɛ, ɛt] *adj* -**1.** [mignon]: **il est ~, leur appartement** they've got a lovely little flat *Br* OU apartment *Am*. -**2.** *péj*: **c'est un film ~, sans plus** it's a pleasant enough film, but that's about it.

gentiment [ʒɑ̃timɑ̃] *adv* -**1.** [aimablement] kindly; **ils nous ont ~ proposé de nous raccompagner** they kindly offered to drive us home; **les retardataires se sont fait ~ taper sur les doigts** the latecomers got a rap on the knuckles. -**2.** [sagement]: **on discutait ~ quand...** we were chatting away nicely OU quietly chatting away when... -**3.** *Helv* [sans précipitation]: **fais-le ~, tu as tout le temps** take your time, there's no hurry.

gentleman [dʒɛntləman] (*pl* **gentlemen** [-mɛn]) *nm* gentleman; **en parfait ~** like a true gentleman.

génuflexion [ʒenyflɛksjɔ̃] *nf* genuflection; **faire une ~** to genuflect.

géocentrique [ʒeɔsɑ̃trik] *adj* geocentric.

géochimie [ʒeɔʃimi] *nf* geochemistry.

géochimique [ʒeɔʃimik] *adj* geochemical.

géochimiste [ʒeɔʃimist] *nmf* geochemist.

géochronologie [ʒeɔkrɔnɔlɔʒi] *nf* geochronology.

géode [ʒeɔd] *nf* -**1.** GÉOL & MÉD geode. -**2.** [à Paris]: **la Géode** the Géode *(the spherical building housing a cinema at the Cité des Sciences in Paris)*.

géodésie [ʒeɔdezi] *nf* geodesy, geodetics *(sg)*.

géodésique [ʒeɔdezik] ◇ *adj* -**1.** MATH geodesic. -**2.** GÉOG geodetic.

◇ *nf* -**1.** MATH geodesic (line). -**2.** GÉOG geodesic (line).

géodynamique [ʒeɔdinamik] ◇ *adj* geodynamic.

◇ *nf* geodynamics *(sg)*.

géographe [ʒeɔgraf] *nmf* geographer.

géographie [ʒeɔgrafi] *nf* -**1.** [science] geography; **~ humaine** human geography. -**2.** [livre] geography book.

géographique [ʒeɔgrafik] *adj* geographic, geographical.

géographiquement [ʒeɔgrafikmɑ̃] *adv* geographically.

géoïde [ʒeɔid] *nm* geoid.

geôle [ʒol] *nf* *litt* jail, gaol *Br*.

geôlier, ère [ʒolje, ɛr] *nm, f* *litt* jailer, gaoler *Br*; **les lois ne doivent pas être les geôlières de la liberté** *fig* the law must not fetter liberty.

géologie [ʒeɔlɔʒi] *nf* geology.

géologique [ʒeɔlɔʒik] *adj* geologic, geological.

géologue [ʒeɔlɔg] *nmf* geologist.

géomagnétique [ʒeɔmaɲetik] *adj* geomagnetic.

géomagnétisme [ʒeɔmaɲetism] *nm* geomagnetism.

géomancie [ʒeɔmɑ̃si] *nf* geomancy.

géométral, e, aux [ʒeɔmetral, o] *adj* flat, plane.

◆ **géométral, aux** *nm* flat projection.

géomètre [ʒeɔmɛtr] ◇ *nmf* -**1.** MATH geometer, geometrician. -**2.** [arpenteur] land surveyor.

◇ *nm* ENTOM [chenille] measuring worm, looper; [papillon] geometrid OU geometer moth.

géométrie [ʒeɔmetri] *nf* -**1.** MATH geometry; **~ euclidienne/non euclidienne** Euclidean/non-Euclidean geometry; **~ plane/dans l'espace** plane/solid geometry. -**2.** [livre] geometry book.

◆ **à géométrie variable** *loc adj* -**1.** [avion] swing-wing *(modif)*. -**2.** *fig* [susceptible d'évoluer] flexible, adaptable.

géométrique [ʒeɔmetrik] *adj* -**1.** MATH geometric, geometrical; **progression/suite ~** geometric progression/series; **figure ~** geometrical figure. -**2.** BX-ARTS geometric; **abstraction ~** geometrical abstraction; **ornementation ~** geometric decorative style.

géométriquement [ʒeɔmetrikmɑ̃] *adv* geometrically.

géomorphologie [ʒeɔmɔrfɔlɔʒi] *nf* geomorphology.

géomorphologique [ʒeɔmɔrfɔlɔʒik] *adj* geomorphological.

géophage [ʒeɔfaʒ] ◇ *adj* geophagous.

◇ *nmf* geophagist.

géophone [ʒeɔfɔn] *nm* geophone.

géophysicien, enne [ʒeɔfizisjɛ̃, ɛn] *nm, f* geophysicist.

géophysique [ʒeɔfizik] ◇ *adj* geophysical.

◇ *nf* geophysics *(sg)*.

géopolitique [ʒeɔpɔlitik] ◇ *adj* geopolitical.

◇ *nf* geopolitics *(sg)*.

Georges [ʒɔrʒ] *npr*: **saint ~** Saint George.

Géorgie [ʒeɔrʒi] *npr f*: **(la) ~** Georgia.

georgien, enne [ʒɔrʒjɛ̃, ɛn] *adj* ARCHIT Georgian.

géorgien, enne [ʒeɔrʒjɛ̃, ɛn] *adj* GÉOG Georgian.

◆ **Géorgien, enne** *nm, f* Georgian.

◆ **géorgien** *nm* LING Georgian.

géorgique [ʒeɔrʒik] *adj* LITTÉRAT georgic.

géostationnaire [ʒeɔstasjɔnɛr] *adj*: **satellite ~** geostationary satellite.

géostatistique [ʒeɔstatistik] *nf* geostatistics *(sg)*.

géostratégie [ʒeɔstrateʒi] *nf* geostrategy.

géosynchrone [ʒeɔsɛ̃kron] *adj* geosynchronous.

géosynclinal, aux [ʒeɔsɛ̃klinal, o] *nm* geosyncline.

géotechnique [ʒeɔtɛknik] ◇ *adj* geotechnical.

◇ *nf* geotechnics *(sg)*.

géotextile [ʒeɔtɛkstil] *nm* geotextile.

géothermie [ʒeɔtɛrmi] *nf* geothermal science, geothermics *(sg)*.

géothermique [ʒeɔtɛrmik] *adj* geothermic, geothermal.

géothermomètre [ʒeɔtɛrmɔmɛtr] *nm* geothermometer.

géotropisme [ʒeɔtrɔpism] *nm* BOT geotropism.

gérable [ʒerabl] *adj* manageable; **un problème/une situation difficilement ~** a problem/a situation which is difficult to deal with OU to manage.

gérance [ʒerɑ̃s] *nf* management; **assurer la ~ de** to be (the) manager of, to manage; **prendre/reprendre un fonds en ~** to take on/to take over the management of a business; **mettre un fonds en ~** to appoint a manager to a business; **durant sa ~** under his management, while he was manager ❑ **~ libre** tenant management.

géraniacées [ʒeranjase] *nfpl* Geraniaceae.

géranium [ʒeranjɔm] *nm* geranium.

gérant, e [ʒerɑ̃, ɑ̃t] *nm, f* manager (*f* manageress); **elle est ~e d'hôtel** she's a hotel manageress; **~ d'immeubles** managing agent *(for an apartment block)*; **~ de société** managing director *(of a company)*; **~ de magasin** store manager.

gerbe [ʒɛrb] *nf* -**1.** [de blé] sheaf; [de fleurs] wreath; **lier le blé en ~s** to sheave the corn, to bind the corn into sheaves. -**2.** [de feu d'artifice] spray, gerbe *spéc*. -**3.** [jaillissement - d'eau] spray; [- d'étincelles] shower; **une ~ de flammes** a blaze, a burst of flame; **la voiture faisait jaillir des ~s d'eau sur son passage** the car sent up a spray of water as it went by. -**4.** ASTRON & PHYS shower.

gerber [3] [ʒɛrbe] ◇ *vt* -**1.** [blé] to bind, to sheave, to bind into sheaves. -**2.** [fûts, paquets] to pile (up) *(sép)*, to stack (up) *(sép)*.

◇ *vi* -**1.** ▽ [vomir] to throw up, to puke; **ça me fait ~** it makes me want to throw up OU puke. -**2.** [feu d'artifice] to shower, to fan out.

gerbeur [ʒɛrbœr] *nm* stacker, stacking machine.

gerbier [ʒɛrbje] *nm* stack, rick.

gerboise [ʒɛrbwaz] *nf* jerboa.

gerce [ʒɛrs] *nf* -**1.** MÉTALL crack. -**2.** [dans le bois] crack, flaw.

gercer [16] [ʒɛrse] ◇ *vi* -**1.** [peau, mains, lèvres] to chap, to crack; **chaque hiver, j'ai les mains qui gercent** every winter I get chapped hands. -**2.** [bois, métal, enduit] to crack.

◇ *vt* to chap, to crack.

◆ **se gercer** *vpi* [peau, mains, lèvres] to chap, to get chapped, to crack; [terre] to crack.

gerçure [ʒɛrsyr] *nf* -**1.** [des mains, des lèvres] crack, chapping *(U)*; **j'ai des ~s aux mains/lèvres** I've got chapped hands/lips. -**2.** TECH [d'un métal, d'un enduit] hairline crack; [d'un diamant, du bois] flaw; [d'un tronc] shake.

géré, e [ʒere] *adj* -**1.** [affaire, entreprise]: **bien ~** well managed; **mal ~** poorly managed. -**2.** INF: **~ par ordinateur** computer-assisted, computer-controlled; **~ par le système** system-maintained.

gérer [18] [ʒere] *vt* -**1.** [budget, fortune] to administer, to manage; **elle a bien géré ses comptes** she managed her accounts well; **mal ~ qqch** to mismanage sthg; **~ une tutelle** to administer the estate of a ward; **ils se contentent de ~ la crise** *fig* they're (quite) happy to sit out the crisis. -**2.** [entreprise, hôtel, magasin] to manage, to run; [stock, production] to control. -**3.** [ménage] to administer; [temps] to organize. -**4.** INF to manage; **~ des données/un fichier** to manage data/a file.

gerfaut [ʒɛrfo] *nm* gerfalcon, gyrfalcon.

gériatre [ʒerjatr] *nmf* geriatrician, geriatrist.

gériatrie [ʒerjatri] *nf* geriatrics *(sg)*.

gériatrique [ʒerjatrik] *adj* geriatric.

germain, e [ʒɛrmɛ̃, ɛn] ◇ *adj* -**1.** [ayant un grand-parent commun]: **cousine ~e** first cousin. -**2.** [du même père et de la même mère]: **frère ~** full brother; **sœur ~e** full sister. -**3.** [d'Allemagne] Germanic, German.

◇ *nm, f*: **cousin issu de ~** second cousin.

◆ **Germain, e** *nm, f* German; **les Germains** the Germans.

Germanie [ʒɛrmani] *npr f* HIST: **(la) ~** Germania.

germanique [ʒɛrmanik] ◇ *adj* -**1.** HIST Germanic. -**2.** [allemand] Germanic; **à consonance ~** German-sounding.

◇ *nm* LING Germanic; HIST & LING Germanic, Proto-Germanic.

germanisant, e [ʒɛrmanizɑ̃, ɑ̃t] *nm, f* Germanist.

germanisation [ʒɛrmanizasjɔ̃] *nf* Germanization.
germaniser [3] [ʒɛrmanize] *vt* to Germanize.
germanisme [ʒɛrmanism] *nm* Germanism.
germaniste [ʒɛrmanist] *nmf* Germanist.
germanium [ʒɛrmanjɔm] *nm* germanium.
germanophile [ʒɛrmanɔfil] ◇ *adj* Germanloving, Germanophile.
◇ *nmf* Germanophile.
germanophilie [ʒɛrmanɔfili] *nf* love of Germany, Germanophilia.
germanophobe [ʒɛrmanɔfɔb] ◇ *adj* Germanhating, Germanophobic.
◇ *nmf* Germanophobe.
germanophobie [ʒɛrmanɔfɔbi] *nf* hatred towards Germany, Germanophobia.
germanophone [ʒɛrmanɔfɔn] ◇ *adj* German-speaking.
◇ *nmf* German speaker; **les ~s** German-speaking people OU peoples.
germe [ʒɛrm] *nm* -**1.** ANAT, BIOL & MÉD germ; **~ dentaire** tooth bud. -**2.** [pousse]: **~ de pomme de terre** potato sprout ❑ **~ de blé** wheat germ; **~s de soja** soya bean sprouts. -**3.** [origine]: **le ~ d'une idée** the germ of an idea; **les ~s de la révolution** the seeds of revolution.
◆ **en germe** *loc adv*: **la théorie était déjà présente en ~ dans leur premier manifeste** the theory was already there in embryonic form in their first manifesto.
germé, e [ʒɛrme] *adj* [pomme de terre] sprouting; [blé] germinated.
germer [3] [ʒɛrme] *vi* -**1.** AGR & HORT [graine] to germinate; [bulbe, tubercule] to shoot, to sprout; **faire ~ du blé** to germinate corn. -**2.** [idées] to germinate; **l'idée de révolte a mis du temps à ~** the idea of revolt took some time to germinate OU to develop; **le concept a d'abord germé dans l'esprit des urbanistes** the notion first took shape in the minds of town planners.
germicide [ʒɛrmisid] ◇ *adj* germicidal.
◇ *nm* germicide.
germinal, e, aux [ʒɛrminal, o] *adj* germinal; **cellule ~e** reproductive OU germ cell; **lignée ~e** germ line OU track.
◆ **germinal** *nm* Germinal *(7th month of the French Revolutionary calendar from March 22 to April 20)*.
germinatif, ive [ʒɛrminatif, iv] *adj* -**1.** [du germe] germinative. -**2.** [du germen - pouvoir] germinal; [- cellule, plasma] germ *(modif)*.
germination [ʒɛrminasjɔ̃] *nf* BIOL germination.
germoir [ʒɛrmwar] *nm* -**1.** [pot] seed tray. -**2.** [bâtiment] germination area.
germon [ʒɛrmɔ̃] *nm* albacore.
gérondif [ʒerɔ̃dif] *nm*: **«delenda» est un ~ latin** "delenda" is a Latin gerundive; **«en sortant» est un ~ français** "en sortant" is a French gerund.
Gérone [ʒerɔn] *npr* Gerona.
gérontocratie [ʒerɔ̃tɔkrasi] *nf* gerontocracy.
gérontologie [ʒerɔ̃tɔlɔʒi] *nf* gerontology.
gérontologue [ʒerɔ̃tɔlɔg] *nmf* gerontologist.
gérontophilie [ʒerɔ̃tɔfili] *nf* gerontophilia.
gésier [ʒezje] *nm* gizzard.
gésine [ʒezin] *nf litt & vieilli*: **en ~** in labour OU childbirth.
gésir [49] [ʒezir] *vi* -**1.** [être étendu] to lie, to be lying; **de nombreux blessés gisent encore parmi les décombres** many of the injured are still lying among the ruins; **elle gisait là, comme endormie** there she lay (dead), as if asleep. -**2.** [être épars] to lie; **ce qui restait de la statue gisait sur le sol** what was left of the statue was lying on the ground. -**3.** *litt* [résider]: **c'est là que gît la difficulté** therein lies the difficulty ❑ **c'est là que gît le lièvre** that's the crux of the matter, there's the rub.
gesse [ʒɛs] *nf* vetch; **~ odorante** sweet pea; **~ des prés** meadow vetchling.
gestation [ʒɛstasjɔ̃] *nf* -**1.** BIOL gestation; **la ~ n'est que de 21 jours** gestation takes only 21 days; **période de ~** gestation period. -**2.** *fig* [d'une œuvre] gestation (period).
◆ **en gestation** *loc adj* -**1.** BIOL [fœtus] gestating. -**2.** *fig*: **un roman en ~** a novel in preparation.
geste [ʒɛst] ◇ *nm* -**1.** [mouvement] movement; [signe] gesture; **ses ~s étaient d'une grande précision** his movements were very precise; **faire des ~s en parlant** to speak with one's hands; **à grand renfort de ~s, elle appela le maître d'hôtel** she waved the headwaiter over; **d'un ~, elle le pria de sortir** she motioned to him (that she wanted him) to go out; **avoir un ~ de surprise** to start, to look startled; **faire un ~ approbateur** to nod one's assent OU approval; **d'un ~ de la main, il refusa le whisky** he waved aside the glass of whisky; **congédier qqn d'un ~** to dismiss sb with a wave of the hand; **avoir un ~ malheureux** to make a clumsy gesture OU movement; **encourager qqn de la voix et du ~** to cheer sb on; **sans un ~** without moving; **pas un ~ ou je tire!** don't move or I'll shoot!; **faites** OU **ayez le ~ qui sauve** learn how to give first aid; **il épie mes moindres ~s** OU **tous mes ~s** he watches my every move. -**2.** [action] gesture; **un ~ politique/diplomatique** a political/diplomatic gesture; **faire un beau ~** to make a noble gesture; **allez, fais un ~!** come on, do something!; **vous n'avez qu'un ~ à faire** you only have to say the word; **il a eu un ~ touchant, il m'a apporté des fleurs** a rather touching thing he did was to bring me some flowers.
◇ *nf* LITTÉRAT gest, geste.
gesticulant, e [ʒɛstikylɑ̃, ɑ̃t] *adj* gesticulating.
gesticulation [ʒɛstikylasjɔ̃] *nf* gesticulation; **cesse tes ~s!** stop gesticulating, stop waving your arms about!
gesticuler [3] [ʒɛstikyle] *vi* to gesticulate, to wave one's arms about.
gestion [ʒɛstjɔ̃] *nf* -**1.** COMM & INDUST management; **chargé de la ~ de l'hôtel** in charge of running OU managing the hotel; **par une mauvaise ~** through bad management, through mismanagement; **techniques de ~** management techniques OU methods ❑ **~ administrative** office management; **~ d'affaires** (day-to-day) running of affairs OU business; **~ assistée par ordinateur** computer-aided management; **~ de la production** production management; **~ de stock** inventory OU stock control. -**2.** INF management; **système de ~ de base de données** database management system; **~ des projets/travaux** project/job scheduling; **~ de fichiers** file management; **~ intégrée** integrated management; **~ des performances** performance monitoring OU tuning.
gestionnaire [ʒɛstjɔnɛr] ◇ *adj* administrative, managing, management *(modif)*.
◇ *nmf* -**1.** ADMIN administrator. -**2.** COMM & INDUST manager, administrator.
◇ *nm* INF manager; **~ de base de données** database administrator; **~ de fichiers** file manager; **~ de tâches** task scheduler.
gestuel, elle [ʒɛstɥɛl] *adj* gestural; **langage ~** gestural language.
◆ **gestuelle** *nf* -**1.** [gén] non verbal communication. -**2.** DANSE & THÉÂT gesture.
Gethsémani [ʒɛtsemani] *npr* Gethsemane.
geyser [ʒezɛr] *nm* geyser.
Ghana [gana] *npr m*: **le ~** Ghana.
ghanéen, enne [ganeɛ̃, ɛn] *adj* Ghanaian, Ghanian.
◆ **Ghanéen, enne** *nm, f* Ghanaian, Ghanian.
ghetto [gɛto] *nm* ghetto.
GI [dʒiaj] *nm inv* GI.
gibbeux, euse [ʒibø, øz] *adj* -**1.** ASTRON OU *litt* gibbous. -**2.** [animal] humpbacked.
gibbon [ʒibɔ̃] *nm* gibbon.
gibbosité [ʒibozite] *nf* ANAT OU *litt* hump, gibbosity *spéc*.
gibecière [ʒibsjɛr] *nf* -**1.** CHASSE gamebag. -**2.** *vieilli* [d'un écolier] satchel.
gibelet [ʒiblɛ] *nm* auger.
gibelin, e [ʒiblɛ̃, in] *adj & nm, f* Ghibelline.
gibelotte [ʒiblɔt] *nf* rabbit stew *(made with white wine)*.
◆ **en gibelotte** *loc adj* stewed in white wine.
giberne [ʒibɛrn] *nf* cartridge pouch.
gibet [ʒibɛ] *nm* -**1.** [potence] gibbet, gallows. -**2.** RELIG: **le ~** the Rood.
gibier [ʒibje] *nm* -**1.** [animaux] game *(U)*; **gros/petit ~** big/small game; **~ d'eau** waterfowl; **~ à plumes** game birds OU fowl *(U)*; **~ à poil** game animals. -**2.** CULIN [viande] game; **il aime le ~ faisandé** he likes well-hung game; **pâté de ~** game pâté. -**3.** *fam* [personne] quarry, prey; **ces types-là, c'est du gros ~** these guys are in the big-time; **un ~ de potence** a gallows bird.
giboulée [ʒibule] *nf* shower; **~s de mars** April showers.
giboyeux, euse [ʒibwajø, øz] *adj* abounding OU rich in game, well stocked with game.
Gibraltar [ʒibraltar] *npr* Gibraltar; **à ~** in Gibraltar.
gibus [ʒibys] *nm* opera OU crush hat.
GIC ◇ *nm abr de* **grand invalide civil**.
◇ *npr m abr de* **Groupe interministériel de contrôle**.
giclée [ʒikle] *nf* -**1.** [de liquide] jet, spurt, squirt. -**2.** ▽ [coup de feu] burst (of machine-gun fire).
giclement [ʒikləmɑ̃] *nm* spurting *(U)*, squirting *(U)*.
gicler [3] [ʒikle] *vi* [liquide] to spurt, to squirt; **arrête de faire ~ de l'eau!** stop splashing OU squirting water!
gicleur [ʒiklœr] *nm* AUT (carburettor) jet; **~ de pompe** pump nozzle; **~ de ralenti** idling jet.
GIE *nm abr de* **groupement d'intérêt économique**.
gifle [ʒifl] *nf* -**1.** [coup] slap (in the face); **donner une ~ à qqn** to slap sb's face, to box sb's ears; **une fameuse ~** a real smack in the face. -**2.** [humiliation] (burning) insult, slap in the face.
gifler [3] [ʒifle] *vt* -**1.** [suj: personne]: **~ qqn** to slap sb's face OU sb in the face; **elle le gifla à toute volée** she caught him an almighty slap in the face. -**2.** [suj: pluie, vent] to lash; **la bourrasque lui giflait le visage** the storm was lashing his face. -**3.** [humilier] to humiliate; **ses paroles m'avaient giflé** his words had humiliated OU mortified me.
GIG *(abr de* **grand invalide de guerre**) *nm war invalid*.
gigantesque [ʒigɑ̃tɛsk] *adj* -**1.** [animal, plante, ville] gigantic, giant *(modif)*. -**2.** [projet] gigantic, giant *(modif)*; [erreur] huge, gigantic.
gigantisme [ʒigɑ̃tism] *nm* -**1.** ANAT, BOT & ZOOL gigantism, giantism. -**2.** *fig* gigantic size; **une ville atteinte de ~** a city that has grown to enormous proportions.
gigaoctet [ʒigaɔktɛ] *nm* INF gigabyte.
GIGN *(abr de* **Groupe d'intervention de la gendarmerie nationale**) *npr m special crack force of the gendarmerie*, ≃ SAS *Br*, ≃ SWAT *Am*.
gigogne [ʒigɔɲ] *adj*: **lits ~s** truckle bed.
gigolo *fam* [ʒigɔlo] *nm* gigolo.
gigondas [ʒigɔ̃das] *nm* Gigondas *(wine from SE France)*.
gigot [ʒigo] *nm* CULIN leg; **~ (d'agneau)** leg of lamb.
gigotement [ʒigɔtmɑ̃] *nm* wriggling *(U)*, fidgeting *(U)*.
gigoter [3] [ʒigɔte] *vi* [bébé] to wriggle (about); [enfant] to fidget.
gigue [ʒig] *nf* -**1.** DANSE gigue, jig; **danser la ~** *fig* to wriggle about, to jig up and down. -**2.** MUS gigue. -**3.** *fam* [jambe] leg. -**4.** *fam* [personne]: **une grande ~** a beanpole. -**5.** CULIN: **~ de chevreuil** haunch of venison.
gilet [ʒilɛ] *nm* -**1.** [vêtement - taillé] waistcoat *Br*, vest *Am*; [- tricoté] cardigan. -**2.** [sous-vêtement] vest *Br*, undershirt *Am*. -**3.** [protection]: **~ pareballes** bulletproof vest; **~ de sauvetage** life jacket.

giletier, ère [ʒiltje, ɛr] *nm, f* waistcoat maker *Br*, vest maker *Am*.
◆ **giletière** *nf* fob (chain).
gin [dʒin] *nm* gin.
gingembre [ʒɛ̃ʒɑ̃br] *nm* ginger.
gingival, e, aux [ʒɛ̃ʒival, o] *adj* gingival *spéc*, gum *(modif)*.
gingivite [ʒɛ̃ʒivit] *nf* gum disease, gingivitis *spéc*.
gin-rami [dʒinrami] (*pl* **gin-ramis**), **gin-rummy** [dʒinrœmi] (*pl* **gin-rummys**) *nm* gin rummy.
ginseng [ʒinsɑ̃g] *nm* ginseng.
gin-tonic [dʒintɔnik] (*pl* **gin-tonics**) *nm* gin and tonic.
giorno → **a giorno**.
girafe [ʒiraf] *nf* -**1.** ZOOL giraffe. -**2.** *fam* [personne] beanpole. -**3.** *fam* CIN, RADIO & TV boom.
girafeau, x [ʒirafo], **girafon** [ʒirafɔ̃] *nm* baby giraffe.
girandole [ʒirɑ̃dɔl] *nf* girandole.
girasol [ʒirasɔl] *nm* girasol, girasole.
giration [ʒirasjɔ̃] *nf* gyration.
giratoire [ʒiratwar] *adj* gyrating, gyratory.
giraviation [ʒiravjasjɔ̃] *nf* rotary-wing aviation.
giravion [ʒiravjɔ̃] *nm* gyroplane, rotorcraft.
girl [gœrl] *nf* chorus OU show girl.
girofle [ʒirɔfl] *nm* clove.
giroflée [ʒirɔfle] *nf* -**1.** BOT gillyflower. -**2.** *fam fig*: une ~ à cinq feuilles [une gifle] a stinging slap.
giroflier [ʒirɔflije] *nm* clove (tree).
girolle [ʒirɔl] *nf* chanterelle.
giron [ʒirɔ̃] *nm* -**1.** [d'une personne] lap; **dans le ~ de sa mère** in his mother's lap. -**2.** *litt* [communauté] bosom; **le ~ familial** the family fold; **accepté dans le ~ de l'Église** accepted into the fold OU the bosom of the Church. -**3.** [d'une marche] tread. -**4.** HÉRALD giron, gyron.
girond, e *fam* [ʒirɔ̃, ɔ̃d] *adj vieilli* plump, buxom, well-padded; **une femme plutôt ~e** a buxom OU plump woman.
Gironde [ʒirɔ̃d] *npr f* -**1.** GÉOG: **la ~** [département, fleuve] the Gironde; [estuaire] the Gironde estuary. -**2.** HIST: **la ~** the Girondist party.
girondin, e [ʒirɔ̃dɛ̃, in] *adj* -**1.** GÉOG from the Gironde. -**2.** HIST Girondist.
◆ **Girondin, e** *nm, f* -**1.** GÉOG *inhabitant of or person from the Gironde*. -**2.** HIST Girondist. -**3.** SPORT: **les Girondins (de Bordeaux)** *the Bordeaux football team.*

LES GIRONDINS:
A party occupying the right wing of the Convention from 1791 to 1793 in opposition to the left-wing "Montagne". With a power base in the south of France they opposed the execution of the king and advocated a federalist structure for France. They were supplanted by the Montagnards and many of their leaders were executed during the Terror.

---

girouette [ʒirwɛt] *nf* -**1.** [sur un toit] weathercock, weather vane. -**2.** NAUT (mast) telltale. -**3.** *fam* [personne] weathercock; **c'est une vraie ~!** he keeps changing his mind!, he's a real weathercock!
gisant, e [ʒizɑ̃, ɑ̃t] *adj litt* [corps] lifeless, motionless.
◆ **gisant** *nm* BX-ARTS recumbent figure OU statue.
gisement [ʒizmɑ̃] *nm* -**1.** GÉOL & MIN deposit; ~ **aurifère** OU **d'or** goldfield; ~ **crayeux** chalk deposit; ~ **houiller** [filon] coal deposit OU measures; [bassin] coalfield; ~ **de pétrole** OU **pétrolifère** oilfield. -**2.** AÉRON & NAUT bearing; **relever/tracer un ~** to take/to plot a bearing.
gît [ʒi] → **gésir**.
gitan, e [ʒitɑ̃, an] *adj* Gypsy *(modif)*.
◆ **Gitan, e** *nm, f* Gypsy.
◆ **gitane** *nf* Gitane (cigarette).
gîte [ʒit] ◇ *nm* -**1.** [foyer] home; **retrouver son ~** to get back home; **le ~ et le couvert** room and board ❑ ~ **d'étape** [pour randonneurs] halt; ~ **rural** gîte. -**2.** CHASSE [de gibier] lair; [de lièvre] form. -**3.** [viande] shin *Br* OU shank *Am* (of beef); ~ **à la noix** topside *Br*, round *Am*. -**4.** MIN bed, deposit.
◇ *nf* NAUT list; **donner de la ~** to list.
gîte-gîte [ʒitʒit] (*pl* **gîtes-gîtes**) *nm* shin *Br* OU shank *Am* (of beef).
gîter [3] [ʒite] *vi* -**1.** *sout* [voyageur] to stay; **chez qui allons-nous ~ ce soir?** where are we going to stay tonight? -**2.** [lapin] to couch; [oiseau] to perch. -**3.** NAUT to list.
giton [ʒitɔ̃] *nm litt* catamite.
givrage [ʒivraʒ] *nm* -**1.** AÉRON icing; **à 9 000 mètres, on risque le ~** at 9,000 metres icing may occur. -**2.** [sur un verre] frosting.
givrant, e [ʒivrɑ̃, ɑ̃t] *adj*: **brouillard ~** freezing fog.
givre [ʒivr] *nm* -**1.** [glace] frost; **couvert de ~** frosted over. -**2.** JOAILL white fleck.
givré, e [ʒivre] *adj* -**1.** [arbre] covered with frost; [serrure] iced up; **les ailes de l'avion étaient ~es** the plane's wings were iced up. -**2.** [verre] frosted *(with sugar)*. -**3.** CULIN: **orange ~e** orange sorbet *Br* OU sherbet *Am (served inside the fruit)*. -**4.** *fam* [fou] screwy, nuts; **il est complètement ~!** he's completely nuts OU off his head!
givrer [3] [ʒivre] *vt* -**1.** [avec du sucre] to frost. -**2.** [couvrir de givre] to cover with frost.
◆ **se givrer** *vpi* [se couvrir de givre] to frost OU to ice up.
givrure [ʒivryr] *nf* white fleck *(in a gem)*.
Gizeh [giʒɛ] *npr* (El) Gîza.
glabelle [glabɛl] *nf* glabella.
glabre [glabr] *adj* -**1.** [imberbe] smooth-chinned; [rasé] clean-shaven; **le visage ~** with a smooth face. -**2.** BOT glabrous, hairless.
glaçage [glasaʒ] *nm* -**1.** [d'un tissu, du cuir, du papier, de photos] glazing; INDUST [polissage] surfacing, burnishing. -**2.** CULIN [d'un gâteau] icing; [de bonbons] sugar coating; [de légumes, d'un poisson, d'une viande] glazing.
glaçant, e [glasɑ̃, ɑ̃t] *adj* [regard, attitude] cold, frosty.
glace [glas] *nf* -**1.** [eau gelée] ice; ~ **de fond** bottom ice; **rompre** OU **briser la ~** to break the ice; **une fois la ~ rompue, elle s'est révélée charmante** once we'd broken the ice she turned out to be charming. -**2.** [crème glacée] ice cream, ice *Br*; [sucette] ice lolly *Br*, popsicle *Am*; [cône] ice cream (cone); ~ **à la vanille/à l'abricot** vanilla/apricot ice cream. -**3.** CULIN icing; ~ **royale** royal icing ‖ [de viande] glaze. -**4.** [miroir] mirror; **une ~ sans tain** a two-way mirror. -**5.** [vitre - d'un véhicule, d'une boutique] window. -**6.** TECH sheet of plate glass; ~ **flottée** float glass. -**7.** JOAILL (white) fleck OU flaw. -**8.** INDUST: ~ **sèche** OU **carbonique** dry ice.
◆ **glaces** *nfpl* [du pôle] ice fields; [sur un fleuve] ice sheets; [en mer] ice floes, drift ice; **le navire est pris dans les ~s** the ship is icebound.
◆ **de glace** *loc adj* [accueil, visage, regard] icy, frosty; **être** OU **rester de ~** to remain unmoved; **tu as un cœur de ~** you've got a heart of stone.
glacé, e [glase] *adj* -**1.** [transformé en glace] frozen. -**2.** [lieu] freezing OU icy (cold); **les plages ~es du nord** the icy cold beaches of the north. -**3.** [personne] frozen, freezing cold; **j'ai les pieds glacés** my feet are frozen. -**4.** [hostile] frosty, icy; **d'une politesse ~e** with icy politeness. -**5.** CULIN [dessert, soufflé, café] iced; [petit four] glacé; [oignon, viande, poisson] glazed. -**6.** [brillant - photo] glossy; [- papier] glazed; [- cuir, soie] glazed, glacé.
◆ **glacé** *nm* glaze, gloss.
glacer [16] [glase] *vt* -**1.** [transformer en glace] to freeze. -**2.** [refroidir - bouteille] to chill. -**3.** [transir]: **le vent me glace** the wind is icy; **un froid qui vous glace jusqu'aux os** weather that chills you to the bone. -**4.** *fig* [pétrifier]: **son regard me glace** the look in his eye turns me cold; **ça m'a glacé le sang (dans les veines)** it made my blood run cold; **un hurlement à vous ~ le sang** a blood-curdling scream; **ce souvenir me glace encore le cœur** the memory still sends shivers down my spine. -**5.** CULIN [petit four, oignon, poisson etc] to glaze; [gâteau] to ice, to frost *Am*. -**6.** INDUST & TECH to glaze, to glacé.
◆ **se glacer** *vpi*: **leur sang se glaça dans leurs veines** their blood ran cold.
glacerie [glasri] *nf* -**1.** [fabrication] ice-cream making. -**2.** [commerce] ice-cream trade.
glaceuse [glasøz] *nf* glazing machine, print drier.
glaciaire [glasjɛr] ◇ *adj* glacial.
◇ *nm*: **le ~** the Ice Age, the glacial period OU epoch.
glacial, e, als OU **aux** [glasjal, o] *adj* -**1.** [climat] icy, freezing; [vent] bitter, freezing; [pluie] freezing (cold). -**2.** [sourire] frosty; [abord, personne] cold; **elle est vraiment ~e** she's really cold OU a real iceberg.
◆ **glacial** *adv*: **il fait ~** it's freezing cold.
Glacial [glasjal] *adj vieilli*: **l'océan ~ Arctique/Antarctique** the (Arctic/Antarctic) polar sea.
glaciation [glasjasjɔ̃] *nf* glaciation; **pendant la ~** during the Ice Age.
glacier [glasje] *nm* -**1.** GÉOL glacier; ~ **de vallée** valley OU Alpine glacier; ~ **continental** continental ice sheet. -**2.** [confiseur] ice cream man OU salesman.
glacière [glasjɛr] *nf* -**1.** [local] cold room. -**2.** [armoire] refrigerated cabinet; [récipient] cool box; **mon bureau est une ~!** *fig* my office is like a fridge OU an icebox!
glaciologie [glasjɔlɔʒi] *nf* glaciology.
glacis [glasi] *nm* -**1.** HIST: **le ~ soviétique** the Soviet buffer zone. -**2.** CONSTR: ~ **d'écoulement** weathering. -**3.** BX-ARTS glaze, scumble. -**4.** MIL glacis. -**5.** GÉOG glacis; ~ **d'érosion** pediment.
glaçon [glasɔ̃] *nm* -**1.** GÉOG & MÉTÉO [sur un fleuve] block of ice, ice floe; [sur un étang] patch of ice; [en mer] ice floe; **j'ai le nez comme un ~** *fam* my nose is like a block of ice OU is frozen. -**2.** [pour boisson] ice cube; **sucer un ~** to suck an ice cube; **voulez-vous un ~?** would you like some ice?; **servi avec des ~s** served with ice OU on the rocks. -**3.** *fig*: **cette fille est un ~** that girl's a real cold fish.
glaçure [glasyr] *nf* glaze; ~ **plombifère** lead glaze.
gladiateur [gladjatœr] *nm* gladiator.
glaïeul [glajœl] *nm* gladiolus; **des ~s** gladioli.
glaire [glɛr] *nf* -**1.** PHYSIOL mucus; ~ **cervicale** cervical mucus. -**2.** [d'œuf] white. -**3.** [pour le cuir] glair.
glairer [4] [glɛre] *vt* to glair.
glaireux, euse [glɛrø, øz] *adj* glairy, glaireous.
glaise [glɛz] ◇ *nf* clay.
◇ *adj f*: **terre ~** (potter's) clay.
glaiseux, euse [glɛzø, øz] *adj* clayey, clay *(modif)*.
glaisière [glɛzjɛr] *nf* clay pit.
glaive [glɛv] *nm* glaive *arch*, broadsword; **le ~ de la Justice** *litt* the sword of Justice.
glanage [glanaʒ] *nm*: **le ~** gleaning, gathering.
gland [glɑ̃] *nm* -**1.** [du chêne] acorn. -**2.** COUT tassel; **orné de ~s** tasselled. -**3.** ANAT glans. -**4.** ▽ [imbécile] prat *Br*, jerk *Am*.
glande [glɑ̃d] *nf* -**1.** ANAT gland; **~s endocrines/exocrines** endocrine/exocrine glands; ~ **lacrymale** tear gland; ~ **salivaire** salivary gland. -**2.** [ganglion] (neck) gland. -**3.** ▽ *loc*: **foutre les ~s à qqn** to scare the hell out of sb.
glandée [glɑ̃de] *nf* acorn crop OU harvest; **mener les cochons à la ~** to take the pigs to forage for acorns.
glander▽ [3] [glɑ̃de] *vi* -**1.** [ne rien faire] to loaf about; **il a glandé pendant toute l'année** he's done nothing but loaf about all year. -**2.** [attendre] to hang around; **ça fait trois heures que je glande** I've been hanging around for three hours. -**3.** *loc*: **j'en ai rien à ~** I don't give a damn.
glandeur, euse▽ [glɑ̃dœr, øz] *nm, f* layabout.
glandouiller▽ [glɑ̃duje] = **glander**.

glandulaire [glɑ̃dylɛr], **glanduleux, euse** [glɑ̃dylø, øz] *adj* glandular.

glane [glan] *nf* -**1.** [ramassage]: la ~ gleaning; faire la ~ to glean. -**2.** [tresse]: ~ d'oignons string of onions.

glaner [3] [glane] *vt* -**1.** [ramasser - épis] to glean; [- bois] to gather; [- fruits] to gather, to pick up *(sép)*; ~ **du petit bois** to gather sticks. -**2.** *fig* [renseignements, détails] to glean, to gather; **il y a toujours quelque chose à ~ dans ses cours** there is always something to be got out of OU gleaned from his classes.

glaneur, euse [glanœr, øz] *nm, f* gleaner.

glanure [glanyr] *nf arch* gleanings.

glapir [32] [glapir] ◇ *vi* -**1.** [renard] to bark; [chiot] to yelp, to yap. -**2.** [personne] to yelp, to squeal.
◇ *vt* to shriek.

glapissement [glapismɑ̃] *nm* -**1.** [du chien] yelp; [du renard] bark. -**2.** [d'une personne]: **les enfants surexcités poussaient des ~s** the over-excited children were squealing.

glas [gla] *nm* knell; **on sonne le ~ pour notre cousine** the bell is tolling OU they are tolling the knell for our cousin; **cette nouvelle sonne le ~ de toutes ses espérances** *fig* this news sounds the death knell for all his hopes ❑ **'Pour qui sonne le ~'** *Hemingway* 'For Whom The Bell Tolls'.

glatir [32] [glatir] *vi* [aigle] to scream.

glaucome [glokom] *nm* glaucoma.

glauconie [glokɔni], **glauconite** [glokɔnit] *nf* glauconite, green earth.

glauque [glok] *adj* -**1.** *sout* [verdâtre] bluish-green, glaucous *litt.* -**2.** *fam* [lugubre] dreary.

glèbe [glɛb] *nf* -**1.** *litt* [sol cultivé] glebe *litt*, soil. -**2.** [domaine] feudal land, glebe *litt*.

glissade [glisad] *nf* -**1.** [jeu] sliding *(U)*; **pas de ~s sur la rampe** no sliding down the bannister. -**2.** DANSE glissade. -**3.** AÉRON: ~ **sur l'aile** sideslip. -**4.** [glissoire] slide.

glissage [glisaʒ] *nm*: **le ~ du bois** *sliding timber down a mountainside*.

glissant, e [glisɑ̃, ɑ̃t] *adj* -**1.** [sol] slippery; **être sur une pente ~e/sur un terrain ~** to be on a slippery slope/on slippery ground. -**2.** [coulissant] sliding. -**3.** MATH: **vecteur ~** sliding vector.

glisse [glis] *nf* [d'un ski] friction coefficient; **sports de ~** *generic term referring to sports such as skiing, surfing, windsurfing etc.*

glissement [glismɑ̃] *nm* -**1.** [déplacement] sliding *(U)*; **pour favoriser le ~ des skis/de la porte** to help the skis glide faster/the door slide more smoothly. -**2.** [évolution] shift; **il y a eu un ~ politique au centre** there's been a shift towards centrist politics. -**3.** LING: ~ **de sens** shift in meaning. -**4.** GÉOL: ~ **de terrain** landslide, landslip.

glisser [3] [glise] ◇ *vi* -**1.** [déraper - personne] to slip; [- voiture] to skid; **mon pied a glissé** my foot slipped; **attention, ça glisse par terre** watch out, it's slippery underfoot OU the ground's slippery. -**2.** AÉRON: ~ **sur l'aile** to sideslip. -**3.** [s'échapper accidentellement] to slip; **ça m'a glissé des mains** it slipped out of my hands. -**4.** [tomber] to slide; **il se laissa ~ à terre** he slid to the ground. -**5.** [avancer sans heurt - skieur, patineur] to glide along; [- péniche, ski] to glide. -**6.** [passer]: **son regard glissa de la fenêtre à mon fauteuil** his eyes drifted from the window to my chair; **glissons sur ce sujet!** let's say no more about it; **sur toi, tout glisse comme sur les plumes d'un canard** it's like water off a duck's back with you. -**7.** *fig* [s'orienter]: ~ **à** OU **vers** to shift to OU towards; **une partie de l'électorat a glissé à gauche** part of the electorate has shifted OU moved to the left; **le sens du mot a glissé vers autre chose** the meaning of the word has shifted towards something else; **il glisse vers le mélodrame** he is slipping into melodrama; **ce parti glisse vers le fascisme** this party is moving OU edging towards fascism. -**8.** DANSE to glissade.
◇ *vt* -**1.** [introduire] to slip; ~ **une lettre sous la porte** to slip a letter under the door ‖ [dire furtivement]: **j'ai glissé ton nom dans la conversation** I managed to slip OU to drop your name into the conversation. -**2.** [confier]: ~ **un petit mot/une lettre à qqn** to slip sb a note/a letter; ~ **qqch à l'oreille de qqn** to whisper sthg in sb's ear. -**3.** *loc*: ~ **un œil dans une pièce** to peep OU to peek into a room; **les enfants devraient dormir, glisse un œil** the children should be asleep, have a (quick) look OU just have a peep.
◆ **se glisser** *vpi* -**1.** [se faufiler]: **se ~ au premier rang** [rapidement] to slip into the front row; **se ~ jusqu'à sa place** [en se cachant] to slip into one's seat; **glisse-toi là** [sans prendre de place] squeeze (yourself) in there. -**2.** [erreur]: **des fautes ont pu se ~ dans l'article** some mistakes may have slipped OU crept into the article. -**3.** [sentiment]: **le doute s'est peu à peu glissé en lui** little by little doubt crept into his mind.

glisseur [glisœr] *nm* MATH sliding vector.

glissière [glisjɛr] *nf* -**1.** TECH slide, runner; **à ~** sliding; **porte à ~** sliding door. -**2.** TRAV PUBL: ~ **de sécurité** crash barrier.

glissoir [gliswar] *nm* timber chute.

glissoire [gliswar] *nf* slide *(on ice)*.

global, e, aux [glɔbal, o] *adj* overall, global; **as-tu une idée ~e du coût?** have you got a rough idea of the cost?; **une vue ~e** an overall view; **somme ~e** total sum ❑ **revenu ~** total income.

globalement [glɔbalmɑ̃] *adv* [dans l'ensemble] all in all, overall; **les résultats sont ~ positifs** all in all OU overall, the results are positive; **~, l'entreprise se porte bien** all in all OU by and large, the company is doing well.

globaliser [3] [glɔbalize] *vt* [réunir]: **le syndicat a globalisé ses revendications** the union is putting forward its demands en bloc.

globalisme [glɔbalism] *nm* globalism.

globalité [glɔbalite] *nf* [ensemble]: **envisageons le processus dans sa ~** let's view the process as a whole; **si l'on envisage les problèmes dans leur ~** if we look at all the problems together.

globe [glɔb] *nm* -**1.** [sphère] globe; **le ~** [la Terre] the globe, the world; **sur toute la surface du ~** all over the globe; **une région déshéritée du ~** a poor part of the world ❑ ~ **céleste** celestial globe; **le ~ terrestre** the terrestrial globe. -**2.** [d'une lampe] (glass) globe. -**3.** [pour protéger] glass dome; **c'est une idée géniale, il faut la mettre sous ~!** *fig* that's a brilliant idea, we must make a note of it and keep it safe! -**4.** ANAT globe; ~ **oculaire** eye.

globe-trotter [glɔbtrɔtœr] (*pl* **globe-trotters**) *nm* globe-trotter.

globine [glɔbin] *nf* globin.

globulaire [glɔbylɛr] *adj* -**1.** [sphérique] globular, globe-shaped. -**2.** BIOL & PHYSIOL corpuscular.

globule [glɔbyl] *nm* -**1.** BIOL & PHYSIOL corpuscle; ~ **blanc/rouge** white/red corpuscle; ~ **polaire** polar body. -**2.** PHARM (spherical) capsule.

globuleux, euse [glɔbylø, øz] *adj* -**1.** [forme] globular, globulous. -**2.** [œil] protruding, bulging.

globuline [glɔbylin] *nf* globulin.

gloire [glwar] *nf* -**1.** [renom] fame; **connaître la ~** to find fame; ~ **éphémère** short-lived fame; **au faîte** OU **sommet de sa ~** at the height OU pinnacle of his fame; **ne t'attends pas à être payé, on fait ça pour la ~** don't expect payment, we're doing it for love; **cette salle est la ~ du musée du Louvre** this gallery is the (crowning) glory of the Louvre museum. -**2.** [mérite] glory, credit; **toute la ~ vous en revient** the credit is all yours; **se faire ~ de** to boast about ❑ **c'est pas la ~** *fam* it's not exactly brilliant. -**3.** [éloge] praise; **écrit à la ~ de...** written in praise of...; **rendre ~ au courage de qqn** to praise sb's courage; ~ **à Dieu** praise be to OU glory to God. -**4.** [personne] celebrity. -**5.** BX-ARTS [auréole] aureole; [ciel décoré] glory. -**6.** RELIG glory; **la ~ éternelle** eternal glory; **le séjour de ~** the Kingdom of Glory.

gloria [glɔrja] *nm inv* Gloria.

gloriette [glɔrjɛt] *nf* [pavillon] gazebo.

glorieusement [glɔrjøzmɑ̃] *adv* gloriously.

glorieux, euse [glɔrjø, øz] *adj* -**1.** [remarquable] glorious; **il a eu une mort glorieuse** he died a glorious death; **un ~ général** a glorious OU triumphant general. -**2.** *litt* [fier]: ~ **de sa victoire** priding himself on his victory; **être ~ de sa naissance** to be proud of one's birth. -**3.** RELIG glorious. -**4.** *fam fig*: **ce n'est pas ~** it's not exactly brilliant.
◆ **Glorieuse** *nf* HIST **Les Trois Glorieuses** *the three-day Revolution in 1830 (27, 28 and 29 July)*.

glorificateur, trice [glɔrifikatœr, tris] *sout*
◇ *adj* glorifying.
◇ *nm, f* glorifier.

glorification [glɔrifikasjɔ̃] *nf sout* glorification.

glorifier [9] [glɔrifje] *vt* [exploit, qualité, héros] to glorify, to praise; [Dieu] to glorify.
◆ **se glorifier de** *vp + prép*: **se ~ de qqch** to glory in sthg; **se ~ d'avoir fait qqch** to boast of having done sthg.

gloriole [glɔrjɔl] *nf* vainglory; **faire qqch par ~** to do sthg to show off OU for show.

glose [gloz] *nf* gloss.
◆ **gloses** *nfpl vieilli* [commérages] gossip *(U)*; **faire des ~s sur qqn** to gossip about sb.

gloser [3] [gloze] *vt* [annoter] to annotate, to gloss.
◆ **gloser sur** *v + prép* -**1.** [discourir sur]: ~ **sur qqch** to ramble on about sthg. -**2.** [jaser sur]: ~ **sur qqch/qqn** to gossip about sthg/sb.

glossaire [glɔsɛr] *nm* glossary, vocabulary.

glossolalie [glɔsɔlali] *nf* glossolalia.

glottal, e, aux [glɔtal, o] *adj* glottal.

glotte [glɔt] *nf* ANAT glottis; **coup de ~** LING glottal stop.

glottique [glɔtik] *adj* glottal, glottic.

glouglou [gluglu] *nm* -**1.** *fam* [d'une fontaine] gurgle, gurgling; [d'une bouteille] glug-glug; **faire ~** [fontaine] to gurgle; [bouteille] to go glug-glug. -**2.** [du dindon] gobbling.

glouglouter [3] [gluglute] *vi* -**1.** *fam* [fontaine] to gurgle; [bouteille] to go glug-glug. -**2.** [dindon] to gobble.

gloussement [glusmɑ̃] *nm* -**1.** [d'une personne] chuckle; **~s** giggling. -**2.** [d'une poule] clucking.

glousser [3] [gluse] *vi* -**1.** [personne] to chuckle. -**2.** [poule] to cluck.

glouton, onne [glutɔ̃, ɔn] ◇ *adj* greedy, gluttonous; **que ce bébé est ~!** what a greedy baby!
◇ *nm, f* glutton.
◆ **glouton** *nm* ZOOL wolverine, glutton.

gloutonnement [glutɔnmɑ̃] *adv* greedily, gluttonously; **il dévora ~ son déjeuner** he devoured his lunch greedily.

gloutonnerie [glutɔnri] *nf* gluttony.

glu [gly] *nf* -**1.** [substance visqueuse] birdlime; **prendre des oiseaux à la ~** to lime birds. -**2.** *fam* [personne]: **c'est une vraie ~** she sticks to you like glue.

gluant, e [glyɑ̃, ɑ̃t] *adj* sticky, slimy; **riz ~** glutinous rice.

gluau [glyo] *nm* lime twig.

glucide [glysid] *nm* carbohydrate.

glucidique [glysidik] *adj* carbohydrate *(modif)*.

glucinium [glysinjɔm] *vieilli* = **béryllium**.

glucocorticoïde [glykɔkɔrtikɔid] *nm* glucocorticoid.

glucomètre [glykɔmɛtr] *nm* saccharimeter, saccharometer.

gluconique [glykɔnik] *adj*: **acide ~** gluconic acid.

glucose [glykoz] *nm* glucose.

glucoserie [glykozri] *nf* -**1.** [usine] glucose factory. -**2.** [industrie] glucose industry.

glucoside [glykozid] *nm* glucoside.

glutamate [glytamat] *nm* glutamate; ~ **de sodium** monosodium glutamate.

gluten [glytɛn] *nm* gluten; sans ~ gluten-free.
glutineux, euse [glytinø, øz] *adj* glutinous.
glycémie [glisemi] *nf* glycemia, glycaemia *Br.*
glycéride [gliserid] *nm* glyceride.
glycérie [gliseri] *nf* glyceria, sweet grass.
glycérine [gliserin] *nf* glycerin, glycerine.
glycériner [3] [gliserine] *vt* to treat with glycerine.
glycérique [gliserik] *adj* glyceric.
glycérophtalique [gliserɔftalik] *adj* glycerophtalic.
glycine [glisin] *nf* -**1.** BOT wisteria. -**2.** CHIM glycine, glycocoll.
glycocolle [glikɔkɔl] *nm* = **glycine 2.**
glycogène [glikɔʒɛn] *nm* glycogen.
glycogenèse [glikɔʒənɛz] *nf* glycogenesis.
glycogénique [glikɔʒenik] *adj* glycogenetic.
glycol [glikɔl] *nm* glycol.
glycolique [glikɔlik] *adj* glycolic.
glycolyse [glikɔliz] *nf* glycolysis.
glycoprotéine [glikɔprɔtein] *nf* glycoprotein.
glycorégulation [glikɔregylasjɔ̃] *nf* glycoregulation.
glycosurie [glikɔzyri] *nf* glycosuria.
glyptique [gliptik] *nf* glyptics *(sg).*
GMT *(abr de* Greenwich Mean Time) GMT.
gnangnan *fam* [ɲɑ̃ɲɑ̃] ◇ *adj inv péj* -**1.** [personne] dopey. -**2.** [œuvre, style]: j'ai vu le film, que c'était ~ ! I saw the film, it was so soppy!
◇ *nmf* wimp.
gnaule▽ [ɲol] = **gnole.**
gneiss [gnɛs] *nm* gneiss.
gniole▽ [ɲol] = **gnole.**
GNL *(abr de* gaz naturel liquéfié) *nm* LNG.
gnocchi [ɲɔki] *(pl inv* OU gnocchis) *nm* gnocchi.
gnognot(t)e *fam* [ɲɔɲɔt] *nf*: c'est de la ~ [c'est facile] that's OU it's a cinch; [c'est sans valeur] that's OU it's rubbish *Br* OU garbage *Am*; c'est pas de la ~ it's the real McCoy.
gnole▽, **gnôle**▽ [ɲol] *nf* hard stuff, hooch *Am.*
gnome [gnom] *nm* -**1.** [génie] gnome. -**2.** *sout* [nabot] dwarf, gnome.
gnomique [gnɔmik] *adj* gnomic.
gnomon [gnɔmɔ̃] *nm* gnomon.
gnomonique [gnɔmɔnik] *nf* gnomonics *(sg).*
gnon *fam* [ɲɔ̃] *nm* -**1.** [coup] thump; elle lui a flanqué un sacré ~ she gave him a real thump. -**2.** [enflure] bruise.
gnose [gnoz] *nf* gnosis.
gnosticisme [gnɔstisism] *nm* Gnosticism.
gnostique [gnɔstik] *adj* & *nmf* Gnostic.
gnou [gnu] *nm* wildebeest, gnu.
gnouf [ɲuf] *nm arg crime*: au ~ in the nick *Br* OU slammer *Am.*
go [go] *nm inv* go; le jeu de ~ go.
◆ **tout de go** *fam loc adv* straight out; ne le lui annonce pas tout de ~ don't tell him straight out; il m'a appelé Luc tout de ~ he started calling me Luc straight away.
GO ◇ *nfpl (abr de* grandes ondes) LW.
◇ *nm (abr de* gentil organisateur) group leader *(at Club Méditerranée).*
goal [gol] *nm* [gardien] goal keeper.
goal-average [golavrɛdʒ] *(pl* goal-averages) *nm* goal difference.
gobelet [gɔblɛ] *nm* -**1.** [timbale] tumbler, beaker; ~ **jetable** [en papier] paper cup; [en plastique] plastic cup. -**2.** JEUX shaker.
Gobelins [gɔblɛ̃] *npr mpl*: la manufacture des ~ *the factory in Paris where Gobelin tapestry is made.*
gobe-mouches [gɔbmuʃ] *nm inv* -**1.** ORNITH flycatcher. -**2.** *fam* [naïf] *vieilli* gull.
gober [3] [gɔbe] *vt* -**1.** [avaler - huître] to swallow; [- œuf] to suck; [- insecte] to catch (and eat). -**2.** *fam* [croire] to swallow; alors, elle a gobé ton histoire? so, did she swallow OU buy it?; ils ont tout gobé! they swallowed it (all), hook, line and sinker! -**3.** *fam* [supporter]: je n'ai jamais pu la ~ ! I never could stand OU stick *Br* her! -**4.** *fam loc*: ne reste pas là à ~ les mouches! don't just stand there gawping!, don't just stand there like a lemon *Br* OU lump *Am*!
◆ **se gober** *fam vpi* to think a lot of o.s.; qu'est-ce qu'il se gobe, celui-là! he really thinks he's something special!
goberger *fam* [17] [gɔbɛrʒe]
◆ **se goberger** *vpi* -**1.** [festoyer] to have a ball, to whoop it up. -**2.** [se prélasser] to laze (about).
Gobi [gɔbi] *npr* → **désert.**
godailler [gɔdaje] = **goder.**
godasse *fam* [gɔdas] *nf* shoe.
godelureau, x *fam* [gɔdlyro] *nm vieilli* (young) Romeo, ladies' man.
godendart [godɑ̃dar] *nm Can* two-handed saw.
goder [3] [gɔde] *vi* COUT to pucker, to be puckered.
godet [gɔdɛ] *nm* -**1.** [petit récipient] jar; [verre] tumbler; un ~ **en étain** a pewter mug; on va boire un ~ ? *fam* let's have a drink OU jar *Br.* -**2.** [pour peinture] pot. -**3.** [d'une pipe] bowl. -**4.** [nacelle - d'une noria] scoop; [- d'une roue à eau, en manutention] bucket. -**5.** COUT [à ondulation] flare; [à découpe] gore; [défaut] pucker, ruck.
godiche *fam* [gɔdiʃ] ◇ *adj* [maladroit] oafish; [niais] silly, dumb *Am*; ce qu'il peut être ~ ! he's such an oaf!
◇ *nf* [maladroite] clumsy thing; [niaise] silly thing.
godichon, onne *fam* [gɔdiʃɔ̃, ɔn] = **godiche** *adj.*
godille [gɔdij] *nf* -**1.** [rame] (stern-mounted) scull; avancer à la ~ to scull. -**2.** [à ski] wedeln.
godiller [3] [gɔdije] *vi* -**1.** NAUT to scull. -**2.** [au ski] to wedeln.
godillot [gɔdijo] *nm* -**1.** [chaussure] clodhopper. -**2.** *fam* [personne] party-liner, yes-man.
godiveau, x [gɔdivo] *nm* veal forcemeat *(U).*
goéland [gɔelɑ̃] *nm* sea gull; ~ **argenté/cendré** herring/common gull; ~ **marin** great black-backed gull.
goélette [gɔelɛt] *nf* schooner.
goémon [gɔemɔ̃] *nm* wrack.
goglu [gogly] *nm Can* bobolink.
gogo *fam* [gogo] *nm* sucker; c'est pour les ~s, leur publicité you'd have to be a real sucker to fall for their advert.
◆ **à gogo** *fam loc adv* galore; il y avait des frites à ~ there were chips galore.
goguenard, e [gɔgnar, ard] *adj* mocking, jeering; un œil ~ a mocking look.
goguenardise [gɔgnardiz] *nf sout* mocking, jeering; regarder qqn avec ~ to eye sb mockingly.
goguenots *fam* [gɔgno], **gogues**▽ [gɔg] *nmpl* loo *Br*, john *Am.*
goguette [gɔgɛt]
◆ **en goguette** *loc adj*: en ~ merry, a little tiddly.
goï [gɔj] = **goy.**
goïm [gɔim] *pl* → **goy.**
goinfre [gwɛ̃fr] *nmf* pig; manger comme un ~ to eat like a pig.
goinfrer *fam* [3] [gwɛ̃fre]
◆ **se goinfrer** *vpi* to pig OU to stuff o.s.; se ~ de qqch to stuff o.s. with sthg.
goinfrerie [gwɛ̃frəri] *nf* piggyness; arrête de manger, c'est de la ~ stop eating, you're just being a pig OU making a pig of yourself.
goitre [gwatr] *nm* goitre.
goitreux, euse [gwatrø, øz] ◇ *adj* goitrous.
◇ *nm, f person with a goitre.*
Golan [gɔlɑ̃] *npr m*: le (plateau du) ~ the Golan Heights.
Goldberg [gɔldbɛrg] *npr*: 'les Variations ~' *Bach* 'The Goldberg Variations'.
golden [gɔldɛn] *nf* Golden Delicious.
golf [gɔlf] *nm* -**1.** SPORT: le ~ golf. -**2.** [terrain] (golf) links, golf course; ~ **miniature** miniature golf, mini-golf.
golfe [gɔlf] *nm* gulf.

GOLFES:
le golfe d'Aden the Gulf of Aden;
le golfe du Bengale the Bay of Bengal;
le golfe de Botnie the Gulf of Bothnia;
le golfe de Californie the Gulf of California;
le golfe de Gascogne the Bay of Biscay;
le golfe du Mexique the Gulf of Mexico;
le golfe Persique the Persian Gulf;
le golfe de Thaïlande the Gulf of Siam.

Golfe [gɔlf] *npr m*: le ~ the Gulf; les États/la Guerre du ~ the Gulf States/War.
golfeur, euse [gɔlfœr, øz] *nm, f* golfer.
Golgotha [gɔlgɔta] *npr m*: le ~ Golgotha.
Goliath [gɔljat] *npr* BIBLE Goliath.
Gomina® [gɔmina] *nf* brilliantine, ≃ Brylcreem®.
gominer [3] [gɔmine]
◆ **se gominer** *vp (emploi réfléchi)* to put Brylcreem® OU hair cream on.
gommage [gɔmaʒ] *nm* -**1.** [effacement] erasing. -**2.** [de la peau] exfoliation; se faire faire un ~ to have one's skin deep-cleansed. -**3.** [encollage] gumming.
gomme [gɔm] *nf* -**1.** [pour effacer] rubber *Br*, eraser; ~ à encre ink rubber OU eraser. -**2.** [substance] gum; ~ **adragante** tragacanth; ~ **arabique** gum arabic, gum acacia. -**3.** MÉD gumma. -**4.** [friandise] gum; ~ **à mâcher** chewing-gum, bubble-gum. -**5.** *fam loc*: à la ~ lousy; des conseils à la ~ lousy advice; son installation électrique à la ~ his lousy OU crummy wiring; mettre (toute) la ~ [en voiture] to step on it; [au travail] to pull out all the stops.
gommé, e [gɔme] *adj* [papier] gummed.
gomme-gutte [gɔmgyt] *(pl* gommes-guttes) *nf* gamboge.
gomme-laque [gɔmlak] *(pl* gommes-laques) *nf* shellac.
gommer [3] [gɔme] *vt* -**1.** [avec une gomme] to rub out *Br (sép)*, to erase. -**2.** [faire disparaître] to chase away *(sép)*, to erase. -**3.** [estomper]: ~ les contours to soften the outline; le **reportage a gommé les moments les plus pénibles** *fig* the report played down OU glossed over the toughest moments. -**4.** [encoller] to gum.
gomme-résine [gɔmrezin] *(pl* gommes-résines) *nf* gum resin.
gommette [gɔmɛt] *nf* (small) sticker.
gommeux, euse [gɔmø, øz] *adj* -**1.** BOT gum-yielding, gummiferous *spéc.* -**2.** MÉD gummatous.
◆ **gommeux** *nm vieilli* young fop.
◆ **gommeuse** *nf* gumming machine.
gommier [gɔmje] *nm* gum tree, gummiferous tree *spéc.*
Gomorrhe [gɔmɔr] *npr* → **Sodome.**
gon [gɔ̃] *nm* grade GEOM.
gonade [gɔnad] *nf* gonad.
gonadique [gɔnadik] *adj* gonadal.
gonadostimuline [gɔnadɔstimylin] = **gonadotrophine.**
gonadotrope [gɔnadɔtrɔp] *adj* gonadotropic, gonadotrophic.
gonadotrophine [gɔnadɔtrɔfin] *nf* gonadotropin, gonadotrophin.
Goncourt [gɔ̃kur] *npr*: le prix ~ *prestigious annual literary prize awarded by the Académie Goncourt.*
gond [gɔ̃] *nm* hinge; mettre une porte sur ses ~s to hang a door ❑ sortir de ses ~s to blow one's top, to fly off the handle.
gondolage [gɔ̃dɔlaʒ] *nm* [du bois] warping; [d'une tôle] buckling; [du papier] cockling.
gondolant, e▽ [gɔ̃dɔlɑ̃, ɑ̃t] *adj vieilli* hysterical, side-splitting.
gondole [gɔ̃dɔl] *nf* COMM & NAUT gondola; tête de ~ COMM gondola head.
gondolement [gɔ̃dɔlmɑ̃] = **gondolage.**
gondoler [3] [gɔ̃dɔle] ◇ *vi* [bois] to warp, to get warped; [tôle] to buckle.

◇ *vt* to wrinkle, to crinkle; **l'humidité a gondolé le papier** the damp has wrinkled OU crinkled the paper; **un disque gondolé** a warped record.

◆ **se gondoler** *vpi* -**1.** [se déformer - bois] to warp; [- papier] to wrinkle; [- tôle] to buckle. -**2.** ▽ [rire] to fall about (laughing); **ils se sont tous gondolés quand je leur ai dit** when I told them they all fell about (laughing) OU they were all in stitches.

gondolier, ère [gɔ̃dɔlje, ɛr] *nm, f* COMM merchandise assistant.

◆ **gondolier** *nm* [batelier] gondolier.

gonflable [gɔ̃flabl] *adj* [canot] inflatable; [ballon, poupée] blow-up.

gonflage [gɔ̃flaʒ] *nm* -**1.** [d'un pneu] inflating; [d'un ballon] blowing up; **vérifie le ~ des pneus** check the tyre pressure. -**2.** CIN enlargement.

gonflant, e [gɔ̃flɑ̃, ɑ̃t] *adj* -**1.** [bouffant - jupon] full; [- manche] puffed. -**2.** ▽ [irritant]: **c'est ~!** what a drag!

◆ **gonflant** *nm* [d'un tissu, d'une chevelure] volume.

gonfle [gɔ̃fl] *nf Helv* [congère] snowdrift.

gonflé, e [gɔ̃fle] *adj* -**1.** [enflé] swollen, puffed up; **enfants faméliques au ventre ~** starving children with distended OU swollen stomachs ❑ **~ comme une outre** full to bursting (point). -**2.** *fam loc*: **t'es ~!** [effronté] you've got a nerve OU some cheek!; [courageux] you've got guts!; **être ~ à bloc** [en pleine forme] to be full of beans; [plein d'ardeur] to be itching OU raring to go.

gonflement [gɔ̃fləmɑ̃] *nm* -**1.** [grosseur] swelling. -**2.** [augmentation - des prix] inflation; [- des statistiques] exaggeration; [- des impôts] excessive increase. -**3.** AUT blowing up, inflating.

gonfler [3] [gɔ̃fle] ◇ *vt* -**1.** [remplir d'un gaz - bouée, pneu] to inflate, to blow up *(sép)*; [- poumons] to fill; **avoir le cœur gonflé de peine/de chagrin/de joie** to be heartbroken/grief-stricken/overjoyed. -**2.** [faire grossir]: **gonfle tes muscles** flex your muscles; **un abcès lui gonflait la joue** his cheek was swollen with an abcess; **la brise gonflait sa jupe** her skirt was billowing in the breeze; **la fonte des neiges gonfle les torrents** the thaw swells the torrents OU makes the torrents swell; **les yeux gonflés de sommeil/de larmes** eyes swollen with sleep/with tears; **la bière fait ~ l'estomac** beer bloats the stomach. -**3.** [augmenter - prix, devis] to inflate, to push up *(sép)*; [- frais, statistiques] to exaggerate, to inflate; [- importance, impact] to exaggerate, to blow out of all proportion. -**4.** CIN to blow up *(sép)*, to enlarge. -**5.** ▽ [irriter] to get on sb's nerves OU *Br* wick; **il commence à me ~** he's starting to get on my nerves OU on my wick *Br*.

◇ *vi* -**1.** CULIN [pâte] to rise; [riz] to swell (up). -**2.** [enfler] to be puffed up OU bloated; **le bois a gonflé** the wood has warped.

◆ **se gonfler** ◇ *vp (emploi passif)*: **ce matelas se gonfle à l'aide d'une pompe** this air bed can be blown up with a pump.

◇ *vpi* -**1.** [voile] to swell; [éponge] to swell up. -**2.** [se remplir de gaz] to inflate. -**3.** *fig*: **son cœur se gonfle d'allégresse** her heart is bursting with joy.

gonflette *fam* [gɔ̃flɛt] *nf péj*: **faire de la ~** to pump iron.

gonfleur [gɔ̃flœr] *nm* (air) pump.

gong [gɔ̃g] *nm* -**1.** MUS gong. -**2.** SPORT bell.

goniomètre [gɔnjɔmɛtr] *nm* goniometer.

gonococcie [gɔnɔkɔksi] *nf* gonococcal infection.

gonocoque [gɔnɔkɔk] *nm* gonococcus; **des ~s** gonococci.

gonze▽ [gɔ̃z] *nm* guy, bloke *Br*.

gonzesse▽ [gɔ̃zɛs] *nf* -**1.** [femme] bird *Br*, chick *Am*. -**2.** [homme] sissy, pantywaist *Am*.

Gorbatchev [gɔrbatʃɛf] *npr*: **Mikhaïl ~** Mikhael Gorbachov.

gord [gɔr] *nm* kiddle, stake net.

gordien [gɔrdjɛ̃] *adj m*: **trancher le nœud ~** to cut the Gordian knot.

goret [gɔrɛ] *nm* -**1.** [porcelet] piglet. -**2.** *fam* [personne]: **petit ~!** you grubby little pig!

gorge [gɔrʒ] *nf* -**1.** [gosier] throat; **avoir mal à la ~** to have a sore throat; **j'ai la ~ sèche** my throat is dry OU parched ❑ **l'arête m'est restée en travers de la ~** *pr* the bone got stuck in my throat; **son refus m'est resté en travers de la ~** *fig* his refusal stuck in my throat; **avoir la ~ nouée** OU **serrée** to have a lump in one's throat; **l'odeur/la fumée vous prenait à la ~** the smell/smoke made you gag; **crier à pleine ~** OU **à ~ déployée** to shout at the top of one's voice; **rire à ~ déployée** to roar with laughter; **on lui enfoncera** OU **lui fera rentrer ses mots dans la ~** we'll make him eat his words; **prendre qqn à la ~** *pr* to grab OU to take sb by the throat; **pris à la ~, ils ont dû emprunter** *fig* they had a gun to their heads, so they had to borrow money; **tenir qqn à la ~** *pr* to hold sb by the throat; *fig* to have a stranglehold on sb; **faire rendre ~ à qqn** to force sb to pay OU to cough up; **faire des ~s chaudes de qqn/qqch** to have a good laugh about sb/sthg; **quand ils sauront, ils vont en faire des ~s chaudes** when they find out, they'll have a good laugh about it. -**2.** *litt* [seins] bosom. -**3.** GÉOG gorge. -**4.** ARCHIT groove, glyph, channel. -**5.** CONSTR [d'une cheminée] throat; [d'une fenêtre] groove. -**6.** MÉCAN [d'une poulie] groove, score; [d'une serrure] tumbler; **roue** OU **poulie à ~** sheave.

gorge-de-pigeon [gɔrʒdəpiʒɔ̃] *adj inv* dove-coloured.

gorgée [gɔrʒe] *nf* mouthful; **à petites ~s** in little sips; **à grandes ~s** in great gulps; **d'une seule ~** in one gulp.

gorger [17] [gɔrʒe] *vt*: **~ un enfant de sucreries** to stuff a child full of sweets; **des champs gorgés d'eau** waterlogged fields.

◆ **se gorger de** *vp + prép* -**1.** [se remplir de]: **au moment de la mousson, les rizières se gorgent d'eau** during the monsoon the rice paddies fill to overflowing with water. -**2.** [manger avec excès]: **se ~ de fruits** to gorge o.s. with fruit.

gorgone [gɔrgɔn] *nf* -**1.** *litt* [femme] gorgon, virago. -**2.** ZOOL gorgonian.

Gorgones [gɔrgɔn] *npr fpl*: **les ~** the Gorgons.

gorgonzola [gɔrgɔ̃zɔla] *nm* Gorgonzola (cheese).

gorille [gɔrij] *nm* -**1.** ZOOL gorilla. -**2.** *fam* [garde] bodyguard, gorilla.

Gorki [gɔrki] *npr*: **Maxime ~** Maxim Gorky.

gosette [gozɛt] *nf Belg fruit-filled pastry*.

gosier [gozje] *nm* [gorge] throat, gullet; **j'ai le ~ sec** *fam* I could do with a drink, I'm parched ❑ **ça m'est resté en travers du ~** *fam* it really stuck in my throat.

gospel [gɔspɛl] *nm* gospel (music).

gosse *fam* [gɔs] *nmf* -**1.** [enfant] kid; **sale ~!** you brat!; **c'est un/une brave ~** he's/she's a nice kid; **c'est une ~ de la rue** she grew up in the street; **~ de riches** rich kid. -**2.** [fils, fille] kid; **ses trois ~s** her three kids. -**3.** [jeune]: **il est beau ~** he's a good-looking chap; **belle ~** good-looking girl.

Göteborg [gøtəbɔrg] *npr* Gothenburg, Göteborg.

gothique [gɔtik] ◇ *adj* -**1.** BX-ARTS & HIST Gothic; **écriture ~** Gothic script. -**2.** LITTÉRAT Gothic. -**3.** AÉRON Gothic.

◇ *nm* -**1.** BX-ARTS: **le ~** the Gothic style. -**2.** LITTÉRAT: **le ~** Gothic.

◇ *nf* Gothic (type).

Goths [go] *npr mpl*: **les ~** the Goths.

gotique [gɔtik] *nm* LING Gothic.

gouache [gwaʃ] *nf* gouache; **peindre à la ~** to paint in OU with gouache; **quelques belles ~s** some beautiful gouaches.

gouaille [gwaj] *nf vieilli* cheeky humour; **elle répliqua avec une ~ bien parisienne** she replied with typical Parisian humour.

gouailler [3] [gwaje] *vi vieilli* to mock cheekily.

gouaillerie [gwajri] *nf vieilli* mocking OU cheeky remark.

gouailleur, euse [gwajœr, øz] *adj vieilli* mocking, cheeky.

gouape *fam* [gwap] *nf vieilli* hoodlum, hood.

gouda [guda] *nm* Gouda (cheese); **vieux ~** mature Gouda.

goudron [gudrɔ̃] *nm* tar; **~ bitumineux** bitumen; **~ de bois/houille** wood/coal tar.

◆ **goudrons** *nmpl* (cigarette) tar.

goudronnage [gudrɔnaʒ] *nm* tarring, surfacing.

goudronné, e [gudrɔne] *adj*: **papier ~** tar-lined paper; **route ~e** tarred road.

goudronner [3] [gudrɔne] *vt* -**1.** [route] to tar, to surface (with tar). -**2.** [bateau] to pay.

goudronneur [gudrɔnœr] *nm* [ouvrier] tar sprayer OU spreader.

goudronneux, euse [gudrɔnø, øz] *adj* tarry.

◆ **goudronneuse** *nf* [machine] tar tank OU spreader.

gouffre [gufr] *nm* GÉOL [dû à l'effondrement] trough fault (valley); [dû à un fleuve] swallow hole; [abîme] chasm, abyss, pit; **un ~ béant** a yawning OU gaping chasm; **cette affaire sera un ~ financier** this business will just swallow up money, we'll have to keep on pouring money into this business; **être au bord du ~** to be on the edge of the abyss; **tombé dans le ~ de l'oubli** *litt* fallen into the depths of oblivion.

gouge [guʒ] *nf* -**1.** [ciseau à bois] gouge; [pour évider] hollow chisel. -**2.** [de cordonnier] paring tool, parer.

gougère [guʒɛr] *nf* gougère *(choux pastry filled with Gruyère cheese)*.

gougnafier *fam* [guɲafje] *nm vieilli* good-for-nothing; **faire qqch comme un ~** to make a pig's ear of sthg *Br*, to foul sthg up.

gouille [guj] *nf Helv* pond.

gouine▽ [gwin] *nf péj* dyke.

goujat [guʒa] *nm sout* boor.

goujaterie [guʒatri] *nf sout* boorishness, uncouthness; **quelle ~!** how uncouth!

goujon [guʒɔ̃] *nm* -**1.** ZOOL gudgeon. -**2.** CONSTR [de bois] dowel; [de métal] gudgeon. -**3.** MÉCAN [de poulie] pin.

goujonner [3] [guʒɔne] *vt* -**1.** CONSTR [bois] to dowel; [métal] to bolt. -**2.** MÉCAN to bolt (with gudgeons).

goulache [gulaʃ] *nm* goulash.

goulafre [gulafr] *Belg* ◇ *adj* greedy.

◇ *nmf* greedy person.

goulag [gulag] *nm* Gulag.

goulasch [gulaʃ] = **goulache**.

goule [gul] *nf* ghoul.

goulée [gule] *nf* -**1.** [de liquide] gulp; **vider son verre à grandes ~s** to gulp down one's drink. -**2.** [d'air]: **prendre une ~ d'air** to take in a lungful of air.

goulet [gulɛ] *nm* -**1.** [rétrécissement] narrowing; **la rue fait un ~** the road narrows ❑ **~ d'étranglement** bottleneck. -**2.** GÉOL gully, (narrow) gorge. -**3.** [chenal] channel.

goulette [gulɛt] *nf* TRAV PUBL race, conduit.

gouleyant, e [gulejɑ̃, ɑ̃t] *adj* ŒNOL lively.

goulot [gulo] *nm* -**1.** [de bouteille] neck; **boire au goulot** to drink straight from the bottle. -**2.** *fig*: **~ d'étranglement** bottleneck.

goulotte [gulɔt] *nf* [conduit] conduit; [rigole] channel.

goulu, e [guly] ◇ *adj* greedy, gluttonous.

◇ *nm, f* glutton.

goulûment [gulymɑ̃] *adv* greedily; **manger ~** to eat greedily, to gobble (down) one's food.

goupil [gupi] *nm arch* fox.

goupille [gupij] *nf* (joining) pin, cotter (pin); **~ fendue** split pin.

goupiller [3] [gupije] *vt* -**1.** TECH to pin, to (fix with a) cotter. -**2.** *fam* [combiner] to set up *(sép)*; **ils avaient tout goupillé d'avance!** they had it all set up OU worked out!; **je voudrais bien savoir ce qu'elle est en train de ~** I'd really like to know what she's up to; **elle avait bien goupillé son coup** she'd set it up neatly OU planned it just right.

◆ **se goupiller** *fam vpi* [se dérouler] to turn out; ça dépend comment les choses vont se ~ it depends how things turn OU work out; ça s'est bien/mal goupillé things turned out well/badly.

goupillon [gupijɔ̃] *nm* -1. [brosse] bottle-brush. -2. RELIG aspersorium.

gourance▽ [gurɑ̃s], **gourante**▽ [gurɑ̃t] *nf* boob *Br*, goof *Am*.

gourbi [gurbi] *nm* -1. *fam* [taudis] slum. -2. [en Afrique du Nord] gourbi, shack.

gourd, e[1] [gur, gurd] *adj* [engourdi] numb, stiff; j'ai les doigts ~s my fingers are numb OU stiff (with cold).

gourde[2] [gurd] ◇ *adj* dopey, thick.
◇ *nf* -1. [récipient - en peau] leather flask, wineskin; [- en métal ou plastique] bottle, flask. -2. [courge] gourd. -3. *fam* [personne] blockhead, twit; c'est une vraie ~! he's a real blockhead OU twit!

gourdin [gurdɛ̃] *nm* cudgel.

gourer [3] [gure]
◆ **se gourer** *fam vpi* [se tromper]: je me suis gouré d'adresse I made a slip-up with the address; je me suis gouré dans les horaires I got the times mixed up; tu t'es complètement gouré! you've got it completely round your neck!

gourgandine [gurgɑ̃din] *nf vieilli & péj* hussy.

gourmand, e [gurmɑ̃, ɑ̃d] ◇ *adj* -1. [personne] greedy; ~ de chocolat fond of chocolate ‖ [gastronomique]: notre page ~e our food OU gastronomy page; les petites recettes ~es de Julie Julie's special OU tasty recipes. -2. [bouche] greedy; [lèvres] eager; [regard] greedy, eager. -3. [État, fisc] greedy. -4. HORT: branche ~e sucker.
◇ *nm, f* gourmand, person who loves his/her food; c'est vrai, je suis une ~e I must admit I am rather fond of my food.
◆ **gourmand** *nm* BOT sucker.

gourmander [3] [gurmɑ̃de] *vt sout* to rebuke, to castigate, to upbraid.

gourmandise [gurmɑ̃diz] *nf* -1. [caractère] greediness, greed. -2. [sucrerie] delicacy.

gourme [gurm] *nf* -1. [du cheval] strangles *(sg)*, equine distemper. -2. *fam loc*: jeter sa ~ *vieilli* to sow one's wild oats.

gourmé, e [gurme] *adj litt* stiff, starched.

gourmet [gurmɛ] *nm* gourmet, epicure.

gourmette [gurmɛt] *nf* -1. JOAILL (chain) bracelet. -2. [pour cheval] curb (chain).

gourou [guru] *nm* -1. RELIG guru. -2. *fig* guru, mentor.

gousse [gus] *nf* [de haricot] pod, husk; [de petit pois] pod; [d'ail] clove; [de vanille] bean, pod.

gousset [gusɛ] *nm* -1. COUT [de gilet] waistcoat pocket; [de pantalon] fob pocket. -2. CONSTR [traverse] support; [plaque] gusset, plate.

goût [gu] *nm* -1. [sens] taste; perdre le ~ to lose one's sense of taste. -2. [saveur] taste; avoir un drôle de ~ to taste funny; ça a un ~ très épicé it tastes very hot; ça a un ~ de miel/moutarde it tastes of honey/mustard; ce vin a un ~ de bouchon this wine is corked; ça n'a aucun ~ it's tasteless, it's got no taste; avec ce rhume, je ne trouve aucun ~ à la nourriture I can't taste my food (properly) because of this cold; ajoutez du sucre selon votre ~ add sugar to taste ❑ ça a un (petit) ~ de revenez-y *fam* it's rather moreish; je vais lui faire passer le ~ du pain I'm going to do away with him, I'm going to bump him off; je vais lui faire passer le ~ du mensonge I'm going to put a stop to his lying once and for all. -3. [préférence] taste; un ~ marqué OU particulier pour... a great liking OU fondness for...; avoir des ~s de luxe to have expensive tastes; prendre ~ à qqch to develop a taste for sthg; c'est (une) affaire OU question de ~ it's a matter of taste; à chacun son ~, chacun son ~ each to his own ❑ tous les ~s sont dans la nature it takes all sorts (to make a world); des ~s et des couleurs on ne discute pas *prov* there's no accounting for taste. -4. [intérêt] taste, liking; il faut leur donner le ~ des maths we've got to give them a taste OU a liking for maths; ne plus avoir ~ à qqch to have lost one's taste for sthg; faire qqch par ~ to do sthg out of OU by inclination; je ne le fais pas par ~ I don't do it from choice. -5. [jugement esthétique] taste; les gens de ~ people of taste; elle a bon/mauvais ~ she has good/bad taste; elle n'a aucun ~ she has no taste; une décoration de bon ~ a tasteful decoration; il serait de bon ~ de nous retirer OU que nous nous retirions it would be proper to take our leave; il a eu le (bon) ~ de se taire he had the sense to remain silent; cette plaisanterie est d'un ~ douteux that joke is in poor OU doubtful taste; une remarque de mauvais ~ a remark in poor OU bad taste. -6. [mode]: c'était le ~ de l'époque it was the style of the time; c'est le ~ du jour it is the current fashion; être au ~ du jour to be in line with current tastes; remettre qqch au ~ du jour to update sthg; un opéra dans le ~ de Verdi an opera in the style of Verdi; dans ce ~-là: c'était une fourrure en renard, ou quelque chose dans ce ~-là it was a fox fur, or something of the sort.
◆ **à mon goût, à son goût** *etc loc adv* to my/his *etc* liking; le décor est tout à fait à mon ~ the decor is exactly to my liking; à mon/son ~, on est trop lent we're not going fast enough for my/his liking.

goûter[1] [3] [gute] ◇ *vt* -1. [aliment, boisson] to taste, to try; voulez-vous ~ ma sauce? would you like to taste OU try my sauce? -2. *sout* [apprécier] to savour, to enjoy; goûtons ensemble le calme du soir let's savour OU enjoy the peace of the evening together; elle n'a pas goûté l'humour de leurs commentaires she didn't appreciate their witticisms. -3. *Belg* [avoir un goût de] to taste; ce fruit goûte le pourri this fruit tastes rotten.
◇ *vi* -1. [prendre une collation] to have an afternoon snack, to have tea *Br*; venez ~, les enfants! come and have your snack, children!; il goûte toujours d'une pomme et d'un verre de lait he always has an apple and a glass of milk for his afternoon snack. -2. *Belg* [avoir bon goût] to taste nice.
◆ **goûter à** *v + prép* -1. [manger]: tu ne dois pas ~ au gâteau avant le dessert you mustn't take any cake before the dessert; goûtez donc à ces biscuits do try some of these biscuits. -2. [faire l'expérience de] to have a taste of; maintenant qu'elle a goûté à la célébrité now that she's tasted OU had a taste of fame.
◆ **goûter de** *v + prép* -1. [plat] to taste, to try; puis-je ~ un peu de ce fromage? may I taste OU try some of this cheese? -2. [faire l'expérience de] to have a taste of; depuis qu'elle a goûté du piano, c'est une passionnée since she's had a taste of piano playing, she's become an enthusiast.

goûter[2] [gute] *nm* [collation] *afternoon snack for children, typically consisting of bread, butter, chocolate, and a drink*; [fête] children's party; invité à un ~ d'anniversaire invited to a (children's) birthday party.

goûteur, euse[1] [gutœr, øz] *nm, f* taster.

goûteux, euse[2] [gutø, øz] *adj* tasty.

goutte [gut] *nf* -1. [d'eau, de lait, de sang] drop; [de sueur] drop, bead; [de pluie] drop (of rain), raindrop; il est tombé une ~ (ou deux) there was a drop (or two) of rain; ~ de rosée dewdrop ❑ avoir la ~ au nez to have a runny nose; c'est une ~ d'eau dans la mer it's a drop in the ocean; c'est la ~ d'eau qui fait déborder le vase it's the straw that broke the camel's back. -2. [petite quantité]: une ~ de a (tiny) drop of; une ~ de vin? a drop of wine? -3. MÉD gout. -4. ARCHIT drop, gutta. -5. *fam* [eau-de-vie]: la ~ the hard stuff.
◆ **gouttes** *nfpl* PHARM: ~s pour le nez/les oreilles/les yeux nose/ear/eye drops.
◆ **goutte à goutte** *loc adv* drop by drop; tomber ~ à ~ to drip; ils laissent filtrer les informations ~ à ~ *fig* they are letting the news filter out bit by bit.
◆ **ne... goutte** *loc adv arch*: je n'y comprends OU entends ~ I can't understand a thing; je n'y vois ~ I can't see a thing.

goutte-à-goutte [gutagut] *nm inv* MÉD drip *Br*, IV *Am*; ils lui ont mis un ~ they've put him on a drip.

Goutte d'Or [gutdɔr] *npr f*: la ~ *old working-class district of Paris*.

gouttelette [gutlɛt] *nf* droplet.

goutter [3] [gute] *vi* to drip.

goutteux, euse [gutø, øz] ◇ *adj* gouty.
◇ *nm, f* gout-sufferer.

gouttière [gutjɛr] *nf* -1. CONSTR gutter; ~ verticale drainpipe. -2. MÉD (plaster) cast.

gouvernable [guvɛrnabl] *adj* governable; ce pays n'est pas ~ it's impossible to govern this country, this country is ungovernable.

gouvernail, s [guvɛrnaj] *nm* -1. NAUT rudder; ~ automatique/compensé automatic/balanced rudder; ~ de profondeur (submarine) hydroplane. -2. *fig*: être au OU tenir le ~ to call the tune.

gouvernant, e [guvɛrnɑ̃, ɑ̃t] ◇ *adj* ruling; les classes ~es the ruling classes.
◇ *nm, f* man (*f* woman) in power; il n'a pas une âme de ~ he was not born for government; les ~s the people in power, the Government.
◆ **gouvernante** *nf* -1. [préceptrice] governess. -2. [dame de compagnie] housekeeper.

gouverne [guvɛrn] *nf* -1. *sout* [instruction]: pour ma/ta ~ for my/your information; sache pour ta ~ que je ne mens pas for your information, please remember that I don't lie. -2. NAUT steering; aviron de ~ stern OU steering oar. -3. AÉRON control surface; ~ de profondeur elevator; ~ de direction (tail) rudder.

gouvernement [guvɛrnəmɑ̃] *nm* -1. [régime] government; ~ démocratique/monarchique democratic/monarchic government; sous le ~ socialiste under the Socialist government; ~ fantoche puppet government; il est au ~ depuis 15 ans he has been in government OU in power for 15 years. -2. [ensemble des ministres] Government; le Premier ministre a formé son ~ the Prime Minister has formed his Government OU Cabinet; le ~ a démissionné the Government has resigned.

gouvernemental, e, aux [guvɛrnəmɑ̃tal, o] *adj* [parti] ruling, governing; [presse] pro-government; [politique, décision] government *(modif)*; des dispositions ~es measures taken by the government; l'équipe ~e the Government OU Cabinet *Br* OU Administration *Am*; crise ~e governmental crisis.

gouverner [3] [guvɛrne] ◇ *vt* -1. POL to rule, to govern; le pays n'était plus gouverné the country no longer had a government ‖ *(en usage abs)*: ~ c'est prévoir *allusion Thiers* to govern is to foresee. -2. *litt* [maîtriser] to govern, to control; ~ ses passions to control one's passions; ne nous laissons pas ~ par la haine let us not be governed OU ruled by hatred. -3. NAUT to steer. -4. GRAMM to govern. -5. *Helv* [soigner - bétail] to look after, to tend.
◇ *vi* NAUT to steer; ~ à la lame/à tribord to steer by the sea/to starboard; ~ de l'arrière to steer aft.
◆ **se gouverner** *vp (emploi réfléchi)* to govern o.s.; le droit des peuples à se ~ eux-mêmes the right of peoples to self-government.

gouvernés [guvɛrne] *nmpl*: les ~ those who are governed.

gouverneur [guvɛrnœr] *nm* ADMIN & POL governor; le Gouverneur de la Banque de France the Governor of the Bank of France; Gouverneur général *Can* Governor general.

goy [gɔj] (*pl* goyim OU goïm [gɔjim]) ◇ *adj* goyish.
◇ *nmf* goy; les goyim goyim, goys.

goyave [gɔjav] *nf* guava.

goyavier [gɔjavje] *nm* guava (tree).

goyim [gɔjim] *pl* → **goy**.

GPL (*abr de* gaz de pétrole liquéfié) *nm* LPG.

GQG (*abr de* grand quartier général) *nm* GHQ.
gr *abr écrite de* grade.
GR *nm abr de* (sentier de) grande randonnée.
Graal [gral] *npr m*: le ~ the (Holy) Grail.
grabat [graba] *nm sout* pallet, litter.
grabataire [grabatɛr] ◇ *adj* bedridden.
◇ *nmf* (bedridden) invalid; les ~s the bedridden.
grabuge *fam* [grabyʒ] *nm*: il y avait du ~ there was a bit of a rumpus; ça va faire du ~ that's going to cause havoc; il y a eu du ~? was there any trouble OU bother *Br*?
grâce [gras] ◇ *nf* -**1.** [beauté - d'un paysage] charm; [- d'une personne] grace; plein de ~ graceful; sans ~ graceless; la vue n'est pas sans ~ the view is not without charm. -**2.** [volonté]: de bonne ~ with good grace, willingly; avoir la bonne ~ de dire/faire to have the grace to say/to do; de mauvaise ~ with bad grace; vous auriez mauvaise ~ à OU de vous plaindre it would be ungracious of you to complain. -**3.** [faveur] favour; je te le demande comme une ~ I'm asking you this as a favour; être en ~ auprès de qqn to be in favour with sb; rentrer en ~ auprès de qqn to come back into sb's favour; fais-moi la ~ de m'écouter do me the favour of listening to me; nous ferez-vous la ~ de signer votre dessin? would you do us the honour of signing your drawing?; trouver ~ aux yeux de qqn to find favour with sb; rien/personne ne trouve ~ à ses yeux nothing/nobody finds favour in his eyes; c'est (toute) la ~ que je vous souhaite that is what I would wish for you. -**4.** [sursis - de peine] pardon; [- dans un délai] grace; accorder sa ~ à qqn to pardon sb; crier OU demander ~ to beg for mercy; faire ~ à qqn (de qqch): je te fais ~ des centimes I'll let you off the centimes; je te fais ~ du récit complet I'll spare you the full story; une semaine/un mois de ~ one week's/month's grace ❑ ~ amnistiante free pardon. -**5.** RELIG grace; la ~ divine divine grace; avoir la ~ to be inspired; par la ~ de Dieu by the grace of God; à la ~ de Dieu [advienne que pourra] come what may; [n'importe comment] any old way; être en état de ~ to be in a state of grace; le président est en état de ~ *fig* the President can do no wrong ‖ [reconnaissance]: ~ à Dieu! thanks be to God!; rendre ~ OU ~s à Dieu to give thanks to God. -**6.** [titre]: Sa Grâce His/Her Grace; Votre Grâce Your Grace.
◇ *interj arch* mercy; ah, ~! have mercy!; de ~! for God's OU pity's sake!
◆ **grâces** *nfpl* -**1.** [faveurs]: rechercher les bonnes ~s de qqn to curry favour with sb, to seek sb's favour; être/entrer dans les bonnes ~s de qqn to be/to get in favour with sb ‖ [manières]: faire des ~s à qqn to make up to sb; faire des ~s to put on airs (and graces). -**2.** RELIG: dire les ~s to give thanks (after eating).
◆ **grâce à** *loc prép* thanks to.
◆ **coup de grâce** *nm pr* & *fig* coup de grâce, deathblow.
Grâces [gras] *npr fpl*: les trois ~ the three Graces.
graciable [grasjabl] *adj* pardonable.
gracier [9] [grasje] *vt* to reprieve.
gracieusement [grasjøzmɑ̃] *adv* -**1.** [joliment] gracefully. -**2.** [aimablement] graciously, kindly; il m'a accueilli le plus ~ du monde he greeted me very amiably. -**3.** [gratuitement] free (of charge), gratis.
gracieuseté [grasjøzte] *nf* -**1.** *sout* [parole aimable] pleasantry. -**2.** *vieilli* [cadeau] gratuity.
gracieux, euse [grasjø, øz] *adj* -**1.** [charmant] charming, graceful; qu'il est ~ ce bébé! what a charming baby! -**2.** [élégant] affable, amiable, gracious; sa lettre était écrite sur le ton le plus ~ her letter was most amiable. -**3.** [gratuit] free (of charge).
gracile [grasil] *adj litt* slender.
gracilité [grasilite] *nf litt* slenderness, slimness.
Gracques [grak] *npr pl*: les ~ the Gracchi.
gradation [gradasjɔ̃] *nf* -**1.** [progression]: il y a une ~ dans nos exercices we grade our exercises; avec une ~ lente gradually, by degrees ❑ ~ ascendante/descendante gradual increase/decrease. -**2.** [étape] stage; procédons par ~s let's proceed step by step OU gradually.
grade [grad] *nm* -**1.** [rang] rank; il a le ~ de capitaine his rank is captain; avancer OU monter en ~ to be promoted ❑ en prendre pour son ~ *fam* to get it in the neck *esp Br*, to get hauled over the coals. -**2.** [niveau]: ~ universitaire degree. -**3.** GÉOM (centesimal) grade. -**4.** CHIM grade.
gradé, e [grade] ◇ *adj*: militaire ~ non-commissioned officer, NCO.
◇ *nm, f* non-commissioned officer, NCO; tous les ~s all ranks.
gradient [gradjɑ̃] *nm* -**1.** MÉTÉO gradient; ~ thermique temperature gradient. -**2.** MATH: ~ d'une fonction gradient of a function. -**3.** ÉLECTR: ~ de potentiel voltage gradient.
gradin [gradɛ̃] *nm* -**1.** [dans un amphithéâtre] tier, (stepped) row of seats; [dans un stade]: les ~s les terraces. -**2.** GÉOG step, terrace; à ~s stepped. -**3.** AGR terrace; à ~s terraced; les vergers s'élèvent en ~s the orchards rise in terraces. -**4.** [d'un autel] gradin, gradine.
graduat [gradɥa] *nm Belg* [diplôme] technical diploma *(just below university level)*.
graduation [gradɥasjɔ̃] *nf* -**1.** [repère] mark; verser le liquide jusqu'à la deuxième ~ pour the liquid up to the second mark. -**2.** [échelle de mesure] scale; la ~ va jusqu'à 20 the scale goes up to 20. -**3.** [processus] graduating.
gradué, e [gradɥe] ◇ *adj* -**1.** [à graduations] graduated; verre ~ [en chimie] graduated vessel; [dans la cuisine] measuring glass. -**2.** [progressif] graded; exercices ~s graded exercises.
◇ *nm, f Belg* graduate *(having passed the "graduat")*.
graduel, elle [gradɥɛl] *adj* gradual, progressive.
◆ **graduel** *nm* gradual.
graduellement [gradɥɛlmɑ̃] *adv* gradually.
graduer [7] [gradɥe] *vt* -**1.** [augmenter] to increase gradually; il faut ~ la difficulté des tests the tests should become gradually more difficult. -**2.** [diviser] to graduate.
graffiti [grafiti] (*pl inv* OU **graffitis**) *nm* -**1.** [inscription] graffiti; un ~ a piece of graffiti; des ~s graffiti *(U)*. -**2.** ARCHÉOL graffito.
grafigner [grafiɲe] *vt Can* to scratch.
grailler [3] [graje] ◇ *vi* -**1.** [corneille] to caw. -**2.** [personne] to speak hoarsely OU throatily. -**3.** ∇ [manger] to eat; venez ~! grub's up! *esp Br*, come chow down! *Am*.
◇ *vt* ∇ to eat; il n'y a plus rien à ~ there's no grub left.
graillon [grajɔ̃] *nm* -**1.** *fam* [friture]: une odeur de ~ a smell of grease. -**2.** ∇ [crachat] gob (of spit).
graillonner [3] [grajɔne] *vi* -**1.** [sentir la friture] to smell of greasy food. -**2.** *fam* [cracher en toussant] to hawk (up), to gob *esp Br*.
grain [grɛ̃] *nm* -**1.** [de sel, de sable] grain, particle; [de riz] grain; [de poussière] speck; *fig*: un ~ de cruauté a touch of cruelty; un ~ de lucidité a grain OU flicker of understanding; un ~ de folie a touch of madness; il n'a pas un ~ de bon sens he hasn't got an ounce OU a grain of common sense ❑ mettre son ~ de sel *fam* to stick one's oar in; elle a un ~ *fam* she's got a screw loose. -**2.** [céréales]: le ~, les ~s (cereal) grain ❑ alcool OU eau-de-vie de ~ grain alcohol. -**3.** [d'un fruit, d'une plante]: ~ de café [avant torréfaction] coffee berry; [après torréfaction] coffee bean; ~ de cassis/groseille blackcurrant/redcurrant (berry); ~ de poivre peppercorn; ~ de raisin grape. -**4.** [perle] bead; un collier à ~s d'ambre an amber necklace. -**5.** [aspect - de la peau] grain, texture; [- du bois, du papier] grain; à gros ~ coarse-grained; à petit ~ close-grained, fine-grained; aller/travailler dans le sens du ~ to go/to work with the grain. -**6.** MÉTÉO squall; ~ en ligne line squall. -**7.** PHOT grain; la photo a du ~ the photo is OU looks grainy.
◆ **en grains** *loc adj* [café, poivre] unground, whole; moulu ou en ~s? ground or not?, ground or whole?
◆ **grain de beauté** *nm* beauty spot, mole.
grainage [grɛnaʒ] = **grenage**.
graine [grɛn] *nf* -**1.** [semence] seed; ~ de lin linseed; ~s (pour oiseaux) birdseed *(U)*; monter en ~ *pr* to go to seed; *fig* to shoot up; il est monté en ~ he's all arms and legs; c'est de la mauvaise ~, ce garçon-là! that boy is bad news!; son frère, c'est de la ~ de voyou! his brother has the makings of a hooligan!; en prendre de la ~ *fam*: ton frère a réussi tous ses examens, prends-en de la ~ your brother has passed all his exams, take a leaf out of his book. -**2.** [du ver à soie] silkworm eggs, graine.
grainer [4] [grɛne] ◇ *vi* AGR to seed.
◇ *vt* -**1.** [réduire en grain] to granulate, to grain. -**2.** [rendre grenu] to grain.
graineterie [grɛntri] *nf* -**1.** [commerce] seed trade. -**2.** [magasin] seed merchant's.
grainetier, ère [grɛntje, ɛr] ◇ *adj*: le commerce ~ the seed trade.
◇ *nm, f* [marchand - de graines] seed merchant; [- de grain] corn chandler.
graissage [grɛsaʒ] *nm* AUT & MÉCAN [avec de l'huile] oiling, lubrication; [avec de la graisse] greasing, lubrication; faire faire un ~ to have one's car lubricated.
graisse [grɛs] *nf* -**1.** [corps gras] fat; régime pauvre en ~s low-fat diet; évitez les ~s cut down on fat; prendre de la ~ *fam* to put on weight; faire de la ~ *fam* to get fat; il a de la ~ en trop! he's too fat! ❑ ~ animale/végétale animal/vegetable fat; ~ de baleine/phoque whale/seal blubber; ~ à chaussures dubbin, dubbing; ~ de porc lard; ~ de rognon suet; il lui a raconté des boniments à la ~ d'oie! *fam* he told her a load of tall stories! -**2.** MÉCAN grease. -**3.** ŒNOL ropiness. -**4.** IMPR thickness, boldness.
graisser [4] [grɛse] ◇ *vt* -**1.** [enduire - moteur] to lubricate; [- pièce, mécanisme] to grease, to oil; [- fusil] to grease; [- chaussures] to dub; [- moule] to grease; une crème qui ne graisse pas les mains a non-greasy cream ❑ ~ la patte à qqn to oil sb's palm; il a graissé la patte aux témoins he bribed the witnesses. -**2.** [tacher] to grease, to soil with grease.
◇ *vi* -**1.** [devenir gras]: ses cheveux graissent très vite his hair gets greasy very quickly. -**2.** ŒNOL to become ropy.
◆ **se graisser** *vpt*: se ~ les mains avec une crème to rub cream into one's hands.
graisseur, euse[1] [grɛsœr, øz] *adj* greasing, lubricating.
◆ **graisseur** *nm* -**1.** [gén] lubricator, oiler. -**2.** AUT grease nipple.
graisseux, euse[2] [grɛsø, øz] *adj* -**1.** [cheveux, col] greasy. -**2.** [tumeur] fatty.
Gram [gram] *nm inv* SC Gram; ~ positif Gram-positive; ~ négatif Gram-negative.
graminée [gramine] *nf* grass; les ~s (the) grasses, the gramineae *spéc*.
grammage [gramaʒ] *nm* grammage.
grammaire [gramɛr] *nf* -**1.** [règles] grammar; la ~ grammar; faute de ~ grammatical mistake; règle de ~ grammatical rule, rule of grammar ❑ ~ normative normative grammar. -**2.** [livre]: une ~, un livre de ~ a grammar (book). -**3.** *fig*: la ~ du cinéma/dessin the grammar of cinema/drawing.
grammairien, enne [gramɛrjɛ̃, ɛn] *nm, f* grammarian.
grammatical, e, aux [gramatikal, o] *adj* -**1.** [de grammaire] grammatical; loi ~e law of grammar; exercice ~ grammar exercise ❑ catégorie ~e part of speech. -**2.** [correct] grammatical; non ~ ungrammatical.
grammaticalement [gramatikalmɑ̃] *adv* grammatically.

grammaticalisation [gramatikalizasjɔ̃] *nf* grammaticalization.

grammaticaliser [3] [gramatikalize] *vt* to grammaticalize.

grammaticalité [gramatikalite] *nf* grammaticality, grammaticalness, grammatical correctness.

gramme [gram] *nm* gramme; **elle n'a pas un ~ de graisse** she hasn't got an ounce of fat (on her); **je n'ai pas pris un ~ pendant les fêtes!** I didn't put on an ounce over the Christmas holidays!; **pas un ~ de bon sens/de compassion** *fig* not an ounce of common sense/of compassion.

grand, e [grɑ̃, *devant nm commençant par voyelle ou h muet* grɑ̃t, grɑ̃d] ◇ *adj* **A.** ASPECT QUANTITATIF - **1.** [de taille élevée - adulte] tall; [- enfant] tall, big; **une ~e femme maigre** a tall thin woman; **il est maintenant aussi ~ que son frère** he's now as big as his brother. - **2.** [de grandes dimensions - objet, salle, ville] big, large; [- distance] long; **un ~ cercle** a big circle; **une ~e pendule** a big clock; **il te faudrait un ~ couteau** you'll need a big OU long knife; **~ A/B/C** capital A/B/C; **une ~e tour** a high OU tall tower; **la ~e pyramide de Kheops** the Great Pyramid of Cheops; **un ~ désert** a big desert; **dans toutes les ~es villes** in all the big OU major towns; **de ~es forêts** large areas of forest; **un ~ fleuve** a long OU big river; **c'est un instrument plus ~ que le violon** it's a bigger OU larger instrument than the violin; **l'univers est plus ~ qu'on ne peut l'imaginer** the universe is bigger than OU more vast than one can possibly imagine; **une statue plus ~e que nature** a large-scale statue; **de ~es jambes** long legs; **un ~ front** a prominent forehead; **avoir de ~s pieds** to have big OU large feet; **ses ~s yeux bleus** her big blue eyes; **ouvrir de ~s yeux** [être étonné] to open one's eyes wide (with astonishment); [être émerveillé] to open one's eyes wide (with wonder); **marcher à ~s pas** to walk with great OU long strides ❑ **leur jardin est ~ comme un mouchoir de poche** their garden is the size of a (pocket) handkerchief; **un miroir ~ comme la main** a mirror you could put in your pocket OU as big as your hand. - **3.** [d'un certain âge - être humain] big; **tu es un ~ garçon maintenant** you're a big boy now; **être assez ~ pour faire qqch** to be old OU big enough to do sthg; **tu es assez ~ pour comprendre** you're old enough to understand ‖ [aîné - enfant] older; **sa ~e sœur** her big OU older sister ‖ [au terme de sa croissance - personne] grown-up; [- animal] fully grown, adult; **quand je serai ~** when I'm grown-up OU big; **elle a de ~s enfants** she has grown-up children ❑ **les ~es personnes** the grown-ups. - **4.** [qui dure longtemps] long; **pendant un ~ moment** for quite some time; **une ~e explication** a long explanation; **une ~e période de beau temps** a long OU lengthy spell of good weather ❑ **les ~es vacances** the summer holidays. - **5.** [intense, considérable] great; **un ~ remue-ménage/vacarme** a great commotion/noise; **les risques sont ~s** there are considerable risks; **un ~ mouvement de protestation** a great OU big OU widespread protest movement; **de ~e diffusion** widely-distributed; **une ~e fortune** great wealth, a large fortune; **faire de ~s frais** to go to great expense; **il y avait une ~e affluence à la poste** there was a great OU an enormous crush at the post office; **rincer à ~e eau** to rinse thoroughly; **les ~s froids** intense cold; **pendant les ~es chaleurs** in high summer, in OU at the height of summer; **un ~ vent soufflait du nord** a strong wind was blowing from the north; **nous avons fait un ~ feu** we made a big fire; **un ~ incendie** a major OU great fire ❑ **ce sont des articles de ~e consommation** they are everyday consumer articles; **(à l'époque des) ~es marées** (at) spring tide; **au ~ jour** in broad daylight. - **6.** [pour qualifier une mesure] large, great; **la ~e majorité de** the great OU vast majority of; **son ~ âge explique cette erreur** this mistake can be put down to her being so old; **des arbres d'une ~e hauteur** very tall trees; **ils plongent à une ~e profondeur** they dive very deep OU to a great depth; **un ~ nombre de passagers** a large number of passengers. - **7.** [entier]: **une ~e cuillerée de sucre** a heaped spoonful of sugar; **elle m'a fait attendre une ~e heure/semaine** she made me wait a good hour/a good week. - **8.** BOT great, greater; **~e chélidoine** greater celandine; **~e marguerite** oxeye, moon daisy; **~ plantain** greater plantain. - **9.** GÉOG: **le Grand Canyon** the Grand Canyon; **le Grand Lac Salé** the Great Salt Lake; **la Grande Barrière** the Great Barrier Reef; **les Grands Lacs** the Great Lakes; **les Grandes Plaines** the Great Plains. - **10.** GÉOM: **~ axe** major axis; **~ cercle** great circle. - **11.** ZOOL: **les ~s animaux** (the) larger animals; **~s chiens** big dogs; **les ~s singes** the great apes.

B. ASPECT QUALITATIF - **1.** [important] great, major; **de ~s progrès** great progress OU strides; **les ~s thèmes de son œuvre** the major themes in his work; **les ~es puissances** the great powers; **les ~s problèmes de notre temps** the main OU major OU key issues of our time. - **2.** [acharné, invétéré] great, keen; **un ~ amateur de livres rares** a great OU keen collector of rare books; **c'est une ~e cruciverbiste** [assidue] she loves doing crosswords; [douée] she is very good at (doing) crosswords; **c'est un ~ travailleur** he's a hard worker, he's hard-working; **tu n'es qu'une ~e menteuse** you're just a big liar; **c'est une ~e timide** she's really shy; **ce sont de ~s amis** they're great OU very good friends; **un ~ buveur** a heavy drinker; **~s fumeurs** heavy smokers ❑ **les ~s blessés/brûlés/invalides** the seriously wounded/burned/disabled; **les ~s handicapés** the severely handicapped; **les ~s malades** the seriously ill. - **3.** [puissant, influent - banque] top; [- industriel] top, leading, major; [- propriétaire, famille] important; [- personnage] great; **le ~ monde** (high) society. - **4.** [dans une hiérarchie]: **les ~es classes** SCOL the senior OU upper forms *Br*, the upper grades *Am*; **les ~s dignitaires du régime** the leading OU important dignitaries of the regime ❑ **~ écuyer** Master of the (Royal) Horse; **~ prêtre** high priest; **le Grand rabbin (de France)** the Chief Rabbi (of France); **Grand veneur** Master of the Royal Hunt; **les ~s corps de l'État** the major public bodies. - **5.** [noble]: **de ~e naissance** of high OU noble birth; **en ~e tenue** in full dress; **avoir ~ air** OU **~e allure** to carry o.s. well, to be imposing. - **6.** [généreux]: **c'est un ~ cœur** his heart is in the right place; **il a un ~ cœur** he's big-hearted, he has a big heart; **une ~e âme** a noble soul. - **7.** [exagéré] big; **de ~s gestes** extravagant gestures; **de ~es promesses** big promises; **~s mots** high-sounding words, high-flown language; **~es phrases** high-flown phrases. - **8.** [fameux, reconnu] great; **un ~ homme** a great man; **un ~ journaliste** a great OU top journalist; **un des plus ~s spécialistes** one of the greatest OU top experts; **un ~ esprit/talent** a great mind/talent; **il a accompli de ~es choses** he has accomplished great things; **un disque des ~s airs de Verdi** a record of great Verdi arias; **une ~e œuvre d'art** a great work of art; **son dernier article est un ~ texte** his latest article is a brilliant piece of writing; **il ne descend que dans les ~s hôtels** he only stays in the best hotels OU the most luxurious hotels; **le ~ film de la soirée** tonight's big OU feature film; **le ~ jour** the big day; **les ~es dates de l'histoire de France** the great OU most significant dates in French history; **un ~ nom** a great name; **un ~ nom de la peinture contemporaine** one of today's great painters ❑ **du ~ art**: **la décoration de son appartement est très réussie, c'est du ~ art** his flat is very well decorated, it's a work of art; **les ~s crus de bordeaux** the great wines of Bordeaux; **la ~e musique** classical music; **les ~s couturiers** the top clothes designers. - **9.** HIST: **le Grand Siècle** the grand siècle, the seventeenth century *(in France)*; **la Grande Armée** the Grande Armée; **la Grande Guerre** the Great War; **la Grande Catherine** Catherine the Great; **le Grand Mogol** the Great Mogul; **le Grand Turc** the Grand Turk; **Alexandre/Pierre le Grand** Alexander/Peter the Great. - **10.** [omnipotent, suprême] great; **Dieu est ~** God is great ❑ **~ Dieu!**, **~s dieux!** [surprise, indignation] good God!; [crainte] by God!

C. EN INTENSIF: **avec une (très) ~e facilité** with (the greatest of) ease; **sans ~ enthousiasme/intérêt** without much enthusiasm/interest; **sa ~e fierté, c'est son jardin** he's very proud of OU he takes great pride in his garden; **quel ~ bonheur de t'avoir parmi nous!** how happy we all are to have you with us!; **c'était un ~ moment** it was a great moment; **il était dans un ~ état de fatigue** he was extremely tired; **un ~ merci à ta sœur** lots of thanks to OU a big thank you to your sister; **le ~ amour: c'est le ~ amour!** it's true love!; **Robert fut son ~ amour** Robert was the love of her life; **tu aurais ~ avantage à la prévenir** you'd be well advised to warn her; **cette cuisine a ~ besoin d'être nettoyée** this kitchen really needs OU is in dire need of a clean; **faire ~ bien: ça m'a fait le plus ~ bien** it did me a power of OU the world of good; **il en a pensé le plus ~ bien** he thought most highly of it; **~ bien lui fasse!** much good may it do her!; **faire ~ cas de** to set great store by; **toute la famille au ~ complet** the whole family, every single member of the family; **ils ont marié leur fille à ~s frais** they married off their daughter at great OU vast expense; **à sa ~e honte** to his great shame; **jamais, au ~ jamais je n'accepterai** never in a million years will I accept; **il n'y a pas ~ mal à demander des précisions** there's no harm in asking for further details; **il n'y a pas ~ mal** there's no great harm done; **il est parti de ~ matin** he left at the crack of dawn; **il n'y avait pas ~ monde à son concert** there weren't many people at his concert; **pour notre plus ~ plaisir** to our (great) delight; **prendre ~ soin de** to take great care of; **à sa ~e surprise** much to his surprise, to his great surprise; **il est ~ temps que tu le lises** it's high time you read it.

◇ *nm, f* - **1.** [enfant - d'un certain âge]: **l'école des ~s** primary school; **le dortoir des ~es** [au lycée] the senior girls dormitory ‖ [en appellatif]: **merci mon ~!** thanks, son!; **allons, ma ~e, ne pleure pas!** come on now, love, don't cry! ❑ **comme un ~**: **je me débrouillerai tout seul, comme un ~/toute seule, comme une ~e** I'll manage on my own, like a big boy/a big girl. - **2.** [adulte - gén] grown-up, adult; **un jeu pour petits et ~s** a game for young and old (alike) ‖ [en appellatif]: **alors, ma ~e, tu as pu te reposer un peu?** well dear, did you manage to get some rest? ‖ [personne de grande taille]: **pour la photo, les ~s se mettront derrière** for the photo, tall people OU the taller people will stand at the back.

◆ **grand** ◇ *adv* - **1.** VÊT: **chausser ~**: **c'est un modèle qui chausse ~** this is a large-fitting shoe; **tailler ~**: **ça devrait vous aller, ça taille ~** it should fit you, it's cut large. - **2.** *loc*: **voir ~** [avoir de vastes projets] to think big; **ils ont vu trop ~** they bit off more than they could chew; **elle voit ~ pour son fils** she's got great hopes for her son; **deux rôtis! tu as vu ~!** two roasts! you don't do things by halves! - **3.** [largement]: **~ ouvert** wide-open; **elle dort la fenêtre ~** OU **~e ouverte** she sleeps with the window wide open OU open wide; **il avait maintenant les yeux ~** OU **~s ouverts** now he had his eyes wide open. - **4.** BX-ARTS: **représenter qqch plus ~ que nature** to enlarge sthg.

◇ *nm* - **1.** PHILOS: **l'infiniment ~** the infinitely large, the infinite. - **2.** [entrepreneur, industriel]: **un ~ de la mode** a leading light in the fashion business; **les ~s de l'automobile** the major OU leading car producers. - **3.** HIST: **Grand d'Espagne** (Spanish) grandee OU Grandee.

◆ **grands** *nmpl* ÉCON & POL: **les ~s** [les puissants] the rich (and powerful); **les ~s de ce** monde the people in (positions of) power OU in high places; les deux Grands POL the two superpowers.

◆ **en grand** *loc adv* -**1.** [complètement] on a large scale; il faut aérer la maison en ~ the house needs a thorough OU good airing ❑ quand il a des invités, il fait les choses en ~ when he has guests, he really does things properly. -**2.** NAUT: gouverner en ~ to make a heading; navire en ~ sur un bord ship listing heavily to one side.

◆ **grande école** *nf competitive-entrance higher education establishment.*

◆ **grand ensemble** *nm* housing scheme *Br*, housing project *Am*.

◆ **grande surface** *nf* hypermarket.

GRANDE ÉCOLE:
The "grandes écoles" are relatively small non-university establishments awarding highly respected diplomas. Admission is usually only possible after two years of intensive preparatory studies and a competitive examination. Most have close links with industry. The "grandes écoles" include "l'École des hautes études commerciales" (management), "l'École polytechnique" (engineering) and "l'École normale supérieure" (the humanities). A diploma from a "grande école" is comparable in prestige to an Oxbridge degree in Britain.

grand-angle [grɑ̃tɑ̃gl] (*pl* grands-angles [grɑ̃zɑ̃gl]), **grand-angulaire** [grɑ̃tɑ̃gylɛr] (*pl* grands-angulaires [grɑ̃zɑ̃gylɛr]) *nm* wide-angle lens.

grand-chose [grɑ̃ʃoz] *pron indéf*: pas ~ not much; ce que je te demande, ce n'est pas ~ I'm not asking you for much; je n'y comprends pas ~ I don't understand much of it; plus ~ not much (left); il ne me reste plus ~ à dire there's not much more (left) to say; il n'y a plus ~ à manger there's not much left to eat.

grand-croix [grɑ̃krwa] (*pl* grands-croix) ◇ *nf inv* Grand Cross *(in various orders including the Légion d'honneur)*.

◇ *nmf* holder OU Knight of the Grand Cross.

grand-duc [grɑ̃dyk] (*pl* grands-ducs) *nm* -**1.** [titre] grand duke. -**2.** [oiseau] eagle owl.

grand-ducal, e, aux [grɑ̃dykal, o] *adj* -**1.** [du grand-duc] grand-ducal. -**2.** [du grand-duché] of the grand duchy.

grand-duché [grɑ̃dyʃe] (*pl* grands-duchés) *nm* grand duchy.

Grande-Bretagne [grɑ̃dbrətaɲ] *npr f*: (la) ~ (Great) Britain.

grande-duchesse [grɑ̃ddyʃɛs] (*pl* grandes-duchesses) *nf* grand duchess.

grandelet, ette *fam* [grɑ̃dlɛ, ɛt] *adj* quite tall.

grandement [grɑ̃dmɑ̃] *adv* -**1.** [largement] absolutely; si c'est là votre opinion, vous vous trompez ~ ! if that is what you believe, you are very much mistaken!; vous avez ~ raison/tort you are quite right/wrong; nous avons ~ le temps we have ample time. -**2.** [beaucoup] a great deal, greatly; il m'a ~ aidée he helped me a great deal, he's been a great help to me; être ~ reconnaissant à qqn de qqch to be truly grateful to sb for sthg. -**3.** [généreusement]: vous avez fait les choses ~ ! you've done things in great style!; ils ne seront pas ~ logés their accommodation will be nothing grand OU special.

grandesse [grɑ̃dɛs] *nf* grandeeship.

grandeur [grɑ̃dœr] *nf* -**1.** [taille] size; dimensions données en vraie ~ full-size measurement ❑ (en) ~ nature life-size. -**2.** [noblesse] greatness; la ~ de son sacrifice the greatness OU the beauty of his sacrifice; la ~ humaine the greatness of man; avec ~ nobly ❑ ~ d'âme magnanimity. -**3.** [splendeur] greatness, splendour; ~ et décadence de Byzance rise and fall of Byzantium; elle nous toisait du haut de sa ~ she looked down on us scornfully. -**4.** *arch* & RELIG: Votre Grandeur Your Grace. -**5.** ASTRON magnitude. -**6.** MATH & SC: chiffres de la même ~ figures of the same magnitude ❑ ~ de sortie output; ~s énergétiques energy consumption and supply.

grand-guignol [grɑ̃giɲɔl] *nm*: c'est du ~ it's all blood and thunder.

grand-guignolesque [grɑ̃giɲɔlɛsk] (*pl* grand-guignolesques) *adj* blood-and-thunder.

grandiloquence [grɑ̃dilɔkɑ̃s] *nf* grandiloquence, pomposity *péj*.

grandiloquent, e [grɑ̃dilɔkɑ̃, ɑ̃t] *adj* grandiloquent, pompous *péj*.

grandiose [grɑ̃djoz] *adj* grandiose.

grandir [32] [grɑ̃dir] ◇ *vi* -**1.** [devenir grand] to grow; ton fils a beaucoup grandi your son has grown a lot; cet enfant n'arrête pas de ~ that child is shooting up; sa fille a grandi de cinq centimètres her daughter is five centimetres taller (than when I last saw her); je te trouve grandie you've grown OU you look taller since I last saw you; un enfant qui aurait grandi trop vite a lanky child; un arbre qui aurait grandi trop vite a spindly tree. -**2.** [mûrir] to grow up; j'ai compris en grandissant I understood as I grew up OU older. -**3.** [s'intensifier - bruit] to increase, to grow louder; [- influence] to increase; une inquiétude qui grandit a growing OU an increasing feeling of unease. -**4.** [s'étendre - ville] to spread. -**5.** *fig*: ~ en force/sagesse/beauté to get stronger/wiser/more beautiful, to grow in strength/wisdom/beauty; il a grandi dans mon estime he has gone up in my esteem.

◇ *vt* -**1.** [faire paraître plus grand]: ces talons hauts la grandissent encore these high heel shoes make her (look) even taller. -**2.** [exagérer l'importance de] to exaggerate, to overstate. -**3.** [ennoblir]: notre profession sort grandie de cette longue lutte our profession emerges from this long struggle with greater prestige; ils n'en sortent pas vraiment grandis they don't come out of it terribly well, it hasn't done much for their reputation.

◆ **se grandir** ◇ *vp (emploi réfléchi)* [vouloir paraître - plus grand] to make o.s. (look) taller; [- plus important] to show o.s. in the best possible light.

◇ *vpi* [s'élever en dignité]: elle s'est grandie en ne révélant rien she has improved her reputation OU people's opinion of her by disclosing nothing.

grandissant, e [grɑ̃disɑ̃, ɑ̃t] *adj* [effectifs, douleur, renommée] growing, increasing; [vacarme] growing; [pénombre] deepening.

grandissement [grɑ̃dismɑ̃] *nm* OPT magnification.

grandissime [grɑ̃disim] *adj hum* extraordinary, marvellous.

grand-livre [grɑ̃livr] (*pl* grands-livres) *nm* ledger; le ~ (de la dette publique) the French National Debt.

grand-maman [grɑ̃mamɑ̃] (*pl* grand-mamans OU grands-mamans) *nf* granny, grandma.

grand-mère [grɑ̃mɛr] (*pl* grand-mères OU grands-mères) *nf* -**1.** [aïeule] grandmother. -**2.** *fam* [vieille femme] old woman *péj*, little old lady.

grand-messe [grɑ̃mɛs] (*pl* grand-messes OU grands-messes) *nf* -**1.** RELIG High Mass. -**2.** *fig*: la ~ du parti the party jamboree.

grand-oncle [grɑ̃tɔ̃kl] (*pl* grands-oncles [grɑ̃zɔ̃kl]) *nm* great-uncle.

grand-papa [grɑ̃papa] (*pl* grands-papas) *nm* grandpa, grandad; le commerce/tourisme de ~ *fam fig* old-fashioned ways of doing business/of holidaying.

grand-peine [grɑ̃pɛn]

◆ **à grand-peine** *loc adv* with great OU extreme difficulty.

grand-père [grɑ̃pɛr] (*pl* grands-pères) *nm* -**1.** [parent] grandfather. -**2.** *fam* [vieil homme] grandad *Br*, old-timer *Am*.

grand-route [grɑ̃rut] (*pl* grand-routes) *nf* main road.

grand-rue [grɑ̃ry] (*pl* grand-rues) *nf* high OU main street *Br*, mainstreet *Am*.

grands-parents [grɑ̃parɑ̃] *nmpl* grandparents.

grand-tante [grɑ̃tɑ̃t] (*pl* grand-tantes OU grands-tantes) *nf* great-aunt.

grand-voile [grɑ̃vwal] (*pl* grand-voiles OU grands-voiles) *nf* mainsail.

grange [grɑ̃ʒ] *nf* barn.

grangée [grɑ̃ʒe] *nf* barnful.

granit(e) [granit] *nm* GÉOL granite; de ~ [indestructible] granitelike, made of granite; [insensible] of stone.

granité, e [granite] *adj* granitelike.

◆ **granité** *nm* -**1.** [sorbet] granita. -**2.** TEXT pebble-weave fabric OU cloth.

granitique [granitik] *adj* granitic, granite *(modif)*.

granivore [granivɔr] ◇ *adj* seed-eating, granivorous *spéc*.

◇ *nmf* seedeater, granivore *spéc*.

granny-smith [granismis] *nf inv* Granny Smith *(apple)*.

granulaire [granylɛr] *adj* granular, granulous.

granulat [granyla] *nm* aggregate.

granulation [granylasjɔ̃] *nf* -**1.** [gén] graining, granulation. -**2.** MÉD granulation. -**3.** ASTRON: ~ solaire granulation of the sun, photospheric granulation. -**4.** PHOT grain, graininess.

granule [granyl] ◇ *nm* -**1.** [particule] (small) grain, granule; [pour animaux] pellet. -**2.** PHARM (small) tablet, pill.

◇ *nf* ASTRON granule.

granulé, e [granyle] *adj* [surface] granular; [présentation] granulated.

◆ **granulé** *nm* granule.

granuler [3] [granyle] *vt* to granulate.

granuleux, euse [granylø, øz] *adj* -**1.** [aspect] granular, grainy. -**2.** MÉD granular.

granulocyte [granylɔsit] *nm* granulocyte.

granulome [granylom] *nm* granuloma.

granulométrie [granylɔmetri] *nf* granulometry.

grape-fruit (*pl* grape-fruits), **grapefruit** [grɛpfrut] *nm* grapefruit.

graphe [graf] *nm* -**1.** MATH graph. -**2.** INF graph; ~ complet/non orienté complete/indirected graph.

graphème [grafɛm] *nm* grapheme.

graphie [grafi] *nf* written form.

graphique [grafik] ◇ *adj* -**1.** [relatif au dessin] graphic. -**2.** [relatif à l'écriture] written. -**3.** INF: informatique ~ computer graphics. -**4.** SC graphical.

◇ *nm* -**1.** MATH [courbe] graph; [tracé] diagram, chart; ~ à bandes bar chart; ~ circulaire pie chart. -**2.** [de température] chart.

◇ *nf* graphics *(sg)*.

graphiquement [grafikmɑ̃] *adv* graphically.

graphisme [grafism] *nm* -**1.** [écriture] handwriting; un ~ exubérant elaborate handwriting. -**2.** [dessin]: un ~ vigoureux a vigorously executed drawing; le ~ de Dürer Dürer's draughtsmanship.

graphiste [grafist] *nmf* graphic artist.

graphite [grafit] *nm* graphite; lubrifiant au ~ graphite lubricant.

graphiter [3] [grafite] *vt* -**1.** [transformer] to graphitize. -**2.** [enduire] to lubricate with graphite.

graphiteux, euse [grafitø, øz], **graphitique** [grafitik] *adj* graphitic.

graphitisation [grafitizasjɔ̃] *nf* -**1.** CHIM grafitization. -**2.** MÉTALL graphitization (treatment).

graphologie [grafɔlɔʒi] *nf* graphology.

graphologique [grafɔlɔʒik] *adj* graphological.

graphologue [grafɔlɔg] *nmf* graphologist.

graphomètre [grafɔmɛtr] *nm* graphometer.

grappe [grap] *nf* [de fleurs, de fruit]: ~ de glycine wisteria flowerhead; ~ de raisins bunch of grapes; ~s humaines *fig* clusters of people.

◆ **en grappe(s)** *loc adv* [tomber - fleurs] in bunches.

grappiller [3] [grapije] ◇ *vi* -**1.** *litt* [après la vendange] *to gather grapes left after the harvest.* -**2.** [faire de petits profits] to be on the take OU the

fiddle *Br*; il est bien le seul à ne pas ~ he's the only one who's not on the take.
◇ *vt* -**1.** *litt* [cerises, prunes] to pick; [brindilles] to gather; [fleurs] to pick, to gather. -**2.** *fam* [argent] to fiddle *Br*, to chisel *Am*. -**3.** *fam* [temps]: elle grappille tous les jours une demi-heure sur l'horaire she sneaks off half an hour early every day. -**4.** *fam* [informations] to pick up *(sép)*; on n'a pu ~ que quelques détails insignifiants we could only pick up a few minor clues.

grappilleur, euse [grapijœr, øz] *nm, f* [profiteur] fiddler *Br*, chiseler *Am*.

grappillon [grapijɔ̃] *nm* small bunch OU cluster.

grappin [grapɛ̃] *nm* -**1.** NAUT [ancre] grapnel; [d'abordage] grappling iron. -**2.** [de levage] grab. -**3.** [pour grimper] grappler, climbing iron. -**4.** *fam loc*: mettre le ~ sur qqn: une fois qu'il t'a mis le ~ dessus... once he's got his hands on you...; il m'a mis le ~ dessus à la sortie he grabbed me on the way out; attends que je lui mette le ~ dessus! wait till I get my hands on him!

gras, grasse [gra, gras] *adj* **A.** -**1.** CULIN fatty; ne mettez pas trop de matière grasse do not add too much fat; fromage ~ full-fat cheese; bouillon ~ fatty stock; évitez la cuisine grasse avoid fatty foods. -**2.** [dodu] fat, plump; un visage ~ a chubby face; il est très ~ he's very fat; elle est plutôt grasse she's rather plump OU fat ❑ être ~ comme une caille OU un chanoine OU un cochon OU un moine, être ~ à lard to be as round as a barrel. -**3.** [huileux] greasy, oily; [taché] greasy. -**4.** [vulgaire] crude, coarse. -**5.** CHIM fatty; série grasse acyl group. -**6.** RELIG: jours ~ meat days.
B. -**1.** [terre, boue] sticky, slimy. -**2.** [pavé] slippery. -**3.** [voix, rire] throaty. -**4.** *litt* [abondant - récompense] generous; [- pâturage] rich; ce n'est pas ~ *fam* [peu de chose] that's not much; [profit médiocre] it's not a fortune; l'herbe grasse était douce sous le pied the thick grass was soft underfoot. -**5.** [épais, gén] thick; [- trait] bold; [- caractère] bold, bold-faced; en ~ IMPR in bold (type). -**6.** MÉD [toux] phlegmy. -**7.** ŒNOL [vin] ropy. -**8.** *loc*: faire la grasse matinée to stay in bed (very) late, to have a long lie-in *Br*.
◆ **gras** ◇ *nm* -**1.** [d'une viande] fat; le ~ de jambon ham fat; au ~ CULIN cooked with meat stock. -**2.** [du corps] fleshy part; le ~ de la jambe the calf. -**3.** [substance] grease; j'ai les doigts pleins de ~ my fingers are covered in grease; des taches de ~ greasy stains.
◇ *adv* -**1.** [dans l'alimentation]: il mange trop ~ he eats too much fatty food. -**2.** RELIG: faire ~ to eat meat. -**3.** [en grasseyant]: parler ~ to speak coarsely OU gutturally. -**4.** *fam* [beaucoup]: il n'y a pas ~ à manger there's not much to eat.

gras-double [gradubl] (*pl* gras-doubles) *nm* (ox) tripe CULIN.

grassement [grasmɑ̃] *adv* -**1.** *litt* [largement] handsomely; ~ payé OU rémunéré generously OU handsomely paid; il vit ~ de ses terres he makes a handsome living from the land he owns. -**2.** [vulgairement] coarsely, crudely; plaisanter ~ to make coarse OU crude jokes.

grasseyant, e [grasɛjɑ̃, ɑ̃t] *adj*: avoir un parler/rire ~ to speak/to laugh from the back of one's throat.

grasseyement [grasɛjmɑ̃] *nm*: le ~ des Parisiens *the Parisian way of pronouncing Rs from the back of the throat*; LING the uvular Parisian R.

grasseyer [12] [grasɛje] ◇ *vi* to pronounce one's Rs from the back of the throat, to use Parisian Rs.
◇ *vt*: un R grasseyé LING a uvular R.

grassouillet, ette [grasujɛ, ɛt] *adj* podgy *Br*, pudgy *Am*.

gratifiant, e [gratifjɑ̃, ɑ̃t] *adj* gratifying, rewarding.

gratification [gratifikasjɔ̃] *nf* -**1.** [pourboire] tip; [prime] bonus; ~ de fin d'année Christmas bonus. -**2.** [satisfaction] gratification.

gratifier [9] [gratifje] *vt* -**1.** [satisfaire]: sa réussite a beaucoup gratifié ses parents his success was very gratifying for his parents. -**2.** *iron*: ~ qqn de qqch: elle m'a gratifié d'un sourire she favoured me with a smile; je ne vois pas pourquoi tu devrais nous ~ de ta mauvaise humeur! I can't see what we've done to deserve your bad temper!

gratin [gratɛ̃] *nm* -**1.** CULIN [plat - recouvert de fromage] gratin *(dish with a topping of toasted cheese)*; [- recouvert de chapelure] *dish with a crispy topping*; ~ dauphinois *sliced potatoes baked with cream and browned on top* || [croûte - de fromage] cheese topping; [- de chapelure] crispy topping. -**2.** *fam* [élite]: le ~ the upper crust; tout le ~ parisien everybody who's anybody in Paris.

gratiné, e [gratine] *adj* -**1.** CULIN [doré] browned; [cuit au gratin] (cooked) au gratin. -**2.** *fam* [difficile]: c'était un sujet d'examen ~! it was a pretty tough exam question! || [intense]: elle va avoir droit à un savon ~! she's in for a real telling-off!
◆ **gratinée** *nf* French onion soup.

gratiner [3] [gratine] ◇ *vt* [cuire en gratin] to cook au gratin; [dorer] to brown; faire ~ avant de servir brown under the grill before serving.
◇ *vi* to brown; ça n'a pas tout à fait fini de ~ the top is not quite brown yet.

gratis *fam* [gratis] ◇ *adv* free (of charge); il a fait la réparation ~ he repaired it for nothing.
◇ *adj* free; un spectacle ~ a free show.

gratitude [gratityd] *nf* gratitude, gratefulness.

grattage [grataʒ] *nm* scraping; au ~ on s'aperçoit que la couche de peinture était très mince when you scrape off the paint you can see that it was put on very thinly.

gratte *fam* [grat] *nf* -**1.** [profit]: faire de la ~ to make a bit on the side. -**2.** [guitare] guitar.

gratte-ciel [gratsjɛl] *nm inv* sky-scraper.

gratte-cul *fam* [gratky] *nm inv* rosehip.

gratte-dos [gratdo] *nm inv* back-scratcher.

grattement [gratmɑ̃] *nm* scratching; elle entendit un léger ~ à la porte she heard a gentle scratching at the door.

gratte-papier *fam* [gratpapje] *nm inv péj* pen-pusher.

gratte-pieds [gratpje] *nm inv* shoe scraper, metal doormat.

gratter [3] [grate] ◇ *vt* -**1.** [avec des griffes, des ongles, une plume] to scratch; [avec un sabot] to paw; elle grattait doucement la tête de son chat she was gently scratching OU tickling her cat's head. -**2.** [frotter - allumette] to strike; [- métal oxydé] to scrape, to rub; [- couche de saleté] to scrape OU to rub off *(sép)*; ~ une vieille peinture/du vieux papier peint to scrape off old paint/old wallpaper; ~ un mur à la brosse métallique to wire-brush a wall. -**3.** [effacer] to scratch out *(sép)*. -**4.** [irriter]: une chemise/un pull-over qui gratte (la peau) a shirt/sweater which makes one itch; ça (me) gratte *fam* it's itchy; un gros rouge qui gratte la gorge *fam* a rough red wine which catches in the throat. -**5.** *fam* [grappiller] to fiddle *Br*, to chisel *Am*. -**6.** *fam* [devancer] to overtake; on s'est fait ~ par la concurrence we were overtaken by our competitors. -**7.** *fam* [jouer de]: ~ du violon to scrape away at the violin.
◇ *vi* -**1.** [plume] to scratch; prête-moi une plume, la mienne gratte lend me a pen, mine keeps scratching (the paper). -**2.** [faire du bruit]: ces vieux disques grattent beaucoup these old records are very scratchy OU crackly. -**3.** [tissu, laine, pull] to itch, to be itchy. -**4.** *fam* [travailler] to work, to do odd jobs; il gratte quelques heures par semaine chez un avocat he does a few hours a week at a solicitor's office.
◆ **se gratter** *vp (emploi réfléchi)* to scratch (o.s.), to have a scratch; se ~ la tête/le bras to scratch one's head/arm ❑ tu peux toujours te ~!▽ you'll be lucky!

gratteron [gratrɔ̃] *nm* goose grass.

gratteur [gratœr] *nm* TECH reclaiming scraper; ~ de sable sand scraper.

grattoir [gratwar] *nm* -**1.** [de bureau] erasing-knife. -**2.** [de graveur] scraper. -**3.** [allumettes] striking surface. -**4.** ARCHÉOL grattoir.

gratuit, e [gratɥi, it] *adj* -**1.** [en cadeau] free; 'entrée ~e' 'admission free'; c'est ~ it's free, there's no charge. -**2.** [sans fondement] unwarranted; tu fais là une supposition tout à fait ~e your assumption is absolutely unwarranted. -**3.** [absurde - violence] gratuitous; [- cruauté] wanton, gratuitous; acte ~ PHILOS motiveless act, acte gratuit. -**4.** [désintéressé]: aide ~e free help; il est rare que les éloges soient ~s praise is rarely disinterested.

gratuité [gratɥite] *nf* -**1.** [accès non payant]: nous voulons la ~ de l'enseignement/des livres scolaires we want free education/schoolbooks. -**2.** [absence de motif] gratuitousness; la ~ d'un tel acte the gratuitousness of such an act. -**3.** [désintéressement] disinterestedness; la ~ de ses éloges the disinterestedness OU the disinterested nature of his praise.

gratuitement [gratɥitmɑ̃] *adv* -**1.** [sans payer] free (of charge); pour deux disques achetés, ils en donnent un ~ if you buy two records, they give you one free. -**2.** [sans motif] gratuitously, for no reason; vous l'agressez ~, elle ne vous a rien fait! you're attacking her for no reason, she hasn't done you any harm!; ils ont tout saccagé ~ they destroyed everything just for the sake of it.

grau [gro] *nm dial* -**1.** [chenal] channel *(linking a lake or a river to the sea in Languedoc)*. -**2.** [estuaire] estuary *(in Languedoc)*.

gravatier [gravatje] *nm* rubble carter.

gravats [grava] *nmpl* -**1.** [décombres] rubble. -**2.** [de plâtre] (screening) oversize.

grave [grav] ◇ *adj* -**1.** *(après n)* [solennel] grave, solemn; il la dévisageait, l'air ~ he stared at her gravely; votre ami est toujours tellement ~! your friend is always so solemn OU serious! -**2.** [sérieux - motif, problème] serious; [- opération] serious, major; [- faute] grave; l'heure est ~ this is a critical moment; une faute ~ a grave error; ce n'est pas ~! never mind!, it doesn't matter!; c'est ~! it's serious!; elle a eu une ~ maladie she's been seriously ill; c'est ~, docteur? is it serious, doctor? -**3.** ACOUST & MUS low, deep; note ~ low OU deep note; voix ~ low-pitched OU deep voice. -**4.** [accent] grave.
◇ *nm* MUS: le ~ the low register; les ~s et les aigus low and high notes, the low and high registers.
◇ *nf* TRAV PUBL aggregate.
◆ **graves** ◇ *nm* [vin] Graves (wine).
◇ *nmpl* ACOUST bass.
◇ *nfpl* [terrain] gravel beach OU strand.

graveleux, euse [gravlø, øz] *adj* -**1.** [grivois] smutty. -**2.** GÉOG gravelly. -**3.** [fruit] gritty.

gravelle [gravɛl] *nf* MÉD & *arch* gravel.

gravement [gravmɑ̃] *adv* -**1.** [solennellement] gravely, solemnly. -**2.** [en intensif]: ~ handicapé severely handicapped; ~ malade seriously ill; tu t'es ~ trompé you've made a serious OU big mistake; vous êtes ~ coupable de l'avoir laissé sortir seul the burden of guilt lies with you for having let him go out alone.

graver [3] [grave] *vt* -**1.** [tracer - sur métal, sur pierre] to carve, to engrave; [- sur bois] to carve. -**2.** *fig*: à jamais gravé (en lettres d'or) dans mon esprit/mon souvenir indelibly printed on my mind/memory; la souffrance était gravée sur son visage suffering was written on his face. -**3.** BX-ARTS to engrave; ~ à l'eau-forte to etch. -**4.** [disque] to cut; le dernier album qu'ils ont gravé n'a pas marché the last album they made wasn't a success.

graveur, euse [gravœr, øz] *nm, f* [personne] engraver, carver; ~ sur bois wood engraver OU cutter; ~ à l'eau-forte etcher.
◆ **graveur** *nm* [pour disques] cutter.

gravide [gravid] *adj* MÉD pregnant, gravid *spéc*; truie ~ sow in pig.

gravidique [gravidik] *adj* gravidic.

gravidité [gravidite] *nf* MÉD gravidness, gravidity.

gravier [gravje] *nm* -**1.** GÉOL grit, gravel. -**2.** [petits cailloux] gravel; **couvrir une allée de ~** to gravel a path; **allée de ~** gravel path.

gravière [gravjɛr] *nf* gravel pit.

gravifique [gravifik] *adj* PHYS: **l'attraction ~** the force of gravity.

gravillon [gravijɔ̃] *nm* -**1.** [caillou] piece of gravel OU grit. -**2.** [revêtement] grit, fine gravel; '**~s**' 'loose chippings'.

gravillonnage [gravijɔnaʒ] *nm* gritting.

gravillonner [3] [gravijɔne] *vt* to grit.

gravimètre [gravimɛtr] *nm* gravimeter.

gravimétrie [gravimetri] *nf* gravimetry.

gravimétrique [gravimetrik] *adj* gravimetric, gravimetrical.

gravir [32] [gravir] *vt* -**1.** *sout* [grimper] to climb; **~ une montagne/un escalier** to climb up a mountain/a staircase; **~ les marches d'un pas lourd** to climb the steps with a heavy tread. -**2.** [dans une hiérarchie]: **il faut ~ (tous) les échelons** you must go up through the ranks; **quand elle aura gravi tous les échelons** once she's got to the top.

gravisphère [gravisfɛr] *nf* gravisphere.

gravissime [gravisim] *adj* very serious.

gravitation [gravitasjɔ̃] *nf* gravitation PHYS.

gravitationnel, elle [gravitasjɔnɛl] *adj* gravitational.

gravité [gravite] *nf* -**1.** [sérieux, dignité] seriousness, solemnity; **son visage exprimait une profonde ~** she looked very solemn OU serious; **l'enfant la dévisagea avec ~** the child stared at her solemnly. -**2.** [importance] seriousness, gravity; **tu ne perçois pas la ~ du problème** you don't realize the seriousness OU gravity of the problem. -**3.** [caractère alarmant] seriousness; [d'une blessure] severity; **un accident sans ~ s'est produit en gare d'Orléans** there was a minor accident at the station in Orléans; **une maladie sans ~** a minor ailment. -**4.** [pesanteur] gravity. -**5.** MUS lowness.

graviter [3] [gravite] *vi* -**1.** ASTRON: **~ autour de** to revolve OU to orbit around. -**2.** *sout* [évoluer]: **il a toujours gravité dans les sphères gouvernementales** he has always moved in government circles.

gravure [gravyr] *nf* -**1.** [tracé en creux]: **~ sur bois** [procédé] woodcutting; [objet] woodcut; **~ sur pierre** stone carving; **~ sur verre** glass engraving. -**2.** IMPR [processus] engraving, imprinting; **~ sur cuivre** [procédé] copperplating; [plaque] copperplate; **~ directe** hand cutting; **~ à l'eau-forte** etching ‖ [image] engraving, etching; **une ~ de Dürer** an engraving by Dürer ❑ **~ de mode** fashion plate; **habillé** OU **vêtu comme une ~ de mode** dressed like a model in a fashion magazine. -**3.** [d'un disque] cutting; **~ directe** direct cut; **disque à ~ universelle** OU **compatible** stereo compatible record.

gray [grɛ] *nm* gray PHYS.

gré [gre] *nm* -**1.** [goût, convenance]: **prenez n'importe quelle chaise, à votre ~** sit down wherever you wish OU please; **la chambre est-elle à votre ~?** *sout* is the room to your liking?; **il est trop jeune à mon ~** he's too young for my liking. -**2.** [volonté, accord]: **elle a toujours agi à son ~** she has always done as she pleased; **je suis venue de mon plein** OU **propre ~** I came of my own free will; **il la suivit de bon ~** he followed her willingly OU of his own accord; **on l'a fait signer contre son ~** they made her sign against her will ❑ **bon ~ mal ~** **il faudra que tu m'écoutes** whether you like it or not you'll have to listen to me; **ramenez-le de ~ ou de force!** bring him back by fair means or foul! -**3.** *sout* [gratitude]: **savoir ~ à qqn de qqch** to be grateful to sb for sthg; **je vous saurais ~ de bien vouloir me faire parvenir...** I would be grateful if you would kindly send me...; **on vous saura mauvais ~ d'avoir dit la vérité** you'll get little reward OU people won't thank you for having spoken the truth.

◆ **au gré de** *loc prép*: **le bail est renouvelable au ~ du locataire** the lease is renewable at the tenant's request; **au ~ des flots** *sout* at the mercy of the waves; **se laisser aller au ~ du courant** to let o.s. drift along with the current; **ballotté au ~ des événements** tossed about OU buffeted by events.

◆ **de gré à gré** *loc adv* JUR by mutual agreement OU accord.

grèbe [grɛb] *nm* grebe; **~ huppé/à cou noir** great crested/black-necked grebe.

grec, grecque[1] [grɛk] *adj* Greek; **profil ~** Grecian profile.

◆ **Grec, Grecque** *nm, f* Greek.

◆ **grec** *nm* LING Greek; **le ~ ancien** ancient Greek; **le ~ moderne** modern OU demotic Greek.

◆ **à la grecque** *loc adj* [champignons, oignons] (cooked) à la grecque *(in olive oil and spices)*.

Grèce [grɛs] *npr f*: **(la) ~** Greece; **la ~ antique** Ancient Greece.

gréciser [3] [gresize] *vt* [mot] to give a Greek turn to.

Greco [greko] *npr*: **le ~** El Greco; **un tableau du ~** a painting by El Greco.

gréco-latin, e [grekɔlatɛ̃, in] (*mpl* **gréco-latins**, *fpl* **gréco-latines**) *adj* Greco-Latin.

gréco-romain, e [grekɔrɔmɛ̃, ɛn] (*mpl* **gréco-romains**, *fpl* **gréco-romaines**) *adj* Greco-Roman.

grecque[2] [grɛk] ◇ *adj* → **grec**.
◇ *nf* -**1.** → **grec**. -**2.** ARCHIT (Greek) fret. -**3.** IMPR [scie] bookbinder's saw.

grecquer [4] [greke] *vt* to saw the back of *(a book)*.

gredin, e [grədɛ̃, in] *nm, f* rascal, rogue.

gredinerie [grədinri] *nf litt* -**1.** [caractère] roguishness. -**2.** [acte] roguish act.

gréement [gremɑ̃] *nm* [voilure] rigging, rig; [processus] rigging; **~ courant/dormant** running/standing rigging.

green [grin] *nm* GOLF green.

Greenwich [grinwitʃ] *npr* Greenwich; **le méridien de ~** the Greenwich Meridian.

gréer [15] [gree] *vt* [navire] to rig.

gréeur [greœr] *nm* rigger.

greffage [grɛfaʒ] *nm* HORT grafting.

greffe [grɛf] ◇ *nm* JUR clerk's office, clerk of the court's office; **~ du tribunal de commerce** commercial court.
◇ *nf* -**1.** HORT [processus] grafting; [pousse] graft; **~ en couronne/écusson/fente** crown/shield/cleft grafting. -**2.** MÉD [organe, moelle osseuse] transplant; [os, peau] graft.

greffé, e [grɛfe] *nm, f* transplant patient; **les ~s du cœur** heart-transplant patients.

greffer [4] [grɛfe] *vt* -**1.** HORT to graft; **~ sur franc/sauvageon** to graft onto a hybrid/stock. -**2.** MÉD [os, peau] to graft; [organe, moelle osseuse] to transplant; **on lui a greffé une cornée** he had a cornea transplant, he was given a new cornea.

◆ **se greffer sur** *vp + prép*: **le problème de la santé vient se ~ sur celui du logement** the problem of the health service has now come on top of the housing problem; **puis d'autres problèmes sont venus se ~ là-dessus** then additional problems came along OU arose.

greffeur [grɛfœr] *nm* HORT grafter.

greffier [grɛfje] *nm* -**1.** JUR clerk (of the court), registrar. -**2.** *fam* [chat] puss, pussy.

greffoir [grɛfwar] *nm* grafting knife.

greffon [grɛfɔ̃] *nm* -**1.** HORT graft, scion *spéc*. -**2.** MÉD [tissu] graft; [organe] transplant.

grégaire [gregɛr] *adj* gregarious; **l'instinct ~** the herd instinct.

grégarisme [gregarism] *nm* gregariousness, herd instinct.

grège [grɛʒ] ◇ *adj* [soie] raw, unbleached, undyed.
◇ *adj inv* [couleur] dove-coloured.
◇ *nm* greyish-beige, beigey-grey.

grégeois [greʒwa] *adj m*: **feu ~** Greek fire.

Grégoire [gregwar] *npr*: **~ de Tours** Gregory of Tours; **~ le Grand** Gregory the Great.

grégorien, enne [gregɔrjɛ̃, ɛn] *adj* Gregorian.

◆ **grégorien** *nm* Gregorian chant.

grêle [grɛl] ◇ *adj* -**1.** [mince et long] spindly, thin. -**2.** [aigu - voix] reedy.
◇ *nf* -**1.** MÉTÉO hail; **la récolte a été détruite par la ~** the harvest was ruined by hail; **il est tombé de la ~ hier** it hailed yesterday; **une averse de ~** a hailstorm. -**2.** *fig*: **une ~ de coups** a shower of blows; **une ~ de flèches** a hail OU shower of arrows; **une ~ d'insultes** a volley of insults.

grêlé, e [grele] *adj* [peau, visage] pockmarked, pitted.

grêler [4] [grele] ◇ *v impers*: **il grêle** it's hailing.
◇ *vt*: **l'orage a grêlé les vignes** the vines suffered hail damage in the storm.

grêleux, euse [grelø, øz] *adj*: **le temps est souvent ~ en mars** it often hails in March.

grelin [grəlɛ̃] *nm* hawser.

grêlon [grɛlɔ̃] *nm* hailstone.

grelot [grəlo] *nm* -**1.** [clochette] (small sleigh OU jingle) bell. -**2.** *fam* [téléphone]: **passe-moi un coup de ~** give me a buzz OU a tinkle *Br*. -**3.** *loc*: **avoir les ~s**▽ to have the heebie-jeebies.

grelottant, e [grəlɔtɑ̃, ɑ̃t] *adj* -**1.** [tremblant] shivering; **~ de froid** shivering with cold; **tout ~** shivering all over. -**2.** [chevrotant] trembling. -**3.** *sout* [sonnant] jingling, tinkling.

grelottement [grəlɔtmɑ̃] *nm* -**1.** [tremblement] shivering. -**2.** *sout* [sonnerie] jingling.

grelotter [3] [grəlɔte] *vi* -**1.** [avoir froid]: **ferme la fenêtre, on grelotte** shut the window, it's freezing in here. -**2.** [trembler]: **~ de froid** to shiver OU to tremble with cold; **~ de peur** to shake with fear; **~ de fièvre** to shiver with fever. -**3.** *sout* [cloche] to jingle.

greluche▽ [grəlyʃ] *nf péj* bird *Br*, chick *Am*.

grenache [grənaʃ] *nm* -**1.** [cépage] grenache plant OU vine. -**2.** [vin] grenache (wine).

grenade [grənad] *nf* -**1.** ARM grenade; **~ d'exercice** training grenade; **~ fumigène/incendiaire/lacrymogène** smoke/incendiary/tear-gas grenade; **~ à fusil/main** rifle/hand grenade; **~ sous-marine** depth charge. -**2.** [écusson militaire] grenade ornament. -**3.** BOT pomegranate.

Grenade [grənad] ◇ *npr f* [île]: **la ~** Grenada; **à la ~** in Grenada.
◇ *npr* [ville d'Espagne] Granada.

grenadier [grənadje] *nm* -**1.** MIL grenadier. -**2.** BOT pomegranate tree.

grenadille [grənadij] *nf* granadilla.

grenadin[1] [grənadɛ̃] *nm* -**1.** CULIN grenadine (of veal). -**2.** BOT grenadin.

grenadin[2], **e**[1] [grənadɛ̃, in] *adj* [de la Grenade] Grenadian.

◆ **Grenadin, e** *nm, f* Grenadian.

grenadine[2] [grənadin] *nf* [sirop] grenadine *(bright red fruit syrup used in making drinks)*; **une ~** [boisson] a (glass of) grenadine.

grenage [grənaʒ] *nm* -**1.** [d'une surface] graining. -**2.** [d'une substance] graining, granulation.

grenaillage [grənajaʒ] *nm* shotblasting, steel grit blasting.

grenaille [grənaj] *nf* -**1.** MÉTALL shot, steel grit; **en ~** grained, granulated. -**2.** [plomb de chasse] shot; **~ de plomb** lead shot.

grenailler [3] [grənaje] *vt* to granulate.

grenat [grəna] ◇ *nm* [pierre, couleur] garnet.
◇ *adj inv* garnet, garnet-coloured.

greneler [24] [grɛnle] *vt* to grain.

grenier [grənje] *nm* -**1.** [combles] attic; **~ aménagé** converted loft. -**2.** [à grain] loft; **~ à foin** hayloft; **le ~ à blé de la France** *fig* the granary of France.

Grenoble [grənɔbl] *npr* Grenoble.

grenoblois, e [grənɔblwa, az] *adj* from Grenoble.

◆ **Grenoblois, e** *nm, f inhabitant of or person from Grenoble*.

grenouillage *fam* [grənujaʒ] *nm* jiggery-pokery, skullduggery; **il y a du ~**

OU **des ~s là-dessous** there's some funny business going on there.

grenouille [grənuj] *nf* -**1.** ZOOL frog; **~ verte/rousse** edible/common frog; **~ de bénitier** *fam* Holy Joe. -**2.** *fam* [cagnotte] kitty, cash-box; **manger** OU **faire sauter la ~** to make off with the kitty.

grenouiller *fam* [3] [grənuje] *vi* to plot, to scheme, to connive.

grenouillère [grənujɛr] *nf* -**1.** VÊT sleepsuit, sleeping-suit. -**2.** [lieu] frog pond.

grenouillette [grənujɛt] *nf* -**1.** MÉD ranula. -**2.** BOT water crowfoot.

grenu, e [grəny] *adj* -**1.** [surface] grainy, grained. -**2.** GÉOL granulose.

grès [grɛ] *nm* -**1.** GÉOL sandstone. -**2.** [vaisselle]: **~ (cérame)** stoneware; **des assiettes en ~** stoneware plates.

grésage [grezaʒ] *nm* polishing (with sandstone).

gréser [18] [greze] *vt* to polish (with sandstone).

gréseux, euse [grezø, øz] *adj* sandstone *(modif)*.

grésil [grezil] *nm* fine hail.

grésillement [grezijmɑ̃] *nm* -**1.** [de l'huile] sizzling; [du téléphone] crackling; **il y a des ~s sur la ligne** there's some interference on the line, the line's crackling. -**2.** [cri du grillon] chirping.

grésiller [3] [grezije] ◇ *v impers*: **il grésille** it's hailing.

◇ *vi* -**1.** [huile] to sizzle; [feu, téléphone] to crackle; **ça grésille** it's all crackly. -**2.** [grillon] to chirp.

grésoir [grezwar] *nm* (sandstone) smoother.

gressin [gresɛ̃] *nm* grissino; **des ~s** grissini.

GRETA, Greta [greta] (*abr de* **groupements d'établissements pour la formation continue**) *npr m state body organizing adult training programmes*.

greubons [grøbɔ̃] *nmpl Helv leftover fat from cooked meat, fried and used as an accompaniment to some Swiss dishes*.

grève [grɛv] *nf* -**1.** [cessation d'une activité] strike; **être en ~, faire ~** to be on strike, to strike; **se mettre en ~** to go on strike ❑ **~ bouchon** disruptive strike; **~ de la faim** hunger strike; **~ générale** general strike; **~ partielle** partial OU localized strike; **~ perlée** go-slow strike *Br*, slowdown strike *Am*; **~ sauvage** wildcat strike; **~ de solidarité** sympathy strike; **ils font une ~ de solidarité** they've come out in sympathy; **~ surprise** lightning strike; **~ sur le tas** sit-down strike; **~ tournante** staggered strike; **~ du zèle** work-to-rule. -**2.** *litt* [plage] shore, strand *litt*; [rive] bank, strand *litt*.

grever [19] [grəve] *vt* -**1.** *sout* [économie] to put a strain on; **l'inflation a grevé le pouvoir d'achat** inflation has restricted OU put a squeeze on purchasing power; **les vacances ont grevé mon budget** the holidays have put a severe strain on my finances. -**2.** JUR: **sa propriété est grevée d'hypothèques** he's mortgaged up to the hilt.

Grévin [grevɛ̃] *npr*: **le musée ~** *wax museum in Paris*.

Grévisse [grevis] *npr*: **le ~** *reference book on the correct use of the French language*.

gréviste [grevist] ◇ *nmf* striker, striking worker; **~ de la faim** hunger striker.

◇ *adj* striking; **les étudiants ~s** the striking students.

GRH (*abr de* **gestion des ressources humaines**) *nf personnel management*.

gribiche [gribiʃ] ◇ *adj*: **sauce ~** *flavoured mayonnaise with chopped hard boiled egg and capers*.

◇ *nf Helv* [femme acariâtre] shrew.

gribouillage [gribujaʒ] *nm* -**1.** [dessin] doodle; **faire des ~s** to doodle. -**2.** [écriture illisible] scrawl, scribble.

gribouiller [3] [gribuje] ◇ *vt* to scribble.

◇ *vi* to doodle, to scribble.

gribouilleur, euse [gribujœr, øz] *nm, f* scribbler.

gribouillis [gribuji] = **gribouillage**.

grief [grijɛf] *nm litt* grievance; **mes ~s sont nombreux** I have numerous grievances; **faire ~ à qqn de qqch** to hold sthg against sb; **on lui a fait ~ d'avoir épousé un banquier** they resented her marrying a banker.

grièvement [grijɛvmɑ̃] *adv* severely; **~ brûlé/touché** severely burnt/wounded; **quinze blessés dont trois ~** fifteen wounded, three of them seriously.

griffe [grif] *nf* -**1.** ZOOL claw; **il fait ses ~s** it's sharpening its claws; **rentrer/sortir ses ~s** to draw in/to show one's claws ❑ **le voilà qui montre ses ~s** now he's showing his teeth; **tomber dans les ~s de qqn** to fall into sb's clutches; **il faut l'arracher des ~s de sa mère** he needs to be rescued from his mother's clutches; **donner un coup de ~ à qqn** *pr* to scratch OU to claw sb; **elle a reçu de nombreux coups de ~s** *fig* she was the victim of quite a bit of back-biting. -**2.** [d'un couturier] label, signature; **une grande ~** a famous (designer) label ‖ [d'un auteur] stamp; **cet article porte la ~ de monsieur Dubois** this article is written in Mr Dubois's unmistakable style. -**3.** BOT [de l'asperge] crown; [du lierre] tendril. -**4.** JOAILL claw. -**5.** *Belg* scratch.

griffé, e [grife] *adj* [vêtement] designer *(modif)*.

griffer [3] [grife] *vt* -**1.** [suj: personne, animal] to scratch; **Marie m'a griffé** Marie scratched me. -**2.** [suj: couturier] to put one's label on.

◆ **se griffer** *vp (emploi réfléchi)* to scratch o.s.; **je me suis griffé au rosier** I scratched myself on the rosebush.

griffon [grifɔ̃] *nm* -**1.** MYTH griffin. -**2.** [chien] griffon. -**3.** ORNITH griffon (vulture).

griffonnage [grifɔnaʒ] *nm* -**1.** [écrit] scribbling. -**2.** [dessin] rough sketch.

griffonner [3] [grifɔne] ◇ *vt* -**1.** [noter - adresse] to scribble (down); [- plan] to sketch roughly, to do a quick sketch of. -**2.** [mal écrire] to scribble.

◇ *vi* to scribble; **les pages étaient toutes griffonnées au crayon noir** the pages were all scribbled over in black pencil.

griffonneur, euse [grifɔnœr, øz] *nm, f* -**1.** [écrivant mal] scribbler. -**2.** [dessinant mal] scrawler.

griffu, e [grify] *adj* clawed.

griffure [grifyr] *nf* [d'une personne, d'une ronce] scratch; [d'un animal] scratch, claw mark.

grigner [3] [griɲe] *vi* to crease, to wrinkle.

Grignon [griɲɔ̃] *npr* [Institut National Agronomique] *grande école for agricultural studies*.

grignotage [griɲɔtaʒ] *nm* wearing away, erosion; **le ~ des voix par l'opposition** the gradual loss of votes to the opposition; **le ~ de nos droits** the gradual whittling away of our rights.

grignotement [griɲɔtmɑ̃] *nm* nibbling, gnawing.

grignoter [3] [griɲɔte] ◇ *vt* -**1.** [ronger] to nibble (at OU on). -**2.** *fig* [amoindrir] to erode. -**3.** [acquérir] to acquire gradually; **ils ont réussi à ~ pas mal d'avantages** they gradually managed to win quite a few advantages; **la jument est en train de ~ du terrain sur ses adversaires** the mare is gaining on OU gradually catching up with the other horses.

◇ *vi* to nibble; **ne grignotez pas entre les repas** don't eat between meals.

grignoteuse [griɲɔtøz] *nf* nibbling machine.

grigou [grigu] *nm* skinflint; **quel vieux ~!** what an old skinflint OU Scrooge!

gri-gri (*pl* **gris-gris**), **grigri** [grigri] *nm* grigri.

gril [gril] *nm* CULIN grill, broiler *Am*; **faire cuire du poisson sur le ~** to grill fish, to broil fish *Am*; **à cette heure-ci demain, je serai sur le ~** *fam fig* this time tomorrow I'll be suffering.

grillade [grijad] *nf* grill, grilled meat; **achète des ~s** get some meat for grilling; **leurs ~s sont renommées** their grills have quite a reputation.

grillage [grijaʒ] *nm* -**1.** [matériau] wire netting OU mesh. -**2.** [clôture] wire fence OU fencing. -**3.** [d'une fenêtre] wire screen. -**4.** CULIN roasting. -**5.** TEXT singeing.

grillager [17] [grijaʒe] *vt* -**1.** [fenêtre] to put wire mesh OU netting on. -**2.** [terrain] to surround with a wire fence.

grille [grij] *nf* -**1.** [porte] (iron) gate; [barrière] railing; [d'une fenêtre] bars. -**2.** [d'un égout, d'un foyer] grate; [d'un parloir, d'un comptoir, d'un radiateur] grill, grille. -**3.** [programme] schedule; **voici notre nouvelle ~ pour l'été** here's our new summer schedule. -**4.** JEUX: **une ~ de mots croisés** a crossword grid OU puzzle; **la ~ du Loto** Loto card. -**5.** TRAV PUBL (frame) grate. -**6.** JUR & ÉCON: **~ des salaires** payscale; **~ indiciaire** [de la fonction publique] grading.

grillé, e [grije] *adj* -**1.** [amandes, noisettes] roasted; [viande] grilled; [pain] toasted; **du pain ~** some toast; **une tartine ~e** a piece of toast. -**2.** *fam* [personne]: **il est ~** his cover's blown.

grille-écran [grijekrɑ̃] (*pl* **grilles-écrans**) *nf* ÉLECTRON control electrode grid.

grille-pain [grijpɛ̃] *nm inv* toaster.

griller [3] [grije] ◇ *vt* -**1.** CULIN [pain] to toast; [cacahuète, café] to roast; [poisson, viande] to grill, to broil *Am*. -**2.** [cultures, végétation]: **grillé par la chaleur** scorched by the heat; **grillé par le froid** killed by the cold. -**3.** *fam* [ampoule, fusible] to blow; [moteur] to burn out. -**4.** TEXT to singe. -**5.** *fam* [dépasser]: **le bus a grillé mon arrêt** the bus went right past my stop; **~ un feu rouge** to go through a red light; **~ quelques étapes** to jump a few stages; **~ qqn (à l'arrivée)** to pip sb at the post *Br*, to beat sb out *Am*. -**6.** *fam* [fumer]: **~ une cigarette, en ~ une** to have a smoke. -**7.** *fam* [compromettre]: **il nous a grillés auprès du patron** he's really landed us in it with the boss. -**8.** [fermer d'une grille] to put bars on; **les fenêtres de la chapelle ont été grillées** they have put bars on the chapel windows.

◇ *vi* -**1.** CULIN: **faire ~ du pain** to toast some bread; **faire ~ du café** to roast coffee beans; **faire ~ de la viande** to grill meat, to broil meat *Am*. -**2.** *fam* [avoir trop chaud] to roast, to boil; **ouvre la fenêtre, on grille ici** open the window, it's boiling in here ‖ [brûler]: **la ferme a entièrement grillé** the farmhouse was burnt to the ground. -**3.** *fig*: **~ de curiosité** to be consumed with curiosity; **je grille (d'envie** OU **d'impatience) de la rencontrer** I'm itching OU dying to meet her.

◆ **se griller** ◇ *vp (emploi réfléchi)* [se démasquer]: **il s'est grillé en disant cela** he gave himself away by saying that.

◇ *vpt*: **se ~ les orteils devant la cheminée** to toast one's feet in front of the fire; **on s'en grille une?** how about a (quick) smoke?

grilloir [grijwar] *nm* grill, broiler *Am*.

grillon [grijɔ̃] *nm* cricket.

grimaçant, e [grimasɑ̃, ɑ̃t] *adj* [sourire] painful; [bouche] twisted; [visage] contorted; [clown, gargouille] grimacing.

grimace [grimas] *nf* -**1.** [expression - amusante] funny face; [- douloureuse] grimace; **faire une ~** [pour faire rire] to make a funny face; [de douleur] to wince; [de peur] to grimace; **une ~ de dégoût** a disgusted look; **faire la ~** to make a face. -**2.** VÊT pucker; **faire une ~** to pucker.

◆ **grimaces** *nfpl litt* [manières] airs.

grimacer [16] [grimase] ◇ *vi* -**1.** [de douleur] to grimace, to wince; [de dégoût] to make a face; **il grimaça en goûtant l'anchois** he screwed up his face when he tasted the anchovy. -**2.** [pour faire rire] to make a funny face. -**3.** VÊT [robe] to pucker.

◇ *vt*: **malgré la douleur, elle grimaça un sourire** she forced a smile in spite of the pain.

grimacier, ère [grimasje, ɛr] *adj* -**1.** [grotesque] grimacing. -**2.** *litt* [maniéré] affected.

grimage [grimaʒ] *nm* make-up *(of a clown)*.

grimer [3] [grime] *vt* to make up *(sép)*; **grimé en vieillard/chat** made up as an old man/a cat.

◆ **se grimer** *vp (emploi réfléchi)*: **se ~ en** to make o.s. up as.

grimoire [grimwar] *nm* -**1.** [livre de sorcellerie] book of magic spells. -**2.** *sout* [écrit illisible] illegible scrawl OU scribble.

grimpant, e [grɛ̃pɑ̃, ɑ̃t] *adj* [arbuste] climbing; [fraisier] creeping.
◆ **grimpant** *nm arg crime* trousers *Br*, pants *Am*.

grimpée [grɛ̃pe] *nf* [pente, montée] stiff OU steep climb.

grimper [3] [grɛ̃pe] ◇ *vi* -**1.** [personne, animal, plante] to climb; ~ **à une échelle/un mur** to climb up a ladder/wall; ~ **à un arbre** to climb (up) a tree; [en s'aidant des jambes] to shin up a tree; ~ **sur une table** to climb on (to) a table; **grimpe dans la voiture** get into the car; **grimpe dans ton lit/sur le tabouret** climb into bed/ (up) on the stool; **le lierre grimpe le long du mur** the ivy climbs up the wall ❑ ~ **aux rideaux** *fam* to hit the roof. -**2.** [s'élever en pente raide] to climb; **la route grimpe beaucoup à cet endroit** the road climbs steeply here; **ça grimpe!** it's steep!; **ça grimpe à cet endroit-là** there's a steep climb at that point. -**3.** [température, inflation] to soar; **la température a grimpé à 35°** the temperature rocketed OU soared to 35°.
◇ *vt* [escalier, pente] to climb (up) *(insép)*; **il grimpe l'escalier difficilement** he has difficulty climbing the stairs.
◇ *nm* SPORT rope-climbing; **l'épreuve de ~ aura lieu le matin** the rope-climbing event will be held in the morning.

grimpereau, x [grɛ̃pro] *nm* tree-creeper.

grimpette *fam* [grɛ̃pɛt] *nf* steep OU stiff climb.

grimpeur, euse [grɛ̃pœr, øz] ◇ *adj* ORNITH scansorial.
◇ *nm, f* -**1.** SPORT climber. -**2.** ORNITH: **les ~s** scansorial birds.

grimpion *fam* [grɛ̃pjɔ̃] *nm Helv*: **quel ~ celui-là!** he's so arrogant!

grinçant, e [grɛ̃sɑ̃, ɑ̃t] *adj* -**1.** [porte, parquet] squeaking, creaking. -**2.** [voix, musique] grating. -**3.** [humour] sardonic.

grincement [grɛ̃smɑ̃] *nm* [bruit] grating, creaking; **dans un ~ de freins** with a squeal of brakes; **il y a eu des ~s de dents** *fig* there was much gnashing of teeth.

grincer [16] [grɛ̃se] *vi* -**1.** [bois] to creak; [frein] to squeal; [métal] to grate; [ressort] to squeak; **la girouette grinçait au vent** the weather vane was creaking in the wind. -**2.** [personne]: ~ **des dents** *pr* to gnash one's teeth; **le bruit de la craie sur le tableau me fait ~ des dents** *fig* the noise the chalk makes on the board sets my teeth on edge.

grinche [grɛ̃ʃ] *adj Helv* grumpy, grouchy.

grincheux, euse [grɛ̃ʃø, øz] ◇ *adj* grumpy, grouchy; **être d'une humeur grincheuse** to be grumpy OU in a grumpy mood.
◇ *nm, f* grumbler; **un vieux ~** an old grouch OU moaner.

gringalet [grɛ̃galɛ] *nm* [enfant] puny child; [adulte] puny man.

gringe [grɛ̃ʒ] = **grinche**.

gringue▽ [grɛ̃g] *nm*: **faire du ~ (à qqn)** to sweet-talk (sb), to chat (sb) up *Br*.

griot [grijo] *nm* griot *(in Africa, a travelling poet and musician)*.

griotte [grijɔt] *nf* -**1.** BOT morello (cherry). -**2.** [marbre] (griotte) marble.

griottier [grijɔtje] *nm* morello cherry tree.

grippage [gripaʒ] *nm* MÉCAN jamming, seizing (up); **pour éviter le ~ du piston** to stop the piston from seizing up OU jamming.

grippal, e, aux [gripal, o] *adj* flu *(modif)*, influenzal *spéc*.

grippe [grip] *nf* MÉD flu, influenza *spéc*; **avoir la ~** to have (the) flu; **ce n'est qu'une petite ~** it's just a touch of flu ❑ ~ **intestinale** gastric flu; **prendre qqn/qqch en ~** to take a (strong) dislike to sb/sthg.

grippé, e [gripe] *adj* -**1.** MÉD: **être ~** to have (the) flu; **elle est un peu ~e** she's got a touch of the flu. -**2.** MÉCAN seized (up), jammed.

gripper [3] [gripe] ◇ *vt* to block, to jam; **la grève a grippé les rouages de l'administration** the strike has blocked the workings of the administration.
◇ *vi* to jam, to seize up; **les rouages de l'État commencent à ~** *fig* the wheels of state are beginning to seize up.
◆ **se gripper** *vpi* to jam, to seize up.

grippe-sou *fam* [gripsu] *(pl inv* OU **grippe-sous)**
◇ *nm* skinflint; **un vieux ~** an old Scrooge.
◇ *adj inv* money-grabbing.

gris, e [gri, griz] *adj* -**1.** [couleur] grey, gray; ~ **acier/anthracite/ardoise/argent/fer/perle** steel/charcoal/slate/silver/iron/pearl grey; ~ **souris** mouse-colour; ~ **bleu/vert** bluish/ greenish grey; **une robe ~ foncé** a dark grey dress; **avoir les cheveux ~** to be grey-haired; **il est déjà tout ~** he's grey-haired OU he's gone grey already. -**2.** MÉTÉO overcast; **ciel ~ sur tout le pays** skies will be grey OU overcast over the whole country; **nous sommes partis par un matin ~** we left on a dull (grey) morning. -**3.** [terne] dull, grey; **son existence a été plutôt ~e et monotone** her life was dull and dreary; **en apprenant la nouvelle, il a fait ~e mine** his face fell when he heard the news. -**4.** *fam* [ivre] tipsy. -**5.** ŒNOL: **vin ~** rosé (wine).
◆ **gris** ◇ *adv*: **il a fait ~ toute la journée** it's been grey OU dull all day.
◇ *nm* -**1.** [couleur] grey; **porter du ~** to wear grey. -**2.** [tabac] *French caporal tobacco in grey packet*, ≃ shag. -**3.** [cheval] grey (horse).

grisaille [grizaj] *nf* -**1.** [morosité] dullness, greyness. -**2.** MÉTÉO dull weather; **encore de la ~ pour aujourd'hui** today will again be dull (and overcast). -**3.** BX-ARTS grisaille; **une marine en ~** a seascape in shades of grey.

grisailler [3] [grizaje] ◇ *vt* to paint in grisaille.
◇ *vi* to turn OU to become grey.

grisant, e [grizɑ̃, ɑ̃t] *adj* -**1.** [enivrant] intoxicating, heady. -**2.** [excitant] exhilarating.

grisâtre [grizatr] *adj* -**1.** [couleur] greyish. -**2.** [monotone]: **une vie ~** a dull life.

grisbi [grizbi] *nm arg crime* dough, cash.

grise [griz] *f* → **gris**.

grisé [grize] *nm* grey tint.

griser [3] [grize] *vt* -**1.** [colorer] to tint. -**2.** [enivrer] to intoxicate. -**3.** [étourdir, exciter] to intoxicate, to fascinate; **grisé par son sourire** fascinated by her smile; **grisé par la vitesse** intoxicated by speed; **le luxe ambiant l'a grisé** the luxuriousness of the place went to his head.
◆ **se griser** *vpi* -**1.** [s'enivrer] to get drunk. -**2.** [s'exalter, s'étourdir]: **se ~ de** to get drunk on.

griserie [grizri] *nf* -**1.** [ivresse] intoxication. -**2.** [exaltation]: **se laisser porter par la ~ du succès** to let success go to one's head.

griset [grizɛ] *nm* ZOOL black sea bream.

grisette [grizɛt] *nf vieilli* grisette.

grisoller [3] [grizɔle] *vi* [alouette] to sing.

grison, onne [grizɔ̃, ɔn] *adj* from the Graubünden, of the Graubünden.
◆ **Grison, onne** *nm, f inhabitant of or person from the Graubünden*.

grisonnant, e [grizɔnɑ̃, ɑ̃t] *adj* greying; **elle est ~e, elle a les cheveux ~s** she's going grey; **avoir les tempes ~es** to be greying at the temples.

grisonnement [grizɔnmɑ̃] *nm* greying.

grisonner [3] [grizɔne] *vi* [barbe, cheveux] to be going grey; **elle grisonne** she's going grey.

Grisons [grizɔ̃] *npr mpl*: **les ~** the Graubünden; **viande des ~** thinly sliced dried beef, traditionally served with raclette.

grisou [grizu] *nm* firedamp; **coup de ~** firedamp explosion.

grisoumètre [grizumɛtr] *nm* firedamp indicator.

grisouteux, euse [grizutø, øz] *adj*: **une mine grisouteuse** a mine full of firedamp.

grive [griv] *nf* thrush.

grivelé, e [grivle] *adj* speckled.

griveler [24] [grivle] *vi to eat a meal or to stay at a hotel and deliberately leave without paying*.

grivèlerie [grivɛlri] *nf offence of leaving a restaurant or a hotel without having paid*.

griveton [grivtɔ̃] *nm arg mil* ≃ squaddy *Br*, ≃ GI *Am*.

grivois, e [grivwa, az] *adj* risqué, bawdy.

grivoiserie [grivwazri] *nf* -**1.** [caractère] bawdiness. -**2.** [histoire] bawdy story.

grizzli, grizzly [grizli] *nm* grizzly (bear).

grœnendael [grɔnɛndal] *nm* Groenendael (sheepdog).

Groenland [grɔɛnlɑ̃d] *npr m*: **le ~** Greenland; **au ~** in Greenland.

groenlandais, e [grɔɛnlɑ̃dɛ, ɛz] *adj* from Greenland, Greenland *(modif)*.
◆ **Groenlandais, e** *nm, f* Greenlander.

grog [grɔg] *nm* hot toddy; ~ **au rhum** rum toddy.

groggy [grɔgi] *adj inv* -**1.** [boxeur] groggy. -**2.** *fam* [abruti] stunned, dazed.

grognard [grɔɲar] *nm* HIST *soldier of Napoleon's Old Guard*.

grognasse▽ [grɔɲas] *nf* old bag, old bat.

grognasser *fam* [3] [grɔɲase] *vi* to grumble, to whinge *Br*.

grogne [grɔɲ] *nf* dissatisfaction, discontent.

grognement [grɔɲmɑ̃] *nm* -**1.** [d'une personne] grunt, growl; **pousser des ~s** to grunt, to growl; **on verra, dit-elle dans un ~** we'll see, she growled OU grunted. -**2.** [d'un cochon] grunt, grunting *(U)*; [d'un chien] growl, growling *(U)*.

grogner [3] [grɔɲe] ◇ *vi* -**1.** [personne] to grumble, to grouse; **ça ne sert à rien de ~ après** *fam* OU **contre ton patron** it's no use grumbling OU moaning about your boss. -**2.** [cochon] to grunt; [chien] to growl.
◇ *vt* [réponse, phrase] to grunt (out).

grognon, onne *fam* [grɔɲɔ̃, ɔn] *adj* grumpy, crotchety; **un air ~** a surly look; **ce matin, elle est ~** OU **~ne** she's grumpy this morning.
◆ **grognon** *fam nmf* grumbler, moaner; **c'est une vraie ~** she's such a moaner.

grognonner *fam* [grɔɲɔne] = **grognasser**.

groin [grwɛ̃] *nm* -**1.** [d'un porc] snout. -**2.** *fam* [visage laid] mug.

grol(l)e▽ [grɔl] *nf* shoe; **mets des ~s** put something on your feet.

grommeler [24] [grɔmle] ◇ *vi* -**1.** [personne] to grumble, to mumble. -**2.** [sanglier] to snort.
◇ *vt* to mutter.

grommellement [grɔmɛlmɑ̃] *nm* -**1.** [du sanglier] snorting. -**2.** [d'une personne] muttering; **quelques ~s indistincts** a few vague mutters OU mutterings.

grondant, e [grɔ̃dɑ̃, ɑ̃t] *adj* rumbling; **une foule ~e** a crowd muttering discontentedly.

grondement [grɔ̃dmɑ̃] *nm* -**1.** [du tonnerre, du métro] rumbling; **le ~ de la foule se fit de plus en plus fort** the angry murmur of the crowd grew louder and louder. -**2.** [d'un chien] growling.

gronder [3] [grɔ̃de] ◇ *vi* -**1.** [rivière, tonnerre, métro] to rumble. -**2.** [chien] to growl. -**3.** *fig & litt* to be brewing; **la révolte gronde** a revolt is brewing.
◇ *vt* [réprimander] to scold, to tell off *(insép)*.

gronderie [grɔ̃dri] *nf* scolding, telling-off.

grondeur, euse [grɔ̃dœr, øz] *adj* [personne, voix] scolding, grumbling; **d'un ton ~** in a tone of reproof.

grondin [grɔ̃dɛ̃] *nm* gurnard.

Groningue [grɔnɛ̃g] *npr* Groningen.

groom [grum] *nm* [employé d'hôtel] bellboy.

gros, grosse [gro, *devant nm commençant par voyelle ou h muet* groz, gros] ◇ *adj* -**1.** [grand] large, big; [épais, solide] big, thick; **une grosse boîte de haricots** a large OU big can of beans; **le paquet est/n'est pas (très) ~** the parcel is/isn't (very) big; **un ~ crayon** a (big) thick pencil; **prends-le par le ~ bout** pick it up by the thick OU thicker end; **de grosses chaussures** heavy shoes; **un ~ anorak** a thick OU heavy anorak; ~ **drap** coarse linen; **de grosses lèvres** thick lips; **une grosse limace** a big fat slug; ~ **trait de crayon** thick pencil mark; **une grosse tranche** a thick slice; **un bon ~ sandwich** *fam* a nice big sandwich. -**2.** [corpulent] big, fat; **un homme grand et ~** a tall fat man; **une grosse dame** a big OU fat lady; **de grosses jambes** fat OU stout legs. -**3.** [en intensif] : **un ~ appétit** a big OU hearty appetite; **par les grosses chaleurs** in the hot season; **un ~ bisou** *fam* a big kiss; **un ~ bruit** a loud OU big noise; **un ~ sanglot** a big OU heavy sob; **un ~ soupir** a big OU heavy sigh; **un ~ mangeur** a big OU hearty eater; **un ~ buveur** a heavy drinker; **un ~ bêta** *fam* a great ninny; **un ~ malin** *fam* a smart-aleck. -**4.** [abondant] heavy; **une grosse averse** a heavy shower; **de grosses pluies/chutes de neige** heavy rainfall/snowfall; **son usine a de ~ effectifs** his factory employs large numbers of people OU has a large workforce. -**5.** [important] big; **le ~ avantage des supermarchés** the big OU major advantage of supermarkets; **un ~ consommateur de pétrole** a major oil consumer; **de ~ dégâts** extensive OU widespread damage; **une grosse entreprise** a large OU big company; **une grosse erreur** a big OU serious mistake; **de ~ frais** heavy expenses; **avoir de ~ moyens** to have a large income OU considerable resources; **de ~ progrès** considerable progress, a lot of progress; **de ~ profits** big OU fat profits; **il y a de ~ travaux à faire dans cette maison** that house needs a lot (of work) done to it; **une grosse angine** a (very) sore throat; **un ~ rhume** a bad OU heavy cold; **un ~ choc psychologique** a serious psychological shock; **de ~ ennuis** serious trouble, lots of trouble; **grosse besogne** heavy work; **une grosse journée (de travail)** a hard day's work; **de grosses pertes** heavy losses ❑ **~ œuvre** structural work, carcass *spéc*; **jouer ~ jeu** *pr* & *fig* to play for high OU big stakes. -**6.** [prospère] big; **un ~ commerçant** a major retailer; **un ~ producteur d'Hollywood** a big Hollywood producer; **les ~ actionnaires** the major shareholders. -**7.** [rude] : **une grosse voix** a rough OU gruff voice; **un ~ rire** coarse laughter; **l'astuce/la supercherie était un peu grosse** the trick/the hoax was a bit obvious; **grosse blague** crude joke || [exagéré] : **j'ai trouvé ça un peu ~!** I thought it was a bit much!; **un ~ drame** a big tragedy OU catastrophe; **ne lui dis pas, sinon ça va faire une grosse histoire** don't tell him or you'll never hear the end of it; **tout de suite, les grosses menaces!** *fam* so it's threats already, is it? -**8.** MÉTÉO : **par ~ temps/grosse mer** in heavy weather/seas; **~ vent** gale. -**9.** [rempli] : **~ de : un ciel ~ d'orage** stormy skies; **yeux ~ de larmes** eyes moist with tears; **un cœur ~ de tendresse** a heart full of tenderness; **un regard ~ de menaces** a threatening look; **un choix ~ de conséquences** a choice fraught with implications.

◇ *nm, f* fat person; **les ~** fat people; **un petit ~** a fat little man; **ça va, mon ~?** *fam* all right, son OU old boy?

◆ **gros** ◇ *nm* -**1.** [majorité] : **le ~ de : le ~ de la classe a du mal à suivre** most of the class has trouble keeping up; **le ~ des étudiants** most of the students; **le ~ du débat sera télévisé** the main part of the debate will be televised; **le ~ de l'hiver est passé** the worst of the winter is over; **le ~ du chargement** the bulk of the cargo. -**2.** COMM : **le ~** the wholesale business. -**3.** *fam* [riche] rich person; **les ~** the rich.

◇ *adv* : **couper ~** to cut in large slices; **écrire ~** to write big; **coûter/gagner ~** to cost/to win a lot (of money); **ça va vous coûter ~** *pr* & *fig* it'll cost you dear; **jouer ~** to play for high stakes; **jouer** OU **miser** OU **risquer ~** *fig* to take big risks; **elle donnerait ~ pour savoir** she'd give her right arm OU a lot to find out.

◆ **grosse** ◇ *nf* -**1.** JUR engrossment. -**2.** COMM gross.

◇ *adj f vieilli* [enceinte] pregnant.

◆ **de gros** *loc adj* COMM wholesale.

◆ **en gros** *loc adv* -**1.** [approximativement] roughly; **je sais en ~ de quoi il s'agit** I know roughly what it's about; **voilà, en ~, ce dont il s'agit** that's the long and the short of it. -**2.** [écrit] : **c'est imprimé en ~** it's printed in big letters. -**3.** COMM wholesale.

gros-bec [grobɛk] (*pl* **gros-becs**) *nm* hawfinch.

groseille [grozɛj] ◇ *nf* : **~ rouge** redcurrant; **sirop de ~** redcurrant syrup; **~ blanche** white currant; **~ à maquereau** gooseberry.

◇ *adj inv* light red.

groseillier [grozeje] *nm* currant bush; **~ rouge** redcurrant bush; **~ blanc** white currant bush; **~ à maquereau** gooseberry bush.

gros-grain [grogrɛ̃] (*pl* **gros-grains**) *nm* grosgrain.

Gros-Jean [groʒɑ̃] *nm inv* : **se retrouver** OU **être ~ comme devant** to feel deflated *(by failure)*.

gros-plant [groplɑ̃] (*pl* **gros-plants**) *nm* Grosplant (wine).

gros-porteur [grop ɔrtœr] (*pl* **gros-porteurs**) *nm* jumbo, jumbo jet.

grosse [gros] *f* → **gros**.

grossesse [grosɛs] *nf* pregnancy; **pendant ma ~** when I was pregnant ❑ **~ extra-utérine** ectopic pregnancy; **~ nerveuse** phantom pregnancy.

grosseur [grosœr] *nf* -**1.** [taille] size; **de la ~ d'une noix** the size of a walnut; **des grêlons de la ~ de mon poing** hailstones as big as OU the size of my fist. -**2.** *sout* [obésité] weight, fatness. -**3.** MÉD lump.

grossier, ère [grosje, ɛr] *adj* -**1.** [approximatif] rough, crude *péj*; **c'est du travail ~** it's shoddy work; **un dessin ~** a rough sketch; **je n'ai qu'une idée grossière de l'endroit où il se trouve** I've only got a rough idea (of) where he is. -**2.** [peu raffiné] coarse, rough; **de la toile grossière** coarse linen; **des traits ~s** coarse features. -**3.** [impoli] rude, crude; **il est vraiment ~** he's so rude OU impolite || [vulgaire] vulgar, uncouth; **(quel) ~ personnage!** what a rude OU vulgar individual! -**4.** [simpliste] gross, stupid; **une erreur** OU **faute grossière** a gross OU stupid mistake; **les ficelles de l'intrigue sont vraiment grossières** the plot is really obvious.

grossièrement [grosjɛrmɑ̃] *adv* -**1.** [approximativement] roughly (speaking); **j'ai évalué ~ les frais** I made a rough estimate of the costs; **voilà, ~, comment je vois les choses** roughly (speaking), that's how I see things. -**2.** [sans délicatesse] roughly; **un visage ~ dessiné** a face that has been roughly sketched. -**3.** [injurieusement] rudely; **elle m'a parlé ~** she was rude to me; **insulter qqn ~** to be insultingly rude to sb. -**4.** [beaucoup] : **tu te méprends ~** you're grossly OU wildly mistaken.

grossièreté [grosjɛrte] *nf* -**1.** [impolitesse] coarseness, rudeness; **il est d'une incroyable ~** he is incredibly rude. -**2.** [manque de finesse - d'une personne] coarseness; [- d'une chose] crudeness, coarseness; **la ~ de ses traits** the coarseness of his features. -**3.** [gros mot] coarse remark; **je me suis retenu pour ne pas lui dire des ~s** I had to bite my tongue to avoid swearing at him || [obscénité] rude joke; **il aime raconter des ~s** he likes telling rude jokes; **allons, pas de ~s!** come on now, keep it clean!

grossir [32] [grosir] ◇ *vi* -**1.** [prendre du poids] to put on weight, to get fatter; **elle a beaucoup grossi** she's put on a lot of weight; **j'ai grossi d'un kilo** I've put on a kilo. -**2.** [augmenter] to grow; **la foule grossissait sans cesse** the crowd was constantly getting bigger OU growing; **les bourgeons/ruisseaux grossissent** the buds/streams are swelling; **le bruit grossit** the noise is getting louder.

◇ *vt* -**1.** [faire paraître gros] : **ta robe te grossit** your dress makes you look fatter. -**2.** [augmenter] to raise, to swell; **des pluies diluviennes ont grossi la rivière** the river has been swollen by torrential rain; **~ le nombre/les rangs des manifestants** to increase the numbers/to swell the ranks of the demonstrators; **~ sa voix pour se faire entendre** to raise one's voice OU to speak up in order to make o.s. heard. -**3.** [exagérer] to exaggerate, to overexaggerate; **les journaux ont grossi les conséquences de la grève** the newspapers exaggerated OU magnified the consequences of the strike; **on a grossi l'affaire** the affair was blown up out of all proportion. -**4.** [à la loupe] to magnify, to enlarge.

grossissant, e [grosisɑ̃, ɑ̃t] *adj* -**1.** [verre] magnifying. -**2.** *litt* [qui s'accroît] growing, swelling.

grossissement [grosismɑ̃] *nm* -**1.** [d'une tumeur] swelling, growth. -**2.** [avec une loupe] magnifying. -**3.** [exagération] exaggeration.

grossiste [grosist] *nmf* wholesaler.

grosso modo [grosomodo] *loc adv* roughly, more or less; **laisse-moi t'expliquer l'histoire ~** let me give you a rough idea of the story.

grotesque [grɔtɛsk] ◇ *adj* -**1.** [burlesque] ridiculous. -**2.** [absurde] ridiculous, ludicrous; **ne sois pas ~!** don't be absurd OU ridiculous!

◇ *nm* -**1.** BX-ARTS & LITTÉRAT : **le ~** the grotesque. -**2.** [absurdité] ludicrousness, preposterousness; **son livre est d'un ~!** his book is ludicrous!

◆ **grotesques** *nfpl* BX-ARTS grotesques.

grotte [grɔt] *nf* -**1.** GÉOL cave; **'la Grotte de Fingal'** *Mendelssohn* 'Fingal's Cave'. -**2.** ARCHIT grotto.

grouillant, e [grujɑ̃, ɑ̃t] *adj* swarming, teeming; **les rues ~es de monde** the streets swarming OU teeming with people; **il y avait une foule ~e sur la place** the square was teeming with people.

grouillement [grujmɑ̃] *nm* : **un ~ d'insectes** a swarm of insects; **un ~ de vers** a wriggling mass of worms; **le ~ de la foule** the bustling OU milling OU seething crowd.

grouiller [3] [gruje] *vi* -**1.** [clients, touristes] to mill OU to swarm about; **la foule grouille sur les boulevards** the boulevards are bustling with people || [asticots] : **les vers grouillent sur la viande** the meat is crawling with maggots. -**2.** **~ de** [être plein de] to be swarming OU crawling with; **les rues grouillent de monde** the streets are swarming with people; **la pomme grouillait de vers** the apple was crawling with worms; **ce texte grouille de termes techniques** *fig* this text is crammed with technical terms || *(tournure impersonnelle)* : **ça grouille de vie dans tous les nids** all the nests are teeming with life; **il y grouille une foule de jeunes artistes** the place is swarming with young artists. -**3.** ▽ [se dépêcher] : **allez, grouillez, ça commence dans cinq minutes** come on, get cracking OU get a move on, it starts in five minutes.

◆ **se grouiller** *fam vpi* to get a move on; **grouille-toi, on est en retard** get a move on, we're late.

grouillot *fam* [grujo] *nm* errand boy.

groupage [grupaʒ] *nm* -**1.** COMM bulking; **le ~ des commandes** bulk ordering. -**2.** MÉD (blood) grouping.

groupe [grup] *nm* -**1.** [de gens, d'objets] group; **ils sont venus par ~s de quatre ou cinq** they came in groups of four or five OU in fours and fives ❑ **~ hospitalier/scolaire** hospital/school complex; **~ familial** family group; **~ parlementaire** parliamentary group; **~ de pression** pressure group; **~ de rock** rock band OU group; **~ de travail** working group OU party. -**2.** ÉCON group; **les grands ~s de l'édition** the big publishing groups ❑ **~ de presse** press consortium OU group. -**3.** BX-ARTS group. -**4.** ÉLECTR set; **~ électrogène** generator. -**5.** LING : **~ consonantique** consonant cluster; **~ de mots** word group; **~ du verbe** OU **verbal** verbal group; **~ du nom** OU **nominal** nominal group. -**6.** MATH group. -**7.** MÉD : **~ sanguin** blood group. -**8.** MIL group. -**9.** BOT & ZOOL [classification] group.

◆ **de groupe** *loc adj* group *(modif)*; **billet de ~** group ticket; **psychologie/psychothérapie de ~** group psychology/therapy.

◆ **en groupe** *loc adv* in a group.

groupé, e [grupe] *adj* -**1.** COMM : **achat ~** bulk purchase. -**2.** INF blocked. -**3.** SPORT : **saut ~** tuck.

groupement [grupmɑ̃] *nm* -**1.** [association] group; ~ **d'achat (commercial)** bulk-buying group; ~ **de défense des consommateurs** consumers' association; ~ **d'intérêt économique** intercompany management syndicate. -**2.** [rassemblement]: **on a procédé au ~ des commandes** all the orders have been grouped together.

grouper [3] [grupe] *vt* -**1.** [réunir - personnes] to group together *(sép)*; [- ressources] to pool; **groupons nos forces** let's pool our resources; **les dépendances groupées autour du corps de ferme** the outbuildings clustered around the main farm building. -**2.** [classer] to put OU to group together *(sép)*; **on peut ~ ces articles sous la même rubrique** we can put all these articles together under the same heading. -**3.** COMM [paquets] to bulk. -**4.** MÉD to determine the blood group of. -**5.** SPORT: **groupez les genoux sous le menton** bring your knees up to your chin.

◆ **se grouper** *vpi* -**1.** [dans un lieu] to gather; **la foule s'est groupée sous le balcon** the crowd gathered under the balcony. -**2.** [dans une association] to join together; **nous devons nous ~ pour mieux défendre nos droits** we must band OU join together to protect our rights; **se ~ autour d'un chef** to join forces under one leader.

groupie [grupi] *nmf* -**1.** [d'un chanteur] groupie. -**2.** [inconditionnel] avid follower, groupie.

groupuscule [grupyskyl] *nm* POL & *péj* small group; **les ~s gauchistes** tiny ultra-left (splinter) groups.

grouse [gruz] *nf* (red) grouse.

gruau [gryo] *nm* groats; **farine de ~** fine wheat flour.

grue [gry] *nf* -**1.** TECH crane; ~ **automotrice** motor-driven crane; ~ **flottante** floating crane. -**2.** CIN & TV crane. -**3.** ORNITH crane. -**4.** ▽ *vieilli* [prostituée] tart *Br*, hooker *Am*. -**5.** *fam vieilli* [femme stupide] silly goose.

gruger [17] [gryʒe] *vt* -**1.** *litt* [tromper] to deceive, to swindle; **se faire ~** to get swindled. -**2.** TECH to shape the edges of.

grume [grym] *nf* trunk, log; **bois en ~** unhewn OU undressed wood.

grumeau, x [grymo] *nm* lump.

grumeler [24] [grymle]

◆ **se grumeler** *vpi* [sauce] to go lumpy.

grumeleux, euse [grymlø, øz] *adj* -**1.** [sauce] lumpy. -**2.** [peau] uneven; [surface] granular. -**3.** [fruit] gritty.

grumelure [grymlyr] *nf* MÉTALL pipe (fault).

gruppetto [grupɛto] (*pl* **gruppetti** [-ti]) *nm* gruppetto, turn.

grutier [grytje] *nm* crane driver OU operator.

gruyère [gryjɛr] *nm*: ~, **fromage de Gruyère** Gruyere (cheese).

Guadeloupe [gwadlup] *npr f*: **la ~** Guadeloupe; **à la** OU **en ~** in Guadeloupe.

guadeloupéen, enne [gwadlupeɛ̃, ɛn] *adj* Guadeloupean.

◆ **Guadeloupéen, enne** *nm, f* Guadeloupean.

Guangzhou [gwangʒu] *npr* Guangzhou.

guano [gwano] *nm* guano.

guarani [gwarani] *nm* LING Guarani.

Guatemala [gwatemala] *npr m*: **le ~** Guatemala; **au ~** in Guatemala.

guatémaltèque [gwatemaltɛk] *adj* Guatemalan.

◆ **Guatémaltèque** *nmf* Guatemalan.

Gud, GUD [gyd] (*abr de* **Groupe union défense**) *npr m extreme right-wing student group.*

gué [ge] ◇ *nm* [passage] ford; **passer un ruisseau à ~** to ford a stream; **là, on peut passer à ~** there's a ford there, we can cross there.

◇ *interj arch*: **oh ~!** hey nonny no!

guéable [geabl] *adj* fordable.

guéguerre *fam* [gegɛr] *nf* (little) war, squabble; **se faire la ~** to squabble, to bicker; **la ~ entre les chefs de service** the squabbling OU bickering between the heads of department.

guelfe [gɛlf] ◇ *adj* Guelphic, Guelfic.

◇ *nm* Guelph, Guelf.

guenilles [gənij] *nfpl* rags (and tatters); **être vêtu de ~** to wear old rags.

guenon [gənɔ̃] *nf* -**1.** ZOOL female OU she-monkey. -**2.** ▽ *péj* [femme] dog.

guépard [gepar] *nm* cheetah; **'le Guépard'** *Visconti* 'The Leopard'.

guêpe [gɛp] *nf* -**1.** ZOOL wasp. -**2.** *vieilli* [femme rusée]: **c'est une fine ~** she's very sharp.

guêpier [gepje] *nm* -**1.** [nid de guêpes] wasp's nest. -**2.** [situation périlleuse] sticky situation; **il s'est fourré** OU **mis dans un beau ~** he got himself into a sticky situation. -**3.** ORNITH bee eater.

guêpière [gepjɛr] *nf* basque.

guère [gɛr] *adv sout* -**1.** [employé avec 'ne']: **il n'est ~ aimable** he's not very nice; **je ne suis ~ contente de vous** I'm not terribly pleased with you; **je n'aime ~ cela** I don't much like that, I don't like that much; **elle n'y voit plus ~** she can hardly see anymore; **il n'a ~ apprécié votre remarque** he didn't appreciate your remark much; **il n'est ~ plus aimable qu'elle** he's not much nicer than she is; **il n'y a ~ de monde** there's hardly anyone; **je n'ai ~ de temps libre** I don't have much OU I hardly have any free time; **ça ne durera ~ longtemps** it won't last very long; **le beau temps ne dura ~** the fine weather lasted hardly any time at all OU didn't last very long; **il ne vient ~ nous voir** he hardly ever comes to see us; **il n'y a plus ~ de noyers dans la région** there are hardly OU scarcely any walnut trees left in this area; **il n'a ~ plus de vingt ans** he is barely OU scarcely twenty years old; **il ne nous reste ~ que deux heures à attendre** we have barely two hours left to wait; **je ne suis plus ~ qu'à une heure de Paris** I'm only an hour away from Paris; **il n'y a ~ que moi qui m'en soucie** I'm practically the only one who cares about it; **il ne se déplace plus ~ qu'avec une canne** he can hardly walk without a stick anymore. -**2.** [dans une réponse]: **aimez-vous l'art abstrait? — ~** do you like abstract art? – not really; **comment allez-vous? — ~ mieux** how are you? – not much better OU hardly any better.

guéret [gere] *nm* [non ensemencé] fallow land; [non labouré] balk; **dans les ~s** in the fallows.

guéridon [geridɔ̃] *nm* [table] occasional table.

guérilla [gerija] *nf* -**1.** [guerre] guerrilla warfare; ~ **urbaine** urban guerrilla warfare; **la ~ parlementaire de l'opposition** the guerrilla tactics employed by the opposition in parliament. -**2.** [soldats] group of guerrillas, guerrilla unit.

guérillero [gerijero] *nm* guerrilla.

guérir [32] [gerir] ◇ *vt* -**1.** MÉD [malade, maladie] to cure; [blessure] to heal; ~ **un malade de son cancer** to cure a patient of his cancer. -**2.** *fig*: **il saura ~ ta timidité** he'll know how to cure OU to help you get rid of your shyness; **je vais le ~ de cette manie** I'll cure him of that habit; **le temps seul guérit les grands chagrins** only time can heal deep grief.

◇ *vi* -**1.** MÉD [convalescent] to recover, to be cured; **elle est guérie de sa rougeole** she's cured of OU recovered from her measles; **ma mère est guérie** my mother's better OU recovered || [blessure] to heal, to mend; **son épaule guérit lentement** his shoulder is healing OU mending slowly. -**2.** *fig*: **il est guéri de sa timidité** he is cured of OU he has got over his shyness; **l'amour, il en est guéri!** you won't catch him falling in love again!; **elle est guérie de l'amour** she's got over being in love.

◆ **se guérir** ◇ *vp (emploi réfléchi)* to cure o.s.; **il s'est guéri grâce à l'homéopathie** he cured himself thanks to homeopathy.

◇ *vpi* -**1.** [maladie]: **est-ce que ça se guérit facilement?** is it easy to cure? -**2.** [personne]: **il ne s'est jamais guéri de sa jalousie** he never got over his jealousy.

guérison [gerizɔ̃] *nf* -**1.** MÉD [d'un patient] recovery; [d'une blessure] healing; **il est maintenant en voie de ~** he's now on the road to recovery. -**2.** *fig*: **la ~ sera lente après une telle déception** it'll take a long time to get over such a disappointment.

guérissable [gerisabl] *adj* -**1.** MÉD [patient, mal] curable. -**2.** *fig*: **son chagrin n'est pas ~** there is no cure for his sorrow.

guérisseur, euse [gerisœr, øz] *nm, f* healer; *péj* quack (doctor).

guérite [gerit] *nf* -**1.** [sur un chantier] site office. -**2.** MIL sentry box.

Guernesey [gɛrnəzɛ] *npr* Guernsey; **à ~** on Guernsey.

guernesiais, e [gɛrnəzjɛ, ɛz] *adj* from Guernsey, Guernsey *(modif)*.

◆ **Guernesiais, e** *nm, f inhabitant of or person from Guernsey.*

guerre [gɛr] *nf* -**1.** [conflit] war; **en temps de ~** in wartime; **être en ~ (contre)** to be at war (with); **des pays en ~** countries at war, warring countries; **entrer** OU **se mettre en ~ (contre)** to go to war (with); **déclarer la ~ (à)** to declare war (against OU on); **maintenant, entre Jeanne et moi c'est la ~** Jeanne and I are at each others' throats all the time now ❑ ~ **atomique/nucléaire** atomic/nuclear war; **la ~ de Cent Ans** the Hundred Years War; ~ **civile** civil war; **la ~ de Corée** the Korean War; **la ~ de Crimée** the Crimean War; ~ **d'embuscade** guerrilla war; **la ~ des étoiles** Star Wars; **la guerre franco-allemande** the Franco-Prussian War; **la ~ froide** the cold war; ~ **des gangs** gang warfare; **la ~ du Kippour** the Yom Kippur War; ~ **mondiale** world war; ~ **des nerfs** war of nerves; ~ **à outrance** all-out war; ~ **ouverte** open war; ~ **de religion** war of religion; ~ **sainte** Holy War; **la ~ de Sécession** the American Civil War; **la ~ des sexes** the battle of the sexes; **la ~ des Six Jours** the Six-Day War; ~ **totale** total war; **la ~ de Troie** the Trojan War; ~ **d'usure** war of attrition; **la Grande Guerre, la Première Guerre (mondiale), la ~ de 14** the Great War, the First World War, World War I; **la Seconde Guerre mondiale, la ~ de 40** World War II, the Second World War; **faire la ~ (à)** *pr* to wage war (against); *fig* to battle (with); **il a fait la ~ en Europe** he was in the war in Europe; **je fais la ~ aux moustiques/fumeurs** I've declared war on mosquitoes/smokers; **elle lui fait la ~ pour qu'il mange plus lentement** she's always (nagging) on at him to eat more slowly; **mes chaussures/gants ont fait la ~** *fam* my shoes/gloves have been in the wars; **partir en ~ (contre)** *pr* to go to war (against); *fig* to launch an attack (on); **à la ~ comme à la ~** *fam* well, you just have to make the best of things; **c'est de bonne ~** all's fair in love and war *prov*; **de ~ lasse je l'ai laissé sortir** in the end I let him go out just to have some peace (and quiet); **'la Guerre des étoiles'** *Lucas* 'Star Wars'; **'Guerre et Paix'** *Tolstoï* 'War and Peace'. -**2.** [technique] warfare; ~ **biologique/chimique** biological/chemical warfare; ~ **bactériologique** germ warfare; ~ **éclair** blitzkrieg; ~ **des ondes** radio propaganda warfare; ~ **psychologique** psychological warfare; ~ **de tranchées** trench warfare.

guerrier, ère [gɛrje, ɛr] *adj* [peuple] warlike; **un chant ~** a battle song OU chant.

◆ **guerrier** *nm* warrior.

guerroyer [13] [gɛrwaje] *vi sout* to (wage) war.

guet [gɛ] *nm* watch; **faire le ~** to be on watch OU on the lookout.

guet-apens [gɛtapɑ̃] (*pl* **guets-apens** [gɛtapɑ̃]) *nm* ambush, trap; **tendre un ~ à qqn** to set a trap OU an ambush for sb; **tomber dans un ~** to fall into a trap, to be ambushed; **c'était un ~** it was a trap.

guète [gɛt] = **guette**.

guêtre [gɛtr] *nf* -**1.** [bande de cuir] gaiter. -**2.** [en tricot] leggings.

guette [gɛt] *nf* HIST -**1.** [tourelle] watchtower. -**2.** [trompette] alarum (trumpet).

guetter [4] [gete] *vt* -**1.** [surveiller] to watch; **il guette chacun de ses mouvements** he studies her every move || *(en usage abs)*: **tu vas ~ pendant qu'on entre** you keep watch while we go in. **-2.** *fig* [menacer] : **la mort le guette** death is lying in wait for him; **l'embonpoint te guette** you need to watch your weight; **l'infarctus la guette** she's liable to have a heart attack; **les ennuis la guettent** there's trouble in store for her. **-3.** [attendre] to watch out for *(insép)*; **le chat guette la souris** the cat is watching for the mouse; **il guette le facteur** he is on the lookout for the postman; **~ l'occasion propice** to watch out for the right opportunity.

guetteur [getœr] *nm* **-1.** MIL lookout; HIST watch, watchman. **-2.** [gén] lookout.

gueulante▽ [gœlɑ̃t] *nf*: **pousser une ~** to raise the roof.

gueulard, e▽ [gœlar, ard] ◇ *adj* **-1.** [personne] loud, loudmouthed; [radio, chanson] noisy, bawling. **-2.** [couleur] loud.
◇ *nm, f* [adulte] loudmouth; [bébé] bawler.
◆ **gueulard** *nm* MÉTALL (blast furnace) throat OU shaft.

gueule [gœl] *nf* **-1.** ▽ [bouche] gob *Br*, yap *Am*; **un whisky/curry qui emporte la ~** a whisky/curry that takes the roof off your mouth; **s'en mettre plein la ~** to make a pig of o.s.; **se soûler la ~** to get pissed *Br* OU juiced *Am*; **pousser un coup de ~** to yell out; **une fine ~** a gourmet; **c'est une grande ~** OU **un fort en ~** he's a big mouth OU a loudmouth, he's always shooting his mouth off; **(ferme) ta ~!** shut your mouth OU trap!; **vos ~s!** shut up (you lot)! **-2.** ▽ [visage] mug, face; **quelle sale ~ (il a)!** [il est laid] what an ugly mug he's got!; [il est malade] he looks terrible!; **il va faire une sale ~ quand il saura la vérité** he's going to be mad OU livid when he finds out the truth; **bien fait pour ta sale ~!** (it) serves you damn well right!; **je te pète la ~!** I'll smash your face in!; **j'en ai pris plein la ~** I got a right mouthful; **t'aurais vu sa ~!** you should have seen his face!; **avoir** OU **faire une drôle de ~** to look funny OU weird; **elle a fait une de ces ~s en trouvant la porte fermée!** you should have seen her face when she saw the door was shut! ❑ **~ cassée** WW1 veteran *(with bad facial injuries)*; **~ noire** miner; **~ de raie** fish face; **il est entré dans la salle de réunion, la ~ enfarinée** [sans se douter de rien] he came into the meeting room like a lamb to the slaughter; **il est arrivé à 4 h, la ~ enfarinée** [comme si de rien n'était] he breezed in at 4 as if nothing was the matter; **faire la ~** : **il nous fait la ~ depuis notre arrivée** he's been in a huff OU in a bad mood with us ever since we arrived. **-3.** *fam* [apparence] : **cette pizza a une sale ~** that pizza looks disgusting. **-4.** ▽ [charme] : **elle n'est pas belle, mais elle a de la ~** she's not beautiful but she's got something about her; **il a de la ~, ce type** that guy's really got something; **leur maison a vraiment de la ~** their house really has got style. **-5.** [d'un animal] mouth; **se jeter dans la ~ du loup** to throw o.s. into the lion's mouth OU jaws. **-6.** [d'un canon] muzzle; [d'un four] mouth.
◆ **gueule de bois** *fam nf* hangover.

gueule-de-loup [gœldəlu] *(pl* **gueules-de-loup***)* *nf* BOT snapdragon.

gueulement▽ [gœlmɑ̃] *nm* bawl, yell; **pousser des ~s** to yell, to bawl.

gueuler *fam* [5] [gœle] ◇ *vi* **-1.** [personne] to yell (one's head off), to shout; **arrête de ~, on va t'aider** stop shouting, we're going to help you; **quand il a su ça, il a gueulé** when he found out he blew his top OU he hit the roof; **faudrait ~!** we should kick up a fuss!; **~ sur qqn** to shout at sb ❑ **~ comme un putois** to shout one's head off. **-2.** [radio, haut-parleur] to blare out *(insép)*; **faire ~ sa radio** to turn the radio up full blast. **-3.** [chien] to howl.
◇ *vt* to bellow out *(sép)*, to bawl out *(sép)*.

gueules [gœl] *nm* HÉRALD gules.

gueuleton▽ [gœltɔ̃] *nm* [repas] nosh-up *Br*, blowout.

gueuletonner *fam* [3] [gœltɔne] *vi* to have a blowout, to have a nosh-up *Br*.

gueuse [gøz] ◇ *f* → **gueux**.
◇ *nf* [bière] = **gueuze**.

gueuserie [gøzri] *nf arch* OU *litt* **-1.** [état] beggary. **-2.** [action] foul deed.

gueux, gueuse [gø, gøz] *nm, f arch* OU *litt* beggar; **les ~** the wretched.
◆ **gueuse** *nf* **-1.** MÉTALL pig (mould). **-2.** *arch* OU *litt* harlot, painted lady. **-3.** HIST : **la Gueuse** *name given to the French Republic by Royalists during the Third Republic*.

gueuze [gøz] *nf* gueuze (beer).

gugusse *fam* [gygys] *nm* clown; **faire le ~** to fool around; **quel ~!** what a nitwit!

gui [gi] *nm* **-1.** BOT mistletoe. **-2.** NAUT boom.

guibolle▽ [gibɔl] *nf* pin *Br*, gam *Am*; **j'en ai plein les ~s** my legs have had it.

guiche [giʃ] *nf* [mèche de cheveux] kiss curl *Br*, spit curl *Am*.

guichet [giʃɛ] *nm* **-1.** [d'une banque] counter; [d'un théâtre] ticket office; [d'une poste] counter, window; **allez au ~ nº 2 pour les renseignements** go to window OU position nº 2 for information; '**~ fermé**' 'position closed' ❑ **~ automatique** cash dispenser; **jouer à ~s fermés** to play to packed houses. **-2.** [porte] hatch, wicket. **-3.** [judas] judas; [d'un confessionnal] shutter.

guichetier, ère [giʃtje, ɛr] *nm, f* counter clerk.

guidage [gidaʒ] *nm* guiding; **système de ~** guiding system; **~ de missile** missile guidance OU tracking.

guide [gid] ◇ *nmf* **-1.** SPORT : **~ (de haute montagne)** mountain guide. **-2.** [pour touristes] (tour) guide.
◇ *nm* **-1.** [personne] guide, leader. **-2.** [principe] guiding principle. **-3.** [livre] guidebook; **Guide Bleu**® *detailed tourist guide*; **Guide Vert**® Michelin guide. **-4.** TÉLÉC : **~ d'ondes** (wave) guide; **~ d'ondes optiques** fibre optics system. **-5.** *Belg* [indicateur de chemin de fer] railway timetable; [annuaire] telephone book.
◇ *nf* **-1.** [scout] girl guide *Br*, girl scout *Am*. **-2.** [reine] rein.

guide-âne [gidan] *(pl* **guide-ânes***)* *nm vieilli* (basic) handbook.

guide-bande [gidbɑ̃d] *(pl* **guide-bandes***)* *nm* tape guide.

guide-fil [gidfil] *nm inv* **-1.** TEXT thread guide. **-2.** [de planche à repasser] cord loop OU guide.

guide-lame [gidlam] *nm inv* **-1.** [d'une faucheuse] blade guide. **-2.** [d'une scie à ruban] fence.

guider [3] [gide] *vt* **-1.** [diriger] to guide; **le chien guide l'aveugle** the dog is guiding the blind man; **~ un avion par radar** to guide an aircraft by radar. **-2.** [conseiller] to guide; **guidée par son expérience** guided by her experience; **seul le profit le guide** he is guided only by profit; **nous sommes là pour vous ~ dans vos recherches** we're here to help you find what you're looking for; **j'ai besoin d'être guidé** I need some guidance.
◆ **se guider** *vpi*: **il s'est guidé sur le soleil** he used the sun as a guide; **il s'est guidé sur l'exemple de son maître** he modelled himself on his master.

guidon [gidɔ̃] *nm* **-1.** [d'un vélo] handlebars. **-2.** MIL & NAUT guidon. **-3.** ARM foresight.

guignard, e *fam* [giɲar, ard] *adj* [malchanceux] unlucky, jinxed.

guigne [giɲ] *nf* **-1.** BOT sweet cherry; **il se soucie de son avenir comme d'une ~** *fam* he doesn't care two hoots about his future. **-2.** *fam* [malchance] bad luck; **il porte la ~ à toute sa famille** he's the bane of his family; **avoir la ~** to be jinxed, to have rotten luck.

guigner [3] [giɲe] *vt* to sneak a look at; **il guigne l'argent de son oncle depuis des années** *fig* he has had his eye on his uncle's money for years.

guignier [giɲje] *nm* gean.

guignol [giɲɔl] *nm* **-1.** [pantin] (glove) puppet; [théâtre] puppet theatre; [spectacle] Punch and Judy show; **on va au ~** we're off to see Punch and Judy. **-2.** *fam fig*: **faire le ~** to clown around; **ce nouveau ministre est un ~** that new minister is a (real) clown.
◆ **Guignol** *npr* (Mister) Punch.

guilde [gild] *nf* guild.

guili-guili [giligili] *nm inv langage enfantin* tickle; **faire ~** to tickle.

guillaume [gijom] *nm* MENUIS rabbet plane.

Guillaume [gijom] *npr*: **~ le Conquérant** William the Conqueror; **~ d'Orange** William of Orange; **~ le Roux** William Rufus; **~ Tell** William Tell.

guilledou [gijdu] *nm*: **courir le ~** *vieilli* to go wenching.

guillemet [gijmɛ] *nm* quotation mark, inverted comma *Br*; **ouvrir/fermer les ~s** to open/to close (the) inverted commas; **entre ~s** in inverted commas *Br*, in quotation marks, in quotes; **tu connais son sens de la «justice», entre ~s** you know his so-called sense of justice.

guilleret, ette [gijrɛ, ɛt] *adj* jolly, cheerful; **d'un air ~** jauntily.

guillon [gijɔ̃] *nm Helv* spigot.

guillotine [gijɔtin] *nf* guillotine.

guillotiné, e [gijɔtine] ◇ *adj* guillotined.
◇ *nm, f* guillotined person.

guillotiner [3] [gijɔtine] *vt* to guillotine.

guimauve [gimov] *nf* **-1.** BOT & CULIN marshmallow. **-2.** *fam fig* & *péj*: **ses chansons, c'est de la ~** his songs are all soppy OU schmaltzy.

guimbarde [gɛ̃bard] *nf* **-1.** *fam* [voiture] (old) banger *Br*, jalopy *Am*. **-2.** MUS jew's-harp.

guimpe [gɛ̃p] *nf* **-1.** [chemisier] chemisette. **-2.** [d'une religieuse] wimple.

guincher *fam* [3] [gɛ̃ʃe] *vi vieilli* to dance.

guindage [gɛ̃daʒ] *nm* lifting, hoisting.

guindaille *fam* [gɛ̃daj] *nf Belg student party*.

guindant [gɛ̃dɑ̃] *nm* NAUT hoist.

guindé, e [gɛ̃de] *adj* [personne] stiff, starchy; [discours] stilted; **d'un air ~** starchily, stiffly; **prendre un ton ~** to speak in a stilted manner.

guinder [3] [gɛ̃de] *vt* **-1.** [personne] : **son costume le guinde** he looks very stiff and starchy in that suit. **-2.** TECH to hoist.

guinderesse [gɛ̃drɛs] *nf* mast OU top rope.

guinée [gine] *nf* [monnaie] guinea.

Guinée [gine] *npr f*: **(la) ~** Guinea; **(la) ~-Bissau** Guinea-Bissau; **(la) ~-Équatoriale** Equatorial Guinea.

guinéen, enne [gineɛ̃, ɛn] *adj* Guinean.
◆ **Guinéen, enne** *nm, f* Guinean.

guingois [gɛ̃gwa]
◆ **de guingois** *fam loc adv* [de travers] : **marcher de ~** to walk sideways; **aller de ~** to go haywire; **l'affiche est de ~** the poster is lopsided OU cockeyed.

guinguette [gɛ̃gɛt] *nf open-air café or restaurant with dance floor*.

guipage [gipaʒ] *nm* **-1.** TEXT covering. **-2.** ÉLECTR insulating, binding.

guiper [3] [gipe] *vt* **-1.** TEXT to cover *(with silk, cotton etc)*. **-2.** ÉLECTR to insulate with material.

guipure [gipyr] *nf* **-1.** TEXT guipure (lace). **-2.** *litt* [givre] tracery.

guirlande [girlɑ̃d] *nf* **-1.** [de fleurs] garland; **des ~s de chèvrefeuille** garlands of honeysuckle. **-2.** [de papier] paper garland; **~ de Noël** (length of) tinsel. **-3.** [de lumières] : **~ électrique** [de Noël] Christmas tree lights, fairy lights; [pour une fête] fairy lights. **-4.** *sout* [de personnes] string; **une ~ de danseurs** a string OU chain of dancers.

guise [giz]
◆ **à ma guise, à ta guise** *etc loc adv* as I/you *etc* please; **il n'en fait qu'à sa ~** he just does as he pleases OU likes.
◆ **en guise de** *loc prép* by way of; **en ~ de dîner, nous n'avons eu qu'un peu de soupe** by way of OU for dinner, we only had a little soup.

guitare [gitar] *nf* guitar; **avec Christophe Banti à la ~** with Christophe Banti on guitar ❑ **~**

basse/électrique bass/electric guitar; ~ hawaïenne/sèche Hawaiian/acoustic guitar.

guitariste [gitarist] *nmf* guitar player, guitarist.

guitoune *fam* [gitun] *nf* tent.

Guizèh [gizɛ] = **Gizeh**.

Gulf Stream [gœlfstrim] *npr m*: le ~ the Gulf Stream.

guppy [gypi] *nm* guppy.

guru [guru] = **gourou**.

gus(se) *fam* [gys] *nm* guy, bloke *Br*.

gustatif, ive [gystatif, iv] *adj* gustatory, gustative.

gustation [gystasjɔ̃] *nf* tasting, gustation *spéc*.

Gustave [gystav] *npr* [roi] Gustav; ~ **Adolphe** Gustavus Adolphus.

gutta-percha [gytapɛrka] (*pl* **guttas-perchas**) *nf* gutta-percha.

guttural, e, aux [gytyral, o] *adj* -1. [ton] guttural; [voix] guttural, throaty. -2. PHON guttural.
◆ **gutturale** *nf* PHON guttural.

Guyana [gɥijana] *npr f* OU *npr m*: (la OU le) ~ Guyana.

guyanais, e [gɥijanɛ, ɛz] *adj* -1. [région, département] Guianese, Guianian. -2. [république] Guyanan, Guyanese.
◆ **Guyanais, e** *nm, f* -1. [région, département] Guianese, Guianian; les Guyanais the Guianese, the Guianians. -2. [république] Guyanan, Guyanese; les Guyanais the Guyanans, the Guyanese.

Guyane [gɥijan] *npr f*: la ~, les ~s Guiana, the Guianas; (la) ~ **française** French Guiana; (la) ~ **hollandaise** Dutch Guiana.

Guyenne [gɥiɛn] *npr f*: la ~ Guyenne, Guienne.

guyot [gɥijo] ◇ *nm* GÉOL guyot.
◇ *nf* BOT guyot pear.

gym [ʒim] *nf* [à l'école] PE; [pour adultes] gym; **aller à la ~** to go to gym class; **faire de la ~** to do exercises.

gymkhana [ʒimkana] *nm* -1. SPORT rally; ~ **motocycliste** scramble *Br*, motorcycle rally. -2. *fam fig* obstacle course.

gymnase [ʒimnaz] *nm* -1. [salle] gym, gymnasium. -2. *Helv* [lycée] secondary school *Br*, high school *Am*.

gymnasial [ʒimnazjal] *adj Helv* secondary school *(modif) Br*, high school *(modif) Am*.

gymnaste [ʒimnast] *nmf* gymnast.

gymnastique [ʒimnastik] *nf* -1. SPORT physical education, gymnastics *(sg)*; **professeur de ~** gymnastics OU PE teacher; **faire de la ~** to do exercises ❑ ~ **corrective** remedial gymnastics; ~ **rythmique** eurhythmics *(sg)*; **au pas (de) ~** at a jog trot. -2. *fig* gymnastics *(sg)*; ~ **mentale** OU **intellectuelle** mental gymnastics; **ça a été toute une ~ pour obtenir des billets** getting tickets was a real hassle.

gymnique [ʒimnik] *adj* gymnastic.

gymnosperme [ʒimnɔspɛrm] *nf* gymnosperm.

gymnote [ʒimnɔt] *nm* electric eel, gymnotus *spéc*.

gynécée [ʒinese] *nm* gynaeceum.

gynéco *fam* [ʒineko] (*abr de* **gynécologue**) *nmf* gynecologist.

gynécologie [ʒinekɔlɔʒi] *nf* gynecology.

gynécologique [ʒinekɔlɔʒik] *adj* gynecological.

gynécologue [ʒinekɔlɔg] *nmf* gynecologist.

gypaète [ʒipaɛt] *nm* lammergeier, bearded vulture.

gypse [ʒips] *nm* gypsum.

gypseux, euse [ʒipsø, øz] *adj* gypseous.

gypsophile [ʒipsɔfil] *nf* gypsophila.

gyrocompas [ʒirɔkɔ̃pa] *nm* gyrocompass.

gyromagnétique [ʒirɔmaɲetik] *adj* gyromagnetic.

gyromètre [ʒirɔmɛtr] *nm* gyrometer.

gyrophare [ʒirɔfar] *nm* rotating light OU beacon.

gyroscope [ʒirɔskɔp] *nm* gyroscope.

gyroscopique [ʒirɔskɔpik] *adj* gyroscopic.

gyrostat [ʒirɔsta] *nm* gyrostat, gyrostabilizer.

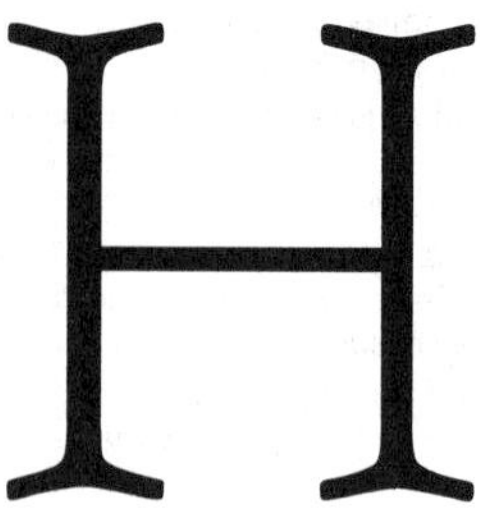

h, H [aʃ] *nm* h, H; **h aspiré/muet** aspirate/silent h.

h -**1.** (*abr écrite de* heure) hr. -**2.** (*abr écrite de* hecto) h.

H *abr écrite de* homme.

ha[1] (*abr écrite de* hectare) ha.

ha[2] ['a] *interj* -**1.** [surprise] : ~, **vous partez déjà ?** what, (are you) leaving already? || [ironie, suspicion] : ~, ~, **je t'y prends!** aha! caught you! -**2.** [rire] : ~, ~, **que c'est drôle!** ha-ha, very funny!

hab. *abr écrite de* habitant.

habeas corpus [abeaskɔrpys] *nm inv*: l'~ habeas corpus.

habile [abil] *adj* -**1.** [adroit] skilful; **il est très ~ aux échecs** he's very good at chess; **être ~ de ses mains** to be good OU clever with one's hands; **il n'est pas encore bien ~ de ses mains** [bébé] his manual skills are still not (fully) developed; [accidenté] he still hasn't (fully) recovered his manual skills; ~ **dans son travail** good at his work. -**2.** [intelligent, fin - personne] clever, bright; [- ouvrage] clever; **sa présentation des faits est très ~** his presentation of the facts is very clever. -**3.** [rusé] clever, cunning; **la réponse est ~** it's a clever answer; **une manœuvre ~** a clever move; **il est ~ à se décharger de ses responsabilités** he is good OU very clever at offloading his responsibilities. -**4.** JUR : ~ **à tester** fit to make out one's will; ~ **à succéder** entitled to inherit.

habilement [abilmɑ̃] *adv* [travailler] cleverly, skilfully; [répondre] cleverly; **elle a négocié ~** she negotiated skilfully; **les négociations ont été ~ menées** the negotiations were conducted with skill; **elle a ~ tiré son épingle du jeu** she cleverly OU skilfully managed to wriggle out of it.

habileté [abilte] *nf* -**1.** [dextérité] skill, dexterity; **un orfèvre d'une grande ~** a very skilful goldsmith, a goldsmith of great skill. -**2.** [ingéniosité] cleverness, smartness; **son ~ en affaires est bien connue** his business sense OU flair is well-known; **il lui fallut mettre toute son ~ au service de cette démarche** she had to use all her artfulness to do this.

habilitation [abilitasjɔ̃] *nf* -**1.** JUR capacitation. -**2.** UNIV accreditation, habilitation.

habilité, e [abilite] *adj* JUR : ~ **à** fit to; **toute personne ~e à signer** any person who is entitled to sign; **je suis ~ à parler en son nom** I'm legally entitled OU empowered to speak in her name.

◆ **habilité** *nf* JUR fitness, entitlement.

habiliter [3] [abilite] *vt* -**1.** JUR to entitle, to empower. -**2.** UNIV to accredit, to authorize, to habilitate.

habillable [abijabl] *adj* -**1.** [personne] : **il est difficilement ~** it's difficult to find clothes to fit him. -**2.** [meuble] : **ce lave-linge est ~** the washing machine may be panelled as part of a fitted kitchen.

habillage [abijaʒ] *nm* -**1.** [revêtement - d'une machine] casing; [- d'un produit] packaging; [- d'un ordinateur] cabinetry; AUT [- d'un siège] covering; [- d'un plafond] lining; [- d'un intérieur] trim. -**2.** CULIN dressing; **l'~ d'un poulet** cleaning and trussing a chicken. -**3.** [d'un acteur] dressing.

habillé, e [abije] *adj* [vêtements] smart, dressy; **dîner ~** dinner in evening dress.

habillement [abijmɑ̃] *nm* -**1.** [vêtements] clothes, clothing; [action d'habiller] dressing, clothing; **magasin d'~** clothes shop *Br*, clothing store *Am*; **il a de grosses dépenses d'~** his clothing expenses are very high. -**2.** COMM clothing trade *Br*, garment industry *Am*.

habiller [3] [abije] *vt* -**1.** [vêtir] to dress; **elle a habillé sa fille d'une salopette rouge** she dressed her daughter in a pair of red dungarees; **toujours habillé de** OU **en vert** always dressed in green; **il est mal habillé** [sans goût] he's badly dressed. -**2.** [équiper - famille, groupe] to clothe; [- skieur, écolier] to kit out *(sép)*; **j'habille toute la famille** I make clothes for all the family; **la somme devrait suffire à ~ toute la famille** the money should be enough to keep the entire family in clothes || [suj: couturier, tailleur] to design clothes for; **elle est habillée par un grand couturier** she gets her clothes from a top designer. -**3.** [déguiser] : ~ **qqn en** to dress sb up as; **elle a habillé sa fille en Zorro** she dressed her daughter up as Zorro. -**4.** [décorer, recouvrir] to cover; ~ **un mur de toile de jute** to cover a wall with hessian. -**5.** MARKETING to package (and present). -**6.** CULIN [volaille] to clean and truss.

◆ **s'habiller** *vp (emploi réfléchi)* -**1.** [se vêtir] to get dressed, to dress; **habille-toi vite!** hurry up and get dressed!; **il s'habille tout seul maintenant** he's able to dress himself now; **tu devrais t'~ plus jeune** you should wear younger clothes; **tu t'habilles mal** you have no dress sense; **je n'aime pas la façon dont elle s'habille** I don't like her taste in clothes OU the way she dresses; **habille-toi chaudement** wrap up well OU warm; **il s'intéresse à la façon dont je m'habille** he notices what I wear; **il s'habille chez un jeune couturier** he buys his clothes from a young fashion designer; **s'~ sur mesure** to have one's clothes made OU tailor-made; **s'~ en** [se déguiser en] to dress up as; **s'~ en page** to dress up as a pageboy. -**2.** [se parer] to dress up; **j'aime m'~ pour sortir le soir** I like dressing up to go out in the evening; **s'~ pour le dîner** to dress for dinner.

habilleur, euse [abijœr, øz] *nm, f* CIN, THÉÂT & TV dresser.

habit [abi] *nm* -**1.** [déguisement] costume, outfit; **un ~ de fée/sorcière** a fairy/witch outfit; ~ **d'arlequin** Harlequin suit OU costume. -**2.** [vêtement de cérémonie] tails; **en ~** wearing tails; **se mettre en ~** to wear tails ❑ ~ **de cour** court dress; **l'~ de lumière** the bullfighter's outfit; **l'~ vert** *regalia worn by members of the Académie française*; **porter l'~ vert** to be a member of the Académie française. -**3.** RELIG habit; **l'~ ecclésiastique** ecclesiastical dress; **prendre l'~** [femme] to take the veil; [homme] to go into holy orders; **quitter l'~** to leave orders ❑ **l'~ ne fait pas le moine** *prov* you can't judge a book by its cover *prov*.

◆ **habits** *nmpl* clothes; **mettre ses ~s du dimanche** to put on one's Sunday best.

habitabilité [abitabilite] *nf* -**1.** [d'un véhicule] capacity. -**2.** [d'un lieu] habitability.

habitable [abitabl] *adj*: **la maison est tout à fait ~** the house is perfectly fit to live in.

habitacle [abitakl] *nm* -**1.** AÉRON cockpit. -**2.** AUT passenger compartment. -**3.** *litt* & BIBLE abode, dwelling. -**4.** NAUT binnacle.

habitant, e [abitɑ̃, ɑ̃t] *nm, f* -**1.** [d'une ville, d'un pays] inhabitant; [d'un immeuble] occupant; [d'un quartier] inhabitant, resident; **une ville de 1 000 ~s** a town of 1,000 inhabitants; **nous avons dormi chez l'~** we stayed with a family. -**2.** *(gén pl) litt* [animal qui peuple un lieu] denizen; **les ~s des bois/de l'onde/des airs** the denizens of the forest/of the deep/of the air. -**3.** *(gén pl) sout* [être humain qui peuple un lieu] dweller; **les ~s des cavernes** cave-dwellers; **les ~s de la terre** earthlings. -**4.** *Can* farmer.

habitat [abita] *nm* -**1.** BOT & ZOOL habitat. -**2.** ANTHR & SOCIOL settlement; ~ **dispersé** open settlement; **amélioration de l'~** home improvement.

habitation [abitasjɔ̃] *nf* -**1.** [immeuble] house, building; **groupe d'~s** housing estate *Br* OU development *Am*; ~ **à loyer modéré** → **HLM**. -**2.** [domicile] residence; ~ **principale** main residence. -**3.** [action d'habiter] living; **les conditions d'~ sont très difficiles** living OU housing conditions are very hard.

habité, e [abite] *adj* [maison] occupied; [planète] inhabited; **engin spatial ~** manned spacecraft.

habiter [3] [abite] ◇ *vt* -**1.** [maison, ville, quartier] to live in; [ferme] to live on; **qui habite au** OU **le numéro 22?** who lives at number 22? -**2.** *fig* & *sout* to inhabit, to be OU to dwell in; **les craintes/démons qui l'habitent** the fears/demons within him. -**3.** *sout* [animaux] to inhabit; **les oiseaux qui habitent nos forêts** the birds which inhabit our forests.

◇ *vi* to live; ~ **à l'hôtel** to live OU to stay in a

hotel; vous habitez chez vos parents? do you live at home?; où habite-t-elle? where does she live?
habituation [abitɥasjɔ̃] *nf* BIOL & PSYCH habituation.
habitude [abityd] *nf* -**1.** [manière d'agir] habit; **avoir l'~ de**: j'ai l'~ de me coucher tôt I normally OU usually go to bed early; je n'ai pas l'~ d'attendre! I am not in the habit of being kept waiting!; elle a l'~ de la conduite sur circuit she's used to race track driving; prendre l'~ de faire qqch to get into the habit of doing sthg; ce sont de bonnes/mauvaises ~s those are good/bad habits; elle a ses petites ~s she's got her own (little) ways OU habits; ce n'est pas dans mes ~s d'insister ainsi I don't usually insist on things like that; à OU selon OU suivant son ~ as is his wont, as usual; tu n'as rien préparé, comme à ton ~! you didn't get a thing ready, as usual OU as always! ❑ l'~ est une seconde nature *prov* habits are just like instincts. -**2.** [usage] custom; c'est l'~ chez nous it's a custom with us OU our custom.
◆ **d'habitude** *loc adv* usually; d'~, je suis d'accord avec elle I usually OU generally agree with her; comme d'~ as usual.
◆ **par habitude** *loc adv* out of habit; oh pardon, j'ai fait ça par ~! sorry, I did it automatically OU out of sheer habit!
habitué, e [abitɥe] *nm, f* regular; ça va déplaire aux ~s the regulars won't like it.
habituel, elle [abitɥɛl] *adj* -**1.** [traditionnel] usual, regular; le public ~ des concerts de jazz était là the usual OU regular jazz audience was there; il nous reçut avec sa ponctualité ~le he received us with his usual punctuality. -**2.** [ordinaire, courant] usual; au sens ~ du terme in the everyday sense of the term.
habituellement [abitɥɛlmɑ̃] *adv* usually, normally; ~ il se lève à 8 h he usually OU generally gets up at 8.
habituer [7] [abitɥe] *vt* to accustom; ~ qqn à qqch to get sb used to sthg, to accustom sb to sthg; il faut ~ les enfants à manger un peu de tout one should accustom children to OU get children used to eating a little bit of everything; on l'a habitué à se taire he's been taught to keep quiet; c'est facile quand on est habitué it's easy once you're used OU once you get used to it.
◆ **s'habituer à** *vp + prép* to get OU to grow OU to become used to; elle a fini par s'~ à notre petite ville she eventually got used to our little town; je ne pourrai jamais m'y ~ I'll never get used to it.
habitus [abitys] *nm* MÉD habitus.
hâblerie ['abləri] *nf sout* [parole] boast; ce n'était qu'une ~ de sa part he was only bragging.
hâbleur, euse ['ablœr, øz] *sout* ◇ *adj* boastful. ◇ *nm, f* boaster, braggart.
Habsbourg ['abzbur] *npr* Hapsburg, Habsburg.
hachage ['aʃaʒ] *nm* [gén] chopping (up); [de la viande] mincing *Br*, grinding *Am*.
hache ['aʃ] *nf* -**1.** [instrument tranchant] axe; abattre un arbre à la ~ to chop a tree down ❑ ~ d'armes battleaxe *pr*; ~ à main hatchet; ~ du bourreau executioner's axe; ~ de guerre tomahawk; enterrer la ~ de guerre *pr* & *fig* to bury the hatchet; déterrer la ~ de guerre *pr* & *fig* to be on the warpath (again); ~ de silex ARCHÉOL flint axe. -**2.** *fig*: fait OU taillé à coups de ~ [ouvrage] rough-hewn, crudely worked; [visage] rough-hewn, rugged.
haché, e ['aʃe] *adj* -**1.** CULIN [légume, amandes] chopped; [viande] minced *Br*, ground *Am*; un steak OU bifteck ~ a beefburger *Br*, a hamburger *Am*. -**2.** [réponse, style, tirade] jerky; son débit était trop ~ his delivery was too jerky.
◆ **haché** *nm* mince *Br*, ground meat *Am*.
hache-légumes ['aʃlegym] *nm inv* vegetable chopper.
hacher [3] ['aʃe] *vt* -**1.** [légumes, fines herbes] to chop (up); ~ de la viande to mince *Br* OU to grind *Am* meat; le persil doit être haché menu the parsley should be chopped finely ❑ je vais le ~ menu comme chair à pâté I'll make mincemeat (out) of him; se faire ~ (menu OU en morceaux): il se ferait ~ plutôt que de reconnaître ses torts he'd die (screaming) rather than admit he was wrong; elle se ferait ~ pour ses enfants she would go through hell and high water for her children. -**2.** [mettre en pièces, lacérer] to cut to pieces; la grêle a haché la vigne the hail ripped the vines to pieces; les mitraillettes ennemies ont haché le bataillon the enemy submachine guns mowed OU cut down the battalion. -**3.** [saccader] to break up *(insép)*; il hachait toutes ses phrases, je n'y comprenais rien all his sentences were so broken up OU jerky, I didn't understand a thing.
hachette ['aʃɛt] *nf*, **hachereau, x** ['aʃro] *nm* [outil] hatchet.
hache-viande ['aʃvjɑ̃d] *nm inv* (meat) mincer *Br* OU grinder *Am*.
hachis ['aʃi] *nm* [de viande] mince *Br*, ground meat *Am*; [pour farce] (meat) stuffing, forcemeat; [de légumes] chopped vegetables; ~ Parmentier CULIN hachis Parmentier *(dish similar to shepherd's pie)*.
hachisch ['aʃiʃ] = **haschisch**.
hachoir ['aʃwar] *nm* -**1.** [couteau] chopping knife, chopper. -**2.** [planche] chopping board; [machine] (meat) mincer *Br* OU grinder *Am*.
hachure ['aʃyr] *nf* -**1.** [en cartographie et dessin industriel] hachure. -**2.** [dessin, gravure] hatching *(U)*.
hachurer [3] ['aʃyre] *vt* -**1.** TECH to hachure. -**2.** [dessin, gravure] to hatch.
hacienda [asjɛnda] *nf* hacienda.
haddock ['adɔk] *nm* smoked haddock.
Hadès [adɛs] *npr* Hades.
hadj(dj) ['adʒ] *nm* Hajj.
Hadrien [adrijɛ̃] *npr* Hadrian.
Haendel ['ɛndɛl] *npr* Handel.
hagard, e ['agar, ard] *adj* wild, crazed; il me regardait avec des yeux ~s he was looking at me with wild OU staring eyes; avoir l'air ~ to look crazed, to have a wild look in one's eyes.
haggis ['agis] *nm* haggis.
hagiographe [aʒjɔgraf] *nmf* hagiographer.
hagiographie [aʒjɔgrafi] *nf* -**1.** RELIG hagiography. -**2.** *fig* flattering biography.
hagiographique [aʒjɔgrafik] *adj* hagiographic, hagiographical.
Hague ['ag] *npr*: la ~ la Hague.

LA HAGUE:
Note that la Hague is a peninsula in Normandy well-known for its nuclear waste processing plants; it is not to be confused with La Haye (= The Hague, in the Netherlands).

haie ['ɛ] *nf* -**1.** HORT hedge; ~ morte paling OU dead hedge; ~ vive quickset hedge. -**2.** SPORT hurdle; courir le 400 mètres ~s to run the 400 metres hurdles || ÉQUIT fence; cheval de ~s hurdler, hurdle; course de ~s hurdles race. -**3.** [file de gens] line, row; les spectateurs ont fait une ~ pour laisser passer les coureurs the spectators all drew back to let the runners go through ❑ ~ d'honneur guard of honour.
Haïfa, Haiffa ['ajfa] *npr* Haifa.
haïk ['aik] *nm* haick, haik.
haillonneux, euse ['ajɔnø, øz] *adj litt* -**1.** [vêtement] in rags; des vêtements ~ rags, torn and tattered clothes. -**2.** [personne] ragged; un vieil homme ~ a ragged old man.
haillons ['ajɔ̃] *nmpl* rags, torn and tattered clothes; être vêtu de ~ to be dressed in rags; être en ~ to be in rags.
Hainaut ['ɛno] *npr m*: le ~ Hainaut.
haine ['ɛn] *nf* hatred, hate; sa ~ de la guerre his hatred of war; être plein de ~ envers qqn to be full of hatred OU filled with hatred for sb; prendre qqn/qqch en ~ to take an immense dislike to sb/sthg; sans ~ without hatred, with no hatred.
◆ **par haine de** *loc prép* out of hatred for.
haineusement ['ɛnøzmɑ̃] *adv* with hatred; il la regarda ~ he looked at her with hatred.
haineux, euse ['ɛnø, øz] *adj* full of hatred OU hate.
hainuyer, ère ['ɛnɥije, ɛr] *adj* from Hainaut.
◆ **Hainuyer, ère** *nm, f inhabitant of or person from Hainaut.*
Haiphong ['ajfɔ̃g] *npr* Haiphong.
haïr [33] ['air] *vt* -**1.** [personne] to hate; il me hait de lui avoir menti he hates me for having lied to him. -**2.** [attitude, comportement] to hate, to detest; ~ l'hypocrisie to hate OU to detest hypocrisy.
haïssable ['aisabl] *adj sout* [préjugé, attitude, personne] hateful, loathsome, detestable.
Haïti [aiti] *npr* Haiti; à ~ in Haiti.
haïtien, enne [aisjɛ̃, ɛn] *adj* Haitian.
◆ **Haïtien, enne** *nm, f* Haitian.
halage ['alaʒ] *nm* [traction] hauling; [remorquage] warping, towing.
hâle ['al] *nm* suntan, tan.
hâlé, e ['ale] *adj* suntanned, tanned.
haleine [alɛn] *nf* -**1.** [mouvement de respiration] breath, breathing; hors d'~ out of breath; reprendre ~ to get one's breath back ❑ tenir qqn en ~ to keep sb in suspense OU on tenterhooks; courir à perdre ~ to run until one is out of breath. -**2.** [air expiré] breath; avoir mauvaise ~ to have bad breath; elle a l'~ fraîche her breath smells sweet.
◆ **de longue haleine** *loc adj* long-term; des recherches de longue ~ long-term research.
haler [3] ['ale] *vt* -**1.** [tirer] to haul; [remorquer] to warp, to tow. -**2.** NAUT: ~ bas une voile to let a sail down.
hâler [3] ['ale] *vt* -**1.** [peau, corps] to tan. -**2.** TEXT to sundry.
haletant, e ['altɑ̃, ɑ̃t] *adj* [chien] panting; sa respiration ~e l'empêche de parler he's so out of breath he can't talk; il est entré, tout ~ he came in, all out of breath; son père était ~ de fureur his father was choking with anger.
halètement ['alɛtmɑ̃] *nm* -**1.** [respiration saccadée] panting *(U)*. -**2.** *sout* [rythme saccadé]: le ~ de la locomotive the puffing of the locomotive.
haleter [28] ['alte] *vi* -**1.** [chien] to pant; [asthmatique] to gasp for breath; [pendant l'accouchement] to breathe hard, to pant; ~ d'émotion to be breathless with emotion; ~ de colère to choke with anger. -**2.** *sout* [faire un bruit saccadé] to sputter; la locomotive haletait the locomotive was puffing.
haleur, euse ['alœr, øz] *nm, f* [personne] tower, hauler.
◆ **haleur** *nm* [remorqueur] tug.
half-track ['aftrak] (*pl* half-tracks) *nm* half-track (vehicle).
hall ['ol] *nm* -**1.** [d'un hôtel] hall, lobby, foyer; [d'une banque] lobby, hall; ~ de gare station, concourse; je t'attendrai dans le ~ de la gare I'll wait for you inside the station; roman de ~ de gare trashy novel; ~ d'exposition exhibition room. -**2.** INDUST: ~ de montage assembly room.
hallali [alali] *nm*: l'~ [sonnerie] the mort.
halle ['al] *nf* -**1.** [édifice] (covered) market; le marché sous la ~ the covered market; elle fait ses courses aux ~s she goes to the central food market to do her shopping. -**2.** les Halles *the Paris food market until 1968 (now a shopping centre)*.

LES HALLES:
The central Paris food markets, dating from the Second Empire. Once a tourist attraction and also a source of traffic congestion, they were moved to the outskirts, mainly to Rungis, near Orly, in the 1960s. After much delay and controversy, the site was redeveloped in the late 1970s with a Metro station and a modernistic shopping centre, the "Forum des Halles".

hallebarde ['albard] *nf* **-1.** ARM halberd, halbert. **-2.** *loc*: **il pleut** OU **il tombe des ~s** *fam* it's raining cats and dogs.

hallebardier ['albardje] *nm* halberdier.

hallier ['alje] *nm* thicket, (brush) covert.

hallucinant, e [alysinɑ̃, ɑ̃t] *adj* **-1.** [frappant] staggering, incredible. **-2.** [qui rend fou] hallucinatory.

hallucination [alysinasjɔ̃] *nf* hallucination; **avoir des ~s** to hallucinate; **j'ai des ~s (ou quoi)!** *fam* I must be seeing things!; **une ~ collective** a collective hallucination.

hallucinatoire [alysinatwar] *adj* hallucinatory.

halluciné, e [alysine] ◇ *adj* [regard] wild-eyed, crazed.
◇ *nm, f* visionary, lunatic *péj*; **comme un ~** like a madman.

halluciner [3] [alysine] ◇ *vi* **-1.** PSYCH to hallucinate, to suffer from OU to have hallucinations. **-2.** *fam fig*: **mais j'hallucine ou quoi?** I don't believe this!
◇ *vt litt*: **~ qqn** to make sb hallucinate; **halluciné par le manque de sommeil** seeing double through lack of sleep.

hallucinogène [alysinɔʒɛn] ◇ *adj* hallucinogenic.
◇ *nm* hallucinogen.

hallucinose [alysinoz] *nf* hallucinosis.

halo ['alo] *nm* **-1.** ASTRON halo, corona. **-2.** PHOT halo. **-3.** *litt* aureole, halo; **un ~ de lumière/de gloire** a halo of light/of glory.

halogénation [alɔʒenasjɔ̃] *nf* halogenation.

halogène [alɔʒɛn] ◇ *adj* halogenous.
◇ *nm* **-1.** CHIM halogen. **-2.** [éclairage]: **(lampe à) ~** halogen lamp.

halogéné, e [alɔʒene] *adj* halogenated.

halogénure [alɔʒenyr] *nm* halide.

halopéridol [alɔperidɔl] *nm* haloperidol.

halophile [alɔfil] *adj* halophytic BOT.

halophyte [alɔfit] *nf* halophyte BOT.

halothane [alɔtan] *nm* halothane.

halte ['alt] ◇ *nf* **-1.** [arrêt] stop, break; **faire ~** to halt, to stop; **faire une ~** to have a break, to pause; **nous disons ~ à la guerre** we are calling for a halt OU an end to the war. **-2.** [répit] pause, break; **le gouvernement a décidé une ~ dans le programme spatial** the government decided to call a temporary halt to the space programme. **-3.** [lieu] stopping OU resting place; RAIL halt *Br*.
◇ *interj* stop; MIL halt; **~ à la pollution!** no more pollution!; **~, qui va là?** halt, who goes there?; **~-là, ne t'emballe pas trop** hold on, don't get carried away.

halte-garderie ['altəgardəri] (*pl* **haltes-garderies**) *nf* ≃ day nursery.

haltère [altɛr] *nm* **-1.** [avec des sphères] dumbbell; [avec des disques] barbell; **faire des ~s** to do weight-lifting. **-2.** ANTIQ halterer.

haltérophile [alterɔfil] *nmf* weight-lifter.

haltérophilie [alterɔfili] *nf* weight-lifting.

hamac ['amak] *nm* hammock.

hamamélis [amamelis] *nm* witch hazel *(U)*.

Hambourg ['ɑ̃bur] *npr* Hamburg.

hambourgeois, e ['ɑ̃burʒwa, az] *adj* from Hamburg.
◆ **Hambourgeois, e** *nm, f inhabitant of or person from Hamburg.*

hamburger ['ɑ̃bœrgœr] *nm* hamburger.

hameau, x ['amo] *nm* hamlet.

hameçon [amsɔ̃] *nm* (fish) hook.

hammam ['amam] *nm* Turkish OU steam bath, hammam.

hammerless [amɛrlɛs] *nm inv* hammerless rifle.

hampe ['ɑ̃p] *nf* **-1.** [d'un drapeau] pole. **-2.** ARM & PÊCHE shaft. **-3.** [d'une lettre - vers le haut] upstroke; [- vers le bas] downstroke. **-4.** [d'un pinceau] handle. **-5.** BOT: **~ florale** scape. **-6.** [du bœuf] flank; [du cerf] breast.

hamster ['amstɛr] *nm* hamster.

han ['ɑ̃] *nm inv* oof; **pousser des ~** to grunt (with effort).

hanap ['anap] *nm* hanap *arch*, goblet.

hanche ['ɑ̃ʃ] *nf* **-1.** ANAT hip; **avoir des ~s larges/étroites** to have wide/narrow hips, to be wide-/narrow-hipped; **mettre les mains** OU **les poings sur les ~s** to put one's hands on one's hips. **-2.** ZOOL haunch, hindquarter. **-3.** ENTOM coxa.

hanchement ['ɑ̃ʃmɑ̃] *nm* **-1.** *litt* jutting (out) of the hip. **-2.** BX-ARTS slouch.

hancher [3] ['ɑ̃ʃe]
◆ **se hancher** *vpi litt* to stick out one's hip.

handball ['ɑ̃dbal] *nm* handball.

handballeur, euse ['ɑ̃dbalœr, øz] *nm, f* handball player.

handicap ['ɑ̃dikap] *nm* **-1.** [gén & SPORT] handicap; **son poids est un grand ~** her weight is a great handicap. **-2.** *(comme adj; avec ou sans trait d'union)* handicap *(modif)*; **course-~** handicap race.

handicapant, e ['ɑ̃dikapɑ̃, ɑ̃t] *adj*: **c'est (très) ~** it's a (great) handicap.

handicapé, e ['ɑ̃dikape] ◇ *adj* handicapped; **enfants ~s mentaux** mentally handicapped children.
◇ *nm, f* handicapped OU disabled person; **les ~s** the disabled ❑ **un ~ moteur** a spastic.

handicaper [3] ['ɑ̃dikape] *vt* to handicap; **il sera handicapé par son poids** his weight will be a handicap; **ça l'a handicapé dans sa carrière** it was a handicap to his career.

handicapeur ['ɑ̃dikapœr] *nm* (official) handicapper.

handisport ['ɑ̃dispɔr] *adj*: **activité ~** sport for the disabled.

hangar ['ɑ̃gar] *nm* [gén] shed; [pour avions] (aircraft) hangar; [à bateaux] boathouse; **un ~ à charbon** a coal shed.

hanneton ['antɔ̃] *nm* cockchafer, maybug.

Hannibal [anibal] *npr* Hannibal.

Hanoi [anɔj] *npr* Hanoi.

Hanovre ['anɔvr] *npr* Hanover.

hanovrien, enne ['anɔvrijɛ̃, ɛn] *adj* Hanoverian.
◆ **Hanovrien, enne** *nm, f* Hanoverian.

Hanse ['ɑ̃s] *npr f*: **(la) ~** Hanse.

hanséatique ['ɑ̃seatik] *adj* Hanseatic.

hanté, e ['ɑ̃te] *adj* [maison, forêt] haunted.

hanter [3] ['ɑ̃te] *vt* to haunt; **ce souvenir le hante** he's haunted by the memory; **hanté par de vieux souvenirs** haunted OU obsessed by old memories.

hantise ['ɑ̃tiz] *nf* obsession, obsessive fear; **avoir la ~ de la mort** to be haunted OU obsessed by the fear of death; **sa ~ d'un accident** his obsessive fear of accidents; **chez lui, c'est une ~** he's obsessed by it, it's an obsession with him.

hapax [apaks] *nm* nonce word, hapax (legomenon) *spéc*.

haploïde [aplɔid] *adj* haploid, haploidic.

happement ['apmɑ̃] *nm* snapping *(with the mouth)*.

happening ['apniŋ] *nm* [spectacle] happening.

happer [3] ['ape] *vt* **-1.** [avec le bec ou la bouche] to snap up; [avec la main ou la patte] to snatch, to grab. **-2.** [accrocher violemment] to strike OU to hit violently; **être happé par un train/une voiture** to be mown down OU hit by a train/car.

happy end ['apiɛnd] (*pl* **happy ends**) *nm* happy ending.

happy few ['apifju] *nmpl* happy few; **une soirée réservée à quelques ~** a reception for a few selected guests.

haptène [aptɛn] *nm* hepten, heptene.

haquet ['akɛ] *nm* narrow dray.

hara-kiri ['arakiri] (*pl* **hara-kiris**) *nm* hara-kiri; **(se) faire ~** to commit hara-kiri.

harangue ['arɑ̃g] *nf* **-1.** [discours solennel] harangue. **-2.** *péj* [sermon] sermon.

haranguer [3] ['arɑ̃ge] *vt* to harangue.

Harare ['arar] *npr* Harare.

haras ['ara] *nm* stud farm.

harassant, e ['arasɑ̃, ɑ̃t] *adj* exhausting, wearing.

harassé, e ['arase] *adj* exhausted, worn out; **avoir l'air ~** to look exhausted.

harassement ['arasmɑ̃] *nm litt* exhaustion, fatigue.

harasser [3] ['arase] *vt* to exhaust, to wear out *(sép)*.

harcelant, e ['arsəlɑ̃, ɑ̃t] *adj* **-1.** [obsédant] haunting. **-2.** [importun] harassing, pestering.

harcèlement ['arsɛlmɑ̃] *nm* harassing, pestering; **~ sexuel** sexual harassment.

harceler [25] ['arsəle] *vt* to harass; **~ qqn de questions** to plague OU to pester sb with questions; **cesse de me ~!** stop pestering OU bothering me!; **~ l'ennemi** to harass OU to harry the enemy.

hard *fam* ['ard] = **hard-core, hard-rock.**

hard-core ['ardkɔr] ◇ *adj inv* hard-core; **un film ~** a hard-core (porn) movie.
◇ *nm inv* [genre] hard-core porn.

harde ['ard] *nf* **-1.** [d'animaux sauvages] herd. **-2.** CHASSE [lien] leash; [chiens liés] set (of coupled hounds).

hardes ['ard] *nfpl litt* & *péj* rags, tatters.

hardi, e ['ardi] *adj* **-1.** [intrépide] bold, daring; **nos ~s explorateurs** our bold OU intrepid explorers; **l'hypothèse est un peu ~e** *fig* the supposition is a bit rash OU hasty. **-2.** [licencieux] daring, bold; **on a censuré les passages les plus ~s** the most daring OU the most risqué OU the raciest parts were cut out.
◆ **hardi** *interj arch*: **~, les gars!** go to it, boys!

hardiesse ['ardjɛs] *nf* **-1.** [intrépidité] boldness, daring, audacity; **avoir la ~ de faire qqch** to be forward OU daring enough to do sthg; **auriez-vous la ~ de réclamer un pourcentage?** would you have the audacity to ask for a commission? **-2.** [acte, parole]: **~ de langage** bold turn of phrase; **des ~s de langage** [propos crus] bold language; [effets de style] daring stylistic effects. **-3.** [indécence] boldness, raciness; **la ~ de certaines scènes peut choquer** you may find the explicitness of some of the scenes offensive.

hardiment ['ardimɑ̃] *adv* boldly, daringly, fearlessly.

hard-rock ['ardrɔk] *nm inv* hard rock, heavy metal MUS.

hard-top ['ardtɔp] (*pl* **hard-tops**) *nm* hardtop (roof).

hardware ['ardwɛr] *nm* hardware COMPUT.

harem ['arɛm] *nm* harem.

hareng ['arɑ̃] *nm* **-1.** CULIN & ZOOL herring; **un ~ saur** a smoked herring, a kipper. **-2.** ▽ [souteneur] pimp.

harengaison ['arɑ̃gɛzɔ̃] *nf* **-1.** [pêche] herring fishing. **-2.** [saison] herring season.

harengère ['arɑ̃ʒɛr] *nf* **-1.** [marchande] fishwife, fishwoman. **-2.** *fam vieilli* [femme querelleuse et grossière] fishwife, harridan.

harenguet ['arɑ̃gɛ] *nm* sprat ZOOL.

harenguier ['arɑ̃gje] *nm* **-1.** [bateau] herring boat. **-2.** [pêcheur] herring fisherman.

hargne ['arɲ] *nf* aggressiveness; **avec ~** aggressively, cantankerously.

hargneusement ['arɲøzmɑ̃] *adv* aggressively, cantankerously.

hargneux, euse ['arɲø, øz] *adj* **-1.** [caractère] aggressive, quarrelsome; **un vieil homme ~** a cantankerous old man. **-2.** [ton] scathing, caustic; **des paroles hargneuses** scathing remarks. **-3.** [combatif] aggressive; **il est ~ dans les sprints** he's an aggressive sprinter. **-4.** [animal] vicious.

haricot ['ariko] *nm* **-1.** [légume] bean; **~ beurre** *yellow variety of string bean*; **~ blanc** white (haricot) bean; **~ flageolet** flageolet; **~ de Lima** Lima bean; **~ mange-tout** runner OU string bean; **~ noir** black bean; **~ rouge** red OU kidney bean; **~ vert** French *Br* OU green *Am* OU string bean; **~s fins/extra-fins** high-quality/superfine French *Br* OU green *Am* beans; ~s à écosser shell beans. -**2.** CULIN [ragoût] : ~ **de mouton** mutton haricot OU stew. -**3.** MÉD [cuvette] kidney tray OU dish.

◆ **haricots** *fam nmpl*: des ~s not a thing, zilch *esp Am*; **cette affaire m'a rapporté des ~s** I hardly made a penny *Br* OU cent *Am* out of that business.

haridelle ['aridɛl] *nf* -**1.** [cheval] jade, nag. -**2.** *fam* [femme] beanpole.

harissa ['arisa] *nf* harissa (sauce).

harki ['arki] *nm Algerian who fought for the French during the Franco-Algerian War and who was subsequently given French nationality.*

harmattan [armatɑ̃] *nm* harmattan.

harmonica [armɔnika] *nm* harmonica, mouth organ; ~ **de verres** glass harmonica.

harmoniciste [armɔnisist] *nmf* harmonica player, mouth organ player.

harmonie [armɔni] *nf* -**1.** [élégance] harmony; **l'~ du corps humain** the beauty of the human body. -**2.** [entente] harmony; **il régnait dans leur couple une grande ~** the couple lived together in great harmony. -**3.** MUS [accords] harmony; [instruments à vent et percussions] wind section (with percussion); [fanfare] brass band. -**4.** LING: ~ **vocalique** vowel harmony; ~ **consonantique** consonant drift. -**5.** LITTÉRAT: ~ **imitative** onomatopoeia.

◆ **en harmonie** ◇ *loc adv* in harmony, harmoniously; **en parfaite ~** in perfect harmony. ◇ *loc adj* in harmony; **le tapis n'est pas en ~ avec les meubles** the carpet doesn't go with OU match the furniture; **quand les sentiments de l'un sont en ~ avec ceux de l'autre** when two people feel the same way.

harmonieusement [armɔnjøzmɑ̃] *adv* harmoniously, in harmony.

harmonieux, euse [armɔnjø, øz] *adj* -**1.** [mélodieux - son, instrument] harmonious; [- voix] harmonious, tuneful, melodious. -**2.** [équilibré] harmonious, balanced; **des teintes harmonieuses** well-matched colours; **un visage ~** well-balanced features; **un couple ~** a well-matched OU happy couple.

harmonique [armɔnik] ◇ *adj* ACOUST, MATH & MUS harmonic; **analyse/moyenne ~** harmonic analysis/mean; **série/progression ~** harmonic series/progression; **son ~** harmonic.

◇ *nm* -**1.** ACOUST & MUS harmonic. -**2.** PHYS harmonic, overtone.

harmoniquement [armɔnikmɑ̃] *adv* MUS harmonically.

harmonisation [armɔnizasjɔ̃] *nf* -**1.** [mise en accord] harmonization; **réclamer l'~ des salaires du public et du privé** to demand that public sector salaries be brought into parity OU line with those in the private sector. -**2.** MUS harmonizing. -**3.** LING: ~ **vocalique** vowel harmony.

harmoniser [3] [armɔnize] *vt*: ~ **les théories en présence** to reconcile the various opposing theories; ~ **les salaires du public et du privé** to bring public and private sector salaries into line; ~ **les rideaux avec la moquette** to match the curtains with the carpet, to match up the curtains and the carpet.

◆ **s'harmoniser** *vpi*: **s'~ avec** to harmonize with; **ces couleurs s'harmonisent bien entre elles** these colours go together well.

harmoniste [armɔnist] *nmf* -**1.** [personne qui connaît les règles de l'harmonie] harmonist. -**2.** [personne qui règle un instrument] tuner.

harmonium [armɔnjɔm] *nm* harmonium.

harnachement ['arnaʃmɑ̃] *nm* -**1.** [équipement] harness; [action] harnessing. -**2.** *péj* OU *hum* [accoutrement] outfit, get-up; [attirail] paraphernalia.

harnacher [3] ['arnaʃe] *vt* -**1.** [cheval] to harness. -**2.** *péj* OU *hum* [accoutrer] to deck OU to rig out *(sép)*; [équiper] to kit out *(sép)*.

◆ **se harnacher** *vp (emploi réfléchi)* [s'équiper] to get kitted out; **ils s'étaient harnachés de cordes et de piolets pour l'ascension** they were kitted out with ropes and ice axes for the climb.

harnais ['arnɛ] *nm* -**1.** [d'un cheval] harness. -**2.** [sangles] : ~ **(de sécurité)** (safety) harness; **mettre le ~ (de sécurité) à qqn** to strap sb in. -**3.** TECH backgear; ~ **d'engrenage** (back) gear train. -**4.** TEXT healds, harness.

harnois ['arnwa] *nm litt*: **blanchi sous le ~** gone grey in the saddle.

haro ['aro] *nm*: **crier ~ sur qqn** to raise a hue and cry against sb ❑ **on a crié ~ sur le baudet** a cry went up for blood.

Harold [arɔld] *npr* Harold.

harpagon [arpagɔ̃] *nm litt* Scrooge, skinflint.

harpe ['arp] *nf* -**1.** MUS harp; ~ **éolienne** wind OU aeolian harp. -**2.** ZOOL [mollusque] harp (shell). -**3.** CONSTR [pierre en saillie] toothing (stone).

harpie ['arpi] *nf* -**1.** [mégère] shrew, harpy. -**2.** HÉRALD harpy. -**3.** ORNITH harpy eagle.

Harpie ['arpi] *npr* MYTH Harpy.

harpiste ['arpist] *nmf* harpist.

harpon ['arpɔ̃] *nm* -**1.** PÊCHE harpoon. -**2.** CONSTR (wall) staple. -**3.** ARCHÉOL harping iron, harpoon.

harponnage ['arpɔnaʒ], **harponnement** ['arpɔnmɑ̃] *nm* -**1.** PÊCHE harpooning. -**2.** CONSTR stapling.

harponner [3] ['arpɔne] *vt* -**1.** PÊCHE to harpoon. -**2.** *fam* [accaparer] to grab, to buttonhole, to corner; **harponne-le à la sortie de la réunion** grab him when he comes out of the meeting. -**3.** *fam* [arrêter] to nab, to collar; **les flics l'ont harponné à la sortie du club** the cops collared him outside the club.

harponneur ['arpɔnœr] *nm* harpooner.

hasard ['azar] *nm* -**1.** [providence] chance, fate; **s'il gagne, c'est le ~** if he wins it's luck OU it's by chance; **s'en remettre au ~** to leave it to chance, to trust to luck; **ne rien laisser au ~** to leave nothing to chance; **le ~ a voulu que je sois à l'étranger** as luck would have it I was abroad; **le ~ fait bien les choses** there are some lucky coincidences; **le ~ faisant bien les choses, ils épousèrent deux sœurs** as chance would have it, they married two sisters. -**2.** [incident imprévu] : **quel heureux ~!** what a stroke of luck OU piece of good fortune!; **un ~ malheureux** a piece of bad luck. -**3.** [coïncidence] : **quel heureux ~!** what a fantastic coincidence!; **c'est un (pur) ~ que vous m'ayez trouvé chez moi à cette heure-ci** it's sheer luck that you've found me in at this time of day; **par un curieux ~, il était né le même jour** by a strange coincidence he was born on the same day; **par quel ~ étiez-vous là ce jour-là?** how come you happened to be there that day? -**4.** JEUX: **jeu de ~** game of chance; **l'amour est un jeu de ~** *fig* love is like a game of chance. -**5.** STATISTIQUES chance; **échantillonnage/nombres au ~** random sampling/numbers.

◆ **hasards** *nmpl* -**1.** [aléas] : **les ~s de la vie** life's ups and downs, life's vicissitudes. -**2.** *litt* [périls] hazards, dangers; **les ~s de la guerre** the hazards OU dangers of war.

◆ **à tout hasard** *loc adv* on the off chance, just in case.

◆ **au hasard** *loc adv* at random; **j'ai ouvert le livre au ~** I opened the book at random; **aller OU marcher au ~** [par indifférence] to walk aimlessly; [par plaisir] to go where one's fancy takes one; **tirez OU piochez une carte au ~** pick a card (, any card).

◆ **au hasard de** *loc prép*: **toute sa vie, elle a pris des notes au ~ de ses lectures** throughout her life, she took notes of things she happened to come across in her reading; **je me suis fait des amis au ~ de mes voyages** I made friends with people I happened to meet on my travels.

◆ **de hasard** *loc adj* chance *(avant n)*; **une rencontre de ~** a chance meeting; **des amours de ~** brief encounters.

◆ **par hasard** *loc adv* by chance OU accident; **si par ~ vous la voyez** if by any chance you should see her, should you happen to see her; **je suis entré par ~ et je l'ai pris la main dans le sac** I went in quite by chance and caught him red-handed; **tu ne l'as pas vu, par ~?** you haven't seen it by any chance, have you?; **comme par ~** *iron* would you believe!, surprise, surprise!; **comme par ~, elle n'a rien entendu** she didn't hear a thing, would you believe!

◆ **par le plus grand des hasards** *loc adv* by the most extraordinary OU incredible coincidence; **par le plus grand des ~s, elle était là aussi** by the most amazing twist of fate, she was there too; **vous n'auriez pas, par le plus grand des ~s, un stylo à me prêter?** you wouldn't by the remotest chance have a pen to lend me, would you?

hasardé, e ['azarde] = **hasardeux.**

hasarder [3] ['azarde] *vt* [opinion, démarche] to hazard, to venture, to risk; ~ **un orteil dans l'eau glacée** to cautiously dip one toe into the icy water; **je me permettrai de ~ une question** I'll venture a question, I'll take the liberty of asking a question; **les soldats hasardent leur vie à la guerre** soldiers risk their lives OU put their lives at stake at war.

◆ **se hasarder** *vpi* -**1.** *arch* [s'exposer au danger] to venture forth. -**2.** [s'aventurer] to venture; **il se hasarda dans l'obscurité** he ventured into the darkness; **se ~ à: la nouvelle élève se hasarda à répondre** the new student plucked up courage to answer; **je ne m'y hasarderais pas** I wouldn't risk it OU chance it.

hasardeux, euse ['azardø, øz] *adj* -**1.** [douteux] dubious; **l'issue en est hasardeuse** the outcome of all this is uncertain. -**2.** [dangereux] hazardous, dangerous; **une affaire hasardeuse** a risky business.

has been ['azbin] *nmf inv* has been.

hasch *fam* ['aʃ] *nm* hash.

haschi(s)ch ['aʃiʃ] *nm* hashish.

hassidisme ['asidism] *nm* Hassidism.

hâte ['at] *nf* -**1.** [précipitation] haste, hurry, rush; **dans sa ~, il a oublié ses clés** he was in such a hurry OU rush (that) he left his keys behind; **avec ~** hastily, hurriedly; **sans ~** at a leisurely pace, without hurrying; **sans grande ~** with no great haste, unhurriedly. -**2. avoir ~ de** [être impatient de] : **avoir ~ de faire qqch** to be looking forward to doing sthg; **j'ai ~ que vous veniez/Noël arrive** I can't wait for you to come/Christmas to come round; **pourquoi avez-vous ~ de partir?** why are you in (such) a hurry OU rush to leave?; **il n'a qu'une ~, c'est d'avoir un petit-fils** he's dying to have a grandson.

◆ **à la hâte** *loc adv* hurriedly, hastily, in a rush; **faire qqch à la ~** to rush sthg.

◆ **en hâte, en grande hâte, en toute hâte** *loc adv* hurriedly, in (great) haste; **envoyez votre réponse en toute ~ à l'adresse suivante** send your reply without delay OU rush your reply to the following address.

hâter [3] ['ate] *vt* -**1.** [accélérer] to speed up, to hasten; ~ **le pas** to quicken one's pace, to walk quicker. -**2.** *sout* [avancer - date] to bring forward; [- naissance, mort, mariage] to precipitate; **je dois ~ mon départ** I must go sooner than I thought.

◆ **se hâter** *vpi sout* to hurry (up), to hasten, to make haste; **les travailleurs se hâtaient vers les gares** the workers were hurrying towards the stations; **hâtez-vous de me répondre** answer me posthaste; **elle s'est hâtée de répandre la nouvelle** she hastened to spread the news ❑ **hâte-toi lentement** more haste, less speed *prov.*

hâtif, ive ['atif, iv] *adj* -**1.** [rapide - travail, repas] hurried, rushed; [- décision] hasty, rash. -**2.** [précoce - croissance] early.

hâtivement ['ativmɑ̃] *adv* hastily, hurriedly, in a rush; **le livre a été écrit un peu ~** the book was written in somewhat of a rush.

hauban ['obɑ̃] *nm* -**1.** AÉRON & NAUT shroud. -**2.** TECH stay.

haubanage ['obanaʒ] *nm* -**1.** NAUT staying. -**2.** AÉRON shrouds.

haubaner [3] ['obane] *vt* NAUT [mât] to stay (with shrouds).

haubert ['obɛr] *nm* hauberk, shirt of mail.

hausse ['os] *nf* -**1.** [augmentation] rise, increase; **on constate une ~ de la température/des prix** a rise OU an increase in temperature/prices can be observed; **la ~ du coût de la vie** the rise in the cost of living. -**2.** [élévation] rise. -**3.** ARM back-sight. -**4.** [d'une ruche] superhive.

◆ **à la hausse** *loc adv* -**1.** [au maximum]: **réviser le budget à la ~** to increase the budget. -**2.** BOURSE: **jouer à la ~** to speculate on the rising market OU on the bull market; **vendre à la ~** to sell in a rising market, to contrary sell *spéc*; **le marché évolue** OU **est à la ~** there is an upward trend in the market.

◆ **en hausse** *loc adj* increasing, rising; **être en ~** to be on the increase, to be rising; **des prix en ~** rising prices.

haussement ['osmɑ̃] *nm*: **avec un ~ d'épaules** with a shrug (of his shoulders); **avec un ~ de sourcils** with raised eyebrows.

hausser [3] ['ose] *vt* -**1.** ÉCON to raise, to increase, to put up *(sép)*; **le prix a été haussé de 10 %** the price has been increased OU has gone up by 10 %; **~ ses prétentions** to aim higher. -**2.** CONSTR & TRAV PUBL to raise; **l'immeuble a été haussé d'un étage** the building was made higher by adding another floor; **~ qqn au niveau de** *fig* to raise sb up to the level of. -**3.** [partie du corps]: **~ les épaules** to shrug (one's shoulders); **~ le sourcil** to raise one's eyebrows. -**4.** [intensifier]: **~ la voix** OU **le ton** to raise one's voice.

◆ **se hausser** *vpi* -**1.** [se hisser] to reach up; **se ~ sur la pointe des pieds** to stand on tiptoe. -**2.** [atteindre un degré supérieur]: **se ~ à** to attain, to reach; **elle est parvenue à se ~ au niveau de la classe** she managed to reach the level of the other students in herclass.

haussier, ère ['osje, ɛr] ◇ *adj* BOURSE: **un marché ~** a rising OU bull market.
◇ *nm, f* bull ST. EX.

Haussmann [osman] *npr*: **un immeuble ~** *a building designed by Baron Haussmann.*

haut, e ['o, *devant nm commençant par voyelle ou h muet* 'ot, 'ot] *adj* -**1.** [de grande dimension] high, tall; **les ~es colonnes du temple** the lofty OU towering columns of the temple; **un homme de ~e taille** a tall man; **les pièces sont ~es de plafond** the rooms have high ceilings || BOT [tige, tronc] tall; [qui a poussé] high; **j'aime les fleurs ~es** I like long-stemmed OU tall flowers; **les roseaux sont ~s** the reeds are high. -**2.** [d'une certaine dimension]: **~ de: la maison est ~e de trois mètres** the house is three metres high. -**3.** [situé en hauteur] high; **le soleil est ~ dans le ciel** the sun is high (up) in the sky; **un véhicule ~ sur roues** a vehicle with a high (wheelbase) clearance; **une robe à taille ~e** a high-waisted dress; **sur les ~es branches** on the top OU topmost branches; **la partie ~e de l'arbre** the top of the tree ❑ **dans la ville ~e** in the upper part of the town; **le Haut Nil** the upper (reaches of the) Nile; **en Haute-Égypte** in Upper Egypt. -**4.** [extrême, intense] high; **c'est de la plus ~e importance** it's of the utmost OU greatest importance; **à ~ risque** high-risk; **à ~e température** high-temperature; **c'était du plus ~ comique** it was high farce; **c'était de la plus ~e fantaisie** it was most fanciful ❑ **~e fidélité/fréquence** high fidelity/frequency; **de ~e précision** high-precision; **~e technologie** high technology. -**5.** [dans une hiérarchie] high, top *(avant n)*; **de ~ niveau** top-level, high-level; **des officiers de ~ niveau** high-ranking officers; **des gens de ~ niveau** high-fliers; **de ~s dignitaires** eminent dignitaries; **les ~es parties contractantes** JUR the sovereign contracting parties ❑ **la ~e bourgeoisie** the haute bourgeoisie; **la ~e coiffure** haute coiffure, designer hairdressing; **la ~e couture** haute couture, designer fashion; **la ~e cuisine** haute cuisine; **la ~e finance** high finance; **de ~es études commerciales/militaires** advanced business/military studies; **les ~s fonctionnaires** top OU top-ranking civil servants; **les ~s salaires** the highest OU top salaries; **politique des ~s salaires** high income policy. -**6.** [dans une échelle de valeurs] high; **d'une ~e intelligence** highly intelligent; **avoir une ~e idée** OU **opinion de qqn** to think most highly OU to have a high opinion of sb; **tenir qqn/qqch en ~e estime** to hold sb/sthg in high esteem. -**7.** BOURSE & COMM high; **la livre est à son niveau le plus ~** the pound is at its highest level OU has reached a high. -**8.** MUS & PHON high; **une note/voyelle ~e** a high note/vowel. -**9.** HIST: **le ~ Moyen Âge** the Early Middle Ages; **le ~ allemand** LING (Old) High German. -**10.** *litt* [noble] lofty, high-minded; **cette ~e pensée/âme** this exalted thought/soul.

◆ **haut** ◇ *adv* -**1.** [dans l'espace] high; **~ dans les airs** high (up) in the air; **levez ~ la jambe** raise your leg (up) high OU high up; **plus ~, les genoux!** higher up with those knees!; **l'aigle monte ~ dans le ciel** the eagle soars (high up) in the sky. -**2.** [dans le temps] far (back); [dans un livre]: **voir plus ~** see above; **comme il est dit plus ~** as mentioned above. -**3.** [fort, avec puissance]: **(tout) ~** aloud; **parlez plus ~** speak up, speak louder; **dites-le ~ et clair** OU **bien ~** tell (it to) everyone, say it out loud. -**4.** MUS high; **tu prends la deuxième mesure un peu trop ~** [chanteur] you're singing the second bar a bit sharp OU high; [musicien] you're playing the second bar a bit sharp OU high. -**5.** [dans une hiérarchie] high; **être ~ placé** to be highly placed, to hold high office; **des amis ~ placés** friends in high places; **nous l'avons toujours placé très ~ dans notre estime** *fig* we've always held him in high regard. -**6.** BOURSE & COMM high; **les enchères sont montées très ~** the bidding went sky high OU hit the roof; **le prix de la réparation risque de monter très ~** the cost of the repairs could be enormous.
◇ *nm* -**1.** [partie supérieure] top; [sur une caisse, un emballage]: **'haut'** '(this way OU side) up'. -**2.** VÊT [gén] top; [de robe] bodice. -**3.** [hauteur]: **un mur d'un mètre de ~** a one metre (high) wall; **de son ~: regarder qqn de (tout) son ~** to look down on sb; **tomber de son ~** [chuter] to fall headlong; [être déçu] to come down (to earth) with a bump; [être surpris] to be flabbergasted.

◆ **hauts** *nmpl* -**1.** [dans des noms de lieux] heights; **'les Hauts de Hurlevent'** *Emily Brontë* 'Wuthering Heights'. -**2.** NAUT [partie émergée] topsider; [du gréement] top OU higher rigging. -**3.** *loc*: **avoir des ~s et des bas** to have one's ups and downs.

◆ **haute** *fam nf*: **la ~e** the upper crust; **les gens de la ~e** upper crust people.

◆ **de haut** *loc adv* -**1.** [avec détachement] casually, unconcernedly; **prendre** OU **regarder** OU **voir les choses de ~** to look at things with an air of detachment. -**2.** [avec mépris]: **prendre qqch de ~** to be high and mighty about sthg; **regarder qqn de ~** to look down on sb; **traiter qqn de ~** to treat sb high-handedly. -**3.** *loc*: **tomber de ~** [être surpris] to be flabbergasted; [être déçu] to come down (to earth) with a bump.

◆ **de haut en bas** *loc adv* -**1.** [sans mouvement] from top to bottom. -**2.** [avec mouvement, vers le bas] from top to bottom, downwards. -**3.** [avec mépris]: **regarder** OU **considérer qqn de ~ en bas** to look sb up and down.

◆ **d'en haut** *loc adv* -**1.** [depuis la partie élevée] from above; **d'en ~ on voit la mer** you can see the sea from up there. -**2.** *fig* from on high; **le bon exemple doit venir d'en ~** people in positions of authority must give the lead OU show a good example; **la directive est venue d'en ~** the directive came from the top OU from on high.

◆ **du haut** *loc adj*: **les gens du ~** [de la partie haute du village] the people up the top end (of the village); [des étages supérieurs] the people upstairs; **les fenêtres du ~** the upstairs windows; **les chambres du ~** the upstairs bedrooms.

◆ **du haut de** *loc prép* -**1.** [depuis la partie élevée de - échelle, colline] from the top of. -**2.** *fig*: **il nous regarde du ~ de sa grandeur** he looks down his nose at us.

◆ **en haut** *loc adv* -**1.** [à l'étage supérieur] upstairs. -**2.** [dans la partie élevée] at the top; **regarde dans le placard, les verres sont en ~** look in the cupboard, the glasses are at the top; **nous sommes passés par en ~** [par la route du haut] we came along the high road. -**3.** [en l'air] up in the sky.

◆ **en haut de** *loc prép* at the top of; **grimper en ~ d'un arbre** to climb (up) to the top of a tree; **tout en ~ d'une colline** high up on a hill; **regarde en ~ de l'armoire** look on top of the wardrobe.

◆ **haut de casse** *nm* IMPR upper case.

hautain, e ['otɛ̃, ɛn] *adj* haughty; **d'une façon ~e** haughtily.

hautbois ['obwa] *nm* -**1.** [instrument] oboe. -**2.** [instrumentiste] oboe (player).

hautboïste ['obɔist] *nmf* oboist, oboe (player).

haut-commissaire ['okɔmisɛr] *(pl* **hauts-commissaires)** *nm* high commissioner.

haut-commissariat ['okɔmisarja] *(pl* **hauts-commissariats)** *nm* -**1.** [fonction] high commissionership. -**2.** [bureaux] high commission.

haut-de-chausse(s) ['odʃos] *(pl* **hauts-de-chausse** OU **hauts-de-chausses)** *nm* knee-breeches, breeches, trunk-hose.

haut-de-forme ['odfɔrm] *(pl* **hauts-de-forme)** *nm* top hat.

haute-contre ['otkɔ̃tr] *(pl* **hautes-contre)**
◇ *nf* [voix] countertenor (voice).
◇ *nm* [chanteur] countertenor.

haute-fidélité ['otfidelite] *(pl* **hautes-fidélités)** *nf* -**1.** [technique] high fidelity, hi-fi. -**2.** *(comme adj)* high-fidelity *(avant n)*, hi-fi.

hautement ['otmɑ̃] *adv* -**1.** *sout* [fortement] highly, extremely; **c'est ~ improbable** it's highly unlikely; **ce qu'elle dit est ~ sujet à caution** you should be extremely wary of what she says. -**2.** [ouvertement] openly.

hauteur ['otœr] *nf* -**1.** [mesure verticale] height; **quelle est la ~ du mur?** how high is the wall?; **il est tombé de toute sa ~** he fell headlong; **la pièce fait trois mètres de ~ (sous plafond)** the ceiling height in the room is three metres || CONSTR height; **~ sous clef** rise; **~ d'appui** leaning height || COUT height; GÉOM: **la ~ d'un triangle** the perpendicular height of a triangle. -**2.** [altitude] height, altitude; **prendre de la ~** to gain altitude OU height; **une occupation qui sied à la ~ de son rang** a post in keeping with his high rank; **n'étant plus mandaté, je me permets de voir les choses avec (une certaine) ~** as I'm no longer in office, I can afford to look upon things with a certain detachment. -**3.** MUS & PHON height, pitch; **deux notes/voyelles de la même ~** two equally pitched notes/vowels. -**4.** *sout* [noblesse] nobility; **rien n'égala la ~ de vues** OU **de pensées de ce monarque** nothing could equal the loftiness of this monarch's ideas. -**5.** [arrogance] haughtiness, arrogance; **un refus plein de ~** a haughty refusal. -**6.** SPORT: **la ~** the high jump; **recordman du monde de ~** world record holder for the men's high jump. -**7.** ARM & NUCL: **~ d'éclatement** height of burst. -**8.** ASTRON: **~ d'un astre** height of a star.

◆ **hauteurs** *nfpl* heights; **il y a de la neige sur les ~s** there's snow on the higher slopes; **l'aigle s'envola vers les ~s** the eagle soared high up (into the sky OU air); **les ~s de Montmartre** the top of Montmartre.

◆ **à hauteur de** *loc prép* [jusqu'à]: **à ~ des yeux** at eye level; **à ~ d'homme** about six feet off the ground; **vous serez remboursé à ~ de 4 000 francs** you'll be reimbursed up to 4,000 francs.

◆ **à la hauteur** *fam loc adj*: tu ne t'es pas montré à la ~ you weren't up to it OU equal to the task; elle a été (tout à fait) à la ~ she coped beautifully.

◆ **à la hauteur de** *loc prép* -1. [à côté de] : arrivé à sa ~, je m'aperçus qu'il parlait tout seul when I was OU drew level with him, I noticed he was talking to himself; elle habite à la ~ de l'église she lives near the church OU up by the church; arrivés à la ~ du cap when we were in line with OU when we were off the cape; il y a des embouteillages à la ~ de l'échangeur de Rocquencourt there are traffic jams at the Rocquencourt interchange. -2. [digne de] worthy of; une carrière à la ~ de ses ambitions a career commensurate with her ambitions; être à la ~ d'une situation to be equal to OU up to a situation.

◆ **en hauteur** *loc adv* -1. [debout] upright; mettez-le en ~ put it on its end. -2. [dans un endroit élevé] : range ces cartons en ~ put these boxes up out of the way; ça ne vous ennuie pas d'habiter en ~? doesn't living high up bother you?

Haute-Volta ['otvɔlta] *npr f*: (la) ~ Upper Volta.

haut-fond ['ofɔ̃] (*pl* hauts-fonds) *nm* shallow, shoal.

haut-fourneau ['ofurno] (*pl* hauts-fourneaux) *nm* blast furnace.

haut-le-cœur ['olkœr] *nm inv* -1. [nausée] : avoir un OU des ~ to retch. -2. *fig*: une attitude aussi lâche me donne des ~ such cowardly behaviour makes me (feel) sick.

haut-le-corps ['olkɔr] *nm inv* start, jump; avoir un ~ to start, to jump.

haut-parleur ['oparlœr] (*pl* haut-parleurs) *nm* loudspeaker, speaker; ~ d'aigus tweeter.

haut-relief ['orəljɛf] (*pl* hauts-reliefs) *nm* high relief.

hauturier, ère ['otyrje, ɛr] *adj* deep-sea; navigation hauturière ocean navigation; pêche hauturière deep sea fishing.

havage ['avaʒ] *nm* MIN cutting, hewing.

havanais, e ['avanɛ, ɛz] *adj* from Havana.

◆ **Havanais, e** *nm, f inhabitant of or person from Havana.*

◆ **havanaise** *nf* habanera.

havane ['avan] ◇ *nm* -1. [tabac] Havana. -2. [cigare] Havana.

◇ *adj inv* Havana brown.

Havane ['avan] *npr*: La ~ Havana.

hâve ['av] *adj sout* haggard.

haveneau, x ['avno], **havenet** ['avnɛ] *nm* shrimping net.

haveur ['avœr] *nm* hewer, coal-cutter, cutter MIN.

haveuse ['avøz] *nf* cutting machine, cutter MIN.

havrais, e ['avrɛ, ɛz] *adj* from Le Havre.

◆ **Havrais, e** *nm, f inhabitant of or person from Le Havre.*

havre ['avr] *nm litt* haven, harbour; ~ de paix haven of peace.

Havre ['avr] *npr*: Le ~ Le Havre; au ~ in Le Havre.

havresac ['avrəsak] *nm* [de campeur] haversack, knapsack; [de militaire] haversack, kitbag.

hawaïen [awajɛ̃] = **hawaiien**.

Hawaii [awaj] *npr* Hawaii; à ~ in Hawaii.

hawaiien, enne [awajɛ̃, ɛn] *adj* Hawaiian.

◆ **Hawaiien, enne** *nm, f* Hawaiian.

◆ **hawaiien** *nm* LING Hawaiian.

Haye ['ɛ] *npr*: La ~ The Hague.

hayon ['ajɔ̃] *nm* -1. AUT tailgate; véhicule à ~ arrière hatchback (car). -2. TECH: ~ élévateur (fork) lift.

HB, hdb *abr écrite de* heures de bureau.

hdr *abr écrite de* heures des repas.

hé ['e] *interj* -1. [pour interpeller quelqu'un] hey; ~, vous, là! hey! you!; ~! arrêtez! hey! OU oi! stop it! -2. [d'étonnement] hey, well (well, well); ~ ~, quelle surprise! well (well, well), what a surprise!; ~, la voilà qui arrive! hey, here she comes!

heaume ['om] *nm* HÉRALD & HIST helm, helmet.

hebdo *fam* [ɛbdo] *nm* PRESSE weekly.

hebdomadaire [ɛbdɔmadɛr] ◇ *adj* weekly; un feuilleton/salaire ~ a weekly serial/wage.

◇ *nm* weekly.

hebdomadairement [ɛbdɔmadɛrmɑ̃] *adv* weekly, once a week.

hébéphrène [ebefrɛn] *adj* & *nmf* hebephreniac.

hébéphrénie [ebefreni] *nf* hebephrenia.

hébéphrénique [ebefrenik] *adj* hebephrenic.

hébergement [ebɛrʒəmɑ̃] *nm* -1. [lieu] lodgings, accommodation. -2. [action] lodging; l'~ est en chalet chalet accommodation is provided.

héberger [17] [ebɛrʒe] *vt* [pour une certaine durée] to lodge, to accommodate; [à l'improviste] to put up *(sép)*; [réfugié, vagabond] to take in *(sép)*, to shelter; [criminel] to harbour, to shelter; notre bâtiment hébergera le secrétariat pendant les travaux the secretarial offices will be housed in our building during the alterations.

hébété, e [ebete] ◇ *adj* dazed, in a daze; il avait un air ~ he looked dazed.

◇ *nm, f*: il était là comme un ~ he stood there looking stunned.

hébétement [ebɛtmɑ̃] *nm* stupor; son ~ est dû à l'alcool he's in a drunken stupor.

hébéter [18] [ebete] *vt* to daze; hébété par l'alcool/la drogue in a drunken/drug-induced stupor.

hébétude [ebetyd] *nf* -1. *litt* stupor, stupefaction *litt*. -2. PSYCH hebetude.

heboïdophrénie [ebɔidɔfreni] *nf* heboidophrenia.

hébraïque [ebraik] *adj* Hebraic, Hebrew *(modif)*.

hébraïsant, e [ebraizɑ̃, ɑ̃t] *nm, f* Hebraist, Hebrew scholar.

hébraïsme [ebraism] *nm* Hebraism.

hébraïste [ebraist] = **hébraïsant**.

hébreu, x [ebrø] *adj m* Hebrew.

◆ **Hébreux** *nmpl*: les Hébreux the Hebrews.

◆ **hébreu** *nm* -1. LING Hebrew. -2. *fam loc*: pour moi, c'est de l'~ I can't make head or tail of it, it's all Greek to me.

Hébrides [ebrid] *npr fpl*: les (îles) ~ the Hebrides; aux ~ in the Hebrides.

Hébron ['ebrɔ̃] *npr* Hebron.

HEC (*abr de* Hautes études commerciales) *npr grande école for management and business studies.*

hécatombe [ekatɔ̃b] *nf* -1. [carnage] slaughter, massacre; l'~ annuelle des blessés de la route the carnage that occurs every year on the roads. -2. *fig*: les jeux Olympiques ont été une véritable ~ pour leurs athlètes the Olympics have been disastrous for their athletes. -3. ANTIQ hecatomb.

hectare [ɛktar] *nm* hectare.

hectique [ɛktik] *adj*: fièvre ~ hectic fever.

hecto *fam* [ɛkto] *nm* -1. (*abr de* **hectogramme**) hectogramme, hectogram. -2. (*abr de* **hectolitre**) hectolitre.

hectogramme [ɛktɔgram] *nm* hectogram, hectogramme.

hectolitre [ɛktɔlitr] *nm* hectolitre; un ~ a hundred litres, a hectolitre.

hectomètre [ɛktɔmɛtr] *nm* hectometre; un ~ a hundred metres, a hectometre.

hectométrique [ɛktɔmetrik] *adj* hectometre.

Hector [ɛktɔr] *npr* Hector.

hectowatt [ɛktɔwat] *nm* hectowatt; un ~ a hundred watts, a hectowatt.

hédonisme [edɔnism] *nm* hedonism.

hédoniste [edɔnist] ◇ *adj* hedonist, hedonistic.

◇ *nmf* hedonist.

hédonistique [edɔnistik] *adj* hedonistic.

hégélianisme [egeljanism] *nm* Hegelianism.

hégélien, enne [egeljɛ̃, ɛn] *adj* & *nm, f* Hegelian.

hégémonie [eʒemɔni] *nf* hegemony.

hégémonique [eʒemɔnik] *adj* hegemonic.

hégémonisme [eʒemɔnism] *nm* hegemonic tendencies.

hégire [eʒir] *nf*: l'~ the Hegira OU Hejira.

hein *fam* ['ɛ̃] *interj* -1. [quoi] : ~? eh?, what? -2. [n'est-ce pas] eh; c'est drôle, ~! funny, eh OU isn't it!; tu aurais dû m'écouter, ~? you should have followed my advice, shouldn't you? -3. [exprimant la colère] OK, right; on se calme, ~! cool it, will you!, that's enough, OK?; tu te tais, ~! just shut up, OK?

hélas ['elas] *interj* unfortunately, unhappily, alas *litt*; ~, je ne pourrai pas venir unfortunately OU I'm afraid I won't be able to come.

Hélène [elɛn] *npr*: ~ de Troie Helen of Troy.

héler [18] ['ele] *vt* to call out to *(insép)*, to hail; ~ un taxi/porteur to hail a cab/porter.

hélianthe [eljɑ̃t] *nm* sunflower, helianthus *spéc.*

hélianthème [eljɑ̃tɛm] *nm* helianthemum *spéc*, rockrose.

hélianthine [eljɑ̃tin] *nf* methyl orange.

héliaque [eljak] *adj* heliacal.

hélice [elis] *nf* -1. MÉCAN & NAUT propeller, screw, screwpropeller; ~ d'avion air screw, aircraft propeller. -2. ARCHIT & MATH helix.

héliciculteur, trice [elisikyltœr, tris] *nm, f* snail breeder.

héliciculture [elisikyltyr] *nf* snail breeding.

hélico *fam* [eliko] *nm* chopper AERON.

hélicoïdal, e, aux [elikɔidal, o] *adj* -1. [en forme de vrille] helical, spiral; escalier ~ spiral staircase. -2. MATH & MÉCAN helicoid, helicoidal.

hélicoïde [elikɔid] *nm* helicoid.

hélicon [elikɔ̃] *nm* helicon.

hélicoptère [elikɔptɛr] *nm* helicopter.

hélio *fam* [eljo] (*abr de* **héliogravure**) *nf* heliogravure.

héliocentrique [eljɔsɑ̃trik] *adj* heliocentric.

héliodore [eljɔdɔr] *nm* heliodor.

héliographe [eljɔgraf] *nm* heliograph.

héliographie [eljɔgrafi] *nf* heliography.

héliograveur, euse [eljɔgravœr, øz] *nm, f* photoengraver.

héliogravure [eljɔgravyr] *nf* photogravure, heliogravure.

héliomarin, e [eljɔmarɛ̃, in] *adj* [cure] involving sunshine and sea air therapy; [établissement] offering heliotherapy.

hélion [eljɔ̃] *nm* helion, helium nucleus.

Hélios [eljos] *npr* Helios.

héliosynchrone [eljɔsɛ̃kron] *adj* heliosynchronous.

héliothérapie [eljɔterapi] *nf* heliotherapy.

héliotrope [eljɔtrɔp] *nm* BOT & MINÉR heliotrope.

héliport [elipɔr] *nm* heliport.

héliportage [elipɔrtaʒ] *nm* helicopter transportation.

héliporté, e [elipɔrte] *adj* -1. [transporté par hélicoptère] helicoptered; troupes ~es airborne troops *(brought in by helicopter)*. -2. [exécuté par hélicoptère] : une opération ~e a helicopter mission.

hélitransporté, e [elitrɑ̃spɔrte] *adj* transported by helicopter, helicoptered.

hélitreuiller [5] [elitrœje] *vt* to winch up *(sép) (into a helicopter in flight)*.

hélium [eljɔm] *nm* helium.

hélix [eliks] *nm* ANAT & ZOOL helix.

hellébore [elebɔr] *nm* hellebore.

hellène [elɛn] *adj* Hellenic.

◆ **Hellène** *nmf* Hellene.

hellénique [elenik] *adj* Hellenic.

hellénisant, e [elenizɑ̃, ɑ̃t] *nm, f* Hellenist.

hellénisation [elenizasjɔ̃] *nf* hellenization.

helléniser [3] [elenize] *vt* to hellenize.

hellénisme [elenism] *nm* -1. [civilisation] Hellenism. -2. LING Hellenism, Graecism.

helléniste [elenist] = **hellénisant**.
hellénistique [elenistik] *adj* Hellenistic.
hello ['ɛlo] *interj* hello.
helminthe [ɛlmɛ̃t] *nm* helminth.
helminthiase [ɛlmɛ̃tjaz] *nf* helminthiasis.
Héloïse [elɔiz] *npr*: ~ **et Abélard** Heloïse and Abelard.
Helsinki ['ɛlsiŋki] *npr* Helsinki.
helvète [ɛlvɛt] *adj* Helvetian, Swiss.
◆ **Helvète** *nmf* Helvetian, Swiss.
Helvétie [ɛlvesi] *npr f* HIST: (l') ~ Helvetia.
helvétique [ɛlvetik] *adj* Swiss, Helvetian.
helvétisme [ɛlvetism] *nm* LING *characteristic word or expression used by French-speaking Swiss.*
hem ['ɛm] *interj* -**1.** [exprimant - le doute] hum, ahem, mmm; [- une hésitation] hum, er. -**2.** [pour attirer l'attention] ahem.
hématie [emasi] *nf* erythrocyte, haematid.
hématine [ematin] *nf* haeme, haemetin.
hématique [ematik] *adj* haematic.
hématite [ematit] *nf* haematite.
hématologie [ematɔlɔʒi] *nf* haematology.
hématologique [ematɔlɔʒik] *adj* haematological, haematologic.
hématologiste [ematɔlɔʒist], **hématologue** [ematɔlɔg] *nmf* haematologist.
hématome [ematom] *nm* bruise, haematoma *spéc.*
hématose [ematoz] *nf* haematosis.
hématozoaire [ematozɔɛr] *nm* haematozoon.
hématurie [ematyri] *nf* haematuria.
héméralope [emeralɔp] *adj* & *nmf* hemeralopic.
hémianopsie [emianɔpsi] *nf* hemianopia.
hémicrânie [emikrani] *nf* hemicrania (migraine).
hémicycle [emisikl] *nm* -**1.** [espace en demi-cercle] semicircle; **l'abside de l'église est un** ~ the apse of the church is semicircular. -**2.** [salle garnie de gradins] semicircular amphitheatre; **l'**~ POL [salle] the benches OU chamber of the French National Assembly; [Assemblée] the French National Assembly.
hémioxyde [emjɔksid] *nm*: ~ **d'azote** dinitrogen oxide.
hémiplégie [emipleʒi] *nf* hemiplegia.
hémiplégique [emipleʒik] *adj* & *nmf* hemiplegic.
hémisphère [emisfɛr] *nm* hemisphere; **l'**~ **Nord/Sud** the Northern/Southern hemisphere.
hémisphérique [emisferik] *adj* hemispheric, hemispherical.
hémistiche [emistiʃ] *nm* hemistich.
hémitropie [emitrɔpi] *nf* hemitropism, hemitropy.
hémochromatose [emɔkromatoz] *nf* haemochromatosis, bronze diabetes.
hémoculture [emɔkyltyr] *nf* blood culture.
hémodialyse [emɔdjaliz] *nf* haemodialysis.
hémodynamique [emɔdinamik] *nf* haemodynamics *(U).*
hémoglobine [emɔglɔbin] *nf* -**1.** BIOL haemoglobin. -**2.** *fam* [sang] gore, blood and guts.
hémoglobinopathie [emɔglɔbinɔpati] *nf* haemoglobinopathy.
hémoglobinurie [emɔglɔbinyri] *nf* haemoglobinuria.
hémogramme [emɔgram] *nm* haemogram.
hémolyse [emɔliz] *nf* haemolysis.
hémolytique [emɔlitik] *adj* haemolytic.
hémopathie [emɔpati] *nf* haemopathy, blood diseases.
hémophile [emɔfil] *adj* & *nmf* haemophiliac.
hémophilie [emɔfili] *nf* haemophilia.
hémoptysie [emɔptizi] *nf* haemoptysis.
hémorragie [emɔraʒi] *nf* -**1.** MÉD haemorrhage, bleeding *(U)*; ~ **cérébrale** cerebral haemorrhage; ~ **interne/externe** internal/external haemorrhage; **faire une** ~ to haemorrhage. -**2.** *fig* [perte] drain; **les universités connaissent une véritable** ~ **depuis la crise** the universities have been drained of their manpower since the beginning of the crisis; **l'**~ **des cerveaux** the brain drain; **l'**~ **des capitaux** the drain OU haemorrhage of capital.
hémorragique [emɔraʒik] *adj* haemorrhagic.
hémorroïdaire [emɔrɔidɛr] ◇ *adj* haemorrhoidal; [malade] suffering from haemorrhoids.
◇ *nmf* haemorrhoids sufferer.
hémorroïdal, e, aux [emɔrɔidal, o] *adj* haemorrhoidal.
hémorroïde [emɔrɔid] *nf* haemorrhoid; **avoir des** ~**s** to suffer from haemorrhoids, to have piles.
hémostase [emɔstaz] *nf* haemostasis.
hémostatique [emɔstatik] *adj* & *nm* haemostatic.
hendécagonal, e, aux [ɛ̃dekagɔnal, o] *adj* hendecagonal.
hendécagone [ɛ̃dekagɔn] *nm* hendecagon.
hendécasyllabe [ɛ̃dekasilab] ◇ *adj* hendecasyllabic.
◇ *nm* hendecasyllable.
henné ['ene] *nm* -**1.** BOT henna. -**2.** [poudre pour teinture] henna; **les cheveux teints au** ~ hennaed hair.
hennin ['enɛ̃] *nm* hennin.
hennir [32] ['enir] *vi* -**1.** [cheval] to neigh, to whinny. -**2.** [personne] to bray.
hennissant, e ['enisɑ̃, ɑ̃t] *adj* -**1.** [cheval] neighing. -**2.** [rire] braying.
hennissement ['enismɑ̃] *nm* -**1.** [d'un cheval] neigh, whinny. -**2.** [d'une personne] braying *(U).*
hennuyer ['ɛnɥije] = **hainuyer**.
Henri [ɑ̃ri] *npr* [roi de France] Henri; [roi d'Angleterre] Henry.
henry [ɑ̃ri] *nm* henry ELEC.
hep ['ɛp] *interj* hey; ~! **taxi!** hey! taxi!
héparine [eparin] *nf* heparin.
hépatalgie [epatalʒi] *nf* hepatalgia.
hépatique [epatik] ◇ *adj* hepatic, liver *(modif).*
◇ *nmf person suffering from liver ailments.*
◇ *nf* BOT liverwort, hepatic.
hépatisation [epatizasjɔ̃] *nf* hepatization.
hépatite [epatit] *nf* hepatitis; ~ **virale** viral hepatitis.
hépatologie [epatɔlɔʒi] *nf* hepatology.
hépatomégalie [epatɔmegali] *nf* hepatomegalia, hepatomegaly.
hépatonéphrite [epatɔnefrit] *nf* hepatonephritis.
hépatopancréas [epatɔpɑ̃kreas] *nm* hepatopancreas.
Héphaïstos [efaistos] *npr* Hephaestus.
heptaèdre [ɛptaɛdr] *nm* heptahedron.
heptaédrique [ɛptaedrik] *adj* heptahedral.
heptagonal, e, aux [ɛptagɔnal, o] *adj* heptagonal.
heptagone [ɛptagɔn] *nm* heptagon.
heptane [ɛptan] *nm* heptane.
heptathlon [ɛptatlɔ̃] *nm* heptathlon.
Héra [era] *npr* Hera.
Héraclès [eraklɛs] *npr* Heraclius.
Héraclite [eraklit] *npr* Heraclitus.
Héraklion [eraklijɔ̃] *npr* Heraklion.
héraldique [eraldik] ◇ *adj* heraldic.
◇ *nf* heraldry.
héraldiste [eraldist] *nmf* heraldry specialist, heraldist.
héraut ['ero] *nm* -**1.** HIST herald; ~ **d'armes** officer OU herald of arms. -**2.** *fig* & *litt* herald, messenger.
herbacé, e [ɛrbase] *adj* herbaceous.
herbage [ɛrbaʒ] *nm* [prairie] grazing land, pasture (land).
◆ **herbages** *nmpl* PÊCHE coral fishing nets.
herbager[1], **ère** [ɛrbaʒe, ɛr] *nm, f* grazier.
herbager[2] [17] [ɛrbaʒe] *vt* to (put out to) graze; ~ **du bétail** to graze cattle.
herbe [ɛrb] *nf* -**1.** [plante, gazon] grass; **laisser un champ en** ~ to leave a field under grass ❑ ~**s folles** wild grass; ~**s marines** seaweed; **hautes** ~**s** tall grass; **une mauvaise** ~ a weed; **de la mauvaise** ~ weeds; **je connais ce type, c'est de la mauvaise** ~ *fam fig* I know this guy, he's no good; **comme de la mauvaise** ~ like wildfire; **couper** OU **faucher l'**~ **sous le pied à qqn** to cut the ground from under sb's feet; **l'**~ **du voisin est toujours plus verte** *prov* the grass is always greener on the other side of the fence. -**2.** *fam* [marihuana] grass.
◆ **herbes** *nfpl*: **fines** ~**s** CULIN herbs, fines herbes; ~**s (médicinales)** PHARM medicinal herbs.
◆ **en herbe** *loc adj* BOT green; *fig* in the making; **c'est un musicien en** ~ he has the makings of a musician, he's a budding musician.
herbeux, euse [ɛrbø, øz] *adj* grassy.
herbicide [ɛrbisid] ◇ *adj* herbicidal.
◇ *nm* weedkiller, herbicide *spéc.*
herbier [ɛrbje] *nm* -**1.** [collection, lieu] herbarium. -**2.** GÉOG aquatic plant habitat.
herbivore [ɛrbivɔr] ◇ *adj* herbivorous.
◇ *nm* herbivore.
herborisation [ɛrbɔrizasjɔ̃] *nf* botanizing, plant-collecting.
herboriser [3] [ɛrbɔrize] *vi* to botanize, to collect plants.
herboriste [ɛrbɔrist] *nmf* herbalist, herb doctor.
herboristerie [ɛrbɔristəri] *nf* herbalist's (shop).
herbu, e [ɛrby] *adj* grassy.
hercule [ɛrkyl] *nm* -**1.** [homme fort] Hercules. -**2.** LOISIRS: ~ **(de foire)** strong man.
Hercule [ɛrkyl] *npr* MYTH Hercules.
herculéen, enne [ɛrkyleɛ̃, ɛn] *adj* [tâche] Herculean; [force] Herculean, superhuman.
hercynien, enne [ɛrsinjɛ̃, ɛn] *adj* Hercynian.
herd-book ['ɛrdbuk] *(pl* **herd-books***) nm* herd book.
hère ['ɛr] *nm* -**1.** *litt*: **un pauvre** ~ a poor wretch. -**2.** ZOOL (yearling) stag.
héréditaire [ereditɛr] *adj* -**1.** JUR hereditary. -**2.** BIOL inherited, hereditary; **il est toujours grincheux, c'est** ~! *hum* he's always moaning, it's congenital!, he was born moaning!
héréditairement [ereditɛrmɑ̃] *adv* hereditarily, through heredity.
hérédité [eredite] *nf* -**1.** BIOL heredity; **elle a une** ~ **chargée** OU **une lourde** ~ her family history has a lot to answer for; **c'est l'**~ **qui veut ça!** *hum* it's in the blood! -**2.** JUR: **action en pétition d'**~ *claim to succeed to an estate held by a third party.*
hérésiarque [erezjark] *nmf* heresiarch.
hérésie [erezi] *nf* -**1.** [erreur] sacrilege, heresy; **une table Régence dans la cuisine, c'est de l'**~! a Regency table in the kitchen, that's (a) sacrilege! -**2.** RELIG heresy.
hérétique [eretik] ◇ *adj* heretical.
◇ *nmf* heretic.
hérissé, e ['erise] *adj* -**1.** [cheveux, poils - naturellement raides] bristly; [- dressés de peur] bristling, standing on end; **un chien à l'échine** ~**e** a dog with its hackles up. -**2.** [parsemé]: ~ **de** full of, stuffed with; **un texte** ~ **de difficultés** a text bristling with OU full of difficult points. -**3.** BOT spiny.
hérisser [3] ['erise] *vt* -**1.** [dresser]: **le chat hérissait ses poils** the cat's fur was bristling; **le chien hérissait ses poils** the dog's hackles were rising OU up; **le perroquet hérissait ses plumes** the parrot was ruffling its feathers; **les cheveux hérissés par le vent** his hair sticking up with the wind. -**2.** [garnir]: **des rues hérissées de barricades** streets studded OU bristling with barricades; **une forteresse hérissée de canons** a fort bristling with guns; **une question hérissée de difficultés** *fig* a thorny question. -**3.** [irriter]: **cette question le hérisse** OU **lui hérisse le poil** that question gets his back up OU really makes his hackles rise.
◆ **se hérisser** *vpi* -**1.** [se dresser - pelage] to bristle; [- cheveux] to stand on end. -**2.** [dresser

son pelage] : **le chat se hérisse** the cat's coat is bristling; **le chien se hérisse** the dog's hackles are up. **-3.** [s'irriter] to bristle; **elle se hérisse facilement** she's easily ruffled.

hérisson ['erisɔ̃] *nm* **-1.** ZOOL hedgehog; ~ **de mer** sea urchin. **-2.** *fam* [personne] : **c'est un vrai** ~ he's really prickly. **-3.** MIL cheval-de-frise; **défense en** ~ hedgehog. **-4.** CONSTR [pointes] spiked wall strip; [fondation] placed foundation (stone). **-5.** TRAV PUBL cobblestone road foundation. **-6.** [égouttoir] bottle drainer. **-7.** [brosse] flue brush, chimney sweep's brush. **-8.** AGR [d'un épandeur] beater. **-9.** TEXT urchin.

hérissonne ['erisɔn] *adj f*: **chenille** ~ furry OU hairy caterpillar.

héritabilité [eritabilite] *nf* heritability.

héritage [eritaʒ] *nm* **-1.** JUR [destiné à - une personne] inheritance; [- une institution] bequest; **faire un** ~ to inherit; **faire un gros** ~ to come into a fortune; **elle m'a laissé ses bijoux en** ~ she left me her jewels; **avoir eu qqch en** ~ to have inherited sthg; **sa part de l'**~ her part of the inheritance. **-2.** *fig* heritage, legacy; **notre** ~ **culturel** our cultural heritage; **nos problèmes sont l'**~ **de la décennie précédente** our problems are the legacy of the previous decade.

◆ **à héritage** *loc adj*: **mon oncle/cousin à** ~ my rich uncle/cousin.

hériter [3] [erite] ◇ *vi* to inherit; ~ **de qqch** [recevoir en legs] to inherit sthg; ~ **d'un château** to inherit a château; **nous héritons d'une longue tradition humaniste** *fig* we are the inheritors of a long-standing tradition of humanism; **comment as-tu hérité de cette toile?** how did you come into possession of OU come by OU acquire this canvas?; **j'ai hérité de son vieux pantalon** I was given her old trousers; **j'espère que le bébé n'héritera pas de ton sale caractère!** I hope the baby won't inherit your foul temper!

◇ *vt* **-1.** [bien matériel] to inherit; *(en usage abs)*: ~ **de qqn** to inherit from sb; **elle a hérité de sa mère** she received an inheritance OU a legacy from her mother. **-2.** [trait physique ou moral] : ~ **qqch de qqn**: **elle a hérité sa bonne humeur de sa famille paternelle** she inherited her even temper from her father's side of the family.

héritier, ère [eritje, ɛr] *nm, f* **-1.** [personne qui hérite] heir (*f* heiress); **l'**~ **d'une fortune/d'une grosse entreprise** the heir to a fortune/to a big firm; **l'unique** OU **le seul** ~ the sole heir ❑ **l'**~ **apparent/présomptif** the heir apparent/presumptive; **l'**~ **naturel** the heir-at-law; ~ **testamentaire** devisee, legatee. **-2.** *fam* [enfant] heir; [fils] son and heir; [fille] daughter. **-3.** [disciple] heir, follower.

hermaphrodisme [ɛrmafrɔdism] *nm* hermaphroditism.

hermaphrodite [ɛrmafrɔdit] ◇ *adj* hermaphrodite, hermaphroditic.
◇ *nmf* hermaphrodite.

herméneutique [ɛrmenøtik] ◇ *adj* hermeneutic, hermeneutical.
◇ *nf* hermeneutics *(sg)*.

Hermès [ɛrmɛs] *npr* Hermes.

herméticité [ɛrmetisite] *nf* [à l'eau] watertightness; [à l'air] airtightness.

hermétique [ɛrmetik] *adj* **-1.** [étanche - gén] hermetically sealed, hermetic; [- à l'eau] watertight; [- à l'air] airtight. **-2.** [doctrine] Hermetic. **-3.** [incompréhensible] abstruse. **-4.** [impénétrable - visage] inscrutable, impenetrable; **son expression était parfaitement** ~ his face was totally expressionless. **-5.** [insensible] : **être** ~ **à** to be unreceptive OU impervious to; **je suis complètement** ~ **à l'art moderne** modern art is a closed book to me.

hermétiquement [ɛrmetikmɑ̃] *adv* hermetically; **fermer un bocal** ~ to hermetically seal a jar.

hermétisme [ɛrmetism] *nm* **-1.** [doctrine] alchemy. **-2.** *sout* [caractère incompréhensible] abstruseness, reconditeness.

hermétiste [ɛrmetist] *nmf* alchemist.

hermine [ɛrmin] *nf* **-1.** ZOOL [brune] stoat; [blanche] ermine. **-2.** [fourrure] ermine *(U)*; [sur une robe de magistrat] ermine. **-3.** HÉRALD ermine.

herminette [ɛrminɛt] *nf* [hache] adze.

herniaire ['ɛrnjɛr] *adj* hernial.

hernie ['ɛrni] *nf* **-1.** MÉD hernia, rupture; ~ **discale** prolapsed invertebral disc *spéc*, slipped disc; ~ **étranglée/hiatale** strangulated/hiatus hernia. **-2.** [d'un pneu] bulge.

hernié, e ['ɛrnje] *adj* herniated.

hernieux, euse ['ɛrnjø, øz] ◇ *adj* **-1.** [organe] herniated. **-2.** [malade] suffering from a hernia.
◇ *nm, f* hernia sufferer.

Hérode [erɔd] *npr* Herod; **vieux comme** ~ as old as Methuselah OU the hills.

Hérodiade [erɔdjad] *npr* Herodias.

Hérodote [erɔdɔt] *npr* Herodotus.

héroï-comique [erɔikɔmik] (*pl* **héroï-comiques**) *adj* mock-heroic.

héroïne [erɔin] *nf* **-1.** [drogue] heroin. **-2.** [femme] → **héros**.

héroïnomane [erɔinɔman] *nmf* heroin addict.

héroïnomanie [erɔinɔmani] *nf* heroin addiction.

héroïque [erɔik] *adj* **-1.** [courageux] heroic; **je lui ai opposé un refus** ~ *hum* I heroically refused his offer. **-2.** LITTÉRAT heroic. **-3.** [mémorable] : **l'époque** ~ **des machines volantes** the pioneering OU great days of the flying machines ❑ **les temps** ~**s, l'âge** ~ ANTIQ the heroic age.

héroïquement [erɔikmɑ̃] *adv* heroically.

héroïsme [erɔism] *nm* heroism; **épouser un homme comme ça, mais c'est de l'**~! *hum* marrying a man like that is nothing short of heroic!

héron ['erɔ̃] *nm* heron; ~ **cendré** (grey OU common) heron.

héros, héroïne ['ero, erɔin] *nm, f* hero (*f* heroine); **les** ~ **de Dickens** Dickens' heroes (and heroines); **il est mort en** ~ he died a hero's death OU like a hero; **tu ne t'es pas comporté en** ~ you weren't exactly heroic.

◆ **héros** *nm* ANTIQ: **les dieux et les** ~ **grecs** the gods and heroes of Greece.

herpès [ɛrpɛs] *nm* herpes *(U)*; **avoir de l'**~ **à la bouche** to have a cold sore (on one's mouth).

herpétique [ɛrpetik] *adj* herpetic *spéc*, herpes *(modif)*.

herpétologie [ɛrpetɔlɔʒi] = **erpétologie**.

herpétologique [ɛrpetɔlɔʒik] = **erpétologique**.

herpétologiste [ɛrpetɔlɔʒist] = **erpétologiste**.

hersage ['ɛrsaʒ] *nm* harrowing AGR.

herse ['ɛrs] *nf* **-1.** AGR harrow; ~ **roulante** revolving harrow. **-2.** [d'un château] portcullis; [pour barrer la route] cheval-de-frise. **-3.** THÉÂT batten. **-4.** RELIG candleholder.

herser [3] ['ɛrse] *vt* to harrow AGR.

herseuse ['ɛrsøz] *nf* mechanical harrow.

hertz ['ɛrts] *nm* hertz.

hertzien, enne ['ɛrtsjɛ̃, ɛn] *adj* Hertzian.

Hésiode [ezjɔd] *npr* Hesiod.

hésitant, e [ezitɑ̃, ɑ̃t] *adj* **-1.** [indécis] hesitant; **je suis encore un peu** ~ I haven't quite made up my mind yet; **les réponses sont encore un peu** ~**es** the answers are still rather hesitant. **-2.** [peu assuré] hesitant, faltering; **une voix** ~**e** a faltering voice.

hésitation [ezitasjɔ̃] *nf* **-1.** [atermoiement] hesitation; **après quelques minutes d'**~ after hesitating for a few minutes OU a few minutes' hesitation; **pas d'**~, **vas-y!** no dithering, off you go! **-2.** [arrêt] pause; **marquer** OU **avoir une** ~ to pause, to hesitate. **-3.** [doute] doubt; **pas d'**~, **c'est lui!** it's him, no doubt about it OU without a doubt!; **il lui confia ses** ~**s** he confided his doubts OU misgivings to her.

◆ **sans hésitation** *loc adv* unhesitatingly, without hesitation; **c'est sans** ~ **que je lui ai menti** I had no hesitation in lying to him.

hésiter [3] [ezite] *vi* **-1.** [être dans l'incertitude] to hesitate; **sans** ~ without hesitating OU hesitation; **il n'y a pas à** ~ why wait?; **elle hésite encore sur la pointure** she's still not sure about the size; **l'enfant hésitait entre le rire et les larmes** the child didn't know whether to laugh or cry; **j'ai longtemps hésité avant de prendre ma décision** I hesitated for a long time before making up my mind. **-2.** [être réticent] : ~ **à** to hesitate to; **n'hésitez pas à m'appeler** don't hesitate to call me; **j'hésite à lui dire** I'm not sure whether to tell him; **il hésite à s'engager dans la marine** he's unsure OU hesitant about joining the Navy. **-3.** [marquer un temps d'arrêt] to pause, to falter; **son pas hésita un instant dans l'escalier** his footsteps paused for a moment on the stairs; **il a hésité en prononçant le nom** he faltered OU stumbled over the name.

Hespérides [ɛsperid] *npr fpl* **-1.** [nymphes] : **les** ~ the Hesperides. **-2.** [îles] : **les** ~ the Hesperides, the Isles of the Blessed.

Hesse ['ɛs] *npr f*: **(la)** ~ Hesse.

hétaïre [etair] *nf* **-1.** ANTIQ hetaera, hetaira. **-2.** *litt* courtesan.

hétéro *fam* [etero] *adj* & *nmf* hetero, straight.

hétérochromosome [eterɔkrɔmozom] *nm* heterochromosome *spéc*, sex chromosome.

hétéroclite [eterɔklit] *adj* disparate; **il y avait là toutes sortes d'objets** ~**s** there was a strange collection OU assortment of disparate objects; **tout le mobilier est** ~ none of the furniture matches.

hétérocycle [eterɔsikl] *nm* heterocycle.

hétérocyclique [eterɔsiklik] *adj* heterocyclic.

hétérodoxe [eterɔdɔks] ◇ *adj* **-1.** RELIG heterodox. **-2.** *sout* [non conformiste] heterodox, unorthodox.
◇ *nmf*: **les** ~**s ne sont pas très bien vus dans ce pays** unorthodox believers are frowned upon in this country.

hétérodoxie [eterɔdɔksi] *nf* heterodoxy.

hétérodyne [eterɔdin] *nf* heterodyne (generator).

hétérogamétique [eterɔgametik] *adj* heterogametic.

hétérogamie [eterɔgami] *nf* **-1.** BIOL heterogamy. **-2.** SOCIOL: **l'**~ **est fréquente** mixed marriages are common.

hétérogène [eterɔʒɛn] *adj* **-1.** [mêlé] heterogeneous, mixed. **-2.** CHIM heterogeneous.

hétérogénéité [eterɔʒeneite] *nf* heterogeneousness, heterogeneity.

hétérogreffe [eterɔgrɛf] *nf* [de tissu] heterograft; [d'organe] heterotransplant.

hétéromorphe [eterɔmɔrf] *adj* heteromorphic, heteromorphous.

hétéromorphie [eterɔmɔrfi] *nf*, **hétéromorphisme** [eterɔmɔrfism] *nm* heteromorphism.

hétéronome [eterɔnɔm] *adj* heteronomous.

hétéronomie [eterɔnɔmi] *nf* heteronomy.

hétéroprotéine [eterɔprɔtein] *nf* conjugated protein.

hétérosexualité [eterɔsɛksyalite] *nf* heterosexuality.

hétérosexuel, elle [eterɔsɛksyɛl] *adj* & *nm, f* heterosexual.

hétérotrophe [eterɔtrɔf] ◇ *adj* heterotrophic.
◇ *nm* heterotroph.

hétérozygote [eterɔzigɔt] ◇ *adj* heterozygous.
◇ *nmf* heterozygote.

hêtraie ['ɛtrɛ] *nf* beech grove.

hêtre ['ɛtr] *nm* **-1.** BOT beech (tree). **-2.** MENUIS beech (wood).

heu ['ø] *interj* **-1.** [exprime le doute] h'm, um, er. **-2.** [exprime l'hésitation] er, um; ~, ~, **je ne sais pas** er, er, I don't know.

heur [œr] *nm sout* good fortune; **je n'ai pas eu l'**~ **de lui plaire** I did not have the good fortune to please him.

heure [œr] *nf* **-1.** [unité de temps] hour; **une** ~ **d'horloge** *fam* an hour by the clock, a whole hour; **j'attends depuis une bonne** OU **grande** ~ I've been waiting for a good hour; **revenez dans une petite** ~ be back in less than OU in under an hour; les ~s passent vite/sont longues the hours fly past/drag by; à 45 km à l'~ at 45 km an OU per hour; 24 ~s sur 24 round-the-clock, 24 hours a day; pharmacie ouverte 24 ~s sur 24 all-night OU 24-hour chemist ❑ d'~ en ~ by the hour. -2. [durée d'un trajet] hour; à deux ~s (de voiture OU de route) de chez moi two hours' (drive) from my home; il y a trois ~s de marche/vol it's a three hour walk/flight. -3. [unité de travail ou de salaire] hour; un travail (payé) à l'~ a job paid by the hour; cent francs de l'~ a hundred francs an OU per hour; une ~ de travail an hour's work, an hour of work; le coût de trente ~s de travail the cost of thirty man-hours OU thirty hours of work; sans compter les ~s de main-d'œuvre excluding labour (costs); une ~ de chimie SCOL a chemistry period OU class ❑ une ~ supplémentaire an OU one hour's overtime; des ~s supplémentaires overtime. -4. [point précis de la journée] time; 15 h ~ locale 3 p.m. local time; elle est passée sur le coup de 8 ~s *fam* she dropped in at about 8; à la même ~ at the same time; à 2 ~s juste OU sonnantes OU tapantes *fam* on the stroke of 2, at 2 on the dot; c'est l'~! [de partir] it's time (to go)!; [de rendre sa copie] time's up!; l'~, c'est l'~ on time is on time; quand c'est l'~, c'est l'~! *fam* when you've got to go, you've got to go!; avant l'~ before time; avant l'~, c'est pas l'~, après l'~ c'est plus l'~ there's a right time for every thing; quelle ~ est-il? what time is it?, what's the time?; vous avez l'~? do you have the time?; quelle ~ avez-vous? what time do you make it?; tu as vu l'~ (qu'il est)? have you any idea what time it is?; il ne sait pas encore lire l'~ he can't tell the time yet; il y a une ~ pour tout, chaque chose à son ~ there's a time (and a place) for everything; il n'y a pas d'~ pour les braves! when a man's got to go, a man's got to go!; il n'a pas d'~, avec lui il n'y a pas d'~ *fam* [il n'est pas ponctuel] he just turns up when it suits him; il n'est pas la même ~ à Rome qu'à Tokyo it's not the same time OU the time's not the same in Rome and in Tokyo ❑ l'~ d'été British Summer Time *Br*, daylight (saving) time *Am*; passer à l'~ d'été/d'hiver to put the clocks forward/back; l'~ de Greenwich Greenwich Mean Time, GMT; l'~ H zero hour. -5. [moment] time; à une ~ avancée at a late hour; à une ~ indue at some ungodly OU godforsaken hour; ce doit être ma tante qui appelle, c'est son ~ that must be my aunt, this is her usual time for calling; ton ~ sera la mienne (you) choose OU name a time; elle est romancière à ses ~s she writes the odd novel (now and again); l'~ d'aller au lit bedtime; l'~ du déjeuner lunchtime; l'~ du dîner dinnertime; l'~ du repas mealtime; l'~ du thé teatime ❑ les ~s d'affluence the rush hour; ~s de bureau office hours; les ~s creuses [sans foule] off-peak period; [sans clients] slack period; les ~s de grande écoute prime time, peak viewing time; les ~s de pointe [où il y a foule] peak time, the rush hour; pendant les ~s ouvrables OU d'ouverture COMM when the shops are open, during (normal) opening hours; ADMIN during (normal) office OU working hours; ~ de table *Belg* lunch break; à l'~ qu'il est *fam*, à l'~ actuelle: ils ont dû atterrir à l'~ qu'il est *fam* they must have landed by now; à l'~ qu'il est OU à l'~ actuelle, je ne sais pas si les otages ont été libérés at this (point in) time I don't know whether the hostages have been freed. -6. [période d'une vie] hour; son ~ de gloire his moment of glory; l'~ est grave things are serious; l'~ est à l'action now is the time for action; c'est sa dernière ~ his time is near; dis-toi que ce n'était pas ton ~ don't worry, your time will come ❑ l'~ de vérité the moment of truth. -7. INF: ~s machine computer time. -8. ASTRON hour.

◆ **heures** *nfpl* RELIG hours; ~s canoniales canonical hours; livre d'~s Book of Hours.

◆ **à la bonne heure** *loc adv* good; elle est reçue, à la bonne ~! so she passed, good OU marvellous!; tu as perdu tes clés, à la bonne ~! *iron* you've lost your keys!, marvellous!

◆ **à l'heure** ◇ *loc adj* -1. [personne] on time; être à l'~ to be on time. -2. [montre]: la montre est à l'~ the watch is keeping good time.
◇ *loc adv*: mettre sa montre/une pendule à l'~ to set one's watch/a clock right ❑ le Japon à l'~ anglaise the Japanese go British.

◆ **à l'heure de** *loc prép* in the era OU age of; nous vivons à l'~ de la robotique we're living in the age of robots.

◆ **de bonne heure** *loc adv* [tôt] early; [en avance] in good time; de très bonne ~ very early.

◆ **pour l'heure** *loc adv* for now OU the time being OU the moment.

◆ **sur l'heure** *loc adv litt* straightaway, at once.

◆ **tout à l'heure** *loc adv* -1. [dans un moment] later, in a (short OU little) while; je passerai la voir tout à l'~ I'll go and see her a bit later on OU in a little while; à tout à l'~! see you later! -2. [il y a un moment] earlier (today); je l'ai vu tout à l'~ I've just seen him.

heureusement [œrøzmɑ̃] *adv* -1. [par chance] fortunately, luckily; il les a invités à l'improviste, ~ j'avais fait des courses he asked them to dinner without warning me, fortunately, I'd done some shopping; je le surveillais, et ~! I was keeping an eye on him, and just as well OU and a good thing too!; il a freiné à temps – oh, ~! he braked in time – thank God OU goodness for that!; il m'a remboursé et s'est même excusé – eh bien, ~! he paid me back and even apologized – I should hope OU think so too!; ~ que: la soirée fut une catastrophe, ~ que tu n'es pas venu the party was a total flop, (it's a) good thing you didn't come. -2. *sout* [avec succès] successfully; le débat fut ~ mené the debate went off smoothly; des textures ~ assorties well-matched textures. -3. [favorablement] well; le procès s'est terminé ~ the trial ended satisfactorily. -4. [dans le bonheur] happily; vivre ~ to live happily.

heureux, euse [œrø, øz] ◇ *adj* -1. [qui éprouve du bonheur] happy; une heureuse nature a happy OU cheerful soul; rendre qqn ~ to make sb happy; elle a tout pour être heureuse she has everything going for her; ~ en ménage happily married; ~ (celui) qui... *sout* happy is he who... ❑ ils vécurent ~ et eurent beaucoup d'enfants they lived happily ever after; être ~ comme un poisson dans l'eau OU un roi to be happy as a sandboy *Br* OU a clam *Am*. -2. [satisfait] happy, glad; être ~ de to be happy with; être ~ que: je suis heureuse de cette conclusion I'm happy OU pleased it ended like this; il était trop ~ de partir he was only too glad to leave; ~ de te revoir glad OU pleased to see you again; (très) ~ de faire votre connaissance pleased OU nice to meet you. -3. [chanceux] lucky, fortunate; il est ~ que... it's fortunate OU it's a good thing that... ❑ l'~ élu the lucky man *(to be married or recently married)*; l'heureuse élue the lucky girl *(to be married or recently married)*; ~ au jeu, malheureux en amour *prov* lucky at cards, unlucky in love. -4. [bon] good; un ~ événement *euph* a happy event; ~ anniversaire! happy birthday!; bonne et heureuse année! happy new year! -5. [réussi] good, happy, felicitous *sout* OU *hum*; c'est un choix ~ it's well-chosen; ce n'est pas très ~ comme prénom pour une fille it's a rather unfortunate name for a girl.
◇ *nm, f* happy man (*f* woman); faire des ~ to make some people happy; le changement ne fera pas que des ~ the change won't suit everybody OU be to everybody's liking.

heuristique [øristik] *adj* & *nf* heuristic.

heurt ['œr] *nm* -1. [choc - léger] bump, knock, collision; [- violent] crash, collision. -2. *sout* [contraste] clash; le ~ de deux caractères the clash of two personalities. -3. [conflit] clash, conflict; il y a eu des ~s entre le président et le secrétaire the chairman and the secretary crossed swords; le concert/débat s'est déroulé sans ~s the concert/debate went off smoothly.

heurté, e ['œrte] *adj* -1. [couleurs, sons] clashing. -2. [style] jerky, abrupt. -3. [mouvement] halting, jerky.

heurter [3] ['œrte] *vt* -1. [cogner] to strike, to hit, to knock; en descendant du train, je l'ai heurté avec mon sac I caught him with my bag OU I bumped into him with my bag as I got off the train; l'hélice l'a heurté de plein fouet he was hit with the full force of the propeller; son front a violemment heurté le carrelage she banged her forehead on the tiled floor. -2. [aller à l'encontre de] to run counter to, to go against; son discours risque de ~ l'opinion publique his speech is likely to go against public opinion; des idées qui heurtent ma conception de la justice ideas which offend my sense of justice. -3. [choquer] to shock, to offend; sa grossièreté m'a toujours heurtée I've always been shocked by his rudeness; ~ la sensibilité de qqn to hurt sb's feelings.

◆ **heurter à** *v + prép litt* [porte] to knock at.

◆ **heurter contre** *v + prép vieilli* to bump into; dans le noir j'ai heurté contre le mur de la cave in the dark I bumped into the cellar wall; le voilier a heurté contre un récif the sailing boat struck a reef.

◆ **se heurter** *vp (emploi réciproque)* -1. [passants, véhicules] to collide, to bump OU to run into each other; les deux voitures se sont heurtées the two cars collided (with each other). -2. [être en désaccord] to clash (with each other); nous nous sommes heurtés à la dernière réunion we crossed swords OU clashed at the last meeting.

◆ **se heurter à** *vp + prép* [rencontrer] to come up against; l'entreprise va se ~ à de gros problèmes économiques the company is going to come up against severe economic difficulties; il s'est heurté à un refus catégorique he met with a categorical refusal.

heurtoir ['œrtwar] *nm* -1. [de porte] (door) knocker. -2. MÉCAN stop, stopper. -3. [dans une écluse] sill. -4. RAIL buffer.

hévéa [evea] *nm* hevea.

hexachlorure [ɛgzaklɔryr] *nm* hexachloride.

hexacorde [ɛgzakɔrd] *nm* hexachord.

hexadécimal, e, aux [ɛgzadesimal, o] *adj* hexadecimal.

hexaèdre [ɛgzaɛdr] ◇ *adj* hexahedral.
◇ *nm* hexahedron.

hexaédrique [ɛgzaedrik] *adj* hexahedral.

hexafluorure [ɛgzaflyɔryr] *nm* hexafluoride.

hexagonal, e, aux [ɛgzagɔnal, o] *adj* -1. GÉOM & SC hexagonal. -2. *fig* [français] French; *péj* parochially French.

hexagone [ɛgzagɔn] *nm* -1. GÉOM hexagon. -2. *fig*: l'Hexagone [la France] (metropolitan) France.

hexamètre [ɛgzamɛtr] ◇ *adj* hexametric, hexametrical.
◇ *nm* hexameter.

hexamidine [ɛgzamidin] *nf powerful bactericidal antiseptic.*

hexapode [ɛgzapɔd] *adj* & *nm* hexapod.

HF (*abr écrite de* hautes fréquences) HF.

hi ['i] *interj*: ~ ~ ha ha; ~ ~, que c'est drôle! ha ha, that's funny!

hiatal, e, aux [jatal, o] *adj* hiatal.

hiatus [jatys] *nm* -1. [interruption] break, hiatus, gap. -2. LING hiatus. -3. MÉD hiatus; ~ œsophagien hiatus œsophageus; ~ de Winslow foramen of Winslow, epiploic foramen.

hibernal, e, aux [ibɛrnal, o] *adj* -1. BOT hibernal; germination ~e hibernal germination. -2. ZOOL winter *(modif)*; pendant leur sommeil ~ during their hibernation OU their winter sleep.

hibernant, e [ibɛrnɑ̃, ɑ̃t] *adj* hibernating.

hibernation [ibɛrnasjɔ̃] *nf* -1. ZOOL hibernation; l'industrie textile est en état d'~ *fig* the textile industry is in the doldrums. -2. MÉD: ~ artificielle induced hypothermia.

◆ **en hibernation** *loc adj fig* in mothballs; mettre un projet en ~ to shelve OU to mothball a project.

hiberner [3] [iberne] *vi* to hibernate.
hibiscus [ibiskys] *nm* hibiscus.
hibou, x ['ibu] *nm* owl.
hic *fam* ['ik] *nm inv* snag; **c'est bien là** OU **voilà le ~** there's the rub, that's the trouble; **il y a un ~ quelque part** there's a snag OU catch somewhere.
hic et nunc [ikɛtnɔ̃k] *loc adv* here and now.
hickory ['ikɔri] *nm* hickory.
hidalgo [idalgo] *nm* hidalgo.
hideur ['idœr] *nf litt* hideousness.
hideusement ['idøzmɑ̃] *adv* hideously.
hideux, euse ['idø, øz] *adj* hideous.
hier [ijɛr] *adv* -**1.** [désignant le jour précédent] yesterday; **~ matin** yesterday morning; **~ (au) soir** yesterday evening; **le journal d'~** yesterday's paper; **j'y ai consacré la journée/l'après-midi d'~** I spent all (day) yesterday/all yesterday afternoon doing it; **je m'en souviens comme si c'était ~** I remember it as if it were yesterday; **je ne suis pas né d'~** I wasn't born yesterday. -**2.** [désignant un passé récent] : **la technologie d'~** outdated OU outmoded technology; **~ encore on ignorait tout de cette maladie** until very recently, this disease was totally unknown; **ça ne date pas d'~** that's nothing new.
hiérarchie ['jerarʃi] *nf* -**1.** [structure] hierarchy; **la ~ des salaires** the wage ladder. -**2.** *fam* [supérieurs] : **la ~** the top brass. -**3.** INF: **~ de mémoire** memory hierarchy, hierarchical memory structure.
hiérarchique ['jerarʃik] *adj* hierarchic, hierarchical; **c'est mon supérieur ~** he's my (direct) superior; **passer par la voie** OU **le canal ~** to go through official channels.
hiérarchiquement ['jerarʃikmɑ̃] *adv* hierarchically; **dépendre ~ de qqn** to report to sb.
hiérarchisation ['jerarʃizasjɔ̃] *nf* [action] establishment of a hierarchy; [structure] hierarchical structure.
hiérarchisé, e ['jerarʃize] *adj* [gén & INF] hierarchical.
hiérarchiser [3] ['jerarʃize] *vt* -**1.** ADMIN to organize along hierarchical lines; **~ les salaires** to introduce wage differentials. -**2.** [classer - données] to structure, to classify; [- besoins] to grade OU to assess according to importance.
hiérarque ['jerark] *nm* hierarch.
hiératique [jeratik] *adj* hieratic.
hiératiquement [jeratikmɑ̃] *adv litt* hieratically.
hiératisme [jeratism] *nm litt* hieratic character.
hiéroglyphe [jerɔglif] *nm* hieroglyph.
◆ **hiéroglyphes** *nmpl péj & hum* [écriture illisible] hieroglyphics.
hiéroglyphique [jerɔglifik] *adj* -**1.** ARCHÉOL hieroglyphic, hieroglyphical. -**2.** [illisible] scrawled, illegible.
hi-fi ['ifi] *nf inv* hi-fi.
high-tech ['ajtɛk] *nm inv & adj inv* high tech.
hi-han ['iɑ̃] *onomat & nm inv* hee-haw.
hi-hi ['i'i] *interj* -**1.** [rire - gén] tee-hee; [- méchant] snigger snigger. -**2.** [pleurs] boo-hoo.
hilaire ['ilɛr] *adj* hilar.
hilarant, e [ilarɑ̃, ɑ̃t] *adj* hilarious.
hilare [ilar] *adj* laughing, smiling, joyful; **un visage ~** a laughing OU merry face.
hilarité [ilarite] *nf* hilarity, mirth, gaiety.
hilote [ilɔt] = **ilote 1**.
hilotisme [ilɔtism] = **ilotisme 1**.
Himalaya [imalaja] *npr m*: **l'~** the Himalayas.
himalayen, enne [imalajɛ̃, ɛn] *adj* Himalayan.
hindi ['indi] *nm* LING Hindi.
hindou, e [ɛ̃du] *adj* hindu.
◆ **Hindou, e** *nm, f* Hindu.
hindouisme [ɛ̃duism] *nm* Hinduism.
Hindoustan [ɛ̃dustɑ̃] *npr m*: **(l')~** Hindostan, Hindustan.
hindoustani [ɛ̃dustani] *nm* LING Hindustani.
hinterland [intɛrlɑ̃d] *nm* GÉOG hinterland.
hip ['ip] *interj*: **~, ~, ~, hourra!** hip, hip, hooray!
hippie ['ipi] *adj & nmf* hippie, hippy.
hippique [ipik] *adj* horse *(modif)*; **concours ~** horse trials OU show; **course ~** horse race OU racing; **sport ~** equestrian sports.
hippisme [ipism] *nm* equestrian sports, equestrianism.
hippocampe [ipɔkɑ̃p] *nm* -**1.** ZOOL sea horse. -**2.** ANAT hippocampus (major).
Hippocrate [ipɔkrat] *npr* Hippocrates; **le serment d'~** the Hippocratic oath.
hippocratique [ipɔkratik] *adj* Hippocratic.
hippocratisme [ipɔkratism] *nm* -**1.** [doctrine] hippocratism. -**2.** MÉD: **~ digital** hippocratic fingers.
hippodrome [ipɔdrom] *nm* -**1.** [champ de courses] racecourse. -**2.** ANTIQ hippodrome.
hippogriffe [ipɔgrif] *nm* hippogriff, hippogryph.
hippologie [ipɔlɔʒi] *nf* equestrianism.
hippologique [ipɔlɔʒik] *adj* equestrian.
hippomobile [ipɔmɔbil] *adj* horsedrawn.
hippophagie [ipɔfaʒi] *nf*: **l' ~ n'est pas très répandue en Angleterre** horsemeat is only rarely eaten in England.
hippophagique [ipɔfaʒik] *adj*: **boucherie ~** horsemeat butcher's.
hippopotame [ipɔpɔtam] *nm* -**1.** ZOOL hippopotamus. -**2.** *fam* [personne] elephant; **c'est un vrai ~!** what an elephant!
hippopotamesque [ipɔpɔtamesk] *adj* hippolike.
hippotechnie [ipɔtɛkni] *nf* horse breeding and training.
hippurique [ipyrik] *adj* hippuric.
hippy ['ipi] = **hippie**.
hirondelle [irɔ̃dɛl] *nf* -**1.** ORNITH swallow; **~ de cheminée** (barn) swallow; **~ de fenêtre** house martin; **~ de mer** tern; **une ~ ne fait pas le printemps** *prov* one swallow doesn't make a summer *prov*. -**2.** ZOOL [grondin] grey gurnard. -**3.** *fam vieilli* [policier] bobby *Br*, cop *Am*.
Hiroshima [irɔʃima] *npr* Hiroshima.
hirsute [irsyt] *adj* -**1.** [échevelé] bushy-haired; [touffu - sourcils] bushy; [barbe, cheveux] unkempt. -**2.** BIOL hirsute, hairy.
hirsutisme [irsytism] *nm* hirsutism.
Hispaniola [ispanjɔla] *npr* Hispaniola.
hispanique [ispanik] *adj* -**1.** [gén] Hispanic. -**2.** [aux États-Unis] Spanish-American.
◆ **Hispanique** *nmf* [aux États-Unis] Spanish American.
hispanisant, e [ispanizɑ̃, ɑ̃t] *nm, f* Hispanicist.
hispanisme [ispanism] *nm* Hispanism, Hispanicism.
hispaniste [ispanist] = **hispanisant**.
hispano-américain, e [ispanoamerikɛ̃, ɛn] (*mpl* hispano-américains, *fpl* hispano-américaines) *adj* Spanish-American.
◆ **Hispano-Américain, e** *nm, f* Spanish American.
hispano-arabe [ispanɔarab] (*pl* hispano-arabes) Hispano-Moorish.
hispano-mauresque (*pl* hispano-mauresques), **hispano-moresque** (*pl* hispano-moresques) [ispanɔmɔrɛsk] = **hispano-arabe**.
hispanophone [ispanɔfɔn] ◇ *adj* Spanish-speaking.
◇ *nmf* Spanish speaker.
hispide [ispid] *adj* hispid.
hisse ['is] *interj*: **ho ~!** heave!, heave-ho!
hisser [3] ['ise] *vt* -**1.** [lever - drapeau] to run up *(sép)*; [- voile] to hoist; [- ancre] to raise; [- épave] to raise, to haul up *(sép)*; [soulever - personne] to lift up *(sép)*; **~ qqn sur ses épaules** to lift sb onto one's shoulders. -**2.** *fig*: **~ qqn/qqch à**: **~ qqn au poste de directeur** to raise sb to the position of manager; **~ une petite entreprise au rang des meilleures** to push a small company to the top.
◆ **se hisser** *vpi* -**1.** [s'élever] to hoist o.s.; **se ~ sur la pointe des pieds** to stand up on tiptoe; **se ~ sur une balançoire** to heave OU to hoist o.s. (up) onto a swing. -**2.** *fig*: **elle s'est hissée au poste d'adjointe de direction** she worked her way up to the position of assistant manager; **l'équipe s'est hissée en deuxième division** the team clawed its way into the second division.
histamine [istamin] *nf* histamine.
histaminique [istaminik] *adj* histamine *(modif)*, histaminic.
histiocytaire [istjɔsitɛr] *adj* histiocytic, histiocyte *(modif)*.
histiocyte [istjɔsit] *nm* histiocyte.
histochimie [istɔʃimi] *nf* histochemistry.
histocompatibilité [istɔkɔ̃patibilite] *nf* histocompatibility.
histogenèse [istɔʒənɛz] *nf* histogenesis.
histogramme [istɔgram] *nm* histogram.
histoire [istwar] *nf* -**1.** [passé] history; **un lieu chargé d'~** a place steeped in history; **les hommes et les femmes qui ont fait l'~** the men and women who have made history; **l' ~ d'une croyance** the history of a belief. -**2.** [mémoire, postérité] history; **ces faits appartiennent à l'~** these facts are history; **rester dans l'~** to go down in history OU in the history books; **l'~ dira si nous avons eu raison** history will tell whether we were right. -**3.** [période précise] history; **l'~ et la préhistoire** history and prehistory. -**4.** [discipline] : **l'Histoire avec un grand H** History with a capital H; **l'~ de l'art/la littérature** art/literary history; **l'~ ancienne/du Moyen Âge** Ancient/Medieval History; **tout ça, c'est de l'~ ancienne** *fig* that's all ancient history; **l'~ contemporaine** contemporary history; **~ événementielle** factual history; **~ naturelle** BIOL & *vieilli* natural history; **l'Histoire sainte** Biblical history; **licence d'~** ≃ History degree *Br*, ≃ BA in History; **pour la petite ~** for the record; **je te le dis pour la petite ~** I'm (only) telling you so you'll know; **sais-tu, pour la petite ~, qu'il est né au Pérou?** do you know that he was born in Peru, by the way? -**5.** [récit, écrit] story; **elle a écrit une ~ du village** she wrote a history of the village; **je leur raconte une ~ tous les soirs** every night I tell them a story; **écrire des ~s pour enfants** to write children's stories; **l'~ de la pièce** the plot OU story of the play; **l'~ de la chanson** the story of the song; **c'est une ~ vraie** it's a true story; **il m'arrive une sale ~** something terrible's happened (to me); **nous avons vécu ensemble une belle ~ d'amour** we had a wonderful romance; **attends, je ne t'ai pas encore dit le plus beau** OU **le meilleur de l'~!** wait, the best part OU bit is still to come! ❑ **une ~ drôle** a joke, a funny story; **c'est une ~ à dormir debout** *fam* that's a tall story; **'Histoires extraordinaires'** *Poe* 'Tales of the Grotesque and Arabesque'. -**6.** [mensonge] : **tout ça, c'est des ~s** *fam* that's a load of (stuff and) nonsense, that's all hooey OU baloney *Am*; **raconter des ~s** to tell tall stories; **ne me raconte pas d'~s, je t'ai vu** don't tell me any stories, I saw you. -**7.** *fam* [complications] trouble, fuss; **faire des ~s** to make a fuss; **il n'a pas fait d'~s pour accepter le chèque?** did he make any fuss about accepting the cheque?; **ça va faire toute une ~** there'll be hell to pay; **ça a été toute une ~** it was quite a business OU a to-do; **pour faire venir l'électricien, ça a été toute une ~** we had the devil's own job getting the electrician to come; **c'est toute une ~ tous les matins pour la coiffer** what a palaver OU struggle doing her hair every morning; **elle en a fait (toute) une ~** she kicked up a (huge) fuss about it; **sans faire d'~** OU **d'~s** without (making) a fuss; **vous allez me suivre au poste et pas d' ~** OU **d'~s!** you're coming with me to the station and I don't want any trouble (from you)! -**8.** [ennuis] trouble; **faire des ~s (à qqn)** to cause OU to make trouble (for sb); **si tu ne veux pas avoir d'~s** if you want to keep OU to stay out of trouble; **tu vas nous attirer** OU **nous faire avoir des ~s** you'll get us into trouble; **je ne veux pas**

d'~s dans mon hôtel, moi! *fam* I'm having no monkey business in my hotel!; **taisez-vous toutes les trois, j'en ai assez de vos ~s!** shut up you three, I've had enough of you going on like that! **-9.** [question, problème]: **pourquoi démissionne-t-elle? — oh, une ~ de contrat** why is she resigning? — oh, something to do with her contract; **se fâcher pour une ~ d'argent** to fall out over a question of money; **ne pensons plus à cette ~** let's forget the whole thing OU business; **qu'est-ce que c'est que cette ~?** what's this I hear?, what's all this about?; **c'est toujours la même ~** it's always the same (old) story; **c'est une (toute) autre ~** that's quite a different matter. **-10.** *fam loc*: **~ de** [afin de] just to; **on va leur téléphoner, ~ de voir s'ils sont là** let's ring them up, just to see if they're there; **~ de dire quelque chose** for the sake of saying something.

◆ **sans histoires** *loc adj* [gens] ordinary; [voyage] uneventful, trouble-free.

histologie [istɔlɔʒi] *nf* histology.

histologique [istɔlɔʒik] *adj* histologic, histological.

histolyse [istɔliz] *nf* histolysis.

histoplasmose [istɔplasmoz] *nf* histoplasmosis.

historicisme [istɔrisism] *nm* historicism.

historiciste [istɔrisist] *adj* & *nmf* historicist.

historicité [istɔrisite] *nf* historicity.

historié, e [istɔrje] *adj* **-1.** [manuscrit] storiated, historiated. **-2.** ARCHIT historied.

historien, enne [istɔrjɛ̃, ɛn] *nm, f* **-1.** [spécialiste] historian; **se faire l'~ d'un village/d'une institution** to tell the story of a village/an institution. **-2.** [étudiant] history student.

historier [9] [istɔrje] *vt* [décorer] to decorate, to embellish.

historiette [istɔrjɛt] *nf* anecdote.

historiographe [istɔrjɔgraf] *nm* historiographer.

historiographie [istɔrjɔgrafi] *nf* historiography.

historique [istɔrik] ◇ *adj* **-1.** [relatif à l'histoire - méthode, roman] historical; [- fait, personnage] historical. **-2.** [célèbre] historic; **une émission/poignée de main ~** a historic programme/handshake; **la parole** OU **le mot ~ de Pu Yi Pu Yi's** famous remark. **-3.** [mémorable] historic; **c'est un moment/match ~** this is a historic moment/match; **nous avons atteint le cours ~ de 42 dollars l'once** we've reached the record OU unprecedented level of 42 dollars an ounce. **-4.** GRAMM: **passé ~** past historic, simple past; **présent ~** historic present.

◇ *nm* background history, (historical) review; **faire l'~ des jeux Olympiques** to trace the (past) history of the Olympic Games.

historiquement [istɔrikmɑ̃] *adv* historically; **le fait n'est pas ~ prouvé** it's not a historically proven fact.

historisme [istɔrism] *nm* historicism.

histrion [istrijɔ̃] *nm* **-1.** ANTIQ histrion. **-2.** HIST [jongleur] wandering minstrel, troubadour. **-3.** *sout* & *péj* mountebank; **un ~ politique** a political charlatan.

histrionique [istrijɔnik] *adj* **-1.** *litt* thespian. **-2.** PSYCH histrionic.

histrionisme [istrijɔnism] *nm* histrionics.

hit *fam* ['it] *nm* [succès] hit song.

hitlérien, enne [itlerjɛ̃, ɛn] ◇ *adj* Hitlerian, Hitlerite.

◇ *nm, f* Hitlerite.

hitlérisme [itlerism] *nm* Hitlerism.

hit-parade ['itparad] (*pl* **hit-parades**) *nm* **-1.** MUS charts; **ils sont premiers au ~** they're (at the) top of OU they're number one in the charts. **-2.** *fig* [classement]: **placé au ~ des hommes politiques** among the top OU leading politicians.

hittite ['itit] *adj* Hittite.

◆ **Hittite** *nmf*: **les Hittites** the Hittites.

◆ **hittite** *nm* LING Hittite.

HIV (*abr de* **human immunodeficiency virus**) *nm* HIV.

hiver [ivɛr] *nm* **-1.** [saison] winter; **en ~** OU **l'~, on rentre les géraniums** we bring in the geraniums in (the) winter; **l'~ dernier** last winter; **l'~ prochain** next winter; **l'~ fut précoce/tardif** winter came early/late; **tout l'~** all winter long, all through the winter; **au cœur de l'~** in the middle of winter, in midwinter; **elle ne passera pas l'~** *fam* she won't make it through the winter ❑ **~ nucléaire** nuclear winter. **-2.** *fig* & *litt*: **à l'~ de sa vie** in the twilight OU evening of his life.

◆ **d'hiver** *loc adj* [ciel, paysage] wintry; [quartiers, vêtements, fruits] winter (*modif*); **le palais d'~** the Winter Palace.

hivernage [ivɛrnaʒ] *nm* **-1.** AGR [activité] winter feeding, wintering; [fourrage] winter fodder. **-2.** MÉTÉO winter season (*in tropical regions*). **-3.** NAUT wintering. **-4.** [des abeilles] wintering.

hivernal, e, aux [ivɛrnal, o] *adj* [propre à l'hiver] winter (*modif*); [qui rappelle l'hiver] wintry; **journées/températures ~es** winter days/temperatures; **un temps ~** wintry weather; **un ciel ~** a wintry sky.

◆ **hivernale** *nf* winter ascent.

hivernant, e [ivɛrnɑ̃, ɑ̃t] ◇ *adj* wintering.

◇ *nm, f* winter tourist.

hiverner [3] [ivɛrne] ◇ *vi* [passer l'hiver] to winter.

◇ *vt* AGR to winter.

hl (*abr écrite de* **hectolitre**) hl.

HLM (*abr de* **habitation à loyer modéré**) *nm* OU *nf* *low rent, state-owned housing*, ≃ council house/flat *Br*, ≃ public housing unit *Am*.

hm (*abr écrite de* **hectomètre**) hm.

ho ['o] *interj* **-1.** [de surprise] oh. **-2.** [pour interpeller] hey.

HO (*abr de* **hors oeuvre**) *adj* labour not included.

hobby ['ɔbi] (*pl* **hobbys** OU **hobbies**) *nm* hobby.

hobereau, x ['ɔbro] *nm* **-1.** HIST [gentilhomme] squireling. **-2.** ORNITH hobby.

hochement ['ɔʃmɑ̃] *nm*: **~ de tête** [approbateur] nod; [désapprobateur] shake of the head; **accepter d'un ~ de tête** to accept with a nod; **refuser d'un ~ de tête** to refuse with a shake of the head.

hochepot ['ɔʃpo] *nm*: **~ (à la flamande)** (Flemish) hotchpotch (*stew of meat and vegetables*).

hochequeue [ɔʃkø] *nm* wagtail.

hocher [3] ['ɔʃe] *vt*: **~ la tête** [pour accepter] to nod; [pour refuser] to shake one's head; **elle hocha la tête en signe d'acquiescement** she nodded in agreement; **elle hocha la tête en signe de refus** she refused with a shake of the head.

hochet ['ɔʃɛ] *nm* **-1.** [jouet] rattle. **-2.** *fig* & *litt* gewgaw.

Hô Chi Minh-Ville ['oʃiminvil] *npr* Ho Chi Minh City.

hockey ['ɔkɛ] *nm* hockey; **~ sur glace/gazon** ice/(field *Am*) hockey.

hockeyeur, euse ['ɔkɛjœr, øz] *nm, f* hockey player.

Hodgkin [hɔdʒkin] *npr*: **maladie de ~** Hodgkin's disease.

Hoggar ['ogar] *npr m*: **le ~** the Hoggar; **dans le ~** in the Hoggar Mountains.

hoirie [wari] *nf* **-1. avancement d'~** advancement (*of an inheritance*). **-2.** *Helv* [héritage] joint legacy; [ensemble des héritiers]: **l'~** the legatees.

Hokkaido ['ɔkaido] *npr* Hokkaido.

holà ['ɔla] ◇ *interj* hey, whoa; **~! attention!** hey OU whoa, be careful!

◇ *nm*: **mettre le ~ à qqch** to put a stop to sthg; **il se remet à boire trop, il faut que j'y mette le ~** he's drinking too much again, I must put a stop to it OU put my foot down.

holding ['ɔldiŋ] *nm* OU *nf* holding company.

hold-up ['ɔldœp] *nm inv* raid, hold-up; **un ~ à la banque/poste** a bank/post office raid.

holisme ['ɔlism] *nm* holism.

hollandais, e ['ɔlɑ̃dɛ, ɛz] *adj* Dutch.

◆ **Hollandais, e** *nm, f* Dutchman (*f* Dutchwoman); **les Hollandais** the Dutch.

◆ **hollandais** *nm* LING Dutch.

◆ **hollandaise** *nf* **-1.** CULIN hollandaise (sauce). **-2.** AGR [vache] Friesian.

hollande ['ɔlɑ̃d] ◇ *nm* **-1.** CULIN Dutch cheese (*Edam or Gouda*). **-2.** [papier] Dutch paper.

◇ *nf* **-1.** CULIN Dutch potato. **-2.** TEXT holland. **-3.** [porcelaine] Dutch porcelain.

Hollande ['ɔlɑ̃d] *npr f*: **(la) ~** Holland; **en ~** in Holland.

hollywoodien, enne ['ɔliwudjɛ̃, ɛn] *adj* [de Hollywood] Hollywood (*modif*); [évoquant Hollywood] Hollywood-like; **un luxe ~** Hollywood-style OU ostentatious luxury.

holocauste [ɔlɔkost] *nm* **-1.** HIST: **l'~, l'Holocauste** the Holocaust. **-2.** [massacre] holocaust, mass murder. **-3.** RELIG burnt offering; **offrir un animal en ~** to offer an animal in sacrifice.

holocristallin, e [ɔlɔkristalɛ̃, in] *adj* holocrystalline.

hologramme [ɔlɔgram] *nm* hologram.

holographe [ɔlɔgraf] = **olographe**.

holographie [ɔlɔgrafi] *nf* holography.

holographique [ɔlɔgrafik] *adj* holographic.

holophrastique [ɔlɔfrastik] *adj* holophrastic.

holoprotéine [ɔlɔprɔtein] *nf* simple protein.

holothurie [ɔlɔtyri] *nf* holothurian.

homard ['ɔmar] *nm* lobster; **~ à la nage** CULIN lobster cooked in court-bouillon.

home ['om] *nm* **-1.** [centre d'accueil]: **~ d'enfants** residential leisure centre (for children). **-2.** *vieilli* [chez-soi] home; **ici c'est mon ~** here is where I feel at home.

homélie [ɔmeli] *nf* **-1.** RELIG homily. **-2.** *sout* [sermon] lecture, sermon; **suivit une longue ~ sur les dangers du tabac** there then followed a long lecture on the dangers of smoking.

homéomorphe [ɔmeɔmɔrf] *adj* homoeomorphic, homoeomorphous.

homéomorphisme [ɔmeɔmɔrfism] *nm* homoeomorphism.

homéopathe [ɔmeɔpat] ◇ *nmf* homoeopath, homoeopathist.

◇ *adj*: **médecin ~** homoeopathic doctor.

homéopathie [ɔmeɔpati] *nf* homoeopathy.

homéopathique [ɔmeɔpatik] *adj* homoeopathic.

homéostasie [ɔmeɔstazi] *nf* homeostasis.

homéostat [ɔmeɔsta] *nm* homeostat.

homéostatique [ɔmeɔstatik] *adj* homeostatic.

homéotherme [ɔmeɔtɛrm] ◇ *adj* homoiothermic *spéc*, homothermal *spéc*, warm-blooded.

◇ *nm* homoiotherm *spéc*, warm-blooded organism.

Homère [ɔmɛr] *npr* Homer.

homérique [ɔmerik] *adj* **-1.** LITTÉRAT Homeric. **-2.** [phénoménal] Homeric.

home-trainer ['omtrɛnœr] (*pl* **home-trainers**) *nm* exercise bicycle.

homicide [ɔmisid] ◇ *adj litt* homicidal.

◇ *nmf litt* [personne] homicide.

◇ *nm* **-1.** [acte] killing (*U*). **-2.** JUR homicide; **~ involontaire** OU **par imprudence** involuntary manslaughter OU homicide; **~ volontaire** murder.

hominidé [ɔminide] *nm* hominid; **les ~s** the Hominidae.

hominien [ɔminjɛ̃] *nm* hominoid ANTHR.

hommage [ɔmaʒ] *nm* **-1.** [marque de respect] tribute, homage; **recevoir l'~ de qqn** to receive sb's tribute; **rendre ~ à qqn/qqch** to pay homage OU (a) tribute to sb/sthg; **ce soir nous rendons ~ à Édith Piaf** tonight we pay tribute to Edith Piaf; **il faut rendre ~ à sa perspicacité** you have to admire his clear-sightedness. **-2.** [don]: **~ de l'éditeur** complimentary copy. **-3.** HIST homage.

◆ **hommages** *nmpl sout*: **être sensible aux ~s** to appreciate receiving compliments; **(je vous présente) mes ~s, Madame** my respects,

Madam; veuillez agréer, Madame, mes ~s respectueux OU mes respectueux ~s yours faithfully *Br*, yours truly *Am*.

◆ **en hommage à** *loc prép* in tribute OU homage to.

hommasse [ɔmas] *adj péj* mannish, masculine.

homme [ɔm] *nm* -**1.** [individu de sexe masculin] man; **l'~ a une espérance de vie plus courte que celle de la femme** men have a shorter life expectancy than women; **alors, t'es un ~ (ou un lâche)?** what are you, a man or a mouse?; **sors si t'es un ~!** step outside if you're a man!; **le service militaire en a fait un ~** national service made a man of him; **être ~ à: il est ~ à démissionner si besoin est** he's the sort (of man OU person) who'll resign if necessary; **je ne suis pas ~ à croire les gens sur parole** I'm not the sort of man who blindly believes what I'm told; **trouver son ~** [pour un travail] to find one's man; **si vous voulez quelqu'un de tenace, Lambert est votre ~** if you want somebody who'll stick at it, then Lambert's just the person; **une double page sur l'~ du jour** a two-page spread on the man of the moment; **c'est lui qui est l'~ fort de l'alliance** he is the kingpin in the partnership; **une discussion d'~ à ~** a man-to-man talk ‖ *(comme adj)*: **je n'ai que des professeurs ~s** all my teachers are male OU men ❑ **~ d'action** man of action; **~ d'affaires** businessman; **~ d'Église** man of the Church OU cloth; **~ d'État** statesman; **~ à femmes** lady's OU ladies' man, womanizer *péj*; **~ de lettres** man of letters; **~ de loi** lawyer; **~ de main** henchman; **~ du monde** man-about-town; **c'est un parfait ~ du monde** he's a real gentleman; **~ de paille** man of straw; **~ de peine** labourer; **~ du peuple** ordinary man; **~ de science** scientist, man of science; **~ à tout faire** jack-of-all-trades; **les ~s du Président** the President's men; **un magazine pour ~s** a men's magazine; **un ~ averti en vaut deux** *prov* forewarned is forearmed *prov*; **les ~s naissent libres et égaux en droit** *allusion Déclaration des droits de l'homme et du citoyen* ≃ all men are born equal. -**2.** [être humain] man; **un ~ sur la Lune** a man on the Moon; **l'~** man, mankind, humankind; **l'~ est-il plus sujet aux maladies que l'animal?** is man OU are humans more prone to disease than animals?; **l'~ descend du singe** human beings are OU man is descended from the apes; **les ~s** man, mankind, human beings ❑ **l'~ des cavernes** caveman; **depuis l'~ de Cro-Magnon** since Cro-Magnon Man; **l'~ de Neandertal** Neanderthal Man; **l'~ propose, Dieu dispose** *prov* man proposes, God disposes *prov*; **l'~ de la rue** the man in the street. -**3.** *fam* [amant, époux]: **mon/son ~** my/her man; **elles laissent leurs ~s à la maison** they leave their men at home; **où est mon petit ~?** [fils] where's my little man? ❑ **l'~ idéal** Mr Right; **il fut l'~ de sa vie** he was the love of her life. -**4.** NAUT [marin]: **~ de barre** helmsman; **~ d'équipage** crew member, crewman; **~ de quart** man OU sailor on watch; **~ de vigie** lookout; **un ~ à la mer!** man overboard! -**5.** MIL: **les officiers et leurs ~s** the officers and their men ❑ **~ de troupe** private. -**6.** HIST: **~ d'armes** man-at-arms; **~ lige** liege (man). -**7.** AÉRON crewman, crew member. -**8.** BOT: **~ pendu** man orchid.

homme-grenouille [ɔmgrənuj] (*pl* **hommes-grenouilles**) *nm* frogman, diver.

homme-orchestre [ɔmɔrkɛstr] (*pl* **hommes-orchestres**) *nm* -**1.** MUS one-man band. -**2.** *fig* jack-of-all-trades.

homme-sandwich [ɔmsɑ̃dwitʃ] (*pl* **hommes-sandwichs**) *nm* sandwich man.

homo *fam* [ɔmo] *adj* & *nmf* [homosexuel] gay.

homocentre [ɔmɔsɑ̃tr] *nm* common centre.

homocentrique [ɔmɔsɑ̃trik] *adj* homocentric.

homochromie [ɔmɔkrɔmi] *nf* cryptic coloration.

homocinétique [ɔmɔsinetik] *adj*: **joint ~** Hooke's joint.

homocyclique [ɔmɔsiklik] *adj* homocyclic.

homofocal, e, aux [ɔmɔfɔkal, o] *adj* -**1.** OPT homofocal. -**2.** MATH confocal.

homogamétique [ɔmɔgametik] *adj* homogametic.

homogène [ɔmɔʒɛn] *adj* -**1.** [substance, liquide] homogeneous; **ayant obtenu une pâte bien ~** when you have a nice smooth mixture. -**2.** [gouvernement, classe] uniform, consistent, coherent. -**3.** CHIM & MATH homogeneous.

homogénéisateur, trice [ɔmɔʒeneizatœr, tris] ◇ *adj* homogenizing.

◇ *nm, f* homogenizer.

homogénéisation [ɔmɔʒeneizasjɔ̃] *nf* -**1.** [d'une substance] homogenization. -**2.** *fig* [uniformisation] standardization; **on constate une ~ des modes de paiement** payment methods are being standardized.

homogénéisé, e [ɔmɔʒeneize] *adj* homogenized.

homogénéiser [3] [ɔmɔʒeneize] *vt* [substance, liquide]: **~ qqch** to homogenize sthg, to make sthg homogeneous.

homogénéité [ɔmɔʒeneite] *nf* -**1.** [d'une substance] homogeneity, homogeneousness. -**2.** [d'une œuvre, d'une équipe] coherence, unity.

homographe [ɔmɔgraf] ◇ *adj* homographic.

◇ *nm* homograph.

homographie [ɔmɔgrafi] *nf* homography.

homographique [ɔmɔgrafik] *adj* homographic.

homogreffe [ɔmɔgrɛf] *nf* [de tissu] homograft; [d'organe] homotransplant.

homologation [ɔmɔlɔgasjɔ̃] *nf* -**1.** [de conformité] accreditation. -**2.** JUR [entérinement] ratification, approval. -**3.** SPORT ratification; **l'~ d'un record** the ratification of a record.

homologie [ɔmɔlɔʒi] *nf* MATH & SC homology.

homologue [ɔmɔlɔg] ◇ *adj* -**1.** [équivalent] homologous, homologic, homological; **amiral est le grade ~ de général** an Admiral is equal in rank to a General. -**2.** BIOL & MÉD homologous. -**3.** MATH homologous, homologic, homological.

◇ *nmf* [personne] counterpart, opposite number.

◇ *nm* CHIM homologue.

homologuer [3] [ɔmɔlɔge] *vt* -**1.** [déclarer conforme] to approve, to accredit. -**2.** JUR [entériner] to sanction, to ratify. -**3.** SPORT to ratify.

homomorphisme [ɔmɔmɔrfism] *nm* -**1.** CHIM homomorphism, homomorphy. -**2.** MATH homomorphism.

homoncule [ɔmɔ̃kyl] = **homuncule**.

homonyme [ɔmɔnim] ◇ *adj* homonymous.

◇ *nmf* [personne, ville] namesake.

◇ *nm* LING homonym.

homonymie [ɔmɔnimi] *nf* homonymy.

homonymique [ɔmɔnimik] *adj* homonymic.

homophone [ɔmɔfɔn] ◇ *adj* -**1.** LING homophonous. -**2.** MUS homophonic.

◇ *nm* LING homophone.

homophonie [ɔmɔfɔni] *nf* LING & MUS homophony.

homoptère [ɔmɔptɛr] *nm* homopteran; **les ~s** the Homoptera.

homosexualité [ɔmɔsɛksyalite] *nf* homosexuality.

homosexuel, elle [ɔmɔsɛksyɛl] *adj* & *nm, f* homosexual, gay.

homosphère [ɔmɔsfɛr] *nf* homosphere.

homothétie [ɔmɔtesi] *nf* homothetic transformation.

homothétique [ɔmɔtetik] *adj* homothetic.

homozygote [ɔmɔzigɔt] ◇ *adj* homozygous.

◇ *nmf* homozygote.

homuncule [ɔmɔ̃kyl] *nm* -**1.** [en alchimie] homunculus. -**2.** *fam vieilli* [petit homme] squirt.

Honduras ['ɔ̃dyras] *npr m*: **le ~** Honduras; **au ~** in Honduras; **(le) ~ britannique** British Honduras.

hondurien, enne ['ɔ̃dyrjɛ̃, ɛn] *adj* Honduran.

◆ **Hondurien, enne** *nm, f* Honduran.

Hongkong, Hong Kong ['ɔ̃gkɔ̃g] *npr* Hong Kong.

hongre ['ɔ̃gr] ◇ *adj m* gelded.

◇ *nm* gelding.

Hongrie ['ɔ̃gri] *npr f*: **(la) ~** Hungary.

hongrois, e ['ɔ̃grwa, az] *adj* Hungarian.

◆ **Hongrois, e** *nm, f* Hungarian.

◆ **hongrois** *nm* LING Hungarian, Magyar.

honnête [ɔnɛt] *adj* -**1.** [scrupuleux - vendeur, associé] honest; **le procédé n'est pas très ~ mais j'ai besoin d'argent** it's not a very honest thing to do but I need the money. -**2.** [franc] honest; **soyons ~s** let's be honest; **il faut être ~, elle n'a aucune chance de réussir** let's face it OU we might as well face facts, she hasn't got a hope of succeeding. -**3.** [acceptable] decent, fair; **12 sur 20, c'est ~** 12 out of 20, that's not bad. -**4.** [respectable] honest, respectable, decent; **des gens ~s** respectable people; **une ~ femme** *vieilli* an honorable woman. -**5.** HIST: **~ homme** ≃ gentleman.

honnêtement [ɔnɛtmɑ̃] *adv* -**1.** [sincèrement] honestly, frankly, sincerely; **répondez ~** answer honestly, give an honest answer; **~, je ne la connais pas!** honestly, I don't know her!; **non mais, ~, tu la crois?** come on now, be honest, do you believe her? -**2.** [décemment] fairly, decently; **je connais cet endroit, on y mange ~** I know that place, the food they serve is quite decent; **elle a terminé ~ son année scolaire** she finished the year with reasonable marks. -**3.** [de façon morale] honestly; **vivre ~** to live OU to lead an honest life; **c'est de l'argent ~ gagné** it's money honestly earned; **il a relaté les faits ~** he told the story with honesty.

honnêteté [ɔnɛtte] *nf* -**1.** [franchise] honesty, candour; **avec ~** honestly, candidly; **il a reconnu son erreur avec ~** he admitted honestly that he was wrong. -**2.** [intégrité - d'une conduite] honesty, decency; [- d'une personne] integrity, decency.

◆ **en toute honnêteté** *loc adv* -**1.** [avec sincérité] in all honesty, frankly; **répondez en toute ~** give an honest answer. -**2.** [pour être honnête] to tell the truth, to be perfectly honest.

honneur [ɔnœr] *nm* -**1.** [dignité] honour; **mon ~ est en jeu** my honour is at stake; **l'~ est sauf** my/his *etc* honour is saved OU intact; **c'est une question d'~** it's a matter of honour; **mettre un point d'~ à** OU **se faire un point d'~ de faire qqch** to make a point of honour of doing sthg; **venger l'~ de qqn** to avenge sb's honour; **je finirai la partie pour l'~** I'll play to the end (even though I've lost); **se faire ~ de** to pride o.s. on OU upon. -**2.** [mérite]: **c'est tout à votre ~** it is greatly to your credit; **l'~ vous en revient** the credit is yours; **être l'~ de sa nation** to be a credit OU an honour to one's country; **faire ~ à qqn** to do sb credit; **ces sentiments ne lui font pas ~** these feelings do him no credit. -**3.** [marque de respect] honour; **vous me faites trop d'~** you're being too kind (to me); **c'est lui faire trop d'~** he doesn't deserve such respect; **à vous l'~!** after you!; **~ aux dames!** ladies first! ‖ *sout* [dans des formules de politesse] privilege, honour; **c'est un ~ pour moi de vous présenter...** it's a great privilege for me to introduce to you...; **j'ai l'~ de solliciter votre aide** I would be most grateful for your assistance; **nous avons l'~ de vous informer que...** we have the pleasure of informing you that...; **faites-nous l'~ de venir nous voir** would you honour us with a visit?; **faites-moi l'~ de m'accorder cette danse** may I have the honour of this dance?; **à qui ai-je l'~?** to whom do I have the honour (of speaking)? -**4.** [titre]: **votre/son Honneur** Your/His Honour. -**5.** *loc*: **faire ~ à qqch: faire ~ à ses engagements/sa signature** to honour one's commitments/signature; **ils ont fait ~ à ma cuisine/mon gigot** they did justice to my cooking/leg of lamb.

◆ **honneurs** *nmpl* -**1.** [cérémonie] honours; **les ~s dus à son rang** the honours due to his rank

❑ ~s funèbres last honours; enterré avec les ~s militaires buried with (full) military honours; rendre les ~s à qqn to pay sb one's last respects; les ~s de la guerre MIL the honours of war; avec les ~s de la guerre *fig* honourably. -**2.** [distinction]: briguer OU rechercher les ~s to seek public recognition; avoir les ~s de la première page to get a write-up on the front page ❑ faire à qqn les ~s de qqch to show sb round sthg; permettez que je vous fasse les ~s de la cave do let me show you round the cellar. -**3.** CARTES honours.

◆ **à l'honneur** *loc adj*: être à l'~ to have the place of honour; ce soir, c'est vous qui êtes à l'~ tonight is in your honour; les organisateurs de l'exposition ont voulu que la sculpture soit à l'~ the exhibition organizers wanted sculpture to take pride of place.

◆ **d'honneur** *loc adj* [garde, invité, place, tour] of honour; [membre, président] honorary; [cour, escalier] main.

◆ **en honneur** *loc adj* in favour; mettre qqch en ~ to bring sthg into favour.

◆ **en l'honneur de** *loc prép* in honour of; en l'~ de notre ami Maurice in honour of our friend Maurice; une fête en mon/son ~ a party for me/him; en quel ~? *fam* why, for goodness' sake?; ce regard noir, c'est en quel ~? *fam hum* what's that frown in aid of? *Br*, what's that frown for?

◆ **sur l'honneur** *loc adv* upon OU on one's honour; jurer sur l'~ to swear on one's honour.

honnir [32] ['ɔnir] *vt litt* to despise; un dictateur honni a hated dictator; honni soit qui mal y pense honi soit qui mal y pense.

Honolulu [ɔnɔlyly] *npr* Honolulu.

honorabilité [ɔnɔrabilite] *nf* respectability.

honorable [ɔnɔrabl] *adj* -**1.** [digne de respect] respectable, honourable; les citoyens ~s respectable OU upright citizens; ses motifs ne sont pas des plus ~s his intentions are less than honourable. -**2.** *hum* [avant le n]: mon ~ collègue my esteemed colleague; j'en appelle à l'~ compagnie *fam* I appeal to this honourable company. -**3.** [satisfaisant] fair, decent; son bulletin scolaire est tout à fait ~/est ~ sans plus her school report is quite satisfactory/is just satisfactory.

honorablement [ɔnɔrabləmɑ̃] *adv* -**1.** [de façon respectable] decently, honourably; ~ connu known and respected. -**2.** [de façon satisfaisante] creditably, honourably; gagner ~ sa vie to earn an honest living.

honoraire [ɔnɔrɛr] *adj* -**1.** [conservant son ancien titre]: professeur ~ professor emeritus. -**2.** [ayant le titre mais non les fonctions] honorary.

honoraires [ɔnɔrɛr] *nmpl* fee, fees; il demande des ~ raisonnables he charges reasonable fees OU a reasonable fee.

honorariat [ɔnɔrarja] *nm* [titre] honorary title; obtenir OU recevoir l'~ to become an honorary member.

honoré, e [ɔnɔre] *adj* -**1.** [honorable]: mes chers et ~s confrères most honourable and esteemed colleagues. -**2.** [lors de présentations]: très ~! I'm (greatly) honoured (to meet you)!

◆ **honorée** *nf* COMM: par votre ~e du 20 avril by your letter of the 20th April.

honorer [3] [ɔnɔre] *vt* -**1.** [rendre hommage à] to honour; honorons nos héros disparus let us pay tribute to our dead heroes; elle ne nous a même pas honorés d'un regard *hum* she never even honoured us with a glance. -**2.** [respecter, estimer] to honour; nous honorons tous l'homme qui a pris cette décision the man who made that decision is held in great esteem by us all; tu honoreras ta famille you will respect your family. -**3.** [contribuer à la réputation de] to honour, to be a credit OU an honour to; votre sincérité vous honore your sincerity does you credit. -**4.** [gratifier] to honour; votre présence m'honore you honour me with your presence. -**5.** [payer]: ~ un chèque to honour a cheque. -**6.** RELIG: ~ Dieu to honour OU to praise God.

◆ **s'honorer de** *vp + prép* to be proud of, to take pride in, to pride o.s. upon; je m'honore de votre amitié OU d'être votre ami I'm honoured OU proud to be your friend.

honorifique [ɔnɔrifik] *adj* honorary; c'est un poste ~ it's an honorary position.

honoris causa ['ɔnɔriskoza] *loc adj*: être docteur ~ to be the holder of an honorary doctorate.

honte ['ɔ̃t] *nf* -**1.** [sentiment d'humiliation] shame; avoir ~ (de qqn/qqch) to be OU to feel ashamed (of sb/sthg); vous devriez avoir ~! you should be ashamed!; n'as-tu pas ~? aren't you ashamed?; j'ai ~ d'arriver les mains vides I feel OU I'm ashamed at arriving empty-handed; faire ~ à qqn to make sb (feel) ashamed, to shame sb; il fait ~ à son père [il lui est un sujet de mécontentement] his father is ashamed of him; [il lui donne un sentiment d'infériorité] he puts his father to shame; ne me fais pas ~ devant nos invités please don't show me up in front of our guests ❑ toute ~ bue: trois ans plus tard, toute ~ bue, il recommençait son trafic three years later, totally lacking in any sense of shame, he started up his little racket again. -**2.** [indignité, scandale] disgrace, (object of) shame; être la ~ de sa famille to be a disgrace to one's family; la société laisse faire, c'est une ~! it's outrageous OU it's a crying shame that society just lets it happen! -**3.** [déshonneur] shame, shamefulness; essuyer OU subir la ~ d'un refus to suffer the shame of a rebuff; à ma grande ~ to my shame; ~ à celui/celle qui... shame on him/her who...; il n'y a pas de ~ à être au chômage being unemployed is nothing to be ashamed of. -**4.** *dial* [peur] fear; tu as ~ de venir me dire bonjour? are you afraid to come and say hello? -**5.** [pudeur]: fausse ~ bashfulness; n'ayez pas de fausse ~ à parler au médecin don't feel bashful OU self-conscious about talking to the doctor.

◆ **sans honte** *loc adv* shamelessly, without shame, unashamedly; vous pouvez parler sans ~ you may talk quite openly.

honteusement ['ɔ̃tøzmɑ̃] *adv* -**1.** [avec gêne] shamefully, ashamedly; elle cacha ~ son visage dans ses mains she hid her face in shame. -**2.** [scandaleusement] shamefully, disgracefully; on les exploite ~ they are disgracefully OU scandalously exploited.

honteux, euse ['ɔ̃tø, øz] *adj* -**1.** [déshonorant] shameful, disgraceful; de ~ secrets shameful secrets; un passé ~ a shameful past, an inglorious past ❑ maladie honteuse venereal disease. -**2.** [scandaleux - exploitation, politique] disgraceful, outrageous, shocking; des loyers aussi élevés, c'est ~ such high rents are a disgrace; c'est ~ de lui prendre le peu qu'elle a it's disgraceful OU a disgrace to take from her the little she has; ils continuent leur ~ trafic de stupéfiants they keep up their vile drug trafficking. -**3.** [qui a des remords] ashamed; je suis ~ de ce que j'ai fait I'm ashamed of what I did; des partisans ~ de l'apartheid shamefaced supporters of apartheid.

hooligan ['uligan] = **houligan**.

hop ['ɔp] *interj*: allez, ~! [à un enfant] come on, upsadaisy!; et OU allez ~, on s'en va! (right), off we go!

hôpital, aux [ɔpital, o] *nm* -**1.** [établissement] hospital; ~ de jour day hospital *Br*, outpatient clinic *Am*; ~ psychiatrique psychiatric hospital; c'est l'~ qui se moque de la Charité *prov* it's the pot calling the kettle black *prov*. -**2.** *(comme adj; avec ou sans trait d'union)* hospital *(modif)*; navire ~ hospital ship.

hoquet ['ɔkɛ] *nm* -**1.** [spasme] hiccup, hiccough; avoir le ~ to have the hiccups; mon ~ m'a repris my hiccups have come back again; dans un ~ de dégoût with a gasp of disgust. -**2.** [d'un appareil] chug, gasp.

hoqueter [27] ['ɔkte] *vi* -**1.** [personne] to hiccup, to have the hiccups. -**2.** [appareil] to judder; le moteur hoqueta puis s'arrêta the engine gave a hiccup and stopped.

Horace [ɔras] *npr* [poète] Horace.

◆ **Horaces** *npr mpl* [frères romains]: les ~s the Horatii.

horaire [ɔrɛr] ◇ *adj* hourly; salaire ~ hourly wage.

◇ *nm* -**1.** [de travail] schedule, timetable; j'ai un ~ réduit I work shorter hours; nos ~s sont chargés we work a busy OU heavy schedule OU a lot of hours; nous n'avons pas les mêmes ~s we don't work the same hours; je n'ai pas d'~ I don't have any particular schedule ❑ ~ individualisé OU souple OU à la carte flexible working hours, flexitime *Br*; nous avons un ~ à la carte we work flexitime *Br*, we have flexible working hours. -**2.** [de train, d'avion] schedule, timetable; ~s d'avion flight timetable; je ne connais pas l'~ des trains I don't know the train times.

horde ['ɔrd] *nf* horde; des ~s de gens affamés assaillaient les trains hordes OU throngs of hungry people mobbed the trains.

horion ['ɔrjɔ̃] *nm litt* blow, punch; les ~s pleuvaient de partout fists were flying.

horizon [ɔrizɔ̃] *nm* -**1.** [ligne] horizon; à l'~ *pr* & *fig* on the horizon; le soleil disparaît à l'~ the sun is disappearing below the horizon; le ciel se dégage à l'~ the sky OU the weather is clearing on the horizon; on voit encore le bateau à l'~ the ship is still visible on the horizon; rien à l'~ *pr* & *fig* nothing in sight OU view; pas le moindre petit boulot à l'~ *fam* no job anywhere to be had, nothing doing jobwise. -**2.** [paysage] horizon, view, vista; un ~ de toits et de coupoles a skyline of rooftops and domes; changer d'~ to have a change of scene OU scenery. -**3.** [domaine d'activité] horizon; élargir ses ~s to broaden one's horizons. -**4.** [perspectives d'avenir]: notre ~ est janvier 1999 our objective is OU we are working towards January 1999; les prévisions à l'~ 2000 the forecast for 2000; ouvrir des ~s to open up new horizons OU prospects ❑ ~ économique/politique ÉCON economic/political prospects. -**5.** ASTRON (celestial) horizon. -**6.** GÉOL horizon; ~ A/B/C A/B/C horizon. -**7.** AÉRON: ~ artificiel artificial horizon. -**8.** BX-ARTS: ligne/plan d'~ horizon line/plane.

horizontal, e, aux [ɔrizɔ̃tal, o] *adj* horizontal; mettez-vous en position ~e lie down (flat); le un ~ [aux mots croisés] one across.

◆ **horizontale** *nf* horizontal.

◆ **à l'horizontale** *loc adv* horizontally, in a horizontal position; placer qqch à l'~e to lay sthg down (flat).

horizontalement [ɔrizɔ̃talmɑ̃] *adv* horizontally; pose l'échelle ~ lay the ladder down flat; ~: un, en six lettres, oiseau tropical one across, six letters, tropical bird.

horizontalité [ɔrizɔ̃talite] *nf* horizontalness, horizontality.

horloge [ɔrlɔʒ] *nf* -**1.** [pendule] clock; ~ atomique/biologique atomic/biological clock; ~ normande grandfather OU longcase *Br* clock; ~ parlante speaking clock *Br*, time (telephone) service *Am*. -**2.** ZOOL: ~ de la mort deathwatch beetle.

horloger, ère [ɔrlɔʒe, ɛr] ◇ *adj* clock-making; la production horlogère clock and watch making.

◇ *nm, f* watchmaker, clockmaker; ~ bijoutier jeweller.

horlogerie [ɔrlɔʒri] *nf* -**1.** [technique, métier] clock (and watch) OU timepiece making; pièce d'~ [interne] clock component; [horloge] timepiece. -**2.** [boutique] watchmaker's, clockmaker's; ~ (bijouterie) jewellery shop *Br*, jewelry store *Am*.

hormis ['ɔrmi] *prép litt* save (for); le stade était vide, ~ quelques rares spectateurs the stadium was empty, save for OU apart from a handful of spectators.

◆ **hormis que** *loc conj litt* except OU save that.

hormonal, e, aux [ɔrmɔnal, o] *adj* [gén] hormonal; [traitement, crème] hormone *(modif)*.
hormone [ɔrmɔn] *nf* hormone.
hormonothérapie [ɔrmɔnɔterapi] *nf* hormone therapy, hormonotherapy *spéc.*
Hormuz [ɔrmuz] = **Ormuz**.
Horn ['ɔrn] *npr* → **cap**.
hornblende ['ɔrnblɛ̃d] *nf* hornblende.
horodaté, e [ɔrɔdate] *adj* stamped *(with the date and time)*; **stationnement ~** pay and display parking zone.
horodateur, trice [ɔrɔdatœr, tris] *adj* time-stamping.
◆ **horodateur** *nm* [administratif] time-stamp; [de parking] ticket machine.
horokilométrique [ɔrɔkilɔmetrik] *adj*: **rendement ~** time-distance ratio.
horoscope [ɔrɔskɔp] *nm* horoscope.
horreur [ɔrœr] *nf* -**1.** [effroi] horror; **saisi** OU **rempli d'~** horror-stricken, filled with horror; **hurler/reculer d'~** to cry out/to shrink away in horror; **avoir qqch en ~** [dégoût] to have a horror of OU to loathe sthg; **avoir qqn en ~** to loathe sb; **avoir ~ de** to loathe, to detest; **j'ai ~ des araignées** I hate OU I'm terrified of spiders; **elle a ~ des huîtres** she hates OU can't stand oysters; **j'ai ~ qu'on me dérange** I hate OU I can't stand being disturbed; **faire ~ à qqn** to horrify OU to terrify sb, to fill sb with horror; **rien que l'idée de manger des escargots me fait ~** the very idea of eating snails fills me with horror OU disgust; **film d'~** horror film. -**2.** [cruauté] horror, ghastliness; **l'~ des images était insoutenable** the pictures were unbearably horrific; **il décrit la guerre des tranchées dans toute son ~** he describes trench warfare in all its horror. -**3.** *fam* [chose ou personne laide]: **c'est une ~** [personne] he's/she's repulsive; [objet] it's hideous; **jette-moi toutes ces vieilles ~s** throw away all these horrible old things. -**4.** *(comme exclam)*: **oh, quelle ~!** that's awful OU terrible!; **quelle ~, cette odeur!** what a disgusting OU vile smell!; **une goutte de bière sur mon tapis neuf, l'~!** *hum* a drop of beer on my new carpet, oh, no!
◆ **horreurs** *nfpl* -**1.** [crimes] horrors; **les ~s de la guerre** the horrors of war; **les ~s dont il est responsable** the horrible OU dreadful deeds he is responsible for. -**2.** [calomnies]: **on m'a raconté des ~s sur lui** I've heard horrible things about him.
horrible [ɔribl] *adj* -**1.** [effroyable - cauchemar] horrible, dreadful; [- mutilation, accident] horrible, horrific; [- crime] horrible, ghastly; [- cri] horrible, frightful; **ce fut une guerre particulièrement ~** it was a particularly horrific war. -**2.** [laid - personne] horrible, hideous, repulsive; [- vêtement] ghastly, frightful; [- décor, style] horrible, hideous, ghastly; **une espèce d'~ chapeau** a really ghastly hat. -**3.** [méchant] horrible, nasty, horrid; **être ~ avec qqn** to be horrible to sb; **raconter des histoires ~s sur qqn** to say horrible OU nasty things about sb. -**4.** [infect] horrible, disgusting, frightful; **la nourriture était ~** the food was disgusting. -**5.** [très désagréable] horrible, terrible; **il faisait un temps ~** the weather was terrible OU dreadful; **un vacarme ~** a horrible noise; **des douleurs ~s** terrible OU awful pain.
horriblement [ɔribləmɑ̃] *adv* -**1.** [en intensif] horribly, terribly, awfully; **nous étions ~ déçus** we were terribly disappointed; **je suis ~ confus** I'm terribly sorry; **faire qqch ~ mal** to do sthg very badly indeed; **~ mal habillé** appallingly dressed; **ça fait ~ mal** it hurts terribly. -**2.** [atrocement] horribly.
horrifiant, e [ɔrifjɑ̃, ɑ̃t] *adj* horrifying, terrifying.
horrifier [9] [ɔrifje] *vt*: **~ qqn** to horrify sb, to fill sb with horror; **être horrifié par** to be horrified at; **elle recula, horrifiée** she shrank back in horror.
horrifique [ɔrifik] *adj litt* horrific, horrendous, horrifying.
horripilant, e *fam* [ɔripilɑ̃, ɑ̃t] *adj* infuriating, exasperating, irritating; **ne fais pas grincer ta craie, c'est ~** don't grate your chalk on the board, it sets my teeth on edge; **il est ~, avec sa manie de jeter les journaux!** he gets on my nerves, always throwing out the papers!
horripilation [ɔripilasjɔ̃] *nf* -**1.** MÉD horripilation *spéc*, gooseflesh, goose pimples OU bumps. -**2.** *fam* [exaspération] exasperation, irritation.
horripiler [3] [ɔripile] *vt* -**1.** *fam* [exaspérer] to exasperate; **ses petites manies m'horripilaient** his annoying little habits were getting on my nerves. -**2.** MÉD to horripilate *spéc.*
hors ['ɔr] *prép* -**1.** *litt* [hormis] except (for), save (for); **personne ~ les initiés** no one save OU but the initiated. -**2.** *loc*: **~ antenne** off the air; **~ barème** off-scale, unquoted; **~ cadre** ADMIN seconded, on secondment; **~ catégorie** outstanding, exceptional; **~ circuit: mettre une lampe ~ circuit** to disconnect a lamp; **être ~ circuit** *fig* to be out of circulation; **~ commerce** not for sale to the general public; **il est ~ concours** [exclu] he's been disqualified; *fig* he is in a class of his own; **le film a été présenté ~ concours** the film was presented out of competition; **être ~-course** to be out of touch; **planche ~ texte** plate; **~ normes** non-standard; **~ jeu** SPORT offside; **~ la loi: mettre qqn ~ la loi** to declare sb an outlaw, to outlaw sb; **se mettre ~ la loi** to place o.s. outside the law; **~ les murs** [festival] out of town; **~ saison** off-season; **louer ~ saison** to rent in the off-season; **~ série** [remarquable] outstanding, exceptional; [personnalisé] custom built, customized; **numéro ~ série** [publication] special issue; **~ service** out of order; **~ sujet** irrelevant, off the subject; **~ taxe** OU **taxes** excluding tax; [à la douane] duty-free; **~ tout** overall; **~ pair, ~ ligne** exceptional, outstanding; **une cuisinière ~ pair** an exceptional OU outstanding cook.
◆ **hors de** *loc prép* -**1.** [dans l'espace - à l'extérieur de] out of, outside; [- à l'écart de] away from; **~ de la ville** out of town, outside the town; **~ de son monde/de ses habitudes** away from his surroundings/his routine ❑ **~ de ma vue** out of my sight; **~ d'ici!** *sout* get out of here! -**2.** [dans le temps]: **~ de saison** out of season; **~ du temps** timeless; **elle est** OU **elle vit ~ de son temps** she lives in a different age. -**3.** *loc*: **~ d'atteinte** OU **de portée (de)** [trop loin] out of reach OU range (of); *fig* out of reach (of); **être ~ d'affaire** to have come OU pulled through; **être ~ de combat** SPORT to be knocked out OU hors de combat; *fig* to be out of the game OU running; **~ du commun** outstanding, exceptional; **ici, vous êtes ~ de danger** you're safe OU out of harm's reach here; **la victime n'est pas encore ~ de danger** the victim isn't out of danger yet; **il a encore de la fièvre mais il est ~ de danger** he still has a fever but he's out of danger; **il est ~ de doute que** it's beyond doubt that; **il est ~ d'état de nuire** he's been rendered harmless; *euph* [tué] he's been taken care of; **c'est ~ de question** it's out of the question; **~ d'usage** out of service; **il était ~ de lui** he was beside himself; **elle m'a mis ~ de moi** she infuriated me, she made me furious *Br* OU mad *Am*; **~ de prix** prohibitively OU ruinously expensive; **~ de propos** inopportune, untimely; **~ de l'Église, point de salut** there is no salvation outside the Church.
hors-bord ['ɔrbɔr] *nm inv* -**1.** [moteur] outboard motor. -**2.** [bateau] speedboat, outboard.
hors-cote ['ɔrkɔt] ◇ *adj inv* BOURSE unlisted.
◇ *nm inv* [marché] unlisted securities market.
hors-d'œuvre ['ɔrdœvr] *nm inv* -**1.** CULIN starter, hors d'œuvre; **~ variés** (assorted) cold meats and salads. -**2.** *fig*: **et ce n'était qu'un ~** and that was just the beginning.
horse-guard ['ɔrsgard] (*pl* **horse-guards**) *nm* Horse Guard.
horse power ['ɔrspɔwœr] *nm inv* horsepower.
hors-jeu ['ɔrʒø] ◇ *adj inv* offside; **le joueur est ~** the player is offside.
◇ *nm inv* offside; **~ de position** offside *(where the player is not interfering with play)*.
hors-la-loi ['ɔrlalwa] *nm inv* outlaw.
hors-piste(s) ['ɔrpist] ◇ *nm inv*: **faire du ~** to ski off piste.
◇ *adj inv*: **le ski ~** off-piste skiing.
hors-texte ['ɔrtɛkst] *nm inv* plate PRINT.
hortensia [ɔrtɑ̃sja] *nm* hydrangea.
horticole [ɔrtikɔl] *adj* horticultural.
horticulteur, trice [ɔrtikyltœr, tris] *nm, f* horticulturist.
horticulture [ɔrtikyltyr] *nf* horticulture.
hosanna [ozana] *nm* hosanna.
hospice [ɔspis] *nm* -**1.** [asile]: **~ (de vieillards)** (old people's) home. -**2.** RELIG hospice.
hospitalier, ère [ɔspitalje, ɛr] ◇ *adj* -**1.** ADMIN [frais, service, personnel] hospital *(modif)*; **en milieu ~** in a hospital environment ❑ **établissement ~** hospital. -**2.** [accueillant - personne, peuple, demeure] hospitable, welcoming; *sout* [- rivage, île] inviting. -**3.** RELIG [frère, sœur, ordre] Hospitaller.
◇ *nm, f* member of hospital staff; **les ~s** hospital staff OU workers.
◆ **hospitalier** *nm* Knight Hospitaller.
hospitalisation [ɔspitalizasjɔ̃] *nf* hospitalization; **son état nécessite une ~ immédiate** in her state, she should be admitted to hospital immediately; **pendant mon ~** while I was in hospital ❑ **~ à domicile** home care.
hospitalisé, e [ɔspitalize] *nm, f* hospital patient.
hospitaliser [3] [ɔspitalize] *vt* to hospitalize; **se faire ~** to be admitted OU taken to hospital; **le médecin veut le faire ~** the doctor wants to send him OU to have him admitted to hospital OU to hospitalize him; **elle est hospitalisée à La Salpêtrière** she's in hospital at La Salpêtrière.
hospitalisme [ɔspitalism] *nm* separation anxiety.
hospitalité [ɔspitalite] *nf* -**1.** [hébergement] hospitality; **offrir/donner l'~ à qqn** to offer/to give sb hospitality. -**2.** [cordialité de l'accueil]: **nous vous remercions de votre ~** [après un séjour, un repas] thank you for making us (feel) welcome. -**3.** [asile]: **donner l'~ à des réfugiés politiques** to give shelter to OU to take in political refugees.
hospitalo-universitaire [ɔspitaloynivɛrsitɛr] (*pl* **hospitalo-universitaires**) *adj*: **centre ~** teaching OU university hospital; **enseignement ~** clinical teaching.
hostellerie [ɔstɛlri] *nf arch* inn, hostelry.
hostie [ɔsti] *nf* host RELIG.
hostile [ɔstil] *adj* -**1.** [inamical] hostile, unfriendly; **un regard ~** a hostile look; **cette nature/ce rivage ~** *litt* this hostile OU unfriendly environment/shore. -**2.** [opposé] hostile; **être ~ à qqn** to be hostile to OU opposed to OU against sb. -**3.** ÉCOL hostile.
hostilement [ɔstilmɑ̃] *adv* hostilely, with hostility.
hostilité [ɔstilite] *nf* hostility; **manifester de l'~ envers qqn/qqch** to show hostility to OU towards sb/sthg.
◆ **hostilités** *nfpl* MIL: **les ~s** hostilities; **reprendre les ~s** to reopen OU to resume hostilities.
hosto *fam* [ɔsto] *nm* [hôpital] hospital.
hot ['ɔt] ◇ *adj inv* [jazz] hot.
◇ *nm inv* hot jazz.
hot dog ['ɔtdɔg] (*pl* **hot dogs**) *nm* hot dog.
hôte, hôtesse [ot, otɛs] *nm, f sout* [personne qui reçoit] host (*f* hostess); **notre ~** our host.
◆ **hôte** *nm* -**1.** [invité] guest; [client dans un hôtel] patron, guest; **un ~ de marque** an important guest ❑ **~ payant** paying guest. -**2.** *litt* [habitant]: **les ~s des bois/lacs** the denizens *litt* of the woodlands/lakes. -**3.** BIOL host. -**4.** INF host (computer).

◆ **hôtesse** *nf* [responsable de l'accueil - dans un hôtel] receptionist; [- dans une exposition] hostess; **hôtesse d'accueil** receptionist; **demande à l'hôtesse** ask at reception; **hôtesse de l'air** air hostess *Br*, stewardess.

hôtel [otɛl] *nm* -**1.** COMM & LOISIRS hotel; ~ **tout confort** hotel with all mod cons; **on ne trouve pas d'~s dans la région à cette saison** there is no hotel accommodation available in the area at this time of year; **on n'est pas dans un ~ ici!** *fam* this isn't a hotel you know! ❑ ~ **de passe** *hotel used for prostitution*. -**2.** [bâtiments administratifs] : **l'~ de Brienne** *building in Paris where the French Ministry of Defence is situated*; **l'~ Drouot** *sale rooms in Paris where auctions are held*; **l'~ de la Monnaie** *the former French Mint*, ≃ the Mint *Br*, ≃ the (Federal) Mint *Am*; ~ **des ventes** sale room OU rooms, auction room OU rooms; ~ **de ville** town OU city hall.

◆ **hôtel particulier** *nm* (private) mansion, town house.

L'HÔTEL DE LA MONNAIE:
Legal tender is no longer minted at the "hôtel de la Monnaie" in Paris, although medals are still made there. Money is now minted at Pessac near Bordeaux.

---

hôtel-Dieu [otɛldjø] (*pl* **hôtels-Dieu**) *nm* general hospital.

hôtelier, ère [otəlje, ɛr] ◇ *adj* [relatif à l'hôtellerie] hotel *(modif)*; **la qualité de l'accueil ~** the standards of hotel accommodation; **l'infrastructure hôtelière** hotel facilities.
◇ *nm, f* COMM & LOISIRS hotelier, hotel manager OU owner.
◆ **hôtelier** *nm* RELIG hospitaller.

hôtellerie [otɛlri] *nf* -**1.** COMM & LOISIRS hotel trade OU business OU industry; ~ **de plein air** the camping and caravanning business. -**2.** RELIG hospice.

hôtel-restaurant [otɛlrɛstɔrɑ̃] (*pl* **hôtels-restaurants**) *nm* hotel and restaurant.

hôtesse [otɛs] *f* → **hôte**.

hot money ['ɔtmɔnɛ] *nf inv* hot money.

hotte ['ɔt] *nf* -**1.** [de cheminée, de laboratoire] hood; ~ **aspirante** OU **filtrante** [de cuisine] extractor hood. -**2.** [de vendangeur] basket; **la ~ du Père Noël** Father Christmas's sack.

hottentot, e [ɔtɑ̃to, ɔt] *adj* Hottentot.
◆ **Hottentot, e** *nm, f* Hottentot; **les Hottentots** the Hottentot(s).

hou ['u] *interj* [pour effrayer] boo; [pour faire honte] shame.

houblon ['ublɔ̃] *nm* BOT hop (plant); [de bière] hops.

houblonnage ['ublɔnaʒ] *nm* hopping.

houblonner [3] ['ublɔne] *vt* to hop.

houblonnier, ère ['ublɔnje, ɛr] ◇ *adj* [région] hopgrowing; [industrie] hop *(modif)*.
◇ *nm, f* hop grower.
◆ **houblonnière** *nf* hop field OU garden.

houe ['u] *nf* -**1.** HORT hoe; AGR (drag) hoe; ~ **rotative** rotary (motor) hoe. -**2.** CONSTR pestle.

houille ['uj] *nf* -**1.** MIN coal; ~ **flambante** low rank coal, splint coal; ~ **maigre/grasse** lean/bituminous coal. -**2.** ÉLECTR: ~ **rouge/d'or** geothermal/solar energy; ~ **blanche** hydroelectric power *(from waterfalls)*; ~ **bleue** wave and tidal power; ~ **incolore** wind power; ~ **verte** hydroelectric power *(from rivers)*.

houiller, ère ['uje, ɛr] *adj* [bassin, production] coal *(modif)*; [sol, roche] coal-bearing, carboniferous *spéc*.
◆ **houiller** *nm* [en Europe] Upper Carboniferous; [aux États-Unis] Pennsylvanian.
◆ **houillère** *nf* coalmine.

houle ['ul] *nf* [mouvement de la mer] swell; **grosse** OU **grande ~** heavy swell; **il y a de la ~** the sea's rough.

houlette ['ulɛt] *nf* -**1.** [d'un berger] crook. -**2.** HORT trowel.
◆ **sous la houlette de** *loc prép* under the leadership OU direction OU aegis of.

houleux, euse ['ulø, øz] *adj* -**1.** [mer] rough, choppy. -**2.** [débat, réunion] stormy.

houligan ['uligan] *nm* (football) hooligan.

houp ['up] = **hop**.

houppe ['up] *nf* -**1.** [à maquillage] powder puff. -**2.** [de cheveux] tuft (of hair). -**3.** [décorative] tassel. -**4.** ORNITH tuft.

houppelande ['uplɑ̃d] *nf* mantle.

houppette ['upɛt] *nf* powder puff.

hourra ['ura] ◇ *interj* hurrah, hooray.
◇ *nm* cheer (of joy); **pousser des ~s** to cheer.

houspiller [3] ['uspije] *vt* to tell off *(sép)*; **se faire ~** to get told off.

housse ['us] *nf* -**1.** [de machine à écrire] dust cover; [de couette, de coussin] cover; [pour meubles - pour protéger] dustsheet; [- pour décorer] cover *Br*, slipcover *Am*; [pour vêtements] suit sack. -**2.** TECH rough casting.

housser [3] ['use] *vt* to put a (dust) cover on, to cover (up).

houx ['u] *nm* holly; **petit ~** butcher's broom.

hovercraft [ɔvœrkraft] *nm* hovercraft.

hoverport [ɔvœrpɔr] *nm* hoverport.

HP ◇ *abr écrite de* **haut-parleur**.
◇ *n abr de* **hôpital psychiatrique**.

HPA (*abr de* **heure probable d'arrivée**) *nf* ETA.

HPD (*abr de* **heure probable de départ**) *nf* ETD.

HR (*abr écrite de* **heures des repas**) *at meal times*.

HS *fam* (*abr de* **hors service**) *adj* out of order; **être ~** to be shattered *Br* OU dead beat; **la télé est complètement ~** the telly's on the blink; **je suis ~** I'm completely washed out.

HT ◇ *adj* (*abr de* **hors taxe**) *not including tax*; **300 F ~** ≃ 300 F plus VAT.
◇ *nf* (*abr de* **haute tension**) HT.

Huang He [waŋe], **Huang-ho** [waŋo] *npr m* Huang-Ho.

huard, huart ['yar] *nm Can* ORNITH (black-throated) diver *Br* OU loon *Am*.

hublot ['yblo] *nm* [de bateau] porthole; [d'avion] window; [de machine à laver] (glass) door; **mes ~s** *fam* my specs.

huche ['yʃ] *nf* chest; ~ **à pain** bread bin.

Hudson [ytsɔn] ◇ *npr m*: **l'~** the Hudson River.
◇ *npr* → **baie**.

hue ['y] *interj* gee up; **allez ~, cocotte!** gee up!, giddy up!
◆ **à hue et à dia** *loc adv*: **tirer à ~ et à dia** to pull OU to tug in opposite directions (at once).

Hué ['ɥe] *npr* Hué.

huée ['ɥe] *nf* CHASSE hallooing, halloos.
◆ **huées** *nfpl* boos, booing *(U)*; **il quitta la scène sous les ~s** he was booed OU hissed off stage.

huer [7] ['ɥe] ◇ *vt* -**1.** [par dérision] to boo. -**2.** CHASSE to halloo.
◇ *vi* [hibou] to hoot; [héron] to croak.

huguenot, e ['ygno, ɔt] *adj* & *nm, f* Huguenot.

huilage ['ɥilaʒ] *nm* oiling, lubrication.

huile [ɥil] *nf* -**1.** CULIN oil; **faire frire qqch à l'~** to fry sthg in oil; **à l'~**: **pommes à l'~** potatoes (done) in an oil dressing ❑ ~ **d'arachide/de coco/de colza/d'olive/de maïs/de noix/de tournesol** groundnut/coconut/rapeseed OU colza/olive/corn/walnut/sunflower oil; ~ **de cuisson** cooking oil; ~ **de cade** oil of cade; ~ **de table** (salad) oil; ~ **végétale** vegetable oil; ~ **vierge** unrefined OU virgin oil; **jeter** OU **mettre** OU **verser de l'~ sur le feu** to add fuel to the flames. -**2.** [pour chauffer, pour lubrifier] oil; ~ **de chauffage** *Can* domestic fuel; ~ **de coude** *fam* elbow grease; ~ **minérale** mineral oil; ~ **(pour) moteur** engine oil; ~ **de vidange** waste (lubricating) oil; **mettre de l'~ dans les rouages de** to oil the wheels of. -**3.** PHARM: ~ **d'amandes douces/amères** sweet/bitter almond oil; ~ **essentielle** OU **volatile** essential oil; ~ **de lin/ricin** linseed/castor oil; ~ **de vaseline** OU **paraffine** paraffin oil; ~ **de foie de morue** cod-liver oil; ~ **solaire** sun OU suntan oil. -**4.** RELIG: **les saintes ~s** the holy oils. -**5.** BX-ARTS [œuvre] oil (painting). -**6.** *fam* [personne importante] bigwig, VIP, big shot; **les ~s du régiment** the regimental (top) brass OU big shots.
◆ **d'huile** *loc adj* [mer] glassy; **la mer était d'~** the sea was like glass OU a mill pond.

huilé, e [ɥile] *adj* -**1.** [enduit d'huile] oiled. -**2.** [qui fonctionne] : **bien ~** well-oiled.

huiler [3] [ɥile] *vt* to oil, to lubricate.

huilerie [ɥilri] *nf* [fabrique] oil works OU factory.

huileux, euse [ɥilø, øz] *adj* -**1.** [substance] oily. -**2.** [cheveux, doigts] oily, greasy.

huilier, ère [ɥilje, ɛr] *adj* oil *(modif)*.
◆ **huilier** *nm* -**1.** [ustensile de table] oil and vinegar set; [avec moutardier] cruet (stand), condiment set. -**2.** [fabricant] oil manufacturer.

huis [ɥi] *nm litt* door.

huis clos ['ɥiklo] *nm*: **demander le ~** to ask for proceedings to be held in camera ❑ **'Huis clos'** *Sartre* 'In Camera'.
◆ **à huis clos** *loc adv*: **le procès se déroulera à ~** the trial will be held in camera; **avoir une discussion à ~** to have a discussion behind closed doors.

huisserie [ɥisri] *nf* [de porte] (door) frame; [de fenêtre] (window) frame.

huissier [ɥisje] *nm* -**1.** [gardien, appariteur] usher. -**2.** JUR: ~ **(de justice)** ≃ bailiff.

huit ['ɥit, 'ɥi *devant consonne*] ◇ *adj num card inv* eight; ~ **jours** [une semaine] a week; **donner ses ~ jours à qqn** to give sb their notice.
◇ *nm inv* -**1.** [nombre] eight; **nous avons rendez-vous le ~ (mars)** we are meeting on the eighth (of March); **jeudi en ~** a week on *Br* OU from Thursday; **'Huit et demi'** *Fellini* 'Eight and a Half'. -**2.** [dessin] figure of eight. -**3.** SPORT [en patinage] figure of eight; [en aviron] : ~ **(barré)** eight. -**4.** LOISIRS: **le grand ~** rollercoaster *(in figure of eight)*.

huitain ['ɥitɛ̃] *nm* LITTÉRAT octave.

huitaine ['ɥitɛn] *nf*: **une ~** about eight, eight or so; **une ~ (de jours)** about a week, a week or so; **sous ~** within a week; **remis à ~** postponed for a week.

huitante ['ɥitɑ̃t] *adj num card inv Helv* eighty.

huitième ['ɥitjɛm] ◇ *adj num ord* eighth; **le ~ art** television; **la ~ merveille du monde** the eighth wonder of the world.
◇ *nmf*: **il est arrivé ~** he finished eighth.
◇ *nm* eighth; **les ~s de finale** SPORT the round before the quarterfinals.

huitièmement ['ɥitjɛmmɑ̃] *adv* eighthly.

huître [ɥitr] *nf* -**1.** ZOOL oyster; ~ **de Marennes** Marennes oyster; ~ **perlière** pearl oyster; ~ **plate** flat OU native oyster; ~ **portugaise** Portuguese oyster. -**2.** *fam vieilli* [personne stupide] twit.

huîtrier, ère [ɥitrije, ɛr] *adj* oyster *(modif)*.
◆ **huîtrier** *nm* ORNITH oystercatcher.
◆ **huîtrière** *nf* [banc] oyster bed; [parc] oyster farm OU bed.

hulotte ['ylɔt] *nf* tawny OU brown owl.

hululement ['ylylmɑ̃] = **ululation**.

hululer ['ylyle] = **ululer**.

hum ['œm] *interj* -**1.** [marquant le doute] er, um, h'mm. -**2.** [pour signaler sa présence] ahem.

humain, e [ymɛ̃, ɛn] *adj* -**1.** [propre à l'homme - corps, race, condition] human; **il cherche à se venger, c'est ~** he's looking for revenge, it's only human; **nous faire travailler par cette chaleur, ce n'est pas ~** forcing us to work in this heat is inhuman; **une ville nouvelle aux dimensions ~es** a new town planned with people in mind OU on a human scale ❑ **le genre ~** mankind, the human race. -**2.** [bienveillant] humane; **être ~ avec qqn** to act humanely towards sb, to treat sb humanely.
◆ **humain** *nm* -**1.** [être] : **un ~** a human (being); **les ~s** mankind, humans, human beings. -**2.** *litt*: **l'~** [nature] human nature; [facteur] the human element OU factor; **perdre le sens de l'~** to lose one's sense of humanity.

humainement [ymɛnmɑ̃] *adv* -**1.** [avec bienveillance] humanely; traiter qqn ~ to treat sb humanely. -**2.** [par l'homme] humanly; faire tout ce qui est ~ possible to do everything that is humanly possible.

humanisation [ymanizasjɔ̃] *nf* humanization; viser à une ~ des rapports dans l'entreprise to aim to make relationships in the company more human.

humaniser [3] [ymanize] *vt* [environnement] to humanize, to adapt to human needs; [personne] to make more human.
◆ **s'humaniser** *vpi* to become more human; l'environnement industriel s'est humanisé the industrial environment has a more human face.

humanisme [ymanism] *nm* humanism.

humaniste [ymanist] ◇ *adj* humanist, humanistic.
◇ *nmf* humanist.

humanitaire [ymanitɛr] *adj* humanitarian.

humanitarisme [ymanitarism] *nm* humanitarianism.

humanitariste [ymanitarist] *adj* & *nmf* humanitarian.

humanité [ymanite] *nf* -**1.** [êtres] : l'~ humanity, mankind, humankind. -**2.** [compassion] humanity, humaneness; traiter qqn avec ~ to treat sb humanely.
◆ **humanités** *nfpl Belg the three years leading to the baccalaureat examination in Belgium*; UNIV: les ~s *vieilli* the classics.

L'HUMANITÉ:
Founded in 1904 by Jean Jaurès as a socialist newspaper, "l'Huma", as it is popularly known, is now the organ of the French Communist Party.

---

humanoïde [ymanɔid] *adj* & *nmf* humanoid.

humble [œ̃bl] *adj* -**1.** [effacé - personne] humble, meek; d'un ton ~ humbly, meekly. -**2.** [par déférence] humble; veuillez accepter mes ~s excuses please accept my most humble apologies; à mon ~ avis in my humble opinion. -**3.** [pauvre, simple - demeure, origine] humble; [- employé] humble, lowly, obscure.
◆ **humbles** *nmpl litt*: les ~s those of humble extraction.

humblement [œ̃bləmɑ̃] *adv* -**1.** [avec humilité] humbly; je vous ferai ~ remarquer que... may I humbly point out that...? -**2.** [sans richesse] humbly; vivre ~ to live modestly OU humbly.

humecter [4] [ymɛkte] *vt* [linge] to dampen; [visage - avec un liquide] to moisten; [- avec un linge mouillé] to dampen; la sueur humectait son front his forehead was damp with perspiration.
◆ **s'humecter** *vpt*: s'~ les lèvres to moisten one's lips ❑ s'~ le gosier *fam* to wet one's whistle.

humecteur [ymɛktœr] *nm* [de papier, d'étoffe] dampener.

humer [3] ['yme] *vt* [odeur] to smell; [air] to inhale, to breathe in *(sép)*.

huméral, e, aux [ymeral, o] *adj* humeral.

humérus [ymerys] *nm* humerus.

humeur [ymœr] *nf* -**1.** [état d'esprit] mood; être d'~ à faire qqch to be in the mood to do sthg OU for doing sthg; je ne suis pas d'~ à écouter ses commérages I am not in the mood for listening to his gossip OU I am in no mood for listening to his gossip; selon l'~ du jour it depends (on) how the mood takes me; être de bonne/mauvaise ~ to be in a good/bad mood; la bonne ~ régnait dans la maison the whole household was in a good mood ❑ être d'une ~ de dogue to be like a bear with a sore head; être d'une ~ noire to be in a foul mood. -**2.** [caractère] temper; être d'~ chagrine to be bad-tempered OU sullen; être d'~ égale/inégale to be even-tempered/moody. -**3.** *litt* [acrimonie] bad temper, ill humour; montrer de l'~ to show ill temper; répondre avec ~ to answer testily OU moodily ❑ accès/mouvement d'~ outburst/fit of temper. -**4.** [caprice] : il a ses ~s he has his whims. -**5.** MÉD: ~ aqueuse/vitrée aqueous/vitreous humour.
◆ **humeurs** *nfpl arch* humours.

humide [ymid] *adj* -**1.** [linge, mur] damp; [éponge] damp, moist; [cave] damp, dank; [chaussée] wet; [chaleur, air, climat] humid, moist; j'ai les mains ~s my hands are wet; la terre doit toujours être un peu ~ always keep the soil slightly moist; temps chaud et ~ muggy weather; les yeux ~s de larmes eyes moist with tears. -**2.** CHIM: par voie ~ in solution.

humidificateur [ymidifikatœr] *nm* humidifier.

humidification [ymidifikasjɔ̃] *nf* -**1.** [de l'air] humidification *spéc*, humidifying, moisturizing. -**2.** [du linge] dampening, moistening.

humidifier [9] [ymidifje] *vt* -**1.** [air] to humidify, to moisturize. -**2.** [linge] to dampen, to moisten.

humidité [ymidite] *nf* -**1.** [de l'air chaud] humidity, moisture; [de l'air froid, d'une terre] dampness; [d'une cave] dampness, dankness; il y a des taches d'~ au plafond there are damp patches on the ceiling; la pièce sent l'~ the room smells (of) damp. -**2.** PHYS: ~ absolue/relative absolute/relative humidity.

humiliant, e [ymiljɑ̃, ɑ̃t] *adj* humiliating; critique ~e galling OU mortifying criticism.

humiliation [ymiljasjɔ̃] *nf* humiliation; infliger une ~ à qqn to humiliate sb; subir les pires ~s to suffer the deepest humiliation.

humilié, e [ymilje] ◇ *adj* humiliated.
◇ *nm, f* humiliated person; les ~s the humiliated, the humbled.

humilier [9] [ymilje] *vt* to humiliate, to shame.
◆ **s'humilier** *vp* *(emploi réfléchi)*: s'~ devant qqn/qqch to humble o.s. before sb/sthg.

humilité [ymilite] *nf* -**1.** [d'une personne] humility, humbleness, modesty; avec ~ humbly. -**2.** *litt* [d'une tâche] humbleness, lowliness.
◆ **en toute humilité** *loc adv sout* in all humility.

humoral, e, aux [ymɔral, o] *adj* humoral.

humoriste [ymɔrist] *nmf* humorist.

humoristique [ymɔristik] *adj* [récit, remarque, ton] humorous.

humour [ymur] *nm* humour; avec ~ humorously; sans ~ humourless; il n'y a aucun ~ dans le scénario the script is totally humourless; avoir de OU le sens de l'~ to have a sense of humour ❑ ~ noir black humour.

humus [ymys] *nm* humus.

Hun ['œ̃] *nmf* Hun; les ~s (the) Hun.

Hunan ['ynan] *npr* Hunan.

hune ['yn] *nf* top NAUT.

hunier ['ynje] *nm* topsail.

hunter ['œntœr] *nm* hunter EQUIT.

huppe ['yp] *nf* ORNITH -**1.** [oiseau] hoopoe. -**2.** [plumes] crest; [chez certains pigeons] tuft, tufts.

huppé, e ['ype] *adj* -**1.** *fam* [personne, restaurant, soirée] posh *Br*, smart; les gens ~s the upper crust. -**2.** ORNITH crested.

hurdler ['œrdlœr] *nm* hurdler.

hurlant, e ['yrlɑ̃, ɑ̃t] *adj* -**1.** [foule] yelling, howling. -**2.** [couleur - voyante] garish; [- qui jure] clashing.

hurlement ['yrləmɑ̃] *nm* -**1.** [humain] yell, roar; des ~s de joie whoops of joy; des ~s d'indignation howls of indignation; pourquoi tous ces ~s? what is all this shouting about? -**2.** [d'un chien, d'un loup] howl. -**3.** *litt* [de la tempête] roar; [du vent] howling, screaming; [d'une sirène] howl.

hurler [3] ['yrle] ◇ *vi* -**1.** [crier] to yell, to scream; ~ de douleur to howl with pain; ~ de joie to whoop OU to shout with joy; ~ de rage to howl with rage. -**2.** [parler fort] to shout, to bellow; avec lui il faut ~, sinon il n'entend pas you have to shout or he won't hear you. -**3.** [singe] to howl, to shriek; [chien, loup, sirène] to howl; ~ à la mort to bay at the moon; ~ avec les loups to follow the pack. -**4.** [jurer - couleur] to clash.
◇ *vt* -**1.** [ordre] to bawl out *(sép)*, to yell out *(sép)*. -**2.** [douleur, indignation, réponse] to howl out *(sép)*.

hurleur, euse ['yrlœr, øz] ◇ *adj* -**1.** [personne] howling, bawling, yelling. -**2.** ZOOL: singe ~ howler monkey.
◇ *nm, f* howler, bawler.
◆ **hurleur** *nm* howler (monkey).

hurluberlu, e *fam* [yrlybɛrly] *nm, f* crank, weirdo.

huron, onne ['yrɔ̃, ɔn] *adj* Huron.
◆ **Huron, onne** *nm, f* Huron.
◆ **huron** *nm* LING Huron.
◆ **Huron** *npr* → **lac**.

hurrah ['ura] = **hourra**.

hussard ['ysar] *nm* hussar.

hussarde ['ysard] *nf*: à la ~e roughly, brutally.

hutte ['yt] *nf* hut, cabin.

hyacinthe [jasɛ̃t] *nf* -**1.** BOT hyacinth. -**2.** MINÉR hyacinth, jacinth.

hybridation [ibridasjɔ̃] *nf* hybridization.

hybride [ibrid] ◇ *adj* -**1.** AGR, BOT, PHYS, LING & ZOOL hybrid. -**2.** [mêlé] hybrid, mixed; une solution un peu ~ a rather hybrid solution; une architecture ~ a patchwork of architectural styles.
◇ *nm* hybrid.

hybrider [3] [ibride] *vt* to hybridize.

hybridisme [ibridism] *nm* hybridism.

hybridité [ibridite] *nf* hybridity.

hydarthrose [idartroz] *nf* hydrarthrosis.

hydatide [idatid] *nf* hydatid (larva).

hydatique [idatik] *adj* hydatid.

hydrant [idrɑ̃] *nm Helv* fire hydrant.

hydratable [idratabl] *adj* hydratable.

hydratant, e [idratɑ̃, ɑ̃t] *adj* -**1.** [crème, lotion] moisturizing. -**2.** CHIM hydrating.
◆ **hydratant** *nm* moisturizer.

hydratation [idratasjɔ̃] *nf* -**1.** [de la peau] moisturizing. -**2.** CHIM hydration.

hydrate [idrat] *nm* hydrate.

hydrater [3] [idrate] *vt* -**1.** [peau] to moisturize. -**2.** CHIM to hydrate.
◆ **s'hydrater** *vpi* -**1.** [peau] to become moisturized. -**2.** CHIM to become hydrated, to hydrate.

hydraulicien, enne [idrolisjɛ̃, ɛn] *nm, f* hydraulic engineer.

hydraulique [idrolik] ◇ *adj* hydraulic.
◇ *nf* hydraulics *(sg)*.

hydravion [idravjɔ̃] *nm* seaplane, hydroplane.

hydrazine [idrazin] *nf* hydrazine.

hydre [idr] *nf* -**1.** ZOOL hydra. -**2.** *litt*: l'~ de l'anarchie the hydra of anarchy.

Hydre [idr] *npr f* MYTH: l'~ de Lerne the Lernean Hydra.

hydrique [idrik] *adj* hydric.

hydrobase [idrɔbaz] *nf* seaplane OU hydroplane base.

hydrocarbonate [idrɔcarbɔnat] *nm* hydrocarbonate.

hydrocarboné, e [idrɔcarbɔne] *adj* hydrocarbonaceous.

hydrocarbure [idrɔkarbyr] *nm* hydrocarbon.

hydrocéphale [idrɔsefal] ◇ *adj* hydrocephalic, hydrocephalous.
◇ *nmf* hydrocephalic.

hydrocéphalie [idrɔsefali] *nf* hydrocephalus, hydrocephaly.

hydrocortisone [idrɔkɔrtizɔn] *nf* hydrocortisone.

hydrocuté, e [idrɔkyte] *nm, f* drowned person *(after syncope induced by cold water)*.

hydrocution [idrɔkysjɔ̃] *nf* drowning *(after syncope induced by cold water)*.

hydrodésulfuration [idrɔdesylfyrasjɔ̃] *nf* hydrodesulphurization.

hydrodynamique [idrɔdinamik] ◇ *adj* hydrodynamic.
◇ *nf* hydrodynamics *(sg)*.

hydroélectricité [idrɔelɛktrisite] *nf* hydroelectricity.

hydroélectrique [idrɔelɛktrik] *adj* hydroelectric.

hydrofoil [idrɔfɔjl] *nm* hydrofoil.

hydrofugation [idrɔfygasjɔ̃] *nf* waterproofing.

hydrofuge [idrɔfyʒ] ◇ *adj* waterproof, water-repellent.
◇ *nm* water-repellent.

hydrofuger [17] [idrɔfyʒe] *vt* to waterproof.

hydrogel [idrɔʒɛl] *nm* hydrogel.

hydrogénation [idrɔʒenasjɔ̃] *nf* hydrogenation.

hydrogène [idrɔʒɛn] *nm* -**1.** [élément] hydrogen. -**2.** *(comme adj)* hydrogen *(modif)*.

hydrogéné, e [idrɔʒene] *adj* hydrogenated.

hydrogéner [8] [idrɔʒene] *vt* to hydrogenate.

hydrogéologie [idrɔʒeɔlɔʒi] *nf* hydrogeology.

hydroglisseur [idrɔglisœr] *nm* hydroplane (boat).

hydrographe [idrɔgraf] *nmf* hydrograph.

hydrographie [idrɔgrafi] *nf* hydrography.

hydrographique [idrɔgrafik] *adj* hydrographic, hydrographical.

hydrolase [idrɔlaz] *nf* hydrolase.

hydrolithe [idrɔlit] *nf* hydrolith.

hydrologie [idrɔlɔʒi] *nf* hydrology.

hydrologique [idrɔlɔʒik] *adj* hydrologic, hydrological.

hydrologiste [idrɔlɔʒist], **hydrologue** [idrɔlɔg] *nmf* hydrologist.

hydrolysable [idrɔlizabl] *adj* hydrolysable.

hydrolyse [idrɔliz] *nf* hydrolysis.

hydrolyser [3] [idrɔlize] *vt* to hydrolyse.

hydromécanique [idrɔmekanik] ◇ *adj* hydromechanic, hydromechanical.
◇ *nf* hydromechanics *(sg)*.

hydromel [idrɔmɛl] *nm* [non fermenté] hydromel *arch*; [fermenté] mead.

hydrométallurgie [idrɔmetalyrʒi] *nf* hydrometallurgy.

hydromètre [idrɔmɛtr] ◇ *nm* [pour densité] hydrometer; [de réservoir] depth gauge.
◇ *nf* ENTOM water measurer.

hydrométrie [idrɔmetri] *nf* hydrometry.

hydrominéral, e, aux [idrɔmineral, o] *adj* hydromineral.

hydronéphrose [idrɔnefroz] *nf* hydronephrosis.

hydrophile [idrɔfil] ◇ *adj* CHIM hydrophil, hydrophilic.
◇ *nm* ENTOM scavenger beetle.

hydrophobe [idrɔfɔb] *adj* CHIM & TEXT hydrophobic.

hydropneumatique [idrɔpnømatik] *adj* hydropneumatic.

hydroptère [idrɔptɛr] *nm* hydrofoil.

hydrosilicate [idrɔsilikat] *nm* hydrated silicate.

hydrosol [idrɔsɔl] *nm* hydrosol.

hydrosoluble [idrɔsɔlybl] *adj* water-soluble.

hydrosphère [idrɔsfɛr] *nf* hydrosphere.

hydrostatique [idrɔstatik] ◇ *adj* hydrostatic.
◇ *nf* hydrostatics *(sg)*.

hydrothérapie [idrɔterapi] *nf* -**1.** [cure] hydrotherapy. -**2.** [science] hydrotherapeutics *(sg)*.

hydrothérapique [idrɔterapik] *adj* hydrotherapeutic, hydrotherapy *(modif)*.

hydrothermal, e, aux [idrɔtɛrmal, o] *adj* hydrothermal.

hydrotraitement [idrɔtrɛtmɑ̃] *nm* hydrotreating.

hydroxyde [idrɔksid] *nm* hydroxide.

hyène [jɛn] *nf* ZOOL hyena, hyaena; ~ **brune** brown hyena OU strandwolf; ~ **tachetée** spotted hyena.

Hygiaphone® [iʒjafɔn] *nm* speaking grill.

hygiène [iʒjɛn] *nf* -**1.** [principes] hygiene; **pour l'~ des pieds/du cuir chevelu** to keep feet/the scalp clean OU in good condition; **il n'a aucune ~** he doesn't bother about personal hygiene ❑ ~ **alimentaire/corporelle** food/personal hygiene; ~ **mentale/publique** mental/public health; **avoir une bonne ~ de vie** to live healthily. -**2.** [science] hygienics *(sg)*, hygiene. -**3.** JUR: ~ **et sécurité du travail** industrial hygiene and safety.

hygiénique [iʒjenik] *adj* hygienic; **ce n'est pas ~** it's unhygienic; **un mode de vie ~** a healthy lifestyle ❑ **une promenade ~** a constitutional.

hygiéniquement [iʒjenikmɑ̃] *adv* hygienically.

hygiéniste [iʒjenist] *nmf* hygienist, hygeist, hygieist.

hygromètre [igrɔmɛtr] *nm* hygrometer.

hygrométrie [igrɔmetri] *nf* hygrometry.

hygrométrique [igrɔmetrik] *adj* hygrometric.

hymen [imɛn] *nm* -**1.** ANAT hymen. -**2.** *litt* (bonds of) marriage.

hyménée [imene] *nm litt* (ties OU bonds of) marriage.

hyménoptère [imenɔptɛr] ◇ *adj* hymenopterous.
◇ *nm* hymenopteran, hymenopteron; **les ~s** the Hymenoptera.

hymne [imn] *nm* -**1.** LITTÉRAT & RELIG hymn; ~ **national** national anthem. -**2.** *litt* [glorification] hymn; **un ~ à l'amour** a hymn OU paean *litt* to love.

hyoïde [jɔid] ◇ *adj* [os] hyoid.
◇ *nm* hyoid (bone).

hyoïdien, enne [jɔidjɛ̃, ɛn] *adj* hyoidean, hyoidal.

hyper- [ipɛr] *préf* -**1.** SC hyper-. -**2.** [en intensif]: **techniques ~spécialisées** highly specialized techniques; **elle est ~riche/~sympa** *fam* she's dead rich/dead nice; **c'est ~facile/~compliqué** *fam* it's dead easy/dead complicated.

hyperazotémie [ipɛrazɔtemi] *nf* uraemia.

hyperbare [ipɛrbar] *adj* hyperbaric.

hyperbole [ipɛrbɔl] *nf* -**1.** [figure de style] hyperbole. -**2.** GÉOM hyperbola.

hyperbolique [ipɛrbɔlik] *adj* -**1.** [expression, compliments] hyperbolic. -**2.** GÉOM hyperbolic.

hyperboréen, enne [ipɛrbɔreɛ̃, ɛn] *adj litt* hyperborean.

hypercalcémie [ipɛrkalsemi] *nf* hypercalcaemia.

hyperchlorhydrie [ipɛrklɔridri] *nf* hyperchlorydria.

hypercholestérolémie [ipɛrkɔlɛsterɔlemi] *nf* hypercholesteraemia, hypercholesterolaemia.

hypercorrection [ipɛrkɔrɛksjɔ̃] *nf* hypercorrection.

hyperémotivité [ipɛremɔtivite] *nf* hyperemotivity, hyperemotionality.

hyperespace [ipɛrɛspas] *nm* hyperspace.

hyperfocal, e, aux [ipɛrfɔkal, o] *adj* hyperfocal.

hyperfolliculinie [ipɛrfɔlikylini] *nf* folliculin excess.

hyperfonctionnement [ipɛrfɔ̃ksjɔnmɑ̃] *nm* hyperfunctioning *(U)*.

hyperfréquence [ipɛrfrekɑ̃s] *nf* ultrahigh frequency.

hyperglycémiant, e [ipɛrglisemjɑ̃, ɑ̃t] *adj* hyperglycaemic.

hyperglycémie [ipɛrglisemi] *nf* hyperglycaemia.

hyperlipémie [ipɛrlipemi], **hyperlipidémie** [ipɛrlipidemi] *nf* hyperlipaemia.

hypermarché [ipɛrmarʃe] *nm* hypermarket.

hypermétrope [ipɛrmetrɔp] ◇ *adj* farsighted, longsighted, hypermetropic *spéc*.
◇ *nmf* farsighted OU hypermetropic *spéc* person.

hypermétropie [ipɛrmetrɔpi] *nf* farsightedness, longsightedness, hypermetropia *spéc*.

hypermnésie [ipɛrmnezi] *nf* hypermnesia.

hypernerveux, euse [ipɛrnɛrvø, øz] ◇ *adj* overexcitable.
◇ *nm, f* overexcitable person.

hypernervosité [ipɛrnɛrvozite] *nf* overexcitability, hyperexcitability *spéc*.

hyperonyme [ipɛrɔnim] *nm* hyperonym, superordinate (term).

hyperplan [ipɛrplɑ̃] *nm* hyperplane.

hyperplasie [ipɛrplazi] *nf* hyperplasia.

hyperréalisme [ipɛrrealism] *nm* hyperrealism.

hypersécrétion [ipɛrsekresjɔ̃] *nf* hypersecretion.

hypersensibilité [ipɛrsɑ̃sibilite] *nf* hypersensitivity, hypersensitiveness.

hypersensible [ipɛrsɑ̃sibl] ◇ *adj* hypersensitive.
◇ *nmf* hypersensitive (person).

hypersomniaque [ipɛrsɔmniak] ◇ *adj* hypersomniac.
◇ *nmf* hypersomnia sufferer.

hypersomnie [ipɛrsɔmni] *nf* hypersomnia.

hypersonique [ipɛrsɔnik] *adj* hypersonic.

hyperstatique [ipɛrstatik] *adj* hyperstatic.

hypersustentateur [ipɛrsystɑ̃tatœr] ◇ *adj m* high-lift AERON.
◇ *nm* high-lift device.

hypersustentation [ipɛrsystɑ̃tasjɔ̃] *nf* high-lift capability.

hypertendu, e [ipɛrtɑ̃dy] ◇ *adj* suffering from hypertension *spéc* OU high blood pressure.
◇ *nm, f* hypertensive.

hypertension [ipɛrtɑ̃sjɔ̃] *nf* high blood pressure, hypertension *spéc*.

hyperthermie [ipɛrtɛrmi] *nf* hyperthermia.

hyperthyroïdie [ipɛrtirɔidi] *nf* hyperthyroidism.

hyperthyroïdien, enne [ipɛrtirɔidjɛ̃, ɛn]
◇ *adj* hyperthyroid.
◇ *nm, f* hyperthyroid sufferer.

hypertonie [ipɛrtɔni] *nf* -**1.** CHIM hypertonicity. -**2.** MÉD hypertonicity, hypertonia.

hypertonique [ipɛrtɔnik] *adj* [symptôme] hypertonic; [patient] suffering from hypertonicity.

hypertrophie [ipɛrtrɔfi] *nf* -**1.** MÉD hypertrophia, hypertrophy. -**2.** *fig* exaggeration; **une ~ de l'amour-propre** an inflated sense of self-importance.

hypertrophié, e [ipɛrtrɔfje] *adj* hypertrophied *spéc*, abnormally enlarged.

hypertrophier [9] [ipɛrtrɔfje] *vt* to enlarge abnormally, to hypertrophy *spéc*.
◆ **s'hypertrophier** *vpi* to become abnormally large, to hypertrophy *spéc*.

hypertrophique [ipɛrtrɔfik] *adj* abnormally enlarged, hypertrophic *spéc*.

hypervitaminose [ipɛrvitaminoz] *nf* hypervitaminosis.

hypnoïde [ipnɔid] *adj* hypnoid, hypnoidal.

hypnologie [ipnɔlɔʒi] *nf* hypnology.

hypnose [ipnoz] *nf* hypnosis; **sous ~** under hypnosis.

hypnotique [ipnɔtik] ◇ *adj* MÉD hypnotic.
◇ *nm* hypnotic (drug).

hypnotiser [3] [ipnɔtize] *vt* -**1.** MÉD to hypnotize. -**2.** [fasciner] to fascinate.
◆ **s'hypnotiser** *vpi*: **s'~ sur qqch** to become obsessed with sthg.

hypnotiseur, euse [ipnɔtizœr, øz] *nm, f* hypnotist.

hypnotisme [ipnɔtism] *nm* hypnotism.

hypoacousie [ipɔakuzi] *nf* hypoacusis.

hypoallergénique [ipɔalɛrʒenik] = **hypoallergique** *adj*.

hypoallergique [ipɔalɛrʒik] *adj* & *nm* hypoallergenic.

hypocalcémie [ipɔkalsemi] *nf* hypocalcaemia.

hypocalorique [ipɔkalɔrik] *adj* [régime] low-calorie.

hypocentre [ipɔsɑ̃tr] *nm* hypocentre.

hypochloreux [ipɔklɔrø] *adj m* hypochlorous.
hypochlorhydrie [ipɔklɔridri] *nf* hypochlorhydria.
hypochlorite [ipɔklɔrit] *nm* hypochlorite.
hypochrome [ipɔkrom] *adj* hypochromic.
hypocondriaque [ipɔkɔ̃drijak] ◇ *adj* hypochondriac, hypochondriacal.
◇ *nmf* hypochondriac.
hypocondrie [ipɔkɔ̃dri] *nf* hypochondria.
hypocrisie [ipɔkrizi] *nf* -1. [attitude] hypocrisy. -2. [action] hypocritical act; assez d'~s let's stop this pretence.
hypocrite [ipɔkrit] ◇ *adj* -1. [sournois - personne] hypocritical, insincere. -2. [mensonger - attitude, regard] hypocritical; d'~s promesses de fidélité hollow promises of loyalty.
◇ *nmf* hypocrite.
hypocritement [ipɔkritmɑ̃] *adv* hypocritically.
hypoderme [ipɔdɛrm] *nm* PHYSIOL hypodermis.
hypodermique [ipɔdɛrmik] *adj* hypodermic.
hypodermose [ipɔdɛrmoz] *nf* hypodermosis.
hypoesthésie [ipɔɛstezi] *nf* hypoaesthesia.
hypogastre [ipɔgastr] *nm* hypogastrium.
hypogastrique [ipɔgastrik] *adj* hypogastric.
hypogé, e [ipɔʒe] *adj* hypogeal, hypogeous.
hypoglosse [ipɔglɔs] *adj* hypoglossal.
hypoglycémiant, e [ipɔglisemjɑ̃, ɑ̃t] *adj* hypoglycaemic.
◆ **hypoglycémiant** *nm* hypoglycaemic.
hypoglycémie [ipɔglisemi] *nf* hypoglycaemia.
hypokhâgne [ipɔkaɲ] *nf arg scol 1st year of preliminary arts studies prior to the competitive examination for entry to the École normale supérieure.*
hyponyme [ipɔnim] *nm* hyponym.
hypophosphoreux [ipɔfɔsfɔrø] *adj m* hypophosphorous.
hypophysaire [ipɔfizɛr] *adj* hypophyseal.
hypophyse [ipɔfiz] *nf* hypophysis, pituitary gland.
hypoplasie [ipɔplazi] *nf* hypoplasia.
hyposécrétion [iposekresjɔ̃] *nf* hyposecretion.
hypostase [ipɔstaz] *nf* hypostasis.
hyposulfite [ipɔsylfit] *nm* hyposulphite.
hyposulfureux [ipɔsylfyrø] *adj m* hyposulphurous.
hypotaupe [ipɔtop] *nf arg scol 1st year of advanced mathematics or physics prior to the competitive examination for the École normale supérieure.*
hypotendu, e [ipɔtɑ̃dy] ◇ *adj* hypotensive.
◇ *nm, f* hypotensive (person).
hypotenseur [ipɔtɑ̃sœr] *nm* hypotensive (drug).
hypotensif, ive [ipɔtɑ̃sif, iv] *adj* hypotensive.
hypotension [ipɔtɑ̃sjɔ̃] *nf* low blood pressure, hypotension *spéc.*
hypoténuse [ipɔtenyz] *nf* hypotenuse.
hypothalamique [ipɔtalamik] *adj* hypothalamic.
hypothalamus [ipɔtalamys] *nm* hypothalamus.
hypothécable [ipɔtekabl] *adj* mortgageable.
hypothécaire [ipɔtekɛr] *adj* mortgage *(modif).*
hypothèque [ipɔtɛk] *nf* -1. JUR mortgage; **prendre une ~** to take out a mortgage; **lever une ~** to raise a mortgage ❑ **~ légale** legal mortgage. -2. *fig*: **prendre une ~ sur l'avenir** to count one's chickens before they're hatched; **lever l'~** to remove the stumbling block OU the obstacle.
hypothéquer [18] [ipɔteke] *vt* -1. [propriété] to mortgage. -2. *fig*: **~ son avenir** to sign away OU to mortgage one's future.
hypothermie [ipɔtɛrmi] *nf* hypothermia.
hypothèse [ipɔtɛz] *nf* -1. [supposition] hypothesis, assumption; **dans l'~ où il refuserait, que feriez-vous?** supposing he refuses, what would you do?; **dans la meilleure des ~s** at best; **dans l'~ d'un tremblement de terre** in the event of an earthquake ❑ **~ de travail** working hypothesis. -2. LOGIQUE hypothesis.
◆ **en toute hypothèse** *loc adv* in any event, whatever the case.
hypothético-déductif, ive [ipɔtetikodedyktif, iv] (*mpl* **hypothético-déductifs**, *fpl* **hypothético-déductives**) *adj* hypothetico-deductive.
hypothétique [ipɔtetik] *adj* -1. [supposé] hypothetical, assumed. -2. [peu probable] hypothetical, unlikely, dubious; **c'est très ~** it's extremely doubtful. -3. LOGIQUE hypothetical.
hypothétiquement [ipɔtetikmɑ̃] *adv* hypothetically.
hypothyroïdie [ipɔtirɔidi] *nf* hypothyroidism.
hypotonie [ipɔtɔni] *nf* -1. CHIM hypotonicity. -2. MÉD hypotonia.
hypotonique [ipɔtɔnik] ◇ *adj* [muscle] hypotonic; [personne] suffering from hypotonicity.
◇ *nmf* person in a hypotonic condition.
hypotrophie [ipɔtrɔfi] *nf* underdevelopment, hypotrophy *spéc.*
hypovitaminose [ipɔvitaminoz] *nf* hypovitaminosis.
hypsométrie [ipsɔmetri] *nf* hypsometry; [représentation des altitudes] hypsography.
hypsométrique [ipsɔmetrik] *adj* hypsometric, hypsometrical.
hystérectomie [isterɛktɔmi] *nf* hysterectomy.
hystérésis [isterezis] *nf* hysteresis.
hystérie [isteri] *nf* hysteria; **~ collective** mass hysteria.
hystériforme [isterifɔrm] *adj* hysteroid.
hystérique [isterik] ◇ *adj* hysterical.
◇ *nmf* hysteric.
hystérographie [isterɔgrafi] *nf* hysterography, uterography.
hystérosalpingographie [isterɔsalpɛ̃gɔgrafi] *nf* hysterosalpingography, uterosalpingography.
Hz (*abr écrite de* **hertz**) Hz.

I

i, I [i] *nm* i; **mettre les points sur les i** *fig* to dot the i's and cross the t's.

IA (*abr de* **intelligence artificielle**) *nf* AI.

IAC (*abr de* **insémination artificielle entre conjoints**) *nf* AIH.

IAD (*abr de* **insémination artificielle par donneur extérieur**) *nf* AID.

iambe [jɑ̃b] *nm* iamb, iambus.
◆ **iambes** *nmpl* [pièce satirique] iambic.

iambique [jɑ̃bik] *adj* iambic.

IAO (*abr de* **ingénierie assistée par ordinateur**) *nf* CAE.

ibère [ibɛr] *adj* Iberian.
◆ **Ibère** *nmf* Iberian.

Ibérie [iberi] *npr f*: (l') ~ Iberia.

ibérique [iberik] *adj* Iberian.

ibid. (*abr écrite de* **ibidem**) ibid.

ibidem [ibidɛm] *adv* ibidem.

ibis [ibis] *nm* ibis; ~ **rouge/sacré** scarlet/sacred ibis.

Icare [ikar] *npr* Icarus.

icarien, enne [ikarjɛ̃, ɛn] *adj*: **jeux ~s** trapeze acrobatics.

ICBM (*abr de* **Intercontinental Ballistic Missile**) *nm inv* ICBM.

iceberg [ajsbɛrg] *nm* **-1.** GÉOG iceberg. **-2.** *fig*: **la partie immergée de l'~** the hidden aspects of the problem.

icelle [isɛl] *arch* ◇ *pron dém f* [personne] she; [objet] it.
◇ *adj dém f* this.

icelui [isəlɥi] (*pl* **iceux** [isø]) *arch* ◇ *pron dém m* [personne] he; [objet] it.
◇ *adj dém m* this.

ichtyocolle [iktjɔkɔl] *nf* isinglass, fish glue.

ichtyol [iktjɔl] *nm* ichthammol.

ichtyologie [iktjɔlɔʒi] *nf* ichthyology.

ichtyologique [iktjɔlɔʒik] *adj* [science] ichthyological; [traité] ichthyology *(modif)*; **étude ~ du Saint-Laurent** study of the fish life of the Saint Lawrence River.

ichtyologiste [iktjɔlɔʒist] *nmf* ichthyologist.

ichtyophage [iktjɔfaʒ] *adj* ichthyophagous.

ichtyose [iktjoz] *nf* fish skin disease, ichthyosis *spéc.*

ici [isi] *adv* **-1.** [dans ce lieu, à cet endroit] here; [dans un écrit, un discours] here, at this point; **posez-le ~** put it here; **il fait beau ~** the weather's nice here; **vous ~!** what are you doing here?; **~ et là** here and there; **vous êtes ~ chez vous** make yourself at home; **pour toute demande, s'adresser ~** please enquire within; **c'est ~ que j'ai mal** this is where it hurts; **c'est ~ que ça s'est passé** this is the place where it happened; **viens, d'~ on voit mieux** come on, you can see better from here; **il y a 11 km d'~ au village** it's 11 km from here to the village; **c'est à cinq minutes/15 km d'~** it's five minutes/15 km from here; **c'est loin/près d'~** it's a long way from here/near here; **les gens d'~** the locals, the people from around here; **je ne suis pas d'~** I'm a stranger here, I'm not from around here; **Descartes écrit ~ que...** Descartes writes here that...; **je voudrais souligner ~ l'importance de cette décision** here OU at this point I would like to emphasize the importance of this decision. **-2.** [dans le temps]: **d'~ (à) lundi, on a le temps** we've got time between now and Monday; **d'~ demain ce sera terminé** it will be finished by tomorrow; **d'~ peu** before (very) long; **d'~ là, tout peut arriver!** in the meantime OU until then OU between now and then anything can happen!; **vous serez guéri d'~ là** you'll be better by then; **d'~ à ce qu'il se décide** *fam* by the time he makes up his mind; **d'~ à ce qu'il change d'avis, il n'y a pas loin!** it won't be long before he changes his mind again! ☐ **je vois ça d'~!** I can just see that!; **tu vois d'~ la pagaille!** *fam* you can (just) imagine the mess! **-3.** [au téléphone, à la radio]: **allô, ~ Paul** hello, (it's) Paul here OU Paul speaking; **~ France Culture** this is OU you are listening to France Culture.
◆ **par ici** *loc adv* **-1.** [dans cette direction] this way; **venez par ~** come this way; **tourne-toi par ~** turn round this way; **par ~ la visite guidée** this way for the guided tour; **elle est passée par ~ avant d'aller à la gare** she stopped off here on her way to the station; **par ~ la monnaie!** *fam hum* come on now, cough up! **-2.** [dans les environs] around here; **j'habitais par ~ autrefois** I used to live around here.

ici-bas [isiba] *adv* here below, on earth; **d'~** in this life OU world.

Ici-Paris [isipari] *npr* PRESSE *popular Sunday newspaper.*

icône [ikon] *nf* icon.

iconique [ikɔnik] *adj* iconic.

iconoclasme [ikɔnɔklasm] *nm* iconoclasm.

iconoclaste [ikɔnɔklast] ◇ *adj* iconoclastic.
◇ *nmf* iconoclast.

iconographe [ikɔnɔgraf] *nmf* iconographer.

iconographie [ikɔnɔgrafi] *nf* **-1.** [étude théorique] iconography. **-2.** [illustrations] pictorial material.

iconographique [ikɔnɔgrafik] *adj* iconographical.

iconologie [ikɔnɔlɔʒi] *nf* iconology.

iconologique [ikɔnɔlɔʒik] *adj* iconological.

iconoscope [ikɔnɔskɔp] *nm* iconoscope.

iconostase [ikɔnɔstaz] *nf* iconostasis.

iconothèque [ikɔnɔtɛk] *nf* **-1.** [dans un musée] iconography department *(of a museum)*. **-2.** [dans une bibliothèque] photo OU picture library.

ictère [iktɛr] *nm* icterus *spéc*, jaundice.

ictérique [ikterik] ◇ *adj* icteric.
◇ *nmf* icterus *spéc* OU jaundice sufferer.

ictus [iktys] *nm* MÉD & LITTÉRAT ictus.

id. (*abr écrite de* **idem**) id.

Idaho [idao] *npr m*: l' ~ Idaho.

idéal, e, als OU **aux** [ideal, o] *adj* **-1.** [demeure, société, solution] ideal, best, perfect; **ce n'est pas le comédien ~ pour le rôle de Falstaff** he's not the ideal actor for playing Falstaff. **-2.** [pureté, bonheur] absolute. **-3.** MATH ideal.
◆ **idéal, als** OU **aux** *nm* **-1.** [modèle parfait] ideal. **-2.** [valeurs] ideal, ideals; **tous ces jeunes sans ~** OU **qui n'ont pas d'~!** all these young people with no ideal in life! **-3.** [solution parfaite]: **l'~ serait de/que...** the ideal OU best solution would be to/if...; **camper quand il pleut, ce n'est pas l'~!** when it's raining, camping isn't exactly ideal! **-4.** MATH ideal.

idéalement [idealmɑ̃] *adv* ideally; **~ situé à proximité de la plage** ideally situated OU situated in an ideal position close to the beach; **les Vierges de Raphaël sont ~ belles** Raphael's Virgins are the very embodiment of beauty.

idéalisateur, trice [idealizatœr, tris] *adj*: **il est ~** he is an idealizer, he idealizes things.

idéalisation [idealizasjɔ̃] *nf* idealization.

idéaliser [3] [idealize] *vt* to idealize.

idéalisme [idealism] *nm* [gén & PHILOS] idealism.

idéaliste [idealist] ◇ *adj* **-1.** [gén] idealistic. **-2.** PHILOS idealist.
◇ *nmf* idealist.

idéalité [idealite] *nf* ideality.

idéation [ideasjɔ̃] *nf* ideation.

idée [ide] *nf* **-1.** [pensée] idea, thought; **j'ai jeté quelques ~s sur le papier** I've jotted down a few ideas; **c'est une ~ de génie!** that's a brilliant idea!; **je ne peux pas supporter l'~ qu'il est malheureux** I can't bear the idea OU thought of him being unhappy; **se faire à l'~** to get used to the idea; **j'ai ~ que...** *fam* I've got the feeling that...; **rien qu'à l'~ de la revoir, je tremble** the mere thought OU the very idea of seeing her again makes me nervous; **heureusement qu'il a eu l'~ d'éteindre le gaz** luckily he thought of turning the gas off OU it occurred to him to turn the gas off; **je me faisais une autre ~ de la Tunisie/de sa femme** I had imagined Tunisia/his wife to be different; **il a eu la bonne ~ de ne pas venir** *hum* he was quite right not to come; **moi, t'en vouloir? en voilà une ~!** me, hold it against you? where did you get that idea (from)?; **se faire des ~s** to imagine things;

s'il croit obtenir le rôle, il se fait des ~s if he thinks he's going to get the part, he's deceiving himself; **se faire des ~s sur qqn** to have the wrong idea about sb; **donner des ~s à qqn** to give sb ideas OU to put ideas in OU into sb's head; **l'~, c'est de se débarrasser de ses cartes le plus vite possible** the idea OU aim (of the game) is to get rid of one's cards as quickly as possible ❑ **avoir une ~ derrière la tête** to be up to sthg; **avoir des ~s noires** to be down in the dumps, to have the blues; **une certaine ~ de la France** a certain idea of France. -**2.** [inspiration, création] idea; **qui a eu l'~ du barbecue?** whose idea was it to have OU who suggested having a barbecue?; **'d'après une ~ originale de'** 'based on an (original) idea by'; **je tiens l'~ d'un spectacle** I've got an idea for a show ‖ [imagination] ideas, imagination; **avoir de l'~** to be quite inventive; **pas mal ce dessin, il y a de l'~** *fam* not bad this drawing, it's got something. -**3.** [gré, convenance]: **fais à ton ~** do as you see fit OU as you please; **elle n'en fait toujours qu'à son ~** she always does just what she wants; **à ton ~, je raccourcis la robe?** what do you think, should I shorten the dress? -**4.** *(tjrs sg)* [esprit]: **avoir dans l'~ que...** to have an idea that..., to think that...; **avais-tu dans l'~ d'acheter des actions?** were you thinking of buying shares?; **tu la connais, quand elle a dans l'~ de faire quelque chose!** you know her, when she's got it into her head to do something OU when she's set her mind on doing something!; **t'est-il jamais venu à l'~ que...?** has it never occurred to you OU entered your head that...?; **il ne me viendrait jamais à l'~ de le frapper** it would never cross my mind to hit him; **on va au concert ce soir? ça m'était complètement sorti de l'~** *fam* we're going to the concert tonight? it had gone clean OU right out of my mind. -**5.** *(souvent au pl)* [point de vue]: **avoir des ~s bien arrêtées sur** to have set ideas OU definite views about; **je préfère me faire moi-même une ~ de la situation** I'd rather assess the situation for myself; **changer d'~** to change one's mind ❑ **~ fixe** idée fixe, obsession; **c'est une ~ fixe chez toi!** it's an obsession with you!; **elle a une ~ fixe** she's got a fixed idea OU an idée fixe; **~ reçue** commonplace, received idea, idée reçue; **~s préconçues** preconceived ideas, preconceptions; **avoir les ~s larges/étroites** to be broad-/narrow-minded; **avoir une haute ~ de qqn/qqch** to have a high opinion of sb/sthg. -**6.** [aperçu, impression] idea; **donnez-moi une ~ du prix que ça va coûter/du temps que ça va prendre** give me a rough idea OU some idea of the price/of the time it will take; **tu n'as pas ~ de son entêtement!** you have no idea OU you can't imagine how stubborn he is!; **je n'en ai pas la moindre ~** I haven't the slightest OU faintest idea; **aucune ~!** I haven't got a clue!, no idea! -**7.** *(en composition; avec ou sans trait d'union)*: **une ~-cadeau** a gift idea.

idée-force [idefɔrs] *(pl* **idées-forces**) *nf* [point principal] crux, nub, mainstay; [point fort] strong point.

idem [idɛm] *adv* idem, ditto.

identifiable [idɑ̃tifjabl] *adj* identifiable; **difficilement ~** difficult to identify; **aisément ~ à son plumage bleuté** easily identified by its bluish feathers.

identificateur [idɑ̃tifikatœr] *nm* identifier COMPUT.

identification [idɑ̃tifikasjɔ̃] *nf* -**1.** [assimilation] identification; **~ à** identification with; **son ~ à son père est complète** he completely identifies with his father ❑ **~ projective** PSYCH projective identification. -**2.** [d'un cadavre] identification; [d'un tableau] identification, attribution.

identifier [9] [idɑ̃tifje] *vt* -**1.** [reconnaître] to identify; **il a été identifié comme étant le voleur** he was identified as the robber; **le tableau n'a jamais été identifié** the painting was never attributed OU identified. -**2.** [assimiler]: **~ qqn/qqch à** to identify sb/sthg with.

◆ **s'identifier à** *vp + prép*: **s'~ à qqn/qqch** to identify o.s. with sb/sthg; **elle s'est complètement identifiée à son personnage** she's got right into the part; **je ne m'identifie à aucun parti** I don't identify myself with any particular party.

identifieur [idɑ̃tifjœr] = **identificateur**.

identique [idɑ̃tik] *adj* identical; **~ à qqn/qqch** identical to sb/sthg; **le village est resté ~** the village has stayed much the same; **elle reste ~ à elle-même** she's still the same as she always OU ever was.

identiquement [idɑ̃tikmɑ̃] *adv* identically.

identité [idɑ̃tite] *nf* -**1.** [personnalité, état civil] identity; **établir son ~** to prove one's identity; **elle est encore à la recherche de sa véritable ~** she's still trying to find OU to discover her true identity; **l'~ des victimes n'a pas été révélée** the names of the victims haven't been released ❑ **contrôle** OU **vérification d'~** (police) identity check. -**2.** [similitude] identity, similarity; **l'~ d'humeur entre eux** the similarity in their characters. -**3.** LOGIQUE, MATH & PSYCH identity. -**4.** JUR: **Identité judiciaire** ≃ Criminal Record Office.

idéogramme [ideɔgram] *nm* ideogram.

idéographie [ideɔgrafi] *nf* ideography.

idéographique [ideɔgrafik] *adj* ideographic, ideographical.

idéologie [ideɔlɔʒi] *nf* ideology; **'l'Idéologie allemande'** *Marx* 'The German Ideology'.

idéologique [ideɔlɔʒik] *adj* ideological.

idéologisation [ideɔlɔʒizasjɔ̃] *nf* ideologization.

idéologue [ideɔlɔg] *nmf* ideologist.

idéomoteur, trice [ideɔmɔtœr, tris] *adj* ideomotor.

ides [id] *nfpl* ides; **prends garde aux ~ de mars** beware the ides of March.

IDHEC [idɛk] *(abr de* **Institut des hautes études cinématographiques**) *npr m former French film-making school.*

idiolecte [idjɔlɛkt] *nm* idiolect.

idiomatique [idjɔmatik] *adj* idiomatic; **une expression** OU **une tournure ~** an idiom, an idiomatic expression.

idiome [idjom] *nm* LING idiom.

idiosyncrasie [idjɔsɛ̃krazi] *nf* idiosyncrasy.

idiot, e [idjo, ɔt] ◇ *adj* -**1.** [stupide - individu, réponse] idiotic, stupid; [- sourire] idiotic; [- accident, mort] stupid; **un ricanement ~** a silly OU foolish snigger; **ça n'est pas ~ du tout, ton système** that's quite a smart system you've got; **ce serait vraiment ~ de ne pas en profiter** it would be foolish OU stupid not to take advantage of it. -**2.** MÉD & *vieilli* idiotic.

◇ *nm, f* -**1.** [imbécile] idiot; **arrête de faire l'~!** [de faire le pitre] stop fooling around OU about!; [à un enfant] stop being stupid!; [à un simulateur] stop acting stupid!; **ne fais pas l'~, range ton couteau!** don't be stupid, put your knife away!; **tu me prends pour un ~?** what kind of fool do you take me for? -**2.** MÉD & *vieilli* idiot; **l'~ du village** the village idiot; **'l'Idiot'** *Dostoïevski* 'The Idiot'.

idiotement [idjɔtmɑ̃] *adv* idiotically, stupidly; **ricaner ~** to snigger like an idiot.

idiotie [idjɔsi] *nf* -**1.** [caractère] idiocy, stupidity. -**2.** [acte, parole] stupid thing; **arrête de dire des ~s** stop talking nonsense; **il y en a des ~s à la télé!** they show such a lot of nonsense on TV!; **aïe! j'ai fait une ~!** oh dear, I've done something stupid! -**3.** MÉD & *vieilli* idiocy.

idiotisme [idjɔtism] *nm* idiom, idiomatic phrase, idiomatic expression.

idoine [idwan] *adj litt* appropriate; **jusqu'à ce que nous trouvions la solution ~** until we find the appropriate solution.

idolâtre [idɔlatr] ◇ *adj* -**1.** RELIG idolatrous. -**2.** [fanatique] adulatory; **un public ~** an idolizing OU adulatory public.

◇ *nmf* -**1.** RELIG idolater (*f* idolatress). -**2.** [fanatique] devotee.

idolâtrer [3] [idɔlatre] *vt* -**1.** RELIG to idolize. -**2.** [adorer] to idolize.

idolâtrie [idɔlatri] *nf* -**1.** RELIG idolatry, idol worshipping. -**2.** [fanatisme]: **il l'aime jusqu'à l'~** he idolizes her.

idolâtrique [idɔlatrik] *adj* idolatrous.

idole [idɔl] *nf* -**1.** RELIG idol; **les ~s des temples païens** the idols in pagan temples. -**2.** [personne] idol; **mon frère était mon ~** I used to idolize my brother.

IDS *(abr de* **initiative de défense stratégique**) *nf* SDI.

idylle [idil] *nf* -**1.** [poème] idyll. -**2.** [amourette] romantic idyll.

idyllique [idilik] *adj* -**1.** LITTÉRAT idyllic. -**2.** [amour, couple, paysage] idyllic, perfect; **se faire une idée ~ de qqch** to have an idealized view of sthg.

Iéna [jena] *npr* Jena.

Ienisseï [jenisei] *npr m*: **l'~** the (River) Yenisei.

if [if] *nm* -**1.** BOT yew (tree). -**2.** MENUIS yew. -**3.** ŒNOL: **~ (à bouteilles)** (bottle draining) rack.

IFOP, Ifop [ifɔp] *(abr de* **Institut français d'opinion publique**) *npr m French market research institute.*

Ifremer [ifrəmɛr] *(abr de* **Institut français de recherche pour l'exploitation de la mer**) *npr m French research establishment for marine resources.*

IGF *nm abr de* **impôt sur les grandes fortunes.**

IGH *(abr de* **immeuble de grande hauteur**) *nm very high building.*

igloo [iglu] *nm* igloo.

IGN *(abr de* **Institut géographique national**) *npr m French national geographical institute,* ≃ Ordnance Survey *Br.*

Ignace [iɲas] *npr*: **~ de Loyola** Ignatius Loyola.

igname [iɲam] *nf* yam.

ignare [iɲar] ◇ *adj* ignorant, uncultivated.

◇ *nmf* ignoramus.

igné, e [igne] *adj* -**1.** PHYS heat-engendered; CHIM pyrogenic; GÉOL igneous. -**2.** *litt* [en feu] fiery, burning, flaming.

ignifuge [ignifyʒ] ◇ *adj* [qui ne brûle pas] fireproof; [qui brûle difficilement] fire-retardant.

◇ *nm* [pour protéger du feu] fireproof substance; [pour ralentir la propagation] fire-retardant substance.

ignifuger [17] [ignifyʒe] *vt* to fireproof.

ignition [ignisjɔ̃] *nf* ignition PHYS.

ignoble [iɲɔbl] *adj* -**1.** [vil - individu] low, base; [- crime] infamous, heinous; [- accusation] shameful; [- conduite] disgraceful, shabby, ignoble. -**2.** *fam* [laid - bâtisse] hideous; [mauvais - nourriture] revolting, vile; [sale - logement] squalid; **d'~s taudis** squalid hovels.

ignoblement [iɲɔbləmɑ̃] *adv* ignobly, vilely.

ignominie [iɲɔmini] *nf* -**1.** [caractère vil] ignominy, infamy; [déshonneur] ignominy, (public) disgrace OU dishonour; **se couvrir d'~** to disgrace o.s. -**2.** [action] ignominy, disgraceful act; **commettre une ~** to behave ignominiously OU disgracefully ‖ [parole] ignominy; **dire des ~s** to say disgraceful OU hateful things.

ignominieusement [iɲɔminjøzmɑ̃] *adv litt* ignominiously, disgracefully.

ignominieux, euse [iɲɔminjø, øz] *adj litt* ignominious.

ignorance [iɲɔrɑ̃s] *nf* ignorance; **être dans l'~ de qqch** to be unaware of sthg; **tenir qqn dans**

l'~ de qqch to keep sb in ignorance of sthg; **j'avoue mon ~ en géologie** I must confess my ignorance of geology; **pécher par ~** to err through ignorance.

ignorant, e [iɲɔrɑ̃, ɑ̃t] ◇ *adj* -**1.** [inculte] ignorant, uncultivated. -**2.** [incompétent]: **~ en** ignorant about; **il est ~ en informatique** he doesn't know anything about computers. -**3.** [pas au courant]: **~ de** ignorant OU unaware of.
◇ *nm, f* ignoramus; **ne fais pas l'~** don't pretend you don't know.

ignoré, e [iɲɔre] *adj* -**1.** [cause, événement] unknown; **être ~ de qqn** to be unknown to sb. -**2.** [artiste] unrecognized.

ignorer [3] [iɲɔre] *vt* -**1.** [cause, événement etc] to be unaware of; **j'ignore son adresse/où il est/quand elle revient** I don't know her address/where he is/when she's coming back; **il ignorait tout de son passé/d'elle** he knew nothing about her past/her; **j'ignorais qu'il était malade** I was unaware that he was ill; **nous n'ignorons pas les difficultés qu'elle rencontre** we are not unaware of her difficulties. -**2.** [personne, regard] to ignore, to take no notice of; [avertissement, panneau] to ignore, to take no heed of; [ordre, prière] to ignore; **ignore-le** ignore him. -**3.** *sout* [faim, pauvreté] to have had no experience of; **nous ignorons la faim** we don't know what it is to be hungry; **il ignore la peur** he knows no fear, he doesn't know the meaning of fear.
◆ **s'ignorer** ◇ *vp (emploi réciproque)* to ignore each other.
◇ *vpi*: **c'est un comédien qui s'ignore** he is unaware of his talent as an actor, he's an actor without knowing it.

IGPN (*abr de* Inspection générale de la police nationale) *npr f police disciplinary body,* ≃ Police Committee *Br.*

IGS (*abr de* Inspection générale des services) *npr f police disciplinary body for Paris,* ≃ Metropolitan Police Commission *Br.*

iguane [igwan] *nm* iguana.

iguanodon [igwanɔdɔ̃] *nm* iguanodon.

il [il] (*mpl* **ils**) *pron pers* -**1.** [sujet d'un verbe - homme] he; [- animal, chose] it; [- animal de compagnie] he; **ils** they; **ils ont augmenté l'essence/les impôts** they've put petrol/taxes up; **viendra-t-il?** will he come? -**2.** [sujet d'un verbe impersonnel]: **il pleut** it's raining; **il faut que tu viennes** you must come; **il me faut du pain** I need some bread; **il faut patienter** you/we have to wait || [dans des tournures impersonnelles]: **il commence à se faire tard** it's getting late; **il manque deux élèves** two pupils are missing; **il suffit de patienter** all you/we have to do is wait. -**3.** [emphatique - dans une interrogation]: **ton père est-il rentré?** has your father come back?; **Paul a-t-il appelé?** has Paul called?

IL:
Lorsque le pronom "il" désigne une chose, il se traduit généralement par "it" en anglais. Cependant, lorsqu'il y a personnification de l'objet ou de la réalité désignés (par exemple, pour un navire ou un pays), "il" peut se traduire par "she".

---

ilang-ilang [ilɑ̃ilɑ̃] = **ylang-ylang**.

île [il] *nf* -**1.** GÉOG island, isle *litt*; **une petite ~** an islet; **les habitants de l'~** the islanders; **vivre sur** OU **dans une ~** to live on an island; **aller sur une ~** to go to an island; **aborder une ~** to land on an island ❑ **l'~ de la Cité** *island on the Seine in Paris where Notre-Dame stands*; **~ déserte** desert island; **l'~ de Beauté** Corsica; **les ~s de la mer Égée** the Aegean OU Greek Islands; **'l'Île au trésor'** *Stevenson* 'Treasure Island'. -**2.** *litt* OU *vieilli* [colonie]: **les Îles** the Caribbean (Islands), the West Indies. -**3.** CULIN: **~ flottante** île flottante, floating island.

ÎLES:
les îles **Aléoutiennes** the Aleutian Islands;
les îles **Anglo-Normandes** the Channel Islands;
les îles **Australes** the Tubuai OU Austral Islands;
les îles **Bahrayn** OU **Bahreïn** the Bahrain OU Bahrein Islands;
les îles **Baléares** the Balearic Islands;
les îles **Britanniques** the British Isles;
les îles **Canaries** the Canary Islands;
les îles **du Cap Vert** the Cape Verde Islands;
les îles **Carolines** the Caroline Islands;
l'île **Christmas** Christmas Island;
les îles **Comores** the Comoros;
l'île **d'Elbe** Elba;
les îles **Éoliennes** the Aeolian Islands;
les îles **Falkland** the Falkland Islands, the Falklands;
les iles **Féréo** the Faeroes;
les îles **Fidji** the Fiji Islands;
les îles **Galapagos** the Galapagos Islands;
les îles **Hébrides** the Hebrides;
les îles **Ioniennes** the Ionian Islands;
les îles **Kouriles** the Kuril OU Kurile Islands;
les îles **Maldives** the Maldives;
les îles **Malouines** the Falkland Islands, the Falklands;
l'île **de Man** the Isle of Man;
les îles **Mariannes** the Mariana Islands;
les îles **Marquises** the Marquesas Islands;
les îles **Marshall** the Marshall Islands;
l'île **Maurice** Mauritius;
les îles **Moluques** the Molucca Islands, the Moluccas;
l'île **du Nord** North Island;
l'île **d'Ouessant** (the Isle of) Ushant;
l'île **de Pâques** Easter Island;
l'île **du Prince-Édouard** Prince Edward Island;
les îles **Salomon** the Solomon Islands;
l'île **de Sein** the Ile de Sein;
les îles **Shetland** the Shetland Islands, the Shetlands;
les îles **de la Sonde** the Sunda Islands;
les îles **Sorlingues** the Scilly Islands;
les îles **Sous-le-Vent (aux Antilles)** the Netherlands (and Venezuelan) Antilles; **(en Polynésie)** the Leeward Islands, the Western Society Islands;
l'île **du Sud** South Island;
les îles **Turks et Caicos** the Turks and Caicos Islands;
l'île **Vancouver** Vancouver Island;
les îles **du Vent (aux Antilles)** the Windward Islands; **(en Polynésie)** the Eastern Society Islands;
les îles **Vierges** the Virgin Islands;
l'île **de Wight** the Isle of Wight.

Île-de-France [ildəfrɑ̃s] *npr f*: **l'~** the Île-de-France; **en ~** in the Île-de-France region.

iléo-cæcal, e, aux [ileɔsekal, o] *adj* ileocecal.

iléon [ileɔ̃] *nm* ileum.

iléus [ileys] *nm* ileus.

Iliade [iljad] *npr f*: **'l'~'** *Homère* 'The Iliad'.

iliaque [iljak] *adj* iliac; **artère ~** iliac artery; **fosses ~s** iliac fossae; **os ~** hip bone.

îlien, enne [iljɛ̃, ɛn] *nm, f* islander *(especially from the islands off Brittany)*.

ilion [iljɔ̃] *nm* pelvic bone, ilium *spéc.*

illégal, e, aux [ilegal, o] *adj* [contre la loi] illegal, unlawful; [sans autorisation] illicit; **c'est maintenant ~** it's now illegal, it's now against the law; **détention ~e** unlawful detention.

illégalement [ilegalmɑ̃] *adv* illegally, unlawfully.

illégalité [ilegalite] *nf* -**1.** [caractère] illegality, unlawfulness; **être dans l'~** to be in breach of the law; **vivre dans l'~** to live outside the law, to be an outlaw. -**2.** [délit] illegal OU unlawful act.

illégitime [ileʒitim] *adj* -**1.** JUR [enfant, acte] illegitimate. -**2.** [injustifié - requête, prétention] illegitimate; [- frayeur] groundless.

illégitimement [ileʒitimmɑ̃] *adv* -**1.** JUR illegitimately, unlawfully. -**2.** [injustement] unwarrantedly, unjustifiably.

illégitimité [ileʒitimite] *nf* -**1.** JUR [d'un enfant, d'un acte] illegitimacy. -**2.** [injustice] unwarrantedness, unfoundedness.

illettré, e [iletre] ◇ *adj* -**1.** [analphabète] illiterate. -**2.** [ignorant] uncultivated, uneducated.
◇ *nm, f* -**1.** [analphabète] illiterate. -**2.** [ignorant] uncultivated OU uneducated person.

illettrisme [iletrism] *nm* illiteracy.

illicite [ilisit] *adj* illicit; **pratiques/gains ~s** unlawful activities/gains.

illicitement [ilisitmɑ̃] *adv* illicitly.

illico [iliko] *adv*: **~ (presto)** right away, pronto.

illimité, e [ilimite] *adj* -**1.** [en abondance - ressources, espace] unlimited; [- patience, bonté] boundless, limitless. -**2.** [non défini - durée] unlimited, indefinite; **en congé ~** on indefinite leave. -**3.** MATH unrestricted; GÉOM unbounded. -**4.** INF: **accès ~** unrestricted access.

Illinois [ilinwa] *npr m*: **l'~** Illinois.

illisibilité [ilizibilite] *nf* illegibility.

illisible [ilizibl] *adj* -**1.** [écriture] illegible, unreadable. -**2.** [écrivain, roman] unreadable.

illisiblement [iliziblәmɑ̃] *adv* illegibly.

illogique [ilɔʒik] *adj* illogical.

illogiquement [ilɔʒikmɑ̃] *adv* illogically.

illogisme [ilɔʒism] *nm* illogicality, absurdity.

illumination [ilyminasjɔ̃] *nf* -**1.** [d'un monument] floodlighting. -**2.** [lumière] illumination, lighting (up). -**3.** [idée] flash of inspiration OU understanding; [révélation] illumination.
◆ **illuminations** *nfpl* illuminations, lights; **les ~s de Noël** the Christmas lights.

illuminé, e [ilymine] ◇ *adj* [monument] lit up, floodlit, illuminated; [rue] lit up, illuminated.
◇ *nm, f* -**1.** [visionnaire] visionary, illuminate *arch*; **les Illuminés** HIST the Illuminati. -**2.** *péj* [fou] lunatic.

illuminer [3] [ilymine] *vt* -**1.** [ciel - suj: étoiles, éclairs] to light up *(sép)*; [monument] to floodlight; [pièce] to light; **cet événement a illuminé sa vie** *fig* this event has lit up her life. -**2.** [visage, regard] to light up *(sép)*; **un sourire illumina son visage** a smile lit up her face.
◆ **s'illuminer** *vpi* -**1.** *sout* [ciel, regard, visage] to light up; **~ de** to light up with. -**2.** [vitrine] to be lit up; [guirlande] to light up.

illuminisme [ilyminism] *nm* illuminism.

illusion [ilyzjɔ̃] *nf* -**1.** [idée fausse] illusion; **ne lui donne pas d'~s** don't give him (any) false ideas; **perdre ses ~s** to lose one's illusions; **se faire des ~s** to delude o.s.; **je ne me fais pas d'~s là-dessus** I have no illusions OU I'm not deluding myself about it; **si tu crois qu'elle va revenir, tu te fais des ~s** if you imagine she's going to come back you're deluding yourself; **se bercer d'~s** to delude o.s., to harbour illusions. -**2.** [erreur de perception] illusion, trick; **c'est une ~ due à la lumière** it's a trick of the light; **le miroir donne une ~ de profondeur** the mirror gives an illusion of depth; **en donnant** OU **créant une ~ de stabilité** with an outward show of stability; **Mirax, le roi de l'~!** [de la magie] Mirax, the great illusionist!; **faire ~: c'est un vieux manteau mais il fait ~** it's an old coat but you wouldn't think so to look at it; **son aisance fait ~** his apparent ease is deceptive ❑ **~ d'optique** optical illusion.

illusionner [3] [ilyzjɔne] *vt* to delude.
◆ **s'illusionner** *vpi* to delude OU to deceive o.s.; **tu t'illusionnes sur ses intentions** you're deluding yourself OU you're mistaken about his intentions; **ne t'illusionne pas sur sa détermination** make no mistakes about his firmness.

illusionnisme [ilyzjɔnism] *nm* -**1.** BX-ARTS illusionism. -**2.** [prestidigitation] conjuring tricks; [truquage] illusionism.

illusionniste [ilyzjɔnist] *nmf* conjurer, illusionist.

illusoire [ilyzwar] *adj* [trompeur - promesse] deceptive, illusory; [irréel - bonheur, victoire] illusory, fanciful; **il serait ~ de croire que...** it would be wrong OU mistaken to believe that...

illusoirement [ilyzwarmɑ̃] *adv* illusorily, deceptively.

illustrateur, trice [ilystratœr, tris] *nm, f* illustrator.

illustratif, ive [ilystratif, iv] *adj* illustrative.

illustration [ilystrasjɔ̃] *nf* -**1.** [image, activité] illustration; [ensemble d'images] illustrations; l'~ de cette édition est somptueuse this book is lavishly illustrated. -**2.** *fig* [démonstration] illustration; [exemple] illustration, example.

illustre [ilystr] *adj* illustrious; une ville au passé ~ a town with an illustrious OU a glorious past ❑ l'~ compagnie *sout* the Académie française; ~ inconnu, ~ inconnue *hum*: quel est cet ~ inconnu? who is this famous person I've never heard of!

illustré, e [ilystre] *adj* illustrated.
◆ **illustré** *nm* pictorial, illustrated magazine.

illustrer [3] [ilystre] *vt* -**1.** [livre] to illustrate. -**2.** [définition, théorie] to illustrate. -**3.** *litt* [rendre prestigieux] to lend distinction to; Molière a illustré la langue française Molière contributed to the greatness of the French language.
◆ **s'illustrer** *vpi* to become renowned OU famous; elle s'est illustrée par son interprétation de Carmen she won fame through her performance of Carmen; les Français se sont illustrés en natation the French distinguished themselves at swimming.

illustrissime [ilystrisim] *adj hum* most illustrious.

illuviation [ilyvjasjɔ̃] *nf* illuviation.

îlot [ilo] *nm* -**1.** GÉOG small island, islet. -**2.** [espace] island; un ~ de verdure an island of greenery; dans l'~ de calme où je travaille in the island OU oasis of peace where I work ❑ ~ de résistance pocket of resistance. -**3.** [pâté de maisons] block; [pour surveillance policière] patrol area, beat. -**4.** [sur une route]: ~ directionnel traffic OU lane divider. -**5.** [dans un magasin] (island) display unit. -**6.** NAUT island.

îlotage [ilɔtaʒ] *nm* -**1.** [d'un quartier] community policing, policing on the beat. -**2.** ÉLECTR grid sectioning.

ilote [ilɔt] *nm* -**1.** ANTIQ Helot. -**2.** *fig* & *litt* helot.

îlotier [ilɔtje] *nm* community policeman, policeman on the beat.

ilotisme [ilɔtism] *nm pr* & *fig* helotism.

ils [il] *mpl* → **il.**

IMA [ima] *npr m abr de* Institut du monde arabe.

image [imaʒ] *nf* -**1.** [illustration] picture; l'~ fournie par le satellite the satellite picture; l'~ de *fig* the picture of; elle était l'~ du malheur/de la bonne santé she was the very picture of tragedy/health ❑ ~ d'Épinal *popular 19th-century print showing idealized scenes of French and foreign life, well-known characters or heroic events*; ~ pieuse holy image; livre d'~s picture book. -**2.** [réflexion] image, reflection; PHYS image; ~ réelle/virtuelle real/virtual image. -**3.** TV image; CIN frame; 25 ~s par seconde 25 frames per second; il n'y a plus d'~ there's nothing on screen; certaines scènes du roman sont difficiles à mettre en ~s some scenes from the novel are difficult to adapt for the screen. -**4.** LITTÉRAT image; les ~s de Hugo Hugo's imagery; ce n'est qu'une ~ it's just an image. -**5.** [idée] image, picture; quelle ~ te fais-tu de lui? how do you picture him?; son ~ me hante *litt* his face haunts me ❑ ~ mentale PSYCH mental image. -**6.** MATH image. -**7.** INF [imprimée] hard copy; [sur l'écran] image; ~ mémoire dump; prendre une ~ mémoire to take a hard copy, to dump.
◆ **à l'image de** *loc prép*: Dieu créa l'homme à son ~ God created man in his own image; cet enfant est tout à fait à l'~ de sa mère this child is the very image of his mother; ce jardin est à l'~ de son propriétaire this garden is the reflection of its owner.
◆ **image de marque** *nf* [d'un produit] brand image; [d'une entreprise] corporate image; [d'une personnalité, d'une institution] (public) image.

imagé, e [imaʒe] *adj* full of imagery; elle a un langage très ~ she uses colourful imagery.

imagerie [imaʒri] *nf* -**1.** [ensemble d'images] prints, pictures; l'~ napoléonienne the imagery of the Napoleonic era. -**2.** [commerce] coloured print trade; [fabrication] printing. -**3.** MÉTÉO satellite photography. -**4.** MÉD: ~ médicale medical imaging. -**5.** INF imagery.

imagier, ère [imaʒje, ɛr] *nm, f* -**1.** [dessinateur] drawer OU painter *(of popular pictures)*; [imprimeur] printer *(of popular pictures)*; [vendeur] print seller. -**2.** HIST [sculpteur] sculptor *(of human figures or animals)*.

imaginable [imaʒinabl] *adj* imaginable, conceivable; ce n'est pas ~ d'être aussi têtu! it's unbelievable how stubborn you can be!; c'est difficilement ~ it's hard to imagine; ce n'est plus ~ à notre époque it's just unthinkable nowadays.

imaginaire [imaʒinɛr] ◇ *adj* -**1.** [fictif - pays, personnage] imaginary. -**2.** MATH imaginary.
◇ *nm* imagination; le domaine de l'~ the realm of fancy ❑ l'~ collectif PSYCH the collective imagination.

imaginatif, ive [imaʒinatif, iv] *adj* imaginative, fanciful.

imagination [imaʒinasjɔ̃] *nf* -**1.** [faculté] imagination; tu as l'~ fertile you have a fertile OU good imagination; son récit frappe l'~ his story strikes the imagination; les derniers événements dépassent l'~ the latest incidents defy the imagination; elle lui parlait en ~ she imagined herself talking to him; c'est de l'~ pure et simple it's sheer OU pure imagination; essaie d'avoir un peu d'~ try to use your imagination; avoir beaucoup d'~ to have a lot of imagination, to be very imaginative. -**2.** [chimère]: ce sont de pures ~s that's pure fancy; ~s que tout cela! those are just imaginings!

imaginer [3] [imaʒine] *vt* -**1.** [concevoir] to imagine; c'est l'homme le plus gentil qu'on puisse ~ he is the kindest man imaginable; la maison est plus grande que je l'imaginais the house is bigger than I imagined it (to be); tu imagines sa tête quand je lui ai dit ça! you can imagine OU picture his face when I told him that!; on imagine facilement qu'elle n'était pas ravie as you can imagine, she wasn't very pleased; on imagine mal la suite it's hard to imagine what happened next; tu n'imagines tout de même pas que je vais céder? you don't really think OU imagine I'm going to give in, do you? -**2.** [supposer] to imagine, to suppose; imaginons qu'il refuse supposing he refuses; tu veux de l'argent, j'imagine! you want some money, I suppose! -**3.** [inventer - personnage] to create, to imagine; [- gadget, mécanisme] to devise, to think up *(sép)*.
◆ **s'imaginer** ◇ *vp (emploi réfléchi)* to imagine o.s.; elle s'imagine déjà danseuse étoile! she already imagines OU pictures herself as a prima ballerina!; j'ai du mal à m'~ grand-mère I have a hard job picturing OU seeing myself as a grandmother.
◇ *vpt* [se représenter] to imagine, to picture; imaginez-vous un petit chalet blotti dans la montagne picture, if you will, a little chalet nestling in the mountains; s'~ que to imagine OU to think that; si tu t'imagines que je vais démissionner, tu te trompes if you think that I'm going to resign, you're mistaken; tu t'imagines bien que je n'ai pas vraiment apprécié as you can imagine, I wasn't too pleased; si je m'imaginais te rencontrer ici! fancy meeting you here!

imago [imago] ◇ *nm* ENTOM imago.
◇ *nf* PSYCH imago.

imam [imam] *nm* imam.

imamat [imama] *nm* imamate.

imbattable [ɛ̃batabl] *adj* unbeatable.

imbécile [ɛ̃besil] ◇ *adj* -**1.** [niais] stupid. -**2.** MÉD & *vieilli* imbecilic.
◇ *nmf* -**1.** [niais] idiot, fool; ne fais pas l'~ [ne fais pas le pitre] stop fooling about OU around; [ne simule pas] stop acting stupid OU dumb; le premier ~ venu peut comprendre ça *fam* any (old) fool can understand that ❑ espèce d'~ heureux! *fam* you twit OU stupid idiot! -**2.** MÉD & *vieilli* imbecile.

imbécillité [ɛ̃besilite] *nf* -**1.** [caractère] stupidity, idiocy. -**2.** [parole] nonsense *(U)*; n'écoute pas ces ~s don't listen to this nonsense!; qu'est-ce qu'il t'a dit? – une ~ what did he say to you? – something stupid OU dumb ‖ [acte] stupid behaviour *(U)*; avec ses ~s il va finir par se faire prendre his foolish behaviour is going to land him in trouble one of these days. -**3.** MÉD & *vieilli* imbecility.

imberbe [ɛ̃bɛrb] *adj* beardless.

imbibé, e *fam* [ɛ̃bibe] *adj* sozzled *esp Br*, soused *Am*.

imbiber [3] [ɛ̃bibe] *vt* to soak; imbibez les biscuits de kirsch soak the biscuits in kirsch; ~ une éponge d'eau to soak a sponge with water; la terre est imbibée d'eau the earth is completely waterlogged.
◆ **s'imbiber** *vpi* -**1.** [s'imprégner] to become soaked; s'~ de [suj: gâteau] to become soaked with OU in; [suj: terre] to become saturated with. -**2.** *fam* [boire] to booze.

imbibition [ɛ̃bibisjɔ̃] *nf* -**1.** [action] soaking; [absorption] absorption, absorbing. -**2.** PHYS imbibition.

imbrication [ɛ̃brikasjɔ̃] *nf* -**1.** [d'écailles, de pièces, de tuiles] imbrication *spéc*, overlapping. -**2.** [de considérations, d'hypothèses] interweaving, overlapping. -**3.** INF interleaving, nesting.

imbriqué, e [ɛ̃brike] *adj* -**1.** [écailles, pièces] imbricated; [cercles] overlapping. -**2.** [questions] overlapping, interlinked.

imbriquer [3] [ɛ̃brike] *vt* [pièces] to fit into OU over each other; [tuiles] to overlap; il faut ~ les différents morceaux les uns dans les autres the different pieces have to be fitted into each other.
◆ **s'imbriquer** *vpi* -**1.** CONSTR [pièces] to fit into OU over each other; [tuiles, feuilles, écailles] to overlap, to imbricate *spéc*. -**2.** [être lié] to be interlinked OU closely linked; des questions pratiques sont venues s'~ dans les considérations esthétiques practical problems began to interfere with the purely aesthetic considerations.

imbroglio [ɛ̃brɔljo] *nm* imbroglio.

imbrûlé, e [ɛ̃bryle] *adj* unburnt, non combusted.
◆ **imbrûlés** *nmpl* unburnt residue.

imbu, e [ɛ̃by] *adj*: être ~ de sa personne OU de soi-même to be full of o.s., to be imbued with a sense of one's own importance; être ~ de préjugés to be imbued with OU steeped in prejudice.

imbuvable [ɛ̃byvabl] *adj* -**1.** [boisson] undrinkable. -**2.** *fam* [individu] unbearable.

imitable [imitabl] *adj* imitable; difficilement ~ hard to imitate.

imitateur, trice [imitatœr, tris] ◇ *nm, f* imitator; [de personnalités connues] impersonator, mimic; [de cris d'animaux] imitator, mimic.
◇ *adj* [moutonnier] imitating, mimicking.

imitatif, ive [imitatif, iv] *adj* imitative, mimicking.

imitation [imitasjɔ̃] *nf* -**1.** [parodie] imitation, impersonation; elle a un talent d'~ she's a talented mimic. -**2.** BX-ARTS imitation, copy; LITTÉRAT imitation. -**3.** [matière artificielle] imitation; ~ marbre imitation marble; ce n'est pas du liège, c'est de l'~ it's not genuine cork, it's only imitation; des bijoux en ~ or imitation gold jewels. -**4.** MUS & PSYCH imitation.
◆ **à l'imitation de** *loc prép* in imitation of.

imiter [3] [imite] *vt* -**1.** [copier - bruit, personne] to imitate; [- mouvements, façon de parler] to imitate, to mimic; **Jacques imite très bien ses collègues** Jacques does a good imitation of his colleagues; ~ **la signature de qqn** to imitate sb's signature; [à des fins criminelles] to forge sb's signature. **-2.** [suivre l'exemple de] to imitate, to copy; **si elle démissionne, d'autres l'imiteront** if she resigns, others will do the same OU follow suit OU do likewise. **-3.** [ressembler à] to look like; **c'est une matière qui imite le liège** it's imitation cork; **un style imité du Berlin des années 30** a style modelled on Berlin in the thirties.

immaculé, e [imakyle] *adj sout* [blanc, neige] immaculate; [âme, réputation] immaculate, unsullied, spotless; **une nappe** ~**e** an immaculately OU spotlessly clean cloth ❑ **l'Immaculée Conception** RELIG the Immaculate Conception.

immanence [imanɑ̃s] *nf* immanence.

immanent, e [imanɑ̃, ɑ̃t] *adj* immanent.

immangeable [ɛ̃mɑ̃ʒabl] *adj* uneatable, inedible.

immanquable [ɛ̃mɑ̃kabl] *adj* **-1.** [inévitable] inevitable. **-2.** [infaillible] sure, reliable, infallible.

immanquablement [ɛ̃mɑ̃kabləmɑ̃] *adv* definitely, certainly.

immatérialité [imaterjalite] *nf* immateriality.

immatériel, elle [imaterjɛl] *adj* **-1.** PHILOS immaterial. **-2.** *litt* [léger] ethereal.

immatriculation [imatrikylasjɔ̃] *nf* registration; **numéro d'**~ registration number *Br*, license number *Am*.

IMMATRICULATION:
The last two numbers on French number plates refer to the département where the vehicle was registered. Vehicles from the Val de Marne, for example, bear the number 94.

---

immatriculer [3] [imatrikyle] *vt*: (faire) ~ to register; **car immatriculé 75** coach with the registration *Br* OU license *Am* number ending in 75; **car immatriculé à Paris** coach with a Paris registration *Br* OU license *Am* number; **je ne suis plus immatriculé 92** *fam* my registration *Br* OU license *Am* number no longer ends in 92.

immaturation [imatyrasjɔ̃] *nf* immatureness PSYCH.

immature [imatyr] *adj* immature.

immaturité [imatyrite] *nf* **-1.** [d'une personne, d'une œuvre] immaturity. **-2.** [d'un fruit] unripeness.

immédiat, e [imedja, at] *adj* **-1.** [dans le temps - avenir] immediate; [- réponse] immediate, instantaneous; [- effet] immediate, direct; [- soulagement] immediate, instant; **sa mort fut** ~**e** he died instantly. **-2.** [dans l'espace - voisins] immediate, next-door *(avant n)*; [- environs] immediate; **dans mon voisinage** ~ in close proximity to OU very near where I live; **supérieur** ~ direct superior. **-3.** SC & PHILOS immediate.

◆ **dans l'immédiat** *loc adv* for the time being, for the moment, for now; **nous n'effectuerons pas de changement dans l'**~ we will introduce no immediate changes.

immédiatement [imedjatmɑ̃] *adv* **-1.** [dans le temps] immediately, at once, forthwith *sout* OU *hum*; **viens ici** ~! come here at once!; **la nouvelle disposition prend effet** ~ the new measure comes into immediate effect OU into effect immediately. **-2.** [dans l'espace] directly, immediately; **tournez à gauche** ~ **après le prochain feu** turn left straight *esp Br* OU immediately after the next traffic lights.

immédiateté [imedjatte] *nf* **-1.** *sout* [instantanéité] immediacy, immediateness. **-2.** PHILOS immediacy.

immémorial, e, aux [imemɔrjal, o] *adj* age-old, immemorial; **de temps** ~ from time immemorial; **remonter à des temps immémoriaux** to date from time immemorial.

immense [imɑ̃s] *adj* [forêt, bâtiment, plaine] vast, huge; [talent] immense, towering; [soulagement, impact] immense, great, tremendous; [sacrifice, dévotion] immense, boundless.

immensément [imɑ̃semɑ̃] *adv* immensely, hugely.

immensité [imɑ̃site] *nf* **-1.** [d'une forêt, d'un bâtiment] immensity, vastness; [de la mer] immensity; **dans l'**~ *litt* in infinity, in infinite space. **-2.** [d'une tâche, d'un problème] enormity; [d'un talent, d'un chagrin] immensity.

immergé, e [imɛrʒe] *adj* **-1.** [au-dessous de l'eau] submerged; **la majeure partie d'un iceberg est** ~**e** the bulk of an iceberg is underwater; **l'épave est** ~**e par 500 m de fond** the wreck is lying 500 m underwater OU under 500 m of water ❑ **terres** ~**es** submerged areas of land. **-2.** *fig*: **l'économie** ~**e** the underground economy.

immerger [17] [imɛrʒe] *vt* [oléoduc, bombes] to lay under water, to submerge; [produits radioactifs] to dump OU to deposit at sea; [cadavre] to bury at sea.

◆ **s'immerger** *vpi* [sous-marin] to dive, to submerge.

immérité, e [imerite] *adj* undeserved, unmerited.

immersion [imɛrsjɔ̃] *nf* **-1.** [d'un sous-marin] diving, submersion; [d'un oléoduc, de bombes] underwater laying, submersion; [de déchets] dumping at sea; [d'un cadavre] burying at sea. **-2.** ASTRON & RELIG immersion.

immettable [ɛ̃metabl] *adj* [abîmé] no longer fit to wear; [indécent] unwearable.

immeuble [imœbl] ◇ *adj* JUR immovable, real; **biens** ~**s** immovables, real estate.

◇ *nm* **-1.** CONSTR [gén] building; [d'habitation] block of flats *Br*, apartment building *Am*; [de bureaux] office block *esp Br* OU building; [commercial] rented office block *esp Br* OU building; ~ **miroir** ARCHIT building glazed with reflective glass; ~ **de rapport** investment property; ~ **à usage locatif** [résidentiel] block of rented flats *Br*, rental apartment building *Am*. **-2.** JUR real estate.

immigrant, e [imigrɑ̃, ɑ̃t] *adj & nm, f* immigrant.

immigration [imigrasjɔ̃] *nf* immigration.

immigré, e [imigre] *adj & nm, f* immigrant.

immigrer [3] [imigre] *vi* to immigrate; ~ **en France/aux États-Unis** to immigrate to France/to the (United) States.

imminence [iminɑ̃s] *nf* imminence.

imminent, e [iminɑ̃, ɑ̃t] *adj* imminent, impending; **c'est** ~ it's imminent, it won't be long (now); **sa décision est** ~**e** he's about to make a decision.

immiscer [16] [imise]

◆ **s'immiscer dans** *vp + prép* **-1.** [intervenir dans]: **s'**~ **dans une affaire** to interfere with OU in a matter; **elle s'immisce toujours dans la conversation** she's always interrupting. **-2.** JUR: **s'**~ **dans une succession** to enter into OU to assume a succession.

immixtion [imiksjɔ̃] *nf* **-1.** [intervention] interference, interfering. **-2.** JUR assumption.

immobile [imɔbil] *adj* **-1.** [mer, surface] still, calm; [nuit, air] still; [feuillage, animal, personne] still, motionless; [visage] immobile; **gardez votre bras** ~ keep your arm still. **-2.** *litt* [temps] immobile.

immobilier, ère [imɔbilje, ɛr] *adj* COMM & JUR [marché, opération] property *(modif)*; [action] real; [fortune] real estate *(modif)*; **biens** ~**s** immovables, real estate; **crédit** ~ mortgage.

◆ **immobilier** *nm*: **l'**~ COMM the property OU real estate business, realty.

immobilisation [imɔbilizasjɔ̃] *nf* **-1.** [d'un adversaire, de forces armées] immobilization; **le manque à gagner dû à l'**~ **des machines** losses through downtime. **-2.** FIN [de capitaux] tying up. **-3.** JUR conversion *(of personalty into realty)*. **-4.** SPORT hold. **-5.** MÉD immobilization.

◆ **immobilisations** *nfpl* fixed assets.

immobiliser [3] [imɔbilize] *vt* **-1.** [membre] to strap up *(sép)*, to immobilize; [adversaire, forces armées] to immobilize; [balancier] to stop; [circulation] to bring to a standstill OU to a halt; **les véhicules sont immobilisés à la sortie du tunnel** the vehicles have been brought to a standstill at the tunnel exit; **être immobilisé** [personne] to be laid up; **il est resté immobilisé au lit pendant cinq semaines** he was laid up in bed for five weeks. **-2.** FIN [des capitaux] to tie up *(sép)*, to immobilize. **-3.** JUR to convert *(personalty into realty)*.

◆ **s'immobiliser** *vpi* [personne] to stand still OU stock-still; [véhicule] to come to a halt, to pull up; **la libellule s'immobilisa sur la fleur** the dragonfly came to rest OU settled on the flower.

immobilisme [imɔbilism] *nm* [gén] opposition to change; POL immobilism.

immobiliste [imɔbilist] ◇ *adj* conservative, immobilist *spéc*; **la politique** ~ **du gouvernement** the government's conservative policies.

◇ *nmf* conservative, upholder of the status quo.

immobilité [imɔbilite] *nf* [d'un feuillage, d'un lac, d'une personne] stillness, motionlessness; [d'un regard] immobility, steadiness; **je suis contraint à l'**~ **totale** I'm bedridden.

immodéré, e [imɔdere] *adj* immoderate, inordinate.

immodérément [imɔderemɑ̃] *adv* immoderately, excessively.

immodeste [imɔdɛst] *adj sout* immodest.

immodestie [imɔdɛsti] *nf litt* immodesty.

immolateur [imɔlatœr] *nm litt* immolator.

immolation [imɔlasjɔ̃] *nf sout* immolation.

immoler [3] [imɔle] *vt* **-1.** RELIG [sacrifier] to immolate; ~ **qqn à** to sacrifice sb to. **-2.** *litt* [exterminer] to kill. **-3.** *fig & litt* [renoncer à] to sacrifice.

◆ **s'immoler** *vp (emploi réfléchi) litt* to sacrifice o.s.; **il s'immola par le feu** he set fire to himself.

immonde [imɔ̃d] *adj* **-1.** RELIG [impur] unclean, impure. **-2.** [sale] foul, filthy, obnoxious. **-3.** [ignoble - crime, pensées, propos] sordid, vile, base; [- individu] vile, base, obnoxious.

immondices [imɔ̃dis] *nfpl* refuse, rubbish *Br*, trash *Am*.

immoral, e, aux [imɔral, o] *adj* immoral.

immoralement [imɔralmɑ̃] *adv* immorally.

immoralisme [imɔralism] *nm* immoralism.

immoraliste [imɔralist] *adj & nmf* immoralist.

immoralité [imɔralite] *nf* immorality.

immortaliser [3] [imɔrtalize] *vt* to immortalize.

immortalité [imɔrtalite] *nf* immortality; **son œuvre lui a assuré l'**~ her work won her everlasting fame OU immortality.

immortel, elle [imɔrtɛl] ◇ *adj* [dieu] immortal; [bonheur, gloire] immortal, everlasting, eternal.

◇ *nm, f* **-1.** MYTH Immortal. **-2.** *fam* [académicien]: **les Immortels** *the members of the Académie française*.

◆ **immortelle** *nf* BOT everlasting (flower), immortelle.

immotivé, e [imɔtive] *adj* **-1.** [attaque, décision, demande] unmotivated; [peur, allégation] groundless. **-2.** LING unmotivated.

immuabilité [imɥabilite] = **immutabilité**.

immuable [imɥabl] *adj* [principes, vérités, amour] immutable, unchanging; [sourire] unchanging, fixed; [politesse] eternal, unfailing; [opinion] unwavering, unchanging.

immuablement [imɥabləmɑ̃] *adv* eternally, perpetually, immutably; **ville** ~ **brumeuse** perpetually foggy town.

immun, e [imœ̃, yn] *adj* MÉD immune.

immunisant, e [imynizɑ̃, ɑ̃t] *adj* immunizing.

immunisation [imynizasjɔ̃] *nf* immunization.

immuniser [3] [imynize] *vt* MÉD to immunize; ~ **qqn contre qqch** to immunize sb against sthg; **depuis le temps qu'elle me critique, je suis immunisé!** she's been criticizing me for so long, I'm immune to it now!; **son échec l'a immunisé contre l'aventurisme politique** his failure has cured him of political adventurism.

immunitaire [imynitɛr] *adj* immune; système ~ immune system.

immunité [imynite] *nf* -**1.** JUR immunity; ~ **diplomatique** diplomatic immunity; ~ **parlementaire** parliamentary privilege. -**2.** MÉD immunity; **acquérir une** ~ **(à)** to become immune (to) OU immunized (against).

immunocompétent, e [imynɔkɔ̃petɑ̃, ɑ̃t] *adj* immunocompetent.

immunodéficitaire [imynɔdefisitɛr] *adj* immunodeficient.

immunodépresseur [imynɔdeprɛsœr] *nm* immunosuppressive.

immunodépressif, ive [imynɔdepresif, iv] *adj* immunosuppressive.

immunodéprimé, e [imynodeprime] *adj* immuno-depressed.

immunogène [imynɔʒɛn] *adj* immunogenic.

immunoglobuline [imynɔglɔbylin] *nf* immunoglobulin.

immunologie [imynɔlɔʒi] *nf* immunology.

immunosuppresseur [imynɔsyprɛsœr] *nm* immunosuppressive.

immunothérapie [imynɔterapi] *nf* immunotherapy.

immutabilité [imytabilite] *nf* immutability.

impact [ɛ̃pakt] *nm* -**1.** [choc - de corps] impact, collision; [- de projectiles] impact; **au moment de l'**~ on impact ❑ **point d'** ~ point of impact. -**2.** [influence, effet - de mesures] impact, effect; [- d'un mouvement, d'un artiste] impact, influence; **les sondages ont-ils un grand** ~ **sur le résultat des élections?** do opinion polls have a major impact on election results? ❑ **étude d'**~ ÉCOL environmental impact assessment.

impair, e [ɛ̃pɛr] *adj* -**1.** [chiffre] odd, uneven; **les jours** ~**s** odd OU odd-numbered days; **les années** ~**es** odd OU odd-numbered years; **le côté** ~ [dans la rue] the uneven numbers. -**2.** LITTÉRAT [vers] irregular *(having an odd number of syllables)*. -**3.** ANAT single, azygous *spéc*. -**4.** RAIL [voie, train] down.

◆ **impair** [ɛ̃pɛr] *nm* -**1.** [bévue] blunder; **faire** OU **commettre un** ~ to (make a) blunder. -**2.** JEUX: **l'**~ odd numbers; [à la roulette] impair.

impala [impala] *nm* impala.

impalpable [ɛ̃palpabl] *adj* impalpable, intangible.

impaludation [ɛ̃palydasjɔ̃] *nf* malarial infection; ~ **thérapeutique** malaria therapy.

impaludé, e [ɛ̃palyde] *adj*: **région** ~**e** malaria-infested OU malarious region.

impaluder [3] [ɛ̃palyde] *vt* to give malaria therapy to.

imparable [ɛ̃parabl] *adj* -**1.** [coup, ballon] unstoppable. -**2.** [argument] unanswerable; [logique] irrefutable.

impardonnable [ɛ̃pardɔnabl] *adj* [erreur, oubli] unforgivable, inexcusable; **tu es** ~ **d'avoir oublié son anniversaire** it's unforgivable of OU inexcusable for you to have forgotten her birthday.

imparfait, e [ɛ̃parfɛ, ɛt] *adj* -**1.** [incomplet] imperfect, partial; **une connaissance** ~**e du problème** imperfect OU insufficient knowledge of the problem; **guérison** ~**e** incomplete recovery. -**2.** [personne] imperfect; **l'homme est une créature** ~**e** Man is an imperfect creature. -**3.** [inexact] inaccurate; **une image** ~**e de la réalité** an inaccurate picture of reality.

◆ **imparfait** *nm* LING: **l'**~ the imperfect (tense); **l'**~ **du subjonctif** the imperfect subjunctive.

imparfaitement [ɛ̃parfɛtmɑ̃] *adv* imperfectly.

imparipenné, e [ɛ̃paripɛne] *adj* imparipinnate.

imparisyllabique [ɛ̃parisilabik] ◇ *adj* imparisyllabic.

◇ *nm* [nom] imparisyllabic noun; [adjectif] imparisyllabic adjective.

imparité [ɛ̃parite] *nf* imparity, oddness.

impartageable [ɛ̃partaʒabl] *adj* [expérience] which cannot be shared; [domaine] indivisible.

impartial, e, aux [ɛ̃parsjal, o] *adj* impartial, unprejudiced, unbiased.

impartialement [ɛ̃parsjalmɑ̃] *adv* impartially, without prejudice OU bias.

impartialité [ɛ̃parsjalite] *nf* impartiality, fairness; **juger avec** ~ to judge impartially.

impartir [32] [ɛ̃partir] *vt* -**1.** [temps]: ~ **un délai à qqn** to grant sb an extension; **le temps qui vous était imparti est écoulé** you have used up the time allotted to you. -**2.** *litt* [pouvoir]: **en vertu des pouvoirs qui me sont impartis** by virtue of the powers (that are) vested in me.

impartition [ɛ̃partisjɔ̃] *nf* ÉCON subcontracting.

impasse [ɛ̃pas] *nf* -**1.** [rue] dead end, cul-de-sac; 'impasse' 'no through road'. -**2.** [situation] impasse, blind alley; **nous sommes dans l'**~ we have reached an impasse OU a stalemate; **faire sortir les négociations de l'**~ to break the deadlock in the negotiations ❑ ~ **budgétaire** FIN budget deficit. -**3.** *arg scol*: **j'ai fait une** ~ **sur la Seconde Guerre mondiale** I missed out *Br* OU skipped (over) *Am* World War II in my revision. -**4.** JEUX finesse; **faire une** ~ to (make a) finesse; **j'ai fait l'**~ **au roi** I finessed against the king.

impassibilité [ɛ̃pasibilite] *nf* impassiveness, impassivity, composure; **être d'une grande** ~ to show great composure.

impassible [ɛ̃pasibl] *adj* impassive, imperturbable.

impassiblement [ɛ̃pasibləmɑ̃] *adv* impassively, imperturbably.

impatiemment [ɛ̃pasjamɑ̃] *adv* impatiently; **nous attendons** ~ **le résultat** we eagerly await the result.

impatience [ɛ̃pasjɑ̃s] *nf* impatience; **avec** ~ impatiently, with impatience; **sans** ~ patiently; **quelques signes d'**~ some signs of impatience.

impatiens [ɛ̃pasjɑ̃s] *nf* impatiens *spéc*, balsam, busy lizzie *Br*.

impatient, e [ɛ̃pasjɑ̃, ɑ̃t] *adj* [personne, geste] impatient; ~ **de commencer** impatient to start; **êtes-vous** ~ **de rentrer?** are you anxious OU eager to get home?

◆ **impatiente** *nf* BOT = **impatiens**.

impatienter [3] [ɛ̃pasjɑ̃te] *vt* to annoy, to irritate; **son entêtement a fini par m'**~ his stubbornness made me lose my patience in the end, I finally lost patience with his stubbornness.

◆ **s'impatienter** *vpi* [dans une attente] to grow OU to become impatient; [dans une discussion] to lose one's patience; **s'**~ **de qqch** to get impatient with sthg; **s'**~ **contre qqn** to get impatient with sb ‖ *(en usage abs)*: **j'ai fini par m'**~ I lost patience in the end.

impatroniser [3] [ɛ̃patrɔnize]

◆ **s'impatroniser** *vpi litt* to impose one's authority.

impavide [ɛ̃pavid] *adj litt* impassive, unruffled, composed.

impayable *fam* [ɛ̃pɛjabl] *adj* priceless; **il est vraiment** ~**!** he's priceless OU a scream!

impayé, e [ɛ̃peje] *adj* [facture] unpaid; [dette] outstanding; **tous les effets** ~**s le 8 janvier** all bills not settled by January 8th.

◆ **impayé** *nm* [somme] unpaid OU dishonoured bill; **'les** ~**s'** 'payments outstanding'.

impeachment [impitʃmɛnt] *nm* impeachment *(of a senior American official)*.

impeccable [ɛ̃pekabl] *adj* -**1.** [propre et net - intérieur, vêtement] spotless, impeccable; [- coiffure, ongles] impeccable; **et que les escaliers soient** ~**s!** and I don't want to see a speck of dirt on the stairs! -**2.** [parfait - manières, travail] impeccable, flawless, perfect; **il parle un espagnol** ~ he speaks impeccable OU perfect Spanish; **10 heures, ça te va? — oui,** ~**!** *fam* would 10 o'clock suit you? — yes, great OU perfect! -**3.** RELIG impeccable.

impeccablement [ɛ̃pekabləmɑ̃] *adv* impeccably; **elle parle** ~ **russe** she speaks impeccable OU perfect Russian.

impécunieux, euse [ɛ̃pekynjø, øz] *adj litt* impecunious, penurious.

impécuniosité [ɛ̃pekynjozite] *nf* impecuniosity *litt*, penury.

impédance [ɛ̃pedɑ̃s] *nf* impedance; ~ **acoustique** sound OU acoustic impedance; ~ **du vide** OU **de l'espace** (intrinsic) impedance in the vacuum.

impedimenta [ɛ̃pedimɛ̃ta] *nmpl* MIL & *litt* impedimenta.

impénétrabilité [ɛ̃penetrabilite] *nf* impenetrability.

impénétrable [ɛ̃penetrabl] *adj* impenetrable.

impénitence [ɛ̃penitɑ̃s] *nf* RELIG impenitence, impenitent state.

impénitent, e [ɛ̃penitɑ̃, ɑ̃t] *adj* -**1.** RELIG impenitent, unrepentant. -**2.** [buveur, fumeur] inveterate.

impensable [ɛ̃pɑ̃sabl] *adj* [inconcevable] unthinkable, inconceivable; [incroyable] unbelievable; **ç'aurait été** ~ **il y a dix ans** it would have been unthinkable ten years ago.

impenses [ɛ̃pɑ̃s] *nfpl* expenses.

imper [ɛ̃pɛr] *nm* raincoat, mac *Br*.

impératif, ive [ɛ̃peratif, iv] *adj* -**1.** [qui s'impose - mesure, intervention] imperative, urgent, vital; [- besoin, date] imperative; **il est** ~ **de...** it is imperative OU essential to... -**2.** [de commandement - appel, geste, voix] imperative, peremptory. -**3.** LING imperative.

◆ **impératif** *nm* -**1.** *(souvent pl)* [exigence] requirement, necessity; **les** ~**s de la mode** the dictates of fashion; **les** ~**s du direct** *fam* the constraints of live broadcasting ❑ **l'**~ **catégorique** PHILOS the (categorical) imperative. -**2.** LING: **l'**~ the imperative (mood); **verbe à l'**~ imperative verb, verb in the imperative.

impérativement [ɛ̃perativmɑ̃] *adv*: **il faut que je termine** ~ **pour ce soir** it's essential that I should finish tonight.

impératrice [ɛ̃peratris] *nf* empress.

imperceptibilité [ɛ̃pɛrsɛptibilite] *nf* imperceptibility.

imperceptible [ɛ̃pɛrsɛptibl] *adj* imperceptible; ~ **à l'œil nu** imperceptible to the naked eye.

imperceptiblement [ɛ̃pɛrsɛptibləmɑ̃] *adv* imperceptibly.

imperdable [ɛ̃pɛrdabl] ◇ *adj*: **ce match est** ~**!** this is a match you can't lose!

◇ *nf Helv* safety pin.

imperfectible [ɛ̃pɛrfɛktibl] *adj* non-perfectible.

imperfectif, ive [ɛ̃pɛrfɛktif, iv] *adj* imperfective.

◆ **imperfectif** *nm*: **l'**~ the imperfective.

imperfection [ɛ̃pɛrfɛksjɔ̃] *nf* -**1.** [défaut - d'un tissu, d'un cuir] imperfection, defect; [- d'une personne] imperfection, shortcoming; [- d'un style, d'une œuvre] imperfection, weakness; [- d'un système] shortcoming; **toutes les petites** ~**s de la peau** all the small blemishes on the skin. -**2.** [état] imperfection.

imperforation [ɛ̃pɛrfɔrasjɔ̃] *nf* imperforation.

impérial, e, aux [ɛ̃perjal, o] *adj* -**1.** HIST & POL imperial. -**2.** *fig* [allure, manières] imperial, majestic. -**3.** COMM imperial, of superior quality.

◆ **impériale** *nf* -**1.** [étage] top deck; **rame/bus à** ~**e** double-decker train/bus. -**2.** [dais] crown; [de lit] (domed) tester. -**3.** JEUX royal flush. -**4.** [barbe] imperial.

impérialement [ɛ̃perjalmɑ̃] *adv* imperially, majestically.

impérialisme [ɛ̃perjalism] *nm* imperialism.

impérialiste [ɛ̃perjalist] *adj* & *nmf* imperialist.

impérieusement [ɛ̃perjøzmɑ̃] *adv* -**1.** [impérativement] absolutely. -**2.** [autoritairement] imperiously, peremptorily.

impérieux, euse [ɛ̃perjø, øz] *adj* -**1.** [irrésistible - besoin, désir] urgent, compelling, pressing. -**2.** [de commandement - appel, personne, voix] imperious, peremptory; **d'un ton** ~ in a commanding tone.

impérissable [ɛ̃perisabl] *adj sout* [vérité] eternal, imperishable; [splendeur] undying; [souvenir] enduring; **garder un souvenir ~ de qqch** to have an enduring memory of sthg; **le souvenir ~ de cet été-là** the enduring OU abiding memory of that summer.

impéritie [ɛ̃perisi] *nf sout* incompetence.

imperméabilisant, e [ɛ̃pɛrmeabilizɑ̃, ɑ̃t] *adj* waterproofing.

◆ **imperméabilisant** *nm* waterproofing (substance).

imperméabilisation [ɛ̃pɛrmeabilizasjɔ̃] *nf* waterproofing.

imperméabiliser [3] [ɛ̃pɛrmeabilize] *vt* to (make) waterproof OU rainproof.

imperméabilité [ɛ̃pɛrmeabilite] *nf* -**1.** GÉOL, TEXT & VÊT impermeability. -**2.** *sout* [incompréhension] imperviousness.

imperméable [ɛ̃pɛrmeabl] ◇ *adj* -**1.** GÉOL impermeable. -**2.** [combinaison de plongée] waterproof; [enduit intérieur] waterproof, water-resistant *spéc*; [vêtement, chaussure, enduit extérieur] waterproof, rainproof. -**3.** *sout* [insensible]: **être ~ à** to be impervious to.

◇ *nm* [vêtement] raincoat.

impersonnalité [ɛ̃pɛrsɔnalite] *nf* impersonality.

impersonnel, elle [ɛ̃pɛrsɔnɛl] *adj* -**1.** [atmosphère, décor, ton] impersonal, cold. -**2.** [approche, texte] impersonal. -**3.** LING impersonal.

impersonnellement [ɛ̃pɛrsɔnɛlmɑ̃] *adv* impersonally.

impertinence [ɛ̃pɛrtinɑ̃s] *nf* -**1.** [caractère] impertinence, impudence, effrontery. -**2.** [parole] impertinence, impertinent remark. -**3.** *sout* [manque d'à-propos] irrelevance, inappropriateness.

impertinent, e [ɛ̃pɛrtinɑ̃, ɑ̃t] ◇ *adj* -**1.** [impudent] impertinent, impudent. -**2.** *sout* [question, remarque] irrelevant.

◇ *nm, f* impertinent person.

imperturbabilité [ɛ̃pɛrtyrbabilite] *nf* imperturbability.

imperturbable [ɛ̃pɛrtyrbabl] *adj* imperturbable.

imperturbablement [ɛ̃pɛrtyrbabləmɑ̃] *adv* imperturbably.

impesanteur [ɛ̃pəzɑ̃tœr] = **apesanteur**.

impétigineux, euse [ɛ̃petiʒinø, øz] *adj* impetiginous.

impétigo [ɛ̃petigo] *nm* impetigo.

impétrant, e [ɛ̃petrɑ̃, ɑ̃t] *nm, f* recipient.

impétueux, euse [ɛ̃petɥø, øz] *adj* -**1.** [personne] impetuous, rash, impulsive; [tempérament] fiery, impetuous. -**2.** *litt* [flot, rythme] impetuous, wild.

impétuosité [ɛ̃petɥozite] *nf* -**1.** [d'une personne, d'un tempérament] impetuousness, impetuosity, foolhardiness. -**2.** *litt* [des flots, d'un rythme] impetuosity, impetuousness.

impie [ɛ̃pi] *sout* ◇ *adj* impious; **des paroles ~s** blasphemy.

◇ *nmf* impious OU ungodly person.

impiété [ɛ̃pjete] *nf* -**1.** [caractère] impiety, ungodliness. -**2.** [parole, acte] impiety.

impitoyable [ɛ̃pitwajabl] *adj* [juge, adversaire] merciless, pitiless; [haine, combat] merciless, relentless.

impitoyablement [ɛ̃pitwajabləmɑ̃] *adv* mercilessly, ruthlessly, pitilessly.

implacable [ɛ̃plakabl] *adj* -**1.** [acharné, inflexible] implacable; **une haine ~** implacable hatred. -**2.** *litt* [inéluctable] relentless, implacable *sout*; **avec une logique ~** with relentless logic.

implacablement [ɛ̃plakabləmɑ̃] *adv* implacably, mercilessly, relentlessly.

implant [ɛ̃plɑ̃] *nm* implant; **~ dentaire** (dental) implant.

implantation [ɛ̃plɑ̃tasjɔ̃] *nf* -**1.** [établissement] establishment, setting up; **l'~ d'une usine a permis la création de cent emplois** the setting up of a factory has led to the creation of one hundred jobs. -**2.** [des cheveux] hairline. -**3.** MÉD (lateral) implantation; [en odontologie] implant. -**4.** ÉLECTRON implantation; **~ ionique** ion implantation.

implanter [3] [ɛ̃plɑ̃te] *vt* -**1.** [bâtiment] to locate; [entreprise] to set up, to establish, to locate; [idées] to implant; [coutumes, mode] to introduce; [parti politique] to establish; **~ un produit sur le marché** to establish a product on the market; **une tradition bien implantée** a well-established tradition; **une croyance/habitude bien implantée** an ingrained belief/habit. -**2.** MÉD to implant. -**3.** CONSTR [tracer] to stake out *(sép)*.

◆ **s'implanter** *vpi* [entreprise, ville] to be set up OU located OU established; [peuple] to settle.

implantologie [ɛ̃plɑ̃tɔlɔʒi] *nf* implant dentistry.

implication [ɛ̃plikasjɔ̃] *nf* -**1.** [participation] involvement, implication. -**2.** PHILOS & MATH implication.

◆ **implications** *nfpl* [résultats] implications, consequences.

implicite [ɛ̃plisit] *adj* -**1.** [tacite] implicit. -**2.** INF [option, valeur] default *(modif)*.

implicitement [ɛ̃plisitmɑ̃] *adv* -**1.** [tacitement] implicitly. -**2.** INF: **toutes les variables prennent ~ la valeur 0** all the variables have the default value 0.

impliquer [3] [ɛ̃plike] *vt* -**1.** [compromettre] to implicate, to involve; **~ qqn dans qqch** to implicate sb in sthg. -**2.** [supposer - suj: terme, phrase] to imply. -**3.** [entraîner - dépenses, remaniements] to imply, to involve, to entail. -**4.** MATH: **p implique q** if p then q.

◆ **s'impliquer dans** *vp + prép*: **s'~ dans qqch** to get (o.s.) involved in sthg.

implorant, e [ɛ̃plɔrɑ̃, ɑ̃t] *adj sout* [voix, regard, geste] imploring, beseeching; **d'un ton ~** imploringly, beseechingly.

imploration [ɛ̃plɔrasjɔ̃] *nf sout* entreaty.

implorer [3] [ɛ̃plɔre] *vt* -**1.** [solliciter] to implore, to beseech; **~ le pardon de qqn** to beg sb's forgiveness. -**2.** *sout* [supplier]: **~ qqn de faire qqch** to implore OU to entreat sb to do sthg.

imploser [3] [ɛ̃ploze] *vi* to implode.

implosif, ive [ɛ̃plozif, iv] *adj* PHON implosive.

implosion [ɛ̃plozjɔ̃] *nf* PHON & PHYS implosion.

implosive [ɛ̃ploziv] *adj f & nf* implosive.

impolarisable [ɛ̃pɔlarizabl] *adj* unpolarizable.

impoli, e [ɛ̃pɔli] ◇ *adj* impolite, rude, uncivil; **être ~ envers qqn** to be impolite OU rude to sb.

◇ *nm, f* impolite OU ill-mannered person.

impoliment [ɛ̃pɔlimɑ̃] *adv* impolitely, rudely.

impolitesse [ɛ̃pɔlitɛs] *nf* -**1.** [caractère] impoliteness, rudeness; **quelle ~!** how rude!; **il est d'une ~!** he's so rude! -**2.** [acte, parole] impolite thing; **commettre une ~** to do something rude OU impolite.

impolitique [ɛ̃pɔlitik] *adj sout* impolitic, unwise.

impondérabilité [ɛ̃pɔ̃derabilite] *nf* imponderability.

impondérable [ɛ̃pɔ̃derabl] ◇ *adj* imponderable.

◇ *nm (gén pl)* unknown quantity, imponderable.

impopulaire [ɛ̃pɔpylɛr] *adj* [mesure, dirigeant] unpopular.

impopularité [ɛ̃pɔpylarite] *nf* unpopularity.

import [ɛ̃pɔr] *nm Belg* [montant] amount; **une facture d'un ~ de 3 000F** a bill for 3,000F.

importable [ɛ̃pɔrtabl] *adj* -**1.** ÉCON importable. -**2.** [habit] unwearable.

importance [ɛ̃pɔrtɑ̃s] *nf* -**1.** [qualitative - d'une décision, d'un discours, d'une personne] importance, significance; **avoir de l'~** to be of importance, to matter; **tout ceci a de l'~** all this is of importance; **tout ceci n'a plus d'~** none of this matters any longer; **sans ~** [personne] unimportant, insignificant; [fait] of no importance, irrelevant; [somme] insignificant, trifling; **la date est sans ~** the date is irrelevant OU is of no importance; **que disais-tu? — c'est sans ~** what were you saying? — it's of no importance OU it doesn't matter; **accorder** OU **attacher trop d'~ à qqch** to attach too much importance OU significance to sthg; **et alors, quelle ~?** so, what does it matter?; **se donner de l'~** to act important. -**2.** [quantitative - d'un effectif, d'une agglomération] size; [- de dégâts, de pertes] extent; **prendre de l'~** to expand; **notre coopérative prend de plus en plus d'~** our cooperative is expanding OU is getting bigger and bigger; **une entreprise d'~ moyenne** a medium-sized business.

◆ **d'importance** ◇ *loc adj* important.

◇ *loc adv litt* soundly, thoroughly; **il s'est fait rosser d'~** he was soundly thrashed.

important, e [ɛ̃pɔrtɑ̃, ɑ̃t] ◇ *adj* -**1.** [qualitativement - découverte, témoignage, rencontre, personnalité] important; [- date, changement] important, significant; [- conséquence] important, serious, far-reaching; [- position] important, high; **j'ai quelque chose de très ~ à te dire** I've got something very important OU of great importance to tell you; **il est ~ que tu viennes** it's important (that) you come; **ta carrière n'est-elle pas ~e pour toi?** isn't your career important to you?; **c'est ~ pour moi de connaître la vérité** finding out the truth matters OU is important to me. -**2.** [quantitativement - collection, effectif] sizeable, important, large; [- augmentation, proportion] substantial, significant, large; [- somme] substantial, considerable, sizeable; [- retard] considerable. -**3.** [présomptueux]: **prendre** OU **se donner des airs ~s** to act important, to give oneself airs.

◇ *nm, f* [personne]: **faire l'~** to act important.

◆ **important** *nm*: **l'~, c'est de...** the important thing is to..., the main thing is to...

importateur, trice [ɛ̃pɔrtatœr, tris] ◇ *adj* importing; **les pays ~s de pétrole** oil-importing countries.

◇ *nm, f* importer.

importation [ɛ̃pɔrtasjɔ̃] *nf* -**1.** ÉCON importation, importing; **produit d'~** imported product, import; **droits/licence d'~** import duties/licence. -**2.** [d'un mouvement, d'une invention] introduction, importation; [d'un animal] importing.

◆ **importations** *nfpl* COMM imports; **nos ~s dépassent nos exportations** we import more than we export.

importer [3] [ɛ̃pɔrte] ◇ *vt* -**1.** [marchandises, main-d'œuvre, brevets] to import; [mode] to introduce, to import; [animal, végétal] to import, to introduce into the country; [idée] to import, to bring in *(sép)*; **musique importée des États-Unis** music imported from the United States. -**2.** INF to import.

◇ *vi* [avoir de l'importance] to matter; **son âge importe peu** his age is of little importance OU doesn't matter much; **peu importe** it doesn't matter; **qu'importe!** what does it matter!; **ce qui importe avant tout c'est que tu sois heureuse** the most important thing OU what matters most is your happiness; **peu m'importe!** it doesn't matter to me! || *(tournure impersonnelle)*: **il importe de partir/qu'elle vienne** it is necessary to leave/for her to come.

import-export [ɛ̃pɔrɛkspɔr] *(pl* **imports-exports***)* *nm* import-export; **il travaille dans l'~** he works in the import-export business.

importun, e [ɛ̃pɔrtœ̃, yn] ◇ *adj* [question] importunate, untimely; [visite, visiteur] unwelcome, importunate; **je crains d'être ~ en restant** *sout* I would not wish to outstay my welcome; **les insectes ~s l'agaçaient** the troublesome insects irritated him.

◇ *nm, f* pest, nuisance.

importunément [ɛ̃pɔrtynemɑ̃] *adv litt* -**1.** [fâcheusement] irritatingly, importunately. -**2.** [mal à propos] inopportunely.

importuner [3] [ɛ̃pɔrtyne] *vt sout* [suj: musique, insecte] to bother, to disturb, to annoy; [suj: personne] to importune, to bother; **de crainte de les ~ avec mes problèmes** for fear of bothering them with my problems.

importunité [ɛ̃pɔrtynite] *nf sout* [d'une question, d'une arrivée] untimeliness, importunity.

imposable [ɛ̃pozabl] *adj* taxable.

imposant, e [ɛ̃pozɑ̃, ɑ̃t] *adj* imposing, impressive.

imposé, e [ɛ̃poze] ◇ *adj* -**1.** SPORT: **figure ~e** compulsory figure. -**2.** COMM: **prix ~** fixed price.

◇ *nm, f* [contribuable] taxpayer.

◆ **imposé** *nm* SPORT [exercice] compulsory exercise.

◆ **imposée** *nf* SPORT [figure] compulsory figure.

imposer [3] [ɛ̃poze] *vt* -**1.** [fixer - règlement, discipline] to impose, to enforce; [- méthode, délai, corvée] to impose; **~ qqch à qqn** to force sthg on sb; **~ le silence à qqn** to impose silence on sb; **~ un effort à qqn** to force sb to make an effort; **~ sa volonté/son point de vue** to impose one's will/one's ideas; **~ sa loi (à qqn)** to lay down the law (to sb); **il a imposé son fils dans l'entreprise** he foisted his son on the company. -**2.** [provoquer]: **~ l'admiration/le respect** to command admiration/respect; **cette affaire impose la prudence/la discrétion** this matter requires prudence/discretion. -**3.** [rendre célèbre]: **~ son nom** [personne] to make o.s. known; [entreprise] to become established. -**4.** ÉCON to tax; **~ qqn/qqch** to tax sb/sthg; **imposé à 33%** taxed at 33%. -**5.** *loc*: **en ~** to be impressive; **elle en impose par son savoir-faire** her know-how is impressive; **en ~ à qqn** to impress sb; **s'en laisser ~** to let o.s. be impressed. -**6.** IMPR to impose. -**7.** RELIG: **~ les mains** to lay on hands.

◆ **s'imposer** ◇ *vpi* -**1.** [se faire accepter de force] to impose o.s.; **de peur de s'~** for fear of being in the way OU of imposing. -**2.** [se faire reconnaître] to stand out; **elle s'impose actuellement comme la meilleure cycliste** she stands out as today's top cyclist; **s'~ dans un domaine** to make a name for o.s. in a field; **elle s'impose par son talent** her talent makes her stand out. -**3.** [être inévitable] to be necessary; **les modifications qui s'imposent** the adjustments that have to be made; **je crois qu'une lettre à leur service commercial s'impose** I think a letter to their sales department is called for; **cette dernière remarque ne s'imposait pas** that last remark was unnecessary OU uncalled for.

◇ *vpt* [se fixer]: **~ qqch** to impose sthg on o.s.; **s'~ un effort/un sacrifice** to force o.s. to make an effort/a sacrifice; **s'~ la discrétion** to make it a rule to be discreet.

imposeur [ɛ̃pozœr] *nm* form setter, imposer PRINT.

imposition [ɛ̃pozisjɔ̃] *nf* -**1.** ÉCON [procédé] taxation; [impôt] tax. -**2.** IMPR imposition. -**3.** RELIG: **~ des mains** laying on OU imposition of hands.

impossibilité [ɛ̃pɔsibilite] *nf* impossibility; **se heurter à une ~** to come up against an insurmountable problem; **être dans l'~ de faire qqch** to be unable to do sthg; **je suis dans l'~ de me déplacer** I'm unable to travel, it's impossible for me to travel.

impossible [ɛ̃pɔsibl] ◇ *adj* -**1.** [infaisable] impossible; **ton problème est ~ à résoudre** there is no answer to your problem; **il est ~ de...** it's impossible OU not possible to...; **il m'est ~ de te répondre** it's impossible for me to give you an answer, I can't possibly answer you; **désolé, cela m'est ~** I'm sorry but I can't (possibly); **il n'est pas ~ que je vienne aussi** I might (just) OU there's a chance I might come too ❑ **~ n'est pas français** *prov* there's no such word as "can't". -**2.** [insupportable - personne] impossible, unbearable; [- situation, vie] impossible, intolerable. -**3.** *fam* [extravagant] impossible, ridiculous, incredible; **il t'arrive toujours des trucs ~s** the weirdest OU wildest things are always happening to you; **à des heures ~s** at the most ungodly hours; **un nom ~** a preposterous name.

◇ *nm*: **l'~** [l'irréalisable] the impossible; **ne me demande pas l'~** don't ask me to do the impossible OU to perform miracles; **nous ferons l'~** we will do our utmost, we will move heaven and earth ❑ **à l'~ nul n'est tenu** *prov* nobody is expected to do the impossible.

◆ **par impossible** *loc adv*: **si par ~** if by any (remote) chance OU by some miracle.

imposte [ɛ̃pɔst] *nf* -**1.** [pierre en saillie] impost. -**2.** [d'une porte, d'une fenêtre] fanlight *Br*, transom *Am*.

imposteur [ɛ̃pɔstœr] *nm* impostor.

imposture [ɛ̃pɔstyr] *nf litt* fraud, (piece of) trickery, deception.

impôt [ɛ̃po] *nm* -**1.** [prélèvement] tax; **l'~** taxation, taxes; **les ~s** income tax; **payer des ~s** to pay (income) tax; **payer 2 000 francs d'~** to pay 2,000 francs in taxes OU (in) tax; **c'est déductible des ~s** it's tax-deductible; **écrire/aller aux ~s** *fam* [à l'hôtel des impôts] to write to/to go and see the tax people; **financé par l'~** paid for out of taxes OU with the taxpayers' money ❑ **~ sur le capital** capital tax; **~ sur le chiffre d'affaires** turnover OU cascade *Br* tax; **~ direct/indirect** direct/indirect tax; **~ foncier** property tax; **~ sur les grandes fortunes** *former wealth tax*; **~s locaux** ≃ council tax *Br*, ≃ local property tax *Am*; **~ sur les plus-values** capital gains tax; **~ de quotité** proportional tax; **~ sur le revenu** income tax; **~ de solidarité sur la fortune** wealth tax; **~ sur le transfert des capitaux** capital transfer tax. -**2.** *fig* & *litt*: **l'~ du sang** the duty to serve one's country.

impotence [ɛ̃pɔtɑ̃s] *nf* loss of mobility *(through old age)*, infirmity.

impotent, e [ɛpɔtɑ̃, ɑ̃t] ◇ *adj* [personne] infirm; [membre] withered.

◇ *nm, f* [personne] cripple.

impraticabilité [ɛ̃pratikabilite] *nf* -**1.** [d'un col] impassability; [d'un terrain de sport] unplayable condition; [d'une route] impracticability. -**2.** *litt* [d'une méthode, d'une idée] impracticability.

impraticable [ɛ̃pratikabl] *adj* -**1.** [col] inaccessible, impassable; [fleuve] unnavigable; [aérodrome] unfit for use; [route] impassable. -**2.** *litt* [méthode, idée] unfeasible, unworkable, impracticable.

imprécation [ɛ̃prekasjɔ̃] *nf litt* imprecation *litt*, curse; **proférer des ~s à l'encontre de qqn** to call down curses upon sb's head, to inveigh against sb *litt*.

imprécatoire [ɛ̃prekatwar] *adj sout* imprecatory *litt*, damning.

imprécis, e [ɛ̃presi, iz] *adj* -**1.** [témoignage, souvenir] imprecise, vague. -**2.** [appareil, instrument] imprecise, inaccurate.

imprécision [ɛ̃presizjɔ̃] *nf* -**1.** [d'un souvenir, d'un témoignage] vagueness, imprecision. -**2.** [d'un appareil, d'un instrument] inaccuracy, lack of precision.

imprégnation [ɛ̃preɲasjɔ̃] *nf* -**1.** [d'une matière] impregnation, saturation; [d'un esprit] impregnation, inculcation, imbuing; **~ alcoolique** blood alcohol level. -**2.** CONSTR treating, impregnation. -**3.** MENUIS steeping, impregnation *spéc*. -**4.** MÉTALL & TRAV PUBL impregnation. -**5.** ZOOL imprinting.

imprégner [18] [ɛ̃preɲe] *vt* -**1.** [imbiber] to soak, to impregnate; **être imprégné de** to be soaked in, to be impregnated with; **un coton imprégné d'alcool** a piece of cotton wool impregnated with alcohol; **il est encore imprégné du souvenir de la guerre** *fig* his mind is still filled with memories of the war. -**2.** [être présent dans] to permeate, to pervade, to fill; **cette odeur imprègne toute la maison** the smell permeates OU pervades OU fills the whole house; **l'odeur du tabac imprègne ses vêtements** his clothes reek of tobacco.

◆ **s'imprégner de** *vp + prép* [éponge, bois] to become soaked OU impregnated with; [air] to become permeated OU filled with; [personne, esprit] to become immersed in OU imbued with; **ils se sont imprégnés de la culture orientale** they immersed themselves in Eastern culture.

imprenable [ɛ̃prənabl] *adj* -**1.** MIL [ville] impregnable; [position] unassailable. -**2.** [gén]: **vue ~ sur la baie** uninterrupted view of the bay.

impréparation [ɛ̃preparasjɔ̃] *nf* unpreparedness, lack of preparation.

imprésario, impresario [ɛ̃presarjo] (*pl* impresarii [-ri]) *nm* impresario.

imprescriptibilité [ɛ̃prɛskriptibilite] *nf* imprescriptibility, indefeasibility.

imprescriptible [ɛ̃prɛskriptibl] *adj* -**1.** JUR imprescriptible, indefeasible. -**2.** *sout* [éternel] eternal.

impression [ɛ̃presjɔ̃] *nf* -**1.** [effet, réaction] impression; **premières ~s** first impressions; **faire bonne/mauvaise ~** to make a good/a bad impression; **faire une forte** OU **grosse ~** to make quite a strong impression; **une ~ de bien-être** an impression OU a feeling of well-being; **il donne l'~ de s'ennuyer** he seems to be bored. -**2. avoir l'~** [croire]: **j'ai l'~ qu'elle ne viendra plus** I have a feeling (that) she won't come; **j'ai comme l'~ qu'il mentait** *fam* I have a hunch he was lying; **j'ai l'~ d'avoir déjà vécu cette scène** I've got a strong sense of déjà vu. -**3.** [empreinte] impression, mark; **l'~ d'un cachet dans la cire** the impression OU imprint of a seal on wax. -**4.** [motif, dessin] pattern; **tissu à ~s géométriques** cloth with a geometrical pattern OU print. -**5.** IMPR printing; **envoyer un manuscrit à l'~** to send a manuscript off to press OU the printer's; **le livre est à l'~** the book is with the printer's OU in (the) press. -**6.** PHOT exposure. -**7.** [en peinture] priming, ground.

impressionnabilité [ɛ̃presjɔnabilite] *nf litt* impressionability.

impressionnable [ɛ̃presjɔnabl] *adj* -**1.** [émotif] impressionable; **c'est quelqu'un de facilement ~** he's very impressionable. -**2.** PHOT (photo) sensitive.

impressionnant, e [ɛ̃presjɔnɑ̃, ɑ̃t] *adj* -**1.** [imposant - œuvre, personnalité] impressive; [- portail, temple] awe-inspiring; [- exploit] impressive, stunning, sensational; [- somme] considerable. -**2.** *sout* [bouleversant] disturbing, upsetting.

impressionner [3] [ɛ̃presjɔne] *vt* -**1.** [frapper] to impress; **être impressionné par qqch** to be impressed by sthg; **si tu crois que tu m'impressionnes!** don't think you impress me!; **se laisser ~** to let o.s. be impressed. -**2.** [bouleverser] to distress, to upset; **la vue du sang m'impressionne toujours** the sight of blood always upsets OU distresses me. -**3.** PHOT to expose.

impressionnisme [ɛ̃presjɔnism] *nm* impressionism.

impressionniste [ɛ̃presjɔnist] ◇ *adj* -**1.** BX-ARTS impressionist. -**2.** [subjectif] impressionistic.

◇ *nmf* impressionist.

imprévisibilité [ɛ̃previzibilite] *nf* unpredictability.

imprévisible [ɛ̃previzibl] *adj* unpredictable, unforeseeable.

imprévision [ɛ̃previzjɔ̃] *nf* lack of foresight.

imprévoyance [ɛ̃prevwajɑ̃s] *nf* [gén] lack of foresight; [financière] improvidence.

imprévoyant, e [ɛ̃prevwajɑ̃, ɑ̃t] ◇ *adj* [gén] lacking (in) foresight; [financièrement] improvident.

◇ *nm, f* improvident person; **les ~s** spendthrifts.

imprévu, e [ɛ̃prevy] *adj* [inattendu] unexpected, unforeseen; **des dépenses ~es** unforeseen expenses; **un dénouement ~** an unexpected OU a surprise ending; **de manière ~e** unexpectedly.

◆ **imprévu** *nm* -**1. l'~** [les surprises]: **j'adore l'~!** I love surprises! -**2.** [événement] unexpected event; **sauf ~** OU **à moins d'un ~, je serai à l'heure** unless anything unforeseen happens OU barring accidents, I'll be on time; **prévenez-moi en cas d'~** let me know if anything unforeseen should happen; les ~s de la vie life's little surprises. -**3.** [dépense] unforeseen OU hidden expense.

imprimabilité [ɛ̃primabilite] *nf* printability.

imprimable [ɛ̃primabl] *adj* printable.

imprimante [ɛ̃primɑ̃t] *nf* printer; ~ **matricielle** OU **par points** (dot) matrix printer; ~ **(ligne) par ligne** line printer; ~ **(à) laser** laser printer; ~ **à barre/à chaîne/à roues** bar/chain/wheel printer; ~ **à bulles d'encre** bubblejet printer; ~ **à jet d'encre** ink jet printer; ~ **à impact** impact printer; ~ **à marguerite** daisywheel printer.

imprimatur [ɛ̃primatyr] *nm inv* imprimatur.

imprimé [ɛ̃prime] *nm* -**1.** [brochure, livre] printed book OU booklet; '~s' 'printed matter'. -**2.** [formulaire] (printed) form. -**3.** [étoffe] printed fabric OU material.

imprimer [3] [ɛ̃prime] *vt* -**1.** IMPR [fabriquer] to print (out) *(sép)*; [publier] to print, to publish. -**2.** TEXT to print. -**3.** [transmettre] to transmit, to impart, to give; ~ **un mouvement à qqch** to impart OU to transmit a movement to sthg. -**4.** *litt* [marquer] to imprint; **des traces de pas imprimées dans la neige** footprints in the snow; **il voulait ~ tous ces détails dans sa mémoire** he wanted to impress all these details on his memory.

◆ **s'imprimer** *vpi* to be printed.

imprimerie [ɛ̃primri] *nf* -**1.** [technique] printing. -**2.** [établissement] printing works *(sg)*, printer's; [atelier] printing office OU house; PRESSE print room; **le livre est parti à l'~** the book's gone to the printer's ❑ ~ **intégrée** in-house printing office; **l'Imprimerie nationale** *the French government stationary office*. -**3.** [matériel] printing press OU machines; [jouet] printing set. -**4.** [industrie]: **l'~** the printing industry.

L'IMPRIMERIE NATIONALE:
The Imprimerie nationale prints official state documents for the various government departments. Private individuals can also, by special arrangement and at their own expense, have documents printed, especially when foreign alphabets or special printing techniques are required.

---

imprimeur [ɛ̃primœr] *nm* [industriel] printer; [ouvrier] printer, print worker.

improbabilité [ɛ̃prɔbabilite] *nf* unlikelihood, improbability.

improbable [ɛ̃prɔbabl] *adj* unlikely, improbable.

improbité [ɛ̃prɔbite] *nf litt* dishonesty, improbity.

improductif, ive [ɛ̃prɔdyktif, iv] ◇ *adj* unproductive.

◇ *nm, f* unproductive person; **les ~s** the nonproductive members of society.

improductivité [ɛ̃prɔdyktivite] *nf* unproductiveness, nonproductiveness.

impromptu, e [ɛ̃prɔ̃pty] *adj* [improvisé] impromptu, unexpected, surprise *(modif)*; **faire un discours ~** to give an impromptu OU off-the-cuff speech; **une visite ~e** a surprise OU an unexpected visit.

◆ **impromptu** *nm* LITTÉRAT & MUS impromptu.

imprononçable [ɛ̃prɔnɔ̃sabl] *adj* unpronounceable.

impropre [ɛ̃prɔpr] *adj* -**1.** [personne, produit] unsuitable, unsuited, unfit; **il est ~ à ce type de travail** he's unsuited to OU unsuitable for this kind of work ❑ **produits ~s à la consommation** products not fit OU unfit for human consumption. -**2.** [terme] inappropriate.

improprement [ɛ̃prɔprəmɑ̃] *adv* incorrectly, improperly.

impropriété [ɛ̃prɔprijete] *nf* -**1.** [caractère] incorrectness, impropriety. -**2.** [terme] mistake, impropriety.

improuvable [ɛ̃pruvabl] *adj* unprovable.

improvisateur, trice [ɛ̃prɔvizatœr, tris] ◇ *adj* improvisational, improvising.

◇ *nm, f* improviser, improvisor.

improvisation [ɛ̃prɔvizasjɔ̃] *nf* -**1.** [gén] improvisation, improvising. -**2.** MUS & THÉÂT improvisation; **faire de l'~** to improvise.

improvisé, e [ɛ̃prɔvize] *adj* [discours] improvised, extempore; [explication] off-the-cuff, ad hoc; [mesure, réforme] hurried, makeshift, improvised; [décision] snap; **un repas ~** a makeshift meal.

improviser [3] [ɛ̃prɔvize] ◇ *vt* to improvise; ~ **un repas** to improvise a meal, to throw a meal together; ~ **un discours** to improvise a speech, to make an extempore speech; ~ **une explication** to give an off-the-cuff explanation; **on l'a improvisé trésorier** they set him up as treasurer ad hoc.

◇ *vi* -**1.** [parler spontanément] to improvise; ~ **autour d'un** OU **sur un thème** to improvise on a theme. -**2.** MUS to improvise.

◆ **s'improviser** ◇ *vp (emploi passif)* to be improvised; **l'orthographe, ça ne s'improvise pas** you can't just make spelling up as you go along.

◇ *vpi*: **s'~ journaliste/photographe** to act as a journalist/photographer; **on ne s'improvise pas peintre** you don't become a painter overnight OU just like that.

improviste [ɛ̃prɔvist]

◆ **à l'improviste** *loc adv* unexpectedly, without warning; **arriver à l'~** to turn up unexpectedly OU without warning.

imprudemment [ɛ̃prydamɑ̃] *adv* recklessly, carelessly, imprudently; **conduire ~** to drive recklessly OU carelessly; **agir ~** to act foolishly OU unwisely.

imprudence [ɛ̃prydɑ̃s] *nf* -**1.** [caractère] imprudence, carelessness, foolhardiness; ~ **au volant** careless driving; **l'~ des skieurs hors-piste** the imprudence OU foolhardiness of off-piste skiers. -**2.** [acte] careless act OU action; **commettre une ~** to do something stupid OU thoughtless OU careless; **il a commis l'~ d'en parler aux journalistes** he was stupid enough to talk to the press about it; **pas d'~s!** be careful!, don't do anything silly!

◆ **par imprudence** *loc adj* JUR: **blessures par ~** (non malicious) wounding; **homicide par ~** involuntary manslaughter.

imprudent, e [ɛ̃prydɑ̃, ɑ̃t] ◇ *adj* -**1.** [conducteur] careless; [joueur] reckless. -**2.** [acte, comportement] unwise, imprudent; [remarque] foolish, careless, unwise; [projet] foolish, ill-considered; [décision] rash, unwise, ill-advised.

◇ *nm, f* [personne] careless OU reckless person.

impubère [ɛ̃pybɛr] *adj* prepubescent, preadolescent.

impubliable [ɛ̃pyblijabl] *adj* unpublishable, unprintable.

impudemment [ɛ̃pydamɑ̃] *adv* impudently, insolently, brazenly.

impudence [ɛ̃pydɑ̃s] *nf* -**1.** [caractère] impudence, insolence, brazenness. -**2.** [action] impudent act; [remarque] impudent remark.

impudent, e [ɛ̃pydɑ̃, ɑ̃t] ◇ *adj* impudent, insolent, brazen.

◇ *nm, f* impudent person.

impudeur [ɛ̃pydœr] *nf* -**1.** [immodestie] immodesty, shamelessness. -**2.** [comportement éhonté] brazenness, shamelessness.

impudicité [ɛ̃pydisite] *nf litt* -**1.** [immodestie] immodesty, shamelessness, impudicity. -**2.** [caractère] indecency; [acte, parole] indecency.

impudique [ɛ̃pydik] *adj* -**1.** [immodeste] immodest, shameless. -**2.** [indécent] shameless, indecent.

impudiquement [ɛ̃pydikmɑ̃] *adv* -**1.** [sans modestie] immodestly, shamelessly. -**2.** [de façon indécente] shamelessly, indecently.

impuissance [ɛ̃pɥisɑ̃s] *nf* -**1.** [faiblesse] powerlessness, helplessness; **un sentiment d'~** a feeling of helplessness; **réduire qqn à l'~** to render sb helpless OU powerless. -**2.** [incapacité] inability, powerlessness; ~ **à faire qqch** inability to do sthg. -**3.** MÉD & PSYCH impotence.

impuissant, e [ɛ̃pɥisɑ̃, ɑ̃t] *adj* -**1.** [vain] powerless, helpless; **on est ~ devant un tel malheur!** one is powerless in the face of such a misfortune!; **être ~ à faire qqch** to be powerless to do sthg; **des efforts ~s** unsuccessful OU ineffectual OU futile efforts. -**2.** MÉD & PSYCH impotent.

◆ **impuissant** *nm* MÉD & PSYCH impotent (man).

impulser [3] [ɛ̃pylse] *vt* -**1.** [activité] to boost, to stimulate. -**2.** [personnes] to set in motion, to drive on *(sép)*, to spur.

impulsif, ive [ɛ̃pylsif, iv] ◇ *adj* impulsive.

◇ *nm, f* impulsive person.

impulsion [ɛ̃pylsjɔ̃] *nf* -**1.** MÉCAN & PHYS impulse; ÉLECTRON pulse, impulse. -**2.** *fig* [dynamisme] impetus, impulse; **donner une ~ au commerce** to give an impetus to OU to boost trade; **sous l'~ des dirigeants syndicaux** spurred on by the union leaders. -**3.** [élan] impulse; **céder à une ~** to give in to an impulse; **sous l'~ de la haine** spurred on OU driven by hatred. -**4.** ARM impulse. -**5.** PSYCH impulsion.

impulsivement [ɛ̃pylsivmɑ̃] *adv* impulsively.

impulsivité [ɛ̃pylsivite] *nf* impulsiveness.

impunément [ɛ̃pynemɑ̃] *adv* with impunity.

impuni, e [ɛ̃pyni] *adj* unpunished.

impunité [ɛ̃pynite] *nf* impunity; **en toute ~** with impunity.

impur, e [ɛ̃pyr] *adj* -**1.** *sout* [pensée, sentiment] impure, unclean; [air, eau] impure, foul; [style] impure; [race] mixed, mongrel; **les esprits ~s** the demons. -**2.** MÉTALL impure.

impureté [ɛ̃pyrte] *nf* -**1.** [caractère] impurity, foulness; **l'~ de l'air** the impurity of the air. -**2.** [élément] impurity; **l'eau contient de nombreuses ~s** the water contains numerous impurities. -**3.** *litt* [impudicité] lewdness. -**4.** ÉLECTRON impure atom.

imputabilité [ɛ̃pytabilite] *nf* imputability.

imputable [ɛ̃pytabl] *adj* -**1.** [attribuable]: ~ **à** imputable OU ascribable OU attributable to. -**2.** FIN: ~ **sur** [crédit] chargeable OU to be credited to; [débit] to be debited from.

imputation [ɛ̃pytasjɔ̃] *nf* -**1.** [accusation] charge, imputation. -**2.** FIN charging.

imputer [3] [ɛ̃pyte] *vt* -**1.** [attribuer]: ~ **un crime à qqn** to impute a crime to sb; ~ **ses échecs à la malchance** to put one's failures down to bad luck. -**2.** FIN: ~ **des frais à un budget** [déduire] to deduct expenses from a budget; ~ **une somme à un budget** to allocate a sum to a budget.

imputrescibilité [ɛ̃pytresibilite] *nf* rot-resistance.

imputrescible [ɛ̃pytresibl] *adj* rot-resistant, antirot.

in *fam* [in] *adj inv* in, trendy.

INA [ina] (*abr de* **Institut national de l'audiovisuel**) *npr m national television archive*.

inabordable [inabɔrdabl] *adj* [lieu] inaccessible; **l'île/le port est ~ par mauvais temps** the island/the harbour is inaccessible in bad weather ‖ [personne] unapproachable, inaccessible; **sa fonction le rendait ~** his position made him inaccessible OU unapproachable ‖ [prix] exorbitant; [produit, service] exorbitantly priced.

inabouti, e [inabuti] *adj* unsuccessful, failed.

inabrité, e [inabrite] *adj* unprotected, unsheltered.

inabrogeable [inabrɔʒabl] *adj* unrepealable.

inaccentué, e [inaksɑ̃tɥe] *adj* [voyelle] unstressed; [syllabe] unstressed, unaccentuated; [pronom] atonic.

inacceptable [inaksɛptabl] *adj* [mesure, proposition] unacceptable; [propos, comportement] unacceptable, intolerable, inadmissible.

inaccessibilité [inaksesibilite] *nf* inaccessibility.

inaccessible [inaksesibl] *adj* -**1.** [hors d'atteinte - sommet] inaccessible, out-of-reach, unreachable; [irréalisable - objectif, rêve] unfeasible, unrealizable; [inabordable - personne] unapproachable, inaccessible; [obscur - ouvrage] inaccessible, opaque. -**2.** [indifférent]: **être ~ à la pitié** to be incapable of feeling pity.

inaccompli, e [inakɔ̃pli] *adj* -**1.** [inachevé] unaccomplished. -**2.** LING imperfective.

◆ **inaccompli** *nm* LING imperfective.

inaccomplissement [inakɔ̃plismɑ̃] *nm litt* nonfulfilment; **l'~ d'une promesse** the nonfulfilment of a promise.

inaccordable [inakɔrdabl] *adj* -**1.** MUS untunable. -**2.** [grâce, permission] that cannot be granted; [requête] inadmissible.

inaccoutumé, e [inakutyme] *adj (comme modif)* unusual, unaccustomed; **~ à obéir** unused OU unaccustomed to obeying.

inachevé, e [inaʃve] *adj* [non terminé] unfinished, uncompleted; [incomplet] incomplete.

inachèvement [inaʃɛvmɑ̃] *nm* incompletion.

inactif, ive [inaktif, iv] ◇ *adj* -**1.** [personne - oisive] inactive, idle; [- sans travail] non-working; **rester ~** to be idle. -**2.** [traitement, produit] ineffective. -**3.** BOURSE & COMM slack, slow. -**4.** OPT (optically) inactive. -**5.** GÉOL: **volcan ~** dormant volcano.

◇ *nm, f*: **les ~s** SOCIOL the non-working population, those not in active employment.

inaction [inaksjɔ̃] *nf* [absence d'activité] inaction; [oisiveté] idleness, lethargy.

inactivation [inaktivasjɔ̃] *nf* inactivation.

inactiver [3] [inaktive] *vt* to inactivate.

inactivité [inaktivite] *nf* inactivity; **une période d'~** a slack period; **être en ~** ADMIN & MIL to be off duty.

inactuel, elle [inaktɥɛl] *adj sout* out-of-date, outmoded, behind the times.

inadaptable [inadaptabl] *adj* not adaptable.

inadaptation [inadaptasjɔ̃] *nf* maladjustment; **~ à la vie scolaire** failure to adapt to school life; **l'~ du réseau routier aux besoins actuels** the inadequacy of the road system to cope with present-day traffic.

inadapté, e [inadapte] ◇ *adj* -**1.** [enfant] with special needs, maladjusted; **enfants ~s au système scolaire** children who fail to adapt to the educational system ❑ **enfance ~e** children with special needs. -**2.** [outil, méthode]: **~ à** unsuited OU not adapted to; **du matériel ~ aux besoins actuels** equipment unsuited to OU unsuitable for today's needs.

◇ *nm, f* [adulte] person with social difficulties, social misfit *péj*; [enfant] child with special needs, maladjusted child.

inadéquat, e [inadekwa, at] *adj sout* inadequate, inappropriate; **~ à qqch** inadequate to OU for sthg.

inadéquation [inadekwasjɔ̃] *nf sout* inadequacy, inappropriateness.

inadmissibilité [inadmisibilite] *nf* inadmissibility.

inadmissible [inadmisibl] *adj* inadmissible, intolerable, unacceptable.

inadvertance [inadvɛrtɑ̃s] *nf sout* oversight, slip (up), inadvertence.

◆ **par inadvertance** *loc adv* inadvertently, by mistake.

inaffectivité [inafɛktivite] *nf* lack of emotional response.

inaliénabilité [inaljenabilite] *nf* inalienability.

inaliénable [inaljenabl] *adj* inalienable, unalienable.

inaltérabilité [inalterabilite] *nf* -**1.** [à la lumière] fade-resistance; [au lavage] fastness; [d'une couleur] permanence. -**2.** MÉTALL stability. -**3.** PHOT light stability.

inaltérable [inalterabl] *adj* -**1.** [métal] stable; [couleur] permanent, fast; **~ à l'air** air-resistant ❑ **peinture ~** non-fade paint. -**2.** [amitié] steadfast; [haine] eternal; [espoir] unfailing, steadfast; [courage] unfailing; [optimisme] steadfast, unshakeable; **bonne humeur ~** unfailing good humour.

inaltéré, e [inaltere] *adj* -**1.** [bois] unwarped. -**2.** [sentiment] unchanged.

inamical, e, aux [inamikal, o] *adj* unfriendly, inimical.

inamissible [inamisibl] *adj* inamissible.

inamovibilité [inamɔvibilite] *nf* [d'une personne] irremovability, security of tenure OU office.

inamovible [inamɔvibl] *adj* -**1.** ADMIN [fonctionnaire] permanent, irremovable. -**2.** [fixé] fixed.

inanalysable [inanalizabl] *adj* unanalysable, inexplicable.

inanimé, e [inanime] *adj* -**1.** [mort] lifeless; [évanoui] unconscious. -**2.** LING inanimate; **objets ~s** inanimate objects.

inanité [inanite] *nf* futility, pointlessness.

inanition [inanisjɔ̃] *nf* [faim] starvation; [épuisement] total exhaustion, inanition *spéc*; **tomber/mourir d'~** *pr* to faint/to die with hunger; *fig* & *hum* to be starving.

inapaisable [inapɛzabl] *adj litt* [soif] unquenchable; [faim] voracious, insatiable; [chagrin, souffrance] unappeasable.

inapaisé, e [inapeze] *adj litt* [soif] unquenched; [faim] unsatiated; [chagrin, souffrance] unappeased.

inaperçu, e [inapɛrsy] *adj* unnoticed; **passer ~** to go unnoticed.

inappétence [inapetɑ̃s] *nf* -**1.** *sout* [perte d'appétit] loss of appetite, inappetence. -**2.** *fig* & *litt* diminishing desire.

inapplicable [inaplikabl] *adj* inapplicable, not applicable.

inapplication [inaplikasjɔ̃] *nf* -**1.** [d'une loi, d'un règlement] non-application. -**2.** *sout* [d'une personne] lack of application OU concentration.

inappliqué, e [inaplike] *adj* -**1.** [loi, règlement] not applied. -**2.** [personne] lacking in application.

inappréciable [inapresjabl] *adj* -**1.** [précieux] invaluable, priceless. -**2.** [difficile à évaluer] inappreciable, imperceptible.

inapprécié, e [inapresje] *adj* unappreciated, not appreciated.

inapprivoisable [inaprivwazabl] *adj* untameable.

inapprivoisé, e [inaprivwaze] *adj* untamed.

inapprochable [inaprɔʃabl] *adj*: **il est vraiment ~ en ce moment** you can't say anything to him at the moment.

inapproprié, e [inaprɔprije] *adj* inappropriate; **~ à qqch** inappropriate to OU unsuitable for sthg.

inapte [inapt] ◇ *adj* -**1.** [incapable] unsuitable; **être ~ à un travail** to be unsuitable OU unfit for a job; **être ~ à qqch** to be unsuitable OU unfit for sthg; **être ~ à faire qqch** to be unfit to do sthg. -**2.** MIL: **~ (au service militaire)** unfit (for military service).

◇ *nmf* MIL army reject.

inaptitude [inaptityd] *nf* -**1.** [incapacité - physique] incapacity, unfitness; [- mentale] (mental) inaptitude; **~ à qqch** unfitness for sthg; **~ à faire qqch** unfitness for doing OU to do sthg. -**2.** MIL unfitness (for military service).

inarrangeable [inarɑ̃ʒabl] *adj* -**1.** [dispute] irreconcilable. -**2.** [montre] beyond repair.

inarticulé, e [inartikyle] *adj* inarticulate.

inassimilable [inasimilabl] *adj* [substance] indigestible, unassimilable *spéc*; [connaissances] impossible to take in; [population] which cannot become integrated.

inassimilé, e [inasimile] *adj* unassimilated.

inassouvi, e [inasuvi] *adj sout* -**1.** [soif] unquenched; [faim] unappeased, unsatiated. -**2.** [passion] unappeased, unsatiated; [désir] unfulfilled.

inassouvissement [inasuvismɑ̃] *nm litt*: **~ d'un désir** failure to quench OU to satisfy a desire.

inattaquable [inatakabl] *adj* -**1.** [personne] beyond reproach OU criticism; [conduite] unimpeachable, irreproachable; [argument, preuve] unassailable, irrefutable, unquestionable; [forteresse, lieu] impregnable. -**2.** MÉTALL corrosion-resistant.

inattendu, e [inatɑ̃dy] *adj* [personne] unexpected; [réflexion, événement] unexpected, unforeseen; **c'est assez ~ de votre part** I didn't quite expect this from you.

inattentif, ive [inatɑ̃tif, iv] *adj* inattentive; **vous êtes trop ~ (à)** you don't pay enough attention (to).

inattention [inatɑ̃sjɔ̃] *nf* lack of attention OU concentration, inattentiveness; **un moment** OU **une minute d'~** a momentary lapse of concentration; **faute** OU **erreur d'~** careless mistake.

inaudible [inodibl] *adj* -**1.** [imperceptible] inaudible. -**2.** [insupportable] unbearable.

inaugural, e, aux [inogyral, o] *adj* [discours, cérémonie] opening *(modif)*, inaugural; [voyage] maiden *(modif)*.

inauguration [inogyrasjɔ̃] *nf* -**1.** [cérémonie] inauguration. -**2.** [commencement] beginning, inauguration, initiation.

inaugurer [3] [inogyre] *vt* -**1.** [route, monument, exposition] to inaugurate; *fig* [système, méthode] to initiate, to launch; **~ les chrysanthèmes** *hum* to be just a figurehead. -**2.** [marquer le début de] to usher in; **le changement de gouvernement inaugurait une ère de liberté** the change of government ushered in an era of freedom.

inauthenticité [inotɑ̃tisite] *nf* inauthenticity.

inauthentique [inotɑ̃tik] *adj* inauthentic.

inavouable [inavwabl] *adj* unmentionable, shameful.

inavoué, e [inavwe] *adj* secret, unconfessed.

INC (*abr de* **Institut national de la consommation**) *npr m consumer research organization*.

inca [ɛ̃ka] *adj* Inca.

◆ **Inca** ◇ *nmf* Inca; **les Incas** the Inca, the Incas.

◇ *nm* [souverain] Inca.

incalculable [ɛ̃kalkylabl] *adj* -**1.** [considérable] incalculable, countless; **des fortunes ~s** incalculable OU untold wealth; **un nombre ~ de** a countless number of. -**2.** [imprévisible] incalculable; **des conséquences ~s** incalculable OU far-reaching consequences.

incandescence [ɛ̃kɑ̃desɑ̃s] *nf* incandescence; **être en ~** to be incandescent; **porté à ~** heated until glowing, incandescent ❑ **~ résiduelle** afterglow.

incandescent, e [ɛ̃kɑ̃desɑ̃, ɑ̃t] *adj* incandescent.

incantation [ɛ̃kɑ̃tasjɔ̃] *nf* incantation.

incantatoire [ɛ̃kɑ̃tatwar] *adj* incantatory; **formule ~, paroles ~s** incantation.

incapable [ɛ̃kapabl] ◇ *adj* -**1.** [par incompétence] incapable, incompetent, inefficient; **~ de: être ~ de faire qqch** to be incapable of doing sthg; **elle était ~ de répondre** she was unable to answer, she couldn't answer; **je serais bien ~ de le dire** I really wouldn't know, I really couldn't tell you. -**2.** [par nature]: **~ de: être ~ de qqch** to be incapable of sthg; **il est ~ d'un effort** he's incapable of making an effort; **être ~ d'attention** to be incapable of paying attention; **elle est ~ d'amour** she's incapable of loving OU love; **elle est ~ de méchanceté** there's no malice in her; **être ~ de faire** to be incapable of doing; **elle est ~ de tricher** she's incapable of cheating. -**3.** JUR incapable.

◇ *nmf* -**1.** [incompétent] incompetent; **ce sont des ~s** they're all incapable OU incompetent. -**2.** JUR person under disability.

incapacitant, e [ɛ̃kapasitɑ̃, ɑ̃t] *adj* incapacitating.

◆ **incapacitant** *nm* incapacitant.

incapacité [ɛ̃kapasite] *nf* -**1.** [impossibilité] incapacity, inability; **être dans l'~ de faire qqch** to be unable to do sthg; **son ~ à se décider** his incapacity OU inability to make up his mind.

-**2.** [incompétence] incapacity, incompetence, inefficiency. -**3.** MÉD disablement, disability; ~ **permanente** permanent disablement OU disability; ~ **de travail** industrial disablement. -**4.** JUR incapacity.

incarcération [ɛ̃karserasjɔ̃] *nf* imprisonment, jailing, incarceration.

incarcérer [18] [ɛ̃karsere] *vt* to incarcerate.

incarnat, e [ɛ̃karna, at] *adj* crimson.
◆ **incarnat** *nm* strong red, crimson.

incarnation [ɛ̃karnasjɔ̃] *nf* -**1.** MYTH & RELIG incarnation. -**2.** [manifestation] embodiment; **elle est l'~ de la bonté** she's the embodiment OU personification of goodness.

incarné, e [ɛ̃karne] *adj* -**1.** [personnifié] incarnate, personified; **le diable ~** the devil incarnate. -**2.** MÉD: **un ongle ~** an ingrowing OU ingrown toenail.

incarner [3] [ɛ̃karne] *vt* -**1.** [symboliser] to embody, to personify. -**2.** [interpréter - personnage] to play.
◆ **s'incarner** *vpi* -**1.** RELIG to become incarnate. -**2.** [se matérialiser] to be embodied; **en toi s'incarne la beauté idéale** you are the embodiment of ideal beauty. -**3.** MÉD: **un ongle qui s'incarne** an ingrowing toenail.

incartade [ɛ̃kartad] *nf* -**1.** [écart de conduite] misdemeanour, escapade; **à la moindre ~, vous serez puni** put one foot wrong and you'll be punished. -**2.** [d'un cheval] swerve.

incassable [ɛ̃kasabl] *adj* unbreakable.

incendiaire [ɛ̃sɑ̃djɛr] ◇ *adj* -**1.** ARM incendiary. -**2.** [propos, écrit] incendiary, inflammatory.
◇ *nmf* fire-raiser *Br*, arsonist.

incendie [ɛ̃sɑ̃di] *nm* -**1.** [feu] fire; **maîtriser un ~** to bring a fire OU blaze under control ❑ **~ criminel** (act of deliberate) arson; **~ de forêt** forest fire. -**2.** *litt* [lumière] blaze, glow. -**3.** *fig* [violence] fire; **l'~ de la révolte** the frenzy of revolt.

incendié, e [ɛ̃sɑ̃dje] ◇ *adj* -**1.** [ville, maison] burnt (down), destroyed by fire; **les familles ~es seront dédommagées** the families affected by the fire will be given compensation; **les bâtiments ~s** the buildings gutted by fire. -**2.** *litt* [éclairé] ablaze, aglow.
◇ *nm, f* fire victim.

incendier [9] [ɛ̃sɑ̃dje] *vt* -**1.** [mettre le feu à] to set fire to, to set on fire; **la forêt a été incendiée** the forest was set on fire. -**2.** *fam* [invectiver]: **~ qqn** to give sb hell; **tu vas te faire ~!** you'll be in for it! -**3.** *fig* [brûler] to burn; **une vodka qui incendie la gorge** a vodka that burns one's throat. -**4.** [exciter] to stir; **des discours destinés à ~ les esprits** inflammatory speeches. -**5.** *litt* [illuminer] to light up; **le soleil couchant incendiait les champs** the setting sun gave the fields a fiery glow.

incertain, e [ɛ̃sɛrtɛ̃, ɛn] *adj* -**1.** [peu sûr - personne] uncertain, unsure; **être ~ de qqch** to be uncertain OU unsure of sthg. -**2.** [indéterminé - durée, date, quantité] uncertain, undetermined; [- fait] uncertain, doubtful. -**3.** [aléatoire - gén] uncertain; [- temps] unsettled. -**4.** [vague - contour] indistinct, vague, blurred; [- lumière] poor. -**5.** [mal équilibré -démarche, appui] unsteady, uncertain, hesitant.
◆ **incertain** *nm* BOURSE: **coter l'~** to quote in a foreign currency.

incertitude [ɛ̃sɛrtityd] *nf* -**1.** [doute, précarité] uncertainty; **nous sommes dans l'~** we're uncertain, we're not sure; **il est seul face à ses ~s** he's left alone with his doubts. -**2.** MATH & PHYS uncertainty.

incessamment [ɛ̃sesamɑ̃] *adv* shortly, soon; **il doit arriver ~** he'll be here any minute now.

incessant, e [ɛ̃sesɑ̃, ɑ̃t] *adj* [amour, haine] undying, enduring; [effort] ceaseless, continual; [bruit, bavardage] incessant, ceaseless, continual; [douleur] unremitting, constant; [pluie] incessant.

incessibilité [ɛ̃sesibilite] *nf* JUR [d'un privilège] non-transferability; [d'un droit] inalienability, indefeasibility.

incessible [ɛ̃sesibl] *adj* JUR [privilège] nontransferable; [droit] inalienable, indefeasible.

inceste [ɛ̃sɛst] *nm* incest.

incestueux, euse [ɛ̃sɛstɥø, øz] *adj* -**1.** [personne, relation] incestuous. -**2.** [né d'un inceste]: **enfant ~** child born of an incestuous relationship; **l'enfant ~ de** the incestuous child of.

inchangé, e [ɛ̃ʃɑ̃ʒe] *adj* unchanged, unaltered.

inchantable [ɛ̃ʃɑ̃tabl] *adj* unsingable; **c'est ~** it's unsingable, it can't be sung.

inchauffable [ɛ̃ʃofabl] *adj* impossible to heat.

inchavirable [ɛ̃ʃavirabl] *adj* non-capsizing, self-righting.

inchiffrable [ɛ̃ʃifrabl] *adj* unquantifiable, immeasurable; **les dégâts sont ~s** it's impossible to put a figure on the damage.

inchoatif, ive [ɛ̃kɔatif, iv] *adj* inchoative, ingressive.
◆ **inchoatif** *nm* inchoative, ingressive.

incidemment [ɛ̃sidamɑ̃] *adv* [accessoirement] incidentally, in passing; [par hasard] incidentally, by chance.

incidence [ɛ̃sidɑ̃s] *nf* -**1.** [répercussion] effect, repercussion, impact; **~ fiscale** ÉCON fiscal effect. -**2.** AÉRON & PHYS incidence.

incident[1] [ɛ̃sidɑ̃] *nm* -**1.** [événement] incident, event; [accrochage] incident; **~ diplomatique/de frontière** diplomatic/border incident; **~ technique** technical hitch OU incident ❑ **avoir un ~ de parcours** to come across a hitch (on the way); **sa démission n'est qu'un ~ de parcours** his resignation is only a minor incident; **l'~ est clos** the matter is (now) closed. -**2.** JUR: **~ (de procédure)** objection (on a point of law); **soulever un ~** to raise an objection. -**3.** LITTÉRAT (little) episode.

incident[2], **e** [ɛ̃sidɑ̃, ɑ̃t] *adj* -**1.** [accessoire - remarque] incidental. -**2.** LING interpolated, parenthetical. -**3.** PHYS incident. -**4.** JUR incidental; **demande ~e** accessory claim.
◆ **incidente** *nf* GRAMM parenthetical clause.

incinérateur [ɛ̃sineratœr] *nm* incinerator.

incinération [ɛ̃sinerasjɔ̃] *nf* [de chiffons, de papiers] incineration; [de cadavres] cremation.

incinérer [18] [ɛ̃sinere] *vt* [linge, papier] to incinerate; [cadavre] to cremate.

incise [ɛ̃siz] *nf* -**1.** LING interpolated clause. -**2.** MUS phrase.

inciser [3] [ɛ̃size] *vt* -**1.** MÉD to incise, to make an incision in; [abcès] to lance. -**2.** HORT to incise, to cut (a notch into); [pour extraire la résine] to tap.

incisif, ive[1] [ɛ̃sizif, iv] *adj* [ironie, remarque, ton] cutting, incisive, biting; [regard] piercing.

incision [ɛ̃sizjɔ̃] *nf* -**1.** MÉD cut, incision *spéc.* -**2.** HORT notch, incision *spéc*; **~ annulaire** ringing.

incisive[2] [ɛ̃siziv] ◇ *f* → **incisif.**
◇ *nf* incisor.

incitateur, trice [ɛ̃sitatœr, tris] ◇ *adj* inciting, incentive.
◇ *nm, f* inciter.

incitation [ɛ̃sitasjɔ̃] *nf* [encouragement] incitement, encouragement; **c'est une ~ à la violence** it's incitement to OU it encourages violence; **~ fiscale** ÉCON tax incentive.

inciter [3] [ɛ̃site] *vt* -**1.** [encourager]: **~ qqn à faire qqch** to prompt OU to encourage sb to do sthg; **son succès l'incita à continuer** his success encouraged OU prompted him to continue; **~ qqn à qqch: cela vous incite à la réflexion/prudence** it makes you stop and think/makes you cautious. -**2.** JUR to incite.

incivil, e [ɛ̃sivil] *adj sout* uncivil, impolite.

incivique [ɛ̃sivik] ◇ *adj vieilli* lacking in civic OU public spirit, lacking in public-mindedness; **il tient des propos ~s** what he says isn't very public-spirited.
◇ *nmf Belg* HIST *collaborator with the Nazis during WW II.*

inclassable [ɛ̃klasabl] *adj* unclassifiable.

inclémence [ɛ̃klemɑ̃s] *nf litt* -**1.** [manque d'indulgence] mercilessness, pitilessness. -**2.** [rigueur - du climat] inclemency.

inclément, e [ɛ̃klemɑ̃, ɑ̃t] *adj litt* -**1.** [qui manque d'indulgence] merciless, pitiless. -**2.** [rigoureux - climat] inclement.

inclinable [ɛ̃klinabl] *adj* reclining, tilting.

inclinaison [ɛ̃klinɛzɔ̃] *nf* -**1.** [d'un plan] incline, slant; [d'un avion] tilt, tilting; [d'un toit, des combles, d'un pignon] pitch, slope; [d'un navire] list, listing; **la faible/forte ~ du jardin** the gentle slope/the steepness of the garden; **l'~ de la tour de Pise** the angle at which the tower of Pisa leans; **l'~ de la voie** RAIL & TRAV PUBL the gradient, the incline. -**2.** [d'une partie du corps]: **l'~ de la tête** the tilt of the head. -**3.** GÉOM inclination, angle. -**4.** ASTRON declination; **~ magnétique** inclination, magnetic dip.

inclination [ɛ̃klinasjɔ̃] *nf* -**1.** [tendance] inclination, tendency; [goût] inclination, liking; **avoir une ~ pour la musique** to have a liking for music, to be musically inclined; **une ~ à douter** a tendency to doubt things; **suivre son ~** to follow one's (natural) inclination. -**2.** [mouvement - de la tête] bow, inclination; [- du corps] bow; [signe d'acquiescement] nod; **d'une légère ~ de la tête** with a slight bow of the head. -**3.** *litt* [attirance]: **avoir de l'~ pour qqn** to have a liking for sb; **un mariage d'~** a love match.

incliné, e [ɛ̃kline] *adj* -**1.** [en pente] sloping; [penché - mur] leaning; [- dossier, siège] reclining. -**2.** *sout* [enclin]: **une nature ~e au mal** a character inclined OU disposed to evil.

incliner [3] [ɛ̃kline] *vt* -**1.** [courber] to bend; **~ la tête OU le front** to bow OU to incline *litt* one's head; [pour acquiescer ou saluer] to nod (one's head); **~ le corps (en avant)** to bend forward; [pour saluer] to bow ‖ [pencher - dossier, siège] to tilt; **être incliné** AÉRON to tilt; NAUT to list. -**2.** *sout* [inciter]: **~ qqn à faire** to encourage OU to prompt sb to do; **cette information m'incline à revoir mon point de vue** this news leads me OU makes me inclined to reconsider my position; **~ qqn à la rigueur** to encourage sb to be strict; **ceci ne les incline pas à la clémence/au travail** this makes them disinclined to be lenient/to work.
◆ **incliner à** *v + prép* to tend to OU towards, to incline towards; **j'incline à penser qu'elle a tort** I tend OU I'm inclined to think she's wrong.
◆ **s'incliner** *vpi* -**1.** [être penché - mur] to lean (over); [- toit, route] to slope; [- avion] to tilt, to bank; [- navire] to list; [- siège] to tilt; [se courber - personne] to bend forward; [- personne qui salue] to bow; [- cime d'arbre] to bend (over). -**2.** *fig* [se soumettre]: **s'~ devant le talent** to bow before talent; **s'~ devant les faits** to submit to OU to accept the facts; **s'~ devant la supériorité de qqn** to yield to sb's superiority; **le Racing s'est incliné devant Toulon par 15 à 12** SPORT Racing Club lost OU went down to Toulon 15 to 12; **leur équipe a finalement dû s'~** their team had to give in OU had to admit defeat eventually. -**3.** [se recueillir]: **s'~ devant la dépouille mortelle de qqn** to pay one's last respects to sb.

inclure [96] [ɛ̃klyr] *vt* -**1.** [ajouter] to include, to add, to insert; **~ de nouvelles données dans une liste** to include new data in a list. -**2.** [joindre] to enclose. -**3.** [comporter] to include; **le contrat inclut une nouvelle clause importante** the contract includes OU comprises an important new clause ‖ [impliquer]: **cet accord inclut une autre condition** the agreement includes a further condition.

inclus, e [ɛ̃kly, yz] *adj* -**1.** [contenu] enclosed. -**2.** [compris] included; **le service est ~** service is included; **vingt, les enfants ~** twenty, including the children; **du 1er au 12 juin ~** from June 1st to June 12th inclusive, from June 1 through June 12 *Am*; **jusqu'à la page 32 ~e** up to and including page 32; **jusqu'au dimanche ~** up to and including Sunday; **dimanche ~** including Sundays. -**3.** MATH: **l'ensemble X est**

~ dans l'ensemble Z the set X is included in the set Z OU is a subset of Z. -**4.** MÉD: **dent ~e** impacted tooth.

inclusif, ive [ɛ̃klyzif, iv] *adj* inclusive; **prix ~** all-inclusive price.

inclusion [ɛ̃klyzjɔ̃] *nf* -**1.** [action] inclusion. -**2.** MÉD impaction. -**3.** MÉTALL inclusion.

inclusivement [ɛ̃klyzivmɑ̃] *adv* up to and including, through *Am*.

incoagulable [ɛ̃kɔagylabl] *adj* non-coagulating.

incoercible [ɛ̃kɔɛrsibl] *adj* irrepressible, uncontrollable, incoercible.

incognito [ɛ̃kɔɲito] ◇ *adv* incognito.

◇ *nm* incognito; **garder l'~** to remain anonymous OU incognito.

incohérence [ɛ̃kɔerɑ̃s] *nf* -**1.** [manque d'unité] inconsistency, incoherence. -**2.** [contradiction] inconsistency, contradiction, discrepancy.

incohérent, e [ɛ̃kɔerɑ̃, ɑ̃t] *adj* -**1.** [confus, décousu] incoherent, inconsistent. -**2.** [disparate] divided.

incoiffable [ɛ̃kwafabl] *adj* [cheveux] unmanageable.

incollable [ɛ̃kɔlabl] *adj* -**1.** CULIN: **riz ~** non-stick rice. -**2.** *fam* [connaisseur] unbeatable; **elle est ~ en géographie** you can't trip her up in geography.

incolore [ɛ̃kɔlɔr] *adj* -**1.** [transparent - liquide] colourless; [- vernis, verre] clear; [- cirage] neutral. -**2.** *fig* [terne - sourire] wan; [- style] colourless, bland, nondescript.

incomber [3] [ɛ̃kɔ̃be]

◆ **incomber à** *v + prép* -**1.** [revenir à]: **les frais de déplacement incombent à l'entreprise** travelling expenses are to be paid by the company; **à qui en incombe la responsabilité?** who is responsible for it?; **cette tâche vous incombe** this task is your responsibility ‖ *(tournure impersonnelle)*: **il vous incombe de la recevoir** it's your duty OU it's incumbent upon you to see her; **il vous incombe de le faire** the onus is on you to do it. -**2.** JUR [être rattaché à]: **cette pièce incombe au dossier Falon** this document belongs in the Falon file.

incombustibilité [ɛ̃kɔ̃bystibilite] *nf* incombustibility.

incombustible [ɛ̃kɔ̃bystibl] *adj* non-combustible.

incommensurabilité [ɛ̃kɔmɑ̃syrabilite] *nf* -**1.** [immensité] immeasurableness. -**2.** MATH incommensurability.

incommensurable [ɛ̃kɔmɑ̃syrabl] *adj* -**1.** [énorme] immeasurable. -**2.** MATH incommensurable.

incommensurablement [ɛ̃kɔmɑ̃syrabləmɑ̃] *adv* -**1.** [très] immeasurably; **il est ~ stupide** he's immensely OU inordinately stupid. -**2.** MATH incommensurably.

incommodant, e [ɛ̃kɔmɔdɑ̃, ɑ̃t] *adj* [chaleur] unpleasant, uncomfortable; [bruit] irritating, irksome; [odeur] offensive, nauseating.

incommode [ɛ̃kɔmɔd] *adj* -**1.** [peu pratique - outil] impractical, awkward; [- livre] unwieldy, impractical; [- maison] inconvenient. -**2.** [inconfortable - position] uncomfortable, awkward; [- fauteuil] uncomfortable.

incommoder [3] [ɛ̃kɔmɔde] *vt* to bother; **la chaleur commence à m'~** the heat is beginning to bother me OU to make me feel uncomfortable.

incommodité [ɛ̃kɔmɔdite] *nf* [d'un outil] inconvenience, impracticability, unsuitability; [d'un meuble, d'une posture, d'un trajet] uncomfortableness, discomfort.

incommunicabilité [ɛ̃kɔmynikabilite] *nf* incommunicability.

incommunicable [ɛ̃kɔmynikabl] *adj* incommunicable.

incommutabilité [ɛ̃kɔmytabilite] *nf* non-transferability.

incommutable [ɛ̃kɔmytabl] *adj* untransferable.

incomparable [ɛ̃kɔ̃parabl] *adj* -**1.** [très différent] not comparable, unique, singular; **nos deux situations sont ~s** you can't compare our two situations. -**2.** [inégalable] incomparable, matchless, peerless.

incomparablement [ɛ̃kɔ̃parabləmɑ̃] *adv* incomparably; **il est ~ plus beau que moi** he's incomparably OU infinitely more handsome than me.

incompatibilité [ɛ̃kɔ̃patibilite] *nf* -**1.** [opposition] incompatibility; **~ d'humeur** mutual incompatibility; **il y a une totale ~ entre eux** they are totally incompatible. -**2.** BOT, MÉD & PHARM incompatibility.

incompatible [ɛ̃kɔ̃patibl] *adj* incompatible; **ces deux solutions sont ~s** these two solutions are mutually exclusive.

incompétence [ɛ̃kɔ̃petɑ̃s] *nf* -**1.** [incapacité] incompetence. -**2.** [ignorance] ignorance, lack of knowledge. -**3.** JUR incompetence, incompetency, (legal) incapacity.

incompétent, e [ɛ̃kɔ̃petɑ̃, ɑ̃t] ◇ *adj* -**1.** [incapable] incompetent, inefficient. -**2.** [ignorant] ignorant; **je suis ~ en la matière** I'm not qualified OU competent to speak about this. -**3.** JUR & POL incompetent.

◇ *nm, f* incompetent.

incomplet, ète [ɛ̃kɔ̃plɛ, ɛt] *adj* [fragmentaire] incomplete; [inachevé] unfinished.

incomplètement [ɛ̃kɔ̃plɛtmɑ̃] *adv* incompletely, not completely.

incomplétude [ɛ̃kɔ̃pletyd] *nf* -**1.** *litt* [inassouvissement] nonfulfilment. -**2.** MATH: **théorème d'~** incompleteness theorem.

incompréhensibilité [ɛ̃kɔ̃preɑ̃sibilite] *nf* incomprehensibility.

incompréhensible [ɛ̃kɔ̃preɑ̃sibl] *adj* incomprehensible, impossible to understand.

incompréhensiblement [ɛ̃kɔ̃preɑ̃sibləmɑ̃] *adv* incomprehensibly.

incompréhensif, ive [ɛ̃kɔ̃preɑ̃sif, iv] *adj* unsympathetic, unfeeling.

incompréhension [ɛ̃kɔ̃preɑ̃sjɔ̃] *nf* lack of understanding OU comprehension; **leur ~ était totale** they found it totally impossible to understand.

incompressibilité [ɛ̃kɔ̃presibilite] *nf* -**1.** PHYS incompressibility. -**2.** [de dépenses, d'un budget] irreducibility.

incompressible [ɛ̃kɔ̃presibl] *adj* -**1.** PHYS incompressible. -**2.** [dépenses] which cannot be reduced; **notre budget est ~** we can't cut down on our budget.

incompris, e [ɛ̃kɔ̃pri, iz] ◇ *adj* -**1.** [méconnu] misunderstood. -**2.** [énigmatique] impenetrable; **un texte qui jusqu'à ce jour était resté ~** a text which had not been understood until today.

◇ *nm, f*: **je suis un éternel ~** *hum* nobody ever understands me.

inconcevable [ɛ̃kɔ̃svabl] *adj* inconceivable, unthinkable, unimaginable; **avec un aplomb ~** with an incredible OU amazing nerve.

inconcevablement [ɛ̃kɔ̃svabləmɑ̃] *adv sout* incredibly, inconceivably.

inconciliable [ɛ̃kɔ̃siljabl] *adj* [incompatible] incompatible, irreconcilable; **des intérêts ~s** incompatible interests; **des points de vue ~s** irreconcilable points of view; **~ avec qqch** incompatible with sthg.

inconditionnalité [ɛ̃kɔ̃disjɔnalite] *nf* unreservedness, wholeheartedness; **l'~ de notre soutien** the unconditional nature of our support.

inconditionné, e [ɛ̃kɔ̃disjɔne] *adj* PHILOS unconditioned.

inconditionnel, elle [ɛ̃kɔ̃disjɔnɛl] ◇ *adj* -**1.** [appui] unconditional, unreserved, wholehearted; [reddition] unconditional. -**2.** PHILOS unconditioned.

◇ *nm, f*: **un ~ de** a fan of; **pour les ~s de l'informatique** for computer buffs OU enthusiasts.

inconditionnellement [ɛ̃kɔ̃disjɔnɛlmɑ̃] *adv* unconditionally, unreservedly, wholeheartedly.

inconduite [ɛ̃kɔ̃dɥit] *nf sout* [dévergondage] loose living; [mauvaise conduite] misconduct.

inconfort [ɛ̃kɔ̃fɔr] *nm* [d'une maison] lack of comfort; [d'une posture] discomfort; [d'une situation] awkwardness.

inconfortable [ɛ̃kɔ̃fɔrtabl] *adj* -**1.** [maison, siège] uncomfortable. -**2.** [situation, posture] uncomfortable, awkward.

inconfortablement [ɛ̃kɔ̃fɔrtabləmɑ̃] *adv* uncomfortably.

incongelable [ɛ̃kɔ̃ʒlabl] *adj* which cannot be deep-frozen.

incongru, e [ɛ̃kɔ̃gry] *adj* [remarque, réponse] incongruous, out of place; [bruit] unseemly, rude; [personne] uncouth.

incongruité [ɛ̃kɔ̃grɥite] *nf* -**1.** [caractère incongru] incongruity, incongruousness. -**2.** [parole] unseemly remark.

incongrûment [ɛ̃kɔ̃grymɑ̃] *adv sout* in an unseemly manner.

inconnaissable [ɛ̃kɔnɛsabl] ◇ *adj* unknowable.

◇ *nm*: **l'~** the unknowable.

inconnu, e [ɛ̃kɔny] ◇ *adj* -**1.** [personne - dont on ignore l'existence] unknown; [- dont on ignore l'identité]: **il est né de père ~** the name of his father is not known; '**~ à cette adresse**' 'not known at this address'. -**2.** [ignoré] unknown; **parti pour une destination ~e** left for an unknown destination. -**3.** [étranger] unknown; **ce visage ne m'est pas ~** I've seen that face before ❑ **~ au bataillon** *fam* never heard of him. -**4.** [sans notoriété] unknown.

◇ *nm, f* -**1.** [étranger] unknown person, stranger; **ne parle pas aux ~s** don't talk to strangers. -**2.** [personne sans notoriété] unknown person; **une pièce jouée par des ~s** a play with a cast of unknowns.

◆ **inconnu** *nm*: **l'~** the unknown.

◆ **inconnue** *nf* -**1.** [élément ignoré] unknown quantity OU factor; **il y a trop d'~es pour que je prenne une décision** there are too many unknown factors for me to decide. -**2.** MATH unknown.

inconsciemment [ɛ̃kɔ̃sjamɑ̃] *adv* [machinalement] unconsciously, unwittingly; [dans l'inconscient] unconsciously.

inconscience [ɛ̃kɔ̃sjɑ̃s] *nf* -**1.** [insouciance] recklessness, thoughtlessness; [folie] madness, craziness. -**2.** [perte de connaissance] unconsciousness.

inconscient, e [ɛ̃kɔ̃sjɑ̃, ɑ̃t] ◇ *adj* -**1.** **être ~ de qqch** [ne pas s'en rendre compte] to be unaware of sthg. -**2.** [insouciant] reckless, rash; [irresponsable] thoughtless, careless. -**3.** [automatique] mechanical, unconscious; PSYCH unconscious. -**4.** [évanoui] unconscious.

◇ *nm, f* reckless OU thoughtless OU crazy person.

◆ **inconscient** *nm* PSYCH: **l'~** the unconscious; **l'~ collectif** the collective unconscious.

inconséquemment [ɛ̃kɔ̃sekamɑ̃] *adv litt* [de façon - incohérente] incoherently, inconsistently; [- imprudente] thoughtlessly, unthinkingly, recklessly.

inconséquence [ɛ̃kɔ̃sekɑ̃s] *nf* [manque - de cohérence] incoherence, inconsistency; [- de prudence] thoughtlessness, carelessness, recklessness.

inconséquent, e [ɛ̃kɔ̃sekɑ̃, ɑ̃t] *adj* [incohérent] incoherent, inconsistent; [imprudent] thoughtless, unthinking, reckless.

inconsidéré, e [ɛ̃kɔ̃sidere] *adj* thoughtless, rash, foolhardy.

inconsidérément [ɛ̃kɔ̃sideremɑ̃] *adv* rashly, thoughtlessly, unwisely.

inconsistance [ɛ̃kɔ̃sistɑ̃s] *nf* -**1.** [d'un roman, d'un argument] flimsiness, shallowness; [d'une personne, d'un caractère] shallowness, superficiality. -**2.** [de la boue, de la vase] softness; [d'une crème] thinness, runniness; [d'une soupe] wateriness.

inconsistant, e [ɛ̃kɔ̃sistɑ̃, ɑ̃t] *adj* -**1.** [roman, argument] flimsy, weak, shallow; [personne, caractère] shallow, superficial, indecisive. -**2.** [crème, enduit] thin, runny; [soupe] watery.

inconsolable [ɛ̃kɔ̃sɔlabl] *adj* inconsolable.

inconsolé, e [ɛ̃kɔ̃sɔle] *adj* [peine, chagrin] unconsoled; [personne] disconsolate.

inconsommable [ɛ̃kɔ̃sɔmabl] *adj* unfit for consumption.

inconstance [ɛ̃kɔ̃stɑ̃s] *nf* -**1.** [infidélité, variabilité] inconstancy, fickleness. -**2.** *litt*: l'~ **du succès** the fickleness of fortune.

inconstant, e [ɛ̃kɔ̃stɑ̃, ɑ̃t] ◇ *adj* -**1.** [infidèle, d'humeur changeante] inconstant, fickle; **être ~ en amour** to be fickle. -**2.** *litt* [changeant - temps] changeable, unsettled.
◇ *nm, f* fickle person.

inconstatable [ɛ̃kɔ̃statabl] *adj* impossible to ascertain, unascertainable.

inconstitutionnalité [ɛ̃kɔ̃stitysjɔnalite] *nf* unconstitutionality.

inconstitutionnel, elle [ɛ̃kɔ̃stitysjɔnɛl] *adj* unconstitutional.

inconstitutionnellement [ɛ̃kɔ̃stitysjɔnɛlmɑ̃] *adv* unconstitutionally.

inconstructible [ɛ̃kɔ̃stryktibl] *adj*: **zone ~** site without development approval, permanently restricted zone *Am*.

incontestable [ɛ̃kɔ̃tɛstabl] *adj* incontestable, indisputable, undeniable; **sa compétence est ~** her competence is indisputable OU beyond question; **il a fait un gros effort, c'est ~** there's no denying the fact that he put in a lot of effort.

incontestablement [ɛ̃kɔ̃tɛstabləmɑ̃] *adv* indisputably, undeniably, incontestably, beyond any shadow of (a) doubt; **~ coupable** unquestionably guilty.

incontesté, e [ɛ̃kɔ̃tɛste] *adj* uncontested, undisputed; **c'est un expert ~** he's an unchallenged OU undisputed expert.

incontinence [ɛ̃kɔ̃tinɑ̃s] *nf* -**1.** MÉD incontinence. -**2.** *litt* [débauche] debauchery. -**3.** [dans le discours]: **~ verbale** [prolixité] logorrhoea, verbal diarrhoea *hum*.

incontinent, e [ɛ̃kɔ̃tinɑ̃, ɑ̃t] *adj* -**1.** MÉD incontinent. -**2.** *litt* [débauché] debauched.
◆ **incontinent** *adv litt* forthwith, straightaway, directly.

incontournable [ɛ̃kɔ̃turnabl] *adj*: **c'est un problème ~** this problem can't be ignored; **son œuvre est ~** her work cannot be overlooked.

incontrôlable [ɛ̃kɔ̃trolabl] *adj* -**1.** [sentiment, colère] uncontrollable, ungovernable, wild; [person] out of control; **l'incendie/la foule était ~** the fire/crowd was out of control. -**2.** [non vérifiable - affirmation] unverifiable, unconfirmable.

incontrôlé, e [ɛ̃kɔ̃trole] *adj* -**1.** [bande, groupe] unrestrained, unruly, out of control; **des éléments ~s** unruly elements. -**2.** [non vérifié - nouvelle] unverified, unconfirmed.

inconvenance [ɛ̃kɔ̃vnɑ̃s] *nf* -**1.** [caractère] impropriety, indecency; **vous avez été d'une ~ choquante** you behaved in a most unseemly manner. -**2.** [parole] impropriety, rude remark; [acte] impropriety, rude gesture.

inconvenant, e [ɛ̃kɔ̃vnɑ̃, ɑ̃t] *adj* [déplacé] improper, indecorous, unseemly; [indécent] indecent, improper; **rien d'~ ne s'est passé entre eux** nothing improper OU untoward passed between them.

inconvénient [ɛ̃kɔ̃venjɑ̃] *nm* [désagrément] disadvantage, drawback, inconvenience; [danger] risk; **les avantages et les ~s** the advantages and disavantages, the pros and cons; **je ne vois pas d'~ à ce que tu y ailles** I can see nothing against your going; **y voyez-vous un ~?** [désagrément] can you see any difficulties OU drawbacks in this?; [objection] do you have any objection to this?, do you mind?

inconvertible [ɛ̃kɔ̃vɛrtibl] *adj* -**1.** FIN inconvertible. -**2.** RELIG unconvertable.

incoordination [ɛ̃kɔɔrdinasjɔ̃] *nf* -**1.** [incohérence - de la pensée, d'un discours] lack of coordination. -**2.** [des mouvements] uncoordination, lack of coordination, ataxia *spéc.*

incorporable [ɛ̃kɔrpɔrabl] *adj* -**1.** MIL recruitable *Br*, draftable *Am*. -**2.** [parcelle, matériau] incorporable.

incorporation [ɛ̃kɔrpɔrasjɔ̃] *nf* -**1.** MIL recruitment, conscription *Br*, induction *Am*; **j'attends mon ~** I'm waiting to be called up. -**2.** PSYCH incorporation. -**3.** [intégration - d'un produit] blending, incorporating, mixing; [- d'un territoire] incorporation; **l'~ de Calais à l'Angleterre a eu lieu en 1347** Calais was incorporated into England in 1347.

incorporé, e [ɛ̃kɔrpɔre] *adj* built-in, integrated; **avec cellule ~e photoélectrique** with built-in lightmeter.
◆ **incorporé** *nm* recruit, inductee *Am*.

incorporéité [ɛ̃kɔrpɔreite] *nf* incorporeity.

incorporel, elle [ɛ̃kɔrpɔrɛl] *adj* -**1.** [intangible] insubstantial, incorporeal. -**2.** JUR: **bien ~** intangible property; **propriété ~le** incorporeal hereditaments.

incorporer [3] [ɛ̃kɔrpɔre] *vt* -**1.** [mêler] to blend, to mix; **incorporez le sucre peu à peu** gradually mix in the sugar; **incorporez le fromage râpé aux jaunes d'œufs** blend OU mix the grated cheese with the egg yolks. -**2.** MIL to recruit *Br*, to draft *Am*, to induct *Am*. -**3.** [intégrer] to incorporate, to integrate; **quand la Savoie a été incorporée à la France** when Savoy became part of France; **incorporez quelques citations dans le texte** add a few quotations to the text.

incorrect, e [ɛ̃kɔrɛkt] *adj* -**1.** [erroné] incorrect, wrong; **l'emploi ~ d'un mot** the improper use of a word. -**2.** [indécent] improper, impolite, indecent; **dans une tenue ~e** improperly dressed. -**3.** [impoli] rude, discourteous, impolite. -**4.** [irrégulier] underhand, irregular, unscrupulous; **il a été très ~ avec ses concurrents** he behaved quite unscrupulously towards his competitors.

incorrectement [ɛ̃kɔrɛktəmɑ̃] *adv* wrongly, incorrectly; **mots orthographiés ~** wrongly spelt words.

incorrection [ɛ̃kɔrɛksjɔ̃] *nf* -**1.** [caractère incorrect] impropriety, indecency. -**2.** [propos] impropriety, improper remark; **pas d'~s, s'il vous plaît** no bad language please || [acte] improper act; **c'est une ~ de...** it's not proper to... -**3.** [emploi fautif] impropriety.

incorrigible [ɛ̃kɔriʒibl] *adj* -**1.** [personne] incorrigible; **c'est un ~ paresseux** he's incorrigibly lazy. -**2.** [défaut] incorrigible.

incorrigiblement [ɛ̃kɔriʒibləmɑ̃] *adv* incorrigibly.

incorruptibilité [ɛ̃kɔryptibilite] *nf* -**1.** [honnêteté] incorruptibility. -**2.** [inaltérabilité - d'un métal] stability; [- d'un bois] incorruptibility, rot-resistance.

incorruptible [ɛ̃kɔryptibl] ◇ *adj* -**1.** [honnête] incorruptible; **on la sait ~** everybody knows she wouldn't take a bribe. -**2.** [inaltérable - métal] stable; [- bois] non-decaying.
◇ *nmf* incorruptible; **c'est un ~** he's incorruptible.

incrédibilité [ɛ̃kredibilite] *nf* incredibleness, incredibility.

incrédule [ɛ̃kredyl] ◇ *adj* -**1.** [sceptique] incredulous, disbelieving; **d'un air ~** incredulously, in disbelief. -**2.** [incroyant] unbelieving.
◇ *nmf* [incroyant] nonbeliever, unbeliever.

incrédulité [ɛ̃kredylite] *nf* -**1.** [doute] incredulity, disbelief, unbelief; **avec ~** incredulously, in disbelief. -**2.** [incroyance] lack of belief, unbelief.

incréé, e [ɛ̃kree] *adj litt* uncreated.

incrément [ɛ̃kremɑ̃] *nm* increment COMPUT.

incrémenter [3] [ɛ̃kremɑ̃te] *vt* to increment COMPUT.

incrémentiel, elle [ɛ̃kremɑ̃sjɛl] *adj* incremental COMPUT.

increvable [ɛ̃krəvabl] *adj* -**1.** [pneu, ballon] puncture-proof. -**2.** *fam* [personne] tireless; **les gosses sont ~s** kids never seem to get tired; **à cet âge-là, j'étais ~** at that age, I never got tired; **cette voiture est ~** this car will last for ever.

incriminable [ɛ̃kriminabl] *adj litt* impeachable, condemnable.

incrimination [ɛ̃kriminasjɔ̃] *nf* incrimination *(U)*, accusation.

incriminer [3] [ɛ̃krimine] *vt* -**1.** [rejeter la faute sur] to put the blame on, to incriminate. -**2.** [accuser - décision, négligence] to (call into) question; [- personne] to accuse; **il avait déjà été incriminé dans une affaire de drogue** he'd previously been implicated in a drugs case.

incristallisable [ɛ̃kristalizabl] *adj* uncrystallizable, non-crystallizing.

incrochetable [ɛ̃krɔʃtabl] *adj* unpickable.

incroyable [ɛ̃krwajabl] ◇ *adj* -**1.** [peu vraisemblable] incredible, unbelievable; **quelle histoire ~!** what an incredible story!; **il est ~ que** it's incredible OU hard to believe that. -**2.** [étonnant] incredible, amazing; **tu es vraiment ~, pourquoi ne veux-tu pas venir?** you're unbelievable, why don't you want to come?; **d'une bêtise ~** incredibly stupid; **c'est quand même ~, ce retard!** this delay is getting ridiculous!; **ils sont ~s de suffisance** they're unbelievably self-important.
◇ *nmf* HIST Incroyable, dandy.

incroyablement [ɛ̃krwajabləmɑ̃] *adv* incredibly, unbelievably, amazingly.

incroyance [ɛ̃krwajɑ̃s] *nf* unbelief.

incroyant, e [ɛ̃krwajɑ̃, ɑ̃t] ◇ *adj* unbelieving.
◇ *nm, f* unbeliever.

incrustant, e [ɛ̃krystɑ̃, ɑ̃t] *adj* incrusting, coating.

incrustation [ɛ̃krystasjɔ̃] *nf* -**1.** [décoration] inlay; [procédé] inlaying. -**2.** GÉOL [action] encrusting; [résultat] incrustation. -**3.** COUT insertion. -**4.** TV (image) inlay, cut-in. -**5.** [dépôt - sur une chaudière] fur, scale.

incruster [3] [ɛ̃kryste] *vt* -**1.** [orner] to inlay; **~ qqch de** to inlay sthg with; **un bracelet incrusté d'émeraudes** a bracelet inlaid with emeralds. -**2.** [recouvrir - gén] to incrust, to coat; [- de calcaire] to fur up. -**3.** CONSTR [pierre] to insert.
◆ **s'incruster** *vpi* -**1.** [se couvrir de calcaire] to become incrusted, to become covered in scale, to fur up. -**2.** [adhérer] to build up; **enlever le calcaire qui s'est incrusté** to remove the build-up of scale. -**3.** *fam* [personne]: **l'ennui, c'est que si on l'invite, il s'incruste** the problem is that if we ask him over, he'll overstay his welcome; **ne t'incruste pas** don't stick around too long.

incubateur, trice [ɛ̃kybatœr, tris] *adj* incubatory.
◆ **incubateur** *nm* incubator.

incubation [ɛ̃kybasjɔ̃] *nf* -**1.** [d'œufs] incubation. -**2.** [d'une maladie] incubation; **l'~ dure trois jours** the incubation period is three days.

incube [ɛ̃kyb] *nm* incubus.

incuber [3] [ɛ̃kybe] *vt* [œuf] to incubate.

inculcation [ɛ̃kylkasjɔ̃] *nf litt* inculcation, instilling.

inculpable [ɛ̃kylpabl] *adj* chargeable.

inculpation [ɛ̃kylpasjɔ̃] *nf* indictment, charge; **être sous le coup d'une ~ (pour)** to be indicted (for) OU on a charge (of).

inculpé, e [ɛ̃kylpe] *nm, f*: **l'~** the accused.

inculper [3] [ɛ̃kylpe] *vt* to charge; **inculpé de meurtre** charged with murder.

inculquer [3] [ɛ̃kylke] *vt* to inculcate; **~ qqch à qqn** to inculcate sthg in sb.

inculte [ɛ̃kylt] *adj* -**1.** [campagne, pays] uncultivated. -**2.** [esprit, intelligence, personne] uneducated, uncultured, uncultivated; **ils sont complètement ~s** they're totally ignorant. -**3.** [cheveux] unkempt, dishevelled; [barbe] untidy.

incultivable [ɛ̃kyltivabl] *adj* unworkable, uncultivable; des terres ~s wasteland; ces landes sont ~s these moors are no use for farming OU as farmland.

incultivé, e [ɛ̃kyltive] *adj litt* [région, terre] uncultivated.

inculture [ɛ̃kyltyr] *nf* [d'une personne] lack of culture OU education.

incunable [ɛ̃kynabl] ◇ *adj* [édition] incunabular.
◇ *nm* incunabulum, incunable; les ~s the incunabula.

incurabilité [ɛ̃kyrabilite] *nf* incurability, incurableness.

incurable [ɛ̃kyrabl] ◇ *adj* -1. MÉD incurable. -2. [incorrigible - personne, défaut] incurable, inveterate.
◇ *nmf* incurable.

incurablement [ɛ̃kyrabləmɑ̃] *adv* -1. MÉD incurably. -2. [irrémédiablement] incurably, desperately, hopelessly.

incurie [ɛ̃kyri] *nf sout* carelessness, negligence.

incuriosité [ɛ̃kyrjozite] *nf litt* lack of curiosity.

incursion [ɛ̃kyrsjɔ̃] *nf* -1. [exploration] foray, incursion. -2. MIL foray, raid.

incurvation [ɛ̃kyrvasjɔ̃] *nf sout* bending, curving, incurvation.

incurvé, e [ɛ̃kyrve] *adj* curved, bent, incurved.

incurver [3] [ɛ̃kyrve] *vt* to curve (inwards), to make into a curve.
◆ **s'incurver** *vpi* -1. [trajectoire] to curve (inwards OU in), to bend. -2. [étagère] to sag.

indaguer [3] [ɛ̃dage] *vi Belg* JUR to carry out an investigation.

indatable [ɛ̃databl] *adj* [manuscrit, ruines] undatable, undateable.

Inde [ɛ̃d] *npr f*: (l')~ India.

indéboulonnable [ɛ̃debulɔnabl] *adj hum*: il est ~! they'll never be able to sack him!

indébrouillable [ɛ̃debrujabl] *adj* [écheveau, procès] hopelessly entangled, inextricable.

indécemment [ɛ̃desamɑ̃] *adv* indecently.

indécence [ɛ̃desɑ̃s] *nf* -1. [manque de pudeur] indecency. -2. [propos, acte] indecency, impropriety.

indécent, e [ɛ̃desɑ̃, ɑ̃t] *adj* -1. [honteux] indecent; c'est un gaspillage presque ~ the waste is almost obscene. -2. [licencieux] indecent, obscene.

indéchiffrable [ɛ̃deʃifrabl] *adj* -1. [code] undecipherable, indecipherable; aucun code n'est ~ there's no code that can't be broken OU cracked. -2. [écriture] illegible, unreadable. -3. [visage, mystère, pensée] inscrutable, impenetrable.

indéchirable [ɛ̃deʃirabl] *adj* tear-resistant.

indécidable [ɛ̃desidabl] *adj* LOGIQUE & MATH undecidable.

indécis, e [ɛ̃desi, iz] ◇ *adj* -1. [flou] vague, indistinct; on apercevait quelques formes ~es dans le brouillard a few blurred shapes could be made out in the fog. -2. [incertain] undecided, unsettled; la victoire est restée ~e jusqu'à la fin victory was uncertain until the very end; le temps est ~ the weather is unsettled. -3. [hésitant] undecided, unsure, uncertain; [irrésolu] indecisive, irresolute; je suis ~ (sur la solution à choisir) I'm undecided (as to the best solution), I can't make up my mind (which solution is the best); il a toujours été ~ he's always been indecisive, he never has been able to make up his mind.
◇ *nm, f* indecisive person; [électeur] floating voter, don't-know; le vote des ~ the floating vote.

indécision [ɛ̃desizjɔ̃] *nf* [caractère irrésolu] indecisiveness; [hésitation] indecision; être dans l'~ (quant à) to be undecided OU unsure (about).

indéclinable [ɛ̃deklinabl] *adj* indeclinable; le mot est ~ the word does not decline.

indécollable [ɛ̃dekɔlabl] *adj* [gén] non-removable; [revêtement] permanent.

indécomposable [ɛ̃dekɔ̃pozabl] *adj* [corps, ensemble] indecomposable.

indécrottable *fam* [ɛ̃dekrɔtabl] *adj* hopeless; c'est un ~ imbécile! he's hopelessly stupid!; un ~ réactionnaire an out-and-out reactionary.

indéfectibilité [ɛ̃defɛktibilite] *nf* -1. *sout* [d'une amitié] unfailingness, constancy. -2. RELIG indefectibility.

indéfectible [ɛ̃defɛktibl] *adj* [amitié, soutien] staunch, unfailing, unshakeable; une ~ volonté staunch determination; une foi ~ en l'informatique an unshakeable faith in computers; avec une ambition ~ with unwavering OU unfailing ambition.

indéfectiblement [ɛ̃defɛktibləmɑ̃] *adv* staunchly, unfailingly, unshakeably.

indéfendable [ɛ̃defɑ̃dabl] *adj* -1. [condamnable - personne, comportement] indefensible. -2. [insoutenable - théorie, opinion] indefensible, untenable.

indéfini, e [ɛ̃defini] *adj* -1. [sans limites] indefinite, unlimited; un temps ~ an undetermined length of time. -2. [confus] ill-defined, vague; un trouble ~ l'envahit a vague feeling of uneasiness crept over him. -3. LING indefinite.
◆ **indéfini** *nm* LING indefinite.

indéfiniment [ɛ̃definimɑ̃] *adv* indefinitely, for ever.

indéfinissable [ɛ̃definisabl] *adj* indefinable.

indéformable [ɛ̃defɔrmabl] *adj* [chapeau, vêtement] which cannot be pulled out of shape; [semelle] rigid.

indéfrichable [ɛ̃defriʃabl] *adj* [sol, terre] unclearable.

indéfrisable [ɛ̃defrizabl] *nf vieilli* perm, permanent wave *vieilli*.

indéhiscent, e [ɛ̃deisɑ̃, ɑ̃t] *adj* indehiscent.

indélébile [ɛ̃delebil] *adj* -1. [ineffaçable - encre] indelible, permanent; [- tache] indelible. -2. [indestructible - souvenir] indelible.

indélébilité [ɛ̃delebilite] *nf* indelibility.

indélicat, e [ɛ̃delika, at] *adj* -1. [grossier] coarse, indelicate, rude. -2. [véreux] dishonest, unscrupulous.

indélicatement [ɛ̃delikatmɑ̃] *adv* -1. [grossièrement] coarsely, indelicately. -2. [malhonnêtement] dishonestly, unscrupulously.

indélicatesse [ɛ̃delikatɛs] *nf* -1. [des manières] indelicacy, coarseness. -2. [caractère malhonnête] dishonesty, unscrupulousness. -3. [acte malhonnête] dishonest OU unscrupulous act.

indémaillable [ɛ̃demajabl] *adj* [bas, collant] runproof, ladderproof *Br*; [pull, tissu] runresistant, runproof.

indémêlable [ɛ̃demelabl] *adj* [cheveux] hopelessly entangled; [intrigue] inextricable, entangled.

indemne [ɛ̃dɛmn] *adj* -1. [physiquement] unhurt, unharmed; ma sœur est sortie ~ de la collision my sister was unhurt in the collision. -2. [moralement] unscathed; il est sorti ~ du scandale he emerged unscathed from the scandal.

indemnisable [ɛ̃dɛmnizabl] *adj* [propriétaire, réfugié] entitled to compensation, compensable *Am*.

indemnisation [ɛ̃dɛmnizasjɔ̃] *nf* -1. [argent] compensation, indemnity; il a reçu 100 000 francs d'~ he received 100,000 francs compensation. -2. [procédé] compensating; l'~ des sinistrés prendra plusieurs mois it will take several months to compensate the disaster victims.

indemniser [3] [ɛ̃dɛmnize] *vt* -1. [après un sinistre] to compensate, to indemnify; ils seront tous indemnisés they will all receive compensation; se faire ~ to receive compensation. -2. [après une dépense]: être indemnisé de ses frais to have one's expenses paid for OU reimbursed; quand je voyage, je suis indemnisé (de mes frais) when I travel, it all goes on expenses.

indemnitaire [ɛ̃dɛmnitɛr] ◇ *adj* compensative, compensatory.
◇ *nmf* -1. [recevant une allocation] recipient of an allowance. -2. [après un sinistre] person awarded compensation.

indemnité [ɛ̃dɛmnite] *nf* -1. [après un sinistre] compensation; [dommages et intérêts] damages. -2. [allocation] allowance; ~ journalière sickness benefit; ~ de licenciement redundancy payment; ~ parlementaire ≃ MP's salary *Br*; ~ de transport travel allowance OU expenses; ~ viagère de départ *severance money for retiring farmers*.

indémodable [ɛ̃demɔdabl] *adj* perenially fashionable.

indémontable [ɛ̃demɔ̃tabl] *adj* [jouet, serrure] which cannot be taken apart OU dismantled; [étagère] fixed.

indémontrable [ɛ̃demɔ̃trabl] *adj* -1. LOGIQUE & MATH indemonstrable. -2. [non prouvable] unprovable.

indéniable [ɛ̃denjabl] *adj* undeniable.

indéniablement [ɛ̃denjabləmɑ̃] *adv* undeniably.

indénombrable [ɛ̃denɔ̃brabl] *adj* innumerable, uncountable.

indentation [ɛ̃dɑ̃tasjɔ̃] *nf* indentation; les ~s du littoral the ragged coastline.

indépassable [ɛ̃depasabl] *adj* [crédit, limite] unextendable, fixed; [coureur] unbeatable.

indépendamment [ɛ̃depɑ̃damɑ̃] *adv* -1. [séparément] independently; ~ l'un de l'autre independently of one another. -2. ~ de [outre, mis à part] apart from; ~ de son salaire, il a des rentes apart from his salary he has a private income.

indépendance [ɛ̃depɑ̃dɑ̃s] *nf* -1. [d'un pays, d'une personne] independence; prendre son ~ to assume one's independence ❑ le jour de l'Indépendance Independence Day. -2. [absence de relation] independence.

indépendant, e [ɛ̃depɑ̃dɑ̃, ɑ̃t] ◇ *adj* -1. [gén & POL] independent; pour des raisons ~es de notre volonté for reasons beyond our control. -2. [distinct]: ces deux problèmes sont ~s l'un de l'autre these two problems are separate OU distinct from each other; une chambre ~e a self-contained room; avec salle de bains ~e with own OU separate bathroom ❑ travailleur ~ self-employed person. -3. LING & MATH independent.
◇ *nm, f* POL independent.
◆ **indépendante** *nf* GRAMM independent clause.

indépendantisme [ɛ̃depɑ̃dɑ̃tism] *nm*: l'~ the independence OU separatist movement.

indépendantiste [ɛ̃depɑ̃dɑ̃tist] ◇ *adj*: mouvement ~ independence OU separatist movement.
◇ *nmf* separatist.

indéracinable [ɛ̃derasinabl] *adj* -1. [préjugé, habitude] entrenched, ineradicable. -2. [personne]: deux ou trois poivrots ~s *fam* two or three drunks who couldn't be shifted.

indéréglable [ɛ̃dereglabl] *adj* [mécanisme, montre] extremely reliable.

Indes [ɛ̃d] *npr fpl* Indies; les ~ occidentales/orientales HIST the West/East Indies; la Compagnie des ~ orientales HIST the East India Company.

indescriptible [ɛ̃dɛskriptibl] *adj* indescribable.

indésirable [ɛ̃dezirabl] ◇ *adj* undesirable, unwanted; une présence ~ an undesirable OU unwanted presence.
◇ *nmf* undesirable; on nous traite comme des ~s we are treated as though we were not wanted.

Indes-Occidentales [ɛ̃dɔksidɑ̃tal] *npr fpl* the (British) West Indies.

indestructibilité [ɛ̃dɛstryktibilite] *nf* indestructibility, indestructibleness.

indestructible [ɛ̃dɛstryktibl] *adj* [bâtiment, canon] indestructible, built to last; [amour, lien] indestructible.

indéterminable [ɛ̃detɛrminabl] *adj* indeterminable; **sa date de naissance est ~** his date of birth cannot be determined (with any certainty).

indétermination [ɛ̃detɛrminasjɔ̃] *nf* **-1.** [approximation] vagueness. **-2.** [indécision] indecision, uncertainty. **-3.** MATH indeterminacy. **-4.** PHILOS indetermination.

indéterminé, e [ɛ̃detɛrmine] *adj* **-1.** [non défini] indeterminate, unspecified; **à une date ~e** at an unspecified date; **dans une direction ~e** in an unknown direction; **l'origine du mot est ~e** the origin of the word is uncertain OU not known. **-2.** MATH indeterminate.
◆ **indéterminée** *nf* MATH indeterminate variable.

indéterminisme [ɛ̃detɛrminism] *nm* indeterminism.

index [ɛ̃dɛks] *nm* **-1.** [doigt] index finger, forefinger. **-2.** [repère] pointer. **-3.** [liste] index. **-4.** HIST: **l'Index** the Index ❑ **mettre qqch à l'~** to blacklist sthg; **mettre qqn à l'~** to blackball sb. **-5.** INF (fixed) index.

indexage [ɛ̃dɛksaʒ] *nm* indexing, indexation.

indexation [ɛ̃dɛksasjɔ̃] *nf* indexation, indexing.

indexé, e [ɛ̃dekse] *adj* ÉCON [loyer, prix] indexed; [salaire] indexed, index-linked; INF [valeur] indexed.

indexer [4] [ɛ̃dɛkse] *vt* [gén, ÉCON & INF] to index; **~ les salaires sur le coût de la vie** to index salaries to the cost of living.

Indiana [indjana] *npr m*: **l'~** Indiana.

Indianapolis [indjanapɔlis] *npr* Indianapolis.

indianisme [ɛ̃djanism] *nm* LING [mot] Indian word; [expression] Indian turn of phrase.

indianiste [ɛ̃djanist] *nmf* specialist on India.

indic *fam* [ɛ̃dik] *nm* (police) informer.

indicateur, trice [ɛ̃dikatœr, tris] ◇ *adj* indicative.
◇ *nm, f* [informateur] (police) informer OU spy.
◆ **indicateur** *nm* **-1.** [plan, liste]: **~ des rues** street guide OU directory; **~ des chemins de fer** railway *Br* OU railroad *Am* timetable. **-2.** [appareil] indicator, gauge; **~ d'altitude** altimeter; **~ de pression** pressure gauge; **~ de vitesse** speedometer. **-3.** [indice] indicator, pointer; **~ économique** economic indicator; **~ de tendance** BOURSE market indicator. **-4.** CHIM & LING indicator. **-5.** NUCL (radioactive) indicator OU tracer.

indicatif, ive [ɛ̃dikatif, iv] *adj* [état, signe] indicative; GRAMM [mode] indicative.
◆ **indicatif** *nm* **-1.** GRAMM indicative. **-2.** RAD & TV theme OU signature tune. **-3.** TÉLÉC [de zone] (dialling) code; **~ du pays** international dialling code. **-4.** INF: **~ de fichier** filename; **~ de tri** sort key.

indication [ɛ̃dikasjɔ̃] *nf* **-1.** [recommandation] instruction; **j'ai suivi toutes vos ~s** I followed all your instructions; **les ~s du mode d'emploi** the directions for use; **les ~s de montage** the assembly instructions; **~s scéniques** stage directions. **-2.** [information, renseignement] information *(U)*, piece of information; **il a été arrêté sur les ~s d'un complice** he was arrested on information given by an accomplice. **-3.** [signe] sign, indication. **-4.** [aperçu] indication; **c'est une excellente ~ sur l'état de l'économie** it's an excellent indication of the state of the economy. **-5.** MÉD & PHARM: **sauf ~ contraire du médecin** unless otherwise stated by the doctor; **~ thérapeutique** indication. **-6.** COMM: **~ d'origine** label of origin.

indice [ɛ̃dis] *nm* **-1.** [symptôme - d'un changement, d'un phénomène] indication, sign; [- d'une maladie] sign, symptom; **aucun ~ ne laissait présager le drame** there was no hint of the coming tragedy; **la presse s'accorde à y voir l'~ de proches négociations** all the papers agree that this is evidence OU a sign that negotiations are imminent. **-2.** [d'une enquête policière] clue; [d'une énigme] clue, hint. **-3.** ÉCON, OPT & PHYS index; BOURSE index, average; **~ du coût de la vie** cost of living index; **l'~ de l'INSEE** ≃ the retail price index; **~ pondéré** weighted index; **~ des prix (à la consommation)** (consumer) price index; **~ de rémunération** OU **traitement** ADMIN salary grading. **-4.** RAD & TV: **l'~ d'écoute** the audience rating, the ratings; **avoir un mauvais ~ d'écoute** to have a low (audience) rating, to get bad ratings. **-5.** PHOT: **~ de lumination** exposure value OU index. **-6.** PÉTR: **~ de cétane** cetane number; **~ d'octane** octane rating. **-7.** MATH index; **b ~ 3** b subscript OU index 3. **-8.** LING index.

indiciaire [ɛ̃disjɛr] *adj* **-1.** ÉCON index-based. **-2.** ADMIN grade-related.

indicible [ɛ̃disibl] *adj* [douleur, émotion] indescribable, unutterable.

indiciel, elle [ɛ̃disjɛl] *adj* **-1.** ÉCON & MATH index *(épith)*. **-2.** LING contextual, deictic.

indien, enne [ɛ̃djɛ̃, ɛn] *adj* Indian.
◆ **Indien, enne** *nm, f* **-1.** [de l'Inde] Indian. **-2.** [amérindien] American Indian, Native American.
◆ **indienne** *nf* **-1.** TEXT printed (Indian) cotton *Br*, printed calico *Am*. **-2.** [nage] overarm stroke.

indifféremment [ɛ̃diferamɑ̃] *adv* **-1.** [aussi bien]: **elle joue ~ de la main droite ou de la main gauche** she plays equally well with her right or left hand; **la radio marche ~ avec piles ou sur secteur** the radio can run on batteries or be plugged into the mains. **-2.** [sans discrimination] indiscriminately; **il regarde toutes les émissions ~** he watches television whatever is on.

indifférence [ɛ̃diferɑ̃s] *nf* [détachement - envers une situation, un sujet] indifference, lack of interest; [- envers qqn] indifference; **son roman est paru dans la plus grande ~** the publication of his novel went completely unnoticed; **faire qqch avec ~** to do sthg indifferently OU with indifference; **il me fait le coup de l'~** *fam* he's pretending not to notice me; **~ pour qqch** lack of concern for sthg; **son ~ totale pour la politique** his total lack of interest in OU complete indifference to politics.

indifférenciation [ɛ̃diferɑ̃sjasjɔ̃] *nf* **-1.** PHYSIOL absence of differentiation; **pendant l'~ sexuelle de l'embryon** while the embryo is still sexually undifferentiated. **-2.** MÉD anaplasia.

indifférencié, e [ɛ̃diferɑ̃sje] *adj* **-1.** PHYSIOL [organisme] undifferentiated; [cellule] unspecialized. **-2.** MÉD anaplastic.

indifférent, e [ɛ̃diferɑ̃, ɑ̃t] ◇ *adj* **-1.** [insensible, détaché] indifferent; **laisser ~: leur divorce me laisse ~** their divorce is of no interest to me OU is a matter of indifference to me; **sa mort ne laissera personne ~** her death will leave no one indifferent; **elle me laisse ~** she leaves me cold; **elle ne le laisse pas ~** he's not blind OU indifferent to her charms; **être ~ à la politique** to be indifferent towards politics. **-2.** [d'intérêt égal] indifferent, immaterial; [dans les petites annonces]: **'âge ~'** 'age unimportant OU immaterial'; **'religion/race ~e'** 'religion/race no barrier'. **-3.** [insignifiant] indifferent, uninteresting, of no interest; **parler de choses ~es** to talk about this and that; **ça m'est ~** it's (all) the same to me OU I don't care either way; **la mort ne m'est pas/m'est complètement ~e** I do care/don't care about death; **il lui était ~ de partir (ou non)** it didn't matter OU it was immaterial to him whether he left or not; **la suite des événements m'est ~e** what happens next is of no concern OU interest to me.
◇ *nm, f* indifferent OU apathetic person; **il fait l'~** OU **joue les ~s** he's feigning indifference.

indifférentisme [ɛ̃diferɑ̃tism] *nm* indifferentism.

indifférer [18] [ɛ̃difere]
◆ **indifférer à** *v + prép* **-1.** [n'inspirer aucun intérêt à]: **il m'indiffère complètement!** I'm totally indifferent to him, I couldn't care less about him; **tout l'indiffère** she takes no interest in anything. **-2.** [être égal à] to be of no importance to; **le prix m'indiffère** the price is of no importance (to me); **ça m'indiffère** I don't mind, it's all the same to me.

indigénat [ɛ̃diʒena] *nm* HIST *before 1945, special system of administration applying to the native populations of the French colonies.*

indigence [ɛ̃diʒɑ̃s] *nf* **-1.** [matérielle] poverty, indigence; **vivre dans l'~** to be destitute. **-2.** [intellectuelle] paucity, poverty.

indigène [ɛ̃diʒɛn] ◇ *adj* **-1.** [d'avant la colonisation - droits, pratique] native, indigenous; **les coutumes ~s** native customs. **-2.** [autochtone - population] native, indigenous. **-3.** BOT & ZOOL indigenous, native; **la faune ~ de ces régions** the fauna indigenous to these regions.
◇ *nmf* **-1.** [colonisé] native. **-2.** [autochtone] native. **-3.** BOT & ZOOL indigen, indigene, native.

indigénisme [ɛ̃diʒenism] *nm* nativism.

indigent, e [ɛ̃diʒɑ̃, ɑ̃t] ◇ *adj* **-1.** [pauvre] destitute, poor, indigent. **-2.** [insuffisant] poor; **un esprit ~** an impoverished mind.
◇ *nm, f* pauper; **les ~s** the destitute, the poor.

indigeste [ɛ̃diʒɛst] *adj* **-1.** [nourriture] indigestible, heavy; **je trouve la choucroute très ~** I find sauerkraut very heavy on the stomach. **-2.** [livre, compte-rendu] heavy-going.

indigestion [ɛ̃diʒɛstjɔ̃] *nf* **-1.** MÉD indigestion *(U)*; **avoir une ~** to have (an attack of) indigestion; **j'ai mangé des pâtes jusqu'à l'~** I went overboard on the pasta. **-2.** *fig*: **avoir une ~ de** to get a surfeit OU an overdose of.

indignation [ɛ̃diɲasjɔ̃] *nf* indignation; **protester avec ~** to protest indignantly; **un regard d'~** an indignant look.

indigne [ɛ̃diɲ] ◇ *adj* **-1. ~ de** [qui ne mérite pas] unworthy of; **~ d'un tel honneur** unworthy OU undeserving of such an honour; **un mensonge/une corvée ~ de lui** a lie/chore unworthy of him; **des médisances ~s d'une sœur** malicious gossip one doesn't expect from a sister; **il est ~ de succéder à son père** he's not fit to take his father's place. **-2.** [choquant - action, propos] disgraceful, outrageous, shameful; **avoir une attitude ~** to behave shamefully OU disgracefully ‖ [méprisable - personne] unworthy; **c'est une mère ~** she's not fit to be a mother; **un fils ~** an unworthy son. **-3.** JUR: **être ~ d'hériter** to be judicially debarred from inheriting.
◇ *nmf* (judicially) disinherited person.

indigné, e [ɛ̃diɲe] *adj* indignant, shocked, outraged.

indignement [ɛ̃diɲəmɑ̃] *adv* disgracefully, shamefully.

indigner [3] [ɛ̃diɲe] *vt* [choquer] to make indignant, to incense, to gall.
◆ **s'indigner** *vpi* [se révolter] to be indignant; **il y a de quoi s'~!** there's good reason to be indignant!; **s'~ de** to be indignant about; **s'~ contre l'injustice** to cry out OU to inveigh against injustice.

indignité [ɛ̃diɲite] *nf* **-1.** [caractère indigne] unworthiness, disgracefulness. **-2.** [acte] shameful OU disgraceful act. **-3.** JUR: **~ successorale** judicial debarment from succession. **-4.** HIST: **~ nationale** loss of citizenship rights *(for having collaborated with Germany during WW II)*.

indigo [ɛ̃digo] ◇ *nm* indigo; **~ bleu** indigotin.
◇ *adj inv* indigo (blue).

indigotier [ɛ̃digɔtje] *nm* indigo (plant).

indiqué, e [ɛ̃dike] *adj* **-1.** [recommandé - conduite] advisable; **dans ton état, ce n'est pas très ~ de fumer!** in your condition, smoking isn't really advisable OU isn't really a sensible thing to do! **-2.** [approprié - personne, objet]: **tout ~: un vérin serait tout ~** what we need is a jack; **tu es tout ~ pour le rôle** you're exactly the right person OU the obvious choice for the part; **voilà une carrière tout ~e pour un homme ambitieux** that's the obvious OU very career for an ambitious man; **ce médicament est/n'est pas ~ dans ce cas** this drug is appropriate/inappropriate in this case. **-3.** [date, jour] agreed; [endroit] agreed, appointed; [heure] appointed.

indique-fuites [ɛ̃dikfɥit] *nm inv* leak detector.

indiquer [3] [ɛ̃dike] *vt* -**1.** [montrer d'un geste - chose, personne, lieu] to show, to point out *(sép)*; ~ **qqch de la tête** to nod towards sthg, to indicate sthg with a nod; ~ **qqch de la main** to point out OU to indicate sthg with one's hand; ~ **qqn/qqch du doigt** to point to sb/sthg; **il indiqua la porte avec son revolver** he pointed to the door with his gun; **elle m'avait indiqué le suspect du regard** she'd shown me the suspect by looking at him; **je ne pourrais pas t'~ la ville avec précision sur la carte** I couldn't pinpoint the town on the map for you; ~ **une fuite à qqn** to show sb where a leak is. -**2.** [musée, autoroute, plage] to show the way to; [chemin] to indicate, to show; **pouvez-vous m'~ (le chemin de) la gare?** could you show me the way to OU direct me to the station?; **il ne s'est trouvé personne pour m'~ où se trouvait la galerie** nobody could tell me where the gallery was OU show me the way to the gallery. -**3.** [suj: carte, enseigne, pancarte, statistiques] to show, to say, to indicate; [suj: flèche, graphique] to show; [suj: horaire] to show, to say, to give; [suj: dictionnaire] to say, to give; **l'aiguille de la boussole indique toujours le nord** the compass needle always points North; **le cadran indique la vitesse** the speed is shown on the dial; **l'horloge indique 6 h** the clock says OU shows that it's 6 o'clock; **qu'indique le devis?** what does the estimate say?, how does the estimate read? -**4.** [noter - date, prix] to note OU to write (down); [- repère] to mark, to draw; **indiquez votre adresse ici** write your address here; **ce n'est pas indiqué dans le contrat** it's not written OU mentioned in the contract; **il indiqua la cache d'une croix sur la carte** he marked the hiding place with a cross on the map; **indique sur la liste les achats qui sont déjà faits** tick off on OU mark on the list the items that have already been bought. -**5.** [conseiller - ouvrage, professionnel, restaurant] to suggest, to recommend; [- traitement] to prescribe, to give; **tu peux m'~ un bon coiffeur?** can you recommend a good hairdresser?; **une auberge qu'elle m'avait indiquée** an inn she'd told me about. -**6.** [dire - marche à suivre, heure] to tell; **je t'indiquerai comment faire** I'll tell you how to do it; **le réceptionniste nous a indiqué nos chambres** the receptionist told us which rooms we had been given || [fixer - lieu de rendez-vous, jour] to give, to name; **indique-moi où et quand, j'y serai** tell me where and when OU name the place and the time, and I'll be there. -**7.** [être le signe de - phénomène] to point to *(insép)*, to indicate; [- crainte, joie] to show, to betray; **des signes qui indiquent un redressement économique** signs of economic recovery; **tout indique que nous allons vers une crise** everything suggests that we are heading towards a crisis; **ce cri indique que l'animal va attaquer** this cry indicates OU means that the animal is going to attack. -**8.** BX-ARTS to sketch out.

indirect, e [ɛ̃dirɛkt] *adj* -**1.** [approche] indirect, roundabout; [influence] indirect; **j'ai appris la nouvelle de façon ~e** I heard the news in an indirect way; **faire allusion à qqch de façon ~e** to refer obliquely OU indirectly to sthg; **elle m'a fait des reproches ~s** she told me off in a roundabout way. -**2.** JUR: **héritier ~** collateral heir. -**3.** GRAMM: **complément ~** [d'un verbe transitif] indirect complement; [d'un verbe intransitif] prepositional complement; **discours** OU **style ~** indirect OU reported speech.

indirectement [ɛ̃dirɛktəmɑ̃] *adv* indirectly; **je suis ~ responsable** I'm indirectly responsible; **je l'ai su ~** I heard about it indirectly OU in a roundabout way; **nous sommes ~ apparentés** we are indirectly related.

indiscernable [ɛ̃disɛrnabl] *adj* indiscernible.

indiscipline [ɛ̃disiplin] *nf* [dans un groupe] lack of discipline, indiscipline; [d'un enfant] disobedience; [d'un soldat] insubordination; **faire preuve d'~** [écoliers] to be undisciplined; [militaires] to defy orders.

indiscipliné, e [ɛ̃disipline] *adj* [dans un groupe] undisciplined, unruly; [enfant] unruly, disobedient; [soldat] undisciplined, insubordinate; **cheveux ~s** unmanageable hair; **mèches ~es** flyaway wisps (of hair).

indiscret, ète [ɛ̃diskrɛ, ɛt] ◇ *adj* -**1.** [curieux - personne] inquisitive; [- demande, question] indiscreet; [- regard] inquisitive, prying; **sans (vouloir) être ~, combien est-ce que ça vous a coûté?** could I possibly ask you how much you paid for it?; **comment le lui demander sans avoir l'air ~?** how could I ask her without seeming indiscreet OU to pry?; **loin des oreilles indiscrètes** far from OU out of reach of eavesdroppers. -**2.** [révélateur - propos, geste] indiscreet, telltale; [- personne] indiscreet, garrulous; **trahi par des langues indiscrètes** given away by wagging tongues; **des témoins ~s en ont parlé aux journalistes** witnesses have leaked it to the press.

◇ *nm, f* -**1.** [personne curieuse] inquisitive person. -**2.** [personne bavarde] indiscreet person.

indiscrètement [ɛ̃diskrɛtmɑ̃] *adv* -**1.** [sans tact] indiscreetly. -**2.** [avec curiosité] inquisitively.

indiscrétion [ɛ̃diskresjɔ̃] *nf* -**1.** [d'une personne] inquisitiveness, curiosity; [d'une question] indiscreetness, tactlessness; **pardonnez mon ~** forgive me for asking; **sans ~, avez-vous des enfants?** do you mind if I ask you if you've got any children? -**2.** [révélation] indiscretion; **nous savons par des ~s que...** we know unofficially that..., it's been leaked that...; **commettre une ~** to commit an indiscretion, to say something one shouldn't.

indiscutable [ɛ̃diskytabl] *adj* indisputable, unquestionable.

indiscutablement [ɛ̃diskytabləmɑ̃] *adv* indisputably, unquestionably.

indiscuté, e [ɛ̃diskyte] *adj* undisputed; **le maître ~ de la cuisine japonaise** the undisputed OU uncontested master of Japanese cooking; **ses vertus curatives sont ~es** its curative powers are unquestioned.

indispensable [ɛ̃dispɑ̃sabl] ◇ *adj* [fournitures, machine] essential, indispensable; [mesures] essential, vital, indispensable; [précautions] essential, required, necessary; [personne] indispensable; **mes lunettes me sont maintenant ~s** I can't do without my glasses now; **cette entrevue est-elle vraiment ~?** is this interview really necessary?, do I really have to go through with this interview?; **tes réflexions n'étaient pas ~s!** we could have done without your remarks!; **des connaissances en électricité sont ~s** some knowledge of electricity is essential; **il est ~ de/que...** it's essential to/that...; **son fils lui est ~** he can't do without his son; **tu ne m'es pas ~, tu sais!** I can do without you, you know!; **~ à tous les sportifs!** essential OU a must for all sportsmen!; **ce document m'est ~ pour continuer mes recherches** this document is absolutely vital OU essential if I am to carry on my research; **l'ordinateur est ~ à l'édition** computers are vital in publishing; **tu n'es pas/tu es ~ au projet** the project can/can't proceed without you.

◇ *nm*: **l'~** [le nécessaire] the essentials; **n'emporte que l'~** only take what you really need.

indisponibilité [ɛ̃dispɔnibilite] *nf* -**1.** [d'une machine] downtime *spéc*; [d'une marchandise, d'une personne] non-availability, unavailability. -**2.** JUR inalienability.

indisponible [ɛ̃dispɔnibl] *adj* -**1.** [marchandise, personne] not available, unavailable; **elle est ~ actuellement, rappelez plus tard** she's not available at the moment, please call back later; **je suis ~ jusqu'à 19 h** I'm not free until 7 o'clock. -**2.** JUR inalienable.

indisposé, e [ɛ̃dispoze] *adj* -**1.** [légèrement souffrant] unwell, indisposed. -**2.** *sout* [mal disposé] ill-disposed, hostile.

◆ **indisposée** *adj f euph*: **je suis ~e** it's the time of the month.

indisposer [3] [ɛ̃dispoze] *vt* -**1.** [irriter] to annoy; **elle a l'art d'~ les gens** she's got a talent for rubbing people the wrong way OU putting people's backs up; **je ne sais pas pourquoi je l'indispose** I don't know why he finds me irritating; **~ qqn contre** to set sb against. -**2.** [rendre malade] to upset, to make (slightly) ill, to indispose.

indisposition [ɛ̃dispozisjɔ̃] *nf* -**1.** [malaise] discomfort, ailment, indisposition; **j'ai eu une ~ passagère** I felt slightly off colour for a little while. -**2.** *euph* [menstruation] period.

indissociable [ɛ̃disɔsjabl] *adj* indissociable, inseparable.

indissolubilité [ɛ̃disɔlybilite] *nf* [des liens, d'une union] indissolubility.

indissoluble [ɛ̃disɔlybl] *adj* [lien, union] indissoluble.

indissolublement [ɛ̃disɔlybləmɑ̃] *adv* [allier, unir] indissolubly.

indistinct, e [ɛ̃distɛ̃(kt), ɛ̃kt] *adj* [chuchotement] indistinct, faint; [forme] indistinct, unclear, vague; **prononcer des paroles ~es** to mumble inaudibly.

indistinctement [ɛ̃distɛ̃ktəmɑ̃] *adv* -**1.** [confusément - parler] indistinctly, unclearly; [- se souvenir] indistinctly, vaguely; **les sommets m'apparaissaient ~** I could just make out the mountain tops. -**2.** [sans distinction] indiscriminately; **recruter ~ hommes et femmes** to recruit people regardless of sex.

individu [ɛ̃dividy] *nm* -**1.** [personne humaine] individual. -**2.** [quidam] individual, person; **deux ~s ont été aperçus par le concierge** the porter saw two men OU individuals; **un drôle d'~** a strange character; **un sinistre ~** a sinister individual. -**3.** BIOL, BOT & LOGIQUE individual.

individualisation [ɛ̃dividɥalizasjɔ̃] *nf* -**1.** [d'une espèce animale, d'une langue] individualization; [d'un système] adapting to individual requirements. -**2.** JUR: **~ de la peine** *sentencing depending upon the individual requirements or characteristics of the defendant.*

individualisé, e [ɛ̃dividɥalize] *adj* -**1.** [enseignement] individualized; **horaire ~** flexitime *Br*, flexible working hours *Am*. -**2.** [méthode, caractère] distinctive; [groupe] separate, distinct.

individualiser [3] [ɛ̃dividɥalize] *vt* -**1.** [système] to adapt to individual needs, to tailor. -**2.** JUR: **~ les peines** to tailor sentencing to fit offenders' needs.

◆ **s'individualiser** *vpi* to acquire individual characteristics.

individualisme [ɛ̃dividɥalism] *nm* individualism.

individualiste [ɛ̃dividɥalist] ◇ *adj* individualistic.

◇ *nmf* individualist.

individualité [ɛ̃dividɥalite] *nf* -**1.** [caractère - unique] individuality; [- original] originality. -**2.** [style]: **une forte ~** a strong personal OU individual style.

individuation [ɛ̃dividɥasjɔ̃] *nf* individuation.

individuel, elle [ɛ̃dividɥɛl] ◇ *adj* -**1.** [personnel] individual, personal; **c'est votre responsabilité ~le** it's your personal responsibility. -**2.** [particulier] individual, private; **chambre ~le** (private) single room; **compartiment ~** private compartment; **éclairage ~** individual light; **cas ~** individual case ❑ **ligne ~le** TÉLÉC private line. -**3.** SPORT: **épreuve ~le** individual event; **sport ~** individual sport.

◇ *nm, f* SPORT [gén] individual sportsman (*f* sportswoman); [athlète] individual athlete.

individuellement [ɛ̃dividɥɛlmɑ̃] *adv* -**1.** [séparément] individually, separately, one by one; **chaque cas sera examiné ~** each case will be examined individually. -**2.** [de façon personnelle] individually, personally; **vous êtes tous ~ responsables** you are all personally responsible.

indivis, e [ɛ̃divi, iz] *adj* joint, undivided.
◆ **en indivis, par indivis** *loc adv* in common JUR; **posséder une propriété en ~** to own a property jointly.

indivisaire [ɛ̃divizɛr] *nmf* [propriétaire] joint owner.

indivisément [ɛ̃divizemɑ̃] *adv* jointly.

indivisibilité [ɛ̃divizibilite] *nf* indivisibility.

indivisible [ɛ̃divizibl] *adj* indivisible.

indivision [ɛ̃divizjɔ̃] *nf* joint ownership; **propriété/biens en ~** jointly-owned property/goods.

indo-aryen, enne [ɛ̃doarjɛ̃, ɛn] (*mpl* indo-aryens, *fpl* indo-aryennes) *adj* Indo-Aryan.
◆ **indo-aryen** *nm* LING Indo-Aryan.

Indochine [ɛ̃dɔʃin] *npr f*: (l') ~ Indochina; **la guerre d'~** the Indochinese War.

LA GUERRE D'INDOCHINE:
French military operations in Indochina from 1940 to 1954 were first directed against Japan and Thailand, and then against the Vietminh revolutionary movement (from 1946 onwards). After the defeat of the French forces in Dien Bien Phu in 1954, a conference of interested powers in Geneva ended the war by dividing Vietnam into two independent northern and southern states.

---

indochinois, e [ɛ̃dɔʃinwa, az] *adj* Indo-Chinese.
◆ **Indochinois, e** *nm, f* Indo-Chinese.

indocile [ɛ̃dɔsil] ◇ *adj* disobedient, recalcitrant, indocile.
◇ *nmf* rebel.

indocilité [ɛ̃dɔsilite] *nf* disobedience, recalcitrance, indocility.

indo-européen, enne [ɛ̃dɔœrɔpeɛ̃, ɛn] (*mpl* indo-européens, *fpl* indo-européennes) *adj* Indo-European.
◆ **Indo-Européen, enne** *nm, f* Indo-European.
◆ **indo-européen** *nm* LING Indo-European.

indole [ɛ̃dɔl] *nm* indole.

indolemment [ɛ̃dɔlamɑ̃] *adv* indolently, lazily.

indolence [ɛ̃dɔlɑ̃s] *nf* -**1.** [mollesse - dans le travail] indolence, apathy, lethargy; [- dans l'attitude] indolence, languidness; **une pose pleine d'~** a languid posture. -**2.** MÉD benignancy.

indolent, e [ɛ̃dɔlɑ̃, ɑ̃t] *adj* -**1.** [apathique] indolent, apathetic, lethargic. -**2.** [languissant] indolent, languid. -**3.** MÉD benign.

indolore [ɛ̃dɔlɔr] *adj* painless.

indomptable [ɛ̃dɔ̃tabl] *adj* -**1.** [qu'on ne peut dompter] untamable, untameable. -**2.** *fig* [qu'on ne peut vaincre] indomitable, invincible; **avec un courage/une volonté ~** with indomitable courage/will.

indompté, e [ɛ̃dɔ̃te] *adj* -**1.** [sauvage] untamed, wild; **cheval ~** unbroken horse. -**2.** *fig* [qui ne se soumet pas] untamed; **nation ~e** unsubjugated nation.

Indonésie [ɛ̃dɔnezi] *npr f*: (l') ~ Indonesia.

indonésien, enne [ɛ̃dɔnezjɛ̃, ɛn] *adj* Indonesian.
◆ **Indonésien, enne** *nm, f* Indonesian.
◆ **indonésien** *nm* LING Indonesian.

indoor [indɔr] *adj inv* indoor SPORT.

in-douze [induz] ◇ *adj inv* duodecimo *(modif)*, twelvemo *(modif)*.
◇ *nm inv* duodecimo, twelvemo.

indu, e [ɛ̃dy] *adj* -**1.** [inopportun] undue, excessive. -**2.** JUR [non fondé - réclamation] unjustified, unfounded.
◆ **indu** *nm* JUR sum not owed.

indubitable [ɛ̃dybitabl] *adj* undoubted, indubitable, undisputed; **c'est ~** it's beyond doubt OU dispute.

indubitablement [ɛ̃dybitabləmɑ̃] *adv* undoubtedly, indubitably.

inductance [ɛ̃dyktɑ̃s] *nf* inductance; **~ mutuelle** mutual inductance; **~ propre** self-inductance.

inducteur, trice [ɛ̃dyktœr, tris] *adj* inductive ELEC.
◆ **inducteur** *nm* inductor ELEC.

inductif, ive [ɛ̃dyktif, iv] *adj* PHILOS & PHYS inductive.

induction [ɛ̃dyksjɔ̃] *nf* PHILOS & PHYS induction; **procéder** OU **raisonner par ~** to employ inductive reasoning, to induce; **par ~, nous pouvons conclure que...** by induction we may conclude that...

induire [98] [ɛ̃dɥir] *vt* -**1.** [inciter]: **~ qqn en erreur** to mislead sb; **~ qqn en tentation** *sout* to lead sb into temptation; **~ qqn à mentir** *sout* to induce sb to lie. -**2.** [avoir pour conséquence] to lead to. -**3.** ÉLECTR, PHILOS & NUCL to induce.

induit [ɛ̃dɥi] *nm* ÉLECTR armature; [rotor] rotor; **réaction d'~** armature reaction.

indulgence [ɛ̃dylʒɑ̃s] *nf* -**1.** [clémence] leniency, tolerance, indulgence; **je fais appel à votre ~** I'm asking you to make allowances; **elle a été d'une ~ coupable avec ses enfants** she was far too over-indulgent with her children. -**2.** RELIG indulgence.
◆ **sans indulgence** ◇ *loc adj* [traitement, critique] severe, harsh; [regard] stern, merciless.
◇ *loc adv* [traiter, critiquer] severely, harshly; [regarder] sternly, mercilessly.

indulgent, e [ɛ̃dylʒɑ̃, ɑ̃t] *adj* -**1.** [qui pardonne] lenient, forgiving; **soyons ~s** let's forgive and forget. -**2.** [sans sévérité - personne] indulgent, lenient; [- verdict] lenient; **tu es trop ~ avec eux** you're not firm enough with them; **sois ~ avec elle** go easy on her.

indûment [ɛ̃dymɑ̃] *adv* unjustifiably, without due OU just cause; **tu te l'es ~ approprié** you had no right to take it; **il réclame ~ une somme colossale** he's claiming a huge sum of money to which he is not entitled.

induration [ɛ̃dyrasjɔ̃] *nf* GÉOL & MÉD induration.

induré, e [ɛ̃dyre] *adj* GÉOL & MÉD indurate.

indurer [3] [ɛ̃dyre] *vt* GÉOL & MÉD to indurate.
◆ **s'indurer** *vpi* GÉOL & MÉD to become indurate.

Indus [ɛ̃dys] *npr m*: l'~ the (River) Indus.

industrialisation [ɛ̃dystrijalizasjɔ̃] *nf* industrialization.

industrialiser [3] [ɛ̃dystrijalize] *vt* -**1.** [doter d'industries] to industrialize; **pays industrialisé** industrialized country. -**2.** [mécaniser] to mechanize, to industrialize; **agriculture industrialisée** industrial agriculture.
◆ **s'industrialiser** *vpi* -**1.** [se doter d'industries] to industrialize, to become industrialized. -**2.** [se mécaniser] to become mechanized OU industrialized.

industrie [ɛ̃dystri] *nf* -**1.** [secteur de production] industry; **~ extractive** OU **minière** mining industry; **~ alimentaire** food (processing) industry; **~ automobile** car *Br* OU automobile *Am* industry; **~ légère** light industry; **~ lourde** heavy industry; **~ de luxe** luxury goods industry; **~ de pointe** hightech industry; **~ de précision** precision tool industry; **~ sidérurgique** iron and steel industry; **~ textile** textile industry; **~ de transformation** processing industry. -**2.** [secteur commercial] industry, trade, business; **l'~ hôtelière** the hotel industry OU trade OU business; **l'~ du livre** publishing; **l'~ du spectacle** the entertainment business; **l'~ des loisirs** the leisure industry; **l'~ du crime** organized crime. -**3.** [équipements] plant, industry. -**4.** [entreprise] industrial concern, industry. -**5.** *hum* [profession]: **elle exerçait** OU **pratiquait de nuit sa douteuse ~** at night, she plied her dubious trade.

industriel, elle [ɛ̃dystrijɛl] *adj* -**1.** [procédé, secteur, zone, révolution, société] industrial; [pays] industrial, industrialized. -**2.** [destiné à l'industrie - véhicule, équipement, rayonnages] industrial, heavy, heavy-duty. -**3.** [non artisanal] mass-produced, factory-made; **des crêpes ~les** ready-made OU factory-made pancakes.
◆ **industriel** *nm* industrialist, manufacturer.

industriellement [ɛ̃dystrijɛlmɑ̃] *adv* industrially; **fabriqué ~** factory-made, mass-produced.

industrieux, euse [ɛ̃dystrijø, øz] *adj* industrious.

inébranlable [inebrɑ̃labl] *adj* -**1.** [ferme] steadfast, unshakeable, unwavering; **ma décision est ~** my decision is final; **elle a été ~** there was no moving her, she was adamant. -**2.** [solide - mur] immovable, (rock) solid.

inébranlablement [inebrɑ̃labləmɑ̃] *adv* steadfastly, unshakeably, unwaveringly.

inécoutable [inekutabl] *adj*: **de la musique ~** music which is impossible to listen to.

inécouté, e [inekute] *adj*: **rester ~** to remain unheeded OU ignored.

INED, Ined [inɛd] (*abr de* **Institut national d'études démographiques**) *npr m national institute for demographic research*.

inédit, e [inedi, it] *adj* -**1.** [correspondance, auteur] (hitherto) unpublished; **ce film est ~ en France** this film has never been released in France. -**2.** [jamais vu] new, original.
◆ **inédit** *nm* -**1.** [œuvre] unpublished work. -**2.** [nouveauté]: **c'est de l'~ pour nos trois alpinistes** it's a first for our three climbers.

inéducable [inedykabl] *adj* ineducable *spéc*, unteachable.

ineffable [inefabl] *adj* -**1.** [indicible] ineffable, indescribable. -**2.** [amusant] hilarious.

ineffablement [inefabləmɑ̃] *adv* [indiciblement] ineffably, indescribably.

ineffaçable [inefasabl] *adj* [marque] indelible; [souvenir, traumatisme] unforgettable, enduring.

inefficace [inefikas] *adj* [méthode, médicament] ineffective; [personne] inefficient, ineffective.

inefficacement [inefikasmɑ̃] *adv* [vainement] inefficiently, ineffectually, ineffectively.

inefficacité [inefikasite] *nf* [d'une méthode] inefficacy, ineffectiveness; [d'une personne] inefficiency, ineffectiveness; **d'une totale ~** totally ineffective.

inégal, e, aux [inegal, o] *adj* -**1.** [varié - longueurs, salaires] unequal, different; [mal équilibré] uneven, unequal; **leurs chances sont ~es** their chances are not equal, they haven't got equal chances; **le combat était ~** the fight was one-sided. -**2.** [changeant - écrivain, élève, pouls] uneven, erratic; [- humeur] changeable, uneven; **la qualité est ~e** it varies in quality; **le livre est ~** the book is uneven. -**3.** [rugueux] rough, uneven, bumpy.

inégalable [inegalabl] *adj* incomparable, matchless, peerless.

inégalé, e [inegale] *adj* unequalled, unmatched, unrivalled.

inégalement [inegalmɑ̃] *adv* -**1.** [différemment]: **~ remplis** unequally filled. -**2.** [irrégulièrement] unevenly.

inégalitaire [inegalitɛr] *adj* non-egalitarian, elitist.

inégalité [inegalite] *nf* -**1.** [disparité] difference, disparity; **~ entre deux variables/nombres** difference between two variables/numbers; **l'~ des salaires** the difference OU disparity in wages; **~ de l'offre et de la demande** imbalance between supply and demand; **l'~ des chances** the lack of equal opportunities; **combattre les ~s sociales** to fight social injustice. -**2.** [qualité variable - d'une surface] roughness, unevenness; [- d'un travail, d'une œuvre] uneven quality, unevenness; [- du caractère] changeability; **les ~s de terrain** the unevenness of OU the bumps in the ground; **elle a des ~s d'humeur** she's moody. -**3.** MATH inequality.

inélégamment [inelegamɑ̃] *adv sout* inelegantly.

inélégance [inelegɑ̃s] *nf* -**1.** *sout* [d'allure] inelegance, ungainliness, gracelessness; [d'une méthode] inelegance, unwieldiness; **le procédé était d'une grande** ~ his behaviour was most ungracious. -**2.** [acte, tournure] impropriety.

inélégant, e [inelegɑ̃, ɑ̃t] *adj sout* -**1.** [qui manque d'élégance - allure] inelegant, ungainly; [- manières] inelegant. -**2.** [indélicat] indelicate, inelegant; **ce fut très** ~ **de ta part** that was very indelicate of you.

inéligibilité [ineliʒibilite] *nf* ineligibility JUR.

inéligible [ineliʒibl] *adj* ineligible JUR.

inéluctable [inelyktabl] *adj* inevitable, unavoidable, ineluctable.

inéluctablement [inelyktabləmɑ̃] *adv* inevitably, inescapably, unavoidably.

inemploi [inɑ̃plwa] *nm* unemployment.

inemployable [inɑ̃plwajabl] *adj* -**1.** [ressources, matériaux] unusable; [méthode] useless, unserviceable. -**2.** [travailleur] unemployable.

inemployé, e [inɑ̃plwaje] *adj* [ressources, talent] dormant, untapped; [énergie] untapped, unused.

inénarrable [inenarabl] *adj* hilarious; **si tu avais vu le tableau, c'était** ~! I wish you'd seen it, I can't tell you how funny it was!

inentamé, e [inɑ̃tame] *adj* [économies] intact, untouched; [bouteille, boîte] unopened.

inenvisageable [inɑ̃vizaʒabl] *adj* inconceivable, unthinkable.

inéprouvé, e [inepruve] *adj* unknown.

inepte [inɛpt] *adj* [personne] inept, incompetent; [réponse, raisonnement] inept, foolish; [plan] inept, ill-considered.

ineptie [inɛpsi] *nf* -**1.** [caractère d'absurdité] ineptitude, stupidity. -**2.** [acte, parole] piece of nonsense; **dire des** ~**s** to talk nonsense.

inépuisable [inepɥizabl] *adj* -**1.** [réserves] inexhaustible, unlimited; [courage] endless, unlimited. -**2.** [bavard] inexhaustible; **elle est** ~ **sur mes imperfections** once she gets going about my faults, there's no stopping her.

inépuisablement [inepɥizabləmɑ̃] *adv* inexhaustibly, endlessly.

inépuisé, e [inepɥize] *adj* not yet used up OU exhausted.

inéquation [inekwasjɔ̃] *nf* inequation *spéc*, inequality.

inéquitable [inekitabl] *adj* inequitable, unjust, unfair.

inerte [inɛrt] *adj* -**1.** [léthargique] inert, apathetic, lethargic. -**2.** [semblant mort] inert, lifeless. -**3.** CHIM & PHYS inert.

inertie [inɛrsi] *nf* -**1.** [passivité] lethargy, inertia, passivity. -**2.** MATH, MÉD, PHOT & PHYS inertia.

inertiel, elle [inɛrsjɛl] *adj* inertial.

inescomptable [inɛskɔ̃tabl] *adj* undiscountable FIN.

inespéré, e [inɛspere] *adj* unhoped-for; **c'est pour moi un bonheur** ~ it's a pleasure I hadn't dared hope for.

inesthétique [inɛstetik] *adj* unsightly, unattractive.

inestimable [inɛstimabl] *adj* -**1.** [impossible à évaluer] incalculable, inestimable; **les dégâts sont** ~**s** it's impossible to work out the extent of the damage. -**2.** [précieux] inestimable, invaluable, priceless.

inétendu, e [inetɑ̃dy] *adj litt* unextended, exiguous.

inévitable [inevitabl] ◇ *adj* -**1.** [auquel on ne peut échapper] unavoidable, inevitable; **et ce fut l'**~ **catastrophe** and then came the inevitable catastrophe; **c'était** ~! it was bound to happen OU inevitable! -**2.** *(avant le n)* [habituel] inevitable; **l'**~ **pilier de bar** the inevitable figure propping up the bar.
◇ *nm*: **l'**~ the inevitable.

inévitablement [inevitabləmɑ̃] *adv* inevitably, predictably; **et** ~, **elle se décommanda à la dernière minute** and predictably OU sure enough, she cancelled at the last minute.

inexact, e [inɛgza(kt), akt] *adj* -**1.** [erroné] inexact, incorrect, inaccurate; **le calcul est** ~ there's a mistake in the calculations; **une version** ~**e des faits** an inaccurate version of the facts; **il serait** ~ **de dire...** it would be wrong OU incorrect to say... -**2.** [en retard] unpunctual, late; **il est très** ~ he's always late.

inexactement [inɛgzaktəmɑ̃] *adv* inaccurately, incorrectly.

inexactitude [inɛgzaktityd] *nf* -**1.** [d'un raisonnement] inaccuracy, imprecision; [d'un récit] inaccuracy, inexactness; [d'un calcul] inaccuracy, inexactitude. -**2.** [erreur] inaccuracy, error. -**3.** [manque de ponctualité] unpunctuality, lateness.

inexaucé, e [inɛgzose] *adj* [demande] unanswered; [vœu] unfulfilled.

inexcitabilité [inɛksitabilite] *nf* unexcitability PHYSIOL.

inexcusable [inɛkskyzabl] *adj* [action] inexcusable, unforgivable; [personne] unforgivable.

inexécutable [inɛgzekytabl] *adj* [plan, programme] unworkable, impractical; [tâche] unfeasible, impossible; [musique] unplayable; [pas de danse] undanceable; **des ordres** ~**s** orders which are impossible to carry out OU to execute.

inexécuté, e [inɛgzekyte] *adj* [ordre, travaux] not (yet) carried out OU executed.

inexécution [inɛgzekysjɔ̃] *nf* [d'un contrat] nonfulfilment; ~ **des travaux** failure to carry out work.

inexercé, e [inɛgzɛrse] *adj* [recrue, novice] untrained, inexperienced; [oreille, main] unpractised, untrained, untutored.

inexigibilité [inɛgziʒibilite] *nf*: **à cause de l'**~ **de la dette** as the debt cannot be exacted OU recovered.

inexigible [inɛgziʒibl] *adj* [dette, impôt] inexigible, unrecoverable.

inexistant, e [inɛgzistɑ̃, ɑ̃t] *adj* -**1.** [très insuffisant] nonexistent, inadequate; **devant un public** ~ in front of a nearly empty house; **un service d'ordre** ~ inadequate stewarding; **les structures de base sont** ~**es** the basic structures are lacking, there are hardly any basic structures. -**2.** [irréel - monstre, peur] imaginary.

inexistence [inɛgzistɑ̃s] *nf* -**1.** [de preuves, de Dieu] nonexistence, inexistence; **l'**~ **de structures économiques** the complete lack OU absence of economic structure. -**2.** [manque de valeur] uselessness. -**3.** ADMIN & JUR nullity.

inexorabilité [inɛgzɔrabilite] *nf litt* inexorability.

inexorable [inɛgzɔrabl] *adj* -**1.** [inévitable] inexorable, inevitable. -**2.** *sout* [intransigeant] inexorable.

inexorablement [inɛgzɔrabləmɑ̃] *adv* -**1.** [inévitablement] inexorably, inevitably. -**2.** *sout* [impitoyablement] inexorably.

inexpérience [inɛksperjɑ̃s] *nf* lack of experience.

inexpérimenté, e [inɛksperimɑ̃te] *adj* -**1.** [sans expérience] inexperienced; **un pilote** ~ an inexperienced pilot. -**2.** [non testé] (as yet) untested.

inexpert, e [inɛkspɛr, ɛrt] *adj* inexpert, untrained, untutored; **confié à des mains** ~**es** placed in the hands of a novice.

inexpiable [inɛkspjabl] *adj* -**1.** [inexcusable] inexpiable; **un crime** ~ an unpardonable crime. -**2.** *litt* [impitoyable]: **une lutte** ~ a merciless struggle.

inexpié, e [inɛkspje] *adj* unexpiated.

inexplicable [inɛksplikabl] ◇ *adj* [comportement] inexplicable; [raison, crainte] inexplicable, unaccountable.
◇ *nm*: **l'**~ the inexplicable.

inexplicablement [inɛksplikabləmɑ̃] *adv* inexplicably, unaccountably.

inexpliqué, e [inɛksplike] *adj* [décision] unexplained; [phénomène] unexplained, unsolved; [agissements, départ] unexplained, mysterious; **une disparition restée** ~**e jusqu'à ce jour** a disappearance that remains a mystery to this day.

inexploitable [inɛksplwatabl] *adj* [ressources] unexploitable; [mine] unworkable; [idée] impractical, unfeasible.

inexploité, e [inɛksplwate] *adj* [richesses] undeveloped, untapped; [idée, talent] untapped, untried; [technique] unexploited, untried; **laisser un don** ~ to fail to exploit a latent talent.

inexplorable [inɛksplɔrabl] *adj sout* unexplorable.

inexploré, e [inɛksplɔre] *adj* unexplored; **cette branche de la science est encore** ~**e** this branch of science is still unexplored.

inexplosible [inɛksplozibl] *adj* nonexplosive.

inexpressif, ive [inɛkspresif, iv] *adj* [visage, regard] inexpressive, expressionless, blank; **il a gardé un visage** ~ **pendant tout le match** his face remained impassive throughout the match.

inexprimable [inɛksprimabl] *adj* inexpressible, ineffable, indescribable.

inexprimé, e [inɛksprime] *adj* unspoken; **une rancœur** ~**e** unspoken resentment.

inexpugnable [inɛkspygnabl] *adj litt* [forteresse] unassailable, impregnable; [vertu] inexpugnable.

inextensibilité [inɛkstɑ̃sibilite] *nf* nonstretchability, inextensibility TECH.

inextensible [inɛkstɑ̃sibl] *adj* [appareil, câble] non-stretchable, inextensible TECH; [tissu] nonstretch.

in extenso [inɛkstɛ̃so] *loc adv* in full, in extenso; **recopie le paragraphe** ~ copy out the paragraph in full OU the whole paragraph.

inextinguible [inɛkstɛ̃gibl] *adj* -**1.** *litt* [feu] inextinguishable. -**2.** *sout* [soif, désir] inextinguishable, unquenchable; [amour] undying. -**3.** *sout* [rire] uncontrollable.

inextirpable [inɛkstirpabl] *adj sout* [fléau] which cannot be eliminated; [paresse, ignorance] deep-rooted, entrenched.

in extremis [inɛkstremis] *loc adv* -**1.** [de justesse] at the last minute, in the nick of time, at the eleventh hour; **réussir qqch** ~ to (only) just manage to do sthg; **vous avez réussi? — oui, mais** ~! did you manage? – yes, but it was a close call! -**2.** [avant la mort] in extremis; **baptiser un enfant/un adulte** ~ to christen a child before he dies/an adult on his deathbed.

inextricable [inɛkstrikabl] *adj* inextricable; **l'affaire est** ~ the case is an inextricable tangle; **tu t'es mise dans une situation** ~ you've got yourself into an impossible position.

inextricablement [inɛkstrikabləmɑ̃] *adv* inextricably.

infaillibilité [ɛ̃fajibilite] *nf* [gén & RELIG] infallibility.

infaillible [ɛ̃fajibl] *adj* -**1.** [efficace à coup sûr] infallible; **c'est un remède** ~ **contre la toux** it's an infallible cure for coughs. -**2.** [certain] infallible, reliable, guaranteed; **c'est la marque** ~ **d'une forte personnalité** it's a sure sign of a strong personality. -**3.** [qui ne peut se tromper] infallible; **nul n'est** ~ no-one is infallible, everyone makes mistakes.

infailliblement [ɛ̃fajibləmɑ̃] *adv* -**1.** [inévitablement] inevitably, without fail. -**2.** *litt* [sans se tromper] infallibly.

infaisable [ɛ̃fəzabl] *adj* [choix] impossible; **c'est** ~ [projet] it can't be done.

infalsifiable [ɛ̃falsifjabl] *adj* [carte d'identité] forgery-proof.

infamant, e [ɛ̃famɑ̃, ɑ̃t] *adj* -**1.** *sout* [déshonorant - acte, crime] heinous, infamous, abominable; **tu peux réclamer ton argent, ce n'est pas** ~ you can go and ask for your money, there's no shame in that. -**2.** JUR: **peine** ~**e** penalty involving loss of civil rights.

infâme [ɛ̃fam] *adj* -**1.** [vil - crime] despicable, loathsome, heinous; [- criminel] vile, despicable; [- traître] despicable. -**2.** [répugnant - odeur, nourriture] revolting, vile, foul; **une** ~ **odeur de**

putréfaction a foul stench of rotting; un endroit ~ a disgusting OU revolting place.

infamie [ɛ̃fami] *nf sout* -**1.** [déshonneur] infamy, disgrace; **il a couvert sa famille d'~** he has brought infamy upon his family. -**2.** [caractère abject - d'une action, d'une personne] infamy, vileness. -**3.** [acte révoltant] infamy, loathsome deed; **au nom de la religion, on a souvent commis des ~s** in the name of religion many heinous crimes OU many infamies have been committed. -**4.** [propos] piece of (vile) slander, smear.

infant, e [ɛ̃fɑ̃, ɑ̃t] *nm, f* infante (*f* infanta).

infanterie [ɛ̃fɑ̃tri] *nf* infantry; **~ aéroportée/motorisée** airborne/motorized infantry; **~ divisionnaire** tank division; **~ légère** light infantry; **~ de ligne** heavy infantry; **~ de marine** marine corps, marines.

infanticide [ɛ̃fɑ̃tisid] ◇ *nm* infanticide.
◇ *nmf* [personne] child killer, infanticide OU JUR.

infantile [ɛ̃fɑ̃til] *adj* -**1.** MÉD & PSYCH child (*modif*), infantile *spéc.* -**2.** *péj* [puéril] infantile, childish; **se comporter de façon ~** to behave like a child.

infantilisant, e [ɛ̃fɑ̃tilizɑ̃, ɑ̃t] *adj* patronizing; **ils ont un discours ~** they talk to people as if they were children.

infantilisation [ɛ̃fɑ̃tilizasjɔ̃] *nf* infantilization.

infantiliser [3] [ɛ̃fɑ̃tilize] *vt* to infantilize.

infantilisme [ɛ̃fɑ̃tilism] *nm* -**1.** *péj* [puérilité] infantilism, immaturity; **elle a refusé! — c'est de l'~!** she said no! — how childish! -**2.** MÉD & PSYCH infantilism.

infarctus [ɛ̃farktys] *nm* infarct; **avoir un ~** to have a heart attack OU a coronary ❑ **~ médullaire** myelomalacia; **~ du myocarde** myocardial infarction; **~ pulmonaire** pulmonary (embolism) infarctus.

infatigable [ɛ̃fatigabl] *adj* -**1.** [toujours dispos] tireless, untiring, indefatigable. -**2.** [indéfectible - énergie, courage] inexhaustible, unwavering, unflagging; [- détermination] dogged, unflagging; [- dévouement] unstinting, unflagging; **elle a mené une lutte ~ contre l'injustice** she fought tirelessly against injustice.

infatigablement [ɛ̃fatigabləmɑ̃] *adv* tirelessly, untiringly, indefatigably.

infatuation [ɛ̃fatɥasjɔ̃] *nf sout* conceit, self-importance.

infatué, e [ɛ̃fatɥe] *adj litt* -**1.** [vaniteux] self-satisfied, conceited, bumptious; **~ de sa personne** self-important, full of o.s. -**2.** [entiché]: **~ de qqn/qqch** infatuated with sb/sthg.

infatuer [7] [ɛ̃fatɥe]
◆ **s'infatuer** *vpi litt* [être content de soi] to be conceited.
◆ **s'infatuer de** *vp + prép litt* [s'enticher de] to become infatuated with.

infécond, e [ɛ̃fekɔ̃, ɔ̃d] *adj litt* -**1.** [sol, femme] infertile, barren *litt.* -**2.** *fig* [pensée] sterile, barren, unproductive.

infécondité [ɛ̃fekɔ̃dite] *nf litt* -**1.** [d'un sol, d'une femme] infertility, infecundity, barrenness *litt.* -**2.** *fig* [d'une pensée] sterility, barrenness, unproductiveness.

infect, e [ɛ̃fɛkt] *adj* -**1.** [répugnant - repas] rotten, revolting, disgusting; [- odeur] foul, rank, putrid; **il y a une odeur ~e ici** it smells foul in here; **il est ~, leur vin** their wine's awful OU disgusting. -**2.** *fam* [très laid, très désagréable] foul, appalling, lousy; **c'est un type ~** he's a revolting individual; **les enfants ont été ~s ce matin** the kids were terrible OU awful this morning; **être ~ avec qqn** to be rotten to sb.

infectant, e [ɛ̃fɛktɑ̃, ɑ̃t] *adj* infectious, infective.

infecter [4] [ɛ̃fɛkte] *vt* -**1.** PHYSIOL to infect; **plaie infectée** septic wound. -**2.** [rendre malsain] to contaminate, to pollute. -**3.** *litt* [empester]: **l'usine infecte toute la région** the factory pollutes the whole area.
◆ **s'infecter** *vpi* to become infected, to go septic.

infectieux, euse [ɛ̃fɛksjø, øz] *adj* [maladie] infectious; **un sujet ~** a carrier.

infection [ɛ̃fɛksjɔ̃] *nf* -**1.** MÉD infection. -**2.** [puanteur] (foul) stench; **c'est une ~, ce marché!** this market stinks (to high heaven)!

inféodation [ɛ̃feɔdasjɔ̃] *nf* -**1.** POL subservience, subjection. -**2.** HIST enfeoffment, infeudation.

inféoder [3] [ɛ̃feɔde] *vt* -**1.** HIST to enfeoff. -**2.** [soumettre] to dominate.
◆ **s'inféoder à** *vp + prép* POL to become subservient OU subjected to.

inférence [ɛ̃ferɑ̃s] *nf* inference.

inférer [18] [ɛ̃fere] *vt sout* to infer; **que pouvons-nous en ~?** what can we infer OU gather from this?

inférieur, e [ɛ̃ferjœr] ◇ *adj* -**1.** [du bas - étagères, membres] lower; [- lèvre, mâchoire] lower, bottom (*avant n*); **la partie ~e de la colonne** the bottom OU lower part of the column || [situé en dessous] lower down, below; **c'est à l'étage ~** it's on the floor below OU on the next floor down; **la couche ~e** the layer below OU beneath; **être ~ à** to be lower than OU below. -**2.** [moins bon - niveau] lower; [- esprit, espèce] inferior, lesser; [- qualité] inferior, poorer; **les gens d'un rang ~** people of a lower rank OU lower in rank; **se sentir ~ (par rapport à qqn)** to feel inferior (to sb); **je me sens vraiment ~e à elle** she makes me feel really inferior; **~ à** inferior to, poorer than; **en physique il est très ~ à sa sœur** he's not nearly as good as his sister at physics; **je préfère jouer contre quelqu'un qui ne m'est pas ~** I'd rather play against someone who's at least as good as I am. -**3.** [plus petit - chiffre, salaire] lower, smaller; [- poids, vitesse] lower; [- taille] smaller; **nous (leur) étions ~s en nombre** there were fewer of us (than of them); **~ à** [chiffre] lower OU smaller OU less than; [rendement] lower than, inferior to; **des températures ~es à 10° C** temperatures below 10°C OU lower than 10°C. -**4.** [dans une hiérarchie - le plus bas] lower; **animaux/végétaux ~s** BOT & ZOOL lower animals/plants. -**5.** ASTRON inferior. -**6.** GÉOG [cours, région] lower.
◇ *nm, f* [gén] inferior; [subalterne] inferior, subordinate, underling *péj*; **il les considère comme ses ~s** he regards them as his inferiors.

inférieurement [ɛ̃ferjœrmɑ̃] *adv* [moins bien] less well; **~ entretenu/approvisionné/conçu** less well-maintained/-stocked/-designed.

infériorisation [ɛ̃ferjɔrizasjɔ̃] *nf*: **l'~ d'un enfant** making a child feel inferior.

inférioriser [3] [ɛ̃ferjɔrize] *vt* -**1.** [dévaloriser]: **~ qqn** to make sb feel inferior. -**2.** [minimiser] to minimise the importance of.

infériorité [ɛ̃ferjɔrite] *nf* -**1.** [inadéquation - en grandeur, en valeur] inferiority; [- en effectif] (numerical) inferiority. -**2.** [handicap] weakness, inferiority, deficiency; **être en situation d'~** to be in a weak position.

infernal, e, aux [ɛ̃fɛrnal, o] *adj* -**1.** *fam* [insupportable] infernal, hellish, diabolical; **cet enfant est ~!** that child's a real terror!; **il faisait une chaleur ~e** the heat was infernal; **ils mettent de la musique toute la nuit, c'est ~** they've got music on all night, it's absolute hell. -**2.** *litt* [de l'enfer] infernal; **les puissances ~es** the infernal powers. -**3.** [diabolique - engrenage, logique] infernal, devilish, diabolical; **la machination ~e qui devait le conduire à la mort** the diabolical scheme which was to lead him to his death; **cycle ~** vicious circle.

infertile [ɛ̃fɛrtil] *adj litt* -**1.** [terre] infertile, barren. -**2.** [imagination, esprit] infertile, uncreative, sterile.

infertilité [ɛ̃fɛrtilite] *nf litt* -**1.** [de la terre, de l'imagination] infertility. -**2.** [d'une femme] infertility, barrenness.

infestation [ɛ̃fɛstasjɔ̃] *nf* -**1.** [infection] infection. -**2.** [de parasites, de moustiques] infestation.

infester [3] [ɛ̃fɛste] *vt* -**1.** [suj: rats] to infest, to overrun; [suj: pillards] to infest; **la région est infestée de sauterelles/moustiques** the area is infested with locusts/mosquitoes; **chien infesté de puces** flea-ridden dog; **rues infestées de marchands de souvenirs** streets swarming with souvenir sellers. -**2.** MÉD to infest.

infeutrable [ɛ̃føtrabl] *adj*: **ce tissu est ~** this fabric won't mat OU felt.

infibulation [ɛ̃fibylasjɔ̃] *nf* infibulation.

infidèle [ɛ̃fidɛl] ◇ *adj* -**1.** [gén] disloyal, unfaithful; [en amour] unfaithful, untrue *litt*; [en amitié] disloyal; **être ~ à son seigneur** to be disloyal to one's liege; **être ~ à sa parole** to go back on one's word. -**2.** [inexact - témoignage, texte] inaccurate, unreliable; [- mémoire] unreliable; **une traduction ~** an unfaithful OU inaccurate translation. -**3.** RELIG infidel.
◇ *nmf* RELIG infidel.
◇ *nf* LITTÉRAT: **belle ~** ≃ well-turned but inaccurate translation *(term used in 17th-century literature)*.

infidèlement [ɛ̃fidɛlmɑ̃] *adv* [inexactement] inaccurately, unfaithfully.

infidélité [ɛ̃fidelite] *nf* -**1.** [inconstance] infidelity, unfaithfulness; [aventure adultère] infidelity, affair; **commettre une ~** to be unfaithful; **faire une ~ à qqn** to be unfaithful to sb; **j'ai fait une ~ à mon coiffeur** *hum* I deserted my usual hairdresser. -**2.** [déloyauté] disloyalty, unfaithfulness; **son ~ à l'idéal de notre jeunesse** his disloyalty to our youthful ideal; **l'~ à la parole donnée** being untrue to OU breaking one's word. -**3.** [caractère inexact] inaccuracy, unreliability; [inexactitude] inaccuracy, error; **le scénario est truffé d'~s à Molière** the screenplay is full of departures from Molière's original.

infiltrat [ɛ̃filtra] *nm* infiltrate MÉD.

infiltration [ɛ̃filtrasjɔ̃] *nf* -**1.** MÉD injection; **se faire faire des ~s dans le genou** to have injections in the knee ❑ **~ anesthésique** infiltration anesthesia. -**2.** [gén & PHYSIOL] infiltration; **il y a eu une ~ de fluide dans les tissus musculaires** there has been infiltration of fluid into the muscle tissue; **on observe des ~s au niveau des plinthes** there is some damp around the skirting boards; **il y a des ~s dans le plafond** there are leaks in the ceiling, water is leaking OU seeping through the ceiling ❑ **eaux d'~** GÉOG percolated water. -**3.** [d'une idée] penetration, percolation *litt*; [d'un agitateur] infiltration.

infiltrer [3] [ɛ̃filtre] *vt* -**1.** MÉD to infiltrate *spéc*, to inject. -**2.** [organisation, réseau] to infiltrate.
◆ **s'infiltrer** *vpi* [air, brouillard, eau] to seep; [lumière] to filter in; **s'~ dans: quand l'eau s'infiltre dans le sable** when the water seeps (through) into the sand; **s'~ dans les lieux** to get into the building; **s'~ dans un réseau d'espions** to infiltrate a spy network.

infime [ɛ̃fim] *adj* [quantité, proportion] infinitesimal, minute, tiny; [détail] minor.

infini, e [ɛ̃fini] *adj* -**1.** [étendue] infinite, vast, boundless; [ressources] infinite, unlimited. -**2.** [extrême - générosité, patience, reconnaissance] infinite, boundless, limitless; [- charme, douceur] infinite; [- précautions] infinite, endless; [- bonheur, plaisir] infinite, immeasurable; [- difficulté, peine] immense, extreme; **mettre un soin ~ à faire qqch** to take infinite pains to do sthg. -**3.** [interminable] never-ending, interminable, endless; **j'ai dû attendre un temps ~** I had to wait interminably. -**4.** MATH infinite.
◆ **infini** *nm* -**1.** MATH, OPT & PHOT infinity; **faire la mise au point sur l'~** PHOT to focus to infinity; **tendre vers l'~** MATH to tend towards infinity; **plus/moins l'~** plus/minus infinity. -**2.** PHILOS: **l'~** the infinite; **l'~ de cette vaste plaine** *litt* the immensity of this endless plain.
◆ **à l'infini** *loc adv* -**1.** [discuter, reproduire] endlessly, ad infinitum; [varier] infinitely; [s'étendre] endlessly. -**2.** MATH to OU towards infinity.

infiniment [ɛ̃finimɑ̃] *adv* -**1.** [extrêmement - désolé, reconnaissant] extremely, infinitely; [- généreux] immensely, boundlessly; [- agréable, douloureux] immensely, extremely; [- long, grand] infinitely, immensely; **c'est ~ mieux/pire que la dernière fois** it's infinitely better/

worse than last time; elle est ~ plus brillante she's far OU infinitely brighter; avec ~ de patience/de précautions with infinite patience/care. -**2.** MATH infinitely; l'~ grand the infinite, the infinitely great; l'~ petit the infinitesimal.

infinité [ɛ̃finite] *nf* -**1.** [très grand nombre]: une ~ de an infinite number of; on me posa une ~ de questions I was asked endless OU a great many questions. -**2.** *litt*: l'~ de l'espace the infinity of space.

infinitésimal, e, aux [ɛ̃finitezimal, o] *adj* infinitesimal.

infinitif, ive [ɛ̃finitif, iv] *adj* infinitive.
◆ **infinitif** *nm* infinitive (mood); ~ de narration infinitive of narration.
◆ **infinitive** *nf* infinitive (clause).

infinitude [ɛ̃finityd] *nf litt* infinitude.

infirmatif, ive [ɛ̃firmatif, iv] *adj* invalidating.

infirmation [ɛ̃firmasjɔ̃] *nf* invalidation.

infirme [ɛ̃firm] ◇ *adj* disabled, crippled.
◇ *nmf* disabled person; les ~s the disabled ❑ ~ moteur cérébral person suffering from cerebral palsy, spastic *vieilli*.

infirmer [3] [ɛ̃firme] *vt* -**1.** [démentir] to invalidate, to contradict. -**2.** JUR [arrêt] to revoke; [jugement] to quash.

infirmerie [ɛ̃firməri] *nf* [dans une école, une entreprise] sick bay OU room; [dans une prison] infirmary; [dans une caserne] infirmary, sick bay; [sur un navire] sick bay.

infirmier, ère [ɛ̃firmje, ɛr] ◇ *nm, f* male nurse (*f* nurse); elle fait un stage d'infirmière she's on *Br* OU in *Am* a nursing course ❑ ~ en chef, infirmière en chef charge nurse *Br*, head nurse *Am*; ~ militaire medical orderly; infirmière diplômée registered nurse; infirmière diplômée d'État Registered Nurse *Br*; infirmière visiteuse district nurse.
◇ *adj* nursing *(modif)*.

infirmité [ɛ̃firmite] *nf* -**1.** [invalidité] disability, handicap; la vieillesse et son cortège d'~s old age and the infirmities that come with it ❑ ~ motrice cérébrale cerebral palsy. -**2.** *litt* [faiblesse] failing, weakness; ~ de l'esprit weakness of the mind.

infixe [ɛ̃fiks] *nm* infix.

inflammabilité [ɛ̃flamabilite] *nf* inflammability, flammability.

inflammable [ɛ̃flamabl] *adj* -**1.** [combustible] inflammable, flammable; gaz ~ flammable gas; matériaux ~s inflammable materials. -**2.** *litt* [impétueux] inflammable; un tempérament ~ a fiery temperament.

inflammation [ɛ̃flamasjɔ̃] *nf* MÉD inflammation; j'ai une ~ au genou my knee is inflamed.

inflammatoire [ɛ̃flamatwar] *adj* inflammatory MED.

inflation [ɛ̃flasjɔ̃] *nf* -**1.** ÉCON inflation; ~ par la demande/les coûts demand-pull/cost-push inflation; ~ galopante/larvée galloping/creeping inflation; des investissements à l'abri de l'~ inflation-proof investments. -**2.** [accroissement - des effectifs]: l'~ du nombre des bureaucrates the inflated OU swelling numbers of bureaucrats.

inflationniste [ɛ̃flasjɔnist] ◇ *adj* [tendance] inflationary; [politique] inflationist.
◇ *nmf* inflationist.

infléchi, e [ɛ̃fleʃi] *adj* -**1.** [phonème] inflected. -**2.** ARCHIT: arc ~ inflected arch.

infléchir [32] [ɛ̃fleʃir] *vt sout.* -**1.** [courber] to bend, to inflect. -**2.** [influer sur] to modify, to influence; ~ le cours des événements to affect OU to influence the course of events.
◆ **s'infléchir** *vpi* -**1.** [décrire une courbe] to bend, to curve (round); le chemin s'infléchit à cet endroit the path curves here; la courbe de température s'infléchit [vers le bas] the temperature curve is dipping (slightly); [vers le haut] the temperature curve is climbing OU rising (slightly). -**2.** *fig* [changer de but] to shift, to change course; la politique du gouvernement s'infléchit dans le sens du protectionnisme government policy is shifting OU veering towards protectionism.

infléchissement [ɛ̃fleʃismɑ̃] *nm* shift, change of course; ~ d'une politique change of emphasis OU shift in policy.

inflexibilité [ɛ̃flɛksibilite] *nf* -**1.** [d'un matériau] inflexibility, rigidity. -**2.** [d'une personne] inflexibility, firmness, resoluteness.

inflexible [ɛ̃flɛksibl] *adj* -**1.** [matériau] rigid, inflexible. -**2.** [personne] inflexible, rigid, unbending; il est resté ~ he wouldn't change his mind. -**3.** [loi, morale] rigid, hard-and-fast; ici la discipline est ~ discipline is very strict here.

inflexiblement [ɛ̃flɛksibləmɑ̃] *adv sout* inflexibly, rigidly.

inflexion [ɛ̃flɛksjɔ̃] *nf* -**1.** [modulation - de la voix] inflection, modulation. -**2.** [changement de direction] shift, change of course; on constate une ~ de la politique vers la détente there has been a change in policy in favour of détente. -**3.** LING & MATH inflection; point d'~ point of inflection. -**4.** [inclination]: avec une gracieuse ~ de la tête with a graceful nod; une ~ du buste a bow.

infliger [17] [ɛ̃fliʒe] *vt*: ~ une punition/une défaite/des souffrances/des pertes à qqn to inflict a punishment/a defeat/sufferings/losses on sb; ~ une amende/corvée à qqn to impose a fine/chore on sb; ~ une humiliation à qqn to put sb down, to humiliate sb; tel est le châtiment infligé aux traîtres such is the punishment meted out to traitors; ~ sa compagnie OU présence à qqn to inflict one's company OU presence on sb.

inflorescence [ɛ̃flɔresɑ̃s] *nf* inflorescence.

influençable [ɛ̃flyɑ̃sabl] *adj*: elle est beaucoup trop ~ she's far too easily influenced OU swayed.

influence [ɛ̃flyɑ̃s] *nf* -**1.** [marque, effet] influence; on voit tout de suite l'~ de Kokoschka dans ses tableaux it's easy to spot the influence of Kokoschka on OU in her paintings; l'~ du climat sur la végétation the influence of the climate on the vegetation; cela n'a eu aucune ~ sur ma décision it didn't influence my decision at all, it had no bearing (at all) on my decision. -**2.** [emprise - d'une personne, d'une drogue, d'un sentiment] influence; avoir une bonne ~ sur to be OU to have a good influence on; avoir une grande ~ sur to have a great influence on; j'ai beaucoup d'~ sur lui I've got a lot of influence over him; subir l'~ de qqn to be influenced by sb; être sous l'~ de la boisson/drogue to be under the influence of drink/drugs; être sous l'~ de la jalousie to be possessed by jealousy; il a agi sous l'~ de la colère he acted in the grip of OU in a fit of anger. -**3.** PSYCH influence. -**4.** [poids social ou politique] influence; avoir de l'~ to have influence, to be influential. -**5.** ÉLECTR static induction.

influencer [16] [ɛ̃flyɑ̃se] *vt* [opinion publique, personne, style] to influence; ne te laisse pas ~ par la publicité don't let advertising influence you, don't let yourself be influenced by advertising; ses arguments m'influençaient toujours au moment du vote her arguments always used to sway me just before a vote; sa peinture fut très influencée par les fauves his painting was heavily influenced by the Fauvists; la lune influence les marées the moon affects the tide.

influent, e [ɛ̃flyɑ̃, ɑ̃t] *adj* influential; c'est une personne ~e she's a person of influence OU an influential person; les gens ~s people in positions of influence, influential people.

influer [3] [ɛ̃flye]
◆ **influer sur** *v + prép* to have an influence on, to influence, to affect.

influx [ɛ̃fly] *nm*: ~ nerveux nerve impulse.

info *fam* [ɛ̃fo] *nf* info *(U)*; c'est lui qui m'a donné cette ~ I got the info from him.
◆ **infos** *fam nfpl*: les ~s the news *(U)*; je l'ai entendu aux ~s I heard it on the news.

Infographie® [ɛ̃fografi] *nf* computer graphics.

in-folio [infɔljo] ◇ *adj inv* folio.
◇ *nm inv* folio; des ~ folios.

infondé, e [ɛ̃fɔ̃de] *adj* unfounded, groundless.

informateur, trice [ɛ̃fɔrmatœr, tris] *nm, f* informer.

informaticien, enne [ɛ̃fɔrmatisjɛ̃, ɛn] *nm, f* [dans une entreprise] data processor; [à l'université] computer scientist.

informatif, ive [ɛ̃fɔrmatif, iv] *adj* informative.

information [ɛ̃fɔrmasjɔ̃] *nf* -**1.** [indication] piece of information; des ~s (some) information; on manque d'~s sur les causes de l'accident we lack information about the cause of the accident; demander des ~s sur to ask (for information) about, to inquire about; je vais aux ~s I'll go and find out. -**2.** l'~ [mise au courant] information; l'~ circule mal entre les services there's poor communication between departments; nous demandons une meilleure ~ des consommateurs sur leurs droits we want consumers to be better informed about their rights; pour ton ~, sache que... for your (own) information, you should know that... -**3.** PRESSE, RAD & TV news item, piece of news; voici une ~ de dernière minute here is some last minute news; des ~s de dernière minute semblent indiquer que le couvre-feu est intervenu latest reports seem to indicate that there has been a ceasefire; des ~s économiques economic news, news about the economy; l'~ financière de la journée the day's financial news; pour finir, je rappelle l'~ la plus importante de notre journal finally, here is our main story OU main news item once again; l'~ the news; la liberté d'~ freedom of information; place à l'~ priority to current affairs; qui fait l'~? who decides what goes into the news? ❑ journal d'~ quality newspaper. -**4.** INF: l'~, les ~s data, information ❑ traitement de l'~ data processing. -**5.** JUR [instruction]: ouvrir une ~ to set up a preliminary inquiry ❑ ~ judiciaire preliminary investigation OU inquiry.
◆ **informations** *nfpl* RAD & TV [émission]: les ~s the news (bulletin); ~s télévisées/radiodiffusées television/radio news; c'est passé aux ~s it was on the news; je l'ai vu/entendu aux ~s I saw/heard it on the news.

informationnel, elle [ɛ̃fɔrmasjɔnɛl] *adj* informational; le contenu ~ d'un document the information content of a document.

informatique [ɛ̃fɔrmatik] ◇ *adj* computer *(modif)*; un système ~ a computer system.
◇ *nf* [science] computer science, information technology; [traitement des données] data processing; faire de l'~ to work OU to be in computing ❑ ~ documentaire (electronic) information retrieval; ~ familiale home OU domestic computing; ~ de gestion [dans une administration] administrative data processing; [dans une entreprise] business data processing, business applications; ~ grand public mass (consumer) computing.

informatisable [ɛ̃fɔrmatizabl] *adj* computerizable.

informatisation [ɛ̃fɔrmatizasjɔ̃] *nf* computerization.

informatisé, e [ɛ̃fɔrmatize] *adj* [secteur, système] computerized; [enseignement] computer-based; [gestion] computer-aided, computer-assisted.

informatiser [3] [ɛ̃fɔrmatize] *vt* to computerize.
◆ **s'informatiser** *vpi* to become computerized; la bibliothèque s'est informatisée the library catalogue has been computerized; depuis que je me suis informatisé since I got a computer.

informe [ɛ̃fɔrm] *adj* -**1.** [inesthétique - vêtement, sculpture] shapeless. -**2.** [qui n'a plus de forme - chaussure] shapeless, battered. -**3.** [sans contours nets] formless, shapeless; une masse ~ de cellules an amorphous mass of cells. -**4.** [ébauché] rough, unfinished, undeveloped; **ce n'est qu'une esquisse ~** it's only a rough sketch.

informé, e [ɛ̃fɔrme] *adj* well-informed, informed; **les gens biens ~s** well-informed people; **de source bien ~e** from a well-informed OU an authoritative source; **c'est son amant – tu m'as l'air bien** OU **très ~!** he's her lover – you seem to know a lot!; **nous sommes mal ~s** [peu renseignés] we don't get enough information, we're not sufficiently informed; [avec de fausses informations] we're being misinformed; **se tenir ~ de** to keep o.s. informed about; **tenir qqn ~ (de qqch)** to keep sb informed (of sthg).

◆ **informé** *nm* (judicial OU legal) inquiry; **jusqu'à plus ample ~** pending further information.

informel, elle [ɛ̃fɔrmɛl] *adj* **-1.** [non officiel, décontracté] informal. **-2.** BX-ARTS informal; **art ~** art informel.

◆ **informel** *nm* informal artist.

informer [3] [ɛ̃fɔrme] ◇ *vt* **-1.** [aviser]: **~ qqn de** to inform OU to tell OU to advise sb of; **si le notaire téléphone, vous voudrez bien m'en ~** if the lawyer phones, will you please let me know OU inform me; **elle a démissionné – on vient de m'en ~** she's resigned – I've just been informed of it OU told about it; **~ qqn que** to inform OU to tell sb that; **l'a-t-on informé qu'il est muté?** has he been informed OU notified of his transfer?; **nous informons Messieurs les voyageurs que...** passengers are informed that... **-2.** [renseigner] to inform, to give information to; **nous sommes là pour ~ le public** our job is to inform the public; **les consommateurs ne sont pas assez informés de** OU **sur leurs droits** consumers are not informed enough OU don't know enough about their rights. **-3.** PHILOS to inform.

◇ *vi* JUR: **~ contre qqn** to start investigations concerning sb.

◆ **s'informer** *vpi*: **où puis-je m'~?** where can I get some information OU ask OU inquire?; **je me suis informé auprès de mon avocat/de la mairie** I asked my lawyer/at the town hall; **s'~ de** [droit, horaire, résultats] to inquire OU to ask about; **s'~ de la santé de qqn** to inquire after sb's health; **s'~ sur** to inform o.s. about; **je vais m'~ sur la marche à suivre** I'm going to find out what the procedure is.

informulé, e [ɛ̃fɔrmyle] *adj* unformulated, unspoken.

infortune [ɛ̃fɔrtyn] *nf litt* **-1.** [événement] misfortune; **ce jour-là fut la plus grande ~ de ma vie** that day was the greatest misfortune in my life. **-2.** [malheur] misfortune; **dans son ~, elle a au moins une consolation** she has at least one consolation in the midst of her misfortune ❑ **~ conjugale** *euph* infidelity.

infortuné, e [ɛ̃fɔrtyne] *litt* ◇ *adj (avant le n)* [malchanceux - gén] unfortunate, luckless; [- mari] hapless, wretched.

◇ *nm, f* (unfortunate) wretch.

infra [ɛ̃fra] *adv*: **voir ~** see below.

infraction [ɛ̃fraksjɔ̃] *nf* **-1.** JUR breach of the law, offence; **~ au code de la route** driving offence; **être en ~** to be in breach of the law; **je n'ai jamais été en ~** I've never committed an OU any offence ❑ **~ politique** ≃ offence OU offences against the state. **-2.** [transgression] infringement, transgression; **~ à** breach of, transgression against.

infraliminaire [ɛ̃fraliminɛr] *adj* subliminal.

infranchissable [ɛ̃frɑ̃ʃisabl] *adj* **-1.** [col] impassable; [rivière] which cannot be crossed. **-2.** [difficulté] insuperable, insurmountable.

infrangible [ɛ̃frɑ̃ʒibl] *adj litt* infrangible.

infrarouge [ɛ̃fraruʒ] ◇ *adj* infrared.

◇ *nm* infrared (radiation).

infrason [ɛ̃frasɔ̃] *nm* infrasound.

infrasonore [ɛ̃frasɔnɔr] *adj* infrasonic.

infrastructure [ɛ̃frastryktyr] *nf* **-1.** [ensemble d'équipements] infrastructure; **l'~ commerciale de la ville** the town's shopping facilities. **-2.** CONSTR substructure.

infréquentable [ɛ̃frekɑ̃tabl] *adj*: **ils sont ~s** they're not the sort of people you'd want to associate with; **tu es ~!** you're a disgrace!

infroissable [ɛ̃frwasabl] *adj* crease-resistant.

infructueusement [ɛ̃fryktɥøzmɑ̃] *adv* fruitlessly, unsuccessfully.

infructueux, euse [ɛ̃fryktɥø, øz] *adj* [discussion, effort] fruitless.

infumable [ɛ̃fymabl] *adj* unsmokable.

infuse [ɛ̃fyz] *adj f* → **science**.

infuser [3] [ɛ̃fyze] ◇ *vt* **-1.** [faire macérer - thé] to brew, to infuse; [- tisane] to infuse. **-2.** *litt* [insuffler]: **~ qqch à qqn** to infuse OU to inject sb with sthg, to infuse OU to inject sthg into sb.

◇ *vi (aux être ou avoir)* [macérer - thé] to brew, to infuse; [- tisane] to infuse; **laissez ~ quelques minutes** leave to infuse for a few minutes.

Infusette® [ɛ̃fyzɛt] *nf*: **~ de thé** tea bag; **~ de tisane** herbal tea bag.

infusible [ɛ̃fyzibl] *adj* infusible.

infusion [ɛ̃fyzjɔ̃] *nf* **-1.** [boisson] herbal tea, infusion. **-2.** [macération - de thé] brewing, infusion; [- de tisane] infusion, infusing; **le thé n'a pas besoin d'être passé après ~** the tea doesn't need straining after brewing.

ingagnable [ɛ̃gaɲabl] *adj* unwinnable, which can't be won.

ingambe [ɛ̃gɑ̃b] *adj litt* nimble, spry, sprightly; **il est resté ~ jusqu'à la fin** he remained very active to the end.

ingénier [9] [ɛ̃ʒenje]

◆ **s'ingénier à** *vp + prép* to try hard OU to endeavour OU to strive to; **s'~ à trouver une solution** to work hard at finding OU to do all one can to find a solution; **s'~ à plaire** to strive to please; **on dirait qu'il s'ingénie à me nuire** it's as if he's going out of his way to do me down.

ingénierie [ɛ̃ʒeniri] *nf* engineering; **~ assistée par ordinateur** computer-assisted engineering; **~ génétique** genetic engineering; **~ de systèmes** systems engineering.

ingénieur [ɛ̃ʒenjœr] *nm* engineer; **~ agronome** agricultural engineer; **~ commercial** sales engineer; **~ électricien** electrical engineer; **~ du génie civil** civil engineer; **~ informaticien** computer engineer; **~ mécanicien** mechanical engineer; **~ des ponts et chaussées** civil engineer; **~ du son** sound engineer; **~ système** systems engineer; **~ des travaux publics** construction engineer.

ingénieur-conseil [ɛ̃ʒenjœrkɔ̃sɛj] (*pl* **ingénieurs-conseils**) *nm* (engineering) consultant.

ingénieusement [ɛ̃ʒenjøzmɑ̃] *adv* ingeniously.

ingénieux, euse [ɛ̃ʒenjø, øz] *adj* [personne] ingenious, clever, inventive; [plan, appareil, procédé] ingenious.

ingéniosité [ɛ̃ʒenjozite] *nf* ingenuity, inventiveness, cleverness.

ingénu, e [ɛ̃ʒeny] ◇ *adj* ingenuous, naive.

◇ *nm, f* ingenuous OU naive person.

◆ **ingénue** *nf* THÉÂT ingenue OU ingénue (role); **cesse de jouer les ~es** *fig* stop acting OU playing the innocent.

ingénuité [ɛ̃ʒenɥite] *nf* ingenuousness, naivety.

ingénument [ɛ̃ʒenymɑ̃] *adv* ingenuously, naively.

ingérable [ɛ̃ʒerabl] *adj* unmanageable.

ingérence [ɛ̃ʒerɑ̃s] *nf* interference; POL interference, intervention.

ingérer [18] [ɛ̃ʒere] *vt* to absorb, to ingest.

◆ **s'ingérer dans** *vp + prép* to interfere in; **s'~ dans la vie privée de qqn** to meddle in sb's private life; **s'~ dans les affaires intérieures d'un autre pays** to interfere in the domestic affairs of another country.

ingestion [ɛ̃ʒɛstjɔ̃] *nf* ingestion.

ingouvernable [ɛ̃guvɛrnabl] *adj* ungovernable.

ingrat, e [ɛ̃gra, at] ◇ *adj* **-1.** [sans grâce - visage] unattractive, unpleasant, coarse; **avoir un physique ~** to be unattractive OU graceless. **-2.** [tâche, travail] unrewarding, thankless; [terre] unproductive. **-3.** [sans reconnaissance] ungrateful; **être ~ avec** OU **envers qqn** to be ungrateful towards sb.

◇ *nm, f* ungrateful person.

ingratitude [ɛ̃gratityd] *nf* **-1.** [d'une personne] ingratitude, ungratefulness; **faire preuve d'~** to behave with ingratitude. **-2.** [d'une tâche] thanklessness.

ingrédient [ɛ̃gredjɑ̃] *nm* **-1.** [dans une recette, un mélange] ingredient. **-2.** *fig* [élément] ingredient; **les ~s du bonheur** the recipe for happiness.

inguérissable [ɛ̃gerisabl] *adj* MÉD incurable.

inguinal, e, aux [ɛ̃gɥinal, o] *adj* [canal, hernie] inguinal.

ingurgitation [ɛgyrʒitasjɔ̃] *nf* swallowing, ingurgitation *spéc.*

ingurgiter *fam* [3] [ɛ̃gyrʒite] *vt* **-1.** [avaler - aliments] to wolf OU to gulp down *(sép)*; [- boisson] to gulp down *(sép)*, to knock back *(sép)*; **il ingurgita un gros morceau de viande** he wolfed down a huge piece of meat. **-2.** *fig* [assimiler rapidement] to take in *(sép)*; **avec tout ce qu'on leur fait ~ avant l'examen!** with all the stuff they have to cram (into their heads) before the exam!; **faire ~ des faits/dates à qqn** to stuff sb's head full of facts/dates.

inhabile [inabil] *adj sout* **-1.** [sans aptitude] inept, unskilful; **elle n'est pas ~ mais elle manque d'expérience** she's not inept but she lacks experience; **~ à** unfit for. **-2.** [maladroit - mouvement] clumsy, awkward; [- propos, méthode] inept, clumsy; **il traça un cercle d'une main ~** he clumsily drew a circle; **une déclaration ~** a bungling statement. **-3.** JUR (legally) incapable; **~ à témoigner** incompetent to stand as a witness.

inhabileté [inabilte] *nf litt* ineptitude, ineptness, clumsiness.

inhabilité [inabilite] *nf* (legal) incapacity.

inhabitable [inabitabl] *adj* [maison, grenier] uninhabitable; [quartier] unpleasant to live in.

inhabité, e [inabite] *adj* [maison, chambre] uninhabited, unoccupied; [contrée] uninhabited; **des villages ~s** uninhabited villages; **de vastes contrées ~es s'étendent vers le nord** vast empty tracts of land lie to the north.

inhabituel, elle [inabitɥɛl] *adj* unusual, odd.

inhalateur, trice [inalatœr, tris] *adj* inhaling, breathing.

◆ **inhalateur** *nm* **-1.** [pour inhalations] inhaler. **-2.** AÉRON oxygen mask.

inhalation [inalasjɔ̃] *nf* **-1.** [respiration] breathing in, inhalation *spéc.* **-2.** [traitement] (steam) inhalation; **je (me) fais des ~s avec ce produit** I use this product as an inhalant.

inhaler [3] [inale] *vt* to inhale, to breathe in *(sép)*.

inharmonieux, euse [inarmɔnjø, øz] *adj sout* [tons] inharmonious, jarring; [musique] inharmonious, discordant.

inhérence [inerɑ̃s] *nf* inherence.

inhérent, e [inerɑ̃, ɑ̃t] *adj* inherent; **~ à** inherent in.

inhibé, e [inibe] ◇ *adj* inhibited, repressed.

◇ *nm, f* inhibited OU repressed person.

inhiber [3] [inibe] *vt* to inhibit.

inhibiteur, trice [inibitœr, tris] *adj* inhibitive, inhibitory.

◆ **inhibiteur** *nm* inhibitor.

inhibitif, ive [inibitif, iv] *adj* PHARM & PHYSIOL inhibitive, inhibitory.

inhibition [inibisjɔ̃] *nf* PHYSIOL & PSYCH inhibition; **le traumatisme a provoqué une ~ de la parole chez l'enfant** the child had speech difficulties after the shock.

inhospitalier, ère [inɔspitalje, ɛr] *adj* [personne, accueil, région] inhospitable.

inhumain, e [inymɛ̃, ɛn] *adj* inhuman.

inhumainement [inymɛnmɑ̃] *adv* inhumanly, inhumanely.

inhumanité [inymanite] *nf litt* inhumanity.

inhumation [inymasjɔ̃] *nf* burial, interment *fml*, inhumation *fml*; **l'~ aura lieu à 14 h** the burial OU interment will take place at 2 p.m.

inhumer [3] [inyme] *vt* to bury, to inter.

inimaginable [inimaʒinabl] *adj* unimaginable; **un paysage d'une beauté ~** an unbelievably beautiful landscape.

inimitable [inimitabl] *adj* inimitable.

inimité, e [inimite] *adj* which has still to be imitated, unique.

inimitié [inimitje] *nf sout* enmity, hostility; **regarder qqn avec ~** to look at sb hostilely.

ininflammable [inɛ̃flamabl] *adj* [produit] nonflammable; [revêtement] flame-proof.

inintelligemment [inɛ̃teliʒamɑ̃] *adv sout* unintelligently.

inintelligence [inɛ̃teliʒɑ̃s] *nf sout* **-1.** [stupidité] lack of intelligence; **elle a eu l'~ de photocopier la lettre** rather unintelligently, she photocopied the letter. **-2.** [incompréhension] incomprehension, lack of understanding; **une profonde ~ des difficultés** a total lack of insight into the problems.

inintelligent, e [inɛ̃teliʒɑ̃, ɑ̃t] *adj sout* unintelligent.

inintelligibilité [inɛ̃teliʒibilite] *nf* unintelligibility.

inintelligible [inɛ̃teliʒibl] *adj* unintelligible, impossible to understand.

inintelligiblement [inɛ̃teliʒibləmɑ̃] *adv* unintelligibly.

inintéressant, e [inɛ̃teresɑ̃, ɑ̃t] *adj* uninteresting.

ininterrompu, e [inɛ̃terɔ̃py] *adj* [série, flot] unbroken, uninterrupted; [bruit] continuous; [tradition] continuous, unbroken; [effort] unremitting, steady; [bavardage] continuous, ceaseless; **une nuit de sommeil ~** a night of unbroken sleep; **nous diffusons aujourd'hui cinq heures de musique ~e** today we are broadcasting five hours of non-stop OU uninterrupted music.

inique [inik] *adj sout* iniquitous, unjust, unfair; **une loi ~** an unjust law.

iniquement [inikmɑ̃] *adv litt* iniquitously, unjustly, unfairly.

iniquité [inikite] *nf sout* iniquity, injustice; **commettre des ~s** to commit wrongs.

initial, e, aux [inisjal, o] *adj* initial; **le choc ~** the initial shock; **une erreur ~e de dosage** a dosage error in the initial OU early stages ❑ **cellules ~es** BOT initial cells.

◆ **initiale** *nf* [première lettre] initial; **une trousse à vos ~s** a pencil-case with your initials; **~ ornée** BX-ARTS ornamented initial (letter).

initialement [inisjalmɑ̃] *adv* initially, at first, originally.

initialisation [inisjalizasjɔ̃] *nf* INF initialization.

initialiser [3] [inisjalize] *vt* INF to initialize.

initiateur, trice [inisjatœr, tris] ◇ *adj* initiatory.

◇ *nm, f* **-1.** [maître] initiator; **elle a été son initiatrice en amour/musique** it was thanks to her that he discovered love/music. **-2.** [novateur] pioneer; **les ~s de la biologie/du structuralisme** the founders of biology/of structuralism.

initiation [inisjasjɔ̃] *nf* **-1.** [approche] initiation, introduction; **son ~ à l'amour eut lieu à l'âge de vingt ans** he was initiated into the ways of love when he was twenty; **~ à la psychologie/au russe** introduction to psychology/to Russian. **-2.** CHIM & PHYS initiating, setting off. **-3.** ANTHR initiation.

initiatique [inisjatik] *adj* initiatory, initiation *(modif)*.

initiative [inisjativ] *nf* **-1.** [esprit de décision] initiative; **avoir de l'~** to have initiative OU drive; **manquer d'~** to lack initiative; **faire preuve d'~** to show great initiative; **esprit d'~** initiative. **-2.** [idée] initiative; **l'~ du concert est venue d'elles** the original idea for the concert came from them; **à** OU **sur l'~ de qqn** on sb's initiative; **il a été hospitalisé sur mon ~** he was sent to hospital on my initiative; **les négociations ont été organisées à l'~ du Brésil** the negotiations were initiated by Brazil OU organized on Brazil's initiative; **prendre l'~ de qqch** to initiate sthg, to take the initiative for sthg ❑ **~ gouvernementale** governmental prerogative to propose legislation; **~ parlementaire** parliamentary prerogative to legislate; **~ populaire** democratic right to petition; **~ privée** ÉCON private initiative; JUR & POL initiative. **-3.** [action spontanée] initiative; **faire qqch de sa propre ~** to do sthg on one's own initiative; **prendre une ~** to take an initiative; **prendre des ~s** to show initiative; **elle nous laisse prendre des ~s** she allows us freedom of action; **prendre l'~ de faire qqch** to take the initiative in doing sthg ❑ **~ de paix** POL peace initiative OU overture.

initiatrice [inisjatris] *f* → **initiateur**.

initié, e [inisje] ◇ *adj* initiated.

◇ *nm, f* **-1.** [connaisseur] initiated person, initiate; **les ~s** the initiated; **pour les ~s** not for the uninitiated. **-2.** ANTHR initiate.

initier [9] [inisje] *vt* **-1.** [novice] to initiate; **~ qqn à qqch** to initiate sb into sthg, to introduce sb to sthg. **-2.** ANTHR to initiate. **-3.** [faire démarrer] to initiate, to set off *(sép)*, to get going; **~ un processus** to initiate a process.

◆ **s'initier à** *vp + prép* to become initiated into, to initiate o.s. into; **j'ai besoin de deux semaines pour m'~ au traitement de texte** I need two weeks to teach myself OU to learn how to use a word processor.

injectable [ɛ̃ʒektabl] *adj* injectable.

injecté, e [ɛ̃ʒekte] *adj* **-1.** [rougi]: **yeux ~s de sang** bloodshot eyes. **-2.** MÉD injected. **-3.** TECH injection-moulded.

injecter [4] [ɛ̃ʒekte] *vt* **-1.** CONSTR, GÉOL & MÉD to inject. **-2.** [introduire] to inject, to infuse, to instil; **il faudrait ~ quelques idées nouvelles dans ce projet** we need to inject OU to infuse a few new ideas into the project; **~ de l'enthousiasme à une équipe** to instil enthusiasm into a team; **~ des millions dans une affaire** to inject OU to pump millions into a business. **-3.** MÉCAN to inject. **-4.** ASTRONAUT: **~ un engin sur orbite** to inject a spacecraft (into its orbit).

◆ **s'injecter** *vpi* [yeux] to become bloodshot.

injecteur, trice [ɛ̃ʒektœr, tris] *adj* injection *(modif)*.

◆ **injecteur** *nm* injector.

injectif, ive [ɛ̃ʒektif, iv] *adj* injective.

injection [ɛ̃ʒeksjɔ̃] *nf* **-1.** CONSTR, GÉOL & MÉD injection. **-2.** ÉCON [apport - d'argent] injection. **-3.** TECH: **moulage par ~** injection moulding. **-4.** MÉCAN injection; **à ~** (fuel) injection *(modif)*. **-5.** ASTRONAUT & MATH injection.

injoignable [ɛ̃ʒwaɲabl] *adj*: **j'ai essayé de l'appeler toute la matinée mais il était ~** I tried to phone him all morning, but I couldn't get through (to him) OU get hold of him.

injonctif, ive [ɛ̃ʒɔ̃ktif, iv] *adj* injunctive.

injonction [ɛ̃ʒɔ̃ksjɔ̃] *nf* **-1.** *sout* [ordre] order; **sur l'~ de qqn** at sb's behest. **-2.** JUR injunction, (judicial) order; **~ de payer** order to pay.

injouable [ɛ̃ʒwabl] *adj* unplayable; **le premier acte est ~** the first act is impossible to stage; **la sonate est ~** the sonata is impossible to play; **la balle est ~** the ball is unplayable.

injure [ɛ̃ʒyr] *nf* **-1.** [insulte] insult, abuse *(U)*; **un chapelet d'~s** a stream of abuse OU insults; **il se mit à lâcher des ~s** he started hurling abuse; **accabler** OU **couvrir qqn d'~s** to heap abuse on sb ❑ **~ publique** JUR ≃ slander without special damage. **-2.** *sout* [affront] affront, insult; **c'est une ~ à la nation** it's an insult to our country; **vous me feriez ~ en refusant** you would offend me by refusing; **il m'a fait l'~ de refuser mon invitation** he insulted me by refusing my invitation. **-3.** *litt* [dommage]: **l'~ du temps** the ravages of time.

injurier [9] [ɛ̃ʒyrje] *vt* **-1.** [adresser des insultes à] to insult, to abuse; **il n'arrête pas de l'~** he's always insulting her. **-2.** *litt* [offenser moralement] to be an insult to; **il injurie la mémoire de son père** he is an insult to his father's memory.

◆ **s'injurier** *vp (emploi réciproque)* to insult each other; **les chauffeurs de taxi se sont injuriés** the taxi drivers hurled insults at each other OU swore at one another.

injurieusement [ɛ̃ʒyrjøzmɑ̃] *adv* abusively, insultingly.

injurieux, euse [ɛ̃ʒyrjø, øz] *adj* abusive, insulting, offensive; **des propos ~** abusive OU offensive language; **être ~ envers qqn** to be abusive OU insulting to sb; **cela n'a rien d'~!** no offence meant OU intended!

injuste [ɛ̃ʒyst] *adj* **-1.** [décision] unjust; **une sentence ~** an unjust sentence. **-2.** [personne] unfair, unjust; **ne sois pas ~!** be fair!, don't be unfair!; **être ~ envers qqn** to do sb an injustice; **ce que vous dites est ~** what you're saying is unfair.

injustement [ɛ̃ʒystəmɑ̃] *adv* **-1.** [avec iniquité] unfairly, unjustly; **punir ~** to punish unjustly. **-2.** [sans raison] without reason; **se plaindre ~** to complain without just cause OU for no good reason.

injustice [ɛ̃ʒystis] *nf* **-1.** [caractère inique] injustice, unfairness; **l'~ sociale** social injustice; **c'est l'~ du sort!** that's the luck of the draw! **-2.** [acte inique] injustice, wrong; **commettre une ~ envers qqn** to do sb wrong OU an injustice; **c'est une ~!** that's unfair!

injustifiable [ɛ̃ʒystifjabl] *adj* unjustifiable.

injustifié, e [ɛ̃ʒystifje] *adj* [absence] unjustified, unexplained; [crainte, accusation] unjustified, unfounded, groundless.

inlandsis [inlɑ̃tsis] *nm* [glacier] ice sheet.

inlassable [ɛ̃lasabl] *adj* [infatigable] indefatigable, tireless, untiring; **avec une ~ énergie** with tireless OU unflagging energy; **elle est d'un dévouement ~** her devotion is untiring.

inlassablement [ɛ̃lasabləmɑ̃] *adv* indefatigably, tirelessly, untiringly; **elle répétait ~ le même mot** she kept repeating the same word over and over again.

inlay [inlɛ] *nm* (dental) inlay.

inné, e [ine] *adj* **-1.** [sens, don] inborn, innate. **-2.** PHILOS innate.

innéité [ineite] *nf* innateness.

innervation [inervasjɔ̃] *nf* innervation.

innerver [3] [inerve] *vt* to innervate.

innocemment [inɔsamɑ̃] *adv* innocently.

innocence [inɔsɑ̃s] *nf* **-1.** [gén] innocence; **en toute ~** in all innocence, quite innocently. **-2.** RELIG innocence; **en état d'~** in a state of innocence. **-3.** JUR innocence; **établir** OU **prouver l'~ de qqn** to establish OU to prove sb's innocence.

innocent, e [inɔsɑ̃, ɑ̃t] ◇ *adj* **-1.** [non responsable - inculpé, victime] innocent; **déclarer qqn ~** JUR to find sb innocent OU not guilty; **être ~ de qqch** to be innocent of sthg; **tant de sang ~ versé** so much innocent blood spilt. **-2.** [plaisanterie, question, plaisirs] innocent, harmless; [baiser, jeune fille] innocent. **-3.** [candide - enfant, âge] innocent; **on est encore ~ à cet âge** they're still innocent at that age ❑ **~ comme l'agneau** OU **l'enfant qui vient de naître** as innocent as a newborn lamb OU a babe in arms. **-4.** [niais] innocent, simple.

◇ *nm, f* **-1.** [personne non coupable] innocent person. **-2.** [personne candide] innocent; **faire l'~** to play OU to act the innocent; **ne joue pas l'~** OU **les ~s avec moi!** don't come the innocent with me!; **tu as été un bel ~ de la croire!** you were pretty naive to believe her!; **c'est un grand ~!** he's a bit naive! ❑ **aux ~s les mains pleines** the meek shall inherit the earth. **-3.** [niais] simpleton; **~e, va!** you (great big) ninny! ❑ **l'~ du village** the village idiot.

Innocent [inɔsɑ̃] *npr* [pape] Innocent.

innocenter [3] [inɔsɑ̃te] *vt* **-1.** JUR [suj: jury] to clear, to find innocent OU not guilty; [suj: témoignage, document] to prove innocent, to show to be innocent. **-2.** [excuser] to excuse; **~ la conduite de qqn** to excuse sb's behaviour.

innocuité [inɔkɥite] *nf* harmlessness, inoffensiveness, innocuousness.
innombrable [inɔ̃brabl] *adj* innumerable, countless; **d'~s mouches** huge numbers of flies; **une foule ~** a vast OU huge crowd.
innomé, e [inɔme] *adj* **-1.** [sans nom] unnamed. **-2.** ANTIQ & JUR: **contrat ~** innominate contract.
innominé, e [inɔmine] *adj* innominate.
innommable [inɔmabl] *adj* unspeakable, loathsome, nameless.
innommé, e [inɔme] = **innomé**.
innovateur, trice [inɔvatœr, tris] ◇ *adj* innovative, innovatory.
◇ *nm, f* innovator.
innovation [inɔvasjɔ̃] *nf* **-1.** [créativité] innovation. **-2.** [changement] innovation; **il y a eu des ~s ici depuis que tu es parti** there have been a few changes around here since you left. **-3.** COMM innovation; **~ technologique** technological innovation.
innover [3] [inɔve] *vi* to innovate; **depuis des années, les banques n'ont pas innové** the banks haven't come up with any new ideas OU haven't innovated for years; **~ en (matière de)** to break new ground OU to innovate in (the field of).
Innsbruck [inzbryk] *npr* Innsbruck.
inobservable [inɔpsɛrvabl] *adj* **-1.** [imperceptible par la vue] unobservable. **-2.** [inexécutable]: **des recommandations ~s** recommendations that cannot be observed OU carried out.
inobservance [inɔpsɛrvɑ̃s] *nf litt* inobservance; **l'~ des traditions** disregard for tradition; **l'~ du règlement** non-compliance with the regulations.
inobservation [inɔpsɛrvasjɔ̃] *nf litt* OU JUR inobservance, breach; **~ d'une loi/d'un contrat** non-compliance with a law/with a contract.
inobservé, e [inɔpsɛrve] *adj litt* unobserved.
inoccupation [inɔkypasjɔ̃] *nf* inactivity, idleness.
inoccupé, e [inɔkype] *adj* **-1.** [vide - maison, local] unoccupied, empty. **-2.** [vacant - poste] unoccupied, vacant, available; [- taxi, fauteuil] empty, free; **choisissez parmi les places/tables ~es** take one of the empty seats/tables. **-3.** [inactif] inactive, unoccupied, idle; **elle est longtemps restée ~e** for a long time she had nothing to do; **ne laisse pas les enfants ~s** don't leave the children with nothing to do.
in-octavo [inɔktavo] ◇ *adj inv* octavo.
◇ *nm inv* octavo, eightvo; **des ~** octavos.
inoculable [inɔkylabl] *adj* inoculable.
inoculation [inɔkylasjɔ̃] *nf* **-1.** MÉD [vaccination] inoculation; [contamination] infection. **-2.** MÉTALL inoculation.
inoculer [3] [inɔkyle] *vt* **-1.** MÉD to inoculate; **on inocule le virus à un cobaye** a guinea pig is injected with the virus. **-2.** [transmettre - enthousiasme, manie] to infect, to pass on to; **elle m'a inoculé la passion du jeu** she passed on her love of gambling to me.
inodore [inɔdɔr] *adj* **-1.** [sans odeur] odourless; **peinture ~** odourless paint. **-2.** [sans intérêt] uninteresting, commonplace.
inoffensif, ive [inɔfɑ̃sif, iv] *adj* [personne] harmless, inoffensive; [animal] harmless; [remark] innocuous.
inondable [inɔ̃dabl] *adj* liable to flooding.
inondation [inɔ̃dasjɔ̃] *nf* **-1.** [d'eau] flood, flooding, inundation. **-2.** *fig* flood, deluge; **on assiste à une ~ du marché par des voitures étrangères** foreign cars are flooding OU inundating the market. **-3.** MÉD: **~ péritonéale** flooding of the peritoneal cavity.
inondé, e [inɔ̃de] ◇ *adj* **-1.** [champ, maison, cave] flooded; **on voit qu'il a pris une douche, la salle de bains est ~e!** you can tell he's had a shower, the bathroom is swimming with water! **-2.** *fig*: **être ~ de réclamations/de mauvaises nouvelles** to be inundated with complaints/with bad news; **une pièce ~e de soleil** a room flooded with OU bathed in sunlight; **être ~ de joie** to be overcome OU overwhelmed by joy.
◇ *nm, f* flood victim.
inonder [3] [inɔ̃de] *vt* **-1.** [champs, maison, ville] to flood, to inundate; **tu ne peux donc pas prendre un bain sans tout ~?** can't you have a bath without flooding the bathroom?; **j'ai été inondé par les gens du dessus** my apartment has been flooded by the people upstairs. **-2.** [tremper] to soak; **les larmes inondaient ses joues** her cheeks were streaming with OU bathed in tears; **les yeux inondés de pleurs** his eyes full of OU swimming with tears; **le front inondé de sueur** his forehead bathed in sweat; **elle avait inondé ses vêtements de parfum** her clothes were soaked with perfume. **-3.** *fig* [envahir - marché] to flood, to inundate, to swamp; [- suj: foule] to flood into, to swarm; [- suj: lumière] to flood OU to pour into, to bathe; **ils inondent le marché de leurs produits** they're flooding OU inundating the market with their products; **ses fans l'inondent de lettres** she is inundated with fan mail.
◆ **s'inonder de** *vp + prép*: **chaque matin il s'inonde d'eau de Cologne** every morning he douses himself with eau de Cologne.
inopérable [inɔperabl] *adj* inoperable.
inopérant, e [inɔperɑ̃, ɑ̃t] *adj* inoperative, ineffective.
inopiné, e [inɔpine] *adj* [inattendu] unexpected.
inopinément [inɔpinemɑ̃] *adv* [de façon inattendue] unexpectedly.
inopportun, e [inɔpɔrtœ̃, yn] *adj* ill-timed, inopportune, untimely; **sa remarque était plutôt ~e** he timed his remark rather badly.
inopportunément [inɔpɔrtynemɑ̃] *adv litt* inopportunely.
inopportunité [inɔpɔrtynite] *nf litt* inopportuneness, untimeliness.
inopposabilité [inɔpozabilite] *nf* unenforceability.
inopposable [inɔpozabl] *adj* unenforceable.
inorganique [inɔrganik] *adj* inorganic.
inorganisable [inɔrganizabl] *adj* unorganizable.
inorganisation [inɔrganizasjɔ̃] *nf* lack of organization, disorganization.
inorganisé, e [inɔrganize] ◇ *adj* **-1.** [désordonné] disorganized, unorganized. **-2.** [non syndiqué] unorganized. **-3.** BIOL unorganized.
◇ *nm, f* [travailleur non syndiqué] non-union member, unorganized worker.
inoubliable [inublijabl] *adj* unforgettable, never to be forgotten; **elle fut une ~ Antigone** she was an unforgettable Antigone.
inouï, e [inwi] *adj* **-1.** [incroyable] incredible, amazing, unbelievable; **il a une assurance ~e** it's incredible OU extraordinary how confident he is; **c'est ~ ce que cet enfant peut faire comme dégâts!** you wouldn't believe how much havoc that child can cause! **-2.** *litt* [sans précédent - prouesse, performance] unheard of, unprecedented.
Inox® [inɔks] *nm inv* stainless steel; **couverts en ~** stainless steel cutlery.
inoxydable [inɔksidabl] ◇ *adj* stainless MÉTALL; **couteau ~** stainless steel knife.
◇ *nm* stainless steel.
in partibus [inpartibys] *loc adj* in partibus.
in petto [inpeto] *loc adv litt* privately, in petto *litt*; **je pensais ~ que...** I was thinking to myself that...
in-plano [inplano] ◇ *adj inv* full sheet *(modif)*, broadsheet *(modif)*.
◇ *nm inv* full sheet; **des ~** books printed on full sheets.
input [input] = **intrant**.
inqualifiable [ɛ̃kalifjabl] *adj* unspeakable; **un acte ~** an unspeakable act; **ce que tu as fait est ~** there are no words for what you've done.
in-quarto [inkwarto] ◇ *adj inv* quarto.
◇ *nm inv* quarto; **des ~** quartos.
inquiet, ète [ɛ̃kjɛ, ɛt] ◇ *adj* **-1.** [personne] worried, anxious, concerned; [regard] worried, uneasy, nervous; [attente] anxious; **je suis ~ de l'avoir laissé seul** I'm worried OU uneasy about having left him alone; **il est toujours ~** he's always worried; **tu es toujours inquiète!** you're always worried!, you're such a worrier!; **être ~ de qqch** to be worried about sthg; **je suis ~ de son silence** I'm worried about not having heard from her; **il est ~ de la montée du racisme** he's worried about the rise of racism. **-2.** *litt* [activité, curiosité] restless.
◇ *nm, f* worrier.
inquiétant, e [ɛ̃kjetɑ̃, ɑ̃t] *adj* worrying, disquieting, disturbing; **la situation est ~e** the situation is worrying OU gives cause for concern; **la drogue provoquait des fantasmes ~s** the drug caused disturbing fantasies.
inquiéter [18] [ɛ̃kjete] *vt* **-1.** [troubler - suj: personne, situation] to worry, to trouble; **son silence m'inquiète beaucoup** I find her silence quite disturbing OU worrying; **qu'est-ce qui t'inquiète?** what are you worried about?, what's worrying you?; **il n'est pas encore arrivé? tu m'inquiètes!** hasn't he arrived yet? you've got me worried now! || *(en usage abs)*: **ces nouvelles ont de quoi ~** this news is quite disturbing OU worrying OU alarming. **-2.** [ennuyer, harceler] to disturb, to bother, to harass; **s'ils viennent t'~ chez toi, préviens-moi** if they come to bother OU harass you at home, let me know; **le magistrat ne fut jamais inquiété par la police** the police never troubled the magistrate; **ils ont vidé les coffres sans être inquiétés** they were able to empty the safes without being disturbed OU interrupted; **il n'a jamais inquiété le champion du monde** he's never posed any threat to the world champion; **c'est la première fois que notre gardien de but est sérieusement inquiété** it's the first time that our goalkeeper has been really worried OU in real trouble.
◆ **s'inquiéter** *vpi* [être soucieux] to worry, to be worried; **il y a de quoi s'~** that's something to be worried about, there's real cause for concern; **s'~ au sujet de OU pour qqn** to be worried OU concerned about sb; **ne t'inquiète pas pour elle!** don't (you) worry about her!; **je m'inquiète beaucoup de le savoir seul** it worries OU troubles me a lot to know that he's alone.
◆ **s'inquiéter de** *vp + prép* **-1.** [tenir compte de] to bother OU to worry about; **elle achète sans s'~ du prix** she buys things regardless of the price OU without worrying about the price. **-2.** [s'occuper de] to see to sthg; **et son cadeau? – je m'en inquiéterai plus tard** what about her present? – I'll see about that OU take care of that later; **t'es-tu inquiété de réserver les places?** did you think of booking? ❑ **où tu vas? – t'inquiète!** *fam* where are you off to? – mind your own business OU what's it to you? **-3.** [se renseigner sur] to inquire OU to ask about.
inquiétude [ɛ̃kjetyd] *nf* worry, anxiety, concern; **un sujet d'~** a cause for concern OU anxiety; **n'ayez aucune ~, soyez sans ~** rest easy, have no fear; **avoir des ~s** to be worried OU concerned.
inquisiteur, trice [ɛ̃kizitœr, tris] *adj* inquisitive, prying.
◆ **inquisiteur** *nm* inquisitor; **le Grand Inquisiteur** the Inquisitor General.
inquisition [ɛ̃kizisjɔ̃] *nf* **-1.** HIST: **la (Sainte) Inquisition** the (Holy) Inquisition. **-2.** *sout* & *péj* [ingérence] inquisition.
inquisitoire [ɛ̃kizitwar] *adj* inquisitorial JUR.
inquisitorial, e, aux [ɛ̃kisitɔrjal, o] *adj* **-1.** *sout* [méthode] inquisitorial, high-handed. **-2.** HIST inquisitorial, Inquisition *(modif)*.
INR *(abr de* **Institut national de radiodiffusion)** *npr m Belgian broadcasting company.*
INRA, Inra [inra] *(abr de* **Institut national de la recherche agronomique)** *npr m national institute for agronomic research.*
inracontable [ɛ̃rakɔ̃tabl] *adj* [trop grivois] unrepeatable; [trop compliqué] too complicated for words; **je me suis débattu avec le fisc, c'est ~!**

I can't even begin to tell you what a struggle I had with the tax people!

insaisissabilité [ɛ̃sezisabilite] *nf* JUR exemption from seizure.

insaisissable [ɛ̃sezisabl] *adj* -1. [imprenable - terroriste, voleur] elusive. -2. [imperceptible] imperceptible, intangible; **elle distingue des détails pour moi ~s** she picks out details I can't even see. -3. [fuyant] unfathomable, elusive; **c'est quelqu'un d'~, tu n'auras pas de réponse nette de sa part** he's very evasive, you won't get a straight answer from him. -4. JUR exempt from seizure.

insalissable [ɛ̃salisabl] *adj* dirtproof.

insalivation [ɛ̃salivasjɔ̃] *nf* insalivation.

insalubre [ɛ̃salybr] *adj* [immeuble] insalubrious; [climat] insalubrious, unhealthy.

insalubrité [ɛ̃salybrite] *nf* [d'un immeuble] insalubrity; [du climat] insalubrity, unhealthiness.

insane [ɛ̃san] *adj* -1. *litt* [insensé] nonsensical, insane. -2. PSYCH insane.

insanité [ɛ̃sanite] *nf* -1. [folie] insanity. -2. [remarque] insane OU nonsensical remark; [acte] insane act, insane thing to do; **proférer des ~s** to say insane things; **tu n'es pas forcé d'écouter ses ~s** you don't have to listen to his ravings.

insatiabilité [ɛ̃sasjabilite] *nf* insatiability.

insatiable [ɛ̃sasjabl] *adj* insatiable.

insatiablement [ɛ̃sasjabləmɑ̃] *adv* insatiably.

insatisfaction [ɛ̃satisfaksjɔ̃] *nf* dissatisfaction.

insatisfaisant, e [ɛ̃satisfəzɑ̃, ɑ̃t] *adj* unsatisfactory.

insatisfait, e [ɛ̃satisfɛ, ɛt] ◇ *adj* -1. [inassouvi - curiosité, besoin] unsatisfied, frustrated. -2. [mécontent - personne] unsatisfied, dissatisfied, displeased; **être ~ de** to be unhappy about.
◇ *nm, f* discontented person; **les ~s** the discontented; **c'est un perpétuel ~** he's never satisfied OU happy.

insaturé, e [ɛ̃satyre] *adj* unsaturated.

inscriptible [ɛ̃skriptibl] *adj* inscribable.

inscription [ɛ̃skripsjɔ̃] *nf* -1. [ensemble de caractères] inscription, writing *(U)*; **il y avait une ~ sur le mur** there was an inscription OU something written on the wall; **des tablettes portant des ~s** inscribed tablets. -2. [action d'écrire]: **l'~ d'un slogan sur un mur** daubing OU writing a slogan on a wall; **l'~ d'une épitaphe sur une tombe** inscribing OU engraving an epitaph on a tombstone. -3. [action d'inclure]: **une question dont l'~ à l'ordre du jour s'impose** a question which must go (down) OU be placed on the agenda; **l'~ des dépenses au budget** the listing of expenses in the budget. -4. [formalité]: **~ à** [cours, concours] registration for, enrolment in; [club, parti] enrolment in, joining (of); **~ à l'université** university registration OU enrolment, university matriculation *Br*; **~ sur les listes électorales** registration on the electoral roll *Br*, voter registration *Am*; **au moment de l'~ de votre enfant à l'école** when it's time to enrol OU to register your child for school; **j'ai demandé mon ~ sur une liste d'attente** I've asked for my name to go on OU to be added to a waiting list; **dernière date pour les ~s** [à l'université] closing date for enrolment OU registration; [dans un club] closing date for enrolment ❑ **dossier d'~** UNIV admission form, ≃ UCCA form *Br*; **droits d'~** UNIV registration fees; **service des ~s** UNIV admissions office. -5. [personne inscrite]: **il y a une trentaine d'~s au club/pour le rallye** about 30 people have joined the club/entered the rally. -6. JUR: **~ de faux** challenge *(to the validity of a document)*; **~ hypothécaire** mortgage registration. -7. FIN: **~ de rente** OU **sur le grand-livre** inscribed (French Treasury) bond. -8. BOURSE quotation (privilege). -9. HIST & NAUT: **l'Inscription maritime** ≃ (naval) Seamen's Register.

inscrire [99] [ɛ̃skrir] *vt* -1. [écrire - chiffre, détail] to write OU to note (down); **inscrivez votre adresse ici** write down OU enter your address here; **inscris ton nom au tableau/sur la feuille** write your name (up) on the board/(down) on the sheet; **quelqu'un avait inscrit une phrase à la peinture sur le mur** somebody had painted some words on the wall; **les données inscrites sur l'écran** the data displayed on (the) screen ‖ [graver] to engrave, to inscribe; **je ferai ~ son nom sur la tombe** I'll have his name engraved OU inscribed on the tombstone; **son visage reste inscrit dans ma mémoire** *fig* his face remains etched in my memory. -2. [enregistrer - étudiant] to register, to enrol; [- électeur, membre] to register; **(faire) ~ un enfant à l'école** to register OU to enrol a child for school, to put a child's name down for school; **il faut vous (faire) ~ à l'université avant le 15 octobre** you must register OU enrol for university before October 15th; **les étudiants inscrits à l'examen** the students entered for the exam, the students sitting the exam *Br*; **les étudiants inscrits en droit** the students enrolled on *Br* OU in *Am* the law course; **se faire ~ sur les listes électorales** to register as a voter, to put one's name on the electoral register; **être inscrit au registre du commerce** to be on the trade register; **je vais l'~ au cours de danse** I'm putting him down for the dance class; **être inscrit à un club** to be a member of a club; **j'inscris ma fille au club de tennis** I'm putting my daughter's name down to join the tennis club; **~ qqn (pour un rendez-vous)** to put sb OU sb's name down for an appointment; **je vous inscris sur la liste d'attente** I'll put your name OU you (down) on the waiting list; **et la liste des passagers? — il n'y est pas inscrit non plus** the passenger list? — he's not listed there OU his name's not on it either. -3. [inclure] to list, to include; **ces sommes sont inscrites au budget de la culture** these amounts are listed in the arts budget; **son style l'inscrit dans la tradition italienne** her style places OU situates her within the Italian tradition; **~ un prix littéraire/un disque d'or à son palmarès** to add a literary prize/a gold disc to one's list of achievements; **on n'a fait qu'~ dans la législation une coutume solidement établie** all they have done is to write a firmly established custom into the legislation; **~ une question à l'ordre du jour** to put OU to place a question on the agenda; **parmi les sujets inscrits à l'ordre du jour** among the subjects on the agenda. -4. SPORT [but, essai] to score. -5. MATH to inscribe.

◆ **s'inscrire** ◇ *vp (emploi réfléchi)*: **s'~ à** [club, parti] to join, to enrol as a member of; [bibliothèque] to join; [université] to register OU to enrol at; [concours, rallye] to enter OU to put one's name down for; **s'~ au chômage** to register as unemployed; **s'~ sur une liste électorale** to register to vote.
◇ *vpi* -1. [apparaître] to appear, to come up; **le numéro de téléphone va s'~ sur vos écrans** the phone number will come up OU be displayed OU appear on your screens; **l'âge s'inscrit sur nos visages** *fig* age leaves its mark on our faces. -2. JUR: **s'~ en faux contre** to lodge a challenge against; **s'~ en faux contre une politique/des allégations** *fig* to strongly denounce a policy/deny allegations. -3. BOURSE: **s'~ en hausse/baisse** to be (marked) up/down; **les valeurs industrielles s'inscrivent en baisse de 13 points à la clôture** industrial shares closed 13 points down.

◆ **s'inscrire dans** *vp + prép sout* [suj: événement, attitude] to be consistent with, to be in keeping with, to be in line with; [suj: auteur] to belong to, to rank amongst; [suj: œuvre] to take its place in; **cette mesure s'inscrit dans le cadre de notre campagne** this measure comes OU lies within the framework of our campaign; **son action s'inscrit tout à fait dans la politique de notre parti** his action is totally in keeping OU in line with our party's policy; **s'~ dans la lignée des grands metteurs en scène** to be in the tradition of the great directors; **l'architecture moderne s'inscrit bien dans le site** contemporary architecture fits in very well with the site.

inscrit, e [ɛ̃skri, it] ◇ *adj* -1. [étudiant, membre d'un club] enrolled, registered, matriculated *Br*; [chômeur] registered; POL [candidat, électeur] registered; [orateur] scheduled. -2. BANQUE & FIN registered; **créancier ~** ≃ member of the Finance Houses' Association *Br*. -3. MATH inscribed.
◇ *nm, f* [sur une liste] registered person; [à un club, à un parti] registered member; [étudiant] registered student; [candidat] registered candidate; [électeur] registered elector; **au consulat, nous avons de moins en moins d'~s chaque année** fewer and fewer people register with the consulate each year; **les ~s au prochain débat** POL the scheduled speakers for the next debate ❑ **~ maritime** NAUT registered seaman.

inscrivant, e [ɛ̃skrivɑ̃, ɑ̃t] *nm, f* applicant for mortgage registration.

insculper [3] [ɛ̃skylpe] *vt* to hallmark.

INSEAD [insead] (*abr de* **Institut européen d'administration**) *npr m European business school in Fontainebleau.*

insécabilité [ɛ̃sekabilite] *nf* indivisibility.

insécable [ɛ̃sekabl] *adj* indivisible.

insecte [ɛ̃sɛkt] *nm* insect.

insecticide [ɛ̃sɛktisid] ◇ *adj* insecticide *(modif)*, insecticidal; **poudre ~** insecticide OU insect powder.
◇ *nm* insecticide.

insectifuge [ɛ̃sɛktifyʒ] *nm* insect repellent.

insectivore [ɛ̃sɛktivɔr] ◇ *adj* insectivorous.
◇ *nm* insectivore; **les ~s** the Insectivora.

insécurité [ɛ̃sekyrite] *nf* -1. [manque de sécurité] lack of safety; **l'~ qui règne dans les grandes villes** the collapse of law and order in big cities, the climate of fear reigning in big cities; **le gouvernement veut prendre des mesures contre l'~** the government wants to introduce measures to improve public safety. -2. [précarité - de l'emploi] insecurity, precariousness; [- de l'avenir] uncertainty. -3. [angoisse] insecurity; **un sentiment d'~** a feeling of insecurity.

INSEE, Insee [inse] (*abr de* **Institut national de la statistique et des études économiques**) *npr m national institute of statistics and information about the economy.*

in-seize [insɛz] ◇ *adj inv* sextodecimo.
◇ *nm inv* sextodecimo, sixteenmo; **des ~** sextodecimos.

inséminateur, trice [ɛ̃seminatœr, tris] ◇ *adj* inseminating.
◇ *nm, f* inseminator.

insémination [ɛ̃seminasjɔ̃] *nf* insemination; **~ artificielle** artificial insemination; **~ artificielle entre conjoints/par donneur extérieur** artificial insemination by husband/by donor.

inséminer [3] [ɛ̃semine] *vt* to inseminate.

insensé, e [ɛ̃sɑ̃se] ◇ *adj* -1. [déraisonnable - projet, initiative] foolish, insane; [- espoir] unrealistic, mad; **ses idées sont littéralement ~es** his ideas are literally crazy; **il est complètement ~ de penser que...** it is utterly foolish OU absurd to think that...; **c'est ~!** this is absurd OU preposterous! -2. [excessif] enormous, considerable; **une somme ~e** an excessive OU a ludicrous amount of money; **un travail ~** an enormous OU unbelievable amount of work.
◇ *nm, f litt* madman (*f* madwoman).

insensibilisation [ɛ̃sɑ̃sibilizasjɔ̃] *nf* local anaesthesia.

insensibiliser [3] [ɛ̃sɑ̃sibilize] *vt* -1. MÉD to anaesthetize; **il m'a insensibilisé la mâchoire** he anaesthetized my jaw. -2. [endurcir] to harden; **être insensibilisé aux souffrances d'autrui** to be hardened OU to have become immune to the sufferings of others.

insensibilité [ɛ̃sɑ̃sibilite] *nf* -1. [absence de réceptivité]: **~ à** insensitiveness OU insensitivity to; **~ à la beauté/musique** lack of receptiveness to beauty/music; **~ à la souffrance des autres** insensitivity to the suffering of others. -2. MÉD insensitivity, numbness.

insensible [ɛ̃sɑ̃sibl] *adj* -1. [privé de sensation, de sentiment]: **~ à** insensitive to; **~ à la douleur** insensitive to pain; **elle est ~ au froid** she's insensitive to OU she doesn't feel the cold; elle est ~ à mes reproches she's impervious OU immune to my reproaches; je suis ~ à son mépris I'm unaffected by OU impervious to his contempt; elle demeura ~ à ses prières she remained indifferent to OU unmoved by his pleas. -2. [imperceptible] imperceptible; progrès ~s imperceptible progress.

insensiblement [ɛ̃sɑ̃sibləmɑ̃] *adv* imperceptibly, gradually.

inséparable [ɛ̃separabl] *adj* inseparable; ces deux-là, ils sont ~s those two are inseparable; le vice et le crime sont ~s vice and crime are inseparable OU go hand in hand.

◆ **inséparables** ◇ *nmfpl* [personnes]: deux ~s a pair of inseparable friends.

◇ *nmpl* ZOOL: un couple d'~s a pair of lovebirds.

inséparablement [ɛ̃separabləmɑ̃] *adv* inseparably.

insérable [ɛ̃serabl] *adj* insertable.

insérer [18] [ɛ̃sere] *vt* -1. [ajouter - chapitre, feuille] to insert; ~ qqch dans/entre to insert sthg into/between; faire ~ une clause dans un contrat to have a clause added to OU put in OU inserted into a contract. -2. [introduire - clé, lame] to insert; ~ qqch dans to insert sthg into.

◆ **s'insérer dans** *vp + prép* -1. [socialement] to become integrated into; les jeunes ont souvent du mal à s'~ dans le monde du travail young people often find it difficult to find their place in OU to fit into a work environment; être bien/mal inséré dans la société to be well/poorly integrated into society. -2. [s'inscrire dans] to be part of; ces mesures s'insèrent dans le cadre d'une politique globale these measures come within OU are part of an overall policy.

◆ **s'insérer sur** *vp + prép* ANAT to be attached to.

INSERM, Inserm [insɛrm] (*abr de* **Institut national de la santé et de la recherche médicale**) *npr m national institute for medical research*.

insert [ɛ̃sɛrt] *nm* -1. CIN & TV cut-in, insert. -2. TECH moulding.

insertion [ɛ̃sɛrsjɔ̃] *nf* -1. [introduction] insertion, introduction; ~ d'une page dans un livre inserting a page into a book. -2. [intégration] integration; l'~ des jeunes dans le monde du travail the integration of young people into a work environment ❑ ~ sociale social integration. -3. PRESSE: tarif des ~s advertising rates; frais d'~ advertising charge. -4. JUR correction; ~ forcée publication (of reply) by order of the court. -5. ANAT insertion.

insidieusement [ɛ̃sidjøzmɑ̃] *adv* insidiously.

insidieux, euse [ɛ̃sidjø, øz] *adj* -1. [perfide - question] insidious, treacherous; [- personne] *litt* insidious; un raisonnement ~ a specious argument. -2. [sournois - odeur, poison] insidious. -3. MÉD insidious.

insight [insajt] *nm* insight.

insigne [ɛ̃siɲ] ◇ *adj litt* [remarquable] remarkable, noteworthy; faveur ~ signal favour; pour les services ~s rendus à la Couronne for outstanding services to the Crown; mensonge/calomnie ~ unparalleled lie/slander.

◇ *nm* [marque distinctive - d'un groupe] badge, emblem, symbol; [- d'une dignité] insignia; les ~s de la royauté royal insignia; l'~ du club sur sa cravate the club emblem on his tie.

insignifiance [ɛ̃siɲifjɑ̃s] *nf* insignificance, unimportance.

insignifiant, e [ɛ̃siɲifjɑ̃, ɑ̃t] *adj* -1. [sans intérêt] insignificant, trivial; nous parlions de choses ~es we were engaged in idle chatter; des gens ~s insignificant OU unimportant people. -2. [minime] insignificant, negligible; erreur ~e unimportant mistake; somme ~e trifling OU petty sum.

insincère [ɛ̃sɛ̃sɛr] *adj litt* insincere, hypocritical.

insincérité [ɛ̃sɛ̃serite] *nf litt* insincerity, hypocrisy.

insinuant, e [ɛ̃sinɥɑ̃, ɑ̃t] *adj* [personne, manières, ton] ingratiating; il avait un odieux sourire ~ he had a horrible fawning smile.

insinuation [ɛ̃sinɥasjɔ̃] *nf* -1. [allusion] insinuation, innuendo; quelles sont ces ~s? what are you hinting at OU insinuating OU trying to suggest? -2. JUR insinuation.

insinuer [7] [ɛ̃sinɥe] *vt* to insinuate; que veut-elle ~? what's she hinting at OU trying to insinuate?; insinuez-vous que je mens? are you insinuating OU implying that I'm lying?

◆ **s'insinuer** *vpi*: elle parvient à s'~ partout she gets everywhere; s'~ dans [suj: arôme, gaz] to creep in; [suj: eau] to filter OU to seep in; [suj: personne] to make one's way in, to infiltrate, to penetrate; il s'insinua dans les familles les plus riches he insinuated himself into the wealthiest families; s'~ dans les bonnes grâces de qqn to insinuate o.s. into sb's favour, to curry favour with sb; le doute/une idée diabolique s'insinua en lui doubt/an evil thought crept into his mind.

insipide [ɛ̃sipid] *adj* -1. [sans goût] insipid, tasteless; l'eau est ~ water has no taste OU doesn't taste of anything. -2. [sans relief - personne] insipid, bland, vapid; [- conversation, livre] insipid, uninteresting, dull.

insipidité [ɛ̃sipidite] *nf sout* -1. [absence de goût] insipidity, insipidness, tastelessness. -2. *fig* [ennui] insipidity, insipidness, tediousness.

insistance [ɛ̃sistɑ̃s] *nf* [obstination] insistence; il lui demanda avec ~ de chanter he insisted that she should sing; regarder qqn avec ~ to stare at sb insistently; son ~ à refuser his insistence on refusing.

insistant, e [ɛ̃sistɑ̃, ɑ̃t] *adj* -1. [persévérant] insistent; elle se faisait de plus en plus ~e she was growing more and more insistent OU demanding; les sonneries ~es du téléphone the insistent ringing of the telephone. -2. [fort - parfum] pervasive, intrusive.

insister [3] [ɛ̃siste] *vi* -1. [persévérer] to insist; je ne vous dirai rien, inutile d'~! I'm not telling you anything, so there's no point pressing me any further!; ça ne répond pas – insistez! there's no answer – keep trying OU try again!; il était en colère, alors je n'ai pas insisté he was angry, so I didn't push the matter (any further) OU I didn't insist; très bien, si vous insistez! all right, if you insist! -2. [demander instamment] to insist; j'insiste pour que vous m'écoutiez jusqu'au bout I insist that you hear me out.

◆ **insister sur** *v + prép* -1. [mettre l'accent sur - idée, problème] to stress, to emphasize, to underline; on ne saurait trop ~ sur cette différence this difference cannot be overemphasized; si j'étais toi, je n'insisterais pas trop sur le salaire if I were you, I wouldn't lay too much emphasis on the salary; dans notre école, nous insistons beaucoup sur la discipline in our school, we attach great importance to OU lay great stress on discipline. -2. [s'attarder sur - anecdote] to dwell on *(insép)*; [- tache, défaut] to pay particular attention to; mes années d'école, sur lesquelles je n'insisterai pas my school years which I'd rather skate over OU I'd rather not dwell on; appliquez ce produit sur votre tapis en insistant bien sur les taches apply the product to your carpet, paying particular attention to stains.

insociable [ɛ̃sɔsjabl] *adj* [farouche] unsociable; [asocial] antisocial.

insolation [ɛ̃sɔlasjɔ̃] *nf* -1. MÉD sunstroke, insolation *spéc*. -2. MÉTÉO sunshine, insolation *spéc*; avoir une faible ~ to get very little sunshine. -3. PHOT exposure (to the light).

insolemment [ɛ̃sɔlamɑ̃] *adv* -1. [avec arrogance] insolently, arrogantly. -2. [avec effronterie] unashamedly.

insolence [ɛ̃sɔlɑ̃s] *nf* -1. [irrespect] insolence; il était d'une telle ~ que nous l'avons renvoyé he was so insolent that we fired him; avec ~ insolently. -2. [remarque] insolent remark; [acte] insolent act; cette fois, elle a dit une ~ qui va lui coûter cher this time she's going to pay for her insolent remarks. -3. [orgueil] arrogance; son silence fut pris pour l'~ d'une aristocrate déchue her silence was mistaken for the high-handedness OU haughtiness of a fallen aristocrat; l'~ de l'argent the arrogance that comes with wealth.

insolent, e [ɛ̃sɔlɑ̃, ɑ̃t] ◇ *adj* -1. [impoli] insolent. -2. [arrogant] arrogant; l'~e arrogance de l'argent the overweening pride that comes with wealth. -3. [extraordinaire - luxe, succès] outrageous; vous avez eu une chance ~e you've been outrageously OU incredibly lucky.

◇ *nm, f* insolent person; petit ~! you impudent OU impertinent little boy!; petite ~e! you impudent OU impertinent little girl!

insoler [3] [ɛ̃sɔle] *vt* to expose to light, to insolate *spéc*.

insolite [ɛ̃sɔlit] ◇ *adj* unusual, strange.

◇ *nm*: l'~ the unusual, the bizarre.

insolubiliser [3] [ɛ̃sɔlybilize] *vt* to make insoluble.

insolubilité [ɛ̃sɔlybilite] *nf* insolubility, insolubleness.

insoluble [ɛ̃sɔlybl] *adj* -1. CHIM insoluble. -2. [problème] insoluble, insolvable *Am*; le problème est ~ si l'on utilise de telles méthodes the problem can't be solved with such methods; c'est une situation ~ there's no solution to this situation.

insolvabilité [ɛ̃sɔlvabilite] *nf* insolvency.

insolvable [ɛ̃sɔlvabl] *adj & nmf* insolvent.

insomniaque [ɛ̃sɔmnjak] *adj & nmf* insomniac.

insomnie [ɛ̃sɔmni] *nf* insomnia *(U)*; des nuits d'~ sleepless nights.

insondable [ɛ̃sɔ̃dabl] *adj* -1. [impénétrable - desseins, mystère] unfathomable, impenetrable; [- regard, visage] inscrutable. -2. [très profond] unfathomable; une crevasse ~ a seemingly bottomless crevasse. -3. [infini] abysmal; elle est d'une bêtise ~ she's abysmally stupid.

insonore [ɛ̃sɔnɔr] *adj* soundproof, sound-insulated *spéc*.

insonorisation [ɛ̃sɔnɔrizasjɔ̃] *nf* soundproofing, (sound) insulation.

insonoriser [3] [ɛ̃sɔnɔrize] *vt* to soundproof, to insulate; studio d'enregistrement insonorisé soundproof recording studio; pièce mal insonorisée inadequately soundproofed room.

insonorité [ɛ̃sɔnɔrite] *nf* lack of sonority.

insouciance [ɛ̃susjɑ̃s] *nf* lack of concern, carefree attitude, casualness; vivre dans l'~ to live a carefree OU untroubled existence; en ce qui concerne l'argent, elle est d'une totale ~ she's got a totally carefree attitude towards money; son ~ à l'égard de ses études his lack of concern for OU his happy-go-lucky attitude towards OU his easy-going attitude towards his studies; l'~ de la jeunesse the frivolity of youth.

insouciant, e [ɛ̃susjɑ̃, ɑ̃t] *adj* -1. [nonchalant] carefree, unconcerned, casual; êtes-vous toujours aussi ~ lorsqu'il s'agit d'argent? are you always so casual OU easy-going with money? -2. ~ de [indifférent à]: ~ du danger oblivious of OU to the danger; ~ de l'avenir indifferent to OU unconcerned about the future; ~ de sa santé unconcerned about one's health.

insoucieux, euse [ɛ̃susjø, øz] *adj litt* carefree, unconcerned; être ~ du lendemain to be unmindful OU heedless of what tomorrow may bring.

insoumis, e [ɛ̃sumi, iz] *adj* -1. [indiscipliné - jeunesse, partisan] rebellious; [- enfant] unruly, refractory. -2. [révolté - tribu] rebel, rebellious; [- pays] unsubdued, undefeated, rebellious. -3. MIL: soldat ~ [réfractaire au service militaire] draft dodger; [déserteur] soldier absent without leave.

◆ **insoumis** *nm* [réfractaire au service militaire] draft dodger; [déserteur] soldier absent without leave.

insoumission [ɛ̃sumisjɔ̃] *nf* -1. [indiscipline] rebelliousness, insubordination. -2. [révolte] rebelliousness, rebellion; **un régiment était encore en état d'~** one regiment was still in open rebellion. **-3.** MIL [objection] draft-dodging; [désertion] absence without leave.

insoupçonnable [ɛ̃supsɔnabl] *adj* above suspicion.

insoupçonné, e [ɛ̃supsɔne] *adj* [vérité] unsuspected; [richesses] undreamt-of, unheard-of; **un trésor d'une valeur ~e** treasure which nobody expected to be so valuable.

insoutenable [ɛ̃sutnabl] *adj* **-1.** [insupportable - douleur, scène, température] unbearable, unendurable; [- lumière] blinding; **'l'Insoutenable Légèreté de l'être'** *Kundera* 'The Unbearable Lightness of Being'. **-2.** [impossible à soutenir - concurrence, lutte] unsustainable. **-3.** [indéfendable - opinion, thèse] untenable, unsustainable; [- position] indefensible.

inspecter [4] [ɛ̃spɛkte] *vt* **-1.** [contrôler - appartement, bagages, engin, travaux] to inspect, to examine; MIL [- troupes] to review, to inspect; [- école, professeur] to inspect. **-2.** [scruter] to inspect; **~ qqn des pieds à la tête** to examine sb from head to foot.

inspecteur, trice [ɛ̃spɛktœr, tris] *nm, f* **-1.** [contrôleur] inspector; **~ général** MIL general inspector; **~ (général) des Finances** ≃ general auditor *(of the Treasury with special responsibilities) Br*, ≃ Comptroller General *Am*; **~ des impôts** FIN tax inspector; **~ des mines** inspector of mines; **~ du travail** factory inspector; **c'est un vrai ~ des travaux finis!** *fig & hum* he always turns up when the work's done!; **~ sanitaire public** health officer *Br*, health inspector *Am*. **-2.** [policier] inspector, detective; **un ~ de la brigade criminelle** a detective from the crime squad; **excusez-moi ~, mais j'ai trouvé la balle** excuse me, inspector, but I've found the bullet; **~ de la police judiciaire** *inspector belonging to the criminal investigation department*, ≃ CID inspector *Br* ❑ **~ de police** detective sergeant *Br*, lieutenant *Am*; **~ principal** superintendent *Br*, captain *Am*. **-3.** ENS: **~ d'Académie** ≃ Chief Education Officer *Br*, ≃ Accreditation officer *Am*. **-4.** *(comme adj)* JUR: **magistrat ~** visiting magistrate.

inspection [ɛ̃spɛksjɔ̃] *nf* **-1.** [vérification] inspection; [surveillance] overseeing, supervising; **ils se livrèrent à une ~ de la voiture** they inspected the car; **ils se livrèrent à une ~ détaillée du véhicule** they searched the vehicle thoroughly; **les douaniers soumirent la valise/le passager à une ~ en règle** the customs officers subjected the suitcase/the passenger to a thorough search; **après ~, le dossier se révéla être un faux** on inspection, the file turned out to be a forgery; **passer une ~** [l'organiser] to carry out an inspection, to inspect; [la subir] to undergo an inspection, to be inspected; **passer l'~** [être en règle] to pass (the test); **prêt pour l'~!** MIL ready for inspection! **-2.** ADMIN inspectorate; **~ académique** ≃ Schools Inspectorate *Br*, ≃ Accreditation Agency *Am*; **~ générale des Finances** *government department responsible for monitoring the financial affairs of state bodies*; **~ des impôts** ≃ Inland Revenue *Br*, ≃ Internal Revenue Service *Am*; **~ du travail** ≃ Health and Safety Executive *Br*, ≃ Labor Board *Am*. **-3.** [inspectorat] inspectorship.

inspectorat [ɛ̃spɛktɔra] *nm* [charge] inspectorate; [durée] inspectorship; **pendant son ~** while she was an inspector.

inspirant, e *fam* [ɛ̃spirɑ̃, ɑ̃t] *adj* inspiring; **je ne trouve pas ça très ~** I don't find it particularly inspiring.

inspirateur, trice [ɛ̃spiratœr, tris] ◇ *adj* **-1.** [inspirant] inspiring. **-2.** ANAT inspiratory; **muscles ~s** inspiratory muscles.

◇ *nm, f* **-1.** [guide] inspirer; **la religion est la principale inspiratrice de leur mouvement** religion is the main driving force behind their movement. **-2.** [instigateur] instigator; **l'~ d'un complot** the instigator of OU the person behind a plot.

◆ **inspiratrice** *nf* [égérie] muse, inspiration.

inspiration [ɛ̃spirasjɔ̃] *nf* **-1.** [esprit créatif] inspiration; **tirer son ~ de, trouver son ~ dans** to draw (one's) inspiration from; **elle a manqué d'~** she lacked inspiration OU wasn't much inspired; **je n'ai pas d'~ ce matin** I don't feel inspired OU I don't have any inspiration this morning; **musique pleine d'~** inspired music. **-2.** [idée, envie] inspiration, (bright) idea; **agir selon l'~ du moment** to act on the spur of the moment; **j'ai eu l'~ de rentrer au bon moment** I had the bright idea of coming home at the right time. **-3.** [influence] influence, instigation; **c'est sous son ~ que le syndicat a été créé** the union was created at his instigation; **une architecture d'~ nordique** an architecture with a Scandinavian influence, a Scandinavian-inspired architecture. **-4.** PHYSIOL breathing in, inspiration *spéc*. **-5.** RELIG inspiration.

inspiratoire [ɛ̃spiratwar] *adj* inspiratory.

inspiré, e [ɛ̃spire] ◇ *adj* **-1.** [artiste, air, livre] inspired. **-2.** [avisé]: **j'ai été bien ~ de lui résister** I was well-advised to resist him, I did the right thing in resisting him; **tu as été bien ~ de venir me voir aujourd'hui** you did well to come and see me today.

◇ *nm, f* **-1.** [mystique] mystic, visionary. **-2.** *péj* [illuminé] crank.

inspirer [3] [ɛ̃spire] ◇ *vt* **-1.** [provoquer - décision, sentiment] to inspire; [- remarque] to inspire, to give rise to *(insép)*; [- conduite] to prompt; [- complot] to instigate; **il m'inspire de la haine/du mépris** he inspires me with hatred/with contempt; **~ confiance à qqn** to inspire confidence in sb, to inspire sb with confidence; **cette viande ne m'inspire pas confiance!** I don't much like the look of that meat!; **son état n'inspire pas d'inquiétude** his health gives no cause for concern; **cette réponse lui a été inspirée par la jalousie** his answer was inspired OU prompted OU dictated by jealousy; **le texte m'inspire plusieurs réflexions** the text inspires OU leads me to make several remarks; **sa fille lui a inspiré ses plus belles chansons** his daughter gave him the inspiration for his best songs. **-2.** [influencer - œuvre, personne] to inspire; **le fait historique qui l'a inspiré pour ce dessin** the historical event which inspired him to do this drawing; **le sujet de dissertation ne m'inspire guère!** the subject of the essay doesn't really fire my imagination! **-3.** [aspirer - air, gaz] to breathe in *(sép)*, to inspire *spéc*; **~ de l'air** to breathe air.

◇ *vi* to breathe in, to inspire *spéc*.

◆ **s'inspirer de** *vp* + *prép* to draw one's inspiration from, to be inspired by.

instabilité [ɛ̃stabilite] *nf* **-1.** CHIM & PHYS instability. **-2.** [précarité] instability, precariousness; **l'~ du gouvernement** the instability of the government. **-3.** PSYCH instability.

instable [ɛ̃stabl] ◇ *adj* **-1.** [branlant] unsteady, unstable; [glissant - terrain] unstable, shifting; **être en équilibre ~** to be balanced precariously. **-2.** [fluctuant - situation, régime politique, prix] unstable; [- personnalité] unsteady, unreliable; [- population] shifting, unsettled, unstable; **le temps restera ~** the weather will remain unsettled; **le temps est tellement ~ en ce moment!** the weather's so unreliable at the moment! **-3.** CHIM, PHYS & PSYCH unstable.

◇ *nmf* unreliable OU unsteady person; PSYCH unstable person.

installateur, trice [ɛ̃stalatœr, tris] *nm, f* [d'appareils sanitaires] fitter; ÉLECTR, RAD & TV installer.

installation [ɛ̃stalasjɔ̃] *nf* **-1.** [dispositif, équipement] installation; [aménagement] set-up; **une ~ de fortune** a makeshift set-up ❑ **~ électrique** wiring; **~ téléphonique** telephone installation. **-2.** [d'un dentiste, d'un médecin] setting up (practice); [d'un commerçant] opening, setting up (shop); [d'un locataire] moving in; **je fais une fête pour célébrer mon ~** I'm having a house warming (party). **-3.** [mise en service - de l'électricité, du gaz, du chauffage] installation, installing, putting in; [- d'un appareil ménager] installation, installing; [- d'une grue] setting up; [- d'une antenne] installing; [- d'une cuisine, d'un atelier, d'un laboratoire] fitting out; **qui a fait l'~ de la prise/du lave-linge?** who wired the socket/plumbed in the washing machine?; **refaire l'~ électrique (d'une maison)** to rewire (a house). **-4.** [implantation - d'une usine] setting up.

◆ **installations** *nfpl* [dans une usine] machinery and equipment; [complexe, bâtiment] installations; **~s portuaires** port installations.

installé, e [ɛ̃stale] *adj* [aisé] well-off, established; **les gens ~s** the comfortably well-off.

installer [3] [ɛ̃stale] *vt* **-1.** [mettre en service - chauffage, eau, gaz, électricité, téléphone] to install, to put in *(sép)*; [- appareil ménager] to install; **nous avons dû faire ~ l'eau/le gaz/l'électricité** we had to have the water laid on/the gas put in/the house wired. **-2.** [mettre en place - meuble] to put in *(sép)*, to install; [- tente] to put up *(sép)*, to pitch; [- barrière] to put up *(sép)*, to erect; [- campement] to set up *(sép)*; [- troupes] to position; **j'ai installé deux appliques au-dessus du lit** I've put in OU fixed OU installed two wall-lamps above the bed. **-3.** [faire asseoir, allonger] to put, to place; **n'installez pas les enfants sur la banquette avant** don't put the children in the front; **installez-le sur la civière** lay him down on the stretcher; **une fois qu'il est installé devant la télévision, il n'y a plus moyen de lui parler** once he's settled himself down OU planted himself OU installed (himself) in front of the TV, there's no talking to him. **-4.** [pièce, logement - aménager] to fit out *(sép)*; [- disposer] to lay out *(sép)*; **nous avons installé la salle de jeu au grenier** we've turned the attic into a playroom; **un laboratoire bien/mal ~** a well/badly equipped laboratory; **comment le dortoir est-il installé?** how is the dormitory laid out? **-5.** [loger - jeune couple] to set up *(sép)*; [- visiteur] to put up *(sép)*, to install; **les blessés furent installés dans la tour** the wounded were accommodated OU put in the tower. **-6.** [implanter]: **~ une usine à la campagne** to set up a factory in the countryside. **-7.** ADMIN to install; **~ qqn dans ses fonctions** to install sb in his/her post.

◆ **s'installer** *vpi* **-1.** [s'asseoir, s'allonger]: **installez-vous comme il faut, je reviens tout de suite** make yourself comfortable OU at home, I'll be right back; **s'~ au volant** to sit at the wheel; **s'~ dans un canapé** to settle down on a couch. **-2.** [s'implanter - cirque, marché] to (be) set up; [- usine] to be set up; **quand nous nous sommes installés** when we settled in; **s'~ à la campagne** [emménager] to set up house OU to go and live OU to settle in the country; **s'~ dans une maison** to move into a house; **je m'installai dans un petit hôtel** I put up at a small hotel; **s'~ dans de nouveaux bureaux** [entreprise] to move into new offices; [employés] to move into one's new offices; **si ça continue, elle va finir par s'~ chez moi!** if this goes on, she'll end up moving in (permanently)! **-3.** [pour exercer - médecin, dentiste] to set up a practice; [- commerçant] to set up shop, to open; **s'~ à son compte** to set up one's own business OU on one's own; **quand je me suis installé, la clientèle était rare** when I started, there weren't many customers. **-4.** [se fixer - statu quo] to become established; [- maladie] to take a hold OU a grip; [- doute, peur] to creep in; [- silence] to take over; **il s'est installé dans le mensonge** he's become an habitual liar, he's well used to lying; **l'idée de la mort s'installa en elle et ne la quitta plus** the thought of death took a hold on her mind and never left her again; **le pays s'installe peu à peu dans la crise** the country is gradually learning to live with the crisis.

instamment [ɛ̃stamɑ̃] *adv sout* insistently; **demander ~ que** to insist that.

instance [ɛ̃stɑ̃s] *nf* **-1.** [organisme] authority; **les ~s économiques/communautaires** the economic/EC authorities; **les plus hautes ~s du parti** the leading bodies of the party; **le dossier**

sera traité par une ~ supérieure the file will be dealt with at a higher level OU by a higher authority. -2. JUR (legal) proceedings; introduire une ~ to start OU to institute proceedings; en première ~ on first hearing; en seconde ~ on appeal. -3. *litt* [insistance] insistence; avec ~ earnestly, with insistence. -4. PSYCH psychic apparatus.

◆ **instances** *nfpl sout* [demandes] entreaties; sur OU devant les ~s de son père, il finit par accepter in the face of his father's entreaties OU pleas, he eventually accepted.

◆ **en dernière instance** *loc adv* in the last analysis.

◆ **en instance** *loc adj* [dossier] pending, waiting to be dealt with; JUR [affaire] pending, sub judice *Br*; [courrier] ready for posting.

◆ **en instance de** *loc prép*: être en ~ de divorce to be waiting for a divorce OU in the middle of divorce proceedings; prisonnier en ~ de libération prisoner waiting for OU pending release.

instant[1] [ɛ̃stɑ̃] *nm* -1. [courte durée] moment, instant; pendant un ~, j'ai cru que c'était elle for a moment OU an instant, I thought it was her; j'ai pensé, pendant un ~ OU l'espace d'un ~, que... for half a minute OU for a split second, I thought that...; as-tu pensé un ~ au danger? didn't it cross your mind for one moment that it was dangerous?; il ne s'est pas demandé un ~ ce qui pouvait arriver he never asked himself once what might happen; je n'en doute pas un seul ~ I don't doubt it at all, I've never doubted it for a minute; (attendez) un ~! just a moment!, just a second!; je reviens dans un ~ I'll be right back, I'll be back in a minute; c'est l'affaire d'un ~ it won't take a minute; c'est prêt en un ~ it's ready in an instant OU in no time at all. -2. [moment précis] moment; l'~ suprême the supreme moment; une souffrance de tous les ~s perpetual sufferings; une joie de tous les ~s eternal joy.

◆ **à l'instant (même)** *loc adv* this instant, this minute; je suis rentré à l'~ (même) I've just (this minute OU second) come in; je l'apprends à l'~ (même) I've just this moment heard about it; nous devons partir à l'~ (même) we must leave right now OU this instant OU this very minute; à l'~ (même) où je m'apprêtais à partir just as I was about to leave.

◆ **à tout instant** *loc adv* [continuellement] all the time; [d'une minute à l'autre] any time (now), any minute.

◆ **dans l'instant** *loc adv* at this moment, instantly.

◆ **dès l'instant que** *loc conj* [si] if; [puisque] since; [aussitôt que] as soon as, from the moment; dès l'~ que tu me le promets as soon as you promise me, once you've promised me.

◆ **par instants** *loc adv* at times, from time to time.

◆ **pour l'instant** *loc adv* for the moment, for the time being.

instant[2], **e** [ɛ̃stɑ̃, ɑ̃t] *adj litt* pressing, urgent, insistent.

instantané, e [ɛ̃stɑ̃tane] *adj* -1. [immédiat] instantaneous; la mort a été ~e death was instantaneous; sa réponse a été ~e his answer was instantaneous OU immediate. -2. [soluble]: café ~ instant coffee. -3. PHOT: cliché ~ snapshot.

◆ **instantané** *nm* snap, snapshot.

instantanément [ɛ̃stɑ̃tanemɑ̃] *adv* instantaneously, instantly; ce produit se dissout ~ dans l'eau this product dissolves instantly in water.

instar [ɛ̃star]

◆ **à l'instar de** *loc prép sout* following (the example of); à l'~ de ses parents, il sera enseignant like his parents, he's going to be a teacher.

instaurateur, trice [ɛ̃stɔratœr, tris] *nm, f litt* founder, establisher, creator.

instauration [ɛ̃stɔrasjɔ̃] *nf* institution, foundation, establishing.

instaurer [3] [ɛ̃stɔre] *vt* to institute, to found, to establish; ~ un régime to set up a regime; ~ une nouvelle mode to introduce OU to start a new fashion.

instigateur, trice [ɛ̃stigatœr, tris] *nm, f* instigator; il nie être l'~ du crime he denies being behind the crime OU being the instigator of the crime; l'association ainsi créée sera l'instigatrice d'une nouvelle politique the association thus created will initiate new policy decisions.

instigation [ɛ̃stigasjɔ̃] *nf* instigation; à OU sur l'~ de qqn at sb's instigation.

instiguer [3] [ɛ̃stige] *vt Belg* to incite; ils ont été instigués à se mettre en grève they were incited to go on strike.

instillation [ɛ̃stilasjɔ̃] *nf* instillation.

instiller [3] [ɛ̃stile] *vt* -1. MÉD to instil; ~ un liquide dans l'œil to drop OU to instil a liquid into the eye. -2. *litt* [insuffler] to instil; ~ le doute dans l'esprit de qqn to instil doubt into sb's mind.

instinct [ɛ̃stɛ̃] *nm* -1. PSYCH & ZOOL instinct; ~ de conservation instinct of self-preservation; ~ maternel maternal instinct. -2. [intuition] instinct; il eut l'~ de parer le coup he instinctively fended off the blow; se fier à son ~ to trust one's instincts OU intuition. -3. [don] instinct; elle a l'~ de la scène she has a natural talent OU an instinct for the stage.

◆ **d'instinct** *loc adv* instinctively, by instinct.

◆ **par instinct** *loc adv* -1. PSYCH & ZOOL instinctively, by instinct. -2. [intuitivement] instinctively.

instinctif, ive [ɛ̃stɛ̃ktif, iv] ◇ *adj* -1. [irraisonné] instinctive; antipathie instinctive instinctive dislike. -2. [machinal]: si je vois un gâteau, je le mange, c'est ~! if I see a cake, I eat it, I can't help it! -3. [impulsif] instinctive, impulsive, spontaneous; c'est un être ~ he's a creature of instinct.

◇ *nm, f* instinctive person.

instinctivement [ɛ̃stɛ̃ktivmɑ̃] *adv* instinctively.

instinctuel, elle [ɛ̃stɛ̃ktɥɛl] *adj* instinctual.

instit *fam* [ɛ̃stit] *nmf* primary school teacher.

instituer [7] [ɛ̃stitɥe] *vt* -1. [instaurer, créer] to institute, to establish; ~ un nouvel impôt to institute a new tax; le ministre a institué une commission d'enquête the minister set up a commission of inquiry. -2. JUR [désigner - héritier] to institute, to appoint.

◆ **s'instituer** *vpi* -1. [se désigner] to set o.s. up; il s'est institué (comme) arbitre de leur querelle he set himself up as the arbitrator of their quarrel. -2. [s'établir] to be OU to become established; des relations durables se sont instituées entre les deux pays a lasting relationship was established between the two countries.

institut [ɛ̃stity] *nm* [établissement] institute; ~ de recherches/scientifique research/scientific institute ❑ ~ de beauté beauty salon OU parlour; ~ d'émission BANQUE central note-issuing authority; ~ médico-légal mortuary; l'Institut du Monde Arabe *Arab cultural centre and library in Paris holding regular exhibitions of Arab art*.

◆ **Institut (de France)** *npr m*: l'Institut de France the Institut de France, ≃ the Royal Society *Br*, ≃ National Science Foundation *Am*.

L'INSTITUT DE FRANCE:

"L'Institut", as it is commonly known, is the learned society which includes the five "Académies" (the Académie française being one of them). Its headquarters are in the building of the same name on the banks of the Seine in Paris.

instituteur, trice [ɛ̃stitytœr, tris] *nm, f* -1. [de maternelle] (nursery school) teacher; [d'école primaire] (primary school) teacher; demande à ton institutrice ask your teacher. -2. *vieilli* [précepteur, gouvernante] tutor (*f* governess).

institution [ɛ̃stitysjɔ̃] *nf* -1. [établissement privé] institution; ~ pour les aveugles institution OU school for the blind; ils ont mis la vieille dame dans une ~ they put the old lady into a home ❑ ~ religieuse [catholique] Catholic school; [autre] denominational school. -2. [coutume] institution; l'~ du mariage the institution of marriage; ici le repos dominical est une véritable ~ Sunday as a day of rest is a real institution here. -3. [mise en place] institution, establishment; [d'une loi] introduction; [d'une règle] laying down. -4. JUR: ~ d'un héritier appointment OU institution of an heir; ~ contractuelle conventional designation *(of an heir)*. -5. RELIG: ~ d'un évêque institution of a bishop; ~ canonique institution.

◆ **institutions** *nfpl* institutions; les ~s politiques political institutions; se battre contre les ~s (établies) to fight the established institutions.

institutionnalisation [ɛ̃stitysjɔnalizasjɔ̃] *nf* institutionalization.

institutionnaliser [3] [ɛ̃stitysjɔnalize] *vt* to institutionalize.

institutionnalisme [ɛ̃stitysjɔnalism] *nm* institutionalism.

institutionnel, elle [ɛ̃stitysjɔnɛl] *adj* institutional.

institutrice [ɛ̃stitytris] *f* → **instituteur**.

instructeur, trice [ɛ̃stryktœr, tris] *nm, f* instructor.

◆ **instructeur** ◇ *nm* AÉRON (flying) instructor; MIL instructor.

◇ *adj m*: sergent ~ drill sergeant.

instructif, ive [ɛ̃stryktif, iv] *adj* informative, instructive; j'ai trouvé l'émission instructive I thought the programme was informative OU instructive; c'est très ~ d'écouter aux portes! *hum* you learn a lot listening at keyholes!

instruction [ɛ̃stryksjɔ̃] *nf* -1. *vieilli* [culture] (general) education; il a une solide ~ he has a good general level of education; elle a beaucoup d'~ she's well-educated; manquer d'~ to be uneducated, to lack education. -2. [formation] education, teaching; il se charge de l'~ de ses enfants he is taking care of his children's education himself; l'~ que j'ai reçue à l'école the teaching OU education I was given at school ❑ ~ militaire MIL military training; ~ religieuse [gén] religious education; ENS religious instruction. -3. JUR preliminary investigation OU inquiry *(of a case by an examining magistrate)*; qui est chargé de l'~? who's setting up the inquiry? -4. INF instruction, statement; jeu d'~s instruction set. -5. [ordre] instruction; donner/recevoir des ~s to give/to receive instructions; sur les ~s de ses supérieurs following orders from his superiors. -6. ADMIN [circulaire] directive.

◆ **instructions** *nfpl* [d'un fabricant] instructions, directions; ~s de montage instructions OU directions for assembly.

instruire [98] [ɛ̃strɥir] ◇ *vt* -1. [enseigner à] to teach, to instruct; [former] to educate; MIL [recrue] to train; une émission destinée à ~ en distrayant a programme designed to be both entertaining and educational; instruit par l'expérience taught by experience. -2. *sout* [aviser]: ~ qqn de qqch to inform sb of sthg, to acquaint sb with sthg; il était à peine instruit de la situation he was barely acquainted with the situation. -3. JUR: ~ une affaire OU un dossier to set up a preliminary inquiry.

◇ *vi* JUR: ~ contre qqn to set up a preliminary inquiry against sb.

◆ **s'instruire** ◇ *vp (emploi réfléchi)* [se cultiver] to educate o.s., to improve one's mind; il s'est instruit tout seul he's a self-educated man.

◇ *vpi* [apprendre] to learn; on s'instruit à tout âge it's never too late to learn.

◆ **s'instruire de** *vp + prép*: s'~ de qqch to (try to) obtain information about sthg, to find out about sthg; s'~ de qqch auprès de qqn to inquire of sb about sthg, to ask sb about sthg.

instruit, e [ɛ̃strɥi, it] *adj* well-educated, educated; un homme ~ an educated man; les gens ~s educated people.

instrument [ɛ̃strymɑ̃] *nm* **-1.** [outil, matériel] instrument; ~ **tranchant** edged OU cutting tool; **naviguer aux ~s** to fly on instruments ❑ **~s aratoires** ploughing implements; **~s de bord** instruments; **~ de mesure/d'observation** measuring/observation instrument; **un ~ de torture** an instrument of torture; **~ de travail** tool; **c'est un de mes ~s de travail** it's a tool of my trade. **-2.** MUS: **~ (de musique)** (musical) instrument; **~ à cordes/à percussion/à vent** string/percussion/wind instrument. **-3.** *fig* [agent] instrument, tool; **la télévision est-elle un ~ de propagande?** is television an instrument of propaganda?; **être l'~ de qqn** to be sb's instrument OU tool; **être l'~ de** to bring about; **il fut l'~ de leur ruine** he brought about their ruin; **il fut l'un des ~s de leur ruine** he was instrumental in their ruin. **-4.** JUR instrument.

instrumentaire [ɛ̃strymɑ̃tɛr] *adj* → **témoin**.

instrumental, e, aux [ɛ̃strymɑ̃tal, o] *adj* [gén, LING & MUS] instrumental.

◆ **instrumental** *nm* LING instrumental (case).

instrumentalisme [ɛ̃strymɑ̃talism] *nm* instrumentalism.

instrumentation [ɛ̃strymɑ̃tasjɔ̃] *nf* **-1.** MUS orchestration, instrumentation. **-2.** TECH instrumentation.

instrumenter [3] [ɛ̃strymɑ̃te] ◇ *vi* to draw up an official document.

◇ *vt* **-1.** MUS to orchestrate, to score (for instruments). **-2.** TRAV PUBL to instrument.

instrumentiste [ɛ̃strymɑ̃tist] *nmf* **-1.** MUS instrumentalist. **-2.** MÉD theatre nurse.

insu [ɛ̃sy]

◆ **à l'insu de** *loc prép* **-1.** [sans être vu de] without the knowledge of, unbeknown OU unbeknownst to; **sortir à l'~ de ses parents** to go out without one's parents' knowing OU knowledge; **à l'~ de tout le monde, il s'était glissé dans la cuisine** he'd slipped unnoticed into the kitchen. **-2. à mon/son ~** [sans m'en/s'en apercevoir] unwittingly, without being aware of it; **lentement, presque à mon ~, je m'habituais à la pauvreté** gradually, almost without realizing it OU without my being aware of it, I was growing accustomed to poverty.

insubmersibilité [ɛ̃sybmɛrsibilite] *nf* insubmersibility.

insubmersible [ɛ̃sybmɛrsibl] *adj* [canot] insubmersible; [jouet] unsinkable.

insubordination [ɛ̃sybɔrdinasjɔ̃] *nf* insubordination.

insubordonné, e [ɛ̃sybɔrdɔne] *adj* insubordinate.

insuccès [ɛ̃syksɛ] *nm* failure; **l'~ de la pièce** the failure of the play; **son ~ aux élections l'a découragé** his poor performance at the polls has discouraged him.

insuffisamment [ɛ̃syfizamɑ̃] *adv* insufficiently, inadequately; **~ nourri** underfed; **des vêtements ~ rincés** clothes that haven't been thoroughly rinsed; **le chapitre sur l'Amérique latine est ~ documenté** the chapter on Latin America isn't sufficiently documented.

insuffisance [ɛ̃syfizɑ̃s] *nf* **-1.** [manque] insufficiency, deficiency; **~ de ressources** lack of OU insufficient resources; **l'~ de la production industrielle** the inadequacy of industrial production. **-2.** [point faible] weakness, deficiency; **ses ~s en matière de pathologie** his lack of knowledge of pathology. **-3.** MÉD: **elle est morte d'une ~ cardiaque** she died from heart failure; **~ organique** organic insufficiency OU dysfunction; **~ rénale** kidney failure OU insufficiency *spéc*.

insuffisant, e [ɛ̃syfizɑ̃, ɑ̃t] *adj* **-1.** [en quantité] insufficient; **nous avons des effectifs ~s** our numbers are too low, we're understaffed; **c'est ~ pour ouvrir un compte** it's not enough to open an account. **-2.** [en qualité] inadequate; **des résultats ~s en mathématiques** inadequate results in mathematics. **-3.** [inapte] incompetent; **on l'a jugé ~ pour ce travail** he's been deemed incompetent OU unfit for this job; **la plupart de nos élèves sont ~s en langues** most of our pupils are poor OU weak at languages.

insufflateur [ɛ̃syflatœr] *nm* **-1.** MÉD insufflator. **-2.** TECH blower.

insufflation [ɛ̃syflasjɔ̃] *nf* MÉD insufflation.

insuffler [3] [ɛ̃syfle] *vt* **-1.** MÉD & TECH to insufflate; **~ de l'air dans un corps** to blow OU to insufflate air into a body. **-2.** *sout* [inspirer]: **~ qqch à qqn** to instil sthg in sb, to infuse sb with sthg; **la terreur lui insuffla du courage** terror inspired her to be brave.

insulaire [ɛ̃sylɛr] ◇ *adj* island *(modif)*, insular; **la population ~** the population of the island, the island population.

◇ *nmf* islander.

insularité [ɛ̃sylarite] *nf* **-1.** GÉOG insularity; **leur ~ en fait des gens à part** the fact that they live on an island sets them apart. **-2.** *péj* [étroitesse d'esprit] insularity.

insuline [ɛ̃sylin] *nf* insulin.

insulinothérapie [ɛ̃sylinɔterapi] *nf* insulin OU insulin-based treatment *(for diabetes)*.

insultant, e [ɛ̃syltɑ̃, ɑ̃t] *adj* insulting; **c'est ~ pour moi** it's an insult to me, I'm insulted by it.

insulte [ɛ̃sylt] *nf* **-1.** [parole blessante] insult; **je n'ai pas relevé l'~** I didn't react; **lancer des ~s à qqn** to throw abuse at sb. **-2.** *fig* & *sout* [atteinte, outrage] insult; **c'est une ~ à sa mémoire** it's an insult to his memory; **une ~ au bon sens** an insult to common sense.

insulté, e [ɛ̃sylte] ◇ *adj* insulted; **tu crois qu'elle s'est sentie ~e?** do you think she felt insulted OU offended?

◇ *nm, f*: **l'~** the injured party.

insulter [ɛ̃sylte] *vt* to insult; **il m'a insulté** he insulted me; **~ la mémoire de qqn** to insult sb's memory.

insulteur, euse [ɛ̃syltœr, øz] *nm, f* insulter.

insupportable [ɛ̃sypɔrtabl] *adj* **-1.** [insoutenable - démangeaison, vision] unbearable, unendurable; [- bruit] unbearable, insufferable; [- lumière] unbearably bright; [- situation] intolerable; **sans toi, la vie m'est ~** without you, life is more than I can bear OU is too hard to bear; **l'idée de tuer un animal lui est ~** he can't bear the idea of killing an animal. **-2.** [turbulent - enfant, élève] impossible, insufferable, unbearable; **tu es ~, si tu continues tu vas au lit!** you're being impossible, if you don't stop you're off to bed!

insupporter [3] [ɛ̃sypɔrte] *vt*: **il m'insupporte!** I can't stand him!

insurgé, e [ɛ̃syrʒe] *adj* insurgent *(avant n)*.

◆ **insurgé** *nm* insurgent.

insurger [17] [ɛ̃syrʒe]

◆ **s'insurger** *vpi*: **s'~ contre qqn** to rise up OU to rebel against sb; **s'~ contre qqch** to rebel against OU to strongly oppose sthg; **la nature humaine ne peut que s'~ devant un tel crime** human nature cannot but rise up in protest before such a crime.

insurmontable [ɛ̃syrmɔ̃tabl] *adj* **-1.** [infranchissable - obstacle] insurmountable, insuperable. **-2.** [invincible - aversion, angoisse] uncontrollable, unconquerable.

insurpassable [ɛ̃syrpasabl] *adj* unsurpassable.

insurrection [ɛ̃syrɛksjɔ̃] *nf* **-1.** [révolte] insurrection; **le pays était en pleine ~** the country was in a state of open insurrection; **~ armée** armed insurrection. **-2.** *litt* [indignation] revolt, rising up.

insurrectionnel, elle [ɛ̃syrɛksjɔnɛl] *adj* insurrectionary, insurrectional.

intact, e [ɛ̃takt] *adj* intact; **le paquet est arrivé ~** the parcel arrived in one piece OU intact; **je veux garder mon capital ~** I want to keep my capital intact, I don't want to touch my capital; **le problème reste ~** the problem remains unsolved.

intaille [ɛ̃taj] *nf* intaglio.

intangibilité [ɛ̃tɑ̃ʒibilite] *nf* intangibility; **~ d'une loi** inviolability of a law.

intangible [ɛ̃tɑ̃ʒibl] *adj* **-1.** [impalpable] intangible. **-2.** [inviolable] inviolable, sacred, sacrosanct.

intarissable [ɛ̃tarisabl] *adj* **-1.** [inépuisable - source] inexhaustible, unlimited; [- mine] inexhaustible; [- imagination] inexhaustible, boundless, limitless. **-2.** [bavard] inexhaustible, unstoppable, tireless; **sur le vin, il est ~** if you get him talking on wine, he'll go on for ever.

intarissablement [ɛ̃tarisabləmɑ̃] *adv* inexhaustibly; **il discourait ~** he was going on and on (and on).

intégrable [ɛ̃tegrabl] *adj* [appareil] integrated.

intégral, e, aux [ɛ̃tegral, o] *adj* **-1.** [complet] complete; **édition ~e des poèmes de Donne** collected poems of Donne; **remboursement ~ d'une dette** full OU complete repayment of a debt; **la somme ~e de vos dépenses s'élève à 880 francs** your expenses amount to 880 francs ❑ **paiement ~** payment in full; **version ~e** unabridged version. **-2.** *hum* [parfait] perfect, complete; **c'est un parasite ~** he's an utter leech.

◆ **intégrale** *nf* **-1.** [œuvre] complete works; **l'~e des quatuors à cordes de Chostakovitch** the complete set of Shostakovich string quartets. **-2.** MATH integral.

intégralement [ɛ̃tegralmɑ̃] *adv* in full, fully, completely; **vous serez ~ remboursé** you'll get all your money back, you'll be fully reimbursed.

intégralité [ɛ̃tegralite] *nf* whole; **l'~ de la dette** the entire debt, the debt in full; **l'~ de son salaire a été payée aujourd'hui** his whole OU entire salary was paid today; **elle a résolu le problème dans son ~** she solved the entire problem; **la presse dans son ~ s'éleva contre la proposition** the press rose up as a body OU en bloc against the proposal.

intégrant, e [ɛ̃tegrɑ̃, ɑ̃t] *adj*: **faire partie ~e de qqch** to be an integral part of sthg.

intégrateur [ɛ̃tegratœr] *nm* integrator.

intégration [ɛ̃tegrasjɔ̃] *nf* **-1.** [insertion] integration; **~ raciale** racial integration. **-2.** [entrée dans une école, une organisation] entry. **-3.** MATH, PHYS & PSYCH integration. **-4.** ÉCON integration.

intègre [ɛ̃tɛgr] *adj* **-1.** [honnête] honest. **-2.** [équitable, impartial] upright, righteous, upstanding.

intégré, e [ɛ̃tegre] *adj* **-1.** [appareil] built-in. **-2.** [entreprise] integrated. **-3.** NUCL integrated. **-4.** INF integrated; **traitement ~ de l'information** integrated (data) processing; **avec système ~** with in-house OU in-plant system.

intégrer [8] [ɛ̃tegre] ◇ *vt* **-1.** [inclure] to integrate, to incorporate, to include; **~ qqch à un ensemble** to integrate OU to incorporate sthg into a whole; **~ un nouveau paragraphe dans un chapitre** to insert a new paragraph into a chapter; **notre société intègre différents secteurs d'activité** our company takes in OU covers various areas of activity; **des activités destinées à ~ les petits à la classe** activities designed to bring OU to integrate the younger children into the group. **-2.** [assimiler] to assimilate, to internalize; **j'ai complètement intégré les préceptes de mes parents** I've totally assimilated the principles my parents taught me. **-3.** MATH to integrate. **-4.** [entrer à - école] to get into, to enter; [- entreprise] to enter; **~ les Mines** to be admitted to the School of Mining Engineering.

◇ *vi arg scol* to get into a Grande École; **~ aux Mines** to get into the School of Mining Engineering.

◆ **s'intégrer** *vpi* **-1.** [élément d'un kit] to fit (together); **les pièces s'intègrent les unes aux autres** the pieces fit together. **-2.** [personne] to become integrated OU assimilated; **ils se sont mal intégrés à la vie du village** they never really fitted into village life.

intégrisme [ɛ̃tegrism] *nm* RELIG fundamentalism.

intégriste [ɛ̃tegrist] *adj* & *nmf* RELIG fundamentalist.

intégrité [ɛ̃tegrite] *nf* **-1.** [totalité] integrity; **dans son ~** as a whole, in its integrity ❑ **~ territoriale** OU **du territoire** territorial integrity.

-**2.** [état originel] soundness, integrity; **malgré son âge, elle a conservé l'~ de ses facultés** despite her age, she is still of sound mind. -**3.** [honnêteté] integrity, uprightness, honesty.

intellect [ɛ̃telɛkt] *nm* intellect, understanding.

intellectualisation [ɛ̃telɛktɥalizasjɔ̃] *nf* intellectualization.

intellectualiser [3] [ɛ̃telɛktɥalize] *vt* to intellectualize.

intellectualisme [ɛ̃telɛktɥalism] *nm* intellectualism.

intellectualiste [ɛ̃telɛktɥalist] ◇ *adj* intellectualistic.

◇ *nmf* intellectualist.

intellectualité [ɛ̃telɛktɥalite] *nf sout* intellectuality.

intellectuel, elle [ɛ̃telɛktɥɛl] ◇ *adj* -**1.** [mental - capacité] intellectual, mental; **facultés ~les** intellectual faculties; **puissance ~le** brainpower. -**2.** [abstrait] intellectual, cerebral; **c'est une approche très ~le de la mise en scène** it's a very intellectual approach to directing. -**3.** [non manuel - travail] nonmanual.

◇ *nm, f* intellectual.

intellectuellement [ɛ̃telɛktɥɛlmɑ̃] *adv* intellectually.

intelligemment [ɛ̃teliʒamɑ̃] *adv* intelligently, cleverly.

intelligence [ɛ̃teliʒɑ̃s] *nf* -**1.** [intellect, discernement] intelligence; **il n'est pas d'une grande ~** he's not very intelligent OU bright OU clever; **ils ont l'~ vive** they are sharp-witted OU quick, they have sharp minds; **elle a une ~ supérieure** she's of superior OU above-average intelligence; **avec ~** intelligently; **il a eu l'~ de ne pas recommencer** he was bright OU intelligent enough not to try again || [personne]: **c'est une grande ~** he's outstandingly intelligent. -**2.** *sout* [compréhension]: **pour l'~ de ce qui va suivre** in order to understand OU to grasp what follows; **elle a l'~ des affaires** she has a good understanding OU grasp of what business is all about; **mon ~ de l'informatique est très limitée** my understanding of computing is very limited ❑ **avoir l'~ du cœur** to be highly intuitive. -**3.** [relation]: **vivre en bonne/mauvaise ~ avec qqn** to be on good/bad terms with sb. -**4.** INF: **~ artificielle** artificial intelligence.

◆ **intelligences** *nfpl* contacts; **elle a des ~s dans le milieu** she has contacts in the underworld; **entretenir des ~s avec qqn** to have secret dealings OU contacts with sb.

◆ **d'intelligence** ◇ *loc adj* [complice]: **regard/sourire d'~** knowing look/smile, look/smile of complicity.

◇ *loc adv* in collusion; **être d'~ avec qqn** to be in collusion OU in league with sb; **agir d'~ avec qqn** to act in (tacit) agreement with sb.

intelligent, e [ɛ̃teliʒɑ̃, ɑ̃t] *adj* -**1.** [gén] intelligent, bright, clever; **enfin une analyse ~e!** an intelligent analysis at last!; **avoir l'air ~** to look intelligent; **c'est ~!** *iron* brilliant!, that was clever! -**2.** INF intelligent; **terminal ~** intelligent terminal.

intelligentsia [ɛ̃teliʒɛntsja] *nf*: **l'~** the intelligentsia.

intelligibilité [ɛ̃teliʒibilite] *nf* intelligibility, intelligibleness.

intelligible [ɛ̃teliʒibl] *adj* -**1.** [compréhensible - explication, raisonnement] intelligible, comprehensible; **je ne sais pas si mes propos sont ~s** I don't know if what I'm saying makes sense to you OU if you can make sense out of what I say; **il ne s'exprime pas de façon très ~** he doesn't express himself very clearly OU intelligibly. -**2.** [audible] intelligible, clear, audible; **parler à haute et ~ voix** to speak loudly and clearly.

intelligiblement [ɛ̃teliʒibləmɑ̃] *adv* -**1.** [de façon compréhensible] intelligibly. -**2.** [de façon audible] intelligibly, clearly, audibly.

intello *fam* [ɛ̃telo] *adj* & *nmf péj* highbrow.

intempérance [ɛ̃tɑ̃perɑ̃s] *nf* -**1.** *litt* [de comportement] immoderation, intemperance *litt*, excess; **ses ~s de langage** his immoderate OU excessive OU unrestrained language. -**2.** [dans la vie sexuelle] debauchery, intemperance *litt*; [dans le manger, le boire] intemperance *litt*, lack of moderation.

intempérant, e [ɛ̃tɑ̃perɑ̃, ɑ̃t] *adj* intemperate *litt*, excessive.

intempéries [ɛ̃tɑ̃peri] *nfpl* bad weather.

intempestif, ive [ɛ̃tɑ̃pɛstif, iv] *adj* untimely, ill-timed, inopportune; **sa remarque était intempestive** his comment was out of place.

intempestivement [ɛ̃tɑ̃pɛstivmɑ̃] *adv* at an untimely moment, inopportunely.

intemporalité [ɛ̃tɑ̃pɔralite] *nf* -**1.** [immuabilité] timelessness. -**2.** [immatérialité] immateriality.

intemporel, elle [ɛ̃tɑ̃pɔrɛl] *adj* -**1.** [immuable] timeless. -**2.** [immatériel] immaterial.

intenable [ɛ̃tənabl] *adj* -**1.** [insupportable] unbearable, intolerable; **c'est devenu ~ au bureau** it's become unbearable OU intolerable at the office. -**2.** [indiscipliné] uncontrollable, unruly, badly-behaved; **elle est ~ en classe** she's unruly at school. -**3.** [non défendable - thèse] untenable; [- position] indefensible.

intendance [ɛ̃tɑ̃dɑ̃s] *nf* -**1.** MIL [pour l'ensemble de l'armée de terre] Supply Corps; [dans un régiment] quartermaster stores. -**2.** SCOL [service, bureau] (domestic) bursar's office; [gestion] school management; **nous avons eu des problèmes d'~** we had supply problems.

intendant, e [ɛ̃tɑ̃dɑ̃, ɑ̃t] *nm, f* -**1.** [administrateur] steward, bailiff. -**2.** UNIV bursar.

◆ **intendant** *nm* -**1.** HIST intendant. -**2.** MIL ≃ Quartermaster General *Br*.

intense [ɛ̃tɑ̃s] *adj* -**1.** [extrême - chaleur] intense, extreme; [- froid] intense, extreme, severe; [- bruit] loud, intense; [- plaisir, désir, passion] intense, keen; [- douleur] intense, severe, acute; **vivre de façon ~** to live intensely. -**2.** [très vif - couleur] intense, bright, strong; **rouge ~** bright red. -**3.** [abondant, dense - circulation, bombardement] heavy.

intensément [ɛ̃tɑ̃semɑ̃] *adv* intensely.

intensif, ive [ɛ̃tɑ̃sif, iv] *adj* -**1.** [soutenu] intensive; **suivre des cours ~s** to take a crash course OU an intensive course. -**2.** LING [pronom, verbe] intensive; [préfixe] intensifying. -**3.** AGR & ÉCON intensive.

◆ **intensif** *nm* [pronom] intensive (pronoun); [préfixe] intensifier.

intensification [ɛ̃tɑ̃sifikasjɔ̃] *nf* intensification.

intensifier [9] [ɛ̃tɑ̃sifje] *vt* to intensify, to step up *(sép)*.

◆ **s'intensifier** *vpi* [passion, recherche] to intensify, to become OU to grow more intense; [douleur] to become more intense, to worsen; [bombardements, circulation] to become heavier.

intensité [ɛ̃tɑ̃site] *nf* -**1.** [de la chaleur, du froid] intensity; [d'une douleur] intensity, acuteness; [d'une couleur, d'une émotion] intensity, depth, strength; [de la circulation] density, heaviness; [des bombardements] severity. -**2.** OPT & PHYS intensity; **~ d'un son** loudness of a sound; **~ d'un champ magnétique** magnetic field strength OU intensity; **~ d'un tremblement de terre** GÉOL earthquake magnitude OU intensity ❑ **~ acoustique** intensity level; **~ de courant** ÉLECTR current; **~ énergétique** radiant intensity; **~ lumineuse/de rayonnement** luminous/radiant intensity; **~ lumineuse d'un télescope/microscope** light-transmitting capacity of a telescope/microscope.

intensivement [ɛ̃tɑ̃sivmɑ̃] *adv* intensively.

intenter [3] [ɛ̃tɑ̃te] *vt*: **~ une action en justice** OU **contre qqn** to bring an action against sb; **~ un procès à** OU **contre qqn** to institute (legal) proceedings against sb, to take sb to court.

intention [ɛ̃tɑ̃sjɔ̃] *nf* intention; **quelles sont vos ~s?** what are your intentions?, what do you intend to do?; **avoir de bonnes/mauvaises ~s** to be well-/ill-intentioned, to have good/bad intentions; **il est plein de bonnes ~s** he's full of good intentions; **elle vous a offert ces fleurs dans la meilleure ~** she gave you these flowers with the best of intentions; **c'est l'~ qui compte** it's the thought that counts; **avoir l'~ de faire qqch** to intend to do sthg, to have the intention of doing sthg; **elle a la ferme ~ de rester ici** she's determined to stay here, she's intent on staying here; **n'avoir aucune ~ de faire qqch** to have no intention of doing sthg; **il n'est pas** OU **il n'entre pas dans mes ~s de l'acheter maintenant** I don't intend to buy it now, I have no intention of buying it now; **dans l'~ de** with the intention of, with a view to; **avec ~** on purpose, intentionally; **sans ~** without meaning to, unintentionally ❑ **~ délictueuse** JUR criminal intent; **sans ~ de donner la mort** JUR without intent to kill.

◆ **à cette intention** *loc adv* for that purpose, with this intention.

◆ **à l'intention de** *loc prép* for; **film à l'~ des enfants** film for OU aimed at children; **brochure à l'~ des consommateurs** brochure for (the information of) consumers; **collecte à l'~ des aveugles** fund-raising for (the benefit of) OU in aid of the blind; **messe/prière à l'~ du défunt** mass/prayer for the deceased; (avis) **à l'~ de tous les bateaux** MÉTÉO warning to all shipping.

intentionnalité [ɛ̃tɑ̃sjɔnalite] *nf* intentionality PHILOS.

intentionné, e [ɛ̃tɑ̃sjɔne] *adj*: **bien/mal ~** well-/ill-intentioned.

intentionnel, elle [ɛ̃tɑ̃sjɔnɛl] *adj* intentional, deliberate.

intentionnellement [ɛ̃tɑ̃sjɔnɛlmɑ̃] *adv* intentionally, deliberately.

inter [ɛ̃tɛr] *nm* -**1.** TÉLÉC & *vieilli* trunk call *Br vieilli*; **j'ai eu du mal à obtenir l'~** I had trouble making a trunk call *Br vieilli* OU getting the long-distance operator; **faire l'~** to put in a trunk call *Br vieilli*. -**2.** SPORT inside-forward; **~ droit/gauche** inside right/left.

inter- [ɛ̃tɛr] *préf* inter-.

interactif, ive [ɛ̃tɛraktif, iv] *adj* -**1.** [gén] interactive. -**2.** INF = **conversationnel**.

interaction [ɛ̃tɛraksjɔ̃] *nf* -**1.** [gén] interaction, interplay. -**2.** PHYS interaction.

interafricain, e [ɛ̃tɛrafrikɛ̃, ɛn] *adj* Pan-African.

interagir [32] [ɛ̃tɛraʒir] *vi* to interact.

interallié, e [ɛ̃tɛralje] *adj* Allied.

interaméricain, e [ɛ̃tɛramerikɛ̃, ɛn] *adj* Pan-American, Inter-American.

interarabe [ɛ̃tɛrarab] *adj* Pan-Arab, Pan-Arabic.

interarmées [ɛ̃tɛrarme] *adj inv*: **opération ~** interservice OU joint service operation.

interarmes [ɛ̃tɛrarm] *adj inv*: **exercice ~** combined operation OU exercise *(within the Army)*.

interattraction [ɛ̃tɛratraksjɔ̃] *nf* mutual attraction.

interbancaire [ɛ̃tɛrbɑ̃kɛr] *adj* [relations] interbank; **le marché ~** the money markets.

intercalaire [ɛ̃tɛrkalɛr] ◇ *adj* -**1.** [feuille]: **feuillet ~** inset, insert; **fiche ~** divider. -**2.** [date]: **jour/année ~** intercalary day/year. -**3.** BOT intercalary.

◇ *nm* -**1.** [feuillet] inset, insert. -**2.** [fiche] divider. -**3.** GÉOL intercalated bed.

intercalation [ɛ̃tɛrkalasjɔ̃] *nf* -**1.** [dans le calendrier] intercalation. -**2.** [insertion - de feuilles] insertion; [- de termes] interpolation.

intercaler [3] [ɛ̃tɛrkale] *vt* -**1.** IMPR to insert, to inset. -**2.** [insérer] to insert, to fit OU to put in *(sép)*; **des coupures de journaux intercalées dans un dossier** newspaper clippings inserted into a file; **la fédération a intercalé trois jours de repos entre les matches** the league fitted in three rest days between the matches. -**3.** [dans le calendrier] to intercalate.

◆ **s'intercaler** *vpi*: **s'~ entre** to come (in) OU to fit in between; **la voiture s'est intercalée entre deux ambulances** the car came OU slipped in between two ambulances.

intercéder [8] [ɛ̃tɛrsede] *vi*: **~ (auprès de qqn) en faveur de qqn** to intercede (with sb) for OU on behalf of sb.

intercellulaire [ɛ̃tɛrselylɛr] *adj* intercellular.

intercepter [4] [ɛ̃tɛrsɛpte] *vt* **-1.** [arrêter] to intercept, to stop; **~ un véhicule à la douane** to stop a vehicle at customs; **le fugitif a été intercepté par la police hier** the escaped prisoner was intercepted OU stopped by (the) police yesterday; **il a intercepté la lettre** he intercepted the letter; **le store intercepte la lumière** the blind blocks out the light OU stops the light coming in. **-2.** MIL [avion] to intercept. **-3.** SPORT [ballon] to intercept.

intercepteur [ɛ̃tɛrsɛptœr] *nm* interceptor MIL.

interception [ɛ̃tɛrsɛpsjɔ̃] *nf* interception.

intercesseur [ɛ̃tɛrsesœr] *nm* RELIG OU *litt* intercessor.

intercession [ɛ̃tɛrsesjɔ̃] *nf litt* intercession.

interchangeabilité [ɛ̃tɛrʃɑ̃ʒabilite] *nf* interchangeability.

interchangeable [ɛ̃tɛrʃɑ̃ʒabl] *adj* interchangeable.

intercirculation [ɛ̃tɛrsirkylasjɔ̃] *nf* intercarriage access.

interclasse [ɛ̃tɛrklas] *nm* SCOL break; **à l'~** at OU during the break.

interclasser [3] [ɛ̃tɛrklase] *vt* INF to collate, to merge, to coalesce.

interclasseuse [ɛ̃tɛrklasøz] *nf* collator.

interclubs [ɛ̃tɛrklœb] *adj* SPORT interclub.

intercommunal, e, aux [ɛ̃tɛrkɔmynal, o] *adj* intermunicipal; **projet ~** joint project *(between two or more French communes)*; **hôpital ~** ≃ County OU Regional Hospital.

intercommunautaire [ɛ̃tɛrkɔmynotɛr] *adj* intercommunity; **projet ~** joint project *(between two or more communities)*; **relations ~s** Community relations *(in the EC)*.

interconnectable [ɛ̃tɛrkɔnɛktabl] *adj* interconnectable.

interconnecter [4] [ɛ̃tɛrkɔnɛkte] *vt* to interconnect, to interlink, to connect together.

interconnexion [ɛ̃tɛrkɔnɛksjɔ̃] *nf* interconnection.

intercontinental, e, aux [ɛ̃tɛrkɔ̃tinɑ̃tal, o] *adj* intercontinental; **sur les vols intercontinentaux** on intercontinental flights.

intercostal, e, aux [ɛ̃tɛrkɔstal, o] *adj* intercostal.

intercurrent, e [ɛ̃tɛrkyrɑ̃, ɑ̃t] *adj* MÉD intercurrent.

interdépartemental, e, aux [ɛ̃tɛrdepartəmɑ̃tal, o] *adj* interdepartmental; **projet ~** joint project *(between two or more French départements)*.

interdépendance [ɛ̃tɛrdepɑ̃dɑ̃s] *nf* interdependence; **l'~ des salaires et des prix** the interdependence of prices and wages.

interdépendant, e [ɛ̃tɛrdepɑ̃dɑ̃, ɑ̃t] *adj* interdependent, mutually dependent.

interdiction [ɛ̃tɛrdiksjɔ̃] *nf* **-1.** [prohibition] ban, banning; **passer outre à/lever une ~** to ignore/to lift a ban; **malgré l'~ des ventes** in spite of the ban on sales OU of sales being prohibited; **l'~ du livre en 1953 a assuré son succès** the banning of the book in 1953 guaranteed its success; **obtenir l'~ du site aux touristes** to get an order forbidding tourists access to the site; **nous apprenons l'~ de la manifestation** we've just heard that the demonstration has been banned; **et maintenant, ~ d'utiliser la voiture!** and now you're banned from driving the car!; **~ m'avait été faite d'en parler** I'd been forbidden to talk about it; **~ est faite aux employés de passer par la grande porte** employees are not allowed through OU are forbidden to use the main entrance; **~ de: ~ de faire demi-tour** 'no U-turn'; **~ de marcher sur les pelouses** 'keep off the grass', 'do not walk on the grass'; **~ de pêcher** 'fishing prohibited'; **~ de stationner** 'no parking'; **'~ de déposer des ordures'** 'no dumping'; **'~ (formelle** OU **absolue) de fumer'** '(strictly) no smoking', 'smoking (strictly) prohibited'. **-2.** [suspension - d'un fonctionnaire] suspension (from duty); [- d'un aviateur] grounding; **il a une ~ de vol** he's been grounded; **frapper un prêtre d'~** to place a priest under (an) interdict OU interdiction ❑ **~ bancaire** BANQUE stopping of payment on all cheques *Br* OU checks *Am*; **vous risquez une ~ bancaire** you could have your chequebook *Br* OU checkbook *Am* taken away; **~ d'écriture** INF write lockout; **le document est en ~ d'écriture** the document is write-protected; **~ légale** JUR (temporary) deprivation of legal rights; **~ de séjour** banning order.

interdigital, e, aux [ɛ̃tɛrdiʒital, o] *adj* interdigital.

interdire [103] [ɛ̃tɛrdir] *vt* **-1.** [défendre] to forbid; **~ l'alcool/le tabac à qqn** to forbid sb to drink/to smoke; **~ à qqn de faire qqch** to forbid sb to do sthg; **le règlement du bureau nous interdit de fumer** office rules prohibit smoking OU prohibit us from smoking; **je lui ai interdit ma porte** OU **ma maison** I will not allow her into my OU I have banned her from my home || *(tournure impersonnelle)*: **il est interdit de...** it's forbidden to...; **il m'est interdit d'en dire plus** I am not allowed OU at liberty to say any more; **il est interdit de fumer ici** smoking is forbidden OU isn't allowed here. **-2.** JUR [prohiber - circulation, stationnement, arme à feu, médicament] to prohibit, to ban; [- manifestation, revue] to ban; **la loi l'interdit, c'est interdit par la loi** it's prohibited by law, it's illegal. **-3.** [empêcher] to prevent, to preclude; **le mauvais temps interdit toute opération de sauvetage** bad weather is preventing any rescue operations; **sa maladie lui interdit tout effort** his illness doesn't allow him to make any physical effort. **-4.** [suspendre - magistrat] to suspend; [- prêtre] to (lay under an) interdict.

◆ **s'interdire** *vpt* to forbid o.s.; **s'~ l'alcool/le tabac** to abstain from drinking/smoking; **elle s'interdit par là même tout espoir de revoir sa fille** she thus denies herself all hope of seeing her daughter again.

interdisciplinaire [ɛ̃tɛrdisiplinɛr] *adj* interdisciplinary.

interdit, e [ɛ̃tɛrdi, it] ◇ *adj* **-1.** [non autorisé]: **'décharge/baignade ~e'** 'no dumping/bathing'; **'affichage ~'** '(stick OU post) no bills'; **'zone ~e'** 'no-go area'; **~ à: le pont est ~ aux voyageurs** the bridge is closed to passengers; **la zone piétonne est ~e aux véhicules** vehicles are not allowed in the pedestrian area; **'~ au public'** 'no admittance'; **'~ aux moins de 18 ans'** CIN adults only, ≃ '18' *Br*, ≃ 'NC-17' *Am*; **'~ aux moins de 13 ans'** CIN ≃ 'PG' *Br*, ≃ 'PG-13' *Am*. **-2.** [privé d'un droit]: **~ de séjour en France** JUR banned OU prohibited from entering France; **être ~ de chéquier** to have (had) one's chequebook facilities *Br* OU checking privileges *Am* withdrawn; **appareil/pilote ~ de vol** grounded aircraft/pilot. **-3.** [frappé d'interdiction - film, revue] banned. **-4.** [stupéfait] dumbfounded, flabbergasted; **laisser qqn ~** [très surpris] to take sb aback; [perplexe] to disconcert sb; **elle le dévisagea, ~e** she stared at him in bewilderment; **ils étaient là, ~s, devant les ruines de leur maison** they stood speechless before the wreckage of their home.

◇ *nm, f* JUR: **~ de séjour en Suisse** person banned from OU not allowed to enter Switzerland.

◆ **interdit** *nm* **-1.** [de la société] (social) constraint; [tabou] taboo; **il brave tous les ~s** he defies all social taboos; **lever un ~** to lift a restriction. **-2.** [condamnation]: **jeter l'~ sur** OU **contre qqn** to cast sb out, to exclude sb. **-3.** ANTHR prohibition. **-4.** RELIG interdict.

interentreprises [ɛ̃tɛrɑ̃trəpriz] *adj inv* intercompany.

intéressant, e [ɛ̃teresɑ̃, ɑ̃t] ◇ *adj* **-1.** [conversation, œuvre, personne, visage etc] interesting; **elle cherche toujours à se rendre ~e** she's always trying to attract attention, she's an attention-seeker; **ce type n'est vraiment pas ~** *fam* that guy's such a drag. **-2.** [avantageux] attractive, favourable; [lucratif] profitable, worthwhile; **c'est une affaire très ~e** it's a very good deal; **cette carte n'est ~e que si tu voyages beaucoup** this card is only worth having if you travel a lot; **il serait plus ~ pour vous de changer de banque** you'd be better off banking with somebody else; **pas ~** [offre, prix] not attractive, not worthwhile; [activité] not worthwhile, unprofitable.

◇ *nm, f*: **faire l'~** OU **son ~** *péj* to show off.

intéressé, e [ɛ̃terese] ◇ *adj* **-1.** [personne] self-interested, self-seeking, calculating; [gentillesse, visite] motivated by self-interest; **amour ~** cupboard love; **je ne suis pas du tout ~, je ne fais pas cela dans un but ~** I'm not doing it out of self-interest. **-2.** [concerné] concerned, involved; **les parties ~es** [gén] the people concerned OU involved; JUR the interested parties; **les puissances ~es dans le conflit** the powers involved in the conflict. **-3.** [financièrement]: **être ~ dans une affaire** to have a stake OU a financial interest in a business.

◇ *nm, f*: **l'~** the person concerned; **les premiers ~s** the persons most closely concerned OU most directly affected; **elle est la première** OU **principale ~e** she's the person principally involved OU concerned; **les ~s** the persons concerned, the interested parties.

intéressement [ɛ̃terɛsmɑ̃] *nm* profit-sharing scheme.

intéresser [4] [ɛ̃terese] *vt* **-1.** [passionner - suj: activité, œuvre, professeur etc] to interest; **l'histoire l'intéresse beaucoup** he's very interested in history, history interests him a lot; **notre offre peut peut-être vous ~** our offer might interest you OU might be of interest to you; **le débat ne m'a pas du tout intéressé** I didn't find the debate at all interesting; **la politique les intéresse peu** they're not very interested in politics, politics doesn't interest them very much; **elle sait ~ ses élèves** she knows how to gain her pupils' interest OU how to interest her pupils; **continue, tu m'intéresses!** go on, you're starting to interest me!; **cause toujours, tu m'intéresses!** *iron* [tu n'es pas intéressé] I can see you're fascinated!; **j'ai l'impression que ma sœur l'intéresse beaucoup!** I've got the feeling that he's very interested in my sister! **-2.** [concerner -suj: loi, réforme] to concern, to affect; **ces mesures intéressent essentiellement les mères célibataires** these measures mainly affect single mothers; **un problème qui intéresse la sécurité du pays** a problem which is relevant to OU concerns national security. **-3.** ÉCON & FIN: **~ qqn aux bénéfices** to give sb a share of the profits; **notre personnel est intéressé aux bénéfices** our staff gets a share of our profits, we operate a profit-sharing scheme; **être intéressé dans une entreprise** to have a stake OU a financial interest in a company. **-4.** JEUX: **jouons un franc le point, pour ~ la partie** let's play one franc per point, to make the game more interesting.

◆ **s'intéresser à** *vp + prép*: **s'~ à qqch/qqn** to be interested in sthg/sb, to take an interest in sthg/sb; **elle ne s'intéresse à rien** she is not interested OU she takes no interest in anything; **à quoi vous intéressez-vous?** what are your interests (in life)?; **je m'intéresse vivement à sa carrière** I take great OU a keen interest in her career; **elle s'intéresse énormément à mon frère** she's very interested in my brother, she shows a great deal of interest in my brother; **personne ne s'intéresse à moi!** nobody cares about me!, nobody's interested in me!

intérêt [ɛ̃terɛ] *nm* **-1.** [attention, curiosité] interest; **avoir** OU **éprouver de l'~ pour qqch** to be interested OU to take an interest in sthg; **je n'éprouve aucun ~ pour le théâtre** I'm not at all interested in the theatre, the theatre doesn't interest me at all; **manifester de l'~ pour qqn/qqch** to show an interest in sb/sthg; **prendre ~ à qqch** to take an interest in sthg; **j'ai pris (un) grand ~ à suivre votre émission, j'ai suivi votre émission avec (un) grand ~** I watched your programme with great interest ||

[bienveillance] interest, concern; **porter de l'~ à qqn** to take an interest in sb; **témoigner de l'~ à qqn** to show an interest in sb, to show concern for sb. -**2.** [ce qui éveille l'attention] : **une architecture/ville pleine d'~** architecture/a town of great interest; **son essai offre peu d'~** her essay is of no great interest. -**3.** [utilité] point, idea; **l'~ d'un débat est que tout le monde participe** the point in OU the idea of having a debate is that everybody should join in; **tout l'~ de cette décision réside dans le gain de place réalisé** the whole point OU idea of this decision is to save space; **je ne vois pas l'~ de continuer cette discussion** I see no point in carrying on this discussion ‖ [importance] importance, significance; **ses observations sont du plus haut** OU **grand ~** his comments are of the greatest interest OU importance. -**4.** [avantage - d'une personne, d'une cause] interest; **elle sait où se trouve son ~** she knows what's in her best interests; **agir dans/contre son ~** to act in/against one's own interest; **il n'est pas dans ton ~ de vendre maintenant** it's not in your interest to sell now; **dans l'~ général** in the general interest; **dans l'~ de tous** in the interest of everyone; **dans l'~ public** in the public interest; **dans l'~ de son travail/sa santé** in the interest of her job/her health; **d'~ public** of public interest; **elle a tout ~ à se taire** she'd be well-advised to remain silent; **tu as ~ à te faire tout petit!** *fam* you'd be well-advised to OU you'd better keep your head down!; **t'as ~ à te grouiller!** *fam* you OU you'd better get a move on! ❑ **si elle va me rembourser? (il) y a ~!** *fam* will she pay me back? you bet (she will)! -**5.** [égoïsme] self-interest; **il l'a fait par ~** he did it out of self-interest. -**6.** ÉCON & FIN interest; **à 5 % d'~** 5 % interest (rate); **emprunter/prêter à ~** to borrow/to lend with interest; **cela rapporte des ~s** it yields OU bears interest ❑ **~ légal** statutory (rate of) interest; **~s arriérés** arrears of interest; **~s dus/exigibles** interest due/payable; **~ simple/composé** simple/compound interest; **prêt à ~** loan with interest; **prêt sans ~** interest-free loan.

◆ **intérêts** *nmpl* [d'une personne, d'un pays] interests; **nos ~s économiques/vitaux** our economic/vital interests; **servir les ~s de qqn/d'une société** to serve sb's/a company's interests; **avoir des ~s dans une société** ÉCON & FIN to have a stake OU a financial interest in a company.

◆ **sans intérêt** ◇ *loc adj* [exposition, album] uninteresting, of no interest, devoid of interest; **ne va pas au festival, c'est sans ~** don't go to the festival, it's not worth it; **que disais-tu? – c'est sans ~** what were you saying? – it's not important OU it doesn't matter; **c'est sans ~ pour la suite de l'enquête** it's of no importance for OU relevance to the rest of the inquiry. ◇ *loc adv* uninterestedly, without interest; **je fais mon travail sans ~** I take no interest in my work.

interface [ɛ̃tɛrfas] *nf* interface.

interférence [ɛ̃tɛrferɑ̃s] *nf* -**1.** MÉTÉO, RAD & PHYS interference; **il y a des ~s** there is interference. -**2.** [interaction] interaction; **il y a ~ entre l'évolution climatique et l'équilibre écologique de la région** there's an interaction between climatic changes and the ecological balance of the area.

interférent, e [ɛ̃tɛrferɑ̃, ɑ̃t] *adj* interfering, interference *(modif)*.

interférentiel, elle [ɛ̃tɛrferɑ̃sjɛl] *adj* interferential.

interférer [18] [ɛ̃tɛrfere] *vi* -**1.** PHYS to interfere. -**2.** [se mêler] to interact, to combine; **les deux courants interfèrent** the two currents interact with each other. -**3.** [intervenir] : **~ dans la vie de qqn** to interfere OU to meddle in sb's life.

interféron [ɛ̃tɛrferɔ̃] *nm* interferon.

interfluve [ɛ̃tɛrflyv] *nm* interfluve.

interfoliage [ɛ̃tɛrfɔljaʒ] *nm* : **~ d'un manuscrit/livre** interleaving of a manuscript/book.

interfolier [9] [ɛ̃tɛrfɔlje] *vt* to interleave.

intergalactique [ɛ̃tɛrgalaktik] *adj* intergalactic.

intergouvernemental, e, aux [ɛ̃tɛrguvɛrnəmɑ̃tal, o] *adj* intergovernmental.

intergroupe [ɛ̃tɛrgrup] *nm* joint committee POL.

intérieur, e [ɛ̃terjœr] *adj* -**1.** [du dedans] inside, inner, interior; **la pochette ~e du disque** the inner sleeve of the record; **l'emballage ~** the inside wrapping; **les peintures ~es de la maison** the interior decoration of the house. -**2.** [sentiment, vie] inner; **un grand calme/bonheur ~** a great (feeling of) inner peace/happiness; **des voix ~es** inner voices. -**3.** [national] domestic, internal; **sur les lignes ~es** on domestic OU internal flights; **le gouvernement est aux prises avec des difficultés ~es** the government is battling against difficulties at home OU domestic problems; **la politique ~e du gouvernement** the government's home OU domestic policy; **sur le marché ~** on the home OU domestic markets ❑ **la dette ~e** the national debt. -**4.** [interne] internal; **les problèmes ~s d'un parti** a party's internal problems. -**5.** GÉOG inland; **mer ~e** inland sea; **désert ~** inland desert. -**6.** GÉOM interior.

◆ **intérieur** *nm* -**1.** [d'un objet] inside, interior; **ne pas utiliser de tampon abrasif pour nettoyer l'~** do not use abrasive pads to clean the inside ‖ [d'un continent, d'un pays] : **l'~ (des terres)** the interior; **l'~ de l'île** the interior of the island, the hinterland; **demain, nous irons visiter l'~** tomorrow we'll visit the interior; **les villages de l'~** inland villages. -**2.** [foyer, décor] interior, home; **tenir un ~** to housekeep, to keep house; **son ~ est parfaitement bien tenu** her housekeeping is perfect; **visiter un ~ 1900 reconstitué** to visit a recreated turn-of-the-century interior ❑ **homme d'~, femme d'~** homebody; **veste d'~** indoor jacket; **scène d'~** interior. -**3.** CIN interior (shot); **entièrement tourné en ~** with interior shots only. -**4.** *fam* POL : **l'Intérieur** ≃ the Home Office *Br*, ≃ the Department of the Interior *Am*; **l'Intérieur refusera** ≃ the Home Office people *Br* OU the Department of the Interior *Am* will refuse. -**5.** SPORT inside-forward; **~ droit/gauche** inside right/left.

◆ **à l'intérieur** *loc adv* -**1.** [dedans] inside; **il y a une graine à l'~** there's a seed inside. -**2.** [dans la maison] inside, indoors; **à l'~ il fait plus frais** it's cooler inside.

◆ **à l'intérieur de** *loc prép* -**1.** [un lieu] in, inside; **la pluie pénètre à l'~ du garage** the rain is coming into the garage; **reste à l'~ de la voiture** stay in OU inside the car; **à l'~ des frontières** within OU inside the frontiers; **à l'~ des murs** within the walls; **à l'~ des terres** inland. -**2.** [un groupe] within; **à l'~ d'une famille/d'un petit groupe** within a family/small group.

◆ **de l'intérieur** *loc adv* -**1.** [d'un lieu] from (the) inside; **verrouiller la portière de l'~** to lock the door from (the) inside. -**2.** [d'un groupe] from within.

intérieurement [ɛ̃terjœrmɑ̃] *adv* -**1.** [à l'intérieur] inside, within. -**2.** [secrètement] inwardly; **il se félicitait ~** he was congratulating himself inwardly.

intérim [ɛ̃terim] *nm* -**1.** [période] interim (period); **dans l'~** meanwhile, in the meantime, in the interim. -**2.** [remplacement] : **j'assure l'~ de la secrétaire en chef** I'm deputizing OU covering for the chief secretary. -**3.** [emploi] temporary work; **faire de l'~** to temp ❑ **agence d'~** temping agency.

◆ **par intérim** ◇ *loc adj* [président, trésorier] interim *(modif)*, acting *(modif)*; **secrétaire par ~** acting secretary; **gouvernement par ~** caretaker government. ◇ *loc adv* in a temporary capacity, temporarily; **gouverner par ~** to govern in the interim OU for an interim period.

intérimaire [ɛ̃terimɛr] ◇ *adj* -**1.** [assurant l'intérim] : **directeur/trésorier/ministre ~** acting manager/treasurer/minister; **personnel/employé ~** temporary staff/employee; **secrétaire ~** temporary secretary, temp; **gouvernement/cabinet ~** caretaker government/cabinet. -**2.** [non durable - fonction] interim *(modif)*; [- commission] provisional, temporary, stopgap. ◇ *nmf* [cadre] deputy; [secrétaire] temp; **travailler comme ~** to temp, to do temping work; **elle a beaucoup travaillé comme ~** she's done a lot of temping.

interindividuel, elle [ɛ̃tɛrɛ̃dividɥɛl] *adj* interpersonal; **psychologie ~le** psychology of personal relationships.

intériorisation [ɛ̃terjɔrizasjɔ̃] *nf* internalization, interiorization.

intérioriser [3] [ɛ̃terjɔrize] *vt* -**1.** PSYCH to internalize, to interiorize. -**2.** [garder pour soi] to internalize, to keep in *(sép)*; **elle a intériorisé sa colère** she kept her anger in, she bottled up her anger. -**3.** THÉÂTR : **vous devez ~ le rôle** you have to internalize the part.

intériorité [ɛ̃terjɔrite] *nf* inwardness, interiority.

interjectif, ive [ɛ̃tɛrʒɛktif, iv] *adj* interjectional.

interjection [ɛ̃tɛrʒɛksjɔ̃] *nf* -**1.** [exclamation] interjection. -**2.** JUR : **~ d'appel** lodging of an appeal.

interjeter [27] [ɛ̃tɛrʒəte] *vt* : **~ appel** to lodge an appeal.

interligne [ɛ̃tɛrliɲ] ◇ *nm* -**1.** [blanc] space (between the lines); IMPR & INF line spacing; **simple/double ~** single/double spacing; **~ réglable** adjustable line space. -**2.** [ajout] interlineation. -**3.** MUS space. ◇ *nf* IMPR [lame] lead.

interligner [3] [ɛ̃tɛrliɲe] *vt* -**1.** [séparer] to space. -**2.** [écrire] to interline, to interlineate, to write between the lines; **~ un mot dans le texte** to interline a word in the text.

interlock [ɛ̃tɛrlɔk] *nm* -**1.** [tricot] interlock. -**2.** [machine] interlock machine.

interlocuteur, trice [ɛ̃tɛrlɔkytœr, tris] *nm, f* -**1.** [gén] *person speaking or being spoken to*; LING speaker, interlocutor; [dans un débat] speaker; **mon ~ n'avait pas compris** the man I was talking to hadn't understood. -**2.** [dans une négociation] discussion partner; **nous ne considérons plus le ministre comme un ~ valable** we no longer consider the minister to be an acceptable negotiating partner; **nous avions un ~ de premier plan** we were dealing with a first-rate negotiator.

interlocutoire [ɛ̃tɛrlɔkytwar] ◇ *adj* interlocutory. ◇ *nm* interlocutory judgement.

interlope [ɛ̃tɛrlɔp] *adj* -**1.** [frauduleux] unlawful, illegal, illicit; **commerce ~** illicit trade. -**2.** [louche] shady, dubious; **relations** OU **amitiés ~s** underworld connections.

interloquer [3] [ɛ̃tɛrlɔke] *vt* [décontenancer] to take aback *(sép)*, to disconcert; [stupéfier] to stun; **cette réponse l'a interloqué** the answer stunned OU nonplussed him; **elle resta interloquée** she was dumbfounded OU flabbergasted OU stunned.

interlude [ɛ̃tɛrlyd] *nm* interlude.

intermède [ɛ̃tɛrmɛd] *nm* -**1.** MUS interlude, intermedio, intermezzo *spéc*; THÉÂT interlude, interval piece; **un ~ comique** a comic interlude. -**2.** *fig* interlude, interval; **notre liaison ne fut qu'un agréable ~** our affair was just a pleasant interlude. •

intermédiaire [ɛ̃tɛrmedjɛr] ◇ *adj* -**1.** [moyen] intermediate, intermediary; **solution ~** compromise (solution). -**2.** ENS intermediate; **niveau ~** intermediate level. -**3.** CIN, GÉOL & MÉTALL intermediate. ◇ *nmf* -**1.** [médiateur] intermediary, mediator, go-between; **servir d'~** to act as an intermediary OU as a go-between. -**2.** COMM intermediary, middleman; les fournisseurs et les ~s the suppliers and the middlemen. -3. BANQUE: ~ agréé authorized intermediary.

◆ **par l'intermédiaire de** *loc prép* through, through the intermediary of; **par votre ~** through you; **il a appris l'anglais par l'~ de la radio** he learnt English from the radio.

◆ **sans intermédiaire** *loc adv* -1. [directement] directly. -2. COMM direct, directly; **je préfère vendre sans ~** I prefer to sell direct OU directly to the customer.

intermédiation [ɛ̃tɛrmedjasjɔ̃] *nf* intermediary financing.

intermétallique [ɛ̃tɛrmetalik] *adj* intermetallic.

interminable [ɛ̃tɛrminabl] *adj* interminable, never-ending, endless; **un discours ~** an interminable speech; **la route lui paraissait ~** she thought the road would never end.

interminablement [ɛ̃tɛrminabləmɑ̃] *adv* interminably, endlessly, without end.

interministériel, elle [ɛ̃tɛrministerjɛl] *adj* interdepartmental POL, joint ministerial *Br*; **Groupe ~ de contrôle** *official body controlling the use of telephone-tapping.*

intermission [ɛ̃tɛrmisjɔ̃] *nf* (period of) remission, intermission MÉD.

intermittence [ɛ̃tɛrmitɑ̃s] *nf* -1. [irrégularité] intermittence, irregularity; **l'~ d'un signal lumineux** the irregular flashing of a light; **l'~ de la production** the irregularity of production. -2. MÉD intermission, remission.

◆ **par intermittence** *loc adv* intermittently; **travailler par ~** to work in fits and starts OU intermittently.

intermittent, e [ɛ̃tɛrmitɑ̃, ɑ̃t] *adj* -1. [irrégulier - tir] intermittent, sporadic; [- travail] casual, occasional; [- pulsation] irregular, periodic; [- éclairage] intermittent; **averses ~es dans le nord du pays** occasional showers in the north. -2. MÉD: **fièvre ~e** intermittent fever; **pouls ~** irregular pulse.

intermoléculaire [ɛ̃tɛrmɔlekylɛr] *adj* intermolecular.

intermusculaire [ɛ̃tɛrmyskylɛr] *adj* intermuscular.

internalisation [ɛ̃tɛrnalizasjɔ̃] *nf* internalization ECON; **~ du recrutement** recruiting in-house, in-house OU internal recruitment.

internat [ɛ̃tɛrna] *nm* -1. SCOL [école] boarding school; **l'~** [régime] boarding. -2. MÉD [concours] *competitive examination leading to internship*; [stage] hospital training, time as a houseman *Br*, internship *Am*.

international, e, aux [ɛ̃tɛrnasjɔnal, o] ◇ *adj* -1. [gén] international. -2. ARCHIT: **style ~** international style.

◇ *nm, f* international (player OU athlete).

◆ **internationaux** *nmpl* SPORT internationals; **les internationaux de France de tennis** the French Open.

Internationale [ɛ̃tɛrnasjɔnal] *npr f* -1. [chant]: **l'~** the Internationale. -2. [groupement]: **l'~** the International.

internationalisation [ɛ̃tɛrnasjɔnalizasjɔ̃] *nf* internationalization.

internationaliser [3] [ɛ̃tɛrnasjɔnalize] *vt* to internationalize.

◆ **s'internationaliser** *vpi* to take on an international dimension; **le conflit s'est internationalisé** the conflict took on an international dimension.

internationalisme [ɛ̃tɛrnasjɔnalism] *nm* internationalism.

internationaliste [ɛ̃tɛrnasjɔnalist] ◇ *adj* internationalist.

◇ *nmf* -1. POL internationalist. -2. JUR international lawyer.

internationalité [ɛ̃tɛrnasjɔnalite] *nf* internationality.

interne [ɛ̃tɛrn] ◇ *adj* -1. [intérieur - paroi] internal, inside; [- face] internal; [- raison, cause, logique] internal, inner; **il a fallu radiographier le côté ~ de la jambe/du pied** the inner part of the leg/foot had to be X-rayed; **le parti connaît des difficultés ~s** the party is having internal problems; **structure ~** internal structure. -2. MÉD [hémorragie, organe] internal.

◇ *nmf* -1. MÉD: **~ (des hôpitaux)** houseman *Br*, intern *Am*; **~ en pharmacie** student pharmacist *(in a hospital)*. -2. SCOL boarder; **c'est un ~** he's at boarding school.

interné, e [ɛ̃tɛrne] ◇ *adj* -1. MÉD committed, sectioned *Br spéc*. -2. [emprisonné] interned.

◇ *nm, f* -1. MÉD committed OU sectioned *Br spéc* patient. -2. [prisonnier] internee.

internégatif [ɛ̃tɛrnegatif] *nm* internegative.

internement [ɛ̃tɛrnəmɑ̃] *nm* -1. MÉD commitment, sectioning *Br spéc*. -2. [emprisonnement] internment; **~ abusif** illegal internment; **~ administratif** internment without trial.

interner [3] [ɛ̃tɛrne] *vt* -1. MÉD to commit, to section *Br spéc*. -2. POL to intern.

interocéanique [ɛ̃tɛrɔseanik] *adj* interoceanic.

interosseux, euse [ɛ̃tɛrɔsø, øz] *adj* interosseous.

interpellateur, trice [ɛ̃tɛrpelatœr, tris] *nm, f* -1. POL [questionneur] questioner, interpellator *spéc*. -2. [personne qui apostrophe] *person calling out*; **mon ~** the person calling out to me.

interpellation [ɛ̃tɛrpelasjɔ̃] *nf* -1. [apostrophe] call, shout. -2. [par la police] (arrest for) questioning; **la police a procédé à plusieurs ~s** several people were detained OU taken in by police for questioning. -3. POL question, interpellation *spéc*.

interpeller [26] [ɛ̃tɛrpəle] *vt* -1. [appeler] to call out, to hail. -2. [suj: police] to call in OU to stop for questioning. -3. [concerner] to call out *(insép)* to; **ça m'interpelle** *hum* it says something to me. -4. POL to put a question to, to interpellate.

◆ **s'interpeller** *vp (emploi réciproque)* [s'appeler] to call out to OU to hail one another.

interpénétration [ɛ̃tɛrpenetrasjɔ̃] *nf* interpenetration.

interpénétrer [18] [ɛ̃tɛrpenetre]

◆ **s'interpénétrer** *vp (emploi réciproque)* to interpenetrate, to penetrate mutually; **des cultures qui s'interpénètrent** intermingling cultures.

interpersonnel, elle [ɛ̃tɛrpɛrsɔnɛl] *adj* interpersonal, person-to-person.

interphase [ɛ̃tɛrfaz] *nf* interphase.

Interphone® [ɛ̃tɛrfɔn] *nm* [dans un bureau] intercom; [à l'entrée d'un immeuble] entry OU security phone.

interplanétaire [ɛ̃tɛrplanetɛr] *adj* interplanetary.

INTERPOL, Interpol [ɛ̃tɛrpɔl] *npr* Interpol.

interpolation [ɛ̃tɛrpɔlasjɔ̃] *nf* interpolation, insertion.

interpoler [3] [ɛ̃tɛrpɔle] *vt* -1. [texte] to insert, to fit in OU into *(sép)*, to interpolate *spéc*; **~ un paragraphe dans un texte** to insert a paragraph into a text; **~ une phrase dans un discours** to add a sentence to a speech. -2. MATH to interpolate.

interposer [3] [ɛ̃tɛrpoze] *vt* to place, to insert, to interpose; **ils ont pu se contacter par personne interposée** they were able to make contact through an intermediary.

◆ **s'interposer** *vpi* -1. [faire écran]: **s'~ entre** to stand between; **il s'est interposé entre la lumière et mon appareil** he stood between the light and my camera. -2. [intervenir] to intervene, to step in *(insép)*, to interpose o.s.; **il s'est interposé pour l'empêcher de me frapper** he stepped in OU intervened to stop her hitting me.

interpositif [ɛ̃tɛrpozitif] *nm* interpositive.

interposition [ɛ̃tɛrpozisjɔ̃] *nf* -1. [d'un objet, de texte] interposition, interposing. -2. [intervention] interposition, intervention. -3. JUR: **~ de personnes** defrauding *(by drawing up a contract)* to the advantage of a third party.

interprétable [ɛ̃tɛrpretabl] *adj* interpretable; **c'est ~ de deux façons** this may be interpreted OU taken in two ways.

interprétariat [ɛ̃tɛrpretarja] *nm* interpreting; **diplôme d'~** interpreting diploma; **faire de l'~** to work as an interpreter.

interprétatif, ive [ɛ̃tɛrpretatif, iv] *adj* -1. [explicatif] expository, interpretative, interpretive. -2. INF interpretive. -3. PSYCH interpretative.

interprétation [ɛ̃tɛrpretasjɔ̃] *nf* -1. [exécution - d'une œuvre musicale] interpretation, rendering, performance; [- d'un rôle] interpretation; [- d'un texte] reading. -2. [analyse] interpretation, analysis; **c'est une drôle d'~ de la situation** it's a strange way of looking at OU interpreting the situation; **il a donné une fausse ~ de mes déclarations** he gave an incorrect interpretation of OU he misinterpreted my statements. -3. [interprétariat] interpreting. -4. PSYCH: **~ des rêves** interpretation of dreams. -5. INF interpretation.

interprète [ɛ̃tɛrprɛt] *nmf* -1. [exécutant, acteur] performer, player; [chanteur] singer; [danseur] dancer; **l'~ de Giselle** the dancer of the title role in Giselle; **les ~s** [d'un film, d'une pièce] the cast; **une pause pour donner aux ~s le temps de se changer** a break to allow the performers to change; **l'~ de: il est devenu l'~ par excellence de Beckett** he became the foremost interpreter of Beckett's work; **l'~ de Cyrano n'était pas à la hauteur** the actor playing Cyrano wasn't up to the part; **les ~s de ce concerto sont...** the concerto will be played by... -2. [traducteur] interpreter; **servir d'~ à** to act as interpreter for. -3. [représentant] spokesperson, spokesman (*f* spokeswoman); **être l'~ de qqn auprès des autorités** to speak to the authorities on sb's behalf.

interpréter [18] [ɛ̃tɛrprete] *vt* -1. [exécuter, jouer] to perform, to interpret; **~ un rôle** to play a part; **elle interprète Molière/Madame Butterfly** she plays Molière/(the part of) Madame Butterfly; **~ une sonate au piano** to play a sonata on the piano; **j'aime la façon dont il interprète Hamlet/le requiem** I like the way he performs Hamlet/the requiem; **~ un air** to perform OU to sing a tune. -2. [comprendre] to interpret; **mal ~ qqch** to misinterpret sthg; **~ qqch en bien/mal** to take sthg well/the wrong way; **~ un texte** to interpret a text. -3. [traduire] to interpret.

◆ **s'interpréter** *vp (emploi passif)* [être compris] to be interpreted; **son refus peut s'~ de plusieurs façons** his refusal can be interpreted in several ways.

interpréteur [ɛ̃tɛrpretœr] *nm* interpreter COMPUT.

interprofessionnel, elle [ɛ̃tɛrprɔfɛsjɔnɛl] *adj* interprofessional.

interracial, e, aux [ɛ̃tɛrrasjal, o] *adj* interracial.

interrégional, e, aux [ɛ̃tɛrreʒjɔnal, o] *adj* interregional.

interrègne [ɛ̃tɛrrɛɲ] *nm* interregnum.

interrogateur, trice [ɛ̃terɔgatœr, tris] ◇ *adj* [geste, regard] questioning, inquiring, probing; **d'un air ~** interrogatively, questioningly; **sur un ton ~** questioningly, searchingly.

◇ *nm, f* ENS (oral) examiner.

interrogatif, ive [ɛ̃terɔgatif, iv] *adj* -1. [interrogateur] questioning, inquiring. -2. LING interrogative.

◆ **interrogatif** *nm* interrogative (word); **l'~** the interrogative.

◆ **interrogative** *nf* interrogative OU question clause.

interrogation [ɛ̃terɔgasjɔ̃] *nf* -1. [question] question, questioning; **sur son visage se lisait une muette ~** her face was silently questioning ‖ [doute] questioning, questions, doubts. -2. SCOL test; **~ écrite** written test; **~ orale** oral test. -3. LING: **~ directe/indirecte** direct/indirect question. -4. INF & TÉLÉC search.

interrogativement [ɛ̃terɔgativmɑ̃] *adv* -1. LING interrogatively. -2. [en demandant] questioningly, inquiringly.

interrogatoire [ɛ̃terɔgatwar] *nm* -1. [par la police - d'un prisonnier, d'un suspect] interrogation, questioning; **faire subir à qqn un ~ serré** *fam* to grill sb; **faire subir à qqn un ~ musclé** *fam* to work sb over for information. -**2.** JUR [dans un procès] examination, cross-examination, cross-questioning; [par un juge d'instruction] hearing; [procès-verbal] statement.

interrogeable [ɛ̃terɔʒabl] *adj*: **répondeur ~ à distance** answering machine with remote access facility.

interroger [17] [ɛ̃terɔʒe] *vt* -**1.** [questionner - ami] to ask, to question; [- guichetier] to ask, to inquire of; [- suspect] to question, to interrogate, to interview; **~ qqn pour savoir si** to ask sb whether, to inquire of sb whether; **~ qqn sur qqch** to ask sb questions about sthg; **~ qqn du regard** to look questioningly OU inquiringly at sb; **il y a là un monsieur qui m'a interrogé à votre sujet** there is a gentleman here inquiring about you OU asking questions about you; **ils l'ont interrogé sans ménagement** they put him through a gruelling interrogation; **~ sa mémoire/sa conscience/le ciel** to search one's memory/one's conscience/the sky. -**2.** SOCIOL to poll, to question; **personne interrogée** respondent. -**3.** ENS [avant l'examen] to test, to quiz; [à l'examen] to examine; **j'ai été interrogé sur la guerre de 14-18** I was asked questions on the 1914-18 war; **être interrogé par écrit** to be given a written test OU exam. -**4.** INF & TÉLÉC to interrogate, to search (through). -**5.** JUR to examine, to cross-examine.
◆ **s'interroger** *vpi*: **s'~ sur qqch** to question o.s. OU to wonder about sthg; **je ne sais pas si je vais l'acheter, je m'interroge encore** I don't know whether I'll buy it, I'm still wondering (about it) OU I haven't made up my mind yet.

interrompre [78] [ɛ̃terɔ̃pr] *vt* -**1.** [perturber - conversation] to interrupt; **il fut interrompu par l'arrivée de son père** he was interrupted by the arrival of his father; **n'interrompez pas la conversation** don't interrupt the conversation; **ses études furent interrompues par la guerre** her studies were interrupted OU curtailed by the war. -**2.** [faire une pause dans - débat] to stop, to suspend; [- session, voyage] to interrupt, to break; **l'athlète a interrompu son entraînement pendant deux mois** the athlete stopped training for two months; **~ ses études pendant un an** to take a year off from one's studies. -**3.** [définitivement] to stop; **~ sa lecture/son repas** to stop reading/eating; **le match a été interrompu par la pluie** rain stopped play, play was abandoned due to rain; **~ une grossesse** to terminate a pregnancy.
◆ **s'interrompre** *vpi* [dans une conversation] to break off, to stop; [dans une activité] to break off.

interrupteur, trice [ɛ̃teryptœr, tris] *nm, f litt* [personne] interrupter.
◆ **interrupteur** *nm* [dispositif] switch; **~ horaire/principal** time/master switch.

interruption [ɛ̃terypsjɔ̃] *nf* -**1.** [arrêt définitif] breaking off; **l'~ des négociations** the breaking off of the talks; **~ des relations diplomatiques** breaking off OU severance of diplomatic relations; **sans ~** continuously, uninterruptedly, without stopping; **'ouvert sans ~ de 9 h à 20 h'** 'open all day 9 a.m.-8 p.m.' ❑ **~ volontaire de grossesse** MÉD voluntary termination of pregnancy. -**2.** [pause] break; **après une brève ~, le spectacle reprit** after a short break, the show started up again. -**3.** [perturbation] interruption; **des ~s continuelles l'empêchaient de travailler** continual interruptions prevented him from working; **veuillez excuser l'~ de nos programmes** we apologise for the break in transmission ❑ **~ de courant** ÉLECTR power cut.

intersaison [ɛ̃tɛrsɛzɔ̃] *nf* off season.

interscolaire [ɛ̃tɛrskɔlɛr] *adj* interschool.

intersecté, e [ɛ̃tɛrsɛkte] *adj* intersecting.

intersection [ɛ̃tɛrsɛksjɔ̃] *nf* -**1.** [de routes] intersection, crossroads, junction; **~ avec une route secondaire** intersection with a minor road; **à l'~ des deux routes** where the two roads intersect OU meet; **à l'~ de plusieurs courants politiques** where several different political tendencies meet OU come together. -**2.** MATH [de droites, de plans] intersection; [d'ensembles] set; LOG set.

intersession [ɛ̃tɛrsesjɔ̃] *nf* recess POL.

intersexualité [ɛ̃tɛrsɛksɥalite] *nf* intersexuality.

intersidéral, e, aux [ɛ̃tɛrsideral, o] *adj* intersideral; **espace ~** deep space.

intersigne [ɛ̃tɛrsiɲ] *nm* mysterious connection.

interstellaire [ɛ̃tɛrstelɛr] *adj* interstellar.

interstice [ɛ̃tɛrstis] *nm* crack, chink, interstice.

interstitiel, elle [ɛ̃tɛrstisjɛl] *adj* interstitial.
◆ **interstitiel** *nm* PHYS interstitial.

intersubjectif, ive [ɛ̃tɛrsybʒɛktif, iv] *adj* intersubjective.

intersyndical, e, aux [ɛ̃tɛrsɛ̃dikal, o] *adj* interunion, joint union.
◆ **intersyndicale** *nf* interunion committee.

intertitre [ɛ̃tɛrtitr] *nm* -**1.** PRESSE subheading. -**2.** CIN subtitle.

intertrigo [ɛ̃tɛrtrigo] *nm* intertrigo.

intertropical, e, aux [ɛ̃tɛrtrɔpikal, o] *adj* intertropical.

interurbain, e [ɛ̃tɛryrbɛ̃, ɛn] *adj* [gén] intercity, interurban; TÉLÉC & *vieilli* long-distance *(avant n)*, trunk *Br (modif)*.
◆ **interurbain** *nm vieilli* long-distance telephone service, trunk call service *Br*.

intervalle [ɛ̃tɛrval] *nm* -**1.** [durée] interval; **un ~ de trois heures** a three-hour interval OU gap; **ils se sont retrouvés à trois mois d'~** they met again after an interval of three months; **par ~s** intermittently, at intervals, now and again; **dans l'~, je ferai le nécessaire** meanwhile OU in the meantime I'll do what has to be done; **dans l'~, j'étais revenu** I had come back by then OU by that time. -**2.** [distance] interval, space; **plantés à ~s de trois mètres** OU **à trois mètres d'~** planted three metres apart; **l'~ entre les deux maisons** the distance between the two houses. -**3.** [brèche] gap. -**4.** MATH, MIL & MUS interval.

intervenant, e [ɛ̃tɛrvənɑ̃, ɑ̃t] ◇ *adj* intervening.
◇ *nm, f* -**1.** [dans un débat, un congrès] contributor, speaker. -**2.** JUR intervening party.

intervenir [40] [ɛ̃tɛrvənir] *vi* -**1.** [agir] to intervene, to step in; **~ en faveur de qqn** to intercede OU to intervene on sb's behalf; **~ auprès de qqn pour** to intercede with sb in order to; **il était temps d'~** it was time to do something about it OU to act; **on a dû faire ~ la police** the police had to be brought in OU called in. -**2.** MÉD to operate. -**3.** [prendre la parole] to speak, to intervene; **vous ne devez pas ~ dans ce débat** you mustn't intervene OU speak in this debate. -**4.** MIL to intervene. -**5.** [jouer un rôle - circonstance, facteur]: **~ dans** to influence, to affect; **le prix n'intervient pas dans mon choix** the price has no bearing on OU doesn't affect my choice. -**6.** [survenir - accord, décision] to be reached; [- incident] to occur, to take place; **le changement/la mesure intervient au moment où...** the change/measure comes at a time when... -**7.** JUR to intervene.

intervention [ɛ̃tɛrvɑ̃sjɔ̃] *nf* -**1.** [entrée en action] intervention; **il a fallu l'~ des pompiers** the fire brigade had to be called in OU brought in; **malgré l'~ rapide des secours** despite swift rescue action; **~ en faveur de qqn** intervention in sb's favour. -**2.** MIL intervention; **provoquer l'~ des forces armées** to prompt military intervention ❑ **~ aérienne** air strike; **~ armée** armed intervention. -**3.** [ingérence] interference; POL intervention. -**4.** [discours] speech, contribution; **j'ai fait deux ~s** I spoke twice; **j'ai approuvé son ~** I agreed with his contribution OU what he said. -**5.** MÉD: **~ (chirurgicale)** (surgical) operation, surgery *(U)*; **procéder à une ~ chirurgicale** to operate. -**6.** AGR & ÉCON: **beurre d'~** subsidized butter; **prix d'~** intervention price. -**7.** JUR intervention.

interventionnisme [ɛ̃tɛrvɑ̃sjɔnism] *nm* interventionism.

interventionniste [ɛ̃tɛrvɑ̃sjɔnist] *adj & nmf* interventionist.

interversion [ɛ̃tɛrvɛrsjɔ̃] *nf* inversion; **~ de chiffres** transposition of figures; **~ des rôles** role reversal.

intervertébral, e, aux [ɛ̃tɛrvɛrtebral, o] *adj* intervertebral.

intervertir [32] [ɛ̃tɛrvɛrtir] *vt* to invert (the order of); **~ les rôles** to reverse roles.

interview [ɛ̃tɛrvju] *nf* OU *nm* interview PRESS.

interviewé, e [ɛ̃tɛrvjuve] ◇ *adj* interviewed PRESS.
◇ *nm, f* interviewee PRESS.

interviewer[1] [3] [ɛ̃tɛrvjuve] *vt* to interview PRESS.

interviewer[2] [ɛ̃tɛrvjuvœr] *nm* interviewer PRESS.

intervocalique [ɛ̃tɛrvɔkalik] *adj* intervocalic.

intestat [ɛ̃tɛsta] ◇ *adj inv* intestate; **mourir ~** to die intestate.
◇ *nmf* intestate.

intestin[1] [ɛ̃tɛstɛ̃] *nm* ANAT intestine, bowel, gut; **les ~s** the intestines, the bowels ❑ **~ grêle** small intestine; **gros ~** large intestine.

intestin[2], **e** [ɛ̃tɛstɛ̃, in] *adj sout* [interne] internal, intestine; **luttes ~es** internecine struggles.

intestinal, e, aux [ɛ̃tɛstinal, o] *adj* intestinal; **douleurs ~es** stomach pains.

intimation [ɛ̃timasjɔ̃] *nf* -**1.** [d'un ordre] notification. -**2.** JUR [assignation] summons *(before a high court)*; **signifier une ~** to issue OU to serve a summons.

intime [ɛ̃tim] ◇ *adj* -**1.** [proche] intimate; **un ami ~** a close friend, an intimate; **ils sont (très) ~s** they are (very) close. -**2.** [privé - pensée, vie] intimate; **conversation ~** private conversation, tête-à-tête; **chagrin ~** personal OU intimate grief; **avoir des relations ~s avec qqn** to be on intimate terms with sb; **univers ~** secret world ❑ **carnet** OU **journal ~** (private OU personal) diary. -**3.** *euph* [génital]: **hygiène ~** personal hygiene; **parties ~s** private parts. -**4.** [discret] quiet, intimate; **cérémonie/mariage ~** quiet ceremony/wedding; **soirée ~** [entre deux personnes] candlelit OU quiet dinner; [entre plusieurs] quiet get-together; **restaurant ~** (small) quiet restaurant. -**5.** [profond] inner, intimate; **les recoins les plus ~s de l'âme** the innermost OU deepest recesses of the soul; **le sens ~ d'un texte** the underlying OU deeper meaning of a text; **il a une connaissance ~ de la langue** he has a detailed OU thorough knowledge of the language, he knows the language inside out || *(avant le n)*: **j'ai l'~ conviction qu'il ment** I am privately convinced that he's lying.
◇ *nmf* [ami] close friend, intimate; **ses ~s** her closest friends (and relations); **moi, c'est Madeleine, Mado pour les ~s** I'm Madeleine, Mado to my friends OU my friends call me Mado.

intimé, e [ɛ̃time] ◇ *adj*: **partie ~e** respondent party.
◇ *nm, f* respondent.

intimement [ɛ̃timmɑ̃] *adv* intimately; **ces deux faits sont ~ liés** these two facts are closely connected; **~ convaincu** OU **persuadé** profoundly convinced.

intimer [3] [ɛ̃time] *vt* -**1.** [ordonner] to instruct, to order, to tell; **~ à qqn l'ordre de se taire/de rester** to tell sb to be quiet/to stay. -**2.** JUR [en appel] to summon; [faire savoir] to notify.

intimidable [ɛ̃timidabl] *adj* easily intimidated.

intimidant, e [ɛ̃timidɑ̃, ɑ̃t] *adj* intimidating.

intimidateur, trice [ɛ̃timidatœr, tris] *adj* intimidating.

intimidation [ɛ̃timidasjɔ̃] *nf* intimidation; **céder à des ~s** to give in to intimidation; **ils ont usé d'~ pour l'obliger à céder** they used intimidation to force him into submission.

intimider [3] [ɛ̃timide] *vt* -**1.** [faire pression sur] to intimidate; **vous croyez m'~?** do you think you scare me? -**2.** [troubler] to intimidate, to overawe; **il s'est laissé ~ par elle** he allowed her to intimidate him.

intimisme [ɛ̃timism] *nm* LITTÉRAT & BX-ARTS intimism.

intimiste [ɛ̃timist] *adj* & *nmf* LITTÉRAT & BX-ARTS intimist.

intimité [ɛ̃timite] *nf* -**1.** [vie privée, caractère privé] privacy; **l'~ du foyer** the privacy of one's own home; **envahir l'~ de qqn** to invade sb's privacy; **nous fêterons son succès dans l'~** we'll celebrate his success with just a few close friends; **ils se sont mariés dans la plus stricte ~** they were married in the strictest privacy. -**2.** [familiarité] intimacy; **l'~ conjugale** the intimacy of married life; **vivre dans l'~ avec qqn** *euph* to be on intimate terms with sb. -**3.** [confort] intimacy, cosiness, snugness; **dans l'~ de la cuisine** in the warmth of the kitchen. -**4.** *litt* [profondeur] intimacy; **dans l'~ de la prière** in the privacy OU intimacy of prayer; **dans l'~ de nos âmes** in the innermost depths of our souls.

intitulé [ɛ̃tityle] *nm* -**1.** [titre - d'un livre] title; [- d'un chapitre] heading, title. -**2.** JUR [d'un acte] premises; [d'un titre] abstract (of title); [d'une loi] long title; **~ de compte courant postal** (post office) current account *Br* OU checking account *Am* particulars.

intituler [3] [ɛ̃tityle] *vt* to call, to entitle; **comment a-t-il intitulé le roman?** what did he call the novel?, what title did he give the novel?; **un film intitulé M** a film called OU entitled M.

◆ **s'intituler** ◇ *vp (emploi réfléchi)* [personne] to give o.s. the title of, to call o.s.

◇ *vpi* [œuvre] to be entitled OU called.

intolérable [ɛ̃tɔlerabl] *adj* -**1.** [insupportable] intolerable, unbearable; **chaleur/douleur/bruit ~** unbearable heat/pain/noise. -**2.** [inadmissible] intolerable, inadmissible, unacceptable; **vos retards sont ~s** your lateness will not be tolerated; **il est ~ que seul l'aîné y ait droit** it's unacceptable that only the older one should be entitled to it.

intolérance [ɛ̃tɔlerɑ̃s] *nf* -**1.** [sectarisme] intolerance; **~ politique/religieuse** political/religious intolerance. -**2.** MÉD intolerance; **~ aux analgésiques** intolerance to painkillers; **~ à l'alcool** lack of tolerance to alcohol; **~ alimentaire** allergy (to food).

intolérant, e [ɛ̃tɔlerɑ̃, ɑ̃t] ◇ *adj* intolerant; **une secte ~e** an intolerant sect; **des parents ~s** intolerant parents.

◇ *nm, f* intolerant person, bigot.

intonation [ɛ̃tɔnasjɔ̃] *nf* -**1.** [inflexion de la voix] tone, intonation. -**2.** LING intonation.

intouchable [ɛ̃tuʃabl] ◇ *adj* [qui ne peut être - touché, sanctionné] untouchable; [- critiqué] untouchable, beyond criticism, uncriticizable.

◇ *nmf* [paria] untouchable.

intox [ɛ̃tɔks] *nf* propaganda, brainwashing; **tout ça, c'est de l'~** all that's just propaganda.

intoxicant, e [ɛ̃tɔksikɑ̃, ɑ̃t] *adj* poisonous, toxic.

intoxication [ɛ̃tɔksikasjɔ̃] *nf* -**1.** MÉD poisoning; **~ alimentaire** food poisoning. -**2.** *fig* propaganda, brainwashing.

intoxiqué, e [ɛ̃tɔksike] ◇ *adj* -**1.** MÉD poisoned; **~ par l'alcool** intoxicated, drunk; **il fume beaucoup trop, il est complètement ~!** he smokes far too much, he's become addicted! -**2.** [manipulé] indoctrinated, brainwashed.

◇ *nm, f* -**1.** [drogué] (drug) addict. -**2.** [endoctriné] indoctrinated OU brainwashed person.

intoxiquer [3] [ɛ̃tɔksike] *vt* -**1.** MÉD to poison. -**2.** *fig* to brainwash, to indoctrinate; **une propagande qui intoxique les esprits** propaganda which poisons the mind.

◆ **s'intoxiquer** *vpi* to poison o.s.; **s'~ avec de la viande/des fraises** to get food poisoning from (eating) meat/strawberries.

intra-atomique [ɛ̃traatɔmik] (*pl* **intra-atomiques**) *adj* intra-atomic.

intracardiaque [ɛ̃trakardjak] *adj* intracardiac.

intracellulaire [ɛ̃traselylɛr] *adj* intracellular.

intracrânien, enne [ɛ̃trakranjɛ̃, ɛn] *adj* intracranial.

indradermique [ɛ̃tradɛrmik] *adj* intradermal, intracutaneous.

intradermo-réaction [ɛ̃tradɛrmɔreaksjɔ̃] (*pl* intradermo-réactions) *nf* intradermal test.

intrados [ɛ̃trado] *nm* -**1.** AÉRON lower surface *(of a wing)*. -**2.** ARCHIT intrados.

intraduisible [ɛ̃tradɥizibl] *adj* -**1.** [texte, mot] untranslatable; **c'est ~** it's impossible to translate, it can't be translated; **le mot est ~** there is no translation for the word. -**2.** [indicible] inexpressible, indescribable.

intraitable [ɛ̃trɛtabl] *adj* uncompromising, inflexible; **il est resté ~ sur ce point** he remained adamant on this point.

intramoléculaire [ɛ̃tramɔlekylɛr] *adj* intramolecular.

intramontagnard, e [ɛ̃tramɔ̃taɲar, ard] *adj* intramontane.

intra-muros [ɛ̃tramyros] ◇ *loc adj inv*: **quartiers ~** districts within the city boundaries; **Vérone ~** the walled city of Verona; **Londres ~** inner London.

◇ *loc adv*: **habiter ~** to live in the city itself.

intramusculaire [ɛ̃tramyskylɛr] *adj* intramuscular.

intransigeance [ɛ̃trɑ̃ziʒɑ̃s] *nf* intransigence; **faire preuve d'~** to be uncompromising OU intransigent.

intransigeant, e [ɛ̃trɑ̃ziʒɑ̃, ɑ̃t] ◇ *adj* uncompromising, intransigent; **se montrer ~ envers** OU **vis-à-vis de qqn** to take a hard line OU to be uncompromising with sb; **il est ~ sur la discipline** he's a stickler for discipline.

◇ *nm, f* hardliner, uncompromising person.

intransitif, ive [ɛ̃trɑ̃zitif, iv] *adj* intransitive.

◆ **intransitif** *nm* intransitive (verb).

intransitivement [ɛ̃trɑ̃zitivmɑ̃] *adv* intransitively.

intransitivité [ɛ̃trɑ̃zitivite] *nf* intransitivity, intransitiveness.

intransmissibilité [ɛ̃trɑ̃smisibilite] *nf* -**1.** BIOL intransmissibility. -**2.** JUR untransferability, nontransferability, untransmissibility *spéc*.

intransmissible [ɛ̃trɑ̃smisibl] *adj* -**1.** BIOL intransmissible. -**2.** JUR untransferable, nontransferable, unassignable.

intransportable [ɛ̃trɑ̃spɔrtabl] *adj* -**1.** [objet] untransportable; **c'est ~** it can't be moved OU transported. -**2.** [blessé]: **il est ~** he shouldn't be moved, he's unfit to travel.

intrant [ɛ̃trɑ̃] *nm* input ECON.

intranucléaire [ɛ̃tranykleɛr] *adj* intranuclear.

intra-utérin, e [ɛ̃trayterɛ̃, in] (*mpl* **intra-utérins**, *fpl* **intra-utérines**) *adj* intrauterine; **la vie ~e** life in the womb, life in utero.

intraveineux, euse [ɛ̃travɛnø, øz] *adj* intravenous.

◆ **intraveineuse** *nf* intravenous injection.

intrépide [ɛ̃trepid] ◇ *adj* -**1.** [courageux] intrepid, bold, fearless. -**2.** *sout* [persévérant] unashamed, unrepentent; **un buveur ~** a hardened drinker; **un bavard ~** a terrible chatterbox.

◇ *nmf* intrepid OU brave person.

intrépidement [ɛ̃trepidmɑ̃] *adv* intrepidly, boldly, fearlessly.

intrépidité [ɛ̃trepidite] *nf* -**1.** [courage] intrepidness, intrepidity, boldness; **il s'était battu avec ~** he had fought fearlessly. -**2.** *sout* [persévérance]: **mentir avec ~** to lie shamelessly.

intrication [ɛ̃trikasjɔ̃] *nf* intricacy, intricateness.

intrigant, e [ɛ̃trigɑ̃, ɑ̃t] ◇ *adj* scheming, conniving.

◇ *nm, f* schemer, plotter, intriguer.

intrigue [ɛ̃trig] *nf* -**1.** [scénario] plot; **rebondissement de l'~** twist in the plot; **~ compliquée** intricate plot; **~ policière** detective story. -**2.** [complot] intrigue, plot, scheme; **déjouer une ~** to foil a plot; **nouer une ~ contre qqn** to hatch a plot against sb; **~s politiques** political intrigues. -**3.** *litt* [liaison amoureuse] (secret) love affair, intrigue.

intriguer [3] [ɛ̃trige] ◇ *vt* to intrigue, to puzzle; **son appel m'a intrigué** his call puzzled me; **ça m'intrigue** that intrigues me.

◇ *vi* to scheme, to plot, to intrigue.

intrinsèque [ɛ̃trɛ̃sɛk] *adj* intrinsic.

intrinsèquement [ɛ̃trɛ̃sɛkmɑ̃] *adv* intrinsically.

intriqué, e [ɛ̃trike] *adj* intricate, entangled.

introducteur, trice [ɛ̃trɔdyktœr, tris] *nm, f* -**1.** [auprès de qqn]: **il fut mon ~ auprès de Michel** he was the person who introduced me to Michel. -**2.** [d'une idée, d'une mode] initiator.

introductif, ive [ɛ̃trɔdyktif, iv] *adj* introductory; **discours ~** opening remarks.

introduction [ɛ̃trɔdyksjɔ̃] *nf* -**1.** [préambule] introduction; **une ~ à la littérature** an introduction to literature; **quelques mots d'~** a few introductory remarks; **un cours d'~** an introductory lecture. -**2.** [contact] introduction; **j'ai besoin d'~s** I need to be introduced to people; **après leur ~ auprès de l'attaché** after they were introduced to the attaché. -**3.** [importation] importing; [adoption - d'un mot, d'un règlement] introduction; **~ en France de techniques nouvelles/de drogues dures** introducing new techniques/smuggling hard drugs into France. -**4.** BOURSE: **~ en Bourse** listing on the stock market. -**5.** SPORT put-in.

introduire [98] [ɛ̃trɔdɥir] *vt* -**1.** [insérer] to insert, to introduce; **~ une clé dans une serrure** to put OU to insert a key into a lock; **~ un sujet dans une conversation** to introduce a topic into a conversation. -**2.** [faire adopter - idée, mot] to introduce, to bring in *(sép)*; [- mode, produit] to introduce, to launch; [- règlement] to institute; **~ une instance** JUR to institute an action at law, to institute legal proceedings; **~ des valeurs en Bourse** BOURSE to list shares on the stock market; **~ un produit sur le marché** ÉCON to bring out *(sép)* OU to launch a product onto the market; **~ des armes dans un pays/en France** to smuggle OU to bring weapons into a country/into France. -**3.** [présenter] to introduce; **~ qqn auprès de** to introduce sb to; **il l'a introduit dans un petit cercle d'amis** he introduced him to a small circle of friends || [faire entrer - visiteur] to show in *(sép)*; **on introduisit le visiteur dans la pièce** the visitor was let into OU shown into the room; **veuillez ~ cette dame** please show the lady in; **il fut introduit auprès de la reine** he was ushered in OU shown in to see the Queen. -**4.** SPORT: **~ le ballon** to put the ball in.

◆ **s'introduire dans** *vp + prép* -**1.** [pénétrer dans - suj: clé, piston] to go OU to fit into; [- suj: eau] to filter OU to seep into; [- suj: sauveteur, cambrioleur] to break into; **une erreur s'est introduite dans le texte** *fig* an error has crept into the text; **le doute s'est peu à peu introduit dans mon esprit** doubt began to creep into my mind. -**2.** [être accepté par - suj: idée] to penetrate (into), to spread throughout, to infiltrate *péj*; **l'expression s'est introduite dans la langue** the expression entered the language. -**3.** [se faire admettre dans - suj: postulant] to gain admittance to; [- suj: intrigant] to worm one's way into, to infiltrate.

introduit, e [ɛ̃trɔdɥi, it] *adj*: **il est très bien ~ dans ce milieu** he's well established in these circles.

introït [ɛ̃trɔit] *nm* introit.

introjection [ɛ̃trɔʒɛksjɔ̃] *nf* introjection.

intromission [ɛ̃trɔmisjɔ̃] *nf* intromission.

intronisation [ɛ̃trɔnizasjɔ̃] *nf* -**1.** [d'un roi, d'un évêque] enthronement. -**2.** *fig* [mise en place] establishment; **l'~ du nouveau gouvernement** POL the establishment of the new government.

introniser [3] [ɛ̃trɔnize] *vt* -**1.** [roi, évêque] to enthrone. -**2.** *fig* [établir] to establish; **~ une mode** to establish a fashion.

introspectif, ive [ɛ̃trɔspɛktif, iv] *adj* introspective.

introspection [ɛ̃trɔspɛksjɔ̃] *nf* introspection.

introuvable [ɛ̃truvabl] *adj* nowhere to be found; elle reste ~ she's still missing, her whereabouts are still unknown; **ces pendules sont ~s aujourd'hui** you can't get hold of these clocks anywhere these days.

introversion [ɛ̃trɔvɛrsjɔ̃] *nf* introversion.

introverti, e [ɛ̃trɔvɛrti] ◇ *adj* introverted.
◇ *nm, f* introvert.

intrus, e [ɛ̃try, yz] ◇ *adj* intruding, intrusive.
◇ *nm, f* intruder; **elle considère son gendre comme un ~** she treats her son-in-law like an outsider OU an unwelcome guest.

intrusion [ɛ̃tryzjɔ̃] *nf* -**1.** [ingérence] intrusion; **c'est une ~ dans ma vie privée** it's an intrusion into OU it's a violation of my privacy; **~ dans les affaires d'un pays étranger** interference OU intervention in the affairs of a foreign country. -**2.** GÉOL intrusion.

intubation [ɛ̃tybasjɔ̃] *nf* intubation.

intuber [3] [ɛ̃tybe] *vt* to intubate.

intuitif, ive [ɛ̃tɥitif, iv] ◇ *adj* -**1.** [perspicace] intuitive, instinctive. -**2.** PHILOS intuitive.
◇ *nm, f* intuitive person; **c'est un ~** he's very intuitive.

intuition [ɛ̃tɥisjɔ̃] *nf* -**1.** [faculté] intuition; **suivre son ~** to follow one's intuition; **j'y allais à l'~** *fam* I was acting intuitively ❑ **l'~ féminine** feminine intuition. -**2.** [pressentiment]: **avoir l'~ d'un drame/de la mort** to sense tragedy/death; **il en a eu l'~** he knew it intuitively, he intuited it; **j'ai l'~ qu'il est rentré** I have a suspicion OU an inkling OU a hunch (that) he's home.

intuitivement [ɛ̃tɥitivmɑ̃] *adv* intuitively, instinctively.

intumescence [ɛ̃tymesɑ̃s] *nf* intumescence *spéc*, swelling.

intumescent, e [ɛ̃tymesɑ̃, ɑ̃t] *adj* intumescent *spéc*, swelling.

inuit [inɥi] *adj inv* Inuit.
◆ **Inuit** *nmf inv*: **les Inuit** the Inuit OU Inuits.

inusable [inyzabl] *adj* which will never wear out, hardwearing; **achetez-en une paire, c'est ~!** buy a pair, they'll last (you) forever!

inusité, e [inyzite] *adj* -**1.** LING [mot] uncommon, not in use (any longer); **le terme est ~ de nos jours** the word is no longer used; **les formes ~es d'un verbe** the rare forms of a verb. -**2.** *sout* [inhabituel] unusual, uncommon; **un bruit ~** an uncommon OU a strange noise.

inusuel, elle [inyzɥɛl] *adj sout* unusual, inhabitual.

inutile [inytil] ◇ *adj* -**1.** [gadget] useless; [digression] pointless; [effort, initiative] useless, pointless, vain; **(il est) ~ de m'interroger** it's no good questioning me, there's no point in questioning me; **~ de mentir!** it's no use lying!, lying is useless!; **j'ai écrit, téléphoné, tout s'est révélé ~** I wrote, I phoned, (but) all to no avail. -**2.** [superflu] needless, unnecessary; **ces précautions sont ~s** these precautions serve no purpose; **quelques précisions ne seront pas ~s** a few explanations will come in useful; **une leçon de conduite supplémentaire ne serait pas ~ avant l'examen** an extra driving lesson wouldn't go amiss before the test; **~ de préciser qu'il faut arriver à l'heure** I hardly need to point out that OU needless to say you have to turn up on time.
◇ *nmf péj* useless person; **c'est un ~** he's no use.

inutilement [inytilmɑ̃] *adv* needlessly, unnecessarily, to no purpose.

inutilisable [inytilizabl] *adj* unusable, useless; **après l'accident, la voiture était ~** the car was a write-off after the accident.

inutilisé, e [inytilize] *adj* unused; **des ressources ~es** untapped OU unused resources; **sa jeunesse gâchée et son talent ~** his youth wasted and his talent unused.

inutilité [inytilite] *nf* [d'un objet] uselessness; [d'un argument] pointlessness; [d'un effort, d'une tentative] uselessness, pointlessness; **l'~ d'un remède** the uselessness OU ineffectiveness of a remedy.
◆ **inutilités** *nfpl* [futilités] useless information (U).

inv. (*abr écrite de* **invariable**) inv.

invagination [ɛ̃vaʒinasjɔ̃] *nf* invagination; **~ intestinale** intestinal intussusception.

invaginer [3] [ɛ̃vaʒine]
◆ **s'invaginer** *vpi* to invaginate.

invaincu, e [ɛ̃vɛ̃ky] *adj* [équipe] unbeaten, undefeated; [armée] unvanquished, undefeated; [maladie] unconquered.

invalidant, e [ɛ̃validɑ̃, ɑ̃t] *adj* incapacitating, disabling.

invalidation [ɛ̃validasjɔ̃] *nf* [d'une élection] invalidation, quashing; [d'une décision juridique] quashing; [d'un contrat] nullification; [d'un élu] removal from office.

invalide [ɛ̃valid] ◇ *adj* -**1.** [infirme] disabled, invalid. -**2.** JUR invalid, null and void.
◇ *nmf* [infirme] disabled person, invalid; **~ du travail** *person disabled in an industrial accident*; **grand ~ civil** *severely disabled person*.
◇ *nm* MIL disabled ex-soldier OU ex-serviceman; **~ de guerre** disabled ex-soldier *(wounded during the war)*, war invalid.

invalider [3] [ɛ̃valide] *vt* [élection] to invalidate, to make invalid, to nullify; [décision juridique] to quash; [élu] to remove from office.

invalidité [ɛ̃validite] *nf* disability, disablement.

invariabilité [ɛ̃varjabilite] *nf* invariability.

invariable [ɛ̃varjabl] *adj* -**1.** [constant] invariable, unchanging; **d'une ~ bonne humeur** invariably good-humoured; **rester ~ dans ses opinions** to remain unchanging OU unswerving in one's opinions. -**2.** GRAMM invariable.

invariablement [ɛ̃varjabləmɑ̃] *adj* invariably.

invariance [ɛ̃varjɑ̃s] *nf* invariance, invariancy.

invariant, e [ɛ̃varjɑ̃, ɑ̃t] *adj* invariant.
◆ **invariant** *nm* invariant.

invasion [ɛ̃vazjɔ̃] *nf* -**1.** MIL invasion; **armée/troupes d'~** invading army/troops. -**2.** [arrivée massive] invasion, influx; **une ~ de rats** an invasion of rats; **l'~ de produits étrangers sur le marché** the flooding of the market by foreign products; **une ~ de touristes dans les hôtels** an influx of tourists into the hotels. -**3.** MÉD: **(période d') ~** invasion.

invective [ɛ̃vɛktiv] *nf* invective (U), insult; **il s'est répandu en ~s (contre moi)** he started heaping insults OU abuse (on me).

invectiver [3] [ɛ̃vɛktive] *vt* to curse, to insult, to heap insults OU abuse upon.
◆ **invectiver contre** *v + prép* to curse.

invendable [ɛ̃vɑ̃dabl] *adj* unsaleable, unsellable; **vous m'apportez toujours des marchandises ~s** you always bring me goods that don't sell.

invendu, e [ɛ̃vɑ̃dy] *adj* unsold.
◆ **invendu** *nm* [gén] unsold article OU item; [journal] unsold copy; **les ~s** (the) unsold copies.

inventaire [ɛ̃vɑ̃tɛr] *nm* -**1.** [liste] inventory; **les locataires doivent faire** OU **dresser un ~** (the) tenants must draw up an inventory; **faire l'~ avec la propriétaire** to go through the inventory with the landlady; **l'~ de ses biens** the inventory OU a detailed list of her possessions; **faire l'~ des ressources d'un pays** to assess a country's resources; **si je fais l'~ de mes souvenirs** *fig* if I take stock of my memories. -**2.** COMM [procédure] stocktaking; [liste] stocklist, inventory *Am*; **faire l'~ de la marchandise** to take stock of the goods ❑ **~ extracomptable** stocks, stock-in-trade *Br*, inventories *Am*; **livre d'~** inventory OU stock book. -**3.** JUR inventory; **dresser l'~ d'une succession** to draw up an inventory of an estate. -**4.** NAUT inventory.

inventer [3] [ɛ̃vɑ̃te] *vt* -**1.** [créer - machine] to invent; [- mot] to coin; **il n'a pas inventé la poudre** OU **le fil à couper le beurre** he'll never set the world on fire. -**2.** [imaginer - jeu] to think OU to make up *(sép)*, to invent; [- système] to think OU to dream up *(sép)*, to work out *(sép)*, to concoct *péj*; **je ne sais quoi ~ pour les amuser** I've run out of ideas trying to keep them amused; **ils ne savent plus quoi ~!** *fam* what will they think of next!; **qu'est-ce que tu ne vas pas** OU **vas ~ là?** whatever gave you that idea?, where on earth did you get that idea from? -**3.** [forger] to think OU to make up *(sép)*, to invent; **invente une excuse!** just make up OU invent some excuse!; **je n'invente rien!** I'm not inventing a thing!; **une histoire inventée de toutes pièces** an entirely made-up story, a complete fabrication. -**4.** JUR [trésor] to discover, to find.
◆ **s'inventer** *vp (emploi passif)*: **ça ne s'invente pas** nobody could make up a thing like that, you don't make that sort of thing up.

inventeur, trice [ɛ̃vɑ̃tœr, tris] *nm, f* -**1.** [d'un appareil, d'un système] inventor. -**2.** JUR [d'un trésor] finder, discoverer. -**3.** [de fausses nouvelles] fabricator.

inventif, ive [ɛ̃vɑ̃tif, iv] *adj* inventive, creative, resourceful; **les enfants sont très ~s** children have a lot of imagination.

invention [ɛ̃vɑ̃sjɔ̃] *nf* -**1.** SC & TECH invention; **le robot ménager, quelle formidable ~!** what a wonderful invention food processors are!; **grâce à l'~ du laser** thanks to the invention OU discovery of lasers. -**2.** [créativité] inventiveness, creativeness; **avoir de l'~** to be inventive OU creative; **manquer d'~** to be unimaginative; **de mon/ton/son ~** invented by me/you/him; **réalisé sur un modèle de mon ~** made from a pattern I designed myself OU from one of my own designs. -**3.** [idée] invention; **leur liaison est une ~ de l'auteur** their love affair was made up by the author OU is the author's own invention ‖ [mensonge] invention, fabrication; **c'est (de la) pure ~** it's all made up OU sheer invention OU pure fabrication; **elle n'en est pas à une ~ près pour justifier ses retards** she'll make up any excuse to justify being late. -**4.** JUR [d'un trésor] finding, discovering. -**5.** MUS: **~s à deux voix** two-part inventions.

inventivité [ɛ̃vɑ̃tivite] *nf* inventiveness.

inventoriage [ɛ̃vɑ̃tɔrjaʒ] *nm* stocktaking.

inventorier [9] [ɛ̃vɑ̃tɔrje] *vt* -**1.** [gén] to list, to make a list of. -**2.** COMM to take stock of, to list (for stocktaking). -**3.** JUR to make an inventory of, to inventory.

invérifiable [ɛ̃verifjabl] *adj* unverifiable, uncheckable.

inversable [ɛ̃vɛrsabl] *adj* that cannot be knocked over.

inverse [ɛ̃vɛrs] ◇ *adj* -**1.** [opposé] opposite; **les voitures qui viennent en sens ~** cars coming the other way; **faire les choses dans l'ordre ~** to do things in (the) reverse order OU the other way round; **dans le sens ~ des aiguilles d'une montre** anticlockwise *Br*, counterclockwise *Am*; **être en proportion** OU **raison ~ de** to be inversely proportional to. -**2.** GÉOL reversed. -**3.** MATH inverse.
◇ *nm* -**1.** [contraire]: **l'~** the opposite, the reverse; **mais l'~ n'est pas vrai** but the reverse OU contrary isn't true; **j'aurais dû faire l'~** I should have done the opposite (of what I did); **supposons l'~ de cette théorie** let's consider the converse of this theory. -**2.** MATH inverse; **l'~ d'un nombre** the inverse OU reciprocal of a number. -**3.** CHIM: **~ optique** optical antipode.
◆ **à l'inverse** *loc adv* conversely.
◆ **à l'inverse de** *loc prép* contrary to; **à l'~ de mon collègue/de ce que tu crois** contrary to my colleague/to what you think.

inversé, e [ɛ̃vɛrse] *adj* -**1.** PHOT reverse, reversed. -**2.** AÉRON & GÉOG inverted.

inversement [ɛ̃vɛrsəmɑ̃] *adv* -**1.** [gén] conversely; **vous pouvez l'aider, et ~ il peut vous renseigner** you can help him, and in return he can give you some information; **~, on pour-**

rait conclure que... conversely, you could conclude that... **-2.** MATH inversely; ~ **proportionnel à** inversely proportional to.

inverser [3] [ɛ̃vɛrse] *vt* **-1.** [intervertir] to reverse, to invert; ~ **les rôles** to swap parts OU roles; **les rôles ont été totalement inversés** there's been a complete role reversal. **-2.** ÉLECTR & PHOT to reverse.

inverseur [ɛ̃vɛrsœr] *nm* **-1.** ÉLECTR reversing switch; ~ **de pôles** pole changing switch. **-2.** MÉCAN: ~ **(de marche)** reversing gear. **-3.** AÉRON: ~ **de poussée** thrust reverser.

inversible [ɛ̃vɛrsibl] *adj* **-1.** MATH invertible. **-2.** PHOT reversible.

inversion [ɛ̃vɛrsjɔ̃] *nf* **-1.** [changement] reversal, inversion; ~ **des rôles** role reversal. **-2.** LING inversion. **-3.** ÉLECTR reversal. **-4.** SC & TECH: ~ **de poussée** AÉRON thrust reversal; ~ **de relief** GÉOG inverted relief; ~ **de Walden** CHIM Walden inversion; **pellicule par** ~ PHOT reversal film. **-5.** PSYCH & *vieilli* inversion, homosexuality.

invertébré, e [ɛ̃vɛrtebre] *adj* invertebrate.
◆ **invertébré** *nm* invertebrate; les ~s the invertebrates OU Invertebrata *spéc.*

inverti, e [ɛ̃vɛrti] ◇ *adj* CHIM: **sucre** ~ invert sugar.
◇ *nm, f vieilli* [homosexuel] homosexual, invert.

invertir [32] [ɛ̃vɛrtir] *vt* **-1.** [inverser] to reverse, to invert. **-2.** CHIM to invert.

investigateur, trice [ɛ̃vɛstigatœr, tris] ◇ *adj* **-1.** [avide de savoir] inquiring, inquisitive, probing; **un esprit fin et** ~ a sharp, inquisitive mind. **-2.** [scrutateur] searching, scrutinizing; **son regard** ~ **pesait sur moi** I could feel her searching gaze.
◇ *nm, f* investigator.

investigation [ɛ̃vɛstigasjɔ̃] *nf* investigation; **au cours de ses** ~s [policières] in the course of his inquiries OU investigation; [scientifiques] in the course of his research OU investigations.

investiguer [3] [ɛ̃vɛstige] *vi* to investigate, to research.

investir [32] [ɛ̃vɛstir] *vt* **-1.** FIN to invest; **capital investi** invested capital || *(en usage abs)*: ~ **à court/long terme** to make a short-/long-term investment; ~ **dans la pierre** to invest (money) in bricks and mortar *Br* OU in real estate *Am*; **il est temps que j'investisse dans l'achat d'une nouvelle cravate** *hum* it's time I invested in a new tie. **-2.** [engager - ressources, temps, efforts] to invest, to commit; **j'avais beaucoup investi dans notre amitié** I had put a lot into our friendship. **-3.** [d'un pouvoir, d'une fonction] *sout*: ~ **qqn de**: ~ **qqn d'une dignité** to invest sb with a function; ~ **qqn d'un honneur** to bestow an honour upon sb; ~ **qqn de sa confiance** to place one's trust in sb; **par l'autorité dont je suis investi** by the authority vested in OU conferred upon me; **elle se sentait investie d'une mission** she felt she'd been entrusted with a mission. **-4.** MIL [encercler] to surround, to besiege; **la police a investi tout le secteur** the police have blocked off OU surrounded the whole area.
◆ **s'investir dans** *vp + prép*: **s'**~ **dans son métier** to be involved OU absorbed in one's job; **une actrice qui s'investit entièrement dans ses rôles** an actress who throws herself heart and soul into every part she plays; **je me suis énormément investie dans le projet** the project really meant a lot to me.

investissement [ɛ̃vɛstismɑ̃] *nm* **-1.** FIN investment; **un gros** ~ **de départ** a big initial investment OU outlay; **ne te plains pas d'avoir appris l'arabe, c'est un** ~ **(pour l'avenir)** *fig* don't be sorry that you learnt Arabic, it'll stand you in good stead (in the future). **-2.** [effort] investment, commitment; **un important** ~ **en temps** a big commitment in terms of time. **-3.** MIL [encerclement] surrounding, siege.
◆ **d'investissement** *loc adj* FIN [société] investment *(modif)*; [dépenses] capital *(modif)*; **banque d'**~ investment bank.

investisseur, euse [ɛ̃vɛstisœr, øz] *adj* investing.
◆ **investisseur** *nm* investor; **les** ~s **institutionnels** institutional investors.

investiture [ɛ̃vɛstityr] *nf* **-1.** POL [d'un candidat] nomination, selection; [d'un gouvernement] vote of confidence. **-2.** HIST & RELIG investiture.

invétéré, e [ɛ̃vetere] *adj* [habitude] ingrained, deep-rooted; [préjugé] deeply-held, deep-seated, confirmed; **un buveur** ~ an inveterate OU habitual drinker; **un coureur** ~ an inveterate OU incorrigible womanizer.

invincibilité [ɛ̃vɛ̃sibilite] *nf* invincibility, invincibleness.

invincible [ɛ̃vɛ̃sibl] *adj* **-1.** [imbattable - héros, nation] invincible, unconquerable; **avec un courage** ~ with invincible courage. **-2.** [insurmontable - dégoût] insuperable, insurmountable; [- passion] irresistible. **-3.** [irréfutable - argument] invincible, unbeatable.

invinciblement [ɛ̃vɛ̃sibləmɑ̃] *adv* invincibly, irresistibly.

inviolabilité [ɛ̃vjɔlabilite] *nf* **-1.** [gén] inviolability. **-2.** POL inviolability; **l'**~ **parlementaire** Parliamentary privilege *Br*, congressional immunity *Am*; ~ **diplomatique** diplomatic immunity. **-3.** JUR: **l'**~ **du domicile** inviolability of the home. **-4.** INF [de données] (data) protection.

inviolable [ɛ̃vjɔlabl] *adj* **-1.** [droit, serment] inviolable. **-2.** [personne] untouchable, immune. **-3.** [imprenable] impregnable, inviolable; **le château est** ~ the castle is impregnable.

inviolé, e [ɛ̃vjɔle] *adj sout* **-1.** [non enfreint] inviolate, unviolated; **loi** ~e unbroken law. **-2.** [non forcé - lieu] unforced, inviolate; **un refuge** ~ an inviolate refuge; **le sommet** ~ **de la montagne** the unconquered summit of the mountain.

invisibilité [ɛ̃vizibilite] *nf* invisibility.

invisible [ɛ̃vizibl] *adj* **-1.** [imperceptible] invisible; ~ **à l'œil nu** invisible OU not visible to the naked eye. **-2.** [occulte] hidden, secret; **une menace** ~ a hidden threat. **-3.** [non disponible] unavailable; **tu es devenu** ~ **ces derniers temps** you've been rather elusive secently.
◆ **invisibles** *nmpl* ÉCON: **les** ~s [échanges] invisible trade; [exportations] invisible exports ❑ **la balance des** ~s the balance of invisible trade.

invisiblement [ɛ̃vizibləmɑ̃] *adv* invisibly.

invitant, e [ɛ̃vitɑ̃, ɑ̃t] *adj*: **puissance** ~e host country.

invitation [ɛ̃vitasjɔ̃] *nf* **-1.** [requête] invitation; **une** ~ **à un cocktail** an invitation to a cocktail party; **à** OU **sur l'**~ **de nos amis** at the invitation of OU invited by our friends; **venir sans** ~ to come uninvited; **répondre à une** ~ to reply to an invitation; **'sur** ~**'** 'by invitation only' ❑ **lettre d'**~ letter of OU written invitation. **-2.** [incitation] invitation, provocation; **ton sac grand ouvert est une** ~ **au vol** leaving your bag wide open is an (open) invitation to thieves; **ce film est une** ~ **au voyage** this film makes you want to travel.

invite [ɛ̃vit] *nf* **-1.** *sout* [invitation] invitation, request; **répondre aux** ~s **de qqn** to respond to sb's requests. **-2.** JEUX lead.

invité, e [ɛ̃vite] *nm, f* guest; ~ **de marque** distinguished guest; ~ **d'honneur** guest of honour.

inviter [3] [ɛ̃vite] ◇ *vt* **-1.** [ami, convive] to invite; ~ **qqn à déjeuner** to invite OU to ask sb to lunch; ~ **qqn chez soi** to invite sb (over) to one's house; **je ne les inviterai plus** I won't invite OU ask them (round) again; **demain nous sommes invités** we've been invited out tomorrow; **puis-je vous** ~ **à danser?** may I have this dance? || *(en usage abs)* [payer]: **allez, c'est moi qui invite!** *fam* it's on me! **-2.** [exhorter]: ~ **qqn à**: **d'un signe de la tête, il m'invita à me taire** he nodded to me to keep quiet; **je vous invite à observer une minute de silence** I invite you OU call upon you to observe a minute's silence; **j'invite tous les locataires mécontents à écrire à l'association** may I suggest that all dissatisfied tenants write to the association; **vous êtes invités à me suivre** would you be so kind as to follow me.
◇ *vi* JEUX to lead.
◆ **s'inviter** *vp (emploi réfléchi)* to invite o.s.

in vitro [invitro] *loc adv & loc adj inv* in vitro.

invivable [ɛ̃vivabl] *adj* **-1.** [personne] impossible, unbearable, insufferable. **-2.** [habitation]: **cette maison est devenue** ~ this house has become impossible to live in.

in vivo [invivo] *loc adv & loc adj inv* in vivo.

invocateur, trice [ɛ̃vɔkatœr, tris] *nm, f* invoker.

invocation [ɛ̃vɔkasjɔ̃] *nf* invocation; ~ **aux Muses** invocation to the Muses.
◆ **sous l'invocation de** *loc prép* RELIG [dédié à - suj: lieu de culte] dedicated to, under the protection of.

invocatoire [ɛ̃vɔkatwar] *adj* invocatory.

involontaire [ɛ̃vɔlɔ̃tɛr] *adj* **-1.** [machinal] involuntary; **j'eus un mouvement de recul** ~ I recoiled involuntarily OU instinctively. **-2.** [non délibéré] unintentional, unwilling, unconscious; **c'était** ~ it was unintentional, I didn't do it on purpose; **une erreur** ~ an inadvertent error. **-3.** [non consentant] unwilling, reluctant; **j'ai été le témoin** ~ **de sa déchéance** I was the reluctant witness of his downfall. **-4.** ANAT & PHYSIOL involuntary. **-5.** JUR involuntary.

involontairement [ɛ̃vɔlɔ̃tɛrmɑ̃] *adv* unintentionally, unwittingly, without meaning to; **être** ~ **mêlé à une affaire de contrebande** to be unwittingly involved in a smuggling operation; **si je vous ai vexé, c'est tout à fait** ~ if I've offended you, it really wasn't intentional OU I really didn't mean to.

involutif, ive [ɛ̃vɔlytif, iv] *adj* **-1.** MATH involutional. **-2.** MÉD involutionary.

involution [ɛ̃vɔlysjɔ̃] *nf* involution.

invoquer [3] [ɛ̃vɔke] *vt* **-1.** [avoir recours à - argument, prétexte] to put forward *(sép)*; ~ **l'article 15 du Code pénal** to refer to OU to cite Article 15 of the Penal Code; ~ **son ignorance** to plead ignorance. **-2.** [en appeler à - personne] to invoke, to appeal to *(insép)*; [- dieu] to invoke; [- aide] to call upon *(insép)*.

invraisemblable [ɛ̃vrɛsɑ̃blabl] ◇ *adj* **-1.** [improbable] unlikely, improbable, implausible; **cette hypothèse me paraît assez** ~ this hypothesis seems fairly improbable to me. **-2.** [incroyable] incredible, unbelievable, amazing; **une histoire** ~ **de clés perdues** some incredible OU fantastic story about a lost set of keys. **-3.** [bizarre] weird, incredible, extraordinary; **elle a toujours des tenues** ~s she always wears the weirdest outfits.
◇ *nm*: **l'**~ the incredible.

invraisemblablement [ɛ̃vrɛsɑ̃blabləmɑ̃] *adv* improbably, incredibly, unbelievably.

invraisemblance [ɛ̃vrɛsɑ̃blɑ̃s] *nf* **-1.** [caractère improbable] unlikelihood, unlikeliness, improbability. **-2.** [fait] improbability; **le scénario est truffé d'**~s the script is filled with implausible details.

invulnérabilité [ɛ̃vylnerabilite] *nf* invulnerability.

invulnérable [ɛ̃vylnerabl] *adj* **-1.** [physiquement] invulnerable. **-2.** [moralement] invulnerable; **le temps l'a rendue** ~ **aux critiques** with the passage of time she's become invulnerable OU immune OU impervious to criticism. **-3.** [socialement] invulnerable; **du fait de ses relations, il est** ~ because of his contacts he is untouchable.

iode [jɔd] *nm* iodine.

iodé, e [jɔde] *adj* iodized, iodated.

ioder [3] [jɔde] *vt* to iodize, to iodate.

iodhydrique [jɔdidrik] *adj m* hydriodic.

iodique [jɔdik] *adj m* iodic.

iodler [jɔdle] = **jodler**.

iodoforme [jɔdɔfɔrm] *nm* iodoform.

iodure [jɔdyr] *nm* iodide.

ioduré, e [jɔdyre] *adj* iodized.
IOM (*abr de* indice d'octane moteur) *nm* MON.
ion [jɔ̃] *nm* ion.
ionien, enne [jɔnjɛ̃, ɛn] *adj* -**1.** [de l'Ionie] Ionian, Ionic. -**2.** MUS: **mode ~** Ionian mode.
◆ **Ionien, enne** *nm, f* Ionian.
◆ **ionien** *nm* LING Ionic.
ionique [jɔnik] *adj* -**1.** [de l'Ionie] Ionic. -**2.** ÉLECTR ionic, ion *(modif).* -**3.** ASTRONAUT ion *(modif).*
ionisant, e [jɔnizɑ̃, ɑ̃t] *adj* ionizing.
ionisation [jɔnizasjɔ̃] *nf* ionization.
ioniser [3] [jɔnize] *vt* to ionize.
ionogramme [jɔnɔgram] *nm* ionogram.
ionosphère [jɔnɔsfɛr] *nf* ionosphere.
ionosphérique [jɔnɔsferik] *adj* ionospheric.
IOR (*abr de* **indice d'octane recherche**) *nm* RON.
iota [jɔta] *nm inv* iota; **ne changez pas votre article d'un ~** OU **un ~ dans votre article** don't change a thing in your article OU your article one iota.
iouler [jule] = **jodler**.
iourte [jurt] = **yourte**.
Iowa [ajɔwa] *npr m*: **l'~** Iowa.
IPC (*abr de* **indice des prix à la consommation**) *nm* CPI.
ipéca [ipeka], **ipécacuan(h)a** [ipekakwana] *nm* ipecac, ipecacuanha.
IPES [ipɛs] (*abr de* **Institut de préparation aux enseignements du second degré**) *nm*: **passer les ~** *fam* to do a teacher-training course; **avoir les ~** *fam* to have a state award for teacher training *Br* OU a teacher-training scholarship.
Iphigénie [ifiʒeni] *npr* -**1.** MYTH Iphigenia. -**2.** MUS & LITTÉRAT: **'~ en Aulide/Tauride'** 'Iphigenia in Aulis/Tauris'.
ipso facto [ipsofakto] *loc adv* ipso facto, by that very fact.
Ipsos [ipsos] *npr French market research institute.*
IR (*abr de* **infrarouge**) *adj* IR.
IRA [ira] (*abr de* **Irish Republican Army**) *npr f* IRA; **l'~ provisoire** the Provisional IRA.
Irak [irak] *npr m*: **(l') ~** Iraq.
irakien, enne [irakjɛ̃, ɛn] *adj* Iraqi.
◆ **Irakien, enne** *nm, f* Iraqi.
◆ **irakien** *nm* LING Iraqi.
Iráklion [irakliɔ̃] *npr* Iraklion.
Iran [irɑ̃] *npr m*: **(l') ~** Iran.
iranien, enne [iranjɛ̃, ɛn] *adj* Iranian.
◆ **Iranien, enne** *nm, f* Iranian.
◆ **iranien** *nm* LING Iranian.
Iraq [irak] = **Irak**.
iraquien [irakjɛ̃] = **irakien**.
irascibilité [irasibilite] *nf sout* irascibility, irritability, testiness.
irascible [irasibl] *adj* irascible, short-tempered, testy.
IRBM (*abr de* **intermediate range ballistic missile**) *nm* IRBM.
ire [ir] *nf litt* ire, wrath.
iridacée [iridase] *nf*: **les ~s** the Iridaceae *spéc,* the iris family.
iridectomie [iridɛktɔmi] *nf* iridectomy.
iridié, e [iridje] *adj* iridic PHYS.
iridium [iridjɔm] *nm* iridium.
iridologie [iridɔlɔʒi] *nf* iridology.
iris [iris] *nm* -**1.** ANAT iris. -**2.** BOT iris, flag; **~ fétide** stinking iris; **~ de Florence** orris; **~ des marais** yellow flag OU iris. -**3.** PHOT iris (diaphragm). -**4.** *litt* [arc-en-ciel] iris *litt,* rainbow.
irisation [irizasjɔ̃] *nf* OPT iridescence, irization *spéc.*
irisé, e [irize] *adj* iridescent.
iriser [3] [irize] *vt* to make iridescent, to irizate *spéc.*
◆ **s'iriser** *vpi* to become iridescent.
irlandais, e [irlɑ̃dɛ, ɛz] *adj* Irish.
◆ **Irlandais, e** *nm, f* Irishman (*f* Irishwoman); **les Irlandais** the Irish.
◆ **irlandais** *nm* LING Irish (Gaelic).
Irlande [irlɑ̃d] *npr f*: **(l') ~** Ireland; **(l') ~ du Nord/Sud** Northern/Southern Ireland.
ironie [irɔni] *nf* irony; **l'~ du sort a voulu que je reconnaisse sa signature** as fate would have it, I recognized her signature.
ironique [irɔnik] *adj* ironic, ironical.
ironiquement [irɔnikmɑ̃] *adv* ironically; **répondre ~ à une question** to answer a question tongue-in-cheek OU ironically.
ironiser [3] [irɔnize] *vi* to ironize; **il ne cesse d'~ sur les intentions du parti** he keeps being sarcastic about the party's intentions.
ironiste [irɔnist] *nmf* ironist.
iroquois, e [irɔkwa, az] *adj* Iroquois, Iroquoian.
◆ **Iroquois, e** *nm, f* Iroquois.
◆ **iroquois** *nm* LING: **l'~** Iroquoian.
◆ **iroquoise** *nf* mohican (hairstyle); **coiffé à l'~e** with a mohican (hairstyle).
IRPP *nm abr de* **impôt sur le revenu des personnes physiques**.
irrachetable [iraʃtabl] *adj* unredeemable, unreturnable COMM.
irradiation [iradjasjɔ̃] *nf* -**1.** [rayonnement] radiation, irradiation. -**2.** [exposition - d'une personne, d'un tissu] irradiation, exposure to radiation; **il y a des risques d'~** there is a risk of irradiation OU of being exposed to radiation. -**3.** MÉD [traitement] irradiation. -**4.** PHYSIOL: **~s douloureuses** radiating pain. -**5.** ANAT radiation. -**6.** PHOT halation.
irradier [9] [iradje] ◇ *vi* -**1.** PHYS to radiate; **les rayons du foyer lumineux irradient de tous côtés** light waves radiate in all directions. -**2.** [se propager] to spread; **la douleur irradiait dans toute la jambe** the pain spread to the whole leg. -**3.** *litt* [se diffuser] to radiate; **la joie irradie autour d'elle** she radiates joy.
◇ *vt* -**1.** [soumettre à un rayonnement] to irradiate. -**2.** *litt* [répandre] to radiate; **elle irradie le bonheur** she radiates happiness.
◆ **s'irradier** *vpi* = **irradier** *vi.*
irraisonné, e [irɛzɔne] *adj* unreasoned, irrational.
irrationalisme [irasjɔnalism] *nm* irrationalism.
irrationalité [irasjɔnalite] *nf* irrationality.
irrationnel, elle [irasjɔnɛl] *adj* [gén & MATH] irrational.
◆ **irrationnel** *nm* -**1.** [gén] : **l'~** the irrational. -**2.** MATH irrational (number).
irrattrapable [iratrapabl] *adj* irretrievable, which cannot be put right OU made good.
irréalisable [irealizabl] *adj* [ambition] unrealizable, unachievable; [idée] unworkable, unfeasible, impracticable; **un projet de voyage ~** an unworkable travel plan.
irréalisé, e [irealize] *adj sout* unrealized, unachieved; **un espoir ~** an unrealized hope.
irréalisme [irealism] *nm* lack of realism.
irréaliste [irealist] ◇ *adj* unrealistic.
◇ *nmf* unrealistic person, (pipe) dreamer.
irréalité [irealite] *nf* unreality.
irrecevabilité [irəsəvabilite] *nf* -**1.** *sout* [d'un argument] unacceptability. -**2.** JUR inadmissibility.
irrecevable [irəsəvabl] *adj* -**1.** [inacceptable] unacceptable. -**2.** JUR inadmissible.
irréconciliable [irekɔ̃siljabl] *adj* [ennemis, adversaires] irreconcilable, unreconcilable; **ils sont ~s** nothing can reconcile them.
irrécouvrable [irekuvrabl] *adj* irrecoverable.
irrécupérable [irekyperabl] ◇ *adj* irretrievable, unusable; **après ça, la perceuse/brouette était ~** after that the drill/wheelbarrow was beyond repair; **cet ancien détenu est malheureusement ~** this former convict is unfortunately beyond redemption.
◇ *nmf*: **les ~s** those beyond recovery OU redemption.
irrécusable [irekyzabl] *adj* undeniable; **des preuves ~s** indisputable evidence.
irrédentisme [iredɑ̃tism] *nm* POL irredentism.
irréductibilité [iredyktibilite] *nf* -**1.** [ténacité] insurmountability, intractability. -**2.** CHIM & MATH irreducibility.
irréductible [iredyktibl] ◇ *adj* -**1.** [insurmontable - conflit, différence] insurmountable, intractable, insoluble. -**2.** [inflexible] invincible, implacable, uncompromising; **il s'est fait quelques ennemis ~s** he's made himself a few implacable enemies; **derrière cette réussite, il y a la détermination ~ d'une femme** this success is based on the invincible OU indomitable determination of a woman; **leur opposition au pouvoir en place est ~** their opposition to the powers that be is implacable. -**3.** MATH & CHIM irreducible; **fraction ~** irreducible fraction.
◇ *nmf* diehard, hardliner; **les ~s de (la) gauche/droite** the left-wing/right-wing diehards.
irréductiblement [iredyktibləmɑ̃] *adv* implacably.
irréel, elle [ireɛl] *adj* unreal; **des paysages ~s** unreal landscapes.
◆ **irréel** *nm* -**1.** [gén & PHILOS]: **l'~** the unreal. -**2.** GRAMM: **~ du présent/passé** the hypothetical present/past.
irréfléchi, e [irefleʃi] *adj* [acte, parole] thoughtless, rash, reckless; [personne] unthinking, rash, reckless.
irréflexion [irefleksjɔ̃] *nf* thoughtlessness, rashness, recklessness.
irréformable [irefɔrmabl] *adj* JUR [décision] final, unchallengeable.
irréfragable [irefragabl] *adj sout* indisputable, irrefragable.
irréfutabilité [irefytabilite] *nf* irrefutability.
irréfutable [irefytabl] *adj* irrefutable.
irrégularité [iregylarite] *nf* -**1.** [de forme, de rythme] irregularity, unevenness; **l'~ de son visage** the irregularity of her features; **une ~ du rythme cardiaque** an irregular heartbeat ‖ [en qualité] unevenness, patchiness; **l'~ de votre travail ne permet pas le passage dans le groupe supérieur** (the quality of) your work is too uneven OU erratic for you to move up into the next group. -**2.** [surface irrégulière - bosse] bump; [- creux] hole; **les ~s du sol/relief** the unevenness of the ground/hilliness of the area. -**3.** [infraction] irregularity; **une ~ dans son permis de séjour** something irregular in his residence permit; **il y a des ~s dans les comptes** there are a few irregularities OU discrepancies in the accounts.
irrégulier, ère [iregylje, ɛr] *adj* -**1.** [dessin, rythme, surface] irregular, uneven; **une surface irrégulière** an uneven surface; **l'expansion irrégulière de la production** the uneven OU erratic growth of production; **des traits ~s** irregular features; **d'une écriture irrégulière** in uneven OU irregular handwriting; **avoir une respiration irrégulière** to breathe erratically OU irregularly; **son pouls devenait ~** her pulse was becoming irregular; **je m'entraîne de façon irrégulière** I train intermittently OU sporadically; **nous avons des horaires ~s** we don't work regular hours. -**2.** [qualité, travail] uneven; **vos prestations sont irrégulières** your work is uneven OU erratic; **j'étais un étudiant ~** my work was erratic when I was a student. -**3.** [illégal] irregular; **ils sont en situation irrégulière dans le pays** their residence papers are not in order; **des retraits de fonds ~s** unauthorized withdrawals. -**4.** MIL irregular; **les soldats des troupes irrégulières** the irregulars. -**5.** BOT, GÉOM & GRAMM irregular.
◆ **irrégulier** *nm* MIL irregular (soldier).
irrégulièrement [iregyljɛrmɑ̃] *adv* -**1.** [de façon non uniforme] irregularly, unevenly. -**2.** [de façon illégale] irregularly, illegally. -**3.** [de façon inconstante] irregularly, erratically.
irréligieux, euse [ireliʒjø, øz] *adj* irreligious.
irréligion [ireliʒjɔ̃] *nf* irreligion.
irrémédiable [iremedjabl] ◇ *adj* [rupture] irreparable, irretrievable; [dégâts] irreparable, irreversible; [maladie] incurable, fatal; **son mal est ~** his illness is irremediable OU incurable; **les conséquences pour l'environnement sont**

~s the effects on the environment are irreparable OU irreversible.
◇ *nm*: l'~ a été commis irreversible harm has been done.

irrémédiablement [iremedjabləmɑ̃] *adv* irremediably, irretrievably; **tout espoir de le retrouver est ~ perdu** we have definitely lost all hope of (ever) finding him.

irrémissible [iremisibl] *adj litt* -**1.** [impardonnable] unpardonable, irremissible. -**2.** [inexorable] implacable, inexorable.

irrémissiblement [iremisibləmɑ̃] *adv litt* relentlessly, inexorably, irremissibly.

irremplaçable [irɑ̃plasabl] *adj* irreplaceable; **personne n'est ~** no one is indispensable.

irréparable [ireparabl] ◇ *adj* -**1.** [montre, voiture] unrepairable, beyond repair; **ma radio est ~** my radio is beyond repair. -**2.** [erreur] irreparable.
◇ *nm*: **l'~ est arrivé** irreparable harm has been done.

irréparablement [ireparabləmɑ̃] *adv* [définitivement] irreparably; **sa réputation est ~ atteinte** his reputation has suffered an irreparable blow.

irrépréhensible [ireprеɑ̃sibl] *adj litt* irreprehensible, irreproachable.

irrépressible [irepresibl] *adj* irrepressible.

irréprochable [ireprɔʃabl] *adj* -**1.** [personne, conduite] irreproachable; **personne n'est ~** nobody's beyond OU above reproach. -**2.** [tenue] impeccable, irreproachable; **un travail ~** an impeccable OU a faultless piece of work; **des ongles ~s** spotless nails.

irréprochablement [ireprɔʃabləmɑ̃] *adv* irreproachably, impeccably, faultlessly.

irrésistible [irezistibl] *adj* -**1.** [séduisant] irresistible; **un sourire ~** an irresistible smile. -**2.** [irrépressible - besoin] compelling, pressing; [- envie] irresistible, uncontrollable, compelling; **elle fut prise d'une ~ envie de rire** she had an irresistible urge to laugh.

irrésistiblement [irezistibləmɑ̃] *adv* irresistibly; **~ tenté par le gâteau** irresistibly tempted by the cake.

irrésolu, e [irezɔly] ◇ *adj* -**1.** [personne] irresolute, indecisive, unresolved. -**2.** [problème] unsolved, unresolved.
◇ *nm, f* irresolute person, ditherer *péj*.

irrésolution [irezɔlysjɔ̃] *nf* irresoluteness, indecisiveness.

irrespect [irɛspɛ] *nm* disrespect, lack of respect; **son ~ envers l'autorité** his disrespect of authority.

irrespectueusement [irɛspɛktɥøzmɑ̃] *adv* disrespectfully.

irrespectueux, euse [irɛspɛktɥø, øz] *adj* disrespectful, lacking in (proper) respect; **~ envers qqn** disrespectful to OU towards sb.

irrespirable [irɛspirabl] *adj* -**1.** [qu'on ne peut respirer]: **à l'intérieur, l'air est ~** [trop chaud] it's close OU stifling OU stuffy inside; [toxique] the air inside is unsafe OU not fit to breathe. -**2.** [oppressant] unbearable, stifling; **j'ai trouvé l'ambiance ~ à la maison** I found the atmosphere unbearable at home.

irresponsabilité [irɛspɔ̃sabilite] *nf* -**1.** [légèreté] irresponsibility; **agir avec une totale ~** to behave totally irresponsibly. -**2.** JUR & POL [du chef de l'État] irresponsibility *spéc*, royal prerogative *Br*, (head of State's) unimpeachability; **~ parlementaire** parliamentary privilege *Br*, congressional immunity *Am*.

irresponsable [irɛspɔ̃sabl] ◇ *adj* -**1.** [inconséquent] irresponsible. -**2.** JUR (legally) incapable.
◇ *nmf* irresponsible person.

irrétrécissable [iretresisabl] *adj* unshrinkable.

irrévérence [ireverɑ̃s] *nf* -**1.** [irrespect] irreverence. -**2.** [remarque] irreverent remark; [acte] irreverent act.

irrévérencieusement [ireverɑ̃sjøzmɑ̃] *adv* irreverently.

irrévérencieux, euse [ireverɑ̃sjø, øz] *adj* irreverent.

irréversibilité [ireversibilite] *nf* irreversibility.

irréversible [ireversibl] *adj* -**1.** [gén] irreversible; **le processus est ~** the process is irreversible. -**2.** CHIM & PHYS irreversible.

irrévocabilité [irevɔkabilite] *nf* irrevocability, finality.

irrévocable [irevɔkabl] *adj* irrevocable; **la décision est ~** the verdict is irrevocable OU final.

irrévocablement [irevɔkabləmɑ̃] *adv* irrevocably.

irrigable [irigabl] *adj* irrigable, suitable for irrigation.

irrigateur [irigatœr] *nm* AGR & MÉD irrigator.

irrigation [irigasjɔ̃] *nf* -**1.** AGR & MÉD irrigation. -**2.** PHYSIOL: **l'~ des tissus par les vaisseaux sanguins** the supply of blood to the tissues by blood vessels.

irriguer [3] [irige] *vt* -**1.** AGR to irrigate. -**2.** PHYSIOL to supply (blood to).

irritabilité [iritabilite] *nf* -**1.** [irascibilité] irritability, quick temper. -**2.** MÉD irritability.

irritable [iritabl] *adj* -**1.** [colérique] irritable, easily annoyed. -**2.** MÉD irritable.

irritant, e [iritɑ̃, ɑ̃t] *adj* -**1.** [agaçant] irritating, annoying, aggravating. -**2.** MÉD irritant.
◆ **irritant** *nm* irritant.

irritatif, ive [iritatif, iv] *adj* irritative.

irritation [iritasjɔ̃] *nf* -**1.** [agacement] irritation, annoyance. -**2.** MÉD irritation; **~ cutanée** skin irritation.

irrité, e [irite] *adj* -**1.** [exaspéré] irritated, annoyed. -**2.** MÉD irritated.

irriter [3] [irite] *vt* -**1.** [agacer] to irritate, to annoy; **ses petites manies m'irritent** her little quirks get on my nerves. -**2.** MÉD to irritate. -**3.** *litt* [exacerber - passion, désir] to inflame, to arouse.
◆ **s'irriter** *vpi* -**1.** [s'énerver] to get annoyed OU irritated; **il s'irrite contre tout le monde** he gets annoyed with OU at everybody. -**2.** MÉD to become irritated.

irruption [irypsjɔ̃] *nf* -**1.** [entrée] breaking OU bursting OU storming in, irruption; **ils n'ont pas pu empêcher l'~ des spectateurs sur le terrain** they were unable to stop spectators from storming OU invading the pitch *Br* OU field *Am*; **l'~ des eaux dans les cultures** the (sudden) flooding of the fields; **faire ~ chez qqn** to burst in on sb; **les enfants firent ~ dans la bibliothèque** the children burst OU barged into the library. -**2.** [émergence] upsurge, sudden development; **l'~ du fondamentalisme dans le monde** the worldwide upsurge of fundamentalism.

Isaac [izak] *npr* Isaac.

isabelle [izabɛl] *adj inv* & *nm* [cheval] Isabel, Isabella.

Isaïe [izai] *npr* BIBLE Isaiah.

isard [izar] *nm* izard.

isatis [izatis] *nm* -**1.** BOT isatis. -**2.** ZOOL [renard] arctic OU blue fox; [fourrure] (blue) isatis, blue fox.

isba [izba] *nf* isba.

ISBN (*abr de* International standard book number) *nm* ISBN.

Iscariote [iskarjɔt] *npr* Iscariot.

ischémie [iskemi] *nf* ischaemia.

ischion [iskjɔ̃] *nm* ischium.

isentropique [izɑ̃trɔpik] *adj* isentropic.

Iseut [izøt] *npr* Isolde.

ISF *nm abr de* **impôt de solidarité sur la fortune**.

Isis [izis] *npr* Isis.

islam [islam] *nm*: **l'~** [religion] Islam.

Islam [islam] *nm*: **l'~** [civilisation] Islam.

Islamabad [islamabad] *npr* Islamabad.

islamique [islamik] *adj* Islamic.

islamisation [islamizasjɔ̃] *nf* Islamization.

islamiser [3] [islamize] *vt* to Islamize.

islamisme [islamism] *nm* Islamism.

islandais, e [islɑ̃dɛ, ɛz] *adj* Icelandic.
◆ **Islandais, e** *nm, f* Icelander.
◆ **islandais** *nm* LING Icelandic.

Islande [islɑ̃d] *npr f*: **(l')** ~ Iceland.

ISMH (*abr de* **inventaire supplémentaire des monuments historiques**) *nm*: **château classé ~** *château classed as a listed building*.

isobare [izɔbar] ◇ *adj* isobaric.
◇ *nm* PHYS isobar.
◇ *nf* MÉTÉO isobar.

isobathe [izɔbat] ◇ *adj* isobathic.
◇ *nf* isobath.

isocèle [izɔsɛl] *adj* isosceles; **triangle ~** isosceles triangle.

isochromatique [izɔkrɔmatik] *adj* isochromatic.

isochrone [izɔkron], **isochronique** [izɔkrɔnik] *adj* isochronal, isochronous.
◆ **isochrone** *nf* isochron, isochronal line.

isodynamique [izɔdinamik] *adj* isodynamic.

isoédrique [izɔedrik] *adj* isohedral.

isoélectrique [izɔelɛktrik] *adj* isoelectric.

isogamie [izɔgami] *nf* isogamy.

isoglosse [izɔglɔs] ◇ *adj* isoglossal, isoglottic.
◇ *nf* isogloss.

isoïonique [izɔjɔnik] *adj* isoionic.

isolable [izɔlabl] *adj* isolable, isolatable; **un virus difficilement ~** a virus (which is) difficult to isolate.

isolant, e [izɔlɑ̃, ɑ̃t] *adj* -**1.** CONSTR & ÉLECTR insulating; [insonorisant] soundproofing. -**2.** LING isolating.
◆ **isolant** *nm* insulator, insulating material; **~ thermique/électrique** thermal/electrical insulator.

isolat [izɔla] *nm* isolate.

isolateur, trice [izɔlatœr, tris] *adj* insulating.
◆ **isolateur** *nm* ÉLECTR & PHYS insulator.

isolation [izɔlasjɔ̃] *nf* -**1.** CONSTR insulation; **~ thermique** heat OU thermal insulation; **~ phonique** OU **acoustique** soundproofing, sound insulation. -**2.** ÉLECTR insulation. -**3.** PSYCH isolation.

isolationnisme [izɔlasjɔnism] *nm* isolationism.

isolationniste [izɔlasjɔnist] *adj* & *nmf* isolationist.

isolé, e [izɔle] ◇ *adj* -**1.** [unique - cas, exemple] isolated; **généraliser à partir d'un ou deux cas ~s** to generalize from one or two isolated examples; **heureusement, il s'agit d'un problème ~** fortunately, this is an isolated problem. -**2.** [coupé du monde - personne] isolated; [- hameau] isolated, cut-off, remote; [- maison] isolated, secluded, remote; [- forêt] remote, lonely; **quelques arbres ~s visibles à l'horizon** a few lonely trees dotted along the horizon. -**3.** [seul - activiste] maverick. -**4.** GÉOM & PHYS isolated.
◇ *nm, f* -**1.** [personne] isolated individual. -**2.** POL maverick, isolated activist; **ce sont les revendications de quelques ~s** only a few isolated people are putting forward these demands.
◆ **isolé** *nm* MIL *soldier awaiting posting*.

isolement [izɔlmɑ̃] *nm* -**1.** [éloignement - géographique] isolation, seclusion, remoteness; [- affectif] isolation, loneliness; [sanction] solitary (confinement); ÉCON & POL isolation. -**2.** BIOL & MÉD isolation; **l'~ du virus** isolating the virus. -**3.** ÉLECTR insulation. -**4.** CONSTR [contre le bruit] insulation, soundproofing; [contre le froid, la chaleur] insulation; **~ thermique** (thermal) insulation.

isolément [izɔlemɑ̃] *adv* [séparément] separately, individually.

isoler [3] [izɔle] *vt* -**1.** [séparer] to isolate, to separate off OU out *(sép)*, to keep separate; **~ une citation de son contexte** to lift a quotation out of context, to isolate a quotation from its context. -**2.** [couper du monde - personne] to isolate, to leave isolated; [- endroit] to isolate, to cut off *(sép)*; **les inondations ont isolé des dizaines de villages** dozens of villages have been cut off by the flood. -**3.** [distinguer] to isolate, to single OU to pick out *(sép)*; **on n'a pas**

pu ~ la cause de la déflagration it was not possible to identify the cause of the explosion; ~ un cas spécial pour en faire un exemple to pick out an isolated case in order to hold it up as an example. -4. CONSTR [du froid, de la chaleur] to insulate; [du bruit] to insulate (against sound), to soundproof. -5. ÉLECTR to insulate. -6. MÉD [malade, virus] to isolate. -7. CHIM to isolate. -8. ADMIN [prisonnier] to put into OU to place in solitary confinement.

◆ **s'isoler** *vp (emploi réfléchi)* to isolate o.s., to cut o.s. off; s'~ **dans son bureau** to shut o.s. (up) in one's office; **le jury s'isola pour délibérer** the jury withdrew to consider its verdict; elles s'isolèrent [pour voter] they went into separate booths; **pourrions-nous nous ~ un instant?** is there somewhere we could talk privately OU in private for a moment?

isoloir [izɔlwar] *nm* polling booth.

isomère [izɔmɛr] ◇ *adj* isomeric.
◇ *nm* isomer.

isomérie [izɔmeri] *nf* isomerism.

isomérisation [izɔmerizasjɔ̃] *nf* isomerization.

isométrie [izɔmetri] *nf* isometry.

isométrique [izɔmetrik] *adj* isometric.

isomorphe [izɔmɔrf] *adj* -1. CHIM isomorphic, isomorphous. -2. LING & MATH isomorphic.

isomorphisme [izɔmɔrfism] *nm* isomorphism.

isoprène [izɔprɛn] *nm* isoprene.

Isorel ®[izɔrɛl] *nm* hardboard.

isostatique [izɔstatik] *adj* isostatic.

isosyllabique [izɔsilabik] *adj* isosyllabic.

isotherme [izɔtɛrm] ◇ *adj* isothermal.
◇ *nf* isotherm.

isotonie [izɔtɔni] *nf* isotonicity.

isotonique [izɔtɔnik] *adj* isotonic.

isotope [izɔtɔp] ◇ *adj* isotopic.
◇ *nm* isotope.

isotrope [izɔtrɔp] *adj* isotropic, isotropous.

Ispahan [ispaɑ̃] *npr* Isfahan.

Israël [israɛl] *npr* Israel.

israélien, enne [israeljɛ̃, ɛn] *adj* Israeli.

◆ **Israélien, enne** *nm, f* Israeli.

israélite [israelit] *adj* -1. [juif] Jewish. -2. BIBLE Israelite.

◆ **Israélite** *nmf* -1. [juif] Jew (*f* Jewess). -2. BIBLE Israelite.

issu, e[1] [isy] *adj*: être ~ **de** [résulter de] to stem OU to derive OU to spring from; **la révolution est ~e du mécontentement populaire** the revolution stemmed from popular discontent; **être ~ d'une famille pauvre/nombreuse** to be born into a poor/large family.

issue[2] [isy] *nf* -1. [sortie] exit; [déversoir] outlet; ~ **de secours** emergency exit. -2. [solution] solution, way out; **trouver** OU **se ménager une ~** to find a way out OU a loophole; **il n'y a pas d'autre ~ que de se rendre** there's no other solution OU we have no alternative but to surrender. -3. [fin] outcome; **cet épisode a eu une ~ heureuse/tragique** the incident had a happy/tragic ending.

◆ **issues** *nfpl* [des animaux] abattoir by-products; [des céréales] mill offals.

◆ **à l'issue de** *loc prép* at the end of; **à l'~ du 5e round** at the end of the 5th round; **à l'~ des négociations** at the close of the negotiations.

◆ **sans issue** *loc adj* -1. [sans sortie] with no way out; **ruelle sans ~** dead end; 'sans ~' 'no exit'. -2. [voué à l'échec] inextricable; **des discussions sans ~** discussions that are going nowhere, deadlocked discussions.

Istanbul [istɑ̃bul] *npr* Istanbul.

isthme [ism] *nm* ANAT & GÉOG isthmus; **l'~ de Panama** the Isthmus of Panama.

isthmique [ismik] *adj* -1. GÉOG isthmian. -2. ANTIQ: **Jeux Isthmiques** Isthmian Games.

italianisant, e [italjanizɑ̃, ɑ̃t] ◇ *adj* [style] Italianate.
◇ *nm, f* -1. UNIV Italianist, Italian scholar. -2. BX-ARTS Italianizer.

italianiser [3] [italjanize] *vt* to Italianize.

italianisme [italjanism] *nm* Italianism.

Italie [itali] *npr f*: (l') ~ Italy.

italien, enne [italjɛ̃, ɛn] *adj* Italian.

◆ **Italien, enne** *nm, f* Italian.

◆ **italien** *nm* LING Italian.

◆ **à l'italienne** *loc adj* -1. CULIN [sauce] à l'italienne *(cooked with mushrooms, ham and herbs)*; [pâtes] al dente. -2. THÉÂT proscenium arch *(modif)*. -3. IMPR landscape.

italique [italik] ◇ *adj* -1. IMPR italic. -2. LING Italic.
◇ *nm* -1. IMPR italics; **écrire un mot en ~** to write a word in italics, to italicize a word. -2. LING Italic.

item[1] [itɛm] *adv* ditto COMM.

item[2] [itɛm] *nm* LING & PSYCH item.

itératif, ive [iteratif, iv] *adj* -1. [répété] repeated, reiterated, iterated. -2. INF & LING iterative.

itération [iterasjɔ̃] *nf* -1. [répétition] iteration, repetition. -2. INF & LING iteration.

itérativement [iterativmɑ̃] *adv* iteratively, repeatedly.

Ithaque [itak] *npr* Ithaca.

itinéraire [itinerɛr] *nm* -1. [trajet] itinerary, route; ~ **de dégagement** alternative route. -2. [carrière] career, path; ~ **politique** political career; **quel ~ choisira-t-il?** what career is he going to choose?

itinérant, e [itinerɑ̃, ɑ̃t] *adj* [main-d'œuvre] itinerant, travelling; [inspecteur] peripatetic; [comédien] travelling; **une exposition ~e** a travelling exhibition.

itou *fam* [itu] *adv vieilli* likewise, ditto.

ITP *nm abr de* **ingénieur des travaux publics.**

IUFM (*abr de* **institut universitaire de formation des maîtres**) *nm university department for teacher training.*

iule [jyl] *nm* iulus, julus.

IUP (*abr de* **institut universitaire professionnel**) *nm business school.*

IUT (*abr de* **institut universitaire de technologie**) *nm* ≃ polytechnic institute *Br,* ≃ technical institute *Am.*

Ivan [ivɑ̃] *npr*: ~ **le Grand** Ivan the Great; ~ **le Terrible** Ivan the Terrible.

IVG *nf abr de* **interruption volontaire de grossesse.**

ivoire [ivwar] *nm* -1. [matière] ivory *(U)*; **statuette d'~** OU **en ~** ivory statuette. -2. [objet] (piece of) ivory. -3. BOT: ~ **végétal** vegetable ivory, ivory nut.

◆ **d'ivoire** *loc adj litt* -1. [blanc] ivory *(modif)*, ivory-coloured. -2. [ayant l'aspect de l'ivoire] ivory-like.

ivoirien, enne [ivwarjɛ̃, ɛn] *adj* Ivorian.

◆ **Ivoirien, enne** *nm, f* Ivorian.

ivoirier, ère [ivwarje, ɛr] *nm, f* ivory sculptor.

ivoirin, e [ivwarɛ̃, in] *adj litt* -1. [blanc] ivory *(modif)*, ivory-coloured. -2. [ayant l'aspect de l'ivoire] ivory-like.

ivraie [ivrɛ] *nf*: ~ **commune** darnel; ~ **vivace** rye grass.

ivre [ivr] *adj* -1. [saoul] drunk, intoxicated; ~ **mort** blind drunk. -2. *fig*: **être ~ de joie** to be deliriously happy; ~ **de haine** blinded by hatred; **être ~ de colère/bonheur** to be beside o.s. with anger/happiness; ~ **de fatigue** dead tired; **être ~ de sang** to be thirsting for blood.

ivresse [ivrɛs] *nf* -1. [ébriété] drunkenness, intoxication; **il était en état d'~** he was drunk OU intoxicated. -2. [excitation] ecstasy, euphoria, exhilaration; **la vitesse procure un sentiment d'~** speed is exhilarating; **emporté par l'~ des mots** carried away by the sound of one's own voice. -3. SPORT: ~ **des profondeurs** (diver's) staggers.

ivrogne [ivrɔɲ] *nmf* drunk, drunkard.

ivrognerie [ivrɔɲri] *nf* drunkenness.

ivrognesse [ivrɔɲɛs] *nf vieilli* drunken woman.

Izmir [izmir] *npr* Izmir.

Izvestia [izvɛstja] *npr* PRESSE Izvestia.

j, J [ʒi] *nm* [lettre] j, J.

j' [ʒ] → **je**.

J -**1.** (*abr écrite de* **joule**) J. -**2.** (*abr écrite de* **jour**): **le jour J** HIST D-day; [le grand jour] the big day.

jabot [ʒabo] *nm* -**1.** ZOOL crop. -**2.** VÊT ruffle, frill.

JAC, Jac [ʒak] (*abr de* **Jeunesse agricole chrétienne**) *npr f Christian youth organization*.

jacaranda [ʒakarɑ̃da] *nm* jacaranda (tree).

jacasse [ʒakas] *nf* magpie.

jacassement [ʒakasmɑ̃] *nm* -**1.** ZOOL chatter. -**2.** *péj* [bavardage] chatter, prattle.

jacasser [3] [ʒakase] *vi* -**1.** ZOOL to chatter. -**2.** *péj* [bavarder] to chatter, to prattle; ~ **comme une pie** to chatter like a magpie, to jabber away.

jacasseur, euse [ʒakasœr, øz] *péj* ◇ *adj* chattering, jabbering.
◇ *nm, f* chatterbox, jabberer.

jachère [ʒaʃɛr] *nf* -**1.** [pratique] (practice of) fallowing land; **mettre la terre en** ~ to let the land lie fallow; **rester en** ~ to lie fallow; **laisser en** ~ [talent] to leave undeveloped OU untapped. -**2.** [champ] land lying fallow, fallow land.

jacinthe [ʒasɛ̃t] *nf* hyacinth; ~ **sauvage** OU **des bois** bluebell, wild hyacinth.

jack [dʒak] *nm* -**1.** TÉLÉC jack. -**2.** TEXT jack (lever).

jackpot [dʒakpɔt] *nm* -**1.** [combinaison] jackpot. -**2.** [machine] slot machine.

Jacob [ʒakɔb] *npr* Jacob.

jacobée [ʒakɔbe] *nf* ragwort *(U)*, jacobaea *spéc*.

jacobin, e [ʒakɔbɛ̃, in] *adj* -**1.** HIST Jacobinic, Jacobinical, Jacobin *(modif)*. -**2.** POL radical, Jacobin.
◆ **Jacobin** *nm* HIST Jacobin.

LES JACOBINS:
A revolutionary club (1789-1794), holding its meetings in the former monastery of the Jacobins in Paris. It later became the chief organ of the Montagnards, advocating a strong centralized régime.

---

jacobinisme [ʒakɔbinism] *nm* Jacobinism.

jacobite [ʒakɔbit] ◇ *adj* Jacobitic.
◇ *nmf* HIST & RELIG Jacobite.

jacquard [ʒakar] *nm* -**1.** VÊT Jacquard OU Jacquard-style sweater. -**2.** TEXT [machine] Jacquard loom, jacquard; [tissu] Jacquard weave.

jacquemart [ʒakmar] = **jaquemart**.

jacquerie [ʒakri] *nf* peasants' revolt, jacquerie; **la Jacquerie** HIST the Jacquerie *(peasant uprising in Picardy against the nobility in May 1358)*.

Jacques [ʒak] *npr*: **saint** ~ Saint James || [roi d'Angleterre] James; **faire le** ~ *fam vieilli* to play the fool.

jacquet [ʒakɛ] *nm* [jeu] backgammon; [tablette] backgammon (board).

jacquier [ʒakje] = **jaquier**.

jacquot [ʒako] *nm* ORNITH African grey parrot.

jactance [ʒaktɑ̃s] *nf* -**1.** ▽ [baratin] chattering. -**2.** *litt* [infatuation] conceit, self-praise, vainglory *arch*.

jacter▽ [3] [ʒakte] ◇ *vt* [parler - langue] to jabber away in; ~ **chinois** to jabber away in Chinese *péj*.
◇ *vi* [avouer] to squeal, to come clean.

Jacuzzi® [ʒakyzi] *nm* Jacuzzi®.

jade [ʒad] *nm* -**1.** [matière] jade; **bague de** ~ jade ring. -**2.** [objet] jade (object OU artefact).

jadéite [ʒadeit] *nf* jadeite.

jadis [ʒadis] ◇ *adv sout* formerly, long ago, in olden days; **il y avait** ~ **un prince** there was once a prince, once upon a time there was a prince; **la ville a conservé sa splendeur de** ~ the town has kept its former splendour.
◇ *adj litt*: **au temps** ~ in days of yore OU old, in bygone days.

Jaffa [ʒafa] *npr* Jaffa.

jaguar [ʒagwar] *nm* jaguar.

jaillir [32] [ʒajir] *vi* -**1.** [personne, animal] to spring OU to shoot OU to bolt out; **il jaillit de derrière le mur** he sprang OU leapt out from behind the wall; **ils jaillissaient de tous les coins de rue** they were pouring out of all the side streets. -**2.** [liquide, sang, source] to spurt (out), to gush (forth), to spout; [flamme] to leap OU to shoot OU to spring up; [larmes] to gush, to start flowing; [rire] to burst out OU forth; **la lumière d'un projecteur jaillit dans l'obscurité** a spot light suddenly shone out in the darkness; **des étincelles jaillissaient du moteur** sparks were flying from the engine; **une pluie de cendres jaillie du volcan** a plume of ash sent up by the volcano; **les gratte-ciel jaillissent au-dessus de la ville** *fig* skyscrapers soar OU tower above the city. -**3.** [se manifester - doute] to spring up, to arise (suddenly); [- idée]: **une pensée jaillit dans son esprit** a thought suddenly came into his mind.

jaillissant, e [ʒajisɑ̃, ɑ̃t] *adj* spurting, gushing, spouting.

jaillissement [ʒajismɑ̃] *nm* [jet] spurting *(U)*, gushing *(U)*; **un** ~ **d'idées** an outpouring of ideas.

Jaipur [ʒaipur] *npr* Jaipur.

jais [ʒɛ] *nm* jet MINER; **des perles de** ~ jet beads; **des yeux de** ~ *fig* jet black eyes.

Jakarta [dʒakarta] = **Djakarta**.

jalon [ʒalɔ̃] *nm* -**1.** [piquet] ranging pole OU rod. -**2.** [référence] milestone, reference (point); **quelques** ~**s pour vous aider à comprendre l'histoire de la Révolution** a few reference points OU milestones to help you to grasp the history of the Revolution; **cette décision est un** ~ **dans l'histoire des relations est-ouest** this decision is a landmark OU a watershed in East-West relations; **planter** OU **poser des** ~**s** *fig* to prepare the ground, to clear the way; **ces discussions ont été les premiers** ~**s de la négociation** these discussions prepared the ground for the negotiation.

jalonnement [ʒalɔnmɑ̃] *nm* -**1.** [de terrain] marking OU staking out. -**2.** MIL screening.

jalonner [3] [ʒalɔne] ◇ *vt* -**1.** [terrain] to mark out OU off *(insép)*. -**2.** [longer] to line; **des bouées jalonnent le chenal** a line of buoys marks the channel; **de charmants petits villages jalonnent le littoral** the coastline is dotted with lovely little villages; **une carrière jalonnée de succès** a career marked by a series of successes. -**3.** MIL to screen.
◇ *vi* [poser des jalons] to mark out OU off.

jalousement [ʒaluzmɑ̃] *adv* -**1.** [avec jalousie] jealously; **regarder qqn** ~ to watch sb jealously, to keep a jealous eye on sb. -**2.** [soigneusement] jealously; **un secret** ~ **gardé** a closely OU jealously guarded secret; **je protège** ~ **mon indépendance** I jealously guard my independence.

jalouser [3] [ʒaluze] *vt* to be jealous of.

jalousie [ʒaluzi] *nf* -**1.** [envie] jealousy, envy; [possessivité] jealousy; **tourmenté par la** ~ tormented by jealousy. -**2.** [store] venetian blind, jalousie.

jaloux, ouse [ʒalu, uz] ◇ *adj* -**1.** [possessif] jealous; **rendre qqn** ~ to make sb jealous; **être** ~ **de qqn** to be jealous of sb ❑ ~ **comme un tigre** horribly jealous. -**2.** [envieux] jealous, envious; ~ **de** jealous OU envious of; **il est** ~ **des notes que tu as obtenues** he is jealous of the marks you got; **elle est jalouse de moi parce que je pars en Italie** she is jealous (of me) because I'm off to Italy. -**3.** *sout*: ~ **de** [attaché à]: **la France, jalouse de sa réputation en matière de vins** France, jealous of her reputation for good wine; **la profession est jalouse de ses prérogatives** the profession guards its privileges jealously. -**4.** *sout* [extrême]: **garder qqch avec une attention jalouse** to keep a jealous watch over sthg; **mettre un soin** ~ **à faire qqch** to do sthg with the utmost care.
◇ *nm, f* jealous person; **faire des** ~ to make people jealous OU envious.

jamaïquain, e, jamaïcain, e [ʒamaikɛ̃, ɛn] *adj* Jamaican.
◆ **Jamaïquain, e, Jamaïcain, e** *nm, f* Jamaican.

Jamaïque [ʒamaik] *npr f*: **(la)** ~ Jamaica; **vivre à la** ~ to live in Jamaica; **nous allons à la** ~ we're going to Jamaica.

jamais [ʒamɛ] *adv* -**1.** [sens négatif] never, not ever; **il n'est** ~ **trop tard** it's never too late; **je n'ai** ~ **compris** I've never understood; **il n'a** ~ **su à quoi s'en tenir** he never knew where he stood; **il n'a** ~ **fait aussi froid** it has never been this cold; **il travaille sans** ~ **s'arrêter** he works without ever stopping; **vous ne le verrez plus**

~, plus ~ vous ne le verrez you'll never (ever) see him again, you'll not see him ever again; **comme plus** ~ OU ~ **plus vous n'en reverrez** the like of which you'll never see again; **ah non! plus** ~ **ça!** oh no, never again!; ~ **(une) si grande émotion ne m'avait envahi** never before had I been so overcome with emotion; ~ **homme ne fut plus comblé** *litt* there was never a happier man; **n'as-tu** ~ **aimé?** haven't you ever OU have you never loved?; **la maison est très calme:** ~ **un bruit** the house is very quiet: (there's) never a noise; **presque** ~ hardly ever, almost never; **une équipe** ~ **vaincue** an undefeated team; **un rêve** ~ **réalisé** an unfulfilled dream || *(en corrélation avec 'que')*: **ce n'est** ~ **qu'à 20 minutes à pied** it's only 20 minutes' walk; **ce n'est** ~ **qu'un film** it's only a film (after all); **ce n'est** ~ **qu'un homme (comme vous et moi)** he's only human (after all); **il n'a** ~ **fait qu'obéir aux ordres** all he did was follow orders, he was only following orders; **c'est du** ~ **vu!** it's never happened before!, it's totally unheard of!; **c'est le moment ou** ~**!** it's now or never!; **c'est le moment ou** ~ **d'y aller** now it's the best time to go; **on ne sait** ~**!** you never know!, who knows?; **tu lui pardonneras?** – ~**!** will you forgive him? – never! ❑ ~ **deux sans trois** everything comes in threes, if it's happened twice, it'll happen a third time; ~ **de la vie!** not on your life!; ~ **tu dis bonjour?** dont bother saying hello!; ~, **au grand** ~**!** never in a month of Sundays!; ~, **au grand** ~, **je n'ai fait une telle promesse!** I never ever made such a promise!, I never made such a promise, never on your life! -**2.** [sens positif] ever; **a-t-on** ~ **vu pareille splendeur?** have you ever seen such splendour?; **si j'ai** ~ **eu peur, c'est bien cette fois-là** if I was ever frightened, it was that time (then); **c'est à se demander si tu as** ~ **appris à lire** it makes me wonder if you ever learnt to read; **je désespère de** ~ **y arriver** I've lost all hope of ever succeeding; **si** ~ **tu le rencontres, dis-lui de m'appeler** if ever you meet him, tell him to call me; **si** ~ **vous venez** if ever you come, if you ever come; **si** ~ **il reste des places, tu en veux?** if by any chance there are tickets left, do you want any?; **si** ~ **je t'y reprends!** if I ever catch you at it again!; **plus/moins/pire que** ~ more/less/worse than ever; **on s'amuse plus que** ~ we're having more fun than ever, we're enjoying ourselves more than ever; **il est moins que** ~ **décidé à changer d'entreprise** he is less decided than ever about changing firms; **le seul/le plus beau que j'aie** ~ **vu** the only one/the most beautiful I have ever seen.

◆ **à jamais** *loc adv sout* for good, forever; **c'est fini à** ~ it is over OU finished for ever OU for good; **ils se sont dit adieu à** ~ they said goodbye forever; **des souvenirs à** ~ **envolés** memories gone for ever; **à tout** ~ forever, for evermore *litt*; **il y a renoncé à tout** ~ he has given it up forever OU for evermore *litt*; **nous avons à tout** ~ **perdu l'espoir de le revoir** we have lost all hope of ever seeing him again.

◆ **pour jamais** *loc adv sout* forever; **adieu pour** ~ goodbye forever; **il partit pour** ~ he left forever OU never to return.

jambage [ʒɑ̃baʒ] *nm* -**1.** ARCHIT [pied-droit] jamb; [pilier] jamb, post; ~ **de cheminée** fireplace cheek. -**2.** [trait d'une lettre - vers le bas] downstroke; [- vers le haut] upstroke; [- au-dessous de la ligne] tail, descender.

jambe [ʒɑ̃b] *nf* -**1.** ANAT leg; **avoir de grandes** OU **longues** ~**s** to have long legs; **avoir les** ~**s nues** to be bare-legged; **elle est tout en** ~**s** she's all legs; **elle a de bonnes** ~**s** she's got a good (strong) pair of legs; **j'ai de mauvaises** ~**s maintenant** my legs aren't as good OU strong as they used to be; **il a (encore) des** ~**s de vingt ans** he's still very spry ❑ ~ **artificielle/de bois** artificial/wooden leg; **avoir des** ~**s comme des allumettes** to be spindly-legged; **il a un bon jeu de** ~**s** SPORT his footwork is good; **je n'ai plus de** OU **je ne sens plus mes** ~**s** I'm totally exhausted, my legs have gone; **en avoir plein les** ~**s** *fam* to be worn out OU dead tired; **il avait les** ~**s en coton** his legs were like jelly OU giving way under him; **en rentrant, j'avais les** ~**s en marmelade** my legs were killing me on the way home; **il est toujours dans mes** ~**s** [enfant] he's always under my feet OU in my way; **ça me/lui fait une belle** ~**!** *fam* a fat lot of good that does me/him!; **la peur lui donnait des** ~**s** fear drove her on; **prendre ses** ~**s à son cou** to take to one's heels; **se mettre en** ~**s** to (do a) warm up; **tenir la** ~ **à qqn** *fam* to drone on (and on) at sb; **tirer dans les** ~**s de qqn** *pr* to aim (a shot) at sb's legs; *fig* to create (all sorts of) problems for sb; **traiter qqn par-dessus la** ~ to treat sb offhandedly; **une partie de** ~**s en l'air**[▽] a bit of nooky. -**2.** [du cheval] leg. -**3.** VÊT (trouser) leg. -**4.** [d'un compas] leg. -**5.** CONSTR prop; ~ **de force** [d'une poutre] strut; [d'un comble] joist stay. -**6.** AUT radius rod; ~ **de force** *vieilli* torque rod. -**7.** AÉRON: ~ **de train d'atterrissage** landing gear strut.

◆ **à toutes jambes** *loc adv* full tilt, at full speed; **détaler** OU **s'enfuir à toutes** ~**s** to make a bolt for it.

jambette [ʒɑ̃bɛt] *nf* -**1.** CONSTR [d'un entrait] tie-beam strut; [d'un arbalétrier] principal rafter post. -**2.** NAUT: ~ **de pavois** bulwark stay.

jambier [ʒɑ̃bje] ◇ *adj m* leg *(modif)*.

◇ *nm* -**1.** ANAT leg muscle; ~ **antérieur/postérieur** anterior/posterior leg muscle. -**2.** [à l'abattoir] gambrel.

jambière [ʒɑ̃bjɛr] *nf* -**1.** [pour la danse] legwarmer. -**2.** [guêtre] legging, gaiter. -**3.** ÉQUIT pad, gaiter. -**4.** [pièce d'armure] greave, jambeau.

jambon [ʒɑ̃bɔ̃] *nm* -**1.** [viande] ham; ~ **blanc** OU **de Paris** boiled OU cooked ham; ~ **cru** OU **de pays** raw ham; ~ **de Bayonne/Parme** Bayonne/Parma ham; ~ **salé/fumé** salted/smoked ham; ~ **à l'os** ham off the bone; ~ **d'York** boiled ham on the bone; **des œufs au** ~ ≃ ham and eggs; **un** ~ **beurre** *fam* a ham sandwich; **un** ~ **fromage** *fam* a ham and cheese sandwich. -**2.** [▽] [cuisse] thigh.

jambonneau [ʒɑ̃bɔno] *nm* -**1.** [petit jambon] knuckle of ham. -**2.** [mollusque] fan mussel.

jamboree [ʒɑ̃bɔri] *nm* [scoutisme] jamboree.

jambose [ʒɑ̃boz] *nf* rose apple (fruit).

jambosier [ʒɑ̃bozje] *nm* rose apple (tree).

James [dʒɛms] *npr* → **baie**.

jam-session [dʒamseʃœn] *(pl* jam-sessions) *nf* jam session.

jan [ʒɑ̃] *nm* [table] backgammon board.

janissaire [ʒanisɛr] *nm* janissary.

jansénisme [ʒɑ̃senism] *nm* -**1.** RELIG: **le** ~ Jansenism. -**2.** *litt* [piété austère] puritanism *fig*.

LE JANSÉNISME:
A movement within the Catholic church founded by Jansenius, bishop of Ypres, and holding views on grace and predestination comparable to those of the Calvinists. Very influential in the 17th century, with its centre at Port-Royal, it is now associated with an austere moral emphasis in religious matters.

---

janséniste [ʒɑ̃senist] ◇ *adj* -**1.** RELIG Jansenist, Jansenistic. -**2.** *litt* [austère] puritanical *fig*.

◇ *nmf* -**1.** RELIG Jansenist. -**2.** *litt* [moraliste] puritan *fig*.

jante [ʒɑ̃t] *nf* (wheel) rim; ~**s en aluminium** AUT (aluminium) alloy wheels.

janvier [ʒɑ̃vje] *nm* January.

japon [ʒapɔ̃] *nm* [papier] Japanese paper; [porcelaine] Japanese porcelain.

Japon [ʒapɔ̃] *npr m*: **le** ~ Japan; **elle vit au** ~ she lives in Japan; **ils vont au** ~ they're going to Japan.

japonais, e [ʒapɔnɛ, ɛz] *adj* Japanese.

◆ **Japonais, e** *nm, f* Japanese (person); **les Japonais** the Japanese.

◆ **japonais** *nm* LING Japanese.

japonaiserie [ʒapɔnɛzri] *nf* Japanese artefact.

japonisant, e [ʒapɔnizɑ̃, ɑ̃t] ◇ *adj* BX-ARTS inspired by Japanese art.

◇ *nm, f* specialist in Japanese studies.

jappement [ʒapmɑ̃] *nm* [d'un chien] yelp, yap; [du chacal] bark.

japper [3] [ʒape] *vi* [chien] to yelp, to yap; [chacal] to bark.

jappeur, euse [ʒapœr, øz] ◇ *adj* yelping, yapping.

◇ *nm, f* yelper, yapper.

jaque [ʒak] *nm* BOT jackfruit.

jaquemart [ʒakmar] *nm* clock jack.

jaquette [ʒakɛt] *nf* -**1.** VÊT [d'homme] morning coat; [de femme] jacket. -**2.** [de livre] (dust) cover OU jacket, book jacket. -**3.** [couronne dentaire] crown. -**4.** TECH jacket, casing.

jaquier [ʒakje] *nm* jackfruit (tree).

jardin [ʒardɛ̃] *nm* -**1.** [terrain clos - gén] garden; [- d'une maison] garden, yard *Am*; **il est dans le** OU **au** ~ he's in the garden; **les** ~**s du château de Windsor** the grounds of Windsor Castle ❑ ~ **botanique** botanical garden OU gardens; ~ **à la française/à l'anglaise** formal/landscape garden; ~ **zoologique** OU **d'acclimatation** zoological garden OU gardens, zoo; ~ **fruitier** orchard; ~ **d'hiver** winter garden; ~ **japonais** miniature (Japanese) garden; ~ **maraîcher** market garden; **le** ~ **des Oliviers** BIBLE the Garden of Gethsemane; ~ **paysager** landscaped garden; ~ **potager** vegetable OU kitchen garden; ~ **public** public garden OU gardens, park; ~ **de rapport** market garden; **c'est mon** ~ **secret** that's my little secret; ~**s suspendus** hanging gardens; **mobilier de** ~ garden furniture; **'le Jardin des délices'** *Bosch* 'The Garden of Earthly Delights'. -**2.** *litt* [région fertile] garden; **c'est le** ~ **de l'Angleterre** it's the garden of England.

◆ **jardin d'enfants** *nm* kindergarten, playgroup OU pre-school nursery *Br*.

jardinage [ʒardinaʒ] *nm* -**1.** [d'un potager, de fleurs] gardening; **faire un peu de** ~ to potter *Br* OU to putter *Am* around in the garden. -**2.** [de forêts] selective working.

◆ **de jardinage** *loc adj* [outil, magasin] gardening, garden *(modif)*.

jardiner [3] [ʒardine] ◇ *vi* to garden; **elle est dehors en train de** ~ she's out doing some gardening.

◇ *vt* to select, to cull.

Jardinerie® [ʒardinri] *nf* garden centre.

jardinet [ʒardinɛ] *nm* small garden.

jardinier, ère [ʒardinje, ɛr] ◇ *adj* -**1.** HORT garden *(modif)*. -**2.** [de forêts] selective.

◇ *nm, f* gardener.

◆ **jardinière** *nf* -**1.** [sur un balcon] window box; [pour fleurs coupées] jardiniere; [meuble] plant holder. -**2.** CULIN: **jardinière (de légumes)** (diced) mixed vegetables, jardiniere.

◆ **jardinière d'enfants** *nf* nursery-school OU kindergarten teacher, playgroup assistant *Br*.

jargon [ʒargɔ̃] *nm* -**1.** [langage incorrect] jargon; [langage incompréhensible] jargon, mumbo jumbo. -**2.** [langue spécialisée] jargon, argot; ~ **administratif/des journalistes** officialese/journalese; **le** ~ **des publicitaires** advertisers' jargon; **le** ~ **judiciaire** lawyers' cant.

jargonaphasie [ʒargɔnafazi] *nf* jargon aphasia.

jargonner [3] [ʒargɔne] ◇ *vi* -**1.** [s'exprimer - en jargon] to jargonize, to talk jargon; [- de façon incompréhensible] to jabber away. -**2.** [jars] to honk.

◇ *vt* to mumble.

Jarnac [ʒarnak] *npr*: **coup de** ~ stab in the back.

jarre [ʒar] ◇ *nf* [vase] (earthenware) jar.

◇ *nm* [poil] overhair.

jarret [ʒarɛ] *nm* -**1.** ANAT back of the knee, ham; ZOOL hock; ~ **de veau** CULIN knuckle of veal, veal shank *Am*; **avoir des** ~**s d'acier** OU **du** ~ *fam* to have a good (sturdy) pair of legs. -**2.** CONSTR [imperfection] break of outline; [coude] knee joint (of pipe).

jarretelle [ʒartɛl] *nf* suspender *Br*, garter *Am*.

jarretière [ʒartjɛr] *nf* -**1.** VÊT garter; **la** ~ **de la mariée** the bride's garter *(worn on the wedding* *day, removed by the best man and auctioned off to the guests)*. -**2.** ZOOL redband fish.

jars [ʒar] *nm* gander.

jas [ʒa] *nm* -**1.** *dial* [bergerie] sheepfold. -**2.** NAUT (anchor) stock.

jaser [3] [ʒaze] *vi* -**1.** [médire] to gossip; **ça va faire ~ dans le quartier** that'll set the neighbours' tongues wagging. -**2.** *fam* [avouer] to squeal, to blab; **on n'aime pas les gens qui jasent** we don't like squealers. -**3.** [gazouiller - pie, geai] to chatter; [- ruisseau, bébé] to babble; [- personne] to chatter.

jaseur, euse [ʒazœr, øz] ◇ *nm, f* [bavard] chatterbox; [mauvaise langue] gossip, scandalmonger.
◇ *adj* -**1.** [oiseau] chattering. -**2.** [personne - qui bavarde] chattering; [- qui médit] gossiping, gossipy.
◆ **jaseur** *nm* ORNITH waxwing.

jasmin [ʒasmɛ̃] *nm* jasmine; **thé au ~** jasmine tea ❑ **~ d'hiver** winter jasmine.

Jason [ʒazɔ̃] *npr* Jason.

jaspe [ʒasp] *nm* -**1.** MINÉR jasper; **~ sanguin** bloodstone. -**2.** GÉOL jasperoid.

jasper [3] [ʒaspe] *vt* -**1.** [marbrer] to marble, to mottle, to speckle. -**2.** IMPR to marble, to jasper.

jaspiner▽ [3] [ʒaspine] *vi* to rattle on, to chatter away.

jaspure [ʒaspyr] *nf* -**1.** [d'une arme] mottling *(due to quenching)*. -**2.** IMPR & TEXT marbling *(U)*.

jatte [ʒat] *nf* [petite] bowl; [grande] basin; **une ~ de lait** a bowl of milk.

jauge [ʒoʒ] *nf* -**1.** [pour calibrer] gauge; **~ d'épaisseur** thickness OU feeler gauge; **~ extensométrique** stain gauge; **~ de filetage** (standard) wire gauge; **~ de profondeur** depth gauge. -**2.** [indicateur] gauge; **~ de pression/vapeur** pressure/steam gauge; **~ d'essence** AUT petrol gauge *Br*, gas gauge *Am*; **~ (de niveau) d'huile** AUT dipstick. -**3.** [contenance d'un réservoir] capacity; [tonnage d'un navire] tonnage, burden; **~ brute/nette** gross/net (registered) tonnage. -**4.** AGR trench. -**5.** MENUIS & PHYS gauge.

jaugeage [ʒoʒaʒ] *nm* gauging, measuring.

jauger [17] [ʒoʒe] ◇ *vt* -**1.** [mesurer - fil] to gauge; [- réservoir] to gauge (the capacity of); [- liquide] to gauge (the volume of); [- navire] to measure the tonnage OU burden of. -**2.** *litt* [juger] to assess; **~ qqn** to size sb up; **comment ~ sa personnalité?** how can we assess OU judge OU determine what sort of a personality he has?; **~ la situation** to size OU to weigh up the situation.
◇ *vi* NAUT: **navire jaugeant 600 tonneaux** ship with a tonnage of OU measuring 600 tons.

jaunâtre [ʒonatr] *adj* [couleur] yellowish, yellowy; [teint] yellowish, sallow, waxen.

jaune [ʒon] ◇ *adj* -**1.** [couleur] yellow; **avoir le teint ~** to look yellow OU sallow OU bilious ❑ **~ canari/citron** canary/lemon yellow; **~ moutarde** mustard-coloured; **~ d'or** golden yellow; **~ paille** straw-coloured; **~ comme un citron** OU **un coing** (as) yellow as a lemon. -**2.** *péj* & *vieilli* [d'Asie] yellow.
◇ *nmf* [non gréviste] strikebreaker.
◇ *nm* -**1.** [couleur] yellow; **elle aime s'habiller en ~** she likes to wear yellow. -**2.** CULIN: **~ (d'œuf)** (egg) yolk.
◇ *adv*: **rire ~** [rire à contrecœur] to laugh half-heartedly.
◆ **Jaune** *nmf péj* & *vieilli* Oriental.

jaunet, ette [ʒonɛ, ɛt] *adj litt* yellowish, yellowy.
◆ **jaunet** *nm*: **~ d'eau** yellow water lily.

jaunir [32] [ʒonir] ◇ *vt* -**1.** [rendre jaune] to turn yellow; **ses dents sont jaunies par le tabac** his teeth have been turned yellow by smoking. -**2.** [défraîchir] to yellow, to turn yellow; **le soleil a jauni les pages** the sun has made the pages go OU turn yellow.
◇ *vi* -**1.** [devenir jaune] to turn OU to become yellow, to yellow. -**2.** [se défraîchir] to fade; **quelques photos jaunies** a few yellowed OU faded photographs; **l'encre a jauni** the ink has faded.

jaunisse [ʒonis] *nf* MÉD jaundice; **le bébé a la ~** the baby has jaundice ❑ **tu ne vas pas en faire une ~!** *fam* there's no need to get into a state OU to get worked up about it!

jaunissement [ʒonismɑ̃] *nm* yellowing.

java [ʒava] *nf* -**1.** [danse] java. -**2.** *fam* [fête] knees-up *Br*, shindig *Am*; **faire la ~** to have a (good old) knees-up.

Java [ʒava] *npr* Java; **à ~** in Java.

javanais, e [ʒavanɛ, ɛz] *adj* Javanese.
◆ **Javanais, e** *nm, f* Javanese (person); **les Javanais** the Javanese.
◆ **javanais** *nm* LING -**1.** [langue indonésienne] Javanese. -**2.** [argot] slang *(using -av- or -ad- as an infix before each vowel)*. -**3.** [langage incompréhensible]: **c'est du ~** *fam* that's gobbledegook.

Javel [ʒavɛl] *npr*: **eau de ~** bleach.

javelage [ʒavlaʒ] *nm* laying in swaths.

javeler [24] [ʒavle] *vt* to lay in swaths.

javeleur, euse [ʒavlœr, øz] *nm, f* harvester.

javeline [ʒavlin] *nf* javelin.

javelle [ʒavɛl] *nf* swath; **mettre le blé en ~s** to lay wheat in swaths.

javellisation [ʒavelizasjɔ̃] *nf* chlorination.

javelliser [3] [ʒavelize] *vt* to chlorinate.

javelot [ʒavlo] *nm* javelin; **le lancer du ~** javelin throwing, the javelin.

jazz [dʒaz] *nm* jazz; **le ~ de la Nouvelle-Orléans** New Orleans jazz; **le ~ classique** traditional OU mainstream jazz.

jazz-band [dʒazbɑ̃d] (*pl* **jazz-bands**) *nm* jazz band.

jazzique [dʒazik], **jazzistique** [dʒazistik] *adj* jazz *(modif)*.

jazzman [dʒazman] (*pl* **jazzmans** OU **jazzmen** [dʒazmɛn]) *nm* jazzman, jazz player OU musician.

J.-C. *(abr écrite de* **Jésus-Christ***)* J.C.; **en (l'an) 180 avant/après ~** in (the year) 180 BC/AD.

JCR *(abr de* **Jeunesse communiste révolutionnaire***) npr f Communist youth movement*.

je [ʒə] *(devant voyelle et h muet* **j'** [ʒ]) ◇ *pron pers* I; **j'y vais demain** I'm going there tomorrow; **puis-je me joindre à vous?** may I join you?; **puissé-je me tromper!** *sout* let us hope I am wrong!
◇ *nm inv*: **le je** LING the first person; PHILOS the self.

jean [dʒin] *nm* (pair of) jeans.

Jean [ʒɑ̃] *npr*: **saint ~** Saint John; **~ sans Terre** John Lackland.

Jean-Baptiste [ʒɑ̃batist] *npr*: **saint ~** Saint John the Baptist.

jean-foutre▽ [ʒɑ̃futr] *nm inv* layabout, good-for-nothing.

jean-le-blanc [ʒɑ̃ləblɑ̃] *nm inv* short-toed eagle.

Jeanne [ʒan] *npr*: **~ d'Arc** OU **la Pucelle** Joan of Arc; **elle est coiffée à la ~ d'Arc** she wears her hair in a bob.

jeannette [ʒanɛt] *nf* -**1.** [planche à repasser] sleeve-board. -**2.** [croix] gold cross *(worn around the neck)*; [chaîne] gold chain *(for wearing a cross)*. -**3.** [scout] Brownie (Guide) *Br*, Girl Scout *Am*.

jeans [dʒins] = **jean**.

JEC, Jec [ʒɛk] *(abr de* **Jeunesse étudiante chrétienne***) npr f Christian youth organization*.

Jeep® [dʒip] *nf* Jeep®.

Jéhovah [ʒeɔva] *npr* Jehovah; **les témoins de ~** the Jehovah's Witnesses.

jéjunum [ʒeʒynɔm] *nm* jejunum.

je-m'en-fichisme *fam* [ʒmɑ̃fiʃism] *nm* couldn't-care-less OU devil-may-care attitude.

je-m'en-fichiste *fam* [ʒmɑ̃fiʃist] ◇ *adj* couldn't care less *(avant n)*, devilmaycare.
◇ *nmf* couldn't care less OU devil-may-care sort of person.

je-m'en-foutisme *fam* [ʒmɑ̃futism] *nm* couldn't-give-a-damn approach OU attitude.

je-m'en-foutiste *fam* [ʒmɑ̃futist] ◇ *adj* couldn't give a damn *(avant n)*.
◇ *nmf* couldn't-give-a-damn sort of person.

je-ne-sais-quoi [ʒənsekwa] *nm inv*: **un ~** a je ne sais quoi, a certain something; **un ~ de qqch** a hint of sthg.

jérémiades [ʒeremjad] *nfpl* [lamentations] wailing; **assez de ~!** stop whining OU moaning OU complaining!; **avec lui, ce ne sont que des ~** all you ever get from him is moaning.

Jérémie [ʒeremi] *npr* BIBLE Jeremiah.

jerez [gzerɛs] = **xérès**.

Jéricho [ʒeriko] *npr* Jericho.

jerk [dʒɛrk] *nm* jerk DANCE.

jéroboam [ʒerɔbɔam] *nm* jeroboam.

Jérôme [ʒerom] *npr*: **saint ~** Saint Jerome.

jerrican(e) [ʒerikan] *nm* jerrycan.

jersey [ʒɛrzɛ] *nm* -**1.** VÊT jersey, sweater. -**2.** TEXT jersey, jersey knit.

Jersey [ʒɛrzɛ] *npr* Jersey; **à ~** in Jersey.

jersiais, e [ʒɛrzjɛ, ɛz] *adj* from Jersey; **vache ~e** Jersey (cow); **race ~e** Jersey breed.
◆ **Jersiais, e** *nm, f inhabitant of or person from Jersey*.
◆ **jersiaise** *nf* Jersey (cow).

Jérusalem [ʒeryzalɛm] *npr* Jerusalem; **la nouvelle ~, la ~ céleste** the New Jerusalem.

jésuite [ʒezɥit] ◇ *adj* -**1.** RELIG Jesuitic, Jesuitical. -**2.** *péj* [hypocrite] jesuitic, jesuitical, casuistic.
◇ *nmf péj* [hypocrite] jesuit, casuist; **agir en vrai ~** to be as crafty as a Jesuit.
◇ *nm* RELIG Jesuit; **les ~s** the Jesuits.

jésuitique [ʒezɥitik] *adj* -**1.** RELIG Jesuitic, Jesuitical. -**2.** *sout* & *péj* [hypocrite] jesuitic, jesuitical, casuistic.

jésuitiquement [ʒezɥitikmɑ̃] *adv sout* jesuitically, casuistically.

jésuitisme [ʒezɥitism] *nm* -**1.** [système moral] Jesuitism. -**2.** *sout* & *péj* [hypocrisie] casuistry, jesuitry.

jésus [ʒezy] *nm* -**1.** [représentation] (figure of the) infant OU baby Jesus; **mets le ~ dans la crèche** put the baby Jesus into the crib. -**2.** CULIN pork liver sausage *(from Franche-Comté and Switzerland)*; **~ de Lyon** ≃ pork salami. -**3.** IMPR: **grand ~** ≃ imperial; **petit ~** ≃ super royal. -**4.** *fam* [chérubin] cherub, angel; **viens, mon ~!** come along, my (little) angel!

Jésus [ʒezy] *npr* Jesus; **~ sur la croix** Jesus on the cross ❑ **(doux) ~!, ~ Marie!** sweet Jesus!, in the name of Jesus!; **Compagnie** OU **Société de ~** Society of Jesus.

Jésus-Christ [ʒezykri] *npr* Jesus Christ; **en (l'an) 180 avant/après ~** in (the year) 180 BC/AD.

jet[1] [dʒɛt] *nm* AÉRON jet (plane).

jet[2] [ʒɛ] *nm* -**1.** [embout] nozzle; [lance - de pompier] nozzle, fire (hose); [- de jardinier] (garden) hose; **passer qqch au ~** to hose sthg down. -**2.** [jaillissement - de flammes, de sang] spurt, jet; [- d'eau, de vapeur] jet, gush; [- de gaz] gush; **un ~ de salive** a jet of saliva. -**3.** [lancer - de cailloux] throwing *(U)*; **des ~s de pierres** stone-throwing ❑ **à un ~ de pierre** a stone's throw away. -**4.** SPORT throw. -**5.** ASTRONAUT jet. -**6.** MÉTALL [veine libre] (pouring) stream; [arête] dead head.
◆ **à jet continu** *loc adv* non-stop, without a break.
◆ **d'un (seul) jet** *loc adv* in one go; **elle nous raconta tout d'un seul ~** she told us everything in one go OU breath.
◆ **jet d'eau** *nm* [filet d'eau] fountain, spray; [mécanisme] fountain; MENUIS weather strip; AUT drip moulding.

jetable [ʒətabl] *adj* [couche, briquet, gobelet etc] disposable.

jeté [ʒəte] *nm* -**1.** DANSE jeté; **petit ~** jeté; **grand ~** grand jeté. -**2.** SPORT jerk. -**3.** [maille]: **~ (simple), 1 ~** make 1. -**4.** [couverture] throw *Am*; **~ de lit** bedspread; **~ de table** table runner.

jetée [ʒəte] *nf* **-1.** [en bord de mer] pier, jetty. **-2.** [dans une aérogare] passageway.

jeter [27] [ʒəte] *vt* **-1.** [lancer - balle, pierre] to throw; **elle m'a jeté la balle** she threw me the ball, she threw the ball to me; **~ qqch par terre** to throw sthg down (on the ground); **ne jetez pas de papiers par terre** don't drop litter; **il a jeté le ballon par-dessus le mur** he threw the ball over the wall; **il a jeté son hochet** he threw down his rattle; **elle lui a jeté sa lettre à la figure** she threw the letter in his face ❑ **comme on jette un os à un chien** as you would throw a dog a bone; **n'en jetez plus (la cour est pleine)!** *fam* you're making me blush!, don't overdo it!; *iron* give it a rest! **-2.** [avec un mouvement du corps] to throw; **l'enfant jeta ses bras autour de mon cou** the child threw OU flung his arms around my neck; **~ la tête/les épaules en arrière** to throw one's head/one's shoulders back; **~ la jambe en l'air** to kick one's leg up; **~ un (coup d') œil sur** OU **à qqch** to cast a glance OU to have a (quick) look at sthg; **elle jeta un œil las/soupçonneux sur le document** she glanced wearily/suspiciously at the document; **jette un œil sur les enfants** have a quick look OU check to see if the children are all right; **~ les yeux sur qqn/qqch** to glance at sb/sthg. **-3.** [émettre - étincelle] to throw OU to give out *(sép)*; [- lumière] to cast, to shed; [- ombre] to cast; [- son] to let OU to give out *(sép)*; **~ un cri** to let out OU to utter a cry ❑ **en ~** *fam*: **elle en jette, ta moto!** that's some OU *Am* a neat bike you've got there!; **elle en jetait dans sa robe de satin noir!** she looked really something in her black satin dress! **-4.** [dire brusquement]: **la petite phrase jetée par le ministre aux journalistes** the cryptic remark the minister threw at the press; **«venez!», me jeta-t-elle de son bureau** "come here!", she called out to me from her office; **elle leur jeta à la figure qu'ils étaient des incapables** she told them straight (to their faces) that they were incompetent; **~ des injures à la tête de qqn** to hurl OU to fling insults at sb; **il nous jeta quelques ordres secs** he barked out a few orders at us ‖ [écrire rapidement] to jot down *(sép)*, to scribble (down); **elle jeta quelques remarques sur le papier et se leva** she scribbled down a few notes and stood up. **-5.** [mettre] to throw; **~ qqn dehors** OU **à la porte** to throw sb out; **~ qqn à terre** to throw sb down OU to the ground; **~ qqn en prison** to throw sb into jail OU prison; **~ qqn à l'eau** [à la piscine, sur la plage] to throw sb in OU into the water; [d'un bateau] to throw sb overboard; **il a jeté sa voiture contre un mur** he ran his car into a wall; **~ une lettre à la boîte** to drop OU to pop a letter into the postbox; **~ son bulletin dans l'urne** to drop OU to pop one's ballot paper into the box; **~ un châle sur ses épaules** to throw on a shawl; **~ bas** to throw OU to cast OU to hurl down; **la statue du dictateur a été jetée bas** the dictator's statue was hurled to the ground; **ils ont jeté bas les idoles** *fig* they threw down their idols ❑ **se faire ~** *fam* [expulser] to get kicked out; **ce n'est pas le moment de lui demander, tu vas te faire ~!** now is not the time to ask him, he'll just send you away (with a flea in your ear)! **-6.** [mettre au rebut - ordures, vêtements] to throw away OU out *(sép)*; **~ qqch à la poubelle** to throw sthg into the dustbin; **~ qqch au feu** to throw sthg into OU on the fire; **il jeta la boulette de papier dans les flammes** he threw OU tossed the crumpled piece of paper into the fire; **les lettres de réclamation sont directement jetées au panier** letters of complaint are thrown straight into the wastepaper basket; **jette l'eau dans le caniveau** pour the water (out) into the gutter; **il ne faut jamais rien ~** waste not want not *prov*; **il n'y a rien à ~** there's nothing to be thrown out; **c'est bon à ~** it's fit for the dustbin *Br* OU trashcan *Am* ❑ **~ le bébé avec l'eau du bain** to throw the baby out with the bathwater. **-7.** [plonger - dans un état, dans une humeur]: **~ qqn hors de lui** OU **de ses gonds** to drive sb wild OU mad; **~ qqn dans l'embarras** to throw OU to plunge sb into confusion; **~ qqn dans le désarroi/les affres de la jalousie** to plunge sb into despair/the torments of jealousy; **~ qqn dans de terribles fureurs** to drive sb into paroxysms of anger. **-8.** [établir - fondations] to lay; [- passerelle] to set up; [- pont] to throw; **~ les fondements d'une loi/politique** to lay the foundations of a law/policy; **le traité jette les bases de l'Europe nouvelle** the treaty lays the foundations for the new Europe ‖ [maille] to make. **-9.** [répandre - doute, impression] to throw; **cela a jeté la consternation dans la famille** it filled the whole family with dismay; **~ le discrédit sur qqn/qqch** to cast discredit on sb/sthg, to discredit sb/sthg; **~ le doute dans les esprits** to sow OU to cast doubt in people's minds; **~ le trouble chez qqn** to disturb OU to trouble sb ❑ **~ un froid** to cast a chill *fig*.

◆ **se jeter** ◇ *vp (emploi passif)*: **un rasoir qui se jette** a disposable razor.

◇ *vpi* **-1.** [sauter] to throw OU to hurl o.s., to leap; **se ~ à bas de son cheval** to leap from one's horse; **se ~ dans le vide** to throw o.s. OU to hurl o.s. OU to leap (off) into empty space; **se ~ par la fenêtre** to throw o.s. out of the window; **elle s'est jetée du haut du pont** she hurled herself OU threw herself from the top of the bridge; **un homme s'est jeté sous la rame** a man leapt OU threw himself OU hurled himself in front of the train; **je n'ai pu l'éviter, il s'est jeté sous mes roues** I couldn't avoid him, he just leapt out in front of my car; **se ~ de côté** to leap aside, to take a sideways leap ❑ **se ~ à l'eau** *pr* to leap into the water; *fig* to take the plunge; **jette-toi à l'eau, propose-lui le mariage** go on, take the plunge and ask her to marry you. **-2.** [se précipiter] to rush (headlong); **se ~ dans la foule** to plunge into the crowd; **se ~ sur qqn** to hurl o.s. OU to rush at sb; **ils se sont tous jetés sur moi** [pour me frapper] they all set about OU pounced on me; [pour me questionner] they all pounced on me; **il avait tellement faim qu'il s'est jeté sur la nourriture** he was so hungry he fell on the food; **les chiens se sont jetés sur la viande** the dogs devoured the meat; **ne vous jetez pas sur les biscuits!** don't eat the biscuits all at once!; **elle se jeta sur son lit** she threw herself on (to) her bed; **le canot s'est jeté dans les rapides** the canoe plunged into the rapids; **elle se jeta dans un taxi** she leapt into a taxi; **elles se jetèrent sous le premier porche venu** they scurried OU rushed into the nearest doorway; **vous vous êtes tous jetés sur la question B** you all went for question B. **-3. se ~ dans** [commencer]: **se ~ à corps perdu dans une aventure** to fling o.s. body and soul into an adventure. **-4.** [cours d'eau] to run OU to flow into; **là où la Marne se jette dans la Seine** where the river Marne flows OU runs into the Seine.

◇ *vpt*▽ *loc*: **s'en ~ un (derrière la cravate)** to have a quick drink OU a quick one; **on s'en jette un dernier?** let's have one for the road!

jeteur, euse [ʒətœr, øz] *nm, f*: **~ de sort** wizard (*f* witch).

jeton [ʒətɔ̃] *nm* **-1.** [pièce] token; **~ de téléphone** token for the telephone. **-2.** JEUX counter; [à la roulette] chip, counter, jetton. **-3.** [dans une entreprise]: **~ (de présence)** director's fees; **il n'est là que pour toucher ses ~s** he's just a timeserver, all he does is draw his salary. **-4.** ▽ [coup de poing] whack; **prendre un ~** to get a whack in the face.

◆ **jetons**▽ *nmpl*: **avoir les ~s** to be scared stiff; **ficher les ~s à qqn** to put the wind up sb *Br*, to give sb the willies.

◆ **faux jeton** *fam* ◇ *adj inv* hypocritical.

◇ *nm* hypocrite.

jet-set [dʒɛtsɛt] (*pl* jet-sets) *nm* OU *nf*, **jet-society** [dʒɛtsɔsajti] *nf* jet set; **membre de la ~** jet-setter.

jet-stream [dʒɛtstrim] (*pl* jet-streams) *nm* jet stream.

jeu, x [ʒø] *nm* **-1.** LOISIRS game; **ce n'est qu'un ~!** it's only a game!, it's only for fun!; **c'est le ~!** it's fair (play)!; **ce n'est pas de** OU **du ~!** that's not fair!; **le ~** [activité] play; **l'enfant s'exprime par le ~** a child expresses himself by playing OU through play; **par ~** for fun, in play; **les chiots ne mordent que par ~** puppies only bite in play ❑ **~ d'adresse/de hasard** game of skill/of chance; **~ électronique/vidéo** electronic/video game; **~ radiophonique/télévisé** radio/TV quiz (game); **~ de boules** (game of) boules; **le ~ d'échecs** the game of chess; **~ éducatif** educational game; **~ d'entreprise** management simulation (game); **jouer au ~ de l'oie** ≃ to play snakes and ladders; **~ de plein air** outdoor game; **~ de société** parlour game; **c'est un ~ d'enfant!** this is child's play!; **se faire un ~ de** to make light OU easy work of; **il s'est fait un ~ de démolir tous nos arguments** it was child's play for him to destroy all our arguments. **-2.** [cartes] hand; **avoir du ~** OU **un bon ~** to have a good hand; **ne pas avoir de ~, avoir un mauvais ~** to have a bad hand; **il avait tout le ~** he had all the good cards; **ne montre pas ton ~!** don't show your hand OU your cards!; **étaler son ~** to lay down one's hand OU cards ❑ **le grand ~** [d'une cartomancienne] (complete) Major Arcana; **elle nous a joué le grand ~** she pulled out all the stops with OU on us; **montrer** OU **dévoiler son ~** to show one's hand; **il a bien caché son ~!** he played (his cards) very close to his chest! *fig*. **-3.** [ensemble de pièces] set; **~ de (32/52) cartes** pack *Br* OU deck *Am* of (32/52) cards; **un ~ de clés/tournevis** a set of keys/screwdrivers ❑ **un ~ de dames/d'échecs/de loto/de quilles** a draughts/chess/lotto/skittles set; **~ de caractères** INF character set; **~ d'essai** INF sample data OU deck; **~ d'orgue** MUS organ stop. **-4.** [manigances] game; **c'est un (petit) ~ dangereux!** this is a dangerous (little) game you're playing!; **qu'est-ce que c'est que ce petit ~?** [ton irrité] what are you playing at?, what's your game? ❑ **entrer dans le ~ de qqn** to play sb at their own game; **faire le ~ de qqn** to play into sb's hands; **être pris à son propre ~** to be caught at one's own game; **se (laisser) prendre au ~** to get caught up OU involved in what's going on; **voir clair** OU **lire dans le ~ de qqn** to see through sb's little game, to see what sb is up to; **le ~ n'en vaut pas la chandelle** the game is not worth the candle; **'le Jeu de l'amour et du hasard'** *Marivaux* 'The Game of Love and Chance'. **-5.** SPORT [activité] game; **les ~x d'équipe** team games; **le ~ à XIII** Rugby League ‖ [action] play; **le ~ s'est accéléré** the play OU the game has livened up a bit; **il y a eu du beau ~** there was some very good play; **notre équipe a fait tout le ~** our team had the upper hand ‖ [partie] game; **le ~ est très ouvert/fermé** the game is very open/tight; **faire ~ égal** to be evenly matched; **il a fait ~ égal avec le champion** the champion met his match in him ‖ [au tennis] game; **~ Mériel!** game to Mériel!; **deux ~x partout** two games all ❑ **~ blanc** love game; **~, set et match** game, set and match. **-6.** [terrain]: **la balle est sortie du ~** the ball has gone out (of play) ❑ **~ de boules** [sur gazon] bowling green; [de pétanque] ground *(for playing boules)*; **~ de quilles** skittle alley. **-7.** [style d'un sportif] game, way of playing; **il a un ~ défensif/offensif** he plays a defensive/an attacking game; **elle a un ~ de fond de court** she's got a base line game; **il a un bon ~ de volée** he's a good volleyer, he volleys well ‖ [interprétation - d'un acteur] acting; [- d'un musicien] playing; **son ~ a mûri** her (way of) playing has developed; **la pièce exige un ~ tout en nuances** the play requires subtle acting. **-8.** [activité du parieur]: **le ~** gambling *(for money)*; **elle a tout perdu au ~** she gambled her entire fortune away, she lost her whole fortune (at) gambling; **avoir un ~ audacieux** to be a daring gambler. **-9.** [effets] play; **~ d'eau** fountain; **~ de mots** play on words, pun; **~ d'ombres** play of shadows; **des ~x de lumière** [naturels] play of light; [artificiels] lighting effects. **-10.** [espace]: **la vis a** OU **prend du ~** the screw is loose; **il y a**

du ~ there's a bit of play OU of a gap; **donner du ~ à qqch** to loosen sthg up; **donner** OU **laisser du ~ à qqn** *fig* to allow sb (some) freedom OU leeway; **je leur laisse un certain ~ au niveau du budget** I give them some freedom of action OU some leeway where the budget is concerned. -**11.** [action] play; **le ~ du piston dans le cylindre** the play of the piston inside the cylinder; **le ~ des vagues sur les rochers** the play of waves on the rocks; **c'est un ~ de ton imagination/ta mémoire** it's a trick of your imagination/your memory; **laisser faire le ~ de la concurrence** to allow the free play of competition; **le marché s'est agrandi grâce au ~ de forces économiques nouvelles** the market has expanded because new economic forces have come into play; **ils sont parvenus à un accord par le ~ d'une diplomatie subtile** they reached an agreement through the subtle use of diplomacy; **il n'a obtenu le siège que par le ~ des alliances électorales** he won the seat only through the interplay OU working of electoral alliances. -**12.** LITTÉRAT *tragedy or comedy in verse, performed during the Middle Ages.*

◆ **jeux** *nmpl* -**1.** [mise]: **faites vos ~x (, rien ne va plus)** faites vos jeux (rien ne va plus); **les ~x sont faits** *pr* les jeux sont faits; *fig* the die is cast, there's no going back now. -**2.** SPORT: **les ~x (Olympiques)** the (Olympic) Games; **les ~x (Olympiques) d'hiver** the Winter Olympics; **les ~x Olympiques pour handicapés** the Paralympic Games; **les ~x du cirque** ANTIQ the (games of the) circus.

◆ **en jeu** ◇ *loc adj* -**1.** [en question] at stake; **l'avenir de l'entreprise n'est pas en ~** the company's future is not at stake OU at risk OU in jeopardy. -**2.** [en action] at play; **les forces en ~ sur le marché** the competing forces OU the forces at play OU the forces at work on the market. -**3.** [parié] at stake; **la somme en ~** the money at stake OU which has been staked.

◇ *loc adv* -**1.** SPORT: **mettre le ballon en ~** FTBL to throw in the ball; **remise en ~** throw-in; RUGBY put-in; HOCKEY push in. -**2.** [en marche]: **les disjoncteurs ont été mis en ~ par le programmateur** the circuit breakers were activated by the programmer ❑ **mettre qqch en ~** [risquer qqch] to put sthg at stake; **mettre en ~ son avenir, mettre son avenir en ~** to put one's future at stake, to stake one's future; **entrer en ~** [intervenir] to come into play; **les institutions religieuses sont entrées en ~ pour s'opposer à l'avortement** the religious institutions entered the fray to oppose abortion.

LE JEU DES MILLE FRANCS:
This radio programme was originally broadcast in the 1950s and has become a national institution. The quiz, whose top prize was originally one thousand francs consists of a series of questions sent in by listeners.

---

jeudi [ʒødi] *nm* Thursday; **le ~ saint** Maundy Thursday.

jeun [ʒœ̃]

◆ **à jeun** ◇ *loc adj*: **il est à ~** [il n'a rien mangé] he hasn't eaten anything; [il n'a rien bu] he's sober.

◇ *loc adv* on an empty stomach; **venez à ~** don't eat anything before you come; **trois comprimés à ~** three tablets to be taken on an empty stomach.

jeune [ʒœn] ◇ *adj* -**1.** [peu avancé en âge - personne, génération, population] young; **mourir ~** to die young; **réussir ~** to succeed at a young age; **il n'est plus très ~** he's not that young any more, he's not as young as he used to be; **elles étaient toutes ~s alors** [très jeunes] they were very young then; **ma voiture n'est plus toute ~** *fam* my car's got quite a few miles on the clock now; **ils ont une clientèle ~** their customers are young, they cater for young people; **~ arbre** sapling, young tree; **~ oiseau** fledgling, young bird; **~ chien** puppy, young dog; **un ~ homme** a young man, a youth; **eh bien, ~ homme, où vous croyez-vous?** I say, young man, where do you think you are?; **faire le ~ homme** to act the young man; **une ~ femme** a (young) woman; **un ~ garçon** [enfant] a boy, a youngster; [adolescent] a youth, a teenager; **une ~ fille** a girl, a young woman; **~ personne** young lady; **de ~s enfants** young OU small children; **~ gens** [garçons] young men; [garçons et filles] youngsters, young people; **être plus/moins ~ que** to be younger/older than; **je suis plus ~ que lui de deux mois** I'm younger than him by two months, I'm two months younger than him; **ma plus ~ sœur** my youngest sister ❑ **faire ~: ils font ~** they look young; **c'est ~, ça ne sait pas!** *fam* he's (still) young OU wet behind the ears, he'll learn! -**2.** [inexpérimenté]: **on reparlera de ce ~ metteur en scène** we haven't heard the last of this young director; **'cherchons ~ ingénieur'** 'recently qualified engineer required'; **être ~ dans le métier** to be new to the trade OU business. -**3.** [du début de la vie] young, early; **mes ~s années** my youth; **il a passé ses ~s années en Provence** he spent his early years OU youth in Provence; **dans notre ~ âge** *litt* in our youth, when we were young; **étant donné son ~ âge** given his youth OU how young he is; **dans mon ~ temps** *fam* when I was a young thing. -**4.** [qui a l'aspect de la jeunesse - personne] young, young-looking, youthful; [- couleur, coiffure etc] young, youthful; **pour avoir l'air toujours ~, pour rester ~** to stay young OU young-looking; **être ~ d'esprit** OU **de caractère** to be young at heart. -**5.** [récent - discipline, technique, entreprise] new, young; **leur histoire d'amour est encore ~** their (love) affair is still young OU hasn't matured yet; **les ~s États d'Afrique** the new OU young African States; **les ~s entreprises** young OU new companies. -**6.** [vin] young, green; [fromage] young. -**7.** *fam* [juste]: **ça fait** OU **c'est (un peu) ~!** [somme d'argent] that's a bit mean!; [temps] that's cutting it a bit fine!; [dimensions] that's a bit on the short OU small side!; [poids] that's a bit on the light side!

◇ *adv* [comme les jeunes]: **s'habiller ~** to wear young-looking clothes; **se coiffer ~** to have a young-looking hairstyle; **ils font vraiment ~** they look really young.

◇ *nm* [garçon] young man, youngster; **c'est un petit ~ qui conduisait** the driver was a young man; **les ~s de cette génération-là sont morts dans les tranchées** the youngsters OU young men of that generation died in the trenches.

◇ *nf* [fille] (young) girl; **c'est une petite ~ qui conduisait** the driver was a young girl.

◆ **jeunes** *nmpl* youngsters, young people, the young; **il représente beaucoup pour les ~s d'aujourd'hui** he means a lot to young people today OU to the young generation; **les ~s ont préféré manger sur la terrasse** the youngsters chose to eat out on the terrace; **une bande de ~s** a bunch of kids.

jeûne [ʒøn] *nm* -**1.** [période] fast; **le ~ du Ramadan** the fasting at Ramadan. -**2.** [pratique] fast, fasting *(U)*; **observer une semaine de ~** to fast for a week; **un petit ~ ne lui fera pas de mal** it won't do him any harm to go without food OU to fast for a while.

jeûner [3] [ʒøne] *vi* -**1.** RELIG to fast. -**2.** [ne rien manger] to go without food.

jeunesse [ʒœnɛs] *nf* -**1.** [juvénilité - d'une personne] youth, youthfulness; [- d'une génération, d'une population] youthfulness, young age; [- d'un arbre, d'un animal] young age; [- des traits, d'un style] youthfulness; **elle m'a rendu ma ~** she made me feel young again; **tous furent impressionnés par la ~ de l'équipe gouvernementale** they were all impressed by how young the government ministers are; **j'apprécie la ~ d'esprit** OU **de caractère** I appreciate a youthful outlook OU frame of mind; **l'important c'est d'avoir la ~ du cœur** what matters is to remain young at heart. -**2.** [enfance - d'une personne] youth; [- d'une science] early period, infancy; **dans ma** OU **au temps de ma ~** in my youth, when I was young, in my early years; **la génétique est encore dans sa ~** genetics is still in its infancy ❑ **il faut que ~ se passe** *prov* youth will have its fling. -**3.** SOCIOL: **la ~** young people, the young; **la ~ américaine** American youth, young Americans; **la ~ étudiante** young students, student youth; **la ~ ouvrière** young workers, working-class youth; **émissions pour la ~** TV programmes for younger viewers; RAD programmes for younger listeners; **alors, la ~, on se dépêche!** *fam* come on, you youngsters OU young folk, hurry up! ❑ **la ~ dorée** brash rich kids, gilded youth; **si ~ savait, si vieillesse pouvait** *prov* if only youth could know and old age could. -**4.** *vieilli* [jeune fille] (young) girl; **ce n'est plus une ~** she's no longer young. -**5.** [d'un vin] youthfulness, greenness.

◆ **jeunesses** *nfpl* [groupe] youth; **les ~s hitlériennes** the Hitler Youth; **les ~s communistes/socialistes** Young Communists/Socialists; **les Jeunesses musicales de France** *association promoting music amongst the young.*

◆ **de jeunesse** *loc adj*: **ses amours/œuvres/péchés de ~** the loves/works/sins of his youth.

jeunet, ette *fam* [ʒœnɛ, ɛt] *adj* youngish, rather young.

jeune-turc, jeune-turque [ʒœntyrk] (*mpl* jeunes-turcs, *fpl* jeunes-turques) *nm, f* HIST & POL Young Turk.

jeûneur, euse [ʒønœr, øz] *nm, f* faster.

jeunot, otte *fam* [ʒœno, ɔt] ◇ *adj* youngish, rather young; **il est un peu ~** he's a bit on the young side.

◇ *nm, f* youngster, young lad (*f* lass).

JF, jf -**1.** *abr écrite de* jeune fille. -**2.** *abr écrite de* jeune femme.

JH *abr écrite de* jeune homme.

JI *nm abr de* juge d'instruction.

jiu-jitsu [ʒjyʒitsy] *nm* ju-jitsu, jiu-jitsu.

Jivaro [ʒivaro] *nmf* Jivaro; **les ~s** the Jivaro.

JMF *npr fpl abr de* Jeunesses musicales de France.

JO ◇ *nm abr de* Journal officiel.

◇ *nmpl abr de* jeux Olympiques.

joaillerie [ʒɔajri] *nf* -**1.** [art]: **la ~** jewelling; **la ~ du XVᵉ siècle** the art of the jeweller in the 15th century. -**2.** [commerce]: **la ~** the jewel trade, jewellery. -**3.** [magasin] jeweller's shop *Br*, jeweler's store *Am*. -**4.** [articles]: **la ~** jewellery.

joaillier, ère [ʒɔaje, ɛr] ◇ *adj* jewel *(modif)*.

◇ *nm, f* jeweller.

job *fam* [dʒɔb] *nm* [travail - temporaire] (temporary) job; [- permanent] job; **elle a un bon ~** she has a good job.

Job [ʒɔb] *npr* Job; **pauvre comme ~** as poor as Job.

jobard, e *fam* [ʒɔbar, ard] ◇ *adj* [très naïf] gullible, naive.

◇ *nm, f* sucker, mug *Br*, patsy *Am*.

jobarderie *fam* [ʒɔbardri], **jobardise** *fam* [ʒɔbardiz] *nf* [crédulité] gullibility, naivety.

jobiste *fam* [ʒɔbist] *nmf Belg* student with a casual job.

JOC, Joc [ʒɔk] (*abr de* Jeunesse ouvrière chrétienne) *npr f Christian youth organization.*

Jocaste [ʒɔkast] *npr* Jocasta.

jociste [ʒɔsist] ◇ *adj* related to the JOC.

◇ *nmf* member of the JOC.

jockey [ʒɔkɛ] *nm* jockey.

Joconde [ʒɔkɔ̃d] *npr f*: **'la ~'** *Vinci* 'The Mona Lisa'.

jocrisse [ʒɔkris] *nm vieilli* gull *esp Br*, dupe.

Jodhpur [ʒɔdpur] *npr* Jodhpur.

jodhpurs [ʒɔdpyr] *nmpl* jodhpurs.

jodler [3] [jɔdle] *vi* to yodel.

jogger[1] [dʒɔgœr] *nm* OU *nf* [chaussure] jogging shoe, trainer.

jogger[2] [3] [dʒɔge] *vi* to jog.

joggeur, euse [dʒɔgœr, øz] *nm, f* jogger.

jogging [dʒɔgiŋ] *nm* -**1.** [activité] jogging; **faire son ~ matinal** to go for one's morning jog. -**2.** VÊT track suit *(for jogging)*.

Johannesburg [ʒɔanɛsbur] *npr* Johannesburg.

joice▽ [ʒwas] = **jouasse**.

joie [ʒwa] *nf* -**1.** [bonheur] joy, delight; **être fou de ~** to be wild with joy; **elle ne se sentait plus de ~** she was beside herself with joy; **pousser un cri de ~** to shout OU to whoop for joy; **sauter** OU **bondir de ~** to jump OU to leap for joy; **être au comble de la ~** to be overjoyed; **quelle a été votre plus grande ~?** what has been your greatest joy?; **travailler dans la ~ et la bonne humeur** to work cheerfully and good-humouredly; **pour la plus grande ~ de ses parents, elle a obtenu la bourse** much to the delight of her parents OU to her parent's great delight, she won the scholarship ❑ **~ de vivre** joie de vivre, enjoyment of life; **déborder de ~ de vivre** to be full of the joys of spring *Br* OU of joie de vivre; **c'est pas la ~ à la maison** *fam* life at home isn't exactly a laugh-a-minute OU a bundle of laughs. -**2.** [plaisir] pleasure; **nous avons la ~ d'avoir M. Dupont parmi nous** we have the pleasure of having Mr Dupont with us; **nous avons la ~ de vous annoncer la naissance de Charles** we are happy to announce the birth of Charles; **je suis tout à la ~ de revoir mes amis** *sout* I'm overjoyed at the idea of OU I'm greatly looking forward to seeing my friends again; **des dessins animés qui ont fait la ~ de millions d'enfants** cartoons which have given pleasure to OU delighted millions of children; **la petite Émilie fait la ~ de sa mère** little Emily is the apple of her mother's eye OU is her mother's pride and joy; **se faire une ~ de: il se faisait une telle ~ de venir à ton mariage** he was so delighted at the idea of OU so looking forward to coming to your wedding; **je me ferai une ~ de lui dire ses quatre vérités** *hum* I shall be only too pleased to tell him a few home truths; **cette nouvelle l'a mis en ~** he is delighted by the news ❑ **fausse ~: ne me fais pas de fausse ~** don't build up my hopes.

◆ **joies** *nfpl* [plaisirs] joys; **les ~s de la vie/retraite** the joys of life/retirement.

joignable [ʒwaɲabl] *adj*: **je suis ~ à ce numéro** I can be reached at this number.

joindre [82] [ʒwɛ̃dr] ◇ *vt* -**1.** [attacher - ficelles, bâtons] to join (together), to put together; **~ deux lattes, ~ une latte à une autre** to put two boards together, to join one board to another; **~ deux câbles** to join OU to connect two cables ❑ **~ les deux bouts** to make ends meet. -**2.** [rapprocher] to put OU to bring together; **~ les mains** [pour prier] to clasp one's hands, to put one's hands together. -**3.** [lieux] to link. -**4.** [ajouter]: **~ qqch à** to add sthg to; **joignez une photocopie à votre dossier** add a photocopy to OU put a photocopy in your file; **je joins à ce pli un chèque de 300 francs** please find enclosed a cheque for 300 francs; **ils ont renvoyé le manuscrit sans ~ la moindre explication** they sent the manuscript back without (adding) the slightest explanation; **voulez-vous ~ une carte aux fleurs?** would you like to send a card with OU to attach a card to the flowers? -**5.** [associer] to combine, to link; **~ la technique à l'efficacité** to combine technical know-how and efficiency; **les servitudes jointes à l'élargissement de notre rayon d'action** the constraints associated OU connected OU that come with an increase in the scope of our activities ❑ **~ l'utile à l'agréable** to mix business with pleasure. -**6.** [contacter] to contact, to get in touch with; **~ qqn par téléphone** to get through to sb on the phone, to contact sb by phone; **~ qqn par lettre** to contact sb in writing; **où pourrai-je vous ~?** how can I get in touch with you OU contact you?; **tu peux toujours me ~ à la maison** you can always reach OU contact me at home.

◇ *vi* [porte, planches, battants]: **des volets qui joignent bien/mal** shutters that close/don't close properly; **des lattes de plancher qui joignent bien** tightly fitting floorboards.

◆ **se joindre** *vp (emploi réciproque)* -**1.** [se contacter - par téléphone] to get through to each other; [- par lettre] to make contact. -**2.** [se nouer]: **leurs mains se sont jointes** their hands came together OU joined.

◆ **se joindre à** *vp + prép* [s'associer à] to join; **quelques touristes se sont joints à la foule des manifestants** a few tourists joined in with OU mingled with the crowd of demonstrators; **tu veux te ~ à nous?** would you like to come with us?; **se ~ à une conversation/partie de rami** to join in a conversation/game of rummy; **puis-je me ~ à vous pour acheter le cadeau de Pierre?** may I join in to (help) buy Pierre's present?; **Lisa se joint à moi pour vous souhaiter la bonne année** Lisa and I wish you OU Lisa joins me in wishing you a Happy New Year.

joint, e [ʒwɛ̃, ɛ̃t] *adj* -**1.** [rapproché]: **agenouillé, les mains ~es** kneeling with his hands (clasped) together. -**2.** [attaché]: **planches mal/solidement ~es** loose-/tight-fitting boards.

◆ **joint** *nm* -**1.** CONSTR & MENUIS [garniture d'étanchéité] joint; [ligne d'assemblage] join; **les ~s d'un mur** the jointing OU pointing of a wall ❑ **~ de dilatation/retrait/rupture** expansion/contraction/breaking joint; **~ de chantier** temporary OU makeshift joint; **~ saillant** raised joint. -**2.** MÉCAN [garniture d'étanchéité] seal, gasket; [ligne d'assemblage] joint; **~ de cardan** universal joint; **~ de culasse** AUT (cylinder) head gasket; **~ tournant** revolving joint. -**3.** RAIL (rail) joint. -**4.** [de robinet] washer. -**5.** GÉOL joint. -**6.** *fam* [moyen]: **il cherche un ~ pour payer moins d'impôts** he's trying to find a clever way of paying less tax. -**7.** [intermédiaire]: **faire le ~ (entre deux personnes)** to act as a go-between (between two people). -**8.** *fam* [drogue] joint.

jointif, ive [ʒwɛ̃tif, iv] *adj* MENUIS butt-jointed.

jointoiement [ʒwɛ̃twamɑ̃] *nm* [action, résultat] pointing.

jointoyer [13] [ʒwɛ̃twaje] *vt* to point (up) *(sép)* CONSTR.

jointure [ʒwɛ̃tyr] *nf* -**1.** ANAT joint; **~s des doigts** knuckles ‖ [chez le cheval] pastern joint, fetlock. -**2.** [assemblage] joint; [point de jonction] join.

jojo *fam* [ʒoʒo] ◇ *adj inv* [joli] nice; **c'est pas ~ à regarder** it's not a pretty sight.

◇ *nm* [enfant] brat; **ce gamin est un affreux ~** that child is a little horror.

joker [ʒɔkɛr] *nm* -**1.** CARTES joker. -**2.** INF wild card.

joli, e [ʒɔli] ◇ *adj* -**1.** [voix, robe, sourire] pretty, lovely, nice; [poème] pretty, lovely; [voyage, mariage] lovely, nice; [personne] attractive; **ces deux bleus ensemble, ça n'est pas ~** these two blues don't look nice together; **il est ~ garçon** he's nice-looking OU attractive; **le ~ mois de mai** the merry month of May; **ce n'était pas ~ à voir, ce n'était pas ~, ~** *fam* it wasn't a pretty OU pleasant sight; **ce n'est pas ~ de mentir** it's not nice to tell lies ❑ **être ~ comme un cœur** OU **~ à croquer** to be (as) pretty as a picture; **faire le ~ cœur** to flirt. -**2.** [considérable]: **une ~e (petite) somme, un ~ (petit) pécule** a nice OU tidy OU handsome (little) sum of money; **elle s'est taillé un ~ succès** she's been most OU very successful; **de très ~s résultats** very good OU fine results. -**3.** *iron*: **elle est ~e, la politique!** what a fine OU nice thing politics is, isn't it?; **tu nous as mis dans un ~ pétrin** *fam* you got us into a fine mess OU pickle; **~ monsieur!** what a charming individual! ❑ **tout ça c'est bien ~, mais...** that's all very well OU that's all well and good but...

◇ *nm, f* lovely; **viens, ma ~e!** come here, honey OU darling OU lovely!

◆ **joli** *fam* ◇ *nm iron* -**1.** [action blâmable]: **tu l'as cassé? c'est du ~!** you broke it? that's great!; **c'est du ~ d'avoir filé!** that's nice, running away! -**2.** *loc*: **faire du ~: quand il va voir les dégâts, ça va faire du ~!** when he sees the damage, there'll be all hell to pay!

◇ *adv*: **faire ~** to look nice OU pretty.

joliesse [ʒɔljɛs] *nf litt* prettiness, charm, grace.

joliment [ʒɔlimɑ̃] *adv* -**1.** [élégamment] prettily, nicely; **~ dit** nicely OU neatly put; **table ~ présentée** nicely decorated table. -**2.** *fam* [en intensif] pretty, jolly *Br*; **c'est ~ compliqué** it's pretty OU awfully complicated; **elle est ~ énervée!** she's jolly *Br* OU darn *Am* annoyed! -**3.** *iron* [très mal]: **on s'est fait ~ accueillir!** a fine OU nice welcome we got there!

Jonas [ʒɔnas] *npr* Jonah, Jonas.

jonc [ʒɔ̃] *nm* -**1.** BOT rush; **~ à balais** broom; **~ des chaisiers** bulrush; **~ marin** gorse. -**2.** [canne] (Malacca) cane, rattan. -**3.** JOAILL: **~ d'or** [bague] gold ring; [bracelet] gold bangle OU bracelet.

joncacée [ʒɔ̃kase] *nf* member of the rush family; **les ~s** the Juncaceae.

jonchaie [ʒɔ̃ʃɛ] *nf* (area of) rushes.

jonchée [ʒɔ̃ʃe] *nf litt*: **une ~ de pétales** a carpet of petals; **une ~ d'herbe coupée** a swath of cut grass.

joncher [3] [ʒɔ̃ʃe] *vt* [couvrir] to strew; **les corps jonchaient le sol** the bodies lay strewn on the ground; **jonché de détritus** littered with rubbish; **jonché de pétales** strewn with petals.

jonchère [ʒɔ̃ʃɛr], **joncheraie** [ʒɔ̃ʃrɛ] = **jonchaie**.

jonchet [ʒɔ̃ʃɛ] *nm* spillikin; **jouer aux ~s** to play spillikins.

jonction [ʒɔ̃ksjɔ̃] *nf* -**1.** [réunion] joining, junction; **opérer la ~ de deux câbles** to join up two cables; **opérer la ~ de deux armées** to combine two armies; **(point de) ~** meeting point OU junction; **à la ~** OU **au point de ~ des deux cortèges** where the two processions meet. -**2.** JUR: **~ d'instance** joinder (of causes of action). -**3.** ÉLECTRON, INF, RAIL & TÉLÉC junction.

jongler [3] [ʒɔ̃gle] *vi* -**1.** [avec des balles] to juggle; **~ avec le ballon** FTBL to juggle with the ball. -**2.** *fig*: **~ avec** [manier avec aisance] to juggle with; **elle aime ~ avec les mots** she likes to juggle OU to play with words; **~ avec la loi** to juggle with the law.

jonglerie [ʒɔ̃gləri] *nf* -**1.** [action] juggling; [art] juggling, jugglery; [tour de passe-passe] juggling trick. -**2.** [ruse] juggling, trickery.

jongleur, euse [ʒɔ̃glœr, øz] *nm, f* juggler.

◆ **jongleur** *nm* HIST (wandering) minstrel, jongleur.

jonque [ʒɔ̃k] *nf* junk NAUT.

jonquille [ʒɔ̃kij] ◇ *nf* (wild) daffodil, jonquil.

◇ *adj inv* bright OU daffodil yellow.

Jordanie [ʒɔrdani] *npr f*: **(la) ~** Jordan.

jordanien, enne [ʒɔrdanjɛ̃, ɛn] *adj* Jordanian.

◆ **Jordanien, enne** *nm, f* Jordanian.

Joseph [ʒɔzɛf] *npr*: **saint ~** Saint Joseph; **~ d'Arimathie** Joseph of Arimathia.

Joséphine [ʒɔzefin] *npr*: **l'impératrice ~** the Empress Josephine.

Josué [ʒɔzɥe] *npr* Joshua.

jota [xɔta] *nf* [lettre, danse] jota.

jouable [ʒwabl] *adj* -**1.** MUS & THÉÂT playable; **sa dernière pièce n'est pas ~** his last play can't be staged. -**2.** SPORT [coup] which can be played, feasible; **le coup n'est pas ~** it's not feasible, it's impossible.

joual [ʒwal] *nm Can* joual.

jouasse▽ [ʒwas] *adj* chuffed *Br*, tickled pink.

joubarbe [ʒubarb] *nf* houseleek.

joue [ʒu] *nf* -**1.** ANAT cheek; **~ contre ~** cheek to cheek; **ce bébé a de bonnes ~s** this baby's got really chubby cheeks ❑ **se caler** OU **se remplir les ~s**▽ to stuff o.s. -**2.** CULIN: **~ de bœuf** ox cheek; **~ de raie** *part of the head of a skate, considered a delicacy*. -**3.** TECH [d'une poulie] cheek; [d'un rabot] fence.

◆ **joues** *nfpl* NAUT bows.

◆ **en joue** *loc adv*: **coucher un fusil en ~** to take aim with OU to aim a rifle; **coucher** OU **mettre qqn/qqch en ~** to (take) aim at sb/sthg; **tenir qqn/qqch en ~** to hold sb/sthg in one's sights; **en ~!** take aim!

jouée [ʒwe] *nf* ARCHIT reveal.

jouer [6] [ʒwe] ◇ *vi* -**1.** [s'amuser] to play; **elle joue dehors** she is playing outside; **~ au**

ballon/au train électrique/à la poupée to play with a ball/an electric train/a doll; **~ à la guerre** to play soldiers; **~ aux petits soldats** to play (at) soldiers; **~ à la marchande/au docteur** to play (at) shops/doctors and nurses; **~ avec qqn** to play with sb; **on ne joue pas avec un fusil!** a gun isn't a toy!; **~ avec** [mettre en danger] to gamble with; **tu joues avec ta santé/vie** you're gambling with your health/life || [manipuler]: **il jouait avec sa gomme** he was playing OU fiddling with his eraser; **elle jouait avec ses cheveux** she was playing with her hair; **~ avec les sentiments de qqn** to play OU to trifle with sb's feelings ❑ **je ne joue plus** *pr* I'm not playing anymore; *fig* I don't want to have any part of this any more; **comme un chat joue avec une souris** as a cat plays with a mouse. -**2.** LOISIRS & SPORT to play; **~ au golf/football/squash** to play golf/football/squash; **~ aux cartes/au billard** to play cards/billiards; **elle joue bien/mal au badminton** she's a good/poor badminton player, she's good/not very good at badminton; **on joue demain à Marseille** [à un jeu de ballon] we're playing tomorrow in Marseilles; **il joue à l'avant/à l'arrière** he plays up front/in defence; **~ ailier droit** to play on the right wing; **(c'est) à toi de ~** [aux cartes] (it's) your turn; [aux échecs] (it's) your move; *fig* now it's your move; **bien/mal ~** to be a good/bad player, to play well/badly; **ils ont bien joué en deuxième mi-temps** there was some good play in the second half; **les gars ont joué dur** *fam* the lads played a tough game; **~ contre qqn/une équipe** to play (against) sb/a team ❑ **à quel jeu joues-tu?** what do you think you're playing at?; **~ au plus fin** OU **malin avec qqn** to try to outsmart sb; **ne joue pas au plus fin avec moi!** don't try to be smart OU clever with me! -**3.** [parier - au casino] to gamble; [- en Bourse] to play, to gamble; [- aux courses] to bet; **j'ai joué dans la deuxième course** I had a bet on the second race; **j'ai joué sur le 12** I played (on) number 12; **~ à la roulette** to play roulette; **~ aux courses** to bet on horses; **~ au loto sportif** ≃ to do the pools *Br*, ≃ to play the pools *Am*; **~ à la Bourse** to gamble on OU to speculate on OU to play the Stock Exchange; **je ne joue jamais** [au casino] I'm not a gambler, I never gamble; [aux courses] I never bet, I'm not a betting man; **il ne joue qu'à coup sûr** *pr* he only lays sure OU safe bets; *fig* he always plays safe. -**4.** CIN & THÉÂT to act, to perform; **~ dans un film/une pièce** to be in a film/a play; **elle joue dans une pièce de Brecht** she's got a part in OU she's in a Brecht play; **j'ai déjà joué avec lui** I've already worked with him; **nous jouons à l'Apollo en ce moment** at the moment, we are playing at OU our play is on at the Apollo; **bien/mal ~** [gén] to be a good/bad actor; [dans un film, une pièce] to give a good/bad performance; **elle joue vraiment bien** she's a really good actress; **ce soir-là, ils ont particulièrement bien joué** they gave a particularly good OU fine performance that night. -**5.** MUS to play, to perform; **bien/mal ~** [gén] to be a good/bad musician; [dans un concert] to give a good/bad performance, to play well/badly; **il a mal joué hier soir** he played badly last night; **les flûtes jouaient en sourdine** the flutes were playing softly; **~ d'un instrument** to play an instrument; **tu joues d'un instrument?** do OU can you play an instrument?; **~ de l'accordéon/de l'orgue/du violon** to play the accordeon/the organ/the violin; **elle joue très bien du piano/de la clarinette** she's a very good pianist/a very good clarinet player. -**6.** [intervenir - facteur] to be of consequence OU of importance; [- clause] to apply; **l'âge joue peu** age is of little consequence; **les événements récents ont joué dans leur décision** recent events have been a factor in OU have affected OU have influenced their decision; **il a fait ~ la clause 3 pour obtenir des indemnités** he had recourse to OU made use of clause 3 to obtain compensation; **faire ~ ses relations personnelles** to make use of one's connections; **il a fait ~ ses relations pour obtenir le poste** he pulled some strings to get the job; **~ pour** OU **en faveur de qqn** to work in sb's favour; **sa réputation a joué en faveur de sa promotion** her reputation had a role to play in her being promoted; **~ contre** OU **en défaveur de qqn** to work against sb; **le temps joue en notre faveur/défaveur** time is on our side/is against us; **sa jeunesse a joué en sa défaveur** the fact that he's young worked against him OU put him at a disadvantage. -**7.** [se déformer - bois] to warp; [avoir du jeu] to work loose; **le bois a joué sous l'effet de l'humidité** the wood has warped with the damp; **les chevilles ont joué** the dowels have worked loose. -**8.** [fonctionner]: **le mécanisme de sécurité n'a pas joué** the safety mechanism didn't work OU operate; **faire ~ une clé (dans une serrure)** [pour ouvrir la porte] to turn a key (in a lock); [pour l'essayer] to try a key (in a lock); **fais ~ le pêne** get the bolt to slide; **faire ~ un ressort** to trigger a spring. -**9.** [faire des effets]: **le soleil jouait sur le lac** the sunlight was playing OU dancing on the lake; **une brise légère jouait dans** OU **avec ses cheveux** a gentle breeze was playing with her hair.

◇ *vt* -**1.** LOISIRS & SPORT [match, carte] to play; [pièce d'échecs] to move, to play; **~ la finale/revanche/belle** to play the final/return match/decider; **ils jouent la balle de match** it's match point; **ils ont joué le ballon à la main** they passed the ball; **jouons encore une autre partie** let's play another game; **j'ai joué cœur** I played hearts; **~ la tour/le fou** to move one's castle/one's bishop; **c'était un coup facile/difficile à ~** [au ballon] it was an easy/a difficult shot to play; JEUX it was an obvious/a difficult move || *fig*: **il joue un drôle de jeu** he's playing a strange OU funny (little) game; **laisse-la ~ son petit jeu, nous ne sommes pas dupes** let her play her little game, she won't fool us ❑ **bien joué!** CARTES & SPORT well played!; JEUX good move!; *fig* well done!; **~ le jeu** to play the game; **~ double jeu** to play a double game; **~ franc jeu** *pr* & *fig* to play fair; **il n'a pas joué franc jeu** he didn't play fair, he played dirty; **la partie est jouée** it's all over (bar the shouting). -**2.** [au casino - somme] to stake, to wager; [- numéro] to play (on) *(insép)*; [au turf - somme] to bet, to stake; [- cheval] to bet on *(insép)*, to back; **je ne joue jamais d'argent** I never play for money; **il joue d'énormes sommes** he gambles vast sums, he plays for high stakes OU big money; **j'ai joué cent francs sur le 12** I bet OU put a hundred francs on number 12; **~ 500 francs sur un cheval** to bet 500 francs on a horse; **jouons les consommations!** the loser pays for the drinks!; **rien n'est encore joué** *fig* nothing has been decided yet ❑ **~ gros jeu** *pr* & *fig* to play for high stakes OU big money. -**3.** [risquer - avenir, réputation] to stake; **il joue sa vie dans cette aventure** he's putting his life in the balance; **je joue ma peau** *fam* I'm risking my neck ❑ **~ le tout pour le tout** to stake everything one's got, to go for broke. -**4.** [interpréter - personnage] to play (the part of), to act; [- concerto] to play, to perform; **il a très bien joué Cyrano/la fugue** he gave an excellent performance as Cyrano/of the fugue; **l'intrigue est passionnante mais c'est mal joué** the plot is gripping but the acting is poor; **~ Brecht** [acteur] to play Brecht, to be in a Brecht play; [troupe] to play Brecht, to put on (a) Brecht (play); **~ du Chopin** to play (some) Chopin; **~ un morceau à la flûte** to play a piece on a flute; **il joue toujours les jeunes premiers** he always plays the lead OU gets the leading role; **elle ne sait pas ~ la tragédie** she's not a good tragic actress || *fig*: **~ les martyrs** to play OU to act the martyr; **ne joue pas les innocents!** don't play the innocent OU don't act innocent (with me)!; **~ la prudence** to play it safe; **~ l'étonnement/le remords** to pretend to be surprised/sorry ❑ **~ sa partie** MUS to play one's part; *fig* to play one's part, to do one's bit; **~ un rôle** *pr* & *fig* to play a part; **la lecture joue un grand rôle dans l'acquisition de l'orthographe** reading plays a large part in learning to spell. -**5.** [montrer - film, pièce] to put on *(sép)*, to show; **qu'est-ce qu'on joue en ce moment?** what's on at the moment?; **on ne joue rien d'intéressant** there's nothing interesting on; **la Comédie-Française ne joue que les classiques** only classical drama is performed OU shown OU played at the Comédie-Française; **la pièce a toujours été jouée en anglais** the play has always been performed in English; **on joue beaucoup Bernanos en ce moment** Bernanos is being performed a lot at the moment; **ça fait longtemps que sa pièce est jouée** her play has had a long run OU has been on for a long time. -**6.** *sout* [berner] to dupe, to deceive; **une fois de plus, nous avons été joués!** we've been deceived OU fooled again!; **nul n'a jamais pu le ~** no one could ever get the better of him.

◆ **jouer de** *v + prép* -**1.** [se servir de] to make use of, to use; **~ du couteau/marteau** to wield a knife/hammer; **elle joue de son infirmité** she plays on OU uses her handicap ❑ **~ des jambes** OU **flûtes**▽ [s'enfuir] to take to one's heels, to scarper *Br*, to hightail (it) *Am*; [courir] to run like the clappers *Br* OU like the dickens *Am*; **~ des mâchoires** OU **mandibules** *fam* to munch away; **~ des poings** to use one's fists. -**2.** [être victime de]: **~ de malchance** OU **malheur** to be dogged by misfortune OU bad luck; **décidément nous jouons de malheur** OU **malchance!** it's just one thing after another at the moment!

◆ **jouer sur** *v + prép* [crédulité, sentiment] to play on *(insép)*; **ils jouent sur la naïveté des gens** they play on OU exploit people's gullibility; **il nous faut ~ à plein sur le mécontentement populaire** we must capitalize on people's discontent; **~ sur les mots** to play on words; **arrête de ~ sur les mots!** stop quibbling!

◆ **se jouer** ◇ *vp (emploi passif)* -**1.** [film] to be on, to be shown; [pièce] to be on, to be performed; [morceau de musique] to be played OU performed; **sa nouvelle trilogie se jouera à Paris en octobre prochain** her new trilogy is on in Paris next October; **ce passage se joue legato** this passage should be played legato; **bien des drames se sont joués derrière ces murs** *sout* these walls have witnessed many a scene. -**2.** SPORT to be played; **le football se joue avec deux équipes de onze joueurs** football is played with two teams of eleven players. -**3.** [être en jeu] to be at stake; **des sommes considérables se jouent chaque soir** huge amounts of money are played for every night.
◇ *vpi* -**1.** [dépendre]: **mon sort va se ~ sur cette décision** my fate hangs on this decision; **l'avenir du pays se joue dans cette négociation** the fate of the country hinges OU depends on the outcome of these negotiations. -**2.** *sout* [produire un effet] to play; **la surface lisse du lac où se joue un rayon de lune** the still surface of the lake on which a shaft of moonlight is dancing OU playing. -**3.** *loc*: **(comme) en se jouant** *sout* with the greatest of ease.

◆ **se jouer de** *vp + prép* -**1.** [ignorer] to ignore; **se ~ des lois/du règlement/des ordres** to pay no heed to the law/rules/orders; **se ~ des obstacles/problèmes** to make light of the difficulties/problems. -**2.** *litt* [duper] to deceive, to dupe, to fool.

jouet [ʒwɛ] *nm* -**1.** [d'enfant] toy. -**2.** [victime] plaything; **il croyait être le ~ des dieux** he felt he was sport OU a plaything for the gods; **j'ai été le ~ de leur machination** I was a pawn in their game. -**3.** ÉQUIT curb chain.

joueur, euse [ʒwœr, øz] ◇ *adj* -**1.** [chaton, chiot] playful. -**2.** [parieur]: **être ~** to be fond of gambling.
◇ *nm, f* -**1.** MUS & SPORT player; **~ de basket/flûte** basketball/flute player; **~s de cartes/d'échecs** card/chess players; **~ de trompette** trumpeter ❑ **'les Joueurs de cartes'** *Cézanne* 'The Card Players'. -**2.** [pour de l'argent] gam-

bler; être beau/mauvais ~ to be a good/bad loser OU sport; ~ à la baisse/hausse BOURSE bear/bull (speculator).

joufflu, e [ʒufly] *adj* [bébé] chubby-cheeked; un visage ~ a chubby OU moon *péj* face.

joug [ʒu] *nm* -1. AGR yoke. -2. *litt* [assujettissement] yoke; secouer le ~ to throw off one's yoke. -3. [d'une balance] beam.

jouir [32] [ʒwir] *vi* -1. *fam* [gén]: ça me fait ~ I get a kick out of it. -2. ▽ [sexuellement] to come.
◆ **jouir de** *v + prép* -1. [profiter de] to enjoy, to get pleasure out of; ~ de la vie/de sa jeunesse to enjoy life/one's youth. -2. [se réjouir de - victoire] to enjoy, to delight in *(insép)*. -3. [avoir - panorama] to command; [- ensoleillement, droit] to enjoy, to have; [- privilège, réputation] to enjoy, to command; il ne jouit pas de toutes ses facultés he isn't in full possession of his faculties.

jouissance [ʒwisɑ̃s] *nf* -1. [plaisir] enjoyment, pleasure; les ~s de la vie life's pleasures ‖ [orgasme] climax, orgasm. -2. JUR [usage] use; avoir la ~ de qqch to have the use of sthg; entrer en ~ de qqch to enter OU to come into possession of sthg; 'à vendre avec ~ immédiate' 'for sale with immediate possession'; avoir la (pleine) ~ de ses droits to enjoy one's (full) rights ❑ ~ légale legal enjoyment; entrée en ~ coming into OU assumption of possession.

jouisseur, euse [ʒwisœr, øz] *nm, f* pleasure-seeker.

jouissif, ive *fam* [ʒwisif, iv] *adj* pleasurable, sensual; ce film, c'était ~! that film was a treat!; je suis allée chez le dentiste, c'était ~! *iron* I went to the dentist's, it was a barrel of laughs!

joujou, x [ʒuʒu] *nm* [jouet] toy, plaything; faire ~ avec *fam* to play with; va faire ~ *fam* go and play.

joujouthèque [ʒuʒutɛk] *nf Can* games library.

joule [ʒul] *nm* joule; effet Joule Joule effect.

jour [ʒur] *nm* **A.** DIVISION TEMPORELLE -1. [division du calendrier] day; les ~s raccourcissent/rallongent the days are getting shorter/longer; les ~s de la semaine the days of the week; un mois de trente ~s a thirty-day month; je dors le ~ I sleep during the day OU in the daytime; un ~ de deuil/joie a day of mourning/joy; un ~ de repos a day of rest; un ~ de travail a working day *Br*, a workday; il me reste des ~s (à prendre) avant la fin de l'année I still have some (days') leave (to take) before the end of the year; à dix ~s de là ten days later; dans deux/quelques ~s in two/a few days' time; il est resté des ~s entiers sans sortir he didn't go out for days on end; il y a deux/dix ~s two/ten days ago; tout le ~ all day long; tous les ~s every day ❑ ~ sidéral/solaire sidereal/solar day; ~ astronomique astronomical day; au ~ le ~ [sans s'occuper du lendemain] from day to day; [précairement] from hand to mouth; de ~ en ~ [grandir] daily, day by day; [varier] from day to day, from one day to the next; je note des progrès de ~ en ~ I can see there is daily progress; d'un ~ à l'autre [incessamment] any day (now); [de façon imprévisible] from one day to the next; ~ après ~ [constamment] day after day; [graduellement] day by day; ~ par ~ day by day; sa lettre fait ~ par ~ le récit de leur voyage her letter gives a day-by-day account of their trip; ~ pour ~ to the day; cela fait deux ans ~ pour ~ it's two years to the day. -2. [exprime la durée]: un bébé d'un ~ a day-old baby; un ~ de: c'est à un ~ de marche/voiture it's one day's walk/drive away; nous avons eu trois ~s de pluie we had rain for three days OU three days of rain; j'en ai pour deux ~s de travail it's going to take me two days' work; ça va prendre un ~ de lessivage et trois ~s de peinture it'll take one day to wash down and three days to paint; il nous reste deux ~s de vivres/d'eau/de munitions we've got two days' (worth of) food/water/ammunition left; emporte trois ~s de ravitaillement take enough provisions for three days ❑ ~s de planche OU de starie NAUT lay days. -3. [date précise]: depuis ce ~ since that day, from that day on OU onwards; l'autre ~ the other day; le ~ où the day OU time that; le ~ où on a besoin de lui, il est malade! the (one) day OU time you need him, he's ill!; le ~ précédent OU d'avant the previous day, the day before; le ~ suivant OU d'après the following day, the next day, the day after; le ~ est loin où j'étais heureux it's a long time since I've been happy; le ~ n'est pas loin où tu pourras y aller tout seul it won't be long before you can go alone; le ~ viendra où the day will come when; un ~ one day; un ~ que one day when; le ~ de la rentrée SCOL the first day (back) at school; le ~ de la sortie SCOL the last day of school; le vendredi, c'est le ~ de Nora/du poisson Friday is Nora's day/is the day we have fish ❑ ~ de valeur value date OU day; le ~ de l'an New Year's Day; le ~ des Cendres Ash Wednesday; le ~ du Jugement dernier doomsday, Judgment Day; le ~ des morts All Souls' Day; le ~ de la Pentecôte Whit Sunday; le ~ des Rameaux Palm Sunday; le ~ du Seigneur the Lord's Day, the Sabbath; un beau ~ one (fine) day; un beau ~, tu comprendras the day will come when you understand; et un beau ~, elle disparut then, one fine day, she vanished; un de ces ~s, un ~ ou l'autre one of these days; à un de ces ~s! see you soon!; à ce ~ to this day, to date; au ~ d'aujourd'hui *fam* in this day and age. -4. *loc*: mon/son (grand) ~ my/her (big) day; le grand ~ pour elle/lui her/his big day; des grands ~: son manteau/son discours des grands ~s the coat she wears/the speech she makes on important occasions; de tous les ~s everyday *(avant n)*; mes chaussures de tous les ~s my everyday OU ordinary shoes, the shoes I wear everyday; elle attend son ~ she's biding her time OU marking time; ce n'est pas mon ~! *fam* it's not my day!; ce n'est (vraiment) pas le ~!, tu choisis bien ton ~! *iron* you really picked your day!; elle est dans un bon ~ she's having one of her good days; il est dans un mauvais ~ he's having one of his off days.
B. CLARTÉ -1. [lumière] daylight; un faible ~ éclairait la cuisine/la scène the kitchen/the stage was lit by weak daylight; le ~ baisse it's getting dark; il fait (encore) ~ it's still light; il faisait grand ~ it was broad daylight; le ~ se lève the sun is rising; avant le ~ before dawn OU daybreak; au petit ~ at dawn OU daybreak; ~ et nuit, nuit et ~ day and night, night and day; de ~ comme de nuit day and night; examine-le au OU en plein ~ look at it in the daylight ❑ ~ artificiel artificial daylight. -2. [aspect]: sous un certain ~ in a certain light; présenter qqch/qqn sous un ~ favorable to show sthg/sb in a favourable light; se présenter sous un ~ positif to come across well; le marché apparaît sous un ~ défavorable the market does not look promising ❑ enfin, il s'est montré sous son vrai ~! he's shown his true colours at last!; voir qqn sous son vrai OU véritable ~ to see what sb's really like; voir qqch sous son vrai OU véritable ~ to see sthg in its true light; sous un faux ~ in a false light; pendant longtemps, nous l'avons vue sous un faux ~ for a long time we didn't see her for what she really was. -3. *loc*: donner le ~ à [enfant] to give birth to, to bring into the world; [projet] to give birth to; [mode, tendance] to start; jeter un ~ nouveau sur to throw OU to cast new light on; mettre au ~: mettre au ~ une information supplémentaire to bring some new information to light; voir le ~ to see the light of day; ces peintures n'ont jamais vu le ~ these paintings have never seen the light of day.
C. OUVERTURE -1. [interstice - entre des planches] gap, chink; [- dans un feuillage] gap; il fallut percer un ~ dans le mur de devant an opening had to be made in the front wall. -2. ARCHIT opening; BX-ARTS light; balcon/cloison à ~ openwork balcony/partition. -3. [fenêtre]: ~ de souffrance window *(looking on to an adjacent property and subject to legal specifications)*; faux ~ interior window. -4. COUT opening *(made by drawing threads)*; des ~s openwork, drawn work ❑ ~s de Venise Venetian stitch. -5. MIN surface installations; ouvrier de ~ surface worker. -6. *loc*: se faire ~ to emerge, to become clear; pour que la vérité se fasse ~ for the truth to emerge OU to come out; sa personnalité a mis longtemps à se faire ~ it took a long time for his personality to come out OU to reveal itself; l'idée s'est fait ~ dans son esprit the idea dawned on her.
◆ **jours** *nmpl* -1. [vie] days, life; il a fini ses ~s dans l'opulence he ended his days OU life a wealthy man; mettre fin à ses ~s to put an end to one's life; ses ~s sont comptés his days are numbered; ses ~s ne sont plus en danger we no longer fear for her life. -2. [époque]: de la Rome antique à nos ~s from Ancient Rome to the present day; passer des ~s heureux to have a good time ❑ les mauvais ~s [les moments difficiles] unhappy days, hard times; [les jours où rien ne va] bad days; des ~s meilleurs better days, a happier time; ses vieux ~s his old age; pense à tes vieux ~s think of your old age; de nos ~s these days, nowadays; de nos ~s on n'en fait plus they don't make them anymore nowadays OU these days; les beaux ~s [printemps] springtime; [été] summertime; [beau temps] days when the weather is fine; ah, c'étaient les beaux ~s! [jeunesse] ah, those were the days!
◆ **à jour** ◇ *loc adj* [cahier, travail] kept up to date; [rapport] up-to-date, up-to-the-minute.
◇ *loc adv* up to date; tenir/mettre qqch à ~ to keep/to bring sthg up to date; mettre son journal intime à ~ to update one's diary, to bring one's diary up to date; mettre sa correspondance à ~ to catch up on one's letter writing; ce qui presse le plus, c'est la mise à ~ des registres updating the ledgers is the most urgent task.
◆ **au grand jour** *loc adv*: faire qqch au grand ~ *fig* to do sthg openly OU in broad daylight; l'affaire fut étalée au grand ~ the affair was brought out into the open.
◆ **de jour** ◇ *loc adj* [hôpital, unité] day, daytime *(modif)*.
◇ *loc adv* [travailler] during the day; [conduire] in the daytime, during the day; être de ~ to be on day duty OU on days.
◆ **du jour** *loc adj* [mode, tendance, préoccupation] current, contemporary; [homme] of the moment; le journal du ~ the day's paper; un œuf du ~ a new-laid OU newly-laid OU freshly-laid egg; le poisson est-il du ~? is the fish fresh (today)?
◆ **d'un jour** *loc adj* [gloire, colère] short-lived, ephemeral, transient.
◆ **par jour** *loc adv* daily, a day, per day; travailler cinq heures par ~ to work five hours a day; prenez-en trois fois par ~ take them three times a day.

Jourdain [ʒurdɛ̃] *npr m*: le ~ the (River) Jordan.

journal, aux [ʒurnal, o] *nm* -1. [publication] paper, newspaper; ~ du matin/soir/dimanche morning/evening/Sunday paper OU newspaper; c'est dans OU sur le ~ it's in the paper; ~ grand format broadsheet ❑ ~ d'entreprise staff magazine, house journal; le ~ de Genève *Swiss daily newspaper*; ~ à scandale scandal sheet; le Journal officiel (de la République Française) *official publication in which public notices appear*, ≃ Hansard *Br*, ≃ Federal Register *Am*. -2. [bureau]: tu passeras au ~? will you call in at the office OU the paper? ‖ [équipe]: le ~ est en grève the newspaper (staff) is on strike. -3. RAD & TV [informations]: ~ parlé/télévisé radio/television news; ce ~ est présenté par... the news is read *Br* OU presented by...; ils l'ont dit au ~ *fam* they said so on the news. -4. [carnet] diary, journal; ~

(intime) private diary; **tenir un ~** to keep a diary; **~ de bord** NAUT log, logbook; **~ de classe** *Belg* homework book; **~ de voyage** travel diary. **-5.** COMM account book. **-6.** AGR ≃ acre.

LE JOURNAL OFFICIEL:
This bulletin prints information about new laws and summaries of parliamentary debates, and informs the public of any important government business. New companies are obliged by law to publish an announcement in the "Journal officiel".

---

journalier, ère [ʒurnalje, ɛr] *adj* daily.
◆ **journalier** *nm* AGR day labourer.

journalisme [ʒurnalism] *nm* journalism; **faire du ~** to be a journalist; **je fais un peu de ~ de temps en temps** I write the odd (newspaper) article; **il a 30 ans de ~ politique derrière lui** he's been a political journalist for 30 years.

journaliste [ʒurnalist] *nmf* journalist, newspaperman (*f* newspaperwoman); **assaillie par les ~s** mobbed by reporters; **les ~s de la rédaction** the editorial staff.

journalistique [ʒurnalistik] *adj* journalistic; **jargon ~** journalese.

journée [ʒurne] *nf* **-1.** [durée] day; **par une belle ~ d'été** on a beautiful summer OU summer's day; **à quoi occupes-tu tes ~s?** how do you spend your days?, what do you do during the day?; **je n'ai rien fait de la ~** I haven't done a thing all day; **en début de ~** early in the morning OU day; **en fin de ~** at the end of the day, in the early evening; **bonne ~!** have a good OU *Am* nice day!; **à une ~/deux ~s d'ici** one day's/two days' journey away. **-2.** ÉCON & INDUST: **la ~ de 8 heures** the 8-hour day; **faire des ~s de 12 heures** to work a 12-hour day OU 12 hours a day; **faire de longues ~s** to work long hours; **je commence/finis ma ~ à midi** I start/stop work at noon; **embauché/payé à la ~** employed/paid on a daily basis; **une augmentation de la ~ de salaire** an increase in daily wage; **~ de travail** working day; **faire des ~s (chez)** [femme de ménage] to work as a daily *Br* OU a maid *Am* (for) ❑ **~ d'action** day of (industrial) action; **faire la ~ continue** [entreprise] to work a continuous shift; [magasin] to stay open over the lunch hour. **-3.** [activité organisée] day; **la ~ des enfants/du cinéma** children's/film day; **les ~s du cancer** [séminaire] the cancer (research) conference; [campagne] cancer research (campaign) week *Br*; **les ~s (parlementaires) du parti** POL ≃ the (Parliamentary) Party conference *Br*, ≃ the party convention *Am* ❑ **~ d'études** study day; **~ portes ouvertes** open day.

journellement [ʒurnɛlmɑ̃] *adv* **-1.** [chaque jour] daily, every day. **-2.** [fréquemment] every day.

joute [ʒut] *nf* **-1.** HIST joust, tilt; **~ aquatique** OU **sur l'eau** SPORT water jousting. **-2.** *litt* [rivalité] joust; [dialogue] sparring match; **~ littéraire/oratoire** literary/verbal contest; **~ d'esprit** battle of wits.

jouteur, euse [ʒutœr, øz] *nm, f* **-1.** SPORT water jouster. **-2.** *fig* & *sout* adversary, opponent.

jouvence [ʒuvɑ̃s] *nf* → **bain, eau, fontaine.**

jouvenceau, x [ʒuvɑ̃so] *nm hum* youngster, youth, stripling *hum*; **ce n'est qu'un ~** he's but a mere stripling; **je ne suis plus un ~** I'm no spring chicken.

jouvencelle [ʒuvɑ̃sɛl] *nf hum* damsel, maiden; **ce n'est qu'une jouvencelle** she's a mere slip of a lass.

jouxter [3] [ʒukste] *vt* to be adjacent to, to adjoin.

jovial, e, als OU **aux** [ʒɔvjal, o] *adj* [visage] jovial, jolly; [rire] jovial, hearty; [caractère] jovial, cheerful.

jovialement [ʒɔvjalmɑ̃] *adv* jovially.

jovialité [ʒɔvjalite] *nf* joviality, cheerfulness; **sa ~ le rendait très populaire auprès de ses électeurs** his cheerful manner made him very popular with his constituents.

joyau, x [ʒwajo] *nm* **-1.** [bijou] gem, jewel; **les ~x de la couronne** the crown jewels. **-2.** *fig*: **le ~ de la marine française** the jewel OU showpiece of the French Navy; **le ~ de la poésie romantique** the jewel of Romantic poetry; **le manoir de Luré, véritable petit ~ de la Renaissance** the Manor at Luré, a real little Renaissance gem.

joyeusement [ʒwajøzmɑ̃] *adv* joyfully, gladly; **elle accepta ~** she gladly accepted.

joyeuseté [ʒwajøzte] *nf* [plaisanterie] pleasantry.

joyeux, euse [ʒwajø, øz] *adj* joyful, joyous, merry; **mener joyeuse vie** to lead a merry life; **une joyeuse nouvelle** glad tidings; **et elle va occuper ta chambre pendant un mois? c'est ~!** *iron* so she'll be using your room for a month? that'll be nice for you! ❑ **c'est un ~ luron** OU **drille** he's a jolly fellow; **'les Joyeuses Commères de Windsor'** *Shakespeare* 'The Merry Wives of Windsor'.
◆ **joyeuses**▼ *nfpl* balls, nuts, bollocks *Br*.

JT *nm abr de* **journal télévisé.**

jubé [ʒybe] *nm* jube, rood screen.

jubilaire [ʒybilɛr] ◇ *adj* jubilee *(modif)*; **année ~** jubilee year.
◇ *nmf Helv* partygoer *(at a 'jubilé')*.

jubilant, e *fam* [ʒybilɑ̃, ɑ̃t] *adj* jubilant, exultant.

jubilation [ʒybilasjɔ̃] *nf* jubilation, exultation; **avec ~** jubilantly.

jubilé [ʒybile] *nm* **-1.** [célébration de 50 ans d'existence] jubilee. **-2.** *Helv celebration marking the anniversary of a club, the arrival of a member of staff in a company etc.*

jubiler [3] [ʒybile] *vi* to be jubilant, to rejoice, to exult.

jucher [3] [ʒyʃe] ◇ *vt* to perch; **juchée sur les épaules de son père** perched on her father's shoulders; **une casquette juchée sur le crâne** a cap perched on his head; **~ qqn/qqch en haut d'un mur** to perch sb/sthg on top of a wall.
◇ *vi* **-1.** [faisan, poule] to perch. **-2.** *fam* [personne] to live; **il juche au cinquième** he lives (up) on the fifth floor.
◆ **se jucher sur** *vp* + *prép* to perch (up) on.

Juda [ʒyda] *npr* Judah.

judaïcité [ʒydaisite] *nf* Jewishness.

judaïque [ʒydaik] *adj* Judaic, Judaical.

judaïser [3] [ʒydaize] *vt* to Judaize.

judaïsme [ʒydaism] *nm* Judaism.

judas [ʒyda] *nm* **-1.** [ouverture] judas (hole); **~ optique** peephole. **-2.** [traître] Judas.

Judas [ʒyda] *npr*: **~ (Iscariote)** Judas (Iscariot).

Judée [ʒyde] *npr f*: **(la) ~** Judaea, Judea.

judéité [ʒydeite] *nf* Jewishness.

judéo-allemand, e [ʒydeɔalmɑ̃, ɑ̃d] (*mpl* **judéo-allemands**, *fpl* **judéo-allemandes**) *adj* Judaeo-German.
◆ **judéo-allemand** *nm* LING Judaeo-German.

judéo-chrétien, enne [ʒydeɔkretjɛ̃, ɛn] (*mpl* **judéo-chrétiens**, *fpl* **judéo-chrétiennes**) *adj* Judaeo-Christian.
◆ **Judéo-Chrétien, enne** *nm, f* Judaeo-Christian.

judéo-christianisme [ʒydeɔkristjanism] (*pl* **judéo-christianismes**) *nm* Judaeo-Christianity.

judéo-espagnol, e [ʒydeɔɛspaɲɔl] (*mpl* **judéo-espagnols**, *fpl* **judéo-espagnoles**) *adj* Judaeo-Spanish.
◆ **judéo-espagnol** *nm* LING Judaeo-Spanish.

judiciaire [ʒydisjɛr] *adj* judicial, judiciary.

judiciairement [ʒydisjɛrmɑ̃] *adv* judicially.

judicieusement [ʒydisjøzmɑ̃] *adv* [décider] judiciously, shrewdly; [agencer, organiser] cleverly.

judicieux, euse [ʒydisjø, øz] *adj* [personne, esprit] judicious, shrewd; [manœuvre, proposition, décision] shrewd; [choix] judicious; [plan] well thought-out.

judo [ʒydo] *nm* judo; **au ~** in judo.

judogi [ʒydɔgi] *nm* judogi.

judoka [ʒydɔka] *nmf* judoka.

jugal, e, aux [ʒygal, o] *adj* jugal, zygomatic.

juge [ʒyʒ] *nm* **-1.** JUR judge; **le ~ X** Judge X; **Madame/Monsieur le Juge X** ≃ Mrs/Mr Justice X *Br* Judge X *Am*; **jamais, Monsieur le ~!** never, Your Honour!; **les ~s** ≃ the Bench; **être nommé ~** to be appointed judge, ≃ to be raised to the Bench *Br*, ≃ to be appointed to the Bench *Am*; **aller/se retrouver devant le ~** to appear/to end up in court ❑ **~ aux affaires matrimoniales** divorce court judge; **~ de l'application des peines** *judge who follows up the way an individual sentence is carried out during probation and post-release periods*; **~ d'enfants** children's judge, juvenile magistrate *Br*; **~ d'instance, ~ de paix** *vieilli* Justice of the Peace; **~ d'instruction** ≃ examining magistrate OU justice *Br*, ≃ committing magistrate *Am*; **on ne peut être à la fois ~ et partie** you can't both judge and be judged. **-2.** [personne compétente]: **j'en suis seul ~** I am sole judge (of the matter); **je vous laisse ~ de la situation** I'll let you be the judge of the situation; **être bon/mauvais ~ en matière de** to be a good/bad judge of. **-3.** SPORT judge; **~ de filet/fond** net cord/foot fault judge; **~ d'arrivée** finishing judge; **~ de ligne** linesman; **~ de touche** FTBL linesman; RUGBY linesman, touch judge. **-4.** BIBLE: **le Livre des Juges, les Juges** the Book of Judges, Judges.

jugé [ʒyʒe]
◆ **au jugé** *loc adv* by guesswork; **au ~, je dirais que...** at a guess, I would say that...; **tirer au ~** to fire blind.

jugeable [ʒyʒabl] *adj* JUR judicable.

juge-arbitre [ʒyʒarbitr] (*pl* **juges-arbitres**) *nm* referee.

jugement [ʒyʒmɑ̃] *nm* **-1.** JUR [verdict] sentence, ruling, decision JUR; **~ demain** the sentence will be passed tomorrow, a decision is expected tomorrow; **prononcer** OU **rendre un ~** to pass sentence, to give a ruling JUR; **faire passer qqn en ~** to bring sb to (stand) trial; **passer en ~** to stand trial ❑ **~ déclaratoire** declaratory judgment; **~ par défaut** judgment in absentia OU default; **~ définitif** final judgment. **-2.** RELIG: **le ~ dernier** the Last Judgment OU Judgement; **le ~ de Dieu** HIST the Ordeal. **-3.** [discernement] judgment, flair; **erreur de ~** error of judgment; **faire preuve de ~** to show sound OU good judgment; **elle a du/n'a aucun ~ (en matière de...)** she's a good/no judge (of...). **-4.** [évaluation] judgment; **~ préconçu** prejudgment, preconception; **un ~ téméraire** a rash judgment; **formuler un ~ sur qqch/qqn** to express an opinion about sthg/sb; **je n'aime pas porter de ~ sur le travail d'autrui** I don't like to pass judgment on other people's work; **c'est un ~ sans appel** it's a harsh verdict; **le ~ de l'histoire/la postérité** the verdict of history/posterity ❑ **~ de valeur** value judgment.

jugeote *fam* [ʒyʒɔt] *nf* commonsense.

juger [17] [ʒyʒe] *vt* **-1.** JUR [accusé] to try; [affaire] to judge, to try, to sit in judgment on; **être jugé pour vol** to be tried OU to stand trial for theft; **elle a été jugée coupable/non coupable** she was found guilty/not guilty ‖ *(en usage abs)*: **l'histoire/la postérité jugera** history/posterity will judge. **-2.** [trancher] to judge, to decide; **à toi de ~ (si/quand...)** it's up to you to decide OU to judge (whether/when...); **~ un différend** to arbitrate in a dispute; **~ qui a tort** to judge OU to decide who's wrong. **-3.** [se faire une opinion de] to judge; **vous n'avez pas le droit de me ~!** you have no right to judge me!; **~ qqch/qqn à sa juste valeur** to form a correct opinion of sthg/sb ‖ *(en usage abs)*: **moi, je ne juge pas** I'm not in a position to judge, I'm not making any judgment; **~ par soi-même** to judge for oneself; **il ne faut pas ~ sur** OU **d'après les apparences** don't judge from OU go by appearances. **-4.** [considérer]: **~ qqn capable/incompétent** to consider sb capable/incompetent; **jugé bon pour le service** declared fit to join OU fit for the army; **~ qqch utile/**

nécessaire to consider OU to judge sthg to be useful/necessary; **mesures jugées insuffisantes** measures deemed inadequate; ~ **qqn bien/mal** to have a good/poor opinion of sb; **vous me jugez mal** [à tort] you're misjudging me; ~ **bon de faire qqch** to think fit to do sthg; **agissez comme vous jugerez bon** do as you think fit OU appropriate.

◆ **juger de** *v + prép* to judge; **à en ~ par son large sourire** if her broad smile is anything to go by; **autant qu'on puisse en ~** as far as one can judge; **si j'en juge par ce que j'ai lu** judging from OU by what I've read, if what I've read is anything to go by; **jugez-en vous-même** judge OU see for yourself; **jugez de mon indignation** imagine my indignation, imagine how indignant I felt.

◆ **se juger** ◇ *vp (emploi réfléchi)*: **elle se juge sévèrement** she has a harsh opinion of herself.

◇ *vp (emploi passif)* -**1.** JUR: **l'affaire se jugera mardi** the case will be heard on Tuesday. -**2.** [se mesurer] to be judged; **le succès d'un livre se juge aux ventes** a book's success is judged by the numbers of copies sold.

◇ *vpi*: **les commerçants se jugent lésés** shopkeepers consider OU think themselves hard done by.

jugulaire [ʒygylɛr] ◇ *adj* ANAT jugular; **glandes/veines ~s** jugular glands/veins.

◇ *nf* -**1.** ANAT jugular (vein). -**2.** [bride] chin strap.

juguler [3] [ʒygyle] *vt* -**1.** [arrêter - hémorragie, maladie] to halt, to check; [- sanglots] to suppress, to repress; [- chômage] to curb; ~ **l'inflation** to curb inflation. -**2.** [étouffer - révolte] to quell.

juif, ive [ʒɥif, iv] *adj* Jewish.

◆ **Juif, ive** *nm, f* Jew (*f* Jewess); **'le Juif errant'** *Sue* 'The Wandering Jew'.

◆ **juif** *fam nm*: **le petit ~** the funny bone.

juillet [ʒɥijɛ] *nm* July; **la fête du 14 Juillet** *the fourteenth of July celebrations*; **la monarchie de ~** the July Monarchy.

LA FÊTE DU 14 JUILLET:
The celebrations to mark the anniversary of the storming of the Bastille begin on the 13th July with outdoor public dances ("les bals du 14 Juillet"), and continue on the 14th with a military parade in the morning and a firework display in the evening.

---

juilletiste [ʒɥijetist] *nmf person who goes on holiday in July*.

juin [ʒɥɛ̃] *nm* June.

juive [ʒɥiv] *f* → **juif**.

juiverie [ʒɥivri] *nf* -**1.** [quartier juif] Jewish quarter. -**2.**▼ **la ~** *antisemitic term used with reference to the Jewish community,* ≃ the Jewry.

jujube [ʒyʒyb] *nm* jujube (fruit).

jujubier [ʒyʒybje] *nm* jujube (tree).

juke-box [dʒukbɔks] (*pl inv* OU **juke-boxes**) *nm* jukebox.

jules▽ [ʒyl] *nm* -**1.** [amant] boyfriend; [mari] old man. -**2.** [souteneur] pimp.

Jules [ʒyl] *npr* [pape] Julius; ~ **César** [empereur] Julius Caesar.

julien, enne[1] [ʒyljɛ̃, ɛn] *adj* [année, période] Julian.

Julien [ʒyljɛ̃] *npr*: **Saint ~** Saint Julian; ~ **l'Apostat** Julian the Apostate.

juliénas [ʒyljenas] *nm* Julienas (wine).

julienne[2] [ʒyljɛn] *nf* -**1.** CULIN: ~ **(de légumes)** (vegetable) julienne; **potage à la ~** julienne (consommé). -**2.** ZOOL ling. -**3.** BOT dame's violet.

jumbo-jet [dʒœmbodʒɛt] (*pl* **jumbo-jets**) *nm* jumbo (jet).

jumeau, elle, x [ʒymo, ɛl] ◇ *adj* -**1.** BIOL twin (*modif*). -**2.** [symétrique] twin (*modif*), identical; **les flèches jumelles de la cathédrale** the twin spires of the cathedral.

◇ *nm, f* -**1.** BIOL twin; **vrais/faux ~x** identical/fraternal twins. -**2.** [sosie] double.

◆ **jumeau, x** *nm* -**1.** ANAT gemellus muscle. -**2.** CULIN neck of beef.

◆ **jumelle** [ʒymɛl] *nf* AUT: ~ **de ressort** (spring) shackle.

◆ **jumelles** *nfpl* -**1.** OPT binoculars; ~**s de théâtre** OU **spectacle** opera glasses; ~**s de campagne** field glasses. -**2.** NAUT fishes, fish pieces.

jumelage [ʒymlaʒ] *nm* -**1.** [association] twinning. -**2.** RAIL paired running.

jumelé, e [ʒymle] *adj* -**1.** [fenêtres] double; [colonne] twin; [villes] twin, twinned. -**2.** NAUT twin.

◆ **jumelé** *nm* first and second forecast.

jumeler [24] [ʒymle] *vt* -**1.** [villes] to twin; **être jumelé à** to be twinned with. -**2.** [moteurs] to combine, to couple.

jumelle [ʒymɛl] *f* → **jumeau**.

jument [ʒymɑ̃] *nf* mare; ~ **poulinière** brood mare.

jumping [dʒœmpiŋ] *nm* ÉQUIT showjumping.

jungle [ʒœ̃gl] *nf* -**1.** GÉOG jungle. -**2.** *fig* jungle; **la ~ des villes** the concrete jungle; **la ~ des affaires** the jungle of the business world.

junior [ʒynjɔr] ◇ *adj inv* -**1.** [fils] junior; **Douglas Fairbanks ~** Douglas Fairbanks Junior. -**2.** [destiné aux adolescents] junior; **les nouveaux blousons ~** the new jackets for teenagers. -**3.** [débutant] junior.

◇ *adj* SPORT junior; **les équipes ~s** the junior teams.

◇ *nmf* SPORT junior.

junker [junkœr] *nm* Junker.

junkie▽ [dʒœnki, *pl* dʒœnkiz] *nmf* junkie, junky.

Junon [ʒynɔ̃] *npr* Juno.

junte [ʒœ̃t] *nf* junta.

jupe [ʒyp] *nf* -**1.** VÊT skirt; ~ **cloche/entravée/plissée** bell/hobble/pleated skirt; ~ **à godets** OU **évasée** flared skirt; ~ **portefeuille** wrapover OU wraparound (skirt); **il est toujours dans les** OU **accroché aux ~s de sa mère** he's tied to his mother's apron strings. -**2.** TECH [d'un aéroglisseur] skirt, apron; [d'un piston, d'un rouleau] skirt.

jupe-culotte [ʒypkylɔt] (*pl* **jupes-culottes**) *nf* (pair of) culottes.

jupette [ʒypɛt] *nf* short skirt.

Jupiter [ʒypitɛr] *npr* -**1.** ASTRON Jupiter. -**2.** MYTH Jupiter, Jove.

jupon [ʒypɔ̃] *nm* VÊT petticoat, slip, underskirt.

juponner [1] [ʒypɔne] *vt* -**1.** [robe] to sew a petticoat on, to fit with an underskirt. -**2.** [table] to cover with a long tablecloth.

Jura [ʒyra] *npr m* -**1.** [en France]: **le ~** [chaîne montagneuse] the Jura (Mountains); [département] the Jura. -**2.** [en Suisse]: **le ~** the Jura (canton).

jurançon [ʒyrɑ̃sɔ̃] *nm* Jurançon wine *(from Southern France)*.

jurassien, enne [ʒyrasjɛ̃, ɛn] *adj* from the Jura.

◆ **Jurassien, enne** *nm, f inhabitant of or person from the Jura*.

jurassique [ʒyrasik] ◇ *adj* Jurassic.

◇ *nm*: **le ~** the Jurassic period.

juratoire [ʒyratwar] *adj* → **caution**.

juré, e [ʒyre] *adj* [ennemi] sworn; **je ne recommencerai plus – (c'est) ~?** I won't do it again – promise?

◆ **juré** *nm* JUR member of a jury, juror, juryman (*f* jurywoman); **les ~s ont délibéré** the jury has OU have reached a decision; **elle a été convoquée comme ~** she's had to report for jury service *Br* OU jury duty *Am*.

jurer [3] [ʒyre] ◇ *vt* -**1.** [promettre] to swear; ~ **allégeance/fidélité/obéissance à qqn** to swear OU to pledge allegiance/loyalty/obedience to sb; **il a juré ma perte** he has sworn OU vowed to bring about my downfall; **je te jure que c'est vrai** I swear it's true; **je jurerais que c'est vrai** I'd swear to it; **j'aurais juré que c'était elle** I could have sworn it was her; ~ **de faire qqch** to swear to do sthg; **j'ai juré de garder le secret** I'm sworn to secrecy; **elle m'a fait ~ de garder le secret** she swore me to secrecy; **elle a juré de ne plus jouer/boire** she's sworn OU pledged to give up gambling/drink ❑ **il a juré ses grands dieux qu'il n'en savait rien** *fam* he swore to God OU to heaven that he didn't know about it. -**2.** JUR [suj: témoin] to swear; **jurez-vous de dire la vérité, toute la vérité, rien que la vérité?** do you swear to tell the truth, the whole truth and nothing but the truth?; **dites je le jure – je le jure** do you so swear? – I swear OU I do ‖ *(en usage abs)*: ~ **sur la Bible/devant Dieu** to swear on the Bible/to God; ~ **sur l'honneur** to swear on one's honour; ~ **sur la tête de qqn** to swear on one's mother's grave.

◇ *vi* -**1.** [blasphémer] to swear, to curse; ~ **après qqn/qqch** to curse OU to swear at sb/sthg ❑ ~ **comme un charretier** to swear like a trooper. -**2.** [détonner - couleurs, architecture] to clash, to jar; **le foulard jure avec la robe** the scarf clashes with the dress. -**3.** *fig*: **elle ne jure que par l'huile de foie de morue** she swears by cod-liver oil; **ils ne jurent que par leur nouvel entraîneur** they swear by their new coach.

◆ **jurer de** *v + prép* -**1.** [affirmer]: ~ **de son innocence** to swear to one's innocence; ~ **de sa bonne foi** to swear that one is sincere ❑ **il ne faut ~ de rien** you never can tell. -**2.** [au conditionnel]: **j'en jurerais** I'd swear to it; **c'est peut-être mon agresseur, mais je n'en jurerais pas** he might be the man who attacked me but I wouldn't swear to it.

◆ **se jurer** ◇ *vp (emploi réciproque)*: **se ~ fidélité** to swear OU to vow to be faithful to each other.

◇ *vp (emploi réfléchi)*: **se ~ de faire** to promise o.s. OU to vow to do; **se ~ que** to vow to o.s. that.

juridiction [ʒyridiksjɔ̃] *nf* -**1.** [pouvoir] jurisdiction; **exercer sa ~** to exercise one's power; **tomber sous la ~ de** to come under the jurisdiction of. -**2.** [tribunal] court (of law); [tribunaux] courts (of law); ~ **d'instruction/de jugement** examining/penal courts; ~ **d'exception** special court; ~ **militaire** ≃ military courts; ~ **de premier degré** ≃ Court of first instance *Br*; ~ **de second degré** ≃ Court of Appeal *Br*, ≃ Appellate Court *Am*.

juridictionnel, elle [ʒyridiksjɔnɛl] *adj* jurisdictional.

juridique [ʒyridik] *adj* [langue, vocabulaire] legal, juridical; **il a une formation ~** he studied law; **acte/situation ~** legal transaction/situation.

juridiquement [ʒyridikmɑ̃] *adv* legally, juridically.

juridisme [ʒyridism] *nm* legalism.

jurisconsulte [ʒyriskɔ̃sylt] *nm* jurisconsult.

jurisprudence [ʒyrisprydɑ̃s] *nf* [source de droit] case law, jurisprudence; **faire ~** to set OU to create a precedent.

jurisprudentiel, elle [ʒyrisprydɑ̃sjɛl] *adj* jurisprudential.

juriste [ʒyrist] *nmf* jurist, law OU legal expert; ~ **d'entreprise** company lawyer.

juron [ʒyrɔ̃] *nm* swearword, oath; **proférer des ~s** to swear, to curse.

jury [ʒyri] *nm* -**1.** JUR jury; **membre du ~** juror, member of the jury; **il fait partie du ~** he sits on the jury. -**2.** SCOL board of examiners, jury. -**3.** BX-ARTS & SPORT panel OU jury (of judges).

jus [ʒy] *nm* -**1.** [boisson] juice; ~ **de citron/tomate** lemon/tomato juice; **ces oranges rendent** OU **donnent beaucoup de ~** these oranges are very juicy ❑ ~ **de fruit** OU **fruits** fruit juice; **le ~ de la treille** wine. -**2.** CULIN juice, gravy; ~ **(de viande)** juice (from the meat); **cuire** OU **mijoter dans son ~**▽ to stew in one's (own) juice; **c'est du ~ de chaussettes, leur café** *fam* their coffee tastes like dishwater. -**3.** *fam* [café] coffee; **tu prends un ~?** are you having a cup (of coffee)? -**4.** *fam* [courant électrique] juice; **attention, tu vas prendre le ~!** watch out, you'll get a shock! -**5.** *fam* [eau]: **tout le monde au ~!** everybody in (the water)!; **ils ont mis Paul au ~** they've thrown Paul in OU into the water; **il est allé au ~** [matelot] he fell into the drink. -**6.** *arg mil*: **c'est 16 jours au ~** it's 16 days to demob (day) *Br*, it's only 16 days until I'm/we're discharged

Am. -**7.** BX-ARTS glaze. -**8.** *fam loc*: **être au ~** [au courant] to know.

jusant [ʒyzɑ̃] *nm* ebb tide.

jusqu'au-boutisme *fam* [ʒyskobutism] *nm* [d'un individu] hard-line attitude; POL hard-line policy.

jusqu'au-boutiste *fam* [ʒyskobutist] (*pl* jusqu'au-boutistes) ◇ *nmf* POL hard-liner; **c'est un ~** he's a hard-liner.

◇ *adj* hard-line.

jusque [ʒyskə] (*devant voyelle ou h muet* jusqu' [ʒysk], *littéraire devant voyelle* jusques [ʒyskə]) *prép* -**1.** [dans l'espace] (*suivi d'une préposition*): **elle m'a suivi ~ chez moi** she followed me all the way home; **les nuages s'étendront ~ vers la Bourgogne** the clouds will spread as far as Burgundy; **je suis monté jusqu'en haut de la tour** I climbed (right) up to the top of the tower; **du haut jusques en bas** *litt* from top to bottom || (*suivi d'un adverbe*): **jusqu'où?** how far?; **jusqu'où iront-ils?** (just) how far will they go?; **jusqu'où peut aller la bêtise/cruauté!** (just) how stupid/cruel can people be! ❑ **jusques et y compris** up to and including; **jusques et y compris la page 15** up to and including page 15. -**2.** [dans le temps] (*suivi d'une préposition*): **j'attendrai ~ vers 11 h** I'll wait till OU until about 11 o'clock; **jusqu'en avril** until OU till April || (*suivi d'un adverbe*): **jusqu'alors** (up) until OU till then; **~ tard** until OU till late; **~ tard dans la nuit** until OU till late at night. -**3.** [même, y compris] even; **il y avait du sable ~ dans les lits** there was even sand in the beds; **j'ai cherché ~ sous les meubles** I even looked underneath the furniture.

◆ **jusqu'à** *loc prép* -**1.** [dans l'espace]: **jusqu'à Marseille** as far as Marseilles; **le train va-t-il jusqu'à Nice?** does the train go all the way to Nice OU as far as Nice?; **lisez jusqu'à la page 30 incluse** read up to and including page 30; **il a rempli les verres jusqu'au bord** he filled the glasses (right up) to the brim; **le sous-marin peut plonger jusqu'à 3 000 m de profondeur** the submarine can dive (down) to 3,000 m; **elle avait de l'eau jusqu'aux genoux** she was up to her knees in water; **il y a 300 m de chez nous jusqu'à la gare** it's 300 m from our house to the station. -**2.** [dans le temps] until; **la pièce dure jusqu'à quelle heure?** what time does the play finish?; **jusqu'à 15 ans** until the age of 15; **je suis en congé jusqu'au 17 juillet inclus** I'm on holiday until July 17th (inclusive); **jusqu'à quand peut-on s'inscrire?** when's the last (possible) date for registering?; **tu vas attendre jusqu'à quand?** how long are you going to wait?; **il ne veut pas porter de casque, jusqu'au jour où il aura un accident!** he won't wear a helmet, until he has an accident one day!; **jusqu'à nouvel ordre** until further notice; **jusqu'à preuve du contraire** as far as I know; **jusqu'à plus ample informé** pending further information, until further information is available; **de lundi jusqu'à mardi** from Monday to OU until OU till Tuesday; **de 15 h jusqu'à 18 h** from 3 p.m. to OU until OU till 6 p.m.; **j'ai jusqu'à demain pour finir mon rapport** I've got (up) until OU till tomorrow to finish my report; **jusqu'à hier** (up) until OU till yesterday; **jusqu'à maintenant, jusqu'à présent** up to now, until now, till now; **jusqu'à aujourd'hui, jusqu'aujourd'hui** (up) until OU till today. -**3.** [indiquant le degré]: **jusqu'à quel point peut-on lui faire confiance?** to what extent OU how far can we trust him?; **jusqu'à 60 % de réduction sur les fourrures!** up to 60% discount on furs!; **elle peut soulever jusqu'à 150 kg** she can lift up to 150 kg; **un amour maternel qui allait jusqu'à l'adoration** motherly love bordering on adoration; **sa désinvolture va jusqu'à l'insolence** he's relaxed to the point of insolence; **aller jusqu'à** to go as far as; **j'irais jusqu'à dire que c'était délibéré** I would go as far as to say it was done on purpose; **j'irai jusqu'à 100 francs, pas plus** I'll go as far as 100 francs, no more; **jusqu'à concurrence de 3 000 francs** up to 3,000 francs maximum, up to (a limit of) 3,000 francs ❑ **il nous aura embêtés jusqu'à la fin** OU **la gauche** *fam*! he will have been a nuisance to us (right) to the bitter end!; **jusqu'au bout des ongles** through and through. -**4.** [même, y compris] even; **il n'est pas jusqu'aux enfants qui ne se battent** even the children are fighting; **il n'est pas jusqu'aux puits qui ne soient pollués** even wells have been polluted; **ils ont tout emporté, jusqu'aux meubles** they took everything away, even the furniture OU furniture and all; **il a mangé tous les bonbons jusqu'au dernier** he's eaten all the sweets (down to the last one), he's eaten every last OU single sweet.

◆ **jusqu'à ce que** *loc conj* until; **je les aiderai jusqu'à ce qu'ils soient tirés d'affaire** I'll help them until they've sorted themselves out; **tout allait bien jusqu'à ce qu'il arrive** everything was going fine until he turned up.

◆ **jusqu'au moment où** *loc conj* until; **je t'ai attendu jusqu'au moment où j'ai dû partir pour mon rendez-vous** I waited for you until I had to go to my meeting.

◆ **jusque-là** *loc adv* -**1.** [dans le présent] up to now, (up) until OU till now; [dans le passé] up to then, (up) until OU till then; **~-là, tout va bien** so far so good; **tout s'était bien passé ~-là** everything had gone well (up) until OU till OU to then. -**2.** [dans l'espace]: **je ne suis pas allé ~-là pour rien** I didn't go all that way for nothing; **ils sont arrivés ~-là et puis ils sont repartis** they got so far and then they left; **on avait de l'eau ~-là** the water was up to here; **je n'ai pas encore lu ~-là** I haven't got OU read that far yet ❑ **j'en ai ~-là de tes caprices!** *fam* I've had it up to here with your whims!, I'm sick and tired of your whims!; **s'en mettre ~-là** *fam* to stuff one's face (full of food); **on s'en est mis ~-là!** *fam* we stuffed ourselves OU our faces!

◆ **jusqu'ici** *loc adv* -**1.** [dans l'espace] (up) to here, as far as here; **approchez-vous jusqu'ici** come as far as here; **je ne suis pas venu jusqu'ici pour rien!** I haven't come all this way OU as far as this for nothing! -**2.** [dans le temps] so far, until now, up to now; **nous n'avons pas eu de nouvelles jusqu'ici** up to now OU so far we haven't had any news; **jusqu'ici, rien de grave** nothing serious so far.

justaucorps [ʒystokɔr] *nm* -**1.** [de gymnaste, de danseur] leotard. -**2.** HIST jerkin.

juste [ʒyst] ◇ *adv* -**1.** [avec justesse]: **chanter ~** to sing in tune; **deviner ~** to guess correctly OU right; **tomber ~** to guess right, to hit the nail on the head; **voir ~** to think straight; **tu as vu** OU **deviné ~!** you guessed correctly OU right!; **sa remarque a touché ~** his remark struck home. -**2.** [exactement] exactly, just; **il a fait ~ ce qu'il fallait** he did just OU exactly what he had to; **il est 9 h ~** it's exactly 9 o'clock; **le train part à 2 h ~** the train leaves at 2 o'clock exactly; **ça fait ~ 30 francs** that comes to exactly 30 francs; **la balle est passée ~ à côté du poteau** the ball went just past the post; **c'est ~ là** it's just there; **tu arrives ~ à temps** you've come just in time; **~ quand** OU **comme le téléphone sonnait** just as OU when the phone was ringing; **il s'est fait renvoyer? — tout ~!** so he was dismissed? — he was indeed! -**3.** [à peine, seulement] just; **il vient ~ d'arriver** he's just (this minute) arrived; **il est ~ 9 h, vous n'allez pas partir déjà** it's only 9 o'clock, you're not going to leave already; **je voudrais ~ de quoi faire une jupe** I'd like just enough to make a skirt; **c'est ~ que je ne voulais pas te déranger** it's only OU just that I didn't want to disturb you; **tout ~**: **j'ai tout ~ le temps de prendre un café** I've just about enough OU I've just got enough time to have a cup of coffee; **j'ai tout ~ eu le temps de m'abriter** I only just had (enough) time to run for cover; **c'est tout ~ s'il ne m'a pas frappé** he very nearly OU all but hit me; **c'est tout ~ si je m'en souviens** I can hardly OU barely remember; **c'est tout ~ s'il dit bonjour** he hardly bothers to say hello, you're lucky if he says hello. -**4.** [en quantité insuffisante]: **un gâteau pour 8, ça fait (un peu) ~** one cake for 8 people, that won't go very far; **tu as coupé le tissu un peu ~** you've cut the material a bit on the short side.

◇ *adj* -**1.** [équitable - partage, décision, personne] fair, just; **être ~ envers** OU **avec qqn** to be fair to sb; **elle n'a pas eu de chance, soyons ~s!** she hasn't had any luck, let's be fair!; **pour être ~ envers elle** in fairness to her, to be fair to her; **il ne serait que ~ qu'il soit remboursé** it would only be fair OU right for him to get his money back; **c'est pas ~!** *fam* it's not fair OU right! || (*avant le n*) [justifié - cause, récompense, punition] just; [- requête] legitimate; [- colère] just, legitimate. -**2.** (*après le n*) [exact - calcul, compte, réponse] right; **as-tu l'heure ~?** have you got the right OU exact time? || [dans son fonctionnement - horloge] accurate, right; [- balance] accurate, true. -**3.** [précis - terme, expression] appropriate, right. -**4.** [serré - habit] tight; [- chaussures] tight, small; **la nappe est un peu ~ en longueur/largeur** the tablecloth is a bit on the short/narrow side; **trois bouteilles pour sept personnes, c'est un peu ~!** three bottles for seven people, that's cutting it rather fine!; **une heure pour aller à l'aéroport, c'est trop ~** an hour to get to the airport, that's not enough; **ses notes sont trop ~s pour que vous le laissiez passer** his marks are too borderline for you to pass him || [de justesse]: **elle a réussi l'examen, mais c'était ~** she passed her exam, but it was a close thing. -**5.** (*après le n*) [compétent] good; **avoir l'oreille/le coup d'œil ~** to have a good ear/eye || [sensé, judicieux - raisonnement] sound; [- objection, observation] relevant, apt; **ta remarque est tout à fait ~!** your comment is quite right!; **très ~!** quite right!, good point!; **j'ai moins d'expérience que lui — c'est ~** I'm less experienced than he is — that's true OU right || MUS [voix, instrument] true, in tune; [note] true, right; **le piano n'est pas ~** the piano is out of tune. -**6.** (*avant le n*) [approprié]: **apprécier qqch à son ~ prix** to appreciate the true value OU worth of sthg; **apprécier qqn à sa ~ valeur** to appreciate the true worth OU value of sb ❑ **le ~ milieu** the golden mean *litt* OU happy medium; **il faut trouver un ~ milieu** we have to find a happy medium.

◇ *nm* just man; **les ~s** the just.

◆ **à juste titre** *loc adv* [préférer] understandably, rightly; [croire] correctly, justly, rightly; **elle s'est emportée, (et) à ~ titre** she lost her temper and understandably OU rightly so.

◆ **au juste** *loc adv* exactly; **combien sont-ils au ~?** how many (of them) are there exactly?; **qu'est-ce que ça veut dire au ~?** what does that mean exactly?

◆ **au plus juste** *loc adv*: **calculer qqch au plus ~** to calculate sthg to the nearest penny; **le budget a été calculé au plus ~** the budget was calculated down to the last penny.

◆ **comme de juste** *loc adv* of course, naturally; **comme de ~, elle avait oublié** she'd forgotten, of course; **et comme de ~, tu n'as pas d'argent!** and of course OU naturally, you haven't got any money!

◆ **juste ciel, juste Dieu** *interj* good heavens, heavens (above).

justement [ʒystəmɑ̃] *adv* -**1.** [à ce moment précis]: **voilà ~ Paul** talking of Paul, here he is; **j'ai ~ besoin d'une secrétaire** actually OU as it happens, I need a secretary; **j'allais ~ te téléphoner** I was just going to phone you. -**2.** [pour renforcer un énoncé] quite, just so; **il se met vite en colère — ~, ne le provoque pas!** he loses his temper very quickly — quite OU exactly OU that's right, so don't provoke him! -**3.** [exactement] exactly, precisely; **j'ai ~ ce qu'il vous faut** I've got exactly OU just what you need; **c'est ~ pour cela que je lui en veux** that's precisely OU exactly why I'm annoyed with her. -**4.** [pertinemment] rightly, justly; **comme tu l'as dit si ~** as you (so) rightly said. -**5.** [avec justice, équité] rightly, justly; **elle fut ~ récompensée/condamnée** she was justly rewarded/condemned.

justesse [ʒystɛs] *nf* -**1.** [d'un raisonnement, d'un jugement] soundness; [d'une observation] appropriateness, aptness, relevance; [d'un terme, d'un ton] appropriateness, aptness; **elle raisonne avec ~** her reasoning is sound, she has sound reasoning. -**2.** MATH & MUS accuracy; [d'un mécanisme, d'une horloge, d'une balance] accuracy, precision.

◆ **de justesse** *loc adv* just, barely, narrowly; **il a gagné de ~** he won by a narrow margin OU by a hair's breadth; **j'ai eu mon permis de ~** I only just passed my driving test; **on a eu le train de ~** we caught the train with only moments to spare, we only just caught the train; **on a évité la collision de ~** we very nearly had a crash.

justice [ʒystis] *nf* -**1.** [équité] justice, fairness; **il traite ses hommes avec ~** he treats his men fairly OU justly OU with fairness; **en bonne ~** in all fairness; **ce n'est que ~** it's only fair; **ce n'est que ~ qu'elle obtienne le rôle** it's only fair OU just that she should get the part ❑ **~ sociale** social justice. -**2.** JUR: **la ~** the law; **rendre la ~** to administer OU to dispense justice; **avoir la ~ pour soi** to have the law on one's side; **avoir des démêlés avec la ~** to fall foul of the law; **il fuit la ~ de son pays** he's on the run from the law in his country; **il a fait des aveux à la ~** he confessed to the law ❑ **~ expéditive** OU **sommaire** summary justice; **la ~ militaire** military law. -**3.** [réparation] justice; **demander ~** to ask for justice to be done; **obtenir ~** to obtain justice; **nous voulons que ~ soit faite!** we want justice to be done!; **faire ~** [venger une faute] to take the law into one's own hands; **~ est faite** justice is done; **faire ~ de qqch** [montrer que c'est nocif] to prove sthg to be bad; [le réfuter] to prove sthg wrong, to give the lie to sthg; **se faire ~** [se venger] to take the law into one's own hands; [se tuer] to take one's (own) life; **rendre ~ à qqn** to do sb justice; **rendons-lui cette ~ qu'elle a fait beaucoup d'efforts** she made a big effort, let's be fair OU let's grant her that; **la postérité rendra ~ à son courage** posterity will recognize his courage; **la Justice** [symbole, allégorie] Justice ❑ **~ immanente** immanent justice.

◆ **de justice** *loc adj*: **un homme de ~** a man of the law.

◆ **en justice** *loc adv* JUR: **poursuivre qqn en ~** to bring proceedings against sb, to take sb to court; **aller en ~** to go to court; **passer en ~** to stand trial, to appear in court; **traduire qqn en ~** to bring sb to trial.

justiciable [ʒystisjabl] ◇ *adj* -**1.** [responsable]: **~ de** answerable for; **pour ses électeurs, il est ~ de sa politique** he is answerable to the electorate for his policies; **pour les héritiers, je suis ~ de la gestion des biens** as far as the heirs are concerned, I am legally responsible for the management of the estate. -**2.** **~ de** [qui requiert] requiring; **maladie ~ d'hydrothérapie** illness requiring OU which calls forhydrotherapy. -**3.** JUR: **il est ~ des tribunaux pour enfants** he is subject to OU comes under the jurisdiction of the juvenile courts.
◇ *nmf* person liable OU subject to trial; **les ~s** those due to be tried.

justicier, ère [ʒystisje, ɛr] ◇ *adj* -**1.** [qui rend la justice] justiciary *(modif)*. -**2.** [qui fait justice lui-même]: **le jury a condamné le mari ~** the jury condemned the husband who took the law into his own hands; **emporté par sa fougue justicière** carried away by his burning desire to enforce justice.
◇ *nm, f* [redresseur de torts] righter of wrongs; **il faut toujours qu'elle s'érige en justicière** she's always setting herself up as a righter of wrongs.

◆ **justicier** *nm* HIST justiciar.

justifiable [ʒystifjabl] *adj* justifiable; **tous vos arguments doivent être ~s** you must be able to justify OU to substantiate every one of your arguments; **sa négligence n'est pas ~** his negligence is unjustifiable OU cannot be justified.

justifiant, e [ʒystifjɑ̃, ɑ̃t] *adj* saving *(avant n)* RELIG.

justificateur, trice [ʒystifikatœr, tris] *adj* [témoignage] justifying, justificatory.

◆ **justificateur** *nm* IMPR & INF justifier.

justificatif, ive [ʒystifikatif, iv] *adj* [rapport] justificatory, supporting; [facture] justificatory; **document ~ d'identité** written proof of one's identity ❑ **pièces justificatives** ADMIN [pour une inscription, un passeport] supporting documents.

◆ **justificatif** *nm* -**1.** ADMIN written proof OU evidence; **à adresser à la Comptabilité avec ~s** to be sent to the Accounts Department with all necessary receipts. -**2.** PRESSE press cutting OU clipping.

justification [ʒystifikasjɔ̃] *nf* -**1.** [motivation - d'une attitude, d'une politique] justification; **la ~ de la violence** apology for OU justification of violence. -**2.** [excuse] justification, reason; **vos ~s ne m'intéressent pas** I'm not interested in your reasons OU excuses *péj*. -**3.** ADMIN (written) proof *(of expenses incurred)*; **~ d'identité** proof of identity. -**4.** IMPR & INF justification; **~ de tirage** IMPR limitation notice.

justifier [9] [ʒystifje] *vt* -**1.** [motiver - conduite, mesure, dépense] to justify, to vindicate; **rien ne saurait ~ de tels propos** there's no possible justification for speaking in such terms. -**2.** [confirmer - crainte, théorie] to justify, to confirm, to back up *(sép)*; **il a tout fait pour ~ ses dires** he did everything to try and back up his statements. -**3.** [prouver - affirmation] to prove, to justify; [- versement] to give proof OU evidence of. -**4.** [innocenter] to vindicate. -**5.** IMPR & INF to justify; **le paragraphe est justifié à gauche/droite** the paragraph is left-/right-justified.

◆ **justifier de** *v + prép*: **~ de son identité** to prove one's identity; **pouvez-vous ~ de ce diplôme?** can you provide evidence that OU can you prove that you are the holder of this qualification?

◆ **se justifier** *vp (emploi réfléchi)* to justify o.s.; **je n'ai pas à me ~ devant toi** I don't have to justify myself to you, I don't owe you any explanations; **se ~ d'une accusation** to clear o.s. of an accusation, to clear one's name.

Justinien [ʒystinjɛ̃] *npr* Justinian.

jute [ʒyt] *nm* jute; **de** OU **en ~** jute *(modif)*.

juter [3] [ʒyte] *vi* [fruit] to ooze with juice; [viande] to give out OU to release a lot of juice; **ce sont des oranges qui jutent beaucoup** these oranges are very juicy OU are full of juice.

juteux, euse [ʒytø, øz] *adj* -**1.** [fruit, viande] juicy. -**2.** *fam* [transaction] juicy; **c'est une affaire bien juteuse!** that business is a real gold mine!

◆ **juteux** *nm arg mil* adjutant.

Jütland [ʒytlɑ̃d] *npr m*: **le ~** Jutland.

Juvénal [ʒyvenal] *npr* Juvenal.

juvénile [ʒyvenil] *adj* -**1.** [jeune - silhouette] young, youthful; [- ardeur, enthousiasme] youthful; **il avait toujours gardé une passion ~ pour les motos** he'd always kept his youthful passion for motorbikes. -**2.** PHYSIOL juvenile. -**3.** GÉOL & MINÉR juvenile. -**4.** ENTOM: **hormone ~** juvenile hormone.

juvénilité [ʒyvenilite] *nf litt* youthfulness, juvenility.

juxtalinéaire [ʒykstalineɛr] *adj* line-by-line, (placed) parallel.

juxtaposé, e [ʒykstapoze] *adj* juxtaposed.

juxtaposer [3] [ʒykstapoze] *vt* to juxtapose, to place side by side; **~ un mot à un autre** to juxtapose two words.

juxtaposition [ʒykstapozisjɔ̃] *nf* juxtaposition.

Jylland [ʒilɑ̃d] = **Jütland**.

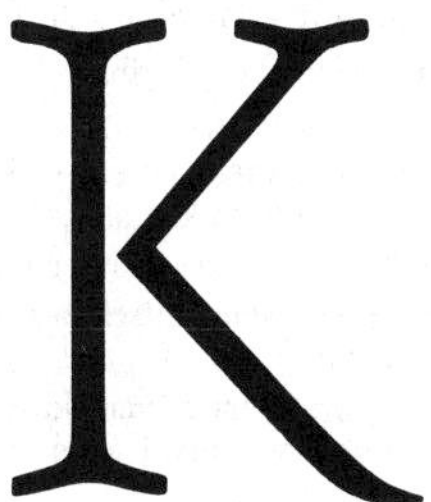

k, K [ka] *nm* k.
k (*abr écrite de* kilo) k.
K (*abr écrite de* kilo-octet) K.
K2 *npr m*: le ~ K2.
K7 (*abr de* cassette) *nf* cassette; radio-~ radio-cassette.
kabbale [kabal] = **cabale 2**.
kabbaliste [kabalist] = **cabaliste**.
kabbalistique [kabalistik] = **cabalistique**.
Kaboul [kabul] *npr* Kabul.
kabuki [kabuki] *nm* Kabuki.
Kabul [kabul] = **Kaboul**.
kabyle [kabil] *adj* Kabylian.
◆ **Kabyle** *nmf* Kabylian.
◆ **kabyle** *nm* LING Kabylian.
Kabylie [kabili] *npr f*: (la) ~ Kabylia.
kafkaïen, enne [kafkajɛ̃, ɛn] *adj* Kafkaesque.
Kaiser [kajzɛr] *npr m*: le ~ the Kaiser.
kakatoès [kakatɔɛs] = **cacatoès**.
kaki [kaki] ◇ *adj inv* [couleur] khaki.
◇ *nm* -**1**. [couleur] khaki. -**2**. BOT (Japanese) persimmon, kaki.
kalachnikov [kalaʃnikɔf] *nm* kalashnikov.
Kalahari [kalaari] *npr m*: le ~ the Kalahari Desert.
kaléidoscope [kaleidɔskɔp] *nm* -**1**. OPT kaleidoscope. -**2**. *fig* rapidly changing pattern.
kaléidoscopique [kaleidɔskɔpik] *adj* kaleidoscopic, kaleidoscopical.
kali [kali] *nm* -**1**. BOT kali, saltwort. -**2**. CHIM potash.
kaliémie [kaliemi] *nf* kaliaemia.
Kalinine [kalinin] *npr* Kalinin.
Kama Sutra [kamasutra] *npr m*: le ~ the Kama Sutra.
kamikaze [kamikaz] *nm* kamikaze.
Kampala [kɑ̃pala] *npr* Kampala.
Kampuchéa [kɑ̃putʃea] *npr m*: le ~ Kampuchea.
kampuchéen, enne [kɑ̃putʃeɛ̃, ɛn] *adj* Kampuchean.
kanak, e [kanak] = **canaque**.
Kandinsky [kɑ̃dinski] *npr* Kandinski.
kandjar [kɑ̃dʒar] *nm* khandjar, khanjar.
Kandy [kandi] *npr* Kandy.
kangourou [kɑ̃guru] *nm* -**1**. ZOOL kangaroo. -**2**. (*comme adj*) RAIL: technique ~ rail-road transport.
Kansas [kɑ̃sas] *npr m*: le ~ Kansas.
kantien, enne [kɑ̃sjɛ̃, ɛn] *adj* Kantian.
kantisme [kɑ̃tism] *nm* Kantianism.
kaolin [kaɔlɛ̃] *nm* kaolin.
kaolinisation [kaɔlinizasjɔ̃] *nf* kaolinization.
kaolinite [kaɔlinit] *nf* kaolinite.
kapok [kapɔk] *nm* kapok.
kapokier [kapɔkje] *nm* ceiba (tree), kapok tree.
kappa [kapa] *nm* kappa.
Karachi [karaʃi] *npr* Karachi.
Karakorum [karakɔrum], **Karakoram** [karakɔram] *npr m*: le ~ the Karakoram Range.
karakul [karakyl] = **caracul**.
karaté [karate] *nm* karate.
karatéka [karateka] *nmf*: c'est une ~ she does karate.
karité [karite] *nm* shea (tree).
karma [karma], **karman** [karman] *nm* karma.
Karnak [karnak] *npr* Karnak.
karst [karst] *nm* karst.
karstique [karstik] *adj* karstic.
kart [kart] *nm* kart, go-kart; faire du ~ to go-kart, to go karting.
karting [kartiŋ] *nm* karting, go-karting; faire du ~ to go-kart, to go karting.
kasher [kaʃɛr] *adj inv* kosher.
Katanga [katɑ̃ga] *npr m* Katanga.
Katar [katar] *npr m*: le ~ Katar, Qatar.
Katmandou, Kàtmàndù [katmɑ̃du] *npr* Katmandu, Kathmandu.
Katowice [katɔvitse] *npr* Katowice.
kava [kava] = **kawa 1**.
kawa [kawa] *nm* -**1**. BOT kawakawa, peppertree. -**2**. *fam* [boisson] coffee.
Kawasaki [kawazaki] *npr* Kawasaki.
kayak [kajak] *nm* kayak.
kayakiste [kajakist] *nmf* kayaker.
kazakh, e [kazak] *adj* Kazakh.
◆ **Kazakh, e** *nm, f* Kazakh.
◆ **kazakh** *nm* LING Kazakh.
Kazakhstan [kazakstɑ̃] *npr m*: le ~ Kazakhstan; au ~ in Kazakhstan.
keffieh [kefje] *nm* keffiyeh, kaffiyeh.
kéfir [kefir] = **képhir**.
kelvin [kɛlvin] *nm* kelvin.
kendo [kɛndo] *nm* kendo.
Kentucky [kɛntyki] *npr m*: le ~ Kentucky.
Kenya [kenja] *npr m*: le ~ Kenya; au ~ in Kenya.
kenyan, e [kenjɑ̃, an] *adj* Kenyan.
◆ **Kenyan, e** *nm, f* Kenyan.
kenyapithèque [kenjapitɛk] *nm* kenyapithecus.
képhir [kefir] *nm* kefir, kephir.
képi [kepi] *nm* kepi.
kératine [keratin] *nf* keratin.
kératinisation [keratinizasjɔ̃] *nf* keratinization.
kératinisé, e [keratinize] *adj* keratinized.
kératite [keratit] *nf* keratitis.
kératoplastie [keratɔplasti] *nf* keratoplasty.
kératose [keratoz] *nf* keratosis.
Kerguelen [kɛrgelɛn] *npr fpl*: (îles) ~ Kerguelen (islands).
kermès [kɛrmɛs] *nm* -**1**. ENTOM kermes. -**2**. BOT: (chêne) ~ Kermes oak. -**3**. MINÉR: ~ minéral kermesite.
kermesse [kɛrmɛs] *nf* [dans les Flandres] kermis, kirmess; [de charité] charity fête, bazaar; ~ paroissiale church fête.
kérogène [kerɔʒɛn] *nm* kerogen.
kérosène [kerɔzɛn] *nm* kerosene, kerosine.
kerria [kerja] *nm* kerria BOT, Jew's mallow.
ketch [kɛtʃ] *nm* ketch.
ketchup [kɛtʃœp] *nm* ketchup.
keynésien, enne [kenezjɛ̃, ɛn] *adj* Keynesian.
KF -**1**. *abr écrite de* kilofrancs. -**2**. *abr écrite de* café.
kg (*abr écrite de* kilogramme) kg.
KGB *npr m* KGB.
khâgne [kaɲ] *nf arg scol second year of a two-year preparatory Arts course prior to the competitive examination for entry to the École normale supérieure.*
khâgneux, euse [kaɲø, øz] *nm, f arg scol student in "khâgne".*
khalife [kalif] = **calife**.
khamsin [xamsin] *nm* khamsin.
khan [kɑ̃] *nm* -**1**. [titre] khan. -**2**. [abri] khan.
Khania [kanja] *npr* Khania.
Kharkov [karkɔf] *npr* Kharkov.
Khartoum [kartum] *npr* Khartoum.
Khatchatourian [katʃaturjɑ̃] *npr* Khachaturian.
khédive [kediv] *nm* khedive.
Khéops [keɔps] *npr* Cheops; la grande pyramide de ~ the Great Pyramid of Cheops.
khi [ki] *nm inv* chi.
khmer, ère [kmɛr] *adj* Khmerian.
◆ **Khmer, ère** *nm, f* Khmer; les Khmers the Khmers.
◆ **khmer** *nm* LING Khmer.
khôl [kol] *nm* kohl.
Khrouchtchev [krutʃef] *npr*: Nikita ~ Nikita Khrushchev.
kibboutz [kibuts] (*pl inv* OU **kibboutzim** [-tsim]) *nm* kibbutz; travailler dans un ~ to work on a kibbutz.
kick(-starter) [kik(startɛr)] *nm* kick-starter, kick-start.
kid *fam* [kid] *nm* [gamin] kid.
kidnapper [3] [kidnape] *vt* [personne] to kidnap.
kidnappeur, euse [kidnapœr, øz] *nm, f* kidnapper.
kidnapping [kidnapiŋ] *nm* kidnapping.
Kiev [kjɛf] *npr* Kiev.
kif [kif] *nm* [haschisch] kif, kef.

kif-kif *fam* [kifkif] *adj inv*: c'est ~ (bourricot) it's all the same, it makes no odds *Br*, it's six of one and half a dozen of the other.
kiki *fam* [kiki] *nm* -**1.** [cou] neck; [gorge] throat; serrer le ~ à qqn to throttle OU to strangle sb. -**2.** *loc*: c'est parti, mon ~! here we go!
kil▽ [kil] *nm* bottle (of wine); un ~ de rouge a bottle of cheap red wine OU (red) plonk *Br*.
kilim [kilim] *nm* kilim.
Kilimandjaro [kilimɑ̃dʒaro] *npr m*: le ~ (Mount) Kilimanjaro.
kilo [kilo] (*abr de* **kilogramme**) *nm* kilo.
kilofranc [kilɔfrɑ̃] *nm* a thousand francs.
kilogramme [kilɔgram] *nm* kilogramme.
kilohertz [kilɔɛrts] *nm* kilohertz.
kilométrage [kilɔmetraʒ] *nm* -**1.** [d'un véhicule] mileage. -**2.** [d'une voie] marking out *(in kilometres)*.
kilomètre [kilɔmɛtr] *nm* -**1.** [distance] kilometre; avoir dix ~s dans les jambes to have walked ten kilometres. -**2.** IMPR & INF: frappe OU saisie au ~ straight keying.
kilomètre-passager [kilɔmɛtrpasaʒe] (*pl* kilomètres-passagers) *nm* passenger-kilometre.
kilométrer [18] [kilɔmetre] *vt* to mark with kilometric reference points.
kilométrique [kilɔmetrik] *adj*: au point ~ 21 at km 21 ❑ distance ~ distance in kilometres.
kilo-octet [kilɔɔktɛ] (*pl* kilo-octets) *nm* kilobyte.
kilotonne [kilɔtɔn] *nf* kiloton.
kilotonnique [kilɔtɔnik] *adj* kiloton *(modif)*.
kilowatt [kilɔwat] *nm* kilowatt.
kilowattheure [kilɔwatœr] *nm* kilowatt-hour.
kilt [kilt] *nm* [d'Écossais, de femme] kilt.
kimono [kimɔno] ◇ *nm* VÊT kimono.
◇ *adj inv*: manches ~ kimono OU loose sleeves.
kinase [kinaz] *nf* kinase.
kinescope [kinɛskɔp] *nm* kinescope.
kinésie [kinezi] *nf* kinesis.
kinésithérapeute [kineziterapøt] *nmf* physiotherapist *Br*, physical therapist *Am*.
kinésithérapie [kineziterapi] *nf* physiotherapy *Br*, physical therapy *Am*.
kinesthésie [kinɛstezi] *nf* kinaesthesia.
kinesthésique [kinɛstezik] *adj* kinaesthetic.
king-charles [kiŋʃarl] *nm inv* King Charles spaniel.
kinkajou [kɛ̃kaʒu] *nm* kinkajou.
Kinshasa [kinʃasa] *npr* Kinshasa.
kiosque [kjɔsk] *nm* -**1.** [boutique]: ~ à journaux newspaper kiosk OU stand, news-stand; ~ à fleurs flower stall. -**2.** [édifice - dans un jardin] pavilion; ~ à musique bandstand. -**3.** NAUT [d'un navire] wheelhouse; [d'un sous-marin] conning tower. -**4.** TÉLÉC: Kiosque® [d'un Minitel] ≃ (telephone) viewdata service.
kiosquier, ère [kjɔskje, ɛr] *nm, f* newspaper seller, newsvendor; il est ~ he runs a news-stand.
kippa [kipa] *nf* kippa.
Kippour [kipur] *nm*: le ~ the Kippur.
kir [kir] *nm* kir.
Kirghizie [kirgizi] *npr f*: (la) ~ Kirgizia.
Kirghizistan [kirgizistɑ̃] *npr m*: le ~ Kirgizia.
Kiribati [kiribati] *npr* Kiribati.
kirsch [kirʃ] *nm* kirsch.
kit [kit] *nm* kit; meubles en ~ kit furniture; vendu en ~ sold in kit form.
kitchenette [kitʃənɛt] *nf* kitchenette.
kitsch [kitʃ] ◇ *adj inv* kitsch *(modif)*, kitschy.
◇ *nm inv* kitsch.
kiwi [kiwi] *nm* -**1.** BOT [fruit] kiwi (fruit), Chinese gooseberry; [arbre] kiwi tree. -**2.** ZOOL kiwi. -**3.** SPORT Kiwi.
Klaxon® [klaksɔn] *nm* horn.
klaxonner [3] [klaksɔne] ◇ *vi* to honk OU to hoot *Br* (one's horn).
◇ *vt*: il m'a klaxonné he tooted OU hooted *Br* OU honked at me.
Kleenex® [klinɛks] *nm* (paper) tissue, paper handkerchief, Kleenex®.
kleptomane [klɛptɔman] *nmf* kleptomaniac.
kleptomanie [klɛptɔmani] *nf* kleptomania.
km (*abr de* **kilomètre**) *nm* km.
km/h (*abr écrite de* **kilomètre par heure**) kmph.
knickerbockers [nikœrbɔkœr], **knickers** [nikœr] *nmpl* knickerbockers *Br*, knickers *Am*.
knock-down [nɔkdawn] *nm inv* knockdown SPORT.
knock-out [nɔkaut] ◇ *nm inv* knockout; ~ technique technical knockout.
◇ *adj inv* knocked-out, out for the count; il l'a mis ~ he knocked him out.
knout [knut] *nm* knout.
Knud [knyd] *npr* Canute, Cnut.
Ko (*abr écrite de* **kilo-octet**) Kb.
K-O ◇ *nm inv* KO.
◇ *adj inv* -**1.** SPORT KO'd; mettre qqn ~ to knock sb out; être ~ to be out for the count. -**2.** *fam* [épuisé] shattered *Br*, all in, dead beat.
koala [kɔala] *nm* koala (bear).
Kobe [kɔbe] *npr* Kobe.
Koch [kɔk] *npr* → **bacille**.
kohol [kɔɔl] = **khôl**.
kola [kɔla] *nm* cola, Kola; noix de ~ Kola nut.
kolkhoz(e) [kɔlkoz] *nm* kolkhoz.
kolkhozien, enne [kɔlkozjɛ̃, ɛn] ◇ *adj* kolkhoz *(modif)*.
◇ *nm, f* kolkhoznik.
kommandantur [kɔmɑ̃dɑ̃tur] *nf* HIST German military command.
kopeck [kɔpɛk] *nm* kopeck; ça ne vaut pas un ~ *fam vieilli* it's not worth a brass farthing *Br* OU a red cent *Am*.
korrigan, e [kɔrigɑ̃, an] *nm, f* mischievous dwarf OU goblin *(in Breton legends)*, ≃ leprechaun.
Kosovo [kɔsɔvo] *npr m*: le ~ Kosovo-Metohija; au ~ in Kosovo-Metohija.
kot [kɔt] *nm Belg* -**1.** [chambre d'étudiant] bedroom *(for student)*. -**2.** [débarras] storeroom.
kougelhof, kouglof [kuglɔf] *nm* kugelhopf (cake).
koulak [kulak] *nm* kulak.
Kourou [kuru] *npr* Kourou; à ~ in Kourou.
Koweït [kɔwɛjt] *npr m*: le ~ Kuwait, Koweit; au ~ in Kuwait.
Koweït City [kɔwɛjtsiti] *npr* Kuwait, Koweit.
koweïtien, enne [kɔwɛjtjɛ̃, ɛn] *adj* Kuwaiti.
◆ **Koweïtien, enne** *nm, f* Kuwaiti.
krach [krak] *nm*: ~ (boursier) crash.
kraft [kraft] ◇ *nm* kraft, (strong) brown wrapping paper.
◇ *adj inv*: papier/pâte ~ kraft paper/pulp.
KRD (*abr écrite de* **couronne danoise**) Kr, DKr.
Kremlin [krɛmlɛ̃] *npr m*: le ~ the Kremlin.
kremlinologue [krɛmlinɔlɔg] *nmf* Kremlinologist, Kremlin watcher.
kriek [krik] *nf Belg beer made with cherries*.
krill [kril] *nm* krill.
kriss [kris] *nm* kris.
KRN (*abr écrite de* **couronne norvégienne**) Kr, NKr.
KRS (*abr écrite de* **couronne suédoise**) Kr, Skr.
krypton [kriptɔ̃] *nm* krypton.
ksar [ksar] (*pl* ksour [ksur]) *nm (North African) fortified village*.
Kuala Lumpur [kwalalumpur] *npr* Kuala Lumpur.
kugelhof [kuglɔf] = **kougelhof**.
Ku Klux Klan [kyklyksklã] *npr m*: le ~ the Ku Klux Klan.
kumquat [kumkwat] *nm* kumquat, cumquat.
kung-fu [kuŋfu] *nm inv* kung fu.
kurde [kyrd] *adj* Kurd.
◆ **Kurde** *nmf* Kurd.
◆ **kurde** *nm* LING Kurdish.
Kurdistan [kyrdistɑ̃] *npr m*: le ~ Kurdistan; au ~ in Kurdistan.
kvas, kwas [kvas] *nm* kvass, kvas.
kwashiorkor [kwaʃjɔrkɔr] *nm* kwashiorkor.
K-way® [kawɛ] *nm inv* cagoule.
kWh (*abr écrite de* **kilowattheure**) kW/hr.
Kyoto [kjɔto] *npr* Kyoto.
Kyrghyzstan [kirgizstɑ̃] *npr*: la république du ~ the Republic of Kyrgyzstan.
kyrielle [kirjɛl] *nf*: une ~ de bambins *fam* a whole bunch of kids; une ~ d'insultes a string of insults; une ~ de mensonges a pack OU string of lies.
kyste [kist] *nm* cyst.
kystique [kistik] *adj* cystic.
Kyushu [kjuʃu] *npr* Kyushu.

l, L [ɛl] *nm* l, L; ~ **mouillé** palatalized L.
l (*abr écrite de* **litre**) l.
l' [l] → **le**.
L *abr écrite de* **licence**.
la[1] [la] *f* → **le**.
la[2] [la] *nm inv* -**1.** MUS A; [chanté] lah. -**2.** *loc*: **donner le la** to set the tone.
L-A *abr écrite de* **Loire-Atlantique**.
là [la] *adv* -**1.** [dans l'espace - là-bas] there; [- ici] here; **elle habite Paris maintenant, c'est là qu'elle a trouvé du travail** she lives in Paris now, that's where she found work; **il est à la poste? qu'est-ce qu'il fait là?** he's at the post office? what's he doing there?; **c'est là, je reconnais la maison** there it is (over there), I recognize the house; **à quelques kilomètres de là** a few kilometres away; **on se retrouve là où tu travailles** we'll meet at your work; **déjà là?** (are you) here already?; **je ne peux rien faire, il est toujours là** I can't do anything, he's always around; **viens là!** come here!; **être là: est-ce qu'il est là?** is he in?; **ne t'inquiète pas, je suis là pour t'aider si tu en as besoin** don't worry, I'm here to help you if you need me; **je ne suis là pour personne** if anybody asks I'm not in OU here; **je suis là pour vous répondre** it's my job to answer your questions; **allez, on n'est pas là pour bavarder** come on now, we're not here to chat. -**2.** [dans le temps]: **c'est là que j'ai paniqué** that's when I panicked; **attendons demain et là nous déciderons** let's wait until tomorrow and then (we'll) decide; **à partir de là** from then on, from that moment on; **à quelque temps de là** some time after; **à quelques jours/mois de là** a few days/months later; **c'est là où tu m'as le plus étonné** that's where you most surprised me; **il est anxieux là où il faudrait être calme** he gets worked up (just) when he should remain calm. -**3.** [dans cette situation]: **là, c'est la personne qu'il fallait** he's/she's just the person we needed; **vous n'avez fait là que ce qui était nécessaire** you only did what you had to, you only did what was necessary; **c'est justement là où je ne vous suis plus** that's just where you've lost me; **en être là: nous n'en sommes pas encore là** we haven't reached that stage yet; **pour l'instant nous en sommes là** that's how things stand at the moment; **j'en étais là de mes réflexions quand le téléphone a sonné** I'd got that far with my thinking when the phone rang; **en arriver là: on en est arrivé là?** have we come OU has it come to this?; **en rester** OU **en demeurer là: je n'ai pas l'intention d'en rester** OU **demeurer là** I don't intend leaving it at that. -**4.** [dans cela]: **ne voyez là aucune malice de ma part** please don't take it the wrong way; **la santé, tout est là** (good) health is everything. -**5.** [pour renforcer]: **ce sont là mes amis** those are my friends; **c'est là mon intention** that's my intention OU what I intend to do; **c'est là le problème/la difficulté** that's where the problem/the difficulty lies. -**6.** [emploi expressif]: **oui, j'ai refusé ce travail, là, tu es content?** yes I turned down that job, now are you satisfied?; **alors là, je ne sais pas!** well that I really don't know!; **alors là, tu exagères!** you've got a nerve!; **c'est une belle grippe que tu as là!** that's quite a bout of flu you've got there!; **que me chantes-tu là?** *fam* what are you on about?; **malheureux, qu'as-tu fait là!** what have you gone and done now?; **là, là, calme-toi!** now, now OU there, there, calm down!
◆ **ça et là** *loc adv* here and there.
◆ **de là** *loc adv* -**1.** [dans l'espace]: **de là je me suis dirigée vers l'église** from there I headed towards the church; **de là jusqu'à la poste il y a 500 m** it is 500 m from the post office; **de là à dire que c'est un criminel, il y a loin** *fig* there's a big difference between that and saying he's a criminal. -**2.** [marquant la conséquence]: **de là son amertume** that's why he's bitter, that explains his bitterness, hence his bitterness; **on peut déduire de là que...** from that we can deduce that...
◆ **de-ci de-là** *loc adv litt* here and there; **elle avançait en sautillant de-ci de-là** she skipped along.
◆ **par là** *loc adv* -**1.** [dans l'espace]: **c'est par là** it's over there; **vous devriez passer par là** you should go that way. -**2.** *fig*: **si tu vas par là** if you take that line, in that case; **qu'entendez-vous** OU **que voulez-vous dire par là?** what do you mean by that?; **en passer par là: il faut en passer par là!** there's no alternative!, it can't be helped!

-là [la] *adv* -**1.** *(lié à un nom introduit par un adj dém)* that, those *(pl)*; **cette femme~** that woman; **ce stylo~** that pen; **dans ces endroits~** in those places; **tu fréquentes ces gens~?** *péj* are those the kind of people you go around with?; **ne fais pas cette tête~!** you needn't look like that! -**2.** *(lié à un pronom)*: **quel livre voulez-vous? — celui~** which book do you want? — that one; **celui~, alors!** honestly, that one! -**3.** [exprimant le passé]: **ce matin~** that morning; **en ce temps~** in those days, at that time.
là-bas [laba] *adv* -**1.** [en bas] down OU under there; ~ **dans la vallée** down there in the valley. -**2.** [en un lieu éloigné] there; **une fois arrivés ~, nous nous arrangerons** we'll sort it out when we get there.
label [labɛl] *nm* [étiquette] label; ~ **d'origine** label of origin; ~ **de qualité/d'exportation** quality/export label.
labeur [labœr] *nm* -**1.** *litt* [travail pénible] toil, labour; [effort] hard work; **une vie de ~** a life of toil. -**2.** IMPR bookwork; **imprimerie de ~** bookwork printers'.

labial, e, aux [labjal, o] *adj* -**1.** ANAT lip *(modif)*, labial. -**2.** PHON labial.
◆ **labiale** *nf* labial (consonant).
labialisation [labjalizasjɔ̃] *nf* [d'une voyelle] rounding; [d'une consonne] labialization.
labialiser [3] [labjalize] *vt* [voyelle] to round; [consonne] to labialize.
labié, e [labje] *adj* labiate.
◆ **labiée** *nf* labiate; **les ~s** the Labiatae.
labile [labil] *adj* -**1.** CHIM & PSYCH labile. -**2.** *litt* [peu stable] unstable, temperamental.
labilité [labilite] *nf* CHIM & PSYCH lability.
labiodental, e, aux [labjɔdɑ̃tal, o] *adj* labiodental.
◆ **labiodentale** *nf* labiodental (consonant).
labiolecture [labjɔlɛktyr] *nf* lipreading.
labo *fam* [labo] (*abr de* **laboratoire**) *nm* lab; ~ **photo** darkroom.
laborantin, e [labɔrɑ̃tɛ̃, in] *nm, f* laboratory assistant, laboratory operator *Am*.
laboratoire [labɔratwar] *nm* -**1.** SC [lieu] laboratory; [équipe] (research) team; ~ **d'analyses (médicales)** analytical laboratory; ~ **expérimental** testing laboratory; ~ **de recherche** research laboratory. -**2.** ENS: ~ **de langue** OU **langues** language laboratory. -**3.** MÉTALL heating chamber. -**4.** PHOT [salle] processing room; [usine] processing works.
◆ **en laboratoire** *loc adv* in the laboratory, under laboratory conditions; **embryon végétal obtenu en ~** plant embryo obtained in the laboratory OU under laboratory conditions.
laborieusement [labɔrjøzmɑ̃] *adv* [péniblement] laboriously, with great difficulty.
laborieux, euse [labɔrjø, øz] *adj* -**1.** [long et difficile - procédure, tâche, manœuvre] laborious. -**2.** [lourd - style] heavy, laboured; **trois heures pour faire une lettre, ce fut ~!** three hours to write a letter, that's slow going!; **dans un anglais ~** in halting English; **lecture/récitation laborieuse** laboured reading/recitation. -**3.** [industrieux] hardworking, industrious; **la classe laborieuse** the working OU labouring class; **les masses laborieuses** the toiling masses *litt*.
labour [labur] *nm* -**1.** AGR tilling, ploughing; **les ~s** the ploughed fields; **commencer les ~s** to start ploughing. -**2.** HORT digging (over).
labourable [laburabl] *adj* ploughable; **des terres ~s** arable land.
labourage [laburaʒ] *nm* -**1.** AGR tilling, ploughing. -**2.** HORT digging over.
labourer [3] [labure] *vt* -**1.** AGR to plough; HORT to dig (over). -**2.** [ravager] to furrow; **un terrain labouré par les obus** land churned up by artillery shells. -**3.** [lacérer] to dig into *(insép)*, to lacerate, to scratch; **les sangles lui labouraient les flancs** the straps were digging into its flanks.

laboureur [laburœr] *nm* **-1.** *litt* ploughman. **-2.** HIST husbandman, ≃ yeoman.

labrador [labradɔr] *nm* **-1.** MINÉR labradorite. **-2.** ZOOL Labrador retriever, labrador.

Labrador [labradɔr] *npr m*: le ~ Labrador.

labre [labr] *nm* **-1.** [poisson] wrasse. **-2.** [d'arthropode, de mollusque] labrum.

labri(t) [labri] *nm* Pyrenean sheepdog.

labyrinthe [labirɛ̃t] *nm* **-1.** [dédale] labyrinth, maze; **la vieille ville est un ~ de ruelles étroites** the old (part of) town is a maze of narrow streets. **-2.** *fig* maze; **le ~ des lois** the intricacies of the law. **-3.** ANAT labyrinth.

labyrinthique [labirɛ̃tik] *adj* [complexe] labyrinthine, mazelike.

lac [lak] *nm* **-1.** [pièce d'eau] lake; **~ artificiel/de barrage** artificial/barrier lake; **~ de cirque** cirque lake; **la région des Lacs** the Lakes, the Lake District; **c'est tombé dans le ~** it has fallen through. **-2.** MUS: 'le Lac des cygnes' *Tchaïkovski* 'Swan Lake'.

LACS:
le lac **Baïkal** Lake Baïkal;
le lac **Balaton** Lake Balaton;
le lac **de Côme** Lake Como;
le lac **de Constance** Lake Constance;
le lac **Érié** Lake Erie;
le lac **de Garde** Lake Garda;
le lac **Huron** Lake Huron;
le lac **Ladoga** Lake Ladoga;
le lac **Léman** Lake Geneva;
le lac **Majeur** Lake Maggiore;
le lac **Malawi** Lake Malawi;
le lac **Michigan** Lake Michigan;
le lac **Mobutu** Lake Mobutu;
le lac **Nasser** Lake Nasser;
le lac **Ontario** Lake Ontario;
le lac **Supérieur** Lake Superior;
le lac **Tanganyika** Lake Tanganyika;
le lac **Tchad** Lake Chad;
le lac **de Tibériade** the Sea of Galilee;
le lac **Titicaca** Lake Titicaca;
le lac **Victoria** Lake Victoria;
le lac **Winnipeg** Lake Winnipeg;
le lac **de Zoug** Lake Zug;
le lac **de Zurich** Lake Zürich.

Lacédémone [lasedemɔn] *npr* Lacedaemonia.

lacédémonien, enne [lasedemɔnjɛ̃, ɛn] *adj* Lacedaemonian.
◆ **Lacédémonien, enne** *nm, f* Lacedaemonian.

lacer [16] [lase] *vt* [vêtement] to lace (up) *(sép)*; [chaussure] to lace up *(sép)*, to tie up *(sép)*.
◆ **se lacer** *vp (emploi passif)* to lace (up); **comment cette botte se lace-t-elle?** how do you lace (up) this boot?

lacération [laserasjɔ̃] *nf* **-1.** MÉD laceration, gash. **-2.** [fait de déchirer] ripping, tearing, slashing; **la ~ des affiches est monnaie courante en période électorale** during election time posters often get ripped OU slashed.

lacérer [18] [lasere] *vt* **-1.** [affiche, rideau] to rip up *(sép)*, to tear (to shreds), to slash. **-2.** [blesser] to lacerate, to gash.

lacet [lasɛ] *nm* **-1.** [de chaussure] shoelace; [de botte] bootlace. **-2.** [piège] snare; **poser** OU **tendre des ~s** to set snares. **-3.** [d'une route] hairpin bend. **-4.** AÉRON yaw. **-5.** COUT tie. **-6.** RAIL [mouvement] hunting.
◆ **à lacets** *loc adj* [chaussure] with laces, lace-up *(avant n)*.
◆ **en lacets** ◇ *loc adj* [route] winding, twisting, zigzag *(modif)*.
◇ *loc adv*: **la route monte en ~s** the road winds OU twists upwards.

laceur, euse [lasœr, øz] *nm, f* net maker.

lâchage [laʃaʒ] *nm* **-1.** [rupture] failure; **c'est dû au ~ des freins** it's due to brake failure. **-2.** *fam* [abandon]: **c'est un ~ en règle de leur part** they've really let us down.

lâche [laʃ] ◇ *adj* **-1.** [poltron] cowardly, spineless; **être ~** to be cowardly; **se montrer ~** to behave like a coward. **-2.** [méprisable] *(avant n)* cowardly; **un ~ attentat** a cowardly OU despicable attack. **-3.** [non serré - nœud] loose, slack; [- vêtement] loose, baggy. **-4.** [imprécis - dialogue, scénario] weak; [- raisonnement] woolly, slipshod. **-5.** [sans rigueur - loi, règlement] lax, over-lenient. **-6.** TEXT [étoffe] loose, loosely woven; [tricot] loose-knit.
◇ *nmf* coward.

lâché, e [laʃe] *adj* BX-ARTS sloppy, careless.

lâchement [laʃmɑ̃] *adv* **-1.** [sans courage] in a cowardly manner. **-2.** [sans tension] loosely, slackly.

lâcher[1] [laʃe] *nm*: **ils ont fait un ~ de colombes** they released a flock of doves; **~ de ballons** balloon release.

lâcher[2] [3] [laʃe] ◇ *vt* **-1.** [desserrer] to loosen, to slacken; **il a lâché sa ceinture d'un cran** he let out OU he loosened his belt a notch; **~ la vapeur** to let off steam ❑ **~ la bonde** OU **les bondes à** to give vent to; **~ la bride à un cheval** *pr* to give a horse its head; **~ la bride à qqn** *fig* to allow sb more freedom of movement. **-2.** [cesser de tenir] to let go of *(insép)*; **~ la pédale du frein** to take one's foot off the brake (pedal); **elle a lâché la pile d'assiettes** she dropped the pile of plates; **il roule en lâchant le guidon** he rides with no hands; **lâche-moi!** let me go!, let go of me!; **ne lâche pas la rampe, l'escalier est glissant** don't let go of OU keep hold of the banister, the stairs are slippery; **elle ne la lâchait pas des yeux** OU **du regard** she didn't take her eyes off her for a moment; **~ prise** to let go; **cette idée ne m'a pas lâché** I couldn't get this idea out of my mind ❑ **tu me lâches, oui?** *fam* get out of my sight, will you?; **lâche-moi les baskets!** *fam* leave me alone!, get off my back!; **les ~** *fam* [dépenser son argent]: **il les lâche avec un élastique** he's a stingy OU tight-fisted old so-and-so; **~ la proie pour l'ombre** to chase rainbows; **~ pied** [s'enfuir] to get away. **-3.** AÉRON to drop, to release; **~ des bombes** to drop bombs ❑ **~ du lest** *pr* to drop OU to release ballast; *fig* to yield some ground, to give in a little. **-4.** [libérer - oiseau] to let loose, to release, to let go; [- chien] to let off, to unleash; [- animal dangereux] to set loose; [- meute, faucon] to slip; **~ les chiens sur qqn** to set the dogs on sb; **le prof nous a lâchés plus tôt** *fam* the teacher let us out earlier. **-5.** *fam* [abandonner - ami, amant] to drop; [- emploi] to quit; **~ ses études** to drop out of school; **le moteur nous a lâchés le deuxième jour** the engine broke down on us on the second day. **-6.** [émettre] to let out, to come out with *(insép)*; **~ un juron** to let out an oath; **~ un soupir de soulagement** to let out a sigh of relief; **~ une sottise** to come out with a silly remark; **~ un pet** *fam* to break wind ❑ **~ le morceau** *fam* OU **le paquet** *fam* to come out with it, to come clean, to spill the beans. **-7.** SPORT [distancer - concurrent] to get a lead on, to leave behind *(sép)*; **~ le peloton** to leave the rest of the field behind, to (stage a) break from the pack.
◇ *vi* **-1.** [se casser - câble] to snap, to break, to give (way); [- embrayage, frein] to fail; **les freins ont lâché** the brakes failed. **-2.** [abandonner]: **le coureur a lâché dans la dernière montée** the runner gave up the fight in the middle of the last climb.

lâcheté [laʃte] *nf* **-1.** [manque de courage] cowardice. **-2.** [caractère vil] baseness, lowness; [procédé vil] low OU dirty trick; **commettre une ~** to do something despicable.

lâcheur, euse *fam* [laʃœr, øz] *nm, f*: **quel ~, il n'est pas venu!** how unreliable, he didn't come!

lacinié, e [lasinje] *adj* laciniate.

lacis [lasi] *nm* **-1.** [labyrinthe] maze, web; **un ~ de ruelles** a maze of little streets. **-2.** [entrelacement] lattice, network, tracery; **~ veineux** network of veins.

laconique [lakɔnik] *adj* [lettre, réplique] laconic, terse; [personne] laconic; **je n'ai obtenu qu'une réponse ~** all I got was a terse reply.

laconiquement [lakɔnikmɑ̃] *adv* laconically, tersely.

laconisme [lakɔnism] *nm* terseness, laconism.

lacrima-christi [lakrimakristi] *nm inv* Lacryma-Christi (wine).

lacrymal, e, aux [lakrimal, o] *adj* tear *(modif)*, lachrymal *spéc*, lacrimal *spéc*.

lacrymogène [lakrimɔʒɛn] *adj* [gaz] tear *(modif)*, lachrymatory *spéc*, lacrymogenic *spéc*; [grenade] tear-gas *(modif)*; [bombe] anti-mugger, tear-gas *(modif)*.

lacrymo-nasal, e, aux [lakrimo-nazal, o] *adj* nasolachrymal, nasolacrimal.

lacs [la] *nm* [piège] snare.

lactaire [laktɛr] ◇ *adj* PHYSIOL lacteal.
◇ *nm* BOT milk cap.

lactalbumine [laktalbymin] *nf* lactalbumin.

lactarium [laktarjɔm] *nm* milk bank.

lactase [laktaz] *nf* lactase.

lactate [laktat] *nm* lactate.

lactation [laktasjɔ̃] *nf* lactation.

lacté, e [lakte] *adj* **-1.** [contenant du lait] milky, lacteal *spéc*; **farine ~e** milk-enriched cereal; **produits ~s** milk OU milky foods; **régime ~** milk diet. **-2.** *litt* [pareil au lait] milky, lacteous *litt*.

lactescence [laktɛsɑ̃s] *nf* lactescence.

lactescent, e [laktɛsɑ̃, ɑ̃t] *adj* **-1.** [contenant du lait] lactescent. **-2.** *litt* [d'un blanc laiteux] milky-white, lacteous *litt*.

lactifère [laktifɛr] *adj* lactiferous.

lactique [laktik] *adj* lactic.

lactodensimètre [laktɔdɑ̃simɛtr] *nm* lactometer.

lactoflavine [laktɔflavin] *nf* riboflavin, vitamin B2.

lactomètre [laktɔmɛtr] *nm* lactometer.

lactose [laktoz] *nm* lactose.

lactosérum [laktɔserɔm] *nm* whey.

lacunaire [lakynɛr] *adj* **-1.** [incomplet] incomplete, with gaps, lacunary *litt*; **il a des connaissances/des fichiers ~s** his knowledge is/his files are full of gaps. **-2.** ANAT & BOT [système] lacunar; [tissu] lacunal.

lacune [lakyn] *nf* **-1.** [omission] gap; **de vieux manuscrits pleins de ~s** old manuscripts with many parts missing OU full of gaps; **les ~s de la loi sur cette question** the gaps in the law regarding this matter; **ma mémoire a des ~s** there are gaps in my memory; **il y a des ~s dans cette encyclopédie** there are some omissions in this encyclopedia; **j'ai des ~s en mathématiques** there are gaps in my knowledge of mathematics. **-2.** ANAT, BIOL & GÉOL lacuna.

lacuneux, euse [lakynø, øz] *adj* **-1.** *litt* [incomplet] lacunary. **-2.** BOT lacunose.

lacustre [lakystr] *adj* **-1.** BIOL & BOT lacustrian. **-2.** CONSTR: **cité ~** lakeside pile dwellings.

lad [lad] *nm* stable-boy, stable-lad *Br*.

ladanum [ladanɔm] *nm* ladanum.

là-dedans [laddɑ̃] *adv* **-1.** [ici] in here; [là-bas] in there; **le tiroir est sens dessus dessous, je ne trouve rien ~** the drawer is in a mess, I can't find anything in here; **debout ~!** *fam* rise and shine! **-2.** [dans ce texte] in here; [dans ce qui est dit]: **il y a ~ des choses qui m'échappent** there are things that escape me in what was said; **il y a du vrai ~** there's some truth in it. **-3.** *fam loc*: **il y en a, ~!** *hum* now THAT's a clever idea!

là-dessous [ladsu] *adv* **-1.** [sous cet objet-ci] under here; [sous cet objet-là] under there. **-2.** [dans cette affaire]: **il y a quelque chose de bizarre ~** there's something strange OU odd about all this; **qu'est-ce qui se cache ~?** what's behind all this OU behind it all?

là-dessus [ladsy] *adv* **-1.** [sur cet objet-ci] on here; [sur cet objet-là] on there; **ne t'appuie pas ~!** don't lean on it! ❑ **monte ~ et tu verras Montmartre** *fam* up you get *(teasing phrase used to encourage children to climb on a chair etc)*. **-2.** [à ce sujet] about this OU it; **je n'en sais pas plus que toi ~** I don't know any more than you about it. **-3.** [sur ce]: **~ je vous dis bonsoir** at this point OU with that, I'll say good night; **~,**

elle se tut at which point OU whereupon, she stopped talking.

ladite [ladit] *f* → **ledit**.

ladre [ladr] ◇ *adj litt* [avare] miserly, measly.
◇ *nmf litt* [avare] miser, skinflint.
◇ *nm* VÉTÉR: tache de ~ bare patch.

ladrerie [ladrəri] *nf* -1. *litt* [avarice] miserliness. -2. VÉTÉR measles.

lady [lɛdi] (*pl* ladys OU ladies [-diz]) *nf* lady; **elle se prend pour une ~** she thinks she's really something.

Lagarde et Michard [lagardemiʃar] *npr series of schoolbooks each describing a period of literary history through illustrations, historical notes and extracts from literary works, known to generations of French schoolchildren.*

lagon [lagɔ̃] *nm* (coral reef) lagoon.

lagopède [lagɔpɛd] *nm* lagopus; **~ d'Écosse** (red) grouse; **~ des Alpes** ptarmigan.

Lagos [lagos] *npr m*: le ~ Lagos.

Laguiole® [lajɔl] *nm distinctively-shaped knife.*

lagunaire [lagynɛr] *adj* lagoonal.

lagune [lagyn] *nf* lagoon.

là-haut [lao] *adv* -1. [au-dessus] up there; **leur maison est ~ sur la colline** their house is up there on the hill; **mais que fait-elle ~?** [à l'étage] what's she doing upstairs? -2. [aux cieux] up there, (up) in Heaven, on high.

lai, e [lɛ] *adj* RELIG: **frère ~** lay brother.
◆ **lai** *nm* LITTÉRAT lay.
◆ **laie** *nf* -1. ZOOL wild sow. -2. AGR [trouée] (compartment) line; [sentier] forest path.

laïc, laïque [laik] ◇ *adj* lay.
◇ *nm, f* layman (*f* laywoman); **les ~s** the laity.
◆ **laïque** ◇ *adj* -1. [non clérical] secular, lay, laic *litt*; **habit laïque** lay dress. -2. [indépendant du clergé]: **l'école laïque** secular education *(in France)*; **un État laïque** a secular state. -3. [empreint de laïcité]: **l'esprit laïque** secularism.
◇ *nf vieilli* state; **la laïque** *the state educational system (in France).*

laïcat [laika] *nm* laity.

laïcisation [laisizasjɔ̃] *nf* secularization, laicization.

laïciser [3] [laisize] *vt* to secularize, to laicize.

laïcisme [laisism] *nm* secularism.

laïciste [laisist] *adj* & *nmf* secularist.

laïcité [laisite] *nf* secularism; **la défense de la ~** defence of secular education *(in France).*

laid, e [lɛ, lɛd] *adj* -1. [inesthétique - bâtisse] ugly, unsightly; [- vêtement, tableau, décoration] ugly, unattractive, awful; [- personne] unattractive, ugly; **en bleu, c'est très ~** it looks awful in blue; **il est/c'est très ~** he's/it's hideous ❑ **~ comme un pou** OU **un singe** OU **à faire fuir** (as) ugly as sin. -2. [impoli] rude, unseemly; **c'est ~ de faire des grimaces aux gens** it's rude OU not nice to pull faces at people.
◆ **laid** *nm* [valeur esthétique]: **le ~** ugliness.

laidement [lɛdmɑ̃] *adv* -1. [mal] unattractively. -2. *sout* [ignoblement] basely *litt*, dirtily.

laideron [lɛdrɔ̃] *nm* ugly girl.

laideur [lɛdœr] *nf* -1. [physique - d'une personne, d'une chose] ugliness; **d'une ~ repoussante** repulsively ugly. -2. [chose laide] monstrosity. -3. [morale - d'un crime] heinousness; [- d'une accusation] meanness, baseness *litt*; **il a dépeint l'hypocrisie dans toute sa ~** he portrayed hypocrisy in all its ugliness.

lainage [lɛnaʒ] *nm* -1. TEXT [tissu] woollen fabric OU material; [procédé] napping; **une robe de** OU **en ~** a woollen dress. -2. VÊT [pull] woollen jumper *Br*, woolen sweater *Am*; [gilet] wool cardigan; **mets un ~** put on a sweater; **des ~s** woollens.

laine [lɛn] *nf* -1. [poil - du mouton, de l'alpaga etc] wool; **~ vierge** new wool; **il se laisserait manger** OU **tondre la ~ sur le dos** he'd let you take the shirt off his back. -2. TEXT [tissu] wool; **en ~ peignée** worsted *(modif)*. -3. VÊT: (petite) **~** *fam* woolly *Br*, sweater. -4. [isolant]: **~ de bois** wood wool OU fibre; **~ de laitier/roche** slag/rock wool; **~ minérale** mineral wool; **~ de verre** glass wool.
◆ **de laine** *loc adj* wool *(modif)*, woollen; **bonnet/chaussettes de ~** woollen hat/socks; **robe de ~** wool OU woollen dress.

lainer [4] [lɛne] *vt* TEXT [tissu] to nap.

laineur, euse[1] [lɛnœr, øz] *nm, f* napper.
◆ **laineuse** *nf* napping-machine, raising-machine.

laineux, euse[2] [lɛnø, øz] *adj* -1. TEXT & VÊT woollen. -2. BOT woolly, piliferous *spéc.*

lainier, ère [lɛnje, ɛr] ◇ *adj* [production] wool *(modif)*; [usine] wool-producing.
◇ *nm, f* -1. [industriel] wool manufacturer. -2. [ouvrier] wool worker. -3. [commerçant] wool stapler.

laïque [laik] *f* → **laïc**.

lais [lɛ] *nmpl* (exposed) foreshore.

laisse [lɛs] *nf* -1. [lien] leash, lead; **tirer sur la ~** to strain at the leash; **tenir un chien en ~** to keep a dog on the leash OU lead; **mener** OU **tenir qqn en ~** *fig* to keep a tight rein on sb, to have sb (well) under one's thumb OU in check. -2. GÉOG [partie de plage] foreshore; [ligne] tide-mark, high-water mark; **~ de basse/haute mer** low/high tide-mark.

laissé-pour-compte, laissée-pour-compte [lesepurkɔ̃t] (*mpl* laissés-pour-compte, *fpl* laissées-pour-compte) *nm, f* [personne] social reject OU outcast; **les laissés-pour-compte de l'industrialisation** the casualties OU victims of industrialization.
◆ **laissé-pour-compte** *nm* COMM [marchandise] reject, return.

laisser [4] [lese] **A.** ABANDONNER -1. [ne pas prendre, renoncer à] to leave; **elle a laissé son dessert** she left her pudding (untouched), she didn't touch her pudding; **laisse quelques fruits pour eux** leave them some fruit, leave some fruit for them; **à prendre ou à ~** take it or leave it; **c'est à prendre ou à ~** (it's) take it or leave it; **il y a à prendre et à ~** [il y a du bon et du mauvais] you have to pick and choose; [il y a du vrai et du faux] you have to be selective ❑ **laissez toute espérance, vous qui entrez** *allusion Dante* abandon hope all ye who enter here. -2. [quitter momentanément - personne, chose] to leave; **j'ai laissé mes enfants chez mon frère** I left my children at my brother's; **n'oubliez pas de ~ vos manteaux au vestiaire** don't forget to leave your coats in the cloakroom; **j'ai laissé la voiture à la maison** I left the car at home; **laisse-nous à la gare** drop us off OU leave us at the station; **laisse-nous, nous avons à parler** leave us (alone), we have things to talk about; **je vous laisse** [au téléphone] I must hang up OU go now; [dans une lettre] that's all for now, I'll leave you now. -3. [quitter définitivement] to leave, to abandon; **il s'est expatrié, laissant sa famille, ses amis** he emigrated, leaving his family and his friends; **il a laissé femme et enfants** he abandoned his wife and children, he walked out on his wife and children || [après sa mort] to leave; **la victime laisse une femme et deux enfants** the victim leaves a wife and two children; **il est mort sans ~ de descendance** OU **d'héritiers** he died without leaving any heirs; **il laisse beaucoup de dettes** he has left considerable debts (behind him); **elle a laissé une œuvre considérable** she left (behind her) a vast body of work. -4. [oublier] to leave, to forget; **j'ai laissé mon porte-monnaie à la maison** I left my wallet at home; **ne laissez rien dans les voitures** don't leave anything in your car; **~ des fautes dans un texte** to leave mistakes in a text; **veillez à ne pas ~ de coquilles dans les épreuves** try not to leave any printing mistakes on the proofs. -5. [perdre - membre, être humain, bien matériel] to lose; **il a laissé sa fortune dans cette aventure** he lost all his money in this affair, this affair has lost him all his money; **il y a laissé beaucoup d'argent** he lost a lot of money in it ❑ **y ~ la vie** OU **sa vie** to lose one's life; **y ~ sa santé** to ruin one's health; **y ~ sa peau**▽ to snuff it *Br*, to croak *Am*. -6. [déposer - trace, marque] to leave; **la mer a laissé des algues sur la plage** the tide left some seaweed (behind) on the beach; **~ une marque/auréole** to leave a mark/ring; **ce vin laisse un arrière-goût désagréable** this wine has an unpleasant aftertaste; **~ une impression** to leave OU to make an impression; **il laisse un bon/un mauvais souvenir** we have good/bad memories of him; **elle laisse le souvenir d'une femme énergique** she will be remembered as an energetic woman. -7. [négliger] to leave; **laisse ton livre et viens avec moi** put down OU leave your book and come with me; **laissez la direction de Paris sur la gauche et tournez à droite** go past OU leave the road to Paris on your left and turn right; **laisse tes soucis et viens avec nous** forget your worries and come with us; **laissons les détails et occupons-nous de l'essentiel** let's leave the details aside and concentrate on the essentials. -8. *litt*: **ne pas ~ de** [ne pas manquer de]: **cette déclaration ne laisse pas d'être inquiétante** one cannot but be worried by this statement; **l'intérêt qu'il me manifeste ne laisse pas de me flatter** the interest he shows in me is nothing if not flattering (to me); **cette réponse ne laisse pas de m'étonner** I can't help but be surprised by this answer.

B. DONNER, CÉDER -1. [accorder] to leave; **~ qqch à qqn** to leave sthg for sb, to leave sb sthg; **laisse-moi un peu de gâteau** leave some cake for me; **~ un pourboire au garçon** to leave OU to give the waiter a tip; **le juge lui a laissé les enfants** the judge gave her custody of the children; **c'est tout ce que les cambrioleurs m'ont laissé** it's all the burglars left me (with); **laissez la priorité à droite** give way to the right; **laissez le passage à l'ambulance** let the ambulance through; **~ sa place à qqn** [siège] to give up one's seat to sb; **laisse-nous un peu de place!** let us have OU leave us some room!; **laisse-lui le temps de le faire** leave OU give her time to do it; **ils m'ont laissé une semaine pour le finir** they left OU allowed me a week in which to finish it ❑ **ne ~ à qqn que les yeux pour pleurer** to leave sb nothing but the clothes they stand up in. -2. [confier] to leave; **~ des consignes à qqn** to leave instructions with sb, to leave sb with instructions; **~ un message à la secrétaire** to leave a message with the secretary; **laissez les clés chez le gardien** drop the keys off at the caretaker's, leave the keys with the caretaker; **il m'a laissé sa voiture pendant son absence** he left me his car while he was away; **~ sa carte** *vieilli* to leave one's card; **je lui laisse les travaux pénibles** I leave him the heavy work, I leave the heavy work to him; **tu me laisses tout le travail!** you're leaving me with all the work!; **~ qqch à faire à qqn** to leave sb to do sthg, to leave sthg for sb to do; **je vous laisse les lettres à envoyer** I'll leave you to send the letters. -3. [vendre] to let have; **je vous le laisse pour 100 francs** I'll let you have it for 100 francs. -4. [transmettre]: **après l'insurrection, il dut ~ le pouvoir à son fils** after the rebellion, he had to hand over power to his son || [après sa mort] to leave, to bequeath; **il a laissé d'immenses propriétés à sa famille** he left his family vast estates; **elle a laissé tous ses biens à une œuvre de charité** she left OU bequeathed all her property to charity. -5. [réserver] to leave; **laissez une marge pour les corrections** leave a margin for corrections; **~ qqch pour la fin** to leave sthg till last OU till the end. -6. *sout*: **~ à qqn à penser/juger** to leave sb to imagine/to judge; **je vous laisse à penser comme cela nous a fait plaisir** *aussi iron* I hardly need to tell you OU you can just imagine how pleased we were; **~ à penser que** to make one think OU suppose that, to lead one to believe that; **cette note laisse à penser qu'elle est fâchée** this message would lead you to believe OU from this message you would think she's angry; **ta lettre laisse à penser que tu ne pourras pas venir** your letter implies that you won't be coming || *(en usage abs)*: **elle n'est**

pas là, cela laisse à penser she's not here, it makes you wonder.

C. DANS UN ÉTAT, UNE SITUATION -1. [faire demeurer] to leave, to keep; laisse la fenêtre fermée/ouverte leave the window shut/open; ~ un crime impuni to let a crime go unpunished, to leave a crime unpunished; ceci me laisse sceptique I remain sceptical (about it); ~ qqn tranquille OU en repos OU en paix to leave sb alone OU in peace; laisse cette montre tranquille, tu vas la casser leave that watch alone OU stop fiddling with that watch, you'll break it; cela me laisse froid OU indifférent it leaves me cold OU unmoved; ~ qqn dans l'ignorance de qqch to let sb remain ignorant of sthg, to leave sb in the dark about sthg; je ne peux pas te ~ dans cet état-là! I can't leave you in this state!; je ne te laisserai pas dans la misère I won't let you want for anything; ~ une maison à l'abandon to let a house go to rack and ruin; laissez le nom en blanc leave the name blank, do not write the name in; ~ des terres en friche to let land lie fallow; ~ qqn/qqch sans surveillance to leave sb/sthg unattended; les corps ont été laissés sans sépulture the bodies remained OU were left unburied; ~ derrière soi *pr* & *fig* to leave behind; ~ derrière soi tous ses concurrents to leave all one's competitors behind; il a laissé le peloton loin derrière he left the pack well behind him; elle laisse les autres loin derrière elle [elle les surpasse] she puts all the others to shame, she leaves all the others way behind ❑ ~ qqn en plan *fam* OU en rade *fam* to leave sb in the lurch; ~ la bride sur le cou à un cheval *pr* to give a horse its head; ~ la bride sur le cou à qqn *fig* to give sb free rein. -2. *(en usage abs)* [s'abstenir d'intervenir]: laisse, je vais le faire/je vais me débrouiller leave it, I'll do it/I can manage myself; puis-je faire quelque chose pour toi? – non, laisse [je vais me débrouiller] can I help you? – no, I'll be all right; laissez, je vous en prie please don't bother (with that); laisse, c'est moi qui paie put your money away, I'll pay for this; laisse, c'est ma tournée no, it's my round.

D. SUIVI D'UN INFINITIF -1. [autoriser] to let, to allow, to permit; ~ qqn faire qqch to let sb do sthg, to allow sb to do sthg; le gardien les laisse jouer dans la cour the caretaker lets them play OU allows them to play in the yard; ils ne m'ont pas laissé lui parler they didn't allow me to OU they didn't let me speak to her; ~ condamner un innocent to allow an innocent man to be punished ❑ laissez venir à moi les petits enfants BIBLE suffer the little children to come unto me. -2. [ne pas empêcher de] to let, to allow; ~ qqn faire to let sb do, to leave sb to do, to allow sb to do; laisse-le dormir let him sleep, leave him to sleep; laisse-moi le lui dire let me tell her/him (about it); ~ tomber qqch to drop sthg; ~ voir qqch à qqn [lettre, photo] to let sb have a look at sthg, to let sb see sthg; ~ voir [trahir] to show, to reveal; son décolleté laissait voir une peau satinée her plunging neckline revealed skin like satin; ~ voir son émotion to show one's emotion; ~ voir ses intentions to reveal one's intentions; ils ont laissé le prisonnier s'échapper they let the prisoner escape; tu me laisseras aller avec toi, dis? let me come with you, go on!; ~ échapper un cri de douleur to let out a cry of pain; elle laissa échapper un soupir she gave a sigh; ~ sécher la colle to leave OU to allow the glue to dry; laissez bouillir quelques secondes let it boil for a few seconds; elle laisse trop paraître ses sentiments she lets her feelings show too much, she doesn't hide her feelings enough; il ne laisse rien paraître de ses intentions it's impossible to know what he has in mind; ~ vieillir un vin to allow a wine to age; ceci laisse supposer que... this implies that..., this makes one think that... -3. *loc*: ~ aller *fam* [ne pas s'inquiéter]: laisse aller, ce n'est pas grave don't worry, it doesn't matter; ~ dire: laissez dire et faites ce que vous avez à faire let them talk and do what you have to do; bien faire et ~ dire, c'est ma devise do what you think best and don't worry about what people say, that's my motto; ~ faire: on n'y peut rien, il faut ~ faire there's nothing we can do (about it), you just have to let things take their course; tu t'imagines que je vais ~ faire ça? do you think I'm just going to stand by and watch while this happens?; ~ faire le temps to let time take its course; ~ tomber *fam*: ~ tomber un ami to drop a friend; ~ tomber un petit ami to give a boyfriend the push *Br* OU the dump *Am*; ~ tomber qqn comme une vieille chaussette to drop sb like a hot potato; tu devrais ~ tomber, ça ne marchera jamais you should give up OU drop it OU forget it, it'll never work; je te dois encore 50 francs – laisse tomber I still owe you 50 francs – forget it.

◆ **se laisser** ◇ *vp (emploi passif)*: ça se laisse regarder [à la télévision] it's watchable; il se laisse boire, ton petit vin your little wine goes down nicely OU is very drinkable; ça se laisse manger it's rather tasty.

◇ *vpi*: elle s'est laissé accuser injustement she allowed herself to be OU she let herself be unjustly accused; il ne s'est pas laissé accuser he refused to let them pin the blame on him; il refuse de se ~ photographier he refuses to be photographed; il s'est laissé séduire he let himself be seduced; il s'est laissé mourir he let himself die, he just gave up living; ils se sont laissé surprendre par la nuit they were caught out by nightfall; se ~ tomber sur une chaise/dans un fauteuil to collapse onto a chair/into an armchair ❑ se ~ aller to let o.s. go; depuis la mort de sa femme, il se laisse aller since his wife's death, he's let himself go; se ~ aller à to go as OU so far as; il s'est laissé aller à injurier son père he went so far as to insult his father; se ~ dire que to have heard (it said) that; je me suis laissé dire qu'elle avait démissionné I heard she'd resigned; se ~ faire: on l'accuse injustement et elle se laisse faire she's unjustly accused, and she just stands by and lets it happen; ne te laisse pas faire! stand up for yourself!, don't let yourself be taken advantage of!; la proposition est tentante, je crois que je vais me ~ faire it's an attractive offer, I think I'll give in to temptation; laisse-toi faire, ça nous fait plaisir de te l'offrir do take it OU come on, we'd love to give it to you; se ~ vivre *fam* to live for the moment, to take life as it comes.

laisser-aller [lɛseale] *nm inv*: il y a du ~ dans cette maison! things are a bit too easy-going OU slack in this house!; il y a du ~ dans sa tenue he dresses a bit too casually, he's a bit of a sloppy dresser.

laisser-faire [lɛsefɛr] *nm inv* laissez-faire, non-interventionism.

laissez-passer [lɛsepase] *nm inv* -1. [autorisation] pass. -2. COMM carnet. -3. NAUT transire.

lait [lɛ] *nm* -1. [des mammifères] milk; avec ou sans ~? black or white? *Br*, with or without milk? ❑ ~ caillé curdled OU soured milk; ~ concentré sucré/non sucré condensed/evaporated milk; ~ cru raw milk, unpasteurized milk, milk straight from the cow; ~ demi-écrémé semi-skimmed milk; ~ écrémé skimmed milk; ~ entier full-cream milk *Br*, whole milk; ~ fraise *milk with strawberry syrup*; ~ homogénéisé homogenized milk; ~ longue conservation long-life milk; ~ maternel mother's OU breast milk; ~ maternisé baby formula milk; ~ en poudre dried OU powdered milk; ~ stérilisé sterilized milk. -2. [de certains fruits] milk; ~ d'amande almond milk; ~ de coco coconut milk. -3. [boisson préparée]: ~ de palme date palm leaf syrup; ~ de poule eggnog. -4. [pour la toilette] milk; ~ démaquillant cleansing milk. -5. CONSTR: ~ de chaux slaked lime wash.

◆ **au lait** *loc adj* with milk; thé au ~ tea with milk.

◆ **de lait** *loc adj* -1. [ayant la même nourrice] wetnurse *(modif)*. -2. [qu'on allaite encore] suckling. -3. [semblable au lait] milky; un teint de ~ a milk-white complexion.

laitage [lɛtaʒ] *nm* dairy product.

laitance [lɛtɑ̃s] *nf* -1. ZOOL milt. -2. CULIN (soft) roe.

laiterie [lɛtri] *nf* -1. [fabrique, ferme, magasin] dairy. -2. [secteur d'activité] dairy industry OU farming.

laiteux, euse [lɛtø, øz] *adj* -1. [semblable au lait] milky; un liquide ~ a milky OU cloudy liquid. -2. [de la couleur du lait] milk white, milky white; un teint ~ a milky-white complexion.

laitier, ère [lɛtje, ɛr] ◇ *adj* -1. [du lait] dairy *(modif)* ; des produits ~s dairy produce. -2. [race, bête] milk *(modif)*.

◇ *nm, f* -1. [livreur] milkman (*f* milkwoman). -2. [éleveur] dairy farmer.

◆ **laitier** *nm* MÉTALL slag.

◆ **laitière** *nf* -1. [ustensile] milk can *Br*, milk pail, milk bucket *Am*. -2. [vache] milk OU milch OU dairy cow.

laiton [lɛtɔ̃] *nm* brass; un fil de ~ a piece of brass wire.

laitonnage [lɛtɔnaʒ] *nm* brass plating.

laitonner [3] [lɛtɔne] *vt* to brass plate.

laitue [lety] *nf* lettuce; ~ pommée round lettuce.

laïus *fam* [lajys] *nm* long spiel, long-winded speech; ne me fais pas tout un ~! give me the short version!

laïusser *fam* [3] [lajyse] *vi* to ramble (on) endlessly.

laïusseur, euse *fam* [lajysœr, øz] ◇ *adj* long-winded, waffling *Br*.

◇ *nm, f* windbag, waffler *Br*.

laize [lɛz] *nf* = **lé**.

lama [lama] *nm* -1. RELIG lama; le Grand ~ the Dalai Lama. -2. ZOOL llama.

lamaïsme [lamaism] *nm* Lamaism.

lamantin [lamɑ̃tɛ̃] *nm* manatee.

lamaserie [lamazri] *nf* lamasery.

lambda [lɑ̃bda] *nm inv* -1. [lettre] lambda. -2. *fam (comme adj)*: un individu ~ your average bloke *Br* OU Joe *Am*.

lambeau, x [lɑ̃bo] *nm* -1. [morceau] scrap, strip, bit; ~x de chair strips of flesh. -2. MÉD flap.

◆ **en lambeaux** ◇ *loc adj* [déchiré] in tatters, in shreds; le tapis est en ~x the carpet is in tatters OU in shreds.

◇ *loc adv*: les affiches partent OU tombent en ~x the posters are getting really tattered.

lambic(k) [lɑ̃bik] *nm* lambic OU lambick *(strong Belgian ale)*.

lambin, e *fam* [lɑ̃bɛ̃, in] ◇ *adj* dawdling, slow.

◇ *nm, f* dawdler, slowcoach *Br*, slowpoke *Am*.

lambiner *fam* [3] [lɑ̃bine] *vi* to dawdle; pas le temps de ~ no time to dawdle OU to hang around.

lambliase [lɑ̃bljaz] *nf* giardiasis.

lambourde [lɑ̃burd] *nf* -1. BOT fruit-tree shoot. -2. CONSTR [pour solives] wall plate; [frise] (joist) backing strip.

lambrequin [lɑ̃brəkɛ̃] *nm* -1. [motif décoratif] lambrequin. -2. CONSTR (eaves) cornice. -3. [d'un lit] valance; [d'une fenêtre] pelmet *Br*, lambrequin *Am*.

◆ **lambrequins** *nmpl* HÉRALD mantle, mantling.

lambris [lɑ̃bri] *nm* -1. [en bois] panelling, wainscoting; ~ de chêne oak panelling ❑ ~ dorés: sous les ~ dorés du ministère in the gilded halls of the ministry. -2. [en marbre, en stuc] casing.

lambrissage [lɑ̃brisaʒ] *nm* panelling.

lambrisser [3] [lɑ̃brise] *vt* to panel, to wainscot; lambrissé de chêne oak-panelled.

lambswool [lɑ̃bswul] *nm* lamb's wool.

lame [lam] *nf* -1. [de couteau] blade; [de scie] web; [- de tournevis] shaft; ~ de rasoir razor blade; il a le visage en ~ de couteau he is hatchet-faced. -2. *litt* [épée] sword; une bonne

OU fine ~ [personne] a fine swordsman. -**3.** AUT [de ressort] leaf. -**4.** CONSTR [de store] slat; [en bois] lath, strip; **~s de parquet** floorboards. -**5.** GÉOL: **~ mince** thin plate OU section. -**6.** OPT slide. -**7.** TEXT [de lisses] leaf. -**8.** [vague] wave; **~ de fond** *pr* ground swell; **une ~ de fond électorale** *fig* a ground swell of electoral support.

lamé, e [lame] *adj* spangled, lamé.

◆ **lamé** *nm* lamé; **un corsage en ~** a spangled OU lamé blouse.

lamellaire [lamɛlɛr] *adj* lamellar, lamellate.

lamelle [lamɛl] *nf* -**1.** BOT lamella, gill. -**2.** CULIN [de viande] thin strip; [de pomme] thin slice. -**3.** MINÉR flake, lamella *spéc.* -**4.** OPT coverslip, cover glass.

◆ **en lamelles** *loc adj* CULIN sliced.

lamellé, e [lamɛle] *adj* lamellate, lamellated, lamellar.

lamellé-collé [lamɛlekɔle] (*pl* **lamellés-collés**) *nm* lamellated wood.

lamellibranche [lamɛlibrɑ̃ʃ] *nm* lamellibranch; **les ~s** the Lamellibranchia.

lamellicorne [lamɛlikɔrn] ◇ *adj* lamellicorn. ◇ *nm* lamellicorn; **les ~s** the lamellicornes OU Lamellicornia.

lamelliforme [lamɛlifɔrm] *adj* lamelliform.

lamellirostre [lamɛlirɔstr] *adj* lamellirostral.

lamentable [lamɑ̃tabl] *adj* -**1.** [désolant - accident] deplorable, frightful, lamentable; [pitoyable - plainte, vie] pathetic, pitiful; **être dans un état ~** to be in an awful OU a terrible state; **il est dans un état ~ depuis la mort de sa femme** he's been in an awful OU a terrible state since his wife died. -**2.** [mauvais - performance, résultat] pathetic, appalling; **vous avez été ~s!** you were useless!

lamentablement [lamɑ̃tabləmɑ̃] *adv* miserably, dismally.

lamentation [lamɑ̃tasjɔ̃] *nf* -**1.** [pleurs] wailing *(U)*, lamentation. -**2.** [récrimination] moaning *(U)*, complaining *(U)*; **cesse tes ~s** stop your moaning OU complaining; **se répandre en ~s** to burst into a torrent of complaints.

◆ **lamentations** *nfpl* RELIG: **les ~s** the Lamentations of Jeremiah; **le livre des Lamentations** the Book of Lamentations.

lamenter [3] [lamɑ̃te]

◆ **se lamenter** *vpi* -**1.** [gémir] to moan, to whine; **se ~ sur qqch** to moan about sthg, to bemoan sthg; **il se lamente sur la dégradation des valeurs morales** he deplores OU regrets the decline in moral values. -**2.** [pleurer] to wail.

lamento [lamɛnto] *nm* lament.

lamer [3] [lame] *vt* -**1.** [aplanir] to spot-face. -**2.** [broder] to spangle.

lamie [lami] *nf* -**1.** MYTH lamia. -**2.** ZOOL mackerel shark, porbeagle.

lamifié, e [lamifje] *adj* laminated.

◆ **lamifié** *nm* laminated wood.

laminage [laminaʒ] *nm* -**1.** [du plastique, du métal, du verre] rolling, laminating; [du caoutchouc, du papier] calendering. -**2.** *fig* [réduction] reduction.

laminaire [laminɛr] ◇ *adj* PHYS: **régime ~** laminar flow.

◇ *nf* [algue] oarweed, laminarian.

laminer [3] [lamine] *vt* -**1.** [plastique, métal, verre] to roll, to laminate; [caoutchouc, papier] to calender. -**2.** [réduire - revenus] to erode; [- effectifs] to decimate. -**3.** *fam* [personne] to exhaust.

lamineur, euse [laminœr, øz] ◇ *adj* laminating.

◇ *nm, f* mill-hand *(in a roller-mill)*.

◆ **lamineuse** *nf* roller (for glass).

lamineux [laminø] *adj m* laminose, laminous; **tissu ~** ANAT loose connective tissue.

laminoir [laminwar] *nm* -**1.** MÉTALL rolling mill ❑ **passer au ~** to be put through the mill; **(faire) passer qqn au ~** to put sb through the mill. -**2.** [à papier] calender.

lampadaire [lɑ̃padɛr] *nm* -**1.** [dans une maison] standard lamp *Br*, floor lamp *Am*. -**2.** [dans la rue] street lamp, streetlight.

lampant, e [lɑ̃pɑ̃, ɑ̃t] *adj* lamp *(modif)*.

lamparo [lɑ̃paro] *nm* -**1.** [lampe] (fishing) lamp. -**2.** [bateau] lamplight fishing boat.

lampe [lɑ̃p] *nf* -**1.** [luminaire] lamp, light; **à la lumière de la ~** by lamplight ❑ **~ à arc** arc lamp OU light; **~ de chevet** bedside lamp; **~ halogène** halogen lamp; **~ à huile** oil lamp; **~ à incandescence** incandescent lamp; **~ à pétrole** paraffin lamp *Br*, kerosene lamp *Am*; **~ de poche** torch *Br*, flashlight *Am*; **à la lumière d'une ~ de poche** by torchlight *Br*, by flashlight *Am*; **~ témoin** warning light; **~ tempête** storm lantern. -**2.** [instrument]: **~ à alcool** spirit lamp; **~ à bronzer** sunlamp; **~ à souder** blowlamp *Br*, blowtorch *Am*. -**3.** MIN: **~ de sûreté** safety lamp. -**4.** RAD valve (tube).

lampée *fam* [lɑ̃pe] *nf* swig, gulp.

lamper *fam* [3] [lɑ̃pe] *vt* to swig, to gulp down *(sép)*.

lampion [lɑ̃pjɔ̃] *nm* paper OU Chinese lantern; **scander des slogans sur l'air des ~s** to chant slogans.

lampiste [lɑ̃pist] *nm* -**1.** HIST light maintenance man. -**2.** *fam* [subalterne] underling, menial, dogsbody *Br.*

lampourde [lɑ̃purd] *nf* cocklebur.

lamproie [lɑ̃prwa] *nf* ZOOL lamprey; **~ de rivière** lampern.

lampyre [lɑ̃pir] *nm* glowworm.

lance [lɑ̃s] *nf* -**1.** ARM spear. -**2.** [tuyau]: **~ à eau** hose, pipe; **~ d'incendie** fire hose. -**3.** MÉTALL: **~ à oxygène** oxygen lance.

lancé, e [lɑ̃se] *adj* -**1.** [personne]: **le voilà ~!** he's made it! -**2.** SPORT: **départ ~** flying start.

◆ **lancée** *nf* [vitesse acquise] momentum.

◆ **sur ma lancée, sur sa lancée** *etc loc adv*: **il courait et sur sa ~e, il dribbla ses deux adversaires** he ran up the field, dribbling around two attackers as he went; **sur sa ~e, il s'en prit même à son père** he even took his father to task while he was at it; **continuer sur sa ~e** to keep going.

lance-amarre [lɑ̃samar] *nm inv* line-throwing gun.

lance-bombes [lɑ̃sbɔ̃b] *nm inv* bomb-dropping gear.

lancée [lɑ̃se] *f* → **lancé.**

lance-flammes [lɑ̃sflam] *nm inv* flamethrower.

lance-fusées [lɑ̃sfyze] *nm inv* rocket launcher.

lance-grenades [lɑ̃sgrənad] *nm inv* grenade launcher; **~ sous-marines** depth-charge launcher.

lancement [lɑ̃smɑ̃] *nm* -**1.** ASTRONAUT & NAUT launch, launching; **nous allons procéder au ~** we will now proceed with the launch ❑ **créneau** OU **fenêtre de ~** firing OU launch window. -**2.** TRAV PUBL: **le ~ d'un pont** the throwing of a bridge. -**3.** [en publicité - opération] launching; [- cérémonie, réception] launch; **le ~ d'un produit** the launching of a product ❑ **prix de ~** launch price. -**4.** *Belg* stabbing pain.

lance-missiles [lɑ̃smisil] *nm inv* missile launcher.

lancéolé, e [lɑ̃seɔle] *adj* -**1.** BOT lanceolate. -**2.** ARCHIT: **arc ~** lancet arch.

lance-pierres [lɑ̃spjɛr] *nm inv* -**1.** [fronde] catapult. -**2.** *fam loc*: **déjeuner/manger avec un ~** to gulp one's lunch/meal (down).

lancer[1] [lɑ̃se] *nm* -**1.** PÊCHE casting; **~ léger/lourd** fixed/free reel casting. -**2.** SPORT throw; **pratiquer le ~ du disque/javelot** to throw the discus/javelin; **pratiquer le ~ du poids** to put the shot.

lancer[2] [16] [lɑ̃se] ◇ *vt* **A.** ENVOYER, ÉMETTRE -**1.** [jeter] to throw; **elle m'a lancé la balle** she threw me the ball, she threw the ball to me; **lancez les bras en arrière puis en avant** throw your arms backwards then forwards; **~ la jambe en l'air** to kick one's leg up; **ne lancez pas de pierres** don't throw stones; **~ le disque/javelot/marteau** to throw the discus/javelin/hammer; **~ le poids** to put the shot; **le volcan lance des flammes** the volcano is throwing out flames; **les diamants lançaient des feux** the diamonds flashed OU glinted; **~ un regard haineux** to shoot OU to give a look full of hate; **ils nous lançaient des regards curieux** they looked at us curiously; **ses yeux lançaient des éclairs** her eyes flashed; **~ qqch à la figure de qqn** to throw sthg in sb's face; **~ son poing dans la figure de qqn** to smash one's fist into sb's face; **le cheval lança une ruade** the horse kicked out. -**2.** [à l'aide d'un instrument] to fire, to shoot; ASTRONAUT to launch; **~ des flèches avec un arc** to fire (off) OU to shoot arrows from a bow; **~ un projectile téléguidé** to fire a remote-controlled missile; **~ des bombes sur un objectif** to drop bombs on a target; **~ une fusée** to launch a rocket; **ils ont lancé des satellites pendant dix ans** they sent up OU launched satellites for ten years; **avec leurs sarbacanes, ils lançaient des boulettes de papier** with their peashooters they were firing OU shooting little balls of paper; **on lance la balle avec un club** you hit the ball with a club; **~ des torpilles** to fire (off) torpedoes; **~ un signal de détresse** to fire off a distress signal. -**3.** [émettre - son] to let out *(insép)*, to make; [- remarque] to make; **~ un cri de terreur** to let out a cry of terror; **les mouettes lançaient leurs appels aigus** the gulls were screeching OU were crying shrilly; **~ un bon mot** to crack a joke; **~ des injures à qqn** to hurl insults at sb; **~ des questions** to fire questions; **~ une apostrophe à qqn** to shout something rude at sb. -**4.** [envoyer - décret, consigne] to send OU to put out *(sép)*, to issue; **~ des invitations** to send OU to give out invitations; **~ un SOS/un appel à la radio** to send out an SOS/an appeal on the radio; **~ un mandat d'amener/un ultimatum** to issue a summons/an ultimatum; **~ un emprunt** to float a loan; **~ une souscription** to start a fund. -**5.** CONSTR to throw; **~ un pont** to throw a bridge. -**6.** PÊCHE to cast; **~ sa ligne** to cast one's line.

B. METTRE EN MARCHE, FAIRE DÉBUTER -**1.** [faire partir brusquement]: **les cavaliers lancèrent leurs chevaux** the riders set off at full speed on their horses; **ils lancèrent les chiens sur les rôdeurs** they set the dogs on the prowlers; **~ des troupes à l'attaque** to send troops into the attack || [mettre en train] to launch, to get started; **~ une idée** to float an idea; **~ une mode** to start a fashion; **~ un mouvement de protestation** to launch a protest campaign, to get a protest campaign going; **~ une affaire** to set up a business. -**2.** [faire fonctionner] to get going OU started, to start; INF [programme] to start; **~ un balancier** to set a pendulum swinging; **~ un moteur** to rev up OU to start an engine; **une fois le moteur lancé** once the engine is running; **la voiture était lancée à toute vitesse** the car was going at full speed; **le train était lancé à 150 km/h quand...** the train was hurtling along at 150 km/h when... -**3.** [faire connaître] to launch; COMM to launch; **~ un nouveau produit sur le marché** to launch a new product on the market; **c'est ce roman/cette émission qui l'a lancé** this novel/programme made him famous; **une fois lancé dans le cyclisme professionnel** once he'd made it in professional cycling. -**4.** *fam* [orienter - discussion] to get going; [- locuteur] to get going on the subject (of); **une fois qu'il est lancé sur ce sujet, on ne peut plus l'arrêter** once he gets going on the subject, there's no stopping him; **si on le lance sur la course automobile, il est intarissable** once he gets going on motor racing, there's no stopping him. -**5.** [engager] to lead; **vous lancez le pays dans l'aventure** you're leading the country into the unknown. -**6.** MIL to launch; **~ une attaque** to launch an attack; **~ une contre-attaque** to launch a counterattack, to counterattack. -**7.** NAUT to launch; **~ un navire** to launch a ship.

◇ *vi* [élancer - douleur] to stab; **ça me lance dans l'épaule, l'épaule me lance** I've got a sharp stabbing pain in my shoulder.

◆ **se lancer** ◇ *vp (emploi réciproque)* to throw at one another; **ils se lançaient des assiettes à la figure** they were throwing plates at each other; **elles se lançaient des injures** they were hurling insults back and forth, they were exchanging insults.

◇ *vpi* -**1.** [se précipiter] to throw o.s.; [courir] to rush (headlong), to dash; **ce week-end, les citadins vont se ~ sur les routes** this weekend, city dwellers will take to the roads; **se ~ à la poursuite de** to set off in pursuit of; **se ~ dans le vide** to jump OU to throw o.s. into empty space. -**2.** [se mettre à parler]: **se ~ sur un sujet** to get going on a topic. -**3.** [prendre l'initiative]: **allez, lance-toi et demande une augmentation** go on, take the plunge and ask for a rise; **le bébé s'est lancé et a traversé la pièce** the baby set off and crossed the room; **allez, lance-toi, tu verras ce n'est pas si difficile** go on, off you go, you'll soon see it's not so hard.

◆ **se lancer dans** *vp + prép* -**1.** [s'aventurer dans]: **se ~ dans qqch** to embark on sthg; **se ~ dans des explications** to embark on an explanation, to set about explaining; **ne te lance pas dans de grosses dépenses** don't go spending a lot of money; **se ~ dans une entreprise hasardeuse** to get o.s. involved in OU to embark on a dangerous undertaking. -**2.** [se mettre à pratiquer] to get involved in; **se ~ dans la politique** to take up politics; **se ~ dans la peinture** to take up painting; **la France se lance alors dans la troisième croisade** France then threw itself into the Third Crusade.

lance-roquettes [lɑ̃srɔkɛt] *nm inv* (hand held) rocket launcher OU gun.

lance-torpilles [lɑ̃stɔrpij] *nm inv* torpedo (launching) tube.

lancette [lɑ̃sɛt] *nf* ARCHIT & MÉD lancet.

lanceur, euse [lɑ̃sœr, øz] *nm, f* -**1.** BASE-BALL pitcher; CRICKET bowler; **~ de javelot** javelin thrower; **~ de poids** shot putter. -**2.** [promoteur] promoter, originator; **un ~ d'affaires** a business promoter.

◆ **lanceur** *nm* ASTRONAUT launch vehicle, launcher.

lanceur-d'engins [lɑ̃sœrdɑ̃ʒɛ̃] *nm inv* nuclear warhead submarine, missile launcher.

lancier [lɑ̃sje] *nm* MIL lancer.

lancinant, e [lɑ̃sinɑ̃, ɑ̃t] *adj* -**1.** [douloureux] throbbing; **une douleur ~e** a throbbing pain. -**2.** [obsédant] haunting; **un souvenir ~** a haunting memory. -**3.** [répétitif] nerve-shattering; **une musique ~e** pounding music.

lancinement [lɑ̃sinmɑ̃] *nm* throbbing pain.

lanciner [3] [lɑ̃sine] ◇ *vt* [obséder] to obsess, to haunt, to plague; [tourmenter] to harass, to badger, to pester.

◇ *vi* to torment.

lançon [lɑ̃sɔ̃] *nm* sand-eel.

Land [lɑ̃d] (*pl* **Länder** [lɛndœr]) *nm* Land; **les Länder allemands** the German Länder.

landais, e [lɑ̃dɛ, ɛz] *adj* from the Landes.

◆ **Landais, e** *nm, f inhabitant of or person from the Landes.*

landau, s [lɑ̃do] *nm* -**1.** [pour bébés] pram, baby carriage *Am.* -**2.** [attelage] landau.

lande [lɑ̃d] *nf* moor; **les ~s bretonnes** the Brittany moors.

Landes [lɑ̃d] *npr fpl*: **les ~** the Landes *(department or geographical area in SW France)*.

Landru [lɑ̃dry] *npr*: **l'affaire ~** *the trial of the serial killer Landru in 1921.*

langage [lɑ̃gaʒ] *nm* -**1.** LING & PSYCH language; **l'acquisition du ~** language acquisition; **le ~ enfantin** baby talk ❑ **~ écrit/parlé** written/spoken language; **troubles du ~** speech OU language disorders. -**2.** [code] language; **le ~ des animaux** animal language; **le ~ des abeilles** the language of bees; **le ~ des fleurs** the language of flowers; **le ~ musical** the musical idiom; **le ~ de la peinture** the idiom of painting ❑ **le ~ des sourds-muets** deaf and dumb language, sign language. -**3.** [jargon] language; **le ~ des juristes** legal language; **~ administratif/technique** administrative/technical language. -**4.** [style] language; **~ familier/populaire** colloquial/popular language; **~ correct/incorrect** [d'après la bienséance] polite/impolite language; **~ argotique** slang; **~ imagé** colourful OU picturesque language; **~ poétique** poetic language; **qu'est-ce que c'est que ce ~?** what kind of language is that? ❑ **le beau ~** educated speech. -**5.** [discours] language, talk; **tu tiens un drôle de ~ depuis quelque temps** you've been coming out with OU saying some very odd things recently; **tenir un tout autre ~** to change one's tune; **parler le ~ de la franchise/vérité** to speak frankly/truthfully; **c'est le ~ de la raison** that's a sensible thing to say. -**6.** INF & TÉLÉC language; **~ chiffré** cipher; **~ évolué** high-level language; **~ machine** internal OU machine language; **~ de programmation** programming language.

langagier, ère [lɑ̃gaʒje, ɛr] *adj* linguistic, language *(modif)*.

lange [lɑ̃ʒ] *nm* [pour bébé] baby blanket.

◆ **langes** *nmpl vieilli* swaddling clothes.

◆ **dans les langes** *loc adv* [en bas âge] in infancy; **le cinéma était encore dans les ~s** *fig* the cinema was still in its infancy.

langer [17] [lɑ̃ʒe] *vt* to swaddle; **matelas/table à ~** changing mat/table.

langoureusement [lɑ̃gurøzmɑ̃] *adv* languorously.

langoureux, euse [lɑ̃gurø, øz] *adj* [alangui] languishing; [mélancolique] languid, languorous; **un regard ~** a languid look.

langouste [lɑ̃gust] *nf* ZOOL crayfish; CULIN (spiny) lobster.

langoustier [lɑ̃gustje] *nm* -**1.** [bateau] lobster (fishing) boat. -**2.** [filet] crayfish net.

langoustine [lɑ̃gustin] *nf* ≃ Dublin bay prawn.

langres [lɑ̃gr] *nm* Langres cheese *(from Burgundy)*.

langue [lɑ̃g] *nf* **A.** -**1.** ANAT tongue; **avoir la ~ blanche** OU **chargée** to have a coated OU furred tongue ❑ **une mauvaise ~, une ~ de vipère** a (malicious) gossip; **les mauvaises ~s prétendent que...** some (ill-intentioned) gossips claim that...; **c'est une ~ de vipère** he's got a venomous OU spiteful tongue; **mauvaise ~!** that's a bit nasty of you!, that's a rather nasty thing to say!; **les ~s vont bon train** tongues are wagging; **tirer la ~: tirez la ~ et dites ah** put OU stick your tongue out and say aah; **tirer la ~ à qqn** to stick one's tongue out at sb; **je tire la ~!** *fam* [j'ai soif] my tongue's hanging out (with thirst)!, I'm gasping (for a drink)!; **depuis qu'elle a perdu son emploi, elle tire la ~** *fam fig* she's had a hard OU rough time since she lost her job; **as-tu avalé** OU **perdu ta ~?** have you lost OU (has the) cat got your tongue?; **avoir la ~ bien affilée** OU **bien pendue** *fam* to be a chatterbox, to have the gift of the gab; **avoir la ~ fourchue** to speak with a forked tongue; **avoir la ~ trop longue** to have a big mouth; **coup de ~** *pr* lick; **donner des coups de ~** to lick; **coups de ~** *fig & litt* spiteful gossip; **délier** OU **dénouer la ~ à qqn** to loosen sb's tongue; **le vin délie les ~s** wine always gets people chatting OU loosens people's tongues; **la ~ me démange de dire ce que je sais** I'm itching to say what I know; **elle n'a pas la ~ dans sa poche** *fam* she's never at a loss for something to say OU for words; **donner sa ~ au chat** to give up (guessing); **prendre ~ avec qqn** *sout* to contact sb, to make contact with sb; **sa ~ a fourché** *fam* she made a slip of the tongue; **tenir sa ~** to keep a secret; **dans les réunions, il ne sait jamais tenir sa ~** he never knows how to keep quiet in meetings; **tourne sept fois ta ~ dans ta bouche avant de parler** *fam* think twice before you open your mouth. -**2.** CULIN tongue; **~ de bœuf** [chaude] boiled ox tongue; [froide] (cold pressed) ox tongue.

B. -**1.** [moyen de communication] language, tongue; **pendant le festival, on entend parler toutes les ~s** you can hear all sorts of languages during the festival; **ce métier exige la connaissance des ~s** this job requires a knowledge of languages; **un professeur de ~s** a (foreign) language teacher; **l'anglais est la ~ internationale** English is the international language; **les passagers de ~ anglaise** English-speaking passengers ❑ **~ cible** OU **d'arrivée** target language; **~ maternelle** OU **mère** mother tongue; **~ nationale** national language; **~ d'oc** langue d'oc *(language of southern France)*; **~ d'oïl** langue d'oïl *(language of northern France)*; **~ officielle** official language; **~ source** OU **de départ** source language; **~ véhiculaire** lingua franca; **la ~ vernaculaire** the vernacular; **~s anciennes** OU **mortes** dead languages; **~s étrangères** foreign languages; **~s orientales** oriental languages; **~s sœurs** sister languages; **les ~s vivantes** ENS modern languages; [utilisées de nos jours] living languages. -**2.** LING language; **les ressources de la ~** the resources of the language; **~ commune** common language; **décrire une ~** to describe a language; **elle connaît bien sa ~** she knows her language well. -**3.** [jargon] language; **dans la ~ du barreau** in legal parlance, in the language of the courts; **la ~ populaire/littéraire** popular/literary language ❑ **~ de bois** hackneyed phrases; **la ~ de bois des politiciens** the clichés politicians come out with; **~ savante** LING & HIST [latin] language of learning; **~ vulgaire** LING & HIST [langue du peuple] vernacular; **la ~ verte** slang. -**4.** [style - d'une époque, d'un écrivain] language; **la ~ de la Renaissance** Renaissance language; **la ~ de James Joyce** the language of James Joyce; **dans la ~ de Molière/Shakespeare** in French/English.

C. -**1.** [gén] tongue; **des ~s de feu léchaient le mur** tongues of fire were licking the wall. -**2.** GÉOG: **une ~ de terre** a strip of land, a narrow piece of land; **une ~ glaciaire** a spur of ice.

langue-de-bœuf [lɑ̃gdəbœf] (*pl* **langues-de-bœuf**) *nf* BOT poor man's beefsteak.

langue-de-chat [lɑ̃gdəʃa] (*pl* **langues-de-chat**) *nf* langue de chat (biscuit).

langue-de-serpent [lɑ̃gdəsɛrpɑ̃] (*pl* **langues-de-serpent**) *nf* BOT adder's-tongue.

Languedoc [lɑ̃gdɔk] *npr m*: **le ~** Languedoc.

languedocien, enne [lɑ̃gdɔsjɛ̃, ɛn] *adj* from Languedoc OU the Languedoc region.

◆ **Languedocien, enne** *nm, f inhabitant of or person from Languedoc.*

languette [lɑ̃gɛt] *nf* -**1.** [petite bande] strip; **les dossiers sont séparés par une ~ de papier** the files are separated by a strip of paper OU a paper marker. -**2.** [de chaussure] tab, stem. -**3.** [de balance] pointer. -**4.** MUS [d'orgue] languet; [d'instrument à anche] reed.

langueur [lɑ̃gœr] *nf* -**1.** [apathie] languidness. -**2.** [mélancolie] languor; **un sourire plein de ~** a languid OU languorous smile.

languide [lɑ̃gid] *adj litt* languid, languishing.

languir [32] [lɑ̃gir] *vi* -**1.** *litt* [personne, animal] to languish, to pine; **la petite fille languit loin de sa mère** the little girl is pining for her mother; **~ (d'amour) pour qqn** to be consumed OU languishing with love for sb; **~ en prison** to languish in prison. -**2.** [plante] to wilt; **le rosier languit sous le mur** the rose tree isn't doing (very) well under the wall. -**3.** [conversation, situation] to flag; **la conversation languissait** the conversation was flagging; **les affaires languissent** business is flagging OU slack. -**4.** [attendre]: **faire ~ qqn** to keep sb waiting.

◆ **languir après** *fam v + prép* to languish OU to pine for.

◆ **se languir** *vpi* [personne] to pine; **il se languit de toi** he's pining for you; **je me languis de la Provence** I'm longing to go back to Provence.

languissamment [lɑ̃gisamɑ̃] *adv litt* languidly, languishingly.

languissant, e [lɑ̃gisɑ̃, ɑ̃t] *adj* -**1.** *litt* [qui dépérit] failing, dwindling; **santé ~e** failing health. -**2.** *litt* [amoureux] languishing, lovelorn, lovesick. -3. [sans vigueur] languid, listless. -4. [morne]: le commerce est ~ business is slack; conversation ~e dull conversation.

lanière [lanjɛr] *nf* -1. [sangle] strap. -2. [d'un fouet] lash.

lanoline [lanɔlin] *nf* lanolin.

lansquenet [lɑ̃skənɛ] *nm* HIST, MIL & JEUX lansquenet.

lanterne [lɑ̃tɛrn] *nf* -1. [lampe] lantern; ~ sourde/vénitienne dark/Chinese lantern ❑ les aristocrates à la ~! HIST string the aristocrats up! -2. CIN projector. -3. CONSTR lantern. -4. PHOT: ~ magique magic lantern. -5. ZOOL: ~ d'Aristote Aristotle's lantern.

◆ **lanternes** *nfpl* AUT sidelights *Br*, parking lights *Am*.

◆ **lanterne rouge** *nf* -1. RAIL rear OU tail light. -2. *loc*: être la ~ rouge [gén] to bring up the rear; SPORT [dans une course] to come (in) last; [équipe] to get the wooden spoon; [à l'école] to be bottom of the class.

lanterneau, x [lɑ̃tɛrno] *nm* skylight, roof light.

lanterner [3] [lɑ̃tɛrne] *vi* -1. [perdre son temps] to dawdle, to drag one's feet; il est toujours à ~ he is always dawdling. -2. [attendre]: faire ~ qqn to keep sb hanging about OU waiting.

lanternon [lɑ̃tɛrnɔ̃] *nm* lantern (tower OU turret).

lanthane [lɑ̃tan] *nm* lanthanum.

lao [lao] *nm* LING Lao, Laotian.

Laos [laos] *npr m*: le ~ Laos; au ~ in Laos.

laotien, enne [laosjɛ̃, ɛn] *adj* Laotian.

◆ **Laotien, enne** *nm, f* Laotian.

◆ **laotien** *nm* LING Lao, Laotian.

La Palice [lapalis] *npr*: une vérité de ~ a truism.

lapalissade [lapalisad] *nf* truism; c'est une ~ that's self-evident, that's stating the obvious.

laparoscopie [laparɔskɔpi] *nf* laparoscopy.

laparotomie [laparɔtɔmi] *nf* laparotomy.

La Paz [lapaz] *npr* La Paz.

lapement [lapmɑ̃] *nm* lapping, lap.

laper [3] [lape] *vt* to lap (up).

lapereau, x [lapro] *nm* young rabbit.

lapiaz [lapjaz] = **lapié**.

lapidaire [lapidɛr] ◇ *adj* -1. [concis] terse, lapidary; un style ~ a pithy OU direct OU succinct style. -2. MINÉR lapidary; art ~ lapidary art.

◇ *nm* -1. [artisan] lapidary. -2. [commerçant] gem merchant.

lapidation [lapidasjɔ̃] *nf* stoning, lapidation.

lapider [3] [lapide] *vt* -1. [tuer] to stone to death, to lapidate. -2. *litt* [critiquer] to lambast.

lapié [lapje] *nm* lapiés.

lapilli [lapili] *nmpl* lapilli.

lapin [lapɛ̃] *nm* -1. ZOOL rabbit; ~ mâle buck (rabbit) ❑ ~ de choux OU de clapier tame OU domestic rabbit; ~ de garenne wild rabbit; poser un ~ à qqn *fam* to stand sb up. -2. CULIN rabbit; civet/pâté de ~ rabbit stew/pâté. -3. [fourrure] rabbit (skin) *Br*, cony (skin) *Am*. -4. *fam* [terme d'affection] poppet *Br*, honey *Am*; ça va, mon petit ~? all right, poppet *Br* OU honey *Am*?

◆ **coup du lapin** *nm* [coup] rabbit punch; [dans un accident de voiture] whiplash *(U)*.

lapine [lapin] *nf* doe (rabbit).

lapiner [3] [lapine] *vi* to litter.

lapinière [lapinjɛr] *nf* rabbit hutches.

lapis(-lazuli) [lapis(lazyli)] *nm inv* lapis lazuli.

La Plata [laplata] *npr* La Plata.

lapon, one OU **onne** [lapɔ̃, ɔn] *adj* Lapp, Lappish.

◆ **Lapon, one** OU **onne** *nm, f* Lapp, Laplander.

◆ **lapon** *nm* LING Lappish, Lapp.

Laponie [lapɔni] *npr f*: (la) ~ Lapland.

lapon(n)e [lapɔn] *f* → **lapon**.

lapping [lapiŋ] *nm* lapping TECH.

laps [laps] *nm*: un ~ de temps a lapse of time, a while.

lapsus [lapsys] *nm* -1. [faute]: ~ linguae slip (of the tongue), lapsus linguae *spéc*; ~ calami slip of the pen. -2. PSYCH Freudian slip; ~ révélateur *hum* Freudian slip.

laquage [lakaʒ] *nm* -1. TECH lacquering. -2. MÉD: ~ du sang haemolysis.

laquais [lakɛ] *nm* -1. [valet] footman. -2. *litt* & *péj* [homme servile] lackey *péj*.

laque [lak] ◇ *nf* -1. [vernis] lacquer. -2. [pour cheveux] hair spray, (hair) lacquer *Br*. -3. = **gomme-laque**.

◇ *nm* [objet] piece of lacquerwork; des ~s lacquerware, lacquerwork.

laqué, e [lake] *adj* -1. BX-ARTS lacquered. -2. CONSTR gloss; cuisine ~e rouge kitchen in red gloss. -3. CULIN → **canard**.

◆ **laqué** *nm* [peinture] (high) gloss paint; [enduit] varnish *Br*, enamel *Am*.

laquelle [lakɛl] *f* → **lequel**.

laquer [3] [lake] *vt* -1. [recouvrir de laque] to lacquer. -2. [vernir] to varnish.

larbin▽ [larbɛ̃] *nm pr* & *fig* flunkey.

larcin [larsɛ̃] *nm sout* -1. [petit vol] petty theft; commettre de menus ~s to engage in petty theft. -2. [objet volé]: le grenier était plein de ses ~s the attic was filled with his booty *litt* OU spoils.

lard [lar] *nm* -1. CULIN fat; ~ fumé smoked bacon; ~ gras, gros ~ fat bacon; ~ maigre, petit ~, ~ de poitrine streaky bacon; ~ salé salt pork. -2. *loc*: faire du ~ *fam* to get fat; avec eux, on se demande OU on ne sait pas si c'est du ~ ou du cochon *fam* with that lot, you never know where you are; rentrer dans le ~ à qqn *fam* to hit out at sb; un gros ~▽ a fatso, a fat slob.

larder [3] [larde] *vt* -1. CULIN to lard. -2. [poignarder]: ~ qqn de coups de couteau to stab sb repeatedly. -3. [truffer]: ~ une lettre de citations to pepper a letter with quotations.

lardon [lardɔ̃] *nm* -1. CULIN diced bacon *(U)*; achète des ~s pour le ragoût buy some bacon pieces for the stew. -2. ▽ [enfant] kid.

lare [lar] ◇ *adj*: dieux ~s lares.

◇ *nm* lar, household god.

largable [largabl] *adj* releasable; réservoir ~ releasable tank.

largage [largaʒ] *nm* -1. [par parachute] dropping; [de troupes, de matériel] dispatching, dropping; point de ~ drop point. -2. [d'une bombe] dropping, releasing.

large [larʒ] ◇ *adj* -1. [grand - gén] broad, wide; [- plaine] big, wide; [- rue] broad; ~ de 5 cm 5 cm wide; un nez ~ a broad nose; un chapeau à ~s bords a wide-brimmed hat; la Dordogne est ~ à Libourne the Dordogne gets wider at Libourne; ~ d'épaules broad-shouldered; il reste de ~s auréoles sur le tissu the cloth still has large stains on it; percer une ~ ouverture dans qqch to make a big hole in sthg; un ~ mouvement du bras a sweeping gesture with the arm; peindre à ~s traits to paint with broad brushstrokes; un ~ sourire a broad smile. -2. [ample - vêtement] big, baggy; [- chaussures] wide. -3. [considérable] large; elle a une ~ part de responsabilité she must bear a large OU major share of the blame; jouissant d'une ~ autonomie enjoying a large amount of independence; jouissant d'une ~ diffusion widely distributed; avoir un ~ vocabulaire to have a wide OU wide-ranging vocabulary; elle a fait de ~s concessions/un ~ tour d'horizon she made generous concessions/an extensive survey of the situation; les journaux ont publié de ~s extraits de son discours the papers quoted extensively from his speech. -4. [général]: prendre un mot dans son sens ~ to take a word in its broadest sense. -5. [généreux] generous; elle est ~ avec le personnel she's generous with the staff; de ~s gratifications generous bonuses. -6. [ouvert] open; leur père a l'esprit ~ their father is open-minded OU broad-minded. -7. [excessif]: ton estimation était un peu ~ your estimate was a bit wide of the mark.

◇ *nm* -1. [dimension] width; ici la rivière a 2 km de ~ here the river is 2 km wide. -2. NAUT: le ~ the open sea; respirer l'air du ~ to breathe the sea air; le vent du ~ offshore wind; au ~ offshore, at sea ❑ au ~ de Hong Kong off Hong Kong; se tenir au ~ de qqch *fig* to stand clear of sthg; gagner OU prendre le ~ *pr* to head for the open sea; il est temps de prendre le ~ *fam fig* it's time we beat it; du ~! *fam* beat it!, clear off!

◇ *adv*: calculer OU prévoir ~ to allow a good margin for error; voir ~ to think big.

◆ **dans une large mesure** *loc adv* to a large extent.

◆ **en large** *loc adv* widthways; mets les tables en ~ turn the tables widthways.

largement [larʒəmɑ̃] *adv* -1. [amplement]: gagner ~ sa vie to make a good living; tu auras ~ le temps you'll easily have enough time, you'll have more than enough time; il y en a ~ assez there's more than enough; des pouvoirs ~ accrus considerably increased powers; une opinion ~ répandue a widely held opinion. -2. [généreusement] generously; donner ~ (à une collecte) to give generously (to a collection). -3. [de beaucoup] greatly; la demande excède ~ notre capacité demand greatly exceeds our capacity. -4. [facilement] easily; il vaut ~ son frère he's easily as good as his brother; je gagne ~ le double I make at least OU I easily earn twice that.

largesse [larʒɛs] *nf* [magnanimité] generosity, largesse; il fait toujours preuve de ~ he's always very generous.

◆ **largesses** *nfpl* [présents] gifts, liberalities; il ne faisait pas de telles ~s avec tous he didn't make such generous gifts to everybody.

◆ **avec largesse** *loc adv*: traiter qqn avec ~ to be generous to sb.

larget [larʒɛ] *nm* sheet bar METALL.

largeur [larʒœr] *nf* -1. [dimension] width; quelle est la ~ de la pièce? how wide is the room?; la route a une ~ de 5 m OU 5 m de ~ the road is 5 m wide; une remorque barrait la route dans OU sur toute sa ~ there was a trailer blocking the entire width of the road; déchiré dans OU sur toute la ~ torn all the way across; ~ hors tout overall width. -2. *fig* broadness, breadth; ~ d'esprit OU de vues broadness of mind, broad-mindedness. -3. COMM: grande ~ double-width. -4. IMPR breadth, set, width; ~ de la colonne width of column. -5. INF: ~ de la bande bandwidth.

◆ **dans les grandes largeurs** *fam loc adv* [complètement]: ça a été un fiasco dans les grandes ~s! that turned out to be a fiasco with a capital F!; on a été roulés dans les grandes ~s! we were well and truly taken for a ride!

◆ **en largeur** *loc adv* widthways, widthwise, crosswise; la table fait 30 cm en ~ the table is 30 cm widthways OU across.

largue [larg] *nm* NAUT reaching; petit ~ fine reach; grand ~ quartering wind.

largué, e [large] *adj*: être ~ to be out of one's depth; moi, en jazz, je suis ~! as far as jazz is concerned, I haven't got a clue!

larguer [3] [large] *vt* -1. NAUT [voile] to slip, to let out *(sép)*, to unfurl; [amarre] to slip; *(en usage abs)*: larguez! let go! -2. AÉRON [bombe, charge] to drop; [réservoir] to jettison; [fusée] to release. -3. ▽ [abandonner - poste] to quit, to chuck(in) *(insép)*, to walk out on *(insép)*; [- vieillerie, projet] to chuck, to bin *esp Br*; [- amant] to dump, to jilt; [- personne avec qui l'on vit] to walk out on.

largueur [largœr] *nm* [de matériel] dispatcher; [de personnel] jump master.

larigot → **tire-larigot**.

larme [larm] *nf* -1. PHYSIOL tear; verser des ~s to shed tears; retenir ses ~s to hold back one's tears; être en ~s to be in tears; ses yeux s'emplirent de ~s his eyes filled with tears; être au bord des ~s to be on the verge of tears; avec des ~s dans la voix with OU in a tearful voice; ça vous fait venir les ~s aux yeux it brings tears to your eyes; il y a de quoi vous arracher OU vous tirer des ~s it's enough to make you burst into tears; avoir les ~s aux yeux to have tears in one's eyes; il a toujours la ~ à l'œil, il a la ~ facile he cries easily; **pleurer** OU **verser des ~s de joie** to cry for joy, to shed tears of joy; **il y est allé de sa (petite) ~** he shed a tear; **une grosse ~** a big tear ❑ **~s de crocodile** *fam* crocodile tears; **~s de sang** *litt* tears of blood. -**2.** [petite quantité] : **une ~ (de)** a drop (of); **une ~ de cognac** a drop of brandy; **oh, juste une ~!** the tiniest drop, please! -**3.** ZOOL [d'un cerf] tear.

larme-de-Job [larmdəʒɔb] (*pl* **larmes-de-Job**) *nf* Job's tears *(sg)*.

larmier [larmje] *nm* -**1.** ARCHIT dripstone, larmier. -**2.** ZOOL [du cerf] tear pit; [du cheval] temple.

larmoiement [larmwamɑ̃] *nm* PHYSIOL watering.

◆ **larmoiements** *nmpl litt* [pleurnicheries] tears, snivelling *(U) péj*.

larmoyant, e [larmwajɑ̃, ɑ̃t] *adj* -**1.** PHYSIOL watery. -**2.** *péj* [éploré] : **le récit ~ de ses malheurs** the sorry tale of her misfortunes; **d'une voix ~e, elle nous annonça...** she told us in a tearful voice... -**3.** LITTÉRAT : **comédie ~e** sentimental comedy.

larmoyer [13] [larmwaje] *vi* -**1.** PHYSIOL [œil] to water. -**2.** *péj* [se lamenter] to weep, to snivel *péj*, to whimper *péj*.

larron [larɔ̃] *nm* -**1.** *arch* [voleur] robber, thief. -**2.** BIBLE thief; **le bon ~ et le mauvais ~** the penitent thief and the impenitent thief.

larsen [larsɛn] *nm* : **effet ~** feedback.

larvaire [larvɛr] *adj* -**1.** ZOOL larval. -**2.** *fig* embryonic, unformed; **le projet était encore à l'état ~** the plan was still in its early stage OU in embryo.

larve [larv] *nf* -**1.** ZOOL larva; [ver] maggot. -**2.** *fam* [fainéant] lazybones. -**3.** *sout* & *péj* : **~ (humaine)** worm. -**4.** ANTIQ spectre.

larvé, e [larve] *adj* -**1.** MÉD latent, larvate *spéc*. -**2.** [latent] latent, concealed; **en 1964 il y avait déjà une révolte ~e** a rebellion was already brewing in 1964.

larvicide [larvisid] ◇ *adj* larvicidal.
◇ *nm* larvicide.

laryngé, e [larɛ̃ʒe] *adj* laryngeal.

laryngectomie [larɛ̃ʒɛktɔmi] *nf* laryngectomy.

laryngien, enne [larɛ̃ʒjɛ̃, ɛn] *adj* ANAT laryngeal.

laryngite [larɛ̃ʒit] *nf* laryngitis.

laryngologie [larɛ̃gɔlɔʒi] *nf* laryngology.

laryngologiste [larɛ̃gɔlɔʒist], **laryngologue** [larɛ̃gɔlɔg] *nmf* throat specialist, laryngologist *spéc*.

laryngoscope [larɛ̃gɔskɔp] *nm* laryngoscope.

laryngoscopie [larɛ̃gɔskɔpi] *nf* laryngoscopy.

laryngotomie [larɛ̃gɔtɔmi] *nf* laryngotomy.

larynx [larɛ̃ks] *nm* voice-box, larynx *spéc*.

las[1] [las] *interj litt* alas, woe.

las[2], **lasse** [la, las] *adj* -**1.** *litt* [fatigué] weary; **je me sens ~ après cette marche** I feel quite weary after that walk. -**2.** [découragé, écœuré] weary; **être ~ de qqch** to be weary of sthg.

lasagne [lazaɲ] (*pl inv* OU **lasagnes**) *nf* lasagna.

lascar *fam* [laskar] *nm* -**1.** [individu rusé] rogue; **celui-là, c'est un drôle de ~!** he's a shady character!; **tu vas le regretter, mon ~!** you'll be sorry, buster OU pal! -**2.** [individu quelconque] character, customer; **qui c'est ce ~?** who's that character?; **un grand ~** a big chap. -**3.** [à un enfant] : **ah, mon ~, tu croyais m'avoir!** so, you (little) rascal OU rogue, you thought you'd got me!

lascif, ive [lasif, iv] *adj* -**1.** [sensuel] lascivious, sensual. -**2.** [lubrique] lustful, lewd.

lascivité [lasivite], **lasciveté** [lasivte] *nf* -**1.** [sensualité] wantonness, lasciviousness. -**2.** [lubricité] lust, lewdness.

laser [lazɛr] *nm* laser; **traitement au ~** laser treatment; **enregistrement ~** [procédé] laser recording; [disque] laser disc; **faisceau ~** laser beam.

Las Palmas [laspalmas] *npr* Las Palmas.

Lassa [lasa] *npr* : **fièvre de ~** Lassa fever.

lassant, e [lasɑ̃, ɑ̃t] *adj* tedious; **tu es ~ à la fin!** you're beginning to irritate me!

lasse [las] *f* → **las**.

lasser [3] [lase] *vt* -**1.** *sout* [exténuer] to weary; **lassée par ce long voyage** weary after that long journey. -**2.** *sout* [importuner] to bore, to tire, to weary; **tu me lasses avec tes problèmes** I'm tired of hearing about your problems; **parlons d'autre chose, ne lassons pas nos invités** let's talk about something else, let's not bore our guests. -**3.** [décourager] to tax, to exhaust, to fatigue; **~ l'attention de l'auditoire** to overtax the audience's attention; **~ la patience de qqn** to try sb's patience ‖ *(en usage abs)* : **ses jérémiades finissent par ~** his moaning gets a bit trying after a while.

◆ **se lasser** *vpi* to get tired, to (grow) weary; **je ne me lasse jamais de te voir/de tes visites** I never tire of seeing you/get tired of your visits; **elle se lassera vite de lui** she'll soon get tired of him; **je ne me lasse pas d'écouter du Mozart** I never get tired of listening to Mozart; **sans se ~** tirelessly.

lassitude [lasityd] *nf* -**1.** [fatigue] tiredness, weariness, lassitude *litt*. -**2.** [découragement] weariness; **être pris d'une immense ~** to be overcome by weariness.

lasso [laso] *nm* lasso, lariat *Am*; **attraper une bête au ~** to lasso an animal.

Lastex® [lastɛks] *nm* Lastex®.

Las Vegas [lasvegas] *npr* Las Vegas.

lat. (*abr écrite de* **latitude**) lat.

latanier [latanje] *nm* latania.

latence [latɑ̃s] *nf* latency; **période de ~** latency period.

latent, e [latɑ̃, ɑ̃t] *adj* latent.

latéral, e, aux [lateral, o] *adj* -**1.** [sur le côté] lateral, side *(modif)*; **porte/rue/sortie ~e** side door/street/exit. -**2.** [annexe] minor; **canal ~** minor canal. -**3.** TÉLÉC : **bande ~e** sideband.

◆ **latérale** *nf* lateral.

latéralement [lateralmɑ̃] *adv* sideways, laterally; **se déplacer ~** to move sideways OU crabwise; **la lumière de la bougie l'éclairait ~** the light from the candle fell on him from the side.

latéralisation [lateralizasjɔ̃] *nf* lateralization.

latéralisé, e [lateralize] *adj* lateralized.

latéralité [lateralite] *nf* laterality.

latere → **a latere**.

latérite [laterit] *nf* laterite.

latéritique [lateritik] *adj* lateritic.

latex [latɛks] *nm* latex.

latifundiste [latifɔ̃dist] *nm* latifundista.

latifundium [latifɔ̃djɔm] (*pl* **latifundia** [-dja]) *nm* latifundium.

latin, e [latɛ̃, in] *adj* -**1.** ANTIQ Latin; **le monde ~** the Latin world. -**2.** LING [appartenant au latin] Latin; [issu du latin] Romance *(modif)*; **les langues ~es** the Romance OU Latin languages. -**3.** SOCIOL Latin; **les peuples ~s** the Latin races; **le tempérament ~** the Latin OU Mediterranean temperament. -**4.** RELIG Latin; **l'Église ~e** the Latin Church. -**5.** [à Paris] : **Le Quartier Latin** the Latin Quarter *(area on the Left Bank of the Seine traditionally associated with students and artists)*.

◆ **Latin, e** *nm, f* Latin; **les Latins** the Latin people, the Latins.

◆ **latin** *nm* LING Latin; **bas ~** low Latin; **~ de cuisine** dog Latin.

latinisant, e [latinizɑ̃, ɑ̃t] *adj* latinizing; **pour ceux qui sont ~s** for those who know Latin, for the Latin scholars.

latinisation [latinizasjɔ̃] *nf* latinization.

latiniser [3] [latinize] *vt* to latinize.

latinisme [latinism] *nm* -**1.** [idiotisme du latin] Latinism. -**2.** [emprunt au latin] Latin phrase.

latiniste [latinist] *nmf* Latin scholar, Latinist.

latinité [latinite] *nf* -**1.** [caractère] Latinity. -**2.** [civilisation] Latin world.

latino-américain, e [latinoamerikɛ̃, ɛn] (*mpl* **latino-américains**, *fpl* **latino-américaines**) *adj* Latin American.

◆ **Latino-Américain, e** *nm, f* Latin American.

latitude [latityd] *nf* -**1.** [liberté] latitude, scope; **j'ai toute ~ pour mener mon enquête** I have full scope OU a free hand to conduct my enquiry; **une certaine ~ pour agir** some freedom of movement. -**2.** ASTRON & GÉOG latitude; **cette ville est à 70° de ~ Nord** this city is situated at latitude 70° North; **par 70° de ~ Nord** in latitude 70° North ❑ **basses/hautes ~s** low/high latitudes. -**3.** [région, climat] : **sous d'autres ~s** in other parts of the world.

latitudinaire [latitydinɛr] *adj* & *nmf* latitudinarian.

Latium [lasjɔm] *npr m* : **le ~** Latium.

lato sensu [latosɛ̃sy] *loc adv* loosely OU broadly speaking.

latrines [latrin] *nfpl* latrine.

lattage [lataʒ] *nm* -**1.** [action] lathing, battening. -**2.** [lattis] lathwork.

latte [lat] *nf* -**1.** CONSTR & NAUT lath; [pour chevronnage] roof batten. -**2.** ▽ [pied] foot; [chaussure] shoe; **prendre un coup de ~** to get kicked. -**3.** *Belg* [règle plate] ruler.

latter [3] [late] *vt* CONSTR to lath, to batten.

lattis [lati] *nm* CONSTR lathwork *(U)*.

laudanum [lodanɔm] *nm* laudanum.

laudateur, trice [lodatœr, tris] *nm, f litt* laudator.

laudatif, ive [lodatif, iv] *adj* laudatory, laudative.

laudes [lod] *nfpl* lauds.

lauré, e [lɔre] *adj litt* laureate *(modif)*.

lauréat, e [lɔrea, at] ◇ *adj* prizewinning.
◇ *nm, f* prizewinner, laureate; **~ du prix Nobel** Nobel prizewinner; **~ du prix Goncourt** winner of the prix Goncourt ❑ **'le Lauréat'** *Nichols* 'The Graduate'.

Laurent [lɔrɑ̃] *npr* HIST : **~ le Magnifique** Lorenzo the Magnificent.

laurier [lɔrje] *nm* -**1.** BOT (bay) laurel, (sweet) bay. -**2.** CULIN : **mettre du ~ dans une sauce** to flavour a sauce with bay leaves ❑ **feuille de ~** bay leaf.

◆ **lauriers** *nmpl* [gloire] laurels; **il est revenu couvert de ~s** he came home covered in glory.

laurier-cerise [lɔrjesəriz] (*pl* **lauriers-cerises**) *nm* cherry-laurel.

laurier-rose [lɔrjeroz] (*pl* **lauriers-roses**) *nm* rose bay, oleander.

laurier-sauce [lɔrjesos] (*pl* **lauriers-sauce**) *nm* bay tree.

laurier-tin [lɔrjetɛ̃] (*pl* **lauriers-tins**) *nm* laurustinus.

Lausanne [lozan] *npr* Lausanne.

lausannois, e [lozanwa, az] *adj* from Lausanne.

◆ **Lausannois, e** *nm, f inhabitant of or person from Lausanne*.

LAV (*abr de* **lymphadenopathy associated virus**) *nm* LAV.

lavable [lavabl] *adj* washable; **~ en machine** machine-washable.

lavabo [lavabo] *nm* -**1.** [évier] washbasin *Br*, washbowl *Am*. -**2.** RELIG lavabo.

◆ **lavabos** *nmpl* [toilettes] toilets, washroom *Am*.

lavage [lavaʒ] *nm* -**1.** [nettoyage - du linge] washing *(U)*; [- d'une surface] scrubbing *(U)*; **faites deux ~s séparés pour la laine et le coton** wash wool and cotton separately; **son jean a besoin d'un bon ~** his jeans need a good wash; **le carrelage a besoin d'un bon ~** the tiles need a good scrub; **~ à grande eau** sluicing ❑ **'~ en machine'** 'machine wash'; **'~ à la main'** 'hand wash (only)'; **~ au poids** washing by weight; **'instructions de ~'** 'washing instructions'. -**2.** MÉD lavage; **~ d'estomac** pumping out (of) the stomach; **faire un ~ d'estomac à qqn** to pump out sb's stomach. -**3.** MÉTALL & TEXT washing.

◆ **au lavage** *loc adv* in the wash; **tes chemises sont au ~** your shirts are in the wash; **la tache est partie/n'est pas partie au ~** the stain came out/didn't come out in the wash.

◆ **lavage de cerveau** *nm* brainwashing; subir un ~ de cerveau to be brainwashed.

lavallière [lavaljɛr] *nf necktie with a large bow.*

lavande [lavɑ̃d] *nf* BOT lavender; bleu ~ lavender blue.

lavandière [lavɑ̃djɛr] *nf* -**1.** *litt* [blanchisseuse] washerwoman. -**2.** ORNITH (white) wagtail.

lavandin [lavɑ̃dɛ̃] *nm* hybrid lavender.

lavasse [lavas] *péj* ◇ *adj* [sans éclat] watery.
◇ *nf fam* [café, soupe] dishwater.

lave [lav] *nf* lava.
◆ **de lave** *loc adj* lava *(modif).*

lavé, e [lave] *adj* -**1.** [délayé - couleur] faded, washed out; **un bleu un peu** ~ a slightly washed-out blue. -**2.** BX-ARTS: **dessin** ~ wash drawing.

lave-auto [lavɔto] *nm Can* car wash.

lave-dos [lavdo] *nm inv* back-scrubber.

lave-glace [lavglas] (*pl* **lave-glaces**) *nm* windscreen washer *Br*, windshield washer *Am*.

lave-linge [lavlɛ̃ʒ] *nm inv* washing machine, washer.

lave-mains [lavmɛ̃] *nm inv* wash-hand basin *Br*, small washbowl *Am*.

lavement [lavmɑ̃] *nm* -**1.** MÉD enema. -**2.** BIBLE washing; **le** ~ **des pieds** the washing of the Apostles' feet.

lave-pont [lavpɔ̃] (*pl* **lave-ponts**) *nm* scrubbing brush, (floor) scrubber.

laver [3] [lave] *vt* -**1.** [vêtement, tissu] to wash; [tache] to wash out OU off *(sép)*; [surface] to wash down *(sép)*; [vaisselle] to wash up *Br*, to do the washing up *Br*, to wash *Am*; [avec une brosse] to scrub; ~ **à grande eau** to swill out OU down *(sép)*; **la voiture a besoin d'être lavée** the car needs washing OU a wash; '~ **en machine**' 'machine wash'; '~ **à la main**' 'hand wash (only)' ❑ **il vaut mieux** ~ **son linge sale en famille** *fam* it's better not to wash one's dirty linen in public. -**2.** [faire la toilette de] to wash; ~ **la tête** OU **les cheveux à qqn** to wash sb's hair ❑ ~ **la tête à qqn** *fam* to give sb what for OU a good dressing down. -**3.** [expier - péché] to wash away *(sép)*; [dégager] to clear; ~ **sa conscience** to clear one's conscience; ~ **qqn d'une accusation** to clear sb's name of an accusation; ~ **qqn d'une faute** to forgive sb an offence; **être lavé de tout soupçon** to be clear of all suspicion; ~ **un affront dans le sang** to avenge an insult (by fighting). -**4.** BX-ARTS [dessin] to wash; [couleur] to dilute, to wash. -**5.** MÉD [plaie] to bathe, to cleanse; [estomac] to wash OU to pump out *(sép)*. -**6.** [minerai] to wash.
◆ **se laver** ◇ *vp (emploi réfléchi)* to (have a) wash; **tu peux te** ~ **tout seul, comme un grand** you can wash yourself, like a grown-up; **se** ~ **la figure/les mains** to wash one's face/hands; **se** ~ **les dents** to clean OU to brush one's teeth ❑ **je m'en/il s'en lave les mains** I wash my hands of/he washes his hands of the entire matter.
◇ *vp (emploi passif)*: **ça se lave très bien** it's very easy to wash, it washes very well.
◆ **se laver de** *vp + prép*: **se** ~ **d'un soupçon** to clear o.s. of suspicion; **se** ~ **de ses péchés** to cleanse o.s. of one's sins.

laverie [lavri] *nf* -**1.** [blanchisserie]: ~ **(automatique)** self-service laundry, launderette *Br*, Laundromat® *Am*. -**2.** MIN washing plant.

lave-tête [lavtɛt] *nm inv* shampoo basin.

lavette [lavɛt] *nf* -**1.** [chiffon] dishcloth; [brosse] washing-up brush *Br*, dish mop *Am*. -**2.** *fam* [personne] drip. -**3.** *Belg & Helv* [gant de toilette] face flannel, facecloth. -**4.** *Belg* [éponge] cleaning cloth.

laveur, euse [lavœr, øz] *nm, f* [de vaisselle] washer, dish washer; [de linge] washerman (*f* washerwoman); [de voiture] car washer; ~ **de carreaux** window cleaner.
◆ **laveur** *nm* -**1.** AGR drum washer. -**2.** TECH washer. -**3.** ZOOL → **raton.**

lave-vaisselle [lavvesɛl] *nm inv* dishwasher.

lavis [lavi] *nm* -**1.** [technique] washing *(U)*. -**2.** [dessin] wash drawing.

lavoir [lavwar] *nm* -**1.** [lieu public] washhouse. -**2.** MIN washing plant.

lavure [lavyr] *nf* slops, dishwater.

Lawrence [lorɑ̃s] *npr*: ~ **d'Arabie** Lawrence of Arabia.

laxatif, ive [laksatif, iv] *adj* laxative.
◆ **laxatif** *nm* laxative.

laxisme [laksism] *nm* -**1.** [tolérance excessive] laxity, permissiveness. -**2.** RELIG laxism.

laxiste [laksist] ◇ *adj* -**1.** [trop tolérant] soft, lax. -**2.** RELIG laxist.
◇ *nmf* -**1.** [gén] over-lenient person. -**2.** RELIG laxist.

layer [11] [leje] *vt* -**1.** [forêt] to cut a path into. -**2.** CONSTR to bush-hammer.

layette [lɛjɛt] *nf* baby clothes, babywear; **une** ~ a set of baby clothes, a layette ❑ **bleu/rose** ~ baby blue/pink.

layon [lɛjɔ̃] *nm* AGR [division] (compartment) line; [sentier] forest path.

Lazare [lazar] *npr* Lazarus.

lazaret [lazarɛ] *nm* [lieu d'isolement] lazaretto, lazaret.

lazulite [lazylit] *nf* lazulite.

lazzi [ladzi] (*pl inv* OU **lazzis**) *nm* jeer, gibe.

le [lə] (*devant voyelle ou h muet* **l'** [l], *f* **la** [la], *pl* **les** [le]) ◇ *art déf* -**1.** [avec un nom commun] the; **le soleil, la lune et les étoiles** the sun, the moon and the stars; **ouvre la fenêtre** open the window; **le chemin le plus court** the shortest route; **l'arbre qui est derrière la maison** the tree behind the house; **l'été de la sécheresse** the summer there was a drought; **l'idée qu'il allait partir...** the idea that he was going to leave...; **la salade du chef** the chef's salad. -**2.** [dans le temps]: **le sixième jour** the sixth day; **le premier juillet** the first of July; **la troisième fois** the third time; **pendant les vacances** during the holidays; **l'été dernier** last summer; **l'été 1976** the summer of 1976 ‖ [devant une date]: **le 15 janvier 1991** 15 January, 1991; **il est passé nous voir le 15 août** he came to see us on the 15th of August OU on August the 15th; [par écrit] he came to see us on August 15. -**3.** [dans les fractions] a, an; **le quart/tiers de** a quarter/third of; **la moitié de** (a) half of; **les deux tiers de qqch** two thirds of sthg. -**4.** [avec un sens distributif]: **j'y vais le soir** I go there in the evening; **elle vient deux fois la semaine** she comes twice a week; **10 francs le kilo** 10 francs a OU per kilo; **le docteur reçoit le lundi et le vendredi** OU **les lundis et vendredis** the doctor sees patients on Monday and Friday OU Mondays and Fridays. -**5.** [avec la valeur de l'adjectif démonstratif]: **l'affaire est grave** the matter is serious, it's a serious matter; **on sait que le problème est difficile** we know that it's a difficult problem. -**6.** [avec une valeur expressive] what an OU a; **la belle moto!** what a beautiful bike!; **l'idiot!** what an idiot!, (the) idiot!; **vise un peu la tenue!** *fam* look at that get-up!; **alors, les amis, comment ça va?** well, folks, how are you? -**7.** [avec la valeur de l'adjectif possessif]: **le chapeau sur la tête** her/his *etc* hat on his/her *etc* head; **se laver les mains** to wash one's hands; **il est parti le livre sous le bras** he went off with the book under his arm. -**8.** [avec une valeur oppositive]: **le sel et le poivre** salt and pepper; **le père et le fils** father and son; **l'envers et l'endroit** the wrong (side) and the right side. -**9.** [avec une valeur généralisante]: **les hommes et les femmes** men and women; **tous les hommes** all men; **la femme est l'égale de l'homme** woman is man's equal; **les jeunes** young people; **le cheval, comme d'autres mammifères...** the horse OU horses, like other mammals...; **le cauchemar chez l'enfant de 6 à 10 ans** nightmares in children between 6 and 10 years old; **l'important dans tout ça** the important thing (in all this); **les petits et les grands** small people and tall people; **ne fais pas l'idiot** don't be an idiot. -**10.** [marquant l'approximation]: **ça vaut dans les 100 francs** it's worth around 100 francs; **vers les 4 h** about OU around 4 o'clock; **sur les 2 h** at about 2 o'clock; **il va sur la quarantaine** he's getting on for forty. -**11.** [avec un nom propre] the; **nous sommes invités chez les Durand** we are invited to the Durands' (house); **les Bourbons, les Stuarts** the Bourbons, the Stuarts; **la Marie, le Jean, l'Antoine** *fam dial* Marie, Jean, Antoine; **elle n'est plus la Sophie que nous avons connue** she's no longer the Sophie (that) we used to know; **la Callas** Callas; **le Racine des «Plaideurs»** the Racine of OU who wrote 'Les Plaideurs'; **le Descartes/Sophocle du XXe siècle** the Descartes/Sophocles of the 20th century; **les Raphaël des Offices** the Raphaels in the Uffizi.
◇ *pron pers* -**1.** [complément d'objet - homme] him; [- femme, nation, bateau] her; [- chose, animal] it; [- bébé, animal domestique] him, her, it; **l'addition? je l'ai payée** the bill? I've paid it; **ce bordeaux, je l'ai déjà goûté** I've already tasted this OU that Bordeaux; **Jean est malade, je vais l'appeler** Jean is ill, I'm going to call him; **il l'a probablement oublié, ton livre** he's probably forgotten your book OU that book of yours; **combien de fois on l'a vu, ce garçon?** how many times have we seen that boy? -**2.** [représentant une proposition]: **elle est partie hier soir, du moins je l'ai entendu dire** she left last night, at least that's what I've heard; **il m'a insulté mais, crois-moi, il ne le refera pas** he insulted me but, believe me, he won't do it again; **elle a été récompensée comme elle le mérite** she got her just deserts; **allez, dis-le-lui** go on, tell him (about it); **puisque je te le disais que ce n'était pas possible!** but I TOLD you it was impossible! -**3.** [comme attribut]: **êtes-vous satisfaite? – je le suis** are you satisfied? – I am; **pour être timide, ça, il l'est!** boy, is he shy!, talk about shy!

lé [le] *nm* -**1.** [d'un tissu, d'un papier peint] width. -**2.** [d'une jupe] gore.

LEA (*abr de* **langues étrangères appliquées**) *applied modern languages.*

leader [lidœr] *nm* -**1.** [chef] leader; **le** ~ **du parti socialiste** the leader of the socialist party. -**2.** COMM & ÉCON: **c'est le** ~ **en Europe pour ce type de produits** it's the top OU leading firm in Europe for this type of product ‖ *(comme adj)*: **c'est le produit** ~ **de la gamme** it's the leading product in the range. -**3.** PRESSE leader, leading article. -**4.** SPORT: **le** ~ **du championnat de France** the team at the top of the French league.

leadership [lidœrʃip] *nm* [fonction de leader] leadership; [position dominante] leading position.

leasing [liziŋ] *nm* leasing.
◆ **en leasing** *loc adv* on lease, as part of a leasing contract.

léchage [leʃaʒ] *nm* -**1.** [gén] licking. -**2.** *fam* [fignolage] finishing touches.

lèche▽ [lɛʃ] *nf* bootlicking; **faire de la** ~ **à qqn** to suck up to sb.

léché, e *fam* [leʃe] *adj*: **du travail** ~ a highly polished piece of work; **un roman policier bien** ~ a neat little detective novel.

lèche-bottes *fam* [lɛʃbɔt] *nmf inv* bootlicker.

lèche-cul▼ [lɛʃky] *nmf inv* arse-licker *Br*, ass-kisser *Am*.

lèchefrite [lɛʃfrit] *nf* dripping pan *Br*, broiler pan *Am*.

lécher [18] [leʃe] *vt* -**1.** [passer la langue sur] to lick; ~ **ses plaies** to lick one's wounds ❑ ~ **les bottes à qqn** *fam* to lick sb's boots; ~ **le cul à qqn**▼ to lick sb's arse *Br* OU ass *Am*; ~ **les vitrines** *fam* to go window-shopping. -**2.** [confiture, miel] to lick up *(sép)*; [lait, crème] to lap up *(sép)*; **l'enfant lécha la cuillère/la confiture tombée sur la table** the child licked the spoon clean/licked up the jam that had dropped on the table. -**3.** *fam* [perfectionner] to polish up *(sép)*; **le réalisateur a trop léché les images au détriment du scénario** the director spent too much time on the camera work and not enough on the script. -**4.** [effleurer - suj: feu] to lick at; **les flammes léchaient déjà le mur** the flames were already licking at the wall.

◆ **se lécher** *vp (emploi réfléchi)* to lick o.s.; **le chiot se léchait les pattes** the puppy was licking its paws; **se ~ les doigts** to lick one's fingers ❑ **c'est à s'en ~ les doigts** OU **les babines!** it's scrumptious!, it's really yummy!

lécheur, euse *fam* [leʃœr, øz] *nm, f péj* bootlicker, groveller.

◆ **lécheur** *adj m* suctorial.

lèche-vitrines [lɛʃvitrin] *nm inv* window-shopping; **faire du ~** to go window-shopping.

lécithine [lesitin] *nf* lecithin.

leçon [ləsɔ̃] *nf* -**1.** SCOL [cours] lesson; **donner/prendre des ~s de français** to give/to take French lessons; **il faut que je prépare ma ~ de géographie pour demain** I've got to prepare for tomorrow's geography lesson; **prenez la ~ sur la digestion à la page 50** turn to the lesson on digestion on page 50; **la couture en 15 ~s** needlework in 15 (easy) lessons ‖ [devoirs] homework *(U)*; **sais-tu ta ~ pour demain?** have you learnt what you were set for tomorrow's lesson?; **va apprendre tes ~s** go and learn your lessons. -**2.** [cours privé] lesson; **prendre des ~s de danse/piano** to take dance/piano lessons ❑ **~ particulière** private lesson. -**3.** [conseil] advice; **en matière de politesse, il pourrait te donner des ~s** as far as being polite is concerned, he could easily teach you a thing or two; **je n'ai de ~s à recevoir de personne!** I don't need advice from you or anybody else!, nobody's going to tell ME what to do!; **faire la ~ à qqn** to tell sb what to do. -**4.** [avertissement] lesson; **ça lui donnera une (bonne) ~!, ça lui servira de ~!** that'll teach him!; **que ceci vous serve de ~!** let this OU that be a lesson to you!; **donner une (bonne) ~ à qqn** to teach sb a lesson; **recevoir une (bonne) ~** to learn one's lesson *fig*; **espérons qu'il retiendra la ~** let's hope he's learnt his lesson.

lecteur, trice [lɛktœr, tris] *nm, f* -**1.** [personne qui lit] reader; **~ de journaux** newspaper reader; **c'est un grand ~ de BD** he reads a lot of comics; **nos ~s** our readers, our readership SOCIOL. -**2.** [récitant] reader. -**3.** [correcteur] reader. -**4.** ENS foreign language assistant *(at university)*; **~ de français** French lecteur. -**5.** IMPR proofreader. -**6.** RELIG lay reader.

◆ **lecteur** *nm* -**1.** AUDIO player; **~ de cassettes** cassette player. -**2.** INF reader; **~ de code (à) barres** bar code reader; **~ de disquette** disk drive; **~ de microforme** microform reader; **~ optique** optical reader OU scanner.

lectorat [lɛktɔra] *nm* -**1.** PRESSE readership; SOCIOL readers. -**2.** ENS foreign language assistantship.

lecture [lɛktyr] *nf* -**1.** [déchiffrage - d'un texte, d'une carte] reading; **la photocopie ne facilite pas la ~ du plan** the plan is more difficult to read because it has been photocopied; **la ~ d'un message en morse** the reading of a message in Morse; **seule une ~ attentive permet de s'en apercevoir** you'll only notice it if you read it carefully; **il est occupé à la ~ du scénario** he's busy reading the script; **j'aime la ~** I like reading ❑ **~ rapide** speed reading. -**2.** *(tjrs sg)* [capacité] reading; **l'apprentissage de la ~** learning to read; **leçon de ~** reading lesson. -**3.** [à voix haute] reading; **une ~ publique de qqch** a public reading of sthg; **donner ~ de qqch** to read sthg out; **faire la ~ à qqn** to read to sb. -**4.** [interprétation] reading, interpretation; **une ~ psychanalytique d'un film** a psychoanalytical interpretation OU reading of a film; **la ~ de de Gaulle par Malraux** Malraux's interpretation of de Gaulle. -**5.** [ce qu'on lit] reading matter, something to read; **à cette époque mes ~s étaient plutôt classiques** at that time I was mostly reading the classics; **il a de mauvaises ~s** he reads things he shouldn't. -**6.** AUDIO reading. -**7.** INF read-out; **~ destructive** destructive read-out; **~ optique** optical reading, optical character recognition. -**8.** MUS [d'une partition] reading; **~ à vue** sight-reading. -**9.** POL reading; **le texte a été adopté en première ~** the bill was passed on its first reading. -**10.** RELIG reading; **faire une ~** to do a reading.

LED [ɛlødə, lɛd] *(abr de* **light emitting diode)** *nf* LED.

ledit [lədi] *(f* **ladite** [ladit], *mpl* **lesdits** [ledi], *fpl* **lesdites** [ledit]*) adj* JUR the aforementioned, the aforesaid.

légal, e, aux [legal, o] *adj* JUR [disposition] legal; [héritier] lawful; **est-il ~ de vendre des biens sans payer d'impôts?** is it legal to sell goods without paying taxes?; **employer des moyens légaux contre qqn** to take legal action against sb ❑ **adresse ~e** registered address.

légalement [legalmɑ̃] *adv* legally, lawfully.

légalisation [legalizasjɔ̃] *nf* -**1.** [action de légaliser] legalization. -**2.** [authentification] certifying, ratification.

légaliser [3] [legalize] *vt* -**1.** [rendre légal] to legalize. -**2.** [authentifier] to certify, to authenticate; **une signature légalisée** a certified signature.

légalisme [legalism] *nm* legalism.

légaliste [legalist] ◇ *adj* legalistic, legalist.
◇ *nmf* legalist.

légalité [legalite] *nf* -**1.** [caractère légal] legality; **~ d'un acte/d'une procédure** legality of an act/a procedure. -**2.** [actes autorisés par la loi] : **la ~** the law; **rester dans/sortir de la ~** to keep within/to break the law; **en toute ~** quite legally.

légat [lega] *nm* -**1.** ANTIQ legate. -**2.** [du pape] legate; **~ a latere** legate a latere.

légataire [legatɛr] *nmf* legatee; **~ universel, ~ universelle** sole legatee.

légation [legasjɔ̃] *nf* -**1.** [représentation diplomatique] legation. -**2.** [résidence] legation, legate's residence. -**3.** [charge] legateship.

légendaire [leʒɑ̃dɛr] *adj* -**1.** [mythique] legendary; **un passé/héros ~** a legendary past/hero. -**2.** [connu de tous] : **elle est d'une discrétion ~** she's well-known for her discretion.

légende [leʒɑ̃d] *nf* -**1.** [récit mythique] legend, tale; **~s irlandaises** Irish legends OU folk tales. -**2.** [renommée] : **la ~** legend; **entrer dans la ~** to become a legend. -**3.** [commentaire - d'une photo] caption; [- d'une carte] legend, key. -**4.** [d'une médaille] legend.

◆ **de légende** *loc adj* [digne d'une légende] fairy-tale *(avant n)*; **un chevalier de ~** a knight out of a fairy tale; **un mariage de ~** a fairy-tale wedding.

légender [3] [leʒɑ̃de] *vt* to caption; **images copieusement légendées** pictures with a wealth of caption material.

léger, ère [leʒe, ɛr] *adj* -**1.** [démarche] light, springy; [métal, véhicule] light; [ondée, vent] light, slight; [brouillard] light; **gaz plus ~ que l'air** lighter-than-air gas; **construction trop légère** flimsy building; **je me sens plus ~** I feel (as though) a great weight's been lifted off my shoulders; **d'un cœur ~** with a light heart ❑ **~ comme une plume** OU **bulle** (as) light as a feather. -**2.** [fin - couche] thin; [- robe] light, flimsy. -**3.** [mobile - artillerie, industrie, matériel] light; **escadre légère** flotilla. -**4.** [modéré - consommation] moderate; [- bruit] faint, slight; [- maquillage] light, discreet; **peindre par touches légères** to paint with light strokes; **une légère odeur d'œillet** a slight OU faint smell of carnations; **une légère tristesse/ironie** a hint of sadness/irony; **le beurre a un ~ goût de rance** the butter tastes slightly rancid. -**5.** [sans gravité - blessure, perte] minor; [- peine] light; [- responsabilité] light, undemanding; [- erreur] slight, minor, unimportant; [- douleur, picotement] slight; [- grippe] mild; **il n'y a eu que des blessés ~s** there were only minor injuries. -**6.** [gracieux - architecture, forme] light, airy. -**7.** [digeste - café, thé] weak; [- crème, vin] light; **un repas ~** a snack, a light meal. -**8.** [irresponsable -personne, conduite] irresponsible, thoughtless, unthinking; [- raison, justification] lightweight, flimsy; **vous avez été un peu ~** it was a bit thoughtless OU careless of you. -**9.** [immoral -femme, mœurs] loose; [- plaisanterie] risqué; [ton] light-hearted. -**10.** MUS [opéra, ténor] light.

◆ **léger** *adv*: **manger ~** to avoid rich food.

◆ **à la légère** *loc adv* lightly; **agir à la légère** to act thoughtlessly OU rashly; **conclure à la légère** to jump to conclusions.

légèrement [leʒɛrmɑ̃] *adv* -**1.** [un peu] slightly; **~ blessé/teinté** slightly hurt/tinted; **loucher/boiter ~** to have a slight squint/limp; **brun tirant ~ sur le roux** brown with a slight hint of auburn; **il est ~ paranoïaque** he's a bit paranoid; **une boisson ~ alcoolisée** a slightly alcoholic drink; **un gâteau ~ parfumé au citron** a cake with a hint of lemon flavouring. -**2.** [inconsidérément] lightly; **on ne peut pas parler du cancer ~** one cannot talk lightly about cancer; **agir ~** to act thoughtlessly OU without thinking. -**3.** [frugalement] : **déjeuner/dîner ~** to have a light lunch/dinner. -**4.** [avec des vêtements légers] : **s'habiller ~** to wear light clothes.

légèreté [leʒɛrte] *nf* -**1.** [poids] lightness. -**2.** [agilité] lightness, nimbleness; **marcher avec ~** to walk lightly. -**3.** [finesse - de la dentelle, d'une pâtisserie] lightness; [- d'un parfum] discreetness, subtlety; **la ~ d'un vin** the lightness of a wine. -**4.** [désinvolture] casualness; **il a fait preuve d'une certaine ~ dans ses propos** what he said was somewhat irresponsible; **avec ~** casually. -**5.** [clémence - d'une punition] lightness.

leggin(g)s [legins] *nfpl* leggings.

légiférer [18] [leʒifere] *vi* to legislate.

légion [leʒjɔ̃] *nf* -**1.** MIL: **la Légion (étrangère)** the (French) Foreign Legion. -**2.** [décoration] : **la Légion d'honneur** the Légion d'Honneur, the Legion of Honour. -**3.** ANTIQ legion. -**4.** [grand nombre] : **une ~ de**: **une ~ de cousins** an army of cousins ‖ *(en usage abs)*: **ses admirateurs sont ~** her admirers are legion.

légionellose [leʒjɔnɛloz] *nf* legionnaire's disease.

légionnaire [leʒjɔnɛr] ◇ *nm* -**1.** [de la Légion étrangère] legionnaire. -**2.** ANTIQ legionary.
◇ *nmf* [membre de la Légion d'honneur] member of the Légion d'Honneur.

législateur, trice [leʒislatœr, tris] ◇ *adj* lawmaking.
◇ *nm, f* lawmaker, legislator.

◆ **législateur** *nm*: **le ~** the legislature.

législatif, ive [leʒislatif, iv] *adj* -**1.** [qui fait les lois] legislative; **les instances législatives** legislative bodies; **des réformes législatives** legislative reforms. -**2.** [de l'Assemblée] parliamentary *Br*.

◆ **législatif** *nm*: **le ~** the legislature.

◆ **législatives** *nfpl* ≃ general election *Br*, ≃ Congressional election *Am*.

législation [leʒislasjɔ̃] *nf* legislation; **la ~ viticole** the laws surrounding the wine trade ❑ **~ du travail** labour laws.

législativement [leʒislativmɑ̃] *adv* legislatively.

législatives [leʒislativ] *fpl* → **législatif**.

législature [leʒislatyr] *nf* [durée du mandat] term (of office); **les crises qui ont agité la précédente ~** the crises in the previous administration.

légiste [leʒist] ◇ *adj* → **médecin**.
◇ *nm* legist.

légitimation [leʒitimasjɔ̃] *nf* -**1.** JUR [d'un enfant] legitimization. -**2.** [reconnaissance] recognition; [justification] justification.

légitime [leʒitim] ◇ *adj* -**1.** [légal - gén] lawful, legal; [- mariage] lawful; [- enfant] legitimate; **le gouvernement ~ de la France** the lawful government of France. -**2.** [justifié] legitimate; **son refus ~ d'obéir** her rightful refusal to obey; **une ~ colère** a justifiable OU justified anger; **une revendication ~** a legitimate demand.
◇ *nf* ▽ [épouse] missus; **ma ~** the missus.

◆ **légitime défense** *nf* self-defence.

légitimé, e [leʒitime] ◇ *adj* JUR [enfant] legitimized.
◇ *nm, f* legitimized child.

légitimement [leʒitimmɑ̃] *adv* -**1.** [justement] legitimately, justifiably; **vous auriez ~ pu vous plaindre** you would have been justified in complaining; **on peut ~ penser que...** we have good reason OU good cause to believe that... -**2.** JUR legitimately, lawfully.

légitimer [3] [leʒitime] *vt* -**1.** JUR [enfant] to legitimate; [accord, union, titre] to (make) legitimate, to legitimize, to legitimatize. -**2.** [justifier] to justify, to legitimate; **n'essaie pas de ~ son comportement** don't try to find excuses for OU to justify his behaviour; **on ne peut pas ~ la prise du pouvoir par la force** taking power by force is indefensible.

légitimiste [leʒitimist] *adj* & *nmf* legitimist.

légitimité [leʒitimite] *nf* -**1.** JUR & POL legitimacy. -**2.** *sout* [bien-fondé] rightfulness; **tu ne peux nier la ~ de ses réclamations** you cannot say that her complaints aren't justified OU well-founded.

Lego® [lego] *nm* (set of) Lego®.

Le Greco [ləgreko] *npr* El Greco.

legs [lɛg] *nm* -**1.** JUR legacy, bequest; **faire un ~ à qqn** to leave a legacy to sb, to leave sb a legacy ❑ **~ à titre universel** residuary bequest OU legacy, residue of one's estate; **~ à titre particulier** specific bequest OU legacy; **~ universel** general legacy. -**2.** [héritage] legacy, heritage.

léguer [18] [lege] *vt* -**1.** JUR to bequeath; **~ qqch à qqn** to bequeath OU to leave sthg to sb; **son père lui a légué une énorme fortune** his father bequeathed OU left him a huge fortune. -**2.** [donner] to hand down *(sép)*, to pass on *(sép)*; **il porte les vêtements que lui lègue son frère** he wears his brother's hand-me-downs.

légume [legym] *nm* -**1.** BOT & CULIN vegetable; **tu ne manges pas assez de ~s** you don't eat enough vegetables ❑ **~s secs** dried vegetables; **~s verts** green vegetables. -**2.** *fam* [personne] vegetable.

◆ **grosse légume** *fam nf* [personne influente] bigwig, big shot; [officier] brass (hat); **les grosses ~s du régiment** the top brass (of the regiment).

légumier, ère [legymje, ɛr] ◇ *adj* vegetable *(modif)*.

◇ *nm, f Belg* greengrocer.

◆ **légumier** *nm* vegetable dish.

légumine [legymin] *nf* legumin.

légumineuse [legyminøz] ◇ *nf* leguminous plant, legume.

◇ *adj f* leguminous.

leibnizien, enne [lɛbnitsjɛ̃, ɛn] *adj* Leibnizian.

léiomyome [lejɔmjom] *nm* leiomyoma.

Leipzig [lɛpsig] *npr* Leipzig.

leishmaniose [lɛʃmanjoz] *nf* leishmaniasis, leishmaniosis.

leitmotiv [lajtmɔtif, lɛjtmɔtif] (*pl* **leitmotivs** OU **leitmotive**) *nm* -**1.** LITTÉRAT & MUS leitmotiv, leitmotif. -**2.** *fig* hobbyhorse; **elle dit qu'elle n'aime pas la capitale, c'est son ~** she's always harping on about not liking the capital.

Léman [lemɑ̃] *npr m*: **le (lac) ~** Lake Geneva.

lemming [lɛmiŋ] *nm* lemming.

lémurien [lemyrjɛ̃] *nm* lemur.

lendemain [lɑ̃dmɛ̃] *nm* -**1.** [le jour suivant] : **le ~** the next OU the following day, the day after; **le ~ matin** the next OU the following morning; **le ~ de son anniversaire** the day after her birthday; **le ~ de son arrestation** the day after he was arrested ❑ **les ~s de fête sont souvent difficiles** it's often hard to get through the morning after the night before *hum*; **il ne faut pas remettre au ~ ce qu'on peut faire le jour même** *prov* never put off till tomorrow what you can do today *prov*. -**2.** [futur] tomorrow, the future; **il dépense son argent sans penser au ~** he spends his money without thinking of the future.

◆ **lendemains** *nmpl* [avenir] future; **son arrivée au pouvoir annonçait de sombres ~s** his coming to power heralded a dark future OU dark days to come; **délinquant à 11 ans, ça nous promet de beaux ~s!** 11 years old and already a delinquent, he's got a bright future ahead of him!; **on entrevoit des ~s difficiles pour l'emploi** they predict a bleak future for employment ❑ **on nous promet toujours des ~s qui chantent** they keep promising us a brighter future.

◆ **au lendemain de** *loc prép*: **au ~ de la Révolution** immediately OU just after the Revolution; **au ~ de son élection** in the days (immediately) following her election.

◆ **du jour au lendemain** *loc adv* overnight; **il a changé d'avis du jour au ~** he changed his mind overnight.

◆ **sans lendemain** *loc adj* short-lived.

lénifiant, e [lenifjɑ̃, ɑ̃t] *adj* -**1.** MÉD calming. -**2.** *fig* & *sout* [images, paroles] soothing, lulling, assuaging.

lénifier [9] [lenifje] *vt* -**1.** MÉD to calm. -**2.** *fig* & *sout* [calmer] to soothe, to lull, to assuage.

Lénine [lenin] *npr* Lenin.

Leningrad [leningrad] *npr* Leningrad.

léninisme [leninism] *nm* Leninism.

léniniste [leninist] *adj* & *nmf* Leninist.

lénitif, ive [lenitif, iv] *adj* -**1.** MÉD calming. -**2.** *fig* & *sout* soothing.

lent, e[1] [lɑ̃, lɑ̃t] *adj* -**1.** [pas rapide - esprit, mouvement, film] slow; [- circulation] slow, sluggish; [- animal] slow-moving; **à combustion ~e** slow-burning; **il a une digestion ~e** it takes him a long time to digest his food; **la justice est tellement ~e!** the legal system is so slow!; **~ à: il est ~ à comprendre** he's slow on the uptake; **la fin est ~e à venir** the end is a long time coming. -**2.** [progressif - agonie] lingering; [- effritement, évolution] slow, gradual; [- poison] slow-acting. -**3.** PSYCH: **sommeil ~** slow-wave sleep.

lente[2] [lɑ̃t] *nf* ENTOM nit.

lentement [lɑ̃tmɑ̃] *adv* slowly; **marcher ~** to walk slowly OU at a slow pace; **il travaille ~** he's a slow worker; **~ mais sûrement** slowly but surely.

lenteur [lɑ̃tœr] *nf* slowness; **avec ~** slowly; **d'une ~ désespérante** appallingly slow; **tu es d'une ~!** you're so slow!; **devant la ~ avec laquelle elle a réagi** faced with her slowness in reacting OU her sluggish reaction; **les ~s de la justice** the slowness of the courts, the slow course of justice.

lenticelle [lɑ̃tisɛl] *nf* lenticel.

lenticulaire [lɑ̃tikylɛr], **lenticulé, e** [lɑ̃tikyle] *adj* lenticular.

lentigo [lɑ̃tigo] *nm* , **lentigine** [lɑ̃tiʒin] *nf* mole, lentigo *spéc*.

lentille [lɑ̃tij] *nf* -**1.** BOT & CULIN lentil; **~ d'eau** duckweed *(U)*. -**2.** OPT & PHYS lens; **~s cornéennes** OU **de contact** contact lenses; **~s souples** soft (contact) lenses.

lentisque [lɑ̃tisk] *nm* lentisk.

Léonard de Vinci [leɔnardəvɛ̃si] *npr* Leonardo da Vinci.

léonin, e [leɔnɛ̃, in] *adj* -**1.** *sout* [commission, partage] unfair, one-sided; [contrat] leonine. -**2.** [de lion] leonine. -**3.** [vers] Leonine.

léopard [leɔpar] *nm* -**1.** ZOOL leopard; [fourrure] leopard skin; **veste en ~** leopard-skin jacket. -**2.** *(en apposition)*: **tenue ~** MIL camouflage battle dress. -**3.** HÉRALD lion passant guardant.

léopardé, e [leɔparde] *adj* HÉRALD: **lion ~** lion passant, leopard.

Léopold [leɔpɔld] *npr* [empereur] Leopold.

LEP, Lep [lɛp, ɛløpe] *nm abr de* **lycée d'enseignement professionnel**.

lépidoptère [lepidɔptɛr] *nm* lepidopteran; **les ~s** the Lepidoptera.

lépiote [lepjɔt] *nf* parasol mushroom.

lèpre [lɛpr] *nf* -**1.** MÉD leprosy. -**2.** *litt* [moisissure] : **mur rongé par la ~** wall eaten away by damp. -**3.** *fig* [fléau] blight, scourge; **la drogue, ~ de notre époque** drugs, the scourge of our age.

lépreux, euse [leprø, øz] ◇ *adj* -**1.** MÉD leprous. -**2.** *litt* [mur] flaking, peeling; **des baraquements ~** crumbling shacks.

◇ *nm, f* MÉD leper; **traiter qqn comme un ~** to ostracize sb, to send sb to Coventry *Br*.

léprologie [leprɔlɔʒi] *nf* leprosy research, leprology.

léproserie [leprozri] *nf* leper hospital OU house, leprosy clinic.

lequel [ləkɛl] (*f* **laquelle** [lakɛl], *mpl* **lesquels** [lekɛl], *fpl* **lesquelles** [lekɛl], *avec 'à'* **auquel** [okɛl], **auxquels** [okɛl], **auxquelles** [okɛl], *avec 'de'* **duquel** [dykɛl], **desquels** [dekɛl], **desquelles** [dekɛl]) ◇ *pron rel* -**1.** [sujet - personne] who; [- chose] which; **il était avec sa sœur, laquelle m'a reconnu** he was with his sister, who recognized me; **elle habitait une ferme, laquelle n'existe plus** *sout* she lived in a farmhouse which is no longer there. -**2.** [complément - personne] whom; [- chose] which; **un ami auprès duquel trouver un réconfort** a friend (who) one can find comfort with, a friend with whom one can find comfort; **un ami avec ~ il sort souvent** a friend with whom he often goes out, a friend (who) he often goes out with; **l'ami sans ~ il n'aurait pas réussi** the friend without whom he wouldn't have succeeded; **une réaction à laquelle je ne m'attendais pas** a reaction (which OU that) I wasn't expecting; **la maison dans laquelle j'ai grandi** the house where OU in which I grew up, the house (that) I grew up in; **le moyen par ~ il compte réussir** the means by which he intends to succeed; **il y avait là beaucoup de jeunes gens parmi lesquels...** there were a lot of young people there, amongst whom...; **c'est une personne dans laquelle je n'ai aucune confiance** he is someone (who) I have no confidence in, he is someone in whom I have no confidence; **les gens au nom desquels je parle** the people on whose behalf I am speaking; **un dispositif au moyen duquel on peut...** a device whereby OU by means of which it is possible to...; **le livre à la rédaction duquel il se consacre** the book (which) he is engaged in editing.

◇ *adj rel sout*: **il avait contacté un deuxième avocat, ~ avocat avait également refusé de le défendre** he contacted another lawyer who also refused to defend him ❑ **auquel cas** in which case; **il se pourrait que j'échoue, auquel cas je repasserai l'examen l'année prochaine** I might possibly fail, in which case I'll resit the exam next year.

◇ *pron interr* which (one); **~ est-ce?** which (one) is it?; **~ d'entre vous a gagné?** which (one) of you won?; **laquelle veux-tu?** which (one) would you like?; **laquelle est ta valise?** which is your suitcase?, which suitcase is yours?; **difficile de dire laquelle me plaît le plus** difficult to say which (one) I like best; **j'ai rencontré un de ses collaborateurs, je ne sais plus ~** I met one of his colleagues, I can't remember which (one).

lerche [lɛrʃ] *adv*: **pas ~** ▽ sod all; **il n'en reste pas ~** there's sod all left; **50 francs, c'est pas ~** OU **ça fait pas ~** 50 francs, that's sod all.

Lermontov [lɛrmɔntɔf] *npr* Lermontov.

les [le] *pl* → **le**.

lès [lɛ, *devant voyelle* lɛz] = **lez**.

lesbianisme [lɛsbjanism] *nm* lesbianism.

lesbien, enne [lɛsbjɛ̃, ɛn] *adj* lesbian.

◆ **lesbienne** *nf* lesbian.

lesbisme [lɛsbism] = **lesbianisme**.

lesdites [ledit] *fpl*, **lesdits** [ledi] *mpl* → **ledit**.

lèse-majesté [lɛzmaʒɛste] *nf inv* lese-majesty, lèse-majesté.

léser [18] [leze] *vt* -**1.** [désavantager] : **~ qqn** to wrong sb; **~ les intérêts de qqn** to harm sb's interests; **elle s'estime lésée par rapport aux autres** she feels badly done by OU unfavourably treated compared with the others. -**2.** JUR: **partie lésée** injured party. -**3.** MÉD to injure.

lésine [lezin] *nf litt* miserliness, stinginess.

lésiner [3] [lezine]

◆ **lésiner sur** *v + prép* to skimp on; **ils lésinent sur tout** they're stingy with everything; **ne pas ~ sur** to be generous with; **tu n'as pas lésiné sur le sel!** you got a bit carried away with OU you were a bit too generous with the salt!; il n'a pas lésiné sur les critiques! he didn't spare his criticism!

lésinerie [lezinri] = **lésine**.

lésineur, euse [lezinœr, øz] *adj vieilli* miserly, parsimonious.

lésion [lezjɔ̃] *nf* -**1.** MÉD injury, lesion *spéc*; 'à appliquer sur les ~s tous les soirs' 'apply to the affected area every evening' ❑ ~ par écrasement/souffle crush/blast injury. -**2.** JUR wrong.

lésionnaire [lezjɔnɛr] *adj* JUR prejudicial, detrimental.

lésionnel, elle [lezjɔnɛl] *adj* MÉD [résultant d'une lésion] due to a lesion; [causant lésion] lesion-causing.

L ès L (*abr écrite de* licencié ès lettres) ≃ BA.

Lesotho [lezɔto] *npr m*: le ~ Lesotho; au ~ in Lesotho.

lesquelles *fpl*, **lesquels** *mpl* [lekɛl] → **lequel**.

lessivable [lɛsivabl] *adj* washable.

lessivage [lɛsivaʒ] *nm* -**1.** [d'un mur, d'un plancher] scrubbing, washing. -**2.** GÉOL leaching.

lessive [lɛsiv] *nf* -**1.** [poudre] detergent, washing OU soap powder; [liquide] (liquid) detergent. -**2.** [linge à laver] washing, laundry; je t'ai apporté ma ~ I've brought you my washing OU my laundry || [contenu d'une machine] (washing-machine) load; et mon jean? – ce sera pour la prochaine ~ what about my jeans? – they'll go in with the next wash OU load. -**3.** [lavage] wash; faire la ~ to do the washing OU the laundry; faites deux ~s séparées pour la laine et le coton wash wool and cotton separately. -**4.** *fam* [épuration] clean-up (operation).

lessiver [3] [lɛsive] *vt* -**1.** [laver - vêtement, tissu] to wash; [- mur] to wash down *(sép)*. -**2.** *fam* [épuiser] to wear out *(sép)*; je suis lessivé I'm whacked *Br* OU all in *Am*. -**3.** *fam* [ruiner] to clean out *(sép)*. -**4.** ▽ [éliminer]: se faire ~ to get knocked out. -**5.** CHIM & GÉOL to leach (out).

lessiveuse [lɛsivøz] *nf* boiler *(for clothes)*.

lessiviel, elle [lɛsivjɛl] *adj* detergent *(modif)*, detersive *spéc*.

lest [lɛst] *nm* AÉRON & NAUT ballast; navire sur ~ ship in ballast ❑ jeter OU lâcher du ~ AÉRON to dump ballast; *fig* to make concessions OU sacrifices.

lestage [lɛstaʒ] *nm* AÉRON & NAUT ballasting.

leste [lɛst] *adj* -**1.** [souple et vif - personne] nimble; [- animal] agile, nimble; il est encore ~ malgré son âge he's still sprightly for his age. -**2.** [désinvolte - ton] offhand, disrespectful. -**3.** [libre - plaisanterie] risqué, crude.

lestement [lɛstəmɑ̃] *adv* -**1.** [avec souplesse] nimbly. -**2.** [avec désinvolture] offhandedly, casually. -**3.** [hardiment]: il plaisantait un peu ~ he was making rather risqué jokes.

lester [3] [lɛste] *vt* -**1.** AÉRON & NAUT to ballast. -**2.** *fam* [charger]: ~ qqch de to fill OU to cram sthg with; les poches lestées de bonbons pockets filled OU crammed with sweets.

◆ **se lester** *fam vpi* [manger beaucoup] to stuff o.s.

let [lɛt] *adj inv* SPORT let; balle ~ let (ball).

létal, e, aux [letal, o] *adj* lethal.

léthargie [letarʒi] *nf* -**1.** MÉD lethargy; tomber en ~ to fall into a state of lethargy, to become lethargic. -**2.** *fig* [mollesse - physique] lethargy; [- psychologique] apathy.

léthargique [letarʒik] *adj* MÉD & *fig* lethargic.

lette [lɛt] = **letton** *nm*.

letton, one OU **onne** [lɛtɔ̃, ɔn] *adj* Latvian.

◆ **Letton, Lettone** OU **onne** *nm, f* Latvian, Lett.

◆ **letton** *nm* LING Latvian, Lettish.

Lettonie [lɛtɔni] *npr f*: (la) ~ Latvia.

lettre [lɛtr] *nf* **A.** -**1.** [d'un alphabet] letter; un mot de neuf ~s a nine-letter word ❑ ~ majuscule capital (letter), uppercase letter; ~ minuscule small OU lowercase letter; en ~s de feu/d'or/de sang: leur révolte est écrite en ~s de feu dans ma mémoire their revolt is branded on my memory; leur abnégation est gravée en ~s d'or dans nos cœurs their self-sacrifice is engraved indelibly in our hearts; cette page d'histoire est imprimée en ~s de sang dans notre mémoire this page of history has left a bloody impression in our memory. -**2.** IMPR [forme en plomb] character, letter; ~ ornée initial.

B. -**1.** [correspondance] letter; suite à votre ~ du... further to your letter of...; je lui ai envoyé une petite ~ pour son anniversaire I sent her a note for her birthday; pas de ~s pour moi? no mail OU no letters for me?; mettre une ~ à la poste to post a letter ❑ ~ d'amour/de menace love/threatening letter; ~ anonyme anonymous letter; apportez une ~ d'excuse de vos parents bring a note from your parents; ~ exprès express letter; ~ d'introduction letter of introduction; ~ de licenciement notice in writing, redundancy letter *Br*, pink slip *Am*; ~ de mort *Belg* announcement of death; ~ de référence letter of reference; ~ de recommandation letter of recommendation; ~ recommandée [avec accusé de réception] recorded delivery letter *Br*, letter sent by certified mail *Am*; [avec valeur déclarée] registered letter; ~ de remerciements letter of thanks, thank you letter; passer comme une ~ à la poste *fam* [boisson, aliment] to go down a treat; [demande, mesure] to go off without a hitch, to go off smoothly. -**2.** BANQUE: ~ de change bill of exchange; ~ de crédit letter of credit. -**3.** JUR: ~ d'intention letter of intent; ~ de voiture waybill, consignment note. -**4.** HIST: ~ de cachet lettre de cachet; ~s de noblesse letters patent (of nobility); conquérir OU recevoir des ~s de noblesse *fig* to gain respectability; ~ patente letters patent. -**5.** POL: ~s de créance credentials. -**6.** PRESSE: ~ ouverte open letter. -**7.** LITTÉRAT [titre]: 'les Lettres de mon moulin' *Daudet* 'Letters from My Mill'; 'Lettres persanes' *Montesquieu* 'Persian Letters'; 'Lettre à d'Alembert' *Rousseau* 'Letter to d'Alembert'.

C. -**1.** [sens strict] letter; respecter la ~ de la loi to respect OU observe the letter of the law. -**2.** ~ morte: rester ~ morte to go unheeded, to be disregarded; le cessez-le-feu est devenu ~ morte the cease-fire is no longer being observed.

◆ **lettres** *nfpl* -**1.** ENS: les ~s arts subjects, the arts, the humanities; étudiant en ~s arts student; ~s classiques classics, Latin and Greek; ~s modernes modern literature; ~s supérieures preparatory class *(leading to the École Normale Supérieure and lasting two years)*. -**2.** LITTÉRAT: les ~s literature; le monde des ~s the literary world ❑ avoir des ~s to be well-read; une femme de ~s a woman of letters.

◆ **à la lettre, au pied de la lettre** *loc adv* to the letter; suivez l'ordonnance du médecin à la ~ follow the doctor's prescription to the letter; ne prends pas ce qu'il dit au pied de la ~ don't take what he says at face value.

◆ **avant la lettre** *loc adv*: c'était un surréaliste avant la ~ he was a surrealist before the term was ever invented.

◆ **en toutes lettres** *loc adv* -**1.** [ni en chiffres, ni en abrégé] in full; écrire qqch en toutes ~s to write sthg (out) in full; écrivez la somme en toutes ~s write the amount (out) in full. -**2.** [très clairement] clearly, plainly; c'est écrit en toutes ~s dans le contrat it's written in black and white OU it's spelt out plainly in the contract.

lettré, e [lɛtre] ◇ *adj* -**1.** *sout* well-read. -**2.** *Belg* [sachant lire et écrire]: il est ~ he can read and write.

◇ *nm, f* -**1.** c'est un fin ~ he's extremely well-read OU scholarly. -**2.** *Belg* [personne sachant lire et écrire] *person who can read and write*.

lettre-transfert [lɛtrtrɑ̃sfɛr] (*pl* lettres-transferts) *nf* Letraset® (letter).

lettrine [lɛtrin] *nf* -**1.** IMPR (initial) letter; ~ abaissée/surélevée dropped/raised initial. -**2.** [d'un dictionnaire] running initial.

lettrisme [lɛtrism] *nm* LITTÉRAT lettrism.

leu [lø] (*pl* lei [lɛ]) *nm* [monnaie] leu; quinze lei fifteen lei.

◆ **à la queue leu leu** *loc adv* in single file, crocodile fashion *Br*.

leucanie [løkani] *nf* ENTOM leucania, army-worm moth.

leucémie [løsemi] *nf* leukaemia.

leucémique [løsemik] ◇ *adj* leukaemic.

◇ *nmf* leukaemia sufferer.

leucite [løsit] *nf* MINÉR leucite.

leucocytaire [løkɔsitɛr] *adj* leucocytic.

leucocyte [løkɔsit] *nm* leucocyte.

leucocytose [løkɔsitoz] *nf* leucocytosis.

leucoencéphalite [løkɔɑ̃sefalit] *nf* leucoencephalitis.

leucopénie [løkɔpeni] *nf* leucopenia.

leucorrhée [løkɔre] *nf* leucorrhoea.

leur [lœr] ◇ *pron pers* them; je voudrais ~ parler avant qu'ils ne partent I'd like to speak to them before they leave; je ~ ai donné la lettre I gave them the letter, I gave the letter to them; ça ne ~ rapporte rien they aren't getting anything out of it; il ~ est difficile de venir it's difficult for them to come.

◇ *adj poss* their; c'est ~ tour it's their turn; ce sont ~s enfants these are their children; avec cette aisance qui a toujours été ~ *sout* with that characteristic ease of theirs; ils ont fait ~ la langue anglaise *sout* they made the English language their own.

◆ **le leur** (*f* **la leur**, *pl* **les leurs**) *pron poss* theirs; c'est notre problème, pas le ~ it's our problem, not theirs; nos enfants et les ~s our children and theirs; ils ont pris une valise qui n'était pas la ~ they took a suitcase that wasn't theirs OU their own ❑ être (un) des ~s to belong to their group, to be one of them; je ne me suis jamais senti l'un des ~s I never felt that I was one of them; serez-vous aussi des ~s dimanche? will you be there on Sunday too?; ils ont été aidés, mais ils y ont mis beaucoup du ~ they were helped, but they put a lot of effort into it (themselves).

leurre [lœr] *nm* -**1.** [illusion] delusion, illusion; ce serait un ~ d'espérer qu'il réponde à votre demande you would be deceiving yourself if you thought that he might comply with your demands || [tromperie] deception; son grand projet n'est qu'un ~ his great plan is just a trick. -**2.** ARM decoy. -**3.** CHASSE decoy, lure; [en fauconnerie] lure. -**4.** PÊCHE lure; [vivant] bait.

leurrer [5] [lœre] *vt* -**1.** [tromper] to deceive, to delude; ne te laisse pas ~ par ses beaux discours do not be deceived by his fine words. -**2.** [en fauconnerie] to lure.

◆ **se leurrer** *vp (emploi réfléchi)* [se laisser abuser] to deceive OU to delude o.s.; ne te leurre pas, elle ne t'aime plus don't delude yourself, she doesn't love you any more; il ne faut pas se ~, on va perdre let's not fool ourselves, we're going to lose.

levage [ləvaʒ] *nm* -**1.** TECH lifting; appareil de ~ lifting tackle *(U)* OU appliance. -**2.** CULIN raising, rising; après le deuxième ~ [du pain] after proving for the second time.

levain [ləvɛ̃] *nm* -**1.** CULIN [substance, pâte] leaven, leavening; pain sans ~ unleavened bread. -**2.** *fig* & *litt*: le ~ de la révolte the seeds of revolt.

levant [ləvɑ̃] *nm sout*: le ~ the east; baie exposée au ~ east-facing bay; du ~ au couchant from east to west.

Levant [ləvɑ̃] *npr m*: le ~ the Levant.

levantin, e [ləvɑ̃tɛ̃, in] *adj* Levantine.

◆ **Levantin, e** *nm, f* Levantine.

levé [ləve] *nm* survey; faire le ~ d'un champ to survey a field.

levée [ləve] *nf* -**1.** [ramassage - du courrier, des impôts] collection; il y a deux ~s par jour the post *Br* OU mail *Am* is collected twice a day, there are two collections a day. -**2.** [suppression] lifting; **il a demandé la ~ des sanctions/de l'embargo** he asked for the sanctions/the embargo to be lifted; **cela nécessiterait la ~ de son immunité parlementaire** this would involve withdrawing his parliamentary immunity. -**3.** JUR: **~ d'écrou** release (from prison); **~ de jugement** transcript (of the verdict); **~ des scellés** removal of the seals. -**4.** JEUX trick; **son roi de pique fait la ~** his king of spades takes OU wins the trick. -**5.** GÉOL levee. -**6.** CONSTR: **~ de terre** levee. -**7.** MIL [de troupes] levying; [d'un siège] raising; **~ en masse** levy en masse; **~ de boucliers** *fig* outcry, uproar; **ça a provoqué une ~ de boucliers chez les féministes** it provoked an outcry from feminists. -**8.** COMM: **~ d'option** taking up of the option. -**9.** [cérémonie]: **la ~ du corps** taking the body from the house *(for the funeral)*; **la ~ du corps aura lieu à 15 h** the funeral procession will gather at the house at 3 p.m.

lève-glace [lɛvglas] (*pl* **lève-glaces**) *nm* window winder.

lever[1] [ləve] *nm* -**1.** [apparition]: **le ~ du soleil** sunrise; **le ~ du jour** daybreak, dawn. -**2.** [fait de quitter le lit]: **il se met au travail dès son ~** he starts working as soon as he gets up; **elle boit un grand verre d'eau au ~** she drinks a big glass of water as soon as she gets up OU first thing in the morning; **le ~ du roi** the levee of the king. -**3.** THÉÂT: **au ~ de rideau** when the curtain goes up; **un ~ de rideau** [pièce] a curtain raiser. -**4.** [d'un plan] survey.

lever[2] [19] [ləve] ◇ *vt* **A.** -**1.** [faire monter] to raise, to lift; [soulever] to lift; [redresser] to lift up; **lève la vitre** close the window; **~ une barrière** to put up OU to erect a barrier; **~ le pont d'un château fort** to raise the drawbridge of a castle; **lève ton verre pour que je puisse te servir** lift your glass so that I can serve you; **~ son verre** [porter un toast] to raise one's glass; **levons nos verres à sa réussite** let's raise our glasses to OU let's drink to his success; **~ le rideau** THÉÂT to raise the curtain ☐ **~ la bannière** OU **l'étendard** [se révolter] to rise up in revolt, to raise the banner (of rebellion); [partir en guerre] to go to war; **~ haut son drapeau** [défendre publiquement ses opinions] to nail one's colours to the mast. -**2.** [diriger vers le haut - partie du corps] to lift, to raise; **~ la tête** to lift OU to raise one's head; **en entendant la sonnette, elle leva la tête** she looked up OU she raised her head when she heard the bell; **~ le front** OU **la tête** *fig* to hold one's head high; **~ les yeux** [regarder en face] to look up; **je n'osais plus ~ les yeux** I no longer dared look up; **~ les yeux au ciel** to lift up OU to raise one's eyes to heaven; **lève les pieds quand tu marches** lift OU don't drag your feet when you walk; **~ la main pour prêter serment** to raise one's hand to take an oath; **~ le doigt** OU **la main avant de prendre la parole** to put up OU to raise one's hand before speaking; **le chien lève la patte** the dog cocks its leg; **~ les bras au ciel** to lift up OU to raise one's arms to heaven ☐ **~ le cœur à qqn** to turn sb's stomach; **la seule pensée d'avoir à le toucher me lève le cœur** just the thought of having to touch it revolts OU sickens me; **la puanteur qui s'en échappe vous lève le cœur** the stench coming from it is nauseating. -**3.** *loc*: **~ le masque** to show one's true colours; **~ le voile** to lift the veil. -**4.** [sortir du lit]: **~ qqn** to get sb up, to get sb out of bed; **nous levons les pensionnaires à 8 h** we rouse the boarders at 8 o'clock.

B. -**1.** [ramasser - filets de pêche] to raise; [- courrier, impôt] to collect. -**2.** [dessiner] to draw (up); **il faudra ~ le plan du domaine** a plan of the estate will have to be drawn up; **~ une carte** to draw a map; **~ le plan de qqch** to chart sthg. -**3.** CULIN [viande] to carve; **~ les filets d'un poisson** to fillet a fish. -**4.** [faire cesser - blocus, interdiction] to lift; [- séance, audience] to close; [- scrupules, ambiguïté] to remove; **~ les punitions** to cancel punishment; **~ un interdit/une excommunication** to lift an interdict/an excommunication; **~ un obstacle** to get rid of OU to remove an obstacle; **la réforme ne lèvera pas toutes les difficultés** the reform will not remove all the difficulties. -**5.** BOURSE: **~ une valeur** to take up a security; **~ des titres** to take delivery of stock; **~ une option** to take up an option. -**6.** JEUX to pick up *(sép)*; **~ les cartes** to take OU to pick up a trick.

C. -**1.** CHASSE to flush; **~ une compagnie de perdreaux** to flush a covey of partridges. -**2.** ▽ [personne] to pull, to pick up. -**3.** [mobiliser] to raise; **~ des troupes** to raise troops; **le gouvernement a levé deux classes** the government has raised OU mobilized two contingents.

◇ *vi* -**1.** [pousser] to come up *(insép)*; **l'avoine a levé** the oats have come up; **le blé commence à ~** the wheat's starting to come up OU to sprout. -**2.** CULIN to rise, to prove; **la pâte a levé** the dough has risen OU proved; **laisser ~ la pâte** to let the dough rise OU prove.

◆ **se lever** *vpi* -**1.** [monter] to go up; **je vois une main qui se lève au fond de la classe** I see a hand going up at the back of the class; **tous les yeux** OU **regards se levèrent vers elle** all eyes turned towards her; **le rideau se lève sur un salon bourgeois** the curtain rises on a middle-class drawing room. -**2.** [se mettre debout] to stand up, to rise; **levez-vous quand le proviseur entre** stand up when the headmaster comes in; **le public se leva pour l'applaudir** the public stood up OU rose to applaud him; **se ~ de sa chaise** to get up OU to rise from one's chair; **ne te lève pas de table!** don't leave the table!; **se ~ contre** *fig* to rise up against; **le peuple s'est levé contre l'oppression** the people rose up against oppression; **il est temps que les hommes de bonne volonté se lèvent** it is time for men of goodwill to stand up and be counted ☐ **lève-toi et marche** BIBLE take up thy bed and walk. -**3.** [sortir du lit - dormeur] to get up, to rise *litt*; [- malade] to get up; **il est l'heure de se ~!** time to get up!; **je ne peux pas me ~ le matin** I can't get up OU I can't get out of bed in the morning; **il ne s'est levé que la semaine dernière** [malade] he only got up last week; **elle ne se lève plus** she no longer leaves her bed ☐ **se ~ avec le soleil** to be up with the lark; **pour la prendre en défaut il faut se ~ tôt** OU **de bonne heure!** *fig* you'd have to be on your toes to catch her out!; **pour trouver du bon pain ici, tu peux te ~ de bonne heure** you've got your work cut out finding OU you'll be a long time finding good bread round here. -**4.** [apparaître - astre] to rise; [- jour] to dawn; **le soleil se levait quand nous partîmes** the sun was rising as we left; **au moment où la lune se lève** at the rising of the moon; **le jour se lève** day is dawning OU breaking. -**5.** MÉTÉO [vent] to get up; [brume] to lift, to clear; **le temps se lève** [il fait meilleur] the sky's clearing (up); **de violents orages se levèrent au cours de la nuit** fierce storms broke during the night; **le vent se lève** the wind's getting up; **si le brouillard se lève** if the fog lifts; **la mer se lève** the sea's getting up OU getting rough. -**6.** *litt* [surgir, naître] to rise (up); **l'espoir commença à se ~ dans tous les cœurs** hope welled up in everyone's heart.

lève-tard [lɛvtar] *nmf inv* late riser.

lève-tôt [lɛvto] *nmf inv* early riser, early bird.

levier [ləvje] *nm* -**1.** MÉCAN lever; **faire ~ sur qqch** to lever sthg up OU off. -**2.** [manette]: **~ (de changement) de vitesse** gear lever *Br*, gearshift *Am*; **~ de frein à main** handbrake lever; **~ de commande** control (lever); **être aux ~s de commande** *pr* to be at the controls; *fig* to be in command OU in the driver's seat OU at the controls. -**3.** *fig* [moyen de pression] means of pressure, lever; **la grève peut être un puissant ~ politique** strike action can be a powerful political lever.

lévitation [levitasjɔ̃] *nf* levitation.

lévite [levit] *nm* HIST Levite.

Lévitique [levitik] *npr m*: **le ~** Leviticus.

levraut [ləvro] *nm* leveret.

lèvre [lɛvr] *nf* -**1.** [de la bouche] lip; **elle avait le sourire aux ~s** she had a smile on her lips; **lire sur les ~s** to lip-read ☐ **~ inférieure/supérieure** lower/upper lip; **être pendu** OU **suspendu aux ~s de qqn** to be hanging upon sb's every word. -**2.** [de la vulve] lip, labium; **les ~s** the labia; **grandes/petites ~s** labia majora/minora. -**3.** GÉOL edge, side, rim. -**4.** MÉD [d'une plaie] lip.

levrette [ləvrɛt] *nf* -**1.** ZOOL greyhound bitch; **~ (d'Italie)** Italian greyhound. -**2.** *loc*: **en ~** ▽ doggy-fashion.

lévrier [levrije] *nm* greyhound; **~ afghan** Afghan hound.

lévulose [levyloz] *nm* laevulose.

levure [ləvyr] *nf* yeast; **~ de bière** brewer's yeast, dried yeast; **~ (chimique)** baking powder.

lexème [lɛksɛm] *nm* lexeme.

lexical, e, aux [lɛksikal, o] *adj* lexical.

lexicalisation [lɛksikalizasjɔ̃] *nf* lexicalization.

lexicaliser [3] [lɛksikalize] *vt* to lexicalize.

◆ **se lexicaliser** *vpi* to become lexicalized.

lexicographe [lɛksikɔgraf] *nmf* lexicographer.

lexicographie [lɛksikɔgrafi] *nf* lexicography.

lexicographique [lɛksikɔgrafik] *adj* lexicographical.

lexicologie [lɛksikɔlɔʒi] *nf* lexicology.

lexicologique [lɛksikɔlɔʒik] *adj* lexicological.

lexicologue [lɛksikɔlɔg] *nmf* lexicologist.

lexie [lɛksi] *nf* lexical item OU unit.

lexique [lɛksik] *nm* -**1.** [ouvrage] glossary, lexicon. -**2.** [vocabulaire - d'une langue] lexis, vocabulary; [- utilisé par un auteur] vocabulary.

lez [lɛ, *devant voyelle* lɛz] *prép* by, near.

lézard [lezar] *nm* -**1.** ZOOL lizard; **~ vert/des murailles** green/wall lizard; **faire le ~** to bask in the sun. -**2.** [peau] lizardskin; **ceinture en ~** lizardskin belt.

lézarde [lezard] *nf* crack, crevice.

lézarder [3] [lezarde] ◇ *vi fam* [au soleil] to bask in the sun; [paresser] to laze about, to lounge (about).

◇ *vt* [fissurer] to crack; **mur lézardé** cracked wall, wall full of cracks.

◆ **se lézarder** *vpi* to crack.

Lhassa [lasa] *npr* Lassa, Lhasa.

liage [ljaʒ] *nm* [action de lier] binding.

liais [ljɛ] *nm* hard limestone CONSTR.

liaison [ljɛzɔ̃] *nf* -**1.** [contact établi]: **le secrétaire assure la ~ entre les divers services** the secretary liaises between the various departments. -**2.** TÉLÉC contact; **la ~ téléphonique n'est pas très bonne** the line is not very good; **nous sommes en ~ directe avec notre correspondant** we have our correspondent on the line ☐ **~ radio** radio contact. -**3.** TRANSP link; **un train/car assure la ~ entre Édimbourg et Glasgow** there is a train/coach service operating between Edinburgh and Glasgow ☐ **~ aérienne/maritime/ferroviaire/fluviale/routière** air/sea/rail/river/road link. -**4.** [rapport] connection, link; **son départ est sans ~ avec la dispute d'hier** his departure is in no way linked to yesterday's argument. -**5.** *litt* [relation] relationship; **ils ont une ~ d'affaires** they have a business relationship; **avoir une ~ avec qqn** to have an affair with sb. -**6.** CHIM bond; **~ de covalence** covalent bond. -**7.** CONSTR joint. -**8.** CULIN [pour une sauce] liaison, thickening; [pour farce] binding. -**9.** INF link. -**10.** LING liaison. -**11.** MUS [pour tenir une note] tie; [pour lier plusieurs notes] phrase mark, slur.

◆ **de liaison** *loc adj* liaison *(modif)*.

◆ **en liaison** *loc adv* in touch, in contact; **nous resterons en ~** we will stay in touch; **être/rester en ~ (avec qqn)** to be/to remain in contact (with sb); **il travaille en ~ avec un marchand d'art à New York** he works in close contact with an art dealer in New York.

liaisonner [3] [ljɛzɔne] *vt* CONSTR to bond.

liane [ljan] *nf* [vigne, lierre] creeper; [en forêt équatoriale] liana.

liant, e [ljɑ̃, ɑ̃t] *adj* sociable; **il n'est pas très ~** he is not very sociable, he doesn't make friends easily.

◆ **liant** *nm* -**1.** *litt* [affabilité]: **avoir du ~** to be sociable, to have a sociable nature. -**2.** CHIM & CONSTR binder.

liard [ljar] *nm* -**1.** HIST ≃ farthing *Br*. -**2.** *vieilli* [très petite quantité]: **il n'a pas un ~ de bon sens** he hasn't an ounce OU a grain of common sense. -**3.** *vieilli* [sou]: **je n'en donnerais pas deux ~s** it isn't worth a penny *Br* OU a red cent *Am*.

lias [ljas] *nm* Lias.

liasse [ljas] *nf* [de billets] wad; [de lettres, de documents] bundle; **des ~s de billets dépassaient de son portefeuille** wads of banknotes OU notes were sticking out of his wallet.

Liban [libɑ̃] *npr m*: **le ~** (the) Lebanon; **au ~** in (the) Lebanon.

libanais, e [libanɛ, ɛz] *adj* Lebanese.

◆ **Libanais, e** *nm, f* Lebanese (person); **les Libanais** the Lebanese.

libation [libasjɔ̃] *nf* ANTIQ libation.

◆ **libations** *nfpl*: **faire de joyeuses ~s** to drink copious amounts (of alcohol).

Libé *fam* [libe] (*abr de* **Libération**) *npr* PRESSE *French left-of-centre daily newspaper*.

libelle [libɛl] *nm* lampoon; **écrire des ~s contre qqn** to lampoon sb.

libellé [libele] *nm* wording.

libeller [4] [libele] *vt* -**1.** [lettre] to word; **le sujet de dissertation était mal libellé** the subject of the essay was not clearly worded. -**2.** ADMIN [texte juridique] to draw up *(sép)*. -**3.** [chèque] to make out *(sép)* to; **libellez votre chèque au nom de...** make your cheque payable to...

libelliste [libelist] *nmf vieilli* lampoonist, lampooner.

libellule [libelyl] *nf* dragonfly.

liber [libɛr] *nm* secondary phloem, liber.

libérable [liberabl] *adj* -**1.** MIL [militaire, contingent] dischargeable; **permission ~** demob leave. -**2.** JUR [prisonnier] eligible for release.

libéral, e, aux [liberal, o] ◇ *adj* -**1.** [aux idées larges] liberal, liberal-minded, broad-minded. -**2.** ÉCON free-market OU -enterprise; **l'économie ~e** the free-market economy. -**3.** HIST liberal. -**4.** POL [en Grande-Bretagne, au Canada] Liberal; [en France] favouring the free-market economy.
◇ *nm, f* -**1.** POL [en Grande-Bretagne, au Canada] Liberal; [en France] free-marketeer. -**2.** [personne tolérante] broad-minded person.

libéralement [liberalmɑ̃] *adv* -**1.** [généreusement] liberally, generously. -**2.** [librement] broad-mindedly.

libéralisation [liberalizasjɔ̃] *nf* -**1.** POL liberalization. -**2.** ÉCON liberalization, easing (of restrictions); **la ~ complète de l'économie** the application of free-market principles throughout the economy.

libéraliser [3] [liberalize] *vt* -**1.** [mœurs, régime] to liberalize. -**2.** ÉCON [commerce] to ease OU to lift restrictions on; **~ l'économie** to reduce state intervention in the economy.

◆ **se libéraliser** *vpi* [régime] to become (more) liberal; [mœurs] to become freer.

libéralisme [liberalism] *nm* -**1.** POL liberalism. -**2.** ÉCON (doctrine of) free enterprise, liberalism. -**3.** [tolérance] broad-mindedness, liberal-mindedness.

libéralité [liberalite] *nf* [générosité] generosity, liberality.

◆ **libéralités** *nfpl sout* [dons] (cash) donations, liberalities; **je ne tiens pas à vivre de vos ~s** I do not want to live off your generosity OU good favours.

libérateur, trice [liberatœr, tris] ◇ *adj* -**1.** [rire, geste] liberating, cathartic *litt*. -**2.** POL liberating; **l'armée libératrice** the liberating army, the army of liberation.
◇ *nm, f* liberator.

libération [liberasjɔ̃] *nf* -**1.** [d'un pays] liberation; [d'un soldat] discharge; **la Libération** the Liberation (of France); **à la Libération** when France was liberated. -**2.** JUR [d'un détenu] release; **~ anticipée** early release; **~ conditionnelle** (release on) parole. -**3.** [émancipation]: **éprouver un sentiment de ~** *fig* to feel liberated ❑ **la ~ de la femme** women's liberation. -**4.** ÉCON: **la ~ des prix** the deregulation of prices, the removal of price controls; **la ~ des loyers** the lifting of rent control. -**5.** PRESSE: **Libération** *French daily newspaper*. -**6.** CHIM, PHYS & PHYSIOL release.

LIBÉRATION:
This quality daily paper, popularly called "Libé", is of tabloid format. It has a predominantly left-wing readership and is famous for its unconventional style.

---

libératoire [liberatwar] *adj*: **paiement ~** payment in full discharge; **prélèvement ~ de 30 % sur les revenus des obligations** 30% tax in full discharge on earnings from bonds.

libéré, e [libere] *adj* liberated.

libérer [18] [libere] *vt* -**1.** [délivrer] to free; **~ qqn de qqch** to free sb from sthg; **quand les Alliés libérèrent Paris** when the Allies liberated Paris; **elle n'est pas complètement libérée de l'emprise de la drogue** she's not completely freed from drug addiction. -**2.** [remettre en liberté] to release, to (set) free; **il ne sera libéré qu'à l'expiration de sa peine** he will not be released until he has served his sentence. -**3.** [décharger]: **~ qqn d'une promesse** to free OU to release sb from a promise; **libéré de sa dette** free from his debt. -**4.** [soulager] to relieve; **la machine a libéré l'homme des travaux dangereux** the machine has relieved man of dangerous work; **tu me libères d'un gros souci** you've relieved me of a serious worry; **~ son cœur** to unburden one's heart; **~ sa conscience** to relieve OU to ease one's conscience. -**5.** [laisser partir - élèves, employés] to let go; **on nous a libérés avant l'heure** we were allowed to leave OU they let us go early. -**6.** [rendre disponible - lieu] to vacate, to move out of; [- étagère] to clear; **je libérerai les lieux le 31 au plus tard** I will vacate the premises on the 31st at the latest; **libérez le passage, s'il vous plaît** clear the way, please; **je n'arrive même pas à ~ une heure pour jouer au tennis** I can't even find a free hour OU an hour to spare to play tennis; **les postes libérés par les mises à la retraite anticipée** vacancies created by early retirement. -**7.** [débloquer - mécanisme, énergie, émotions] to release; **avant de ~ le cran de sûreté du revolver** before releasing the safety catch of the revolver. -**8.** CHIM & PHYS to release. -**9.** ÉCON [prix, salaires] to free, to lift OU to remove restrictions on. -**10.** MIL [conscrit] to discharge; **le candidat devra être libéré des obligations militaires** the applicant must be released from OU must have discharged his military service obligations.

◆ **se libérer** ◇ *vp (emploi réfléchi)* -**1.** [se délivrer] to free o.s.; **se ~ de ses chaînes** to free o.s. from one's chains. -**2.** [dans un emploi du temps]: **essaie de te ~ pour demain** try to be free OU to make some time tomorrow; **je ne pourrai pas me ~ avant 17 h** I won't be able to get away before five. -**3.** [s'émanciper -femmes]: **peu à peu les femmes se libèrent** little by little women are becoming more liberated.
◇ *vp (emploi passif)* [emploi, appartement] to become vacant OU available; **il y a une place qui s'est libérée au coin de la rue** somebody's just left a parking space at the corner of the street.

Liberia [liberja] *npr m*: **le ~** Liberia; **au ~** in Liberia.

libérien, enne [liberjɛ̃, ɛn] *adj* Liberian.

◆ **Libérien, enne** *nm, f* Liberian.

libériste [liberist] ◇ *adj* hang-gliding *(modif)*.
◇ *nmf* hangglider pilot.

libero [libero] *nm* sweeper FTBL.

libertaire [libertɛr] *adj* & *nmf* libertarian, anarchist.

liberté [libɛrte] *nf* -**1.** [gén, JUR & POL] freedom; **rendre la ~ à un otage** to release a hostage; **rendre la ~ à un oiseau** to set a bird free; **le pays de la ~** the land of the free OU of freedom; **défenseur de la ~** defender of freedom OU liberty ❑ **~ individuelle** personal freedom; **~ sous caution** release on bail; **~ sur parole** (release on) parole; **~ provisoire** bail; **être mis en ~ provisoire** to be granted bail, to be released on bail; **~ surveillée** probation; **la statue de la Liberté** the Statue of Liberty. -**2.** [droit] right, freedom; **~ d'association/du travail** right of association/to work; **~ du culte/d'opinion/de mouvement** freedom of worship/thought/movement; **~ d'entreprise** free enterprise, right to set up a business; **~ de la presse/d'expression** freedom of the press/of speech; **Liberté, Égalité, Fraternité** Liberty, Equality, Fraternity *(motto of the French Revolution and, today, of France)*. -**3.** [indépendance] freedom; **garder sa ~ de jugement/de pensée** to keep one's freedom of judgement/thought; **avoir toute ~ d'action** to have a free hand OU complete freedom of action; **on lui laisse trop peu de ~** he's given too little freedom; **avoir toute ~ pour décider** to be totally free OU to have full freedom to decide; **prendre la ~ de** to take the liberty to; **il veut reprendre sa ~** [sentimentale] he wants to regain his freedom. -**4.** [temps libre] free time; **tous mes moments de ~** all my free time; **je n'ai pas un instant de ~** I haven't got a minute to myself. -**5.** [désinvolture, irrévérence]: **il prend trop de ~ avec nous** he is a bit overfamiliar with us; **il y a une trop grande ~ dans la traduction** the translation is not close enough to the original OU is too free; **~ de langage** overfree use of language. -**6.** ÉCON: **~ des prix** freedom from price controls; **instaurer la ~ des prix** to end OU to abolish price controls.

◆ **libertés** *nfpl* -**1.** [droits légaux] liberties, freedom; **atteinte aux/défense des ~s** attack on/defence of civil liberties; **les ~s publiques** civil liberties. -**2.** [privautés]: **prendre** OU **se permettre des ~s avec qqn** to take liberties with sb; **j'ai pris quelques ~s avec la recette** I took a few liberties with OU I didn't stick entirely to the recipe.

◆ **en liberté** *loc adj* & *loc adv* free; **être en ~** [personne] to be free OU at large; [animal] to be free OU in the wild; **un parc national où les animaux vivent en ~** a national park where animals roam free; **il laisse ses perruches en ~ dans la maison** he leaves his budgerigars free to fly around the house; **remettre qqn en ~** JUR to release sb, to set sb free.

◆ **en toute liberté** *loc adv* freely; **vous pouvez vous exprimer en toute ~** you can talk freely; **agir en toute ~** to act quite freely.

liberticide [libɛrtisid] *adj litt* liberticidal; **lois ~s** laws that are destroying freedom OU freedoms.

libertin, e [libɛrtɛ̃, in] ◇ *adj* -**1.** *litt* [personne] dissolute, dissipated, debauched; [propos, publication] licentious. -**2.** HIST & RELIG libertine, freethinking.
◇ *nm, f* -**1.** *litt* [personne dissolue] libertine. -**2.** HIST & RELIG libertine, freethinker.

libertinage [libɛrtinaʒ] *nm* -**1.** *litt* [comportement] debauchery, dissipation, libertinism. -**2.** HIST & RELIG libertine philosophy, libertinism.

Liberty® [libɛrti] *nm inv* Liberty® print material.

libidinal, e, aux [libidinal, o] *adj* PSYCH libidinal.

libidineux, euse [libidinø, øz] *adj sout* [vieillard] lecherous; [regard] libidinous, lustful.

libido [libido] *nf* libido.

libitum → **ad libitum**.

libraire [librɛr] *nmf* bookseller.

libraire-éditeur [librɛreditœr] (*pl* **libraires-éditeurs**) *nm* publisher and bookseller.

librairie [librɛri] *nf* -**1.** [boutique] bookshop *Br*, bookstore *Am*; **paraîtra en ~ le 3 juin** due out on June 3rd, in the bookshops from June 3rd; **un livre qu'on ne trouve plus en ~** a book which is no longer on sale; **le rayon ~** the book department ❑ **~ d'art/d'occasion** art/

secondhand bookshop. -**2.** la ~ [commerce] bookselling; [profession] the book trade.

librairie-papeterie [librɛripapɛtri] (*pl* librairies-papeteries) *nf* stationer's and bookseller's.

libre [libr] ◇ *adj* -**1.** [gén & POL] free; **à la suite du non-lieu, l'accusé s'est retrouvé ~** owing to lack of evidence, the accused found himself a free man again; ~ **de: il ne me laisse pas ~ d'inviter qui je veux** he doesn't leave me free to invite who OU whom I please; **être ~ de ses mouvements** to be free to do what one likes; **si j'ai envie de la voir, je suis bien ~!** *fam* if I feel like seeing her, it's up to me OU that's my affair!; ~ **à toi/à elle de refuser** you're/she's free to say no; **j'y vais? — alors là, ~ à toi!** shall I go? — well, that's entirely up to you OU you're (entirely) free to do as you wish! ❑ **être ~ comme l'air** to be as free as (the) air; **le monde ~** the Free World. -**2.** [disponible - personne, salle] free, available; [- poste, siège] vacant, free; [- toilettes] vacant; [- passage] clear; **la ligne n'est pas ~** [au téléphone] the line is engaged *Br* OU busy *Am*; **la voie est ~** the way is clear; **cette table est-elle ~?** is this table free?; '**~**' [sur un taxi] 'for hire'; **il faut que j'aie la tête** OU **l'esprit ~ pour prendre une décision** I have to have a clear head before I'm able to make a decision; **être/se rendre ~** to be/to make o.s. free; **tu as un moment de ~?** have you got a minute (to spare)?; **j'ai très peu de temps ~ entre les deux cours** I've got very little free time between the two classes; **j'ai deux après-midi (de) ~s par semaine** I've got two afternoons off OU two free afternoons a week; **le directeur des ventes n'est pas ~ en ce moment** the sales manager isn't free OU available at the moment ‖ [sentimentalement] unattached; **je ne suis pas ~** I'm already seeing somebody; **je préfère rester ~** I prefer to remain unattached. -**3.** [franc] free, open; **je suis très ~ avec elle** I am quite free (and easy) OU open with her ‖ [désinvolte - personne]: **il se montre un peu trop ~ avec ses secrétaires** he is a bit overfamiliar OU too free with his secretaries ‖ [inconvenant - attitude] free, daring; **ses remarques un peu ~s nous ont choqués** his somewhat coarse remarks shocked us. -**4.** [non réglementé - prix, marché] free, deregulated; **leurs honoraires sont ~s** there are no restrictions on their fees; **l'entrée de l'exposition est ~** entrance to the exhibition is free ❑ **la ~ entreprise** free enterprise; **par le ~ jeu de la concurrence** through free competition. -**5.** [privé - radio, télévision] independant; [- école, enseignement] private *(in France, mostly Catholic)*. -**6.** [non imposé - improvisation, style] free; **je leur ai donné un sujet ~** I gave them a free choice of subject, I left it up to them to choose the subject ❑ **escalade ~** free climbing; **figures ~s** freestyle ; **nage ~** freestyle (swimming); **vers ~** free verse. -**7.** [non entravé - mouvement, membre] free; **le bandage laisse les doigts ~s** the bandage leaves the fingers free. -**8.** [non fidèle - traduction, adaptation] free; **dans une traduction un peu ~ de Brecht** in a rather free OU loose translation of Brecht. -**9.** CHIM & MATH free. -**10.** MÉCAN & TECH free, disengaged.

◇ *adv*: **ça sonne ~ ou occupé?** is it ringing or engaged *Br* OU busy *Am*?

libre(-)arbitre [librarbitr] *nm* free will; **le Président a perdu son ~ après le scandale** the President lost his freedom of action after the scandal.

libre-échange [librefɑ̃ʒ] (*pl* libres-échanges) *nm* free trade.

libre-échangisme [librefɑ̃ʒism] (*pl* libre-échangismes) *nm* (doctrine of) free trade.

libre-échangiste [librefɑ̃ʒist] (*pl* libre-échangistes) ◇ *adj* [politique, économie] free-trade *(modif)*; [idée, personne] in favour of free trade.

◇ *nmf* free trader.

librement [librəmɑ̃] *adv* freely.

libre-pensée [librəpɑ̃se] (*pl* libres-pensées) *nf* freethinking.

libre-penseur [librəpɑ̃sœr] (*pl* libres-penseurs) *nm* freethinker.

libre-service [librəsɛrvis] (*pl* libres-services) *nm* [magasin] self-service store; [cantine] self-service canteen; [restaurant] self-service restaurant; [station-service] self-service petrol *Br* OU gas *Am* station.

librettiste [librɛtist] *nmf* librettist.

libretto [librɛto] *nm* libretto.

Libreville [librəvil] *npr* Libreville.

Libye [libi] *npr f*: (la) ~ Libya.

libyen, enne [libjɛ̃, ɛn] *adj* Libyan.

◆ **Libyen, enne** *nm, f* Libyan.

lice [lis] *nf* -**1.** SPORT [bordure de piste] line; [en hippisme] rail. -**2.** HIST [palissade] lists; [terrain] tilt-yard. -**3.** CHASSE bitch; ~ **portière** breeding bitch. -**4.** TEXT = **lisse 2**.

◆ **en lice** *loc adv*: **entrer en ~** to enter the lists; **les deux candidats encore en ~** the two candidates still in the running.

licence [lisɑ̃s] *nf* -**1.** *litt* [liberté excessive] licence; [débauche] licentiousness ❑ **avoir toute** OU **pleine ~ de faire qqch** to be at liberty OU quite free to do sthg. -**2.** LITTÉRAT: ~ **poétique** poetic licence. -**3.** UNIV (bachelor's) degree; ~ **d'économie** degree in economics; ~ **de russe/de droit** Russian/law degree; ~ **ès lettres** arts degree, ≃ BA; ~ **ès sciences** science degree, ≃ BSc. -**4.** JUR licence; ~ **d'importation/d'exportation** import/export licence. -**5.** SPORT membership card *(allowing entry into official competitions)*.

◆ **sous licence** ◇ *loc adj* licensed.

◇ *loc adv*: **fabriqué sous ~** produced under licence.

licencié, e [lisɑ̃sje] ◇ *adj* UNIV graduate.

◇ *nm, f* -**1.** UNIV (university) graduate; ~ **ès lettres/ès sciences** arts/science graduate; ~ **en droit** law graduate; ~ **en anglais** English graduate, graduate in English. -**2.** SPORT registered member; **'seuls les ~s bénéficient des tarifs réduits'** 'discount for club members only'. -**3.** [chômeur - pour raisons économiques] laid off OU redundant *Br* employee; [- pour faute professionnelle] dismissed employee; **il y a eu 4 ~s** 4 employees were laid off OU made redundant *Br*, there were 4 layoffs OU redundancies *Br*.

licenciement [lisɑ̃simɑ̃] *nm* [structurel] layoff, redundancy *Br*; [pour faute professionnelle] dismissal; **depuis mon ~** since I was laid off OU made redundant *Br* ❑ ~ **(pour raison) économique** redundancy for economic reasons.

licencier [9] [lisɑ̃sje] *vt* [pour raison économique] to sack *Br*, to make redundant *Br*, to lay off *(sép)*; [pour faute] to dismiss, to fire.

licencieux, euse [lisɑ̃sjø, øz] *adj* licentious, lewd.

lichen [likɛn] *nm* -**1.** BOT lichen; ~ **foliacé/fruticuleux** foliose/fruticose lichen. -**2.** MÉD: ~ **(plan)** lichen.

lichette [liʃɛt] *nf* -**1.** *fam* [petite quantité]: **une ~ de vin/lait** a (teeny) drop of wine/milk; **une ~ de beurre** a smidgin OU a spot of butter; **une ~ de gâteau** a sliver OU (tiny) bit of cake. -**2.** *Belg* [cordon] loop, tag.

licier [lisje] = **lissier**.

licitation [lisitasjɔ̃] *nf* auction *(by the co-owners of an estate)*.

licite [lisit] *adj* licit, lawful.

licitement [lisitmɑ̃] *adv* licitly, lawfully.

liciter [3] [lisite] *vt* to auction *(an estate in co-ownership)*.

licol [likɔl] = **licou**.

licorne [likɔrn] *nf* MYTH unicorn.

licou [liku] *nm* halter; **passer le ~ à un cheval** to put the halter on a horse.

lido [lido] *nm* sandbar; **le Lido (de Venise)** the Venice Lido.

lie [li] *nf* -**1.** ŒNOL dregs, lees; ~ **de vin** wine dregs; **il y a de la ~ au fond de la bouteille** there's some sediment at the bottom of the bottle. -**2.** *sout* [rebut] dregs, rejects; **la ~ de la société** the dregs of society.

lié, e [lje] *adj* -**1.** MUS [notes différentes] slurred; [note tenue] tied. -**2.** MATH bound.

Liechtenstein [liʃtɛnʃtajn] *npr m*: **le ~** Liechtenstein; **au ~** in Liechtenstein.

liechtensteinois, e [liʃtɛnʃtanwa, az] *adj* from Liechtenstein.

◆ **Liechtensteinois, e** *nm, f* Liechtensteiner.

lied [lid] (*pl* lieds OU lieder [lidər]) *nm* lied; **un récital de ~s** OU **~er** a lieder recital.

lie-de-vin [lidvɛ̃] *adj inv* (red) wine-coloured.

liège [ljɛʒ] *nm* cork.

Liège [ljɛʒ] *npr* Liege.

liégé, e [ljeʒe] *adj* PÊCHE floated with cork, corked.

liégeois, e [ljeʒwa, az] *adj* -**1.** [personne] from Liège. -**2.** CULIN: **café/chocolat ~** coffee/chocolate sundae *(topped with whipped cream)*.

◆ **Liégeois, e** *nm, f inhabitant of or person from Liège*.

lien [ljɛ̃] *nm* -**1.** [entre des choses] link, connection; **y a-t-il un ~ direct entre ces deux phénomènes?** is there a direct link between these two phenomena?; ~ **de cause à effet** causal relationship, relationship of cause and effect. -**2.** [entre des gens] link, connection; **nouer des ~s d'amitié** to make friends, to become friends; **les ~s conjugaux** OU **du mariage** marriage bonds OU ties; **ils ont un vague ~ de parenté** there is some distant family connection between them, they're distantly related; **les ~s du sang** blood ties. -**3.** [lanière] tie. -**4.** INF link, linkage.

lier [9] [lje] *vt* -**1.** [attacher - cheveux, paquet, fagot] to tie up *(sép)*; **on les lia au poteau** they were tied up to the post. -**2.** MÉD: ~ **une veine** to ligate a vein. -**3.** [logiquement] to link, to connect; **il faut ~ le nouveau paragraphe au reste du texte** the new paragraph must be linked to the rest of the text; **les deux faits ne sont pas liés** the two facts are not connected, there is no connection between the two facts; **informatisation et efficacité sont étroitement liées** computerization and efficiency are closely linked; **tout est lié** everything's interconnected, it all fits together. -**4.** [enchaîner - gestes] to link together *(sép)*. -**5.** [économiquement] to bind; **votre contrat ne vous lie pas à la compagnie** your contract does not bind you to the company. -**6.** [associer volontairement]: ~ **son sort à qqn** to join forces with sb; ~ **son sort à qqch** to stick with sthg for better or worse. -**7.** [unir par des sentiments] to bind, to unite; **leur passé commun les lie** they are united by their common past; **l'amitié qui nous lie** the friendship which binds us; **cette maison est liée à mon enfance** this house is linked to my childhood. -**8.** [commencer]: ~ **amitié** to become friends; ~ **amitié avec qqn** to strike up a friendship with sb; ~ **connaissance/conversation avec qqn** to strike up an acquaintance/a conversation with sb. -**9.** CONSTR to bind. -**10.** CULIN [sauce] to thicken; [farce] to bind. -**11.** LING to link words *(with liaisons)*. -**12.** MUS: ~ **les notes** to slur the notes.

◆ **se lier** *vpi*: **se ~ (d'amitié)** to become friends; **se ~ (d'amitié) avec qqn** to strike up a friendship with sb, to become friends with sb.

lierre [ljɛr] *nm* ivy.

liesse [ljɛs] *nf litt* jubilation, exhilaration; **en ~** jubilant; **une foule en ~** a jubilant crowd.

lieu[1]**, s** [ljø] *nm* ZOOL hake; ~ **jaune** pollack; ~ **noir** coalfish.

lieu[2]**, x** [ljø] *nm* -**1.** [endroit] place; **ce n'est pas le ~ pour une dispute** this is no place OU this isn't the place to have an argument; ~ **de débauche** den of vice; **leur ~ de promenade habituel** the place where they usually go for a walk; ~ **de rassemblement** place of assembly, assembly point; ~ **de rencontre** meeting-place; **fixons un ~ de rendez-vous** let's decide on somewhere to meet OU on a meeting-place ❑ ~ **de culte** place of worship; ~ **de naissance** birthplace, place of birth; ~ **de passage**

port of call; ~ de pèlerinage place of OU centre for pilgrimage; ~ de perdition den of iniquity; dans un ~ public in a public place; ~ de résidence (place of) residence; sur votre ~ de travail at your place of work; le haut ~ de... the Mecca of..., a Mecca for...; en août, la ville devient un haut ~ de la musique in August, the town is THE place OU a major centre for music. -**2.** GRAMM: adverbe/complément (circonstanciel) de ~ adverb/complement of place. -**3.** GÉOM: ~ géométrique locus. -**4.** *loc*: avoir ~ [entrevue, expérience, spectacle] to take place; [accident] to happen; [erreur] to occur; avoir ~ de [avoir des raisons de] to have (good) reasons OU grounds to; j'ai tout ~ de croire que... I have good OU every reason to believe that...; vous n'aurez pas ~ de vous plaindre you won't find any cause OU any reason for complaint; tes craintes n'ont pas ~ d'être your fears are groundless OU unfounded; il y a ~: il n'y a pas ~ de s'affoler there's no need to panic; s'il y a ~ if necessary, should the need arise; il y a tout ~ de croire there is every reason to believe; donner ~ à [entraîner]: donner ~ à des désagréments to cause OU to give rise to trouble; sa mort a donné ~ à une enquête his death prompted an investigation; tenir ~ de: son chien lui tient ~ d'enfant his dog is a substitute for a child; ça tiendra ~ de champagne! that will do instead of champagne!; le canapé tient ~ de lit the settee is used as a bed.

◆ **lieux** *nmpl* -**1.** [endroit précis] scene; les ~x de nos premières amours/de l'accident/du crime the scene of our first love/of the accident/of the crime; les pompiers sont déjà sur les ~x the fire brigade is already at the scene; pour être efficace il faut être sur les ~x 24 heures sur 24 if you want to do things properly, you have to be on the spot 24 hours a day ❑ les Lieux saints the Holy Places. -**2.** [bâtiments] premises; les grévistes occupent les ~x the strikers are occupying the premises; quand nous serons dans les ~x when we're in occupation OU in residence; le propriétaire est dans les ~x the landlord is on the premises ❑ les ~x d'aisances *euph* the smallest room *euph*, the lavatory *Br*, the bathroom *Am*.

◆ **au lieu de** *loc prép* instead of; elle aurait dû me remercier, au ~ de ça, elle m'en veut she should have thanked me, instead of which she bears a grudge against me; au ~ de faire qqch instead of doing sthg.

◆ **au lieu que** *loc conj* instead of; je préfère ranger moi-même mon bureau au ~ que tu viennes tout changer de place I prefer to tidy my desk myself rather than having you changing everything around.

◆ **en dernier lieu** *loc adv* lastly, last of all; n'ajoutez le sucre qu'en tout dernier ~ do not add the sugar until the last moment.

◆ **en haut lieu** *loc adv* in high places; ça se décidera en haut ~ the decision will be made at a high level.

◆ **en lieu et place de** *loc prép sout* in place of, on behalf of, in lieu of; le président n'étant pas là, j'ai assisté à l'enterrement en ses ~ et place as the president wasn't available, I attended the funeral on his behalf; en ~ et place d'honoraires/de préavis in lieu of fees/of notice.

◆ **en lieu sûr** *loc adv* in a safe place; range-le en ~ sûr put it away in a safe place, put it away somewhere safe.

◆ **en premier lieu** *loc adv* in the first place, firstly, first of all.

◆ **en tous lieux** *loc adv sout* everywhere; sa politique est critiquée en tous ~x his policy is under criticism in all quarters OU everywhere.

◆ **lieu commun** *nm* commonplace, platitude.

lieu-dit [ljødi] (*pl* lieux-dits) *nm* [avec maisons] hamlet; [sans maisons] place; au ~ La Folie at the place called La Folie.

lieue [ljø] *nf* -**1.** [mesure] league; ~ marine league. -**2.** *loc*: être à cent OU mille ~s de [être loin de] to be far from; nous étions à cent ~s de penser que... it would never have occurred to us that..., we never dreamt that...; à cent ~s à la ronde for miles (and miles) around.

lieuse [ljøz] *nf* (sheaf) binder.

Lieut. (*abr écrite de* Lieutenant) Lieut.

Lieut.-col. (*abr écrite de* Lieutenant-colonel) Lieut.-Col.

lieutenant [ljøtnɑ̃] *nm* -**1.** MIL [de l'armée de terre, de la marine] lieutenant; [de l'armée de l'air] flying officer *Br*, first lieutenant *Am*. -**2.** [de la marine marchande] mate; ~ de vaisseau lieutenant commander. -**3.** *Helv* second lieutenant; premier ~ lieutenant. -**4.** [assistant] lieutenant, second in command; il est entré, flanqué de ses deux ~s he came in flanked by his two henchmen.

lieutenant-colonel [ljøtnɑ̃kɔlɔnɛl] (*pl* lieutenants-colonels) *nm* [de l'armée de terre] lieutenant colonel; [de l'armée de l'air] wing commander *Br*, lieutenant colonel *Am*.

lièvre [ljɛvr] *nm* -**1.** ZOOL hare; lever un ~ *pr* to start a hare; *fig* to raise a burning issue, to touch on a sore point. -**2.** [fourrure] hareskin. -**3.** SPORT pacemaker, pacesetter.

LIFO [lifo] (*abr de* last in first out) *nm* LIFO.

lift [lift] *nm* topspin.

lifté, e [lifte] *adj*: une balle ~e a ball with topspin; elle a un jeu très ~ she plays a heavy topspin game.

lifter [3] [lifte] ◇ *vi* to put topspin on the ball. ◇ *vt* to put topspin on.

liftier [liftje] *nm* lift attendant *Br*, elevator attendant *Am*.

lifting [liftiŋ] *nm* -**1.** [de la peau] face-lift. -**2.** *fam* [rénovation - d'une institution, d'un bâtiment] face-lift.

ligament [ligamɑ̃] *nm* ANAT ligament.

ligamentaire [ligamɑ̃tɛr], **ligamenteux, euse** [ligamɑ̃tø, øz] *adj* ligamentous, ligamentary.

ligature [ligatyr] *nf* -**1.** MÉD [opération, fil] ligature; ~ des trompes (de Fallope) tubal ligation. -**2.** IMPR ligature, tied letter. -**3.** HORT [processus] tying up; [attache] tie.

ligaturer [3] [ligatyre] *vt* -**1.** [attacher] to tie on (*sép*). -**2.** MÉD to ligate, to ligature; se faire ~ les trompes to have one's (Fallopian) tubes tied.

lige [liʒ] *adj* liege.

ligérien, enne [liʒerjɛ̃, ɛn] *adj* from the Loire.

lignage [liɲaʒ] *nm* -**1.** [ascendance] lineage; de haut ~ of noble lineage. -**2.** IMPR linage, lineage.

ligne [liɲ] *nf* -**1.** [gén & GÉOM] line; soit une ~ AB let there be a line AB; tracer OU tirer une ~ to draw a line; les ~s de la main the lines of the hand ❑ ~ de cœur/de tête/de vie heart/head/life line; ~ pointillée/brisée dotted/broken line; ~ droite/ondulée straight/wavy line; une ~ droite [route] a straight stretch of road; la route est en ~ droite sur 3 km the road is straight for 3 km; une ~ de coke▽ a line of coke. -**2.** [texte] line; il est payé à la ~ he is paid by the OU per line; écrire toutes les deux ~s to write on every other line; (allez) à la ~! new paragraph!; tirer à la ~ PRESSE to pad (out) an article ❑ ~ d'impression INF print line; ~ supplémentaire MUS ledger line; [repère] line. -**3.** [limite] line; ~ blanche/jaune white/yellow line *(on roads)*; ~ de départ/d'arrivée starting/finishing line; ~ de fond/de service TENNIS base/service line; tracer les ~s d'un court to mark out a court; ~ d'eau OU de flottaison NAUT waterline; ~ de flottaison en charge Plimsoll line; ~ de mire OU de visée line of sight; ~ de ballon mort RUGBY dead-ball line; ~ de but RUGBY goal line; ~s de côté TENNIS tramlines; ~ de démarcation [gén] boundary; MIL demarcation line; ~ d'eau NATATION (swimming) lane; passer la ~ (de l'équateur) to cross the line; ~ de faille GÉOL fault line; ~ de faîte watershed, crest line; ~ d'horizon skyline; ~ de partage dividing line; ~ de partage des eaux watershed; ~ de tir line of fire; ~ de touche touchline. -**4.** [silhouette - d'une personne] figure; je surveille ma ~ I look after OU watch my figure; garder la ~ to keep one's figure; la ~ de l'été est carrée d'épaules this summer's look is square-shouldered ‖ [forme - d'un objet] lines; l'avion a une très belle ~ the plane is beautifully designed. -**5.** [rangée] line, row; hors ~ unrivalled, matchless ❑ la ~ d'avants/d'arrières SPORT the forwards/backs; ~ de bataille MIL line of battle, battle line; ~ de défense line of defence; ~ de front front line; les ~s ennemies the enemy lines; être/monter en première ~ MIL & *fig* to be in/to go to the front line; un première/deuxième/troisième ~ RUGBY a front-row/second-row/back-row forward. -**6.** [orientation] line; il suit la ~ du parti he follows the party line; sa décision est dans la droite ~ de la politique gouvernementale his decision is completely in line with government policy ❑ ~ de conduite line of conduct; les ~s directrices d'une recherche the main lines of a research project; elle a décrit la situation dans ses grandes ~s she gave a broad outline of the situation, she outlined the situation. -**7.** [généalogique] line; ~ directe/collatérale direct/collateral line; descendre en ~ directe de to be directly descended from. -**8.** TRANSP line; ~ aérienne [société] airline (company); [service] air service, air link; ~ d'autobus [service] bus service; [itinéraire] bus route; ~ de chemin de fer railway line *Br*, railroad line *Am*; ~ maritime shipping line; ~ de métro underground line *Br*, subway line *Am*; ~ secondaire branch line; les ~s de banlieue the suburban lines; les ~s intérieures [aériennes] domestic flights; les grandes ~s the main lines. -**9.** ÉLECTR & TÉLÉC line; la ~ est occupée the line is engaged *Br* OU busy *Am* ❑ ~ directe/intérieure/extérieure TÉLÉC direct/internal/outside line; ~ de OU à retard ÉLECTR delay line; ~ d'alimentation ÉLECTR feeder; ~ commune TÉLÉC party line; ~ à haute tension ÉLECTR high voltage line; ~ télégraphique telegraph line. -**10.** TV [d'une image] line. -**11.** PÊCHE fishing line; ~ de fond ground OU ledger line; ~ volante fly line. -**12.** FIN: ~ de crédit OU de découvert line of credit, credit line. -**13.** *Belg* [raie des cheveux] parting *Br*, part *Am*. -**14.** *Can* [mesure] line. -**15.** *loc*: entrer en ~ de compte [être pris en considération] to come OU to be taken into consideration; le coût doit entrer en ~ de compte the cost has to be taken into account OU consideration; le prix n'a pas à entrer en ~ de compte the cost doesn't come into it.

◆ **en ligne** *loc adv* -**1.** [en rang]: mettez-vous en ~! line up!, get into line!; en ~ pour le départ! line up ready for the start! -**2.** INF on line. -**3.** MIL: monter en ~ [aller à l'assaut] to advance (for the attack). -**4.** TÉLÉC: restez en ~! hold the line!; parlez, vous êtes en ~ go ahead, you're through OU you're connected; je l'ai en ~ I've got him on the line; il est en ~ he's on another call just now; elle est en ~, vous patientez? her line's engaged, will you hold?

◆ **sur toute la ligne** *loc adv* all down the line, from start to finish; gagner sur toute la ~ to win hands down; se tromper sur toute la ~ to be completely mistaken.

lignée [liɲe] *nf* -**1.** [descendance] descendants; avoir une nombreuse ~ to have many descendants; le premier/dernier d'une longue ~ the first/last of a long line (of descent). -**2.** [extraction, lignage] stock, lineage; être de noble ~ to be of noble lineage. -**3.** [tradition] line, tradition; elle s'inscrit dans la ~ des romancières féministes she is in the tradition of feminist novelists. -**4.** BIOL line, stock; ~ cellulaire cell line; ~ pure pure line.

ligner [3] [liɲe] *vt* to line.

ligneux, euse [liɲø, øz] *adj* ligneous, woody.

lignicole [liɲikɔl] *adj* lignicolous.

lignification [liɲifikasjɔ̃] *nf* lignification.

lignifier [9] [liɲifje]

◆ **se lignifier** *vpi* to lignify.

lignine [liɲin] *nf* lignin.

lignite [liɲit] *nm* MIN brown coal, lignite.

ligoter [3] [ligɔte] *vt* to bind, to tie up *(sép)*; **ligoté à sa chaise** tied to his chair.

ligue [lig] *nf* **-1.** [groupe] league, pressure group; ~ **antialcoolique** temperance league. **-2.** HIST & POL: **la Ligue** the League; **la Ligue Arabe** the Arab League.

liguer [3] [lige] *vt*: **être ligué contre** to be united against.
◆ **se liguer contre** *vp + prép* to join forces against; **ils se sont ligués contre Paul** they joined forces OU ganged up against Paul.

ligueur, euse [ligœr, øz] *nm, f* **-1.** POL member *(of a league)*. **-2.** HIST member of the (Catholic) League.

ligure [ligyr] = **ligurien**.

Ligurie [ligyri] *npr f*: **(la)** ~ Liguria.

ligurien, enne [ligyrjɛ̃, ɛn] *adj* Ligurian.
◆ **Ligurien, enne** *nm, f* Ligurian.

lilas [lila] ◇ *nm* [arbre] lilac (tree); [fleur] lilac; **un brin de** ~ a sprig of lilac ❑ ~ **simple/double** single/double bloom lilac.
◇ *adj inv* lilac *(modif)*, lilac-coloured.

liliacée [liljase] *nf* liliacea; **les** ~**s** the Liliaceae.

lilial, e, aux [liljal, o] *adj litt* [qui a la couleur du lis] lily-white.

Lille [lil] *npr* Lille.

lilliputien, enne [lilipysjɛ̃, ɛn] *adj* Lilliputian, tiny.
◆ **Lilliputien, enne** *nm, f* Lilliputian.

lillois, e [lilwa, az] *adj* from Lille.
◆ **Lillois, e** *nm, f inhabitant of or person from Lille.*

limace [limas] *nf* **-1.** ZOOL slug. **-2.** *fam péj* [personne] slowcoach *Br*, slowpoke *Am*; **le bus se traîne comme une** ~ the bus is crawling along.

limaçon [limasɔ̃] *nm* **-1.** ZOOL snail. **-2.** ANAT cochlea.

limaille [limaj] *nf* filings; ~ **de fer** iron filings.

liman [limɑ̃] *nm* liman, freshwater lagoon.

limande [limɑ̃d] *nf* dab; **fausse** ~ megrim, scald fish.

limande-sole [limɑ̃dsɔl] *(pl* **limandes-soles**) *nf* lemon sole.

limbe [lɛ̃b] *nm* **-1.** [d'un cadran] limb. **-2.** ASTRON limb. **-3.** BOT limb, lamina.

limbes [lɛ̃b] *nmpl* **-1.** RELIG limbo; **dans les** ~ in limbo. **-2.** [état vague, incertain]: **être dans les** ~ to be in (a state of) limbo; **son projet est encore dans les** ~ his project is still at the embryonic stage OU hasn't yet got off the ground.

Limbourg [lɛ̃bur] *npr m*: **le** ~ Limburg.

lime [lim] *nf* **-1.** [outil] file; ~ **à ongles** nail file. **-2.** BOT & CULIN lime. **-3.** ZOOL lima.

limé, e [lime] *adj* [vêtement] worn, threadbare.

limer [3] [lime] *vt* [clé] to file; [rugosité] to file off OU away *(sép)*; [pièce de métal, de bois] to file down *(sép)*; **le cadenas a été limé** the padlock has been filed through.
◆ **se limer** *vpt*: **se** ~ **les ongles** to file one's nails.

limette [limɛt] *nf* BOT lime.

limettier [limetje] *nm* lime tree.

limier [limje] *nm* **-1.** CHASSE bloodhound. **-2.** *fam* [policier]: **fin** ~ sleuth.

liminaire [liminɛr] *adj* **-1.** [au début - d'un livre, d'un discours] introductory, preliminary. **-2.** PSYCH liminal, threshold *(modif)*.

liminal, e, aux [liminal, o] = **liminaire 2**.

limitatif, ive [limitatif, iv] *adj* [liste] restrictive, limitative; [clause] restrictive.

limitation [limitasjɔ̃] *nf* limitation, restriction; ~ **des armements** arms control OU limitation; ~ **des naissances** birth control; ~ **des prix** price restrictions OU controls; ~ **de vitesse** speed limit OU restrictions.

limite [limit] ◇ *nf* **-1.** [maximum ou minimum] limit; ~ **de temps** time limit; **il veut mon article demain dernière** ~ *fam* he wants my article by tomorrow at the (very) latest; **fixer une** ~ **à qqch** to set a limit to sthg, to limit sthg; **la** ~ **a été fixée à 30 participants** the number of participants has been limited OU restricted to 30; **'entrée gratuite dans la** ~ **des places disponibles'** 'free admission subject to availability'; **dans les** ~**s du possible** as far as is humanly possible; **nos dépenses sont restées dans les** ~**s du raisonnable** our expenses stayed within reasonable bounds; **c'est dans la** ~ **de mes moyens** it's within my means; **ma patience a des** ~**s!** there's a limit to my patience!; **sa haine ne connaît pas de** ~**s** his hatred knows no bounds; **son égoïsme est sans** ~ his selfishness knows no bounds. **-2.** [d'un bois] border, edge; [d'un pays] boundary, border; [d'un terrain de sport]: **essaie de jouer dans les** ~**s du court!** try to keep the ball inside the court! **-3.** MATH limit. **-4.** BOXE: **avant la** ~ inside OU within the distance; **tenir jusqu'à la** ~ to go the (full) distance.
◇ *adj* **-1.** [maximal]: **âge/vitesse** ~ maximum age/speed; **date** ~ [pour un travail] latest date, deadline; [sur un produit alimentaire] sell-by date; [pour un jeu-concours, des inscriptions] closing date. **-2.** *fam* [juste]: **j'ai réussi l'examen, mais c'était** ~ I passed the exam, but it was a close OU near thing; **je suis un peu** ~ **côté fric** I'm a bit strapped for cash.
◆ **limites** *nfpl* [physiques, intellectuelles] limitations; **je connais mes** ~**s** I know my limitations.
◆ **à la limite** *loc adv*: **à la** ~**, on peut toujours dormir dans la voiture** if the worst comes to the worst we can always sleep in the car; **à la** ~**, je lui prêterais l'argent** if necessary OU if it came to the crunch, I'd lend him the money.
◆ **à la limite de** *loc prép*: **c'était à la** ~ **du mauvais goût/de l'insolence** it was verging on bad taste/on impertinence.

limité, e [limite] *adj* **-1.** [influence, connaissances] limited; [nombre, choix, durée] limited, restricted; **d'une importance** ~**e** of limited OU minor importance. **-2.** *fam* [personne]: **être** ~ to have limited abilities, to be of limited ability; **il est assez** ~ **en maths** he's rather weak OU poor at maths.

limiter [3] [limite] *vt* **-1.** [réduire - dépenses, nombre] to limit, to restrict; [- temps, influence] to limit; **la vitesse n'est pas limitée** there is no speed limit; **essayez de** ~ **les dégâts** *pr & fig* try and limit the damage; ~ **qqch à** to limit OU to restrict sthg to; **j'ai limité mon budget à 1 000 francs par semaine** I've limited OU restricted my weekly budget to 1,000 francs. **-2.** [circonscrire] to mark the limit of, to delimit; **des haies limitent la propriété** hedges mark out the limits of the estate.
◆ **se limiter** *vp (emploi réfléchi)*: **il ne sait pas se** ~ he's incapable of self-restraint; **plus de gâteaux, merci, il faut que je me limite** no more cakes, thanks, I've got to watch what I eat.
◆ **se limiter à** *vp + prép* **-1.** [se résumer à] to be restricted to, to be confined to; **l'exposé s'est limité à l'aspect historique** the talk only dealt with OU was restricted to the historical aspect; **sa fortune se limite à peu de chose** his fortune does not amount to very much. **-2.** [se contenter de]: **il se limite à faire ce qu'on lui dit** he only does what he's told to do.

limiteur [limitœr] *nm* limiter.

limitrophe [limitrɔf] *adj*: **des comtés** ~**s** adjoining OU neighbouring counties; **nos villages sont** ~**s** our villages lie (just) next to each other; **les pays** ~**s de la Belgique** the countries bordering on Belgium.

limivore [limivɔr] *adj* limivorous.

limnée [limne] *nf* limnaea.

limnologie [limnɔlɔʒi] *nf* limnology.

limnologique [limnɔlɔʒik] *adj* limnological.

limogeage [limɔʒaʒ] *nm* dismissal.

limoger [17] [limɔʒe] *vt* to dismiss; **il s'est fait** ~ he was dismissed.

Limoges [limɔʒ] *npr* Limoges.

limon [limɔ̃] *nm* **-1.** GÉOL silt, alluvium. **-2.** [d'attelage] shaft. **-3.** [d'escalier] stringboard.

limonade [limɔnad] *nf* (fizzy) lemonade.

limonadier, ère [limɔnadje, ɛr] *nm, f* **-1.** [cafetier] cafe owner. **-2.** [fabricant] lemonade manufacturer.

limonaire [limɔnɛr] *nm* [petit] barrel organ, hurdy-gurdy; [grand] fairground organ.

limoneux, euse [limɔnø, øz] *adj* silty, silt-laden.

limonière [limɔnjɛr] *nf* shafts.

limougeaud, e [limuʒo, od] *adj* from Limoges.
◆ **Limougeaud, e** *nm, f inhabitant of or person from Limoges.*

limousin, e[1] [limuzɛ̃, in] *adj* from the Limousin.
◆ **Limousin, e** *nm, f inhabitant of or person from the Limousin.*
◆ **limousin** *nm* LING Limousin dialect.

Limousin [limuzɛ̃] *npr m*: **le** ~ the Limousin.

limousine[2] [limuzin] *nf* [automobile] limousine.

Limoux [limu] *npr* → **blanquette**.

limpide [lɛ̃pid] *adj* **-1.** [pur - lac, miroir, regard] limpid, clear; **pierre d'un bleu** ~ limpid OU clear blue stone. **-2.** [intelligible - discours, style] clear, lucid; [- affaire] clear; **leur histoire n'est pas très** ~ their story isn't very clear.

limpidité [lɛ̃pidite] *nf* **-1.** [d'une eau, d'un regard, d'un diamant] clearness, limpidity *litt*. **-2.** [d'un texte] lucidity; [d'une affaire] clarity, clearness.

lin [lɛ̃] *nm* **-1.** BOT flax. **-2.** TEXT linen, flax; **en** ~ linen *(modif)*; **robe en** ~ linen dress.

linacée [linase] *nf* member of the Linaceae family.

linceul [lɛ̃sœl] *nm* **-1.** [suaire] shroud. **-2.** *litt*: **couvert d'un** ~ **de neige** shrouded in snow.

linéaire [lineɛr] ◇ *adj* **-1.** BOT, ÉLECTRON, LING & MATH linear. **-2.** [simple - discours, exposé] reductionist, one-dimensional; **il a exposé le problème de façon** ~ he gave an inadequate OU a one-dimensional account of the problem.
◇ *nm* COMM shelf space; **ce produit n'apparaît pas dans les** ~**s de magasins non spécialisés** nonspecialist shops do not stock this product.

linéaments [lineamɑ̃] *nmpl litt* [d'une sculpture] lineaments; [d'un visage] lineaments, features; [d'un ouvrage] lineaments, outline.

linéarité [linearite] *nf* linearity.

linge [lɛ̃ʒ] *nm* **-1.** [pour l'habillement et la maison] linen; **10 kg de** ~ 10 kg of washing; **étendre/repasser le** ~ to hang out/to iron the washing; **faire sécher le** ~ to dry the washing; **pour un** ~ **plus blanc, employez X** for a whiter wash, use X ❑ ~**s d'autel** altar cloth; ~ **de corps** underwear, underclothes; ~ **de maison** household linen; ~ **de table** table linen; **du petit** ~ small items (of laundry); **du gros** ~ big items (of laundry). **-2.** [chiffon] cloth. **-3.** *Helv* towel.

lingère [lɛ̃ʒɛr] *nf* [d'un hôpital, d'une institution] laundry supervisor.

lingerie [lɛ̃ʒri] *nf* **-1.** [sous-vêtements] lingerie, women's underwear; ~ **fine** lingerie. **-2.** [lieu] linen room.

lingot [lɛ̃go] *nm* **-1.** FIN ingot; ~ **d'or** gold ingot OU bar; **or en** ~ OU **en** ~**s** gold bullion. **-2.** IMPR space.

lingua franca [lingwafrɑ̃ka] *nf inv* lingua franca.

lingual, e, aux [lɛ̃gwal, o] *adj* lingual.

lingue [lɛ̃g] *nf* ZOOL ling.

linguiste [lɛ̃gɥist] *nmf* linguist.

linguistique [lɛ̃gɥistik] ◇ *adj* linguistic.
◇ *nf* linguistics *(sg)*.

linguistiquement [lɛ̃gɥistikmɑ̃] *adv* linguistically.

linier, ère [linje, ɛr] *adj* flax *(modif)*.

liniment [linimɑ̃] *nm* liniment.

linkage [linkaʒ] *nm* linkage.

links [liŋks] *nmpl* links SPORT.

Linné [line] *npr* Linneus, Linnaeus.

linnéen, enne [lineɛ̃, ɛn] *adj* Linnean.

lino *fam* [lino] *nm* linoleum, lino *Br*.

linoléine [linɔlein] *nf* linolein.

linoléique [linɔleik] *adj* linoleic.

linoléum [linɔleɔm] *nm* linoleum.

linon [linɔ̃] *nm* lawn TEX.

linotte [linɔt] *nf* linnet.

Linotype® [linɔtip] *nf* Linotype®.
linotypie [linɔtipi] *nf* Linotype® setting.
linotypiste [linɔtipist] *nmf* linotypist.
linteau, x [lɛ̃to] *nm* lintel.
Linz [lints] *npr* Linz.
lion [ljɔ̃] *nm* ZOOL lion; ~ **de mer** sea lion; **tourner comme un ~ en cage** to pace up and down (like a caged lion).
Lion [ljɔ̃] *npr m* -**1.** GÉOG: **golfe du ~** Gulf of Lions. -**2.** ASTRON Leo. -**3.** ASTROL Leo; **je suis ~** I'm (a) Leo.
lionceau, x [ljɔ̃so] *nm* (lion) cub.
lionne [ljɔn] *nf* lioness.
lipase [lipaz] *nf* lipase.
lipémie [lipemi] *nf* lipemia, lipaemia.
lipide [lipid] *nm* lipid.
lipidémie [lipidemi] = **lipémie**.
lipidique [lipidik] *adj* lipidic.
lipoïde [lipɔid] *nm* lipoid.
lipolyse [lipɔliz] *nf* lipolysis.
lipome [lipom] *nm* lipoma.
lipophile [lipɔfil] *adj* lipophilic.
lipophobe [lipɔfɔb] *adj* lipophobic.
lipoprotéine [lipɔprɔtein] *nf* lipoprotein.
liposoluble [lipɔsɔlybl] *adj* liposoluble.
liposome [lipɔzom] *nm* liposome.
liposuccion [lipɔsysjɔ̃] *nf* liposuction.
lipothymie [lipɔtimi] *nf* lipothymia.
lippe [lip] *nf* -**1.** [lèvre inférieure] lower lip. -**2.** *fam loc*: **faire la** OU **sa ~**: **je lui ai demandé de m'aider et il a fait la** OU **sa ~** I asked him to help me and he pulled a face.
lippu, e [lipy] *adj* thick-lipped.
liquéfacteur [likefaktœr] *nm* liquefier.
liquéfaction [likefaksjɔ̃] *nf* liquefaction.
liquéfiable [likefjabl] *adj* liquefiable.
liquéfiant, e [likefjɑ̃, ɑ̃t] *adj* -**1.** CHIM & PÉTR liquefying. -**2.** *fam* [épuisant] exhausting.
liquéfier [9] [likefje] *vt* -**1.** CHIM, MÉTALL & PÉTR to liquefy; **plomb liquéfié** liquefied lead. -**2.** *fam* [épuiser - personne] to exhaust; **cette chaleur m'a liquéfié** this heat has knocked me out.
◆ **se liquéfier** *vpi* -**1.** [plomb, gaz] to liquefy, to be liquefied. -**2.** *fam* [s'amollir] to collapse in a heap.
liquette *fam* [likɛt] *nf* [chemise] (granddad) shirt.
liqueur [likœr] *nf* -**1.** [boisson] liqueur; ~ **de fruit** fruit liqueur; **bonbon à la ~** liqueur-filled sweet *Br* OU candy *Am*; **chocolat à la ~** liqueur (chocolate). -**2.** PHARM solution; ~ **de Fehling** Fehling's solution.
liquidateur, trice [likidatœr, tris] *adj* liquidating.
◆ **liquidateur** *nm* liquidator; ~ **judiciaire** official liquidator.
liquidatif, ive [likidatif, iv] *adj* of liquidation; **valeur liquidative** market OU breakup value.
liquidation [likidasjɔ̃] *nf* -**1.** [règlement] settling; **la ~ de la crise ministérielle** the settling of the ministerial crisis. -**2.** [assassinat] elimination. -**3.** BOURSE settlement; ~ **de fin de mois** monthly settlement. -**4.** COMM [d'un commerce] closing down; [d'un stock] clearance; ~ **de stock** stock clearance. -**5.** FIN & JUR [d'une société] liquidation; [d'un impôt, d'une dette] settlement, payment; ~ **de biens** selling (off) of assets.
◆ **en liquidation** *loc adv* JUR: **être en ~** to have gone into liquidation; **l'entreprise a été mise en ~** the firm was put into liquidation.
liquide [likid] ◇ *adj* -**1.** [qui coule] liquid; **le mercure est un métal ~** mercury is a liquid metal; **des aliments ~s** fluids, liquid food OU foods. -**2.** [trop fluide] watery, thin; **soupe trop ~** watery OU excessively thin soup. -**3.** FIN [déterminé - créance] liquid; **dette ~** liquid debt. -**4.** [argent]: **argent ~** cash. -**5.** LING liquid.
◇ *nm* -**1.** [substance fluide] liquid, fluid; **un ~ huileux** an oily liquid. -**2.** [alimentation] fluid; **pour le moment, ne lui donnez que des ~s** only give him fluids for the moment. -**3.** PHYSIOL fluid; ~ **amniotique** amniotic fluid; ~ **céphalo-rachidien** spinal fluid; ~ **organique** organic fluid. -**4.** [espèces] cash; **je n'ai pas de ~** I haven't got any cash (on me); **payer en ~** to pay cash.
◇ *nf vieilli* & LING liquid (consonant).
liquider [3] [likide] *vt* -**1.** FIN & JUR [marchandises, société] to liquidate; [succession, compte] to settle; [dette] to settle, to pay off *(sép)*. -**2.** COMM [volontairement - stock] to sell off *(sép)*, to clear; [- commerce] to sell off *(sép)*, to wind up *(sép)*; **'on liquide'** 'closing down sale'. -**3.** *fam* [éliminer - problème] to get rid of, to scrap; **ça, je ne veux plus en entendre parler, liquidé!** I don't want to hear another word about it, subject closed! -**4.** *fam* [boisson, nourriture] to polish off *(sép)*. -**5.** *fam* [personne] to eliminate; **il s'est fait ~** he got himself eliminated.
liquidien, enne [likidjɛ̃, ɛn] *adj* liquid.
liquidité [likidite] *nf* CHIM & FIN liquidity.
◆ **liquidités** *nfpl* FIN liquid assets; ~**s internationales** international liquidity.
liquoreux, euse [likɔrø, øz] *adj* syrupy.
liquoriste [likɔrist] *nmf* liqueur seller.
lire[1] [lir] *nf* [monnaie] lira.
lire[2] [106] [lir] *vt* -**1.** [texte, thermomètre, carte] to read; **j'ai lu tout Brecht** I've read everything Brecht wrote; **on a lu «le Grand Meaulnes» en classe** we read "le Grand Meaulnes" in class; **avez-vous des choses à ~ pour le voyage?** have you got something to read for the journey?; **'à ~ ce mois-ci'** 'this month's selection'; ~ **un rapport en diagonale** to flick OU to skim through a report; **il m'a lu ta lettre au téléphone** he read me your letter over the phone; **je l'ai lu dans le magazine** I read (about) it in the magazine; **vous êtes beaucoup lu** many people read your works; **en espérant vous ~ bientôt** [dans la correspondance] hoping to hear from you soon; **lu et approuvé** [sur un contrat] read and approved; **allemand lu et parlé** [dans un curriculum] fluent German; **il faut ~ 50 au lieu de 500** 500 should read 50 ‖ *(en usage abs)*: **apprendre à ~** to learn to read; **elle lit bien maintenant** she can read well now; ~ **sur les lèvres** to lip-read ❑ ~ **entre les lignes** to read between the lines. -**2.** [déceler] to read; **on lisait la déception dans ses yeux** you could read OU see the disappointment in his eyes; ~ **les lignes de la main** to read sb's palm; ~ **l'avenir dans le marc de café** ≃ to read (the future in the) tea leaves. -**3.** [interpréter] to interpret; **on peut ~ son rapport de deux façons** her report can be interpreted OU read in two ways; **ils ne lisent pas Malraux de la même manière** their interpretations OU readings of Malraux differ. -**4.** INF [disquette] to read; [signes] to sense; [images] to scan.
◆ **lire dans** *v + prép*: ~ **dans les pensées de qqn** to read sb's thoughts OU mind; **j'ai lu dans son jeu** I saw through his little game.
◆ **se lire** *vp (emploi passif)* -**1.** [être déchiffré] to read; **ça se lit facilement** it's easy to read; **ça se lit comme un roman** it reads like a novel; **l'hébreu se lit de droite à gauche** Hebrew reads OU you read Hebrew from right to left. -**2.** [apparaître] to show; **l'inquiétude se lisait sur son visage** anxiety showed on OU was written all over his face.
lis [lis] *nm* lily; ~ **d'eau** water lily; **un teint de ~** a lily-white complexion.
Lisbonne [lizbɔn] *npr* Lisbon.
lise [liz] *nf* [sable mouvant] quicksand.
liseré [lizre], **liséré** [lizere] *nm* edging ribbon, piping.
liseron [lizrɔ̃] *nm* bindweed, convolvulus *spéc.*
liseur, euse [lizœr, øz] *nm, f* reader.
◆ **liseuse** *nf* -**1.** [veste] bed jacket. -**2.** [coupe-papier] (bookmark and) paper-knife. -**3.** [couvre-livre] dust jacket.
lisibilité [lizibilite] *nf* [d'une écriture] legibility; [d'un texte] readability.
lisible [lizibl] *adj* -**1.** [écriture, signe] legible. -**2.** [roman] readable.
lisiblement [liziblәmɑ̃] *adv* legibly.
lisière [lizjɛr] *nf* -**1.** [d'une forêt] edge. -**2.** TEXT selvage, selvedge.
LISP [lisp] *(abr de* **list processing***)* *nm* LISP.
lissage [lisaʒ] *nm* -**1.** [d'un cuir] sleeking. -**2.** ÉCON & MATH smoothing (out). -**3.** MÉD face-lift.
lisse [lis] ◇ *adj* [planche, peau, pâte] smooth; [chevelure, fourrure] sleek.
◇ *nf* -**1.** NAUT [membrures] ribband; [garde-fou] handrail. -**2.** TEXT heddle; **métier de haute/basse ~** high-/low-warp loom.
lissé [lise] *nm* gloss stage *(in sugar boiling)*.
lisser [3] [lise] *vt* [barbe, mèche] to smooth (down); [papier, tissu] to smooth out *(sép)*; [plumes] to preen; [cuir] to sleek; **le canard lissait sa queue** the duck was preening its tail.
lisseuse [lisøz] *nf* smoothing machine.
lissier [lisje] *nm* TEXT loom setter.
lissoir [liswar] *nm* TECH smoother.
listage [listaʒ] *nm* listing; **faire le ~ des modèles en stock** to list the models in stock.
liste [list] *nf* -**1.** [énumération - de noms, de chiffres] list; **faire** OU **dresser une ~** to make (out) OU to draw up a list; **tu as la ~ des courses (à faire)?** have you got the shopping list?; **j'ai fait la ~ des avantages et des inconvénients** I have listed the OU made a list of the pros and cons; **tu n'es pas sur la ~** you're not on the list, your name isn't listed; **la ~ des invités** the guest list; **la ~ des réclamations s'allonge de jour en jour** the list of complaints is getting longer every day ❑ ~ **d'attente** waiting list; ~ **civile** civil list; ~ **de contrôle** checklist; ~ **de mariage** wedding gift list; ~ **noire** blacklist; **elle est sur la ~ noire** she has been blacklisted; ~ **ouverte/close** open/closed list; ~ **rouge** TÉLÉC: **être sur la ~ rouge** to be ex-directory *Br*, to have an unlisted number *Am*. -**2.** POL: ~ **électorale** electoral roll; **la ~ d'opposition** the list of opposition candidates; **les deux partis présentent une ~ commune** the two parties are putting forward a joint list (of candidates); ~ **bloquée** set list of candidates *(which electors cannot modify)*. -**3.** INF list. -**4.** AÉRON: ~ **de vérification** checklist. -**5.** [d'un cheval] star.
listeau, x [listo], **listel** [listɛl] *nm* -**1.** ARCHIT listel, fillet. -**2.** [d'une pièce de monnaie] rim.
lister [3] [liste] *vt* -**1.** [mettre en liste] to list. -**2.** INF to list (out).
listériose [listerjoz] *nf* listeriosis.
listing [listiŋ] *nm* -**1.** [gén] list. -**2.** INF printout, listing.
lit [li] *nm* -**1.** [meuble] bed; ~ **en pin/en fer** pine/iron bed; **un canapé qui fait ~** *fam* a sofa bed; **garder le ~, rester au ~** to stay OU to be in bed; **aller au ~** to go to bed; **envoyer/mettre qqn au ~** to send/to put sb to bed; **se mettre au ~** to get into bed; **tu es encore au ~!** you are still in bed!; **maintenant, au ~!** come on now, it's bedtime!; **tirer** OU **sortir qqn du ~** to drag sb out of bed; **faire ~ à part** to sleep in separate beds; **le ~ est/n'est pas défait** the bed has/hasn't been slept in; **faire le ~ de qqn** to make sb's bed; **mourir dans son ~** to die in one's bed; **c'est un hôpital de 150 ~s** it's a 150-bed hospital ❑ ~ **à baldaquin** four-poster (bed); ~ **de jour** OU **de repos** daybed; ~ **breton** OU **clos** box bed; ~ **de camp** camp bed; ~ **d'enfant, petit ~** cot *Br*, crib *Am*; ~ **escamotable** foldaway bed; ~ **à une personne/deux personnes** single/double bed; ~ **pliant** folding bed; ~ **en portefeuille** apple-pie bed *Br*, short-sheeted bed *Am*; **sur son ~ de mort** on his deathbed; **sur son ~ de douleur** on her sickbed; ~**s gigognes** truckle bed; ~**s jumeaux** twin beds; ~**s superposés** bunk bed, bunks; **faire le ~ de qqch** to pave the way for sthg; **en cédant au chantage, on fait le ~ du terrorisme** by giving in to blackmail, you play into the hands of terrorists; **comme on fait son ~ on se couche** *prov* as you make your bed, so you must lie in it *prov*. -**2.** JUR [mariage]: **enfant d'un premier/deuxième ~** child of a first/second marriage. -**3.** [couche] bed, layer; ~ **de feuilles/mousse** bed of leaves/moss; **posez la**

viande sur un ~ de légumes verts place the meat on a bed of green vegetables; ~ d'argile GÉOL layer OU bed of clay. -4. GÉOG bed; la rivière est sortie de son ~ the river has burst OU overflowed its banks. -5. HIST & JUR: ~ de justice *canopied bed in which the king would preside over formal sessions of Parliament, and by extension these sessions themselves*. -6. NAUT: le ~ du courant the tideway; le ~ du vent the set of the wind, the wind's eye. -7. CONSTR: ~ de pose bearing surface.

LIT (*abr écrite de* lire italienne) L, Lit.

litanie [litani] *nf* [longue liste]: une ~ de plaintes a litany of complaints; (avec lui, c'est) toujours la même ~! he never stops moaning!
◆ **litanies** *nfpl* RELIG litanies.

lit-cage [likaʒ] (*pl* lits-cages) *nm* folding cot *Br* OU crib *Am*.

litchi [litʃi] *nm* -1. [arbre] litchi, lychee. -2. [fruit] litchi, lychee, lichee.

liteau, x [lito] *nm* -1. [sur linge] coloured stripe. -2. [tasseau] bracket. -3. [bois débité] batten.

litée [lite] *nf* -1. [groupe d'animaux - lions] pride; [- loups] pack. -2. [portée d'une laie] wild sow's litter.

literie [litri] *nf* bedding.

lithiase [litjaz] *nf* lithiasis.

lithiasique [litjazik] ◇ *adj* lithic.
◇ *nmf* lithiasis sufferer.

lithium [litjɔm] *nm* lithium.

litho *fam* [lito] *nf* litho.

lithographe [litɔgraf] *nm* lithographer.

lithographie [litɔgrafi] *nf* -1. [procédé] lithography. -2. [estampe] lithograph.

lithographier [9] [litɔgrafje] *vt* to lithograph.

lithographique [litɔgrafik] *adj* lithographic.

lithologie [litɔlɔʒi] *nf* lithology.

lithologique [litɔlɔʒik] *adj* lithological.

lithosphère [litɔsfɛr] *nf* lithosphere.

lithotypographie [litɔtipɔgrafi] *nf* lithotypography.

litière [litjɛr] *nf* litter.

litige [litiʒ] *nm* -1. [différend] dispute; question en ~ contentious OU controversial question; au centre du ~ at the heart of the dispute; objet de ~ bone of contention. -2. JUR dispute; être en ~ to be in dispute OU involved in litigation.

litigieux, euse [litiʒjø, øz] *adj* litigious, contentious.

litote [litɔt] *nf* litotes; c'est une ~ that's an understatement.

litre [litr] *nm* -1. [unité, contenu] litre. -2. [bouteille] litre bottle.

litron▽ [litrɔ̃] *nm* litre, bottle (of wine).

littéraire [literɛr] ◇ *adj* [style, œuvre, prix] literary; il fera des études ~s he's going to study literature.
◇ *nmf* [étudiant] arts student; [professeur] arts teacher; [amateur de lettres] a literary OU literary-minded person.

littérairement [literɛrmɑ̃] *adv* in literary terms, literarily.

littéral, e, aux [literal, o] *adj* -1. [textuel - transcription, traduction] literal, word-for-word; dans le sens ~ du terme in the literal sense of the word. -2. LING [écrit]: arabe ~ written Arabic.

littéralement [literalmɑ̃] *adv* literally; c'est ~ du chantage! that's sheer blackmail!

littéralité [literalite] *nf* literality.

littérarité [literarite] *nf* literariness.

littérateur [literatœr] *nm péj* hack (writer).

littérature [literatyr] *nf* -1. la ~ [art, œuvres] literature; [activité] writing; ce qu'il écrit, c'est de la mauvaise ~ he writes badly, he's a bad writer; les discours des politiciens c'est de la ~ *péj* the politicians' speeches are just (a lot of) fine words ❑ ~ de colportage chapbooks. -2. [documentation] literature, material; il y a toute une ~ là-dessus you'll find a lot of material OU literature on the topic.

littoral, e, aux [litɔral, o] *adj* coastal, littoral *spéc*.
◆ **littoral, aux** *nm* coastline, littoral *spéc*.

Lituanie [litɥani] *npr f*: (la) ~ Lithuania.

lituanien, enne [litɥanjɛ̃, ɛn] *adj* Lithuanian.
◆ **Lituanien, enne** *nm, f* Lithuanian.
◆ **lituanien** *nm* LING Lithuanian.

liturgie [lityrʒi] *nf* liturgy.

liturgique [lityrʒik] *adj* liturgical.

livarot [livaro] *nm* livarot (cheese).

live [lajv] *adj inv* live; spectacle ~ live show.

Liverpool [livɛrpul] *npr* Liverpool.

livide [livid] *adj* -1. [pâle - visage, teint] pallid, sallow; [- malade, blessé] whey-faced. -2. *litt* [d'une couleur plombée] livid.

lividité [lividite] *nf* lividness.

living-room [liviŋrum] (*pl* living-rooms), **living** [liviŋ] *nm* living room.

Livourne [livurn] *npr* Leghorn, Livorno.

livrable [livrabl] *adj* which can be delivered; les marchandises ne sont pas ~s à domicile 'no home deliveries', 'we do not deliver'.

livraison [livrɛzɔ̃] *nf* -1. COMM delivery; payer à la ~ to pay cash on delivery; prendre ~ de qqch to take delivery of sthg; faire des ~s to carry out OU to make deliveries ❑ '~ à domicile' 'we deliver'; '~ gratuite' 'free delivery'. -2. IMPR instalment.

livre [livr] ◇ *nm* -1. [œuvre, manuel] book; [dans une œuvre] book; le ~ de la vie the book of life; son ~ a eu un énorme succès her book was a best-seller; on s'est rencontrés comme dans les ~s, à un bal au château we met at a ball in the castle, just like in a novel; elle parlait comme un ~ she talked like a book *péj* ❑ ~ cartonné OU relié hardback (book); ~ de grammaire/d'histoire grammar/history book; ~ d'images/de prières picture/prayer book; ~ scolaire OU de classe schoolbook, textbook; c'est mon ~ de chevet it's a book I read and re-read; ~ de cuisine cookery book *Br*, cookbook; il écrit des ~s pour enfants he writes children's books; ~ d'heures book of hours; ~ de messe hymnbook, missal; ~ d'occasion secondhand book; ~ de poche paperback (book); il est pour moi comme un ~ ouvert I can read him like a book; 'le Livre de la jungle' *Kipling* 'The Jungle Book'. -2. le ~ [l'édition] the book trade; l'industrie du ~ the book industry; les ouvriers du ~ the printworkers. -3. [registre]: ~ de bord logbook; ~ de caisse cash book; ~ de comptes (account) books; ~ d'or visitors' book; ~ de paie payroll; grand ~ ledger. -4. POL: ~ blanc white paper.
◇ *nf* -1. [unité de poids] half a kilo, ≃ pound; *Can* pound. -2. FIN pound; ça coûte 3 ~s it costs 3 pounds ❑ ~ égyptienne/chypriote Egyptian/Cypriot pound; ~ irlandaise Irish pound; ~ sterling pound (sterling). -3. HIST livre.
◆ **à livre ouvert** *loc adv* at sight; elle lit/traduit le grec à ~ ouvert she can read/translate Greek at sight.

livre-cassette [livrəkasɛt] (*pl* livres-cassettes) *nm* spoken word cassette.

livrée [livre] *nf* -1. [de domestique] livery; chauffeur en ~ liveried chauffeur. -2. ZOOL coat.

livre-journal [livrəʒurnal] (*pl* livres-journaux [-no]) *nm* daybook.

livrer [3] [livre] *vt* -1. [abandonner à - personne, pays, ville] to hand over; les traîtres ont livré la ville à l'ennemi the traitors handed the town over to the enemy; vous le livrez à la mort you are sending him to his death; le pays est livré à la corruption the country has been given over to OU has sunk into corruption; son corps fut livré aux flammes her body was committed to the flames; être livré à soi-même to be left to o.s. OU to one's own devices. -2. [dénoncer] to inform on *(insép)*, to denounce; il a livré son complice à la police he handed his accomplice over to the police. -3. [révéler]: ~ un secret to give away OU to betray a secret; dans ses romans, elle livre peu d'elle-même she doesn't reveal much about herself in her novels. -4. *loc*: ~ (une) bataille OU (un) combat [se battre] to wage OU to do battle; ~ passage à [laisser passer] to make way for; la foule s'écarta pour ~ passage au ministre the crowd parted to make way for the minister. -5. COMM [article, commande] to deliver; [client] to deliver to; ~ qqch à domicile to deliver sthg *(to the customer's home)*; nous vous livrerons demain we'll deliver to you tomorrow.
◆ **se livrer** ◇ *vp (emploi réfléchi)* [se rendre]: se ~ à la police to give o.s. up to the police.
◇ *vpi* [faire des confidences]: se ~ (à qqn) to confide (in sb); elle ne se livre jamais she never confides in anybody, she never opens up.
◆ **se livrer à** *vp + prép* -1. [s'engager dans]: se ~ à une enquête to hold OU to conduct an investigation; ils se livraient au chantage they were engaged in blackmail; se ~ à des suppositions to make suppositions; elle s'est livrée à des commentaires désobligeants she made some rather insulting remarks. -2. [s'abandonner à]: une fois seul, je me livrai à ma peine as soon as I found myself alone, I gave way to my sorrow; ils se livrent enfin à la joie de se retrouver they can finally give themselves up to the joy of being together again.

livresque [livrɛsk] *adj* acquired from books; son savoir n'est que ~ his knowledge comes straight out of books.

livret [livrɛ] *nm* -1. [carnet] notebook. -2. BANQUE: ~ de caisse d'épargne savings book; compte sur ~ savings account. -3. JUR: ~ de famille OU de mariage family record book *(in which dates of births and deaths are registered)*. -4. SCOL: ~ scolaire school report (book). -5. MIL: ~ militaire army OU military record. -6. MUS libretto. -7. *Helv* multiplication table.

livreur, euse [livrœr, øz] *nm, f* delivery man (*f* woman).

Lizard [lizar] *npr*: (le) cap ~ the Lizard.

Ljubljana [ljubljana] *npr* Ljubljana.

lm (*abr écrite de* lumen) lm.

LO (*abr de* Lutte ouvrière) *npr left-wing political party*.

loader [lodœr] *nm* loader, loading machine.

lob [lɔb] *nm* lob; ~ lifté spin lob.

lobaire [lɔbɛr] *adj* lobar.

lobby [lɔbi] (*pl* lobbys OU lobbies) *nm* lobby, pressure group; le ~ antinucléaire the antinuclear lobby.

lobe [lɔb] *nm* -1. ANAT & BOT lobe; ~ de l'oreille ear lobe. -2. ARCHIT foil.

lobé, e [lɔbe] *adj* -1. BOT lobed. -2. ARCHIT foiled.

lobectomie [lɔbɛktɔmi] *nf* lobectomy.

lober [3] [lɔbe] *vt & vi* to lob.

lobotomie [lɔbɔtɔmi] *nf* lobotomy.

lobotomiser [3] [lɔbɔtɔmize] *vt*: il a été lobotomisé he's had a lobotomy.

lobulaire [lɔbylɛr], **lobulé, e** [lɔbyle] *adj* lobular.

lobule [lɔbyl] *nm* lobule.

lobuleux, euse [lɔbylø, øz] *adj* lobular.

local, e, aux [lɔkal, o] *adj* [anesthésie, élu, radio] local; [averses] localized; heure ~e local time; 3 h, heure ~e 3 a.m. local time.
◆ **local, aux** *nm* -1. [à usage déterminé] premises; ~ d'habitation domestic premises; locaux commerciaux business premises; locaux disciplinaires disciplinary quarters. -2. [sans usage déterminé] place; je cherche un ~ pour faire une fête I'm looking for a place to hold a party.

localement [lɔkalmɑ̃] *adv* -1. [à un endroit] locally. -2. [par endroits] in places; demain, le ciel sera ~ nuageux tomorrow there will be patchy cloud OU it will be cloudy in places.

localier [lɔkalje] *nm* local affairs correspondent.

localisable [lɔkalizabl] *adj* localizable.

localisation [lɔkalizasjɔ̃] *nf* -1. [détection, emplacement] location. -2. ASTRONAUT location, tracking; [limitation] localization, confinement. -3. ANAT: ~ cérébrale cerebral localization.

localisé, e [lɔkalize] *adj* -**1.** [déterminé] located. -**2.** [limité] local, localized.

localiser [3] [lɔkalize] *vt* -**1.** [situer] to locate; il a fallu ~ **la fuite** we had to locate the leak. -**2.** [limiter] to confine, to localize; **combats localisés** localized fighting.

localité [lɔkalite] *nf* [petite] village; [moyenne] small town; **dans toute la** ~ throughout the town, all over town.

locataire [lɔkatɛr] *nmf* [d'un appartement, d'une maison] tenant; [d'une chambre chez le propriétaire] lodger.

locatif, ive [lɔkatif, iv] *adj* -**1.** [concernant le locataire, la chose louée] : **immeuble (à usage)** ~ block of rented flats; **valeur locative** rental value. -**2.** LING: **préposition locative** locative preposition.

◆ **locatif** *nm* locative (case).

location [lɔkasjɔ̃] *nf* -**1.** [par le propriétaire - d'un logement] letting *esp Br*, renting (out); [- de matériel, d'appareils] renting (out), rental, hiring (out) *esp Br*; [- de costumes] hire *esp Br*, rental; [- d'un navire, d'un avion] leasing; **donner** OU **mettre une maison en** ~ to rent (out) OU to let a house; ~ **de skis** ski hire *esp Br* OU rental; ~ **de voitures** self-drive hire. -**2.** [par le locataire - d'un logement] renting; [- d'une machine] hiring *esp Br*, renting; [- d'un navire, d'un avion] leasing. -**3.** [logement] rented accommodation; **désolé, nous n'avons pas de** ~**s** sorry, we have no accommodation for rent; ~ **meublée** furnished accommodation. -**4.** [réservation] : **la** ~ **est ouverte un mois à l'avance** booking starts a month in advance. -**5.** [période] lease; **(contrat de)** ~ **de 2 ans** 2-year rental OU lease OU tenancy agreement. -**6.** [prix - d'un logement] rent; [- d'un appareil] rental. -**7.** SOCIOL: ~ **d'utérus** surrogate motherhood.

◆ **en location** *loc adj*: **être en** ~ [locataire] to be renting *(a house)*; [appartement] to be available for rent, to be up for rent; **j'ai un appartement, mais il est en** ~ [déjà loué] I've got a flat but it is rented out.

location-accession [lɔkasjɔ̃aksɛsjɔ̃] (*pl* locations-accessions) *nf* mortgage.

location-gérance [lɔkasjɔ̃ʒerɑ̃s] (*pl* locations-gérances) *nf* ≃ franchise COMM.

location-vente [lɔkasjɔ̃vɑ̃t] (*pl* locations-ventes) *nf* -**1.** [d'un véhicule, d'équipement] hire purchase *Br*, installment plan *Am*; **la voiture est en** ~ the car is being bought in instalments OU on hire purchase. -**2.** [d'une maison] mortgage.

loc. cit. (*abr écrite de* **loco citato**) loc. cit.

loch [lɔk] *nm* -**1.** GÉOG loch. -**2.** NAUT log.

loche [lɔʃ] *nf* -**1.** [poisson - de rivière] loach; [- de mer] rockling. -**2.** *dial* [limace] slug.

lock-out [lɔkaut] *nm inv* lockout.

lock-outer [3] [lɔkaute] *vt* to lock out *(sép)*.

locks *fam* [lɔks] *nfpl* dreadlocks, dreads.

locomoteur, trice [lɔkɔmɔtœr, tris] *adj* -**1.** MÉCAN locomotive. -**2.** ANAT locomotive, locomotor *(modif)*; **ataxie locomotrice** locomotor ataxia.

◆ **locomoteur** *nm* motor unit.

locomotion [lɔkɔmɔsjɔ̃] *nf* locomotion.

locomotive [lɔkɔmɔtiv] *nf* -**1.** MÉCAN locomotive, (railway) engine. -**2.** *fam* [d'un parti, d'une économie] pacemaker, pacesetter. -**3.** SPORT pacesetter, pacer.

locomotrice [lɔkɔmɔtris] *f* → **locomoteur**.

locotracteur [lɔkɔtraktœr] *nm* shunter, dolly *Am*.

locus [lɔkys] *nm inv* locus.

locuste [lɔkyst] *nf* locust.

locuteur, trice [lɔkytœr, tris] *nm, f* LING speaker; ~ **natif** native speaker.

locution [lɔkysjɔ̃] *nf* -**1.** [expression] phrase, locution; **une** ~ **figée** OU **toute faite** a set phrase, an idiom. -**2.** GRAMM phrase; ~ **adverbiale/nominale** adverbial/noun phrase.

loden [lɔdɛn] *nm* -**1.** TEXT loden. -**2.** [manteau] loden coat.

loess [løs] *nm* loess, löss.

lof [lɔf] *nm* windward side; **aller au** ~ to luff; **virer** ~ **pour** ~ to wear.

lofer [3] [lɔfe] *vi* to luff; lofe! hard aweather!

loft [lɔft] *nm* loft (conversion).

logarithme [lɔgaritm] *nm* logarithm.

logarithmique [lɔgaritmik] *adj* logarithmic.

loge [lɔʒ] *nf* -**1.** [d'artiste] dressing room; *spéc* [de candidats] exam room. -**2.** [de concierge, de gardien] lodge. -**3.** [de francs-maçons] lodge; **la Grande Loge** the Grand Lodge. -**4.** THÉÂT box; **premières/secondes** ~**s** dress/upper circle boxes; **être aux premières** ~**s** *fig* to have a ringside OU front seat. -**5.** ARCHIT loggia.

logeable [lɔʒabl] *adj*: **cet appartement est** ~, **je suppose** I suppose I/we *etc* could live in this flat; **c'est** ~ **dans le placard** there's room for it in the cupboard.

logement [lɔʒmɑ̃] *nm* -**1.** [habitation] accommodation *(U)*; **un** ~ **de 3 pièces** a 3-room flat *Br* OU apartment *Am*; **chercher un** ~ to look for accommodation OU somewhere to live; **ils ont construit des** ~**s pour leurs employés** they have built accommodation for their employees. -**2.** MIL [chez l'habitant] billet; [sur une base] (married) quarters. -**3.** [hébergement] : **le** ~ housing; **la crise du** ~ the housing shortage. -**4.** TECH housing, casing.

loger [17] [lɔʒe] ◇ *vi* to live; **où logez-vous?** where do you live?; **pour l'instant je loge chez lui** I'm living OU staying at his place at the moment; **elle loge chez sa tante/à l'hôtel/rue de la Paix/dans une caravane** she lives with her aunt/in a hotel/on rue de la Paix/in a trailer; **les étudiants logent tous en cité** all the students are accommodated at OU live in halls of residence; **les soldats logeaient chez l'habitant** the soldiers were billeted OU quartered with the local population; **les touristes logeaient chez l'habitant** the tourists were staying in boarding houses OU in bed-and-breakfasts; **je suis bien/mal logé** [chez moi] I'm comfortably/badly housed; [en pension] I've got comfortable/poor lodgings; **être logé, nourri et blanchi** to get board and lodging with laundry (service) included ❑ ~ **à la belle étoile** to sleep under the stars OU out in the open; **on est tous logés à la même enseigne** everybody is in the same boat.
◇ *vt* -**1.** [recevoir - ami, visiteur] to put up *(sép)*; [- soldat] to billet; **nous pouvons vous** ~ **pour une nuit ou deux** we can put you up for a night or two; **on a logé le régiment chez l'habitant** the regiment was billeted with the local population. -**2.** [contenir - personnes] to accommodate; [- choses] to put; **l'école peut** ~ **cinq cents élèves** the school can accommodate five hundred pupils; **où allons-nous** ~ **tout ça?** where are we going to put all that stuff?; **le placard peut** ~ **trois grosses valises** the cupboard can take OU hold three big suitcases. -**3.** [mettre] : ~ **une balle dans la tête de qqn** to lodge a bullet in sb's head; ~ **une idée dans la tête de qqn** to put an idea into sb's head.

◆ **se loger** ◇ *vpt*: **il s'est logé une balle dans la tête** he put a bullet through his head, he shot himself in the head.
◇ *vpi* -**1.** [à long terme - couple, famille] to find somewhere to live; **ils se marient dans une semaine et n'ont pas encore trouvé à se**~ they're getting married in a week and they still haven't found anywhere to live. -**2.** [provisoirement - touriste, étudiant] to find accommodation; **étudiant en médecine cherche à se** ~ **pour deux trimestres** medical student seeks lodgings OU accommodation for two terms. -**3.** [pénétrer] : **se** ~ **dans** to get into; **un éclat de verre s'était logé dans son œil droit** a splinter of glass had lodged itself in his right eye; **comment ces idées stupides ont-elles pu se** ~ **dans ton esprit?** where did you get all those stupid ideas from? -**4.** TECH to fit, to be housed.

logette [lɔʒɛt] *nf* -**1.** ARCHIT [fenêtre] oriel window; [cellule] cubicle. -**2.** [à vaches] stall, byre.

logeur, euse [lɔʒœr, øz] *nm, f* landlord (*f* landlady).

loggia [lɔdʒja] *nf* loggia.

logiciel, elle [lɔʒisjɛl] *adj* software *(modif)*.

◆ **logiciel** *nm* software; **ils viennent de sortir un nouveau** ~ they've just brought out a new piece of software ❑ ~ **d'application** application OU software package; ~ **de base** systems teaching software.

logicien, enne [lɔʒisjɛ̃, ɛn] *nm, f* logician.

logicisme [lɔʒisism] *nm* logicism.

logique [lɔʒik] ◇ *adj* -**1.** PHILOS & SC logical. -**2.** [cohérent, clair] sensible, logical; **soyons** ~**s** let's be logical OU sensible about this; **ah oui, c'est** ~, **je n'y avais pas pensé!** ah, that makes sense, I hadn't thought of that!; **ce n'est pas** ~ it doesn't make sense; **sois** ~ **avec toi-même, tu veux qu'elle vienne ou pas?** you can't have it both ways, do you want her to come or not? -**3.** [normal, compréhensible] logical, normal, natural; **c'est dans la suite** ~ **des événements** it's part of the normal course of events; **tu la brimes, elle t'en veut, c'est** ~ if you pick on her she'll hold it against you, that's only normal OU natural OU logical. -**4.** INF logic.
◇ *nf* -**1.** PHILOS & SC logic; ~ **déductive** deductive reasoning, deduction; ~ **formelle** OU **pure** formal logic. -**2.** [cohérence] logic; **ton raisonnement manque de** ~ your argument isn't very logical OU consistent; **telle est la** ~ **des fous/enfants** that's a madman's/a child's logic; **il n'y a aucune** ~ **là-dedans** none of this makes sense; **c'est dans la** ~ **des choses** it's in the nature of things. -**3.** INF logic; ~ **binaire/booléenne** binary/Boolean logic; ~ **câblée** wired logic; ~ **à couplage par l'émetteur** emitter-coupled logic, ECL; ~ **programmable** field programmable logic array.

logiquement [lɔʒikmɑ̃] *adv* -**1.** [avec cohérence] logically; **procédons** ~ let's proceed logically. -**2.** [normalement] : ~, **il devrait bientôt être là** if all goes well OU unless something goes wrong, he should soon be here.

logis [lɔʒi] *nm litt* dwelling, abode; **il n'y avait personne au** ~ there was nobody (at) home; **quand Renard rentra au** ~ when Reynard the fox returned to his abode.

logisticien, enne [lɔʒistisjɛ̃, ɛn] *nm, f* logistician.

logistique [lɔʒistik] ◇ *adj* -**1.** MIL logistic. -**2.** [organisationnel] : **les élus locaux apportent un important soutien** ~ **au parti** local councillors make an important contribution to the running of the party.
◇ *nf* logistics *(sg)*.

logithèque [lɔʒitɛk] *nf* software library.

logo [logo] *nm* logo.

logomachie [lɔgɔmaʃi] *nf* -**1.** [discussion] semantic argument. -**2.** [suite de mots creux] bombast, wordiness.

logorrhée [lɔgɔre] *nf* logorrhoea.

logorrhéique [lɔgɔreik] *adj* logorrhoeic.

logotype [lɔgɔtip] *nm* logotype.

loi [lwa] *nf* **A.** -**1.** [règles publiques] law; **les** ~**s de notre pays** the law of the land; **selon la** ~ **en vigueur** according to the law as it stands ❑ **la** ~ **salique** the Salic law. -**2.** JUR [décret] act, law; **la** ~ **Dupont a été votée la nuit dernière** the Dupont Act was passed last night; **les** ~**s de la guerre** the laws of war ❑ **la** ~ **(de) 1901** *law concerning the setting up of non-profit making organizations*; **nous sommes une association** ~ **de 1901** we're a non-profit making organization; '~ **du 28 juillet 1882, défense d'afficher'** ≃ 'billposters will be prosecuted'; ~ **anticasseurs** *law against violence and vandalism during demonstrations*; ~ **d'exception** emergency legislation; ~ **de finances** budget OU appropriation bill; **la** ~ **fondamentale, les** ~**s fondamentales** the Constitution; ~ **martiale** martial law; ~ **organique** organic law; ~ **d'orientation** *act laying down the basic principles for government action in a given field*; ~**s scélérates** pernicious legislation; **la** ~ **du talion** HIST lex talionis; **dans ce cas-là, c'est la** ~ **du talion** *fig* in that case, it's an eye for an eye (and a tooth for a tooth). -**3.** [légalité] : **la** ~ the law; **ça devrait être interdit par la** ~! there ought to be

a law against it!; la ~ est dure, mais c'est la ~ the law's the law; avoir la ~ pour soi to have the law on one's side; tomber sous le coup de la ~ to be covered by the law.
B. -**1.** [devoir] rule; les ~s de l'hospitalité the rules of hospitality; les ~s de l'honneur the code of honour; les ~s du savoir vivre the rules of etiquette; se faire une ~ de to make a point of; se faire une ~ de réussir to make a point of succeeding; elle ne connaît d'autre ~ que son plaisir she obeys only her desire for pleasure. -**2.** RELIG law; la ~ divine divine law ☐ la ~ mosaïque OU de Moïse the Mosaic Law.
C. -**1.** [domination] law, rule; tenir qqn/un pays sous sa ~ to rule sb/a country; dicter OU imposer sa ~, faire la ~ to lay down the law; c'est elle qui fait la ~ ici she's the one who lays down the law around here; l'équipe de Bordeaux a dicté OU imposé sa ~ à celle de Marseille Bordeaux dominated Marseilles. -**2.** [règles d'un milieu] law, rule; la ~ du milieu the law of the underworld; c'est la ~ de la nature it's nature's way ☐ la ~ de la jungle/du silence the law of the jungle/of silence.
D. PRINCIPE law; la ~ de la gravitation universelle OU de la pesanteur OU de la chute des corps the law of gravity; les ~s de Mendel Mendel's laws; la ~ du moindre effort *hum* the line of least resistance; la ~ de l'offre et de la demande the law of supply and demand; les ~s de la perspective the laws of perspective; ~ de probabilité law of probability.

LA LOI SALIQUE:
Code of laws of the Salian Franks (a Germanic tribe) which included a provision excluding women from inheriting land. This law was applied from the 16th century in France to prevent women from succeeding to the throne.

---

loi-cadre [lwakadr] (*pl* lois-cadres) *nf* parent act.

loin [lwɛ̃] *adv* -**1.** [dans l'espace] far (away); ils habitent ~ they live a long way away; c'est ~ l'hôtel? is the hotel far away?, is it far to the hotel?; en avion ce n'est pas ~ it's not far by plane; ils se sont garés un peu plus ~ they parked a bit further on; il n'y a pas ~ entre Paris et Versailles it's not far from Paris to Versailles; elle est ~ derrière nous she is a long way behind us; aussi ~ (que) as far (as); aussi ~ que l'œil peut porter as far as the eye can see; moins ~ (que) not as OU so far (as); plus ~ (que) further OU farther (than); voir plus ~ dans le texte see below; cette arme porte ~ this weapon has a long range. -**2.** [dans le temps] far (away); Noël n'est plus très ~ Christmas isn't very far away now OU a long way off now; la guerre, l'Occupation, c'est bien ~! the war, the Occupation, it all seems a long way off now!; c'est ~ tout ça! [dans le passé] that was a long time ago!, that seems a long way off now!; [dans le futur] that's a long way off! -**3.** *fig* far; il y a ~ entre ce qu'on dit et ce qu'on fait there's a big difference between words and deeds; de là à lui faire confiance, il y a ~ there is a big difference between that and trusting him; d'ici à l'accuser de mensonge, il n'y a pas ~ from here it's a short step to accusing him of lying; aller ~ to go far; il est brillant, il ira ~ he's brilliant, he'll go far; aller un peu OU trop ~ to go (a bit) too far; là, tu vas un peu ~ come on now, you're taking things a bit far OU you're going a bit too far; tu es allé trop ~ dans ta critique you took your criticism too far; j'irai plus ~ et je dirai que... I'd go even further and say that...; cette affaire risque de vous mener ~ this affair could land you in serious trouble; ce conflit peut nous entraîner très ~ this dispute could lead to a very serious situation; possession de stupéfiants, ça peut mener ~ possession of drugs can lead to serious trouble; étouffons l'affaire, il ne faut pas que ça aille plus ~ let's hush up this business, it mustn't go any further; je trouve que vous poussez un peu ~ I think you're going a bit far; ils ont poussé les recherches très ~ they took the research as far as possible; une analyse qui ne va pas très ~ an analysis lacking in depth; ces quelques preuves ne vont pas nous mener très ~ these few scraps of evidence won't get us very far; il ne va pas aller bien ~ sans argent he won't get very far without any money; avec 100 francs, on ne va pas ~ you can't get very far on 100 francs; voir ~ to be far-sighted ☐ elle ne voit pas plus ~ que le bout de son nez she can't see further than the end of her nose; il y a ~ de la coupe aux lèvres *prov* there's many a slip 'twixt cup and lip *prov*. -**4.** *Helv* [absent]: il est ~ he's not here.

◆ **au loin** *loc adv* far away; on voyait, au ~, une rangée de peupliers a row of poplars could be seen in the far distance OU far off in the distance.

◆ **d'aussi loin que** *loc conj*: il lui fit signe d'aussi ~ qu'il la vit he signalled to her as soon as he saw her in the distance; d'aussi ~ que je me souvienne as far back as I can remember.

◆ **de loin** *loc adv* -**1.** [depuis une grande distance] from a long way, from a distance; je vois mal de ~ I can't see very well from a distance; la tour se voyait de (très) ~ the tower could be seen from a long way off; avec sa chevelure rousse, on la reconnaît de ~ you can recognize her from a long way off thanks to her red hair; vue de ~, cette histoire n'a pas l'air bien grave from a distance, this business doesn't seem all that serious ☐ je l'ai vu venir de ~ *fam* I saw him coming a mile off; tu verras mieux d'un peu plus ~ you'll see better from a bit further away; ils sont venus d'assez ~ à pied they came a fair distance OU quite a long way on foot. -**2.** [assez peu]: il ne s'intéresse que de ~ à la politique he's only slightly interested in politics; suivre les événements de ~ to follow events from a distance. -**3.** [de beaucoup] far and away, by far; c'est de ~ le meilleur cognac it's far and away OU it's by far the best brandy; il est de ~ le plus compétent he's far and away OU by far the most competent; je le préfère à ses collègues, et de ~ I much prefer him to his colleagues.

◆ **de loin en loin** *loc adv sout* -**1.** [dans l'espace] at intervals, here and there. -**2.** [dans le temps] from time to time, every now and then.

◆ **du plus loin que** *loc conj*: il lui fit signe du plus ~ qu'il l'aperçut he signalled to her as soon as he saw her in the distance; du plus ~ qu'il se souvienne as far back as he can remember.

◆ **loin de** *loc prép* -**1.** [à une grande distance de] a long way OU far (away) from; quand je suis ~ de toi when I'm far (away) from you; pas ~ d'ici not far from OU quite close to here; non ~ de not far from; c'est assez ~ d'ici it's quite a long way OU distance from here; ils vivent ~ de l'agitation des villes they live far away OU a long way from the bustle of towns. -**2.** *fig* far from; je ne suis pas ~ de leur dire le fond de ma pensée it wouldn't take me much to tell them what I think, I have a good mind to tell them what I really think; j'étais ~ de me douter (que)... I never imagined...; vous êtes ~ du sujet you've gone (way) off the subject; ~ de moi l'idée de t'accuser far be it from me to accuse you; ~ de moi cette idée! nothing could be further from my mind! ☐ ~ des yeux, ~ du cœur *prov* out of sight, out of mind *prov*; ~ de là [endroit] far from there; *fig* far from it; je ne vous en veux pas, ~ de là I'm not angry with you, far from it. -**3.** [dans le temps] a long way (away); la Première Guerre mondiale est bien ~ de nous maintenant the First World War is a long way away from us now; nous ne sommes plus ~ de l'an 2000 maintenant we're not far off the year 2000 now. -**4.** [au lieu de]: ~ de m'aider far from helping me; ~ de leur en vouloir, il leur en était reconnaissant far from being angry with them, he was very grateful.

◆ **loin que** *loc conj litt* not that; ~ que cette offre lui plût, elle lui fit peur far from appealing to him, this proposal frightened him.

◆ **pas loin de** *loc adv* nearly, almost; il n'est pas ~ de midi it's not far off midday, it's nearly midday; ça ne fait pas ~ de quatre ans qu'ils sont mariés they've been married nearly four years; cela ne fait pas ~ de trois kilomètres it's almost OU nearly three kilometres.

lointain, e [lwɛ̃tɛ̃, ɛn] *adj* -**1.** [dans l'espace] distant, far-off; les ~es collines sortaient peu à peu de la brume the distant hills were gradually emerging from the mist; il était une fois, dans un pays ~ once upon a time, in a far-off OU distant land; un ~ son de flûte the distant OU far-off sound of a flute. -**2.** [dans le temps] distant, remote, far-off; aux jours ~s de notre enfance in the far-off days of our childhood; dans un ~ avenir in the distant OU remote future. -**3.** [indirect - parent, cousin] remote. -**4.** [absent - air, sourire] faraway; elle me fixait d'un regard ~ she stared at me absently OU with a faraway look; je l'ai trouvée un peu ~e [préoccupée] she seemed to have something on her mind; [distraite] I found her rather vague. -**5.** [dans la pensée - lien, rapport] remote, distant; il n'y a qu'un ~ rapport entre... there's only the remotest connection between...

◆ **lointain** *nm* -**1.** [fond]: dans le OU au ~ [vers l'horizon] in the distance. -**2.** BX-ARTS: les ~s the background; ~ vaporeux sfumato background.

loi-programme [lwaprɔgram] (*pl* lois-programmes) *nf* (framework) legislation, ≃ Command Paper *Br*.

loir [lwar] *nm* dormouse.

Loire [lwar] *npr f* -**1.** [fleuve]: la ~ the (river) Loire. -**2.** [région]: la ~ the Loire (area OU valley); les châteaux de la ~ the châteaux of the Loire.

loisible [lwazibl] *adj sout*: il est ~ de it is permissible to; il vous est tout à fait ~ de partir you are totally at liberty OU quite entitled to go.

loisir [lwazir] *nm* -**1.** [temps libre] spare time; comment occupez-vous vos heures de ~? what do you do in your spare time?; il consacre tous ses ~s à l'informatique he spends all his spare time on computers. -**2.** [possibilité]: avoir (tout) le ~ de to have the time OU the opportunity to; on ne lui a pas donné OU laissé le ~ de s'expliquer he was not allowed (the opportunity) to explain his actions; ils ont eu tout le ~ de préparer leur réponse [la liberté] they have been left entirely free to prepare their answer; [le temps] they've had ample time to prepare their answer.

◆ **loisirs** *nmpl* [activités] leisure *(U)*, spare-time activities; nous vivons de plus en plus dans une société de ~s we live in a society where leisure is taking on more and more importance.

◆ **(tout) à loisir** *loc adv* at leisure; faites-le (tout) à ~ do it at (your) leisure.

lokoum [lɔkum] = **loukoum**.

lolo [lolo] *nm* -**1.** *fam* [lait] milk. -**2.** ▽ [sein] boob.

lombago [lɔ̃bago] = **lumbago**.

lombaire [lɔ̃bɛr] ◇ *adj* lumbar.
◇ *nf* lumbar vertebra.

lombalgie [lɔ̃balʒi] *nf* lumbago.

lombard, e [lɔ̃bar, ard] *adj* Lombardic.
◆ **Lombard, e** *nm, f* Lombard.

Lombardie [lɔ̃bardi] *npr f*: (la) ~ Lombardy.

lombes [lɔ̃b] *nfpl* lower back, lumbus *spéc*; douleur dans les ~ lower back pain.

lombostat [lɔ̃bɔsta] *nm* orthopaedic lumbar corset.

lombric [lɔ̃brik] *nm* earthworm, lumbricus *spéc*.

Lomé [lɔme] *npr* Lomé.

londonien, enne [lɔ̃dɔnjɛ̃, ɛn] *adj* from London, London *(modif)*; les bus ~s the London buses.
◆ **Londonien, enne** *nm, f* Londoner.

Londres [lɔ̃dr] *npr* London; le Grand ~ Greater London.

long, longue [lɔ̃, *devant nm commençant par voyelle ou h muet* lɔ̃g, lɔ̃g] *adj* **A.** DANS L'ESPACE -**1.** [grand] long; **une longue rangée d'arbres** a long row of trees; **la route traverse de longues plaines** the road crosses open OU wide plains; **chat/chien à poil ~** long-haired cat/dog; **ils se servent de ~s bâtons** they use long sticks; **l'âne a de longues oreilles** donkeys have long ears; **une fille aux longues jambes** a long-legged girl, a girl with long legs; **avoir de ~s bras** to have long arms; **muscle/os ~** long muscle/ bone; ~ **de** [qui mesure]: **c'est ~ de sept mètres** it's seven metres long; **le tunnel, ~ de deux kilomètres** the two-kilometre long tunnel. -**2.** BOT [feuille] elongated; [tige] long. -**3.** VÊT long; **les jupes seront longues cet hiver** this winter, skirts will be (worn) long; **ton jupon est trop ~, il dépasse** your slip's too long, it's showing; **à manches longues** long-sleeved; **elles portaient toujours des manches longues** they always wore long-sleeved clothes OU long sleeves □ **porter des pantalons ~s** to wear long trousers; **une robe longue** a full-length OU long dress. -**4.** CULIN thin; **une sauce longue** a thin sauce. -**5.** JEUX long; **couleur longue** long suit.
B. DANS LE TEMPS -**1.** [qui dure longtemps] long; **c'est un travail ~ et difficile** it's long and difficult work; **ils échangèrent un ~ baiser** they gave each other a long kiss; **boire à ~s traits** to drink in long gulps; **de longues négociations** protracted OU long negotiations; **une longue bataille** a long OU long drawn-out battle; **je suis fatigué, la journée a été longue** I'm tired, it's been a long day; **que cette attente est longue!** what a long wait!; **je suis restée de ~s mois sans nouvelles de lui** I had no word from him for months and months; **ces quelques minutes furent bien longues** those few minutes were very long OU lasted a long time; **obligé d'attendre un ~ quart d'heure** kept waiting for a good quarter of an hour; **notre émission de ce soir est plus longue que d'habitude** our programme this evening is longer than usual; **une longue explication** [détaillée] a long explanation; [verbeuse] a long-winded OU lengthy explanation; **le film est trop ~** the film is too long OU is overlong; **vous êtes trop ~ dans la dernière partie** you are too long-winded OU too wordy in the last part; **ne sois pas trop longue ou personne ne t'écoutera jusqu'à la fin** don't take too long OU don't speak for too long or nobody will listen to you all the way through; **les journées sont plus longues** the days are longer; **les longues soirées d'hiver** the long winter evenings; **arrivé au terme d'une longue vie** (having arrived) at the end of a long life; **un congé de longue durée** a (period of) long leave; **trouver le temps ~: j'ai trouvé le temps ~** the time seemed to go (by) really slowly; ~ **de** [qui dure]: **une traversée longue de deux mois** a two-month (long) crossing; **une attente longue de trois heures** a three-hour wait. -**2.** [qui tarde - personne]: **je ne serai pas ~** I won't be long; ~ **à: ne soyez pas trop ~ à me répondre** don't take too long answering me; **je n'ai pas été longue à comprendre qu'elle mentait** it didn't take me long to see that she was lying; **l'eau est longue à bouillir** the water is taking a long time to boil; **il est ~ à venir, ce café!** that coffee's a long time coming!; **la viande de porc est longue à cuire** pork takes a long time to cook. -**3.** [qui existe depuis longtemps] long, long-standing; **sa longue expérience de journaliste** his many years spent OU his long experience as a journalist; **une longue amitié** a long-standing friendship; **avoir de ~s états de service** to have a long service record. -**4.** [dans le futur]: **à longue échéance, à ~ terme** long, long-term; **faire des prévisions à longue échéance** to make long-term forecasts; **à plus ou moins longue échéance** sooner or later; **emprunt à ~ terme** long-term loan; **quels sont tes projets à ~ terme?** what are your long-term plans? -**5.** LING & LITTÉRAT long.

◆ **long** ◇ *adv* -**1.** VÊT: **elle s'habille ~** she wears long skirts OU dresses; **je te trouve habillée un peu (trop) ~** I don't think that long style quite suits you. -**2.** [beaucoup]: **en dire ~: geste/regard qui en dit ~** eloquent gesture/ look; **une remarque qui en dit ~ sur ses intentions** a remark which says a lot about OU speaks volumes about his intentions; **elle pourrait vous en dire ~ sur cette affaire** she could tell you a few things about this business; **en connaître** OU **en savoir ~: demande-le-lui, il en sait ~** ask him, he knows all about it; **elle en connaît déjà ~ sur la vie** she knows a thing or two about life.
◇ *nm* VÊT: **le ~** long styles; **la mode est au ~** long styles are in fashion.

◆ **longue** *nf* -**1.** CARTES long suit. -**2.** LING & LITTÉRAT long syllable. -**3.** MUS long note.

◆ **à la longue** *loc adv* [avec le temps] in the long term OU run, eventually; **à la longue, tout se sait** everything comes out in the end; **tu oublieras tout ceci à la longue** you'll forget all this eventually.

◆ **au long** *loc adv* in full, fully; **elle a écrit le titre au ~** she wrote the title out in full.

◆ **au long de** *loc prép* -**1.** [dans l'espace] along; **des touristes flânaient au ~ des rues** tourists were wandering lazily down OU along the streets. -**2.** [dans le temps] during; **il s'est aguerri au ~ de ces années difficiles** he's become tougher during OU over these difficult years.

◆ **de long** *loc adv* long; **le terrain a cent mètres de ~** the plot is one hundred metres long OU in length; **les plus grands spécimens atteignent huit mètres de ~** the biggest specimens reach up to eight metres in length □ **faire une mine** OU **tête de dix pieds de ~** [par déconvenue] to pull a long face; [par mauvaise humeur] to have OU to wear a long face.

◆ **de long en large** *loc adv* back and forth, up and down; **j'ai arpenté le hall de la gare de ~ en large** I paced back and forth across OU I paced up and down the main hall of the station.

◆ **de tout son long** *loc adv*: **tomber de tout son ~** to fall flat; **il était étendu de tout son ~** he was stretched out at full length.

◆ **en long** *loc adv* lengthwise, lengthways; **fends-les en ~** split them lengthwise OU down the middle.

◆ **en long, en large et en travers** *loc adv* -**1.** [examiner] from every (conceivable) angle; **on a étudié la question en ~, en large et en travers** we have studied the question from every (conceivable) angle. -**2.** [raconter] in the minutest detail, at some considerable length.

◆ **en long et en large** *loc adv* -**1.** [marcher] back and forth. -**2.** [examiner, raconter] in minute OU great detail.

◆ **le long de** *loc prép* -**1.** [horizontalement] along; **en marchant le ~ de la rivière** walking along the river bank; **les plaines qui s'étendent le ~ du fleuve** the plains which spread out from the river (banks). -**2.** [verticalement - vers le haut] up; [- vers le bas] down; **grimper/ descendre le ~ de la gouttière** to climb up/ down the drainpipe.

◆ **tout au long** *loc adv* in detail; **il nous a fait tout au ~ le récit de son entretien** he gave us a detailed description of his interview.

◆ **tout au long de** *loc prép* -**1.** [dans l'espace] all along; **les policiers postés tout au ~ du parcours** policemen positioned all along the route. -**2.** [dans le temps] throughout, all through; **il est resté calme tout au ~ de la discussion** he remained calm throughout OU all through the discussion; **tout au ~ de l'année** all year long, throughout the year.

◆ **tout du long** *loc adv* -**1.** [dans l'espace]: **nous avons parcouru la rue tout du ~** we travelled the whole length of the street; **ils ont descendu le fleuve tout du ~** they went all the way down the river, they descended the entire length of the river. -**2.** [dans le temps] all along; **il m'a rabâché la même chose tout du ~** he kept on repeating the same thing all along OU the whole time.

◆ **tout le long de** *loc prép* all the way along; **nous avons chanté tout le ~ du chemin** we sang all the way.

long. (*abr écrite de* **longitude**) long.

longane [lɔ̃gan] *nm* longan (fruit).

longanimité [lɔ̃ganimite] *nf litt* forbearance.

long-courrier [lɔ̃kurje] (*pl* **long-courriers**) ◇ *adj* -**1.** AÉRON [vol] long-distance, long-haul; [avion] long-haul. -**2.** NAUT ocean-going.
◇ *nm* -**1.** AÉRON long-haul aircraft; **compagnie de ~** long-haul operator; **transport par ~** long-haul (transport). -**2.** NAUT [navire - marchand] ocean-going ship OU freighter; [- avec passagers] ocean liner, oceaner; [matelot] foreign-going seaman.

longe [lɔ̃ʒ] *nf* -**1.** [demi-échine] loin; ~ **de porc** pork (rear) loin; ~ **de veau** loin of veal. -**2.** [lien - pour attacher] tether; [- pour mener] lunge.

longer [17] [lɔ̃ʒe] *vt* -**1.** [avancer le long de] to go along *(insép)*, to follow; **ils ont longé la pinède à pied/en voiture/en canot/à bicyclette** they walked/drove/sailed/cycled along the edge of the pinewood. -**2.** [border] to run along, to border; **un bois de hêtres longe la route** a beech wood borders the road; **les voies/câbles qui longent le mur** the rails/cables that run along the wall. -**3.** NAUT: ~ **la côte** to sail along OU to hug the coast.

longeron [lɔ̃ʒrɔ̃] *nm* -**1.** TRAV PUBL (longitudinal) girder. -**2.** RAIL [d'un wagon] (side) frame (member), bar. -**3.** AÉRON [du fuselage] longeron, longitudinal; [d'une aile] spar. -**4.** AUT side member OU rail.

longévité [lɔ̃ʒevite] *nf* -**1.** [d'une personne, d'une espèce] longevity; **à quoi attribuez-vous votre ~?** how do you account for your longevity? -**2.** SOCIOL life expectancy.

longiligne [lɔ̃ʒiliɲ] *adj* slender; **elle est plutôt ~** she has quite a slender figure.

longitude [lɔ̃ʒityd] *nf* longitude; **par 30° de ~ est/ouest** at longitude 30° east/west.

longitudinal, e, aux [lɔ̃ʒitydinal, o] *adj* -**1.** [en longueur] lengthwise, lengthways, longitudinal *spéc*. -**2.** ÉLECTRON longitudinal; **onde ~e** longitudinal wave.

longitudinalement [lɔ̃ʒitydinalmɑ̃] *adv* lengthwise, lengthways, longitudinally *spéc*.

long(-)métrage [lɔ̃metraʒ] (*pl* **longs(-)métrages**) *nm* feature (length) OU full-length film.

longtemps [lɔ̃tɑ̃] *adv* -**1.** [exprimant une durée] for a long time; **j'ai attendu ~ avant d'entrer** I waited for a long time before going in; **a-t-il dû attendre ~?** did he have to wait long?; **je n'ai pas attendu ~** I didn't wait long; **on a ~ pensé que...** it was long thought that..., it was thought for a long time that...; **il faut ~ pour...** it takes a long time OU a while to...; **pas de ~** OU **d'ici ~** not for a (long) while OU long time; **on ne le verra pas d'ici ~** we won't see him for a long time OU while; **je ne pensais pas le revoir de ~** I didn't expect to see him again for a long time OU while; **aussi ~ que tu veux** as long as you wish; **nous avons attendu assez/très/trop ~** we waited long enough/for ages/too long; **moins ~ (que)** for a shorter time (than); **plus ~ (que)** longer (than); **mettre** OU **prendre ~** to take a while OU a long time; **elle a mis** OU **ça lui a pris longtemps** she took OU was a long time (over it); **en avoir pour ~: je n'en ai pas pour ~** I won't be long, it won't take me long; **en as-tu encore pour ~?** are you going to be much longer?; **il n'en a plus pour ~** [pour finir] he won't be much longer; [à vivre] he won't last much longer, he's not got much longer to live; **d'ici à ce qu'il pleuve, il n'y en a pas pour ~!** *fam* it won't be long till the rain starts!; **avec moi, il (ne) va pas y en avoir pour ~, tu vas voir!** I'll have this sorted out in no time (at all), just you see!; **ça va durer ~, oui?** is this going to go on for much longer?, have you quite finished?; **il a été absent pendant ~** he was away for a long time; avant ~ before long; pas avant ~ not for a long time; je ne reviendrai pas avant ~ I won't be back for a long time; encore ~ ? much longer?; encore ~ for a while OU a long time (yet); ~ avant long OU a long time before (that), much earlier; ~ après much later, long after (that), a long time after (that); ils en reparlèrent ~ après they spoke about it again a long time after. -2. [avec 'il y a', 'depuis']: il y a ~ a long time ago; il y a ~ de ça ages OU a long time ago; il y a ~ que OU cela fait ~ que nous sommes amis we've been friends for a long time (now); il y a ~ OU cela fait ~ que je l'ai lu it's been a long time since I read it; il y a ~ qu'il est mort he's long dead, he's been dead for a long time; il y a ~ que j'ai arrêté de fumer I stopped smoking long OU ages ago; il y a OU cela fait ~ que je ne l'ai pas vu it's a long time OU ages since I saw him; tiens, il y avait ~ ! *fam* [qu'on ne t'avait pas vu] long time no see!; [que tu n'avais pas parlé de ça] here we go again!; nous ne nous sommes pas vus depuis ~ we haven't seen each other for ages OU a long time; il travaille là depuis ~ he's been working there for ages OU a long time.

longue [lɔ̃g] *f* → **long**.

longuement [lɔ̃gmɑ̃] *adv* -1. [longtemps] for a long time, long; les jurés ont ~ délibéré the jurors conferred for a long time; il faut ~ pétrir la pâte the dough must be kneaded thoroughly. -2. [en détail - expliquer, commenter] in detail, in depth; [- scruter] at length.

longuet, ette *fam* [lɔ̃gɛ, ɛt] *adj* a bit long, longish, a bit on the long side; il est ~, ce film! it's dragging on a bit, this film!

longueur [lɔ̃gœr] *nf* -1. [dimension] length; mesure de ~ linear measurement; unité de ~ unit of length; un rubande 10 cm de ~ OU d'une ~ de 10 cm a ribbon 10 cm long OU in length; le jardin est tout en ~ the garden is long and narrow; un visage tout en ~ a long thin face; quelle est la ~ de l'Amazone? how long is the Amazon?; j'ai traversé l'île dans toute sa ~ [à pied] I walked the whole length of the island; sa ~ peut atteindre 1 m it can reach 1 m in length. -2. [unité de mesure] length; une ~ de fil a length of cotton ‖ [dans une course, en natation] length; il l'a emporté d'une ~ he won by a length; elle a pris deux ~s d'avance she went into a two-length lead. -3. SPORT: saut en ~ long jump. -4. INF length, size; ~ de bloc/de mot block/word length; ~ implicite [d'un programme] sizing (estimate). -5. OPT: ~ optique optical path. -6. RAD: ~ d'onde wave length. -7. TECH: ~ hors tout overall length; ~ à la flottaison length at waterline. -8. [dans le temps] length; d'une ~ désespérante sickeningly long; excusez la ~ de mon discours please forgive the length of my speech.

◆ **longueurs** *nfpl* overlong passages; il y a des ~s dans le film the film is a little tedious in parts; il y avait des ~s some passages were a little boring.

◆ **à longueur de** *loc prép*: à ~ de semaine/d'année all week/year long; il se plaint à ~ de temps he's forever complaining, he complains all the time.

longue-vue [lɔ̃gvy] (*pl* longues-vues) *nf* telescope, field-glass.

look *fam* [luk] *nm* -1. [mode] look, fashion; le ~ des années 80 the 80s look; t'as le ~, coco! *fam* you look great, baby! -2. [présentation]: le magazine a changé de ~ the magazine has changed its image.

looping [lupiŋ] *nm* loop AERON; faire des ~s to loop the loop.

lope▽ [lɔp], **lopette**▽ [lɔpɛt] *nf péj* -1. [homme veule] wimp. -2. [homosexuel] fairy, poofter *Br*, fag *Am*.

lopin [lɔpɛ̃] *nm* -1. [parcelle]: ~ (de terre) patch OU plot (of land). -2. MÉTALL [cylindre - grand] bloom; [- petit] billet.

loquace [lɔkas] *adj* talkative, loquacious; tu n'es pas très ~, aujourd'hui! you've not got much to say for yourself today!

loquacité [lɔkasite] *nf* talkativeness, loquacity.

loque [lɔk] *nf* -1. [haillon] rag; ce n'est plus un manteau, c'est une ~ ! that's not an overcoat any more, it's an old rag! -2. [personne] wreck; depuis sa faillite, c'est devenu une ~ since his bankruptcy, he's been a complete wreck; n'être qu'une ~ to be a wreck. -3. *Belg* [serpillère] mop.

◆ **en loques** *loc adj* & *loc adv* tattered, in tatters; ses vêtements tombaient en ~s his clothes were all in rags OU tatters.

loquet [lɔkɛ] *nm* latch, catch bolt.

loqueteau, x [lɔkto] *nm* small catch, hasp.

loqueteux, euse [lɔktø, øz] ◇ *adj* -1. [personne] dressed in rags, in tatters. -2. [manteau] ragged, tattered.

◇ *nm, f* ragamuffin.

lord [lɔr(d)] *nm* lord.

lord-maire [lɔrmɛr] (*pl* lords-maires) *nm* Lord Mayor.

lordose [lɔrdoz] *nf* lordosis.

lorgner [3] [lɔrɲe] *vt* to ogle; le type la lorgnait depuis un bon moment the guy had been eyeing her up OU ogling her for some time; le gamin lorgnait les gâteaux the kid was eyeing the cakes; ils lorgnaient tous sur ses millions *fam* they all had their (beady) eyes on her millions.

lorgnette [lɔrɲɛt] *nf* spyglass.

lorgnon [lɔrɲɔ̃] *nm* [à main] lorgnette, lorgnon; [à ressort] pince-nez.

lori [lɔri] *nm* lory.

loriot [lɔrjo] *nm* oriole.

loris [lɔris] *nm* loris.

lorrain, e [lɔrɛ̃, ɛn] *adj* from Lorraine.

◆ **Lorrain, e** *nm, f inhabitant of or person from Lorraine.*

◆ **lorrain** *nm* LING Lorraine variety.

Lorraine [lɔrɛn] *npr f*: (la) ~ Lorraine.

lorry [lɔri] (*pl* lorries) *nm* (platelayer's) trolley, lorry.

lors [lɔr]

◆ **lors de** *loc prép sout* [pendant] during; [au moment de] at the time of; ~ de la Première Guerre mondiale during the First World War; il la rencontra ~ d'un déjeuner d'affaires he met her at a business lunch; ~ du déjeuner during lunch; ~ de sa mort at the time of his/her death.

◆ **lors même que** *loc conj litt* even if, even though; ~ même que nous ferions tous les efforts possibles, nous ne serions pas sûrs d'y parvenir even if we made every possible effort, we still couldn't be sure of succeeding; ce sera ainsi, ~ même que tu t'y opposerais that is how it will be, even though you may be opposed to it.

lorsque [lɔrskə] (*devant voyelle ou h muet* lorsqu' [lɔrsk]) *conj* -1. [au moment où] when; nous allions partir lorsqu'on a sonné we were about to leave when the door bell rang; il faut agir lorsqu'il est encore temps we must act while there is still time; on réglera ce problème ~ vous viendrez we'll sort out this problem when you come. -2. [alors que]: on a tort de parler lorsqu'il faudrait agir we shouldn't be talking when we ought to be doing something.

losange [lɔzɑ̃ʒ] *nm* diamond, lozenge *spéc*; en forme de ~ diamond-shaped, rhomboid; tracez un ~ draw a lozenge.

Los Angeles [lɔsɑ̃dʒəlɛs] *npr* Los Angeles, LA.

lot [lo] *nm* -1. [prix] prize; j'ai gagné un ~ ! I've won a prize! ❑ ~ de consolation consolation prize. -2. [part] share; diviser une propriété en plusieurs ~s to divide an estate into several plots; à chacun son ~ d'infortunes to each of us his share of misfortunes. -3. JUR lot; en ~s lot by lot. -4. [ensemble - de livres] collection; [- de vaisselle, de linge] set; [- de savons, d'éponges] (special offer) pack; j'ai récupéré tout un ~ de ferraille I've picked up a whole lot of scrap iron; dans le ~, il y aura bien quelque chose qui t'intéresse out of all these things, you're bound to find something interesting; dans le ~, il y aura bien un mathématicien there must be at least one person who's good at maths among them ❑ ~ de fabrication numéro 34 series OU batch number 34; être au-dessus du ~ to be a cut above the rest. -5. INF batch; traitement par ~s batch processing. -6. *litt* [destin] lot, fate; tel est notre ~ commun such is our common fate. -7. ▽ [femme]: c'est un beau petit ~ she's a nice bit of stuff *Br* OU a bit of all right *Br* OU a real looker *Am*.

Lot [lɔt] ◇ *npr m* -1. [rivière]: le ~ the (river) Lot. -2. [département]: le ~ the Lot (area).

◇ *npr* BIBLE Lot.

lote [lɔt] = **lotte**.

loterie [lɔtri] *nf* -1. JEUX lottery, draw; ~ foraine fairground lottery ❑ la Loterie nationale the (French) national lottery OU sweepstake. -2. [hasard] lottery; le mariage est une ~ marriage is just a game of chance; c'est une vraie ~ ! it's the luck of the draw!

Loth [lɔt] = **Lot** *npr*.

Lothaire [lotɛr] *npr* Lothair.

loti, e [lɔti] *adj*: être bien/mal loti to be well/badly off.

lotion [losjɔ̃] *nf* lotion; ~ après-rasage after-shave lotion; ~ capillaire hair lotion.

lotionner [3] [losjɔne] *vt* [cuir chevelu] to rub lotion into; [épiderme] to apply lotion to.

lotir [32] [lɔtir] *vt* -1. [partager] to portion off *(sép)*, to divide into plots; [vendre par lots] to sell by plots; on va ~ le jardin de l'ancien presbytère the old vicarage garden is to be divided into plots; 'à ~' to be divided up for sale. -2. *sout* [attribuer à]: le sort l'avait loti d'une timidité maladive he had the misfortune to be painfully shy ❑ être bien loti [avoir de la chance] to be well off OU well provided for; être mal loti to be badly off OU poorly provided for; tu n'es pas mieux loti que moi you're no better off than I am; la voilà bien lotie avec ce type-là! *fam iron* she really hit the jackpot with that guy!

lotissement [lɔtismɑ̃] *nm* -1. [terrain - à construire] building plot, site *(for a housing development)*; [- construit] (housing) estate *Br*, housing development. -2. [partage] division into lots, parcelling out.

lotisseur, euse [lɔtisœr, øz] *nm, f* developer.

loto [lɔto] *nm* -1. JEUX lotto; [boîte] lotto set. -2. le Loto ≃ the (French state-run) lottery *(similar to lotto)*; le Loto sportif ≃ the football pools *Br*, ≃ the soccer sweepstakes *Am*.

LE LOTO:
"Loto" is a popular game of chance with large cash prizes. Printed grids ("bulletins") are available at tobacconists or special kiosks. Players mark six numbers on the grid and pay a fee. The twice-weekly prize draw is broadcast on television.
"Loto Sportif" is a version of "Loto" in which players bet on the football results.

lotte [lɔt] *nf* [de rivière] burbot; [de mer] monkfish, angler fish.

lotus [lɔtys] *nm* lotus.

louable [lwabl] *adj* -1. [comportement, décision] praiseworthy, commendable, laudable. -2. [appartement, maison] rentable, up for rent.

louage [lwaʒ] *nm* [cession] letting; [jouissance] renting; ~ de services contract of employment, work contract.

louange [lwɑ̃ʒ] *nf* praise; nous dirons à sa ~ que... *litt* to his credit, it must be said that...

◆ **louanges** *nfpl* praise; son interprétation fut saluée par un concert de ~s his performance was praised to the skies; chanter OU célébrer les ~s de qqn to sing sb's praises; couvrir qqn de ~s to heap praise on sb.

louanger [17] [lwɑ̃ʒe] *vt litt* to praise.

louangeur, euse [lwɑ̃ʒœr, øz] ◇ *adj litt* laudatory; paroles louangeuses words of praise.

◇ *nm, f litt* laudator.

loubard *fam* [lubar] *nm* yob *Br*, hood *Am*.

louche[1] [luʃ] ◇ *adj* -**1.** [douteux - personne] shifty, shady; [- attitude] shady; [- affaire] shady, sleazy; **un individu ~** a shady character; **j'ai repéré son manège ~** I've spotted his shady little game; **n'y va pas, c'est ~** don't get involved, there's something fishy about it. -**2.** [endroit] sleazy. -**3.** [trouble - couleur, lumière] murky; [- liquide] cloudy.
◇ *nm*: **il y a du ~ là-dessous!** there's something fishy going on!, I smell a rat!

louche[2] [luʃ] *nf* -**1.** [ustensile] ladle. -**2.** ▽ [main] mitt, paw.

louchement [luʃmɑ̃] *nm* squinting.

loucher [3] [luʃe] *vi* -**1.** MÉD to (have a) squint; **il louche** he has a squint, he's squint-eyed. -**2.** [volontairement] to go cross-eyed.
◆ **loucher sur** *fam v + prép* [convoiter] to ogle; **ce type n'arrête pas de ~ sur ta sœur** that guy hasn't stopped ogling your sister; **ils louchent tous sur les millions de leur oncle** they all have an eye OU their (beady) eyes on their uncle's millions.

loucherie [luʃri] *nf* squinting.

loucheur, euse [luʃœr, øz] *nm, f* squinter, cross-eyed person.

louer [6] [lwe] *vt* -**1.** [donner en location - logement] to let (out) *(sép)*, to rent; [- appareil, véhicule] to rent OU to hire (out) *(sép)*; [- usine] to lease (out) *(sép)*; [- avion] to hire (out) *(sép)*; **~ qqch à qqn** to rent sthg to sb, to rent sb sthg; **le propriétaire me le loue pour 1 000 francs** the landlord rents it out to me for 1,000 francs; **désolé, la maison est déjà louée** sorry, but the house is already let; **ils ont loué (leur villa) à Julie pour l'été prochain** they've rented (their villa) to Julie for next summer; **des moissonneuses-batteuses louées** hired combine harvesters ‖ *(en usage abs)*: **elle ne loue pas cher** she doesn't ask for very much (by way of) rent. -**2.** [prendre en location - logement] to rent; [- appareil, véhicule] to hire *Br*, to rent *Am*; [- avion, usine] to lease; **on a loué le hall d'exposition à une grosse compagnie** we've leased the exhibition hall from a big firm ‖ *(en usage abs)*: **l'été nous préférons ~** we prefer renting accommodation for our summer holidays; **vous êtes propriétaire? — non, je loue** do you own your house? — no, I rent OU I'm a tenant. -**3.** [réserver] to book; **pour ce spectacle, il est conseillé de ~ les places à l'avance** advance booking is advisable for this show ‖ *(en usage abs)*: **on peut ~ par téléphone** telephone bookings are accepted. -**4.** *vieilli* [engager - une personne]: **~ du personnel d'entretien** to engage *vieilli* OU to hire cleaning staff. -**5.** [glorifier] to praise; **louons le Seigneur** praise the Lord; **Dieu soit loué** thank God; **vous pouvez ~ Dieu** OU **le ciel** OU **la providence qu'il n'y ait pas eu d'accident** you can thank God OU thank your lucky stars there wasn't an accident; **~ qqn de** OU **pour qqch** to praise sb for sthg; **on ne peut que vous ~ d'avoir agi de la sorte** you deserve nothing but praise for having acted in this way; **on ne peut que ~ son dévouement** you cannot but praise his dedication.
◆ **se louer** ◇ *vp (emploi réfléchi)* [travailleur] to hire o.s.; **il s'est loué à un fermier pour la moisson** he got hired by a farmer for the harvest.
◇ *vp (emploi passif)* -**1.** [logement] to be rented OU let; **cette chambre se louerait aisément** you'd have no problem letting this room OU finding somebody to rent this room. -**2.** [appareil] to be hired OU rented; **le téléviseur se loue au mois** this TV set is rented on a monthly basis.
◆ **se louer de** *vp + prép*: **se ~ de qqch** to be pleased with sthg; **je peux me ~ d'avoir vu juste** I can congratulate myself for having got it right; **je n'ai qu'à me ~ de votre ponctualité/travail** I have nothing but praise for your punctuality/work.
◆ **à louer** *loc adj* to let; **chambres à ~ à la semaine** rooms to let OU to rent weekly; **'voitures à ~'** 'cars for hire' *Br*, 'cars for rent' *Am*.

loueur, euse [lwœr, øz] *nm, f*: **c'est un ~ de voitures** he rents out cars.

louf▽ [luf] *adj* crazy, nuts; **il est complètement ~!** he's completely nuts OU off his rocker!

loufiat▽ [lufja] *nm* waiter.

loufoque [lufɔk] ◇ *adj* -**1.** [fou] crazy, daft *Br*, screwy *Am*; **il est devenu un peu ~ après la guerre** he went a bit crazy after the war. -**2.** [invraisemblable] weird, bizarre, freaky; **cette histoire est tout à fait ~!** that's a really weird story! -**3.** [burlesque]: **un film ~** a zany comedy.
◇ *nmf* crank, nutter *Br*, screwball *Am*.

loufoquerie [lufɔkri] *nf* eccentricity.

louis [lwi] *nm* louis d'or.

Louis [lwi] *npr* -**1.** **saint ~** Saint Louis. -**2.** [roi de France] Louis. -**3.** [roi de Bavière] Ludwig.

louise-bonne [lwizbɔn] (*pl* **louises-bonnes**) *nf* louise-bonne pear.

Louisiane [lwizjan] *npr f*: **(la) ~** Louisiana.

Louis-Philippe [lwifilip] *npr* Louis Philippe.

loukoum [lukum] *nm* Turkish delight; **voulez-vous un ~?** would you care for a piece of Turkish delight?

Louksor [luksɔr] = **Louqsor**.

loulou[1] [lulu] *nm* -**1.** ZOOL spitz; **~ de Poméranie** Pomeranian (dog). -**2.** *fam* = **loubard**.

loulou[2], **t(t)e** *fam* [lulu, ut] *nm, f* -**1.** [en appellatif]: **mon ~, ma louloutte** (my) darling. -**2.** [personne]: **c'est un drôle de ~!** he's a weird guy!

loup [lu] *nm* -**1.** [mammifère] wolf; **~ gris d'Amérique** (American) timber wolf; **~ à crinière** maned wolf; **~ doré** Indian jackal; **faire entrer le ~ dans la bergerie** to set the fox to mind the geese. -**2.** [personne]: **jeune ~** [en politique] young Turk; [dans les affaires] go-getter; **un vieux ~ de mer** an old sea-dog OU salt; **il est connu comme le ~ blanc** everybody knows him; **à pas de ~** stealthily; **l'homme est un ~ pour l'homme** *allusion Plaute* brother will turn upon brother; **les ~s ne se mangent pas entre eux** *prov* there is honour among thieves *prov*; **quand on parle du ~ on en voit la queue** talk of the devil (and he appears). -**3.** *fam* [en appellatif]: **mon (petit) ~** my (little) darling OU love OU sweetheart. -**4.** [masque] (eye) mask. -**5.** [poisson] (sea) bass.

loupage *fam* [lupaʒ] *nm* botch-up, messing up.

loup-cervier [lusɛrvje] (*pl* **loups-cerviers**) *nm* -**1.** ZOOL (European) lynx. -**2.** [fourrure] lucern.

loupe [lup] *nf* -**1.** OPT magnifying glass; **observer qqch à la ~** *pr* to look at sthg through a magnifying glass; *fig* to put sthg under a microscope, to scrutinize sthg. -**2.** MÉD wen. -**3.** BOT knur; **~ d'érable** burr maple. -**4.** MÉTALL bear *Br*, salamander *Am*.

loupé, e *fam* [lupe] *adj* missed, failed; **~!** *fam* missed!; **mon gâteau est ~!** my cake's a failure!, I've made a mess of my cake!; **la soirée a été complètement ~e!** the party was a total flop OU wash-out!
◆ **loupé** *fam nm* screw-up *Am*, boob *Br*; **il y a eu quelques ~s au début** we made a few boobs OU we screwed up a few times to start with.

louper *fam* [3] [lupe] ◇ *vt* -**1.** [examen] to flunk; **il a complètement loupé son dessin** he's made a complete mess of his drawing; **~ son coup** to bungle it. -**2.** [train, personne] to miss; **je t'ai loupé de cinq minutes** I (just) missed you by five minutes. -**3.** [bonne affaire]: **~ une occasion** to let an opportunity slip, to pass up an opportunity. -**4.** *loc*: **ne pas ~ qqn** [le punir] to sort sb out, to give sb what for; **si elle recommence, il ne la loupera pas!** if she does that again he'll sort her out!; **ne pas en ~ une** [faire des bêtises]: **il n'en loupe pas une!** he's always putting his foot in it!
◇ *vi*: **ça ne va pas ~** it's bound to happen, it (just) has to happen; **elle lui avait dit que ça ne marcherait pas et ça n'a pas loupé!** she told him it wouldn't work and sure enough it didn't!
◆ **se louper** *fam* ◇ *vp (emploi réciproque)* [ne pas se rencontrer]: **on s'est loupé de quelques secondes** we missed each other by (just) a few seconds.
◇ *vpi* [manquer son suicide]: **Dieu merci, elle s'est loupée** she bungled it, thank God; **cette fois, il ne s'est pas loupé!** this time he hasn't bungled it!

loup-garou [lugaru] (*pl* **loups-garous**) *nm* -**1.** MYTH werewolf. -**2.** [personnage effrayant] bogeyman; **si tu n'arrêtes pas, j'appelle le ~** [à un enfant] if you don't stop, the bogeyman will come and get you.

loupiot, e[1] *fam* [lupjo, ɔt] *nm, f* [enfant] kid, nipper *Br*.

loupiote[2] [lupjɔt] *nf* (small) light.

Louqsor [luksɔr] *npr* Luxor.

lourd, e[1] [lur, lurd] *adj* -**1.** [pesant] heavy; **ma valise est trop ~e** my suitcase is too heavy; **gaz plus ~ que l'air** heavier-than-air gas; **une démarche ~e** a heavy tread; **le vol ~ des corbeaux** the clumsy flight of the crows; **un regard ~** a hard stare; **j'ai la tête ~e/les jambes ~es** my head feels/my legs feel heavy; **les paupières ~es de sommeil** eyelids heavy with sleep. -**2.** [complexe - artillerie, chirurgie, industrie] heavy. -**3.** [indigeste] heavy, rich; **des repas trop ~s** excessively rich meals. -**4.** [compact - sol, terre] heavy, thick; **terrain ~ aujourd'hui à Longchamp** the going is heavy today at Longchamp. -**5.** [chargé] heavy, thick; **de ~es tapisseries** thick OU heavy wall-hangings; **de ~s nuages** thick OU dense clouds; **~ de** heavy with; **des branches ~es de fruits** branches heavy with OU bowed down with fruit; **un ciel ~ de nuages** a heavily-clouded OU heavy sky; **son ton est ~ de menace** the tone of his voice is ominous OU menacing; **il régnait dans l'assistance un silence ~ d'angoisse** people sat there in anxious silence; **cette décision est ~e de conséquences** this decision will have far-reaching consequences. -**6.** [accablant - atmosphère] sultry, oppressive; **le temps est ~ aujourd'hui** it is close OU sultry today. -**7.** [entêtant - odeur] heavy, strong; **le parfum ~ des jasmins** the heavy scent of jasmine trees. -**8.** [sans grâce - bâtiment, façade] heavy, heavy-looking; **un visage aux traits ~s** a coarse-featured face. -**9.** [sans finesse - remarque, esprit] clumsy, heavy-handed; **des plaisanteries plutôt ~es** rather unsubtle jokes; **certains passages sont ~s** some passages are a bit laboured OU tedious; **tu ne comprends pas? ce que tu peux être ~!** don't you understand? how slow can you get! -**10.** [important - chiffres] high; [- programme, horaire] heavy; **notre facture d'électricité a été ~e l'hiver dernier** we had a big electricity bill last winter; **les effectifs des classes sont trop ~s** class sizes are too big; **tu as là une ~e responsabilité** that is a heavy responsibility for you ‖ [grave - perte] heavy, serious, severe; [- dette] heavy, serious; [- faute] serious, grave; **~ bilan pour la catastrophe aérienne d'hier** heavy death toll in yesterday's air disaster; **de ~es accusations pèsent sur le prévenu** the accused faces serious OU weighty charges; **elle a une ~e hérédité** she's got an unfortunate background.
◆ **lourd** *adv* -**1.** [chaud]: **il fait très ~** it is very close OU sultry. -**2.** *fam loc*: **pas ~**: **tu n'en fais pas ~** you don't exactly kill yourself; **je ne gagne pas ~** I don't exactly make a fortune.

lourdaud, e [lurdo, od] ◇ *adj* oafish, clumsy.
◇ *nm, f* oaf, nitwit.

lourde[2] [lurd] ◇ *nf* ▽[porte] door.
◇ *f* → **lourd**.

lourdement [lurdəmɑ̃] *adv* -**1.** [très] heavily; **la voiture était ~ chargée** the car was heavily laden. -**2.** [sans souplesse] heavily; **il tomba ~ à terre** he fell heavily to the ground; **marcher ~** to tread heavily, to walk with a heavy step. -**3.** [beaucoup] greatly; **tu te trompes ~!** you are greatly mistaken!, you're making a big mistake!; cet investissement grève ~ le budget this investment puts a serious strain on the budget; insister ~ sur qqch to be most emphatic about sthg.

lourder▽ [3] [lurde] *vt* [congédier] to kick OU to throw out *(sép)*, to fire.

lourdeur [lurdœr] *nf* -**1.** [d'un fardeau, d'une valise] heaviness; la ~ **de la tâche m'effraie** *fig* the workload frightens me; la ~ **de l'appareil du parti** *fig* the unwieldiness of the party structure. -**2.** [d'un mouvement] heaviness, clumsiness; **danser avec** ~ to dance heavily OU clumsily. -**3.** [douleur] heavy feeling; **avoir des** ~**s d'estomac** to feel bloated; **j'ai des** ~**s dans les jambes** my legs feel heavy. -**4.** [du temps] closeness, sultriness. -**5.** [d'une forme] heaviness. -**6.** [d'un propos, d'un comportement] bluntness, clumsiness; **quelle** ~ **dans ses compliments!** his compliments are so clumsy!; **il est d'une telle** ~ **d'esprit!** he's such an oaf! -**7.** [gravité] severity, gravity; **cette guerre égale la précédente par la** ~ **des pertes** this war must rank with the last one in terms of the heavy losses suffered.

◆ **lourdeurs** *nfpl* [maladresses]: **idées intéressantes mais trop de** ~**s** interesting ideas, but clumsily expressed.

lourdingue▽ [lurdɛ̃g] *adj* -**1.** [physiquement] clumsy, awkward. -**2.** [intellectuellement - personne] dim-witted, thick *Br*; [- plaisanterie, réflexion] pathetic, stupid.

loustic *fam* [lustik] *nm* -**1.** [individu louche] shady character; **c'est un drôle de** ~ that guy's pretty fishy. -**2.** [farceur] joker, funny guy.

loutre [lutr] *nf* -**1.** ZOOL otter; ~ **de mer** sea-otter. -**2.** [fourrure] otter skin OU pelt.

Louvain [luvɛ̃] *npr* Leuven, Louvain.

louve [luv] *nf* -**1.** ZOOL she-wolf. -**2.** [pour pierres de taille] hoisting-scissors, lewis.

louver [3] [luve] *vt* to lewis.

louveteau, x [luvto] *nm* -**1.** ZOOL wolf cub. -**2.** [scout] cub, cub-scout.

louveterie [luvtri] *nf* forestry pest control.

louvoiement [luvwamɑ̃] *nm* -**1.** NAUT tacking. -**2.** *fig* [manœuvre] subterfuge.

louvoyer [13] [luvwaje] *vi* -**1.** NAUT to tack (about). -**2.** [biaiser] to hedge, to equivocate.

Louvre [luvr] *npr m*: **le (palais du)** ~ the Louvre; **le Grand** ~ the enlarged Musée du Louvre *(including all the new constructions and excavations)*; **l'école du** ~ *art school in Paris.*

LE LOUVRE:
This former royal palace became a museum in 1791-1793. It houses one of the richest art collections in the world.

Louxor [luksɔr] = **Louqsor**.

lovelace [lɔvlas] *nm litt* libertine.

lover [3] [lɔve] *vt* NAUT to coil.

◆ **se lover** *vpi* to coil up.

loyal, e, aux [lwajal, o] *adj* -**1.** [fidèle] loyal, faithful, trusty; **un compagnon** ~ a loyal OU faithful companion; **20 ans de bons et loyaux services** 20 years' unstinting devotion. -**2.** [honnête] loyal, honest, fair; **un adversaire** ~ an honest opponent; **un procédé** ~ honest behaviour, upright conduct; **un jeu** ~ a fair game.

◆ **à la loyale** *loc adv*: **se battre à la** ~**e** to fight cleanly OU fairly; **allez, c'est à la** ~**e cette fois!** right, and this time no cheating!

loyalement [lwajalmɑ̃] *adv* -**1.** [fidèlement] loyally, faithfully; **servir qqn** ~ to serve sb faithfully; **très** ~ with great loyalty, very loyally. -**2.** [honnêtement] loyally, honestly; **agir** ~ to act honestly; **se battre** ~ to fight cleanly.

loyalisme [lwajalism] *nm* -**1.** [fidélité] loyalty. -**2.** POL loyalism, Loyalism.

loyaliste [lwajalist] ◇ *adj* -**1.** [fidèle] loyal. -**2.** HIST & POL loyalist, Loyalist.
◇ *nmf* -**1.** [fidèle] loyal supporter. -**2.** HIST & POL loyalist, Loyalist.

loyauté [lwajote] *nf* -**1.** [fidélité] loyalty, faithfulness. -**2.** [honnêteté] honesty, fairness; **elle a répondu en toute** ~ she answered completely fairly OU honestly.

loyer [lwaje] *nm* -**1.** [d'un logement] rent; **une hausse des** ~**s** rent rise OU increase, rent hike *Am*. -**2.** FIN: **le** ~ **de l'argent** the interest rate, the price of money.

Loyola [lɔjɔla] *npr*: **saint Ignace de** ~ Saint Ignatius Loyola.

Lozère [lɔzɛr] *npr f*: **(la)** ~ the Lozère.

lozérien, enne [lɔzerjɛ̃, ɛn] *adj* from the Lozère.

◆ **Lozérien, enne** *nm, f inhabitant of or person from the Lozère.*

LP *nm abr de* **lycée professionnel.**

LPO *(abr de* **Ligue pour la protection des oiseaux)** *npr f society for the protection of birds,* ≃ RSPB *Br.*

LSD *(abr de* **lysergic acid diethylanide)** *nm* LSD.

LSI *(abr de* **large scale integration)** *nf* LSI.

Luanda [lwɑ̃da] *npr* Luanda.

Lübeck [lybɛk] *npr* Lubeck.

lubie [lybi] *nf* whim, fad; **sa nouvelle** ~**, c'est le sandwich aux anchois!** his latest obsession OU fad is anchovy sandwiches!

lubricité [lybrisite] *nf* [d'une personne, d'un regard] lustfulness, lechery; [d'un propos, d'une conduite] lewdness.

lubrifiant, e [lybrifjɑ̃, ɑ̃t] *adj* lubricating.

◆ **lubrifiant** *nm* lubricant.

lubrification [lybrifikasjɔ̃] *nf* lubrication.

lubrifier [9] [lybrifje] *vt* to lubricate.

lubrique [lybrik] *adj litt* [personne, regard] lustful, lecherous; [attitude, propos] lewd, libidinous.

lubriquement [lybrikmɑ̃] *adv* lecherously, lewdly.

Luc [lyk] *npr*: **saint** ~ Saint Luke.

lucane [lykan] *nm* stag beetle, lucanid *spéc.*

lucarne [lykarn] *nf* -**1.** [fenêtre] skylight; ~ **pignon** dormer (window); ~ **pendante** garret window. -**2.** FTBL top corner (of the net).

lucernaire [lysɛrnɛr] *nf* ZOOL stalked jellyfish, lucenarian.

Lucerne [lysɛrn] *npr* Lucerne.

lucide [lysid] *adj* -**1.** [clairvoyant] lucid, clear-sighted, perceptive; **elle est très** ~ **sur elle-même** she's extremely perceptive about herself. -**2.** [conscient] conscious.

lucidement [lysidmɑ̃] *adv* clearly, lucidly.

lucidité [lysidite] *nf* -**1.** [clairvoyance] lucidity, clear-sightedness; **une critique d'une grande** ~ a very perceptive criticism. -**2.** [conscience] lucidity; **elle n'a plus toute sa** ~ her mind's wandering a bit; **à ses moments de** ~ in his lucid moments.

Lucifer [lysifɛr] *npr* Lucifer.

luciférien, enne [lysiferjɛ̃, ɛn] *adj* Luciferian.

luciférine [lysiferin] *nf* luciferin.

luciole [lysjɔl] *nf* firefly.

Lucius [lysjys] *npr* Lucius.

lucratif, ive [lykratif, iv] *adj* lucrative, profitable; **un métier** ~ a job that pays well, a well-paid job.

lucrativement [lykrativmɑ̃] *adv* lucratively.

lucre [lykr] *nm sout* lucre, profit; **faire qqch par goût du** ~ to do sthg out of love for money.

Lucrèce [lykrɛs] *npr* -**1.** ~ **Borgia** Lucretia Borgia. -**2.** [poète] Lucretius.

ludiciel [lydisjɛl] *nm* computer game (programme).

ludion [lydjɔ̃] *nm* Cartesian diver.

ludique [lydik] *adj* play *(modif)*, ludic *spéc*; **le comportement** ~ **des enfants** children's behaviour in play.

ludisme [lydism] *nm* obsessive play PSYCH.

ludothèque [lydɔtɛk] *nf* -**1.** [lieu] toys and games library. -**2.** *Can* [activité] ≃ playgroup.

luette [lɥɛt] *nf* uvula.

lueur [lɥœr] *nf* -**1.** [lumière - de l'âtre, du couchant] glow; [- de la lune, d'une lampe] light; [- d'une lame] gleam; **les** ~**s rougeoyantes de l'incendie** the reddish glow of the fire; **aux premières** ~**s de l'aube** in the first light of dawn; ~ **vacillante** flicker. -**2.** *fig* [éclat] glint, glimmer; **une** ~ **de colère** a gleam OU glint of anger; **une** ~ **d'intelligence/d'espoir/de joie éclaira son regard** a glimmer of intelligence/of hope/of joy shone in his eyes; **une** ~ **mauvaise** a nasty glint.

Lugano [lygano] *npr* Lugano.

luge [lyʒ] *nf* toboggan, sledge *Br*, sled *Am*; **faire de la** ~ to toboggan, to go sledging *Br* OU sledding *Am*.

luger [17] [lyʒe] *vi* -**1.** [descendre en luge] to toboggan, to sledge *Br*, to sled *Am*. -**2.** *fam Helv* [échouer] to fail.

lugeur, euse [lyʒœr, øz] *nm, f* tobogganer.

lugubre [lygybr] *adj* -**1.** [personne] lugubrious; **une physionomie** ~ lugubrious features. -**2.** [endroit] gloomy. -**3.** [atmosphère] dismal; **la soirée a été** ~ it was a dismal party.

lugubrement [lygybrəmɑ̃] *adv* lugubriously, gloomily; **les cris des pleureuses retentissaient** ~ the cries of the mourners rang out lugubriously.

lui [lɥi] *pron pers* **A.** REPRÉSENTANT LE GENRE MASCULIN OU FÉMININ -**1.** [homme] him; [femme] her; [chose, animal] it; [animal domestique] him, her; **je** ~ **ai parlé** I spoke to him/her; **il a rencontré Hélène et** ~ **a plu** he met Helen and she liked him; **pensez-vous que cela puisse** ~ **nuire?** do you think that can harm him/her?; **il entend qu'on** ~ **obéisse** he means to be obeyed; **il le** ~ **a présenté** he introduced him to him/her; **qui le** ~ **a dit?** who told him/her?; **donne-le-**~ give it to him/her; **ça ne** ~ **rapporte rien** he/she isn't getting anything out of it; **il** ~ **est difficile de venir** it's difficult for him/her to come. -**2.** [se substituant à l'adjectif possessif]: **il** ~ **a serré la main** he shook his/her hand; **le bruit** ~ **donne mal à la tête** the noise gives him/her a headache.

B. REPRÉSENTANT LE GENRE MASCULIN -**1.** [sujet - personne] he; [- chose, animal] it; [- animal domestique] he; **elle est charmante, mais** ~ **est impossible** she's charming but he's infuriating; **nous travaillons et** ~**, en attendant, il se repose** we're working and meanwhile, HE's having a rest; ~ **ne voulait pas en entendre parler** HE didn't want to hear anything about it; **Paul et** ~ **sont rentrés ensemble** he and Paul went back together; **il sait de quoi je parle,** ~ HE knows what I'm talking about; **il n'a pas peur,** ~ he's not afraid; **quant à** ~**, il n'était pas là** as for him, he wasn't there; **qui ira avec elle? –** ~ who'll go with her? – he will; ~ **aussi se pose des questions** he is wondering about it too; ~ **seul pourrait te le dire** only he could tell you. -**2.** [avec un présentatif]: **c'est** ~ **qui vous le demande** HE's asking you; **c'est encore** ~**?** is it him again?; **c'est tout** ~**!** that's typical of him!, that's him all over! -**3.** [complément - personne] him; [- chose, animal] it; [- animal domestique] him; **en ce moment on ne voit que** ~ you see him everywhere at the moment; **elle n'écoute que** ~ she will only listen to him; **elle ne veut que** ~ **pour avocat** he's the only lawyer she will accept, she won't have any lawyer but him; **on l'a vu,** ~ we saw him; ~**, tout le monde le connaît** everybody knows HIM; **si j'étais** ~... if I were him...; **elle est plus jeune que** ~ she's younger than him; **avez-vous pensé à** ~**?** have you thought about him?; **elle se méfie de** ~ she doesn't trust him; **elle ne** ~ **a pas plu, à** ~ he didn't like her at all; **je vais chez** ~ I'm going to his house; **cette valise n'est pas à** ~**?** isn't that his suitcase?, doesn't that suitcase belong to him?; **une amie à** ~ a friend of his; **sans** ~**, tout était perdu** without him OU if it hadn't been for him, all would have been lost; **il a réussi à le soulever à** ~ **(tout) seul** he managed to lift it on his own OU without any help. -**4.** [en fonction de pronom réfléchi] himself; **il est content de** ~ he's pleased with himself; **il ne pense qu'à** ~ he only thinks of himself.

lui-même [lɥimɛm] *pron pers* [désignant - une personne] himself; [- une chose] itself; M. Dupont? — ~ Mr Dupont? – at your service; [au téléphone] Mr Dupont? – speaking; **il me l'a dit ~** he told me himself; **~ paraissait surpris** he himself seemed surprised; **il se coupe les cheveux ~** he cuts his own hair, he cuts his hair himself; **de ~, il a parlé du prix** he mentioned the price without being prompted OU asked; **il n'a qu'à venir voir par ~** all he has to do is come and see for himself; **il pensait en ~ que...** he thought to himself that...

luire [97] [lɥir] *vi* -**1.** [briller - métal, eau] to gleam; [- surface mouillée] to glisten; [- bougie, lumignon] to glimmer; [- feu] to glow; [- soleil] to shine; **des larmes luisaient dans leurs yeux** their eyes were glistening with tears, tears were glistening in their eyes; **son uniforme luisait d'usure** his uniform was shiny with wear. -**2.** *fig* to shine, to glow; **un faible espoir luit encore** there is still a glimmer of hope.

luisant, e [lɥizɑ̃, ɑ̃t] *adj* [métal] gleaming; [soleil] shining; [flamme] glowing; [pavé, pelage] glistening.

◆ **luisant** *nm* [d'une étoffe] sheen; [d'une fourrure] gloss.

lumbago [lɛ̃bago] *nm* lumbago.

lumen [lymɛn] *nm* lumen.

lumière [lymjɛr] *nf* -**1.** [naturelle] light; **dehors, la ~ était aveuglante** the sunlight OU the light was blinding outside; **l'atelier reçoit la ~ du nord** the studio faces north ❑ **revoir la ~** [recouvrer la vue] to be able to see again; [en sortant d'un lieu sombre] to see daylight again; [retrouver la liberté] to be free again; **voir** OU **apercevoir la ~ au bout du tunnel** to see (the) light at the end of the tunnel. -**2.** [artificielle] light *(C)*; **j'ai vu de la ~ et je suis entré** I saw a light (on) so I went in; **allumer la ~** to turn OU to switch on the light; **éteindre la ~** to turn OU to switch off the light; **il reste une ~ allumée** there's still a light on; **~s tamisées** soft lighting. -**3.** [éclaircissement] light; **ces informations n'ont apporté aucune ~ dans le débat** this information shed no light on the debate; **toute la ~ sera faite** we'll get to the bottom of this. -**4.** [génie] genius, (shining) light; **une ~ de la littérature contemporaine** a shining light of contemporary literature; **cet enfant n'est pas une ~ !** that child is hardly a genius OU a shining light! -**5.** ASTRON & OPT light; **~ noire** OU **de Wood** (ultraviolet) black light; **~ cendrée** earthshine; **~ froide** blue light; **~ zodiacale** zodiacal light. -**6.** BX-ARTS light. -**7.** RELIG: **la ~ éternelle** OU **de Dieu** divine light ❑ **cacher la ~ sous le boisseau** *allusion Bible* to hide one's light under a bushel; **que la ~ soit!** let there be light! -**8.** TECH [orifice] opening.

◆ **lumières** *nfpl* -**1.** [connaissances] insight *(U)*, knowledge *(U)*; **elle a des ~s sur le problème** she has (some) insight into the problem; **j'ai besoin de tes ~s** I need the benefit of your wisdom. -**2.** AUT lights; **les ~s sont restées allumées toute la nuit** the lights stayed on all night. -**3.** HIST: **le siècle des Lumières** the Enlightenment.

◆ **à la lumière de** *loc prép* in (the) light of; **à la ~ de ce que tu me dis** in (the) light of what you're telling me.

◆ **en lumière** *loc adv*: **mettre qqch en ~** to bring sthg out, to shed light on sthg.

LE SIÈCLE DES LUMIÈRES:
The reformist, rationalist movement of the 18th century "philosophes" and "encyclopédistes", which found its most comprehensive expression in the "Encyclopédie" edited by Diderot and, for a time, d'Alembert, between 1751 and 1765. The works of the "philosophes" were largely directed against the values of the Ancien Régime, favouring the view that the purpose of government was the happiness of the people, and laying the foundations for the democratic, egalitarian ideas of the following century, and, to a large extent, the socialist movement.

---

lumignon [lymiɲɔ̃] *nm* -**1.** [bougie] candle end. -**2.** [petite lumière] small light.

luminaire [lyminɛr] *nm* -**1.** [lampe] light, lamp; **magasin de ~s** lighting shop. -**2.** ASTROL luminary. -**3.** RELIG lighting *(U)*.

luminance [luminɑ̃s] *nf* luminance.

luminescence [lyminɛsɑ̃s] *nf* luminescence.

luminescent, e [lyminɛsɑ̃, ɑ̃t] *adj* luminescent.

lumineusement [lyminøzmɑ̃] *adv* luminously, clearly; **il a très ~ exposé les faits** he gave a very lucid presentation of the facts.

lumineux, euse [lyminø, øz] *adj* -**1.** [qui émet de la lumière] luminous; **source lumineuse** light source. -**2.** [baigné de lumière] sunny; **une lumineuse journée de juin** a sunny day in June; **un appartement ~** a sunny flat. -**3.** [éclatant - couleur] bright, brilliant. -**4.** [radieux - teint] radiant; **un sourire ~** a radiant smile. -**5.** [lucide - esprit]: **il a une intelligence lumineuse** he has great insight. -**6.** [clair - exposé] limpid, crystal clear; **son explication était lumineuse** his explanation was crystal clear.

luminosité [lyminozite] *nf* -**1.** [éclat] brightness, radiance. -**2.** [clarté] luminosity; **le temps de pose dépend de la ~** shutter speed depends on the amount of light available. -**3.** ASTRON luminosity.

lump [lœ̃p] *nm* lumpfish, lump.

lumpenproletariat [lumpœnprɔletarja] *nm* lumpenproletariat.

lunaire [lynɛr] ◇ *adj* -**1.** ASTRON lunar; **mois ~** lunar month. -**2.** [qui évoque la lune] lunar; **un paysage ~** a lunar landscape. -**3.** *litt* [chimérique]: **un projet ~** a fanciful OU an outlandish plan.

◇ *nf* honesty BOT.

lunaison [lynɛzɔ̃] *nf* lunar OU synodic *spéc* month, lunation *spéc*.

lunatique [lynatik] ◇ *adj* mercurial, temperamental, whimsical.

◇ *nmf* temperamental OU capricious person.

lunch [lœ̃ʃ] (*pl* **lunchs** OU **lunches**) *nm* cold buffet *(served at lunchtime for special occasions)*.

lundi [lœ̃di] *nm* Monday; **le ~ de Pâques/ Pentecôte** Easter/Whit Monday.

lune [lyn] *nf* -**1.** ASTRON moon; **la Lune** the Moon; **nuit sans ~** moonless night ❑ **pleine/ nouvelle ~** full/new moon; **~ de miel** honeymoon; **la ~ de miel entre le président et l'Assemblée nationale a été de courte durée** the honeymoon period between the President and the National Assembly didn't last long; **~ rousse** April frost *(at night)*; **être dans la ~** to have one's head in the clouds; **pardon, j'étais dans la ~** sorry, I was miles away OU my mind was elsewhere; **promettre la ~ à qqn** to promise sb the moon OU the earth; **demander** OU **vouloir la ~** to ask for the moon; **il est con comme la ~** ▽ he's as daft as a brush *Br* OU dead from the neck up *Am*. -**2.** *fam* [fesses] behind. -**3.** ZOOL: **~ de mer** moonfish.

◆ **lunes** *nfpl* [durée] moons.

luné, e *fam* [lyne] *adj*: **bien/mal ~** in a good/ bad mood; **toujours mal ~** always badtempered.

lunetier, ère [lyntje, ɛr] ◇ *adj* spectacle *(modif)*.

◇ *nm, f* -**1.** [fabricant] spectacle *Br* OU eyeglass *Am* manufacturer. -**2.** [marchand] optician.

lunette [lynɛt] *nf* -**1.** OPT telescope; **~ de tir/ pointage** sights/sighting telescope; **~ d'approche** refracting telescope, spyglass *arch*; **~ astronomique** astronomical telescope; **~ méridienne** meridian circle; **~ terrestre** terrestrial telescope. -**2.** [d'une montre] bezel. -**3.** [des toilettes] toilet-rim. -**4.** ARCHIT, BX-ARTS & CONSTR lunette. -**5.** NAUT: **~ d'étambot** propeller shaft hole. -**6.** MÉCAN: **~ fixe/à suivre** steady/follow rest. -**7.** AUT: **~ (arrière)** rear window.

◆ **lunettes** *nfpl* -**1.** [verres correcteurs] glasses, spectacles; **une paire de ~s** a pair of glasses; **porter des ~s** to wear glasses; **mets des ~s!** [regarde mieux] buy yourself a pair of specs! ❑ **~s bifocales** bifocals; **~s noires** sunglasses, dark glasses; **~s de soleil** sunglasses. -**2.** [verres protecteurs] goggles; **~s de ski** skiing goggles.

lunetterie [lynɛtri] *nf* -**1.** [industrie] spectacle *Br* OU eyeglass *Am* manufacture. -**2.** [commerce] spectacle *Br* OU eyeglass *Am* trade.

luni-solaire [lynisɔlɛr] (*pl* **luni-solaires**) *adj* lunisolar.

lunule [lynyl] *nf* -**1.** ANAT half-moon, lunule *spéc*. -**2.** GÉOM lune.

lupanar [lypanar] *nm litt* brothel, house of ill repute *litt* OU *hum*.

lupin [lypɛ̃] *nm* lupin BOT.

lupulin [lypylɛ̃] *nm* lupulin (powder).

lupus [lypys] *nm* lupus; **~ vulgaire** lupus vulgaris.

lurette [lyrɛt] *nf*: **il y a belle ~** *fam* ages ago; **il y a belle ~ qu'elle est partie** [depuis des années] she left donkey's years ago; [depuis des heures] she left hours ago OU ages ago.

Lurex® [lyrɛks] *nm* Lurex®.

luron, onne *fam* [lyrɔ̃, ɔn] *nm, f* [personne gaie]: **c'est un gai** OU **joyeux ~** he's a cheerful bloke *Br* OU guy.

Lusaka [lysaka] *npr* Lusaka.

Lusitanie [lyzitani] *npr f*: **(la) ~** Lusitania.

lusitanien, enne [lyzitanjɛ̃, ɛn] *adj* Lusitanian.

◆ **Lusitanien, enne** *nm, f* Lusitanian.

lusophone [lyzɔfɔn] ◇ *adj* Portuguese-speaking; **les populations ~s** Portuguese-speaking populations.

◇ *nmf* Portuguese speaker.

lustrage [lystraʒ] *nm* [d'une poterie] lustring; [d'un tissu, d'une peau] lustring, calendering; [d'une peinture] glazing; [d'une voiture] polishing.

lustral, e, aux [lystral, o] *adj* lustral.

lustre [lystr] *nm* -**1.** TECH [d'une poterie] lustre; [d'un tissu, d'une peau] lustre, calendering; [d'une peinture] glaze, gloss; [du papier] calendering; [d'un métal] polish. -**2.** [reflet - mat] glow; [- brillant] shine, polish. -**3.** *litt* [prestige] brilliance, glamour; **sans ~** lacklustre; **rendre** OU **redonner du ~ à** to improve the image of. -**4.** [lampe - de Venise, en cristal] chandelier; [- simple] (ceiling) light. -**5.** *litt* [cinq ans] lustrum.

◆ **lustres** *nmpl*: **il y a des ~s de ça!** it was ages ago!

lustré, e [lystre] *adj* -**1.** TECH [tissu, peau] lustred, calendered; [peinture] glazed, glossy; [poterie] lustred; **poterie ~e** lustreware. -**2.** [brillant - pelage] sleek; [- cheveux] glossy, shiny. -**3.** [usé] shiny (with wear).

lustrer [3] [lystre] *vt* -**1.** TECH [poterie] to lustre; [tissu, peau] to lustre, to calender; [peinture] to glaze. -**2.** [faire briller - voiture] to polish; **le chat lustre son pelage** the cat is cleaning its coat; **le temps a lustré la pierre** the stone is shiny (and worn) with age.

lustrerie [lystrəri] *nf* [lampes] chandeliers; [commerce] lighting.

lustrine [lystrin] *nf* -**1.** [soie] lustring. -**2.** [percaline] lustre. -**3.** [coton] glazed cotton.

lut [lyt] *nm* lute, luting TECH.

Lutèce [lytɛs] *npr* Lutetia.

lutécium [lytesjɔm] *nm* lutetium.

luter [3] [lyte] *vt* to lute.

luth [lyt] *nm* -**1.** MUS lute; **jeu de ~** lute stop. -**2.** ZOOL: **(tortue) ~** leatherback (turtle).

Luther [lytɛr] *npr*: **Martin ~** Martin Luther.

luthéranisme [lyteranism] *nm* Lutheranism.

lutherie [lytri] *nf* -**1.** [fabrication] stringed-instrument manufacture. -**2.** [commerce] stringed-instrument trade. -**3.** [boutique] stringed-instrument maker's shop OU workshop.

luthérien, enne [lyterjɛ̃, ɛn] *adj* Lutheran.

◆ **Luthérien, enne** *nm, f* Lutheran.

luthier [lytje] *nm* -**1.** [fabricant] stringed-instrument maker. -**2.** [marchand] stringed-instrument dealer.

luthiste [lytist] *nmf* lutenist, lute-player.

lutin, e [lytɛ̃, in] *adj litt* impish, mischievous.

◆ **lutin** *nm* -**1.** [démon - gén] elf, goblin, imp; [- en Irlande] leprechaun. -**2.** *arch* [enfant malicieux] (little) imp OU devil.

lutiner [3] [lytine] *vt litt* to fondle.

lutrin [lytrɛ̃] *nm* -**1.** [pupitre] lectern. -**2.** [emplacement] schola cantorum.

lutte [lyt] *nf* -**1.** [affrontement] struggle, fight, conflict; **des ~s intestines** infighting; **la ~ est inégale** they are unfairly matched; **se livrer à une ~ acharnée** to fight tooth and nail; **une ~ d'influence** a fight for domination; **il était en ~ constante contre sa famille** he was constantly at loggerheads with his family. -**2.** SOCIOL & POL struggle; **la ~ pour l'indépendance/pour la liberté** the struggle for independance/for freedom; **la ~ menée par les intellectuels/syndicats** the struggle led by the intellectuals/unions; **~s politiques/religieuses** political/religious struggles ☐ **~ armée** armed struggle; **la ~ des classes** the class struggle OU war. -**3.** [efforts - contre un mal] fight; **la ~ contre le sida** the fight against AIDS; **la ~ contre l'alcoolisme** the fight against alcoholism. -**4.** [résistance] struggle; **une ~ incessante contre elle-même** an incessant inner struggle; **la ~ d'un malade contre la mort** a sick person's struggle for life OU battle against death; **sa vie n'a été qu'une longue ~ contre l'adversité** his life was just one long struggle against adversity. -**5.** [antagonisme] fight; **la ~ entre le bien et le mal** the fight between good and evil. -**6.** AGR control; **~ biologique** biological (pest) control; **~ génétique** genetic control; **~ intégrée** integrated control, pest management. -**7.** BIOL: **la ~ pour la vie** the struggle for survival. -**8.** SPORT wrestling; **~ libre/gréco-romaine** all-in/Graeco-Roman wrestling. -**9.** ZOOL [accouplement] mating.

◆ **de haute lutte** *loc adv* after a hard fight; **conquérir** OU **emporter qqch de haute ~** to obtain sthg after a hard fight.

◆ **en lutte** *loc adj*: **les travailleurs en ~ ont défilé hier** the striking workers demonstrated yesterday; **nos camarades en ~** our struggling comrades.

lutter [3] [lyte] *vi* -**1.** [se battre]: **~ contre** to fight; **~ contre la bêtise** to fight stupidity; **ils luttent contre le gouvernement** they are struggling against OU fighting the government; **~ contre la mort** to struggle for one's life; **~ contre l'alcoolisme** to fight against OU to combat alcoholism; **~ contre le sommeil** to fight off sleep; **~ pour** to fight for; **ils luttent pour leurs droits** they are fighting for their rights; **toute sa vie elle a lutté pour que soient reconnus les droits de la femme** she struggled all her life for the recognition of women's rights; **~ de** *sout*: **ils ont lutté de vitesse** they had a race, they raced against each other; **vous luttez d'élégance ce soir** you rival each other in elegance tonight. -**2.** SPORT to wrestle. -**3.** ZOOL [bélier] to mate, to tup *Br*.

lutteur, euse [lytœr, øz] *nm, f* -**1.** SPORT wrestler (*f* female wrestler). -**2.** [battant] fighter; **c'est une lutteuse, elle s'en remettra** she's a fighter, she'll get over it.

lux [lyks] (*pl inv* OU **luxes**) *nm* lux.

luxation [lyksasjɔ̃] *nf* dislocation, luxation *spéc.*

luxe [lyks] *nm* -**1.** [faste] luxury, wealth; **vivre dans le ~** to live in (the lap of) luxury; **c'est le (grand) ~ ici!** it's the height of luxury OU it's luxurious in here!; **un ~ insolent** a pretentious display of wealth. -**2.** [plaisir] expensive treat, luxury, indulgence; **son seul ~ c'est un cigare après le déjeuner** the only treat he allows himself is a cigar after lunch; **pour une fois tu peux bien te permettre ce ~** for once you can treat yourself to OU you can afford this luxury; **je ne peux pas m'offrir le ~ de partir en vacances** I can't afford the luxury of a holiday; **elle ne peut pas s'offrir le ~ de dire ce qu'elle pense** *fig* she can't afford to speak her mind. -**3.** [chose déraisonnable]: **la viande, c'est devenu un ~** buying meat has become a luxury ☐ **ils ont nettoyé la moquette, ce n'était pas du ~!** *fam* they cleaned the carpet, (and) it was about time too! -**4. un ~ de** [beaucoup de] a host OU a wealth of; **avec un ~ de détails** with a wealth of detail.

◆ **de luxe** *loc adj* -**1.** [somptueux] luxury *(modif)*. -**2.** COMM deluxe, luxury *(modif)*.

Luxembourg [lyksɑ̃bur] *npr m* -**1.** [pays]: **le ~** Luxembourg; **au ~** in Luxembourg. -**2.** [ville] Luxembourg; **à ~** in (the city of) Luxembourg. -**3.** [à Paris]: **le ~, les jardins du ~** the Luxembourg Gardens; **le (palais du) ~** the (French) Senate.

luxembourgeois, e [lyksɑ̃burʒwa, az] *adj* from Luxembourg.

◆ **Luxembourgeois, e** *nm, f inhabitant of or person from Luxembourg.*

luxer [3] [lykse] *vt* to luxate *spéc*, to dislocate.

◆ **se luxer** *vpt*: **se ~ le genou** to dislocate one's knee.

luxueusement [lyksɥøzmɑ̃] *adv* luxuriously.

luxueux, euse [lyksɥø, øz] *adj* luxurious; **un cadre ~** a luxurious environment; **vivre dans un cadre ~** to live in luxurious surroundings; **maison luxueuse** luxurious house.

luxure [lyksyr] *nf litt* lechery, lust.

luxuriance [lyksyrjɑ̃s] *nf litt* luxuriance; **une ~ de couleurs** a luxuriance of colours.

luxuriant, e [lyksyrjɑ̃, ɑ̃t] *adj litt* -**1.** [végétation] luxuriant, lush; [chevelure] thick. -**2.** [imagination] fertile.

luxurieux, euse [lyksyrjø, øz] *adj litt* lascivious, lustful.

luzerne [lyzɛrn] *nf* lucerne *Br*, alfalfa *Am*.

luzernière [lyzɛrnjɛr] *nf* lucerne field *Br*, alfalfa field *Am*.

lx (*abr écrite de* **lux**) lx.

lycée [lise] *nm* -**1.** [depuis 1975 - après le collège] (upper) secondary school *Br*, high school *Am* *(providing three year's teaching after the "collège", in preparation for the baccalauréat examination)*; **~ d'enseignement général et technologique** technical (high) school; **~ professionnel** vocational (high) school, technical college; **~ d'enseignement professionnel** *former name for a "lycée professionnel"*. -**2.** [avant 1975 - pour tout le second degré] secondary school. -**3.** *Belg* [de filles] girl's high school.

lycéen, enne [liseɛ̃, ɛn] ◇ *nm, f* ≃ secondary school pupil *Br*, ≃ high school student *Am*; **quand j'étais ~ne** when I was at school; **un groupe de ~s** a group of school students; **ce groupe attire surtout les ~s** this group is mainly a success with teenagers.

◇ *adj* school *(modif)*; **le mouvement ~** the school students' movement.

lychee [litʃi] = **litchi**.

Lycra® [likra] *nm* Lycra®.

lymphangite [lɛ̃fɑ̃ʒit] *nf* lymphangitis.

lymphatique [lɛ̃fatik] ◇ *adj* -**1.** BIOL lymphatic. -**2.** [apathique] sluggish, apathetic, lethargic.

◇ *nm* lymphatic vessel.

lymphe [lɛ̃f] *nf* lymph.

lymphocytaire [lɛ̃fɔsitɛr] *adj* lymphocytic.

lymphocyte [lɛ̃fɔsit] *nm* lymphocyte.

lymphocytose [lɛ̃fɔsitoz] *nf* lymphocytosis.

lymphographie [lɛ̃fɔgrafi] *nf* lymphography.

lymphoïde [lɛ̃fɔid] *adj* lymphoid.

lymphosarcome [lɛ̃fɔsarkom] *nm* lymphosarcoma.

lynchage [lɛ̃ʃaʒ] *nm* lynching.

lyncher [3] [lɛ̃ʃe] *vt* to lynch.

lyncheur, euse [lɛ̃ʃœr, øz] *nm, f* lyncher.

lynx [lɛ̃ks] *nm* -**1.** ZOOL lynx. -**2.** [fourrure] lynx fur, lucern.

Lyon [ljɔ̃] *npr* Lyon, Lyons.

lyonnais, e [ljɔnɛ, ɛz] *adj* from Lyons.

◆ **Lyonnais, e** *nm, f inhabitant of or person from Lyons.*

◆ **Lyonnais** *npr m* GÉOG: **le Lyonnais, les monts du Lyonnais** the Lyonnais mountains.

◆ **lyonnais** *nm* LING Lyons variety.

◆ **à la lyonnaise** *loc adj* -**1.** CULIN (à la) lyonnaise *(cooked with minced onions stewed in butter)*. -**2.** TEXT printed in the frame.

lyophilisation [ljɔfilizasjɔ̃] *nf* freeze-drying, lyophilization *spéc.*

lyophiliser [3] [ljɔfilize] *vt* to freeze-dry, to lyophilize *spéc.*

lyre [lir] *nf* MUS lyre.

lyrique [lirik] *adj* -**1.** LITTÉRAT [poésie] lyric; [inspiration, passion] lyrical; **quand il parle d'argent, il devient ~** *fig* he really gets carried away when he talks about money. -**2.** MUS & THÉÂT lyric; **art/drame ~** lyric art/drama; **ténor/soprano ~** lyric tenor/soprano; **artiste ~** opera singer.

lyriquement [lirikmɑ̃] *adv* lyrically.

lyrisme [lirism] *nm* lyricism.

lys [lis] = **lis**.

Lysandre [lizɑ̃dr] *npr* Lysander.

lysergique [lizɛrʒik] *adj* lysergic.

lysozyme [lizozim] *nm* lysozyme.

lytique [litik] *adj* lytic.

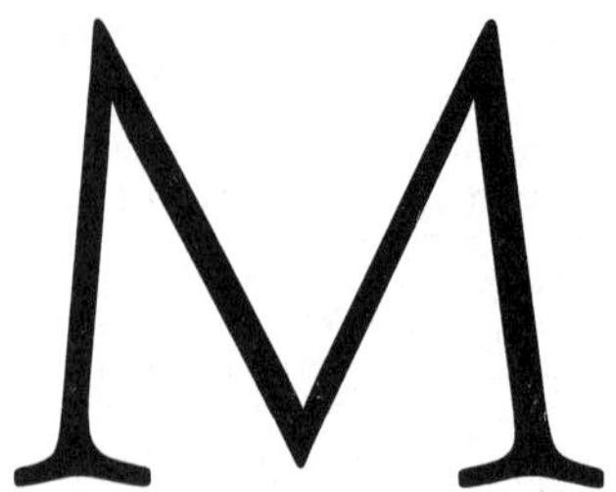

m, M [ɛm] *nm* [lettre de l'alphabet] m, M.

m - **1.** (*abr écrite de* **mètre**): 60 m 60 m. - **2.** (*abr écrite de* **milli**) m.

m' [m] → **me**.

m² (*abr écrite de* **mètre carré**) sq m, m².

m³ (*abr écrite de* **mètre cube**) cu m, m³.

M - **1.** (*abr écrite de* **million**) M. - **2.** *abr écrite de* **masculin**. - **3.** (*abr écrite de* **méga**) M. - **4.** (*abr écrite de* **Major**) M. - **5.** (*abr écrite de* **mile (marin)**) nm. - **6.** (*abr écrite de* **maxwell**) Mx.

M. (*abr écrite de* **Monsieur**) Mr.

M6 *npr private television channel broadcasting a high proportion of music and aimed at a younger audience*.

ma [ma] *f* → **mon**.

MA *nm abr de* **maître auxiliaire**.

Maastricht [mastriʃt] *npr* Maastricht; **les accords de ~** the Maastricht agreement; **le traité de ~** the Maastricht treaty.

maboul, e *fam* [mabul] ◇ *adj* crazy, nuts.
◇ *nm, f* (raving) loony.

mac [mak] *nm arg crime* pimp.

macabre [makabr] *adj* [découverte] macabre, gruesome; [spectacle] gruesome, macabre, grisly; **un goût pour ce qui est ~** a taste for the macabre.

macache▽ [makaʃ] *adv vieilli* nothing doing.

macadam [makadam] *nm* - **1.** TRAV PUBL [matériau, surface] macadam; **~ goudronné** tarmacadam. - **2.** [route] road, roadway, macadam *spéc*.

macadamiser [3] [makadamize] *vt* to macadamize.

Macao [makao] *npr* Macao; **à ~** in Macao.

macaque [makak] ◇ *nm* ZOOL macaque; **~ rhésus** rhesus monkey.
◇ *nmf fam* [personne laide]: **un vieux ~** an old baboon.

macareux [makarø] *nm*: **~ (moine)** puffin.

macaron [makarɔ̃] *nm* - **1.** CULIN macaroon. - **2.** [vignette - officielle] badge; [- publicitaire] sticker. - **3.** *fam* [décoration honorifique] rosette, ribbon; **il a eu son ~** he got his decoration. - **4.** [de cheveux] coil; **porter des ~s** to wear (one's hair in) coils.

macaroni [makarɔni] ◇ *nm* CULIN macaroni; **~s au gratin** macaroni cheese *Br*, macaroni and cheese *Am*.
◇ *nmf* ▽*offensive term used with reference to Italians*, ≃ wop.

macaronique [makarɔnik] *adj* LITTÉRAT macaronic.

maccartisme, maccarthysme [makkartism] *nm* McCarthyism.

macchabée▽ [makabe] *nm* [cadavre] stiff.

macédoine [masedwan] *nf* - **1.** CULIN: **~ de fruits** macédoine, mixed fruit salad; **~ de légumes** macédoine, (diced) mixed vegetables. - **2.** *fam* [mélange] mishmash.

Macédoine [masedwan] *npr f*: **(la) ~** Macedonia.

macédonien, enne [masedɔnjɛ̃, ɛn] *adj* Macedonian.
◆ **Macédonien, enne** *nm, f* Macedonian.
◆ **macédonien** *nm* LING Macedonian.

macérateur [maseratœr] *nm* macerator.

macération [maserasjɔ̃] *nf* - **1.** CULIN maceration, steeping. - **2.** ŒNOL & PHARM maceration. - **3.** RELIG [punition] mortification of OU mortifying the flesh, maceration.

macérer [18] [masere] ◇ *vi* - **1.** CULIN to macerate, to steep; **faire ~ le poisson cru dans du jus de citron** macerate OU steep the raw fish in lemon juice; **les oranges ont macéré 24 heures** the oranges have been macerating for 24 hours. - **2.** PHARM to macerate. - **3.** *fig*: **~ dans le doute** to be steeped in doubt; **laisse-le ~ dans son jus** *fam* let him stew in his (own) juice.
◇ *vt* - **1.** CULIN to macerate, to steep. - **2.** PHARM to macerate. - **3.** RELIG: **~ sa chair** to mortify oneself.

Mach [mak] *npr* Mach; **voler à ~ 2** to fly at Mach 2.

machaon [makaɔ̃] *nm* swallowtail (butterfly).

mâche [maʃ] *nf* corn salad, lamb's lettuce.

mâchefer [maʃfɛr] *nm* - **1.** [du charbon] clinker, slag. - **2.** [du plomb] (lead) dross.

mâcher [3] [maʃe] *vt* - **1.** [aliment, chewing-gum] to chew; [brin d'herbe, tige de fleur] to chew OU to nibble (at); **mâche-le bien** chew it well; **ne fais pas tant de bruit quand tu mâches** don't munch so loudly ❑ **il ne mâche pas ses mots** he doesn't mince his words. - **2.** *fam* [tâche]: **faut-il que je te mâche tout le travail?** do I have to show OU tell you how to do everything? - **3.** [déchiqueter] to chew up *(sép)*; **le papier ressort tout mâché** the paper comes out all crumpled OU chewed up. - **4.** *fig* & *litt* [ressasser] to chew OU to mull over.

machette [maʃɛt] *nf* machete.

mâcheur, euse [maʃœr, øz] *nm, f* chewer.

machiavel [makjavɛl] *nm*: **c'est un ~** he's a Machiavellian character OU a Machiavelli.

Machiavel [makjavɛl] *npr* Machiavelli.

machiavélique [makjavelik] *adj* Machiavellian.

machiavélisme [makjavelism] *nm* Machiavellianism.

mâchicoulis [maʃikuli] *nm* machicolation.
◆ **à mâchicoulis** *loc adj* machicolated.

machin *fam* [maʃɛ̃] *nm* - **1.** [chose] whatsit, thing, thingummyjig; **c'est quoi, ce ~?** what on earth's this? - **2.** *péj*: **vieux ~** old fogey OU fuddy-duddy.

Machin, e *fam* [maʃɛ̃, in] *nm, f* [en s'adressant à la personne] what's-your-name; [en parlant de la personne] whatsisname (*f* whatsername).

machinal, e, aux [maʃinal, o] *adj* [geste] involuntary, unconscious; [parole] automatic; **un travail ~** mechanical work; **j'emprunte toujours ce chemin-là, c'est ~!** I always go that way, I do it without thinking!

machinalement [maʃinalmɑ̃] *adv* - **1.** [involontairement] involuntarily, unconsciously; **~, il lui rendit son sourire** he smiled back at her unconsciously; **excuse-moi, je l'ai fait ~** sorry, I did it automatically OU without thinking. - **2.** [mécaniquement] mechanically; **elle fait son travail ~** she does her work mechanically OU without thinking.

machination [maʃinasjɔ̃] *nf* plot, conspiracy, machination; **des ~s** plotting, machinations.

machine [maʃin] *nf* - **1.** [appareil] machine, piece of machinery; **l'âge des ~s** OU **de la ~** the machine age, the age of the machine ❑ **~ simple/composée** simple/compound machine; **~ à coudre/à tricoter** sewing/knitting machine; **~ à écrire** typewriter; **~ de guerre** HIST engine of war; **~ infernale** explosive device, infernal machine *arch*; **~ à laver** washing machine; **~ à laver la vaisselle** dishwasher; **~ à repasser** steam press; **~ à traitement de texte** word processor; **~ à sous** JEUX one-armed bandit, fruit machine *Br*; **~ à vapeur** steam engine; **la ~ est usée** the body can't take much more. - **2.** [véhicule - à deux roues, agricole] machine; **~s agricoles** agricultural machinery. - **3.** NAUT [moteur] engine; **arrêtez** OU **stoppez les ~s!** stop all engines! ❑ **chambre** OU **salle des ~s** engine room; **faire ~ arrière** *pr* to go astern; *fig* to backtrack. - **4.** [organisation] machine, machinery; **le projet a nécessité la mise en place d'une lourde ~ administrative** the project meant that a cumbersome administrative framework had to be set up; **les lourdeurs de la ~ judiciaire** the cumbersome machinery of the law. - **5.** THÉÂT machine, piece of theatre machinery. - **6.** *péj* [automate] machine; **je ne veux pas devenir une ~ à écrire des chansons** I don't want to become a song-writing machine.
◆ **à la machine** *loc adv*: **(fait) à la ~** machine-made; **coudre qqch à la ~** to sew sthg on the machine, to machine OU to machine-sew sthg; **laver qqch à la ~** to machine OU to machine-wash sthg, to wash sthg in the machine; **taper qqch à la ~** to type sthg; **tricoter qqch à la ~** to machine-knit sthg, to make sthg on the knitting machine.

machine-outil [maʃinuti] (*pl* **machines-outils**) *nf* machine tool; **l'industrie de la ~** the machine-tool industry ❑ **~ à commande numérique** numerically controlled machine tool.

machiner [3] [maʃine] *vt* [préparer - complot] to hatch, to plot, to machinate; **ils ont machiné toute l'histoire afin de l'éliminer** they engineered the whole thing to get rid of him.

machinerie [maʃinri] *nf* **-1.** [machines] machinery, equipment, plant; c'est la ~ qui coûte le plus cher most of the money goes on equipment. **-2.** NAUT engine room. **-3.** THÉÂT machinery.

machine-transfert [maʃintrɑ̃sfɛr] (*pl* machines-transferts) *nf* automated machine tool.

machinisme [maʃinism] *nm* mechanization.

machiniste [maʃinist] *nmf* **-1.** THÉÂT stagehand, scene shifter; les ~s stage staff ❑ ~ de plateau CIN & TV grip. **-2.** TRANSP driver. **-3.** *Belg* [conducteur de train] train driver.

machisme [matʃism] *nm* machismo, male chauvinism.

machiste [matʃist] *adj* & *nm* male chauvinist, macho.

machmètre [makmɛtr] *nm* machmeter.

macho *fam* [matʃo] *adj* & *nm* macho.

mâchoire [maʃwar] *nf* **-1.** ANAT & ZOOL jaw; ~ inférieure/supérieure upper/lower jaw. **-2.** ENTOM mandible *spéc*, jaw. **-3.** [d'un outil] jaw, grip; ~ de frein brake shoe.

mâchonnement [maʃɔnmɑ̃] *nm* **-1.** [fait de mâcher] chewing; des ~s bruyants munching, chomping. **-2.** MÉD bruxism.

mâchonner [3] [maʃɔne] *vt* **-1.** [mâcher - aliment] to chew; [- brin d'herbe, tige de fleur, crayon] to chew OU to nibble (at); **un âne mâchonnait de la paille** a donkey was munching some straw. **-2.** *fig* [marmonner] to mumble; **en mâchonnant des injures** mumbling insults.

mâchouiller *fam* [3] [maʃuje] *vt* [aliment] to chew (away) at; [brin d'herbe, tige de fleur] to chew OU to nibble (away) at; **arrête de ~ des bonbons!** stop chewing sweets all the time!

Machu Picchu [matʃupitʃu] *npr* Machu Picchu.

mâchurer [3] [maʃyre] *vt* **-1.** *vieilli* [noircir - vêtement, papier] to blacken, to stain, to daub; [- peau, visage] to blacken. **-2.** IMPR to mackle, to blur. **-3.** [écraser] to crush, to squash, to mash.

maçon, onne [masɔ̃, ɔn] *adj* mason *(modif)*.

◆ **maçon** *nm* **-1.** CONSTR [entrepreneur] builder; [ouvrier] bricklayer *Br*, mason *Am*. **-2.** *(comme adj)*: **apprenti ~** builder's OU bricklayer's apprentice; **ouvrier ~** builder's mate *Br* OU helper *Am*.

mâcon [makɔ̃] *nm* Mâcon (wine).

maçonnage [masɔnaʒ] *nm* **-1.** [travail] building, bricklaying. **-2.** [ouvrage] masonry; **le ~ est solide** [les pierres] the stonework OU masonry is good; [les briques] the brickwork OU bricklining is good. **-3.** [d'un animal] building.

maçonner [3] [masɔne] *vt* **-1.** [construire] to build. **-2.** [réparer] to rebuild, to redo the brickwork for. **-3.** [revêtir - gén] to line; [- avec des briques] to brickline, to line with bricks. **-4.** [boucher - gén] to block up *(sép)*; [- avec des briques] to brick up OU over *(sép)*; **ça a été bien maçonné** [gén] the masonry's good; [pierres] the stonework's good; [briques] the brickwork's good.

maçonnerie [masɔnri] *nf* **-1.** [ouvrage - en pierres, en moellons] stonework, masonry; [- en briques] brickwork; **~ à sec** OU **en pierres sèches** dry masonry; **~ composite** composite masonry; **~ en blocage** rubblework. **-2.** [travaux]: **grosse/petite ~** major/minor building work. **-3.** = **franc-maçonnerie**.

maçonnique [masɔnik] *adj* Masonic.

macramé [makrame] *nm* macramé.

macre [makr] *nf* water chestnut.

macreuse [makrøz] *nf* **-1.** ZOOL scoter (duck); **~ noire** common scoter. **-2.** CULIN shoulder of beef.

macrobiotique [makrɔbjɔtik] ◇ *adj* macrobiotic.

◇ *nf* macrobiotics *(sg)*; **la ~ exige la cuisson à la vapeur** macrobiotic food must be cooked by steaming.

macrocéphale [makrɔsefal] ◇ *adj* macrocephalic, macrocephalous.

◇ *nmf* suffering from macrocephaly.

macrocéphalie [makrɔsefali] *nf* macrocephaly.

macrocosme [makrɔkɔsm] *nm* macrocosm.

macrocosmique [makrɔkɔsmik] *adj* macrocosmic.

macrocyste [makrɔsist], **macrocystis** [makrɔsistis] *nm* macrocystis.

macrodécision [makrɔdesizjɔ̃] *nf* macrodecision.

macroéconomie [makrɔekɔnɔmi] *nf* macroeconomics *(U)*.

macroéconomique [makrɔekɔnɔmik] *adj* macroeconomic.

macroglobuline [makrɔglɔbylin] *nf* macroglobulin.

macroglobulinémie [makrɔglɔbylinemi] *nf* macroglobulinaemia.

macrographie [makrɔgrafi] *nf* macrography.

macrographique [makrɔgrafik] *adj* macrographic.

macro-instruction [makrɔɛ̃stryksjɔ̃] (*pl* macro-instructions) *nf* macroinstruction.

macromoléculaire [makrɔmɔlekylɛr] *adj* macromolecular.

macromolécule [makrɔmɔlekyl] *nf* macromolecule.

macrophage [makrɔfaʒ] ◇ *adj* macrophagic.

◇ *nm* macrophage.

macrophotographie [makrɔfɔtɔgrafi] *nf* macrophotography.

macropode [makrɔpɔd] ◇ *adj* **-1.** BOT macropodous. **-2.** ZOOL [nageoires] macropterous; [pieds] macropod.

◇ *nm* paradise fish.

macroscélide [makrɔselid] *nm* jumping OU elephant shrew.

macroscopique [makrɔskɔpik] *adj* macroscopic.

macrosociologie [makrɔsɔsjɔlɔʒi] *nf* macrosociology.

macrospore [makrɔspɔr] *nf* macrospore, megaspore.

macrostructure [makrɔstryktyr] *nf* macrostructure.

macroure [makrur] *nm* macruran.

maculage [makylaʒ] *nm* **-1.** IMPR mackle. **-2.** [fait de salir] dirtying, soiling; [salissures] stains, marks, dirt.

macule [makyl] *nf* **-1.** MÉD macula, macule. **-2.** IMPR [tache] smudged OU mackled sheet; [papier d'emballage] spoil, waste.

maculer [3] [makyle] *vt* **-1.** IMPR to mackle. **-2.** *sout* to dirty, to spatter.

Madagascar [madagaskar] *npr* [île] Madagascar; **à ~** in Madagascar; **la République démocratique de ~** the Democratic Republic of Madagascar.

madame [madam] (*pl* madames) *nf* lady; **jouer à la ~** [femme] to put on airs; [enfant] to play at being grown up.

Madame [madam] (*pl* Mesdames [medam]) *nf* **-1.** [dans une lettre]: ~ Dear Madam, Dear Mrs Duval; **Mesdames** Ladies; **Chère ~** Dear Mrs Duval; **~ la Générale** Dear Madam, Dear Mrs Duval; **~ le Maire** Madam, Dear Madam; **~ la Vicomtesse** Madam ‖ [sur l'enveloppe]: **~ Duval** Mrs Duval; **Mesdames Duval** Mesdames Duval; **Mesdames Duval et Lamiel** Mrs Duval and Mrs Lamiel; **~ la Colonelle Duval** Mrs Duval; **~ la Présidente Duval** Mrs Duval. **-2.** [terme d'adresse]: **bonjour ~ Duval!** good morning, Mrs Duval!; **bonjour Mesdames Duval!** good morning, ladies!; **bonjour ~ le Consul** good morning, Mrs Duval OU Madam; **~ la Présidente, je proteste!** Madam Chairman, I must raise an objection!; **Mesdames les Députés, vous êtes priées de vous asseoir!** will the Honourable lady Members please sit down! *Br*; **bonjour ~ la Marquise!** good morning, Madam OU Ma'am OU your Ladyship! ‖ [à une inconnue]: **bonjour ~** good morning (, Madam)!; **bonjour Mesdames** good morning (, ladies); **Mesdames, Mesdemoiselles, Messieurs!** Ladies and Gentlemen!; **et voilà, ~, une belle laitue pommée!** here you are, Madam, a nice round lettuce!; **vous attendrez votre tour comme tout le monde, ~!** you'll have to wait your turn like everybody else, Madam!; **~ désirerait voir les pantalons?** would Madam like to see some trousers? ‖ *sout* OU *hum*: **~ est servie** [au dîner] dinner is served (, Madam); [pour le thé] tea is served (, Madam); **le frère de ~ attend en bas** [à une roturière] your brother is waiting downstairs, Miss OU Madam; [à une femme titrée] Your Ladyship's brother is waiting downstairs; **vous n'y pensez pas, chère ~!** you can't be serious, my dear lady OU Madam!; **peux-tu prêter un instant ton stylo à ~?** could you lend the lady your pen for a minute? ‖ [au téléphone]: **bonjour ~, je voudrais la comptabilité s'il vous plaît** hello, I'd like to speak to someone in the accounts department, please. **-3.** [en se référant à une tierce personne]: **adressez-vous à ~ Duval** go and see Mrs Duval; **~ veuve Duval** the wife of the late Mr Duval; **~ votre mère** *sout* your (good) mother; **Monsieur le docteur Duval et ~** [pour annoncer] Doctor (Duval) and Mrs Duval; **~ la Générale sera présente** Mrs Duval (, wife of General Duval) will attend; **~ la Présidente regrette de ne pas pouvoir se joindre à vous ce soir** Mrs Duval regrets she is unable to be with you tonight; **~ la Duchesse me prie de vous informer que...** Madam OU Her Grace asks me to inform you that... ❑ '~ Bovary' *Flaubert* 'Madame Bovary'; '~ Butterfly' *Puccini* 'Madame Butterfly'. **-4.** SCOL: **~, j'ai fini mon addition!** (please) Miss, I've finished my sums! **-5.** *fam* **et en plus, ~ exige des excuses!** and so Her Ladyship wants an apology as well, does she?; **alors, ~ la spécialiste, qu'en penses-tu?** what does Her Ladyship think then? **-6.** HIST Madame *(title given to some female members of the French royal family)*.

madeleine [madlɛn] *nf* **-1.** CULIN madeleine; **pour moi, ce fut (comme) la ~ de Proust** it triggered off (all) my old memories, it brought back (a flood of) old memories. **-2.** [cépage] madeleine *(vine ripening early, around St Mary Magdalene's Day, 22nd July)*.

Mademoiselle [madmwazɛl] (*pl* Mesdemoiselles [medmwazɛl]) *nf* **-1.** [dans une lettre]: ~ Dear Madam, Dear Miss Duval; **Chère ~** Dear Miss Duval; **Mesdemoiselles** Ladies ‖ [sur l'enveloppe]: **~ Duval** Miss Duval; **Mesdemoiselles Duval** the Misses Duval; **Mesdemoiselles Duval et Jonville** Miss Duval and Miss Jonville. **-2.** [à l'oral - suivi du nom]: **bonjour ~ Duval!** good morning, Miss Duval!; **bonjour Mesdemoiselles Duval!** good morning, (young) ladies! ‖ [à une inconnue]: **bonjour ~!** good morning (, miss)!; **et voilà, ~, une belle laitue pommée!** here you are, miss, a nice round lettuce!; **~, vous attendrez votre tour comme tout le monde!** you'll have to wait your turn like everybody else, young lady!; **bonjour Mesdemoiselles!** good morning (, ladies)!; **Mesdemoiselles, un peu de silence s'il vous plaît!** [à des fillettes] girls, please be quiet!; [à des jeunes filles] ladies, would you please be quiet!; **~ désire-t-elle voir nos derniers modèles?** would Madam like to see our latest designs? ‖ *sout* OU *hum* Miss, Madam; **~ est servie** [au dîner] dinner is served (, Miss); [pour le thé] tea is served (, Miss); **le frère de ~ attend en bas** [à une roturière] your brother is waiting downstairs, Miss OU Madam; [à une jeune femme titrée] Your Ladyship's brother is waiting downstairs; **vous n'y pensez pas, chère ~!** you can't be serious, dear OU young lady!; **peux-tu prêter un moment ton stylo à ~?** could you lend the young lady your pen for a minute? **-3.** [en s'adressant à une tierce personne]: **c'est ~ Duval qui s'en occupe** Miss Duval is dealing with it; **~ votre sœur** *sout* your good OU dear sister; **Monsieur le docteur Duval et ~** [pour annoncer] Doctor (Duval) and Miss Duval; **Mesdemoiselles, Messieurs!** Ladies and Gentlemen! **-4.** SCOL: **~, j'ai fini mon**

dessin! (please) Miss (Duval), I've finished my drawing! -**5.** *fam* **et en plus, ~ se plaint!** *iron* so, Her Ladyship is complaining as well, is she?; **alors, ~ la spécialiste, qu'en penses-tu?** what does Her Ladyship think then? -**6.** HIST [titre royal] Mademoiselle *(title given to some female members of the French royal family)*; [pour une femme noble non titrée] Her Ladyship.

madère [madɛr] *nm* -**1.** [vin] Madeira (wine). -**2.** [sauce]: **sauce ~** Madeira sauce.

Madère [madɛr] *npr* Madeira; **à ~** in Madeira.

madériser [3] [maderize]

◆ **se madériser** *vpi* to maderize.

madone [madɔn] *nf* -**1.** BX-ARTS Madonna; **les ~s de Raphaël** Raphael's Madonnas; **un visage de ~** a Madonna-like face ❑ **une ~ à l'enfant** a Madonna and Child. -**2.** [statuette] Madonna, statue of the Virgin Mary. -**3.** RELIG: **la Madone** the Madonna, the Virgin Mary.

madrague [madrag] *nf dial* madrague *(used for catching tuna)*.

madras [madras] *nm* -**1.** [étoffe] madras (cotton). -**2.** [foulard] madras (scarf).

Madras [madras] *npr* Madras.

madré, e [madre] ◇ *adj* -**1.** [bois] knotty. -**2.** *litt* [rusé] crafty, cunning.

◇ *nm, f* crafty person; **c'est une petite ~e!** she's a sly one!; **c'est un vieux ~!** he's a crafty OU cunning old devil!

madrépore [madrepɔr] *nm* madrepore.

Madrid [madrid] *npr* Madrid.

madrier [madrije] *nm* beam CONSTR.

madrigal, aux [madrigal, o] *nm* -**1.** MUS & LITTÉRAT madrigal. -**2.** *litt* [propos galant] compliment, gallant remark.

madrigaliste [madrigalist] *nmf* [auteur] madrigal writer, madrigalist.

madrilène [madrilɛn] *adj* Madrilenian.

◆ **Madrilène** *nmf* Madrilenian.

madrure [madryr] *nf* mottle *(in wood)*.

maelström [maɛlstrɔm] *nm* -**1.** GÉOG maelstrom; **le ~** the Maelstrom. -**2.** *fig* [agitation] maelstrom, whirlpool; **le ~ de la vie parisienne** the maelstrom OU tumult of Parisian life.

maestria [maɛstrija] *nf* (great) skill, mastery, brilliance.

◆ **avec maestria** *loc adv* masterfully, brilliantly.

maestro [maɛstro] *nm* MUS maestro; *fig* maestro, master.

maf(f)ia [mafja] *nf* -**1.** [en Sicile, aux États-Unis]: **la Mafia** the Mafia. -**2.** [bande] gang; **il s'était formé toute une ~ de petits commerçants** the shopkeepers had formed themselves into a real little gang. -**3.** *péj* [groupe fermé] clique; **le milieu du cinéma est une véritable ~** the cinema world is very cliquey.

maf(f)ieux, euse [mafjø, øz] *adj*: **le milieu ~** the Mafia; **des méthodes mafieuses** Mafia-like methods.

maf(f)ioso [mafjozo] (*pl* **mafiosi** OU **maffiosi** [-zi]) *nm* mafioso; **des mafiosi** mafiosi, mafiosos.

magasin [magazɛ̃] *nm* -**1.** [boutique] shop *Br*, store *Am*; **faire** OU **courir les ~s** to go round the shops, to go shopping; **elle tient un ~ en face de l'église** she has OU keeps a shop opposite the church; **vous trouverez ça dans n'importe quel ~** you'll find it in your local shops ❑ **~ d'ameublement/de chaussures/de jouets** furniture/shoe/toy shop; **~ d'alimentation** food shop *Br*, grocery store *Am*; **un petit ~ d'alimentation** a grocer's shop *Br*, a grocery (store) *Am*; **~ (d'articles) de sport** sports shop *Br*, sporting goods store *Am*; **~ d'informatique** computer store; **~ de nouveautés** *vieilli* draper's shop *Br*, dry goods store *Am*; **~ à prix unique** one price shop *Br*, dime store *Am*; **~ à succursales (multiples)** chain OU multiple store; **~ d'usine** factory outlet; **~ de vêtements** clothes shop *Br*, clothing store *Am*; **grand ~** department store. -**2.** [entrepôt - industriel] warehouse, store, storehouse; [- d'une boutique] storeroom; [- d'une unité militaire] quartermaster's store, magazine; **nous n'avons plus de tondeuses en ~** we're (right) out of lawnmowers, we haven't any more lawnmowers in stock ❑ **~ d'armes** MIL armoury; **~ d'explosifs** MIL explosives store OU magazine; **~ à grains** silo; **~s généraux** bonded warehouse; **~ à poudre** MIL (powder) magazine. -**3.** THÉÂT: **~ des accessoires** prop room. -**4.** ARM & PHOT magazine.

magasinage [magazinaʒ] *nm* -**1.** COMM [mise en magasin] warehousing, storing; **frais de ~** storage (charges). -**2.** *Can* shopping.

magasiner [3] [magazine] *vi Can* to shop; **aller ~** to go shopping.

magasinier [magazinje] *nm* [dans une usine] storekeeper, storeman; [dans un entrepôt] warehouseman.

magazine [magazin] *nm* magazine; **elle est dans tous les ~s en ce moment** her photo is in all the magazines at the moment ❑ **~ littéraire** literary magazine OU review; **un ~ médical** a medical journal; **les ~s féminins** women's magazines.

mage [maʒ] *nm* -**1.** ANTIQ & RELIG magus. -**2.** *fig* [magicien] magus.

Magellan [maʒɛlɑ̃] *npr* Magellan; **Nuages de ~** Magellanic Clouds.

magenta [maʒɛ̃ta] ◇ *adj inv* magenta *(modif)*.

◇ *nm* magenta.

Maghreb [magrɛb] *npr m*: **le ~** the Maghreb.

maghrébin, e [magrebɛ̃, in] *adj* Maghrebi, North African.

◆ **Maghrébin, e** *nm, f* Maghrebi, North African.

magicien, enne [maʒisjɛ̃, ɛn] *nm, f* -**1.** [illusionniste] magician. -**2.** [sorcier] magician, wizard; **Circé la ~ne** Circe the sorceress. -**3.** *fig* [virtuose] magician; **un ~ de** a master of; **vous êtes un ~ du dessin/de la cuisine!** your art work/your cooking is magic!; **l'amour est un grand ~** love is powerful magic OU a great magician.

magie [maʒi] *nf* -**1.** [sorcellerie] magic; **~ blanche/noire** white/black magic; **comme par ~** as if by magic; **alors, ce bracelet, il a disparu comme par ~?** *iron* so this bracelet just disappeared by magic, did it? -**2.** [charme] magic; **la ~ du printemps** the magic of spring.

Maginot [maʒino] *npr*: **la ligne ~** the Maginot Line.

LA LIGNE MAGINOT:
A magnificent but ultimately useless engineering achievement, these largely underground fortifications were built on the Franco-German border between 1927 and 1936, but not along the Belgian border, through which the German forces advanced in 1940.

magique [maʒik] *adj* -**1.** [surnaturel] magical, magic; **dites le mot ~** say the magic word. -**2.** [féerique] magical, wonderful; **un monde ~ les attendait dans la vitrine de Noël** a wonderland was waiting for them in the Christmas window display. -**3.** PHYS magical.

magiquement [maʒikmɑ̃] *adv* magically.

magister [maʒistɛr] *nm vieilli* & *péj* pedant.

magistère [maʒistɛr] *nm* -**1.** RELIG [dans un ordre] magister, master; [autorité] magisterium. -**2.** UNIV senior (professional) diploma. -**3.** PHARM magistery.

magistral, e, aux [maʒistral, o] *adj* -**1.** [remarquable] brilliant, masterly; **une œuvre ~e** a masterpiece, a masterwork ‖ [formidable] huge, exemplary; **une engueulade ~e** *fam* a huge OU massive row; **une claque ~e** a great slap; **elle lui a cloué le bec de façon ~e** she really shut him up in style. -**2.** [docte] authoritative, magisterial, masterful; **il prend toujours un ton ~** he always adopts an authoritative tone. -**3.** ENS: **cours ~** lecture; **enseignement ~** lecturing. -**4.** PHARM specific, magistral *spéc.*

magistralement [maʒistralmɑ̃] *adv* brilliantly, magnificently *aussi iron.*

magistrat [maʒistra] *nm* -**1.** JUR [qui rend la justice] judge; [qui applique la loi] public prosecutor *Br*, prosecuting attorney *Am*; **~ du siège** judge; **~ à la cour** OU **du parquet** public prosecutor *Br*, prosecuting attorney *Am*. -**2.** ADMIN & POL *any high-ranking civil servant with judicial authority*; **~ municipal** town councillor *Br*; **il est le premier ~ de France** he holds the highest office in France. -**3.** MIL: **~ militaire** judge advocate. -**4.** ANTIQ magistrate.

MAGISTRAT:
The word "magistrat" can refer either to a judge or to any public servant who exercises judicatory or administrative power: mayors and the President of France are "magistrats". The term "magistrat municipal" refers to a member of a local council.

magistrature [maʒistratyr] *nf* -**1.** [personnes]: **la ~** the judicial authorities ❑ **la ~ assise** JUR the Bench OU judges; **la ~ debout** JUR the (body of) public prosecutors *Br*, the (body of) prosecuting attorneys *Am*. -**2.** [fonction] office; **pendant sa ~** during her period in office.

magma [magma] *nm* -**1.** CHIM & GÉOL magma -**2.** *fig* & *péj* [mélange confus] jumble.

magmatique [magmatik] *adj* magmatic; **chambre** OU **réservoir ~** magma chamber.

magnan [maɲɑ̃] *nm* -**1.** [dans le Midi] silkworm -**2.** [en Afrique] visiting ant.

magnanerie [maɲanri] *nf* -**1.** [activité] silkworm breeding. -**2.** [lieu] silkworm nursery.

magnanier, ère [maɲanje, ɛr] *nm, f* silkworm breeder.

magnanime [maɲanim] *adj sout* magnanimous.

magnanimement [maɲanimmɑ̃] *adv sout* magnanimously.

magnanimité [maɲanimite] *nf sout* magnanimity; **elle a fait preuve de ~ à leur égard** she displayed magnanimity OU she was magnanimous towards them.

magnat [maɲa] *nm* magnate, tycoon; **~ de la presse** press baron; **~ du pétrole** oil tycoon.

magner[▽] [3] [maɲe]

◆ **se magner** ◇ *vpi* to get a move on, to hurry up; **magnez-vous!** get your skates on! *Br*, get the lead out! *Am*.

◇ *vpt*: **magne-toi le mou!** shift your backside!

magnésie [maɲezi] *nf* magnesia.

magnésien, enne [maɲezjɛ̃, ɛn] *adj* magnesian.

magnésite [maɲezit] *nf* -**1.** [carbonate] magnesite. -**2.** [silicate] meerschaum.

magnésium [maɲezjɔm] *nm* magnesium.

magnétique [maɲetik] *adj* -**1.** INF & PHYS magnetic. -**2.** *fig* [regard, personnalité] magnetic; **une attraction ~ les poussa l'un vers l'autre** they were irresistibly drawn to each other.

magnétisable [maɲetizabl] *adj* magnetizable.

magnétisant, e [maɲetizɑ̃, ɑ̃t] *adj* magnetizing.

magnétisation [maɲetizasjɔ̃] *nf* -**1.** PHYS magnetization. -**2.** [fascination] fascination, mesmeric effect.

magnétiser [3] [maɲetize] *vt* -**1.** PHYS to magnetize. -**2.** [fasciner] to mesmerize, to fascinate, to hypnotize *fig*; **il sait ~ les foules** he hypnotizes audiences, he has a mesmerizing effect on audiences.

magnétiseur, euse [maɲetizœr, øz] *nm, f* magnetizer, hypnotist.

magnétisme [maɲetism] *nm* -**1.** PHYS magnetism. -**2.** [fascination] magnetism, charisma; **le ~ de son sourire** the magnetism of his smile, his magnetic smile. -**3.** [fluide]: **~ animal** animal magnetism.

magnétite [maɲetit] *nf* magnetite.

magnéto [maɲeto] ◇ *nm fam abr de* **magnétophone**.

◇ *nf* ÉLECTR magneto; **~ à induit fixe** fixed armature magneto.

magnétocassette [maɲetɔkasɛt] *nm* cassette deck OU recorder.

magnétochimie [maɲetɔʃimi] *nf* magnetochemistry.

magnétodynamique [maɲetɔdinamik]
◇ *adj* ÉLECTRON fixed-magnet.
◇ *nf*: ~ des fluides magnetohydrodynamics *(U)*.

magnétoélectrique [maɲetɔelɛktrik] *adj* magnetoelectric.

magnétohydrodynamique [maɲetɔidrɔdinamik] ◇ *adj* magnetohydrodynamic.
◇ *nf* magnetohydrodynamics *(U)*.

magnétomètre [maɲetɔmɛtr] *nm* magnetometer.

magnétométrie [maɲetɔmetri] *nf* magnetometry.

magnétomoteur, trice [maɲetɔmɔtœr, tris] *adj* magnetomotive.

magnéto-optique [maɲetɔɔptik] (*pl* magnéto-optiques) *nf* magneto-optics *(U)*.

magnétopause [maɲetɔpoz] *nf* magnetopause.

magnétophone [maɲetɔfɔn] *nm* tape recorder; ~ à cassette cassette recorder; je l'ai enregistré sur OU au ~ I've taped OU tape-recorded it.

magnétoscope [maɲetɔskɔp] *nm* videotape recorder, video, videorecorder.

magnétoscoper [3] [maɲetɔskɔpe] *vt* to videotape, to video.

magnétosphère [maɲetɔsfɛr] *nf* magnetosphere.

magnétostatique [maɲetɔstatik] ◇ *adj* magnetostatic.
◇ *nf* magnetostatics *(U)*.

magnétron [maɲetrɔ̃] *nm* magnetron.

magnificat [maɲifikat] *nm inv* Magnificat.

magnificence [maɲifisɑ̃s] *nf* -**1.** [faste] luxuriousness, magnificence, splendour. -**2.** *litt* [prodigalité] munificence, lavishness.

magnifier [9] [maɲifje] *vt* -**1.** *sout* [célébrer] to magnify, to glorify; ~ le Seigneur to magnify the Lord *arch*. -**2.** [élever] to exalt, to idealize.

magnifique [maɲifik] *adj* -**1.** [très beau - vue, nuit, robe] magnificent, splendid, superb; il faisait un temps ~ the weather was gorgeous OU glorious; sa sœur est ~ his sister is superb OU gorgeous; la ~ salle du trône the magnificent OU grandiose throne room. -**2.** [de grande qualité] magnificent, excellent, wonderful; mon boucher a de la viande ~ my butcher has excellent OU first-rate meat; elle a une situation ~ chez un agent de change she has a fantastic OU marvellous job with a stockbroker ‖ [remarquable] marvellous, wonderful; les ~s progrès techniques actuels the wonderful OU marvellous technological achievements of our time. -**3.** [somptueux - appartement, repas] splendid, magnificent; la ~ salle du trône the magnificent throne room.

magnifiquement [maɲifikmɑ̃] *adv* -**1.** [somptueusement] magnificently, lavishly, gorgeously; ~ illustré lavishly illustrated. -**2.** [bien] superbly; il se porte ~ he's in great shape; la journée avait ~ commencé the day had begun gloriously.

magnitude [maɲityd] *nf* -**1.** GÉOL magnitude. -**2.** ASTRON: ~absolue/apparente/photographique absolute/apparent/photographic magnitude.

magnolia [maɲɔlja] *nm* magnolia (tree).

magnoliale [maɲɔljal] *nf* magnoliaceous, belonging to the magnolia family OU the Magnoliaceae *spéc*.

magnum [magnɔm] *nm* magnum *(bottle)*.

magot [mago] *nm* -**1.** [singe] Barbary ape, magot. -**2.** [figurine] magot. -**3.** *fam* [argent caché] stash; où t'as mis le ~? where've you stashed the loot? -**4.** *fam* [argent] dough, loot, lolly *Br*; il a amassé OU il s'est fait un ~ en Orient he made a packet in the East; on partage le ~ *hum* let's share the loot OU booty.

magouille *fam* [maguj] *nf*, **magouillage** *fam* [magujaʒ] *nm* scheming, trickery, double-dealing; des ~s électorales electoral wheeler-dealing.

magouiller *fam* [3] [maguje] *vi* to scheme, to do a bit of wheeler-dealing, to wangle; dans la vie, faut ~ you've got to go in for a bit of wangling if you want to get through life; il l'a eu en magouillant he got it by a wangle, he wangled it.

magouilleur, euse *fam* [magujœr, øz]
◇ *adj* scheming, wheeler-dealing, wangling.
◇ *nm, f* wheeler-dealer, schemer, wangler.

magret [magrɛ] *nm*: ~ (de canard) magret of duck, fillet of duck breast.

magyar, e [magjar] *adj* Magyar.
◆ **Magyar, e** *nm, f* Magyar.

maharadjah, maharaja [maaradʒa] *nm* maharajah, maharaja.

maharani [maarani] *nf* maharani, maharanee.

mahatma [maatma] *nm* mahatma.

mah-jong [maʒɔ̃g] *nm* mah-jongg, mahjong.

Mahomet [maɔmɛ] *npr* Mahomet, Mohammed.

mahométan, e [maɔmetɑ̃, an] *adj* Mohammedan.
◆ **Mahométan, e** *nm, f* Mohammedan.

mai [mɛ] *nm* -**1.** [mois] May; en ~, fais ce qu'il te plaît *prov* ≃ never cast a clout till May is out *prov*; (les événements de) ~ 1968 May 1968. -**2.** HIST [arbre] may OU maypole tree. -**3.** *litt* [jeunesse]: une jeune fille en son ~ a young girl in the flush of youth.

MAI 68:
The events of May 1968 came about when student protests, coupled with widespread industrial unrest, culminated in a general strike and rioting. De Gaulle's government survived the crisis, but the issues raised made the events a turning point in French social history.

---

maïa [maja] *nm* spider crab.

maie [mɛ] *nf* -**1.** [pour le pain - huche] bread chest OU box; [- pétrin] dough OU kneading trough. -**2.** [d'un pressoir] squeezer base.

maïeur [majœr] *nm Belg* mayor.

maïeutique [majøtik] *nf* maieutics *(U)*.

maigre [mɛgr] ◇ *adj* -**1.** [très mince] thin; des bras/jambes ~s thin arms/legs; un visage ~ a thin face; des joues ~s thin cheeks; tu deviens trop ~ you're getting too thin ❑ ~ comme un hareng saur OU un clou OU un coucou as thin as a rake. -**2.** CULIN & RELIG: une soupe ~ clear soup; du fromage/yaourt ~ low-fat cheese/yoghurt; jambon/poisson ~ lean ham/fish; régime ~ low-fat diet; jour ~ RELIG day without meat. -**3.** AGR poor; des terres ~s poor lands; des pâturages ~s poor grazing land; végétation ~ thin vegetation. -**4.** *(avant le n)* [insuffisant] thin, poor; un ~ bouillon a clear broth; ils n'avaient qu'une ~ ration à se mettre sous la dent they had only a small ration to eat; de ~s averses au printemps contribuent à la pauvreté des récoltes low rainfall OU light rain in the springtime contributes to the poor harvests; un ~ feu a meagre OU small fire; du robinet ne coulait qu'un ~ filet d'eau no more than a thin stream of water came from the tap; un ~ filet de voix a thin voice; les bénéfices sont ~s the profits are low OU meagre OU paltry *péj*; de ~s économies (very) small savings; de ~s ressources meagre OU scant resources; un ~ espoir a slim OU slight hope; quelques ~s idées a few flimsy ideas. -**5.** *fam* [peu]: 30 francs après deux heures de collecte, c'est ~! 30 francs after collecting for two hours, that's not much!; c'est un peu ~ comme prétexte! that's a pretty poor excuse! -**6.** IMPR light, light-face.
◇ *adv*: manger ~ to be on a fat-free OU fatless diet.
◇ *nmf* thin person; c'est une fausse ~ she isn't as thin as she looks.
◇ *nm* -**1.** [d'une viande] lean part. -**2.** RELIG: faire ~ to go without meat, to eat no meat; le vendredi, on faisait ~ we never ate meat on Fridays. -**3.** IMPR light OU light-face type. -**4.** ZOOL meagre, maigre.
◆ **maigres** *nmpl* GÉOL shallows.

maigrelet, ette *fam* [mɛgrəlɛ, ɛt] *adj* (a bit) skinny *péj* OU thin.

maigrement [mɛgrəmɑ̃] *adv* meagrely, poorly; il est ~ payé he gets meagre wages.

maigreur [mɛgrœr] *nf* -**1.** [minceur excessive] thinness, leanness; la ~ de son visage/ses joues the thinness of his face/his cheeks; ceux qui sortaient du camp étaient d'une ~ effrayante the people who came out of the camp were emaciated OU dreadfully thin. -**2.** [insuffisance] thinness, meagreness, scantiness; la ~ de leur ration quotidienne the scantiness of their daily rations; la ~ du gazon the sparseness of the grass; la ~ de nos bénéfices/économies the sparseness OU meagreness of our profits/savings; la ~ de nos ressources the scantiness OU meagreness of our resources.

maigrichon, onne *fam* [mɛgriʃɔ̃, ɔn] ◇ *adj* skinny; il est tout ~ he's scrawny; des jambes ~nes skinny legs.
◇ *nm, f* skinny person.

maigriot, otte *fam* [mɛgrijo, ɔt] *adj* skinny, scrawny.

maigrir [32] [megrir] ◇ *vi* to get OU to grow thinner; tu n'as pas besoin de ~ you don't need to lose (any) weight; il faut que je maigrisse de trois kilos I have to lose three kilos; je veux que vous maigrissiez de 12 kilos avant de commencer le judo I want you to lose 12 kilos before taking up judo; elle a beaucoup maigri du visage her face has got a lot thinner; produits pour ~ slimming *Br* OU diet aids; faire ~ qqn to make sb lose weight; ces régimes ne (vous) font pas ~ these diets don't help you lose weight; mes économies maigrissent à vue d'œil *fig* my savings are just vanishing OU disappearing by the minute.
◇ *vt*: sa barbe/son costume le maigrit his beard/his suit makes him look thinner.

mail [maj] *nm* -**1.** [allée] mall, promenade; sur le ~ along the mall OU promenade. -**2.** HIST [jeu] mall, pall-mall; [maillet] mallet. -**3.** ARM maul.

mailing [mɛliŋ] *nm* -**1.** [procédé] mailing, mail canvassing; ce sont des clients que nous avons eus par ~ we acquired these customers through a mailshot OU a fly sheet *Br*. -**2.** [envoi de prospectus] mailshot; faire un ~ to do OU to send a mailshot.

maillage [majaʒ] *nm* -**1.** PÊCHE mesh size. -**2.** ÉLECTR grid. -**3.** [d'un réseau] meshing, reticulation, meshwork.

maille [maj] *nf* -**1.** [d'un filet] mesh; filet à ~s fines/larges close-/wide-meshed net; passer à travers les ~s du filet *pr* & *fig* to slip through the net. -**2.** COUT stitch; ~ filée ladder *Br*, run *Am* ❑ ~ à l'endroit/à l'envers plain/purl stitch; tricoter une ~ à l'endroit, une ~ à l'envers knit one, purl one. -**3.** [vêtements en maille] knitwear; on fait beaucoup de ~ cette année we're selling a lot of knitwear this year; l'industrie de la ~ the knitwear industry. -**4.** ÉLECTR mesh. -**5.** MENUIS: débité sur ~ crosscut. -**6.** NAUT frame space. -**7.** *loc*: avoir ~ à partir avec to be at odds with; il a eu ~ à partir avec la justice he's been in trouble OU he's had a brush with the law.

maillé, e [maje] *adj* -**1.** [réseau] grid *(modif)*. -**2.** [sanglier, perdreau] speckled. -**3.** [armure] (chain) mail *(modif)*.

maillechort [majʃɔr] *nm* nickel OU German silver.

mailler [3] [maje] ◇ *vt* -**1.** [fil] to net, to mesh. -**2.** NAUT to shackle. -**3.** *Helv* [tordre, fausser] to warp.
◇ *vi* PÊCHE to be netted.

maillet [majɛ] *nm* -**1.** [marteau] mallet, maul. -**2.** SPORT [au croquet] mallet; [au polo] polo stick.

mailloche [majɔʃ] *nf* -**1.** TECH [maillet, outil chauffant] beetle; [de mouleur] rake. -**2.** MUS bass drumstick.

maillon [majɔ̃] *nm* -**1.** [chaînon] link; un ~ de la chaîne a link in the chain. -**2.** NAUT shackle. -**3.** TEXT mail, eye.

maillot [majo] *nm*: ~ de bain [de femme] swimming costume *Br*, bathing costume *Br* OU suit *Am*; [d'homme] (swimming OU bathing) trunks; ~ de corps undershirt, vest *Br*, singlet *Br*; ~ de football football jersey; le ~ jaune *(the yellow shirt worn by) the leading cyclist in the Tour de France*.

main [mɛ̃] ◇ *nf* -**1.** ANAT hand; habile de ses ~s good with his/her hands; donne-moi la ~ give me your hand, hold my hand; les enfants, tenez-vous par OU donnez-vous la ~ hold hands, children; se donner la ~ *fig*: ils peuvent se donner la ~! they're as bad as each other!; tenir la ~ de qqn *fig* to hold sb's hand; lève la ~ [à l'école] put your hand up, raise your hand; levez la ~ droite et dites «je le jure» raise your right hand and say "I swear to God"; lever la ~ sur qqn *fig* to raise one's hand to sb; tu veux ma ~ sur la figure? do you want a slap?, you're asking for a slap!; les ~s en l'air!, haut les ~s! hands up!; les ~s derrière le dos/au-dessus de la tête! hands behind your back/above your head!; il m'a arraché le sac des ~s he snatched the bag out of my hands OU from my hands; la tasse lui a échappé des ~s the cup slipped OU fell from her hands; d'une ~ assurée/tremblante with a steady/trembling hand ❑ en ~ propre, en ~s propres [directement] personally; remettez-le-lui en ~s propres hand it over to her personally, deliver it into her own hands. -**2.** [savoir-faire]: avoir la ~ to have the knack; garder OU s'entretenir la ~ to keep one's hand in; se faire la ~ to practise; perdre la ~ to lose one's touch ‖ [intervention] hand; la ~ de Dieu/du diable/du destin the hand of God/of the Devil/of fate; certains y voient la ~ des services secrets some people believe that the secret service had a hand in it; reconnaître la ~ de qqn to recognize sb's touch. -**3.** *vieilli* [permission d'épouser]: demander/obtenir la ~ d'une jeune fille to ask for/to win a young lady's hand (in marriage); elle m'a refusé sa ~ she refused my offer of marriage; m'accorderez-vous votre ~? will you give me your hand (in marriage)? -**4.** CARTES: ~ pleine full house *(at poker)*; avoir la ~ [faire la donne] to deal; [jouer le premier] to lead; céder OU passer la ~ to pass the deal; *fig* to step OU to stand down; jouer à la ~ chaude [en superposant les mains] *to play a children's game in which hands are placed upon each other in turn, the hand from below coming to the top of the pile*. -**5.** [gant de cuisine] (oven) glove. -**6.** COUT: petite ~ apprentice. -**7.** COMM & IMPR [quantité] ≃ quire *(of 25 sheets)*; [tenue]: papier qui a de la ~ paper which has bulk OU substance. -**8.** TEXT [tenue] feel; [apprêt] finish. -**9.** FTBL: il y a ~! handball! -**10.** [ornement]: ~ de Fatma hand of Fatima (pendant); ~ de justice (hand-shaped) sceptre. -**11.** CONSTR [poignée] handle; ~ courante handrail. -**12.** AUT: ~ de ressort dumb iron. -**13.** ÉQUIT: mener un cheval en ~ to lead a horse; le cheval est dans OU sur la ~ the horse is well in hand; mettre un cheval sur la ~ to put a horse on the bit; rendre la ~ à un cheval to give a horse its head; en arrière de la ~ behind the bit. -**14.** *loc*: à ~ levée [voter] by a show of hands; [dessiner] freehand; à ~s nues barehanded; grand comme la ~ tiny; un jardin grand comme la ~ a garden as big as a handkerchief; ~ de fer: mener OU régenter qqch d'une ~ de fer to rule sthg with an iron hand; une ~ de fer dans un gant de velours an iron fist in a velvet glove; la ~ sur le cœur with one's hand on one's heart, in perfect good faith; ~ secourable: chercher une ~ secourable to look for a helping hand OU for help; aucune ~ secourable ne se présenta nobody came forward to help; de ~ de maître masterfully, brilliantly; le homard a été préparé de ~ de maître the preparation of the lobster was the work of a genius OU a brilliant chef; entre les ~s de: la décision est entre les ~s du juge the decision rests with OU is in the hands of the judge; le carnet est entre les ~s de la police the notebook is in the hands of the police; en (de) bonnes ~s: ton fils est en (de) bonnes ~s your son is in good hands; j'ai laissé l'affaire en de bonnes ~s I left the matter in good hands; les ~s libres *fig*: avoir/garder les ~s libres to have/to keep a free hand; laisser les ~s libres à qqn to give sb carte blanche OU a free hand; les ~s liées *fig*: avoir les ~s liées to have one's hands tied; j'ai les ~s liées my hands are tied; les ~s vides: arriver/rentrer les ~s vides to turn up/to go home empty-handed; les ~s dans les poches *fam fig* with not a care in the world, free and easy; pourquoi s'inquiéter? moi j'y vais les ~s dans les poches! why worry? I'm easy about the whole thing!; jeux de ~s, jeux de vilains [à des enfants] no more horsing around or it'll end in tears; gagner haut la ~ to win hands down; avoir la haute ~ sur to have total OU absolute control over; avoir la ~ baladeuse: il a la ~ baladeuse he can't keep his hands to himself; avoir la ~ heureuse to be lucky; tu as eu la ~ heureuse, j'adore les œillets! you've struck lucky, I love carnations!; avoir la ~ malheureuse to be unlucky; avoir la ~ légère [être clément] to be lenient; [en cuisine] to underseason; avoir la ~ leste to be quick with one's hands; avoir la ~ lourde [être sévère] to be harsh OU heavy-handed; [en cuisine] to be heavy-handed (with the seasoning); avoir la ~ verte to have green fingers *Br* OU a green thumb *Am*; avoir qqn à sa ~ *fam* to have sb under one's thumb; avoir/garder qqch sous la ~ to have/to keep sthg at hand; j'ai ce qu'il me faut sous la ~ I have what I need at OU to hand; en venir aux ~s to come to blows; faire ~ basse sur [palais] to raid, to ransack; [marchandises, documents] to get one's hands on; c'est toi qui as fait ~ basse sur les chocolats? *hum* are you the one who's been at the chocolates?; en mettre sa ~ au feu: c'est lui, j'en mettrais ma ~ au feu that's him, I'd stake my life on it; ne pas y aller de ~ morte: il n'y est pas allé de ~ morte he didn't pull his punches; attention, la ~ me démange! watch it or you'll get a slap!; mettre la ~ à la poche to put one's hand into one's pocket; mettre la ~ à l'ouvrage OU à la pâte to put one's shoulder to the wheel; mettre la ~ au collet à qqn to nab sb; mettre OU prêter la ~ à to have a hand in; des spécialistes ont prêté la ~ à la compilation du documentaire experts had a hand in OU participated in the making of the documentary; mettre la ~ sur qqch to lay OU to put one's hands on sthg; je n'arrive pas à mettre la ~ dessus I can't find it, I can't lay my hands on it; à ne pas mettre entre toutes les ~s: c'est une photo à ne pas mettre entre toutes les ~s this photo shouldn't be shown to just anybody OU musn't fall into the wrong hands; ce sont des documents qu'on ne peut pas mettre entre toutes les ~s these documents are not for general distribution; passer la ~ dans le dos à qqn *fam* to butter sb up; prendre qqn la ~ dans le sac to catch sb red-handed; ah, ah, je te prends la ~ dans le sac! *hum* ha! I've caught you at it!; se prendre par la ~: tu ne trouveras pas de travail si tu ne te prends pas par la ~ you won't find a job unless you get a grip on yourself OU *Br* you pull your socks up; tendre la ~ [faire l'aumône] to hold out one's hand, to beg; tendre la ~ à qqn [lui pardonner] to hold out one's hand to sb (in forgiveness) *fig*; tomber dans les OU aux ~s de to fall into the hands OU clutches *péj* of; tomber sous la ~: la première chemise qui me tombe sous la ~ the first shirt that comes to hand.

◇ *adv* [fabriqué, imprimé] by hand; fait/tricoté/trié ~ hand-made/-knitted/-picked.

◆ **à la main** *loc adv* -**1.** [artisanalement]: fait à la ~ hand-made. -**2.** [dans les mains]: avoir OU tenir qqch à la ~ to hold sthg in one's hand; la fourchette à la ~ with one's fork in one's hand, fork in hand.

◆ **à main** *loc adj* [levier, outil] hand *(modif)*, manual.

◆ **à main droite** *loc adv* on the right-hand side; à ~ droite, vous avez le lac the lake is to OU on your right.

◆ **à main gauche** *loc adv* on the left-hand side; à ~ gauche, vous avez l'église the church is to OU on your left.

◆ **de la main** *loc adv* with one's hand; saluer qqn de la ~ [pour dire bonjour] to wave (hello) to sb; [pour dire au revoir] to wave (goodbye) to sb, to wave sb goodbye; de la ~, elle me fit signe d'approcher she waved me over.

◆ **de la main à la main** *loc adv* directly, without any middleman; j'ai payé le plombier de la ~ à la ~ I paid the plumber cash in hand.

◆ **de la main de** *loc prép* -**1.** [fait par] by; une toile de la ~ de Warhol a canvas (painted) by Warhol; la lettre est de la ~ même de Proust/de ma ~ the letter is in Proust's own hand/in my handwriting. -**2.** [donné par] from (the hand of); elle a reçu son prix de la ~ du président she received her award from the President himself.

◆ **de main en main** *loc adv* from hand to hand, from one person to the next.

◆ **d'une main** *loc adv* [ouvrir, faire] with one hand; [prendre] with OU in one hand; prenant d'une ~ la bouteille et de l'autre le tire-bouchon taking the bottle in one hand and the corkscrew in the other ❑ donner qqch d'une ~ et le reprendre de l'autre to give sthg with one hand and take it back with the other.

◆ **en main** ◇ *loc adj*: l'affaire est en ~ the question is in hand OU is being dealt with; le livre est actuellement en ~ [il est consulté] the book is out on loan OU is being consulted at the moment.

◇ *loc adv*: avoir qqch en ~ *pr* to be holding sthg; avoir OU tenir qqch (bien) en ~ *fig* to have sthg well in hand OU under control; quand tu auras la voiture bien en ~ when you've got the feel of the car; ils n'ont plus la situation en ~ they no longer have the situation under control; prendre qqch en ~ to take control of OU over sthg; prendre qqn en ~ to take sb in hand; reprendre qqch en ~ to regain control of OU over sthg; la société a été reprise en ~ the company was taken over.

◆ **la main dans la main** *loc adv* [en se tenant par la main] hand in hand; *fig* together; les deux pays marchent la ~ dans la ~ the two countries work together; *péj* the two countries are OU work hand in glove.

◆ **coup de main** *nm* -**1.** [raid] smash-and-grab attack; MIL coup de main. -**2.** [aide]: donner un coup de ~ à qqn to give OU to lend sb a hand. -**3.** [savoir-faire]: avoir le coup de ~ to have the knack OU the touch.

mainate [mɛnat] *nm* (hill) mynah (bird).

main-d'œuvre [mɛ̃dœvr] (*pl* mains-d'œuvre) *nf* -**1.** [travail] labour; le prix de la ~ the cost of labour, labour costs; les enfants fournissaient une ~ bon marché children provided cheap labour. -**2.** [personnes] workforce, labour force; ~ féminine/étrangère female/foreign labour; il y a une pénurie de ~ qualifiée there is a shortage of skilled labour; les besoins en ~ ont augmenté manpower requirements have increased.

Maine [mɛn] *npr m* -**1.** HIST [en France] Maine. -**2.** [aux États-Unis]: l'État du ~, le ~ Maine.

main-forte [mɛ̃fɔrt] *nf*: prêter ~ à qqn to give sb a (helping) hand.

mainlevée [mɛ̃ləve] *nf* -**1.** JUR withdrawal; ~ d'une hypothèque discharge OU withdrawal OU cancellation of a mortgage; ~ de la saisie replevin. -**2.** RELIG: ~ d'une interdiction withdrawal of an interdict.

mainmise [mɛ̃miz] *nf* -**1.** [physique] seizure; la ~ de Hitler sur les Balkans Hitler's seizure OU takeover of the Balkans. -**2.** [psychologique] hold, grip, grasp; ses parents avaient la ~ sur sa vie her parents had a strong hold OU tight grip on her life.

mainmorte [mɛ̃mɔrt] *nf* HIST mortmain.

maint, e [mɛ̃, mɛ̃t] *adj litt* many a, a great many; ~e personne many a person, a great many people; ~s pays many a country, a great many countries; ~es et ~es fois, à ~es reprises time and time again; je l'ai mis en garde à ~es reprises I've warned him many a time OU time and time again.

maintenance [mɛ̃tnɑ̃s] *nf* -**1.** [de matériel, d'un bien] upkeep; [d'un appareil, d'un véhicule] maintenance, servicing. -**2.** MIL [moyens] maintenance unit; [processus] maintenance.

maintenant [mɛ̃tnɑ̃] *adv* -**1.** [à présent] now; je me sens mieux ~ I feel better now; ~ on peut y aller we can go now; il y a ~ trois ans que cela dure this has been going on for three years now; beaucoup de maladies incurables jadis peuvent ~ être guéries many illnesses which were once incurable can now be treated; c'est ~ que tu arrives? what time do you call this?; l'avion a sûrement décollé ~ the plane must have taken off (by) now; ils sont sûrement arrivés depuis longtemps ~ they must have arrived a long time ago (now); il est 8 h, ils ne viendront plus ~ it's 8 o'clock, they'll never come now; ~ tu sauras à quoi t'en tenir now OU from now on you'll know what to expect; à partir de ~ from now on OU onwards; c'est ~ ou jamais it's now or never; les jeunes de ~ today's youth, young people today. -**2.** [cela dit]: je l'ai lu dans le journal, ~ si c'est vrai ou faux, je n'en sais rien I read it in the paper, but OU now whether or not it's true, I don't know; vous connaissez mon point de vue, ~ faites ce que vous voulez you know what I think, now (you) do what you want.
◆ **maintenant que** *loc conj* now (that); ~ que tu me le dis, je m'en souviens now (that) you say so OU tell me, I remember; ~ que Durand est chef du département,... with Durand now head of department,...

maintenir [40] [mɛ̃tnir] *vt* -**1.** [tenir] to hold firm OU tight; des rivets maintiennent l'assemblage the structure is held tight OU together by rivets; le pantalon est maintenu par une ceinture the trousers are held OU kept up by a belt; couvrez les pots de morceaux d'étamine maintenus par des élastiques cover the jars with pieces of muslin held in place by rubber bands; nous sommes maintenus au sol par la pesanteur the force of gravity is what keeps us on the ground; les muscles maintiennent le corps en équilibre muscles ensure that the body retains its balance; ~ qqn assis/debout to keep sb seated/standing; une sangle la maintenait sur son lit a strap held her to her bed, she was strapped to her bed; il a fallu trois hommes pour le ~ allongé three men were needed to keep him down. -**2.** [garder] to keep; ~ l'eau à ébullition keep the water boiling; ~ la température à -5° keep the temperature at -5°; ~ au frais keep in a cool place; ~ qqn en vie to keep sb alive; ~ les yeux fermés to keep one's eyes shut; ~ la tête sous l'eau to keep one's head under water; maintenez les jambes en l'air le plus longtemps possible keep your legs up as long as possible; ~ un membre dans une attelle to keep a limb strapped up. -**3.** [conserver - statu quo, tradition] to maintain, to uphold; [- prix] to keep in check, to hold steady; [- loi] to uphold; [- paix] to maintain, to keep; des traditions qui maintiennent les clivages sociaux traditions which sustain OU perpetuate divisions in society; les ordres sont maintenus the orders have been maintained OU upheld; ~ l'ordre to keep order; punitions maintenues! punishments upheld!; ~ sa candidature to maintain one's candidature. -**4.** [continuer à dire] to maintain; il dit que tu as tort et il le maintient he says you're wrong and he's standing by it; je maintiens que c'est possible I maintain that it's possible; ~ une accusation to stand by OU to maintain an accusation; l'accusée a maintenu sa version des faits the defendant stuck to OU stood by OU maintained her story.
◆ **se maintenir** *vpi* to remain; la monarchie se maintient encore dans quelques pays monarchy lives on OU survives in a few countries; le beau temps se maintiendra the weather will stay OU remain fine; le taux du dollar se maintient the dollar holds OU remains steady; le niveau des commandes se maintient orders are holding up OU steady; comment ça va? – on OU ça se maintient *fam* how's everything going? – so-so OU not so bad OU bearing up; il se maintient au second tour POL he's decided to stand again in the second round; pourra-t-elle se ~ dans les dix premiers? will she be able to remain in the top ten?; se ~ à flot [dans l'eau] to stay afloat; [dans son travail] to keep one's head above water *fig*; se ~ en équilibre to keep one's balance; se ~ en bonne santé to stay in good health.

maintien [mɛ̃tjɛ̃] *nm* -**1.** [conservation] maintenance, upholding; comment garantir le ~ du libre-échange? how is it possible to uphold OU to preserve free trade? ❑ ~ dans les lieux JUR right of tenancy; le ~ de l'ordre the maintenance of law and order; assurer le ~ de l'ordre to maintain law and order; ~ de la paix peacekeeping. -**2.** [port] bearing, deportment; cours/professeur de ~ lesson in/teacher of deportment. -**3.** [soutien] support; ce soutien-gorge assure un bon ~ this bra gives good support.

maïoral [majɔral] *adj Belg* mayoral.

maïorat [majɔra] *nm Belg* office of mayor.

maire [mɛr] *nm* [d'une commune, d'un arrondissement] ≃ mayor; [d'une grande ville] ≃ (lord) mayor *Br*, ≃ mayor *Am*.

mairesse [merɛs] *nf* -**1.** [femme maire] (Lady) Mayor. -**2.** [épouse du maire] mayoress.

mairie [meri] *nf* -**1.** [fonction] office of mayor, mayoralty; il brigue la ~ de Paris he's running for the office of Mayor of Paris; la ~ l'occupe beaucoup her duties as Mayor OU Mayoress keep her very busy. -**2.** [administration - gén] town council; [- d'une grande ville] city council; organisé par la ~ de Lyon sponsored by Lyons city council; c'est la responsabilité de la ~ it's the town council's responsibility ❑ ~ d'arrondissement district council *(in Paris, Lyons or Marseilles)*. -**3.** [édifice] town OU city hall; demandez une attestation à la ~ you must apply to the town hall for a certificate ❑ ~ de quartier local town hall *(in Paris, Lyons or Marseilles)*; ~ du village village OU town hall.

mais [mɛ] ◇ *conj* -**1.** [servant à opposer deux termes]: finalement je n'en veux pas un ~ deux actually, I want two not one; ce n'est pas bleu, ~ vert it's not blue, it's green; non ce n'est pas 123 ~ 124 no, it's not 123 it's (actually) 124. -**2.** [introduisant une objection, une restriction, une précision] but; ~ pourtant vous connaissez le dossier? but you are familiar with the case, aren't you?; oui, ~... yes, but...; ~ ce n'est pas du tout ce que j'ai dit! (but) that's not what I said at all!; j'aime bien cette jupe ~ je la préfère en vert I like that skirt but I prefer it in green; ces chaussures sont jolies ~ trop chères these shoes are nice, but they're too expensive; c'est sûr qu'il viendra, ~ il ne sait pas quand he's definitely coming, but he doesn't know when; j'ai trouvé le même, ~ moins cher I found the same thing, only OU but cheaper. -**3.** [introduisant une transition]: ~ revenons à notre sujet but let's get back to the point; ~ Fred, tu l'as vu ou non? (and) what about Fred, did you see him or not?; ~ dis-moi, ton frère, il ne pourrait pas m'aider? I was thinking, couldn't your brother help me?; ~ alors, vous ne partez plus? so you're not going any more? -**4.** [renforçant des adverbes]: vous êtes d'accord? – ~ oui, tout à fait do you agree? – yes, absolutely; ~ oui, ça ira comme ça yes, that will do; tu pleures? – ~ non, ~ non... are you crying? – no, no, it's alright...; tu as peur? – ~ non! are you scared? – of course not!; tu m'aimes? – ~ bien sûr que je t'aime! do you love me? – but of course I love you!; vous venez aussi? – ~ bien sûr! are you coming as well? – of course (we are)!; tu m'accompagneras à la gare? – ~ certainement will you come with me to the station? – of course (I will); nous allons à Venise, ~ aussi à Florence et à Sienne we're going to Venice, and to Florence and Siena too; nous exportons en Allemagne, ~ aussi en Suède et aux Pays-Bas we export to Germany, but also to Sweden and the Netherlands; c'est joli, ~ encore trop cher it's nice, but it's still too expensive; il est génial, ~ même ses plus proches amis ont du mal à le supporter he's great, but even his closest friends find it hard to put up with him;...~ bon, il ne veut rien entendre...but he just won't listen; je sais, ~ enfin, qu'est-ce qu'on peut dire dans ces cas-là? I know, but (after all) what can you say in a situation like that? -**5.** [employé exclamativement - avec une valeur intensive]: cet enfant est nerveux, ~ nerveux! that child is highly-strung, and I mean highly-strung!; j'ai faim, ~ faim! I'm so hungry!; il a pleuré, ~ pleuré! he cried, how he cried!; c'était une fête, ~ une fête! what a party that was!, that was a real party! ‖ [exprimant l'indignation, l'impatience]: non ~ des fois! (but) really!; non ~ ça ne va pas! you're/he's *etc* mad!; ~ vous êtes fou! you're mad!; non ~ pour qui tu me prends? who do you take me for anyway?; ~ dis donc, tu n'as pas honte? well really, aren't you ashamed of yourself?; ~ enfin, en voilà une manière de traiter les gens! well OU I must say, that's a fine way to treat people!; non ~ tu plaisantes? you can't be serious!, you must be joking!; ~ puisque je te le dis! it's true I tell you!; ~ écoute-moi un peu! will you just listen to me a minute!; ~ tu vas te taire, bon sang! *fam* for God's sake, will you shut up!; ~ c'est pas un peu fini ce vacarme? have you quite finished making all that racket?; ~ ça suffit maintenant! that's enough now!; ~ je vais me fâcher, moi! I'm not going to put up with this! ‖ [exprimant la surprise]: ~ tu saignes! you're bleeding!; ~ c'est Paul! hey, it's Paul!; ~ dis donc, tu es là, toi? what (on earth) are you doing here?
◇ *adv*: n'en pouvoir ~ *litt* to be helpless.
◇ *nm* but, buts; il n'y a pas de ~ (qui tienne), j'ai dit au lit! no buts about it, I said bed!; je vais t'aider, cependant il y a un ~ I'll help you, but on one condition; je ne veux pas de si ni de ~ I don't want any ifs and buts.
◆ **non seulement... mais** *loc corrél*: non seulement il ne travaille pas ~ (en plus) il ne veut pas travailler not only does he not work, he doesn't want to work either; non seulement tu arrives en retard, ~ (en plus) tu oublies ton livre not only do you arrive late but on top of that you forget your book.

maïs [mais] *nm* maize *Br*, corn *Am*; ~ en épi corn on the cob.

maïserie [maisri] *nf* -**1.** [usine] corn mill. -**2.** [activité] corn processing.

maison [mɛzɔ̃] ◇ *nf* **A.** -**1.** [bâtiment] house, dwelling; des bureaux et des ~s (d'habitation) office accommodation and private dwellings OU houses ❑ ~ bourgeoise fine town house OU residence; ~ de campagne [gén] house OU home in the country; [rustique] (country) cottage; ~ individuelle [non attenante] detached house; ~ de maître [en bien propre] owner-occupied house; [cossue] fine large house; ~ de poupée doll's house; ~ préfabriquée prefabricated house; gros comme une ~ *fam* plain for all to see; un mensonge gros comme une ~ *fam* a whopping great lie; il te drague, c'est gros comme une ~ *fam* he's flirting with you, it's as plain as the nose on your face. -**2.** [foyer, intérieur] home, house; sa ~ est toujours propre his house OU home is always clean; je l'ai cherché dans toute la ~ I've looked for it all over the house; j'ai trois enfants qui sont encore à la ~ I've got three children still at home; il a quitté la ~ à 16 ans he left home when he was 16; entrez donc dans notre humble ~ *hum* welcome to our modest abode; déménager/changer (toute) la ~ to move/to change everything but the kitchen sink; tenir une ~ to look after a OU to keep house; **les dépenses de la ~** household expenditure; **à la ~** at home; **cet après-midi, je suis à la ~** I'm (at) home this afternoon; **rentre à la ~!** [locuteur à l'extérieur] go home!; [locuteur à l'intérieur] come OU get back in!; **'tout pour la ~'** 'household goods' ❑ **chez eux c'est la ~ du bon Dieu** they are very hospitable, their door is always open.

B. -**1.** [famille, groupe] family; **quelqu'un de la ~** a member of the family; **visiblement, vous n'êtes pas de la ~** you're obviously new here; **toute la ~ est partie pour Noël** all the people in the house have OU the whole family has gone away for Christmas. -**2.** [personnel] household; **la ~ civile/militaire** the civil/military household; **la ~ du président de la République/du roi** the presidential/King's household. -**3.** [dynastie] house; **la ~ des Tudor** the House of Tudor; **être le descendant d'une grande ~** to be of noble birth. -**4.** [lieu de travail - d'un domestique] household *(where a person is employed as a domestic)*; **j'ai fait les meilleures ~s** I've been in service with the best families; **vous avez combien d'années de ~?** how long have you been in service?

C. -**1.** COMM firm, company; **la réputation de la ~** the firm's good name; **une ~ de renom** a company of high repute; **il a servi la ~ pendant 30 ans** he worked with the firm for 30 years; **j'ai 20 ans de ~** I've been with the company for 20 years; **un habitué de la ~** a regular (customer); **'la ~ ne fait pas crédit'** 'no credit given'; **'la ~ n'accepte pas les chèques'** 'no cheques (accepted)' ❑ **~ de détail/gros** retail/wholesale business; **~ de commerce** (commercial) firm OU company; **~ de couture** fashion house; **~ d'édition** publishing house; **~ d'import-export** import-export firm OU company OU business; **la Maison de la presse** newsagent's; **~ de titres** BANQUE ≃ clearing house *(for clearing stocks)*. -**2.** RELIG: **la ~ de Dieu** OU **du Seigneur** the house of God, the Lord's house; **~ religieuse** convent. -**3.** [lieu spécialisé]: **~ close** OU **de tolérance** *vieilli* brothel; **~ de correction** OU **de redressement** HIST reformatory *arch*, remand home *Br* borstal *Br*; **la ~ du marin/soldat** the Seamen's/Servicemen's hostel; **~ d'arrêt** remand centre; **~ centrale (de force)** prison, State penitentiary *Am*; **~ de convalescence** convalescent home; **~ de la culture** ≃ arts OU cultural centre; **~ d'éducation surveillée** approved school *Br*, reformatory; **~ d'enfants** (residential) holiday centre for children, camp *Am*; **~ familiale** holiday home *Br*, vacation home *Am (for low-income families)*; **~ de fous** *péj* madhouse; **~ de jeu** gambling OU gaming house; **~ des jeunes et de la culture** ≃ youth and community centre; **~ maternelle** family home; **~ de passe** sleazy hotel *(used by prostitutes)*; **~ du peuple** ≃ trade union and community centre; **la Maison de la radio** *Parisian headquarters and studios of French public radio*, ≃ Broadcasting House *Br*; **~ de rendez-vous** lovenest; **~ de repos** rest OU convalescent home; **~ de retraite** old people's home, retirement home; **~ de santé** nursing home.

D. ASTROL house, mansion.

E. AGR & HORT: **~ à champignon** mushroom farm.

◇ *adj inv* -**1.** [fabrication] home-made; **tous nos desserts sont (faits) ~** all our desserts are home-made; **spécialité ~** speciality of the house. -**2.** [employé] in-house; **nous avons nos traducteurs ~** we have an in-house translation department ❑ **syndicat ~** company union. -**3.** *fam* [en intensif] first-rate, top-notch; **il s'est fait engueuler, quelque chose de ~!** he got one hell of a talking-to!; **une engueulade ~▽** one hell of a dressing-down.

◆ **maison mère** *nf* -**1.** COMM mother *Br* OU parent company. -**2.** RELIG mother house.

Maison-Blanche [mɛzɔ̃blɑ̃ʃ] *npr f*: **la ~** the White House.

maisonnée [mɛzɔne] *nf sout* household; **son cri réveilla toute la ~** his scream woke up the whole household OU everyone in the house.

maisonnette [mɛzɔnɛt] *nf* small house.

maistrance [mɛstrɑ̃s] *nf*: **la ~** the (ship's) petty officers.

maître, maîtresse [mɛtr, mɛtrɛs] ◇ *adj* -**1.** *(après le n)* [essentiel] central, main, major; **l'idée maîtresse du texte** the main theme OU central idea in the text; **sa qualité maîtresse est le sang-froid** a cool head is his outstanding OU chief quality; **une pièce maîtresse du dossier/de la collection** a key document in the file/item in the collection ‖ [le plus important] main; **branche maîtresse** largest OU main branch; **poutre maîtresse** main (supporting) beam; **carte maîtresse** JEUX trump card ‖ *(avant le n)*: **le ~ mot** the key word; **maîtresse femme** powerful woman. -**2.** [dans des noms de métiers]: **~ boulanger/forgeron** master baker/blacksmith; **~ compagnon** ≃ master craftsman; **~ coq** OU **queux** chef; **~ de forges** ironmaster; **~ maçon** master builder OU mason; **~ sonneur** head OU chief bellringer.

◇ *nm, f* -**1.** [personne qui contrôle] master *(f* mistress); **~s et esclaves** masters and slaves; **ce chien n'obéit qu'à sa maîtresse** this dog only obeys his mistress; **ils sont maintenant installés en ~s chez nous** they now rule the roost in our own house; **agir en ~** to behave as though one were master; **il faut rester ~ de soi** you must keep your self-control; **il est ~ de lui** he's in control of himself; **être ~ d'une situation** to be in control of a situation; **il faut toujours rester ~ de son véhicule** you must always be in control of your vehicle; **les ~s du monde** the world's rulers; **les guérilleros se sont rendus ~s de la région** the guerrillas have seized control OU taken command of the region; **à la maison, c'est lui le ~** he's (the) boss at home; **en fait, c'est elle qui est le ~ ici** in fact, she's (the) boss around here; **être son (propre) ~** to be one's own master OU boss; **il est son propre ~** he's his own man; **elle est son propre ~** she's her own woman; **être** OU **rester ~ de faire qqch** to be free to do sthg ❑ **~ jacques** factotum; **le ~ de céans** the master of the house; **~ de maison** host; **maîtresse de maison** lady of the house *sout* OU *hum*, hostess; **les bons ~s font les bons valets** *prov* a good master makes a good servant; **tel ~ tel valet** *prov* like master, like man *prov*. -**2.** [professeur]: **~ (d'école), maîtresse (d'école)** teacher, schoolteacher; **elle fait très maîtresse d'école** *fam* she's very schoolmarmish; **Maîtresse, j'ai trouvé!** Miss OU teacher *Am*, I've found the answer!; **~ d'internat** house master *Br* OU director *Am (responsible for boarders after school)*; **~/maîtresse de ballet** ballet master/mistress *Br*, ballet teacher; **~ de musique** music teacher.

◆ **maître** *nm* -**1.** [dans des noms de fonctions]: **grand ~ (de l'ordre)** grand master; **grand ~ de l'Université** ≃ Secretary of State for Education *Br*, ≃ Secretary of Education *Am*; **~ d'armes** fencing master; **~ auxiliaire** supply *Br* OU substitute *Am* teacher; **~ de chapelle** choirmaster; **~ de conférences** ≃ (senior) lecturer *Br*, ≃ assistant professor *Am*; **~ d'équipage** CHASSE master of the hunt; HIST & NAUT boatswain; **~ de manège** [directeur] riding school director; [moniteur] riding instructor; **~ d'ouvrage** contractor; **~ de pêche** trawler master; **~ de recherches** research director; **~ de cérémonie** OU **des cérémonies** master of ceremonies; **~ des requêtes** ≃ government counsel *Br* OU attorney *Am*; **~ principal** ≃ fleet chief *Br* OU master chief *Am* petty officer. -**2.** [expert] master; **être passé ~ dans l'art de** to be a past master in the art of; **elle est passée ~ dans l'art de tromper son monde** she is a past master in the art of misleading people. -**3.** BX-ARTS, LITTÉRAT & PHILOS master; **dans le style des ~s de l'écriture classique** in the style of the masters of classical literature; **le ~ de Moulins/Madrid** the Master of Moulins/Madrid; **trouver son ~** *fig* to meet one's master OU more than one's match; **~ à penser** mentor, guru, intellectual model; **petit ~** [écrivain] second-rate writer *péj*; [artiste] minor artist. -**4.** RELIG: **le ~ de l'Univers** OU **du monde** the Master of the Universe; **se croire le ~ du monde** *fig* to feel invincible. -**5.** CARTES: **être ~ à carreau** to hold the master OU best diamond. -**6.** [titre]: **Maître Suzanne Thieu** Mrs. (OU Miss) Suzanne Thieu; **Maître Dulles, avocat à la cour** ≃ Mr. Dulles QC *Br* OU member of the Bar *Am*; **cher Maître, à vous!** [à un musicien] Maestro, please!; **Maître Chat/Renard** *hum* Mister Cat/Fox.

◆ **maîtresse** *nf* [d'un homme] mistress; **devenir la maîtresse de qqn** to become sb's mistress.

◆ **de maître** *loc adj* -**1.** [qui appartient à un riche particulier]: **chauffeur de ~** (personal) chauffeur; **voiture de ~** expensive car. -**2.** [exécuté par un grand artiste]: **un tableau** OU **une toile de ~** an old master; **un coup de ~** *fig* a masterstroke; **pour un coup d'essai, c'est un coup de ~** for a first attempt, it was brilliant.

◆ **maître chanteur** *nm* -**1.** [qui menace] blackmailer. -**2.** MUS Meistersinger, mastersinger.

◆ **maître d'hôtel** ◇ *nm* [dans un restaurant] maître (d'hôtel), headwaiter; [chez un particulier] butler.

◇ *loc adj*: **beurre ~ d'hôtel** CULIN parsley butter, maître d'hôtel butter; **pommes ~ d'hôtel** maître d'hôtel potatoes.

◆ **maître d'œuvre** *nm* -**1.** CONSTR chief architect, project manager, master builder. -**2.** *fig*: **ce volume a eu Diderot lui-même pour ~ d'œuvre** Diderot himself took overall responsibility for the compilation of this volume; **le Premier ministre est le ~ d'œuvre de l'accord signé hier** the Prime Minister was the architect of the agreement that was signed yesterday.

maître-à-danser [mɛtradɑ̃se] *(pl* **maîtres-à-danser***)* *nm* (pair of) callipers MATH.

maître-assistant, e [mɛtrasistɑ̃, ɑ̃t] *(mpl* **maîtres-assistants**, *fpl* **maîtres-assistantes***)* *nm, f* ≃ lecturer *Br*, ≃ assistant professor *Am*.

maître-autel [mɛtrotɛl] *(pl* **maîtres-autels***)* *nm* high altar.

maître-chien [mɛtrəʃjɛ̃] *(pl* **maîtres-chiens***)* *nm* dog trainer OU handler.

maître-cylindre [mɛtrəsilɛ̃dr] *(pl* **maîtres-cylindres***)* *nm* AUT master cylinder.

maître de conf' *fam* [mɛt(r)dəkɔ̃f] *nm abr de* maître de conférences.

maître-nageur [mɛtrənaʒœr] *(pl* **maîtres-nageurs***)* *nm* swimming teacher OU instructor; **~ sauveteur** lifeguard.

maîtresse [mɛtrɛs] *f* → **maître.**

maîtrisable [metrizabl] *adj* -**1.** [que l'on peut dominer - sentiment, douleur] controllable. -**2.** [que l'on peut apprendre]: **ces nouvelles techniques sont difficilement ~s** these new techniques are difficult to master.

maîtrise [metriz] *nf* -**1.** [contrôle] mastery, control; **avoir la ~ des mers** to have complete mastery of the sea; **sa ~ du japonais est étonnante** she has an amazing command of Japanese; **avoir la ~ d'un art** to have mastered OU to master an art; **elle exécuta le morceau avec une grande ~** she performed the piece masterfully OU with great skill ❑ **~ de soi** self-control, self-possession. -**2.** [dans une entreprise] supervising staff. -**3.** UNIV ≃ master's degree; **elle a une ~ de géographie** she has a master's (degree) OU an MA in geography, she mastered in geography *Am*. -**4.** RELIG [chœur] choir; [école] choir school.

maîtriser [3] [metrize] *vt* -**1.** [personne, animal, bateau] to control, to overpower; **le chien avait la rage, il n'y avait pas moyen de le ~** the dog had rabies, there was no controlling it; **il a fallu trois hommes pour le ~** three men were needed to bring him under control OU to overpower him; **c'est un adversaire difficile, mais je le maîtriserai** he's a tough opponent, but I'll master him OU I'll get the better of him. -**2.** [danger, sentiment] to bring under control, to master; **l'incendie a été rapidement maîtrisé**

the fire was quickly brought under control; **ils maîtrisent maintenant la situation** they now have the situation (well) in hand OU under control; **~ un sentiment** to master OU to control a feeling; **il était trop bouleversé pour ~ ses larmes** he was too overcome to hold back his tears; **je réussis à ~ ma colère** I managed to contain my anger. -**3.** [connaître] to master; **il maîtrise bien les déclinaisons latines** he has a good grip on OU mastery of Latin declensions.

◆ **se maîtriser** *vp (emploi réfléchi)* to control o.s.; **je sais que tu as du chagrin, mais il faut te ~** I know you're upset, but you must get a grip on yourself; **sous l'influence de l'alcool, on n'arrive plus à se ~** under the influence of alcohol, one loses (all) control.

Maïzena® [maizena] *nf* cornflour *Br,* cornstarch *Am.*

majesté [maʒɛste] *nf* -**1.** [grandeur] majesty, grandeur; **le mont Fuji se dressait devant nous dans toute sa ~** Mount Fuji stood before us in all its majesty ❑ **~ divine/royale** divine/royal majesty. -**2.** [titre]: **Majesté** Majesty; **Sa Très Gracieuse Majesté, la reine Élisabeth** Her Most Gracious Majesty, Queen Elizabeth; **Leurs Majestés veulent-elles bien me suivre?** will Their Majesties kindly follow me?; **Sa Majesté Catholique** HIST His (Catholic) Majesty; **Sa Majesté Très Chrétienne** HIST His Majesty (the King of France); **'Sa Majesté des Mouches'** *Golding* 'Lord of the Flies'.

◆ **en majesté** *loc adj* BX-ARTS [Christ, saint, Vierge] in majesty, enthroned.

majestueusement [maʒɛstɥøzmɑ̃] *adv* majestically.

majestueux, euse [maʒɛstɥø, øz] *adj* majestic, stately; **il avait en toute circonstance un port ~** his bearing was at all times majestic OU noble OU regal; **le paon est un oiseau ~** peacocks are majestic birds; **un palais ~** a stately palace.

majeur, e [maʒœr] *adj* -**1.** [le plus important] major, greatest; **une des réalisations ~es de notre siècle** one of our century's major OU greatest OU main achievements; **le bonheur de son fils est son souci ~** his son's happiness is his major OU principal concern; **la ~e partie des gens en est consciente** OU **en sont conscients** the majority of people are aware of it, most people are aware of it. -**2.** [grave] major; **y a-t-il un obstacle ~ à sa venue?** is there any major reason why he shouldn't come? -**3.** [adulte]: **être ~** to be of age; **tu auras une voiture quand tu seras ~** you'll have a car when you come of age OU when you reach your majority; **je n'ai pas besoin de tes conseils, je suis ~ (et vacciné** *fam***)** I don't want any of your advice, I'm old enough to look after myself now. -**4.** CARTES: **tierce/quarte ~e** tierce/quart major. -**5.** MUS major; **concerto en la ~** concerto in A major ❑ **gamme/tierce ~e** major scale/third; **le mode ~** the major key OU mode. -**6.** RELIG: **ordres ~s** major orders; **causes ~es** causae majores.

◆ **majeur** *nm* -**1.** [doigt] middle finger. -**2.** LOGIQUE major term. -**3.** MUS major key OU mode.

◆ **majeure** *nf* LOGIQUE major premise.

◆ **en majeure partie** *loc adv* for the most (part); **son œuvre est en ~e partie hermétique** the major part OU the bulk of his work is abstruse.

Majeur [maʒœr] *npr* → **lac.**

major [maʒɔr] ◇ *adj* [supérieur par le rang] chief *(modif),* head *(modif).*

◇ *nm* -**1.** [dans la marine] ≃ master chief petty officer; **~ de vaisseau** HIST commander. -**2.** UNIV top student *(in the final examination at a grande école)*; **elle était le ~ de la promotion de 58** she came out first in her year in 1958. -**3.** HIST & MIL [chef des services administratifs] adjutant; **(médecin) ~** medical officer; **~ général** ≃ major general. -**4.** *Helv* commanding officer.

◇ *nf* major (company).

majorant [maʒɔrɑ̃] *nm* MATH upper bound, majorant.

majoration [maʒɔrasjɔ̃] *nf* -**1.** [hausse] rise, increase; **procéder à une ~ des prix** to increase prices; **ils demandent une ~ de leurs salaires** they're asking for a wage increase; **~ d'impôts** surcharge on taxes. -**2.** [surestimation] overestimation.

majordome [maʒɔrdɔm] *nm* majordomo.

majorer [3] [maʒɔre] *vt* -**1.** [augmenter] to increase, to raise; **les allocations familiales seront majorées de 15 %** family credit is to be increased by 15%; **tous les impôts impayés avant la fin du mois seront majorés de 5 %** there will be a 5% surcharge OU penalty charge on all taxes not paid by the end of the month. -**2.** [surestimer] to overestimate; [donner trop d'importance à] *sout* to overstate, to play up *(sép)*; **il majore son apport personnel dans cette affaire** he plays up his part in this affair. -**3.** MATH [suite] to majorize; [sous-ensemble] to contain.

majorette [maʒɔrɛt] *nf* (drum) majorette.

majoritaire [maʒɔritɛr] ◇ *adj* -**1.** [plus nombreux] majority *(modif)*; **les femmes sont ~s dans l'enseignement** women outnumber men OU are in the majority in the teaching profession; **quel est le parti ~ au Parlement?** which party has the majority OU which is the majority party in Parliament?; **coton ~** high natural fibre content. -**2.** ÉCON & FIN: **actionnaire ~** majority shareholder; **il a une participation ~ dans la société** he has a majority interest in the company.

◇ *nmf* member of a majority group; **voter avec les ~s** to vote with the majority.

majorité [maʒɔrite] *nf* -**1.** [le plus grand nombre] majority; **la ~ de** the majority of, most; **la ~ des spectateurs était choqués par la pièce** the majority of OU most spectators were shocked by the play; **dans la ~ des cas** in most cases. -**2.** POL [parti]: **la ~** the majority, the party in power, the governing party; **la ~ silencieuse** the silent majority; **avoir la ~** to have the majority; **ils ont gagné avec une faible/écrasante ~** they won by a narrow/overwhelming margin ❑ **~ absolue/simple** absolute/relative majority; **être élu à la ~ absolue** to be elected with an absolute majority. -**3.** [âge légal] majority; **atteindre sa ~** to reach one's majority, to come of age; **à ta ~** [dans l'avenir] when you come of age; [dans le passé] when you came of age; **~ civile** (attainment of) voting age; **~ pénale** legal majority.

◆ **en majorité** ◇ *loc adj* in the majority; **nous sommes en ~** we are in the majority.

◇ *loc adv*: **les ouvriers sont en ~ mécontents** most workers OU the majority of workers are dissatisfied.

Majorque [maʒɔrk] *npr* Majorca; **à ~** in Majorca.

majorquin, e [maʒɔrkɛ̃, in] *adj* Majorcan.

◆ **Majorquin, e** *nm, f* Majorcan.

majuscule [maʒyskyl] ◇ *adj* -**1.** [gén] capital; **B ~** capital B. -**2.** IMPR upper-case; **les lettres ~s** upper-case letters.

◇ *nf* -**1.** [gén] capital, block letter; **écrivez votre nom en ~s** write your name in capitals, print your name (in block letters); **mettez une ~ à Rome** write Rome with a capital, capitalize Rome. -**2.** IMPR upper case, upper-case letter.

maki [maki] *nm* ring-tailed lemur.

mal[1] [mal] *(pl* **maux** [mo]) ◇ *nm* -**1.** [souffrance physique] pain; **avoir ~**: **où as-tu ~?** where does it hurt?, where is the pain?; **j'ai ~ là** it hurts OU it's painful here; **j'ai ~ à mon pouce** *fam* my thumb hurts; **j'ai ~ aux dents** I've got toothache *Br* OU a toothache *Am*; **j'ai ~ aux oreilles** I've got earache *Br* OU an earache *Am*; **j'ai mal à la tête** I've got a headache; **avoir ~ à la cheville/à la gorge/au pied** to have a sore ankle/throat/foot; **il a ~ au ventre** he has stomachache *Br* OU a stomachache; **j'ai ~ au bras** I have a sore arm, my arm hurts OU aches; **faire (du) ~ à** to hurt; **sa chaussure lui fait ~** his shoe is hurting him; **le dentiste ne te fera pas (de) ~** the dentist won't hurt you; **la piqûre ne vous fera pas ~** the injection won't hurt (you); **ça vous fait encore ~?** does it still hurt?, is it still hurting you?; **aïe, ça fait ~!** ouch, it OU that hurts!; **se faire ~** to hurt o.s.; **je me suis fait ~ à la main** I've hurt my hand ❑ **~ de dents** toothache; **~ de dos** backache; **~ de gorge** sore throat; **~ de tête** headache; **maux de tête** headaches; **maux d'estomac** stomach pains; **contre les maux d'estomac** for stomach pain; **ça me ferait ~** *fam* not on your life; **ça me ferait ~ au ventre** *fam* it would make me sick; **ça me ferait ~ aux seins**[▽] it would really piss me off; **ça va faire ~!** *fam fig & hum* watch it, we're in for it now!; **attention, c'est à moi de jouer, ça va faire ~!** *fam* watch out, it's my turn, this is going to be something!; **il n'y a pas de ~!** [après un heurt] no broken bones!; [après une erreur] no harm done!; **mettre qqn à ~** OU **à ~ qqn** *sout* to manhandle OU to maltreat sb. -**2.** [maladie, malaise] illness, sickness, disease; **tu vas attraper** OU **prendre du ~** *fam* watch you don't get a cold ❑ **le ~ français** OU **napolitain** *arch* syphilis; **~ de l'air** airsickness; **~ blanc** whitlow; **~ de mer** seasickness; **avoir le ~ de mer** [habituellement] to suffer from seasickness; [au cours d'un voyage] to be seasick; **~ de la route** carsickness. -**3.** [dommage, tort] harm; **le ~ est fait** the damage is done (now); **faire du ~ à qqn** to do sb harm, to harm sb; **bois du lait, ça ne peut pas te faire de ~** drink some milk, it can't do you any harm; **faire du ~ à qqch** to do harm to sthg, to harm OU to damage sthg; **les insecticides font-ils plus de ~ que de bien?** do insecticides do more harm than good?; **vouloir du ~ à qqn** to wish sb ill OU harm; **je ne leur veux aucun ~** I don't wish (to cause) them OU I don't mean them any harm; **il n'y a pas de ~ à demander** there's no harm in asking; **et si j'en ai envie, où est le ~?** and if that's what I feel like doing, what harm is there in that?; **dire/penser du ~ de qqn** to speak/to think ill of sb ❑ **~ lui en a pris** OU **lui en prit** he's had cause to regret it; **ne le provoquez pas ouvertement, ~ vous en prendrait** don't provoke him or you'll live to regret it. -**4.** [douleur morale] pain; **faire (du) ~ à qqn** to hurt sb, to make sb suffer; **quand j'y repense, ça fait (du) ~** it hurts to think about it; **n'essaie pas de la revoir, ça te ferait du ~** don't try to see her again, it'll only cause you pain OU upset you. -**5.** [affliction, inconvénient] ill, evil; **c'est un ~ nécessaire** it's a necessary evil; **les maux dont souffre leur génération** the ills that plague their generation ❑ **le ~ du siècle** LITTÉRAT world-weariness, Romantic melancholy; **avoir le ~ de vivre** to be tired of life; **entre deux maux, il faut choisir le moindre** *prov* always choose the lesser evil OU the lesser of two evils. -**6.** [difficulté, tracas] trouble *(U),* difficulty *(U)*; **avoir du ~ à faire qqch** to have difficulty (in) OU trouble doing sthg; **j'ai eu beaucoup de ~ à te contacter** I've had a lot of trouble getting in touch with you; **j'ai du ~ à le comprendre** [gén] I have trouble OU difficulty understanding him; [je l'entends mal] I'm having trouble OU difficulty hearing him properly; **j'ai de plus en plus de ~ à me souvenir des noms** I'm finding it harder and harder to remember names; **donner du ~ à qqn** to give sb trouble; **se donner du ~**: **il a réussi sans se donner de ~** he succeeded without much trouble; **tu ne t'es pas donné trop de ~, à ce que je vois!** I see you didn't exactly take a lot of trouble over it!; **ne vous donnez pas tant de ~ pour moi** please don't go to all this trouble on my behalf; **ils s'étaient pourtant donné du ~ pour dissimuler leurs traces** and yet they had gone to great lengths to cover their tracks. -**7.** [par opposition au bien]: **le ~** evil; **il n'a jamais fait le ~** he has never committed any evil act OU done any evil; **faire le ~** RELIG to sin; **la différence entre le bien et le ~** the difference between right and wrong OU good and evil; **faire le ~ pour le ~** to commit evil for evil's sake ❑ **rendre le ~ pour le ~** to give as good as one gets, to answer evil by evil.

◇ *adv* -**1.** [désagréablement] wrong; **tout va ~** everything's going wrong; **ça commence ~, c'est ~ parti** things are off to a bad start; **ça va finir ~** OU **~ finir** [gén] it'll end in disaster; [à des enfants turbulents] it'll all end in tears; **ça a ~ tourné** it went wrong, it turned out badly; **ça tombe ~** [au mauvais moment] it comes at a bad time; **il sera là aussi, ça tombe ~** he'll be there too, which is unfortunate; **tu tombes ~** you've come at a bad time. -**2.** [en mauvaise santé] : **aller ~, se porter ~** to be ill OU unwell, to be in poor health; **comment va-t-elle? — ~** how is she? – not (very) well at all OU (very) ill. -**3.** [défavorablement] badly; **prendre ~ qqch, ~ prendre qqch** to take sthg badly; **elle a très ~ pris que je lui donne des conseils** she reacted badly OU she took exception to my giving her advice; **il prend tout ~** he takes exception to everything; **ne le prends pas ~ mais...** I hope you won't be offended but..., don't take it the wrong way but... ❑ **être/se mettre ~ avec qqn** to be/to get on the wrong side of sb. -**4.** [de façon incompétente ou imparfaite] badly, not properly; **ils se plaignent d'avoir été ~ accueillis** they complain that they weren't looked after properly; **c'est ~ fait** it's not been done properly; **c'est du travail ~ fait** it's a shoddy piece of work; **être ~ fait (de sa personne)** to be misshapen; **elle n'est pas ~ faite** she's got quite a good figure; **cette veste lui va ~** this jacket doesn't suit him; **le vert me va ~** green doesn't suit me; **ça lui va ~ de donner des conseils** he's hardly in a position to hand out advice; **je le connais ~** I don't know him very well; **s'ils croient que je vais me laisser faire, ils me connaissent ~!** if they think I'm going to take it lying down, they don't know me very well!; **je comprends ~ ce que tu me dis** [je ne t'entends pas bien] I can't make out properly what you're saying; [je ne te suis pas] I don't really understand what you're saying; **je dors ~** I have trouble sleeping; **il mange ~** [salement] he's a messy eater; [trop peu] he doesn't eat enough; [mal équilibré] he doesn't eat well; **il parle ~** he can't talk properly; **elle parle ~ l'allemand** her German isn't very good; **tu te tiens ~** [tu es voûté] you've got poor posture; [à table] you don't have any table manners; **vivre ~** OU **~ vivre qqch** to have a bad time with sthg; **elle a ~ vécu sa grossesse** she had a lot of trouble coping with her pregnancy; **je me vois ~ en bermuda/avec un mari comme le sien!** *fam* I just can't really see myself in a pair of Bermuda shorts/with a husband like hers!; **elle se voyait ~ allant lui réclamer l'argent** *fam* she couldn't quite imagine going to ask him for the money; **s'y prendre ~ : je m'y prends ~** I'm not going about this the right way; **donne l'aiguille, tu t'y prends horriblement ~** hand me the needle, you're getting in a terrible mess; **elle s'y prend ~ avec les enfants** she's not very good with children; **~ dessiné** badly drawn; **~ élevé** : **il a été ~ élevé** he was brought up OU raised badly; **il est ~ élevé** he's bad-mannered OU impolite; **~ fermé** not closed properly; **~ habillé** badly dressed, poorly dressed; **~ vu** [peu aimé] poorly thought of. -**5.** [insuffisamment] badly, poorly; **vivre ~** to have trouble making ends meet; **~ approvisionné** poorly stocked; **être ~ nourri** [trop peu] to be underfed OU undernourished; [avec de la mauvaise nourriture] to be fed bad OU poor food; **~ payé** badly OU poorly paid. -**6.** [malhonnêtement] badly; **agir** OU **se conduire ~** to behave badly ❑ **~ tourner** to turn out badly; **à seize ans, il a commencé à ~ tourner** when he was sixteen, he started going to the bad. -**7.** [inconfortablement] uncomfortably; **être ~ assis** to be uncomfortably seated OU uncomfortable; **on dort ~ dans ton canapé-lit** your sofa bed isn't very comfortable ❑ **être ~ dans sa peau** : **elle est ~ dans sa peau** she's not a happy person. -**8.** *loc* : **ça la fiche** *fam*/**fout**▽ **~** it looks pretty bad/bloody awful; **si je n'y vais pas, ça la fiche ~** if I don't go, it looks really bad.

◇ *adj inv* -**1.** [immoral] wrong; **c'est ~ de tricher** it's wrong to cheat; **je n'ai rien dit/fait de ~** I haven't said/done anything wrong. -**2.** [malade] ill, unwell, not well; **il est très ~** he's in a (very) bad way; **se sentir ~** to feel unwell; **se trouver ~** [s'évanouir] to faint, to pass out, to swoon. -**3.** *fam* [fou] mad, crazy.

◆ **au plus mal** *loc adj* -**1.** [très malade] very sick, desperately ill, critical. -**2.** [fâché] : **être au plus ~ avec qqn** to be at loggerheads with sb; **ils sont au plus ~ (l'un avec l'autre)** they're at loggerheads (with each other).

◆ **de mal en pis** *loc adv* from bad to worse.

◆ **en mal de** *loc prép* : **être en ~ d'affection** to be longing OU yearning for love; **être en ~ d'inspiration** to be short of OU lacking inspiration.

◆ **mal à l'aise** *loc adj* uncomfortable, ill at ease; **~ à l'aise dans ses vêtements usés** feeling uncomfortable in his shabby clothes; **je suis ~ à l'aise devant elle** I feel ill at ease with her.

◆ **mal à propos** *loc adv* at the wrong time; **ils sont arrivés ~ à propos** they timed their arrival badly, they arrived at the wrong moment; **faire une intervention ~ à propos** to speak out of turn.

◆ **mal portant, e** *loc adj* unwell, in poor health; **elle a toujours été ~ portante** she's never been very healthy.

mal[2], **e** [mal] *adj litt* -**1.** [inopportun] ill-timed, untimely. -**2.** *loc* : **à la ~e heure** [à l'heure de la mort] upon the hour of death.

Mal *abr écrite de* **maréchal**.

MAL, Mal (*abr de* **maison d'animation et des loisirs**) *nf* ≃ cultural centre.

malabar *fam* [malabar] *nm* [colosse] muscle man, hulk.

Malabar [malabar] *npr* → **côte**.

Malabo [malabo] *npr* Malabo.

malabsorption [malapsɔrpsjɔ̃] *nf* malabsorption.

Malacca [malaka] *npr* : **(la presqu'île de) ~** the Malay Peninsula.

malachite [malakit] *nf* malachite.

malacologie [malakɔlɔʒi] *nf* malacology.

malade [malad] ◇ *adj* -**1.** [souffrant] ill, sick, unwell; **une personne ~** a sick person; **un enfant toujours ~** a sickly child; **gravement ~** gravely OU seriously ill; **se sentir ~** to feel ill OU unwell; **tomber ~** to fall ill; **se faire porter ~** *fam* to call in OU to report sick ❑ **être ~ à crever**▽ OU **comme un chien** *fam* [souffrir] to be incredibly ill OU at death's door *hum*; [vomir] to be sick as a dog OU violently ill; **j'étais là, ~ à crever, et ils s'en fichaient**▽ there I was, dying, and they didn't give a damn. -**2.** [atteint d'une lésion] bad, diseased; **avoir une dent ~** to have a bad OU diseased OU rotten tooth; **avoir une jambe ~** to have a bad OU gammy *Br* leg; **avoir le cœur ~** to have a heart condition OU heart trouble; **j'ai les intestins ~s, je suis ~ des intestins** I have troubles with my intestines; **une vigne ~** a diseased vine; **cette année les pommiers sont ~s** the apple trees have got a disease this year. -**3.** [nauséeux] sick; **je suis toujours ~ en bateau/voiture/avion** I suffer from seasickness/carsickness/airsickness; **le chocolat, ça rend ~** *fam* (eating) too much chocolate makes you sick OU ill. -**4.** [dément] (mentally) ill OU sick; **avoir l'esprit ~** to be mentally ill. -**5.** [en mauvais état] decrepit, dilapidated; **la vieille maison est bien ~** the old house is rather decrepit OU is in rather a sorry state; **des jouets/livres plutôt ~s** toys/books in a rather dilapidated condition; **nous avons une économie ~** our economy is sick OU shaky OU ailing; **la France ~ de l'inflation** *allusion La Fontaine* France, sick OU crippled with inflation. -**6.** [affecté moralement] ill, sick; **~ de jalousie** sick with jealousy, horribly jealous; **~ de peur** sick with fear; **~ d'inquiétude** sick OU ill with worry; **ça me rend ~ : ça me rend ~ de la voir si démunie** it makes me ill to see her so penniless; **et pourtant c'est elle qui a eu le poste — tais-toi, ça me rend** OU **j'en suis ~!** all the same, she's the one who got the job – don't, it makes me sick OU vomit!; **quand j'ai su qu'il n'y avait plus de place, j'en étais ~** when I heard there were no seats left I could have cried. -**7.** *fam* [déraisonnable] mad, crazy; **ne hurle pas comme ça, tu es ~ ou quoi?** stop yelling like that, are you off your head?; **du whisky avec de la vodka, il est ~, celui-là** *fam* whisky mixed with vodka, that guy's sick OU out of his mind!; **ils veulent en plus qu'on paie la TVA, ils sont ~s!** and what's more they want us to pay VAT, they're off their heads OU they're crazy!

◇ *nmf* -**1.** [patient - gén] sick person, sick man (*f* woman); [- d'un hôpital, d'un médecin] patient; [sujet atteint] sufferer; **les ~s en phase terminale** terminal patients; **dans les cas aigus, le ~ ressent une vive douleur** in acute cases, the sufferer feels a sharp pain; **c'est un ~ imaginaire** he's a hypochondriac ❑ **les grands ~s** the seriously ill; **'le Malade imaginaire'** *Molière* 'The Imaginary Invalid'. -**2.** [dément] : **~ (mental)** mentally ill OU sick person; **l'accusé est un ~** the defendant is a sick man OU has a sick mind *péj* OU is mentally ill JUR; **comme un ~** *fam* like a madman ❑ **j'ai paniqué comme un ~** I panicked like mad; **on a travaillé comme des ~s pour finir à temps** we worked like lunatics to finish on time. -**3.** *fam* [passionné] : **un ~ de la vitesse** a speed fiend OU freak; **ce sont des ~s du golf** they're golf-crazy.

maladie [maladi] *nf* -**1.** [mauvaise santé] illness, ill health, sickness; **il n'a jamais pu réintégrer son service à cause de la ~** due to ill-health, he never went back to his job. -**2.** [mal spécifique] MÉD & VÉTÉR illness, disease; **une petite ~** an ailment, a minor illness; **une ~ grave** a serious illness; **il est mort des suites d'une longue ~** he died after a long illness; **il est venu me consulter, se plaignant d'une vague ~** he came to see me complaining of a vague illness; **quelle est l'évolution probable de cette ~?** how is this illness likely to develop?; **il a toujours souffert d'une ~ vasculaire** he has a history of vascular disease; **la ~ peut avoir des suites** there may be complications; **la ~ qui l'a emportée** her last OU fatal illness; **'fermé pour cause de ~'** 'closed due to illness'; **être en congé ~** OU **en ~** *fam* to be on sick leave OU off sick; **elle est toujours en ~** she's always off sick; **je vais me mettre en ~** I'm going to take some sick leave OU time off sick; **être en longue ~** to be on indefinite sick leave ❑ **~ contagieuse/héréditaire** contagious/hereditary disease; **la ~ de Parkinson/d'Alzheimer** Parkinson's/Alzheimer's disease; **la ~ bleue** cyanosis, blue disease; **il avait la ~ bleue à la naissance** he was blue at birth; **~ de carence** deficiency disease; **~ chronique** chronic illness OU condition; **~ infantile** childhood illness, infantile disorder; **~ infectieuse** infectious disease; **la ~ du légionnaire** legionnaire's disease; **~ mentale** mental illness OU disorder; **~ mortelle** fatal disease OU illness; **~ professionnelle** occupational OU industrial disease; **~ sexuellement transmissible** sexually transmissible OU transmitted disease; **~ vénérienne** venereal disease, VD; **c'est une bonne ~!** *fam hum* that's no bad thing!, that's a good sign! -**3.** BOT disease; **les pruniers ont tous eu la ~** all the plum trees got diseased OU the disease. -**4.** [obsession] obsession; **la peur du noir peut devenir une ~** fear of the dark can turn into a phobia; **elle a encore rangé tous mes journaux, c'est une ~ chez elle!** *hum* she's tidied up all my papers again, it's an obsession with her!; **j'adore le fromage, c'est une véritable ~!** *hum* I love cheese, I just can't get enough of it! ❑ **en faire une ~** *fam* to make a huge fuss; **il n'y a pas de quoi en faire une ~!** no need to make a song and dance about it OU to throw a fit!

maladif, ive [maladif, iv] *adj* -**1.** [être humain] puny, sickly; [teint] sickly-looking, unhealthy; **il a toujours un air ~** he always looks rather unhealthy OU ill; **une constitution maladive** a weak OU unsound constitution. -**2.** [compulsif] obsessive, pathological *fig*; **d'une sensibilité maladive** acutely sensitive; **d'une jalousie maladive** pathologically OU obsessively jealous; **elle est d'une inquiétude maladive** she's a pathological OU an obsessive worrier; **il adore les jeux d'argent, c'est ~** he's a compulsive gambler OU he can't stop gambling, it's like a disease (with him).

maladivement [maladivmɑ̃] *adv* [à l'excès] pathologically, morbidly; **elle est ~ timide** she's excessively shy.

maladresse [maladrɛs] *nf* -**1.** [manque de dextérité] clumsiness, awkwardness; **ne le laisse pas porter les verres, il est d'une telle ~!** don't let him carry the glasses, he's so clumsy! || [manque de tact] clumsiness, tactlessness; **la ~ de son intervention peut compromettre toute la campagne** the whole campaign may be jeopardized because of his tactless initiative || [manque d'assurance] awkwardness; **en société, il est d'une grande ~** he's very awkward OU gauche in people's company. -**2.** [remarque, acte] faux pas, blunder, gaffe; **ses ~s étaient devenues légendaires** [remarques] he'd become famous for his tactless remarks OU for (always) saying the wrong thing; [actes] he'd become famous for his blunders; **le but a été marqué sur une ~ de la défense** the goal was the result of a blunder OU slip-up by the defence.

maladroit, e [maladrwa, at] ◇ *adj* -**1.** [manquant de dextérité] clumsy, awkward, heavy-handed. -**2.** [manquant - de savoir-faire] clumsy, inept; [- d'assurance] clumsy, awkward, gauche; [- de tact] clumsy, tactless, heavy-handed; **une initiative ~e** a clumsy OU bungling initiative.
◇ *nm, f* -**1.** [de ses mains] clumsy person; **attention, ~, tu as failli lâcher la tasse!** look out, butterfingers, you nearly dropped the cup! -**2.** [gaffeur] blunderer, blundering fool; [incompétent] blithering idiot.

maladroitement [maladrwatmɑ̃] *adv* -**1.** [sans adresse] clumsily, awkwardly; **ils s'y sont pris ~** they set about it the wrong way. -**2.** [sans tact] clumsily, tactlessly, heavy-handedly.

malaga [malaga] *nm* -**1.** [vin] Malaga (wine). -**2.** [raisin] Malaga grape.

Malaga [malaga] *npr* Malaga.

mal-aimé, e [maleme] (*mpl* **mal-aimés**, *fpl* **mal-aimées**) *nm, f* outcast; **c'est le ~ de la famille** he's the unpopular one in the family; **il a été le ~ de cette génération de réalisateurs** he was the forsaken member of that generation of (film) directors; **les ~s de la société** social outcasts.

malais, e[1] [malɛ, ɛz] *adj* Malay, Malayan, Malaysian; **la presqu'île Malaise** the Malay Peninsula.
◆ **Malais, e** *nm, f* Malay, Malayan, Malaysian.
◆ **malais** *nm* LING Malay.

malaise[2] [malɛz] *nm* -**1.** [indisposition] (sudden) weakness, faintness, malaise; **ressentir un ~** to feel weak OU faint OU dizzy || [évanouissement] fainting fit, blackout; **j'ai eu un ~** [léger] I had a dizzy spell; [plus grave] I had a blackout. -**2.** [désarroi, angoisse] uneasiness *(U)*, anxiety *(U)*, disquiet *(U)*; **ce genre de film provoquait toujours chez elle un ~ profond** this sort of film always disturbed her deeply. -**3.** [mécontentement] discontent, anger; **il y a un ~ croissant chez les viticulteurs** there's mounting tension OU discontent among wine growers. -**4.** [gêne] unease, awkwardness; **la remarque a créé un ~** the remark caused a moment of unease OU embarrassment.

malaisé, e [maleze] *adj sout* difficult, hard, arduous; **il sera ~ de lui apprendre la vérité** telling him the truth will be no easy matter.

malaisément [malezemɑ̃] *adv sout* with difficulty.

Malaisie [malɛzi] *npr f*: **(la) ~** Malaya.

malandrin [malɑ̃drɛ̃] *nm* -**1.** *litt* robber, thief; **une bande de ~s** a band of miscreants *litt*. -**2.** HIST highwayman.

malappris, e [malapri, iz] ◇ *nm, f vieilli* boor, lout; **eh bien, jeune ~, allez-vous me laisser passer!** well, you ill-bred young lout, are you going to let me past or not?; **cette petite ~e me tirait la langue!** that rude little minx stuck her tongue out at me!
◇ *adj vieilli* boorish, loutish, ill-mannered.

malaria [malarja] *nf* malaria.

malavisé, e [malavize] *adj sout* unwise, ill-advised, misguided; **tu as été ~ de ne pas venir** it was unwise of you OU you were ill-advised not to come.

Malawi [malawi] *npr m* -**1.** [État]: **le ~** Malawi. -**2.** [lac]: **le lac ~** Lake Malawi.

malawite [malawit] *adj* Malawian.
◆ **Malawite** *nmf* Malawian.

malaxage [malaksaʒ] *nm* [d'une pâte] kneading; [d'un mélange] mixing.

malaxer [3] [malakse] *vt* -**1.** [mélanger] to mix, to blend; [pétrir - pâte] to knead; **~ le beurre pour le ramollir** work the butter until soft. -**2.** [masser] to massage; **elle me malaxait vigoureusement l'épaule** she was giving my shoulder a vigorous massage.

malaxeur [malaksœr] *nm* [gén] mixer, mixing machine; [de béton] cement mixer; [de sucre] mixer, agitator.

Malaysia [malɛzja] *npr f*: **(la) ~** Malaysia; **(la) ~ occidentale** Malaya.

malbâti, e [malbati] *sout* ◇ *adj* misshapen, ill-proportioned.
◇ *nm, f* misshapen person.

malchance [malʃɑ̃s] *nf* -**1.** [manque de chance] bad luck, misfortune; **il a eu la ~ de...** he was unlucky OU unfortunate enough to..., he had the misfortune to...; **jouer de ~** to be dogged by ill fortune. -**2.** [mésaventure] mishap, misfortune; **une série de ~s** a run of bad luck, a series of mishaps OU misfortunes.
◆ **par malchance** *loc adv* unfortunately; **par ~ ils sont passés à Paris quand j'étais absent** unfortunately, they came to Paris when I was away.

malchanceux, euse [malʃɑ̃sø, øz] ◇ *adj* unlucky, luckless; **spéculateurs ~** unlucky OU luckless OU hapless speculators; **il a toujours été ~** he's never had any luck; **être ~ au jeu/en amour** to be unlucky at gambling/in love.
◇ *nm, f* unlucky person, unlucky man (*f* woman).

malcommode [malkɔmɔd] *adj sout* [appareil] impractical; [fauteuil, vêtement, position] uncomfortable; [horaire, système] inconvenient, awkward.

Maldives [maldiv] *npr fpl*: **les (îles) ~** the Maldive Islands, the Maldives.

maldonne [maldɔn] *nf* -**1.** JEUX misdeal; **tu as fait ~** you misdealt. -**2.** *fam fig*: **il y a ~** there's been a misunderstanding.

Male [mal] *npr* Malé.

mâle [mal] ◇ *adj* -**1.** BIOL male; **le sexe ~** the male sex. -**2.** [viril] virile, masculine, manly; **son beau visage ~** his handsome, manly face; **avec une ~ assurance** with robust confidence; **une belle voix ~** a fine manly voice. -**3.** TECH male; **vis/connexion ~** male screw/connection; **prise ~** plug. -**4.** [avec des noms d'animaux] male; **canard ~** drake; **chat ~** tom, tomcat; **cygne ~** cob; **éléphant ~** bull elephant; **hamster/hérisson ~** male hamster/hedgehog; **lapin ~** buck rabbit; **loup ~** he-wolf; **ours ~** he-bear; **pigeon ~** cock pigeon; **renard ~** dog fox.
◇ *nm* male; **le ~ de l'espèce** the male of the species; **est-ce un ~ ou une femelle?** it is a he or a she?; **le jars est le ~ de l'oie** a gander is a male goose; **la tigresse est à la recherche d'un ~** the tigress is looking for a mate; **quel ~!** *fam hum* what a man!; **hériter par les ~s** JUR to inherit through the male line.

malédiction [malediksjɔ̃] ◇ *nf* -**1.** [imprécation] curse, malediction; **donner sa ~ à qqn** to call down a curse upon sb, to curse sb; **que la ~ te poursuive!** a curse on you OU on your head!; **cette ~ poursuivra la famille pendant trois générations** this curse will hang over the family for three generations. -**2.** [malheur] malediction *litt*; **encourir la ~ divine** to incur the wrath of God OU of the gods; **comme si le sort les poursuivait de sa ~** as if fate had cast her evil eye on them.
◇ *interj hum* curses, curse OU damn it; **~, le revoilà!** curses, here he comes again!

maléfice [malefis] *nm* evil spell OU charm; **jeter un ~ sur qqn** to cast an evil spell on sb; **écarter un ~** to ward off an evil spell.

maléfique [malefik] *adj* [charme, signe, personne] evil, malevolent; [émanation, influence] evil, cursed; [étoile, planète] unlucky; **les puissances ~s** the forces of evil.

malencontreusement [malɑ̃kɔ̃trøzmɑ̃] *adv* ill-advisedly; **ayant ~ gardé ses lettres** having ill-advisedly kept OU having been ill-advised enough to have kept his letters.

malencontreux, euse [malɑ̃kɔ̃trø, øz] *adj* [fâcheux - retard, tentative, visite] ill-timed, inopportune; [mal choisi - parole] inopportune, ill-advised, unfortunate; **un ~ incident diplomatique** an unfortunate diplomatic incident; **par un hasard ~** by a stroke of ill luck.

mal(-)en(-)point [malɑ̃pwɛ̃] *adj inv* [en mauvais état - de santé] in a bad way, poorly; [- financier] badly off; [en mauvaise situation] in a bad OU poor way; **je l'ai trouvé ~** I found him very much out of sorts; **le candidat est ~** the candidate is in a bad position OU is badly placed; **l'industrie textile est ~** the textile industry is in a bad way OU a sorry state.

malentendant, e [malɑ̃tɑ̃dɑ̃, ɑ̃t] ◇ *adj* hard-of-hearing.
◇ *nm, f* person who is hard-of-hearing; **les ~s** the hard of hearing, the partially deaf.

malentendu [malɑ̃tɑ̃dy] *nm* -**1.** [méprise] misunderstanding, malentendu; **je répète pour qu'il n'y ait pas de ~** I'll say it again so there's no misunderstanding; **attends, je crois qu'il y a un ~ (entre nous)** wait, I think we're at cross purposes. -**2.** [désaccord]: **un ~ diplomatique** a diplomatic misunderstanding.

Malevitch [malevitʃ] *npr* Malevich.

malfaçon [malfasɔ̃] *nf* defect; **la construction présente de nombreuses ~s** there are many defects in the building.

malfaisant, e [malfəzɑ̃, ɑ̃t] *adj* -**1.** *sout* [qui cherche à nuire] evil, wicked; **un homme ~** an evil man. -**2.** [néfaste, pernicieux] evil, pernicious, noxious; **on dit que cette pierre a un pouvoir ~** this stone is said to have evil powers; **des idées ~es** pernicious ideas.

malfaiteur [malfɛtœr] *nm* criminal.

malfamé, e [malfame] *adj* disreputable; **des lieux ~s** places of ill repute.

malformation [malfɔrmasjɔ̃] *nf*: **~ (congénitale)** (congenital) malformation.

malfrat [malfra] *nm* gangster, crook, hoodlum.

malgache [malgaʃ] *adj* Madagascan, Malagasy.
◆ **Malgache** *nmf* Madagascan, Malagasy.
◆ **malgache** *nm* LING Madagascan, Malagasy.

malgré [malgre] *prép* in spite of, despite; **il est sorti ~ la pluie** he went out in spite of OU despite the rain; **il a pénétré dans l'enceinte ~ les ordres** he entered the area against orders; **~ tous les avis contraires, il a essayé à nouveau** in spite of OU despite all advice to the contrary, he tried again; **~ soi** [involontairement] unwillingly, in spite of oneself; [à contrecœur] reluctantly, against one's better judgment; [forcé] against one's will; **il a laissé voir ~ lui à quel point il était gêné** he revealed in spite of himself OU he unwillingly revealed how embarrassed he was; **j'ai consenti, bien ~ moi** I agreed, very reluctantly OU much against my better judgment; **on l'a conduit ~ lui au poste de police le plus proche** they took him against his will OU by force to the nearest police station; **c'est tout**

à fait ~ lui qu'il a dû quitter son pays natal he left his native country entirely against his will.

◆ **malgré que** *loc conj* -**1.** [bien que] although; ~ **qu'il fasse froid** despite the fact that OU although it's cold. -**2.** *loc*: ~ **que j'en aie/qu'il en ait** *litt* however reluctantly.

◆ **malgré tout** *loc adv* -**1.** [en dépit des obstacles] in spite of OU despite everything; **je réussirai ~ tout** I'll succeed in spite of everything; ~ **tout, ils ont réuni la somme nécessaire** despite everything, they raised the required amount. -**2.** [pourtant] all the same, even so; **c'était ~ tout un grand champion** all the same, he was a great champion; **il faut dire une chose ~ tout...** even so, one thing has to be said...; **c'est convaincant mais ~ tout je n'y crois pas** it's convincing but all the same OU nevertheless OU even so, I don't believe it.

malhabile [malabil] *adj* -**1.** [maladroit] clumsy; **elle est ~ de ses doigts** she's all fingers and thumbs. -**2.** *litt* [inapte]: **il a toujours été ~ à marchander** he's always lacked skill OU been bad at haggling.

malhabilement [malabilmɑ̃] *adv sout* clumsily, awkwardly.

malheur [malœr] ◇ *nm* -**1.** [incident] misfortune; **un grand ~** a (great) tragedy OU catastrophe; **un petit ~** a (slight) mishap; **le pays a eu** OU **connu beaucoup de ~s à cette époque** the country experienced great misfortune OU hardship at that time; **eh bien, tu en as des ~s!** *iron* oh dear, it's not your day, is it?; **il a dû lui arriver ~** something (terrible) must have happened to her; **si jamais il lui arrive (un) ~** if (ever) anything happens to him; **en cas de ~** if anything awful should happen ❑ **faire un ~** *fam*: **ne le laissez pas rentrer ou je fais un ~** don't let him in or I can't answer for the consequences; **elle passait en première partie et c'est elle qui a fait un ~** she was the supporting act but it was she who brought the house down; **cette chanson a fait un ~ en son temps** that song was a huge success in its day; **son bouquin a fait un ~ en librairie** her book was a runaway success in the bookshops; **un ~ est si vite arrivé: je verrouille la grille quand les enfants sont dans le jardin, un ~ est si vite arrivé!** I lock the gate when the children are in the garden, you can't be too careful!; **pose cette tasse, un ~ est si vite arrivé!** put that cup down before there's an accident!; **parle pas de ~!** *fam* God forbid!, Lord save us!; **ils veulent tous venir chez toi – parle pas de ~!** they all want to come to your place – oh please no!; **un ~ ne vient** OU **n'arrive jamais seul** *prov* it never rains but it pours *prov*; **et maintenant, j'apprends qu'il est malade, un ~ ne vient jamais seul!** and now I hear he's ill, if it's not one thing (then) it's another! -**2.** [malchance]: **le ~** misfortune, bad luck; **le ~ a voulu que...** as bad luck would have it...; **avoir le ~ de** to be unfortunate enough to, to have the misfortune to; **j'ai eu le ~ de perdre mon père jeune** I had the OU it was my misfortune to lose my father when I was young; **j'ai eu le ~ de lui dire de se taire!** I was foolish enough to ask her OU I made the mistake of asking her to be quiet!; **une vie marquée par le ~** a life of misfortune OU sorrow; **être dans le ~** to suffer misfortunes OU hard times; **faire l'expérience du ~** to taste misfortune; **montrer du courage dans le ~** to show courage in the face of adversity OU hardship; **porter ~ à qqn** to bring sb bad luck; **arrête, ça porte ~!** stop, it brings bad luck!; **c'est toi qui m'as porté ~!** you've jinxed me!; **pour son/mon/ton ~: je l'ai bien connu, pour mon ~** I knew him well, more's the pity; **pour son ~, il était l'aîné de six enfants** unfortunately for him, he was the oldest of six ❑ **je joue de ~ en ce moment** I'm dogged by OU I've got a run of bad luck at the moment; **c'est dans le ~ qu'on connaît ses vrais amis** *prov* a friend in need is a friend indeed *prov*. -**3.** [désespoir]: **faire le ~ de qqn** to cause sb unhappiness, to bring sorrow to sb; **elle avait rencontré l'homme qui allait faire son ~** she'd met the man who was to be the curse OU bane of her life ❑ **le ~ des uns fait le bonheur des autres** *prov* one man's meat is another man's poison *prov*. -**4.** [inconvénient] trouble, problem; **le ~ c'est que j'ai perdu l'adresse** unfortunately, OU the trouble is I've lost the address; **son mari ne l'a jamais crue, c'est là le ~!** her husband never believed her, there's the tragedy (of it)!; **sans permis de travail, pas de possibilité d'emploi, c'est ça le ~** without a work permit you can't get a job, that's the snag OU the problem; **quel ~ que...** what a shame OU pity that..

◇ *interj* damn; **~, mon lait qui se sauve!** oh, damn, the milk's boiling over!; **~ à** woe betide *litt* OU *hum*; **~ à toi et à toute ta descendance!** a curse on you and all your family! ❑ **~ à l'homme par qui le scandale arrive** BIBLE woe to that man by whom the offence cometh; **~ aux vaincus!** *allusion Brennus* vae victis!, woe to the vanquished!

◆ **de malheur** *fam loc adj hum* accursed, wretched; **je ne remonterai plus sur ce vélo de ~** I'll never ride that wretched OU accursed bike again.

◆ **par malheur** *loc adv* unfortunately; **par ~, j'ai laissé la porte ouverte** unfortunately, I left the door open; **par ~, son fils est né avec la même maladie** sadly, her son was born with the same disease.

malheureusement [malœrøzmɑ̃] *adv* unfortunately; **je ne retrouve ~ pas mon agenda** unfortunately, OU I'm afraid I can't lay hands on my diary; **~ pour toi, il ne reste plus de petites tailles** you're out of luck, there are no small sizes left; **~, elle est morte le lendemain** sadly, she died the next day.

malheureux, euse [malœrø, øz] ◇ *adj* -**1.** [peiné] unhappy, miserable, wretched; **il est ~ s'il ne peut pas sortir** he's miserable OU unhappy when he can't go out; **je suis ~ de ne pouvoir l'aider** I feel sad OU wretched at not being able to help him; **leur air ~ en disait long** their unhappy OU miserable faces spoke volumes; **rendre qqn ~** to make sb miserable OU unhappy; **il l'a rendue malheureuse toute sa vie** he made her life a misery, he caused her lifelong unhappiness; **n'y pense plus, tu ne fais que te rendre ~** don't think about it any more, you're only making yourself miserable; **~ en ménage** unhappily married ❑ **être ~ comme une pierre** OU **les pierres** to be dreadfully unhappy. -**2.** [tragique] unhappy; **une enfance malheureuse** an unhappy childhood; **sans le savoir, nous entrions dans une époque malheureuse** without knowing it, we were entering a cruel period; **il devait avoir un destin ~** a wretched OU cruel fate was in store for him. -**3.** [malchanceux] unfortunate, unlucky; **les candidats ~ recevront une montre digitale** the unlucky losers will receive a digital watch; **le candidat ~ verra ses frais de déplacement remboursés** the unsuccessful candidate will have his travel expenses paid; **il est ~ au jeu/en amour** he has no luck with gambling/women || *(avant le n)*: **les ~ réfugiés/sinistrés** the unfortunate refugees/victims; **la malheureuse femme ne savait rien de la catastrophe** nobody had told the poor OU unfortunate OU wretched woman about the catastrophe. -**4.** [infructueux - initiative, effort] thwarted; [- amour] unrequited; [malencontreux - tentative] unfortunate, ill-fated; **son intervention a eu des suites malheureuses** her action had some unfortunate OU unhappy consequences; **oublions tout de ce ~ incident** OU **de cet incident ~** let's forget this unfortunate incident; **par un ~ hasard** by an unfortunate coincidence, as bad luck would have it; **parler de suicide devant elle, le mot était ~** it was rather clumsy OU unfortunate to talk about suicide in front of her ❑ **ce n'est pas ~!** *fam* about time too!, not a moment too soon! -**5.** *(avant le n)* [insignifiant]: **pleurer ainsi pour un ~ parapluie perdu/une malheureuse piqûre!** all these tears for a stupid lost umbrella/a tiny little injection!; **ne nous battons pas pour quelques ~ centimes** let's not fight over a few measly centimes; **sur le plat il n'y avait qu'un ~ poulet et deux poireaux** on the dish there was just a pathetic-looking chicken and a couple of leeks. -**6.** [dans des tournures impersonnelles]: **il est ~ que vous ne l'ayez pas rencontré** it's unfortunate OU a pity OU a shame you didn't meet him; **il est ~ que le gouvernement n'ait pas compris cet appel** it is to be regretted that the Government didn't hear that plea; **ce serait ~ de ne pas en profiter** it would be a pity OU shame not to take advantage of it ❑ **c'est ~ à dire, mais c'est la vérité** it's an awful thing to say, but it's the truth; **c'est ~ à dire, mais je m'ennuie** I hate to say so but I'm bored; **si c'est pas ~ (de voir/d'entendre ça)!** *fam* it's a (crying) shame (to see/to hear that)!

◇ *nm, f* -**1.** [indigent] poor OU needy man (*f* woman); **secourir les ~** to help the poor OU the needy OU those in need. -**2.** [personne pitoyable] unfortunate OU wretched man (*f* woman); **il est bien seul maintenant, le pauvre ~** he's very much on his own now, the poor devil; **le ~ ne comprenait rien à ce qui se passait** the poor wretch OU soul didn't understand anything that was going on; **faire un ~** [attrister qqn] to make someone unhappy; **vous allez faire des ~ avec votre nouvelle taxe** you'll make some people (very) unhappy with your new tax; **elle a fait plus d'un ~ quand elle s'est mariée** she made more than one man unhappy OU broke quite a few hearts when she got married; **attention, petit ~!** careful, you wretched boy OU little wretch!; **qu'as-tu dit là, ~!** what a thing to say!

malhonnête [malɔnɛt] ◇ *adj* -**1.** [sans scrupules] dishonest, crooked; **c'est ~ de sa part** it's dishonest of him. -**2.** *vieilli* [impoli] rude, impolite, uncivil.

◇ *nmf* cheat, crook.

malhonnêtement [malɔnɛtmɑ̃] *adv* -**1.** [sans scrupules] dishonestly. -**2.** *vieilli* [impoliment] rudely.

malhonnêteté [malɔnɛtte] *nf* -**1.** [manque de probité] dishonesty, crookedness; **~ intellectuelle** intellectual dishonesty. -**2.** *vieilli* [impolitesse] rude remark; **il m'a dit une ~** he said something rude to me.

mali [mali] *nm Belg* deficit.

Mali [mali] *npr m*: **le ~** Mali; **elle vit au ~** she lives in Mali; **ils partent pour le** OU **au ~** they're leaving for Mali.

malice [malis] *nf* mischievousness, impishness, prankishness; **il a de la ~, ce petit-là!** he's a mischievous OU cheeky little thing, that one!; **un regard plein** OU **pétillant de ~** an impish OU a mischievous look ❑ **je suis sûre qu'elle n'y entendait pas ~** *sout* I'm sure she didn't mean any harm (by it); **il n'y a vu aucune ~ de leur part** *sout* he didn't think they meant anything by it.

◆ **sans malice** ◇ *loc adj* guileless, innocent.

◇ *loc adv*: **je me suis moqué de lui, mais c'était sans ~** I made fun of him but it wasn't serious.

malicieusement [malisjøzmɑ̃] *adv* mischievously, impishly.

malicieux, euse [malisjø, øz] *adj* mischievous, impish; **elle a la repartie malicieuse** she's never at a loss for a smart answer.

malien, enne [maljɛ̃, ɛn] *adj* Malian.

◆ **Malien, enne** *nm, f* Malian.

maligne [maliɲ] *f* → **malin**.

malignement [maliɲmɑ̃] *adv* [avec méchanceté] spitefully; [par méchanceté] out of spite.

malignité [maliɲite] *nf* -**1.** [d'une action, d'une personne] malice, spitefulness, spite; [du sort] cruelty; **la ~ de cette remarque n'échappa à personne** the spitefulness of the remark wasn't lost on anyone. -**2.** MÉD malignancy.

malin, igne [malɛ̃, iɲ] ◇ *adj* -**1.** [rusé] cunning, crafty, shrewd; **elle avait un petit air ~** she had a wily OU cunning look about her ❑ **être ~ comme un singe** to be as cunning as a fox; **à trois ans, il était déjà ~ comme un singe** at three years of age he was already an artful little

monkey; **jouer au plus ~ avec qqn** to try and outsmart OU outwit sb. -**2.** [intelligent] bright, clever, smart *esp Am*; **elle est très maligne** she's very smart OU bright; **tu te crois ~ d'avoir copié sur les autres?** so you think cribbing from the others was a clever thing to do?; **c'est ~!** *iron* very clever!; **bien ~ qui comprendra** it'll take a genius to understand that; **alors, 224 multiplié par 2, ce n'est pourtant pas bien ~!** so, 224 times 2, that's not so hard OU that's not taxing your brain too much, is it? -**3.** MÉD [tumeur] malignant. -**4.** [malveillant]: **elle mettait une joie maligne à me poser les questions les plus difficiles** she would take a perverse pleasure in asking me the most difficult questions || *(avant le n)*: **éprouver un ~ plaisir à faire qqch** to experience (a) malicious pleasure in doing sthg ❑ **l'esprit ~** the Devil.
◇ *nm, f* clever person; **c'est un ~, il trouvera bien une solution** he's a bright spark, he'll find a way; **la petite maligne avait tout prévu** the crafty little so-and-so had thought of everything ❑ **gros ~, va!** *fam iron* very clever!; **alors, gros ~, montre-nous ce que tu sais faire** *fam iron* OK, wise guy, show us what you can do; **les petits ~s qui doublent sur une ligne blanche** *iron* the smart alecks OU clever dicks *Br* who overtake on a solid white line; **faire le ~**: **arrêtez de faire les ~s!** stop messing about!; **fais pas le ~ avec moi** don't (you) get smart with me; **à ~, ~ et demi** *prov* there's always somebody smarter than you somewhere.
◆ **Malin** *nm*: **le Malin** the Devil, the Evil One.

malingre [malɛ̃gr] *adj* puny, sickly, frail; **son corps ~** her puny OU frail body.

malinois [malinwa] *nm* Belgian sheepdog.

malintentionné, e [malɛ̃tɑ̃sjɔne] *adj* nasty, spiteful; **des propos ~s** malicious OU spiteful remarks; **être ~ à l'égard de** OU **envers qqn** to be ill-disposed towards sb.

malique [malik] *adj* malic.

malle [mal] *nf* -**1.** [valise] trunk; **faire sa ~** OU **ses ~s** to pack one's bags ❑ **se faire la ~** *fam*: **allez, on se fait la ~!** come on, let's split!; **quand je suis revenu, elle s'était fait la ~** when I got back she'd flown the coop. -**2.** AUT & *vieilli* boot *Br*, trunk *Am*. -**3.** TRANSP: **la Malle des Indes** HIST the Indian Mail; **la Malle d'Anvers** *Belg* the Antwerp ferry.

malléabilisation [maleabilizasjɔ̃] *nf* malleabilizing.

malléabiliser [3] [maleabilize] *vt* to malleabilize.

malléabilité [maleabilite] *nf* -**1.** [souplesse] flexibility, malleability, pliability. -**2.** MÉTALL malleability.

malléable [maleabl] *adj* -**1.** [cire] soft; [caractère, personnalité] easily influenced OU swayed *péj*; **elle n'est pas très ~** she's rather rigid OU inflexible. -**2.** MÉTALL malleable.

malléole [maleɔl] *nf* malleolus.

malle-poste [malpɔst] (*pl* **malles-poste**) *nf* mailcoach.

mallette [malɛt] *nf* -**1.** [valise] suitcase; [porte-documents] attaché case, briefcase; [trousse à outils] tool box. -**2.** *Belg* [cartable d'écolier] satchel.

mal-logé, e [mallɔʒe] (*mpl* **mal-logés**, *fpl* **mal-logées**) *nm, f* person living in bad housing; **les ~s** the badly housed, the poorly housed.

malmener [19] [malməne] *vt* -**1.** [brutaliser] to manhandle, to handle roughly; **arrête de ~ cet enfant** stop maltreating that child. -**2.** *fig* [traiter sévèrement] to bully, to push around; **un metteur en scène réputé pour ~ les acteurs** a director renowned for giving actors a rough OU hard time; **malmené par la presse** mauled by the press; **malmené par la critique** panned by the critics. -**3.** SPORT: **~ un adversaire** to give an opponent a hard time, to maul an opponent.

malnutri, e [malnytri] ◇ *adj* malnourished.
◇ *nm, f* person suffering from malnutrition.

malnutrition [malnytrisjɔ̃] *nf* malnutrition.

malodorant, e [malɔdɔrɑ̃, ɑ̃t] *adj* malodorous, foul-smelling, smelly.

malonique [malɔnik] *adj* malonic.

malotru, e [malɔtry] *nm, f sout* boor, lout, oaf.

malouin, e [malwɛ̃, in] *adj* from Saint-Malo.
◆ **Malouin, e** *nm, f inhabitant of or person from Saint-Malo*.

Malouines [malwin] *npr fpl*: **les (îles) ~** the Falkland Islands, the Falklands, the Malvinas.

mal-pensant [malpɑ̃sɑ̃] (*pl* **mal-pensants**) *nm* dissenter.

malpoli, e [malpɔli] ◇ *adj* rude, impolite, bad-mannered; **c'est ~!** that's rude!
◇ *nm, f* lout, boor, rude man (*f* woman); **petit ~!** you rude (little) boy!; **petite ~e!** you rude (little) girl!

malposition [malpozisjɔ̃] *nf* malposition; **lorsqu'il y a ~ dentaire** OU **de la dent** when the tooth comes through the wrong way.

malpropre [malprɔpr] ◇ *adj* -**1.** [crasseux] dirty, filthy, unclean; **des mains ~s** dirty OU grubby hands. -**2.** [mal fait - travail] shoddy, sloppily done; **cette serrure, c'est du travail ~** that lock is a shoddy piece of work. -**3.** [inconvenant, impudique] dirty, filthy, smutty. -**4.** [malhonnête] obnoxious, dishonest, unsavoury.
◇ *nmf* filthy swine; **se faire chasser** OU **renvoyer comme un ~** to be sent packing.

malproprement [malprɔprəmɑ̃] *adv* [manger] messily; [travailler] shoddily, sloppily; [agir] vilely, sordidly.

malpropreté [malprɔprəte] *nf* -**1.** [aspect sale] dirtiness, filthiness, uncleanliness. -**2.** [acte malhonnête] low OU dirty OU filthy trick. -**3.** [propos indécent] dirty OU smutty remark; **dire des ~s** to talk smut; **où as-tu appris ces ~s?** where did you learn such filthy OU disgusting language?

malsain, e [malsɛ̃, ɛn] *adj* -**1.** [nuisible à la santé] unhealthy; **climat ~** unhealthy climate; **nourriture ~e** unhealthy OU unwholesome food; **une industrie ~e** *fig* an ailing industry. -**2.** [pervers - ambiance] unhealthy; **ils ont des rapports ~s** they have an unhealthy relationship; **une insistance ~e** unhealthy OU morbid insistence; **c'est ~ de laisser les enfants voir de tels films** it's unhealthy OU dangerous to let children watch films like that. -**3.** *fam* [dangereux]: **c'est plutôt ~ par ici** it's a bit dodgy around here; **je sentais que ça allait devenir ~** I could sense things would soon turn nasty; **un quartier ~** a rough OU tough area.

malséant, e [malseɑ̃, ɑ̃t] *adj litt* [contraire - aux conventions] unseemly, improper, indecorous; [- à la décence] indecent, improper.

malsonnant, e [malsɔnɑ̃, ɑ̃t] *adj litt* [inconvenant] offensive, indecent, objectionable; **après un échange de propos ~s** *hum* after exchanging a few uncomplimentary remarks.

malstrom [malstrɔm] = **maelström**.

malt [malt] *nm* malt; **~ vert** green malt.

maltage [maltaʒ] *nm* malting.

maltais, e [maltɛ, ɛz] *adj* Maltese.
◆ **Maltais, e** *nm, f* Maltese; **les Maltais** the Maltese.
◆ **maltais** *nm* -**1.** LING Maltese. -**2.** [chien] Maltese (dog).
◆ **maltaise** *nf* Maltese (blood orange).

Malte [malt] *npr* Malta; **à ~** in Malta.

malter [3] [malte] *vt* to malt; **lait malté** malted milk.

malterie [maltəri] *nf* -**1.** [usine] maltings. -**2.** [processus] malting.

malteur [maltœr] *nm* maltster, maltman.

malthusianisme [maltyzjanism] *nm* Malthusianism.

malthusien, enne [maltyzjɛ̃, ɛn] *adj* & *nm, f* Malthusian.

maltose [maltoz] *nm* maltose.

maltraiter [4] [maltrete] *vt* -**1.** [brutaliser] to ill-treat, to mistreat, to maltreat; **les otages n'ont pas été maltraités par leurs ravisseurs** the hostages were not mistreated by their kidnappers; **~ sa femme/ses enfants** to batter one's wife/one's children. -**2.** *fig* [malmener] to misuse; **les accords internationaux sont bien maltraités** international agreements are being ignored OU trampled on; **la pièce a été maltraitée par la critique** the play was mauled by the critics.

malus [malys] *nm* penalty *(claims premium)*.

malvacée [malvase] *nf* member of the mallow OU malvaceous *spéc* family; **les ~s** the Malvaceae.

malveillance [malvɛjɑ̃s] *nf* -**1.** [méchanceté] malevolence, spite, malice; **ne voyez là aucune ~ de ma part** please do not think there is any ill will on my part. -**2.** [intention criminelle] criminal intent, malice aforethought JUR; **d'après la police, l'incendie serait le fait de la ~** according to the police, the fire was started with malicious intent.

malveillant, e [malvɛjɑ̃, ɑ̃t] ◇ *adj* -**1.** [méchant] malevolent, malicious, spiteful; **des propos ~s** malicious OU spiteful remarks; **un sourire ~** a malevolent OU poisonous smile. -**2.** [qui cherche à nuire] malicious; **l'intention ~e a été prouvée** malicious intent has been proved.
◇ *nm, f* malicious OU hostile OU malevolent person.

malvenu, e [malvəny] *adj* -**1.** *sout* [inopportun] untimely, inopportune; **votre remarque était ~e** your remark was untimely. -**2.** *litt*: **être ~ à** OU **de faire qqch** to be in no position to do sthg; **il serait ~ à se plaindre** he's hardly in a position to complain. -**3.** [mal formé - arbre, enfant] underdeveloped, malformed.

malversation [malvɛrsasjɔ̃] *nf* embezzlement; **il est coupable de ~s** he is guilty of embezzlement OU misappropriation (of funds).

malvoisie [malvwazi] *nm* -**1.** [vin] malmsey. -**2.** [cépage] malvasia, malmsey grape.

malvoyant, e [malvwajɑ̃, ɑ̃t] ◇ *adj* partially-sighted.
◇ *nm, f* partially sighted person; **les ~s** the partially sighted.

maman [mamɑ̃] *nf* -**1.** [terme d'appellation] mum *Br*, mummy *Br*, mom *Am*. -**2.** [mère] mother; **toutes les ~s sont invitées** all mothers OU mums are invited; **la plus belle récompense d'une ~** the finest reward a mother could ask for.

mamba [mɑ̃mba] *nm* mamba; **~ noir/vert** black/green mamba.

mambo [mɑ̃mbo] *nm* mambo.

mamelle [mamɛl] *nf* -**1.** [sein] breast; **un enfant à la ~** *litt* a suckling (child); **la pêche et l'élevage sont les deux ~s de notre économie** *allusion Sully* fishing and farming are the lifeblood of our economy. -**2.** [pis] udder, dug *litt*. -**3.** [du sabot d'un cheval] side walls.

mamelon [mamlɔ̃] *nm* -**1.** [d'une femme] nipple. -**2.** [colline] hillock, hummock, mamelon *spéc*. -**3.** [d'un gond] gudgeon.

mamelonné, e [mamlɔne] *adj* -**1.** MÉD mamillated *Br*, mammillated *Am*. -**2.** GÉOG hummocky.

mamelouk [mamluk] *nm* Mameluke.

mamelu, e [mamly] *adj arch* busty.

mamie *fam* [mami] *nf* granny, grannie.

mamillaire [mamilɛr] ◇ *adj* mamillary; **corps** OU **tubercules ~s** mamillary bodies.
◇ *nf* nipple cactus.

mammaire [mamɛr] *adj* mammary.

mammectomie [mamɛktɔmi] *nf* mastectomy.

mammifère [mamifɛr] *nm* mammal; **les grands ~s** the higher mammals.

mammite [mamit] *nf* mastitis.

mammographie [mamɔgrafi] *nf* mammography.

Mammon [mamɔ̃] *npr* Mammon.

mammoplastie [mamɔplasti] *nf* mammoplasty, mammaplasty.

mammouth [mamut] *nm* mammoth.

mamours *fam* [mamur] *nmpl* cuddle; **faire des ~ à qqn** to caress sb.

mam'selle *fam* [mamzɛl] *nf* Miss; **alors, ma petite ~, ça va?** and how's my little Miss?

mamy *fam* [mami] = **mamie.**
mam'zelle *fam* [mamzɛl] = **mam'selle.**
Man [man] *npr* → **île.**
manade [manad] *nf herd of horses or bulls in the Camargue.*
management [manadʒmɛnt] *nm* management COMM & SPORT.
manager[1] [17] [manadʒe] *vt* to manage COMM & SPORT.
manager[2] [manadʒœr] *nm* manager COMM & SPORT.
Managua [managwa] *npr* Managua.
manant [manɑ̃] *nm* -**1.** HIST [villageois] villager; [paysan] peasant, villein HIST. -**2.** *litt* [mufle] churl, boor.
manche [mɑ̃ʃ] ◇ *nm* -**1.** [d'un outil] handle; **à ~ court** short-handled; **à ~ long** longhandled; **~ de pioche** pickaxe handle OU shaft ❑ **être** OU **se mettre du côté du ~** *fam* to be on the right side of the fence, to side with the winner; **il ne faut jamais jeter le ~ après la cognée** *prov* never say die *prov*, always have another go. -**2.** ▽ [personne maladroite] clumsy oaf; **tu t'y prends comme un ~** you're making a right mess of it; **pour l'organisation du dîner, vous vous êtes débrouillés** OU **vous vous y êtes pris comme des ~s** you made a right mess of organizing the dinner. -**3.** ▽ [obstacle]: **tomber sur un ~** to come up against a snag. -**4.** AÉRON: **~ à balai** *fam* joystick, control column. -**5.** CULIN [de côtelette, de gigot] bone; **~ à gigot** leg of mutton holder. -**6.** MUS neck.
◇ *nf* -**1.** VÊT sleeve; **sans ~s** sleeveless; **à ~s courtes/longues** short-/long-sleeved; **être en ~s de chemise** to be in one's shirt-sleeves ❑ **~ bouffante/trois-quarts** puff/three-quarter sleeve; **~ gigot/raglan** leg-of-mutton/raglan sleeve; **~ ballon** puff sleeve; **~ chauve-souris** batwing sleeve; **avoir qqn dans sa ~** *fam fig* to have sb in one's pocket; **il a le conseil municipal dans sa ~** he's well in with the local council. -**2.** [conduit]: **~ à air** AÉRON wind-sock; NAUT air shaft; **~ à charbon** coal chute; **~ à ordures** rubbish chute *Br*, garbage shoot *Am*. -**3.** GÉOG channel, straits *(sg)*. -**4.** JEUX [gén] round; BRIDGE game; SPORT [gén] leg; TENNIS set; **gagner la première ~** *fig* to win the first round; **une négociation en plusieurs ~s** *fig* a multi-round negotiation. -**5.** *fam loc*: **faire la ~** [mendiant] to beg; [musicien, mime] to busk *Br*, to perform in the streets.
Manche [mɑ̃ʃ] *npr f* -**1.** [mer]: **la ~** the (English) Channel. -**2.** [région d'Espagne]: **la ~** La Mancha. -**3.** [département français]: **la ~** the Manche.
mancheron [mɑ̃ʃrɔ̃] *nm* -**1.** VÊT short sleeve. -**2.** AGR handle *(of plough)*.
Manchester [mɑ̃tʃɛstɛr] *npr* Manchester.
manchette [mɑ̃ʃɛt] *nf* -**1.** VÊT [décorative] cuff; [de protection] oversleeve. -**2.** PRESSE (front-page) headline; **la nouvelle a fait la ~ de tous les journaux** the news made the headlines OU the story was headline news in all the papers. -**3.** IMPR [note] side note. -**4.** SPORT forearm smash; ESCRIME slash on the sword wrist. -**5.** CONSTR: **~ de garantie** watertight sleeve OU collar.
manchon [mɑ̃ʃɔ̃] *nm* -**1.** VÊT [pour les mains] muff; [guêtre] gaiter. -**2.** TECH [de protection] sleeve, casing; **~ à gaz** OU **à incandescence** incandescent mantle. -**3.** PAPETERIE, PLOMBERIE & VERRERIE muff *spéc*.
manchot, e [mɑ̃ʃo, ɔt] ◇ *adj*: **~ d'un bras** one-armed; **~ d'une main** one-handed; **il n'est pas ~** *fam* [il est habile de ses mains] he's clever with his hands; [il est efficace] he knows how to go about things.
◇ *nm, f* [d'un bras] one-armed person; [d'une main] one-handed person.
◆ **manchot** *nm* ZOOL penguin; **~ empereur** emperor penguin.
mandala [mɑ̃dala] *nm* mandala.
Mandalay [mɑ̃dalɛ] *npr* Mandalay.
mandale ▽ [mɑ̃dal] *nf* slap (in the face), clout; **tu veux une ~?** do you want a clip round the ear?
mandant, e [mɑ̃dɑ̃, ɑ̃t] *nm, f* -**1.** JUR principal. -**2.** POL [gén] voter; [d'un député] constituent.
mandarin [mɑ̃darɛ̃] *nm* -**1.** HIST mandarin. -**2.** [personnage influent] mandarin. -**3.** ZOOL mandarin duck. -**4.** LING Mandarin Chinese.
mandarinal, e, aux [mɑ̃darinal, o] *adj* mandarinic.
mandarinat [mɑ̃darina] *nm* -**1.** HIST mandarinate. -**2.** *péj* [élite]: **le ~ littéraire/politique** the political/literary establishment.
mandarine [mɑ̃darin] *nf* mandarin (orange).
mandarinier [mɑ̃darinje] *nm* mandarin tree.
mandat [mɑ̃da] *nm* -**1.** JUR [procuration] proxy, power of attorney; **donner ~ à qqn pour faire qqch** to give sb power of attorney to do sthg; **choisissez une personne à qui donner votre ~** choose a proxy ❑ **~ d'amener** ≃ subpoena *(to accused)*; **~ d'arrêt** (arrest) warrant; **un ~ d'arrêt à l'encontre de...** a warrant for the arrest of...; **~ de comparution** summons; **~ de dépôt** committal (order); **~ de justice** (police) warrant; **~ de perquisition** search warrant. -**2.** POL [fonction] mandate; [durée] term of office; **l'homme à qui vous avez donné votre ~** the man you have elected; **tel est mon ~** that is what I was elected to do; **ces prérogatives n'entrent pas dans son ~** he does not have a mandate to exercise these prerogatives; **solliciter le renouvellement de son ~** to seek reelection; **elle a rempli son ~** POL she's fulfilled her mandate; [gén] she's done what she was asked to do. -**3.** FIN: **~ (de paiement)** order to pay; **~ poste** OU **postal** postal order *Br*, money order *Am*; **~ international** OU **sur l'étranger** international money order. -**4.** HIST: **~ international** international mandate; **les pays sous ~ (international)** mandated countries, mandates.
mandataire [mɑ̃datɛr] *nmf* -**1.** JUR attorney, proxy; **constituer un ~** to appoint a proxy. -**2.** POL representative. -**3.** COMM: **~ aux Halles** sales agent *(at a wholesale market)*.
mandataire-liquidateur [mɑ̃datɛrlikidatœr] (*pl* **mandataires-liquidateurs**) *nm* liquidator *(acting as proxy for the creditors)*.
mandat-carte [mɑ̃dakart] (*pl* **mandats-cartes**) *nm* postal order *Br*, money order *Am*.
mandat-contributions [mɑ̃dakɔ̃tribysjɔ̃] (*pl* **mandats-contributions**) *nm* postal order *Br* OU money order *Am (for payment of income tax)*.
mandatement [mɑ̃datmɑ̃] *nm* -**1.** JUR appointment, commissioning; **~ d'office** establishment of a commission. -**2.** FIN order to pay.
mandater [3] [mɑ̃date] *vt* -**1.** [députer] to appoint, to commission. -**2.** POL: **~ qqn** to elect sb, to give sb a mandate; **~ des délégués pour un congrès** to mandate delegates to a conference. -**3.** FIN to pay by postal order *Br* OU money order *Am*. -**4.** JUR [donner un mandatement] to make OU to issue an order to pay.
mandat-lettre [mɑ̃dalɛtr] (*pl* **mandats-lettres**) *nm* postal order *Br* OU money order *Am (with space for a short message)*.
mandature [mɑ̃datyr] *nf* term of office.
mandchou, e [mɑ̃dʃu] *adj* Manchu, Manchurian.
◆ **Mandchou, e** *nm, f* Manchu.
◆ **mandchou** *nm* LING Manchu.
Mandchourie [mɑ̃dʃuri] *npr f*: (la) **~** Manchuria.
mandement [mɑ̃dmɑ̃] *nm* -**1.** HIST command, mandate, order. -**2.** RELIG pastoral (letter).
mander [3] [mɑ̃de] *vt litt* & *vieilli* -**1.** [faire venir] to send for *(insép)*. -**2.** [ordonner]: **~ à qqn de faire qqch** to instruct sb to do stgh. -**3.** [informer]: **~ une nouvelle à qqn** to convey news to sb.
mandibulaire [mɑ̃dibylɛr] *adj* mandibular.
mandibule [mɑ̃dibyl] *nf* ANAT & ZOOL mandible.
◆ **mandibules** *fam nfpl*: **jouer des ~s** to munch away.
mandoline [mɑ̃dɔlin] *nf* -**1.** MUS mandolin, mandoline. -**2.** [hachoir] (vegetable) slicer, mandolin, mandoline.
mandoliniste [mɑ̃dɔlinist] *nmf* mandolin player, mandolinist.
mandragore [mɑ̃dragɔr] *nf* mandrake, mandragora.
mandrill [mɑ̃dril] *nm* mandrill.
mandrin [mɑ̃drɛ̃] *nm* -**1.** [pour soutenir - sur un tour] mandril, mandrel; [- sur une machine-outil] chuck; **~ à griffes/mâchoires** claw/jaw chuck. -**2.** [pour percer] punch; [pour agrandir des trous] drift. -**3.** MÉTALL swage, mandrel. -**4.** PAPETERIE mandrel, core.
manécanterie [manekɑ̃tri] *nf vieilli* parish choir school.
manège [manɛʒ] *nm* -**1.** ÉQUIT [salle] manege; [école] riding school, manege; [exercices] riding exercises, manege work; **heures de ~** hours spent riding in a manege. -**2.** LOISIRS: **~ (de chevaux de bois)** merry-go-round, roundabout; **la foire a installé ses ~s** the fun fair has set up its attractions OU machines OU shows. -**3.** [comportement sournois] (little) game; **tu copies sur ton frère, j'ai bien vu ton (petit) ~** you've been cribbing from your brother's work, I've seen what you're up to OU I'm on to your little game || [comportement mystérieux] goings-on; **j'observai quelques instants ce ~** I watched these goings-on for a few minutes; **je ne comprenais rien à leur ~** I couldn't figure out what they were up to. -**4.** DANSE manège. -**5.** AGR: **~ de traite** rotary milking platform OU parlour, rotolactor. -**6.** [piste de cirque] ring.
mânes [man] *nmpl* -**1.** ANTIQ manes. -**2.** *litt* spirits; **les ~ de nos ancêtres** the spirits of our ancestors.
maneton [mantɔ̃] *nm* crankpin.
manette [manɛt] *nf* (hand) lever, (operating) handle; **~ des gaz** AÉRON throttle (control OU lever).
manganate [mɑ̃ganat] *nm* manganate.
manganèse [mɑ̃ganɛz] *nm* manganese.
manganeux [mɑ̃ganø] *adj m* manganous.
manganite [mɑ̃ganit] ◇ *nm* manganite (salt).
◇ *nf* manganite (hydroxide).
mangeable [mɑ̃ʒabl] *adj* [comestible] edible; [médiocre] (just about) edible OU eatable; **c'est bon? — c'est ~** is it good? — it's edible.
mangeaille [mɑ̃ʒaj] *nf* -**1.** *vieilli* [pâtée d'animaux - gén] feed; [- pour cochons] (pig) swill. -**2.** *péj* [nourriture abondante et médiocre] food; **la vue de toute cette ~ me soulevait le cœur** the sight of those mound of awful food made me feel sick.
mange-disque [mɑ̃ʒdisk] (*pl* **mange-disques**) *nm* slotfed record player.
mangeoire [mɑ̃ʒwar] *nf* [pour le bétail] trough, manger; [pour les animaux de basse-cour] trough.
mangeotter *fam* [3] [mɑ̃ʒɔte] ◇ *vi* to nibble OU to pick OU to peck (at one's food), to play with one's food.
◇ *vt* to pick OU to nibble at *(insép)*.
manger[1] [mɑ̃ʒe] *nm* food, meal; **je suis en train de lui faire son ~** I'm getting his food ready (for him); **on peut apporter son ~** customers OU patrons are allowed to consume their own food on the premises.
manger[2] [17] [mɑ̃ʒe] ◇ *vt* -**1.** [pour s'alimenter] to eat; **~ un sandwich** to eat a sandwich; [au lieu d'un repas] to have a sandwich; **~ du poisson** to eat fish; **je ne mange pas de poisson** I don't eat fish; **elle mange de tout** she'll eat anything, she's not a fussy eater; **elle a tout mangé** she's eaten it all up; **tu mangeras bien un morceau?** you'll have a bite to eat, won't you?; **qu'est-ce que vous avez mangé aujourd'hui à la cantine, les enfants?** what did you have (to eat) for dinner at school today, children?; **on en mangerait** it looks good enough to eat; **on s'est fait ~ par les moustiques** *fam fig* we were bitten to death by mosquitoes ❑ **~ de la vache enragée** *fam* to have a hard time of it; **il a mangé de la vache enragée dans**

les années 60 he had a lean OU hard time of it in the 60s; **il a mangé du lion aujourd'hui** *fam* he's full of beans today; **il ne mange pas de ce pain-là** he doesn't go in for that sort of thing, that's not his cup of tea; **~ la soupe sur la tête de qqn** *fam*: **il peut me ~ la soupe sur la tête** [il est beaucoup plus grand] he's a head taller than me; [il est bien meilleur] he's miles better than me; **~ le morceau** *fam* to talk, to sing; **~ les pissenlits par la racine** *fam* to be pushing up (the) daisies; **~ son pain blanc le premier** to have it good while it lasts; **~ son pain noir le premier** to get the worst over with first; **dis-moi ce que tu manges, je te dirai qui tu es** tell me what you eat and I'll tell you who you are, you are what you eat. **-2.** *fig* to eat; **elle ne va pas te ~!** she's not going to eat OU to bite you!; **~ qqn/qqch des yeux**: **elle le mangeait des yeux** she (just) couldn't take her eyes off him; **~ qqn de baisers** to smother sb with kisses; **il est mignon, on le mangerait!** he's so cute I could eat him all up! **-3.** [ronger]: **~ ses ongles** to bite one's nails; **couvertures mangées aux mites** OU **par les mites** moth-eaten blankets; **une statue mangée par l'air marin** a statue eaten away by the sea air. **-4.** [prendre toute la place dans]: **le canapé mange tout le salon** the settee takes OU eats up all the space in the lounge; **tes cheveux te mangent la figure** your hair is hiding your face; **elle avait de grands yeux qui lui mangeaient le visage** her eyes seemed to take up her whole face; **une horrible cicatrice lui mangeait tout le front** his forehead was slashed with a horrible scar. **-5.** [négliger]: **~ ses mots** OU **la moitié des mots** to swallow one's words, to mumble, to mutter; **~ la commission/la consigne** to forget the message/one's orders. **-6.** [dépenser] to get through *(insép)*; **~ son capital** to eat up one's capital; **peu à peu, j'ai mangé mes économies** I gradually ran through my savings; **la chaudière mange un stère de bois tous les cinq jours** the boiler gets through OU eats up OU consumes a cubic metre of wood every five days; **l'imprimante mange du papier** the printer is heavy on paper ❑ **~ son blé en herbe** to spend one's money even before one gets it; **ça ne mange pas de pain** *fam*: **on peut toujours essayer, ça ne mange pas de pain** we can always have a go, it won't cost us anything; **il fait l'éloge de son prédécesseur, ça ne mange pas de pain** praising his predecessor costs him nothing OU is no skin off his nose.

◇ *vi* **-1.** [s'alimenter] to eat; **il ne sait pas ~ avec une fourchette/des baguettes** he doesn't know how to eat with a fork/with chopsticks; **~ dans une assiette** to eat off a plate; **apprends-lui à ~ correctement à table** teach her some (proper) table manners; **il a bien mangé** [en quantité ou en qualité] he's eaten well; **j'ai mal mangé** [insuffisamment] I didn't eat enough, I didn't have enough to eat; [de la mauvaise qualité] I didn't have a very good meal; **il faut ~ léger** you should eat light meals; **~ à sa faim** to eat one's fill; **nous ne mangions pas tous les jours à notre faim** we didn't always have enough food OU enough to eat; **le bébé/chat mange toutes les trois heures** the baby/cat has to be fed once every three hours; **pendant que je fais ~ les jumeaux** while I feed the twins ❑ **~ comme un cochon** *fam* to eat like a pig; **~ comme quatre** *fam* OU **comme un ogre** OU **comme un chancre**▽ to eat like a horse; **~ comme un moineau** to eat like a sparrow; **~ à s'en faire péter la sous-ventrière** to eat till one is fit to burst; **~ du bout des dents** to pick at one's food; **il lui mange dans (le creux de) la main** *fig* he eats out of her hand; **~ sur le pouce** to have a snack, to grab a bite to eat; **~ avec un lance-pierres** *fam* [très vite] to have a hurried meal; **il faut ~ pour vivre et non pas vivre pour ~** *allusion Molière* one must eat to live and not live to eat; **~ à tous les râteliers** *péj*: **il mange à tous les râteliers** he's got a finger in every pie; **un magazine politique qui mange à tous les râteliers** a political journal which jumps on every passing bandwagon. **-2.** [participer à un repas]: **venez ~!** come and get it!; **venez ~ demain soir** come to dinner tomorrow evening; **vous mangerez bien avec nous?** won't you (have something to) eat with us?; **j'ai mangé avec eux** I had a meal OU I ate with them; **ils m'ont demandé de rester ~** they asked me to stay for a meal; **inviter qqn à ~** [chez soi] to ask sb round to eat; [au restaurant] to ask sb out for a meal; **allez, je vous invite à ~** [au restaurant] come on, I'll buy you a meal; **on a eu les Michaud à ~** *fam* we had the Michauds round for a meal; **~ à la carte** to eat à la carte OU from the à la carte menu; **~ dehors** [en plein air] to eat outside; **~ dehors** OU **au restaurant** to eat out; **~ chez soi** to eat in OU at home; **c'est un restaurant simple mais on y mange bien** it's an unpretentious restaurant, but the food is good. **-3.** [comme loc nominale]: **à ~** some food, something to eat; **je veux à ~** I want something to eat; **as-tu eu assez à ~?** have you had enough to eat?; **les pays qui n'ont pas assez à ~** the countries where people don't have enough food OU to eat; **donne à ~ au chat** feed the cat; **faire à ~ à qqn** to make something to eat for sb; **que veux-tu que je fasse à ~ ce soir?** what would you like me to cook OU to make for dinner (tonight)?

◆ **se manger** ◇ *vp (emploi passif)* to be eaten; **ça se mange avec de la mayonnaise** you eat it OU it is served with mayonnaise; **les huîtres se mangent crues** oysters are eaten raw; **cette partie ne se mange pas** you don't eat that part, that part shouldn't be eaten OU isn't edible.

◇ *vp (emploi réciproque) fam* to have a set-to; **ils se mangent entre eux** they're at each other's throats, they're squabbling among themselves ❑ **se ~ le nez** to quarrel; **toujours à se ~ le nez, ces deux-là!** these two are always at each other's throats!

◇ *vpt*: **se ~ les sangs** to worry o.s. sick.

mange-tout [mɑ̃ʒtu] *nm inv* **-1.** BOT [haricot] (French) mangetout bean; [petit pois] mangetout, sugar pea. **-2.** *vieilli* squanderer, wastrel.

mangeur, euse [mɑ̃ʒœr, øz] *nm, f* eater; **c'est un gros ~** he's a big eater, he eats a lot; **~ de: les Asiatiques sont de gros ~s de riz** people from Asia eat a lot of rice OU are big rice-eaters.

◆ **mangeuse** *fam nf*: **mangeuse d'hommes** man-eater; **attention, c'est une mangeuse d'hommes** watch out, she's a man-eater OU she eats men for breakfast.

mangoustan [mɑ̃gustɑ̃] *nm* mangosteen (fruit).

mangoustanier [mɑ̃gustanje] *nm* mangosteen (tree).

mangouste [mɑ̃gust] *nf* mongoose.

mangrove [mɑ̃grɔv] *nf* mangrove swamp.

mangue [mɑ̃g] ◇ *nm* ZOOL mangue.

◇ *nf* BOT mango.

manguier [mɑ̃gje] *nm* mango (tree).

maniabilité [manjabilite] *nf* **-1.** [d'un outil] manageability, practicability; **une caméra d'une grande ~** a camera which is very easy to handle; **critiqué par les consommateurs pour son manque de ~** criticized by consumers for its unwieldiness ‖ [d'une voiture] handling ability, manoeuvrability. **-2.** [plasticité - de l'argile] plasticity; [- du béton] workability.

maniable [manjabl] *adj* **-1.** [facile à utiliser - outil] handy, practical, easy to use OU to handle; [facile à travailler - cuir] easy to work. **-2.** [manœuvrable - voiture] easy to drive OU to handle; [- tondeuse] easy to handle OU to manoeuvre. **-3.** NAUT: **temps ~** fine weather; **vent ~** moderate wind. **-4.** [docile] tractable, malleable. **-5.** [matière plastique] plastic; [béton] workable; **l'argile est une matière ~** clay is an easily moulded material.

maniaco-dépressif, ive [manjakɔdepresif, iv] *(mpl* maniaco-dépressifs, *fpl* maniaco-dépressives) *adj & nm, f* manic-depressive.

maniaque [manjak] ◇ *adj* **-1.** [obsessionnel] fussy, fastidious; **il range ses livres avec un soin ~** he's obsessively OU fanatically tidy about his books ‖ [exigeant] fussy; **elle est si ~ pour les chaussures qu'elle les fait faire sur mesure** she's so particular OU fussy when it comes to shoes that she has them made to measure. **-2.** PSYCH manic; **état ~** mania.

◇ *nmf* **-1.** [personne - trop difficile] fussy person; [- qui a une idée fixe] fanatic; **c'est une ~ de la propreté** she's always got a duster in her hand; **mon médecin est un ~ des antibiotiques** my doctor prescribes antibiotics for everything; **enfin, un logiciel pour les ~s de l'orthographe/des mots croisés!** at last, a software package for spelling/crossword buffs! **-2.** [dément] maniac; **~ sexuel** sexual pervert, sex maniac.

maniaquerie [manjakri] *nf* fussiness, pernickEtiness; **son exactitude frôle la ~** there's something almost obsessive about her punctuality.

manichéen, enne [manikeɛ̃, ɛn] ◇ *adj* **-1.** RELIG Manichean, Manichaean. **-2.** *fig*: **il est très ~** he sees everything in very black-and-white terms.

◇ *nm, f* Manichean, Manichaean.

manichéisme [manikeism] *nm* **-1.** RELIG Manicheism, Manichaeism, Manichaeanism. **-2.** *fig* rigid OU uncompromising approach to things; **faire du ~** to see things in black and white.

manie [mani] *nf* **-1.** [idée fixe] obsession, quirk; **avoir la ~ de la propreté** to be obsessively clean OU a stickler for cleanliness; **il a la ~ de fermer toutes les portes** he has a habit of always closing doors; **c'est une ~, chez toi!** it's an obsession with you!; **ça tourne à la ~** *fam* it's getting to be a fixation OU an obsession; **chacun a ses petites ~s** everyone has his own peculiar ways OU little quirks; **il a des ~s de vieille fille** he's a real old woman. **-2.** PSYCH mania.

maniement [manimɑ̃] *nm* **-1.** [manipulation] handling, operating; **nous cherchons à simplifier le ~ de nos appareils** we're trying to make our equipment easier to handle OU to operate; **montre-lui le ~ de la télécommande** show her how to use OU to operate the remote control; **le ~ de la langue lui a toujours paru facile** *fig* he's always found it easy to speak the language OU had an easy command of the language; **quand vous aurez compris le ~ des concepts, nous passerons à la pratique** when you've grasped the ideas, we'll start putting them into practice; **rompu au ~ des affaires/des foules** *fig* used to handling business/manipulating crowds; **à l'armée ils sont initiés au ~ des armes** in the army they learn how to use a gun ❑ **~ d'armes** MIL (arms) drill. **-2.** [des animaux de boucherie] points (in fatstock).

manier [9] [manje] *vt* **-1.** [manipuler] to handle; **vers dix mois, il commencera à vouloir ~ les objets** at ten months, he'll want to start handling OU manipulating objects; **je n'aime pas la façon dont tu manies ce couteau** I don't like the way you're wielding OU using that knife; **facile/difficile à ~** easy/difficult to handle; **~ qqch avec délicatesse** to handle sthg gently; **la charrue est moins facile à ~ que tu ne le crois** the plough isn't as easy to handle as you think; **~ de grosses sommes** to handle large sums (of money); **elle manie des valeurs en tous genres** she deals with OU handles all types of securities. **-2.** [utiliser] to use, to operate; **avez-vous déjà manié un télescope/micro?** have you ever used a telescope/microphone?; **une imprimante portative très facile à ~** an easy-to-use portable printer; **elle sait ~ la caméra** she's good with a cine camera; **il savait ~ la plume** *fig* he was a fine writer; **il sait ~ l'euphémisme** he knows how OU when to use euphemism; **quelle maîtrise dans l'art de ~ le sarcasme!** what a masterful use of sarcasm! **-3.** [modeler - pâte] to knead; [- argile] to handle, to fashion.

◆ **se manier** *fam vpi* to get a move on, to hurry up.

manière [manjɛr] *nf* **-1.** [façon, méthode] way, manner; **d'une ~ ridicule** in a ridiculous manner, ridiculously; **d'une ~ bizarre** in a strange manner, strangely; **il y a différentes ~s**

d'accommoder le riz there are many ways of preparing rice; **quelle est la meilleure ~ d'aborder le sujet?** what's the best way of approaching the subject?; **c'est une ~ de parler** it's just a manner of speaking; **nous ne faisons pas les choses de la même ~** we don't do things (in) the same way ❑ **user de** OU **employer la ~ forte** to use strong-arm tactics; **il y a ~ et ~** there are ways and ways; **il fallait bien que je lui dise la vérité – oui mais il y a ~ et ~** I had to tell him the truth – yes, but there were other ways (of doing it). -**2.** GRAMM manner; **adjectif/adverbe de ~** adjective/adverb of manner. -**3.** [savoir-faire]: **la ~**: **avec les gosses, il a la ~** *fam* he's got a way OU he's good with kids; **il faut avoir la ~** you've got to have the knack; **les histoires qu'il raconte ne sont pas très drôles, mais il a la ~** the stories he tells aren't particularly funny, but it's the way he tells them; **refusez, mais mettez-y la ~** say no, but do it with tact. -**4.** [style] way, style; **elle ne se plaindra pas, ce n'est pas dans sa ~** she won't complain, it's not her way OU style; **c'est ma ~ d'être** that's the way I am; **sa ~ de marcher/s'habiller** his way of walking/dressing, the way he walks/dresses; **il a une drôle de ~ de recevoir les gens** he has a funny way of welcoming people ‖ BX-ARTS & CIN manner, style; **un tableau dans la ~ de Watteau** a painting in the manner OU style of Watteau; **un Truffaut première/dernière ~** an early/late Truffaut ❑ **~ noire** BX-ARTS mezzotint. -**5.** *sout*: **une ~ de** [une sorte de] a OU some sort of, a OU some kind of; **derrière la maison, il y a une ~ de pergola** there is a kind of pergola behind the house; **c'est une ~ de poème épique** it's a sort of (an) epic OU an epic of sorts *péj*; **le silence est parfois une ~ de mensonge** silence is sometimes a way of lying.

◆ **manières** *nfpl* [façons de se comporter] manners; **belles ~s** social graces; **bonnes ~s** (good) manners; **je vais t'apprendre les bonnes ~s, moi!** I'll teach you to be polite OU to behave yourself!; **mauvaises ~s** bad manners; **qu'est-ce que c'est que ces** OU **en voilà des ~s!** what a way to behave! ‖ *péj* [minauderies]: **cesse de faire des ~s et prends un chocolat** stop pussyfooting around and have a chocolate; **sans ~s** without (a) fuss; **elle a pris l'argent sans ~s** she took the money without any fuss, she made no bones about taking the money.

◆ **à la manière** *loc adv*: **à la ~ paysanne** in the peasant way OU manner.

◆ **à la manière de** *loc prép* -**1.** [dans le style de] in the manner OU style of; **une chanson à la ~ de Cole Porter** a song à la Cole Porter; **une profonde révérence à la ~ d'un acteur** a deep bow like an actor's; **sauce tomate à la ~ de tante Flo** tomato sauce like Auntie Flo used to make it. -**2.** *(comme n)* BX-ARTS & LITTÉRAT: **un à la ~ de** a pastiche.

◆ **à ma manière, à sa manière** *etc loc adv* in my/his/her *etc* (own) way; **elle dit qu'elle l'aime à sa ~** she says she loves him in her own way.

◆ **de cette manière** *loc adv* (in) this OU that way; **je conserve tous les reçus, de cette ~ je sais combien j'ai dépensé** I keep all the receipts, that way I know how much I've spent.

◆ **de la belle manière, de la bonne manière** *loc adv iron* properly, well and truly; **il s'est fait expulser de la bonne ~!** he was thrown out and no two ways about it!

◆ **de la manière que** *loc conj* as; **tout s'est passé de la ~ que l'on avait prévu** everything turned out as planned.

◆ **de manière à** *loc conj* so as to, so that, in order to; **j'ai écrit aux parents de ~ à les rassurer** I wrote to father and mother in order to reassure them.

◆ **de manière (à ce) que** *loc conj* so (that); **laisse la porte ouverte, de ~ que les gens puissent entrer** leave the door open so people can come in.

◆ **de manière que** *loc conj sout* in such a way that; **tu dis cela de ~ que tu déplais à tout le monde** the way you say that upsets everybody.

◆ **de telle manière que** *loc conj* in such a way that; **rabattez le pan A de telle ~ qu'il se pose sur la figure B** fold over flap A so that it rests on figure B.

◆ **de toute manière, de toutes les manières** *loc adv* anyway, in any case OU event, at any rate; **de toute ~, tu as tort** in any case, you're wrong; **de toutes les ~s, la promenade lui aura fait du bien** at any rate OU anyway, the walk will have done her good.

◆ **d'une certaine manière** *loc adv* in a way; **j'étais d'une certaine ~ prisonnière** I was what you might call a prisoner; **d'une certaine ~, je suis content que ce soit fini** in a way, I'm glad it's over.

◆ **d'une manière générale** *loc adv* -**1.** [globalement] on the whole; **d'une ~ générale, il réussit plutôt bien** he does quite well on the whole. -**2.** [le plus souvent] generally, as a general rule; **d'une ~ générale, je ne bois pas de vin** as a general rule, I don't drink wine.

◆ **d'une manière ou d'une autre** *loc adv* somehow (or other), one way or another; **d'une ~ ou d'une autre il devra accepter** he's going to have to agree one way or another; **avertie ou pas, d'une ~ ou d'une autre elle va s'inquiéter** whether she's told about it or not she's going to worry.

◆ **en aucune manière** *loc adv* in no way, on no account, under no circumstances; **est-ce de sa faute? – en aucune ~** is it his fault? – no, not in the slightest OU least; **avez-vous eu connaissance des documents? – en aucune ~** did you get to see the documents? – no, not at all OU no, I didn't at all.

◆ **en manière de** *loc prép* by way of; **elle n'était pas mon genre, se dit-il en ~ de consolation** she wasn't my type, he told himself by way of consolation; **une boîte en carton en ~ d'abri** a cardboard box by way of a shelter.

◆ **en quelque manière** *loc adv sout* in a way, as it were; **elle était en quelque ~ ma fille** she was like a daughter to me.

◆ **par manière de** = **en manière de**.

maniéré, e [manjere] *adj* -**1.** [personne] affected; **elle est tellement ~e dans sa façon de parler!** she has such an affected way of speaking! -**2.** [style] mannered.

maniérisme [manjerism] *nm* -**1.** [comportement] mannerism, affectation. -**2.** BX-ARTS mannerism, Mannerism.

maniériste [manjerist] *adj* & *nmf* mannerist, Mannerist.

manieur, euse [manjœr, øz] *nm, f*: **~ d'argent** businessman; **manieuse d'argent** businesswoman; **c'est un ~ d'hommes** he's a leader of men OU a born leader.

manif *fam* [manif] *nf* demo.

manifestant, e [manifɛstɑ̃, ɑ̃t] *nm, f* demonstrator.

manifestation [manifɛstasjɔ̃] *nf* -**1.** POL demonstration; **une ~ contre le nucléaire** an anti-nuclear demonstration; **participer à une ~** to take part in a demonstration. -**2.** [marque] expression; **des ~s de joie** expressions of joy; **il n'y a eu aucune ~ de mécontentement** nobody expressed any dissatisfaction; **sa pièce est la ~ d'un grand trouble intérieur** her play is the expression of OU expresses a deep-seated malaise. -**3.** [événement] event; **~ artistique/sportive** artistic/sporting event; **parmi les ~s musicales de l'été** among the summer's music events OU musical attractions. -**4.** MÉD sign, symptom; **les ~s précoces de la maladie** early symptoms of the disease. -**5.** RELIG manifestation.

manifeste [manifɛst] ◇ *adj sout* [évident] obvious, evident, manifest; **n'est-ce pas une preuve ~ de son innocence?** isn't it clear proof of her innocence?; **tel était son désir, rendu ~ dans son testament** such was her wish, as manifested in her will; **pour ceux qui le connaissaient, il était ~ qu'il se suiciderait** to those who knew him well, it was obvious OU evident that he would commit suicide; **erreur ~** obvious OU manifest error.

◇ *nm* -**1.** LITTÉRAT & POL manifesto; **'le Manifeste du parti communiste'** *Marx, Engels* 'The Communist Manifesto'. -**2.** AÉRON manifest; NAUT (ship's) manifest; **~ de douane** customs manifest.

manifestement [manifɛstəmɑ̃] *adv* evidently, obviously, manifestly; **il n'a ~ pas envie de venir avec nous** he clearly OU plainly doesn't feel like coming with us; **~, elle nous a menti** she has plainly been lying to us.

manifester [3] [manifɛste] ◇ *vt* -**1.** [exprimer] to express; **~ à qqn son mécontentement** to indicate OU to express one's dissatisfaction to sb; **je lui manifeste mon amour tous les jours** I show my love for him every day; **écrivez-leur pour leur ~ notre sympathie** write to them to express our sympathy; **nous vous avons toujours manifesté notre volonté de vous aider** we have always indicated OU expressed our desire to help you; **~ son soutien à qqn** to assure sb of one's support; **~ un désir** to express OU to indicate a wish; **a-t-elle manifesté le désir d'être enterrée près de son mari?** was it her wish that she should be buried near her husband? -**2.** [révéler] to show, to demonstrate; **rien ne manifestait son désespoir intérieur** nothing indicated her inner despair; **sans ~ la moindre irritation/admiration** without the slightest show of anger/admiration.

◇ *vi* to demonstrate; **un rassemblement de jeunes qui manifestent contre l'apartheid** a group of young people demonstrating against apartheid.

◆ **se manifester** *vpi* -**1.** [personne] to come forward; RELIG to become manifest; **aucun témoin ne s'est manifesté** no witnesses came forward; **que le gagnant se manifeste, s'il vous plaît!** would the (lucky) winner step OU come forward please!; **bon élève, mais devrait se ~ plus/moins souvent en classe** good student, but should contribute more/be quieter in class; **le livreur ne s'est pas manifesté** the delivery man didn't show OU turn up. -**2.** [sentiment] to show; [phénomène] to appear; **sa joie de vivre se manifeste dans toutes ses toiles** her joie de vivre is expressed OU expresses itself in every one of her paintings; **de petites plaques rouges se manifestent vers le troisième jour** small red spots come up OU appear around the third day.

manifold [manifɔld] *nm* -**1.** [carnet] duplicate book. -**2.** TECH manifold.

manigance [manigɑ̃s] *nf (souvent au pl)* scheme, trick; **à cause des ~s internes au conseil d'administration** on account of internal machinations at board level; **victime de toutes sortes de ~s** victim of all kinds of scheming.

manigancer [16] [manigɑ̃se] *vt* to scheme, to plot; **~ une fuite** to plot OU to engineer an escape; **l'affaire a été manigancée pour déshonorer le ministre** the whole affair was set up to discredit the minister; **je me demande ce que les enfants sont en train de ~** I wonder what the children are up to; **toujours en train de ~ quelque chose** always up to some little game.

manille [manij] ◇ *nf* -**1.** TECH shackle, clevis; NAUT shackle; **~ d'assemblage** connecting shackle; **~ lyre** harp shackle; **~ à vis** screw shackle. -**2.** [jeu] manille *(French card game)*; [carte] ten.

◇ *nm* -**1.** [cigare] Manila (cigar). -**2.** [chapeau] Manila hat.

Manille [manij] *npr* Manila.

manillon [manijɔ̃] *nm* CARTES ace.

manioc [manjɔk] *nm* manioc, cassava.

manip(e) *fam* [manip] *nf* -**1.** [coup monté] frame-up. -**2.** ENS practical, experiment. -**3.** [manipulation] manipulation.

manipulateur, trice [manipylatœr, tris] *nm, f* -**1.** [opérateur] technician; **~ de laboratoire** laboratory technician. -**2.** *péj* manipulator; **le comité est la proie de ~s** the committee has fallen prey to a group of manipulators. -**3.** LOISIRS conjurer, conjuror.

◆ **manipulateur** *nm* -**1.** MÉCAN: ~ **à distance** remote-control manipulator. -**2.** TÉLÉC sending OU signalling key; ~ **automatique** automatic key.

manipulation [manipylasjɔ̃] *nf* -**1.** [maniement] handling; INF manipulation; **montre-lui la ~ de la télécommande** show her how to use OU to operate the remote control; **s'exercer à la ~ des concepts mathématiques** *fig* to learn to handle OU to manipulate mathematical concepts. -**2.** ENS & SC experiment, piece of practical work; **cahier de ~s** experiments notebook; ~ **génétique, ~s génétiques** genetic engineering. -**3.** MÉD manipulation; ~ **vertébrale** (vertebral) manipulation. -**4.** LOISIRS conjuring trick. -**5.** *péj* [intervention] interference, manipulation; [coup monté]: ~**s électorales** vote rigging; **le nouvel organisme risque d'être victime des pires ~s** the new organization risks falling victim to the worst kinds of manipulation; **nous craignons la ~ des statistiques de l'emploi** we are afraid the employment figures might be interfered with OU massaged; **à travers son journal, il orchestre la ~ de l'opinion publique** he manipulates public opinion through his newspaper.

manipuler [3] [manipyle] *vt* -**1.** [manier] to handle, to manipulate; **vers dix mois, il commencera à vouloir ~ les objets** at ten months, he'll want to start handling OU manipulating objects; **habitué à ~ les produits toxiques** used to handling OU manipulating toxic substances; ~ **de grosses sommes** to handle large sums of money || INF to manipulate. -**2.** *péj* [influencer] to manipulate; **l'opinion publique est plus difficile à ~ qu'ils ne le croient** public opinion is not as easily swayed OU manipulated as they think; **il a prétendu que la police l'avait manipulé** he claimed that the police had manipulated him; **coupable d'avoir manipulé le scrutin/les statistiques/le bilan** guilty of rigging the election/massaging the statistics/doctoring the balance sheet.

Manitoba [manitɔba] *npr m*: **le ~** Manitoba.

manitou [manitu] *nm* ANTHR manitu, manitou.

◆ **grand manitou** *nm* big shot OU chief; **les grands ~s du pétrole** oil magnates OU tycoons; **c'est un grand ~ de la finance** he's a big wheel in finance.

manivelle [manivɛl] *nf* -**1.** MÉCAN crank; **démarrer à la ~** to crank (up) the engine ❑ **bras/course de ~** crank arm/throw; ~ **de mise en marche** starting handle. -**2.** [de pédalier] pedal crank.

manne [man] *nf* -**1.** BIBLE manna. -**2.** [aubaine] godsend, manna; **la ~ céleste** manna from heaven. -**3.** ENTOM mayfly swarms. -**4.** BOT manna. -**5.** [panier] (large) wicker basket OU crate; ~ **d'enfant** wicker cradle, Moses basket.

mannequin [mankɛ̃] *nm* -**1.** [de vitrine] dummy, mannequin; [de couture] dummy; [de défilé] model; ~ **homme** male model; **elle est ~ chez Zoot** she works as a model for Zoot. -**2.** *fig* & *péj* [fantoche] puppet. -**3.** BX-ARTS lay figure. -**4.** [panier] small (two-handled) basket.

manœuvrabilité [manœvrabilite] *nf* manoeuvrability; **à sa sortie, le véhicule a été acclamé pour sa ~** when it was launched, the vehicle was praised for its easy handling.

manœuvrable [manœvrabl] *adj* [maniable] easy to handle, manoeuvrable.

manœuvre [manœvr] ◇ *nf* -**1.** [maniement] operation, handling; **du sol, elle surveillait la ~ de la grue** from the ground, she was checking the handling of the crane OU how the crane was being operated; **apprendre la ~ d'un fusil/d'un télescope** to learn how to handle a rifle/to operate a telescope. -**2.** [en voiture] manoeuvre; **j'ai manqué ma ~ en essayant de me garer** I messed up my manoeuvre when I was parking. -**3.** [opération]: **fausse ~** *pr* & *fig* wrong move; **une fausse ~ au clavier et tu risques d'effacer ton document** one simple keying error is enough to erase your document; **la motion a été rejetée après une fausse ~ du comité** the motion was thrown out as a result of a wrong move on the part of the committee. -**4.** MIL [instruction] drill; [simulation] exercise; [mouvement] movement; **les ~s, les grandes ~s** *vieilli* (army) manoeuvres; **être en ~s** [à petite échelle] to be on exercise; [à grande échelle] to be on manoeuvres; ~ **de repli** (movement of) withdrawal. -**5.** NAUT manoeuvre; **le bateau a commencé sa ~ d'accostage** the ship has started docking ❑ ~**s dormantes/courantes** standing/running rigging; **fausses ~s** preventer rigging OU stays. -**6.** *péj* [machination] manoeuvre; **pris de court par les ~s de débordement de l'opposition** stopped short by the opposition's outflanking tactics; ~**s électorales** electioneering; **la principale victime de ces ~s, c'est la démocratie** democracy is the first victim of this political manoeuvring. -**7.** MÉD manipulation; ~ **obstétricale** turning (of the baby). -**8.** ASTRONAUT manoeuvre. -**9.** RAIL shunting *Br*, switching *Am*.

◇ *nm* [ouvrier] unskilled worker; CONSTR & TRAV PUBL labourer; ~ **agricole** farm labourer OU hand; ~ **saisonnier** seasonal worker; ~ **spécialisé** skilled worker.

manœuvrer [5] [manœvre] ◇ *vt* -**1.** [faire fonctionner] to work, to operate; **il ne sait pas ~ la machine à café** he doesn't know how to work OU to operate the coffee machine; **le monte-charge est manœuvré à la main** the hoist is hand-operated. -**2.** [faire avancer et reculer] to manoeuvre; **il manœuvre des bateaux dans le port de Cherbourg depuis 20 ans** he's been manoeuvring ships in and out of Cherbourg docks for 20 years || *(en usage abs)*: **ne manœuvrez jamais sur une route à grande circulation** don't manoeuvre OU do any manoeuvring on a busy road. -**3.** [influencer] to manipulate; **j'ai été manœuvré!** I've been manipulated! -**4.** PÊCHE to pull in.

◇ *vi* -**1.** [agir] to manoeuvre; **bien manœuvré!** clever OU good move!; **ils manœuvrent tous pour devenir chef du parti** *péj* they're all jockeying for the position of party leader; ~ **dans l'ombre** to work behind the scenes. -**2.** MIL [s'exercer] to drill; **faites-les ~ dans la cour** drill them in the yard || [simuler] to manoeuvre; **ils sont partis ~ sur la lande** they're off to the moors on manoeuvres; **à l'époque où le contingent manœuvre** at the time (of the year) when the troops are on manoeuvres.

manœuvrier, ère [manœvrije, ɛr] ◇ *adj* [tactique] skilful.

◇ *nm, f* [tacticien] tactician; [manipulateur] manoeuvrer; **un fin ~ de la politique** a clever political manoeuvrer.

◆ **manœuvrier** *nm* NAUT able OU expert seaman.

manographe [manɔgraf] *nm* manograph, recording (pressure) gauge.

manoir [manwar] *nm* manor, manor house, (country) mansion.

manomètre [manɔmɛtr] *nm* manometer.

manométrie [manɔmetri] *nf* manometry.

manouche [manuʃ] *nmf* & *adj* Gypsy, Gipsy.

manquant, e [mɑ̃kɑ̃, ɑ̃t] ◇ *adj* missing; **la pièce ~e** the missing part; **les deux pages ~es** the two missing pages; **désolé, ce titre est ~ pour le moment** sorry but we're temporarily out of this book OU this book's out of stock at the moment; **les soldats ~s à l'appel** the soldiers missing at roll-call.

◇ *nm, f* missing one; **les ~s** [élèves absents] the absent pupils; **nous avons trouvé toutes les factures, les ~es étaient dans le tiroir** we've found all the invoices, the missing ones were in the drawer.

◆ **manquant** *nm* COMM short fall.

manque[1] [mɑ̃k] *nm* -**1.** [insuffisance]: ~ **de** [d'imagination, de place, de sommeil] lack of; [d'appartements, de denrées] shortage of, scarcity of; [de personnel] lack of, shortage of; ~ **de chance** OU **de bol** *fam* OU **de pot** *fam* hard OU tough luck; **ce serait un ~ de respect** it would be lacking in respect, it would show lack of respect; **par ~ de** [d'originalité, d'audace] through lack of, for lack of, for want of; [de main-d'œuvre] through lack OU shortage of. -**2.** [absence] gap; **quand il sera parti, il y aura un ~** his departure will leave a gap. -**3.** [de drogue]: **être en (état de) ~** to have OU to feel withdrawal symptoms; **la charge de travail a baissé, je suis en (état de) ~** *hum* I've got less work, I'm suffering from withdrawal symptoms. -**4.** ÉCON & JUR: ~ **à gagner** loss of (expected) income OU earnings; **il y aura un ~ à gagner de 2 000 francs** there will be a shortfall of 2,000 francs. -**5.** JEUX manque. -**6.** COUT & TEXT slipped stitch.

◆ **manques** *nmpl* [insuffisances] failings, shortcomings; [lacunes] gaps; **elle n'a pas conscience de ses ~s** she's not conscious of her shortcomings; **il y a beaucoup de ~s dans ce rapport** there's a lot missing from this report.

manque[2] [mɑ̃k]

◆ **à la manque** *fam loc adj* pathetic; **qu'est-ce que c'est que cette histoire à la ~?** what kind of a pathetic story is that?

manqué, e [mɑ̃ke] *adj* -**1.** [non réussi - attentat] failed; [- vie] wasted; [- occasion] missed, lost; [- tentative] failed, abortive, unsuccessful; [- photo, sauce] spoilt; **je vais essayer de toucher la pomme — ~!** I'll try and hit the apple — missed! -**2.** [aux talents inexploités]: **c'est un cuisinier/un médecin ~** he should've been a cook/a doctor.

◆ **manqué** *nm* CULIN ≃ sponge cake.

manquement [mɑ̃kmɑ̃] *nm sout*: ~ **à la discipline** breach of OU lapse in discipline; ~ **à un devoir** dereliction of duty; ~ **aux bonnes manières** breach of etiquette; ~ **à une règle** breach OU violation of a rule.

manquer [3] [mɑ̃ke] ◇ *vt* -**1.** [laisser échapper - balle] to miss, to fail to catch; [- marche, autobus] to miss; **l'église est à droite, vous ne pouvez pas la ~** the church is on the right, you can't miss it; ~ **le but** SPORT to miss the goal; ~ **son but** *fig* to fail to reach one's goal; ~ **la cible** MIL to miss the target; *fig* to miss one's target, to fail to hit one's target, to shoot wide; **il l'a manqué de peu** he just missed it; **elle s'est moquée de moi mais je ne la manquerai pas!** *fig* she made a fool of me but I'll get even with her!; **je n'ai pas vu l'opéra — tu n'as rien manqué/tu as manqué quelque chose!** I didn't see the opera — you didn't miss anything/you really missed something there!; **c'est une émission à ne pas ~** this programme shouldn't be missed OU is a must; ~ **une occasion** to miss (out on) an opportunity; **tu as manqué une bonne occasion de te taire** *hum* why couldn't you have just kept your mouth shut for once? ❑ **il n'en manque jamais une!** [il remarque tout] he never misses a trick!; [il est gaffeur] (you can always) trust him to put his foot in it! -**2.** [ne pas rencontrer] to miss; **vous l'avez manquée de peu** you've just missed her. -**3.** [ne pas réussir - concours] to fail; [- photo, sauce] to spoil, to make a mess of; **tu as manqué ta vocation** *aussi hum* you've missed your vocation ❑ **coup manqué** failure, botch-up; **moi qui croyais lui faire plaisir, c'est vraiment un coup manqué!** and here's me thinking I would make him happy, (just) how wrong can you get! -**4.** [ne pas aller à] to miss; ~ **un cours** [volontairement] to miss OU to skip OU to jump a class; [involontairement] to miss a class; **j'ai bien envie de ~ la gym** *fam* I feel like skipping gym; **il a manqué la messe, dimanche?** did he miss Mass on Sunday?

◇ *vi* -**1.** [être absent - fugueur, bouton, argenterie] to be missing; [- employé, élève] to be away OU off OU absent; **j'ai suivi tous les cours et je n'ai jamais manqué une fois** I attended all the classes and never missed one OU and I was never absent once; ~ **à l'appel** MIL to be absent (at roll call); *fig* & *hum* to be missing || *(tournure impersonnelle) iron*: **il ne manquait plus qu'elle/que ça!** she's/that's all we need OU needed!; **il** ne manquerait plus qu'elle tombe enceinte! it would be the last straw if she got pregnant! -**2.** [être insuffisant] to be lacking, to be in short supply; **quand le pain vint à ~, ils descendirent dans la rue** when the bread ran short, they took to the streets; **seul le courage a manqué** only courage was lacking; **les occasions de te rendre utile ne manqueront pas** there will be no shortage of opportunities to make yourself useful; **la pluie/le travail, ce n'est pas ce qui manque!** there's no shortage of rain/work!; **il n'y a pas d'eau chaude et ça manque!** *fam* there's no hot water and don't we know it!; **~ à qqn: le temps m'a manqué** I didn't have enough time, I was short of time; **l'argent leur a toujours manqué** they've always been short of money OU lacked money; **la force/le courage lui manqua** (his) strength/courage failed him; **les mots me manquent** words fail me, I'm at a loss for words; **ce n'est pas l'envie qui m'en manque, mais...** not that I don't want to OU I'd love to, but... ‖ *(tournure impersonnelle)*: **il manque une bouteille/un bouton** there's a bottle/a button missing; **il nous manque trois joueurs** [ils sont absents] we have three players missing; [pour jouer] we're three players short; **il ne manquait plus rien à son bonheur** his happiness was complete; **il ne manque pas de gens pour dire que...** there is no lack OU shortage of people who say that...; **il me manque un dollar** I'm one dollar short, I need one dollar; **il ne lui manque que la parole** [animal] the only thing it can't do is speak; [machine] it does everything but talk ❑ **il lui manque toujours dix-neuf sous pour faire un franc** he never has two pennies to rub together *Br*, he never has a red cent *Am*. -**3.** *sout* [se dérober] to give way; **le sol manqua soudain sous nos pas** the ground suddenly gave way under our feet. -**4.** [être pauvre] to want; **elle a toujours peur de ~** she's always afraid of having to go without.

◆ **manquer à** *v + prép* -**1.** [faillir à]: **~ à son devoir/son honneur** to fail in one's duty/one's honour; **~ à ses devoirs** to neglect one's duties; **~ à sa parole/promesse** to fail to keep one's word/promise, to break one's word/promise; **~ au règlement** to break the rules; **~ aux usages** to defy OU to flout convention. -**2.** [être regretté par]: **elle manque à ses enfants** her children miss her; **ses enfants lui manquent** he misses his children. -**3.** *litt* [offenser] to be disrespectful to OU towards, to behave disrespectfully towards.

◆ **manquer de** *v + prép* -**1.** [ne pas avoir assez de] to lack, to be short of; **~ de métier/d'indulgence** to lack experience/consideration; **ils manquent de tout** they're short of OU they lack everything; **nous n'avons jamais manqué de rien** we never went short of anything; **ta soupe manque de sel** your soup lacks OU needs salt; **ça manque de pain!** *fam* we're a bit short of bread!; **ça manque de musique!** *fam* we could do with some music!; **on manque d'air dans la chambrette du haut** there's no air in the little upstairs bedroom; **~ de personnel** to be short-staffed, to be short of staff; **je manque de sommeil** I'm not getting enough sleep ❑ **toi, tu ne manques pas d'air** *fam* OU **de culot**▽! you've (certainly) got some cheek OU nerve! -**2.** *sout*: **ne pas ~ de dire/de faire** [ne pas oublier de]: **vous viendrez? – je n'y manquerai pas** will you come? – definitely OU without fail; **ne manquez pas de me le faire savoir** be sure to let me know, do let me know; **ne manquez pas de nous écrire** be sure to write to us, mind you write to us; **il n'a pas manqué de faire remarquer mon retard** he didn't fail to point out that I was late ‖ [par ellipse]: **ça ne manquera pas** it's sure OU bound to happen; **j'ai dit qu'elle reviendrait et ça n'a pas manqué!** I said she'd come back and sure enough (, she did)! ‖ [s'empêcher de]: **on ne peut ~ de constater/penser** one can't help but notice/think; **vous ne manquerez pas d'être frappé par cette coïncidence** you're bound to be struck by this coincidence; **tu ne manqueras pas d'être surpris** you're sure OU bound to be surprised. -**3.** [faillir]: **elle a manqué (de) se noyer** she nearly OU almost drowned (herself); **il a manqué (de) ne pas me reconnaître** he nearly failed to OU nearly didn't recognize me; **tiens-lui le bras, il manque de glisser toutes les deux minutes** hold his arm, he's tripping up every couple of minutes.

◆ **se manquer** ◇ *vp (emploi réciproque)*: **nous nous sommes manqués à l'aéroport** we missed each other at the airport.

◇ *vp (emploi réfléchi)* to fail (in one's suicide attempt); **il s'est manqué pour la troisième fois** that's his third (unsuccessful) suicide attempt; **la deuxième fois, elle ne s'est pas manquée** her second suicide attempt was successful.

Mans [mɑ̃] *npr*: **Le ~** Le Mans; **les 24 Heures du ~** the Le Mans 24-hour race.

mansarde [mɑ̃sard] *nf* -**1.** [chambre] garret, attic (room). -**2.** ARCHIT: **comble en ~** mansard roof; **fenêtre en ~** dormer window.

mansardé, e [mɑ̃sarde] *adj* [chambre, étage] attic *(modif)*; [toit] mansard *(modif)*; **une pièce ~e** an attic room, a room with a sloping ceiling.

mansuétude [mɑ̃sɥetyd] *nf sout* indulgence, goodwill, mansuetude.

mante [mɑ̃t] *nf* -**1.** ENTOM: **~ (religieuse** OU **prie-Dieu)** (praying) mantis. -**2.** *fig & hum*: **~ religieuse** man-eater. -**3.** ZOOL manta ray. -**4.** VÊT mantle.

manteau [mɑ̃to] *nm* -**1.** VÊT [de ville] coat; [capote] greatcoat; **~ de gabardine** gabardine (coat); **~ de fourrure** fur coat ❑ **~ impérial** imperial mantle, robe of state; **~ de pluie** raincoat. -**2.** *fig & litt* [épaisse couche] layer, blanket, mantle; **un lourd ~ de neige/silence** a heavy mantle of snow/silence. -**3.** ZOOL [d'un mollusque] mantle. -**4.** ARCHIT: **~ de cheminée** mantelpiece, mantel. -**5.** THÉÂT: **~ d'Arlequin** proscenium arch. -**6.** GÉOL mantle. -**7.** HÉRALD mantling, mantle. -**8.** ORNITH back, mantle. -**9.** *loc*: **sous le ~** unofficially, on the sly; **sous le ~ de** under cover of, under the cloak of; **sous le ~ de la charité, il faisait de la publicité pour sa société** he was advertising for his company, using charity as a pretext.

mantelé, e [mɑ̃tle] *adj* HÉRALD mantled.

mantelet [mɑ̃tlɛ] *nm* -**1.** [cape - de femme] mantelet; [- de prélat] mantelletta. -**2.** MIL mantelet. -**3.** NAUT deadlight.

mantille [mɑ̃tij] *nf* VÊT mantilla (scarf).

mantisse [mɑ̃tis] *nf* mantissa.

Mantoue [mɑ̃tu] *npr* Mantua.

manualité [manɥalite] *nf* predominance of the left or right hand; [de la main droite] dextrality; [de la main gauche] sinistrality.

manucure [manykyr] ◇ *nmf* manicurist.

◇ *nf* manicure.

manucurer [3] [manykyre] *vt* to manicure; **se faire ~ les mains** to have a manicure.

manuel, elle [manɥɛl] ◇ *adj* -**1.** [commande, métier, travailleur] manual; [outil] hand-held. -**2.** AÉRON: **passer en ~** to switch (over) to manual.

◇ *nm, f* -**1.** [personne habile de ses mains] practical person; **c'est une ~le** she's good with her hands. -**2.** SOCIOL manual worker.

◆ **manuel** *nm* [mode d'emploi, explications] manual, handbook; **~ d'histoire/de géographie** history/geography book OU textbook; **~ scolaire** SCOL (school) textbook; **~ de sténographie** shorthand manual; **~ d'utilisation** instruction book OU manual; **~ de vol** AÉRON flight manual.

manuellement [manɥɛlmɑ̃] *adv* manually, by hand; **travailler ~** to work with one's hands; **un dispositif qui fonctionne ~** a manually operated machine.

manufacturable [manyfaktyrabl] *adj* manufacturable; **ces produits ne sont pas ~s dans nos usines** these products cannot be manufactured in our factories.

manufacture [manyfaktyr] *nf* -**1.** [atelier] factory; HIST manufactory; **~ de soie/pipes** silk/pipe factory; **la ~ des Gobelins** the Gobelins tapestry workshop. -**2.** [fabrication] manufacture, manufacturing.

manufacturer [3] [manyfaktyre] *vt* to manufacture.

manufacturier, ère [manyfaktyrje, ɛr] ◇ *adj* manufacturing.

◇ *nm, f arch* industrialist, factory owner.

manu militari [manymilitari] *loc adv* -**1.** [par la violence] by force; **être expulsé ~** to be forcibly expelled, to be frogmarched out. -**2.** JUR [par la gendarmerie] by the forces of law and order.

manuscrit, e [manyskri, it] *adj* [lettre] handwritten; [page, texte] manuscript *(modif)*.

◆ **manuscrit** *nm* -**1.** [à publier] manuscript; **~ dactylographié** manuscript, typescript; **sous forme de ~** in manuscript (form). -**2.** [texte ancien] manuscript; **les ~s de la mer Morte** the Dead Sea Scrolls.

manutention [manytɑ̃sjɔ̃] *nf* -**1.** [manipulation] handling. -**2.** [entrepôt] warehouse, store house.

manutentionnaire [manytɑ̃sjɔnɛr] *nmf* warehouseman; **il est ~ dans une fabrique de meubles** he's a packer in a furniture factory.

manutentionner [3] [manytɑ̃sjɔne] *vt* [déplacer] to handle; [emballer] to pack.

manzanilla [mɑ̃zanija] *nm* manzanilla.

maoïsme [maɔism] *nm* Maoism.

maoïste [maɔist] *adj & nmf* Maoist.

maori, e [maɔri] *adj* Maori.

◆ **Maori, e** *nm, f* Maori.

◆ **maori** *nm* LING Maori.

Mao Tsé-toung [maotsetuŋ] *npr* Mao Tsetung, Mao Zedong.

maous, ousse▽ [maus] *adj* ginormous, whopping (great).

Mao Zedong [maodzedɔ̃g] = **Mao Tsé-toung**.

MAP *abr écrite de* **mise au point**.

mappemonde [mapmɔ̃d] *nf* [globe] globe; [carte] map of the world *(showing both hemispheres)*; **~ céleste** planisphere.

Maputo [maputo] *npr* Maputo.

maquée [make] *nf Belg* cottage cheese.

maquer▽ [3] [make] *vt*: **elle est maquée?** [prostituée] has she got a pimp?; [femme] has she got a man?

◆ **se maquer**▽ *vpi*: **se ~ avec qqn** to be shacked up with sb; **ils se sont maqués** they're shacked up together.

maqueraison [makrɛzɔ̃] *nf* mackerel season.

maquereau, x [makro] *nm* -**1.** ZOOL mackerel. -**2.** ▽ [souteneur] pimp.

maquerelle▽ [makrɛl] *nf* madam.

maquette [makɛt] *nf* -**1.** [modèle réduit] (scale) model; **~ d'avion/de village** model aircraft/village. -**2.** BX-ARTS [d'une sculpture] model, maquette; [d'un dessin] sketch. -**3.** IMPR [de pages] paste-up, layout; [de livre] dummy. -**4.** INDUST mock-up, (full-scale) model.

maquettisme [makɛtism] *nm* model making.

maquettiste [makɛtist] *nmf* -**1.** [modéliste] model maker. -**2.** IMPR graphic designer, layout artist.

maquignon [makiɲɔ̃] *nm* -**1.** [marchand - de chevaux] horse trader; [- de bestiaux] cattle trader. -**2.** *péj* [entremetteur] trickster.

maquignonnage [makiɲɔnaʒ] *nm* -**1.** [vente - de chevaux] horse trading; [- de bétail] cattle trading. -**2.** *péj* [manœuvre douteuse] sharp practice, shady dealing, wheeler-dealing.

maquignonner [3] [makiɲɔne] *vt* -**1.** [bétail, cheval] to deal OU to trade OU to traffic in. -**2.** *péj* [manœuvrer]: **ils ont maquignonné cette affaire entre eux** they've cooked this business up between them.

maquillage [makijaʒ] *nm* -**1.** [cosmétiques] make-up; [application] making-up. -**2.** [falsification - d'un passeport, d'un texte] doctoring, faking; [- de preuves] doctoring; [- d'un véhicule] disguising, respraying.

maquiller [3] [makije] *vt* -**1.** [visage] to make up *(sép)*; être **bien/mal/trop maquillé** to be nicely/badly/heavily made up; **qui vous a maquillé?** who did your make-up? -**2.** [falsifier - passeport, texte] to falsify, to fake; [- preuves] to falsify; [- comptes] to fiddle *esp Br*, to falsify; [- véhicule] to disguise; **après avoir maquillé la carrosserie** after doing a paint job on the bodywork; ~ **un crime en suicide** to make a murder look like a suicide.

◆ **se maquiller** *vp (emploi réfléchi)*: **se ~ (le visage)** to make up (one's face), to put on one's make-up; **se ~ les yeux** to put one's eye make-up on; **tu te maquilles déjà à ton âge?** are you using make-up already at your age?

maquilleur, euse [makijœr, øz] *nm, f* make-up man (*f* girl), make-up artist; **passer chez le ~** TV to have one's make-up put on.

maquis [maki] *nm* -**1.** GÉOG scrub, scrubland, maquis. -**2.** HIST: **le Maquis** the Maquis *(French Resistance movement)*; **prendre le ~** HIST to take to the maquis; *fig* to go underground. -**3.** *fig* [labyrinthe]: **dans le ~ des lois/de la finance internationale** in the jungle of law/of international finance.

maquisard [makizar] *nm* -**1.** HIST maquis, French Resistance fighter. -**2.** [guérillero] guerrilla fighter.

marabout [marabu] *nm* -**1.** [oiseau, plume] marabou, marabout. -**2.** [homme, tombeau] marabout.

marabouter [3] [marabute] *vt* [en Afrique] to put the evil eye on.

maraca [maraka] *nf* maraca.

maraîchage [marɛʃaʒ] *nm* market gardening *Br*, truck farming OU gardening *Am*.

maraîcher, ère [marɛʃe, ɛr] ◇ *nm, f* market gardener *Br*, truck farmer *Am*.

◇ *adj* vegetable *(modif)*; **produits ~s** market garden produce *Br*, truck *Am*.

marais [marɛ] *nm* -**1.** [terrain recouvert d'eau] marsh, swamp; ~ **maritime** tidal marsh; ~ **salant** salt marsh, salina. -**2.** [région] marsh, marshland, bog. -**3.** *fig & sout* quagmire.

Marais [marɛ] *npr m* -**1.** [quartier]: **le ~** the Marais *(historic district of Paris)*. -**2.** HIST: **le ~** the Marais OU the Swamp *(moderate party in the French Revolution)*.

LE MARAIS:
The Marais includes the place des Vosges and the predominantly Jewish quarter around the rue des Rosiers. Typical apartments in the Marais have "poutres apparentes" (exposed beams) and "tommettes" (red hexagonal floor tiles).

---

marasme [marasm] *nm* -**1.** ÉCON slump, stagnation; **nous sommes en plein ~** we're going through a slump, our economy's in the doldrums. -**2.** [apathie] listlessness, apathy, depression. -**3.** MÉD marasmus, cachexia.

marasquin [maraskɛ̃] *nm* maraschino; **cerises au ~** maraschino cherries.

marathon [maratɔ̃] *nm* -**1.** SPORT marathon; [épreuve d'endurance]: ~ **de danse** dance marathon. -**2.** *fig*: ~ **diplomatique/électoral** diplomatic/electoral marathon. -**3.** *(comme adj inv; avec ou sans trait d'union)* marathon; **discussion/séance ~** marathon discussion/session.

marathonien, enne [maratɔnjɛ̃, ɛn] *nm, f* marathon runner.

marâtre [maratr] *nf* -**1.** [méchante mère] unnatural OU wicked mother. -**2.** [belle-mère] stepmother.

maraud, e [maro, od] *nm, f vieilli* rascal, rapscallion.

maraudage [marodaʒ] *nm* pilfering *(of food)*.

maraude [marod] *nf* pilfering *(of food)*; **un taxi en ~** a cruising taxi.

marauder [3] [marode] *vi* -**1.** [personne] to filch OU to pilfer (food); [soldat] to maraud. -**2.** [taxi] to cruise.

maraudeur, euse [marodœr, øz] ◇ *nm, f* [gén] pilferer; [soldat] marauder.

◇ *adj* [renard] on the prowl; [oiseau] thieving; [taxi] cruising.

marbre [marbr] *nm* -**1.** MINÉR marble; ~ **veiné** streaked OU veined marble; ~ **tacheté** mottled marble; **colonne/tombeau de ~** marble pillar/tomb; **mur de faux ~** marbleized wall. -**2.** BX-ARTS marble (statue); **les ~s romains** the Roman marbles ‖ [plaque] marble plate. -**3.** IMPR (forme) bed; **mettre sur le ~** [journal] to put to bed; [livre] to put on the press; **avoir du ~** *fam* to have copy over; **rester sur le ~** to be excess copy. -**4.** MÉCAN surface plate.

◆ **de marbre** *loc adj* -**1.** [insensible] insensitive; **un homme de ~** a man with a heart of stone; **la mort de sa mère l'a laissé de ~** his mother's death left him cold OU unmoved. -**2.** [impassible] impassive; **un visage de ~** a poker face; **il est resté de ~ pendant qu'on lui arrachait ses galons** he remained impassive while they tore off his stripes.

marbré, e [marbre] *adj* -**1.** [tacheté] marbled, mottled; [veiné] veined; **peau ~e** blotchy skin. -**2.** TECH marbled; CONSTR marbleized.

marbrer [3] [marbre] *vt* -**1.** [papier, tranche de livre] to marble; CONSTR to marbleize. -**2.** [peau] to mottle, to blotch; **jambes/joues marbrées par le froid** legs/cheeks mottled with the cold; **visage marbré par les larmes** tear-stained face, face streaked with tears.

marbrerie [marbrəri] *nf* -**1.** [industrie] marble industry. -**2.** [atelier] marble (mason's) yard. -**3.** [métier, art] marble work; ~ **funéraire** monumental (marble) masonry.

marbrier, ère [marbrije, ɛr] *adj* marble *(modif)*.

◆ **marbrier** *nm* marbler; ~ **(funéraire)** monumental mason.

◆ **marbrière** *nf* marble quarry.

marbrure [marbryr] *nf* [aspect marbré] marbling; [imitation] marbleizing, marbling.

◆ **marbrures** *nfpl* blotches, streaks, veins.

marc [mar] *nm* -**1.** [résidu de fruit] marc; ~ **(de café)** coffee grounds OU dregs; **lire l'avenir dans le ~ de café** ≃ to read the future in tea leaves. -**2.** [eau-de-vie] marc (brandy). -**3.** FIN mark. -**4.** JUR: **au ~ le franc** prorata, proportionally.

Marc [mark] *npr*: **saint ~** Saint Mark; ~ **Antoine** Mark Antony; ~ **Aurèle** Marcus Aurelius.

marcassin [markasɛ̃] *nm* young wild boar; **cuissot de ~** haunch of wild boar.

marchand, e [marʃɑ̃, ɑ̃d] ◇ *nm, f* [négociant] merchant, shopkeeper *Br*, storekeeper *Am*; [sur un marché] stallholder; ~ **ambulant** (street) pedlar; ~ **de biens** ≃ estate agent *Br*, ≃ real estate agent *Am*; ~ **de canons** *péj* arms dealer; ~ **de charbon** coal merchant; ~ **de chaussures** shoe shop owner *Br*, shoe-store owner *Am*; ~ **de couleurs** ironmonger *Br*, hardware store owner; ~ **de fleurs** florist; ~ **de frites** ≃ chip shop man *Br*, ≃ hot-dog stand man *Am*; ~ **de fromage** cheese merchant; ~ **de fruits** fruit merchant, fruiterer; ~ **d'illusions** *péj* illusion-monger; ~ **de journaux** [en boutique] newsagent; [en kiosque] newsstand man, newsvendor; ~ **de légumes** greengrocer; ~ **de marée** OU **de poisson** fishmonger; ~ **des quatre-saisons** costermonger *Br*, fruit and vegetable peddler *Am*; ~ **de sommeil** *péj* rack-renter, slumlord; ~ **de soupe** *péj* [restaurateur] owner of a second-rate restaurant; ENS *headmaster who thinks only of making a profit*; ~ **de tableaux/tapis** art/carpet dealer; ~ **de vin** wine merchant, vintner; ~ **de voitures** car salesman; **le ~ de sable est passé** the sandman's on his way.

◇ *adj* -**1.** [valeur, prix] market *(modif)*; [denrée] marketable; [qualité] standard; [ville] market, commercial. -**2.** [rue] shopping *(modif)*. -**3.** [marine] merchant.

marchandage [marʃɑ̃daʒ] *nm* -**1.** [discussion d'un prix] haggling, bargaining; **faire du ~** to haggle. -**2.** *péj* [tractation] wheeler-dealing *péj*. -**3.** JUR illegal subcontracting.

marchander [3] [marʃɑ̃de] ◇ *vt* -**1.** [discuter le prix de] to bargain OU to haggle over *(insép)*; **nous ne marchanderons pas le droit des peuples à disposer d'eux-mêmes** *fig* the right of peoples to self-determination is not up for discussion OU negotiation. -**2.** *(au nég)* [lésiner sur] to spare; **ils n'ont pas marchandé leur effort** they spared no effort; **la presse n'a pas marchandé ses éloges pour sa dernière pièce** the press wasn't sparing of its praise for his last play. -**3.** JUR to subcontract (illegally).

◇ *vi* to haggle, to bargain; **il a acheté un tableau sans ~** he bought a painting without haggling (over its price).

marchandeur, euse [marʃɑ̃dœr, øz] *nm, f* haggler.

◆ **marchandeur** *nm* JUR (illegal) subcontractor.

marchandisage [marʃɑ̃dizaʒ] *nm* merchandizing.

marchandise [marʃɑ̃diz] *nf* -**1.** [produit] commodity, good; **~s** merchandise; **notre boucher a de la bonne ~** our butcher sells good quality meat; **il ne nous a jamais trompés sur la ~** *pr & fig* he's never swindled us ‖ [article interdit]: **la ~ est arrivée à bon port** the stuff got here all right. -**2.** [fret, stock]: **la ~** the goods, the merchandise; **la ~ sera livrée à Londres** the merchandise will be delivered in London; **on lui a volé toute sa ~** all his goods were stolen ❑ ~ **en gros/au détail** wholesale/retail goods; **gare de ~s** RAIL goods station *Br*, freight station *Am*; **train de ~s** goods train *Br*, freight train *Am*; **wagon de ~s** goods wagon *Br*, freight car *Am*. -**3.** *fam fig*: **tromper** OU **voler qqn sur la ~** to short-change sb; **ce n'est pas à moi de vanter la ~ mais ma tarte est bonne** *hum* my tart is good, though I say so myself; **il vend sa ~** *péj* he's plugging his own stuff. -**4.** ▼ [organes sexuels masculins] tackle.

marchant, e [marʃɑ̃, ɑ̃t] *adj*: **aile ~e** wheeling flank.

marche [marʃ] *nf* -**1.** [activité, sport] walking; **la ~ (à pied)** walking; **la ~ en montagne** hill walking; **j'en ai fait de la ~ aujourd'hui!** I've done quite a bit of walking today!; **elle fait de la ~** [comme sport] she goes walking; **poursuivre sa ~** to keep (on) OU to carry on walking, to walk on; **la frontière n'est qu'à une heure de ~** the border is only an hour's walk away; **chaussures de ~** walking shoes. -**2.** [promenade] walk; **nous avons fait une ~ de 8 km** we did an 8 km walk. -**3.** [défilé] march; ~ **pour la libération d'un prisonnier politique** march for the release of a political prisoner; **ouvrir la ~** to lead the way; **fermer la ~** to bring up the rear ❑ ~ **nuptiale/funèbre/militaire** MUS wedding/funeral/military march; ~ **silencieuse/de protestation** silent/protest march; ~ **pour la paix** peace march. -**4.** MIL march; **en avant, ~!** forward, march!; **faire ~ sur une citadelle** to march on OU upon a citadel ❑ ~ **forcée** forced march; **la Longue Marche** HIST the Long March; **la Marche sur Rome** HIST the March on Rome. -**5.** [allure] pace, step; **il régla sa ~ sur celle de l'enfant** he adjusted his pace to the child's; **ralentir sa ~** to slow (down) one's pace; **accélérer sa ~** to increase OU to step up one's pace ‖ [démarche] walk, gait; **sa ~ gracieuse** her graceful gait. -**6.** [déplacement - d'un train, d'une voiture] running; [- d'une étoile] course; **monter/descendre d'un train en ~** to get on/off a moving train; **je suis descendue du bus en ~** I got off the bus while it was still moving; **dans le sens de la ~** facing the engine; **dans le sens contraire de la ~** (with one's) back to the engine ❑ ~ **avant/arrière** AUT forward/reverse gear; **entrer/sortir en ~ arrière** to reverse in/out, to back in/out; **faire ~ arrière** [conducteur] to reverse, to back up; *fig* to backpedal, to backtrack; **en voyant le prix j'ai fait ~ arrière** when I saw the price I backed out of buying it. -**7.** [fonctionnement - d'une machine] running, working; **~, arrêt** on, off; **en (bon) état de ~** in (good) working order; **mettre en ~** [moteur, véhicule] to start (up); [appareil] to switch OU to turn on *(sép)*; **le four se mettra automatiquement en ~ dans une heure** the oven will turn OU switch itself on automatically in an hour; **régler la ~ d'une pendule** to adjust the movement of a clock; **ne pas ouvrir pendant la ~** do not open while the machine is running|| [d'une entreprise, d'un service] running, working, functioning; **pour assurer la bonne ~ de notre coopérative** to ensure the smooth running of our co-op; **la privatisation est-elle un obstacle à la bonne ~ de l'entreprise?** is privatization an obstacle to the proper working OU functioning of the company? ❑ **~ à suivre** [instructions] directions (for use); [pour des formalités] procedure, form. -**8.** [progression]: **la ~ du temps** the passing OU march of time; **la ~ des événements** the course OU march of events; **la révolution est en ~** revolution is on the march OU move. -**9.** [degré - d'un escalier] step, stair; [- d'un marchepied] step; **la première/dernière ~** the bottom/top step; **descendre/monter les ~s** to go down/up the stairs; **attention à la ~** mind the step ❑ **~ dansante** ARCHIT winder. -**10.** HIST & GÉOG march.

marché[1] [marʃe] *nm* -**1.** [lieu de vente] market; **aller au ~** to go to the market; **je l'ai acheté au ~** I bought it at the market; **faire les ~s** [commerçant] to go round OU to do the markets ❑ **~ aux poissons/bestiaux** fish/cattle market; **~ couvert** market hall, covered market; **~ en plein air** open-air market; **~ d'intérêt national** wholesale market for agricultural produce; **~ aux puces** flea market|| [ce que l'on achète] shopping; **faire son ~** to go (grocery) shopping. -**2.** COMM & ÉCON market; **~ des matières premières/du sucre/du café** raw materials/sugar/coffee market; **~ du travail** labour market; **~ extérieur/intérieur** foreign/home market, overseas/domestic market; **mettre un produit sur le ~** to market OU to launch a product; **le vaccin n'est pas encore sur le ~** the vaccine is not yet (available) on the market; **il n'y a pas de ~ pour ce type d'habitation** there is no market for this type of housing; **ils ont ouvert leur ~ aux produits japonais** they've opened their markets to Japanese products ❑ **le Marché commun** the Common Market; **~ libre** free market; **~ noir** black market; **faire du ~ noir** to deal on the black market; **le Marché unique (européen)** the Single European Market; **étude/économie de ~** market research/economy. -**3.** BOURSE market; **~ de l'argent** OU **monétaire** money market; **~ des capitaux** capital market; **~ des changes** foreign exchange; **~ au comptant** spot market; **~ du crédit** credit market; **~ financier** capital OU financial market; **~ à terme** forward market; **~ des titres** stock market. -**4.** [accord] deal, transaction; **conclure** OU **passer un ~ avec qqn** to make a deal with sb; **~ conclu!** it's a deal!, that's settled! ❑ **c'est un ~ de dupes** it's a con; **mettre le ~ en main à qqn** to force sb to take it or leave it. -**5.** *loc*: **par-dessus le ~** *fam* into the bargain, what's more; **et il se plaint, par-dessus le ~!** and what's more he's complaining!

◆ **à bon marché** *loc adv* cheaply; **fabriqué à bon ~** cheaply-made; **je l'ai eu à bon ~** I got it cheap.

◆ **bon marché** *loc adj* cheap, inexpensive; **faire bon ~ de** to treat lightly; **faire bon ~ de sa vie** to hold one's life cheap; **il a fait bon ~ de mes conseils** he took no notice of my advice.

◆ **meilleur marché** *loc adj inv* cheaper; **je l'ai eu meilleur ~ à Paris** I got it cheaper in Paris.

marché[2] [marʃe] *nm* SPORT travelling *Br*, traveling *Am*.

marchepied [marʃəpje] *nm* -**1.** [d'un train] step, steps; [d'un camion] footboard; [d'une voiture] running board; **~ amovible** retractable step. -**2.** *fig* [tremplin] stepping stone; **ce petit rôle lui a servi de ~ pour devenir célèbre** this small role put him on the road to fame. -**3.** [estrade] dais; [banc] footstool; [escabeau] pair of steps. -**4.** [sur la rive d'une rivière] footpath.

marcher [3] [marʃe] *vi* -**1.** [se déplacer à pied] to walk; **j'ai marché longtemps/un peu** I took a long/short walk; **~ sans but** to walk aimlessly; **~ tranquillement** to amble along; **descendre une avenue en marchant lentement/rapidement** to stroll/to hurry down an avenue; **~ à grands pas** OU **à grandes enjambées** to stride (along); **~ à petits pas** to take small steps; **~ à quatre pattes** to walk on all fours; **~ à reculons** to walk backwards; **~ de long en large (dans une salle)** to walk up and down (a room); **~ sur la pointe des pieds** to walk on tiptoe; **~ sur les mains** to walk on one's hands; **~ sur les traces de qqn** to follow in sb's footsteps; **~ vers** *pr* to walk towards, to be headed for, to be on one's way to; *fig* to be headed for ❑ **~ droit** *pr* to walk straight OU in a straight line; *fig* to toe the line; **~ sur des œufs** to tread gingerly. -**2.** MIL to march; **~ au pas** to march in step; **~ au combat** to march into battle; **~ sur une ville/sur l'ennemi** to march on a city/against the enemy. -**3.** [poser le pied]: **~ sur** to step OU to tread on; **~ dans** to step OU to tread in; **ne marche pas sur les fleurs!** keep off the flowers!, don't walk on the flowers!; **tu marches sur tes lacets** you're treading on your laces; **~ sur les pieds de qqn** to tread OU to stand OU to step on sb's feet ❑ **il ne faut pas se laisser ~ sur les pieds** you shouldn't let people walk all over you. -**4.** [fonctionner - machine] to work, to function; [- moteur] to run; **~ à l'électricité** to work OU to run on electricity; **le jouet marche à piles** the toy is battery-operated; **faire ~** [machine] to work, to operate; **tu sais faire ~ la machine à laver?** do you know how to work the washing machine?; **les trains ne marchent pas aujourd'hui** *fam* the trains aren't running today ❑ **~ à voile et à vapeur** *fam* to be AC/DC. -**5.** [donner de bons résultats - manœuvre, ruse] to come off, to work; [- projet, essai] to be working (out), to work; [- activité, travail] to be going well; **ses études marchent bien/mal** she's doing well/not doing very well at college; **elle marche bien en chimie** *fam*/**au tennis** *fam* she's doing well in chemistry/at tennis; **un jeune athlète qui marche très fort** *fam* an up-and-coming young athlete; **les affaires marchent mal/très bien** business is slack/is going well; **ça fait ~ les affaires** it's good for business OU for trade; **rien ne marche** nothing's going right; **tout a très bien marché jusqu'ici** everything's gone very well until now; **et le travail, ça marche?** how's work (going)?; **si ça marche, je monterai une exposition** if it works out, I'll organize an exhibition; **leur couple/commerce n'a pas marché** their relationship/business didn't work out; **ça a l'air de bien ~ entre eux** they seem to be getting on fine together, things seem to be going well between them|| [en voiture]: **on a bien marché jusqu'à ce qu'un pneu éclate** *fam* we were doing well OU making good time until we had a burst tyre; **en marchant bien, tu seras à Bruxelles ce soir** *fam* if you keep your speed up you'll be in Brussels by tonight; **tu marches à combien, là?** *fam* what are you doing OU what speed are you doing at the moment? -**6.** [au restaurant]: **faites ~ deux œufs au plat!** two fried eggs!; **ça marche!** coming up! -**7.** *fam* [s'engager] to go along with things; **tu marches avec nous?** can we count you in?; **je ne marche pas!** nothing doing!, count me out!; **~ dans une affaire** to get mixed up OU involved in a scheme; **elle ne marchera jamais** she'll never agree. -**8.** *fam* [croire] to fall for it; **elle a marché** she fell for it, she swallowed it ❑ **je lui ai dit que ma tante était malade et il n'a pas marché, il a couru** *hum* I told him that my aunt was ill and he bought the whole story OU and he swallowed it hook, line and sinker; **faire ~ qqn** [le taquiner] to pull sb's leg, to have sb on *Br*; [le berner] to take sb for a ride, to lead sb up the garden path; **ce n'est pas vrai, tu me fais ~?** are you having me on? *Br*, are you pulling my leg?

marcheur, euse [marʃœr, øz] *nm, f* -**1.** [gén & SPORT] walker; **c'est un bon ~** he's a good walker; **les ~s de Strasbourg-Paris arrivent cette nuit** the participants in the Strasbourg-Paris walk will be arriving tonight. -**2.** [manifestant] marcher; **~ de la paix** peace marcher.

marcottage [markɔtaʒ] *nm* layering; **~ aérien** air layering.

marcotte [markɔt] *nf* layer.

marcotter [3] [markɔte] *vt* to layer.

mardi [mardi] *nm* -**1.** [jour de la semaine] Tuesday; **Nice, le ~ 10 août** Nice, Tuesday, August 10 OU 10 August *Br*; **je suis né un ~ 18 avril** I was born on Tuesday the 18th of April; **nous sommes ~ aujourd'hui** today's Tuesday; **je reviendrai ~** I'll be back on Tuesday; **je suis revenu ~** I came back on Tuesday; **~ dernier/prochain** last/next Tuesday; **ce ~, ~ qui vient** this (coming) Tuesday, Tuesday next, next Tuesday; **~ en huit** a week on Tuesday, Tuesday week *Br*; **~ en quinze** a fortnight on Tuesday *Br*, two weeks from Tuesday *Am*; **il y aura huit jours ~** a week on Tuesday; **tous les ~s** every Tuesday, on Tuesdays; **l'autre ~** [dans le passé] (the) Tuesday before last; [dans l'avenir] Tuesday after this; **le premier/dernier ~ du mois** the first/last Tuesday of the month; **tous les deuxièmes ~s du mois** every second Tuesday in the month; **un ~ sur deux** every other OU every second Tuesday; **~ matin/après-midi** Tuesday morning/afternoon; **~ midi** Tuesday lunchtime, Tuesday (at) noon; **~ soir** Tuesday evening OU night; **~ dans la nuit** Tuesday (during the) night; **dans la nuit de ~ à mercredi** Tuesday night; **la séance/le marché du ~** the Tuesday session/market. -**2. Mardi gras** RELIG Shrove Tuesday; [carnaval] Mardi Gras; **ce n'est pas Mardi gras, aujourd'hui!** *fam* what do you think this is, a carnival or something?

mare [mar] *nf* -**1.** [pièce d'eau] pond; **~ aux canards** duck pond. -**2.** [de sang, d'essence] pool.

marécage [marekaʒ] *nm* -**1.** [terrain bourbeux] marshland, swamp; **les ~s** the swamp . -**2.** *fig* & *litt*: **les ~s de la politique** the quagmire of politics.

marécageux, euse [marekaʒø, øz] *adj* [région] marshy, swampy; [champ] boggy; [plante] marsh *(modif)*.

maréchal, aux [mareʃal, o] *nm* -**1.** MIL [en France] marshal; [en Grande-Bretagne] field marshal; [aux États-Unis] five star general, general of the army; **Maréchal de France** Marshal of France; **~ des logis** sergeant; **~ des logis-chef** ≃ staff sergeant *Br*, ≃ top sergeant *Am*. -**2.** HIST & MIL marshal *(in a royal household)*.

maréchalat [mareʃala] *nm* marshalcy, marshalship; **atteindre le ~** to reach the rank of marshal.

maréchale [mareʃal] *nf* -**1.** MIL (field) marshal's wife. -**2.** MIN forge coal.

maréchalerie [mareʃalri] *nf* -**1.** [métier] blacksmith's trade, farriery *Br spéc*, smithery *spéc*. -**2.** [atelier] blacksmith's (shop), smithy, farriery *Br spéc*.

maréchal-ferrant [mareʃalferɑ̃] (*pl* **maréchaux-ferrants**) *nm* blacksmith, farrier *Br*.

maréchaussée [mareʃose] *nf* -**1.** HIST mounted constabulary *Br* OU police. -**2.** *fam hum* constabulary *Br*.

marée [mare] *nf* -**1.** GÉOG tide; **(à) ~ haute/basse** (at) high/low tide; **grande/faible ~** spring/neap tide; **~ montante** flowing OU flood tide; **~ descendante** ebb tide; **lorsque la ~ monte/descend** when the tide is rising/ebbing, when the tide comes in/goes out; **changement de ~** turn OU turning of the tide; **une ~ humaine** *fig* a flood of people ❑ **~ de morte-eau** OU **de quadrature** neap tide; **~ d'équinoxe** equinoctial tide; **~ noire** ÉCOL oil slick. -**2.** [poissons] (fresh) fish, (fresh) seafood.

marelle [marɛl] *nf* hopscotch; **jouer à la ~** to play hopscotch.

marémoteur, trice [maremɔtœr, tris] *adj* tidal *(modif)*.

marengo [marɛ̃go] ◇ *adj inv* CULIN: **veau ~** veal Marengo.

◇ *nm* TEXT *black cloth flecked with white*.

marennes [marɛn] *nf* (Marennes) oyster.

mareyage [marɛjaʒ] *nm* fish trade.

mareyeur, euse [marɛjœr, øz] *nm, f* fish and seafood wholesaler.

margaille *fam* [margaj] *nf Belg* **-1.** [rixe] fight. **-2.** [tapage] row.

margarine [margarin] *nf* margarine.

marge [marʒ] *nf* **-1.** [espace blanc] margin; **laisser une grande/petite ~** to leave a wide/narrow margin; **n'écrivez rien dans la ~** do not write anything in the margin ❑ **~ de fond/gouttière** inner/gutter margin; **~ extérieure** IMPR outside margin; **~ intérieure** back OU inside OU inner margin; **~ de tête** head OU top margin; **~ de pied** tail. **-2.** *fig* extra time, leeway; **avoir de la ~** to have some leeway; **laisser à qqn une ~ de liberté** to give sb some latitude OU leeway; **~ de manœuvre** room for manœuvre; **prévoir une ~ d'erreur de 15 cm/de 100 francs** to allow for a margin of error of 15 cm/of 100 francs; **~ de sécurité** safety margin; **il a neuf minutes d'avance sur ses poursuivants, c'est une ~ (de sécurité) confortable** he has a nine minute lead over his pursuers, that's a comfortable (safety) margin; **~ de tolérance** (range of) tolerance; **je vous donne 2 m de tissu/2 mois, comme ça, vous avez de la ~** I'll give you 2 m of cloth/2 months, that'll be more than enough. **-3.** COMM: **~ bénéficiaire** profit margin; **~ brute d'autofinancement** gross cashflow; **~ commerciale** gross profit OU margin. **-4.** GÉOG: **~ continentale** continental margin OU terrace.

◆ **en marge** ◇ *loc adj* [original] fringe *(modif)*; **un artiste en ~** an unconventional OU a fringe artist.

◇ *loc adv* **-1.** [d'une feuille de papier] in the margin; **faites vos annotations en ~** write your notes in the margin. **-2.** [à l'écart]: **vivre en ~** to live on the fringe OU fringes (of society); **il est toujours resté en ~** he's always been a loner; **elle a fait une carrière en ~** she made an unconventional career for herself.

◆ **en marge de** *loc prép*: **les événements en ~ de l'histoire** footnotes to history, marginal events in history; **beaucoup d'accords sont signés en ~ des négociations officielles** a lot of agreements are signed outside the official negotiating sessions; **en ~ de ses activités de professeur, il aidait les enfants handicapés** in addition to his work as a teacher, he helped handicapped children; **activité en ~ des études** UNIV extra-curricular activity.

margelle [marʒɛl] *nf* edge *(of a well or fountain)*.

marger [17] [marʒe] *vt* **-1.** IMPR to feed in *(sép)*, to lay on *(sép)*. **-2.** [machine à écrire] to set the margins.

margeur, euse [marʒœr, øz] *nm, f* [ouvrier] layer-on.

◆ **margeur** *nm* **-1.** IMPR (paper) feed. **-2.** [sur une machine à écrire] margin setter.

marginal, e, aux [marʒinal, o] ◇ *adj* **-1.** [secondaire - problème, rôle] marginal, minor, peripheral. **-2.** [à part]: **groupe ~** POL fringe group; SOCIOL marginal group; **avec la crise, leur existence est de plus en plus ~e** the economic crisis is pushing them further and further out to the margins OU fringes of society. **-3.** ÉCON marginal. **-4.** [annotation] marginal; **notes ~es** marginal notes, marginalia.

◇ *nm, f* dropout; **ça a toujours été un ~** he's always been a bit of a dropout, he's never been in the mainstream; **les marginaux de l'expressionnisme** people on the outer fringes of the expressionist movement.

marginalement [marʒinalmɑ̃] *adv*: **vivre ~** to live on the fringe OU margin of society; **ils ont choisi de vivre ~** they've chosen to opt out (of society).

marginalisation [marʒinalizasjɔ̃] *nf* SOCIOL marginalization; **la crise économique a favorisé la ~ de certaines couches sociales** the economic crisis has led to the marginalization of certain groups in society; **la pauvreté est un facteur de ~** poverty is one of the causes of marginalization.

marginaliser [3] [marʒinalize] *vt* to marginalize; **la toxicomanie a marginalisé une partie de la jeunesse** drug addiction has marginalized a large number of young people; **la tendance radicale du parti a été marginalisée** the radical tendency in the party has been marginalized.

◆ **se marginaliser** ◇ *vp (emploi réfléchi)* to opt out; **elle a choisi de se ~** she has chosen to live outside the mainstream of society.

◇ *vpi* **-1.** [personne]: **il se marginalise de plus en plus depuis son licenciement** he's cut himself off from the world since he lost his job. **-2.** [rôle, fonction] to become marginalized OU irrelevant; **le rôle du parti s'est marginalisé** the party no longer plays a central role.

marginalisme [marʒinalism] *nm* ÉCON marginal utility.

marginalité [marʒinalite] *nf* **-1.** [d'un problème, d'un rôle] minor importance, insignificance, marginality. **-2.** [d'une personne] nonconformism; **vivre** OU **être dans la ~** to live on the fringe OU fringes of society; **ils ont préféré vivre dans la ~** they preferred to opt out.

marginer [3] [marʒine] *vt* to write notes in the margin.

margoulette▽ [margulɛt] *nf* gob *Br*, kisser, mug; **se casser la ~** to fall flat on one's face.

margoulin *fam* [margulɛ̃] *nm péj* [spéculateur] petty speculator; [crapule] shark, crook, swindler.

marguerite [margərit] *nf* **-1.** BOT daisy; **grande ~** oxeye daisy. **-2.** IMPR daisy wheel.

Marguerite [margərit] *npr*: **~ d'Anjou** Margaret of Anjou; **~ de Navarre** Margaret of Navarre.

mari [mari] *nm* husband; **comment va ton petit ~?** *fam* how's your hubby?

mariable [marjabl] *adj* marriageable.

mariage [marjaʒ] *nm* **-1.** [union] marriage; **proposer le ~ à qqn** to propose (marriage) to sb; **il m'avait promis le ~** he had promised to marry me; **donner sa fille en ~** to give one's daughter in marriage; **je ne pense pas encore au ~** I'm not thinking about getting married yet; **faire un ~ d'amour** to marry for love, to make a love match; **faire un ~ d'argent** OU **d'intérêt** to marry for money; **enfants (nés) d'un premier ~** children from a first marriage; **enfants nés hors du ~** children born out of wedlock ‖ [vie commune] married life, matrimony; **les premiers temps du ~** early married life ❑ **~ blanc** unconsummated marriage, marriage in name only; **~ mixte** mixed marriage; **'le Mariage de Figaro'** *Beaumarchais* 'The Marriage of Figaro'. **-2.** [cérémonie] wedding; **de ~** wedding *(modif)*; **~ en blanc** white wedding; **elle veut un ~ civil/religieux** she wants a civil/church wedding ‖ [cortège] wedding procession. **-3.** [d'arômes] blend, mixture; [de couleurs] combination; **le ~ de deux organisations politiques** the merging of two political organisations. **-4.** JEUX [au bésigue] marriage. **-5.** TEXT (accidental) slub.

marial, e, als OU **aux** [marjal, o] *adj* Marian.

Marianne [marjan] *npr* [figure] Marianne.

MARIANNE:

Marianne is the personification of the French Republic; there is a bust of her in every town hall in France, and her portrait appears on French stamps. Her face has changed over the years, but she can always be recognized by the "bonnet phrygien" she wears.

Marie [mari] *npr* **-1.** RELIG Mary; **la Vierge ~** the Virgin Mary. **-2.** HIST: **~ Stuart** Mary Stuart; **~ de Médicis** Maria de Medici.

marié, e [marje] *adj* married; **il est ~ avec Maud** he's married to Maud; **on n'est pas ~s, dis donc!** *fam* just a minute, you're not my mother!

◆ **marié** *nm* groom, bridegroom.

◆ **mariée** *nf* bride; **une robe de ~e** a wedding dress; **la robe/le bouquet de la ~e** the bride's dress/bouquet ❑ **tu te plains que la ~e est trop belle!** you don't know how lucky you are!

◆ **mariés** *nmpl*: **les ~s** [le jour de la cérémonie] the bride and groom OU bridegroom; **les jeunes ~s** the newly-weds.

Marie-Antoinette [mariɑ̃twanɛt] *npr* Marie Antoinette.

marie-couche-toi-là▽ [marikuʃtwala] *nf inv péj* & *vieilli* trollop, strumpet.

marie-jeanne [mariʒan] *nf inv arg drogue* pot, Mary-Jane *Am*.

marie-louise [marilwiz] (*pl* **maries-louises**) *nf* **-1.** [passe-partout] inner frame. **-2.** [encadrement] harmonized border.

Marie-Madeleine [marimadlɛn] *npr* Mary Magdalene.

marier [9] [marje] *vt* **-1.** [unir] to marry, to wed *litt*; **le maire/le prêtre les a mariés hier** the mayor/the priest married them yesterday. **-2.** [donner en mariage] to marry; **ils marièrent leur fille à un médecin** they married their daughter to a doctor; **elle a encore un fils/une fille à ~** she still has a son/a daughter to marry off; **elle est bonne à ~** she's of marriageable age. **-3.** [parfums, couleurs] to blend, to combine, to marry; [styles, sons] to harmonize, to combine, to marry. **-4.** *Belg* [épouser] to marry. **-5.** NAUT [cordages] to hold together.

◆ **se marier** *vpi* **-1.** [personnes] to get married, to marry, to wed *litt*; **se ~ à** OU **avec qqn** to marry sb, to get married to sb; **il veut se ~ à l'église** he wants to have a church wedding OU to get married in church. **-2.** [couleurs, arômes, styles] to go together; **ça se marie bien avec le vert** it goes nicely with the green.

marie-salope [marisalɔp] (*pl* **maries-salopes**) *nf* **-1.** [péniche] hopper (barge); [drague] dredger. **-2.** ▽ [souillon] slut.

Marie-Thérèse [mariterɛz] *npr*: **~ d'Autriche** Maria Theresa of Austria.

marieur, euse [marjœr, øz] *nm, f* matchmaker.

Marignan [mariɲɑ̃] *npr*: **la bataille de ~** *famous victory of Francis I over the Swiss Holy League in 1515*.

marigot [marigo] *nm* **-1.** [bras de fleuve] side channel, backwater, marigot. **-2.** [région inondable] flood lands.

marihuana [marirwana], **marijuana** [mariʒɥana] *nf* marijuana.

marin, e[1] [marɛ̃, in] *adj* **-1.** [air, courant, sel] sea *(modif)*; [animal, carte] marine, sea *(modif)*; [plante, vie] marine; **paysage ~** seascape; **navire ~** seaworthy ship. **-2.** PÉTR offshore.

◆ **marin** *nm* **-1.** [gén] seaman, seafarer; **un peuple de ~s** a seafaring nation; **ses qualités de ~ ne sont plus à démontrer** he's already an accomplished seaman. **-2.** MIL & NAUT seaman, sailor; **costume/béret de ~** sailor suit/hat ❑ **~s marchands** OU **du commerce** merchant seamen; **simple ~** able OU able-bodied seaman; **~ d'eau douce** *hum* Sunday sailor, landlubber. **-3.** MÉTÉO marin, sea wind *(from the SE coast of France)*.

marina [marina] *nf* marina.

marinade [marinad] *nf* marinade; **viande en ~** marinated OU marinaded meat.

marinage [marinaʒ] *nm* marinating.

marine[2] [marin] ◇ *f* → **marin.**

◇ *adj inv* navy (blue).

◇ *nf* **-1.** NAUT navy; **~ marchande** merchant navy OU marine; **~ de plaisance** yachting; **~ à vapeur** steamers, steamships; **~ à voile** sailing ships. **-2.** MIL: **~ (de guerre)** navy. **-3.** BX-ARTS seascape.

◇ *nm* **-1.** [fusilier marin - britannique] Royal Marine; [- des États-Unis] (US) Marine; **les Marines** the Royal Marines *Br*, the US Marine Corps *Am*, the Marines *Am*. **-2.** [couleur] navy (blue).

mariner [3] [marine] ◇ *vt* [dans une marinade] to marinate, to marinade; [dans une saumure] to pickle, to souse.

◇ *vi* -**1.** CULIN to marinate; **laissez la viande ~ ou faites ~ la viande pendant plusieurs heures** allow the meat to marinate for several hours. -**2.** *fam* [personne] to wait, to hang about; **il marine en prison** he's rotting in prison; **laisse-la ~!** let her stew for a while!; **ne nous fais pas ~!** don't keep us hanging about OU around *Am*!

maringoin [marɛ̃gwɛ̃] *nm Can* mosquito.

marinier [marinje] *nm* -**1.** [batelier] bargee *Br*, bargeman *Am*. -**2.** *arch* [marin] mariner *arch*.

marinière [marinjɛr] *nf* -**1.** VÊT [blouse] sailor blouse; [maillot rayé] (white and navy blue) striped jersey. -**2.** CULIN: **sauce ~** white wine sauce; **(à la) ~** in a white wine sauce.

mariol(le) *fam* [marjɔl] ◇ *adj* [astucieux] smart, clever.

◇ *nm* smart alec, clever dick *Br*, wise guy *Am*; **faire le ~** to try to be smart OU clever; **fais pas le ~ sur ta moto/avec ce revolver** don't try and be clever on that bike/with that gun.

marionnette [marjɔnɛt] *nf* -**1.** [poupée]: **~ (à fils)** puppet, marionette; **~ (à gaine)** (hand OU glove) puppet; **on va aux ~s** we're going to the puppet show. -**2.** *péj* [personne] puppet.

marionnettiste [marjɔnɛtist] *nmf* puppeteer.

mariste [marist] *adj* & *nm* Marist.

marital, e, aux [marital, o] *adj* JUR -**1.** [relatif au mari] marital; **l'autorisation ~e n'est plus nécessaire** the husband's authorization is no longer necessary; **les biens maritaux** the husband's possessions. -**2.** [relatif à l'union libre]: **au cours de leur vie ~e** while they lived together (as man and wife).

maritalement [maritalmɑ̃] *adv*: **vivre ~** to live as husband and wife.

maritime [maritim] *adj* -**1.** [du bord de mer - village] coastal, seaside *(modif)*, seaboard *Am (modif)*; **province ~** maritime OU coastal province ☐ **région ~** ADMIN coastal area. -**2.** [naval - hôpital, entrepôt] naval; [- commerce] seaborne, maritime; **puissance ~** maritime OU sea power. -**3.** JUR [législation, droit] maritime, shipping *(modif)*; [agent] shipping *(modif)*; [assurance] marine.

maritorne [maritɔrn] *nf litt* sloven, slattern.

marivaudage [marivodaʒ] *nm sout* light-hearted banter.

marivauder [3] [marivode] *vi sout* to banter, to exchange gallanteries.

marjolaine [marʒɔlɛn] *nf* marjoram.

mark [mark] *nm* mark FIN.

marketing [markɛtiŋ] *nm* marketing.

marlou▽ [marlu] *nm* [souteneur] pimp; [voyou] hoodlum.

marmaille *fam* [marmaj] *nf péj* gang of kids OU brats *péj*; **elle est venue avec toute sa ~** she came with her whole brood.

marmelade [marməlad] *nf* CULIN compote; **~ de fraises** stewed strawberries, strawberry compote; **~ de pommes** stewed apple OU apples, apple compote; [pour viande] apple sauce; **~ d'oranges** (orange) marmalade.

◆ **en marmelade** *loc adj* -**1.** CULIN stewed; [trop cuit, écrasé] mushy. -**2.** *fam* [en piteux état]: **j'ai les pieds en ~** my feet are all torn to shreds; **mettre qqn en ~** to reduce sb to a pulp; **elle avait le visage en ~** her face was all smashed up.

marmite [marmit] *nf* -**1.** CULIN [contenant] pot, cooking-pot; [contenu] pot; **~ norvégienne** haybox. -**2.** PHYS: **~ de Papin** Papin's digester. -**3.** GÉOL: **~ torrentielle** OU **de géants** pothole.

marmiton [marmitɔ̃] *nm* young kitchen hand.

marmonnement [marmɔnmɑ̃] *nm* mumbling, muttering.

marmonner [3] [marmɔne] ◇ *vi* to mumble, to mutter; **la vieille femme marmonnait dans son coin** the old woman was muttering (away) to herself.

◇ *vt* [injures, réponse] to mumble, to mutter; **je ne sais pas, marmonna-t-elle** I don't know, she mumbled OU said in a mumble.

marmoréen, enne [marmɔreɛ̃, ɛn] *adj* -**1.** GÉOL marmoreal, marmorean. -**2.** *litt* marmoreal *litt*, marble *(modif)*.

marmot *fam* [marmo] *nm* (little) kid, nipper *Br*.

marmotte [marmɔt] *nf* -**1.** ZOOL marmot; **tu es une vraie ~** you're a regular dormouse! ☐ **~ d'Amérique** woodchuck. -**2.** [fourrure] marmot; **de** OU **en ~** marmot *(modif)*. -**3.** BOT (marmotte) cherry.

marmottement [marmɔtmɑ̃] *nm* mumbling, muttering.

marmotter [3] [marmɔte] *vt* & *vi* to mutter, to mumble.

marmouset [marmuzɛ] *nm* -**1.** ARCHIT grotesque (figure), (small) gargoyle. -**2.** [chenet] carved fire dog. -**3.** ZOOL marmoset.

marnage [marnaʒ] *nm* -**1.** AGR marling. -**2.** [d'un plan d'eau] tidal range.

marne [marn] *nf* marl.

Marne [marn] *npr f* -**1.** [rivière]: **la ~** the (river) Marne. -**2.** [département]: **la ~** the Marne; **la bataille de la ~** the Battle of the Marne.

LA BATAILLE DE LA MARNE:

The successful campaign led by Joffre against the advancing German forces in September 1914, famous for the "taxis de la Marne", the Paris taxis requisitioned to take troops to the front line.

---

marner [3] [marne] ◇ *vt* AGR to marl.

◇ *vi* -**1.** *fam* [personne] to slog *Br*, to plug away *Am*; **j'ai marné toute ma vie** I've sweated blood all my life; **il nous fait ~** he keeps us hard at it OU slaving away. -**2.** [mer] to rise; **ici la marée ne marne jamais plus de 5 m** here the tidal range never exceeds 5 m.

marneux, euse [marnø, øz] *adj* marly.

Maroc [marɔk] *npr m*: **le ~** Morocco; **au ~** in Morocco.

marocain, e [marɔkɛ̃, ɛn] *adj* Moroccan.

◆ **Marocain, e** *nm, f* Moroccan.

◆ **marocain** *nm* LING Moroccan (Arabic).

maroilles [marwal] *nm* Maroilles cheese.

maronite [marɔnit] *adj* & *nmf* Maronite.

maronner *fam* [3] [marɔne] *vi* -**1.** [maugréer] to grumble, to bellyache, to grouch; [être en colère] to be fuming; **ne la fais pas ~** don't get her back up. -**2.** [attendre]: **il nous fait toujours ~** he always has us hanging about OU around waiting.

maroquin [marɔkɛ̃] *nm* -**1.** [peau] morocco. -**2.** *fam* [ministère] minister's portfolio.

maroquinage [marɔkinaʒ] *nm* tanning *(of a skin into morocco leather)*.

maroquiner [3] [marɔkine] *vt* to tan *(into morocco leather)*.

maroquinerie [marɔkinri] *nf* -**1.** [commerce] leather trade; [industrie] leather craft; **dans toutes les ~s** in all leather shops *Br* OU stores *Am*. -**2.** [articles] (small) leather goods. -**3.** [atelier] tannery; [tannage] tanning.

maroquinier, ère [marɔkinje, ɛr] ◇ *adj*: **ouvrier ~** leather worker; **marchand ~** leather merchant.

◇ *nm, f* [ouvrier] tanner; [artisan] leather craftsman; [commerçant]: **je l'ai acheté chez un ~** I bought it from a leather (goods) shop *Br* OU store *Am*.

marotte [marɔt] *nf* -**1.** *fam* [passe-temps] pet hobby; **c'est sa ~** it's his pet hobby OU thing; **il a la ~ des mots croisés** crosswords are his pet hobby; **c'est devenu une ~** it's become an obsession. -**2.** [sceptre] fool's bauble. -**3.** [de coiffeur, de modiste] dummy head.

maroufler [3] [marufle] *vt* -**1.** [coller - sur un panneau] to mount. -**2.** BX-ARTS to back; **toile marouflée** backed picture.

marquage [markaʒ] *nm* -**1.** SPORT marking. -**2.** [de linge] marking; [d'animaux] marking, branding. -**3.** PHYS: **~ radioactif** radioactive labelling OU tracing.

marquant, e [markɑ̃, ɑ̃t] *adj* -**1.** [personne] prominent, outstanding; **les personnalités ~es de ce siècle** this century's most influential figures. -**2.** [détail, trait] striking; **un événement particulièrement ~** an event of particular OU outstanding importance.

marque [mark] *nf* -**1.** [trace] mark; **~s de coups** bruises OU marks of blows; **~s de doigts** [sales] fingermarks; [empreintes] fingerprints; **les brûlures n'ont laissé aucune ~ sur son bras** the burns left no marks OU scars on her arm; **il y avait encore la ~ de son corps dans l'herbe** the imprint of his body in the grass was still there; **les ~s de la vieillesse** marks OU traces of old age. -**2.** [étiquette] label, tag, tab; [signet] marker, book mark; [trait] mark; **~ au crayon/à la craie** pencil/chalk mark. -**3.** [preuve] mark; **comme ~ d'amitié/d'estime/de confiance** as a token of friendship/esteem/trust; **elle n'a rien dit en lui donnant le chèque, c'est là la ~ d'une grande générosité** she didn't say a word when she gave him the cheque, that's the sign of real generosity. -**4.** COMM [de produits manufacturés] make; [de produits alimentaires et chimiques] brand; **voiture de ~ française** French-made OU French-built car ☐ **produits de grande ~** top brand OU name products; **c'est une grande ~ de cigarettes/de voitures** [célèbre] it's a well-known brand of cigarette/make of car; [de luxe] it's a brand of luxury cigarette/a make of luxury car; **~ déposée** registered trademark; **~ de fabrique** trademark, brand name; **~ d'origine** maker's mark. -**5.** [identification - sur bijoux] hallmark; [- sur meubles] stamp, mark; [- sur animaux] brand; **~ de l'inspection vétérinaire** VÉTÉR Health officer's inspection stamp; **il a dessiné ces jardins, il est facile de reconnaître sa ~** *fig* he designed these gardens, it's easy to recognize his style; **on reconnaît la ~ du génie** that's the hallmark OU stamp of genius ☐ **~ d'infamie** HIST brand *(on prostitutes)*. -**6.** JEUX [jeton] chip; [décompte] score; **tenir la ~** to keep (the) score. -**7.** SPORT [score] score; **mener à la ~** to be ahead, to be in the lead. -**8.** RUGBY: **~!** mark! -**9.** LING: **porter la ~ du féminin/pluriel** to be in the feminine/plural form. -**10.** IMPR: **~ d'imprimeur** printer's colophon.

◆ **marques** *nfpl* SPORT: **prendre ses ~s** [coureur] to take one's marks; [sauteur] to pace out one's run up; **à vos ~s! prêts! partez!** on your marks! get set! go!, ready! steady! go!

◆ **de marque** *loc adj* [produit] upmarket, top-class; [hôte] distinguished; **articles de ~** branded goods; **personnage de ~** VIP.

marqué, e [marke] *adj* -**1.** [évident - différence] marked, distinct; [- préférence] marked, obvious; [- accent] marked, broad, strong; [- traits] pronounced; **il a le visage très ~** [par des blessures] his face is covered with scars; [par la maladie] illness has left its mark on his face; **robe à la taille ~e** dress fitted at the waist. -**2.** [engagé]: **il est très ~ politiquement** politically he is very committed.

marquer [3] [marke] ◇ *vt* -**1.** [montrer] to mark; **~ la limite de qqch** to mark sthg (off), to mark the limit of sthg; **~ la position de** to show OU to mark OU to indicate the position of; **l'horloge marque 3 h** the clock shows OU says 3 o'clock; **la balance marque 3 kg** the scales register OU read 3 kg; **le thermomètre marque 40°C** the thermometer shows OU registers 40°C; **les lignes bleues marquent les frontières** the blue lines show OU indicate where the border is. -**2.** [signaler - passage d'un texte] to mark; [- bétail] to brand, to mark; [- arbre] to blaze; [- linge] to label, to tag; **marque-le à ton nom** mark it with your name; **marquez-le d'un tiret/d'une flèche/d'une croix** mark it with a dash/an arrow/a cross; **~ sa page** [avec un signet] to mark one's place (with a bookmark); [en cornant la page] to turn down the corner of one's page; **~ au fer** to brand ☐ **ce jour est à ~ d'une pierre blanche** this will go down as a red-letter day. -**3.** [témoigner de] to mark, to show; **pour ~ sa confiance** as a token OU mark of his trust. -**4.** [événement, date] to mark; **de nombreuses manifestations ont marqué le**

bicentenaire de la Révolution a number of events marked OU commemorated the bicentenary of the French Revolution ❑ ~ le coup [fêter qqch] to mark the occasion; [réagir] to react. -5. [prendre en note] to write OU to take OU to note (down) *(sép)*; [tracer] to mark, to write; **tu l'as marqué?** have you made a note of it?; **il n'y a rien de marqué dessus** there's nothing marked OU written on it; **marqué à l'encre/à la craie/au crayon sur le mur** marked in ink/chalk/pencil on the wall, inked/chalked/pencilled on the wall. -6. [suj: difficulté, épreuve] to mark; **le chagrin a marqué son visage** his face is lined OU furrowed with sorrow; **ces années de pauvreté l'ont marquée (à jamais)** those years of poverty have left their (indelible) mark on her; **le choc a marqué la carrosserie** the bodywork was marked OU damaged in the collision. -7. [impressionner] to mark, to affect, to make an impression on; **ça m'a beaucoup marqué** it made a big OU lasting impression on me. -8. JEUX & SPORT: ~ **(un point)** to score (a point); ~ **les points** to note OU to keep the score; **l'argument est judicieux, vous marquez un point** *fig* the argument is valid, that's one to you OU you've scored a point; ~ **un joueur** to mark a player. -9. [rythmer]: ~ **la cadence** to be in rhythm; ~ **la mesure** MUS to keep the beat; ~ **un temps d'arrêt** to pause *(for a moment)* ❑ ~ **le pas** to mark time; **la réforme marque le pas** the reform is dragging its feet. -10. COUT: **les robes, cet été, marqueront la taille** this summer's dresses will emphasize the waist line.

◇ *vi* -1. [personne, événement] to stand out; **les grands hommes qui ont marqué dans l'histoire** the great men who have left their mark on history; **sa mort a marqué dans ma vie** his death had a great effect OU impact on my life. -2. [crayon, objet]: **ce feutre ne marque plus** this felt-tip pen doesn't write anymore; **attention, ça marque!** careful, it'll leave a mark!

marqueter [27] [markəte] *vt* -1. [bois] to inlay. -2. *litt* [tacheter] to speckle, to dot.

marqueterie [markɛtri] *nf* -1. [décoration] marquetry, inlay; **un panneau en** ~ a marquetry panel; **une** ~ **de tendances politiques** *fig* a hotchpotch OU hodgepodge *Am* OU welter of different political tendencies. -2. [métier] marquetry.

marqueteur, euse [markətœr, øz] *nm, f* inlayer.

marqueur, euse [markœr, øz] *nm, f* [qui compte les points] scorekeeper, scorer; [qui gagne les points] scorer.

◆ **marqueur** *nm* -1. [gros feutre] marker (pen); [surligneur] highlighter; **la phrase indiquée au** ~ the highlighted sentence. -2. BIOL, LING & MÉD marker. -3. NUCL tracer.

◆ **marqueuse** *nf* COMM marking OU stamping machine.

marquis [marki] *nm* marquess, marquis; **merci, Monsieur le Marquis** thank you, your Lordship.

marquisat [markiza] *nm* [rang, fief] marquessate, marquisate.

marquise [markiz] *nf* -1. [titre] marchioness, marquise; **merci, Madame la Marquise** thank you, your Ladyship; **elle est maintenant** ~ she's now a marchioness OU marquise. -2. [abri de toile] awning; [auvent vitré] (glass) canopy. -3. JOAILL marquise ring. -4. CULIN: ~ **glacée** iced marquise. -5. [chaise] marquise (chair).

Marquises [markiz] *npr fpl*: **les (îles)** ~ the Marquesas Islands.

marraine [marɛn] *nf* -1. RELIG godmother. -2. [d'un bateau]: **elle fut choisie comme** ~ **du bateau** she was chosen to launch OU to name the ship || [d'un nouveau membre] sponsor; ~ **de guerre** soldier's wartime penfriend OU penpal.

Marrakech [marakɛʃ] *npr* Marrakech, Marrakesh.

marrane [maran] *nm* Marrano.

marrant, e *fam* [marɑ̃, ɑ̃t] ◇ *adj* -1. [drôle] funny; **il est (trop)** ~! he's a hoot OU scream!; **elle n'est pas** ~**e, sa femme** his wife is really bad news!; **je ne veux pas y aller – tu n'es pas** ~! I don't want to go – you're no fun!; **vous êtes** ~**s, je n'ai pas que ça à faire!** come on, I've got other things to do, you know! -2. [bizarre] funny, odd, strange; **c'est** ~ **qu'elle ne soit pas encore là** funny (that) she hasn't arrived yet. ◇ *nm, f* joker, funny guy (*f* girl); **c'est un petit** ~ **qui se croit tout permis** he's a little joker who thinks he can do as he likes.

marre [mar] *adv*: **en avoir** ~ *fam*: **il en a** ~ **de ses études** he's fed up with OU sick and tired of studying; **j'en ai** ~! I've had enough!; **je commence à en avoir plus que** ~ **de tes mensonges** I've just about had enough of your lies, I'm sick and tired of your lies; **c'est** ~! *vieilli* and that's that!; **allez, c'est** ~**, on se tire!** come on, that's enough, let's clear off!

marrer *fam* [3] [mare] *vi*: **faire** ~ **qqn** to make sb laugh; **me fais pas** ~ *aussi iron* don't make me laugh.

◆ **se marrer** *fam vpi* to have a (good) laugh; **on s'est drôlement marrés hier soir** we really had a good laugh OU a great time last night.

marri, e [mari] *adj arch* [contrarié, fâché]: **être (fort)** ~ to be (most) aggrieved; **si je vous ai blessé, j'en suis bien** ~ I would be most grieved OU distressed to think that I had hurt you.

marron[1] [marɔ̃] ◇ *nm* -1. BOT chestnut; ~**s chauds** roast OU roasted chestnuts; ~**s glacés** marrons glacés, crystallized OU candied chestnuts; **tirer les** ~**s du feu pour qqn** to be sb's cat's-paw, to do all the dirty work for sb; ~ **d'Inde** horse chestnut, conker. -2. [couleur] brown; **j'aime le** ~ I like brown. -3. ▽ [coup] clout, bash, wallop.

◇ *adj inv* [brun] brown.

◇ *adj* ▽: **être (fait)** ~ [être dupé] to be taken in; [être coincé]: **zut, voilà le contrôleur, on est** ~**s!** oh, no, we've had it now, here comes the ticket collector!

marron[2]**, onne** [marɔ̃, ɔn] *adj* [malhonnête] crooked; **amateurisme** ~ shamateurism; **médecin** ~ quack.

marronnier [marɔnje] *nm* chestnut tree; ~ **d'Inde** horse chestnut (tree).

mars [mars] *nm* -1. [mois] March; **en** ~ in March; **au mois de** ~ in (the month of) March; **nous y allons tous les ans en** ~ OU **au mois de** ~ we go there every (year in) March; **au début du mois de** ~**, (au) début** ~ at the beginning of March, in early March; **au milieu du mois de** ~**, à la mi-**~ in the middle of March, in mid-March; **à la fin du mois de** ~**, (à la) fin** ~ at the end of March, in late March; **en** ~ **dernier/prochain** last/next March; **Nice, le 5** ~ **1989** Nice, March 5th 1989 OU 5th of March 1989; **la commande vous a été livrée le 31** ~ your order was delivered on 31st March OU on March 31st OU on the 31st of March; **j'attendrai jusqu'au (lundi) 4** ~ I'll wait until (Monday) the 4th of March. -2. ENTOM (purple) emperor.

Mars [mars] *npr* ASTRON & MYTH Mars.

marsala [marsala] *nm* Marsala.

marsault [marso] *nm* goat willow.

marseillais, e [marsɛjɛ, ɛz] *adj* from Marseilles; **histoire** ~**e** tall story.

◆ **Marseillais, e** *nm, f inhabitant of or person from Marseilles*.

◆ **Marseillaise** *nf*: **la Marseillaise** the Marseillaise *(the French national anthem)*.

Marseille [marsɛj] *npr* Marseille, Marseilles.

marsouin [marswɛ̃] *nm* -1. ZOOL common porpoise. -2. *arg mil* Marine.

marsupial, e, aux [marsypjal, o] *adj* marsupial.

◆ **marsupial, aux** *nm* marsupial.

marte [mart] = **martre**.

marteau, x [marto] ◇ *nm* -1. [maillet] hammer; **coup de** ~ blow with a hammer; **enfoncer un clou à coups de** ~ to hammer a nail home OU in; **travailler le fer au** ~ to work iron with a hammer; **le** ~ **du commissaire-priseur** the auctioneer's hammer ❑ ~ **piqueur** OU **pneumatique** pneumatic drill; ~ **perforateur** hammer drill. -2. [pièce - d'une horloge] striker, hammer; [- d'une porte] knocker, hammer; [- dans un piano] hammer. -3. ANAT hammer, malleus *spéc*. -4. SPORT hammer. -5. [poisson] hammerhead shark. -6. [pour les arbres]: ~ **forestier** blazer, marking hammer OU hatchet. -7. MÉTALL: ~ **à emboutir** embossing hammer; ~ **à main** hand sledge; ~ **à frapper devant** aboutsledge.

◇ *adj fam* bonkers *Br*, nuts.

marteau-pilon [martopilɔ̃] (*pl* **marteaux-pilons**) *nm* power OU drop hammer.

marteau-piolet [martopjɔlɛ] (*pl* **marteaux-piolets**) *nm* ice hammer.

martel [martɛl] *nm*: **se mettre** ~ **en tête** to be worried sick; **ne te mets pas** ~ **en tête pour si peu** don't get worked OU wrought up about such a small thing.

martelage [martəlaʒ] *nm* -1. MÉTALL hammering; **faire disparaître une bosse par** ~ to hammer out a bump. -2. [des arbres] blazing.

martèlement [martɛlmɑ̃] *nm* [bruit - d'un marteau] hammering; [- de pas, de bottes] pounding; **j'entends le** ~ **de la pluie sur le toit de zinc** I can hear the rain beating on the zinc roof.

marteler [25] [martəle] *vt* -1. MÉTALL to hammer; ~ **à froid** to cold-hammer. -2. [frapper] to hammer (at), to pound (at); **il martelait la table de ses poings** he was hammering with OU banging his fists on the table; **martelant le lutrin au rythme de chaque phrase** striking OU thumping the lectern with each sentence; **la douleur lui martelait la tête** her head was throbbing with pain. -3. [scander] to hammer out *(sép)*.

marteleur [martəlœr] *nm* hammerman.

Marthe [mart] *npr* BIBLE Martha.

martial, e, aux [marsjal, o] *adj* -1. *litt* [guerrier] martial, warlike; **un discours** ~ a warlike speech. -2. [résolu, décidé] resolute, determined; **une démarche/voix** ~**e** a firm tread/voice. -3. JUR: **cour** ~**e** court martial; **loi** ~**e** martial law. -4. MÉD [relatif au fer] iron *(modif)*; **carence** ~**e** iron deficiency.

martien, enne [marsjɛ̃, ɛn] *adj* Martian.

◆ **Martien, enne** *nm, f* Martian; **j'ai l'impression de parler à des Martiens** I might as well be talking to Martians.

martin-chasseur [martɛ̃ʃasœr] (*pl* **martins-chasseurs**) *nm* wood kingfisher.

martinet [martinɛ] *nm* -1. [fouet] cat-o'-nine-tails. -2. MÉTALL (small) drop hammer. -3. ORNITH: ~ **noir** swift; ~ **pâle** pallid swift; ~ **à ventre blanc** Alpine swift.

martingale [martɛ̃gal] *nf* -1. VÊT half belt. -2. ÉQUIT [sangle] martingale. -3. JEUX [façon de jouer] doubling-up, ≃ martingale; [combinaison] winning formula.

martiniquais, e [martinikɛ, ɛz] *adj* Martinican.

◆ **Martiniquais, e** *nm, f* Martinican.

Martinique [martinik] *npr f*: **la** ~ Martinique; **à la** ~ in Martinique.

martin-pêcheur [martɛ̃pɛʃœr] (*pl* **martins-pêcheurs**) *nm* kingfisher.

martre [martr] *nf* -1. ZOOL marten. -2. [fourrure] sable.

martyr, e [martir] ◇ *adj* martyred; **les enfants** ~**s** battered children.

◇ *nm, f* -1. [personne qui se sacrifie] martyr; **les** ~**s chrétiens** the Christian martyrs; **les** ~**s de la Résistance** the martyrs of the Resistance. -2. *hum* martyr; **arrête de jouer les** ~**s** OU **de prendre des airs de** ~! stop being a OU playing the martyr!

◆ **martyre** *nm* -1. [supplice] martyrdom; **le** ~ **des premiers chrétiens** the martyrdom of the early Christians. -2. [épreuve] torture, martyrdom; [douleur] agony; **toute sa vie fut un** ~ her life was sheer misery from beginning to end; **souffrir le** ~ to be in agony; **cette visite a été pour moi un** ~! that visit was sheer torture for me!

martyriser [3] [martirize] *vt* -**1.** [supplicier - gén] to martyrize; RELIG to martyr. -**2.** [maltraiter - animal] to ill-treat, to torture; [- enfant] to beat, to batter; [- condisciple] to bully.
martyrologe [martirɔlɔʒ] *nm* martyrology; le ~ de la Résistance *fig* the list of the martyrs of the Resistance.
marxien, enne [marksjɛ̃, ɛn] *adj* Marxian.
marxisant, e [marksizɑ̃, ɑ̃t] *adj* Marxist-influenced.
marxisme [marksism] *nm* Marxism.
marxisme-léninisme [marksismleninism] *nm* Marxism-Leninism.
marxiste [marksist] *adj* & *nmf* Marxist.
marxiste-léniniste [marksistleninist] (*pl* marxistes-léninistes) *adj* & *nmf* Marxist-Leninist.
marxologue [marksɔlɔg] *nmf* Marxologist.
maryland [marilɑ̃d] *nm* Maryland (tobacco).
Maryland [marilɑ̃d] *npr m*: le ~ Maryland.
mas [ma] *nm type of house found in southeast France*.
mascara [maskara] *nm* mascara.
mascarade [maskarad] *nf* -**1.** [bal] masked ball, masquerade; DANSE & HIST masquerade. -**2.** *péj* [accoutrement] (strange) outfit; **qu'est-ce que c'est que cette ~?** what on earth is that outfit you're wearing? -**3.** [simulacre] farce, mockery; **le candidat ayant déjà été choisi, l'entrevue ne fut qu'une ~** the candidate had already been selected so the interview was a complete farce OU charade.
mascaret [maskarɛ] *nm* -**1.** [vague] (tidal) bore, mascaret. -**2.** [raz de marée] tidal wave.
mascaron [maskarɔ̃] *nm* BX-ARTS grotesque mask, mascaron *spéc*.
mascotte [maskɔt] *nf* mascot.
masculin, e [maskylɛ̃, in] *adj* -**1.** [propre aux hommes] male; **le sexe ~** the male sex; **une voix ~e** [d'homme] a male OU man's voice; [de femme] a masculine voice; **c'est un préjugé bien ~!** that's a typical male prejudice!; **un métier ~** a male profession. -**2.** [composé d'hommes]: **une équipe ~e** a men's team; **main-d'œuvre ~e** male workers. -**3.** LING masculine; **nom ~** masculine noun.
◆ **masculin** *nm* LING masculine; **ces mots sont des ~s** these words are masculine.
masculiniser [3] [maskylinize] *vt* -**1.** [viriliser] to make masculine. -**2.** BIOL to produce male characteristics in, to masculinize.
masculinité [maskylinite] *nf* -**1.** [comportement] masculinity, virility, manliness. -**2.** [dans des statistiques]: **taux de ~** sex ratio.
maso *fam* [mazo] ◇ *adj* masochistic; **t'es ~ ou quoi?** you're a real glutton for punishment; **je ne vais pas lui dire la vérité tout de suite, je ne suis pas ~** I won't tell her the truth right away, I'm not a masochist.
◇ *nmf*: **c'est un ~** he's a glutton for punishment OU a masochist.
masochisme [mazɔʃism] *nm* masochism.
masochiste [mazɔʃist] ◇ *nmf* masochist.
◇ *adj* masochist, masochistic.
masquage [maskaʒ] *nm* [gén & PHOT] masking.
masque [mask] *nm* -**1.** [déguisement, protection] mask; **l'homme au ~ de fer** the man in the iron mask ❑ **~ de carnaval** OU **de Mardi gras** (carnival) mask; **~ funéraire** OU **mortuaire** death mask; **~ d'escrime/de plongée** fencing/diving mask; **~ d'anesthésie/à oxygène/stérile** anaesthetic/oxygen/sterile mask; **~ à gaz** gas mask. -**2.** [pour la peau]: **~ (de beauté)** face pack OU mask. -**3.** MÉD: **~ de grossesse** (pregnancy) chloasma. -**4.** [apparence] mask, front; **sous ce ~ jovial, elle cache son amertume** under that jovial facade OU appearance, she conceals her bitterness; **son visage était un ~ impénétrable** his face was an impenetrable mask; **sous le ~ de la vertu** under the mask of OU in the guise of virtue; **sa bonté n'est qu'un ~** his kindness is just a front OU is only skin-deep ❑ **lever** OU **tomber le ~, jeter (bas) son ~** to unmask o.s., to show one's true colours, to take off one's mask. -**5.** *litt* [personne masquée] mask. -**6.** MUS & THÉÂT mask, masque; **parler** OU **chanter dans le ~** to pitch one's voice forward. -**7.** ACOUST: **effet de ~** (audio) masking. -**8.** ÉLECTRON, IMPR & PHOT mask. -**9.** ENTOM mask.
masqué, e [maske] *adj* -**1.** [voleur] masked, wearing a mask; [acteur] wearing a mask, in a mask. -**2.** [virage] blind.
masquer [3] [maske] ◇ *vt* -**1.** [dissimuler - obstacle, ouverture] to mask, to conceal; [- lumière] to shade, to screen (off), to obscure; [- difficulté, intentions, sentiments] to hide, to conceal, to disguise; [- saveur, goût] to mask, to disguise, to hide; **le mur masque la vue** the wall blocks out OU masks the view; **la colline masquait les chars ennemis** the enemy tanks were hidden OU concealed by the hill; **la cuisine est masquée par** OU **avec un paravent** the kitchen is hidden behind a partition OU is partitioned off; **son arrogance lui servait à ~ sa lâcheté** he hid OU concealed his cowardice under a mask of arrogance. -**2.** [déguiser - enfant] to put a mask on.
◇ *vi* NAUT to back the sails.
◆ **se masquer** ◇ *vp (emploi réfléchi)* [se déguiser] to put a mask on, to put on a mask.
◇ *vpt* [ignorer]: **se ~ qqch** to ignore sthg; **ne nous masquons pas les difficultés** let us not blind ourselves to OU ignore the difficulties.
Massachusetts [masaʃysɛts] *npr m*: le ~ Massachusetts.
massacrant, e *fam* [masakrɑ̃, ɑ̃t] *adj*: **être d'une humeur ~e** to be in a foul OU vile mood.
massacre [masakr] *nm* -**1.** [tuerie] massacre, slaughter; **envoyer des troupes au ~** to send troops to the slaughter; **le ~ des Innocents** BIBLE the Massacre of the Innocents. -**2.** *fam* [d'un adversaire] massacre, slaughter; **5 à 0, c'est un ~!** 5 nil, it's a massacre!; **il a fait un ~ dans le tournoi** he massacred OU slaughtered OU made mincemeat of all his opponents in the tournament. -**3.** *fam* [travail mal fait]: **c'est du** OU **un ~** [gâchis] it's a mess; [bâclage] it's a botch-up OU botch *Am*; **quel ~, son «Phèdre»!** she's managed to murder "Phèdre"; **regarde comment il m'a coupé les cheveux, c'est un vrai ~!** look at the mess he's made of my hair!; **attention en découpant le gâteau, quel ~!** watch how you cut the cake, you're making a pig's ear OU a real mess of it! -**4.** *fam* [succès]: **faire un ~** to be a runaway success, to be a smash (hit); **elle fait actuellement un ~ sur la scène de la Lanterne** she's currently bringing the house down at the Lantern theatre; **une chanson qui a fait un ~ à sa sortie** a song which was a smash (hit) when it first came out. -**5.** CHASSE [trophée] stag's antlers OU attire. -**6.** HÉRALD harts attired OU caboched.
◆ **jeu de massacre** *nm* Aunt Sally; **le débat s'est transformé en jeu de ~** *fig* the debate turned into a demolition session.
massacrer [3] [masakre] *vt* -**1.** [tuer - animal, personne] to slaughter, to massacre, to butcher; **les terroristes ont massacré les otages** the terrorists butchered the hostages. -**2.** *fam* [vaincre facilement - adversaire] to make mincemeat of, to massacre, to slaughter; **je l'ai massacré au tennis** I slaughtered OU demolished him at tennis. -**3.** *fam* [critiquer] to slate *Br*, to pan; **la pièce s'est fait ~** the play got slated *Br* OU torn to pieces; **ils l'ont massacré dans les journaux** they made mincemeat out of him OU tore him to pieces in the papers. -**4.** *fam* [gâcher - concerto, pièce de théâtre] to murder, to make a mess of; [- langue] to murder; **écoute-le ~ la langue française** listen to him massacring OU murdering the French language || [bâcler - travail] to make a mess OU hash of, to botch (up) *(sép)*, to make a pig's ear (out) of.
massacreur, euse [masakrœr, øz] *nm, f* -**1.** [tueur] slaughterer, butcher. -**2.** *fam* [mauvais exécutant - d'un concerto, d'une pièce] murderer; [bâcleur] botcher, bungler.
massage [masaʒ] *nm* massage; **faire un ~ à qqn** to massage sb, to give sb a massage; **faire un ~ cardiaque à qqn** to give sb a cardiac OU heart massage.
masse [mas] *nf* -**1.** [bloc informe] mass; **~ de cheveux/terre** mass of hair/earth; **~ de nuages** bank of clouds; **~ d'air** MÉTÉO mass of air; **il vit une ~ sombre sur le sol** he saw a dark mass OU a great dark shape on the ground; **sculpté dans la ~** carved from the block ❑ **s'abattre** OU **s'écrouler** OU **s'affaisser comme une ~** to collapse OU to slump heavily. -**2.** *fam* [grande quantité]: **une ~ de** [objets] heaps OU masses of; [gens] crowds OU masses of ❑ **pas des ~s** *fam* not that much, not that many; **des amis, il n'en a pas des ~s** he hasn't got that many friends; **vous vous êtes bien amusés? — pas des ~s!** did you have fun? — not that much! -**3.** COMM [grosse quantité] stock; [douze grosses] great gross. -**4.** [groupe social]: **la ~** the masses; **communication/culture de ~** mass communication/culture; **les ~s (populaires)** the mass (of ordinary people); **les ~s laborieuses** the toiling masses. -**5.** [ensemble] body, bulk; [majorité] majority; **la grande ~ des étudiants ne se sent pas concernée** the great majority of the students don't feel concerned. -**6.** ÉCON & FIN: **la ~ des créanciers/obligataires** the body of creditors/bondholders ❑ **~ active** assets; **~ critique** critical mass; **~ monétaire** money supply; **~ passive** liabilities; **~ salariale** wage bill. -**7.** MIL [allocation] fund; **~ d'habillement** clothing fund. -**8.** ÉLECTR earth *Br*, ground *Am*; **mettre à la ~** to earth *Br*, to ground *Am*; **mise à la ~** earthing *Br*, grounding *Am*. -**9.** CHIM & PHYS mass; **~ atomique/moléculaire** atomic/molecular mass; **~ volumique** relative density. -**10.** INF: **mémoire de ~** mass storage. -**11.** JEUX stake. -**12.** [outil] sledgehammer, beetle. -**13.** ARM: **~ d'armes** mace. -**14.** [de billard] butt (of cue).
◆ **à la masse**▽ *loc adj* crazy.
◆ **en masse** ◇ *loc adj* [licenciements, production] mass *(modif)*.
◇ *loc adv* -**1.** [en grande quantité]: **produire** OU **fabriquer en ~** to mass-produce; **la population a approuvé en ~ le projet de réforme** the reform bill gained massive support; **se déplacer en ~** to go in a body OU en masse; **avoir des bijoux en ~** *fam* to have stacks OU masses OU loads of jewellery. -**2.** COMM [en bloc] in bulk.
massé [mase] *nm* massé (shot); **faire un ~** to play a massé shot.
massepain [maspɛ̃] *nm* marzipan.
masser [3] [mase] *vt* -**1.** [membre, muscle] to massage; **~ qqn** to massage sb, to give sb a massage; **se faire ~** to be massaged, to have a massage; **masse-moi le bras** rub OU massage my arm. -**2.** [réunir - enfants] to gather OU to bring together; [- soldats] to mass; [- livres, pièces] to put together. -**3.** BX-ARTS to group, to arrange into groups. -**4.** JEUX: **~ une bille** to play a massé shot.
◆ **se masser** ◇ *vpt*: **se ~ le genou/le bras** to massage one's knee/one's arm; **elle se masse les tempes quand elle a mal à la tête** she rubs her temples when she has a headache.
◇ *vpi* to gather, to assemble, to mass; **les enfants se massèrent dans la cour de l'école** the children assembled OU gathered in the school playground; **les manifestants se massèrent devant l'hôtel de ville** the demonstrators massed OU gathered in front of the town hall.
masseur, euse [masœr, øz] *nm, f* masseur (*f* masseuse).
masseur-kinésithérapeute [masœrkineziterapøt], **masseuse-kinésithérapeute** [masøzkineziterapøt] (*mpl* masseurs-kinésithérapeutes, *fpl* masseuses-kinésithérapeutes) *nm, f* physiotherapist *Br*, physical therapist *Am*.
massicot [masiko] *nm* -**1.** [d'imprimeur] guillotine; [pour papier peint] trimmer. -**2.** CHIM massicot.
massicoter [3] [masikɔte] *vt* [suj: imprimeur] to guillotine; [papier peint] to trim.

massif, ive [masif, iv] *adj* **-1.** JOAILL & MENUIS solid; **argent ~** solid silver; **armoire en acajou ~** solid mahogany wardrobe. **-2.** [épais] massive, heavy-looking, bulky; **une bâtisse au fronton ~** a building with a massive pediment; **sa silhouette massive** his huge frame. **-3.** [en grand nombre] mass *(modif)*, massive; **des migrations massives vers le Nouveau Monde** mass migrations to the New World; **une réponse massive de nos spectateurs** an overwhelming response from our viewers || [en grande quantité] massive, huge; **un apport ~ d'argent liquide** a massive cash injection. **-4.** MIN compact, massive. **-5.** LING uncountable.

◆ **massif** *nm* **-1.** GÉOG & GÉOL mountainous mass, massif; **~ ancien** primary OU Caledonian massif; **le Massif central** the Massif Central; **le Massif éthiopien** the Ethiopian Hills; **le ~ du Hoggar** the Hoggar Mountains. **-2.** HORT: **~ (de fleurs)** flowerbed; **un ~ de roses** a rosebed, a bed of roses; **~ d'arbustes** clump of bushes; **les rhododendrons font de jolis ~s** rhododendrons look nice planted together in groups. **-3.** CONSTR underpin, foundation. **-4.** [panneaux publicitaires] composite site. **-5.** MIN pillar.

massification [masifikasjɔ̃] *nf* **-1.** [uniformisation] uniformization, standardization. **-2.** [médiatisation] mass dissemination.

massique [masik] *adj* **-1.** PHYS mass *(modif)*. **-2.** TECH: **puissance ~** power-to-weight ratio, power-weight ratio.

massivement [masivmɑ̃] *adv* [en grand nombre] massively, en masse; **ils ont voté ~ pour le nouveau candidat** they voted overwhelmingly for the new candidate.

massivité [masivite] *nf* massiveness.

mass media [masmedja] *nmpl* mass media.

massue [masy] *nf* **-1.** [gourdin] club, bludgeon. **-2.** *fig*: **un argument ~** a sledgehammer argument ❑ **coup de ~** [événement imprévu] staggering blow, bolt from the blue; [prix excessif] *fam* rip-off. **-3.** ENTOM: **~ antennaire** capitate end of the antenna.

mastaba [mastaba] *nm* mastaba, mastabah.

mastectomie [mastɛktɔmi] = **mammectomie**.

mastic [mastik] ◇ *adj inv* putty, mastic, putty-coloured.

◇ *nm* **-1.** BOT mastic. **-2.** CONSTR mastic; [pour vitrier] putty; [pour menuisier] filler. **-3.** IMPR transposition. **-4.** TRAV PUBL: **~ d'asphalte** asphalt mastic. **-5.** [d'arboriculteur]: **~ à greffer** grafting wax.

masticage [mastikaʒ] *nm* CONSTR [d'une vitre] puttying; [d'une cavité] filling, stopping.

masticateur, trice [mastikatœr, tris] *adj* masticatory.

◆ **masticateur** *nm* [ustensile] masticator.

mastication [mastikasjɔ̃] *nf* **-1.** [d'aliments] chewing, mastication *spéc*. **-2.** TECH mastication.

masticatoire [mastikatwar] *adj* & *nm* masticatory.

mastiff [mastif] *nm* (bull) mastiff.

mastiquer [3] [mastike] *vt* **-1.** [pain, viande] to chew, to masticate *spéc*. **-2.** [joindre - lézarde] to fill (in), to stop (up); [- vitre] to putty. **-3.** DENT to fill.

mastite [mastit] *nf* mastitis.

mastoc *fam* [mastɔk] *adj inv* [personne] hefty; [objet] bulky.

mastodonte [mastɔdɔ̃t] *nm* **-1.** ZOOL mastodon. **-2.** [personne] colossus, enormous man (*f* woman); **c'est un ~** he's built like a house. **-3.** [camion] juggernaut *Br*, tractor-trailer *Am*.

mastoïdien, enne [mastɔidjɛ̃, ɛn] *adj* mastoid.

mastoïdite [mastɔidit] *nf* mastoiditis.

masturbation [mastyrbasjɔ̃] *nf* masturbation.

masturber [3] [mastyrbe] *vt* to masturbate.

◆ **se masturber** ◇ *vp (emploi réfléchi)* to masturbate.

◇ *vp (emploi réciproque)* to masturbate each other.

m'as-tu-vu [matyvy] ◇ *adj inv* showy, flashy; **leur maison est très ~** their house is very showy.

◇ *nmf inv* show-off; **faire le** OU **son ~** to show off.

masure [mazyr] *nf* shack, hovel.

mat, e [mat] *adj* **-1.** [couleur] dull, matt; [surface] unpolished; [peinture] matt; PHOT matt. **-2.** [teint] olive. **-3.** [son]: **un son ~** a thud, a dull sound.

◆ **mat** ◇ *adj inv* checkmated, mated; **il m'a fait ~ en trois coups** he checkmated me in three moves; **tu es ~** (you're) checkmate.

◇ *nm* **-1.** JEUX checkmate, mate; **être sous le ~** to be under the threat of checkmate OU mate. **-2.** TEXT mat.

mât [ma] *nm* **-1.** [poteau] pole, post; [en camping] pole; **~ de cocagne** greasy pole. **-2.** [hampe] flagpole. **-3.** TECH: **~ de charge** cargo beam, derrick; **~ de levage** lift mast; **~ de forage** PÉTR drilling mast. **-4.** NAUT mast; **~ d'artimon** mizzen, mizzenmast; **~ de beaupré** bowsprit; **~ de hune** topmast; **~ de misaine** foremast; **grand ~** main mast. **-5.** RAIL: **~ (de signal)** signal post.

matador [matadɔr] *nm* matador.

matage [mataʒ] *nm* **-1.** [d'une dorure] matting. **-2.** [d'une soudure] caulking.

matamore [matamɔr] *nm sout* braggart; **il joue les ~s** he's nothing but a braggart.

match [matʃ] (*pl* **matchs** OU **matches**) *nm* match, game *Am*; **~ de tennis** tennis match, game of tennis; **~ aller/retour** first/second leg (match); **faire ~ nul** to draw, to tie *Am*.

maté [mate] *nm* **-1.** BOT maté (tree). **-2.** [boisson] maté.

matelas [matla] *nm* **-1.** [d'un lit] mattress; **~ à ressorts/de laine** spring/wool mattress; **~ de mousse** foam-rubber mattress ❑ **~ pneumatique** air mattress. **-2.** [couche - de feuilles mortes, de neige] layer, carpet; **un ~ de billets de banque** *fam* [liasse] a wad OU roll of bank-notes; [fortune] a pile (of money). **-3.** CONSTR: **~ d'air** air space. **-4.** INDUST sandwich.

matelassé, e [matlase] *adj* **-1.** [fauteuil] padded. **-2.** COUT lined. **-3.** TEXT matelassé.

◆ **matelassé** *nm* quilted material.

matelasser [3] [matlase] *vt* **-1.** [fauteuil] to pad. **-2.** [veste] to line; [tissu] to quilt; **matelassé de soie** silk-lined.

matelassier, ère [matlasje, ɛr] *nm, f* mattress maker.

matelassure [matlasyr] *nf* padding, mattress filling.

matelot [matlo] *nm* **-1.** [de la marine - marchande] sailor, seaman; [- militaire] sailor; **~ de première/deuxième/troisième classe** leading/able/ordinary seaman; **~ breveté** able rating *Br*, seaman apprentice *Am*; **~ de pont** deck hand. **-2.** [bâtiment] ship, vessel; **~ d'avant/d'arrière** ship ahead/astern.

matelotage [matlɔtaʒ] *nm* **-1.** [solde] sailor's pay. **-2.** [travaux, connaissances] seamanship.

matelote [matlɔt] *nf* **-1.** CULIN matelote, fish stew *(with wine, onion and mushroom sauce)*; **~ d'anguilles** stewed eels *(in red wine sauce)*. **-2.** [danse] (sailor's) hornpipe.

mater [3] [mate] *vt* **-1.** ÉCHECS to mate, to checkmate. **-2.** [dompter - personne, peuple] to bring to heel; [- révolte] to quell, to curb, to put down *(insép)*; **~ l'orgueil de qqn** to humble sb, to crush sb's pride; **petit morveux, je vais te ~, moi!** *fam* you little swine, I'll show you who's boss! **-3.** ▽ [regarder] to ogle, to check (out) *(sép)*; **mate un peu si le prof arrive** keep your eyes peeled, see if the teacher's coming; **t'as fini de le ~?** have you quite finished (staring at him)? **-4.** [dépolir] to matt. **-5.** MÉTALL to caulk.

mâter [3] [mate] *vt* to mast NAUT.

matérialisation [materjalizasjɔ̃] *nf* **-1.** [réalisation] materialization; **c'est la ~ de tous mes rêves** it's a dream come true for me. **-2.** PHYS: **~ de l'énergie** mass-energy conversion. **-3.** [dans le spiritisme] materialization.

matérialiser [3] [materjalize] *vt* **-1.** [concrétiser] to materialize; **~ un projet** to carry out OU to execute a plan. **-2.** [indiquer] to mark out *(sép)*, to indicate; **le poteau matérialise la frontière** the pole marks where the border is; **'voie non matérialisée pendant 1 km'** 'no markings OU roadmarkings for 1 km'. **-3.** [symboliser] to symbolize, to embody.

◆ **se matérialiser** *vpi* to materialize; **notre plan ne s'est pas matérialisé comme prévu** our plan did not work out OU materialize as expected; **le serveur se matérialisa enfin** *hum* the waiter eventually materialized.

matérialisme [materjalism] *nm* materialism; **~ dialectique/historique** dialectical/historical materialism.

matérialiste [materjalist] ◇ *adj* **-1.** PHILOS materialist. **-2.** [esprit, civilisation] materialistic.

◇ *nmf* materialist.

matérialité [materjalite] *nf* materiality; **la ~ d'un fait** JUR the material circumstances, the materiality of a fact.

matériau, x [materjo] *nm* [substance] material.

◆ **matériaux** *nmpl* **-1.** CONSTR material, materials. **-2.** [éléments] components, elements; **rassembler des ~x pour une enquête** to assemble (some) material for a survey.

matériel, elle [materjɛl] *adj* **-1.** [réel - preuve] material; **c'est une impossibilité ~le** it's a literal impossibility; **je n'ai pas le temps ~ de faire l'aller et retour** I simply don't have the time to go there and back; **il n'a pas le pouvoir ~ de le faire** he doesn't have the means to do it. **-2.** [pécuniaire, pratique - difficulté, aide etc] material; **nos besoins ~s** our material needs; **sur le plan ~, il n'a pas à se plaindre** from a material point of view, he has no grounds for complaint. **-3.** [physique] material; **pour mon confort ~** for my material well-being; **les plaisirs ~s** material pleasures. **-4.** [matérialiste - esprit, civilisation] material. **-5.** PHILOS [être, univers] physical, material. **-6.** MATH & MÉCAN [point] material, physical.

◆ **matériel** *nm* **-1.** [équipement, machines] equipment; **~ agricole/industriel** agricultural/industrial equipment; **~ ferroviaire** railway *Br* OU railroad *Am* equipment; **~ lourd** heavy equipment; **~ de bureau** office equipment; **~ scolaire** [papeterie] school materials; [de laboratoire] school equipment; **~ pédagogique** teaching materials; **~ de pêche** fishing tackle OU gear; **~ de camping** camping equipment OU gear; **~ de peinture** painting equipment OU gear ❑ **~ roulant** RAIL rolling stock. **-2.** MIL: **~ de guerre** materiel ❑ **arme** OU **service du ~** Ordnance Corps. **-3.** ÉCON: **le ~ humain** the workforce, human material. **-4.** BIOL & PSYCH material. **-5.** INF hardware. **-6.** BX-ARTS material.

◆ **matérielle** *fam nf hum* wherewithal, (daily) sustenance; **assurer la ~le** to make a living.

matériellement [materjɛlmɑ̃] *adv* **-1.** [concrètement] materially; **une tâche ~ impossible à effectuer** a physically impossible task. **-2.** [financièrement] materially, financially; **des familles ~ défavorisées** families with financial difficulties.

maternage [matɛrnaʒ] *nm* [d'un enfant, d'un protégé] mothering.

maternel, elle [matɛrnɛl] *adj* **-1.** [propre à la mère - autorité, instinct, soins etc] maternal, motherly; **l'amour ~** maternal love; **il craignait les reproches ~s/la colère ~le** he feared his mother's reproaches/anger. **-2.** [qui vient de la mère] maternal; **du côté ~** on the mother's OU maternal side; **sa tante ~le** his maternal aunt; **il y a de l'asthme dans ma famille du côté ~** there is asthma on my mother's side of the family.

◆ **maternelle** *nf* nursery school, infant school *Br* kindergarten.

maternellement [matɛrnɛlmɑ̃] *adv* maternally; **elle s'occupait de lui ~** she cared for him like a mother OU in a motherly fashion.

materner [3] [matɛrne] *vt* to mother; **tu ne vas pas ~ ton fils jusqu'à 30 ans** you're not going to mollycoddle OU baby your son until he's 30, are you?; **elle aime être maternée** she likes to be mothered.

materniser [3] [matɛrnize] *vt* to make suitable for infants.

maternité [matɛrnite] *nf* -1. [clinique] maternity hospital OU home; [service] maternity ward. -2. [fait d'être mère] motherhood; **ça te va bien, la ~!** motherhood OU being a mother suits you! || [grossesse]: **des ~s successives** successive pregnancies. -3. JUR maternity; **action en recherche de ~ naturelle** maternity suit. -4. BX-ARTS mother and child.

math [mat] *nf* maths *Br*, math *Am*; **~ sup/spé** *first/second year of a two-year course preparing for entrance to the Grandes Écoles.*

mathématicien, enne [matematisjɛ̃, ɛn] *nm, f* mathematician.

mathématique [matematik] ◇ *adj* -1. MATH mathematical. -2. [précis, exact] mathematical; **organisé avec une précision ~** organized with mathematical precision. -3. [inévitable] inevitable; **elle était sûre de perdre, c'était ~** she was sure to lose, it was a cert *Br* OU a surefire thing *Am*.
◇ *nf* mathematics *(U)*.

mathématiquement [matematikmɑ̃] *adv* -1. MATH mathematically. -2. [objectivement] mathematically, absolutely; **c'est ~ impossible** it's mathematically OU utterly impossible; **je vais te prouver ~ qu'il fallait voter à gauche** I'm going to prove to you mathematically OU scientifically that you should have voted for the left. -3. [inévitablement] inevitably; **~, il devait perdre** he was bound to lose.

mathématiques [matematik] *nfpl* mathematics *(sg)*; **~ appliquées/pures** applied/pure mathematics.

mathématisation [matematizasjɔ̃] *nf* mathematization.

mathématiser [3] [matematize] *vt* to mathematicize, to mathematize.

matheux, euse *fam* [matø, øz] *nm, f* -1. [gén]: **c'est un ~** he's a wizard at maths *Br* OU math *Am*; **demandez à Jeanne, c'est elle la matheuse** ask Jeanne, she's the maths brain. -2. [étudiant] maths *Br* OU math *Am* student.

maths [mat] *nfpl* maths *Br*, math *Am*; **fort en ~** good at maths *Br* OU math *Am*.

mathusalem [matyzalɛm] *nm* Methuselah ŒNOL.

Mathusalem [matyzalɛm] *npr* Methuselah; **ça date de ~** it's out of the ark; **vieux comme ~** as old as Methuselah.

matière [matjɛr] *nf* -1. [substance] matter, material; IMPR matter; **c'est en quelle ~?** what's it made of? ❑ **~ fissile/nucléaire** NUCL fissile/nuclear material; **~s (fécales)** faeces; **~ plastique, ~s plastiques** plastic, plastics; **~ première, ~s premières** raw material OU materials; **~ synthétique** synthetic material. -2. BIOL & CHIM: **~ organique/inorganique** organic/inorganic matter; **la ~** PHILOS & PHYS matter; **~ inanimée/vivante** inanimate/living matter ❑ **~ grasse, ~s grasses** fat; **60 % de ~s grasses** 60% fat content. -3. [contenu - d'un discours, d'un ouvrage] material, subject matter; **je n'avais pas assez de ~ pour en faire un livre** I didn't have enough material to write a book; **entrer en ~** to tackle a subject; **après une entrée en ~ assez brève** after a fairly short introduction OU lead-in. -4. [motif, prétexte] matter; **il n'y a pas là ~ à rire** OU **plaisanter** this is no laughing matter; **il y a ~ à discussion** there are a lot of things to be said about that; **cela donne ~ à réfléchir** this is a matter for serious thought, this matter requires some serious thinking; **y a-t-il là ~ à dispute/procès?** is this business worth fighting over/going to court for?; **~ d'une accusation** JUR gravamen *spéc*, substance of a charge; **~ d'un crime** criminal matter ❑ **~s sommaires** summary matter. -5. [domaine] matter, subject; SCOL subject; **je suis incompétent en la ~** I'm ignorant on the subject; **il est mauvais/bon juge en la ~** he's a bad/good judge of this subject; **en ~ philosophique/historique** in the matter of philosophy/history, as regards philosophy/history; **le latin est ma meilleure ~** Latin is my best subject; **les ~s à l'écrit/à l'oral** the subjects for the written/oral examination. -6. BX-ARTS medium.
◆ **en matière de** *loc prép* as regards; **en ~ de cuisine/peinture/politique** as far as cooking/painting/politics is concerned.
◆ **matière grise** *fam nf* grey matter; **fais travailler ta ~ grise!** use your brains OU head!; **elle a de la ~ grise** she's brainy.

matiérisme [matjerism] *nm* matierism.

matiériste [matjerist] ◇ *adj* matieristic.
◇ *nmf* matierist.

MATIF, Matif [matif] *npr m* -1. (*abr de* Marché à terme international de France) *body regulating activities on the French stock exchange*, ≃ LIFFE *Br*. -2. (*abr de* marché à terme des instruments financiers) financial futures market.

Matignon [matiɲɔ̃] *npr*: (l'hôtel) ~ *building in Paris which houses the offices of the Prime Minister*; **les accords (de) ~** the Matignon Agreements.

MATIGNON:
This term is often used to refer to the Prime Minister and his or her administrative staff: "Matignon ne semble pas être d'accord".

LES ACCORDS (DE) MATIGNON:
These agreements, involving pay settlements and the recognition of union rights, were concluded under Léon Blum's government following the victory of the Popular Front in 1936.

---

matin [matɛ̃] ◇ *nm* -1. [lever du jour] morning; **de bon** OU **grand ~** in the early morning, early in the morning; **partir au petit ~** to leave early in the morning; **rentrer au petit ~** to come home in the early OU small hours; **du ~ au soir** all day long, from morning till night; **l'étoile/la rosée du ~** the morning star/dew. -2. [matinée] morning; **par un ~ d'été/de juillet** one summer/July morning; **un beau ~** one fine day, one of these (fine) days; **le ~ du 8, le 8 au ~** on the morning of the 8th; **il est 3 h du ~** it's 3 a.m. OU 3 (o'clock) in the morning; **je suis du ~** [actif le matin] I'm an early riser; [de service le matin] I'm on OU I do the morning shift, I'm on mornings; **il travaille le ~** he works mornings OU in the morning; **le docteur visite le ~** the doctor does his house-calls in the morning; **à prendre ~, midi et soir** to be taken three times a day. -3. *litt*: **le ~ de la vie** the dawn of life; **au ~ de sa vie** in the morning of her life.
◇ *adv* -1. *litt* [de bonne heure] early in the morning, in the early hours (of the morning). -2. [durant la matinée]: **demain/hier ~** tomorrow/yesterday morning; **tous les dimanches ~** every Sunday morning.

mâtin, e *fam* [matɛ̃, in] *nm, f vieilli* imp, monkey *hum*; **le ~, il a filé!** the little devil OU rascal has taken off!; **ah, la ~e!** oh, the cheeky little hussy!
◆ **mâtin** ◇ *nm* mastiff, guard dog.
◇ *interj fam vieilli* by Jove, great Scott; **~, la belle fille!** by Jove, what a lovely girl!

matinal, e, aux [matinal, o] *adj* -1. [du matin] morning *(modif)*; **promenade/brise ~e** morning walk/breeze || [du petit matin]: **heure ~e** early hour. -2. [personne]: **je suis assez ~** I'm quite an early riser; **vous êtes bien ~ aujourd'hui** you're up early today.

mâtiné, e [matine] *adj* crossbred.

matinée [matine] *nf* -1. [matin] morning; **je vous verrai demain dans la ~** I'll see you sometime tomorrow morning; **en début/fin de ~** at the beginning/end of the morning; **j'ai travaillé toute la ~** I've worked all morning; **par une belle ~ de printemps/de juillet** on a gorgeous spring/July morning. -2. THÉÂT matinee; **y a-t-il une séance en ~?** is there an afternoon OU matinee performance?

mâtiner [3] [matine] *vt* to cross; **c'est un berger allemand mâtiné de lévrier** it's an Alsatian crossed with a greyhound, it's a cross between an Alsatian and a greyhound; **un français mâtiné d'italien** *fig* French peppered with Italian words.

matines [matin] *nfpl* matins, mattins.

matir [32] [matir] *vt* to matt, to dull.

matité [matite] *nf* -1. [aspect mat - gén] matt look; [- d'une peinture] mat finish. -2. [d'un son] dullness. -3. MÉD: **~ pulmonaire** dullness of the lungs.

Mato Grosso [matogrɔso] *npr m*: **le ~** the Mato Grosso.

matois, e [matwa, az] ◇ *adj litt* sly, cunning, wily.
◇ *nm, f* cunning person; **c'est un fin ~** he's a cunning old fox.

maton, onne [matɔ̃, ɔn] *nm, f arg crime* (prison) screw.

matos *fam* [matos] *nm* gear; **ils ont un sacré ~** they've got loads of gear.

matou *fam* [matu] *nm* tom, tomcat.

matraquage [matrakaʒ] *nm* -1. [dans une bagarre] coshing *Br*, bludgeoning, clubbing; [dans une manifestation] truncheoning *Br*, clubbing *Am*. -2. *fam* [propagande]: **~ publicitaire** plugging; **~ d'un disque** plugging of a record; **tu as vu le ~ qu'ils font pour le bouquin/le concert?** have you seen all the hype about the book/the concert?

matraque [matrak] *nf* -1. [de police] truncheon *Br*, billy club *Am*, night stick *Am*; **il a reçu un coup de ~** he was hit with a truncheon *Br* OU billy club *Am*; **500 F, c'est le coup de ~!** *fam fig* 500 F, that's a bit steep! -2. [de voyou] cosh *Br*, bludgeon, club; **tué à coups de ~** bludgeoned OU clubbed OU coshed *Br* to death.

matraquer [3] [matrake] *vt* -1. [frapper - suj: malfaiteur] to cosh *Br*, to bludgeon, to club; [- suj: agent de police] to truncheon *Br*, to club *Am*; **on se fait ~ dans ce restaurant!** *fam fig* they really soak you in this restaurant! -2. *fam* [auditeur, consommateur] to bombard; [disque, chanson] to plug, to hype.

matraqueur, euse [matrakœr, øz] *nm, f* [agresseur] mugger.

matriarcal, e, aux [matrijarkal, o] *adj* matriarchal.

matriarcat [matrijarka] *nm* matriarchy.

matriçage [matrisaʒ] *nm* die forging (hot), drop forging.

matrice [matris] *nf* -1. [moule - gén] mould, die, matrix *spéc*; [- d'un caractère d'imprimerie] mat, matrix; **~ d'un disque/d'une bande** matrix record/tape; **coulé en ~** die-cast. -2. INF (core) matrix. -3. MATH matrix; **~ carrée** square matrix. -4. ADMIN: **~ du rôle des contributions** assessment roll; **~ cadastrale** cadastre. -5. *vieilli* [utérus] womb. -6. MÉTALL [d'un alliage] matrix.

matricer [16] [matrise] *vt* to die forge, to drop forge.

matricide [matrisid] ◇ *nmf* [personne] matricide.
◇ *nm litt* [crime] matricide.

matriciel, elle [matrisjɛl] *adj* -1. ADMIN tax-assessment *(modif)*; **loyer ~** rateable value *Br*, assessment of rent *(used to calculate taxes) Am*. -2. MATH: **calcul ~** matrix calculation; **algèbre ~le** matrix algebra. -3. INF [écran] dot matrix *(modif)*; [imprimante] matrix *(modif)*.

matriclan [matriklɑ̃] *nm* matriclan, matrilineal clan.

matricule [matrikyl] ◇ *adj* reference *(modif)*.
◇ *nm* -1. ADMIN reference number. -2. MIL roll number; **sois là à l'heure ou gare à ton ~!** *fam* be there on time or you'll be in for it!
◇ *nf* ADMIN register.

matrilinéaire [matrilineɛr] *adj* matrilinear.

matrilocal, e, aux [matrilɔkal, o] *adj* matrilocal.

matrimonial, e, aux [matrimɔnjal, o] *adj* matrimonial.

matrone [matrɔn] *nf* -1. [femme - respectable] staid OU upright woman, matron; [- corpulente] stout OU portly woman. -2. ANTIQ matron.

matronyme [matrɔnim] *nm* matronymic.

Matthieu [matjø] *npr*: saint ~ Saint Matthew.

maturation [matyrasjɔ̃] *nf* -**1.** BOT & PHYSIOL maturation; son talent est arrivé à ~ *fig* her talent has reached its peak. -**2.** [du fromage] ripening, maturing. -**3.** MÉD maturation. -**4.** MÉTALL age-hardening. -**5.** AGR maturation, ripening.

mature [matyr] *adj* -**1.** ZOOL ripe. -**2.** [développé] mature.

mâture [matyr] *nf* NAUT [mâts] masts; **dans la ~** aloft; **pièces de ~** timber for masts ‖ [atelier] mast house.

maturité [matyrite] *nf* -**1.** [d'un fruit] ripeness; [de la pensée, d'un style] maturity; **venir** OU **parvenir à ~** to become mature, to reach maturity; **attendons qu'elle ait une plus grande ~ d'esprit** OU **de jugement** let's wait until she's more intellectually mature. -**2.** [âge] prime (of life); **l'artiste fut frappée en pleine ~** the artist was struck down at the height of her powers OU of her creative genius. -**3.** *Helv* [baccalauréat] school-leaving diploma *(granting admission to university)*.

maudire [104] [modir] *vt* -**1.** RELIG to damn. -**2.** [vouer à la calamité] to curse; **~ le destin** to curse fate; **maudit soit, maudite soit** a curse OU plague on; **je maudis le jour où je l'ai rencontré** I curse the day (when) I met him.

maudit, e [modi, it] *adj* -**1.** [mal considéré] accursed; **c'est un livre ~** the book has been censured; **peintre ~** accursed painter; **poète ~** poète maudit. -**2.** *fam (avant le n)* [dans des exclamations] cursed, blasted, damned; **encore ce ~ temps!** this damn weather again!; **~e bagnole!** *fam* blasted OU goddam *Am* car!

◆ **maudit** *nm* RELIG: **le Maudit** Satan, the Fallen One; **les ~s** the Damned ❑ **'M le Maudit'** *Lang* 'M'.

maugréer [15] [mogree] *vi* to grumble; **~ contre qqch** to grumble about sthg.

maure [mɔr] *adj* Moorish.

◆ **Maure** *nm* Moor; **les Maures** the Moors.

mauresque [mɔrɛsk] *adj* Moorish.

◆ **Mauresque** *nf* Moorish woman.

◆ **mauresque** *nf* [motif] moresque, Moresque.

Maurice [moris] *npr*: **l'île ~** Mauritius.

mauricien, enne [morisjɛ̃, ɛn] *adj* Mauritian.

◆ **Mauricien, enne** *nm, f* Mauritian.

Mauritanie [moritani] *npr f*: **(la) ~** Mauritania.

mauritanien, enne [moritanjɛ̃, ɛn] *adj* Mauritanian.

◆ **Mauritanien, enne** *nm, f* Mauritanian.

mauser [mozɛr] *nm* Mauser.

mausolée [mozɔle] *nm* mausoleum.

maussade [mosad] *adj* -**1.** [de mauvaise humeur] glum, sullen; **elle l'accueillit d'un air ~** she greeted him sullenly. -**2.** [triste] gloomy, dismal; **le temps est ~** the weather is dismal.

maussaderie [mosadri] *nf sout* moroseness, glumness.

mauvais, e [movɛ, *devant nm commençant par voyelle ou h muet* movɛz, ɛz] ◇ *adj* **A.** EN QUALITÉ -**1.** [médiocre] bad, poor; **son deuxième roman est plus/moins ~ que le premier** her second novel is worse than her first/is not as bad as her first; **en ~ état** in bad OU poor condition; **de ~e qualité** poor quality; **du ~ travail** bad OU poor OU shoddy work; **la récolte a été ~e cette année** it was a bad OU poor harvest this year; **depuis le glissement de terrain, la route est ~e** the road's been bad OU in a bad state since the landslide; **j'ai une ~e vue** OU **de ~ yeux** I've got bad eyesight; **son français est ~** his French is bad; **elle a fait une ~e performance** she turned in a bad OU poor performance; **après l'entracte, la pièce devient franchement ~e** after the interval, the play gets really bad; **de ~ résultats** [dans une entreprise] poor results; [à un examen] bad OU poor OU low grades; **ce n'est pas un ~ conseil qu'il t'a donné là** that's not a bad piece of advice he's just given you; **~ goût** [d'une image, d'une personne, d'une idée] bad taste; **de ~ goût**: **c'est de ~ goût** it's in bad taste; **il porte toujours des cravates de ~ goût** he always wears such tasteless ties; **avoir ~ goût**: **elle a très ~ goût** she has very bad OU poor taste. -**2.** [défectueux] bad, wrong, faulty; **la ligne est ~e** [téléphone] the line is bad; **la balle est ~e** SPORT the ball is out; **le service est ~** SPORT it's a bad OU faulty serve. -**3.** [incompétent] bad, poor; **un ~ mari** a bad OU poor husband; **va à la réunion si tu ne veux pas être traité de ~ syndicaliste** go to the meeting unless you want to be called a bad union member; **il a été ~ à la télévision hier** he was bad on TV yesterday; **je suis ~e en économie** I'm bad OU poor at economics.

B. DÉSAGRÉABLE -**1.** [odeur, goût] bad, unpleasant, nasty; **prends ton sirop – c'est ~!** take your cough mixture – it's nasty!; **je n'irai plus dans ce restaurant, c'était trop ~** I won't go to that restaurant again, it was too awful; **il n'est pas si ~ que ça, ton café** your coffee isn't that bad; **le poisson a une ~e odeur** the fish smells bad; **les ~es odeurs** bad OU unpleasant smells; **elle a ~e haleine** she has bad breath; **~ goût** [de la nourriture, d'un médicament] bad OU nasty OU unpleasant taste; **jette ça, c'est ~** [pourri] throw that away, it's gone bad; **enlève ce qui est ~** [dans un fruit] take off the bad bits ‖ [éprouvant] bad; **passer un ~ hiver** to have a bad winter; **j'ai eu une ~e expérience du ski** I had a bad experience skiing; **le ~ temps** bad weather; **à la ~e saison, ils s'envolent** when the weather turns cold, they fly off ❑ **la trouver** OU **l'avoir ~e** *fam* to be furious OU livid OU wild; **il l'a eue ~e quand le taxi lui a fait rater son avion** he didn't find it at all funny when the taxi made him miss his plane; **tirer qqn d'un ~ pas** to get sb out of a fix; **passer un ~ quart d'heure** *fam* to have a hard time of it; **faire passer un ~ quart d'heure à qqn** *fam* to give sb hell. -**2.** [défavorable] bad; **les prévisions pour l'an prochain sont ~es** the forecasts for next year are bad; **je vous apporte de ~es nouvelles** I've got some bad news for you; **~e nouvelle, elle ne vient plus** bad news, she's not coming anymore; **~e affaire** bad deal; **tu as fait une ~e affaire** you've got a bad deal (there); **faire de ~es affaires** to get some bad deals.

C. NON CONFORME -**1.** [erroné, inapproprié] wrong; **l'arbre pousse du ~ côté de la barrière** the tree is growing on the wrong side of the fence; **fais demi-tour, on est sur la ~e route** turn round OU *Am* around, we're on the wrong road; **tu vas dans la ~e direction** you're going the wrong way; **prendre qqch dans le ~ sens** to take sthg the wrong way; **à la ~e heure** at a bad time, at the wrong time; **faire un ~ calcul** *fig* to miscalculate ❑ **être sur la ~e pente** to be heading for trouble. -**2.** [inopportun] bad, inconvenient, wrong; **j'ai téléphoné à un ~ moment** I called at a bad OU an inconvenient time; **tu as choisi le ~ jour pour me parler d'argent** you've picked the wrong day to talk to me about money; **il ne serait pas ~ de la prévenir/qu'elle reçoive une bonne leçon** it wouldn't be a bad idea to warn her/to teach her a lesson.

D. NÉFASTE -**1.** [dangereux] bad, nasty; **une ~e égratignure** a nasty scratch; **un ~ rhume** a bad OU nasty cold; **hospitalisé pour une ~e bronchite** in hospital with a nasty OU severe case of bronchitis; **elle est retombée dans une ~e position et s'est tordu la cheville** she landed badly and sprained her ankle; **c'est ~ pour les poumons/plantes** it's bad for your lungs/for the plants; **ne bois pas l'eau, elle est ~e** don't drink the water, it's unsafe OU not safe; **je trouve ~ que les enfants regardent trop la télévision** I think it's bad OU harmful for children to watch too much television. -**2.** [malveillant] nasty, unpleasant; **un rire/sourire ~** a nasty laugh/smile; **une ~e plaisanterie** a nasty trick; **~ coup** [de poing] nasty blow OU punch; [de pied] nasty kick; **n'y va pas, tu risques de prendre un ~ coup** OU **des ~ coups** don't go, you might get hurt; **faire un ~ coup** to get up to no good; **faire un ~ coup à qqn** to play a dirty trick on sb; **avoir l'air ~** to look nasty; **si on la contrarie, elle devient ~e** when people annoy her, she gets vicious OU turns nasty; **en fait, ce n'est pas un ~ homme/une ~e femme** he/she means no harm (, really). -**3.** [immoral] bad; **de ~es influences** bad influences; **avoir de ~ instincts** to have bad OU base instincts; **une ~e conduite** bad behaviour. -**4.** [funeste] bad; **c'est (un) ~ signe** it's a bad sign; **~ présage** bad OU ill omen ❑ **c'est ton ~ ange** OU **génie** he's a bad influence on you.

◇ *nm, f* [personne méchante] bad person; **oh, le ~/la ~e!** [à un enfant] you naughty boy/girl!

◆ **mauvais** ◇ *adv* -**1.** MÉTÉO: **faire ~**: **il fait ~** the weather's bad OU nasty. -**2.** *(suivi d'un inf)*: **faire ~**: **il fait ~ être/avoir...** it's not a good idea to be/to have...; **à cette époque-là, il faisait ~ être juif** it was hard to be Jewish in those days. -**3. sentir ~** to smell bad; **ça sent ~ ici!** it smells bad here!, there's a bad smell here!; **ça commence à sentir ~, filons** *fam fig* things are beginning to turn nasty, let's get out of here.

◇ *nm* [ce qui est critiquable]: **le ~**: **il n'y a pas que du ~ dans ce qu'il a fait** what he did wasn't all bad; **il y a du bon et du ~ dans leur proposition** there are some good points and some bad points in their proposal.

mauve [mov] ◇ *adj* & *nm* mauve.

◇ *nf* BOT mallow; **petite ~** least mallow.

mauviette [movjɛt] *nf* -**1.** *fam* [gringalet] weakling; [lâche] sissy, softy; **t'es un homme ou t'es une ~?** are you a man or a mouse? -**2.** ZOOL lark.

max▽ [maks] *(abr de* **maximum***)* *nm* -**1.** [peine] maximum sentence; **il a écopé du ~** he copped the full whack *Br*, he got the maximum sentence OU rap *Am*. -**2.** *loc*: **un ~** [beaucoup]: **ça va te coûter un ~** it's going to cost you a bomb *Br* OU a packet; **il débloque un ~** he's totally off his rocker; **il en a rajouté un ~** he went completely overboard; **un ~ de fric** loads of money.

max *(abr écrite de* **maximum***)* max.

maxi [maksi] ◇ *adj inv* -**1.** [long] maxi; **un manteau ~** a maxicoat. -**2.** *fam* [maximum]: **vitesse ~** top OU full speed.

◇ *nm* COUT maxi; **le ~ revient à la mode** maxis are back in fashion.

◇ *adv fam* [au maximum]: **7 degrés/deux heures ~** 7 degrees/two hours at the most.

maxillaire [maksilɛr] ◇ *adj* maxillary.

◇ *nm* jaw, jawbone, maxilla *spéc*; **les ~s** the maxillae ❑ **~ supérieur/inférieur** upper/lower jaw.

maxille [maksil] *nf* maxilla; **les ~s** the maxillae.

maxillipède [maksilipɛd] *nm* maxilliped.

maxillo-facial, e, aux [maksilɔfasjal, o] *adj* maxillofacial.

maxima¹ [maksima] *pl* → **maximum**.

maxima² → **a maxima**.

maximal, e, aux [maksimal, o] *adj* -**1.** [le plus grand] maximal, maximum *(modif)*; **pour un confort ~** for maximum comfort; **à la vitesse ~e** at top speed; **température ~e** highest OU maximum temperature. -**2.** MATH maximal.

maximalisation [maksimalizasjɔ̃] *nf* maximation, maximization.

maximaliser [3] [maksimalize] *vt* to maximize.

maximaliste [maksimalist] *adj* & *nmf* maximalist.

maxime [maksim] *nf* maxim.

Maxime [maksim] *npr* Maximus.

Maximilien [maksimiljɛ̃] *npr* Maximilian.

maximisation [maksimizasjɔ̃] = **maximalisation**.

maximiser [maksimize] = **maximaliser**.

maximum [maksimɔm] *(pl* **maximums** OU **maxima** [-ma]*)* ◇ *adj* maximum; **pressions maxima** maximum pressures; **vitesse ~** max-

imum OU top speed; **des rendements ~s** maximum OU top production figures.
◇ *nm* -**1.** [le plus haut degré] maximum; **le ~ saisonnier** the maximum temperature for the season; **en rentrant, on a mis le chauffage au ~** when we got home, we turned the heating on full; **le thermostat est réglé sur le ~** the thermostat is on the highest setting; **la crue était à son ~** the river had risen to its highest level OU was in full spate; **nous ferons le ~ le premier jour** we'll do as much as we can on the first day; **je ferai le ~ pour finir dans les temps** I'll do my utmost OU I'll do all I can to finish on time. -**2.** *fam* [en intensif] : **un ~ de** an enormous amount of; **on a eu un ~ d'ennuis** everything went wrong; **il y a eu un ~ de visiteurs le premier jour** we had an enormous number of visitors the first day; **pour ça il faut un ~ d'organisation** that sort of thing needs a huge amount of OU needs loads of organization; **je voudrais un ~ de silence pendant le film** I want total silence during the film *Br* OU movie *Am*; **on s'est amusés un ~** we had a really great time; **on fournira un ~ le premier jour** we'll do as much work as we can on the first day; **ça rendra un ~ sur papier brillant** it will come up great on gloss paper. -**3.** [peine] : **le ~** the maximum sentence; **il a eu le ~** he got the maximum sentence.
◇ *adv* at the most OU maximum; **il fait 3° C ~** the temperature is 3° C at the most OU at the maximum.
◆ **au maximum** *loc adv* -**1.** [au plus] at the most OU maximum; **deux jours au ~** two days at the most; **au grand ~** at the very most. -**2.** [le plus possible] : **un espace utilisé au ~** an area used to full advantage; **je nettoie au ~ mais c'est quand même sale** I do as much cleaning as possible but it's still dirty.

maya[1] [maja] *adj* Maya, Mayan.
◆ **Maya** *nmf* Maya, Mayan; **les Mayas** the Maya OU Mayas.
◆ **maya** *nm* LING Maya, Mayan.

maya[2] [maja] *nf* RELIG maya.

mayen [majɛ̃] *nm Helv Alpine pasture in the Valais region for spring and autumn grazing.*

Mayence [majɑ̃s] *npr* Mainz.

Mayenne [majɛn] ◇ *npr f* [département] : **la ~** the Mayenne.
◇ *npr* [ville] Mayenne.

mayonnaise [majɔnɛz] *nf* CULIN mayonnaise; **la ~ ne prend pas** the mayonnaise won't set; **crabe à la ~** crab in mayonnaise ❑ **œufs ~** eggs mayonnaise; **la ~ ne prend pas entre eux** *fam* they don't hit it off (together).

Mayotte [majɔt] *npr* Mayotte Island.

mazagran [mazagrɑ̃] *nm glazed earthenware cup for drinking coffee.*

Mazarine [mazarin] *npr*: **la bibliothèque ~** *public library in Paris.*

LA BIBLIOTHÈQUE MAZARINE:
This library opened to the public in 1643, and is the oldest in France. It specializes in French history, especially local history.

---

mazette [mazɛt] *interj vieilli* & *hum* my (word); **~, la belle voiture!** my, what a beautiful car!; **~, un vison, quelle élégance!** my, a mink coat, how elegant!

mazot [mazo] *nm Helv* farm building.

mazout [mazut] *nm* (fuel) oil; **chauffage central au ~** oil-fired central heating.

mazouter [3] [mazute] ◇ *vt* to pollute (with oil); **plages mazoutées** oil-polluted beaches, beaches polluted with oil; **oiseaux mazoutés** oil-stricken birds.
◇ *vi* to refuel.

mazurka [mazyrka] *nf* mazurka.

MDM *npr abr de* Médecins du monde.

me [mə] (*devant voyelle ou h muet* **m'** [m]) *pron pers* -**1.** [avec un verbe pronominal] : **je me suis fait mal** I've hurt myself; **je me suis évanoui** I fainted; **je ne m'en souviens plus** I don't remember anymore; **je me disais que...** I thought to myself... -**2.** [complément] : **ça me regarde** that concerns me; **il me regarde sans me voir** he looks at me without seeing me, he looks right through me; **il est venu me chercher** he came to fetch me; **il me l'a donné** he gave it to me; **ton idée me plaît** I like your idea; **ton amitié m'est précieuse** your friendship is precious OU means a lot to me; **ça me soulève le cœur** it makes me sick; **il m'a fait lire ce livre** he made me read this book; **il me court après depuis un certain temps** *fam* he's been chasing me for some time. -**3.** *fam* [emploi expressif] : **va me fermer cette porte** shut that door, will you?; **va me faire tes devoirs** go and get that homework done; **qu'est-ce qu'ils m'ont encore fait comme bêtises?** what kind of stupid tricks have they got up to now?; **où est-ce que tu m'as mis le sucre?** now where have you hidden the sugar?

Me (*abr écrite de* Maître) *title for lawyers.*

mea culpa [meakylpa] ◇ *nm inv* -**1.** RELIG mea culpa. -**2.** *fig*: **ils ont fait leur ~** they acknowledged responsibility, they admitted it was their fault; **le journal a publié hier un ~ en première page** yesterday the paper published a front page apology.
◇ *interj hum* my fault, mea culpa; **~! c'est moi le responsable** it's my fault!, I'm to blame!

méandre [meɑ̃dr] *nm* ARCHIT & GÉOG meander; **le fleuve fait des ~s** the river meanders OU twists and turns; **perdu dans les ~s de sa propre stratégie** lost in the twists and turns of his own strategy; **l'affaire s'enlisait dans les ~s de la procédure** the case was getting bogged down in a morass OU maze of legalities.

méat [mea] *nm* -**1.** ANAT meatus; **~ urinaire** urinary meatus. -**2.** BOT lacuna.

mec[▽] [mɛk] *nm* -**1.** [type] guy, bloke *Br*; **c'est un drôle de ~** he's a strange guy OU bloke *Br*; **hé, les ~s!** hey, you guys!; **pauvre ~, va!** creep!; **écoute, petit ~!** look, (you little) punk!; **ça, c'est un vrai ~!** *hum* there's a real man for you! -**2.** [petit ami] : **son ~** her bloke *Br* OU guy OU main squeeze *Am*.

mécanicien, enne [mekanisjɛ̃, ɛn] *nm, f* -**1.** [monteur, réparateur] mechanic; NAUT engineer; **~ (de bord)** AÉRON (flight) engineer. -**2.** [physicien] mechanical engineer. -**3.** RAIL engine driver *Br*, engineer *Am*.
◆ **mécanicienne** *nf* COUT machinist.

mécanicien-dentiste [mekanisjɛ̃dɑ̃tist] (*pl* **mécaniciens-dentistes**) *nm* dental technician.

mécanique [mekanik] ◇ *adj* -**1.** SC [loi] mechanical. -**2.** [non manuel - tapis, tissage] machine-made; [- abattage, remblayage] mechanical, machine *(modif)*; **repassage ~** machine ironing. -**3.** [non électrique, non électronique - commande] mechanical; [- jouet] clockwork; **montre ~** wind-up watch. -**4.** [du moteur] engine *(modif)*; **nous avons eu un incident ~** OU **des ennuis ~s en venant** we had engine trouble on the way here. -**5.** [machinal] mechanical; **je n'aime pas faire mon travail de façon ~** I don't like working like a robot OU machine; **gestes ~s** mechanical gestures. -**6.** MIN & MINÉR mechanical.
◇ *nf* -**1.** SC mechanics *(sg)*; INDUST & TECH mechanical engineering; **~ quantique/relativiste** quantum/relativistic mechanics; **~ ondulatoire** wave mechanics. -**2.** AUT car mechanics *(sg)*; **il aurait voulu faire de la ~** he'd have liked to have been a (car) mechanic. -**3.** [machine] piece of machinery; [dispositif] mechanism; **marcher** OU **tourner comme une ~ bien huilée** to work like a well-oiled machine; **une belle ~** [moto, voiture] a fine piece of engineering.

mécaniquement [mekanikmɑ̃] *adv* mechanically.

mécanisation [mekanizasjɔ̃] *nf* mechanization; **l'ère de la ~** the machine age.

mécaniser [3] [mekanize] *vt* to mechanize; **ces tâches ont été mécanisées** these jobs have been mechanized OU are now done by machine.

mécanisme [mekanism] *nm* -**1.** [processus] mechanism; [dispositif] mechanism, device; **le ~ de la violence** the mechanism of violence; **le ~ du corps humain** the human mechanism; **elle étudie le ~** OU **les ~s de la finance** she's studying the workings of finance; **grâce à des ~s bancaires spécifiques** thanks to specific banking mechanisms; **le ~ de la fraude fiscale** the mechanism of tax evasion; **~s de défense** PSYCH defence mechanisms. -**2.** TECH [d'une serrure, d'une horloge] mechanism; [d'un fusil] mechanism, workings. -**3.** PHILOS mechanism.

mécaniste [mekanist] ◇ *adj* mechanistic PHILOS.
◇ *nmf* mechanist.

mécano *fam* [mekano] *nm* -**1.** AUT mechanic. -**2.** RAIL engine driver *Br*, engineer *Am*; **'le Mécano de la «General»'** *Keaton* 'The General'.

mécanographe [mekanɔgraf] *nmf* punch card (machine) operator.

mécanographie [mekanɔgrafi] *nf* data processing *(with punch card machines)*.

mécanographique [mekanɔgrafik] *adj*: **service ~** (mechanical) data processing department, punch card department ❑ **fiche ~** punch OU punched card.

mécanorécepteur [mekanɔresɛptœr] *nm* mecanoreceptor.

mécanothérapie [mekanɔterapi] *nf* mecanotherapy.

Meccano® [mekano] *nm* Meccano® (set).

mécénat [mesena] *nm* [par une personne] patronage, sponsorship; [par une société] sponsorship; **le ~ d'entreprise** corporate sponsorship.

mécène [mesɛn] *nm* [personne] patron, sponsor; [société] sponsor.

Mécène [mesɛn] *npr* Maecenas.

méchage [meʃaʒ] *nm* -**1.** MÉD [pour coaguler] packing; [pour drainer] gauze drainage. -**2.** ŒNOL matching.

méchamment [meʃamɑ̃] *adv* -**1.** [avec cruauté] nastily, spitefully, wickedly; **il ne l'a pas fait ~** he didn't do it nastily. -**2.** *fam* [en intensif] : **il est rentré ~ bronzé** he came back with a wicked tan.

méchanceté [meʃɑ̃ste] *nf* -**1.** [volonté de nuire] spite, malice, nastiness; **par pure ~** out of sheer spite; **soit dit sans ~, elle n'est pas futée** without wishing to be unkind, she is not very bright. -**2.** [caractère méchant] maliciousness, nastiness, spitefulness; **la ~ se lit dans son regard** you can see the malice in his eyes. -**3.** [propos, acte] : **dire des ~s à qqn** to say nasty OU horrible things to sb; **faire des ~s à qqn** to be nasty OU horrible to sb; **c'était la pire ~ qu'il pouvait faire** it was the nastiest OU meanest thing he could have done.

méchant, e [meʃɑ̃, ɑ̃t] ◇ *adj* -**1.** [cruel - animal] nasty, vicious; [- personne] wicked; [haineux] nasty, spiteful, wicked; **un regard ~** a nasty OU wicked look; **il n'est pas ~** [pas malveillant] there's no harm in him, he's harmless; [pas dangereux] he won't do you any harm; **en fait, ce n'est pas une ~e femme** she means no harm OU she's not that bad, really; **je ne voudrais pas être ~ mais vous avez une sale tête aujourd'hui!** I don't want to be nasty, but you look dreadful today! -**2.** [très désagréable] horrible, horrid, nasty; **ne sois pas si ~ avec moi** don't be so nasty OU horrible to me || *(avant n)*: **de fort ~e humeur** in a (really) foul mood; **il s'est mis sur le dos une ~e affaire** OU **querelle** he's got himself into some nasty business || [enfant] naughty, bad; **la dame me dira si vous avez été ~s** the lady will tell me if you've been naughty. -**3.** [grave] nasty, very bad; **c'est une ~e plaie qui risque de s'infecter** it's a nasty gash which may become infected; **il a attrapé une ~e grippe** he caught a nasty dose of flu; **ça n'était pas bien ~, cette piqûre/ce permis?** *fam* the injection/driving test wasn't that bad, was it? -**4.** *fam* [formidable] *(avant n)* tremendous, terrific, great; **il y avait une ~e ambiance** there was a great atmosphere; **ce tube a eu un ~ succès** that record was a huge hit. -**5.** [pitoyable]

(avant n) pathetic, wretched, miserable; **elle essayait de vendre deux ou trois ~es salades** she was trying to sell a couple of pathetic-looking lettuces.
◇ *nm, f* -**1.** *langage enfantin* naughty child; **la poupée, c'est une ~e!** naughty dolly!; **faire le ~** to turn nasty. -**2.** [dans un film, un livre] baddy *Br*, bad guy *Am*.

mèche [mɛʃ] *nf* -**1.** [de cheveux] lock; **se faire faire des ~s** to have highlights OU (blond) streaks put in; **~s folles** wispy curls; **une ~ dans les yeux** (a strand of) hair in his eyes. -**2.** [pour lampe, explosifs, feu d'artifice] wick; [pour canon] match; **~ lente** OU **de sûreté** safety fuse; **découvrir** OU **éventer la ~** *fam* to uncover the plot. -**3.** MÉCAN bit; **~ torse** twist drill; **~ torsadée** auger bit. -**4.** MÉD [pour coaguler] pack; [pour drainer] (gauze) wick. -**5.** NAUT: **~ de gouvernail** stock. -**6.** TEXT: **~ de préparation** roving. -**7.** *fam loc*: **être de ~ avec qqn** to be in league OU in cahoots with sb; **ils sont de ~ avec les dignitaires du coin** they're hand in glove with the local dignitaries; **ils étaient de ~** they were in it together; **il n'y a pas ~** no way, nothing doing, no chance.

mécher [18] [meʃe] *vt* -**1.** MÉD [pour coaguler] to pack (with gauze); [pour drainer] to drain (with a wick). -**2.** ŒNOL to match.

méchoui [meʃwi] *nm* [repas] barbecue *(of a whole sheep roasted on a spit)*; [fête] barbecue (party).

mécompte [mekɔ̃t] *nm litt* disappointment, disillusionment.

méconduire [98] [mekɔ̃dɥir]
◆ **se méconduire** *vpi Belg* to misbehave.

méconduite [mekɔ̃dɥit] *nf Belg* misbehaviour.

méconium [mekɔnjɔm] *nm* meconium.

méconnaissable [mekɔnɛsabl] *adj* [à peine reconnaissable] hardly recognizable; [non reconnaissable] unrecognizable; **sans sa barbe il est ~** you wouldn't recognize him without his beard; **dix ans après elle était ~** ten years later she had changed beyond recognition.

méconnaissance [mekɔnɛsɑ̃s] *nf* -**1.** [ignorance] ignorance, lack of knowledge; **il a fait preuve d'une totale ~ du sujet** he displayed a complete lack of knowledge of the subject; **sa ~ de la psychologie est inquiétante** his ignorance of psychology is worrying; **par ~ des faits** through ignorance of the facts, through not being acquainted with the facts; **la ~ du règlement vous exposerait à des poursuites** ignorance of the regulations may render you liable to prosecution. -**2.** [incompréhension] lack of comprehension OU understanding; **nous déplorons de la part de l'auteur une grande ~ de ce que fut la Rome antique** it is to be regretted that the author utterly fails to comprehend ancient Rome.

méconnaître [91] [mekɔnɛtr] *vt litt* -**1.** [ignorer] to be unaware of; **nous ne méconnaissons pas que ce (ne) soit rare** *sout* we're not unaware of the fact that it is unusual. -**2.** [ne pas reconnaître] to fail to recognize; **mes mérites sont méconnus** my work has OU my merits have never been acknowledged; **sans vouloir ~ ce qu'ils ont fait pour nous** while not wishing to minimize OU to underestimate what they have done for us; **il était méconnu de ses contemporains** he went unrecognized by his contemporaries. -**3.** [mal comprendre] to fail to understand; **c'est ~ le milieu universitaire!** you're/he's misjudging the academic world! || [personne] to misunderstand, to misjudge; **c'est le ~ que de le croire chauvin** if you think he's chauvinistic, you don't really know him.

méconnu, e [mekɔny] *adj* [incompris] unappreciated, unrecognized; [peu connu] obscure; **un coin ~ mais très joli de la Bretagne** a little-known but very pretty part of Brittany; **rester ~** [non apprécié] to go unrecognized, to remain unappreciated; [sans gloire] to remain unknown; **malgré son grand talent il est mort pauvre et ~** in spite of his great talent he died penniless and in obscurity.

mécontent, e [mekɔ̃tɑ̃, ɑ̃t] ◇ *adj* -**1.** [insatisfait] displeased, dissatisfied, discontented; **elle est très ~e du travail du plombier** she is very dissatisfied with the plumber's work; **elle est toujours ~e de quelque chose** she's always annoyed OU disgruntled about something; **je ne suis pas ~e de mes résultats** I am not altogether dissatisfied OU unhappy with my results; **nous ne sommes pas ~s que tout soit terminé** we are not sorry that it's all over. -**2.** [fâché] annoyed; **il s'est montré très ~ de ma décision** he was very annoyed at my decision; **les enfants, je suis très ~!** children, I am extremely OU very annoyed!
◇ *nm, f* -**1.** [gén] complainer, grumbler, moaner. -**2.** POL: **les ~s** the discontented, the disgruntled; **cette politique va faire des ~s** this measure is going to displease quite a few people.

mécontentement [mekɔ̃tɑ̃tmɑ̃] *nm* -**1.** [agitation sociale] discontent, unrest, anger; **il y a un ~ croissant chez les étudiants** there is growing discontent OU unrest amongst students; **cela risque de provoquer le ~ des agriculteurs** that might anger the farmers. -**2.** [agacement] annoyance; **à mon grand ~** to my great annoyance.

mécontenter [3] [mekɔ̃tɑ̃te] *vt* [déplaire à] to fail to please, to displease; [irriter] to annoy, to irritate; **la réforme risque de ~ les milieux d'affaires** the reform might anger business circles.

mécoptère [mekɔptɛr] *nm* mecopteran; **les ~s** the Mecoptera.

Mecque [mɛk] *npr f* -**1.** GÉOG: **La ~** Mecca. -**2.** *fig*: **la ~ de** the mecca of, a mecca for.

mécréant, e [mekreɑ̃, ɑ̃t] *nm, f litt* infidel, miscreant *arch.*

méd. *abr écrite de* **médecin**.

médaille [medaj] *nf* -**1.** [pour célébrer, récompenser] medal; **~ d'or** gold medal; **t'as gagné une ~ en chocolat!** *fam hum* you'll get a gold star for this! ❑ **toute ~ a son revers** *prov* every rose has its thorn. -**2.** [pour identifier] (identity) disk OU tag. -**3.** [bijou] pendant; **une ~ de la Vierge** a pendant of the Virgin Mary.

médaillé, e [medaje] ◇ *adj* decorated; **un camembert ~** an award-winning camembert.
◇ *nm, f* -**1.** ADMIN & MIL medal-holder; **les ~s du travail** holders of long-service medals. -**2.** SPORT medal-winner; **les ~s olympiques** the Olympic medallists.

médailler [3] [medaje] *vt* to award a medal to.

médailleur [medajœr] *nm* medalmaker, medallist.

médaillier [medaje] *nm* -**1.** [collection] medal collection. -**2.** [meuble] medal cabinet.

médaillon [medajɔ̃] *nm* -**1.** [bijou] locket. -**2.** CULIN medallion. -**3.** [élément décoratif] medallion.

médecin [mɛdsɛ̃] *nm* -**1.** [docteur] doctor, physician; **une femme ~** a woman doctor ❑ **~ agréé** *doctor whose fees are partially reimbursed by the social security system*; **~ des armées** army medical officer; **~ de bord** ship's doctor; **~ de campagne** country doctor; **~ conventionné** *doctor who meets the French social security criteria*, ≃ National Health doctor *Br*; **~ de famille** family doctor; **~ généraliste** general practitioner, GP; **~ des hôpitaux** hospital doctor; **~ légiste** forensic expert OU scientist, medical examiner *Am*; **~ de quartier** local doctor; **~ spécialiste** specialist (physician); **~ traitant** attending physician; **~ du travail** [dans le privé] company doctor; [dans le secteur public] health (and safety) OU medical officer *Br*; **Médecins du monde, Médecins sans frontières** *organizations providing medical aid to victims of war and disasters, especially in the Third World*. -**2.** *fig* & *litt*: **~ de l'âme** OU **des âmes** [confesseur] confessor.

médecin-chef [mɛdsɛ̃ʃɛf] *(pl* **médecins-chefs***)* *nm* head doctor.

médecin-conseil [mɛdsɛ̃kɔ̃sɛj] *(pl* **médecins-conseils***)* *nm* medical consultant *(who checks the validity of claims)*.

médecine [mɛdsin] *nf* -**1.** SC medicine; **exercer la ~** to practise medicine; **ce n'est plus du ressort de la ~** it's no longer a medical matter ❑ **~ douce/hospitalière/légale** natural/hospital/forensic medicine; **~ générale** general practice; **~ interne** internal medicine; **~ opératoire** surgery; **~ parallèle** alternative medicine; **~ préventive** preventive OU preventative medicine; **~ du travail** industrial OU occupational medicine; **~ de ville** community medicine. -**2.** ENS medicine, medical studies; **il fait (sa) ~, il est en ~** he's studying medicine, he's a medical student; **elle est en troisième année de ~** she's in her third year at medical school, she's a third-year medical student; **elle a fini sa ~ en 1980** she qualified (as a doctor) in 1980. -**3.** *arch* [remède] medicine, remedy.

médecine-ball [medsinbol] = **medicine-ball**.

Médée [mede] *npr* Medea.

média [medja] *nm* medium; **les ~s** the (mass) media; **une campagne dans tous les ~s** a media-wide campaign.

médian, e [medjɑ̃, an] *adj* -**1.** GÉOM median. -**2.** LING medial.
◆ **médiane** *nf* median.

médiante [medjɑ̃t] *nf* mediant.

médiastin [medjastɛ̃] *nm* mediastinum.

médiat, e [medja, at] *adj* mediate.

médiateur, trice [medjatœr, tris] ◇ *adj* mediating, mediatory; **commission médiatrice** arbitration commission OU board.
◇ *nm, f* intermediary, go-between, mediator; **servir de ~** to act as a go-between; **le président sert de ~ entre les deux factions** the president is mediating OU arbitrating between the two factions.
◆ **médiateur** *nm* -**1.** INDUST arbitrator, mediator. -**2.** ADMIN & POL mediator, ombudsman; **le Médiateur** ≃ the Parliamentary Commissioner *Br*, ≃ the Ombudsman *Br*. -**3.** PHYSIOL: **~ chimique** neurotransmitter.
◆ **médiatrice** *nf* GÉOM midperpendicular.

médiathèque [medjatɛk] *nf* media library.

médiation [medjasjɔ̃] *nf* -**1.** [entremise] POL mediation; INDUST arbitration; **il a fallu la ~ de l'évêque** the bishop had to mediate; **j'offre ma ~** I volunteer to act as a go-between OU as an intermediary. -**2.** PHYSIOL neurotransmission.

médiatique [medjatik] ◇ *adj* media *(modif)*; **un événement ~** a media OU a media-staged *péj* event; **c'est un sport très ~** it's a sport well suited to the media.
◇ *nf* communications, communication technology.

médiatisation [medjatizasjɔ̃] *nf* -**1.** RAD & TV popularization through the (mass) media; **il y a une ~ croissante de la production littéraire** literary works are getting more and more media exposure; **nous déplorons la ~ de la politique** it's a shame to see politics being turned into a media event. -**2.** POL mediatization.

médiatiser [3] [medjatize] *vt* -**1.** RAD & TV to popularize through the (mass) media; **~ les élections/la guerre** to turn elections/the war into a media event. -**2.** POL to mediatize.

médiator [medjatɔr] *nm* plectrum.

médiatrice [medjatris] *f* → **médiateur**.

médical, e, aux [medikal, o] *adj* medical.

médicalement [medikalmɑ̃] *adv* medically; **~, il est guéri** medically speaking, he's cured.

médicalisation [medikalizasjɔ̃] *nf* -**1.** [d'une région]: **la ~ des pays pauvres** the provision of health care to poor countries. -**2.** [d'un état, d'une pathologie]: **la ~ croissante de la grossesse** the increasing reliance on medical technology during pregnancy.

médicaliser [3] [medikalize] *vt* -**1.** [région, pays] to provide with health care. -**2.** [maternité, vieillesse] to increase medical intervention in; **évitons de ~ la toxicomanie** let's not treat drug addiction as though it were an illness.

médicament [medikamɑ̃] *nm* medicine, drug; **prends tes ~s** take your medicine; **~ de confort** *pharmaceutical product not considered to* *be essential and not fully reimbursed by the French social security system*; ~ **délivré sans ordonnance** medicine issued without a prescription, over-the-counter drug; ~ **en vente sur ordonnance** drug available on prescription, prescription drug *Am*.

médicamenteux, euse [medikamɑ̃tø, øz] *adj* medicinal.

médicastre [medikastr] *nm hum* & *péj* quack (doctor), charlatan.

médication [medikasjɔ̃] *nf* medication, (medicinal) treatment.

médicinal, e, aux [medisinal, o] *adj* medicinal.

medicine-ball [medisinbol] (*pl* **medicine-balls**) *nm* medicine ball.

Médicis [medisis] *npr* -**1.** HIST Medici; **Catherine de** ~ Catherine de Medici OU de Médicis; **les** ~ the Medicis. -**2.** LITTÉRAT: **le prix** ~ *French literary prize.*

LE PRIX MÉDICIS:
This prize, created in 1956, was originally given to a relatively unknown author for a novel or collection of short stories; since 1985 it has been awarded for an essay.

---

médico-chirurgical, e, aux [medikɔʃiryrʒikal, o] *adj* medico-surgical.

médico-légal, e, aux [medikɔlegal, o] *adj* forensic, medicolegal.

médico-pédagogique [medikɔpedagɔʒik] (*pl* **médico-pédagogiques**) *adj*: **institut** ~ special school *(for children with special needs or learning disabilities who are under 14)*.

médico-professionnel, elle [medikɔprɔfɛsjɔnɛl] (*mpl* **médico-professionnels**, *fpl* **médico-professionnelles**) *adj*: **institut** ~ *social education workshop for young people with learning disabilities*.

médico-social, e, aux [medikɔsɔsjal, o] *adj* medicosocial; **équipe** ~**e** health and social services team; **services médico-sociaux** health and social services network.

médico-sportif, ive [medikɔspɔrtif, iv] (*mpl* **médico-sportifs**, *fpl* **médico-sportives**) *adj*: **recherche médico-sportive** research in sports medicine; **institut** ~ institute for sports medicine.

médiéval, e, aux [medjeval, o] *adj* medieval; **l'époque** ~**e** the medieval period, the Middle Ages.

médiévisme [medjevism] *nm* medieval studies.

médiéviste [medjevist] *nmf* medievalist.

médina [medina] *nf* medina.

Médine [medin] *npr* Medina.

médiocratie [medjɔkrasi] *nf* mediocracy.

médiocre [medjɔkr] ◇ *adj* -**1.** [au-dessous de la moyenne - rendement, efficacité, qualité etc] mediocre, poor; **cette année les rendements en blé ont été** ~**s** wheat production has been mediocre OU poor this year; **elle est** ~ **en mathématiques** she's pretty mediocre at mathematics; **temps** ~ **sur toute la France** poor weather throughout France. -**2.** [quelconque] second-rate, mediocre; **il a fait une carrière** ~ his career has been unsuccessful; **je refuse de mener une vie** ~ I refuse to live a life of mediocrity. -**3.** *sout (avant n)* [piètre] poor; **un livre de** ~ **intérêt** a book of little interest.

◇ *nmf* [personne] mediocrity; **vous n'êtes qu'un** ~ you're just a nonentity; **dans cette classe, il n'y a que des** ~**s** there are only mediocrities in this class.

◇ *nm* [médiocrité] mediocrity; **se complaire dans le** ~ to revel in mediocrity.

médiocrement [medjɔkrəmɑ̃] *adv*: **un enfant** ~ **doué pour les langues** a child with no great gift for languages; ~ **satisfait, il décida de recommencer** not very satisfied, he decided to start again; **j'ai répondu assez** ~ **à l'examen oral** my answers in the oral exam were rather poor; **la station n'est que** ~ **équipée** the resort's facilities are below average.

médiocrité [medjɔkrite] *nf* -**1.** [en qualité] mediocrity, poor quality; [en quantité] inadequacy; **ce genre de spectacle ne souffre pas la** ~ this type of show will not allow for OU admit mediocrity. -**2.** [personne] nonentity.

médire [103] [medir]

◆ **médire de** *v + prép* [critiquer] to speak ill of, to run down *(sép)*; [calomnier] to spread scandal about, to malign; *(en usage abs)*: **arrête de** ~! stop criticizing.

médisance [medizɑ̃s] *nf* -**1.** [dénigrement] gossip, gossiping, scandalmongering; **c'est de la** ~! that's slander!; **victime de la** ~ victim of (malicious) gossip; **les gens qui se livrent à la** ~ scandalmongers. -**2.** [propos] gossip; **les** ~**s de ses collègues lui ont fait du tort** his colleagues' (malicious) gossip has damaged his good name.

médisant, e [medizɑ̃, ɑ̃t] ◇ *adj* slanderous; **sans vouloir être** ~, **je dois dire que je le trouve un peu naïf** no malice intended, but I have to say that I find him a bit naïve.

◇ *nm, f* [auteur - de ragots] gossip, gossipmonger, scandalmonger; [- de diffamation] slanderer.

méditatif, ive [meditatif, iv] ◇ *adj* meditative, contemplative, thoughtful; **il avait un air** ~ he appeared to be deep in thought.

◇ *nm, f* thinker.

méditation [meditasjɔ̃] *nf* -**1.** PSYCH & RELIG meditation. -**2.** [réflexion] meditation, thought; **le fruit de mes** ~**s** the fruit of my meditation OU meditations.

◆ **Méditations** *nfpl* LITTÉRAT & PHILOS Meditation, Meditations.

méditer [3] [medite] ◇ *vt* -**1.** [réfléchir à] to meditate on OU upon *(insép)*, to reflect on OU upon *(insép)*, to ponder (upon) *(insép)*; **elle veut encore** ~ **sa décision** she wants to think some more about her decision. -**2.** [projeter] to plan; **qu'est-ce qu'ils méditent encore?** what are they planning now?; ~ **de faire qqch** to plan on doing sthg.

◇ *vi* to meditate; ~ **sur** to meditate on *(insép)*, to think about *(insép)*.

Méditerranée [mediterane] *npr f*: **la (mer)** ~ the Mediterranean (sea); **en** ~ in the Mediterranean; **une croisière sur la** ~ a Mediterranean cruise.

méditerranéen, enne [mediteraneɛ̃, ɛn] *adj* Mediterranean.

◆ **Méditerranéen, enne** *nm, f* Mediterranean, Southern European *(from the Mediterranean area)*.

médium [medjɔm] ◇ *nmf* [spirite] medium.

◇ *nm* -**1.** MUS middle register. -**2.** [liant] medium, vehicle.

médiumnique [medjɔmnik] *adj*: **facultés** ~**s** powers of a medium.

médius [medjys] *nm* middle finger.

médoc [medɔk] *nm* Médoc (wine).

médullaire [medylɛr] *adj* medullary.

médulleux, euse [medylø, øz] *adj* medullated, medullary.

méduse [medyz] *nf* jellyfish, medusa *spéc.*

Méduse [medyz] *npr* Medusa.

médusé, e [medyze] *adj* stunned, dumbfounded, stupefied; **d'un air** ~ in stupefaction; **j'en suis restée** ~**e** I was stunned OU dumbfounded by it.

méduser [3] [medyze] *vt* to astound, to stun, to stupefy; **sa réponse m'a médusé** his reply stunned me.

meeting [mitiŋ] *nm* (public) meeting; ~ **aérien** air show; ~ **d'athlétisme** athletics meeting *Br* OU meet *Am*.

méfait [mefɛ] *nm* [mauvaise action] misdeed, wrong, wrongdoing; [délit] offence.

◆ **méfaits** *nmpl* [ravages]: **les** ~**s du temps/de la guerre** the ravages of time/war; **les** ~**s du laxisme parental** the damaging effects of a lack of parental discipline; **les** ~**s de la télévision** the harm done by television.

méfiance [mefjɑ̃s] *nf* distrust, mistrust, suspicion; **avoir de la** ~ **envers tout ce qui est nouveau** to be distrustful of OU wary of OU to distrust anything new; **sa** ~ **envers les étrangers** her distrust OU suspicion of foreigners; **c'est ce qui a éveillé ma** ~ that's what made me suspicious; **il renifla le paquet avec** ~ he warily sniffed the parcel; **elle est sans** ~ she has a trusting nature; ~! be careful!; ~, **demandez des garanties!** you'll have to be careful, ask for guarantees!

méfiant, e [mefjɑ̃, ɑ̃t] ◇ *adj* distrustful, mistrustful, suspicious; ~ **de nature** naturally suspicious OU distrustful; **il n'est pas assez** ~ he is too unsuspecting OU trusting; ~ **envers qqch** dubious about sthg, sceptical of sthg; **on n'est jamais assez** ~ you can never be too careful.

◇ *nm, f* doubter, suspicious OU doubting person.

méfier [9] [mefje]

◆ **se méfier** *vpi* [faire attention] to be careful OU wary; **il ne se méfiait pas** he was not on his guard; **on ne se méfie jamais assez** you can't be too careful; **méfie-toi!** be careful!, watch out!, be on your guard!

◆ **se méfier de** *vp + prép* to be suspicious of, to distrust, to mistrust; **il se méfie même de ses proches** he is even suspicious of OU he even mistrusts his own family; **méfie-toi de lui/de son air doux** don't trust him/his mild manners; **se** ~ **des contrefaçons** to beware of forgeries; **il aurait dû se** ~ **davantage des derniers tournants** he should have been more careful on the last bends; **méfiez-vous qu'ils ne se sauvent pas** *fam* watch out OU mind they don't run away.

méforme [mefɔrm] *nf* unfitness, lack of fitness; **après quelques jours de** ~ after a few days off form.

méga(-) [mega] *préf* -**1.** SC mega, mega-. -**2.** *fam* [en intensif] huge, super; **ça a été la** ~**-discussion** there was a huge discussion; **une** ~**-entreprise** a huge firm; **un** ~**-patron** a super boss.

mégacaryocyte [megakarjɔsit] *nm* megakaryocyte.

mégacôlon [megakolɔ̃] *nm* megacolon.

mégacycle [megasikl] *nm* megacycle.

mégahertz [megaɛrts] *nm* megahertz.

mégalithe [megalit] *nm* megalith.

mégalithique [megalitik] *adj* megalithic.

mégalo *fam* [megalo] ◇ *adj* megalomaniac, power-mad; **il est complètement** ~ he thinks he's God; **tu n'es pas un peu** ~? don't you think you're aiming a bit high?

◇ *nmf* megalomaniac.

mégalomane [megalɔman] *adj* & *nmf* megalomaniac.

mégalomanie [megalɔmani] *nf* megalomania.

mégalopole [megalɔpɔl], **mégalopolis** [megalɔpɔlis] *nf* megalopolis.

méga-octet [megaɔktɛ] *nm* megabyte.

mégaphone [megafɔn] *nm* megaphone, loudhailer *Br*, bullhorn *Am*.

mégaptère [megaptɛr] *nm* humpback (whale); **les** ~**s** the Megaptera.

mégarde [megard]

◆ **par mégarde** *loc adv* [par inattention] inadvertently, by accident, accidentally; [par erreur] by mistake, inadvertently; [sans le vouloir] unintentionally, inadvertently, accidentally.

mégatonne [megatɔn] *nf* megaton.

mégère [meʒɛr] *nf sout* shrew *fig*, harridan *litt*; **'la Mégère apprivoisée'** *Shakespeare* 'The Taming of the Shrew'.

Mégère [meʒɛr] *npr* Megaera.

mégir [32] [meʒir], **mégisser** [meʒise] *vt* to taw.

mégisserie [meʒisri] *nf* -**1.** [commerce] tawing. -**2.** [usine] tawery; [peaux] (tawed) skins.

mégot [mego] *nm* [de cigarette] cigarette butt OU end; [de cigare] cigar butt.

mégotage *fam* [megɔtaʒ] *nm* skimping, scrimping (and saving); **pas de** ~ **sur la qualité** no skimping on the quality; **avec lui, c'était des**

~s sur tout he was always scrimping and saving OU always pinching and scraping.
mégoter *fam* [3] [megɔte] *vi* to skimp, to scrimp; **on ne va pas ~ pour quelques francs** let's not quibble about a few francs; **~ sur** to skimp OU to scrimp on; **les organisateurs ont mégoté sur tout** the organizers have skimped on everything.
méhari [meari] (*pl* **méharis** OU **méhara** [-ra]) *nm* racing camel OU dromedary, mehari.
méhariste [mearist] ◇ *nmf* dromedary rider.
◇ *nm* mounted soldier *(of the French Camel Corps in North Africa)*.
meilleur, e [mɛjœr] ◇ *adj* -**1.** *(compar)* better; **~e santé!** get well soon!; **il n'y a rien de ~, il n'y a pas ~** there's nothing to beat it, there's nothing better; **il est ~ père que mari** he is a better father than he is a husband; **c'est ~ marché** it's cheaper. -**2.** *(superl)*: **le ~** [de tous] the best; [de deux] the better; **son ~ ami** his best friend; **c'est le ~ des maris** he's the best husband in the world; **avec la ~e volonté** with the best will in the world; **dans le ~ des mondes** in the best of all possible worlds; **~s vœux** best wishes; **~s vœux de prompt rétablissement** get well soon; **~ souvenir de Cannes** (holiday *Br*) greetings from Cannes; [en fin de lettre] best wishes from Cannes; **information prise aux ~es sources** information from the most reliable sources; **il appartient au ~ monde** he moves in the best circles.
◇ *nm, f* best person; **seuls les ~s participeront à la compétition** only the best (players) will take part in the competition; **que le ~ gagne!** may the best man win!
◆ **meilleur** ◇ *nm*: mange-le, c'est le ~ eat it, it's the best part; **il a donné** OU **il y a mis le ~ de lui-même** he gave his all, he gave of his best; **elle lui a consacré le ~ de sa vie** she gave him the best years of her life; **et le ~ de l'histoire, c'est que c'est lui qui m'avait invité** and the best part of it is that he's the one who'd invited me; **pour le ~ et pour le pire** for better or for worse.
◇ *adv*: **il fait ~ aujourd'hui** the weather's OU it's better today; **il fait ~ dans la chambre** [plus chaud] it's warmer in the bedroom; [plus frais] it's cooler in the bedroom.
◆ **meilleure** *fam nf* [histoire]: **tu ne connais pas la ~e** you haven't heard the best bit yet, wait until I tell you this one; **ça alors, c'est la ~e!** that's the best (one) I've heard in a long time!; **j'en passe, et des ~es** and I could go on.
méiose [mejoz] *nf* meiosis.
méiotique [mejɔtik] *adj* meiotic.
méjuger [17] [meʒyʒe] *vt litt* to misjudge.
◆ **méjuger de** *v + prép litt* to underestimate, to underrate.
◆ **se méjuger** *vp (emploi réfléchi)* to underestimate o.s.
Meknès [mɛknɛs] *npr* Meknes.
Mékong [mekɔ̃g] *npr m*: **le ~** the Mekong.
mélamine [melamin] *nf* melamin.
mélancolie [melɑ̃kɔli] *nf* -**1.** [tristesse] melancholy; **j'y pense avec ~** I feel melancholy when I think about it. -**2.** PSYCH & *arch* melancholia.
mélancolique [melɑ̃kɔlik] ◇ *adj* -**1.** [triste, désenchanté] melancholy *(modif)*. -**2.** PSYCH melancholic.
◇ *nmf* melancholic.
mélancoliquement [melɑ̃kɔlikmɑ̃] *adv* melancholically.
Mélanésie [melanezi] *npr f*: **(la) ~** Melanesia.
mélanésien, enne [melanezjɛ̃, ɛn] *adj* Melanesian.
◆ **Mélanésien, enne** *nm, f* Melanesian.
◆ **mélanésien** *nm* LING Melanesian.
mélange [melɑ̃ʒ] *nm* -**1.** [processus] mixing, blending. -**2.** [résultat] mixture, blend; **battre les œufs et le sucre jusqu'à ce que le ~ blanchisse** beat the eggs and the sugar till the mixture turns white; **c'est un ~ de plusieurs thés/parfums** it's a blend of several teas/perfumes; **ma famille et mes collègues, ça donne un curieux ~!** my family and my colleagues, that makes for a strange mixture!; **un ~ de fermeté et de gentillesse** a mixture of strictness and kindness; **attention aux ~s (d'alcools)** don't mix your drinks; **du café et du jaune d'œuf, quel horrible ~!** coffee and egg yolk, what a disgusting mixture! -**3.** AUT mixture; **~ détonant/pauvre/riche** explosive/poor/rich mixture. -**4.** ACOUST mixing.
◆ **mélanges** *nmpl* LITTÉRAT [gén] miscellany; [en hommage] festschrift.
◆ **sans mélange** *loc adj*: **joie/bonheur sans ~** unalloyed joy/happiness; **admiration sans ~** unmitigated admiration.
mélangé, e [melɑ̃ʒe] *adj* [auditoire, population] mixed; **c'est un coton ~** it's a cotton mixture.
mélanger [17] [melɑ̃ʒe] *vt* -**1.** [remuer - cartes] to shuffle; [- salade] to toss; **ajoutez le lait et mélangez** add the milk and mix (well). -**2.** [mettre ensemble] to mix, to blend; **~ des couleurs** to blend colours; **ils ne veulent pas ~ les filles et les garçons** they want to keep boys and girls separate; **mélangez les œillets rouges avec les jaunes** mix the red carnations with the yellow ones. -**3.** [confondre] to mix up *(sép)*; **ne mélange pas tout** don't get everything (all) mixed OU jumbled OU muddled up; **on a un peu trop mélangé les genres** it's a mixture of too many different styles ❑ **il ne faut pas ~ les torchons et les serviettes** (don't get them mixed up,) they're in a different class.
◆ **se mélanger** *vpi* -**1.** [se fondre]: **se ~ avec** to mix with; **les nouveaux venus ne se mélangent pas avec les habitués du club** the newcomers don't mix OU socialize with the regular club members. -**2.** [devenir indistinct] to get mixed up; **mes souvenirs se mélangent après tant d'années** my memories are getting confused OU muddled after so many years; **tout se mélange dans ma tête** I'm getting all mixed OU muddled up.
mélangeur [melɑ̃ʒœr] *nm* -**1.** [robinet] mixer tap *Br*, mixing faucet *Am*. -**2.** [de son] mixer. -**3.** MÉTALL mixer.
mélanine [melanin] *nf* melanin.
mélanique [melanik] *adj* melanic.
mélanocyte [melanɔsit] *nm* melanocyte.
mélanoderme [melanɔdɛrm] *adj* melanodermic.
mélanodermie [melanɔdɛrmi] *nf* melanoderma.
mélanome [melanom] *nm* melanoma.
mélasse [melas] *nf* -**1.** [sirop] molasses *(sg)*, (black) treacle *Br*. -**2.** *fam* [brouillard] pea-souper; **être dans la ~** *fig* [avoir des ennuis] to be in a jam OU a fix OU a pickle; [être sans argent] to be hard up.
Melba [mɛlba] *adj inv*: **pêche/poire ~** peach/pear Melba.
Melbourne [mɛlburn] *npr* Melbourne.
Melchior [mɛlkjɔr] *npr* Melchior.
mêlé, e [mele] *adj* mixed; **une société ~e** a mixed society; **des sentiments (très) ~s** (very) mixed feelings; **un chagrin ~ de pitié** sorrow mixed OU mingled with pity.
◆ **mêlée** *nf* -**1.** [combat] melee, mêlée; **être au-dessus de la ~e** to be on the sidelines; **rester au-dessus de la ~e** to stay above the fray; **entrer dans la ~e** to enter the fray; **elle reste à l'écart de la ~e politique** she keeps out of the hurly-burly of politics. -**2.** [bousculade] scuffle, free-for-all; [désordre] commotion, confusion; **j'ai perdu mon parapluie dans la ~e** I lost my umbrella in the general confusion. -**3.** SPORT scrum, scrummage; **effondrer/tourner la ~e** to collapse/to wheel the scrum ❑ **~e ouverte** [gén] loose scrum; [balle par terre] ruck; [balle en main] maul.
mêlé-cass(e)▽ [melekas] = **mêlé-cassis**.
mêlé-cassis [melekasis] *nm inv brandy with blackcurrant liqueur*.
mêler [4] [mele] *vt* -**1.** [mélanger] to mix; **je n'aime pas ~ les styles de mobilier** I don't like mixing different styles of furniture; **nous mêlions nos souvenirs** we'd share our memories; **des fleurs variées mêlaient leurs parfums** the scents of various flowers were mingling in the air. -**2.** [allier] to combine, to be a mixture OU combination of; **elle mêle la rigueur à la fantaisie** she combines OU mixes seriousness with light-heartedness; **son sourire mêlait la fausseté et la veulerie** his smile was a mixture of falseness and cowardly indecision. -**3.** [embrouiller - documents, papiers] to mix OU to muddle OU to jumble up *(sép)*; [- cartes, dominos] to shuffle; **j'ai mêlé tous les dossiers** I've got all the files mixed up. -**4.** [impliquer]: **~ qqn à** to involve sb in, to get sb involved in; **ne me mêle pas à tes mensonges** don't involve me in your lies; **être mêlé à un scandale** to be involved in OU linked with a scandal.
◆ **se mêler** *vpi* -**1.** [se mélanger] to mix, to mingle; **les styles se mêlent harmonieusement** the styles blend well together. -**2.** [s'unir]: **se ~ à** OU **avec** to mix OU to mingle with; **ses cris se mêlèrent au bruit de la foule** his shouts mingled with the noise of the crowd. -**3.** [participer]: **se ~ à** to take part in, to join in; **se ~ à la conversation** to take part OU to join in the conversation.
◆ **se mêler de** *vp + prép* to interfere OU to meddle in, to get mixed up in; **se ~ des affaires d'autrui** to meddle OU to interfere in other people's business; **elle se mêle de ce qui ne la regarde pas** she is interfering in things that are no concern of hers; **de quoi se mêle-t-il?** what business is it of his?; **si le mauvais temps s'en mêle, la récolte est perdue** if the weather decides to turn nasty, the crop will be ruined; **il se mêle de tout** he is very nosy; **il se mêle de poésie maintenant!** *péj* so he's started dabbling in poetry now, has he?; **elle se mêle de me dire ce que j'ai à faire** she seems to think she can tell me what I should do ❑ **mêle-toi de tes affaires** OU **oignons** *fam* mind your own business, keep your nose out of this; **de quoi je me mêle!** *fam* what's it got to do with you!
mêle-tout [mɛltu] *nmf Belg* nosy person.
mélèze [melɛz] *nm* larch.
melia [melja] *nm* melia, azedarac.
méli-mélo [melimelo] (*pl* **mélis-mélos**) *nm* [de livres, de meubles] mess, jumble; [d'idées, de dates] hotchpotch *Br*, hodgepodge *Am*, mishmash; **ils ont fait un ~ incroyable avec les réservations** they made a real mix-up with the reservations.
mélioratif, ive [meljɔratif, iv] *adj* meliorative.
◆ **mélioratif** *nm* meliorative.
mélisse [melis] *nf* (lemon) balm.
mélo *fam* [melo] ◇ *adj* melodramatic.
◇ *nm* melodrama; **nous sommes en plein ~!** this is melodramatic OU blood-and-thunder stuff!
mélodie [melɔdi] *nf* -**1.** [air de musique] melody, tune; [en composition] melody, song; **'la Mélodie du bonheur'** *Wise* 'The Sound of Music'. -**2.** *fig*: **la ~ des vers de Lamartine** the melodic quality of Lamartine's verse.
mélodieusement [melɔdjøzmɑ̃] *adv* melodiously, tunefully.
mélodieux, euse [melɔdjø, øz] *adj* melodious, tuneful; **un son ~** a melodious sound; **une musique mélodieuse** a tuneful (piece of) music; **de sa voix mélodieuse** in her melodious OU musical voice.
mélodique [melɔdik] *adj* melodic.
mélodiste [melɔdist] *nmf* melodist.
mélodramatique [melɔdramatik] *adj* melodramatic.
mélodrame [melɔdram] *nm* melodrama; **nous sommes en plein ~!** this is like (something out of) a Victorian melodrama!
mélomane [melɔman] ◇ *adj* music-loving; **êtes-vous ~?** do you like music?, are you musical?
◇ *nmf* music lover.
melon [məlɔ̃] *nm* -**1.** BOT melon; [rond] cantaloup OU cantaloupe melon; [ovale] honeydew melon; **~ d'eau** watermelon. -**2.** [chapeau] bowler (hat) *Br*, derby *Am*.

melonnière [mələnjɛr] *nf* HORT melon bed OU patch.

mélopée [melɔpe] *nf* -**1.** [mélodie] dirge, lament. -**2.** ANTIQ melopoeia, threnody.

mélophage [melɔfaʒ] *nm* sheep ked OU tick.

melting-pot [mɛltiŋpɔt] (*pl* melting-pots) *nm* melting pot.

membrane [mɑ̃bran] *nf* -**1.** BIOL membrane; **fausse ~** MÉD false membrane; **~ cellulaire** cell OU plasma membrane. -**2.** MUS membrane, skin. -**3.** TÉLÉC diaphragm. -**4.** TRAV PUBL: **~ d'étanchéité** sealing membrane OU blanket.

membraneux, euse [mɑ̃branø, øz] *adj* membranous.

membre [mɑ̃br] *nm* -**1.** ANAT limb; **~ inférieur/supérieur** lower/upper limb; **~ (viril)** (male) member. -**2.** ZOOL limb; **~ antérieur** foreleg, fore limb; **~ postérieur** back leg, rear limb. -**3.** [adhérent] member; **être ~ d'un syndicat** to belong to OU to be a member of a union; **envoyer une lettre à tous les ~s** to send a letter to (all) the members OU to the entire membership; **elle a été élue ~ de l'Académie** she was elected to the Academy || *(comme adj)*: **les pays ~s** the member countries ❑ **~ bienfaiteur** supporter; **~ honoraire** honorary member; **~ fondateur** founder, founding member; **~ perpétuel** life member. -**4.** MATH member; **premier/second ~ d'une équation** left-hand/right-hand member of an equation. -**5.** GRAMM: **~ de phrase** member OU clause of a sentence. -**6.** ARCHIT & GÉOL member. -**7.** NAUT timber, rib.

membré, e [mɑ̃bre] *adj litt*: **bien ~** strong-limbed; **mal ~** weak-limbed.

membru, e [mɑ̃bry] *adj litt* big-limbed, big-boned.

membrure [mɑ̃bryr] *nf* -**1.** [d'un corps humain] limbs. -**2.** CONSTR member; MENUIS frame. -**3.** NAUT [en bois] rib; [en métal] frame.

mémé *fam* [meme] ◇ *nf* -**1.** [en appellatif] grandma, granny, gran *Br*. -**2.** [vieille dame] old dear; **une petite ~** an old dear. -**3.** *péj* old woman.

◇ *adj inv péj* dowdy, frumpy; **elle fait très ~ avec cette coiffure** that hairstyle makes her look so dowdy.

même [mɛm] ◇ *adj indéf* -**1.** *(avant le nom)* [identique, semblable] same; **elles sont nées le ~ jour** they were born on the same day; **ils fréquentent le ~ club** they go to the same club; **nous avons été confrontés à des problèmes de ~ nature** we came up against the same kind of problem; **mettre deux choses sur le ~ plan** to put two things on the same level || *(en corrélation avec 'que')*: **il a le ~ âge que moi** he's the same age as me; **j'utilise le ~ parfum que toi** I use the same perfume as you (do). -**2.** *(après le nom)* [servant à souligner]: **elle est la bonté ~** she is kindness itself; **ce sont ses paroles ~s** those are his very words; **ils sont repartis le soir ~** they left that very evening; **la dernière version, celle-là ~ qui est arrivée hier** the latest version, the one which arrived yesterday; **c'est cela ~ que je cherchais** it's the very thing I was looking for.

◇ *pron indéf*: **le ~** the same; **elle est toujours la ~** she's still the same; **ce sont toujours les ~s qui gagnent** it's always the same ones who win; **depuis quelque temps leurs rapports ne sont plus les ~s** for some time their relationship has not been the same; **mes intérêts ne sont pas les ~s que les vôtres** my interests are not the same as yours; **les ~s, trois heures plus tard** *hum* same scene, three hours later ❑ **cela** OU **ça revient (strictement) au ~** it comes OU amounts to (exactly) the same thing.

◇ *adv* even; **~ les savants** OU **les savants ~ peuvent se tromper** even scientists can make mistakes; **j'ai écrit, j'ai téléphoné, et j'ai ~ envoyé un télégramme** I wrote, I phoned and I even sent a telegram; **elle ne va ~ plus au cinéma** she doesn't even go to the cinema any more; **je ne sais ~ pas l'heure qu'il est** I don't even know what time it is; **t'a-t-elle remercié? — ~ pas!** did she thank you? — not even that!; **il y va ~ quand il pleut** he goes (there) even when it rains; **il a toujours rêvé de faire ce métier, ~ lorsqu'il était enfant** he always dreamed of doing this job, even when he was a child.

◆ **à même** *loc prép*: **dormir à ~ le sol** to sleep on the floor; **il boit à ~ la bouteille** he drinks straight from the bottle; **je ne supporte pas la laine à ~ la peau** I can't stand wool next to my skin; **des marches taillées à ~ le roc** steps hewn out of the rock.

◆ **à même de** *loc prép* able to, in a position to; **elle est à ~ de vous aider** she can help you; **nous ne sommes pas à ~ de satisfaire votre commande** we are not able to meet your order; **je serai bientôt à ~ de vous en dire plus** I shall soon be able to tell you more.

◆ **de même** *loc adv*: **faire de ~** to do likewise OU the same; **il est parti avant la fin, moi de ~** he left before the end, and so did I; **il en va de ~ pour vous** the same is true for you.

◆ **de même que** *loc conj sout* just as.

◆ **même que** *fam loc conj* so much so that; **elle roulait très vite, ~ que la voiture a failli déraper** she was driving so fast that the car nearly skidded.

◆ **même si** *loc conj* even if; **~ s'il me le demandait, je n'accepterais pas** even if he asked me, I wouldn't accept; **~ si je voulais, je ne pourrais pas** even if I wanted to, I couldn't; **~ s'il pleut** even if it rains; **ne dis rien, ~ si l'occasion se présente** don't say anything, even if the opportunity arises.

◆ **tout de même** *loc adv* all the same, even so; **j'irai tout de ~** all the same, I'll still go; **tout de ~, tu exagères!** steady on! that's a bit much!

mêmement [mɛmmɑ̃] *adj vieilli* equally, likewise.

mémento [memɛ̃to] *nm* -**1.** [agenda] diary. -**2.** SCOL summary; **~ d'histoire** history handbook. -**3.** RELIG memento.

mémère *fam* [memɛr] ◇ *nf* -**1.** [en appellatif] grandma, granny, gran *Br*. -**2.** *péj* old woman.

◇ *adj péj* dowdy, frumpy; **si seulement elle portait des robes un peu moins ~s** if only she wore slightly less old-fashioned dresses.

mémo [memo] *nm* [carnet] memo pad, note book, notepad.

mémoire [memwar] ◇ *nf* -**1.** [faculté] memory; **avoir (une) mauvaise ~** to have a poor OU bad memory; **avoir (une) bonne ~** to have a good memory; **si j'ai bonne ~** if I remember correctly; **si ma ~ ne me trompe pas** if my memory serves me right, if I remember correctly; **avoir la ~ des noms** to have a good memory for names; **il n'a plus de ~** he's lost his memory; **je n'ai aucune ~!** I can never remember anything!; **tu as la ~ courte!** you've got a short memory!; **fais un effort de ~ pour t'en souvenir** try hard to remember, search (your memory) hard; **remettre qqch en ~ à qqn** to remind sb of sthg; **se remettre qqch en ~** to recall sthg; **une vieille expression me revint** OU **remonta à la ~** an old saying came (back) to me; **ce détail est resté à jamais** OU **s'est gravé dans ma ~** this detail has stayed with me ever since OU has forever remained engraved in my memory ❑ **avoir une ~ d'éléphant** *fam* to have a memory like an elephant. -**2.** [souvenir] memory; **honorer la ~ de qqn** to honour the memory of sb; **fidèle à la ~ de sa femme** faithful to his wife's memory; **en ces temps de triste ~** in those days of bitter memory; **un règne de joyeuse ~** a fondly-remembered reign. -**3.** INF memory, storage; **une ~ de 15 caractères** a 15-character memory ❑ **~ centrale** OU **principale** main memory OU storage; **~ à accès direct** direct access storage; **~ auxiliaire** auxiliary OU secondary storage; **~ externe** external storage; **~ morte** read-only memory; **~ tampon** buffer (storage); **~ vive** random-access memory; **~ virtuelle** virtual storage; **~ volatile** volatile memory.

◇ *nm* -**1.** [rapport] report, paper. -**2.** UNIV thesis, dissertation paper; **~ de maîtrise** ≃ MA thesis OU dissertation. -**3.** JUR statement of case. -**4.** COMM & FIN bill, statement.

◆ **mémoires** *nmpl* memoirs; **'Mémoires d'outre-tombe'** *Chateaubriand* 'Memoirs from Beyond the Tomb'.

◆ **à la mémoire de, en mémoire de** *loc prép* in memory of, to the memory of; **à la ~ du comique disparu** in memory of the late comedian.

◆ **de mémoire** *loc adv* from memory.

◆ **de mémoire de** *loc prép*: **de ~ de sportif** in all my/his *etc* years as a sportsman; **de ~ d'homme** in living memory.

◆ **pour mémoire** *loc adv* COMM for the record; **je vous le dis pour ~** *fig* I'm (just) telling you for the record OU as a matter of information.

mémorable [memɔrabl] *adj* memorable; **ce fut une soirée ~** it was a memorable evening.

mémorandum [memɔrɑ̃dɔm] *nm* memorandum.

mémorial, aux [memɔrjal, o] *nm* -**1.** [texte] memoir; POL memorial. -**2.** [monument] memorial.

mémorialiste [memɔrjalist] *nmf* memorialist.

mémoriel, elle [memɔrjɛl] *adj* INF & PSYCH memory *(modif)*.

mémorisation [memɔrizasjɔ̃] *nf* -**1.** [processus] memorization. -**2.** INF storage.

mémoriser [3] [memɔrize] *vt* -**1.** [apprendre par cœur] to memorize; **il a mémorisé les conjugaisons** he has learnt the verb tables by heart. -**2.** INF to store, to put into memory.

Memphis [mɛmfis] *npr* Memphis.

menaçant, e [mənasɑ̃, ɑ̃t] *adj* -**1.** [comminatoire - personne, geste, ton] menacing, threatening; **une foule ~e** a threatening crowd. -**2.** [inquiétant - signe, silence, nuage] menacing, threatening, ominous; **il y a quelque chose de très ~ dans son regard** there's a threatening look in his eyes; **le temps est ~** the weather's looking ominous.

menace [mənas] *nf* -**1.** [source de danger] menace, threat; **une ~ pour l'ordre public** a danger OU menace OU threat to law and order. -**2.** [acte, parole] threat; **comment, des ~s maintenant!** so it's threats, now, is it?; **ce ne sont que des ~s en l'air** they're only idle threats; **mettre ses ~s à exécution** to carry out one's threats; **la victime avait reçu des ~s de mort** the victim had been threatened with his life OU had received death threats; **un geste de ~** a threatening OU menacing gesture; **ton lourd** OU **plein de ~** tone heavy OU fraught with menace; **un ciel lourd de ~** *litt* a sky heavy with foreboding; **ils ont même essayé la ~** they even tried threats; **sous la ~** under duress; **il a signé sous la ~** he signed under duress; **sous la ~ de** under (the) threat of; **sous la ~ de la torture** under (the) threat of torture.

menacé, e [mənase] *adj* threatened, under threat, endangered; **le groupe le plus ~** the group that's under the heaviest threat; **ses jours sont ~s** his life is in danger.

menacer [16] [mənase] ◇ *vt* -**1.** [mettre en danger] to threaten, to menace; **un danger mortel le menace** he's in mortal danger; **rien ne la menace** she's in no danger; **l'apoplexie le menace** he's in danger of having a stroke; **une nouvelle crise nous menace** a new crisis is threatening us OU looming; **les fluctuations du dollar menacent notre système monétaire** fluctuations in the dollar are a threat to our monetary system. -**2.** [en usant de menaces]: **~ qqn de** to threaten sb with; **~ qqn de mort** to threaten to kill sb; **il est menacé de mort** he's being threatened with death. -**3.** *loc*: **~ ruine**: **le pont menace ruine** *sout* the bridge is in (imminent) danger of collapsing.

◇ *vi*: l'orage menace there is an impending storm.

◆ **menacer de** *v + prép* -**1.** [personne]: ~ de faire qqch to threaten to do sthg. -**2.** elle menace d'annuler le concert si ses exigences ne sont pas satisfaites she's threatening to cancel the concert if her demands aren't met ‖ [risquer de]: le conflit menace de s'étendre there is a (real) danger of the conflict spreading; l'orage menace d'éclater avant la fin de la soirée the storm looks like it will break before the end of the evening.

ménage [menaʒ] *nm* -**1.** [couple] couple; SOCIOL household; un ~ sans enfants a childless couple; leur ~ marche mal their marriage isn't going very well; faire bon/mauvais ~ avec qqn to get on well/badly with sb; se mettre en ~: ils se sont mis en ~ they're moved in together; ils sont en ~ they live together; monter son ~ to set up house ❑ ~ à trois ménage à trois. -**2.** [économie domestique] housekeeping; les soucis du ~ domestic worries; tenir le ~ to keep house ‖ [nettoyage] housework, cleaning; le ~ est mal fait the housework OU cleaning hasn't been done properly; faire le ~ to do the housework; faire le ~ en grand to clean the house from top to bottom; le directeur a fait le ~ dans son service *fig* the manager has shaken up OU spring-cleaned his department; faire des ~s to do housework (for people); demain je fais du/mon ~ tomorrow I'm going to do some/my housework.

◆ **de ménage** *loc adj* -**1.** [fabriqué à la maison] homemade; pain de ~ homemade bread. -**2.** [pour l'entretien de la maison] household, cleaning; femme de ~ domestic help, cleaning lady; savon de ~ household soap.

ménagement [menaʒmɑ̃] *nm* thoughtfulness, consideration, solicitude.

◆ **avec ménagement** *loc adv* tactfully, gently; traite ma voiture avec ~ treat my car with care, take (good) care of my car; traiter qqn avec le plus grand ~ to treat sb with great consideration.

◆ **sans ménagement** *loc adv* [parler] bluntly; [éconduire, traiter] unceremoniously; annoncer une nouvelle sans ~ to break a piece of news bluntly.

ménager¹ [17] [menaʒe] *vt* -**1.** [économiser] to be sparing with; ~ son argent to be sparing with one's money; le pays doit ~ ses maigres ressources the country has to husband its meagne resources; elle ne ménage pas ses efforts she spares no effort; à mon âge, je dois ~ mes forces at my age, I have to conserve my strength; la critique n'a pas ménagé ses louanges à l'artiste the critics lavished praise on the artist. -**2.** [traiter avec soin] to treat OU to handle carefully; ménagez-le, il a le cœur malade treat him gently, he has a weak heart; je prends l'ascenseur pour ~ mes vieilles jambes I take the lift to spare my old legs; ménage ton foie, ne bois pas d'alcool take care of OU look after your liver, don't drink alcohol. -**3.** [respecter] to spare; ménage sa susceptibilité humour him; ménage sa fierté spare his pride; ménage mes sentiments spare my feelings ❑ ~ la chèvre et le chou to sit on the fence, to run with the hare and hunt with the hounds. -**4.** [arranger - passage, escalier] to put in *(insép)*; [- entretien, rencontre] to organize, to arrange; j'ai ménagé un espace pour planter des légumes I've left some space for growing vegetables; nous avons ménagé une ouverture pour accéder directement au garage we opened a direct access to the garage; pourriez-vous me ~ une entrevue avec le directeur? could you set up OU arrange a meeting for me with the manager?

◆ **se ménager** ◇ *vp (emploi réfléchi)* to spare o.s.; elle ne se ménage pas assez she drives herself too hard; ménage-toi take it easy, don't overdo it.

◇ *vpt*: se ~ qqch [se réserver qqch] to set sthg aside for o.s.; se ~ des temps de repos dans la journée to set aside rest periods for o.s. during the day.

ménager², **ère** [menaʒe, ɛr] *adj* -**1.** [de la maison] domestic *(modif)*, household *(modif)*; les tâches/ordures ménagères household chores/refuse; enseignement ~ domestic science; équipement ~ domestic OU household appliances. -**2.** *litt*: être ~ de son temps to be economical OU sparing with one's time.

◆ **ménager** *nm* COMM: le gros/petit ~ major/small household appliances.

◆ **ménagère** *nf* -**1.** [femme] housewife. -**2.** [couverts] canteen (of cutlery); une ménagère en argent a canteen of silver cutlery.

ménagerie [menaʒri] *nf* menagerie; c'est une vraie ~ ici! *fig* it's like a zoo in here!

ménagiste [menaʒist] *nmf* household OU domestic appliances retailer.

menchevik [mɛnʃevik] ◇ *adj* Menshevik *(modif)*.

◇ *nmf* Menshevik.

Mendel [mɛndɛl] *npr* → **loi**.

mendélien, enne [mɛ̃deljɛ̃, ɛn] *adj* Mendelian.

mendélisme [mɛ̃delism] *nm* Mendelianism, Mendelism.

mendiant, e [mɑ̃djɑ̃, ɑ̃t] *nm, f* [clochard] beggar; les rues étaient pleines de petits ~s the streets were full of children begging.

◆ **mendiant** ◇ *nm* CULIN *almond, fig, hazelnut and raisin biscuit.*

◇ *adj m* RELIG mendicant.

mendicité [mɑ̃disite] *nf* -**1.** [action] begging; vivre de ~ to beg for a living. -**2.** [état] beggary, mendicity, mendicancy; être réduit à la ~ to be reduced to begging.

mendier [9] [mɑ̃dje] ◇ *vi* to beg; il mendie pour survivre he gets by by begging.

◇ *vt* to beg for *(insép)*; ~ un sourire to beg for a smile; ~ des votes to canvass for votes.

mendigot, e▽ [mɑ̃digo, ɔt] *nm, f vieilli* beggar, bum, panhandler *Am*.

mendigoter▽ [3] [mɑ̃digɔte] ◇ *vi vieilli* to bum, to panhandle *Am*.

◇ *vt* to bum.

meneau, x [məno] *nm* [horizontal] transom; [vertical] mullion.

menée [məne] *nf* -**1.** CHASSE (stag's) track. -**2.** *Helv* [congère] snowdrift.

menées [məne] *nfpl* [intrigues] intrigues, machinations, manœuvres; des ~ subversives subversive activities; les ~ de l'opposition the opposition's intrigues OU scheming.

mener [9] [məne] ◇ *vt* -**1.** [conduire - personne] to take, to lead; comment mènes-tu tes enfants à l'école? how do you take your children to school?; elle mènera son club à la victoire she'll lead her club to victory; son inconscience le mène au désastre his thoughtlessness is leading him to disaster ❑ ~ qqn par le bout du nez to lead sb by the nose; ~ qqn en bateau to lead sb up the garden path; allons, tu me mènes en bateau! come on, you're pulling my leg! -**2.** [suj: escalier, passage, route] to take, to lead; le bus te mènera jusqu'à l'hôtel the bus will take you (right) to the hotel ‖ *(en usage abs)*: cette porte mène à la cave this door leads to the cellar; la ligne nº 1 mène à Neuilly line No. 1 takes you OU goes to Neuilly; la deuxième année mène au dessin industriel after the second year, you go on to technical drawing ❑ ~ loin: un feu rouge grillé, ça vous mène loin! *fam* you went through the lights, that'll cost you!; un million de réparations, ça nous mène déjà assez loin one million francs worth of repairs? that'll do nicely to be getting on with *iron*. -**3.** [diriger - groupe, équipe] to lead; [- combat, négociation] to carry on *(insép)*; [- affaire, projet] to run, to manage; il se laisse trop facilement ~ he's too easily led; laissez-la ~ sa vie let her live her life; ~ une enquête to conduct OU to lead an inquiry; ~ le débat [gén] to lead OU to chair the discussion; le champion mène le peloton the champion is leading the pack; ~ le deuil to lead the funeral procession ❑ ~ la danse *pr* to lead the dance; *fig* to call the tune; bien ~ sa barque *fig* to handle OU to manage one's affairs efficiently; ~ le jeu SPORT to be in the lead; *fig* to have the upper hand, to call the tune; ~ joyeuse vie to lead a merry life; ~ la vie dure à qqn to make sb's life a misery, to make life difficult for sb; ~ grand train to live in grand style; ne pas en ~ large: il n'en menait pas large avant la publication des résultats his heart was in his boots before the results were released; ~ qqch à bien [finir] to see sthg through; [réussir] to succeed in doing sthg; sauras-tu ~ à bien cette entrevue? will you be able to get through this interview?; je mènerai les fouilles à terme OU à bonne fin I'll see the dig through to the end. -**4.** MATH to draw. -**5.** MÉCAN to drive.

◇ *vi* to (be in the) lead; l'équipe locale mène par 3 buts à 0 the local team is leading by 3 goals to 0; le skieur italien mène devant le Suisse avec 15 secondes d'avance the Italian skier has a 15-second lead OU advantage over the Swiss; de combien on mène? what's our lead?

ménestrel [menɛstrɛl] *nm* minstrel.

ménétrier [menetrije] *nm* -**1.** *arch* [violoneux] fiddler. -**2.** HIST musician.

meneur, euse [mənœr, øz] *nm, f* -**1.** [dirigeant] leader; c'est un ~ d'hommes he's a born leader (of men) ❑ ~ de jeu TV & RAD quiz master, question-master; meneuse de revue chorus-line leader. -**2.** *péj* [agitateur] (ring)leader, agitator POL.

menhir [menir] *nm* menhir.

méninge [menɛ̃ʒ] *nf* ANAT meninx; ~s meninges.

◆ **méninges** *fam nfpl* brains; il ne se fatigue pas OU ne se creuse pas les ~s! he's in no danger of wearing his brain OU grey matter out!; fais travailler tes ~s use your brains.

méningé, e [menɛ̃ʒe] *adj* meningeal.

méningite [menɛ̃ʒit] *nf* meningitis; il ne risque pas la OU d'attraper une ~! no danger of him wearing his brain out!

méningitique [menɛ̃ʒitik] *adj* meningitic.

méningocoque [menɛ̃gɔkɔk] *nm* meningococcus.

méningo-encéphalite [menɛ̃goɑ̃sefalit] *(pl* **méningo-encéphalites**) *nf* meningoencephalitis.

méniscal, e, aux [meniskal, o] *adj* meniscal ANAT.

méniscite [menisit] *nf* meniscitis.

méniscographie [meniskɔgrafi] *nf* meniscography.

ménisque [menisk] *nm* ANAT, OPT & PHYS meniscus.

ménopause [menɔpoz] *nf* menopause.

ménopausée [menɔpoze] *adj f*: une femme ~ a post-menopausal woman.

ménopausique [menɔpozik] *adj* menopausal, menopausic.

menora [menɔra] *nf* menorah.

ménorragie [menɔraʒi] *nf* menorrhagia.

menotte [mənɔt] *nf* [main] tiny (little) hand.

◆ **menottes** *nfpl* handcuffs; passer les ~s à qqn to handcuff sb; ~s aux poignets handcuffed, in handcuffs.

mensonge [mɑ̃sɔ̃ʒ] *nm* -**1.** [action]: le ~ lying, untruthfulness; vivre dans le ~ to live a lie. -**2.** [propos] lie; dire des ~s to tell lies; un ~ par omission a lie of omission; elle n'a raconté que des ~s she just told a pack of lies ❑ c'est vrai, ce ~? *fam* are you telling me the truth? -**3.** *litt* [illusion] illusion, lie *litt*; ma vie était un ~ I was living a lie, my life was a lie.

mensonger, ère [mɑ̃sɔ̃ʒe, ɛr] *adj* [fallacieux] untruthful, mendacious; des déclarations mensongères untruthful statements.

mensongèrement [mɑ̃sɔ̃ʒɛrmɑ̃] *adv* deceitfully, falsely, untruthfully.

menstruation [mɑ̃stryasjɔ̃] *nf* menstruation, menstruating.

menstruel, elle [mɑ̃stryɛl] *adj* menstrual.

menstrues [mɑ̃stry] *nfpl vieilli* menses.

mensualisation [mɑ̃sɥalizasjɔ̃] *nf* [des salaires, du personnel] monthly payment; **pour vos règlements, pensez à la ~** don't forget that you can pay in monthly instalments.

mensualiser [3] [mɑ̃sɥalize] *vt* to pay on a monthly basis; **l'impôt est mensualisé** income tax is paid monthly.

mensualité [mɑ̃sɥalite] *nf* **-1.** [somme perçue] monthly payment; [somme versée] monthly instalment. **-2.** [salaire] monthly salary.
◆ **par mensualités** *loc adv* monthly, on a monthly basis.

mensuel, elle [mɑ̃sɥɛl] ◇ *adj* monthly.
◇ *nm, f* worker paid by the month.
◆ **mensuel** *nm* PRESSE monthly (magazine).

mensuellement [mɑ̃sɥɛlmɑ̃] *adv* monthly, every month.

mensuration [mɑ̃syrasjɔ̃] *nf* mensuration.
◆ **mensurations** *nfpl* measurements; **des ~s à faire rêver** magnificent vital statistics.

mental, e, aux [mɑ̃tal, o] *adj* mental.
◆ **mental** *nm*: **le ~** the mind.

mentalement [mɑ̃talmɑ̃] *adv* mentally; **calcule-le ~** work it out OU calculate it in your head.

mentalisme [mɑ̃talism] *nm* mentalism.

mentalité [mɑ̃talite] *nf* mentality; **quelle (sale) ~ dans mon bureau!** what an atmosphere OU a nasty atmosphere in my office!; **faire changer les ~s** to change people's mentality OU the way people think; **les ~s ne sont plus les mêmes** people have a different way of thinking OU a different mentality nowadays ❑ **belle** OU **jolie ~!** *iron* that's a nice way of thinking!

menterie *fam* [mɑ̃tri] *nf vieilli* lie, untruth.

menteur, euse [mɑ̃tœr, øz] ◇ *adj* untruthful; **enfant, il était très ~** he used to tell lies all the time when he was a child ❑ **il est ~ comme un arracheur de dents** he lies through his teeth.
◇ *nm, f* liar; **sale ~!** *fam* you fibber!
◆ **menteur** *nm* JEUX: **jouer au ~** to play cheat.

menthe [mɑ̃t] *nf* **-1.** BOT mint; **~ poivrée** peppermint; **~ verte** spearmint; **thé à la ~** mint tea. **-2.** [tisane] mint tea *(U)*; **je prendrai une verveine ~** I'll have verbena and mint tea. **-3.** [sirop]: **~ à l'eau** mint cordial. **-4.** [essence] pepper mint; **parfumé à la ~** mint-flavoured; **dentifrice à la ~** mint OU mint-flavoured toothpaste; **bonbons à la ~** mints, peppermints.

menthol [mɑ̃tɔl] *nm* menthol.

mentholé, e [mɑ̃tɔle] *adj* mentholated, menthol *(modif)*.

mention [mɑ̃sjɔ̃] *nf* **-1.** [référence] mention; **faire ~ de qqch** to refer to OU to mention sthg; **on ne fait pas ~ de votre nom** there's no mention of your name. **-2.** [texte] note, comment; **apposez votre signature précédée de la ~ manuscrite «lu et approuvé»** append your signature after adding in handwriting "read and approved"; **l'enveloppe portait la ~ «urgent»** the word "urgent" appeared OU was written on the envelope. **-3.** SCOL & UNIV distinction; **être reçu avec ~** to pass with distinction; **être reçu sans ~** to get an ordinary pass ❑ **~ bien** ≃ upper second class Honours *Br*, ≃ pass with honors *Am*; **~ très bien** ≃ first class Honours *Br*, ≃ pass with high honors *Am*; **~ passable** *minimum pass grade*; **~ honorable** *first level of distinction for a PhD*; **~ très honorable** *second level of distinction fpr a PhD*; **~ très honorable avec les félicitations du jury** *highest level of distinction for a PhD*.

mentionner [3] [mɑ̃sjɔne] *vt* to mention; **le nom du traducteur n'est pas mentionné** the translator's name does not appear; **l'article ne mentionne même pas sa dernière découverte** the article doesn't even mention his latest discovery; **le service mentionné ci-dessus** the above-mentioned department, the department mentioned above.

mentir [37] [mɑ̃tir] *vi* [gén] to lie; [une fois] to tell a lie; [plusieurs fois] to tell lies; **il m'a menti** he lied to me, he told me a lie; **tu mens (effrontément)!** you're lying shamelessly!, you're a barefaced liar!; **j'ai prédit que tu allais gagner, ne me fais pas ~** I said you'd win, don't prove me wrong OU don't make a liar out of me; **et je ne mens pas!** and that's the truth!; **sans ~!** honestly!; **sans ~, elle me l'a dit quinze fois** without a word of a lie, she told me fifteen times; **~ par omission** to lie by omission ❑ **elle ment comme elle respire** OU **comme un arracheur de dents** she lies through her teeth; **si je mens je vais en enfer** cross my heart and hope to die; **faire ~ le proverbe** to give the lie to the proverb; **a beau ~ qui vient de loin** *prov* it's easy to lie when there's nobody around to contradict you.
◆ **mentir à** *v + prép litt* to belie; **pour ne pas ~ à son image** so as not to belie *litt* OU to betray her image.
◆ **se mentir** ◇ *vp (emploi réfléchi)*: **se ~ à soi-même** to fool o.s.
◇ *vp (emploi réciproque)* to lie to each other, to tell each other lies.

menton [mɑ̃tɔ̃] *nm* chin; **~ en galoche/pointu/rond** protruding/pointed/round chin; **avoir un ~ volontaire** to have a firm OU determined chin.

mentonnière [mɑ̃tɔnjɛr] *nf* **-1.** [d'un couvre-chef] chin strap; [d'un casque] chin piece. **-2.** MÉD chin bandage. **-3.** MUS chin rest.

mentor [mɑ̃tɔr] *nm litt* mentor.

Mentor [mɑ̃tɔr] *npr* Mentor.

menu[1] [məny] *nm* **-1.** [liste] menu; [carte] menu (card); **qu'y a-t-il au ~ aujourd'hui?** *pr* what's on the menu?; *fig* what's on the agenda for today? **-2.** [repas] set meal; **deux ~s à 50 F** two 50 F menus OU set meals ❑ **le ~ touristique** the set menu; **le ~ gastronomique** the gourmet menu, the special fare menu. **-3.** INF menu.
◆ **par le menu** *loc adv* in detail; **il m'a raconté ses aventures par le ~** he told me about his adventures in great detail; **elle a vérifié les comptes par le ~** she checked the figures very thoroughly.

menu[2], **e** [məny] *adj* **-1.** [mince - attaches, silhouette] slim, slender; [- voix] small, thin; [- écriture] small, tiny; **l'enfant était très ~ pour son âge** the child was tiny for his age; **à pas ~s** with minute OU tiny steps. **-2.** *(avant le n)* [petit] small, tiny; **elle coupa le jambon en ~s morceaux** she cut the ham into small pieces. **-3.** *(avant le n)* [négligeable]: **il fait les ~s travaux** he does odd jobs; **~s frais** minor expenses ❑ **de la ~e monnaie** small change; **~ fretin** ZOOL fry; *fig* small fry; **~ gibier** small game; **les ~s plaisirs** life's little pleasures; **les Menus Plaisirs** HIST the royal entertainment *(at the French Court)*; **voici un peu d'argent pour tes ~s plaisirs** here's a little pin money.
◆ **menu** *adv* [couper, hacher] thoroughly, finely; **écrire ~** to write small.

menuet [mənɥɛ] *nm* minuet.

menuise [mənɥiz] *nf* **-1.** ZOOL sprat. **-2.** ARM dust shot. **-3.** MENUIS small logs.

menuiser [3] [mənɥize] *vt* [découper] to cut down *(sép)*; [amincir] to plane down *(sép)*.

menuiserie [mənɥizri] *nf* **-1.** [activité] joinery; **~ métallique** metal joinery. **-2.** [atelier] (joiner's) workshop. **-3.** [boiseries] woodwork.

menuisier [mənɥizje] *nm* joiner.

Méphistophélès [mefistɔfelɛs] *npr* Mephistopheles.

méphistophélique [mefistɔfelik] *adj* Mephistophelian, Mephistophelean.

méphitique [mefitik] *adj sout* noxious, mephitic, mephitical.

méphitisme [mefitism] *nm sout* mephitis.

méplat, e [mepla, at] *adj* flat; **bois ~** (wood in) planks.
◆ **méplat** *nm* **-1.** BX-ARTS plane. **-2.** [partie du corps]: **un visage aux ~s accusés** a finely-chiselled face.

méprendre [79] [meprɑ̃dr]
◆ **se méprendre** *vpi sout* to make a mistake, to be mistaken; **vous vous méprenez** you are mistaken OU making a mistake; **je me suis mépris sur ses intentions réelles** I was mistaken about OU I misunderstood his real intentions; **se ~ sur qqn** [se tromper] to misjudge sb; **on dirait de la soie, c'est à s'y ~** it feels just like silk; **on dirait ta sœur, c'est à s'y ~** she looks just like your sister.

mépris [mepri] *nm* contempt, disdain, scorn; **avoir** OU **éprouver du ~ pour** to be filled with contempt for, to despise; **paroles/regard de ~** contemptuous words/look; **avec ~** scornfully, contemptuously; **avoir** OU **tenir qqn en ~** *sout* to hold sb in contempt; **le ~ de** [convenances, tradition] contempt for, lack of regard for; **il a le ~ de la parole donnée** he does not feel bound by a promise.
◆ **au mépris de** *loc prép* with no regard for, regardless of; **au ~ du danger** regardless of the danger; **au ~ du règlement** in defiance of the rules; **au ~ des convenances** spurning convention.

méprisable [meprizabl] *adj* contemptible, despicable; **un être totalement ~** a creature beneath contempt.

méprisant, e [meprizɑ̃, ɑ̃t] *adj* contemptuous, disdainful, scornful; **se montrer très ~ envers qqn** to pour scorn on sb, to be very contemptuous towards sb.

méprise [mepriz] *nf* mistake, error; **commettre une ~** to make a mistake; **victime d'une ~** victim of a misunderstanding.
◆ **par méprise** *loc adv* by mistake.

mépriser [3] [meprize] *vt* **-1.** [dédaigner] to look down on, to despise, to scorn; **je le méprise d'être si lâche** I despise him for being such a coward; **elle méprise l'argent** she thinks nothing of OU scorns money. **-2.** [braver - conventions, règlement] to disregard, to defy; [- mort, danger] to defy, to scorn.

mer [mɛr] *nf* **-1.** GÉOG sea; **mettre un canot à la ~** [d'un navire] to lower OU to launch a boat; [de la terre] to get out a boat; **jeter qqch à la ~** [d'un navire] to throw sthg overboard; [de la terre] to throw sthg into the sea; **de l'autre côté de la ~** over the sea; **ils sont partis en ~** they've gone out to sea; **perdus en ~** lost at sea; **sous/sur la ~** under/on the sea; **vers la ~** seawards, towards the sea; **au-dessus/au-dessous du niveau de la ~** above/below sea level; **voyager par ~** to travel by sea; **par (la) ~ c'est à un jour d'ici** it's a day's trip from here by sea; **prendre la ~** to put out to sea; **état de la ~** sea conditions; **~ calme/belle/peu agitée** calm/smooth/moderate sea; **~ très grosse** very heavy OU stormy sea; **~ agitée devenant forte** sea moderate becoming heavy; **la ~ est mauvaise** the sea is rough; **quand la ~ est mauvaise** in rough seas; **la ~ était d'huile** the sea was calm OU like a millpond ❑ **~ intérieure** inland sea; **~ territoriale** territorial waters; **coup de ~** heavy swell; **sel de ~** sea salt; **ce n'est pas la ~ à boire** *fam* it's not that hard, there's nothing much to it; **la ~ Baltique/Caspienne/Égée/Morte/Rouge** the Baltic/Caspian/Aegean/Dead/Red Sea; **la ~ de Barents/Bering** the Barents/Bering Sea; **la ~ des Caraïbes** the Caribbean (Sea); **la ~ du Nord** the North Sea; **la ~ des Sargasses** the Sargasso Sea; **la ~ de la Tranquillité** the Sea of Tranquillity. **-2.** [marée] tide; **à quelle heure la ~ sera-t-elle haute/basse?** what time is high/low tide? **-3.** [région côtière] seaside; **à la ~** at OU by the seaside; **les paysages de ~** coastal landscapes. **-4.** [grande étendue]: **une ~ de sang** a sea OU lake of blood ❑ **~ de glace** glacier; **~ de sable** ocean of sand, sand sea. **-5.** ASTRON mare.

MERS:
la mer **Adriatique** the Adriatic Sea;
la mer des **Antilles** the Caribbean Sea;
la mer d'**Aral** the Aral Sea;
la mer **Baltique** the Baltic Sea;
la mer de **Barents** the Barents Sea;
la mer de **Béring** the Bering Sea;
la mer **Blanche** the White Sea;
la mer **Caraïbe** OU des **Caraïbes** the Caribbean Sea;
la mer **Caspienne** the Caspian Sea;
la mer de **Célèbes** the Celebes Sea;
la mer de **Chine** the China Sea;
la mer de **Corail** the Coral Sea;
la mer **Égée** the Aegean Sea;
la mer de **Galilée** the Sea of Galilee;
la mer **Intérieure** the Inland Sea;
la mer **Ionienne** the Ionian Sea;
la mer d'**Irlande** the Irish Sea;
la mer **Jaune** the Yellow Sea;
la mer **Méditerranée** the Mediterranean Sea;
la mer **Morte** the Dead Sea;
la mer **Noire** the Black Sea;
la mer du **Nord** the North Sea;
la mer d'**Oman** the Arabian Sea;
la mer **Rouge** the Red Sea;
la mer des **Sargasses** the Sargasso Sea;
la mer de **Tasman** the Tasman Sea;
la mer **Tyrrhénienne** the Tyrrhenian Sea;
la mer des **Wadden** the Waddenzee.

mercanti [mɛrkɑ̃ti] *nm péj* shark, profiteer.

mercantile [mɛrkɑ̃til] *adj* -**1.** *péj* [intéressé] mercenary, self-seeking, venal *litt*. -**2.** [commercial] mercantile.

mercantilisme [mɛrkɑ̃tilism] *nm* -**1.** *litt* [attitude] mercenary OU self-seeking attitude. -**2.** ÉCON [théorie] mercantilism; [système] mercantile system.

mercantiliste [mɛrkɑ̃tilist] *adj & nmf* mercantilist.

mercatique [mɛrkatik] *nf offic* marketing.

mercenaire [mɛrsənɛr] ◇ *adj litt* [troupe] mercenary; [travail] paid.
◇ *nm* mercenary.

mercerie [mɛrsəri] *nf* -**1.** [magasin] haberdasher's shop *Br*, notions store *Am*. -**2.** [industrie, articles] haberdashery *Br*, notions *Am*; **des articles de** ~ sewing materials.

mercerisage [mɛrsərizaʒ] *nm* mercerization.

merceriser [3] [mɛrsərize] *vt* to mercerize.

merchandising [mɛrʃɑ̃dajziŋ] *nm* merchandising, sales promotion.

merci [mɛrsi] ◇ *nm* thank-you; **dites-lui un grand** ~ **pour son aide** give him a big thank-you OU all our thanks for his help.
◇ *interj* thank you; **as-tu dit** ~ **à la dame?** did you thank the lady OU say thank you to the lady?; ~ **de votre cadeau/amabilité** thank you OU thanks for your present/kindness; ~ **d'avoir répondu aussi vite** thank you for replying so promptly; ~ **(beaucoup) d'être venu** thanks (a lot) for coming; ~ **mille fois** thank you so OU very much; **voulez-vous du fromage? – (non)** ~, **je n'ai pas faim** would you like some cheese? – no thank you OU thanks, I'm not hungry; **un café? –** ~, **volontiers** would you like a coffee? – (yes,) thanks, I'd love one; ~, **très peu pour moi!** *fam* thanks but no thanks!; ~ **du compliment!** *iron* thanks for the compliment!
◇ *nf litt* mercy; **demander** ~ to ask for mercy.
◆ **à la merci de** *loc prép* at the mercy of; **tenir qqn à sa** ~ to have sb at one's mercy OU in one's power.
◆ **sans merci** ◇ *loc adj* merciless, pitiless, ruthless; **une lutte sans** ~ a merciless struggle.
◇ *loc adv* mercilessly, pitilessly, ruthlessly.

mercier, ère [mɛrsje, ɛr] *nm, f* haberdasher *Br*, notions dealer *Am*.

mercredi [mɛrkrədi] *nm* Wednesday; ~ **des Cendres** Ash Wednesday.

mercure [mɛrkyr] *nm* CHIM mercury.

Mercure [mɛrkyr] *npr* ASTRON & MYTH Mercury.

mercureux [mɛrkyrø] *adj m* mercurous.

mercurey [mɛrkyrɛ] *nm* Mercurey (wine).

mercuriale [mɛrkyrjal] *nf* -**1.** *litt* [accusation] remonstrance, admonition. -**2.** COMM market price list. -**3.** BOT mercury.

mercuriel, elle [mɛrkyrjɛl] *adj* mercurial CHEM.

mercurique [mɛrkyrik] *adj* mercuric.

Mercurochrome® [mɛrkyrɔkrɔm] *nm* Mercurochrome®.

merde [mɛrd] ◇ *nf* -**1.** ▼ [excrément] shit, crap; **une** ~ **de chien** a dog turd; **tu as de la** ~ **sous tes pompes** you've got shit on your shoes; **ce film/bouquin est une vraie** ~ this film/book is a load of crap; **de** ~ shitty; **ce temps de** ~ this shitty weather ❑ **il ne se prend pas pour une** OU **pour de la** ~ he thinks the sun shines out of his arse *Br*, he thinks he's God's gift to the world *Am*. -**2.** ▽ [désordre] bloody *Br* OU godawful *Am* mess; **foutre** OU **semer la** ~ to make a bloody mess; **chaque fois que ce gosse est dans ma classe, il fout la** OU **sa** ~ whenever that kid is in my classroom, it's bloody chaos. -**3.** ▽ [ennuis]: **c'est la** ~**!** it's hell!; **être dans la** ~ **(jusqu'au cou)** to be (right) in the shit. -**4.** ▽ [mésaventure] shitty mess; **il m'arrive une** ~ **en ce moment** I'm in a shitty mess at the moment; **je me suis fait piquer ma bagnole, quelle** ~**!** I've had my car pinched, what a shitty thing to happen!
◇ *interj* ▽ shit; ~ **alors!** oh shit!; **(je te dis)** ~**!** [ton agressif] to hell with you!; [pour souhaiter bonne chance] fingers crossed!, break a leg!; **on y va, oui ou** ~**?** are we going or aren't we, for Christ's sake.

merder▽ [3] [mɛrde] ◇ *vi*: **mon imprimante merde depuis trois jours** the printer's been on the blink for the last three days; **j'ai complètement merdé en littérature anglaise** I completely screwed up the English Lit paper.
◇ *vt* to balls *Br* OU to ball *Am* up *(sép)*; **il a merdé son examen** he made a complete balls-up *Br* OU ball-up *Am* of his exam.

merdeux, euse▽ [mɛrdø, øz] ◇ *adj* shitty, crappy; **se sentir** ~ to feel shitty.
◇ *nm, f* [enfant] little shit; **un** ~ **de quatorze ans** a fourteen-year old brat.

merdier▽ [mɛrdje] *nm* -**1.** [désordre] pigsty *fig*; **range un peu tes affaires, c'est le** ~ **ici** it's like a pigsty in here, tidy up your things. -**2.** [situation confuse]: **on s'est retrouvé dans un beau** ~ **après son départ** we were in one hell of a mess after he left.

merdique▽ [mɛrdik] *adj* shitty, crappy; **sa voiture est complètement** ~ her car's complete rubbish.

merdoyer▽ [13] [mɛrdwaje], **merdouiller**▽ [mɛrduje] *vi* to get (completely) stumped; **j'ai complètement merdoyé à l'oral** I made a right cock-up *Br* OU ball-up *Am* of the oral.

mère [mɛr] ◇ *nf* -**1.** [génitrice] mother; **elle est** ~ **de cinq enfants** she is a mother of five; **c'est une** ~ **pour lui** she's like a mother to him; **frères/sœurs par la** ~ half-brothers/half-sisters on the mother's side; **il l'a rendue** ~ **au bout de dix ans de mariage** he gave her a child after ten years of marriage; **ne touche pas les chiots, la** ~ **est agressive** don't touch the pups, the mother can be nasty; **veau élevé sous la** ~ calf nourished on its mother's milk ❑ ~ **adoptive** adoptive mother; ~ **célibataire** unmarried mother; ~ **de famille** mother, housewife; ~ **porteuse** surrogate mother; ~ **poule** *pr* mother hen; **ne sois pas si** ~ **poule** *fam* don't be so overprotective. -**2.** *fam* [madame]: **la** ~ **Vorel** old mother Vorel; **alors la petite** ~, **on a calé?** stalled, have you missus? ❑ **'Mère Courage et ses enfants'** *Brecht* 'Mother Courage and Her Children'. -**3.** RELIG Mother; ~ **Élisabeth** Mother Elizabeth; **oui, ma** ~ yes, Mother ❑ **la** ~ **supérieure** Mother Superior. -**4.** *litt* [origine] mother; ~ **patrie** mother country; **la Grèce,** ~ **de la démocratie** Greece, mother of democracy. -**5.** CHIM: ~ **de vinaigre** mother of vinegar. -**6.** TECH mould. -**7.** *(comme adj)*: **carte** ~ INF motherboard; **disque** ~ INF (positive) matrix; **maison** ~ COMM headquarters, head office; **société** ~ COMM parent company.
◇ *adj f (avant le n)*: ~ **goutte** [huile] first pressing; [vin] bottoms *(wine from the mother)*.

mère-grand [mɛrgrɑ̃] *nf vieilli* grandmother.

merguez [mɛrgɛz] *nf spicy North African mutton sausage.*

MERGUEZ:
This spicy sausage is typically sold barbecued at outdoor events, and is often associated with the relaxed family atmosphere at popular sporting events and political rallies.

méridien, enne [meridjɛ̃, ɛn] *adj* -**1.** *litt* [de midi] meridian *arch*; **l'heure** ~**ne** noon, midday. -**2.** ASTRON meridian; **cercle** ~, **lunette** ~**ne** meridian circle.
◆ **méridien** *nm* -**1.** ASTRON & MÉTÉO meridian; ~ **international** OU **origine** prime OU Greenwich meridian; ~ **céleste/magnétique/terrestre** celestial/magnetic/terrestrial meridian. -**2.** MÉD meridian.
◆ **méridienne** *nf* -**1.** MATH meridian (section); GÉOG meridian line; GÉOL triangulation line. -**2.** [sieste] siesta. -**3.** [lit] (canapé) méridienne.

méridional, e, aux [meridjɔnal, o] ◇ *adj* -**1.** [du Sud] southern, meridional. -**2.** [du sud de la France] *from the South of France*.
◇ *nm, f* -**1.** [du Sud] Southerner. -**2.** [du sud de la France] *person from or inhabitant of the South of France*.

meringue [mərɛ̃g] *nf* meringue.

meringuer [3] [mərɛ̃ge] *vt* to cover with meringue; **tarte au citron meringuée** lemon meringue pie.

mérinos [merinos] *nm* merino.

merise [məriz] *nf* wild cherry, merise.

merisier [mərizje] *nm* -**1.** [arbre] wild cherry (tree). -**2.** [bois] cherry (wood).

mérisme [merism] *nm* distinctive feature.

méristème [meristɛm] *nm* meristem.

méritant, e [meritɑ̃, ɑ̃t] *adj* worthy, deserving; **les élèves les plus** ~**s ont été récompensés** the worthiest pupils were given a reward.

mérite [merit] *nm* -**1.** [vertu] merit, worth; **gens de** ~ people of merit; **avoir du** ~ to be deserving of OU to deserve praise; **il a bien du** ~**!** you have to take your hat off to him!; **tu as du** ~ **de t'occuper d'eux** it is greatly to your credit that you take such care of them. -**2.** [gloire] credit; **s'attribuer le** ~ **de qqch** to take the credit for sthg; **tout le** ~ **de l'affaire vous revient** all the credit for the deal is yours, you deserve all the credit for the deal. -**3.** [qualité] merit; **j'ai pu juger les** ~**s de son manuel** I have been able to assess the merits OU quality of her handbook; **sa déclaration a au moins le** ~ **d'être brève** her statement at least has the merit of being brief; **selon ses** ~**s** according to his merits. -**4.** [décoration]: **Mérite agricole** *agricultural merit award*.

mériter [3] [merite] *vt* -**1.** [suj: personne] to deserve, to merit; **il ne méritait pas pareille punition** he didn't deserve such punishment; **tu mérites une fessée** you deserve to be spanked; **tu l'as bien mérité!** it serves you right!, you got what you deserve!; **ils ne méritent pas qu'on s'intéresse à eux** they are not worth bothering with; **un repos bien mérité** a well-deserved rest; **son renvoi, il l'a bien mérité** he fully deserved to be fired. -**2.** [suj: objet, idée] to merit, to be worth, to deserve; **une exposition qui mérite d'être vue** an exhibition worth seeing OU which deserves to be seen; **la proposition mérite réflexion** the proposal is worth thinking about.
◆ **mériter de** *v + prép*: **avoir bien mérité de la patrie** to have served one's country well.
◆ **se mériter** *vp (emploi passif)*: **un cadeau pareil, ça se mérite** you have to do something special to get a present like that.

méritocratie [meritɔkrasi] *nf* meritocracy.

méritoire [meritwar] *adj* commendable, praiseworthy, meritorious.

merlan [mɛrlɑ̃] *nm* -1. ZOOL whiting; ~ **bleu** blue whiting, (Southern) poutassou; **il la regardait avec des yeux de ~ frit** *fam* [bêtement] he was gawking at her like an idiot. -2. ▽ [coiffeur] *vieilli* barber, hairdresser. -3. CULIN topside *Br*, top round *Am*.

merle [mɛrl] *nm* -1. ORNITH: ~ **(noir)** blackbird; ~ **à plastron** ring ouzel; ~ **migrateur** (American) robin; ~ **de roche** rock thrush. -2. [poisson] ballan wrasse. -3. [individu désagréable]: **un vilain ~, ton propriétaire!** what a nasty piece of work that landlord of yours is!

◆ **merle blanc** *nm* -1. [personne] rare bird, exceptional person. -2. [objet] rarity.

merlette [mɛrlɛt] *nf* hen blackbird.

merlin [mɛrlɛ̃] *nm* -1. NAUT marline. -2. [pour fendre le bois] (clearing) axe; [pour assommer le bétail] poleaxe.

Merlin [mɛrlɛ̃] *npr*: ~ **l'Enchanteur** Merlin the Wizard.

merlon [mɛrlɔ̃] *nm* [d'une fortification] merlon; [dans une poudrerie] earthwork.

merlu [mɛrly] *nm* hake.

merluche [mɛrlyʃ] *nf* -1. ZOOL hake. -2. COMM & CULIN unsalted dried cod.

mérou [meru] *nm* grouper; ~ **des Basques** stone bass OU basse, wreck fish.

mérovingien, enne [merɔvɛ̃ʒjɛ̃, ɛn] *adj* Merovingian.

◆ **Mérovingien, enne** *nm, f* Merovingian.

merveille [mɛrvɛj] *nf* -1. [chose remarquable – par sa perfection] marvel; [– par sa valeur] marvel, wonder, treasure; **cette liqueur est une ~** this liqueur is amazing; **une ~ d'ingéniosité** a marvel of ingenuity; **sa fille est une ~ de patience** her daughter has the patience of a saint; **ce bracelet est une ~** this bracelet is marvellous; **ma couturière est une ~** my seamstress is a treasure; **dire ~ de qqn** to heap praise upon sb; **faire des ~s, faire ~** to work wonders. -2. CULIN ≃ doughnut.

◆ **à merveille** *loc adv* wonderfully, marvellously; **ils s'entendent à ~** they get on marvellously (well) OU like a house on fire; **se porter à ~** to be in perfect health; **la soprano chantait à ~** the soprano sang marvellously; **ce travail lui convient à ~** this job suits her down to the ground; **elle s'y est adaptée à ~** she took to it like a duck to water.

merveilleusement [mɛrvɛjøzmɑ̃] *adv* wonderfully, marvellously.

merveilleux, euse [mɛrvɛjø, øz] *adj* -1. [formidable] wonderful, marvellous. -2. [qui surprend] marvellous, amazing; **un travail ~ de délicatesse** a marvellously fine piece of work. -3. *(tjrs après le n)* [fantastique] magic; **une histoire merveilleuse** a wondrous tale; **la lampe merveilleuse** the magic lamp.

◆ **merveilleux** *nm* -1. [surnaturel]: **le ~** the supernatural OU marvellous; **l'emploi du ~** CIN & LITTÉRAT the use of the fantastic element. -2. [caractère extraordinaire]: **le ~ de l'histoire, c'est qu'il est vivant** the amazing thing about the whole story is that he's still alive.

◆ **merveilleuse** *nf* HIST merveilleuse, fine lady.

mes [me] *pl* → **mon**.

mesa [meza] *nf* mesa GEOG.

mésalliance [mezaljɑ̃s] *nf sout* misalliance, mismatch; **faire une ~** to marry beneath o.s. OU one's station.

mésallier [9] [mezalje]

◆ **se mésallier** *vpi* to marry beneath o.s. OU one's station.

mésange [mezɑ̃ʒ] *nf* tit, titmouse; ~ **bleue/noire** blue/coal tit; ~ **charbonnière/huppée** great/crested tit.

mésaventure [mezavɑ̃tyr] *nf* misadventure, misfortune, mishap.

mescaline [mɛskalin] *nf* mescalin, mescaline.

mesclun [mɛsklœ̃] *nm* mixed green salad.

Mesdames [medam] *pl* → **Madame**.

Mesdemoiselles [medmwaʒɛl] *pl* → **Mademoiselle**.

mésencéphale [mezɑ̃sefal] *nm* midbrain, mesencephalon.

mésentente [mezɑ̃tɑ̃t] *nf* disagreement, difference of opinion; **oublions notre ~ passée** let's forget our past disagreements.

mésentère [mezɑ̃tɛr] *nm* mesentery.

mésestime [mezɛstim] *nf litt* lack of respect, low esteem OU regard; **tenir qqn en ~** to hold sb in low esteem, to have little regard for sb.

mésestimer [3] [mezɛstime] *vt* [mépriser] to have a low opinion of; [sous-estimer] to underestimate, to underrate.

mésinformer [3] [mezɛ̃fɔrme] *vt* to misinform.

mésintelligence [mezɛ̃teliʒɑ̃s] *nf litt* disagreement, lack of (mutual) understanding, discord *litt*.

mesmérisme [mɛsmerism] *nm* mesmerism.

mésoblaste [mezɔblast] *nm* mesoblast.

mésoblastique [mezɔblastik] *adj* mesoblastic.

mésocarpe [mezɔkarp] *nm* mesocarp.

mésoderme [mezɔdɛrm] = **mésoblaste**.

mésodermique [mezɔdɛrmik] = **mésoblastique**.

mésoéconomie [mezɔekɔnɔmi] *nf* intermediate scale economics.

mésolithique [məzɔlitik] ◇ *adj* Mesolithic. ◇ *nm*: **le ~** the Mesolithic (age).

mésopause [mezɔpoz] *nf* mesopause.

Mésopotamie [mezɔpɔtami] *npr f*: **(la) ~** Mesopotamia.

mésopotamien, enne [mezɔpɔtamjɛ̃, ɛn] *adj* Mesopotamian.

◆ **Mésopotamien, enne** *nm, f* Mesopotamian.

mésosphère [mezɔsfɛr] *nf* mesosphere.

mésothérapie [mezɔterapi] *nf treatment of cellulite involving the use of tiny needles.*

mésothorax [mezɔtɔraks] *nm* mesothorax.

mesquin, e [mɛskɛ̃, in] *adj* -1. [médiocre] mean, petty; **des préoccupations ~es** petty concerns; **laissons cela aux esprits ~s** let's not waste our time on such petty concerns. -2. [parcimonieux] mean, stingy, niggardly; **une portion ~e** a stingy portion; **des économies ~es** penny-pinching.

mesquinement [mɛskinmɑ̃] *adv* -1. [selon des vues étroites] pettily, small-mindedly. -2. [avec parcimonie] meanly, stingily.

mesquinerie [mɛskinri] *nf* -1. [étroitesse d'esprit] meanness, petty-mindedness, pettiness. -2. [parcimonie] meanness, stinginess; **connu pour sa ~** renowned for his stinginess.

mess [mɛs] *nm* mess; **le ~ des officiers** the officers' mess.

message [mɛsaʒ] *nm* -1. [information] message; **faire parvenir un ~ à quelqu'un** to send a message to sb; **le ~ de l'Évangile** the message of the Gspel ❑ ~ **codé** coded message; ~ **chiffré** message in cipher; ~ **publicitaire** advertisement; ~ **téléphoné** TÉLÉC ≃ Telemessage® *Br*, ≃ telegram *Am (delivered on the telephone)*. -2. [déclaration] speech; **un ~ de bienvenue** a message of welcome. -3. [éthique] message. -4. BIOL: ~ **génétique** genetic information OU code; ~ **nerveux** nerve impulse OU message.

◆ **à message** *loc adj* with a message; **un livre/une chanson à ~** a book/a song with a message.

message-guide [mɛsaʒgid] *(pl* **messages-guide***)* *nm* INF prompt.

messager, ère [mɛsaʒe, ɛr] *nm, f* -1. [personne qui transmet] messenger; **je me ferai votre ~ auprès de lui** I'll speak to him on your behalf. -2. *litt* [annonciateur]: ~ **de bonheur** harbinger of happiness.

◆ **messager** *nm* -1. HIST messenger; **Mercure, le ~ des dieux** MYTH Mercury, the messenger of the gods. -2. ORNITH carrier pigeon.

messagerie [mɛsaʒri] *nf* INF & TÉLÉC: ~ **électronique** electronic mail service; **les ~s télématiques** videotex messaging services; **les ~s roses** *interactive Minitel services enabling individuals seeking companionship to make contact.*

◆ **messageries** *nfpl* parcels service; ~**s aériennes** air freight company; ~**s de presse** press delivery service; ~**s maritimes** shipping line.

messe [mɛs] *nf* -1. RELIG Mass; **aller à la ~** to go to Mass; **faire dire une ~ pour qqn** to have a Mass said for sb; **des ~s ont été dites pour la paix dans le monde** Masses were held for world peace ❑ ~ **basse** Low Mass; **faire** OU **dire des ~s basses** *fig* to whisper; **pas de ~s basses, s'il vous plaît!** no whispering, please!; ~ **de minuit** midnight Mass; ~ **des morts** OU **de requiem** Mass for the dead, Requiem; ~ **noire** black mass. -2. MUS Mass; ~ **concertante** (oratorio-style) Mass; ~ **en si mineur** Mass in B minor.

Messeigneurs [mesɛɲœr] *pl* → **Monseigneur**.

messeoir [67] [mɛswar]

◆ **messeoir à** *v + prép litt* to be unbecoming to, to ill befit; **cela messied à votre âge** that doesn't become you at your age ‖ *(tournure impersonnelle)*: **il ne messied pas parfois d'avoir un esprit critique** there are times when it behoves one to have a critical mind.

messianique [mɛsjanik] *adj* messianic.

messianisme [mɛsjanism] *nm* messianism.

messidor [mesidɔr] *nm tenth month of the French Revolutionary calendar (from June 19th or 20th to July 18th or 19th).*

messie [mɛsi] *nm* messiah; **le Messie** the Messiah ❑ **'le Messie'** *Haendel* 'The Messiah'.

messieurs [mesjø] *pl* → **monsieur**.

Messieurs [mesjø] *pl* → **Monsieur**.

messin, e [mesɛ̃, in] *adj* from Metz.

◆ **Messin, e** *nm, f inhabitant of or person from Metz.*

Messine [mɛsin] *npr* Messina.

messire [mɛsir] *nm* HIST my lord; ~ **Thomas** my lord Thomas.

mesurable [məzyrabl] *adj* measurable.

mesurage [məzyraʒ] *nm* measurement, measuring.

mesure [məzyr] *nf* -1. [évaluation d'une dimension] measuring *(U)*, measurement; [résultat] measurement; **les ~s du lit sont prises** the bed's been measured (up); **il me reste une ~ à prendre** I still have one measurement to take. -2. [valeur] measure, measurement; **unité de ~** unit of measurement; **c'est une ~ de surface/longueur** it's a measure of surface area/of length; **l'homme est la ~ de toute chose** man is the measure of all things. -3. [récipient] measure; **de vieilles ~s en étain** old pewter measures ❑ ~ **de capacité** [pour liquides] (liquid) measure; [pour le grain, les haricots] (dry) measure; **faire bonne ~** COMM to give good measure; **il m'a donné deux pommes pour faire bonne ~** he gave me two apples for good measure; **et pour faire bonne ~, j'ai perdu ma clef** *hum* and to cap it all, I've lost my key; **la ~ est (à son) comble** enough's enough. -4. COUT measurement; **prendre les ~s d'un client** to take a customer's measurements. -5. [retenue] moderation; **manquer de ~** to be excessive, to lack moderation; **garder une juste ~** to keep a sense of moderation; **tu passes** OU **dépasses la ~** you're going too far; **leur cynisme passe la ~** they're excessively cynical; **un homme plein de ~** a man with a sense of moderation; **dépenser avec/sans ~** to spend with/without moderation. -6. [qualité] measure; **il ne donne (toute) sa ~ que dans la dernière scène** he only displays the full measure of his talent OU only shows what he's capable of in the last scene; **prendre la ~ d'un adversaire** to size up an opponent. -7. ADMIN, JUR & POL measure, step; **prendre des ~s pour enrayer une épidémie** to take steps to check an epidemic ❑ ~ **conservatoire** protective measure; ~ **incitative** initiative; ~**s incitatives visant à encourager les naissances** initiatives designed to encourage families to have more children; ~

préventive preventative measure OU step; une ~ de rétorsion a retaliatory measure, a reprisal; ~ de sécurité safety measure; par ~ de: par ~ d'hygiène in the interest of hygiene; par ~ de précaution by way of precaution; par ~ de salubrité as a health mesure; par ~ de sécurité as a safety precaution; ~ d'urgence emergency measure. -**8.** [degré] extent; son attitude donne la ~ de son cynisme his behaviour shows just how cynical he really is; prendre la (juste) ~ de qqch to understand the full extent of sthg; dans la ~ de mes possibilités insofar as I am able; dans la ~ du possible as far as possible; dans la ~ où cela peut lui être agréable insofar as OU inasmuch as he might enjoy it; dans quelle ~? to what extent OU degree?; dans une certaine ~ to some OU a certain extent; dans une large ~ to a large extent, in large measure ❑ être en ~ de to be able OU in a position to; elle n'est pas en ~ de te payer she's not in a position to OU she can't pay you. -**9.** MUS [rythme] time, tempo; être en ~ to be in time; en ~, s'il vous plaît! (keep in) time, please! ❑ ~ composée/simple compound/simple time; barre de ~ bar (line); ~ à quatre temps four-four time OU measure, common time OU measure. -**10.** LITTÉRAT metre. -**11.** GÉOM measure. -**12.** ÉQUIT gait. -**13.** ESCRIME measure, reach.

◆ **à la mesure de** *loc prép* worthy of; des aspirations qui ne sont pas à la ~ de l'homme aspirations which are beyond the scope of human achievement; elle a un adversaire à sa ~ she's got an opponent worthy of her OU who is a match for her.

◆ **à mesure que** *loc conj* as; à ~ que le temps passe as time goes by.

◆ **outre mesure** *loc adv* excessively, overmuch; je n'y crois pas outre ~ I don't set much store by it; ils ne s'aiment pas outre ~ they're not overkeen OU excessively keen on each other.

◆ **sur mesure** *loc adj* -**1.** COUT made-to-measure; fabriquer des vêtements sur ~ to make clothes to measure; costume sur ~ made-to-measure suit; mousse sur ~ foam cut to size. -**2.** *fig*: j'ai trouvé un travail sur ~ I've found the ideal job (for me). -**3.** *(comme n)*: c'est du sur ~ COUT it's made to measure; *fig* it fits the bill.

mesuré, e [məzyre] *adj* -**1.** [lent] measured; à pas ~s at a measured pace. -**2.** [modéré] steady, moderate; il emploie toujours un ton ~ he never raises his voice.

mesurer [3] [məzyre] ◇ *vt* -**1.** [déterminer la dimension de] to measure; ~ qqch en hauteur/largeur to measure the height/width of sthg; ~ qqch en biais to measure sthg diagonally; je vais te ~ pour voir si tu as grandi I'm going to measure you to see if you have grown; je vais vous en ~ le double [obj: coupon, liquide] I'll measure out twice as much for you. -**2.** [difficulté, qualité] to assess; il ne mesure pas sa force OU ses forces he doesn't know his own strength; il n'a pas entièrement mesuré les risques he didn't fully consider OU assess the risks; mesure-t-elle la portée de ses paroles? is she aware of the consequences of what she's saying?; ~ qqn du regard to look sb up and down, to size sb up. -**3.** [limiter] to limit; on nous mesure les crédits our funds are limited; il ne mesure pas sa peine *sout* he doesn't spare his efforts; et pourtant, je mesure mes mots and I'm choosing my words carefully. -**4.** [adapter]: ~ qqch à to adapt sthg to; je mesure mes dépenses à mes revenus I gear my expenditure to my income.

◇ *vi* to measure; combien mesures-tu? how tall are you?; le sapin ne mesure que 2 m the fir tree is only 2 metres high; la cuisine mesure 2 m sur 3 the kitchen is OU measures 2 metres by 3.

◆ **se mesurer** *vp (emploi réciproque)*: se ~ des yeux OU du regard to size each other up, to look each other up and down.

◆ **se mesurer à** *vp + prép* to have a confrontation with, to pit o.s. against; je n'ai pas envie de me ~ à lui I don't feel like tackling him.

mesureur [məzyrœr] ◇ *nm* -**1.** [agent] measurer. -**2.** [instrument] gauge, measure; ~ de distance distance gauge.

◇ *adj m*: verre ~ measuring cup OU jug.

mésuser [3] [mezyze]

◆ **mésuser de** *v + prép litt* [mal employer] to misuse; ~ de son talent to misuse one's talent.

meta [meta] *nf* white orb-web spider, Meta segmentata *spéc.*

métabolique [metabɔlik] *adj* metabolic.

métaboliser [3] [metabɔlize] *vt* to metabolize.

métabolisme [metabɔlism] *nm* metabolism.

métabolite [metabɔlit] *nm* metabolite.

métacarpe [metakarp] *nm* metacarpus.

métacarpien, enne [metakarpjɛ̃, ɛn] *adj* metacarpal.

◆ **métacarpien** *nm* metacarpal.

métacentre [metasɑ̃tr] *nm* metacentre.

métacentrique [metasɑ̃trik] *adj* BIOL & NAUT metacentric.

métagalaxie [metagalaksi] *nf* metagalaxy.

métairie [meteri] *nf* sharecropping farm, metairie.

métal, aux [metal, o] *nm* -**1.** MÉTALL metal; ~ anglais/blanc Britannia/white metal; ~ en barres/lingots metal in bars/ingots; ~ déployé/en feuilles expanded/sheet metal; ~ précieux precious OU noble metal; le ~ jaune gold; ~ de transition transition metal; métaux lourds heavy metals; métaux vils base metals. -**2.** *litt* [caractère] metal; il est fait d'un ~ pur he's made of fine stuff. -**3.** FIN & HÉRALD metal.

métalangage [metalɑ̃gaʒ] *nm*, **métalangue** [metalɑ̃g] *nf* metalanguage.

métaldéhyde [metaldeid] *nm* metaldehyde.

métalinguistique [metalɛ̃gɥistik] *adj* metalinguistic.

métallerie [metalri] *nf* structural metalwork.

métallier, ère [metalje, ɛr] *nm, f* -**1.** MÉTALL ironworker, metalworker. -**2.** [serrurier] locksmith.

métallifère [metalifɛr] *adj* metal-bearing, metalliferous.

métallique [metalik] *adj* -**1.** [en métal] metal *(modif)*. -**2.** [semblable au métal] metallic, steel *(modif)*, steely; un bruit/une voix ~ a metallic noise/voice ❑ bleu ~ steel OU steely blue.

métallisation [metalizasjɔ̃] *nf* plating, metalplating, metallization.

métallisé, e [metalize] *adj* [couleur, finition] metallic; [papier] metallized.

métalliseur, euse [metalizœr, øz] *nm, f* [ouvrier] metal sprayer.

◆ **métalliseur** *adj m* metal-spraying.

métallo *fam* [metalo] *nm* [ouvrier] metalworker; [dans une aciérie] steelworker.

métallochromie [metalɔkrɔmi] *nf* metallochromy.

métallographie [metalɔgrafi] *nf* metallography.

métallographique [metalɔgrafik] *adj* metallographic.

métalloïde [metalɔid] *nm vieilli* metalloid.

métalloplastique [metalɔplastik] *adj* copper asbestos *(modif)*.

métalloprotéine [metalɔprɔtein] *nf* metalloprotein.

métallurgie [metalyrʒi] *nf* [gén] metallurgy.

métallurgique [metalyrʒik] *adj* [procédé] metallurgical; [atelier - gén] metalworking; [- dans une aciérie] steelworking.

métallurgiste [metalyrʒist] *nm* -**1.** [ouvrier] metalworker; [dans une aciérie] steelworker. -**2.** [industriel, expert] metallurgist.

métalogique [metalɔʒik] ◇ *adj* metalogic, metalogical.

◇ *nf* metalogic.

métamathématique [metamatematik] ◇ *adj* metamathematical.

◇ *nf* metamathematics *(sg)*.

métamorphique [metamɔrfik] *adj* metamorphic, metamorphous.

métamorphisme [metamɔrfism] *nm* metamorphism.

métamorphosable [metamɔrfozabl] *adj* metamorphosable.

métamorphose [metamɔrfoz] *nf* -**1.** BIOL & MYTH metamorphosis. -**2.** [transformation] metamorphosis, transformation. -**3.** LITTÉRAT: 'la Métamorphose' *Kafka* 'Metamorphosis'.

métamorphoser [3] [metamɔrfoze] *vt* -**1.** MYTH: ~ qqn en to change OU to turn sb into. -**2.** [transformer] to transform, to change; ses vacances l'ont métamorphosé his holiday has really changed him.

◆ **se métamorphoser** *vpi* -**1.** MYTH: se ~ en to turn OU to be metamorphosed into. -**2.** [se transformer] to change; en 20 ans, la télévision s'est métamorphosée television has undergone a transformation over the last 20 years.

métamyélocyte [metamjelɔsit] *nm* metamyelocyte.

métaphase [metafaz] *nf* metaphase.

métaphore [metafɔr] *nf* metaphor.

métaphorique [metafɔrik] *adj* metaphoric, metaphorical, figurative.

métaphoriquement [metafɔrikmɑ̃] *adv* metaphorically, figuratively.

métaphosphorique [metafɔsfɔrik] *adj* metaphosphoric.

métaphyse [metafiz] *nf* metaphysis.

métaphysicien, enne [metafizisjɛ̃, ɛn] *nm, f* metaphysician, metaphysicist.

métaphysique [metafizik] ◇ *adj* -**1.** BX-ARTS & PHILOS metaphysical. -**2.** [spéculatif] metaphysical, abstruse, abstract.

◇ *nf* -**1.** PHILOS metaphysics *(sg)*; [système de pensée] metaphysic; la ~ kantienne the Kantian metaphysic. -**2.** [spéculations] abstractness, abstruseness; ne pas s'embarrasser de ~ *fam* to keep one's feet on the ground.

métaphysiquement [metafizikmɑ̃] *adv* metaphysically.

métapsychique [metapsiʃik] *vieilli* ◇ *adj* psychic.

◇ *nf* parapsychology.

métapsychologie [metapsikɔlɔʒi] *nf* metapsychology.

métastase [metastaz] *nf* metastasis.

métastatique [metastatik] *adj* metastatic.

métatarse [metatars] *nm* metatarsus.

métatarsien, enne [metatarsjɛ̃, ɛn] *adj* metatarsal.

◆ **métatarsien** *nm* metatarsal.

métathéorie [metateɔri] *nf* metatheory.

métathèse [metatɛz] *nf* metathesis.

métathorax [metatɔraks] *nm* metathorax.

métayage [metɛjaʒ] *nm* sharecropping.

métayer, ère [meteje, ɛr] *nm, f* sharecropper, sharecropping tenant.

métazoaire [metazɔɛr] *nm* metazoan; les ~s the Metazoa.

métempsycose [metɑ̃psikoz] *nf* metempsychosis.

météo [meteo] ◇ *adj inv* (*abr de* météorologique): bulletin ~ weather report; prévisions ~ (weather) forecast.

◇ *nf* (*abr de* météorologie) [service] Met Office *Br*, Weather Bureau *Am*; [temps prévu] weather forecast; la ~ a dit que... the weatherman said...

météore [meteɔr] *nm* -**1.** ASTRON meteor. -**2.** *fig* nine days' wonder; un ~ dans le monde de l'art a flash in the pan in the art world.

Météores [meteɔr] *npr mpl*: les ~ the Meteori.

météorique [meteɔrik] *adj* -**1.** ASTRON meteoric. -**2.** [éphémère] meteoric, short-lived, fleeting.

météorisation [meteɔrizasjɔ̃] *nf* -**1.** VÉTÉR bloat. -**2.** GÉOL atmospheric alteration *(of rocks)*.

météoriser [3] [meteɔrize] *vi* to become flatulent OU distended.

météorisme [meteɔrism] *nm* flatulence, meteorism *spéc*, tympanitis *spéc*.

météorite [meteɔrit] *nf* -**1.** [météoroïde] meteoroid. -**2.** [aérolithe] meteorite.

météoritique [meteɔritik] *adj* meteoritic, meteoritical.

météorologie [meteɔrɔlɔʒi] *nf* -**1.** SC meteorology. -**2.** [organisme] Meteorological Office, Weather Centre *Br* OU Bureau *Am*.

météorologique [meteɔrɔlɔʒik] *adj* meteorological, weather *(modif)*.

météorologiste [meteɔrɔlɔʒist], **météorologue** [meteɔrɔlɔg] *nmf* meteorologist.

métèque [metɛk] ◇ *nm* HIST metic.

◇ *nmf* ▼ *offensive term used with reference to Mediterranean foreigners living in France*.

méthane [metan] *nm* methane (gas).

méthanier [metanje] *nm* methane tanker OU carrier.

méthanol [metanɔl] *nm* methanol.

méthémoglobine [metemɔglɔbin] *nf* methaemoglobin.

méthémoglobinémie [metemɔglɔbinemi] *nf* methaemoglobinaemia.

méthionine [metjɔnin] *nf* methionine.

méthode [metɔd] *nf* -**1.** [système] method; SC & TECH method, technique; **une ~ de rangement** a method for storing things away; **c'est une bonne ~ pour apprendre l'anglais** it's a good way of learning English; **j'ai ma ~ pour le convaincre** I have my own way of convincing him; **vous manquez de ~** you lack method, you aren't methodical enough; **avec ~** methodically; **sans ~** unmethodically; **leur ~ de vinification** their wine-making techniques ❑ **'~ champenoise'** 'méthode champenoise'; **~ globale** word recognition method. -**2.** *fam* [astuce] : **faut avoir la ~** you've got to have the knack; **lui, il a trouvé la ~!** he's got the hang of it! -**3.** [manuel] : **~ de lecture** primer; **~ de solfège** music handbook OU manual OU tutor; **~ de relaxation** (book of) relaxation techniques.

méthodique [metɔdik] *adj* methodical.

méthodiquement [metɔdikmɑ̃] *adv* methodically.

méthodisme [metɔdism] *nm* Methodism.

méthodiste [metɔdist] *adj* & *nmf* Methodist.

méthodologie [metɔdɔlɔʒi] *nf* methodology.

méthodologique [metɔdɔlɔʒik] *adj* methodological.

méthyle [metil] *nm* methyl.

méthylène [metilɛn] *nm* CHIM methylene; COMM methyl alcohol.

méthylique [metilik] *adj* methyl.

méthylorange [metilɔrɑ̃ʒ] *nm* methyl orange.

méticuleusement [metikyløzmɑ̃] *adv* meticulously.

méticuleux, euse [metikylø, øz] *adj* -**1.** [minutieux] meticulous; **un élève ~** a meticulous pupil; **une enquête méticuleuse** a probing OU searching enquiry. -**2.** [scrupuleux] meticulous, scrupulous; **d'une propreté méticuleuse** spotlessly OU scrupulously clean.

méticulosité [metikylɔzite] *nf litt* meticulousness.

métier [metje] *nm* -**1.** [profession] trade; **mon ~** my job OU occupation OU trade; **les ~s manuels** the manual trades; **les ~s d'art** (arts and) crafts; **j'ai fait tous les ~s** I've done every sort of job there is; **faire** OU **exercer le ~ de chimiste** to work as a chemist; **exercer son ~ en travailleur indépendant** to work freelance; **je n'ai pas la possibilité d'exercer mon ~ ici** I can't do my job here; **qu'est-ce que tu feras comme ~ plus tard?** what do you want to be when you grow up?; **études qui ne mènent à aucun ~** course with no job prospects; **la soudure ne tiendra pas, et je connais mon ~!** the welding won't hold, and I know what I'm talking about OU what I'm doing!; **apprendre son ~ à qqn** to teach someone one's trade; **le ~ de mère** a mother's job; **le ~ de roi est chose difficile** being a king is not easy OU no easy job ❑ **le plus vieux ~ du monde** *euph* the oldest profession in the world; **il n'est pas de sot ~** every trade has its worth. -**2.** [expérience] skill, experience; **avoir du ~** to have job experience; **elle manque encore un peu de ~** she still lacks experience; **c'est le ~ qui rentre** it's learning by experience. -**3.** [machine] : **~ à filer/tricoter** spinning/knitting machine; **~ à tapisserie** tapestry frame OU loom; **~ à tisser** loom; **avoir qqch sur le ~** *fig* to have sthg lined up OU in the pipeline; **trois articles sur le ~** three articles in progress OU on the stocks; **qu'est-ce que tu as sur le ~ en ce moment?** what are you working on at the moment?

◆ **de métier** ◇ *loc adj* [homme, femme, armée] professional; [argot] technical; [technique] of the trade.

◇ *loc adv*: **avoir 15 ans de ~** to have been in the job OU business for 15 years.

◆ **de son métier** *loc adv* by trade; **être boulanger/journaliste de son ~** to be a baker/journalist by trade.

◆ **du métier** *loc adj* of the trade; **les gens du ~** people of the trade OU in the business; **quand on est du ~** [membre de la profession] when you're in the business; [expert] when you're an expert at the job; **demande à quelqu'un du ~** ask a professional OU an expert.

métis, isse [metis] ◇ *adj* -**1.** [personne] of mixed race; **un enfant ~** a mixed-race child. -**2.** ZOOL crossbred, hybrid, cross; BOT hybrid.

◇ *nm, f* -**1.** [personne] person of mixed race. -**2.** ZOOL crossbreed, hybrid, cross; BOT hybrid.

◆ **métis** *nm* TEXT (heavy) linen-cotton mixture.

métissage [metisaʒ] *nm* -**1.** BIOL [de personnes] interbreeding; [d'animaux] crossbreeding, hybridation; [de plantes] hybridation. -**2.** SOCIOL intermarrying; **le ~ de la salsa et du rock** the mixing of salsa with rock music.

métisser [3] [metise] *vt* ZOOL to cross, to crossbreed; BOT to hybridize; **musique métissée** crossover OU hybrid music.

métonymie [metɔnimi] *nf* metonymy.

métonymique [metɔnimik] *adj* metonymic.

métrage [metraʒ] *nm* -**1.** [prise de mesures] measurement. -**2.** [longueur] length; COUT length, yardage COMM; **quel ~ faut-il pour un manteau?** how many yards are needed to make an overcoat? -**3.** CIN footage, length; **court ~** short, short film; **long ~** feature (length) OU full-length film; **moyen ~** medium-length film.

mètre [mɛtr] *nm* -**1.** [unité] metre; **~ carré/cube** square/cubic metre; **~ par seconde** metre per second ❑ **~ étalon** standard metre. -**2.** SPORT: **le 400 ~s** the 400 metres, the 400-metre race; **il court le 100 ~s en dix secondes** he runs the 100 metres in ten seconds. -**3.** [instrument] (metre) rule; **~ pliant** folding rule; **~ à ruban** tape measure, measuring tape. -**4.** LITTÉRAT metre.

métré [metre] *nm* -**1.** [mesure] quantity survey. -**2.** [devis] bill OU schedule of quantities.

métrer [8] [metre] *vt* -**1.** [mesurer] to measure (in metres). -**2.** CONSTR to survey, to do a quantity survey of.

métreur, euse [metrœr, øz] *nm, f*: **~ (vérificateur)** quantity surveyor.

◆ **métreuse** *nf* CIN footage (number) meter.

métrique [metrik] ◇ *adj* GÉOM & LITTÉRAT metric.

◇ *nf* -**1.** LITTÉRAT metrics *(sg)*. -**2.** MATH metric.

métrisation [metrizasjɔ̃] *nf* metrication.

métro [metro] *nm* underground *Br*, subway *Am*; **prendre le ~** to take the underground *Br* OU subway *Am*; **premier ~** first OU milk train; **le dernier ~** the last train ❑ **~ aérien** elevated OU overhead railway; **elle a toujours un ~ de retard** she's slow to catch on; **~, boulot, dodo** *fam* the daily grind OU routine.

métrologie [metrɔlɔʒi] *nf* metrology.

métrologique [metrɔlɔʒik] *adj* metrological.

métrologiste [metrɔlɔʒist] *nmf* metrologist.

métronome [metrɔnɔm] *nm* metronome; **avec la régularité d'un ~** like clockwork, (as) regular as clockwork.

métropole [metrɔpɔl] *nf* -**1.** [ville] metropolis. -**2.** ADMIN mother country; **les Français de la ~** the metropolitan French. -**3.** RELIG metropolis, see.

métropolitain, e [metrɔpɔlitɛ̃, ɛn] *adj* ADMIN & RELIG metropolitan; **troupes ~es** home troops.

◆ **métropolitain** *nm* -**1.** *vieilli* [métro] underground (railway) *Br*, subway *Am*. -**2.** RELIG metropolitan (primate).

métropolite [metrɔpɔlit] *nm* RELIG metropolitan.

métrorragie [metrɔraʒi] *nf* metrorrhagia.

mets [mɛ] *nm* [aliment] dish; **des ~ de grande qualité** high-class fare.

mettable [mɛtabl] *adj* wearable; **la veste est encore ~** the jacket's still wearable; **je n'avais rien de ~ pour le réveillon** I didn't have anything decent to wear for New Year's Eve.

metteur [metœr] *nm*: **~ au point** TECH adjuster, setter; **~ en œuvre** JOAILL setter; **~ en ondes** RAD producer; **~ en pages** IMPR make-up man; **~ en scène** CIN director; THÉÂT producer.

mettre [84] [mɛtr] *vt* -**1.** [placer] to put; **~ des verres dans un placard** to put glasses (away) in a cupboard; **~ l'amour avant l'argent** to put OU to place love before money; **~ qqn parmi les grands** to rate OU to rank sb among the greats; **~ sa confiance/tout son espoir en** to put one's trust/all one's hopes in; **~ la confusion dans un service** to throw a department into confusion; **j'avais mis beaucoup de moi-même dans le projet** I'd put a lot into the project; **elle a mis son talent au service des défavorisés** she used her talent to help the underprivileged; **~ à: ~ une pièce à l'affiche** to bill a play; **je n'ai pas pu la ~ à l'école du quartier** I couldn't get her into the local school; **~ un enfant au lit** to put a child to bed; **~ qqn au cachot** to put sb behind bars; **on l'a mise à un poste clé** she was put in OU appointed to a key position; **on m'a mis au standard** they put me on the switchboard; **~ qqn dans: ~ qqn dans l'avion/le train** to put sb on the plane/the train; **~ ses enfants dans le privé** to send one's children to private school; **~ qqn en: ~ un enfant en pension** to put a child in a OU to send a child to boarding school; **~ qqn en prison** to put sb in prison; **~ qqch sur: ~ 100 francs sur un cheval** to put OU to lay 100 francs on a horse; **~ de l'argent sur son compte** to put OU to pay some money into one's account ❑ **~ qqn/qqch à l'index** to blacklist sb/sthg; **~ qqch à l'ordre du jour** *pr* & *fig* to put OU to place sthg on the agenda; **~ de côté** *pr* & *fig* to set OU to put aside; **~ qqn en boîte** *fam* to pull sb's leg; **~ qqn sur la paille** to reduce sb to poverty. -**2.** [poser horizontalement] to lay, to put; **~ la main sur le bras de qqn** to lay OU put one's hand on sb's arm; **mets les cartes face dessous** lay OU put OU place the cards face down; **il mit le tapis par terre** he laid OU put the carpet down on the floor; **~ le tissu sur le patron** to lay the material on the pattern; **~ qqch à plat** to lay sthg down flat; **il mit le dossier devant moi** he set OU laid the file down in front of me. -**3.** [disposer] : **~ le loquet** to put the lock on; **mets le store** *fam* [tire-le] pull the blind (down); **~ un disque sur une platine** to put a record on a turntable. -**4.** [ajuster] to set; **~ qqch droit** to set sthg straight *literal*; **~ une pendule à 4 h/à l'heure** to set a clock to 4 o'clock/to the right time. -**5.** [établir - dans un état, une situation] : **~ qqch à: ~ un étang à sec** to drain a pond; **mettez les verbes à l'infinitif** put the verbs into the infinitive; **~ qqn à: ~ qqn à l'amende** to fine sb, to impose a fine on sb; **~ qqn au travail** to set sb to work, to get sb working; **~ qqn au désespoir** to cause sb to despair; **~ qqn dans: ~ qqn dans la confidence** to let sb in on OU into the secret; **~ qqn dans l'embarras** [perplexité] to put sb in a predicament; [pauvreté] to put sb in financial difficulty; **~ qqn dans**

l'obligation de faire qqch to oblige sb to do sthg; ~ qqn dans une situation délicate to put sb in an awkward position; ~ en: ~ une maison en vente to put a house up for sale; ~ du vin en bouteilles to put wine into bottles, to bottle wine; ~ des fruits en bocaux to put fruit into jars, to bottle fruit; ~ une plante en pot to pot a plant; ~ une plante en terre to put a plant into the soil; ~ qqch en miettes to smash sthg to bits; mets la lampe en veilleuse dim the light; ~ un poème en musique to set a poem to music; ~ qqch en vigueur to bring sthg into force OU operation; ~ qqch à: ~ qqch à cuire to put sthg on to cook; ~ qqch à réchauffer to heat sthg up (again); ~ du linge à sécher to put OU to hang clothes up to dry; mets les chaussettes à sécher put the socks out to dry; ~ des fleurs à sécher to leave flowers to dry, to dry flowers; ~ qqch à tremper to put sthg to soak, to soak sthg. -6. [fixer] to put; ~ une pièce à un pantalon to put a patch on OU to patch a pair of trousers; ~ un bouton à sa veste to sew a button on one's jacket || [ajouter] to put; il faut lui ~ des piles you have to put batteries in it; j'ai fait ~ de nouveaux verres à mes lunettes I had new lenses put in my glasses. -7. [se vêtir, se coiffer, se chausser de] to put on *(sép)*; [porter régulièrement] to wear; ~ son manteau/une robe to put on one's coat/a dress; mets tes skis/ta casquette put your skis/your cap on; mets une barrette put a (hair) slide in; tu devrais ~ une ceinture avec cette robe you should wear a belt with that dress; je lui ai mis son manteau/ses gants I put his coat/his gloves on (for him). -8. [faire fonctionner - appareil] to turn OU to put OU to switch on *(sép)*; ~ le chauffage to put OU to switch OU to turn the heating on; mets le magnétoscope sur la deuxième chaîne set the videorecorder on OU tune the videorecorder to channel two; mets la sonnerie à 20 h 30 set the alarm for 8:30 p.m.; mets de la musique put some music on, play some music; mets les sports *fam*/la première chaîne put on the sport channel/channel one. -9. [installer] to put in *(sép)*, to install; faire ~ l'électricité to have electricity put in; faire ~ le chauffage central to have central heating put in OU installed; (faire) ~ l'eau et le gaz to have water and gas put in; ~ du papier peint/de la moquette dans une pièce to wallpaper/to carpet a room; nous avons mis du gazon dans le jardin we turfed the garden. -10. [consacrer - temps] to take; il a mis trois heures à faire ses devoirs he took three hours to do OU he spent three hours over his homework; elle a mis trois mois à me répondre she took three months OU it took her three months to answer me; combien de temps met-on pour y aller? how long does it take to get there?; nous y mettrons le temps/le prix qu'il faudra we'll spend as much time/money as we have to; tu y as mis le temps! *fam* you took your time about it!, you took long enough!; tu en a mis du temps pour te décider! you took some time to make up your mind!; ~ de l'argent dans une voiture to put money in OU into a car ❑ il a fallu qu'ils en mettent un (sacré) coup *fam* they really had to pull out all the stops. -11. [écrire] to put; on met un accent sur le «e» "e" takes an accent; on met deux m à «pomme» "pomme" has two m's; mets qu'il a refusé de signer *fam* write OU put down that he refused to sign; je ne sais pas quoi ~ sur la carte de vœux I don't know what to put OU to write on the (greetings) card; ne mets rien dans le cadre B don't write anything in box B. -12. [supposer]: mettons (let's) say; et mettons que tu gagnes? suppose OU let's say you win?; il faut, mettons, 2 m de tissu we need, (let's) say OU shall we say, 2 m of material; mettons que j'ai mal compris! [acceptation] let's just say I got it wrong! -13. [donner] to give; vous me mettrez trois douzaines d'huîtres give me OU let me have three dozen oysters; je vous mets un peu plus de la livre I've put in a bit more than a pound; le prof m'a mis 18 ≃ the teacher gave me an A. -14. *fam* [infliger]: qu'est-ce qu'il m'a mis au ping-pong! he gave me a good licking OU he didn't half thrash me at table tennis!; on leur a mis 5 buts en première mi-temps we hammered in 5 goals against them in the first half; je lui ai mis une bonne claque I gave OU landed him a good clout; qu'est-ce que son père va lui ~! his father is really going to give it to him! -15. *loc*: ~ qqn dans le coup *fam* to fill sb in; on les met!▽ let's split!; se faire ~▼ to get laid; va te faire ~!▼ up yours!

◆ **se mettre** ◇ *vp (emploi passif)* -1. [dans une position, un endroit - chose] to go; où se mettent les tasses? where do the cups go?; les pieds, ça ne se met pas sur la table! tables aren't made to put your feet on! -2. [aller - chose] to go with; le noir se met avec tout black goes with everything.

◇ *vpi* -1. [s'installer, s'établir - dans une position]: se ~ debout to stand up; se ~ sur le dos to lie (down) on one's back; mets-toi sur cette chaise sit on that chair; mets-toi près de la fenêtre [debout] stand near the window; [assis] sit near the window; mettez-vous en cercle arrange yourselves into OU form a circle; se ~ devant qqn [debout] to stand in front of sb; [assis] to sit in front of sb; il est allé se ~ au piano he went and sat down at the piano; je me mets dehors pour travailler I go outside to work; mettez-vous dans la position du lotus get into the lotus position; les mites se sont mises dans mon châle the moths have got at my shawl; se ~ entre les mains d'un spécialiste to place o.s. in the hands of a specialist. -2. [entrer - dans un état, une situation]: ne te mets pas dans un tel état! don't get (yourself) into such a state!; se ~ en rage to get into a rage; il s'est mis dans une position difficile he's got OU put himself in a difficult situation. -3. [s'habiller]: se ~ en to put on; se ~ en pantalon to put on a pair of trousers; se ~ en civil to dress in civilian clothes; se ~ en uniforme to put on one's uniform; elle se met toujours en jupe she always wears a skirt. -4. [s'unir]: se ~ avec qqn [pour un jeu] to team up with sb; [pour vivre] to move in with sb; [dans une discussion] to side with sb; se ~ avec qqn pour faire qqch to join forces with sb to do sthg; on s'est tous mis ensemble pour acheter le cadeau we all clubbed together to buy the present; on s'est mis en équipes de 6 we split up into OU we formed teams of 6 (people); ils ont dû s'y ~ à quatre pour porter le buffet it took four of them to carry the dresser. -5. *loc*: qu'est-ce qu'ils se mettent!▽ [dans un combat, un débat] they're really having a go at each other!; [en mangeant] they're really getting stuck in!

◇ *vpt* to put on *(sép)*; se ~ une belle robe/du parfum to put on a nice dress/some perfume; se ~ un nœud dans les cheveux to put a bow in one's hair; je n'ai rien à me ~! I haven't got anything to wear OU to put on!; se ~ de la crème sur les mains to put some cream on one's hands.

◆ **se mettre à** *vp + prép* -1. [passer à]: quand le feu se met au rouge when the lights turn OU go red || MÉTÉO: le temps se met au beau it's getting sunny; le temps se met au froid it's getting OU turning cold; ça se met à la neige *fam* it looks like snow. -2. [commencer]: se ~ au judo to take up judo; se ~ à l'ouvrage to set to work, to get down to work; s'y ~ [au travail] to get down to it; [à une activité nouvelle] to have a try; si tu veux avoir l'examen, il faut que tu t'y mettes sérieusement! if you want to pass the exam, you've really got to get down to some work!; je n'ai jamais fait de piano, mais j'ai bien envie de m'y ~ I've never played the piano, but I'd quite like to have a try; si tu t'y mets aussi, je n'ai plus aucune chance! if you join in as well, I've got no chance!; si le (mauvais) temps s'y met, il faut annuler la kermesse if the weather decides to turn bad, we'd better cancel the fête.

Metz [mɛ(t)s] *npr* Metz.

meublant, e [mœblɑ̃, ɑ̃t] *adj* → **meuble** *nm*.

meuble[1] [mœbl] *adj* -1. AGR & HORT loose, light. -2. GÉOL crumbly, friable; formation ~ crumb. -3. JUR: biens ~s movables, movable assets, personal estate.

meuble[2] [mœbl] *nm* -1. [élément du mobilier]: un ~ a piece of furniture; des ~s furniture; les ~s du salon the furniture in the living room; êtes-vous dans vos ~s ici? do you own the furniture here?; quelques pauvres ~s a few sticks of furniture ❑ des ~s de salon living room furniture; des ~s de style period furniture; faire partie des ~s *fam* to be part of the furniture. -2. JUR movable; en fait de ~s, possession vaut titre (as far as goods and chattels are concerned) possession amounts to title ❑ les ~s meublants (household) furniture, movables JUR. -3. HÉRALD charge.

meublé, e [mœble] *adj* furnished; une maison ~e/non ~e a furnished/an unfurnished house.

◆ **meublé** *nm* [une pièce] furnished room; [plusieurs pièces] furnished flat *Br* OU apartment *Am*; habiter OU vivre en ~ to live in furnished accommodation.

meubler [5] [mœble] *vt* -1. [garnir de meubles] to furnish; ils ont meublé leur maison en Louis XIII they furnished their home in the Louis XIII style; comment vas-tu ~ la cuisine? what sort of furniture are you going to put in the kitchen?; cellule meublée d'un lit et d'une table cell furnished with a bed and a table. -2. [remplir] to fill; ~ le silence/sa solitude to fill the silence/one's solitude; pour ~ la conversation to stop the conversation from flagging, for the sake of conversation; ~ ses soirées en lisant to spend one's evenings reading.

◆ **se meubler** *vpi* to buy (some) furniture; alors, on se meuble? so, you're furnishing the place, are you?; meublez-vous chez Caudin buy your furniture at Caudin's.

meuf▽ [mœf] *nf* girl *("verlan" form of the word "femme")*.

meuglement [møgləmɑ̃] *nm* mooing.

meugler [5] [møgle] *vi* to moo.

meulage [mølaʒ] *nm* grinding.

meule [møl] *nf* -1. AGR stack, rick; mettre en ~s to stack, to rick ❑ ~ de foin hayrick, haystack; ~ de paille stack of straw. -2. HORT: ~ à champignons mushroom bed. -3. TECH (grinding) wheel; ~ à aiguiser OU affûter grindstone; ~ à polir/à rectifier polishing/trueing wheel. -4. CULIN: une ~ de fromage a (whole) cheese. -5. [d'un moulin] millstone.

meuler [5] [møle] *vt* [pour aiguiser] to grind; [pour éliminer] to grind down *(sép)*; machine/roue à ~ grinding machine/wheel.

meulière [møljɛr] *nf* -1. [carrière] millstone quarry. -2. [pierre] millstone grit.

meunerie [mønri] *nf* -1. [activité] (flour) milling. -2. [commerce] flour OU milling trade. -3. [usine] flour works *(sg)*.

meunier, ère [mønje, ɛr] *adj* milling *(modif)*.

◆ **meunier** *nm* -1. [artisan] miller; échelle OU escalier de ~ narrow flight of steps. -2. [poisson] miller's thumb, bullhead. -3. ENTOM cockroach. -4. ORNITH [martin-pêcheur] kingfisher.

◆ **meunière** *nf* -1. [épouse du meunier] miller's wife. -2. CULIN: sole (à la) meunière sole meunière.

meursault [mœrso] *nm* Meursault (wine).

meurtre [mœrtr] *nm* murder; crier au ~ to cry blue murder ❑ ~ avec préméditation premeditated murder.

meurtrier, ère [mœrtrije, ɛr] ◇ *adj* -1. [qui tue - engin, lame] deadly, lethal, murderous; [- avalanche] deadly, fatal; [- route] lethal, murderous; [- folie, passion] murderous; une chasse à l'homme meurtrière a bloody OU murderous manhunt; avec une précision meurtrière with deadly accuracy. -2. *fig*: humour ~ lethal OU devastating humour.

◇ *nm, f* murderer (*f* murderess).

◆ **meurtrière** *nf* (arrow) loophole ARCHIT.

meurtrir [32] [mœrtrir] *vt* -**1.** [contusionner] to bruise; **elle avait le visage tout meurtri** her face was all black and blue OU all bruised; **il avait les mains meurtries par le froid** his hands were blue with cold. -**2.** *fig* & *litt* to hurt, to wound; **meurtri par l'indifférence de son fils** wounded by his son's indifference. -**3.** [poire, fleur] to bruise.

meurtrissure [mœrtrisyr] *nf* -**1.** [contusion] bruise. -**2.** *fig* & *litt* scar, wound; **les ~s du cœur** sorrows of the heart. -**3.** [tache] bruise; **des poires pleines de ~s** pears covered in bruises.

Meuse [møz] *npr f*: **la ~** the Meuse.

meute [møt] *nf* [de chiens] pack; [de gens] mob, crowd; **la ~ des créanciers** the mob of creditors; **une ~ de paparazzi** a crowd of paparazzi.

mévente [mevɑ̃t] *nf* -**1.** [baisse des ventes] slump; **c'est une période de ~ dans l'immobilier** there is a slump in the property market. -**2.** [vente à perte] selling at a loss.

mexicain, e [mɛksikɛ̃, ɛn] *adj* Mexican.

◆ **Mexicain, e** *nm, f* Mexican.

Mexico [mɛksiko] *npr* Mexico City.

Mexique [mɛksik] *npr m*: **le ~** Mexico; **au ~** in Mexico.

mézigue [mezig] *pron pers* yours truly, muggins; **et qui est-ce qui va casquer? c'est ~!** and who's going to pay? muggins here!

mezzanine [mɛdzanin] *nf* -**1.** ARCHIT [entresol] mezzanine; [fenêtre] mezzanine window. -**2.** THÉÂT [corbeille] mezzanine, lower balcony.

mezzo-soprano [mɛdzosɔprano] (*pl* **mezzo-sopranos**) ◇ *nm* [voix] mezzo-soprano.

◇ *nf* [cantatrice] mezzo-soprano.

mezzotinto [mɛdzotinto] *nm inv* mezzotint.

MF ◇ *nf* (*abr de* **modulation de fréquence**) FM.

◇ -**1.** (*abr écrite de* **mark finlandais**) Mk, Fmk. -**2.** *abr écrite de* **million de francs**.

Mgr. (*abr écrite de* **Monseigneur**) Mgr.

mi [mi] *nm inv* E; [chanté] mi, me.

mi- [mi] *préf* -**1.** [moitié] half-; **~fil ~coton** half-linen half-cotton, 50% linen 50% cotton. -**2.** *loc*: **~figue ~raisin** [accueil] somewhat mixed; [réponse] ambiguous, enigmatic; [sourire] quizzical, wry.

Miami [miami] *npr* Miami.

miam-miam *fam* [mjammjam] *interj* yum-yum; **~, ça a l'air bon** that looks yummy.

miaou [mjau] *nm* miaow; **faire ~** to miaow.

miasmatique [mjasmatik] *adj* miasmatic.

miasme [mjasm] *nm* miasma; **des ~s** miasmas, miasmata.

miaulement [mjolmɑ̃] *nm* miaowing, mewing; **on entendait de terribles ~s dans la cour** some cats were making a dreadful noise in the courtyard.

miauler [3] [mjole] *vi* to miaow, to mew.

miauleur, euse [mjolœr, øz] *adj* miaowing, mewing.

mi-bas [miba] *nm inv* knee-high OU knee-length sock.

mi-bois [mibwa]

◆ **à mi-bois** *loc adj*: **assemblage** OU **enture à ~** half-lap joint MENUIS.

mica [mika] *nm* -**1.** [roche] mica. -**2.** [vitre] Muscovy glass.

micacé, e [mikase] *adj* micaceous.

mi-carême [mikarɛm] (*pl* **mi-carêmes**) *nf*: **à la ~** on the third Thursday of Lent.

micaschiste [mikaʃist] *nm* mica schist.

miche [miʃ] *nf* -**1.** [pain] round loaf. -**2.** *Helv* [petit pain] (bread) roll.

◆ **miches**▽ *nfpl* [fesses] bum *Br*, fanny *Am*; [seins] knockers, tits; **avoir les ~s à zéro** to be scared stiff.

Michel [miʃɛl] *npr*: **saint ~** Saint Michael.

Michel-Ange [mikɛlɑ̃ʒ] *npr* Michelangelo.

micheline [miʃlin] *nf* railcar.

mi-chemin [miʃmɛ̃]

◆ **à mi-chemin** *loc adv* halfway, midway; **s'arrêter à ~** to stop halfway.

◆ **à mi-chemin de** *loc prép* halfway to; **à ~ de Lyon** halfway to Lyons; **sa maison est à ~ de l'église et de l'école** his house is halfway OU midway between the church and the school.

micheton [miʃtɔ̃] *nm arg crime* punter *esp Br*, john *Am*.

Michigan [miʃigɑ̃] *npr m*: **le ~** Michigan.

mi-clos, e [miklo, mikloz] *adj* half-closed.

micmac *fam* [mikmak] *nm* [affaire suspecte] funny OU fishy business, strange carry-on; **des ~s financiers** financial wheeler-dealing ‖ [complications] mix-up; **ça a été tout un ~ pour pouvoir entrer** getting in was a real hassle.

micocoulier [mikɔkulje] *nm* nettle tree.

mi-corps [mikɔr]

◆ **à mi-corps** *loc adv* [à partir - du bas] up to the waist; [- du haut] down to the waist; **l'eau nous arrivait à ~** the water came up to our waists.

mi-côte [mikot]

◆ **à mi-côte** *loc adv* [en partant - du bas] halfway up the hill; [- du haut] halfway down the hill.

mi-course [mikurs]

◆ **à mi-course** *loc adv* halfway through the race, at the halfway mark.

micro [mikro] ◇ *nm* -**1.** (*abr de* **microphone**) mike; **parler dans le ~** to speak into the mike. -**2.** *fam* (*abr de* **micro-ordinateur**) PC.

◇ *nf fam abr de* **micro-informatique**.

microanalyse [mikrɔanaliz] *nf* microanalysis.

microbalance [mikrɔbalɑ̃s] *nf* microbalance.

microbe [mikrɔb] *nm* -**1.** [germe] microbe, germ; **attraper un ~** to catch a bug. -**2.** *fam* [personne] shrimp, (little) runt OU pipsqueak.

microbien, enne [mikrɔbjɛ̃, ɛn] *adj* [relatif aux microbes] microbial, microbic; [causé par les microbes] bacterial.

microbille [mikrɔbij] *nf* -**1.** MÉTALL micronized shot (particle). -**2.** [de pigment] micronized pigment particle.

microbiologie [mikrɔbjɔlɔʒi] *nf* microbiology.

microbiologiste [mikrɔbjɔlɔʒist] *nmf* microbiologist.

microcalorimètre [mikrɔkalɔrimɛtr] *nm* microcalorimeter.

microcalorimétrie [mikrɔkalɔrimetri] *nf* microcalorimetry.

microcassette [mikrɔkasɛt] *nf* microcassette.

microcéphale [mikrɔsefal] *adj* & *nmf* microcephalic.

microcéphalie [mikrɔsefali] *nf* microcephaly.

microchimie [mikrɔʃimi] *nf* microchemistry.

microchirurgie [mikrɔʃiryrʒi] *nf* microsurgery.

microcircuit [mikrɔsirkɥi] *nm* microcircuit.

microclimat [mikrɔklima] *nm* microclimate.

microcline [mikrɔklin] *nm* microcline.

microcoque [mikrɔkɔk] *nm* micrococcus.

microcosme [mikrɔkɔsm] *nm* microcosm.

microcosmique [mikrɔkɔsmik] *adj* microcosmic.

micro-cravate [mikrɔkravat] (*pl* **micros-cravates**) *nm* lapel mike.

microdissection [mikrɔdisɛksjɔ̃] *nf* microdissection.

microéconomie [mikrɔekɔnɔmi] *nf* microeconomics *(sg)*.

microéconomique [mikrɔekɔnɔmik] *adj* microeconomic.

microélectronique [mikrɔelɛktrɔnik] ◇ *adj* microelectronic.

◇ *nf* microelectronics *(sg)*.

microfiche [mikrɔfiʃ] *nf* microfiche.

microfilm [mikrɔfilm] *nm* microfilm.

microfilmer [3] [mikrɔfilme] *vt* to microfilm.

microflore [mikrɔflɔr] *nf* microflora.

microforme [mikrɔfɔrm] *nf* microform.

micrographie [mikrɔgrafi] *nf* -**1.** [science] micrography. -**2.** [photographie] micrograph. -**3.** MÉTALL microstructural microscopy.

micrographique [mikrɔgrafik] *adj* micrographic.

micro-informatique [mikrɔɛ̃fɔrmatik] (*pl* **micro-informatiques**) *nf* computer science.

micro-intervalle [mikrɔɛ̃tɛrval] (*pl* **micro-intervalles**) *nm* microinterval MUS.

micromanipulateur [mikrɔmanipylatœr] *nm* micromanipulator.

micrométéorite [mikrɔmeteɔrit] *nf* micrometeorite.

micromètre [mikrɔmɛtr] *nm* -**1.** [instrument] micrometer. -**2.** [unité] micrometre.

micrométrie [mikrɔmetri] *nf* micrometry.

micrométrique [mikrɔmetrik] *adj* micrometric, micrometrical.

micromodule [mikrɔmɔdyl] *nm* micromodule.

micron [mikrɔ̃] *nm* micron.

Micronésie [mikrɔnezi] *npr f*: **(la) ~** Micronesia.

micro-onde [mikrɔɔ̃d] (*pl* **micro-ondes**) *nf* microwave.

micro-ondes [mikrɔɔ̃d] *nm (inv)* microwave; **faites dégeler au ~** defrost in the microwave; **faire cuire qqch au ~** to cook sthg in the microwave, to microwave sthg.

micro-ordinateur [mikrɔɔrdinatœr] (*pl* **micro-ordinateurs**) *nm* microcomputer.

micro-organisme [mikrɔɔrganism] (*pl* **micro-organismes**) *nm* microorganism.

microphage [mikrɔfaʒ] *nm* microphage.

microphone [mikrɔfɔn] *nm* microphone.

microphonique [mikrɔfɔnik] *adj* microphonic.

microphotographie [mikrɔfɔtɔgrafi] *nf* -**1.** [technique] microphotography. -**2.** [image] microphotograph.

microphysique [mikrɔfizik] *nf* microphysics *(sg)*.

micropilule [mikrɔpilyl] *nf* minipill.

microprocesseur [mikrɔprɔsesœr] *nm* microprocessor.

microprogrammation [mikrɔprɔgramasjɔ̃] *nf* microprogramming.

microscope [mikrɔskɔp] *nm* microscope; **étudier qqch au ~** *pr* to examine sthg under OU through a microscope; *fig* to put sthg under the microscope ❑ **~ électronique/optique** electron/optical microscope; **~ électronique à balayage** scanning electron microscope.

microscopie [mikrɔskɔpi] *nf* microscopy.

microscopique [mikrɔskɔpik] *adj* SC microscopic; [petit] microscopic, tiny, minute.

microsillon [mikrɔsijɔ̃] *nm* [sillon] microgroove; **(disque) ~** microgroove record.

microsociologie [mikrɔsɔsjɔlɔʒi] *nf* microsociology.

microsociologique [mikrɔsɔsjɔlɔʒik] *adj* microsociological.

microsonde [mikrɔsɔ̃d] *nf* microprobe.

microspore [mikrɔspɔr] *nf* microspore.

microstructure [mikrɔstryktyr] *nf* microstructure.

miction [miksjɔ̃] *nf* urination, micturition *spéc.*

Midas [midas] *npr* Midas.

middle jazz [midœldʒaz] *nm inv* mainstream (jazz).

MIDEM, Midem [midɛm] (*abr de* **Marché international du disque et de l'édition musicale**) *npr m music industry trade fair*.

midi [midi] *nm* -**1.** [milieu du jour] midday, lunchtime, noon; **je m'arrête à ~** I stop at lunchtime; [pour déjeuner] I stop for lunch; **je joue au squash à ~** [pendant la pause] I play squash during lunchtime OU the lunch hour; **tous les ~s** [période] every day at midday; [déjeuner] every lunchtime; **il mange des pâtes tous les ~s** he has pasta for lunch every day ❑ **voir ~ à sa porte** to be wrapped up in oneself. -**2.** [heure] midday, twelve (o'clock), (twelve) noon; **il est ~** it's midday, it's twelve (noon); **il est ~ passé** it's after twelve, it's past midday; **~ et quart** a quarter past twelve; **~ moins vingt** twenty to twelve; **entre ~ et deux**

heures between twelve and two, during lunch OU lunchtime; **fermé de ~ à 14 h** closed from 12 to 2 p.m.; **vers ~** round (about) twelve OU midday; **sur le coup de ~** on the stroke of twelve. -**3.** [sud] south; **exposé au ~** south-facing, facing south. -**4.** *litt* [milieu]: **au ~ de sa vie** in the middle of his life.

◆ **Midi** *nm* [région du sud] South; **le Midi (de la France)** the South of France; **du Midi** Southern, southern; **le climat du Midi** the Southern climate; **l'accent du Midi** southern (French) accent.

◆ **de midi** *loc adj* [repas, informations] midday *(modif)*; **la pause de ~** the lunch break.

midinette [midinɛt] *nf* -**1.** *vieilli* [cousette] dressmaker's apprentice, seamstress. -**2.** *péj* [jeune fille] starry-eyed girl; **des amours de ~** the loves of some starry-eyed young shop assistant.

mi-distance [midistɑ̃s]

◆ **à mi-distance** *loc adv* halfway, midway.

◆ **à mi-distance de** *loc prép* halfway OU midway between.

midship *fam* [midʃip] *nm* middy NAUT.

Midwest [midwɛst] *npr m*: **le ~** the Midwest.

mie [mi] *nf* -**1.** [de pain] white OU soft OU doughy part (of bread); **mettez de la ~ de pain à tremper** soak some bread, having previously removed the crusts. -**2.** *litt & arch* [chérie] true-love, ladylove; **venez, ma ~** come, fair damsel.

◆ **à la mie de pain** *fam loc adj vieilli* [minable] pathetic, crummy; **un petit truand à la ~ de pain** a small-time crook, a two-bit crook *Am*.

miel [mjɛl] ◇ *nm* -**1.** [d'abeilles] honey; **~ liquide/solide/rosat** clear/thick/rose honey. -**2.** *loc*: **il est (tout sucre) tout ~** he's a sweet talker.

◇ *interj fam euph* sugar!

◆ **au miel** *loc adj* honey *(modif)*, honey-flavoured.

miellat [mjela] *nm* honeydew *(secreted by insects)*.

miellé, e [mjele] *adj litt*: **du thé ~** honey-sweetened tea; **la couleur ~e de ses cheveux** the golden colour of her hair.

◆ **miellée** *nf* BOT honeydew *(exuded by plants)*.

mielleusement [mjɛløzmɑ̃] *adv* [doucereusement] smarmily; **il s'exprime ~** he's a sweet talker.

mielleux, euse [mjɛlø, øz] *adj* -**1.** [doucereux] sickly sweet; **un sourire ~** a saccharine smile; **un discours ~** a speech oozing with insincerity. -**2.** [relatif au miel] honey *(modif)*, honey-like.

mien [mjɛ̃] (*f* **mienne** [mjɛn], *mpl* **miens** [mjɛ̃], *fpl* **miennes** [mjɛn]) *adj poss sout*: **c'est un principe que j'ai fait ~ depuis longtemps** it has long been a principle of mine; **j'ai fait ~ ce mot d'ordre** I've adopted this slogan as my own; **une mienne cousine** *litt* a cousin of mine.

◆ **le mien** (*f* **la mienne**, *mpl* **les miens**, *fpl* **les miennes**) *pron poss* mine; **son appartement est plus spacieux que le ~** his flat is more spacious than mine; **vous avez entendu son point de vue; voici le ~** you have heard his point of view; here is mine; **puis-je prendre ta voiture? la mienne est au garage** may I take your car? mine is at the garage; **je suis parti avec une valise qui n'était pas la mienne** I left with a suitcase that wasn't mine OU that didn't belong to me; **tes enfants sont plus âgés que les ~s** your children are older than mine (are); **ce parapluie n'est pas le ~** this is not my umbrella, this umbrella is not mine; **vos préoccupations sont aussi les miennes** I share your anxieties; **ton jour/ton prix sera le ~** name the day/your price ‖ *(emploi nominal)*: **les ~s** my family and friends ❑ **j'y mets du ~** [en faisant des efforts] I'm making an effort; [en étant compréhensif] I'm trying to be understanding; **j'ai encore fait des miennes!** *fam* I've (gone and) done it again!

miette [mjɛt] *nf* -**1.** [d'aliment] crumb; **des ~s de crabe** crab bits; **une ~ de pain** a crumb of bread; **des ~s de pain** breadcrumbs; **des ~s de thon** tuna flakes. -**2.** [petite quantité]: **pas une ~ de** not a shred of; **tu n'en auras pas une ~!** you're not getting any of it!; **une ~ de** a little bit of; **du gâteau? – j'en prendrai une ~** some cake? – I'll have just a tiny bit.

◆ **miettes** *nfpl* [restes] leftovers, crumbs, scraps; **après le partage, ma cousine n'a eu que des ~s** my cousin had to make do with what little was left over after the inheritance was shared out ‖ [morceaux] piece, fragment, bit; **sa voiture est en ~s** her car's a wreck; **son rêve est en ~s** his dream is in shreds OU tatters.

mieux [mjø] ◇ *adv* **A.** COMPARATIF DE 'BIEN' -**1.** [d'une manière plus satisfaisante] better; **tout va ~** things are better (now); **elle va ~** she's better; **il travaille ~ depuis quelque temps** he's been working better for some time OU a while now; **cette jupe te va ~** [d'aspect] that skirt suits you better; [de taille] that skirt fits you better; **le vert me va ~** green suits me better; **qui dit ~?** [aux enchères] any advance (on that)?, any more bids?; *fig* who can top that?; **repassez demain, je ne peux pas vous dire ~** come again tomorrow, that's the best OU all I can tell you; **je m'y prends ~ depuis** I'm handling it better now, I've got better at it since; **il s'y prend ~ avec lui maintenant** he deals with OU handles him better now; **~ prendre qqch** to take sthg better; **cette fois-ci, elle a ~ pris la plaisanterie** this time she took the joke better; **~ payé** better paid; **~ assis** [plus confortablement] sitting more comfortably; [au spectacle] in a better seat; **un peu ~** a little OU a bit better; **beaucoup** OU **bien ~** a lot OU much better; **vraiment ~** much better; **depuis un mois, elle va vraiment ~** she's been feeling much better for the past month; **se sentir ~** to feel better; **moins je le vois, ~ je me porte!** the less I see of him, the better I feel!; **plus je le lis, ~ je le comprends** the more I read it, the better I understand it; **il parle italien ~ que je ne pensais** he speaks Italian better than I thought; **il ne lit pas ~ qu'il ne parle** he doesn't read any better than he speaks. -**2.** [conformément à la raison, à la morale] better; **il se comporte ~** he's behaving better; **pas ~** no better; **son frère ne fait que des bêtises, et elle ce n'est pas ~** her brother is always misbehaving and she's no better; **il ferait ~ de travailler/de se taire** he'd do better to work/to keep quiet; **il pourrait ~ faire** he could do better; **on ne peut pas ~ dire** you can't say better OU fairer than that.

B. SUPERLATIF DE 'BIEN': **le ~** [de deux] the better; [de plusieurs] the best; **c'est le mannequin le ~ payé** [des deux] she's the better-paid model; [de plusieurs] she's the best-paid model; **voilà ce qui me convient le ~** this is what suits me best; **des deux, qui est la ~?** who's the better of the two?; **la ~ de toutes** the best of all them; **le ~ qu'il peut** the best he can; **le ~ possible** as well as possible; **j'ai classé les dossiers le ~ possible** I filed everything as best I could ❑ **le ~ du monde** *sout* beautifully; **il parlait, oh, le ~ du monde!** he spoke, oh, so beautifully!

C. EMPLOI NOMINAL better; **c'est pas mal, mais il y a ~** it's not bad, but there's better; **en attendant/espérant ~** while waiting/hoping for better (things); **il s'attendait à ~, il attendait ~** he was expecting (something) better; **faute de ~, je m'en contenterai** since there's nothing better, I'll make do with it; **c'est sa mère en ~** she's like her mother, only better-looking; **changer en ~** to take a turn for OU to change for the better.

◇ *adj* -**1.** [plus satisfaisant] better; **voilà, c'est déjà beaucoup ~!** there, it's already much OU a lot better!; **se taire est beaucoup ~** it's much better not to say anything; **on ne se voit plus, c'est ~ ainsi** we don't see each other any more, it's better that way; **ça ne vous semble pas ~ comme ça?** don't you think it's better that way?; **c'était ~ que jamais** it was better than ever; **c'est ~ que rien** it's better than nothing; **le dernier modèle est ~ que le précédent** the latest model is better than OU is an improvement on the previous one. -**2.** [du point de vue de la santé, du bien-être] better; **il est ~** he's better; **on sent qu'il est ~ dans sa peau** you can feel he's more at ease with himself; **tu seras ~ en pantalon** you'd be better in trousers; **on est ~ dans ce fauteuil** this armchair is more comfortable. -**3.** [plus beau] better; **elle est ~ avec les cheveux courts** she looks better with short hair; **prends cette robe, elle est ~ que l'autre** take this dress, it's better than the other (one); **elle est ~ que sa sœur** she's better-looking than her sister. -**4.** *loc*: **être le ~ du monde avec qqn** to be on the best of terms with sb.

◇ *nm* -**1.** [amélioration] improvement; **il y a du ~** things have got better, there's some improvement; **il y a un ~** there is an improvement; **la situation connaît un léger ~** the situation has improved slightly, there's been a slight improvement in the situation. -**2.** [ce qui est préférable]: **le ~ est de ne pas y aller** it's best not to go; **le ~, c'est de partir un peu plus tôt** it's best to leave a bit earlier ❑ **faire de son ~** to do one's (level) best; **il a fait de son ~** he did his best; **le ~ est l'ennemi du bien** *prov* the best is the enemy of the good.

◆ **à qui mieux mieux** *loc adv*: **les enfants répondaient à qui ~ ~** the children were trying to outdo each other in answering.

◆ **au mieux** *loc adv*: **faire au ~** to do whatever's best, to act for the best; **ils sont au ~ (l'un avec l'autre)** they're on very good terms; **en mettant les choses au ~** at best; **vous l'aurez lundi, en mettant les choses au ~** you'll get it on Monday at the very best; **au ~ de sa forme** on top form, in prime condition; **j'ai agi au ~ de vos intérêts** I acted in your best interest; **acheter/vendre au ~** BOURSE to buy/sell at the best price.

◆ **de mieux** *loc adj*: **c'est ce que nous avons de ~** it's the best we have; **si tu n'as rien de ~ à faire, viens avec moi** if you've got nothing better to do, come with me.

◆ **de mieux en mieux** *loc adv* better and better; **elle joue de ~ en ~** she plays better and better; **et maintenant, de ~ en ~, j'ai perdu mes clefs!** *iron* and now, to cap it all, I've lost my keys!; **de ~ en ~!** *iron* it gets better!

◆ **des mieux** *loc adv*: **j'ai un ami qui est des ~ placé au ministère** I have a friend who's high up in the Ministry.

◆ **on ne peut mieux** *loc adv sout* extremely well; **il s'exprime on ne peut ~** he expresses himself extremely well; **le stage va on ne peut ~** the course couldn't be going better.

◆ **pour le mieux** *loc adv* for the best; **tout va pour le ~** everything is for the best; **tout est pour le ~ dans le meilleur des mondes** *allusion Voltaire* things couldn't be better; **faire pour le ~** to act for the best.

◆ **qui mieux est** *loc adv* even better, better still.

mieux-être [mjøzɛtr] *nm inv* better quality of life.

mièvre [mjɛvr] *adj péj* -**1.** [fade] insipid, vapid, bland; [sentimental] mawkish, syrupy; **un roman ~** a mushy novel. -**2.** [maniéré] mawkish, precious; **avec une grâce un peu ~** demurely; **sa façon un peu ~ de dire bonjour** her slightly twee *Br* OU simpering way of saying hello. -**3.** [joli sans vrai talent - dessin] pretty-pretty, flowery.

mièvrement [mjɛvrəmɑ̃] *adv péj* -**1.** [fadement] insipidly, vapidly, blandly. -**2.** [sentimentalement] mawkishly, in a syrupy OU sickly-sweet manner. -**3.** [joliment] in a pretty-pretty way.

mièvrerie [mjɛvrəri] *nf péj* -**1.** [fadeur] insipidity, vapidity, blandness; [sentimentalité] mawkishness; [caractère maniéré] sickly affectation; [joliesse] floweriness, insipid prettiness. -**2.** [acte] mawkish behaviour *(U)*; [propos] mawkish OU twee *Br* remark.

mi-fer [mifɛr]

◆ **à mi-fer** *loc adj*: **assemblage** OU **enture à ~** half-lap joint METALL.

mignard, e [miɲar, ard] *adj litt* [manières, geste] dainty, affected; [sourire] simpering, insincere; [style, décoration] over-pretty, overnice.

mignardise [miɲardiz] *nf* -**1.** [manières] daintiness, affectation; [joliesse] preciousness, floweriness. -**2.** BOT: (œillet) ~ (wild) pink.

mignon, onne [miɲɔ̃, ɔn] ◇ *adj* -**1.** [joli] sweet, pretty, cute; **c'est ~ tout plein à cet âge-là** *fam* children are so sweet at that age; **il est si ~ avec ses fossettes** he's got the cutest dimples; **elle est plus ~ne avec les cheveux courts** she's prettier with short hair; **il est ~, ton appartement** you've got a lovely little flat. -**2.** *fam* [gentil] sweet, nice, lovely; **il m'a apporté des fleurs, c'était ~ comme tout** he brought me flowers, it was so sweet of him; **allez, sois ~ne, va te coucher** come on, be a darling OU sweetie OU dear and go to bed.

◇ *nm, f fam* [terme d'affection] darling, cutie, sweetie; **ma ~ne** darling, sweetheart.

◆ **mignon** *nm* HIST minion, favourite.

mignonnette [miɲɔnɛt] *nf* -**1.** BOT [réséda] mignonnette; [saxifrage] London pride; [œillet mignardise] (wild) pink. -**2.** [poivre] coarse-ground pepper. -**3.** [gravillon] small gravel.

migraine [migrɛn] *nf* MÉD migraine; [mal de tête] (bad) headache; **ces formulaires à remplir, c'est à vous donner la ~** filling in these forms is a real headache.

migraineux, euse [migrɛnø, øz] ◇ *adj* migrainous.

◇ *nm, f* migraine sufferer.

migrant, e [migrɑ̃, ɑ̃t] *adj* & *nm, f* migrant.

migrateur, trice [migratœr, tris] *adj* BIOL & ORNITH migratory.

◆ **migrateur** *nm* [oiseau] migrator, migrant.

migration [migrasjɔ̃] *nf* -**1.** [des oiseaux, des travailleurs] migration; **les grandes ~s estivales vont commencer** *fig* the mass summer migrations are about to begin. -**2.** CHIM & GÉOL migration.

migratoire [migratwar] *adj* migratory.

migrer [3] [migre] *vi* to migrate.

mi-jambe [miʒɑ̃b]

◆ **à mi-jambe** *loc adv* [à partir - du bas] up to the knees; [- du haut] down to the knees; **on était dans la neige à ~** we were knee-deep in snow.

mijaurée [miʒɔre] *nf* [pimbêche] (stuck-up) little madam; **faire la ~** to put on airs.

mijoter [3] [miʒɔte] ◇ *vt* -**1.** CULIN to simmer, to slow-cook; **bœuf mijoté** stewed beef, beef stew; **~ des petits plats** to spend a lot of time cooking delicious meals. -**2.** *fam* [coup, plan] to plot, to cook up *(sép)*; **qu'est-ce que tu mijotes?** what are you up to?; **elle mijote quelque chose** she's got something up her sleeve; **ils ont mijoté ça entre eux** they cooked it up between them.

◇ *vi* -**1.** CULIN to simmer, to stew gently; **continuez à faire** OU **laissez ~ jusqu'à ce que la viande soit cuite** (allow to) simmer until the meat is cooked. -**2.** *fam fig*: **laisse-la ~ dans son coin** leave her awhile to mull it over.

◆ **se mijoter** *fam vp (emploi passif)* [coup, plan] to be cooking OU brewing, to be afoot.

Mijoteuse® [miʒɔtøz] *nf* slow cooker.

◆ **mijoteuse** *adj f*: **plaque mijoteuse** simmering plate.

mi-journée [miʒurne] *nf*: **les informations de la ~** the luchtime news.

mikado [mikado] *nm* -**1.** [titre] mikado. -**2.** [jeu] mikado, spillikins *(sg)*.

mil[1] [mil] = **mille** *adj num inv* **1**.

mil[2] [mil] *nm* millet.

milan [milɑ̃] *nm*: **~ noir/royal** black/red kite.

Milan [milɑ̃] *npr* Milan.

milanais, e [milanɛ, ɛz] *adj* Milanese.

◆ **Milanais, e** *nm, f* Milanese; **les Milanais** the Milanese.

mildiou [mildju] *nm* mildew.

mildiousé, e [mildjuze] *adj* mildewy, mildewed.

mile [majl] *nm* (statute) mile.

miliaire [miljɛr] *adj* miliary.

milice [milis] *nf* -**1.** HIST militia. -**2.** [organisation paramilitaire] militia; **~ privée** private militia. -**3.** *Belg* [service militaire] military service; [armée]: **la ~** the army.

milicien, enne [milisjɛ̃, ɛn] *nm, f* militiaman (*f* militia woman).

◆ **milicien** *nm Belg* conscript *Br*, draftee *Am*.

milieu, x [miljø] *nm* -**1.** [dans l'espace] middle, centre; **une nappe déchirée/décorée en son ~** a tablecloth torn/decorated in the middle; **sciez-la par le** OU **en son ~** saw it through OU down the middle; **celui du ~** the one in the middle, the middle one. -**2.** [dans le temps] middle; **l'incendie s'est déclaré vers le ~ de la nuit** the fire broke out in the middle of the night; **en ~ de trimestre** in mid-term. -**3.** [moyen terme] middle way OU course; **il n'y a pas de ~ entre ces deux solutions** there's no (way to) compromise between these two solutions ❑ **il faut garder en tout un juste ~** one should always try to find a happy medium. -**4.** [entourage] environment, milieu; **l'influence du ~ familial** OU **d'origine sur la réussite scolaire** the influence of the home background OU environment on achievement at school; **des gens de tous les ~x** people from all walks of life OU backgrounds; **dans mon ~ professionnel** [parmi mes collègues] amongst the people I work with; **c'est un ~ très snob** it's a very snobbish environment; **les ~x scientifiques** scientific circles; **les ~x bien informés** reliable sources; **dans les ~x financiers** in financial circles; **n'être pas/être dans son ~** to feel out of place/at home. -**5.** BIOL [environnement] environment, habitat ❑ **dans un ~ acide** in an acid medium; **~ de culture** culture medium; **~ intérieur** internal environment; **~ naturel** natural habitat; **en ~ stérile** in a sterile environment. -**6.** INDUST & SC: **en ~ réel** in the field. -**7.** [pègre]: **le ~** the underworld. -**8.** MATH midpoint, midrange.

◆ **au beau milieu de** *loc prép* [dans l'espace, dans le temps] right in the middle of.

◆ **au (beau) milieu** *loc adv* (right) in the middle, (right) in the centre; **et là, au ~, il y avait un puits** and there, right in the middle, was a well.

◆ **au milieu de** *loc prép* -**1.** [dans l'espace] in the middle of, in the centre of; **au ~ de la pièce** in the middle OU centre of the room. -**2.** [dans le temps] in the middle of; **au ~ de la journée/nuit** in the middle of the day/night; **elle est partie au ~ de mon cours** she left in the middle of OU halfway through my lesson; **nous en sommes au ~ de l'enquête** we've now got to the halfway mark in the survey; **au ~ de l'hiver/l'été** in midwinter/midsummer; **au ~ du mois** in the middle of the month; **au ~ du mois de mars** in mid-March; **au ~ du trimestre** in mid-term SCH; **au ~ de son mandat** in mid-term POL. -**3.** [parmi] amongst, in the midst of, surrounded by; **mourir au ~ des siens** to die amongst OU surrounded by one's loved ones; **au ~ de la foule** in the middle OU in the midst of the crowd; **il quitta la scène au ~ des huées** he was booed off the stage.

◆ **milieu de terrain** *nm* [zone] midfield (area); [joueur] midfield player.

militaire [militɛr] ◇ *adj* [gén] military; [de l'armée de terre] army *(modif)*, service *(modif)*; [de l'armée de l'air, de la marine] service *(modif)*; **tous les personnels ~s** all service personnel; **avoir la fibre ~** to be a born soldier; **allure ~** military OU soldierly bearing.

◇ *nm* [soldat - gén] soldier; [- de l'armée de terre] soldier, serviceman; [- de l'armée de l'air, de la marine] serviceman; **c'est un ancien ~** he's an ex-serviceman ❑ **~ de carrière** professional soldier.

militairement [militɛrmɑ̃] *adv*: **saluer ~** to salute in military fashion; **les bases ennemies sont occupées ~** the enemy bases are occupied by the military; **il nous faut intervenir ~** we have to resort to military intervention.

militant, e [militɑ̃, ɑ̃t] ◇ *adj* militant.

◇ *nm, f*: **les ~s de base sont d'accord** the grass roots militants agree ❑ **~ syndical** trade union militant OU activist.

militantisme [militɑ̃tism] *nm* militancy, militantism.

militarisation [militarizasjɔ̃] *nf* militarization.

militariser [3] [militarize] *vt* to militarize.

militarisme [militarism] *nm* militarism.

militariste [militarist] ◇ *adj* militaristic.

◇ *nmf* militarist.

militer [3] [milite] *vi* -**1.** [agir en militant] to be a militant OU an activist; **~ au** OU **dans le parti socialiste** to be a socialist party activist; **~ pour/contre qqch** to fight for/against sthg. -**2.** [plaider] to militate; **ces témoignages ne militent pas en votre faveur** this evidence goes OU militates against you; **les derniers bilans militent en faveur d'une refonte de la société** the latest balance sheets are a good argument for restructuring the company.

milk-shake [milkʃɛk] (*pl* **milk-shakes**) *nm* milkshake.

millage [milaʒ] *nm Can* mileage.

mille [mil] ◇ *adj num inv* -**1.** [dix fois cent] a OU one thousand; **dix/cent ~** ten/a hundred thousand; **~ fois trois égale trois ~** one thousand times three is three thousand; **en l'an ~ cinquante** OU **mil cinquante** in the year one thousand and fifty; **c'est à ~ kilomètres d'ici** it's a thousand kilometres from here ❑ **'les Mille et Une Nuits'** 'The Arabian Nights', 'The Thousand and One Nights'. -**2.** [beaucoup de]: **c'est ~ fois trop grand** it's miles too big; **ton énigme est ~ fois trop compliquée pour moi** your riddle is far too difficult for me; **~ baisers** lots OU tons of kisses; **~ mercis** many thanks; **~ excuses** OU **pardons si je t'ai blessé** I'm dreadfully sorry if I've hurt you; **voilà un exemple entre ~** here's just one of the countless examples I could choose; **en ~ morceaux** in pieces; **il y a ~ et une manières de réussir sa vie** there are thousands of ways OU a thousand and one ways of being successful in life ❑ **endurer** OU **souffrir ~ morts** to go through agony; **(~ milliards de) ~ sabords!** ≃ shiver me timbers.

◇ *nm inv* -**1.** [nombre] a OU one thousand; **vingt pour ~ des femmes** twenty women out of OU in every thousand; **il y a une chance sur ~ que ça marche** there's a one-in-a-thousand chance that it'll work; **un ~ d'épingles** COMM one thousand pins; **acheter/vendre au ~** COMM to buy/to sell by the thousand; **le disque en est à son cinquantième ~** COMM the record has sold fifty thousand copies ❑ **je te le donne en ~!** *fam* I bet you'll never guess!; **des ~ et des cents** *fam* loads of money; **il ne gagne pas des ~ et des cents** he doesn't exactly earn a fortune. -**2.** [centre d'une cible] bull's eye; **mettre** OU **taper (en plein) dans le ~** *fam pr* to hit the bull's eye; *fig* to score a bull's-eye, to be bang on target.

◇ *nm* -**1.** NAUT: **~ (marin)** nautical mile. -**2.** *Can* (statute) mile. -**3.** HIST: **le ~ romain** the Roman mile.

mille-feuille [milfœj] (*pl* **mille-feuilles**) ◇ *nf* BOT milfoil, yarrow.

◇ *nm* CULIN mille feuilles, napoleon *Am*.

millénaire [milenɛr] ◇ *adj* thousand-year-old; **un arbre ~** a thousand-year-old tree; **des traditions (plusieurs fois) ~s** age-old OU time-honoured traditions.

◇ *nm* -**1.** [période] millennium; **au cours du troisième ~ avant Jésus-Christ** in the third millennium BC. -**2.** [anniversaire] millennium, thousandth anniversary; **l'année du ~ capétien** the millennium of the foundation of the Capetian dynasty.

millénarisme [milenarism] *nm* millenarianism.

millénariste [milenarist] *adj* & *nmf* millenarian.

millenium [milenjɔm] *nm* millennium RELIG.

mille-pattes [milpat] *nm inv* millipede.

millepertuis [milpɛrtɥi] *nm* St John's wort.

millésime [milezim] *nm* -**1.** [date] date, year; **une pièce au ~ de 1962** a coin dated 1962.

-**2.** ŒNOL [date de récolte] year, vintage; **le ~ 1976 est l'un des meilleurs** the 1976 vintage is among the best.

millésimé, e [milezime] *adj* vintage *(modif)*; **un bourgogne ~ 1970** a 1970 (vintage) Burgundy; **une bouteille ~e 1880** a bottle dated 1880.

millésimer [3] [milezime] *vt* to date, to put a date on.

millet [mijɛ] *nm* millet.

milliampère [miliɑ̃pɛr] *nm* milliamp, milliampere.

milliampèremètre [miliɑ̃pɛrmɛtr] *nm* milliammeter.

milliard [miljar] *nm* thousand million *Br*, billion *Am*; **cela a coûté deux ~s (de francs)** it cost two thousand million OU two billion (francs); **des ~s de globules rouges** billions of red corpuscles.

milliardaire [miljardɛr] ◇ *adj*: **sa famille est plusieurs fois ~** his family is worth billions.
◇ *nmf* multimillionaire, billionaire *Am*.

milliardième [miljardjɛm] *adj ord, nmf* & *nm* thousand millionth, billionth.

millibar [milibar] *nm* millibar.

millième [miljɛm] ◇ *adj ord* thousandth.
◇ *nmf* thousandth; **vous êtes la ~ sur la liste** you're the thousandth on the list.
◇ *nm* thousandth; **elle ne connaît pas le ~ de mes sentiments** she can't begin to have an idea of my feelings; **il ne fournit pas le ~ du travail nécessaire** he isn't doing a fraction of the work that has to be done.
◇ *nf* THÉÂT thousandth performance.

millier [milje] *nm* thousand; **un ~ de badges/livres ont été vendus** a thousand badges/books have been sold; **des ~s de gens/fois** thousands of people/times.
◆ **par milliers** *loc adv* [arriver] in their thousands; [envoyer, commander] by the thousand; **des ballons ont été lâchés par ~s** thousands (upon thousands) of balloons have been released.

milligramme [miligram] *nm* milligram, milligramme.

millilitre [mililitr] *nm* mililitre *Br*, mililiter *Am*.

millimètre [milimɛtr] *nm* millimetre.

millimétré, e [milimetre], **millimétrique** [milimetrik] *adj* millimetric; **échelle ~e** millimetre scale.

million [miljɔ̃] *nm* -**1.** [quantité] million; **un ~ de personnes** a OU one million people; **des ~s de titres ont été échangés** millions of securities have been traded. -**2.** [somme] : **il a joué et perdu des ~s** [de francs] he gambled away millions (of francs); **la maison vaut 35 ~s** *fam* [de centimes] the house is worth 350 000 F; **un ~ cinq** *fam* [de centimes] 15 000 F.

millionième [miljɔnjɛm] *adj ord, nmf* & *nm* millionth.

millionnaire [miljɔnɛr] ◇ *adj* millionaire, millionnaire; **être/devenir ~** to be/to become a millionaire; **elle est plusieurs fois ~ (en dollars)** she's a (dollar) millionaire OU millionairess several times over.
◇ *nmf* millionaire (*f* millionairess); **le loto a fait deux ~s cette semaine** the lottery has made two people into millionaires this week.

millivolt [milivɔlt] *nm* millivolt.

millivoltmètre [milivɔltmɛtr] *nm* millivoltmeter.

Milo [milo] *npr*: **la Vénus de ~** the Venus de Milo.

mi-long, mi-longue [milɔ̃, milɔ̃g] (*mpl* **mi-longs**, *fpl* **mi-longues**) *adj* [jupe] half-length; [cheveux] shoulder-length.

milord [milɔr] *nm* -**1.** [en appellation] lord; **après vous, ~** after you, my lord. -**2.** *fam vieilli* [homme riche] toff; **donnant des ordres à tout le monde comme un ~** ordering everyone about as if he was God. -**3.** [véhicule] victoria.

mi-lourd [milur] (*pl* **mi-lourds**) *adj m* & *nm* light heavyweight.

mime [mim] ◇ *nmf* -**1.** [artiste] mime (artist). -**2.** [imitateur] mimic.
◇ *nm* -**1.** [art] mime; **faire du ~** to be a mime (artist); **un spectacle de ~** a mime show. -**2.** [action de mimer] miming *(U)*.

mimer [3] [mime] *vt* -**1.** THÉÂT to mime; **le jeu consiste à ~ des titres de films** the idea of the game is to mime film titles. -**2.** [imiter] to mimic.

mimétique [mimetik] *adj* BIOL & THÉÂT mimetic.

mimétisme [mimetism] *nm* -**1.** BIOL mimicry, mimesis. -**2.** [imitation] mimicry, mimicking; **le nouveau-né sourit à sa mère par ~** a new-born baby mimics its mother's smile.

mimi [mimi] ◇ *adj inv fam* [mignon] lovely, sweet, cute.
◇ *nm* -**1.** *langage enfantin* [chat] pussy, pussycat. -**2.** *fam* [bisou] kiss; [caresse] cuddle, hug. -**3.** *fam* [terme d'affection] (little) darling OU sweetie OU honey; **qu'est-ce qui ne va pas, mon ~?** what's wrong, sweetie-pie?

mimique [mimik] *nf* -**1.** [gestuelle] gesture; **il fit une ~ de désespoir** he made a despairing gesture. -**2.** [grimace] facial expression; **il a fait une curieuse ~** he made a funny face, he put on a comic expression.

mimodrame [mimɔdram] *nm* dumb show.

mimolette [mimɔlɛt] *nf* mimolette (cheese).

mi-mollet [mimɔlɛ]
◆ **à mi-mollet** *loc adv* [à partir - du bas] up to the calf; [- du haut] down to the calf; **bottes à ~** calf-length boots; **robe à ~** midi dress.

mimologie [mimɔlɔʒi] *nf* (art of) mimicry, imitation.

mimosa [mimɔza] *nm* -**1.** BOT mimosa. -**2.** CULIN: **œuf ~** egg mayonnaise *(topped with crumbled yolk)*.

mimosacée [mimɔzase] *nf* member of the Mimosaceae.

mi-moyen [mimwajɛ̃] (*pl* **mi-moyens**) *adj m* & *nm* welterweight.

min (*abr écrite de* **minute**) min.

min. (*abr écrite de* **minimum**) ≃ min.

MIN *nm abr de* **marché d'intérêt national.**

minable [minabl] ◇ *adj* -**1.** [médiocre, laid - costume] shabby, tatty *Br*, tacky *Am*; [- chambre] dingy, crummy; [- film] third-rate, rotten, lousy; [- situation, salaire] pathetic. -**2.** [mesquin] petty, mean; **une petite vengeance ~** petty revenge. -**3.** [sans envergure] small-time, third-rate; **un escroc ~** a small-time crook.
◇ *nmf fam* nonentity, no-hoper, loser; **tu n'es qu'un ~!** you're so pathetic!; **pauvre ~, va!** you pathetic little nobody!

minablement [minabləmɑ̃] *adv* -**1.** [pauvrement] shabbily. -**2.** [lamentablement] pathetically, hopelessly; **ils ont échoué ~** they failed miserably.

minage [minaʒ] *nm* MIN & TRAV PUBL mining.

minaret [minarɛ] *nm* minaret.

minauder [3] [minode] *vi* to mince, to simper; **elle répondait aux questions en minaudant** she simpered her way through the questions; **arrête de ~!** don't be such a poser!

minauderie [minodri] *nf* -**1.** [préciosité] (show of) affectation. -**2.** [acte, propos] affectation.

minaudier, ère [minodje, ɛr] *adj* affected, simpering, mincing.

mince [mɛ̃s] ◇ *adj* -**1.** [sans épaisseur] thin; **une ~ couche de vernis** a thin layer of varnish; **une ~ tranche de bacon** a sliver OU a thin slice of bacon; **des lèvres ~s** thin lips; **un ~ filet d'eau** a tiny trickle of water ❑ **~ comme une feuille de papier à cigarette** paper-thin, wafer-thin. -**2.** [svelte] slim, slender; **être ~** to be slim OU slender ❑ **~ comme un fil** as thin as a rake. -**3.** [négligeable] slim, slender; **de ~s bénéfices** slender profits; **les preuves sont bien ~s** the evidence is rather slim; **ce n'est pas une ~ affaire** this is no trifling matter; **ce n'est pas une ~ responsabilité** it's no small responsibility; **un demi-chapitre sur la Révolution, c'est un peu ~** half a chapter on the French Revolution is a bit feeble; **une livre de viande pour quatre, c'est un peu ~** a pound of meat for four, that's cutting it a bit fine.
◇ *interj fam* crumbs *esp Br*, criminy *esp Am*; **~, les voilà!** crumbs *esp Br* OU criminy *esp Am*, here they are!; **~ alors, qui l'aurait cru!** blimey *Br* OU jiminy cricket *Am*, who'd have thought it!

minceur [mɛ̃sœr] *nf* -**1.** [sveltesse] slimness, slenderness; [finesse] slimness, thinness. -**2.** [insuffisance] weakness, feebleness; **la ~ d'un argument** the weakness OU flimsiness of an argument.

mincir [32] [mɛ̃sir] ◇ *vi* [personne] to get slimmer OU thinner; **elle essaie de ~** she's trying to slim.
◇ *vt* [suj: vêtement, couleur]: **cette robe te mincit** that dress makes you look slimmer.

mine [min] *nf* -**1.** [apparence] appearance, exterior; **sous sa ~ respectable** under her respectable exterior ❑ **faire ~ de**: **elle fit ~ de raccrocher, puis se ravisa** she made as if to hang up, then changed her mind; **ne fais pas ~ de ne pas comprendre** don't act as if OU pretend you don't understand; **~ de rien** *fam*: **~ de rien, ça finit par coûter cher** it may not seem much but when you add it all up, it's expensive; **~ de rien, elle était furieuse** although OU though she didn't show it, she was furious; **il est 4 h du matin, ~ de rien** it's hard to believe OU you wouldn't think it, but it's four in the morning. -**2.** [teint]: **avoir bonne ~** to look well; **avoir mauvaise ~**: **il a mauvaise ~** he doesn't look very well; **tu as bonne ~, avec ta veste à l'envers!** *fig* & *iron* you look great with your jacket on inside out!; **avoir une ~ superbe** to be the (very) picture of health; **avoir une sale ~** *fam* to look dreadful OU awful; **avoir une petite ~** *fam* to look peaky; **avoir une ~ de papier mâché** *fam* to look like death warmed up; **je lui trouve meilleure ~** I think she looks better OU in better health ‖ [visage, contenance] look, countenance *litt*; **avoir une ~ réjouie** to beam, to be beaming; **faire grise** OU **triste** OU **piètre ~** to pull *Br* OU to make a long face; **ne fais pas cette ~!** don't look so downhearted!; **faire bonne ~ à qqn** to greet sb warmly; **faire mauvaise ~ à qqn** to be cool with sb. -**3.** GÉOL deposit; [installations - de surface] pithead; [- en sous-sol] pit; **mon fils n'ira pas à la ~** my son isn't going down the mine OU pit ❑ **~ de charbon** OU **de houille** coal mine; **~ à ciel ouvert** opencast mine; **une ~ d'or** *pr* & *fig* a gold mine. -**4.** [source importante]: **une ~ de** a mine OU source of; **une ~ d'informations** a mine of information. -**5.** [d'un crayon] lead; **crayon à ~ grasse/dure** soft/hard pencil; **~ de plomb** graphite OU black lead. -**6.** MIL [galerie] mine, gallery, sap; [explosif] mine; **~ aérienne/sous-marine/terrestre** aerial/submarine/land mine; **~ télécommandée** radio-controlled mine. -**7.** [explosif]: **coup de ~** blast; **ouvrir une roche à coups de ~** to blast a rock; **exploitation à la ~** blasting.
◆ **mines** *nfpl* -**1.** [manières]: **il m'énerve à toujours faire des ~s** he irritates me, always simpering around. -**2.** GÉOG mining area, mines; ÉCON mining industry; **les Mines** ADMIN ≃ the Department of Transport *Br*, ≃ the Department of the Interior *Am*; ENS the (French) School of Mining Engineers.

miner [3] [mine] *vt* -**1.** [poser des mines] to mine; **'danger! zone minée'** 'beware of mines'. -**2.** [creuser] to undermine, to erode, to eat away (at OU into); **l'humidité a miné les fondations** the damp has eaten into the foundations. -**3.** [affaiblir] to undermine, to sap; **l'opposition cherche à ~ les efforts du gouvernement** the opposition is trying to undermine the government's work; **~ les forces/la santé de qqn** to sap sb's strength/health; **la froideur de son accueil m'a miné le moral** the cold reception he gave me sapped my spirits; **miné par le chagrin** consumed with OU worn down by grief.

minerai [minrɛ] *nm* ore; **~ de fer/d'uranium** iron/uranium ore; **~ marchand** OU **net** pure ore; **~ riche/pauvre** high-grade/low-grade ore; ~ brut crude ore; ~ **métallique** metalliferous OU metal-bearing ore.

minéral, e, aux [mineral, o] *adj* mineral.

◆ **minéral, aux** *nm* mineral.

minéralier [mineralje] *nm* ore carrier.

minéralier-pétrolier [mineraljepetrɔlje] (*pl* minéraliers-pétroliers) *nm* oil-ore carrier.

minéralisateur, trice [mineralizatœr, tris] *adj* mineralizing.

◆ **minéralisateur** *nm* mineralizer.

minéralisation [mineralizasjɔ̃] *nf* mineralization.

minéralisé, e [mineralize] *adj* mineralized; **eau faiblement ~e** water with a low mineral content.

minéraliser [3] [mineralize] *vt* [métal, eau] to mineralize; **eau faiblement minéralisée** water with a low mineral content.

minéralogie [mineralɔʒi] *nf* mineralogy.

minéralogique [mineralɔʒik] *adj* -**1.** GÉOL mineralogical. -**2.** AUT: **numéro ~** registration *Br* OU license *Am* number; **plaque ~** numberplate *Br*, license plate *Am*.

minéralogiste [mineralɔʒist] *nmf* mineralogist.

minéralurgie [mineralyrʒi] *nf* ore processing.

minerval, als [minɛrval] *nm Belg* school tuition fees.

minerve [minɛrv] *nf* MÉD neck brace, (surgical) collar.

Minerve [minɛrv] *npr* Minerva.

minervois [minɛrvwa] *nm* Minervois (wine).

minestrone [minɛstrɔn] *nm* minestrone.

minet, ette *fam* [minɛ, ɛt] *nm, f* -**1.** [jeune personne superficielle] (young) trendy. -**2.** [chat] puss, pussy, pussycat. -**3.** [terme d'affection] sweetie, sweetie-pie, honey.

◆ **minette** *nf* -**1.** MIN minette. -**2.** BOT (black) medic OU medick.

mineur, e [minœr] ◇ *adj* -**1.** [insignifiant] minor; **d'un intérêt ~** of minor interest. -**2.** JUR below the age of criminal responsibility; **enfants ~s** under age children, minors; **être ~** to be under age OU a minor. -**3.** MUS minor; **concerto en sol ~** concerto in G minor ❑ **accord parfait ~** minor chord. -**4.** HIST & RELIG: **un frère ~** a Friar Minor, a Franciscan; **ordres ~s** minor orders. -**5.** CARTES: **couleur ~e** minor suit. -**6.** LOGIQUE minor.

◇ *nm, f* JUR minor; **'interdit aux ~s'** 'adults only'; **délinquant ~** juvenile offender ❑ **détournement** OU **enlèvement de ~** abduction.

◆ **mineur** *nm* -**1.** [ouvrier] miner, mineworker; **famille de ~s** mining family; **grève/maladie des ~s** miners' strike/disease ❑ **~ continu** TECH continuous miner; **~ de fond** underground worker; **~ de houille** coalminer, collier *Br*. -**2.** MIL sapper, miner. -**3.** MUS: **en ~** in the minor mode OU key. -**4.** LOGIQUE minor term.

◆ **mineure** *nf* LOGIQUE minor premise.

mini [mini] ◇ *adj inv* [court]: **la mode ~** the mini-length OU thigh-length fashion.

◇ *nm* -**1.** COUT mini; **le ~ est de retour** minis OU miniskirts are back. -**2.** *fam* INF mini, minicomputer.

mini- [mini] *préf* mini-, small; **~bar** mini-bar; **~sondage** snap poll.

miniature [minjatyr] ◇ *adj* miniature; **un train ~** a model OU miniature train.

◇ *nf* -**1.** [modèle réduit] small-scale replica OU model. -**2.** BX-ARTS miniature.

◆ **en miniature** *loc adj* miniature *(avant n)*; **c'est un jardin en ~** it's a model OU miniature garden.

miniaturisation [minjatyrizasjɔ̃] *nf* miniaturization.

miniaturiser [3] [minjatyrize] *vt* to miniaturize.

miniaturiste [minjatyrist] ◇ *adj*: **un peintre ~** a miniaturist.

◇ *nmf* miniaturist.

minibus [minibys], **minicar** [minikar] *nm* minibus.

Minicassette® [minikasɛt] ◇ *nf* (small) cassette.

◇ *nm* (small) cassette recorder.

minichaîne [miniʃɛn] *nf* mini (stereo) system.

minier, ère [minje, ɛr] *adj* mining.

◆ **minière** *nf arch* -**1.** [exploitation] opencast mining company. -**2.** [tourbière] peat bog.

minijupe [miniʒyp] *nf* miniskirt.

minima¹ [minima] *pl* → **minimum**.

minima² → **a minima**.

minimal, e, aux [minimal, o] *adj* -**1.** [seuil, peine] minimum *(avant n)*; **température ~e** minimal OU minimum temperature. -**2.** MATH minimal.

minimalisation [minimalizasjɔ̃] *nf* minimalization.

minimaliser [3] [minimalize] *vt* to minimize.

minimalisme [minimalism] *nm* minismalism.

minimaliste [minimalist] *adj* & *nm* minimalist.

minime [minim] ◇ *adj* [faible] minimal, minor; **l'intrigue n'a qu'une importance ~** the plot is of only minor importance; **la différence est ~** the difference is negligible.

◇ *nmf* SPORT (school) Junior.

◇ *nm* RELIG Minim.

minimisation [minimizasjɔ̃] *nf* minimization, minimizing.

minimiser [3] [minimize] *vt* -**1.** [rôle] to minimize, to play down *(sép)*; [risque] to minimize, to cut down *(sép)*; **sans vouloir ~ sa contribution** without wishing to minimize OU underrate her contribution. -**2.** MATH to minimize.

minimum [minimɔm] (*pl* **minimums** OU **minima** [-ma]) ◇ *adj* minimum; **poids/service ~** minimum weight/service; **charge ~** ÉLECTR base OU minimum load; **mise de fonds ~** minimum stake; **prix ~** minimum OU bottom price; [aux enchères] reserve price.

◇ *nm* -**1.** [le plus bas degré] minimum; **températures proches du ~ saisonnier** temperatures approaching the minimum OU the lowest recorded for the season; **avant de partir, mets le chauffage au ~** before you leave, turn the heating down as low as it'll go; **réduisez la flamme au ~** turn the flame down as far as it will go; **j'ai réduit les matières grasses au ~** I've cut down on fats as much as possible, I've cut fats down to a minimum; **la rivière était à son ~** the river was at its lowest level ❑ **avoir le ~ vital** [financier] to be on subsistence level, to earn the minimum living wage; **ils n'ont même pas le ~ vital** they don't even have the bare minimum. -**2.** JUR [peine la plus faible]: **le ~** the minimum sentence. -**3.** [une petite quantité]: **un ~ (de)** a minimum (of); **tu en as vraiment fait un ~!** you really have done just the bare minimum!; **s'il avait un ~ de bon sens/d'honnêteté** if he had a minimum of common sense/of decency. -**4.** MATH: **~ relatif** constraint minimum. -**5.** ÉCOL: **loi du ~** law of the minimum.

◇ *adv* minimum; **il fait 3° C ~** the temperature is 3° C minimum.

◆ **au minimum** *loc adv* [au moins] at the least; **deux jours au ~** at least two days, a minimum of two days.

mini-ordinateur [miniɔrdinatœr] (*pl* mini-ordinateurs) *nm* minicomputer.

minipilule [minipilyl] *nf* low dose (contraceptive) pill, minipill.

ministère [ministɛr] *nm* -**1.** POL [charge] ministry *Br*, administration *Am*; **entrer au ~** to take over as a minister, to take a position in the administration *Am*; **elle a refusé le ~ qu'on lui proposait** she turned down the government position she was offered; **sous le ~ de M. Thiers** under M. Thiers' ministry *Br* OU secretaryship *Am*, when M. Thiers was (the) minister. -**2.** [cabinet] government, ministry; **former un ~** to form a government. -**3.** [bâtiment] ministry *Br*, department (offices) *Am*; [département] ministry *Br*, department *Am*; **~ des Affaires étrangères** OU **des Relations extérieures** ≃ Ministry of Foreign Affairs, ≃ Foreign Office *Br*, ≃ State Department *Am*; **~ de la Défense** ≃ Ministry of Defence *Br*, ≃ Department of Defense *Am*; **~ de l'Économie et des Finances** ≃ Ministry of Finance, ≃ Treasury *Br*, ≃ Treasury Department *Am*; **~ de l'Environnement** *ministry responsible for legislation relating to environmental issues*; **~ de l'Intérieur** ≃ Ministry of the Interior, ≃ Home Office *Br*, ≃ Department of the Interior *Am*. -**4.** JUR: **par ~ d'huissier** served by a bailiff ❑ **~ public** ≃ (office of the) Director of Public Prosecutions *Br*. -**5.** RELIG ministry; **exercer un ~** to serve as minister, to perform one's ministry. -**6.** *sout* [entremise] agency; **proposer son ~** to offer to act as a mediator.

ministériel, elle [ministerjɛl] *adj* -**1.** [émanant d'un ministre] ministerial *Br*, departmental *Am*. -**2.** [concernant le gouvernement] ministerial *Br*, cabinet *(modif)*.

ministrable [ministrabl] ◇ *adj* in line for a ministerial *Br* OU government position; **elle est ~** she's a likely candidate for a ministerial post *Br* OU a post in the administration *Am*.

◇ *nmf* potential minister *Br*, potential secretary of state.

ministre [ministr] *nm* -**1.** POL minister *Br*, secretary *Am*; **~ des Affaires étrangères** OU **des Relations extérieures** ≃ Minister of Foreign Affairs, ≃ Foreign Secretary *Br*, ≃ Secretary of State *Am*; **~ de la Culture** ≃ Minister for the Arts *Br*; **~ de la Culture et de la Communication** Minister of Culture and Communication; **~ de l'Économie et des Finances** ≃ Finance Minister, ≃ Chancellor of the Exchequer *Br*, ≃ Secretary of the Treasury *Am*; **~ d'État** minister *Br*, secretary of state; **~ de l'Intérieur** ≃ Minister of the Interior, ≃ Home Secretary *Br*, ≃ Secretary of the Interior *Am*; **~ de la Justice** ≃ Minister of Justice, ≃ Lord (High) Chancellor *Br*, ≃ Attorney General *Am*; **~ sans portefeuille** minister without portfolio; **Premier ~** Prime Minister || [ambassadeur]: **~ plénipotentiaire (auprès de)** minister plenipotentiary (to). -**2.** RELIG [pasteur]: **~ du culte** minister.

Minitel® [minitɛl] *nm* viewdata service, ≃ Prestel® *Br*, ≃ Minitel® *Am*; **sur ~** on viewdata, on Prestel® *Br*, on Minitel® *Am* ❑ **~ rose** erotic viewdata service.

MINITEL:

The domestic viewdata service run by France Télécom has become a familiar part of French life. The basic monitor and keyboard are given free of charge, and the subscriber is charged for the services used on his or her ordinary telephone bill. The subscriber dials a four-figure number (typically 3615); a code word then gives access to the particular service required. Some Minitel services are purely informative (the weather, road conditions, news etc); others are interactive (enabling users to carry out bank transactions, book tickets for travel or, on the "Minitel rose", to look for companionship, for example). The Minitel also serves as an electronic telephone directory.

minitéliste [minitelist] *nmf* Minitel user.

minium [minjɔm] *nm* -**1.** CHIM red lead, minium. -**2.** [peinture] red lead paint.

Minneapolis [mineapɔlis] *npr* Minneapolis.

Minnesota [minezɔta] *npr m*: **le ~** Minnesota.

minoen, enne [minɔɛ̃, ɛn] *adj* Minoan.

◆ **minoen** *nm* Minoan period.

minois [minwa] *nm* (sweet little) face.

minorant, e [minɔrɑ̃, ɑ̃t] *adj* MATH minorant.

◆ **minorant** *nm* [d'un ensemble] lower bound; [d'une série] minorant series.

minoration [minɔrasjɔ̃] *nf* -**1.** [baisse] reduction, cut; **une ~ de 5 % du tarif de base** a 5% cut in the basic rate; **procéder à une ~ des loyers** to reduce OU to lower rents. -**2.** [minimisation] minimizing.

minorer [3] [minɔre] *vt* -**1.** [baisser] to reduce, to cut, to mark down; **~ les prix de 2 %** to cut prices by 2%. -**2.** [minimiser] to understate the importance of.

minoritaire [minɔritɛr] ◇ *adj* -**1.** [moins nombreux] minority *(modif)*; **parti ~** minority party; **les femmes sont ~s dans cette profession** women are a minority in this profession. -**2.** [non reconnu] minority *(modif)*; **opinion ~** minority opinion.
◇ *nmf* member of a minority (group); **les ~s** the minority.

minorité [minɔrite] *nf* -**1.** [le plus petit nombre] minority; **une ~ de** a minority of; **dans une ~ de cas** in a minority of cases. -**2.** [groupe] minority (group); **~ nationale** national minority. -**3.** [âge légal] minority; JUR nonage; **pendant sa ~** before he came of age, while he was under age. -**4.** ÉCON: **~ de blocage** blocking minority.
◆ **en minorité** ◇ *loc adj* in a OU the minority; **nous sommes en ~** we're in a minority.
◇ *loc adv*: **mettre le gouvernement en ~** to force the government into a minority.

Minorque [minɔrk] *npr* Minorca; **à ~** in Minorca.

minorquin, e [minɔrkɛ̃, in] *adj* Minorcan.
◆ **Minorquin, e** *nm, f* Minorcan.

Minotaure [minɔtɔr] *npr m*: **le ~** the Minotaur.

minoterie [minɔtri] *nf* -**1.** [lieu] flourmill. -**2.** [activité] flour-milling.

minotier [minɔtje] *nm* miller, (flour) millowner.

minou *fam* [minu] *nm* -**1.** [chat] pussy, pussycat; **~! ~! ~!** puss! puss!, kitty! kitty! -**2.** [chéri] (little) darling OU sweetie OU honey.

minque [mɛ̃k] *nf Belg covered fish market.*

Minsk [minsk] *npr* Minsk.

minuit [minɥi] *nm* -**1.** [milieu de la nuit] midnight. -**2.** [heure] midnight, twelve midnight, twelve o'clock (at night); **il est ~** it's twelve (midnight), it's midnight; **il est ~ passé** it's after OU past midnight; **~ et quart** a quarter past twelve OU past midnight; **~ moins vingt** twenty to twelve OU to midnight; **à ~** at midnight, at twelve o'clock (at night); **vers ~,** vers les ~ about twelve OU midnight; **sur le coup de ~** on the stroke of twelve OU of midnight; **~, l'heure du crime!** midnight, the witching hour!
◆ **de minuit** *loc adj* [messe, informations, soleil] midnight *(modif)*.

minus *fam* [minys] *nm* -**1.** [nabot] midget, shortie, runt. -**2.** [incapable] no-hoper *esp Br*, nobody; **c'est un ~** he's a (born) loser.

minuscule [minyskyl] ◇ *adj* -**1.** [très petit] minute, minuscule, tiny; **des bestioles ~s** tiny OU microscopic creatures; **elle est ~ à côté de lui** she's minute OU tiny compared with him. -**2.** IMPR: **un b ~** a small b ❑ **lettre ou caractère ~** small OU lower-case letter.
◇ *nf* small letter; IMPR lower-case letter; **écrire en ~s** to write in small letters.

minus habens [minysabɛ̃s] *nmf inv sout & péj* halfwit.

minutage [minytaʒ] *nm* timing.

minute [minyt] ◇ *nf* -**1.** [mesure - du temps] minute; **il est parti depuis une bonne ~** he's been gone for a minute or two now; **les ~s passent vite** time flies; **les ~s sont longues** time drags by; **une ~ de silence** a minute's silence, a minute of silence; **chaque ~ compte** every minute counts; **il n'y a pas une ~ à perdre** there's not a minute to lose; **à la ~ près** on the dot, right on time; **on n'est pas à la ~ près** OU **à la ~!** *fam* there's no hurry!; **à deux ~s (de voiture/de marche) de chez moi** two minutes' (drive/walk away) from my house. -**2.** [moment] minute, moment; **revenez dans une petite ~** come back in a minute OU moment (or two); **il y a une ~** OU **il n'y a pas même une ~, tu disais tout le contraire** just a minute OU moment ago, you were saying the very opposite; **de ~ en ~** by the minute; **je n'ai pas une ~ à moi** I haven't got a minute OU moment to myself; **as-tu une ~? j'ai à te parler** do you have a minute? I have to talk to you ❑ **la ~ de vérité** the moment of truth. -**3.** *(comme adj inv)* [instantané]: **nettoyage ~** same-day cleaning; **talon ~** heel bar *Br*, on-the-spot shoe repair; **steak ~** minute steak. -**4.** GÉOM minute. -**5.** JUR original *(of a deed)*. -**6.** PRESSE: **Minute** *weekly newspaper with extreme right-wing tendencies.*
◇ *interj fam* wait a minute OU moment; **~, je n'ai pas dit ça!** hang on OU wait a minute, I never said that! ❑ **~, papillon!** hold your horses!, not so fast!
◆ **à la minute** *loc adv* -**1.** [il y a un instant] a moment ago; **elle est sortie à la ~** she's just this minute gone out. -**2.** [sans attendre] this minute OU instant; **je veux que ce soit fait à la ~** I want it done this instant. -**3.** [toutes les 60 secondes] per minute; **45 tours à la ~** 45 revolutions a OU per minute.
◆ **d'une minute à l'autre** *loc adv* any time; **il sera là d'une ~ à l'autre** he'll be arriving any minute, he won't be a minute; **les choses peuvent changer d'une ~ à l'autre** things may change at any moment.

minuter [3] [minyte] *vt* [spectacle, cuisson] to time; **sa journée de travail est soigneusement minutée** she works to a very tight OU strict schedule.

minuterie [minytri] *nf* -**1.** ÉLECTR time switch; **il y a une ~ dans l'escalier** the stair light is on a time switch. -**2.** [d'une horloge] motion work; [d'un compteur] counter mechanism. -**3.** [minuteur] timer.

minuteur [minytœr] *nm* AUDIO & ÉLECTR timer.

minutie [minysi] *nf* meticulousness, thoroughness; **remarquez la ~ des broderies sur ce tissu** notice the intricacy of the embroidery on this material; **avec ~** in minute detail; **travailler avec ~** to work meticulously.

minutier [minytje] *nm* JUR (lawyer's) minute book; **~ central** *archives for ancient records,* ≃ Public Records Office *Br*.

minutieusement [minysjøzmɑ̃] *adv* -**1.** [avec précision] meticulously, carefully. -**2.** [en détail] in minute detail.

minutieux, euse [minysjø, øz] *adj* -**1.** [consciencieux] meticulous, thorough; **déjà enfant, il était très ~** even as a child, he used to do everything with great thoroughness. -**2.** [méticuleux] meticulous, detailed, thorough; **enquête/recherche minutieuse** thorough investigation/research.

miocène [mjɔsɛn] ◇ *adj* Miocene.
◇ *nm*: **le ~** Miocene (period).

mioche *fam* [mjɔʃ] *nmf* kid, nipper *Br*.

mirabelle [mirabɛl] *nf* [fruit] mirabelle (plum); [liqueur] mirabelle *(plum brandy)*.

mirabellier [mirabelje] *nm* mirabelle plum tree.

mirabilis [mirabilis] *nm* four o'clock, marvel of Peru.

miracle [mirakl] *nm* -**1.** [intervention divine] miracle; **sa guérison tient du ~** his recovery is (nothing short of) a miracle. -**2.** [surprise] miracle, marvel; **et le ~ se produisit, l'enfant parla enfin** and the miracle happened, the child at last spoke; **des fraises en plein décembre, vous avez fait des ~s!** strawberries in the middle of December, you've done OU worked miracles!; **le ~ de l'amour** the miracle OU wonder of love; **les ~s de la science** the wonders OU marvels of science; **~ économique** economic miracle; **un ~ de: le deuxième mouvement est un ~ de délicatesse** the second movement is wonderfully delicate. -**3.** THÉÂT miracle play. -**4.** *(comme adj; avec ou sans trait d'union)* miracle *(modif)*, wonder *(modif)*; **médicament ~** miracle OU wonder drug; **la solution-~ à vos problèmes de rangement** the miracle solution to your storage problems.
◆ **par miracle** *loc adv* by a OU some miracle, miraculously; **le lendemain, comme par ~, le cerisier était tout rose** the next day, as if by miracle, the cherry tree was pink all over; **mais par ~ j'avais pensé à fermer le gaz** but, miraculously OU amazingly enough, I'd remembered to turn off the gas.

miraculé, e [mirakyle] ◇ *adj* [d'une maladie] miraculously cured; [d'un accident] miraculously saved.
◇ *nm, f* -**1.** RELIG: **c'est un ~ de Lourdes** he was miraculously cured at Lourdes. -**2.** [survivant] miraculous survivor; **une des rares ~es du tremblement de terre** one of the few (people) who miraculously survived the earthquake.

miraculeusement [mirakyløzmɑ̃] *adv* miraculously, (as if) by a OU some miracle.

miraculeux, euse [mirakylø, øz] *adj* -**1.** [qui tient du miracle] miraculous, miracle *(modif)*; **cela n'a rien de ~!** there's nothing miraculous OU special about it! -**2.** [très opportun] miraculous, wonderful. -**3.** [prodigieux] miraculous, miracle *(modif)*; **produit/sauvetage ~** miracle product/rescue.

mirador [miradɔr] *nm* -**1.** ARCHIT mirador. -**2.** MIL watchtower, mirador.

mirage [miraʒ] *nm* -**1.** [illusion optique] mirage. -**2.** *sout* [chimère] mirage, delusion; **je m'étais laissé prendre au ~ de l'amour** I had fallen for the illusion of perfect love. -**3.** [d'un œuf] candling.

mire [mir] *nf* -**1.** ARM: **cran de ~** backsight (notch); **point de ~** *pr* aim, target; **pendant les Jeux, la ville sera le point de ~ du monde entier** *fig* the eyes of the world will be on the city during the Games. -**2.** [d'un téléviseur] TV test card, test pattern *spéc*. -**3.** TECH [pour niveler] levelling rod OU staff; **~ parlante** target rod.

mire-œufs [mirø] *nm inv* candling light.

mirepoix [mirpwa] *nf* mirepoix.

mirer [3] [mire] *vt* -**1.** [œuf] to candle. -**2.** *litt* [voir se refléter]: **le saule mire ses branches dans la rivière** the willow branches are reflected OU mirrored in the river.
◆ **se mirer** ◇ *vp (emploi réfléchi) litt* [se regarder] to gaze at o.s.
◇ *vpi* [se refléter] to be mirrored OU reflected; **les saules se miraient dans le lac** the willows were mirrored in the lake.

mirettes[▽] [mirɛt] *nfpl* eyes.

mirifique [mirifik] *adj hum* fabulous, amazing, staggering.

mirliton [mirlitɔ̃] *nm* -**1.** MUS kazoo, mirliton; **une musique de ~** second-rate music. -**2.** MIL shako.

miro *fam* [miro] ◇ *adj* [myope] short-sighted; **sans mes lunettes, je suis complètement ~** I'm as blind as a bat without my glasses.
◇ *nmf* short-sighted (person).

mirobolant, e *fam* [mirɔbɔlɑ̃, ɑ̃t] *adj* [mirifique] fabulous, stupendous, amazing; **carrière ~e** fabulous career; **il touche un salaire ~** he earns an absolute fortune; **des promesses ~es** extraordinary OU grandiose promises.

miroir [mirwar] *nm* -**1.** [verre réflecteur] mirror; **~ déformant/grossissant** distorting/magnifying mirror; **~ à main/à barbe** hand/shaving mirror; **~ aux alouettes** CHASSE decoy; *fig* trap for the unwary; **~ de courtoisie** AUT vanity mirror. -**2.** *litt* [surface unie] mirror-like surface; **le ~ des eaux** the mirror-like surface of the water. -**3.** *litt* [image, reflet] mirror, reflection; **les yeux sont le ~ de l'âme** the eyes are the windows of the soul. -**4.** MÉD: **~ frontal** head mirror. -**5.** HORT: **~ d'eau** ornamental lake. -**6.** AÉRON: **~ d'appontage** landing mirror. -**7.** ENTOM [papillon] silver-spotted skipper moth. -**8.** NUCL: **~ magnétique** magnetic mirror. -**9.** GÉOL: **~ de faille** slickenslide.

miroitant, e [mirwatɑ̃, ɑ̃t] *adj* -**1.** [luisant] glistening, gleaming. -**2.** [chatoyant] shimmering.

miroité, e [mirwate] *adj* [cheval, robe] dappled.

miroitement [mirwatmɑ̃] *nm* -**1.** [lueurs] glistening, gleaming. -**2.** [chatoiement] shimmering.

miroiter [3] [mirwate] *vi* -**1.** *sout* [luire] to glisten, to gleam. -**2.** *fig*: **faire ~ qqch à qqn** to (try and) lure sb with the prospect of sthg; **on lui a**

fait ~ une augmentation they dangled the prospect of a rise before him.

miroiterie [mirwatri] *nf* -**1.** [industrie] mirror industry. -**2.** [commerce] mirror trade. -**3.** [fabrique] mirror factory.

miroitier [mirwatje] *nm* -**1.** [ouvrier] mirror cutter, silverer. -**2.** [fabricant] mirror manufacturer. -**3.** [vendeur] mirror dealer.

miroton [mirɔtɔ̃], **mironton** [mirɔ̃tɔ̃] *nm*: (bœuf) ~ sliced beef and onion stew *(in white wine)*.

mis, e[1] [mi, miz] *adj* -**1.** [vêtu]: **bien ~** well dressed, nicely turned out. -**2.** ÉQUIT [dressé]: **cheval bien/mal ~** well-trained/badly-trained horse.

Mis *abr écrite de* Marquis.

misaine [mizɛn] *nf*: **mât de ~** foremast; (voile de) ~ foresail.

misandre [mizɑ̃dr] ◇ *adj* misandrous, misandrist, man-hating.
◇ *nmf* misandrist, man-hater.

misandrie [mizɑ̃dri] *nf* misandry, hatred of men.

misanthrope [mizɑ̃trɔp] ◇ *adj* misanthropic.
◇ *nmf* misanthrope, misanthropist; **'le Misanthrope'** *Molière* 'The Misanthrope'.

misanthropie [mizɑ̃trɔpi] *nf* misanthropy.

misanthropique [mizɑ̃trɔpik] *adj* misanthropic.

miscibilité [misibilite] *nf* miscibility.

miscible [misibl] *adj* miscible.

mise[2] [miz] *nf* -**1.** JEUX stake; **augmenter la ~** to up the stakes; **doubler sa ~** to double one's stake. -**2.** *sout* [tenue] attire, dress; **soigner sa ~** to take care over one's appearance. -**3.** *Helv* [vente] auction (sale). -**4.** [dans des expressions]: **~ à**: **~ à l'abri** *pr* sheltering; *fig* putting in a safe place; **~ à l'affiche** [d'un film] screening; [d'un concert, d'une pièce] putting on, billing; **~ à l'eau** NAUT launch; **~ à exécution** carrying out, implementation; **avec ~ à exécution immédiate** to be carried out immediately; **~ à feu** ARM firing; ASTRONAUT blast-off, launch; MIN & TECH firing, ignition; **~ à l'heure** setting (to the right time); **~ à jour** updating; INF maintenance; **~ à la masse** earthing *Br*, grounding *Am*; **~ à mort** [gén] putting to death; [en tauromachie] execution; CHASSE kill, mort *spéc*; **au moment de la ~ à mort** at the kill; **~ à neuf** renovation; **~ à pied** [disciplinaire] suspension; [économique] laying off; **~ à la retraite** pensioning off; **~ à sac** [d'une ville] sacking; [d'un appartement] ransacking; **~ au**: **~ au courant** informing; **~ au monde** birth; **~ au pas** ÉQUIT reining in (to a walk); [d'une personne, de l'économie] bringing into line; **~ au propre** making a fair copy OU tidying up *(of a document)*; **~ au tombeau** entombment; **~ de**: **~ de fonds** capital outlay; **~ de fonds initiale** [pour un achat] initial outlay; [pour monter une affaire] initial investment, seed money; **~ en**: **~ en accusation** indictment; **~ en application** implementation; **~ en attente** postponing, shelving; INF & TÉLÉC hold; **~ en bière** placing in the coffin; **~ en boîte** CIN & RAD editing; **être la victime d'une ~ en boîte** *fam fig* to have one's leg pulled; **~ en bouteilles** bottling; **~ en branle** starting up, getting going; **~ en cause** [d'une personne] implication; [d'une idée] calling into question; **~ en circulation** FIN issue; **~ en communication** pooling; **~ en condition** [du corps] getting fit; [de l'esprit] conditioning; **~ en conserve** canning; **~ en demeure** injunction, formal notification; **~ en disponibilité** leave of absence; **~ en doute** putting into doubt, questioning; **~ en eau** [installation du système] installation of water; [ouverture des robinets] switching on of water; [remplissage] filling; **~ en état** JUR preparation for hearing; [d'un engin] getting into working order; [d'un local] renovation; **~ en examen** JUR indictment; **~ en forme** [d'un chapeau] shaping; INF formatting; IMPR imposition; SPORT fitness training; **~ en garde** warning; **~ en jeu** FTBL throw-in; *fig* bringing into play; **~ en liberté** release; **~ en liberté provisoire** release on bail; **~ en marche** starting up; **~ en mémoire** INF storing OU saving (in the memory); **~ en mouvement** setting in motion; **~ en œuvre** implementation, bringing into play; **~ en ondes** RAD production; **~ en orbite** putting into orbit; **~ en ordre** [d'un local] tidying up; INF [d'un fichier] sequencing; [d'un programme] housekeeping; MATH ordering; **~ en place** setting up, organization; **~ en question** questioning, challenging; **~ en route** starting up; **~ en séquence** sequencing; **~ en service** putting into service, bringing into operation; **~ en terre** burial; **~ en train** [d'un projet] starting up; SPORT warming up; [d'une soirée] breaking the ice; **~ en valeur** [d'un sol, d'une région] development; [de biens] improvement; [de qualités] setting off, enhancement; **~ en vente** (putting up for) sale; **~ en vigueur** bringing into force, enforcement; **~ hors**: **~ hors circuit** ÉLECTR disconnection; TECH disabling; **la ~ hors circuit du champion** *fam fig* knocking the champion out of the race; **~ hors la loi** outlawing; **~ hors service** placing out of service; **~ sous**: **~ sous surveillance** putting under surveillance; **~ sous tension** supplying with electricity; **~ sur**: **~ sur écoutes** (phone) tapping; **~ sur pied** setting up.
◆ **de mise** *loc adj* appropriate; **ta colère n'est plus de ~** your anger is out of place now, there's no point in your being angry any more.
◆ **mise à prix** *nf* reserve *Br* OU upset *Am* price.
◆ **mise au point** *nf* -**1.** OPT & PHOT focusing, focussing. -**2.** TECH tuning, adjustment. -**3.** INF trouble-shooting, debugging. -**4.** *fig* clarification, correction; **après cette petite ~ au point** now that the record has been set straight.
◆ **mise en page(s)** *nf* -**1.** IMPR make-up, making up. -**2.** INF editing; **je n'aime pas la ~ en page de la revue** I don't like the layout of the review.
◆ **mise en plis** *nf* set.
◆ **mise en scène** *nf* CIN & THÉÂT production; **son remords n'était que de la ~ en scène** *fig* his remorse was only an act.

Mise *abr écrite de* Marquise.

miser [3] [mize] ◇ *vt* [parier] to stake, to bet; **j'ai misé 50 francs sur le numéro 29** I've staked 50 francs on number 29.
◇ *vi Helv* [acheter] to buy *(at an auction sale)*; [vendre] to put up for auction.
◆ **miser sur** *v + prép* -**1.** JEUX [cheval] to bet on, to back; [numéro] to bet on ❑ **~ sur les deux tableaux** to back both horses, to hedge one's bets. -**2.** [compter sur - quelque chose] to bank OU to count on *(insép)*; [- quelqu'un] to count on *(insép)*; **elle mise sur le succès de son livre pour s'acheter une maison** she's banking on her book being a success to buy a house; **il vaut mieux ne pas ~ sur lui** we'd better not count on him.

misérabilisme [mizerabilism] *nm* miserabilism.

misérabiliste [mizerabilist] *adj* & *nmf* miserabilist.

misérable [mizerabl] ◇ *adj* -**1.** *(tjrs après le n)* [sans ressources] impoverished, poverty-stricken, poor; **tout le pays est ~** the whole country is wretchedly OU miserably poor. -**2.** [pitoyable] pitiful, miserable, wretched; **elle me fit le récit de sa ~ existence** she told me the tale of her wretched life. -**3.** [insignifiant] miserable, paltry; **travailler pour un salaire ~** to work for a pittance.
◇ *nmf* -**1.** *sout* OU *hum* [malheureux]: **~, qu'as-tu fait là!** what have you done, you wretch! -**2.** *litt* [miséreux] pauper, wretch. -**3.** [canaille] (vile) rascal OU scoundrel.

misérablement [mizerabləmɑ̃] *adv* -**1.** [pauvrement] in poverty, wretchedly. -**2.** [lamentablement] pitifully, miserably, wretchedly.

misère [mizɛr] ◇ *nf* -**1.** [indigence] poverty, destitution; **être dans la ~** to be destitute OU poverty-stricken; **vivre dans la ~** to live in poverty; **~ dorée** splendid poverty; **être réduit à la ~** to be reduced to poverty ❑ **il se jeta sur la nourriture comme la ~ sur le monde** *hum* he went at the food like a starving man OU like a wolf on its prey. -**2.** *fig* poverty; **il y avait une grande ~ culturelle pendant la dictature** there was great cultural poverty under the dictatorship; **~ sexuelle** sexual misery. -**3.** [malheur]: **c'est une ~ de les voir se séparer** it's pitiful OU it's a shame to see them break up. -**4.** [somme dérisoire] pittance; **gagner une ~** to earn a pittance; **je l'ai eu pour une ~** I got OU bought it for next to nothing. -**5.** MÉD: **~ physiologique** (serious) malnutrition.
◇ *interj hum*: **~ de moi!** woe is me!
◆ **misères** *fam nfpl* [ennuis]: **les petites ~s de la vie conjugale** the little upsets of married life; **faire des ~s à qqn** to give sb a hard time, to make sb's life a misery; **ne fais pas de ~s à ce chien!** stop tormenting that dog!
◆ **de misère** *loc adj*: **un salaire de ~** a starvation wage, a pittance.

miséreux, euse [mizerø, øz] ◇ *adj vieilli* [pauvre] poverty-stricken, destitute.
◇ *nm, f sout* poor person, pauper *vieilli*; **aider** OU **secourir les ~** to help the poor.

miséricorde [mizerikɔrd] *nf litt* -**1.** [pitié] mercy, forgiveness; **implorer ~** to beg OU to cry for mercy ❑ **~ divine** divine mercy; **~!** *vieilli* OU *hum* heaven help us!, mercy on us! -**2.** [siège] misericord, misericorde.

miséricordieux, euse [mizerikɔrdjø, øz] *adj litt* merciful, forgiving; **être ~ envers qqn** to show mercy towards sb; **soyez ~** have mercy.

misogyne [mizɔʒin] ◇ *adj* misogynous, misogynistic.
◇ *nmf* misogynist, woman-hater.

misogynie [mizɔʒini] *nf* misogyny.

miss [mis] (*pl inv* OU **misses** [mis]) *nf* -**1.** [gouvernante] governess. -**2.** *fam hum*: **ça va, la ~?** how's things, beauty?
◆ **Miss** *nf inv* [reine de beauté]: **Miss Japon/Monde** Miss Japan/World.

missel [misɛl] *nm* missal.

missile [misil] *nm* missile; **~ antichar/antiaérien** antitank/antiaircraft missile; **~ intercontinental/stratégique/de croisière** intercontinental/strategic/cruise missile; **~ sol-sol/air-air** ground-to-ground/air-to-air missile; **~ antimissile** antimissile missile; **~ Pershing** Pershing missile; **~ tactique** tactical missile.

missilier [misilje] *nm* missile-operating personnel, missileman.

mission [misjɔ̃] *nf* -**1.** [charge] mission, assignment; **~ accomplie** mission accomplished; **recevoir pour ~ de faire qqch** to be commissioned to do sthg; **il est en ~ au Canada** he's in Canada on an assignment ❑ **~ de bons offices** goodwill mission; **~ de reconnaissance** MIL reconnaissance mission; **être en ~ de reconnaissance** to be on reconnaissance duty. -**2.** [devoir] mission, task; **la ~ de notre organisation est de défendre les droits de l'homme** our organization's mission is to defend human rights; **la ~ du journaliste est d'informer** a journalist's task is to inform. -**3.** [groupe] mission; **~ diplomatique** diplomatic mission; **~ scientifique/commerciale** scientific/trade mission. -**4.** RELIG [organisation] mission; **~s étrangères** foreign missions ‖ [lieu] mission (station); **il y a un hôpital dans la ~** there's a hospital at the mission.

missionnaire [misjɔnɛr] ◇ *adj* missionary; **la vocation ~** the vocation of a missionary.
◇ *nmf* missionary.

Mississippi [misisipi] *npr m* -**1.** [fleuve]: **le ~** the Mississippi (River). -**2.** [État]: **le ~** Mississippi.

missive [misiv] ◇ *adj* missive.
◇ *nf sout* missive.

Missolonghi [misɔlɔ̃gi] *npr* Missolonghi.

Missouri [misuri] *npr m*: **le ~** Missouri.

mistigri [mistigri] *nm* -**1.** *fam* [chat] puss. -**2.** CARTES jack OU knave *esp Br* of clubs.

mistoufle▽ [mistufl] *nf vieilli* -**1.** [misère]: **être dans la ~** to be down at heel. -**2.** [méchanceté]: **faire des ~s à qqn** to play dirty tricks on sb.

Mistra [mistra] *npr* Mistra.
mistral [mistral] *nm* mistral.
mitaine [mitɛn] *nf* (fingerless) mitt; *Can* & *Helv* [moufle] mitten.
mitan [mitɑ̃] *nm vieilli* -**1.** [centre] middle, centre. -**2.** *arg crime* underworld.
mitard [mitar] *nm arg crime* [cachot] can, clink; **être au ~** to be in solitary confinement OU in solitary.
mite [mit] *nf* -**1.** [papillon] (clothes) moth; **rongé par les** OU **aux ~s** moth-eaten. -**2.** [ciron]: **~ du fromage** cheese-mite.
mité, e [mite] *adj* moth-eaten.
mi-temps [mitɑ̃] ◇ *nf inv* SPORT -**1.** [moitié] half; **la première ~** the first half. -**2.** [pause] halftime; **le score est de 0 à 0 à la ~** the halftime score is nil nil; **siffler la ~** to blow the whistle for halftime.
◇ *nm inv* part-time job; **chercher un ~** to look for a part-time job; **faire un ~** to work part-time.
◆ **à mi-temps** ◇ *loc adj* part-time; **travailleur à ~** part-timer, part-time worker.
◇ *loc adv*: **elle travaille à ~ comme serveuse** she's a part-time waitress.
miter [3] [mite]
◆ **se miter** *vpi* to become moth-eaten.
miteux, euse *fam* [mitø, øz] ◇ *adj* [costume] shabby, tatty *Br*, tacky *Am*; [chambre] dingy, crummy; [situation, salaire] pathetic; **un hôtel ~** a crummy hotel; **un (petit) escroc ~** a small-time crook.
◇ *nm, f* [incapable] nonentity, loser, no-hoper *Br*; [indigent] bum, dosser *Br*.
Mithridate [mitridat] *npr* Mithridates.
mitigation [mitigasjɔ̃] *nf* mitigation; **~ d'une peine** mitigation of a sentence.
mitigé, e [mitiʒe] *adj* -**1.** [peu favorable] mixed; **des critiques ~es** mixed reviews. -**2.** [modéré]: **manifester un enthousiasme ~** to be reserved in one's enthusiasm; **j'avais des sentiments ~s à son égard** I had mixed feelings about him. -**3.** **~ de** [adouci par] mitigated OU qualified by; **des éloges ~s de critiques** praise qualified by criticism.
mitiger [17] [mitiʒe] *vt vieilli* to mitigate; **~ qqch de** to mix OU to temper sthg with; **ayant mitigé ses critiques de quelques compliments** having tempered his criticism with a few words of praise.
mitigeur [mitiʒœr] *nm* mixer tap *Br* OU faucet *Am*; **~ de douche** shower mixer.
mitochondrie [mitɔkɔ̃dri] *nf* mitochondrion.
mitonner [3] [mitɔne] ◇ *vt* -**1.** CULIN to simmer, to slow-cook; **bœuf mitonné** stewed beef, beef stew; **je vous ai mitonné une petite recette à moi** I've cooked you one of my tasty little recipes. -**2.** [coup, plan] to plot; **j'ai bien mitonné ma vengeance** I carefully plotted my revenge. -**3.** *litt*: **~ qqn** to cosset OU to pamper sb.
◇ *vi* CULIN to simmer, to stew gently; **laissez ~ la viande** leave the meat to simmer.
mitose [mitoz] *nf* mitosis.
mitoyen, enne [mitwajɛ̃, ɛn] *adj* -**1.** [commun] common, shared; **puits ~ entre les deux maisons** well shared by OU common to the two houses. -**2.** [jouxtant] bordering, neighbouring; **les deux champs sont ~s** the two fields are adjacent to each other; **le jardin ~ du nôtre** the garden (immediately) next to ours, the neighbouring garden (to ours). -**3.** [en copropriété] commonly-owned, jointly-owned; **mur ~** party wall.
mitoyenneté [mitwajɛnte] *nf* -**1.** [copropriété] common OU joint ownership. -**2.** [contiguïté] adjacency.
mitraillade [mitrajad] *nf* volley of shots.
mitraillage [mitrajaʒ] *nm* MIL machine-gunning.
mitraille [mitraj] *nf* -**1.** MIL grapeshot; [décharge] volley of shots. -**2.** MÉTALL scrap metal OU iron. -**3.** *fam* [monnaie] small OU loose change.
mitrailler [3] [mitraje] *vt* -**1.** MIL to machine-gun. -**2.** *fam* [photographier] to snap (away) at; **~ qqn de questions** *fig* to fire questions at sb, to bombard sb with questions. -**3.** MÉTALL to scrap.
mitraillette [mitrajɛt] *nf* submachine gun.
mitrailleur [mitrajœr] *nm* machine gunner; **~ d'avion** air gunner.
mitrailleuse [mitrajøz] *nf* machine gun; **~ d'avion** OU **d'aviation** aircraft machine gun; **~ légère/lourde** light/heavy machine gun; **~ de tourelle** mounted (turret) machine gun.
mitral, e, aux [mitral, o] *adj* mitral.
mitre [mitr] *nf* -**1.** RELIG mitre; **recevoir la ~** to be mitred. -**2.** CONSTR (chimney) cowl.
mitré, e [mitre] *adj* mitred.
mitron [mitrɔ̃] *nm* -**1.** [garçon pâtissier] pastry cook's apprentice OU boy; [garçon boulanger] baker's apprentice OU boy. -**2.** CONSTR chimney cowl seating OU head.
mi-voix [mivwa]
◆ **à mi-voix** *loc adv* in a low OU hushed voice, in hushed tones; **chanter à ~** to sing softly.
mixage [miksaʒ] *nm* AUDIO, RAD, TV & MUS mixing.
mixer[1] [3] [mikse] *vt* -**1.** CULIN [à la main] to mix; [au mixer] to blend, to liquidize. -**2.** MUS to mix.
mixer[2] [miksɛr], **mixeur** [miksœr] *nm* mixer, blender, liquidizer.
mixité [miksite] *nf* -**1.** [gén] mixed nature. -**2.** ENS coeducation, coeducational system.
mixte [mikst] ◇ *adj* -**1.** [des deux sexes] mixed; **classe ~** ENS mixed class; **école ~** mixed OU coeducational school; **équipe ~** mixed team ❑ **double ~** SPORT mixed doubles. -**2.** [de nature double] mixed; **économie/mariage ~** mixed economy/marriage; **action ~** JUR mixed action; **commission ~** joint commission; **peau ~** mixed skin type. -**3.** [à double usage]: **cuisinière ~** combined gas and electric cooker *Br* OU stove *Am*; **race bovine ~** milk-producing and meat-producing cattle breed; **train ~** freight and passenger train.
◇ *nm* SPORT mixed doubles match.
mixtion [mikstjɔ̃] *nf* PHARM [action] blending, compounding; [médicament] mixture.
mixture [mikstyr] *nf* -**1.** CHIM & PHARM mixture. -**2.** [boisson ou nourriture] mixture, concoction; **on nous a servi une ~ infâme** they served a vile concoction.
MJC *nf abr de* **maison des jeunes et de la culture.**
ml (*abr écrite de* **millilitre**) ml.
MLF (*abr de* **Mouvement de libération de la femme**) *npr m women's movement,* ≃ NOW *Am.*
Mlle *abr écrite de* **Mademoiselle.**
mm (*abr écrite de* **millimètre**) mm.
MM. (*abr écrite de* **Messieurs**) Messrs.
Mme (*abr écrite de* **Madame**) [femme mariée] Mrs; [femme mariée ou célibataire] Ms.
mn (*abr écrite de* **minute**) min.
mnémonique [mnemɔnik] *adj* mnemonic; **procédé** OU **moyen ~** mnemonic.
mnémotechnie [mnemɔtɛkni] *nf* mnemonics *(sg).*
mnémotechnique [mnemɔtɛknik] ◇ *adj* mnemonic.
◇ *nf* = **mnémotechnie.**
mnésique [mnezik] *adj* mnemonic.
MNS *nm abr de* **maître nageur sauveteur.**
Mo -**1.** (*abr écrite de* **méga-octet**) Mb. -**2.** *abr écrite de* **métro.** -**3.** *abr écrite de* **main-d'oeuvre.**
mobile [mɔbil] ◇ *adj* -**1.** [qui se déplace - pont] moving; [- main-d'œuvre] mobile; **panneau ~** sliding panel ‖ [amovible] movable, removable; **trois étagères ~s et deux fixes** three movable OU removable shelves and two fixed ones; **carnet à feuilles ~s** loose-leaf notepad. -**2.** MIL [unité] mobile. -**3.** [changeant] mobile; **un visage ~** a lively OU animated face. -**4.** [à valeur non fixe]: **caractère ~** IMPR movable character; **fête ~** movable feast.
◇ *nm* -**1.** [de sculpteur, pour enfant] mobile. -**2.** PHYS moving object. -**3.** [motif] motive; **le ~ d'un crime** the motive for a crime; **quel ~ l'a poussé à agir ainsi?** what motivated OU prompted him to act this way?
mobile home [mɔbilom] (*pl* **mobile homes**) *nm* mobile home.
mobilier, ère [mɔbilje, ɛr] *adj* JUR [propriété] personal, movable; [titre] transferable; **biens ~s** movables; **effets ~s** chattels.
◆ **mobilier** *nm* -**1.** [d'une habitation] furniture, furnishings; **du ~ Louis XIII/Renaissance** Louis XIII/Renaissance (style) furniture; **le ~ de la salle à manger** the dining room furniture ❑ **Mobilier national** *furniture in state-owned properties (in France)*. -**2.** [pour un usage particulier]: **~ de bureau/jardin** office/garden furniture; **~ scolaire** school furniture OU furnishings. -**3.** JUR movable property, movables.
◆ **mobilier urbain** *nm* street fittings, street furniture.
mobilisable [mɔbilizabl] *adj* -**1.** MIL liable to be called up, mobilizable. -**2.** [disponible] available. -**3.** FIN realizable, mobilizable.
mobilisateur, trice [mɔbilizatœr, tris] *adj* mobilizing; **c'est un thème très ~ en ce moment** it's an issue which is stirring a lot of people into action OU mobilizing a lot of people at the moment.
mobilisation [mɔbilizasjɔ̃] *nf* -**1.** MIL [action] mobilization, mobilizing, calling up; [état] mobilization; **~ générale/partielle** general/partial mobilization. -**2.** [d'une force politique] mobilization; [d'énergie, de volonté] mobilization, summoning; **il appelle à la ~ de tous les syndicats** he is calling on all the unions to mobilize. -**3.** FIN liquidation, realization; BANQUE mobilization. -**4.** MÉD & PHYSIOL mobilization.
mobiliser [3] [mɔbilize] *vt* -**1.** MIL [population] to call up *(sép)*, to mobilize; [armée] to mobilize; **nous fûmes tous mobilisés pour l'aider à déménager** *fig* & *hum* we were all marshalled OU mobilized into helping her move; **toute la famille fut mobilisée pour préparer la fête** the whole family was put to work to organize the party. -**2.** [syndicalistes, consommateurs, moyens techniques] to mobilize; [volontés] to mobilize, to summon up *(sép)*; **~ qqn pour faire qqch** to mobilize sb into doing sthg; **~ l'opinion en faveur des réfugiés politiques** to rally public opinion for the cause of the political refugees; **~ les forces vives d'une nation** to call upon the full resources of a nation. -**3.** BANQUE to mobilize. -**4.** MÉD [membre, articulation] to mobilize.
◆ **se mobiliser** *vpi* to mobilize; **tout le village s'est mobilisé contre le projet** the whole village rose up in arms against the plan OU mobilized to fight the plan.
mobilité [mɔbilite] *nf* -**1.** [dans l'espace - d'un membre, de la main-d'œuvre] mobility; **la ~ de ses traits** the mobility OU the expressiveness of his features. -**2.** SOCIOL [dans une hiérarchie] mobility; **~ professionnelle** professional mobility; **~ sociale** social mobility. -**3.** ÉLECTR & MIL mobility.
Mobutu [mɔbutu] *npr* → **lac.**
Mobylette® [mɔbilɛt] *nf* Mobylette®, moped.
mocassin [mɔkasɛ̃] *nm* -**1.** [chaussure] moccasin. -**2.** [serpent] (water) moccasin.
moche *fam* [mɔʃ] *adj* -**1.** [laid - personne] ugly; [- objet, vêtement] ugly, awful, horrible; **t'as vu ses chaussures? ce qu'elles sont ~s!** have you seen her shoes? they're hideous OU awful! -**2.** [détestable] lousy, rotten; **c'est ~, ce qu'elle lui a fait** it was rotten, what she did to him. -**3.** [pénible]: **tu ne peux pas prendre de congé? c'est ~ dis donc!** can't you take any time off? that's terrible!; **c'est ~ qu'il pleuve aujourd'hui!** it's a real drag OU pain that it had to rain today!
mocheté *fam* [mɔʃte] *nf* [personne] ugly thing, fright; [objet] eyesore; **c'est une vraie ~!** she's as ugly as sin!; **quelle ~, cette lampe!** what an

eyesore that lamp is!, that lamp's really awful OU hideous!

M-octet (*abr écrite de* **méga-octet**) Mb.

modal, e, aux [mɔdal, o] *adj* LING, LOGIQUE & MUS modal.

◆ **modal, aux** *nm* LING modal (auxiliary).

modalité [mɔdalite] *nf* -**1.** [façon] mode; **~s de contrôle** ENS methods of assessment; **~s de paiement** conditions OU terms of payment. -**2.** [circonstances] term; **les ~s de l'accord** the terms of the agreement; **~s d'application d'un décret** JUR modes of enforcement of a ruling; **~s d'une émission** ÉCON terms and conditions of an issue. -**3.** LING, MUS & PHILOS modality; **adverbe de ~** modal adverb.

mode[1] [mɔd] ◇ *nf* -**1.** VÊT: **la ~** fashion; **la ~ (de) printemps/(d')hiver** the spring/winter fashion; **la ~ courte/longue** (fashion for) high/low hemlines; **ceux qui font la ~** trendsetters, fashionsetters; **c'est la dernière** OU **c'est la grande ~** it's the latest fashion; **c'est la ~ des bas résille** fishnet stockings are in fashion OU in vogue; **suivre la ~** to follow fashion; **c'est passé de ~** it's out of fashion, it's no longer fashionable; **lancer une ~** to set a fashion OU a trend; **il a lancé la ~ de la fausse fourrure** he launched the fashion for imitation fur. -**2.** [activité]: **la ~** [gén] the fashion industry OU business; [stylisme] fashion designing. -**3.** [goût du jour] fashion; **c'était la ~ de faire du jogging** jogging was all the rage then; **ce n'est plus la ~ de se marier** marriage is outdated OU has gone out of fashion; **la ~ des années 80** the style of the eighties. -**4.** *vieilli* [coutume] custom, fashion; **c'était l'ancienne ~!** those were the days!

◇ *adj inv* [coloris, coupe] fashion *(modif)*, fashionable; **il ne porte que ce qui est très ~** he only wears things that are the height of fashion.

◆ **à la mode** ◇ *loc adj* [vêtement] fashionable, in fashion; [personne, sport] fashionable; [chanson] (currently) popular; **ce n'est plus à la ~** it's out of fashion; **dans un café à la ~** in a fashionable café; **ce sont des gens à la ~** they're very fashionable.

◇ *loc adv*: **se mettre à la ~** to follow the latest fashion; **revenir à la ~** to come back into fashion.

◆ **à la mode de** *loc prép* -**1.** [suivant l'usage de] in the fashion of; **elle cuisine à la ~ de Provence** she cooks in the provençal fashion; **je les fais toujours à la ~ de chez nous** I always do them like we do at home. -**2.** *loc*: **à la ~ de Bretagne: cousin à la ~ de Bretagne** distant cousin, first cousin once removed; **neveu/oncle à la ~ de Bretagne** nephew/uncle six times removed.

mode[2] [mɔd] *nm* -**1.** [méthode]: **~ de** [méthode] mode OU method of; [manière personnelle] way of; **~ d'action** form OU mode of action; **on ne connaît pas le ~ d'action de cette substance** we don't know how this substance works; **~ d'emploi** directions OU instructions for use; **~ d'existence** way of living; **~ de paiement** mode OU method of payment; **~ de production** mode of production; **~ de scrutin** voting system; **~ de vie** [gén] life style; SOCIOL pattern of living. -**2.** LING mood, mode. -**3.** INF mode; **~ multitâche/repos/système** multitasking/sleep/system mode; **~ autonome** OU **déconnecté** OU **local** OU **hors ligne** off-line mode; **~ connecté** OU **en ligne** on-line mode; **~ esclave** OU **problème** OU **programme** slave OU problem mode; **~ maître** OU **superviseur** master OU supervisor mode; **~ d'accès** access mode; **~ canal** channel mode; **~ différé** delayed mode; **~ d'édition** edit mode; **~ télétraitement** remote mode; **~ de transmission** data communication mode; **~ utilisateur** user mode. -**4.** MATH, MUS & PHILOS mode.

modelage [mɔdlaʒ] *nm* -**1.** [action] modelling; MÉTALL moulding. -**2.** [objet] sculpture.

modelé [mɔdle] *nm* -**1.** [sur tableau] relief; [d'une sculpture, d'un buste] contours, curves. -**2.** GÉOG (surface) relief.

modèle [mɔdɛl] ◇ *nm* -**1.** [référence à reproduire - gén] model; [- de tricot, de couture] pattern; **prendre ~ sur qqch** to use sthg as a model; **j'ai pris ton pull comme ~** I used your sweater as a pattern; **construire qqch sur le ~ de** to build sthg on the model of; **dessiner d'après un ~** BX-ARTS to draw from life ‖ SCOL [corrigé] model answer. -**2.** [bon exemple] model, example; **elle est un ~ pour moi** she's my role model; **prendre qqn pour ~** to model o.s. on sb; **servir de ~ à qqn** to serve as a model for sb, to be a model to sb; **c'est le ~ du parfait employé** he's a model employee; **ta sœur, c'est pas un ~!** *fam* your sister is no example to follow!; **c'est un ~ du genre** it's a perfect example of its type. -**3.** COMM [prototype, version] model; **grand/petit ~** large-scale/small-scale model; **~ sport/deux portes** AUT sports/two-door model; **c'est un ancien ~** it's an old model ❑ **~ déposé** registered design; **~ de fabrique** TECH factory prototype. -**4.** VÊT model, style, design; **il y a de beaux ~s dans sa collection d'hiver** there are some fine designs in her winter collection; **vous avez ce ~ en 38?** do you have this one in a 38? -**5.** [maquette] model; **~ réduit** small-scale model; **~ réduit d'avion** model aeroplane; **un ~ au 1/10** a 1 to 10 (scale) model. -**6.** BX-ARTS model. -**7.** INF model. -**8.** LING pattern. -**9.** LOGIQUE, MATH & PHILOS model. -**10.** MÉTALL pattern.

◇ *adj* -**1.** [parfait] model *(modif)*; **il a eu un comportement ~** he was a model of good behaviour. -**2.** [qui sert de référence]: **ferme/prison ~** model farm/prison.

modeler [25] [mɔdle] *vt* -**1.** [argile] to model, to shape, to mould; [figurine] to model, to mould, to fashion; **~ des animaux en terre** to mould OU to model animals in clay; **les glaciers ont modelé le paysage** the glaciers moulded the landscape. -**2.** *fig* [idées, caractère, opinion publique] to shape, to mould; **~ sa conduite sur (celle de) qqn** to model one's behaviour on sb OU sb's.

◆ **se modeler sur** *vp + prép* to model o.s. on.

modeleur, euse [mɔdlœr, øz] *nm, f* -**1.** BX-ARTS modeller. -**2.** MÉTALL pattern-maker.

modélisation [mɔdelizasjɔ̃] *nf* modelling.

modéliser [3] [mɔdelize] *vt* to model.

modélisme [mɔdelism] *nm* scale model making.

modéliste [mɔdelist] *nmf* -**1.** [de maquettes] model maker. -**2.** COUT (dress) designer.

modem [mɔdɛm] *nm* modem; **~ longue/courte distance** long-haul/limited distance modem.

Modène [mɔdɛn] *npr* Modena.

modérateur, trice [mɔderatœr, tris] ◇ *adj* -**1.** [élément, présence] moderating, restraining. -**2.** PHYSIOL [nerf, substance] moderating.

◇ *nm, f* mediator, moderator.

◆ **modérateur** *nm* -**1.** TECH regulator, moderator. -**2.** NUCL & RELIG moderator.

modération [mɔderasjɔ̃] *nf* -**1.** [mesure] moderation, restraint; **avec ~** [boire, manger, utiliser] in moderation; [agir] moderately, with moderation; **une réponse pleine de ~** a very restrained answer. -**2.** [réduction - de dépenses] reduction, reducing; [atténuation - d'un sentiment] restraint, restraining. -**3.** JUR: **~ de droit** ≃ tax concession. -**4.** NUCL moderation.

modéré, e [mɔdere] ◇ *adj* -**1.** [prix] moderate, reasonable; [vent, température] moderate; [enthousiasme, intérêt, succès] moderate; **mer ~e à belle** MÉTÉO sea moderate to good. -**2.** [mesuré, raisonnable] moderate; [plein de retenue] moderate, restrained; **être ~ dans ses propos** to be moderate in what one says. -**3.** POL moderate.

◇ *nm, f* POL moderate; **les ~s** the moderates.

modérément [mɔderemɑ̃] *adv* -**1.** [sans excès] in moderation. -**2.** [relativement] moderately, relatively; **je ne suis que ~ surpris** I'm only moderately surprised, I'm not really all that surprised.

modérer [18] [mɔdere] *vt* [ardeur, enthousiasme, impatience, dépenses] to moderate, to restrain, to curb; [vitesse] to reduce; [exigences] to moderate, to restrain; **elle voulait un gros salaire mais elle a dû ~ ses prétentions** she wanted a high salary but she had to set her sights a bit lower; **modérez vos propos!** please tone down OU moderate your language!

◆ **se modérer** *vp (emploi réfléchi)* -**1.** [se contenir] to restrain o.s.; **elle n'a jamais su se ~** she's never been able to restrain herself. -**2.** [se calmer] to calm down; **je t'en prie, modère-toi!** please calm down OU control yourself!

modern dance [mɔdɛrndɑ̃s] (*pl* **modern dances**) *nf* DANSE & THÉÂT modern dance.

moderne [mɔdɛrn] ◇ *adj* -**1.** [actuel, récent - mobilier, bâtiment, technique, théorie] modern; **les temps ~s, l'époque ~** modern times; **le mode de vie ~** modern living, today's way of life. -**2.** [progressiste - artiste, opinions, théoricien] modern, progressive; **c'est une grand-mère très ~** she's a very modern OU up-to-date grandmother; **il faut être ~** you've got to be modern. -**3.** BX-ARTS modern, contemporary; **mouvement ~** ARCHIT international style. -**4.** ENS [maths] modern, new; [études, histoire] modern, contemporary. -**5.** LING [langue, sens] modern; **grec ~** Modern Greek.

◇ *nmf* BX-ARTS modern artist; LITTÉRAT modern writer, modern poet.

◇ *nm*: **le ~** [genre] modern style; [mobilier] modern furniture; **je préférerais du ~ pour la cuisine** I'd prefer modern furniture in the kitchen.

modernisateur, trice [mɔdɛrnizatœr, tris] ◇ *adj* [tendance, réforme] modernizing.

◇ *nm, f* modernizer.

modernisation [mɔdɛrnizasjɔ̃] *nf* modernization, modernizing, updating.

moderniser [3] [mɔdɛrnize] *vt* to modernize, to bring up to date.

◆ **se moderniser** *vp (emploi réfléchi)* to modernize.

modernisme [mɔdɛrnism] *nm* modernism.

moderniste [mɔdɛrnist] *adj* & *nmf* modernist.

modernité [mɔdɛrnite] *nf* modernity.

modern style [mɔdɛrnstil] *nm inv* modern style, art nouveau; *(comme adj inv)*: **une glace ~** an art nouveau mirror.

modeste [mɔdɛst] ◇ *adj* -**1.** [logement] modest; [revenu] modest, small; [goût, train de vie] modest, unpretentious; [tenue] modest, simple; **tu es trop ~ dans tes prétentions** you're not asking for enough money ‖ [milieu] modest, humble; **être d'origine très ~** to come from a very modest OU humble background. -**2.** *(avant le n)* [modique] modest, humble, small; **ce n'est qu'un ~ présent** it's only a very modest OU small gift, it's just a little something; **je ne suis qu'un ~ maître d'hôtel** I'm only a butler. -**3.** [sans vanité] modest; **c'était facile - tu es trop ~** it was easy - you're (being) too modest. -**4.** *vieilli* [pudique - air, jeune fille] modest; **une attitude ~ était exigée des jeunes filles** a modest demeanour was expected from the young ladies.

◇ *nmf*: **faire le/la ~** to put on a show of modesty; **allons, ne fais pas la** OU **ta ~!** come on, don't be (so) modest!

modestement [mɔdɛstəmɑ̃] *adv* -**1.** [simplement] modestly, simply; **ils vivent très ~** they live very modestly, they lead a very simple life. -**2.** [sans vanité] modestly; **il m'a ~ demandé si je connaissais ses œuvres** he modestly asked me if I was familiar with his work. -**3.** *vieilli* [avec réserve] modestly, unassumingly; [avec pudeur] modestly.

modestie [mɔdɛsti] *nf* -**1.** [humilité] modesty; **faire preuve de ~** to be modest; **il a su garder une grande ~** he remained extremely modest; **ce n'est pas la ~ qui l'étouffe!** you can't say she's overmodest!; **en toute ~** in all modesty ❑ **fausse ~** false modesty; **allons, pas de fausse ~!** come on, no false modesty (please)! -**2.** *vieilli* [réserve] modesty, self-effacement; [pudeur] modesty. -**3.** [d'exigences, d'ambitions] modesty. -**4.** VÊT modesty piece.

modicité [mɔdisite] *nf* lowness, smallness, paltriness; la ~ de leur salaire ne leur permet pas de partir en vacances they can't go on holiday because of their low wages.

modifiable [mɔdifjabl] *adj* modifiable.

modificateur, trice [mɔdifikatœr, tris] *adj* modifying, modificatory.

◆ **modificateur** *nm* BIOL, GRAMM & INF modifier.

modificatif, ive [mɔdifikatif, iv] *adj* modificatory, modificative.

modification [mɔdifikasjɔ̃] *nf* -1. [processus] modification, modifying, changing; [altération] modification, alteration, change. -2. INF alteration, modification; ~ d'adresse address modification; ~ de configuration binaire bit handling.

modifier [9] [mɔdifje] *vt* -1. [transformer - politique, texte] to modify, to change, to alter; [- vêtement] to alter; [- loi] to amend, to change. -2. GRAMM to modify. -3. INF to alter, to modify; ~ la configuration de qqch to reconfigure sthg.

◆ **se modifier** *vpi* to change, to alter, to be modified.

modique [mɔdik] *adj* [peu élevé - prix, rémunération] modest, small; et pour la ~ somme de 100 francs, mesdames, je vous donne deux couvertures! and for the modest sum of 100 francs, ladies, I'll give you two blankets!

modiquement [mɔdikmɑ̃] *adv* [rétribuer] poorly, modestly, meagrely.

modiste [mɔdist] *nmf* milliner.

modulable [mɔdylabl] *adj* modular, flexible; bibliothèque composée d'éléments ~s bookshelves made of versatile OU modular units.

modulaire [mɔdylɛr] *adj* modular.

modulateur, trice [mɔdylatœr, tris] *adj* modulatory; lampe modulatrice modulator lamp.

◆ **modulateur** *nm* INF & TÉLÉC modulator.

modulation [mɔdylasjɔ̃] *nf* -1. [tonalité - de la voix] modulation; ACOUST & MUS modulation. -2. ÉLECTRON, INF, RAD & TÉLÉC modulation; ~ d'amplitude/de fréquence amplitude/frequency modulation; poste à ~ de fréquence frequency modulation OU FM (radio) set; ~ par déplacement de fréquence/phase frequency/phase shift keying; ~ par impulsions et codage pulse code modulation; rapidité/taux de ~ modulation rate/factor. -3. [nuance] modulation, variation. -4. ARCHIT building-block OU modular principle.

module [mɔdyl] *nm* -1. [élément - gén] module, unit; ARCHIT & CONSTR module; les ~s de la bibliothèque the units that make up the bookshelves ❑ ~ lunaire ASTRONAUT lunar module; ~ solaire solar panel. -2. MATH & PHYS modulus. -3. INF module; ~ binaire binary deck; ~ chargeable load module; ~ exécutable run module; ~ maître master module; ~ de traitement de terminaux terminable handler; ~ translatable relocatable deck. -4. MÉCAN module.

moduler [3] [mɔdyle] ◇ *vt* -1. TECH to modulate. -2. [adapter] to adjust. -3. [nuancer] to vary. ◇ *vi* MUS to modulate.

modulo [mɔdylo] ◇ *adj inv* modulo.
◇ *nm* modulus (divisor).

modus vivendi [mɔdysvivɛ̃di] *nm inv* modus vivendi; trouver un ~ avec qqn to come to a working arrangement with sb.

moelle [mwal] *nf* -1. ANAT marrow, medulla *spéc*; ~ épinière spinal chord; ~ osseuse/jaune/rouge bone/yellow/red marrow; jusqu'à la ~ to the core; être gelé OU transi jusqu'à la ~ des os to be frozen to the marrow OU to the bone. -2. CULIN (bone) marrow. -3. BOT pith.

moelleusement [mwaløzmɑ̃] *adv sout* [s'installer] comfortably, snugly, luxuriously.

moelleux, euse [mwalø, øz] *adj* -1. [au toucher] soft; des coussins ~ soft OU comfortable cushions || [à la vue, à l'ouïe] mellow, warm; une voix moelleuse a mellow voice || [au palais - vin] mellow, well-rounded; [- viande] tender; [- gâteau] moist. -2. *litt* [incurvé] soft; une courbe moelleuse a soft OU gentle OU graceful curve.

◆ **moelleux** *nm* softness, mellowness; ŒNOL mellowness.

moellon [mwalɔ̃] *nm* CONSTR rubble, rubblestone, moellon; construction en ~s rubble work ❑ ~ d'appareil ashlar; ~ brut quarry stone.

mœurs [mœr(s)] *nfpl* -1. [comportement social] customs, habits; les ~ politiques political practice; c'est entré dans les ~ it's become part of everyday life; fin observateur des ~ de son temps a keen observer of the manners of his time OU of the social behaviour of his contemporaries ❑ autres temps, autres ~ times have changed. -2. [comportement personnel] manners, ways; elle a des ~ vraiment bizarres she behaves in a really odd way; quelles drôles de ~! what a strange way to behave! || [style de vie] life-style; avoir des ~ simples to have a simple life-style OU way of life, to lead a simple life. -3. [principes moraux] morals, moral standards; avoir des ~ très strictes to have very strict moral standards OU morals; avoir des ~ dissolues to lead a dissolute life, to have loose morals; des ~ particulières *euph* particular tastes; une femme de ~ légères a woman of easy virtue ❑ c'est contraire aux bonnes ~ it goes against accepted standards of behaviour; la police/brigade des ~, les Mœurs *fam* ≃ the vice squad. -4. ZOOL habits.

◆ **de mœurs** *loc adj* -1. [sexuel]: affaire de ~ sex case. -2. LITTÉRAT: comédie/roman de ~ comedy/novel of manners.

mofette[1] [mɔfɛt] *nf* GÉOL mofette.

mofette[2] [mɔfɛt] = **moufette**.

moffler *fam* [3] [mɔfle] *vt Belg*: j'ai été mofflé I failed my exam.

Mogadiscio [mɔgadiʃjo] *npr* Mogadiscio, Mogadishu.

moghol, e [mɔgɔl] *adj* Mogul.

◆ **Moghol, e** *nm, f* Mogul; les Grands Moghols the Great Moguls.

mohair [mɔɛr] *nm* mohair.

Mohicans [mɔikɑ̃] *nmpl* Mohicans, Mohican.

moi [mwa] ◇ *pron pers* -1. [sujet]: qui est là? — ~ who's there? — me; je l'ai vue hier — ~ aussi I saw her yesterday — so did I OU me too; ~ parti, il ne restera personne when I'm gone, there'll be nobody left; je n'en sais rien — ~ non plus I have no idea — neither do I OU me neither; ~? je n'ai rien dit! me? I didn't say a word!; et vous voulez que ~, j'y aille? you want ME to go?; ~, je n'y comprends rien! I don't understand a thing (about it)!; ~ qui vous parle, je l'ai vu de mes propres yeux I'm telling you, I saw him with my very own eyes; et ~ qui te faisais confiance! and to think (that) I trusted you!; il faisait nuit, et ~ qui ne savais pas où aller! it was dark, and there was me, not knowing where to go!; les enfants et ~, nous rentrons the children and I are going back; ~ seul possède la clef I'm the only one with the key. -2. [avec un présentatif]: c'est ~ qui lui ai dit de venir I was the one who OU it was me who told him to come; salut, c'est ~! hi, it's me!; c'est ~ qui te le dis! I'm telling you!; je vous remercie — non, c'est ~ thank you — thank YOU. -3. [complément]: dites-~ tell me; donne-le ~ give it to me; attendez-~! wait (for me)!; il nous a invités, ma femme et ~ he invited both my wife and myself || [avec une préposition]: parlez-lui de ~ mention my name to him; c'est à ~ qu'il a confié cette tâche he gave ME this task, it was me he gave this task to; c'est à ~ qu'il l'a donné he gave it to ME; c'est à ~ qu'il a fait cette confidence he confided this to ME; qu'est-ce que ça peut me faire, à ~? what difference does that make to me?; il me l'a dit, à ~ he told ME; une chambre à ~ tout seul a room of my own; un ami à ~ a friend of mine; plus âgé que ~ older than me; tu as d'aussi bonnes raisons que ~ you have just as good reasons as me OU as I have; ça ne vient pas de ~ it isn't from me; c'est en ~ it's in me; c'est pour ~ it's for me; comptez sur ~ you can count on me; ne soyez pas si désagréable envers ~ don't be so unkind to me; une lettre de ~ one of my letters; c'est de ~, cette lettre? is this letter from me?, is this letter one of mine?, is this one of my letters? ❑ à ~! [au secours] help!; [de jouer] it's my turn!; [d'essayer] let me have a go! -4. [en fonction de pronom réfléchi] myself; je suis contente de ~ I'm pleased with myself; je devrais penser un peu plus à ~ I ought to think of myself a bit more. -5. [emploi expressif]: regardez-~ ça! just look at that!; rangez-~ ça tout de suite! put that away right now!; sors-~ ce chien de là! get that dog out of here!
◇ *nm*: le ~ PHILOS the self; PSYCH the ego.

moignon [mwaɲɔ̃] *nm* stump *(of a limb)*.

moi-même [mwamɛm] *pron pers* myself; j'ai ~ vérifié I checked it myself; mon épouse et ~ my wife and I; je préfère vérifier par ~ I prefer to check for myself; j'y suis allé de ~ I went there on my own initiative.

moindre [mwɛ̃dr] *adj* -1. *(compar)* [perte] lesser, smaller; [qualité] lower, poorer; [prix] lower; de ~ gravité less serious; de ~ importance less important, of lesser importance; son talent est bien ~ she's far less gifted; c'est un ~ mal it's the lesser evil. -2. *(superl)*: le ~, la ~ [de deux] the lesser; [de trois ou plus] the least, the slightest; le ~ mouvement/danger the slightest movement/danger; le ~ espoir the slightest OU faintest hope; la ~ chance the slightest OU remotest chance; je n'en ai pas la ~ idée I haven't got the slightest OU faintest OU remotest idea; jusqu'au ~ détail down to the last OU smallest detail; ce serait la ~ des politesses it would be only common courtesy; c'est une pianiste, et non des ~s! she's a pianist and a good one at that!; il n'a pas fait la ~ remarque he didn't say a single word ❑ c'est là son ~ défaut *allusion La Fontaine* that's the least of his faults; je vous en prie, c'est la ~ des choses! don't mention it, it was the least I could do!; dis merci, c'est la ~ des choses! you could at least say thank you!; il est partisan du ~ effort he doesn't do any more than he has to. -3. *fam Helv* [malade] poorly.

moindrement [mwɛ̃drəmɑ̃]

◆ **pas le moindrement** *loc adv litt* in the least; il ne fut pas le ~ inquiété par la police he wasn't bothered by the police in the slightest.

moine [mwan] *nm* -1. RELIG monk, friar; ~ cistercien Cistercian monk. -2. ZOOL Mediterranean (monk) seal. -3. ORNITH [vautour] black OU cinereous vulture; [macareux] puffin.

moineau, x [mwano] *nm* -1. ORNITH sparrow; ~ domestique/friquet house/tree sparrow; avoir une cervelle OU tête de ~ *fam* to be bird-brained OU scatter-brained. -2. *fam* [individu] bird, customer, fellow; c'est un drôle de ~! he's an odd fish *Br* OU bird *Am*!

moinillon [mwanijɔ̃] *nm* [jeune moine] young monk.

moins [mwɛ̃] ◇ *adv* **A.** COMPARATIF D'INFÉRIORITÉ -1. [avec un adj, un adv] less; cinq fois ~ cher five times less expensive; deux fois ~ cher half as expensive, twice as cheap; les fraises sont ~ sucrées the strawberries are less sweet OU aren't as sweet; elle voit ~ bien depuis l'opération her sight hasn't been as good since the operation; en ~ rapide but not so OU as fast; c'est Venise en ~ ensoleillé it's like Venice minus OU less the sunshine; c'est le même appartement, en ~ bien/grand it's the same flat only not as nice/not as big; il est bien ~ beau maintenant he's much less OU not as handsome now; beaucoup/un peu ~ a lot/a little less; il est ~ riche qu'eux he is not as rich as they are; je suis ~ enthousiaste que toi I'm less enthusiastic than you, I'm not as enthusiastic as you; un peu ~ beau que... a bit less handsome than..., not quite as handsome as...; il est ~ timide que réservé he's not so much shy as reserved; il n'en est pas ~ vrai que... it is nonetheless true that...; non ~ charmante que... just as charming as..., no less charming than...; je suis non ~ choqué qu'on ait utilisé mon adresse I'm just as much shocked by the fact that my address was used; nous sommes ~ que convaincus we're less than (totally) convinced. -**2.** [avec un verbe] less, not... so OU as much; je souffre ~ I'm not in so much OU I'm in less pain; parle ~! don't speak so much!; tu devrais demander ~ you shouldn't ask for so much; ~ tu parles, mieux ça vaut the less you speak, the better; j'y pense ~ que tu ne le crois I think about it less than you think; il travaille ~ que sa sœur he works less than his sister. **B.** SUPERLATIF D'INFÉRIORITÉ -**1.** [avec un adj, un adv] : c'est lui le ~ riche des trois he's the least wealthy of the three; c'est elle la ~ intelligente des deux she's the less intelligent of the two; c'est le sommet le ~ élevé it's the lowest peak; c'est le modèle le ~ cher it's the least expensive model; le ~ possible as little as possible; il travaille le ~ possible he works as little as possible; tremper le tissu le ~ souvent possible soak the material as little as possible; c'est lui qui habite le ~ loin he lives the least far away OU the nearest ❑ je ne suis pas le ~ du monde surpris I'm not at all OU not in the least bit surprised; je vous dérange? — mais non, pas le ~ du monde am I disturbing you? — of course not OU not in the slightest. -**2.** [avec un verbe] : c'est le dernier-né qui crie le ~ the youngest is the one who cries (the) least; c'est ce qui coûte/rapporte le ~ this is the least expensive/makes the least profit ❑ le ~ qu'on puisse faire, c'est de les inviter the least we could do is invite them; le ~ que l'on puisse dire, c'est qu'il manque de talent the least one can say is that he lacks talent; c'est le ~ qu'on puisse dire! that's the least you can say!

◇ *prép* -**1.** [en soustrayant] : dix ~ huit font deux ten minus OU less eight makes two; on est seize; ~ les enfants, ça fait douze there are sixteen of us, twelve not counting the children. -**2.** [indiquant l'heure] : il est ~ vingt it's twenty to; il est 3 h ~ le quart it's (a) quarter to 3 ❑ il était ~ une OU cinq *fam* that was a close call OU shave; il était ~ une que je ne puisse pas y aller I was within an ace of not being able to go. -**3.** [introduisant un nombre négatif] : ~ 50 plus ~ 6 égalent ~ 56 minus 50 plus minus 6 is OU makes minus 56; il fait ~ 25 it's 25 below OU minus 25; plonger à ~ 300 m to dive to a depth of 300 m.

◇ *nm* minus (sign); mets un ~ avant le chiffre 4 put a minus sign in front of the figure 4.

◆ **à moins** *loc adv* : j'étais terrifié — on le serait à ~! I was terrified — and lesser things have frightened me!

◆ **à moins de** *loc prép* -**1.** [excepté] unless; à ~ d'un miracle short of OU barring a miracle; à ~ d'une éclaircie unless the clouds break; nous n'arriverons pas à temps, à ~ de partir demain we won't get there on time unless we leave tomorrow. -**2.** [pour moins de] for less than; vous n'en trouverez pas à ~ de 100 francs you won't find any for under OU for less than 100 francs. -**3.** [dans le temps, l'espace] : il habite à ~ de 10 minutes/500 mètres d'ici he lives less than 10 minutes/500 metres from here.

◆ **à moins que** *loc conj* unless; j'irai au tribunal, à ~ qu'il ne me rembourse I'll go to court unless he pays me back; à ~ que vous ne vouliez le faire vous-même... unless you wanted to do it yourself...

◆ **au moins** *loc adv* -**1.** [en tout cas] at least; dis-moi ce qui t'est arrivé, au ~! at least tell me what happened to you!; embrasse au ~ ta mère at least kiss your mother; il va partir, (tout) au ~ c'est ce qu'il dit he's leaving, at least that's what he says. -**2.** [au minimum] at least; il y a au ~ 20 personnes qui attendent there are at least 20 people waiting; ça fait au ~ un mois qu'on ne l'a pas vu we haven't seen him for at least a month.

◆ **de moins** *loc adv* : il y a 100 francs de ~ dans le tiroir there are 100 francs missing from the drawer; je me sens 10 ans de ~ I feel 10 years younger ‖ *(en corrélation avec 'que')* : j'ai un an de ~ qu'elle I'm a year younger than her; j'ai une tête de ~ qu'elle I'm shorter than her by a head.

◆ **de moins en moins** ◇ *loc adv* less and less; nous nous voyons de ~ en ~ we see less and less of each other OU each other less and less; de ~ en ~ souvent less and less often.

◇ *loc dét* : de ~ en ~ de gens fewer and fewer people; il y a de ~ en ~ de demande pour ce produit there is less and less demand for this product; elle a de ~ en ~ de fièvre her temperature is falling.

◆ **des moins** *loc adv* : un accueil des ~ chaleureux a less than warm welcome; vos amis sont des ~ discrets your friends aren't the most discreet of people.

◆ **du moins** *loc adv* at least; il lui devait de l'argent, du ~ c'est ce que je croyais he owed him money, at least that's what I thought; ils devaient venir samedi, c'est du ~ ce qu'ils nous avaient dit they were supposed to come on saturday, at least that's what they told us.

◆ **en moins** *loc adv* : il y a une chaise en ~ there's one chair missing, we're one chair short.

◆ **en moins de** *loc prép* in less than; en ~ d'une heure in less than an hour, in under an hour ❑ en ~ de temps qu'il n'en faut pour le dire before you can say Jack Robinson; en ~ de rien in no time at all; on a remis à neuf l'appartement en ~ de rien we made the flat look like new in no time at all; en ~ de deux *fam* in a jiffy, in two ticks.

◆ **moins de** *loc dét* -**1.** *(comparatif)* [avec un n comptable] fewer; [avec un n non comptable] less; un peu ~ de bruit! a little less noise!; donnez-lui ~ de travail give him less work; ils étaient ~ de cent there were fewer than a hundred of them; ~ de beurre less butter; ~ de bouteilles fewer OU not so many bottles; je l'ai payé un peu ~ de 100 francs I paid just under OU a little less than 100 francs for it; il a ~ de 18 ans he's under 18; les ~ de 18 ans the under 18's; il ne me faudra pas ~ de 3 heures pour tout faire I'll need no less than OU at the very least 3 hours to do everything; il y avait ~ d'enfants que d'habitude there were fewer children than usual; il a ~ de patience que son frère he's less patient than his brother. -**2.** *(superlatif)* : le ~ de [avec un n comptable] the fewest; [avec un n non comptable] the least; c'est lui qui fait le ~ de bruit he makes the least noise; c'est ce qui consomme le ~ d'énergie it uses the least amount of energy; c'est à la montagne qu'il y a le ~ de monde it's in the mountains where you find the least number of people; c'est avec cette voiture que j'ai eu le ~ de pannes this is the car I've had the fewest breakdowns in.

◆ **moins que rien** ◇ *loc adv* next to nothing; il m'a fait payer 100 francs, c'est ~ que rien he charged me 100 francs, which is next to nothing.

◇ *nmf inv* nobody; c'est un/une ~ que rien he's/she's a nobody; des ~ que rien a useless bunch (of individuals).

◆ **moins... moins** *loc corrél* the less... the less; ~ il travaillera, ~ il aura de chances de réussir à son examen the less he works, the less chance he'll have of passing his exam; ~ on mange, ~ on grossit the less you eat, the less weight you put on.

◆ **moins... plus** *loc corrél* the less... the more; ~ tu dors, plus tu seras énervé the less you sleep, the more on edge you'll be.

◆ **on ne peut moins** *loc adv* : elle est on ne peut ~ scrupuleuse she's as unscrupulous as they come; c'est on ne peut ~ loin! it couldn't be nearer!; c'est on ne peut ~ compliqué! it couldn't be less complicated!

◆ **pour le moins** *loc adv* at the very least, to say the least; il y a pour le ~ une heure d'attente there's an hour's wait at the very least; c'est pour le ~ étonnant it's surprising to say the least.

moins-perçu [mwɛ̃pɛrsy] (*pl* **moins-perçus**) *nm* amount due.

moins-value [mwɛ̃valy] (*pl* **moins-values**) *nf* -**1.** [dépréciation] depreciation, capital loss. -**2.** [déficit du fisc] (tax) deficit, shortfall.

moirage [mwaraʒ] *nm* -**1.** [effet] watered effect OU finish. -**2.** [technique] etching. -**3.** [sur une image] cross-hatching. -**4.** [sur un disque] moiré (effect).

moire [mwar] *nf* -**1.** [tissu] moiré, watered fabric; ~ de soie watered OU shot silk. -**2.** *litt* [irisation] iridescence, irisation.

moiré, e [mware] *adj* -**1.** TEXT moiré, watered. -**2.** [irisé] iridescent, irisated, moiré. -**3.** MENUIS moiré.

◆ **moiré** *nm* -**1.** TEXT moiré, watered effect OU finish. -**2.** *litt* [irisation] iridescence, irisation. -**3.** MÉTALL : ~ métallique etching.

moirer [3] [mware] *vt* -**1.** [tissu] to moiré, to water. -**2.** [métal, papier] to moiré. -**3.** *litt* [iriser] to make iridescent, to irisate; un rayon de lune moirait la surface du lac a ray of moonlight made the surface of the lake shimmer OU glimmer.

moirure [mwaryr] *nf litt* [irisation] iridescence, irisation.

◆ **moirures** *nfpl* TEXT moiré (effect), watered effect OU finish; MÉTALL moiré (effect).

mois [mwa] *nm* -**1.** [division du calendrier] month; le ~ de mai/décembre the month of May/December; au début/à la fin du ~ d'avril in early/late April; au milieu du ~ d'août in mid-August OU the middle of August; les ~ en R months with an R in them; le 15 de ce OU du ~ COMM the 15th inst *Br* OU instant *Br*, the 15th of this month ❑ ~ commercial 30 days (month); ~ légal JUR 30 days (month); le ~ de Marie the month of Mary OU May RELIG. -**2.** [durée] month; tous les ~ every OU each month, monthly; le comité se réunit tous les ~ the committee meets on a monthly basis; dans un ~ in a month, in a month's time; pendant mes ~ de grossesse/d'apprentissage during the months when I was pregnant/serving my apprenticeship; un ~ de préavis a month's notice. -**3.** [salaire] monthly wage OU salary OU pay; [versement] monthly instalment; je vous dois trois ~ [de salaire] I owe you three months' wages; [de loyer] I owe you three months' rent; toucher son ~ to get paid for the month ❑ ~ double, treizième ~ extra month's pay *(income bonus equal to an extra month's salary and paid annually)*.

◆ **au mois** *loc adv* by the month, monthly, on a monthly basis; les intérêts sont calculés au ~ interest is worked out on a monthly basis.

◆ **du mois** *loc adj* : avez-vous le numéro du ~? do you have this month's issue?

moïse [mɔiz] *nm* wicker cradle.

Moïse [mɔiz] *npr* Moses.

moisi, e [mwazi] *adj* [papier, tissu] mildewy, mouldy; [fruit, pain] mouldy; [logement] mildewy, fusty.

◆ **moisi** *nm* [moisissure] mildew, mould; ça sent le ~ *pr* it smells musty; *fig fam* I can smell trouble.

moisir [32] [mwazir] ◇ *vt* to make (go) mouldy.

◇ *vi* -**1.** [pourrir] to go mouldy; le pain a moisi the bread's gone mouldy. -**2.** *fam* [s'éterniser] to rot; je ne vais pas ~ ici jusqu'à la fin de mes jours! I'm not going to stay and rot here forever!; ~ en prison to rot in prison.

moisissure [mwazisyr] *nf* -**1.** [champignon] mould, mildew; [tache] patch of mould. -**2.** *fig & litt* rottenness, rankness.

moisson [mwasɔ̃] *nf* -**1.** AGR harvest; faire la ~ to harvest (the crops); engranger OU rentrer la ~ to bring in the harvest. -**2.** [grande quantité] : une ~ de an abundance OU a wealth of; lis son livre si tu veux faire une bonne ~ de clichés if it's clichés you want, just read his book.

moissonnage [mwasɔnaʒ] *nm* harvesting.

moissonner [3] [mwasɔne] *vt* -**1.** AGR to harvest, to reap; ~ **les blés** to harvest the corn. -**2.** *sout* [recueillir] to amass; ~ **des renseignements** to collect OU to gather information || [remporter] to carry off; **les Danois ont moissonné tous les Oscars** the Danes carried off all the Oscars. -**3.** *litt* [décimer] to decimate; **la guerre a moissonné toute leur génération** the war decimated their entire generation.

moissonneur, euse [mwasɔnœr, øz] *nm, f* harvester, reaper *litt*.

◆ **moissonneuse** *nf* -**1.** [machine] harvester. -**2.** ENTOM harvesting ant.

moissonneuse-batteuse [mwasɔnøzbatøz] (*pl* moissonneuses-batteuses) *nf* combine (harvester).

moissonneuse-lieuse [mwasɔnøzljøz] (*pl* moissonneuses-lieuses) *nf* reaper, reaper-binder, self-binder.

moite [mwat] *adj* [air] muggy, clammy; [mains] sticky, sweaty; [front] damp, sweaty; **une journée ~ et oppressante** a muggy, stifling day.

moiteur [mwatœr] *nf* [sueur] stickiness, sweatiness; [humidité] dampness, moistness.

moitié [mwatje] *nf* -**1.** [part] half; **une ~ de** OU **la ~ d'un poulet** half a chicken; **la ~ des élèves est partie** OU **sont partis** half (of) the pupils have gone; **la ~ de ses revenus est consacrée** OU **sont consacrés à sa maison** half (of) his income is spent on his house; **quelle est la ~ de douze?** what's half of twelve?; **arrivé à la ~ du livre** halfway through the book; **nous ferons la ~ du trajet** OU **chemin ensemble** we'll do half the journey together; **partager qqch en deux ~s** to divide sthg in half OU into (two) halves, to halve sthg || *(comme modificateur)* half; **je suis ~ Français, ~ Canadien** I'm half French, half Canadian; ~ **déçu,** ~ **soulagé** half disappointed, half relieved; **j'ai acheté ~ plus de champignons/lait** I bought half as many mushrooms/much milk again; **il mange ~ moins que moi** he eats half as much as me; **il n'est pas ~ aussi méchant qu'on le dit** he's not half as nasty as people say. -**2.** *fam hum* [épouse]: **sa/ma ~** his/my better half; **sa tendre ~ l'attend chez lui** his better half is waiting for him at home.

◆ **à moitié** *loc adv* half; **il l'a à ~ assommé** he half OU almost knocked him out; **je ne suis qu'à ~ surpris** I'm only half surprised; **faire les choses à ~** to do things by halves; **le travail n'est fait qu'à ~** only half the work's been done, the work's only half done; **vendre à ~ prix** to sell (at) half-price.

◆ **à moitié chemin** *loc adv* halfway; **j'irai avec toi jusqu'à ~ chemin** I'll go halfway with you; **elle s'est arrêtée à ~ chemin dans ses études** *fig* she dropped out halfway through her course.

◆ **de moitié** *loc adv* by half; **réduire qqch de ~** to reduce sthg by half, to halve sthg; **l'inflation a diminué de ~** inflation has been halved OU cut by half; **ils s'étaient mis de ~ (dans l'affaire)** they'd gone halves OU fifty-fifty (in the business).

◆ **par la moitié** *loc adv* through OU down the middle.

◆ **par moitié** *loc adv* in two, in half.

◆ **pour moitié** *loc adv* partly; **tu es pour ~ dans son échec** you're half OU partly responsible for his failure.

moitié-moitié [mwatjemwatje] *adv* -**1.** [à parts égales] half-and-half; **faire ~** [dans une affaire] to go halves OU fifty-fifty; **tu paies le restaurant ou on fait ~?** are you paying for the meal or shall we go halves OU shall we split it fifty-fifty? -**2.** *fam* [ni bien ni mal] so-so; **elle est contente? — ~** is she pleased? — so-so.

moka [mɔka] *nm* -**1.** [gâteau] mocha cake, coffee cream cake. -**2.** [café] mocha (coffee).

mol [mɔl] → **mou.**

molaire [mɔlɛr] ◇ *nf* [dent] molar.
◇ *adj* CHIM molar.

môlaire [molɛr] *adj* molar MED.

molarité [mɔlarite] *nf* molarity.

molasse [mɔlas] *nf* molasse.

moldave [mɔldav] *adj* Moldavian.

◆ **Moldave** *nmf* Moldavian.

Moldavie [mɔldavi] *npr f*: **(la) ~** Moldavia.

Moldova [mɔldova] *npr*: **la république de ~** the Republic of Moldova.

mole [mɔl] *nf* CHIM mole.

môle [mol] ◇ *nm* -**1.** [jetée] mole, (stone) jetty OU breakwater. -**2.** GÉOL horst.
◇ *nf* -**1.** ZOOL sunfish. -**2.** MÉD mole; ~ **hydatiforme** hydatiform OU hydatid mole.

moléculaire [mɔlekylɛr] *adj* molecular.

molécule [mɔlekyl] *nf* molecule.

molécule-gramme [mɔlekylgram] (*pl* molécules-grammes) *nf* gram molecule.

moleskine [mɔlɛskin] *nf* -**1.** TEXT moleskin. -**2.** [imitation cuir] imitation leather.

molester [3] [mɔlɛste] *vt* to maul, to manhandle, to molest; **la police a molesté les manifestants** the demonstrators were manhandled by the police.

moleter [27] [mɔlte] *vt* to mill, to knurl.

molette [mɔlɛt] *nf* -**1.** [pièce cylindrée] toothed wheel. -**2.** [dans un briquet] wheel. -**3.** [de verrier] cutting wheel. -**4.** MENUIS [roulette] beading roller; [fraise] (beading) reamer. -**5.** [d'un éperon] rowel.

Molière [mɔljɛr] *npr* Molière; **les ~s** *French theatre awards.*

moliéresque [mɔljerɛsk] *adj* Molieresque; **une satire sociale toute ~** a social satire worthy of Molière.

mollah [mɔla] *nm* mullah, mollah.

mollard[▽] [mɔlar] *nm* gob, gob of spit.

mollasse [mɔlas] ◇ *adj* -**1.** *fam* [apathique] wet *Br*, drippy, wimpish; **qu'il est ~!** he's such a drip! -**2.** [flasque] flabby, flaccid, limp; **une poignée de main ~** a limp handshake.
◇ *nmf fam* wimp, drip.

mollasserie *fam* [mɔlasri] *nf* feebleness; **il est d'une ~ décourageante** he's such a wimp!

mollasson, onne *fam* [mɔlasɔ̃, ɔn] ◇ *adj* wet *Br*, wimpy, soft.
◇ *nm, f* wimp.

molle [mɔl] *f* → **mou.**

mollé [mɔle] *nm* mastic tree.

mollement [mɔlmɑ̃] *adv* -**1.** [sans énergie] listlessly, limply; **il m'a serré ~ la main** he gave me a limp handshake; ~ **allongé sur un divan** lying languidly OU limply on a sofa; **les collines descendent ~ jusqu'à la plaine** *litt* the hills slope gently down to the plain. -**2.** [sans conviction] feebly, weakly; **elle protesta ~** she protested feebly OU made a feeble protest.

mollesse [mɔlɛs] *nf* -**1.** [d'une substance, d'un objet] softness; [des chairs] flabbiness; [d'une poignée de main] limpness. -**2.** [d'un relief] soft shape; [de contours]: **la ~ de ses traits** *péj* the flabbiness OU shapelessness of his features; **la ~ d'un dessin** *péj* the lifelessness of a drawing. -**3.** [apathie] feebleness, weakness; **c'est la ~ des parents/de l'opposition qui est en cause** parental laxness/the opposition's spinelessness is to blame; **devant la ~ de ces protestations** faced with such feeble protests.

mollet[1] [mɔlɛ] *nm* ANAT calf; **avoir des ~s de coq** *fam* to have legs like matchsticks OU spindly legs.

mollet[2]**, ette** [mɔlɛ, ɛt] *adj litt* [moelleux] soft.

molletière [mɔltjɛr] ◇ *nf* puttee.
◇ *adj f*: **bande ~** puttee.

molleton [mɔltɔ̃] *nm* [de coton] swansdown, swanskin, flannelette; [de laine] duffel, duffle; ~ **de table** *felt underlay for a table.*

molletonné, e [mɔltɔne] *adj* [garni] covered with swansdown; [doublé] lined with swansdown.

molletonner [3] [mɔltɔne] *vt* [garnir] to cover with swansdown; [doubler] to line with swansdown.

molletonneux, euse [mɔltɔnø, øz] *adj* napped; **étoffe molletonneuse** napped cloth.

mollir [32] [mɔlir] ◇ *vi* -**1.** [chanceler]: **j'ai senti mes jambes ~** I felt my legs give way (under me). -**2.** [vent] to drop, to abate. -**3.** [volonté, résolution]: **sa détermination mollissait** her determination began to flag OU to wane; **son courage mollit** his courage is waning OU flagging.
◇ *vt* -**1.** NAUT [cordage] to slacken; [barre] to ease. -**2.** PÊCHE to let out (some line).

mollo *fam* [mɔlo] *adv* easy; **vas-y ~ sur cette route!** take it easy on that road!; ~ **avec le chocolat!** go easy on the chocolate!

mollusque [mɔlysk] *nm* -**1.** ZOOL mollusc. -**2.** *fam* [personne] drip, wimp.

molosse [mɔlɔs] *nm* -**1.** [chien] watchdog. -**2.** [chauve-souris] free-tailed bat.

Molotov [mɔlɔtɔv] *npr*: **cocktail ~** Molotov cocktail.

Moluques [mɔlyk] *npr fpl*: **les ~** the Moluccas.

molybdène [mɔlibdɛn] *nm* molybdenum.

môme *fam* [mom] ◇ *nmf* [enfant] kid; **sale ~!** you little brat!
◇ *nf vieilli* [femme] bird *Br*, chick *Am*.

moment [mɔmɑ̃] *nm* -**1.** [laps de temps] moment, while; **restez avec moi un ~** stay with me a moment OU a while; **laisse-moi un ~ pour réfléchir** give me a moment OU minute to think it over; **il y a un (bon) ~ que j'attends** I've been waiting for (quite) a while; **j'en ai pour un petit ~** I'll be a (little) while. -**2.** [instant] moment, minute; **c'est l'affaire d'un ~** it'll only take a minute OU moment; **attends-moi, je n'en ai que pour un ~** wait for me, I'll be finished in a minute OU moment; **je n'ai pas un ~ à moi** I don't have a minute OU moment to myself; **dans un ~ de colère** in a moment of anger; **il eut un ~ d'hésitation** he hesitated for a moment; **(attends) un ~!** just (wait) a moment! -**3.** [période] moment, time; **nous avons passé** OU **eu de bons ~s** we had some good times; **il avait connu des ~s d'ivresse avec elle** he had had some blissful moments with her; **c'est un mauvais ~ à passer** it's just a bad patch *Br* OU a difficult spell; **les grands ~s de l'histoire** the great moments of history; **il l'a assistée jusqu'aux derniers ~s** he was by her side until the end; **elle a ses bons et ses mauvais ~s** she has her off days; **à mes ~s perdus** in my spare time. -**4.** [occasion] moment, opportunity; **choisis un autre ~ pour lui parler** choose another time to speak to her; **c'est le ~ d'intervenir** now's the time to speak up; **c'est bien le ~!** *iron* what a time to pick!; **c'est le ~ ou jamais** it's now or never; **c'est le ~ ou jamais de lui demander** ask her, it's now or never; **à quel ~ voulez-vous venir?** (at) what time would you like to come?; **le ~ venu** when the time comes; **le ~ venu, il ne sut plus quoi dire** when the time came, he was at a loss for words; **arriver au bon ~** to come at the right time; **il arrive toujours au bon ~, celui-là!** *iron* he really picks his moments!; **le ~ crucial du film/match** the crucial point in the film/match. -**5.** PHYS momentum; ~ **électrique/magnétique** electric/magnetic moment.

◆ **à aucun moment** *loc adv* at no time; **à aucun ~ il ne s'est plaint** at no time OU point did he complain.

◆ **à ce moment-là** *loc adv* -**1.** [dans le temps] at that time, then. -**2.** [dans ce cas] in that case, if that's so; **à ce ~-là, tu aurais dû me le dire!** in that case OU if that was the case, you should have told me!

◆ **à tout moment** *loc adv* -**1.** [n'importe quand] (at) any time OU moment; **il peut téléphoner à tout ~** we can expect a call from him any time now. -**2.** [sans cesse] constantly, all the time; **elle s'interrompait à tout ~** she was constantly stopping, she was stopping all the time.

◆ **au moment de** *loc prép*: **au ~ de son départ** when he was leaving; **au ~ de mon divorce** when I was getting divorced, at the time of my divorce; **il me l'a dit au ~ de mourir** he told me as he died.

◆ **au moment où** *loc conj* as, when; **au ~ où il allait démissionner** as he was about to resign; **juste au ~ où le téléphone a sonné** just when OU as the phone rang.

◆ **à un moment donné** *loc adv* [dans le temps, dans l'espace] at one point; **à un ~ donné, il a refusé** at one point he refused; **à un ~ donné, la route bifurque** there's a point where the road forks, at a certain point the road forks.

◆ **dès le moment où** *loc conj* **-1.** [dans le temps] from the time OU moment that, as soon as. **-2.** [dans un raisonnement] as soon as, once; **dès le ~ où on accepte l'idée d'immortalité** once you accept the idea of immortality.

◆ **du moment** *loc adj*: **l'homme du ~** the man of the moment; **le succès/l'idole du ~** the current hit/idol; **un des sujets du ~** one of the issues of the day.

◆ **du moment que** *loc conj* [puisque] since; **du ~ qu'il a signé, tu es garanti** seeing that OU since he's signed, you're safe; **du ~ que je te le dis!** *fam* you can take my word for it!

◆ **d'un moment à l'autre** *loc adv* [très prochainement] any moment OU minute OU time now; **il peut téléphoner d'un ~ à l'autre** he may phone any minute now.

◆ **en ce moment** *loc adv* at the moment, just now.

◆ **en un moment** *loc adv* in a moment.

◆ **par moments** *loc adv* at times, every now and then, every so often.

◆ **pour le moment** *loc adv* for the moment, for the time being; **c'est assez pour le ~, repose-toi un peu** that's enough for the time being, have a rest now.

◆ **sur le moment** *loc adv* at the time; **sur le ~ ça n'a pas fait mal** it didn't hurt at the time.

momentané, e [mɔmɑ̃tane] *adj* momentary, brief; **il y aura des pannes d'électricité ~es** there will be temporary OU brief power cuts; **sa passion n'a été que ~e** her passion was only short-lived.

momentanément [mɔmɑ̃tanemɑ̃] *adv* **-1.** [en ce moment] for the time being, for the moment; **il est ~ absent** he's temporarily absent, he's absent for the moment. **-2.** [provisoirement] momentarily, for a short while; **les émissions sont ~ interrompues** we will be temporarily off the air.

mômerie *fam* [momri] *nf (gén pl)* childishness, childish behaviour.

momie [mɔmi] *nf* **-1.** ARCHÉOL mummy. **-2.** [personne très maigre] skeleton.

momification [mɔmifikasjɔ̃] *nf* mummification.

momifier [9] [mɔmifje] *vt* to mummify.

◆ **se momifier** *vpi sout* [personne] to become mummified; [esprit] to become fossilized.

mon [mɔ̃] (*f* **ma** [ma], *devant nf ou adj f commençant par voyelle ou h muet* **mon** [mɔn], *pl* **mes** [me]) *adj poss* **-1.** [indiquant la possession] my; **~ ami/amie** my friend; **ma meilleure amie** my best friend; **~ père et ma mère** my father and mother; **mes frères et sœurs** my brothers and sisters; **un de mes amis** a friend of mine, one of my friends. **-2.** [dans des appellatifs]: **~ cher Pierre** my dear Pierre; **~ Père** Father; **~ capitaine** Captain; **(oh) ~ Dieu!** (oh) my God!; **~ petit** (my) little one; **mes enfants, au travail!** time to work, children!; **alors là, ma grande, c'est ton problème!** *fam* well that, my dear, is your problem!; **mais ~ pauvre vieux vous n'y arriverez jamais!** *fam* look, mate, you'll never manage it! **-3.** [emploi expressif]: **j'ai ~ vendredi** *fam* I've got Friday off; **je gagne mes 1 000 francs par mois** *fam* I earn 1,000 francs a month; **mais ma Jacqueline, elle n'était pas du tout d'accord!** *fam* but our Jacqueline wasn't going along with that!; **~ bonhomme n'était pas du tout content!** I don't mind telling you (that) the bloke wasn't at all pleased!; **ah ben ~ salaud**▽ OU **cochon**▽! lucky bastard!

monacal, e, aux [mɔnakal, o] *adj* monastic, monachal.

monachisme [mɔnaʃism] *nm* monasticism, monachism.

Monaco [mɔnako] *npr*: **(la principauté de) ~** (the principality of) Monaco.

monade [mɔnad] *nf* monad.

monarchie [mɔnarʃi] *nf* monarchy; **la ~ absolue/constitutionnelle/parlementaire** absolute/constitutional/parliamentary monarchy; **la ~ de droit divin** monarchy by divine right; **la monarchie de Juillet** the July Monarchy.

LA MONARCHIE DE JUILLET:
The rule, from 1830 to 1848, of the "citizen king" Louis-Philippe of Orléans, after the abdication of the Bourbon king Charles X. This was France's first, and last, constitutional monarchy, and saw the rise in influence of the bourgeoisie at the expense of the nobility. It was overthrown by the 1848 Revolution.

---

monarchique [mɔnarʃik] *adj* monarchic, monarchical, monarchial.

monarchisme [mɔnarʃism] *nm* monarchism.

monarchiste [mɔnarʃist] ◇ *adj* monarchist, monarchistic.
◇ *nmf* monarchist.

monarque [mɔnark] *nm* monarch.

monastère [mɔnastɛr] *nm* monastery.

monastique [mɔnastik] *adj* monastic.

monbazillac [mɔ̃bazijak] *nm* Monbazillac (wine).

monceau, x [mɔ̃so] *nm* [amas] heap, pile; **un ~ de pierres** a pile of stones; **des ~x de livres** piles OU stacks of books; **des ~x d'erreurs** *fig* masses of mistakes.

mondain, e [mɔ̃dɛ̃, ɛn] ◇ *adj* **-1.** [de la haute société] society *(modif)*; **avoir des relations ~es** to have friends in society OU high circles ❑ **carnet ~, rubrique ~e** society OU gossip column; **photographe ~** society photographer; **soirée ~e** society OU high-society evening. **-2.** [qui aime les mondanités]: **elle est très ~e** she likes moving in fashionable circles OU society, she's a great socialite. **-3.** RELIG wordly; PHILOS mundane. **-4.** JUR: **brigade ~e** vice squad.
◇ *nm, f* socialite, society person.

◆ **mondaine** *fam nf* vice squad.

mondanité [mɔ̃danite] *nf* [style] society life.

◆ **mondanités** *nfpl* [réunions] fashionable gatherings; [politesses] social chitchat, polite conversation; **il aime les ~s** he likes society life.

monde [mɔ̃d] *nm* **-1.** [univers] world; **parcourir le ~ (à la recherche de)** to travel the world (in search of); **dans le ~ entier** throughout the world, in the whole (wide) world; **il est connu dans le ~ entier** he's known worldwide OU the world over; **venir au ~** to come into the world; **mettre un enfant au ~** to bring a child into the world; **elle n'était pas de ce ~** she was not of this world; **il n'est plus de ce ~** he's no longer with us, he's gone to the next world; **en ce bas ~** here on earth, here below; **elle s'est créé un petit ~ à elle** she's created her own little world for herself ❑ **le ~ est petit!** it's a small world!; **depuis que le ~ est ~** since the beginning of time, since the world began; **c'est le ~ renversé** OU **à l'envers!** what's the world coming to?; **'Le meilleur des ~s'** *Huxley* 'Brave New World'. **-2.** [humanité] world; **le ~ entier attend cet événement** the whole world is awaiting this event; **elle a fait ces révélations à la face du ~** she made these revelations to the whole world; **tout le ~** everybody, everyone; **tout le ~ sait cela** everybody OU the whole world knows that; **tout le ~ ne peut pas le faire!** not everybody can do that! **-3.** [pour intensifier]: **il y a un ~ entre l'agneau importé et l'agneau de notre région** there's a world of difference between imported lamb and our local lamb; **le plus célèbre au** OU **du ~** the most famous in the world; **c'est la meilleure équipe au ~** it's the best team in the world; **c'est la femme la plus charmante du ~** she's the most charming woman you could wish to meet; **le plus simplement/gentiment du ~** in the simplest/kindest possible way; **c'est ce que j'aime/je veux le plus au ~** it's what I love/want most in the world; **je vous dérange? – pas le moins du ~!** am I interrupting? – not in the least!; **je ne m'ennuie pas le moins du ~** I'm not in the least bit bored; **ils s'entendent le mieux du ~** they get on famously; **tout s'est déroulé le mieux du ~** everything went off very smoothly; **rien au ~ ne pourrait me faire partir** nothing in the world would make me leave; **pour rien au ~** not for anything, not for the world; **nul** OU **personne au ~** nobody in the world; **on m'a dit tout le bien du ~ de ce nouveau shampooing** I've been told the most wonderful things about this new shampoo. **-4.** [communauté] world; **le ~ des affaires** the business world; **le ~ de la finance** the world of finance, the financial world; **le ~ du spectacle** (the world of) show business; **le ~ chrétien/musulman** the Christian/Muslim world; **le ~ capitaliste/communiste** the capitalist/communist world; **le ~ libre** the Free World; **le ~ animal/végétal** the animal/plant world. **-5.** [gens] people *(pl)*; **il y a du ~?** [en entrant chez quelqu'un] is there anybody home OU there?; **il y a un ~ fou, c'est noir de ~** the place is swarming OU alive with people; **il y a plein de ~ à la foire** *fam* there are loads of people at the fair; **il n'y avait pas grand ~ au spectacle** there weren't many people at the show; **je viens de m'installer, je ne connais pas encore beaucoup de ~** I've just settled in, I don't know (very) many people yet; **tu attends du ~?** are you expecting people OU company?; **il ne voit plus beaucoup de ~** he doesn't socialize very much any more; **j'ai du ~ à dîner** *fam* I've got people coming for dinner; **tout le ~** everybody, everyone; **tout le ~ est là?** is everybody here?; **tout le ~ n'est pas arrivé** not everybody's here (yet); **ne t'en fais pas, je connais mon ~!** don't worry, I know who I'm dealing with!; **grand-mère aime bien avoir tout son petit ~ autour d'elle** grandmother likes to have all her family OU brood *hum* around her; **c'est qu'il faut s'en occuper de tout ce petit ~!** [enfants] all that little lot takes some looking after! ❑ **il y a du ~ au balcon!** *fam hum* she's well-endowed!; **tu te moques** OU **fiches** *fam* OU **fous** *fam* **du ~!** you've got a nerve OU a bloody nerve! **-6.** [société] world; **se retirer du ~** to withdraw from society; **les plaisirs du ~** worldly pleasures; **le ~** RELIG the world ‖ [groupe social] circle, set; **elle n'appartient pas à notre ~** she's not one of us, she doesn't belong to our circle; **ils ne sont pas du même ~** they don't move in the same circles ‖ [classes élevées]: **le (beau** OU **grand) ~** high society; **aller dans le ~** to mix in society; **ses premiers pas dans le ~** his introduction to (high) society; **fréquenter le beau ~** to mix with high society OU in society; **on n'est pas dans le grand ~ ici!** this isn't Buckingham Palace! ❑ **femme du ~, homme du ~** socialite; **gens du ~** socialites, society people. **-7.** [domaine] world, realm; **le ~ de l'imaginaire** the realm of imagination; **le ~ du rêve** the world OU realm of dreams; **le ~ du silence** *litt* the silent world (under the sea). **-8.** PRESSE: **Le Monde** *French daily newspaper.* **-9.** *loc*: **c'est un ~!** *fam* that beats everything!, well I never!; **pourquoi ne ranges-tu jamais tes affaires, c'est un ~ tout de même!** *fam* why in the world OU why oh why don't you ever put your things away?; **se faire (tout) un ~ de qqch** to get worked up about sthg; **il se fait tout un ~ de rencontrer son beau père** he's making a big thing about meeting his father-in-law; **ne te fais pas un ~ d'un rien** don't make a mountain out of a molehill.

LE MONDE:
A quality daily broadsheet newspaper; each day's issue goes on sale on the evening of the previous day. It has a predominantly left-of-centre readership.

monder [3] [mɔ̃de] *vt* -**1.** [noisettes] to hull; [amandes] to blanch. -**2.** [arbres] to prune, to crop.

mondial, e, aux [mɔ̃djal, o] *adj* world *(modif)*, global; **production ~e de blé** world wheat production; **crise à l'échelle ~e** worldwide crisis, crisis on a world scale; **une vedette de renommée ~e** a world-famous star.

mondialement [mɔ̃djalmɑ̃] *adv* throughout OU all over the world; **~ renommé** famous all over the world, world-famous.

mondialisation [mɔ̃djalizasjɔ̃] *nf* globalization; **on assiste à la ~ de la reprise économique** a worldwide economic revival is taking place.

mondialiser [3] [mɔ̃djalize] *vt* to make worldwide in scope, to globalize.
◆ **se mondialiser** *vpi* to spread throughout the world; **la crise s'est rapidement mondialisée** the crisis has rapidly taken on an international dimension.

mondialisme [mɔ̃djalism] *nm* -**1.** [doctrine] one world movement, citizen of the world movement. -**2.** [approche] global approach.

mondovision [mɔ̃dɔvizjɔ̃] *nf* worldwide satellite broadcasting; **en ~** broadcast all over the world by satellite.

monégasque [mɔnegask] *adj* Monegasque, Monacan.
◆ **Monégasque** *nmf* Monegasque, Monacan.

monème [mɔnɛm] *nm* moneme.

monétaire [mɔnetɛr] *adj* monetary; **marché/masse ~** money market/supply; **politique/système/unité ~** monetary policy/system/unit.

monétarisation [mɔnetarizasjɔ̃] *nf* monetarization.

monétarisme [mɔnetarism] *nm* monetarism.

monétariste [mɔnetarist] *adj* & *nmf* monetarist.

Monétique® [mɔnetik] *nf* electronic banking (services).

monétisation [mɔnetizasjɔ̃] *nf* monetization.

monétiser [3] [mɔnetize] *vt* to monetize.

mongol, e [mɔ̃gɔl] *adj* Mongol, Mongolian.
◆ **Mongol, e** *nm, f* Mongol, Mongolian.
◆ **mongol** *nm* LING Mongolian.

Mongolie [mɔ̃gɔli] *npr f*: **(la) ~** Mongolia; **(la) ~-Extérieure** Outer Mongolia; **(la) ~-Intérieure** Inner Mongolia.

mongolien, enne [mɔ̃gɔljɛ̃, ɛn] ◇ *adj vieilli* mongol *péj* & *vieilli*.
◇ *nm, f vieilli* mongol *péj* & *vieilli*.

mongolique [mɔ̃gɔlik] *adj* mongolic.

mongolisme [mɔ̃gɔlism] *nm vieilli* mongolism *vieilli*.

mongoloïde [mɔ̃gɔlɔid] *adj* -**1.** [de type mongol] Mongoloid. -**2.** MÉD & *vieilli* mongoloid *péj* & *vieilli*.

moniale [mɔnjal] *nf* (enclosed) nun.

monisme [mɔnism] *nm* monism.

moniteur, trice [mɔnitœr, tris] *nm, f* SPORT instructor (*f* instructress); [de colonie de vacances] (group) supervisor OU leader, (camp) counsellor *Am*; **~ d'atelier** workshop leader OU instructor; **~ d'auto-école** driving instructor.
◆ **moniteur** *nm* -**1.** INF [écran] display unit; [dispositif matériel ou logiciel] monitor; **~ couleur** RGB OU colour monitor. -**2.** MÉD monitor.

monitorat [mɔnitɔra] *nm* [enseignement] instruction; [de colonie de vacances] group leading, camp counselling *Am*.

monitoring [mɔnitɔriŋ] *nm* monitoring; **elle est sous ~** she's been placed on a monitor.

monnaie [mɔnɛ] *nf* -**1.** ÉCON & FIN currency, money; **~ d'argent/de nickel/d'or** silver/nickel/gold coin; **les ~s étrangères** foreign currencies; **la ~ allemande** [gén] the German currency; BOURSE the Deutsche mark; **le yen est la ~ du Japon** the yen is Japan's (unit of) currency OU monetary unit ❑ **~ scripturale** OU **bancaire** substitute money; **~ de compte** account OU near money; **~ décimale** decimal currency OU coinage; **~ divisionnaire** fractional currency; **~ d'échange** *fig* bargaining counter; **~ électronique** electronic OU plastic money; **~ fiduciaire** fiduciary money OU issue; **~ légale** legal tender; **~ métallique** metal money; **~ de papier** paper money; **~ verte** green currency; **fausse ~** counterfeit OU false money; **c'est ~ courante** it's common practice, it's a common OU an everyday occurrence; **payer qqn en ~ de singe** to fob sb off. -**2.** [appoint] change; **faire de la ~** to get (some) change; **faire de la ~ à qqn** to give sb some change; **faire la ~ de 200 francs** to get change for 200 francs, to change a 200 franc note; **je vais te faire** OU **te donner la ~ de 100 francs** I'll change 100 francs for you, I'll give you change for 100 francs; **rendre la ~ à qqn** to give sb change; **il m'a rendu la ~ sur 100 francs** he gave me the change out of OU from 100 francs ❑ **~ d'appoint** (correct) change; **menue/petite ~** small/loose change; **et par ici la ~!** *fam* let's be having your money!; **allez, envoyez la ~!** *fam* come on, get the pennies out OU cough up!; **je lui rendrai la ~ de sa pièce!** I'll give him a taste of his own medicine!

monnaie-du-pape [mɔnɛdypap] (*pl* monnaies-du-pape) *nf* honesty HORT.

monnayable [mɔnɛjabl] *adj* saleable; **ton expérience dans ce domaine est ~** your experience in this field is worth money.

monnayer [11] [mɔneje] *vt* -**1.** [convertir en monnaie] to mint; **~ de l'argent/du nickel** to mint silver/nickel (coins). -**2.** [vendre] to sell, to make money out of; **~ son expérience/savoir-faire** to cash in on one's experience/know-how. -**3.** [échanger] to exchange; **il a monnayé ses services contre une lettre d'introduction** he asked for a letter of introduction in exchange for his services.
◆ **se monnayer** *vp* *(emploi passif)*: **tu devrais savoir que le talent se monnaye** you ought to know there's money to be made out of talent.

monnayeur [mɔnɛjœr] *nm* -**1.** [machine] change machine. -**2.** [ouvrier] coiner, minter.

mono [mɔno] ◇ *nf inv* (*abr de* **monophonie**) mono.
◇ *nmf fam* (*abr de* **moniteur**). -**1.** SPORT instructor (*f* instructress). -**2.** [de colonie de vacances] (group) supervisor OU leader, (camp) counsellor *Am*.
◇ *nm* (*abr de* **monoski**) monoski.

mono- [mɔno] *préf* mono-, single.

monoacide [mɔnɔasid] *nm* monoacid.

monoamine [mɔnɔamin] *nf* monoamine.

monoamine-oxydase [mɔnɔaminɔksidaz] (*pl* **monoamines-oxydases**) *nf* monoamine oxidase.

monoatomique [mɔnɔatɔmik] *adj* monatomic.

monobloc [mɔnɔblɔk] *adj* [fusil] cast en bloc, solid; [cylindre, moteur, roue] monobloc.

monocamérisme [mɔnɔkamerism] *nm* unicameralism.

monochromateur [mɔnɔkrɔmatœr] *nm* monochromator.

monochromatique [mɔnɔkrɔmatik] *adj* monochromatic PHYS.

monochrome [mɔnɔkrom] *adj* monochrome, monochromic.

monochromie [mɔnɔkrɔmi] *nf* monochromaticity.

monocinétique [mɔnɔsinetik] *adj* monokinetic.

monocle [mɔnɔkl] *nm* (single) eyeglass, monocle.

monoclinal, e, aux [mɔnɔklinal, o] *adj* monoclinal.
◆ **monoclinal, aux** *nm* monoclinal.

monoclinique [mɔnɔklinik] *adj* monoclinic.

monoclonal, e, aux [mɔnɔklɔnal, o] *adj* monoclonal; **anticorps ~** monoclonal antibody.

monocolore [mɔnɔkɔlɔr] *adj* -**1.** [d'une couleur] one-colour. -**2.** POL one-party.

monocoque [mɔnɔkɔk] ◇ *adj* AÉRON monocoque.
◇ *nm* NAUT monohull.
◇ *nf* AUT monocoque.

monocorde [mɔnɔkɔrd] ◇ *adj* monotonous, droning.
◇ *nm* monochord.

monocotylédone [mɔnɔkɔtiledɔn] *nf* monocotyl, monocotyledon, monocot; **les ~s** the Monocotyledoneae.

monocratie [mɔnɔkrasi] *nf* monocracy.

monocristal, aux [mɔnɔkristal, o] *nm* monocrystal.

monoculaire [mɔnɔkylɛr] *adj* monocular.

monoculture [mɔnɔkyltyr] *nf* monoculture; **une région de ~** a monoculture area.

monocyclique [mɔnɔsiklik] *adj* CHIM & ZOOL monocyclic.

monocylindrique [mɔnɔsilɛ̃drik] *adj* single-cylinder *(avant n)*.

monocyte [mɔnɔsit] *nm* monocyte; **angine à ~s** glandular fever.

monogame [mɔnɔgam] *adj* monogamous.

monogamie [mɔnɔgami] *nf* monogamy.

monogamique [mɔnɔgamik] *adj* monogamous, monogamic.

monogramme [mɔnɔgram] *nm* monogram.

monographie [mɔnɔgrafi] *nf* monograph.

monoï [mɔnɔj] *nm inv* Monoi.

monoïdéisme [mɔnɔideism] *nm* monoideism, monomania.

monoïque [mɔnɔik] *adj* monoecious.

monokini [mɔnɔkini] *nm* monokini, topless swimsuit; **'~ interdit'** 'no topless bathing'.

monolingue [mɔnɔlɛ̃g] ◇ *adj* monolingual.
◇ *nmf* monolingual; **les ~s** people who speak only one language, monolinguals.

monolinguisme [mɔnɔlɛ̃gɥism] *nm* monolingualism.

monolithe [mɔnɔlit] ◇ *adj* monolithic.
◇ *nm* monolith.

monolithique [mɔnɔlitik] *adj* GÉOL & *fig* monolithic.

monolithisme [mɔnɔlitism] *nm* monolithism.

monologue [mɔnɔlɔg] *nm* -**1.** [discours] monologue; THÉÂT monologue, soliloquy; **il s'est lancé dans un long ~ sur le respect d'autrui** he launched into a long monologue on the need to respect others. -**2.** LITTÉRAT: **~ intérieur** stream of consciousness, interior monologue.

monologuer [3] [mɔnɔlɔge] *vi* to soliloquize; **il monologue des heures durant** [en public] he can go on (talking) for hours; [tout seul] he talks to himself for hours.

monôme [mɔnom] *nm* -**1.** MATH monomial. -**2.** *arg scol* ≃ students' rag procession.

monomère [mɔnɔmɛr] ◇ *adj* monomeric.
◇ *nm* monomer.

monométallisme [mɔnɔmetalism] *nm* monometallism.

monométalliste [mɔnɔmetalist] ◇ *adj* monometallic.
◇ *nmf* monometallist.

monomoteur [mɔnɔmɔtœr] ◇ *adj* single-engine *(avant n)*, single-engined.
◇ *nm* single-engine OU single-engined aircraft.

mononucléaire [mɔnɔnykleɛr] ◇ *adj* mononuclear.
◇ *nm* monocyte, mononuclear (leucocyte).

mononucléose [mɔnɔnykleoz] *nf* mononucleosis; **~ infectieuse** glandular fever, infectious mononucleosis *spéc*.

monoparental, e, aux [mɔnɔparɑ̃tal, o] *adj* single-parent.

monophasé, e [mɔnɔfaze] *adj* single-phase, monophase.
◆ **monophasé** *nm* single-phase (current).

monophonie [mɔnɔfɔni] *nf* monophony.

monophonique [mɔnɔfɔnik] *adj* MUS monophonic; AUDIO monophonic, monaural.

monoplace [mɔnɔplas] ◇ *adj* one-seater *(avant n)*, single-seater *(avant n)*.
◇ *nm* one-seater OU single-seater (vehicle).
◇ *nf* single-seater racing car.

monoplan [mɔnɔplɑ̃] *nm* monoplane.

monoplégie [mɔnɔpleʒi] *nf* monoplegia.

monopole [mɔnɔpɔl] *nm* -**1.** ÉCON monopoly; ~ **d'achat** buyer's monopoly; ~ **d'État** state monopoly. -**2.** *fig* monopoly; **vous pensez avoir le ~ de la vérité?** do you think you have a monopoly of the truth?

monopolisateur, trice [mɔnɔpɔlizatœr, tris] *nm, f* monopolizer.

monopolisation [mɔnɔpɔlizasjɔ̃] *nf* monopolization.

monopoliser [3] [mɔnɔpɔlize] *vt* ÉCON & *fig* to monopolize; **ne monopolisez pas notre jeune amie** don't keep our young friend to yourself.

monopoliste [mɔnɔpɔlist] *adj* monopoly *(modif)*.

monopolistique [mɔnɔpɔlistik] *adj* monopolistic.

Monopoly® [mɔnɔpɔli] *nm* Monopoly®.

monoprocesseur [mɔnɔprɔsesœr] ◇ *adj* single-unit *(avant n)* COMPUT.
◇ *nm* single (central processing) unit.

monoprogrammation [mɔnɔprɔgramasjɔ̃] *nf* monoprogramming.

monoptère [mɔnɔptɛr] ◇ *adj* monopteral.
◇ *nm* monopteron.

monorail [mɔnɔraj] *adj* & *nm* monorail.

monorime [mɔnɔrim] *adj* monorhyme.

monosaccharide [mɔnɔsakarid] *nm* monosaccharide.

monosémique [mɔnɔsemik] *adj* LING monosemous, monosemic.

monosépale [mɔnɔsepal] *adj* monosepalous.

monoski [mɔnɔski] *nm* monoski.

monosperme [mɔnɔspɛrm] *adj* monospermous, monospermal.

monosyllabe [mɔnɔsilab] *nm* monosyllable.

monosyllabique [mɔnɔsilabik] *adj* monosyllabic.

monothéisme [mɔnɔteism] *nm* monotheism.

monothéiste [mɔnɔteist] ◇ *adj* monotheistic, monotheistical.
◇ *nmf* monotheist.

monotone [mɔnɔtɔn] *adj* -**1.** [voix, bruit] monotonous; **le tic-tac ~ de la pendule** the monotonous ticking of the clock. -**2.** [discours, style] monotonous, dull; **une déclamation ~** a dull OU droning declamation. -**3.** [vie] monotonous, dreary, humdrum; [paysage] monotonous, dreary.

monotonie [mɔnɔtɔni] *nf* monotony, dullness, dreariness.

monotrace [mɔnɔtras] *adj* single-track.

monotrope [mɔnɔtrɔp] *nm* monotropa.

monotype [mɔnɔtip] ◇ *nm* -**1.** NAUT: **course de ~s** race between boats of the same class. -**2.** BX-ARTS monotype.
◇ *adj* BOT monotype.

Monotype® [mɔnɔtip] *nf* Monotype®.

monovalent, e [mɔnɔvalɑ̃, ɑ̃t] *adj* monovalent.

monoxyde [mɔnɔksid] *nm* CHIM monoxide; ~ **de carbone** carbon monoxide.

monozygote [mɔnɔzigɔt] ◇ *adj* monozygous, monozygotic.
◇ *nmf* monozygote.

Monrovia [mɔ̃rɔvja] *npr* Monrovia.

Monseigneur [mɔ̃sɛɲœr] (*pl* **Messeigneurs** [mesɛɲœr]) *nm* -**1.** [en s'adressant à un - archevêque] Your Grace; [- évêque] My Lord (Bishop); [- cardinal] Your Eminence; [- prince] Your Royal Highness; [en parlant d'un - archevêque] His Grace; [- évêque] His Lordship; [- cardinal] His Eminence (Cardinal); [- prince] His Royal Highness. -**2.** HIST Monseigneur *(the heir to the throne of France)*.

monsieur [məsjø] (*pl* **messieurs** [mesjø]) *nm* man, gentleman; **un ~ vous a demandé** a man OU gentleman's been asking for you; **le jeune ~ prendra-t-il une orangeade?** will the young gentleman have an orange juice?; **il se prend pour un ~** *péj* he thinks he's a gentleman; **c'est un vilain ~** he's a wicked man.

Monsieur [məsjø] (*pl* **Messieurs** [mesjø]) *nm* -**1.** [dans une lettre]: ~ Sir, Dear Sir; **Cher ~ Duval** Dear Mr. Duval; **Messieurs** Dear Sirs; ~ **le Maire** Dear Sir; ~ **le Vicomte** My Lord || [sur l'enveloppe]: ~ **Duval** Mr. Duval; **Messieurs Thon et Lamiel** Messrs Thon and Lamiel. -**2.** [terme d'adresse - suivi du nom ou du titre]: **bonjour ~ Leroy!** good morning Mr. Leroy!; **bonjour Messieurs Duval!** good morning, gentlemen!; **bonjour ~ le Ministre!** good morning Sir!; **bonjour ~ le Consul!** good morning Sir OU Your Excellency!; ~ **le Président, et l'inflation?** [au chef de l'État] Sir OU Mr. President *Am*, what about inflation?; [au directeur] Sir OU Mr. Chairman, what about inflation?; **Messieurs les députés, vous êtes priés de vous asseoir!** will the Honourable Members please be seated! *Br*; **bonjour ~ le Marquis!** good morning, Your Lordship!; **bonjour ~ le Duc!** good morning, Your Grace! || [à un inconnu]: **bonjour ~!** good morning!; **bonjour Messieurs** good morning (, gentlemen); **bonjour Messieurs Dames** *fam* morning all OU everybody; **Mesdames, Mesdemoiselles, Messieurs!** Ladies and Gentlemen!; **Messieurs, un peu de silence s'il vous plaît!** [à des garçonnets] boys, please be quiet!; [à des jeunes gens] gentlemen, would you please be quiet!; **et voilà, ~, une laitue pommée!** here you are, Sir, a nice round lettuce!; ~ **désirerait voir les pantalons?** would you like to see the trousers, Sir? || *sout* OU *hum*: ~ **est servi** [au dîner] dinner is served (, Sir); [pour le thé] tea is served (, Sir); **le frère de ~ attend en bas** [à un roturier] your brother is waiting downstairs, Sir; [à un homme titré] Your Lordship's brother is waiting downstairs; **vous n'y pensez pas, cher** OU **mon bon** OU **mon pauvre ~!** my dear Sir, you can't be serious!; **peux-tu prêter un instant ton stylo à ~?** could you lend the gentleman your pen for a minute? || [au téléphone]: **bonjour ~, je voudrais parler à quelqu'un de la Comptabilité, s'il vous plaît** hello, I'd like to speak to somebody in the accounts department, please. -**3.** [en se référant à une tierce personne]: **adressez-vous à ~ Duval** apply to Mr. Duval; ~ **votre père** *sout* your father; **le docteur Duval et ~** [pour annoncer] Doctor Duval and Mr. Duval; ~ **le Président regrette de ne pas pouvoir être des nôtres ce soir** [chef de l'État] the President regrets he is unable to be with us tonight; [directeur] the Chairman OU Mr. X regrets he is unable to be with us tonight; ~ **le Marquis est arrivé** His Lordship has arrived; ~ **le Duc est arrivé** His Grace has arrived. -**4.** SCOL: ~, **j'ai fini mon addition!** (please) Sir, I've done my addition! -**5.** *fam* [en appellatif]: **alors, ~ le frimeur, tu es satisfait?** so, are you pleased with yourself, Mr big shot?; **Messieurs les chahuteurs n'ont qu'à bien se tenir** I'm asking our rowdy friends to behave themselves; **et en plus, ~ exige des excuses!** His Lordship wants an apology as well, does he? -**6.** HIST Monsieur *(title given to the King of France's younger brother)*. -**7.** *loc*: **il a été nommé ~ sécurité routière** he was made Mr. Road Safety; ~ **Tout le Monde** the man in the street, Joe Public *Br hum*, Joe Blow *Am*.

monstera [mɔ̃stera] *nm* monstera.

monstre [mɔ̃str] ◇ *nm* -**1.** BIOL, MYTH & ZOOL monster; **le ~ du Loch Ness** the Loch Ness Monster ❑ ~ **sacré** superstar; **James Dean était un ~ sacré du cinéma hollywoodien** James Dean was a Hollywood screen idol. -**2.** [chose énorme] monster; **son camion est un vrai ~!** his lorry is an absolute monster! -**3.** [personne laide] monster, monstrously ugly OU hideous person; [brute] monster, brute; **un ~ d'ingratitude/d'égoïsme** an ungrateful/a selfish brute. -**4.** *fam* [enfant insupportable] monster, little terror, perisher *Br*; **sortez d'ici, petits ~s!** out of here, you little monsters!
◇ *adj fam (après le n)* [erreur, difficulté, déficit] monstrous, enormous, colossal; [rassemblement] monstrous, mammoth; [répercussions, succès] gigantic, enormous; [soldes] gigantic, huge, colossal; **ça a eu un effet ~ sur le public** it had an enormous OU a tremendous effect on the audience; **il y a une queue ~ chez le boucher** there's a huge OU massive queue at the butcher's; **j'ai un boulot ~!** I've got loads OU tons OU piles of work to do!; **il a un culot ~** he's got a bloody cheek *Br* OU a damned nerve.

monstrueusement [mɔ̃stryøzmɑ̃] *adv* [laid] monstrously, hideously; [intelligent] prodigiously, stupendously.

monstrueux, euse [mɔ̃stryø, øz] *adj* -**1.** [difforme] monstrous, deformed; **un être ~, une créature monstrueuse** a freak. -**2.** [laid] monstrous, hideous, ghastly. -**3.** [abject, cruel] monstrous, wicked, vile; **il fut assez ~ pour trahir un ami** he was wicked enough to betray a friend; **un crime ~** a heinous OU monstrous crime. -**4.** [très grave] monstrous, dreadful, ghastly; **une monstrueuse erreur** an awful OU a dreadful mistake.

monstruosité [mɔ̃stryozite] *nf* -**1.** [difformité] deformity. -**2.** [acte, crime] monstrosity; **commettre/dire des ~s** to do/to say the most terrible things.

mont [mɔ̃] *nm* -**1.** GÉOG mountain; *litt* mount; ~ **sous-marin** seamount; **le ~ Blanc** Mont Blanc; **le ~ Cervin** the Matterhorn; **le ~ Everest** Mount Everest; **le ~ des Oliviers** the Mount of Olives; **aller par ~s et par vaux** to wander up hill and down dale; **il est toujours par ~s et par vaux** he's always on the move. -**2.** [de la main] mount. -**3.** ANAT: **le ~ de Vénus** mons veneris.

MONTS:

les monts Appalaches the Appalachian Mountains;
le mont Ararat Mount Ararat;
le mont Athos Mount Athos;
le mont Aventin the Aventine Hill;
le mont Blanc Mont Blanc;
les monts Cantabriques the Cantabrian Mountains;
le mont Capitolin the Capitoline Hill;
le mont Cervin the Matterhorn;
le mont Etna Mount Etna;
le mont Everest Mount Everest;
le mont Fuji-Yama Mount Fuji;
le mont des Oliviers the Mount of Olives;
le mont Olympe Mount Olympus;
le mont Palatin the Palatine Hill;
le mont Parnasse Mount Parnassus;
le mont Quirinal Quirinal;
le mont Vésuve Mount Vesuvius;
le mont Whitney Mount Whitney.

---

montage [mɔ̃taʒ] *nm* -**1.** [assemblage - d'un meuble, d'un kit] assembly, assemblage; [- d'une tente] pitching, putting up; [- d'un vêtement] assembling, sewing together; [- d'un col] setting in; IMPR (page) makeup, pasting up. -**2.** [installation - d'un appareil] installing, fixing; [- d'une pierre précieuse] mounting, setting; [- de pneus] fitting. -**3.** FIN: ~ **de crédit** credit OU loan arrangement; ~ **financier** financial arrangement. -**4.** AUDIO & CIN [processus] editing; [avec effets spéciaux] montage; [résultat] montage; ~ **réalisé par X** [d'un film] film editing by X; [du son] sound editing by X ❑ ~ **audiovisuel** OU **sonorisé** sound slide show; ~ **définitif** final cut; ~ **à la prise de vues** direct camera editing; ~ **synchrone** sync editing; **premier ~** rough cut. -**5.** PHOT mounting; **faire du ~ de diapositives** to mount slides ❑ ~ **de photos** photomontage. -**6.** ÉLECTR & ÉLECTRON wiring, connecting, connection; ~ compensateur/en pont flywheel/bridge circuit; ~ en parallèle/série connection in parallel/in series; ~ symétrique push-pull circuit. -7. MIN overhand (stope).

montagnard, e [mɔ̃taɲar, ard] ◇ *adj* mountain *(modif)*, highland *(modif)*.
◇ *nm, f* mountain dweller; les ~s mountain people.
◆ **Montagnard** *nm* HIST: les Montagnards the Montagnards, the members of the Mountain.

LES MONTAGNARDS:
1. A political movement which sought to give national reality to the French Revolution. Successfully rallying the support of the people, the sans-culottes, the Paris Commune and the Jacobins, they became the sole leaders after eliminating the Girondists. They created the Committee of Public Safety, later the chief organ of the government, and the Revolutionary Tribunal in 1793. Leading members included Danton, Marat and Robespierre.
2. One of the two assemblies under the Third Republic, claiming to be heir to the Jacobin tradition of a strong centralized regime.

montagne [mɔ̃taɲ] *nf* -1. [mont] mountain; les ~s d'Écosse the Highlands of Scotland; les ~s d'Europe the European (mountain) ranges ❑ ~s russes LOISIRS big dipper *Br*, roller coaster *Am*; les Montagnes Rocheuses the Rocky Mountains, the Rockies; déplacer OU soulever des ~s to move heaven and earth; (se) faire une ~ de qqch to make a great song and dance about sthg; (se) faire une ~ de rien OU d'un rien to make a mountain out of a molehill; gros comme une ~ [mensonge] huge, colossal; [canular] mammoth *(modif)*; c'est la ~ qui accouche d'une souris! what a lot of fuss about nothing!; il n'y a que les ~s qui ne se rencontrent pas *prov* there are none so distant that fate cannot bring together; si la ~ ne va pas à Mahomet, Mahomet ira à la ~ *prov* if the mountain will not come to Mohammed, Mohammed must go to the mountain. -2. [région]: la ~ the mountains; [en Écosse] the highlands; à la ~ OU en ~, le temps change vite the weather is very changeable in the mountains; de ~ mountain *(modif)*; faire de la ~ to go mountaineering; de basse ~ low-mountain *(modif)*; de haute ~ high-mountain *(modif)*; de moyenne ~ middle-range-mountain *(modif)*; en basse ~ in the foothills; en haute ~ high in the mountains; en moyenne ~ in the middle-range mountains ❑ ce n'est que de la ~ à vaches it's only hills. -3. [grosse quantité]: une ~ de lots OU mountains OU a mountain of; une ~ de détritus/spaghettis a mountain of refuse/spaghetti; ~ de blé/beurre CEE wheat/butter mountain. -4. HIST: la Montagne the Mountain.

montagneux, euse [mɔ̃taɲø, øz] *adj* mountainous.

montaison [mɔ̃tɛzɔ̃] *nf* -1. [du saumon] *season during which salmon migrate up river from the sea*. -2. AGR going to seed.

montant, e [mɔ̃tɑ̃, ɑ̃t] *adj* -1. [qui grimpe - sentier] rising, uphill; la génération ~e the rising generation. -2. NAUT upstream *(modif)*; TRANSP up *(avant n)*; taille ~e MIN raise stope; tranche ~e rise cut. -3. VÊT [col] high; [corsage] high-necked, high-neckline *(modif)*; chaussures ~es ankle boots, ankle-high shoes. -4. MIL: la garde ~e the relief guard.
◆ **montant** *nm* -1. [d'une échelle, d'un châssis] upright; [d'une tente] pole; [d'une porte, d'une fenêtre] stile; [d'un lit] post; ~ (de but) SPORT (goal) post. -2. MIN prop. -3. ÉQUIT cheek piece. -4. FIN amount, sum, total; écrivez le ~ en toutes lettres write out the sum in full; le ~ du découvert the amount of the overdraft, the total overdraft; chèque/facture d'un ~ de 500 francs cheque/invoice for 500 francs; cadeau d'un ~ total de 1 500 francs present worth 1,500 francs; le ~ total des réparations s'élève à..., les réparations s'élèvent à un ~ total de... the total cost of the repairs adds up to... ❑ ~s compensatoires (monétaires) CEE (compensatory) subsidies, (monetary) compensatory amounts *spéc*. -5. CULIN spiciness, tang. -6. ŒNOL: vin qui a du ~ wine with a strong bouquet.

montbéliarde [mɔ̃beljard] ◇ *adj f*: race ~ Montbéliarde breed.
◇ *nf* Montbéliarde cow *(a breed from the Jura mountains)*.

mont-blanc [mɔ̃blɑ̃] (*pl* monts-blancs) *nm* *chestnut cream dessert*.

mont-de-piété [mɔ̃dpjete] (*pl* monts-de-piété) *nm* (state-owned) pawnshop; mettre qqch au ~ to pawn sthg; retirer OU dégager qqch du ~ to recover sthg from the pawnshop.

mont-d'or [mɔ̃dɔr] (*pl* monts-d'or) *nm* Mont d'Or (cheese).

monte [mɔ̃t] *nf* -1. ÉQUIT [technique] horsemanship; [participation à une course] mounting; j'ai eu trois ~s dans la journée I had three mounts today; partants et ~s probables probable runners and riders. -2. VÉTÉR covering; mener une jument à la ~ to take a mare to be covered.

monté, e [mɔ̃te] *adj* -1. [pourvu] provided, equipped; être bien/mal ~ to be well/badly equipped; elle est bien/mal ~e en moules à gâteaux she's got a lot of/she's a bit short of cake tins; tu es bien ~e avec un pareil mari! *fam iron* you've married a right *Br* OU good one there! -2. MIL mounted; troupes ~es mounted troops. -3. *fam* [irrité]: être ~ contre qqn to be angry with sb, to be dead set against sb; les ouvriers sont très ~s the workers are up in arms; elle est très ~e, ne lui en parle pas aujourd'hui she's pretty wound up, don't talk to her about it today. -4. COUT made-up; manche ~e made-up OU fitted sleeve. -5. [plante] seeded, gone to seed, bolted. -6. CULIN: œufs ~s en neige whipped egg whites. -7. *fam loc*: il est bien ~ he's well-hung.
◆ **montée** *nf* -1. [pente] climb, uphill OU upward slope; en haut de la ~e at the top of the hill; méfiez-vous, la ~e est raide! watch out, it's quite a steep climb! -2. [parcours] climb; la ~e jusqu'au chalet the climb up OU the ascent to the chalet; la ~e des escaliers lui fut très pénible he climbed OU struggled up the stairs with great difficulty. -3. [élévation - d'une fusée, d'un dirigeable] ascent; [- de la sève] rise; [- des eaux] rise, rising. -4. [augmentation - de violence] rise; [- de mécontentement] rise, increase, growth; la ~e des prix/températures the rise in prices/temperatures; face à la ~e en flèche des prix du pétrole faced with rocketing OU soaring oil prices; devant la ~e de la violence/du racisme faced with the rising tide of violence/racism. -5. [accession] rise, ascension; sa ~e au pouvoir her rise to power. -6. ARCHIT height. -7. PHYSIOL: ~e de lait onset of lactation.

monte-charge [mɔ̃tʃarʒ] *nm inv* hoist, goods lift *Br*, freight elevator *Am*.

montée [mɔ̃te] *f* → **monté**.

monte-en-l'air [mɔ̃tɑ̃lɛr] *nm inv* cat burglar.

monténégrin, e [mɔ̃tenegrɛ̃, in] *adj* Montenegrin.
◆ **Monténégrin, e** *nm, f* Montenegrin.

Monténégro [mɔ̃tenegro] *npr m*: le ~ Montenegro.

monte-plats [mɔ̃tpla] *nm inv* service lift *Br*, dumbwaiter.

monter [3] [mɔ̃te] ◇ *vi (aux être ou avoir)* -1. [personne, animal - vu d'en bas] to go up; [- vu d'en haut] to come up; [avion, soleil] to rise, to climb (up); [drapeau] to go up; [rideau de théâtre, air, fumée] to go up, to rise; [chemin] to go up, to rise, to climb; ~ au grenier to go up to OU into the attic; ~ dans sa chambre to go up to one's room; ~ chez qqn to go up to sb's place; elle ne monte jamais ici she never comes up here; monte par l'ascenseur go up in OU use the lift; la voiture est montée sur le trottoir the car went up on OU mounted the pavement; monte sur une chaise pour que j'épingle ton ourlet stand on a chair so I can pin up your hem; le cortège est monté jusqu'en haut de la colline the procession went OU climbed to the top of the hill; le premier de cordée continuait à ~ the leader continued to climb OU continued the ascent; es-tu déjà montée au dernier étage de la tour Eiffel? have you ever been up to the top of the Eiffel Tower?; le soir, le brouillard monte the mist rises in the evening; ~ en pente douce to climb gently (upwards); ~ en pente raide to climb steeply OU sharply; ça monte trop, passe en première it's too steep, change down into first; ~ de [suj: odeur, bruit] to rise (up) from, to come from; une odeur de moisi/brûlé monte de la cave there's a musty smell/a smell of burning coming (up) from the cellar; des clameurs montèrent de la place a clamour rose up from the square ❑ ~ sur les planches to go on the stage; ~ sur le trône to ascend the throne. -2. [dans un moyen de transport]: ~ dans [avion, train] to get on OU onto, to board; [bus] to get on, to board; [voiture] to get into; tous les jours quand je monte dans le train every day as I get on OU as I board the train; tu montes (avec moi)? [dans ma voiture] are you coming with me (in my car)?; elle monte à Versailles [elle prend le train] she gets on at Versailles (station); ~ sur: ~ sur un OU à bord d'un bateau to board a ship; est-ce que tout le monde est monté à bord? is everybody aboard OU on board?; ~ sur un cheval to get on OU to mount a horse; ~ sur une bicyclette to get on a bicycle; ça fait longtemps que je ne suis pas monté sur une bicyclette it's a long time since I've been on a bicycle; ~ à [pratiquer]: ~ à cheval/bicyclette to ride (a horse/a bicycle) || ÉQUIT to ride; elle monte régulièrement à Vincennes she rides regularly in Vincennes. -3. [apparaître suite à une émotion]: les larmes lui sont montées aux yeux tears welled up in his eyes, his eyes filled with tears; ça m'a fait ~ les larmes aux yeux it brought tears to my eyes; le rouge lui est monté aux joues the colour rose to her cheeks; le sang lui monta au visage the blood rushed to his face. -4. [s'élever - température] to rise, to go up; [- fièvre] to rise; [- prix, taux] to rise, to go up, to increase; [- action] to rise; [- rivière] to rise; [- mer, marée] to come in; [- anxiété, mécontentement] to grow, to increase; dès 10 h du matin, la chaleur commence à ~ it starts getting hot around 10 a.m.; faire ~ [tension, peur] to increase; faire ~ les prix [surenchère] to send OU to put prices up; [marchand] to put up OU to increase prices; empêcher les prix de ~ to keep prices down; les loyers ont monté de 25 % rents have gone up OU increased by 25%; les travaux de plomberie, ça monte vite *fam* a plumber's bill soon mounts up; le mercure monte dans le thermomètre the mercury is rising in the thermometer; le thermomètre monte *fam* MÉTÉO it's OU the weather's getting warmer; le lait monte [il bout] the milk is boiling; [chez une femme qui allaite] lactation has started; attendez que l'écume monte à la surface de la confiture wait for the scum to come OU to rise (up) to the top of the jam; prends de grosses aiguilles, ton pull montera plus vite your sweater will knit up more quickly if you use big needles; faire ~ des blancs en neige CULIN to whisk up egg whites; le soufflé a bien monté/n'a pas monté the soufflé rose beautifully/didn't rise; le ton montait [de colère] voices were being raised, the discussion was becoming heated; [d'animation] the noise level was rising. -5. [atteindre un certain niveau]: la cloison ne monte pas assez haut the partition isn't high enough; ~ à OU jusqu'à [eau, vêtement, chaussures] to come up to; son plâtre monte jusqu'au genou his leg is in a plaster cast up to the knee; les pistes de ski montent jusqu'à 3 000 m the ski runs go up to OU as high as 3,000 m; la fièvre est montée à 40° C his temperature has gone up to OU reached 40° C; je peux ~ jusqu'à 200 km/h *fam* I can do up to 200 km/h; le pain est monté à 3 francs bread has gone up to 3 francs;

l'hectare de vigne peut ~ jusqu'à 30 000 francs one hectare of vineyard can cost up to OU fetch as much as 30,000 francs. -**6.** MUS [voix] to go up, to rise; **il peut ~ jusqu'au «si»** he can go OU sing up to B. -**7.** [pour attaquer]: ~ **à l'abordage** NAUT to board; ~ **à l'attaque** OU **à l'assaut** MIL to go into the attack; ~ **à l'assaut de** to launch an attack on; ~ **au front** OU **en ligne** to go into action, to go up to the front (line); ~ **au filet** TENNIS & VOLLEY to go up to the net. -**8.** [dans une hiérarchie] to rise; ~ **en grade** to be promoted; **un chanteur qui monte** an up-and-coming singer || [dans le temps]: **la génération qui monte** the rising OU new generation. -**9.** [aller vers le nord]: **je monte à Paris demain** I'm going (up) to Paris tomorrow; **quand vous monterez à Paris, venez coucher à la maison** when you come (up) to Paris, come and stay with us; **prendre le train qui monte à Bordeaux** to take the train (up) to Bordeaux; **il a dû ~ à Lyon pour trouver du travail** he had to move (up) to Lyons in order to find work. -**10.** [pousser]: ~ **(en graine)** to go to seed, to bolt; **les salades sont montées** the lettuces have gone to seed OU have bolted; **ses enfants ont monté** OU **sont montés en graine** his children have really shot up. -**11.** JEUX: ~ **sur le valet de trèfle** to play a club higher than the jack.

◇ *vt* *(aux avoir)* -**1.** [gravir] to go up *(insép)*; ~ **l'escalier** to go OU to climb up the stairs, to go upstairs; ~ **une marche** to go up a OU one step; ~ **les marches** to go up OU to climb the steps; **la voiture a du mal à ~ la côte** the car has difficulty getting up the hill; ~ **la gamme** MUS to go up OU to climb the scale. -**2.** [porter en haut - bagages, colis] to take OU to carry up *(sép)*; [- courrier] to take up *(sép)*; **monte-moi mes lunettes** bring my glasses up for me; **je lui ai monté son journal** I took the newspaper up to him; **peut-on se faire ~ le repas dans les chambres?** is it possible to have meals brought to the room? -**3.** [mettre plus haut]: **monte l'étagère d'un cran** put the shelf up a notch; **monte un peu le tableau** put the picture up a bit; **monte la vitre, j'ai froid** wind up the (car) window, I'm cold. -**4.** [augmenter - son] to turn up *(sép)*; [- prix] to put up *(sép)*; **monte la télé** *fam* turn the TV up; **l'hôtel a monté ses prix** the hotel has put up its prices; ~ **une couleur** BX-ARTS to heighten a colour || [mettre en colère]: ~ **qqn contre** to set sb against; **ils ont monté les ouvriers contre la direction** they've turned the workers against the management. -**5.** [assembler - kit] to assemble, to put together *(sép)*; [- tente] to pitch, to put up *(sép)*; [- abri] to rig up *(sép)*; **les voitures sont montées à l'usine de Flins** the cars are assembled at the Flins plant; ~ **un métier à tisser** to set up a loom, to warp the yarn *spéc*; ~ **une page** IMPR to make up OU to paste up OU to lay out a page; ~ **en parallèle/série** ÉLECTR to connect in parallel/series. -**6.** [fixer - radiateur] to fit, to mount; [- store] to put up *(sép)*, to mount; ~ **une gravure** [sur une marie-louise] to mount an engraving; [dans un cadre] to frame an engraving; **il a monté un moteur plus puissant sur sa voiture** he has put a more powerful engine into his car || JOAILL to mount, to set; **rubis monté sur or** ruby set OU mounted in gold. -**7.** [organiser - gén] to organize; [- pièce, spectacle] to put on *(sép)*, to stage, to produce; [- canular] to think up *(sép)*; [- complot, machination] to set up *(sép)*; **l'institut monte une expédition océanographique** the institute is organizing an ocean-survey expedition; ~ **un atelier de poterie** to set up a pottery workshop; **il avait monté tout un scénario dans sa tête** he'd thought up some weird and wonderful scheme. -**8.** [pourvoir - bibliothèque, collection, cave] to set up *(sép)*; ~ **son ménage** OU **sa maison** to set up house; ~ **un cavalier** ÉQUIT to horse OU to mount a rider. -**9.** ÉQUIT: ~ **un cheval** to ride a horse. -**10.** CIN [bobine] to mount; [film] to edit. -**11.** COUT to fit (on); ~ **une manche** to sew on OU to attach a sleeve; **le pantalon est prêt à être monté** the trousers are ready to assemble OU to be made up; **le devant est monté n'importe comment** the front's been sewn together any old how || [tricoter - maille] to cast on *(sép)*. -**12.** CULIN: ~ **des blancs en neige** to whisk up egg whites; ~ **une mayonnaise** to make some mayonnaise. -**13.** VÉTÉR & ZOOL to cover, to serve. -**14.** NAUT to crew; ~ **un gréement** to rig a ship || PÊCHE to assemble.

◆ **se monter** ◇ *vp (emploi passif)*: **cette bibliothèque se monte facilement** these bookshelves are easy to assemble.

◇ *vpi* *fam* [s'énerver] to wind o.s. up (to a pitch).

◆ **se monter à** *vp + prép* [coût, dépenses] to come OU to amount OU to add up to.

◆ **se monter en** *vp + prép* [se pourvoir de] to equip OU to provide o.s. with; **se ~ en linge/vaisselle** to build up one's supplies of linen/crockery; **se ~ en vins** to stock (up) one's cellar.

monteur, euse [mɔ̃tœr, øz] *nm, f* -**1.** INDUST & TECH fitter. -**2.** AUDIO & CIN editor.

Montevideo [mɔ̃tevideo] *npr* Montevideo.

montgolfière [mɔ̃gɔlfjɛr] *nf* hot-air balloon, montgolfier (balloon).

monticule [mɔ̃tikyl] *nm* -**1.** [colline] hillock, mound, monticule. -**2.** [tas] heap, mound; **un ~ de pierres** a heap OU pile of stones.

montmartrois, e [mɔ̃martrwa, az] *adj* from Montmartre.

◆ **Montmartrois, e** *nm, f inhabitant of or person from Montmartre.*

montmorency [mɔ̃mɔrɑ̃si] *nf inv* morello cherry.

montmorillonite [mɔ̃mɔrijɔnit] *nf* montmorillonite.

montoir [mɔ̃twar] *nm* ÉQUIT: **(côté du) ~** near side *(of a horse)*; **côté hors (du) ~** off side.

montpelliérain, e [mɔ̃pəljerɛ̃, ɛn] *adj* from Montpellier.

◆ **Montpelliérain, e** *nm, f inhabitant of or person from Montpellier.*

montrable [mɔ̃trabl] *adj* [objet] exhibitable; [spectacle] fit to be seen; **est-ce ~ à des enfants?** is it fit to be seen by children?

montre [mɔ̃tr] *nf* -**1.** [instrument] watch; **il est 11 heures à ma ~** it's 11 o'clock by my watch ❑ ~ **antichoc** shockproof watch; ~ **digitale** digital watch; ~ **étanche** waterproof watch; ~ **de gousset** fob OU pocket watch; ~ **de plongée** diver's watch; ~ **de précision** precision watch; ~ **à quartz** quartz watch; **il a mis une heure ~ en main** it took him OU he took exactly one hour (by the clock). -**2.** [preuve]: **faire ~ de prudence** to show caution, to behave cautiously; **faire ~ d'audace** to show OU to display one's boldness; **je fis ~ d'audace et la pris dans mes bras** I made so bold as to take her in my arms.

Montréal [mɔ̃real] *npr* Montreal, Montréal.

montréalais, e [mɔ̃realɛ, ɛz] *adj* from Montreal.

◆ **Montréalais, e** *nm, f* Montrealer.

montre-bracelet [mɔ̃trəbraslɛ] *(pl* **montres-bracelets**) *nf* wristwatch.

montrer [3] [mɔ̃tre] *vt* -**1.** [gén] to show; [passeport, ticket] to show, to produce; [document secret] to show, to disclose; [spectacle, œuvre] to show, to exhibit; ~ **qqch à qqn** to show sthg to sb, to show sb sthg; **il m'a montré son usine** he showed me (around) his factory; **montrez-moi votre bras** let me see OU show me your arm; **j'ai montré Marie au docteur** *fam* I had the doctor have OU take a look at Marie; **les toiles ne sont pas encore prêtes à être montrées** the paintings aren't ready to go on show yet; ~ **le poing à qqn** to shake one's fist at sb ❑ ~ **le bout de l'oreille** to reveal one's true colours; ~ **le nez** OU **(le bout de) son nez** to put in an appearance; **il n'a même pas montré (le bout de) son nez** he never even showed his face; ~ **les cornes** OU **les griffes** to sharpen one's claws; ~ **les dents** *pr* & *fig* to bare one's teeth; ~ **patte blanche** to produce one's credentials *fig*; ~ **ses cartes** *pr* & *fig* to show one's hand; **je vais leur ~ de quel bois je me chauffe** I'll show them what I'm made of OU what sort of person they're dealing with! -**2.** [exhiber - partie du corps] to show; [- bijou, richesse, talent] to show off *(sép)*, to parade, to flaunt; **elle montrait ses charmes** she was displaying her charms OU leaving nothing to the imagination *euph*; **tu n'as pas besoin de ~ ta science!** no need to show off your knowledge!; **elle a montré ce qu'elle savait faire** she showed what she was capable of. -**3.** [faire preuve de - courage, impatience, détermination] to show, to display; **pour ~ sa bonne volonté** to show one's goodwill; **j'essayais de ne pas trop ~ ma déception/surprise** I tried not to show my disappointment/surprise too much. -**4.** [signaler] to point out *(sép)*, to show; ~ **la sortie** [de la tête] to nod towards the exit; [du doigt] to point to the exit; [de la main] to gesture towards the exit; **montre-moi de qui tu parles** show me who you mean; ~ **la porte à qqn** to show sb the door ❑ ~ **le chemin à qqn** *pr* & *fig* to show sb the way; ~ **la voie** OU **le chemin** to lead OU to show the way; ~ **l'exemple** to set an example, to give the lead; ~ **qqn du doigt** *pr* to point at sb; *fig* to point the finger of shame at sb. -**5.** [marquer - suj: aiguille, curseur, cadran] to show, to point to *(insép)*; [- suj: écran] to show, to display; **l'astérisque montre la somme restant à payer** the asterisk shows OU indicates the sum outstanding. -**6.** [prouver] to show, to prove; **comme le montrent ces statistiques** as these statistics show; **ce qui montre bien qu'il était coupable** which goes to show OU shows OU proves that he was guilty; **ça montre bien que** *fam*... it (just) goes to show that... -**7.** [évoquer] to show, to depict; **la vie des galériens, si bien montrée dans son roman** the lives of the galley slaves, so clearly depicted in her novel. -**8.** [enseigner - technique, procédé] to show, to demonstrate; [- recette, jeu] to show; ~ **comment faire qqch** to show how to do sthg; **la brochure montre comment s'en servir** the booklet explains OU shows how to use it; **il m'a montré une nouvelle danse** he showed me a new dance, he demonstrated a new dance step for me.

◆ **se montrer** *vpi* -**1.** [se présenter] to show o.s., to appear (in public); **je ne peux pas me ~ dans cet état!** I can't let people see me like this!; **montrez-vous!** (come out and) show yourself!; **le voilà, ne te montre pas!** here he is, stay out of sight!; **elle ne s'est même pas montrée au mariage de sa fille** she never even showed up OU showed her face OU turned up at her daughter's wedding; **se ~ à son avantage** to show o.s. in a good light OU to advantage. -**2.** [s'afficher] to appear OU to be seen (in public); **elle se montrait beaucoup dans les milieux politiques** she was often seen in political circles; **elle adore se ~** she loves to be seen (in public); **il se montre partout à son bras** he parades everywhere with her on his arm. -**3.** [se révéler]: **se ~ d'un grand égoïsme** to display great selfishness; **ce soir-là, il s'est montré odieux/charmant** he was obnoxious/charming that evening; **montre-toi un homme, mon fils!** show them you're a man, my son!; **finalement, elle s'est montrée digne/indigne de ma confiance** she eventually proved (to be) worthy/unworthy of my trust; **la réconciliation s'est montrée impossible/inutile** reconciliation proved (to be) impossible/futile.

montreur, euse [mɔ̃trœr, øz] *nm, f*: ~ **de marionnettes** puppeteer; ~ **d'ours** bear-keeper.

Mont-Saint-Michel [mɔ̃sɛ̃miʃɛl] *npr m*: **le ~** Mont St Michel; **au ~** at Mont St Michel.

montueux, euse [mɔ̃tɥø, øz] *adj litt* hilly; **des paysages ~** hilly OU rolling countryside.

monture [mɔ̃tyr] *nf* -**1.** JOAILL setting; [de lunettes] frame; **des lunettes à ~ d'écaille/de plastique** horn-/plastic-rimmed glasses. -**2.** [d'un vase, d'un miroir] mounting. -**3.** ÉQUIT mount.

-**4.** ARM [d'un fusil] stock; [d'une épée] guard. -**5.** PÊCHE tackle.

monument [mɔnymɑ̃] *nm* -**1.** [stèle, statue] monument; ~ **funéraire** (funerary) monument; ~ **aux morts** war memorial. -**2.** ADMIN & LOISIRS monument, building; ~ **historique** historic monument OU building; ~ **public** civic building. -**3.** *litt* [travail admirable] monument, masterpiece; **elle a écrit un** ~ she's written a monumental work. -**4.** *fam fig*: **ce type est un** ~ **de naïveté/lâcheté** that guy is the ultimate dupe/coward.

monumental, e, aux [mɔnymɑ̃tal, o] *adj* -**1.** LOISIRS: **plan** ~ **de la ville** city map showing buildings of interest. -**2.** [grandiose] monumental, incredible; **une œuvre** ~**e** a monumental piece of work. -**3.** *fam* [canular, erreur] monumental, phenomenal, mammoth *(modif)*; **d'une stupidité** ~**e** monumentally OU astoundingly stupid. -**4.** ARCHIT monumental.

monumentalité [mɔnymɑ̃talite] *nf* monumental character, monumentality *litt*.

moque [mɔk] *nf* -**1.** NAUT cringle. -**2.** *fam Helv* [morve] snot.

moquer [3] [mɔke] *vt litt* to mock (at).

◆ **se moquer** *vpi litt* to jest; **vous vous moquez!** you jest! *hum*.

◆ **se moquer de** *vp + prép* -**1.** [railler] to laugh at, to mock (at), to make fun of; **les gens vont se** ~ **d'elle** people will laugh (at her). -**2.** [être indifférent à]: **je me/il se moque de tout ça** I/he couldn't care less about all that; **je me moque de travailler le dimanche** I don't mind having to work on Sundays; **je me moque que tu sois mécontent** I don't care if you're not pleased; **elle s'en moque pas mal** *fam* she couldn't care less. -**3.** [duper] to dupe, to deceive, to trick; **il s'est moqué de toi** he's pulled a fast one on you; **on s'est moqué de toi** you've been taken for a ride; **elle ne s'est pas moquée de toi!** *fam* she did you proud (there)!; **ce type se moque du monde!** *fam* that guy's got a real nerve!

moquerie [mɔkri] *nf* jeering, mocking; **il était en butte à des** ~**s continuelles** he was always being mocked OU made fun of.

moquette [mɔkɛt] *nf* wall-to-wall carpet, fitted carpet *Br*; **faire poser de la** OU **une** ~ to have a (wall-to-wall) carpet laid.

moquetter [4] [mɔkete] *vt* to carpet... (wall-to-wall), to lay a (wall-to-wall) carpet in; **l'entrée est moquettée** the hall is (wall-to-wall) carpeted.

moqueur, euse [mɔkœr, øz] ◇ *adj* mocking; **elle est très moqueuse** she likes to make fun of people.

◇ *nm, f* mocker; **les** ~**s** mocking OU jeering people.

◆ **moqueur** *nm* mockingbird.

moraine [mɔrɛn] *nf* moraine; ~ **frontale/latérale/médiane** terminal/lateral/medial moraine; ~ **de fond** ground moraine.

morainique [mɔrenik] *adj* morainal, morainic.

moral, e[1], **aux** [mɔral, o] *adj* -**1.** [éthique - conscience, jugement] moral; **il n'a aucun sens** ~ he has no moral sense OU no sense of morality; **je me sens dans l'obligation** ~**e de l'aider** I feel morally obliged to OU I feel I have a moral obligation to help him; **prendre l'engagement** ~ **de faire qqch** to be morally committed to do sthg || [édifiant - auteur, conte, réflexion] moral; **la fin de la pièce n'est pas très** ~**e!** the end of the play is rather immoral! -**2.** [spirituel - douleur] mental; [- soutien, victoire, résistance] moral; **elle a une grande force** ~**e** she has great moral strength OU fibre; **avoir la certitude** ~**e que** to have the moral certainty that.

◆ **moral** *nm* morale, spirits; **comment va le** ~**?** are you in good spirits?; **toutes ces épreuves n'ont pas affecté son** ~ all these ordeals failed to shake her morale; **avoir bon** ~ to be in good OU high spirits; **son** ~ **est bas** his spirits are low, he's in low spirits ❑ **avoir le** ~ to be in good OU high spirits; **tu vas t'occuper de ses cinq enfants? dis-donc, tu as le** ~**!** *fam* so you're going to look after his five children? well, (I'd) rather you than me!; **il n'a pas le** ~ **en ce moment** he's a bit depressed OU he's in the doldrums at the moment; **allez, il faut garder le** ~**!** come on, keep your chin OU spirits up!; **remonter le** ~ **de qqn** [consoler] to raise sb's spirits, to give sb's morale a boost; [égayer] to cheer sb up; **avoir un** ~ **d'acier** to be a tower of strength; **j'ai le** ~ **à zéro** *fam* I feel down in the dumps.

◆ **au moral** *loc adv* mentally.

morale[2] [mɔral] *nf* -**1.** [règles - de la société] moral code OU standards, morality; [- d'une religion] moral code, ethic; [- personnelles] morals, ethics; **la** ~ **veut qu'on le fasse** morality dictates that we should do it; **ce n'est pas conforme à la** ~ it's unethical; **il a une** ~ **plutôt élastique** *fam* his morality is rather flexible ❑ **faire la** ~ **à qqn** to lecture sb, to preach at sb. -**2.** PHILOS moral philosophy, ethics *(U)*. -**3.** [d'une fable, d'une histoire] moral.

moralement [mɔralmɑ̃] *adv* -**1.** [du point de vue de la morale] morally; **je me sens** ~ **obligé de...** I feel duty OU morally bound to...; **être** ~ **responsable de...** to be morally responsible for...; ~, **il est peu recommandable** his morals are questionable. -**2.** [sur le plan psychique]: ~, **elle va mieux** she's in better spirits.

moralisant, e [mɔralizɑ̃, ɑ̃t] *adj* moralizing, moralistic.

moralisateur, trice [mɔralizatœr, tris] ◇ *adj* -**1.** [personne, ton] moralizing, moralistic. -**2.** [histoire] edifying.

◇ *nm, f* moralizer.

moraliser [3] [mɔralize] ◇ *vt* -**1.** [rendre conforme à la morale] to moralize, to improve the morals of. -**2.** [réprimander] to lecture.

◇ *vi* [prêcher] to moralize, to preach.

moralisme [mɔralism] *nm* moralism.

moraliste [mɔralist] ◇ *adj* moralistic.

◇ *nmf* moralist.

moralité [mɔralite] *nf* -**1.** [éthique] morality, ethics *(sg)*; **d'une** ~ **douteuse** of questionable morals; **d'une haute** ~ highly moral OU ethical. -**2.** [comportement] morals, moral standing OU standards. -**3.** [conclusion]: ~, **il faut toujours...** and the moral (of the story) is, you must always...; ~, **on ne l'a plus revu** *fam* and the result was, we never saw him again. -**4.** HIST & THÉÂT morality play.

morasse [mɔras] *nf* final proof PRESS.

moratoire [mɔratwar] ◇ *adj* moratory; **intérêts** ~**s** interest on overdue payments, moratorial interest.

◇ *nm* moratorium.

morave [mɔrav] *adj* Moravian.

◆ **Morave** *nmf* Moravian.

Moravie [mɔravi] *npr f*: (la) ~ Moravia.

morbide [mɔrbid] *adj* -**1.** [malsain] morbid, unhealthy. -**2.** MÉD morbid.

morbidité [mɔrbidite] *nf litt* -**1.** [d'une obsession] morbidity, morbidness, unhealthiness. -**2.** MÉD & SOCIOL morbidity rate.

morbier [mɔrbje] *nm* -**1.** [fromage] Morbier (cheese). -**2.** *Helv* [horloge] grandfather clock.

morbleu [mɔrblø] *interj arch* zounds, ye gods.

morceau, x [mɔrso] *nm* -**1.** [de nourriture] piece, bit; ~ **de sucre** lump of sugar, sugar lump; **sucre en** ~**x** lump sugar; **tu reprendras bien un petit** ~**!** come on, have another bit OU piece!; **si on allait manger un** ~**?** *fam* what about a snack?, how about a bite to eat? || [de viande] cut, piece; **je vous le donne dans quel** ~**?** which cut would you like? ❑ ~ **de choix** titbit *Br*, tidbit *Am*, choice morsel; **c'est un** ~ **de roi** it's fit for a king; **cracher** OU **lâcher le** ~ *fam* to come clean. -**2.** [de bois, de métal - petit] piece; [- gros] lump, chunk; [de papier, de verre] piece; [d'étoffe, de câble - gén] piece; [- mesuré] length; **il y a des petits** ~**x de bouchon dans mon verre** I've got little bits OU pieces of cork in my glass; **assembler les** ~**x de qqch** to piece sthg together; **en** ~**x** in bits OU pieces; **mettre en** ~**x** [papier, étoffe] to tear up *(sép)*; [jouet] to pull to pieces OU bits; **tomber en** ~**x** to fall apart, to fall to pieces. -**3.** [extrait] passage, extract, excerpt; **cette scène est un véritable** ~ **d'anthologie** it's a truly memorable scene; ~ **de bravoure** purple passage; **(recueil de)** ~**x choisis** (collection of) selected passages OU extracts. -**4.** MUS [fragment] passage; [œuvre] piece; **joue-moi un** ~ **de piano** play something on the piano for me ❑ ~ **de concours** competition piece. -**5.** *fam* [personne]: **un beau** ~ a nice bit of stuff *Br*, a bit of all right; **c'est un sacré** ~, **leur fils!** [obèse] their son is enormous!; [musclé] their son is a real hunk!

morcelable [mɔrsəlabl] *adj* divisible, dividable; **non** ~ indivisible, not to be divided (up).

morceler [24] [mɔrsəle] *vt* -**1.** [partager] to parcel out *(sép)*; [démembrer] to divide (up), to break up *(sép)*. -**2.** MIL to split up *(sép)*.

morcellement [mɔrsɛlmɑ̃] *nm* -**1.** [d'un terrain] dividing (up); [d'un héritage] parcelling (out). -**2.** MIL splitting (up).

mordache [mɔrdaʃ] *nf fam Helv*: **avoir la** ~ to have the gift of the gab.

mordacité [mɔrdasite] *nf litt* mordacity; **elle est réputée pour la** ~ **de son ironie** she's renowned for her biting irony OU caustic wit.

mordant, e [mɔrdɑ̃, ɑ̃t] *adj* -**1.** [caustique] biting, caustic, scathing. -**2.** [froid] biting, bitter.

◆ **mordant** *nm* -**1.** [dynamisme - d'une personne] drive, spirit, punch; [- d'un style, d'une publicité] punch, bite; **une campagne qui a du** ~ a campaign which really packs a punch. -**2.** [d'une lame, d'une lime] bite. -**3.** [en gravure, teinture, dorure] mordant. -**4.** MUS mordent.

mordicus *fam* [mɔrdikys] *adv* stubbornly, doggedly; **c'est ce qu'il dit, et il le soutient** ~ that's his story and he's sticking to it.

mordillage [mɔrdijaʒ], **mordillement** [mɔrdijmɑ̃] *nm* nibbling.

mordiller [3] [mɔrdije] *vt* to nibble OU to chew (at).

mordoré, e [mɔrdɔre] *adj* golden brown, bronze *(modif)*.

mordre [76] [mɔrdr] ◇ *vt* -**1.** [suj: animal, personne] to bite; ~ **un fruit** to bite into a piece of fruit; ~ **qqn jusqu'au sang** to bite sb and draw blood; **se faire** ~ to get bitten; **il s'est fait** ~ **à la main** he was bitten on the hand; **prends la serpillière, elle ne mord pas** OU **elle ne te mordra pas!** *hum* take the mop, it won't bite (you)! || *(en usage abs)*: **il ne va pas** ~, **ton chien?** your dog won't bite, will he? ❑ ~ **la poussière** to bite the dust; **faire** ~ **la poussière à qqn** to make sb bite the dust. -**2.** [suj: scie, vis] to bite into *(insép)*; [suj: acide] to eat into *(insép)*; [suj: pneus cloutés] to grip; [suj: ancre] to grip, to bite; [suj: froid] to bite. -**3.** [empiéter sur]: ~ **la ligne** [saut en longueur] to cross the (take-off) board; [sur la route] to cross the white line.

◇ *vi* -**1.** PÊCHE to bite; **ça ne mord pas beaucoup par ici** the fish aren't biting OU rising much around here ❑ ~ **(à l'appât** OU **à l'hameçon)** *pr* & *fig* to rise (to the bait), to bite; **il** OU **ça n'a pas mordu** *fam fig* he wasn't taken in, he didn't fall for it. -**2.** MÉCAN to mesh. -**3.** [suj: gravure] to bite; [suj: teinture] to take.

◆ **mordre à** *fam v + prép* -**1.** [prendre goût à] to take to *(insép)*, to fall for *(insép)*, to be hooked by. -**2.** [être trompé par] to be taken in by, to fall for *(insép)*.

◆ **mordre sur** *v + prép* [ligne, marge] to go OU to cross over; [économies] to make a dent in, to eat into *(insép)*; [période] to overlap; **le stage mordra sur la deuxième semaine de mars** the course will go over into the second week in March.

◆ **se mordre** *vpt*: **se** ~ **la langue** to bite one's tongue *literal* ❑ **je m'en suis mordu les doigts** *fig* I could have kicked myself; **il va s'en** ~ **les doigts** he'll be sorry he did it, he'll live to regret it; **se** ~ **la queue** *pr* to chase one's tail; *fig* to go round in circles.

mordu, e [mɔrdy] *nm, f* -**1.** *fam* [passionné] addict *hum*, fan, buff; **un** ~ **de cinéma/d'opéra** a film/an opera buff; **les** ~**s du tennis/de**

Chaplin tennis/Chaplin fans; **les ~s de la télé** TV addicts. -**2.** SPORT: **saut ~** no jump.

more [mɔr] = **maure**.

morène [mɔrɛn] *nf* hydrocharis, frogbit.

moresque [mɔrɛsk] = **mauresque** *adj*.

morfal, e, als ▽ [mɔrfal] *nm, f* gannet *Br*, greedy pig OU guts.

morfler ▽ [3] [mɔrfle] *vi*: **il a morflé!** he copped it! *Br*, he caught it! *Am*.

morfondre [75] [mɔrfɔ̃dr]

◆ **se morfondre** *vpi* to mope.

morganatique [mɔrganatik] *adj* morganatic.

morganatiquement [mɔrganatikmɑ̃] *adv* morganatically.

morgon [mɔrgɔ̃] *nm* Morgon (wine).

morgue [mɔrg] *nf* -**1.** [établissement] morgue; [dans un hôpital] mortuary *Br*, morgue *Am*. -**2.** *sout* [arrogance] arrogance, haughtiness, disdainfulness.

moribond, e [mɔribɔ̃, ɔ̃d] ◇ *adj* dying, moribund.

◇ *nm, f* dying person; **les ~s** the dying.

moricaud, e [mɔriko, od] *nm, f* -**1.** *fam* [personne bronzée] dark-skinned OU dusky person. -**2.** ▼*racist term used with reference to black people*, ≃ darkie.

morigéner [18] [mɔriʒene] *vt sout* to chide, to rebuke, to upbraid.

morille [mɔrij] *nf* morel.

morillon [mɔrijɔ̃] *nm* -**1.** [raisin] small black grape. -**2.** [canard] tufted duck. -**3.** [émeraude] small rough emerald.

mormon, e [mɔrmɔ̃, ɔn] *adj* Mormon.

◆ **Mormon, e** *nm, f* Mormon.

morne [mɔrn] ◇ *adj* -**1.** [triste - personne] glum, gloomy; **elle restait ~ et silencieuse** she remained glumly silent. -**2.** [monotone - discussion] dull; [- paysage] bleak, drab, dreary; **d'un ton ~** in a dreary voice. -**3.** [maussade - climat] dull, dreary, dismal; **une journée ~** a dreary day. -**4.** [terne - couleur, style] dull.

◇ *nm* [aux Antilles] mound, hill.

mornifle *fam* [mɔrnifl] *nf vieilli* clip on the ear, clout.

Moroni [mɔrɔni] *npr* Moroni.

morose [mɔroz] *adj* -**1.** [individu, air, vie] glum, morose. -**2.** [économie] dull, slack; **la Bourse était ~ ce matin** trading on the Stock Exchange was sluggish this morning.

morosité [mɔrozite] *nf* -**1.** [d'une personne] glumness, sullenness, moroseness. -**2.** [d'un marché] slackness, sluggishness.

Morphée [mɔrfe] *npr* Morpheus; **dans les bras de ~** *fig* in the arms of Morpheus *litt*.

morphème [mɔrfɛm] *nm* morpheme.

morphine [mɔrfin] *nf* morphine, morphia.

morphinique [mɔrfinik] *adj* morphinic.

morphinomane [mɔrfinɔman] *nmf* morphinomaniac *spéc*, morphine addict.

morphinomanie [mɔrfinɔmani] *nf* morphinism *spéc*, morphine addiction.

morphisme [mɔrfism] *nm* homomorphism.

morphogène [mɔrfɔʒɛn] *adj* morphogenic, morphogenetic.

morphogenèse [mɔrfɔʒənɛz] *nf* morphogenesis.

morphologie [mɔrfɔlɔʒi] *nf* morphology.

morphologique [mɔrfɔlɔʒik] *adj* morphological.

morphologiquement [mɔrfɔlɔʒikmɑ̃] *adv* morphologically.

morphopsychologie [mɔrfɔpsikɔlɔʒi] *nf* morphopsychology.

morpion [mɔrpjɔ̃] *nm* -**1.** *fam péj* [enfant] brat, perisher *Br*. -**2.** *fam* [pou] crab. -**3.** JEUX ≃ noughts and crosses *Br*, ≃ tic tac toe *Am*.

mors [mɔr] *nm* -**1.** [d'un cheval] bit; **~ de bride** curb bit; **~ de filet** snaffle; **prendre le ~ aux dents** to take the bit between one's teeth, to swing into action. -**2.** [d'un étau] jaw, chop; [d'une pince] jaw, pincer. -**3.** [d'un livre] joint, groove. -**4.** BOT: **~ du diable** devil's bit scabious.

morse [mɔrs] *nm* -**1.** ZOOL walrus. -**2.** [code] Morse (code).

morsure [mɔrsyr] *nf* -**1.** [d'un animal] bite; **une ~ de serpent** a snakebite. -**2.** *fig & sout* pang; **les ~s du froid** biting cold.

mort, e [mɔr, mɔrt] ◇ *adj* -**1.** [décédé - personne] dead; **elle est ~e depuis longtemps** she died a long time ago, she's been dead (for) a long time; **il était comme ~** he looked as if he were dead; **laisser qqn pour ~** to leave sb for dead; **~ et enterré, ~ et bien ~** *pr & fig* dead and buried, dead and gone, long dead; **~ sur le champ de bataille** OU **au champ d'honneur** killed in action; **~ pour la France** killed in action *(annotation on a French death certificate, giving certain entitlements to the relatives of the dead person)* || [étang, cellule, dent] dead; **des branches ~es** dead branches; **du bois ~** deadwood *pr* ❑ **~ ou vif** dead or alive; **être plus ~ que vif** to be more dead than alive; **~e la bête, ~ le venin** *prov* a dead enemy is no longer a threat. -**2.** [en intensif]: **~ de: il était ~ de fatigue** he was dead tired; **on était ~s de froid** we were freezing cold; **j'étais ~e de rire** I nearly died laughing. -**3.** [passé - amour, désir] dead; [- espoir] dead, buried, long-gone. -**4.** [inerte - regard] lifeless, dull; [- quartier, bistrot] dead; **c'est ~ par ici le dimanche** *fam* it's pretty dead around here on Sundays. -**5.** ARM: **balle ~e** spent bullet. -**6.** SPORT: **ballon ~** dead ball. -**7.** *fam* [hors d'usage - appareil, voiture] dead, finished; **mon sac est ~** my bag's had it. -**8.** [épuisé]: **je suis ~!** I'm dead!; **mes jambes sont ~es!** my legs are killing me!

◇ *nm, f* -**1.** [personne] dead person; **c'est une ~e en sursis** she's living on borrowed time; **l'épidémie n'a pas fait de ~s** no one died in the epidemic; **les émeutes ont fait 300 ~s** 300 people died OU were killed in the rioting; **les ~s** the dead ❑ **c'est un ~ vivant** [mourant] he's at death's door; **les ~s vivants** the living dead; **jour** OU **fête des ~s** All Souls' Day; **messe/prière des ~s** mass/prayer for the dead; **faire le ~** *pr* to pretend to be dead, to play dead; **tu as intérêt à faire le ~** *fam fig* you'd better lie low. -**2.** JEUX dummy; **je suis le ~** I'm dummy.

◆ **mort** *nf* -**1.** [décès] death; **la ~** death; **envoyer qqn à la ~** to send sb to his/her death; **frôler la ~** to have a brush with death; **il a vu la ~ de près** he saw death staring him in the face; **se donner la ~** *sout* to commit suicide, to take one's own life; **trouver la ~** to meet one's death, to die; **les émeutes ont entraîné la ~ de 30 personnes** the riots led to the death OU deaths of 30 people; **il y a eu ~ d'homme** [une victime] somebody was killed; [plusieurs victimes] lives were lost; **il n'y a pas eu ~ d'homme** nobody was killed, there was no loss of life; **(mourir d'une) ~ subite/lente** (to die a) sudden/slow death; **il a eu une ~ douce** he died painlessly; **périr de ~ violente** to die a violent death; **~ aux traîtres!** death to the traitors! ❑ **~ cérébrale** OU **clinique** brain death; **~ accidentelle** [gén] accidental death; **~ naturelle** natural death; JUR death from natural causes; **~ subite du nourrisson** sudden infant death syndrome *spéc*, cot death; **la petite ~** *litt* (the moment of) climax; **avoir la ~ dans l'âme** to have a heavy heart; **je partis la ~ dans l'âme** I left with a heavy heart; **comme la ~: ennuyeux comme la ~** deadly boring; **pâle comme la ~** as pale as death; **c'est pas la ~ (du petit cheval)!** *fam* it's not the end of the world!; **son cours, c'est vraiment la ~!** *fam* his class is deadly boring!; **la foule scandait à ~, à ~!** the crowd was chanting kill (him), kill (him)!; **'Mort à Venise'** *Mann, Visconti* 'Death in Venice'. -**2.** [économique] end, death; **c'est la ~ des cinémas de quartier** it's the end of local cinemas.

◆ **à mort** ◇ *loc adj* [lutte, combat] to the death.

◇ *loc adv* -**1.** *fam* [en intensif]: **j'ai freiné à ~** I braked like hell, I jammed on the brakes; **ils sont brouillés** OU **fâchés à ~** they're mortal enemies OU enemies for life; **je lui en veux à ~** I hate his guts. -**2.** [mortellement]: **blesser qqn à ~** to mortally wound sb; **frapper qqn à ~** to strike sb dead; **mettre qqn à ~** to put sb to death; **mettre un animal à ~** to kill an animal.

◆ **de mort** *loc adj* [silence, pâleur] deathly, deathlike; **être en danger** OU **péril de ~** to be in mortal danger ❑ **arrêt/peine de ~** death warrant/penalty; **menace/pulsion de ~** death threat/wish; **tête de ~** [squelette] death's head; [emblème] skull and crossbones.

◆ **jusqu'à la mort** *loc adv pr* to the death; *fig* to the bitter end.

◆ **jusqu'à ce que mort s'ensuive** *loc adv* JUR & *vieilli* until he/she be dead; *hum* to the bitter end.

mortadelle [mɔrtadɛl] *nf* mortadella.

mortaisage [mɔrtɛzaʒ] *nm* morticing.

mortaise [mɔrtɛz] *nf* -**1.** MENUIS mortise, mortice. -**2.** [de clavette] keyway; [de serrure] mortice. -**3.** NAUT sheave slot, mortice.

mortaiser [4] [mɔrtɛze] *vt* -**1.** MENUIS to mortise, to mortice. -**2.** TECH to slot.

mortaiseuse [mɔrtɛzøz] *nf* slotting machine.

mortalité [mɔrtalite] *nf* [gén] mortality; [dans des statistiques] death rate, mortality (rate).

mort-aux-rats [mɔrora] *nf inv* rat poison.

morte-eau [mɔrto] (*pl* **mortes-eaux** [mɔrtəzo]) *nf* neap tide, neaps.

mortel, elle [mɔrtɛl] ◇ *adj* -**1.** [qui tue - accident] fatal; [- dose, poison] deadly, lethal; [- coup, blessure] fatal, lethal, mortal; **maladie ~le** fatal illness; **il a fait une chute ~le** he had a fatal fall; **c'est un coup ~ porté à notre petite communauté** *fig* this is a deathblow for our little community. -**2.** [dangereux] lethal, deadly; **son revers est ~!** *fam* his backhand is lethal!; **tu as raté l'examen mais ça n'est pas ~!** *fam* you've failed the exam but it's not the end of the world! -**3.** *fam* [ennuyeux] deadly OU excruciatingly boring. -**4.** [qui rappelle la mort - pâleur, silence] deathly. -**5.** [acharné - ennemi] mortal, deadly. -**6.** [qui n'est pas éternel] mortal.

◇ *nm, f* [être humain] mortal.

mortellement [mɔrtɛlmɑ̃] *adv* -**1.** [à mort]: **être ~ blessé** to be fatally OU mortally wounded. -**2.** [en intensif]: **le film est ~ ennuyeux** the film is deadly boring; **tu l'as ~ offensé** you've mortally offended him.

morte-saison [mɔrtsɛzɔ̃] (*pl* **mortes-saisons**) *nf* slack OU offseason; **à la ~** in the off season.

mortier [mɔrtje] *nm* -**1.** ARM mortar. -**2.** CONSTR mortar; **~ bâtard/gras/maigre** ganged/fat/lean mortar. -**3.** [récipient] mortar. -**4.** [bonnet] judge's cap *(worn by certain judges in France)*.

mortifiant, e [mɔrtifjɑ̃, ɑ̃t] *adj* mortifying, humiliating.

mortification [mɔrtifikasjɔ̃] *nf* -**1.** RELIG mortification. -**2.** [humiliation] mortification, humiliation. -**3.** CULIN hanging (of game meat). -**4.** MÉD mortification.

mortifier [9] [mɔrtifje] *vt* -**1.** RELIG to mortify. -**2.** [humilier] to mortify, to humiliate. -**3.** CULIN to (leave to) hang. -**4.** MÉD to mortify.

mortinatalité [mɔrtinatalite] *nf* stillbirth rate.

mort-né, e [mɔrne] (*mpl* **mort-nés**, *fpl* **mort-nées**) ◇ *adj pr & fig* stillborn.

◇ *nm, f* stillborn baby.

mortuaire [mɔrtɥɛr] ◇ *adj* -**1.** [rituel] mortuary *(modif)*, funeral *(modif)*; [cérémonie, chambre] funeral *(modif)*. -**2.** ADMIN: **acte ~** death certificate; **registre ~** register of deaths.

◇ *nf Belg* house of the deceased.

morue [mɔry] *nf* -**1.** CULIN & ZOOL cod; **~ fraîche** fresh cod; **~ noire** haddock; **~ (verte)** undried salt cod. -**2.** ▽ *péj* [prostituée] whore, hooker.

morutier, ère [mɔrytje, ɛr] *adj* cod-fishing *(modif)*.

◆ **morutier** *nm* -**1.** [navire] cod-fishing boat. -**2.** [marin] cod-fisherman.

morve [mɔrv] *nf* **-1.** [gén] nasal mucus. **-2.** VÉTÉR glanders *(U)*.

morveux, euse [mɔrvø, øz] ◇ *adj* **-1.** [sale] snotty-nosed; **qui se sent ~, qu'il se mouche** *prov* if the cap fits, wear it. **-2.** VÉTÉR glandered.
◇ *nm, f fam* **-1.** [enfant] (snotty-nosed) little kid. **-2.** [jeune prétentieux] (snotty OU snotty-nosed) little upstart.

MOS [mɔs] (*abr de* **métal oxyde semiconducteur**) *nm* MOS; **~ à canal N** NMOS; **~ à canal P** PMOS.

mosaïque [mɔzaik] ◇ *nf* **-1.** BX-ARTS mosaic; **sol en ~** mosaic floor. **-2.** [mélange - de couleurs] patchwork, mosaic; [- de cultures] mixture, mosaic. **-3.** BOT mosaic (disease). **-4.** BIOL & GÉOL mosaic.
◇ *adj* RELIG Mosaic.

mosaïste [mɔzaist] *nmf* mosaicist.

Moscou [mɔsku] *npr* Moscow.

moscovite [mɔskɔvit] *adj* Muscovite.
◆ **Moscovite** *nmf* Muscovite.

mosellan, e [mɔzɛlɑ̃, an] *adj* from Moselle.
◆ **Mosellan, e** *nm, f inhabitant of or person from Moselle.*

Moselle [mɔzɛl] *npr f* **-1.** [fleuve] (river) Moselle. **-2.** [département]: **(la) ~** Moselle. **-3.** ŒNOL Moselle (wine).

mosquée [mɔske] *nf* mosque.

Mossoul [mɔsul] *npr* Mosul.

mot [mo] *nm* **-1.** LING word; **un ~ à la mode** a buzzword; **orgueilleux, c'est bien le ~** arrogant is the (right) word; **riche n'est pas vraiment le ~** rich isn't exactly the word I would use ❑ **le ~ de Cambronne** OU **de cinq lettres** *euph* the word "merde"; **~ clé** key word; **~ composé** compound (word); **~ d'emprunt** loanword; **le ~ juste** the right OU appropriate word; **~ de passe** password; **~ vedette** headword; **gros ~** swearword; **un jeu de ~s** a pun, a play on words. **-2.** INF: **~ d'appel** call word; **~ d'état** status word; **~ machine** computer word; **~ mémoire** storage OU memory word. **-3.** [parole] word; **il n'a pas dit un ~** he didn't say a word; **dire un ~ à qqn** to have a word with sb; **pourriez-vous nous dire un ~ sur ce problème?** could you say a word (or two) OU a few words about this problem for us?; **tu n'as qu'un ~ à dire** (just) say the word; **pas un ~!** don't say a word!; **pas un ~ à qui que ce soit!** not a word to anybody!; **le ~ de l'énigme** the key to the mystery OU puzzle; **les ~s manquent** words are not enough; **les ~s manquent pour décrire la beauté de ce matin-là** there are no words to describe OU words cannot describe the beauty of that particular morning; **les ~s me manquent** words fail me; **les ~s me manquent pour vous remercier** I'm at a loss for words to express my gratitude; **trouver les ~s** to find the (right) words; **je ne trouve pas les ~s (pour le dire)** I cannot find the words (to say it); **chercher ses ~s** to try to find OU to search for the right words; **à ces ~s** at these words; **sur ces ~s** with these words; **sur ces ~s, il nous quitta** with these words OU so saying, he left us; **ce ne sont que des ~s!** words, words, words!, all that's just talk! ❑ **~ d'ordre** slogan; MIL watchword; **~ d'ordre de grève** call for strike action; **dernier ~: c'est mon dernier ~** it's my last OU final offer; **avoir le dernier ~** to have the last word; **grand ~: voleur, c'est un bien grand ~** thief, that would be putting it a bit too strongly OU going a bit too far; **l'amour, le grand ~ est lancé** love, that's the word we've been waiting for; **avec toi, c'est tout de suite** OU **toujours les grands ~s** you're always exaggerating; **~s doux** words of love, sweet nothings *hum*; **en un ~ comme en cent** OU **mille** [en bref] in a nutshell, to cut a long story short; [sans détour] without beating about the bush; **avoir des ~s (avec qqn)** to have words (with sb); **on a eu des ~s** we had words OU a row; **avoir son ~ à dire** to have a OU one's say; **moi aussi, j'ai mon ~ à dire là-dessus** I've got a say in the matter as well; **il faut toujours qu'elle ait son ~ à dire** she always has to have her say (in the matter); **avoir toujours le ~ pour rire** to be a (great) laugh OU joker; **dire un ~ de travers** to say something wrong, to put a foot wrong; **j'ai dit un ~ de travers?** have I said something wrong?; **il n'a jamais un ~ plus haut que l'autre** he never raises his voice; **pas le premier** OU **un traître ~ de** not a single word of; **prendre qqn au ~** to take sb at his word; **se donner** OU **se passer le ~** to pass the word around; **tout le monde s'était donné le ~** word had been passed around; **je vais lui en toucher** OU **je lui en toucherai un ~** I'll have a word with him about it; **dire deux ~s à qqn** to give sb a piece of one's mind. **-4.** [parole mémorable] saying; **~ d'esprit, bon ~** witticism, witty remark; **~ d'auteur** (author's) witty remark; **~ d'enfant** child's remark; **~ de la fin** concluding message, closing words; **~s célèbres** famous sayings OU quotes. **-5.** [message] note, word; **ce petit ~ pour vous dire que je suis bien arrivé** just a note to say that I've arrived safely; **écrire un ~ à qqn** to write sb a note, to drop sb a line ❑ **~ d'excuse** word of apology; **~ de remerciements** thank-you note.
◆ **à mots couverts** *loc adv* in veiled terms.
◆ **au bas mot** *loc adv* at (the very) least.
◆ **en d'autres mots** *loc adv* in other words.
◆ **en un mot** *loc adv* in a word.
◆ **mot à mot** *loc adv* [littéralement] word for word; *(comme nom)* **faire du ~ à ~** to translate word for word.
◆ **mot pour mot** *loc adv* word for word; **c'est ce qu'elle a dit, ~ pour ~** those were her very words, that's what she said, word for word.
◆ **sans mot dire** *loc adv* without (uttering) a word.

motard, e *fam* [mɔtar, ard] *nm, f* motorcyclist, biker.
◆ **motard** *nm* **-1.** [policier] motorcycle policeman; **voiture escortée de ~s** car with a motorcycle escort. **-2.** MIL ≃ dispatch rider.

motel [mɔtɛl] *nm* motel.

motet [mɔtɛ] *nm* motet.

moteur, trice [mɔtœr, tris] *adj* **-1.** MÉCAN [force] driving, motive; **voiture à deux/quatre roues motrices** two-/four-wheel drive car. **-2.** ANAT [nerf, neurone, muscle] motor *(modif)*.
◆ **moteur** *nm* **-1.** MÉCAN motor, engine; **~ électrique** electric motor; **~ à allumage commandé** OU **à explosion** internal combustion engine; **~ à deux/quatre temps** two-/four-stroke engine; **~ à essence/vapeur** petrol/steam engine; **~ Diesel** diesel engine; **~ à injection** fuel injection engine; **~ à piston rotatif** rotary piston engine; **~ à réaction** jet engine; **~ thermique** heat engine. **-2.** [cause] mainspring, driving force; **être le ~ de qqch** to be the driving force behind sthg. **-3.** CIN: **~!** action!
◆ **motrice** *nf* motor unit.
◆ **à moteur** *loc adj* power-driven, motor *(modif)*.

moteur-fusée [mɔtœrfyze] (*pl* **moteurs-fusées**) *nm* rocket engine.

motif [mɔtif] *nm* **-1.** [raison] reason; **venons-en au ~ de votre visite** let's turn to the reason for your visit; **le ~ de mon absence** the reason for my absence; **il a agi sans ~** he did it for no reason; **peur/soupçons sans ~s** groundless fear/suspicions ‖ JUR [jugement] grounds. **-2.** [intention] motive; **les ~s qui l'animent** her motivation OU motives; **est-ce pour le bon ~?** *hum* OU *vieilli* [en vue du mariage] are his intentions honourable? **-3.** [dessin] pattern, design; **un ~ à petites fleurs** a small flower pattern OU design; **robe à ~s/à grands ~s** patterned/large pattern dress. **-4.** BX-ARTS [élément] motif; [sujet] subject. **-5.** MUS motif. **-6.** CHIM: **~ cristallin** crystal structure.

motion [mɔsjɔ̃] *nf* motion; **voter une ~** to pass a motion ❑ **~ de censure** vote of no confidence.

motivant, e [mɔtivɑ̃, ɑ̃t] *adj* motivating.

motivation [mɔtivasjɔ̃] *nf* **-1.** [justification] motivation, justification, explanation; [raison] motivation, motive, reason. **-2.** LING *relationship between the signifier and the signified.* **-3.** ÉCON: **étude de ~** motivation OU motivational research. **-4.** PSYCH motivation.

motivé, e [mɔtive] *adj* **-1.** [personne] motivated; **le personnel n'est plus ~** the staff isn't motivated any longer. **-2.** [justifié] well-founded, justified; **sa peur n'est pas ~e** her fears are groundless; **un refus ~** a justifiable refusal.

motiver [3] [mɔtive] *vt* **-1.** [inciter à agir] to spur on *(sép)*, to motivate; **motivé par l'appât du gain** spurred on by greed. **-2.** [causer] to be the reason for; **qu'est-ce qui a motivé votre retard?** what's the reason for your being late? **-3.** [justifier] to justify, to explain; **~ un refus** to give grounds for a refusal.

moto [mɔto] *nf* motorbike, bike; **~ tout terrain** OU **verte** trail bike; **~ à carénage intégral** superbike.

motociste [mɔtɔsist] *nm* motorbike dealer.

motocross [mɔtɔkrɔs] *nm* (motorcycle) scramble *Br*, moto-cross.

motoculteur [mɔtɔkyltœr] *nm* (motor) cultivator.

motoculture [mɔtɔkyltyr] *nf* motorized OU mechanized agriculture.

motocycle [mɔtɔsikl] *nm* motorbicycle.

motocyclette [mɔtɔsiklɛt] *nf vieilli* motorcycle.

motocyclisme [mɔtɔsiklism] *nm* motorcycle racing.

motocycliste [mɔtɔsiklist] *nmf* motorcyclist.

motonautique [mɔtɔnotik] *adj*: **réunion/sport ~** speedboat event/racing.

motonautisme [mɔtɔnotism] *nm* speedboat OU motorboat racing.

motoneige [mɔtɔnɛʒ] = **motoski**.

motoneigisme [mɔtɔneʒism] *nm Can* snowbike riding.

motoneigiste [mɔtɔneʒist] *nmf Can* snowbike rider.

motopompe [mɔtɔpɔ̃p] *nf* motorpump.

motorisation [mɔtɔrizasjɔ̃] *nf* **-1.** [gén] motorization. **-2.** MÉCAN engine specification.

motorisé, e [mɔtɔrize] *adj* **-1.** [agriculture, troupes] motorized. **-2.** *fam* [personne]: **être ~** to have transport *Br* OU transportation *Am*; **tu es ~?** have you got a car?

motoriser [3] [mɔtɔrize] *vt* [mécaniser] to motorize, to mechanize; **~ l'agriculture** to mechanize agriculture ‖ [doter d'automobiles] to motorize; **~ un régiment** to motorize a regiment.

motoriste [mɔtɔrist] *nmf* [industriel] engine manufacturer; [technicien] engine technician.

motorship [mɔtɔrʃip] *nm* motor ship OU vessel.

motoski [mɔtɔski] *nf* snowbike.

mototondeuse [mɔtɔtɔ̃døz] *nf* ride-on *Br* OU rider mower.

motrice [mɔtris] *f* → **moteur**.

motricité [mɔtrisite] *nf* motor functions.

mots croisés [mokrwaze] *nmpl* crossword (puzzle); **que fais-tu? – je fais des ~** what are you doing? – I'm doing a crossword; **il aime faire des ~** he likes doing crosswords.

motte [mɔt] *nf* **-1.** AGR: **~ (de terre)** clod OU clump (of earth); **~ de gazon** sod. **-2.** HORT ball; **plantation en ~** ball planting. **-3.** CULIN: **~ de beurre** slab of butter. **-4.** MÉTALL [moule] boxless OU flaskless mould.

motteux [mɔtø] *nm* wheatear.

motu proprio [mɔtyprɔprijo] *loc adv* spontaneously, of one's own accord.

motus *fam* [mɔtys] *interj*: **~ (et bouche cousue)!** not a word (to anybody)!, mum's the word!

mot-valise [movaliz] (*pl* **mots-valises**) *nm* blend, portmanteau word.

mou [mu] (*devant nm commençant par voyelle ou h muet* **mol** [mɔl], *f* **molle** [mɔl]) ◇ *adj* **-1.** [souple - pâte, cire, terre, fruit] soft; [- fauteuil, matelas] soft; **les biscuits sont tout ~s** the biscuits have gone all soft || [sans tenue - étoffe, vêtement] limp; [- joues, chair] flabby. -**2.** [sans vigueur physique - mouvement] limp, lifeless, feeble; [- poignée de main] limp; **mon revers est trop ~** my backhand is too weak OU lacks power; **j'ai les jambes toutes molles** *fam* my legs feel all weak OU feel like jelly; **je me sens tout ~** *fam* I feel washed out; **allez, rame plus vite, c'est ~ tout ça!** *fam* come on, pull on those oars, let's see some effort! || [estompé - contour] soft; **bruit ~** muffled noise. -**3.** [sans conviction - protestation, excuse, tentative] feeble, weak; [- doigté, style] lifeless, dull; [- élève] apathetic, lethargic; [sans force de caractère] spineless; **être ~ comme une chiffe** *fam* OU **chique** *fam* to be a real wimp; **je me sens ~ comme une chiffe** OU **chique** I feel like a wet rag. -**4.** [trop tolérant - parents, gouvernement] lax, soft. -**5.** LING soft. -**6.** ANAT: **parties molles** soft tissue. -**7.** PHYS: **rayonnements ~s** soft radiation.

◇ *nm, f fam* -**1.** [moralement] spineless individual. -**2.** [physiquement] weak OU feeble individual.

◆ **mou** *nm* -**1.** [jeu] slack, give, play; **avoir du ~** [cordage] to be slack; [vis, charnière] to be loose, to have a bit of play; **donner du ~ à un câble** to give a cable some slack. -**2.** [abats] lights, lungs. -**3.** ▽ *loc*: **rentrer dans le ~ à qqn** to lay into sb.

mouchard, e *fam* [muʃar, ard] *nm, f péj* -**1.** [rapporteur] sneak, tell-tale. -**2.** [indic] informer, grass *Br*, stoolpigeon *Am*.

◆ **mouchard** *nm* -**1.** [enregistreur - d'un avion] black box, flight recorder; [- d'un camion] tachograph. -**2.** AÉRON & MIL spy plane. -**3.** *fam* [sur une porte] judas (hole).

mouchardage *fam* [muʃardaʒ] *nm* [gén] sneaking *Br*, telling tales; [pour la police] informing, grassing.

moucharder *fam* [3] [muʃarde] ◇ *vt* -**1.** [suj: enfant] to sneak on *(insép) Br*, to tell tales about. -**2.** [suj: indic] to inform on *(insép)*, to grass on *(insép) Br*, to fink on *(insép) Am*.

◇ *vi* -**1.** [enfant] to sneak *Br*, to tell tales. -**2.** [indic] to inform, to grass *Br*, to fink *Am*.

mouche [muʃ] *nf* -**1.** ENTOM fly; **~ bleue** bluebottle; **~ domestique** housefly; **~ à miel** honey bee; **~ à scie** sawfly; **~ tsé-tsé** tsetse fly; **~ de la viande** flesh fly; **~ à merde**▽ OU **à ordure** dung fly; **quelle ~ te pique?** *fam* what's up OU wrong with you (all of a sudden)?; **tomber comme des ~s** *fam* to drop like flies; **il est** OU **il fait la ~ du coche** he's always buzzing around but he doesn't pull his weight; **il ne ferait pas de mal à une ~** he wouldn't hurt a fly; **prendre la ~: elle prend facilement la ~** she's very touchy; **on ne prend** OU **n'attrape pas les ~s avec du vinaigre** *prov* softly, softly, catchee monkey *Br*, gently does it. -**2.** PÊCHE: **~ (artificielle)** (artificial) fly; **pêche à la ~** fly-fishing. -**3.** [sur la peau] beauty spot; [poils] tuft of hair *(under the lower lip)*. -**4.** ESCRIME button; **faire ~** *pr* to hit the OU to score a bull's eye; *fig* to hit the nail on the head. -**5.** MÉD: **~s (volantes)** muscae volitantes *spéc*, floaters.

moucher [3] [muʃe] *vt* -**1.** [nettoyer]: **~ son nez** to blow one's nose; **~ qqn** to blow sb's nose. -**2.** *fam* [rabrouer]: **~ qqn** to put sb in his place, to teach sb a lesson; **se faire ~** to be put in one's place. -**3.** [chandelle] to snuff (out).

◆ **se moucher** *vp (emploi réfléchi)* to blow one's nose; **elle ne se mouche pas du pied** *fam* OU **du coude** *fam* she thinks she's the cat's whiskers OU the bee's knees.

moucheron [muʃrɔ̃] *nm* -**1.** ENTOM midge. -**2.** *fam* [gamin] kid.

moucheronner [3] [muʃrɔne] *vi* [poisson] to jump OU to rise (for flies).

moucheté, e [muʃte] *adj* -**1.** [œuf, fourrure, laine etc] mottled, flecked; **rouge ~ de blanc** red flecked with white. -**2.** ESCRIME buttoned. -**3.** MENUIS: **bois ~** bird's eye (grain) wood.

moucheter [27] [muʃte] *vt* -**1.** [couvrir de taches] to speckle; [parsemer de taches] to fleck. -**2.** ESCRIME to button.

mouchetis [muʃti] *nm* CONSTR pebbledash *Br*, rock dash *Am*.

mouchette [muʃɛt] *nf* -**1.** ARCHIT [de fenêtre] outer fillet, mouchette; [de larmier] lip. -**2.** MENUIS [rabot] beading plane; [moulure] beading.

◆ **mouchettes** *nfpl* [ciseaux] (pair of) candle snuffers; [pour bovins] ring, barnacle.

moucheture [muʃtyr] *nf* -**1.** [d'un pelage, d'un plumage] speckling; [d'un tissu] flecks, flecking. -**2.** AGR leaf stripe. -**3.** HÉRALD: **~ d'hermine** ermine tail.

mouchoir [muʃwar] *nm* handkerchief; **~ en papier** (paper) tissue; **grand comme un ~ de poche** no bigger than your hand OU than a pocket handkerchief.

mouclade [muklad] *nf* mussels in white wine *(with shallots and cream)*.

moudjahidin [mudʒaidin] *nmpl* mujaheddin.

moudre [85] [mudr] *vt* -**1.** [café, poivre] to grind; [blé] to mill, to grind. -**2.** MUS & *vieilli*: **~ un air** to crank out a tune *(on a barrel organ etc)*.

moue [mu] *nf* pout; **faire une ~ de dégoût** to screw one's face up in disgust; **faire une ~ de dépit** to pull a face; **faire la ~** to pout.

mouette [mwɛt] *nf* gull, seagull; **~ rieuse** blackheaded gull; **~ tridactyle** kittiwake; **'la Mouette'** *Tchekhov* 'The Seagull'.

moufette [mufɛt] *nf* skunk.

moufle [mufl] ◇ *nf* -**1.** [gant] mitt, mitten. -**2.** [poulie] pulley block.

◇ *nm* TECH [four, récipient] muffle.

mouflet, ette▽ [muflɛ, ɛt] *nm, f* kid, sprog *Br*.

mouflon [muflɔ̃] *nm* mouflon, moufflon; **~ d'Amérique** (American) bighorn.

moufter▽ [3] [mufte] *vi*: **sans ~** without a peep.

mouillabilité [mujabilite] *nf* wettability TECH.

mouillage [mujaʒ] *nm* -**1.** [du linge] dampening. -**2.** NAUT [emplacement] anchorage, moorings, moorage; [manœuvre] mooring. -**3.** [du vin, du lait] watering down. -**4.** MIL: **~ de mines** mine laying.

mouillant, e [mujɑ̃, ɑ̃t] *adj* [gén & CHIM] wetting.

◆ **mouillant** *nm* wetting agent.

mouille [muj] *nf* -**1.** [source] oozing spring. -**2.** [dans le lit d'une rivière] alluvial channel. -**3.** [d'une cargaison] wetting, dampening *(of cargo)*.

mouillé, e [muje] *adj* -**1.** [surface, vêtement, cheveux] wet, damp; **je suis tout ~** I'm all wet OU drenched OU soaked. -**2.** [voix] tearful; [regard] tearful, watery; **elle le regarda, les yeux ~s de larmes** she looked at him with tears in her eyes. -**3.** LING palatalized.

◆ **mouillé** *nm*: **ça sent le ~** it smells of damp.

mouiller [3] [muje] ◇ *vt* -**1.** [accidentellement - vêtement, personne] to wet; **ne mouille pas tes chaussons!** don't get your slippers wet!; **il mouille encore son lit** *euph* he still wets his OU the bed; **se faire ~** [par la pluie] to get wet ❑ **~ sa chemise** *fam* OU **son maillot** *fam* to slog away. -**2.** [humecter - doigt, lèvres] to moisten; [- linge] to dampen. -**3.** *fam* [compromettre] to drag in *(sép)*; **il a cherché à nous ~ dans cette affaire** he tried to drag us into this affair. -**4.** NAUT [ancre] to cast, to drop; MIL [mine] to lay; PÊCHE [ligne] to cast. -**5.** CULIN *(en usage abs)*: **mouillez avec du vin/bouillon** moisten with wine/stock || [lait, vin] to water down *(sép)*. -**6.** LING to palatalize.

◇ *vi* -**1.** ▽ [avoir peur] to be scared stiff. -**2.** NAUT [jeter l'ancre] to cast OU to drop anchor; [stationner] to ride OU to lie OU to be at anchor.

◆ **se mouiller** *vp (emploi réfléchi)* -**1.** [volontairement]: **se ~ les cheveux** to wet one's hair. -**2.** [accidentellement] to get wet; **se ~ les pieds** to get one's feet wet. -**3.** *fam* [prendre un risque] to commit o.s.

mouillette [mujɛt] *nf* [de pain] strip of bread *(for dunking)*, soldier *Br*.

mouilleur [mujœr] *nm* -**1.** [de timbres, d'enveloppes] (stamp) sponge damper. -**2.** NAUT anchor stopper. -**3.** MIL: **~ de mines** minelayer.

mouillure [mujyr] *nf* -**1.** [marque] wet mark OU patch. -**2.** LING palatalization.

mouise *fam* [mwiz] *nf* [misère]: **être dans la ~** to be hard up, to be on one's uppers.

moujik [muʒik] *nm* muzhik, mujik, moujik.

moujingue▽ [muʒɛ̃g] *nmf* kid.

moukère▽ [mukɛr] *nf* female.

moulage [mulaʒ] *nm* -**1.** BX-ARTS [processus] casting; **~ à la cire perdue** lost wax casting || [reproduction] cast; **un ~ en plâtre/bronze de Beethoven** a plaster/bronze cast of Beethoven. -**2.** MÉTALL casting, moulding; **~ en carapace/châssis** shell/flask moulding; **~ par compression/injection** compression/injection moulding. -**3.** [d'un fromage] moulding. -**4.** [du grain] grinding, milling.

moulant, e [mulɑ̃, ɑ̃t] *adj* close-fitting, tight-fitting, clinging.

moule [mul] ◇ *nm* -**1.** [récipient, matrice] mould; **~ à gaufre** OU **gaufres** waffle iron; **~ à gâteau** cake OU baking tin *Br*, cake OU baking pan *Am*; **~ à manqué** sandwich tin *Br*, deep cake pan *Am*; **~ à tarte** flan case *Br*, pie pan *Am*. -**2.** [modèle imposé] mould; **elle rejette le ~ de l'école** she rejects the ethos of the school; **elle rejette le ~ de sa famille** she rejects her family's values ❑ **être coulé dans le même ~** *pr* & *fig* to be cast in the same mould; **être fait au ~** *sout* to be very shapely OU perfectly shaped.

◇ *nf* -**1.** [mollusque] mussel; **~s marinières** moules marinières, mussels in white wine. -**2.** *fam* [personne] drip.

moulé, e [mule] *adj* -**1.** [pain] baked in a tin. -**2.** [écriture] neat, well-shaped; [lettre] printed, copperplate. -**3.** MÉD [matières fécales] well-shaped, consistent.

mouler [3] [mule] *vt* -**1.** [former - buste, statue] to cast; [- brique, lingot, fromage] to mould. -**2.** [prendre copie de - visage, empreinte] to take OU to make a cast of; **~ qqch en plâtre/cire** to take a plaster/wax cast of sthg. -**3.** [adapter]: **~ ses pensées/son mode de vie sur** to mould OU to model one's thoughts/life style on. -**4.** [serrer - hanches, jambes] to hug, to fit closely (round); **cette jupe te moule trop** this skirt is too tight OU tight-fitting for you; **pantalon qui moule** close-fitting OU tight-fitting OU skintight trousers; **ses hanches moulées dans une jupe en cuir** her hips moulded in a leather skirt.

mouleur, euse [mulœr, øz] *nm, f* caster, moulder.

moulière [muljɛr] *nf* mussel bed.

moulin [mulɛ̃] *nm* -**1.** [machine, bâtiment] mill; **~ à eau** water mill; **~ à sucre** sugar (crushing) mill, sugar (cylinder) press; **~ à vent** windmill ❑ **on entre chez elle comme dans un ~** her door's always open. -**2.** [instrument]: **~ à café** coffee grinder; **~ à légumes** vegetable mill; **~ à poivre** peppermill; **~ à prières** RELIG prayer wheel; **on n'entre pas ici comme dans un ~** you can't just walk in here. -**3.** *fam* [moteur] engine. -**4.** TEXT [pour la soie] thrower; [pour retordre] doubling frame, twister. -**5.** *Can*: **~ à viande** mincer; **~ à bois** sawmill; **~ à coudre** sewing machine.

◆ **moulin à paroles** *fam nm* windbag *péj*, chatterbox.

moulin-à-vent [mulɛ̃avɑ̃] *nm inv* Moulin-à-Vent (wine).

mouliner [3] [muline] ◇ *vt* -**1.** [aliment] to mill. -**2.** PÊCHE to reel in *(sép)*. -**3.** TEXT [soie grège] to throw.

◇ *vi fam* [pédaler] to pedal.

moulinet [mulinɛ] *nm* -**1.** PÊCHE reel. -**2.** MÉCAN winch. -**3.** [mouvement]: **faire des ~s avec un bâton** to twirl OU to whirl a stick around; **faire des ~s avec une épée** to flourish a sword; **il faisait des ~s avec ses bras** he was whirling OU waving his arms around. -**4.** [pour empêcher le passage] turnstile. -**5.** NAUT log reel.

Moulinette® [mulinɛt] *nf* -**1.** CULIN (hand-held) vegetable mill, Moulinette®; **passer de la viande à la ~** to put some meat through a food mill. -**2.** *fam fig*: passer qqch à la ~ to make mincemeat of sthg.

moulineur, euse [mulinœr, øz], **moulinier, ère** [mulinje, ɛr] *nm, f* twister TEXT.

moult [mult] *adv hum* OU *vieilli*: je suis venu ~ fois I came many a time; avec ~ détails with a profusion of details.

moulu, e [muly] *adj* -**1.** [en poudre] ground; café fraîchement ~ freshly ground coffee ❑ or ~ ormolu. -**2.** *fam* [épuisé]: ~ (de fatigue) dead beat, all in.

mouluration [mulyrasjɔ̃] *nf* mouldings.

moulure [mulyr] *nf* moulding; ~ creuse/lisse/ronde concave/plain/convex moulding.

moulurer [3] [mulyre] *vt* to mould.

moumoute *fam* [mumut] *nf* -**1.** [perruque] wig, hairpiece. -**2.** [veste] sheepskin jacket OU coat.

mourant, e [murɑ̃, ɑ̃t] ◇ *adj* -**1.** [personne, animal, plante] dying. -**2.** *sout* [lumière, son] dying, fading.
◇ *nm, f* dying man (*f* woman); les ~s the dying.

mourir [42] [murir] *vi* -**1.** BIOL to die; ~ d'une crise cardiaque/de vieillesse/d'un cancer to die of a heart attack/of old age/of cancer; ~ de chagrin to die of grief; ~ de mort naturelle OU de sa belle mort to die a natural death; il mourut de ses blessures he died from his wounds; ~ sous les coups to be beaten to death; ~ sur le coup to die instantly; ~ en héros to die a hero's death OU like a hero; ~ empoisonné to die of poisoning OU from poison; je l'aime à en ~ I'm desperately in love with her; faire ~ qqn to kill sb; tu me feras ~! you'll be the death of me yet! *hum*; faire ~ qqn à petit feu to kill sb slowly; tu n'en mourras pas! *fam* it won't kill you! ❑ plus rapide/bête que lui, tu meurs! *fam* you'd be hard put to be quicker/more stupid than him! -**2.** *sout* [disparaître - culture] to die out; [- flamme, bougie] to die out OU down; [- bruit] to die away OU down. -**3.** [pour intensifier]: ~ d'envie de faire qqch to be dying to do sthg; je meurs d'envie de boire un thé I am dying for a cup of tea; ~ d'ennui, s'ennuyer à ~ to be bored to death OU to tears; la pièce est à ~ de rire *fam* the play's hilarious OU a scream; ~ de chaleur to be boiling hot; ~ de faim to be starving OU famished; ~ de froid to be freezing cold; ~ de soif to be dying of thirst, to be parched; il est mort de peur he's scared to death.
◆ **se mourir** *vpi litt* -**1.** [personne] to be dying; se ~ d'amour pour qqn *fig* to pine for sb. -**2.** [civilisation, coutume] to die out; une tradition qui se meurt a dying tradition.

Mourmansk [murmɑ̃sk] *npr* Murmansk.

mouroir [murwar] *nm péj* (old people's) home.

mouron [murɔ̃] *nm* -**1.** BOT: faux ~, ~ rouge scarlet pimpernel; ~ blanc OU des oiseaux common chickweed; ~ d'eau water speedwell. -**2.** *fam loc*: se faire du ~ to worry o.s. sick; te fais pas de ~ pour lui! don't (you) worry about him!

mousmé [musme] *nf* -**1.** *litt* [Japonaise] young Japanese woman. -**2.** ▽ [femme] fancy woman.

mousquet [muskɛ] *nm* musket.

mousquetaire [muskətɛr] *nm* musketeer.

mousqueton [muskətɔ̃] *nm* -**1.** [anneau] snap hook OU clasp; ALPINISME karabiner. -**2.** ARM carbine.

moussage [musaʒ] *nm* foaming TECH.

moussaillon [musajɔ̃] *nm* (young) cabin boy.

moussaka [musaka] *nf* moussaka.

moussant, e [musɑ̃, ɑ̃t] *adj* [crème à raser] lathering; [shampooing] foaming; bain ~ bubble OU *Br* foam bath.

mousse [mus] ◇ *adj* -**1.** TEXT: collant ~ stretch tights. -**2.** CHIM: caoutchouc ~ foam rubber.
◇ *adj inv*: vert ~ mossgreen.
◇ *nm* cabin boy.
◇ *nf* -**1.** [bulles - de shampooing, de crème à raser] lather, foam; [- d'un bain] bubbles, foam; [- de savon] suds, lather; [- de champagne, de cidre] bubbles; [- de bière] froth. -**2.** CULIN mousse; ~ au chocolat chocolate mousse; ~ de saumon salmon mousse. -**3.** *fam* [bière] (glass of) beer. -**4.** [dans les matériaux synthétiques] foam; ~ de nylon stretch nylon; balle en ~ rubber ball; ~ de platine platinum sponge. -**5.** BOT moss; couvert de ~ mossy.

mousseline [muslin] ◇ *nf* [de coton] muslin; [de soie, de nylon, de laine] chiffon, mousseline; foulard en ~ muslin OU chiffon scarf.
◇ *adj inv*: pommes ~ puréed potatoes.

mousser [3] [muse] *vi* -**1.** [écumer - champagne, cidre] to bubble, to sparkle; [- bière] to froth; [- savon, crème à raser] to lather; [- détergent, shampooing] to foam, to lather. -**2.** *fam* [enrager]: faire ~ qqn to wind sb up, to rile sb. -**3.** *fam* faire ~ [mettre en valeur]: faire ~ qqn to sing sb's praises; faire ~ qqch to sing the praises of sthg; se faire ~ to sell o.s.

mousseron [musrɔ̃] *nm* St George's mushroom.

mousseux, euse [musø, øz] *adj* -**1.** [vin, cidre] sparkling; [bière] frothy; [eau] foamy; [sauce, jaunes d'œufs] (light and) frothy; un chocolat ~ a cup of frothy hot chocolate. -**2.** BOT mossy.
◆ **mousseux** *nm* sparkling wine.

mousson [musɔ̃] *nf* monsoon.

Moussorgski [musɔrski] *npr* Mussorgsky.

moussu, e [musy] *adj* mossy.

moustache [mustaʃ] *nf* -**1.** [d'un homme] moustache; porter la ~ OU des ~s to have a moustache; elle a de la ~ she's got a bit of a moustache ❑ ~ (à la) gauloise walrus moustache; ~ en brosse toothbrush moustache; ~ en croc OU en guidon de vélo handlebar moustache. -**2.** ZOOL whiskers.

moustachu, e [mustaʃy] *adj*: un homme ~ a man with a moustache; il est ~ he's got a moustache.
◆ **moustachu** *nm* man with a moustache.

moustiquaire [mustikɛr] *nf* [d'un lit] mosquito net; [d'une ouverture] mosquito screen.

moustique [mustik] *nm* -**1.** ENTOM mosquito. -**2.** *fam* [gamin] kid, mite; [petite personne] (little) squirt.

moût [mu] *nm* [de raisin] must; [de bière] wort.

moutard *fam* [mutar] *nm* kid.

moutarde [mutard] ◇ *nf* -**1.** BOT mustard; graines de ~ mustard seeds. -**2.** CULIN mustard; ~ à l'estragon tarragon mustard; ~ de Dijon Dijon mustard. -**3.** *fam loc*: la ~ lui est montée au nez he lost his temper, he saw red; je sens que la ~ me monte au nez I can feel my temper starting to rise.
◇ *adj inv* mustard (*modif*), mustard-coloured.

moutardier [mutardje] *nm* -**1.** [récipient] mustard pot. -**2.** [fabricant] mustard maker OU manufacturer. -**3.** [marchand] mustard seller.

mouton [mutɔ̃] *nm* -**1.** ZOOL sheep; ~ à cinq pattes rare bird; chercher le ~ à cinq pattes to seek the impossible; compter les ~s to count sheep; revenons OU retournons à nos ~s let's get back to the point. -**2.** [fourrure, cuir] sheepskin; veste en (peau de) ~ sheepskin jacket. -**3.** CULIN mutton; côte de ~ mutton chop. -**4.** *fam* [individu] sheep; c'est un vrai ~ de Panurge he's easily led, he follows the herd. -**5.** MÉTALL drop hammer. -**6.** TRAV PUBL pile driver. -**7.** *arg crime* [espion] grass *Br*, fink *Am*.
◆ **moutons** *nmpl* [poussière] (bits of) fluff; [nuages] fleecy OU fluffy clouds; [écume sur la mer] white horses.

moutonné, e [mutɔne] *adj* [ciel] flecked OU dotted with fleecy clouds; roche ~e roche moutonnée.

moutonner [3] [mutɔne] *vi* [mer] to break into white horses; [ciel] to become covered with small fleecy clouds.

moutonnerie [mutɔnri] *nf sout* sheep-like behaviour.

moutonneux, euse [mutɔnø, øz] *adj* [mer] flecked with white horses; [ciel] spotted OU dotted with fleecy clouds.

moutonnier, ère [mutɔnje, ɛr] *adj* -**1.** AGR ovine, sheep (*modif*). -**2.** *sout* [trop docile] sheep-like, easily led.

mouture [mutyr] *nf* -**1.** [version] version; ma première ~ était meilleure my first draft was better. -**2.** *péj* [copie, reprise] rehash *péj*. -**3.** AGR & CULIN [des céréales] milling, grinding; [du café] grinding; ayant obtenu une ~ fine [farine, café] once it has been finely ground.

mouvance [muvɑ̃s] *nf* -**1.** *sout* [domaine d'influence] circle of influence; dans la ~ des socialistes around the socialists. -**2.** *litt* [instabilité] unsettledness, instability. -**3.** HIST subtenure.

mouvant, e [muvɑ̃, ɑ̃t] *adj* -**1.** [en mouvement - foule] moving, surging. -**2.** [instable - surface] unsteady, moving. -**3.** [changeant - situation] unstable, unsettled.

mouvement [muvmɑ̃] *nm* -**1.** [geste] movement; des ~s gracieux graceful movements; ses ~s sont mal coordonnés his movements are poorly coordinated; un ~ de tête [affirmatif] a nod; [négatif] a shake of the head; un léger ~ de surprise a start OU movement of surprise; avoir un ~ de recul to start (back); faire des ~s de gymnastique to do some exercises; il y eut un ~ dans la foule à l'arrivée du président a ripple ran through the crowd when the President arrived ❑ faire un faux ~ to pull something. -**2.** [impulsion]: ~ de colère fit OU burst of anger; avoir un bon ~ to make a nice gesture; les ~s du cœur/de l'âme *litt* the impulses of the heart/of the soul. -**3.** [déplacement - d'un astre, d'un pendule] movement; [- de personnes] movement; PHYS motion; ~ rectiligne/uniforme/perpétuel rectilinear/uniform/perpetual motion; ~s de capitaux OU de fonds movement of capital; ~ de personnel ADMIN staff transfer OU changes; ~ de repli withdrawal; ~ de retraite retreat; ~ de tenaille pincer movement; ~s de marchandises movement of goods; ~s de troupes troop movements. -**4.** [évolution - des prix, des taux] trend, movement; [- du marché] fluctuation; ~ en baisse/en hausse downward/upward trend; le ~ des idées the evolution of ideas ❑ ~ de la population SOCIOL demographic changes. -**5.** POL [action collective] movement; ~ de contestation protest movement ❑ ~ de grève strike (movement); le ~ syndical the trade-union *Br* OU labor-union *Am* movement; Mouvement de libération des femmes Women's Liberation Movement. -**6.** [animation - d'un quartier] bustle, liveliness; [- dans un aéroport, un port] movement; eh bien, il y a du ~ chez vous! it's all go at your place! -**7.** GÉOG: ~s sismiques seismic movements; ~ de terrain undulation. -**8.** [impression de vie - d'une peinture, d'une sculpture] movement; [- d'un vers] flow, movement; [- d'une robe] drape; [- d'un paysage] undulations. -**9.** MUS [rythme] tempo; ~ perpétuel moto perpetuo, perpetuum mobile || [section d'un morceau] movement. -**10.** [mécanisme] movement; ~ d'horlogerie movement, mechanism (*of a clock or watch*).
◆ **en mouvement** ◇ *loc adj* [athlète] moving, in motion; [population, troupes] on the move; cet enfant est toujours en ~! that child never stops OU is always on the go!
◇ *loc adv*: mettre un mécanisme en ~ to set a mechanism going OU in motion; le cortège se mit en ~ the procession started OU set off; le balancier se mit en ~ the pendulum started moving.
◆ **sans mouvement** *loc adj* [personne] inert.

mouvementé, e [muvmɑ̃te] *adj* -**1.** [débat] (very) lively, heated, stormy; [voyage, vie] eventful; [match] (very) lively, eventful; avec eux, c'est toujours ~ there's never a dull moment with them. -**2.** [paysage] rolling, undulating.

mouvoir [54] [muvwar] *vt sout* -**1.** [bouger - membre, objet] to move; mécanisme mû par un ressort spring-operated mechanism. -**2.** [activer - machine] to drive, to power; mû par l'électricité electrically driven, electrically powered. -**3.** *fig* [pousser] to move, to prompt; mû par l'intérêt/le désir/la jalousie prompted by self-interest/desire/jealousy; mû par la sympathie moved by sympathy.

◆ **se mouvoir** *vpi sout* [se déplacer] to move.

moye [mwa] *nf* soft vein OU lode.

moyen[1] [mwajɛ̃] *nm* -**1.** [méthode] way; **il n'y a qu'un (seul) ~ de s'échapper** there is only one way to escape; **il n'y a pas d'autre ~** there's no other way OU solution; **le ski, c'est le meilleur ~ de se casser une jambe!** there's nothing like skiing if you want to break a leg!; **il y a toujours un ~ de se faire de l'argent** there are always ways of getting money; **par quel ~ peut-on le contacter?** how can he be contacted?; **nous avons les ~s de vous faire parler!** we have ways of making you talk!; **je l'aurais empêché, si j'en avais eu les ~s** I would have stopped him, if I'd been able to; **trouver (le) ~ de faire qqch** to manage to do sthg; **le chien a encore trouvé ~ de s'échapper** the dog's managed to escape again; **et en plus, tu trouves le ~ d'être en retard!** not only that but you've managed to be late as well! ❑ **~ de défense/d'existence** means of defence/existence; **~ de locomotion** OU **de transport** means of transport; **~ d'action** means of action; **il faudra faire avec les ~s du bord** we'll have to manage with what we've got; **~ d'expression** means of expression; **ils n'ont utilisé aucun ~ de pression** they didn't apply any pressure; **~ de production** means of production; **~ de subsistance** means of subsistance; **employer** OU **utiliser les grands ~s** to take drastic steps. -**2.** [pour intensifier]: **il n'y a pas ~ d'ouvrir la porte!** there's no way of opening the door!, the door won't open!; **pas ~ de dormir ici!** *fam* it's impossible to get any sleep around here!; **il n'y a pas ~ de le faire obéir!** he just won't do what OU as he's told!; **je voulais me reposer, mais non, pas ~!** *fam* I wanted to get some rest, but no such luck!; **est-ce qu'il y a ~ d'avoir le silence?** can we please have some silence around here? -**3.** GRAMM: **adverbe de ~** adverb of means.

◆ **moyens** *nmpl* [financiers] means; **je n'ai pas les ~s de m'acheter un ordinateur** I haven't got the means to OU I can't afford to buy a computer; **c'est facile d'être généreux, quand on a les ~s!** it's easy to be generous, when you're well-off OU when you can afford to be!; **j'ai de tout petits ~s** I have a very small income; **avoir de gros ~s** to be very well-off; **je peux te payer une bière, c'est encore dans mes ~s** I can buy you a beer, I can just about manage that; **c'est au-dessus de mes ~s** it's beyond my means, I can't afford it || [intellectuels, physiques]: **perdre tous ses ~s** to go to pieces; **une fois sur scène, j'ai perdu tous mes ~s** once on the stage, I just went blank OU to pieces; **je suis venu par mes propres ~s** I made my own way here.

◆ **au moyen de** *loc prép* by means of, with.

◆ **par tous les moyens** *loc adv* by all possible means; [même immoraux] by fair means or foul; **j'ai essayé par tous les ~s** I've tried everything.

moyen[2], **enne**[1] [mwajɛ̃, ɛn] *adj* -**1.** [intermédiaire - selon des mesures] medium *(avant n)*, average; [- selon une évaluation] medium; **de dimensions ~nes** medium-sized; **un arbre de taille ~ne** medium-sized tree; **à ~ne échéance** in the medium term; **les tailles/pointures ~nes** the medium (clothes) sizes/shoe sizes ❑ **cadres ~s** middle-ranking executives; **classes ~nes** middle classes; **~ terme** PHILOS middle term; [solution] compromise, middle course. -**2.** [prix, taille, consommation, distance] average; [température] average, mean; [aptitudes, niveau, service] average; **ses notes sont trop ~nes** his marks are too poor; **il est ~ en maths** he's average at maths; **la nourriture était ~ne** the food was average. -**3.** [ordinaire]: **le spectateur/lecteur ~** the average spectator/reader; **le Français ~** the average Frenchman. -**4.** LING [voyelle] middle; **voix ~ne** MUS middle voice. -**5.** GÉOG: **le cours ~ du Rhône** the middle course of the Rhône. -**6.** ASTRON: **temps solaire ~** mean solar time.

Moyen Âge [mwajɛnaʒ] *nm*: **le ~** the Middle Ages.

moyenâgeux, euse [mwajɛnaʒø, øz] *adj* medieval; **ils utilisent des techniques moyenâgeuses** *hum* they use methods out of the Dark Ages.

moyen-courrier [mwajɛ̃kurje] (*pl* **moyen-courriers**) *nm* medium-haul aeroplane.

moyen(-)métrage [mwajɛ̃metraʒ] (*pl* **moyens-métrages** OU **moyens métrages**) *nm* medium-length film.

moyennant [mwajɛnɑ̃] *prép*: **elle garde ma fille ~ cent francs par jour** she looks after my daughter for a hundred francs a day; **~ finance** for a fee OU a consideration; **~ quoi** in return for which.

moyenne[2] [mwajɛn] ◇ *adj f* → **moyen.**

◇ *nf* -**1.** [gén] average; **la ~ des précipitations/températures** the average rainfall/temperature; **la ~ d'âge des candidats est de 21 ans** the average age of the applicants is 21; **calculer** OU **faire la ~ de** to work out the average of || MATH mean, average; **~ arithmétique/géométrique** arithmetic/geometric mean. -**2.** [vitesse moyenne] average speed; **faire une ~ de 90 km/h** to average 90 km/h. -**3.** SCOL [absolue] pass mark *Br*, passing grade *Am (of fifty per cent)*; **notes au-dessus/au-dessous de la ~** marks above/under half; **j'ai eu tout juste la ~** [à un examen] I just got a pass || [relative] average (mark); **la ~ de la classe est (de) 8 sur 20** the average mark for the class is 8 out of 20 ❑ **j'ai 13 de ~ générale** my average (mark) is 13 out of 20. -**4.** [ensemble]: **la ~ des gens** most people, the vast majority of people; **d'une intelligence au-dessus de la ~** of above-average intelligence.

◆ **en moyenne** *loc adv* on average; **je m'entraîne en ~ 4 heures par jour** I train an average of 4 hours a day; **c'est ce que la voiture consomme en ~** that's what the car consumes on average, that's what the car's average consumption is.

moyennement [mwajɛnmɑ̃] *adv* moderately, fairly.

moyenner *fam* [4] [mwajɛne] *vt loc*: **pas moyen de ~** nothing doing.

Moyen-Orient [mwajɛnɔrjɑ̃] *npr m*: **le ~** the Middle East; **au ~** in the Middle East.

moyen-oriental, e, aux [mwajɛnɔrjɑ̃tal, o] *adj* Middle Eastern.

moyeu [mwajø] *nm* -**1.** [d'une roue - de voiture] (wheel) hub; [- de charrue] nave. -**2.** [d'une hélice] boss, hub.

mozambicain, e [mɔzɑ̃bikɛ̃, ɛn] *adj* Mozambican.

◆ **Mozambicain, e** *nm, f* Mozambican.

Mozambique [mɔzɑ̃bik] *npr m*: **le ~** Mozambique; **au ~** in Mozambique.

mozarabe [mɔzarab] ◇ *adj* Mozarabic.

◇ *nmf* Mozarab.

mozzarelle [mɔdzarɛl] *nf* mozzarella.

MRAP [mrap] (*abr de* **Mouvement contre le racisme, l'antisémitisme et pour la paix**) *npr m pacifist anti-racist organization.*

MRBM (*abr de* **Medium Range Ballistic Missile**) *nm* MRBM.

MRG (*abr de* **Mouvement des radicaux de gauche**) *npr m left-wing political party.*

MRP (*abr de* **Mouvement républicain populaire**) *npr m right-of-centre political party.*

ms (*abr écrite de* **manuscrit**) ms.

MSBS (*abr de* **mer-sol balistique stratégique**) *nm* SLBM.

MSF *npr abr de* **Médecins sans frontières.**

MST *nf* -**1.** (*abr de* **maladie sexuellement transmissible**) STD. -**2.** (*abr de* **maîtrise de sciences et techniques**) *master's degree in science and technology.*

MT (*abr écrite de* **moyenne tension**) MT.

mu [my] *nm* [lettre] mu.

mucilage [mysilaʒ] *nm* mucilage.

mucosité [mykozite] *nf* mucus.

mucoviscidose [mykovisidoz] *nf* cystic fibrosis.

mucus [mykys] *nm* mucus.

mue [my] *nf* -**1.** ZOOL [transformation - d'un reptile] sloughing; [- d'un volatile] moulting; [- d'un mammifère à poils] shedding hair, moulting; [- d'un mammifère sans poils] shedding OU casting (of skin); [- d'un cerf] shedding (of antlers). -**2.** PHYSIOL [de la voix] breaking, changing. -**3.** [dépouille - d'un reptile] slough; [- d'un volatile] moulted feathers; [- d'un mammifère à poils] shed hair; [- d'un mammifère sans poils] shed skin; [- d'un cerf] shed antlers. -**4.** *fig* [métamorphose] change, transformation. -**5.** [cage] (hen) coop.

muer [7] [mɥe] ◇ *vi* -**1.** ZOOL [reptile] to slough, to moult; [volatile] to moult; [mammifère à fourrure] to shed hair, to moult; [mammifère sans poils] to shed skin, to moult; [cerf] to shed (antlers). -**2.** PHYSIOL [voix] to break, to change; **il mue** his voice is breaking.

◇ *vt litt*: **~ qqch en** to change OU to turn sthg into.

◆ **se muer en** *vp + prép litt* to change OU to turn into.

muesli [mysli] *nm* muesli.

muet, ette [mɥɛ, ɛt] ◇ *adj* -**1.** [qui ne parle pas] dumb; **~ de naissance** dumb from birth. -**2.** *fig* [silencieux] silent, mute, dumb; **le ministre préfère rester ~ à ce sujet** the Minister prefers to remain silent on this matter; **~ d'admiration** in mute admiration; **il en resta ~ d'étonnement** he was struck dumb with astonishment; **alors, tu restes** OU **es ~?** well, have you nothing to say for yourself? ❑ **elle est restée ~te comme une carpe toute la soirée** she never opened her mouth all evening; **je serai ~ comme une tombe** my lips are sealed, I won't breathe a word. -**3.** *sout* [non exprimé - douleur, reproche] unspoken, mute, silent. -**4.** CIN [film, cinéma] silent; [rôle, acteur] non-speaking, walk-on. -**5.** LING mute, silent. -**6.** [sans indication - touche, carte] blank; **piano ~** dumb piano, dummy keyboard.

◇ *nm, f* [personne] mute, dumb person.

◆ **muet** *nm* CIN: **le ~** the silent cinema *Br* OU movies *Am.*

◆ **muette** *nf* MIL & *vieilli*: **la grande ~te** the standing army.

muezzin [mɥɛdzin] *nm* muezzin.

mufle [myfl] *nm* -**1.** ZOOL [d'un ruminant] muffle; [d'un félin] muzzle. -**2.** *fam péj* [malotru] boor, lout, churl.

muflerie [myflәri] *nf* boorishness, loutishness, churlishness.

muflier [myflije] *nm* snapdragon, antirrhinum.

mufti [myfti] *nm* mufti.

muge [myʒ] *nm* grey mullet.

mugir [32] [myʒir] *vi* -**1.** [vache] to moo, to low *litt.* -**2.** *litt* [vent] to howl, to roar; [océan] to roar, to thunder.

mugissement [myʒismɑ̃] *nm* -**1.** [d'une vache] mooing, lowing *litt.* -**2.** *litt* [du vent] howling, roaring; [des flots] roar, thundering.

muguet [mygɛ] *nm* -**1.** BOT lily of the valley, May lily. -**2.** MÉD candidiasis *spéc*, thrush.

MUGUET:

On May Day in France, bunches of lily of the valley are sold in the streets and given as presents. The flowers are supposed to bring good luck.

Muhammad [myamad] *npr* Mohammed.

mulard, e [mylar] *nm, f cross between a musk duck and a domestic duck.*

mulâtre, mulâtresse [mylatr, mylatrɛs] *nm, f* mulatto.

◆ **mulâtre** *adj inv* mulatto.

mule [myl] *nf* -**1.** ZOOL mule, she-mule. -**2.** *fam* [personne entêtée] mule. -**3.** [chausson] mule; **la ~ du pape** the Pope's slipper.

mulet [mylɛ] *nm* -**1.** ZOOL mule, he-mule. -**2.** *fam* [voiture] back-up car. -**3.** [poisson] grey mullet.

muleta [mylɛta] *nf* muleta.

muletier, ère [myltje, ɛr] ◇ *adj*: chemin OU sentier ~ (mule) track.
◇ *nm, f* muleteer, mule driver.

mulette [mylɛt] *nf* (freshwater OU river) mussel, naiad, unio *spéc.*

Müller [mylɛr] *npr*: canaux de ~ Müller canals.

mulot [mylo] *nm* field mouse.

multicâble [myltikabl] ◇ *adj* MIN [cage] multicabled.
◇ *nm* multicabled extraction system.

multicarte [myltikart] *adj* [voyageur de commerce] *representing several companies*.

multicellulaire [myltiselylɛr] *adj* multicellular.

multicolore [myltikɔlɔr] *adj* multicoloured, many-coloured.

multicoque [myltikɔk] ◇ *adj*: (bateau) ~ multihull OU multihulled boat.
◇ *nm* multihull.

multicouche [myltikuʃ] *adj* [carton, revêtement] multilayered; [circuit imprimé] multilayer *(avant n)*.

multiculturel, elle [myltikyltyrɛl] *adj* multicultural.

multidimensionnel, elle [myltidimɑ̃sjɔnɛl] *adj* multidimensional.

multidisciplinaire [myltidisiplinɛr] *adj* multidisciplinary.

multifenêtre [myltifənɛtr] *adj* multiwindow.

multifilaire [myltifilɛr] *adj* [fil] multicord, multiple duct; [antenne] multiwire.

multifonction [myltifɔ̃ksjɔ̃] *adj* multifunction.

multiforme [myltifɔrm] *adj* [aspect, créature] multiform; [question, personnalité] many-sided, multifaceted.

multigrade [myltigrad] *adj* multigrade *(avant n)*.

multilatéral, e, aux [myltilateral, o] *adj* multilateral.

multilinéaire [myltilineɛr] *adj* multilinear.

multilingue [myltilɛ̃g] *adj* multilingual.

multiloculaire [myltilɔkylɛr] *adj* multilocular.

multimédia [myltimedja] *adj* multimedia *(avant n)*.

multimètre [myltimɛtr] *nm* multimeter.

multimilliardaire [myltimiljardɛr] *adj* & *nmf* multimillionaire.

multimillionnaire [myltimiljɔnɛr] ◇ *adj* multimillionaire.
◇ *nmf* multimillionaire (*f* multimillionairess).

multinational, e, aux [myltinasjɔnal, o] *adj* multinational.
◆ **multinationale** *nf* multinational (company).

multinévrite [myltinevrit] *nf* polyneuropathy.

multinorme [myltinɔrm] = **multistandard**.

multipare [myltipar] ◇ *adj* multiparous.
◇ *nf* multipara.

multiparité [myltiparite] *nf* multiparity.

multipartisme [myltipartism] *nm* multiparty system.

multiple [myltipl] ◇ *adj* -**1.** [nombreux - exemples, incidents, qualités] many, numerous; [- fractures] multiple; à de ~s reprises repeatedly, time and (time) again. -**2.** [divers - raisons, intérêts] many, multiple, manifold; personnalité aux ~s facettes many-sided OU multifaceted personality; femme aux talents ~s multi-talented woman. -**3.** *sout* [complexe - problème, difficulté] many-sided, multifaceted, complex. -**4.** BOT [fleur, fruit] multiple. -**5.** MATH: 9 est ~ de 3 9 is a multiple of 3.
◇ *nm* MATH multiple; prenez un ~ de 3 choose any multiple of 3 ❑ le plus petit commun ~ the lowest common multiple.

multiplet [myltiplɛ] *nm* -**1.** INF byte. -**2.** MATH, NUCL & PHYS multiplet.

multiplex [myltiplɛks] *adj* & *nm* multiplex.

multiplexage [myltiplɛksaʒ] *nm* multiplexing.

multiplexeur [myltiplɛksœr] *nm* multiplexer.

multipliable [myltiplijabl] *adj* multipliable, multiplicable.

multiplicande [myltiplikɑ̃d] *nm* multiplicand.

multiplicateur, trice [myltiplikatœr, tris] *adj* multiplying.
◆ **multiplicateur** *nm* MATH multiplier; ~ de fréquence frequency multiplier.

multiplicatif, ive [myltiplikatif, iv] *adj* multiplicative.

multiplication [myltiplikasjɔ̃] *nf* -**1.** BIOL, MATH & NUCL multiplication; la ~ des accidents *fig* the increase in the number of accidents. -**2.** RELIG: la ~ des pains the miracle of the loaves and fishes. -**3.** MÉCAN gear ratio.

multiplicité [myltiplisite] *nf* multiplicity; la ~ des choix qui nous sont offerts the (very) many choices open to us.

multiplier [10] [myltiplije] *vt* -**1.** [contrôles, expériences, efforts etc] to multiply, to increase; nous avons multiplié les avertissements we have issued repeated warnings. -**2.** MATH to multiply; 2 multiplié par 3 2 multiplied by 3; la production a été multipliée par trois *fig* output has tripled.
◆ **se multiplier** *vpi* -**1.** [attentats, menaces] to multiply, to increase. -**2.** BIOL to multiply. -**3.** *fig* to be everywhere (at once); je ne peux pas me ~ I can't be everywhere at once.

multiplieur [myltiplijœr] *nm* multiplier.

multipolaire [myltipɔlɛr] *adj* multipolar.

multiposte [myltipɔst] ◇ *adj* multiple station.
◇ *nm* multiple station computer.

multiprise [myltipriz] *nf* adapter.

multiprocesseur [myltiprɔsesœr] ◇ *adj m* multiprocessing.
◇ *nm* multiprocessor (system).

multiprogrammation [myltiprɔgramasjɔ̃] *nf* multiprogramming, multiple programming.

multipropriété [myltiprɔprijete] *nf* timeshare (system), time-sharing; investir dans la ~ to invest in a timeshare.

multiracial, e, aux [myltirasjal, o] *adj* multiracial.

multirécidiviste [myltiresidivist] *nmf* habitual offender.

multirisque [myltirisk] *adj* multiple risk *(modif)*.

multisalles [myltisal] *adj inv*: complexe ~ multiscreen cinema *Br*, movie theater complex *Am*.

multistandard [myltistɑ̃dar] *adj* multistandard, multisystem.

multitâche [myltitaʃ] *adj* multitasking, multitask *(avant n)*.

multitraitement [myltitrɛtmɑ̃] *nm* multiprocessing.

multitude [myltityd] *nf* -**1.** [grande quantité]: une ~ de a multitude of, a vast number of. -**2.** *litt* [foule]: la ~ the multitude, the masses.

multivibrateur [myltivibratœr] *nm* multivibrator.

Munich [mynik] *npr* Munich.

munichois, e [mynikwa, az] *adj* from Munich.
◆ **Munichois, e** *nm, f* -**1.** GÉOG *inhabitant of or person from Munich*. -**2.** HIST: les Munichois the men of Munich.

municipal, e, aux [mynisipal, o] *adj* [élection, charge, conseil] local, municipal; [bibliothèque, parc, théâtre etc] public, municipal; arrêté OU règlement ~ by-law.
◆ **municipales** *nfpl* POL local OU council *Br* elections.

municipalisation [mynisipalizasjɔ̃] *nf* municipalization.

municipaliser [3] [mynisipalize] *vt* to municipalize.

municipalité [mynisipalite] *nf* -**1.** [communauté] town, municipality. -**2.** [représentants] ≃ (town) council; la ~ voulait faire un parking the council wanted to build a car park.

munificence [mynifisɑ̃s] *nf litt* munificence.

munificent, e [mynifisɑ̃, ɑ̃t] *adj litt* munificent.

munir [32] [mynir] *vt*: ~ qqn de to provide OU to supply sb with; les visiteurs furent munis de casques the visitors were provided with OU given helmets; munissez les enfants de vêtements de pluie kit out the children in rainproof clothing; munie d'un plan de la ville, elle se mit en route equipped OU armed with a map of the town, she set off; ~ qqch de to equip OU to fit sthg with; la voiture est munie de phares réglementaires the car is equipped OU fitted with regulation headlights.
◆ **se munir de** *vp* + *prép*: se ~ de vêtements chauds/d'un parapluie to equip o.s. with warm clothes/an umbrella; munissez-vous de votre passeport carry your passport OU take your passport with you.

munitions [mynisjɔ̃] *nfpl* ammunition *(U)*, munitions.

munster [mœ̃stɛr] *nm* Munster (cheese).

muphti [myfti] = **mufti**.

muqueux, euse [mykø, øz] *adj* mucous.
◆ **muqueuse** *nf* mucous membrane.

mur [myr] *nm* -**1.** [construction] wall; après l'incendie, il ne restait plus que les (quatre) ~s only the four walls were left standing after the fire; il a passé la journée entière entre quatre ~s he spent the day shut up inside; je serai dans mes ~s la semaine prochaine I'll have moved in by next week ❑ ~ aveugle blank OU windowless wall; ~ d'appui parapet, leaning (height) wall CONSTR; ~ de clôture enclosing wall; ~ d'enceinte outer OU surrounding wall; ~ mitoyen party wall; ~ porteur load-bearing wall; ~ de séparation dividing wall; ~ de soutènement retaining OU breast wall; le ~ des Fédérés *wall in the Père Lachaise cemetery in front of which the last remaining defendants of the Paris Commune were executed in 1871*; le ~ d'Hadrien Hadrian's Wall; le ~ des Lamentations the Wailing Wall; faire le ~ *fam* [suj: soldat, interne] to go OU to jump over the wall; c'est comme si tu parlais à un ~ it's (just) like talking to a brick wall; se heurter à un ~ to come up against a brick wall; les ~s ont des oreilles walls have ears. -**2.** [escarpement] steep slope; il y a deux ~s redoutables sur la piste noire there are two very steep slopes on the black run ❑ ~ artificiel rock-climbing OU artificial wall. -**3.** GÉOL wall. -**4.** MIN footwall; faux ~ wall rock. -**5.** *fig* [de flammes, de brouillard, de pluie etc] wall, sheet; [de silence] wall; [de haine, d'incompréhension] wall, barrier; les gendarmes formaient un ~ devant les manifestants the police lined up in front of the demonstrators; le ~ de l'Atlantique the Wall of the Atlantic. -**6.** AÉRON: ~ thermique OU de la chaleur heat barrier; ~ sonique OU du son sound barrier; passer le ~ du son to break the sound barrier. -**7.** SPORT wall.
◆ **murs** *nmpl* [remparts] (city) walls; l'ennemi est dans nos ~s the enemy is within the gates; les ~s [d'un commerce] the building.

mûr, e [myr] *adj* -**1.** [fruit, graine, abcès etc] ripe; trop ~ overripe, too ripe; pas ~ unripe, not ripe; le blé va être ~ the wheat is nearly ready for harvesting. -**2.** [personne] mature; elle est très ~e pour 11 ans she is very mature for an 11-year-old; cette expérience l'a rendu plus ~ he is more mature as a result of this experience; pas ~ immature. -**3.** [prêt - révolte, plan] ripe, ready; le pays est ~ pour la guerre civile the country is ripe for civil war; sommes-nous ~s pour le mariage? are we ready for marriage?; après ~e réflexion after careful thought OU consideration. -**4.** ▽ [saoul] smashed. -**5.** *fam* [tissu] worn.
◆ **mûre** *nf* [du mûrier] mulberry; ~ sauvage blackberry, bramble.

muraille [myraj] *nf* **-1.** [d'une ville, d'un château, d'une falaise] wall; la Grande Muraille (de Chine) the Great Wall of China. **-2.** NAUT side, dead work (of hull).

mural, e, aux [myral, o] *adj* wall *(modif)*; peinture ~e mural, wall painting.

◆ **mural, als** *nm* [peinture] mural.

◆ **mural, aux** *nm* COMM wall (display) unit.

Murcie [myrsi] *npr* Murcia.

mûre [myr] *f* → **mûr**.

mûrement [myrmɑ̃] *adv*: après avoir ~ réfléchi after careful thought OU consideration.

murène [myrɛn] *nf* moray (eel).

murer [3] [myre] *vt* **-1.** [entourer de murs] to wall in *(sép)*. **-2.** [boucher - porte] to wall up *(sép)*; ~ une fenêtre avec des briques to brick up a window. **-3.** [enfermer - personne, chat] to wall in OU up *(sép)*.

◆ **se murer** *vpi* to shut o.s. away; se ~ dans le silence *fig* & *sout* to retreat OU to withdraw into silence, to build a wall of silence around o.s.

muret [myrɛ] *nm*, **muretin** [myrtɛ̃] *nm*, **murette** [myrɛt] *nf* low (dry stone) wall.

murex [myrɛks] *nm* murex.

mûrier [myrje] *nm* mulberry tree OU bush; ~ blanc white mulberry; ~ sauvage bramble (bush), blackberry bush.

mûrir [32] [myrir] ◇ *vi* **-1.** BOT to ripen; faire ~ to ripen. **-2.** ŒNOL to mature, to mellow. **-3.** [abcès] to come to a head. **-4.** [évoluer - pensée, projet] to mature, to ripen, to develop; [- personne] to mature; elle a beaucoup mûri she has greatly matured, she has become much more mature.

◇ *vt* **-1.** [fruit] to ripen. **-2.** [pensée, projet, sentiment] to nurture, to nurse; une année à l'étranger l'a mûri a year abroad has made him more mature.

mûrissage [myrisaʒ] *nm* ripening.

mûrissant, e [myrisɑ̃, ɑ̃t] *adj* **-1.** BOT ripening. **-2.** [personne] of mature years.

mûrissement [myrismɑ̃] *nm* **-1.** BOT ripening. **-2.** [d'une pensée, d'un plan] maturing, development.

mûrisserie [myrisri] *nf* ripening depot OU storehouse.

murmure [myrmyr] *nm* **-1.** [d'une personne] murmur; *litt* [d'une source, de la brise] murmur, murmuring. **-2.** [commentaire]: un ~ de protestation/d'admiration a murmur of protest/admiration; il obtempéra sans un ~ he obeyed without a murmur. **-3.** MÉD murmur.

◆ **murmures** *nmpl* [plaintes] murmurs, murmurings.

murmurer [3] [myrmyre] ◇ *vi* **-1.** [parler à voix basse] to murmur; les élèves murmuraient en l'absence du professeur the pupils were chattering during the teacher's absence. **-2.** *litt* [source, brise] to murmur. **-3.** [se plaindre]: ~ (contre) to mutter OU to grumble (about).

◇ *vt* to murmur; on murmure que... there is a rumour (going about) that...

mur-rideau [myrrido] (*pl* **murs-rideaux**) *nm* curtain wall.

Mururoa [myryrɔa] *npr* Mururoa Atoll; à ~ on Mururoa Atoll.

musaraigne [myzarɛɲ] *nf* shrew; ~ commune common shrew.

musarder [3] [myzarde] *vi sout* [flâner] to dawdle, to saunter; [ne rien faire] to dillydally.

musc [mysk] *nm* musk.

muscade [myskad] *nf* **-1.** BOT: (noix de) ~ nutmeg. **-2.** *loc*: passez ~! hey presto!

muscadet [myskadɛ] *nm* Muscadet (wine).

muscadier [myskadje] *nm* nutmeg tree.

muscadin [myskadɛ̃] *nm* HIST muscadin; *arch* [dandy] dandy, fop.

muscardin [myskardɛ̃] *nm* dormouse.

muscat [myska] *nm* [fruit] muscat grape; [vin] Muscat, Muscatel (wine).

muscle [myskl] *nm* **-1.** ANAT muscle; avoir des ~s OU du ~ *fam* to be muscular OU brawny; être tout en ~ *fam* to be all muscle ❑ ~s lisses/striés smooth/striped muscle *(U)*; ~ cardiaque cardiac OU heart muscle; ~ jumeau gemellus muscle. **-2.** *sout* [vigueur] muscle, force, punch.

musclé, e [myskle] *adj* **-1.** [corps, personne] muscular. **-2.** *fam* [énergique] powerful, forceful; mener une politique ~e contre qqch to take a hard line OU a tough stance on sthg. **-3.** [vif - style] robust, vigorous, powerful; [- discours] forceful, powerful.

muscler [3] [myskle] *vt* **-1.** SPORT: ~ ses jambes/épaules to develop one's leg/shoulder muscles. **-2.** *fig* [renforcer] to strengthen.

◆ **se muscler** *vp (emploi réfléchi)* to develop (one's) muscles; se ~ les bras to develop one's arm muscles.

musculaire [myskylɛr] *adj* muscular, muscle *(modif)*.

musculation [myskylasjɔ̃] *nf* bodybuilding (exercises).

musculature [myskylatyr] *nf* musculature, muscles.

musculeux, euse [myskylø, øz] *adj* [athlète] muscular, brawny; [bras] muscular.

muse [myz] *nf* **-1.** MYTH: Muse Muse; les (neuf) Muses the (nine) Muses. **-2.** *fig* [inspiration] muse; la Muse, les Muses *litt* the Muse, the Muses ❑ taquiner la Muse to look (to the Muses) for inspiration.

museau, x [myzo] *nm* **-1.** ZOOL [d'un chien, d'un ours] muzzle; [d'un porc] snout; [d'une souris] nose. **-2.** *fam* [figure] face. **-3.** CULIN: ~ (de porc) brawn *Br*, headcheese *Am*.

musée [myze] *nm* **-1.** [d'œuvres d'art] art gallery *Br*, museum *Am*; [des sciences, des techniques] museum; le ~ de l'homme the Museum of Mankind; c'est le ~ des horreurs! *hum* it's a dump! **-2.** *(comme adj; avec ou sans trait d'union)*: une ville ~ a historical town.

museler [24] [myzle] *vt* **-1.** [chien] to muzzle. **-2.** *sout* [presse, opposition] to muzzle, to gag, to silence.

muselière [myzəljɛr] *nf* muzzle; mettre une ~ à un chien to muzzle a dog.

musellement [myzɛlmɑ̃] *nm* **-1.** [d'un chien] muzzling. **-2.** *sout* [de contestataires, de la presse] muzzling, gagging, silencing.

muséographie [myzeɔgrafi] *nf* museography.

muséologie [myzeɔlɔʒi] *nf* museology.

muser [3] [myze] *vi* **-1.** *litt* [se promener] to dawdle, to saunter; [ne rien faire] to dillydally. **-2.** *Belg* [fredonner] to hum.

musette [myzɛt] ◇ *adj inv (après n)*: bal ~ dance (with accordion music); orchestre ~ band (with accordions); valse ~ waltz (played on the accordion).

◇ *nm* (popular) accordion music.

◇ *nf* **-1.** MUS [hautbois, gavotte] musette. **-2.** [d'un cheval] nosebag. **-3.** [d'un enfant] satchel; [d'un soldat] haversack; [d'un ouvrier] (canvas) haversack. **-4.** ZOOL common shrew.

muséum [myzeɔm] *nm*: ~ (d'histoire naturelle) natural history museum.

musical, e, aux [myzikal, o] *adj* [voix, événement] musical; critique ~ music critic.

musicalement [myzikalmɑ̃] *adv* musically.

musicalité [myzikalite] *nf* musicality.

Musicassette® [myzikasɛt] *nf* prerecorded (audio) cassette.

music-hall [myzikol] (*pl* **music-halls**) *nm* [local] music hall; [activité]: le ~ variety show, music hall; numéro de ~ variety act.

musicien, enne [myzisjɛ̃, ɛn] ◇ *adj* musical.

◇ *nm, f* musician.

◆ **musicien** *nm* MIL bandsman.

musicographe [myzikɔgraf] *nmf* musicographer.

musicographie [myzikɔgrafi] *nf* musicography.

musicologie [myzikɔlɔʒi] *nf* musicology.

musicologique [myzikɔlɔʒik] *adj* musicological.

musicologue [myzikɔlɔg] *nmf* musicologist.

musicothérapie [myzikɔterapi] *nf* musicotherapy.

musique [myzik] *nf* **-1.** [art, notation ou science] music; ~ de X music by X; je mets de la ~? shall I put some music on?; ils dansaient sur une OU de la ~ rock they were dancing to (the sound of) rock music; texte mis en ~ text set OU put to music; faire de la ~ [personne] to play (an instrument); [objet] to play a tune; lire la ~ to read music; étudier/dîner en ~ to study/to have dinner with music playing; faire de la gymnastique en ~ to do exercises (in time) to music ❑ ~ d'ambiance OU de fond background music; ~ concrète/légère concrete/light music; ~ contemporaine/classique contemporary/classical music; ~ folklorique/militaire folk/military music; ~ sacrée/de chambre sacred/chamber music; une ~ de film a film *Br* OU movie *Am* theme; il a composé beaucoup de ~s de film he has composed a lot of films *Br* OU movie *Am* scores; ~ de scène incidental music; la grande ~ *fam* classical music; connaître la ~ *fam*: ça va, je connais la ~ I've heard it all before; c'est toujours la même ~ avec lui! *fam* it's always the same old story with him!; la ~ adoucit les mœurs music hath charms to soothe the savage beast. **-2.** [musiciens] band; la ~ du régiment the regimental band; ils entrent dans le village, ~ en tête they come into the village, led by the band.

musiquette [myzikɛt] *nf*: on entendait une ~ we heard a simple little tune.

musqué, e [myske] *adj* **-1.** [parfum, saveur] musky. **-2.** ZOOL: bœuf ~ musk ox. **-3.** BOT: rose ~e musk rose.

must *fam* [mœst] *nm sg* must; ce film est un ~ this film is compulsory viewing OU a must.

mustang [mystɑ̃g] *nm* mustang.

musulman, e [myzylmɑ̃, an] *adj* & *nm, f* Muslim.

mutabilité [mytabilite] *nf* mutability.

mutagenèse [mytaʒənɛz] *nf* mutagenesis.

mutant, e [mytɑ̃, ɑ̃t] *adj* & *nm, f* mutant.

mutateur [mytatœr] *nm* [gén] mutator; [changeur de fréquence] frequency changer.

mutation [mytasjɔ̃] *nf* **-1.** [d'une entreprise, d'un marché] change, transformation; industrie en pleine ~ industry undergoing major change OU a radical transformation. **-2.** ADMIN & JUR transfer. **-3.** BIOL mutation. **-4.** LING: ~ consonantique/vocalique consonant/vowel shift.

mutationnisme [mytasjɔnism] *nm* mutationism.

mutationniste [mytasjɔnist] *adj* & *nmf* mutationist.

mutatis mutandis [mytatismytɑ̃dis] *loc adv* mutatis mutandis.

muter [3] [myte] ◇ *vt* **-1.** ADMIN to transfer, to move. **-2.** ŒNOL: ~ du vin to mute (must).

◇ *vi* BIOL to mutate.

mutilant, e [mytilɑ̃, ɑ̃t] *adj* mutilating.

mutilateur, trice [mytilatœr, tris] ◇ *adj* mutilative, mutilatory.

◇ *nm, f litt* mutilator.

mutilation [mytilasjɔ̃] *nf* **-1.** [du corps] mutilation. **-2.** *sout* [d'une œuvre] mutilation.

mutilé, e [mytile] *nm, f* disabled person; ~s de guerre disabled ex-servicemen; ~ du travail industrially disabled person.

mutiler [3] [mytile] *vt* **-1.** [personne, animal] to mutilate, to maim. **-2.** *sout* [film, poème] to mutilate; [statue, bâtiment] to mutilate, to deface.

◆ **se mutiler** *vp (emploi réfléchi)* to mutilate o.s.

mutin, e [mytɛ̃, in] *adj litt* [enfant] impish, mischievous, cheeky; [air] mischievous.

◆ **mutin** *nm sout* rebel, mutineer.

mutiné, e [mytine] ◇ *adj* mutinous, rebellious.

◇ *nm, f* mutineer, rebel.

mutiner [3] [mytine]
◆ **se mutiner** *vpi* [marin, soldat] to mutiny, to rebel, to revolt; [employés, élèves, prisonniers] to rebel, to revolt.
mutinerie [mytinri] *nf* [de marins, de soldats] mutiny, revolt, rebellion; [d'employés, de prisonniers] rebellion, revolt.
mutique [mytik] *adj* mute.
mutisme [mytism] *nm* **-1.** [silence] silence; s'enfermer dans un ~ complet to retreat into absolute silence. **-2.** MÉD muteness, dumbness; PSYCH mutism.
mutité [mytite] *nf* mutism MED.
mutualisme [mytɥalism] *nm* **-1.** ZOOL mutualism. **-2.** = **mutualité**.
mutualiste [mytɥalist] ◇ *adj* mutualistic; société OU groupement ~ mutual benefit insurance company, ≃ friendly society *Br*, ≃ benefit society *Am*.
◇ *nmf* mutualist, member of a mutual benefit (insurance) company.
mutualité [mytɥalite] *nf* [système] mutual (benefit) insurance company; [ensemble des sociétés mutualistes]: la ~ française the French mutual (benefit) insurance system.
mutuel, elle [mytɥɛl] *adj* **-1.** [partagé, réciproque] mutual; responsabilité ~le mutual responsibility. **-2.** [sans but lucratif] mutual; assurance ~le mutual insurance.
◆ **mutuelle** *nf* mutual (benefit) insurance company, ≃ friendly society *Br*, ≃ benefit society *Am*.
mutuellement [mytɥɛlmɑ̃] *adv* one another, each other.
myalgie [mjalʒi] *nf* myalgia.
myasthénie [mjasteni] *nf* myasthenia.
mycélium [miseljɔm] *nm* mycelium.
Mycènes [misɛn] *npr* Mycenae.
mycénien, enne [misenjɛ̃, ɛn] *adj* Mycenaean, Mycenian.
◆ **Mycénien, enne** *nm, f* HIST Mycenaean, Mycenian.
◆ **mycénien** *nm* LING Mycenaean, Mycenian.
mycoderme [mikɔdɛrm] *nm* mycoderma.
mycologie [mikɔlɔʒi] *nf* mycology.
mycologique [mikɔlɔʒik] *adj* mycological.
mycologue [mikɔlɔg] *nmf* mycologist.
mycoplasme [mikɔplasm] *nm* mycoplasma.
mycose [mikoz] *nf* [gén] mycosis; [aux orteils] athlete's foot.
mycosique [mikɔzik] *adj* mycotic.
myéline [mjelin] *nf* myelin.
myélite [mjelit] *nf* myelitis.
myélographie [mjelɔgrafi] *nf* myelography.
mygale [migal] *nf* mygale *spéc*, tarantula; ~ aviculaire/maçonne bird/trapdoor spider.
myiase [mijaz] *nf* myiasis.
myocarde [mjɔkard] *nm* myocardium.
myocardite [mjɔkardit] *nf* myocarditis.
myogramme [mjɔgram] *nm* myogram.
myographe [mjɔgraf] *nm* myograph.
myographie [mjɔgrafi] *nf* myography.
myologie [mjɔlɔʒi] *nf* myology.
myome [mjom] *nm* myoma.
myomectomie [mjɔmɛktɔmi] *nf* myomectomy.
myopathe [mjɔpat] ◇ *adj* myopathic; il est ~ he has muscular dystrophy.
◇ *nmf person with muscular dystrophy.*
myopathie [mjɔpati] *nf* [gén] myopathy; [dystrophie musculaire] muscular dystrophy.
myope [mjɔp] ◇ *adj* short-sighted *Br*, nearsighted *Am*, myopic *spéc*; ~ comme une taupe *fam* (as) blind as a bat.
◇ *nmf* short-sighted *Br* OU nearsighted *Am* person, myope *spéc*.
myopie [mjɔpi] *nf* short-sightedness *Br*, nearsightedness *Am*, myopia *spéc*.
myorelaxant, e [mjɔrəlaksɑ̃, ɑ̃t] ◇ *adj* muscle-relaxant, muscle-relaxing.
◇ *nm* muscle-relaxant (drug).
myosotis [mjozɔtis] *nm* forget-me-not, myosotis *spéc*.
myriade [mirjad] *nf sout* myriad; des ~s d'étoiles myriads of stars.
myriapode [mirjapɔd] *nm* myriapod; les ~s the Myriapoda.
myriophylle [mirjɔfil] *nf* spiky water milfoil.
myrmidon [mirmidɔ̃] *nm litt* pipsqueak.
myroxylon [mirɔksilɔ̃] *nm* Myroxylon, Myrospermum.
myrrhe [mir] *nf* myrrh.
myrte [mirt] *nm* myrtle.
myrtille [mirtij] *nf* bilberry *Br*, blueberry *Am*.
mystère [mistɛr] *nm* **-1.** [atmosphère] mystery; entouré de ~ shrouded OU cloaked in mystery ❑ où est-elle? - ~ et boule de gomme! *fam* where is she? - I haven't got a clue OU search me! **-2.** [secret] mystery; cet homme est un ~ that man's a mystery; j'ai horreur des ~s I can't stand enigmas OU mysteries; ne fais pas tant de ~s don't be so mysterious; je ne vois pas où est le ~ I don't see what's so mysterious about it; si tu avais travaillé, tu aurais réussi l'examen, il n'y a pas de ~! if you'd worked, you'd have passed your exam, it's as simple as that!; ce n'est un ~ pour personne it's no secret OU it's an open secret; faire un ~ de qqch to make a mystery out of sthg; je n'en fais pas (un) ~ I make no mystery OU secret of it; les ~s d'Éleusis the Eleusinian Mysteries. **-3.** RELIG mystery. **-4.** HIST & THÉÂT mystery (play). **-5.** CULIN: Mystère® *ice-cream filled with meringue and coated with crushed almonds.*
mystérieusement [misterjøzmɑ̃] *adv* mysteriously.
mystérieux, euse [misterjø, øz] *adj* **-1.** [inexplicable] mysterious, strange; la mystérieuse disparition du dossier the mysterious disappearance of the file; un crime ~ a mysterious crime. **-2.** [surnaturel] mysterious; une mystérieuse apparition hante le château a mysterious apparition haunts the castle. **-3.** [confidentiel] secret; les deux présidents se sont rencontrés dans un endroit resté ~ the two presidents met in a place which has been kept secret. **-4.** [énigmatique] mysterious; un ~ personnage se tenait près de la porte a mysterious character stood near the door.
mysticisme [mistisism] *nm* mysticism.
mystifiable [mistifjabl] *adj* gullible.
mystifiant, e [mistifjɑ̃, ɑ̃t] *adj* mystifying, deceiving.
mystificateur, trice [mistifikatœr, tris] ◇ *adj*: une lettre mystificatrice a hoax letter.
◇ *nm, f* hoaxer.
mystification [mistifikasjɔ̃] *nf* **-1.** [canular] hoax, practical joke. **-2.** [tromperie] mystification, deception. **-3.** [imposture] myth.
mystifier [9] [mistifje] *vt* **-1.** [duper, se jouer de] to fool, to take in *(sép)*. **-2.** [leurrer] to fool, to deceive; mystifiés par la propagande fooled by propaganda.
mystique [mistik] ◇ *adj* mystic, mystical.
◇ *nmf* mystic.
◇ *nf* RELIG: la ~ mysticism; la ~ de la démocratie/paix *fig* the mystique of democracy/peace.
mystiquement [mistikmɑ̃] *adv* mystically.
mythe [mit] *nm* myth; elle fut un ~ vivant she was a legend in her own lifetime ❑ 'le Mythe de Sisyphe' *Camus* 'The Myth of Sisyphus'.
mythifier [9] [mitifje] *vt* to mythicize.
mythique [mitik] *adj* mythic, mythical.
mytho *fam* [mito] (*abr de* mythomane) *adj*: il est complètement ~ you can't believe anything he says.
mythologie [mitɔlɔʒi] *nf* mythology.
mythologique [mitɔlɔʒik] *adj* mythological.
mythologue [mitɔlɔg] *nmf* mythologist.
mythomane [mitɔman] ◇ *adj* mythomaniac PSYCH; il est un peu ~ he has a tendency to make things up (about himself).
◇ *nmf* mythomaniac PSYCH, compulsive liar.
mythomanie [mitɔmani] *nf* mythomania PSYCH.
mytiliculture [mitilikyltyr] *nf* mussel breeding.
myxœdémateux, euse [miksedematø, øz] ◇ *adj* myxoedematous.
◇ *nm, f* myxoedema sufferer.
myxœdème [miksedɛm] *nm* myxoedema.
myxomatose [miksɔmatoz] *nf* myxomatosis.
myxomycète [miksɔmisɛt] *nm* myxomycete.

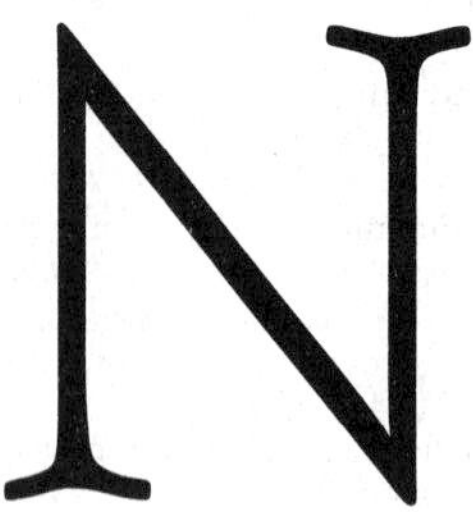

n, N [ɛn] *nm* n *m,* N *m;* **à la puissance n** to the power (of) n.

n *abr écrite de* nano-.

n' [n] → **ne.**

n° (*abr écrite de* **numéro**) no.

N -**1.** (*abr écrite de* **newton**) N. -**2.** (*abr écrite de* **nord**) N.

na [na] *interj* so there, and that's that.

nabab [nabab] *nm* -**1.** *fam* [homme riche] nabob. -**2.** HIST nabob.

nabot, e [nabo, ɔt] *nm, f péj* dwarf, midget.

nabuchodonosor [nabykɔdɔnɔzɔr] *nm* nebuchadnezzar.

Nabuchodonosor [nabykɔdɔnɔzɔr] *npr* Nebuchadnezzar.

nacelle [nasɛl] *nf* -**1.** [d'un aérostat] basket, nacelle, gondola; [d'un avion] nacelle, pod; [d'un landau] carriage; [pour un ouvrier] basket. -**2.** *litt* [bateau] (rowing) wherry. -**3.** CHIM boat.

nacre [nakr] *nf*: **la ~** mother-of-pearl, nacre *spéc;* **de ~** mother-of-pearl *(modif).*

nacré, e [nakre] *adj* pearly, nacreous *litt.*

nacrer [3] [nakre] *vt* -**1.** [bijou] to give a pearly gloss to. -**2.** *litt* to cast a pearly shimmer over.

nadir [nadir] *nm* nadir.

nævo-carcinome [nevokarsinom] (*pl* **nævo-carcinomes**) *nm* malignant melanoma.

nævus [nevys] (*pl* **nævi** [-vi]) *nm* naevus; **~ pigmentaire** pigmented nævus *spéc,* mole.

Nagasaki [nagazaki] *npr* Nagasaki.

nage [naʒ] *nf* -**1.** SPORT [activité] swimming; [style] stroke; **~ indienne** sidestroke; **~ libre** freestyle. -**2.** NAUT rowing stroke.

◆ **à la nage** *loc adv* -**1.** [en nageant]: **s'éloigner à la ~** to swim off OU away; **traverser un lac à la ~** to swim across a lake; **elle gagna la plage à la ~** she swam to the beach. -**2.** CULIN **à la nage** *(cooked in a court-bouillon).*

◆ **en nage** *loc adj*: **être en ~** to be dripping with sweat.

nageoire [naʒwar] *nf* -**1.** ZOOL [de poisson] fin; [d'otarie, de phoque etc] flipper; **~s paires/impaires** paired/impaired fins; **~ anale/dorsale** anal/dorsal fin; **~ caudale** tail OU caudal fin. -**2.** AÉRON [flotteur] fin.

nager [17] [naʒe] ◇ *vi* -**1.** SPORT to swim; **tu viens ~?** are you coming for a swim?; **il ne sait pas/sait ~** he can't/can swim; **elle nage très bien** she's a very good swimmer ❑ **~ comme un fer à repasser** to swim like a brick; **~ comme un poisson** to swim like a fish. -**2.** *fig:* **la viande nageait dans la sauce** the meat was swimming in gravy; **il nageait dans son sang** he was bathed in (his own) blood; **~ dans l'opulence** to be rolling in money; **~ dans le bonheur** to be basking in bliss; **on nageait dans le mystère** we were totally bewildered; **tu nages dans ce pantalon!** *fam* those trousers are miles too big for you! -**3.** [ne rien comprendre] to be completely lost OU out of one's depth; **il nage complètement en physique** he's completely lost in physics. -**4.** NAUT to row; **~ à couple** to row double-banked; **~ en pointe** to row single-banked.

◇ *vt*: **~ le crawl** to swim OU to do the crawl; **~ la brasse** to swim OU to do (the) breaststroke; **~ le 200 mètres** to swim the 200 metres.

nageur, euse [naʒœr, øz] *nm, f* -**1.** [personne] swimmer; **~ de combat** naval frogman. -**2.** NAUT rower.

naguère [nagɛr] *adv litt* [autrefois] long ago, formerly; [il y a peu de temps] not long ago.

naïade [najad] *nf* -**1.** MYTH naiad; *litt* nymph. -**2.** BOT & ENTOM naiad.

naïf, ïve [naif, iv] ◇ *adj* -**1.** [candide - enfant, remarque] innocent, naïve, ingenuous. -**2.** [trop crédule] naïve, gullible; **ne sois pas si ~, il ne te rendra pas l'argent** don't be so naïve, he won't give you your money back. -**3.** BX-ARTS naïve, primitive.

◇ *nm, f* (gullible OU naïve) fool.

◆ **naïf** *nm* naïve OU primitive painter.

nain, naine [nɛ̃, nɛn] ◇ *adj* dwarf *(modif).*

◇ *nm, f* dwarf.

◆ **nain** *nm* [jeu]: **~ jaune** Pope Joan *(card game).*

Nairobi [nɛrɔbi] *npr* Nairobi.

naissain [nɛsɛ̃] *nm* spat ZOOL.

naissance [nɛsɑ̃s] *nf* -**1.** BIOL birth; **à ta ~** at your birth, when you were born; **donner ~ à** to give birth to ❑ **~ multiple** multiple birth; **'la Naissance de Vénus'** *Botticelli* 'The Birth of Venus'. -**2.** *sout* [début - d'un sentiment, d'une idée] birth; [- d'un mouvement, d'une démocratie, d'une ère] birth, dawn; **à la ~ du jour** at daybreak; **donner ~ à qqch** to give birth OU rise to sthg; **prendre ~** [mouvement] to arise, to originate; [idée] to originate, to be born; [sentiment] to arise, to be born. -**3.** *sout* [endroit]: **la ~ du cou** the base of the neck; **la ~ d'un fleuve** the source of a river.

◆ **à la naissance** *loc adv* at birth.

◆ **de naissance** *loc adv* -**1.** [congénitalement] congenitally, from birth; **elle est aveugle de ~** she was born blind, she's been blind from birth; **c'est de ~!** *fam* he was born stupid! -**2.** [d'extraction]: **italien de ~** Italian by birth; **être de bonne** OU **haute ~** to be of noble birth.

naissant, e [nɛsɑ̃, ɑ̃t] *adj* -**1.** *sout* [révolte] incipient; [sentiment] growing, budding *litt;* [beauté] budding *litt,* nascent *litt;* [jour] dawning; **il luttait contre cet amour ~** he fought against this growing OU burgeoning *litt* love. -**2.** CHIM: **à l'état ~** nascent. -**3.** HÉRALD naissant.

naître [92] [nɛtr] *vi* -**1.** BIOL to be born; **quand tu es né** when you were born; **mon bébé devrait ~ en mars** my baby is due in March; **il est né avec un bec-de-lièvre** he was born with a harelip; **le bébé qui vient de ~** the newborn baby; **une fille lui/leur est née** a girl was born to her/them; **il est né de parents inconnus** he is of unknown parentage; **il est né de** OU **d'une mère hongroise** he was born of a Hungarian mother; **enfant né d'un premier mariage** child born of a first marriage; **elle est née musicienne** she's a born musician, she was born a musician ❑ **je ne suis pas né d'hier** OU **de la dernière couvée** OU **de la dernière pluie** I wasn't born yesterday; **il est né coiffé** OU **sous une bonne étoile** he was born under a lucky star. -**2. être né pour** [être destiné à] to be born OU destined OU meant to; **il était né pour aimer/souffrir** he was born to love/suffer. -**3.** *litt:* **~ à** [s'ouvrir à] to awaken to. -**4.** [apparaître - sentiment, doute, espoir] to arise, to be born; [- problème] to crop OU to come up; [- projet] to be conceived; [- communauté, entreprise] to spring up; [- mouvement] to spring up, to arise; **la légende/l'idée était née** the legend/idea was born; **une idée naquit dans son esprit** an idea dawned on her; **faire ~ des soupçons/la sympathie** to arouse suspicion/sympathy; **~ de** [provenir de] to arise OU to spring from; **de là sont nées toutes nos difficultés** that's the cause of all our difficulties. -**5.** *litt* [fleur] to spring OU to come up; [jour] to break, to dawn. -**6.** *(tournure impersonnelle):* **il naît un enfant toutes les secondes** a child is born every second. -**7.** *fig:* **il ne naîtra rien de bon d'une telle alliance** *fig* nothing good can come of such a union.

naïvement [naivmɑ̃] *adv* -**1.** [innocemment] innocently, naively, ingenuously. -**2.** [de façon trop crédule] naively, gullibly.

naïveté [naivte] *nf* -**1.** [innocence] innocence, naivety, ingenuity. -**2.** [crédulité] naivety, gullibility; **j'ai eu la ~ de lui faire confiance** I was naive enough to trust him.

naja [naʒa] *nm* cobra.

Namib [namib] *npr* → **désert.**

Namibie [namibi] *npr f*: **(la) ~** Namibia.

namibien, enne [namibjɛ̃, ɛn] *adj* Namibian.

◆ **Namibien, enne** *nm, f* Namibian.

Namur [namyr] *npr* Namur.

namurois, e [namyrwa, az] *adj* from Namur.

◆ **Namurois, e** *nm, f inhabitant of or person from Namur.*

nana *fam* [nana] *nf* girl; **c'est sa ~** she's his girlfriend.

nanan *fam* [nanɑ̃] *nm vieilli*: **c'est du ~!** [aisé] it's a piece of cake!, it's a walkover!; [délicieux] yummy!

nancéien, enne [nɑ̃sejɛ̃, ɛn] *adj* from Nancy.

◆ **Nancéien, enne** *nm, f inhabitant of or person from Nancy.*

Nancy [nɑ̃si] *npr* Nancy.

nandou [nãdu] *nm* nandu, rhea.
nanisme [nanism] *nm* -**1.** [d'une personne] dwarfism. -**2.** [d'une plante] nanism.
Nanjing [nãʒiŋ] = **Nankin**.
nankin [nãkɛ̃] *nm* nankeen.
Nankin [nãkɛ̃] *npr* Nanking, Nanjing.
nano- [nanɔ] *préf* nano-.
nantais, e [nãtɛ, ɛz] *adj* from Nantes.
◆ **Nantais, e** *nm, f inhabitant of or person from Nantes.*
Nantes [nãt] *npr* Nantes; l'Édit de ~ the Edict of Nantes.

L'ÉDIT DE NANTES:
Signed in 1598 by Henri IV, the Edict marked the end of the Wars of Religion and guaranteed a number of rights to the Protestant Huguenots, in particular freedom of conscience and the practice of their religion in certain prescribed areas. Its revocation in 1685 by Louis XIV resulted in a brutal repression which caused many Huguenots to emigrate to other European countries.

---

nanti, e [nãti] ◇ *adj* [riche] affluent, well-to-do, well-off.
◇ *nm, f* affluent person; les ~s the well-to-do.
nantir [32] [nãtir] *vt* -**1.** [doter]: ~ qqn de to provide sb with; les fées la nantirent de toutes les qualités the fairies endowed her with all the qualities. -**2.** FIN & JUR to secure.
◆ **se nantir de** *vp + prép* to equip o.s. with.
nantissement [nãtismã] *nm* -**1.** [objet] security, pledge. -**2.** [contrat] security.
NAP [nap] (*abr écrite de* Neuilly Auteuil Passy)
◇ *adj* ≃ Sloany *Br*, ≃ preppie *Am*.
◇ *nmf* ≃ Sloane *Br*, ≃ preppie type *Am*.
napalm [napalm] *nm* napalm.
naphta [nafta] *nm* naphtha.
naphtalène [naftalɛn] *nm* naphthalene, naphthalin.
naphtaline [naftalin] *nf*: (des boules de) ~ mothballs.
naphte [naft] *nm* naphthene.
naphtol [naftɔl] *nm* naphthol.
Naples [napl] *npr* Naples.
napoléon [napɔleɔ̃] *nm* napoleon (coin).
Napoléon [napɔleɔ̃] *npr* Napoleon; ~ Bonaparte Napoleon Bonaparte.
napoléonien, enne [napɔleɔnjɛ̃, ɛn] *adj* Napoleonic; les campagnes ~nes the Napoleonic wars.
napolitain, e [napɔlitɛ̃, ɛn] *adj* Neapolitan.
◆ **Napolitain, e** *nm, f* Neapolitan.
nappage [napaʒ] *nm* coating.
nappe [nap] *nf* -**1.** [linge] tablecloth; ~ d'autel altarcloth. -**2.** [couche]: ~ de pétrole/gaz layer of oil/gas; ~ de brouillard fog patch; ~ d'eau [en surface] stretch OU expanse OU sheet of water; [souterraine] groundwater; ~ de feu sheet of flames; ~ d'huile patch of oil; ~ de mazout oil slick. -**3.** GÉOL: ~ de charriage nappe; ~ phréatique groundwater OU phreatic table. -**4.** GÉOM nappe. -**5.** TEXT lap (sheet).
napper [3] [nape] *vt*: ~ qqch de to coat sthg with.
napperon [naprɔ̃] *nm* [sous un vase, un bougeoir] mat; [sous un plat, un gâteau] doily; ~ individuel place mat.
narcisse [narsis] *nm* -**1.** BOT narcissus; ~ des poètes poet's narcissus. -**2.** *litt* narcissistic person, narcissist.
Narcisse [narsis] *npr* Narcissus.
narcissique [narsisik] *adj* narcissistic.
narcissisme [narsisism] *nm* narcissism; tu fais du ~! you're being narcissistic!
narco-analyse [narkɔanaliz] (*pl* narco-analyses) *nf* narcoanalysis.
narcodollar [narkɔdɔlar] *nm* narcodollar.
narcolepsie [narkɔlɛpsi] *nf* narcolepsy.
narcose [narkoz] *nf* narcosis.
narcotique [narkɔtik] ◇ *adj* narcotic.
◇ *nm* narcotic.
narghilé [nargile] *nm* nargile, narghile.
narguer [3] [narge] *vt* -**1.** [se moquer de, provoquer] to scoff at *(insép)*; il nous nargue avec sa nouvelle voiture we're not good enough for him now he's got his new car. -**2.** *sout* [braver, mépriser] to scorn, to spurn, to deride.
narguilé [nargile] = **narghilé**.
narine [narin] *nf* nostril.
narquois, e [narkwa, az] *adj* mocking, derisive; sourire ~ mocking smile.
narrateur, trice [naratœr, tris] *nm, f* narrator.
narratif, ive [naratif, iv] *adj* narrative.
narration [narasjɔ̃] *nf* [exposé] narrative, narration; [partie du discours] narration.
narrer [3] [nare] *vt litt* [conte] to narrate, to tell; [événements] to narrate, to relate.
narval [narval] *nm* narwhal, narwal.
NASA, Nasa [naza] (*abr de* National Aeronautics and Space Administration) *npr f* NASA, Nasa.
nasal, e, aux [nazal, o] *adj* nasal.
◆ **nasale** *nf* LING nasal.
nasalisation [nazalizasjɔ̃] *nf* nasalization.
nasaliser [3] [nazalize] *vt* to nasalize.
nasalité [nazalite] *nf* nasality.
nasarde [nazard] *nf litt & vieilli* flick OU fillip on the nose.
nase▽ [naz] ◇ *adj* [inutilisable - appareil, meuble] kaput, bust; [fou] cracked, screwy; [fatigué, malade] knackered.
◇ *nm* [nez] conk.
naseau, x [nazo] *nm* nostril ZOOL.
nasillard, e [nazijar, ard] *adj* [ton] nasal; [radio, haut-parleur] tinny; parler d'une voix ~e to talk through one's nose OU with a (nasal) twang.
nasillement [nazijmã] *nm* -**1.** [d'une voix] (nasal) twang; [d'un haut-parleur] tinny sound. -**2.** ZOOL [d'un canard] quacking.
nasiller [3] [nazije] *vi* -**1.** [personne] to speak with a (nasal) twang; [radio] to have a tinny sound. -**2.** ZOOL [canard] to quack.
nasique [nazik] *nm* proboscis monkey.
nasse [nas] *nf* -**1.** PÊCHE (conical) lobster pot. -**2.** [pour oiseaux] hoop net. -**3.** ZOOL [mollusque] dog whelk.
Nasser [nasɛr] *npr* → **lac**.
natal, e, als [natal] *adj* [pays, ville] native; sa maison ~e the house where he was born.
Natal [natal] *npr m*: le ~ Natal.
nataliste [natalist] *adj*: politique ~ policy to increase the birth rate.
natalité [natalite] *nf* birth rate, natality *Am*.
natation [natasjɔ̃] *nf* swimming; ~ synchronisée OU artistique synchronized swimming.
natatoire [natatwar] *adj* swimming *(modif)*, natatory SC.
natif, ive [natif, iv] ◇ *adj* -**1.** [originaire] native; je suis ~ de Paris/Pologne I was born in Paris/Poland. -**2.** *litt* [inné] native. -**3.** MÉTALL native.
◇ *nm, f* native.
nation [nasjɔ̃] *nf* nation; les Nations Unies the United Nations.
national, e, aux [nasjɔnal, o] *adj* -**1.** [de la nation] national; équipe ~e de football national football team; l'économie ~e the domestic economy; funérailles OU obsèques ~es state funeral; la presse ~e en a parlé the national newspapers OU the nationals carried stories about it; notre Victor ~ *hum* good old Victor (Hugo). -**2.** [nationaliste] national, nationalist; les partis nationaux the nationalist parties.
◆ **nationale** *nf* ≃ A road *Br*, ≃ interstate highway *Am*.
◆ **nationaux** *nmpl* nationals.
nationalisation [nasjɔnalizasjɔ̃] *nf* nationalization.
nationaliser [3] [nasjɔnalize] *vt* to nationalize.
nationalisme [nasjɔnalism] *nm* nationalism.
nationaliste [nasjɔnalist] ◇ *adj* nationalist, nationalistic.
◇ *nmf* nationalist.
nationalité [nasjɔnalite] *nf* nationality; être de ~ française/nigériane to be French/Nigerian.
national-socialisme [nasjɔnalsɔsjalism] (*pl* national-socialismes) *nm* National Socialism.
national-socialiste [nasjɔnalsɔsjalist] (*pl* nationaux-socialistes) *adj & nmf* National Socialist.
nativisme [nativism] *nm* nativism PHILOS.
nativiste [nativist] ◇ *adj* nativistic PHILOS.
◇ *nmf* nativist PHILOS.
nativité [nativite] *nf* -**1.** RELIG: la Nativité the Nativity. -**2.** BX-ARTS Nativity scene; une Nativité a Nativity.
nattage [nataʒ] *nm* -**1.** [de cheveux] braiding, plaiting. -**2.** [de fils, d'osier] plaiting, weaving.
natte [nat] *nf* -**1.** [tapis de paille] mat, (piece of) matting. -**2.** [de cheveux] pigtail, braid, plait.
natter [3] [nate] *vt* -**1.** [cheveux] to braid, to plait. -**2.** [fils, osier] to plait, to weave, to interweave.
naturalisation [natyralizasjɔ̃] *nf* -**1.** ADMIN, BOT & LING naturalization. -**2.** [empaillage] stuffing.
naturalisé, e [natyralize] ◇ *adj* naturalized; il a été ~ américain he was granted U.S. citizenship.
◇ *nm, f* naturalized person.
naturaliser [3] [natyralize] *vt* -**1.** ADMIN to naturalize; il s'est fait ~ français he was granted French citizenship. -**2.** BOT & LING to naturalize. -**3.** [empailler] to stuff.
naturalisme [natyralism] *nm* naturalism.
naturaliste [natyralist] ◇ *adj* naturalistic.
◇ *nmf* -**1.** BOT & ZOOL naturalist. -**2.** [empailleur] taxidermist.
nature [natyr] ◇ *nf* -**1.** [univers naturel]: la ~ nature; la ~ fait bien les choses nature works wonders; laisser faire OU agir la ~ let nature take its course; je fais plus confiance à la ~ qu'à la médecine I trust nature OU natural remedies more than medical science; des formes qui n'existent pas dans la ~ shapes which do not occur in nature ❑ la ~ a horreur du vide nature abhors a vacuum. -**2.** [campagne]: la ~ nature, the country, the countryside; la ~ me manque I miss the countryside; elle vit quelque part en pleine ~ she lives somewhere right out in the countryside; une maison perdue dans la ~ a house out in the wilds; tomber en panne en pleine ~ to break down in the middle of nowhere; disparaître OU s'évanouir dans la ~ to vanish into thin air; il n'a pourtant pas disparu dans la ~, ce piano! that piano can't just have walked off OU vanished!; la voiture a fait une embardée et ils se sont retrouvés dans la ~ the car lurched and they ended up in a ditch. -**3.** [caractère] nature; ce n'est pas dans sa ~ it's not like him, it's not in his nature; ce OU il n'est pas dans sa ~ d'être aussi agressive it's not like her OU it's not in her nature to be so aggressive; c'est dans la ~ des choses it's in the nature of things, that's the way the world is; il est dans la ~ des choses qu'un fils se heurte à son père it's in the nature of things for a son to clash with his father ❑ la ~ humaine human nature. -**4.** [type de personne] type, sort; une bonne ~ a good sort; une heureuse ~ a happy person; c'est une petite ~ he's the feeble type OU a weakling. -**5.** [sorte] nature, type, sort; les raisonnements de cette ~ this kind of argument, arguments of this kind; quelle est la ~ de la fuite? what kind of leak is it? -**6.** BX-ARTS: d'après ~ from life ❑ ~ morte still life.
◇ *adj inv* -**1.** [bœuf, choucroute] plain, with no trimmings; [salade, avocat] plain, with no dressing; thé ~ tea without milk or lemon ‖ ŒNOL still. -**2.** *fam* [simple] natural; j'aime qu'une fille soit ~ I like a girl to be natural; les enfants sont ~ children are so natural.
◆ **contre nature** *loc adj* against nature, unnatural; des sentiments/penchants contre ~ unnatural feelings/leanings; c'est contre ~ it's not natural, it goes against nature.

◆ **de nature** *loc adj* by nature; **il est généreux de ~** he's generous by nature, it's (in) his nature to be generous; **elle est anxieuse de ~** she's the worrying kind OU anxious type.

◆ **de nature à** *loc conj* likely OU liable to; **je ne suis pas de ~ à me laisser faire** I'm not the kind OU type of person you can push around; **ce discours n'est pas de ~ à apaiser les esprits** this speech is hardly going to calm people down.

◆ **de toute nature** *loc adj* of all kinds OU types; **il y avait des arbustes de toute ~** there were all sorts of shrubs.

◆ **en nature** *loc adv* in kind; **payer en ~** to pay in kind.

◆ **par nature** *loc adv*: **je suis conservateur par ~** I'm naturally conservative, I'm conservative by nature.

naturel, elle [natyrɛl] *adj* **-1.** [du monde physique - phénomène, ressource, richesse] natural; **les frontières ~les de la France** the natural borders of France. **-2.** [physiologique - fonction, processus] natural, bodily; **les défenses ~les de l'organisme** the body's natural defences. **-3.** [inné - disposition, talent] natural, inborn; [- boucles, blondeur] natural; **ce n'est pas ma couleur ~le** it's not my natural OU real hair colour. **-4.** [sans affectation] natural; **tu n'as pas l'air ~ sur cette photo** you don't look natural on this photograph; **être ~** to be oneself. **-5.** [normal] natural; **c'est bien** OU **tout ~ que je t'aide** it's only natural that I should help you; **je vous remercie – je vous en prie, c'est tout ~!** thank you – please don't mention it, it's the least I could do. **-6.** [pur - fibre] pure; [- nourriture] natural; **'soie ~le'** 'pure OU 100 % silk' || COMM natural, organic. **-7.** LING, MUS, PHILOS & RELIG natural. **-8.** [illégitime] natural; **il était le fils ~ du roi** he was the natural son of the king.

◆ **naturel** *nm* **-1.** [tempérament] nature; **il est d'un ~ anxieux** he's the worrying kind, it's (in) his nature to worry; **être d'un bon ~** to be good-natured. **-2.** [authenticité] naturalness; **ce que j'aime chez les femmes d'aujourd'hui c'est leur ~** what I like about modern women is they're so natural; **avec beaucoup de ~** with perfect ease, completely naturally.

◆ **au naturel** ◇ *loc adj* CULIN plain; **thon au ~** tuna in brine.

◇ *loc adv* [dans la réalité] in real life; **elle est mieux au ~ qu'à la télévision** she's better in real life than on TV.

naturellement [natyrɛlmɑ̃] *adv* **-1.** [de façon innée] naturally; **ça lui vient ~** it comes naturally to him. **-2.** [simplement] naturally, unaffectedly; **c'est le plus ~ du monde qu'on nous a reçus** they welcomed us as if it were the most natural thing in the world. **-3.** [bien sûr] naturally; **vous viendrez? – ~** will you be coming? – naturally OU of course I will.

naturisme [natyrism] *nm* **-1.** [nudisme] naturism. **-2.** MÉD naturopathy. **-3.** PHILOS & RELIG naturalism.

naturiste [natyrist] ◇ *adj* **-1.** [nudiste] naturist. **-2.** PHILOS naturalist, naturalistic.

◇ *nmf* **-1.** [nudiste] naturist, nudist. **-2.** PHILOS naturalist.

naturopathie [natyrɔpati], **naturothérapie** [natyrɔterapi] *nf* naturopathy.

naufrage [nofraʒ] *nm* **-1.** [d'un navire] wreck, shipwreck; **faire ~** [personne] to be shipwrecked; [navire] to be wrecked; **le ~ du Manureva demeure un mystère** the sinking of the Manureva remains a mystery. **-2.** *fig* ruin, wreckage; **on a assisté au ~ de grandes fortunes pendant la guerre** great fortunes were lost during the war.

naufragé, e [nofraʒe] ◇ *adj* **-1.** [personne - gén] shipwrecked; [- réfugié sur une île] castaway *(modif)*. **-2.** [navire] wrecked.

◇ *nm, f* [gén] shipwreck victim; [survivant sur une île] castaway.

naufrageur, euse [nofraʒœr, øz] *nm, f pr & fig* wrecker.

nauséabond, e [nozeabɔ̃, ɔ̃d] *adj* **-1.** [qui sent mauvais] putrid, foul, foul-smelling. **-2.** [répugnant] nauseating, sickening, repulsive.

nausée [noze] *nf* **-1.** [envie de vomir] nausea; **avoir la ~** to feel sick; **avoir des ~s** to have bouts of sickness. **-2.** *fig* [dégoût]: **une telle hypocrisie me donne la ~** such hypocrisy makes me sick ❑ **'la Nausée'** *Sartre* 'Nausea'.

nauséeux, euse [nozeø, øz] *adj* **-1.** [odeur] nauseating, sickening, repulsive; [état] nauseous. **-2.** *litt* [révoltant] nauseating, sickening, repulsive.

Nausicaa [nozikaa] *npr* Nausicaa.

nautile [notil] *nm* nautilus.

nautique [notik] *adj* nautical; **carte/géographie ~** nautical map/geography; **le salon ~** ≃ the Boat Show.

nautisme [notism] *nm* water sports, aquatics *(sg)*.

navaja [navaʒa] *nf* navaja.

Navajos [navaro] *npr mpl*: **les~** the Navajo.

naval, e, als [naval] *adj* naval; **architecture ~e** naval architecture; **construction ~e** shipbuilding (industry).

navarin [navarɛ̃] *nm* navarin *(mutton and vegetable stew)*.

Navarre [navar] *npr f*: **(la) ~** Navarre.

navet [navɛ] *nm* **-1.** BOT turnip; **~ fourrager** fodder beet. **-2.** *fam* [œuvre]: **c'est un ~** it's (a load of) tripe.

navette [navɛt] *nf* **-1.** AÉRON & TRANSP shuttle; **faire la ~ (entre)** to shuttle back and forth OU to and fro (between); **un bus fait la ~ entre la gare et l'aéroport** there is a shuttle bus (service) between the station and the airport; **il fait la ~ entre Paris et Marseille** he comes and goes OU goes to and fro between Paris and Marseilles ❑ **~ spatiale** space shuttle. **-2.** RELIG incense holder. **-3.** TEXT shuttle; [aiguille - pour filets] netting OU meshing needle; **~ volante** flying shuttle. **-4.** BOT rape.

navetteur, euse [navɛtœr, øz] *nm, f Belg* commuter.

navigabilité [navigabilite] *nf* [d'un cours d'eau] navigability, navigableness; [d'un navire] seaworthiness; [d'un avion] airworthiness; **en état de ~** NAUT seaworthy; AÉRON airworthy.

navigable [navigabl] *adj* navigable.

navigant, e [navigɑ̃, ɑ̃t] ◇ *adj* NAUT seafaring; **personnel ~** AÉRON flight personnel, aircrew, crew.

◇ *nm, f*: **les ~s** NAUT the crew; AÉRON the aircrew, the crew.

navigateur, trice [navigatœr, tris] *nm, f* **-1.** NAUT [voyageur] sailor, seafarer; **~ solitaire** single-handed yachtsman || [membre de l'équipage] navigator. **-2.** AÉRON & AUT navigator, copilot *(in charge of navigation)*.

◆ **navigateur** ◇ *nm* [appareil] navigator; **~ Decca®** Decca® (navigator).

◇ *adj m* seafaring, seagoing.

navigation [navigasjɔ̃] *nf* **-1.** NAUT navigation, sailing; **la ~ est dangereuse ici** sailing is dangerous OU it's dangerous to sail around here; **interdit à la ~** [des gros bateaux] closed to shipping; [des petits bateaux] no sailing OU boating; **ouvert à la ~** [des gros bateaux] open to shipping ❑ **~ côtière** coastal navigation; **~ fluviale** OU **intérieure** inland navigation; **~ maritime** OU **extérieure** high seas navigation; **~ à l'estime** navigation by dead reckoning; **~ de plaisance** yachting, pleasure sailing. **-2.** AÉRON navigation, flying; **~ aérienne** aerial navigation; **~ spatiale** space flight OU travel; **~ à vue** contact flying.

◆ **de navigation** *loc adj* [registre] navigational; [terme, école] nautical; [instrument] navigation *(modif)*; **compagnie de ~** NAUT shipping company; AÉRON airline company.

naviguer [3] [navige] *vi* **-1.** NAUT to sail; **le Queen Mary a beaucoup navigué** the Queen Mary did a lot of sailing; **depuis que je navigue** [plaisancier] since I first went sailing; [marin] since I first went to sea; **~ au compas/à l'estime** to navigate by compass/by dead reckoning. **-2.** AÉRON to fly; **~ à vue** to use contact flight rules, to fly visually. **-3.** *fig* [se déplacer] to get about; **savoir ~** to know one's way around.

Naviplane® [naviplan] *nm* hovercraft.

navire [navir] *nm* ship, vessel *litt*; **~ marchand** OU **de commerce** merchant ship, merchantman; **~ de guerre** warship; **~ de haute mer** ocean-going ship; **~ à voiles** sailing ship.

navire-citerne [navirsitɛrn] *(pl* **navires-citernes***) nm* (oil) tanker.

navire-école [navirekɔl] *(pl* **navires-écoles***) nm* training ship.

navire-hôpital [navirɔpital] *(pl* **navires-hôpitaux** [-to]*) nm* hospital ship.

navrant, e [navrɑ̃, ɑ̃t] *adj* **-1.** [attristant - spectacle] distressing, upsetting, harrowing; **c'est ~ de les voir ainsi se quereller** it's distressing to see them quarrel like that; **tu es ~!** you're pathetic OU hopeless!; **sa bêtise est ~e** he's hopelessly stupid. **-2.** [regrettable]: **c'est ~, mais il n'y a rien à faire** it's a terrible shame, but there's nothing we can do.

navré, e [navre] *adj* sorry; **je suis ~ de vous l'entendre dire** I'm so sorry to hear you say that.

navrer [3] [navre] *vt* to upset, to distress, to sadden; **la vue d'une telle misère me navre** it distresses me to see such poverty.

nazaréen, enne [nazareɛ̃, ɛn] *adj* **-1.** GÉOG Nazarene. **-2.** BX-ARTS: **l'école ~ne** the Nazarenes.

◆ **Nazaréen, enne** *nm, f* Nazarene; **le Nazaréen** the Nazarene.

◆ **nazaréen** *nm* BX-ARTS Nazarene.

Nazareth [nazarɛt] *npr* Nazareth.

naze[▽] [naz] = **nase**.

nazi, e [nazi] *adj & nm, f* Nazi.

nazisme [nazism] *nm* Nazism.

NB *(abr écrite de* **Nota Bene***)* NB.

NBC *(abr de* **nucléaire, bactériologique, chimique***) adj* NBC MIL.

nbreuses *abr écrite de* **nombreuses**.

nbrx *abr écrite de* **nombreux**.

n.c. **-1.** *(abr écrite de* **non communiqué***)* n.a. **-2.** *(abr écrite de* **non connu***)* n.a.

n.d. **-1.** *(abr écrite de* **non daté***)* n.d. **-2.** *(abr écrite de* **non disponible***)* n.a.

N-D *(abr écrite de* **Notre-Dame***)* OL.

NDA *(abr écrite de* **note de l'auteur***) author's note*.

N'Djamena [ndʒamena] *npr* Ndjamena, N'Djamena.

NDLR *(abr écrite de* **note de la rédaction***)* Ed.

NDT *(abr écrite de* **note du traducteur***)* translator's note.

ne [nə] *(devant voyelle ou h muet* **n'** [n]*) adv* **A.** EN CORRÉLATION AVEC UN MOT NÉGATIF: **aucun d'eux ne peut venir** none of them can come; **je ne l'ai dit à personne** I haven't told anyone; **je n'ai vu personne** I saw nobody, I didn't see anybody; **je n'ai rien vu** I saw nothing, I didn't see anything; **nul n'est parfait** nobody's perfect; **ce n'est ni bleu ni vert** it's neither blue nor green; **je n'en parlerai ni à l'un ni à l'autre** I won't speak about it to either of them; **ne... guère**: **je ne vois guère comment t'aider** I don't really see how I can help you; **le temps n'est guère prometteur** the weather is not very promising; **ne... jamais**: **il ne répond jamais au téléphone** he never answers the phone; **ne... plus**: **le téléphone ne marche plus** the telephone doesn't work any more; **ne... pas**: **ne le dérange pas!** don't disturb him!; **parlez tout bas pour ne pas réveiller le bébé** speak softly, so as not to wake the baby; **il ne la voit pas plus dans ce rôle-là que dans l'autre** he can't see OU imagine her in that role any more than in the other; **ne... point** *litt*: **je ne crois point qu'elle veuille l'épouser** I do not believe OU it is not my belief that she wants to marry him.

B. EN CORRÉLATION AVEC 'QUE': **ils ne font que répéter ce qu'on leur a dit** all they (ever) do is repeat what they've been told; **je ne fais que**

d'arriver *sout* I've only just arrived; **il n'a pas que des amis** not everybody likes him; **je n'ai pas que cette idée-là** that's not the only idea I have; **il n'y a pas que toi sur terre!** you're not the only person in the world (you know)!; **tu n'as pas que ta famille, tu as aussi tes amis** you don't just have your family, you have your friends as well; **tu ne sais dire que des mensonges** all you ever do is tell lies; **vous n'avez qu'à lui en parler** all you have to do is speak to him (about it); **je n'ai pas d'autre solution que celle-là** I have no other solution but that.

C. EMPLOYÉ SEUL **-1.** *sout* [avec une valeur négative]: **je ne puis** I cannot; **il n'ose** he dare not; **il ne cesse de m'appeler** he won't stop calling me; **il n'ose le lui dire** he doesn't dare tell her; **je ne sais quoi faire** I don't know what to do; **qui n'agirait ainsi dans de telles circonstances?** who wouldn't do the same in such circumstances?; **quel père n'aiderait son fils?** what father would refuse to help his son?; **beaucoup de choses ont changé depuis que je ne t'ai vu** many OU a lot of things have changed since I last saw you; **voilà trois jours que je ne l'ai vue** I haven't seen her for three days; **il y a six jours qu'il n'est venu** he hasn't been for six days; **je lui demanderais, si ma timidité ne m'en empêchait** I would ask him if I were not so shy; **il n'y a rien dans tout cela qui ne soit parfaitement exact** there is nothing in all that which is not perfectly correct; **il n'y a rien qu'il ne fasse pour vous** there's nothing he wouldn't do for you; **je n'avais rien qui ne lui appartînt aussi** I had nothing that didn't also belong to him; **prenez garde qu'on ne vous voie** be careful (that) nobody sees you; **que ne le disais-tu plus tôt?** why didn't you say so earlier!, if only you had said so earlier!; **que ne dit-elle ce qu'elle en pense?** why doesn't she say what she thinks (about it)?; **que ne ferais-je pour vous?** what wouldn't I do for you?; **n'était son grand âge, je l'aurais congédié** *litt* had it not been for his advanced age, I would have dismissed him; **n'ayez crainte, je le préviendrai** don't worry, I'll tell him. **-2.** *sout* [avec une valeur explétive]: **je crains qu'elle n'en parle** I'm frightened she'll talk (about it); **je crains qu'il n'accepte** I'm afraid he might say yes; **sa seule crainte, c'était qu'on ne le renvoyât** all he was afraid of OU his only fear was of being dismissed; **je tremble qu'il ne soit trop tard** I'm afraid it might be too late; **on redoute que l'épidémie ne s'étende** there are fears that the epidemic might spread; **de peur qu'elle ne le voie** for fear she might see him; **évite qu'il ne te rencontre** try to avoid meeting him; **je ne doute pas qu'il ne soit sympathique** I don't doubt (that) he's nice; **peu s'en faut qu'il n'ait réussi** he very nearly succeeded; **à moins qu'il ne vous le dise** unless he tells you; **avant que je ne parte** before I go; **sans que je ne le dise** without me OU my saying it; **il se porte mieux que je ne croyais** he's better than I'd imagined; **c'est moins efficace que je ne l'espérais** it's not as effective as I'd hoped; **elle est plus douée que vous ne croyez** she's more gifted than you think.

N-E (*abr écrite de* Nord-Est) NE.

né, e [ne] *adj* born; **un bébé ~ prématurément à huit mois** a premature baby born at 8 months; **Clara Brown, ~e Moore** Clara Brown, née OU nee Moore; **c'est une musicienne ~e** she's a born musician, she was born (to be) a musician ❑ **le premier-~** the first-born (child); **le dernier-~** the last-born OU the youngest child; **la dernière-~e de notre gamme** the latest addition to our range; **une personne bien ~e** a person of high birth; **il n'est pas ~ de la dernière pluie** he wasn't born yesterday; **être ~ coiffé** to be born with a silver spoon in one's mouth.

Néandertal [neɑ̃dɛrtal] *npr* → **homme.**

néandertalien, enne [neɑ̃dɛrtaljɛ̃, ɛn] *adj* Neanderthal.

◆ **néandertalien** *nm* Neanderthal man.

néanmoins [neɑ̃mwɛ̃] *adv* nevertheless, nonetheless; **votre proposition m'intéresse beaucoup; ~, je souhaiterais l'examiner plus attentivement** I'm very interested in your proposal; nevertheless, I should like to examine it more carefully; **ce travail est bon, ~ vous pouvez mieux faire** your work is good, nevertheless OU yet you can do better; **je souhaiterais ~ qu'il vienne** I would nevertheless OU nonetheless like him to come; **il est brillant et ~ très modeste** he is brilliant but nonetheless OU nevertheless very modest.

néant [neɑ̃] *nm* **-1.** [non-être] nothingness; **une voix sortie du ~** a voice that seemed to come from nowhere. **-2.** [superficialité] vacuousness; **dans tous leurs discours, je ne trouve que le ~** I find all their speeches totally vacuous. **-3.** *sout* [manque de valeur] worthlessness, triviality; **le ~ de la gloire** the emptiness of fame. **-4.** ADMIN: **enfants: ~** children: none.

néanthropien, enne [neɑ̃trɔpjɛ̃, ɛn] *adj* neoanthropic.

◆ **néanthropien** *nm* neoanthropic species.

Nebraska [nebraska] *npr m*: **le ~** Nebraska; **au ~** in Nebraska.

nébuleux, euse [nebylø, øz] *adj* **-1.** [nuageux] cloudy, clouded; **un ciel ~** a cloudy OU an overcast sky. **-2.** *fig* [obscur] obscure, nebulous.

◆ **nébuleuse** *nf* **-1.** ASTRON nebula; **~ diffuse/obscure/planétaire** diffuse/dark/planetary nebula. **-2.** *fig* [amas confus]: **leur projet était encore à l'état de ~** their plan was still pretty vague, they still had only the bare outlines of a plan.

nébulisation [nebylizasjɔ̃] *nf* nebulization.

nébuliser [3] [nebylize] *vt* to nebulize.

nébuliseur [nebylizœr] *nm* nebulizer.

nébulosité [nebylozite] *nf* **-1.** [nuage] haze, nebulosity. **-2.** MÉTÉO cloud cover. **-3.** *litt* [imprécision] haziness, nebulousness.

nécessaire [nesesɛr] ◇ *adj* **-1.** [indispensable] necessary; **un mal ~** a necessary evil; **l'opération ne sera pas ~** it will not be necessary to operate; **si (c'est) ~** if necessary, if need be; **je viendrai si c'est vraiment ~** I'll come if it's really necessary; **est-il ~ de lui dire** OU **qu'elle soit au courant?** does she have OU need to know?; **leur séparation était devenue ~** it had become necessary for them to part; **~ à: l'eau est ~ aux plantes** plants need water; **cette introduction est ~ à la compréhension du texte** it is necessary to read this introduction to understand the text. **-2.** [requis - aptitude] necessary, requisite; **toutes les qualités ~s** all the necessary qualities. **-3.** [logique, inévitable] necessary, unavoidable, inevitable; **le chômage est-il la conséquence ~ de la crise?** is unemployment a necessary consequence of the crisis?

◇ *nm* **-1.** [choses indispensables] bare necessities; **n'emportez que le strict ~** just take the basic essentials OU what's absolutely necessary. **-2.** [démarche requise]: **faire le ~: je ferai le ~ pour vos réservations** I'll see to your reservations; **ne vous inquiétez pas, j'ai fait le ~** don't worry, I've taken care of things OU I've done what had to be done. **-3.** [trousse, étui]: **~ à couture** needlework basket; **~ à ongles** manicure set; **~ à ouvrage** workbox; **~ de toilette** toilet case, sponge bag *Br*; **~ de voyage** grip, travel OU overnight bag *Br.*

nécessairement [nesesɛrmɑ̃] *adv* **-1.** [inévitablement] necessarily, unavoidably, inevitably; **~, il devait y avoir collision** the crash was unavoidable. **-2.** [obligatoirement] necessarily, of necessity; **ce n'est pas ~ vrai** it's not necessarily true; **il y a ~ une explication à tout cela** there must be an explanation for all this. **-3.** LOGIQUE necessarily; **condition ~ présente** necessary condition.

nécessité [nesesite] *nf* **-1.** [caractère nécessaire] necessity, need; **la ~ de dormir/vaincre** the need to sleep/to win; **elle ne voit pas la ~ de se marier** she doesn't see any need to get married; **être dans la ~ de** to find it necessary to, to have no choice but to; **la crise nous a mis dans la ~ de renvoyer la moitié du personnel** the crisis made it necessary for us OU gave us no choice but to lay off half the staff ‖ [chose indispensable] necessity; **c'est une ~ absolue de faire bouillir l'eau** it is absolutely necessary OU essential to boil the water; **la liberté de la presse est une ~** freedom of the press is essential OU a necessity ❑ **faire de ~ vertu** to make a virtue out of necessity; **~ fait loi** *prov* necessity knows no law, what must be done must be done; **~ faisant loi, il dut vendre le parc** sheer necessity forced him to sell the park. **-2.** *vieilli* [indigence] destitution, poverty; **être dans la ~** to be in need. **-3.** PHILOS necessity. **-4.** JUR: **état de ~** necessity.

◆ **nécessités** *nfpl*: **des ~s financières nous obligent à...** we are financially bound to...; **~s militaires** military requirements.

◆ **de première nécessité** *loc adj* [dépenses, fournitures] basic; [objets, denrées] essential.

◆ **de toute nécessité** *loc adv*: **vous devez de toute ~ réparer le toit** it's absolutely imperative OU essential that you repair the roof.

◆ **par nécessité** *loc adv* of necessity, necessarily, unavoidably; **on dut par ~ vendre la moto** there was no choice but to sell the motorbike.

nécessiter [nesesite] *vt* to require, to demand; **cela nécessite la présence de toute la famille** it requires the whole family to be present; **cela nécessite que vous veniez** that means you have to come; **ce travail nécessite beaucoup de patience** this job requires a lot of patience.

nécessiteux, euse [nesesitø, øz] *sout* ◇ *adj* needy, in need; **une famille nécessiteuse** a family in great need, a very needy family.

◇ *nm, f* needy person; **les ~** the needy.

neck [nɛk] *nm* neck GEOL.

nec plus ultra [nɛkplyzyltra] *nm inv* last word, ultimate; **le ~ des cuisines intégrées** the last word in built-in kitchens.

nécrobie [nekrɔbi] *nf* scavenger beetle, necrobia *spéc.*

nécrologie [nekrɔlɔʒi] *nf* **-1.** [liste] necrology. **-2.** [notice biographique] obituary. **-3.** [rubrique] obituary column.

nécrologique [nekrɔlɔʒik] *adj* obituary *(modif).*

nécromancie [nekrɔmɑ̃si] *nf* necromancy.

nécromancien, enne [nekrɔmɑ̃sjɛ̃, ɛn] *nm, f* necromancer.

nécrophage [nekrɔfaʒ] *adj* necrophagous.

nécrophile [nekrɔfil] *adj* & *nmf* necrophiliac, necrophile.

nécrophilie [nekrɔfili] *nf* necrophilia, necrophilism.

nécrophore [nekrɔfɔr] *nm* burying beetle.

nécropole [nekrɔpɔl] *nf* necropolis.

nécrose [nekroz] *nf* **-1.** MÉD necrosis. **-2.** BOT canker, necrosis.

nécroser [3] [nekroze] *vt* **-1.** MÉD to necrotize, to cause necrosis to. **-2.** BOT to canker.

◆ **se nécroser** *vpi* **-1.** MÉD to necrotize, to undergo necrosis. **-2.** BOT to canker.

nécrotique [nekrɔtik] *adj* necrotic.

nectaire [nɛktɛr] *nm* nectary.

nectar [nɛktar] *nm* [gén] nectar.

nectarifère [nɛktarifɛr] *adj* nectariferous.

nectarine [nɛktarin] *nf* nectarine.

néerlandais, e [neɛrlɑ̃dɛ, ɛz] *adj* Dutch.

◆ **Néerlandais, e** *nm, f* Dutchman (*f* Dutchwoman); **les ~** the Dutch.

◆ **néerlandais** *nm* LING Dutch.

nef [nɛf] *nf* **-1.** ARCHIT nave; **~ latérale** (side) aisle. **-2.** *arch* OU *litt* [vaisseau] vessel, craft; **'la Nef des fous'** *Bosch* 'The Ship of Fools'.

néfaste [nefast] *adj* **-1.** [nuisible] harmful, noxious; **le gel a été ~ aux récoltes** the frost has been disastrous for the crops; **une influence ~** a bad influence. **-2.** *litt* [tragique] ill-fated. **-3.** ANTIQ: **jour ~** dies nefasti.

Néfertiti [nefɛrtiti] *npr* Nefertiti.

nèfle [nɛfl] *nf* **-1.** BOT medlar; **~ du Japon** loquat. **-2.** *fam loc*: **des ~s!** no way!

néflier [nɛflije] *nm* medlar (tree).

négateur, trice [negatœr, tris] *litt* ◇ *adj* negative.
◇ *nm, f* decrier, detractor.

négatif, ive [negatif, iv] *adj* -**1.** [réponse, attitude] negative. -**2.** ÉLECTR, LING & MÉD negative. -**3.** MATH: **un nombre ~** a negative OU minus number.
◆ **négatif** *nm* PHOT negative.
◆ **négative** *nf*: **dans la négative** if not; **répondre par la négative** to give a negative answer, to answer in the negative.

négation [negasjɔ̃] *nf* -**1.** [gén & PHILOS] negation. -**2.** GRAMM negative (form).

négativement [negativmɑ̃] *adv* negatively.

négativisme [negativism] *nm* negativism.

négativité [negativite] *nf* -**1.** *sout* negativity, negativeness. -**2.** ÉLECTR negativity.

négaton [negatɔ̃] *nm* negaton.

négatoscope [negatɔskɔp] *nm* negative viewer, light box.

négligé, e [negliʒe] *adj* [tenue, personne] sloppy, scruffy, slovenly; [coiffure] unkempt, untidy.
◆ **négligé** *nm* -**1.** [débraillé, laisser-aller] scruffiness, slovenly OU untidy appearance. -**2.** [robe d'intérieur] negligee, negligé.

négligeable [negliʒabl] *adj* [somme] trifling; [détail] unimportant, trifling; [différence] negligible, insignificant; **son augmentation n'est pas ~** he's been given a quite considerable rise; **elle a une influence non ~ sur lui** she has a not inconsiderable influence over him.

négligemment [negliʒamɑ̃] *adv* -**1.** [sans soin] negligently, carelessly. -**2.** [avec nonchalance] negligently, casually; **un foulard ~ noué autour du cou** a scarf casually tied around his neck.

négligence [negliʒɑ̃s] *nf* -**1.** [manque de soin] negligence, carelessness; **habillé avec ~** sloppily OU carelessly dressed. -**2.** [manque d'attention] negligence, neglect; **la ~ du conducteur** the driver's negligence ‖ [oubli] oversight; **l'erreur est due à une ~ de ma secrétaire** the error is due to an oversight on the part of my secretary. -**3.** [nonchalance] negligence, casualness, nonchalance; **feuilletant son livre avec ~** casually leafing through her book. -**4.** JUR: **~ criminelle** criminal negligence.

négligent, e [negliʒɑ̃, ɑ̃t] *adj* -**1.** [non consciencieux] negligent, careless, neglectful; **vous avez été très ~ dans l'exercice de vos fonctions** you have been very negligent in your duty OU very neglectful of your duties. -**2.** [nonchalant] negligent, casual, nonchalant; **d'un geste ~, il ramassa le livre** he casually picked up the book.

négliger [17] [negliʒe] *vt* -**1.** [se désintéresser de - études, santé, ami] to neglect; **si tu négliges ce rhume, il ne fera qu'empirer** if you don't take care of OU if you neglect that cold it'll only get worse; **il néglige sa tenue ces derniers temps** he hasn't been taking care of his appearance lately; **ne négligez pas votre devoir de citoyen** don't be neglectful of your duty as a citizen. -**2.** [dédaigner] to disregard; **il ne faut pas ~ son offre** don't disregard her offer; **en négligeant ses conseils, tu t'exposes à perdre de l'argent** if you disregard OU ignore his advice, you run the risk of losing money. -**3.** [omettre] to neglect; **les enquêteurs n'ont rien négligé pour retrouver l'assassin** the police left no stone unturned in their efforts to find the murderer.
◆ **se négliger** *vpi* -**1.** [être mal habillé] to be careless about OU to neglect one's appearance. -**2.** [se désintéresser de sa santé] to be neglectful of OU to neglect one's health.

négoce [negɔs] *nm sout* -**1.** [activité] business, trade, trading; **le ~ du vin** the wine trade. -**2.** [entreprise] business; **un petit ~** a small business.

négociabilité [negɔsjabilite] *nf* negotiability.

négociable [negɔsjabl] *adj* negotiable.

négociant, e [negɔsjɑ̃, ɑ̃t] *nm, f* -**1.** [commerçant] merchant, trader. -**2.** [grossiste] wholesaler.

négociateur, trice [negɔsjatœr, tris] *nm, f* COMM & POL negotiator.

négociation [negɔsjasjɔ̃] *nf* negotiation; **les deux pays ont engagé des ~s** the two countries have begun negotiations.

négocier [9] [negɔsje] ◇ *vt* -**1.** COMM, FIN & POL to negotiate. -**2.** AUT: **~ un virage** to negotiate a bend.
◇ *vi* to negotiate.

nègre, négresse [nɛgr, negrɛs] *nm, f* Negro (*f* Negress) *(note: the terms "nègre" and "négresse", like their English equivalents, are considered racist)*; **~ blanc** [à peau claire] white Negro; **négresse blanche** white Negress; **~ marron** HIST maroon.
◆ **nègre** ◇ *nm* -**1.** [écrivain] ghost (writer). -**2. petit ~** *péj* pidgin; **ce n'est pas du français, c'est du petit ~** that isn't French, it's pidgin OU it's broken French. -**3.** CULIN: **~ en chemise** *chocolate coated with whipped cream.*
◇ *adj* BX-ARTS & MUS Negro.
◆ **nègre blanc** *adj inv*: **une motion ~ blanc** a motion that's neither one thing nor the other.

négrier, ère [negrije, ɛr] *adj* slave *(modif)*; **navire ~** slave ship, slaver.
◆ **négrier** *nm* -**1.** [marchand d'esclaves] slave trader, slaver. -**2.** [bateau] slave ship, slaver. -**3.** *péj* [employeur] slave driver.

négrillon, onne▼ [negrijɔ̃, ɔn] *nm, f racist term used with reference to black children,* ≃ piccaninny.

négritude [negrityd] *nf* negritude.

négro▼ [negro] *nm racist term used with reference to black people,* ≃ nigger.

négro-africain, e [negroafrikɛ̃, ɛn] (*mpl* négro-africains, *fpl* négro-africaines) *adj* Black African.

négroïde [negrɔid] *adj* & *nmf* Negroid.

negro spiritual [negrospiritɥol] (*pl* negro spirituals) *nm* Negro spiritual.

négus [negys] *nm* Negus.

neige [nɛʒ] *nf* -**1.** MÉTÉO snow; **~ fondue** [pluie] sleet; [boue] slush; **les ~s éternelles** permanent snow; **pneu ~** snow tyre; **~ poudreuse** powdery snow. -**2.** CHIM: **~ carbonique** dry ice. -**3.** ∇ [cocaïne] snow. -**4.** CULIN: **battez les blancs en ~** whisk the whites until they form peaks.
◆ **à la neige** *loc adv* [tour critiqué] LOISIRS on a skiing holiday *Br* OU vacation *Am*; **j'emmène les enfants à la ~** I'm taking the children skiing.
◆ **de neige** *loc adj* -**1.** MÉTÉO: **chute** OU **giboulée de ~** snowfall, fall of snow. -**2.** LOISIRS: **station de ~** winter sports OU ski resort. -**3.** *litt* [blanc] snow-white, snowy.

neiger [23] [neʒe] *v impers* to snow; **il neige** it's snowing.

neigeux, euse [nɛʒø, øz] *adj* -**1.** [cime] snow-capped, snow-clad. -**2.** [hiver, temps] snowy. -**3.** *sout* [duvet, cheveux] : **sa crinière neigeuse** his snowy mane of hair.

némalion [nemaljɔ̃] *nm* nemalion; **les ~s** the Nemalionales.

nématode [nematɔd] *nm* nematode, roundworm.

Némésis [nemezis] *npr* Nemesis.

néné *fam* [nene] *nm* boob *(breast)*.

nénette *fam* [nenɛt] *nf* [femme] bird *Br*, broad *Am*.

nénuphar [nenyfar] *nm* water lily; **~ jaune** OU **des étangs** yellow water OU pond lily.

néo- [neo] *préf* neo-.

néoblaste [neɔblast] *nm* neoblast.

néo-calédonien, enne [neɔkaledɔnjɛ̃, ɛn] (*mpl* néo-calédoniens, *fpl* néo-calédoniennes) *adj* New Caledonian.
◆ **Néo-Calédonien, enne** *nm, f* New Caledonian.

néocapitalisme [neɔkapitalism] *nm* neocapitalism.

néocapitaliste [neɔkapitalist] *adj* & *nmf* neocapitalist.

néoclassicisme [neɔklasisism] *nm* neoclassicism.

néoclassique [neɔklasik] *adj* neoclassic, neoclassical.

néocolonialisme [neɔkɔlɔnjalism] *nm* neocolonialism.

néocolonialiste [neɔkɔlɔnjalist] ◇ *adj* neocolonial, neocolonialist.
◇ *nmf* neocolonialist.

néodarwinisme [neɔdarwinism] *nm* neo-Darwinism.

néofascisme [neɔfaʃism] *nm* neofascism.

néofasciste [neɔfaʃist] *adj* & *nmf* neofascist.

néoformation [neɔfɔrmasjɔ̃] *nf* -**1.** BIOL neoformation, new growth. -**2.** MÉD neoplasm.

néoformé, e [neɔfɔrme] *adj* -**1.** BIOL newly grown. -**2.** MÉD neoplastic.

néogène [neɔʒɛn] ◇ *adj* Neogene.
◇ *nm* Neogene (period).

néogothique [neɔgɔtik] ◇ *adj* neo-Gothic.
◇ *nm* neo-Gothic (style).

néogrec, néogrecque [neɔgrɛk] *adj* -**1.** [de la Grèce moderne] Modern Greek. -**2.** BX-ARTS neo-Grec.
◆ **néogrec** *nm* LING Modern Greek.

néo-guinéen, enne [neɔgineɛ̃, ɛn] (*mpl* néo-guinéens, *fpl* néo-guinéennes) *adj* New Guinean.
◆ **Néo-Guinéen, enne** *nm, f* New Guinean.

néo-hébridais, e [neɔebridɛ, ɛz] (*mpl inv*, *fpl* néo-hébridaises) *adj* from the New Hebrides, Vanuatuan.
◆ **Néo-Hébridais, e** *nm, f* Vanuatuan.

néo-impressionnisme [neɔɛ̃presjɔnism] (*pl* néo-impressionnismes) *nm* neo-impressionism.

néo-impressionniste [neɔɛ̃presjɔnist] (*pl* néo-impressionnistes) *adj* & *nmf* neo-impressionist.

néokantisme [neɔkɑ̃tism] *nm* neo-Kantism, neo-Kantianism.

néolibéralisme [neɔliberalism] *nm* neoliberalism.

néolithique [neɔlitik] ◇ *adj* Neolithic.
◇ *nm* Neolithic (period).

néologie [neɔlɔʒi] *nf* neology.

néologique [neɔlɔʒik] *adj* neological.

néologisme [neɔlɔʒism] *nm* LING & PSYCH neologism.

néomortalité [neɔmɔrtalite] *nf* neonatal mortality.

néon [neɔ̃] *nm* -**1.** [gaz] neon. -**2.** [éclairage] neon (lighting); [lampe] neon (lamp).

néonatal, e, als [neɔnatal] *adj* neonatal.

néonatalogie [neɔnatalɔʒi] *nf* neonatalogy.

néonazi, e [neɔnazi] *adj* & *nm, f* neo-Nazi.

néonazisme [neɔnazism] *nm* neo-Nazism, neo-Naziism.

néophyte [neɔfit] *nmf* -**1.** [nouvel adepte] neophyte, novice. -**2.** RELIG neophyte, novice.

néoplasie [neɔplazi] *nf* neoplasm.

néoplasique [neɔplazik] *adj* neoplastic.

néoplasme [neɔplasm] *nm* neoplasm.

néoplasticisme [neɔplastisism] *nm* neoplasticism.

néoplatonicien, enne [neɔplatɔnisjɛ̃, ɛn]
◇ *adj* Neoplatonic.
◇ *nm, f* Neoplatonist.

néoplatonisme [neɔplatɔnism] *nm* Neoplatonism.

néopositivisme [neɔpozitivism] *nm* logical positivism.

néopositiviste [neɔpozitivist] *adj* & *nmf* logical positivist.

Néoprène® [neɔprɛn] *nm* neoprene.

néo-québécois, e [neɔkebekwa, az] *adj* from New Quebec.
◆ **Néo-Québecois, e** *nm, f* New Quebecker.

néoréalisme [neɔrealism] *nm* neorealism.

néoréaliste [neɔrealist] *adj* & *nmf* neorealist.

néotectonique [neɔtɛktɔnik] *nf* neotectonics *(sg).*

néo-zélandais, e [neɔzelɑ̃dɛ, ɛz] *(mpl inv, fpl* néo-zélandaises) *adj* from New Zealand; agneau ~ New Zealand lamb.

◆ **Néo-Zélandais, e** *nm, f* New Zealander.

Népal [nepal] *npr m*: le ~ Nepal; au ~ in Nepal.

népalais, e [nepalɛ, ɛz] *adj* Nepalese, Nepali.

◆ **Népalais, e** *nm, f* Nepalese (person), Nepali; les Népalais the Nepalese.

◆ **népalais** *nm* LING Nepali.

néphrectomie [nefrɛktɔmi] *nf* nephrectomy.

néphrétique [nefretik] *adj* nephritic.

néphrite [nefrit] *nf* -**1.** MÉD nephritis. -**2.** MINÉR nephrite.

néphrologie [nefrɔlɔʒi] *nf* nephrology.

néphrologue [nefrɔlɔg] *nmf* nephrologist *spéc,* kidney specialist.

néphron [nefrɔ̃] *nm* nephron.

néphropathie [nefrɔpati] *nf* nephropathy.

néphrose [nefroz] *nf* nephrosis.

népotisme [nepɔtism] *nm* nepotism.

Neptune [nɛptyn] *npr* Neptune.

neptunium [nɛptynjɔm] *nm* neptunium.

néréide [nereid] *nf* ZOOL nereis.

Néréide [nereid] *npr* ASTRON Nereid.

◆ **Néréides** *npr fpl* MYTH: les ~s the Nereides.

néréis [nereis] *nm* = **néréide**.

nerf [nɛr] *nm* -**1.** ANAT nerve; ~ **afférent/efférent** afferent/efferent nerve; ~ **moteur/sensitif/mixte** motor/sensor/mixed nerve; ~ **gustatif** gustatory nerve; **avoir les ~s malades** *vieilli* to suffer from nerves; **la pauvre, elle a les ~s malades** the poor thing's suffering with her nerves; **ses ~s ont fini par lâcher** she eventually cracked; **avoir les ~s à cran** *fam* OU **en boule** *fam* OU **en pelote** to be wound up, to be on edge; **avoir les ~s à fleur de peau** OU **à vif** to be a bundle of nerves; **avoir les ~s solides** OU **des ~s d'acier** to have nerves of steel; **il a ses ~s en ce moment** *fam* he's a bag of nerves OU rather on edge at the moment; **être sur les ~s** to be worked up; **on est tous sur les ~s depuis ce matin** we've all been on edge since this morning; **il est toujours** OU **il vit sur les ~s** he's highly-strung, he lives on his nerves; **ne passe pas tes ~s sur moi** *fam* don't take it out on me; **porter** *fam* OU **taper** *fam* **sur les ~s à qqn** to get on sb's nerves; **le grincement de la girouette lui portait sur les ~s** the creaking of the weather vane was grating on his nerves; **tu commences à me taper sur les ~s!** *fam* you're starting to get on my wick *Br* OU nerves! -**2.** *(tjrs sg)* [énergie]: **elle manque de ~ pour diriger l'entreprise** she hasn't got what it takes to run the company; **son style manque de ~** his style is a bit weak; **ça, c'est une voiture qui a du ~!** now that's what I call a responsive car! ❑ **allez, du ~!** come on, put some effort into it! -**3.** [tendon] piece of gristle; **une viande pleine de ~s** a gristly OU stringy piece of meat ❑ ~ **de bœuf** bludgeon. -**4.** IMPR rib; **faux ~** false rib. -**5.** MIN horse, rock vein.

Néron [nerɔ̃] *npr* Nero.

nerprun [nɛrprœ̃] *nm* buckthorn.

nervation [nɛrvasjɔ̃] *nf* venation, nervation, nervature.

nerveusement [nɛrvøzmɑ̃] *adv* -**1.** MÉD nervously; **elle est fatiguée ~** she's suffering from nervous exhaustion; ~, **ça l'a beaucoup marqué** it really shook (up) his nerves. -**2.** [de façon agitée] nervously, restlessly; [avec impatience] nervously, impatiently; **rire ~** to laugh nervously.

nerveux, euse [nɛrvø, øz] ◇ *adj* -**1.** ANAT & MÉD [système, dépression, maladie] nervous; [centre, influx] nerve *(modif).* -**2.** [énervé - de nature] nervous, highly-strung; [- passagèrement] nervous, tense; **tu me rends ~** you're making me nervous; **être ~ avant une entrevue** to be nervous OU on edge before an interview; **tu ne manges pas? — c'est ~** aren't you eating? — it's my nerves. -**3.** [énergique - cheval] spirited, vigorous; [- voiture] responsive; [- style] energetic, forceful, vigorous. -**4.** [dur - viande] gristly, stringy.

◇ *nm, f* nervous OU highly-strung person.

nervi [nɛrvi] *nm* [tueur] hired killer, hitman; [homme de main] henchman, thug.

nervosité [nɛrvozite] *nf* -**1.** MÉD nervosity. -**2.** [excitation - passagère] nervousness, tension, agitation; [- permanente] nervousness; **la ~ du candidat** the candidate's uneasiness. -**3.** [irritabilité] irritability, touchiness. -**4.** [vigueur] responsiveness; **un moteur d'une grande ~** a highly responsive engine.

nervure [nɛrvyr] *nf* -**1.** BOT vein, nervure. -**2.** ZOOL vein. -**3.** AÉRON & MÉTALL rib; AUT stiffening rib. -**4.** IMPR rib. -**5.** TECH flange. -**6.** COUT piping. -**7.** ARCHIT & CONSTR rib.

nervurer [3] [nɛrvyre] *vt* -**1.** BOT & ZOOL to vein. -**2.** AÉRON & ARCHIT to rib. -**3.** IMPR to rib, to band. -**4.** TECH to flange. -**5.** COUT to pipe.

Nescafé® [nɛskafe] *nm* Nescafé®, instant coffee.

n'est-ce pas [nɛspa] *loc adv* -**1.** [sollicitant l'acquiescement]: **vous viendrez, ~?** you'll come, won't you?; **elle a téléphoné, ~?** she phoned, didn't she?; **nous pouvons compter sur vous, ~?** we can count on you, can't we?; **vous savez, ~, ce qu'il en est** you know what the situation is, don't you?; ~ **qu'ils sont mignons?** aren't they cute OU sweet? -**2.** [emploi expressif]: **la question, ~, reste ouverte** the question, of course, remains unanswered; **lui, ~, ne voyage qu'en première classe** *hum* he, of course, only ever travels first class.

net, nette [nɛt] *adj* -**1.** [nettoyé] clean, neat; **une chemise pas très nette** a grubby shirt || [ordonné] (clean and) tidy, neat (and tidy); **tout est toujours ~ chez elle** her house is always so neat and tidy. -**2.** [pur - peau, vin] clear; ~ **de** *litt* free from; **être ~ de tout soupçon** to be above suspicion; **être ~ de tout blâme** to be blameless. -**3.** [bien défini] clear; **la cassure est nette** the break is clean; **elle a une diction nette** she speaks OU articulates clearly; **une réponse nette** a straight answer; **sa position est nette** her position is clear-cut; **un refus ~** a flat refusal; **j'ai la nette impression que...** I have the distinct OU clear impression that... || [frappant] distinct, definite, striking; **il a fait de ~s progrès** he's made distinct OU definite progress; **il y a une nette amélioration** there's a marked improvement; **il veut t'épouser, c'est ~!** he wants to marry you, that's obvious! -**4.** PHOT sharp; **l'image n'est pas nette** the picture isn't very clear. -**5.** COMM & FIN net; ~ **d'impôt** tax-free; ~ **de tout droit** exempt OU free from duty ❑ **bénéfice ~** net profit; **revenu ~** net income. -**6.** *fam loc*: **pas ~** [équivoque]: **cette histoire n'est pas nette** there's something fishy OU not kosher about this business; **ce mec n'est pas ~** [suspect] there's something shifty OU shady about that guy; [fou] that guy's a bit funny OU weird. -**7.** MIN washed, clean.

◆ **net** ◇ *adj inv* SPORT: **la balle est ~** (it's a) let.

◇ *adv* -**1.** [brutalement]: **s'arrêter ~** to stop dead; **être tué ~** to be killed outright; **couper** OU **casser ~ avec qqn** to break with sb completely. -**2.** [sans mentir] frankly, plainly; [sans tergiverser] frankly, bluntly; **je vous le dis tout ~** I'm telling you straight. -**3.** COMM & FIN net; **je gagne 1 000 francs ~ par semaine** OU **1 000 francs par semaine ~** I take home OU my take-home pay is 1,000 francs a week.

◆ **au net** *loc adv*: **mettre qqch au ~** to make a fair copy of sthg; **je ne veux pas lui donner ce que j'ai mis au ~** I don't want to give him my fair OU clean copy; **après mise au ~** (du texte) after tidying up (the text).

nettement [nɛtmɑ̃] *adv* -**1.** [distinctement] clearly, distinctly; **on voit ~ la forme du bec** you can clearly see the shape of the beak; **il apparaît ~ qu'il est en tort** it's clear that he's in the wrong. -**2.** [avec franchise] clearly, frankly, bluntly; **je lui ai dit très ~ ce que je pensais de lui** I told him bluntly what I thought of him. -**3.** [beaucoup] definitely, markedly; **je travaille ~ mieux à la maison qu'ici** I work much better at home than here; **il est ~ plus fort que Paul** he's much stronger than Paul; **j'aurais ~ préféré ne pas y être** I would definitely have preferred not to be there.

netteté [nɛtte] *nf* -**1.** [propreté] cleanness, cleanliness. -**2.** [clarté] clearness, clarity; ~ **des idées** clear thinking. -**3.** [précision - de l'écriture] neatness, clearness; [- d'une image, d'un contour] sharpness, clearness; **offensé par la ~ de son refus** offended by the flatness of her refusal.

nettoiement [netwamɑ̃] *nm* -**1.** [des rues] cleaning. -**2.** AGR clearing.

nettoyage [netwajaʒ] *nm* -**1.** [d'une maison, d'un vêtement] cleaning; **porter sa robe au ~** *fam* to take one's dress to the cleaner's ❑ ~ **de printemps** spring-cleaning; ~ **à sec** dry cleaning; **produits de ~** cleaning agents; **faire le ~ par le vide** to make a clean sweep; **avant de déménager, j'ai fait un ~ par le vide** before moving, I had a big clean-out. -**2.** *fam fig* [d'un quartier, d'une ville] clean-up; **ils ont commencé le ~ des rues derrière la gare** they've started cleaning up the area behind the station.

nettoyant [netwajɑ̃] *nm* [gén] cleaning product, cleanser; [détachant] stain remover.

nettoyer [13] [nɛtwaje] *vt* -**1.** [rendre propre - gén] to clean; [- plaie] to clean, to cleanse; ~ **une maison à fond** to spring-clean a house; **donner un vêtement à ~** to have a garment cleaned, to take a garment to the cleaner's; ~ **à sec** to dry-clean; ~ **une plate-bande** [désherber] to weed (out) a flower bed; **une averse avait nettoyé le ciel** *fig* a sudden shower had cleared the sky. -**2.** [enlever - tache] to remove. -**3.** *fam* [vider] to clean out *(sép)*; **les cambrioleurs ont tout nettoyé** the burglars cleaned the place out; **je me suis fait ~ au poker** I got cleaned out at poker; **et l'héritage? — nettoyé!** what about the inheritance? — all gone!; **en un instant, elle avait nettoyé son assiette** she emptied her plate in a flash. -**4.** *fam* [assainir] to clean up OU out *(sép)*; **la police a nettoyé le quartier** the police have cleaned the area up. -**5.** *fam* [épuiser, fatiguer] to wear out *(sép)*; **ça suffit pour aujourd'hui, les magasins, je suis nettoyé!** enough shopping for today, I'm worn out! -**6.** ▽ [tuer] to wipe out *(sép)*, to bump off *(sép)*; **les frères Tonini ont été nettoyés** the Tonini brothers have been bumped off.

◆ **se nettoyer** *vpt*: **se ~ les mains** [gén] to clean one's hands; [à l'eau] to wash one's hands; **se ~ les ongles** to clean one's nails.

nettoyeur, euse [netwajœr, øz] ◇ *adj* -**1.** [d'entretien] cleaning. -**2.** ORNITH parasite eating.

◇ *nm, f* -**1.** [employé] cleaner. -**2.** ORNITH parasite eater.

◆ **nettoyeur** *nm*: ~ **(d'étable)** stable cleaning machine.

neuf [1] [nœf] ◇ *adj num card* nine; **Charles IX** Charles the Ninth.

◇ *nm inv* nine.

neuf[2], **neuve** [nœf, *devant an et heure* nœv, nœv] *adj* -**1.** [n'ayant jamais servi] new; **flambant** OU **tout ~** brand-new; **mon appareil photo n'est plus tout ~** my camera is a bit old now. -**2.** [récemment créé - pays] new, young; **notre démocratie est encore neuve** democracy is still in its infancy in our country; **une ville neuve** a new town. -**3.** [original - point de vue, idée] new, fresh, original; **porter un regard ~ sur qqn/qqch** to take a fresh look at sb/sthg; **ce n'est pas un sujet tout ~** it's not a very original topic; **connaissances toutes neuves** newly-acquired OU freshly-acquired knowledge; **il est encore (un peu) ~ en matière de...** he's still (relatively) new OU a (relative) newcomer to...

◆ **neuf** *nm* -**1.** [objets nouveaux]: **ici, on vend du ~ et de l'occasion** here we sell both new and second-hand items; **vêtu de ~** (dressed) in new clothes. -**2.** [informations nouvelles]: **qu'est-ce qu'il y a de** OU **quoi de ~?** what's new?; **rien de ~ depuis la dernière fois** nothing new since last time; il y a eu du ~ dans l'affaire Peters there have been new developments in the Peters case.

◆ **à neuf** *loc adv*: un devis pour la remise à ~ du local/moteur an estimate for doing up the premises/overhauling the engine; **j'ai remis** OU **refait la maison à ~** I did up the house like new.

neural, e, aux [nøral, o] *adj* neural; **plaque ~e** neural plate.

neurasthénie [nørasteni] *nf* MÉD & PSYCH neurasthenia; **elle fait de la ~** *fam vieilli* [de la dépression] she's having a nervous breakdown.

neurasthénique [nørastenik] ◇ *adj* MÉD & PSYCH neurasthenic; *vieilli* [dépressif] depressed.
◇ *nmf* MÉD & PSYCH neurasthenic; *vieilli* [dépressif] depressed person.

neurinome [nørinom] *nm* neurinoma.

neuro- [nørɔ] *préf* neuro-.

neurobiochimie [nørɔbjɔʃimi] *nf* neurochemistry, neurobiochemistry.

neurobiologie [nørɔbjɔlɔʒi] *nf* neurobiology.

neuroblaste [nørɔblast] *nm* neuroblast.

neurochimie [nørɔʃimi] = **neurobiochimie**.

neurochimique [nørɔʃimik] *adj* neurochemical.

neurochirurgical, e, aux [nørɔʃiryrʒikal, o] *adj* neurosurgical.

neurochirurgie [nørɔʃiryrʒi] *nf* neurosurgery.

neurochirurgien, enne [nørɔʃiryrʒjɛ̃, ɛn] *nm, f* neurosurgeon.

neuroendocrinien, enne [nørɔɑ̃dɔkrinjɛ̃, ɛn] *adj* neuroendocrine.

neuroendocrinologie [nørɔɑ̃dɔkrinɔlɔʒi] *nf* neuroendocrinology.

neuroleptique [nørɔlɛptik] *adj* & *nm* neuroleptic.

neurolinguistique [nørɔlɛ̃gɥistik] *nf* neurolinguistics *(sg)*.

neurologie [nørɔlɔʒi] *nf* neurology.

neurologique [nørɔlɔʒik] *adj* neurologic, neurological.

neurologiste [nørɔlɔʒist], **neurologue** [nørɔlɔg] *nmf* neurologist.

neuromédiateur [nørɔmedjatœr] = **neurotransmetteur**.

neurone [nørɔn] *nm* neuron, neurone.

neuropathie [nørɔpati] *nf* neuropathy.

neurophysiologie [nørɔfizjɔlɔʒi] *nf* neurophysiology.

neurophysiologique [nørɔfizjɔlɔʒik] *adj* neurophysiologic, neurophysiological.

neuroplégique [nørɔpleʒik] *adj* & *nm* neuroplegic.

neuropsychiatre [nørɔpsikjatr] *nmf* neuropsychiatrist.

neuropsychiatrie [nørɔpsikjatri] *nf* neuropsychiatry.

neuropsychologie [nørɔpsikɔlɔʒi] *nf* neuropsychology.

neuropsychologue [nørɔpsikɔlɔg] *nmf* neuropsychologist.

neuroradiologie [nørɔradjɔlɔʒi] *nf* neuroradiology.

neurosciences [nørɔsjɑ̃s] *nfpl* neurosciences.

neurosécrétion [nørɔsekresjɔ̃] *nf* neurosecretion.

neurotomie [nørɔtɔmi] = **névrotomie**.

neurotransmetteur [nørɔtrɑ̃smɛtœr] *nm* neurotransmitter.

neurotransmission [nørɔtrɑ̃smisjɔ̃] *nf* neurotransmission.

neurotrope [nørɔtrɔp] *adj* neurotropic.

neurovégétatif, ive [nørɔveʒetatif, iv] *adj*: système nerveux ~ autonomic nervous system.

neutralisant, e [nøtralizɑ̃, ɑ̃t] *adj* neutralizing.

neutralisation [nøtralizasjɔ̃] *nf* -**1.** [gén] neutralization. -**2.** TECH: pâte de ~ soap stock.

neutraliser [3] [nøtralize] *vt* -**1.** [atténuer] to tone down *(sép)*; ~ **un rouge trop vif en y ajoutant du blanc** to tone down a glaring red by adding white. -**2.** [annuler] to neutralize, to cancel out *(sép)*; **le ministre veut ~ les mesures prises par son prédécesseur** the minister wants to neutralize the measures taken by his predecessor. -**3.** [maîtriser] to overpower, to bring under control; **les agents ont neutralisé le forcené** the police overpowered the maniac. -**4.** [contrecarrer] to neutralize, to thwart; ~ **un concurrent** to thwart a competitor. -**5.** [bloquer] to close; **la voie rapide est neutralisée dans le sens Paris-province** the fast lane is closed to traffic leaving Paris. -**6.** POL [déclarer neutre] to neutralize; ~ **un État** to neutralize a state. -**7.** CHIM, ÉLECTR, LING & MÉD to neutralize.

◆ **se neutraliser** *vp (emploi réciproque)* to neutralize; **les deux forces se neutralisent** the two forces cancel each other out.

neutralisme [nøtralism] *nm* neutralism.

neutraliste [nøtralist] ◇ *adj* neutralist, neutralistic.
◇ *nmf* neutralist.

neutralité [nøtralite] *nf* -**1.** [attitude] neutrality; **observer la ~** to remain neutral. -**2.** CHIM & PHYS neutrality. -**3.** ENS: ~ **scolaire** secularity of education.

neutre [nøtr] ◇ *adj* -**1.** [couleur, décor, attitude, pays] neutral; **d'une voix ~** in a neutral OU an expressionless voice; **rester ~**: **je veux rester ~** I don't want to take sides; **tu ne peux pas rester ~** you can't remain neutral. -**2.** CHIM, ÉLECTR & PHYS neutral. -**3.** LING & ZOOL neuter.
◇ *nmf* POL: **les ~s** the neutral countries.
◇ *nm* -**1.** LING neuter. -**2.** ÉLECTR neutral (wire).

neutrino [nøtrino] *nm* neutrino.

neutrographie [nøtrɔgrafi] *nf* neutron radiography.

neutron [nøtrɔ̃] *nm* neutron; **étoile à ~s** ASTRON neutron star.

neutronique [nøtrɔnik] *adj* -**1.** NUCL neutron *(modif)*. -**2.** MIL neutron (bomb) *(modif)*.

neutronographie [nøtrɔnɔgrafi] = **neutrographie**.

neutrophile [nøtrɔfil] ◇ *adj* neutrophil, neutrophile, neutrophilic.
◇ *nm* neutrophil, neutrophile.

neuvaine [nœvɛn] *nf* novena.

neuve [nœv] *f* → **neuf**.

neuvième [nœvjɛm] ◇ *adj num ord* ninth; **le ~ art** cartoons.
◇ *nmf* ninth; **elle est la ~ de la classe** she's ninth in the class.
◇ *nf* -**1.** SCOL third form *Br* OU grade *Am (in French primary school)*. -**2.** MUS ninth; **la Neuvième** *fam* Beethoven's Ninth, the Ninth.
◇ *nm* ninth; **le ~ de la somme globale** a ninth of the total sum.

neuvièmement [nœvjɛmmɑ̃] *adv* ninthly, in ninth place.

Nevada [nevada] *npr m*: **le ~** Nevada.

ne varietur [nevarjetyr] *loc adj inv*: **édition ~** definitive edition.

névé [neve] *nm* -**1.** [dans un glacier] névé. -**2.** [plaque] bank of snow.

neveu [nəvø] *nm* nephew; **un peu, mon ~!** *fam* you bet (your sweet life)!, and how!

névralgie [nevralʒi] *nf* neuralgia; **avoir une ~** [un mal de tête] to have a headache.

névralgique [nevralʒik] *adj* -**1.** MÉD neuralgic. -**2.** *fig*: **point ~** [d'une situation] nerve centre.

névrite [nevrit] *nf* neuritis.

névritique [nevritik] *adj* neuritic.

névroglie [nevrɔgli] *nf* neuroglia.

névrose [nevroz] *nf* neurosis.

névrosé, e [nevroze] *adj* & *nm, f* neurotic.

névrotique [nevrɔtik] *adj* neurotic.

névrotomie [nevrɔtɔmi] *nf* neurotomy.

New Delhi [njudeli] *npr* New Delhi.

New Hampshire [njuɑ̃pʃœr] *npr m*: **le ~** New Hampshire.

New Jersey [njuʒɛrzɛ] *npr m*: **le ~** New Jersey.

new-look [njuluk] ◇ *nm inv* -**1.** COUT New Look. -**2.** [style nouveau]: **le ~ publicitaire** the new style of advertising.
◇ *adj inv* -**1.** COUT New Look *(modif)*. -**2.** [rénové] new look *(modif)*.

newton [njutɔn] *nm* newton.

newtonien, enne [njutɔnjɛ̃, ɛn] *adj* Newtonian.

newton-mètre [njutɔnmɛtr] (*pl* **newtons-mètres**) *nm* newton metre.

New York [nujɔrk] *npr* -**1.** [ville] New York (City). -**2.** [état] New York State; **dans l'État de ~** in New York State.

new-yorkais, e [nujɔrkɛ, ɛz] (*mpl inv, fpl* **new-yorkaises**) *adj* from New York; **les musées ~** the museums in New York.

◆ **New-Yorkais, e** *nm, f* New Yorker.

nez [ne] *nm* -**1.** ANAT nose; **avoir le ~ bouché** to have a stuffed up OU blocked nose; **avoir le ~ qui coule** to have a runny nose; **avoir le ~ qui saigne, saigner du ~** to have a nosebleed; **se faire refaire le ~** to have one's nose fixed, to have a nose job; **avoir un ~ grec** to have a Grecian nose; **avoir un ~ en pied de marmite** to have a turned-up nose; **parler du ~** to talk OU to speak through one's nose. -**2.** [jugement] flair *(U)*, good judgment *(U)*, intuition *(U)*; **avoir du ~** to have good judgment; **elle a du ~ pour la qualité des tissus** she's a good judge of fabric, she knows good fabric when she sees it; **il a du ~ pour acheter des antiquités** he's got a flair for buying antiques; **j'ai eu du ~** OU **le ~ fin** OU **le ~ creux** my intuition was good; **tu vois, j'ai eu le ~ fin de partir avant minuit** you see, I was right to trust my instinct and leave before midnight. -**3.** [flair d'un chien] nose; **avoir du ~** to have a good nose. -**4.** [en parfumerie] *perfume tester*. -**5.** AÉRON nose; **sur le ~** tilting down. -**6.** CONSTR (tile) nib; ~ **de marche** nosing *(of a stair)*. -**7.** GÉOG edge, overhang. -**8.** NAUT bows; **sur le ~** down by the bows, on the bows. -**9.** ŒNOL nose; **un vin qui a du ~** a wine with a good nose. -**10.** TECH shank; ~ **de broche** spindle shank. -**11.** *loc*: **le ~ en l'air** *pr* looking upwards; *fig* without a care in the world; **il a toujours le ~ dans une BD** he's always got his nose buried in a comic; **sans lever le ~ de son travail** without looking up from OU raising her eyes from her work; **montrer (le bout de) son ~** to show one's face, to put in an appearance; **le voisin/soleil n'a pas montré son ~ de la semaine** the man next door/sun hasn't come out all week; **fermer/claquer la porte au ~ à qqn** to close/to slam the door in sb's face; **au ~ (et à la barbe)** OU **sous le ~ de qqn** under sb's nose; **tu as le ~ dessus!, il est sous ton ~!** it's right under your nose!; **regarder qqn sous le ~** to stare at sb; **se trouver ~ à ~ avec qqn** to find o.s. face to face with sb; **l'ayant critiquée dans sa rubrique, il eut le désagrément de se trouver ~ à ~ avec elle** after criticizing her in his column, he had the unpleasant experience of meeting her face to face; **ce type, je l'ai dans le ~** *fam* that guy gets right up my nose *Br*, I can't stand that guy; **ton ~ remue!** you're lying!, your nose is growing (longer)!; **tu aurais vu le ~ qu'il a fait!** you should have seen his face!; **le dernier billet m'est passé sous le ~** I just missed the last ticket; **ça se voit comme le ~ au milieu de la figure** it's as plain as the nose on your face; **elle est jalouse, ça se voit comme le ~ au milieu de la figure** she's jealous, it's written all over her face; **faire de son ~** *Belg* to make a fuss; **se manger** OU **se bouffer** *fam* **le ~** to be at each other's throats; **elle ne met jamais le ~ ici** she never shows her face in here; **je n'ai pas mis le ~ dehors depuis une semaine** I haven't put my nose outside the door for a week; **mettre** OU **fourrer son ~ dans les affaires de qqn** *fam* to poke OU to stick one's nose in sb's business; **tu n'as pas intérêt à mettre ton ~ dans mes affaires** you'd better keep your (big) nose out of my business; **je vais lui mettre le ~ dans son caca**▽ OU **sa merde**▼, **moi!** I'm going to rub his nose right in it!

◆ **à plein nez** *fam loc adv*: **ça sent le fromage à plein ~** there's a strong smell of cheese.

NF (*abr de* Norme française) *nf label indicating compliance with official French standards*, ≃ BS *Br*, ≃ US standard *Am*.

ni [ni] *conj* nor; **je ne peux ni ne veux venir** I can't come and I don't want to either, I can't come, nor do I want to; **il ne veut pas qu'on l'appelle, ni même qu'on lui écrive** he doesn't want anyone to phone him or even to write to him; **elle ne me parle plus ni même ne me regarde** she doesn't talk to me any more, nor even look at me; **il est sorti sans pull ni écharpe** he went out without either his jumper or his scarf; **il ne manque pas de charme ni d'aisance** he lacks neither charm nor ease of manner; **je n'ai jamais rien mangé ni bu d'aussi bon** I have never eaten or drunk anything so good.

◆ **ni... ni** *loc corrél* neither... nor; **ni lui ni moi** neither of us; **ni l'un ni l'autre n'est tout à fait innocent** neither (one) of them is completely innocent; **ni lui ni elle n'est prêt à céder** neither of them is willing to give way; **je ne veux voir ni lui ni elle** I don't want to see either of them; **ni toi ni moi ne pouvons l'aider** neither you nor I can help him, neither of us can help him; **ni ton père ni toi ne le connaissez** neither your father nor you knows him; **je n'aime ni l'un ni l'autre** I don't like either of them, I like neither of them; **ni d'un côté, ni de l'autre** on neither side, on neither one side nor the other; **ni ici ni ailleurs** neither here nor elsewhere; **il n'a répondu ni oui ni non** he gave neither a positive nor a negative reply; **il n'est ni plus sot, ni plus paresseux qu'un autre** he's no more silly or lazy than the next man; **c'était comment? — ni bien ni mal** how was it? — OK ❑ **'ni fleurs ni couronnes'** 'no flowers, by request'; **ni vu ni connu** without anybody noticing; **et ni vu, ni connu, il a empoché les pièces** quick as a flash, he pocketed the coins, and nobody was any the wiser; **n'avoir ni dieu ni maître** to serve no master.

niable [njabl] *adj* deniable; **les faits ne sont pas ~s** the facts cannot be denied.

Niagara [njagara] *npr m* → **chute**.

niais, e [njɛ, njɛz] ◇ *adj* -**1.** [sot] simple, simple-minded, inane. -**2.** ORNITH: **gerfaut ~** nestling gyrfalcon.

◇ *nm, f sout* simpleton, halfwit; **espèce de grand ~!** you great nincompoop!

niaisement [njɛzmɑ̃] *adv sout* inanely, stupidly, foolishly.

niaiser [njeze] *vi Can* to dilly-dally.

niaiserie [njɛzri] *nf* -**1.** [caractère] simpleness, inanity, foolishness. -**2.** [parole] stupid OU inane remark; **cesse de raconter des ~s** stop talking such silly nonsense.

niaiseux, euse [njezø, øz] *nm, f Can* idiot.

Niamey [njamɛ] *npr* Niamey.

nib▽ [nib] *adv* nothing; **~ de ~!** not a sausage! *Br*, nothing at all!

Nicaragua [nikaragwa] *npr m*: **le ~** Nicaragua; **au ~** in Nicaragua.

nicaraguayen, enne [nikaragwɛjɛ̃, ɛn] *adj* Nicaraguan.

◆ **Nicaraguayen, enne** *nm, f* Nicaraguan.

Nice [nis] *npr* Nice.

niche [niʃ] *nf* -**1.** [renfoncement] niche, (small) alcove. -**2.** ÉCOL: **~ écologique** ecological niche. -**3.** GÉOG niche, recess; **~ de nivation** nivation hollow. -**4.** [de chien] kennel. -**5.** MÉD niche (defect). -**6.** RAIL: **~ de refuge** refuge hole. -**7.** *fam* [espièglerie] trick; **faire des ~s à qqn** to play pranks on sb.

nichée [niʃe] *nf* -**1.** [d'oiseaux] nest, brood. -**2.** [de chiots, de chatons] litter. -**3.** *fam* [enfants]: **il est arrivé avec toute sa ~** he turned up with all his brood.

nicher [3] [niʃe] ◇ *vi* -**1.** [faire son nid] to nest. -**2.** *fam* [habiter] to hang out, to doss *Br*; **elle niche chez moi pour l'instant** she's dossing at my place just now. -**3.** [couver] to brood.

◇ *vt* to nestle; **elle nicha sa tête sur mon épaule** she nestled her head on OU against my shoulder.

◆ **se nicher** *vpi* -**1.** [faire son nid] to nest. -**2.** [se blottir] to nestle; **je rêve d'un petit chalet niché dans la montagne** I dream of a little chalet nestling among the mountains. -**3.** [se cacher]: **pourquoi es-tu allé te ~ dans ce trou perdu?** *fam* why did you have to go and park yourself in the back of beyond?; **où l'amour-propre va-t-il se ~!** pride is found in the strangest places!

nichon▽ [niʃɔ̃] *nm* tit, boob.

nickel [nikɛl] ◇ *nm* nickel.

◇ *adj inv fam*: **c'est ~ chez toi!** your house is so spick-and-span OU spotless!

nickelage [niklaʒ] *nm* nickel-plating, nickelling.

nickeler [24] [nikle] *vt* to plate with nickel, to nickel.

niçois, e [niswa, az] *adj* from Nice.

◆ **Niçois, e** *nm, f inhabitant of or person from Nice.*

◆ **à la niçoise** *loc adj* CULIN à la niçoise *(with tomatoes and garlic)*.

Nicolas [nikɔla] *npr*: **saint ~** Saint Nicholas; **la Saint-~** Saint Nicholas' Day.

Nicosie [nikɔzi] *npr* Nicosia.

nicotine [nikɔtin] *nf* nicotine.

nicotinique [nikɔtinik] *adj* nicotinic.

nid [ni] *nm* -**1.** [d'oiseau, de guêpes etc] nest. -**2.** *fig* [habitation] (little) nest; **un ~ douillet** a cosy little nest; **trouver le ~ vide** to find (that) the bird has flown ‖ [concentration] nest; **~ de brigands** den of thieves; **un ~ d'espions** a spy hideout, a den of spies; **~ de mitrailleuses** machine-gun nest; **~ de résistance** pocket of resistance; **~ à poussière** dust trap ❑ **~ à rats** slum, hovel; **un ~ de vipères** a vipers' nest.

◆ **nid d'abeilles** *nm* -**1.** TEXT honeycomb. -**2.** AUT: **radiateur à ~ d'abeilles** honeycomb (radiator). -**3.** GÉOL honeycomb (weathering).

◆ **nid d'aigle** *nm pr* eyrie, eagle's nest; *fig* eyrie.

◆ **nid d'ange** *nm* baby's sleeping bag *Br*, bunting bag *Am*.

◆ **nid d'hirondelle** *nm* CULIN bird's nest.

nidation [nidasjɔ̃] *nf* nidation.

nid-d'abeilles [nidabɛj] (*pl* **nids-d'abeilles**) *nm* [point de broderie] smocking; **une robe à ~** a smocked dress.

nid-de-pie [nidpi] (*pl* **nids-de-pie**) *nm* -**1.** MIL breach stronghold. -**2.** NAUT crow's nest.

nid-de-poule [nidpul] (*pl* **nids-de-poule**) *nm* pothole.

nidification [nidifikasjɔ̃] *nf* nest building, nidification.

nidifier [9] [nidifje] *vi* to nest.

nièce [njɛs] *nf* niece.

nielle [njɛl] ◇ *nf* -**1.** [plante] corncockle. -**2.** [maladie]: **~ des blés** blight, smut.

◇ *nm* niello.

nieller [4] [njele] *vt* -**1.** AGR to blight, to smut. -**2.** MÉTALL to niello.

nier [9] [nje] ◇ *vt* -**1.** [démentir] to deny; **il nie l'avoir tuée** he denies that he killed her, he denies killing her; **elle nie être coupable** she denies that she's guilty; **je nierai tout en bloc** I'll deny it all outright; **cela, on ne peut le ~** that cannot be denied. -**2.** [rejeter, refuser] to deny; **~ sa signature** to deny OU to repudiate one's (own) signature.

◇ *vi*: **il continue de ~** he continues to deny it.

nigaud, e [nigo, od] ◇ *adj* simple, simple-minded, stupid.

◇ *nm, f* simpleton, halfwit; **quel ~!** what an idiot!

nigauderie [nigodri] *nf sout* simpleness, simple-mindedness, stupidity.

Niger [niʒɛr] *npr m* -**1.** [fleuve]: **le ~** the River Niger. -**2.** [État]: **le ~** Niger; **a u ~** in Niger.

Nigeria [niʒerja] *npr m*: **le ~** Nigeria; **au ~** in Nigeria.

nigérian, e [niʒerjɑ̃, an] *adj* Nigerian.

◆ **Nigérian, e** *nm, f* Nigerian.

nigérien, enne [niʒerjɛ̃, ɛn] *adj* Nigerien.

◆ **Nigérien, enne** *nm, f* Nigerien.

nigéro-congolais, e [niʒerɔkɔ̃gɔlɛ, ɛz] (*mpl inv, fpl* **nigéro-congolaises**) *adj* Niger-Congo *(modif)*.

night-club [najtklœb] (*pl* **night-clubs**) *nm* nightclub.

nihilisme [niilism] *nm* nihilism.

nihiliste [niilist] ◇ *adj* nihilist, nihilistic.

◇ *nmf* nihilist.

Nijinski [niʒinski] *npr* Nijinsky.

Nil [nil] *npr m*: **le ~** the Nile; **le ~ Blanc** the White Nile; **le ~ Bleu** the Blue Nile.

nilles [nij] *nfpl Helv* knuckles.

nimbe [nɛ̃b] *nm* -**1.** BX-ARTS & RELIG nimbus, aureole *(round the head)*. -**2.** *litt* halo, nimbus.

nimber [3] [nɛ̃be] *vt* -**1.** BX-ARTS & RELIG to aureole, to halo. -**2.** *litt*: **des nuages nimbés d'une lumière argentée** clouds wreathed in silvery light.

nimbo-stratus [nɛ̃bɔstratys] *nm inv* nimbostratus.

nimbus [nɛ̃bys] *nm inv* nimbus METEOR.

Nimègue [nimɛg] *npr* Nijmegen.

Nîmes [nim] *npr* Nîmes.

nîmois, e [nimwa, az] *adj* from Nîmes.

◆ **Nîmois, e** *nm, f inhabitant of or person from Nîmes.*

n'importe [nɛ̃pɔrt] *loc adv* -**1.** [indique l'indétermination]: **quel pull mets-tu? — ~** which pullover are you going to wear? — any of them OU I don't mind. -**2.** [introduit une opposition]: **son roman est très discuté, ~, il a du succès** her novel is highly controversial, but all the same, it is successful.

◆ **n'importe comment** *loc adv* -**1.** [sans soin] any old how; **il m'a coupé les cheveux ~ comment** he cut my hair anyhow OU any old how. -**2.** [de toute façon] anyhow, anyway; **~ comment, il est trop tard pour l'appeler** anyhow OU anyway, it's too late to call him.

◆ **n'importe lequel, n'importe laquelle** *pron indéf* any; **~ lequel d'entre eux** any (one) of them; **tu veux le rouge ou le vert? — ~ lequel** do you want the red one or the green one? — either OU I don't mind.

◆ **n'importe où** *loc adv* anywhere; **ne laisse pas traîner tes affaires ~ où** don't just leave your things anywhere.

◆ **n'importe quel, n'importe quelle** *adj indéf* any; **~ quel débutant sait ça** any beginner knows that.

◆ **n'importe qui** *pron indéf* anybody, anyone; **ce n'est pas ~ qui!** *fam* she is not just anybody!; **ne parle pas à ~ qui** don't talk to just anybody; **demande à ~ qui dans la rue** ask the first person you meet in the street.

◆ **n'importe quoi** *pron indéf* anything; **il ferait ~ quoi pour obtenir le rôle** he'd do anything OU he would go to any lengths to get the part; **tu dis vraiment ~ quoi!** you're talking absolute nonsense!; **c'est un bon investissement — ~ quoi!** *fam* that's a good investment — don't talk rubbish *esp Br* OU nonsense!; **3 000 francs, ce n'est pas ~ quoi!** 3,000 francs is not to be sneezed at!; **une table Louis XIII d'époque, ce n'est pas ~ quoi** a genuine Louis XIII table is really something.

ninas [ninas] *nm inv* (French) cigar.

Ninive [niniv] *npr* Nineveh.

niobium [njɔbjɔm] *nm* niobium.

nippe *fam* [nip] *nf* [vêtement] *piece of clothing*; **je n'ai plus une seule ~ à me mettre** I've got nothing to wear.

◆ **nippes** *fam nfpl* [habits usagés] clobber *Br*, gear; **des (vieilles) ~s** old clothes.

nipper *fam* [3] [nipe] *vt* to rig out *(sép)*, to dress up *(sép)*; **elle est drôlement bien nippée ce soir!** she's dressed to the nines tonight!

◆ **se nipper** *fam vp (emploi réfléchi)* to rig o.s. out.

nippon, one OU **onne** [nipɔ̃, ɔn] *adj* Japanese.

◆ **Nippon, one** OU **onne** *nm, f* Japanese; **les Nippons** the Japanese.

nique [nik] *nf*: faire la ~ à qqn [faire un geste de bravade, de mépris à] to thumb one's nose at sb; [se moquer de] to poke fun OU to gibe at sb; ils se sont échappés en faisant la ~ aux gardiens they got away making fun of the guards as they did it.

nirvana [nirvana] *nm* Nirvana.

nitratation [nitratasjɔ̃] *nf* nitrification.

nitrate [nitrat] *nm* nitrate.

nitrater [3] [nitrate] *vt* to nitrate.

nitration [nitrasjɔ̃] *nf* nitration.

nitré, e [nitre] *adj* nitrated.

nitreux, euse [nitrø, øz] *adj* nitrous.

nitrifiant, e [nitrifjɑ̃, ɑ̃t] *adj* nitrifying.

nitrification [nitrifikasjɔ̃] *nf* nitrification.

nitrifier [9] [nitrifje] *vt* to nitrify.

◆ **se nitrifier** *vpi* to nitrify.

nitrile [nitril] *nm* nitrile.

nitrique [nitrik] *adj* nitric.

nitrite [nitrit] *nm* nitrite.

nitrobenzène [nitrɔbɛ̃zɛn] *nm* nitrobenzene.

nitrocellulose [nitrɔselyloz] *nf* nitrocellulose.

nitroglycérine [nitrɔgliserin] *nf* nitroglycerin, nitroglycerine.

nitruration [nitryrasjɔ̃] *nf* nitriding.

nitrure [nitryr] *nm* nitride.

nitrurer [3] [nitryre] *vt* to nitride.

nival, e, aux [nival, o] *adj* nival GÉOG.

niveau, x [nivo] *nm* -**1.** [hauteur] level; le liquide a atteint le ~ de la flèche the liquid has risen to OU has reached the level of the pointer; vérifie les ~x d'eau et d'huile check the oil and water levels; fixer les étagères au même ~ que la cheminée put up the shelves level with OU on the same level as the mantelpiece. -**2.** [étage] level, storey; un parking à trois ~x a car park on three levels. -**3.** [degré] level; la production atteint son plus haut ~ production is reaching its peak; la natalité n'est jamais tombée à un ~ aussi bas the birth rate is at an all-time low OU at its lowest level ever; la décision a été prise au plus haut ~ the decision was made at the highest level ❑ ~ social social level; ~ de langue LING register. -**4.** [étape] level, stage; méthode d'apprentissage à plusieurs ~x learning method in several stages OU steps. -**5.** [qualité] level, standard; un ~ d'enseignement élevé a high academic standard; son ~ scolaire est-il bon? is she doing well at school?; j'ai un bon ~/un ~ moyen en russe I'm good/average at Russian; les élèves sont tous du même ~ the pupils are all on a par OU on the same level; vous n'avez pas le ~ requis you don't have the required standard; je ne peux pas nager avec toi, je suis loin d'avoir ton ~ I can't swim with you, I'm not up to your standard; la recherche de haut ~ high-level research ❑ ~ de vie standard of living. -**6.** CONSTR: ~ de pente graduated plumb level. -**7.** GÉOG level; ~ de la mer sea level; ~ de base base-level; ~ hydrostatique piezometric surface. -**8.** MIN level, drift; [galerie] gallery, flat slope. -**9.** PÉTR level. -**10.** PHYS level; ~ (d'énergie) energy level. -**11.** TÉLÉC: ~ d'un signal signal level. -**12.** [instrument] level (tube); ~ à bulle (d'air) spirit level; ~ d'eau water level; ~ à lunette dumpy level; ~ de maçon plumb level.

◆ **au niveau** *loc adj* up to standard, of the required level; dans deux mois, vous serez au ~ in two months' time you'll have caught up.

◆ **au niveau de** *loc prép* -**1.** [dans l'espace]: au ~ de la mer at sea level; l'eau lui arrivait au ~ du genou the water came up to his knees; je ressens une douleur au ~ de la hanche I've got a pain in my hip; au ~ du carrefour vous tournez à droite when you come to the crossroads, turn right; j'habite à peu près au ~ de l'église I live by the church. -**2.** [dans une hiérarchie] on a par with, at the level of; cet élève n'est pas au ~ de sa classe this pupil is not on a par with the rest of his class; ce problème sera traité au ~ du syndicat this problem will be dealt with at union level.

◆ **de niveau** *loc adj* level; un sol de ~ a level floor; les deux terrains ne sont pas de ~ the two plots of land are not level (with each other); la terrasse est de ~ avec le salon the terrace is (on a) level with OU on the same level as the lounge.

nivelage [nivlaʒ] *nm* equalizing, levelling (out); ~ par le bas levelling down.

niveler [24] [nivle] *vt* -**1.** [aplanir] to level (off) *(sép)*; ~ un terrain en pente to level off a sloping piece of ground; nivelé par l'érosion worn (away) by erosion. -**2.** *fig* [égaliser] to level (off) *(sép)*, to even out *(sép)*; leur but est de ~ les revenus des Français their aim is to reduce salary differentials in France; ~ par le bas OU au plus bas to level down; ~ par le haut OU au plus haut to level up. -**3.** TECH to (measure with a spirit) level.

niveleur, euse [nivlœr, øz] *nm, f* leveller.

◆ **niveleur** *nm* HIST Leveller.

◆ **niveleuse** *nf* grader, motorgrader.

nivellement [nivɛlmɑ̃] *nm* -**1.** [aplanissement] evening out, levelling (out OU off). -**2.** GÉOG (erosion) denudation. -**3.** *fig* [égalisation] equalizing, levelling; le ~ des revenus income redistribution. -**4.** GÉOL levelling; ~ géodésique geodetic levelling.

nivéole [niveɔl] *nf* snowflake BOT.

nivernais, e [nivɛrnɛ, ɛz] *adj* from Nevers, of Nevers.

◆ **Nivernais, e** *nm, f inhabitant of or person from Nevers.*

Nivernais [nivɛrnɛ] *npr m* GÉOG Nivernais, region around Nevers.

nivo-glaciaire [nivɔglasjɛr] (*pl* nivo-glaciaires) *adj* → **régime.**

nivo-pluvial, e, aux [nivɔplyvjal, o] *adj* → **régime.**

nivôse [nivoz] *nm 4th month in the French Revolutionary calendar (from Dec 21 to Jan 20).*

NL *abr écrite de* nouvelle lune.

NN (*abr écrite de* nouvelle norme) *revised standard of hotel classification.*

N-O (*abr écrite de* Nord-Ouest) NW.

Nobel [nɔbel] *npr m*: le ~ de la paix the Nobel peace prizewinner.

nobélium [nɔbeljɔm] *nm* nobelium.

nobiliaire [nɔbiljɛr] ◇ *adj* nobiliary.

◇ *nm* peerage list.

noble [nɔbl] ◇ *adj* -**1.** [de haute naissance] noble; avoir du sang ~ to be of noble blood. -**2.** *fig* noble; un geste ~ a noble deed ❑ le ~ art *sout* the noble art. -**3.** ŒNOL noble, of noble vintage. -**4.** MÉTALL & PHYS noble; un gaz ~ a noble gas.

◇ *nmf* noble, nobleman (*f* noblewoman); les ~s the nobility.

◇ *nm* HIST noble (coin).

noblement [nɔbləmɑ̃] *adv* nobly.

noblesse [nɔblɛs] *nf* -**1.** [condition sociale] nobleness, nobility; ~ de robe OU d'office HIST *nobility acquired after having fulfilled specific judicatory duties*; ~ d'épée old nobility; ~ héréditaire hereditary peerage; ~ terrienne landed gentry; la haute ~ the nobility; la petite ~ the gentry; ~ oblige (it's a case of) noblesse oblige. -**2.** [générosité] nobleness, nobility; par ~ de cœur/d'esprit through the nobleness of his heart/spirit. -**3.** [majesté] nobleness, majesty, grandness; la ~ de son style his noble OU majestic style.

nobliau [nɔblijo] *nm sout* & *péj* petty nobleman *péj.*

noce [nɔs] *nf* -**1.** [fête] wedding; être de la OU invité à la ~ to be invited to the wedding; demain, on est de ~ *fam* we've got a wedding tomorrow; '~s et banquets' 'weddings and all special occasions (catered for)' ❑ elle n'avait jamais été à pareille ~ *fam* she had the time of her life; il n'était pas à la ~ *fam* he felt far from comfortable; faire la ~ *fam* to live it up. -**2.** [ensemble des invités]: photographier une ~ sur les marches de l'église to photograph a wedding party on the church steps; regarder passer la ~ to watch the wedding procession go by.

◆ **noces** *nfpl* wedding; le jour des ~s the wedding day; elle l'a épousé en troisièmes ~s he was her third husband ❑ ~s d'argent/de diamant/d'or silver/diamond/golden wedding (anniversary); les ~s de Cana BIBLE the marriage at Cana; 'les Noces de Cana' *Véronèse* 'The Marriage at Cana'; 'les Noces de Figaro' *Mozart* 'The Marriage of Figaro'.

◆ **de noces** *loc adj* wedding *(modif)*; nuit de ~s wedding night.

noceur, euse *fam* [nɔsœr, øz] *nm, f* reveller, partyer *Am.*

nocher [nɔʃe] *nm litt* pilot; le ~ des Enfers Charon the ferryman.

nocif, ive [nɔsif, iv] *adj* noxious, harmful.

nocivité [nɔsivite] *nf* noxiousness, harmfulness.

noctambule [nɔktɑ̃byl] *nmf* night owl.

noctambulisme [nɔktɑ̃bylism] *nm* night life.

noctiluque [nɔktilyk] ◇ *adj* noctilucent.

◇ *nf* noctiluca.

noctuelle [nɔktɥel] *nf* noctuid.

noctule [nɔktyl] *nf* noctule.

nocturne [nɔktyrn] ◇ *adj* -**1.** [gén] nocturnal, night *(modif)*. -**2.** BOT & ZOOL nocturnal. -**3.** OPT scotopic.

◇ *nm* -**1.** MUS nocturne. -**2.** RELIG nocturn.

◇ *nf* -**1.** SPORT evening fixture *Br* OU meet *Am.* -**2.** COMM late-night closing; le magasin fait ~ OU ouvre en ~ le jeudi the shop stays open late on Thursdays; ~ le mardi late-night opening: Tuesday.

nocuité [nɔkɥite] *nf* noxiousness.

nodal, e, aux [nɔdal, o] *adj* -**1.** *sout* crucial. -**2.** BOT & ANAT nodal.

nodosité [nɔdozite] *nf* BOT & MÉD nodosity.

nodulaire [nɔdylɛr] *adj* nodular.

nodule [nɔdyl] *nm* -**1.** MÉD nodule, node. -**2.** GÉOL nodule.

noduleux, euse [nɔdylø, øz] *adj* nodulous.

Noé [nɔe] *npr* Noah.

noël [nɔɛl] *nm* -**1.** [chanson] (Christmas) carol. -**2.** *fam* [cadeau]: (petit) ~ Christmas present.

Noël [nɔɛl] ◇ *nm* -**1.** [fête] Christmas; joyeux ~! Merry Christmas!; la veille de ~ Christmas Eve; le lendemain de ~ Boxing Day *Br*, the day after Christmas *Am.* -**2.** [période] Christmas time; passer ~ en famille to spend Christmas with the family ❑ ~ au balcon, Pâques au tison *prov* a warm Christmas spells cold weather for Easter.

◇ *nf*: la ~ [fête] Christmas; [période] Christmas time.

nœud [nø] *nm* -**1.** [lien] knot; faire un ~ to tie OU to make a knot; faire un ~ à ses lacets to do up OU to tie (up) one's shoelaces; fais un ~ à ton mouchoir tie a knot in your handkerchief; faire un ~ de cravate to knot OU to tie a tie; tu as des ~s dans les cheveux your hair is (all) tangled ❑ ~ de diamants/d'émeraudes diamond/emerald knot; ~ de chaise double bowline with a bight, French bowline; ~ de chaise simple bowline knot; ~ coulant slipknot, running knot; faire un ~ coulant à une corde to make a noose in a rope; ~ d'écoute sheet bend; ~ plat reef knot; ~ de vache carrick bend; couper OU trancher le ~ gordien to cut the Gordian knot. -**2.** [étoffe nouée] bow; porter un ~ noir dans les cheveux to wear a black bow OU ribbon in one's hair ❑ ~ papillon OU pap *fam* bow tie. -**3.** NAUT [vitesse] knot. -**4.** [point crucial] crux; le ~ du problème the crux OU heart of the problem. -**5.** ANAT node; ~ sinusal sino-atrial node; ~ vital vital centre. -**6.** BOT [bifurcation] node; [dans le bois] knot. -**7.** ASTRON: ~ ascendant/descendant ascending/descending node. -**8.** ÉLECTR: ~ de courant OU tension (current) node. -**9.** INF, LING, MATH & PHYS node. -**10.** MIL: ~ d'épaules shoulder knot. -**11.** TRAV PUBL: ~ ferroviaire rail junction; ~ routier interchange. -**12.** ▼ [verge] dick.

◆ **nœud de vipères** *nm pr* & *fig* nest of vipers.

noir, e [nwar] *adj* -**1.** [gén] black; **elle est revenue ~e d'Italie** [bronzée] she was really brown when she came back from Italy ❑ **~ comme de l'ébène** jet-black, ebony; **~ comme un corbeau** OU **du charbon** (as) black as soot, pitch black; **~ de jais** jet-black; **~ de: ~ de suie** *pr* black with soot; **~ de monde** *fig* teeming with people. -**2.** [sale] black, dirty, grimy; **avoir les ongles ~s** to have dirty fingernails. -**3.** [obscur] black, dark; **un ciel ~** a dark OU leaden sky; **dans les rues ~es** in the pitch-black OU pitch-dark streets. -**4.** [maléfique] black; **il m'a regardé d'un œil ~** he gave me a black look; **de ~s desseins** dark intentions ❑ **le Jeudi ~** Black Thursday. -**5.** [pessimiste] black, gloomy, sombre; **faire** OU **peindre un tableau très ~ de la situation** to paint a very black OU gloomy picture of the situation; **être d'une humeur ~e** to be in a foul mood ❑ **humour ~** black humour. -**6.** [extrême]: **saisi d'une colère ~e** livid with rage; **être dans une misère ~e** to live in abject poverty. -**7.** ▽ [ivre] plastered, blind-drunk. -**8.** ANTHR black; **le problème ~ aux États-Unis** the race problem in the United States ❑ **l'Afrique ~e** Black Africa. -**9.** [illégal]: **travail ~** moonlighting.

◆ **Noir, e** *nm, f* Black, Black man (*f* woman); **les Noirs** (the) Blacks.

◆ **noir** ◇ *nm* -**1.** [couleur] black; **se mettre du ~ aux yeux** to put on eyeliner; **le ~ et blanc** CIN & PHOT black and white photography; TV black and white transmissions ❑ **~ d'acétylène/d'aniline** acetylene/aniline black; **~ de carbone** OU **fumée** carbon black; **~ animal** CHIM animal black; **~ d'ivoire** ivory black. -**2.** [saleté] dirt, grime; **nettoie le ~ sous tes ongles** clean the dirt from under your fingernails; **tu as du ~ sur la joue** you've got a black mark on your face. -**3.** [obscurité] darkness; **dans le ~** in the dark, in darkness; **être dans le ~ le plus complet** *fig* to be totally in the dark. -**4.** JEUX black; **le ~ est sorti** black came up; **les ~s jouent et font mat en 3 coups** black to play and mate in 3. -**5.** [technique]: **~ au blanc** IMPR reverse printing; INF reverse video. -**6.** *fam* [café] (black) coffee; **un petit ~, s'il vous plaît** a cup of black coffee, please. -**7.** *fam* [cafard]: **j'ai le ~** I'm feeling down. -**8.** AGR smut. -**9.** MÉTALL facing, blacking. -**10.** MIL bull's-eye.

◇ *adv* dark; **il fait ~ de bonne heure** it's getting dark early ❑ **il fait ~ comme dans un four** OU **tunnel ici** it's pitch-dark OU pitch-black in here.

◆ **noire** *nf* MUS crotchet *Br*, quarter note *Am*.

◆ **au noir** ◇ *loc adj*: **travail au ~** moonlighting.

◇ *loc adv* -**1.** [illégalement]: **je l'ai eu au ~** I got it on the black market; **travailler au ~** to moonlight. -**2.** *loc*: **pousser qqch au ~** to paint a black picture of sthg.

◆ **en noir** *loc adv* -**1.** [colorié, teint] black; **habillé en ~** dressed in black, wearing black. -**2.** *fig*: **voir tout en ~** to look on the dark side of things.

noirâtre [nwaratr] *adj* blackish.

noiraud, e [nwaro, od] ◇ *adj* dark, dark-skinned, swarthy.

◇ *nm, f* dark OU swarthy person.

noirceur [nwarsœr] *nf* -**1.** [couleur noire] blackness, darkness. -**2.** *litt* [d'un acte, d'un dessein] blackness, wickedness. -**3.** *litt* [acte] black OU evil OU wicked deed.

noircir [32] [nwarsir] ◇ *vt* -**1.** [rendre noir] to blacken; **noirci par le charbon** blackened with coal; **les parois noircies par la crasse** walls black with dirt OU grime ❑ **~ du papier** *fam* to write pages and pages OU page after page. -**2.** [dramatiser]: **~ la situation** to make the situation out to be darker OU blacker than it is. -**3.** *sout* [dénigrer]: **~ la réputation de qqn** to blacken sb's reputation.

◇ *vi* to go black, to darken; **le ciel noircit à l'horizon** the sky is darkening on the horizon.

◆ **se noircir** ◇ *vp* (*emploi réfléchi*) *sout* [se dénigrer] to denigrate o.s.

◇ *vpt* [se grimer]: **se ~ le visage** to blacken one's face.

◇ *vpi* -**1.** [s'assombrir] to darken; **notre avenir se noircit** our future is looking blacker. -**2.** ▽ [s'enivrer] to get plastered OU blinddrunk.

noircissement [nwarsismɑ̃] *nm* -**1.** [gén] blackening, darkening. -**2.** MÉTALL facing, blacking.

noircissure [nwarsisyr] *nf* black mark OU smudge OU stain.

noise [nwaz] *nf*: **chercher ~** OU **des ~s à qqn** to try to pick a quarrel with sb.

noisetier [nwaztje] *nm* hazel, hazelnut tree.

noisette [nwazɛt] ◇ *nf* -**1.** BOT hazelnut. -**2.** [petite portion]: **une ~ de pommade** a small dab of ointment; **une ~ de beurre** a knob of butter.

◇ *adj inv* hazel (*modif*).

noix [nwa] *nf* -**1.** BOT walnut; **~ du Brésil** Brazil nut; **~ de cajou** cashew (nut); **~ de coco** coconut; **~ de kola** kola OU cola nut; **~ (de) muscade** nutmeg; **~ de Queensland** OU **de macadamia** macadamia nut; **des ~!**▽ tripe!, hogwash! -**2.** CULIN: **~ de veau** cushion of veal, noix de veau. -**3.** [petite quantité]: **une ~ de beurre** a knob of butter. -**4.** *fam* [imbécile] nut; **quelle ~, ce type!** he's such a nitwit! ‖ [camarade]: **salut, vieille ~!** hi, old chap *Br* OU buddy! -**5.** MÉCAN [poulie] sprocket (pulley). -**6.** MENUIS [rainure] half-round groove.

◆ **à la noix (de coco)** *fam loc adj* lousy, crummy; **toi et tes idées à la ~ (de coco)!** you and your lousy ideas!

noliser [3] [nɔlize] *vt* [avion, navire] to charter.

nom [nɔ̃] *nm* -**1.** [patronyme] name; [prénom] (Christian OU first) name; **elle porte le ~ de sa mère** [prénom] she was named after her mother; [patronyme] she has OU uses her mother's surname; **Larousse, c'est un ~ que tout le monde connaît** Larousse is a household name; **quelqu'un du ~ de** OU **qui a pour ~ Kregg vous demande** someone called Kregg OU someone by the name of Kregg is asking for you; **je n'arrive pas à mettre un ~ sur son visage** I can't put a name to her (face); **je la connais de ~** I (only) know her by name; **je ne te dirai pas son ~** I won't tell you who he is, I won't tell you his name; **j'écris sous le ~ de Kim Lewis** I write under the name of Kim Lewis; **il veut laisser un ~ dans l'histoire** he wants his name to go down in history; **les grands ~s du champagne** the great names in champagne; **Louis, onzième du ~** Louis, the Eleventh of that name; **en son/mon/ton ~** in his/my/your name, on his/my/your behalf; **parle-lui en mon ~** speak to her on my behalf OU for me ❑ **~ à particule** OU **à rallonges** *fam* OU **à tiroirs** *fam* OU **à courants d'air** *fam* aristocratic surname, ≃ double-barrelled name; **un ~ à coucher dehors** an unpronounceable name; **~ de baptême, petit ~** *fam* Christian OU first name, given name *Am*; **~ d'emprunt** assumed name; **~ de famille** surname; **~ de jeune fille** maiden name; **~ de guerre** nom de guerre, alias; **~ d'oiseau** *fam* insult; **traiter** OU **appeler qqn de tous les ~s d'oiseaux** to call sb all the names under the sun; **~ patronymique** patronymic (name); **~ de plume** nom de plume, pen name; **~ de scène** stage name; **sous un faux ~** under a false OU an assumed name; **faire un ~ à qqn** to help make a name for sb; **se faire un ~** to make a name for o.s.; **que ton ~ soit sanctifié** BIBLE hallowed be Thy Name. -**2.** [appellation - d'une rue, d'un animal, d'un objet, d'une fonction] name; **comme son ~ l'indique** as its name indicates; **cet arbre porte le ~ de peuplier** this tree is called a poplar; **il n'est roi que de ~** he is king in name only; **d'empereur, il ne lui manquait que le ~** he was emperor in all but name; **cruauté/douleur sans ~** unspeakable cruelty/pain; **c'est une attitude qui n'a pas de ~!** this is an unspeakable attitude!; **une censure qui ne dit pas son ~** hidden OU disguised censorship; **c'est du racisme qui n'ose pas dire son ~** it's racism by any other name ❑ **~ scientifique/vulgaire d'une plante** scientific/common name of a plant; **~ commercial** trade name; **~ déposé** trademark; **appeler** OU **nommer les choses par leur ~** to call things by their names, to call a spade a spade; **'le Nom de la rose'** *Eco* 'The Name of the Rose'. -**3.** GRAMM & LING noun; **~ de chose** concrete noun; **~ commun** common noun; **~ composé** compound (noun); **~ numéral** OU **de nombre** numeral; **~ propre** proper noun OU name.

◆ **au nom de** *loc prép* in the name of; **au ~ de la loi, je vous arrête** I arrest you in the name of the law; **au ~ de notre longue amitié** for the sake of our long friendship; **au ~ de toute l'équipe** on behalf of the whole team; **au ~ du ciel!** in heaven's name!; **au ~ du Père, du Fils et du Saint-Esprit** in the name of the Father, the Son and the Holy Ghost.

◆ **nom de** *loc interj*: **~ de Dieu, les voilà!**▽ bloody hell *esp Br* OU goddam *Am*, here they come!; **je t'avais pourtant dit de ne pas y toucher, ~ de Dieu!**▽ for Christ's sake, I did tell you not to touch it!; **~ de ~, les voilà!** *fam* heck, here they come!; **mais ~ de ~, qu'est-ce que tu as dans la tête!** *fam* for goodness' sake, birdbrain!; **~ d'un chien** OU **d'une pipe** OU **de Zeus** OU **d'un petit bonhomme!** *fam* good heavens!

nomade [nɔmad] ◇ *adj* -**1.** [peuple] nomad, nomadic. -**2.** ZOOL migratory.

◇ *nmf* nomad.

◇ *nf* ENTOM Nomada.

nomadiser [3] [nɔmadize] *vi* to live as nomads.

nomadisme [nɔmadism] *nm* nomadism.

no man's land [nomanslɑ̃d] *nm inv* MIL & *fig* no-man's-land.

nombrable [nɔ̃brabl] *adj* countable, numerable.

nombre [nɔ̃br] *nm* -**1.** MATH [gén] number; [de 0 à 9] number, figure; **un ~ de trois chiffres** a three-digit OU three-figure number; **le ~ zéro** the number 0 ❑ **~ entier** whole number, integer; **~ premier** prime (number); **~s naturels** natural numbers; **~s parfaits** perfect numbers; **~s rationnels** rational numbers; **~s réels** real numbers; **grands ~s** large numbers. -**2.** [quantité] number; **inférieur/supérieur en ~** inferior/superior in number OU numbers; **nous ne sommes pas en ~ suffisant** there aren't enough of us; **les exemplaires sont en ~ limité** there's a limited number of copies; **un ~ de** a number of; **je te l'ai déjà dit (un) bon ~ de fois** I've already told you several times; **un grand ~ de** a lot of, a great number of, a great many; **elle avait un grand ~ d'invités** she had a great number of guests; **le plus grand ~ d'entre eux a accepté** the majority of them accepted; **un certain ~ de** a (certain) number of; **il y a eu un certain ~ de gens** there was a (fair) number of people. -**3.** [masse] numbers; **vaincre par le ~** to win by sheer weight OU force of numbers; **dans le ~, il y en aura bien un pour te raccompagner** there's bound to be one of them who will take you home ❑ **tu subiras la loi du ~** you'll be overwhelmed by sheer weight of numbers; **tous ceux-là n'ont été invités que pour faire ~** those people over there have just been invited to make up the numbers. -**4.** ASTRON & PHYS number; **~ d'onde** wave number; **~ d'or** golden section OU mean. -**5.** GRAMM number.

◆ **Nombres** *nmpl* BIBLE: **le livre des Nombres** (the Book of) Numbers.

◆ **au nombre de** *loc prép*: **les invités sont au ~ de cent** there are a hundred guests; **tu peux me compter au ~ des participants** you can count me among the participants, you can count me in.

◆ **du nombre de** *loc prép* amongst; **étiez-vous du ~ des invités?** were you amongst OU one of those invited?

◆ **sans nombre** *loc adj* countless, innumerable.

nombrer [3] [nɔ̃bre] *vt litt* to count (up) *(sép)*, to enumerate.

nombreux, euse [nɔ̃brø, øz] *adj* -**1.** [comportant beaucoup d'éléments] : **une foule nombreuse** a large OU huge crowd; **avoir une nombreuse descendance** to have many descendants. -**2.** [en grand nombre] many, numerous; **avoir de ~ clients** to have a great number of OU many OU numerous customers; **les étudiants sont plus ~ qu'avant** there are more students than before; **les fumeurs sont de moins en moins ~** there are fewer and fewer smokers, the number of smokers is decreasing; **nous espérons que vous viendrez ~** we hope that a large number of you will come.

nombril [nɔ̃bril] *nm* -**1.** ANAT navel. -**2.** *fam loc*: **il se prend pour le ~ du monde** he thinks he's the centre of the universe; **il aime bien se contempler** OU **se regarder le ~** he's really self-centred.

nombrilisme [nɔ̃brilism] *nm* navel-gazing *hum*, self-centredness.

nomenclature [nɔmɑ̃klatyr] *nf* -**1.** [ensemble de termes] nomenclature. -**2.** [liste - gén] list; [- d'un dictionnaire] word list; [- de soins] itemization of medical expenses *(with a view to obtaining reimbursement from the Health Service)*.

nomenklatura [nɔmɑ̃klatura] *nf* -**1.** POL nomenklatura. -**2.** [élite] elite; **faire partie de la ~** to be part of the Establishment.

nominal, e, aux [nɔminal, o] *adj* -**1.** [sans vrai pouvoir] nominal; **il n'est que le chef ~** he's just the nominal leader, he's the leader in name only; **j'assume les fonctions purement ~es de recteur** I'm the rector in title only. -**2.** [par le nom] of names, nominal; **appel ~** roll call; **citation ~e** mention by name. -**3.** GRAMM nominal; [en grammaire transformationnelle] noun *(modif)*. -**4.** BOURSE, ÉCON & FIN: **salaire ~** nominal wage OU salary; **valeur ~e** face OU nominal value. -**5.** INDUST rated; **vitesse ~e** rated speed. -**6.** ASTRONAUT nominal.

nominalement [nɔminalmɑ̃] *adv* -**1.** [sans vrai pouvoir] nominally, formally; **il dirige ~ l'entreprise** he's the nominal head of the business OU the head of the business in name only. -**2.** [par le nom] : **être désigné ~** to be mentioned by name. -**3.** GRAMM: **un adverbe employé ~** the substantive OU nominal use of an adverb.

nominalisation [nɔminalizasjɔ̃] *nf* nominalization.

nominaliser [3] [nɔminalize] *vt* to nominalize.

nominatif, ive [nɔminatif, iv] *adj* -**1.** [contenant les noms] nominative; **liste nominative** list OU roll of names. -**2.** BOURSE: **titre ~** inscribed stock. -**3.** [ticket, carte] non-transferable.
◆ **nominatif** *nm* GRAMM nominative (case).

nomination [nɔminasjɔ̃] *nf* -**1.** [à un poste] appointment, nomination; **elle a obtenu** OU **reçu sa ~ au poste de directrice** she was appointed (to the post of) manager. -**2.** [pour un prix, une récompense] nomination. -**3.** LING & PHILOS naming.

nominativement [nɔminativmɑ̃] *adv* by name.

nominer [3] [nɔmine] *vt (emploi critiqué)* to nominate.

nommé, e [nɔme] ◇ *adj* -**1.** [appelé] named; **deux enfants ~s Victor et Marie** two children named OU called Victor and Marie. -**2.** *loc*: **à point ~** [au bon moment] (just) at the right moment OU time; [au moment prévu] at the appointed time.
◇ *nm, f*: **le ~ Georges Aland est accusé de...** Georges Aland is accused of...; **elle fréquente un ~ Paul** she's going out with a man called Paul; **Prudence, la bien ~e** the aptly named Prudence.

nommément [nɔmemɑ̃] *adv* -**1.** [par le nom - citer, féliciter] by name; **il est ~ mis en cause** he, in particular, is implicated; **les trois candidats, ~ Francis, Anne et Robert** the three candidates, namely Francis, Anne and Robert; **ces deux éléments, ~ le cuivre et le zinc** these two elements, namely copper and zinc. -**2.** [spécialement] especially, notably, in particular.

nommer [3] [nɔme] *vt* -**1.** [citer] to name, to list; **ils refusent de ~ leurs complices** they refuse to name their accomplices; **ceux qui sont responsables, pour ne pas les ~, devront payer** those who are responsible and who shall remain nameless, will have to pay; **c'est la faute de Nina, pour ne pas la ~** *iron* without mentioning any names, it's Nina's fault. -**2.** [prénommer] to name, to call; **on m'a nommée Rose** I was named Rose || [dénommer] to name, to call, to term; **la chaîne a été nommée TV+** they named OU called the channel TV+; **ce sentiment que l'on nomme l'amour** that feeling we call love OU we know as love. -**3.** [désigner à une fonction] to appoint; **qui a été nommé directeur?** who was appointed (as) manager?; **~ qqn son héritier** to appoint sb as one's heir; **être nommé à Paris** to be appointed to a post in Paris.
◆ **se nommer** ◇ *vp (emploi réfléchi)* [se présenter] to introduce o.s.; **elle ne s'est même pas nommée** she didn't even introduce herself OU say who she was.
◇ *vpi* to be called OU named; **elle se nomme Bianca** her name is Bianca, she's called Bianca; **comment se nomme-t-il?** what's his name?, what's he called?

nomogramme [nɔmɔgram] *nm* nomogram, nomograph.

nomographie [nɔmɔgrafi] *nf* nomography.

non [nɔ̃] ◇ *adv* -**1.** [en réponse négative] : **veux-tu venir? – ~!** do you want to come? – no!; **~ merci!** no, thank you!; **mais ~!** no! absolutely not!; **mais ~, voyons!** no, of course not!; **mais bien sûr que ~!** of course not!; **certes ~!** *sout* most definitely not!; **ma foi ~!** my goodness me, no!; **oh que ~!** definitely not!, certainly not!; **ah ça ~!** definitely not!; **ah ~ alors!** oh no!; **~, ~ et ~!** no, no and no again! -**2.** [pour annoncer ou renforcer la négation] no; **~, je ne veux pas y aller** no, I don't want to go there; **~, il n'en est pas question** no, it's out of the question. -**3.** [dans un tour elliptique] : **il part demain, moi ~** he's leaving tomorrow, I'm not; **je me demande si je dois recommencer ou ~** I wonder whether I should start again or not; **que tu le veuilles ou ~** whether you like it or not; **venez-vous ou ~?** are you coming or not? -**4.** [comme complément du verbe] : **il me semble que ~** I think not, I don't think so; **il m'a demandé si c'était possible, je lui ai dit que ~** he asked me if it was possible, I told him it wasn't; **il a fait signe que ~** [de la main] he made a gesture of refusal; [de la tête] he shook his head; **il a répondu ~** he answered no; **faire ~ de la tête** to shake one's head; **il paraît que ~** it would seem not, apparently not. -**5.** [en corrélation avec 'pas'] : **~ pas** not; **il l'a fait par gentillesse et ~ (pas) par intérêt** he did it out of kindness and not out of self-interest; **je parle de Gide et ~ (pas) de Malraux** I'm talking about Gide OU it's Gide I'm talking about, not Malraux; **elle a été élevée ~ (pas) par ses parents mais par ses grands-parents** she was brought up by her grandparents, not by her parents; **~ (pas) pour moi, mais pour lui** not for me, but for him. -**6.** [n'est-ce pas] : **il devait prendre une semaine de vacances, ~?** he was supposed to take a week's holiday, wasn't he?; **il n'est plus tout jeune, ~?** he's not that young any more, is he?; **c'est anormal, ~?** that's not normal, is it?; **j'ai le droit de dire ce que je pense, ~?** I am entitled to say what I think, am I not? OU aren't I? -**7.** [emploi expressif] : **~!** never!, you don't say!; **~! pas possible!** no! I don't believe it!; **il est parti – ~?** he has left – really?; **~ mais (des fois)!** honestly!, I ask you!; **~ mais celui-là, pour qui il se prend?** who on earth does he think he is? -**8.** [devant un nom, un adjectif, un participe] : **pacte de ~-agression** a non-aggression pact; **la ~-observation du règlement** failure to comply with the regulations; **un débiteur ~ solvable** an insolvent debtor; **un bagage ~ réclamé** an unclaimed piece of luggage; **tickets ~ numérotés** unnumbered tickets OU seats; **il a bénéficié d'une aide ~ négligeable** he received not insubstantial help.
◇ *nm inv* -**1.** [réponse] no; **elle m'a opposé un ~ catégorique** she flatly refused, she gave me a categorical no; **les ~ de la majorité** the noes of the majority. -**2.** INF & MATH not.
◆ **non que** *loc conj sout* not that; **il vit pauvrement, ~ (pas) qu'il manque d'argent mais...** he lives modestly, not that he doesn't have any money, but...; **je tiens à cette bague, ~ qu'elle ait de la valeur mais pour son originalité** I'm fond of this ring, not that it's of any great value, I just think it's unusual; **~ (pas) que je m'en méfie, mais...** it's not that I don't trust him, but...

non- [*devant consonne* nɔ̃, *devant voyelle et h muet* nɔn] *préf* non-.

non-accompli, e [nɔnakɔ̃pli] *adj* imperfective.
◆ **non-accompli** *nm* GRAMM imperfective.

non-activité [nɔnaktivite] *nf* MIL inactivity; **être en ~** to be temporarily off duty.

nonagénaire [nɔnaʒenɛr] *adj* & *nmf* nonagenarian, ninety-year-old.

non-agression [nɔnagrɛsjɔ̃] *nf* nonaggression.

non-aligné, e [nɔnaliɲe] ◇ *adj* nonaligned.
◇ *nm, f* nonaligned country.

non-alignement [nɔnaliɲmɑ̃] *nm* nonalignment.

nonantaine [nɔnɑ̃tɛn] *nf Belg about ninety*; **elle a la ~** she's about ninety.

nonante [nɔnɑ̃t] *adj num card Belg* & *Helv* ninety.

nonantième [nɔnɑ̃tjɛm] *adj num ord* & *nmf Belg* & *Helv* ninetieth.

non-assistance [nɔnasistɑ̃s] *nf*: **~ à personne en danger** failure to assist a person in danger.

non-belligérance [nɔ̃beliʒerɑ̃s] *nf* nonbelligerency.

non-belligérant, e [nɔ̃beliʒerɑ̃, ɑ̃t] *adj* & *nm, f* nonbelligerent.

nonce [nɔ̃s] *nm* nuncio; **~ apostolique** papal nuncio.

nonchalamment [nɔ̃ʃalamɑ̃] *adv* nonchalantly, casually.

nonchalance [nɔ̃ʃalɑ̃s] *nf* [indifférence, insouciance] nonchalance; [lenteur] listlessness.

nonchalant, e [nɔ̃ʃalɑ̃, ɑ̃t] *adj* [insouciant] nonchalant; [lent] listless.

nonciature [nɔ̃sjatyr] *nf* nunciature.

non-combattant, e [nɔ̃kɔ̃batɑ̃, ɑ̃t] *adj* & *nm, f* noncombatant.

non-comparant, e [nɔ̃kɔ̃parɑ̃, ɑ̃t] *nm, f* defaulter *(in court)*.

non-comparution [nɔ̃kɔ̃parysjɔ̃] *nf* nonappearance OU defaulting *(in court)*.

non-comptable [nɔ̃kɔ̃tabl] ◇ *adj* uncountable.
◇ *nm* mass noun.

non-conciliation [nɔ̃kɔ̃siljasjɔ̃] *nf* irretrievable breakdown JUR.

non-concurrence [nɔ̃kɔ̃kyrɑ̃s] *nf* JUR: **clause de ~** restraint of trade clause.

non-conformisme [nɔ̃kɔ̃fɔrmism] *nm* -**1.** [originalité] nonconformism. -**2.** RELIG Nonconformism.

non-conformiste [nɔ̃kɔ̃fɔrmist] *adj* & *nmf* -**1.** [original] nonconformist. -**2.** RELIG Nonconformist.

non-conformité [nɔ̃kɔ̃fɔrmite] *nf* nonconformity.

non-croyant, e [nɔ̃krwajɑ̃, ɑ̃t] ◇ *adj* unbelieving.
◇ *nm, f* unbeliever.

non-directif, ive [nɔ̃dirɛktif, iv] *adj* nondirective.

non-directivité [nɔ̃dirɛktivite] *nf* [méthode] nondirective method; [attitude] nondirective attitude.

non-discrimination [nɔ̃diskriminasjɔ̃] *nf* nondiscrimination.

non-dissémination [nɔ̃diseminasjɔ̃] *nf* nonproliferation.
non-dit [nɔ̃di] *nm*: le ~ the unsaid; il y avait trop de ~ dans notre famille too much was left unsaid in our family.
non-engagé, e [nɔnɑ̃gaʒe] ◇ *adj* [personne] neutral; [nation] nonaligned.
◇ *nm, f* [personne] neutral person; [nation] nonaligned country.
non-engagement [nɔnɑ̃gaʒmɑ̃] *nm* [d'une personne] neutrality, noncommitment; [d'une nation] nonalignment.
non-être [nɔnɛtr] *nm inv* nonbeing.
non-exécution [nɔnɛgzekysjɔ̃] *nf* nonfulfilment; ~ d'un contrat nonfulfilment of a contract.
non-existence [nɔnɛgzistɑ̃s] *nf* nonexistence.
non-figuratif, ive [nɔ̃figyratif, iv] ◇ *adj* nonfigurative.
◇ *nm, f* nonfigurative artist, abstractionist.
non-fumeur, euse [nɔ̃fymœr, øz] *nm, f* nonsmoker; compartiment ~s nonsmoking OU no smoking compartment.
non-ingérence [nɔnɛ̃ʒerɑ̃s] *nf* [par une personne] noninterference; [par une nation] noninterference, nonintervention.
non-initié, e [nɔninisje] ◇ *adj* uninitiated; ce texte sera difficile pour le lecteur ~ this text will be difficult for the lay reader.
◇ *nm, f*: pour les ~s for the uninitiated.
non-inscrit, e [nɔnɛ̃skri, it] ◇ *adj* independent, nonparty.
◇ *nm, f* independent member of Parliament.
non-intervention [nɔnɛ̃tɛrvɑ̃sjɔ̃] *nf* nonintervention.
non-jouissance [nɔ̃ʒwisɑ̃s] *nf* nonenjoyment JUR.
non-lieu [nɔ̃ljø] (*pl* non-lieux) *nm*: (ordonnance de) ~ no case to answer, no grounds for prosecution; il a bénéficié d'un ~ charges against him were OU his case was dismissed.
non-métal [nɔ̃metal] (*pl* non-métaux [nɔ̃meto]) *nm* nonmetal.
non-moi [nɔ̃mwa] *nm inv* nonego.
nonne [nɔn] *nf vieilli* nun.
nonnette [nɔnɛt] *nf* -**1.** *vieilli* & RELIG young nun. -**2.** ORNITH [mésange] titmouse. -**3.** CULIN iced gingerbread (biscuit).
nonobstant [nɔnɔpstɑ̃] *prép* JUR OU *hum* notwithstanding, despite; nous irons ~ le mauvais temps we'll go in spite of the bad weather.
◆ **(ce) nonobstant** *loc adv* JUR OU *hum* this notwithstanding.
non-paiement [nɔ̃pɛmɑ̃] *nm* nonpayment, failure to pay.
non-polluant, e [nɔ̃pɔlɥɑ̃, ɑ̃t] *adj* nonpolluting.
non-prolifération [nɔ̃prɔliferasjɔ̃] *nf* nonproliferation.
non-recevoir [nɔ̃rəsəvwar] *nm inv* → **fin**.
non-représentation [nɔ̃rəprezɑ̃tasjɔ̃] *nf*: ~ d'enfant non restitution of a child (to its custodian), noncompliance with a custodianship order.
non-résident [nɔ̃rezidɑ̃] *nm* foreign national, nonresident.
non-respect [nɔ̃rɛspɛ] *nm* failure to respect; le ~ de la loi failure to respect the law.
non-retour [nɔ̃rətur] *nm inv*: point de ~ point of no return.
non-salarié, e [nɔ̃salarje] *nm, f* self-employed person.
non-sens [nɔ̃sɑ̃s] *nm inv* -**1.** [absurdité] nonsense; cette situation est un ~ this situation is nonsensical OU a nonsense. -**2.** LING meaningless word or phrase *(in a translation)*.
non-spécialiste [nɔ̃spesjalist] ◇ *adj* nonspecialized.
◇ *nmf* nonspecialist.
non-stop [nɔnstɔp] ◇ *adj inv* nonstop.
◇ *nf inv* SPORT pre-race downhill run.
non-syndiqué, e [nɔ̃sɛ̃dike] ◇ *adj* nonunion, nonunionized.
◇ *nm, f* nonunion OU nonunionized worker.
non-tissé [nɔ̃tise] *nm* nonwoven fabric.
non-titulaire [nɔ̃titylɛr] *nmf* nontenured member of staff.
non-usage [nɔnyzaʒ] *nm* -**1.** [gén] non-use. -**2.** JUR non-usage.
non-valeur [nɔ̃valœr] *nf* -**1.** *péj* [chose] valueless thing; [personne] nonentity. -**2.** JUR improductive asset. -**3.** FIN [créance] bad debt.
non-viable [nɔ̃vjabl] *adj* -**1.** MÉD nonviable. -**2.** *fig* unfeasible; c'est un projet ~ the scheme isn't viable.
non-violence [nɔ̃vjɔlɑ̃s] *nf* nonviolence.
non-violent, e [nɔ̃vjɔlɑ̃, ɑ̃t] ◇ *adj* nonviolent.
◇ *nm, f* supporter of nonviolence.
non-voyant, e [nɔ̃vwajɑ̃, ɑ̃t] *nm, f* visually handicapped person.
nopal [nɔpal] *nm* nopal, prickly pear.
noradrénaline [nɔradrenalin] *nf* noradrenalin, noradrenaline.
nord [nɔr] ◇ *nm inv* -**1.** [point cardinal] north; le vent vient du ~ it's a north OU northerly wind, the wind is coming from the north; nous allons vers le ~ we're heading north OU northwards; aller droit vers le ~ to head due north; la cuisine est en plein ~ OU exposée au ~ the kitchen faces due north ❑ ~ géographique true OU geographic north; ~ magnétique magnetic north. -**2.** [partie d'un pays, d'un continent] north; le ~ de l'Italie northern Italy, the north of Italy; elle habite dans le ~ she lives in the north; les gens du ~ (the) Northerners.
◇ *adj inv* [septentrional] north *(modif)*, northern; la façade ~ d'un immeuble the north OU northern OU north-facing wall of a building.
◆ **Nord** ◇ *adj inv* North.
◇ *nm*: le Nord the North; ADMIN (the département of) the Nord; le grand Nord the Far North.
◆ **au nord de** *loc prép* (to the) north of.
◆ **du nord** *loc adj* north *(modif)*.
nord-africain, e [nɔrafrikɛ̃, ɛn] (*mpl* nord-africains, *fpl* nord-africaines) *adj* North African.
◆ **Nord-Africain, e** *nm, f* North African.
nord-américain, e [nɔramerikɛ̃, ɛn] (*mpl* nord-américains, *fpl* nord-américaines) *adj* North American.
◆ **Nord-Américain, e** *nm, f* North American.
nord-coréen, enne [nɔrkɔreɛ̃, ɛn] (*mpl* nord-coréens, *fpl* nord-coréennes) *adj* North Korean.
◆ **Nord-Coréen, enne** *nm, f* North Korean.
nordé [nɔrde] *nm* northeast wind.
nord-est [nɔrɛst] *nm inv* & *adj inv* northeast.
nordet [nɔrdɛ] = **nordé**.
nordique [nɔrdik] *adj* [pays, peuple] Nordic; [langue] Nordic, Scandinavian.
◆ **Nordique** *nmf* Nordic.
◆ **nordique** *nm* LING Scandinavian.
nordiste [nɔrdist] *adj* -**1.** [en France] from the Nord department. -**2.** [aux États-Unis] HIST Northern, Yankee *(modif)*.
◆ **Nordiste** *nmf* -**1.** [en France] *inhabitant of or person from the Nord department*. -**2.** [aux États-Unis] HIST Northerner, Yankee.
nord-nord-est [nɔrnɔrɛst] *nm* north-northeast.
nord-nord-ouest [nɔrnɔrwɛst] *nm* north-northwest.
nord-ouest [nɔrwɛst] *nm inv* & *adj inv* northwest.
nord-vietnamien, enne [nɔrvjɛtnamjɛ̃, ɛn] (*mpl* nord-vietnamiens, *fpl* nord-vietnamiennes) *adj* North Vietnamese.
◆ **Nord-Vietnamien, enne** *nm, f* North Vietnamese.
normal, e, aux [nɔrmal, o] *adj* -**1.** [ordinaire - vie, personne] normal; [- taille] normal, standard; [- accouchement, procédure] normal, straightforward; la situation est redevenue ~e the situation is back to normal; ce n'est pas ~: la lampe ne s'allume pas, ce n'est pas ~ the light isn't coming on, there's something wrong (with it); il n'est pas rentré, ce n'est pas ~ he's not back yet, something must have happened (to him). -**2.** [habituel] normal, usual; elle n'était pas dans son état ~ she wasn't her normal self; ce n'était pas sa voix ~e that wasn't his usual voice; c'est le prix ~ that's the usual OU standard price; en temps ~ in normal circumstances, normally. -**3.** [compréhensible] normal, natural; c'est ~ de lui demander conseil it's natural to ask her for advice; mais c'est bien ~, voyons it's only natural, don't worry about it. -**4.** *fam* [mentalement] normal; elle n'est pas très ~e, celle-là! *fam* she's not quite normal! -**5.** CHIM normal; solution OU liqueur ~e normal solution. -**6.** GÉOL & GÉOM normal.
◆ **normale** *nf* -**1.** [situation] normal (situation); un retour à la ~e a return to normal. -**2.** GÉOM normal; ~e à une courbe/surface line normal OU perpendicular to a curve/surface. -**3.** MÉTÉO normal; température au-dessous de la ~e (saisonnière) temperature below the (seasonal) average. -**4.** [moyenne] average; intelligence supérieure à la ~e above average intelligence. -**5.** ENS: Normale (Sup) *fam grande école for training teachers*.
normalement [nɔrmalmɑ̃] *adv* -**1.** [de façon ordinaire] normally; il est ~ constitué he's of normal constitution; *euph* he's (a man of) flesh and blood. -**2.** [sauf changement] if all goes well; ~, nous partirons en juin if all goes well, we'll be leaving in June. -**3.** [habituellement] normally, usually, generally; ~, elle rentre à 3 h she normally OU generally comes home at 3 (o'clock).
normalien, enne [nɔrmaljɛ̃, ɛn] *nm, f* -**1.** [de l'École normale] student at an École normale; [ancien de l'École normale] graduate of an École normale. -**2.** [de l'École normale supérieure] student at the École Normale Supérieure; [ancien de l'École normale supérieure] graduate of the École Normale Supérieure.
normalisateur, trice [nɔrmalizatœr, tris] ◇ *adj* standardizing.
◇ *nm, f* standardizer.
normalisation [nɔrmalizasjɔ̃] *nf* -**1.** [d'un produit] standardization. -**2.** [d'une situation] normalization; jusqu'à la ~ de la situation until the situation becomes normal.
normalisé, e [nɔrmalize] *adj* standardized.
normaliser [3] [nɔrmalize] *vt* -**1.** [produit] to standardize. -**2.** [rapport, situation] to normalize.
normalité [nɔrmalite] *nf* normality, normalcy *Am.*
normand, e [nɔrmɑ̃, ɑ̃d] *adj* -**1.** [de Normandie] Normandy *(modif)*; je suis ~ I'm from Normandy. -**2.** HIST Norman. -**3.** LING Norman French. -**4.** [viking] Norse.
◆ **Normand, e** *nm, f* -**1.** [en France] Norman. -**2.** [Viking] Norseman (*f* Norsewoman); les Normands the Norse.
◆ **normand** *nm* LING Norman French.
◆ **à la normande** *loc adj* CULIN à la Normande *(with cream and apples or cider)*.
Normandie [nɔrmɑ̃di] *npr f*: (la) ~ Normandy.
normatif, ive [nɔrmatif, iv] *adj* normative.
normativité [nɔrmativite] *nf* normativeness.
norme [nɔrm] *nf* -**1.** INDUST norm, standard; produit conforme aux ~s de fabrication product conforming to manufacturing standards ❑ ~ française (homologuée) French standard (of manufacturing), ≃ British Standard *Br*, ≃ US Standard *Am*. -**2.** [règle]: la ~ the norm, the rule; rester dans la ~ to keep within the norm. -**3.** LING: la ~ the norm. -**4.** MATH norm.
normé, e [nɔrme] *adj* normed.
norois, noroît [nɔrwa] *nm* northwester.
Norvège [nɔrvɛʒ] *npr f*: (la) ~ Norway.
norvégien, enne [nɔrveʒjɛ̃, ɛn] *adj* Norwegian.
◆ **Norvégien, enne** *nm, f* Norwegian.
◆ **norvégien** *nm* LING Norwegian.
◆ **norvégienne** *nf* Norway yawl.
nos [no] *pl* → **notre**.

nosologie [nɔzɔlɔʒi] *nf* nosology.

nostalgie [nɔstalʒi] *nf* -**1.** [regret] nostalgia; **la ~ des années soixante** sixties nostalgia; **pris de ~** filled with nostalgia; **avoir de la ~** to feel nostalgic. -**2.** [mal du pays] homesickness.

nostalgique [nɔstalʒik] *adj* nostalgic; **que ces chansons sont ~s!** these songs do take you back OU are full of nostalgia!

nota (bene) [nɔta(bene)] *nm inv* nota bene.

notabilité [nɔtabilite] *nf* notable; **toutes les ~s locales étaient là** all the local notables were there.

notable [nɔtabl] ◇ *adj* notable, noteworthy. ◇ *nm* notable; **tous les ~s de la ville** all the town notables.

notablement [nɔtabləmɑ̃] *adv* notably, considerably.

notaire [nɔtɛr] *nm* [qui reçoit actes et contrats] notary (public), lawyer; [qui surveille les transactions immobilières] lawyer, solicitor *Br*.

notamment [nɔtamɑ̃] *adv* especially, in particular, notably; **il y a certains avantages, ~ un abattement fiscal** there are some advantages, notably tax deductions.

notarial, e, aux [nɔtarjal, o] *adj* notarial, legal.

notariat [nɔtarja] *nm*: **le ~** [fonction] the profession of a lawyer; [corporation] lawyers; **son père la destinait au ~** her father wanted her to become a lawyer.

notarié, e [nɔtarje] *adj* legally drawn up, authentic.

notation [nɔtasjɔ̃] *nf* -**1.** [remarque] note. -**2.** CHIM, DANSE, LING, MATH & MUS notation; **la ~ phonétique** phonetic symbols. -**3. la ~ d'un devoir** marking *esp Br* OU grading *Am* OU correcting homework.

note [nɔt] *nf* -**1.** MUS [son] note; [touche] key; **sais-tu lire les ~s?** can you read music? ❑ **faire une fausse ~** MUS [pianiste] to hit a wrong note OU key; [violoniste] to play a wrong note; [chanteur] to sing a wrong note; *fig* to hit a sour note; **la ~ juste** the right note; **donner la ~** MUS to give the keynote; *fig* to give the lead. -**2.** [annotation] note; **prendre des ~s** to take OU to make notes; **prendre quelques ~s rapides** to jot down a few notes; **voilà les ~s rapides que j'ai prises** here are the notes I jotted down; **prendre qqch en ~** to make a note of sthg, to note sthg down ❑ **~ de** OU **en bas de page** footnote; **~ de l'auteur/de la rédaction/du traducteur** author's/editor's/translator's note; **~ de l'éditeur** editor's note; **~ marginale** marginal note, marginalia; **prendre bonne ~ de qqch** to take good note of sthg. -**3.** [communication]: **~ diplomatique/officielle** diplomatic/official note; **~ de service** memo, memorandum. -**4.** ENS mark *esp Br*, grade; **avoir la meilleure ~** to get the best OU highest OU top mark; **je ne peux pas mettre de ~ à un pareil torchon!** *fam* I can't mark *esp Br* OU grade *esp Am* rubbish like this! -**5.** [nuance] note, touch, hint; **une ~ de tristesse dans la voix** a note OU hint of sadness in his voice; **apporter une ~ personnelle à qqch** to give sthg a personal touch; **mettre une ~ de gaieté dans une pièce** to lend a cheerful note to a room. -**6.** [facture] bill, check *Am*; **~s de restaurant** restaurant bills; **la ~, s'il vous plaît!** may I have the bill, please?; **mettez-le sur ma ~** charge it to my account, put it on my bill ❑ **~ de frais** [à remplir] expense OU expenses claim (form); **présenter sa ~ de frais** to put in for expenses; **~ d'honoraires** invoice *(for work done by a self-employed person)*. -**7.** [d'un parfum] note.

◆ **dans la note** ◇ *loc adv* MUS in tune OU key. ◇ *loc adj*: **être dans la ~** to hit just the right note *fig*.

noter [3] [nɔte] *vt* -**1.** [prendre en note] to note OU to write (down); **j'ai noté une mélodie** I noted OU jotted (down) a tune; **je note votre nom** I'll make a note of OU I'll write down your name; **veuillez ~ notre nouvelle adresse** please note OU make a note of our new address; **je vais le ~ définitivement sur mon agenda** I'll make a permanent note of it in my diary; **notez que chaque enfant doit apporter un vêtement chaud** please note that every child must bring something warm to wear. -**2.** [faire ressortir - gén] to mark; [- en cochant] to tick; [- en surlignant] to highlight. -**3.** [remarquer] to note, to notice; **notez que je ne dis rien** please note that I'm making no comment; **j'ai noté une erreur dans votre article** I noticed a mistake in your article; **il est à ~ que...** it should be noted OU borne in mind that...; **je ne veux pas que tu recommences, c'est noté?** *fam* I don't want you to do it again, have you got that OU is that clear?; **notez bien, il a fait des progrès** mind you, he's improved; **note bien, je m'en fiche** *fam* (to) tell you the truth OU mind you, I couldn't care less. -**4.** [évaluer] to mark *esp Br*, to grade; **j'étais bien/mal noté** I had a good/bad (professional) record || ENS [élève] to give a mark to *esp Br*, to grade; [devoir, examen] to mark *esp Br*, to grade; *(en usage abs)*: **~ sur 20** to mark *esp Br* OU grade *esp Am* out of 20; **elle note généreusement/sévèrement** she gives high/low marks *esp Br* OU grades.

notice [nɔtis] *nf* -**1.** [résumé] note; **~ bibliographique** bibliographical details; **~ biographique** biographical note; **~ nécrologique** obituary (notice); **~ publicitaire** [brochure] advertising brochure; [annonce] advertisement. -**2.** [instructions]: **~ explicative** OU **d'emploi** directions for use; **~ de fonctionnement** instructions; **as-tu lu la ~?** have you read the instructions?

notificatif, ive [nɔtifikatif, iv] *adj* notifying.

notification [nɔtifikasjɔ̃] *nf* -**1.** [avis] notification; **donner à qqn ~ de qqch** to give sb notification of sthg, to notify sb of sthg; **après que ~ eut été faite du résultat aux intéressés** after the interested parties had been notified of OU had received notification of the result. -**2.** JUR: **~ du protêt** noting and OU of protest.

notifier [9] [nɔtifje] *vt* to notify; **on vient de lui ~ son renvoi** he's just received notice of his dismissal, he's just been notified of his dismissal; **~ une assignation à qqn** to serve a writ on sb || *(en usage abs)*: **veuillez ~ par courrier** please inform us in writing.

notion [nɔsjɔ̃] *nf* [idée] notion; **il n'a ni la ~ du bien, ni celle du mal** he has no notion of either good or evil; **perdre la ~ du temps** to lose all notion OU sense of time; **je n'en ai pas la moindre ~** I haven't (got) the faintest OU slightest idea.

◆ **notions** *nfpl* [rudiments]: **~s de base** fundamentals, basic knowledge; **il a quelques ~s d'anglais** he has a smattering of English; **il a quelques ~s de physique** he has some knowledge of physics || [comme titre d'ouvrage] primer; **~s de géométrie** geometry primer.

notionnel, elle [nɔsjɔnɛl] *adj* notional.

notoire [nɔtwar] *adj* recognized; **son sens politique est ~** her political acumen is acknowledged by all, she's famous for her political acumen; **le fait est ~** it's an acknowledged OU accepted fact; **un criminel ~** a notorious criminal.

notoirement [nɔtwarmɑ̃] *adv*: **ses ressources sont ~ insuffisantes** it's widely known that she has limited means.

notoriété [nɔtɔrjete] *nf* -**1.** [renommée] fame, renown; **sa thèse lui a valu une grande ~** OU **a fait sa ~** his thesis made him famous. -**2.** [personne célèbre] celebrity, famous person; **à 20 ans, il était déjà une ~** he was already famous at (the age of) 20. -**3.** JUR: **acte de ~** attestation.

◆ **de notoriété publique** *loc adj*: **il est de ~ publique que...** it's public OU common knowledge that...

notre [nɔtr] (*pl* **nos** [no]) *adj poss* -**1.** [indiquant la possession] our; **nos enfants** our children; **~ ami/amie** our friend; **un de nos amis** a friend of ours, one of our friends; **~ fils et ~ fille** our son and daughter; **~ société** our society. -**2.** RELIG: **Notre Père** Our Father; **le Notre Père** the Lord's Prayer. -**3.** [se rapportant au 'nous' de majesté ou de modestie]: **car tel est ~ bon plaisir** for such is our pleasure; **dans ~ second chapitre** in the second chapter; **~ thèse couvre trois décennies** this thesis covers a thirty-year period. -**4.** [emploi expressif]: **comment se porte ~ petit malade?** how's our little invalid, then?; **c'est lui, c'est ~ homme!** that's him, that's the man we're after OU that's our man!

nôtre [notr] *adj poss sout* ours; **l'objectif que je considère comme ~** the aim which I consider to be ours; **ces espoirs qui furent ~s** these hopes which were ours.

◆ **le nôtre** (*f* **la nôtre**, *pl* **les nôtres**) *pron poss* ours; **cette valise n'est pas la ~** this isn't our case, this case isn't ours; **un sort tel que le ~** a fate such as ours; **amenez vos enfants, les ~s ont le même âge** bring your children, ours are the same age; **vous avez vos problèmes, et nous les ~s** you have your problems, we have ours; **cette histoire qui est la ~** this story which is ours || *(emploi nominal)*: **les ~s** our family and friends; **c'est un des ~s** he's one of us; **vous n'étiez pas des ~s pour le réveillon de Noël?** weren't you at our Christmas Eve party?; **serez-vous des ~s demain soir?** will you be joining us tomorrow evening? ❑ **il faut y mettre du ~** we must do our bit, we should make an effort; **à la (bonne) ~!** cheers!

Notre-Dame [nɔtrədam] *nf* RELIG [titre] Our Lady; [église]: **~ des Fleurs/de la Passion** Our Lady of the Flowers/Passion; **~ de Paris** [cathédrale] Notre Dame; **'~ de Paris'** *Hugo* 'The Hunchback of Notre Dame'.

notule [nɔtyl] *nf* (brief) note.

nouage [nwaʒ] *nm* knotting, binding TEX.

Nouakchott [nwakʃɔt] *npr* Nouakchott.

nouba *fam* [nuba] *nf* [fête]: **faire la ~** to live it up, to paint the town red.

noue [nu] *nf* valley (of roof); **pièce de ~** valley tile.

nouer [6] [nwe] ◇ *vt* -**1.** [attacher ensemble - lacets, cordes] to tie OU to knot (together); **elle noua ses bras autour de mon cou** she wrapped her arms round my neck. -**2.** [faire un nœud à] to tie (up), to knot; **laisse-moi ~ ta cravate** let me knot your tie; **j'ai noué le bouquet avec de la ficelle** I tied the bouquet together with string; **il a noué le foulard autour de sa taille** he tied the scarf around his waist; **elle noua le ruban autour de ses cheveux** she tied her hair (back) with the ribbon; **elle a les articulations nouées par le rhumatisme** *fig* her joints are gnarled with rheumatism; **la peur lui nouait la gorge/les entrailles** *fig* his throat/stomach tightened with fear. -**3.** [établir]: **~ des relations avec qqn** to enter into a relationship with sb; **~ une intrigue** to hatch a plot. -**4.** TEXT to splice OU to knot (together).

◇ *vi* BOT to set.

◆ **se nouer** ◇ *vp (emploi passif)* [ceinture] to fasten, to do up; **les cheveux se nouent d'abord sur le sommet du crâne** first tie your hair up on top of your head.

◇ *vpi* -**1.** [s'entrelacer] to intertwine; **ses mains se nouèrent comme pour prier** his hands joined OU came together as if to pray; **nos doigts se nouèrent** our fingers intertwined. -**2.** [s'instaurer] to develop, to build up; **une complicité se noue entre l'acteur et le public** a feeling of complicity builds up OU develops between the actor and the audience; **à cette période de la vie, beaucoup de contacts se nouent** at that time of life, you build up OU make a lot of contacts; **l'action ne se noue que dans le dernier chapitre** only in the last chapter does the plot come to a head OU climax.

noueux, euse [nwø, øz] *adj* -**1.** [tronc, bois] knotty, gnarled. -**2.** [doigt] gnarled; **un vieux paysan ~** a wizened old farmer.

nougat [nuga] *nm* -**1.** CULIN nougat. -**2.** *fam loc*: **c'est du ~!** it's a cinch!, it's as easy as pie!; **c'est pas du ~!** it's not as easy as it looks!

◆ **nougats**[▽] *nmpl* [pieds] feet.

nougatine [nugatin] *nf* nougatine.

nouille [nuj] ◇ *adj inv* -**1.** *fam* [niais] dumb, dopey; **le premier acte est complètement ~** the first act is a load of tripe. -**2.** BX-ARTS Art Nouveau *(modif).*
◇ *nf* -**1.** CULIN noodle. -**2.** *fam* [nigaud] nitwit, dumbo; [mollasson] drip, wimp.
◆ **nouilles** *nfpl* pasta.

Nouméa [numea] *npr* Nouméa.

nounou *fam* [nunu] *nf* nanny; **jouer les ~s avec qqn** to mollycoddle OU to nursemaid sb.

nounours *fam* [nunurs] *nm* teddy (bear).

Noureïev [nurejɛf] *npr*: **Rudolph ~** Rudolph Nureyev.

nourri, e [nuri] *adj* -**1.** [dense - fusillade] sustained, heavy; **sous un feu ~ de questions** *fig* faced with a barrage of OU bombarded with questions. -**2.** [ininterrompu - applaudissements] prolonged, sustained. -**3.** *sout* [riche - style] rich, full.

nourrice [nuris] *nf* -**1.** [qui allaite] wet nurse. -**2.** [qui garde] childminder *Br*, nurse *Am*, nursemaid *Am*; **mettre un enfant en ~** to leave a child with a childminder ❑ **~ sèche** *vieilli* dry nurse. -**3.** AUT [bidon] spare can; [réservoir] service tank. -**4.** [morceau du bœuf] (beef) stewing shank. -**5.** ENTOM nurse (bee).

nourricier, ère [nurisje, ɛr] *adj* -**1.** [qui nourrit]: **notre terre nourricière** mother Earth. -**2.** ANAT nutrient *(avant n).* -**3.** BOT nutritive.

nourrir [32] [nurir] *vt* -**1.** *pr* [alimenter] to feed, to nourish; **~ qqn (de qqch)** to feed sb (on sthg); **~ un bébé au sein/au biberon/à la cuillère** to breast-feed/to bottle-feed/to spoon-feed a baby; **~ un bébé aux petits pots** to feed a baby (on) OU to give a baby prepared babyfoods; **elle est difficile et j'ai du mal à la ~** she's fussy about her food and I have trouble getting her to eat; **être bien nourri** to be well-fed; **être mal nourri** [sous-alimenté] to be undernourished; **les enfants sont bien nourris à la cantine** the children get good school dinners. -**2.** *fig*: **la Brie nourrit la capitale** the Brie area provides the capital with food; **on lui a nourri l'esprit d'idées reçues** her mind's been filled with clichés; **j'avais l'esprit nourri de Goethe** I was brought up on Goethe; **un roman nourri des souffrances de l'auteur** a novel inspired by the author's own suffering; **les lettres qu'elle lui envoyait nourrissaient sa passion** the letters she sent him sustained his passion. -**3.** [faire subsister] to feed; **j'ai trois enfants à ~** I've got three children to feed OU to provide for ❑ **la chanson/sculpture ne nourrit pas son homme** you can't live off singing/sculpture alone; **le métier est dangereux, mais il nourrit son homme** it's a dangerous job but it brings in the money OU it pays well. -**4.** *litt* [avoir en tête] to entertain, to nurse, to nourish; **il nourrit une vive rancœur contre elle** he harbours a feeling of great resentment towards her; **je nourris de grands espoirs** I have high hopes; **elle nourrissait déjà des projets ambitieux** she was already turning over some ambitious projects in her mind; **~ des doutes au sujet de** to entertain doubts OU to be doubtful about.
◆ **se nourrir** *vp (emploi réfléchi)* -**1.** [s'alimenter] to feed (o.s.); **il est trop petit pour se ~ tout seul** he's too young to feed himself; **il se nourrit mal** he doesn't feed himself OU eat properly; **il faut bien se ~** a man has to eat; **elle ne se nourrit que de bananes** she eats only bananas; **les koalas se nourrissent de bourgeons d'eucalyptus** koalas feed on OU eat eucalyptus leaves. -**2.** *fig*: **se ~ d'illusions** to revel in illusions; **se ~ de bandes dessinées** to read nothing but comics.

nourrissant, e [nurisɑ̃, ɑ̃t] *adj* nourishing, nutritious; **crème ~e** nourishing cream; **le dessert était un peu trop ~** the dessert was a bit too rich.

nourrisseur [nurisœr] *nm* -**1.** [éleveur - de bétail] stock breeder; [- de vaches] dairyman. -**2.** [appareil] feeder.

nourrisson [nurisɔ̃] *nm* -**1.** [bébé] baby, infant; **quand tu n'étais encore qu'un ~** when you were still a tiny baby ❑ **consultation de ~s** baby clinic. -**2.** *arch* [bébé au sein] nursling, suckling.

nourriture [nurityr] *nf* -**1.** [alimentation] food; **donner à qqn une ~ saine** to provide sb with a healthy diet; **la ~** [aliments] food; **mon salaire sert à payer la ~** my wages go towards the food bill; **le maïs sert à la ~ du bétail** maize is used as a foodstuff for cattle OU used as cattle-feed. -**2.** [aliment] food; **le lait est une ~ riche en calcium** milk is a food rich in calcium; **elle n'absorbe plus aucune ~** she isn't eating any food any more. -**3.** *litt* [de l'esprit, du cœur] nourishment; **c'est bon pour leur ~ intellectuelle** it will stimulate their minds. -**4.** [du cuir] tawing paste. -**5.** [en sériciculture] silkworm growing.

nous [nu] ◇ *pron pers pl* -**1.** *(suj ou attribut d'un v)* we; **toi et moi, ~ comprenons** you and I understand; **elle et moi, ~ partons** she and I are leaving; **c'est ~ qui déciderons** we are the ones who'll decide; **~, nous restons** OU **on reste** *fam* **là** we are staying here; **~ deux, on s'aimera toujours** *fam* we two OU the two of us will always love each other; **partons, rien que ~ trois** let's leave, just us three OU the three of us; **~ autres médecins pensons que...** we doctors think that...; **coucou, c'est ~!** hullo, it's us! -**2.** *(complément d'un v ou d'une prép)* us; **elle n'aime que ~ deux** she only loves us two OU the two of us; **c'est à ~ deux qu'il l'a demandé** he asked the two of us OU (the) both of us; **à ~ six, on a fini la paella** between the six of us we finished the paella; **notre voilier à ~** our (own) yacht; **ces anoraks ne sont pas à ~** these anoraks aren't ours OU don't belong to us; **chez ~** [dans notre foyer] at home, in our house; [dans notre pays] at OU back home; **entre ~** between us; **pas de politesses entre ~** no need for formality between us; **entre ~ (soit dit), elle ment** between us OU between you and me, she's lying; **ce que c'est que de ~!** *arch* alas, we are but mere mortals! -**3.** *(suj ou complément, représentant un seul locuteur)* we; **dans notre thèse, ~ traitons le problème sous deux aspects** in our thesis we deal with the problem in two ways; **alors, comment allons-~ ce matin?** [à un malade, un enfant] and how are we this morning?; **alors, à ~!, qu'est-ce qu'il ~ fallait?** [chez un commerçant] now, what can I do for you?
◇ *pron réfléchi*: **~ ~ amusons beaucoup** we're having a great time.
◇ *pron réciproque* each other; **~ ~ aimons** we love each other.
◇ *nm*: **le ~ de majesté** the royal we.

nous-mêmes [numɛm] *pron pers* ourselves; **nous y sommes allés de ~** we went there on our own initiative; **vérifions par ~** let's check for ourselves.

nouveau [nuvo] *(devant nm commençant par voyelle ou h muet* **nouvel** [nuvɛl], *f* **nouvelle** [nuvɛl], *mpl* **nouveaux** [nuvo], *fpl* **nouvelles** [nuvɛl]) *adj* -**1.** [de fraîche date - appareil, modèle] new; [- pays] new, young; **notre démocratie est encore nouvelle** democracy is still in its infancy in our country; **c'est tout ~, ça vient de sortir** [livre] it's hot off the press; [appareil] it's brand-new, it's just come out; **mots ~x** new words ❑ **ville nouvelle** new town; **~x mariés** newlyweds, newly married couple; **les ~x pauvres** the new poor; **~ riche** nouveau riche; **~ venu** newcomer; **nouvelle venue** newcomer; **il est encore (un peu) ~ en politique** he's still (a bit of) a newcomer to politics. -**2.** [dernier en date] new, latest; **ce nouvel attentat a fait 52 morts** this latest bomb attack leaves 52 dead; **elle se prend pour la nouvelle Marilyn Monroe** she thinks she's another OU the new OU a second Marilyn Monroe; **~x élus** [députés] new OU newly-elected deputies ❑ **carottes nouvelles** spring carrots; **pommes de terre nouvelles** new potatoes; **nouvel an, nouvelle année** New Year; **nouvelle lune** new moon; **le Nouveau Monde** the New World; **le Nouveau Testament** the New Testament. -**3.** [autre] further, new; **de nouvelles négociations sont prévues** further negotiations are scheduled to take place; **le bail est reconduit pour une nouvelle période de trois ans** the lease is renewed for a further three years OU another three-year period; **une nouvelle fois, je tiens à vous remercier** let me thank you once more OU again. -**4.** [original - découverte, idée] new, novel, original; **un esprit/un son ~ est né** a new spirit/sound is born; **une conception nouvelle** a novel OU fresh approach; **porter un regard ~ sur qqn/qqch** to take a fresh look at sb/sthg; **elle est mécontente – ce n'est pas ~!** she's not happy – nothing new about that! -**5.** [inhabituel] new; **ce dossier est ~ pour moi** this case is new to me, I'm new to this case. -**6.** [novateur]: **nouvelle critique** new criticism; **nouvelle cuisine** nouvelle cuisine; **~ roman** nouveau roman, new novel; **nouvelle vague** new generation.
◆ **nouveau, elle** *nm, f* [élève] new boy (*f* girl); [adulte] new man (*f* woman).
◆ **nouveau** *nm*: **qu'est-ce qu'il y a de ~?** what's new?; **rien de ~ depuis la dernière fois** nothing new OU special since last time; **il y a eu du ~ dans l'affaire Perron** there are new developments in the Perron case.
◆ **à nouveau** *loc adv* -**1.** [de façon différente] anew, afresh; **faites le plan à ~** redraft the plan, draft the plan again; **recommence à ~** start anew OU afresh. -**2.** [encore] (once) again, once more; **on entendit à ~ le même bruit** we heard the same noise (once) again. -**3.** BANQUE: **porter à ~** to carry forward.
◆ **de nouveau** *loc adv* again, once again, once more; **tu as fait de ~ la même bêtise** you've made the same mistake again.
◆ **Nouvelle Vague** *nf* CIN New Wave, Nouvelle Vague.

Nouveau-Brunswick [nuvobrœsvik] *npr m*: **le ~** New Brunswick.

Nouveau-Mexique [nuvomɛksik] *npr m*: **le ~** New Mexico; **au ~** in New Mexico.

nouveau-né, e [nuvone] (*mpl* **nouveau-nés**, *fpl* **nouveau-nées**) ◇ *adj* newborn *(modif)*; **une fille ~e** a newborn baby girl.
◇ *nm, f* -**1.** [bébé] newborn baby. -**2.** [appareil, technique] new arrival; **un ~ dans la gamme des ordinateurs portables** a new addition to the family of portable computers.

Nouveau-Québec [nuvokebɛk] *npr m*: **le ~** New Quebec; **au ~** in New Quebec.

nouveauté [nuvote] *nf* -**1.** [chose nouvelle] novelty, new thing; **les ~s discographiques/littéraires** new releases/books; **tu fais de la musculation, c'est une ~!** you've taken up bodybuilding, that's new!; **le racisme a toujours existé, ce n'est pas une ~** racism has always existed, there's nothing new OU recent about it. -**2.** [originalité] novelty, newness; **l'exposition a l'attrait de la ~** the exhibition has novelty appeal. -**3.** COUT fashion; **le commerce/l'industrie de la ~** the fashion trade/industry; **~s de printemps/d'hiver** new spring/winter fashions.

nouvel [nuvɛl] → **nouveau.**

nouvelle [nuvɛl] ◇ *f* → **nouveau.**
◇ *nf* -**1.** [information] (piece of) news *(U)*; **c'est une ~ intéressante** that's an interesting piece of news, that's interesting news; **j'ai une bonne/mauvaise ~ pour toi** I have (some) good/bad news for you; **voici une excellente ~!** this is good news!; **tu ne connais pas la ~?** elle est renvoyée haven't you heard (the news)? she's been fired; **fausse ~** false report; **répandre des fausses ~s** to spread false rumours. -**2.** LITTÉRAT short story, novella.
◆ **nouvelles** *nfpl* -**1.** [renseignements] news *(U)*; **je n'ai pas eu de ses ~s depuis** I haven't had any news from him OU heard from him since; **donne vite de tes ~s** write soon; **Paul m'a demandé de tes ~s** Paul was asking after you; **j'ai eu de tes ~s par ta sœur** your sister told me how you were getting on; **aller aux ~s**

to go and find out what's (been) happening; **on est sans ~s des trois alpinistes** there's been no news of the three climbers; **les ~s vont vite** news travels fast ❑ **goûte-moi cette mousse, tu m'en diras des ~s** *fam* have a taste of this mousse, I think you'll like it; **tu ferais mieux de signer, ou tu auras de mes ~s!** *fam* you'd better sign, or else!; **pas de ~s, bonnes ~s** no news is good news. -**2.** RAD & TV news *(sg)*; **à quelle heure sont les ~s?** when's the news on?

Nouvelle-Angleterre [nuvɛlɑ̃glətɛr] *npr f*: **(la) ~** New England.

Nouvelle-Bretagne [nuvɛlbrətaɲ] *npr f*: **(la) ~** New Britain.

Nouvelle-Calédonie [nuvɛlkaledɔni] *npr f*: **(la) ~** New Caledonia.

Nouvelle-Castille [nuvɛlkastij] *npr f*: **(la) ~** New Castile.

Nouvelle-Écosse [nuvɛlekɔs] *npr f*: **(la) ~** Nova Scotia.

Nouvelle-Galles du Sud [nuvɛlgaldysyd] *npr f*: **(la) ~** New South Wales.

Nouvelle-Guinée [nuvɛlgine] *npr f*: **(la) ~** New Guinea.

Nouvelle-Irlande [nuvɛlirlɑ̃d] *npr f*: **(la) ~** New Ireland.

nouvellement [nuvɛlmɑ̃] *adv* newly, recently, freshly; **~ élu/nommé** newly-elected/-appointed; **~ débarqué** [immigrant] fresh off the boat.

Nouvelle-Orléans [nuvɛlɔrleɑ̃] *npr*: **La ~** New Orleans.

Nouvelles-Hébrides [nuvɛlzebrid] *npr fpl*: **(les) ~** the New Hebrides, Vanuatu.

Nouvelle-Zélande [nuvɛlzelɑ̃d] *npr f*: **(la) ~** New Zealand.

Nouvelle-Zemble [nuvɛlzɑ̃bl] *npr f*: **(la) ~** Novaya Zemlya.

nouvelliste [nuvelist] *nmf* short story writer.

nova [nɔva] *nf* nova.

novateur, trice [nɔvatœr, tris] ◇ *adj* innovative, innovatory.

◇ *nm, f* innovator.

novation [nɔvasjɔ̃] *nf* -**1.** *sout* innovation, innovating. -**2.** JUR novation.

novatoire [nɔvatwar] *adj*: **acte ~** deed of novation.

novembre [nɔvɑ̃br] *nm* November; **le onze ~** Armistice OU Remembrance Day.

nover [3] [nɔve] *vt* to novate; **~ une créance** to carry out a novation of a debt.

novice [nɔvis] ◇ *adj* inexperienced, green; **être ~ dans** OU **en qqch** to be inexperienced in OU a novice at sthg.

◇ *nmf* -**1.** [débutant] novice, beginner. -**2.** RELIG novice.

◇ *nm* NAUT junior seaman.

noviciat [nɔvisja] *nm* -**1.** RELIG [période, lieu] novitiate. -**2.** *litt* [apprentissage] probation, trial period.

Novossibirsk [nɔvɔsibirsk] *npr* Novosibirsk.

noyade [nwajad] *nf* -**1.** [fait de se noyer] drowning *(U)*; **une cause fréquente de ~** a common cause of (death by) drowning. -**2.** [accident] drowning *(C)*; **être témoin d'une ~** to witness a drowning; **il y a eu beaucoup de ~s ici l'été dernier** many people (were) drowned here last summer.

noyau, x [nwajo] *nm* -**1.** [de fruit] stone, pit *Am*; **~ de cerise/pêche** cherry/peach stone; **enlever le ~ d'un fruit** to pit a fruit, to remove the stone from a fruit ❑ **~ reproducteur/végétatif** BOT generative/vegetative nucleus. -**2.** [centre] nucleus; **~ familial** family nucleus. -**3.** [petit groupe] small group; **~ de rebelles** small group of rebels ❑ **le ~ dur du parti** the hard core of the party; **~ de résistance** pocket OU centre of resistance. -**4.** ANAT, ASTRON, BIOL & PHYS nucleus. -**5.** ÉLECTR, GÉOL & NUCL core. -**6.** FIN: **~ dur** hard-core shareholders. -**7.** MÉTALL (mould) core. -**8.** MÉTÉO: **~ de condensation/congélation** hygroscopic/freezing nucleus. -**9.** CHIM nucleus, ring. -**10.** CONSTR newel; **~ de voûte (central)** arch pillar. -**11.** MATH kernel.

noyautage [nwajotaʒ] *nm* -**1.** POL infiltration. -**2.** MÉTALL core blowing.

noyauter [3] [nwajote] *vt* -**1.** POL to infiltrate; **le syndicat a été noyauté** the union has been infiltrated. -**2.** MÉTALL to blow OU to make cores.

noyé, e [nwaje] ◇ *adj* [moteur] flooded; **les yeux ~s de larmes** his eyes bathed with tears.

◇ *nm, f* drowned person; **les ~s** the drowned; **trois disparus et deux ~s** three missing and two drowned.

noyer[1] [nwaje] *nm* -**1.** [arbre] walnut (tree). -**2.** [bois] walnut.

noyer[2] [13] [nwaje] *vt* -**1.** [personne, animal] to drown; [carburateur, vallée] to flood; **le regard noyé de larmes** *fig* eyes brimming OU swimming with tears; **après l'invasion, le pays fut noyé dans le sang** after the invasion, the country was awash with blood; **~ une sédition/mutinerie dans le sang** to bloodily suppress a revolt/mutiny ❑ **~ son chagrin (dans l'alcool)** to drown one's sorrows (in drink); **~ le poisson** PÊCHE to play the fish; **ne cherche pas à ~ le poisson** *fam fig* don't try to confuse the issue; **qui veut ~ son chien l'accuse de la rage** *prov* give a dog a bad name (and hang him) *prov*. -**2.** [faire disparaître]: **une épaisse brume noie la vallée** the valley is shrouded in fog; **être noyé dans la foule** to be lost in the crowd; **la maisonnette est noyée dans la verdure** the cottage is lost in the greenery; **l'essentiel est noyé dans les détails** the essentials have been buried OU lost in a mass of detail; **quelques belles phrases sont noyées dans des développements abscons** some fine phrases are buried under a mass of abstruse argument; **noyée dans la masse, sa voix pouvait passer pour puissante** blended in with the rest, his voice could be thought of as powerful; **le piano est noyé par les violons** the violins are drowning out the piano ‖ CULIN [sauce] to water down *(sép)*, to thin (out) too much; [vin] to water down *(sép)*. -**3.** MENUIS: **~ un clou** to drive a nail right in.

◆ **se noyer** ◇ *vp (emploi réfléchi)* [se suicider] to drown o.s.; **elle a essayé de se ~** she tried to drown herself.

◇ *vpi* [accidentellement] to drown.

◆ **se noyer dans** *vp + prép* -**1.** [se plonger dans] to bury OU to absorb o.s. in; **quand j'ai des ennuis sentimentaux, je me noie dans le travail** when I have problems with my love life, I just throw myself into my work OU bury myself in work. -**2.** [s'empêtrer dans] to get tangled up OU bogged down OU trapped in; **tu te noies dans tes contradictions/mensonges** you're getting bogged down in your (own) contradictions/tangled up in your (own) lies; **vous vous noyez dans des considérations hors sujet** you're getting tangled up in OU lost in a series of side issues ❑ **se ~ dans un verre d'eau** to make a mountain out of a molehill.

N/Réf *(abr écrite de* **Notre référence)** O/Ref.

NRF *(abr de* **Nouvelle Revue française)** *npr f* -**1.** [revue] *literary review*. -**2.** [mouvement] *literary movement*.

N.-S. *(abr écrite de* Notre-Seigneur) Our Lord.

N.-S. J.-C. *(abr écrite de* Notre-Seigneur Jésus-Christ) *Our Lord Jesus Christ*.

NSP *(abr écrite de* Notre Saint Père) *Our Holy Father*.

nu, e [ny] *adj* -**1.** [sans habits - personne] naked, nude; **une femme ~e** a naked OU nude woman; **être ~** to be naked OU in the nude; **ne te promène pas tout ~ devant la fenêtre** don't walk about in front of the window with nothing on; **une plage où l'on peut se baigner (tout) ~** a beach where nude bathing is allowed; **être à demi ~** OU **à moitié ~** to be half-naked; **poser ~ pour un photographe** to pose in the nude for a photographer; **se mettre (tout) ~** to take off all one's clothes, to strip naked; **revue ~e** nude show ❑ **être ~ comme un ver** OU **la main** to be stark naked. -**2.** [découvert - partie du corps]: **avoir les bras ~s/fesses ~es** to be barearmed/barebottomed; **avoir le crâne ~** to be baldheaded; **se promener les jambes ~es** to walk about bare-legged OU with bare legs; **combattre à main ~e** to fight bare-handed OU with one's bare hands; **être pieds ~s** to be barefoot OU barefooted; **marcher pieds ~s** to walk barefoot OU barefooted; **n'y va pas pieds ~s** don't go there with bare feet; **se baigner seins ~s** to go topless bathing; **entrer dans une église la tête ~e** to walk into a church bareheaded OU without a hat on; **torse ~: il travaillait torse ~** he was working without a shirt on; **mettez-vous torse ~** strip to the waist ❑ **à l'œil ~: ça ne se voit pas/ça se voit à l'œil ~** *pr* you can't/you can see it with the naked eye; **il est jaloux, ça se voit à l'œil ~** *fig* he's jealous, it's plain for all to see. -**3.** [dégarni - sabre] naked; [- paysage] bare, empty; **les murs étaient ~s** the walls were bare. -**4.** BOT [grain, graine] naked.

◆ **nu** *nm* -**1.** BX-ARTS nude. -**2.** [spectacle]: **elle fait du ~** she works in nude shows ❑ **une photo de ~** a nude photo. -**3.** CONSTR: **~ de mur** plain of a wall. -**4.** [lettre] nu.

◆ **à nu** ◇ *loc adj* bare; **le fil est à ~** [accidentellement] the wire is bare; [exprès] the wire has been stripped; **mon âme était à ~** my soul had been laid bare.

◇ *loc adv*: **mettre à ~** to expose; **mettre un fil électrique à ~** to strip a wire; **mettre son cœur à ~** to bare one's soul; **mettre à ~ la corruption de la société** to lay bare OU to expose corruption in society.

nuage [nɥaʒ] *nm* -**1.** MÉTÉO cloud; **ciel chargé de ~s** cloudy OU overcast sky; **~ de fumée/poussière** cloud of smoke/dust; **~ toxique/radioactif** toxic/radioactive cloud. -**2.** [menace, inquiétude] cloud; **il y a de gros ~s à l'horizon économique de 1994** the economic outlook for 1994 is very gloomy OU bleak; **un ~ passa dans ses yeux/sur son visage** his eyes/his face clouded over ‖ [rêverie]: **être dans les ~s** to have one's head in the clouds, to be day dreaming; **encore dans les ~s?** are you dreaming again? -**3.** [masse légère]: **un ~ de tulle** a mass OU swathe of tulle ‖ [petite quantité]: **un ~ de lait** a drop of milk. -**4.** JOAILL cloud. -**5.** MATH: **~ de points** scatter of points. -**6.** PHYS: **~ (électronique)** electron cloud.

◆ **sans nuages** *loc adj* -**1.** MÉTÉO cloudless; **sous le ciel sans ~s de l'Australie** under Australia's cloudless blue skies. -**2.** [serein] unclouded, untroubled, perfect; **une amitié sans ~s** an untroubled friendship; **un bonheur sans ~s** unclouded happiness; **vivre sous un ciel sans ~s** to live in unclouded happiness.

nuageux, euse [nɥaʒø, øz] *adj* -**1.** MÉTÉO: **ciel ~** cloudy OU overcast sky; **ciel devenant ~** increasing cloud ❑ **masse nuageuse** cloudbank; **système ~** cloud system. -**2.** [confus - esprit, idée] hazy, nebulous, obscure.

nuance [nɥɑ̃s] *nf* -**1.** [différence - de couleur] shade, hue; [- de son] nuance; **des ~s de bleu** shades of blue; **~ de sens** shade of meaning, nuance; **il y a une ~ entre désir et amour** there's a (slight) difference between desire and love; **j'ai dit que je l'aimais bien et non que je l'aimais, ~!** I said I liked him and not that I loved him, that's not the same thing! -**2.** [subtilité] nuance, subtlety; **toutes les ~s de sa pensée** the many subtleties OU all the finer aspects of his thinking; **personne/personnage tout en ~s** very subtle person/character; **il joue du piano sans ~s/avec ~** his piano playing lacks subtlety/displays a good sense of musical shading. -**3.** [trace légère] touch, tinge; **une ~ de regret** a touch of regret; **il y a une ~ d'amertume dans sa voix** there's a touch OU hint of bitterness in his voice. -**4.** MÉTALL grade, type.

nuancer [16] [nɥɑ̃se] *vt* -**1.** [couleur] to shade; [musique] to nuance. -**2.** [critique, jugement] to nuance, to qualify; **cette opinion/déclaration demande à être nuancée** this opinion/statement needs to be qualified. -**3.** TEXT to grade, to tone.

nuancier [nɥɑ̃sje] *nm* colour chart.
Nubie [nybi] *npr f*: (la) ~ Nubia.
nubile [nybil] *adj* nubile; l'âge ~ ≃ the age of consent.
nubilité [nybilite] *nf* nubility.
nucléaire [nykleɛr] ◇ *adj* BIOL, MIL & PHYS nuclear.
◇ *nm* [énergie] nuclear power OU energy; [industrie] nuclear industry.
nucléarisation [nyklearizasjɔ̃] *nf* INDUST *introduction of nuclear power to replace conventional energy sources*; MIL nuclearization.
nucléariser [3] [nyklearize] *vt* to supply with nuclear power; MIL to supply with nuclear weapons, to nuclearize.
◆ **se nucléariser** *vpi* to go nuclear.
nucléase [nykleaz] *nf* nuclease.
nucléé, e [nyklee] *adj* nucleated.
nucléide [nykleid] = **nuclide**.
nucléine [nyklein] *nf* nuclein.
nucléique [nykleik] *adj*: acide ~ nucleic acid.
nucléole [nykleɔl] *nm* nucleolus.
nucléon [nykleɔ̃] *nm* nucleon.
nucléonique [nykleɔnik] *adj* nucleonic.
nucléoprotéine [nykleɔprɔtein] *nf* nucleoprotein.
nucléoside [nykleozid] *nm* nucleoside.
nucléosynthèse [nykleɔsɛ̃tɛz] *nf* nucleosynthesis.
nuclide [nyklid] *nm* nuclide.
nudisme [nydism] *nm* nudism, naturism; **pratiquer le** ~ to practise nudism.
nudiste [nydist] ◇ *adj* nudist *(modif)*.
◇ *nmf* nudist; **plage/village de** ~**s** nudist beach/village.
nudité [nydite] *nf* **-1.** [d'une personne] nakedness, nudity; *fig*: **sa mesquinerie se révélait enfin dans toute sa** ~ his pettiness was at last revealed for what it was; **ses crimes furent étalés dans toute leur** ~ his crimes were exposed for all to see. **-2.** [d'un lieu] bareness; **la** ~ **d'une cellule monacale** the starkness OU bareness of a monk's cell; **la** ~ **des murs rend la pièce glaciale** the bare walls make the room feel very cold. **-3.** BX-ARTS nude.
nuée [nɥe] *nf* **-1.** *litt* thick cloud; ~ **d'orage** storm cloud, thundercloud. **-2.** GÉOL: ~ **ardente** nuée ardente. **-3.** [multitude] horde, host; ~ **de paparazzi/d'admirateurs** a horde of paparazzi/admirers; ~ **d'insectes** horde OU swarm of insects; **comme une** ~ **de sauterelles** like a plague of locusts. **-4.** JOAILL cloud.
nue-propriété [nyprɔprijete] (*pl* **nues-propriétés**) *nf* bare ownership.
nues [ny] *nfpl litt*: **les** ~ the skies ❑ **porter qqn/qqch aux** ~ to praise sb/sthg to the skies; **tomber des** ~: **nous sommes tombés des** ~ we were flabbergasted OU dumbfounded; **tu tombes des** ~! where have you been?
nuire [97] [nɥir]
◆ **nuire à** *v + prép* [être néfaste pour]: ~ **à qqn** to harm OU to injure sb; **le soutien d'un homme comme lui ne peut que te** ~ support from a man like him can only do you harm OU will never do you any good; **ils cherchent à nous** ~ **par une publicité mensongère** they're trying to damage our reputation with misleading publicity; ~ **à qqch** to be harmful to OU to damage OU to harm sthg; **le tabac nuit à la santé** smoking is harmful to health; **ne fais rien qui puisse** ~ **à ta carrière** don't do anything that might damage OU harm your career; **cela a nui à l'équilibre de leur couple** their relationship suffered from it; **les grèves nuisent à la reprise économique** strikes are a threat to economic recovery.
◆ **se nuire** *vp (emploi réfléchi)* to do o.s. harm; **tu te nuis à toi-même en faisant cela** you're only hurting yourself by doing that.
nuisance [nɥizɑ̃s] *nf* (environmental) nuisance.
nuisette [nɥizɛt] *nf* short OU babydoll nightgown.
nuisible [nɥizibl] *adj* harmful; **gaz/fumées** ~**s** noxious gas/fumes; **des individus** ~**s à la société** individuals harmful to society ❑ **animaux** ~**s** pests.
◆ **nuisibles** *nmpl* ZOOL vermin, pests.
nuit [nɥi] *nf* **-1.** [obscurité] night *(U)*, dark, darkness; **il fait** ~ it's dark; **il fait** ~ **noire** it's pitch-dark OU pitch-black; **la** ~ **tombe** it's getting dark, night is falling; **l'hiver, la** ~ **tombe plus tôt** it gets dark earlier in winter; **rentrer avant la** ~ to get back before nightfall OU dark; **à la** ~ **tombante, à la tombée de la** ~ at nightfall, at dusk; **dans la** ~ **de son passé** in the mists of his past; **entrer dans la** ~ **éternelle** OU **la** ~ **du tombeau** *litt* to descend into the darkness of the grave; **l'homme ne sait rien, il est dans la** ~ *litt* man knows nothing, he struggles in the dark ❑ **la** ~ **des temps**: **remonter à/se perdre dans la** ~ **des temps** to go back to the dawn of/to be lost in the mists of time; **c'est le jour et la** ~! it's like chalk and cheese! *Br*, it's like night and day! *Am*. **-2.** [intervalle entre le coucher et le lever du soleil] night, nighttime; **je dors la** ~ I sleep at OU during the night; **une** ~ **étoilée** a starry night; **son état a empiré pendant la** ~ her condition worsened during the night; **faire sa** ~ to sleep through the night; **bonne** ~! goodnight!; **passer une bonne** ~ [malade] to have a comfortable night ❑ ~ **blanche** sleepless night; ~ **bleue** night of bomb attacks; **la** ~ **porte conseil** *prov* let's sleep on it; **'Une** ~ **à l'opéra'** *Marx Brothers* 'A Night at the Opera'. **-3. une** ~ **de** [une nuit passée à] a night of; **une** ~ **de marche/repos/travail** a night's walk/rest/work; **une** ~ **d'extase/de désespoir** a night of ecstasy/despair; **une** ~ **d'insomnie** a sleepless night; **une** ~ **de sommeil ininterrompu** a night of unbroken sleep ❑ **la** ~ **de noces** the wedding night. **-4.** [dans des expressions de temps]: **cette** ~: **que s'est-il passé cette** ~? what happened last night?; **nous partons cette** ~ we're leaving tonight; **des** ~**s entières** nights on end; **en pleine** ~ in the middle of the night; **en une** ~ [pendant la nuit] in one night; [vite] overnight; **il y a deux** ~**s** the night before last; **il y a trois** ~**s** three nights ago; **la** ~: **l'émission passe tard la** ~ the programme is on late at night, it's a late-night programme; **ne sors pas seul la** ~ don't go out alone at night; **la** ~ **de mardi/vendredi** Tuesday/Friday night; **dans la** ~ **de mardi à mercredi** during Tuesday night, during the night of Tuesday to Wednesday; **la** ~ **où** the night that; **la** ~ **où on l'a appelé, il était introuvable!** the (one) night we called him, he was nowhere to be found!; **la** ~ **précédente** OU **d'avant** the previous night, the night before; **la** ~ **suivante** OU **d'après** the next night, the night after; **l'autre** ~ the other night; ~ **et jour, de** ~ **comme de jour** night and day; **stationnement interdit** ~ **et jour** no parking day or night; **toute la** ~ all night (long), through the night; **toutes les** ~**s** nightly, every night ❑ **la** ~ **tous les chats sont gris** *prov* all cats are grey in the dark. **-5.** [dans des noms de dates]: **la** ~ **des longs couteaux** the Night of the Long Knives; **la** ~ **de Noël** Christmas night; **la** ~ **de la Saint-Sylvestre** New Year's Eve night; **'la Nuit des rois'** *Shakespeare* 'Twelfth Night'. **-6.** [nuitée]: **c'est 300 F la** ~ it's 300 F a night; **payer sa** ~ to pay for the night; **c'est combien la** ~? how much is it for one night?; **la chambre est à 130 F la** ~ rooms are 130 F a night.
◆ **de nuit** ◇ *loc adj* **-1.** ZOOL: **animaux/oiseaux de** ~ nocturnal animals/birds. **-2.** [pharmacie] night *(modif)*, all-night *(avant n)*, twenty-four hour *(avant n)*. **-3.** [qui a lieu la nuit] night *(modif)*; **garde/vol de** ~ night watch/flight; **lunettes pour la conduite de** ~ glasses for night-driving OU driving at night; **être de** ~ to work night shifts, to be on nights; **aujourd'hui je suis de** ~ **à l'hôpital** I'm on night-duty at the hospital tonight.
◇ *loc adv*: **travailler de** ~ to work nights OU the night shift OU at night; **conduire de** ~ to drive at OU by night; **nous arriverons plus vite en faisant la route de** ~ we'll arrive earlier if we drive through the night.
◆ **nuit américaine** *nf* CIN day for night; **tourné en** ~ **américaine** shot in day for night.
nuitamment [nɥitamɑ̃] *adv litt* at OU by night.
nuitée [nɥite] *nf* bed-night, person-night *spéc*; **le gérant de l'hôtel nous a facturé deux** ~**s** the hotel manager charged us for two nights.
nul, nulle[1] [nyl] ◇ *adj* **-1.** [inexistant] nil, nonexistent; **les bénéfices sont presque** ~**s** the profits are almost nonexistent OU nil OU zero; **nos chances de gagner sont nulles** we stand (absolutely) no chance of winning, our chances of winning are nil. **-2.** *fam* [très mauvais] useless, rubbish, hopeless; **leur dernière chanson est nulle** their latest song is rubbish; **être** ~ **en maths** to be hopeless OU useless at maths; **c'est vraiment** ~ **de dire une chose pareille** what a pathetic thing to say; **t'es** ~! you're useless OU pathetic! **-3.** MATH null; **ensemble** ~ null OU empty set; **matrice nulle** null matrix. **-4.** JUR null; **rendre** ~ to nullify, to annul. **-5.** SPORT nil; **le score est** ~ the score is nil-nil.
◇ *nm, f fam* prat; **quel** ~ **ce mec!** what a prat!
nul, nulle[2] [nyl] *sout* ◇ *adj indéf (avant le n)* no, not any; **tu ne peux faire confiance à** ~ **autre que lui** you can trust nobody but him, he's the only one you can trust; ~ **autre que lui n'aurait pu y parvenir** nobody (else) but he could have done it; **à** ~ **autre pareil** peerless, unrivalled; **je n'éprouve** ~ **ressentiment** I don't feel at all resentful, I don't feel any resentment; **elle n'a nulle envie de me voir** she has no desire (whatsoever) to see me; **il partit sans nulle envie de revenir** he left with no desire to return; **sans** ~ **doute** undoubtedly, without any doubt; ~ **doute qu'il tiendra sa promesse** there is no doubt that he will keep his promise.
◇ *pron indéf* no one, nobody; ~ **n'aurait mieux su analyser la situation** no one could have analyzed the situation better; ~ **mieux que lui n'aurait su analyser la situation** no one could have analyzed the situation better than him; ~ **n'est venu** no one OU nobody came; ~ **ne peut le nier** no one can deny it ❑ ~ **n'est parfait** nobody's perfect; ~ **n'est censé ignorer la loi** ignorance of the law is no defence; ~ **n'est prophète en son pays** *prov* no man is a prophet in his own country.
◆ **nulle part** *loc adv* nowhere; **on ne l'a trouvé nulle part** we couldn't find it anywhere; **nulle part la nature n'est plus belle** nowhere is nature more beautiful; **le texte ne mentionne nulle part ce détail** this detail is not mentioned anywhere in the text; **nulle part ailleurs** nowhere else.
nullard, e *fam* [nylar, ard] ◇ *adj* thick *Br*, dumb *Am*.
◇ *nm, f* numskull, dumbo, thicko *Br*.
nullement [nylmɑ̃] *adv litt* not at all, not in the least; **elle n'avait** ~ **honte de ce qu'elle avait fait** she wasn't in the least ashamed of what she'd done; **ça vous gêne que je fume?** — ~ do you mind my smoking? — not at all OU not in the least.
nulle part [nylpar] *loc adv* nowhere; **on ne l'a trouvé** ~ he was nowhere to be found; ~ **ailleurs** nowhere else.
nullipare [nylipar] ◇ *adj* nulliparous.
◇ *nf* nullipara.
nullité [nylite] *nf* **-1.** [manque de valeur] incompetence, uselessness; **elle est d'une** ~ **totale** she's totally useless OU incompetent; **ce film est d'une parfaite** ~ this film is really terrible. **-2.** [personne] incompetent, nonentity; **c'est une** ~ he's useless. **-3.** JUR nullity; **action en** ~ action for (a) voidance of contract.
numéraire [nymerɛr] ◇ *adj*: **espèces** ~**s** legal tender OU currency; **valeur** ~ face value.
◇ *nm* cash; **payer en** ~ to pay cash ❑ ~ **fictif** paper money.
numéral, e, aux [nymeral, o] *adj* numeral.
◆ **numéral, aux** *nm* numeral.

numérateur [nymeratœr] *nm* numerator.

numération [nymerasjɔ̃] *nf* -**1.** [dénombrement] numeration, numbering *(U)*; [signes] notation; ~ **décimale/binaire** decimal/binary notation. -**2.** MÉD: ~ **globulaire** blood count.

numérique [nymerik] *adj* -**1.** [gén] numerical; **dans l'ordre** ~ in numerical order. -**2.** MATH numerical. -**3.** INF digital.

numériquement [nymerikmɑ̃] *adv* -**1.** [en nombre] numerically. -**2.** INF digitally.

numérisation [nymerizasjɔ̃] *nf* digitization.

numériser [3] [nymerize] *vt* to digitize.

numériseur [nymerizœr] *nm* digitizer.

numéro [nymero] *nm* -**1.** [nombre] number; ~ **(de téléphone)** TÉLÉC (telephone) number; **donne-moi ton** ~ give me your number; **refais le** ~ dial (the number) again; **j'ai changé de** ~ my number has changed; **faire un faux** ~ to dial a wrong number; **'il n'y a pas d'abonné au** ~ **que vous avez demandé'** there's no subscriber at the number you've dialled ❑ ~ **d'un navire/de voilure** NAUT ship's/class number; ~ **d'appel** [dans une file d'attente] number; ~ **azur** *telephone number for a call charged at the local rate irrespective of the actual distance covered*; ~ **complémentaire** JEUX *extra number in Loto, used as a joker*; ~ **de compte** account number; ~ **d'immatriculation** registration number *Br*, license number *Am*; ~ **matricule** number; ~ **d'ordre** (queueing) number OU ticket *Br*, number (for waiting line) *Am*; ~ **postal** *Helv* postcode *Br*, zip code *Am*; ~ **vert** ≃ Freefone number *Br*, ≃ 800 number *Am*. -**2.** [habitation, place] number; **j'habite rue Froment – à quel** ~ ? I live in the rue Froment – what number?; **j'ai le** ~ **3B, où dois-je m'asseoir?** I've got (ticket) number 3B, where should I sit? -**3.** [exemplaire] issue, number; **acheter un magazine au** ~ to buy a magazine as it appears; **il faudra chercher dans de vieux** ~**s** we'll have to look through some back issues; **deux** ~**s en un double issue**; **j'ai tous les** ~**s depuis la parution** I've got every issue OU copy that's ever been published. -**4.** MUS number; [dans un spectacle] act, turn; **il fait le** ~ **le plus important du spectacle** he's top of the bill; **elle a fait son** ~ **habituel** she went into her usual routine; **il lui a fait un** ~ **de charme terrible** *fam* he really turned on the charm with her. -**5.** JEUX [nombre] number; **un** ~ **gagnant** a winning number; **tirer le bon/mauvais** ~ to draw a lucky/an unlucky number; **lui, il a tiré le bon** ~! *fig* he's really picked a winner! -**6.** [personne]: **n'être qu'un** ~ to be just a number; **quel** ~! *fam* [hurluberlu] what a card OU character! ❑ **le** ~ **un/deux soviétique** the Soviet number one/two; **le** ~ **un du tennis** the top tennis player; **le** ~ **deux de l'automobile** the second-ranked car manufacturer. -**7.** *(comme adj; après le n)*: **le lot** ~ **12** lot 12. -**8.** OPT number. -**9.** TEXT count of yarn.

numérologie [nymerɔlɔʒi] *nf* numerology.

numérologue [nymerɔlɔg] *nmf* numerologist.

numérotage [nymerɔtaʒ] *nm* -**1.** [attribution d'un numéro] numbering. -**2.** TEXT (yarn) counting.

numérotation [nymerɔtasjɔ̃] *nf* -**1.** [attribution d'un numéro] numbering; **la** ~ **des pages** pagination, page numbering. -**2.** TÉLÉC dialling.

numéroter [3] [nymerɔte] *vt* to number; ~ **les pages d'un livre** to paginate a book, to number the pages of a book; **les places ne sont pas numérotées** the seats aren't numbered ❑ **tu peux** ~ **tes abattis!** *fam hum* get ready, you're in for it!

numerus clausus [nymerysklozys] *nm inv* numerus clausus.

numide [nymid] *adj* Numidian.

◆ **Numide** *nmf* Numidian.

Numidie [nymidi] *npr f*: **(la)** ~ Numidia.

numismate [nymismat] *nmf* numismatist, numismatologist.

numismatique [nymismatik] ◇ *nf* numismatics *(sg)*, numismatology.

◇ *adj* numismatic.

nunuche *fam* [nynyʃ] ◇ *adj* simple, goofy, dumb.

◇ *nf* ninny, nincompoop.

nuoc-mâm [nɥɔkmam] *nm inv* CULIN nuoc mam.

nu-pieds [nypje] *nmpl* sandals.

nu-propriétaire, nue-propriétaire [nyprɔprietɛr] *(mpl* **nus-propriétaires**, *fpl* **nues-propriétaires)** *nm, f* bare owner.

nuptial, e, aux [nypsjal, o] *adj* -**1.** [de mariage] wedding *(modif)*; **robe** ~**e** wedding dress, bridal gown. -**2.** ZOOL nuptial.

nuptialité [nypsjalite] *nf* marriage rate, nuptiality.

nuque [nyk] *nf* nape *(of the neck)*; **une coiffure qui dégage la** ~ a hairstyle that leaves the back of the neck OU the nape bare; **saisir qqn par la** ~ to grab sb by the scruff of the neck.

Nuremberg [nyrɛ̃bɛr] *npr* Nuremberg.

nurse [nœrs] *nf vieilli* nanny, governess.

nursery [nœrsəri] *(pl* **nurserys** OU **nurseries)** *nf* [d'une maison, d'un hôpital] nursery.

nutriment [nytrimɑ̃] *nm* nutriment.

nutritif, ive [nytritif, iv] *adj* -**1.** [nourrissant - aliment] nourishing, nutritious; **substance nutritive** nutrient. -**2.** [relatif à la nutrition] nutritive, nutritional; **valeur nutritive** food OU nutritional value.

nutrition [nytrisjɔ̃] *nf* -**1.** PHYSIOL nutrition, feeding; **maladies de la** ~ nutritional diseases; **spécialiste de la** ~ dietary expert. -**2.** BOT nutrition.

nutritionnel, elle [nytrisjɔnɛl] *adj* nutritional, food *(modif)*; **composition** ~**le du lait** food OU nutritional value of milk.

nutritionniste [nytrisjɔnist] *nmf* nutritionist, dietary expert.

Nyassaland [njasalɑ̃d] *npr m*: **le** ~ Nyasaland.

nyctalope [niktalɔp] ◇ *adj* -**1.** ZOOL: **la chouette est un oiseau** ~ the owl has good nocturnal vision. -**2.** MÉD hemeralopic *spéc*, day-blind.

◇ *nmf* -**1.** MÉD day-blindness OU hemeralopia *spéc* sufferer. -**2.** ZOOL animal/bird with good nocturnal vision.

nyctalopie [niktalɔpi] *nf* -**1.** ZOOL good nocturnal vision. -**2.** MÉD day-blindness, hemeralopia.

Nylon® [nilɔ̃] *nm* nylon; **en** OU **de** ~ nylon *(modif)*; **des bas (de)** ~ nylons *vieilli*, nylon stockings.

nymphal, e, aux [nɛ̃fal, o] *adj* nymphal.

nymphalidé [nɛ̃falide] *nm* nymphalid; **les** ~**s** the Nymphalidae.

nymphe [nɛ̃f] *nf* -**1.** MYTH nymph; **elle avait un corps de** ~ she was nymph-like OU sylph-like. -**2.** ENTOM nymph. -**3.** ANAT labia minora, nympha.

nymphéa [nɛ̃fea] *nm* white water lily; **'les Nymphéas'** *Monet* 'Water Lilies'.

nymphéacée [nɛ̃fease] *nf* member of the Nymphaeaceae.

nymphette [nɛ̃fɛt] *nf* nymphet, nymphette.

nymphomane [nɛ̃fɔman] *adj f* & *nf* nymphomaniac.

nymphomanie [nɛ̃fɔmani] *nf* nymphomania.

nymphose [nɛ̃foz] *nf* nymph stage.

nystatine [nistatin] *nf* PHARM nystatin.

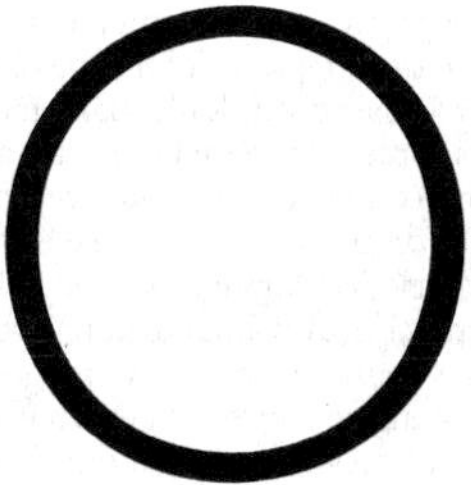

o, O [o] *nm inv* [lettre] o, O.

O (*abr écrite de* Ouest) W.

ô [o] *interj litt* oh, O.

OAA (*abr de* Organisation des Nations unies pour l'alimentation et l'agriculture) *npr f* FAO.

OACI (*abr de* Organisation de l'aviation civile internationale) *npr f* ICAO.

OAS (*abr de* Organisation Armée Secrète) *npr f* OAS *(French terrorist organization which opposed Algerian independence in the 1960s)*.

oasien, enne [ɔazjɛ̃, ɛn] ◇ *adj* oasis *(modif)*.
◇ *nm, f* oasis dweller.

oasis [ɔazis] *nf* oasis; une ~ de paix an oasis of peace.

obédience [ɔbedjɑ̃s] *nf* [adhésion] allegiance; pays d'~ socialiste socialist OU socialist-run countries; musulman de stricte ~ devout Muslim ❑ ~ religieuse religious persuasion.

obéir [32] [ɔbeir]
◆ **obéir à** *v + prép* -**1.** [se soumettre à] : ~ à qqn/qqch to obey sb/sthg; **il m'obéit au doigt et à l'œil** he's at my beck and call; **savoir se faire ~ de qqn** to command OU to compel obedience from sb; **c'était un professeur très obéi de ses élèves** as a teacher, he commanded (great) obedience from his pupils; ~ **à un ordre** to comply with OU to obey an order || *(en usage abs)*: **vas-tu ~!** will you do as you're told! -**2.** [être régi par] : ~ **à qqch** to submit to OU to obey sthg; ~ **à une théorie/un principe** to obey OU to follow a theory/principle; **le marché obéit à la loi de l'offre et de la demande** the market is governed by OU follows the law of supply and demand; ~ **à une impulsion** to follow an impulse; **obéissant à une soif de vengeance** moved OU prompted by a thirst for revenge; ~ **à sa bonté naturelle/à la raison** to be prompted by one's natural kindness/by reason. -**3.** [réagir à - suj: mécanisme] : ~ **à qqch** to respond to sthg || *(en usage abs)*: **le moteur obéit bien** the engine responds well; **soudain les freins ont cessé d'~** all of a sudden, the brakes stopped responding.

obéissance [ɔbeisɑ̃s] *nf* -**1.** [action d'obéir] obedience, submission; **une ~ aveugle aux ordres** blind obedience to orders; ~ **à une règle** adherence to a rule. -**2.** [discipline] obedience; **les professeurs se plaignent du manque d'~ des élèves** the teachers complain of the pupils' disobedience. -**3.** RELIG obedience.

obéissant, e [ɔbeisɑ̃, ɑ̃t] *adj* obedient; **être** OU **se montrer ~ envers qqn** to be obedient to OU towards sb.

obélisque [ɔbelisk] *nm* obelisk.

obérer [18] [ɔbere] *vt sout* -**1.** [accabler financièrement] to be a burden on, to weigh down *(sép)*; **la facture pétrolière obère le budget de l'État** the oil bill is a burden on the country's budget. -**2.** [compromettre] to compromise; **cette décision obère l'avenir** this decision compromises the future.

obèse [ɔbɛz] ◇ *adj* obese.
◇ *nmf* obese person.

obésité [ɔbezite] *nf* obesity, obeseness.

obi [ɔbi] *nf* obi.

obier [ɔbje] *nm* guelder rose.

objectal, e, aux [ɔbʒɛktal, o] *adj* object *(modif)* PSYCH.

objecter [4] [ɔbʒɛkte] *vt* -**1.** [opposer - un argument] : ~ **qqch à qqn** to put sthg forward as an argument against sb; **il n'a rien eu à ~ à ce que j'ai dit** he raised no objections to what I said; **que peut-on lui ~?** what arguments can we put forward against him?; **on nous objectera le coût trop élevé de l'opération** they will object to the high cost of the operation. -**2.** [prétexter] : **ils peuvent m'~ que je suis trop jeune** they may object that I am too young; **il objecta son incompétence pour se débarrasser de la corvée** he pleaded incompetence to get out of doing the chore.

objecteur [ɔbʒɛktœr] *nm*: ~ **de conscience** conscientious objector.

objectif, ive [ɔbʒɛktif, iv] *adj* -**1.** [impartial] objective, unbiased; **un témoin ~** an unbiased witness. -**2.** [concret, observable] objective; **la fièvre est un signe ~ de maladie** fever is an objective symptom of disease. -**3.** GRAMM & PHILOS objective.
◆ **objectif** *nm* -**1.** [but à atteindre] objective, goal, aim; **se fixer/atteindre un ~** to set o.s./to reach an objective. -**2.** MIL [cible] target, objective. -**3.** OPT & PHOT lens, objective; **braquer son ~ sur qqch** to train one's camera on sthg; **fixer l'~** to look into the camera; **elle est très naturelle devant l'~** she's very natural in front of a camera.

objection [ɔbʒɛksjɔ̃] *nf* -**1.** [gén] objection; **faire** OU **soulever une ~** to make OU to raise an objection; **tu as** OU **tu y vois une ~?** do you have any objection?; **je ne vois pas d'~ à continuer le débat** I have no objection to our continuing the debate. -**2.** JUR : **~!** objection!; **~ accordée/refusée** objection sustained/overruled.
◆ **objection de conscience** *nf* MIL conscientious objection.

objectivation [ɔbʒɛktivasjɔ̃] *nf* objectivization.

objectivement [ɔbʒɛktivmɑ̃] *adv* objectively; **vous n'avez pas rendu compte des faits ~** you didn't report the facts objectively, you didn't give an objective account of the facts; **~, qu'est-ce que vous en pensez?** objectively, what do you think of it?

objectiver [3] [ɔbʒɛktive] *vt* to objectify.

objectivisme [ɔbʒɛktivism] *nm* objectivism.

objectiviste [ɔbʒɛktivist] ◇ *adj* objectivist, objectivistic.
◇ *nmf* objectivist.

objectivité [ɔbʒɛktivite] *nf* objectivity; **l'~ d'un rapport/journaliste** the objectivity of a report/journalist, a report's/journalist's objectivity; **manque d'~** lack of objectivity; **en toute ~** (quite) objectively.

objet [ɔbʒɛ] *nm* -**1.** [chose] object, item; **je ne suis pas un ~ dont on dispose** I refuse to be treated like an object; **traiter qqn comme un ~** to treat sb like an object OU a thing ❑ ~ **d'art** objet d'art, art object; ~ **de luxe** luxury item; ~ **sexuel** sex object; ~ **volant non identifié** → **OVNI**; **~s personnels** personal belongings OU effects; **ne prenez que des ~s de première nécessité** take only what's absolutely necessary; **~s de toilette** toiletries; **~s trouvés** lost property *(U)*; **~s de valeur** valuables; **c'est un homme-~** he's a sex object. -**2.** [thème] subject; **l'~ de leurs discussions était toujours la politique** politics was always the subject of their discussions; **quel est l'~ de la thermodynamique?** what does thermodynamics cover? ❑ ~ (construit) construct; ~ **mathématique** mathematical construct. -**3.** [personne, chose visée] object; **l'~ de mes pensées entra soudain** the object of my thoughts suddenly came in; **l'~ de sa curiosité/passion** the object of her curiosity/passion; **l'~ de sa haine** the object of his hatred. -**4.** [raison] cause; **l'~ de toute cette agitation** the object OU cause of all this excitement. -**5.** [but] object, purpose, aim; **mon ~ est de** OU **j'ai pour ~ de vous convaincre** my purpose OU goal is to convince you; **exposer l'~ de sa visite** to explain the purpose of OU reason for one's visit; **l'~ de l'émission est de divertir** the purpose OU aim OU object of the programme is to entertain; **le congrès a rempli son ~, qui était d'informer** the congress has achieved its aim OU purpose, which was to inform; **faire l'~ de: faire l'~ de soins particuliers** to receive OU to be given special care; **faire l'~ d'une fouille corporelle** to be subjected to a body search; **faire l'~ d'attaques répétées** to be the victim of repeated attacks; **l'ancien ministre fait actuellement l'~ d'une enquête** the former minister is currently being investigated; **faire l'~ de controverses** to be a controversial subject; **faire l'~ de vives critiques** to be the object OU target of sharp criticism. -**6.** GRAMM object. -**7.** PSYCH: ~ **partiel** part object; ~ **total** whole object. -**8.** JUR matter; **l'~ du litige** the matter at issue; **l'~ de la plainte** the matter of the complaint; **l'~ désigné dans le contrat** the object of the contract.
◆ **sans objet** *loc adj* -**1.** [sans but] aimless, pointless; **des rêveries sans ~** aimless day-

dreaming. -**2.** [non justifié] unjustified, groundless, unfounded; **votre démarche est désormais sans ~** you are no longer justified in taking this step; **ces arguments sont maintenant sans ~** these arguments no longer apply OU are no longer applicable.

objurgations [ɔbʒyrgasjɔ̃] *nfpl litt* -**1.** [reproches] objurgations *litt*, castigations. -**2.** [prières] entreaties, pleas.

obligataire [ɔbligatɛr] ◇ *adj* bonded, debenture *(modif)*; **dette ~** bonded OU debenture debt; **emprunt/créancier ~** bonded loan/creditor.
◇ *nmf* debenture holder, bondholder.

obligation [ɔbligasjɔ̃] *nf* -**1.** [contrainte] obligation; **la vie communautaire crée certaines ~s** communal life creates certain obligations; **vous pouvez contribuer à la cagnotte, mais il n'y a pas d'~** OU **ce n'est pas une ~** you can put money into the kitty if you wish, but you don't have to OU there's no obligation; **~ de: je suis** OU **je me vois dans l'~ de vous expulser** I'm obliged OU forced to evict you; **faire ~ à qqn de** to oblige OU to require sb to; **la loi vous fait ~ de vous présenter en personne** the law requires you to appear in person ❑ **il n'y a pas d'~ d'achat de votre part** there's no obligation to buy on your part; **~ de réserve** duty of confidentiality. -**2.** [devoir] obligation, duty, commitment; **mes ~s de président de la société** my duties as the chairman of the company ❑ **~s familiales** family obligations OU commitments; **~s militaires** military obligations OU duties; **l'~ scolaire** compulsory education. -**3.** JUR obligation; **~ alimentaire** alimony, maintenance (order) *Br*; **contracter une ~ envers qqn** to enter into an agreement with sb; **faire honneur à ses ~s** to fulfil one's obligations, to carry out one's duties. -**4.** BOURSE & FIN bond, debenture; **~ portant un intérêt de 6 %** bond bearing interest at 6% ❑ **~ échue/négociable** matured/marketable bond; **~ remboursable** OU **amortissable** redeemable bond; **~ cautionnée** guaranteed bond; **~ d'entreprise** bond, debenture (stock) *Br*; **~ d'État** (government) bond; **~ hypothécaire** mortgage bond; **~ au porteur** bearer bond; **~ privilégiée** preference OU preferment bond. -**5.** *litt* [gratitude] obligation. -**6.** RELIG: **fête d'~** holy day of obligation.

obligatoire [ɔbligatwar] *adj* -**1.** [exigé, imposé] compulsory, obligatory; **lectures/exercices ~s** compulsory texts/exercises; **(le port de) la ceinture de sécurité est ~ en France** it is compulsory to wear one's seat belt in France; **le vaccin est ~ pour entrer à la maternelle** children must be vaccinated before being admitted to infant school *Br* OU nursery school *Am*; **'tenue de soirée ~'** formal dress required. -**2.** [inéluctable]: **un jour ou l'autre ils en viendront aux mains, c'est ~** one of these days they're bound to come to blows.

obligatoirement [ɔbligatwarmɑ̃] *adv* -**1.** [par nécessité]: **nous devons ~ fermer les portes à 20 h** we're obliged OU required to close the doors at 8 p.m. -**2.** *fam* [immanquablement] inevitably; **il va ~ tout aller lui répéter** he's bound to go and tell her everything; **alors, ~, il a pensé qu'on lui cachait des choses** so he inevitably thought we were hiding things from him.

obligé, e [ɔbliʒe] ◇ *adj* -**1.** MUS obbligato. -**2.** JUR: **être ~ envers un créancier** to be under an obligation to a creditor. -**3.** *sout* [reconnaissant]: **je vous serais ~ de...** I would be much obliged if you would...
◇ *nm, f sout* obligee; **je suis votre ~ en cette affaire** I'm obliged to you in this matter.

obligeamment [ɔbliʒamɑ̃] *adv sout* obligingly; **elle distribuait les bonnes notes un peu trop ~** she was a little too free with high marks.

obligeance [ɔbliʒɑ̃s] *nf sout*: **avoir l'~ de faire qqch: veuillez avoir l'~ de me répondre rapidement** please be so kind as to OU be kind enough to reply as quickly as possible; **un jeune homme d'une extrême ~** an extremely obliging young man.

obligeant, e [ɔbliʒɑ̃, ɑ̃t] *adj sout* kind; **il n'a eu que des propos ~s à ton égard** he only had kind words for you; **remarques peu ~es** rather unkind remarks.

obliger [17] [ɔbliʒe] *vt* -**1.** [mettre dans la nécessité de] to oblige, to force; **~ qqn à faire qqch** to force sb to do sthg; **ne m'oblige pas à te punir** don't force me to OU don't make me punish you; **une force intérieure l'obligeait à tuer** an inner force compelled him to kill; **cela m'oblige à changer de train** it means I have to change trains; **le devoir/l'honneur m'oblige à révéler mes sources** I'm duty-bound/honour-bound to reveal my sources; **on ne t'y oblige pas** nobody's forcing you; **être obligé de faire qqch** to be forced to do sthg; **c'est lui qui décide et je suis bien obligé de suivre** he's the one who decides and I have no option OU choice but to follow; **se croire obligé de** to feel obliged to; **ne te crois pas obligé de tout boire!** *iron* don't feel obliged to drink it all! || *(en usage abs)*: **irez-vous? —bien obligé!** are you going? — I don't have any choice, do I?; **c'était obligé!** *fam* it was bound to happen! -**2.** [contraindre moralement ou juridiquement]: **la loi oblige les candidats à se soumettre à un test** applicants are legally required to take a test; **nous sommes obligés d'exiger votre passeport** we have to OU we're required to ask for your passport; **votre signature vous oblige** your signature is legally binding. -**3.** *sout* [faire plaisir à] to oblige; **vous m'obligeriez en venant** OU **si vous veniez** you would oblige me by coming, I would be obliged if you came; **nous vous sommes très obligés de votre soutien** we are very grateful to you for your support; **je vous serais obligé de bien vouloir m'expédier les articles avant le 31 mai** I would be (greatly) obliged if you would kindly send the items before May 31st.
◆ **s'obliger à** *vp + prép* -**1.** [se forcer à] to force o.s. to; **je m'obligeai à rester poli** I made a great effort OU forced myself to remain polite; **elle s'oblige à marcher un peu** OU **à un peu de marche chaque jour** she forces herself to OU she makes herself walk a little every day. -**2.** [s'engager à] to commit o.s. to; **par ce contrat, je m'oblige à évacuer les lieux avant le 21** in this contract I commit myself to leaving OU I undertake to leave the premises by the 21st.

oblique [ɔblik] ◇ *adj* -**1.** [ligne] oblique; [pluie, rayon] slanting; [regard] sidelong. -**2.** LING oblique; **cas ~** oblique case. -**3.** JUR indirect. -**4.** ANAT: **muscle ~** oblique muscle.
◇ *nm* ANAT oblique (muscle).
◇ *nf* GÉOM oblique (line).
◆ **en oblique** *loc adv* diagonally.

obliquement [ɔblikmɑ̃] *adv* -**1.** [de biais] obliquely, diagonally, at an angle. -**2.** [hypocritement] obliquely, indirectly; **il agit toujours ~** he never acts openly.

obliquer [3] [ɔblike] *vi* to turn OU to veer off *(insép)*; **la voiture obliqua dans une ruelle étroite** the car swerved (off) into a narrow alley; **la route oblique à gauche** the road veers left.

obliquité [ɔblikɥite] *nf* -**1.** MATH obliquity, obliqueness. -**2.** ASTRON: **~ de l'écliptique** obliquity of the ecliptic.

oblitérateur, trice [ɔbliteratœr, tris] *adj* cancelling *(avant n)*.
◆ **oblitérateur** *nm* cancelling machine.

oblitération [ɔbliterasjɔ̃] *nf* -**1.** [apposition d'une marque] cancellation; [marque - sur un timbre] postmark; [- sur un ticket] stamp; **~ premier jour** first day cover. -**2.** *litt* [affaiblissement, altération] fading. -**3.** MÉD obturation.

oblitérer [18] [ɔblitere] *vt* -**1.** [timbre] to postmark, to cancel; **timbre oblitéré** used stamp. -**2.** *litt* [effacer] to obliterate, to erase, to efface. -**3.** MÉD to obturate.

oblong, ongue [ɔblɔ̃, ɔ̃g] *adj* -**1.** GÉOM oblong. -**2.** [visage, pelouse] oblong, oval.

obnubiler [3] [ɔbnybile] *vt sout* -**1.** [obséder] to obsess; **être obnubilé par une idée** to be obsessed by an idea. -**2.** *fig* [obscurcir] to cloud, to obnubilate *litt*.

obole [ɔbɔl] *nf* -**1.** [somme d'argent] (small) contribution OU donation; **chacun verse son ~** each person is making a contribution. -**2.** HIST - [monnaie - grecque] obol; [- française] obole.

obscène [ɔpsɛn] *adj* [licencieux] obscene, lewd; **langage ~** obscene OU filthy language.

obscénité [ɔpsenite] *nf* -**1.** [caractère licencieux] obscenity, lewdness. -**2.** [parole, geste] obscenity; **raconter** OU **dire des ~s** to utter obscenities.

obscur, e [ɔpskyr] *adj* -**1.** [sombre] dark; **une nuit ~e** a pitch-black night; **des forces ~es dominaient leur planète** *fig* obscure forces OU forces of darkness ruled their planet. -**2.** [abscons] obscure, abstruse; **sa poésie est ~e sauf pour quelques initiés** his poetry is obscure to all but a few initiates. -**3.** [indéfini] obscure, vague, indefinite; **un ~ sentiment de pitié l'envahissait** he was overcome by a vague OU indefinable feeling of pity; **un ~ pressentiment** a vague premonition. -**4.** [peu connu] obscure; **références à d'~s auteurs** OU **des auteurs ~s du XIXe siècle** references to obscure 19th-century writers; **elle a mené l'existence ~e d'une couturière de province** she lived the obscure life of a country dressmaker.

obscurantisme [ɔpskyrɑ̃tism] *nm* obscurantism.

obscurantiste [ɔpskyrɑ̃tist] *adj & nmf* obscurantist.

obscurcir [32] [ɔpskyrsir] *vt* -**1.** [priver de lumière] to darken, to make dark; **une grande tenture obscurcissait la pièce** a large hanging made the room dark OU darkened the room. -**2.** [rendre confus - discours, raisonnement] to make obscure; **le jugement obscurci par l'alcool** his judgement clouded OU obscured OU confused by drink.
◆ **s'obscurcir** *vpi* -**1.** [ciel] to darken; **soudain, tout s'obscurcit et je perdis connaissance** suddenly everything went dark OU black and I fainted; **son esprit s'obscurcit avec la maladie** *fig* the illness is dulling his mind; **son visage s'obscurcit à ces mots** at these words, her face clouded (over) OU darkened. -**2.** [se compliquer] to become (more) obscure; **le mystère s'obscurcit** the plot thickens; **dans le dernier chapitre, son message s'obscurcit** in the last chapter, his meaning becomes obscure.

obscurcissement [ɔpskyrsismɑ̃] *nm* -**1.** [d'un lieu] darkening. -**2.** *sout* [de l'esprit] obscuring, clouding over; **l'~ progressif de ses facultés** the gradual weakening OU loss of her faculties.

obscurément [ɔpskyremɑ̃] *adv* obscurely, vaguely, dimly; **je me souviens ~ d'une scène** I vaguely remember a scene; **nous sentions ~ que...** we had a vague OU an obscure feeling that...

obscurité [ɔpskyrite] *nf* -**1.** [manque d'éclairage] dark, darkness; **avoir peur de l'~** to be afraid of the dark; **dans l'~** in darkness, in the dark; **faire l'~ dans une salle** to make a room dark, to darken a room; **soudain, l'~ se fit dans la chambre** it suddenly became OU went dark in the room; **dans l'~, on voyait luire les yeux du chat** you could see the cat's eyes glowing in the dark. -**2.** [caractère complexe] obscurity, abstruseness. -**3.** [remarque, expression] obscure OU abstruse remark, obscurity; **langage/projet de loi plein d'~s** language/bill full of obscurities. -**4.** *litt* [anonymat]: **vivre/tomber dans l'~** to live in/to fall into obscurity.

obsédant, e [ɔpsedɑ̃, ɑ̃t] *adj* haunting, obsessive; **comment se débarrasser d'un souvenir ~/d'une mélodie ~e?** how can one rid oneself of a haunting memory/tune?; **besoin ~** obsessive need.

obsédé, e [ɔpsede] ◇ *adj* [gén] obsessed; [sexuel] (sexually) obsessed.
◇ *nm, f* -**1.** [victime d'obsession] obsessive; ~

sexuel sex maniac. -**2.** *fam* [fanatique]: **c'est un ~ de la moto** he's a motorbike fanatic OU fiend; **les ~s de la vitesse** speed merchants *Br*, speed fiends *Am*; **les ~s de l'hygiène** hygiene freaks.

obséder [18] [ɔpsede] *vt* -**1.** [suj: image, souvenir, peur] to haunt, to obsess; **le cauchemar de l'autre nuit ne cesse de m'~** I can't stop thinking about the nightmare I had the other night; **obsédé par la pensée de la mort** obsessed OU gripped with the idea of death. -**2.** *litt* [suj: personne] to importune, to bother.

obsèques [ɔpsɛk] *nfpl* funeral; **~ nationales** state funeral.

obséquieusement [ɔpsekjøzmɑ̃] *adv* obsequiously.

obséquieux, euse [ɔpsekjø, øz] *adj* obsequious; **être ~ avec qqn** to be obsequious to OU towards sb.

obséquiosité [ɔpsekjozite] *nf* obsequiousness.

observable [ɔpsɛrvabl] *adj* observable; **le phénomène est ~ à l'œil nu** the phenomenon can be observed with the naked eye.

observance [ɔpsɛrvɑ̃s] *nf* [d'un rite, d'une loi] observance; **franciscain de stricte ~** Franciscan of strict observance.

observateur, trice [ɔpsɛrvatœr, tris] ◇ *adj* [perspicace] observant; **avoir un esprit très ~** to be very perceptive; **rien n'échappe à l'œil ~ du peintre** nothing can escape the painter's perceptive eye.

◇ *nm, f* -**1.** [témoin] observer; **un ~ critique de la vie politique** a critical observer of political life; **tous les ~s s'accordent à trouver le président fatigué** (all) observers agree that the president looks tired. -**2.** POL observer; **~ de l'ONU** UN observer. -**3.** MIL spotter. -**4.** PRESSE: **le Nouvel Observateur** *weekly news magazine*.

observation [ɔpsɛrvasjɔ̃] *nf* -**1.** [remarque] observation, remark, comment; **avez-vous des ~s à faire sur ce premier cours?** do you have any remarks to make on this first class?; **la réponse du ministre appelle plusieurs ~s** the minister's answer calls for some comment OU several observations; **notez vos ~s dans la marge** note down your observations OU comments in the margin. -**2.** [critique] (piece of) criticism, critical remark; **je te prie de garder tes ~s pour toi** please keep your remarks to yourself; **ma secrétaire est toujours en retard et je lui en ai fait l'~** my secretary's always late and I've had a word with her about it; **j'ai horreur qu'on me fasse des ~s** I hate people criticizing me OU making remarks to me; **à la première ~, vous sortez!** [à un élève] if I have to say one (more) word to you, you're out! -**3.** SC [investigation] observation; **procéder à des ~s météorologiques** to conduct meteorological observations || [exposé] observation; **j'ai lu vos ~s sur la danse des abeilles** I read your account of OU observations on the dance of the bees || [méthode d'étude] observation, observing; **l'~ de la nature/d'une réaction chimique** observing nature/a chemical reaction ❑ **avoir l'esprit d'~** to be observant. -**4.** MIL observation; **~ aérienne/terrestre** aerial/ground observation; **~ sous-marine** MIL, NAUT & PÊCHE underwater observation. -**5.** [observance] observance, observing, keeping. -**6.** MÉD [description] notes; [surveillance] observation; **mettre un malade en ~** to put a patient under observation.

◆ **d'observation** *loc adj* -**1.** AÉRON, ASTRON & MIL observation *(épith)*. -**2.** SC: **techniques/erreur d'~** observation techniques/error. -**3.** SPORT: **un set d'~** a probing OU tactical set; **un round d'~** a sizing-up round.

observatoire [ɔpsɛrvatwar] *nm* -**1.** ASTRON & MÉTÉO observatory. -**2.** MIL & *fig* observation OU lookout post. -**3.** ÉCON: **~ du livre** *body in charge of monitoring book prices*; **~ des prix** price-monitoring watchdog.

observer [3] [ɔpsɛrve] *vt* -**1.** [examiner] to observe, to examine; SC to observe; **~ qqch à la loupe** to examine sthg under a magnifying glass. -**2.** [surveiller] to watch, to keep a watch OU an eye on; **attention, on nous observe** careful, we're being watched; **~ qqn avec attention/du coin de l'œil** to watch sb attentively/out of the corner of one's eye; **il était chargé d'~ le prisonnier** his job was to watch over the prisoner; **elle observait curieusement les nouveaux arrivants** she watched the newcomers with curiosity. -**3.** [respecter - trêve] to observe; [- accord] to observe, to respect, to abide by; **~ une minute de silence** to observe a minute's silence; **~ le sabbat** to observe OU to keep the Sabbath; **~ le code de la route** to observe OU to follow the highway code. -**4.** [conserver]: **~ une attitude digne** to maintain OU to keep a dignified attitude; **~ la plus stricte neutralité** to observe OU to maintain the strictest neutrality. -**5.** [constater] to observe, to notice, to note; **on observe une tache noire dans le poumon droit** a dark patch can be seen in the right lung. -**6.** [dire] to observe, to remark; **tu ne portes plus d'alliance, observa-t-il** you're not wearing a wedding ring any more, he observed OU remarked; **je te ferai ~ que tu t'es trompé** let me point out to you that you were wrong. -**7.** NAUT to work an observation on; **point observé** position by observation.

◆ **s'observer** ◇ *vp (emploi réfléchi)* to keep a check on o.s.

◇ *vp (emploi réciproque)* to observe OU to watch each other; **les deux demoiselles s'observèrent pendant longtemps** the two young ladies observed OU examined each other for some time.

◇ *vp (emploi passif)* to be seen OU observed; **ce phénomène s'observe surtout par temps sec** this phenomenon is mainly seen OU encountered in dry weather.

obsession [ɔpsesjɔ̃] *nf* -**1.** [hantise] obsession; **beaucoup de femmes ont l'~ de grossir** many women are obsessed with the idea of putting on weight; **il croit qu'on veut le tuer, c'est devenu une ~** he believes people want to kill him, it's become a real obsession (with him). -**2.** [idée fixe] obsession; **Juan a l'~ de la tauromachie** Juan has an obsession with bullfighting, bullfighting is an obsession with Juan.

obsessionnel, elle [ɔpsesjɔnɛl] ◇ *adj* -**1.** [répétitif] obsessive, obsessional. -**2.** PSYCH [comportement] obsessive; [névrose] obsessional.

◇ *nm, f* obsessive.

obsidienne [ɔpsidjɛn] *nf* obsidian.

obsolescence [ɔpsɔlɛsɑ̃s] *nf* obsolescence.

obsolescent, e [ɔpsɔlɛsɑ̃, ɑ̃t] *adj* obsolescent.

obsolète [ɔpsɔlɛt] *adj* LING obsolete.

obstacle [ɔpstakl] *nm* -**1.** [objet bloquant le passage] obstacle; **des troncs ont fait ~ à l'écoulement normal du ruisseau** tree trunks have blocked OU obstructed the normal flow of the stream; **l'immeuble d'en face fait ~ au soleil** the building opposite blocks (out) OU obstructs the sun. -**2.** SPORT hurdle; ÉQUIT fence; **tourner l'~** *fig* to get round the problem. -**3.** [difficulté] obstacle, difficulty, problem; **il y a un gros ~** there's a big problem; **le plus gros ~ a été le directeur régional** the main obstacle was the area manager; **buter sur un ~** to come up against an obstacle; **être un OU faire ~ à** to be an obstacle to, to hinder, to impede; **la cécité n'est pas un ~ à une carrière dans l'enseignement** being blind is no obstacle OU impediment to a teaching career; **plus rien ne fait ~ à notre amour** nothing stands in the way of our love any longer; **plus rien ne fait ~ à ce que vous l'épousiez** there's no longer any reason why you shouldn't marry her; **mettre un ~ aux ambitions de qqn** to put an obstacle in the way of sb's ambitions.

obstétrical, e, aux [ɔpstetrikal, o] *adj* obstetric, obstetrical.

obstétricien, enne [ɔpstetrisjɛ̃, ɛn] *nm, f* obstetrician.

obstétrique [ɔpstetrik] *nf* obstetrics *(sg)*.

obstination [ɔpstinasjɔ̃] *nf* -**1.** [persévérance] persistence, perseverance; **à force d'~ elle y est arrivée** she succeeded through strength of purpose. -**2.** [entêtement] obstinacy, obstinateness, stubbornness.

obstiné, e [ɔpstine] ◇ *adj* -**1.** [entêté] obstinate, stubborn; [persévérant] persevering, determined. -**2.** [incessant] persistent, relentless; **pluie ~e** relentless rain; **toux ~e** persistent cough. -**3.** [assidu] obstinate; **un travail ~** unyielding OU obstinate work. -**4.** MUS: **basse ~e** basso ostinato.

◇ *nm, f*: **c'est un ~** [qui persévère] he's very determined; [qui s'entête] he's very stubborn OU obstinate.

obstinément [ɔpstinemɑ̃] *adv* -**1.** [avec entêtement] obstinately, stubbornly; **l'enfant tenait ~ à rester avec sa mère** the child was obstinately OU doggedly determined to stay with his mother. -**2.** [avec persévérance] perseveringly, persistently.

obstiner [3] [ɔpstine]

◆ **s'obstiner** *vpi* to persist, to insist; **ne t'obstine pas, abandonne le projet** don't be obstinate, give the project up; **elle s'obstine à vouloir partir** she persists in wanting to leave OU insists on leaving; **il s'obstinait à ne rien dire** he obstinately OU stubbornly refused to talk; **pourquoi t'~ dans l'idée qu'il va te quitter?** why do you persist in thinking that he's going to leave you?; **en 85 la malchance s'est obstinée sur le tennisman français** the French tennis player was dogged by bad luck in '85; **la vague de froid semble s'~ sur toute l'Europe** the cold spell seems to have settled in all over Europe.

obstructif, ive [ɔpstryktif, iv] *adj* [tumeur] obstruent; [maladie] obstructive.

obstruction [ɔpstryksjɔ̃] *nf* -**1.** [obstacle] obstruction, blockage; [blocage] obstruction, obstructing, blocking. -**2.** [action délibérée]: **faire de l'~** [gén] to be obstructive; POL to obstruct (legislation); FTBL to obstruct. -**3.** MÉD obstruction.

obstructionnisme [ɔpstryksjɔnism] *nm* obstructionism.

obstructionniste [ɔpstryksjɔnist] *adj & nmf* obstructionist.

obstruer [3] [ɔpstrye] *vt* -**1.** [passage] to obstruct, to block; **les feuilles mortes obstruent la gouttière** dead leaves have blocked the drainpipe; **le corridor était obstrué par des piles de livres** the corridor was blocked OU obstructed by piles of books; **une tour obstrue maintenant la vue** now a tower blocks (out) the view. -**2.** MÉD to obstruct.

◆ **s'obstruer** *vpi* to become blocked OU obstructed.

obtempérer [18] [ɔptɑ̃pere]

◆ **obtempérer à** *v + prép* -**1.** [se soumettre à] to comply with *(insép)*; **le ministre a obtempéré à l'avis du président** the minister complied with the president's opinion; **~ à un ordre** to obey an order || *(en usage abs)*: **le soldat s'empressa d'~** the soldier hurriedly obeyed. -**2.** JUR to obey; **~ à une sommation** to obey a summons.

obtenir [40] [ɔptənir] *vt* -**1.** [acquérir - baccalauréat, licence, note, point] to obtain, to get; [- prix, nomination] to receive, to win, to get; [- consentement] to get, to win; [- prêt] to secure, to obtain, to get; [- accord] to reach, to obtain, to get; **les résultats obtenus par l'équipe nationale** the national team's results; **essayer d'~ une amélioration** to try to bring about an improvement; **le numéro de trapèze obtient toujours un grand succès** the trapeze act is always a big success; **~ la garde d'un enfant** to get OU to win custody of a child; **~ le droit de vote** to win the right to vote, to get the vote; **~ de qqn une permission** to obtain OU to get permission from sb; **j'ai enfin obtenu qu'elle mette ses gants pour sortir** I eventually got her to wear her gloves to go out. -**2.** [procurer]: **~ qqch à qqn** to obtain OU to get OU to procure sthg for sb; **elle lui a obtenu une augmentation** she got him a raise; **je nous ai obtenu trois places** I got us three seats. -**3.** [arriver à] to obtain, to get; **fouettez jusqu'à ~ une crème onctueuse** whip into a smooth cream; **~ un précipité** to obtain a precipitate; **en divisant par deux on obtient 24** if you divide by two you get 24; **cette technique lui permet d'~ un son très pur** this technique allows her to achieve great purity of sound. -**4.** TÉLÉC: **~ un numéro** to obtain a number.

◆ **s'obtenir** *vp (emploi passif)*: **le résultat demandé s'obtient en multipliant 3 par 5** to arrive at OU to reach the required result, multiply 3 by 5.

obtention [ɔptɑ̃sjɔ̃] *nf* -**1.** [acquisition] obtaining, getting. -**2.** [production] creation, production; **l'~ d'une nouvelle variété de poire** the creation of a new variety of pear; **l'~ d'un nouveau vaccin** the production of a new vaccine.

obturateur, trice [ɔptyratœr, tris] *adj* -**1.** TECH obturating, shutting. -**2.** ANAT obturator *(modif)*; **artère obturatrice** obturator artery; **muscle ~** obturator muscle.

◆ **obturateur** *nm* -**1.** PHOT shutter; **armer/déclencher l'~** to set/to release the shutter ❑ **~ d'objectif/à rideau** between-lens/roller-blind shutter. -**2.** ARM obturator, gas-check. -**3.** PÉTR (blow-out) preventor. -**4.** [en plomberie] shut-off *(C)*.

obturation [ɔptyrasjɔ̃] *nf* -**1.** TECH sealing, stopping up. -**2.** MÉD: **l'~ d'une dent** the filling of a tooth. -**3.** ARM obturation.

obturer [3] [ɔptyre] *vt* -**1.** TECH [boucher] to seal, to stop up *(sép)*. -**2.** MÉD to fill.

obtus, e [ɔpty, yz] *adj* -**1.** MATH obtuse. -**2.** [borné] obtuse, dull, slow-witted; **ne sois pas ~** don't be obtuse.

obtusion [ɔptyzjɔ̃] *nf* obtuseness.

obus [ɔby] *nm* -**1.** ARM shell; **~ à mitraille** shrapnel (shell); **~ à mortier/à gaz/fumigène** mortar/gas/smoke shell. -**2.** *(comme adj)*: **homme ~, femme ~** human cannonball.

obusier [ɔbyzje] *nm* howitzer; **~ de campagne** field howitzer.

obvenir [40] [ɔbvənir] *vi* JUR & *vieilli*: **~ à qqn** to revert to sb by escheat.

obvier [19] [ɔbvje]

◆ **obvier à** *v + prép litt* [parer à] to obviate, to ward off *(sép)*; **~ à un danger/accident** to forestall a danger/an accident.

oc [ɔk] *adv* → **langue**.

OC *(abr écrite de* **ondes courtes**) SW.

ocarina [ɔkarina] *nm* ocarina.

occase *fam* [ɔkaz] *nf* bargain, snip *Br*; **profites-en, c'est une ~!** make the most of it, it's a real snip!

◆ **d'occase** *fam loc adv* secondhand; **je l'ai acheté d'~** I bought it secondhand.

occasion [ɔkazjɔ̃] *nf* -**1.** [circonstance favorable] opportunity, chance; **l'~ ne se représentera pas** there won't be another chance like that again; **laisser passer l'~** to let the opportunity slip (by); **saisir l'~ au vol, sauter sur l'~** to seize the opportunity, to jump at the chance; **l'~ de: ça te donnera l'~ de la rencontrer** it'll give you the opportunity OU the chance to meet her; **je n'ai jamais eu l'~ de me plaindre de lui** I've never had cause to complain about him; **ne manque pas l'~ de le lui dire** don't miss your chance of telling him; **il a manqué** OU **perdu** OU **raté une belle ~ de se taire** *fam* he could have kept his mouth shut ❑ **l'~ fait le larron** *prov* opportunity makes a thief *prov*. -**2.** [moment] occasion; **à la première ~** on the first occasion; **à deux ~s** twice; **à trois/quatre ~s** three/four times; **à toute ~** on every occasion; **en plusieurs/maintes ~s** several/many times; **dans les grandes ~s** on big OU important OU special occasions; **être** OU **faire l'~ de: sa mort a été l'~ de changements importants** significant changes took place after his death; **ces retrouvailles furent l'~ de grandes réjouissances** there were great festivities to celebrate this reunion. -**3.** [article - non neuf] secondhand OU used item; [- peu cher] bargain; **pour ce prix-là, c'est une ~!** it's a (real) bargain at that price!; **l'~** the secondhand OU used trade; **l'~ se vend bien** there's a brisk trade in secondhand goods; **le marché de l'~** the secondhand market.

◆ **à l'occasion** *loc adv* -**1.** [un de ces jours] one of these days. -**2.** [éventuellement] should the opportunity arise; **à l'~, passez nous voir** drop by some time OU if you get the chance.

◆ **à l'occasion de** *loc prép* on the occasion of, upon; **à l'~ de votre départ à la retraite** on the occasion of your retirement.

◆ **à cette occasion** *loc adv* [à ce moment-là] at that point, on that occasion.

◆ **d'occasion** ◇ *loc adj* -**1.** [non neuf] secondhand; **voiture d'~** secondhand OU used car. -**2.** [improvisé]: **des amours d'~** chance OU casual (love) affairs.

◇ *loc adv* [acheter, vendre] secondhand *adv*; **j'ai fini par le trouver d'~** in the end I found a secondhand one.

occasionnel, elle [ɔkazjɔnɛl] *adj* -**1.** [irrégulier] casual, occasional; **je ne trouve que des (petits) boulots ~s** *fam* I can only get casual work; **les touristes forment une clientèle ~le** tourists are occasional OU casual customers. -**2.** [fortuit] chance *(avant n)*; **rencontre ~le** chance meeting. -**3.** PHILOS: **cause ~le** occasional cause.

occasionnellement [ɔkazjɔnɛlmɑ̃] *adv* occasionally, every now and then, from time to time.

occasionner [3] [ɔkazjɔne] *vt* [causer] to cause, to bring about *(sép)*, to occasion; **le verglas sur les routes a occasionné bon nombre d'accidents** icy roads have caused numerous accidents; **des lésions occasionnées par le gel** injuries caused by frostbite; **~ des ennuis à qqn** to cause trouble for sb, to get sb into trouble.

occident [ɔksidɑ̃] *nm* -**1.** GÉOG west. -**2.** POL: **l'Occident** the West, the Occident.

occidental, e, aux [ɔksidɑ̃tal, o] *adj* -**1.** GÉOG west, western; **côte ~e** west coast; **Europe ~e** Western Europe; **Sahara ~** Western Sahara. -**2.** POL Western, Occidental; **les pays occidentaux, le monde ~** Western countries, the West.

◆ **Occidental, e, aux** *nm, f* POL Westerner, Occidental.

◆ **à l'occidentale** *loc adv*: **vivre à l'~e** to live like a Westerner; **s'habiller à l'~e** to wear Western-style clothes.

occidentalisation [ɔksidɑ̃talizasjɔ̃] *nf* westernization, occidentalization.

occidentaliser [3] [ɔksidɑ̃talize] *vt* to westernize, to occidentalize.

◆ **s'occidentaliser** *vpi* to become westernized.

occipital, e, aux [ɔksipital, o] *adj* occipital.

◆ **occipital, aux** *nm* occipital (bone).

occiput [ɔksipyt] *nm* occiput.

occire [ɔksir] *vt arch* to slay.

occitan, e [ɔksitɑ̃, an] *adj* of Occitanie.

◆ **Occitan, e** *nm, f inhabitant of or person from Occitanie*.

◆ **occitan** *nm* LING langue d'oc *(language spoken in parts of Southern France)*.

Occitanie [ɔksitani] *npr f*: **(l')** ~ *area of Southern France in which langue d'oc is spoken*.

occitaniste [ɔksitanist] ◇ *adj relating to langue d'oc*.

◇ *nmf* -**1.** UNIV expert in langue d'oc. -**2.** POL defender of langue d'oc.

occlure [96] [ɔklyr] *vt* to occlude.

occlusif, ive [ɔklyzif, iv] *adj* occlusive.

◆ **occlusive** *nf* LING occlusive (consonant).

occlusion [ɔklyzjɔ̃] *nf* CHIM, LING & MÉD occlusion; **~ intestinale** ileus *spéc*, intestinal obstruction; **~ des paupières** surgical occlusion OU closure of the eyelids.

occultation [ɔkyltasjɔ̃] *nf* -**1.** ASTRON occultation. -**2.** RAIL occulting *(U)*; **feu à ~s** intermittent OU occulting light. -**3.** *litt* [obscurcissement] obscuring, concealment, hiding.

occulte [ɔkylt] *adj* -**1.** [surnaturel] occult. -**2.** [secret] occult, secret; **comptabilité ~** secret bookkeeping; **financements ~s** secret OU mystery funding.

occulter [3] [ɔkylte] *vt* -**1.** ASTRON & RAIL to occult. -**2.** [ville, région] to black out *(sép)*, to black out TV programmes in. -**3.** [réalité, problème] to cover up *(sép)*, to hush up *(sép)*, to gloss over *(insép)*; [sentiment, émotion] to deny; **votre récit occulte un détail essentiel** your story glosses over OU overlooks an essential detail.

occultisme [ɔkyltism] *nm* occultism.

occultiste [ɔkyltist] *adj & nmf* occultist.

occupant, e [ɔkypɑ̃, ɑ̃t] ◇ *adj* occupying; **la puissance ~e** the occupying power.

◇ *nm, f* -**1.** [d'un véhicule] occupant; [d'un lieu] occupant, occupier; **les ~s de la maison** the occupants of the house. -**2.** MIL occupier, occupying force; **collaborer avec l'~** to collaborate with the occupying forces. -**3.** JUR: **~ de bonne foi** bona fide occupier.

occupation [ɔkypasjɔ̃] *nf* -**1.** [activité - professionnelle] occupation, job; [- de loisirs] occupation; **la pêche à la ligne, voilà mon ~ favorite** angling is my favourite occupation; **'~: sans'** 'profession: none'; **je n'aime pas qu'il soit** OU **reste sans ~s** I don't like seeing him with nothing to do. -**2.** [fait d'occuper]: **l'~ de l'université par les étudiants** the student sit-in at the university ❑ **~ des lieux** occupancy. -**3.** ADMIN: **~ des sols** land use. -**4.** MIL occupation; **les troupes d'~** the occupying troops. -**5.** HIST: **l'Occupation** the (German) Occupation (of France); **la vie sous l'Occupation** life in occupied France.

L'OCCUPATION:

The military occupation of part of France after the French-German armistice on 22 June 1940, spreading to the whole country in 1942. Under the terms of the armistice, France had to contribute financially to the upkeep of German troops in France and provide labour for German factories. Thousands of French Jews were deported during this period by the Vichy government.

---

occupationnel, elle [ɔkypasjɔnɛl] *adj* occupational MÉD.

occupé, e [ɔkype] *adj* -**1.** [non disponible - ligne de téléphone] engaged *Br*, busy *Am*; [- toilettes] engaged *Br*, occupied *Am*; **ça sonne ~** *fam* I'm getting the engaged tone *Br*, the line is busy *Am*; **ces places sont ~es** these seats are taken; **maison vendue ~e** house sold with sitting tenant. -**2.** MIL & POL occupied. -**3.** [personne] busy; **une femme très ~e** a very busy woman; **j'ai des journées très ~es** my days are full.

occuper [3] [ɔkype] *vt* -**1.** [donner une activité à]: **~ qqn** to keep sb busy OU occupied; **les enfants m'occupent toute la journée** the children keep me busy all day; **on pourrait ~ les petits à des jeux de sable** we could keep the little ones busy playing in the sand; **le textile occupait toute la région** the textile industry used to provide work for OU to employ people throughout the region; **la question qui nous occupe** the matter in hand ‖ *(en usage abs)*: **ça occupe!** it keeps me busy; **la télé, ça occupe** *fam* watching TV helps to pass the time. -**2.** [envahir] to occupy, to take over *(sép)*; **les rebelles occupent tout le Nord** the rebels have occupied the entire northern area ❑ **~ le terrain** MIL & *fig* to have the field. -**3.** [remplir - un espace, une durée] to take up *(insép)*, to occupy; **le bar occupe le fond de la pièce/trop de place** the bar stands at the back of the room/takes up too much space; **la séance a occupé la matinée** the meeting took up the whole morning, the whole of the morning was taken up by the meeting ❑ **~ le devant de la scène** to be in the foreground. -**4.** [consacrer] to spend; **j'occupe mes loisirs à lire** I spend my free time reading; **à quoi peut-on ~ ses dimanches?** what is there to do on Sundays? -**5.** [habiter] to occupy, to live (in); **depuis quand occupez-vous cette chambre?** how long have you been living in OU have you had this room?; **qui occupe la maison d'en face?** who lives in OU occupies the house opposite? -**6.** [détenir - poste, place] to hold, to occupy; **il occupe un poste important**

he holds an important position; **Liverpool occupe la seconde place du championnat** Liverpool are (lying) second in the league table.
◆ **s'occuper** *vp (emploi réfléchi)* to keep o.s. busy OU occupied, to occupy o.s.; **je m'occupe en faisant du crochet** I keep myself busy by crocheting; **à quoi s'occupent les citadins au mois d'août?** how do city dwellers spend their time in August?; **il va falloir qu'elle s'occupe** she'll have to find something to keep her occupied; **tu n'as donc pas de quoi t'~?** haven't you got something to be getting on with?; **c'est juste histoire de m'~** *fam* it's just for something to do.
◆ **s'occuper de** *vp + prép* -**1.** [avoir pour responsabilité ou tâche] to deal with, to be in charge of, to take care of; **qui s'occupe de votre dossier?** who's dealing with OU handling your file?; **je m'occupe de jeunes délinquants** I'm in charge of young offenders; **je m'en occuperai dès demain matin** I'll attend to OU take care of that first thing in the morning; **t'es-tu occupé des réservations/de ton inscription?** did you see about the reservations/registering for your course?; **je m'occupe de te faire parvenir ton courrier** I'll see about having your mail sent on to you ❑ **occupe-toi de tes affaires** OU **oignons** *fam* mind your own business; **t'occupe!** *fam* none of your business!, don't be so nosy! -**2.** [entourer de soins] to look after, to care for; **s'~ d'un malade** to care for a patient; **s'~ d'un bébé** to look after a baby; **peux-tu t'~ des invités pendant que je me prépare?** would you look after OU see to the guests while I get ready?; **on s'occupe de vous, Madame?** are you being attended to OU served, Madam?; **il ne s'occupe pas assez d'elle** he doesn't pay her enough attention.

occurrence [ɔkyrɑ̃s] *nf* -**1.** *sout* [cas] case; **en pareille ~, il faut appeler la police** in such a case OU in such circumstances, the police must be called. -**2.** LING token, occurrence.
◆ **en l'occurrence** *loc adv* as it happens; **il voulait s'en prendre à quelqu'un, en l'~ ce fut moi** he wanted to take it out on somebody, and it happened to be me OU and as it happened, it was me.

OCDE (*abr de* **Organisation de coopération et de développement économiques**) *npr f* OECD.

océan [ɔseɑ̃] *nm* -**1.** GÉOG ocean; **l'~ Arctique/Atlantique/Antarctique/Indien/Pacifique** the Arctic/Atlantic/Antarctic/Indian/Pacific Ocean. -**2.** *fig*: **un ~ de tulipes** a sea of tulips; **un ~ de larmes** floods of tears.

océanaute [ɔseanot] *nmf* oceanaut.

Océanie [ɔseani] *npr f*: **(l') ~** Oceania, the (Central and) South Pacific.

océanien, enne [ɔseanjɛ̃, ɛn] *adj* Oceanian, Oceanic.
◆ **Océanien, enne** *nm, f* Oceanian.

océanique [ɔseanik] *adj* oceanic.

océanographe [ɔseanɔgraf] *nmf* oceanographer.

océanographie [ɔseanɔgrafi] *nf* oceanography.

océanographique [ɔseanɔgrafik] *adj* oceanographic.

océanologie [ɔseanɔlɔʒi] *nf* oceanology.

océanologique [ɔseanɔlɔʒik] *adj* oceanological.

océanologue [ɔseanɔlɔg] *nmf* oceanologist.

ocelle [ɔsɛl] *nm* ZOOL [œil, tache] ocellus.

ocellé, e [ɔsele] *adj* ocellate, ocellated.

ocelot [ɔslo] *nm* -**1.** [animal] ocelot. -**2.** [fourrure] ocelot (fur).

ocre [ɔkr] ◇ *nf* ochre; **~ rouge** ruddle.
◇ *adj inv* & *nm* ochre.

ocrer [3] [ɔkre] *vt* to ochre.

octaèdre [ɔktaɛdr] ◇ *adj* octahedral.
◇ *nm* octahedron.

octaédrique [ɔktaedrik] *adj* octahedral.

octal, e, aux [ɔktal, o] *adj* octal.

octane [ɔktan] *nm* octane.

octant [ɔktɑ̃] *nm* GÉOM & NAUT octant.

octante [ɔktɑ̃t] *adj num inv Belg, Can* & *Helv* eighty.

octave [ɔktav] *nf* ESCRIME, MUS & RELIG octave; **à l'~ inférieure/supérieure** one octave lower/higher.

Octave [ɔktav] *npr* Octavian.

octet [ɔktɛ] *nm* -**1.** INF octet, (eight-bit) byte. -**2.** CHIM octet.

octobre [ɔktɔbr] *nm* October.

octogénaire [ɔktɔʒenɛr] *adj* & *nmf* octogenarian.

octogonal, e, aux [ɔktɔgɔnal, o] *adj* octagonal.

octogone [ɔktɔgɔn] ◇ *adj* octagonal.
◇ *nm* octagon.

octopode [ɔktɔpɔd] *adj* & *nm* octopod.

octosyllabe [ɔktɔsilab] ◇ *adj* octosyllabic.
◇ *nm* octosyllable.

octosyllabique [ɔktɔsilabik] *adj* octosyllabic.

octroi [ɔktrwa] *nm* -**1.** [don] granting, bestowing. -**2.** HIST [taxe, administration]: **l'~** the octroi.

octroyer [13] [ɔktrwaje] *vt* [accorder à] to grant; **~ qqch à** to confer OU to bestow sthg on OU upon; **le patron a octroyé un congé à tout le personnel** the boss granted OU gave a day off to the entire staff.
◆ **s'octroyer** *vpt*: **s'~ un congé** to take a day off *(without permission)*; **s'~ le droit de faire qqch** to assume the right to do sthg.

octuor [ɔktɥɔr] *nm* octet.

octuple [ɔktypl] *adj* & *nm* octuple.

octupler [3] [ɔktyple] *vt* to octuple.

oculaire [ɔkylɛr] ◇ *adj* ocular.
◇ *nm* -**1.** OPT ocular, eyepiece. -**2.** PHOT viewfinder.

oculiste [ɔkylist] *nmf* oculist.

ocytocine [ɔsitɔsin] *nf* oxytocin.

odalisque [ɔdalisk] *nf* -**1.** HIST odalisque. -**2.** *litt* [courtisane] courtesan, odalisque *litt*.

ode [ɔd] *nf* ode.

odelette [ɔdlɛt] *nf* short ode.

Odessa [ɔdesa] *npr* Odessa.

odeur [ɔdœr] *nf* -**1.** [de nourriture] smell, odour; [de fleur, de parfum] smell, fragrance, scent; **une forte ~ de brûlé/chocolat venait de la cuisine** a strong smell of burning/chocolate was coming from the kitchen; **chasser les mauvaises ~s** to get rid of (nasty OU unpleasant) smells; **sans ~** odourless; **ce médicament a une mauvaise ~** this medicine smells bad OU has a bad smell; **ça n'a pas d'~** it has no smell, it doesn't smell. -**2.** RELIG: **en ~ de sainteté**: **mourir en ~ de sainteté** to die in the odour of sanctity; **ne pas être en ~ de sainteté** *fig* to be out of favour; **il n'est pas en ~ de sainteté dans le parti** he is out of favour in the party.

odieusement [ɔdjøzmɑ̃] *adv* odiously, hatefully, obnoxiously.

odieux, euse [ɔdjø, øz] *adj* -**1.** [atroce] odious; **qui a pu commettre un crime aussi ~?** who could have committed such a heinous crime?; **je me dois de répondre à ces odieuses accusations** it's my duty to answer these monstrous charges. -**2.** [désagréable - personne] hateful, obnoxious; **l'examinateur a été ~ avec moi** the examiner was obnoxious OU vile to me; **elle a deux enfants ~** she has two unbearable OU obnoxious children.

odontalgie [ɔdɔ̃talʒi] *nf* odontalgia.

odontalgique [ɔdɔ̃talʒik] *adj* odontalgic.

odontologie [ɔdɔ̃tɔlɔʒi] *nf* odontology.

odontologiste [ɔdɔ̃tɔlɔʒist] *nmf* odontologist.

odontostomatologie [ɔdɔ̃tɔstɔmatɔlɔʒi] *nf* dental surgery.

odorant, e [ɔdɔrɑ̃, ɑ̃t] *adj* -**1.** [qui a une odeur] odorous. -**2.** *sout* [parfumé] fragrant, sweet-smelling; **leur jardin était lumineux et ~** their garden was bright and fragrant.

odorat [ɔdɔra] *nm* (sense of) smell; **avoir l'~ développé** to have a keen sense of smell; **manquer d'~** to have no sense of smell.

odoriférant, e [ɔdɔriferɑ̃, ɑ̃t] *adj litt* [parfumé] sweet-smelling, fragrant, odoriferous *litt*.

odyssée [ɔdise] *nf* odyssey; **nous attendions avec impatience le récit de son ~** we were looking forward to hearing the story of his odyssey ❑ **'l'Odyssée'** *Homère* 'The Odyssey'; **'2001, l'~ de l'espace'** *Kubrick* '2001: A Space Odyssey'.

OEA (*abr de* **Organisation des États américains**) *npr f* OAS.

OECE (*abr de* **Organisation européenne de coopération économique**) *npr f* OEEC.

œcuménicité [ekymenisite] *nf litt* ecumenicalism.

œcuménique [ekymenik] *adj* ecumenical.

œcuménisme [ekymenism] *nm* ecumenicalism, ecumenicism.

œcuméniste [ekymenist] ◇ *adj* ecumenic, ecumenical.
◇ *nm, f* ecumenist.

œdémateux, euse [edematø, øz] *adj* oedematous.

œdème [edɛm] *nm* oedema; **~ aigu du poumon** pulmonary oedema.

œdipe [edip] *nm* Oedipus complex.

Œdipe [edip] *npr* Oedipus; **'~ à Colone'** *Sophocle* 'Oedipus at Colonus'; **'~ roi'** *Sophocle* 'Oedipus Rex'.

œdipien, enne [edipjɛ̃, ɛn] *adj* oedipal, oedipean.

œil [œj] (*pl sens 1-8* **yeux** [jø], *pl sens 9-12* **œils**) *nm* -**1.** ANAT eye; **j'ai le soleil dans les yeux** the sun's in OU I've got the sun in my eyes; **avoir les yeux verts/marron** to have green/brown eyes; **des yeux en amande** almond eyes; **des yeux bridés** slanting eyes; **elle a des yeux de biche** she's got doe eyes; **avoir de gros yeux** to have bulbous eyes; **il n'a qu'un ~** he's one-eyed, he's got only one eye; **je vois mal d'un ~** one of my eyes is weak; **il ne voit plus que d'un ~** he can only see with one eye now; **se faire les yeux** to make up one's eyes; **je l'ai vu, de mes yeux vu, je l'ai vu de mes propres yeux** I saw it with my own eyes; **faire** OU **ouvrir des yeux ronds** to stare wide-eyed; **avoir l'~ humide** to have tearful eyes OU a tearful gaze; **viens me lire ça, petit, j'ai besoin d'yeux** *fam* come and read this for me, son, I need (somebody with) a good pair of eyes ❑ **~ artificiel/de verre** artificial/glass eye; **l'~ intérieur** *litt* the inner eye; **mauvais ~** evil eye; **jeter le mauvais ~ à qqn** to give sb the evil eye; **mes vaches, elles ont eu le mauvais ~!** *fam* somebody's cast a spell on my cows!; **mon ~!** *fam* my foot!; **généreux, mon ~!** generous, my foot!; **attention les yeux!** *fam* get an eyeful of that!; **avoir les yeux battus** to have (dark) rings OU bags under one's eyes; **avoir de petits yeux** *pr* to have small eyes; *fig* to look (all) puffy-eyed OU puffy round the eyes; **les yeux fermés** with one's eyes closed; **faire qqch les yeux fermés** *pr* & *fig* to do sthg with one's eyes shut OU closed; **je retrouverais le chemin les yeux fermés** I could find the way with my eyes shut; **avoir un ~ poché** *fam* OU **au beurre noir** *fam* to have a black eye OU a shiner *hum*; **elle avait les yeux qui lui sortaient de la tête** her eyes were popping out of her head; **avoir un ~ qui dit zut** *fam* OU **merde**▽ **à l'autre** *hum*, **avoir les yeux qui se croisent les bras** *fam hum*, **avoir un ~ à Paris et l'autre à Pontoise** *fam hum* to have a squint, to be cross-eyed, to be boss-eyed *Br*; **avoir des yeux derrière la tête**: **il faudrait avoir des yeux derrière la tête!** you'd need (to have) eyes in the back of your head!; **faire les gros yeux à un enfant** to look sternly OU reprovingly at a child; **maman va te faire les gros yeux!** Mummy's going to tell you off!; **faire qqch pour les beaux yeux de qqn** to do sthg for the love of sb; **se mettre le doigt dans l'~ (jusqu'au coude)** to be completely wrong; **avoir les yeux plus grands que le ventre** *fam*: **tu as les yeux plus grands que le ventre** [tu es trop gourmand] your eyes are bigger than your belly OU your stomach; **tu as eu les yeux plus grands que le ventre** [tu as été trop ambitieux] you've bitten off more than you can chew; **~ pour ~ (, dent pour**

dent) *allusion* BIBLE an eye for an eye (and a tooth for a tooth); **ils ont des yeux et ils ne voient pas** *allusion* BIBLE eyes have they but they see not. -**2.** [vision] sight, eyesight; **avoir de bons yeux** to have good eyesight; **avoir de mauvais yeux** to have bad OU poor eyesight ❑ **avoir des yeux de lynx** to be eagle-eyed; **il la suivait de son ~ d'aigle** he was watching her every move like a hawk; **il a des yeux de chat** he can see like a cat in the dark. -**3.** [regard]: **ne me fais pas ces yeux-là!** don't look OU stare at me like that!; **les yeux dans les yeux** [tendrement] looking into each other's eyes; [avec franchise] looking each other straight in the eye; **chercher qqn des yeux** to look around for sb; **jeter les yeux sur qqch** to cast a glance at sthg; **jeter un ~ à** to have a quick look at; **veux-tu y jeter un ~ en vitesse?** do you want to have a quick look at it?; **lever les yeux sur qqch/qqn** to look up at sthg/sb; **sans lever les yeux de son livre** without looking up OU raising her eyes from her book; **lever les yeux au ciel** [pour regarder] to look up at the sky; [par exaspération] to raise one's eyes heavenwards; **poser un ~ sur** to have a look at; **elle posait sur tout un ~ curieux** she was curious about everything; **n'ayant jamais posé les yeux sur de telles splendeurs** never having laid OU set eyes on such fabulous sights; **devant les yeux de** before (the eyes of); **les clefs sont devant tes yeux** the keys are right in front of you; **sous les yeux de, sous l'~ de** *litt* under the eye OU gaze of; **sous l'~ amusé/jaloux de son frère** under the amused/jealous gaze of her brother; **sous mes yeux** [devant moi] right in front of me; [effrontément] before my very eyes; **il l'a volé sous nos yeux** he stole it from under our very eyes; **elle dépérissait sous mes yeux** I could see her wasting away before my very eyes; **j'ai votre dossier sous les yeux** I've got your file right here in front of me OU before me; **à l'abri des yeux indiscrets** away from prying eyes ❑ **caresser** OU **couver qqn des yeux** to gaze fondly at sb; **dévorer** OU **manger qqn des yeux** to gaze longingly at sb; **dévorer qqch des yeux** to gaze greedily at sthg; **n'avoir d'yeux que pour** to only have eyes for; **il n'avait d'yeux que pour elle** he only had eyes for her. -**4.** [expression, air] look; **son ~ malicieux/interrogateur** her mischievous/inquiring look; **elle est arrivée, l'~ méchant** OU **mauvais** she arrived, with a nasty look on her face OU looking like trouble; **il m'a regardé d'un ~ noir/furieux** he gave me a black/furious look; **elle se taisait mais ses yeux parlaient pour elle** she said nothing but her eyes did the talking ❑ **faire de l'~ à qqn** *fam* [pour aguicher] to give sb the eye, to make eyes at sb; [en signe de connivence] to wink knowingly at sb; **arrête de faire de l'~ à tous les garçons!** stop giving all the boys the eye!; **faire les yeux doux** OU **des yeux de velours à qqn** to make sheep's eyes at sb. -**5.** [vigilance]: **rien n'échappait à l'~ du professeur** nothing escaped the teacher's notice ❑ **avoir l'~** to be vigilant OU watchful; **aie l'~!** be on the lookout!; **elle a l'~ à tout** she keeps an eye on everything; **il faut avoir l'~ à tout avec les enfants** you've got to keep an eye on everything when children are around; **il a l'~ du maître** [rien ne lui échappe] he doesn't miss a thing; **avoir l'~ sur qqn, avoir** OU **tenir qqn à l'~** to keep an eye OU a close watch on sb; **toi, je t'ai à l'~!** I've got my eye on you!; **être tout yeux** to be all eyes; **ils étaient tout yeux et tout oreilles** they were all eyes and ears. -**6.** [état d'esprit, avis]: **voir qqch d'un bon/mauvais ~** to look favourably/unfavourably upon sthg; **considérer** OU **voir qqch d'un ~ critique** to look critically at sthg; **voir les choses du même ~ que qqn** to see eye to eye with sb; **il voit tout par les yeux de sa femme** he sees everything through his wife's eyes; **il voit avec les yeux de la foi/de l'amour** he sees things through the eyes of a believer/of love; **aux yeux de** in the eyes of; **aux yeux de tous, il passait pour fou** he was regarded by everyone as being a madman; **ça n'a aucun intérêt à mes yeux** it's of no interest to me; **aux yeux de la loi** in the eyes of the law. -**7.** AGR & HORT [de pomme de terre] eye; [bourgeon]: **~ dormant/poussant** dormant/shooted bud. -**8.** ZOOL [d'un papillon] eyespot; [d'une queue de paon] eyespot; **~ pinéal** pineal organ. -**9.** [trou - dans une porte] Judas hole; [- au théâtre] peep hole; [- d'une aiguille, d'un marteau] eye; NAUT [d'un filin] grommet, eye; MÉTÉO [d'un cyclone] eye, centre. -**10.** IMPR face. -**11.** ÉLECTR: **~ cathodique/électrique** cathode/electric eye. -**12.** ARM fuse hole.

◆ **yeux** *nmpl* -**1.** *fam hum* [lunettes] glasses, specs *Br*; **j'ai oublié mes yeux** I've forgotten my specs. -**2.** CULIN: **les yeux du bouillon** the blobs of grease floating on the stock.

◆ **à l'œil** *fam loc adv* (for) free, for nothing, gratis; **j'ai voyagé à l'~** I travelled for free; **ce soir-là j'ai chanté à l'~** that night I sang for free; **j'ai eu deux tickets à l'~** I got two tickets gratis OU (for) free OU on the house.

◆ **coup d'œil** *nm* -**1.** [regard] look, glance; **elle s'en rendit compte au premier coup d'~** she noticed straight away OU immediately OU at a glance; **donner** OU **jeter un petit coup d'~ à** to have a quick look OU glance at; **d'un coup d'~, il embrassa le tableau** he took in the situation at a glance ❑ **avoir le coup d'~** [savoir regarder] to have a good eye; **pour les coquilles, elle a le coup d'~** she has a keen OU good eye for misprints; **valoir le coup d'~** to be (well) worth seeing. -**2.** [panorama] view; **de là-haut, le coup d'~ est unique** the view up there is unique.

œil-de-bœuf [œjdəbœf] (*pl* **œils-de-bœuf**) *nm* [oculus] oculus; [lucarne] bull's eye.

œil-de-chat [œjdəʃa] (*pl* **œils-de-chat**) *nm* cat's-eye MINER.

œil-de-perdrix [œjdəpɛrdri] (*pl* **œils-de-perdrix**) *nm* -**1.** ANAT (soft) corn. -**2.** [du bois] small knot. -**3.** ŒNOL oeil-de-perdrix.

œil-de-tigre [œjdətigr] (*pl* **œils-de-tigre**) *nm* tigereye, tiger's eye.

œillade [œjad] *nf* wink, oeillade *litt*; **jeter** OU **lancer des ~s à qqn** to give sb the (glad) eye; **une ~ assassine** *hum* a provocative wink.

œillère [œjɛr] *nf* -**1.** [de cheval] blinker *Br*, blinder *Am*; **avoir des ~s** *fig* to be blinkered, to have a blinkered view of things. -**2.** [coupelle] eyebath.

œillet [œjɛ] *nm* -**1.** BOT pink; **~ des fleuristes** carnation; **~ d'Inde** African marigold; **~ de poète** sweet william. -**2.** [perforation] eyelet hole. -**3.** [anneau - de papier gommé] (index) reinforcer; [- de métal] eyelet, grommet.

œilleton [œjtɔ̃] *nm* -**1.** BOT sucker. -**2.** OPT eyepiece shade. -**3.** [d'une porte] spyhole.

œkoumène [ekumɛn] = **écoumène**.

œnilisme [enilism] *nm* alcoholism *(from drinking wine)*.

œnolique [enɔlik] *adj*: **acides ~s** oenolic acids.

œnolisme [enɔlism] = **œnilisme**.

œnologie [enɔlɔʒi] *nf* oenology.

œnologique [enɔlɔʒik] *adj* oenological.

œnologue [enɔlɔg] *nmf* oenologist.

œnométrie [enɔmetri] *nf* alcoholometry.

œnométrique [enɔmetrik] *adj* alcoholometric.

œsophage [ezɔfaʒ] *nm* oesophagus.

œsophagien, enne [ezɔfaʒjɛ̃, ɛn], **œsophagique** [ezɔfaʒik] *adj* oesophageal.

œsophagite [ezɔfaʒit] *nf* oesophagitis.

œsophagoscope [ezɔfagɔskɔp] *nm* oesophagoscope.

œstradiol [ɛstradjɔl] *nm* oestradiol.

œstral, e, aux [ɛstral, o] *adj* oestrous.

œstrogène [ɛstrɔʒɛn] *nm* oestrogen.

œstrus [ɛstrys] *nm* oestrus.

œuf [œf] (*pl* **œufs** [ø]) *nm* -**1.** CULIN egg; **monter des ~s en neige** to beat egg whites until they form peaks; **~ du jour** new-laid egg ❑ **~ sur le plat** OU **au plat** OU **(au) miroir** fried egg; **~ en chocolat** chocolate egg; **~ (en) cocotte** coddled egg; **~ (à la) coque** boiled egg; **~ dur** hard-boiled egg; **~ en gelée** egg in aspic; **~ mayonnaise** egg mayonnaise; **~ mollet** soft-boiled egg; **~ de Pâques** Easter egg; **~s brouillés/pochés** scrambled/poached eggs; **~s au lait** ≃ egg custard; **~s à la neige** floating islands; **~s en neige** [mets] floating islands; [préparation] beaten egg whites; **sortir de l'~** to be still wet behind the ears; **écraser** OU **tuer qqch dans l'~** to nip sthg in the bud; **c'est comme l'histoire de l'~ et de la poule** it's a chicken and egg situation; **c'est comme l'~ de Christophe Colomb, il fallait y penser** it's easy when you know how; **il ne faut pas mettre tous ses ~s dans le même panier** *prov* never put all your eggs in one basket *prov*. -**2.** *fam* [imbécile] great ninny, oaf, blockhead; **tête d'~!** you nincompoop! -**3.** BIOL (egg) cell, egg; ZOOL [d'insecte, de poisson] egg; [de homard] berry; **~ de durée** OU **d'hiver** ENTOM overwintering egg; **~s de lump** lumpfish eggs OU roe; **~s de poisson** ZOOL spawn; CULIN fish roe. -**4.** COUT: **~ à repriser** darning egg. -**5.** [télécabine] cable car. -**6.** SPORT egg; **faire l'~** to (go into a) tuck; **dans la position en ~** in OU into the tuck position.

œuvre[1] [œvr] *nm* -**1.** ARCHIT & CONSTR: **une construction dans ~/hors (d')** a construction within/without the perimeter; **mesure dans/hors ~** inside/outside measurement ❑ **gros ~** carcass, fabric; **le gros ~ est enfin terminé** the main building work is finished at last; **second ~** finishing (jobs). -**2.** BX-ARTS: **son ~ gravé et son ~ peint** his paintings and his etchings. -**3.** [en alchimie]: **le Grand Œuvre** the Great Work, the Magnum Opus.

œuvre[2] [œvr] *nf* -**1.** [travail] work; **~ de longue haleine** long-term undertaking; **ce tabouret est l'~ d'un artisan** this stool is the work of a craftsman; **le troisième but a été l'~ de Bergova** FTBL the third goal was the work of Bergova; **elle a fait ~ durable/utile** she's done a lasting/useful piece of work; **la vieillesse a fait son ~** old age has done its work; **mettre qqch en ~** to bring sthg into play; **mettre tout en ~ pour que** to do all in one's power to ensure that; **nous avons mis tous les moyens en ~ pour juguler l'incendie** we did everything we could to bring the fire under control; **elle a mis tout en ~ pour être sélectionnée** she pulled out all the stops in order to get selected ❑ **~ de chair** *litt* carnal knowledge; **mise en ~** JOAILL mounting; **faire ~ de: faire ~ de rénovateur** to act as a renovator; **il a fait ~ d'homme de goût en restaurant la chapelle** his restoration of the chapel is the work of a man of taste; **faire ~ de ses dix doigts** *vieilli* to work with one's hands. -**2.** BX-ARTS & LOISIRS work; **toute son ~** the whole of her works; **couronné pour l'ensemble de son ~** rewarded for his overall achievement ❑ **~ d'art** work of art; **~s choisies/complètes de Molière** selected/complete works of Molière; **~ de jeunesse** early work. -**3.** [charité]: **~ (de bienfaisance)** charitable organization; **je fais la collecte pour une ~** I'm collecting for charity; **(bonnes) ~s** charity.

◆ **œuvres** *nfpl* -**1.** RELIG works, deeds. -**2.** ADMIN: **~ sociales** community service. -**3.** NAUT: **~s mortes** dead work, topsides; **~s vives** NAUT quickwork; **la France blessée dans ses ~s vives** *fig & sout* France, cut to the quick.

◆ **à l'œuvre** *loc adv* at work; **être à l'~** to be at work; **se mettre à l'~** to get down to OU to start work; **voir qqn à l'~** to see sb at work.

œuvrer [5] [œvre] *vi sout* to work, to strive; **nous voulons la paix et nous allons ~ pour cela** we want peace and we will do our utmost to achieve it.

OFCE (*abr de* **Observatoire français des conjonctures économiques**) *npr m economic research institute*.

off [ɔf] *adj inv* -**1.** CIN offscreen. -**2.** [théâtre, spectacle, festival] fringe *(modif)*.

offensant, e [ɔfɑ̃sɑ̃, ɑ̃t] *adj* offensive.

offense [ɔfɑ̃s] *nf* -**1.** [affront] insult; faire ~ à to offend, to give offence to; soit dit sans ~, tu n'es plus tout jeune non plus no offence meant, but you're not that young either; c'est une ~ au bon goût it's an offence OU a crime against good taste; il n'y a pas d'~ *fam* no offence taken. -**2.** RELIG trespass, transgression. -**3.** JUR: ~ à la cour contempt of Court.

offensé, e [ɔfɑ̃se] ◇ *adj* offended, insulted; air ~ offended OU outraged look; elle s'est sentie ~e she felt offended.
◇ *nm, f sout* offended OU injured party.

offenser [3] [ɔfɑ̃se] *vt* -**1.** [blesser] to offend, to give offence to; je l'ai offensé sans le vouloir I offended him unintentionally; tu l'offenserais en ne l'invitant pas you'd offend him if you didn't invite him; soit dit sans (vouloir) vous ~, votre fils n'est pas un ange without wishing to offend you, your son is no angel; ~ la mémoire de qqn *sout* to offend sb's memory. -**2.** [enfreindre] to violate; ~ un principe to fly in the face of a principle; ~ Dieu RELIG to offend God, to trespass against God.
◆ **s'offenser** *vpi sout* [se vexer] to take offence; s'~ de la moindre critique to take exception to the slightest criticism; elle s'est offensée qu'il ait oublié son anniversaire she was offended because he forgot her birthday.

offenseur [ɔfɑ̃sœr] *nm sout* offender.

offensif, ive [ɔfɑ̃sif, iv] *adj* offensive; l'équipe a adopté un jeu très ~ the team has opted to play an attacking game ❑ arme/guerre offensive offensive weapon/war.
◆ **offensive** *nf* MIL & *fig* offensive; passer à/prendre l'~ to go on/to take the offensive; mener une ~ to carry out OU to conduct an offensive; le club lillois revient à l'~ contre Bordeaux the Lille team is back on the offensive OU is making a fresh attack against Bordeaux; ~ de l'hiver *fig* onslaught of winter ❑ ~ de paix POL peace offensive.

offensivement [ɔfɑ̃sivmɑ̃] *adv* -**1.** MIL offensively. -**2.** SPORT: jouer ~ to play an attacking game.

offertoire [ɔfɛrtwar] *nm* offertory.

office [ɔfis] ◇ *nm* -**1.** [HIST & gén] office; dans son ~ de gouvernante in her position as governess; le signal d'alarme n'a pas rempli son ~ the alarm didn't (fulfil its) function; faire ~ de: faire ~ de président to act as chairman; qu'est-ce qui peut faire ~ de pièce d'identité? what could serve as proof of identity?; pendant le voyage, j'ai dû faire ~ de cuisinier I had to act as cook during the trip ❑ ~ ministériel ministerial office. -**2.** RELIG office; aller à/manquer l'~ to go to/to miss the church service ❑ l'~ divin the Divine Office; l'~ des morts the office for the dead. -**3.** [agence] agency, bureau; ~ de publicité advertising agency; ~ du tourisme espagnol Spanish tourist office OU bureau; l'Office national des forêts the French Forestry commission; les Offices [à Florence] the Uffizi. -**4.** COMM [dans l'édition]: exemplaire d'~ copy sent on sale or return.
◇ *nm, vieilli nf* [d'une cuisine] pantry; [d'un hôtel, d'une grande maison] kitchen, kitchens; tous les verres sont rangés dans l'~ all the glasses are stored in the pantry; enfant, je dînais à l'~ as a child, I used to eat with the servants.
◆ **offices** *nmpl*: grâce aux bons ~s de M. Prat/du gouvernement allemand thanks to Mr. Prat's good offices/to the good offices of the German government.
◆ **d'office** *loc adv* automatically; il a été promu d'~ au rang de général he was automatically promoted to (the rank of) general; je vous mets d'~ parmi les altos I'll put you in straightaway with the altos ❑ avocat commis d'~ (officially) appointed lawyer.

officialisation [ɔfisjalizasjɔ̃] *nf* officialization.

officialiser [3] [ɔfisjalize] *vt* to make official, to officialize.

officiant [ɔfisjɑ̃] ◇ *adj m* officiating.
◇ *nm* officiant.

officiel, elle [ɔfisjɛl] *adj* -**1.** [public] official; communiqué ~ official communiqué; milieux ~s official circles; langage OU jargon ~ officialese; rien de ce que je vous dis là n'est ~ everything I'm telling you is unofficial OU off the record; il a rendu ~le sa décision de démissionner he made public OU he officially announced his decision to resign ❑ congé ~ official holiday. -**2.** [réglementaire] formal; tenue ~le formal attire; style ~ formal style; notre rencontre n'avait aucun caractère ~ our meeting took place on an informal OU unofficial basis.
◆ **officiel** *nm* official; les ~s du Parti the Party officials.

officiellement [ɔfisjɛlmɑ̃] *adv* officially; je dépose plainte ~ I'm making an official complaint.

officier[1] [9] [ɔfisje] *vi* -**1.** RELIG to officiate. -**2.** *fig* & *hum* to preside; qui officie aux fourneaux ce soir? who's in charge OU presiding in the kitchen tonight?

officier[2] [ɔfisje] *nm* -**1.** MIL officer; ~ d'active/de réserve regular/reserve officer; ~ de marine/de l'armée de terre naval/army officer; ~ supérieur/général field/general officer; ~ de liaison liaison officer; ~ subalterne junior *Br* OU company *Am* officer. -**2.** [titulaire - d'une fonction, d'une distinction]: ~ de l'Armée du salut Salvation Army Officer; ~ de l'état civil ≃ registrar; ~ de police judiciaire *police officer in the French Criminal Investigation Department*; ~ de la Légion d'honneur Officer of the Legion of Honour; ~ ministériel *member of the legal or allied professions*.

officier-marinier [ɔfisjemarinje] (*pl* officiers-mariniers) *nm* petty officer.

officieusement [ɔfisjøzmɑ̃] *adv* unofficially, informally.

officieux, euse [ɔfisjø, øz] *adj* unofficial, informal.

officinal, e, aux [ɔfisinal, o] *adj* [plante] medicinal; [remède] officinal.

officine [ɔfisin] *nf* -**1.** PHARM dispensary, pharmacy. -**2.** *fig* & *péj*: ~ d'espionnage den of spies.

offrande [ɔfrɑ̃d] *nf* -**1.** RELIG [don] offering; [cérémonie] offertory. -**2.** [contribution] offering; verser une ~ à une œuvre to give to a charity.

offrant [ɔfrɑ̃] *nm* bidder; vendre qqch au plus ~ to sell sthg to the highest bidder.

offre [ɔfr] *nf* -**1.** [proposition] offer; j'accepte votre ~ I accept your offer; ils lui ont fait une ~ avantageuse they made him a worthwhile offer; faire une ~ à 1 000 francs to make an offer of 1,000 francs; [aux enchères] to bid 1,000 francs; '~ valable jusqu'au 31 mai' 'offer closes May 31st' ❑ '~s d'emploi' 'situations vacant'; ~s de paix POL peace proposals; ~s de service offer to help. -**2.** ÉCON supply; ~ de monnaie/devises money/currency supply; l'~ et la demande supply and demand. -**3.** FIN: ~ de concours competitive (state) tender; ~ publique d'achat takeover bid; ~ publique d'échange acquisition (by exchange of shares); ~ publique de vente sales offer *(of shares at a fixed price)*. -**4.** JUR: ~s réelles payment into court.

offrir [34] [ɔfrir] *vt* -**1.** [faire cadeau de] to give; ~ qqch en cadeau à qqn to give sb sthg as a present; on lui offrit une médaille they presented him OU he was presented with a medal; je vous offre un café/un verre? can I buy you coffee/a drink?; ils (nous) ont offert le champagne they treated us to champagne; pour finir ce journal, nous vous offrons quelques images de la première neige dans Paris and now to end the news, we bring you some shots of the first snow of the year in Paris ‖ *(en usage abs)*: pourriez-vous me faire un paquet-cadeau, c'est pour ~ could you gift-wrap it for me, please, it's a present; c'est moi qui offre I'll pay. -**2.** [donner - choix, explication, hospitalité] to give, to offer; je vous offre une nouvelle chance I'm giving you a second chance; ~ son assistance OU son aide à qqn to offer to help sb; ~ à qqn la possibilité de faire qqch to offer OU to give sb the chance of doing sthg. -**3.** [proposer]: ~ son bras à qqn to offer OU to lend sb one's arm; je lui ai montré mon autoradio, il m'en offre 2 000 F I showed him my car radio, he's offering me 2,000 F for it; elle nous a offert sa maison pour l'été she offered us her house for the summer. -**4.** [présenter - spectacle, vue] to offer, to present; elle offre l'image du plus profond désespoir she seems to be in deep despair; la conversation n'offrait qu'un intérêt limité the conversation was of only limited interest; cette solution offre l'avantage d'être équitable this solution has OU presents the advantage of being fair; le sommet offre un panorama de toute beauté the summit offers OU affords the most stupendous views; le vieil homme/le jardin dévasté offrait un piteux spectacle the old man/the ruined garden was a pathetic sight.
◆ **s'offrir** ◇ *vp (emploi réfléchi)* -**1.** [sexuellement] to offer OU to give o.s. -**2.** [proposer ses services] to offer one's services; il s'est offert pour un emploi de manutentionnaire he applied for a job as a packer; s'~ à payer les dégâts to offer to pay for the damage; l'article s'offre à orienter le lecteur dans le marché de la hi-fi the article aims to help the reader find his way in the world of hi-fi.
◇ *vp (emploi réciproque)* to give OU to buy each other; à Noël, on s'offre des cadeaux at Christmas, people give each other presents.
◇ *vpi* [se présenter - occasion]: un seul moyen s'offrait à moi there was only one course of action open to me; plein d'enthousiasme pour la journée qui s'offrait à lui full of enthusiasm for the day that lay ahead of him; un panorama exceptionnel s'offre au regard an amazing view meets your eyes.
◇ *vpt* [se faire cadeau de] to treat o.s. to; s'~ le luxe de manger du caviar to indulge in the luxury of eating caviar; et si on s'offrait à boire? shall we have a drink?

offset [ɔfsɛt] ◇ *adj inv* offset.
◇ *nm inv* offset (process).
◇ *nf inv* offset (printing) machine.

off shore, offshore [ɔfʃɔr] ◇ *adj inv* BANQUE, PÉTR & SPORT offshore.
◇ *nm inv* PÉTR offshore technology; SPORT [activité] powerboat racing; [bateau] powerboat.

offusquer [3] [ɔfyske] *vt* to offend, to upset, to hurt.
◆ **s'offusquer** *vpi*: s'~ de to take offence at, to take umbrage at; s'~ d'un rien to be easily offended, to be quick to take offence.

ogival, e, aux [ɔʒival, o] *adj* [structure] ogive *(modif)*, ogival; [art, style] gothic.

ogive [ɔʒiv] *nf* -**1.** ARCHIT ogive, diagonal rib. -**2.** MIL & NUCL warhead. -**3.** GÉOM ogive.

ogre, ogresse [ɔgr, ɔgrɛs] *nm, f* -**1.** [dans les contes] ogre (*f* ogress). -**2.** *fam fig* ogre (*f* ogress), monster.

oh [o] ◇ *interj* -**1.** [pour indiquer - la surprise, l'admiration, l'indignation] oh; ~, quelle horreur! oh, how awful!; ~ ~, est-ce que j'aurais deviné juste? oho, could I be right? -**2.** [pour interpeller] hey; ~ là, qu'est-ce que tu fais? hey, what are you doing?
◇ *nm inv* ooh, oh; pousser des ~ et des ah devant qqch to ooh and aah OU to marvel at sthg.

ohé [ɔe] *interj* hey; ~! vous là-bas hey, you over there!

Ohio [ɔajo] *npr m*: l'~ Ohio.

ohm [om] *nm* ohm.

ohmmètre [ommɛtr] *nm* ohmmeter.

OHQ *nm abr de* ouvrier hautement qualifié.

oïdium [ɔidjɔm] *nm* oidium.

oie [wa] *nf* -**1.** ORNITH goose; ~ cendrée greylag goose; ~ des moissons bean goose; ~ sauvage wild goose. -**2.** JEUX: jeu de l'~ ≃ snakes and ladders. -**3.** MIL: **pas de l'~** goosestep; **défiler** OU **marcher au pas de l'~** to goosestep. -**4.** *péj* [personne] silly goose; **c'est une ~ blanche** she's (wide-eyed and) innocent.

oignon [ɔɲɔ̃] *nm* -**1.** BOT [légume] onion; [bulbe] bulb. -**2.** CULIN onion; **petits ~s** pickling onions; **un week-end aux petits ~s** *fam fig* a great OU first rate weekend; **soigner qqn aux petits ~s** to look after sb really well; **être soigné aux petits ~s** to get first-class attention; **ce ne sont pas tes ~s** *fam* that's none of your business; **mêle-toi** OU **occupe-toi de tes ~s** *fam* mind your own business. -**3.** MÉD bunion. -**4.** [montre] fob watch.

oïl [ɔjl] *adv* → **langue**.

oindre [82] [wɛ̃dr] *vt* -**1.** [enduire] to rub with oil. -**2.** RELIG to anoint.

oiseau, x [wazo] *nm* -**1.** ZOOL bird; **~ marin** OU **de mer** seabird; **~ migrateur** migratory bird; **~ de paradis** bird of paradise; **~ de proie** bird of prey; **~ de volière** aviary bird, cage bird; **~ des îles** *pr* tropical bird; *fig* exotic creature; **~ de mauvais augure** OU **de malheur** bird of ill omen; **~ rare: il est parfait pour cet emploi, tu as vraiment déniché l'~ rare** he's perfect for this job, you've found a rare bird there; **avoir un appétit d'~** to eat like a bird; **ce n'était qu'un ~ de passage** he was just a ship that passed in the night; **être comme l'~ sur la branche** to be in a very precarious situation; **le petit ~ va sortir!** [photo] watch the birdie!; **petit à petit, l'~ fait son nid** *prov* every little helps; **'l'Oiseau de feu'** *Stravinski* 'The Firebird'; **'les Oiseaux'** *Aristophane, du Maurier, Hitchcock* 'The Birds'. -**2.** *fam* [individu douteux] customer; **c'est un drôle d'~** OU **un vilain ~** he's an odd customer; **quand la police arriva, l'~ s'était envolé** by the time the police arrived the bird had flown. -**3.** CONSTR [auge de maçon] hod.

oiseau-lyre [wazolir] (*pl* **oiseaux-lyres**) *nm* lyrebird.

oiseau-mouche [wazomuʃ] (*pl* **oiseaux-mouches**) *nm* hummingbird.

oiseler [24] [wazle] *vi* to catch birds *(with a net or with birdlime)*.

oiselet [wazlɛ] *nm litt* small bird.

oiseleur [wazlœr] *nm* bird catcher.

oiselier, ère [wazəlje, ɛr] *nm, f* bird-seller.

oisellerie [wazɛlri] *nf* -**1.** [boutique] bird shop. -**2.** [commerce] birdselling.

oiseux, euse [wazø, øz] *adj* -**1.** [futile] futile; **des occupations oiseuses** futile occupations; **des rêveries oiseuses** daydreaming. -**2.** [stérile] irrelevant, pointless.

oisif, ive [wazif, iv] ◇ *adj* -**1.** [personne, vie] idle. -**2.** JUR [biens] unproductive.
◇ *nm, f* idler; **les ~s** the idle.

oisillon [wazijɔ̃] *nm* fledgling.

oisivement [wazivmɑ̃] *adv* idly; **vivre ~** to live in idleness.

oisiveté [wazivte] *nf* idleness; **vivre dans l'~** to live in idleness ❑ **l'~ est la mère de tous les vices** *prov* the devil finds work for idle hands *prov*.

oison [wazɔ̃] *nm* -**1.** ZOOL gosling. -**2.** *vieilli* [personne] gullible OU credulous person.

OIT (*abr de* **Organisation internationale du travail**) *npr f* ILO.

OJD (*abr de* **Office de justification de la diffusion des supports de publicité**) *npr m advertising industry watchdog*.

OK [ɔke] *interj* OK, okay; **~! pour moi c'est bon!** okay! that's fine by me!

Oka [oka] *npr*: **fromage d'~** *cheese made by trappist monks in Canada*.

okapi [ɔkapi] *nm* okapi.

Oklahoma [ɔklaɔma] *npr m*: **l'~** Oklahoma.

okoumé [ɔkume] *nm* gaboon.

oléacée [ɔlease] *nf* member of the Oleaceae OU olive family.

oléagineux, euse [ɔleaʒinø, øz] *adj* oil-producing, oleaginous *spéc*.
◆ **oléagineux** *nm* oil-producing OU oleaginous *spéc* plant.

oléastre [ɔleastr] *nm* oleaster.

oléicole [ɔleikɔl] *adj*: **industrie ~** [de l'huile d'olive] olive oil industry; [de l'huile d'oléagineux] vegetable oil industry; **terres ~s** [à olives] olive-growing area; [à oléagineux] oil-cropping area.

oléiculteur, trice [ɔleikyltœr, tris] *nm, f* -**1.** [cultivateur] olive grower. -**2.** [fabricant d'huile - d'olive] olive oil manufacturer; [- d'autres oléagineux] vegetable oil manufacturer.

oléiculture [ɔleikyltyr] *nf* [culture - des olives] olive growing; [- des oléagineux] oil-crop growing.

oléifère [ɔleifɛr] *adj* oil-producing, oleiferous *spéc*.

oléiforme [ɔleifɔrm] *adj* oil-like.

oléine [ɔlein] *nf* olein.

oléique [ɔleik] *adj* oleic.

oléoduc [ɔleɔdyk] *nm* (oil) pipeline.

olé olé *fam* [ɔleɔle] *adj inv*: **être un peu ~** [de mœurs légères] to be a bit loose; [peu respectueux] to be a bit too laid back.

oléorésine [ɔleɔrezin] *nf* oleoresin.

oléum [ɔleɔm] *nm* oleum.

olfactif, ive [ɔlfaktif, iv] *adj* olfactory.

olfaction [ɔlfaksjɔ̃] *nf* olfaction.

olibrius [ɔlibrijys] *nm* oddball.

olifant [ɔlifɑ̃] *nm* (ivory) hunting horn, oliphant *arch*.

oligarchie [ɔligarʃi] *nf* oligarchy.

oligarchique [ɔligarʃik] *adj* oligarchic, oligarchical.

oligarque [ɔligark] *nm* oligarch.

oligiste [ɔliʒist] *adj & nm* hematite.

oligocène [ɔligɔsɛn] ◇ *adj* Oligocene.
◇ *nm* Oligocene (period).

oligoclase [ɔligɔklaz] *nf* oligoclase.

oligo-élément [ɔligɔelemɑ̃] (*pl* **oligo-éléments**) *nm* trace element.

oligophrène [ɔligɔfrɛn] ◇ *adj* mentally subnormal.
◇ *nmf* mentally subnormal person.

oligophrénie [ɔligɔfreni] *nf* (mental) subnormality.

oligopole [ɔligɔpɔl] *nm* oligopoly.

oligopolistique [ɔligɔpɔlistik] *adj* oligopolistic.

oligurie [ɔligyri] *nf* oliguria.

olivacé, e [ɔlivase] *adj* olive, olive-coloured.

olivaie [ɔlivɛ] *nf* olive grove.

olivaison [ɔlivɛzɔ̃] *nf* -**1.** [récolte] olive harvest. -**2.** [saison] olive season.

olivâtre [ɔlivatr] *adj* olive-greenish.

olive [ɔliv] ◇ *nf* -**1.** BOT olive; **~ noire/verte** black/green olive. -**2.** ÉLECTR switch. -**3.** ANAT: **~ bulbaire** olivary body; **~ cérébelleuse** olivary nucleus. -**4.** ZOOL olive (shell). -**5.** VÊT [bouton] (olive-shaped) button.
◇ *adj inv* [couleur] olive, olive-green.
◆ **olives** *nfpl* ARCHIT olive OU bead moulding.

oliveraie [ɔlivrɛ] = **olivaie**.

olivette [ɔlivɛt] *nf* -**1.** [tomate] plum tomato. -**2.** [raisin] (olive-shaped) grape.

olivier [ɔlivje] *nm* -**1.** BOT olive tree. -**2.** [bois] olive (wood).

Oliviers [ɔlivje] *npr mpl* → **mont**.

olivine [ɔlivin] *nf* olivine.

olographe [ɔlɔgraf] *adj* holograph.

OLP (*abr de* **Organisation de libération de la Palestine**) *npr f* PLO.

olympe [ɔlɛ̃p] *nm litt* Olympus.

Olympe [ɔlɛ̃p] *npr m* GÉOG & MYTH: **l'~** Olympus; **les dieux de l'~** the Olympic deities, the Olympians; **le mont ~** Mount Olympus.

olympiade [ɔlɛ̃pjad] *nf* -**1.** [événement] Olympic Games; **à la dernière ~** during the last Olympics. -**2.** [quatre ans] olympiad.

Olympie [ɔlɛ̃pi] *npr* Olympia.

olympien, enne [ɔlɛ̃pjɛ̃, ɛn] *adj* MYTH & *hum* Olympian; **un calme ~** an Olympian calm.

olympique [ɔlɛ̃pik] *adj* Olympic; **les jeux Olympiques** the Olympic Games, the Olympics.

olympisme [ɔlɛ̃pism] *nm* -**1.** [idéal] Olympic ideal. -**2.** [organisation] organization of the Olympic Games.

OM (*abr de* **Olympique de Marseille**) *npr m Marseilles football team*.

Oman [ɔman] *npr* Oman; **golfe d'~** Gulf of Oman; **le sultanat d'~** the Sultanate of Oman.

ombelle [ɔ̃bɛl] *nf* umbel; **en ~** umbellate.

ombellifère [ɔ̃belifɛr] *nf* umbellifer, member of the Umbelliferae.

ombilic [ɔ̃bilik] *nm* -**1.** ANAT umbilicus *spéc*, navel. -**2.** BOT [renflement] hilum; [plante] navelwort. -**3.** MATH umbilical point. -**4.** BX-ARTS boss, embossment.

ombilical, e, aux [ɔ̃bilikal, o] *adj* -**1.** ANAT umbilical. -**2.** ASTRONAUT: **mât ~** umbilical cord.

ombiliqué, e [ɔ̃bilike] *adj* umbilicate, umbilicated.

omble [ɔ̃bl] *nm*: **~ (chevalier)** char.

ombrage [ɔ̃braʒ] *nm* -**1.** [ombre] shade; **ces arbres donnent** OU **font un ~ agréable à la terrasse** these trees pleasantly shade the terrace. -**2.** [feuillage] canopy, foliage. -**3.** *litt*: **prendre ~ de** to take offence OU umbrage at; **porter** OU **faire ~ à qqn** to cause offence to sb, to offend sb.

ombragé, e [ɔ̃braʒe] *adj* shady.

ombrager [17] [ɔ̃braʒe] *vt* to shade; **ses longs cils ombrageaient ses yeux bleus** her long eyelashes shaded her blue eyes.

ombrageux, euse [ɔ̃braʒø, øz] *adj* -**1.** *sout* [susceptible] touchy, easily offended. -**2.** [cheval] skittish, nervous, jumpy.

ombre[1] [ɔ̃br] *nm* ZOOL: **~ de rivière** grayling.

ombre[2] [ɔ̃br] *nf* -**1.** [pénombre] shade; **dans l'~ des sous-bois** in the shadowy undergrowth; **faire de l'~: le gratte-ciel fait de l'~ à tout le quartier** the skyscraper casts a shadow over the whole area OU leaves the whole area in shadow; **pousse-toi, tu me fais de l'~** move, you're in my light ❑ **sortir de l'~** *pr* to emerge from the dark OU darkness OU shadows; *fig* [personne] to come out in the open; *fig* [artiste] to emerge from obscurity, to come into the public eye; **vivre dans l'~ de qqn** to live in sb's shadow. -**2.** [forme - d'une personne, d'un arbre, d'un mur] shadow; **j'aperçois une ~ dans le jardin** I can see a (vague) shadow OU shadowy shape in the garden; **avec l'adolescence, une ~ est apparue sur sa lèvre supérieure** in adolescence, a thin shadow appeared on his upper lip ❑ **~ portée** OPT (projected) shadow; **~ propre** shade; **il n'est plus que l'~ de lui-même** he's but a shadow of his former self. -**3.** [trace - de jalousie, de surprise] hint; [- d'un sourire] hint, shadow; **pas l'~ d'un remords/d'une preuve** not a trace of remorse/shred of evidence; **sans l'~ d'un doute** without a shadow of a doubt; **cela ne fait pas** OU **il n'y a pas l'~ d'un doute** there's not a shadow of a doubt. -**4.** BX-ARTS shade, shadow; **il y a une ~ au tableau** *fig* there's a fly in the ointment.
◆ **ombres** *nfpl* -**1.** THÉÂT: **~s chinoises, théâtre d'~s** shadow theatre; **leurs profils se projetaient sur le mur en ~s chinoises** their profiles were silhouetted on the wall. -**2.** ANTIQ shadows, departed souls.
◆ **à l'ombre** *loc adv* -**1.** [marcher] in the shade; **il fait 30° C à l'~** it's 30° C in the shade. -**2.** *fam* [en prison] inside.
◆ **à l'ombre de** *loc prép pr* in the shade of; *litt & fig* under the protection of; **à l'~ des lois** protected by the law.
◆ **dans l'ombre** *loc adv* -**1.** [dans la pénombre] in the shade; **le jardin/balcon est dans l'~** the garden/balcony is in the shade. -**2.** [dans le secret]: **elle a préféré vivre dans l'~** she chose a life of obscurity; **rester dans l'~** [raison] to remain obscure OU unclear; [personne] to remain unknown; **l'enquête n'a rien laissé dans l'~** the enquiry left no stone unturned; **ceux**

qui œuvrent dans l'~ pour la paix those who work behind the scenes to bring about peace.
◆ **ombre à paupières** *nf* eye shadow.

ombrée [ɔ̃bre] *nf* ubac.

ombrelle [ɔ̃brɛl] *nf* -**1.** [parasol] parasol. -**2.** [d'une méduse] umbrella.

ombrer [3] [ɔ̃bre] *vt* -**1.** BX-ARTS to shade; ~ **un sujet pour le faire ressortir/pour l'intégrer dans l'arrière-plan** to shade out/in a subject. -**2.** *litt* [faire de l'ombre à - suj: arbre, store] to shade; **un grand chapeau ombrait son visage** a large hat shaded her face ‖ [assombrir - suj: couleur] to darken, to shade; **un maquillage violet ombrait ses paupières** she was wearing purple eyeshadow.

ombrette [ɔ̃brɛt] *nf* umbre, umbrette.

ombreux, euse [ɔ̃brø, øz] *adj litt* shady.

Ombrie [ɔ̃bri] *npr f*: l'~ Umbria.

ombrien, enne [ɔ̃brijɛ̃, ɛn] *adj* Umbrian.
◆ **Ombrien, enne** *nm, f* Umbrian.

ombudsman [ɔmbydsman] *nm* ombudsman.

oméga [ɔmega] *nm* omega.

omelette [ɔmlɛt] *nf* omelette; ~ **aux champignons/au fromage/au jambon** mushroom/cheese/ham omelette; ~ **aux fines herbes** omelette with herbs, omelette (aux) fines herbes; **une** ~ **baveuse** a runny omelette ❑ ~ **norvégienne** OU **surprise** baked Alaska; ~ **soufflée** soufflé omelette; **on ne fait pas d'~ sans casser des œufs** *prov* you can't make an omelette without breaking eggs *prov*.

omettre [84] [ɔmɛtr] *vt* to omit, to leave out *(sép)*; **sans** ~ **un seul détail** without leaving out a single detail; **n'omets personne sur ta liste** don't miss anyone off your list; ~ **de** to fail OU to neglect OU to omit to; **ils ont omis de nous informer** they failed OU neglected to inform us.

OMI (*abr de* **Organisation maritime internationale**) *npr f* IMO.

omicron [ɔmikrɔ̃] *nm* omicron.

omission [ɔmisjɔ̃] *nf* -**1.** [oubli] omission; **l'~ d'un mot** leaving out OU omitting a word; **j'ai relevé plusieurs ~s dans la liste** I noticed that several things are missing OU have been omitted from the list. -**2.** RELIG omission.

OMM (*abr de* **Organisation météorologique mondiale**) *npr f* WMO.

omnibus [ɔmnibys] ◇ *nm* -**1.** RAIL slow OU stopping train *Br*, local (train) *Am*. -**2.** [à chevaux] horse-drawn omnibus.
◇ *adj*: **train** ~ slow OU stopping train *Br*, local (train) *Am*; **le train est ~ entre Melun et Sens** the train calls at all stations between Melun and Sens.

omnicolore [ɔmnikɔlɔr] *adj* of all colours.

omnidirectif, ive [ɔmnidirɛktif, iv] *adj* omnidirectional.

omnidirectionnel, elle [ɔmnidirɛksjɔnɛl] *adj* omnidirectional.

omnipotence [ɔmnipɔtɑ̃s] *nf* omnipotence; **l'~ de l'État** the omnipotence of the state.

omnipotent, e [ɔmnipɔtɑ̃, ɑ̃t] *adj* omnipotent.

omnipraticien, enne [ɔmnipratisjɛ̃, ɛn]
◇ *nm, f* general practitioner.
◇ *adj*: **médecin** ~ general practitioner.

omniprésence [ɔmniprezɑ̃s] *nf* omnipresence.

omniprésent, e [ɔmniprezɑ̃, ɑ̃t] *adj* [souci, souvenir] omnipresent; [publicité, pollution] ubiquitous; **il est ~ dans l'usine** he's everywhere (at once) in the factory.

omniscience [ɔmnisjɑ̃s] *nf sout* omniscience.

omniscient, e [ɔmnisjɑ̃, ɑ̃t] *adj sout* omniscient.

omnisports [ɔmnispɔr] *adj inv*: **rencontre** ~ all-round sports event; **salle** ~ sports centre; **terrain** ~ sports field.

omnivore [ɔmnivɔr] ◇ *adj* omnivorous.
◇ *nm* omnivore.

omoplate [ɔmɔplat] *nf* shoulder blade, scapula *spéc*; **il lui avait pointé un fusil entre les ~s** he'd shoved a gun in his back.

OMS (*abr de* **Organisation mondiale de la santé**) *npr f* WHO.

on [ɔ̃] *pron pers* (*peut être précédé de l'article l' dans un contexte soutenu*) -**1.** [exprimant l'indétermination]: **on lui a retiré son passeport** they took his passport away (from him), his passport was confiscated; **on construit une nouvelle école** a new school is being built; **il y a 10 ans, on ne connaissait pas cette maladie** this illness was unknown 10 years ago; **on vit de plus en plus vieux en Europe** people in Europe are living longer and longer. -**2.** [avec une valeur généralisante] you, one; **souvent, on n'a pas le choix** often you don't have any choice, often there's no choice; **on n'a pas le droit de fumer ici** you can't smoke in here; **on n'arrive pas à dormir avec cette chaleur** it's impossible to sleep in this heat; **on ne peut prédire la suite des événements** one OU you can't predict the outcome (of events); **on ne sait jamais (ce qui peut arriver)** you never know OU one never knows (what could happen); **on dirait qu'il va pleuvoir** it looks like rain; **on ne croirait pas qu'il est malade** you wouldn't think he was ill. -**3.** [les gens] people, they; **on jasait** people were talking, there was a lot of talk; **on s'était rué sur les derniers billets** there'd been a rush for the last tickets; **on dit que la vie là-bas n'est pas chère** they say that the cost of living over there is cheap; **on rapporte que...** it is said that... -**4.** [désignant un nombre indéterminé de personnes] they; **en Espagne on dîne plus tard** in Spain they eat later; **dans ce bureau, on se moque de vos problèmes** they don't care about your problems in this department; **on m'a dit que vous partiez bientôt** I've been told you're leaving soon; **qu'est-ce qu'on en dit chez toi?** what do your folks have to say about it?, what do they have to say about it at your place? -**5.** [quelqu'un]: **on vous a appelé ce matin** somebody called you OU there was a (phone) call for you this morning; **est-ce qu'on t'a vu?** did anyone see you?; **est-ce qu'on vous sert, Monsieur?** are you being served, Sir?; **est-ce qu'on pourrait me servir, s'il vous plaît?** could somebody serve me, please? -**6.** *fam* [nous] we; **on n'a pas grand-chose à se dire** we don't have much to say to one another; **nous, on en a marre, on s'en va** we've had enough of this, we're off; **allez viens, on va bien s'amuser** go on, come with us, it'll be great fun; **on était très déçus** we were very disappointed. -**7.** [se substituant à d'autres pronoms personnels]: **ça va, on a compris!** *fam* all right, I've got the message!; **il faut qu'on vous le répète?** *fam* do I have to repeat myself?; **dans ce premier chapitre, on a voulu montrer...** in this first chapter, the aim has been to show...; **on est bien habillé, aujourd'hui!** *fam* we are dressed-up today, aren't we?; **alors, on ne répond pas au téléphone?** *fam* aren't you going to answer the phone?; **on croit tout savoir, hein?** *fam* (you) think you know everything OU it all, don't you?; **alors les gars, on cherche la bagarre?** *fam* are you guys looking for a fight?; **on a tout ce qu'il faut et on passe son temps à se plaindre!** *fam* he/she has got everything and he/she still complains all the time! -**8.** [dans des annonces]: **'on cherche un vendeur'** 'salesman wanted OU required'; **'ici on parle allemand'** 'German spoken (here)'; **on est prié de laisser sa clé à la réception** keys must be left at reception.

onagracée [ɔnagrase] *nf* member of the Oenothera.

onagre [ɔnagr] ◇ *nf* BOT evening primrose, oenothera.
◇ *nm* ARM & ZOOL onager.

onanisme [ɔnanism] *nm* onanism.

onc [ɔ̃k] = **oncques**.

once [ɔ̃s] *nf* -**1.** [mesure] ounce; **il n'a pas une ~ de bon sens** he doesn't have an ounce of common sense. -**2.** ZOOL ounce, snow leopard.

oncle [ɔ̃kl] *nm* uncle; ~ **d'Amérique** rich uncle; **l'Oncle Sam** Uncle Sam.

oncogène [ɔ̃kɔʒɛn] *adj* MÉD oncogenic.

oncologie [ɔ̃kɔlɔʒi] *nf* oncology.

oncologiste [ɔ̃kɔlɔʒist], **oncologue** [ɔ̃kɔlɔg] *nmf* oncologist.

oncotique [ɔ̃kɔtik] *adj* MÉD & PHYS oncotic.

oncques [ɔ̃k] *adv arch* never; ~ **ne vit plus remarquable triomphe!** never had there been such an outstanding triumph! *aussi hum*.

onction [ɔ̃ksjɔ̃] *nf* -**1.** MÉD unction. -**2.** *litt* [douceur - attendrissante] sweetness, gentleness; *péj* [- hypocrite] unctuousness, unctuosity. -**3.** RELIG unction.

onctueux, euse [ɔ̃ktɥø, øz] *adj* -**1.** [huileux] smooth, unctuous. -**2.** CULIN creamy; **un fromage** ~ a creamy cheese. -**3.** *litt* [personne] smooth, unctuous.

onctuosité [ɔ̃ktɥozite] *nf* -**1.** [d'un dessert] creaminess; [d'une crème] smoothness. -**2.** TECH lubricating quality, lubricity.

ondatra [ɔ̃datra] *nm* muskrat, ondatra *spéc*.

onde [ɔ̃d] *nf* -**1.** PHYS wave; ~**s courtes/moyennes** short/medium wave; ~ **sonore/lumineuse/radioélectrique** sound/light/radio wave; ~ **de choc** shock wave; ~**s hertziennes** Hertzian waves; ~**s longues, grandes** ~**s** long wave; **l'~ verte** *device which sets all traffic lights along a one-way system to green if drivers keep to the speed limit indicated*. -**2.** *fig* [vague] wave; **une** ~ **de bonheur l'envahit** a wave of happiness washed over her. -**3.** *litt*: **l'~** [l'eau] the waters, the deep; **l'~ limpide du ruisseau** the clear waters of the stream.
◆ **ondes** *nfpl* RAD: **mettre en ~s** to produce; **sur les ~s** on the air.

ondée [ɔ̃de] *nf* shower (of rain); **temps à ~s** showery weather.

ondemètre [ɔ̃dmɛtr] *nm* wavemeter.

ondin, e [ɔ̃dɛ̃, in] *nm, f* water sprite, undine *litt*.

on-dit [ɔ̃di] *nm inv*: **je ne me soucie guère des** ~ I don't care about what people say; **fonder son opinion sur des** ~ to base one's opinion on hearsay.

ondoiement [ɔ̃dwamɑ̃] *nm* -**1.** *litt* [du blé, des cheveux] undulation, swaying motion; [d'un ruisseau] undulation. -**2.** RELIG summary baptism.

ondoyant, e [ɔ̃dwajɑ̃, ɑ̃t] *adj litt* -**1.** [blé] undulating, rippling; [flamme] dancing, wavering; [lumière, ruisseau] undulating. -**2.** [personne] changeable.

ondoyer [13] [ɔ̃dwaje] ◇ *vi* [champ de blé] to undulate, to ripple; [flamme] to dance, to waver; [lumière, ruisseau] to ripple.
◇ *vt* RELIG to baptize summarily.

ondulant, e [ɔ̃dylɑ̃, ɑ̃t] *adj* -**1.** [terrain] undulating; [route, rivière] twisting (and turning), winding; [chevelure] flowing; [façon de marcher] swaying. -**2.** MÉD [pouls] uneven.

ondulation [ɔ̃dylasjɔ̃] *nf* -**1.** *sout* [de l'eau, du terrain] undulation. -**2.** [du corps] undulation, swaying *(U)*; **les ~s de la danseuse** the undulations OU the swaying of the dancer. -**3.** [des cheveux] wave. -**4.** *litt* [d'une ligne, d'une mélodie] undulation. -**5.** ÉLECTRON ripple. -**6.** TRAV PUBL corrugation.

ondulatoire [ɔ̃dylatwar] *adj* -**1.** [forme] undulatory. -**2.** PHYS [mouvement] undulatory, wave *(modif)*.

ondulé, e [ɔ̃dyle] *adj* [cheveux] wavy; [carton] corrugated.

onduler [3] [ɔ̃dyle] ◇ *vi* -**1.** [eau, vagues, champs] to ripple, to undulate; **la foule ondulait sur la place** in the square, the crowd was swaying. -**2.** [cheveux] to be wavy. -**3.** [personne] to sway; **la danseuse ondulait des hanches** the dancer swayed her hips.
◇ *vt* -**1.** TECH [métal, carton] to corrugate. -**2.** [friser]: **se faire ~ les cheveux** to have one's hair waved OU permed.

onduleur [ɔ̃dylœr] *nm* ÉLECTR inverter.

onduleux, euse [ɔ̃dylø, øz] *adj litt* -**1.** [houleux - flots] swelling. -**2.** [souple] undulating; **elle avait une démarche onduleuse** her body swayed as she walked. -**3.** [paysage] undulating, rolling; [sentier, rivière] twisting (and turning), winding.

one-man-show [wanmanʃo] *nm inv* one-man show, solo act.

onéreux, euse [ɔnerø, øz] *adj* costly, expensive.

ONF *npr m abr de* Office national des forêts.

ONG (*abr de* organisation non gouvernementale) *nf* NGO.

ongle [ɔ̃gl] *nm* -**1.** ANAT [du doigt] nail, fingernail; [de l'orteil] toenail; se faire les ~s [les couper] to cut one's nails; [les vernir] to do OU to paint one's nails ❑ avoir les ~s crochus to be mean; avoir les ~s en deuil to have dirty nails OU fingernails. -**2.** ZOOL claw; [de rapace] talon.
◆ **à ongles** *loc adj* [ciseaux, lime, vernis] nail *(modif)*.

onglée [ɔ̃gle] *nf*: j'avais l'~ the tips of my fingers were numb with cold.

onglet [ɔ̃glɛ] *nm* -**1.** [entaille] thumb index; [d'un canif] thumbnail groove, nail nick. -**2.** CONSTR mitred angle; tailler à OU en ~ to mitre ❑ assemblage en ~ mitre joint. -**3.** IMPR [béquet] tab; [d'un livre] hinge; ~s (de remplissage) (filling-in) guards. -**4.** BOT claw, unguis *spéc*. -**5.** MATH ungula. -**6.** MÉD pterygium. -**7.** CULIN top skirt *Br*; ~ à l'échalote *long, narrow steak fried with chopped shallots*.

onglier [ɔ̃glije] *nm* -**1.** [nécessaire] manicure set. -**2.** [ciseaux] (nail) scissors.

onglon [ɔ̃glɔ̃] *nm* toenail, unguis *spéc*.

onguent [ɔ̃gɑ̃] *nm* ointment, salve.

onguiculé, e [ɔ̃gɥikyle] *adj* unguiculated.
◆ **onguiculé** *nm* unguiculate; les ~s the Unguiculata.

ongulé, e [ɔ̃gyle] *adj* hoofed, ungulate *spéc*.
◆ **ongulé** *nm* ungulate; les ~s the Ungulates.

onguligrade [ɔ̃gyligrad] *adj* unguligrade.

onirique [ɔnirik] *adj* -**1.** PSYCH oneiric. -**2.** *fig* & *sout*: une vision ~ a dreamlike vision.

onirisme [ɔnirism] *nm* -**1.** PSYCH hallucinations. -**2.** *fig* & *sout*: des dessins à l'~ troublant drawings with a disturbing dreamlike quality.

oniromancie [ɔnirɔmɑ̃si] *nf* oneiromancy.

oniromancien, enne [ɔnirɔmɑ̃sjɛ̃, ɛn] ◇ *adj* oneiromantic.
◇ *nm, f* oneiromancer.

onirothérapie [ɔnirɔterapi] *nf* oneirotherapy.

onomastique [ɔnɔmastik] *nf* onomastics *(U)*.

onomatopée [ɔnɔmatɔpe] *nf* onomatopoeia.

onomatopéique [ɔnɔmatɔpeik] *adj* onomatopoeic.

Ontario [ɔ̃tarjo] *npr m*: (l') ~ Ontario.

ontogenèse [ɔ̃tɔʒənɛz] *nf* ontogenesis, ontogeny.

ontogénétique [ɔ̃tɔʒenetik] *adj* ontogenetic, ontogenic.

ontogénie [ɔ̃tɔʒeni] = **ontogenèse**.

ontologie [ɔ̃tɔlɔʒi] *nf* ontology.

ontologique [ɔ̃tɔlɔʒik] *adj* ontological.

ONU, Onu [ony] (*abr de* Organisation des Nations unies) *npr f* UN, UNO.

ONUDI, Onudi [onydi] (*abr de* Organisation des Nations unies pour le développement industriel) *npr f* UNIDO.

onusien, enne [ɔnyzjɛ̃, ɛn] *adj*: projet/expert ~ UN project/expert.

onychomycose [ɔnikɔmikoz] *nf* onychomycosis.

onychophagie [ɔnikɔfaʒi] *nf* onychophagy.

onyx [ɔniks] *nm* onyx.

onze [ɔ̃z] ◇ *adj num inv* eleven; Louis XI Louis the Eleventh; le ~ novembre Armistice *Br* OU Veterans' *Am* Day.
◇ *nm inv* -**1.** [onzième jour du mois]: je te verrai le ~ I'll see you on the eleventh. -**2.** FTBL: le ~ tricolore the French eleven OU team.

onzième [ɔ̃zjɛm] ◇ *adj num ord* eleventh; elle est ~ she is in eleventh place ❑ les ouvriers de la ~ heure last-minute helpers.
◇ *nmf* eleventh.
◇ *nm* -**1.** [fraction] eleventh. -**2.** MUS eleventh.
◇ *nf* SCOL first-year infants (class) *Br*, first-year nursery school (grade) *Am*.

onzièmement [ɔ̃zjɛmmɑ̃] *adv* in the eleventh place.

oosphère [ɔɔsfɛr] *nf* oosphere.

OP *nm abr de* ouvrier professionnel.

OPA *nf abr de* offre publique d'achat.

opacification [ɔpasifikasjɔ̃] *nf* opacifying.

opacifier [9] [ɔpasifje] *vt* to opacify, to make opaque.

opacimétrie [ɔpasimetri] *nf* opacimetry.

opacité [ɔpasite] *nf* -**1.** *litt* [ombre] shadow, darkness. -**2.** *litt* [inintelligibilité] opaqueness, opacity. -**3.** PHYS [d'un corps] opacity, opaqueness; [d'un liquide] cloudiness, turbidity. -**4.** MÉD: ~ radiologique X-ray shadow.

opale [ɔpal] *nf* opal.

opalescence [ɔpalesɑ̃s] *nf* opalescence.

opalescent, e [ɔpalesɑ̃, ɑ̃t] *adj* opalescent.

opalin, e [ɔpalɛ̃, in] *adj* opaline.
◆ **opaline** *nf* opaline.

opaliser [3] [ɔpalize] *vt* to opalize.

opaque [ɔpak] *adj* -**1.** PHYS opaque; verre ~ opaque glass. -**2.** [sombre] dark, impenetrable; dans la nuit ~ in the pitch-dark OU jet-black night. -**3.** [incompréhensible] opaque, impenetrable.

op. cit. (*abr écrite de* opere citato) op. cit.

OPE *nf abr de* offre publique d'échange.

opéable [opeabl] *adj likely to be the target of a takeover bid*.

open [ɔpɛn] ◇ *adj inv* [billet, tournoi] open.
◇ *nm* SPORT open; ~ (de tennis) open tennis championship OU tournament.

OPEP, Opep [ɔpɛp] (*abr de* Organisation des pays exportateurs de pétrole) *npr f* OPEC.

opéra [ɔpera] *nm* -**1.** MUS [œuvre] opera; [genre] opera; nous allons souvent à l'~ we often go to the opera; j'aime écouter de l'~ I love listening to opera ❑ ~ rock rock opera. -**2.** [bâtiment] opera (house).

opéra-ballet [ɔperabalɛ] (*pl* opéras-ballets) *nm* opéra ballet.

opérable [ɔperabl] *adj* operable; la malade n'est plus ~ the patient is no longer operable OU is beyond surgery.

opéra-bouffe [ɔperabuf] (*pl* opéras-bouffes) *nm* opera buffa, opéra bouffe.

opéra-comique [ɔperakɔmik] (*pl* opéras-comiques) *nm* light opera, opéra comique.

opérande [ɔperɑ̃d] *nm* operand.

opérant, e [ɔperɑ̃, ɑ̃t] *adj* -**1.** *sout* [effectif] effective; notre action a été ~e our action proved to be effective. -**2.** RELIG operating.

opérateur, trice [ɔperatœr, tris] *nm, f* -**1.** CIN: ~ (de prises de vues) cameraman. -**2.** TÉLÉC (telephone) operator; pour l'étranger, il faut passer par l'~ to phone abroad, you have to go through the operator ❑ ~ radio radio operator. -**3.** IMPR operative, operator. -**4.** TECH (machine) operator. -**5.** INF operator. -**6.** BOURSE operator, dealer.
◆ **opérateur** *nm* -**1.** LING & MATH operator. -**2.** MIN: ~ (minier) mining operative.

opération [ɔperasjɔ̃] *nf* -**1.** MÉD operation; pratiquer une ~ to carry out surgery OU an operation; subir une grave/petite ~ to undergo major/minor surgery, to have a major/minor operation ❑ une ~ (chirurgicale) surgery, a surgical operation; ~ à chaud/froid emergency/interval surgery; ~ à cœur ouvert open-heart surgery. -**2.** MATH operation; poser une ~ to do a calculation; connais-tu les quatre ~s? SCOL do you know how to add, subtract, multiply and divide? -**3.** BANQUE & BOURSE operation, transaction; en la vendant à moitié prix, j'ai encore fait une belle ~! even selling it at half price, I still got a really good deal!; en acceptant de la recevoir pour trois semaines, tu n'as pas fait une bonne ~! it wasn't very smart of you to agree to put her up for three weeks! ❑ ~ à la baisse/hausse bull/bear transaction; ~ boursière OU de Bourse stock exchange transaction OU dealing; ~ de banque bank transaction; ~ de change exchange deal; ~ au comptant spot OU cash deal; ~ à prime option dealings OU bargains; ~s à terme forward transactions. -**4.** [manœuvre] operation; nous faisons appel à lui pour des ~s ponctuelles we call upon his services, when we need a specific job carried out; '~ prix cassés' 'price-slashing drive' ❑ ~ de commando/sauvetage commando/rescue operation; ~ coup de poing: la police a effectué une ~ coup de poing dans le quartier the police swooped on the area; '~ coup de poing sur les chaînes hi-fi' 'hi-fi prices slashed'; une ~ escargot a perturbé la circulation hier a go-slow *Br* OU slowdown *Am* by drivers disrupted traffic yesterday; ~ de police police operation; ~ portes ouvertes à l'Université open day *Br* OU open house *Am* at the University. -**5.** [démarche] process; les ~s de l'esprit mental processes, the workings of the mind. -**6.** RELIG: par l'~ du Saint-Esprit through the workings of the Holy Spirit; crois-tu que tu y arriveras par l'~ du Saint-Esprit? *hum* do you think you'll succeed just waiting for things to happen? -**7.** [ensemble de travaux] process, operation; les ~s de fabrication de l'acier steel making processes; la machine exécute 18 ~s différentes the machine performs 18 different operations. -**8.** INF operation.

opérationnel, elle [ɔperasjɔnɛl] *adj* -**1.** [en activité] operational; les nouveaux ateliers ne seront ~s que l'année prochaine the new workshops won't be operational until next year. -**2.** [fournissant le résultat optimal] efficient, operative. -**3.** MIL operational.

opératoire [ɔperatwar] *adj* -**1.** MATH operative. -**2.** MÉD [chirurgical] operating, surgical; [postopératoire] post-operative. -**3.** PHILOS [concept, modèle] working.

opercule [ɔpɛrkyl] *nm* -**1.** BOT, ENTOM & ZOOL operculum. -**2.** [dans un emballage] lid.

operculé, e [ɔpɛrkyle] *adj* -**1.** ZOOL operculated. -**2.** [emballage, pot] with a lid.

opéré, e [ɔpere] *nm, f* patient (who has undergone surgery); le chirurgien est passé voir son dernier ~ the surgeon came round to see the last person he operated on ❑ les grands ~s [à l'hôpital] (post-operative) intensive care patients; c'est un grand ~ he's had major surgery.

opérer [18] [ɔpere] ◇ *vt* -**1.** MÉD [blessé, malade] to operate on; elle a été opérée de l'appendicite she was operated on for appendicitis, she had her appendix removed; on va l'~ d'un kyste au poignet they're going to remove a cyst from her wrist; se faire ~ to undergo OU to have surgery ‖ *(en usage abs)*: le chirurgien a opéré toute la matinée the surgeon was in the operating theatre all morning. -**2.** [procéder à - modification] to carry out *(sép)*; [- miracle, retour en arrière] to bring about *(sép)*; [- paiement] to make; tu dois ~ un choix you have to choose OU to make a choice; le pays tente d'~ un redressement économique the country is attempting to bring about an economic recovery. -**3.** MIL [retraite] to effect.
◇ *vi* -**1.** [faire effet] to work; le médicament a opéré the medicine worked; son charisme n'a pas opéré sur moi her charisma had no effect OU didn't work on me. -**2.** [intervenir] to act, to operate; la police opère souvent la nuit the police often operate at night.
◆ **s'opérer** ◇ *vp (emploi passif)*: ce genre de lésion ne s'opère pas this type of lesion can't be operated on.
◇ *vpi* to take place; un grand changement s'est opéré depuis ton départ a major change has taken place since you left; une transformation radicale s'opéra en elle she underwent a complete transformation.

opérette [ɔperɛt] *nf* operetta.
◆ **d'opérette** *loc adj*: le colonel n'est qu'un soldat d'~ the colonel is just a tin soldier; une armée d'~ a caricature of an army.

ophidien [ɔfidjɛ̃] *nm* ophidian; les ~s the ophidians OU Ophidia.

ophiure [ɔfjyr] *nf*, **ophiuride** [ɔfjyrid] *nm* ophiuran, brittle-star; les ~s the Ophiuroidea.

ophrys [ɔfris] *nm* ophrys; ~ **abeille/mouche** bee/fly orchis.

ophtalmie [ɔftalmi] *nf* ophthalmia; ~ **des neiges** snow blindness.

ophtalmique [ɔftalmik] *adj* ophthalmic.

ophtalmologie [ɔftalmɔlɔʒi] *nf* ophthalmology.

ophtalmologique [ɔftalmɔlɔʒik] *adj* ophthalmological.

ophtalmologiste [ɔftalmɔlɔʒist], **ophtalmologue** [ɔftalmɔlɔg] *nmf* ophthalmologist, eye specialist.

ophtalmomètre [ɔftalmɔmɛtr] *nm* ophthalmometer, keratometer.

ophtalmoscope [ɔftalmɔskɔp] *nm* ophthalmoscope.

ophtalmoscopie [ɔftalmɔskɔpi] *nf* ophthalmoscopy.

opiacé, e [ɔpjase] *adj* **-1.** [qui contient de l'opium] opiate, opiated. **-2.** [qui sent d'opium] opiate, opium-scented.
◆ **opiacé** *nm* opiate.

Opinel® [ɔpinɛl] *nm folding knife used especially for outdoor activities, scouting etc.*

opiner [3] [ɔpine] *litt* ◇ *vi*: ~ **sur** to express an opinion about.
◇ *vt*: ~ **que** to be of the opinion that.
◆ **opiner à** *v + prép litt* to consent to; **elle opina à ce mariage** she gave her assent OU consent to this marriage.
◆ **opiner de** *v + prép*: ~ **de la tête** OU **du bonnet** OU **du chef** to nod one's assent OU agreement, to nod in agreement.

opiniâtre [ɔpinjatr] *adj* **-1.** [têtu] stubborn, obstinate. **-2.** [tenace - haine, opposition, lutte] unrelenting, relentless, obstinate; [- détermination] dogged. **-3.** [durable - toux] persistent.

opiniâtrement [ɔpinjatrəmɑ̃] *adv* **-1.** [avec entêtement] stubbornly, obstinately. **-2.** [avec ténacité] relentlessly, persistently, doggedly.

opiniâtreté [ɔpinjatrəte] *nf litt* **-1.** [entêtement] stubbornness, obstinacy. **-2.** [ténacité] relentlessness, doggedness.

opinion [ɔpinjɔ̃] *nf* **-1.** [point de vue] opinion; **j'ai mon ~ sur lui** I have my own opinion about him; **se faire soi-même une ~** to make up one's own mind; **je ne partage pas votre ~** I don't agree with you, I don't share your views; **au dernier moment, elle changea brusquement d'~** she suddenly changed her mind at the last minute; **je vais vous donner mon ~** let me tell you what I think; **c'est une affaire d'~** it's a matter of opinion; **~s politiques/subversives** political/subversive views ❑ **l'~ (publique)** public opinion; **informer l'~** to inform the public; **les sans ~** the don't knows. **-2.** [jugement] opinion; **avoir une bonne/mauvaise ~ de qqn** to have a good/bad opinion of sb; **je me moque de l'~ d'autrui** I don't care what others may think.

opiomane [ɔpjɔman] *nmf* opium addict.

opiomanie [ɔpjɔmani] *nf* opium addiction, opiomania *spéc.*

opium [ɔpjɔm] *nm* opium.

OPJ *nm abr de* **officier de police judiciaire.**

opossum [ɔpɔsɔm] *nm* opossum.

oppidum [ɔpidɔm] *nm* Roman hill-fort.

opportun, e [ɔpɔrtœ̃, yn] *adj* opportune, timely; **ton arrivée était plus qu'~e** you came at just the right time; **je vous donnerai ma réponse en temps ~** I'll give you my answer in due course; **il serait ~ de prendre une décision** it's time to make a decision; **il lui est apparu ~ de partir avant elle** he found it appropriate OU advisable to leave before her.

opportunément [ɔpɔrtynemɑ̃] *adv* opportunely; **la police est arrivée ~** the police arrived just at the right time.

opportunisme [ɔpɔrtynism] *nm* opportunism.

opportuniste [ɔpɔrtynist] *adj* & *nmf* opportunist; **maladie ~** opportunistic infection.

opportunité [ɔpɔrtynite] *nf* **-1.** [à-propos] timeliness, opportuneness. **-2.** [occasion] opportunity.

opposabilité [ɔpozabilite] *nf* opposability JUR.

opposable [ɔpozabl] *adj* opposable; **tu ne trouveras pas d'argument ~ à ma décision** you won't be able to use any argument against my decision.

opposant, e [ɔpozɑ̃, ɑ̃t] ◇ *adj* **-1.** [adverse] opposing. **-2.** JUR opposing. **-3.** ANAT: **muscles ~s** opponens.
◇ *nm, f* [adversaire] opponent; **les ~s au régime** the opponents of the regime; **les ~s à la politique actuelle** those who oppose current policy.
◆ **opposant** *nm* ANAT: **les ~s** the opponens ❑ ~ **du pouce** opponens pollicis.

opposé, e [ɔpoze] *adj* **-1.** [en vis-à-vis] opposite; **il est arrivé du côté ~** he came from the other OU opposite side; **sur le mur ~** on the opposite wall; [par rapport au locuteur] on the wall facing us. **-2.** [contraire - sens, direction] opposite, other; [- mouvement] opposing; [- avis, goût] opposing, conflicting, different; **ils ont des tendances tout à fait ~es** they have completely different tendencies; **je suis d'une opinion ~e (à la vôtre)** I am of a different opinion. **-3.** [contrastant - couleur, ton] contrasting. **-4.** BOT [feuille, rameau] opposite. **-5.** GÉOM & MATH [côté, angle] opposite.
◆ **opposé** *nm* **-1.** [direction] opposite; **quel est l'~ du sud?** what's the opposite of south?; **vous cherchez l'église? vous allez à l'~** you want the church? you're going in the wrong direction; **la maison est à l'~ de l'école par rapport à l'église** the house is on the other side of the church from the school. **-2.** [contraire] opposite, reverse; **chaque fois que je te dis quelque chose, tu soutiens l'~!** whenever I say anything, you say the opposite OU you contradict it!; **il est tout l'~ de sa sœur** he's the exact opposite of his sister; **il est de droite et je suis tout à l'~** his views are right-wing but mine are completely the opposite. **-3.** MATH [nombre] opposite number.
◆ **à l'opposé de** *loc prép* unlike, contrary to; **à l'~ de sa mère, elle n'aimait pas la peinture** unlike her mother, she didn't like painting.

opposer [3] [ɔpoze] *vt* **-1.** [objecter - argument]: **je n'ai rien à ~ à cette objection** I've nothing to say against that objection; **il a opposé à ma théorie des raisons intéressantes** he put forward some interesting objections to my theory; **elle m'a opposé qu'elle n'avait pas le temps de s'en occuper** she objected that she didn't have time to take care of it. **-2.** [mettre en confrontation]: **nous opposerons nos méthodes** we'll test our methods against each other; **qui peut-on ~ au président sortant?** who can we put up against the outgoing president?; **le match de demain oppose Bordeaux à Lens** Bordeaux will play against Lens in tomorrow's match; **deux guerres ont opposé nos pays** two wars have brought our countries into conflict; **des intérêts divergents les opposeront toujours** opposing interests will always bring them into conflict. **-3.** PHYS: ~ **une pression de sens contraire** to apply pressure from the opposite direction; ~ **une résistance** *pr* to resist, to be resistant; *fig* to put up a resistance. **-4.** [disposer vis-à-vis] to set OU to place opposite each other.
◆ **s'opposer à** *vp + prép* **-1.** [être contre] to object to, to oppose; **quelqu'un s'oppose-t-il à cette nomination?** are there any objections to this appointment?; **le règlement/ma religion s'y oppose** it goes against the rules/my religion; **les conditions météo s'opposent à toute navigation aérienne aujourd'hui** weather conditions are making flying inadvisable today; **je m'oppose à ce que tu reviennes** I'm against OU opposed to your coming back ‖ [être en désaccord avec]: **je m'oppose à lui sur la politique étrangère** I'm against him OU I oppose him on foreign policy. **-2.** [affronter] to oppose, to be against; **il s'opposera ce soir au président dans un débat télévisé** he'll face the president tonight in a televised debate. **-3.** [contraster avec - couleur, notion, mot] to be the opposite of; **le noir s'oppose au blanc** black is the opposite of white.

opposite [ɔpozit]
◆ **à l'opposite** *loc adv sout*: **leurs maisons sont à l'~** their houses are opposite (each other).
◆ **à l'opposite de** *loc prép sout*: **à l'~ de l'église vous trouverez le monument** you'll see the monument opposite the church.

opposition [ɔpozisjɔ̃] *nf* **-1.** [désaccord] opposition; [contraste] contrast, difference; ~ **de** OU **entre deux styles** clash of OU between two styles. **-2.** [résistance] opposition; **le ministre a fait** OU **mis ~ au projet** the minister opposed the plan; **l'~ de la plupart des citoyens à la guerre n'est pas prouvée** it has not been proved that most citizens are opposed to OU against the war; **nous avons rencontré une forte ~** we encountered strong opposition; **la loi est passée sans ~** the bill went through unopposed; **il fait de l'~ systématique à tout ce qu'on lui propose** he's automatically against everything you suggest. **-3.** POL: **l'~** the Opposition; **les dirigeants/partis de l'~** the leaders/parties of the Opposition. **-4.** JUR: **faire ~ à une décision** to appeal against a ruling; **faire ~ à un acte** to lodge an objection to a deed; **faire ~ à un chèque** to stop a cheque; **faire ~ à un mariage** to raise an objection to OU to enter a caveat to a marriage ❑ **valeurs frappées d'~** stopped OU countermanded bonds. **-5.** ASTROL & ASTRON opposition; **planète en ~** ASTROL planet in opposition; ASTRON planet at opposition. **-6.** ÉLECTR & LING opposition.
◆ **en opposition avec** *loc prép* against, contrary to, in opposition to; **agir en ~ avec ses principes** to act against one's principles; **je me suis trouvée en ~ avec elle sur plusieurs points** I found myself at odds OU at variance with her on several points.
◆ **par opposition à** *loc prép* as opposed to, in contrast with.

oppositionnel, elle [ɔpozisjɔnɛl] ◇ *adj* POL oppositional, opposition *(modif)*.
◇ *nm, f* oppositionist.

oppressant, e [ɔpresɑ̃, ɑ̃t] *adj* oppressive.

oppressé, e [ɔprese] *adj* oppressed; **avoir la poitrine ~e** to have difficulty in breathing.

oppresser [4] [ɔprese] *vt* to oppress; **l'obscurité/la chaleur m'oppresse** I find the darkness/the heat oppressive; **elle était oppressée par l'angoisse** she was gripped OU choked with anxiety; **ils sont oppressés par le remords** they are weighed down with remorse.

oppresseur [ɔpresœr] *nm* oppressor.

oppressif, ive [ɔpresif, iv] *adj* oppressive.

oppression [ɔpresjɔ̃] *nf* **-1.** [domination] oppression. **-2.** [suffocation] suffocation, oppression.

opprimant, e [ɔprimɑ̃, ɑ̃t] *adj* oppressive.

opprimé, e [ɔprime] ◇ *adj* oppressed; **les peuples ~s** the oppressed peoples.
◇ *nm, f* oppressed person; **elle prend toujours le parti des ~s** she always sides with the underdog.

opprimer [3] [ɔprime] *vt* **-1.** [asservir] to oppress. **-2.** [censurer] to suppress, to stifle; ~ **la presse** to gag the press.

opprobre [ɔprɔbr] *nm litt* **-1.** [honte] shame, opprobrium; **jeter l'~ sur qqn** to heap shame OU opprobrium on sb; **il est l'~ de sa famille** he's a disgrace to his family. **-2.** [avilissement] shame, infamy; **vivre dans l'~** to live in infamy.

optatif, ive [ɔptatif, iv] *adj* optative.
◆ **optatif** *nm* optative (mode).

opter [3] [ɔpte]
◆ **opter pour** *v + prép* to opt for *(insép)*; **nous devons ~ pour la dernière solution** we must opt for the last solution; **vous devez ~ pour une de ces deux possibilités** you'll have to

choose between these two possibilities; **j'ai opté pour les cheveux courts** I opted for a short haircut.

opticien, enne [ɔptisjɛ̃, ɛn] *nm, f* optician.

optimal, e, aux [ɔptimal, o] *adj* optimal, optimum *(avant n)*; **pour un rendement ~** for optimal results.

optimalisation [ɔptimalizasjɔ̃] *nf* optimization.

optimaliser [3] [ɔptimalize] *vt* to optimize.

optimisation [ɔptimizasjɔ̃] = **optimalisation**.

optimiser [ɔptimize] = **optimaliser**.

optimisme [ɔptimism] *nm* optimism.

optimiste [ɔptimist] ◇ *adj* optimistic.
◇ *nmf* optimist; **c'est un éternel ~** he always looks on the bright side, he's an eternal optimist.

optimum [ɔptimɔm] (*pl* **optimums** OU **optima** [-ma]) ◇ *adj* optimum *(avant n)*, optimal.
◇ *nm* optimum; **~ écologique** optimum ecological conditions; **~ de peuplement** optimum population.

option [ɔpsjɔ̃] *nf* -**1.** [choix] option, choice; **je n'ai pas d'autre ~** I have no other alternative OU choice. -**2.** SCOL: **(matière à) ~** optional subject. -**3.** FIN: **~ du double** call of more; **~ d'achat d'actions** stock option; **~ d'achat** call option; **~ de vente** put option. -**4.** COMM & JUR option; **prendre une ~ sur qqch** to take (out) an option on sthg ❑ **~ d'achat/de vente** option to buy/to sell. -**5.** [accessoire facultatif] optional extra; **en ~** as an (optional) extra.

optionnel, elle [ɔpsjɔnɛl] *adj* optional.

optique [ɔptik] ◇ *adj* -**1.** ANAT optic; **nerf ~** optic nerve. -**2.** OPT optical; **verre ~** optical glass. -**3.** PHYS optic; **angle ~** optic angle. -**4.** INF optical.
◇ *nf* -**1.** SC optics *(U)*. -**2.** TECH (set of) lenses. -**3.** [point de vue] point of view; **mon ~ est différente** I see it from a different angle OU point of view; **dans cette ~** from this point of view.
◆ **d'optique** *loc adj* optical.

optoélectronique [ɔptɔelɛktrɔnik] *nf* optoelectronics *(U)*.

optométrie [ɔptɔmetri] *nf* optometry.

optométriste [ɔptɔmetrist] *nmf* optometrist.

opulence [ɔpylɑ̃s] *nf* -**1.** [richesse] opulence, affluence; **vivre dans l'~** to live an opulent life OU a life of plenty. -**2.** *litt* [ampleur] fullness, ampleness; **l'~ de ses formes** the ampleness of her figure.

opulent, e [ɔpylɑ̃, ɑ̃t] *adj* -**1.** [riche] affluent, wealthy, opulent. -**2.** [ample - personne] corpulent; [- forme] generous, full.

opuntia [ɔpɔ̃sja] *nm* opuntia.

opus [ɔpys] *nm* opus.

opuscule [ɔpyskyl] *nm* [petit ouvrage] opuscule; [brochure] brochure.

OQ *nm abr de* **ouvrier qualifié**.

or¹ [ɔr] *conj sout*: **il faut tenir les délais; or, ce n'est pas toujours possible** deadlines must be met; now this is not always possible; **je devais y aller, or au dernier moment j'ai eu un empêchement** I was supposed to go, but then at the last moment something came up.

or² [ɔr] ◇ *nm* -**1.** [métal] gold; **le cours de l'~** the price of gold ❑ **~ monnayé/au titre/sans titre** coined/essayed/unessayed gold; **~ en barre** gold bullion; **ces actions, c'est de l'~ en barre** *fam* these shares are a rock-solid investment; **~ blanc** white gold; **l'~ blanc** [les sports d'hiver] the winter sports bonanza; **~ brut** gold nuggets; **~ jaune** yellow gold; **~ massif** solid gold; **la montre est en ~ massif** the watch is solid gold; **l'~ noir** black gold; **l'~ vert** agricultural earnings; **l'étalon-~** the gold standard; **la valeur ~** value in gold, gold exchange value; **pour tout l'~ du monde** for all the tea in China *hum*, for all the money in the world; **parler d'~** to speak with the voice of wisdom; **'l'Or du Rhin'** *Wagner* 'The Rhine Gold'. -**2.** [couleur] gold, golden colour. -**3.** JUR: **clause ~** gold clause.
◇ *adj inv* gold *(modif)*, gold-coloured.
◆ **d'or** *loc adj* -**1.** JOAILL & MINÉR gold *(modif)*. -**2.** [doré - cheveux] golden, gold *(modif)*; [- cadre] gold *(modif)*. -**3.** *loc*: **un cœur d'~** a heart of gold.
◆ **en or** *loc adj* -**1.** JOAILL gold *(modif)*; **une bague en ~** a gold ring. -**2.** [excellent]: **une mère en ~** a wonderful mother; **une affaire en ~** [occasion] a real bargain; [entreprise] a goldmine; **c'est une occasion en ~** it's a golden opportunity.

oracle [ɔrakl] *nm* ANTIQ & *fig* oracle; **rendre un ~** to pronounce an oracle; **l'~ de Delphes** the Delphic oracle.

Oradour-sur-Glane [ɔradursyrglan] *npr* *village near Limoges (site of a notorious massacre by the SS in 1944)*.

orage [ɔraʒ] *nm* -**1.** MÉTÉO storm, thunderstorm; **le temps est à l'~** there's thunder in the air; **un temps d'~** stormy OU thundery weather; **par temps d'~** in stormy weather; **il va y avoir un ~** there's a storm brewing, there's going to be a storm ❑ **~ magnétique/de chaleur** magnetic/heat storm; **pluie d'~** rainstorm. -**2.** [dispute] row, argument; **depuis des semaines, je sentais venir l'~** I'd known for weeks that trouble was brewing; **il y a de l'~ dans l'air** there's trouble brewing. -**3.** *litt* [déchirement, tourmente] upheaval, tumult; **les ~s de l'amour** the turmoil of love.

orageusement [ɔraʒøzmɑ̃] *adv sout* stormily, tempestuously *litt*.

orageux, euse [ɔraʒø, øz] *adj* -**1.** MÉTÉO [ciel] stormy, thundery; [chaleur, averse] thundery; **le temps est ~** it's thundery OU stormy, the weather's thundery OU stormy. -**2.** [tumultueux - jeunesse, séance] stormy, turbulent.

oraison [ɔrɛzɔ̃] *nf* -**1.** RELIG [prière] prayer; **l'~ dominicale** the Lord's Prayer. -**2.** LITTÉRAT: **~ funèbre** funeral oration.

oral, e, aux [ɔral, o] *adj* -**1.** [confession, déposition] verbal, oral; [message, tradition] oral; ENS [épreuve] oral. -**2.** ANAT & LING oral.
◆ **oral, aux** *nm* -**1.** [examen - gén] oral (examination); [- à l'université] viva (voce) *Br*, oral (examination); **notes d'~** oral marks *Br* OU grades *Am*; **j'ai raté l'~ de physique** I failed the physics oral. -**2.** SCOL & UNIV: **l'~** [l'expression orale]: **il n'est pas très bon à l'~** his oral work isn't very good.

oralement [ɔralmɑ̃] *adv* orally, verbally.

Oran [ɔrɑ̃] *npr* Oran.

orange [ɔrɑ̃ʒ] ◇ *nf* orange; **~ amère/douce** bitter/sweet orange; **~ sanguine** blood orange; **une ~ pressée** a glass of freshly squeezed orange juice; **'Orange mécanique'** *Burgess, Kubrick* 'A Clockwork Orange'.
◇ *nm* orange (colour); **l'~ ne me va pas** orange doesn't suit me.
◇ *adj inv* orange, orange-coloured.

Orange [ɔrɑ̃ʒ] *npr*: **l'État libre d'~** the Orange Free State.

orangé, e [ɔrɑ̃ʒe] *adj* orangey, orange-coloured.
◆ **orangé** *nm* orangey colour.

orangeade [ɔrɑ̃ʒad] *nf* orange drink.

oranger [ɔrɑ̃ʒe] *nm* orange tree; **bois d'~** orange wood.

orangeraie [ɔrɑ̃ʒrɛ] *nf* orange grove.

orangerie [ɔrɑ̃ʒri] *nf* -**1.** [serre] orangery. -**2.** [plantation] orange grove.

orangiste [ɔrɑ̃ʒist] ◇ *nmf* -**1.** [en Irlande du Nord] Orangeman (*f* Orangewoman). -**2.** HIST Orangist.
◇ *adj* Orange *(modif)*.

orang-outan(g) [ɔrɑ̃utɑ̃] (*pl* **orangs-outans** OU **orangs-outangs**) *nm* orangutang.

orant, e [ɔrɑ̃, ɑ̃t] *nm, f* praying figure, orant *spéc*.

orateur, trice [ɔratœr, tris] *nm, f* -**1.** [rhétoricien] orator. -**2.** [gén] speaker; **c'est un excellent ~** he is an excellent speaker.

oratoire [ɔratwar] ◇ *adj* [style, talent] oratorical; **passage ~** oration.
◇ *nm* -**1.** [chapelle] oratory. -**2.** RELIG: **l'Oratoire de France** the French Oratory; **l'Oratoire d'Italie** the Oratory (of St. Philip Neri); **les pères de l'Oratoire** the Oratorian Fathers.

oratorio [ɔratɔrjo] *nm* oratorio.

orbe [ɔrb] ◇ *adj* ARCHIT: **mur ~** blind wall.
◇ *nm* -**1.** ASTRON orbit. -**2.** *litt* [globe] orb *litt*, globe, sphere; [cercle] circle, coil, ring.

orbiculaire [ɔrbikylɛr] ◇ *adj* -**1.** *sout* orbicular, circular. -**2.** ANAT & GÉOL orbicular.
◇ *nm* ANAT orbicularis.

orbitaire [ɔrbitɛr] *adj* orbital.

orbital, e, aux [ɔrbital, o] *adj* orbital.

orbite [ɔrbit] *nf* -**1.** ANAT (eye) socket, orbit *spéc*; **il était tellement en colère que les yeux lui sortaient des ~s** *fig* he was so angry that his eyes were popping out (of their sockets). -**2.** ASTRON orbit; **être sur** OU **en ~** to be in orbit; **être en ~ autour de qqch** [suj: astre, engin] to be in orbit round sthg, to orbit sthg; **satellite en ~ autour de la Terre** Earth-orbiting satellite; **le satellite est en ~ basse** the satellite is on a low orbit; **mettre en** OU **placer sur ~** to put into orbit. -**3.** PHYS orbital. -**4.** [d'une personne, d'un pays] sphere of influence, orbit.

orbiter [3] [ɔrbite] *vi* to orbit; **~ autour de** to orbit (round).

orbiteur [ɔrbitœr] *nm* orbiter.

Orcades [ɔrkad] *npr fpl*: **les ~** the Orkney Islands, the Orkneys; **les ~ du Sud** the South Orkney Islands.

orchestral, e, aux [ɔrkɛstral, o] *adj* orchestral, orchestra *(modif)*; **la partition ~e** the orchestral OU orchestra score.

orchestrateur, trice [ɔrkɛstratœr, tris] *nm, f* orchestrator.

orchestration [ɔrkɛstrasjɔ̃] *nf* -**1.** MUS orchestration. -**2.** [organisation] orchestration, organization.

orchestre [ɔrkɛstr] *nm* -**1.** MUS [classique] orchestra; [de jazz] band, orchestra; **grand ~** full orchestra; **~ symphonique/de chambre** symphony/chamber orchestra. -**2.** CIN & THÉÂT stalls *Br*, orchestra *Am*; **nous sommes à l'~** we have seats in the stalls. -**3.** ANTIQ orchestra.

orchestrer [3] [ɔrkɛstre] *vt* -**1.** MUS [composer] to orchestrate; [adapter] to orchestrate, to score. -**2.** [préparer] to orchestrate, to organize; **une campagne de diffamation orchestrée par plusieurs partis** a dirty tricks campaign orchestrated by several parties.

orchidacée [ɔrkidase] *nf* member of the Orchidaceae.

orchidée [ɔrkide] *nf* orchid.

ordinaire [ɔrdinɛr] ◇ *adj* -**1.** [habituel - journée] ordinary, normal; [- procédure] usual, standard, normal; [- comportement] ordinary, usual, customary; JUR & POL [- session] ordinary; **elle parlait avec son arrogance ~** she was talking with her usual OU customary arrogance; **en temps ~** usually, normally; **peu** OU **pas ~** [attitude, méthode, journée] unusual; [volonté] unusual, extraordinary; **nous nous sommes couchés à 22 h, rien que de très ~** we went to bed at 10, nothing unusual about that; **il n'a même pas téléphoné – voilà qui n'est pas ~!** he didn't even phone – that's odd OU that's not like him! -**2.** [de tous les jours - habits, vaisselle] ordinary, everyday *(avant n)*; **mets la vaisselle ~, ça ira très bien** bring out the ordinary crockery, that'll do just fine. -**3.** COMM [qualité, modèle] standard; [produit] ordinary; **vin ~** table wine. -**4.** [banal - cuisine, goûts] ordinary, plain; [- gens] ordinary, common *péj*; [- spectacle] ordinary, run-of-the-mill; [- conversation] run-of-the-mill, commonplace; **c'est quelqu'un de très ~** he's a very ordinary person; **elle mène une existence très ~** she leads a very humdrum existence; **elle n'est pas ~, ton histoire!** your story is certainly an unusual one! -**5.** GÉOM: **point ~** regular point.
◇ *nm* -**1.** [norme]: **l'~** the ordinary; **voilà ce qui fait l'~ de son existence** that's how he generally spends his time; **sortir de l'~** to be out of the ordinary, to be unusual; **son mari sort vraiment de l'~!** her husband is one of a

kind! -**2.** [repas habituel] everyday OU ordinary fare; **pour améliorer l'~ des soldats** in order to improve the soldiers' ordinary fare; **voulez-vous partager notre ~?** *hum* will you share our humble repast? -**3.** [essence] ≃ two-star petrol *Br*, ≃ regular *Am*. -**4.** MUS & RELIG ordinary. -**5.** MIL (company) mess.

◆ **à l'ordinaire** *loc adv*: **plus intéressant qu'à l'~** more interesting than usual; **comme à l'~, il arriva en retard** as usual, he turned up late.

◆ **d'ordinaire** *loc adv* usually, ordinarily, normally; **plus tôt que d'~** earlier than usual; **une attitude plus franche que d'~** an unusually honest attitude.

ordinairement [ɔrdinɛrmɑ̃] *adv* usually, ordinarily, normally.

ordinal, e, aux [ɔrdinal, o] *adj* [adjectif, nombre] ordinal.

◆ **ordinal, aux** *nm* -**1.** [nombre] ordinal (number). -**2.** [adjectif] ordinal (adjective).

ordinateur [ɔrdinatœr] *nm* -**1.** INF computer; **mettre qqch sur ~** to computerize sthg, to put sthg on computer ❑ **~ analogique/numérique** analog/digital computer; **~ dorsal/final** back end/front end processor; **~ portable/portatif** portable/laptop computer; **~ de bureau** desktop computer; **~ hôte** host computer; **~ individuel** OU **personnel** home OU personal computer, PC; **~ vectoriel** vector processor. -**2.** TECH computer; **~ de bord** AUT dashboard computer; NAUT shipboard computer; **la vitesse a été calculée par ~** the speed was calculated by computer OU computer-calculated.

ordination [ɔrdinasjɔ̃] *nf* -**1.** RELIG [d'un prêtre] ordination; [consécration] consecration. -**2.** MATH ordering.

ordinogramme [ɔrdinɔgram] *nm* (process) flowchart OU flow diagram.

ordonnance [ɔrdɔnɑ̃s] ◇ *nf* -**1.** [disposition] organization, order, arrangement; **l'~ des mots dans une phrase** the arrangement OU order of words in a sentence; **l'~ du dîner avait été décidée un mois auparavant** they had decided a month earlier what the order of the meal would be; **je ne veux pas déranger l'~ de vos papiers** I don't want to disturb your papers. -**2.** ARCHIT layout, disposition. -**3.** MÉD prescription; **'seulement sur ~'** 'on prescription only'. -**4.** JUR [loi] ordinance, statutory instrument; [jugement] order, ruling; [de police] (police) regulation OU order; **~ de non-lieu** nonsuit. -**5.** HIST ordinance (law), decree. -**6.** FIN: **~ de paiement** order to pay, authorization of payment. -**7.** MIL: **revolver d'~** service pistol; **officier d'~** aide-de-camp.

◇ *nm* OU *nf arch* (military) orderly.

ordonnancement [ɔrdɔnɑ̃smɑ̃] *nm* -**1.** INDUST [organisation des phases] sequencing; [prévision des délais] timing, scheduling. -**2.** FIN order to pay. -**3.** INF scheduling.

ordonnancer [16] [ɔrdɔnɑ̃se] *vt* -**1.** *sout* [agencer] to arrange, to organize; **qui a ordonnancé la cérémonie?** who arranged the ceremony? -**2.** FIN [déclarer bon à payer] to authorize. -**3.** INF to schedule.

ordonnancier [ɔrdɔnɑ̃sje] *nm* prescription book OU register.

ordonnateur, trice [ɔrdɔnatœr, tris] *nm, f* -**1.** [organisateur] organizer; **le comité sera l'~ de la cérémonie** the committee will be in charge of OU will organize the ceremony ❑ **~ des pompes funèbres** funeral director. -**2.** FIN *official in charge of overseeing public expenditure.*

ordonné, e[1] [ɔrdɔne] *adj* -**1.** [méthodique - personne] tidy, neat; [- esprit] methodical, systematic. -**2.** [rangé - chambre] tidy, neat, orderly. -**3.** [régulier - existence, mode de vie] orderly, well-ordered. -**4.** MATH ordered.

ordonnée[2] [ɔrdɔne] *nf* MATH ordinate.

ordonner [3] [ɔrdɔne] *vt* -**1.** [commander - silence, attaque] to order; MÉD [traitement, repos] to prescribe; **ils ont ordonné le secret sur l'affaire** they've ordered that the matter (should) be kept secret; **~ à qqn de faire qqch** to order OU to command sb to do sthg; **~ à qqn d'entrer/de sortir** to order sb in/out; **je t'ordonne de me le rendre!** I order you to give it back to me!; **qui a ordonné qu'on les fusille?** who gave orders for them to be shot? -**2.** [agencer - documents] to (put in) order; [- arguments, idées] to (put into) order, to arrange; [- chambre] to tidy (up); MATH [nombres, suite] to arrange in order; **~ des nombres du plus petit au plus grand/du plus grand au plus petit** to list numbers in ascending/descending order. -**3.** RELIG to ordain.

◆ **s'ordonner** *vpi* [arguments, faits] to fall into order OU place; **les indices s'ordonnaient dans mon esprit** the clues began to fall into place in my mind.

ordre [ɔrdr] *nm* **A.** INSTRUCTION -**1.** [directive, injonction] order; MIL order, command; **c'est un ~!** (and) that's an order!; **donner un ~** [parent] to give an order; [officiel, policier, officier] to issue OU to give an order; **donner (l') ~ de** to give the order to; **donner à qqn l'~ de faire qqch** to order sb to do sthg, to give sb the order to do sthg; **qui a donné l'~ d'attaquer?** who gave the order to attack?, who ordered the attack?; **recevoir des ~s** to receive OU to take orders; **je n'aime pas recevoir d'~s!** I don't like to be ordered around!; **recevoir l'~ de faire qqch** to be ordered OU to receive the order to do sthg; **j'ai reçu l'~ formel de ne pas le déranger** I've been formally instructed not to disturb him; **par** OU **sur ~ de** by order of, on the orders of; **être sous les ~s de qqn** to be under sb's command; **être aux ~s de qqn** to take orders from sb; **je ne suis pas à tes ~s!** I'm not at your beck and call! ❑ **~ d'appel** MIL call-up papers *Br*, draft notice *Am*; **~ de grève** strike call; **~ de mission** MIL orders (for a mission); **~ de route** MIL marching orders; **à vos ~s!** MIL OU *hum* yes, Sir! -**2.** BANQUE & BOURSE: **à l'~ de** payable to, to the order of; **chèque à mon ~** cheque made out OU payable to me; **c'est à quel ~?** who shall I make it payable to? ❑ **~ d'achat/de vente** order to buy/to sell; **~ de paiement/virement** order to pay/to transfer; **~ de Bourse** ≃ Stock Exchange order *Br*.

B. HIÉRARCHIE, AGENCEMENT -**1.** [succession] order, sequence; **l'~ des mots dans la phrase** the word order in the sentence ❑ **par ~ d'arrivée/de grandeur/d'importance** in order of arrival/size/importance; **par ~ chronologique/croissant/décroissant** in chronological/ascending/descending order; **en ~ de bataille/marche** MIL in battle/marching order; **en ~ dispersé/serré** MIL in extended/close order; **~ d'allumage** AUT firing sequence; **noms classés par ~ alphabétique** names filed in alphabetical order; **par ~ d'apparition à l'écran** in order of appearance; **par ~ d'entrée en scène** in order of appearance; **par ~ de préséance** in order of precedence. -**2.** [rangement] tidiness, orderliness, neatness; **j'aimerais qu'il y ait un peu plus d'~ dans ta chambre** I'd like to see your room a little tidier; **attends, j'essaie de mettre de l'~ dans mes cartes** wait a minute, I'm trying to tidy up OU to order my cards; **manque d'~** untidiness; **sans ~** [maison, personne] untidy; **la pièce était en ~** the room was tidy; **mets tes vêtements en ~** sort out your clothes; **mettre qqch en ~** to put sthg in order; **tenir une maison en ~** to keep a house tidy ‖ [sens du rangement]: **avoir de l'~** to be tidy; **manquer** OU **ne pas avoir d'~** to be untidy. -**3.** [organisation méthodique - de documents] order; **mettre en ~, mettre de l'~ dans** [documents, comptabilité] to set in order, to tidy up *(sép)*; **mettre de l'~ dans ses idées** to order one's ideas; **mettre ses affaires en ~** [avant de mourir] to settle one's affairs, to put one's affairs in order; **il a laissé ses papiers/comptes en ~ avant de partir** he left his papers/accounts in order before leaving; **remettre de l'~ dans sa vie** to sort out one's life ❑ **mettre bon ~ à qqch** to put OU to set sthg to rights; **il abuse de vous, vous devez y mettre bon ~** he's taking advantage of you, you must sort that out. -**4.** [discipline sociale]: **l'~** order; **faire régner l'~** to keep order; **rappeler qqn à l'~** to call sb to order; **la police est chargée du maintien de l'~** it's the police's job to keep law and order ❑ **l'~ établi** the established order; **l'~ public** public order, law and order; **rentrer dans l'~: puis tout est rentré dans l'~** then order was restored, then everything went back to normal.

C. CLASSIFICATION, DOMAINE -**1.** [corporation] order; **entrer dans les ~s** RELIG to take (holy) orders ❑ **l'~ des dominicains/capucins** RELIG the order of Dominicans/Capuchins; **l'~ des avocats** ≃ the Bar *Br*, ≃ the Bar Association *Am*; **l'~ de la Jarretière** the Order of the Garter; **l'~ des médecins** ≃ the British Medical Association *Br*, ≃ the American Medical Association *Am*; **l'~ national du Mérite** *the French Order of Merit*; **l'Ordre d'Orange** the Orange Order; **les ~s mineurs/majeurs** RELIG the minor/major orders; **les ~s de chevalerie** the orders of knighthood; **les ~s mendiants** RELIG the mendicant orders; **les ~s monastiques** RELIG the monastic orders; **les saints ~s** RELIG the holy orders; **les trois ~s** HIST the three orders. -**2.** [nature, sorte] nature, order; **des problèmes d'~ professionnel** problems of a professional nature; **mes raisons sont d'~ différent** my reasons are of a different order; **dans le même ~ d'idées** similarly, in this connection; **dans un autre ~ d'idées** in another OU a different connection; **du même ~** [proposition, responsabilités] similar, of the same nature; **pour un salaire du même ~** for a similar salary; **de l'~ de** in the region OU order of; **une augmentation de 5 %? – oui, de cet ~** a 5% rise? – yes, roughly OU in that region ❑ **donner un ~ de grandeur** to give a rough estimate; **des sommes du même ~ de grandeur** sums of the same order, similar sums of money; **c'est dans l'~ des choses** it's in the order OU nature of things. -**3.** ARCHIT & BIOL order; **~ attique/dorique/ionique** Attic/Doric/Ionic order.

◆ **ordre du jour** *nm* -**1.** [d'un comité] agenda; **être à l'~ du jour** *pr* to be on the agenda; *fig* to be in the news. -**2.** MIL general orders, order of the day; **cité à l'~ du jour** mentioned in dispatches.

ordré, e [ɔrdre] *adj Helv* [ordonné] tidy, orderly, neat.

ordure [ɔrdyr] *nf* -**1.** ▽ [personne abjecte]: **~!** bastard!; **tu n'es qu'une ~!** you bastard! -**2.** *litt* [fange]: **l'~** filth, mire *litt*.

◆ **ordures** *nfpl* -**1.** [déchets] refuse *(U)*, rubbish *Br (U)*, garbage *Am (U)*; **ramasser les ~s** to collect the garbage OU rubbish; **vider les ~s** to empty (out) the rubbish; **jeter** OU **mettre qqch aux ~s** to throw sthg into the rubbish bin *Br* OU garbage can *Am*; **c'est bon à mettre aux ~s!** it's fit for the dustbin!; **mets-le aux ~s** put it in the dustbin, throw it away ❑ **~s ménagères** household refuse. -**2.** [excréments] dirt *(U)*, filth *(U)*. -**3.** *fam* [obscénités] obscenities, filth *(U)*; **elle ne dit que des ~s** she always uses filthy language; **dire/écrire des ~s sur qqn** to talk/to write filth about sb.

ordurier, ère [ɔrdyrje, ɛr] *adj* foul, filthy, obscene.

orée [ɔre] *nf* edge; **à l'~ du bois** on the edge of the wood.

Oregon [ɔregɔ̃] *npr m*: **l'~** Oregon.

oreillard, e [ɔrejar, ard] *adj* long-eared.

◆ **oreillard** *nm* -**1.** [chauve-souris] long-eared bat. -**2.** [lièvre, âne etc] long-eared animal.

oreille [ɔrɛj] *nf* -**1.** ANAT & ZOOL ear; **j'ai mal aux ~s** I've got earache, my ears are hurting; **avoir les ~s décollées** to have protruding OU sticking-out ears; **avoir les ~s en feuille de chou** to have cauliflower ears; **avoir les ~s qui bourdonnent** OU **des bourdonnements d'~** to have a buzzing in the ears; **elle n'entend pas de l'~ gauche** she's deaf in the left ear ❑ **~ interne/moyenne** inner/middle ear; **~ externe** outer OU external ear; **les ~s ont dû lui siffler** *fig* & *hum* his ears must have been burning; **elle est**

repartie l'~ basse she left with her tail between her legs; **frotter les ~s à qqn** to box sb's ears; **tirer les ~s à qqn** *pr* to pull sb's ears; [réprimander] to tell sb off; **se faire tirer l'~** *fig* to need a lot of persuading; **il ne s'est pas fait tirer l'~ pour accepter** he didn't have to be asked twice OU to have his arm twisted before saying yes. -**2.** [ouïe] (sense of) hearing; **avoir l'~ fine** to have an acute sense of hearing; **avoir de l'~** OU **l'~ musicale** to have a good ear for music □ **avoir l'~ absolue** to have perfect pitch. -**3.** [pour écouter] ear; **écouter une conversation d'une ~ distraite** to listen to a conversation with only half an ear; **écouter de toutes ses ~s, être tout ~s** to be all ears; **ouvrir ses ~s toutes grandes** to listen very carefully; **ouvrez bien vos ~s!** listen very carefully!; **venir** OU **parvenir aux ~s de qqn** to come to OU to reach sb's ears; **l'histoire étant parvenue à mes ~s, je lui téléphonai** when I got wind of the story, I called her □ **ça rentre par une ~ et ça sort par l'autre** *fam* it goes in one ear and out the other; **ce n'est pas tombé dans l'~ d'un sourd!** it hasn't fallen on deaf ears! -**4.** TECH [d'une cocotte] handle; [d'un écrou] wing; **fauteuil à ~s** wing chair.

oreille-de-mer [ɔrɛjdəmɛr] (*pl* oreilles-de-mer) *nf* earshell, haliotis *spéc.*

oreiller [ɔreje] *nm* pillow.

oreillette [ɔrɛjɛt] *nf* -**1.** ANAT auricle. -**2.** [d'une casquette] ear-flap. -**3.** [d'un baladeur] earphone.

oreillon [ɔrɛjɔ̃] *nm* -**1.** ARCHÉOL ear-piece, cheek-piece. -**2.** ZOOL tragus.

◆ **oreillons** *nmpl* MÉD mumps; **avoir les ~s** to have (the) mumps.

Orénoque [ɔrenɔk] *npr m*: **l'~** the Orinoco.

ores [ɔr]

◆ **d'ores et déjà** *loc adv* already.

Oreste [ɔrɛst] *npr* Orestes.

orfèvre [ɔrfɛvr] *nm* -**1.** [artisan qui travaille - l'or] goldsmith; [- l'argent] silversmith. -**2.** *loc*: **être ~ en la matière** to be an expert.

orfèvrerie [ɔrfɛvrəri] *nf* -**1.** [métier - de l'or] goldsmithing, gold work; [- de l'argent] silversmithing, silver work; **l'~** [en or] gold plate; [en argent] silver plate. -**2.** [boutique - d'objets d'or] goldsmith's shop *Br* OU store *Am*; [- d'objets d'argent] silversmith's shop *Br* OU store *Am*.

orfraie [ɔrfrɛ] *nf* white-tailed eagle.

organdi [ɔrgɑ̃di] *nm* organdie; **d'~, en ~** organdie *(modif)*.

organe [ɔrgan] *nm* -**1.** ANAT organ; **~s génitaux** OU **sexuels** genitals, sexual organs; **~s vocaux** OU **de la parole** speech OU vocal organs; **~ cible** MÉD receptor; **~s des sens** sense organs. -**2.** *sout* [voix] voice; **avoir un bel ~** to have a fine voice. -**3.** TECH part, component; **~s de commande** controls; **~s de transmission** transmission system. -**4.** [institution] organ; **les ~s de l'État** the apparatus of the state; **~ de presse** newspaper, publication; **les ~s de presse** the press. -**5.** [porte-parole, publication] mouthpiece, organ; **l'~ officiel du parti** the official organ OU mouthpiece of the party. -**6.** [instrument] medium, vehicle.

organeau [ɔrgano] *nm* -**1.** [sur un quai] mooring ring. -**2.** [sur une ancre] anchor ring.

organicien, enne [ɔrganisjɛ̃, ɛn] *nm, f* organic chemist.

organicisme [ɔrganisism] *nm* organicism.

organiciste [ɔrganisist] *adj* & *nmf* organicist.

organigramme [ɔrganigram] *nm* -**1.** [structure] organization chart. -**2.** INF [de programmation] flow chart OU diagram.

organique [ɔrganik] *adj* organic.

organiquement [ɔrganikmɑ̃] *adv* organically.

organisable [ɔrganizabl] *adj* organizable.

organisateur, trice [ɔrganizatœr, tris] ◇ *adj* BIOL organizing *(avant n)*.

◇ *nm, f* organizer.

◆ **organisateur** *nm* BIOL: **~ nucléolaire** nucleolar organizer.

organisateur-conseil [ɔrganizatœrkɔ̃sɛj] (*pl* organisateurs-conseils) *nm* time and motion consultant.

organisation [ɔrganizasjɔ̃] *nf* -**1.** [organisme] organization; **~ internationale** international organization OU agency; **~ non gouvernementale** nongovernmental organization; **~ patronale** employers' organization OU association; **~ syndicale** trade union; **~ de travailleurs** workers' organization. -**2.** [mise sur pied - d'une fête, d'une réunion, d'un service] organization; [- d'une manifestation] organization, staging; [- d'un attentat] organization, planning; **l'~ du temps de travail** the organization of working hours. -**3.** [structure - d'un discours, d'une association, d'un système] organization, structure; [- du travail] organization. -**4.** [méthode] organization; **avoir de l'~** to be organized; **ne pas avoir d'~** to be disorganized.

organisationnel, elle [ɔrganizasjɔnɛl] *adj* organizational.

organisé, e [ɔrganize] *adj* -**1.** [regroupé - consommateurs, groupe] organized. -**2.** [aménagé]: **bien/mal ~** well-/badly-organized. -**3.** [méthodique - personne] organized, well-organized, methodical. -**4.** BIOL: **êtres ~s** organisms.

organiser [3] [ɔrganize] *vt* -**1.** [mettre sur pied - gén] to organize; MIL [attaque] to plan. -**2.** [agencer - association, journée, tâche] to organize; **le service est organisé en plusieurs sections** the department is organized into several divisions; **j'ai organisé mon emploi du temps de façon à pouvoir partir plus tôt** I've organized OU arranged my schedule so that I can leave earlier.

◆ **s'organiser** ◇ *vp (emploi passif)* [se préparer] to be planned; **un voyage, ça s'organise longtemps à l'avance** trips have to be organized OU planned well in advance.

◇ *vpi* [personne] to get (o.s.) organized, to organize o.s.; **il suffit de s'~** all you need is some organization; **la société s'est vite organisée en classes sociales** society rapidly became organized into social classes.

organisme [ɔrganism] *nm* -**1.** BIOL [animal, végétal] organism; [humain] body, organism; **les réactions de l'~** bodily reactions; **c'est mauvais pour l'~** it's bad for your body OU for your health OU for you. -**2.** [institut] organism, body; **~ de charité** charity (organization); **~ de crédit** credit institution; **~ de gestion** management body.

organiste [ɔrganist] *nmf* organist.

organite [ɔrganit] *nm* organelle.

organogenèse [ɔrganɔʒənɛz] *nf* organogenesis.

organomagnésien, enne [ɔrganɔmaɲezjɛ̃, ɛn] *adj* organomagnesium *(modif)*.

◆ **organomagnésien** *nm* organomagnesium compound.

organométallique [ɔrganɔmetalik] ◇ *adj* organometallic.

◇ *nm* organometallic compound.

orgasme [ɔrgasm] *nm* orgasm.

orgasmique [ɔrgasmik], **orgastique** [ɔrgastik] *adj* orgasmic.

orge [ɔrʒ] ◇ *nf* barley.

◇ *nm* barley; **~ mondé/perlé** hulled/pearl barley.

orgeat [ɔrʒa] *nm* orgeat.

orgelet [ɔrʒəlɛ] *nm* sty, stye.

orgiaque [ɔrʒjak] *adj* orgiastic.

orgie [ɔrʒi] *nf* -**1.** ANTIQ orgy. -**2.** *fig*: **faire une ~ d'huîtres** to have a surfeit of oysters. -**3.** [débauche] orgy; **faire une ~** to have an orgy. -**4.** *sout* [abondance] riot, profusion; **une ~ de roses** a profusion of roses; **une ~ de bleus et de rouges** a riot of blues and reds.

orgue [ɔrg] *nm* -**1.** MUS organ; **tenir l'~** to be at the organ; **jouer de l'~** to play the organ □ **~ électrique/électronique/de chœur** electric/electronic/choir organ; **~ de Barbarie** barrel organ; **~ à plein jeu** full organ; **buffet d'~** organ case; **grand ~** great organ; **point d'~** pause. -**2.** ARM: **~s de Staline** Katyusha[s] -**3.** ZOOL: **~ de mer** organ-pipe coral, tubipore.

◆ **orgues** *nfpl* -**1.** MUS organ; **les grandes ~ de la cathédrale** the great organ of the cathedral; **faire donner les grandes ~s** *fig* to b[e] pompous. -**2.** GÉOL columnar structure OU structures.

orgueil [ɔrgœj] *nm* -**1.** [fierté] pride. -**2.** [amour-propre] pride; **il a trop d'~ pour faire des excuses** he's too proud OU he has too muc[h] pride to apologize; **c'est de l'~ mal placé** it['s] just misplaced pride; **gonflé** OU **bouffi d'~** puffed up OU bursting with pride. -**3.** [sujet de fierté] pride; **j'étais l'~ de ma mère** I was m[y] mother's pride and joy; **le «Nautilus», l'~ de la flotte** the "Nautilus", the pride of the fleet.

orgueilleusement [ɔrgœjøzmɑ̃] *adv* -**1.** [avec arrogance] proudly, arrogantly. -**2.** [avec fierté] proudly.

orgueilleux, euse [ɔrgœjø, øz] ◇ *adj* -**1.** [arrogant] conceited, arrogant. -**2.** [fier - personne] proud. -**3.** *litt* [majestueux - démarche, navire] proud.

◇ *nm, f* -**1.** [prétentieux] arrogant OU conceited person. -**2.** [fier] proud person.

orient [ɔrjɑ̃] *nm* -**1.** [est] east, orient *litt*; **par[fum]/tapis d'~** oriental scent/carpet. -**2.** GÉOG **l'Orient** the East OU Orient *litt*. -**3.** [d'une perle] orient. -**4.** **le Grand Orient** [maçonnique] th[e] Grand Orient.

orientable [ɔrjɑ̃tabl] *adj* -**1.** [antenne, rétroviseur] adjustable. -**2.** [lampe] rotating, swive[l] *(modif)*.

oriental, e, aux [ɔrjɑ̃tal, o] ◇ *adj* -**1.** GÉOG eastern, east *(modif)*; **la plaine ~e** the eastern plain. -**2.** [de l'Orient - art, cuisine, civilisation] oriental, eastern.

◇ *nm, f* Oriental, Easterner.

◆ **à l'orientale** *loc adv* in the oriental style.

orientalisme [ɔrjɑ̃talism] *nm* orientalism.

orientaliste [ɔrjɑ̃talist] *adj* & *nmf* orientalist.

orientation [ɔrjɑ̃tasjɔ̃] *nf* -**1.** [direction - d'une enquête, de recherches] direction, orientation [- d'un mouvement] orientation; **l'~ de notre entreprise doit changer** our firm must adopt a new outlook; **~ politique** [d'un journal, d'une personne] political leanings OU tendencies; [d'un parti] political direction. -**2.** [conseil - pour des études] academic counselling; [vers un métier] careers guidance; [direction - des études] course; [- du métier] career. -**3.** [position - d'un édifice, d'une antenne]: **l'~ plein sud de l'appartement est ce qui le rend agréable** what makes the flat so pleasant to live in is the fact that it faces due south || [positionnement - d'un faisceau, d'une lampe] directing; [- d'un rétroviseur] adjustment -**4.** [aptitude]: **avoir le sens de l'~** to have a good sense of direction; **parcours d'~** orienteering course. -**5.** ASTRONAUT attitude. -**6.** BIOL orientation. -**7.** NAUT set, trim. -**8.** MATH orientation.

orienté, e [ɔrjɑ̃te] *adj* -**1.** [positionné]: **~ à l'ouest** [édifice] facing west, with a western aspect; [radar] directed towards the west; **local bien/mal ~** well-/badly-positioned premises. -**2.** [idéologiquement - discours, journal] biased, slanted; **analyse ~e à droite** analysis with a right-wing bias. -**3.** ENS: **élève bien/mal ~** pupil who has taken the right/wrong academic advice. -**4.** MATH: **segment ~** directed segment; **surface ~e** oriented surface. -**5.** GÉOG [carte] orientated.

orientement [ɔrjɑ̃tmɑ̃] *nm* NAUT bearing.

orienter [3] [ɔrjɑ̃te] *vt* -**1.** [antenne, haut-parleur, spot] to direct, to turn, to point; [rétroviseur] to adjust, to position; [plante] to position; **~ un faisceau vers qqch** to direct a beam towards sthg; **orientez votre tente à l'est** pitch your tent so that it faces east; **oriente ton flash vers le plafond** point OU turn your flashlight towards the ceiling; **la chambre est orientée plein nord** the bedroom faces due north. -**2.** [mettre sur une voie]: **~ vers** [enquête, recherches] to direct OU to orientate towards; [discussion] to turn round to; [passant] to direct to; **on l'a orienté vers un**

psychiatre he was referred to a psychiatrist; **il m'a demandé où était la gare mais je l'ai mal orienté** he asked where the station was, but I misdirected him; **elle a été orientée vers une école technique** she was advised to go to a technical school. **-3.** [rendre partial - discours] to give a bias OU slant to; **ses cours sont politiquement orientés** her lectures are coloured by her political convictions. **-4.** [carte, plan] to orientate. **-5.** MATH to orient. **-6.** NAUT [voiles] to trim.

◆ **s'orienter** *vpi* [se repérer] to take one's bearings; **j'ai toujours du mal à m'~** I've got no sense of direction; **s'~ sur l'étoile polaire** to take one's bearings from the polar star.

◆ **s'orienter vers** *vp + prép* [suj: enquête, recherches] to be directed towards; [suj: discussion] to turn round to; [suj: parti] to move towards; [suj: étudiant] to turn to; **notre compagnie s'oriente vers les produits de luxe** our company is turning towards luxury products.

orienteur, euse [ɔrjɑ̃tœr, øz] *nm, f* **-1.** ENS academic counsellor. **-2.** [conseiller professionnel] careers adviser, careers guidance officer.

◆ **orienteur** *adj m*: **officier ~** pathfinder.

orifice [ɔrifis] *nm* **-1.** [ouverture] hole, opening. **-2.** ANAT orifice. **-3.** AUT: **~ d'admission** intake port; **~ de remplissage** filling hole.

oriflamme [ɔriflam] *nf* **-1.** [bannière d'apparat] banner, standard. **-2.** HIST oriflamme; **l'~** [de Saint-Denis] the sacred red banner of (the abbey of) Saint-Denis.

origami [ɔrigami] *nm* origami.

origan [ɔrigɑ̃] *nm* oregano.

originaire [ɔriʒinɛr] *adj* **-1.** [natif]: **être ~ de** to originate from; **ma mère est ~ de Paris** my mother was born in OU comes from Paris; **il est ~ de la Martinique** he's from Martinique; **animal/fruit/plante ~ des pays tropicaux** animal/fruit/plant native to tropical countries. **-2.** [originel] innate, inherent.

originairement [ɔriʒinɛrmɑ̃] *adv* originally, at first.

original, e, aux [ɔriʒinal, o] ◇ *adj* **-1.** [nouveau - architecture, idée, système] original, novel; [- cadeau, film, style, personne] original; **il n'y a rien d'~ dans son dernier roman** there's nothing original in his latest novel. **-2.** [excentrique - personne] odd, eccentric; **le moins qu'on puisse dire, c'est qu'elle est ~e!** she's a bit eccentric, to say the least! **-3.** [d'origine - document, manuscrit] original.

◇ *nm, f* [excentrique] eccentric, character.

◆ **original, aux** *nm* **-1.** [d'une œuvre] original; [d'un document] original OU master (copy); [d'un texte] top copy, original; [d'un objet, d'un personnage] original; **il ne possède que des originaux** he owns only original works of art. **-2.** [texte à traduire] original; **je préfère presque la traduction à l'~** I like the translation almost more than the original.

originalement [ɔriʒinalmɑ̃] *adv* [de façon nouvelle] originally, in an original OU novel way.

originalité [ɔriʒinalite] *nf* **-1.** [caractère] originality, novelty; **cet artiste manque d'~** there is nothing new OU original in this artist's work ‖ [extravagance] eccentricity; **ses ~s la mettaient au ban de notre petite société** her strange OU odd ways excluded her from our little group. **-2.** [nouveauté] original feature; **cette robe est une des ~s de notre collection** this dress is one of the outstanding features of our collection.

origine [ɔriʒin] *nf* **-1.** [cause première - d'un feu, d'une maladie, d'une querelle] origin; **si nous remontons à l'~ du scandale** if we go back to the origin of the scandal; **avoir son ~ dans, tirer son ~ de** to have one's origins in, to originate in; **avoir qqch pour ~** to be caused by sthg; **la guerre a-t-elle eu pour ~ l'assassinat de l'archiduc?** was the archduke's assassination the cause of the war?; **être à l'~ d'un projet de loi** [personne] to be behind a bill; **ces erreurs judiciaires ont été à l'~ du projet de loi** these miscarriages of justice were the impetus for the bill; **être à l'~ d'une querelle** [personne] to be behind OU to be the cause of an argument; [malentendu] to be at the origin OU root of an argument; **symptômes d'~ cardiaque** symptoms due to heart problems. **-2.** [début] origin, beginning; **les ~s de la civilisation** the origins of civilization; **les vêtements, des ~s à nos jours** [dans un livre, un musée] clothes, from their origins to the present day; **dès l'~** from the (very) beginning, from the outset; **dès l'~, il y eut un malentendu** there was a misunderstanding right from the very start; **le travail du bronze, dès l'~, fut ornemental** bronze-working had a decorative function from its inception ▫ **'De l'~ des espèces par voie de sélection naturelle'** *Darwin* '(On) The Origin of Species (by Means of Natural Selection)'. **-3.** [provenance - d'un terme] origin, root; [- d'un produit manufacturé] origin; **la police connaît l'~ des appels** the police know who made the calls; **quelle est l'~ de ces pêches?** where are these peaches from? **-4.** [d'une personne] origin; **il ne sait rien de ses ~s** he doesn't know anything about his origins OU where he comes from; **elle fait remonter ses ~s à Louis-Philippe** she traces her origins back to Louis-Philippe; **d'~ modeste** of humble origin OU birth; **d'~ espagnole** of Spanish origin. **-5.** JUR: **~ de propriété** vendor's title. **-6.** GÉOM origin.

◆ **à l'origine** *loc adv* originally, initially, at the beginning; **à l'~, je voulais écrire une chanson** I started off intending to OU originally I wanted to write a song; **à l'~, le projet était bénévole** it was a voluntary project to begin with.

◆ **d'origine** *loc adj* [pays] of origin; [couleur, emballage, nom, monnaie] original; **ma voiture a encore son moteur d'~** my car has still got its original engine.

originel, elle [ɔriʒinɛl] *adj* **-1.** [primitif - innocence] original. **-2.** RELIG original. **-3.** [premier] original; **sens ~ d'un mot** original OU primary meaning of a word.

originellement [ɔriʒinɛlmɑ̃] *adv* [dès l'origine] from the (very) start OU beginning, from the outset; [à l'origine] originally, at first.

orignal, aux [ɔriɲal, o] *nm* Canadian moose.

Orion [ɔrjɔ̃] *npr* Orion.

oripeaux [ɔripo] *nmpl litt* [vêtements] tawdry rags; **il dissimule son manque de talent sous les ~ d'un folklorisme à la mode** he hides his lack of talent under a tawdry cloak of fashionable folksiness.

ORL ◇ *nmf* (*abr de* **oto-rhino-laryngologiste**) ENT specialist.

◇ *nf* (*abr de* **oto-rhino-laryngologie**) ENT.

orléanais, e [ɔrleanɛ, ɛz] *adj* from Orléans.

◆ **Orléanais, e** *nm, f inhabitant of or person from Orléans.*

Orléans [ɔrleɑ̃] *npr* Orléans.

Orlon® [ɔrlɔ̃] *nm* Orlon®.

Orly [ɔrli] *npr* [aéroport] Orly (airport).

ormaie [ɔrmɛ] *nf* elm grove.

orme [ɔrm] *nm* elm (tree); **~ blanc** wych elm.

ormeau [ɔrmo] *nm* **-1.** BOT young elm (tree). **-2.** ZOOL earshell, haliotis *spéc.*

ormoie [ɔrmwa] = **ormaie**.

Ormuz [ɔrmuz] *npr* Hormuz, Ormuz.

orne [ɔrn] *nm* flowering ash (tree).

ornement [ɔrnəmɑ̃] *nm* **-1.** [objet] ornament. **-2.** BX-ARTS embellishment, adornment; **sans ~** plain, unadorned; **architecture surchargée d'~s** ornate architecture; **plafonds riches en ~s** ceilings rich in ornament OU ornamentation. **-3.** HÉRALD & MUS ornament. **-4.** RELIG: **~s sacerdotaux** vestments.

◆ **d'ornement** *loc adj* [plantes, poupée] ornamental.

ornemental, e, aux [ɔrnəmɑ̃tal, o] *adj* [motif] ornamental, decorative; [plante] ornamental.

ornementation [ɔrnəmɑ̃tasjɔ̃] *nf* ornamentation.

ornementer [3] [ɔrnəmɑ̃te] *vt sout* to ornament; **~ qqch de** OU **avec** to ornament OU to decorate sthg with.

orner [3] [ɔrne] *vt* **-1.** [décorer - suj: personne] to decorate; [suj: dessin, plante, ruban] to adorn, to decorate, to embellish; **des bouquets ornaient la table** the table was decorated with bunches of flowers; **~ avec** OU **de** to decorate with; **sa chambre était ornée de trophées de guerre** his room was adorned OU decorated with war trophies; **~ une robe de dentelle** to trim a dress with lace; **couloir orné de drapeaux** corridor decked out OU hung with flags; **sabre orné de joyaux** sword set with jewels. **-2.** [enjoliver - texte] to embellish; [- vérité] to adorn, to embellish; **~ son esprit** *litt* to enrich one's mind.

ornière [ɔrnjɛr] *nf* **-1.** [trou] rut; **une route pleine d'~s** a rutted road, a road full of potholes. **-2.** [routine]: **suivre l'~** to get into a rut; **sortir de l'~** to get out of a rut. **-3.** [impasse]: **tirer qqn de l'~** to help sb out of a difficulty; **sortir de l'~** to get o.s. out of trouble. **-4.** RAIL groove.

ornithologie [ɔrnitɔlɔʒi] *nf* ornithology.

ornithologique [ɔrnitɔlɔʒik] *adj* ornithological.

ornithologiste [ɔrnitɔlɔʒist], **ornithologue** [ɔrnitɔlɔg] *nmf* ornithologist.

ornithorynque [ɔrnitɔrɛ̃k] *nm* duck-billed platypus, ornithorynchus *spéc.*

orogenèse [ɔrɔʒənɛz], **orogénie** [ɔrɔʒeni] *nf* orogenesis, orogeny.

orogénique [ɔrɔʒenik] *adj* orogenic, orogenetic.

orographie [ɔrɔgrafi] *nf* orography.

oronge [ɔrɔ̃ʒ] *nf* Caesar's mushroom; **fausse ~** fly agaric.

oropharynx [ɔrɔfarɛ̃ks] *nm* oropharynx.

orpailleur [ɔrpajœr] *nm* gold washer.

Orphée [ɔrfe] *npr* Orpheus.

orphelin, e [ɔrfəlɛ̃, in] ◇ *adj* orphan *(modif)*, orphaned; **être ~ de père** to be fatherless, to have lost one's father; **les enfants ~s de mère** motherless children; **être ~ de père et de mère** to have lost both one's parents, to be an orphan.

◇ *nm, f* orphan.

orphelinat [ɔrfəlina] *nm* [bâtiment] orphanage; [personnes] orphans.

orphéon [ɔrfeɔ̃] *nm* [chœur - d'hommes] male choir; [- d'enfants] (mixed) children's choir.

orphéoniste [ɔrfeɔnist] *nmf* [chanteur - adulte] male singer OU chorister; [- enfant] (little) chorister.

orpiment [ɔrpimɑ̃] *nm* orpiment.

orque [ɔrk] *nf* killer whale.

Orsay [ɔrsɛ] *npr*: **le musée d'~** *art museum in Paris.*

LE MUSÉE D'ORSAY:
This museum, a converted railway station on the banks of the Seine, houses works of art from the second half of the 19th century and the early 20th century.

ORSEC, Orsec [ɔrsɛk] (*abr de* **Organisation des secours**) *adj*: **plan ~** *disaster contingency plan*; **plan ~-Rad** *disaster contingency plan in case of nuclear accident.*

LE PLAN ORSEC:
This plan is set in motion whenever there is a major disaster in France, such as flooding or forest fires.

orteil [ɔrtɛj] *nm* toe; **gros ~** big toe.

ORTF (*abr de* **Office de radiodiffusion télévision française**) *npr m former French broadcasting corporation.*

orthocentre [ɔrtɔsɑ̃tr] *nm* orthocentre.

orthochromatique [ɔrtɔkrɔmatik] *adj* orthochromatic.

orthodontie [ɔrtɔdɔ̃si] *nf* orthodontics *(U)*, dental orthopedics *(U)*.

orthodontiste [ɔrtɔdɔ̃tist] *nmf* orthodontist.
orthodoxe [ɔrtɔdɔks] ◇ *adj* **-1.** RELIG Orthodox. **-2.** *fig* [méthode, pratique] orthodox; **pas très** OU **peu ~** rather unorthodox.
◇ *nmf* **-1.** RELIG member of the Orthodox church; **les ~s** the Orthodox. **-2.** [disciple]: **les ~s de...** the orthodox followers of...
orthodoxie [ɔrtɔdɔksi] *nf* orthodoxy; **l'~ marxiste** marxist orthodoxy.
orthogenèse [ɔrtɔʒənɛz] *nf* orthogenesis BIOL.
orthogénie [ɔrtɔʒeni] *nf* birth control.
orthogonal, e, aux [ɔrtɔgɔnal, o] *adj* orthogonal.
orthogonalement [ɔrtɔgɔnalmɑ̃] *adv* orthogonally, at right angles.
orthogonalité [ɔrtɔgɔnalite] *nf* orthogonality.
orthographe [ɔrtɔgraf] *nf* [graphie] spelling; [règles] spelling system, orthography *spéc*; [matière] spelling, orthography *spéc*; **il y a deux ~s possibles** there are two ways of spelling it OU two possible spellings; **avoir une bonne/mauvaise ~** to be good/bad at spelling.
orthographier [9] [ɔrtɔgrafje] *vt* to spell; **mal/bien orthographié** wrongly/correctly spelt; **savoir ~** to be good at spelling.
◆ **s'orthographier** *vp (emploi passif)*: **comment s'orthographie votre nom?** how do you spell your name?; **son nom s'orthographie avec deux L** his name is spelt with two L's.
orthographique [ɔrtɔgrafik] *adj* spelling *(modif)*, orthographic.
orthonormé, e [ɔrtɔnɔrme] *adj* orthonormal.
orthopédie [ɔrtɔpedi] *nf* orthopedics *(U)*.
orthopédique [ɔrtɔpedik] *adj* orthopedic.
orthopédiste [ɔrtɔpedist] *adj* & *nmf* orthopedist.
orthophonie [ɔrtɔfɔni] *nf* **-1.** LING orthoepy. **-2.** MÉD speech therapy.
orthophonique [ɔrtɔfɔnik] *adj* **-1.** LING orthoepic. **-2.** MÉD speech therapy *(modif)*.
orthophoniste [ɔrtɔfɔnist] *nmf* speech therapist.
orthoptère [ɔrtɔptɛr] *nm* orthopteran, orthopteron; **les ~s** the Orthoptera.
orthoptie [ɔrtɔpsi] *nf* orthoptics *(sg)*.
orthoptique [ɔrtɔptik] ◇ *adj* orthoptic.
◇ *nf* = **orthoptie**.
orthoptiste [ɔrtɔptist] *nmf* orthoptist.
orthosympathique [ɔrtɔsɛ̃patik] ◇ *adj* sympathetic ANAT.
◇ *nm* sympathetic nervous system.
ortie [ɔrti] *nf* (stinging) nettle; **~ blanche/rouge** white/red dead-nettle.
ortolan [ɔrtɔlɑ̃] *nm* ortolan.
orvet [ɔrvɛ] *nm* slowworm.
os [ɔs, *pl* o] *nm* **-1.** ANAT & ZOOL bone; **j'ai de gros/petits ~** I've got big/small bones; **il s'est coupé jusqu'à l'~** he cut himself (through) to the bone; **on lui voit les ~** you can see his bones ❑ **~ de seiche** cuttlebone; **être gelé/trempé jusqu'aux ~** to be frozen to the marrow/soaked to the skin; **il ne fera pas de vieux ~!** he's not long for this world!; **c'est un sac** OU **paquet** OU **tas d'~** she's a bag of bones, she's just skin and bones; **il l'a eu dans l'~!** ▽ [il n'a pas réussi] he got egg on his face!; [il s'est fait escroquer] he's been had! **-2.** CULIN bone; **viande avec ~** meat on the bone; **poulet sans ~** boneless chicken, boned chicken ❑ **~ à moelle** marrowbone; **acheter du jambon à l'~** to buy ham off the bone; **donner un ~ à ronger à qqn** to give sb sthg to keep him/her quiet. **-3.** *fam* [difficulté]: **il y a un ~** there's a snag OU hitch; **elle est tombée sur** OU **elle a trouvé un ~** she came across OU she hit a snag.
OS *nm abr de* **ouvrier spécialisé**.
Osaka [ɔzaka] *npr* Osaka.
oscar [ɔskar] *nm* **-1.** CIN Oscar; **elle a reçu l'~ du meilleur second rôle** she won the Oscar for the best supporting role. **-2.** [récompense]: **l'~ de la meilleure publicité** the award for the best commercial.
oscillaire [ɔsilɛr] *nf* oscillaria, oscillatoria.
oscillant, e [ɔsilɑ̃, ɑ̃t] *adj* **-1.** [qui balance] oscillating. **-2.** [incertain] oscillating, fluctuating. **-3.** MÉD [fièvre] irregular. **-4.** ÉLECTR [décharge] oscillating. **-5.** PHYS: **circuit ~** oscillating circuit.
oscillateur [ɔsilatœr] *nm* oscillator; **maître ~**, **~ pilote** RAD master oscillator.
oscillation [ɔsilasjɔ̃] *nf* **-1.** [balancement] swaying, rocking; **les ~s du téléphérique** the swaying OU swinging of the cablecar. **-2.** [variation] fluctuation, variation; **les ~s des taux de change** the fluctuations in the exchange rates; **~s des prix** price variations. **-3.** ÉLECTR & PHYS oscillation. **-4.** MÉCAN vibration.
oscillatoire [ɔsilatwar] *adj* oscillatory.
osciller [3] [ɔsile] *vi* **-1.** [bouger - pendule, objet suspendu] to oscillate, to swing, to sway; [- branche, corde] to sway, to swing; [- arbre, statue] to sway; [- aiguille aimantée] to flicker; [- personne, tête] to rock; **la brise faisait ~ les roseaux** the reeds were swaying in the breeze; **le courant d'air fit ~ la flamme** the flame was flickering in the draught. **-2.** [varier]: **~ entre** to vary OU to fluctuate between; **~ entre deux options** to waver OU to hesitate between two options.
oscillogramme [ɔsilɔgram] *nm* oscillogram.
oscillographe [ɔsilɔgraf] *nm* oscillograph.
oscillomètre [ɔsilɔmɛtr] *nm* oscillometer MÉD.
oscilloscope [ɔsilɔskɔp] *nm* oscilloscope.
osculateur, trice [ɔskylatœr, tris] *adj* osculatory, osculating.
oscule [ɔskyl] *nm* osculum.
osé, e [oze] *adj* **-1.** [audacieux - tentative] bold, daring. **-2.** [choquant - histoire] risqué, racy. **-3.** *sout* [téméraire - personne] bold, intrepid.
oseille [ozɛj] *nf* **-1.** BOT & CULIN sorrel. **-2.** ▽ [argent] dough, cash.
oser [3] [oze] *vt* **-1.** [avoir l'audace de]: **~ faire qqch** to dare (to) do sthg; **elle n'ose pas parler** she doesn't dare (to) speak, she daren't speak; **quand quelqu'un osait l'interrompre** if anybody dared to OU was bold enough to interrupt him‖ *(en usage abs)*: **comment oses-tu!** how dare you!; **il faut ~ dans la vie!** one has to take risks in life!; **si j'osais, je l'inviterais chez moi** if I dared OU if I were bold enough, I'd invite her over to my place ‖ *sout* [suggestion, réponse] to risk; **ils furent trois à ~ l'ascension** three of them risked the climb OU were bold enough to climb. **-2.** [dans les tournures de politesse]: **j'ose croire/espérer que...** I trust/hope that...; **si j'ose dire** if I may say so; **si j'ose m'exprimer ainsi** if I may say so, if I may put it that way. **-3.** *Helv* [avoir la permission de]: **est-ce que j'ose entrer?** may I come in?
oseraie [ozrɛ] *nf* osier bed, osiery.
osier [ozje] *nm* BOT willow, osier; **~ blanc** osier; **~ rouge** purple willow.
◆ **d'osier, en osier** *loc adj* [fauteuil, panier] wicker, wickerwork *(modif)*; **chaise en ~** wicker OU wickerwork OU basketwork chair.
Osiris [ɔziris] *npr* Osiris.
Oslo [ɔslo] *npr* Oslo.
osmique [ɔsmik] *adj* osmic.
osmium [ɔsmjɔm] *nm* osmium.
osmomètre [ɔsmɔmɛtr] *nm* osmometer.
osmonde [ɔsmɔ̃d] *nf* osmund, osmunda; **~ royale** royal fern.
osmose [ɔsmoz] *nf* **-1.** SC osmosis; **~ électrique** electro-osmosis; **~ inverse** reverse osmosis. **-2.** *fig* osmosis; **une ~ s'est produite entre les deux civilisations** the two civilizations have merged into one another.
osmotique [ɔsmɔtik] *adj* osmotic.
ossature [ɔsatyr] *nf* **-1.** ANAT [d'une personne] frame, skeleton; [du visage] bone structure. **-2.** CONSTR [d'un avion, d'un immeuble] frame, framework, skeleton; **pont à ~ métallique** bridge with a metal frame OU framework. **-3.** [d'un discours] framework, structure.
osséine [ɔsein] *nf* ossein.
osselet [ɔslɛ] *nm* **-1.** ANAT ossicle; ZOOL knucklebone. **-2.** JEUX jacks *(U)*, knucklebones *(U)*; **jouer aux ~s** to play jacks. **-3.** VÉTÉR osselet.
ossements [ɔsmɑ̃] *nmpl* remains, bones.
osseux, euse [ɔsø, øz] *adj* **-1.** ANAT bone *(modif)*, osseous *spéc*. **-2.** MÉD: **greffe osseuse** bone graft; **maladie osseuse** bone disease. **-3.** [aux os apparents] bony. **-4.** ZOOL: **poissons ~** bony fishes.
ossification [ɔsifikasjɔ̃] *nf* ossification.
ossifier [9] [ɔsifje]
◆ **s'ossifier** *vpi* **-1.** ANAT to ossify. **-2.** *litt* [sensibilité] to harden.
osso-buco [ɔsɔbuko] *nm inv* osso bucco.
ossu, e [ɔsy] *adj litt* big-boned.
ossuaire [ɔsɥɛr] *nm* ossuary.
ostéalgie [ɔstealʒi] *nf* ostalgia.
ostéite [ɔsteit] *nf* osteitis.
Ostende [ɔstɑ̃d] *npr* Ostend.
ostensible [ɔstɑ̃sibl] *adj sout* [apparent, patent] conspicuous, open, clear; **avec un mépris ~ pour les conventions** with open contempt for convention.
ostensiblement [ɔstɑ̃sibləmɑ̃] *adv* [clairement, de façon à être vu] conspicuously, openly, clearly; **il manifesta ~ son ennui** he made it quite clear that he was bored.
ostensoir [ɔstɑ̃swar] *nm* monstrance, ostensory.
ostentation [ɔstɑ̃tasjɔ̃] *nf sout* [affectation, vanité] ostentation; **avec ~** with ostentation, ostentatiously; **sans ~** without ostentation, unostentatiously.
ostentatoire [ɔstɑ̃tatwar] *adj sout* ostentatious.
ostéoblaste [ɔsteɔblast] *nm* osteoblast.
ostéochondrose [ɔsteɔkɔ̃droz] *nf* osteochondritis.
ostéoclaste [ɔsteɔklast] *nm* osteoclast.
ostéogenèse [ɔsteɔʒənɛz] *nf* osteogenesis.
ostéologie [ɔsteɔlɔʒi] *nf* osteology.
ostéologique [ɔsteɔlɔʒik] *adj* osteological.
ostéolyse [ɔsteɔliz] *nf* osteolysis.
ostéomyélite [ɔsteɔmjelit] *nf* osteomyelitis.
ostéopathe [ɔsteɔpat] *nmf* osteopath.
ostéopathie [ɔsteɔpati] *nf* [traitement] osteopathy; [maladie] bone disease.
ostéophyte [ɔsteɔfit] *nm* osteophyte.
ostéoplastie [ɔsteɔplasti] *nf* osteoplasty.
ostéoporose [ɔsteɔpɔroz] *nf* osteoporosis.
ostéosarcome [ɔsteɔsarkom] *nm* osteosarcoma.
ostéosynthèse [ɔsteɔsɛ̃tɛz] *nf* osteosynthesis.
ostéotomie [ɔsteɔtɔmi] *nf* osteotomy.
ostraciser [3] [ɔstrasize] *vt* to ostracize.
ostracisme [ɔstrasism] *nm* **-1.** ANTIQ ostracism. **-2.** *sout* [exclusion] ostracism; **être victime d'~** to be ostracized; **frapper qqn d'~** to ostracize sb.
ostréicole [ɔstreikɔl] *adj* [région] oyster farming; [industrie] oyster *(modif)*.
ostréiculteur, trice [ɔstreikyltœr, tris] *nm, f* oyster farmer, oysterman (*f* oysterwoman).
ostréiculture [ɔstreikyltyr] *nf* oyster farming.
ostrogot(h), e [ɔstrogo, ɔt] *adj* Ostrogothic.
◆ **Ostrogot(h), e** *nm, f* Ostrogoth; **les Ostrogoths** the Ostrogoths.
◆ **ostrogot(h)** *fam nm*: **un drôle d'~** a funny OU strange customer.
otage [ɔtaʒ] *nm* hostage; **prendre qqn en ~** to take sb hostage.
otalgie [ɔtalʒi] *nf* otalgia.
OTAN, Otan [ɔtɑ̃] (*abr de* **Organisation du traité de l'Atlantique Nord**) *npr f* NATO.
otarie [ɔtari] *nf* eared seal; **~ à fourrure** fur seal.
OTASE [ɔtaz] (*abr de* **Organisation du traité de l'Asie du Sud-Est**) *npr f* SEATO.
ôter [3] [ote] *vt* **-1.** [retirer] to take off *(sép)*, to remove (from); **~ des épingles d'un chignon** to take hairpins out of OU to remove hairpins from a bun; **ôte tes pieds du fauteuil** take OU get your feet off the armchair; **ôtez votre veste**

take your jacket off; ~ son masque *pr* to take off OU to remove one's mask; *fig* to unmask o.s; ôte-moi d'un doute, tu ne vas pas accepter! wait a minute, you're not actually going yo say yes! -**2.** [mettre hors de portée] to take away; **personne n'a pensé à lui ~ son arme** nobody thought to take his weapon (away) from him; **~ un enfant à ses parents** to take a child away from its parents. -**3.** [supprimer] to remove (from); **un nouveau produit chimique a ôté à l'eau son mauvais goût** a new chemical removed the bad taste from the water; **~ la vie à qqn** to take sb's life; **cela m'ôte un poids** *fig* that's a weight off my mind; **son attitude m'a ôté mes dernières illusions** his attitude rid me of my last illusions; **on ne m'ôtera pas de l'idée que...** I can't help thinking that... -**4.** MATH to take away *(sép)*; **20 ôté de 100 égale 80** 20 (taken away) from 100 leaves 80.

◆ **s'ôter** ◇ *vp (emploi passif)* [s'enlever] to come off, to be removed; **ces bottes s'ôtent facilement** these boots are easy to take off.

◇ *vpt*: **ôte-toi cette idée de la tête** get that idea out of your head.

◆ **s'ôter de** *vp + prép*: **ôte-toi de là (que je m'y mette)** budge up (for me); **ôtez-vous de là, vous gênez le passage** move, you're in the way ❑ **ôte-toi de mon soleil** *allusion Diogène* get out of my way.

otite [ɔtit] *nf* otitis; ~ **externe/moyenne** otitis externa/media; ~ **interne** otitis interna.

otologie [ɔtɔlɔʒi] *nf* otology.

oto-rhino [ɔtɔrino] *(pl* **oto-rhinos)** *nmf* ear, nose and throat specialist.

oto-rhino-laryngologie [ɔtɔrinɔlarɛ̃gɔlɔʒi] *nf* otorhinolaryngology.

oto-rhino-laryngologiste [ɔtɔrinɔlarɛ̃gɔlɔʒist] *(pl* **oto-rhino-laryngologistes)** *nmf* otorhinolaryngologist *spéc*, ear, nose and throat specialist.

otoscope [ɔtɔskɔp] *nm* otoscope, auriscope.

Ottawa [ɔtawa] *npr* Ottawa.

ottoman, e [ɔtɔmɑ̃, an] *adj* Ottoman.

◆ **Ottoman, e** *nm, f* Ottoman.

◆ **ottoman** *nm* TEXT ottoman (rib).

◆ **ottomane** *nf* [siège] ottoman (seat).

ou [u] *conj* -**1.** [indiquant une alternative ou une équivalence] or; **le rouge ou le bleu, peu importe** red or blue, it doesn't matter which; **tu viens ou quoi?** are you coming or not?; **tu peux venir aujourd'hui ou demain** you can come (either) today or tomorrow; **que tu le veuilles ou non** whether you like it or not; **c'est l'un ou l'autre** it's one or the other; **le patronyme ou nom de famille** the patronymic or surname. -**2.** [indiquant une approximation] or; **ils étaient cinq ou six** there were five or six of them. -**3.** [indiquant la conséquence] or (else); **rends-le moi, ou ça ira très mal** give it back, or (else) there'll be trouble.

◆ **ou (bien)... ou (bien)** *loc corrél* either... or; **ou c'est lui ou c'est moi!** it's either him or me!; **ou bien tu viens et tu es aimable, ou bien tu restes chez toi!** either you come along and be nice, or you stay at home!; **ou tu viens, ou tu restes, mais tu arrêtes de te plaindre** you (can) either come or stay, but stop complaining!

où [u] ◇ *pron rel* -**1.** [dans l'espace] where; **la maison où j'habite** the house I live in OU where I live; **le pays où je suis né** the country where I was born; **nous cherchons un village où passer nos vacances** we're looking for a village where we can spend our holidays; **pose-le là où tu l'as trouvé** put it back where you found it; **partout où vous irez** everywhere you go; **le pays d'où je viens** the country which OU where I come from; **les villes par où nous passerons** the towns which we will go through. -**2.** [dans le temps]: **le jour où je suis venu** the day (that) I came; **à la seconde où elle est entrée** the second (that) she came in; **à l'époque où...** in the days when... -**3.** *fig*: **là où je ne vous suis plus, c'est lorsque vous dites...** the bit where I lose track is when you say...; **c'est une spécialité où il excelle** it's a field in which he excels; **dans l'état où elle est** in her state, in the state she is; **au prix où elle est payée, elle refuse de travailler le soir** for the money she gets she refuses to work nights; **au prix où c'est** at that price; **au prix où est le beurre** (at) the price butter is; **à l'allure où tu vas** (at) the speed you're going; **au point où nous en sommes** (at) the point we've reached.

◇ *adv rel* -**1.** [dans l'espace] where; **je vais où je veux** I go where OU wherever I please || [avec 'que']: **où que vous alliez** wherever you go; **où que vous soyez** wherever you are; **par où que tu passes** whichever route you take, whichever way you go. -**2.** *fig*: **où je ne le comprends pas, c'est lorsque...** where I don't understand him is when... ❑ **où y a de la gêne y a pas de plaisir!** *fam* feel free!, don't mind me!

◇ *adv interr* where; **où vas-tu?** where are you going?; **par où voulez-vous passer?** which way do you want to go?, which route do you want to take?; **dites-moi vers où il est allé** tell me which direction he went in; **par où commencer?** where to begin?, where should I begin?; **où voulez-vous en venir?** what point are you trying to make?, what are you trying to say?

◆ **d'où** *loc adv* -**1.** [dans l'espace]: **d'où j'étais, je voyais la cathédrale** from where I was, I could see the cathedral; **d'où viens-tu?** where have you come from?; **d'où que tu viennes** wherever you come from. -**2.** [marquant la conséquence]: **d'où on conclut que...** which leads us OU one to the conclusion that...; **d'où il suit que...** from which it follows that...; **je ne savais pas qu'il était déjà arrivé, d'où ma surprise** I didn't know that he'd already arrived, which is why I was so surprised.

OUA *(abr de* **Organisation de l'unité africaine)** *npr f* OAU.

Ouagadougou [wagadugu] *npr* Ouagadougou.

ouailles [waj] *nfpl hum* flock.

ouais *fam* [wɛ] *interj* yeah.

ouananiche [wananiʃ] *nf Can* salmon trout.

ouaouaron [wawarɔ̃] *nm Can* bullfrog.

ouate [wat] *nf* -**1.** [coton] cotton wool; ~ **de cellulose** cellulose fibre. -**2.** TEXT wadding, padding; **un manteau doublé d'~** a quilted coat. -**3.** *fig*: **l'~** OU **la ~ des nuages** fleecy clouds.

ouaté, e [wate] *adj* -**1.** [doublé] quilted. -**2.** [assourdi] muffled. -**3.** [douillet] cocooned.

ouater [3] [wate] *vt* -**1.** [vêtement] to quilt; [couverture] to wad, to pad. -**2.** *litt* [estomper] to muffle.

ouatine [watin] *nf* quilting (material).

ouatiner [3] [watine] *vt* to quilt.

oubli [ubli] *nm* -**1.** [fait de ne pas se rappeler] forgetting, neglecting; **l'~ d'un nom sur une liste peut avoir de graves conséquences** leaving a name off a list can have serious consequences; **l'~ d'un accent sur un mot coûte un point** forgetting OU neglecting to put an accent on a word will lose you one point. -**2.** [lacune] omission; **page 45, il y a un ~** there's an omission on page 45; **il y a beaucoup d'~s dans sa liste** she left a lot of items off her list, there are a lot of gaps in her list || [trou de mémoire] oversight, lapse of memory; **ce n'est qu'un ~** it's just an oversight. -**3.** *sout* [isolement]: **l'~** oblivion; **arracher qqch à** OU **tirer qqch de l'~** to snatch OU to rescue sthg from oblivion; **tomber dans l'~** to sink into oblivion. -**4.** [consolation]: **l'~ viendra avec le temps** time is a great healer. -**5.** *litt* [indifférence]: **l'~ de soi** selflessness, self-denial; **pratiquer l'~ des injures** to forgive and forget.

oublié, e [ublije] ◇ *adj* -**1.** [pièce, roman, peintre] forgotten. -**2.** [abandonné] left, abandoned; **quelques jouets ~s** a few abandoned toys, toys that were left behind.

◇ *nm, f* abandoned OU neglected OU forgotten person.

oublier [10] [ublije] *vt* -**1.** [ne pas se remémorer - nom, rue, date] to forget; **n'oublie pas le rendez-vous** don't forget (that) you have an appointment; **mon Dieu, le dentiste, je l'ai oublié!** God, the dentist, I'd forgotten all about him!; **~ son texte** to forget one's lines; **n'oublie pas que c'est son anniversaire** remember OU don't forget that it's her birthday || *(en usage abs)*: **qu'a-t-elle dit? j'ai oublié** what did she say? I've forgotten || [ne pas reconnaître - visage, mélodie] to forget; **un visage que je n'oublierai jamais** a face I will never forget. -**2.** [ne plus penser à - héros, injure, souci] to forget (about); **les preneurs de son sont souvent oubliés par les jurys de prix** sound technicians are often ignored by award juries; **j'ai oublié l'heure** I forgot the time; **n'oubliez pas le guide!** don't forget the guide!; **oublions ce malentendu** let's forget (all) about this misunderstanding; **je veux bien ~ le passé** I'm ready to forget about the past OU to let bygones be bygones; **n'oublie pas à qui tu parles!** don't you forget who you're talking to!; **oublie-moi un peu, veux-tu?** *fam* just leave me alone, will you?; **se faire ~** to keep a low profile, to stay out of the limelight || *(en usage abs)* to forget; **il boit pour ~** he drinks to forget. -**3.** [omettre] to leave out *(sép)*; **je ferai en sorte de l'~ dans mon testament/sur le registre** I'll make sure she's left out of my will/left off the register. -**4.** [négliger] to forget (about); **n'oubliez pas les consignes de sûreté préconisées par la gendarmerie** don't forget the safety precautions recommended by the police; **depuis son mariage, il nous oublie** he's been neglecting us OU he's forgotten (about) us since he got married. -**5.** [ne pas prendre] to forget, to leave (behind); **~ son colis dans le train** to leave one's parcel on the train; **j'ai oublié la lettre à la maison** I left the letter at home. -**6.** [ne pas mettre] to forget; **tu as oublié le citron dans la sauce** you forgot to put lemon in the sauce.

◆ **s'oublier** ◇ *vp (emploi passif)*: **une fois acquise, la technique ne s'oublie jamais** once you've learnt the technique, it stays with you forever OU you'll never forget it; **la politesse s'oublie à présent** politeness is becoming a thing of the past.

◇ *vp (emploi réfléchi)* [s'exclure] to forget o.s.; **tu ne t'es pas oublié, à ce que je vois!** *hum* I see you've not forgotten yourself!

◇ *vpi* -**1.** [se relâcher] to forget o.s.; **vous vous oubliez, retirez ce que vous venez de dire** you're forgetting yourself, take back what you've just said. -**2.** *euph* [animal, enfant] to have an accident *euph*.

oubliette [ublijɛt] *nf* [fosse] oubliette.

◆ **oubliettes** *nfpl* [cachot] dungeon, black hole; **le projet est tombé dans les** OU **aux ~s** *fig* the project has been shelved.

oublieux, euse [ublijø, øz] *adj litt* forgetful; **~ de ses devoirs** forgetful of one's duty.

oued [wɛd] *nm* wadi.

ouest [wɛst] ◇ *nm inv* -**1.** [point cardinal] west; **le vent vient de l'~** the wind is coming OU blowing from the west; **nous allons vers l'~** we're heading west OU westwards; **aller droit vers l'~** to head due west; **la cuisine est plein ~** OU **exposée à l'~** the kitchen faces (due) west. -**2.** [partie d'un pays, d'un continent] west, western area OU region; **l'~ de l'Italie** Western Italy; **elle habite dans l'~** she lives in the west; **les gens de l'~** people who live in the West. -**3.** POL: **l'Ouest** Western countries, the West; **à l'Ouest, on croit que...** Westerners think that...

◇ *adj inv* west *(modif)*, western; **la partie ~ de la ville** the west OU western part of the city; **la façade ~ d'un immeuble** the west OU west-facing wall of a building; **suivre la direction ~** to head OU to go westwards.

◆ **à l'ouest de** *loc prép* (to the) west of.

ouest-allemand, e [wɛstalmɑ̃, ɑ̃d] *(mpl* **ouest-allemands**, *fpl* **ouest-allemandes)** *adj* West German.

◆ **Ouest-Allemand, e** *nm, f* West German.

ouest-nord-ouest [wɛstnɔrwɛst] *nm* west-north-west.

ouest-sud-ouest [wɛstsydwɛst] *nm* west-south-west.

ouf [uf] *interj* phew; je n'ai pas eu le temps de dire ~ I didn't even have time to catch my breath.

Ouganda [ugɑ̃da] *npr m*: (l') ~ Uganda.

ougandais, e [ugɑ̃dɛ, ɛz] *adj* Ugandan.

◆ **Ougandais, e** *nm, f* Ugandan.

ougrien, enne [ugrijɛ̃, ɛn] *adj* Ugric.

◆ **Ougrien, enne** *nm, f* Ugric.

oui [wi] ◇ *adv* -**1.** [en réponse affirmative] yes; **viendra-t-il? — ~** will he come? – yes; **tu en veux? — ~, s'il te plaît** do you want some? – (yes) please; **tu t'appelles Luc, c'est ça? — ~** your name is Luc, isn't it? – yes; **voulez-vous prendre X pour époux? — ~** do you take X to be your lawful wedded husband? – I do; **Michel! — ~, ~, voilà, j'arrive!** Michel! – yes OU all right, I'm coming!; **tu comprends? — ~ et non** do you understand? – yes and no OU I do and I don't; **alors c'est ~ ou c'est non?** so is it yes or no?; **mais ~** yes, of course; **~, bien sûr** yes, of course; **il est audacieux — certes ~** he's rather daring – he certainly is; **~ assurément** yes indeed; **tu vas déposer une plainte? — ah ça ~!** *fam* are you going to lodge a complaint? – you bet I am!; **tu vas la laisser faire? — oh que ~!** *fam* are you going to let her go ahead? – you bet!; **c'est vraiment injuste! — ah ça ~!** that's really unfair! – you've said it! OU that's for sure!; **~ mon capitaine!** MIL (yes) Sir!; **~ mon commandant!** NAUT aye aye Sir! -**2.** [en remplacement d'une proposition]: **il semblerait que oui** it would seem so; **tu vas voter? — je crois que ~** are you going to vote? – (yes) I think so OU I think I will; **elle n'a dit ni ~ ni non** she didn't say either yes nor no, she gave a noncommittal answer; **tu les connais? — lui non, mais elle ~, très bien** do you know them? – him no, but her yes, very well; **elle viendra aussi? si ~, je resterai** will she be there too? if so OU if she is I'll stay. -**3.** [emploi expressif]: **~, je veux bien y aller** yes, I'd really like to go; **~, j'ai entendu!** yes, I heard!; **eh ~, c'est bien moi!** yes, it's me alright!; **~, évidemment, elle a un peu raison** of course, she's right in a way; **eh bien ~, c'est moi qui le lui ai dit!** yes, I was the one who told her!; **je suis déçu, ~, vraiment déçu!** I'm disappointed, really disappointed!; **le nucléaire ~, mais pas à n'importe quel prix!** yes to nuclear energy, but not at any cost!; **tu viens, ~?** are you coming then?; **tu viens, ~ ou non?** are you coming or not?; **tu viens, ~ ou merde?**▽ are you bloody well coming or aren't you?; **tu me le donnes, ~ ou non?** are you going to give it to me or not OU or aren't you?; **tu me réponds, ~?** answer me will you?, will you answer me?; **elle va se dépêcher, ~?** is she going to hurry up or isn't she?; **c'est bientôt fini de crier, ~?** will you stop shouting?, stop shouting, will you!

◇ *nm inv*: **je voudrais un ~ définitif** I'd like a definitive yes; **un ~ franc et massif** a solid yes vote; **les ~ et les non** the yesses OU ayes and the noes; **il y a eu 5 ~** [dans un vote] there were 5 votes for OU 5 ayes; **le ~ de la mariée s'entendit à peine** the bride could barely be heard when she said "I do" ❑ **pour un ~ pour un non, pour un ~ ou un non: ils se disputent pour un ~ pour un non** they quarrel over the slightest (little) thing; **il change d'avis pour un ~ pour un non** he changes his mind at the drop of a hat.

ouï-dire [widir] *nm inv* hearsay; **cette histoire n'est fondée que sur des ~** this story is just based on hearsay.

◆ **par ouï-dire** *loc adv* by hearsay, through the grapevine; **j'ai su par ~ que...** I've heard tell that..., I've heard through the grapevine that...

ouïe[1] [wi] *nf* -**1.** ANAT (sense of) hearing; **avoir l'~ fine** to have a keen ear ❑ **continue, je suis tout ~** *fam* go on, I'm all ears. -**2.** ZOOL gill. -**3.** MUS sound hole. -**4.** AUT louvre.

ouïe[2], **ouille** [uj] *interj* ouch.

ouiller [3] [uje] *vt* to ullage.

ouïr [51] [wir] *vt* -**1.** *litt* OU *hum* to hear (tell); **j'ai ouï dire que tu avais déménagé** I heard tell that you had moved ❑ **oyez, oyez braves gens** *arch* OU *hum* hear ye, good people. -**2.** JUR: **~ des témoins** to hear witnesses.

ouistiti [wistiti] *nm* -**1.** ZOOL marmoset. -**2.** *fam* [personne]: **drôle de ~, celui-là!** funny customer OU bit of a weirdo, that one!

oukase [ukaz] = **ukase**.

Oulan-Bator [ulanbatɔr] *npr* Ulan Bator.

ouléma [ulema] = **uléma**.

Ouolof [wolɔf] *nmf*: **les ~s** the Wolofs.

◆ **ouolof** *nm* LING Wolof.

Our [ur] = **Ur**.

ouragan [uragɑ̃] *nm* -**1.** MÉTÉO hurricane; **il est entré comme un ~ et s'est mis à hurler** he burst in like a whirlwind and started yelling. -**2.** [tumulte] storm, uproar; **son discours provoqua un ~ de protestations** his speech caused a storm of protest OU an uproar.

Oural [ural] *npr m* -**1.** [rivière] Ural. -**2.** [montagnes]: **l'~** the Urals, the Ural mountains; **dans l'~** in the Urals.

ouralien, enne [uraljɛ̃, ɛn] *adj* Uralic, Uralian.

◆ **ouralien** *nm* LING Uralic.

ouralo-altaïque [uralɔaltaik] (*pl* **ouralo-altaïques**) *adj* Ural-Altaic.

ourdir [32] [urdir] *vt* -**1.** *litt* [complot] to hatch, to weave; [intrigue] to weave. -**2.** TECH [tissage] to warp; [vannerie] to weave.

ourdou [urdu] = **urdu**.

ourler [3] [urle] *vt* -**1.** COUT to hem. -**2.** *litt* [border] to fringe; **des paupières ourlées de longs cils** eyelids fringed with long eyelashes. -**3.** [dessiner]: **elle a des lèvres bien ourlées** her lips are well-defined.

ourlet [urlɛ] *nm* -**1.** COUT hem; **faire un ~ à une jupe** to hem a skirt ❑ **faux ~** false hem; **point d'~** hemstitch. -**2.** ANAT helix. -**3.** MÉTALL flange, rib.

ours [urs] *nm* -**1.** ZOOL bear; **~ blanc** OU **polaire** polar bear; **~ brun** brown bear; **arrête de tourner en rond comme un ~ en cage!** stop pacing up and down like a caged animal! -**2.** [personne]: **il est un peu ~** he's a bit grumpy ❑ **quel ~ mal léché!** grumpy old thing! -**3.** [jouet]: **~ (en peluche)** teddy bear.

Ours [urs] *npr m*: **le grand lac de l'~** Great Bear Lake.

ourse [urs] *nf* ZOOL she-bear.

Ourse [urs] *npr f* ASTRON: **la Grande ~** Ursa Major, the Great Bear; **la Petite ~** Ursa Minor, the Little Bear.

oursin [ursɛ̃] *nm* sea urchin.

ourson [ursɔ̃] *nm* (bear) cub.

oust(e) *fam* [ust] *interj* out, scram; **allez, ~, tout le monde dehors!** come on, get a move on, everybody out!

out [awt] ◇ *adv* -**1.** TENNIS out; **la balle est ~** the ball is out. -**2.** BOXE out, knocked out.

◇ *adj inv* out; **une balle ~** an out ball.

outarde [utard] *nf* bustard.

outil [uti] *nm* -**1.** [pour travailler] tool; **cabane/boîte à ~s** tool shed/box; **~s de jardinage** garden implements OU tools; **savoir utiliser l'~ informatique** *fig* to know how to use computers; **les ~s mathématiques** *fig* mathematical tools. -**2.**▼ [verge] tool, cock.

outillage [utijaʒ] *nm* -**1.** [ensemble d'outils] (set of) tools; [pour un jardinier] (set of) tools OU implements. -**2.** [industrie] tool making *(U)*. -**3.** [dans une usine] (machine) tool workshop.

outillé, e [utije] *adj*: **être ~ pour faire qqch** to be properly equipped to do sthg; **être bien ~ en qqch** to be well supplied with sthg.

outiller [3] [utije] *vt* [ouvrier] to supply with tools; [atelier, usine] to equip, to fit with tools; **être outillé pour qqch** to be equipped for sthg, to have the proper tools for sthg; **bien outillé** well-equipped.

◆ **s'outiller** *vp (emploi réfléchi)* to equip o.s. (with tools); **vous auriez dû mieux vous ~** you should have made sure you were better equipped.

outlaw [awtlo] *nm* outlaw.

output [awtput] *nm* output.

outrage [utraʒ] *nm* -**1.** [offense] insult; **subir les ~s de qqn** to be insulted by sb; **faire ~ à l'honneur de qqn** to insult sb's honour; **faire ~ à la raison** to be an insult to reason; **les ~s du temps** the ravages of time. -**2.** JUR: **~ à agent** insulting behaviour; **~ aux bonnes mœurs** affront to public decency; **~ à magistrat** (criminal) contempt of court; **~ (public) à la pudeur** indecent exposure.

outrageant, e [utraʒɑ̃, ɑ̃t] *adj* offensive, insulting, abusive.

outrager [17] [utraʒe] *vt* -**1.** [offenser] to offend, to insult, to abuse; **~ une femme dans son honneur** to insult a woman's honour. -**2.** *litt* [porter atteinte à]: **~ le bon sens** *fig* to be an insult to OU to offend common sense.

◆ **s'outrager** *vpi sout*: **parle franchement, personne ne s'outragera de tes propos** speak freely, your remarks will shock OU outrage no one.

outrageusement [utraʒøzmɑ̃] *adv* excessively, extravagantly, outrageously.

outrageux, euse [utraʒø, øz] *adj litt* insulting, offensive, outrageous.

outrance [utrɑ̃s] *nf* -**1.** [exagération] excessiveness, extravagance, outrageousness; **l'~ de sa remarque lui ôte toute crédibilité** her remark is so outrageous that it loses all credibility. -**2.** [acte] extravagance; [parole] extravagant OU immoderate language.

◆ **à outrance** ◇ *loc adj*: **combat/guerre à ~** all-out fight/war.

◇ *loc adv* excessively, extravagantly, outrageously.

outrancier, ère [utrɑ̃sje, ɛr] *adj* excessive, extravagant, extreme; **des propos ~s** extreme OU wild remarks.

outre[1] [utr] *nf* goatskin, wineskin.

outre[2] [utr] ◇ *prép* [en plus de] besides, as well as; **~ le fait que...** besides the fact that...; **~ leur cousin, ils hébergent une amie en ce moment** as well as OU besides their cousin they have a friend staying at the moment.

◇ *adv*: **passer ~ à qqch** to disregard sthg; **passer ~ à une interdiction/une objection** to disregard a ban/an objection; **elle a passé ~ malgré l'interdiction officielle** she carried on regardless of OU she disregarded the official ban.

◆ **en outre** *loc adv* besides, furthermore, moreover; **j'ai en ~ plusieurs remarques à vous faire** I have moreover several things to say to you.

◆ **outre mesure** *loc adv* overmuch; **je n'ai pas l'intention d'insister ~ mesure** I don't intend to overinsist; **le voyage ne l'avait pas fatigué ~ mesure** he wasn't overly tired from the journey.

◆ **outre que** *loc conj* apart from; **~ qu'il est très serviable, il est aussi très efficace** apart from being obliging he's also very efficient, not only is he obliging but he's also very efficient.

outré, e [utre] *adj* -**1.** *litt* [exagéré] excessive, exaggerated, overdone; **des compliments ~s** excessive OU exaggerated compliments. -**2.** [choqué] indignant, shocked, outraged.

outre-Atlantique [utratlɑ̃tik] *adv* across the Atlantic.

outrecuidance [utrəkɥidɑ̃s] *nf litt* -**1.** [fatuité] overconfidence, self-importance. -**2.** [impertinence] impudence, impertinence.

outrecuidant, e [utrəkɥidɑ̃, ɑ̃t] *adj litt* -**1.** [fat, prétentieux] overconfident, self-important. -**2.** [impertinent] arrogant, impudent, impertinent.

outre-Manche [utrəmɑ̃ʃ] *adv* across the Channel.

outremer [utrəmɛr] ◇ *nm* MINÉR lapis lazuli; [teinte] ultramarine.

◇ *adj inv* ultramarine.

outre-mer [utrəmɛr] *adv* overseas; **la France d'~** France's overseas territories and departments.

outrepasser [3] [utrəpase] *vt* to go beyond, to exceed; **vous outrepassez vos droits** you're going beyond your rights; il a outrepassé les ordres he exceeded the orders.

outrer [3] [utre] *vt* -**1.** *litt* [exagérer] to exaggerate, to magnify; ~ la vérité to exaggerate OU to overstate the truth. -**2.** [révolter] to outrage.

outre-Rhin [utrərɛ̃] *adv* across the Rhine.

outre-tombe [utrətɔ̃b]

◆ **d'outre-tombe** *loc adj inv*: une voix d'~ a voice from beyond the grave.

outsider [awtsajdœr] *nm* outsider.

ouvala [uvala] *nf* uvala.

Ouvéa [uvea] *npr* Uvea.

ouvert, e [uvɛr, ɛrt] *adj* -**1.** [porte, tiroir] open; **grand ~, grande ~e** wide open; **je vis une porte grande ~e** I saw a door that was wide open; 'col de l'Iseran: ~' 'Iseran Pass: open'; **une voiture ~e est une tentation pour les voleurs** a car left unlocked OU open is an invitation to burglars; **un robinet ~ peut causer une inondation** a tap that's been left on can cause flooding; **il avait la chemise ~e** his shirt was open (to the waist) OU undone; **n'achetez pas de tulipes ~es** don't buy tulips that are already open; **elle s'avança la main ~e** she moved forward with her hand open. -**2.** [bouche, yeux] open; **dormir la bouche ~e** to sleep with one's mouth open; **ne reste pas là la bouche ~e!** don't just stand there gawping!; **garder les yeux (grands) ~s** *pr* to keep one's eyes (wide) open; *fig* to keep one's eyes peeled, to be on the lookout || [coupé] cut, open; **elle a eu la lèvre ~e** her lip was cut; **il gisait là, le ventre ~/la gorge ~e** he lay there with his stomach slashed open/his throat cut. -**3.** [magasin, bureau, restaurant] open; **en ville, je n'ai rien trouvé d'~** in town none of the shops were open; **vous restez ~?** *fam* will you stay open?; **ils laissent toujours (tout) ~** they never lock the house || CHASSE & PÊCHE open. -**4.** [réceptif] open; **un visage ~** an open face; **avoir l'esprit ~** to be open-minded, to have an open mind; **être ~ à** to be open to; **nous sommes ~s aux idées nouvelles** we are open to new ideas. -**5.** [non caché] open; **c'est la lutte ~e entre eux** it's open warfare between them; **en conflit ~ avec ses parents** in open conflict with her parents. -**6.** INF open; [système] open-ended. -**7.** MATH open; GÉOM wide. -**8.** SPORT [imprévisible]: **un match très ~** a (wide) open game || [offensif]: **un jeu ~** an open game ❑ **porte ~e** SKI open flags; **tournoi ~** GOLF open tournament, golf open. -**9.** LING [syllabe, voyelle] open. -**10.** ÉLECTR [circuit] open; [machine] uninsulated. -**11.** FIN: **à capital ~** with an open OU a fluctuating authorized capital. -**12.** NAUT: **rade ~e** open roadstead.

◆ **ouvert** *nm* MATH open set.

ouvertement [uvɛrtəmɑ̃] *adv* openly.

ouverture [uvɛrtyr] *nf* -**1.** [trou] opening; **une ~ dans le mur** an opening OU a hole in the wall; **l'événement représente une véritable ~ pour ces pays** *fig* this development will open up real opportunities for these countries. -**2.** [action d'ouvrir]: **l'~ des grilles a lieu à midi** the gates are opened OU unlocked at noon; '~ **des portes à 20 h**' 'doors open at eight'; **nous attendons avec impatience l'~ du tunnel** we can hardly wait for the tunnel to open; **l'~ du coffre se fera devant témoins** the safe will be opened OU unlocked in front of witnesses. -**3.** [mise à disposition]: **pour faciliter l'~ d'un compte courant** to make it easier to open a current account; **l'~ de vos droits ne date que de février dernier** you were not entitled to claim benefit before last February; **~ de crédit** (bank) credit arrangement || COMM: **les plus belles affaires se font à l'~** the best bargains are to be had when the shop opens; **~ en nocturne le jeudi** late closing OU open late on Thursdays ❑ **heures d'~** opening hours; **jours d'~** opening days. -**4.** [inauguration - d'une session, d'un festival] opening; **je tiens le rayon parfumerie depuis le jour de l'~** I've been in charge of the perfume department since the day we opened; **depuis l'~** BOURSE since trading began OU opened (this morning) || CHASSE & PÊCHE opening; **demain, on fait l'~ ensemble** *fam* tomorrow we're going out together on the first (official) day of the open season. -**5.** *fig*: **l'~ vers la gauche/droite** POL broadening the base of government to the left/right ❑ **la politique d'~** consensus politics; **~ d'esprit** open-mindedness. -**6.** RUGBY opening up; BOXE opening; **contrôler l'~ des skis** to be in control of the angle of the skis || CARTES & JEUX opening; **avoir l'~** to have the opening move; **avoir l'~ à trèfle** to lead clubs. -**7.** MUS overture. -**8.** PHOT aperture. -**9.** AUT [des roues] toe-out. -**10.** ÉLECTR opening, breaking. -**11.** PRESSE front-page article.

◆ **ouvertures** *nfpl* overtures; **faire des ~s de paix** to make peace overtures.

ouvrable [uvrabl] *adj*: **heures ~s** business hours, shop hours; **pendant les heures ~s** COMM during opening hours; ADMIN during office hours; **jour ~** working day *Br*, workday.

ouvrage [uvraʒ] ◇ *nm* -**1.** [travail] work; **se mettre à l'~** to get down to work, to start work; **un ~ de longue haleine** a long-term project OU undertaking. -**2.** [œuvre] (piece of) work; **le gros de l'~ a été exécuté par un jeune artiste** the bulk of the work was done by a young artist ❑ **~ d'art** ARCHIT & CONSTR construction works; **~ (de dame)** COUT (piece of) needlework; **~s de maçonnerie** masonry; **menus ~s** finishing (jobs). -**3.** [livre] book; **il existe plusieurs ~s sur ce problème** there are several books dealing with this problem; **l'~ se compose de trois volumes** the book is in three volumes. -**4.** MÉTALL hearth.

◇ *nf* *fam*: **c'est de la belle ~!** that's a nice piece of work!

ouvragé, e [uvraʒe] *adj* [nappe] (finely OU elaborately) embroidered; [construction] elaborate, ornate.

ouvrant, e [uvrɑ̃, ɑ̃t] *adj* opening, moving.

ouvré, e [uvre] *adj* -**1.** [bois, fer] ornate, elaborate, elaborately decorated; [nappe] (finely OU elaborately) embroidered, finely worked. -**2.** ADMIN & COMM: **jour ~** working day *Br*, workday.

ouvre-boîtes [uvrəbwat] *nm inv* tin opener *Br*, can opener.

ouvre-bouteilles [uvrəbutɛj] *nm inv* bottle opener.

ouvre-huîtres [uvrɥitr] *nm inv* oyster knife.

ouvrer [3] [uvre] *vt* -**1.** [bois] to decorate (elaborately); [linge] to embroider, to work (finely). -**2.** TEXT to open (silk).

ouvreur, euse [uvrœr, øz] *nm, f* -**1.** JEUX opener. -**2.** CIN & THÉÂT usher (*f* usherette). -**3.** SPORT forerunner.

◆ **ouvreuse** *nf* TEXT opening machine.

ouvrier, ère [uvrije, ɛr] ◇ *adj* [quartier, condition] working-class; **solidarité ouvrière** working-class solidarity ❑ **la classe ouvrière** the working class.

◇ *nm, f* (manual) worker; **une ouvrière** a (female) worker ❑ **~ qualifié/spécialisé** skilled/unskilled worker; **~ agricole** agricultural worker, farm labourer; **~ à domicile** home worker; **~ à façon** outworker; **~ hautement qualifié** highly-skilled worker; **~ mécanicien** garage mechanic; **~ professionnel** skilled worker; **~ du textile** mill worker OU hand.

◆ **ouvrière** *nf* [abeille] worker (bee); [fourmi] worker (ant).

ouvriérisme [uvrijerism] *nm* workerism.

ouvriériste [uvrijerist] *adj & nmf* workerist.

ouvrir [34] [uvrir] ◇ *vt* -**1.** [portail, tiroir, capot de voiture, fenêtre] to open; [porte fermée à clé] to unlock, to open; [porte verrouillée] to unbolt, to open; **~ une fenêtre tout grand** to open a window wide; **il ouvrit la porte d'un coup d'épaule** he shouldered the door open, he forced the door (open) with his shoulder; **il ouvrit la porte d'un coup de pied** he kicked the door open; **~ une porte par effraction** to force a door || (*en usage abs*): **je suis allé ~ chez les Loriot avant qu'ils rentrent de voyage** I went and opened up the Loriots' house before they came back from their trip; **va ~** go and answer the door; **on a sonné, je vais ~** there's someone at the door, I'll go; **c'est moi, ouvre** it's me, open the door OU let me in; **va leur ~** go and let them in. -**2.** [bouteille, pot, porte-monnaie] to open; [coquillage] to open (up) (*sép*); [paquet] to open, to unwrap; [enveloppe] to open, to unseal; **allez, on ouvre une bouteille de champagne!** come on, let's open OU crack open a bottle of champagne!; **ils ont ouvert le coffre-fort au chalumeau** they used a blowtorch to break open OU into the safe; **~ un pot de peinture avec un levier** to prise the lid off a pot of paint. -**3.** [déplier - éventail] to open; [- carte routière] to open (up) (*sép*), to unfold; [- livre] to open (up) (*sép*); **ouvrez votre manuel page 15** open your book on *Br* OU to *Am* page 15; **les fleurs ouvrent leurs corolles au soleil du matin** the flowers open their petals in the morning sun; **~ une couture** COUT to iron a seam flat. -**4.** [desserrer, écarter - compas, paupières] to open; [- rideau] to open, to draw back (*sép*); [- aile, bras] to open (out) (*sép*), to spread (out) (*sép*); [- mains] to open (out) (*sép*); [déboutonner - veste] to undo, to unfasten; **~ les bras** [en signe d'affection] to open one's arms; **~ les yeux** to open one's eyes; **le matin, on a du mal à ~ les yeux** [à se réveiller] it's not easy to wake up in the morning || (*en usage abs*): **ouvrez!** DANSE open up! ❑ **~ l'œil** *pr* to open one's eye; *fig* to keep one's eyes open; **cette rencontre avec lui m'a ouvert les yeux** meeting him was a real eye-opener for me; **~ de grands yeux** [être surpris] to be wide-eyed; **ouvrez grands vos yeux** [soyez attentifs] keep your eyes peeled; **~ l'esprit à qqn** to broaden sb's outlook; **~ son cœur/âme à qqn** to open up one's heart/soul to sb; **l'~**[▽] to open one's mouth OU trap; **tu ferais mieux de ne pas l'~!** you'd better keep your mouth OU trap shut! -**5.** [commencer - hostilités] to open, to begin; [- campagne, récit, enquête] to open, to start; [- bal, festival, conférence, saison de chasse] to open; **la scène qui ouvre la pièce** the opening scene of the play; **l'indice qui a ouvert la séance à la Bourse** the opening share prices on the Stock Exchange today; **voici le candidat qui ouvre notre grand concours** here's the first contestant to enter our competition ❑ **~ le feu** to open fire. -**6.** [rendre accessible - chemin, voie] to open (up), to clear; [- frontière, filière] to open; **il ouvrait un sentier au coupe-coupe** he cleared a path with a machete; **des policiers lui ont ouvert un passage parmi ses fans** policemen cleared a way for her through the crowd of fans; **~ son pays** OU **ses frontières aux réfugiés politiques** to open up one's country OU to open one's borders to political refugees; **ils refusent d'~ leur marché aux produits européens** they refuse to open up their market to European products; **il faut ~ l'université à tous** universities must be open to all; **pourquoi ne pas ~ cette formation à de jeunes chômeurs?** why not make this form of training available to young unemployed people?; **le diplôme vous ouvre de nombreuses possibilités** the diploma opens up a whole range of possibilities for you. -**7.** [créer - boutique, cinéma, infrastructure] to open; [- entreprise] to open, to set up (*sép*); **~ une nouvelle salle dans un musée** to open a new room in a museum. -**8.** [faire fonctionner - radiateur, robinet] to turn on (*sép*); [- circuit électrique] to open; **ouvre la télé** *fam* turn OU switch the TV on; **~ l'eau/l'électricité/le gaz** *fam* to turn on the water/the electricity/the gas. -**9.** [être en tête de - défilé, procession] to lead; **~ la marche** to lead the march, to walk in front; **c'est son nom qui ouvre la liste** her name is (the) first on the list. -**10.** [inciser - corps] to open (up), to cut open; [- panaris] to lance, to cut open; **ils l'ont ouvert de la cheville au genou** *fam* they opened up OU cut open his leg from the ankle to the knee. -**11.** SPORT: **~ le jeu** to open play; **essayez d'~ un peu plus la partie** try to play a more open game; ~ **la marque** OU **le score** [gén] to open the scoring; FTBL to score the first goal; **il vient d'~ la marque pour son équipe** he's just put his team on the board; ~ **la piste** SKI to open the run. -**12.** BANQUE [compte bancaire, portefeuille d'actions] to open; [emprunt] to issue, to float; ~ **un crédit à qqn** to give sb credit facilities; ~ **un droit à qqn** [dans les assurances] to entitle sb to a claim. -**13.** JEUX to open; *(en usage abs)*: ~ **à cœur** CARTES to open (the bidding) in hearts; [commencer le jeu] to open OU to lead with a heart. -**14.** NAUT: ~ **une voile** to brace a sail; ~ **un port/une baie** to open a port/bay. -**15.** ÉLECTR to break, to open. -**16.** TEXT to open.

◇ *vi* -**1.** [boutique, restaurant, spectacle] to (be) open; **le supermarché ouvre de 9 h à 22 h** the supermarket is open OU opens from 9 a.m. to 10 p.m.; **le musée ouvrira bientôt au public** the museum will soon be open to the public; **la chasse au faisan/la conférence ouvrira en septembre** the pheasant season/the conference will open in September. -**2.** [couvercle, fenêtre, porte] to open; **le portail ouvre mal** the gate is difficult to open OU doesn't open properly. -**3.** [déboucher]: ~ **sur** to open onto; **le vasistas ouvre sur le parking** the fanlight opens onto OU looks out over the car park; **nos fenêtres ouvrent sur la piazza** our windows open out onto OU have a view of the piazza. -**4.** [commencer]: ~ **sur** to open with; **le colloque ouvrira sur sa communication** her paper will open the conference, the conference will open with her paper. -**5.** SPORT: ~ **sur qqn** to pass (the ball) to sb; ~ **par le petit côté/sur l'aile gauche** to release the ball on the blind side/to the left wing.

◆ **s'ouvrir** ◇ *vp (emploi passif)* -**1.** [boîte, valise] to open; [bouton de vêtement] to come undone OU unfastened; **ça s'ouvre en dévissant** the top unscrews; **le toit s'ouvre en coulissant** the roof slides open; **la tente s'ouvre des deux côtés avec une fermeture à glissière** the tent can be unzipped on both sides; **la fenêtre de ma chambre s'ouvre mal** the window in my room is difficult to open OU doesn't open properly. -**2.** [être inauguré] to open; **la nouvelle ligne Paris-Bordeaux s'ouvrira en décembre** the new Paris to Bordeaux line will open OU be opened in December.

◇ *vpt* [se couper - personne]: **il s'est ouvert l'arcade sourcilière** he's got a gash above the eye; **je me suis ouvert le pied sur un bout de verre** I've cut my foot (open) on a piece of glass; **s'~ les veines** to slash OU to cut one's wrists.

◇ *vpi* -**1.** [se desserrer, se déplier - bras, fleur, huître, main] to open; [- aile] to open (out), to spread, to unfold; [- bouche, œil, paupière, livre, rideau] to open; **ces fleurs s'ouvrent quand le soir tombe** these flowers open at nightfall. -**2.** [se fendre - foule, flots] to part; [- sol] to open up; [- melon] to open, to split (open); **la cicatrice s'est ouverte** the scar has opened up; **les flots s'ouvrirent** the sea parted. -**3.** [boîte, valise - accidentellement] to (come) open. -**4.** [fenêtre, portail] to open; **la fenêtre s'ouvrit brusquement** the window flew OU was flung OU was thrown open; **la porte s'ouvre sur la pièce/dans le couloir** the door opens into the room/out into the corridor. -**5.** [s'épancher] to open up; **sans s'~ entièrement, elle m'a confié que...** without opening up completely to me, she confided that...; **il éprouvait le besoin de s'~** he felt the need to talk to somebody; **s'~ à qqn de qqch** to open one's heart to sb about sthg, to confide in sb about sthg; **elle ne s'en est jamais ouverte à moi** she's never confided in me, she's never opened her heart to me; **s'~ de qqch** to open up about sthg; **il finit par s'~ de ses problèmes** he eventually talked openly about his problems. -**6.** [débuter - bal, conférence]: **s'~ par** to open OU to start with. -**7.** [se présenter - carrière] to open up; **toutes les carrières de l'informatique s'ouvrent devant lui** all kinds of careers in computing are opening up for him; **un avenir radieux s'ouvrait devant nous** a bright future opened up before us.

◆ **s'ouvrir à** *vp + prép* [des idées, des influences]: **s'~ à des cultures nouvelles** to become aware of new cultures; **s'~ à la poésie** to become sensitive to poetry; **leur pays s'ouvre peu à peu au commerce extérieur** their country is gradually opening up to foreign trade.

ouvroir [uvrwar] *nm* [dans un couvent] workroom; [dans une paroisse] sewing room.

ouzbek [uzbɛk] *adj* Uzbek.

◆ **Ouzbek** *nmf* Uzbek.

◆ **ouzbek** *nm* LING Uzbek.

Ouzbékistan [uzbekistɑ̃] *npr m*: (l')~ Uzbekistan.

ouzo [uzo] *nm* ouzo.

ovaire [ɔvɛr] *nm* ovary.

ovalbumine [ɔvalbymin] *nf* ovalbumin.

ovale [ɔval] ◇ *adj* [en surface] oval; [en volume] egg-shaped, ovoid.

◇ *nm* -**1.** [forme] oval; **son visage était d'un ~ parfait** her face was a perfect oval. -**2.** TEXT throwing mill.

ovaliser [3] [ɔvalize] *vt* to make oval, to turn into an oval.

ovariectomie [ɔvarjɛktɔmi] *nf* ovariectomy, oophorectomy.

ovarien, enne [ɔvarjɛ̃, ɛn] *adj* ovarian.

ovarite [ɔvarit] *nf* ovaritis, oophoritis.

ovation [ɔvasjɔ̃] *nf* ovation; **le public lui a fait une véritable ~** the audience gave her a real ovation; **ils se sont tous levés pour lui faire une ~** he got a standing ovation.

ovationner [3] [ɔvasjɔne] *vt*: ~ **qqn** to give sb an ovation.

overdose [ɔvœrdoz] *nf* -**1.** [surdose] overdose. -**2.** *fam fig* overdose, OD; **j'ai eu une ~ de chocolat à Noël** I overdosed on chocolate at Christmas.

Ovide [ɔvid] *npr* Ovid.

oviducte [ɔvidykt] *nm* oviduct.

ovin, e [ɔvɛ̃, in] *adj* ovine.

◆ **ovin** *nm* ovine, sheep.

oviné [ɔvine] *nm* [mouton] ovine; [chèvre] caprid.

ovipare [ɔvipar] ◇ *adj* oviparous *spéc*, egg-laying.

◇ *nmf* egg-laying OU oviparous *spéc* animal.

oviparité [ɔviparite] *nf* oviparity, egg laying.

OVNI, Ovni [ɔvni] *(abr de* **objet volant non identifié)** *nm* UFO.

ovocyte [ɔvɔsit] *nm* oocyte.

ovogenèse [ɔvɔʒənɛz] *nf* oogenesis.

ovogonie [ɔvɔgɔni] *nf* oogonium.

ovoïde [ɔvɔid], **ovoïdal, e, aux** [ɔvɔidal, o] *adj* egg-shaped, ovoid.

ovotide [ɔvɔtid] *nm* ootid.

ovovivipare [ɔvɔvivipar] ◇ *adj* ovoviviparous.

◇ *nmf* ovoviviparous animal.

ovoviviparité [ɔvɔviviparite] *nf* ovoviviparity.

ovulaire [ɔvylɛr] *adj* ovular.

ovulation [ɔvylasjɔ̃] *nf* ovulation; **pendant la période d'~** during ovulation.

ovulatoire [ɔvylatwar] *adj* ovulation *(modif)*.

ovule [ɔvyl] *nm* -**1.** PHYSIOL ovum. -**2.** BOT & ZOOL ovule. -**3.** PHARM pessary.

ovuler [3] [ɔvyle] *vi* to ovulate.

oxacide [ɔksasid] *nm* oxyacid, oxygen acid.

oxalide [ɔksalid] *nf* oxalis, wood sorrel.

oxalique [ɔksalik] *adj*: **acide ~** oxalic acid.

oxalis [ɔksalis] *nm* = **oxalide**.

oxford [ɔksfɔrd] *nm* Oxford (cloth).

oxhydrique [ɔksidrik] *adj* oxyhydrogen.

oxhydryle [ɔksidril] *nm* hydroxyl.

oxonium [ɔksɔnjɔm] *nm* oxonium.

oxyacétylénique [ɔksiasetilenik] *adj* oxyacetylene.

oxycarboné, e [ɔksikarbɔne] *adj* oxycarburetted CHEM.

oxychlorure [ɔksiklɔryr] *nm* oxychloride.

oxydable [ɔksidabl] *adj* liable to rust, oxidizable; **facilement ~** which rusts easily.

oxydant, e [ɔksidɑ̃, ɑ̃t] *adj* oxidizing.

◆ **oxydant** *nm* oxidant, oxidizer, oxidizing agent.

oxydase [ɔksidaz] *nf* oxidase.

oxydation [ɔksidasjɔ̃] *nf* oxidation.

oxyde [ɔksid] *nm* oxide.

oxyder [3] [ɔkside] *vt* to oxidize.

◆ **s'oxyder** *vpi* to become oxidized.

oxydérurgie [ɔksideryrʒi] *nf* oxygen metallurgy.

oxydoréductase [ɔksidɔredyktaz] *nf* oxidoreductase.

oxydoréduction [ɔksidɔredyksjɔ̃] *nf* oxidation-reduction.

oxygénation [ɔksiʒenasjɔ̃] *nf* oxygenation.

oxygène [ɔksiʒɛn] *nm* -**1.** CHIM oxygen. -**2.** *fig*: **j'ai besoin d'~** I need some fresh air.

oxygéné, e [ɔksiʒene] *adj* CHIM oxygenated.

oxygéner [18] [ɔksiʒene] *vt* -**1.** CHIM to oxygenate. -**2.** [cheveux] to bleach, to peroxide.

◆ **s'oxygéner** *vpi* to get some fresh air.

oxygénothérapie [ɔksiʒenɔterapi] *nf* oxygenation MED.

oxyhémoglobine [ɔksiemɔglɔbin] *nf* oxyhaemoglobin.

oxysulfure [ɔksisylfyr] *nm* oxysulphide.

oxyure [ɔksjyr] *nm* oxyuris *spéc*, pinworm.

oxyurose [ɔksjyroz] *nf* oxyuriasis, enterobiasis.

oyat [ɔja] *nm* lyme grass.

ozone [ozɔn] *nm* ozone.

ozonide [ɔzɔnid] *nm* ozonide.

ozonisation [ɔzɔnizasjɔ̃] *nf* ozonization.

ozoniser [3] [ɔzɔnize] *vt* to ozonize.

ozoniseur [ɔzɔnizœr] *nm* ozonizer.

ozonosphère [ɔzɔnɔsfɛr] *nf* ozonosphere, ozone layer.

P

p, P [pe] *nm* p, P.

p -**1.** (*abr écrite de* pico) p. -**2.** (*abr écrite de* page) p. -**3.** (*abr écrite de* passable) *fair grade (as assessment of schoolwork)*, ≃ C. -**4.** *abr écrite de* pièce.

P. (*abr écrite de* Père) F.

Pa (*abr écrite de* pascal) Pa.

PA *abr écrite de* petites annonces.

PAC, Pac [pak] (*abr de* politique agricole commune) *nf* CAP.

PACA, Paca [paka] (*abr de* Provence-Alpes-Côte d'Azur) *npr f southern French region*.

pacage [pakaʒ] *nm* -**1.** [lieu] pasture, grazing-land. -**2.** [action] grazing.

pacager [17] [pakaʒe] ◇ *vi* to graze.
◇ *vt* to (put out to) graze.

pacane [pakan] *nf* pecan (nut).

pacemaker [pɛsmekœr] *nm* (cardiac) pacemaker.

pacha [paʃa] *nm* -**1.** HIST pasha. -**2.** *fam fig*: **mener une vie de ~** to live like a lord, to live a life of ease. -**3.** NAUT skipper.

pachto [paʃto] *nm* LING Pashto.

pachyderme [paʃidɛrm] ◇ *adj* pachydermal, pachydermatous.
◇ *nm* -**1.** ZOOL elephant, pachyderm *spéc.* -**2.** [personne] (great) elephant.

pachydermie [paʃidɛrmi] *nf* pachydermia.

pacificateur, trice [pasifikatœr, tris] ◇ *adj* [réconciliateur] placatory, pacifying, pacificatory; POL peacemaking.
◇ *nm, f* pacifier, peacemaker; POL peacemaker.

pacification [pasifikasjɔ̃] *nf* [gén & POL] pacification.

pacifier [9] [pasifje] *vt* to pacify; **~ les esprits** to pacify people, to calm people down.

pacifique [pasifik] ◇ *adj* -**1.** POL [pays, gouvernement] peace-loving. -**2.** [non militaire] peaceful, non-military; **exploitation ~ de l'atome** harnessing atomic power for peaceful purposes. -**3.** [débonnaire] peaceable. -**4.** [fait dans le calme] peaceful.
◇ *nmf* peace-loving person.

Pacifique [pasifik] *npr m*: **le ~** the Pacific (Ocean).

pacifiquement [pasifikmɑ̃] *adv* -**1.** POL peacefully, pacifically; **le changement de régime s'est fait ~** the change of regime was achieved by peaceful means. -**2.** [sans colère] peaceably, peacefully.

pacifisme [pasifism] *nm* pacifism.

pacifiste [pasifist] *adj* & *nmf* pacifist.

pack [pak] *nm* -**1.** SPORT pack. -**2.** GÉOG pack ice. -**3.** COMM pack; **un ~ de bière** a pack of beer; **acheter des yaourts en ~** to buy a pack of yoghurts.

pacotille [pakɔtij] *nf* [camelote] cheap junk.
◆ **de pacotille** *loc adj* cheap; **des bijoux de ~** baubles *péj*, trinkets *péj*.

pacquage [pakaʒ] *nm* barrelling (of salt fish).

pacquer [3] [pake] *vt* to barrel.

pacson▽ [paksɔ̃] *nm* -**1.** [colis] parcel, package. -**2.** [somme d'argent]: **il a touché un sacré ~** he won a packet *Br* OU bundle *Am*.

pacte [pakt] *nm* -**1.** [gén] agreement; **faire un ~** to make an agreement. -**2.** POL pact, treaty, agreement; **~ de non-agression** non-aggression pact.

pactiser [3] [paktize]
◆ **pactiser avec** *v + prép* -**1.** [conclure un accord avec] to strike a compromise OU to come to an understanding with. -**2.** [transiger avec] to collude with, to connive at; **~ avec l'ennemi** to collude with the enemy; **~ avec le crime** to condone crime; **~ avec sa conscience** to stifle one's conscience.

pactole [paktɔl] *nm* [profit] gold mine *fig*; **on peut se faire un joli ~ dans le pétrole** there are rich pickings to be had in the oil business || [gros lot] jackpot.

paddock [padɔk] *nm* -**1.** [enclos] paddock. -**2.** ▽ [lit] bed; **aller au ~** to hit the sack OU hay.

paddy [padi] *nm* paddy (rice).

padouan, e [padwɑ̃, an] *adj* Paduan.
◆ **Padouan, e** *nm, f inhabitant of or person from Padua*.

Padoue [padu] *npr* Padua.

paella [paela] *nf* paella.

paf[1] *fam* [paf] *adj inv* sloshed, plastered.

paf[2] [paf] *onomat* bam, wham.

PAF [paf] ◇ *npr f abr de* Police de l'air et des frontières.
◇ *nm abr de* paysage audiovisuel français.

pagaie [pagɛ] *nf* [rame] paddle.

pagaille *fam*, **pagaïe** *fam* [pagaj] *nf* [désordre] mess, shambles; **pour mettre la ~, t'es champion** when it comes to making a mess, you're unbeatable; **arrête de mettre la ~ dans mes affaires** stop messing up my things.
◆ **en pagaille** *fam loc adv* -**1.** [en désordre]: **mettre qqch en ~** to mess sthg up. -**2.** [en quantité]: **ils ont de l'argent en ~** they've got loads of money.

paganiser [3] [paganize] *vt* to paganize.

paganisme [paganism] *nm* paganism.

pagayer [11] [pageje] *vi* to paddle.

pagayeur, euse [pagejœr, øz] *nm, f* paddler.

page[1] [paʒ] *nm* HIST page (boy); **les cheveux coupés à la ~** page-boy haircut.

page[2] [paʒ] *nf* -**1.** [rectangle de papier] page; **~ blanche** blank page; **arracher les ~s d'un livre** to tear pages OU leaves out of a book; **suite de l'article en ~ cinq** (article) continued on page five; **c'est en bas de ~** it's at the bottom of the page; **une lettre de huit ~s** an eight-page letter; **mettre en ~** IMPR to make up (into pages) ❑ **~ de garde** flyleaf; **les ~s jaunes** TÉLÉC Yellow Pages; **tourner une ~** *pr* to turn (over) a page; *fig* to turn over a new leaf; **une ~ politique vient d'être tournée avec la mort du sénateur** the death of the senator marks the end of a (political) era; **tourner la ~** to make a fresh start, to put something behind one. -**2.** [extrait] passage, excerpt; **des ~s inoubliables** unforgettable passages; **quelques très belles ~s de Proust** some very beautiful passages OU excerpts from Proust; **et maintenant, une ~ musicale** RAD and now for some music; **une ~ de publicité** RAD & TV a commercial break ❑ **~s choisies** selected (prose) passages. -**3.** [épisode] page, chapter; **quelques ~s de notre histoire** some pages OU chapters in our history. -**4.** INF page; **~ d'imprimante** printed page.
◆ **à la page** *loc adj* up-to-the-minute, up-to-date; **tu n'es plus à la ~ du tout!** you're completely out of touch OU out of it!

page-écran [paʒekrɑ̃] (*pl* pages-écrans) *nf* screenful COMPUT.

pagel [paʒɛl] *nm* sea bream.

pageot▽ [paʒo] *nm* bed; **aller au ~** to hit the sack OU hay.

pagination [paʒinasjɔ̃] *nf* -**1.** IMPR pagination, page numbering; **il y a une erreur de ~** the pages have been numbered wrongly. -**2.** INF page numbering, paging.

paginer [3] [paʒine] *vt* to paginate, to number the pages of.

pagne [paɲ] *nm* [en tissu] loincloth, pagne; [en rafia] grass skirt.

pagode [pagɔd] *nf* -**1.** ARCHIT pagoda. -**2.** COUT: (manche) **~** pagoda sleeve.

pagre [pagr] *nm* Couch's sea bream *Br*.

pagure [pagyr] *nm* hermit crab.

paie [pɛ] *nf* -**1.** [salaire] pay, wages; **toucher sa ~** to be paid; **c'est le jour de ~** it's payday. -**2.** *fam loc*: **ça fait une (sacrée) ~** it's been ages.

paiement [pɛmɑ̃] *nm* payment; **faire** OU **effectuer un ~** to make a payment; **'les ~s par chèques ne sont plus acceptés'** 'cheques are no longer accepted' ❑ **~ comptant** cash payment; **~ mensuel** monthly payment.

païen, enne [pajɛ̃, ɛn] ◇ *adj* pagan, heathen.
◇ *nm, f* -**1.** [polythéiste] pagan, heathen. -**2.** *sout* [athée] atheist, pagan; **jurer comme un ~** to swear like a trooper.

paierie [pɛri] *nf* cash desk, disbursements office.

paillage [pajaʒ] *nm* -**1.** HORT (straw) mulching; **~ plastique** polythene OU plastic mulching. -**2.** [d'un siège] straw (bottom).

paillard, e [pajar, ard] ◇ *adj* [personne] bawdy, coarse; [chanson] dirty; [histoire] dirty, smutty.
◇ *nm, f* libertine.

paillardise [pajardiz] *nf* -**1.** [caractère] bawdiness, coarseness. -**2.** [histoire] dirty OU smutty story.

paillasse[1] [pajas] *nf* -**1.** [couche] straw OU straw-filled mattress. -**2.** [d'un évier] drainer, draining board.

paillasse[2] [pajas] *nm* clown.

paillasson [pajasɔ̃] *nm* -**1.** [d'une entrée] doormat. -**2.** *fam* [personne] : **elle le traite comme un ~** she treats him like a doormat; **c'est le ~ du directeur** the manager treats him like a doormat. -**3.** HORT (straw) mulch.

paillassonner [3] [pajasɔne] *vt* [espalier, châssis] to mulch (with straw).

paille [paj] ◇ *nf* -**1.** [chaume] straw; **~ de blé** wheat straw; **~ de riz** rice straw; **il est sur la ~** he's penniless; **mettre qqn sur la ~** to ruin sb; **mourir sur la ~** to die penniless; **sur la ~ humide des cachots** behind bars; **une ~!** *fam* a mere bagatelle! -**2.** [tige] piece of straw, straw; **voir la ~ dans l'œil du prochain et ne pas voir la poutre dans le sien** *allusion Bible* to see the mote in one's brother's eye but not the beam in one's own; **tirer à la courte ~** to draw straws. -**3.** [pour boire] (drinking) straw; **boire avec une ~** to drink through a straw. -**4.** MÉTALL flaw; **~ de fer** steel wool.
◇ *adj inv* straw-coloured.

paillé, e [paje] *adj* -**1.** [siège] straw-bottomed. -**2.** MÉTALL flawed.

paille-en-queue [pajãkø] (*pl* **pailles-en-queue**) *nm* tropicbird.

pailler[1] [paje] *nm* [grenier] straw loft; [cour] straw yard; [meule] straw stack.

pailler[2] [3] [paje] *vt* -**1.** [siège] to straw-bottom. -**2.** HORT to (straw) mulch.

pailletage [pajtaʒ] *nm* [d'une robe] spangling.

pailleté, e [pajte] *adj* [robe] sequined; [maquillage] glittery.

pailleter [27] [pajte] *vt* [vêtement] to spangle; [maquillage, coiffure] to put glitter on.

paillette [pajɛt] *nf* -**1.** COUT sequin, spangle; **une robe à ~s** a sequined dress. -**2.** [parcelle - d'or] speck; [- de quartz, de mica] flake; [- de savon] flake.
◆ **paillettes** *nfpl* ARM chaff *(U) (metallic foil)*.

pailleux, euse [pajø, øz] *adj* -**1.** [fumier] strawy. -**2.** MÉTALL flawed.

paillon [pajɔ̃] *nm* -**1.** [pour une bouteille] straw wrapper OU case. -**2.** JOAILL (jeweller's) foil.

paillote [pajɔt] *nf* straw hut.

pain [pɛ̃] *nm* -**1.** [baguette] French stick *Br*, French loaf; [boule] round loaf (of bread), cob; **~ de deux/quatre livres** long two-pound/four-pound loaf ❑ **~ croûté** OU *Can* **français** French loaf, French stick *Br*; **~ azyme** unleavened bread; **~ bénit** consecrated bread; **c'est ~ bénit** *fig* that's a godsend; **~ biologique** organic wholemeal *Br* OU wholewheat *Am* loaf; **~ bis, ~ brun** *Can* brown loaf; **~ de blé entier** *Can* wholemeal *Br* OU wholewheat *Am* loaf; **~ brioché** brioche (bread); **~ au chocolat** pain au chocolat *(chocolate-filled roll)*; **~ de campagne** farmhouse loaf; **~ complet** wholemeal *Br* OU wholewheat *Am* loaf; **~ d'épices** ≃ gingerbread; **~ de Gênes** ≃ Genoa cake; **~ au lait** finger roll *(made with milk)*; **~ de mie** sandwich bread; **~ moulé** large tin loaf; **~ parisien** thick French loaf; **~ de seigle** rye bread; **~ aux raisins** *circular pastry made with sweetened dough and raisins*; **~ viennois** Vienna loaf; **gros ~** farmhouse bread *(sold by weight)*; **petits ~s** (bread) rolls. -**2.** [substance] bread; **un peu de ~** a bit OU piece of bread; **un gros morceau de ~** a chunk of bread; **mettre qqn au ~ sec et à l'eau** to put sb on dry bread and water ❑ **~ grillé** toast; **~ perdu, ~ doré** French toast; **notre ~ quotidien** our daily bread; **la maladie, les soucis d'argent, c'était son ~ quotidien** illness and money worries were her daily lot; **être bon comme du bon ~** to be the salt of the earth; **long comme un jour sans ~** interminable, endless; **avoir du ~ sur la planche** to have one's work cut out; **enlever** OU **retirer** OU **ôter le ~ de la bouche à qqn** to take the bread out of sb's mouth. -**3.** [préparation] loaf; **~ de poisson** fish loaf; **~ de courgettes** courgette loaf. -**4.** [bloc] : **~ de cire/savon** bar of wax/soap; **~ à cacheter** bar of (sealing) wax; **~ de glace** block of ice; **~ de sucre** CULIN sugarloaf; **le Pain de Sucre** GÉOG Sugarloaf Mountain. -**5.** ▽ [coup] smack; **je lui ai filé un de ces ~s!** I socked him one!
◆ **pain brûlé** *loc adj* [tissu, peinture] dark brown; [peau] brown as a berry.

pair[1] [pɛr] *nm* -**1.** [noble] peer. -**2.** [égal] peer; **jugé par ses ~s** judged by one's peers ❑ **parler** OU **traiter de ~ à compagnon avec** *litt* to be on an equal footing with. -**3.** BOURSE par (value); **emprunt émis au-dessus du ~** loan issued above par ‖ FIN par (rate of exchange); **~ d'une monnaie** par of a currency.
◆ **au pair** *loc adv*: **travailler** OU **être au ~** to work as OU to be an au pair; **elle travaille au ~ en Hollande** she works as an au pair in Holland.
◆ **de pair** *loc adv* together; **la méchanceté va souvent de ~ avec la bêtise** nastiness often goes together OU hand in hand with stupidity.
◆ **hors pair, hors de pair** *loc adj* unequalled, outstanding; **dans son domaine il est hors de ~** he is unequalled in his field.

pair[2]**, e**[1] [pɛr] *adj* even; **jouer un chiffre ~** to bet on an even number; **habiter du côté ~** to live on the even-numbered side of the street; **stationnement les jours ~s seulement** parking on even dates only.

pairage [pɛraʒ] *nm* twinning TV.

paire[2] [pɛr] *nf* -**1.** [couple] pair; **une ~ de ciseaux** a pair of scissors; **une ~ de chaussettes/draps** a pair of socks/sheets; **une ~ de faisans/pistolets** a brace of pheasants/pistols; **une ~ de bœufs** a yoke of oxen; **si tu continues, tu vas recevoir une ~ de gifles** if you go on like this, you'll get your face slapped ❑ **c'est une autre ~ de manches** that's a different kettle of fish; **se faire la ~** *fam* to beat it, to clear off. -**2.** LING: **~ minimale** minimal pair.

pairesse [pɛrɛs] *nf* -**1.** [en Grande-Bretagne] peeress. -**2.** [épouse d'un pair] wife of a peer.

pairie [pɛri] *nf* peerage.

paisible [pezibl] *adj* -**1.** [doux] peaceful, quiet; **un homme ~** a quiet man. -**2.** [serein] quiet, calm, peaceful; **mener une vie calme et ~** to lead a quiet, peaceful existence; **le bébé dort d'un sommeil ~** the baby is sleeping peacefully. -**3.** [silencieux] calm, quiet; **nous habitons un quartier très ~** we live in a very quiet part of town.

paisiblement [pezibləmã] *adv* -**1.** [dormir] peacefully, quietly. -**2.** [parler, discuter] calmly.

paissance [pɛsãs] *nf* free grazing *(on common land)*.

paître [91] [pɛtr] ◇ *vi* -**1.** [animaux] to graze; **faire ~ le bétail** to graze the cattle, to put the cattle out to graze; **mener ~ les vaches** to take the cows to graze. -**2.** *fam loc*: **je l'ai envoyé ~** I sent him packing, I told him where to get off.
◇ *vt* [suj: animal] to feed on, to graze (on).

paix [pɛ] *nf* -**1.** MIL & POL peace; **demander la ~** to sue for peace; **une menace pour la ~ mondiale** a threat to world peace; **pourparlers/offres de ~** peace proposals; **négocier la ~** to negotiate peace; **en temps de ~** in peacetime; **faire la ~** to make peace; **signer/ratifier un traité de ~** to sign/to ratify a peace treaty ❑ **~ séparée/armée** separate/armed peace; **la ~ des braves** an honourable peace; **~ romaine** Pax Romana; **si tu veux la ~, prépare la guerre** *prov* if you wish for peace, prepare for war. -**2.** [ordre] peace; **troubler la ~ publique** to disturb public order OU the peace; **favoriser la ~ sociale** to promote social peace. -**3.** [entente] peace; **vivre en ~** to live in peace; **il a enfin fait la ~ avec sa sœur** he finally made his peace with OU made up with his sister; **je suis pour la ~ des ménages** I'm against stirring things up between couples. -**4.** [repos] peace, quiet; **j'ai enfin la ~ depuis qu'il est parti** I've at last got some peace and quiet now that he's left; **fiche-moi la ~!** *fam* buzz off!, clear off!; **fous-moi la ~!** ▽ sod off! *Br*, get the hell out of here!; **la ~!** *fam* quiet!, shut up! -**5.** [sérénité] peace; **trouver la ~ de l'âme** to find inner peace; **avoir la conscience en ~** to have a clear conscience ❑ **~ à ses cendres** God rest his soul; **qu'il repose en ~, ~ à son âme** may he OU his soul rest in peace. -**6.** *sout* [harmonie] peace, peacefulness; **la ~ du soir à la campagne** peaceful evenings in the countryside.

Pakistan [pakistã] *npr m*: **le ~** Pakistan; **au ~** in Pakistan.

pakistanais, e [pakistanɛ, ɛz] *adj* Pakistani.
◆ **Pakistanais, e** *nm, f* Pakistani.

pal [pal] *nm* stake, pale; **le supplice du ~** torture by impalement.

PAL, Pal [pal] (*abr de* **Phase Alternation Line**) *adj* PAL.

palabre [palabr] *nf* OU *nm* HIST palaver; **arbre à ~s** *Afr* palaver tree, village meeting tree.
◆ **palabres** *nfpl péj* [discussion oiseuse] endless talk; **à ces réunions, ce ne sont que des ~s** these meetings are just talking shops *péj*.

palabrer [3] [palabre] *vi* to talk endlessly; **vous ne faites que ~** all you ever do is talk.

palace [palas] *nm* luxury hotel.

paladin [paladɛ̃] *nm* -**1.** HIST paladin. -**2.** *litt* [redresseur de torts] knight in shining armour, righter of wrongs.

palais [palɛ] *nm* -**1.** [bâtiment] palace; **le Palais-Bourbon** the French National Assembly; **~ des Expositions** exhibition hall; **le ~ Farnèse** the Farnese Palace; **le ~ Garnier** *the (old) Paris opera house*; **le Palais de justice** the law courts; **le ~ du Luxembourg** *palace in Paris where the French Senate is situated*; **le ~ des Papes** *the Papal Palace in Avignon*; **~ des sports** sports stadium; **le Grand Palais, le Petit Palais** *galleries built for the Exposition universelle in 1900, now used for art exhibitions*. -**2.** ANAT palate; **~ dur/mou** hard/soft palate. -**3.** [organe du goût] palate; **elle a le ~ fin** she has a refined palate; **un goût qui flatte le ~** a flavour that delights the taste buds OU palate.

PALAIS DES PAPES:
This historic building is the prestigious venue for the most important events of the Festival d'Avignon.

---

palan [palã] *nm* hoist; **~ manuel** block and tackle.

palangre [palãgr] *nf* long line (and snoods); **~ à cuiller** trolling line; **maître ~** long line.

palanque [palãk] *nf* (timber) stockade.

palanquée [palãke] *nf* NAUT load.

palanquin [palãkɛ̃] *nm* -**1.** [chaise] palanquin. -**2.** NAUT reef tackle.

palatal, e, aux [palatal, o] *adj* [voyelle] front; [consonne] palatal.
◆ **palatale** *nf* [consonne] palatal consonant; [voyelle] front vowel.

palatalisation [palatalizasjɔ̃] *nf* palatalization.

palatalisé, e [palatalize] *adj* palatalized.

palatial, e, aux [palasjal, o] *adj* palatial.

palatin, e [palatɛ̃, in] *adj* -**1.** [du palais] palace *(modif)*. -**2.** [du Palatinat] Palatine *(modif)*. -**3.** ANAT palatine, palatal.

Palatin [palatɛ̃] *npr m*: **le (mont) ~** the Palatine hill.

Palatinat [palatina] *npr m*: **le ~** the Palatinate.

palâtre [palatr] *nm* box (of lock).

pale [pal] *nf* -**1.** [d'une hélice, d'une rame] blade; [d'un bateau à aube] paddle. -**2.** [vanne] shut-off. -**3.** RELIG pall.

pâle [pal] *adj* -**1.** [clair] pale; [exsangue] pale, pallid; **elle est toute ~** she's all white ❑ **être ~ comme la mort** to be as pale as death; **être ~ comme un linge** to be as white as a sheet; **se faire porter ~** *fam* to report sick. -**2.** [atténué] pale; **la ~ lueur de l'aube** the pale light of dawn; **une robe jaune ~** a pale yellow dress. -**3.** [insipide] pale, weak; **elle nous a fait un ~**

sourire she smiled weakly OU faintly at us; son spectacle n'est qu'une ~ imitation de l'œuvre his show is nothing but a pale OU poor imitation of the book.

paléanthropien, enne [paleɑ̃trɔpjɛ̃, ɛn] ◇ *adj* palaeoanthropic.
◇ *nm, f* palaeoanthropic man (*f* woman).

palefrenier, ère [palfrənje, ɛr] *nm, f* [homme] stableman, ostler; [femme] stable girl; [garçon] stable boy.

palefroi [palfrwa] *nm* palfrey.

paléo- [paleo] *préf* paleo-.

paléoasiatique [paleɔazjatik] *adj* LING Paleo-Asiatic.

paléobotanique [paleɔbɔtanik] *nf* paleobotany.

paléochrétien, enne [paleɔkretjɛ̃, ɛn] *adj* BX-ARTS early Christian.

paléoclimat [paleɔklima] *nm* paleoclimate.

paléoclimatologie [paleɔklimatɔlɔʒi] *nf* paleoclimatology.

paléoécologie [paleɔekɔlɔʒi] *nf* paleoecology.

paléogène [paleɔʒɛn] *nm* Paleogene period.

paléogéographie [paleɔʒeɔgrafi] *nf* paleogeography.

paléographe [paleɔgraf] ◇ *adj* paleographic.
◇ *nmf* paleographer.

paléographie [paleɔgrafi] *nf* paleography.

paléographique [paleɔgrafik] *adj* paleographic.

paléohistologie [paleɔistɔlɔʒi] *nf* paleohistology.

paléolithique [paleɔlitik] ◇ *adj* Paleolithic.
◇ *nm*: le ~ the Paleolithic period.

paléomagnétisme [paleɔmaɲetism] *nm* paleomagnetism.

paléontologie [paleɔ̃tɔlɔʒi] *nf* paleontology.

paléontologique [paleɔ̃tɔlɔʒik] *adj* paleontological.

paléontologiste [paleɔ̃tɔlɔʒist], **paléontologue** [paleɔ̃tɔlɔg] *nmf* paleontologist.

paléosol [paleɔsɔl] *nm* paleosol.

paléozoïque [paleɔzɔik] ◇ *adj* Paleozoic.
◇ *nm* Paleozoic (age).

Palerme [palɛrm] *npr* Palermo.

palermitain, e [palɛrmitɛ̃, ɛn] *adj* Palermitan.
◆ **Palermitain, e** *nm, f* Palermitan.

paleron [palrɔ̃] *nm* chuck steak.

Palestine [palɛstin] *npr f*: (la) ~ Palestine.

palestinien, enne [palɛstinjɛ̃, ɛn] *adj* Palestinian.
◆ **Palestinien, enne** *nm, f* Palestinian.

palet [palɛ] *nm* -**1.** SPORT puck. -**2.** JEUX [à la marelle] quoit.

paletot [palto] *nm* -**1.** VÊT (short) jacket. -**2.** *fam loc*: il m'est tombé sur le ~ he laid into me.

palette [palɛt] *nf* -**1.** BX-ARTS palette; la ~ de Cézanne *fig* Cézanne's palette OU range of colours; proposer toute une ~ d'articles to offer a wide choice OU range of articles. -**2.** CULIN shoulder. -**3.** NAUT paddle. -**4.** TECH [instrument] pallet; [pour la manutention] pallet, stillage. -**5.** PÊCHE (hook) eye.

palettiser [3] [paletize] *vt* to palletize.

palettiseur [paletizœr] *nm* palletizing machine.

palétuvier [paletyvje] *nm* mangrove.

pâleur [palœr] *nf* [d'une couleur] paleness; [du teint] pallor; je fus frappé par sa ~ I was surprised to see how pale she looked.

pali, e [pali] *adj* Pali.
◆ **pali** *nm* Pali.

pâlichon, onne *fam* [paliʃɔ̃, ɔn] *adj* (a bit) pale OU peaky; ça fait plaisir de voir que tu n'es plus aussi ~ it's nice to see (that) you've got some colour back in your cheeks.

palier [palje] *nm* -**1.** [plate-forme] landing; ~ de repos half-landing. -**2.** [niveau] stage, level; le prix du pétrole reste au même ~ oil prices are staying (at the same) level OU have levelled out. -**3.** TRAV PUBL level, flat. -**4.** AÉRON: voler en ~ to fly level. -**5.** MÉCAN bearing; ~ lisse/à roulement plain/rolling bearing.
◆ **par paliers** *loc adv* in stages, step by step; la tension monte par ~s tension is gradually mounting.

palière [paljɛr] *adj f* landing *(modif)*.

palimpseste [palɛ̃psɛst] *nm* palimpsest.

palindrome [palɛ̃drom] ◇ *adj* palindromic.
◇ *nm* palindrome.

palinodie [palinɔdi] *nf* palinode.

pâlir [32] [palir] *vi* -**1.** [personne] to (turn OU go) pale; ~ de froid/peur to turn pale with cold/fear; ~ de jalousie/d'envie to go green with jealousy/envy; elle pâlit affreusement she went ghastly pale; elle a une voiture/un salaire à faire ~ her car/salary is enough to make anyone green with envy. -**2.** [couleur, lumière] to grow dim OU pale, to fade; le soleil a fait ~ le tissu du canapé the sun has faded the couch material. -**3.** [gloire] to fade (away), to grow faint OU fainter, to dim; mes souvenirs pâlissent avec le temps my memories are fading (away) with the passage of time.

palis [pali] *nm* [alignement] fence, paling; [pieu] stake, pale; [enclos] enclosure.

palissade [palisad] *nf* -**1.** [clôture - de pieux] fence, paling, palisade; [- de planches] hoarding; [- d'arbres] hedgerow. -**2.** MIL palisade.

palissader [3] [palisade] *vt* to fence in *(sép)*, to put a fence round.

palissadique [palisadik] *adj* BOT: tissu ~ palisade layer.

palissage [palisaʒ] *nm* [opération] training, trellising; [support] trainer, trellis.

palissandre [palisɑ̃dr] *nm* rosewood, palissander.

pâlissant, e [palisɑ̃, ɑ̃t] *adj* [lumière] fading, growing OU becoming dim.

palisser [3] [palise] *vt* -**1.** [plante] to train, to trellis. -**2.** [arbre fruitier] to espalier.

palladien, enne [paladjɛ̃, ɛn] *adj* Palladian.

palladium [paladjɔm] *nm* palladium.

Pallas [palas] *npr* Pallas.

palle [pal] = **pale 3**.

palléal, e, aux [paleal, o] *adj*: cavité ~e mantle cavity.

palliatif, ive [paljatif, iv] *adj* palliative.
◆ **palliatif** *nm* -**1.** MÉD palliative. -**2.** [expédient] palliative, stopgap measure.

pallier [9] [palje] *vt* [remédier à] to alleviate, to mitigate, to make up for.
◆ **pallier à** *v + prép* to make up for, to offset.

pallium [paljɔm] *nm* ANTIQ pallium.

Palma [palma] *npr*: ~ (de Majorque) Palma (de Majorca).

palmacée [palmase] *nf* member of the Palmaceae OU Palmae.

palmaire [palmɛr] *adj* palmar.

palmarès [palmarɛs] *nm* [liste - de lauréats] prize list, list of prizewinners; [- de sportifs] winners' list, list of winners; [- de chansons] charts; être premier au ~ to top the charts, to be top of the pops; avoir de nombreuses victoires à son ~ to have numerous victories to one's credit.

palmas [palmas] *nfpl* clapping DANCE.

palmature [palmatyr] *nf* palmation.

palme [palm] *nf* -**1.** BOT [feuille] palm leaf; [palmier] palm tree; huile/vin de ~ palm oil/wine. -**2.** [distinction] palm; la ~ du martyre the crown of martyrdom; la Palme d'Or *trophy awarded for best film at the Cannes film festival*; pour la goujaterie, c'est lui qui a la ~! *hum* he's a prize lout!; remporter la ~ to be victorious. -**3.** LOISIRS & SPORT flipper.
◆ **palmes** *nfpl*: ~s académiques *decoration for services to education, the arts or science*.

palmé, e [palme] *adj* -**1.** BOT palmate; ZOOL palmate *spéc*, webbed. -**2.** *fam loc*: les avoir ~es to be workshy.

palmer[1] [palmɛr] *nm* [instrument] micrometer.

palmer[2] [palmœr] *nm* PÊCHE palmer.

palmeraie [palmərɛ] *nf* palm grove.

palmette [palmɛt] *nf* -**1.** HORT palmetto, dwarf fan-palm. -**2.** ARCHIT & BX-ARTS palmette.

palmier [palmje] *nm* -**1.** BOT palm (tree); ~ à huile oil palm. -**2.** [pâtisserie] palmier *(large sweet pastry)*.

palmipède [palmipɛd] ◇ *adj* palmiped *spéc*, web-footed, web-toed.
◇ *nm* palmiped.

palmiste [palmist] *nm* palm-kernel.

palmitique [palmitik] *adj m* palmitic.

palmure [palmyr] *nf* web ZOOL.

Palmyre [palmir] *npr* Palmyra.

palombe [palɔ̃b] *nf* ringdove, woodpigeon.

palonnier [palɔnje] *nm* -**1.** AÉRON rudder (bar). -**2.** [d'un véhicule] rocking lever. -**3.** [en ski nautique] handle. -**4.** TECH (lifting) beam OU leg.

pâlot, otte *fam* [palo, ɔt] *adj* (a bit) pale; il est bien ~, ton fils! your boy's very pale OU pale-looking!

palourde [palurd] *nf* clam.

palpable [palpabl] *adj* -**1.** [évident] palpable; des preuves ~s palpable proof OU evidence. -**2.** [que l'on peut toucher] palpable. -**3.** [concret] tangible; des avantages ~s tangible benefits.

palpation [palpasjɔ̃] *nf* palpation.

palpe [palp] *nm* palp, palpus.

palper [3] [palpe] *vt* -**1.** MÉD to palpate. -**2.** [tâter] to feel; ~ un tissu to finger a fabric. -**3.** *fam* [recevoir]: elle a palpé une belle somme she got a tidy sum.

palpeur [palpœr] *nm* sensor.

palpitant, e [palpitɑ̃, ɑ̃t] *adj* -**1.** [passionnant] thrilling, exciting, exhilarating. -**2.** [frémissant] quivering, trembling.
◆ **palpitant** *fam nm* heart, ticker.

palpitation [palpitasjɔ̃] *nf* -**1.** [du cœur, des artères] pounding; [des flancs] heaving; [des paupières] fluttering. -**2.** *litt* [frémissement] quivering, trembling.
◆ **palpitations** *nfpl* palpitations; avoir des ~s [une fois] to have (an attack of) palpitations; [souvent] to suffer from palpitations; descends de cette fenêtre, tu me donnes des ~s! get down from that window, you'll give me a heart attack!

palpiter [3] [palpite] *vi* -**1.** [artère] to throb; [paupière] to flutter; [flancs] to quiver, to heave; son cœur palpitait violemment PHYSIOL her heart was beating fast OU pounding; [d'émotion] her heart was pounding OU throbbing; sa poitrine palpitait her bosom was heaving. -**2.** *litt* [scintiller]: les flammes palpitaient dans la cheminée the flames were flickering in the fireplace.

palsambleu [palsɑ̃blø] *interj arch* gadzooks.

paltoquet *fam* [paltɔkɛ] *nm* -**1.** *vieilli* [rustre] boor, peasant. -**2.** [personne insignifiante] pipsqueak.

paluche *fam* [palyʃ] *nf* hand, paw, mitt.

paludarium [palydarjɔm] *nm* amphibian vivarium.

paludéen, enne [palydeɛ̃, ɛn] *adj* -**1.** MÉD malarial. -**2.** [des marais] marsh *(modif)*, paludal.

paludier, ère [palydje, ɛr] *nm, f* salt-marsh worker.

paludisme [palydism] *nm* malaria, paludism.

palustre [palystr] *adj* -**1.** MÉD malarial. -**2.** [des marais] marsh *(modif)*, paludal.

palynologie [palinɔlɔʒi] *nf* palynology.

pâmer [3] [pame]
◆ **se pâmer** *vpi litt* to swoon; se ~ de rire to be convulsed with laughter; se ~ devant qqn *hum* to swoon over sb; il se pâme devant les grands de 14 ans he's overawed by the 14-year-olds.

Pamir [pamir] *npr m*: le ~ the Pamirs.

pâmoison [pamwazɔ̃] *nf hum* swoon, fainting fit; tomber en ~ to swoon.

pampa [pɑ̃pa] *nf* pampas.

Pampelune [pɑ̃plyn] *npr* Pamplona.

pamphlet [pɑ̃flɛ] *nm* lampoon, squib.

pamphlétaire [pɑ̃fletɛr] ◇ *adj* [ton, esprit] pamphleteering.
◇ *nmf* lampoonist, pamphleteer.

pampille [pɑ̃pij] *nf* pendant.

pamplemousse [pɑ̃pləmus] *nm* OU *nf* grapefruit, pomelo *Am*.
pamplemoussier [pɑ̃pləmusje] *nm* grapefruit (tree).
pampre [pɑ̃pr] *nm* -**1.** BOT vine branch. -**2.** BX-ARTS pampre.
pan[1] [pɑ̃] *interj* [gifle] wham, whack; [coup de feu] bang.
pan[2] [pɑ̃] *nm* -**1.** [d'un vêtement] tail; [d'une nappe] fold. -**2.** CONSTR: ~ **de bois/fer** wood/metal framing; ~ **coupé/de verre** canted/plate-glass wall; **à ~s coupés** canted, with a cut-off corner ARCHIT; ~ **de mur** (face OU plain of a) wall. -**3.** [morceau] section, piece; **un ~ de ciel bleu** a patch of blue sky; **un ~ de ma vie a disparu avec lui** when he left, he took a piece of my life away with him; **des ~s entiers de la société** whole sections OU strata of society. -**4.** TECH side, face; **un écrou à six ~s** a six-sided nut.
Pan [pɑ̃] *npr* Pan.
panacée [panase] *nf* panacea.
panachage [panaʃaʒ] *nm* -**1.** [mélange] blend, blending, mixing. -**2.** POL *voting for candidates from different lists rather than for a list as a whole*.
panache [panaʃ] *nm* -**1.** [plume] plume, panache; ~ **de fumée** *fig* plume of smoke. -**2.** [brio] panache, style, verve; **avoir du ~** to have panache, to show great verve. -**3.** ARCHIT [ornement] panache, (ostrich) feather; [surface] pendentive.
panaché, e [panaʃe] *adj* [sélection] mixed; [fleurs] variegated; [glace] mixed-flavour; **un demi ~** a (lager) shandy.
◆ **panaché** *nm* (lager) shandy.
panacher [3] [panaʃe] *vt* -**1.** [mélanger] to blend, to mix. -**2.** POL: ~ **une liste électorale** *to vote for candidates from different lists rather than for a list as a whole*.
panachure [panaʃyr] *nf* -**1.** *litt* [coloration] variegation. -**2.** HORT variegation.
panade [panad] *nf* -**1.** CULIN bread soup. -**2.** *fam loc*: **être dans la ~** to be hard up.
panafricain, e [panafrikɛ̃, ɛn] *adj* Pan-African.
panafricanisme [panafrikanism] *nm* Pan-Africanism.
panais [panɛ] *nm* parsnip.
panama [panama] *nm* [chapeau] panama, Panama.
Panama [panama] ◇ *npr m* [pays]: **le ~** Panama; **au ~** in Panama; **le canal de ~** the Panama Canal; **l'isthme de ~** the Isthmus of Panama.
◇ *npr* [ville] Panama City; **à ~** in Panama City.
Paname *fam* [panam] *npr* Paris.
panaméen, enne [panameɛ̃, ɛn] *adj* Panamanian.
◆ **Panaméen, enne** *nm, f* Panamanian.
panaméricain, e [panamerikɛ̃, ɛn] *adj* Pan-American.
panaméricanisme [panamerikanism] *nm* PanAmericanism.
panamien, enne [panamjɛ̃, ɛn] = **panaméen**.
panarabisme [panarabism] *nm* Pan-Arabism.
panard, e [panar, ard] *adj* cow-hocked VETER, duck-footed.
◆ **panard**▽ *nm* foot; **t'as vu les ~s qu'il a?** have you seen the size of his feet?
panaris [panari] *nm* whitlow.
pan-bagnat [pɑ̃baɲa] (*pl* **pans-bagnats**) *nm* filled roll *(containing tomatoes, onions, green peppers, olives, tuna and anchovies and seasoned with olive oil)*.
pancarte [pɑ̃kart] *nf* sign, notice; **les manifestants ont levé leurs ~s** the demonstrators raised their placards.
panchen-lama [pɑ̃ʃɛnlama] (*pl* **panchen-lamas**) *nm* Panchen Lama.
panchromatique [pɑ̃krɔmatik] *adj* panchromatic.
pancréas [pɑ̃kreas] *nm* pancreas.
pancréatectomie [pɑ̃kreatɛktɔmi] *nf* pancreatectomy.
pancréatique [pɑ̃kreatik] *adj* pancreatic.
pancréatite [pɑ̃kreatit] *nf* pancreatitis.
panda [pɑ̃da] *nm* panda; **grand ~** giant panda.
pandanus [pɑ̃danys] *nm* pandanus.
pandémonium [pɑ̃demɔnjɔm] *nm litt* pandemonium.
pandit [pɑ̃dit] *nm* pandit.
pandore *fam* [pɑ̃dɔr] *nm vieilli* copper *Br*, cop *Am*.
Pandore [pɑ̃dɔr] *npr* Pandora; **la boîte de ~** Pandora's box.
pané, e [pane] *adj* breaded.
panégyrique [paneʒirik] *nm* panegyric, eulogy; **faire le ~ de qqn** to extol sb's virtues, to eulogize sb.
panégyriste [paneʒirist] *nmf* panegyrist.
panel [panɛl] *nm* -**1.** TV panel. -**2.** [échantillon] panel, sample group.
paner [3] [pane] *vt* to breadcrumb, to coat with breadcrumbs.
panetière [pantjɛr] *nf* bread box.
pangermanisme [pɑ̃ʒɛrmanism] *nm* Pan-Germanism.
pangermaniste [pɑ̃ʒɛrmanist] *adj* & *nmf* Pan-Germanist.
pangolin [pɑ̃gɔlɛ̃] *nm* pangolin.
panhellénique [panelenik] *adj* Panhellenic.
panhellénisme [panelenism] *nm* Panhellenism.
panic [panik] *nm* panic BOT.
panicaut [paniko] *nm*: ~ **champêtre** field eryngo; ~ **maritime** sea holly.
panicule [panikyl] *nf* panicle.
panier [panje] *nm* -**1.** [corbeille] basket; PÊCHE lobster pot; ~ **à linge/pain** linen/bread basket; ~ **à bouteilles** bottle case OU carrier; ~ **à couverts** cutlery basket; ~ **à diapositives** slide tray; ~ **à frites** chip basket *Br*, French fry basket *Am*; ~ **de manutention** handling basket; ~ **à provisions** shopping basket; ~ **à salade** *pr* salad shaker; *fig fam* Black Maria; **le dessus du ~** *fig* the top of the heap OU pile; **bon à mettre** OU **jeter au ~** fit for the bin *Br* OU trashcan *Am*; **ils sont tous à mettre dans le même ~** they're all much of a muchness; **être un (véritable) ~ percé** to be a (real) spendthrift; **mettre la main au ~ à qqn**▽ to goose sb; **c'est un (véritable) ~ de crabes** they're always at each other's throats. -**2.** [quantité]: **un ~ de** a basketful of. -**3.** SPORT basket; **réussir un ~** to score a basket. -**4.** ÉCON: ~ **de la ménagère** shopping basket; **la hausse du beurre se répercute sur le ~ de la ménagère** the increase in the price of butter makes a difference to the housekeeping bill; ~ **de monnaies** basket of currencies.
panière [panjɛr] *nf* (two-handled) wickerwork basket.
panier-repas [panjerəpa] (*pl* **paniers-repas**) *nm* packed lunch.
panifiable [panifjabl] *adj*: **farine ~** bread flour.
panification [panifikasjɔ̃] *nf* breadmaking.
panifier [9] [panifje] *vt* to make bread from.
paniquant, e [panikɑ̃, ɑ̃t] *adj* frightening, panic-inducing.
paniquard *fam* [panikar] *nm péj* scaredy cat.
panique [panik] ◇ *nf* [terreur] panic; **il s'est enfui, pris de ~** he ran away panic-stricken; **c'était la ~!** *fam* it was panic stations!; **pas de ~!** no need to OU there's no panic!
◇ *adj* panic; **envahi par une peur ~** overcome by panic.
paniquer [3] [panike] ◇ *vt* [angoisser] to (throw into a) panic; **l'approche des examens le panique** he's starting to panic as the exams get nearer.
◇ *vi* to panic; **elle n'a pas paniqué** she didn't lose her head OU didn't panic.
◆ **se paniquer** *vpi* to panic; **ne nous paniquons pas, nous avons tout le temps** let's not panic, we've got plenty of time.
panislamique [panislamik] *adj* Pan-Islamic.
panislamisme [panislamism] *nm* Pan-Islamism.
panjabi [pɑ̃dʒabi] *nm* LING Punjabi.
panne [pan] *nf* -**1.** [de voiture] breakdown; **vous êtes à l'étranger et soudain c'est la ~, que faites-vous?** suppose you're abroad and you suddenly break down, what do you do? ❑ ~ **d'électricité** OU **de courant** power cut OU failure; ~ **de secteur** local mains failure; **faire à qqn le coup de la ~** *fam* to come the old breakdown routine with sb. -**2.** TEXT panne. -**3.** [d'un cochon] pig's fat OU lard. -**4.** [d'un marteau] peen; [d'un bâtiment] purlin, purline; ~ **intermédiaire** OU **courante** middle purlin. -**5.** THÉÂT bit part.
◆ **en panne** ◇ *loc adj*: **des automobilistes en ~** drivers whose cars have broken down; '**en ~**' 'out of order'; **la machine/voiture est en ~** the machine/car has broken down; **je suis en ~ de poivre/d'idées** *fig* I've run out of OU I'm out of pepper/ideas.
◇ *loc adv*: **mettre un voilier en ~** to heave a sailing ship to; **tomber en ~**: **la machine est tombée en ~** the machine has broken down; **je suis tombé en ~ d'essence** OU **sèche** *fam* I've run out of petrol.
panneau, x [pano] *nm* -**1.** [pancarte] sign; **on a mis un ~ à l'entrée de l'usine** they've put up a sign at the factory gate ❑ ~ **d'affichage** notice board; [publicitaire] hoarding *Br*, billboard *Am*; ~ **électoral** election hoardings *Br* OU billboards *Am*; ~ **indicateur** signpost; ~ **de signalisation** roadsign. -**2.** [plaque] panel; **un ~ de contre-plaqué** a piece OU panel of plywood; ~ **de particules** chipboard ❑ ~ **solaire** solar panel. -**3.** BX-ARTS panel. -**4.** COUT panel; **une jupe à trois ~x** a three-panelled skirt. -**5.** CHASSE (game) net; **tomber** OU **donner dans le ~** to fall into the trap. -**6.** HORT (cold) frame. -**7.** MIN distric. -**8.** NAUT hatch (cover).
panneau-réclame [panoreklam] (*pl* **panneaux-réclame**) *nm* hoarding *Br*, billboard *Am*.
panneton [pantɔ̃] *nm* bit, web *(of a key)*.
panonceau, x [panɔ̃so] *nm* [plaque] plaque, sign; [écriteau] sign; ~ **publicitaire** advert *Br*, advertisement.
panoplie [panɔpli] *nf* -**1.** [ensemble d'instruments] (complete) set; **la ~ du bricoleur** do-it-yourself equipment OU kit. -**2.** JEUX outfit; **une ~ de Zorro/d'infirmière** a Zorro/nurse's outfit. -**3.** *fig*: **une ~ de mesures contre les chauffards** a full array of measures against dangerous drivers. -**4.** HIST [armure complète] panoply.
panoptique [panɔptik] ◇ *adj* panoptic, panoptical.
◇ *nm* panopticon.
panorama [panɔrama] *nm* -**1.** [vue] panorama, view; **après quelques heures de marche, je découvris un splendide ~** after several hours' walking, I came to a place with a splendid view. -**2.** *fig* [vue d'ensemble] survey, overview; **pour terminer ce ~ de l'actualité musicale** to end this roundup of current musical events. -**3.** BX-ARTS panorama.
panoramique [panɔramik] ◇ *adj* panoramic; **car ~** bus with panoramic windows; **écran ~** panoramic screen.
◇ *nm* CIN panoramic shot.
panosse [panɔs] *nf Helv* mop.
panosser [3] [panɔse] *vt Helv* to mop.
pansage [pɑ̃saʒ] *nm* grooming.
panse [pɑ̃s] *nf* -**1.** ZOOL paunch, rumen. -**2.** *fam* [d'une personne] paunch, belly; **s'en mettre plein** OU **se remplir la ~** to make a pig of o.s., to stuff one's face. -**3.** [d'un vase] belly.
pansement [pɑ̃smɑ̃] *nm* [action] dressing; [objet] dressing, bandage; **il lui a fait un ~ à la jambe** he bandaged her leg; **couvert de ~s** bandaged up ❑ ~ **adhésif** (sticking) plaster *Br*, Elastoplast® *Br*, Band Aid® *Am*.
panser [3] [pɑ̃se] *vt* -**1.** MÉD to dress (and bandage); ~ **une blessure** to dress OU to put a dressing on a wound; ~ **un bras** to bandage an arm; **le temps panse tous les maux** *fig* time is

a great healer; ~ les plaies de qqn to tend sb's wounds. -2. [toiletter - animal] to groom.

panslave [pɑ̃slav] *adj* Pan-Slavic.

panslavisme [pɑ̃slavism] *nm* Pan-Slavism.

panslaviste [pɑ̃slavist] ◇ *adj* Pan-Slavic, Pan-Slav *(avant n)*.
◇ *nmf* Pan-Slavist.

pansu, e [pɑ̃sy] *adj* -1. *fam* [ventripotent] paunchy, potbellied. -2. [renflé - cruche, bouteille] potbellied.

pantagruélique [pɑ̃tagryelik] *adj* Pantagruelian; **avoir un appétit ~** to have an enormous appetite; **faire un repas ~** to have a gargantuan meal.

pantalon [pɑ̃talɔ̃] *nm* (pair of) trousers *Br* OU pants *Am*; **mon ~** my trousers; **deux ~s** two pairs of trousers; **~ bouffant** (pair of) baggy trousers; **~ de golf** (pair of) plus fours; **~ de pyjama** pyjama trousers OU bottoms.

pantalonnade [pɑ̃talɔnad] *nf* -1. [hypocrisie] hypocrisy *(U)*, cant *(U)*, pretence *(U)*. -2. THÉÂT (second-rate) farce.

pantelant, e [pɑ̃tlɑ̃, ɑ̃t] *adj* panting, gasping for breath; **être ~ de terreur** *litt* to be panting OU gasping with terror.

pantenne [pɑ̃tɛn] *nf* NAUT: **en ~** in disorder.

panthéisme [pɑ̃teism] *nm* pantheism.

panthéiste [pɑ̃teist] ◇ *adj* pantheistic.
◇ *nmf* pantheist.

panthéon [pɑ̃teɔ̃] *nm* -1. ANTIQ & RELIG pantheon; **le Panthéon** the Pantheon. -2. *fig* pantheon, hall of fame; **je le place au ~ des accordéonistes** I consider him to be one of the greatest accordion players of all time.

panthère [pɑ̃tɛr] *nf* -1. ZOOL panther; **~ des neiges** snow leopard. -2. [fourrure] leopard (skin). -3. POL: **les Panthères noires** the Black Panthers.

pantière [pɑ̃tjɛr] *nf* net (for catching birds).

pantin [pɑ̃tɛ̃] *nm* -1. [jouet] jumping jack. -2. [fantoche] puppet; **n'être qu'un ~ entre les mains de qqn** to be sb's puppet.

pantois, e [pɑ̃twa, az] *adj* speechless; **elle en est restée ~e** it left her speechless.

pantomime [pɑ̃tɔmim] *nf* -1. [jeu de mime] mime; THÉÂT [pièce] mime show. -2. *péj* [mimique] scene, fuss.

pantouflage *fam* [pɑ̃tuflaʒ] *nm* *leaving a civil service post to work in the private sector.*

pantouflard, e *fam* [pɑ̃tuflar, ard] *nm, f* homebody, stay-at-home (type).

pantoufle [pɑ̃tufl] *nf* slipper; **être en ~s** to be in one's slippers.

pantoufler *fam* [3] [pɑ̃tufle] *vi to leave a civil service post and work for the private sector.*

panty [pɑ̃ti] (*pl* **panties** [pɑ̃tiz]) *nm vieilli* pantie girdle.

panure [panyr] *nf* ≃ breadcrumbs *(for coating)*.

Panurge [panyrʒ] *npr* → **mouton**.

panzer [pɑ̃dzɛr] *nm* panzer.

PAO (*abr de* **publication assistée par ordinateur**) *nf* DTP.

paon [pɑ̃] *nm* -1. ORNITH peacock; **fier** OU **orgueilleux** OU **vaniteux comme un ~** (as) proud as a peacock; **faire le ~** to strut (like a peacock). -2. ENTOM: **~ de jour** peacock; **~ de nuit** giant peacock moth.

paonne [pan] *nf* peahen.

papa [papa] *nm* -1. [père] dad, daddy; **c'est un ~ gâteau** *fam* he's a soft touch with his children; **jouer au ~ et à la maman** to play mummies and daddies. -2. *fam* [homme d'un certain âge]: **alors, ~, tu traverses?** *fam* come on, grandad, get across!

◆ **à la papa** *fam loc adv* [tranquillement] in a leisurely way; **conduire à la ~** to drive at a snail's pace.

◆ **à papa** *fam loc adj*: **c'est un fils/une fille à ~** he's/she's got a rich daddy.

◆ **de papa** *fam loc adj* old-fashioned.

papable *fam* [papabl] *adj*: **être ~** to be a likely candidate for the papacy.

papaïne [papain] *nf* papain.

papal, e, aux [papal, o] *adj* papal.

paparazzi [paparadzi] *nm péj* paparazzo.

papas [papas] *nm* papas.

papauté [papote] *nf* papacy.

papavéracée [papaverase] *nf* member of the papaveraceae *spéc* OU of the poppy family.

papavérine [papaverin] *nf* papaverine.

papaye [papaj] *nf* papaya, pawpaw.

papayer [papaje] *nm* papaya (tree).

pape [pap] *nm* -1. RELIG pope. -2. [chef de file] high priest, guru *fig*.

Papeete [papɛt] *npr* Papeete.

papelard[1] *fam* [paplar] *nm* -1. [bout de papier] scrap of paper. -2. PRESSE article, piece; **il a écrit un ~ sur la corruption** he wrote a piece on corruption.

papelard[2], **e** [paplar, ard] *adj litt* unctuous, smooth-tongued.

papelardise [paplardiz] *nf litt* unctuousness.

paperasse [papras] *nf péj* papers, bumf *Br*; **je n'ai pas le temps de remplir toute cette ~** I don't have the time to fill up all these forms.

paperasserie [paprasri] *nf péj* -1. [formulaires] paperwork; **toute cette ~ va sûrement retarder le projet** all this red tape is bound to delay the project. -2. [amoncellement] papers.

paperassier, ère [paprasje, ɛr] *péj* ◇ *adj* [personne] bureaucratic.
◇ *nm, f* bureaucrat, penpusher *péj*.

papesse [papɛs] *nf* female pope; **la ~ Jeanne** Pope Joan.

papet [papɛ] *nm Helv Swiss dish made with potatoes, leeks and sausages.*

papeterie [papɛtri] *nf* -1. [boutique] stationer's shop. -2. [matériel] stationery. -3. [usine] paper mill. -4. COMM stationery trade.

papetier, ère [paptje, ɛr] ◇ *adj* paper *(modif)*, stationery *(modif)*.
◇ *nm, f* -1. COMM stationer. -2. INDUST papermaker.

papi *fam* [papi] = **papy**.

papier [papje] *nm* -1. [matière] paper; **barbouiller** OU **noircir du ~** *fig* to fill page after page; **toujours à gratter** OU **noircir du ~** always scribbling something or other; **sur le ~** on paper; **sur le ~, le projet paraît réalisable** on paper, the project seems feasible; **jeter qqch sur le ~** to jot sthg down ❑ **~ en accordéon** fanfold OU Z-fold *Am* paper; **~ d'aluminium** aluminium foil; **~ d'Arménie** incense paper; **~ bible** bible paper, Oxford India paper; **~ brouillon** rough paper; **~ buvard** blotting paper; **~ carbone** carbon (paper); **~ à cigarette** cigarette paper; **~ collant** [plastifié] adhesive tape; [brun] gummed paper OU strip; **~ en continu** continuous stationery; **~ couché** art paper; **~ crépon** crêpe paper; **~ d'emballage** (brown) wrapping paper; **~ à en-tête** headed paper OU notepaper; **~ d'étain** tinfoil; **~ glacé** glazed paper; **~ huilé** oil-paper; **~ hygiénique** toilet paper; **~ journal** newspaper, newsprint; **~ kraft** kraft paper; **~ à lettres** writing paper; **sur ~ libre: le contrat a été rédigé sur ~ libre** the contract was drawn up on a sheet of plain paper; **envoyer une lettre sur ~ libre** apply in writing; **~ mâché** papier-mâché; **~ machine** typing paper; **~ millimétré** graph paper; **~ ministre** document OU official paper; **~ à musique** music paper; **~ paraffiné** wax paper; **~ peint** wallpaper; **~ pelure** onion skin (paper); **~ photographique** photographic paper; **~ quadrillé** squared paper; **~ en rouleau** web OU reel paper; **~ de soie** tissue paper; **~ sulfurisé** greaseproof OU sulphurized *spéc* paper; **~ timbré** stamped paper *(for official use)*; **~ de tournesol** litmus paper; **~ de verre** sandpaper; **~ vélin** wove *Br* OU vellum paper. -2. [morceau] piece of paper; [page] sheet of paper, piece of paper; **as-tu un ~ et un crayon?** do you have a piece of paper and a pencil? ❑ **~ collé** BX-ARTS papier collé; **être dans les petits ~s de qqn** to be in sb's good books; **je ne suis plus dans ses petits ~s** I'm no longer in her good books. -3. PRESSE article, piece; **faire un ~ sur** to do a piece OU an article on. -4. ADMIN papers; **les ~s du véhicule, s'il vous plaît** may I see your logbook *Br* OU (vehicle) registration papers, please? ❑ **~s (d'identité)** (identity) papers; **vous avez des ~s d'identité?** do you have any identity papers?; **faux ~s** false OU forged papers. -5. BANQUE: **~ de commerce** commercial paper; **~ commercial** commercial bill; **~ financier** OU **de crédit** bank credit note.

◆ **de papier, en papier** *loc adj* paper *(modif)*; **lanterne en ~** paper lantern.

◆ **papiers gras** *nmpl* litter.

papier-calque [papjekalk] (*pl* **papiers-calques**) *nm* tracing paper.

papier-émeri [papjeemri] (*pl* **papiers-émeri**) *nm* emery paper.

papier-filtre [papjefiltr] (*pl* **papiers-filtres**) *nm* filter paper.

papier-monnaie [papjemɔnɛ] (*pl* **papiers-monnaies**) *nm* paper money.

papilionacé, e [papiljɔnase] *adj* papilionaceous BOT.

◆ **papilionacée** *nf* member of the Papilionaceae.

papillaire [papilɛr] *adj* papillary, papillate.

papille [papij] *nf* papilla; **~s gustatives** taste buds; **~ optique** optic disk, blind spot.

papilleux, euse [papijø, øz] *adj* papillose.

papillome [papilom] *nm* papilloma.

papillon [papijɔ̃] *nm* -1. ENTOM butterfly; **~ de nuit** moth; **~s noirs** *fig* gloomy thoughts; **pour chasser tes ~s noirs** to cheer you up. -2. *fam* [contravention] (parking) ticket. -3. *fam* [esprit volage]: **c'est un (vrai) ~** he's fickle. -4. TECH [écrou] butterfly OU wing nut; [obturateur, clapet] butterfly valve. -5. SPORT butterfly (stroke).

papillonnage [papijɔnaʒ] = **papillonnement**.

papillonnant, e [papijɔnɑ̃, ɑ̃t] *adj* -1. [versatile, instable - esprit] flighty, inattentive. -2. ZOOL fluttering.

papillonnement [papijɔnmɑ̃] *nm* -1. [versatilité, inconstance] flightiness, inattentiveness. -2. [volettement] fluttering.

papillonner [3] [papijɔne] *vi* -1. [voltiger] to flit OU to flutter about. -2. [être volage] to behave in a fickle manner. -3. [être inattentif] to be inattentive; **son esprit papillonne** he can't keep his mind on things.

papillonneur, euse [papijɔnœr, øz] *nm, f* butterfly swimmer.

papillotage [papijɔtaʒ] *nm* -1. [des yeux] blinking; [d'une lumière, d'un reflet] flickering, dancing; [des paupières] fluttering. -2. IMPR mackling, slurring.

papillotant, e [papijɔtɑ̃, ɑ̃t] *adj* -1. [qui cligne - œil] blinking; [- paupière] fluttering. -2. [scintillant - lumière, reflet] flickering, dancing, flashing.

papillote [papijɔt] *nf* -1. [bigoudi] curlpaper. -2. CULIN [pour gigot] frill; **en ~s** en papillote *(cooked in foil or paper parcels)*.

papillotement [papijɔtmɑ̃] *nm* -1. [clignement - des yeux] blinking; [- des paupières] fluttering. -2. [scintillement - d'une lumière, d'un reflet] flickering, flashing, dancing. -3. CIN & TV flicker.

papilloter [3] [papijɔte] ◇ *vi* -1. [œil] to blink; [paupière] to flicker, to flutter. -2. [lumière, reflet] to flicker, to flash, to dance.
◇ *vt* CULIN [dans du papier] to wrap in buttered paper; [dans de l'aluminium] to wrap in foil.

papisme [papism] *nm* papism.

papiste [papist] ◇ *adj* papist.
◇ *nmf* papist.

papotage [papɔtaʒ] *nm* [action] chattering, nattering *Br*; [discussion] chatter, chit-chat, natter *Br*.

papoter [3] [papɔte] *vi* to chatter, to have a chinwag; **j'adore ~** I love a good old natter *Br* OU gab *Am*.

papou, e [papu] *adj* Papuan.

◆ **Papou, e** *nm, f* Papuan.

Papouasie [papwazi] *npr f*: **(la) ~** Papua.

Papouasie-Nouvelle-Guinée [papwazinuvɛlgine] *npr f*: (la) ~ Papua New Guinea.

papouille *fam* [papuj] *nf* tickle; faire des ~s à un bébé to give a baby a little tickle.

paprika [paprika] *nm* paprika.

papule [papyl] *nf* papule.

papy *fam* [papi] *nm* grandad.

papyrologie [papirɔlɔʒi] *nf* papyrology.

papyrologue [papirɔlɔg] *nmf* papyrologist.

papyrus [papirys] *nm* ARCHÉOL & BOT papyrus.

Pâque [pak] *nf*: la ~ Passover, Pesach.

paquebot [pakbo] *nm* liner.

pâquerette [pakrɛt] *nf* daisy.

Pâques [pak] *nm* Easter; **à ~ ou à la Trinité** never in a month of Sundays; **faire ~ avant les Rameaux** *fam vieilli to get pregnant before getting married*.

◆ **pâques** *nfpl*: **joyeuses pâques** Happy Easter; **faire ses pâques** to take communion (at Easter) ❑ **pâques fleuries** Palm Sunday.

LES CLOCHES DE PÂQUES:

In France, Easter is traditionally symbolized not only by eggs but also by bells; according to legend, church bells fly to Rome at Easter.

---

paquet [pakɛ] *nm* -**1.** [colis, ballot] parcel, package; **faire un ~ de vieux journaux** to make up a bundle of old newspapers. -**2.** COMM [marchandise emballée]: **un ~ de sucre/de farine** a bag of sugar/flour; **un ~ de cigarettes** a packet *Br* OU a pack *Am* (of cigarettes) ❑ **~-cadeau** gift-wrapped purchase; **je vous fais un ~-cadeau?** shall I gift-wrap it for you? -**3.** [valise] bag; **mets tes ~s là** put your bags down here; **faire ses ~s** to pack one's bags. -**4.** *fam* [quantité importante]: **il y a un ~ d'erreurs dans ce texte** this text is full of mistakes, there are loads of mistakes in this text ❑ **mettre le ~: j'ai mis (tout) le ~** *fig* I gave it all I've got; **toucher le ~** to make a packet OU mint OU pile. -**5.** [masse]: **les manifestants arrivent par petits ~s** the demonstrators are arriving in clusters OU in small groups; **j'ai reçu un ~ de neige sur la tête** a lump of snow fell on my head ❑ **un ~ de mer** NAUT a big wave; **sa mère est un ~ de nerfs** her mother's a bundle OU bag of nerves. -**6.** SPORT: ~ (d'avants) pack. -**7.** INF packet.

paquetage [paktaʒ] *nm* MIL kit, pack; **ils font leur ~** they're getting their kits ready.

paqueteur, euse [paktœr, øz] *nm, f* packer.

paquet-poste [pakɛpɔst] (*pl* **paquets-poste**) *nm* mail parcel.

par¹ [par] *nm* [au golf] par.

par² [par] *prép* -**1.** [indiquant la direction, le parcours] by; [en traversant un lieu] through; **il est entré ~ la porte de derrière** he came in by the back door; **il est arrivé ~ la route** he came by road; **sors ~ la fenêtre** go out by OU through the window; **il est arrivé ~ la gauche/~ la droite/~ le nord** he arrived from the left/the right/the north; **faut-il passer ~ Paris?** do we have to go through OU via Paris?; **il est passé ~ la maison avant de ressortir** he dropped in before going off again; **il allait ~ les rues** he was walking through the streets; **la nouvelle s'est répandue ~ la ville** the news spread throughout the town ‖ [indiquant la position]: **elle est assise ~ terre** she's sitting on the ground; **la neige avait fondu ~ endroits** the snow had melted in places; **~ 45° de latitude nord** NAUT lying at a latitude of 45° north; **~ 10 brasses d'eau** NAUT in 10 fathoms of water; **~ babord avant/arrière** NAUT on the port bow/stern. -**2.** [pendant]: **~ un beau jour d'été** on a fine summer's day; **~ une belle matinée de septembre** on a fine morning in September; **~ grand froid/grosse chaleur** in extreme cold/intense heat; **~ le passé** in the past; **~ moments** at times, from time to time; **~ les temps qui courent** these days; **~ deux fois** twice; **~ trois fois** three times, thrice *litt*. -**3.** [indiquant le moyen, la manière] by; **prends le couteau ~ le manche** take the knife by the handle; **tenir qqn ~ la taille** to hold sb by the waist; **attraper qqn ~ les cheveux** to grab sb by the hair; **les lettres sont classées ~ ordre d'arrivée** the letters are filed in order of arrival; **envoyer qqch ~ avion/telex** to send sthg by airmail/telex; **~ air/terre/mer** by air/land/sea; **voyager ~ bateau/le train** to travel by boat/train; **voyager ~ avion** to travel by plane, to fly; **je l'ai appris ~ la radio** I heard it on the radio; **nous sommes arrivés à ce résultat ~ une équation** we obtained this result by (means of) an equation; **répondre ~ oui ou ~ non/~ la négative** to answer yes or no/in the negative; **obtenir qqch ~ la force/la douceur** to obtain sthg by force/through kindness; **être avec qqn ~ la pensée** to be with sb in one's thoughts. -**4.** [indiquant la cause, l'origine]: **faire qqch ~ habitude/caprice/plaisir/paresse** to do sthg out of habit/on a whim/for the pleasure of it/out of laziness; **il n'a pas répondu ~ négligence/manque de temps** he didn't answer out of carelessness/because he didn't have the time; **différer ~ ses habitudes** to differ in one's habits; **je l'ai rencontré ~ hasard** I met him by chance; **je le sais ~ expérience** I know it from experience; **fidèle ~ devoir** faithful out of duty; **ponctuelle ~ habitude** punctual by OU out of habit; **nous sommes cousins ~ ma mère** we're cousins on my mother's side (of the family); **une tante ~ alliance** an aunt by marriage. -**5.** [introduisant le complément d'agent] by; **les récoltes ont été dévastées ~ la grêle** the crops were ruined by the hail; **la maison a été achetée ~ des étrangers** the house has been bought by foreigners; **le logiciel est protégé ~ un code** the software is protected by OU with a code; **faire faire qqch ~ qqn** to have sthg done by sb; **je l'ai découvert ~ son intermédiaire** I discovered it through him/her; **je l'ai appris ~ elle** I heard it from her, I learned of it through her; **ils veulent le faire ~ eux-mêmes** they want to do it by OU for themselves; **elles se sont rencontrées ~ son intermédiaire** they met through him/her; **les deux appareils sont reliés ~ un fil** the two devices are connected by a wire; **le «Discours de la méthode», ~ Descartes** the "Discourse on Method" by Descartes. -**6.** [emploi distributif]: **une heure ~ jour** one hour a OU per day; **faire trois repas ~ jour** to eat three meals a OU per day; **1 000 francs ~ personne** 1,000 francs per person; **une fois ~ an** once a year; **heure ~ heure** hour by hour; **mettez-vous deux ~ deux** line up in twos; **ils arrivaient ~ petits groupes/centaines** they arrived in small groups/in their hundreds. -**7.** [avec les verbes 'commencer' et 'finir']: **ça finira ~ arriver/~ ressembler à quelque chose** it will end up happening/looking like something; **commence ~ travailler** start (off) by working; **il a fini ~ avouer** he eventually owned up; **le concert débuta ~ une sonate de Mozart** the concert opened with a sonata by Mozart; **notre programme se terminera ~ les informations à 23 h 40** our programmes for the evening will end with the news at 11.40.

◆ **de par** *loc prép* -**1.** [par l'ordre de]: **de ~ la loi** according to the law; **de ~ le roi** in the name of the king. -**2.** *litt* [dans l'espace] throughout; **de ~ le monde** all over OU throughout the world. -**3.** [du fait de] by virtue of; **de ~ son éducation, il est tout à fait à l'aise dans ce milieu** by virtue of his upbringing, he is perfectly at ease in this environment.

◆ **par-ci par-là** *loc adv* -**1.** [dans l'espace] here and there; **des livres traînaient ~-ci ~-là** books were lying around here and there. -**2.** [dans le temps] now and then, from time to time, every now and then OU again. -**3.** [marquant la répétition]: **avec lui, c'est mon yacht ~-ci, mon avion personnel ~-là** it's my yacht this, my plane that, all the time with him.

para *fam* [para] (*abr de* **parachutiste**) *nm* para.

para- [para] *préf* -**1.** [en marge de] para-. -**2.** [qui protège] para-, anti-. -**3.** CHIM para-.

parabole [parabɔl] *nf* -**1.** LITTÉRAT & RELIG parable. -**2.** MATH parabola.

parabolique [parabɔlik] *adj* -**1.** LITTÉRAT & RELIG parabolic, parabolical. -**2.** MATH parabolic.

paraboliquement [parabɔlikmɑ̃] *adv* parabolically.

paraboloïde [parabɔlɔid] *nm* paraboloid.

paracentèse [parasɛ̃tɛz] *nf* paracentesis *spéc*, tapping.

paracétamol [parasetamɔl] *nm* paracetamol.

parachèvement [paraʃɛvmɑ̃] *nm sout* [action] completion; [résultat] crowning.

parachever [19] [paraʃve] *vt sout* to complete; **~ un travail** to complete a piece of work; **~ un tableau** to put finishing touches to a painting.

parachronisme [parakrɔnism] *nm* parachronism.

parachutage [paraʃytaʒ] *nm* -**1.** MIL & SPORT parachuting. -**2.** *fam* POL *bringing in a candidate from outside the constituency*.

parachute [paraʃyt] *nm* parachute; **sans ~** *fig* without a parachute OU a safety-net ❑ **~ ascensionnel** parascending; **~ dorsal** backpack parachute; **~ extracteur** pilot chute; **~ à rubans** ring slot parachute; **~ à tuyères** ribbon parachute; **~ du type «aile»** parasheet; **~ ventral** lap-pack OU chest-pack parachute.

parachuter [3] [paraʃyte] *vt* -**1.** MIL & SPORT to parachute. -**2.** *fam* POL to bring in from outside the constituency; **ils l'ont parachuté directeur dans une succursale** ADMIN he was unexpectedly given the job of branch manager.

parachutisme [paraʃytism] *nm* parachuting; **faire du ~** to go parachuting ❑ **~ ascensionnel** parascending; **~ en chute libre** free-fall parachuting.

parachutiste [paraʃytist] ◇ *nm* -**1.** LOISIRS & SPORT parachutist. -**2.** MIL paratrooper.
◇ *adj*: **troupes ~s** paratroops.

parade [parad] *nf* -**1.** [défilé] parade; **la grande ~ du cirque** the grand finale (at the circus); **faire ~ de** [faire étalage de]: **faire ~ de ses connaissances** to show off OU to parade OU to display one's knowledge. -**2.** ZOOL (courtship) display. -**3.** BOXE parry; ESCRIME parade, parry; ÉQUIT checking; FTBL save. -**4.** [riposte] retort, reply, riposte; **nous devons trouver la ~** we must find a way of counterattacking.

◆ **de parade** *loc adj litt* -**1.** [ornemental] ceremonial. -**2.** [feint]: **une amabilité de ~** an outward show of friendliness.

parader [3] [parade] *vi* -**1.** [troupes] to parade. -**2.** ÉQUIT to execute a dressage. -**3.** [personne] to show off, to pose, to strut about.

paradeur, euse [paradœr, øz] *nm, f* poser, poseur.

paradigmatique [paradigmatik] *adj* paradigmatic.

paradigme [paradigm] *nm* paradigm.

paradis [paradi] *nm* -**1.** RELIG paradise, heaven; **ce petit village est un véritable ~** this little village is heaven on earth OU paradise; **aller au ~** to go to heaven ❑ **les ~ artificiels** drug-induced euphoria; **~ fiscal** tax haven; **le Paradis terrestre** the Garden of Eden OU Earthly Paradise; **'le Paradis perdu'** *Milton* 'Paradise Lost'. -**2.** THÉÂT: **le ~** the gods *Br*, the (top) gallery.

paradisiaque [paradizjak] *adj* heavenly, paradisal, paradisiacal.

paradisier [paradizje] *nm* bird of paradise.

paradoxal, e, aux [paradɔksal, o] *adj* -**1.** [contradictoire] paradoxical; **c'est une situation ~e** it's a paradoxical situation; **il a l'esprit ~** he's got a perverse way of looking at things. -**2.** [déconcertant] unexpected, paradoxical; **sa présence parmi eux était ~e** it was surprising to find her among them. -**3.** MÉD paradoxical.

paradoxalement [paradɔksalmɑ̃] *adv* paradoxically.

paradoxe [paradɔks] *nm* paradox.

parafe [paraf] = **paraphe**.

parafer [parafe] = **parapher**.

parafeur [parafœr] = **parapheur**.

paraffinage [parafinaʒ] *nm* paraffining.
paraffine [parafin] *nf* paraffin OU paraffine (wax); mettre de la ~ sur des confitures to seal jam jars with (paraffin) wax.
paraffiner [3] [parafine] *vt* to paraffin.
parafiscal, e, aux [parafiskal, o] *adj* parafiscal.
parafiscalité [parafiskalite] *nf* parafiscal measures.
parafoudre [parafudr] *nm* lightning conductor.
parage [paraʒ] *nm* CULIN & MÉD dressing.
parages [paraʒ] *nmpl* -**1.** [environs] area, surroundings; **il habite dans les ~** he lives around here somewhere. -**2.** NAUT waters.
paragraphe [paragraf] *nm* -**1.** [passage] paragraph. -**2.** [signe typographique] paragraph (sign), par.
paragrêle [paragrɛl] ◇ *nm* anti-hail device.
◇ *adj* anti-hail.
Paraguay [paragɥɛj] *npr m*: **le ~** Paraguay; **au ~** in Paraguay.
paraguayen, enne [paragwejɛ̃, ɛn] *adj* Paraguayan.
◆ **Paraguayen, enne** *nm, f* Paraguayan.
paraison [parɛzɔ̃] *nf* [masse de verre] parison.
paraître[1] [parɛtr] *nm sout*: **le ~** appearance, appearances.
paraître[2] [91] [parɛtr] ◇ *vi* -**1.** [se montrer - soleil] to appear, to come out; [- émotion] to show; [- personne attendue] to appear, to turn up; [- dignitaire, prince] to appear, to make a public appearance; [- acteur] to appear; **il n'a pas paru au bureau depuis huit jours** he hasn't turned up OU appeared at the office for a week now; **laisser ~ son émotion** to let one's emotion show. -**2.** [figurer] to appear; **l'usine nous appartient, mais notre logo n'y paraît pas** the factory belongs to us, but our logo isn't (displayed) on it. -**3.** [être publié - livre] to be published, to come out, to appear; **faire ~ une petite annonce dans un journal** to put an advertisement in a paper; **'vient de ~'** 'just published'. -**4.** [sembler] to appear, to seem, to look; **il ne paraît pas très à l'aise dans son costume** he doesn't seem (to be) very comfortable in his suit; **~ plus jeune que l'on n'est** to seem OU to look OU to appear younger than one is; **il paraît moins fatigué qu'hier** he appears to be less tired than yesterday; **il parut céder** he looked as though he was giving in; **paraît-il** apparently, seemingly; **tu as retrouvé du travail, paraît-il** I hear you've got a new job. -**5.** [se donner en spectacle] to show off; **il cherche toujours à ~** he's always showing off.
◇ *vt*: **75 ans? vous ne les paraissez pas** 75 years old? you don't look it.
◇ *v impers*: **ça ne paraît pas (mais...)** [ça ne se voit pas] it doesn't look like it (but...); **elle a 50 ans, ça ne paraît pas** she doesn't look 50, does she?; **il n'y paraît pas** it doesn't show; **il n'y paraît pas, mais le plancher est mouillé** it doesn't look like it, but the floor is wet; **dans une semaine il n'y paraîtra plus** in a week it won't show any more; **je tâche de l'aider sans qu'il y paraisse** I try to help him without letting it show; **il me paraît préférable de se décider maintenant** I think it's better OU it seems better to make up our minds now; **vous êtes renvoyé? — il paraît** have you been fired? — it looks like it OU so it seems; **il paraît que...** I've heard (that)..., it would seem (that)...; **il paraîtrait qu'il a trois enfants** it would seem OU appear (that) he's got three children; **paraît que tu vas te marier!** I hear you're getting married?
◆ **à ce qu'il paraît** *loc adv* apparently.
paralittéraire [paraliterɛr] *adj*: **les productions ~s** minor literary works.
paralittérature [paraliteratyr] *nf* literature with a small "l", minor literary works.
parallactique [paralaktik] *adj* parallactic.
parallaxe [paralaks] *nf* ASTRON, GÉOM & PHOT parallax.
parallèle [paralɛl] ◇ *adj* -**1.** GÉOM, SPORT & INF parallel; **les deux droites sont ~s** the two lines are parallel; **la droite AB est ~ à la droite CD** line AB is parallel to line CD. -**2.** [comparable - données, résultats] parallel, comparable, similar; **nous avons eu des carrières ~s** we had similar careers. -**3.** [non officiel - festival] unofficial, fringe *(modif)*; [- marché, transaction] unofficial; [- police] unofficial, secret; **mener une vie ~** to live a double life.
◇ *nm* -**1.** ASTRON & GÉOG parallel; **~ de latitude** parallel of latitude. -**2.** [comparaison] parallel; **établir un ~ entre deux phénomènes** to draw a parallel between two phenomena. -**3.** *fam* SPORT parallel turning OU skiing.
◇ *nf* GÉOM parallel (line).
◆ **en parallèle** *loc adv* -**1.** **mettre deux faits en ~** to draw a parallel between OU to compare two facts. -**2.** INF (in) parallel. -**3.** ÉLECTR in parallel.
parallèlement [paralɛlmɑ̃] *adv* -**1.** GÉOM in a parallel to. -**2.** SPORT: **skier ~** to do parallel turns. -**3.** [simultanément]: **~ à** at the same time as; **~ à mon cours de danse, je donne aussi un cours de musique** I teach music as well as dance.
parallélépipède [paralelepipɛd] *nm* parallelepiped.
parallélépipédique [paralelepipedik] *adj* parallelepipedal.
parallélisme [paralelism] *nm* -**1.** GÉOM parallelism. -**2.** AUT wheel alignment. -**3.** SPORT parallel turning OU skiing. -**4.** [concordance] parallel, concordance; **établir un ~ entre deux faits** to draw a parallel between two facts.
parallélogramme [paralelɔgram] *nm* -**1.** GÉOM parallelogram. -**2.** AUT: **~ de Watt** Watt governor.
paralogique [paralɔʒik] *adj* paralogic, paralogical.
paralogisme [paralɔʒism] *nm* paralogism.
paralysant, e [paralizɑ̃, ɑ̃t] *adj pr* & *fig* paralysing.
paralysé, e [paralize] ◇ *adj* paralysed; **elle a le bras droit ~** her right arm is paralysed.
◇ *nm, f* paralytic MED.
paralyser [3] [paralize] *vt* -**1.** MÉD to paralyse. -**2.** [figer, inhiber] to paralyse; **la ville est paralysée par la grève** the town is paralysed by the strike; **la fumée paralyse l'action des sauveteurs** the smoke is paralysing rescue work; **paralysé par le froid** paralysed OU numb with cold; **paralysé par la peur** crippled with fear.
paralysie [paralizi] *nf* -**1.** MÉD paralysis. -**2.** [arrêt] paralysis; **la ~ de la volonté** paralysis of the will; **la grève a provoqué la ~ des transports** the strike has paralysed the transport system.
paralytique [paralitik] *adj* & *nmf* paralytic MED.
paramagnétique [paramaɲetik] *adj* paramagnetic.
paramagnétisme [paramaɲetism] *nm* paramagnetism.
paramécie [paramesi] *nf* paramecium.
paramédical, e, aux [paramedikal, o] *adj* paramedical.
paramètre [paramɛtr] *nm* -**1.** MATH parameter. -**2.** [élément variable] parameter, factor. -**3.** ANAT parametrium.
paramétrer [18] [parametre] *vt* INF to set, to program.
paramétrique [parametrik] *adj* parametric, parametrical.
paramilitaire [paramilitɛr] *adj* paramilitary.
paramnésie [paramnezi] *nf* paramnesia.
paranéoplasique [paraneɔplazik] *adj* paraneoplastic.
parangon [parɑ̃gɔ̃] *nm litt* paragon; **~ de vertu** paragon of virtue.
parano *fam* [parano] ◇ *adj* paranoid.
◇ *nmf* [personne] paranoiac; **c'est un/une ~** he's/she's paranoid.
◇ *nf* [maladie] paranoia.
paranoïa [paranɔja] *nf* paranoia.
paranoïaque [paranɔjak] ◇ *adj* paranoiac, paranoid.
◇ *nmf* paranoiac.
paranoïde [paranɔid] *adj* paranoid.
paranormal, e, aux [paranɔrmal, o] *adj* paranormal.
parapente [parapɑ̃t] *nm* paragliding.
parapet [parapɛ] *nm* CONSTR parapet.
parapharmacie [parafarmasi] *nf* (non-pharmaceutical) chemist's *Br* OU druggist's *Am* merchandise.
paraphasie [parafazi] *nf* paraphasia.
paraphe [paraf] *nm* -**1.** [pour authentifier] initials; [pour décorer] flourish, paraph. -**2.** JUR OU *litt* [signature] signature.
parapher [3] [parafe] *vt* -**1.** [pour authentifier] to initial. -**2.** JUR OU *litt* [signer] to sign.
parapheur [parafœr] *nm portfolio for documents for signature*.
paraphrase [parafraz] *nf* [gén & LING] paraphrase.
paraphraser [3] [parafraze] *vt* to paraphrase.
paraphraseur, euse [parafrazœr, øz] *nm, f* paraphraser.
paraphrastique [parafrastik] *adj* paraphrastic.
paraphrène [parafrɛn] *adj* paraphreniac.
paraphrénie [parafreni] *nf* paraphrenia.
paraphrénique [parafrenik] *adj* paraphrenic.
paraplégie [parapleʒi] *nf* paraplegia.
paraplégique [parapleʒik] *adj* & *nmf* paraplegic.
parapluie [paraplɥi] *nm* -**1.** [accessoire] umbrella. -**2.** POL: **~ nucléaire** nuclear umbrella. -**3.** *fam* [passe-partout] skeleton key *(for spring locks)*.
parapsychique [parapsiʃik] *adj* parapsychological.
parapsychologie [parapsikɔlɔʒi] *nf* parapsychology.
parapsychologique [parapsikɔlɔʒik] *adj* parapsychological.
parapsychologue [parapsikɔlɔg] *nmf* parapsychologist.
parascolaire [paraskɔlɛr] *adj* extracurricular.
parasexualité [parasɛksɥalite] *nf* parasexuality.
parasismique [parasismik] = **antisismique**.
parasitaire [paraziter] *adj* BIOL & *fig* parasitic.
parasite [parazit] ◇ *adj* -**1.** BIOL parasitical. -**2.** ÉLECTR & TÉLÉC: **bruit ~** interference.
◇ *nm* -**1.** BIOL parasite. -**2.** [personne] scrounger.
◆ **parasites** *nmpl* RAD & TV interference *(U)*, atmospherics *Br*; TÉLÉC noise, static; **il y a des ~s sur la ligne** the line's bad, there's static on the line.
parasiter [3] [parazite] *vt* -**1.** BIOL to live as a parasite on, to be parasitical upon; **je me suis fait ~ par un ancien copain** *fam fig* an old friend came around to sponge off me. -**2.** RAD, TÉLÉC & TV to interfere with, to cause interference on.
parasiticide [parazitisid] ◇ *adj* parasiticidal.
◇ *nm* parasiticide.
parasitisme [parazitism] *nm* -**1.** BIOL parasitism. -**2.** *fig* scrounging.
parasitologie [parazitɔlɔʒi] *nf* parasitology.
parasitose [parazitoz] *nf* parasitosis.
parasol [parasɔl] *nm* -**1.** [en ville, dans un jardin] parasol, sunshade; [pour la plage] beach umbrella, parasol. -**2.** AÉRON parasol (wing).
parastatal, e, aux [parastatal, o] *adj Belg* semi-public.
parasympathique [parasɛ̃patik] ◇ *adj* parasympathetic.
◇ *nm* parasympathetic nervous system.
parasynthétique [parasɛ̃tetik] ◇ *adj* parasynthetic.
◇ *nm* parasynthesis.
parathyroïde [paratirɔid] *nf* parathyroid (gland).

parathyroïdien, enne [paratirɔidjɛ̃, ɛn] *adj* parathyroid.

paratonnerre [paratɔnɛr] *nm* lightning conductor.

paratyphique [paratifik] *adj* paratyphoid.

paratyphoïde [paratifɔid] ◇ *adj* paratyphoid. ◇ *nf* paratyphoid (fever).

paravalanche [paravalɑ̃ʃ] *nm* avalanche barrier.

paravent [paravɑ̃] *nm* -**1.** [écran] (folding) screen OU partition. -**2.** *fig* (smoke) screen, cover; **il se sert de son nom comme d'un ~** he uses his name as a cover.

parbleu [parblø] *interj* certainly, of course; **je l'ai jeté dehors, ~!** I kicked him out, of course OU needless to say!

parc [park] *nm* -**1.** [enclos - à bétail] pen, enclosure; [- à moutons] fold; [- pour bébé] pen, playpen; **~ à bestiaux** cattle pen; **~ de stationnement** car park *Br*, parking lot *Am*. -**2.** PÊCHE bed; **~ à huîtres** oyster bed. -**3.** LOISIRS [jardin public] park; [domaine privé] park, grounds; **~ d'attractions** amusement park; **~ national** national park; **~ naturel** nature reserve; **le ~ des Princes** *large football stadium in Paris*. -**4.** [unités d'équipement] stock; **le ~ automobile français** the total number of cars in France; **notre ~ ferroviaire** our (total) rolling stock. -**5.** INDUST [entrepôt] depot; **~ industriel** *Can* industrial estate *Br* OU park *Am*.

parcage [parkaʒ] *nm* -**1.** AGR foldyard manuring. -**2.** AUT parking. -**3.** PÊCHE bedding.

parcellaire [parselɛr] ◇ *adj* -**1.** ADMIN & JUR: **cadastre** OU **plan ~** cadastral survey; **enquête/état ~** division/list of properties *(in plots for compulsory purchase order)*. -**2.** [fractionné - connaissances, tâche] fragmented; **travail ~** INDUST division of labour.
◇ *nm* (detailed survey of) lots ADMIN & JUR.

parcellarisation [parselarizasjɔ̃] = **parcellisation**.

parcellariser [parselarize] = **parcelliser**.

parcelle [parsɛl] *nf* -**1.** ADMIN parcel, plot; [lopin] plot (of land). -**2.** [morceau - d'or] particle; **une ~ de liberté** *fig* a (tiny) bit of freedom; **pas une ~ de vérité** not a grain OU shred of truth.

parcellisation [parselizasjɔ̃] *nf* -**1.** [gén] fragmentation, division. -**2.** INDUST: **~ des tâches** division of labour.

parcelliser [3] [parselize] *vt* to fragment, to divide, to subdivide.

parce que [parskə] *(devant voyelle ou h muet* **parce qu'** [parsk]) *loc conj* because; **elle n'est pas venue parce qu'elle se sentait fatiguée** she didn't come because she was feeling tired; **ce n'est pas parce qu'on a eu une dispute que je ne vais plus te parler** just because we've had an argument doesn't mean I'm never going to speak to you again; **il ne répondit rien ~ très gêné** he didn't reply because he was so embarrassed; **pourquoi pleures-tu? — ~!** *fam* why are you crying? — because!

parchemin [parʃəmɛ̃] *nm* -**1.** [pour écrire] (piece of) parchment. -**2.** *fam* [diplôme] diploma, degree.

parcheminé, e [parʃəmine] *adj* [peau] wrinkled; [visage] wizened.

parchet [parʃɛ] *nm Helv* plot of land.

par-ci, par-là [parsiparla] *loc adv* → **par**.

parcimonie [parsimɔni] *nf sout* parsimony, parsimoniousness.
◆ **avec parcimonie** *loc adv* parsimoniously, sparingly; **il distribue les compliments avec ~** he's sparing with his praise.

parcimonieusement [parsimɔnjøzmɑ̃] *adv sout* parsimoniously, sparingly.

parcimonieux, euse [parsimɔnjø, øz] *adj sout* parsimonious, sparing.

parc(o)mètre [park(ɔ)mɛtr] *nm* (parking) meter.

parcotrain [parkɔtrɛ̃] *nm* train users' car park *Br* OU parking lot *Am*.

parcourir [45] [parkurir] *vt* -**1.** [distance - gén] to cover; [- en courant] to run; [- en marchant] to walk; [- à cheval, à vélo] to ride; **la distance à ~ par les chevaux** the distance to be run OU covered by the horses; **chemin parcouru** distance covered; **le prix du kilomètre parcouru** RAIL ≈ unit cost per passenger-mile. -**2.** [pour visiter] to travel through *(insép)*; **ils ont parcouru toute l'Amérique** they've travelled the length and breadth of America; **~ les mers** [marin, bateau] to sail the seas ‖ [dans une quête] to scour, to search (all over); **parcourant les montagnes à la recherche d'orchidées** looking for orchids all over the mountains, scouring the mountains for orchids; **je parcourais la ville à la recherche d'un emploi** I was searching all over town for a job. -**3.** [suj: douleur, frisson] to run through *(insép)*; **un murmure de protestation parcourut la salle** a murmur of protest ran through the audience. -**4.** [jeter un coup d'œil à - journal, roman, notes de cours] to skim OU to leaf through *(insép)*; **je n'ai fait que ~ sa lettre** I've only glanced at her letter; **elle parcourut la liste des reçus** she scanned the list of successful students; **elle parcourut la scène du regard** her eyes scanned the scene.

parcours [parkur] *nm* -**1.** [trajet - d'une personne] way, journey; TRANSP route; **elle m'a questionné pendant tout le ~** she asked me questions all the way; **il a effectué le ~ en deux heures** he did the trip OU journey in two hours ❑ **accident** OU **incident de ~** hitch. -**2.** *fig* career, record, path; **son ~ scolaire a été irréprochable** she had a faultless school record; **après le service militaire, nos ~ ont été très différents** after we'd done our national service, we took very different paths. -**3.** MIL & *fig*: **~ du combattant** assault course. -**4.** SPORT course. -**5.** AGR pasture.

par-dedans [pardədɑ̃] *adv* (on the) inside.

par-dehors [pardəɔr] *adv* (on the) outside.

par delà [pardəla] *prép sout* beyond; **~ les mers** over the seas; **~ les siècles** across the centuries.

par-derrière [pardɛrjɛr] ◇ *prép* behind, round the back of; **passe ~ la maison** go round the back of the house.
◇ *adv* -**1.** [par l'arrière] from behind, at the rear; **on entre dans la cuisine ~** you get into the kitchen from behind OU round the back. -**2.** [sournoisement]: **il me critique ~** he criticizes me behind my back; **il fait ses coups ~** he operates behind people's backs.

par-dessous [pardəsu] ◇ *prép* under, underneath; **passe ~ la barrière** go under the fence.
◇ *adv* underneath; **j'ai mis le drap ~** I laid the sheet underneath.

pardessus [pardəsy] *nm* overcoat.

par-dessus [pardəsy] ◇ *prép* -**1.** [en franchissant] over, above; **passe ~ la grille** go over the railings. -**2.** [sur]: **porter un manteau ~ sa veste** to wear an overcoat on top of one's jacket. -**3.** *fig* over; **elle est passée ~ le directeur des ventes** she went over the head of the sales manager.
◇ *adv* [dans l'espace]: **saute ~!** jump over!
◆ **par-dessus tout** *loc adv* most of all, above all; **j'aimais ~ tout son sourire** what I loved most of all OU above everything was his smile.

par-devant [pardəvɑ̃] ◇ *prép* ADMIN & JUR: **~ notaire** in the presence of a solicitor *Br* OU lawyer *Am*, with a solicitor *Br* OU lawyer *Am* present; **tout a été fait ~ notaire** everything was done in the proper legal way.
◇ *adv* [sur le devant] at OU round the front.

par-devers [pardəvɛr] *prép* -**1.** JUR [en présence de] before, in the presence of. -**2.** *sout* [en la possession de]: **garder qqch ~ soi** to keep sthg in one's possession OU to o.s.

pardi [pardi] *interj* of course; **je l'ai jeté dehors, ~!** I kicked him out, of course OU needless to say!

pardieu [pardjø] *interj arch* by Jove.

pardon [pardɔ̃] *nm* -**1.** [rémission] forgiveness, pardon; **demander ~ à qqn** to apologize to sb, to ask for sb's forgiveness; **je lui accordai mon ~** I forgave him; **pas de ~ pour** no mercy for; **demander le ~ de ses fautes** to beg mercy for one's sins; **demande ~ à la dame** say sorry to OU apologize to the lady; **~?** sorry?, (I beg your) pardon?; **~, auriez-vous un crayon?** excuse me, do you have a pencil?; **oh, ~!** *iron* (so) sorry!; **la mère est déjà grande, mais alors la fille, ~!** *fam* the mother's tall enough, but you should see her daughter! -**2.** [en Bretagne] religious festival. -**3.** RELIG: **Grand Pardon** Yom Kippur, Day of Atonement.

pardonnable [pardɔnabl] *adj* excusable, forgivable, pardonable; **à son âge, on est ~!** it's excusable at that age!; **votre erreur n'est pas ~** your mistake is unforgivable OU inexcusable; **je ne suis pas ~!** I have no excuse!

pardonner [3] [pardɔne] *vt* -**1.** [oublier - offense] to forgive, to excuse; [- péché] to forgive, to pardon; **je pardonne les distractions, pas les méchancetés** I can forgive OU excuse thoughtlessness, but not wickedness; **~ qqch à qqn** to forgive sb for sthg; **allez, je te pardonne tout** all right, I'll let you off (with everything); **~ ses péchés à qqn** to forgive sb (for) his sins; **voilà un mot qui ne te sera pas pardonné** you won't be forgiven for saying that; **il ne me pardonne pas d'avoir eu raison** he won't forgive me for having been right; **mais vous êtes tout pardonné!** but of course you're forgiven!; **se faire ~** to be forgiven, to win forgiveness; **pardonne-nous nos offenses** RELIG forgive us our trespasses ‖ *(en usage abs)* to be forgiving; **apprendre à ~** to learn forgiveness OU to forgive; **c'est un sport où la méforme ne pardonne pas** in this sport you can't afford to be unfit; **une distraction au volant, ça ne pardonne pas!** one slip in concentration at the wheel is fatal! -**2.** [dans des formules de politesse] to forgive, to excuse; **pardonnez ma curiosité** OU **pardonnez-moi si je suis indiscret mais...** I'm sorry if I'm being OU excuse me for being nosy, but...; **pardonnez-moi d'insister** excuse me for being so insistent; **pardonnez-moi, mais vous oubliez un détail d'importance** excuse me, but you've forgotten an important point.
◆ **se pardonner** ◇ *vp (emploi réfléchi)*: **je ne me le pardonnerai jamais** I'll never forgive myself.
◇ *vp (emploi passif)* to be excused OU forgiven; **une traîtrise ne se pardonne pas** treachery cannot be forgiven.
◇ *vp (emploi réciproque)* to forgive one another; **ils se sont pardonné leurs mensonges** they forgave each other's lies.

pare-balles [parbal] ◇ *adj inv* bullet proof.
◇ *nm inv* bullet-shield.

pare-brise [parbriz] *nm inv* windscreen *Br*, windshield *Am*.

pare-chocs [parʃɔk] *nm inv* bumper; **nous étions ~ contre ~** we were bumper to bumper.

pare-éclats [parekla] *nm inv* -**1.** MENUIS wooden stop. -**2.** MIL shellproof screen.

pare-étincelles [paretɛ̃sɛl] *nm inv* -**1.** [écran] sparkguard, fireguard. -**2.** RAIL spark arrester.

pare-feu [parfø] *nm inv* -**1.** [en forêt - coupe-feu] firebreak. -**2.** [d'une cheminée] fireguard. -**3.** [de pompier] (helmet) fire-shield.

pare-fumée [parfyme] ◇ *adj inv* → **écran**.
◇ *nm inv* smoke extractor.

parégorique [paregɔrik] *adj* paregoric.

pareil, eille [parɛj] ◇ *adj* -**1.** [semblable, équivalent] the same, alike, similar; **tu as vu ses chaussures? — oui, j'en ai de ~les** have you seen her shoes? — yes, I have a pair just like them; **je n'ai jamais rien vu de ~** I've never seen anything like it; **vous êtes (bien) tous ~s!** you're all alike OU the same!; **comment vas-tu? — toujours ~!** how are you? — same as ever!; **c'est toujours ~, personne n'ose se plaindre!** it's always the same, nobody ever dares complain!; **leurs bagues sont presque ~les** their rings are almost identical OU the same; **~ à** the same as, just like; **~ à la rosée** *litt* like (the) dew, dew-like; **~ que** *fam* (the) same as; **ta jupe est ~le que la mienne** your skirt's the same as mine. -**2.** [de cette nature] such (a); **un talent ~ OU un ~ talent est très rare** such talent is very rare; **comment peux-tu lire un journal ~?** how can you read such a paper?; **on n'avait jamais vu (un) ~ scandale!** there'd never been such a scandal!; **qui peut bien téléphoner à une heure ~le?** who could be phoning at this hour OU time?; **en ~ cas** in such a case; **en ~les circonstances** in such circumstances.

◇ *nm, f* [semblable]: **son ~, sa ~le** [personne] another one like him/her; [chose] another one like it; **ne pas avoir son ~, ne pas avoir sa ~le** to be second to none; **il n'a pas son ~ pour arriver au mauvais moment!** there's nobody quite like him for turning up at the wrong moment!

◆ **pareil** ◇ *nm*: **c'est du ~ au même** *fam* it's six of one and half a dozen of the other, it's the same difference.

◇ *adv fam* the same; **je grossis, pourtant je mange ~** I'm putting on weight, but I'm not eating any different; **on n'a pas dû comprendre ~** we can't have understood the same thing; **ils sont habillés ~** they're dressed the same.

◆ **pareille** *nf*: **rendre la ~le à qqn** to give sb a taste of their own medicine.

◆ **pareils** *nmpl*: **nos ~s** [semblables] our fellow men; [égaux] our equals OU peers; **vous et vos ~s!** you and your kind!

◆ **sans pareil, sans pareille** *loc adj* [éclat, beauté, courage] unrivalled, unequalled; [talent, habileté] unparalleled, unequalled; [artiste] peerless, unequalled; **tu vas voir, la cuisine est sans ~le!** you'll see, the food is unique OU incomparable OU beyond compare!

pareillement [parɛjmɑ̃] *adv* -**1.** [de la même manière] in the same way; **ils s'habillent ~** they dress the same. -**2.** [aussi] equally, likewise; **j'ai été ~ surprise** I was surprised too; **nous avons été ~ heureux de le voir** [nous deux] we were both happy to see him; [nous tous] we all were happy to see him; **bonne soirée! — et à vous ~!** have a nice evening! — you too!

parement [parmɑ̃] *nm* -**1.** COUT facing; [de manche] cuff. -**2.** CONSTR [surface] facing, face; [revêtement] facing, dressing; **~ brut** rough facing. -**3.** TRAV PUBL kerbstone *Br*, curbstone *Am*. -**4.** RELIG frontal.

parementer [3] [parmɑ̃te] *vt* to face CONSTR.

parementure [parmɑ̃tyr] *nf* facing; [doublure] lining COUT.

parenchyme [parɑ̃ʃim] *nm* BIOL & BOT parenchyma.

parent, e [parɑ̃, ɑ̃t] ◇ *adj* -**1.** [de la même famille] related; **je suis ~e avec eux** I'm related to them. -**2.** *sout* [analogue]: **ces deux interprétations sont ~es** the two interpretations are related. -**3.** BOT, GÉOL & ZOOL parent *(modif)*. -**4.** LING related, cognate *(modif)*.

◇ *nm, f* relative, relation; **un proche ~** a close relative OU relation; **un lointain ~, un ~ éloigné** a distant relative OU relation; **un ~ du côté paternel/maternel** a relation on the father's/mother's side; **nous sommes ~s par ma femme** we're related through my wife; **ce sont des ~s en ligne directe/par alliance** they're blood relations/related by marriage ❑ **~ pauvre** *pr* & *fig* poor relation; **c'est le ~ pauvre de l'opéra** it's opera's poor relation.

◆ **parent** *nm* parent.

◆ **parents** *nmpl* -**1.** [père et mère] parents, father and mother; **~s adoptifs** adoptive OU foster parents. -**2.** *litt* [aïeux]: **nos ~s** our forebears *litt* OU ancestors.

parental, e, aux [parɑ̃tal, o] *adj* parental; **les responsabilités ~es** parental duties.

parenté [parɑ̃te] *nf* -**1.** [lien familial] relationship, kinship; **il n'y a aucune ~ entre eux** they're not related in any way ❑ **~ par alliance** relationship by marriage; **~ directe** blood relationship. -**2.** [ressemblance] relationship, connection; **il y avait une ~ de caractère entre les deux amis** the two friends had similar temperaments. -**3.** [famille] family; **soyez maudits, toi et toute ta ~!** a curse upon you and all your kin! -**4.** LING relatedness.

parentèle [parɑ̃tɛl] *nf arch* -**1.** [parenté] relationship, kinship. -**2.** [ensemble de la famille] (extended) family.

parenthèse [parɑ̃tɛz] *nf* -**1.** [signe] parenthesis, bracket *Br*; **ouvrir/fermer la ~** to open/to close the brackets *Br*. -**2.** [digression] digression, parenthesis; **mais c'est une ~** but that's a digression OU an aside; **je fais une (brève) ~ pour signaler que...** incidentally OU in parenthesis, we may briefly note that... -**3.** GRAMM parenthesis, parenthetical clause.

◆ **entre parenthèses** ◇ *loc adj* [mot, phrase] in parenthesis, in OU between brackets *Br*.

◇ *loc adv* -**1. mettre qqch entre ~s** to put sthg in parenthesis, to put sthg in OU between brackets *Br*. -**2.** [à propos] incidentally, by the way; **entre ~s, elle n'était pas très intelligente** incidentally OU let it be said in passing, she wasn't very bright.

◆ **par parenthèse** *loc adv* incidentally, by the way.

paréo [pareo] *nm* pareo.

parer [3] [pare] *vt* -**1.** *litt* [embellir - pièce] to decorate, to deck out *(sép)*, to adorn; [- personne] to deck out *(sép)*, to adorn; **l'autel paré de lys** the altar bedecked with lilies; **habit richement paré** richly ornamented OU decorated garment; **elle arriva enfin, parée de fourrures/bijoux** she finally arrived, attired in furs/bedecked in jewels || [vêtir] to dress; **elle ne sort que parée de ses plus beaux atours** she only goes out attired in her best finery. -**2.** *sout* [attribuer à]: **~ qqn de toutes les vertus** to attribute many virtues to sb; **~ qqn d'un titre** to grace sb with a title. -**3.** [préparer - ancre] to clear; **pare à virer!** (get) ready to tack!; **paré? alors on y va!** *fig* (are you) ready? then let's go! -**4.** CULIN [poisson, volaille] to dress; [rôti] to trim. -**5.** TECH [cuir] to dress; [sur le bord] to pare. -**6.** MÉTALL to dress. -**7.** [éviter - coup, danger] to ward OU to fend OU to stave off *(sép)*; [- attaque] to stave off *(sép)*, to parry; BOXE & ESCRIME to parry; [- grain] to steer clear of; [- abordage] to fend off *(sép)*; [- cap] to round. -**8.** [protéger]: **~ qqn contre qqch** to shield OU to protect sb against sthg.

◆ **parer à** *v + prép* -**1.** [faire face à - incident] to cope OU to deal with *(insép)*, to handle; **~ à toute éventualité** to prepare for OU to guard against any contingency; **~ au plus pressé** [en voyageant, en emménageant] to deal with basic necessities (first); **je n'ai pu que ~ au plus pressé** [après un incident] I could only employ stopgap measures; **parons au plus pressé et reconstruisons l'hôpital** first things first, we must rebuild the hospital. -**2.** [se défendre contre - tir, attaque] to ward off.

◆ **se parer** *vp (emploi réfléchi)* to put one's finery on; **se ~ de** [bijoux, fourrures] to adorn o.s. with; [titres, honneurs] to assume ❑ **se ~ des plumes du paon** to bask in reflected glory.

◆ **se parer contre** *vp + prép* [se protéger] to protect o.s. against; **je me suis paré contre les rigueurs de l'hiver** I prepared for the rigours of winter.

pare-soleil [parsɔlɛj] *nm inv* sun visor, sunshade.

paresse [parɛs] *nf* -**1.** [fainéantise] laziness, idleness; **avoir la ~ de faire qqch** to be too lazy OU idle to do sthg. -**2.** [apathie] indolence, laziness. -**3.** RELIG [péché capital] sloth. -**4.** MÉD: **~ intestinale: souffrir de ~ intestinale** to be slow to digest (one's) food.

paresser [4] [parese] *vi* to laze (about OU around); **~ au soleil** to laze in the sun.

paresseusement [parɛsøzmɑ̃] *adv* -**1.** [avec paresse] idly, lazily. -**2.** *sout* [avec lenteur] lazily, idly, sluggishly; **les vagues viennent mourir ~ sur la plage** the waves break gently on the beach.

paresseux, euse [parɛsø, øz] ◇ *adj* -**1.** [sans ardeur] lazy, idle; **c'est un élève très ~** he's a very lazy pupil ❑ **être ~ comme un loir OU une couleuvre** to be bone-idle *Br*, to be a goldbricker *Am*. -**2.** *sout* [lent] lazy, slow, indolent; **le cours ~ de la rivière** the river's sluggish waters. -**3.** MÉD [digestion] sluggish.

◇ *nm, f* lazy person; **debout, grand ~!** get up, you lazy thing!

◆ **paresseux** *nm* ZOOL sloth.

parfaire [109] [parfɛr] *vt* -**1.** [peaufiner] to perfect, to bring to perfection; **il aimerait ~ ses connaissances en grec** he would like to perfect his knowledge of Greek; **~ une œuvre** to add the finishing touches to a work. -**2.** [compléter - opération] to round off *(sép)*; [- somme]: **il a pu ~ la somme en faisant des heures supplémentaires** he was able to make up the amount by doing overtime.

parfait, e [parfɛ, ɛt] *adj* -**1.** [sans défaut - beauté, crime, harmonie, conditions] perfect; [- argumentation, diamant, maquillage] perfect, flawless; [- scolarité, savoir-vivre, personne] perfect, faultless; **son russe est ~** her Russian is perfect OU flawless, she speaks perfect Russian; **il a des manières ~es** he's got perfect manners. -**2.** BIOL mature; ENTOM perfect; MATH [cercle] perfect. -**3.** [en intensif] perfect, utter; **c'est le ~ homme du monde** he's a perfect gentleman; **c'est un ~ goujat/idiot** he's an utter boor/fool; **c'est le type même du ~ macho!** he's the epitome of the male chauvinist pig! -**4.** [complet, total - bonheur, calme, entente] perfect, complete, total; [- ressemblance] perfect; [- ignorance] utter, complete, total; **elle s'est montrée d'une ~e délicatesse** she showed exquisite OU perfect tact; **dans la plus ~e indifférence** in utter OU complete OU total indifference. -**5.** [excellent] perfect, excellent; **en ~ état/~e santé** in perfect condition/health; **il a été ~** he was perfect OU marvellous; **le rôle est ~ pour lui** the part is ideal OU made for him; **10 heures, ça vous va? — c'est ~!** would 10 o'clock suit you? — that's perfect OU (just) fine!

◆ **parfait** *nm* -**1.** CULIN parfait. -**2.** LING perfect (tense).

parfaitement [parfɛtmɑ̃] *adv* -**1.** [très bien] perfectly, impeccably, faultlessly; **j'avais ~ entendu!** I heard all right! -**2.** [absolument] perfectly, absolutely, thoroughly; **tu as ~ le droit de refuser** you are perfectly entitled to refuse; **cela lui est ~ indifférent** it's a matter of complete indifference to him. -**3.** [oui] (most) certainly, definitely; **c'est vrai? — ~!** is that true? — it (most) certainly OU definitely is!

parfilage [parfilaʒ] *nm* unpicking, unravelling.

parfiler [3] [parfile] *vt* to unpick, to unravel.

parfois [parfwa] *adv* -**1.** [quelquefois] sometimes; **il venait ~ nous voir** he sometimes came to see us. -**2.** [dans certains cas] sometimes, at times, occasionally; **ça m'amuse ~** there are times when OU occasionally I find it funny.

◆ **parfois... parfois** *loc corrél* sometimes... sometimes; **il était là tous les jours, ~ seul, ~ accompagné** he was there every day, sometimes alone, sometimes OU other times not.

parfum [parfœ̃] *nm* -**1.** [odeur - d'une lotion, d'une fleur] perfume, scent, fragrance; [- d'un mets] aroma; **le ~ frais des magnolias** the sweet scent OU fragrance of the magnolias; **ce conte a un charmant ~ d'autrefois** *fig* this tale has a charming aura of times past. -**2.** [cosmétique] perfume, scent. -**3.** [goût] flavour; **(tu veux une glace) à quel ~?** what flavour (ice cream) do you want?; **yaourts sans ~ artificiel** yoghurts with no artificial flavouring.

◆ **au parfum** *fam loc adv*: **être au ~** to be in the know; **mettre qqn au ~** to put sb in the picture.

parfumer [3] [parfyme] *vt* -**1.** [embaumer] to perfume; **qu'est-ce qui parfume ainsi la pièce?** where's the lovely smell in this room coming from?; **un soupçon de patchouli parfumait son oreiller** her pillow had a faint smell of patchouli. -**2.** [mettre du parfum sur] to put OU to dab perfume on; **être parfumé** [chambre] to smell sweet, to be sweet-smelling; [personne] to have perfume on, to be wearing perfume; **il était parfumé comme une cocotte** *fam* he'd doused himself in scent. -**3.** CULIN to flavour; **un peu de safran pour ~ la sauce** a pinch of saffron to flavour the sauce; **parfumé à** flavoured with; **yaourt parfumé à la mangue** mango-flavoured yoghurt.

◆ **se parfumer** *vp (emploi réfléchi)* to put on perfume; **parfumez-vous légèrement derrière l'oreille** dab some perfume OU scent behind your ear; **je ne me parfume jamais** I never wear OU use perfume.

parfumerie [parfymri] *nf* -**1.** [magasin] perfumery (shop *Br* OU store *Am*). -**2.** [usine] perfume factory, perfumery. -**3.** [profession] perfumery, perfume trade OU industry. -**4.** [articles] perfumes (and cosmetics), perfumery.

parfumeur, euse [parfymœr, øz] *nm, f* perfumer.

parhélie [pareli] *nm* mock sun, parhelion.

pari [pari] *nm* -**1.** [défi, enjeu] bet, wager; **faire un ~** to lay a bet, to (have a) bet; **c'est un ~ que tu fais en l'engageant** you're taking a chance OU a gamble giving her a job; **je tiens le ~!** *pr* & *fig* I'll take you up on it!; **perdre un ~** to lose a bet; **cette politique est un ~ sur l'avenir** this policy is a gamble on the future. -**2.** JEUX [mise] bet, stake; **il a gagné son ~** he won his bet; **les ~s sont ouverts** *fig* it's anyone's guess ❑ **~ jumelé** double forecast; **~ mutuel (urbain)** → **PMU**. -**3.** PHILOS: **le ~ de Pascal** Pascal's wager.

paria [parja] *nm* -**1.** [d'un groupe] outcast, pariah. -**2.** [en Inde] pariah, untouchable.

paridé [paride] *nm* member of the Paridae.

paridigitidé [paridiʒitide] *adj* artiodactyl.

parier [9] [parje] ◇ *vt* -**1.** [somme] to bet, to lay, to stake; [repas, bouteille] to bet; **j'ai parié gros sur le trois** I laid OU put a big bet on number three; **tu as parié combien?** how much did you bet? -**2.** [exprimant la certitude] to bet; **je te parie qu'il ment** I bet you he's lying; **je l'aurais parié!** I knew it! -**3.** [exprimant la probabilité]: **il y a fort** OU **gros à ~ que...** the odds are OU it's odds on that...; **qu'est-ce que tu paries qu'ils vont divorcer?** I bet you they'll divorce!

◇ *vi* -**1.** [faire un pari] to (lay a) bet; **~ sur un cheval** to bet on OU to back a horse. -**2.** [être parieur] to bet; **je ne parie jamais** I'm not a betting man; **~ aux courses** [de chevaux] to bet on the horses.

pariétaire [parjetɛr] *nf* pellitory, pellitory-of-the-wall.

pariétal, e, aux [parjetal, o] *adj* -**1.** ANAT parietal. -**2.** BX-ARTS: **art ~** wall painting.

◆ **pariétal, aux** *nm* parietal bone.

parieur, euse [parjœr, øz] *nm, f* -**1.** [qui fait un pari] better. -**2.** [qui aime parier] betting man (*f* woman).

parigot, e▽ [parigo, ɔt] ◇ *adj* Parisian.
◇ *nm, f* Parisian.

Paris [pari] *npr* Paris; **aller à ~** to go to Paris; **j'ai horreur d'aller dans ~ le soir** I hate going into Paris in the evening; **je travaille sur ~** I work in Paris; **la banlieue de ~** the Paris suburbs; **dans les environs de ~** in the Paris area; **la mode de ~** Parisian OU Paris fashion ❑ **~ ne s'est pas fait en un jour** *prov* Rome wasn't built in a day *prov*; **~ vaut bien une messe** *allusion Henri IV* Paris is worth a mass.

PARIS:
1. The name "Paris" followed by a number or Roman numeral refers to a Paris university: "Paris-VII" (the science faculty at Jussieu), "Paris-IV" (the Sorbonne), "Paris-X" (Nanterre university) etc.
2. When "Paris" is followed by an ordinal number, this refers to an arrondissement: "Paris quinzième", "Paris quatrième" etc.

Pâris [paris] *npr* Paris MYTH.

paris-brest [paribrɛst] *nm inv* paris-brest *(choux pastry ring filled with praline cream)*.

parisette [parizɛt] *nf* herb Paris.

parisianisme [parizjanism] *nm* -**1.** [attitude] Paris-centredness; **le ~ des médias** the capital-city mentality of the Paris media. -**2.** [expression] Parisian (turn of) phrase. -**3.** [habitude] Parisian habit OU quirk *péj*.

parisien, enne [parizjɛ̃, ɛn] *adj* -**1.** [relatif à Paris, sa région] Paris *(modif)*; [natif de Paris, habitant à Paris] Parisian; **la vie ~ne** life in Paris, Parisian life; **les immeubles ~s** buildings in Paris. -**2.** [typique de Paris] Parisian; **un événement bien ~** a very Parisian occasion.

◆ **Parisien, enne** *nm, f* Parisian.

parisyllabique [parisilabik] *adj* & *nm* parisyllabic.

paritaire [paritɛr] *adj*: **représentation ~** parity of representation, equal representation.

paritarisme [paritarism] *nm* (doctrine of) co-management INDUST.

parité [parite] *nf* -**1.** [concordance - entre des rémunérations] parity, equality; [- entre des monnaies, des prix] parity; [- entre des concepts] comparability; **la ~ des salaires** equal pay. -**2.** MATH parity. -**3.** INF parity check.

parjure [parʒyr] ◇ *adj* disloyal, treacherous, underhand.
◇ *nmf* [personne] disloyal person, traitor, betrayer.
◇ *nm* [acte] disloyalty, treachery, betrayal.

parjurer [3] [parʒyre]
◆ **se parjurer** *vpi sout* [manquer à son serment] to break one's word OU promise.

parka [parka] *nm* OU *nf* parka.

Parkérisation® [parkerizasjɔ̃] *nf* Parkerizing.

parking [parkiŋ] *nm* -**1.** [parc de stationnement] car park *Br*, parking lot *Am*; **une place de ~** a parking space. -**2.** [action de se garer]: **le ~ est interdit** parking is prohibited here.

Parkinson [parkinsɔn] *npr* → **maladie**.

parlant, e [parlɑ̃, ɑ̃t] *adj* -**1.** CIN talking; **un film ~** a talkie. -**2.** *fam* [bavard]: **il n'est pas très ~** he isn't very talkative OU hasn't got very much to say (for himself). -**3.** [significatif - chiffre, exemple, schéma] which speaks for itself; **leurs statistiques sont ~es** their figures speak volumes. -**4.** [bien observé - portrait] lifelike; [- description] vivid, graphic.

◆ **parlant** *nm* CIN: **le ~** talking pictures.

parlé, e [parle] *adj* [anglais, langue] spoken.

◆ **parlé** *nm* [à l'opéra] spoken part, dialogue.

parlement [parləmɑ̃] *nm* -**1.** POL: **le Parlement** [en France] (French) Parliament; [en Grande-Bretagne] (Houses of) Parliament; **au ~** in Parliament. -**2.** HIST [en France] parliament OU parlement *(under the Ancien Régime)*; [en Grande-Bretagne]: **Parlement Court/Croupion/Long** Short/Rump/Long Parliament.

parlementaire [parləmɑ̃tɛr] ◇ *adj* -**1.** [débat, habitude, régime] parliamentary; **procédure ~** parliamentary procedure. -**2.** HIST [en Grande-Bretagne] Parliamentary.
◇ *nmf* -**1.** [député] member of Parliament; [aux États-Unis] Congressman (*f* Congresswoman). -**2.** HIST [en Grande-Bretagne] Parliamentarian. -**3.** [négociateur] mediator, negotiator.

parlementarisme [parləmɑ̃tarism] *nm* parliamentarianism, parliamentary government.

parlementer [3] [parləmɑ̃te] *vi* to negotiate; **~ avec** POL to parley with; **il a dû ~ avec l'agent pour qu'il le laisse passer** he had to talk the policeman into letting him through.

parler[1] [parle] *nm* -**1.** [vocabulaire] speech, way of speaking; **dans le ~ de tous les jours** in common parlance. -**2.** [langue d'une région] dialect, variety.

parler[2] [3] [parle] ◇ *vi* **A.** FAIRE UN ÉNONCÉ -**1.** [articuler des paroles] to talk, to speak; **~ du nez** to talk through one's nose; **~ bas** OU **à voix basse** to speak softly OU in a low voice; **~ haut** OU **à voix haute** to speak loudly OU in a loud voice; **les syndicats commencent à ~ haut** *fig* the unions are beginning to make a lot of noise; **elle parle avec un accent** she talks OU speaks with an accent; **parle plus fort** speak louder OU up; **parlez moins fort** keep your voice down, don't speak so loud; **elle a une poupée qui parle** she's got a talking doll; **dans ses fables, il fait ~ les animaux** in his fables, he makes the animals talk; **~ par gestes** OU **signes** to use sign language; **ces gens-là parlent avec leurs mains** these people talk with their hands. -**2.** [s'exprimer] to talk, to speak; **vous pouvez ~ librement** you can speak OU talk freely; **parle donc!** speak up!; **ça m'a fait du bien de ~** it's done me good to talk about it OU to talk things over; **je n'ai pas l'habitude de ~ en public** I'm not used to speaking in public OU to public speaking; **le conseiller a parlé le dernier** the councillor spoke last; **il parle mal** [improprement] he doesn't talk correctly; **c'est de la merde**▽ **– comme tu parles mal!** it's shit – (mind your) language! OU that's a fine way to talk! *iron*; **tu n'as qu'à ~ pour être servi** just say the word and you'll be served; **mon père parlait peu** my father was a man of few words; **tu parles en nouveaux francs?** are you talking in OU do you mean new francs?; **il a parlé à la radio** he spoke OU talked on the radio; **elle parle à la première personne du pluriel** she talks in the first person plural OU uses the royal we *hum*; **il a fait ~ l'adolescent** he drew the adolescent out of himself, he got the adolescent to talk; **les armes ont parlé** weapons were used; **ne laissons pas ~ notre haine** let us not yield to hatred; **laisse ~ ton cœur** listen to your heart; **~ pour** OU **à la place de qqn** to speak for sb OU on sb's behalf; **ne parle pas tout le temps pour moi!** stop answering for me!; **sa franchise parle pour lui** *fig* his straightforwardness is a point in his favour; **parle pour toi!** speak for yourself!; **~ contre/pour** to speak against/for; **il va ~ pour la suppression de la peine de mort** he will be speaking against capital punishment; **politiquement/artistiquement parlant** politically/artistically speaking; **~ à qqn** [lui manifester ses sentiments] to talk to OU to speak to OU to have a word with sb; **je vais lui ~, moi, à ton copain!** *fam* I'm going to have a word with that pal of yours!; **parle-moi!** talk OU speak to me!; **j'aurais aimé te ~ la première** I'd have liked to be the first to tell you; **~ à qqn** [s'adresser à qqn] to talk OU to speak to sb; **ne parle pas aux gens que tu ne connais pas** don't talk to strangers; **je ne lui ai parlé que brièvement** I only talked to OU with her for a brief moment; **ne me parle pas sur ce ton!** don't talk to me like that!; **c'est à toi que je parle!** it's you I'm talking to!; **je ne leur parle plus** I'm not on speaking terms with them any more, I don't speak to them any more; **le secrétaire général parlera aux travailleurs demain** the general secretary will talk to OU address the workers tomorrow; **puis-je ~ à Virginie?** [au téléphone] may I speak to Virginie?; **vous pouvez ~!** [message de l'opératrice] go ahead, caller!; **~ à qqn** [l'émouvoir, le toucher] to speak OU to appeal to sb; **sa musique me parle** his music speaks to me; **ses tableaux ne me parlent pas** his paintings don't appeal to me OU don't do anything for me ❑ **voilà ce qui s'appelle ~!, ça, c'est ~!** *fam* well said!; **il sait ce que ~ veut dire** he's not stupid; **parlons peu mais parlons bien** let's be brief but to the point. -**3.** [discuter] to talk; **les longues soirées d'hiver où l'on parlait autour du feu** the long winter evenings spent talking OU chatting around the fire; **ne parle pas sans savoir** don't talk about things you don't know about; **~ pour ne rien dire** to talk for the sake of talking; **assez parlé, allons-y!** that's enough chat, let's go!; **~ de qqch/qqn** to talk OU to speak about sthg/sb; **je sais de quoi je parle** I know what I'm talking about; **je ne sais pas de quoi tu veux ~** I don't know what you mean; **~ de choses et d'autres** to talk about this and that; **tiens, en parlant de vacances, Luc a une villa à louer** hey, talking of holidays, Luc has a villa to let; **je ne veux pas qu'on parle de ça à table!** I won't have that kind of talk at table!; **le professeur X va venir ~ de Proust** Professor X will give a talk on Proust; **qui parle d'Europe parle d'axe franco-allemand** you can't talk about Europe without talking about OU mentioning the special relationship between France and Germany; **il en sera beaucoup parlé dans les jours qui viennent** everybody's going to be talking about it in the next few days; ~ **de qqn/qqch** [le mentionner]: **vous ne parlez même pas de Dali dans votre thèse** you don't even mention Dali in your thesis; **le livre parle de la guerre** the book is about OU deals with the war; **tous les journaux en parlent ce matin** it's (mentioned) in all the newspapers this morning; **ils en ont parlé aux informations** they talked about it on the news; **c'était un excellent acteur, mais on ne parle plus de lui maintenant** he was an excellent actor, but nobody ever talks about OU mentions him any more; **si elle en parle devant toi, fais comme si tu ne savais rien** if she mentions it in front of you, pretend you don't know anything (about it); ~ **(de) religion/(de) littérature** to talk religion/literature; **tu ne vas pas déjà** ~ **de départ!** you're not talking about leaving already, are you?; **je ne l'aime pas, alors ne parlons pas de mariage!** I don't like him, so let there be no talk of marriage!; ~ **de faire qqch** to talk about OU of doing sthg; **elle parle de déménager** she's talking of moving house; **ils parlent de réduire les impôts** they're talking about OU there's talk of cutting taxes; **qui parle de laisser tomber?** who said anything about giving up?; ~ **de qqch/qqn comme de: on parle d'elle comme d'une candidate possible** she's being talked about OU billed as a possible candidate; **tu en parles comme d'une catastrophe** you make it sound like a catastrophe; **on m'en avait parlé comme d'une femme austère** I'd been told she was OU she'd been described to me as a stern sort of woman; ~ **de qqn/qqch à qqn: n'en parle à personne!** don't mention it to anybody!; **après ça, qu'on ne vienne plus me** ~ **de solidarité** after that, I don't want to hear any more about solidarity; **elle nous a parlé de ses projets** she talked to us about her plans; **parlez-moi un peu de vous/de ce que vous avez ressenti** tell me something about yourself/what you felt; **on m'a beaucoup parlé de vous** I've heard a lot about you; **je cherche un travail, alors, si vous pouviez lui** ~ **de moi** I'm looking for a job, so if you could have a word with her about me ‖ [jaser] to talk; **les gens commencent à** ~**!** people are starting to talk!; **tout le monde en parle** everybody's talking about it; **on ne parle que de cela au village** it's the talk of the village; **faire** ~ **de soi** to get o.s. talked about; [dans la presse] to get one's name in the papers. **-4.** [avouer] to talk; **ses complices ont parlé** her accomplices talked; **faire** ~ **qqn** to make sb talk, to get sb to talk; **impossible de le faire** ~**!** it's impossible to get him to talk! **-5.** [être éloquent] to speak volumes; **les chiffres/faits parlent d'eux-mêmes** the figures/facts speak for themselves. **-6.** JEUX: **à qui de** ~**?** whose bid is it?; **c'est à toi de** ~ it's your bid.

B. LOCUTIONS *fam*: **tu parles, vous parlez: tu parles comme je peux oublier ça!** as if I could ever forget it!; **tu parles si je sais de quoi elle est capable!** you bet I know what she's capable of!; **ça t'a plu? — tu parles!** did you like it? — you bet OU *Br* not half; **ça t'irait, 3 000 francs? — tu parles (si ça m'irait)!** would 3,000 francs be OK? — you bet (it would)!; **tu parles que je vais lui rendre!** [je vais lui rendre] you bet I'll give it back to him!; [je ne vais pas lui rendre] there's no way I'm giving it back to him!; **tu parles si c'est agréable/intelligent!** *iron* that's really nice/clever!; **tu parles si je m'en fiche!** a fat lot I care!; **tu parles si ça m'aide!** much good that is to me!; **la truite pesait au moins 10 kg! — tu parles!** the trout was at least 10 kg! — you must be joking OU *Br* pull the other one!; **tu parles de, vous parlez de: tu parles d'une déception!** talk about a letdown!, it was such a letdown!; **tu parles d'une veine!** what a stroke of luck!; **ne m'en parle pas, m'en parle pas: c'est difficile — ne m'en parle pas!** it's difficult — don't tell me OU you're telling me OU you don't say!; **quel temps! — ne m'en parlez pas!** what filthy weather! — oh, don't!; **parlons-en: laisse faire la justice — ah, parlons-en, de leur justice!** let justice take its course — justice indeed OU some justice!; **sa timidité? parlons-en!** her shyness? that's a good one OU you must be joking!; **n'en parlons pas: la chambre du haut, n'en parlons pas** let's OU we can forget the upstairs bedroom; **l'échéance d'avril, n'en parlons pas** let's not even talk about OU mention the April deadline; **n'en parlons plus** let's not mention it again, let's say no more about it; **sans** ~ **de** to say nothing of, not to mention, let alone; **la misère est inimaginable, sans** ~ **des conditions d'hygiène** the poverty is unimaginable, not to mention the hygiene; **sans** ~ **du fait que...** to say nothing of..., without mentioning the fact that...

◇ *vt* **-1.** [langue] to speak; **il parle plusieurs langues** he speaks OU he can speak several languages; **elle parle chinois couramment** she's fluent in Chinese, she speaks Chinese fluently; **il parle bien (le) russe** he speaks good Russian; **vous connaissez l'allemand? — je le parle un peu** do you know any German? — I can speak (it) a little; **tu ne parles pas un mot de polonais!** you don't OU can't speak a word of Polish!; **elle parle le langage des sourds-muets** she knows sign language; **et pourtant je parle français, non?** *fig* don't you understand plain English?; **nous ne parlons pas la même langue** OU **le même langage** *fig* we don't speak the same language; ~ **le langage de la raison** to talk sense. **-2.** [dire d'une façon naturelle] to speak, to read out *(sép)*; **parle ton texte, ne le déclame pas** just read out your text, don't recite it.

◆ **parler de** *v + prép* [rappeler] *litt* to remind of; **tout ici me parle de toi** everything here reminds me of you; **les cals de ses mains parlaient d'une vie laborieuse** the calluses on his hands testified to a life of hard work.

◆ **se parler** ◇ *vp (emploi réciproque)* to talk to one another OU each other; **il faudrait qu'on se parle tous les deux** I think we two should have a talk; **elles ne se parlent plus** they aren't on speaking terms any more.

◇ *vp (emploi réfléchi)* to talk to o.s.

◇ *vp (emploi passif)* to be spoken; **le français se parle dans plusieurs pays d'Afrique** French is spoken in several African countries.

parleur, euse [parlœr, øz] *nm, f* talker; **beau** ~ *sout* fine talker; **c'est un beau** ~ he's a fine talker, he has a way with words.

parloir [parlwar] *nm* [d'une prison] visitors' room; [d'un monastère] parlour.

parlot(t)e *fam* [parlɔt] *nf* chitchat, natter *Br*; **faire la** ~ to chat, to natter *Br*.

parme [parm] ◇ *adj inv* mauve.

◇ *nm* [couleur] mauve.

Parme [parm] *npr* Parma.

parmesan, e [parməzɑ̃, an] *adj* Parmesan.

◆ **Parmesan, e** *nm, f* Parmesan.

◆ **parmesan** *nm* Parmesan (cheese); **spaghettis au** ~ spaghetti with Parmesan.

parmi [parmi] *prép* among; ~ **eux se trouvait un grand homme maigre** there was a tall, thin man among them; **elle erra** ~ **la foule** she wandered in OU among the crowd; **son nom est réputé** ~ **les scientifiques** her name is held in high esteem in OU by OU among the scientific community; **nous souhaitons vous avoir bientôt** ~ **nous** we hope that you'll soon be with us; ~ **tout ce vacarme** in the midst of all this noise; **c'est une solution** ~ **d'autres** that's one of many solutions; **un exemple** ~ **d'autres** an example among others; **je retiendrai cette solution** ~ **celles qui ont été proposées** I will choose this solution from those which have been suggested.

Parnasse [parnas] *npr m* **-1.** GÉOG: **le** ~ (Mount) Parnassus. **-2.** LITTÉRAT & MYTH Parnassus.

parnassien[1] [parnasjɛ̃] *nm* ENTOM apollo.

parnassien[2]**, enne** [parnasjɛ̃, ɛn] *adj* Parnassian.

◆ **Parnassien, enne** *nm, f* Parnassian *(member of the Parnassian school of French poets)*.

parodie [parɔdi] *nf* **-1.** LITTÉRAT parody. **-2.** *fig*: **une** ~ **de procès** a mockery of a trial.

parodier [9] [parɔdje] *vt* **-1.** BX-ARTS to parody. **-2.** [singer] to mimic, to parody; **je le parodie un peu, mais c'est ce qu'il a dit** I'm parodying him a little, but that's what he said.

parodique [parɔdik] *adj* parodic.

parodiste [parɔdist] *nmf* parodist.

parodontal, e, aux [parɔdɔ̃tal, o] *adj* periodontal.

parodonte [parɔdɔ̃t] *nm* periodontium.

parodontologie [parɔdɔ̃tɔlɔʒi] *nf* periodontology.

parodontolyse [parɔdɔ̃tɔliz] *nf* periodontosis.

parodontose [parɔdɔ̃toz] *nf* periodontal disease.

paroi [parwa] *nf* **-1.** [d'une chambre] partition (wall); [d'un ascenseur] wall; [d'une citerne] inside. **-2.** ANAT & BOT wall. **-3.** GÉOL & ALPINISME face, wall; ~ **rocheuse** rockface.

paroisse [parwas] *nf* parish.

paroissial, e, aux [parwasjal, o] *adj* [fête, église] parish *(modif)*; [décision, don] parish *(modif)*, parochial.

paroissien, enne [parwasjɛ̃, ɛn] *nm, f* **-1.** RELIG parishioner. **-2.** *fam* [type]: **c'est un drôle de** ~ he's a strange customer.

◆ **paroissien** *nm* [gén] prayer book; [catholique] missal.

parole [parɔl] *nf* **-1.** [faculté de s'exprimer]: **la** ~ speech; **il ne lui manque que la** ~**, à ton chien** your dog does everything but talk; **être doué de** ~ to be endowed with speech; **perdre l'usage de la** ~ to lose one's power of speech; **avoir la** ~ **facile** to be a fine talker, to have a way with words ❑ **la** ~ **est d'argent, le silence est d'or** *prov* speech is silver, silence is golden *prov*. **-2.** [fait de parler]: **demander la** ~ to ask for the right to speak; JUR to request leave to speak; **les délégués demandent la** ~ the delegates want to speak; **prendre la** ~ [gén] to speak; [au parlement, au tribunal] to take the floor; **vous avez la** ~ [à un avocat, un député] you have the floor; [dans un débat] (it's) your turn to speak OU over to you; **la** ~ **est à la défense** the defence may now speak; **adresser la** ~ **à qqn** to talk OU to speak to sb; **nous ne nous adressons plus la** ~ we're not on speaking terms OU we don't talk to each other any more; **couper la** ~ **à qqn** to interrupt sb; **passer la** ~ **à qqn** to hand over to sb ❑ **droit de** ~ right to speak; **temps de** ~ speaking time; **votre temps de** ~ **est révolu** your time is up. **-3.** LING speech, parole; **acte de** ~ speech act. **-4.** *(souvent pl)* [propos] word, remark; **des** ~**s blessantes** hurtful words OU remarks; **jamais une** ~ **gentille!** never a kind word!; **prononcer des** ~**s historiques** to utter historic words; **ce sont ses (propres)** ~**s** those are his very (own) words; **ce ne sont que des** ~**s en l'air** all that's just idle talk; **il s'y connaît en belles** ~**s** he's full of fine words; **en** ~**s, ça a l'air simple, mais...** it's easy enough to say it, but...; **en** ~**s et en actes** in word and deed ❑ **répandre** OU **porter la bonne** ~ to spread OU to carry the good word; **la** ~ **de Dieu** the Word of God; **c'est** ~ **d'Évangile** it's the gospel truth; **les** ~**s s'envolent, les écrits restent** *prov* verba volant, scripta manent *prov*. **-5.** [engagement] word; **ma** ~ **vaut bien la sienne** my word is as good as his; **il n'a qu'une** ~**, il est de** ~ his word is his bond, he's a man of his word; **tu n'as aucune** ~ you never keep your word; **donner sa** ~ **(d'honneur) à qqn** to give sb one's word (of honour); **reprendre** OU **retirer sa** ~ to go back on one's word ❑ **c'est un homme de** ~ he's a man of his word; ~ **d'honneur!** I give you my word (of honor)!; **ma** ~**!** my word! **-6.** JEUX: **avoir la** ~ to be the first to bid; **passer** ~ to pass; ~**!** [je passe] pass!, your bid!

◆ **paroles** *nfpl* [d'une chanson] words, lyrics; ~**s de Robbie Blondeau** lyrics by Robbie

Blondeau || [d'une illustration] words; histoire sans ~s wordless cartoon; 'sans ~s' 'no caption'.

◆ **sur parole** *loc adv* on parole.

parolier, ère [parɔlje, ɛr] *nm, f* [d'une chanson] lyric writer, lyricist; [d'un opéra] librettist.

paronyme [parɔnim] ◇ *adj* paronymous.
◇ *nm* paronym.

paronymie [parɔnimi] *nf* paronymy.

paronymique [parɔnimik] *adj* paronymous.

parotide [parɔtid] ◇ *nf* parotid gland.
◇ *adj f* parotid.

parotidien, enne [parɔtidjɛ̃, ɛn] *adj* parotidian.

parotidite [parɔtidit] *nf* parotitis; ~ infectieuse mumps.

paroxysmal, e, aux [parɔksismal, o] = **paroxysmique**.

paroxysme [parɔksism] *nm* -**1.** [d'un état affectif] paroxysm, height; le mécontentement a atteint son ~ discontent is at its height; au ~ de la douleur in paroxysms of pain; les fans étaient au ~ du délire the fans' enthusiasm had reached fever pitch. -**2.** MÉD paroxysm. -**3.** GÉOL: ~ volcanique paroxysmal eruption.

paroxysmique [parɔksismik], **paroxystique** [parɔksistik] *adj* paroxysmal, climactic.

parpaillot, e [parpajo, ɔt] *nm, f* HIST & *péj* (French) Protestant.

parpaing [parpɛ̃] *nm* -**1.** [pierre de taille] perpend. -**2.** [aggloméré] breezeblock *Br*, cinderblock *Am*.

Parque [park] *npr f*: la ~ Fate; les ~s the Parcae, the Fates.

parquer [3] [parke] *vt* -**1.** [mettre dans un parc - bétail] to pen in OU up *(sép)*; [- moutons] to pen in OU up *(sép)*, to fold; ~ les huîtres to lay down an oysterbed. -**2.** [enfermer - prisonniers] to shut in OU up *(sép)*, to confine; [- foule, multitude] to pack OU to cram in *(sép)*; on parquait les réfugiés dans les camps the refugees were herded into the camps. -**3.** [voiture] to park.

◆ **se parquer** *vpi* [en voiture] to park.

parquet [parkɛ] *nm* -**1.** [revêtement de bois] (wooden) floor OU flooring; [à chevrons] parquet; refaire le ~ to re-lay OU to replace the floorboards ❑ ~ à l'anglaise strip flooring. -**2.** JUR public prosecutor's department, ≃ Crown Prosecution Service *Br*, ≃ District Attorney's office *Am*; déposer une plainte auprès du ~ to lodge a complaint with the public prosecutor. -**3.** BOURSE: le ~ [lieu] the (dealing) floor; [personnes] the Stock Exchange. -**4.** BX-ARTS wooden backing.

parquetage [parkətaʒ] *nm* -**1.** CONSTR (wooden OU parquet) flooring. -**2.** BX-ARTS backing (with wood).

parqueter [27] [parkəte] *vt* to lay a wooden OU parquet floor in, to put a wooden OU parquet floor down in.

parqueteur [parkətœr] *nm* [fabricant] parquet maker; [poseur] parquet layer.

parquier, ère [parkje, ɛr] *nm, f* -**1.** [pour le bétail] pen hand. -**2.** PÊCHE bed fisherman.

parrain [parɛ̃] *nm* -**1.** RELIG godfather; être le ~ d'un enfant to be a child's godfather, to stand godfather to a child. -**2.** COMM sponsor. -**3.** [d'un projet] promoter; [d'une œuvre charitable] patron; POL proposer, sponsor *Am*. -**4.** [d'un navire] namer, christener; [d'une cloche] christener. -**5.** [de la mafia] godfather; 'le Parrain' *Coppola* 'The Godfather'.

parrainage [parɛnaʒ] *nm* -**1.** RELIG (act of) being a godparent. -**2.** COMM sponsorship, sponsoring. -**3.** [d'un projet] proposing, promoting; [d'une œuvre charitable] patronage; POL proposing, sponsoring *Am*. -**4.** [d'un navire] naming, christening; [d'une cloche] christening.

parrainer [4] [parɛne] *vt* -**1.** [aider moralement - candidat, postulant] to propose, to sponsor *Am*; [- projet] to propose, to support; [- œuvre charitable] to patronize. -**2.** COMM to sponsor.

parricide [parisid] ◇ *adj* parricidal.
◇ *nmf* [assassin] parricide.
◇ *nm* [crime] parricide.

parsemer [19] [parsəme] *vt* -**1.** [semer, saupoudrer]: ~ qqch de to scatter sthg with. -**2.** *litt* [suj: fleurs, étoiles]: des milliers d'étoiles parsemaient le ciel the sky was sprinkled OU scattered with thousands of stars.

parsi, e [parsi] *adj* Parsi, Parsee.

◆ **Parsi, e** *nm, f* Parsi, Parsee.

◆ **parsi** *nm* LING Parsee.

part [par] *nf* -**1.** [dans un partage - de nourriture] piece, portion; [- d'un butin, de profits, de travail etc] share; une ~ de gâteau a slice of cake; donnez-moi deux ~s de choucroute I'd like two portions OU servings OU helpings of sauerkraut; à chacun sa ~ share and share alike; couper qqch en ~s égales to cut sthg into equal parts OU portions; elle a eu sa ~ de soucis she's had her share of worries; repose-toi, tu as fait ta ~ have a rest, you've done your bit ❑ la ~ du pauvre a bit left aside *(for the poor should they come knocking at the door)*; avoir ~ à to have a share in, to share (in); avoir ~ aux bénéfices to share in the profits; avoir la ~ belle to get a good deal; faire la ~ belle à qqn to give sb a good deal; vouloir sa ~ de OU du gâteau to want one's share of the cake; se réserver OU se tailler la ~ du lion to keep OU to take the lion's share; ~ à deux! *fam* let's go halves! -**2.** JUR [pour les impôts] *basic unit used for calculating personal income tax*; un couple avec un enfant a deux ~s et demie a couple with a child has a tax allowance worth two and a half *Br* OU has two and a half tax exemptions *Am* || [dans un héritage]: ~ virile lawful share. -**3.** ÉCON & FIN: ~ de marché market share; ~ sociale/d'intérêts unquoted/partner's share. -**4.** [fraction] part, portion; ce n'est qu'une petite ~ de la vérité it's only a fraction OU small part of the truth; en grande ~ for the most part, largely, to a large extent; les sociétés, pour la plus grande ~, sont privatisées firms, on the whole, are privatized; elle ne participe que pour une petite ~ aux frais d'exploitation she only pays a fraction OU small part of the running costs; il y a toujours une ~ d'affabulation dans ce qu'il dit there's always a touch of fantasy in what he says; il y a une grande ~ de peur dans son échec her failure is due to a large extent to fear, fear goes a long way towards explaining her failure. -**5.** [participation]: prendre ~ à [discussion, compétition, manifestation] to take part in; [cérémonie, projet] to join in, to play a part in; [attentat] to take part in, to play a part in; deux cyclistes ne prendront pas ~ à la course two riders will not be (taking part) in the race; prendre ~ à la joie/peine de qqn to share (in) sb's joy/sorrow; un acte où la volonté n'a eu aucune ~ an act in which willpower had no share OU part; la chance n'a aucune ~ dans sa réussite luck has nothing to do with her success ❑ il faut faire la ~ du hasard/de la malchance you have to recognize the part played by chance/ill-luck, you have to make allowances for chance/ill-luck; faire la ~ des choses to take things into consideration; faire la ~ du feu to cut one's losses. -**6.** THÉÂT [aparté] (artist's) cut. -**7.** *loc*: de la ~ de [au nom de]: je viens de la ~ de Paula Paula sent me; donne-le lui de ma ~ give it to her from me; dis-lui au revoir/merci de ma ~ say goodbye/thank you for me; je vous appelle de la ~ de Jacques I'm calling on behalf of Jacques; de la ~ de [provenant de]: de ta ~, cela me surprend beaucoup I'm surprised at you; je ne m'attendais pas à une telle audace/mesquinerie de sa ~ I didn't expect such boldness/meanness from him; c'est très généreux de ta ~ that's very generous of you; cela demande un certain effort de votre ~ it requires a certain amount of effort on your part; c'est de la ~ de qui? [au téléphone, à un visiteur] who (shall I say) is calling?; pour ma/sa ~ (as) for me/him; pour ma ~, je n'ai rien contre as for me OU for my part, I have nothing against it; faire ~ de qqch à qqn to announce sthg to sb, to inform sb of sthg; elle m'a fait ~ à plusieurs reprises de ses difficultés financières she told me about her financial problems on several occasions; prendre qqch en bonne ~ to take sthg in good part; prendre qqch en mauvaise ~ to take offence at sthg, to take sthg amiss; ne le prenez pas en mauvaise ~, mais... don't be offended, but...

◆ **à part** ◇ *loc adj* -**1.** [séparé - comptes, logement] separate. -**2.** [original, marginal] odd; ce sont des gens à ~ these people are rather special.
◇ *loc adv* -**1.** [à l'écart]: elle est restée à ~ toute la soirée she kept herself to herself all evening; mis à ~ deux ou trois détails, tout est prêt except for OU apart from two or three details, everything is ready. -**2.** [en aparté]: prendre qqn à ~ to take sb aside OU to one side. -**3.** [séparément] separately; faites cuire la viande à ~ cook the meat separately OU on its own.
◇ *loc prép* -**1.** [excepté] except for, apart OU aside from; à ~ toi, personne ne le sait nobody knows apart from you; à ~ cela apart from that, that aside. -**2.** *sout*: à ~ soi to o.s.; elle se disait à ~ soi que... she said to herself that...

◆ **à part entière** *loc adj*: un membre à ~ entière de a full OU fully paid up member of; citoyen à ~ entière person with full citizenship (status); elle est devenue une actrice à ~ entière she's now a proper OU a fully-fledged actress.

◆ **à part que** *fam loc conj* except that, if it weren't OU except for the fact that; c'est une jolie maison, à ~ qu'elle est un peu humide it's a nice house, except that it's a bit damp.

◆ **de part en part** *loc adv* from end to end, throughout, right through; la poutre est fendue de ~ en part the beam is split from end to end.

◆ **de part et d'autre** *loc adv* -**1.** [des deux côtés] on both sides, on either side. -**2.** [partout] on all sides; on entendait dire, de ~ et d'autre, que... people on all sides were saying that...

◆ **de part et d'autre de** *loc prép* on both sides of.

◆ **de toute(s) part(s)** *loc adv* (from) everywhere, from all sides OU quarters; ils accouraient de toutes ~s vers le village they were rushing towards the village from all horizons; l'eau fuyait de toutes ~s water was leaking out everywhere.

◆ **d'une part... d'autre part** *loc corrél* for one thing... for another thing, on the one hand... on the other hand; nous avons entamé des négociations avec les Américains d'une ~ et les Japonais d'autre ~ we have started talks with the Americans and with the Japanese.

part. *abr écrite de* particulier.

partage [partaʒ] *nm* -**1.** [division - d'un domaine] division, dividing OU splitting up; [- d'un rôti] carving; [- d'un gâteau] slicing, cutting (up); faire le ~ de qqch to divide sthg up; à la mort des parents, il y aura ~ when the parents die, the estate will be split OU divided up. -**2.** [répartition - d'une fortune, des devoirs, des tâches] sharing out; [- des torts, des fautes] sharing, apportioning; ~ du pouvoir power-sharing, the sharing of power. -**3.** JUR [acte juridique] partition; ~ d'ascendant partition in will. -**4.** GÉOM division. -**5.** INF: ~ de temps time-sharing.

◆ **en partage** *loc adv*: donner qqch en ~ à qqn to leave sb sthg (in one's will); il donna en ~ à ses fils dix hectares de terre he left ten hectares of land to be shared out between his sons; ce que la nature lui a donné en ~ *fig* & *litt* the gifts bestowed upon him by nature; je n'ai reçu en ~ que la vieille horloge de mon père all I got for my share was my father's old clock.

◆ **sans partage** *loc adj sout* [joie] unmitigated; [affection] undivided; [engagement, enthousiasme] thoroughgoing.

partagé, e [partaʒe] *adj* -**1.** [opposé] split, divided; j'ai lu des critiques ~es I've read mixed critiques; il était ~ entre la joie et la crainte he was torn between joy and fear. -**2.** [mutuel - haine] mutual, reciprocal; [- amour] mutual. -**3.** *vieilli*: **être bien/mal ~** [être bien/mal loti] to have received one's share/less than one's share; **dans la répartition, tu n'es pas trop mal ~** you've not done too badly out of this redistribution. -**4.** INF: **en temps ~** on a time-sharing basis.

partageable [partaʒabl] *adj* -**1.** [bien, propriété] which can be shared out OU divided; [nombre] divisible. -**2.** [point de vue] that can be shared; **votre opinion est difficilement ~** your opinion is not one that can easily be shared. -**3.** JUR partible.

partager [17] [partaʒe] *vt* -**1.** [diviser - propriété] to divide up *(sép)*, to share out *(sép)*; **~ qqch en deux/par moitié** to divide sthg in two/into two halves; **partage la tarte en huit** cut the pie into eight pieces; **la France était alors partagée en deux zones** at the time, France was split OU divided into two zones. -**2.** [diviser - pays, société] to divide; **la question du désarmement partage le pays** the country is divided OU split over the question of disarmament; **être partagé entre** to be split OU divided between; **je suis partagée entre l'envie de finir mes études et celle de travailler** I can't make up my mind between finishing my course and starting work. -**3.** [répartir - bénéfices, provisions] to share out *(sép)*; **ils ont partagé la nourriture entre les deux/trois familles** they shared out the food between both/all three families; **partagez le chocolat équitablement** share out the chocolate fairly. -**4.** [avoir avec d'autres] to share; **~ un lit/une chambre avec qqn** to share a bed/room with sb; **on partage une chambre** we share a room; **~ la joie/peine/surprise de qqn** to share (in) sb's joy/sorrow/surprise; **le pouvoir est partagé entre les deux assemblées** power is shared OU split between the two Houses; **voici une opinion partagée par beaucoup de gens** this is an opinion shared OU held by many (people) || *(en usage abs)*: **elle n'aime pas ~** she doesn't like to share.

◆ **se partager** ◇ *vpt* [biens, travail] to share (out); **se ~ des vivres/un butin** to share (out) food/a booty; **se ~ la tâche** to share (out) the work; **partageons-nous la tâche** let's share out the work (between us); **Lyon et Marseille se partagent la première place** SPORT Lyons and Marseilles share first place OU are equal first *Br*; **se ~ les faveurs du public** to be joint favourites with the public.

◇ *vpi* -**1.** [personne]: **elles se partagent entre leur carrière et leurs enfants** their time is divided between their professional lives and their families. -**2.** [se diviser] to fork, to divide; **se ~ en** to be split OU divided into; **l'association se partage en deux tendances** the association is split into two groups.

partageur, euse [partaʒœr, øz] *adj* sharing, willing to share; **cet enfant n'est pas très ~** this child is not good at sharing.

partance [partɑ̃s]

◆ **en partance** *loc adj* due to leave; **le premier avion en ~** the first plane due to take off; **le dernier bateau en ~** the last boat out OU due to sail; **le dernier train en ~** the last train; **les familles en ~ pour l'Amérique** families setting off OU bound for America.

partant[1] [partɑ̃] *conj litt* therefore, consequently, thus; **et, ~, elle n'avait aucun droit sur la succession** and thus she had no claim on the estate.

partant[2], **e** [partɑ̃, ɑ̃t] ◇ *adj*: **être ~ pour (faire) qqch** to be willing OU ready to do sthg; **aller danser? Je suis ~e!** go dancing? I'd love to!

◇ *nm, f* SPORT [cheval] runner; [cycliste, coureur] starter.

partenaire [partənɛr] *nmf* -**1.** [gén] partner; **les ~s sociaux** management and the workforce. -**2.** CIN & THÉÂT: **il était mon ~ dans la pièce** I played opposite him in the play.

partenariat [partənarja] *nm* partnership.

parterre [partɛr] *nm* -**1.** HORT [en bordure] border; [plus large] bed, flowerbed; **un ~ de fleurs** a flowerbed. -**2.** THÉÂT [emplacement] stalls *Br*, orchestra *Am*; [spectateurs] (audience in the) stalls *Br* OU orchestra *Am*; **il y avait hier un ~ distingué** there was a distinguished OU select audience yesterday.

parthe [part] *adj* Parthian.

◆ **Parthe** *nmf* Parthian.

◆ **parthe** *nm* LING Parthian.

parthénogenèse [partenɔʒenɛz] *nf* parthenogenesis.

parthénogénétique [partenɔʒenetik] *adj* parthenogenetic.

Parthénon [partenɔ̃] *npr m*: **le ~** the Parthenon.

parti[1] [parti] *nm* -**1.** POL: **~ (politique)** (political) party; **le ~ (communiste)** the (Communist) Party; **le ~ conservateur/démocrate/républicain/socialiste** the Conservative/Democrat/Republican/Socialist Party; **les ~s de droite/gauche** the parties of the right/left, the right-wing/left-wing parties; **le système du ~ unique** the one-party system. -**2.** [choix, décision] *sout* decision, course of action; **hésiter entre deux ~s** to wonder which course of action to take; **prendre le ~ de: prendre le ~ de la modération** to opt for moderation; **prendre le ~ de faire qqch** to make up one's mind to do sthg; **j'ai fini par prendre le ~ de vendre** I eventually decided to sell; **prendre ~** [prendre position] to take sides OU a stand; **l'heure est venue de prendre ~** the time has come to take a stand, it's time to come (down) off the fence; **prendre ~ pour/contre qqch** to come out for/against sthg; **il a résolument pris ~ pour la musique concrète** he came down firmly on the side of concrete music; **prendre ~ pour qqn** to side OU to take sides with sb; **prendre ~ contre qqn** to take sides against sb; **prendre son ~: son parti est pris** her mind is made up, she's made up her mind; **prendre un ~** [arrêter son choix, prendre sa décision] to decide; **vous avez suffisamment tergiversé, il faut prendre un ~** you've hummed and hawed long enough, it's time you made up your mind ❑ **en prendre son ~: elle ne sera jamais musicienne, il faut que j'en prenne mon/qu'elle en prenne son ~** she'll never be a musician, I'll/she'll just have to accept it. -**3.** [avantage]: **tirer ~ de** to take advantage of; **tirer ~ de la situation** to take advantage of the situation; **tirer ~ du matériel** to put the equipment to good use; **elle ne sait pas tirer ~ de ses qualifications** she doesn't know how to get the most out of her qualifications; **elle tire ~ de tout** she can turn anything to her advantage; **il tire le meilleur ~ possible de ses relations** he uses his connections to the best possible advantage. -**4.** *hum* [personne à marier]: **c'est un beau OU bon ~** he's/she's a good match. -**5.** *loc*: **faire un mauvais ~ à qqn** to ill-treat sb.

◆ **parti pris** *nm* -**1.** [prise de position] commitment; **avoir un ~ pris de modernisme/clarté** to be committed to modernism/clear-thinking. -**2.** [préjugé] bias; **je n'ai aucun ~ pris contre le tennis professionnel, mais...** I'm not biased against professional tennis, but...; **être de ~ pris** to be biased; **faire qqch de ~ pris** to do sthg deliberately OU on purpose; **être sans ~ pris** to be unbiased OU objective; **pour une fois, sois sans ~ pris!** try to be objective for once!; **je dirais, sans ~ pris, qu'elle est la meilleure** without any bias on my part, I'd say that she's the best.

parti[2], **e**[1] [parti] *adj fam* drunk, tight; **tu étais bien ~ hier soir!** you were well away *Br* OU well gone last night!

partial, e, aux [parsjal, o] *adj* biased, partial.

partialement [parsjalmɑ̃] *adv* in a biased OU partial way.

partialité [parsjalite] *nf* [favorable] partiality; [défavorable] bias; **~ envers qqn** partiality for sb, bias in favour of sb; **~ contre qqn** bias against sb.

partibus → **in partibus**.

participant, e [partisipɑ̃, ɑ̃t] ◇ *adj* participant, participating.

◇ *nm, f* participant; **les ~s au congrès** the participants in OU those taking part in the congress.

participation [partisipasjɔ̃] *nf* -**1.** [engagement, contribution] participation, involvement; **il nie sa ~ à OU dans l'enlèvement du prince** he denies having participated OU been involved in the prince's kidnapping; **malgré sa ~ à de nombreux jeux télévisés** [candidat] in spite of his having been a contestant in many TV game shows; **sa ~ aux jeux Olympiques semble compromise** there's a serious question mark hanging over his participation in the Olympic Games; **apporter sa ~ à qqch** to contribute to sthg; **la décision a été prise sans sa ~** the decision was made without her being involved OU having any part in it; **notre foire du livre a dû se faire sans la ~ des éditeurs** our book fair had to be held in the absence of any OU without any publishers. -**2.** [dans un spectacle] appearance; **'avec la ~ des frères Jarry'** 'featuring the Jarry Brothers'; **'avec la ~ spéciale de Robert Vann'** 'guest appearance by Robert Vann'. -**3.** [contribution financière] contribution (to costs); **il y a 100 F de ~ aux frais** you have to pay 100 F towards costs; **nous demandons à chacun une petite ~** we're asking every one of you to contribute a small amount OU to make a small contribution. -**4.** POL: **~ (électorale)** (voter) turnout; **un faible taux de OU une faible ~ aux élections** a poor OU low turnout at the polls. -**5.** ÉCON & POL [détention de capital] interest, share; **avoir une ~ majoritaire dans une société** to have a majority interest in a company ❑ **~ aux bénéfices** profit-sharing; **~ ouvrière** worker participation. -**6.** JUR: **~ aux acquêts** *sharing of spouse's purchases after marriage (subsequent to divorce)*, ≃ property adjustment *Br*.

◆ **en participation** *loc adj* profit-sharing *(modif)*.

participe [partisip] *nm* participle (form); **~ passé/présent** past/present participle; **proposition ~, ~ absolu** participial construction.

participer [3] [partisipe]

◆ **participer à** *v + prép* -**1.** [prendre part à - concours, négociation, cérémonie] to take part in; [- discussion] to contribute to; [- projet] to be involved in; [- aventure] to be involved in, to be part of; [- épreuve sportive] to take part OU to be in; [- attentat, vol] to be involved in, to take part in; **tous ceux qui ont participé au jeu** all contestants OU competitors; **c'est le premier rallye/marathon auquel je participe** it's the first rally/marathon I've been in; **elle nie avoir participé au complot** she denies having been involved in the plot; **j'aimerais te voir ~ plus souvent aux tâches ménagères!** I'd like to see you taking on a greater share of the household chores! -**2.** [partager] to share (in); **~ à la douleur/joie de qqn** to share in sb's pain/joy. -**3.** [financièrement - achat, dépenses] to share in, to contribute to; **tous ses collègues ont participé au cadeau** all her colleagues contributed something towards the present || ÉCON & FIN [profits, pertes] to share (in). -**4.** *(en usage abs)* [dans un jeu] to take part, to join in; [à l'école] to contribute (during class); **tu ne participes pas assez (en classe)** you don't contribute enough in class.

◆ **participer de** *v + prép sout* to pertain to; **tout ce qui participe de la philosophie** everything pertaining OU relating to philosophy.

participial, e, aux [partisipjal, o] *adj* participial.

◆ **participiale** *nf* participial construction.

particularisation [partikylarizasjɔ̃] *nf* particularization.

particulariser [3] [partikylarize] *vt* -**1.** [restreindre à un cas particulier] to particularize; **~ une proposition générale** to particularize (from) a general statement. -**2.** [distinguer, singulariser] to distinguish, to characterize; cette façon de parler particularise le provençal this manner of speaking is peculiar OU specific to Provençal. -**3.** JUR: ~ une affaire to specify (the identity of) one of the accused (in a case).

◆ **se particulariser** *vpi*: se ~ par to be distinguished OU characterized by.

particularisme [partikylarism] *nm* POL, RELIG & SOCIOL particularism.

particulariste [partikylarist] ◇ *adj* particularist, particularistic.

◇ *nmf* particularist.

particularité [partikylarite] *nf* -**1.** [trait distinctif - d'une personne, d'une culture, d'une langue etc] particularity, (specific) feature OU characteristic OU trait; [- d'une région] distinctive feature; [- d'une machine] special feature; **les tortues de mer ont la ~ de pondre dans le sable** a distinctive feature of turtles is that they lay their eggs in the sand. -**2.** [élément] detail, particular; **pourquoi insister sur cette ~?** why stress that particular OU specific aspect?

particule [partikyl] *nf* -**1.** GÉOL, GRAMM & PHYS particle. -**2.** [dans un nom] particule *('de' in a surname, indicating aristocratic origin)*.

particulier, ère [partikylje, ɛr] *adj* -**1.** [précis - circonstance, exemple, point] particular, specific; **j'ai traité un aspect ~ de son œuvre** I've dealt with a particular OU specific aspect of her work. -**2.** [caractéristique - odeur, humour, parler, style] particular, distinctive, characteristic; **une odeur particulière au pois de senteur** a fragrance peculiar to sweetpeas; **un trait bien ~** a highly distinctive feature. -**3.** [hors du commun] particular, special, unusual; **apporter une attention toute particulière à qqch** to pay particular OU special attention to sthg; **elle avait pour cette amie une tendresse toute particulière** she was particularly fond of that friend; **ses photos n'offrent pas d'intérêt ~** his photographs are of OU hold no particular interest; **il ne s'est rien passé de ~** nothing special OU particular happened. -**4.** [bizarre - comportement, goûts, mœurs] peculiar, odd; **elle a toujours été un peu particulière** she's always been a bit unusual; **ses tableaux sont très ~s** [étranges] his pictures are very peculiar. -**5.** [privé - avion, intérêts] private; **j'ai une voiture particulière** I've got my own car OU a car of my own ❑ **cours ~, leçon particulière** private lesson; **je donne des cours ~s de latin** I give private tuition *Br* OU lessons in Latin.

◆ **particulier** *nm* -**1.** ADMIN private individual; **il loge chez des ~s** he's in private lodgings *Br*, he rooms with a family *Am*. -**2.** *fam péj* [type] character; **un drôle de ~!** an odd character. -**3.** [élément individuel]: **le ~** the particular; **passer du ~ au général** to go from the particular to the general.

◆ **en particulier** *loc adv* -**1.** [essentiellement] in particular, particularly, especially; **vous avez été très désagréables, toi en ~, Jacques** you've been most unpleasant, especially you OU you in particular, Jacques; **les Français en général et les Parisiens en ~** French people in general and Parisians in particular. -**2.** [seul à seul] in private; **puis-je vous parler en ~?** may I have a private word with you?

particulièrement [partikyljɛrmɑ̃] *adv* -**1.** [surtout] particularly, specifically, in particular; **nous nous attacherons plus ~ à cet aspect de l'œuvre** we shall deal in particular OU more specifically with this aspect of the work; **j'avais tout ~ envie de cette robe-là** I particularly wanted that dress; **leurs enfants sont très beaux, ~ leur fille** their children are very good-looking, especially their daughter. -**2.** [exceptionnellement] particularly, specially, especially; **il n'est pas ~ laid/doué** he's not particularly ugly/gifted; **pas ~** [par politesse]: **je n'aime pas ~ cela** I'm not particularly keen on it; **tu aimes le whisky? – pas ~** do you like whisky? – not particularly.

partie² [parti] ◇ *f* → **parti** *adj*.

◇ *nf* -**1.** [élément, composant] part; **les ~s du corps** the parts of the body; **les ~s constituantes** the component parts; **faire ~ de** [comité] to be a member of, to be on, to sit on; [club, communauté] to be a member of, to belong to; [équipe] to belong to, to be one of, to be in; [licenciés] to be among, to be one of; [métier, inconvénients, risques] to be part of; **tous ceux qui font ~ de notre association** all the members of our association; **ils ne font pas ~ de la Communauté européenne** they don't belong to OU aren't a member of the European Community; **il ne fait plus ~ de notre personnel** he's no longer on our staff, he's not a member of our staff any more; **il fait presque ~ de la famille** he's almost one of the family; **faire ~ intégrante de** to be an integral part of; **cela fait ~ intégrante de la vie quotidienne** it's part and parcel of everyday life ❑ **~s communes/privatives** communal/private areas *(in a building or an estate)*; **~s génitales** OU **sexuelles** genitals, private parts; **~s viriles** male (sexual) organs; **ses ~s** *fam* his privates. -**2.** [fraction, morceau] part; **couper qqch en deux ~s** to cut sthg into two (parts); **coupez le melon en trois ~s** cut the melon into three parts; **la ~ visible de la Lune** the visible side of the Moon; **la ~ boisée de la colline** the wooded part OU side of the hill; **dans la ~ charnue de mon anatomie** *hum* in the fleshy part of my anatomy; **une ~ du blé est contaminée** some OU part of the wheat is contaminated; **ce n'est qu'une ~ de la vérité** it's only part of the truth; **une ~ de l'héritage** (a) part of the inheritance; **une grande/petite ~ de l'électorat** a large/small part of the electorate, a large/small section of the electorate; **il est absent une grande** OU **la plus grande ~ du temps** he's away much of OU most of the time; **pendant la plus grande ~ du chemin** (for) most of the way; **la plus grande ~ de ses concerts** most of his concerts; **j'ai lu une ~ de ses livres** I've read some of her books; **je n'ai coupé qu'une ~ des dahlias** I've only cut some of the dahlias. -**3.** JEUX & SPORT game; **faire une ~ de cartes** to have a game of cards; **on fait une ~?** shall we play OU have a game?; **il va tous les soirs faire sa ~ chez le docteur Ranton** he goes to Doctor Ranton's every night to play cards; **la ~ n'est pas égale** it's an uneven match, it's not a fair match; **la ~ sera difficile à jouer** *fig* it's not going to be easy, we've got a tough time ahead of us ❑ **~ d'échecs/de billard/de tennis/de cartes** game of chess/billiards/tennis/cards; **~ de golf** round of golf; **abandonner** OU **quitter la ~** to give up the fight, to throw in the towel; **avoir la ~ belle** to be in a favourable position, to be well placed; **avoir ~ gagnée** to be bound to succeed; **la ~ est jouée/n'est pas jouée** the outcome is a foregone conclusion/is still wide open. -**4.** [divertissement à plusieurs]: **~ de chasse/pêche** shooting/fishing party; **~ de campagne** day OU outing in the country; **~ carrée** wife-swapping party; **~ fine** orgy; **une ~ de jambes en l'air** *fam* a roll in the hay; **~ de plaisir** pleasure trip; **cette course était une véritable ~ de plaisir** *fam* that race was a piece of cake OU a real stroll *Br*; **ça n'est pas une ~ de plaisir!** *fam* [c'est difficile] it's no picnic OU fun!; **être/se mettre de la ~: on va lui faire une farce, qui veut être de la ~?** we're going to play a trick on him, who wants to join in?; **elle m'a déjà fait assez de reproches, ne te mets pas (aussi) de la ~** I've had enough criticism from her, don't you join in as well; **s'il se met aussi de la ~, nous aurons les capitaux nécessaires** if he comes in on it too, we shall have the necessary capital; **je ne peux pas partir avec toi cette fois, mais ce n'est que ~ remise** I can't go with you this time, but there'll be other opportunities; **ce n'est que ~ remise, je me vengerai!** I'll get even some day! -**5.** [domaine, spécialité] field, line; **ce n'est pas ma ~** it's not my field OU line; **elle est de la ~** it's her line; **moi qui suis de la ~, je peux te dire que ce ne sera pas facile** being in that line of business myself, I can tell you it won't be easy. -**6.** MUS part; **la ~ de la clarinette/du soprano** the clarinet/soprano part; **faire** OU **tenir bien sa ~** (dans une affaire) to hold one's own (in a business). -**7.** [participant - gén & JUR] party; **être ~ dans** to be a party to OU in; **être ~ dans une négociation** to be a party to a negotiation; **les ~s en présence** the parties; **les deux ~s demandent le renvoi de l'affaire** both sides have requested an adjournment; **les ~s belligérantes** the belligerent OU warring parties ❑ **~ adverse/intervenante** opposing/intervening party; **~s contractantes/intéressées** contracting/interested parties; **~ publique** OU **poursuivante** public prosecutor, ≃ the Crown *Br*, ≃ the District Attorney *Am*; **~ civile** private party *(acting jointly with the public prosecutor in criminal case)*, plaintiff *(for damages)*; **se constituer** OU **se porter ~ civile** to act jointly with the public prosecutor; **~ comparante** appearer; **~ défaillante** party failing to appear (in court); **~ principale** [gén] principal party; [ministère public] ≃ the Crown *(in Crown proceedings) Br*, ≃ the District Attorney *Am*; **~ prenante** payee, receiver; **être ~ prenante dans qqch** *fig* to be directly involved OU concerned in sthg. -**8.** GRAMM: **~ du discours** part of speech. -**9.** MATH: **~ d'un ensemble** subset. -**10.** CHIM: **~ par million** part per million. -**11.** *loc*: **avoir ~ liée avec qqn** to be hand in glove with sb; **ils avaient ~ liée depuis le début** they were working hand in glove together from the start.

◆ **à partie** *loc adv*: **prendre qqn à ~** [s'attaquer à lui] to set on sb; [l'interpeller] to take sb to task.

◆ **en partie** *loc adv* in part, partly, partially; **en ~ dû au mauvais temps** partly due to the bad weather; **je ne l'ai cru qu'en ~** I only half believed him; **c'est en ~ vrai** it's partly true; **c'est en ~ de la fiction et en ~ de la réalité** it's part fiction and part truth; **c'est en ~ de l'or et en ~ de l'argent** it's partly gold and partly silver; **en grande** OU **majeure ~** for the most part, largely, mainly; **c'est en grande ~ à cause de lui** it's largely because of him.

◆ **pour partie** *loc adv* partly, in part.

partiel, elle [parsjɛl] *adj* partial; **contrôle** OU **examen ~** mid-year exam; **(emploi à) temps ~** part-time job; **elle ne le fait qu'à temps ~** she only does it part-time.

◆ **partiel** *nm* -**1.** SCOL mid-year exam. -**2.** PHYS partial.

partiellement [parsjɛlmɑ̃] *adv* partially, partly; **ce n'est que ~ vrai** it's only partly true.

partir [43] [partir] *vi* -**1.** [s'en aller] to go, to leave; **pars, tu vas rater ton train** (off you) go, or you'll miss your train; **il faut que je parte** I must be off, I must go OU leave; **je peux ~ maintenant?** can I go OU leave now?; **Paul est déjà parti** Paul has gone OU left already; **empêche-la de ~** stop her (going), don't let her go; **je ne vous fais pas ~, j'espère** I hope I'm not chasing you away; **~ en courant/boitant** to run/to limp off; **~ discrètement** to leave discreetly, to slip off; **laisser ~** [prisonnier, otage] to set free, to let go, to release; [écolier] to let out; [employé] to let go; **laisse-moi ~** let me go; **si ça ne vous plaît pas, vous pouvez toujours ~** if you don't like it, you can always go OU leave; **sa femme est partie pour toujours/avec son meilleur ami** his wife has gone for good/gone off with his best friend; **il est parti avec la caisse** he ran away OU off with the till; **le climat les a fait ~** the climate drove them away; **tout son argent part en disques** all his money goes on records; **~ de** to leave; **je ne peux pas ~ du bureau avant 17 h 30** I can't leave the office before 5:30; **je suis parti de chez moi à 10 h** I left home at 10; **~ du gouvernement** to leave office OU the government; **une prime pour ceux qui partiront volontairement de l'entreprise** a bonus for those who leave the company voluntarily ‖ *euph* [mourir] to pass on OU away; **quand je partirai** when I depart this life OU this world, when I pass on. -**2.** [se mettre en route] to set off OU out, to start off; **il faut ~ de bonne heure pour éviter les bouchons** we must set off early OU make an early start if we want to beat the traffic jams; **pars devant, je te**

rattrape go ahead, I'll catch up with you; **regarde cette circulation, on n'est pas encore partis!** *fam* by the look of that traffic, we're not off yet!; **le courrier n'est pas encore parti** the post hasn't gone yet; **~ en avion** [personne] to fly (off); [courrier] to go air mail OU by air; **~ en bateau** to go (off) by boat, to sail; **~ à bicyclette** to go (off) by bike, to cycle off; **~ en voiture** to go (off) by car, to drive off. **-3.** [se rendre] to go, to leave; **je pars à** OU **pour Toulon demain** I'm leaving for OU I'm off to Toulon tomorrow; **nous partons en Espagne à Pâques** we're going OU we're off to Spain at Easter; **dans quelle direction est-elle partie?** which way did she go?; **il est parti à la cuisine** he's gone (off) to the kitchen; **~ à la campagne/montagne/mer** to go (off) to the countryside/mountains/seaside; **~ vers le sud** to go south; **toutes les eaux usées partent dans les égouts** all liquid waste goes (down) into the sewers. **-4.** [aller - pour se livrer à une activité] to go; **elle est partie au tennis/à la danse** she's gone to play tennis/to her dance class; **~ à la chasse/pêche** to go shooting/fishing; **~ à la recherche de** to set off in search of, to go looking for; **~ à la guerre** to go (off) to war; **~ en week-end** to go off OU away for the weekend; **nous partons en excursion/voyage demain** we're setting off on an excursion/a journey tomorrow; **tu ne pars pas (en vacances) cet été?** aren't you going on holiday *Br* OU vacation *Am* this summer?; **~ en congé maternité** to go on maternity leave; **~ skier/se promener** to go skiing/for a walk; **sa tête est partie heurter le buffet** his head struck against the sideboard. **-5.** [s'engager]: **~ dans: ~ dans un discours** to launch into a speech; **~ dans une explication** to embark on an explanation; **~ sur: ~ sur un sujet** to start off on a topic; **quand elles sont parties sur leur boulot, c'est difficile de les arrêter** *fam* once they start on about their job, there's no stopping them; **être parti à faire qqch** *fam*: **les voilà partis à refaire toute la maison** there they go doing up the entire house. **-6.** [démarrer - machine, moteur, voiture] to start (up); [- avion] to take off, to leave; [- train] to leave, to depart; [- fusée] to go up; [- pétard] to go off; [- plante] to take; **ton avion n'est pas encore parti** your plane hasn't left yet; **le coup (de feu) est parti tout seul** the gun went off on its own; **il m'a insulté et la gifle est partie** he insulted me and I just slapped him; **excuse-moi, le mot est parti (tout seul)** I'm sorry, the word just came out; **faire ~** [moteur] to start (up); [pétard] to set OU to let off *(sép)*; [fusil] to let off *(sép)*; [plante] to get started; **je ferai ~ ma daube à onze heures** *fam* I'll start my stew off OU I'll put my stew on at eleven. **-7.** [se mettre en mouvement, débuter - coureur, match, concert] to start (off); **la contrebasse est partie avant la mesure** the double bass started off OU came in before the beat; **il est parti trop vite** SPORT he set OU went off too fast; **être parti pour: on est partis pour avoir des ennuis!** we're headed for trouble!; **elle est partie pour nous faire la tête toute la soirée** she's set to sulk all evening; **le match est bien/mal parti pour notre équipe** the match has started well/badly for our team; **le projet est bien parti** the project is off to a good start; **je le vois mal parti pour récupérer son titre** the way he's going, I just can't see him winning back his title; **elle a l'air bien partie pour remporter l'élection** she seems well set to win the election. **-8.** [se vendre] to sell; **le nouveau modèle part bien** the new model is selling well. **-9.** [disparaître, s'effacer - inscription] to disappear, to be rubbed off OU out, to be worn off; [- tache] to disappear, to go, to come out; [- douleur] to go, to disappear; [- boutons] to come off; [- pellicules, odeur] to go; **ça partira au lavage** it'll wash off, it'll come out in the wash; **faire ~** [salissure] to get rid of, to remove; [odeur] to get rid of, to clear; [douleur] to ease; **je n'arrive pas à faire ~ les traces de doigts sur la table** I can't remove the finger marks from the table; **ça ne fera pas ~ ton mal de gorge** it won't get rid of your sore throat; **rien de tel que la toile émeri pour faire ~ la rouille** there's nothing like emery paper for removing rust || [se défaire, se détacher - attache, bouton] to come off, to go; [- maille] to run; [- étiquette] to come off.

◆ **partir de** *v + prép* **-1.** [dans l'espace]: **pour teindre le cheveu, on part de la racine** to die hair, you start with the roots; **de petites pousses partent du pied** little sprouts are shooting up from the root; **le ferry/marathon part de Brest** the ferry sails/the marathon starts from Brest; **la rue part de la mairie** the street starts at the town hall; **la cicatrice part du poignet et va jusqu'au coude** the scar goes OU stretches from the wrist to the elbow; **c'est le quatrième en partant de la droite/du haut** it's the fourth (one) from the right/top. **-2.** [dans le temps]: **nous allons faire ~ le contrat du 15 janvier** we'll make the contract effective (as) from January the 15th; **votre congé part de la fin mai** your holidays begin at the end of May. **-3.** [dans un raisonnement]: **~ du principe que** to start from the principle that, to start by assuming that; **si l'on part de ce principe, il faudrait ne jamais contester** on that basis, one should never protest; **tu ne devrais pas ~ du présupposé que...** you shouldn't start (off) by presupposing that OU start from the presupposition that... **-4.** [provenir de]: **tous les problèmes sont partis de là** all the problems stemmed from that; **ça partait d'un bon sentiment** his intentions were good; **sa remarque est partie du cœur** his comment came OU was (straight) from the heart, it was a heartfelt remark.

◆ **à partir de** *loc prép* **-1.** [dans le temps] (as) from; **à ~ d'aujourd'hui** from today onwards, (as) from today; **à ~ de mardi** starting from Tuesday, from Tuesday onwards; **à ~ de 5 h** from 5 o'clock on OU onwards; **à ~ de (ce moment-) là, il ne m'a plus adressé la parole** from that moment on OU from then on, he never spoke to me again. **-2.** [dans l'espace] (starting) from; **le deuxième à ~ de la droite** the second (one) from the left; **comptez 5 espaces à ~ de la marge** count 5 spaces in from the margin; **à ~ du carrefour, c'est tout droit** after the crossroads, it's straight on OU ahead. **-3.** [numériquement]: **imposé à ~ de 30 000 francs** taxable from 30,000 francs upwards; **compte à ~ de 10** count from 10. **-4.** [avec, à base de] from; **c'est fait à ~ d'huiles végétales** it's made from OU with vegetable oils; **on ne peut pas tirer de conclusions à ~ de si peu de preuves** you can't reach any conclusion on the basis of so little evidence; **j'ai fait un résumé à ~ de ses notes** I've made a summary based on his notes.

partisan, e [partizɑ̃, an] *adj* partisan; **un choix ~** *péj* a biased choice; **elle n'est pas ~e** OU **partisante** *fam* **de cette thèse** she doesn't favour this theory.

◆ **partisan** *nm* **-1.** [adepte, défenseur] supporter; **c'est un ~ de la censure** he's for OU in favour of censorship. **-2.** [dans une guerre] partisan.

partita [partita] *nf* partita.

partitif, ive [partitif, iv] *adj* partitive.

◆ **partitif** *nm* partitive (form).

partition [partisjɔ̃] *nf* **-1.** MUS [symboles] score; [livret] score, music. **-2.** HIST & POL partition, partitioning, splitting; **lors de la ~ de l'Inde** when India was partitioned. **-3.** INF & MATH partition.

partouse▽ [partuz] = **partouze**.

partout [partu] *adv* **-1.** [dans l'espace] everywhere; **chercher qqch ~** to look everywhere for sthg; **je ne peux pas être ~ à la fois!** I can't be everywhere at the same time!; **les cloches sonnaient ~ à la fois** the bells were ringing everywhere at once; **il laisse toujours traîner ses affaires ~** he always leaves his things all over the place; **il a voyagé un peu ~** he's been all over the place; **ils ont habité un peu ~ en Italie** they've lived all over Italy; **j'ai mal ~** I ache all over; **le toit prend l'eau de ~** the roof leaks everywhere; **les gens accouraient de ~** people came rushing from all sides; **~ où** everywhere (that), wherever. **-2.** SPORT: **15 ~** 15 all.

partouze▽ [partuz] *nf* orgy.

parturiente [partyrjɑ̃t] *nf* parturient.

parturition [partyrisjɔ̃] *nf* parturition.

parure [paryr] *nf* **-1.** [ensemble] set; **~ de berceau** cot *Br* OU crib *Am* set; **~ de lit** set of bed linen. **-2.** JOAILL parure, set of jewels; [colifichets] matching set of costume jewellery. **-3.** VÊT finery; **dans sa plus belle ~** in all her (best) finery. **-4.** [décoration]: **les fleurs sont la ~ de la table/du balcon** flowers bring beauty to a table/balcony.

◆ **parures** *nfpl* CULIN scraps, trimmings.

parurerie [paryrri] *nf* costume jewellery and accessories trade.

parurier, ère [paryrje, ɛr] *nm, f* **-1.** [fabricant] manufacturer of costume jewellery and accessories. **-2.** [commerçant] dealer in costume jewellery and accessories.

parution [parysjɔ̃] *nf* publication; **juste avant/après la ~ du livre** just before/after the book came out.

parvenir [40] [parvənir]

◆ **parvenir à** *v + prép (aux être)* **-1.** [atteindre - suj: voyageur, véhicule, lettre, son]: **~ à** OU **jusqu'à** to get to, to reach; **nous voici parvenus au sommet de la butte** we've now reached the top of the hill; **l'ambulance ne put ~ jusqu'à lui** the ambulance couldn't get (through) to him; **faire ~ un colis à qqn** to send sb a parcel; **si cette carte vous parvient** if you get OU receive this card; **l'histoire est parvenue aux oreilles de sa femme** the story reached his wife's ears. **-2.** [obtenir - célébrité, réussite] to achieve; **étant parvenu au faîte de la gloire** having reached OU achieved the pinnacle of fame; **~ à une parfaite entente** to reach complete agreement; **~ à maturité** [fruit] to become ripe; [adolescent, esprit, idée, projet] to reach maturity. **-3.** [réussir à]: **~ à faire qqch** to succeed in doing OU to manage to do sthg; **il ne parviendra jamais à la convaincre** he'll never succeed in convincing her.

parvenu, e [parvəny] *adj & nm, f péj* parvenu, upstart, nouveau riche.

parvis [parvi] *nm* parvis; **'parking interdit sur le ~ de la cathédrale'** 'no parking in front of the cathedral'.

pas[1] [pa] *nm* **-1.** [déplacement] step; **mes ~ me conduisirent à une clairière** my steps took me to a clearing; **je vais faire quelques ~ dans le parc** I'm going for a short OU little walk in the park; **le convalescent fit quelques ~ dehors** the convalescent took a few steps outside; **revenir** OU **retourner sur ses ~** to retrace one's steps OU path; **arriver sur les ~ de qqn** to follow close on sb's heels, to arrive just after sb; **avancer à** OU **faire de petits ~** to take short steps; **marcher à grands ~** to stride along; **avancer à ~ comptés** OU **mesurés** to walk (forward) with measured steps; **faire un ~ sur le côté** to take a step to the OU to one side; **faire un ~ en avant** to step forward, to take a step OU pace forward; **faire un petit ~ en avant** to take a small step OU to inch forward; **faire un ~ en arrière** to step back ❑ **marcher à ~ de velours** to pad around. **-2.** [progrès]: **avancer à** OU **faire de petits ~** to make slow progress; **la stratégie des petits ~** the softly-softly approach; **avancer** OU **marcher à grands ~** [enquête] to make great progress; [technique, science] to take big steps forward; [échéance, événement] to be looming; **avancer à ~ comptés** OU **mesurés** [lentement] to make slow progress; [prudemment] to tread carefully; **faire un ~ en avant** [discussion, négociateur] to take a step forward; **faire un grand ~ en avant** to take a great step OU leap forward; **faire un petit ~ en avant** to take a small step forward; **c'est un grand ~ à faire** OU **franchir** it's a big step to take; **faire un ~ en arrière** to take a step back OU backwards; **faire un ~ en avant et deux**

(~) en arrière to take one step forward and two steps back OU backwards; **c'est au moins un ~ sur la bonne voie** at least it's a step in the right direction; **sur les ~ de: marcher sur les ~ de qqn** to follow in sb's footsteps; **sur ses ~: revenir** OU **retourner sur ses ~** to retrace one's steps OU path || [initiative] step; **c'est un ~ difficile pour lui que de te parler directement** talking to you directly is a difficult step for him to take. -**3.** [empreinte] footprint; **des ~ sur le sable** footprints in the sand. -**4.** [bruit] step, footstep; **elle entendait son ~ irrégulier/feutré sur la terrasse** she could hear his irregular/soft footfall on the terrace; **je reconnais le ~ lourd de grand-père** I can recognize grandfather's heavy tread. -**5.** [allure] pace; **allonger** OU **doubler le ~** to quicken one's step OU pace; **hâter** OU **presser le ~** to hurry on; **ralentir le ~** to slow one's pace, to slow down; **aller du** OU **marcher au même ~** to walk at the same pace; **aller** OU **marcher d'un bon ~** to walk at a good OU brisk pace; **avancer** OU **marcher d'un ~ lent** to walk slowly; **changer de ~** to change pace. -**6.** [démarche] gait, tread; **marcher d'un ~ alerte/léger/élastique** to walk with a sprightly/light/bouncy tread; **avancer d'un ~ lourd** OU **pesant** to tread heavily, to walk with a heavy tread. -**7.** MIL step; **~ accéléré** *marching step between quick march and double-quick*; **~ cadencé** quick march; **au ~ de charge** MIL at the charge; *fig* charging along; **au ~ redoublé** on the double, at double quick march; **~ de route** march at ease. -**8.** DANSE pas, step; **apprendre le ~ du tango** to learn the tango OU how to (dance the) tango; **faire un petit** OU **esquisser un ~** to dance a few steps, to do a little dance ❑ **~ battu/tombé** pas battu/tombé; **~ de deux/trois** pas de deux/trois. -**9.** SPORT: **~ de patinage** OU **patineur** SKI skating; **~ allongé/rassemblé** ÉQUIT extended/collected walk; **~ de canard/de l'escalier** SKI herringbone/side stepping climb; **~ alternatif** SKI basic stride, hick-off and glide; **~ de côté** BOXE side step; **au ~ de course** at a run; *fig* at a run, on the double; **au ~ (de) gymnastique** at a jog trot; **faire des ~ tournants** SKI to skate a turn. -**10.** [mesure] pace; [espace approximatif] pace, step; **comptez 30 ~** count 30 steps OU paces; **à quelques ~ de là** a few steps OU paces away; **à deux** OU **trois** OU **quelques ~: l'église est à deux ~** the church is very close at hand OU is only a stone's throw from here; **le restaurant n'est qu'à deux ~ (de la gare)** the restaurant is (only) just round the corner (from the station); **il se tenait à deux ~ de moi** he was standing just a few yards from me; **il n'y a qu'un ~** *fig*: **entre la consommation de drogue et la vente, il n'y a qu'un ~** there's only a small OU short step from taking drugs to selling them ❑ **ne pas quitter qqn d'un ~: il ne me quitte pas d'un ~** he follows my every footstep; **franchir** OU **sauter le ~** to take the plunge; **le ~ est vite fait** OU **franchi** one thing very easily leads to the other. -**11.** [marche d'escalier] step; **attention au ~ en descendant dans la cuisine** watch the step on the way (down) to the kitchen ❑ **~ de porte** doorstep; **sur tous les ~ de porte** on every doorstep; **ne reste pas sur le ~ de la porte** don't stand at the door OU on the doorstep OU in the doorway. -**12.** GÉOG [en montagne] pass; [en mer] strait; **le ~ de Calais** the Straights of Dover. -**13.** TECH [d'une vis] thread; [d'une denture, d'un engrenage] pitch; **~ à droite/gauche** right-hand/left-hand thread. -**14.** AÉRON pitch. -**15.** ARM: **~ de tir** [pour missile] launching site. -**16.** MATH pitch. -**17.** ÉLECTR: **~ de bobinage** winding pitch. -**18.** *loc*: **prendre le ~ (sur qqn/qqch)** to take precedence (over sb/sthg), to dominate (sb/sthg); **céder le ~** to give way; **les considérations financières ont fini par céder/prendre le ~** financial considerations eventually gave way/prevailed; **se tirer d'un mauvais ~** to get o.s. out of a fix.

◆ **à chaque pas** *loc adv* -**1.** [partout] everywhere, at every step; **je la rencontre à chaque ~** I meet her everywhere (I go). -**2.** [constamment] at every turn OU step; **à chaque ~ je dois corriger les mêmes erreurs** I keep having to correct the same mistakes.

◆ **au pas** *loc adv* -**1.** [en marchant] at a walking pace; **ne courez pas, allez au ~** don't run, walk. -**2.** AUT: **aller** OU **rouler au ~** [à cause d'embouteillages] to crawl along; [consigne de sécurité] to go dead slow *Br*, to go slow. -**3.** ÉQUIT walking, at a walk; **mettre son cheval au ~** to walk one's horse ❑ **mettre qqn/qqch au ~** to bring sb/sthg to heel; **le président a mis le ministre au ~** the president forced the minister to toe the line OU brought the minister back into line.

◆ **de ce pas** *loc adv* straightaway, at once; **je vais de ce ~ lui dire ma façon de penser** I'm going to waste no time in telling him what I think.

◆ **pas à pas** *loc adv* -**1.** [de très près] step by step; **il la suivait ~ à ~** he followed her step by step. -**2.** [prudemment] step by step, one step at a time; **il faut refaire l'expérience ~ à ~** the experiment must be repeated step by step. -**3.** INF step by step.

pas² [pa] *adv* -**1.** [avec 'ne', pour exprimer la négation]: **elle ne viendra ~** she won't come; **ils ne sont ~ trop inquiets** they're not too worried; **je n'aime ~ les légumes** I don't like vegetables; **ils n'ont ~ de problèmes/d'avenir** they have no problems/no future, they haven't got any problems/a future; **il a décidé de ne ~ accepter** he decided not to accept; **ce n'est ~ que je ne veuille ~, mais...** it's not that I don't want to, but... || [avec omission du 'ne'] *fam*: **elle sait ~** she doesn't know; **t'en fais ~!** don't (you) worry!; **c'est ~ sûr** it's not sure OU definite; **c'est ~ vrai!** it's not true!; [exprimant l'incrédulité] you can't be serious!; **il est ~ bête, lui!** that's good thinking!; **c'est vraiment ~ drôle!** [pas comique] it's not in the least OU slightest bit funny; [ennuyeux] it's no fun at all; **non, j'aime ~** no, I don't like it. -**2.** [avec 'non', pour renforcer la négation]: **non ~** not; **il était non ~ sévère mais ferme** he wasn't strict, (he was) just firm; **elle est non ~ belle mais jolie** she's not so much beautiful as pretty. -**3.** [employé seul]: **sincère ou ~** sincere or not; **fatigué ou ~** tired or not; **les garçons voulaient danser, les filles ~** the boys wanted to dance, the girls didn't; **tu comprends ou ~?** do you understand or not OU or don't you?; **pourquoi ~?** why not?; **viendras-tu? — pourquoi ~?** will you come? — why not?; **~ la peine** *fam* (it's) not worth it; **~ possible!** no way!; **tu es heureuse, ~ vrai?** you're happy, aren't you?; **~ assez** not enough; **j'ai insisté — mais ~ assez** I insisted — but not sufficiently OU enough; **des fraises ~ mûres** unripe strawberries. -**4.** [dans des réponses négatives]: **~ de dessert pour moi, merci** no dessert for me, thank you; **qui l'a pris? — ~ moi, en tout cas!** who took it? — not me, that's for sure!; **~ du tout** not at all; **c'est toi qui as fini les chocolats? — ~ du tout!** was it you who finished the chocolates? — certainly not!; **je n'en suis ~ du tout sûr** I'm not at all sure (about it); **~ le moins du monde** not in the least OU slightest, not at all; **je vous dérange? — ~ le moins du monde, entrez** am I disturbing you? — not in the least OU not at all, come in; **absolument ~** not at all; **vous êtes bien d'accord? — absolument ~** do you agree? — absolutely not OU not at all. -**5.** *dial* [n'est-ce-pas]: **on a fait ce qu'on a pu, ~?** we did what we could, didn't we OU right?

◆ **pas mal** *fam* ◇ *loc adj inv* not bad; **l'album n'est ~ mal** the album isn't bad; **c'est ~ mal comme idée** that's not a bad idea; **regarde mon dessin — ah, ~ mal!** look at my drawing — ah, not bad!

◇ *loc adv* -**1.** [bien]: **je ne m'en suis ~ mal tiré** I handled it quite well; **on ferait ~ mal de recommencer** we'd be better off starting again. -**2.** [très]: **il est ~ mal soûl** he's pretty drunk; **la voiture est ~ mal amochée** the car's pretty battered.

◆ **pas mal de** *fam loc dét* [suivi d'un n comptable] quite a few, quite a lot of; [suivi d'un n non comptable] quite a lot of; **~ mal de mensonges/journalistes** quite a few lies/journalists; **~ mal d'argent** quite a lot of money; **quand? — il y a ~ mal de temps** when? — quite a while ago.

◆ **pas plus mal** *loc adv*: **il a maigri — c'est ~ plus mal** he's lost weight — good thing too OU that's not such a bad thing OU just as well; **il ne s'en est ~ trouvé plus mal** he ended up none the worse for it.

◆ **pas un, pas une** ◇ *loc dét* not a (single), not one; **~ une maison n'est restée debout** not a single OU not one house was left standing; **~ un mot!** not a word!; **~ un bruit!** not a sound!; **~ un geste!** not one move!

◇ *loc pron* not (a single) one; **~ une n'est arrivée à l'heure** not one (of them) got there on time; **il n'y en a ~ un d'acceptable** none of them are acceptable; **parmi elles, ~ une qui ne veuille y aller** every one of them wants to go there; **~ un n'a bronché** there wasn't a peep out of any of them ❑ **il s'y entend comme ~ un pour déranger les gens à 2 h du matin** he's a specialist at disturbing you at 2 in the morning; **il sait faire les crêpes comme ~ un** he makes pancakes like nobody else (on earth).

PAS (*abr de* **acide para-amino-salicylique**) *nm* PAS.

pas-à-pas [pazapa] ◇ *adj inv* INF step-by-step, single-step.

◇ *nm inv* -**1.** MÉCAN step by step (mechanism). -**2.** INF single-step operation.

pascal¹, s¹ [paskal] *nm* -**1.** PHYS pascal. -**2.** *fam* [billet]: **un ~** a 500-franc note.

pascal², e, s² OU **aux** [paskal, o] *adj* RELIG [de la fête - chrétienne] Easter *(modif)*, paschal *spéc*; [- juive] paschal, Passover *(modif)*.

pascalien, enne [paskaljɛ̃, ɛn] *adj* Pascalian.

pascal-seconde [paskalsəgɔ̃d] (*pl* **pascals-seconde**) *nm* pascal-second.

pas-d'âne [padan] *nm inv* BOT coltsfoot.

pas-de-porte [padpɔrt] *nm inv* -**1.** COMM ≃ commercial lease. -**2.** JUR key money.

pas-grand-chose [pagrɑ̃ʃoz] *nmf inv péj* good-for-nothing; **ces gens-là, c'est des ~** those people are nobodies.

pasionaria [pasjɔnarja] *nf* pasionaria.

Pasiphaé [pazifae] *npr* Pasiphaë.

paso doble [pasodɔbl] *nm inv* paso doble.

passable [pasabl] *adj* -**1.** [acceptable] passable, tolerable; **leur vin est ~** their wine is drinkable; **il écrit des vers ~s** he writes quite good poetry. -**2.** SCOL [tout juste moyen] average. -**3.** *Can* [praticable] negotiable, passable; **un chemin ~** a negotiable pass.

passablement [pasabləmɑ̃] *adv* -**1.** [de façon satisfaisante] passably well, tolerably (well); **je chante ~** my voice isn't bad. -**2.** [notablement] fairly, rather, somewhat; **les deux chansons sont ~ ressemblantes** the two songs are somewhat OU rather similar.

passacaille [pasakaj] *nf* [musique - française] passacaille; [- italienne] passacaglia.

passade [pasad] *nf* -**1.** [amourette] fling, amourette; **entre eux, ce ne fut qu'une ~** they just had a (little) fling. -**2.** [caprice] passing fancy, fad.

passage [pasaʒ] *nm* **A.** -**1.** [allées et venues]: **prochain ~ du car dans deux heures** the coach will be back OU will pass through again in two hours' time; **chaque ~ du train faisait trembler les vitres** the windows shook every time a train went past; **laisser le ~ à qqn/une ambulance** to let sb/an ambulance through, to make way for sb/an ambulance; **'~ de troupeaux'** 'cattle crossing' ❑ **droit de ~** JUR right of way, easement; **moquette grand ~** heavy-duty carpeting. -**2.** [circulation] traffic; **il y a peu/beaucoup de ~ dans notre ville** there's not much/a lot of traffic in our town. -**3.** [arrivée, venue] : elle attend le ~ de l'autobus she's waiting for the bus; guette le ~ du facteur watch out for the postman *Br* OU mailman *Am*. -**4.** [visite] call, visit; c'est le seul souvenir qui me reste de mon ~ chez eux that's the only thing I remember of my visit to them; 'le relevé du compteur sera fait lors de notre prochain ~' 'we will read your meter the next time we call'. -**5.** [franchissement - d'une frontière, d'un fleuve] crossing; [- d'un col] passing; [- de la douane] passing (through); après le ~ du sucre dans l'urine after the sugar has gone OU passed into the urine; '~ interdit' 'no entry' ❑ ~ à l'ennemi MIL going over to the enemy; le ~ de la ligne NAUT the crossing of the line. -**6.** [changement, transition] change, transition; le ~ de l'hiver au printemps the change OU passage from winter to spring; le ~ de l'autocratie à la démocratie the changeover OU transition from autocracy to democracy. -**7.** [dans une hiérarchie] move; ~ d'un employé à l'échelon supérieur promotion of an employee to a higher grade; le ~ dans la classe supérieure SCOL going OU moving up to the next class *Br* OU grade *Am*. -**8.** [voyage sur mer, traversée] crossing; ils travaillaient durement pour payer leur ~ they worked hard to pay for their crossing; pour limiter le nombre des ~s clandestins vers les États-Unis to reduce the number of illegal border crossings into the United States. -**9.** ASTRON transit; le ~ d'un astre au méridien the passage OU transit of a star across the meridian. -**10.** INF: ~ machine run. -**11.** PSYCH: ~ à l'acte acting out; une pulsion criminelle ne s'accompagne pas nécessairement d'un ~ à l'acte criminal thoughts don't necessarily lead to criminal actions. -**12.** RAD, THÉÂT & TV: lors de son dernier ~ à la télévision [personne] last time he was on TV; [film] last time it was shown on TV; pour son premier ~ au Théâtre du Rocher for her first appearance at the Théâtre du Rocher. -**13.** SPORT: temps de ~ split time; ~ du témoin [au relais] (baton) changeover.

B. -**1.** [chemin] passage, way; enlève ton sac du ~ move your bag out of the way; il y a des ~s dangereux dans la grotte there are some dangerous passages in the cave; donner OU livrer ~ à qqn/qqch to let sb/sthg in ❑ ~ secret secret passage. -**2.** [ruelle] alley, passage; [galerie commerçante] arcade; ~ couvert passageway. -**3.** [tapis de couloir] runner. -**4.** AUT: ~ de roue wheel housing. -**5.** RAIL: ~ à niveau level crossing *Br*, grade crossing *Am*. -**6.** TRAV PUBL: ~ clouté OU protégé OU pour piétons pedestrian OU zebra crossing *Br*, crosswalk *Am*; ~ souterrain (pedestrian) subway *Br*, underpass.

C. D'UN FILM, D'UN ROMAN passage, section; elle m'a lu quelques ~s de la lettre de Paul she read me a few passages from Paul's letter; tu te souviens du ~ où ils se rencontrent? do you remember the bit OU sequence where they meet?

◆ **au passage** *loc adv* -**1.** [sur un trajet] on one's way; les enfants doivent attraper la cocarde au ~ the children have to catch the ribbon as they go past; nous visiterons les caves de Reims au ~ we'll visit the cellars at Rheims on our way. -**2.** [dans le cours de l'action] in passing; j'ai noté deux bonnes répliques au ~ I noted down a couple of good lines in passing. -**3.** [à propos] incidentally, by the way; tiens, au ~, je te signale trois fautes page 32 by the way, there are three mistakes on page 32.

◆ **au passage de** *loc prép*: au ~ du carrosse, la foule applaudissait when the carriage went past OU through, the crowd clapped.

◆ **de passage** *loc adj* [client] casual; être de ~ [voyageur] to be passing through.

◆ **sur le passage de** *loc prép*: la foule s'est massée sur le ~ du marathon the crowd gathered on the marathon route.

◆ **passage à tabac** *nm* beating up.

◆ **passage à vide** *nm* momentary flagging; avoir un ~ à vide to have a momentary lapse of energy; j'ai eu un petit ~ à vide juste avant midi I was feeling a bit faint just before lunch; il a eu un ~ à vide et a perdu cinq secondes [sportif] he had a lapse in concentration and lost five seconds.

passager, ère [pasaʒe, ɛr] ◇ *adj* -**1.** [momentané] passing, temporary, transient; ne vous inquiétez pas, ces douleurs seront passagères don't worry, the pain won't last. -**2.** [très fréquenté] busy; des rues très passagères very busy roads, roads with very heavy traffic.
◇ *nm, f* passenger; ce sont les ~s à destination d'Athènes qui ont le plus attendu the people going to Athens waited the longest ❑ ~ clandestin stowaway.

passagèrement [pasaʒɛrmɑ̃] *adv* for a short while, temporarily, momentarily.

passant, e [pasɑ̃, ɑ̃t] ◇ *adj* [voie, route] busy.
◇ *nm, f* passer-by; les ~s s'arrêtaient pour regarder passers-by would stop and stare.
◆ **passant** *nm* VÊT (belt) loop.

passation [pasasjɔ̃] *nf* -**1.** JUR: la ~ d'un acte/d'un contrat the drawing up (and signing) of an instrument/a contract. -**2.** POL: ~ des pouvoirs transfer of power.

passavant [pasavɑ̃] *nm* -**1.** JUR transire. -**2.** NAUT (fore-and-aft) catwalk, flying bridge.

passe [pas] ◇ *nm* -**1.** [passe-partout] master OU pass key. -**2.** [laissez-passer] pass.
◇ *nf* -**1.** SPORT [aux jeux de ballon] pass; faire une ~ to pass (the ball), to make a pass; fais-moi une ~ pass (me) the ball ‖ [en tauromachie] pass; ~ de muleta pass with the muleta. ❑ ~ d'armes sparring; il y a eu une belle ~ d'armes entre les deux leaders there was some fine sparring between the two leaders. -**2.** ▽[d'une prostituée] trick; faire une ~ to turn a trick. -**3.** [situation]: bonne/mauvaise ~: être dans une bonne ~ [commerce] to be thriving; leur couple traverse une mauvaise ~ their relationship is going through a rough OU bad period. -**4.** GÉOG [col] pass; [chenal] pass, channel. -**5.** [d'un prestidigitateur] pass. -**6.** *Can* ZOOL: ~ migratoire fish ladder. -**7.** IMPR overs, overplus. -**8.** FIN: ~ de caisse allowance for cashier's errors. -**9.** INF pass. -**10.** JEUX [mise] stake; [à la roulette] passe; ~ anglaise craps. -**11.** [sur un cours d'eau] passage. -**12.** VÊT [d'un chapeau] rim.
◆ **en passe de** *loc prép* about to, on the point of; ils sont en ~ de prendre le contrôle des médias they're poised OU set to gain control of the media.

passé[1] [pase] *prép* after; ~ minuit after midnight; ~ le pont, c'est à droite it's on the right after the bridge.

passé[2], **e**[1] [pase] *adj* -**1.** [précédent - année, mois] last; au cours des mois ~s over the past OU last few months. -**2.** [révolu] : il est 3 h ~es it's past OU gone *Br* 3 o'clock; elle a 30 ans ~s she's over 30. -**3.** [qui n'est plus] past, former; elle songeait au temps ~ she was thinking of times OU days gone by. -**4.** [teinte, fleur] faded.
◆ **passé** *nm* -**1.** [temps révolu] : le ~ the past; oublions le ~ let bygones be bygones, let's forget the past; c'est du ~ tout ça it's all in the past OU it's all behind us now. -**2.** [d'une personne, d'une ville] past; pays au ~ glorieux/sanglant country with a glorious/bloody past ❑ avoir un lourd ~: il a un lourd ~ he's a man with a past. -**3.** GRAMM past tense; verbe au ~ verb in the past tense ❑ les temps du ~ past tenses; ~ antérieur past anterior; ~ composé (present) perfect; ~ simple simple past, past historic. -**4.** COUT: ~ empiétant encroaching (satin) stitch; ~ plat satin stitch.
◆ **par le passé** *loc adv* in the past; il est beaucoup plus indulgent que par le ~ he's much more indulgent than before OU than he used to be; soyons amis, comme par le ~ let's be friends, like before.

passe-bande [pasbɑ̃d] *adj inv* band-pass.

passe-boules [pasbul] *nm inv* ≃ Aunt Sally.

passe-crassane [paskrasan] *nf inv* passe-crassane *(variety of winter pear)*.

passe-droit [pasdrwa] (*pl* passe-droits) *nm* privilege, special favour.

passée[2] [pase] ◇ *f* → **passé**.
◇ *nf* -**1.** CHASSE [du gibier d'eau] flighting; [d'un lièvre, d'un renard] track. -**2.** MIN (thin) vein, lode. -**3.** PÊCHE (light) cast. -**4.** SPORT [en natation] stroke; [en aviron] (squared) stroke.

passe-haut [pasao] *adj inv* high-pass.

passéisme [paseism] *nm péj* attachment to the past, backward-looking attitude.

passéiste [paseist] *péj* ◇ *adj* backward-looking.
◇ *nmf* backward-looking person.

passe-lacet [paslasɛ] (*pl* passe-lacets) *nm* bodkin.

passement [pasmɑ̃] *nm* (piece of) braid OU braiding OU cord *(used as trimming)*.

passementer [3] [pasmɑ̃te] *vt* to braid.

passementerie [pasmɑ̃tri] *nf* soft furnishing (and curtain fitments).

passementier, ère [pasmɑ̃tje, ɛr] *nm, f* soft furnishing (and curtain fitments) manufacturer.

passe-montagne [pasmɔ̃taɲ] (*pl* passe-montagnes) *nm* balaclava.

passe-partout [paspartu] ◇ *adj inv* -**1.** [robe, instrument] versatile, all-purpose *(modif)*; un discours ~ a speech for all occasions. -**2.** RAIL UIC standard *(modif)*.
◇ *nm inv* -**1.** [clef] master OU skeleton key. -**2.** BX-ARTS & IMPR passe-partout. -**3.** [scie] two-handed saw.

passe-passe [paspas] *nm inv*: tour de ~ [tour de magie] (magic) trick; [tromperie] trick.

passe-pied [paspje] (*pl* passe-pieds) *nm* DANSE passepied.

passe-plat [paspla] (*pl* passe-plats) *nm* serving hatch.

passepoil [paspwal] *nm* piping *(U)*.

passepoiler [3] [paspwale] *vt* to trim with piping, to pipe.

passeport [paspɔr] *nm* -**1.** ADMIN passport; ~ européen EEC OU European passport. -**2.** *fig* passport; ce diplôme est un ~ pour la vie professionnelle this diploma is a passport to a job.

passer [3] [pase] ◇ *vi (surtout avec aux être)*
A. EXPRIME UN DÉPLACEMENT -**1.** [se déplacer - personne, véhicule] to pass (by), to go OU to come past; regarder ~ les coureurs to watch the runners go past; ~ à: ~ à droite/gauche to go right/left; ~ au-dessus de: l'avion est passé au-dessus de la maison the plane flew over the house; ~ dans: un avion passait dans le ciel a plane was flying in the sky; pour empêcher les poids lourds de ~ dans le village to stop lorries from driving OU going through the village; ~ devant to go past; puisque tu passes devant la boulangerie, rapporte du pain seeing as you're going past the baker's, pick up some bread; ~ sous: ~ sous un porche to go under a porch; ~ sous une voiture [se faire écraser] to get run over (by a car); ~ sur: ~ sur un pont to go over OU to cross a bridge; des péniches passaient sur le canal barges were going past OU were sailing on the canal ‖ [fugitivement] : j'ai vu un éclair de rage ~ dans son regard I saw a flash of anger in his eyes; un sourire passa sur ses lèvres a smile played about her lips; elle dit tout ce qui lui passe par la tête she says the first thing that comes into her head; qu'est-ce qui a bien pu lui ~ par la tête? whatever was he thinking of? ❑ ne faire que ~: le pouvoir n'a fait que ~ entre leurs mains they knew power only briefly. -**2.** [s'écouler - fluide] to flow, to run; l'eau passe dans cette canalisation the water flows OU runs along this channel; il y a de l'air qui passe sous la porte there's a permanent draught coming under the door. -**3.** [emprunter un certain itinéraire] : si vous passez à Paris, venez me voir come and see me if you're in Paris; ~ par: le voleur est passé par la fenêtre the burglar got in through the window; passe par l'escalier de service use the service stairs; on a traversé Paris en passant par le Quartier latin we crossed Paris via the Latin Quarter ‖ [fleuve, route] to go, to run; la nou-

velle route ne passera pas dans le village the new road won't go OU run through the village; le Rhône passe à Lyon the Rhone goes OU flows through Lyons; le tunnel passera sous la montagne the tunnel will go under the mountain; le pont passe au-dessus de l'avenue the bridge crosses the avenue. -4. MATH to pass; soit une droite passant par deux points A et B given a straight line between two points A and B. -5. [sur un parcours régulier - démarcheur, représentant] to call; [- bateau, bus, train] to come OU to go past; le facteur n'est pas encore passé the postman hasn't been yet; le facteur passe deux fois par jour the postman delivers OU comes twice a day; le bus passe toutes les sept minutes there's a bus every seven minutes; le bateau/train est déjà passé the boat/train has already gone OU left; le prochain bateau passera dans deux jours the next boat will call OU is due in two days. -6. [faire une visite] to call; ~ chez qqn to call at sb's place; j'ai demandé au médecin de ~ I asked the doctor to call (in) OU to come OU to visit; j'essaierai de ~ dans la soirée I'll try and call in during the evening; veuillez ~ au commissariat demain please report to the police station tomorrow || *(suivi de l'infinitif)*: ~ voir qqn to call on sb; je passerai te chercher I'll come and fetch you; passe la prévenir go and tell her. -7. [franchir une limite] to get through; tu ne passeras pas, il y a trop de monde you won't get through, there are too many people; le piano ne passera jamais par la porte the piano will never go OU get through the door; ne laissez ~ personne don't let anybody through; il est passé au rouge he went through a red light ❑ ça passe ou ça casse it's make or break. -8. [s'infiltrer] to pass; ~ dans le sang to pass into OU to enter the bloodstream; la lumière passe à travers les rideaux the light shines through the curtains; le vent et la neige passaient entre les planches disjointes the wind and snow got in through the gaps in the floorboards; le café doit ~ lentement [dans le filtre] the coffee must filter through slowly. -9. [aller, se rendre] to go; où est-il passé? where's he gone (to)?; où sont passées mes lunettes? where have my glasses disappeared to?; passons à table let's eat; si l'on passait au wagon-restaurant? shall we go to the dining-car?; passons dans mon bureau let's go into my office; les invités passèrent de la salle à manger au salon the guests went OU moved from the dining room into the living room; ~ de Suisse en France to cross over OU to go from Switzerland to France; ~ à l'ennemi to go over to the enemy; elle est passée à l'opposition she's gone over to OU she's joined the opposition; il est passé du côté du vainqueur he's switched to the winning side. -10. CHASSE to pass, to go OU to come past; ici, les bécasses passent en septembre woodcock fly over here in September; là où le gibier passe where game animals pass. -11. NAUT: ~ au vent to sail to windward; ~ sur l'avant to cut across the bow. -12. THÉÂT to cross the stage.

B. EXPRIME UNE ACTION -1. ~ à [se soumettre à] to go for; ~ au scanner to go for a scan; ~ à la visite médicale to go for a medical examination; ce matin, je suis passé au tableau I was asked to explain something at the blackboard this morning ❑ y ~ *fam*: je ne veux pas me faire opérer – il faudra bien que tu y passes, pourtant! I don't want to have an operation – you're going to have to!; avec lui, toutes les femmes du service y sont passées he's had all the women in his department; tout le monde a cru que tu allais y passer everybody thought you were a goner. -2. [être accepté] to pass; elle est passée à l'écrit mais pas à l'oral she got through OU she passed the written exam but not the oral; j'ai un bout de pomme qui est passé de travers a bit of my apple has gone down the wrong way; j'ai mangé quelque chose qui ne passe pas I've eaten something that won't go down; sa dernière remarque n'est pas passée *fig* his last remark stuck in my throat; ce genre d'explication ne passera pas avec lui he won't swallow an explanation like that; ton petit discours est bien passé your little speech went down well OU was well received; la deuxième scène ne passe pas du tout the second scene doesn't work at all; le film passe mal sur le petit écran/en noir et blanc the film just isn't the same on TV/in black and white; le fascisme ne passera pas! no to fascism! ❑ passe (encore): l'injurier, passe encore, mais le frapper! it's one thing to insult him, but quite another to hit him!; une heure de retard, passe, mais trois! an hour's delay would be forgivable, but (certainly not) three! -3. [être transmis] to go; sa collection de tableaux passera à sa fille his collection of paintings will go to his daughter; la ferme est passée de père en fils depuis cinq générations the farm has been handed down from father to son for five generations; la carafe passa de main en main the jug was passed around; la locution est passée du latin à l'anglais the phrase came OU passed into English from Latin; le pouvoir est passé de la gauche à la droite the right has taken over from the left. -4. [entrer] to pass; c'est passé dans le langage courant it's passed into OU it's now part of everyday speech; c'est passé dans les mœurs it's become standard OU normal practice. -5. [être utilisé, absorbé] to go; tout son salaire passe dans la maison all her salary goes on the house; 3 000 à 4 000 francs passent chaque mois dans la nourriture food accounts for 3,000 or 4,000 francs a month ❑ y ~: tout le fromage y est passé every last bit of cheese went (in the end); les deux bouteilles y sont passées both bottles were drunk; toutes ses économies y passent all her savings go towards OU into it. -6. POL [être adopté - projet de loi, amendement] to pass, to be passed; la loi est passée the law was passed || [être élu - député] to be elected, to get in; si les socialistes passent if the socialists get in OU are elected. -7. CIN & THÉÂT to be on, to be showing; son documentaire n'est jamais passé her documentary was never shown; sa dernière pièce passe au Galatée her latest play is on at the Galatée || RAD & TV: les informations passent à 20 h the news is on at 8 p.m.; ~ à la radio [émission, personne] to be on the radio OU the air; ~ à la télévision [personne] to be OU to appear on television; [film] to be on television. -8. JUR [comparaître]: ~ devant le tribunal to come up OU to go before the court; ~ en correctionnelle ≃ to go before the magistrate's court; l'affaire passera en justice le mois prochain the case will be heard next month. -9. JEUX to pass.

C. EXPRIME UN CHANGEMENT D'ÉTAT -1. [accéder - à un niveau]: ~ dans la classe supérieure to move up to the next form *Br* OU grade *Am*; ~ en seconde ENS to move up to the fifth form *Br* OU to tenth grade *Am*; ~ à to move to; il est passé au grade supérieur he's been promoted to the next highest rank; ~ du deuxième au troisième échelon to move up from the second to the third grade. -2. [devenir] to become; ~ entraîneur to become a coach; il est passé ailier he plays on the wing now; ~ professionnel to turn professional; ~ chef de service to become OU to be promoted head of department. -3. [dans des locutions verbales]: ~ à [aborder]: passons à l'ordre du jour let us turn to the business on the agenda; traduisons le texte, puis nous passerons au commentaire let's translate the text first, then we'll analyse it; ~ à l'action to take action; ~ de... à [changer d'état]: ~ de l'état liquide à l'état gazeux to pass OU to change from the liquid to the gaseous state; la lumière passait du rose au mauve the light changed from pink to mauve; ~ sans transition de la gaieté à la tristesse to switch from joy to sadness; quand on passe de l'adolescence à l'âge adulte when you pass from adolescence to adulthood; la production est passée de 20 à 30/de 30 à 20 tonnes output has gone (up) from 20 to 30/(down) from 30 to 20 tonnes; ~ du français au russe to switch from French to Russian; comment êtes-vous passé du cinéma au théâtre? how did you move OU make the transition from the cinema to the stage?; il passe d'une idée à l'autre he jumps OU flits from one idea to another; ~ en [devenir]: le dernier vers de la fable est passé en proverbe the last verse of the fable has become a proverb. -4. AUT: ~ en troisième to change into third (gear); la seconde passe mal second gear is stiff.

D. EXPRIME UNE ÉVOLUTION DANS LE TEMPS -1. [s'écouler - temps] to pass, to go by; la journée est passée agréablement the day went off OU passed pleasantly; une heure est vite passée an hour passes quickly; à mesure que les jours passaient as the days went by; comme le temps passe! how time flies! -2. [s'estomper - douleur] to fade (away), to wear off; [- malaise] to disappear; [- mode, engouement] to die out; [- enthousiasme] to wear off, to fade; [- beauté] to fade, to wane; [- chance, jeunesse] to pass; [- mauvaise humeur] to pass, to vanish; [- rage, tempête] to die down; [- averse] to die down, to stop; mon envie est passée I don't feel like it anymore; j'aimais regarder la télévision mais cela m'a passé I used to like watching television but not anymore; cette habitude lui passera avec l'âge he'll get over the habit with age; faire ~: ce gadget fait ~ l'odeur du tabac this gadget gets rid of tobacco smells. -3. [s'altérer - fruit, denrées] to go off *Br*, to spoil, to go bad; le vin est ouvert depuis trop longtemps, il a passé the wine's been open too long, it's gone off || [se faner - fleur] to wilt; les roses sont passées the roses have wilted || [pâlir - teinte]: le papier peint a passé au soleil the sun has faded the wallpaper. -4. *vieilli (aux avoir)* [mourir]: il a passé cette nuit he passed on OU away last night.

◇ *vt* **A.** EXPRIME UN DÉPLACEMENT -1. [traverser -pont, col de montagne] to go over *(insép)*, to cross; [- écluse] to go through *(insép)*, to cross; ~ une rivière à la nage to swim across a river; ~ un ruisseau à gué to ford a stream. -2. [franchir -frontière, ligne d'arrivée] to cross, to go through; une fois passé le pas de la porte, il fait frais once you're over the threshold it gets cooler; si je passe cette porte, je ne reviendrai plus jamais if I go through that door I'll never come back; nous passerons la frontière à Vintimille we'll cross the border at Ventimiglia. -3. [dépasser - point de repère] to pass, to go past *(insép)*; vous passez l'escalier et c'est à droite go past the stairs and it's on your right, it's on your right after you pass the stairs; ~ l'arrêt de l'autobus [le manquer] to miss one's bus stop; ~ le cap Horn to (go) round Cape Horn; quand on passe les 1 000 mètres d'altitude when you go over 1,000 metres high; l'or a passé les 400 dollars l'once gold has broken through the $ 400 an ounce mark; ~ tous les obstacles to overcome OU to surmount all the obstacles. -4. [transporter] to ferry OU to take across *(sép)*. -5. [introduire]: ~ de la drogue/des cigarettes en fraude to smuggle drugs/cigarettes. -6. [engager - partie du corps] to put; ~ son bras autour de la taille de qqn to put OU to slip one's arm round sb's waist; il passa son doigt à travers le grillage he put OU he stuck a finger through the wire netting; je n'arrive pas à ~ ma tête dans l'encolure de cette robe my head won't go through the neck of the dress; il a passé la tête par l'entrebâillement de la porte he poked his head round the door. -7. [faire aller - instrument] to run; ~ un peigne dans ses cheveux to run a comb through one's hair; ~ une éponge sur la table to wipe the table; ~ un chiffon sur les meubles to dust the furniture; ~ l'aspirateur to vacuum, to hoover *Br*; ~ le balai to sweep up; passe le balai dans l'escalier give the stairs a sweep, sweep the stairs. -8. ÉQUIT [haie] to jump, to clear; le cheval a passé le fossé the horse cleared the ditch. -9. SPORT [franchir - obstacle, haie] to jump (over); ~ la barre à deux mètres to clear the bar at two metres || [transmettre - ballon] to pass; *(en usage abs)*: il a passé

à l'avant-centre he passed to the centre forward || [dépasser] to overtake, to pass; ~ **les autres concurrents** to overtake the other competitors.

B. EXPRIME UNE ACTION -**1.** [se soumettre à - permis de conduire] to take; [- examen] to take, to sit *Br*; [- scanner, visite médicale] to have, to go for *(insép)*; **il passe sa thèse demain** he has his viva for his thesis tomorrow; **la voiture doit ~ un contrôle** the car must go (in) for a test OU must be tested. -**2.** [réussir - examen] to pass; [- épreuve éliminatoire] to get through *(insép)*; **elle a passé sa ceinture noire de karaté** she's got her black belt in karate now; **il a passé l'écrit, mais attendons l'oral** he's passed the written exam, but let's see what happens in the oral. -**3.** [omettre] to miss OU to leave out *(sép)*, to omit; **je passe toutes les descriptions dans ses romans** I miss out OU I skip all the descriptions in her novels; **tu as tout de même passé plusieurs détails importants** you did miss out OU omit several important details ❑ **je te passe les détails** I'll spare you the details. -**4.** [tolérer] to put up with *(insép)*; **elle lui passe tout** she lets him get away with anything; **elle est gentille, alors on lui passe le reste** she's so nice that people make allowances (for the rest) ❑ **passez-moi l'expression/le mot** if you'll pardon the expression/excuse the term. -**5.** [soumettre à l'action de]: ~ **une plaie à l'alcool** to put alcohol on a cut; ~ **les parquets à l'encaustique** to polish the floors; ~ **des légumes au mixeur** to put vegetables through the blender, to blend vegetables; ~ **qqch sous l'eau** to rinse sthg OU to give sthg a rinse under the tap; ~ **qqch au four** to put sthg in the oven ❑ ~ **quelque chose** *fam* OU **un savon** *fam* **à qqn** to give sb a good dressing-down, to tick sb off *Br*; **se faire ~ quelque chose** *fam* OU **un savon** *fam* to get a good ticking off *Br*, to get a good chewing-out *Am*. -**6.** [donner, transmettre - gén] to pass, to hand, to give; [- rhume, message] to pass on *(sép)*, to give; [- au téléphone] to put through *(sép)*; **passe le couteau** give me the knife, hand over the knife; **passe-moi le sel** pass me the salt; ~ **la consigne à qqn** to pass on orders to sb; ~ **ses pouvoirs à son successeur** to hand over one's powers to one's successor; **il a passé sa grippe à tout le bureau** he gave his flu to everybody in the office; **je te passe Fred** here's Fred, I'll hand you over to Fred; **passe-moi Annie** let me talk to Annie, put Annie on ❑ ~ **un coup de fil à qqn** *fam* to call OU to phone sb. -**7.** *fam* [prêter] to lend; **peux-tu me ~ 100 francs jusqu'à demain?** could you lend me 100 francs till tomorrow?; **tu me passes ton livre sur les abeilles?** could you lend me your book OU let me have your book about bees?; **je lui passe ma chambre et je dors au salon** he can have my room and I'll sleep in the living room. -**8.** [appliquer - substance] to apply, to put on *(sép)*; ~ **de la cire sur qqch** to wax sthg; ~ **une couche de peinture sur un mur** to apply a coat of paint to a wall; **il faudra ~ une deuxième couche** it needs a second coat; **je vais te ~ de la crème dans le dos** I'm going to put OU to rub some cream on your back. -**9.** [filtrer, tamiser - thé, potage] to strain; [- farine] to sieve. -**10.** [enfiler - vêtement] to slip OU to put on *(sép)*; **je passe une robe moins chaude et j'arrive** I'll put on a cooler dress and I'll be with you; **elle passa l'anneau à son doigt** she slipped the ring on her finger. -**11.** AUT: ~ **une vitesse** to put the car in gear; ~ **la marche arrière** to go into reverse; ~ **la troisième** to change OU to shift into third gear. -**12.** CIN & TV [film] to show, to screen; [diapositive] to show; RAD [émission] to broadcast; [cassette, disque] to play, to put on *(sép)*; **on passe un western au Rex** there's a western on at the Rex. -**13.** COMM [conclure - entente] to conclude, to come to *(insép)*, to reach; [- marché] to agree on *(insép)*, to strike, to reach; [- commande] to place; **passez commande avant le 12** order before the 12th. -**14.** COMPTA to enter, to post; ~ **un article en compte** to enter a sale into a ledger; **passez la somme par pertes et profits** write the amount off. -**15.** JUR [faire établir - acte juridique] to draw up *(sép)*; **nous passons le contrat demain** we're drawing up the contract tomorrow; **un acte passé par-devant notaire** a deed drawn up in the presence of a lawyer. -**16.** JEUX: ~ **parole** to pass.

C. EXPRIME UNE NOTION TEMPORELLE -**1.** [employer - durée] to spend; **j'ai passé un an en Angleterre** I spent a year in England; **passez un bon week-end/une bonne soirée!** have a nice weekend/evening!; **j'ai passé deux heures sur la traduction** I spent two hours on the translation, it took me two hours to do the translation; ~ **ses vacances à lire** to spend one's holidays reading; **il va venir ~ quelques jours chez nous** he's coming to stay with us for a few days; **as-tu passé une bonne nuit?** did you sleep well last night?, did you have a good night?; **pour ~ le temps** to pass the time ❑ **on ne va pas ~ le réveillon là-dessus!** *fam* let's not spend all night on it! -**2.** [aller au-delà de - durée] to get through *(insép)*, to survive; **s'il arrive à ~ la première semaine, il sera tiré d'affaire** if he gets through OU survives the first week, he'll be out of danger; **elle ne passera pas la nuit** she won't see the night out, she won't last the night. -**3.** [se débarrasser de, assouvir - envie] to satisfy; ~ **sa colère sur qqn** to work off OU to vent one's anger on sb; **je passais ma colère en jouant de la batterie** I let off steam by playing the drums; **ne passe pas ta fureur sur moi!** don't take it out on me!

◆ **passer après** *v + prép* to go after; **le directeur commercial passe après lui** the sales manager comes after him; **il faut le faire libérer, le reste passe après** we must get him released, everything else is secondary.

◆ **passer avant** *v + prép* to go OU to come before; **ses intérêts passent avant tout** his own interests come before anything else; **le travail passe avant le plaisir** work (comes) before pleasure.

◆ **passer par** *v + prép* -**1.** [dans une formation] to go through; **il est passé par une grande école** he studied at a Grande École; **elle est passée par tous les échelons** she rose through all the grades. -**2.** [dans une évolution] to go through, to undergo; **le pays est passé par toutes les formes de gouvernement** the country has experienced every form of government; **la maladie passe par différentes phases** the illness goes through different stages; **elle est passée par des moments difficiles** she's been through some difficult times. -**3.** [recourir à] to go through; **je passe par une agence pour avoir des billets** I get tickets through an agency; ~ **par l'opératrice** to go through the operator ❑ **en ~ par**: **il va falloir en ~ par ses exigences** we'll just have to do what he says; ~ **par là**: **je suis passé par là** it's happened to me too, I've been through that too; **pour comprendre, il faut être passé par là** you have to have experienced it to understand.

◆ **passer pour** *v + prép* -**1.** *(avec n)* to be thought of as; **dire qu'il passe pour un génie!** to think that he's considered a genius!; **je vais ~ pour un idiot** I'll be taken for OU people will take me for an idiot; **en te maquillant, tu pourrais facilement ~ pour elle** with some make-up on, you could easily pass for her OU you could easily be taken for her; **se faire ~ pour qqn** to pass o.s. off as sb. -**2.** *(avec adj)*: **son livre passe pour sérieux** her book is considered to be serious; **il s'est fait ~ pour fou** he pretended to be mad. -**3.** *(avec v)*: **elle passe pour descendre d'une famille noble** she is said to be descended from an aristocratic family.

◆ **passer sur** *v + prép* [ne pas mentionner] to pass over, to skip; [excuser] to overlook; **passons sur les détails** let's pass over OU skip the less important facts; **je passerai sur les lacunes de son exposé** I shall overlook the gaps in his essay; **je passerai sur votre attitude pour cette fois** I'll overlook your attitude this once; **il l'aime et passe sur tout** he loves her and forgives everything ❑ **passons!** let's say no more about it!, let's drop it!; **tu me l'avais promis, mais passons!** you promised me, but never mind!

◆ **se passer** ◇ *vpi* -**1.** [s'écouler - heures, semaines] to go by, to pass; **la soirée s'est passée tranquillement** the evening went by OU passed quietly; **la journée s'est passée dans l'angoisse pour les parents** it was a day of anguish for the parents; **si la journée de demain se passe sans incident** if everything goes off smoothly tomorrow. -**2.** [survenir - événement] to take place, to happen; **l'histoire se passe en Corse/en 1789** the story takes place in Corsica/in 1789; **qu'est-ce qui se passe?** what's happening?, what's going on?; **que s'est-il passé?** what happened?; **qu'est-ce qui va se ~ maintenant?** what's going to happen now? || *(tournure impersonnelle)*: **il se passe que ton frère vient d'être arrêté, (voilà ce qui se passe)!** your brother's just been arrested, that's what's the matter!; **il ne se passe rien d'intéressant** nothing interesting's happening; **il ne se passe pas de semaine qu'il ne perde de l'argent aux courses** *sout* not a week goes by without him losing money on the horses. -**3.** [se dérouler - dans certaines conditions] to go (off); **comment s'est passée ton audition?** how did your audition go?; **l'opération s'est bien/mal passée** the operation went (off) smoothly/badly; **si tout se passe bien, nous y serons demain** if all goes well, we'll be there tomorrow; **tout se passe très bien entre les membres de l'équipe** the members of the team get along very well together; **tout se passe comme prévu** everything's going according to plan OU going as planned; **les choses ne se seraient pas passées ainsi avec moi!** I wouldn't have let that happen!, I wouldn't have stood for that!; **ça ne se passera pas comme ça!** you won't get away with it! -**4.** [s'achever - douleur] to go, to subside; [- malaise] to vanish; **bois de l'eau, ton hoquet se passera** drink some water, it'll get rid of your hiccups OU and your hiccups'll stop.
◇ *vpt* [s'appliquer, se mettre - produit] to apply, to put on *(sép)*; **se ~ de la crème sur les mains** to put some cream on one's hands; **il se passa un peigne/la main dans les cheveux** he ran a comb/his fingers through his hair; **elle se passait un mouchoir sur le front** she was wiping her forehead with a handkerchief.

◆ **se passer de** *vp + prép* -**1.** [vivre sans] to do OU to go without; **il faudra te ~ de jardinier/secrétaire** you'll have to do OU to go OU to manage without a gardener/secretary; **si tu crois pouvoir te ~ de tout le monde!** if you think you can manage all by yourself!; **il ne peut pas se ~ de télévision** he can't live without TV; **les plantes ne peuvent se ~ d'eau** plants can't survive without water; **se ~ de faire** to manage without doing; **il ne peut se ~ de boire** he can't do without drink. -**2.** [s'abstenir]: **je me serais bien passée de garder ses enfants** I could have done without having to look after her children; **je me passerais (volontiers) de ses réflexions!** I can do very well without her remarks! -**3.** [ne pas avoir besoin de]: **sa déclaration se passe de tout commentaire** her statement needs no comment.

◆ **en passant** *loc adv* -**1.** [dans la conversation] in passing; **faire une remarque en passant** to remark in passing, to make a casual remark. -**2.** [sur son chemin]: **il s'arrête de temps à autre en passant** he calls on his way by OU past from time to time; **l'avion, en passant, a laissé une traînée blanche** the plane left a white trail as it passed.

◆ **en passant par** *loc prép* -**1.** [dans l'espace] via; **l'avion va à Athènes en passant par Londres** the plane goes to Athens via London OU stops in London on its way to Athens. -**2.** [dans une série] (and) including; **toutes les romancières de Sand à Sarraute en passant par Colette** every woman novelist from Sand to Sarraute including Colette.

passereau, x [pasro] *nm* **-1.** [alouette, hirondelle etc] passerine. **-2.** *vieilli* [moineau] sparrow.

passerelle [pasrɛl] *nf* **-1.** [pour piétons] footbridge. **-2.** NAUT [plan incliné] gangway, gangplank; [escalier] gangway; **la ~ de commandement** the bridge; **~ de navigation** navigation bridge. **-3.** AÉRON steps. **-4.** CIN catwalk. **-5.** ENS [entre deux cycles] link; **établir une ~ entre deux cursus** to link two courses. **-6.** INF gateway.

passériforme [paseriform] *nm* passerine, member of the Passeriformes.

passerine [pasrin] *nf* (North American) bunting ORNITH.

passet [pasɛ] *nm Belg* (small) stepladder.

passe-temps [pastɑ̃] *nm inv* pastime, hobby.

passe-thé [paste] *nm inv* tea strainer.

passe-tout-grain [pastugrɛ̃] *nm inv* Passe-Tout-Grain (wine).

passeur, euse [pasœr, øz] *nm, f* **-1.** [sur un bac, un bateau etc] ferryman *nm*. **-2.** [de contrebande] smuggler. **-3.** [d'immigrants clandestins]: **nous avons trouvé un ~ pour nous aider à gagner les États-Unis** we found someone to get us over the border into the United States. **-4.** SPORT passer.

passible [pasibl] *adj*: **~ de** liable to; **crime ~ de la prison** crime punishable by imprisonment; **~ des tribunaux** liable to prosecution.

passif[1] [pasif] *nm* **-1.** [dettes] liabilities. **-2.** *fig* [insuccès] (poor) track record; **cette décision est à mettre à son ~** this mistake is a black mark for him.

passif[2], **ive** [pasif, iv] ◇ *adj* [gén & GRAMM] passive.
◇ *nm* GRAMM passive (form).

passifloracée [pasiflɔrase] *nf* member of the passionflower family OU of the Passifloraceae *spéc*.

passiflore [pasiflɔr] *nf* passionflower, passiflora *spéc*.

passing-shot [pasiŋʃɔt] (*pl* **passing-shots**) *nm* passing shot.

passion [pasjɔ̃] *nf* **-1.** [amour fou] passion, love. **-2.** [du jeu, des voyages etc] passion; **avoir la ~ de qqch** to have a passion for sthg, to be passionately interested in sthg; **sa ~ pour la musique** his passion for music. **-3.** [ardeur, exaltation] passion, feeling; **débattre de qqch avec ~** to argue passionately about sthg. **-4.** RELIG: **la Passion (du Christ)** the Passion; **le temps de la Passion** Passiontide; **la Passion selon saint Jean** RELIG the Passion according to Saint John; MUS the (Saint) John Passion.
◆ **passions** *nfpl* [sentiments] passions, emotions, feelings; **savoir dominer ses ~s** to be able to control one's emotions.

passionnant, e [pasjɔnɑ̃, ɑ̃t] *adj* [voyage, débat] fascinating, exciting; [personne] intriguing, fascinating; [récit] fascinating, enthralling, gripping; **nous avons eu une discussion ~e** we had a fascinating discussion.

passionné, e [pasjɔne] ◇ *adj* **-1.** [aimant - amant, lettre] passionate. **-2.** [très vif - caractère, tempérament] passionate, emotional; [- discours] passionate, impassioned; [- intérêt, sentiment] passionate, keen. **-3.** [intéressé - spectateur, lecteur] keen, fervent, ardent.
◇ *nm, f* **-1.** [en amour] passionate person. **-2.** [fervent] enthusiast, devotee; **pour les ~s de flamenco** for flamenco lovers.

passionnel, elle [pasjɔnɛl] *adj* passionate; **drame ~ à Bordeaux** love drama in Bordeaux.

passionnément [pasjɔnemɑ̃] *adv* **-1.** [avec passion] passionately, with passion. **-2.** [en intensif] keenly, fervently, ardently; **je désire ~ que tu réussisses** I very much hope that you will succeed.

passionner [3] [pasjɔne] *vt* **-1.** [intéresser - suj: récit] to fascinate, to enthrall, to grip; [- suj: discussion, idée] to fascinate, to grip; **la politique la passionne** politics is her passion, she has a passion for politics. **-2.** [animer] to impassion; **elle ne sait pas parler politique sans ~ le débat** every time she talks about politics it ends in a big argument.
◆ **se passionner** *vpi*: **se ~ pour** [s'intéresser vivement à]: **se ~ pour une idée** to feel passionately about an idea; **je me passionne pour le reggae** I have a passion for reggae.

passivation [pasivasjɔ̃] *nf* **-1.** CHIM & MÉTALL passivization. **-2.** GRAMM putting into the passive.

passivement [pasivmɑ̃] *adv* passively.

passivité [pasivite] *nf* **-1.** [attitude] passivity, passiveness. **-2.** MÉTALL passivity.

passoire [paswar] *nf* **-1.** [à petits trous] sieve; [à gros trous] colander ❑ **~ à thé** tea strainer; **avoir la tête** OU **la mémoire comme une ~** *fam* to have a memory like a sieve. **-2.** *fam* [personne, institution négligente]: **leur service de contre-espionnage est une ~** their counter-espionage service is leaking like a sieve.

pastel [pastɛl] ◇ *nm* **-1.** [crayon] pastel; [dessin] pastel (drawing); **dessiner au ~** to draw in pastels. **-2.** [teinte douce] pastel (shade). **-3.** BOT pastel woad. **-4.** [couleur bleue] pastel blue.
◇ *adj inv* pastel, pastel-hued.

pastelliste [pastelist] *nmf* pastellist.

pastèque [pastɛk] *nf* [plante] watermelon plant; [fruit] watermelon.

pasteur [pastœr] *nm* **-1.** RELIG [protestant] minister, pastor; *arch* [prêtre] pastor; **le Bon Pasteur** the Good Shepherd. **-2.** *litt* [berger] shepherd. **-3.** *fig* & *litt* [guide, gardien] shepherd. **-4.** ANTHR pastoralist *spéc*, shepherd; **les Peuls sont un peuple de ~s** the Peuls are a pastoral people.

pasteurella [pastœrɛla] *nf* pasteurella.

pasteurellose [pastœrɛloz] *nf* pasteurellosis.

pasteurien, enne [pastœrjɛ̃, ɛn] *adj* of Louis Pasteur; **les découvertes ~nes** Pasteur's discoveries.

pasteurisation [pastœrizasjɔ̃] *nf* pasteurization, pasteurizing.

pasteuriser [3] [pastœrize] *vt* to pasteurize.

pastiche [pastiʃ] *nm* pastiche.

pasticher [3] [pastiʃe] *vt* to do a pastiche of.

pasticheur, euse [pastiʃœr, øz] *nm, f* **-1.** [auteur de pastiches] writer of pastiches. **-2.** [plagiaire] plagiarist.

pastillage [pastijaʒ] *nm* BX-ARTS & CULIN pastillage.

pastille [pastij] *nf* **-1.** PHARM pastille, lozenge; **~ pour la gorge** throat lozenge OU pastille. **-2.** CULIN: **~ de chocolat** chocolate drop; **~ de menthe** mint. **-3.** [disque de papier, de tissu] disc.

pastis [pastis] *nm* **-1.** [boisson] pastis. **-2.** *fam* [situation embrouillée] muddle, mess, fix.

pastoral, e, aux [pastɔral, o] *adj* LITTÉRAT, MUS & RELIG pastoral; **'la Symphonie ~e'** *Beethoven* 'The Pastoral Symphony'.
◆ **pastorale** *nf* **-1.** LITTÉRAT & MUS pastorale. **-2.** RELIG pastoral.

pastorat [pastɔra] *nm* pastorate.

pastorien, enne [pastɔrjɛ̃, ɛn] = **pasteurien.**

pastoureau, elle, x [pasturo, ɛl] *nm, f litt* shepherd boy (*f* girl).
◆ **pastourelle** *nf* LITTÉRAT pastourelle.

pat [pat] ◇ *adj inv*: **le roi est ~** it's a stalemate.
◇ *nm* stalemate; **éviter le ~** to avoid stalemate.

patache [pataʃ] *nf* **-1.** [diligence] (rickety) four-wheeler. **-2.** NAUT [des douaniers] revenue vessel.

patachon *fam* [pataʃɔ̃] *nm*: **mener une vie de ~** to lead a riotous existence.

patagon, one OU **onne** [patagɔ̃, ɔn] *adj* Patagonian.
◆ **Patagon, one** OU **onne** *nm, f* Patagonian.

Patagonie [patagɔni] *npr f*: **(la) ~** Patagonia.

pataphysique [patafizik] ◇ *adj* pataphysic.
◇ *nf* pataphysics *(U)*.

patapouf *fam* [patapuf] ◇ *nm* fatty, podge; **un gros ~** a big fat lump.
◇ *interj* thump, thud.

pataquès [patakɛs] *nm* **-1.** [faute de liaison] bad OU incorrect liaison. **-2.** [situation confuse] mess, muddle.

pataras [patara] *nm* preventer shroud.

patate [patat] *nf* **-1.** BOT & CULIN: **~ (douce)** sweet potato. **-2.** *fam* [pomme de terre] spud. **-3.** *fam* [personne stupide] nitwit, twerp. **-4.** *fam loc*: **en avoir gros sur la ~** to be peeved. **-5.** *Can fam* [cœur] ticker *Br*; **monter les escaliers, c'est dur pour la ~** going up the stairs is hard on the old ticker.

patati [patati]
◆ **et patati, et patata** *loc adv* and so on and so forth!, etc., etc.!

patatras [patatra] *interj* crash.

pataud, e [pato, od] ◇ *adj* [maladroit] clumsy; [sans finesse] gauche.
◇ *nm, f* **-1.** [chiot] (big-pawed) puppy. **-2.** *vieilli* [personne - maladroite] clumsy oaf; [- à l'esprit lent] oaf.

Pataugas® [patogas] *nmpl canvas walking shoes.*

pataugeoire [patoʒwar] *nf* paddling pool.

patauger [17] [patoʒe] *vi* **-1.** [dans une flaque, à la piscine] to splash OU to paddle about; [dans la gadoue] to wade; **les sauveteurs pataugeaient dans la boue** the members of the rescue party were wading about in the mud. **-2.** *fig* [s'empêtrer] to flounder; **il patauge dans ses réponses** he's tying himself into knots trying to answer. **-3.** [ne pas progresser]: **l'enquête policière commence à ~** the police inquiry is beginning to get bogged down.

patageur, euse [patoʒœr, øz] *nm, f* paddler.

patchouli [patʃuli] *nm* **-1.** BOT patchouli, patchouly. **-2.** CHIM: **huile de ~** patchouli oil.

patchwork [patʃwœrk] *nm* **-1.** COUT [technique] patchwork; [ouvrage] (piece of) patchwork. **-2.** [ensemble hétérogène] patchwork; **le pays est un ~ de nationalités** the country is a patchwork of different nationalities.
◆ **en patchwork** *loc adj* patchwork *(modif)*.

pâte [pat] *nf* **-1.** [à base de farine - à pain] dough; [- à tarte] pastry *Br*, dough *Am*; [- à gâteau] mixture *Br*, batter *Am*; [- à frire] batter; **~ brisée** short OU shortcrust pastry *Br*, pie dough *Am*; **~ à crêpes** pancake batter; **~ à choux** choux pastry; **~ feuilletée** flaky pastry, puff pastry *Br*; **~ à foncer** pastry (dough); **~ sablée** sweet biscuit OU sweet flan pastry *Br*, sweet OU sugar dough *Am*. **-2.** [pour fourrer, tartiner] paste; **~ d'amandes** marzipan, almond paste; **~ d'anchois** anchovy paste OU spread; **~ de coing** quince jelly; **~ de fruits** paste jelly *(jelly made from thick fruit pulp)*; **une ~ de fruits** a fruit jelly. **-3.** [en fromagerie]: **(fromage à) ~ cuite** cheese made from scalded curds; **(fromage à) ~ fermentée/molle** fermented/soft cheese. **-4.** [tempérament]: **il est d'une ~ à vivre cent ans** he's the sort who'll live to be a hundred ❑ **bonne ~**: **être une bonne ~** to be a good sort; **une ~ molle** a spineless individual. **-5.** [en céramique] paste. **-6.** [en cosmétologie] paste; **~ dentifrice** toothpaste. **-7.** IMPR: **~ à papier** paper pulp. **-8.** JEUX: **~ à modeler** Plasticine®, modelling clay. **-9.** INDUST: **~ de verre** molten glass.
◆ **pâtes** *nfpl* **-1.** CULIN: **~s (alimentaires)** pasta *(U)*; **les ~s sont trop cuites** the pasta's overcooked. **-2.** PHARM: **~s pectorales** cough lozenges OU pastilles.

pâté [pate] *nm* **-1.** CULIN pâté; **~ de canard** duck pâté; **~ en croûte** pâté en croûte, raised (crust) pie *Br*; **~ de foie** liver pâté; **~ impérial** spring roll. **-2.** *Belg* [gâteau] cake. **-3.** *fam* [tache d'encre] (ink) blot. **-4.** [tas]: **~ de sable** sand pie.
◆ **pâté de maisons** *nm* block.

pâtée [pate] *nf* **-1.** [pour animaux] food, feed; **~ pour chat/chien** cat/dog food; **as-tu donné la ~ aux porcs?** have you fed the pigs? **-2.** [nourriture grossière] pap. **-3.** *fam* [correction, défaite écrasante] hiding, pasting.

patelin[1] *fam* [patlɛ̃] *nm* [village] little village.

patelin[2], **e** [patlɛ̃, in] *adj litt* fawning, unctuous.

pateliner [3] [patline] *vi litt* & *vieilli* to be fawning OU unctuous.

patelle [patɛl] *nf* [coquillage] limpet.

patène [patɛn] *nf* paten.

patenôtre [patnotr] *nf* paternoster.

patent, e[1] [patɑ̃, ɑ̃t] *adj* -**1.** [flagrant, incontestable] obvious, patent; **c'est un fait ~** it's patently obvious. -**2.** HIST patent.

patentage [patɑ̃taʒ] *nm* patenting *(U)*.

patente[2] [patɑ̃t] *nf* -**1.** [taxe] trading tax. -**2.** HIST (royal) patent. -**3.** NAUT: **~ de santé** bill of health.

patenté, e [patɑ̃te] *adj* -**1.** *fam* [attesté] established; **un raciste ~** an out-and-out racist. -**2.** [qui paie patente] trading under licence, licensed.

patenter [3] [patɑ̃te] *vt* to license.

pater [patɛr] *nm* -**1.** *fam* [père] pater *Br hum*, father. -**2.** RELIG paternoster (bead).

Pater [patɛr] *nm inv* Paternoster, Our Father.

patère [patɛr] *nf* -**1.** [à vêtements] coat peg. -**2.** [à rideaux] curtain hook. -**3.** ANTIQ & ARCHIT patera.

paterfamilias [patɛrfamiljas] *nm* -**1.** ANTIQ paterfamilias. -**2.** *hum* domineering father.

paternalisme [patɛrnalism] *nm* paternalism.

paternaliste [patɛrnalist] ◇ *adj* paternalist, paternalistic.
◇ *nmf* paternalist.

paterne [patɛrn] *adj litt* fatherly.

paternel, elle [patɛrnɛl] *adj* -**1.** [du père] paternal; **cousins du côté ~** cousins on the father's OU paternal side. -**2.** [indulgent] fatherly.
◆ **paternel** *fam nm hum* [père] old man, pater *Br hum*.

paternellement [patɛrnɛlmɑ̃] *adv* paternally, in a fatherly way.

paternité [patɛrnite] *nf* -**1.** [d'un enfant] paternity, fatherhood. -**2.** [d'une œuvre] paternity, authorship; [d'une théorie] paternity.

pâteux, euse [patø, øz] *adj* -**1.** [peinture, soupe] pasty; [gâteau] doughy; **ces abricots sont ~** these apricots are like cotton wool; **avoir la bouche** OU **langue pâteuse** to have a furred tongue; **parler d'une voix pâteuse** to sound groggy. -**2.** [style] heavy, clumsy, lumbering.

pathétique [patetik] ◇ *adj* -**1.** [émouvant] pathetic, moving, poignant; **des descriptions ~s** descriptions full of pathos. -**2.** ANAT: **nerf ~** patheticus.
◇ *nm* -**1.** [émotion] pathos. -**2.** ANAT patheticus.

pathétiquement [patetikmɑ̃] *adv* pathetically, movingly, poignantly.

pathétisme [patetism] *nm litt* pathos.

pathogène [patɔʒɛn] *adj* pathogenic.

pathogénie [patɔʒeni] *nf* pathogenicity.

pathogénique [patɔʒenik] *adj* pathogenic.

pathologie [patɔlɔʒi] *nf* pathology.

pathologique [patɔlɔʒik] *adj* -**1.** MÉD pathologic, pathological. -**2.** *fam* [excessif, anormal] pathological.

pathologiquement [patɔlɔʒikmɑ̃] *adv* pathologically.

pathologiste [patɔlɔʒist] ◇ *adj* pathologistic.
◇ *nmf* pathologist.

pathomimie [patɔmimi] *nf* pathomimicry.

pathos [patos] *nm* pathos.

patibulaire [patibylɛr] *adj* sinister; **il avait une mine ~** he looked sinister.

patiemment [pasjamɑ̃] *adv* patiently.

patience [pasjɑ̃s] ◇ *nf* -**1.** [calme] patience, forbearance; **je n'ai aucune ~ avec les enfants** I've no patience with children; **aie un peu de ~** be patient for a minute; **ma ~ a des limites** there are limits to my patience ❑ **prendre son mal en ~** to put up with it; **elle a une ~ d'ange** she has the patience of a saint OU of Job. -**2.** [persévérance] patience, painstaking care; **sa ~ a été récompensée** his patience was rewarded. -**3.** JEUX [cartes] patience; **faire des ~s** to play patience ❑ **jeu de ~** *pr* & *fig* puzzle. -**4.** BOT dock.
◇ *interj* [exhortation au calme] just a minute, hold on; [menace d'une riposte] hold on, wait a minute; **~, il va voir de quoi je suis capable!** just you wait (and see), I'll show him what I'm made of!

patient, e [pasjɑ̃, ɑ̃t] ◇ *adj* patient.
◇ *nm, f* [malade] patient.
◆ **patient** *nm* GRAMM [par opposition à agent] patient.

patienter [3] [pasjɑ̃te] *vi* [attendre] to wait; **faites-la ~ un instant** ask her to wait for a minute; **c'est occupé, vous voulez ~?** TÉLÉC it's engaged *Br* OU busy *Am*, will you hold?

patin [patɛ̃] *nm* -**1.** SPORT skate; **~s à glace/roulettes** ice/roller skates; **faire du ~ (à glace/roulettes)** to go ice-skating/roller-skating; **~ de luge** sledge runner. -**2.** [pour marcher sur un parquet] felt pad *(used to move around on a polished floor)*. -**3.** ▽[baiser] French kiss. -**4.** AÉRON landing pad. -**5.** AUT: **~ de frein** brake shoe. -**6.** CONSTR [d'échafaudage] sole plate OU piece. -**7.** MÉCAN shoe, pad. -**8.** RAIL (rail) base. -**9.** [d'un blindé] (track) link.

patinage [patinaʒ] *nm* -**1.** SPORT skating, ice-skating; **~ artistique** figure skating; **~ de vitesse** speed skating. -**2.** [d'une roue] spinning; [de l'embrayage] slipping. -**3.** [patine artificielle] patination.

patine [patin] *nf* -**1.** [d'un meuble] sheen. -**2.** BX-ARTS & GÉOL patina.

patiner [3] [patine] ◇ *vi* -**1.** SPORT to skate. -**2.** AUT [roue] to spin; [embrayage] to slip. -**3.** *loc Can*: **savoir ~** to know how to duck and weave *fig*.
◇ *vt* [un meuble] to patine, to patinize.
◆ **se patiner** *vpi* to patinate, to become patinated.

patinette [patinɛt] *nf* (child's) scooter.

patineur, euse [patinœr, øz] *nm, f* skater.

patinoire [patinwar] *nf* -**1.** SPORT ice OU skating rink. -**2.** [surface trop glissante]: **ce trottoir est une véritable ~** this pavement is like an ice rink.

patio [patjo, pasjo] *nm* patio.

pâtir [32] [patir]
◆ **pâtir de** *v + prép* to suffer from, to suffer as a result of.

pâtis [pati] *nm* grazing (ground), pasture.

pâtisserie [patisri] *nf* -**1.** [gâteau] cake, pastry; **elle mange trop de ~s** she eats too many cakes. -**2.** [activité] cake-making; **faire de la ~** to make OU to bake cakes. -**3.** [boutique] pâtisserie, cake shop *Br* OU store *Am*; **~-confiserie** confectioner's. -**4.** ARCHIT plaster moulding OU mouldings.

pâtissier, ère [patisje, ɛr] *nm, f* pastrycook, confectioner.

pâtisson [patisɔ̃] *nm* squash BOT.

patoche *fam* [patɔʃ] *nf vieilli* (big) paw OU mitt.

patois [patwa] *nm* patois, dialect; **il parle encore le ~** he still speaks patois OU the dialect.

patoisant, e [patwazɑ̃, ɑ̃t] ◇ *adj* dialect-speaking, patois-speaking.
◇ *nm, f* patois OU dialect speaker.

patoiser [3] [patwaze] *vi* to speak patois OU the dialect.

patouiller *fam* [3] [patuje] ◇ *vi* [patauger] to slosh OU to wallow about.
◇ *vt* [tripoter] to paw, to mess about with *(insép)*.

patraque *fam* [patrak] *adj* -**1.** [souffrant] out of sorts, peaky *Br*, peaked *Am*. -**2.** *vieilli* [détraqué - pendule] on the blink.

Patras [patras] *npr* Patras.

pâtre [patr] *nm litt* shepherd.

patres → **ad patres**.

patriarcal, e, aux [patrijarkal, o] *adj* patriarchal.

patriarcat [patrijarka] *nm* -**1.** RELIG [dignité, territoire] patriarchate. -**2.** SOCIOL patriarchy.

patriarche [patrijarʃ] *nm* [gén & RELIG] patriarch.

patricien, enne [patrisjɛ̃, ɛn] ◇ *adj* -**1.** ANTIQ patrician. -**2.** *litt* [noble]: **l'orgueil ~** aristocratic pride; **une demeure ~ne** a stately home; **une famille ~ne** an aristocratic family.
◇ *nm, f* ANTIQ patrician.

Patrick [patrik] *npr*: **saint ~** Saint Patrick; **la Saint-Patrick** Saint Patrick's Day.

patriclan [patriklɑ̃] *nm* patriclan.

patrie [patri] *nf* -**1.** [pays natal] homeland, fatherland; **'mort pour la ~'** 'they gave their lives for their country'. -**2.** [communauté] home; **trouver une nouvelle ~** to find a new home. -**3.** *fig*: **la ~ de** the home OU cradle of; **c'est la ~ du jazz** it's the home OU birthplace of jazz.

patrilinéaire [patrilineɛr] *adj* patrilineal.

patrilocal, e, aux [patrilɔkal, o] *adj* patrilocal.

patrimoine [patrimwan] *nm* -**1.** [possessions héritées] inheritance, patrimony. -**2.** [apanage d'une communauté] heritage; **notre ~ culturel** our cultural heritage. -**3.** BIOL: **~ héréditaire** genotype.

patrimonial, e, aux [patrimɔnjal, o] *adj* patrimonial.

patriotard, e *fam* [patrijɔtar, ard] *péj* ◇ *adj* jingoistic.
◇ *nm, f* jingo, chauvinist.

patriote [patrijɔt] ◇ *adj* patriotic.
◇ *nmf* patriot.

patriotique [patrijɔtik] *adj* patriotic.

patriotiquement [patrijɔtikmɑ̃] *adv* patriotically.

patriotisme [patrijɔtism] *nm* patriotism.

patron[1] [patrɔ̃] *nm* -**1.** COUT pattern; **~ de jupe** skirt pattern. -**2.** VÊT: (taille) **~** medium size; **demi-~** small size; **grand ~** large size. -**3.** BX-ARTS template. -**4.** IMPR [plaque] stencil (plate); **coloriage au ~** stencil-painting.

patron[2]**, onne** [patrɔ̃, ɔn] *nm, f* -**1.** [d'une entreprise - propriétaire] owner; [- gérant] manager (*f* manageress); [- directeur] employer; [- de café, d'auberge] owner, landlord (*f* landlady); **les grands ~s de la presse** the press barons. -**2.** *fam*[maître de maison] master (*f* mistress). -**3.** UNIV: **~ de thèse** (doctoral) supervisor OU director. -**4.** [d'un service hospitalier] senior consultant. -**5.** *fam*[époux] old man (*f* old lady OU missus). -**6.** RELIG (patron) saint.
◆ **patron** *nm* -**1.** *fam* [d'une entreprise] boss. -**2.** ANTIQ, HIST & RELIG patron. -**3.** NAUT skipper.

patronage [patrɔnaʒ] *nm* -**1.** [soutien officiel] patronage; **sous le haut ~ du président de la République** under the patronage of the President of the Republic. -**2.** [pour les jeunes] youth club. -**3.** [tutelle d'un saint] protection; **placé sous le ~ de saint André** under the protection of Saint Andrew.
◆ **de patronage** *loc adj* moralistic; **une mentalité de ~** a Sunday school mentality.

patronal, e, aux [patrɔnal, o] *adj* -**1.** COMM & INDUST employer's, employers'. -**2.** RELIG patronal.

patronat [patrɔna] *nm*: **le ~** the employers.

patronne [patrɔn] *f* → **patron**.

patronner [3] [patrɔne] *vt* -**1.** [parrainer] to patronize, to support; **~ une entreprise auprès des banques** to secure a company with the banks. -**2.** COUT to make the pattern for.

patronnesse [patrɔnɛs] *adj f*: **c'est une dame ~** she does a lot for charity.

patronyme [patrɔnim] *nm* patronymic.

patronymique [patrɔnimik] *adj* patronymic.

patrouille [patruj] *nf* -**1.** MIL [groupe - d'hommes] patrol; [- d'avions, de navires] squadron. -**2.** [mission] patrol; **faire une/être en ~** to go/to be on patrol.

patrouiller [3] [patruje] *vi* to patrol.

patrouilleur [patrujœr] *nm* -**1.** MIL man on patrol; **les ~s** the patrol. -**2.** AÉRON [de chasse] (patrolling) fighter; [de détection] spotter plane. -**3.** NAUT patrol ship.

patte [pat] *nf* **A.** -**1.** [d'un félin, d'un chien] paw; [d'un cheval, d'un bœuf] hoof; [d'un oiseau] foot; **donne-la ~, Rex!** Rex, give a paw!; **être bas** OU **court sur ~s** [animal, personne] to be short-legged ❑ **~s de devant** [membres] forelegs; [pieds] forefeet; **~s de derrière** [membres] hind legs; [pieds] hind feet; **~s de mouche** (spidery) scrawl; **pantalon (à) ~s d'éléphant** bell-bottoms, flares *Br*; **bas les ~s!** [à un chien] down!; **faire ~ de velours** [chat] to sheathe OU to draw in its claws; [personne] to use the velvet glove (approach). -**2.** *fam* [jambe] leg, pin *Br*, gam *Am*; **se casser une ~** to break one's leg; **en avoir plein les ~s: il en a plein les ~s** his legs are killing him; **il a une ~ folle** he's got a gammy leg *Br* OU gimpy leg *Am*; **tirer dans les ~s de qqn** to put a spoke in sb's wheels; **tu me tires toujours dans les ~s** you're always trying to do me down; **se faire faire aux ~s** to get collared. -**3.** *fam* [main] hand, paw; **avoir les ~s sales** to have grubby paws ❑ **un coup de ~** a swipe, a cutting remark; **eh, toi, bas les ~s!** *fam* [à une personne] hey, you, hands off OU (keep your) paws off!; **tomber dans** OU **entre les ~s de qqn** to fall into sb's clutches. -**4.** [savoir-faire - d'un peintre] (fine) touch; [- d'un écrivain] talent.

B. -**1.** CONSTR [pour fixer] (metal) tie, (heavy) fastener; [de couverture] saddle; **~ de scellement** expansion bolt *Br*, expansion anchor *Am*. -**2.** COUT strap; **~ de boutonnage** fly (front). -**3.** NAUT [d'une ancre] fluke, palm. -**4.** TECH [d'un grappin] claw; **~ d'attache** gusset plate.

C. *Helv* [torchon] cloth.

◆ **pattes** *nfpl* [favoris] sideburns, sidewhiskers.

◆ **à pattes** *fam loc adv*: **allez, on y va à ~s!** come on, let's hoof it!

patte-de-loup [patdəlu] (*pl* pattes-de-loup) *nf* gipsywort.

patte-d'oie [patdwa] (*pl* pattes-d'oie) *nf* -**1.** [rides] crow's-foot. -**2.** [carrefour] Y-shaped crossroads OU junction. -**3.** ANAT pes anserinus. -**4.** BOT silverweed. -**5.** CONSTR (crossbraced) truss. -**6.** TRAV PUBL [d'un pont] starling; [balise] (marker) dolphin.

patte-mâchoire [patmaʃwar] (*pl* pattes-mâchoires) *nf* maxilliped.

pattemouille [patmuj] *nf* damp cloth *(in ironing)*.

patte-nageoire [patnaʒwar] (*pl* pattes-nageoires) *nf* uropod.

pattern [patɛrn] *nm* pattern PSYCH.

pattu, e [paty] *adj* -**1.** ORNITH feather-legged. -**2.** [chien] big-pawed; [personne] big-legged.

pâturable [patyrabl] *adj* pasturable.

pâturage [patyraʒ] *nm* -**1.** [prairie] pasture, pastureland. -**2.** [activité] grazing.

pâture [patyr] *nf* -**1.** [nourriture] food, feed. -**2.** [lieu] pasture ❑ **jeter** OU **donner qqn en ~ à qqn** to serve sb up to sb. -**3.** *sout* [pour l'esprit] food, diet; **la poésie est sa ~ favorite** poetry is his favourite reading matter.

pâturer [3] [patyre] *vt & vi* to graze.

pâturin [patyrɛ̃] *nm* meadow grass *Br*, spear grass *Am*.

paturon [patyrɔ̃] *nm* pastern.

Paul [pɔl] *npr*: **saint ~** Saint Paul.

paulinien, enne [polinjɛ̃, ɛn] *adj* Pauline.

paulownia [polɔnja] *nm* paulownia.

paume [pom] *nf* -**1.** ANAT palm. -**2.** MENUIS halving (lap joint). -**3.** SPORT real tennis.

paumé, e *fam* [pome] ◇ *adj* -**1.** [désemparé, indécis] confused; [marginal] out of it. -**2.** [isolé] remote, godforsaken; **un patelin complètement ~** a place in the middle of nowhere. -**3.** [perdu] lost.

◇ *nm, f* [marginal] dropout.

paumelle [pomɛl] *nf* -**1.** CONSTR hinge. -**2.** [gant] sailmaker's palm. -**3.** [planchette] pommel (board). -**4.** BOT two-rowed barley.

paumer *fam* [3] [pome] ◇ *vt* -**1.** [égarer] to lose. -**2.** [recevoir] to get, to cop; **il a paumé un gnon dans la figure** he got himself a whack in the face. -**3.** [attraper - délinquant, fautif]: **se faire ~** to get nicked *Br* OU busted *Am*.

◇ *vi* [perdre] to lose; **celui qui paume paie à boire** the loser pays for the drinks.

◆ **se paumer** *fam vpi* [s'égarer] to get lost, to lose one's way.

paupérisation [poperizasjɔ̃] *nf* pauperization.

paupériser [3] [poperize] *vt* to pauperize.

◆ **se paupériser** *vpi* to become pauperized.

paupérisme [poperism] *nm* pauperism.

paupière [popjɛr] *nf* eyelid.

paupiette [popjɛt] *nf*: **~ (de veau)** paupiette of veal, veal olive.

pause [poz] *nf* -**1.** [moment de repos] break; **faire une ~** to have OU to take a break. -**2.** [temps d'arrêt - dans une conversation] pause; **marquer une ~** to pause; **après une ~, elle reprit son discours** after a pause OU a short break, she went on. -**3.** [arrêt - d'un processus] halt; **il a annoncé une ~ dans les réformes** he declared a temporary halt to the reforms. -**4.** MUS pause. -**5.** SPORT half-time.

pause-café [pozkafe] (*pl* pauses-café) *nf* coffee break.

pauvre [povr] ◇ *adj* -**1.** [sans richesse - personne, pays, quartier] poor; **il recrute ses partisans dans les milieux ~s** his supporters come from the poorer sections of the population ❑ **~ comme Job** (as) poor as a church mouse. -**2.** *(avant n)* [pitoyable - demeure, décor] humble, wretched; [- personne] poor; **ce n'est qu'un ~ gosse** *fam* he's only a poor kid; **~ femme/homme!** poor woman/man!; **laisse donc ce ~ chien tranquille!** do leave that poor OU wretched dog alone!; **mon ~ frère le répétait souvent** as my poor brother used to say; **ah, ma ~ dame, si vous saviez!** but my dear lady, if only you knew!; **c'est la vie, mon ~ vieux!** that's life, my friend!; **~ crétin, va!** you idiot! ❑ **~ de moi!** woe is me! *arch* OU *hum*; **~ de nous!** (the) Lord protect us!; **~ France!** what's the country coming to?; **~ hère** *litt* wretch, unfortunate. -**3.** [insuffisant] poor; **gaz/minerai ~** lean gas/ore; **un sous-sol ~** a poor subsoil; **une végétation ~** sparse vegetation; **une plaine ~** an infertile OU unproductive plain; **souffrir d'une alimentation ~** to suffer from a poor diet; **elle a un vocabulaire très ~** her vocabulary is very poor; **malgré une argumentation très ~** in spite of very poor OU weak arguments; **~ en: la ville est ~ en espaces verts** the town is short of OU lacks parks; **alimentation ~ en sels minéraux** food lacking (in) minerals; **régime ~ en calories** low-calorie diet.

◇ *nmf* -**1.** [par compassion] poor thing; **les ~s, comme ils ont dû souffrir!** poor things, they must have suffered so much! -**2.** [en appellatif]: **mais mon ~/ma ~, il ne m'obéit jamais!** [pour susciter la pitié] but my dear fellow/my dear, he never does as I say!; **tu es vraiment trop bête, ma ~/mon ~!** [avec mépris] you're really too stupid for words, my dear girl/boy!

◇ *nm* poor man, pauper *litt*; **les ~s** the poor; **elle allait voir ses ~s** she visited the poor; **du ~: c'est le champagne du ~** it's poor man's champagne.

pauvrement [povrəmɑ̃] *adv* -**1.** [misérablement - décoré, habillé] poorly, shabbily; **vivre ~** to live in poverty. -**2.** [médiocrement] poorly; **il traduit ~** he's a poor translator.

pauvresse [povrɛs] *nf arch* poor woman, pauperess *arch*; **une pauvresse en haillons** a poor ragged woman.

pauvret, ette [povrɛ, ɛt] ◇ *adj* poor, poor-looking.

◇ *nm, f*: **le ~, la ~te** the poor (little) dear, the poor (little) thing.

pauvreté [povrəte] *nf* -**1.** [manque d'argent] poverty; **il a fini ses jours dans la ~** he ended his days in poverty ❑ **~ n'est pas vice** *prov* poverty is not a crime. -**2.** [médiocrité] poverty; **son article montre la ~ de ses idées** her article demonstrates the poverty of her ideas; **avoir une imagination d'une extrême ~** to be extremely unimaginative. -**3.** [déficience] poverty, lack; **la ~ du sol ne permet qu'un faible rendement** the poorness of the soil means that the yield is very low.

pavage [pavaʒ] *nm* -**1.** [action] cobbling, paving; **le ~ des rues piétonnières est en cours** the pedestrian precinct is being paved. -**2.** [surface] cobbles, paving. -**3.** GÉOL pavement; **~ de déflation** desert pavement OU mosaic.

pavane [pavan] *nf* pavane.

pavaner [3] [pavane]

◆ **se pavaner** *vpi* to strut about.

pavé [pave] *nm* -**1.** [surface - dallée] pavement *Br*, sidewalk *Am*; [- empierrée] cobbles; **tenir le haut du ~** to be on top ❑ **être sur le ~** [sans domicile] to be on the streets; [au chômage] to be jobless; **jeter** OU **mettre qqn sur le ~** [l'expulser de son domicile] to throw sb out on the streets; [le licencier] to throw sb out of his/her job. -**2.** [pierre] paving stone, cobblestone; [dalle] flag, flagstone; **le ~ de l'ours: lui, quand il veut aider, c'est le ~ de l'ours** with friends like him, who needs enemies?; **un** OU **le ~ dans la mare** a bombshell *fig*; **son article a été le ~ dans la mare** his article caused a bit of a furore. -**3.** CULIN [viande] thick slab OU chunk; **~ de romsteck** thick rump steak ‖ [gâteau]: **un ~ au chocolat** a (thick) chocolate cake. -**4.** PRESSE [encart] block (of text); [publicité] (large) display advertisement. -**5.** INF pad, keypad; **~ numérique** numeric keypad. -**6.** *fam* [livre] huge OU massive tome; [article] huge article; [dissertation] huge essay.

pavement [pavmɑ̃] *nm* -**1.** CONSTR flooring OU paving *(made of flags, tiles or mosaic)*. -**2.** GÉOG sea floor.

paver [3] [pave] *vt* [avec des pavés] to cobble; [avec des dalles] to pave.

paveur [pavœr] *nm* TRAV PUBL paver.

pavillon [pavijɔ̃] *nm* **A.** -**1.** [maison particulière] detached house; **~ de banlieue** detached house *(in the suburbs)*. -**2.** [belvédère, gloriette] lodge; **le ~ du gardien** the keeper's lodge ❑ **~ de chasse** hunting lodge. -**3.** [dans un hôpital] wing, wards; [dans une cité universitaire] house; [dans une exposition] pavilion; **il travaille au ~ de pédiatrie** he works on the pediatric ward OU in the pediatric wing; **le ~ français à l'exposition** the French pavilion at the exhibition. -**4.** AUT roof. -**5.** JOAILL pavilion.

B. -**1.** ANAT [de l'oreille] auricle, pinna; [des trompes utérines] pavilion. -**2.** MUS [d'un instrument] bell; [d'un phonographe] horn.

C. -**1.** NAUT flag; **~ en berne** flag at half-mast ❑ **~ d'armateur** OU **de reconnaissance** house flag; **~s de signaux** OU **de signalisation** signal flags; **~ amiral** admiral's flag; **~ de complaisance** flag of convenience; **~ national** ensign; **~ de quarantaine** quarantine flag, yellow jack. -**2.** *loc*: **baisser ~** to back down; **alors, il a baissé ~ devant elle!** he let her ride roughshod over him!

◆ **en pavillon** *loc adj* ARCHIT [toit] pavilion *(modif)*.

pavillonnaire [pavijɔnɛr] *adj*: **un quartier ~** an area of low-rise housing; **un hôpital ~** a hospital (constructed) in wings, a multiwing hospital.

pavimenteux, euse [pavimɑ̃tø, øz] *adj* pavement *(modif)* MED.

Pavlov [pavlɔf] *npr*: **ils réagissent comme les chiens de ~** they react like Pavlov's dogs.

pavlovien, enne [pavlɔvjɛ̃, ɛn] *adj* Pavlovian.

pavois [pavwa] *nm* -**1.** HIST shield; **élever** OU **hisser** OU **porter qqn sur le ~** to raise OU to carry sb on high. -**2.** NAUT [partie de la coque] bulwark; [pavillons] flags and bunting; **hisser le grand ~** to dress ship OU full; **hisser le petit ~** to dress (the ship) with masthead flags.

pavoisement [pavwazmɑ̃] *nm* -**1.** [d'un édifice] decking out with flags OU bunting. -**2.** NAUT dressing (with flags).

pavoiser [3] [pavwaze] ◇ *vt* -**1.** [édifice] to deck with flags OU bunting. -**2.** NAUT to dress (with flags).

◇ *vi* *fam* -**1.** [déployer des drapeaux] to put out flags. -**2.** [faire le fier]: **il n'y a pas de quoi ~** that's nothing to be proud of.

pavot [pavo] *nm* BOT poppy; **~ cornu** red-horned poppy.

payable [pɛjabl] *adj* payable; **chèque ~ à l'ordre de** cheque payable to; **facture ~ le 5 du mois** invoice payable OU due on the 5th of the month.

payant, e [pɛjɑ̃, ɑ̃t] *adj* **-1.** [non gratuit]: les consommations sont ~es you have to pay for your drinks. **-2.** [qui paie] paying. **-3.** *fam* [qui produit - de l'argent] profitable; [- un résultat] efficient; **une spéculation ~e** a profitable speculation; **ses efforts du premier trimestre ont été ~s** his efforts during the first term have borne fruit.

◆ **payant** *nm*: le cochon de ~ *fam* the mug who has to pay.

paye [pɛj] = **paie**.

payement [pɛmɑ̃] = **paiement**.

payer [11] [peje] ◇ *vt* **-1.** [solder, régler] to pay; ~ **ses impôts au percepteur** to pay one's taxes to the collector; **j'ai une amende à ~** I've got a fine to pay; ~ **sa dette à la société** to pay one's debt to society || *(en usage abs)*: ~ **comptant/à crédit** to pay cash/by credit; **je paye par chèque/avec ma carte de crédit/en liquide** I'll pay by cheque/with my credit card/(in) cash; **les chômeurs ne paient pas** the unemployed don't have to pay; **c'est moi qui paie** [l'addition] I'll pay, it's my treat ❑ ~ **en nature** *pr* to pay in kind; *euph* [sexuellement] *fam* to pay with sexual favours; **c'est le prix à ~ si tu veux réussir** that's the price you have to pay for success; ~ **son tribut à la nature** to go to meet one's maker *hum*; ~ **de ses deniers** OU **de sa poche** to pay out of one's own pocket; ~ **rubis sur l'ongle** to pay (cash) on the nail. **-2.** [rémunérer] to pay; **combien paies-tu ta femme de ménage?** how much do you pay your domestic help? || *(en usage abs)*: **leur patron paie bien** their boss pays well ❑ **être payé pour savoir qqch** to have learnt sthg to one's cost; **tu es pourtant payé pour le savoir!** you of all people should know that! **-3.** [acheter - gén] to buy; ~ **à boire à qqn** to buy sb a drink; **je lui ai payé un diamant** I bought her a diamond; **j'ai payé ma voiture 100 000 francs** I paid F 100,000 for my car; **combien as-tu payé ta maison?** how much did your house cost you?, how much did you pay for your house?; **je te paie le théâtre** I'll take you out to the theatre. **-4.** [obtenir au prix d'un sacrifice]: ~ **qqch de** to pay for sthg with; ~ **sa réussite de sa santé** to succeed at the expense OU the cost of one's health ❑ ~ **cher qqch** to pay a high price for sthg; **c'est ~ cher la réussite** that's too high a price to pay for success. **-5.** [subir les conséquences de] to pay for *(insép)*; **il paie maintenant son laisser-aller** now he's paying for his easy-going attitude || *(en usage abs)*: **vous êtes coupable, vous devez ~** you're guilty, you're going to pay; ~ **pour les autres** to be punished for others ❑ ~ **les pots cassés** to foot the bill *fig*; ~ **les violons** *vieilli* to be out of pocket for nothing. **-6.** [dédommager] to compensate, to repay; **ses félicitations me paient de mes efforts** his congratulations repay me my efforts ❑ ~ **qqn de belles paroles** to fob sb off with smooth talk; ~ **qqn d'ingratitude** to repay sb with ingratitude; ~ **qqn en monnaie de singe** to fob sb off (with stupid excuses); ~ **qqn de retour** to repay sb in kind. **-7.** [acheter - criminel] to hire; ~ **un tueur** to hire a gunman; ~ **un témoin** to buy (off) a witness. **-8.** [compenser] to pay; **son loyer ne paie même pas mes impôts locaux** his rent doesn't even pay OU cover my local taxes. **-9.** [être soumis à - taxe]: **certaines marchandises paient un droit de douane** you have to pay duty on some goods, some goods are liable to duty.

◇ *vi* **-1.** [être profitable] to pay; **l'ostréiculture ne paie plus** there's no money (to be made) in oyster farming nowadays; **c'est un travail qui paie mal** it's badly paid work, it's work that's paid badly ❑ **l'honnêteté ne paie plus** it doesn't pay to be honest any more. **-2.** *fam* [prêter à rire] to be OU to look a sight; **tu payes avec ces lunettes!** you're an amazing sight with those glasses on! **-3.** *loc*: ~ **d'audace** to risk one's all; **ne pas ~ de mine**: **la maison ne paie pas de mine, mais elle est confortable** the house isn't much to look at but it's very comfortable; ~ **de sa personne** [s'exposer au danger] to put o.s. on the line; [se donner du mal] to put in a lot of effort.

◆ **se payer** ◇ *vp (emploi réfléchi)* to compensate o.s.; **tenez, payez-vous** here, take what I owe you ❑ **se ~ sur la bête**▽ [sur le salaire] to dock a sum owed from one's debtor's wages; **se ~ de mots** to talk a lot of fine words.

◇ *vp (emploi passif)* to have to be paid for; **la qualité se paie** you have to pay for quality; **tout se paie** everything has its price.

◇ *vpt* **-1.** *fam* [s'offrir] to treat o.s. to; **j'ai envie de me ~ une robe** I feel like treating myself to a dress ❑ **se ~ la tête de qqn** to make fun of sb; **s'en ~ (une tranche)** to have (o.s.) a great time. **-2.** *fam* [être chargé de] to be landed OU saddled with; **je me paie tout leur boulot** I end up doing all their work. **-3.** *fam* [recevoir] to get, to land *Br*; **je me suis payé un 2 à l'oral** I got a 2 in the oral. **-4.** *fam* [supporter] to put up with; **on s'est payé leurs gosses pendant tout le week-end** we had to put up with their kids the whole weekend. **-5.** *fam* [percuter] to run OU to bump into; **elle s'est payé le mur en reculant** she backed into the wall. **-6.** *fam* [agresser] to go for; **celui-là, à la prochaine réunion, je me le paie** I'll have his guts for garters *Br* OU his head on a platter *Am* at the next meeting. **-7.**▽ [avoir une relation sexuelle avec] to have, to have it off with *Br*.

payer-prendre [pejeprɑ̃dr] *nm inv* cash-and-carry.

payeur, euse [pɛjœr, øz] ◇ *adj* [agent, fonctionnaire] payments *(modif)*.

◇ *nm, f* payer.

◆ **payeur** *nm* **-1.** ADMIN [distribuant - les salaires] wages clerk; [- les remboursements de frais] firm's accountant. **-2.** MIL paymaster. **-3.** [débiteur]: **mauvais ~** bad debtor, defaulter.

pays[1] [pei] *nm* **-1.** [nation] country; **les nouveaux ~ industrialisés** the newly industrialized countries; **les ~ membres du pacte de Varsovie** the Warsaw Pact countries; **le ~ d'accueil** the host country ❑ **les ~ les moins avancés** the least developed countries; ~ **en (voie de) développement** developing country; **les vieux ~** *Can* [pays d'Europe] the old countries; **ils se conduisent comme en ~ conquis** they're acting OU behaving as if they own the place; **voir du ~** to travel a lot; **faire voir du ~ à qqn** *fam* to give sb a hard time; **au pays des aveugles, les borgnes sont rois** in the land of the blind the one-eyed man is king. **-2.** [zone, contrée] region, area; ~ **chaud/sec** hot/dry region; **quel ~! il pleut sans arrêt!** what a place! it never stops raining! ❑ **en ~ de Loire** in the Loire area OU valley; **au ~ des rêves** OU **des songes** in the land of dreams; **en ~ de connaissance**: **vous serez en ~ de connaissance, Tom fait aussi du piano** you'll have something in common because Tom plays the piano too. **-3.** [agglomération] village, small town; **un petit ~ de 2 000 âmes** a small town of 2,000 souls; **ça s'est vite su dans tout le ~** the whole village OU every man, woman and child in the village soon knew about it. **-4.** [peuple] people, country; **s'adresser au ~** to talk to the nation; **tout le ~ se demande encore qui est l'assassin** the whole country's still wondering who the murderer might be. **-5.** [région d'origine]: **le ~** [nation] one's country; [région] one's home (region); [ville] one's home (town); **les jeunes quittent le ~** there's an exodus of young people from the region; **c'est un enfant du ~** he's from these parts; **on voit bien que tu n'es pas du ~!** it's obvious you're not from around here! ❑ **le mal du ~** homesickness; **avoir le mal du ~** to be homesick. **-6.** *fig* [berceau, foyer]: **le ~ de**: **le ~ des tulipes** the country of the tulip; **le ~ du bel canto** the cradle of bel canto.

◆ **de pays** *loc adj* local; **ils vendent des produits de ~** they sell local produce OU produce from the (local) area ❑ **saucisson de ~** traditional OU country-style sausage.

pays[2], **e** *fam* [pei, iz] *nm, f dial*: **il a rencontré un ~ au régiment** he met somebody from back home in the army.

paysage [peizaʒ] *nm* **-1.** [étendue géographique] landscape; ~ **montagneux/vallonné** hilly/rolling landscape. **-2.** [panorama] view, scenery, landscape; **du sommet, le ~ est magnifique** the view from the top is beautiful ❑ **faire bien dans le ~** *fam* to look good. **-3.** [aspect d'ensemble] landscape, scene; ~ **politique/social** political/social landscape ❑ **le ~ audiovisuel français** French broadcasting; ~ **urbain** townscape, urban landscape. **-4.** BX-ARTS landscape (painting); **un ~ de Millet** a Millet landscape, a landscape by Millet.

paysager, ère [peizaʒe, ɛr] *adj* landscape *(modif)*; **parc ~** landscaped gardens.

paysagiste [peizaʒist] ◇ *adj* landscape *(modif)*.

◇ *nmf* **-1.** BX-ARTS landscape painter, landscapist. **-2.** HORT landscape gardener.

paysan, anne [peizɑ̃, an] ◇ *adj* **-1.** SOCIOL peasant *(modif)*; [population] rural; **le malaise ~** discontent amongst small farmers. **-2.** [rustique - décor] rustic; [- style, vêtements] rustic, country *(modif)*.

◇ *nm, f* **-1.** [cultivateur] peasant, small farmer; **les ~s veulent des réformes** the farming community wants OU the farmers want reforms. **-2.** *péj* [rustre] peasant; ~ **du Danube** *allusion La Fontaine* plain-speaking man.

◆ **à la paysanne** *loc adj* CULIN with small onions and diced bacon.

paysannat [peizana] *nm* **-1.** [classe] peasantry; [ensemble des agriculteurs] farming community. **-2.** [condition des paysans] peasant life.

paysannerie [peizanri] *nf* peasantry.

Pays-Bas [peiba] *npr mpl*: **les ~** the Netherlands; **aux ~** in the Netherlands.

Pc *abr écrite de* **pièce**.

PC *nm* **-1.** *(abr de* **parti communiste***)* *Communist Party*. **-2.** *(abr de* **personal computer***)* PC, micro. **-3.** *abr de* **prêt conventionné**. **-4.** *abr de* **permis de construire**. **-5.** *(abr de* **poste de commandement***)* HQ. **-6.** *(abr de* **Petite Ceinture***)* [bus] *bus following the inner ring road inParis*.

pcc *(abr écrite de* **pour copie conforme***)* *certified accurate*.

pce *abr écrite de* **pièce**.

Pce *abr écrite de* **prince**.

Pcesse *abr écrite de* **princesse**.

PCF *npr m abr de* **Parti communiste français**.

PCI *npr m abr de* **Parti communiste italien**.

PCV *(abr de* **à percevoir***)* *nm* reverse-charge call *Br*, collect call *Am*; **appeler Paris en ~** to make a reverse-charge call to Paris *Br*, to call Paris collect *Am*.

P-D G *fam (abr de* **président-directeur général***)* *nm inv* chairman and managing director *Br*, Chief Executive Officer *Am*, ≃ MD *Br*, ≃ CEO *Am*.

PEA *(abr de* **plan d'épargne en actions***)* *nm* ≃ investment trust.

péage [peaʒ] *nm* **-1.** [sur une voie publique - taxe] toll; [- lieu] toll (gate); '~ **à 5 km**' 'toll 5 km'. **-2.** TV: **chaîne à ~** pay channel.

péagiste [peaʒist] *nmf* toll collector.

peau, x [po] *nf* **-1.** ANAT skin; **avoir la ~ sèche/grasse** to have dry/greasy skin; **elle a la ~ douce** she has soft skin; **~x mortes** dead skin ❑ **n'avoir que la ~ et** OU **sur les os** to be all skin and bones; **attraper qqn par la peau du cou** to grab sb by the scruff of the neck; **prendre qqn par la ~ du dos** to grab sb by the scruff of the neck; **crever** OU **trouer la ~ à qqn**▽ to fill OU to pump sb full of lead; **être** OU **se sentir bien dans sa ~** *fam* to feel good about o.s., to be together; **être mal dans sa ~** to feel bad about o.s., to be unhappy; **entrer** OU **se mettre dans la ~ de qqn** to put o.s. in sb's shoes OU place; **entrer dans la ~ du personnage** to get right into the part; **avoir qqn dans la ~** to be crazy about sb, to have sb under one's skin; **avoir qqch dans la ~** to have sthg in one's blood; **changer de ~** to change one's look; faire ~ neuve to get a facelift *fig*; l'université fait ~ neuve the university system is being completely overhauled; c'est dur de faire ~ neuve à 50 ans it's hard to start a new life at 50; avoir la ~ dure to be thick-skinned; si tu tiens à ta ~ *fam* if you value your life OU hide; y laisser sa ~ *fam* to pay with one's life, to be killed; un jour, j'aurai ta ~! *fam* I'll get you one of these days!; faire la ~ à qqn *fam* to do sb in, to bump sb off; ils lui ont fait la ~ *fam* they did him in; coûter la ~ des fesses▽ OU du cul▼ to cost an arm and a leg. -2. ZOOL [gén] skin; [fourrure] pelt; [cuir - non tanné] hide; [- tanné] leather, (tanned) hide; une valise en ~ a leather suitcase; le commerce des ~x the fur and leather trade; sac en ~ de serpent snakeskin bag ❑ cuir pleine ~ full leather; une ~ d'âne [diplôme] a diploma; ~ de chagrin shagreen; mes économies diminuent comme une ~ de chagrin my savings are just melting away; ~ de chamois [chiffon] chamois leather; ~ de tambour (drum) skin; vieille ~▽ old bag; en ~ de lapin *fam*: des révolutionnaires en ~ de lapin *fam* Mickey Mouse OU tinpot revolutionaries. -3. [d'un fruit, d'un légume, du lait bouilli] skin; [du fromage] rind; ~ d'orange orange peel; ~ de banane *pr* & *fig* banana skin. -4. ÉLECTR: effet de ~ skin effect. -5. *loc*: ~ de balle (et balai de crin)▽, ~ de zébi▼ [refus, mépris] sod all *Br*, nothing doing *Am*; en fin de compte, tout ce qu'on a obtenu c'est ~ de balle in the end we got sod all *Br* OU zilch *Am*; tu me prêtes ta voiture? – ~ de balle! will you lend me your car? – no chance!

◆ **peau d'orange** *nf* MÉD orange-peel skin *(caused by cellulite)*.

◆ **peau de vache**▽ *nf* [femme] cow *Br*, bitch *Am*; [homme] bastard.

peaucier [posje] ◇ *adj m* dermal.
◇ *nm*: ~ (du cou) platysma.

peaufiner [3] [pofine] *vt* -1. [à la peau de chamois] to shammy-leather. -2. [fignoler] to put the finishing touches to.

peau-rouge [poruʒ] (*pl* peaux-rouges) *adj* [dans un western] Red Indian *(modif)*, redskin *(modif)*.
◆ **Peau-Rouge** *nmf* [dans un western] Red Indian, Redskin.

peausserie [posri] *nf* -1. [peaux] leatherwear. -2. [industrie] leather OU skin trade.

peaussier [posje] *nm* storekeeper in the leather trade.

pébroque▽ [pebrɔk] *nm* brolly *Br*, umbrella.

pécaïre [pekair] *interj dial* & *vieilli* good God.

pecan [pekɑ̃] *nm* pecan.

pécari [pekari] *nm* -1. ZOOL peccary. -2. [cuir] peccary (skin).

peccadille [pekadij] *nf* -1. [péché] peccadillo; des ~s de jeunesse youthful indiscretions. -2. [vétille]: se disputer pour des ~s to argue over trifles.

pechblende [pɛʃblɛ̃d] *nf* pitchblende.

péché [peʃe] *nm* -1. [faute] sin; ~ de (la) chair sin of the flesh; ~ mortel/originel/véniel mortal/original/venial sin; ~ de jeunesse youthful indiscretion; ~ mignon weakness; mon ~ mignon, c'est le chocolat I just can't resist chocolate, chocolate is my little weakness; le ~ d'orgueil the sin of pride; les sept ~s capitaux the seven deadly sins; à tout ~ miséricorde *prov* every sin can be forgiven; que celui qui est sans ~ lui jette la première pierre BIBLE let he who is without sin cast the first stone. -2. [état] sin; vivre dans le ~ [gén] to lead a life of sin OU a sinful life; [sans mariage religieux] to live in sin; retomber dans le ~ to relapse (into sin).

pêche[1] [pɛʃ] ◇ *nf* -1. BOT peach; ~ abricot/blanche yellow/white peach; ~ de vigne red-fleshed peach *(grown amongst vines)*; elle a un teint de ~ she has a peaches and cream complexion. -2. *fam*[énergie] get-up-and-go; avoir la ~ to be full of get-up-and-go, to be on form. -3. ▽[coup] smack, clout.
◇ *adj inv* peach *(modif)*, peach-coloured.

pêche[2] [pɛʃ] *nf* -1. [activité - en mer] fishing; [- en eau douce] fishing, angling; aller à la ~ [en mer] to go fishing; [en eau douce] to go angling; '~ interdite' 'no fishing'; '~ réglementée' 'fishing by permit only' ❑ ~ à la baleine whaling, whale-hunting; ~ à la cuiller spinning; ~ au lamparo fishing by lamplight; ~ au lancer cast fishing; ~ à la ligne angling; ~ maritime sea fishing; ~ à la morue cod fishing; ~ sous-marine underwater fishing; aller à la ~ à la ligne [au lieu de voter] to abstain from voting; aller à la ~ aux informations to go in search of information. -2. [produit de la pêche] catch; la ~ a été bonne *pr* there was a good catch; alors, la ~ a été bonne? *fig* any luck? ❑ ~ miraculeuse *allusion Bible* miraculous draught of fishes. -3. [lieu] fishery; ~s maritimes sea fisheries; ~ côtière coastal fishery; ~ éloignée, grande ~, ~ hauturière distant-water fishery.

pécher [18] [peʃe] *vi* -1. RELIG to sin. -2. *sout* [commettre une erreur]: ~ par: ~ par excès de minutie to be overmeticulous; elle a péché par manque de confiance she wasn't self-confident enough, she lacked self-confidence; ~ contre to go against the rules of; ~ contre le bon goût to go against the rules of good taste.

pêcher[1] [peʃe] *nm* -1. BOT peach tree. -2. MENUIS peach wood.

pêcher[2] [4] [peʃe] ◇ *vt* -1. PÊCHE [essayer de prendre] to fish for *(insép)*; [prendre] to catch; j'ai pêché trois truites I caught OU landed three trout; ~ la crevette to shrimp, to go shrimping; ~ des moules to collect mussels; ~ des grenouilles to hunt frogs; ~ le hareng au chalut to trawl for herring. -2. [tirer de l'eau] to fish out *(sép)*; ~ une chaussure to fish out a shoe. -3. *fam*[dénicher] to seek out *(sép)*, to hunt OU to track down *(sép)*, to unearth; il est allé ~ des chansons inédites chez un auteur oublié he dug up OU unearthed some unpublished songs by a forgotten songwriter; où a-t-il été pêcher que j'avais démissionné? where did he get the idea that I'd resigned?
◇ *vi* [aller à la pêche] to fish; il pêche tous les dimanches he goes fishing every Sunday ❑ ~ en eau trouble to fish in troubled waters.

pechère [pəʃɛr] = **peuchère**.

pécheresse [peʃrɛs] *f* → **pécheur**.

pêcherie [pɛʃri] *nf* fishery.

pêchette [pɛʃɛt] *nf* dip net.

pécheur, eresse [peʃœr, peʃrɛs] *nm, f* sinner; ~ endurci unrepentant sinner.

pêcheur, euse [pɛʃœr, øz] *nm, f* [en mer] fisherman (*f* fisherwoman); [en eau douce] angler; ~ à la ligne *pr* angler; *fig* abstentionist; ~ au chalut trawlerman; ~ de crevettes shrimper; ~ de perles pearl diver.

pécloter [3] [peklote] *vi Helv* to be in ill-health.

pécore *fam* [pekɔr] *nf*: quelle ~ celle-là! she's so stuck-up!

pectine [pɛktin] *nf* pectin.

pectiné, e [pɛktine] *adj* -1. BOT & ZOOL pectinate, pectinated. -2. ANAT pectineal; muscle ~ pectineus.
◆ **pectiné** *nm* ANAT pectineus.

pectique [pɛktik] *adj* pectic.

pectoral, e, aux [pɛktɔral, o] *adj* -1. ANAT pectoral. -2. PHARM throat *(modif)*, cough *(modif)*.
◆ **pectoral, aux** *nm* -1. ANAT pectoral muscle; grand/petit ~ pectoralis major/minor. -2. ANTIQ & RELIG pectoral.

pécule [pekyl] *nm* -1. [petit capital] savings, nest egg; se constituer un (petit) ~ to put some money aside. -2. MIL (service) gratuity. -3. JUR: ~ de libération prison earnings *(paid on discharge)*. -4. HIST peculium.

pécuniaire [pekynjɛr] *adj* financial, pecuniary; des difficultés ~s financial OU money problems.

pécuniairement [pekynjɛrmɑ̃] *adv* financially, pecuniarily.

pédagogie [pedagɔʒi] *nf* -1. [méthodologie] educational methods. -2. [pratique] teaching skills; il manque de ~ he lacks teaching skills.

pédagogique [pedagɔʒik] *adj* [science, manière] educational, teaching *(modif)*, pedagogical; elle n'a aucune formation ~ she's not been trained to teach OU as a teacher; aides OU supports ~s teaching materials.

pédagogiquement [pedagɔʒikmɑ̃] *adv* pedagogically, educationally.

pédagogue [pedagɔg] ◇ *adj*: il n'est pas très ~ he's not very good at teaching; elle est très ~ she's a very good teacher.
◇ *nmf* -1. [enseignant] teacher. -2. [éducateur] educationalist. -3. ANTIQ pedagogue.

pédalage [pedalaʒ] *nm* pedalling.

pédale [pedal] *nf* -1. [d'un véhicule] pedal. -2. [d'une poubelle] pedal; [d'une machine à coudre] treadle. -3. AUT pedal; appuyer sur la ~ du frein to step on OU to use the brake pedal. -4. MUS pedal; ~ douce soft pedal; ~ forte loud OU sustaining pedal; mettre la ~ douce *pr* & *fig* to soft-pedal. -5. ▽ *péj* [homosexuel] queer *Br*, faggot *Am*.
◆ **à pédales** *loc adj* pedal *(modif)*; auto à ~s [jouet] pedal car.

pédaler [3] [pedale] *vi* -1. [sur un vélo] to pedal; ~ en danseuse to pedal off the saddle. -2. *fam loc*: ~ dans la choucroute OU la semoule OU le yaourt to be all at sea.

pédaleur, euse *fam* [pedalœr, øz] *nm, f* cyclist.

pédalier [pedalje] *nm* -1. [d'une bicyclette] (bicycle) drive. -2. MUS [d'un orgue] pedals, pedal board.

Pédalo® [pedalo] *nm* pedalo, pedal-boat.

pédant, e [pedɑ̃, ɑ̃t] ◇ *adj* [exposé, ton] pedantic.
◇ *nm, f* pedant.

pédanterie [pedɑ̃tri] *nf* pedantry.

pédantesque [pedɑ̃tɛsk] *adj litt* pedantic.

pédantisme [pedɑ̃tism] *nm* = **pédanterie**.

pédé▽ [pede] *nm péj* queer *Br*, fag *Am*.

pédéraste [pederast] *nm* -1. [avec des jeunes garçons] pederast. -2. [entre hommes] homosexual.

pédérastie [pederasti] *nf* -1. [avec des jeunes garçons] pederasty. -2. [entre hommes] homosexuality.

pédérastique [pederastik] *adj* -1. [avec des jeunes garçons] pederastic. -2. [entre hommes] homosexual.

pédestre [pedɛstr] *adj* -1. [à pied]: randonnée ~ walking, hiking. -2. [en pied]: statue ~ pedestrian OU standing statue.

pédestrement [pedɛstrəmɑ̃] *adv litt* on foot, afoot *litt*.

pédiatre [pedjatr] *nmf* paediatrician.

pédiatrie [pedjatri] *nf* paediatrics *(U)*.

pédiatrique [pedjatrik] *adj* paediatric.

pedibus *fam* [pedibys] *adv hum* on foot, on Shanks's pony *Br* OU mare *Am*.

pédicellaire [pediselɛr] *nm* pedicellaria.

pédicelle [pedisɛl] *nm* pedicel.

pédicellé, e [pedisele] *adj* pedicellate.

pédiculaire [pedikylɛr] ◇ *adj* BOT & ENTOM pedicular.
◇ *nf* BOT: ~ des bois lousewort.

pédicule [pedikyl] *nm* -1. ANAT peduncle. -2. ARCHIT stand, base. -3. BOT [pédicelle] pedicle; [pédoncule] peduncle. -4. ZOOL [de crabe] peduncle, pedicel, eye-stalk.

pédiculé, e [pedikyle] *adj* -1. ANAT pedicled, pediculated. -2. BOT peduncled.

pédiculose [pedikyloz] *nf* pediculosis.

pédicure [pedikyr] *nmf* chiropodist.

pédicurie [pedikyri] *nf* -1. [profession] chiropody. -2. [soins] pedicure.

pedigree [pedigre] *nm* pedigree; un chien avec ~ a pedigree dog.

pédiment [pedimɑ̃] *nm* pediment GEOL.

pédiplaine [pediplɛn] *nf* pediplain, pediplane.

pédodontie [pedɔdɔ̃si] *nf* paedodontia, paedodontics *(U)*.

pédogenèse [pedɔʒənɛz] *nf* -1. GÉOL pedogenesis, soil formation. -2. BIOL paedogenesis.

pédologie [pedɔlɔʒi] *nf* -**1.** GÉOL pedology. -**2.** MÉD paedology.
pédologue [pedɔlɔg] *nmf* GÉOL pedologist.
pédonculaire [pedɔ̃kylɛr] *adj* peduncular.
pédoncule [pedɔ̃kyl] *nm* -**1.** ANAT peduncle; ~ cérébral restiform body. -**2.** BOT peduncle; ~ ramifié pedicel. -**3.** ZOOL [du crabe] eye-stalk, pedicel.
pédonculé, e [pedɔ̃kyle] *adj* pedunculate, pedunculated; **chêne ~** pedunculate oak.
pédophile [pedɔfil] ◇ *adj* paedophiliac.
◇ *nmf* paedophile.
pédophilie [pedɔfili] *nf* paedophilia.
pédopsychiatre [pedɔpsikjatr] *nmf* child psychiatrist.
pédopsychiatrie [pedɔpsikjatri] *nf* child psychiatry.
pedzouille▽ [pedzuj] *nm péj* yokel, hick *Am.*
peeling [piliŋ] *nm* exfoliation (treatment); **se faire faire un ~** to be given a face (peeling) mask.
pégase [pegaz] *nm* ZOOL pegasus.
Pégase [pegaz] *npr* ASTRON & MYTH Pegasus.
PEGC (*abr de* **professeur d'enseignement général de collège**) *nmf teacher qualified to teach one or two subjects to 11-to-15-year-olds in French secondary schools.*
pegmatite [pɛgmatit] *nf* pegmatite.
pègre [pɛgr] *nf* (criminal) underworld.
peignage [pɛɲaʒ] *nm* TEXT [du lin, de la laine] combing; [du chanvre] hackling.
peigne [pɛɲ] *nm* -**1.** [pour les cheveux] comb; **un ~ retenait ses cheveux en arrière** her hair was held back with a comb ❑ **coup de ~: je vais me donner un coup de ~** I'll just comb my hair OU give my hair a (quick) comb; **je viens pour un coup de ~** [chez le coiffeur] I just want a quick comb through; **passer une région/un document au ~ fin** to go over an area/a document with a fine-tooth comb. -**2.** ÉLECTR: **filtre en ~** comb filter. -**3.** TECH [à fileter] comb. -**4.** TEXT [à lin, à laine] comb; [à chanvre] hackle. -**5.** ZOOL [mollusque] scallop, pecten; [chez l'oiseau] pecten; [chez les scorpions] comb.
peigné [peɲe] *nm* -**1.** [fil] combed yarns. -**2.** [tissu] worsted (cloth).
peigne-cul▽ [pɛɲky] (*pl inv* OU **peigne-culs**) *nm péj* creep, jerk.
peignée [peɲe] *nf* -**1.** *fam* [volée de coups] beating, hiding. -**2.** TEXT cardful.
peigner [4] [peɲe] *vt* -**1.** [cheveux, personne] to comb; **viens ici que je te peigne** come here so that I can comb your hair; **je suis vraiment mal peignée aujourd'hui** my hair is all over the place today ❑ **faire ça ou ~ la girafe** *fam* we might as well be whistling in the wind. -**2.** TEXT [lin, laine] to comb; [chanvre] to hackle; **coton peigné** brushed cotton.
◆ **se peigner** *vp (emploi réfléchi)* [se coiffer] to comb one's hair; **se ~ la barbe** to comb one's beard.
peigneur, euse [pɛɲœr, øz] ◇ *adj* combing.
◇ *nm, f* comber.
◆ **peigneur** *nm* doffer.
◆ **peigneuse** *nf* comb, combing machine.
peignoir [pɛɲwar] *nm* -**1.** [sortie de bain]: **~ (de bain)** bathrobe. -**2.** [robe de chambre] dressing gown, bathrobe *Am.* -**3.** [chez le coiffeur] robe.
Pei-king [pejkiŋ] = **Pékin.**
peinard, e▽ [pɛnar, ard] *adj* [vie] cushy; **rester** OU **se tenir ~** to keep one's nose clean; **un boulot ~** a cushy job; **là-bas, on sera ~s** we'll have it easy there.
peinardement▽ [pɛnardəmɑ̃] *adv* coolly.
peindre [81] [pɛ̃dr] ◇ *vt* -**1.** [mur, tableau] to paint; **j'ai peint la porte en bleu** I painted the door blue; **~ au pinceau/rouleau** to paint with a brush/roller; **~ à l'huile/à l'eau** to paint in oils/in watercolours. -**2.** [décrire] to portray, to depict.
◇ *vi* to paint, to be a painter OU an artist; **~ sur soie/verre** to paint on silk/glass.
◆ **se peindre** ◇ *vp (emploi passif)* to be painted on; **c'est un revêtement qui se peint facilement** it's a covering which can easily be painted.
◇ *vp (emploi réfléchi)* -**1.** [se représenter - en peinture] to paint one's (own) portrait; [- dans un écrit] to portray o.s. -**2.** [se grimer]: **se ~ le visage** to paint one's face.
◇ *vpi* to show; **la stupéfaction se peignit sur son visage** amazement was written all over her face.
peine [pɛn] *nf* **A.** -**1.** [châtiment] sentence, penalty; **infliger une lourde ~ à qqn** to pass a harsh sentence on sb ❑ **~ criminelle/correctionnelle** *imprisonment for between 2 months and 5 years/for more than 5 years;* **~ incompressible** sentence without remission; **la ~ de mort** capital punishment, the death penalty; **~ de prison avec sursis** suspended (prison) sentence; **~ de substitution** non-custodial sentence. -**2.** RELIG [damnation] damnation, suffering; **les ~s éternelles** eternal damnation OU suffering, the fires of hell.
B. -**1.** [tourment, inquiétude] trouble; **mes amis viennent souvent me raconter leurs ~s** my friends often come to tell me their troubles; **faire ~ à voir** to be a sorry sight; **tu faisais ~ à voir avec tes deux bras dans le plâtre** you did look a sorry sight with both your arms in plaster ❑ **~s de cœur** heartache(s); **se mettre en ~ pour qqn** *sout* to be extremely worried about sb. -**2.** [tristesse] sorrow, sadness, grief; **il partageait sa ~** he shared her grief; **avoir de la ~** to be sad OU upset; **faire de la ~ à qqn** to upset sb; **je ne voudrais pas lui faire de la ~ en lui disant** I wouldn't like to upset him by telling him; **il me fait vraiment de la ~** I feel really sorry for him.
C. -**1.** [effort] effort, trouble; **ce n'est pas la ~** it's not worth it, it's pointless; **ce n'est pas la ~ de tout récrire/que tu y ailles** there's no point writing it all out again/your going; **c'était bien la ~ que je mette une cravate!** *iron* it was a real waste of time putting a OU my tie on!; **se donner de la ~** to go to a lot of trouble; **il s'est donné beaucoup de ~ pour réussir** he went to a lot of trouble to succeed; **prendre** OU **se donner la ~ de** to go to OU to take the trouble to; **donnez-vous la ~ d'entrer** please do come in, (please) be so kind as to come in; **si vous voulez bien vous donner la ~ d'attendre un instant** if you wouldn't mind waiting a moment; **il ne s'est même pas donné la ~ de répondre** he didn't even bother replying; **tu aurais pu prendre la ~ de téléphoner** you could at least have phoned; **ne vous donnez pas la ~ de me reconduire, je connais le chemin** don't bother to show me out, I know the way; **s'il veut s'en donner la ~, il peut très bien réussir** if he can be bothered to make the effort, he's perfectly capable of succeeding; **valoir la ~** to be worth it; **l'exposition vaut la ~ d'être vue** the exhibition is worth seeing ❑ **homme de ~** labourer; **en être pour sa ~** to have nothing to show for one's trouble; **ne pas épargner** OU **ménager sa ~** to spare no effort; **~ perdue: n'essaie pas de le convaincre, c'est ~ perdue** don't try to persuade him, it's a waste of time OU you'd be wasting your breath. -**2.** [difficulté]: **avoir de la ~ à: avoir de la ~ à marcher** to have trouble OU difficulty walking; **avoir ~ à** *sout*: **j'ai ~ à vous croire** I find it difficult OU hard to believe you ❑ **elle a eu toutes les ~s du monde à venir à la réunion** she had a terrible time OU the devil's own job getting to the meeting; **être (bien) en ~ de: je serais bien en ~ de vous l'expliquer** I'd have a hard job explaining it to you, I wouldn't really know how to explain it to you; **n'être pas en ~ pour** *sout*: **je ne suis pas en ~ pour y aller** it's no trouble for me to get there, I'll have no problem getting there.
◆ **à peine** *loc adv* -**1.** [presque pas] hardly, barely, scarcely; **j'arrive à ~ à soulever mon sac** I can hardly OU barely lift my bag; **elle sait à ~ lire** she can hardly read; **j'y vois à ~** [ma vue est mauvaise] I've very poor sight, I can hardly see; [il fait sombre] I can hardly see anything; **c'est à ~ si je l'ai entrevu** I only just caught a glimpse of him ❑ **je t'assure, je n'ai pas touché au gâteau — à ~!** *fam hum* I swear I didn't touch the cake — a likely story! -**2.** [tout au plus] barely; **il y a à ~ une semaine/deux heures** not quite a week/two hours ago, barely a week/two hours ago. -**3.** [à l'instant] just; **je termine à ~** I've only just finished. -**4.** [aussitôt]: **à ~ guérie, elle a repris le travail** no sooner had she recovered than she went back to work; **à ~... que: à ~ était-elle couchée que le téléphone se mit à sonner** no sooner had she gone to bed than OU she'd only just gone to bed when the phone rang.
◆ **avec peine** *loc adv* -**1.** [difficilement] with difficulty; **je l'ai fait avec ~** I had trouble OU a struggle doing it. -**2.** *sout* [à regret]: **je vous quitte avec ~** it is with deep regret that I leave you.
◆ **sans peine** *loc adv* -**1.** [aisément] without difficulty, easily; **l'italien sans ~** Italian the easy way. -**2.** [sans regret] with no regrets, with a light heart.
◆ **sous peine de** *loc prép*: **'défense de fumer sous ~ d'amende'** 'smokers will be prosecuted'; **sous ~ de mort** on pain of death.
peiner [4] [pene] ◇ *vt* [attrister] to upset, to hurt; **sa mort m'a profondément peiné** her death greatly grieved OU distressed me; **je suis peiné par ton attitude** I'm unhappy about OU aggrieved by your attitude.
◇ *vi* -**1.** [personne] to have trouble OU difficulty; **j'ai peiné pour terminer dans les délais** I had to struggle to finish OU I had a lot of trouble finishing on time. -**2.** [machine] to strain, to labour; **on entendait un moteur ~ dans la montée** you could hear a car engine toiling up the hill.
peintre [pɛ̃tr] *nm* -**1.** [artiste] painter. -**2.** [artisan, ouvrier] painter; **~ en bâtiment** house painter; **~ de décors** specialist decorator. -**3.** *fig* [écrivain] portrayer; **c'est un excellent ~ de la vie à la campagne** his depictions of country life are superb.
peintre-décorateur [pɛ̃trədekɔratœr] (*pl* **peintres-décorateurs**) *nm* painter and decorator.
peintre-graveur [pɛ̃trəgravœr] (*pl* **peintres-graveurs**) *nm* painter-engraver, painter-etcher.
peinture [pɛ̃tyr] *nf* **A.** -**1.** [substance] paint; **~ à l'eau** CONSTR water OU water-based paint; **~ à l'huile** BX-ARTS oil paint. -**2.** [action] painting; **faire de la ~ au pistolet** to spray-paint; **faire de la ~ au rouleau** to paint with a roller. -**3.** [couche de matière colorante] paintwork; **la ~ de la grille est écaillée** the paintwork on the gate is flaking off; **'~ fraîche'** 'wet paint'; **refaire la ~ d'une porte** to repaint a door; **refaire la ~ d'une pièce** to redecorate a room.
B. -**1.** BX-ARTS [art et technique] painting; **elle est passée à la ~ abstraite** she turned to abstract painting; **~ sur soie** silk painting, painting. -**2.** [œuvre] painting, picture, canvas ❑ **une ~ murale** a mural; **~s rupestres** cave paintings; **je ne peux pas la voir en ~** *fam* I can't stand OU stick *Br* the sight of her. -**3.** [ensemble d'œuvres peintes] painting; **la ~ flamande** Flemish painting; **la ~ de Picasso** Picasso's paintings.
C. DESCRIPTION portrayal, picture; **une ~ de la société médiévale** a picture of mediaeval society.
peinture-émulsion [pɛ̃tyremylsjɔ̃] (*pl* **peintures-émulsions**) *nf* emulsion (paint).
peinturer [3] [pɛ̃tyre] *vt* -**1.** [barbouiller] to daub with paint. -**2.** *Afr & Can* [peindre] to paint; **~ la salle de bains** to paint OU to redecorate the bathroom.
peinturlurer *fam* [3] [pɛ̃tyrlyre] *vt* to daub with paint.
◆ **se peinturlurer** *fam vp (emploi réfléchi)*: **elle s'était peinturluré le visage** she'd plastered make-up on her face.
péjoratif, ive [peʒɔratif, iv] *adj* pejorative, derogatory.
◆ **péjoratif** *nm* pejorative (term).
péjoration [peʒɔrasjɔ̃] *nf* pejoration.

péjorativement [peʒɔrativmɑ̃] *adv* pejoratively, derogatorily.

pékan [pekɑ̃] *nm* pekan, fisher.

pékin [pekɛ̃] = **péquin**.

Pékin [pekɛ̃] *npr* Peking.

pékiné, e [pekine] *adj* pekin *(modif)*.
◆ **pékiné** *nm* pekin.

pékinois, e [pekinwa, az] *adj* Pekinese, Pekingese.
◆ **Pékinois, e** *nm, f* Pekinese, Pekingese (person); les Pékinois the people of Peking.
◆ **pékinois** *nm* -**1.** LING Pekinese, Mandarin (Chinese). -**2.** ZOOL Pekinese, Pekingese.

PEL, Pel [pɛl, peœɛl] *nm abr de* plan d'épargne logement.

pelade [pəlad] *nf* MÉD alopecia areata, pelada.

pelage [pəlaʒ] *nm* coat, fur.

pélagique [pelaʒik] *adj* BIOL & GÉOL pelagic.

pélargonium [pelargɔnjɔm] *nm* pelargonium.

pelé, e [pəle] *adj* -**1.** [chat, renard, fourrure] mangy. -**2.** [sans végétation] bare. -**3.** [fruit] peeled.
◆ **pelé** *fam nm* -**1.** [chauve] bald OU bald-headed man. -**2.** *loc*: il y avait trois ~s et un tondu there was one man and his dog *Br*, there was hardly anyone there.

Pelée [pəle] *npr*: la montagne ~ Mount Pelée.

pêle-mêle [pɛlmɛl] ◇ *adv* in a jumble, every which way, pell-mell; les draps et les couvertures étaient ~ sur le lit sheets and covers were all jumbled up OU in a heap on the bed; les spectateurs se sont engouffrés ~ dans la salle the spectators piled pell-mell into the room.
◇ *nm inv* [cadre pour photos] multiple (photo) frame.

peler [25] [pəle] ◇ *vt* -**1.** [fruit, légume] to peel. -**2.** ▼ *loc*: ~ le jonc à qqn to get on sb's wick *Br* OU nerves.
◇ *vi* -**1.** [peau] to peel; j'ai le dos qui pèle my back's peeling. -**2.** *fam loc*: ~ de froid: on pèle (de froid) ici it's dead cold OU freezing in here.

pèlerin [pɛlrɛ̃] *nm* -**1.** RELIG pilgrim. -**2.** ZOOL [requin] basking shark; [faucon] peregrine falcon. -**3.** *fam* [individu] guy, bloke *Br*, character.

pèlerinage [pɛlrinaʒ] *nm* -**1.** [voyage] pilgrimage; faire un OU aller en ~ à Lourdes to go on a pilgrimage to Lourdes; un ~ littéraire sur les traces de Stendhal a literary pilgrimage in Stendhal's footsteps. -**2.** [endroit] place of pilgrimage.

pèlerine [pɛlrin] *nf* pelerine.

pélican [pelikɑ̃] *nm* pelican.

pelisse [pəlis] *nf* pelisse.

pellagre [pelagr] *nf* pellagra.

pellagreux, euse [pelagrø, øz] ◇ *adj* pellagrous.
◇ *nm, f* pellagra sufferer.

pelle [pɛl] *nf* -**1.** [pour ramasser] shovel; [pour creuser] spade; ~ à charbon coal shovel; ~ à ordures dustpan. -**2.** CULIN: ~ à poisson/tarte fish/pie slice. -**3.** TRAV PUBL: ~ mécanique [sur roues] mechanical shovel; [sur chenilles] excavator. -**4.** [extrémité d'un aviron] (oar) blade. -**5.** *fam loc*: (se) prendre OU (se) ramasser une ~ [tomber, échouer] to come a cropper *Br*, to take a spill *Am*; rouler une ~ à qqn to give sb a French kiss.
◆ **à la pelle** *loc adv* -**1.** [avec une pelle] : ramasser la neige à la ~ to shovel up the snow. -**2.** [en grande quantité] in huge numbers; gagner OU ramasser de l'argent à la ~ to earn huge amounts of money.

pelle-bêche [pɛlbɛʃ] (*pl* pelles-bêches) *nf* digging shovel.

pelle-pioche [pɛlpjɔʃ] *nf* (*pl* pelles-pioches) combined hoe and shovel.

peller [4] [pɛle] *vt Helv* to shovel.

pelletage [pɛltaʒ] *nm* shovelling.

pelletée [pɛlte] *nf* -**1.** [de terre - ramassée] shovelful; [- creusée] spadeful. -**2.** *fam* [grande quantité] heap, pile.

pelleter [27] [pɛlte] *vt* to shovel (up).

pelleterie [pɛltri] *nf* -**1.** [art] fur dressing. -**2.** [peaux] peltry, pelts. -**3.** [commerce] fur trade.

pelleteuse [pɛltøz] *nf* mechanical shovel OU digger; ~ chargeuse loading shovel, wheel loader.

pelletier, ère [pɛltje, ɛr] *nm, f* furrier.

pelletiérine [pɛltjerin] *nf* pelletierine.

pelliculage [pelikylaʒ] *nm* PHOT stripping.

pelliculaire [pelikylɛr] *adj* [qui forme une pellicule] filmy.

pellicule [pelikyl] *nf* -**1.** [peau] skin, film; une ~ s'était formée sur le lait a skin had formed on the milk. -**2.** [mince croûte] film, thin layer; une ~ de glace sur la mare a thin layer of ice over the pond. -**3.** [pour emballer] : ~ cellulosique regenerated cellulose film OU foil. -**4.** PHOT film; une ~ [bobine] a reel (of film); [chargeur] a (roll of) film.
◆ **pellicules** *nfpl* [dans les cheveux] dandruff *(U)*; avoir des ~s to have dandruff.

pelliculé, e [pelikyle] *adj* [livre] plastic-covered; [disque] sealed, factory-sealed.

pelliculeux, euse [pelikylø, øz] *adj* scurfy.

pellucide [pelysid] *adj* BIOL OU *litt* pellucid *litt*.

Péloponnèse [pelɔpɔnɛz] *npr m*: le ~ the Peloponnese.

pelotage *fam* [pəlɔtaʒ] *nm* (heavy) petting, necking.

pelotari [pəlɔtari] *nm* pelota player, pelotari.

pelote [pəlɔt] *nf* -**1.** [de ficelle, de coton] ball; une ~ de laine a ball of wool; faire sa ~ *fam* to make one's nest egg OU one's pile; mettre de la laine en ~ to ball wool. -**2.** *Can* [boule] : ~ de neige snowball. -**3.** COUT [coussinet] pincushion. -**4.** ENTOM (sticky) pad. -**5.** ORNITH: ~ de régurgitation regurgitation pellet. -**6.** PÊCHE pellet. -**7.** SPORT pelota; jouer à la ~ basque to play pelota.

peloter *fam* [3] [plɔte] *vt* to grope.
◆ **se peloter** *fam vp (emploi réciproque)* to neck; ils se sont pelotés pendant tout le trajet they spent the whole journey necking.

peloteur, euse *fam* [plɔtœr, øz] ◇ *adj*: il est du genre ~ he can't keep his hands to himself, he's got wandering hands.
◇ *nm, f*: quel ~! what a groper!

peloton [pəlɔtɔ̃] *nm* -**1.** MIL [division] platoon; [unité] squad; ~ d'exécution firing squad; suivre OU faire le ~ (d'instruction) to attend the training unit. -**2.** SPORT pack; être dans le ~ de tête to be among the leaders; *fig* to be among the front runners. -**3.** [de coton, de laine] small ball.

pelotonnement [pəlɔtɔnmɑ̃] *nm* -**1.** [d'un animal, d'un enfant] curling up. -**2.** [d'un fil] winding into a ball.

pelotonner [3] [pəlɔtɔne] *vt* [ficelle, laine] to wind up into a ball.
◆ **se pelotonner** *vpi* to curl up.

pelouse [pəluz] *nf* -**1.** [terrain] lawn; [herbe] grass; arroser/tondre la ~ to water/to mow the lawn; la ~ a bien poussé the grass has grown well; '~ interdite' 'keep off the grass'. -**2.** SPORT field, ground; sur la ~ du Parc des Princes in the Parc des Princes stadium ‖ [d'un champ de courses] paddock. -**3.** GÉOG [prairie] short-grass prairie.

peluche [pəlyʃ] *nf* -**1.** [jouet] cuddly toy; elle garde toutes ses ~s sur son lit she keeps all her soft OU cuddly toys on her bed. -**2.** TEXT plush. -**3.** [poussière] (piece of) fluff *(U)*.
◆ **en peluche** *loc adj*: chien/canard en ~ (cuddly) toy dog/duck.

peluché, e [pəlyʃe] *adj* -**1.** [à poils longs] fluffy. -**2.** [usé] threadbare, shiny.

pelucher [3] [pəlyʃe] *vi* to pill.

pelucheux, euse [pəlyʃø, øz] *adj* -**1.** [tissu] fluffy. -**2.** [fruit] downy.

pelure [pəlyr] *nf* -**1.** [peau] peel; ~ d'oignon onionskin; papier ~ onionskin (paper). -**2.** *fam* [vêtement] coat.

pelvien, enne [pɛlvjɛ̃, ɛn] *adj* [cavité, organe] pelvic.

pelvigraphie [pɛlvigrafi] *nf* X-ray pelvimetry.

pelvis [pɛlvis] *nm* pelvis.

pénal, e, aux [penal, o] *adj* [droit] criminal; [réforme] penal.

pénalement [penalmɑ̃] *adv* penally; être ~ responsable to be liable in criminal law.

pénalisant, e [penalizɑ̃, ɑ̃t] *adj* disadvantageous, detrimental; une mesure ~e pour certaines catégories d'usagers a measure which will penalize certain categories of users.

pénalisation [penalizasjɔ̃] *nf* -**1.** SPORT penalty (for infringement); points de ~ ÉQUIT faults, penalty points. -**2.** [désavantage] penalization.

pénaliser [3] [penalize] *vt* -**1.** SPORT to penalize. -**2.** [désavantager] to penalize, to put OU to place at a disadvantage; ces enfants sont pénalisés dès leur entrée à l'école these children are disadvantaged from the moment they start school.

pénaliste [penalist] *nmf* specialist in criminal law.

pénalité [penalite] *nf* -**1.** FIN penalty; ~ de retard penalty for late OU overdue payment. -**2.** SPORT penalty; coup de pied de ~ penalty kick; jouer les ~s to go into injury time.

penalty [penalti] (*pl* penaltys OU penalties) *nm* penalty (kick); siffler/tirer un ~ to award/to take a penalty.

pénates [penat] *nmpl* -**1.** MYTH Penates. -**2.** *fam fig*: regagner ses ~ to go home.

penaud, e [pəno, od] *adj* sheepish, contrite; prendre un air ~ to look sheepish; d'un air tout ~ sheepishly, with a hangdog look.

pence [pɛns] *pl* → **penny**.

penchant [pɑ̃ʃɑ̃] *nm* -**1.** [pour quelque chose] propensity, liking, penchant; un petit ~ pour le chocolat a weakness for chocolate; de mauvais ~s evil tendencies. -**2.** [pour quelqu'un] fondness, liking; éprouver un ~ pour qqn to be fond of sb.

penché, e [pɑ̃ʃe] *adj* → **air, tour** *nf*.

pencher [3] [pɑ̃ʃe] ◇ *vi* -**1.** *(aux être)* [être déséquilibré - entassement] to lean (over), to tilt; [- bateau] to list; la tour/le mur penche vers la droite the tower/the wall leans to the right; le miroir penche encore un peu, redresse-le the mirror is still crooked, straighten it; faire ~ la balance en faveur de/contre qqn *fig* to tip the scales in favour of/against sb. -**2.** *(aux être)* [être en pente] to slope (away); le sol penche the floor slopes OU is on an incline. -**3.** *(aux avoir)*: ~ pour [préférer] to be inclined to, to incline towards; son passé le fait ~ pour une politique de droite he has right-wing leanings because of his past; je penche pour tout lui avouer I'm in favour of telling him everything; je pencherais en sa faveur I would tend to agree with him; la décision a l'air de ~ en ma faveur the decision seems to weigh in my favour.
◇ *vt* to tilt, to tip up *(sép)*; il pencha la bouteille pour lui servir du vin he tilted the bottle to pour her some wine; il pencha la tête en arrière pour l'embrasser he leaned backwards to kiss her; elle pencha la tête au-dessus du parapet she leaned over the parapet.
◆ **se pencher** *vpi* [s'incliner] to lean, to bend; j'ai dû me ~ pour l'entendre I had to lean forward OU over to hear her; elle se pencha sur le berceau she leaned over the cradle; il se pencha sous la table pour ramasser son crayon he reached under the table to pick up his pencil; 'ne pas se ~ au-dehors' 'do not lean out of the window'.
◆ **se pencher sur** *vp + prép* to look into; se ~ sur un problème/un dossier to look into a problem/a file.

pendable [pɑ̃dabl] *adj vieilli*: ce n'est pas un cas ~ it's not a hanging matter; jouer un tour ~ à qqn to play a rotten trick on sb.

pendage [pɑ̃daʒ] *nm* (angle of) dip.

pendaison [pɑ̃dɛzɔ̃] *nf* hanging; mort par ~ death by hanging.
◆ **pendaison de crémaillère** *nf* housewarming (party).

pendant[1] [pɑ̃dɑ̃] *prép* [au cours de] during; [insistant sur la durée] for; **il est arrivé ~ la cérémonie** he came in during the ceremony; **~ les vacances, nous sommes passés par Bordeaux** during our holidays we stopped off at Bordeaux; **~ l'hiver** during the winter; **quelqu'un a appelé ~ l'heure du déjeuner** somebody called while you were at lunch OU during your lunch break; **~ ce temps-là** in the meantime, meanwhile; **elle travaille et lui ~ ce temps-là, il s'amuse!** she works while he just enjoys himself!; **je suis là ~ tout l'été** I'm here during the OU for the whole (of the) summer; **~ une heure** for an hour; **je m'absenterai ~ un mois** I'll be away for a month; **je ne l'ai pas vu ~ plusieurs années** I didn't see him for several years; **j'y ai habité ~ un an** I lived there for a year; **nous avons roulé ~ 20 km** we drove for 20 km.
◆ **pendant que** *loc conj* -**1.** [tandis que] while; **surveille les valises ~ que je vais chercher les billets** look after the suitcases while I go and get the tickets; **on a appelé ~ que vous étiez absent** someone called while you were out. -**2.** [tant que] while; **partons ~ qu'il est encore temps** let's go while it's still possible; **~ que tu y es, pourras-tu passer à la banque?** while you're there OU at it, could you stop off at the bank?; **traite-moi de menteur ~ que tu y es!** call me a liar while you're at it! -**3.** [puisque] since, while; **allons-y ~ que nous y sommes** let's go, since we're here; **~ que j'y pense, voici l'argent que je te dois** while I think of it, here's the money I owe you.

pendant[2], **e** [pɑ̃dɑ̃, ɑ̃t] *adj* -**1.** [tombant] hanging; **la langue ~e** [de chaleur, de fatigue] panting; [de convoitise] drooling; **chien aux oreilles ~es** dog with drooping OU droopy ears. -**2.** JUR [en cours - d'instruction] pending; [- de résolution] pending, being dealt with. -**3.** ARCHIT: **clef ~e** hanging keystone.
◆ **pendant** *nm* -**1.** [bijou] pendant; **~ (d'oreilles)** (pendant) earring. -**2.** [symétrique - d'une chose]: **faire ~ à qqch** to match sthg; **se faire ~** to match, to be a matching pair || [alter ego - d'une personne] counterpart, opposite number; **c'est le digne ~ de son frère!** he's every bit as bad as his brother!

pendard, e *fam* [pɑ̃dar, ard] *nm, f arch* rogue, rapscallion *arch.*

pendeloque [pɑ̃dlɔk] *nf* -**1.** [de boucle d'oreille] pendant, eardrop. -**2.** [d'un lustre] pendant, drop. -**3.** [d'une chèvre] dewlap.

pendentif [pɑ̃dɑ̃tif] *nm* -**1.** [bijou] pendant. -**2.** ARCHIT pendentive.

penderie [pɑ̃dri] *nf* [meuble] wardrobe; [pièce] walk-in wardrobe OU closet; **il n'y a pas de ~ dans la chambre** there's nowhere to hang (one's) clothes in the room.

pendiller [3] [pɑ̃dije] *vi* to hang (down), to dangle; **des fanions pendillaient à la fenêtre** pennants hung from the window.

pendillon [pɑ̃dijɔ̃] *nm* -**1.** THÉÂT proscenium paintings. -**2.** [d'une horloge] pendulum rod OU spindle.

Pendjab [pɛndʒab] *npr m*: **(le) ~** Punjab.

pendjabi [pɛndʒabi] *nm* Punjabi.

pendoir [pɑ̃dwar] *nm* butcher's OU meat hook.

pendouiller [3] [pɑ̃duje] *vi* to hang down, to dangle; **ton ourlet pendouille** your hem is down.

pendre [73] [pɑ̃dr] ◇ *vt* -**1.** [accrocher] to hang (up); **~ un tableau à un clou** to hang a picture from a nail; **~ ses vêtements sur des cintres** to put one's clothes on hangers OU coathangers; **~ son linge sur un fil** to hang up one's washing on a line ❑ **~ la crémaillère** to have a housewarming (party). -**2.** [exécuter] to hang; **condamné à être pendu** sentenced to be hanged; **il sera pendu à l'aube** he'll hang OU be hanged at dawn; **pendez-les haut et court** hang them high ❑ **qu'il aille se faire ~ ailleurs** *fam* he can go to blazes OU go hang; **je veux bien être pendu si j'y comprends quoi que ce soit** I'll be hanged if I understand any of it. -**3.** *fig*: **être pendu à**: **être pendu au cou de qqn** to cling to sb; **être (toujours) pendu après qqn** OU **aux basques de qqn** to dog sb's every footstep, to hang around sb; **être pendu au téléphone** to spend hours OU one's life on the phone; **elle est toujours pendue à ma sonnette** *fam* she's always on my doorstep; **être pendu aux lèvres** OU **paroles de qqn** to hang on sb's every word.
◇ *vi* -**1.** [être accroché] to hang; **du linge pendait aux fenêtres** washing was hanging out of the windows ❑ **ça te pend au nez** *fam* you've got it coming to you. -**2.** [retomber] to hang; **sa natte pendait dans son dos** her plait was hanging down her back; **elle laisse toujours ~ ses cheveux dans son dos** she always wears her hair loose; **avoir les joues/seins qui pendent** to have sagging cheeks/breasts; **des rideaux qui pendent jusqu'à terre** full-length curtains.
◆ **se pendre** ◇ *vp (emploi réfléchi)* [se suicider] to hang o.s.
◇ *vpi* [s'accrocher] to hang; **les chauves-souris se pendent aux branches** the bats hang from the branches; **se ~ au cou de qqn** to fling one's arms around sb's neck.

pendu, e [pɑ̃dy] ◇ *pp* → **pendre.**
◇ *nm, f* hanged man (*f* woman); **le jeu du ~** (the game of) hangman; **avoir une chance** OU **une veine de ~** *fam* to have the luck of the devil, to have the devil's own luck.

pendulaire [pɑ̃dylɛr] *adj* oscillating, pendulous; **migration ~** commuting.

pendule [pɑ̃dyl] ◇ *nm* [instrument, balancier] pendulum.
◇ *nf* [horloge] clock; **remettre les ~s à l'heure** *fig* to get things straight OU clear; **en faire une ~** *fam* to make a big fuss.

pendulette [pɑ̃dylɛt] *nf* small clock; **~ de voyage** travel (alarm) clock.

pêne [pɛn] *nm* bolt (of lock); **~ demi-tour** latch.

Pénélope [penelɔp] *npr* Penelope; **c'est un travail de ~** it's like repainting the Forth Bridge *Br.*

pénéplaine [peneplɛn] *nf* peneplain, peneplane.

pénétrabilité [penetrabilite] *nf* penetrability.

pénétrable [penetrabl] *adj* -**1.** [où l'on peut entrer]: **une jungle difficilement ~** an impenetrable jungle. -**2.** *fig* [compréhensible] fathomable; **des poèmes/musiques peu ~s** rather abstruse poems/music.

pénétrant, e [penetrɑ̃, ɑ̃t] *adj* -**1.** [froid, pluie]: **une petite bruine ~e** the kind of drizzle that soaks one through; **le froid était ~** it was bitterly cold. -**2.** [fort] strong, penetrating; **un parfum ~** an overpowering perfume. -**3.** [clairvoyant] sharp, penetrating, acute; **avoir un esprit ~** to be sharp; **lancer à qqn un regard ~** to give sb a piercing look.
◆ **pénétrante** *nf road leading into the city.*

pénétration [penetrasjɔ̃] *nf* -**1.** [par un solide] penetration; [par un liquide] seepage, seeping; [par un corps gras] absorption; **à cause de la ~ de l'eau de pluie dans le sol** because of rainwater seeping into the ground; **masser doucement jusqu'à ~ totale de la crème** gently massage OU rub in the cream until it has been completely absorbed into the skin. -**2.** [acte sexuel] penetration. -**3.** [invasion] penetration, invasion; **nos troupes ont repoussé une tentative de ~** our forces fought off an attempted raid. -**4.** *fig* [perspicacité] perception; **un esprit plein de ~** a very perceptive OU sharp mind; **avec ~** perspicaciously. -**5.** [d'un produit] (market) penetration.

pénétré, e [penetre] *adj* -**1.** [rempli]: **~ de**: **être ~ de joie/honte** to be filled with joy/shame; **il se sentit ~ de la vérité de ces paroles** he felt convinced of the truth of these words; **~ de sa propre importance** *péj* self-important. -**2.** [convaincu] earnest, serious; **prendre un ton ~** to adopt an earnest tone (of voice).

pénétrer [18] [penetre] ◇ *vi* -**1.** [entrer] to go, to enter; **~ dans les bois** to go into the woods; **~ en Suisse** to cross into OU to enter Switzerland; **~ dans la maison de qqn** [avec sa permission] to enter sb's house; [par effraction] to break into sb's house; **l'informatique pénètre même dans les salles de concert** computers are even making their presence felt in concert halls; **comment faire pour ~ dans le monde de la publicité?** how can one get into advertising? || [passer] to go, to penetrate; **la balle a pénétré dans la cuisse** the bullet entered the thigh || [s'infiltrer] to seep, to penetrate; **l'eau a très vite pénétré dans la cale** water quickly flooded into the hold; **le vent pénètre par la cheminée** the wind comes in by the chimney; **la poussière pénètre partout** dust gets in everywhere; **faire ~ la crème en massant doucement** gently rub OU massage the cream in. -**2.** *sout*: **~ dans** [approfondir] to go (deeper) into; **~ dans les détails d'une théorie** to go into the details of a theory; **je m'efforce de ~ dans la vie de mon client** I try to put myself into my client's situation.
◇ *vt* -**1.** [traverser] to penetrate, to go in OU into, to get in OU into; **l'humidité a fini par ~ ma veste** the damp finally soaked through my jacket; **la pluie m'a pénétré jusqu'aux os** I got soaked to the skin (in the rain); **un froid glacial me pénétra** I was chilled to the bone OU to the marrow. -**2.** [imprégner] to spread into OU through; **ces idées ont pénétré toutes les couches de la société** these ideas have spread through all levels of society. -**3.** [sexuellement] to penetrate. -**4.** [deviner] to penetrate, to perceive; **~ un mystère** to get to the heart of a mystery; **~ le sens d'un texte** to grasp the meaning of a text; **~ les intentions de qqn** to guess sb's intentions.
◆ **se pénétrer** *vp (emploi réciproque)*: **les croyances hindoue et bouddhiste se sont pénétrées mutuellement** the Hindu and Buddhist faiths became intertwined.
◆ **se pénétrer de** *vp + prép*: **se ~ d'une vérité** to become convinced of a truth; **se ~ d'un principe** to internalize a principle; **il faut vous ~ de l'importance du facteur religieux** you must be aware of OU you must understand the importance of the religious element.

pénibilité [penibilite] *nf* onerousness.

pénible [penibl] *adj* -**1.** [épuisant] hard, tough, tiring; **un travail ~** a laborious job; **elle trouve de plus en plus ~ de monter les escaliers** it gets harder and harder for her to climb the stairs. -**2.** [attristant] distressing, painful; **annoncer une ~ nouvelle** to break bad news; **en parler m'est très ~** I find it difficult to talk about (it); **ma présence lui est ~** my being here bothers him. -**3.** [insupportable] tiresome; **je trouve ça vraiment ~** I find it a real pain; **tu es ~, tu sais!** you're a real pain in the neck OU a nuisance!

péniblement [penibləmɑ̃] *adv* -**1.** [avec difficulté] laboriously, with difficulty; **avancer ~ dans la neige** to struggle through the snow; **il respire de plus en plus ~** his breathing is getting more and more difficult. -**2.** [tout juste] just about; **j'arrive ~ à boucler les fins de mois** I barely manage to make ends meet at the end of the month; **il atteint ~ la moyenne en allemand** he just about scrapes through in German.

péniche [peniʃ] *nf* [large] barge; [étroite] narrow boat; **~ de débarquement** MIL landing craft.
◆ **péniches**[▽] *nfpl* [chaussures] clodhoppers.

pénicillé, e [penisile] *adj* penicillate.

pénicillinase [penisilinaz] *nf* penicillinase.

pénicilline [penisilin] *nf* penicillin.

pénicillinorésistant, e [penisilinɔrezistɑ̃, ɑ̃t] *adj* [microbe, staphylocoque] penicillin-resistant.

pénicillium [penisiljɔm] *nm* penicillium.

pénien, enne [penjɛ̃, ɛn] *adj* [artère, étui] penile.

pénil [penil] *nm* mons veneris.

péninsulaire [penɛ̃sylɛr] ◇ *adj* peninsular.
◇ *nmf* inhabitant of a peninsula.

péninsule [penɛ̃syl] *nf* peninsula; la ~ Ibérique the Iberian Peninsula; la ~ d'Arabie the Arabian Peninsula.

pénis [penis] *nm* penis.

pénitence [penitɑ̃s] *nf* -**1.** RELIG [repentir] penitence; [punition] penance; [sacrement] penance, sacrament of reconciliation; faire ~ to repent; **accomplir sa ~ pour l'expiation de ses péchés** to do penance for one's sins; **le carême est une période de ~** Lent is a time for doing penance. -**2.** [punition] punishment; **mettre qqn en ~** to punish sb; **ce n'est pas la peine d'apprendre le piano si tu le fais comme une ~** there's no point learning the piano if you treat it as a punishment.

pénitencier [penitɑ̃sje] *nm* -**1.** [prison] prison, jail, penitentiary *Am*. -**2.** RELIG penitentiary.

pénitent, e [penitɑ̃, ɑ̃t] ◇ *adj* penitent.
◇ *nm, f* penitent.

pénitentiaire [penitɑ̃sjɛr] *adj* prison *(modif)*.

pénitentiaux [penitɑ̃sjo] *adj mpl*: **psaumes ~** Penitential Psalms.

pénitentiel, elle [penitɑ̃sjɛl] *adj* penitential, penitence *(modif)*.

penne [pɛn] *nf* -**1.** ARM & ORNITH penna. -**2.** [d'une antenne] tip.

penné, e [pɛne] *adj* pennaceous.

penniforme [penifɔrm] *adj* pinnate, pinnated.

pennon [penɔ̃] *nm* -**1.** HIST pennon. -**2.** NAUT = **penon**.

Pennsylvanie [pɛnsilvani] *npr f*: (la) ~ Pennsylvania.

penny [peni] *(pl sens 1* pence [pɛns], *pl sens 2* pennies [peniz]) *nm* -**1.** [somme] penny; **ça coûte 90 pence** it costs 90 pence OU 90 p. -**2.** [pièce] penny; **je n'ai que des pennies dans ma poche** I have only pennies in my pocket.

pénologie [penɔlɔʒi] *nf* penology.

pénombre [penɔ̃br] *nf* -**1.** [obscurité] half-light, dim light; **la ~ nous empêchait de distinguer les visages** the light was too faint OU dim to see any faces; **dans la ~** *pr* in the half-light; *fig* in the background, out of the limelight. -**2.** ASTRON penumbra.

penon [pənɔ̃] *nm* pennon.

pensable [pɑ̃sabl] *adj*: **à cette époque-là, de telles vitesses n'étaient pas ~s** in those days, such speeds were unthinkable; **cette histoire n'est pas ~!** this story is incredible!

pensant, e [pɑ̃sɑ̃, ɑ̃t] *adj sout* thinking.

pense-bête [pɑ̃sbɛt] *(pl* pense-bêtes) *nm* reminder; **fais-toi un ~ pour ne pas oublier de téléphoner** make yourself a reminder so that you don't forget to phone.

pensée [pɑ̃se] *nf* -**1.** [idée] thought, idea; **la seule ~ d'une seringue me donne des sueurs froides** the very thought of a needle leaves me in a cold sweat; **cette ~ me hante** I'm haunted by that thought; **tout à la ~ de son rendez-vous, il n'a pas vu arriver la voiture** deeply absorbed in OU by the thought of his meeting, he didn't see the car (coming); **être tout à** OU **perdu dans ses ~s** to be lost in thought; **avoir une bonne ~ pour qqn** to spare a kind thought for sb; **avoir de mauvaises ~s** [méchantes] to have evil thoughts; [sexuelles] to indulge in immoral OU bad thoughts; **avoir de sombres ~s** to have gloomy thoughts. -**2.** [façon de raisonner] thought; **elle a une ~ rigoureuse** she's a rigorous thinker; **avoir une ~ claire** to be clear-thinking. -**3.** [opinion] thought, (way of) thinking; **j'avais deviné ta ~** I'd guessed what you'd been thinking; **veux-tu connaître ma ~ sur ce livre?** do you want to know what I think of OU about this book?; **aller au bout** OU **au fond de sa ~**: **pour aller jusqu'au bout** OU **fond de ma ~ je dirais que...** to be absolutely frank, I'd say that...; **allez donc jusqu'au bout de votre ~** come on, say what you really think OU what's really on your mind. -**4.** PHILOS thought; **la ~ est distincte de la perception** thought is distinct from perception ❑ ~ **conceptuelle/logique/mathématique** conceptual/logical/mathematical thought; **'la Pensée sauvage'** *Lévi-Strauss* 'The Savage Mind'; **'Pensées'** *Pascal* 'Pensées'. -**5.** [idéologie] (way of) thinking; **la ~ chrétienne** Christian thinking, the Christian way of thinking; **l'influence de la ~ de Confucius sur la Chine** the influence of Confucius' thinking on China. -**6.** [dans les formules]: **je vous envoie une tendre ~ (à vous et à votre famille)** I send my love (to you and your family); **avec nos affectueuses** OU **meilleures ~s** with (all) our love OU fondest regards. -**7.** BOT pansy; ~ **sauvage** wild pansy.
◆ **pensées** *nfpl* LITTÉRAT & PHILOS thoughts; **les ~s de Marc Aurèle** the thoughts of Marcus Aurelius.
◆ **en pensée** *loc adv* in one's mind; **nous sommes avec vous en ~** our thoughts are with you; **je les vois en ~** I can see them in my mind OU in my mind's eye.
◆ **par la pensée** *loc adv*: **transportez-vous par la ~ dans une contrée exotique** let your thoughts take you to an exotic land.

penser [3] [pɑ̃se] ◇ *vt* -**1.** [croire] to think, to assume, to suppose; **qu'en penses-tu?** what do you think of it?; **je ne sais qu'en ~** I don't know what to think OU I can't make up my mind about it; **je pense que oui** (yes,) I think so; **je pense que non** (no,) I don't think so OU I think not; **pas aussi beau qu'on le penserait** not as beautiful as one might suppose; **je n'en pense que du bien/mal** I have the highest/lowest opinion of it; **on pensait du mal de lui dans le village** in the village, they thought ill of him OU they had a low opinion of him; **«plutôt idiot!», pensa-t-elle** "rather foolish", she thought OU reflected; **je pense qu'elle viendra demain** I think OU assume that she'll come tomorrow; **qu'est-ce qui te fait ~ qu'il ment?** what makes you think he's lying?; **j'ai pensé qu'un rôti, ce ne serait pas suffisant** it occurred to me OU I thought that one joint wouldn't be enough; **quoi qu'on pense** whatever people (may) think; **quoi que tu puisses ~** whatever you (may) think ‖ *(avec un adj attribut)*: **je le pensais diplomate** I thought him tactful, I thought he was tactful; **je pensais la chose faisable, mais on me dit que non** I thought it was possible (to do), but I'm told it's not. -**2.** [escompter]: **je pense partir demain** I'm thinking of OU planning on OU reckoning on leaving tomorrow; **je pense avoir réussi** [examen] I think I passed. -**3.** [avoir à l'esprit] to think; **je ne sais jamais ce que tu penses** I can never tell what you're thinking OU what's on your mind; **au volant, pensez sécurité** when you're at the wheel, think safety (first); **dire tout haut ce que certains** OU **d'autres pensent tout bas** to say out loud what others are thinking in private ❑ **ce que je pense** *fam euph* you-know-what; **il a marché dans ce que je pense** he trod in some you-know-what; **(là) où je pense** *fam euph* in the butt *Am* OU backside *Br*; **tu vas prendre un coup de pied là où je pense!** you're going to get a kick up the backside!; **son contrat, il peut se le mettre (là) où je pense!**▽ he can stuff his bloody contract! -**4.** [comprendre] to think, to realize, to imagine; **pense qu'elle a près de cent ans** you must realize that she's nearly a hundred; **il faut ~ que ces tribus n'avaient pas de tradition écrite** we must not lose sight of the fact that these tribes had no written tradition. -**5.** [se rappeler] to remember, to think; **je n'ai plus pensé que c'était lundi** I forgot OU I never thought it was Monday. -**6.** [pour exprimer la surprise, l'approbation, l'ironie]: **je n'aurais/on n'aurait jamais pensé que...** I'd never/nobody'd ever have thought that...; **il n'aurait jamais pensé qu'elle le relancerait jusque chez lui** he'd never have thought OU dreamt OU imagined that she'd track him down and harass him at home; **qui aurait pu ~ que...** who'd have thought OU guessed that...; **quand je pense que...** to think that...; **quand je pense que j'aurais pu être sa femme!** to think that I could've been his wife!; **quand on pense qu'il n'y avait pas le téléphone à l'époque!** when you think that there was no such thing as the phone in those days! ❑ **tu penses!** *fam* you bet!; *iron* you must be joking!; **lui, me dire merci? tu penses** OU **penses-tu** OU **pense donc!** *fam* him? thank me? I should be so lucky OU you must be joking!; **tu penses bien que je lui ai tout raconté!** *fam* I told him everything, as you can well imagine; **tu viendras à la fête? – je pense bien!** *fam* will you come to the party? – just (you) try and stop me!; **il est content? – je pense** OU **tu penses bien!** *fam* is he pleased? – you bet!; **tu penses bien que le voleur ne t'a pas attendu!** you can bet your life the thief didn't leave his name and address! -**7.** [concevoir] to think out OU through *(sép)*; **le projet n'a pas été pensé dans toutes ses implications** the implications of the project weren't thought through (properly); **une architecture bien pensée** a well-planned OU well-thought out architectural design. -**8.** *litt* [être sur le point de]: **je pensai m'évanouir** I all but fainted; **elle pensa devenir folle** she was very nearly driven to distraction.
◇ *vi* -**1.** [réfléchir] to think, to ponder; **apprendre à ~** to learn to think; ~ **tout haut** to think aloud OU out loud; **donner** OU **laisser à ~** to make one think, to start one thinking; **voilà des statistiques qui donnent à ~!** these figures provide food for thought!; **chez eux on ne pense pas** *péj* these people don't think OU aren't capable of intelligent thought ❑ ~ **bien** *péj* to have conventional beliefs; **une ville dont les habitants pensent bien** a conservative town. -**2.** [avoir une opinion]: **je n'ai jamais pensé comme toi** I never did agree with you OU share your views; **je ne dis rien mais je n'en pense pas moins** I say nothing but that doesn't stop me thinking.
◆ **penser à** *v + prép* -**1.** [envisager] to think about OU of *(insép)*; ~ **à l'avenir** to think about OU to ponder the future; **pense un peu à ce que tu dis!** just think for a moment (of) what you're saying!; **oui, c'est faisable, j'y penserai** yes, it can be done, I'll think about OU I'll consider it; **vous éviteriez des ennuis, pensez-y** you'd save yourself a lot of trouble, think it over!; **oui, oui, on y pensera!** *iron* yes, sure, we'll cross that bridge when we come to it!; **il fallait y ~: c'est simple mais il fallait y ~** it's a simple enough idea but somebody had to think of it (in the first place); **sans y ~** [par automatisme] without thinking; **quand tu sauras conduire, tu changeras de vitesse sans y ~** when you know how to drive, you'll change gear without (even) thinking; **sans ~ à mal** without OU not meaning any harm (by it) ❑ **tu n'y penses pas** *fam* you can't be serious; **me rétracter, tu n'y penses pas!** me, go back on what I said, come off it OU never! -**2.** [rêver à] to think about OU of *(insép)*; **à quoi penses-tu?** what are you thinking about?; **je pense à toi** [dans une lettre] I'm thinking of you. -**3.** [se préoccuper de] to think of, to care about; **elle ne pense qu'à elle** she only cares about herself; **essaye de ~ un peu aux autres** try to think of others; **les économies d'énergie, pensez-y!** think about saving energy! ❑ **il ne pense qu'à ça!** *fam euph* he's got a one-track mind. -**4.** [se remémorer] to think OU to remember to; **as-tu pensé au** OU **à apporter le tire-bouchon?** did you think OU remember to bring the corkscrew?; **et mon livre? – j'y pense, je te le rapporte demain** what about my book? – I haven't forgotten (it), I'll bring it back tomorrow; **dis donc, j'y pense, qu'est devenu le vieux Georges?** by the way, whatever happened to old George?; **tu ne penses à rien!** you've a head like a sieve!; **n'y pense plus!** forget (all about) it!; **faire ~ à: cela me fait ~ à mon frère** it reminds me of my brother; **fais-moi ~ à l'appeler** remind me to call her; **ça me fait ~ à des fleurs** it makes me think of flowers; **le poème me fait ~ à ma jeunesse** the poem takes me back to my youth.

penseur, euse [pɑ̃sœr, øz] *nm, f* thinker; **'le Penseur'** *Rodin* 'The Thinker'.

pensif, ive [pɑ̃sif, iv] *adj* thoughtful, pensive, reflective; **elle était toute pensive** she was lost in thought; **d'un air ~** thoughtfully.

pension [pɑ̃sjɔ̃] *nf* -**1.** [somme allouée] pension; **toucher une ~** to draw a pension ❑ **~ alimentaire** alimony; **~ de guerre** war pension; **~ d'invalidité** disability pension; **~ de retraite** (retirement OU old-age) pension. -**2.** [logement et nourriture] board and lodging; **la ~ est de 150 francs par jour** it's F150 a day for room and board OU board and lodging; **prendre ~ chez qqn** [client] to take board and lodgings with sb; [ami] to be staying with sb; **prendre qqn en ~** to take sb in as a lodger; **l'oncle paye la ~ de son neveu** the uncle is paying for board and lodging for his nephew ❑ **être en ~ complète** to be on full board. -**3.** [hôtel]: **~ (de famille)** ≃ boarding house, ≃ guesthouse. -**4.** SCOL boarding school; **être en ~** to be a boarder OU at boarding school; **envoyer qqn en ~** to send sb to boarding school; **si tu ne travailles pas mieux, je vais t'envoyer en ~ !** if your work doesn't improve, I'll send you away to boarding school! -**5.** BANQUE: **~ d'effets** pawning of stock.

pensionnaire [pɑ̃sjɔnɛr] *nmf* -**1.** [d'un hôtel] guest, resident; [d'un particulier] (paying) guest, lodger. -**2.** SCOL boarder. -**3.** [à la Comédie-Française] *actor or actress on a fixed salary with no share in the profits (as opposed to a "sociétaire").*

pensionnat [pɑ̃sjɔna] *nm* -**1.** [école] boarding school. -**2.** [pensionnaires] boarders.

pensionné, e [pɑ̃sjɔne] ◇ *adj*: **elle est ~e à 75 %** her pension represents 75% of her income.
◇ *nm, f* pensioner.

pensionner [3] [pɑ̃sjɔne] *vt*: **~ qqn** to (grant sb a) pension.

pensivement [pɑ̃sivmɑ̃] *adv* pensively, thoughtfully, reflectively.

pensum [pɛ̃sɔm] *nm* -**1.** SCOL & *vieilli* extra work *(to be done at home or in school time as punishment)*, lines *Br*. -**2.** [corvée] chore; **quel ~ !** *fam* what a drag OU nuisance!

pentadactyle [pɛ̃tadaktil] *adj* pentadactyl.

pentadécagone [pɛ̃tadekagɔn] *nm* pentadecagon.

pentaèdre [pɛ̃taɛdr] ◇ *adj* pentahedral.
◇ *nm* pentahedron.

pentagonal, e, aux [pɛ̃tagɔnal, o] *adj* pentagonal.

pentagone [pɛ̃tagɔn] *nm* pentagon.

Pentagone [pɛ̃tagɔn] *npr m*: **le ~** the Pentagon.

pentamère [pɛ̃tamɛr] *adj* pentamerous.

pentamètre [pɛ̃tamɛtr] *nm* pentameter.

pentane [pɛ̃tan] *nm* pentane.

Pentateuque [pɛ̃tatøk] *npr m*: **le ~** the Pentateuch.

pentathlon [pɛ̃tatlɔ̃] *nm* pentathlon.

pentathlonien, enne [pɛ̃tatlɔnjɛ̃, ɛn] *nm, f* pentathlete.

pentatome [pɛ̃tatɔm] *nf* forest bug, Pentatoma *spéc.*

pentatonique [pɛ̃tatɔnik] *adj* pentatonic.

pente [pɑ̃t] *nf* -**1.** [inclinaison] slope, incline; **une forte ~** a steep incline OU slope ‖ [descente, montée] slope; **gravir une ~** to climb a slope. -**2.** TRAV PUBL slope; **une ~ de 10 % à 1 in 10** gradient ❑ **~ d'eau** lift. -**3.** [penchant] inclination, leaning; **sa ~ naturelle le conduit à être plutôt indulgent** he's of a lenient disposition, he's naturally inclined to be lenient. -**4.** ÉLECTR mutual conductance. -**5.** GÉOG: **~ limite** angle of repose; **~ continentale** continental slope. -**6.** *loc*: **être sur une mauvaise ~** to be headed for trouble; **remonter la ~**: **il a bien remonté la ~** [en meilleure santé] he's back on his feet again; [financièrement] he's solvent again; **être sur une ~ glissante** OU **savonneuse** to be on dangerous ground OU a slippery slope.
◆ **en pente** ◇ *loc adj* sloping; **la route est en ~** the road is on a slope OU an incline; **en ~ douce** sloping gently; **en ~ raide** on a steep incline.
◇ *loc adv*: **descendre/monter en ~ douce** to slope gently down/up; **descendre/monter en ~ raide** to slope sharply down/up.

Pentecôte [pɑ̃tkot] *nf* -**1.** [fête chrétienne] Whitsun, Pentecost; **la semaine de la ~** Whit Week, Whitsuntide; **dimanche de ~** Whit Sunday; **lundi de ~** Whit Monday. -**2.** [fête juive] Shabuoth.

pentecôtisme [pɑ̃tkotism] *nm* Pentecostalism.

pentecôtiste [pɑ̃tkotist] *nmf* Pentecostalist.

Penthésilée [pɛ̃tezile] *npr* Penthesileia.

penthiobarbital [pɛ̃tjɔbarbital] *nm* pentabarbitone *Br*, pentabarbital *Am*.

pentose [pɛ̃toz] *nm* pentose.

pentu, e [pɑ̃ty] *adj* [chemin] steep, sloping; [toit] sloping, slanting, pointed; [comble] sloping.

pénultième [penyltjɛm] ◇ *adj* penultimate.
◇ *nf* penultimate (syllable).

pénurie [penyri] *nf* -**1.** [pauvreté] destitution, penury; **vivre dans la ~** to live in poverty. -**2.** [manque]: **~ de** lack OU shortage of; **~ d'argent** shortage of money, money shortage; **il y a (une) ~ de viande** there is a meat shortage, meat is in short supply.

péon [peɔ̃] *nm* peon.

PEP, Pep [pɛp] (*abr de* **plan d'épargne populaire**) *nm personal pension plan*.

pépé *fam* [pepe] *nm* -**1.** [grand-père] granddad, grandpa, gramps *Am*. -**2.** *péj* [vieillard] old codger OU boy *Br*, old-timer *Am*.

pépée[▽] [pepe] *nf* chick.

pépère *fam* [pepɛr] ◇ *adj* [tranquille] (nice and) easy; **un petit boulot ~** a cushy number OU little job; **une petite vie ~** a cosy little life; **on est arrivés ~s, le lendemain matin** we got there the following morning, no sweat.
◇ *nm* -**1.** [grand-père] grandpa, granddad *Br*, gramps *Am*. -**2.** *péj* [vieillard] old boy OU codger *Br*, old-timer *Am*. -**3.** *loc*: **gros ~** [avec affection] tubby; [avec mépris] fat slob.

pépettes[▽], **pépètes**[▽] [pepɛt] *nfpl* [argent] cash; **t'as des ~ ?** have you got any cash?

pépie [pepi] *nf* -**1.** ORNITH pip. -**2.** *fam loc*: **avoir la ~** to be parched.

pépiement [pepimɑ̃] *nm* chirping, tweeting, twittering.

pépier [9] [pepje] *vi* to chirp, to tweet, to twitter.

pépin [pepɛ̃] *nm* -**1.** [de fruit] pip; **~s de pomme/poire** apple/pear pips; **des mandarines sans ~s** seedless tangerines. -**2.** *fam* [problème] hitch, snag; **il y a un petit ~** there's a slight hitch; **il m'arrive un gros ~** I'm in big trouble; **en cas de ~** if there's a snug OU hitch. -**3.** *fam* [parapluie] umbrella, brolly *Br*.

Pépin [pepɛ̃] *npr*: **~ le Bref** Pepin the Short.

pépinière [pepinjɛr] *nf* -**1.** BOT (tree) nursery. -**2.** *fig*: **une ~ de futurs Prix Nobel** a breeding-ground for future Nobel prizewinners.

pépiniériste [pepinjerist] ◇ *adj* nursery *(modif)*.
◇ *nmf* nurseryman (*f* nurserywoman).

pépite [pepit] *nf* nugget; **~ d'or** gold nugget.

péplum [peplɔm] *nm* -**1.** VÊT peplum. -**2.** [film] epic.

PEPS (*abr de* **premier entré, premier sorti**) FIFO.

pepsine [pɛpsin] *nf* pepsin.

peptide [pɛptid] *nm* peptide.

peptique [pɛptik] *adj* peptic.

peptone [pɛptɔn] *nf* peptone.

péquenaud, e[▽] [pekno, od], **péquenot, otte**[▽] [pekno, ɔt] *nm, f* [rustre] yokel.

péquin [pekɛ̃] *nm arg mil* [civil] civilian.

péquiste [pekist] *Can* ◇ *nmf member of the Parti Québecois*.
◇ *adj of the Parti Québecois*.

PER, Per *nm abr de* **plan d'épargne retraite**.

perborate [pɛrbɔrat] *nm* perborate.

perçage [pɛrsaʒ] *nm* -**1.** [d'un trou] drilling, boring. -**2.** TEXT punching.

percale [pɛrkal] *nf* percale.

percaline [pɛrkalin] *nf* percaline.

perçant, e [pɛrsɑ̃, ɑ̃t] *adj* -**1.** [voix] piercing, shrill; [regard] piercing, sharp; **cris ~s** [d'une personne] earsplitting screams; [d'un oiseau] shrill cries; **pousser des cris ~s** to scream loudly; **avoir une vue ~e** to have a sharp eye; **elle a des yeux ~s** she has a piercing gaze. -**2.** [froid]: **le froid était ~** it was bitterly cold. -**3.** [outil] piercing.
◆ **perçant** *nm* SPORT: **avoir du ~** to be penetrating.

perce [pɛrs] *nf* -**1.** [outil] punch, drill, bore. -**2.** MUS bore.
◆ **en perce** *loc adv*: **mettre un tonneau en ~** to broach a barrel.

percée [pɛrse] *nf* -**1.** [ouverture - dans le mur] opening; [- dans une forêt] clearing. -**2.** SPORT break; MIL breakthrough; **une ~ à travers les lignes ennemies** a breakthrough into enemy lines. -**3.** ÉCON breakthrough; **on note une ~ de la bande dessinée japonaise sur le marché international** Japanese cartoons have begun to take a share of the international market. -**4.** AÉRON instrument letdown.

percement [pɛrsəmɑ̃] *nm* -**1.** [d'une route, d'un passage] building; [d'une porte, d'une fenêtre] opening. -**2.** TRAV PUBL cutting through.

perce-muraille [pɛrsmyraj] (*pl* **perce-murailles**) *nf* wall pellitory.

perce-neige [pɛrsənɛʒ] *nf* OU *nm inv* snowdrop.

perce-oreille [pɛrsɔrɛj] (*pl* **perce-oreilles**) *nm* earwig.

perce-pierre [pɛrsəpjɛr] (*pl* **perce-pierres**) *nf* [saxifrage] saxifrage; [criste-marine] (rock) samphire.

percepteur [pɛrsɛptœr] *nm* tax inspector, taxman.

perceptibilité [pɛrsɛptibilite] *nf* perceptibility.

perceptible [pɛrsɛptibl] *adj* -**1.** [sensible] perceptible; **à peine ~** almost imperceptible. -**2.** JUR & FIN liable for collection OU to be levied.

perceptiblement [pɛrsɛptibləmɑ̃] *adv* perceptibly.

perceptif, ive [pɛrsɛptif, iv] *adj* perceptive.

perception [pɛrsɛpsjɔ̃] *nf* -**1.** [notion] perception, notion; **avoir une ~ claire des problèmes** to be clearly aware of the problems. -**2.** PSYCH perception. -**3.** FIN & JUR [encaissement] collection, levying; **~ d'un impôt** collection of a tax ‖ [lieu] tax (collector's) office; [recouvrement] tax collecting.

percer [16] [pɛrse] ◇ *vt* -**1.** [trouer - gén] to pierce (through); **~ une membrane** to pierce OU to puncture OU to perforate a membrane; **la pointe a percé le ballon** the nailburst OU pierced the balloon; **la malle d'osier était percée au fond** there was a hole in the bottom of the wickerwork trunk; **se faire ~ les oreilles** to have one's ears pierced; **il a eu le tympan percé dans l'accident** he suffered a burst OU perforated eardrum in the accident; **~ un trou** to drill a hole; **~ une planche** to drill (a hole) through a plank; **montants percés de trous pour poser des étagères** uprights with holes for shelf brackets. -**2.** CONSTR & TRAV PUBL to open, to build; **~ une porte dans un mur** to put a door in OU into a wall; **~ un tunnel dans la montagne** to drive OU to build a tunnel through the mountain; **Haussmann a percé de larges avenues dans Paris** Haussmann opened OU built wide roads through (the middle of) Paris. -**3.** [pénétrer avec difficulté] to push through; **le soleil perça enfin le brouillard** at last the sun pierced through the fog; **ses yeux avaient du mal à ~ l'obscurité** she had trouble making things out in the dark; **~ un mystère** to solve a mystery ‖ [déchirer] to pierce, to tear, to rend *litt*; **un cri perça le silence/la nuit** a scream rent the silence/night; **un bruit à vous ~ les oreilles** OU **tympans** an ear-splitting noise ❑ **~ qqn/qqch à jour** to see right through sb/sthg. -**4.** MÉD: **~ la poche des eaux** to break the waters; **il faut ~ l'abcès** *pr* the abscess will have to be lanced. -**5.** [suj: bébé]: ~ **ses dents** to be teething; ~ **une dent** to cut a tooth OU have a tooth coming through.

◇ *vi* -**1.** [poindre] to come through; **des crocus percent sous la neige** crocuses are coming OU pushing up through the snow; **le soleil perce enfin** the sun's finally broken through; **ses dents ont commencé à** ~ his teeth have begun to come through. -**2.** [abcès] to burst. -**3.** [filtrer] to filter through, to emerge; **rien n'a percé de leur entrevue** nothing came out OU emerged from their meeting; **elle ne laisse rien** ~ **de ce qu'elle ressent** she keeps her feelings well hidden. -**4.** [réussir] to become famous; **commencer à** ~ to be on the way up; **un jeune chanteur qui est en train de** ~ an up-and-coming young singer; ~ **sur le marché des disques compacts** to emerge as leader of the compact disc industry.

percerette [pɛrsərɛt] *nf* twist gimlet.

perceur, euse [pɛrsœr, øz] *nm, f* [personne] driller; ~ **de coffre-fort** safebreaker, safecracker.

◆ **perceuse** *nf* [machine-outil] drill; **perceuse portative** electric drill; **perceuse radiale/à percussion** radial/hammer drill.

percevable [pɛrsəvabl] *adj* FIN & JUR liable to be levied OU for collection.

percevoir [52] [pɛrsəvwar] *vt* -**1.** [sentir] to detect, to sense, to perceive; **j'ai cru** ~ **une nuance de mépris dans sa voix** I thought I detected a note of contempt in his voice; **je commençais à** ~ **la vérité** the truth was beginning to dawn on me. -**2.** FIN [rente, intérêt] to receive, to be paid; [impôt] to collect.

perche [pɛrʃ] *nf* -**1.** [pièce de bois] pole; [tuteur] beanpole, stake; SPORT pole; **jeter** OU **tendre la** ~ **à qqn** *fig* to throw sb a line, to help sb out of a tight corner; **prendre** OU **saisir la** ~ *fig* to take OU to rise to the bait. -**2.** CIN & TV boom. -**3.** *fam* [personne]: **grande** ~ beanpole; **son cousin, quelle grande** ~! his cousin's a real lanky specimen! -**4.** ZOOL perch; ~ **truitée** black bass; ~ **de mer** sea perch.

perchée [pɛrʃe] *nf* roost.

percher [3] [pɛrʃe] ◇ *vi* -**1.** [oiseau] to perch; [poule] to roost. -**2.** *fam* [habiter] to live, to hang out.

◇ *vt* *fam* [placer] to stick, to put; **pourquoi as-tu perché le bol sur l'étagère du haut?** why did you put the bowl on the top shelf?; **une petite église perchée en haut de la colline** *fig* a little church perched on top of the hill.

◆ **se percher** *vpi* -**1.** [oiseau] to perch; [poule] to roost. -**2.** *fam* [monter] to perch; **ils se sont perchés sur le balcon pour mieux voir** they perched on the balcony to get a better view.

percheron [pɛrʃərɔ̃] *nm* ZOOL Percheron.

percheur, euse [pɛrʃœr, øz] *adj* [oiseau] perching.

perchiste [pɛrʃist] *nmf* -**1.** SPORT polevaulter. -**2.** CIN & TV boom (operator), boom man.

perchlorate [pɛrklɔrat] *nm* perchlorate.

perchlorique [pɛrklɔrik] *adj* perchloric.

perchman [pɛrʃman] *nm* boom (operator), boom man.

perchoir [pɛrʃwar] *nm* -**1.** [pour les oiseaux] perch; [pour la volaille] roost. -**2.** POL *raised platform for the seat of the President of the French National Assembly.*

perciforme [pɛrsifɔrm] ◇ *adj* perciform.

◇ *nm* perciform, member of the Perciformes.

perclus, e [pɛrkly, yz] *adj* crippled, paralyzed; **être** ~ **de rhumatismes** to be stiff OU crippled with rheumatism; **être** ~ **de douleur** to be paralyzed with pain.

percnoptère [pɛrknɔptɛr] *nm* Egyptian vulture.

perçoir [pɛrswar] *nm* drill, borer.

percolateur [pɛrkɔlatœr] *nm* coffee (percolating) machine.

percolation [pɛrkɔlasjɔ̃] *nf* percolation.

percussion [pɛrkysjɔ̃] *nf* MÉD, MUS & TECH percussion.

◆ **percussions** *nfpl* percussion ensemble.

percussionniste [pɛrkysjɔnist] *nmf* percussionist.

percutané, e [pɛrkytane] *adj* percutaneous.

percutant, e [pɛrkytɑ̃, ɑ̃t] *adj* -**1.** ARM percussion *(modif)*; TECH percussive. -**2.** [argument, formule] powerful, striking; **titre** ~ hard-hitting headlines; **leur slogan est** ~ their slogan hits you right between the eyes.

percuter [3] [pɛrkyte] ◇ *vt* -**1.** [heurter] to crash OU to run into *(insép)*; **la moto a percuté le mur** the motorbike crashed into the wall. -**2.** ARM & TECH to strike. -**3.** MÉD to percuss.

◇ *vi* ARM to explode.

◆ **percuter contre** *v + prép*: **aller** OU **venir** ~ **contre** to crash into.

percuteur [pɛrkytœr] *nm* -**1.** ARM firing pin, hammer. -**2.** ARCHÉOL percussion tool.

perdable [pɛrdabl] *adj* loseable; **le match n'est plus** ~ the game can't be lost now.

perdant, e [pɛrdɑ̃, ɑ̃t] ◇ *adj* losing; **jouer un cheval** ~ to bet on a losing horse; **être** ~ [gén] to come off the loser; [perdre de l'argent] to be out of pocket; **il est** ~ **dans cette affaire** he's losing out in this deal.

◇ *nm, f* loser; **bon** ~ good loser; **mauvais** ~ bad loser.

◆ **perdant** *nm* ebb (tide).

perdition [pɛrdisjɔ̃] *nf* RELIG perdition.

◆ **en perdition** *loc adj* -**1.** NAUT in distress. -**2.** [en danger] lost; **des adolescents en** ~ adolescents heading for trouble.

perdre [77] [pɛrdr] ◇ *vt* -**1.** [égarer - clefs, lunettes] to lose, to mislay. -**2.** [laisser tomber]: ~ **de l'eau/de l'huile** to leak water/oil; **des sacs de sable qui perdaient leur contenu** sandbags spilling their contents; **la brosse perd ses poils** the brush is losing OU shedding its bristles; **il perd son pantalon** his trousers are falling down; **tu perds des papiers/un gant!** you've dropped some documents/a glove! || [laisser échapper] to lose; ~ **sa page** to lose one's page OU place ❑ ~ **le fil (de qqch)** *fam* to lose the thread (of sthg); ~ **la trace de qqn** *pr & fig* to lose track of sb; ~ **qqn/qqch de vue** *pr & fig* to lose sight of sb/sthg, to lose track of sb/sthg; **ne perdons pas de vue le fait que l'inflation est de 5 %** let's not lose sight of the fact that inflation is running at 5%; **ne pas** ~ **un mot/une miette de: je n'ai pas perdu un mot/une miette de leur entretien** I didn't miss a (single) word/scrap of their conversation; **ça ne sera pas perdu pour tout le monde, va!** somebody somewhere will be happy (about it)!; ~ **les pédales** *fam* [ne plus comprendre] to be completely lost; [céder à la panique] to lose one's head; ~ **pied** *pr & fig* to get out of one's depth. -**3.** [être privé de - bien, faculté] to lose; ~ **sa place** [dans une réunion] to lose one's seat; ~ **sa fortune au jeu** to lose one's fortune gambling, to gamble one's fortune away; ~ **son emploi** OU **sa situation** OU **sa place** to lose one's job; **n'avoir rien à** ~ to have nothing to lose; ~ **des/ses forces** to lose strength/one's strength; ~ **la mémoire/l'appétit** to lose one's memory/appetite; ~ **la parole** [la voix] to lose one's voice; [dans une réunion] to lose the floor; ~ **un œil/ses dents** to lose an eye/one's teeth; ~ **du sang/poids** to lose blood/weight; **elle a perdu les eaux** MÉD her waters broke; ~ **le contrôle de** to lose control of; ~ **connaissance** to pass out, to faint; ~ **le goût/sens de** to lose one's taste for/sense of; ~ **espoir** to lose hope; ~ **l'habitude de (faire)** to get out of the habit of (doing); ~ **patience** to run out of OU to lose patience; ~ **(tous) ses moyens** to panic ❑ ~ **l'esprit** OU **la raison** OU **la tête** OU **la boussole** *fam* OU **le nord** *fam* OU **la boule** *fam* to go mad; **celui-là, il perd pas le nord!** *fam* he's certainly got his head screwed on!; **en** ~ **le boire et le manger: il en a perdu le boire et le manger** it worried him so much he lost his appetite; ~ **sa langue: tu as perdu ta langue?** *fam* cat got your tongue?; **j'y perds mon latin** I'm totally confused OU baffled; ~ **la face** to lose face. -**4.** [avoir moins]: ~ **de: la tapisserie n'a rien perdu de ses couleurs** the wallpaper has lost none of its colour; **les actions ont perdu de leur valeur** the shares have partially depreciated; **elle a beaucoup perdu de son anglais** she's forgotten a lot of her English. -**5.** [être délaissé par] to lose; **tu vas** ~ **tous tes amis si tu ne changes pas d'attitude** you'll lose all your friends if you don't change your attitude; **il a perdu toute sa clientèle** he has lost all his customers ❑ **un de** ~, **dix de retrouvés** *fam* there's plenty more fish in the sea. -**6.** [par décès] to lose; **il a perdu ses parents dans un accident** he lost his parents in an accident. -**7.** [contre quelqu'un] to lose; ~ **l'avantage** to lose the OU one's advantage; ~ **la partie** JEUX: **il a perdu la partie** he lost the game; ~ **du terrain** to lose ground || SPORT [set] to drop, to lose. -**8.** [gâcher - temps, argent] to waste; **j'ai perdu ma journée** I've wasted the day; **comme ça je n'aurai pas perdu ma journée!** that way my day won't have been wasted after all! -**9.** *sout* [causer la ruine de] to ruin (the reputation of); **c'est le jeu qui le perdra** gambling will be the ruin of him OU his downfall; **toi, c'est le fromage qui te perdra!** *hum* you eat far too much cheese; **toi, c'est la curiosité qui te perdra** *hum* you're far too inquisitive for your own good! -**10.** *loc*: **tu ne perds rien pour attendre!** just (you) wait and see!

◇ *vi* -**1.** [dans un jeu, une compétition, une lutte etc] to lose; **c'est le 35 qui est sorti, tu as perdu!** number 35 came up, you've lost!; ~ **à la loterie/aux élections** to lose at the lottery/polls; ~ **sur la marchandise** to lose on the goods; **je vous le vends 500 F mais j'y perds** I'm selling it to you for F500 but I'm losing (money) on it ❑ ~ **au change** *pr & fig* to lose out; **je n'ai pas perdu au change** *pr & fig* I've come out of it quite well; **jouer à qui perd gagne** to play (a game of) loser takes all. -**2.** [en qualité, psychologiquement] to lose (out); **on perd beaucoup en n'ayant pas la couleur** *fam* you lose a lot OU miss out by not having colour TV; ~ **à: ces vins blancs perdent à être conservés trop longtemps** these white wines don't improve with age; **on perd toujours à agir sans réfléchir** you're bound to be worse off if you act without thinking; ~ **en** [avoir moins de]: **le récit perd en précision ce qu'il gagne en puissance d'évocation** what the narrative loses in precision, it gains in narrative power.

◆ **se perdre** ◇ *vp* *(emploi réciproque)*: **se** ~ **de vue** to lose sight of each other; **il ne faudra plus nous** ~ **de vue** we must stay in touch from now on.

◇ *vp* *(emploi passif)* [crayon, foulard, clef] to get lost, to disappear; **si on ne les range pas, ces lunettes vont se** ~! these glasses will get lost if they're not put away! ❑ **il y a des paires de claques qui se perdent** *fam* somebody needs a good slap; **il y a des coups de pied au cul qui se perdent**▽ somebody needs a good kick up the arse *Br* OU ass *Am*.

◇ *vpi* -**1.** [s'égarer - personne] to get lost, to lose one's way; [- avion, bateau] to get lost; **je me suis perdu** I got lost OU couldn't find my way; **se** ~ **dans le dédale des rues** to get lost in the maze of streets || *fig*: **son regard se perdait dans le lointain** she had a faraway look in her eyes; **se** ~ **dans les détails** to get bogged down in too much detail; **se** ~ **dans ses calculs** to get one's calculations muddled up; **se** ~ **en conjectures** to be lost in conjecture. -**2.** [disparaître] to disappear, to become lost, to fade; **les sommets se perdaient dans la brume** the mountain tops were lost OU shrouded *litt* in the mist; **ses appels se perdirent dans la foule** her calls were swallowed up by the crowd ❑ **se** ~ **dans la nuit des temps** to be lost in the mists of time. -**3.** [devenir désuet] to become lost, to die out; **la coutume s'est perdue** the custom is (now) lost; **ce sont des métiers qui se perdent** these trades are dying out. -**4.** [nourriture, récolte - par pourrissement] to rot; [- par surabondance] to go to waste.

perdreau, x [pɛrdro] *nm* young partridge.

perdrix [pɛrdri] *nf*: ~ (grise) partridge; ~ des neiges ptarmigan; ~ rouge red-legged partridge.

perdu, e [pɛrdy] ◇ *adj* -1. [balle, coup] stray; [heure, moment] spare; **à temps ~** in a spare moment; **fais-le à temps ~** do it if you've got a spare moment. -2. [inutilisable - emballage] disposable; [- verre] non-returnable; **comble ~** waste roof space. -3. [condamné] lost; **sans votre intervention, j'étais un homme ~** if you hadn't intervened, I'd have been finished OU lost. -4. ~ **de** [ruiné par]: **c'est un homme ~ de dettes** *sout* he's heavily in debt. -5. [désespéré] lost; **il est complètement ~ depuis la mort de sa mère** he's been completely lost since his mother died. -6. [gâché - vêtement, chapeau] ruined, spoiled; [- nourriture] spoiled; **pleurant sa réputation ~e** crying for her lost OU tainted reputation. -7. [de mauvaise vie]: **femme ~e** loose woman. -8. [isolé - coin, village] lost, remote, godforsaken *hum*; **le continent ~** the lost continent. -9. [englouti]: ~ **corps et biens** lost with all hands; **manuscrit ~ corps et biens** *fig* manuscript lost without trace.
◇ *nm, f fam*: **comme un ~, comme une ~e** [courir] hell for leather; [crier] like a mad thing.

perdurer [3] [pɛrdyre] *vi sout* to continue (on), to endure, to last.

père [pɛr] *nm* -1. [géniteur] father; **le ~ d'Anne** Anne's father; **tu es un ~ pour moi** you're like a father to me; **devenir ~** to become a father; '~ **inconnu**' 'father unknown'; **je suis né de ~ inconnu** it's not known who my father was; **le ~ Viot ne voulait pas que la propriété soit vendue** old Viot didn't want the estate to be sold; **John Smith ~** John Smith senior; **Alexandre Dumas ~** Alexandre Dumas père; **jouer les ~s nobles** THÉÂT to play elderly noblemen ❑ ~ **nourricier** foster father; **tel ~, tel fils** *prov* like father, like son *prov*; **à ~ avare, fils prodigue** *prov* a miser's son will be a spendthrift. -2. [pionnier] father; **le ~ de la psychanalyse** the father of psychoanalysis. -3. [chef]: ~ **de famille**: **maintenant que je suis ~ de famille** now that I've got a family; **'un ~ de famille meurt noyé en laissant trois orphelins'** 'father of three drowns'; **être bon ~ de famille** to be a (good) father OU family man; **en ~ de famille** carefully; **de ~ de famille**: **c'est un investissement de ~ de famille** it's a rock-solid OU copper-bottomed investment. -4. [homme, enfant]: **gros ~** *fam*: **tu as vu ce gros ~, il peut à peine se remuer** look at that tub of lard OU fat lump, he can barely move; **allez, mon gros ~, au lit!** come on now, little fellow, off to bed!; **petit ~** *fam*: **mon petit ~** (my) little one OU fellow; **il pleure, pauvre petit ~!** he's crying, poor little thing!; **en ~ peinard**: **moi, je conduis en ~ peinard** *fam* I like to drive nice and slowly; **le ~ Fouettard** the Bogeyman; **le ~ Noël** Santa Claus, Father Christmas; **le petit ~ des peuples** the little father of the people. -5. RELIG father; **le ~ Lamotte** Father Lamotte; **merci, mon ~** thank you, Father; **il a fait ses études chez les ~s** he was educated at a religious institution ❑ **Père supérieur** father superior; **les Pères Blancs** the White Friars, the Carmelites; **le Père éternel** the Heavenly Father; **notre Père qui êtes aux cieux** our Father who art in Heaven. -6. ZOOL sire.
◆ **pères** *nmpl litt* [aïeux] forefathers, fathers; **du temps de nos ~s** in the days of our forefathers.
◆ **de père en fils** *loc adv*: **ils sont menuisiers de ~ en fils** they've been carpenters for generations; **cette tradition s'est transmise de ~ en fils** this tradition has been handed down from father to son.

pérégrination [peregrinasjɔ̃] *nf* peregrination; **au cours de ses ~s** on OU during his travels.

péremption [perɑ̃psjɔ̃] *nf* lapsing; **au bout de trois ans il y a ~ et vous ne pouvez plus réclamer la dette** there is a strict time limit of three years on claims after which payment may not be demanded.

péremptoire [perɑ̃ptwar] *adj* -1. [impérieux] peremptory. -2. JUR: **exception ~** peremptory plea.

péremptoirement [perɑ̃ptwarmɑ̃] *adv* peremptorily.

pérennisation [perenizasjɔ̃] *nf* perpetuation.

pérenniser [3] [perenize] *vt sout* to perpetuate.

pérennité [perenite] *nf* perenniality, lasting quality.

péréquation [perekwasjɔ̃] *nf* -1. [rajustement] adjustment. -2. [répartition] balancing out; ÉCON perequation.

perestroïka [perɛstrɔika] *nf* perestroika.

perfectibilité [pɛrfɛktibilite] *nf litt* perfectibility.

perfectible [pɛrfɛktibl] *adj* perfectible; **l'appareil n'est plus guère ~ maintenant** the machine can hardly be improved any further.

perfectif, ive [pɛrfɛktif, iv] *adj* perfective.
◆ **perfectif** *nm* perfective aspect.

perfection [pɛrfɛksjɔ̃] *nf* -1. [qualité] perfection. -2. [trésor] gem, treasure; **cet ordinateur est une ~** this computer is an absolute gem.
◆ **à la perfection** *loc adv* perfectly (well); **tout marche à la ~** things couldn't be better.

perfectionné, e [pɛrfɛksjɔne] *adj* sophisticated.

perfectionnement [pɛrfɛksjɔnmɑ̃] *nm* -1. [d'un art, d'une technique] perfecting; **notre but est le ~ de nos techniques** our aim is to perfect our techniques. -2. [d'un objet matériel] improvement; **la vieille pompe avait besoin de quelques ~s** the old pump needed to be improved somewhat.
◆ **de perfectionnement** *loc adj* advanced.

perfectionner [3] [pɛrfɛksjɔne] *vt* -1. [amener au plus haut niveau] to (make) perfect; **des techniques très perfectionnées** very sophisticated techniques. -2. [améliorer] to improve (upon); **il faudra que tu perfectionnes la présentation** you'll have to polish up OU to improve the presentation.
◆ **se perfectionner** *vpi* to improve o.s.; **il s'est beaucoup perfectionné en français** his French has improved considerably; **prendre des cours de natation pour se ~** to take advanced swimming classes.

perfectionnisme [pɛrfɛksjɔnism] *nm* perfectionism.

perfectionniste [pɛrfɛksjɔnist] *nmf* perfectionist.

Perfecto® [pɛrfɛkto] *nm* Perfecto ® *(short leather jacket)*.

perfide [pɛrfid] *litt* ◇ *adj* [personne, conseil] perfidious, treacherous, faithless; **la ~ Albion** *hum* perfidious Albion.
◇ *nmf* traitor; **la ~ a volé mon cœur** *hum* the perfidious creature has stolen my heart.

perfidement [pɛrfidmɑ̃] *adv litt* perfidiously, treacherously.

perfidie [pɛrfidi] *nf sout* -1. [caractère] perfidy, treacherousness. -2. [acte] piece of treachery, perfidy; [parole] perfidious OU treacherous remark.

perfolié, e [pɛrfɔlje] *adj* perfoliate.

perforage [pɛrfɔraʒ] *nm* -1. MÉTALL piercing. -2. INF punching. -3. MÉD perforating. -4. MIN drilling.

perforant, e [pɛrfɔrɑ̃, ɑ̃t] *adj* -1. [pointe, dispositif] perforating. -2. [balle, obus] armour-piercing. -3. ANAT [artère] perforating; [nerf] perforans.

perforateur, trice [pɛrfɔratœr, tris] ◇ *adj* perforating.
◇ *nm, f* INF punch-card operator.
◆ **perforateur** *nm* -1. MÉD perforator. -2. [pour documents] (hole) punch.
◆ **perforatrice** *nf* -1. MIN rock drill. -2. INF card punch.

perforation [pɛrfɔrasjɔ̃] *nf* -1. [action] piercing, perforating; INF punching. -2. [trou - dans du papier, du cuir] perforation; [- dans une pellicule] sprocket hole; INF punch. -3. MÉD perforation.

perforer [3] [pɛrfɔre] *vt* -1. [percer] to pierce. -2. INF to punch. -3. MÉD to perforate.

performance [pɛrfɔrmɑ̃s] *nf* -1. SPORT [résultat] result, performance; **il a amélioré sa ~ d'une seconde** he improved his performance by one second; **les ~s de l'année dernière sur le marché japonais** *fig* last year's results on the Japanese market. -2. [réussite] achievement; **quelle ~!** what a major achievement! -3. LING & PSYCH performance.
◆ **performances** *nfpl* [d'ordinateur, de voiture etc] (overall) performance.

performant, e [pɛrfɔrmɑ̃, ɑ̃t] *adj* [machine, voiture, système] high-performance *(avant n)*; [technicien] first-class.

performatif, ive [pɛrfɔrmatif, iv] *adj* performative.
◆ **performatif** *nm* performative (verb).

perfuser [3] [pɛrfyze] *vt* to put on a drip, to perfuse.

perfusion [pɛrfyzjɔ̃] *nf* drip, perfusion; **être sous ~** to be on a drip.

Pergame [pɛrgam] *npr* Pergamum.

pergélisol [pɛrʒelisɔl] *nm* permafrost (soil), pergelisol *spéc.*

pergola [pɛrgɔla] *nf* pergola.

périanthaire [perjɑ̃tɛr] *adj* perianthial.

périanthe [perjɑ̃t] *nm* perianth.

périarthrite [periartrit] *nf* periarthritis.

périarticulaire [periartikylɛr] *adj* periarticular.

périastre [periastr] *nm* periastron.

péricarde [perikard] *nm* pericardium.

péricardique [perikardik] *adj* pericardial.

péricardite [perikardit] *nf* pericarditis.

péricarpe [perikarp] *nm* pericarp.

périchondre [perikɔ̃dr] *nm* perichondrium.

Périclès [periklɛs] *npr* Pericles.

péricliter [3] [periklite] *vi* to be on a downward slope, to be going downhill; **ses affaires périclitent dangereusement** his business is going downhill fast; **une industrie qui périclite** an industry with no future.

péricrâne [perikran] *nm* pericranium.

péricycle [perisikl] *nm* pericycle.

péridural, e, aux [peridyral, o] *adj* epidural.
◆ **péridurale** *nf* epidural (anaesthesia).

périgée [periʒe] *nm* perigee.

périglaciaire [periglasjɛr] *adj* periglacial.

Périgord [perigɔr] *npr m*: **le ~** Perigord.

périgourdin, e [perigurdɛ̃, in] *adj* [de Périgueux] from Périgueux, of Périgueux; [du Périgord] from Périgord, of Périgord.
◆ **Périgourdin, e** *nm, f* [de Périgueux] *inhabitant of or person from Périgueux*; [du Périgord] *inhabitant of or person from Périgord*.

périhélie [perieli] *nm* perihelion.

péri-informatique [periɛ̃fɔrmatik] *nf* computer environment.

péril [peril] *nm* -1. *sout* [danger] danger; **au ~ de sa vie** at great risk to his (own) life ❑ **il n'y a pas ~ en la demeure** it's not a matter of life and death. -2. [menace] peril; **le ~ jaune** the yellow peril. -3. NAUT: **~s de mer** sea risks.
◆ **en péril** ◇ *loc adj* [monuments, animaux] endangered; **ses jours sont en ~** her life is in danger; **être en ~** to be in danger OU at risk.
◇ *loc adv*: **mettre en ~** to endanger, to put at risk.

périlleusement [perijøzmɑ̃] *adv sout* perilously, dangerously.

périlleux, euse [perijø, øz] *adj* perilous, hazardous, dangerous.

périmé, e [perime] *adj* -1. [expiré] out-of-date; **mon passeport est ~** my passport is no longer valid OU has expired. -2. [démodé] outdated, outmoded; **vous défendez des principes ~s** you're defending outdated principles.

périmer [3] [perime]
◆ **se périmer** *vpi* -1. [expirer] to expire; **laisser se ~ un billet** to let a ticket go out of date. -2. JUR to lapse. -3. [disparaître] to become outdated OU outmoded.

périmètre [perimɛtr] *nm* -**1.** [surface] perimeter; **des recherches ont été entreprises dans un vaste ~** searches were conducted over a vast area. -**2.** JUR: **~ sensible** ≃ green belt *Br.*
périnatal, e, als OU **aux** [perinatal, o] *adj* perinatal.
périnatalité [perinatalite] *nf* perinatal period.
périnatalogie [perinatalɔʒi] *nf* perinatal paediatrics.
périnéal, e, aux [perineal, o] *adj* perineal.
périnée [perine] *nm* perineum.
périnéorraphie [perineɔrafi] *nf* perineorrhaphy.
période [perjɔd] *nf* -**1.** [époque] period, time; **traverser une ~ difficile** to go through a difficult period OU time; **la ~ bleue de Picasso** Picasso's blue period; **c'était ma ~ macramé** it was the time when I was keen on macramé; **nous avons eu une longue ~ de froid** we had a long spell of cold weather; **pendant la ~ électorale** during election time; **pendant la ~ des fêtes** at Christmas time. -**2.** MIL: **~ (d'exercice)** training. -**3.** SC & MUS period; **~ de révolution** period of revolution; **~ radioactive** half-life. -**4.** TRANSP: **~ bleue/blanche/rouge** *period during which tickets are cheapest/medium-priced/most expensive.*
◆ **par périodes** *loc adv* from time to time, every now and then, every so often; **c'est par ~s** it comes and goes; **ça le prend par ~s** it comes over him from time to time.
périodicité [perjɔdisite] *nf* periodicity.
périodique [perjɔdik] ◇ *adj* -**1.** CHIM, MATH, PHYS & PSYCH periodic. -**2.** [publication] periodical. -**3.** MÉD recurring.
◇ *nm* periodical.
périodiquement [perjɔdikmɑ̃] *adv* -**1.** CHIM, MATH & PHYS periodically. -**2.** [régulièrement] periodically, every so often; **les douleurs reviennent ~** the pain recurs periodically.
périoste [perjɔst] *nm* periosteum.
périostite [perjɔstit] *nf* periostitis.
péripate [peripat] *nm* peripatus.
péripatéticien, enne [peripatetisjɛ̃, ɛn]
◇ *adj* ANTIQ Peripatetic.
◇ *nm, f* ANTIQ Peripatetic, member of the Peripatetic school.
◆ **péripatéticienne** *nf litt* OU *hum* streetwalker.
péripatétisme [peripatetism] *nm* peripateticism.
péripétie [peripesi] *nf* -**1.** [événement] event, episode, adventure. -**2.** LITTÉRAT peripetia, peripeteia.
périph *fam* [perif] *nm abr de* **périphérique**.
périphérie [periferi] *nf* -**1.** [bord] periphery; **sur la ~ de la plaie** on the edges of the wound; **jaune au milieu et orangé à la ~** yellow in the middle and orange on the periphery OU round the edge. -**2.** [faubourg] outskirts; **à la ~ des grandes villes** on the outskirts of cities.
périphérique [periferik] ◇ *adj* -**1.** [quartier] outlying. -**2.** PHYSIOL & INF peripheral.
◇ *nm* -**1.** [boulevard] ring road *Br*, beltway *Am*; [à Paris]: **le ~** the Paris orbital *Br* OU beltway *Am.* -**2.** INF peripheral equipment.
périphlébite [periflebit] *nf* periphlebitis.
périphrase [perifraz] *nf* periphrasis.
périphrastique [perifrastik] *adj* periphrastic.
périple [peripl] *nm* -**1.** [voyage d'exploration] voyage, expedition; **son dernier ~ dans l'Antarctique** his latest expedition to the Antarctic. -**2.** [voyage touristique] tour, trip; **faire un (long) ~** to go on a (long) tour. -**3.** *litt* [durée de la vie] life, lifetime.
périr [32] [perir] *vi* -**1.** *litt* [personne, souvenir] to perish *litt*, to die; **péri en mer** lost at sea. -**2.** *sout* [idéal] to be destroyed; **la liberté ne peut pas ~** liberty cannot be destroyed.
périscolaire [periskɔlɛr] *adj* extracurricular.
périscope [periskɔp] *nm* periscope.
périscopique [periskɔpik] *adj* periscopic.
périsélène [periselɛn] *nm* perilune.
périsperme [perispɛrm] *nm* perisperm.
périssable [perisabl] *adj* perishable.
périssoire [periswar] *nf* canoe.
péristaltique [peristaltik] *adj* peristaltic.
péristaltisme [peristaltism] *nm* peristalsis.
péristyle [peristil] *nm* peristyle.
péritélévision [peritelevizjɔ̃] *nf* TV, video and computer technology.
péritoine [peritwan] *nm* peritoneum.
péritonéal, e, aux [peritɔneal, o] *adj* peritoneal.
péritonite [peritɔnit] *nf* peritonitis.
périurbain, e [periyrbɛ̃, ɛn] *adj* out-of-town.
perle [pɛrl] ◇ *nf* -**1.** [bijou] pearl; **~ fine/de culture** natural/cultured pearl; **~ noire** black pearl ❑ **c'est la ~ de ma collection** it's the prize piece of my collection; **jeter des ~s aux pourceaux** to cast pearls before swine. -**2.** [bille] bead; **~s de verre** glass beads. -**3.** *litt* [goutte] drop; **des ~s de sueur** beads of sweat; **des ~s de rosée** dewdrops; **une ~ de sang** a drop of blood. -**4.** [personne] gem, treasure; **sa femme est une ~!** his wife is a real gem! -**5.** *fam* [bêtise] howler. -**6.** ENTOM Perla (stonefly).
◇ *adj inv* pearl , pearl-grey.
perlé, e [pɛrle] *adj* -**1.** [nacré] pearly, pearl *(modif)*; **des dents ~es** pearl OU pearly teeth. -**2.** [orné de perles] beaded; **coton ~** [mercerisé] pearl OU perlé cotton. -**3.** [orge] pearl; [riz] polished. -**4.** [rire, son] rippling. -**5.** ZOOL pearl.
perlèche [pɛrlɛʃ] *nf* perleche.
perler [3] [pɛrle] ◇ *vi* to bead; **la sueur perlait sur son visage** beads of sweat stood out on his face.
◇ *vt vieilli* [travail] to execute perfectly.
perlier, ère [pɛrlje, ɛr] *adj* [barque] pearling; [industrie] pearl *(modif)*.
perlimpinpin [pɛrlɛ̃pɛ̃pɛ̃] *nm*: **poudre de ~** quack remedy.
perlingual, e, aux [pɛrlɛ̃gwal, o] *adj* perlingual; **à prendre par voie ~e** to be dissolved under the tongue.
perlouse, perlouze *fam* [perluz] *nf arg crime* pearl.
perm *fam* [pɛrm] *nf* -**1.** MIL leave; **être en ~** to be on leave. -**2.** SCOL [tranche horaire] study period; [salle] study (period) room *Br* OU hall *Am.*
permafrost [pɛrmafrɔst] *nm* permafrost, permagel.
permanence [pɛrmanɑ̃s] *nf* -**1.** [persistance - gén] permanence, lasting quality; [- d'une tradition] continuity. -**2.** [service de garde] duty (period); **être de ~** to be on duty OU call; **une ~ est assurée à la mairie** there will be someone on duty at the city hall. -**3.** [local, bureau] POL committee room; SCOL study room *Br* OU hall *Am.*
◆ **en permanence** *loc adv* permanently; **il est soûl en ~** he's permanently drunk; **elle me harcèle en ~** she's forever harassing me.
permanencier, ère [pɛrmanɑ̃sje, ɛr] *nm, f* person on duty.
permanent, e [pɛrmanɑ̃, ɑ̃t] ◇ *adj* -**1.** [constant] permanent; **subir une tension ~e** to suffer permanent tension; **avec elle, ce sont des reproches ~s** she's forever nagging. -**2.** [fixe] permanent; **avoir un emploi ~** to have a permanent job ❑ **armée ~e** standing army. -**3.** CIN continuous, non-stop; **c'est le spectacle ~ avec lui!** *hum* there's never a dull moment with him! ❑ **cinéma ~** continuous showing; **(cinéma) ~ de 14 h à 22 h** continuous showing from 2 p.m. to 10 p.m. -**4.** INF permanent.
◇ *nm, f* [d'un parti] official; [d'une entreprise] salaried worker, worker on the payroll.
◆ **permanente** *nf* perm.
permanenté, e [pɛrmanɑ̃te] *adj* [cheveux] permed.
permanganate [pɛrmɑ̃ganat] *nm* permanganate.
permanganique [pɛrmɑ̃ganik] *adj* permanganic.
perme *fam* [pɛrm] = **perm**.
perméabilité [pɛrmeabilite] *nf* -**1.** GÉOL & PHYS permeability. -**2.** [d'une personne] malleability.
perméable [pɛrmeabl] *adj* -**1.** GÉOL & PHYS permeable. -**2.** [personne] malleable.
permettre [84] [pɛrmɛtr] *vt* -**1.** [suj: personne] to allow; **je ne permettrai aucun écart de conduite** I won't stand for OU allow any misconduct; **~ à qqn de faire qqch, ~ que qqn fasse qqch** to allow sb to do sthg, to let sb do sthg; **je ne vous permets pas de me parler sur ce ton** I won't have you speak to me in that tone of voice; **il ne permettra pas qu'on insulte son frère** he won't allow his brother to be insulted || [suj: chose] to allow, to permit, to enable; **le règlement permet de sortir à cinq heures** the regulations allow you to leave at five; **mon régime ne me permet aucune viande** I'm on a meat-free diet; **le train à grande vitesse permettra d'y aller en moins de deux heures** the high-speed train will make it possible to get there in under two hours; **sa lettre permet toutes les craintes** her letter gives cause for concern; **ce document permet d'entrer dans le secteur turc** this document enables OU entitles you to enter the Turkish sector; **votre mission ne permet pas d'erreur** your mission leaves no room for error; **si le temps/sa santé le permet** weather/(his) health permitting. -**2.** *(tournure impersonnelle)*: **c'est permis?** is it allowed OU permitted?; **il n'est pas/il est permis de boire de l'alcool** drinking is not/is allowed OU permitted; **il est permis de ne pas aimer ce genre de poésie** one may OU might well not like this type of poetry; **autant qu'il est permis d'en juger** as far as it is possible to judge; **est-il permis d'être aussi mal élevé?** how can anyone be so rude?; **elle est belle/insolente comme c'est pas permis** she's outrageously beautiful/cheeky; **un tel mauvais goût, ça devrait pas être** OU **c'est pas permis** there should be a law against such bad taste. -**3.** [dans des formules de politesse]: **il reste un sandwich, vous permettez?** may I have the last sandwich?; **si vous me permettez l'expression** if I may be allowed to say so, if you don't mind my saying; **permettez-moi de ne pas partager votre avis** I beg to differ; **tu n'es pas sincère non plus, permets-moi de te le dire** and you're not being honest either, let me tell you; **non, mais tu permets que j'en place une?** *fam* I'd like to get a word in, if you don't mind; **ah permettez, j'étais là avant vous!** do you mind, I was there before you!
◆ **se permettre** *vpt* -**1.** [s'accorder] to allow OU to permit o.s.; **je me suis permis un petit verre de vin** I allowed myself a small glass of wine. -**2.** [oser] to dare; **il se permet de petites entorses au règlement** he's not averse to bending the rules now and then; **elle se permettait n'importe quoi** she thought she could get away with anything; **je ne te permets plus ce genre de commentaire** I won't take that sort of remark from you again; **des critiques, oh mais je ne me permettrais pas!** *iron* criticize? I wouldn't dare! -**3.** [pouvoir payer] to (be able to) afford; **pouvez-vous vous ~ 10 000 francs de plus?** can you afford 10,000 francs more?; **je ne peux pas me ~ une bague à ce prix-là** I can't afford a ring at that price.
◆ **se permettre de** *vp + prép* to take the liberty to; **je me suis permis de vous apportez des fleurs** I took the liberty of bringing you some flowers; **puis-je me ~ de vous rappeler mon nom/nos accords signés?** may I remind you of my name/our binding agreements?; **je me permets de solliciter vos conseils au sujet de mon fils** [par lettre] I'm writing to ask your advice concerning my son; [oralement] I've come to ask your advice about my son.
permis [pɛrmi] *nm* permit, licence; **vous avez un ~ pour ce fusil?** do you have a licence for that gun? ❑ **~ (de conduire)** driving *Br* OU driver's *Am* licence; **rater/réussir le ~ (de conduire)** to fail/to pass one's (driving) test; **~ à points** *driving licence with a penalty points system,*

introduced in France in 1992; ~ de construire building permit OU licence, planning permission *Br*; ~ de chasse [chasse à courre] hunting permit; [chasse au fusil] shooting licence; ~ de séjour/travail residence/work permit; ~ d'inhumer burial certificate; ~ de port d'armes firearms licence.

permissif, ive [pɛrmisif, iv] *adj* permissive.

permission [pɛrmisjɔ̃] *nf* -**1.** [autorisation] permission, leave; **demander/accorder la ~ de faire qqch** to ask/to grant permission to do sthg; **si tu veux inviter tes amis, tu as ma ~** you have my leave OU permission to invite your friends; **les enfants n'ont la ~ de sortir qu'accompagnés** the children don't have permission OU aren't allowed to go out unaccompanied; **avec votre ~, je vais aller me coucher** if you don't mind, I'll go to bed; **sans demander la ~** without asking permission, without so much as a by-your-leave *hum* ❑ **j'ai la ~ de minuit** I'm allowed to stay out until midnight. -**2.** MIL leave, furlough; **être en ~** to be on leave OU on furlough; **avoir une ~ de six jours** to have six days' leave ❑ **avoir la ~ de minuit** to have a late pass.

permissionnaire [pɛrmisjɔnɛr] *nm* soldier on leave OU furlough.

permissivité [pɛrmisivite] *nf* permissiveness.

permittivité [pɛrmitivite] *nf* permittivity.

permutabilité [pɛrmytabilite] *nf* permutability, interchangeability.

permutable [pɛrmytabl] *adj* -**1.** [interchangeable] interchangeable. -**2.** MATH permutable.

permutation [pɛrmytasjɔ̃] *nf* -**1.** [transposition] permutation, interchange; **~ des roues** AUT wheel interchange. -**2.** MATH permutation.

permuter [3] [pɛrmyte] ◇ *vt* -**1.** [intervertir] to switch round *(sép)*, to permutate; **~ deux lettres dans un mot/deux chiffres dans un nombre** to switch round two letters in a word/two figures in a number. -**2.** MATH to permute.

◇ *vi* [prendre la place de]: **les deux équipes permutent** the two teams swap shifts; **~ avec** to swap with; **je vois mal, alors j'ai permuté avec une fille du premier rang** on account of my weak eyesight, I swapped places with a girl in the front row.

pernicieusement [pɛrnisjøzmɑ̃] *adv* perniciously.

pernicieux, euse [pɛrnisjø, øz] *adj* -**1.** [néfaste] noxious, injurious, pernicious; **l'abus d'alcool est ~ pour la santé** excessive drinking is injurious OU harmful to one's health; **des insinuations pernicieuses** *sout* insidious suggestions. -**2.** MÉD pernicious.

péroné [perɔne] *nm* fibula.

péronier [perɔnje] ◇ *adj* peroneal.

◇ *nm* peroneal muscle.

péronisme [perɔnism] *nm* Peronism.

péroniste [perɔnist] *adj* & *nmf* Peronist.

péronnelle [perɔnɛl] *nf* scatterbrain.

péroraison [perɔrezɔ̃] *nf* [conclusion] peroration; **après toute une ~ sur notre retard, elle en est venue au fait** [discours] after a long tirade about our being late, she came to the point.

pérorer [3] [perɔre] *vi* [discourir] to hold forth; **il peut ~ devant un public pendant des heures** he can go on and on for hours in front of an audience.

per os [pɛrɔs] *loc adv* orally MÉD.

Pérou [peru] *npr m*: **le ~** Peru; **au ~** in Peru; **ce n'est pas le ~** *fam* it's not exactly a fortune, it's not ideal.

Pérouse [peruz] *npr* Perugia.

peroxydase [pɛrɔksidaz] *nf* peroxidase.

peroxyde [pɛrɔksid] *nm* peroxide.

peroxyder [3] [pɛrɔkside] *vt* to (treat with) peroxide.

perpendiculaire [pɛrpɑ̃dikylɛr] ◇ *adj* -**1.** [gén & MATH] perpendicular; **la droite A est ~ à la droite B** line A is perpendicular to OU at right angles with line B. -**2.** ARCHIT perpendicular.

◇ *nf* perpendicular.

perpendiculairement [pɛrpɑ̃dikylɛrmɑ̃] *adv* perpendicularly; **~ à la rue** at right angles with OU perpendicular to the street.

perpète [pɛrpɛt] *nf arg crime*: **il a eu ~** he got life.

◆ **à perpète** *fam loc adv* -**1.** [loin] miles away, in the back of beyond. -**2.** [très longtemps]: **jusqu'à ~** till Doomsday, till the cows come home, forever and a day. -**3.** [à vie]: **être condamné à ~** to get life.

perpétration [pɛrpetrasjɔ̃] *nf* perpetration.

perpétrer [18] [pɛrpetre] *vt sout* to perpetrate; **~ un meurtre** to perpetrate a murder; **~ un crime** to commit a crime.

perpette [pɛrpɛt] = **perpète**.

perpétuation [pɛrpetɥasjɔ̃] *nf* perpetuation.

perpétuel, elle [pɛrpetɥɛl] *adj* -**1.** [éternel] perpetual, everlasting; **le chevalier jurait à sa belle un ~ amour** the knight pledged everlasting love to his beloved; **être condamné à la prison ~le** to be sentenced to life imprisonment; **un monde en ~ devenir** a perpetually OU an ever changing world. -**2.** [constant] constant, continual, perpetual; **le malade a une ~le envie de vomir** the patient is permanently nauseated.

perpétuellement [pɛrpetɥɛlmɑ̃] *adv* forever, constantly, perpetually; **il a ~ soif** he's forever OU permanently thirsty; **j'avais ~ l'impression que...** I was constantly under the impression that...

perpétuer [7] [pɛrpetɥe] *vt* -**1.** [tradition, préjugé] to carry on *(sép)*. -**2.** [souvenir] to perpetuate, to pass on *(sép)*.

◆ **se perpétuer** *vpi* -**1.** [personne] to perpetuate one's name; **se ~ dans sa musique** to live on through OU in one's music. -**2.** [tradition] to live on; **certains rites se sont perpétués de père en fils** some rites have been handed down from father to son.

perpétuité [pɛrpetɥite] *nf litt* perpetuity; **la ~ de l'espèce** the continuation of the species; **la ~ des souvenirs que l'on laisse** the enduring memories one leaves behind.

◆ **à perpétuité** ◇ *loc adj* -**1.** [condamnation] life *(modif)*. -**2.** [concession] in perpetuity.

◇ *loc adv*: **être condamné à ~** to be sentenced to life imprisonment.

perplexe [pɛrplɛks] *adj* perplexed, puzzled; **avoir l'air ~** to look puzzled; **laisser ~** to perplex, to puzzle; **sa remarque m'a laissé ~** his remark perplexed OU puzzled me; **je restai ~, ne sachant que faire** I was confused as to what I should do, I was in a quandary about what to do.

perplexité [pɛrplɛksite] *nf* confusion, perplexity, puzzlement; **être dans une profonde ~** to be in a state of great confusion; **être plongé dans la ~** to be perplexed OU puzzled; **l'incohérence de son récit nous a plongés dans la ~** the incoherence of his story perplexed OU puzzled us.

perquisition [pɛrkizisjɔ̃] *nf* search; **procéder à OU faire une ~ chez qqn** to carry out OU to make a search of sb's home ❑ **~ domiciliaire** house search.

perquisitionner [3] [pɛrkizisjɔne] ◇ *vi* to (make a) search JUR; **~ chez qqn** to carry out OU to make OU to conduct a search of sb's home.

◇ *vt* to search JUR.

perron [pɛrɔ̃] *nm* steps *(outside a building)*; **sur le ~ de l'Élysée** on the (front) steps of the Élysée palace.

perroquet [pɛrɔkɛ] *nm* -**1.** ORNITH parrot; **apprendre/répéter qqch comme un ~** to learn/to repeat sthg parrot-fashion; **répéter comme un ~ ce que dit qqn** to parrot what sb says. -**2.** NAUT topgallant (sail). -**3.** [boisson] pastis and mint cocktail.

perruche [peryʃ] *nf* -**1.** [en cage] budgie; ORNITH: **~ (ondulée)** budgerigar‖ [femelle du perroquet] parakeet. -**2.** *fam péj* [personne] chatterbox. -**3.** NAUT mizzen topgallant sail.

perruque [peryk] *nf* -**1.** [postiche] wig; HIST periwig, peruke; **la justice à ~** *fam fig* & *péj* fuddy-duddy old judges. -**2.** PÊCHE tangled line. -**3.** ▽ [travail clandestin]: **faire de la ~** to work on the side *(during office hours)*.

perruquier [perykje] *nm* wigmaker.

pers, e[1] [pɛr, pɛrs] *adj litt* seagreen, perse *litt*.

persan, e [pɛrsɑ̃, an] *adj* Persian.

◆ **Persan, e** *nm, f* Persian.

◆ **persan** *nm* -**1.** LING Persian. -**2.** ZOOL Persian cat.

perse[2] [pɛrs] ◇ *adj* Persian; **l'Empire ~** the Persian Empire.

◇ *nm* LING Persian; **moyen/vieux ~** Middle/Old Persian.

◆ **Perse** *nmf* Persian.

Perse [pɛrs] *npr f*: **(la) ~** Persia.

persécuté, e [pɛrsekyte] ◇ *adj* persecuted.

◇ *nm, f* -**1.** [opprimé] persecuted person; **les ~s** the downtrodden, the persecuted. -**2.** PSYCH persecution maniac.

persécuter [3] [pɛrsekyte] *vt* -**1.** [opprimer] to persecute. -**2.** [harceler] to torment; **tu vas arrêter de ~ ta petite sœur?** will you stop bullying OU tormenting your little sister?

persécuteur, trice [pɛrsekytœr, tris] ◇ *adj* persecutory, tormenting.

◇ *nm, f* persecutor; **ses ~s** her tormentors.

persécution [pɛrsekysjɔ̃] *nf* -**1.** [oppression] persecution; **être victime d'une ~ religieuse** to suffer religious persecution. -**2.** [harcèlement] harassment, harassing, tormenting. -**3.** PSYCH: **délire OU manie de la ~** persecution mania.

Persée [pɛrse] *npr* Perseus.

Perséphone [pɛrsefɔn] *npr* Persephone.

persévérance [pɛrseverɑ̃s] *nf* perseverance, persistence, tenacity; **travailler avec ~** to persevere in one's work, to work steadily.

persévérant, e [pɛrseverɑ̃, ɑ̃t] *adj* persevering, persistent, tenacious; **être ~ (dans qqch)** to be persevering OU to persevere (in sthg).

persévération [pɛrseverasjɔ̃] *nf* perseveration.

persévérer [18] [pɛrsevere] *vi* to persevere, to persist; **~ dans qqch** to continue OU to carry on doing sthg; **si vous persévérez dans cette attitude de refus** if you continue with OU keep up this negative attitude; **~ dans l'effort** to sustain one's effort; **persévère!** don't give up!, persevere!

Pershing [pɛrʃiŋ] *npr* Pershing.

persienne [pɛrsjɛn] *nf* shutter, Persian blind.

persiflage [pɛrsiflaʒ] *nm* -**1.** [attitude] scoffing, jeering, mocking. -**2.** [propos] taunts, scoffs, jeers.

persifler [3] [pɛrsifle] *vt* [railler] to scoff OU to jeer at, to deride *litt*.

persifleur, euse [pɛrsiflœr, øz] ◇ *adj litt* [moqueur] scoffing, jeering, mocking.

◇ *nm, f* scoffer, mocker, derider *litt*.

persil [pɛrsi] *nm* parsley; **faux ~** fool's parsley.

persillade [pɛrsijad] *nf* chopped parsley (and garlic); **~ de bœuf** beef sauté with chopped parsley.

persillé, e [pɛrsije] *adj* -**1.** [plat] sprinkled with parsley. -**2.** [viande] marbled. -**3.** [fromage] (green OU blue) veined.

persique [pɛrsik] *adj* [de l'ancienne Perse] (Ancient) Persian.

Persique [pɛrsik] *adj* → **golfe**.

persistance [pɛrsistɑ̃s] *nf* -**1.** [de quelque chose] persistence; **~ du mauvais temps sur tout le territoire demain** bad weather will continue in all areas tomorrow. -**2.** [de quelqu'un - dans le travail] persistence, perseverance, tenacity; [- dans le refus] obdurateness, obstinacy, stubbornness; **je ne comprends pas sa ~ à vouloir partir ce soir** I don't understand why he persists in wanting to leave tonight.

◆ **avec persistance** *loc adv* [courageusement] persistently, tenaciously, indefatigably; [obstinément] obdurately, obstinately, stubbornly.

persistant, e [pɛrsistɑ̃, ɑ̃t] *adj* -**1.** [tenace] persistent, lasting, enduring; **une odeur ~e** a persistent OU lingering smell. -**2.** BOT evergreen.

persister [3] [pɛrsiste] *vi* -**1.** [durer] to last, to continue, to persist; **la chaleur persistera de-**

main it will continue hot for another day; les doutes qui pouvaient encore ~ any lingering doubts. -**2.** [s'obstiner] : ~ **à : je persiste à croire que tu avais tort** I still think you were wrong; **pourquoi persistes-tu à lui faire faire du grec ?** why do you persist in making her learn Greek ?; ~ **dans :** ~ **dans l'erreur** to persist in one's error; ~ **dans une attitude** to continue with OU to maintain an attitude. -**3.** JUR : **persiste et signe** I certify the truth of the above; **demain dans nos colonnes, Jacques Durand persiste et signe** *fig* Jacques Durand will be back with more of the same in tomorrow's edition.

persona grata [pɛrsɔnagrata] *loc adj inv* persona grata; **je ne suis plus** ~ I'm now persona non grata.

personale [pɛrsɔnal] *nf* personate flower.

persona non grata [pɛrsɔnanɔngrata] *loc adj inv* persona non grata; **il est** ~ he's persona non grata, his name is mud *hum.*

personé, e [pɛrsɔne] *adj* personate.

personnage [pɛrsɔnaʒ] *nm* -**1.** [de fiction] character; **un** ~ **de roman/de théâtre** a character in a novel/in a play; **un** ~ **de bande dessinée** a cartoon character; **les** ~**s du drame** THÉÂT & *fig* the dramatis personae; **jouer un** ~ CIN & THÉÂT to play OU to act a part; *fig* to act a part, to put on an act; **elle a refusé de signer ? c'est bien dans son** ~ ! so she wouldn't sign ? that's typical of her! ❑ ~ **principal** main OU leading character; ~**s secondaires** LITTÉRAT minor OU secondary characters; CIN, THÉÂT & *fig* supporting roles. -**2.** [individu] character, individual; **sinistre** ~ evil customer; **grossier** ~ ! swine!; **curieux** ~ **que ce juge au cœur tendre** this soft-hearted judge cuts an odd figure. -**3.** [personnalité importante] person of note, important figure, big name; **grands** ~**s de l'État** state dignitaries; **c'est qu'elle se prend pour un** ~ ! my, she doesn't half fancy herself (as a big shot)! ‖ [personne remarquable] character; **ce Frédéric, c'est un** ~ ! that Frederic's quite a character!

personnalisation [pɛrsɔnalizasjɔ̃] *nf* personalization; **la** ~ **d'une tenue** giving an outfit a personal touch; ~ **d'un crédit** tailoring of a credit arrangement.

personnaliser [3] [pɛrsɔnalize] *vt* [papier à lettres] to personalize; [voiture] to customize; [plan, système] : ~ **qqch** to tailor sthg to personal requirements; **comment** ~ **votre cuisine** how to give your kitchen a personal touch.

personnalité [pɛrsɔnalite] *nf* -**1.** [caractère - d'une personne] personality, character; [- d'une maison, d'une pièce etc] character; **un homme sans aucune** ~ a man with no personality (whatsoever). -**2.** [personne importante] personality; **les** ~**s du monde du spectacle** personalities OU celebrities in the entertainment business. -**3.** JUR : ~ **juridique** juristic personality; ~ **civile** OU **morale** legal personality.

personne[1] [pɛrsɔn] *nf* -**1.** [individu] person; **plusieurs** ~**s** several people OU ADMIN persons; **quelques** ~**s** a few people; **toute** ~ **intéressée peut** OU **les** ~**s intéressées peuvent s'adresser à Nora** all those interested OU all interested parties should contact Nora; **une** ~ **de ta/sa connaissance** somebody you know/he knows; **vingt francs par** ~ twenty francs each OU per person OU a head ❑ **une** ~ **âgée** an elderly person; **les** ~**s âgées** the elderly; **grande** ~ grownup; **les grandes** ~**s** grown-ups. -**2.** [être humain] : **s'en prendre aux biens et aux** ~**s** to attack property and people; **ce qui compte, c'est l'œuvre/le rang et non la** ~ it's the works/the rank that matters and not the individual ❑ **la** ~ **humaine** the individual. -**3.** [femme] lady; **une jeune** ~ a young lady; **une petite** ~ a little woman. -**4.** [corps] : **ma** ~ myself; **ta** ~ yourself; **sa** ~ himself; **il s'occupe un peu trop de sa petite** ~ *fam* he's a little too fond of number one; **la** ~ **de : ils s'en sont pris à la** ~ **(même) du diplomate** they attacked the diplomat physically; **un attentat sur la** ~ **du Président** an attempt on the President's life; **en la** ~ **de** in the person of; **il trouva en la** ~ **d'Élise une épouse et une inspiratrice** in Élise, he found both a wife and a muse ❑ **en** ~ in person; **venir en** ~ to come in person; **j'y veillerai en** ~ I'll see to it personally; **il dînait avec Napoléon en** ~ he was dining with Napoleon himself OU none other than Napoleon; **c'était lui ? — en** ~ ! was it him ? – none other!; **c'est la vindicte en** ~ he's vindictiveness itself OU personified; **elle est la beauté en** ~ she's the very embodiment of beauty, she's beauty personified; **être bien (fait) de sa** ~ to have a good figure. -**5.** GRAMM person; **première/deuxième/troisième** ~ first/second/third person; **à la première** ~ **du singulier** in the first person singular. -**6.** JUR : ~ **juridique** juristic person; ~ **morale** legal entity; ~ **physique** natural person; ~ **à charge** dependent.

◆ **par personne interposée** *loc adv* through OU via a third party; **dis-le-lui par** ~ **interposée** have a go-between tell her.

personne[2] [pɛrsɔn] *pron indéf* -**1.** [avec un sens négatif] no one, nobody; **qui me demande ? —** ~ who wants to see me ? – nobody OU no one; ~ **n'a compris** nobody OU no one understood; ~ **ne peut rien y faire** nobody OU no one can do anything about it; ~ **ne vient jamais me voir** nobody OU no one ever comes to see me; **que** ~ **ne sorte!** nobody OU no one leave (the room)!; ~ **d'autre que toi** nobody OU no one (else) but you; ~ **le sait** *fam* nobody knows; ~ **en veut** *fam* nobody wants any ‖ [en fonction de complément] anyone, anybody; **il n'y a** ~ there's nobody OU no one there, there isn't anybody OU anyone there; **il n'y a jamais** ~ **dans ce restaurant** there is never anyone OU anybody in this restaurant; **je ne vois** ~ **que je connaisse** I can't see anybody OU anyone I know; **je ne connais** ~ **d'aussi gentil qu'elle** I don't know anyone OU anybody as nice as her; **elle ne parle à** ~ **d'autre** she doesn't speak to anyone OU anybody else; **cet appartement n'appartient à** ~ this flat doesn't belong to anyone OU anybody; **je n'y suis** OU **je ne suis là pour** ~ if anyone calls, I'm not in; **quand il faut se mettre au travail, il n'y a plus** ~ *fam* when there's work to be done, (suddenly) everyone disappears; **il est charmant, mais quand on a besoin de lui, il n'y a plus** ~ ! *fam* he's very nice, but whenever you need him, he's nowhere to be found! -**2.** [avec un sens positif] anyone, anybody; **je me demande si** ~ **arrivera un jour à le convaincre** I wonder if anyone OU anybody will ever manage to convince him; **je doute que** ~ **s'en soit aperçu** I doubt whether anybody OU anyone noticed; **si tu le montres jamais à** ~... if you never show it to anyone OU anybody...; **il est parti sans que** ~ **le remarque** he left without anybody OU anyone noticing him; **sortez avant que** ~ **vous voie** leave before anyone OU anybody sees you; **avant de soupçonner** ~, **renseigne-toi** before you start suspecting anyone, get some more information; **il est meilleur conseiller que** ~ he's better at giving advice than anyone OU anybody (else); **y a-t-il** ~ **de plus rassurant que lui ?** is there anyone OU anybody more reassuring than him ?; **c'est trop difficile pour laisser** ~ **d'autre que lui s'en charger** it is too difficult to let anyone OU anybody but him do it; ~ **de blessé ?** nobody OU anybody injured ?; **tu le sais mieux que** ~ you know it better than anybody OU anyone (else); **elle réussit les crêpes comme** ~ there's no one OU nobody who makes pancakes quite like her.

personnel[1] [pɛrsɔnɛl] *nm* [d'une entreprise] staff, workforce; [d'un service] staff, personnel; MIL personnel; **le** ~ **est en grève** the staff is OU are on strike; **avoir trop/manquer de** ~ to be overstaffed/understaffed OU short-staffed; **le** ~ **est autorisé à...** (members of) staff are authorized to...; **tout le** ~ **touchera une prime** everybody on the payroll will receive a bonus ❑ ~ **(de maison)** servants, (domestic) staff.

personnel[2]**, elle** [pɛrsɔnɛl] *adj* -**1.** [privé] personal, individual; **pas d'allusions** ~**les, s'il vous plaît** no personal comments OU don't be personal, please; **c'est un appel** ~ [n'intéressant pas le travail] it's a private call; [confidentiel] it's a rather personal call; **avoir son hélicoptère** ~ to have one's own OU a private helicopter; **des objets** ~**s** personal belongings OU effects; **ce laissez-passer est** ~ this pass is not transferable; **il mène une campagne** ~**le contre la pollution** he's conducting a one-man campaign against pollution; **le pouvoir** ~ POL (absolute) personal power. -**2.** [original] : **très** ~ highly personal OU idiosyncratic. -**3.** PHILOS individual. -**4.** RELIG personal. -**5.** GRAMM [pronom] personal; **les formes** ~**les du verbe** finite verb forms.

personnellement [pɛrsɔnɛlmɑ̃] *adv* personally; **l'impresario m'a contacté** ~ the impresario contacted me personally; **je ne le connais pas** ~ I don't know him personally; ~, **je suis contre la peine de mort** I'm against the death penalty personally OU myself.

personne-ressource [pɛrsɔnrəsurs] *nf Can* expert.

personnification [pɛrsɔnifikasjɔ̃] *nf* -**1.** [symbole] personification; **Cupidon est la** ~ **de l'amour** Cupid is the personification of OU personifies love. -**2.** [modèle] : **ma mère est la** ~ **de la patience** my mother is patience itself OU is the epitome of patience.

personnifié, e [pɛrsɔnifje] *adj* personified; **Quasimodo est la laideur** ~**e** Quasimodo is the epitome of ugliness.

personnifier [9] [pɛrsɔnifje] *vt* -**1.** [symboliser] to personify, to be the personification of; **l'Oncle Sam personnifie les États-Unis** Uncle Sam personifies the United States. -**2.** [être le modèle de] to embody, to typify; **il personnifie la prudence paysanne** he typifies the cautious nature of the peasant.

perspective [pɛrspɛktiv] *nf* -**1.** BX-ARTS perspective; ~ **aérienne** aerial perspective; ~ **cavalière/centrale** parallel/central perspective; **manquer de** ~ to lack depth. -**2.** [point de vue] angle, viewpoint, standpoint; **dans une** ~ **sociologique** from a sociological standpoint. -**3.** [pensée] idea, prospect, thought; **la** ~ **de revoir mes parents** the prospect of seeing my parents again. -**4.** [avenir] (future) prospect, outlook; ~**s économiques** economic forecast OU outlook; **ouvrir de nouvelles** OU **des** ~**s (pour)** to open up new horizons (for).

◆ **en perspective** *loc adv* -**1.** BX-ARTS in perspective; **en** ~ **accélérée** in trompe-l'œil perspective. -**2.** [en vue] on the horizon, in sight; **pas de reprise du travail en** ~ no return to work in sight.

perspicace [pɛrspikas] *adj* perceptive, perspicacious; **être très** ~ to have a sharp OU clever mind.

perspicacité [pɛrspikasite] *nf* (clearness of) insight, perceptiveness, perspicacity; **d'une grande** ~ of acute perspicacity.

perspiration [pɛrspirasjɔ̃] *nf* perspiration.

persuader [3] [pɛrsɥade] *vt* to persuade, to convince; **il ne se laissera pas** ~ he won't be persuaded; ~ **qqn de qqch** to impress sthg on sb, to convince sb of sthg; **je l'ai persuadé de la nécessité d'un déménagement** I managed to impress upon him OU to persuade him that it was necessary to move; ~ **qqn de faire qqch** to talk sb into doing sthg; **rien n'aurait pu la** ~ **de repartir** nothing would have induced her to leave again; **être persuadé** [être convaincu] to be convinced; **les jurés sont persuadés de sa sincérité** the jurors are convinced of his sincerity; **j'en suis persuadé** I'm convinced OU sure of it.

◆ **se persuader de** *vp* + *prép* to convince o.s. of, to become convinced of; **elle s'est persuadée qu'elle est trop grosse** she's convinced herself that she's too fat.

persuasif, ive [pɛrsɥazif, iv] *adj* [personne] persuasive; [argument] convincing, persuasive.

persuasion [pɛrsɥazjɔ̃] *nf* persuasion; **force** OU **pouvoir de** ~ persuasive force.

persulfate [pɛrsylfat] *nm* persulphate.

persulfure [pɛrsylfyr] *nm* persulphuric acid.

perte [pɛrt] *nf* -**1.** [décès] loss; c'est pour vous une ~ bien cruelle you're suffering a very cruel OU sad loss. -**2.** [privation d'une faculté]: ~ de: ~ de connaissance fainting, blackout; ~ d'appétit loss of appetite; ~ de mémoire (memory) blank; ~ de la vue loss of eyesight. -**3.** [disparition, destruction] loss; déclarer une ~ to declare the loss (of a thing); la ~ de l'avion (et de tous ses passagers) the loss of the plane (and of all those on board); ce n'est pas une grande OU grosse ~ it's no great loss ❑ avec ~s et fracas violently; ~ sèche dead loss. -**4.** [gaspillage] waste; quelle ~ de temps! what a waste of time! -**5.** [réduction] loss; ~ de chaleur heat loss; ~ de charge [dans un tuyau] pressure loss; ~ de poids weight loss; ~ de compression/de vitesse loss of compression/of engine speed; en ~ de vitesse AUT losing speed; *fig* losing momentum. -**6.** *litt* [ruine] ruin, ruination; courir OU aller (droit) à sa ~ to be on the road to ruin; ruminer OU jurer la ~ de qqn to vow to ruin sb. -**7.** FIN loss, deficit; l'entreprise a enregistré une ~ de deux millions the company has chalked up losses of two million; ~ sèche dead loss *pr*. -**8.** [défaite] loss; très affecté par la ~ de son procès very upset at having lost his case; la ~ d'un set [au tennis] the dropping of a set. -**9.** GÉOG: ~ de rivière drying-up of a river.

◆ **pertes** *nfpl* -**1.** FIN losses, loss; compte des ~s et profits profit and loss account; passer qqch aux OU par ~s et profits *pr* & *fig* to write sthg off (as a total loss). -**2.** MIL losses; les ~s ont été énormes there were heavy losses, there was a heavy loss of life. -**3.** MÉD: ~s (blanches) whites, (vaginal) discharge; ~s de sang metrorrhagia.

◆ **à perte** *loc adv* at a loss.

◆ **à perte de vue** *loc adv* -**1.** [loin] as far as the eye can see. -**2.** [longtemps] endlessly, interminably, on and on.

Perth [pɛrt] *npr* Perth.

pertinemment [pɛrtinamɑ̃] *adv* -**1.** [à propos] appropriately, pertinently, fittingly; elle ajouta ~ que... she added, rather pertinently, that... -**2.** [parfaitement]: je sais ~ que ce n'est pas vrai I know perfectly well OU for a fact that it's not true.

pertinence [pɛrtinɑ̃s] *nf* -**1.** [bien-fondé] pertinence, relevance, appositeness. -**2.** LING distinctiveness.

pertinent, e [pɛrtinɑ̃, ɑ̃t] *adj* -**1.** [propos] pertinent, relevant, apt; vos critiques ne sont pas ~es your criticisms are irrelevant. -**2.** LING: trait ~ distinctive feature.

pertuis [pɛrtɥi] *nm* -**1.** GÉOG [détroit] straits, channel; [col] pass. -**2.** NAUT sluice.

perturbateur, trice [pɛrtyrbatœr, tris] ◇ *adj* [élève] disruptive; [agent, militant] subversive.

◇ *nm, f* [en classe] troublemaker, rowdy element; [agitateur] troublemaker, subversive element.

perturbation [pɛrtyrbasjɔ̃] *nf* -**1.** [désordre] disturbance, disruption; jeter OU semer la ~ dans qqch to disrupt sthg; les ~s continuent à la poste the postal service is still being disrupted. -**2.** ASTRON perturbation. -**3.** MÉTÉO disturbance; ~ atmosphérique (atmospheric) disturbance. -**4.** TÉLÉC & RAD interference.

perturbé, e [pɛrtyrbe] *adj* -**1.** [agité] upset, perturbed; [bouleversé] disturbed; [perplexe] troubled, confused, muddled; des enfants ~s children with behavioural problems; j'ai un sommeil ~ I have difficulty sleeping. -**2.** [trafic, service] disrupted.

perturber [3] [pɛrtyrbe] *vt* -**1.** [interrompre] to disrupt; ~ le déroulement d'un match to disrupt a match. -**2.** [rendre perplexe] to trouble, to perturb; ça n'a pas l'air de te ~ outre mesure you don't seem particularly bothered by it ‖ [troubler] to upset, to disconcert, to perturb; il ne faut pas ~ l'enfant par des changements trop fréquents don't disorient the child by changing his routine too often; la mort de son frère l'a profondément perturbé he was severely affected by his brother's death.

pérugin, e [peryʒɛ̃, in] *adj* Perugian.

◆ **Pérugin, e** *nm, f* Perugian.

Pérugin [peryʒɛ̃] *npr*: le ~ Il Perugino; un tableau du ~ a painting by Il Perugino.

péruvien, enne [peryvjɛ̃, ɛn] *adj* Peruvian.

◆ **Péruvien, enne** *nm, f* Peruvian.

pervenche [pɛrvɑ̃ʃ] ◇ *nf* -**1.** BOT periwinkle. -**2.** *fam* [contractuelle] (lady) traffic warden *Br* OU officer *Am (in Paris)*.

◇ *nm* [couleur] periwinkle.◇

◇ *adj inv* periwinkle *(modif)*; des yeux ~ periwinkle blue eyes.

pervers, e [pɛrvɛr, ɛrs] ◇ *adj* -**1.** [obsédé] perverted; avoir l'esprit ~, être ~ to have a perverted OU twisted mind. -**2.** *litt* [malfaisant] perverse. -**3.** [négatif] perverse; les effets ~ de la dévaluation the perverse effects of devaluation.

◇ *nm, f*: ~ (sexuel) (sexual) pervert.

perversion [pɛrvɛrsjɔ̃] *nf* -**1.** *litt* [corruption] perversion, corruption. -**2.** PSYCH: ~ (sexuelle) (sexual) perversion.

perversité [pɛrvɛrsite] *nf* -**1.** [caractère] perversity. -**2.** [acte] perverse act.

pervertir [32] [pɛrvɛrtir] *vt* -**1.** *litt* [corrompre] to pervert, to corrupt. -**2.** [déformer] to pervert, to impair, to distort; la consommation répétée de piment peut ~ le goût eating chilli too often can impair one's sense of taste.

◆ **se pervertir** *vpi* to become perverted.

pervertissement [pɛrvɛrtismɑ̃] *nm litt* perversion, corruption, corrupting.

pervibrateur [pɛrvibratœr] *nm* internal OU immersion vibrator.

pervibration [pɛrvibrasjɔ̃] *nf* vibration of concrete.

pervibrer [3] [pɛrvibre] *vt* to vibrate *(concrete)*.

pesade [pəzad] *nf* pesade.

pesage [pəzaʒ] *nm* -**1.** [action de peser] weighing. -**2.** SPORT [vérification] weigh-in; [lieu - pour les concurrents] weighing room; [- pour les spectateurs] enclosure *(inside race courses)*.

pesamment [pəzamɑ̃] *adv* heavily; marcher ~ to walk with a heavy step, to tread heavily; descendre ~ l'escalier to thump down the stairs; il s'éloigna ~ he lumbered off.

pesant, e [pəsɑ̃, ɑ̃t] *adj* -**1.** [lourd] heavy, weighty, unwieldy; marcher à pas ~s OU d'une démarche ~e to tread heavily; il descendit la colline d'un pas ~ he lumbered down the hill; le vol ~ des vautours the unwieldy flight of the vultures; je me sens la tête ~e/les jambes ~es my head feels/my legs feel heavy. -**2.** [astreignant] hard, heavy, demanding; dix heures par jour, c'est trop ~ pour elle ten hours a day is too heavy OU too much for her. -**3.** [grave] heavy, weighty, burdensome *litt*. -**4.** [trop orné] heavy, cumbersome. -**5.** [insupportable] heavy; l'ambiance chez eux est toujours ~e it always feels very oppressive in their house; ses critiques sont ~es à la longue his criticisms are hard to bear in the long run.

◆ **pesant** *nm*: valoir son ~ d'or to be worth one's weight in gold; valoir son ~ de nougat OU de cacahuètes *fam hum* to be pretty good; son histoire valait son ~ de nougat! that was some story he told!

pesanteur [pəzɑ̃tœr] *nf* -**1.** PHYS gravity. -**2.** [lourdeur - d'un objet] heaviness, weightiness; [- d'une démarche] heaviness; [- d'un style] ponderousness; [- de l'esprit] slowness, sluggishness.

pèse-acide [pɛzasid] *(pl inv* OU pèse-acides) *nm* acidimeter.

pèse-alcool [pɛzalkɔl] *nm inv* alcoholometer.

pèse-bébé [pɛzbebe] *(pl inv* OU pèse-bébés) *nm* (pair of) baby scales.

pesée [pəze] *nf* -**1.** [avec une balance] weighing; faire la ~ d'un paquet to weigh a parcel. -**2.** [pression]: exercer une ~ sur qqch to put one's whole weight on sthg. -**3.** MÉD weighing. -**4.** SPORT weigh-in; passer à la ~ to (go to the) weigh-in.

pèse-lait [pɛzlɛ] *nm inv* galactometer, lactometer.

pèse-lettre [pɛzlɛtr] *(pl inv* OU pèse-lettres) *nm* (pair of) letter scales.

pèse-liqueur [pɛzlikœr] *(pl inv* OU pèse-liqueurs) *nm* (liqueur) alcoholometer.

pèse-moût [pɛzmu] *(pl inv* OU pèse-moûts) *nm* saccharimeter.

pèse-personne [pɛzpɛrsɔn] *(pl inv* OU pèse-personnes) *nm* (pair of) bathroom scales.

peser [19] [pəze] ◇ *vt* -**1.** [avec une balance] to weigh; ~ qqch dans sa main to feel the weight of sthg; ~ une livre de sucre par kilo de fruits weigh out one pound of sugar per kilo of fruit. -**2.** *fam* [valoir]: un mec qui pèse dix millions de dollars a guy worth ten million bucks. -**3.** [évaluer, choisir] to weigh; ~ ses mots to weigh OU to choose one's words; et je pèse mes mots! and I'm not saying this lightly!; ~ le pour et le contre to weigh (up) the pros and cons; ~ les risques to weigh up the risk, to evaluate the risks; tout bien pesé all things considered, all in all.

◇ *vi* -**1.** [corps, objet] to weigh; combien pèses-tu/pèse le paquet? how much do you/does the parcel weigh?; la valise pesait trente kilos the suitcase weighed thirty kilos; ce truc-là pèse une tonne! *fam* that thing weighs a ton!; il pèse 75 kilos SPORT he weighs in at 165 pounds. -**2.** *fig* [personne, opinion] to weigh; ~ lourd to weigh a lot; vous pensez pouvoir ~ lourd face au champion? do you think you can be a match for the champion?; la question d'argent a pesé très lourd dans mon choix the question of money was a determining OU major factor in my choice ❑ mes raisons ne pèsent pas lourd dans la balance my arguments don't carry much weight OU don't matter very much. -**3.** ~ sur [faire pression sur] to press (heavily) on; ~ sur un levier to lean on a lever; ~ sur [accabler] to weigh down, to be a strain on; les responsabilités qui pèsent sur moi the responsibilities I have to bear; des présomptions pèsent sur elle she's under suspicion; ça me pèse sur l'estomac/la conscience it's lying on my stomach/weighing on my conscience; ~ sur [influer sur] to influence, to affect; ces actes peuvent ~ sur la décision du jury these acts may influence the jury's decision. -**4.** ~ à [être pénible pour] to weigh down OU heavy on; ton absence me pèse I find your absence difficult to bear; la vie à deux commence à me ~ living with somebody else is beginning to weigh me down; la solitude ne me pèse pas being alone doesn't bother me.

◆ **se peser** ◇ *vp (emploi réfléchi)* to weigh o.s.

◇ *vp (emploi passif)* to be weighed; les mangues ne se pèsent pas [au magasin] mangoes are not sold by weight.

pesette [pəzɛt] *nf* (pair of) assay scales.

peseur, euse [pəzœr, øz] *nm, f* weigher.

pessaire [pesɛr] *nm* pessary.

pessimisme [pesimism] *nm* pessimism.

pessimiste [pesimist] ◇ *adj* pessimistic; pourquoi es-tu toujours aussi ~? why do you always look on the dark side?

◇ *nmf* pessimist.

peste [pɛst] *nf* -**1.** MÉD plague; ~ bubonique bubonic plague; la Grande Peste, la Peste noire HIST the Black Death; ~ bovine VÉTÉR rinderpest, cattle plague; se méfier de qqn comme de la ~, fuir qqn comme la ~ to avoid sb like the plague; 'la Peste' *Camus* 'The Plague'. -**2.** *fam* [personne] (regular) pest, pain in the neck. -**3.** *litt* & *vieilli*: (la) ~ soit de toi! a plague on you!

pester [3] [pɛste] *vi*: ~ contre qqn/qqch to complain OU to moan about sb/sthg; je l'entends qui peste dans sa barbe I can hear him cursing under his breath.

pesteux, euse [pɛstø, øz] *adj* pestiferous.

pesticide [pɛstisid] ◇ *adj* pesticidal.
◇ *nm* pesticide.

pestiféré, e [pɛstifere] ◇ *adj* plague-stricken, plague-ridden.
◇ *nm, f* plague victim; **traiter qqn comme un ~** *fig* to treat sb like a pariah OU a leper.

pestilence [pɛstilɑ̃s] *nf* stench, foul smell.

pestilentiel, elle [pɛstilɑ̃sjɛl] *adj* foul, stinking, pestilential.

pet[1] [pɛ] *nm* **-1.** [vent] fart; **lâcher un ~** to fart, to break wind ❑ **~ de maçon** wet fart; **ça ne vaut pas un ~ de lapin** it's not worth a damn OU a tinker's cuss; **avoir un ~ de travers: elle a toujours un ~ de travers** there's always something wrong with her. **-2.** [bagarre]: **il va y avoir du ~** there's going to be hell to pay.

pet[2] *fam* [pɛt] *nm* **-1.** [coup brutal] wallop, thump; **ma voiture a pris un ~ sur le pare-chocs** my car took a thump on the bumper || [trace de choc] dent; **il y a des ~s partout sur l'arrière de la voiture** the back of the car is all dented. **-2.** *Belg*: **j'ai eu un ~** I failed my exam.

pétainisme [petenism] *nm* Pétain's doctrine.

pétainiste [petenist] ◇ *adj*: **régime/propagande ~** Pétain's regime/propaganda.
◇ *nmf* Pétain supporter.

pétale [petal] *nm* petal.

pétaloïde [petalɔid] *adj* petal-like.

pétanque [petɑ̃k] *nf* (game of) pétanque.

pétant, e *fam* [petɑ̃, ɑ̃t] *adj*: **à 3 heures ~es** at 3 o'clock sharp OU on the dot.

pétaradant, e *fam* [petaradɑ̃, ɑ̃t] *adj* put-putting.

pétarade [petarad] *nf* [d'un moteur] put-putting; [d'un feu d'artifice] crackle, banging.

pétarader [3] [petarade] *vi* [feu d'artifice] to crackle, to bang; [moteur] to put-putt; **ils descendirent la rue en pétaradant** they went put-putting down the street.

pétard [petar] *nm* **-1.** [explosif] firecracker, banger *Br*; **lancer** OU **tirer des ~s** to let off firecrackers ❑ **~ mouillé** damp squib; **lancer un ~** to cause a sensation OU a stir. **-2.** ▽ [tapage] din, racket; **faire du ~** to kick up OU to make a racket. **-3.** ▽ [revolver] pistol, gat *Am*. **-4.** *fam* [cigarette] joint. **-5.** ▽ [fesses] bum *Br*, ass *Am*. **-6.** RAIL detonator *Br*, torpedo *Am*.
◆ **en pétard** *fam loc adj* furious, livid, pissed *Am*.

pétasse▽ [petas] *nf vieilli* **-1.** *péj* [prostituée] tart. **-2.** [frousse]: **avoir la ~** to be scared stiff.

pétaudière *fam* [petodjɛr] *nf* [lieu] shambles *(sg)*, disaster area *fig*; [groupe] motley crew.

pet-de-nonne [pɛdnɔn] (*pl* **pets-de-nonne**) *nm* fritter.

pété, e▽ [pete] *adj* **-1.** [ivre] plastered, smashed; [drogué] stoned, high (as a kite). **-2.** [cassé] broken, bust.

péter [18] [pete] ◇ *vi* **-1.** *fam* [faire un pet] to fart; **~ plus haut que son cul** to have ideas above one's station; **~ dans la soie** to be rolling in money. **-2.** ▽ [exploser] to blow up; **la grenade lui a pété en pleine figure** the grenade blew up right in his face || [casser]: **la corde a pété** the rope snapped; **ma braguette a pété** my zip's bust; **~ dans les mains de qqn** *fig* [projet, affaire] to fall through.
◇ *vt* **-1.** [casser] to break, to bust; **je crois que j'ai pété le magnétoscope** I think I've bust the video; **~ la gueule à qqn** to smash sb's face in. **-2.** [être plein de]: **~ la santé** to be bursting with health; **~ le feu** to be a livewire. **-3.** *Belg*: **il a été pété** he failed his exam. **-4.** *loc*: **~ des flammes** to turn nasty.
◆ **se péter**▽ ◇ *vpi*: **attention, ça va se ~!** watch out, it's going to break!
◇ *vpt*: **se ~ la jambe/mâchoire** to smash one's leg/jaw ❑ **se ~ la gueule** [s'enivrer] to get pissed OU plastered *Br*; [en voiture] to get smashed up.

Peter Pan [pitœrpɑ̃] *npr* Peter Pan.

pète-sec [pɛtsɛk] ◇ *adj inv* overbearing, high-handed, bossy.
◇ *nmf inv* tyrant, dragon.

péteux, euse▽ [petø, øz] *nm, f* [lâche] chicken; **tu n'es qu'un petit ~!** you're just chicken!

pétillant, e [petijɑ̃, ɑ̃t] *adj* **-1.** [effervescent - eau, vin] sparkling, fizzy. **-2.** [brillant]: **avoir le regard ~** to have a twinkle in one's eyes; **une réponse ~e d'humour** an answer sparkling with wit.
◆ **pétillant** *nm* sparkling wine.

pétillement [petijmɑ̃] *nm* **-1.** [crépitement] crackling, crackle. **-2.** [effervescence] bubbling, sparkling. **-3.** [vivacité] sparkle; **le ~ de son regard** the sparkle in his eyes.

pétiller [3] [petije] *vi* **-1.** [crépiter] to crackle. **-2.** [faire des bulles] to bubble, to fizz, to effervesce. **-3.** [briller] to sparkle; **son interprétation de Figaro pétille d'intelligence** his interpretation of Figaro shines OU sparkles with intelligence.

pétiole [pesjɔl] *nm* leafstalk, petiole *spéc*.

petiot, e *fam* [pətjo, ɔt] ◇ *adj* tiny, teenyweeny.
◇ *nm, f* (little) kiddy, tiny tot; **les ~s** the little toddlers OU tiny tots.

petit, e [p(ə)ti, *devant nm commençant par voyelle ou h muet* p(ə)tit, it] ◇ *adj* **-1.** [en hauteur, en largeur] small, little; **une personne de ~e taille** a small person; **je suis trop ~e pour être mannequin** I'm too small OU short to be a model; **un ~ gros** a tubby little man; **une ~e femme sèche** a skinny little woman; **un homme ~ et malingre** a short puny man; **il y a un ~ mur entre les deux jardins** there's a low OU small wall between the two gardens; **une toute ~e bonne femme** *fam* [femme] a tiny little woman; [fillette] a tiny little girl; **le Petit Caporal** Napoleon (Bonaparte) || [en longueur] little, small, short; **de ~es jambes grassouillettes** [de bébé] little fat legs; [d'adulte] short fat legs; **~e distance** short distance; **à ~e distance on voyait une chaumière** a cottage could be seen a short way OU distance away; **la corde est un peu trop ~e** the rope is a bit too short; **elle a de ~s pieds** she's got small OU little feet; **un ~ «a»** a lower-case OU small "a"; **je voudrais ce tissu en ~e largeur** I'd like that material in a narrow width; **un ~ nuage** a small OU little cloud; **un ~ bout de papier** a scrap of paper; **une ~e ossature** a small OU frail bone structure; **une chambre assez ~e** a smallish room; **un tout ~ grenier/gymnase** a tiny little attic/gymnasium; **acheter une ~e tour Eiffel** to buy a miniature OU model Eiffel Tower; **se faire tout ~** [passer inaperçu] to make o.s. inconspicuous, to keep a low profile; **se faire tout ~ devant qqn** [par respect ou timidité] to humble o.s. before sb; [par poltronnerie] to cower OU to shrink before sb || [exprime l'approximation]: **ça vaut un ~ 12 sur 20** it's only worth 12 out of 20; **on y sera dans une ~e heure** we'll be there in a bit less than OU in under an hour; **dans une ~e huitaine** in a little less than a week; **je voudrais un ~ kilo de rôti de bœuf** ≃ I'd like just under two pounds of beef for roasting; **il y a un ~ kilomètre d'ici à la ferme** ≃ it's no more than OU just under three quarters of a mile from here to the farm. **-2.** [faible] small; **~e averse** small OU light shower; **expédition/émission à ~ budget** low-budget expedition/programme; **~ loyer** low OU moderate rent; **~e retraite/rente** small pension/annuity; **avec un ~ effectif** with small numbers (of people). **-3.** [jeune - personne] small, little; [- plante] young, baby *(modif)*; **quand j'étais ~** when I was little; **je ne suis plus une ~e fille!** I'm not a little girl anymore!; **les ~s Chiliens** the children of Chile; **les ~s Français** French children; **une ~e Chinoise** a young OU little Chinese girl; **il est encore trop ~** he's still too small OU young; **un ~ chien** a puppy; **un ~ chat** a kitten; **un ~ lion/léopard** a lion/leopard cub; **un ~ mouton** a lamb; **un ~ éléphant** a baby elephant, an elephant calf || [plus jeune] little, younger; **ma ~e sœur** my younger OU little sister; **tu vas avoir un ~ frère** you're going to have a little OU baby brother. **-4.** [bref, court] short, brief; **~ entracte** short OU brief interval; **un ~ séjour** a short OU brief stay; **si on lui faisait une ~e visite?** shall we pop in to see her?; **elle est partie faire un ~ tour en ville** she's gone off for a little walk round the town; **donnez-moi un ~ délai** give me a little more time; **un ~ répit** a short breathing space. **-5.** [dans une hiérarchie]: **~e entreprise** small company; **les ~es et moyennes entreprises** small and medium-sized businesses; **~e association** small association; **le ~ peuple** the lower classes; **le ~ commerce** (running of) small businesses; **les ~s commerçants** (owners of) small businesses; **la ~e industrie** small industry; **les ~s agriculteurs/propriétaires** small farmers/landowners; **les ~s salaires** [sommes] low salaries, small wages; [employés] low-paid workers; **il s'est trouvé un ~ emploi au service exportation** he found a minor post in the export department; **~ fonctionnaire** minor OU petty *péj* official; **~ peintre/poète** minor painter/poet. **-6.** [minime] small, slight, minor; **~ changement** small OU slight OU minor change; **une ~e touche de peinture** a slight touch of paint; **ce n'est qu'un ~ détail** it's just a minor detail; **dans les plus ~s détails** down to the last detail; **il y a de ~s avantages** there are a few small advantages; **une ~e intervention chirurgicale** minor surgery, a small OU minor operation; **il a fallu lui faire de ~es réparations** it had to undergo minor repairs || [insignifiant] small, slight; **un ~ malentendu** a small OU slight misunderstanding; **il y a un ~ défaut** there's a slight OU small OU minor defect; **j'ai un ~ ennui** I've got a bit of a problem; **j'ai eu un ~ rhume** I had a bit of a cold OU a slight cold; **de ~es erreurs** small OU slight mistakes; **j'ai eu une ~e peur** I was somewhat frightened, I had a bit of a fright. **-7.** [léger] slight; **un ~ sourire** a hint of a smile; **un ~ soupir** a little sigh; **elle a un ~ accent** she's got a slight accent; **dit-elle d'une ~e voix** she said in a faint voice; **~e montée** gentle slope; **~e brise** gentle breeze; **ça a un ~ goût** it tastes a bit strange; **ça a un ~ goût d'orange** it tastes slightly of orange. **-8.** [avec une valeur affective] little; **mon ~ mignon** (my) little darling; **alors, la ~e mère, ça va?** *fam* all right, missus *Br* OU little lady *Am*?; **elle a ses ~s préférés** she's got her little favourites; **j'ai trouvé une ~e couturière/un ~ garagiste** I've found a very good little seamstress/garage; **il ne faut pas changer ses ~es habitudes!** you shouldn't try to change his little ways!; **je me suis octroyé un ~ congé** I allowed myself a little bit of time off; **fais-moi une ~e place** make a little space for me, give me a (little OU tiny) bit of room; **j'élabore ma ~e méthode au fur et à mesure** I work out my own (little) method as I go along; **il aimait faire son ~ poker le soir** he was fond of a game of poker in the evening; **elle portait toujours sa ~e robe noire en scène** she always wore her little black dress on stage; **tu mets ton ~ ensemble?** will you be wearing that nice little suit?; **un ~ roman distrayant** an entertaining little novel; **un ~ vin sans prétention** an unpretentious little wine; **il y a un ~ vent frais pas désagréable** there's a nice little breeze; **ma ~e maman** Mummy *Br*, Mommy *Am*, my Mum *Br* OU Mom *Am*; **alors, mon ~ Paul, comment ça va?** [dit par une femme] how's life, Paul, dear?; [dit par un homme plus âgé] how's life, young Paul? || [pour encourager]: **tu mangeras bien une ~e glace!** come on, have an ice cream!; **un ~ pourboire aiderait à le convaincre** a small tip might persuade him; **je n'ai pas le temps de faire un match — juste un ~!** I've no time to play a match — come on, just a quick one! || [avec une valeur admirative]: **c'est une ~e futée** she's a clever one; **~ débrouillard!** you're smart!, you don't miss a thing! || *euph* [notable]: **c'est une ~e surprise** it's quite a surprise; **c'est tout de même une ~e victoire** still, it's quite a victory; **c'est un ~ événement** it's quite an event; **c'est un ~ exploit!** it's quite an achievement! || [avec une valeur dépréciative]: **~ imbécile!** you idiot!; **~ con!**▽ you arsehole *Br* OU asshole *Am*!; **mon ~ monsieur, je vous prie de**

changer de ton look here, my (good) man, I'll thank you not to use that tone with me; **j'en ai assez de ses ~s mystères/~es manigances!** I'm fed up with her little mysteries/intrigues! -**9.** *litt* [mesquin] mean, mean-spirited, petty; **il est ~** he's small-minded OU petty; **il est avare, c'est le côté ~ du personnage** he's a skinflint, that's the petty side of his personality; **comme c'est ~, ce que vous avez fait là!** that was really mean! -**10.** BOT: **~e bardane** lesser burdock; **~e camomille** wild camomile; **~e ciguë** fool's parsley.

◇ *nm, f* -**1.** [fils, fille] little son OU boy (*f* daughter OU girl); **c'est le ~ de Monique** it's Monique's son; **c'est la ~e d'en face** *fam* it's the girl from across the street, it's the daughter of the people across the street, it's across the road's daughter *Br*; **elle va à la même école que le ~ (des) Verneuil** she goes to the same school as the Verneuil boy. -**2.** [enfant] little OU small child, little OU small boy (*f* girl); **quant aux ~s, nous les emmènerons au zoo** as for the younger children, we'll take them to the zoo; **la cour des ~s** [garçons ou filles] the junior playground; **la cour des ~es** the junior *Br* OU younger girls' playground; **c'est un livre qui fera les délices des ~s comme des grands** this book will delight young and old (alike); **tu veux de la pâte à modeler? – c'est pour les ~s!** do you want some Plasticine? – that's for children! -**3.** *fam* [adolescent] (young) boy (*f* girl); **le ~/la ~e de la boulangerie** [employé] the boy/the girl who works at the baker's. -**4.** [adulte de petite taille] short person; **alors, le ~, tu viens?** *fam* coming, shorty? *hum.* -**5.** [avec une valeur affective – à un jeune] dear; [– à un bébé] little one; **attention ~e, ça brûle!** careful, dear OU darling, it's boiling hot!; **mon ~** [à un homme] dear; [à une femme] dear, darling; **mon ~, je suis fier de toi** [à un garçon] young man, I'm proud of you; [à une fille] young lady, I'm proud of you; **viens, mon tout ~** come here (my) little one; **ça, ma ~e, vous ne l'emporterez pas au paradis!** you'll never get away with it, my dear!; **pauvre ~, il a perdu sa mère** the poor little thing's lost his mother; **la pauvre ~e, comment va-t-elle élever ses enfants?** poor thing, how will she ever bring up her children?

◆ **petit** ◇ *nm* -**1.** [animal] baby; **ses ~s** [gén] her young; [chatte] her kittens; [chienne] her puppies; [tigresse, louve] her cubs; **l'éléphante protège son ~** the elephant cow protects her calf OU baby; **quand les ~s sortent de l'œuf** when the fledglings OU baby birds hatch out; **le singe avec son ~ sur le dos** the monkey with its baby on its back ❑ **faire des ~s** [chienne] to have pups; [chatte] to have kittens; **mes économies ont fait des ~s** *fam* my savings have grown. -**2.** [dans une hiérarchie]: **c'est toujours les ~s qui doivent payer** it's always the little man who's got to pay; **dans la course aux marchés, les ~s sont piétinés** in the race to gain markets, small firms OU businesses get trampled underfoot. -**3.** [carte au tarot] lowest trump card.

◇ *adv* -**1.** COMM: **c'est un 38 mais ce modèle chausse ~** it says 38 but these shoes are small fitting *Br* OU run small *Am*; **essayez ce modèle en 40, il taille ~** try this model in a size 40, it's actually a small fitting *Br* OU it runs small *Am*. -**2.** [juste]: **voir** OU **prévoir ~** to see OU to plan things on a small scale; **un seul gâteau, tu as vu ~!** only one cake, you're cutting it fine!

◆ **en petit** *loc adv* [en petits caractères] in small characters OU letters; [en miniature] in miniature; **un univers en tout ~** a miniature universe; **je voudrais cette jupe (mais) en plus ~** I'd like this skirt (but) in a smaller size.

◆ **petit à petit** *loc adv* little by little, gradually.

petit-beurre [p(ə)tibœr] (*pl* **petits-beurre**) *nm* petit beurre (biscuit *Br* OU cookie *Am*), ≃ rich tea biscuit *Br*.

petit-bois [p(ə)tibwa] (*pl* **petits-bois**) *nm* glazing OU window bar.

petit-bourgeois, petite-bourgeoise [p(ə)tiburʒwa, p(ə)titburʒwaz] (*mpl* **petits-bourgeois**, *fpl* **petites-bourgeoises**) ◇ *adj* lower middle-class, petit bourgeois.
◇ *nm, f* petit bourgeois.

petit-cousin, petite-cousine [p(ə)tikuzɛ̃, p(ə)titkuzin] (*mpl* **petits-cousins**, *fpl* **petites-cousines**) *nm, f* [au second degré] second cousin; [éloigné] distant cousin.

petit déjeuner [p(ə)tideʒœne] (*pl* **petits déjeuners**) *nm* breakfast.

petit-déjeuner [5] [p(ə)tideʒœne] *vi* to have breakfast.

petite-fille [p(ə)titfij] (*pl* **petites-filles**) *nf* granddaughter.

petitement [p(ə)titmɑ̃] *adv* -**1.** [modestement] humbly; **vivre ~** to live in lowly OU humble circumstances; **être ~ logé** to live in cramped accommodation. -**2.** [mesquinement] pettily, meanly; **agir ~** to behave pettily.

petite-nièce [p(ə)titnjɛs] (*pl* **petites-nièces**) *nf* great-niece.

petitesse [p(ə)titɛs] *nf* -**1.** [taille] smallness, small size. -**2.** [caractère] pettiness, meanness; **~ d'esprit** narrow-mindedness. -**3.** [acte] piece of pettiness, petty act, mean-spirited action.

petit-fils [p(ə)tifis] (*pl* **petits-fils**) *nm* grandson.

petit-four [p(ə)tifur] (*pl* **petits-fours**) *nm* petit four.

petit-gris [p(ə)tigri] (*pl* **petits-gris**) *nm* -**1.** [escargot] garden snail; CULIN petit-gris. -**2.** [écureuil] Siberian grey squirrel; [fourrure] squirrel fur.

pétition [petisjɔ̃] *nf* -**1.** [texte] petition; **faire une ~** to organize a petition. -**2.** PHILOS: **~ de principe** petitio principii; **vous partez d'une ~ de principe** you're assuming that what we're trying to prove is true, you're begging the question.

pétitionnaire [petisjɔnɛr] *nmf* petitioner.

pétitionner [3] [petisjɔne] *vi* to petition.

petit-lait [p(ə)tilɛ] (*pl* **petits-laits**) *nm* whey.

petit-maître, petite-maîtresse [p(ə)timɛtr, p(ə)titmɛtrɛs] (*mpl* **petits-maîtres**, *fpl* **petites-maîtresses**) *nm, f vieilli* dandy, fop (*f* young woman of fashion).

petit-nègre [p(ə)tinɛgr] *nm* pidgin French *péj.*

petit-neveu [p(ə)tin(ə)vø] (*pl* **petits-neveux**) *nm* great-nephew.

pétitoire [petitwar] *adj* petitionary; **action ~** claim of ownership.

petits-enfants [p(ə)tizɑ̃fɑ̃] *nmpl* grandchildren.

petit-suisse [p(ə)tisɥis] (*pl* **petits-suisses**) *nm thick fromage frais sold in small individual portions.*

pétoche▽ [petɔʃ] *nf* [peur]: **avoir la ~** to have the jitters, to be in a blue funk *Br*; **filer** OU **flanquer la ~ à qqn** to scare the living daylights out of sb.

pétoire *fam* [petwar] *nf* [arme à feu] gun.

peton *fam* [pətɔ̃] *nm* tiny foot.

pétoncle [petɔ̃kl] *nm* (pilgrim) scallop.

pétouiller [3] [petuje] *vi Helv* to loaf about.

Pétra [petra] *npr* Petra.

Pétrarque [petrark] *npr* Petrarch.

pétrarquisme [petrarkism] *nm* Petrarchism.

pétrel [petrɛl] *nm* ZOOL petrel; **~ fulmar** fulmar.

pétreux, euse [petrø, øz] *adj* [os] petrous; [nerf] petrosal.

pétrifiant, e [petrifjɑ̃, ɑ̃t] *adj* -**1.** *litt* [ahurissant] stunning, stupefying. -**2.** GÉOL petrifactive.

pétrification [petrifikasjɔ̃] *nf* petrification, petrifaction.

pétrifier [9] [petrifje] *vt* -**1.** [abasourdir] to petrify, to transfix; **être pétrifié de terreur** to be rooted to the spot OU rigid with terror. -**2.** GÉOL to petrify.

◆ **se pétrifier** *vpi* -**1.** [se figer]: **son visage se pétrifia** his face froze. -**2.** GÉOL to petrify, to become petrified.

pétrin [petrɛ̃] *nm* -**1.** *fam* [embarras] jam, fix; **être dans le ~** to be in a jam OU pickle; **se fourrer dans un beau** OU **sacré ~** to get into a real jam; **on s'est fourrés dans un beau ~!** we're right up the creek (without a paddle)!; **mettre qqn dans un beau** OU **sacré ~** to land sb (right) in it *Br*, to land sb in a tough spot *Am*. -**2.** [à pain] kneading trough; **~ mécanique** dough mixer, kneading machine.

pétrir [32] [petrir] *vt* -**1.** [malaxer] to knead. -**2.** *litt* to shape, to mould. -**3.** *fig*: **être pétri d'orgueil** to be filled with pride; **être pétri de préjugés** to be steeped in prejudice.

pétrissage [petrisaʒ] *nm* kneading.

pétrochimie [petrɔʃimi] *nf* petrochemistry.

pétrochimique [petrɔʃimik] *adj* petrochemical.

pétrochimiste [petrɔʃimist] *nmf* petrochemist.

pétrodollar [petrɔdɔlar] *nm* petrodollar.

pétrogenèse [petrɔʒənɛz] *nf* petrogenesis.

pétrographe [petrɔgraf] *nmf* petrographer.

pétrographie [petrɔgrafi] *nf* petrography.

pétrographique [petrɔgrafik] *adj* petrographic, petrographical.

pétrole [petrɔl] ◇ *nm* oil, petroleum; **~ brut** crude (oil); **~ lampant** paraffine oil *Br*, kerosene *Am*; **~ vert** food (processing) industry; **en France, on n'a pas de ~, mais on a des idées** *allusion slogan publicitaire* although we have no oil wells in France, we do have wells of imagination.
◇ *adj inv* [couleur]: **bleu ~** greyish blue.

◆ **à pétrole** *loc adj* [lampe, réchaud] oil (*modif*) *Br*, kerosene (*modif*) *Am*.

pétrolette *fam* [petrɔlɛt] *nf* small (motor) bike, moped.

pétroleuse [petrɔløz] *nf* -**1.** HIST female arsonist *(active during the Paris Commune)*. -**2.** *fam* [militante] militant female political activist.

pétrolier, ère [petrɔlje, ɛr] *adj* oil (*modif*).

◆ **pétrolier** *nm* -**1.** [navire] (oil) tanker. -**2.** [industriel] oil tycoon. -**3.** [technicien] petroleum OU oil engineer.

pétrolifère [petrɔlifɛr] *adj* oil-bearing.

pétrologie [petrɔlɔʒi] *nf* petrology.

Pétrone [petrɔn] *npr* Petronius.

pétulance [petylɑ̃s] *nf* exuberance, ebullience, high spirits.

pétulant, e [petylɑ̃, ɑ̃t] *adj* exuberant, ebullient.

pétunia [petynja] *nm* petunia.

peu [pø] *adv* **A.** EMPLOYÉ SEUL -**1.** [modifiant un verbe] little, not much; **il travaille ~** he doesn't work much; **il mange/parle ~** he doesn't eat/talk much; **je le connais ~** I don't know him well; **on a ~ dormi** we didn't sleep much; **c'est ~ le connaître** it just shows how little you know him; **il vient très ~** he comes very rarely, he very seldom comes; **on s'est très ~ vu** we saw very little of each other; **j'ai trop ~ confiance en elle** I don't trust her enough. -**2.** [modifiant un adj, un adv etc] not very; **un livre ~ intéressant** a rather dull book; **une avenue ~ fréquentée** a quiet street; **l'affaire est ~ rentable** the business isn't very profitable; **il vient ~ souvent** he doesn't come very often; **elle s'est défendue ~ habilement** she defended herself rather clumsily; **il est assez ~ soigneux** he doesn't take much care; **l'alibi est fort ~ crédible** the alibi is highly implausible; **~ avant** shortly OU not long before; **~ après** soon after; **pas ~** not a little, more than a little; **je ne suis pas ~ fier du résultat** I'm more than a little proud of the result.

B. EMPLOI NOMINAL -**1.** [indiquant la faible quantité] *(avec déterminant)*: **le ~ que tu manges** the little you eat; **le ~ que tu gagnes** the little you earn ‖ *(sans déterminant)*: **il vit de ~** he lives off very little; **il est mon aîné de ~** he's only slightly older than me; **il a raté son examen de ~** *fam* he just failed his exam, he failed his exam by a hair's breadth; **c'est ~** it's not much ❑ **hommes/gens de ~** *litt* worthless men/

people; c'est ~ (que) de le dire, encore faut-il le faire! that's easier said than done!; c'est ~ dire that's an understatement, that's putting it mildly; ce n'est pas ~ dire! and that's saying something!; très ~ pour moi! *fam* not on your life! -**2.** [dans le temps]: ils sont partis il y a ~ they left a short while ago, they haven't long left; d'ici ~ very soon, before long; vous aurez de mes nouvelles avant ~ you'll hear from me before long; je travaille ici depuis ~ I've only been working here for a while, I haven't been working here long. -**3.** [quelques personnes] a few (people); tout le monde en parle, ~ le connaissent everybody's talking about him, a few know him; ~ avaient compris few (people) had understood; nous étions ~ à le croire only a few of us believed it.

C. PRÉCÉDÉ DE 'UN' -**1.** [modifiant un verbe]: un ~ a little, a bit; je le connais un ~ I know him a little OU a bit; reste un ~ avec moi stay with me for a while; il ressemble un ~ à Cary Grant he looks a bit OU a little like Cary Grant; veux-tu manger un ~? do you want something to eat?; pousse-toi un (tout) petit ~ move up a (little) bit; viens un ~ par là come here a minute; pose-lui un ~ la question, et tu verras! just ask him, and you'll see!; fais voir un ~... let me have a look... ❑ tu l'as vu? – un ~! *fam* did you see it? – you bet I did OU and how!; un ~ que je vais lui dire ce que je pense! *fam* I'll give him a piece of my mind, don't you worry (about that)! -**2.** [modifiant un adj, un adv etc]: un ~ a little, a bit; il est un ~ fatigué he is a little OU a bit tired; je suis un ~ pressée I'm in a bit of a hurry; votre devoir était un ~ confus your work was a little OU a bit confused; il est un ~ poète he's a bit of a poet; un ~ partout just about OU pretty much everywhere; tu parles un ~ fort you're talking a little OU a bit too loudly; on roulait un ~ vite we were driving a little OU a bit too fast; un ~ plus a little OU bit more; pouvez-vous vous exprimer un ~ plus clairement? can you speak a little more clearly?; un ~ plus de [suivi d'un n comptable] a few more; [suivi d'un n non comptable] a little (bit) more; nous recevons un ~ plus d'appels maintenant we're getting a few more calls now; un ~ plus de lait? a little more milk?; un ~ moins a little OU bit less; roule un ~ moins vite drive a little more slowly; un ~ moins de [suivi d'un n comptable] slightly fewer, not so many; [suivi d'un n non comptable] a little (bit) less; nous avons un ~ moins de difficultés we're not having quite so many difficulties; il y a un ~ moins de vent it's a little less windy; un ~ trop a little OU bit too (much); il en fait vraiment un ~ trop! he's really making too much of it!; un ~ beaucoup *fam* a bit much; tu as bu un ~ beaucoup hier soir *fam* you certainly had a few last night; elle est jolie – un ~, oui! *fam* she's pretty – just a bit! ❑ un ~ là *fam*: comme casse-pieds, il est un ~ là! when it comes to being a pain, he really takes the biscuit!; il te reproche de lui avoir menti, c'est un (petit) ~ ça, non? he's reproaching you for lying to him, isn't that it?; un ~ plus et l'évier débordait! another minute and the sink would have overflowed!; un ~ plus et on se serait cru au bord de la mer you could almost imagine that you were at the seaside; un ~ plus, et je partais I was just about to leave; un ~ plus et je me faisais écraser! I was within an inch of being run over!

◆ **peu à peu** *loc adv* little by little, bit by bit, gradually; on s'habitue, ~ à ~ you get used to things, bit by bit; la neige fondait ~ à ~ the snow was gradually melting.

◆ **peu de** *loc dét* -**1.** [suivi d'un n sg] not much, little; [suivi d'un n pl] not many, few; il a ~ de travail he doesn't have much work; cela a ~ d'importance that is of little importance, that doesn't matter much; cela a ~ d'intérêt it's of little interest; ~ de temps: je ne reste que ~ de temps I'm only staying for a short while, I'm not staying long; il n'a que ~ de temps à me consacrer he can only give me a small amount of time; ~ de temps avant/après not long before/after; il y avait ~ de neige there wasn't much snow; il reste ~ de jours there are only a few days left; j'ai ~ d'amis I have few friends, I don't have many friends; en ~ de mots in a few words; ~ d'écrivains ont abordé cette question few writers have dealt with this question ❑ on est ~ de chose what an insignificant thing man is; c'est ~ de chose it's nothing; ne me remerciez pas, c'est vraiment ~ de chose don't thank me, it's really nothing. -**2.** [avec un déterminant]: le ~ de [suivi d'un n comptable] the OU what few; [suivi d'un n non comptable] the OU what little; le ~ de connaissances que j'ai the OU what few acquaintances I have; le ~ de fois où je l'ai vu on the few OU rare occasions when I've seen him; le ~ de leçons que j'ai prises what few OU the few lessons I've had; le ~ d'expérience que j'avais what little experience I had || *(avec un adjectif démonstratif ou possessif)*: son ~ d'enthousiasme his lack of enthusiasm; avec mon ~ de moyens with my limited means; avec ce ~ de matériel/d'idées with such limited material/ideas.

◆ **peu ou prou** *loc adv litt* more or less.

◆ **pour peu que** *loc conj*: pour ~ qu'il le veuille, il réussira if he wants to, he'll succeed; pour ~ qu'elle ait compris... if she's got the message...

◆ **pour un peu** *loc adv*: pour un ~ il m'accuserait! he's all but accusing me!; pour un ~, j'oubliais mes clés I nearly forgot my keys.

◆ **quelque peu** *loc adv sout* -**1.** [modifiant un verbe] just a little; vous ne trouvez pas que vous exagérez quelque ~? don't you think you're exaggerating just a little? -**2.** [modifiant un adj] somewhat, rather; il était quelque ~ éméché he was somewhat OU rather tipsy.

◆ **quelque peu de** *loc dét sout* not a little; le chantier a été achevé avec quelque ~ de hâte the site was completed in not a little haste.

◆ **si peu... que** *loc conj*: si ~ informé qu'il soit however badly informed he may be; si ~ réaliste qu'il soit however unrealistic he may be.

◆ **si peu que** *loc conj*: si ~ que j'y aille, j'apprécie toujours beaucoup l'opéra although I don't go very often, I always like the opera very much.

◆ **sous peu** *loc adv* before long, in a short while; vous recevrez sous ~ les résultats de vos analyses you will receive the results of your tests in a short while.

◆ **un peu de** *loc dét* a little (bit) of; prends un ~ de gâteau have a little OU some cake; c'est meilleur avec un ~ de crème dessus it tastes better with a dash OU a bit of cream on top; pourrais-je avoir un (tout) petit ~ de lait? could I have (just) a little milk?; un ~ de tout a bit of everything; avec un ~ de chance... with a little luck...; allons, un ~ de patience! come on, let's be patient!; avec un (tout) petit ~ de bonne volonté... with (just) a little willingness...; tu l'as quitté par dépit? – il y a un petit ~ de ça so you left him in a fit of pique? – that was partly it OU that was part of the reason.

peuchère [pøʃɛr] *interj dial* heck, strewth *Br.*

peuh [pø] *interj* -**1.** [avec indifférence] bah. -**2.** [avec dédain] humph.

peul, e [pøl] *adj* Fulani.

◆ **Peul, e** *nm, f* Fulani, Fula, Fulah.

◆ **peul** *nm* LING Fulani.

peuplade [pœplad] *nf* (small) tribe, people.

peuple [pœpl] ◇ *nm* -**1.** [communauté] people; un roi aimé de son ~ a king loved by his people OU subjects; les ~s d'Asie the people of Asia; le ~ français a fait son choix the French people has OU have chosen ❑ le ~ de Dieu [dans l'Ancien Testament] the Hebrews; [dans le Nouveau Testament] the Christians; le ~ élu RELIG the chosen people OU ones. -**2.** le ~ [prolétariat] the people; le pouvoir revient au ~ power belongs to the people; parti du ~ people's party; homme du ~ ordinary man ❑ le bas OU petit ~ *vieilli* the lower classes OU orders *Br.* -**3.** *fam* [foule] crowd; il va y avoir du ~ it's going to be a bit on the crowded side; t'aurais vu le ~! you should have seen how many people there were! -**4.** *loc*: se ficher OU se moquer du ~: il se fiche OU se moque du ~ *fam* he's got some nerve; encore une hausse de la TVA, faudrait pas se moquer du ~! *fam* not another VAT increase, what kind of idiots do they take us for?

◇ *adj inv* working-class; se donner un genre ~ to try to look working-class; une expression qui fait ~ *péj* a vulgar OU common turn of phrase.

peuplé, e [pœple] *adj* populated; région peu/très ~e sparsely/densely populated region.

peuplement [pœpləmɑ̃] *nm* -**1.** SOCIOL population, peopling; au moment du ~ des États-Unis while the United States was being populated OU peopled. -**2.** ÉCOL [d'une forêt] planting (with trees); [d'une rivière] stocking (with fish); [ensemble - des végétaux] stand *spéc*, plant population; [- des arbres] tree population.

peupler [5] [pœple] *vt* -**1.** [région, ville] to populate, to people; [forêt] to plant (with trees); [rivière] to stock (with fish). -**2.** [vivre dans] to live in *(insép)*, to inhabit; les Indiens qui peuplent ces régions the Indians who live in these areas. -**3.** *fig & litt* to fill; les monstres qui peuplent ses rêves the monsters that fill his dreams.

◆ **se peupler** *vpi* to become populated, to acquire a population; la ville nouvelle se peuple petit à petit people are gradually moving into the new town.

peupleraie [pøplərɛ] *nf* poplar grove.

peuplier [pøplije] *nm* poplar (tree); ~ d'Italie Lombardy poplar; ~ blanc white poplar.

peur [pœr] *nf* -**1.** [sentiment] fear, apprehension, alarm; la ~ lui donnait des ailes fear gave her wings; avoir ~ to be afraid OU frightened OU scared; on a eu très ~ we were badly frightened; je n'ai qu'une ~, c'est de les décevoir my one fear is that I might disappoint them; on a sonné tard, j'ai eu une de ces ~s! *fam* someone rang the doorbell late at night and it gave me a terrible fright!; avoir ~ pour qqn to fear for sb; avoir ~ d'un rien to scare easily, to be easily frightened; avoir horriblement ~ de qqch to have a dread of sthg; avoir grand-~ to be very much afraid OU frightened OU scared; n'aie pas ~ [ne t'effraie pas] don't be afraid; [ne t'inquiète pas] don't worry; ça va, tu n'as pas besoin d'avoir ~! don't you worry about that!, there's nothing to be afraid of!; il double dans le virage, il n'a pas ~, lui au moins! overtaking on the bend, he's certainly got some nerve!; j'en ai (bien) ~ I'm (very much) afraid so; il ne s'en remettra pas – j'en ai bien ~ he won't pull through – I'm very much afraid you might be right; faire ~: des monstres qui font ~ frightening monsters; faire ~ à qqn to frighten OU to scare sb; le travail ne lui fait pas ~ he's not workshy OU afraid of hard work; ils cherchent à te faire ~ they're trying to frighten you; j'adore les films qui font ~ I love frightening films; il nous fait ~ avec ses histoires d'hôpital he tells us scare OU horror stories about the hospital; à faire ~ frightening; une tête à faire ~ a frightening face; boiter/loucher à faire ~ to have a dreadful limp/squint; prendre ~ to get frightened, to take fright; être pris de ~ to be gripped by fear, to be overcome with fear, to take fright ❑ ~ bleue: avoir une ~ bleue de to be scared stiff of; faire une ~ bleue à qqn to give sb a terrible fright; tu m'as fait une ~ bleue you gave me such a fright; la ~ du gendarme the fear of authority; avec eux, il n'y a que la ~ du gendarme qui marche they only understand the language of repression; avoir la ~ au ventre to be gripped by fear; être mort OU vert de ~ to be frightened out of one's wits; elle était morte de ~ à cette idée that idea scared her out of her wits; plus de ~ que de mal: on a eu plus de ~ que de mal we weren't hurt, just scared; il y a eu plus de ~ que de mal nobody was hurt, but it was frightening; ça fait ~! *fam iron*: tu as l'air content, ça fait ~! you don't exactly look beside yourself with joy!; ces bananes sont mûres, ça fait ~! I've seen riper bananas! -**2.** [phobie] fear; avoir ~ de l'eau/du noir to be afraid of water/of the dark; il a ~ en avion he's afraid of flying. -**3.** LITTÉRAT: 'Qui a ~ de Virginia Woolf' *Albee* 'Who's Afraid of Virginia Woolf'.

◆ **dans la peur de** *loc prép* in fear of; vivre dans la ~ de qqch to live in fear (and trembling *litt*) OU in dread of sthg.

◆ **de peur de** *loc prép*: de ~ de faire for fear of doing; je ne disais rien de ~ de lui faire du mal I said nothing for fear that I might OU in case I hurt her.

◆ **de peur que** *loc conj* for fear that; je préfère éteindre de ~ qu'on nous voie I'd rather switch the light off in case someone sees us; il partit de ~ qu'on ne l'accusât d'ingérence *sout* he left for fear of being OU lest he should be accused of interfering.

◆ **par peur de** *loc prép* out of fear of; il cèdera au chantage par ~ du scandale the fear of a scandal will make him give in to blackmail.

◆ **sans peur** *loc adv* fearlessly, undaunted, gamely *litt*; affronter l'avenir sans ~ to face up to the future bravely.

peureusement [pœrøzmɑ̃] *adv* fearfully, timorously, apprehensively.

peureux, euse [pœrø, øz] ◇ *adj* [craintif] timorous, fearful; un enfant ~ a fearful child.
◇ *nm, f* [poltron] fearful person.

peut-être [pøtɛtr] *adv* maybe, perhaps; ils sont ~ sortis, ~ sont-ils sortis maybe they've gone out, they may OU might have gone out; il y a ~ encore trois places de libres there are maybe another three seats left; elle est ~ efficace, mais guère rapide she might be efficient, but she is not very quick; je n'ai ~ pas d'expérience, mais j'ai de l'ambition I may lack experience OU maybe I lack experience, but I'm ambitious; tu viendras? — ~ will you come? – maybe OU perhaps; ~ pas maybe OU perhaps not; il est ~ bien déjà parti he may well have already left; ~ bien, mais... perhaps OU maybe so but... ❑ je ne parle ~ pas bien le français? *pr* so my French isn't good enough (is that it)?; *fig* don't you understand plain English?; j'y suis pour quelque chose, ~! so you think it's my fault, do you!; je suis ta bonne, ~? what do you take me for? a maid?

◆ **peut-être que** *loc conj*: ~ qu'il est malade perhaps OU maybe he is ill; je n'ai pas vu ce film, ~ que c'est bien I've never seen this film, maybe it's good; ~ qu'il viendrait si tu l'invitais maybe he would come if you invited him; ~ (bien) qu'il viendra he may well come ❑ ~ bien que oui, ~ bien que non maybe, maybe not (who knows?); tu viendras? — ~ bien que oui, ~ bien que non will you come? – perhaps I will, perhaps I won't OU maybe I will, maybe I won't.

peyotl [pejɔtl] *nm* peyote.

pèze [pɛz] *nm arg crime* dough, bread, lolly *Br*; ils sont pleins de ~ they're loaded OU stinking rich.

pff [pf], **pft** [pft], **pfut** [pfyt] *interj* pooh.

pgcd (*abr de* plus grand commun diviseur) *nm* HCF.

pH (*abr de* potential of hydrogen) *nm* pH.

phacochère [fakɔʃɛr] *nm* ZOOL warthog.

phaéton [faetɔ̃] *nm* -**1.** [véhicule] phaeton. -**2.** ORNITH tropical bird.

Phaéton [faetɔ̃] *npr* Phaëthon.

phagocytaire [fagɔsitɛr] *adj* phagocytic.

phagocyte [fagɔsit] *nm* phagocyte.

phagocyter [3] [fagɔsite] *vt* -**1.** BIOL to phagocytose. -**2.** *fig* & *sout* [absorber] to engulf, to absorb; après avoir phagocyté tous ses concurrents after having swallowed up all its competitors.

phagocytose [fagɔsitoz] *nf* phagocytosis.

phalange [falɑ̃ʒ] *nf* -**1.** ANAT phalanx. -**2.** [groupe]: la Phalange (espagnole) the Falange; les Phalanges libanaises the (Lebanese) Phalangist Party. -**3.** ANTIQ [corps d'armée] phalanx.

phalanger [falɑ̃ʒe] *nm* phalanger.

phalangette [falɑ̃ʒɛt] *nf* distal phalanx *spéc*, top joint *(of finger or toe)*.

phalangien, enne [falɑ̃ʒjɛ̃, ɛn] *adj* phalangeal.

phalangine [falɑ̃ʒin] *nf* middle joint *(of finger or toe)*, phalanx media *spéc*.

phalangiste [falɑ̃ʒist] *adj* & *nmf* [en Espagne] Falangist; [au Liban] Phalangist.

phalanstère [falɑ̃stɛr] *nm* -**1.** [de Fourier] phalanstery. -**2.** *litt* [communauté] community, group.

phalanstérien, enne [falɑ̃sterjɛ̃, ɛn] ◇ *adj* Phalansterian.
◇ *nm, f* member of a phalanstery, Phalansterian.

phalène [falɛn] *nf* geometrid.

phalline [falin] *nf* phalloidin.

phallique [falik] *adj* phallic.

phallocentrique [falɔsɑ̃trik] *adj* phallocentric.

phallocentrisme [falɔsɑ̃trism] *nm* phallocentrism.

phallocrate [falɔkrat] ◇ *adj* male-chauvinist.
◇ *nm* male chauvinist.

phallocratie [falɔkrasi] *nf* male chauvinism.

phallocratique [falɔkratik] *adj* male-chauvinist.

phalloïde [falɔid] *adj* phalloid.

phallus [falys] *nm* -**1.** ANAT phallus. -**2.** BOT: ~ impudique (common) stinkhorn.

phanérogame [fanerɔgam] *nf* phanerogam.

phantasme [fɑ̃tasm] = **fantasme**.

phantasmer [fɑ̃tasme] = **fantasmer**.

pharamineux, euse *fam* [faraminø, øz] = **faramineux**.

pharaon [faraɔ̃] *nm* -**1.** HIST Pharaoh. -**2.** JEUX faro.

pharaonien, enne [faraɔnjɛ̃, ɛn], **pharaonique** [faraɔnik] *adj* Pharaonic.

phare [far] *nm* -**1.** NAUT lighthouse; ~ à éclipses OU occultations occulting light; ~ à feu fixe/tournant fixed/revolving light; ~ flottant lightship. -**2.** AUT headlight, headlamp *Br*; allumer ses ~s to switch one's headlights on; mettre les ~s en code to dip *Br* OU to dim *Am* one's headlights; rouler pleins ~s OU en ~s to drive with headlights full on *Br* OU on high *Am*, to drive on full beam *Br* OU on highbeams *Am* ❑ ~ à iode iodine headlight; ~ de recul reversing *Br* OU back-up *Am* light. -**3.** AÉRON light, beacon; ~s d'atterrissage landing lights. -**4.** *litt* [guide] beacon, leading light. -**5.** *(comme adj; avec ou sans trait d'union)* [exemplaire] landmark *(modif)*; industrie ~ flagship OU pioneering industry.

pharisaïque [farizaik] *adj* -**1.** HIST & RELIG Pharisaic, Pharisaical. -**2.** *litt* [hypocrite] pharisaical.

pharisaïsme [farizaism] *nm* HIST & RELIG Pharisaism, Phariseeism.

pharisien [farizjɛ̃] *nm* -**1.** HIST & RELIG Pharisee; les Pharisiens the Pharisees. -**2.** *vieilli* [hypocrite] sanctimonious person, pharisee *litt*.

pharmaceutique [farmasøtik] *adj* pharmaceutic, pharmaceutical.

pharmacie [farmasi] *nf* -**1.** [dans la rue] chemist's (shop) *Br*, pharmacy *Am*, drugstore *Am*; [dans un hôpital] dispensary, pharmacy; ~ de garde duty chemist; quelle est la ~ de garde ce soir? which chemist *Br* OU pharmacy *Am* OU drugstore *Am* is open all night tonight?; aller à la ~ to go to the chemist *Br* OU chemist's *Br* OU pharmacy *Am* OU drugstore *Am*. -**2.** [meuble] medicine chest OU cabinet OU cupboard *Br*; [boîte] first-aid box; armoire à ~ medicine cabinet. -**3.** SC pharmacy, pharmaceutics *(sg)*. -**4.** ENS pharmacology.

pharmacien, enne [farmasjɛ̃, ɛn] *nm, f* -**1.** [titulaire] pharmacist, chemist *Br*. -**2.** [vendeur] (dispensing) chemist *Br*, druggist *Am*.

pharmacocinétique [farmakɔsinetik] *nf* pharmacokinetics *(sg)*.

pharmacodépendance [farmakɔdepɑ̃dɑ̃s] *nf* (pharmaceutical) drug dependency.

pharmacodynamie [farmakɔdinami] *nf* pharmacodynamics *(sg)*.

pharmacologie [farmakɔlɔʒi] *nf* pharmacology.

pharmacologique [farmakɔlɔʒik] *adj* pharmacological.

pharmacologue [farmakɔlɔg], **pharmacologiste** [farmakɔlɔʒist] *nmf* pharmacologist.

pharmacomanie [farmakɔmani] *nf* (pharmaceutical) drug-addiction, pharmacomania *spéc*.

pharmacopée [farmakɔpe] *nf* pharmacopeia, pharmacopoeia; la Pharmacopée internationale the International Pharmacopoeia.

pharmacovigilance [farmakɔviʒilɑ̃s] *nf* (pharmaceutical) drug testing and control, pharmaceutical monitoring.

pharyngal, e, aux [farɛ̃gal, o] *adj* pharyngal, pharyngeal LING.

◆ **pharyngale** *nf* pharyngal OU pharyngeal (consonant).

pharyngé, e [farɛ̃ʒe], **pharyngien, enne** [farɛ̃ʒjɛ̃, ɛn] *adj* pharyngal, pharyngeal ANAT.

pharyngite [farɛ̃ʒit] *nf* pharyngitis.

pharynx [farɛ̃ks] *nm* pharynx.

phase [faz] *nf* -**1.** [moment] phase, stage; le projet en arrive à sa ~ d'exploitation the project has moved into its first production run ❑ ~ critique critical stage; MÉD critical phase; ~ terminale final phase. -**2.** ÉLECTR & TECH phase; différence de ~ difference in phase. -**3.** ASTRON phase; ~s de la Lune phases of the Moon, lunar phases. -**4.** PHYS: diagramme des ~s phase OU constitution diagram; règle des ~s phase rule. -**5.** CHIM phase.

◆ **en phase** *loc adj* ÉLECTR, PHYS & TECH in phase; les mouvements ne sont plus en ~ the movements are now out of phase; être en ~ *fig* to see eye to eye.

phasme [fasm] *nm* stick insect, phasmid *spéc*.

Phébus [febys] *npr* Phoebus.

Phèdre [fɛdr] *npr* Phaedra.

Phénicie [fenisi] *npr f*: (la) ~ Phoenicia.

phénicien, enne [fenisjɛ̃, ɛn] *adj* Phoenician.

◆ **Phénicien, enne** *nm, f* Phoenician.

◆ **phénicien** *nm* LING Phoenician.

phénique [fenik] *adj vieilli*: acide ~ phenol.

phéniqué, e [fenike] *adj* phenolic, containing phenol.

phénix [feniks] *nm* -**1.** MYTH phoenix. -**2.** *litt* [prodige] paragon. -**3.** BOT palm tree.

phénobarbital [fenɔbarbital] *nm* phenobarbitone *Br*, phenobarbital *Am*.

phénocristal, aux [fenɔkristal, o] *nm* phenocryst.

phénol [fenɔl] *nm* phenol.

phénolique [fenɔlik] *adj* phenolic.

phénologie [fenɔlɔʒi] *nf* phenology.

phénoménal, e, aux [fenɔmenal, o] *adj* -**1.** [prodigieux] phenomenal, tremendous, amazing; son sens des affaires est ~ he has phenomenal OU amazing business acumen; un embouteillage ~ a most phenomenal OU unbelievable traffic jam; il a un toupet ~ he's got (an) outrageous nerve, he's outrageously cheeky *Br*. -**2.** PHILOS phenomenal.

phénomène [fenɔmɛn] *nm* -**1.** SC phenomenon; la grêle et autres ~s naturels hail and other natural phenomena. -**2.** [manifestation] phenomenon; la communication de masse est un ~ du XXe siècle mass communication is a 20th-century phenomenon. -**3.** [prodige] prodigy, wonder; une truite de 10 kg est un ~ a 10-kg trout is a rare phenomenon. -**4.** *fam* [excentrique] character; un drôle de ~ an odd customer; cette gamine, quel ~! that kid is a real character! -**5.** [monstre] freak. -**6.** PHILOS phenomenon.

phénoménisme [fenɔmenism] *nm* phenomenalism.

phénoméniste [fenɔmenist] *adj* & *nmf* phenomenalist.

phénoménologie [fenɔmenɔlɔʒi] *nf* phenomenology; 'la Phénoménologie de l'esprit' *Hegel* 'The Phenomenology of Mind'.

phénoménologique [fenɔmenɔlɔʒik] *adj* phenomenological.

phénoménologue [fenɔmenɔlɔg] *nmf* phenomenologist.

phénoplaste [fenɔplast] *nm* phenolic resin.

phénothiazine [fenɔtjazin] *nf* phenothiazine.

phénotype [fenɔtip] *nm* phenotype.

phénotypique [fenɔtipik] *adj* phenotypic, phenotypical.

phénylalanine [fenilalanin] *nf* phenylalanine.

phénylbutazone [fenilbytazon] *nf* phenylbutazone.

phénylcétonurie [fenilsetɔnyri] *nf* phenylketonuria.

phényle [fenil] *nm* phenyl radical.

phénylique [fenilik] *adj* phenylic.

phéochromocytome [feɔkrɔmɔsitom] *nm* pheochromocytoma.

phéophycée [feɔfise] *nf* member of the Laminaria.

phéromone [ferɔmɔn] *nf* pheromone.

phi [fi] *nm inv* phi.

Phidias [fidjas] *npr* Phidias.

Philadelphie [filadɛlfi] *npr* Philadelphia.

philanthe [filɑ̃t] *nm* bee-killer wasp.

philanthrope [filɑ̃trɔp] *nmf* philanthrope, philanthropist.

philanthropie [filɑ̃trɔpi] *nf* philanthropy.

philanthropique [filɑ̃trɔpik] *adj* philanthropic.

philatélie [filateli] *nf* philately *spéc*, stamp-collecting.

philatélique [filatelik] *adj* philatelic.

philatéliste [filatelist] *nmf* philatelist *spéc*, stamp-collector.

Philémon [filemɔ̃] *npr* Philemon; ~ **et Baucis** Philemon and Baucis.

philharmonie [filarmɔni] *nf* philharmonic OU musical society.

philharmonique [filarmɔnik] ◇ *adj* philharmonic.

◇ *nm*: **le ~ de Boston** the Boston Philharmonic (Orchestra).

Philippe [filip] *npr*: ~ **II (de Macédoine)** Philip II (of Macedon); ~ **Auguste** Philip Augustus; ~ **le Bel** Philip the Fair.

philippin, e [filipɛ̃, in] *adj* Filipino.

◆ **Philippin, e** *nm, f* Filipino.

Philippines [filipin] *npr fpl*: **les ~** the Philippines, the Philippine Islands; **aux ~** in the Philippines.

philippique [filipik] *nf litt* philippic.

philistin, e [filistɛ̃, in] *litt* ◇ *adj* philistine, uncultured; **dédaignant les récriminations ~es** scorning the recriminations of the philistines.

◇ *nm, f* philistine.

Philistins [filistɛ̃] *npr mpl*: **les ~** the Philistines.

philo *fam* [filo] *nf* philosophy.

philodendron [filɔdɛ̃drɔ̃] *nm* philodendron.

philologie [filɔlɔʒi] *nf* philology.

philologique [filɔlɔʒik] *adj* philological.

philologue [filɔlɔg] *nmf* philologist.

philosophale [filɔzɔfal] *adj f*: **pierre ~** philosopher's stone.

philosophe [filɔzɔf] ◇ *adj* philosophical; **elle est très ~** she's very philosophical.

◇ *nm, f* -**1.** PHILOS philosopher. -**2.** [sage]: **il a pris la chose en ~** he took it philosophically OU calmly.

philosopher [3] [filɔzɔfe] *vi* to philosophize, to speculate; ~ **sur** to philosophize about *(insép)*.

philosophie [filɔzɔfi] *nf* -**1.** PHILOS philosophy. -**2.** ENS philosophy; **faire des études de ~** to study OU to read *Br* philosophy. -**3.** [conception] philosophy; **quelle est votre ~ de la vie?** what's your philosophy of life? -**4.** [sagesse]: **il est plein de ~** he is very wise.

◆ **avec philosophie** *loc adv* philosophically.

philosophique [filɔzɔfik] *adj* philosophical.

philosophiquement [filɔzɔfikmɑ̃] *adv* -**1.** PHILOS philosophically. -**2.** [avec sagesse] philosophically.

philtre [filtr] *nm* love-potion, philtre.

phimosis [fimɔzis] *nm* phimosis.

phlébite [flebit] *nf* phlebitis.

phlébographie [flebɔgrafi] *nf* phlebography.

phlébologie [flebɔlɔʒi] *nf* phlebology.

phlébologue [flebɔlɔg] *nmf* phlebologist.

phlébotome [flebɔtɔm] *nm* sandfly.

phlébotomie [flebɔtɔmi] *nf* phlebotomy.

phlegmon [flɛgmɔ̃] *nm* phlegmon.

phlegmoneux, euse [flɛgmɔnø, øz] *adj* phlegmonous.

phlox [flɔks] *nm* phlox.

pH-mètre [peaʃmɛtr] (*pl* **pH-mètres**) *nm* pH meter.

Phnom Penh [pnɔmpɛn] *npr* Phnom Penh.

phobie [fɔbi] *nf* -**1.** PSYCH phobia. -**2.** [aversion] aversion; **avoir la ~ de qqch** to have an aversion to sthg.

phobique [fɔbik] *adj* phobic.

Phocée [fɔse] *npr* Phocaea.

phocéen, enne [fɔseɛ̃, ɛn] *adj* -**1.** ANTIQ Phocaean. -**2.** [de Marseille] from Marseille; **la cité ~ne** *the city of Marseille.*

◆ **Phocéen, enne** *nm, f* -**1.** ANTIQ Phocaean. -**2.** *vieilli inhabitant of or person from Marseille.*

phoenix [feniks] = **phénix 3**.

phonateur, trice [fɔnatœr, tris] *adj* phonatory; **l'appareil ~** the phonatory apparatus.

phonation [fɔnasjɔ̃] *nf* phonation *spéc*, speech.

phonatoire [fɔnatwar] *adj* phonatory; **acte ~** phonatory act.

phone [fɔn] *nm* phon.

phonématique [fɔnematik] ◇ *adj* phonemic, phonematic.

◇ *nf* phonemics *(sg)*.

phonème [fɔnɛm] *nm* phoneme.

phonémique [fɔnemik] ◇ *adj* phonemic.

◇ *nf* phonemics *(sg)*.

phonéticien, enne [fɔnetisjɛ̃, ɛn] *nm, f* phonetician.

phonétique [fɔnetik] ◇ *adj* phonetic.

◇ *nf* phonetics *(sg)*.

phonétiquement [fɔnetikmɑ̃] *adv* phonetically.

phoniatre [fɔnjatr] *nmf* speech therapist.

phoniatrie [fɔnjatri] *nf* speech therapy.

phonie [fɔni] *nf* -**1.** (*abr de* **radiotéléphonie**) radiotelephony. -**2.** (*abr de* **téléphonie**) telephony.

phonique [fɔnik] *adj* -**1.** LING phonic. -**2.** [relatif aux sons] sound *(modif)*.

phono *fam* [fɔno] *nm* phonograph, gramophone.

phonocapteur, trice [fɔnɔkaptœr, tris] *adj* sound-reproducing *(avant n)*.

phonocardiographie [fɔnɔkardjɔgrafi] *nf* phonocardiography.

phonogénique [fɔnɔʒenik] *adj*: **voix ~** RAD good broadcasting voice; AUDIO good recording voice.

phonogramme [fɔnɔgram] *nm* phonogram.

phonographe [fɔnɔgraf] *nm* phonograph, gramophone.

phonographique [fɔnɔgrafik] *adj* phonographic.

phonologie [fɔnɔlɔʒi] *nf* phonology.

phonologique [fɔnɔlɔʒik] *adj* phonological.

phonologue [fɔnɔlɔg] *nmf* phonologist.

phonométrie [fɔnɔmetri] *nf* phonometry.

phonon [fɔnɔ̃] *nm* phonon.

phonothèque [fɔnɔtɛk] *nf* sound archives.

phoque [fɔk] *nm* -**1.** ZOOL seal; ~ **à capuchon** hooded seal. -**2.** [fourrure] sealskin.

phormium [fɔrmjɔm] *nm* phormium, New Zealand flax.

phosgène [fɔsʒɛn] *nm* phosgene.

phosphatage [fɔsfataʒ] *nm* phosphatization.

phosphatase [fɔsfataz] *nf* phosphatase.

phosphatation [fɔsfatasjɔ̃] *nf* phosphate coating.

phosphate [fɔsfat] *nm* phosphate.

phosphaté, e [fɔsfate] *adj* phosphatized; **des engrais ~s** phosphates AGR.

phosphater [3] [fɔsfate] *vt* -**1.** AGR to phosphatize. -**2.** MÉTALL to phosphate, to phosphatize.

phosphène [fɔsfɛn] *nm* phosphene.

phosphine [fɔsfin] *nf* phosphine; **~s primaires/secondaires/tertiaires** primary/secondary/tertiary phosphines.

phosphite [fɔsfit] *nm* phosphite.

phosphoglycérique [fɔsfɔgliserik] *adj*: **acide ~** phosphoglyceric acid.

phospholipide [fɔsfɔlipid] *nm* phospholipid.

phosphore [fɔsfɔr] *nm* CHIM phosphorus.

phosphoré, e [fɔsfɔre] *adj* [naturellement] phosphorated; [artificiellement] phosphoretted.

phosphorer *fam* [3] [fɔsfɔre] *vi* [réfléchir] to cogitate *hum*, to do a lot of hard thinking; **qu'est-ce que ça phosphore!** my brain hurts from overuse!

phosphorescence [fɔsfɔresɑ̃s] *nf* phosphorescence.

phosphorescent, e [fɔsfɔresɑ̃, ɑ̃t] *adj* -**1.** PHYS phosphorescent. -**2.** [luisant] luminous, glowing.

phosphoreux, euse [fɔsfɔrø, øz] *adj*: **acide ~** phosphorous acid; **bronze ~** phosphor bronze.

phosphorique [fɔsfɔrik] *adj* phosphoric.

phosphorisme [fɔsfɔrism] *nm* phosphorism.

phosphorite [fɔsfɔrit] *nf* phosphorite, phosphate rock.

phosphorylation [fɔsfɔrilasjɔ̃] *nf* phosphorylation.

phosphure [fɔsfyr] *nm* phosphide.

photo [fɔto] *nf* -**1.** [cliché] photo, shot; **avez-vous fait des ~s?** did you take any pictures?; **les ~s du tournage** CIN the shooting stills ❑ ~ **de famille** family portrait; **poser pour la traditionnelle ~ de famille** *fig* [politiciens, sportifs] to have the traditional group photograph taken; ~ **d'identité** passport photo; **tu veux ma ~?** when you've quite finished gawping at me! -**2.** [activité] photography; **faire de la ~ en amateur/professionnel** to be an amateur/professional photographer.

◆ **en photo** ◇ *loc adj* on a photograph; **des fleurs en ~** a photo of some flowers.

◇ *loc adv*: **prendre qqn en ~** to take sb's picture; **prendre qqch en ~** to take a picture of sthg.

photocathode [fɔtɔkatɔd] *nf* photocathode.

photochimie [fɔtɔʃimi] *nf* photochemistry.

photochimique [fɔtɔʃimik] *adj* photochemical.

photocomposer [3] [fɔtɔkɔ̃poze] *vt* to filmset, to photoset, to photocompose.

photocomposeuse [fɔtɔkɔ̃pozøz] *nf* photocomposer, photo OU phototype setter, filmsetter *Br*.

photocompositeur [fɔtɔkɔ̃pozitœr] *nm* photocomposer OU photosetter (technician), filmsetter *Br*.

photocomposition [fɔtɔkɔ̃pozisjɔ̃] *nf* photocomposition, photosetting, filmsetting *Br*.

photoconducteur, trice [fɔtɔkɔ̃dyktœr, tris] *adj* photoconductive; **cellule photoconductrice** photoconductor cell.

photoconduction [fɔtɔkɔ̃dyksjɔ̃] *nf* photoconductivity, photoconduction.

photocopie [fɔtɔkɔpi] *nf* photocopy, Xerox® (copy).

photocopier [9] [fɔtɔkɔpje] *vt* to photocopy, to Xerox®; **photocopiez-moi ce document en trois exemplaires, s'il vous plaît** please make three photocopies OU copies of this document for me.

photocopieur [fɔtɔkɔpjœr] *nm*, **photocopieuse** [fɔtɔkɔpjøz] *nf* photocopier, Xerox® machine.

photodiode [fɔtɔdjɔd] *nf* photodiode.

photoélasticimétrie [fɔtɔelastisimetri] *nf* measurement of photoelasticity.

photoélasticité [fɔtɔelastisite] *nf* photoelasticity.

photoélectricité [fɔtɔelɛktrisite] *nf* photoelectricity.

photoélectrique [fɔtɔelɛktrik] *adj* photoelectric.

photoémetteur, trice [fɔtɔemetœr, tris] *adj* photoemissive.

photo-finish [fɔtɔfiniʃ] (*pl* **photos-finish**) *nf* photo finish.

photogène [fɔtɔʒɛn] *adj* -**1.** PHYS photogenic. -**2.** BIOL: **organe ~** photophore.

photogenèse [fɔtɔʒənɛz] *nf* photogenesis.

photogénique [fɔtɔʒenik] *adj* photogenic.

photogrammétrie [fɔtɔgrametri] *nf* photogrammetry.

photographe [fɔtɔgraf] *nmf* -**1.** [artiste] photographer; **ils ont posé sur le perron pour les ~s** they had a photocall on the steps ❑ **~ de presse/mode** press/fashion photographer. -**2.** [commerçant] dealer in photographic equipment; **je vais apporter ce film chez le ~** I'm taking this film to the developer's OU photo shop.

photographie [fɔtɔgrafi] *nf* -**1.** [activité] photography; **faire de la ~** [comme photographe] to work as a photographer; [comme amateur] to do amateur photography ❑ **~ aérienne/en couleurs** aerial/colour photography. -**2.** [cliché - de professionnel] photograph, picture; [- d'amateur] picture, snap, snapshot; **prendre une ~ de qqn** to take a photograph OU a picture of sb; **nos ~s de Grèce** our Greek snaps OU snaps from Greece; **toutes les ~s du mariage** all the wedding pictures OU pictures of the wedding ❑ **~ d'identité** passport photograph. -**3.** [reproduction]: **ce sondage est une ~ de l'opinion** this survey is an accurate reflection of public opinion.

photographier [9] [fɔtɔgrafje] *vt* -**1.** PHOT to photograph, to take photographs OU pictures of; **se faire ~** to have one's picture taken. -**2.** *fig* [mémoriser] to memorize (photographically).

photographique [fɔtɔgrafik] *adj* -**1.** PHOT photographic. -**2.** *fig* [fidèle à la réalité]: **il nous a fait une description presque ~ des lieux** he described the place in the minutest detail.

photographiquement [fɔtɔgrafikmɑ̃] *adv* photographically.

photograveur [fɔtɔgravœr] *nm* photoengraver.

photogravure [fɔtɔgravyr] *nf* photoengraving.

photo-interprétation [fɔtɔɛ̃tɛrpretasjɔ̃] (*pl* **photos-interprétations**) *nf* photo-interpretation.

photolecture [fɔtɔlɛktyr] *nf* optical character recognition, OCR.

photoluminescence [fɔtɔlyminesɑ̃s] *nf* photoluminescence.

photolyse [fɔtɔliz] *nf* photolysis.

Photomaton® [fɔtɔmatɔ̃] *nm* photobooth.

photomécanique [fɔtɔmekanik] *adj* photomechanical.

photomètre [fɔtɔmɛtr] *nm* photometer.

photométrie [fɔtɔmetri] *nf* photometry.

photométrique [fɔtɔmetrik] *adj* photometric.

photomontage [fɔtɔmɔ̃taʒ] *nm* photomontage.

photomultiplicateur, trice [fɔtɔmyltiplikatœr, tris] *adj* photomultiplier (*modif*).

◆ **photomultiplicateur** *nm* photomultiplier.

photon [fɔtɔ̃] *nm* photon.

photonique [fɔtɔnik] *adj* photonic.

photopériode [fɔtɔperjɔd] *nf* photoperiod.

photopériodique [fɔtɔperjɔdik] *adj* photoperiodic.

photopériodisme [fɔtɔperjɔdism] *nm* photoperiodism.

photophobie [fɔtɔfɔbi] *nf* photophobia.

photophore [fɔtɔfɔr] *nm* photophore.

photopile [fɔtɔpil] *nf* photocell.

photopolymère [fɔtɔpɔlimɛr] *adj* photopolymer.

photorécepteur [fɔtɔresɛptœr] *nm* photoreceptor.

photoreportage [fɔtɔrəpɔrtaʒ] *nm* PRESSE report *(consisting mainly of photographs)*.

photorésistant, e [fɔtɔrezistɑ̃, ɑ̃t] *adj* photoresistant.

photo-robot [fɔtɔrɔbo] (*pl* **photos-robots**) *nm* Photofit® OU Identikit® (picture).

photo-roman [fɔtɔrɔmɑ̃] (*pl* **photos-romans**) = **roman-photo**.

photosensibilisation [fɔtɔsɑ̃sibilizasjɔ̃] *nf* photosensitization.

photosensibilité [fɔtɔsɑ̃sibilite] *nf* photosensitivity.

photosensible [fɔtɔsɑ̃sibl] *adj* photosensitive.

photosphère [fɔtɔsfɛr] *nf* photosphere.

photostoppeur, euse [fɔtɔstɔpœr, øz] *nm, f* street photographer.

photosynthèse [fɔtɔsɛ̃tɛz] *nf* photosynthesis.

photosynthétique [fɔtɔsɛ̃tetik] *adj* photosynthetic.

phototactisme [fɔtɔtaktism] *nm*, **phototaxie** [fɔtɔtaksi] *nf* phototaxis, phototaxy.

photothèque [fɔtɔtɛk] *nf* picture OU photographic library.

phototransistor [fɔtɔtrɑ̃zistɔr] *nm* phototransistor.

phototropisme [fɔtɔtrɔpism] *nm* phototropism.

photovoltaïque [fɔtɔvɔltaik] *adj* photovoltaic.

phrase [fraz] *nf* -**1.** LING sentence; [en grammaire transformationnelle] phrase. -**2.** [énoncé]: **sa dernière ~** the last thing he said; **laisse-moi finir ma ~** let me finish (what I have to say); **~ célèbre** famous saying OU remark ❑ **~ toute faite** set phrase; **petite ~** POL (significant) remark OU comment; **faire de grandes ~s** OU **des ~s** to talk hot air. -**3.** MUS phrase.

◆ **sans phrases** *loc adv* [franchement] straightforwardly.

phrasé [fraze] *nm* phrasing MUS.

phraséologie [frazeɔlɔʒi] *nf* phraseology.

phraser [3] [fraze] *vt* to phrase MUS.

phraseur, euse [frazœr, øz] *nm, f* speechifier *péj*, person of fine words *péj*.

phréatique [freatik] *adj* phreatic.

phrénique [frenik] *adj* phrenic.

phrénologie [frenɔlɔʒi] *nf* phrenology.

Phrygie [friʒi] *npr f*: **(la) ~** Phrygia.

phrygien, enne [friʒjɛ̃, ɛn] *adj* -**1.** ANTIQ Phrygian; **bonnet ~** Phrygian cap. -**2.** MUS: **mode ~** phrygian mode.

◆ **Phrygien, enne** *nm, f* Phrygian.

BONNET PHRYGIEN:
This red conical cloth cap was an emblem of the French Revolution, symbolising the freedom of the people. Marianne is always depicted wearing one.

---

phtalique [ftalik] *adj m* phthalic.

phtiriase [ftirjaz] *nf* phthiriasis.

phtirius [ftirjys] *nm* pubic louse, Phthirus pubis *spéc.*

phtisie [ftizi] *nf vieilli* consumption, phthisis *spéc*; **~ galopante** galloping consumption.

phtisiologie [ftizjɔlɔʒi] *nf* phthisiology.

phtisiologue [ftizjɔlɔg] *nmf* phthisiologist.

phtisique [ftizik] *adj & nmf vieilli* consumptive, phthisic *spéc.*

phylactère [filaktɛr] *nm* -**1.** RELIG phylactery, teffilah. -**2.** BX-ARTS phylactery, scroll. -**3.** [dans une bande dessinée] bubble, balloon.

phylloxéra, phylloxera [filɔksera] *nm* phylloxera.

phylloxéré, e [filɔksere] *adj* phylloxerated.

physalie [fizali] *nf* Portuguese man-of-war, Physalia *spéc.*

physalis [fizalis] *nm* winter OU ground cherry, Physalis *spéc.*

physe [fiz] *nf* physa.

physicien, enne [fizisjɛ̃, ɛn] *nm, f* physicist; **~ nucléaire** nuclear physicist.

physico-chimie [fizikoʃimi] (*pl* **physico-chimies**) *nf* physical chemistry, physicochemistry.

physico-chimique [fizikoʃimik] (*pl* **physico-chimiques**) *adj* physicochemical.

physico-mathématique [fizikɔmatematik] (*pl* **physico-mathématiques**) *adj* physicomathematical.

physiocratie [fizjɔkrasi] *nf* physiocracy.

physiognomonie [fizjɔgnɔmɔni] *nf* physiognomy (science).

physiologie [fizjɔlɔʒi] *nf* physiology.

physiologique [fizjɔlɔʒik] *adj* physiological.

physiologiquement [fizjɔlɔʒikmɑ̃] *adv* physiologically.

physiologiste [fizjɔlɔʒist] *nmf* physiologist.

physionomie [fizjɔnɔmi] *nf* -**1.** [visage] features, facial appearance, physiognomy *litt*; **il y a quelque chose dans sa ~ qui attire la sympathie** there's something about his face that draws you to him. -**2.** [aspect] face, appearance; **la ~ des choses** the face of things; **la ~ du quartier a changé en dix ans** the appearance of the district has changed in ten years; **ceci a modifié la ~ du marché** this has altered the appearance of the market.

physionomiste [fizjɔnɔmist] ◇ *adj* good at remembering faces, observant (of people's faces); **je ne suis pas très ~** I'm not very good at (remembering) faces.
◇ *nmf* physiognomist.

physiopathologie [fizjɔpatɔlɔʒi] *nf* physiopathology.

physiopathologique [fizjɔpatɔlɔʒik] *adj* physiopathologic, physiopathological.

physiothérapie [fizjɔterapi] *nf* natural medicine.

physique[1] [fizik] *nf* SC physics *(sg)*; **~ expérimentale/nucléaire** experimental/nuclear physics; **~ du sol** soil mechanics.

physique[2] [fizik] ◇ *adj* -**1.** SC [propriété] physical. -**2.** [naturel - monde, univers] physical, natural. -**3.** [corporel - exercice, force, effort] physical, bodily; [- symptôme] physical, somatic *spéc*; [- souffrance] physical, bodily; **c'est ~** *fam*: **je ne le supporte pas, c'est ~** I can't stand him, it's a gut reaction. -**4.** [sexuel - plaisir, jouissance] physical, carnal.
◇ *nm* -**1.** [apparence]: **avoir un ~ ingrat** to be physically unattractive; **un ~ avantageux** good looks ❑ **avoir le ~ de l'emploi** THÉÂT & *fig* to look the part. -**2.** [constitution] physical condition; **au ~ comme au moral** physically as well as morally speaking.

physiquement [fizikmɑ̃] *adv* physically; **il n'est pas mal ~** he's quite good-looking.

physisorption [fizisɔrpsjɔ̃] *nf* physisorption.

physostigma [fizɔstigma] *nm* physostigma.

physostome [fizɔstɔm] *nm* physostomous fish.

phytobiologie [fitɔbjɔlɔʒi] *nf* phytobiology.

phytoflagellé [fitɔflaʒele] *nm* phytoflagellate.

phytogéographie [fitɔʒeɔgrafi] *nf* phytogeography.

phytohormone [fitɔɔrmɔn] *nf* phytohormone.

phytopathologie [fitɔpatɔlɔʒi] *nf* phytopathology.

phytophage [fitɔfaʒ] *adj* phytophagous.

phytopharmacie [fitɔfarmasi] *nf* plant pharmacology.

phytoplancton [fitɔplɑ̃ktɔ̃] *nm* phytoplankton.

phytosanitaire [fitɔsanitɛr] *adj* plant-care *(modif)*, phytosanitary *spéc*; **produit ~** pesticide.

phytosociologie [fitɔsɔsjɔlɔʒi] *nf* phytosociology.

phytothérapeute [fitɔterapøt] *nmf* expert in herbal OU plant medicine.

phytothérapie [fitɔterapi] *nf* herbal medicine.

pi [pi] *nm inv* -**1.** [lettre] pi. -**2.** MATH pi. -**3.** PHYS pion, pi meson.

piaf *fam* [pjaf] *nm* [moineau] sparrow; **cervelle** OU **crâne** OU **tête de ~!** *fig* birdbrain!

piaffement [pjafmɑ̃] *nm* pawing (the ground).

piaffer [3] [pjafe] *vi* -**1.** [cheval] to paw the ground. -**2.** [personne]: **~ d'impatience** to be champing at the bit, to be seething with impatience.

piaillement [pjajmɑ̃] *nm* squawking; **les ~s qui montaient de la basse-cour** the clucking noises coming from the farmyard.

piailler [3] [pjaje] *vi* -**1.** [oiseau] to chirrup, to chirp, to tweet; [volaille] to squawk. -**2.** *fam* [enfant] to squawk, to screech.

piaillerie [pjajri] *nf* -**1.** [cri - d'oiseau] chirping; [- de volaille] squawking. -**2.** *fam (gén pl)* squawking, screeching.

piailleur, euse *fam* [pjajœr, øz] *nm, f* squawker.

pian [pjɑ̃] *nm* yaws *(sg)*, framboesia.

pianissimo [pjanisimo] *adv* -**1.** MUS pianissimo. -**2.** *fam* [doucement] nice and slowly.

pianiste [pjanist] *nmf* pianist, piano player.

pianistique [pjanistik] *adj* [aptitude, technique] piano *(modif)*, pianoplaying *(modif)*; **l'œuvre ~ de Mozart** Mozart's works for piano.

piano [pjano] ◇ *nm* [instrument] piano, pianoforte; **se mettre au ~** [s'asseoir] to sit at the piano; [jouer] to go to the piano (and start playing); [apprendre] to take up the piano; **au ~, Clara Bell** [classique] the pianist is Clara Bell; [jazz] on piano, Clara Bell ❑ **~ droit/à queue** upright/grand piano; **~ à bretelles** *fam*, **~ du pauvre** accordion; **~ de concert** concert grand; **~ demi-queue** baby grand; **~ mécanique** Pianola®, player piano; **~ préparé** prepared piano.

◇ *adv* -**1.** MUS piano *adv*. -**2.** *fam* [doucement] easy *adv*, gently; **vas-y ~** go easy, take it easy, easy does it.

piano-bar [pjanobar] (*pl* **pianos-bars**) *nm bar with live piano music*.

pianoforte [pjanofɔrte] *nm* pianoforte.

pianotage [pjanɔtaʒ] *nm* -**1.** [sur un piano] tinkling (on a piano). -**2.** [sur un clavier] tapping away (at a keyboard).

pianoter [3] [pjanɔte] ◇ *vi* -**1.** [jouer du piano] to tinkle away at the piano. -**2.** [tapoter sur un objet] to drum one's fingers. -**3.** *fam* [taper sur un clavier] to tap away; **~ sur un ordinateur** to tap away at a computer.

◇ *vt* [sur un piano] to tinkle out on the piano.

piastre [pjastr] *nf* -**1.** [au Proche-Orient] piastre. -**2.** *fam Can* [dollar] one-dollar OU dollar bill. -**3.** HIST piastre, piece of eight.

piaule *fam* [pjol] *nf* -**1.** [chambre] room. -**2.** [logement d'étudiant] place.

piaulement [pjolmɑ̃] *nm* -**1.** [d'un oiseau] cheep. -**2.** [d'un enfant] whimpering.

piauler [3] [pjole] *vi* -**1.** [oiseau] to cheep. -**2.** [enfant] to whimper.

piazza [pjadza] *nf* piazza *Br*, gallery *Am*.

PIB (*abr de* **produit intérieur brut**) *nm* GDP.

pic [pik] *nm* -**1.** GÉOG & TECH peak. -**2.** [outil] pick, pickaxe; **~ à glace** ice-pick. -**3.** ORNITH woodpecker; **~ cendré/mar/noir** grey-headed/middle-spotted/black woodpecker.

◆ **à pic** *loc adv* -**1.** [verticalement] straight down; **les rochers tombent à ~ dans la mer** the sheer rocks go straight down to the sea; **couler à ~** to go straight down OU straight to the bottom. -**2.** *fam* [au bon moment] spot on *Br*, just at the right time; **tomber** OU **arriver à ~**: **tu tombes** OU **tu arrives à ~, j'allais t'appeler** you've come just at the right time OU right on cue, I was about to call you; **cet argent arrive on ne peut plus à ~** that money couldn't have come at a better moment.

pica [pika] *nm* pica.

picador [pikadɔr] *nm* picador.

picage [pikaʒ] *nm* ORNITH feather eating.

picaillons▽ [pikajɔ̃] *nmpl* [argent] dough, bread, readies *Br*; **avoir des ~** to be loaded.

picard, e [pikar, ard] *adj* from Picardy.

◆ **Picard, e** *nm, f inhabitant of or person from Picardy*.

◆ **picard** *nm* LING Picard OU Picardy dialect.

Picardie [pikardi] *npr f*: **(la) ~** Picardy.

picaresque [pikarɛsk] *adj* picaresque.

piccolo [pikɔlo] *nm* piccolo.

pichenette [piʃnɛt] *nf* flick; **d'une ~, elle envoya la miette par terre** she flicked the crumb onto the ground.

pichet [piʃɛ] *nm* jug, pitcher.

pickpocket [pikpɔkɛt] *nm* pickpocket.

pick-up [pikœp] *nm inv* -**1.** [lecteur] pick-up (arm); *vieilli* [tourne-disque] record player. -**2.** [camion] pick-up (truck).

pico- [piko] *préf* pico-.

picoler *fam* [3] [pikɔle] *vi* [boire] to booze; **qu'est-ce qu'on a picolé ce soir-là!** we didn't half knock it back *Br* OU we sure knocked it back *Am* that night!; **il picole pas mal** he's a real boozer.

picoleur, euse *fam* [pikɔlœr, øz] *nm, f* [buveur] heavy drinker, boozer.

picorer [3] [pikɔre] *vt* -**1.** [oiseau] to peck (at). -**2.** [personne] to nibble (away) at *(insép)*, to pick at *(insép)*; *(en usage abs)*: **cette enfant ne fait que ~** that child doesn't eat enough (to keep a bird alive).

picot [piko] *nm* -**1.** MÉCAN barb, point; **~ d'entraînement** feed pin. -**2.** CONSTR pick hammer. -**3.** [au crochet, en dentelle] picot. -**4.** PÊCHE flatfish net.

◆ **à picots** *loc adj* [dispositif, entraînement] sprocket *(modif)*.

picotage [pikɔtaʒ] *nm* pecking.

picotement [pikɔtmɑ̃] *nm* [dans les yeux] smarting OU stinging (sensation); [dans la gorge] tickle; [sur la peau] tingle, prickle; **j'ai des ~s dans les doigts** my fingers are tingling; **j'ai des ~s dans les yeux** my eyes are smarting; **ça me donne des ~s partout** it makes my flesh crawl OU creep.

picoter [3] [pikɔte] *vt* -**1.** [piquer - yeux] to sting, to smart; [- gorge] to irritate, to tickle; [- peau, doigt] to sting; **la fumée lui picotait les yeux** the smoke was stinging his eyes; **j'ai les orteils qui me picotent** my toes are tingling. -**2.** [suj: oiseau] to peck at *(insép)*.

picotin [pikɔtɛ̃] *nm* -**1.** [mesure] peck. -**2.** [ration]: **~ (d'avoine)** peck of oats.

picrate [pikrat] *nm* -**1.** CHIM picrate. -**2.** ▽ *péj* [vin] rotgut, plonk *Br*.

picrique [pikrik] *adj m* picric.

picte [pikt] *adj* Pictish.

◆ **Picte** *nmf* Pict.

pictogramme [piktɔgram] *nm* pictogram, pictograph.

pictographique [piktɔgrafik] *adj* pictographic.

pictural, e, aux [piktyral, o] *adj* pictorial.

pic-vert [pivɛr] (*pl* **pics-verts**) = **pivert**.

pidgin [pidʒin] *nm* pidgin.

pie [pi] ◇ *adj* -**1.** [couleur] pied; **cheval ~** piebald (horse); **vache ~ noire** black and white cow. -**2.** *litt* [pieux]: **œuvre ~** pious work.

◇ *nf* -**1.** ORNITH magpie; **trouver la ~ au nid** to make a lucky find; **'la Pie voleuse'** *Rossini* 'The Thieving Magpie'. -**2.** *fam* [personne] chatterbox.

Pie [pi] *npr* [pape] Pius.

pièce [pjɛs] ◇ *nf* -**1.** [morceau] piece, bit; **une ~ de viande** [flanc] a side of meat; [morceau découpé] a piece OU cut of meat; **une ~ de tissu** [coupée] a piece OU length of cloth; [sur rouleau] a roll of cloth; **mettre qqch en ~s** [briser] to smash sthg to pieces; [déchirer] to tear OU to pull sthg to pieces; [critiquer] to tear sthg to pieces; **~ à ~** piecemeal, gradually; **le domaine constitué ~ à ~ par mon père** the estate painstakingly built up by my father ❑ **d'une seule ~, tout d'une ~** *pr* all of a piece; **il est tout d'une ~** *fig* he's very blunt OU straightforward; **monter qqch de toutes ~s: il n'a jamais travaillé pour nous, il a monté cela de toutes ~s** he never worked for us, he made up OU invented the whole thing; **c'est un mensonge monté de toutes ~s** it's an out-and-out lie OU a lie from start to finish; **fait de ~s et de morceaux** *pr* & *fig* made up of bits and pieces, cobbled together. -**2.** [d'une collection] piece, item; [d'un mécanisme] part; [d'un jeu] piece; **ménagère de 36 ~s** 36-piece cutlery set ❑ **~ détachée** (spare) part; **en ~s détachées** in separate pieces OU parts; **le bureau est livré en ~s détachées** the desk comes in kit form; **~s et main d'œuvre** parts and labour; **~ maîtresse** centrepiece; **la ~ maîtresse de ma collection** the centrepiece of OU choicest piece in my collection; **la ~ maîtresse d'une argumentation** the main part OU the linchpin of an argument; **~ de musée** *pr* & *fig* museum piece; **~ de rechange** spare OU replacement part; **les ~s d'un puzzle** *pr* & *fig* the pieces of a puzzle. -**3.** COUT patch; **je vais y mettre une ~** I'll patch it OU put a patch on it ❑ **~ rapportée** *pr* patch; *fig* [personne] odd person out. -**4.** [salle] room; **un deux-~s** a one-bedroom flat *Br* OU apartment *Am*; **un trois-~s cuisine** a two-bedroom flat *Br* OU apartment *Am*. -**5.** [document] paper, document; **~ comptable** (accounting) voucher; **~ à conviction** JUR exhibit; **~ d'identité** proof of identity, ID; **avez-vous une ~ d'identité?** do you have any proof of identity OU any ID?; **~s jointes** enclosures; **~s justificatives** supporting documents; **(avec) ~s à l'appui: je vous le démontrerai ~s à l'appui** I'll show you (actual) proof of it. -**6.** LITTÉRAT & MUS piece; **~ pour violoncelle** piece for cello; **~ de circonstance** situation piece; **~ (de théâtre)** play; **petite ~** playlet; **~ écrite pour la télévision** television play *Br*, play written for TV *Am*; **monter une ~** to put on OU to stage a play. -**7.** [de monnaie] coin; **une ~ de 10 francs** a 10-franc coin OU piece; **je n'ai que quelques ~s dans ma poche** I've only got some loose change in my pocket; **donner la ~ à qqn** *vieilli* to tip sb, to give sb a tip. -**8.** [champ]: **une ~ d'avoine** a field sown in oats; **mettre une ~ en betteraves** to grow beetroot on a piece of land. -**9.** CULIN: **~ montée** wedding cake; **~ de résistance** *pr* main dish, pièce de résistance; *fig* pièce de résistance. -**10.** ŒNOL: **~ de vin** cask of wine. -**11.** MIL: **~ (d'artillerie)** gun. -**12.** MÉTALL: **~ battue** draw-back. -**13.** ÉLECTR: **~ polaire** polar piece. -**14.** ZOOL: **~s buccales** mouthparts. -**15.** *loc*: **faire ~ à qqn** to set up in opposition to sb.

◇ *adv* [chacun] each, apiece; **les roses sont à 20 F ~** the roses are 20 F each OU apiece.

◆ **à la pièce** *loc adv* [à l'unité] singly, separately; **ceux-ci sont vendus à la ~** these are sold separately OU individually.

◆ **à la pièce, aux pièces** *loc adv*: **travailler à la ~** to be on OU to do piecework; **être payé à la ~** to be paid a OU on piece rate; **le travail est payé à la ~** you get a piecework rate ❑ **on n'est pas aux ~s!** *fam* what's the big hurry?, where's the fire?

◆ **sur pièces** *loc adv* on evidence; **juger sur ~s** to judge for o.s.

◆ **pièce d'eau** *nf* -**1.** [lac] (ornamental) lake. -**2.** [bassin] (ornamental) pond.

PIÈCE:
Flats in France are referred to in terms of the total number of rooms they have (excluding the kitchen and bathroom). "Un deux-pièces" is a flat with a living room and one bedroom; "un cinq-pièces" is a flat with five rooms.

piécette [pjesɛt] *nf* [monnaie] small coin.

pied [pje] *nm* -**1.** ANAT & ZOOL foot; **~s nus** barefoot *adv*; **marcher/être ~s nus** to walk/to be barefoot; **ne va pas ~s nus dans le jardin** don't go into the garden barefoot OU with nothing on your feet; **avoir** OU **marcher les ~s en dedans** to be pigeon-toed, to walk with one's feet turned in; **avoir** OU **marcher les ~s en dehors** to be splay-footed OU duck-toed *Am*, to walk with one's feet turned out; **sauter à ~s joints** to make a standing jump; **le ~ m'a manqué** my foot slipped, I lost my footing; **mettre le ~ (en plein) dans qqch** to step right in sthg; **je vais lui mettre mon ~ quelque part** *euph* I'll kick him OU give him a kick up the backside; **mettre ~ à terre** [à cheval, à moto] to dismount; **lorsqu'ils mirent le ~ sur le sol de France** when they set foot on French soil; **je n'ai pas mis les ~s dehors/à l'église depuis longtemps** *fam* I haven't been out/to church for a long time; **je ne mettrai** OU **remettrai plus jamais les ~s là-bas** I'll never show my face round there any more; **ils ne remettront plus les ~s dans notre hôtel** they'll never set foot in our hotel again ❑ **avoir les ~s plats** to have flat feet *pr*, to be flat-footed *pr*; **coup de ~** [d'une personne, d'un cheval] kick; **le coup de ~ de l'âne** the parting shot; **ni ~ ni patte** *fam*: **il ne remuait** OU **bougeait ni ~ ni patte** he stood stock-still OU didn't move a muscle; **aller** OU **avancer** OU **marcher d'un bon ~** to go apace; **aller** OU **marcher d'un ~ léger** to tread light-heartedly OU lightly; **avoir bon ~ bon œil** to be fit as a fiddle OU hale and hearty; **partir du bon/mauvais ~** to start off (in) the right/wrong way; **l'opération est partie du bon ~** the operation got off to a good start; **leur couple part du mauvais ~** their relationship is off to a bad start OU off on the wrong foot; **avoir le ~ marin** to be a good sailor; **je n'ai pas le ~ marin** I'm prone to seasickness; **avoir les (deux) ~s sur terre** to have one's feet (firmly) on the ground OU one's head screwed on (the right way); **elle a les ~s sur terre** she's got her feet OU both her feet on the ground; **avoir ~** to touch bottom; **au secours, je n'ai plus ~!** help, I'm out of my depth OU I've lost my footing!; **avoir un ~ dans**: **j'ai déjà un ~ dans la place/l'entreprise** I've got a foot in the door/a foothold in the company already; **avoir un ~ dans la tombe** to have one foot in the grave; **avoir les deux ~s dans le même sabot**: **elle n'a pas les deux ~s dans le même sabot** there are no flies on her; **bien fait pour tes/ses ~s** *fam*, **ça te/lui fera les ~s** *fam* serves you/him right!; **être ~s et poings liés** to have no room to manoeuvre; **je suis ~s et poings liés** my hands are tied; **faire des ~s et des mains pour** to bend over backwards OU to pull out all the stops in order to; **faire du ~ à qqn** [flirter] to play footsie with sb; [avertir] to kick sb (under the table); **faire un appel du ~ à qqn** to make covert advances to sb; **faire le ~ de grue** to cool OU to kick *Br* one's heels; **les ~s devant** feet first, in one's coffin; **elle en est partie les ~s devant** she left there feet first OU in a box; **avoir le ~ au plancher** [accélérer] to have one's foot down; **lever le ~** [ralentir] to ease off (on the accelerator), to slow down; [partir subrepticement] to slip off; **il n'a pas levé le ~ de tout le trajet** he never took his foot off the accelerator once during the whole trip; **mettre le ~ à l'étrier** to get into the saddle; **il a fallu lui mettre le ~ à l'étrier** he had to be given a leg up *fig*; **mettre les ~s dans le plat** *fam* to put one's foot in it; **mettre qqch sur ~** to set sthg up; **mettre un ~ devant l'autre**: **il ne peut plus mettre un ~ devant l'autre** [ivre] he can't walk in a straight line any more; [fatigué] his legs won't carry him any further; **remettre qqn sur ~** to make sb better, to set sb back on his/her feet (again); **reprendre ~** to get OU to find one's footing again; **retomber sur ses ~s** to fall OU to land on one's feet; **ne pas savoir sur quel ~ danser** to be at a loss to know what to do; **se jeter** OU **se traîner aux ~s de qqn** to throw o.s. at sb's feet OU upon sb's mercy; **se lever du ~ gauche** to get out of the wrong side of the bed; **elle s'est levée du ~ gauche aujourd'hui** she got out of the wrong side of the bed today; **comme un ~** *fam* [très mal]: **je cuisine comme un ~** I'm a useless cook, I can't cook an egg; **on s'est débrouillés comme des ~s** we went about it the wrong OU in a cack-handed *Br* way; **prendre son ~** *fam* [s'amuser] to get one's kicks; [sexuellement] to come; **il prend son ~ en faisant du jazz!** he gets a real kick out of playing jazz!; **quel ~!** *fam*: **on a passé dix jours à Hawaï, quel ~!** we really had a ball OU we had the time of our lives during our ten days in Hawaï!; **ce n'est pas le ~!** *fam*: **les cours d'anglais, ce n'est pas le ~!** the English class isn't much fun!; **les Pieds nickelés** *early cartoon characters*. -**2.** [d'un mur, d'un lit] foot; [d'une table, d'une chaise] leg; [d'une lampe, d'une colonne] base; [d'un verre] stem; [d'un micro, d'un appareil photo] stand, tripod; **donner du ~ à une échelle** to give slope to a ladder. -**3.** IMPR [d'une lettre] bottom, foot. -**4.** BOT plant; [de champignon] foot; **~ de laitue** lettuce plant; **~ mère** stool; **~ de vigne** vine (plant), vinestock. -**5.** [mesure] foot; **le mur fait six ~s de haut** the wall is six-feet high; **un mur de six ~s de haut** a six-foot high wall. -**6.** TECH: **~ de bielle** AUT end of connecting rod; **~ à coulisse** calliper rule; **~ de roi** *Can* folding ruler. -**7.** LITTÉRAT foot; **vers de 12 ~s** 12-foot verse OU line. -**8.** CULIN: **~ de cochon** pig's trotter *Br* OU foot *Am*; **~ de mouton** sheep's foot; **~s paquets** stuffed mutton tripe dish *(from Marseilles)*. -**9.** VÊT [d'un bas, d'une chaussette] foot. -**10.** MUS foot.

◆ **à pied** *loc adv* -**1.** [en marchant] on foot; **on ira au stade à ~** we'll walk to the stadium. -**2.** [au chômage]: **mettre qqn à ~** [mesure disciplinaire] to suspend sb; [mesure économique] to lay sb off, to make sb redundant *Br*.

◆ **à pied d'œuvre** *loc adj*: **être à ~ d'œuvre** to be ready to get down to the job; **trouver qqn à ~ d'œuvre** to find sb already at work.

◆ **à pied sec** *loc adv* on dry land, without getting one's feet wet; **on peut traverser la rivière à ~ sec** the river can be forded.

◆ **au petit pied** *loc adj vieilli* small-time.

◆ **au pied de** *loc prép* at the foot OU bottom of; **au ~ de la tour Eiffel** at OU by the foot of the Eiffel Tower; **au ~ des Alpes** in the foothills of the Alps ❑ **au ~ du mur**: **être au ~ du mur** to be faced with no alternative; **mettre qqn au ~ du mur** to get sb with his/her back to the wall, to leave sb with no alternative.

◆ **au pied de la lettre** *loc adv* literally; **prendre qqch au ~ de la lettre** to take OU to interpret sthg literally; **suivre des instructions au ~ de la lettre** to follow instructions to the letter.

◆ **au pied levé** *loc adv* at a moment's notice; **il faut que tu sois prêt à le faire au ~ levé** you must be ready to drop everything and do it.

◆ **de pied en cap** *loc adv*: **en vert de ~ en cap** dressed in green from top OU head to toe; **habillé de ~ en cap par un couturier japonais** wearing a complete outfit by a Japanese designer.

◆ **de pied ferme** *loc adv* resolutely; **je t'attends de ~ ferme** I'll definitely be waiting for you; **les cambrioleurs, je les attends de ~ ferme!** I've got a nasty surprise in store for potential burglars!

◆ **des pieds à la tête** *loc adv* from top to toe OU head to foot; **couvert de peinture des ~s à la tête** covered in paint from head to foot.

◆ **en pied** *loc adj* [photo, portrait] full-length; [statue] full-size standing.

◆ **pied à pied** *loc adv* inch by inch; **lutter** OU **se battre ~ à ~** to fight every inch of the way.

◆ **sur le pied de guerre** *loc adv* MIL on a war footing; *hum* ready (for action); **dans la cuisine, tout le monde était sur le ~ de guerre** it was action stations in the kitchen.

◆ **sur pied** ◇ *loc adj* [récolte] uncut, standing; [bétail] on the hoof.
◇ *loc adv*: **être sur ~** [en bonne santé] to be up and about; **mettre qqn sur ~** to set sb on his/her feet; **remettre qqn sur ~** to put sb on his/her feet again, to bring sb back to health.

◆ **sur un pied d'égalité** *loc adv* on an equal footing; **être sur un ~ d'égalité avec** to stand on equal terms with.

pied-à-terre [pjetatɛr] *nm inv* pied-à-terre.

pied-bot [pjebo] (*pl* **pieds-bots**) *nm* club-footed person; **c'est un ~** he's got a OU he's a club-foot.

pied-d'alouette [pjedalwɛt] (*pl* **pieds-d'alouette**) *nm* (forking) larkspur.

pied-de-biche [pjedbiʃ] (*pl* **pieds-de-biche**) *nm* -**1.** [pince] pry (bar) nail puller OU extractor. -**2.** [levier] crowbar. -**3.** [pied de meuble] cabriole leg. -**4.** [d'une machine à coudre] foot.

pied-de-mouton [pjedmutɔ̃] (*pl* **pieds-de-mouton**) *nm* wood hedgehog (fungus).

pied(-)de(-)nez [pjedne] (*pl* **pieds de nez** OU **pieds-de-nez**) *nm*: **faire un ~ à qqn** to thumb one's nose at sb; **cette pièce est un ~ aux intellos** *fam* this play is a real slap in the face for intellectual types.

pied-de-poule [pjedpul] (*pl* **pieds-de-poule**) ◇ *nm* hound's-tooth (check), dogtooth (check).
◇ *adj inv*: **un tailleur ~** a hound's-tooth suit.

pied-de-roi [pjedərwa] *nm Can* folding ruler.

pied-droit [pjedrwa] (*pl* **pieds-droits**) = **piédroit**.

piédestal, aux [pjedɛstal, o] *nm* pedestal; **mettre qqn sur un ~** to put OU to set OU to place sb on a pedestal; **tomber de son ~** to fall off one's pedestal.

piedmont [pjemɔ̃] = **piémont**.

pied-noir [pjenwar] (*pl* **pieds-noirs**) ◇ *adj* pied-noir.
◇ *nmf* pied-noir *(French settler in Algeria)*.

piédroit [pjedrwa] *nm* -**1.** ARCHIT [d'une voûte] pier; [d'une fenêtre] jamb. -**2.** TRAV PUBL [jambage] piedroit.

piège [pjɛʒ] *nm* -**1.** [dispositif] trap, snare; **prendre un animal au ~** to trap an animal; **poser** OU **tendre un ~** to set a trap; **attirer qqn dans un ~** to lure sb into a trap; **être pris à son propre ~** to fall into one's own trap, to be hoist by one's own petard; **se laisser prendre au ~ de l'amour** to be taken in by love ❑ **~ à cons**▽: **c'est un vrai ~ à cons!** it's a real mug's game! *Br*, it's a con game OU gyp! *Am*; **élections, ~ à cons!** election, deception!; **~ à mâchoires** jaw trap; **pris comme dans un ~ à rats** caught like a rat in a trap. -**2.** [difficulté] trap, snare, pitfall; **les ~s des contrats d'assurance** the traps hidden in the small print of insurance contracts; **la dictée était bourrée de ~s** the dictation was full of traps. -**3.** ÉLECTRON: **~ à ions** ion trap. -**4.** GÉOL trap.

piégé, e [pjeʒe] *adj*: **engin** OU **objet ~** booby trap; **colis ~** parcel bomb; **lettre/voiture ~e** letter/car bomb.

piégeage [pjeʒaʒ] *nm* -**1.** CHASSE trapping. -**2.** GÉOL trap formation.

piéger [22] [pjeʒe] *vt* -**1.** [animal] to trap, to ensnare; **la police les a piégés** the police trapped them; **je me suis fait ~ comme un débutant** *fig* I was taken in OU caught out like a complete beginner. -**2.** [voiture, paquet] to booby-trap.

pie-grièche [pigrijɛʃ] (*pl* **pies-grièches**) *nf* -**1.** ORNITH shrike; **~ écorcheur** redbacked shrike. -**2.** *vieilli* [mégère] shrew.

pie-mère [pimɛr] (*pl* **pies-mères**) *nf* pia mater.

piémont [pjemɔ̃] *nm* piedmont.

Piémont [pjemɔ̃] *npr m*: **le ~** Piedmont.

piémontais, e [pjemɔ̃tɛ, ɛz] *adj* Piedmontese.

◆ **Piémontais, e** *nm, f* Piedmontese; les Piémontais the Piedmontese.

◆ **piémontais** *nm* LING Piedmontese dialect.

piéride [pjerid] *nf* pieridine butterfly; ~ **du chou** cabbage white.

pierraille [pjɛraj] *nf* loose stones, scree *(U).*

pierre [pjɛr] *nf* -**1.** [matière] stone; [caillou] stone, rock *Am*; **d'un coup** OU **jet de** ~ by throwing OU hurling a stone; **tuer qqn à coups de** ~ to stone sb to death‖ BX-ARTS: **la** ~ stone; **sculpter la** ~ to carve in stone‖ [immobilier]: **la** ~ the property OU real estate *Am* business; **investir dans la** ~ to invest in property OU in bricks and mortar; **les vieilles** ~**s** ruined buildings, ruins ❑ ~ **d'achoppement** stumbling block; ~ **levée** standing stone; ~ **polie** neolith; ~ **taillée** palaeolith, paleolith; **faire d'une** ~ **deux coups** to kill two birds (with one stone); **jeter la** ~ **à qqn** to cast a stone at sb; **qui va (lui) jeter la première** ~ ? who will cast the first stone?; **c'est une** ~ **dans ton jardin** that remark was (meant) for you; **se mettre une** ~ **autour du cou** to put an albatross round one's neck; ~ **qui roule n'amasse pas mousse** *prov* a rolling stone gathers no moss. -**2.** CONSTR: ~ **de taille** OU **d'appareil** freestone; ~ **angulaire** *pr* & *fig* keystone, cornerstone; ~ **à bâtir** building stone; **construction/mur en** ~**s sèches** drystone building/wall; **poser la première** ~ **(de)** *pr* to lay down the first stone (of); *fig* to lay the foundations (of). -**3.** JOAILL & MINÉR: ~ **brute** rough OU uncut stone; ~ **taillée** cut stone ❑ ~ **fine** OU **semi-précieuse** semi-precious stone; ~ **d'aigle** eaglestone; ~ **de lune** moonstone; ~ **précieuse** gem, precious stone; ~ **de touche** *pr* & *fig* touchstone. -**4.** GÉOL: ~ **calcaire** OU **à chaux** limestone; ~ **meulière** *type of stone common in the Paris area once used for making millstones and as a building material*; ~ **ollaire** soapstone, steatite *spéc*; ~ **ponce** pumice stone. -**5.** [instrument]: ~ **à affûter** OU **aiguiser** whetstone; ~ **à briquet** (lighter) flint; ~ **à feu** OU **fusil** gun flint. -**6.** [stèle]: ~ **funéraire** OU **tombale** tombstone, gravestone. -**7.** RELIG: ~ **d'autel** altar stone; ~ **noire** black stone. -**8.** HIST & *fig*: ~ **philosophale** philosopher's stone; **chercher la** ~ **philosophale** *fig* to search for the impossible. -**9.** [dans un fruit] (piece of) grit. -**10.** MÉD & *vieilli* (kidney) stone, calculus *spéc.*

◆ **de pierre** *loc adv* stony, of stone; **être/rester de** ~ to be/to remain icy-cool; **son cœur/visage restait de** ~ he remained stony-hearted/stony-faced.

◆ **pierre à pierre, pierre par pierre** *loc adv pr* stone by stone; *fig* painstakingly; **il a construit sa fortune** ~ **par** ~ he built up his fortune from nothing.

◆ **pierre sur pierre** *loc adv litt*: **après le tremblement de terre, il ne restait pas** ~ **sur** ~ not a stone was left standing after the earthquake; **ils n'ont pas laissé** ~ **sur** ~ **de la théorie originelle** they shot the original theory to pieces.

Pierre [pjɛr] *npr*: **saint** ~ Saint Peter; ~ **l'Ermite** Peter the Hermit; ~ **le Grand** Peter the Great; '~ **et le Loup'** *Prokofiev* 'Peter and the Wolf'.

pierrée [pjere] *nf* drystone drain.

pierreries [pjɛrri] *nfpl* precious stones, gems.

pierreux, euse [pjɛrø, øz] *adj* -**1.** [terrain] stony, rocky; **un chemin** ~ a stony path. -**2.** [fruit] gritty. -**3.** MÉD & *vieilli* calculous.

pierrier [pjɛrje] *nm* scree.

pierrot [pjɛro] *nm* -**1.** THÉÂT Pierrot; [clown] pierrot, clown. -**2.** [moineau] sparrow.

Pierrot [pjɛro] *npr* Pierrot.

pietà [pjeta] *nf* pietà.

piétaille [pjetaj] *nf* -**1.** *fam hum* [fantassins] rank and file. -**2.** *péj* [subalternes] rank and file; **la direction nous considère comme de la** ~ the management just thinks of us as skivvies *Br* OU flunkies *Am.*

piété [pjete] *nf* -**1.** RELIG piety. -**2.** [amour] devotion, reverence; ~ **filiale** filial devotion.

piétement [pjetmɑ̃] *nm* crossbars and legs (of furniture).

piéter [18] [pjete] *vi* [oiseau] to run (instead of flying).

piétin [pjetɛ̃] *nm* -**1.** AGR root rot. -**2.** VÉTÉR foot rot.

piétinement [pjetinmɑ̃] *nm* -**1.** [action] stamping; **le** ~ **des chevaux sur le pavé était assourdissant** the sound of the horses' hooves on the cobblestones was deafening. -**2.** *fig* [stagnation]: **le** ~ **de l'affaire arrange certaines personnes** the lack of progress in the case suits certain people.

piétiner [3] [pjetine] ◇ *vi* -**1.** [s'agiter] to walk on the spot; ~ **de rage** to stamp one's feet in rage; ~ **d'impatience** *fig* to be fidgeting with impatience, to be champing at the bit. -**2.** *fig* [stagner] to fail to make (any) progress OU headway; **l'enquête piétine** the enquiry is getting nowhere OU is making no headway; **on piétine, il faut se décider!** we're not getting anywhere OU we're just marking time, let's make up our minds!

◇ *vt* -**1.** [écraser] to trample OU to tread on. -**2.** *fig* [libertés, traditions] to trample underfoot, to ride roughshod over.

piétisme [pjetism] *nm* pietism.

piétiste [pjetist] ◇ *adj* pietistic, pietistical.

◇ *nmf* pietist.

piéton, onne [pjetɔ̃, ɔn] ◇ *adj* pedestrian *(modif)*; **rue** OU **zone** ~**ne** pedestrian precinct *Br* OU mall *Am.*

◇ *nm, f* pedestrian.

piétonnier, ère [pjetɔnje, ɛr] *adj* pedestrian *(modif)*; **rue piétonnière** pedestrian area OU street; **circulation piétonnière** pedestrian traffic.

piètre [pjɛtr] *adj (avant n)* very poor, mediocre; **faire** ~ **figure** to be a sorry sight; **de** ~ **qualité** very mediocre; **c'est une** ~ **consolation** that's small OU not much comfort.

piètrement [pjɛtrəmɑ̃] *adv* very mediocrely; **je suis bien** ~ **récompensée** this is (a) meagre recompense indeed for my effort.

pieu, x[1] [pjø] *nm* -**1.** [poteau - pour délimiter] post; [- pour attacher] stake; **les jeunes arbres sont attachés à des** ~**x** the young trees are attached to stakes. -**2.** *fam* [lit] bed; **aller** OU **se mettre au** ~ to turn in, to hit the hay OU the sack. -**3.** TRAV PUBL pile.

pieusement [pjøzmɑ̃] *adv* -**1.** [dévotement] piously, devoutly. -**2.** [scrupuleusement] religiously, scrupulously.

pieuter▽ [3] [pjøte] *vi* -**1.** [passer la nuit] to crash (out). -**2.** [coucher]: ~ **avec qqn** to bunk down with sb.

◆ **se pieuter**▽ *vpi* [se coucher] to turn in, to hit the hay OU the sack.

pieuvre [pjœvr] *nf* -**1.** ZOOL octopus. -**2.** *fig* [personne] leech.

pieux[2], **euse** [pjø, øz] *adj* -**1.** [dévot] pious, devout. -**2.** [charitable]: ~ **mensonge** white lie.

piézo-électricité [pjezɔelɛktrisite] *nf* piezoelectricity.

piézo-électrique [pjezɔelɛtrik] *adj* piezoelectric.

piézomètre [pjezɔmɛtr] *nm* piezometer.

pif [pif] ◇ *onomat* bang, splat.

◇ *nm* [nez] conk *Br*, hooter *Br*, shnoz *Am.*

◆ **au pif** *fam loc adv* [au hasard] by guesswork; **au** ~, **je dirais trois** I'd say three, at a rough guess; **j'ai répondu au** ~ I just guessed; **j'y suis allé au** ~ **et il restait des places** I just went on the off-chance and there were still some seats left; **j'ai pris celui-là au** ~ I just took the first one that came to hand.

pif(f)er▽ [3] [pife] *vt* [supporter]: **je ne peux pas le** ~ ! I can't stomach him!, I just can't stand him!

pifomètre *fam* [pifɔmɛtr] *nm* [hasard]: **au** ~: **j'ai dit ça au** ~ I was just guessing; **faire qqch au** ~ to follow one's hunch (in doing sthg).

pige [piʒ] *nf* -**1.** [tige graduée] measuring stick. -**2.** TECH gauge rod. -**3.** *fam* IMPR & PRESSE: **travailler à la** ~, **faire des** ~**s** to work freelance; **être payé à la** ~ to be paid piece rate OU by the line. -**4.**▽ [an] year; **elle a déjà soixante-dix** ~**s** she's seventy already; **pour quarante** ~**s, il est bien conservé** he still looks pretty good for a forty-year-old. -**5.** *fam loc*: **faire la** ~ **à qqn** [surpasser qqn] to go one better than sb.

pigeon [piʒɔ̃] *nm* -**1.** ORNITH pigeon; ~ **biset/colombin** rock/stock dove; ~ **ramier** wood pigeon, ringdove; ~ **voyageur** carrier OU homing pigeon. -**2.** JEUX: ~ **vole** *children's game consisting of a yes or no answer to the question – does X fly?* -**3.** CONSTR [plâtre] handful of plaster; [chaux] lump (in lime). -**4.** SPORT: ~ **d'argile** clay pigeon. -**5.** *fam* [dupe] mug *Br*, sucker *Am*; **et c'est encore moi le** ~! and muggins here *Br* OU yours truly *Am* ends up holding the baby as usual!

pigeonnant, e [piʒɔnɑ̃, ɑ̃t] *adj*: **soutien-gorge** ~ uplift (bra); **poitrine** ~**e** full bosom.

pigeonne [piʒɔn] *nf* hen pigeon.

pigeonneau, x [piʒɔno] *nm* -**1.** ORNITH young pigeon, squab *spéc.* -**2.** MÉD chrome OU tanner's ulcer.

pigeonner [3] [piʒɔne] *vt* -**1.** CONSTR to plaster. -**2.** *fam* [duper]: ~ **qqn** to take sb in OU for a ride, to hoodwink sb; **se faire** ~ to be led up the garden path, to be taken for a ride.

pigeonnier [piʒɔnje] *nm* -**1.** [pour pigeons] dovecote. -**2.** *fam* [mansarde] garret, attic.

piger [17] [piʒe] ◇ *vt* -**1.** *fam* [comprendre] to get, to twig *Br*; **j'ai mis une heure avant de** ~ **ce qu'il disait** it took me an hour to catch on to what he was saying; **(t'as) pigé?** got it?, have you twigged? *Br*, have you got the picture? *Am*; **elle pige rien** OU **que dalle à l'art** she hasn't got a clue about art ‖ *(en usage abs)*: **il a fini par** ~ the penny finally dropped *Br*, he finally got it OU got the picture *Am.* -**2.** [mesurer] to rule (out).

◇ *vi* *fam* [travailler à la pige] to work freelance.

pigiste [piʒist] *nmf* -**1.** IMPR piece-rate typographer. -**2.** PRESSE freelance journalist.

pigment [pigmɑ̃] *nm* pigment.

pigmentaire [pigmɑ̃tɛr] *adj* pigmentary.

pigmentation [pigmɑ̃tasjɔ̃] *nf* pigmentation.

pigmenter [3] [pigmɑ̃te] *vt* to pigment.

pigne [piɲ] *nf* -**1.** [cône] pine cone. -**2.** [graine] pine kernel.

pignocher [3] [piɲɔʃe] *vi* -**1.** *vieilli* [manger] to nibble OU to pick at food. -**2.** [peindre] *to paint with minutely fine strokes.*

pignon [piɲɔ̃] *nm* -**1.** ARCHIT [de mur] gable; [de bâtiments] side wall; ~ **chantourné** shaped gable; ~ **à redents** OU **à pas d'oiseau** crow-step (ped) OU corbie-step (ped) gable; **avoir** ~ **sur rue** [personne] to be well-off (and respectable); [entreprise] to be well established. -**2.** TECH [roue dentée] cogwheel, gear wheel; [petite roue] pinion; [d'une bicyclette] rear-wheel, sprocket; ~ **baladeur** sliding-mesh gear; ~ **de renvoi** transmission (gear) wheel. -**3.** BOT pine kernel OU nut.

pignouf▽ [piɲuf] *nm* [rustre] slob.

pilaf [pilaf] *nm* pilaf, pilau.

pilage [pilaʒ] *nm* pounding, grinding.

pilaire [pilɛr] *adj* pilar, pilary.

pilastre [pilastr] *nm* ARCHIT pilaster; [d'escalier] newel (post); [d'un balcon] pillar.

pilchard [pilʃar] *nm* pilchard.

pile [pil] ◇ *nf* -**1.** [tas - désordonné] pile, heap; [- ordonné] stack. -**2.** INF stack. -**3.** CONSTR [pilier] pier. -**4.** TRAV PUBL [appui] pier; [pieu] pile; ~ **culée** abutment pier. -**5.** ÉLECTR battery; **une radio à** ~**s** a radio run on batteries, a battery radio ❑ ~ **atomique** pile reactor; ~ **à combustible** fuel cell; ~ **sèche** dry battery; ~ **solaire** solar cell. -**6.** HÉRALD pile. -**7.** [côté d'une pièce]: **le côté** ~ the reverse side; ~ **ou face?** heads or tails?; ~, **c'est moi** tails, I win; **jouer** OU **tirer à** ~ **ou face** to toss a coin; **tirons à** ~ **ou face** let's toss for it. -**8.** TECH [bac]: ~ **défileuse/blanchisseuse** breaker (beater), poacher, bleacher. -**9** [coups] belting, thrashing; **flanquer la**

~ à qqn *pr* to give sb a good beating OU drubbing. -**10.** [défaite] beating; **recevoir** OU **prendre une (bonne)** ~ to get a beating OU hammering *Br* OU shellacking *Am*.
◇ *adv fam* -**1.** [net] dead; **s'arrêter** ~ to stop dead; **ça commence à 8 h** ~ it begins at 8 o'clock sharp OU on the dot. -**2.** [juste] right; ~ **au milieu** right in the middle; **tomber** ~: **tu es tombé** ~ **sur le bon chapitre** you just hit (on) the right chapter; **vous tombez** ~, **j'allais vous appeler** you're right on cue, I was about to call you.

piler [3] [pile] ◇ *vt* -**1.** [broyer] to crush, to grind. -**2.** *fam* [vaincre] to make mincemeat of, to wipe the floor with; **il a pilé ses adversaires** he pulverized OU clobbered his opponents.
◇ *vi fam* [freiner] to come sharply to a halt; **j'ai été obligé de** ~ I had to slam (my foot) on the brakes.

pileux, euse [pilø, øz] *adj* pilose, pilous.

pilier [pilje] *nm* -**1.** ANAT, CONSTR & MIN pillar. -**2.** *fig* [défenseur] pillar; [bastion] bastion, bulwark; **c'était un** ~ **du socialisme** she was a pillar of socialism; **la constitution,** ~ **de la démocratie** the constitution, one of the pillars of democracy ❑ **c'est un** ~ **de bar** *fam péj* [habitué] he can always be found propping up the bar, he's a barfly. -**3.** [joueur de rugby] prop forward.

pillage [pijaʒ] *nm* -**1.** [vol] pillage, looting, plundering; **le** ~ **de la ville par les soldats** the pillaging of the town by the soldiers; **mettre au** ~ to pillage. -**2.** [plagiat] plagiarism, pirating. -**3.** [d'une ruche] robbing.

pillard, e [pijar, ard] ◇ *adj* pillaging, looting, plundering.
◇ *nm, f* pillager, looter, plunderer.

piller [3] [pije] *vt* -**1.** [dépouiller] to pillage, to loot, to plunder. -**2.** [détourner] to cream *Br* OU to siphon off *(sép)*; ~ **les caisses de l'État** to siphon OU to cream *Br* off taxpayers' money. -**3.** [plagier] to plagiarize.

pilleur, euse [pijœr, øz] *nm, f* pillager, looter, plunderer; ~ **d'épaves** wrecker.

pillow-lava [pilolava] (*pl* **pillow-lavas**) *nf* pillow lava.

pilocarpine [pilɔkarpin] *nf* pilocarpine.

pilon [pilɔ̃] *nm* -**1.** [de mortier] pestle; TECH pounder. -**2.** IMPR: **mettre un livre au** ~ to pulp a book; **on a eu plus de 2000** ~**s** we had to pulp more than 2,000 copies. -**3.** [jambe de bois] (straight) wooden leg. -**4.** [de volaille] drumstick.

pilonnage [pilɔnaʒ] *nm* -**1.** [broyage] pounding, pestling. -**2.** IMPR pulping. -**3.** [bombardement] (heavy) bombardment, shelling; ~ **publicitaire** *fig* barrage of publicity.

pilonner [3] [pilɔne] *vt* -**1.** [broyer] to pound, to pestle. -**2.** IMPR to pulp. -**3.** [bombarder] to bombard, to shell.

pilori [pilɔri] *nm* -**1.** HIST pillory. -**2.** *fig*: **clouer** OU **mettre qqn au** ~ to pillory sb.

pilo-sébacé, e [pilɔsebase] (*mpl* **pilo-sébacés**, *fpl* **pilo-sébacées**) *adj* pilosebaceous.

pilosisme [pilozism] *nm* pilosis.

pilosité [pilozite] *nf* pilosity.

pilot [pilo] *nm* TRAV PUBL pile.

pilotage [pilɔtaʒ] *nm* -**1.** NAUT piloting. -**2.** AÉRON pilotage, piloting; ~ **automatique** automatic piloting; **sur** ~ **automatique** on automatic pilot OU autopilot; ~ **sans visibilité** blind flying. -**3.** *fig* [direction]: **le** ~ **d'une entreprise** running a business.

pilote [pilɔt] *nm* -**1.** AÉRON & NAUT pilot; ~ **automatique** autopilot, automatic pilot; ~ **de chasse** fighter pilot; ~ **d'essai** test pilot; ~ **de ligne** airline pilot. -**2.** *litt* [guide] guide. -**3.** AUT driver; ~ **automobile** OU **de course** racing driver. -**4.** ÉLECTR pilot. -**5.** ZOOL pilot fish. -**6.** INF handler. -**7.** RAIL pilot, pilotman. -**8.** *(comme adj; avec ou sans trait d'union)* [expérimental] experimental; **école** ~ experimental school ‖ [promotionnel] promotional; **produit** ~ promotional item, special offer.

piloter [3] [pilɔte] *vt* -**1.** [conduire - avion] to pilot, to fly; [- bateau] to sail; [- voiture] to drive. -**2.** [guider - personne] to guide, to show around *(sép)*; [- outil] to guide; **piloté par ordinateur** computer-driven. -**3.** TRAV PUBL to drive piles into.

pilotin [pilɔtɛ̃] *nm apprentice in Merchant Navy*.

pilotis [pilɔti] *nm*: **des** ~ piling; **maison sur** ~ house built on piles OU stilts.

pilou [pilu] *nm* flannelette.

pilulaire [pilylɛr] ◇ *adj* pilular.
◇ *nf* pillwort.

pilule [pilyl] *nf* -**1.** [médicament] pill; **trouver la** ~ **amère** *fam* to find it a bitter pill to swallow; **faire passer la** ~ *fam* to get sb to swallow the pill OU to take their medicine *fig*. -**2.** [contraceptif]: ~ **contraceptive** contraceptive pill; **la** ~ the pill; **prendre la** ~ to be on the pill ❑ ~ **du lendemain** morning-after pill.

pimbêche [pɛ̃bɛʃ] *péj & vieilli* ◇ *adj* stuck up; **ce qu'elle peut être** ~! she thinks she's Lady Muck *Br* OU the queen bee *Am*!
◇ *nf*: **c'est une** ~ she's really stuck-up.

piment [pimɑ̃] *nm* -**1.** BOT pepper, capsicum *spéc*; ~ **doux** (sweet) pepper; ~ **rouge** red pepper; ~ **fort** hot pepper, pimento. -**2.** CULIN chilli, chili. -**3.** [charme]: **ça met un peu de** ~ **dans la vie!** it adds some spice to life!; **cette fille a du** ~ she's certainly got character.

pimenté, e [pimɑ̃te] *adj* [sauce] hot, spicy.

pimenter [3] [pimɑ̃te] *vt* -**1.** CULIN to season with chili, to spice up *(sép)*. -**2.** [corser]: ~ **une histoire** to lace a story with spicy details; ~ **la vie** to add spice to life.

pimpant, e [pɛ̃pɑ̃, ɑ̃t] *adj* [net] spruce, neat, smart; [frais] fresh, bright; **elle est arrivée toute** ~**e** she turned up all bright-eyed and bushy tailed.

pimprenelle [pɛ̃prənɛl] *nf* salad burnet.

pin [pɛ̃] *nm* -**1.** BOT pine; ~ **parasol** OU **pignon** stone pine; ~ **noir/d'Alep** Austrian/Aleppo pine; ~ **maritime** maritime pine; ~ **d'Oregon** Douglas fir; ~ **sylvestre** Scots OU Scotch pine. -**2.** MENUIS pine, pinewood.

pinacée [pinase] *nf* member of the Pinaceae.

pinacle [pinakl] *nm* -**1.** ARCHIT pinnacle. -**2.** *fig* zenith, acme; **être au** ~ to be at the top; **mettre** OU **porter qqn au** ~ to praise sb to the skies, to put sb on a pedestal.

pinacothèque [pinakɔtɛk] *nf* art gallery.

pinaillage *fam* [pinajaʒ] *nm* nitpicking, hair-splitting.

pinailler *fam* [3] [pinaje] *vi* to quibble, to nitpick.

pinailleur, euse *fam* [pinajœr, øz] ◇ *adj* fussy, nitpicking, quibbling.
◇ *nm, f* nitpicker.

pinard▽ [pinar] *nm* vino, plonk *Br*, jug wine *Am*.

pinardier [pinardje] *nm* -**1.** [navire] wine tanker. -**2.** ▽ [marchand] wine merchant.

pinasse [pinas] *nf* (flat-bottomed) pinnace.

pinastre [pinastr] *nm* maritime pine, pinaster.

pinçage [pɛ̃saʒ] *nm* nipping off, pinching out.

pince [pɛ̃s] *nf* -**1.** [outil] (pair of) pliers OU pincers; [pour un âtre] (fire) tongs; ~ **à glaçons/sucre** ice/sugar tongs; ~ **ampèremétrique** ÉLECTR grip current tester; ~ **à cheveux** hair clip; ~ **coupante** wire cutters; ~ **à dénuder** wire-strippers; ~ **à dessin** bulldog clip; ~ **à épiler** (pair of) tweezers; ~ **à linge** clothes peg OU pin *Am*; ~ **multiprise** multiple pliers; ~ **à ongles** (nail) clippers; ~ **à palettes** pallet pusher; ~ **plate** flat (nose) pliers; ~ **universelle** universal OU all-purpose pliers; ~ **à vélo** bicycle clip. -**2.** BIOL & MÉD: ~ **(à disséquer)** (dissecting) forceps. -**3.** ZOOL claw, pincer; [d'un sabot de cheval] front part (of a horse's hoof). -**4.** COUT dart, tuck; **ouvrir** OU **retirer des** ~**s** to take out tucks ❑ ~ **de poitrine** dart. -**5.** *fam* [main] paw, mitt.
◆ **à pinces** ◇ *loc adj* COUT pleated; **pantalon à** ~**s** front-pleated trousers.
◇ *loc adv fam* [à pied] on foot, on shanks's pony *Br* OU mare *Am*; **j'irai à** ~**s** I'll hoof OU leg it.

pincé, e[1] [pɛ̃se] *adj* -**1.** [dédaigneux]: **un sourire** ~ a thin-lipped smile; **il avait un air** ~ he had a stiff OU starchy manner. -**2.** [serré] tight; **aux lèvres** ~**es** tight-lipped.

pinceau, x [pɛ̃so] *nm* -**1.** [brosse - de peintre] paintbrush, brush; [- de maquillage] brush. -**2.** [style] brushwork; **on reconnaît bien là le** ~ **d'Utrillo** this is obviously Utrillo's brushwork; **il a un bon coup de** ~ he paints rather well. -**3.** OPT: ~ **lumineux** light pencil. -**4.** *fam* [jambe] gam, pin.

pincée[2] [pɛ̃se] ◇ *f* → **pincé**.
◇ *nf* pinch.

pincement [pɛ̃smɑ̃] *nm* -**1.** [émotion] twinge, pang; **avoir un** ~ **au cœur** to have a lump in one's throat; **j'ai eu un** ~ **au cœur** it tugged at my heartstrings. -**2.** MUS plucking. -**3.** HORT nipping off, deadheading *Br*. -**4.** AUT toe-in.

pince-monseigneur [pɛ̃smɔ̃sɛɲœr] (*pl* **pinces-monseigneur**) *nf* jemmy.

pince-nez [pɛ̃sne] *nm inv* pince-nez.

pincer [16] [pɛ̃se] *vt* -**1.** [serrer] to pinch, to nip; **se faire** ~ **par un crabe** to get nipped by a crab; **arrête de** ~ **ton frère** stop pinching your brother; **pince-moi, je rêve!** pinch me, I must be dreaming!; ~ **les lèvres** to go tight-lipped. -**2.** [suj: vent, froid] to nip at *(insép)*; **le vent pinçait mes joues** the wind nipped at my cheeks. -**3.** MUS to pluck. -**4.** HORT to pinch out *(sép)*, to nip off *(sép)*, to deadhead *Br*. -**5.** VÊT: **une veste/robe qui pince la taille** a fitted jacket/dress. -**6.** *fam* [arrêter] to nick *Br*, to pinch, to bust; **se faire** ~: **un jour, tu vas te faire** ~ **par les flics** one day, you'll get nicked *Br* OU you'll be busted *Am*; **elle s'est fait** ~ **en sortant du magasin** she got collared as she was about to leave the store. -**7.** *fam loc*: **en** ~ **pour qqn** to be crazy about sb, to be gone on sb ‖ *(en usage abs)*: **ça pince** it's nippy, there's a nip in the air; **ça pince (dur), aujourd'hui!** it's bitterly OU freezing cold today!
◆ **se pincer** ◇ *vp (emploi réfléchi)* to pinch o.s.; **se** ~ **le nez** to hold OU to pinch one's nose.
◇ *vpt* [par accident]: **je me suis pincé le doigt dans le tiroir** I caught my finger in the drawer, my finger got caught in the drawer.

pince-sans-rire [pɛ̃ssɑ̃rir] ◇ *nmf inv* person with a deadpan OU dry sense of humour.
◇ *adj inv*: **elle est très** ~ she's got a very dry sense of humour.

pincette [pɛ̃sɛt] *nf* -**1.** [d'horloger] (pair of) tweezers. -**2.** *Helv* [pince à linge] clothespeg.
◆ **pincettes** *nfpl* [pour attiser] (fireplace) tongs; **il n'est pas à prendre avec des** ~**s** [très énervé] he's like a bear with a sore head.

pinçon [pɛ̃sɔ̃] *nm* pinch mark.

pinçure [pɛ̃syr] *nf* pinch-ache.

Pindare [pɛ̃dar] *npr* Pindar.

pindarique [pɛ̃darik] *adj* Pindaric.

pine▼ [pin] *nf* [pénis] prick, cock, schlong *Am*.

pineau [pino] *nm* -**1.** [cépage] pineau wine. -**2.** [vin] Pineau aperitif.

pinède [pinɛd] *nf* pinewood, pine grove.

pineraie [pinrɛ] = **pinède**.

pingouin [pɛ̃gwɛ̃] *nm* penguin, auk; **grand** ~ great auk; **petit** ~ razorbill.

ping-pong [piŋpɔ̃g] *nm* table tennis, ping-pong.

pingre [pɛ̃gr] *péj* ◇ *adj* [avare] stingy, mean, tight-fisted.
◇ *nmf* skinflint, penny-pincher.

pingrerie [pɛ̃grəri] *nf* [avarice] stinginess, meanness.

pinne [pin] *nf* pinna (mollusc).

pinnipède [pinipɛd] *nm* pinniped, pinnipedian.

pinnothère [pinɔtɛr] *nm* pinnothere, pea-crab.

Pinocchio [pinɔkio] *npr* Pinocchio.

pinocytose [pinɔsitoz] *nf* pinocytosis.

pinot [pino] *nm* pinot.

pin-pon [pɛ̃pɔ̃] *interj langage enfantin noise made by a fire engine's two-tone siren*.

pinscher [pinʃɛr] *nm* (doberman) pinscher.
pinson [pɛ̃sɔ̃] *nm* chaffinch; ~ **des neiges** snow finch; ~ **du Nord** brambling.
pintade [pɛ̃tad] *nf* guinea fowl.
pintadeau, x [pɛ̃tado] *nm* young guinea fowl.
pintadine [pɛ̃tadin] *nf* pearl oyster.
pinte [pɛ̃t] *nf* -**1.** [mesure - française] quart; [- anglo-saxonne] pint; [- canadienne] quart. -**2.** [verre] pint; **une ~ de bière** a pint of beer. -**3.** *Helv* bar. -**4.** *fam loc*: **s'offrir** OU **se faire** OU **se payer une ~ de bon sang** to have a good laugh.
pinté, e▽ [pɛ̃te] *adj* [saoul] pie-eyed, blotto *Br*, pissed *Br*.
pinter▽ [3] [pɛ̃te] ⋄ *vi* [se saouler] to booze.
⋄ *vt* [boire] to swill, to knock back *(sép)*.
◆ **se pinter** *vpi* to booze.
pin-up [pincœp] *nf inv* pinup.
pinyin [pinjin] *nm* Pinyin.
piochage [pjɔʃaʒ] *nm* digging (up).
pioche [pjɔʃ] *nf* -**1.** [outil] pick, pickaxe, mattock; **ils ont démoli le mur à coups de ~** they demolished the wall with a pick. -**2.** JEUX [aux dominos] stock; [aux cartes] talon, stock.
piocher [3] [pjɔʃe] ⋄ *vt* -**1.** [creuser] to dig (up). -**2.** [tirer] to draw; ~ **une carte/un domino** to draw a card/domino (from stock); ~ **des prunes dans un compotier** to dig into a bowl for plums. -**3.** *fam* [étudier] to cram, to swot at *Br (insép)*, to grind away at *Am (insép)*.
⋄ *vi* [puiser] to dig; **les cerises sont fameuses, vas-y, pioche (dans le tas)** the cherries are delicious, go ahead, dig in.
piocheur, euse [pjɔʃœr, øz] *nm, f* -**1.** [ouvrier] digger. -**2.** *fam* [étudiant] swot *Br*, grind *Am*.
piolet [pjɔlɛ] *nm* ice-axe.
pion¹ [pjɔ̃] *nm* -**1.** JEUX [de dames] draughtsman, checker *Am*; [d'échecs] pawn. -**2.** *fig* [personne]: **n'être qu'un ~ sur l'échiquier** to be just a cog in the machine OU a pawn in the game. -**3.** PHYS pion.
pion², **pionne** *fam* [pjɔ̃, pjɔn] *nm, f* SCOL (paid) prefect OU monitor.

PION:
In French lycées, the "pions" (officially called "surveillants") are responsible for supervising pupils outside class hours; they are often university students who do the job to make a little extra money.

---

pioncer *fam* [16] [pjɔ̃se] *vi* to snooze, to (have a) kip *Br*.
pionnier, ère [pjɔnje, ɛr] *nm, f* -**1.** [inventeur] pioneer; **une pionnière de la physique nucléaire** a pioneer of nuclear physics. -**2.** [colon] pioneer; **les ~s de l'Ouest américain** the pioneers of the Wild West.
◆ **pionnier** *nm* MIL sapper.
piorner *fam* [3] [pjɔrne] *vi Helv* to snivel.
pioupiou *fam* [pjupju] *nm vieilli* soldier, squaddie *Br*, GI (Joe) *Am*.
pipe [pip] *nf* -**1.** [à fumer - contenant] pipe; [- contenu] pipe, pipeful; **une ~ de bruyère** a briar pipe. -**2.** TECH pipe. -**3.** ŒNOL wine cask. -**4.** ▼ [fellation] blow-job. -**5.** *fam* [cigarette] fag *Br*, butt *Am*.
pipeau, x [pipo] *nm* -**1.** MUS (reed) pipe; **c'est du ~** *fig* it's all fibs. -**2.** CHASSE bird call.
◆ **pipeaux** *nmpl* [pour les oiseaux] birdlimed OU limed twigs.
pipelet, ette *fam* [piplɛ, ɛt] *nm, f vieilli* concierge, doorman *Am nm*.
◆ **pipelette** *fam nf* gossip (monger); **mon oncle est une vraie ~te** my uncle loves a good chin-wag.
pipe-line (*pl* pipe-lines), **pipeline** [pajplajn, piplin] *nm* pipeline.
piper [3] [pipe] *vt* -**1.** [truquer - dés] to load; [- cartes] to mark; **les dés sont pipés** *fig* the dice are loaded. -**2.** *loc*: **ne pas ~ (mot)** to keep mum; **je te conseille de ne pas ~ mot** mum's the word, you'd better keep your mouth shut. -**3.** CHASSE to hunt with a bird call.
pipéracée [piperase] *nf* member of the Piperaceae OU pepper family.
piperade [piperad] *nf* piperade *(cooked tomatoes, sweet peppers and ham served with scrambled eggs)*.
pipette [pipɛt] *nf* pipette.
pipi *fam* [pipi] *nm* [urine] (wee) wee, pee; **faire ~** to do a (wee) wee, to have a pee, to pee; **faire ~ au lit** to wet the bed ❑ **c'est du ~ de chat** [sans goût] it's tasteless, it's like dishwater; [sans intérêt] it's a load of bilge OU tripe.
pipier, ère [pipje, ɛr] ⋄ *adj* pipe-making *(modif)*.
⋄ *nm, f* pipe-maker.
pipistrelle [pipistrɛl] *nf* pipistrelle.
piquage [pikaʒ] *nm* -**1.** COUT stitching. -**2.** TEXT punching.
piquant, e [pikɑ̃, ɑ̃t] *adj* -**1.** [plante] thorny; **sa barbe est ~e** his beard's all prickly. -**2.** CULIN [moutarde, radis] hot. -**3.** *sout* [excitant - récit, détail] spicy, juicy. -**4.** *fam* [pétillant - eau] fizzy.
◆ **piquant** *nm* -**1.** [de plante] thorn, prickle; [d'oursin, de hérisson] spine; [de barbelé] barb, spike. -**2.** *sout* [intérêt]: **le ~ de l'histoire, c'est qu'elle n'est même pas venue!** the best part of it is that OU to crown it all she didn't even show up!; **des détails qui ne manquent pas de ~** juicy details.
pique [pik] ⋄ *nf* -**1.** [arme] pike; [de picador] pic. -**2.** [propos] barb, carping remark; **lancer des ~s à qqn** to make cutting remarks to sb.
⋄ *nm* -**1.** [carte] spade; **le roi de ~** the king of spades. -**2.** [couleur] spades.
piqué, e [pike] *adj* -**1.** [abîmé - vin] sour; [- miroir] mildewed; [- bois] wormeater; [- papier] foxed. -**2.** *fam* [fou] nutty, screwy, cracked. -**3.** MUS staccato; **note ~e** dotted note. -**4.** CULIN [de lard] larded, piqué; [d'ail] studded with garlic, piqué.
◆ **piqué** *nm* -**1.** TEXT piqué. -**2.** AÉRON nose dive. -**3.** DANSE piqué.
pique-assiette *fam* [pikasjɛt] (*pl inv* OU pique-assiettes) *nmf* sponger, scrounger.
pique-feu [pikfø] (*pl inv* OU pique-feux) *nm* poker.
pique-fleurs [pikflœr] *nm inv* flower holder *(vase)*.
pique-nique [piknik] (*pl* pique-niques) *nm* picnic; **faire un ~** to go on OU for a picnic.
pique-niquer [3] [piknike] *vi* to picnic, to go on OU for a picnic; **un bon endroit pour ~** a nice place to have OU for a picnic.
pique-niqueur, euse [piknikœr, øz] (*mpl* pique-niqueurs, *fpl* pique-niqueuses) *nm, f* picnicker.
piquer [3] [pike] ⋄ *vt* -**1.** MÉD [avec une seringue]: ~ **qqn** to give sb an injection. -**2.** VÉTÉR [tuer]: ~ **un animal** to put an animal down, to put an animal to sleep; **faire ~ un chien** to have a dog put down. -**3.** [avec une pointe] to prick; ~ **un morceau de viande avec une fourchette/la pointe d'un couteau** to stick a fork/the tip of a knife into a piece of meat; ~ **un bœuf avec un aiguillon** to goad an ox; ~ **qqn avec une épingle** to prick sb with a pin. -**4.** [suj: animal, plante] to sting, to bite; **être piqué** OU **se faire ~ par une abeille** to get stung by a bee; **se faire ~ par un moustique** to get bitten by a mosquito; **être piqué par des orties/méduses** to get stung by nettles/jellyfish ❑ **pas piqué des hannetons** *fam* OU **vers** *fam*: **un alibi pas piqué des hannetons** the perfect alibi; **il est pas piqué des hannetons ton frangin!** your brother is really something else! -**5.** [enfoncer] to stick; ~ **une aiguille dans une pelote** to stick a needle into a ball; ~ **une fleur dans ses cheveux** to put a flower in OU to stick a flower in one's hair; ~ **une fourchette dans un steak** to stick a fork into a steak; ~ **une photo sur le mur** to pin a picture on OU onto the wall; ~ **une broche sur un chemisier** to pin a brooch on OU onto a blouse. -**6.** [brûler] to tickle, to tingle, to prickle; **ça pique la gorge** it gives you a tickle in your OU the throat; **le poivre pique la langue** pepper burns the tongue; **la fumée me pique les yeux** the smoke is making my eyes smart; **le vent me pique les joues** the wind is biting OU stinging my cheeks; **un tissu rêche qui pique la peau** a rough material which chafes the skin. -**7.** [stimuler - curiosité, jalousie] to arouse, to awaken; [- amour-propre] to pique; [- intérêt] to stir (up); ~ **qqn au vif** to touch sb on a raw nerve, to cut sb to the quick. -**8.** *fam* [faire de manière soudaine]: ~ **un cent mètres** OU **un sprint** *pr* to put on a sprint; *fig* to take off in a flash; ~ **une colère** to throw a fit (of anger); ~ **une crise (de nerfs)** to get hysterical; ~ **un galop** to gallop off; ~ **un somme** OU **un roupillon** *fam* to grab a nap OU some shuteye ❑ ~ **un fard** to turn red OU crimson; ~ **une tête** to dive head first. -**9.** *fam* [dérober] to steal, to pinch, to grab *Am*; ~ **une voiture** to steal a car; ~ **un portemonnaie** to snatch a wallet; **il a piqué la femme de son copain** he ran off with his friend's wife; ~ **une phrase dans un livre/à un auteur** to lift a sentence from a book/an author. -**10.** *fam* [arrêter] to nab, to collar, to nick *Br*; **la police l'a piqué la main dans le sac** he was caught red-handed; **se faire ~** [arrêter] to get nabbed OU nailed *Am*; [surprendre] to get caught. -**11.** MUS: ~ **une note** to dot a note, to play a note staccato. -**12.** COUT to sew; [cuir] to stitch. -**13.** CULIN: ~ **un rôti d'ail** to stick garlic into a roast; ~ **une viande de lardons** to lard a piece of meat. -**14.** DANSE: ~ **la pointe** to prick the pointe. -**15.** TECH [rouille] to hammer off *(sép)*. -**16.** PÊCHE to gaff, to strike (with a gaff). -**17.** NAUT: ~ **l'heure** to strike the hour.
⋄ *vi* -**1.** [brûler - barbe] to prickle; [- désinfectant, alcool] to sting; [- yeux] to burn, to smart; **radis/moutarde qui pique** hot radish/mustard; **eau qui pique** *fam* fizzy water; **vin qui pique** sour wine; **odeur qui pique** pungent smell; **gorge qui pique** sore throat. -**2.** [descendre - avion] to (go into a) dive; [- oiseau] to swoop down; [- personne] to head straight towards; ~ **(droit) vers** to head (straight) for. -**3.** *loc*: ~ **du nez** [avion] to go into a nosedive; [bateau] to tilt forward; [fleur] to droop; [personne] to (begin to) drop off; **tu es fatigué, tu commences à ~ du nez** you're tired, you keep nodding off; ~ **des deux** ÉQUIT to spur; *fig* to run away full tilt.
◆ **se piquer** ⋄ *vp (emploi réfléchi)* -**1.** [avec une seringue - malade] to inject o.s. -**2.** [drogué] to take drugs *(intravenously)*; **il se pique à l'héroïne** he shoots OU does heroin.
⋄ *vpi* -**1.** [par accident] to prick o.s. -**2.** [s'abîmer - papier, linge] to turn mildewy, to go mouldy; [- métal] to pit OU to get pitted; [- vin] to turn sour. -**3.** *loc*: **se ~ au jeu**: **elle s'est piquée au jeu** it grew on her.
⋄ *vpt*: **se ~ le nez** *fam* to hit the bottle, to tipple.
◆ **se piquer de** *vp + prép* to pride o.s. on; **il se pique de connaissances médicales** he prides himself on his knowledge of medicine.
piquet [pikɛ] *nm* -**1.** [pieu] post, stake, picket; **planter un ~ dans le sol** to drive a stake into the ground ❑ **droit** OU **raide comme un ~** as stiff as a poker. -**2.** [groupe - de soldats, de grévistes] picket; ~ **d'incendie** fire fighting squad; ~ **de grève** picket. -**3.** [coin]: **mettre un enfant au ~** to send a child to stand in the corner; **au ~!** *hum* go to the back of the class! -**4.** JEUX piquet.
piquetage [piktaʒ] *nm* -**1.** [marquage] staking (out). -**2.** *Can* picketing.
piqueter [27] [pikte] ⋄ *vt* -**1.** [route, chemin] to stake OU to peg (out). -**2.** *litt* [parsemer] to stud, to dot; **un ciel piqueté d'étoiles** a sky studded with stars, a star-studded sky.
⋄ *vi Can* to picket.
piqueteur, euse [piktœr, øz] *nm, f Can* picketer.
piquette [pikɛt] *nf* -**1.** [vin] (cheap) wine. -**2.** *fam* [défaite] thrashing, beating; **prendre** OU **ramasser une ~** to get a good drubbing OU hammering OU shellacking *Am*. -**3.** *fam loc*: **c'est de la ~** it's a mere trifle.
piqueur, euse [pikœr, øz] ⋄ *adj* ENTOM stinging *(avant n)*.

◇ *nm, f* -1. COUT stitcher; [dans l'industrie de la chaussure] upper stitcher. -2. *fam* [voleur] thief; un ~ d'idées a stealer of ideas.
◆ **piqueur** *nm* -1. TRAV PUBL overseer. -2. MIN hewer, getter.
piqûre [pikyr] *nf* -1. [d'aiguille] prick; ~ **d'épingle** pinprick. -2. [d'insecte] sting, bite; ~ **de guêpe/d'abeille** wasp/bee sting; ~ **de moustique/puce** mosquito/flea bite. -3. [de plante] sting; ~ **d'orties** nettle sting. -4. MÉD injection, shot; ~ **antitétanique** antitetanus OU tetanus shot; **faire une** ~ **à qqn** to give sb an injection. -5. COUT [point] stitch; [rangs, couture] stitching *(U)*. -6. [altération - du papier] foxing; [- du métal] pitting; [- du bois] wormhole; [- du vin] souring. -7. [saleté]: ~**s de mouches** fly specks.
piranha [pirana] *nm* piranha.
piratage [pirataʒ] *nm* pirating *(U)*, piracy; INF hacking.
pirate [pirat] *nm* -1. [sur les mers] pirate; ~ **de l'air** hijacker. -2. [escroc] swindler, thief; **c'est tous des** ~**s, dans la grand-rue** the traders in the high street are a bunch of thieves. -3. [de logiciels, de cassettes] pirate. -4. *(comme adj; avec ou sans trait d'union)* pirate *(modif)*; **radio** ~ pirate (radio) station.
pirater [3] [pirate] ◇ *vt* -1. *fam* [escroquer] to rip off *(sép)*, to rob; **le plombier nous a piratés** the plumber ripped us off OU robbed us; ~ **des idées** to pinch OU to steal ideas. -2. [copier illégalement] to pirate; ~ **un film/une cassette** to make a pirate copy of a film/a cassette.
◇ *vi litt* to pirate.
piraterie [piratri] *nf* -1. [sur les mers] piracy; ~ **aérienne** air piracy, hijacking. -2. [escroquerie] swindle, sharp practice. -3. [plagiat] piracy, pirating; ~ **commerciale** industrial piracy.
piraya [piraja] = **piranha**.
pire [pir] ◇ *adj* -1. *(compar)* worse; **si je dors, c'est** ~ **encore** if I sleep, it's even worse; **les conditions sont** ~**s que jamais** the conditions are worse than ever; **ça ne pourrait pas être** ~ it couldn't be worse; **c'est de** ~ **en** ~ it's getting worse and worse ❑ **il n'est** ~ **eau que l'eau qui dort** *prov* still waters run deep *prov*; **il n'est** ~ **sourd que celui qui ne veut pas entendre** *prov* there's none so deaf as he who will not hear. -2. *(superl)* worst; **mon** ~ **ennemi** my worst enemy; **se livrer aux** ~**s horreurs** to commit the worst OU foulest abominations; **c'est la** ~ **chose qui pouvait lui arriver** it's the worst thing that could happen to him.
◇ *nm*: **le** ~ the worst; **je m'attends au** ~ I expect the worst; **le** ~ **est qu'elle en aime un autre** the worst (part) of it is that she's in love with someone else; **dans le** ~ **des cas**, (**en mettant les choses**) **au** ~ at worst.
Pirée [pire] *npr*: **Le** ~ Piraeus; **prendre Le** ~ **pour un homme** *allusion La Fontaine* to make a crude mistake.
piriforme [pirifɔrm] *adj* pyriform, pear-shaped.
pirogue [pirɔg] *nf* pirogue, dugout; ~ **à balancier** outrigger.
piroguier [pirɔgje] *nm* pirogue boatman.
pirouette [pirwɛt] *nf* -1. [tour sur soi-même] pirouette, body spin; **faire une** ~ to pirouette, to spin (on one's heels). -2. DANSE & ÉQUIT pirouette. -3. [changement d'opinion] about-face, about-turn. -4. [dérobade]: **répondre** OU **s'en tirer par une** ~ to answer flippantly.
pirouettement [pirwɛtmɑ̃] *nm litt* (succession of) pirouettes, pirouetting *(U)*.
pirouetter [4] [pirwete] *vi* -1. [pivoter] to pivot; ~ **sur ses talons** to turn on one's heels. -2. [faire une pirouette - danseur] to pirouette.
pis[1] [pi] *nm* ZOOL udder.
pis[2] [pi] *litt* ◇ *adj* worse; **c'est** ~ **que jamais** it's worse than ever.
◇ *nm*: **le** ~ [le pire] the worst ❑ **dire** ~ **que pendre de qqn** to vilify sb, to drag sb's name through the mud; **le nouveau musée? on en dit** ~ **que pendre** the new museum? nobody has a good word to say for it.
◇ *adv* worse; **il a fait** ~ **encore** he's done worse things still.
◆ **au pis** *loc adv litt* if the worst comes to the worst.
◆ **qui pis est** *loc adv* what's OU what is worse.
pis-aller [pizale] *nm inv* [expédient] last resort; **disons lundi, mais ce serait un** ~ let's say Monday, but that's if the worst comes to the worst.
piscicole [pisikɔl] *adj* fish-farming *(modif)*, piscicultural *spéc.*
pisciculteur, trice [pisikyltœr, tris] *nm, f* fish-farmer, pisciculturist *spéc.*
pisciculture [pisikyltyr] *nf* fish-farming, pisciculture *spéc.*
pisciforme [pisifɔrm] *adj* fish-shaped, piscine *spéc.*
piscine [pisin] *nf* -1. [de natation] (swimming) pool OU baths *Br*; ~ **couverte/découverte** indoor/outdoor (swimming) pool; ~ **municipale** public (swimming) pool OU baths. -2. RELIG piscina. -3. *fam* POL: **la** ~ *the French secret service.*
piscivore [pisivɔr] ◇ *adj* fish-eating.
◇ *nmf* fish-eating animal.
Pise [piz] *npr* Pisa; **la tour de** ~ the Leaning Tower of Pisa.
pisé [pize] *nm* pisé, rammed clay.
pissaladière [pisaladjɛr] *nf onion, olive and anchovy tart (from Nice).*
pissat [pisa] *nm* urine *(of certain animals).*
pisse▽ [pis] *nf* piss, pee.
pisse-froid *fam* [pisfrwa] *nm inv* wet blanket, killjoy.
pissement▽ [pismɑ̃] *nm* pissing.
pissenlit [pisɑ̃li] *nm* dandelion.
pisser▽ [3] [pise] ◇ *vi* -1. [uriner] to piss, to (have a) pee; **je dois aller** ~ I've got to have a piss OU a leak; **le chien a pissé sur le tapis** the dog peed on the carpet; ~ **au lit** to wet the bed ❑ **je lui pisse dessus**▼ *fig* he can get stuffed *Br*, screw him; **c'est comme si on pissait dans un violon** it's a bloody waste of time, it's like pissing into the wind; **laisse** ~ (**le mérinos**) forget it; **ça ne pisse pas** OU **ne va pas** ~ **loin** it's no big deal OU great shakes; **il ne se sent plus** ~ he's too big for his boots. -2. [fuir] to leak; **le tonneau/réservoir pisse** the barrel/tank is leaking.
◇ *vt* -1. [uriner] to pass; ~ **du sang** to pass blood. -2. [laisser s'écouler]: **ça pissait le sang** there was blood gushing OU spurting everywhere; **mon nez pissait le sang** I had blood pouring from my nose; **le moteur commençait à** ~ **de l'huile** oil started to gush from the engine. -3. *loc*: ~ **de la copie** to churn it out, to write reams.
pisseur, euse[1]▽ [pisœr, øz] *nm, f* pisser; ~ **de copie** hack *(who writes a lot).*
◆ **pisseuse**▽ *nf* little girl.
pisseux, euse[2] *fam* [pisø, øz] *adj* -1. [imprégné d'urine] urine-soaked; **des draps** ~ sheets soaked with pee; **les couloirs sont** ~ the corridors reek of pee. -2. [délavé] washed-out; **les papiers peints ont fini par devenir** ~ time has faded the wall paper; **un vert** ~ a washed-out shade of green. -3. [jauni] yellowing.
pisse-vinaigre *fam* [pisvinɛgr] *nm inv* -1. [avare] skinflint, miser. -2. [rabat-joie] wet blanket.
pissoir▽ [piswar] *nm* bog *Br*, john *Am*.
pissotière *fam* [pisɔtjɛr] *nf* public urinal.
pistache [pistaʃ] ◇ *nf* pistachio (nut).
◇ *adj inv*: (vert) ~ pistachio (green).
pistachier [pistaʃje] *nm* pistachio (tree).
pistage [pistaʒ] *nm* tracking, trailing, tailing.
pistard [pistar] *nm* track cyclist.
piste [pist] *nf* -1. [trace] track, trail; **être sur la** ~ **de qqn** to be on sb's track; **les policiers sont sur sa** ~ the police are on his trail; **ils sont sur la bonne/une fausse** ~ they're on the right/wrong track ❑ **jeu de** ~ treasure hunt. -2. [indice] lead; **la police cherche une** ~ the police are looking for leads. -3. SPORT [de course à pied] running track; [de ski] ski-run, run; [en hippisme - pour la course] track; [- pour les chevaux] bridle path; [de patinage] rink; [de course cycliste] cycling track; [de course automobile] racing track; [d'athlétisme] lane; [d'escrime] piste; ~ **de danse** dance floor; ~ **de cirque** circus ring. -4. [chemin, sentier] trail, track; ~ **cyclable** [sur la route] cycle lane; [à côté] cycle track. -5. AÉRON runway; **en bout de** ~ at the end of the runway ❑ ~ **d'envol/d'atterrissage** take-off/landing runway. -6. AUDIO, CIN & INF track; ~ **sonore** soundtrack; ~ **de travail** working track. -7. CHASSE trail. -8. JEUX [de dés] dice run OU baize.
◆ **en piste** ◇ *interj* off you go.
◇ *loc adv*: **entrer en** ~ to come into play, to join in.
pister [3] [piste] *vt* [suivre - personne] to tail, to trail; [- animal] to trail, to track.
pisteur [pistœr] *nm* SKI [pour entretien] ski slope maintenance man; [pour surveillance] ski patrolman.
pistil [pistil] *nm* pistil.
pistolet [pistɔlɛ] *nm* -1. ARM pistol, gun; ~ **à air comprimé** air pistol; ~ **d'alarme** alarm pistol; ~ **d'arçon** horse pistol; ~ **automatique** pistol; ~ **de starter** SPORT starting pistol; ~ **mitrailleur** submachine-gun. -2. [instrument]: ~ **agrafeur** staple gun; ~ **à peinture** spray gun; ~ **de scellement** cartridge-operated hammer. -3. [jouet]: ~ **à bouchon** popgun; ~ **à eau** water pistol. -4. *fam* MÉD bottle. -5. BX-ARTS template. -6. *Belg* [petit pain] bread roll.
pistolet-mitrailleur [pistɔlɛmitrajœr] (*pl* **pistolets-mitrailleurs**) *nm* sub-machine-gun.
pistoleur [pistɔlœr] *nm* spray gun painter.
piston [pistɔ̃] *nm* -1. MÉCAN piston; ~ **de frein** brake piston. -2. MUS valve. -3. *fam* [recommandation, protection] string-pulling, connections; **il est rentré par** ~ he got in by knowing the right people; **elle a fait marcher le** ~ **pour se faire embaucher** she got somebody to pull a few strings for her to get the job. -4. *arg scol* [élève] *student of the École centrale des arts et manufactures*; **Piston** [l'ECAM] *nickname of the École centrale des arts et manufactures.*
pistonner *fam* [3] [pistɔne] *vt* to pull strings for; **elle s'est fait** ~ **pour entrer au ministère** she used her connections to get into the Ministry.
pistou [pistu] *nm Provençal vegetable soup (with garlic and basil).*
pitance [pitɑ̃s] *nf litt* sustenance, daily bread; **gagner sa** ~ to earn a crust *Br* OU living.
pitchoun, e [pitʃun], **pitchounet, ette** [pitʃunɛ, ɛt] *nm, f dial* little'un; **où il est, le** ~? where's the little'un?
pitchpin [pitʃpɛ̃] *nm* pitch pine.
piteusement [pitøzmɑ̃] *adv* miserably, pathetically.
piteux, euse [pitø, øz] *adj* -1. [pitoyable] pitiful, piteous; **être en** ~ **état** to be in a pitiful condition; **un manteau en** ~ **état** a shabby coat. -2. [mauvais, médiocre] poor, mediocre; **des résultats** ~ poor results. -3. [triste]: **faire piteuse mine** to look sad. -4. [honteux] sheepish; **il a un air plutôt** ~ he doesn't look too pleased with himself; **elle s'est excusée de façon piteuse** she apologized shamefacedly.
pithécanthrope [pitekɑ̃trɔp] *nm* pithecanthropus.
pithiviers [pitivje] *nm* puff-pastry cake *(filled with almond cream).*
pitié [pitje] ◇ *nf* -1. [compassion] pity; **elle l'a fait par** ~ **pour lui** she did it out of pity for him; **avoir** ~ **de qqn** to feel pity for OU to pity sb; **faire** ~ **à qqn**: **elle me fait** ~ I feel sorry for her; **vous me faites** ~! you look awful!; [avec mépris] you're pitiful!; **la pièce? c'était à faire** ~ the play? it was a wretched OU pitiful performance; **prendre qqn en** ~ to take pity on sb. -2. [désolation] pity; **quelle** ~!, **c'est une** ~! what a pity!; **elle est si pauvre que c'en est** ~ *litt* she's so poor it is a pity to behold. -3. [clémence] mercy, pity; **il a eu** ~ **de ses ennemis** he showed mercy to his enemies.
◇ *interj*: (**par**) ~! (have) mercy!; [avec agace-

ment] for pity's sake!; **par ~, taisez-vous!** for pity's sake, be quiet!; **~ pour ma pauvre carcasse!** *hum* have mercy on my poor old bones!

◆ **sans pitié** *loc adj* ruthless, merciless; **ils ont été sans ~** [jurés] they showed no mercy; [terroristes] they were ruthless.

piton [pitɔ̃] *nm* -**1.** [clou - gén] eye OU eye-headed nail; [- d'alpiniste] piton. -**2.** GÉOG [dans la mer] submarine mountain; [pic] piton, needle.

pitonnage [pitɔnaʒ] *nm* hammering (in) pitons.

pitonner [3] [pitɔne] ◇ *vt* to hammer (in) pitons.

◇ *vi Can* to zap, to channel-hop.

pitoyable [pitwajabl] *adj* -**1.** [triste - destin] pitiful; **c'est ~ à voir** it's a pitiful OU pathetic sight. -**2.** [mauvais - effort, résultat] pitiful, deplorable, dismal.

pitoyablement [pitwajabləmɑ̃] *adv* -**1.** [tristement] pitifully. -**2.** [médiocrement] pitifully, deplorably.

pitre [pitr] *nm* -**1.** [plaisantin] clown; **faire le ~** to clown OU to fool around. -**2.** *arch* [bouffon] clown.

pitrerie [pitrəri] *nf* piece of tomfoolery OU buffoonery.

pittoresque [pitɔrɛsk] ◇ *adj* picturesque, colourful.

◇ *nm* picturesqueness.

Pittsburgh [pitsbœrg] *npr* Pittsburgh.

pituitaire [pitɥitɛr] *adj* pituitary; **fosse ~** pituitary fossa.

pituite [pitɥit] *nf* gastrorrhoea.

pityriasis [pitirjazis] *nm* pityriasis; **~ capitis/rosé** pityriasis capitis/rosea.

pive [piv] *nf Helv* pine cone.

pivert [pivɛr] *nm* (green) woodpecker.

pivoine [pivwan] *nf* peony.

pivot [pivo] *nm* -**1.** [axe] pivot; **~ de fusée** AUT kingpin, kingbolt. -**2.** [centre] pivot, hub; **le ~ de toute son argumentation** the crux of his argument. -**3.** SPORT centre. -**4.** BOT taproot. -**5.** CEE: **cours ~** ECU value; **taux ~** designated (ECU) rate.

pivotant, e [pivɔtɑ̃, ɑ̃t] *adj* revolving, swivelling.

pivotement [pivɔtmɑ̃] *nm* revolving, swivelling.

pivoter [3] [pivɔte] *vi* -**1.** [autour d'un axe - porte] to revolve; [- fauteuil] to swivel. -**2.** [personne] to turn; **~ sur ses talons** to spin round, to pivot on one's heels; **faire ~ qqch** to swing sthg (round) || [véhicule] to swing; **la voiture pivota sur la gauche** the car swung to the left. -**3.** MIL to wheel round.

pixel [piksɛl] *nm* pixel.

pizza [pidza] *nf* pizza.

pizzeria [pidzerja] *nf* pizzeria.

pizzicato [pidzikato] (*pl* **pizzicati** [-ti]) *nm* pizzicato.

PJ ◇ *npr f* (*abr de* **police judiciaire**) ≃ CID *Br*, ≃ FBI *Am*.

◇ (*abr écrite de* **pièces jointes**) Encl.

pK *nm* pK.

PL (*abr écrite de* **poids lourd**) HGV.

pl. (*abr écrite de* **planche**) pl.

Pl., pl. *abr écrite de* place.

PL/1 (*abr de* Programming Language One) *nm* PL/1.

placage [plakaʒ] *nm* -**1.** [revêtement - de bois] veneering; [- de pierre, marbre] facing; [- de métal] cladding, coating; **bois de ~** veneer. -**2.** SPORT tackle.

placard [plakar] *nm* -**1.** [armoire] cupboard, closet *Am*; **~ à balais** broom cupboard; **~ de cuisine** kitchen cupboard; **~ de salle de bains** bathroom cabinet; **~ à vêtements** wardrobe *Br*, closet *Am*; **avoir un cadavre dans le ~** to have a skeleton in the cupboard; **mettre qqn au ~** *fam* [l'écarter, le mettre de côté] to put sb on the sidelines, to sideline sb *Am*; **mettre qqch au ~** *fam* [le retirer de la circulation] to put sthg in cold storage OU in mothballs. -**2.** IMPR galley (proof); **~ publicitaire** [grand] large display advertisement; [de pleine page] full-page advertisement. -**3.** NAUT patch. -**4.** ▽ [prison] nick *Br*, hoosegow *Am*. -**5.** *fam* [couche épaisse - de maquillage] dollop. -**6.** *vieilli* [avis écrit] proclamation.

placarder [3] [plakarde] *vt* -**1.** [couvrir]: **~ qqch de** to cover sthg with. -**2.** [afficher] to plaster; **j'ai placardé des photos sur les murs** I plastered the walls with photos. -**3.** IMPR: **~ un ouvrage** to set a book in galleys.

place [plas] *nf* -**1.** [espace disponible] space *(U)*, room *(U)*; **je n'ai pas la ~ pour un piano** I haven't got enough room OU space for a piano; **faire de la ~** to make room OU space; **fais une ~ sur le bureau pour l'ordinateur** make some room OU clear a space on the desk for the computer; **faites-lui une petite ~** give her a bit of room; **il reste de la ~ pour quatre personnes** there's enough space OU room left for four people; **il y a encore de la ~ au dernier rang** there's still some room in the back row; **prendre de la ~** to take up a lot of space OU room; **ne prends pas toute la ~** [à table, au lit] don't take up so much room; [sur la page] don't use up all the space; **laisser la** OU **faire ~ à** to make room OU way for; **la machine à écrire a fait ~ au traitement de texte** wordprocessors have taken over from OU superseded typewriters; **ce travail ne laisse aucune ~ à la créativité** there's no place OU room for creativity in this kind of work; **les anciens font ~ aux jeunes** older people give way to the young generation; **~ aux jeunes!** make room for the younger generation!; **tenir une grande/petite ~ dans: la musique tient une grande ~ dans ma vie** music is very important in OU is an important part of my life; **sa famille ne tient qu'une petite ~ dans son emploi du temps** she devotes very little time to her family ❑ **faire ~ nette** *pr* to tidy up; *fig* to clear up, to make a clean sweep; **j'ai fait ~ nette dans la cuisine** I cleared up the kitchen; **j'ai fait ~ nette dans mes tiroirs** I cleared out my drawers. -**2.** [endroit précis] place, spot; **changer les meubles/la cuisinière de ~** to move the furniture around/the stove; **mets/remets les clefs à leur ~** put the keys/put the keys back where they belong; **la statue est toujours à la même ~** the statue is still in the same place OU spot; **être à sa ~: ce plateau n'est pas à sa ~** this tray isn't in its proper place OU doesn't belong here; **est-ce que tout est à sa ~?** is everything in order OU in its proper place? || [d'une personne]: **savoir rester à sa ~** to know one's place; **je ne me sens pas à ma ~ parmi eux** I feel out of place among them; **ta ~ n'est pas ici** you're out of place here; **trouver sa ~ dans l'existence** to find one's niche in life; **avoir une** OU **sa ~ quelque part** *fig* to have one's place somewhere; **tu auras toujours une ~ dans mon cœur** there'll always be a place in my heart for you; **reprendre sa ~** [sa position] to go back to one's place; [son rôle] to go back to where one belongs; **notre collègue ne pourra pas reprendre sa ~ parmi nous** our colleague is unable to resume his post with us; **donner sa ~: pour rien au monde je ne donnerais ma ~** I wouldn't swop places for anything in the world ❑ **remettre qqn à sa ~** to put sb in his/her place; **te voilà remis à ta ~!** that's put you in your place!; **se faire une ~ au soleil** to make a success of things, to find one's place in the sun; **une ~ pour chaque chose et chaque chose à sa ~** a place for everything and everything in its place. -**3.** [siège] seat; [fauteuil au spectacle] seat; [billet] ticket; **retourne à ta ~** go back to your seat; **céder** OU **laisser sa ~ à qqn** to give up OU to offer one's seat to sb; **avoir la ~ d'honneur** [sur l'estrade] to sit at the centre of the stage; [à table] to sit at the top OU head of the table; **à la ~ du conducteur** in the driver's seat; **une voiture à deux ~s** a two-seater car; **une caravane à quatre ~s** a caravan that sleeps four; **une salle de 500 ~s** a room that can seat 500 people; **un autobus de 46 ~s** a 46-seater bus; **réserver une ~ d'avion/de train** to make a plane/train reservation; **payer ~ entière** to pay (the) full fare; **il a pris le train sans payer sa ~** he got on the train without buying a ticket; **j'ai trois ~s de concert** I have three tickets for the concert; **toutes les ~s sont à 100 F** all tickets OU seats are 100 F; **ça vous ennuierait de changer de ~?** would you mind swopping places? ❑ **~ assise** seat; **~ debout** standing room; **il ne reste plus que des ~s debout** it's now standing room only; **à la ~ du mort** in the (front) passenger seat; **dans le monde du spectacle, les ~s sont chères** it's difficult to gain a foothold in show business; **la ~ est toute chaude** *pr* & *fig* the seat's still warm. -**4.** [dans un parking] (parking) space; **un parking de 1 000 ~s** a car park with space for 1,000 cars. -**5.** [espace urbain] square; **la ~ du marché** the market place, the market square; **la ~ du village** the village square ❑ **sur la ~ de Paris: médecin connu sur la ~ de Paris** doctor well-known in Paris; **le plus cher sur la ~ de Paris** the most expensive in Paris; **sur la ~ publique** in public; **porter le débat sur la ~ publique** to make the debate public. -**6.** [poste, emploi] position, post; **une bonne ~** a good job; **il y a peu de ~s libres** there are few situations vacant; **je cherche une ~ de secrétaire** I'm looking for a job as a secretary. -**7.** [rang - dans une compétition] place, rank; **avoir la première ~** to come first OU top; **avoir la dernière ~** to come bottom *Br* OU last; **elle est en bonne ~ au dernier tour** she's well placed on the last lap; **être** OU **partir en bonne ~ pour gagner** to be (all) set to win; **les filles occupent les meilleures ~s en biologie** girls get the best grades in biology. -**8.** BOURSE: **~ financière** financial centre; **~ financière internationale** money market; **le dollar est à la hausse sur la ~ financière de New York** the dollar has risen on the New York exchange. -**9.** MIL: **~ d'armes** parade ground, parade *Am*; **~ (forte)** fortress, stronghold; **nous voici dans la ~** *pr* [ville assiégée] here we are, inside the walls (of the city); [endroit quelconque] here we are; *fig* we've now gained a foothold. -**10.** *Belg* [pièce d'habitation] room.

◆ **à la place** *loc adv* instead; **on ira en Espagne à la ~** we'll go to Spain instead; **j'ai rapporté la jupe et j'ai pris un pantalon à la ~** I returned the skirt and exchanged it for a pair of trousers; **je préfère travailler le dimanche et avoir des heures libres en semaine à la ~** I prefer to work Sundays and have time off during the week instead.

◆ **à la place de** *loc prép* -**1.** [au lieu de] instead of; **à la ~ du documentaire, on a eu un vieux feuilleton** instead of the documentary, we were shown an old series; **j'irai à sa ~** I'll go instead of him. -**2.** [dans la situation de]: **à ma/sa ~** in my/his place; **à ta ~, j'irais** if I were you I'd go; **mettez-vous à ma ~** put yourself in my place OU shoes; **je ne voudrais pas être à sa ~** rather him than me.

◆ **de place en place** *loc adv* here and there.

◆ **en place** ◇ *loc adj* -**1.** [important] established; **un homme politique en ~** a well-established politician; **les gens en ~ disent que...** the powers that be say that... -**2.** MIN in situ.

◇ *loc adv* -**1.** [là] in position; **les forces de police sont déjà en ~** the police have already taken up their position; **est-ce que tout est en ~?** is everything in order OU in its proper place? -**2.** *loc*: **mettre en ~** [équipement] to set up *(sép)*, to install; [plan] to set up *(sép)*, to put into action; [réseau] to set up *(sép)*; **la méthode sera mise en ~ progressivement** the method will be phased in (gradually); **ça va lui mettre/remettre les idées en ~** it'll give him a more realistic view of things/set him thinking straight again; **tenir en ~: il ne tient pas en ~** [il est turbulent] he can't keep still; [il est anxieux] he's nervous; [il voyage beaucoup] he's always on the move.

◆ **par places** *loc adv* here and there.

◆ **sur place** *loc adv* there, on the spot; **je serai déjà sur ~** I'll already be there; **tué sur ~** killed on the spot.

PLACES:
la place Beauvau square in Paris (also refers to the Ministry of the Interior, whose offices are situated there);
la place du Colonel-Fabien square in Paris (also refers to the Communist party headquarters, which are situated there);
la place Rouge Red Square;
la place Saint-Marc Saint Mark's Square;
la place Tian'anmen Tiananmen Square;
la place Vendôme square in Paris (the name evokes opulence and luxury because of the Ritz hotel and the jewellery shops situated on the square).

---

placé, e [plase] *adj* -**1.** [aux courses]: **cheval ~** placed horse || *(comme adv)*: **arriver ~** to be placed. -**2.** [situé]: **bien ~** [magasin, appartement] well-situated; [fermeture, bouton, couture] well-positioned; **mal ~** [magasin, appartement] badly-located; [fermeture, bouton, couture] poorly-positioned; [coup] below the belt; [abcès] in an awkward spot; *euph* in an embarrassing place; [orgueil] misplaced; **être bien/mal ~ pour** *fig* to be in a/no position to; **il est mal ~ pour en parler** he's in no position to talk (about it). -**3.** [socialement]: **haut ~** well up OU high up in the hierarchy; **des gens haut ~s** people in high places.

placebo [plasebo] *nm* placebo.

placement [plasmɑ̃] *nm* -**1.** [investissement] investment; **un bon/mauvais ~** a sound/bad investment; **faire un ~** to make an investment, to invest; **nous avons acheté la maison pour faire un ~** we bought the house as an investment; **un ~ de père de famille** a safe OU sound investment. -**2.** [de chômeurs] placing. -**3.** [d'enfants] placing *(U)*; **je m'occupe du ~ des jeunes dans les familles** my job is finding homes for young people. -**4.** [installation]: **le ~ des invités autour de la table** the seating of the guests around the table. -**5.** [internement]: **~ d'office** hospitalization order; **~ volontaire** ≃ voluntary admission *(including detention for observation)*.

placenta [plasɛ̃ta] *nm* placenta.

placentaire [plasɛ̃tɛr] ◇ *adj* placental.
◇ *nm* placental mammal; **les ~s** Eutheria.

placentation [plasɛ̃tasjɔ̃] *nf* placentation.

placer[1] [plasɛr] *nm* placer (deposit).

placer[2] [16] [plase] *vt* -**1.** [mettre dans une position précise] to place; **~ un patron sur du tissu** to lay a pattern on OU over a piece of fabric; **~ ses doigts sur le clavier** to place one's fingers on the keyboard; **~ la balle** SPORT to place the ball; **~ sa voix** MUS to pitch one's voice. -**2.** [faire asseoir] to seat; **l'ouvreuse va vous ~** the usherette will show you to your seats; **~ des convives à table** to seat guests around a table; **pourvu qu'ils ne me placent pas à côté d'Anne!** I hope they don't put me next to Anne! -**3.** [établir - dans une position, un état] to put, to place; **~ qqn devant ses responsabilités** to force sb to face up to his/her responsibilities; **être bien/mal placé pour faire qqch** to be in a (good)/in no position to do sthg. -**4.** [établir - dans une institution] to place; **~ les jeunes chômeurs** to find jobs for unemployed young people; **~ un enfant à l'Assistance publique** to place OU to put a child in care; **elle a été placée à la direction commerciale** she was named OU appointed as head of the sales department; **~ qqn à l'hospice** to put sb in an old people's home. -**5.** [classer] to put, to place; **~ la loi au-dessus de tout** to set the law above everything else; **moi, je le placerais parmi les grands écrivains** I would rate OU rank him among the great writers. -**6.** [situer dans le temps]: **plaçons-nous un instant au début du siècle** let's go back for a moment to the turn of the century; **il a placé l'action du film en l'an 2000** he set the film in the year 2000. -**7.** [situer dans l'espace] to locate; **je n'arrive pas à ~ Nice sur la carte** I can't tell you where Nice is on the map. -**8.** [mettre] to put; **orchestre placé sous la direction de...** orchestra conducted by...; **~ sa confiance en qqn** to put one's trust in sb; **elle a placé tous ses espoirs dans ce projet** she's pinned all her hopes on this project. -**9.** [dans la conversation]: **il essaie toujours de ~ quelques boutades** he always tries to slip in a few jokes; **je n'ai pas pu ~ un mot** I couldn't get a word in edgeways ▫ **je peux en ~ une?** *fam* can I get a word in? -**10.** [vendre] to sell; **nous aurons du mal à ~ notre stock invendu** it will be hard to get rid of our excess stocks; **les enfants sont chargés de ~ les billets de loterie** the children are to sell the lottery tickets; **j'essaie désespérément de ~ mon vieux canapé!** *hum* I'm desperately trying to find a home for my old sofa! -**11.** FIN to invest; **~ ses économies en Bourse** to invest one's savings on the stock market; **le banquier s'est chargé de ~ mon argent** the banker helped me invest my money.
◆ **se placer** *vpi* -**1.** [spatialement]: **place-toi près de la fenêtre** [debout] stand near the window; [assis] sit near the window; **placez-vous en cercle** get into a circle; **venez vous ~ autour du conférencier** come and sit around the speaker; **plaçons-nous plus près de l'écran** let's move closer to the screen || [dans un jugement, une analyse] to look at OU to consider things; **si l'on se place de son point de vue** if you look at things from his point of view. -**2.** [occuper un rang] to rank, to finish; **se ~ premier/troisième** to finish first/third. -**3.** [trouver un emploi]: **elle s'est placée comme infirmière** she found OU got a job as a nurse. -**4.** *fam* [se présenter avantageusement]: **se ~ auprès du patron** to butter up OU sweet-talk the boss.

placeur, euse [plasœr, øz] *nm, f* -**1.** [dans une salle de spectacle] usher (*f* usherette). -**2.** [dans une agence pour l'emploi] employment agent.

placide [plasid] *adj* placid, calm.

placidement [plasidmɑ̃] *adv* placidly, calmly.

placidité [plasidite] *nf* placidness, calmness.

placier [plasje] *nm* -**1.** [forain] market pitch agent. -**2.** [représentant] travelling salesman, drummer *Am*.

Placoplâtre® [plakoplatr] *nm* plasterboard.

plafond [plafɔ̃] *nm* -**1.** CONSTR ceiling; **faux ~** false ceiling; **~ à caissons** caisson ceiling; **~ flottant** OU **suspendu** drop OU suspended ceiling; **bas de ~** *pr*: **la pièce est basse de ~** the room has got a low ceiling; **il est un peu bas de ~** *fig* he's a bit slow on the uptake. -**2.** BX-ARTS ceiling painting. -**3.** AÉRON ceiling. -**4.** MÉTÉO: **~ (nuageux)** (cloud) ceiling. -**5.** [limite supérieure]: **le ~ des salaires** the wage ceiling, the ceiling on wages. -**6.** *(comme adj: avec ou sans trait d'union)* ceiling *(modif)*; **vitesse ~** maximum speed; **prix ~** ceiling OU top prices. -**7.** [au bridge] ceiling.

plafonnage [plafɔnaʒ] *nm* ceiling installation.

plafonnement [plafɔnmɑ̃] *nm*: **~ des salaires** top-grading of wages.

plafonner [3] [plafɔne] ◇ *vt* -**1.** [pièce, maison] to put a ceiling in OU into. -**2.** [impôts] to set a ceiling for.
◇ *vi* -**1.** [avion] to reach maximum altitude OU absolute ceiling *spéc*; [voiture] to reach maximum speed. -**2.** [ventes, salaires] to level off; [taux d'intérêt, prix] to peak; **je plafonne à 10 000 francs depuis un an** my monthly income hasn't exceeded 10,000 francs for over a year.

plafonneur [plafɔnœr] *nm* ceiling plasterer.

plafonnier [plafɔnje] *nm* -**1.** [d'appartement] ceiling light. -**2.** AUT (overhead) courtesy OU guide light.

plage [plaʒ] *nf* -**1.** GÉOG beach; **~ de galets/de sable** pebble/sandy beach. -**2.** [espace de temps]: **~ horaire** (allotted) slot; **~ musicale** musical intermission; **~ publicitaire** commercial break. -**3.** [écart] range; **~ de prix** price range. -**4.** *litt* [surface] zone, area; **une ~ d'ombre** an area of shadow; **une ~ de lumière** a sunny area. -**5.** NAUT: **~ avant** foredeck; **~ arrière** quarterdeck, after deck. -**6.** AUT: **~ arrière** back shelf. -**7.** [d'un disque] track.
◆ **de plage** *loc adj* beach *(modif)*; **serviette de ~** beach towel; **vêtements de ~** beachwear.

plagiaire [plaʒjɛr] *nmf* plagiarizer, plagiarist.

plagiat [plaʒja] *nm* plagiary, plagiarism.

plagier [9] [plaʒje] *vt* [œuvre] to plagiarize; **~ qqn** to plagiarize sb's work.

plagiste [plaʒist] *nmf* beach attendant.

plaid[1] [plɛ] *nm* HIST [assemblée] court; [jugement] finding, judgement.

plaid[2] [plɛd] *nm* TEXT [pièce de tissu] plaid; [couverture] car rug.

plaidable [plɛdabl] *adj* pleadable.

plaidant, e [plɛdɑ̃, ɑ̃t] *adj*: **l'avocat ~** the court lawyer *Br*, the trial attorney *Am*; **les parties ~es** the litigants.

plaider [4] [plede] ◇ *vi* -**1.** JUR to plead; **ce matin, je plaide** I'm pleading this morning; **~ pour qqn** to defend sb; **c'est lui qui plaide pour les Taylor** he's the Taylors' lawyer, he's counsel for the Taylors; **~ contre qqn** to plead the case against sb *(in court)*. -**2.** [présenter des arguments]: **~ en faveur de qqn/qqch** *pr* & *fig* to speak in sb's/sthg's favour; **~ contre qqn/qqch** *pr* & *fig* to speak against sb/sthg; **ton attitude ne plaide guère en ta faveur** your attitude hardly speaks for you OU is hardly a strong point in your favour; **nous plaidons ici pour le respect des droits de l'homme** we are here to defend human rights.
◇ *vt* to plead; **~ une cause** JUR to plead a case; *fig* to speak (up) for OU to plead a cause; **l'affaire sera plaidée en juin** the case will be heard in June; **~ coupable/non coupable** to plead guilty/not guilty, to make a plea of guilty/not guilty; **plaidez-vous coupable ou non coupable?** how do you plead (guilty or not guilty)?; **~ la légitime défense** to plead self-defence ▫ **~ le faux pour savoir le vrai** to get at the truth by telling a lie.

plaideur, euse [plɛdœr, øz] *nm, f* litigant.

plaidoirie [plɛdwari] *nf* -**1.** [exposé] *pr* speech for the defence; *fig* defence. -**2.** [action de plaider] pleading.

plaidoyer [plɛdwaje] *nm* -**1.** JUR speech for the defence. -**2.** [supplication] plea.

plaie [plɛ] *nf* -**1.** [blessure] wound; **~ pénétrante** perforating wound; **~ profonde** deep wound; **~ superficielle** surface wound; **une ~ vive** *pr* an open wound; **le départ de sa femme est resté pour lui une ~ vive** his wife's departure scarred him for life. -**2.** *litt* [tourment] wound *fig*; **~ d'argent n'est pas mortelle** *prov* it's only money, money isn't everything. -**3.** BIBLE: **les sept ~s d'Égypte** the seven plagues of Egypt. -**4.** *fam* [personne ou chose ennuyeuse]: **quelle ~!** what a pain!

plaignant, e [plɛɲɑ̃, ɑ̃t] ◇ *adj* JUR: **la partie ~e** the plaintiff.
◇ *nm, f* plaintiff.

plain-chant [plɛ̃ʃɑ̃] (*pl* **plains-chants**) *nm* plainchant, plainsong.

plaindre [80] [plɛ̃dr] *vt* -**1.** [avoir pitié de] to feel sorry for, to pity; **je plains celle qui l'épousera!** I feel sorry for whoever's going to marry him!; **comme je vous plains** I do feel sorry for you; **il adore se faire ~** he's always looking for sympathy; **elle est bien à ~ avec des enfants pareils** with children like that, you can't help but feel sorry for her!; **avec tout l'argent qu'ils gagnent, ils ne sont vraiment pas à ~** with all the money they're making, they've got nothing to complain about. -**2.** *fam vieilli* [donner parcimonieusement] to give grudgingly, to spare; **ne pas ~ sa peine** to be unstinting in one's efforts; **je n'ai jamais plaint mon temps passé auprès des enfants** I never begrudged the time I spent with the children.
◆ **se plaindre** *vpi* [protester] to complain, to moan; **arrête de te ~ tout le temps** stop complaining all the time; **plains-toi donc!** *iron* my heart bleeds for you!; **se ~ de** to complain of; **le patient se plaint de manquer** OU **de son manque d'appétit** the patient is complaining of

loss of appetite; **il est venu se ~ à moi de sa femme** he came and complained to me about his wife; **ce n'est pas moi qui m'en plaindrai!** I'm not complaining!

plaine [plɛn] *nf* -**1.** [en surface] plain. -**2.** [sous-marine]: **~ abyssale/bathyale** abyssal/bathial zone.

plain-pied [plɛ̃pje]

◆ **de plain-pied** *loc adv* -**1.** [au même niveau]: **une maison construite de ~** [avec le sol extérieur] a bungalow *Br*, a ranch-house *Am*; **la chambre et le salon sont de ~** the bedroom and the living room are on the same level. -**2.** [d'emblée]: **entrons de ~ dans le sujet** let's get straight down to the subject. -**3.** [sur un pied d'égalité]: **être de ~ avec qqn** to be on the same wavelength as sb.

plainte [plɛ̃t] *nf* -**1.** [gémissement] moan, groan; **les ~s du vent** *litt* the howling of the wind. -**2.** [protestation] complaining, moaning. -**3.** JUR complaint; **déposer une ~** to lodge OU to file a complaint; **retirer une ~** to withdraw a complaint; **porter ~ contre qqn** to bring an action against sb; **désirez-vous porter ~?** do you wish to begin proceedings? ❑ **~ contre X** action against person or persons unknown.

plaintif, ive [plɛ̃tif, iv] *adj* -**1.** [de douleur] plaintive, mournful; **un cri ~** a plaintive cry. -**2.** *litt* plaintive.

plaintivement [plɛ̃tivmɑ̃] *adv* plaintively, mournfully.

plaire [110] [plɛr]

◆ **plaire à** *v + prép* -**1.** [être apprécié par]: **cela me plaît** I like it; **l'album m'a plu** I liked the album; **le potage ne vous a pas plu?** didn't you like the soup?; **ça vous plaît, le commerce?** how do you like business life?; **elle vous plaît, la maison?** how do you like the house?; **si le karaté me plaît, je continuerai** if I like karate, I'll keep it up; **le nouveau professeur ne me plaît pas du tout** I really don't like OU care for the new teacher; **rien ne lui plaît** there's no pleasing him; **cette idée ne me plaît pas du tout** I'm not at all keen on this idea || *(en usage abs)*: **il a vraiment tout pour ~!** he's got everything going for him!; *iron* he's so marvellous!; **offre du parfum, ça plaît toujours** give perfume, it's always appreciated. -**2.** [convenir à]: **si ça me plaît** if I feel like it; **quand ça me plaît** whenever I feel like it; **elle ne lit que ce qui lui plaît** she only reads what she feels like (reading). -**3.** [séduire] to be appealing OU attractive; **il cherche à ~ aux femmes** he tries hard to make himself attractive to women; **c'est le genre de fille qui plaît aux hommes** she's the kind of girl that men find attractive || *(en usage abs)*: **aimer ~** to take pleasure in being attractive; **une robe doit ~ avant tout** a dress must above all be appealing.

◆ **il plaît** *v impers* -**1.** *sout* [il convient]: **il lui plaît de croire que...** she likes to think that...; **te plairait-il de nous accompagner?** would you like to come with us? ❑ **comme** OU **tant qu'il te plaira, comme** OU **tant qu'il vous plaira** [exprime l'indifférence] see if I care; **tu le prends sur ce ton? comme il te plaira** if you choose to take it like that, see if I care; **plaise à Dieu** OU **au ciel que...** [souhait] please God that...; **plût à Dieu** OU **au ciel que...** [regret] if only...; **plaise au tribunal de déclarer mon client innocent** JUR I ask the court to pronounce my client innocent. -**2.** *loc*: **s'il te plaît, s'il vous plaît** please; **s'il vous plaît!** [dit par un client] excuse me!; *Belg* [dit par un serveur] here you are!; **prête-moi un stylo, s'il te plaît** lend me a pen, please; **sors d'ici, et plus vite que ça, s'il te plaît!** get out of here and please be quick about it!; **du caviar, s'il vous plaît, on ne se refuse rien!** *fam* caviar! my, my, we're splashing out a bit, aren't we?; **plaît-il?** I beg your pardon?

◆ **se plaire** ◇ *vp (emploi réciproque)*: **ces deux jeunes gens se plaisent, c'est évident** it's obvious that those two like each other.

◇ *vpi* [dans un endroit]: **je me plais (bien) dans ma nouvelle maison** I enjoy living in my new house, I like it in my new house; **alors, vous vous plaisez à Paris?** so, how do you like living in OU like it in Paris?; **mes plantes se plaisent ici** my plants are happy here.

◆ **se plaire à** *vp + prép sout*: **il se plaît à la contredire** he loves contradicting her; **je me plais à penser que tu as fait tes devoirs avant de sortir** *iron* I suppose you've done your homework before going out.

plaisamment [plɛzamɑ̃] *adv* -**1.** [agréablement] pleasantly, agreeably. -**2.** [de façon amusante] amusingly. -**3.** [risiblement] ridiculously, laughably.

plaisance [plɛzɑ̃s] *nf* (pleasure) boating.

◆ **de plaisance** *loc adj* pleasure *(modif)*.

Plaisance [plɛzɑ̃s] *npr* Piacenza.

plaisancier, ère [plɛzɑ̃sje, ɛr] *nm, f* amateur yachtsman (*f* yachtswoman).

plaisant, e [plɛzɑ̃, ɑ̃t] *adj* -**1.** [agréable] pleasant, nice. -**2.** [drôle] funny, amusing. -**3.** [ridicule] ridiculous, laughable.

◆ **plaisant** *nm* -**1.** *sout*: **le ~ de l'histoire** the funny part of it; **le ~ de cette aventure** the funny thing about this adventure. -**2. mauvais ~** joker; **un mauvais ~ avait débranché la télé** some joker had unplugged the TV.

plaisanter [3] [plɛzɑ̃te] ◇ *vi* -**1.** [faire - de l'esprit] to joke; [- une plaisanterie] to (crack a) joke; **assez plaisanté, au travail!** enough horsing around, back to work!; **elle n'était pas d'humeur à ~** she wasn't in a joking mood; **~ sur** to make fun of; **~ sur le nom de qqn** to make fun of sb's name. -**2.** [parler à la légère] to joke; **c'est vrai, je ne plaisante pas** it's true, I'm not joking; **je ne plaisante pas, obéis!** I'm not joking, do as I say!; **tu plaisantes, ou quoi?** you can't be serious!, you've got to be joking! -**3. ne pas ~ avec qqch** [prendre qqch très au sérieux]: **on ne plaisante pas avec ces choses-là** you mustn't joke about such things; **le patron ne plaisante pas avec la discipline** the boss takes discipline very seriously OU is a stickler for discipline; **on ne plaisante pas avec la loi** you shouldn't fool around with the law.

◇ *vt* to make fun of, to tease; **ils n'arrêtent pas de le ~ sur son accent** they're always teasing him about his accent.

plaisanterie [plɛzɑ̃tri] *nf* -**1.** [parole amusante] joke; [acte amusant] joke, hoax; **lancer une ~** to make a joke; **faire une ~ à qqn** to play a joke on sb; **c'est une ~ j'espère?** I trust OU hope you're joking; **la ~ a assez duré** this has gone far enough; **une ~ de mauvais goût** a joke in bad OU poor taste. -**2.** [parole, action non sérieuse] joke; **je l'ai dit par ~** I meant it as a joke; **~ à part** joking apart; **tourner qqch en ~** to make a joke of sthg; **c'est une** OU **ça a l'air d'une ~!** [ça ne peut être sérieux] it must be a joke! -**3.** [raillerie] joke, jibe; **faire des ~s sur le nom/l'allure de qqn** to make fun of sb's name/appearance; **elle est en butte aux ~s de ses collègues** she's the laughing stock of her colleagues; **il comprend** OU **entend** *sout* **la ~** he can take a joke ❑ **mauvaise ~** cruel joke. -**4.** [chose facile] child's play *(U)*; **c'est une ~, cet exercice!** there's nothing to this exercise!, this exercise is child's play!

plaisantin [plɛzɑ̃tɛ̃] *nm* -**1.** [farceur] joker, clown; **quel est le petit ~ qui m'a donné un faux numéro?** which joker gave me a wrong number? -**2.** [fumiste]: **ce n'est qu'un ~** he's nothing but a fly-by-night.

plaisir [plezir] *nm* -**1.** [joie] pleasure; **j'éprouve toujours du ~ à écouter du jazz** I always get pleasure out of listening to jazz; **avoir (du) ~** OU **prendre (du) ~ à faire qqch** to take pleasure in doing sthg; **j'ai eu grand ~ à voyager avec vous** it was a real pleasure travelling with you; **faire ~ à qqn** to please sb; **ça va lui faire ~** he'll be pleased OU delighted (with this); **on prend son ~ où on le trouve!** you only live once! ❑ **le bon ~ de qqn** *sout* sb's wish OU desire; **on ne déciderait jamais rien s'il fallait attendre son bon ~!** we'd never make any decisions if we always had to wait until he felt like it!; **ce n'est pas une partie de ~** [pas réjouissant] it's no fun; [pas facile] it's no picnic. -**2.** [dans des formules de politesse]: **vous me feriez ~ en restant dîner** I'd be delighted if you stayed for dinner; **cela fait ~ de vous voir en bonne santé** it's a pleasure to see you in good health; **faites-moi le ~ d'accepter** won't you grant me the pleasure of accepting?; **tu me feras le ~ de ne plus revoir ce garçon** I don't want you to see that boy again; **fais-moi le ~ d'éteindre cette télévision** do me a favour, will you, and turn off the television; **elle se fera un ~ de vous raccompagner** she'll be (only too) glad to take you home; **je me ferai un ~ de vous renseigner** I'll be delighted OU happy to give you all the information; **cette chipie se fera un ~ de répandre la nouvelle** *fam* that little minx will take great pleasure in spreading the news; **aurai-je le ~ de vous avoir parmi nous?** will I have the pleasure of your company?; **j'ai le ~ de vous informer que...** I am pleased to be able to inform you that...; **tout le ~ est pour moi** the pleasure is all mine, (it's) my pleasure. -**3.** [agrément] pleasure; **le caviar est un ~ coûteux** caviar is an expensive pleasure; **les ~s de la vie** life's pleasures ❑ **elle aime les ~s de la table** she loves good food. -**4.** [sexualité] pleasures; **les ~s de la chair** pleasures of the flesh; **les ~s défendus** forbidden pleasures; **~ solitaire** *euph* self-abuse.

◆ **à plaisir** *loc adv* -**1.** [sans motif sérieux]: **il se tourmente à ~** he's a natural worrier. -**2.** [sans retenue] unrestrainedly; **elle ment à ~** she lies through her teeth.

◆ **au plaisir (de vous revoir)** *loc adv* see you again OU soon.

◆ **avec plaisir** *loc adv* with pleasure; **pourrez-vous m'aider? — avec ~!** will you be able to help me? — delighted (to) OU with pleasure!

◆ **par plaisir, pour le plaisir** *loc adv* for its own sake, just for the fun of it; **il joue aux cartes par ~, non pas pour l'argent** he doesn't play cards for money, just for the fun of it.

plan[1] [plɑ̃] *nm* **A.** -**1.** [surface plane] plane. -**2.** CONSTR [surface] surface; **~ de cuisson** hob; **~ de travail** [d'une cuisine] worktop, working surface. -**3.** BX-ARTS & PHOT plane. -**4.** CIN shot; **gros ~, ~ serré** close-up; **~ américain** close-medium shot; **~ général/moyen/rapproché** long/medium/close shot. -**5.** GÉOM plane; **~ horizontal/incliné/médian/tangent** level/inclined/median/tangent plane. -**6.** AÉRON: **~ de sustentation** aerofoil.

B. -**1.** [projet] plan, project; **ne vous inquiétez pas, j'ai un ~** don't worry, I've got a plan ❑ **un ~ d'action** a plan of action; **un ~ de bataille** a battle plan; **un ~ de carrière** a career strategy. -**2.** [structure] plan, framework, outline; **le ~ d'un roman** the plan OU the narrative framework of a novel; **je veux un ~ détaillé de votre thèse** I want a detailed outline OU a synopsis of your thesis. -**3.** ADMIN plan, project; **~ d'aménagement rural** rural development plan OU scheme; **~ de modernisation** modernization project OU scheme; **~ de sauvegarde** zoning plan; **~ d'urbanisme** town planning scheme. -**4.** ÉCON plan; **~ comptable** FIN ≃ Statement of Standard Accounting Practices; **~ d'échantillonnage** [en statistique] sample survey; **~ d'épargne** BANQUE savings plan; **~ d'épargne logement** *savings scheme offering low-interest mortgages*; **~ d'épargne retraite** *former personal pension plan*; **~ financier** financial plan; **~ quinquennal** five-year plan.

C. -**1.** [carte] map, plan; **un ~ de Paris** a map OU plan of Paris ❑ **~ de métro underground** *Br* OU subway *Am* map. -**2.** ARCHIT [dessin] plan, blueprint *Am*; **acheter un appartement sur ~s** to buy a flat from the plans *Br* OU an apartment as shown on the blueprint *Am*; **lever un ~** to make a survey ❑ **~ de masse** overall plan; **tirer des ~s sur la comète** to build castles in the air. -**3.** TECH plan, blueprint; **~ d'une machine/voiture** blueprint of a machine/car.

◆ **en plan** *fam loc adv* in the lurch; **laisser qqn en ~** to leave sb in the lurch; **laisser qqch en ~** to drop sthg; **j'ai tout laissé en ~ et j'ai filé** à l'hôpital I dropped everything and rushed to the hospital; **il m'a laissée en ~** he left me in the lurch; **rester en ~**: **je suis resté en ~** [seul] I was left stranded OU high and dry; **tous mes projets sont restés en ~** none of my plans came to anything.

◆ **en plan incliné** *loc adv* sloping.

◆ **sur le plan de** *loc prép* as regards, as far as... is concerned; **sur le ~ du salaire, ça me convient** as far as the salary is concerned, it suits me fine; **sur le ~ de la conduite** as far as behaviour goes; **sur le ~ intellectuel** intellectually speaking; **c'est le meilleur sur tous les ~s** he's the best whichever way you look at it.

◆ **plan d'eau** *nm* [naturel] stretch of water; [artificiel] reservoir; [ornemental] (ornamental) lake.

plan[2], **e** [plɑ̃, plan] *adj* -**1.** [miroir] plane; [surface] flat. -**2.** MATH plane, planar; **surface ~e** plane.

planage [planaʒ] *nm* [d'une surface] planing; [d'un métal] planishing; [pour rendre la forme] straightening, flattening (out).

planaire [planɛr] *nf* planarian.

planant, e *fam* [planɑ̃, ɑ̃t] *adj* [qui met dans un état second]: **leur musique est complètement ~e** their music really sends you.

planche [plɑ̃ʃ] *nf* -**1.** [de bois] plank, board; **~ à découper** chopping board; **~ à dessin** drawing board; **~ à laver** washboard; **~ à pain** *pr* breadboard; **c'est une ~ à pain** *fam* she's (as) flat as a board OU a pancake; **~ à pâtisserie** pastry board; **~ à repasser** ironing board; **~ de salut** last hope; **recourir à** OU **faire marcher la ~ à billets** *fam* to pump (more) money into the economy; **c'est une ~ pourrie** *fam* he can't be relied on. -**2.** NAUT gangplank; **jour de ~** lay day. -**3.** *fam* [ski] ski. -**4.** IMPR plate. -**5.** HORT [de légumes] patch; [de plantes, fleurs] bed. -**6.** AÉRON: **~ de bord** instrument panel. -**7.** LOISIRS & SPORT: **faire la ~** to float on one's back.

◆ **planches** *nfpl* -**1.** THÉÂT: **les ~s** the boards, the stage; **monter sur les ~s** to go on the stage; **remonter sur les ~s** to go back on the stage. -**2.** [chemin] promenade *Br*, boardwalk *Am*; **les ~s de Deauville** the promenade at Deauville.

◆ **planche à roulettes** *nf* skateboard.

◆ **planche à voile** *nf* sail board; **faire de la ~ à voile** to go windsurfing.

planchéiage [plɑ̃ʃejaʒ] *nm* -**1.** [parquetage] flooring. -**2.** [lambrissage] planking, boarding.

planchéier [4] [plɑ̃ʃeje] *vt* -**1.** [parqueter] to floor. -**2.** [lambrisser] to board.

plancher[1] [plɑ̃ʃe] *nm* -**1.** ARCHIT & CONSTR floor; **refaire le ~ d'une pièce** to refloor a room *(with floorboards)* ❑ **~ creux/plein** hollow/solid floor; **le ~ des vaches** *fam* dry land; **débarrasse le ~!** *fam* clear off!, get lost! -**2.** AUT floorboard. -**3.** *Can* [étage] floor, story. -**4.** ANAT floor; **le ~ buccal** OU **de la bouche** the floor of the mouth; **~ pelvien** pelvic floor. -**5.** [limite inférieure] floor; **une augmentation de 3 % avec un ~ de 200 francs** a 3 % rise with a lower limit OU a floor of 200 francs ❑ **~ des salaires** wage floor. -**6.** *(comme adj; avec ou sans trait d'union)* minimum; **prix ~** minimum OU bottom price.

plancher[2] [3] [plɑ̃ʃe] *vi arg scol*: **demain on planche en maths** we've got a maths test tomorrow.

◆ **plancher sur** *fam v + prép* [travailler sur] to work on.

planchette [plɑ̃ʃɛt] *nf* -**1.** [petite planche] small board. -**2.** [topographique] plane-table.

planchiste [plɑ̃ʃist] *nmf* wind-surfer.

plan-concave [plɑ̃kɔ̃kav] (*pl* **plan-concaves**) *adj* plano-concave.

plan-convexe [plɑ̃kɔ̃vɛks] (*pl* **plan-convexes**) *adj* plano-convex.

plancton [plɑ̃ktɔ̃] *nm* plankton; **~ aérien** aerial plankton.

planctonique [plɑ̃ktɔnik] *adj* planktonic.

planctonivore, [plɑ̃ktɔnivɔr], **planctophage** [plɑ̃ktɔfaʒ] *adj* plankton-eating.

planéité [planeite] *nf* planeness, flatness, evenness.

planelle [planɛl] *nf Helv* ceramic tile.

planer [3] [plane] ◇ *vi* -**1.** [oiseau] to soar; [avion] to glide; [fumée, ballon] to float; **laisser son regard** OU **ses regards ~ sur** to gaze out over. -**2.** [danger, doute, mystère] to hover, to hang over; **le danger planait sur l'Europe** danger hung OU hovered over Europe; **le doute plane encore sur cette affaire** this affair is still shrouded in mystery. -**3.** [être en dehors des réalités] to be (way) above; **il plane au-dessus de ces petits détails** he's way above such insignificant details. -**4.** *fam* [être dans un état second]: **il plane complètement** [il est drogué] he's high; [il n'est pas réaliste] he's got his head in the clouds ❑ **ça plane pour moi!** *fam* everything's hunky-dory!

◇ *vt* [surface] to make smooth; [métal] to planish.

planétaire [planetɛr] ◇ *adj* -**1.** ASTRON planetary. -**2.** [mondial] worldwide, global.

◇ *nm* -**1.** ASTRON orrery. -**2.** MÉCAN planetary gear OU gear-wheel, (axle drive) bevel wheel.

planétairement [planetɛrmɑ̃] *adv* worldwide *adv*.

planétarium [planetarjɔm] *nm* planetarium.

planète [planɛt] *nf* planet; **la ~** [la Terre]: **sur la ~ tout entière** all over the Earth OU world.

planétoïde [planetɔid] *nm* planetoid.

planétologie [planetɔlɔʒi] *nf* planetology.

planeur, euse [planœr, øz] *nm, f* [de métal] planisher; [d'orfèvrerie] chaser.

◆ **planeur** *nm* AÉRON glider.

planifiable [planifjabl] *adj* which can be planned.

planificateur, trice [planifikatœr, tris] ◇ *adj* planning *(modif)*, relating to (economic) planning.

◇ *nm, f* planner.

planification [planifikasjɔ̃] *nf* ÉCON (economic) planning.

planifier [9] [planifje] *vt* [gén & ÉCON] to plan.

planimétrie [planimetri] *nf* planimetry.

planimétrique [planimetrik] *adj* planimetric.

planipenne [planipɛn] *nm* planipennine, member of the Planipennia.

planisme [planism] *nm* over-reliance on planning.

planisphère [planisfɛr] *nm* planisphere.

planiste [planist] *nmf* supporter of economic planning.

plan-masse [plɑ̃mas] (*pl* **plans-masses**) *nm* overall plan.

planning [planiŋ] *nm* [programme] programme, schedule; **le ~ de la semaine** the week's schedule.

◆ **planning familial** *nm* [méthode] family planning; [organisme] family planning clinic; **je vais au ~** *fam* I'm going to the family planning.

planque *fam* [plɑ̃k] *nf* -**1.** [cachette] hide-out, hideaway. -**2.** [travail - gén] cushy job; [- en temps de guerre] safe job. -**3.** [guet]: **faire une ~** to stake a place out.

planqué, e *fam* [plɑ̃ke] *nm, f person who has landed himself a cushy job.*

◆ **planqué** *nm arg mil* draft dodger.

planquer *fam* [3] [plɑ̃ke] ◇ *vt* [cacher] to hide; **planque ton bouquin, voilà le prof** hide your book, the teacher's coming; **on a planqué son frère chez nous pendant une semaine** we hid his brother at our place for a week.

◇ *vi* [surveiller] to keep watch.

◆ **se planquer** *fam vpi* [se cacher] to hide out OU up.

plan-relief [plɑ̃rəljɛf] (*pl* **plans-reliefs**) *nm* street model.

plant [plɑ̃] *nm* -**1.** [jeune végétal] seedling, young plant; **~ de vigne** young vine; **~ de tomate** tomato plant. -**2.** [ensemble - de légumes] patch; [- de plantes, de fleurs] bed.

Plantagenêt [plɑ̃taʒnɛ] *npr* Plantagenet.

plantain [plɑ̃tɛ̃] *nm* [herbe, bananier] plantain.

plantaire [plɑ̃tɛr] *adj* plantar.

plantation [plɑ̃tasjɔ̃] *nf* -**1.** [opération] planting. -**2.** [culture] plant, crop. -**3.** [exploitation agricole] plantation.

plante[1] [plɑ̃t] *nf* -**1.** BOT plant; **~ verte/à fleurs** green/flowering plant; **~ textile/fourragère** fibre/fodder plant; **~ grasse/vivace** succulent/perennial plant; **~ d'appartement** house OU pot plant; **~ grimpante** creeper, climbing plant; **~ médicinale** medicinal herb. -**2.** *loc*: **c'est une belle ~** *fam* she's a fine figure of a woman; **~ de serre** *sout* fragile person.

plante[2] [plɑ̃t] *nf* ANAT: **la ~ du pied** the sole of the foot.

planté, e [plɑ̃te] *adj*: **bien ~** *fam* [enfant] lusty, robust; **bien ~** [dent] well-positioned, well-placed; **avoir les dents mal ~es** to have uneven teeth; **avoir les cheveux ~s bas/haut** to have a low/receding hairline.

planter [3] [plɑ̃te] *vt* -**1.** AGR & HORT to plant; **~ des choux** to plant cabbages; **allée plantée d'acacias** avenue lined with acacia trees. -**2.** [enfoncer] to stick OU to drive in *(sép)*; [avec un marteau] to hammer in *(sép)*; **il ne sait même pas ~ un clou** he can't even hammer a nail in properly; **~ un couteau dans le dos de qqn** to stab sb in the back, to stick a knife in sb's back; **le lion lui a planté ses griffes dans la cuisse** the lion dug its claws into his thigh. -**3.** [tente] to pitch, to put up *(sép)*; **il a fini par ~ sa tente en Provence** *fig* he finally settled in Provence. -**4.** [poser résolument]: **~ un baiser sur les lèvres de qqn** to kiss sb full on the lips; **il a planté ses yeux dans les miens** he stared into my eyes. -**5.** [dépeindre - personnage] to sketch (in); **les personnages sont plantés dès la page 20** the characters have all been sketched in by page 20; **~ le décor** THÉÂT to set up the scenery; LITTÉRAT to set the scene. -**6.** *fam* [abandonner] to dump; **je l'ai planté là** I just left OU dumped him there; **je crois que je vais tout ~ là** I think I'll pack it all in OU ditch the whole thing.

◆ **se planter** *vpi* -**1.** [s'enfoncer] to become stuck OU embedded, to embed o.s.; **l'écharde s'est plantée dans la chair** the splinter embedded itself in the flesh. -**2.** *fam* [se tenir immobile] to stand; **j'irai me ~ sous leur nez** I'll go and stand right in front of them; **ne reste pas planté là comme une souche** don't just stand there like a lemon *Br* OU fool. -**3.** *fam* [se tromper] to get it wrong; **j'ai dû me ~** I must have boobed *Br* OU got it wrong; **on s'est complètement plantés, c'est infaisable** we've completely screwed up, it can't be done. -**4.** *fam* [dans un accident] to (have a) crash; **se ~ contre un arbre** to smash into a tree. -**5.** *fam* [échouer] to go wrong, to screw up; **je me suis complètement planté en biologie** I made a pig's ear of the biology paper. -**6.** *fam* [ordinateur] to crash.

planteur, euse [plɑ̃tœr, øz] *nm, f* planter; **des ~s de pommes de terre** potato planters.

◆ **planteur** *nm* -**1.** AGR planter. -**2.** [cocktail]: **(punch) ~** planter's punch.

◆ **planteuse** *nf* planter, planting machine.

plantigrade [plɑ̃tigrad] *adj & nm* plantigrade.

plantoir [plɑ̃twar] *nm* dibble.

planton [plɑ̃tɔ̃] *nm* -**1.** MIL orderly; **faire le ~** *fam* to stand about OU around (waiting). -**2.** *Helv* seedling, young plant. -**3.** *Afr* [garçon de bureau] office boy.

plantule [plɑ̃tyl] *nf* (plant) germ.

plantureusement [plɑ̃tyrøzmɑ̃] *adv litt* copiously, lavishly.

plantureux, euse [plɑ̃tyrø, øz] *adj* -**1.** [aux formes pleines - femme] buxom; [- poitrine] full, generous; **une beauté plantureuse** a buxom beauty. -**2.** *litt* [fertile] fertile; **la plantureuse province** the lush province. -**3.** [copieux - repas] sumptuous.

plaquage [plakaʒ] *nm* -**1.** [revêtement] cladding, coating. -**2.** SPORT tackling *(U)*, tackle. -**3.** *fam* [abandon - d'une personne] ditching, jilting; [- d'une activité] dropping.

plaque [plak] *nf* -**1.** [surface - de métal] plate; [- de marbre] slab; [- de verre] plate, pane; [revêtement] plate; [pour commémorer] plaque;

~ de blindage armour plate; ~ de cheminée fire back; ~ d'égout manhole cover; ~ d'immatriculation number plate *Br*, licence plate *Am*; ~ de propreté fingerplate; ~ de verglas icy patch. -**2.** [inscription professionnelle] nameplate, plaque; [insigne] badge. -**3.** JEUX [au casino] chip; une ~ *fam* [dix mille francs] *ten thousand francs*. -**4.** ÉLECTR plate; ~ d'accumulateur accumulator plate || ÉLECTRON plate, anode; ~ de déviation deflector plate. -**5.** PHOT plate. -**6.** CULIN [d'une cuisinière] hotplate; [de four] baking tray; *Helv* [moule] cake tin. -**7.** ANAT & MÉD [sur la peau] patch; des ~s rouges dues au froid red blotches due to the cold ❑ ~ dentaire (dental) plaque; ~ muqueuse mucous plaque; ~s d'eczéma eczema patches. -**8.** GÉOG: ~ à vent wind slab. -**9.** GÉOL: ~ (lithosphérique) plate; ~ mince thin section.

◆ **en plaques, par plaques** *loc adv*: sa peau part par ~s his skin is flaking.

◆ **plaque tournante** *nf* -**1.** RAIL turntable. -**2.** *fig* nerve centre; la ~ tournante du trafic de drogue the nerve centre of the drug-running industry.

plaqué, e [plake] *adj* JOAILL plated; ~ d'or OU or gold-plated; ~ d'argent OU argent silver-plated.

◆ **plaqué** *nm* -**1.** JOAILL: c'est du ~ [or] it's gold-plated; [argent] it's silver-plated. -**2.** MENUIS veneer.

plaquemine [plakmin] *nf* (Japanese) persimmon, kaki.

plaqueminier [plakminje] *nm* (Japanese) persimmon (tree).

plaquer [3] [plake] *vt* -**1.** MENUIS to veneer. -**2.** JOAILL to plate. -**3.** MÉTALL to clad. -**4.** [mettre à plat] to lay flat; le vent plaquait son écharpe/ses cheveux sur sa figure the wind blew her scarf/hair flat against her face; la sueur plaquait sa chemise contre son corps his shirt was stuck to his chest with sweat; les cheveux plaqués sur le front hair plastered down on the forehead; je l'ai plaqué contre le mur/au sol I pinned him to the wall/ground; le dos plaqué contre la porte standing flat against the door; ~ sa cavalière contre soi to clasp one's partner to one; ~ un baiser sur la joue de qqn to give sb a smacking kiss on the cheek; ~ sa main sur la bouche de qqn to put one's hand over sb's mouth. -**5.** [ajouter]: la conclusion semble plaquée the conclusion reads like an afterthought OU feels as though it's just been tacked on. -**6.** *fam* [abandonner - personne, travail, situation] to dump, to ditch; [- amant, conjoint] to jilt; j'ai envie de tout ~ I feel like packing OU chucking it all in. -**7.** SPORT to tackle; *fig* [personne en fuite] to rugby-tackle. -**8.** MUS [accord] to strike, to play; ~ un accord to strike a chord; je ne sais que ~ quelques accords I only know a few chords.

◆ **se plaquer** *vp (emploi réfléchi)*: se ~ au sol to throw o.s. flat on the ground; se ~ contre un mur to flatten o.s. against a wall.

plaquette [plakɛt] *nf* -**1.** [livre] booklet. -**2.** PHYSIOL blood-platelet, platelet, thrombocyte. -**3.** [petite plaque]: ~ commémorative commemorative plaque. -**4.** COMM: ~ de beurre pack of butter; ~ de chocolat bar of chocolate; ~ de pilules blister-pack of pills; ~ insecticide insecticide diffuser. -**5.** AUT: ~ de frein brake pad.

plaqueur [plakœr] *nm* -**1.** MENUIS veneerer. -**2.** MÉTALL plater.

plasma [plasma] *nm* -**1.** BIOL plasma; ~ sanguin blood plasma. -**2.** PHYS plasma; jet de ~ plasma jet.

plasmaphérèse [plasmaferɛz] *nf* plasmapheresis.

plasmatique [plasmatik] *adj* plasmatic.

plasmide [plasmid] *nm* plasmid.

plasmique [plasmik] *adj* plasmic.

plasmocytaire [plasmɔsitɛr] *adj* plasmocyte *(modif)*.

plasmocyte [plasmɔsit] *nm* plasmocyte.

plasmode [plasmɔd] *nm* plasmodium ZOOL.

plasmodium [plasmɔdjɔm] *nm* plasmodium MÉD.

plasmolyse [plasmɔliz] *nf* plasmolysis.

plaste [plast] *nm* plastid.

plastic [plastik] *nm* plastic explosive.

plasticage [plastikaʒ] = **plastiquage**.

plasticien, enne [plastisjɛ̃, ɛn] *nm, f* -**1.** BX-ARTS (plastic) artist. -**2.** MÉD plastic surgeon. -**3.** TECH plastics technician.

plasticité [plastisite] *nf* -**1.** [d'un matériau] plasticity. -**2.** *sout* [du caractère] pliability, malleability. -**3.** BX-ARTS plastic quality, plasticity.

plastie [plasti] *nf* plastic surgery.

plastifiant [plastifjɑ̃] *nm* -**1.** CHIM plasticizer. -**2.** CONSTR (mortar) plasticizer.

plastification [plastifikasjɔ̃] *nf* -**1.** [revêtement] plastic-coating. -**2.** [ajout d'un plastifiant] plasticization. -**3.** [d'un document] lamination.

plastifier [9] [plastifje] *vt* -**1.** [recouvrir de plastique] to cover in OU with plastic; une couverture plastifiée a plastic-coated cover. -**2.** [ajouter un plastifiant à] to plasticize.

plastiquage [plastikaʒ] *nm* bombing; après le ~ de l'ambassade after the embassy was blown up, after the bombing of the embassy.

plastique [plastik] ◇ *adj* -**1.** [malléable] plastic; matière ~ plastic. -**2.** BX-ARTS plastic.

◇ *nm* -**1.** [matière] plastic. -**2.** [explosif] plastic explosive.

◇ *nf* -**1.** BX-ARTS (art of) modelling OU moulding; la ~ grecque Greek sculpture. -**2.** [forme du corps]: une belle ~ a beautiful figure.

◆ **en plastique** *loc adj* plastic.

plastiquer [3] [plastike] *vt* to blow up *(sép)*, to bomb; ils ont plastiqué l'ambassade cette nuit they bombed the embassy last night.

plastiqueur, euse [plastikœr, øz] *nm, f* bomber.

plastisol [plastisɔl] *nm* plastisol.

plastron [plastrɔ̃] *nm* -**1.** VÊT [non amovible] shirtfront; [amovible] plastron, dickey; chemise à ~ dinner shirt. -**2.** ARM [de cuirasse] plastron, breastplate. -**3.** ESCRIME plastron. -**4.** ZOOL [de tortue] plastron.

plastronner [3] [plastrɔne] *vi* -**1.** [se rengorger] to throw out one's chest. -**2.** [parader] to swagger OU to strut around.

plat[1] [pla] *nm* -**1.** [contenant] dish; ~ ovale/à poisson oval/fish dish; ~ à barbe shaving dish. -**2.** [préparation culinaire] dish; c'est mon ~ préféré it's my favourite dish ❑ un ~ froid/chaud a cold/hot dish; ~ cuisiné precooked OU ready-cooked dish; ~ garni main dish served with vegetables; le ~ du jour the dish of the day, today's special; un ~ en sauce a dish cooked OU made with a sauce; un petit ~ a delicacy; elle aime les bons petits ~s she enjoys good food; je t'ai préparé un bon petit ~ I've cooked something special for you; vendre qqch contre un ~ de lentilles *allusion Bible* to sell something for very little; quel ~ de nouilles![▽] what a berk *Br* OU meathead *Am*! -**3.** [partie du menu] course; deux ~s au choix a choice of two main courses ❑ le ~ principal OU de résistance the main course OU dish; mettre les petits ~s dans les grands to put on a big spread; faire (tout) un ~ de qqch *fam* to make a big deal out of OU a great fuss about sthg; il n'y a pas de quoi en faire tout un ~ it's not worth getting all worked up about.

plat[2], **e** [pla, plat] *adj* -**1.** [plan, horizontal] flat, level; en terrain ~ on level ground; un ~ pays [plaine] plain. -**2.** [non profond] flat, shallow; bateau ~ shallow OU shallow-bottomed boat. -**3.** [non saillant] flat; avoir un ventre ~ to have a flat stomach; avoir la poitrine ~e to be flat-chested ❑ elle est ~e comme une planche à pain OU comme une limande *fam* she's (as) flat as a board OU pancake. -**4.** [non épais - disque, calculatrice] thin, flat. -**5.** [sans hauteur - casquette] flat; ma coiffure est trop ~e my hair lacks body ❑ chaussures ~es OU à talons ~s flat shoes. -**6.** [médiocre - style] flat, dull, unexciting; [sans saveur - vin] insipid; une ~e imitation a pallid imitation; sa vie a été bien ~e she had rather a dull existence. -**7.** [obséquieux] cringing, fawning; être ~ devant ses supérieurs to cringe before OU to kow-tow to one's superiors; je vous fais mes plus ~es excuses please accept my most humble apologies; elle a dû faire de ~es excuses she was forced to make abject apologies ❑ ~ comme une punaise spineless. -**8.** [non gazeux] still, non-sparkling. -**9.** LITTÉRAT: rimes ~es rhyming couplets, couplet rhymes. -**10.** GÉOM [angle, dièdre] straight.

◆ **plat** *nm* -**1.** [partie plate] flat (part); le ~ de la main/d'une épée the flat of the hand/a sword. -**2.** [lieu plan]: sur le ~ on the flat OU level || ÉQUIT [course] flat race; le ~ the flat; spécialiste du ~ flat-racing specialist. -**3.** *fam* [plongeon] belly-flop; faire un ~ to belly-flop. -**4.** *fam loc*: faire du ~ à qqn [à une femme] to chat sb up *Br*, to give sb a line *Am*; [à un patron] to butter sb up *Br*, to sweet-talk sb. -**5.** [de bœuf]: ~ de côtes best *Br* OU short *Am* rib. -**6.** IMPR: ~s boards. -**7.** MÉTALL (small) flat (bar).

◆ **plate** *nf* monkey-boat.

◆ **à plat** ◇ *loc adj* -**1.** *fam* [fatigué] (all) washed out; je suis complètement à ~ I've had it, I feel totally washed out. -**2.** *fam* [déprimé] down *adj*; il est très à ~ he's feeling very low OU down. -**3.** [pneu, batterie, pile] flat.

◇ *loc adv* -**1.** [horizontalement] flat *adv*; couché à ~ lying flat on his back; les mains à ~ sur la table hands flat on the table; mettre qqch à ~ [robe] to unpick (and lay out the pieces); [projet, problème] to examine from all angles; tomber à ~ [journal, coussin] to fall flat (on the ground); [plaisanterie] to fall flat. -**2.** [rouler] with a flat (tyre).

◆ **à plat ventre** *loc adv* flat on one's stomach; couché à ~ ventre lying face downwards; se mettre à ~ ventre [après avoir été allongé] to flop over onto one's stomach; [après avoir été debout] to go down on one's stomach; tomber à ~ ventre to fall flat on one's face; ils sont tous à ~ ventre devant elle *fig* they all bow down to her.

platane [platan] *nm* plane tree; faux ~ sycamore.

plat-bord [plabɔr] *(pl* plats-bords) *nm* gunwale, gunnel.

plateau, x [plato] *nm* -**1.** [présentoir] tray; j'ai fait monter un ~ dans ma chambre pour le dîner I had a dinner tray brought up to my room; ~ de viandes froides selection of cold meats ❑ ~ à fromages cheeseboard; en entrée, notre ~ de fruits de mer as a starter, our seafood platter; ~ d'argent silver salver; il attend que tout lui soit apporté sur un ~ (d'argent) *fig* he expects everything to be handed to him on a (silver) plate. -**2.** THÉÂT stage; CIN set; TV panel; sur le ~ THÉÂT on stage; CIN on set; nous avons un beau ~ ce soir TV we have some wonderful guests in the studio tonight. -**3.** MÉCAN & TECH [d'un électrophone] turntable; [d'une balance] plate, pan; [d'un véhicule] platform; ~ de chargement platform trolley; ~ de frein brake backing plate; ~ d'embrayage pressure plate; ~ de pédalier front chain wheel; mettre qqch sur les ~x de la balance to weigh sthg up. -**4.** [d'une courbe] plateau; faire un OU atteindre son ~ to reach a plateau, to level off. -**5.** GÉOG plateau, tableland; hauts ~x high plateau; le ~ continental continental shelf. -**6.** ANTHR plate, labret. -**7.** [d'une table] top. -**8.** SPORT clay pigeon.

plateau-repas [platorəpa] *(pl* plateaux-repas) *nm* [à la maison] TV dinner; [dans un avion] in-flight meal.

plate-bande [platbɑ̃d] *(pl* plates-bandes) *nf* -**1.** HORT [pour fleurs] flowerbed, bed; [pour arbustes, herbes] bed. -**2.** *fam loc*: marcher sur OU piétiner les plates-bandes de qqn to tread on sb's toes; ne marche pas sur mes plates-bandes keep off my patch. -**3.** ARCHIT [linteau] platband; [moulure] frieze.

platée [plate] *nf* -**1.** [pleine assiette] plate, plateful; [plein plat] dish, dishful; [portion] *fam* big helping. -**2.** CONSTR continuous foundation.

plate-forme [platfɔrm] (*pl* plates-formes) *nf* -**1.** TRANSP [d'un train, d'un bus] platform. -**2.** GÉOG shelf; ~ **continentale** OU **insulaire** continental shelf; ~ **de glace** ice shelf. -**3.** PÉTR rig; ~ **de forage** drilling rig; ~ **de forage en mer** off-shore oil rig; ~ **de production** production platform. -**4.** POL platform; ~ **électorale** election platform. -**5.** ASTRONAUT & GÉOL platform. -**6.** ARM (gun) platform. -**7.** TRAV PUBL road level (width). -**8.** INDUST: ~ **élévatrice** elevator platform. -**9.** CONSTR [terrassement] subgrade.

platement [platmɑ̃] *adv* -**1.** [banalement] dully, stolidly, bluntly. -**2.** [servilement] cringingly, fawningly; **s'excuser** ~ to give a cringing apology.

platinage [platinaʒ] *nm* platinization.

platine [platin] ◇ *adj inv* platinum; **une blonde** ~ a platinum blonde; **(d'un) blond** ~ platinum blond.
◇ *nm* platinum; ~ **iridié** platiniridium; **éponge** OU **mousse de** ~ platinum sponge.
◇ *nf* -**1.** TECH [d'une serrure, d'une horloge] plate; [d'une machine à coudre] sinker. -**2.** ACOUST: ~ **cassette** cassette deck; ~ **disque** OU **tourne-disque** record deck; ~ **double cassette** twin cassette deck; ~ **laser** CD player. -**3.** OPT stage. -**4.** IMPR platen. -**5.** ARM (gun) lock. -**6.** [dans une tuyauterie] (insert) washer.

platiné, e [platine] *adj* platinum *(modif)*; **une blonde** ~**e** a platinum blonde.

platiner [3] [platine] *vt* [recouvrir de platine] to platinize.

platinite [platinit] *nf* platinite.

platitude [platityd] *nf* -**1.** [absence d'originalité] dullness, flatness, triteness. -**2.** [lieu commun] platitude, commonplace, trite remark. -**3.** [obséquiosité] obsequiousness, grovelling; **elle ne reculera devant aucune** ~ **pour avoir ce poste** she'd stoop to anything to get this job.

Platon [platɔ̃] *npr* Plato.

platonicien, enne [platɔnisjɛ̃, ɛn] ◇ *adj* Platonic.
◇ *nm, f* Platonist.

platonique [platɔnik] *adj* -**1.** *vieilli* & PHILOS Platonic. -**2.** [amour] platonic. -**3.** [de pure forme] token; **la France a formulé une protestation** ~ France has made a token protest.

platoniquement [platɔnikmɑ̃] *adv* -**1.** [aimer, admirer] platonically. -**2.** [sans produire d'effet] futilely, to no effect.

platonisme [platɔnism] *nm* Platonism.

plâtrage [platraʒ] *nm* CONSTR [action] plastering; [ouvrage] plasterwork.

plâtras [platra] *nm* -**1.** [débris] (plaster) rubble *(U)*. -**2.** CONSTR rubblework *(U)*.

plâtre [platr] *nm* -**1.** CONSTR plaster; **plafond en** ~ plastered ceiling; **ton camembert, c'est du vrai** ~ *fam fig* your camembert really tastes like chalk (it's so unripe). -**2.** MÉD [matériau] plaster; **ils lui ont mis un bras dans le** ~ they put his arm in plaster; **être dans le** ~ to be in plaster || [appareil] plaster cast; **il devra garder son** ~ he'll have to keep his cast on ❑ ~ **de marche** walking cast. -**3.** BX-ARTS [matériau] plaster; [objet] plaster cast OU model; ~ **de Paris** OU **à modeler** plaster of Paris; ~ **à mouler** moulding plaster.
◆ **plâtres** *nmpl*: **les** ~**s** the plaster-work.

plâtrer [3] [platre] *vt* -**1.** MÉD [accidenté] to plaster (up); [membre] to put in plaster *Br* OU a cast; **être plâtré de la taille jusqu'aux pieds** to be in a cast from the waist down; **aura-t-il besoin d'être plâtré?** will he have to have a cast? -**2.** CONSTR [couvrir] to plaster (over); [colmater] to plaster over OU up *(sép)*.

plâtreux, euse [platrø, øz] *adj* -**1.** [fromage] unripe, tasteless. -**2.** [mur] plastered, covered with plaster.

plâtrier [platrije] *nm* -**1.** [maçon] plasterer. -**2.** [commerçant] builder's merchant. -**3.** [industriel] plaster manufacturer.

plâtrière [platrijɛr] ◇ *nf* -**1.** [carrière] gypsum OU lime quarry. -**2.** [usine] plaster works.
◇ *adj f*: **brique** ~ moulded brick.

platyrhinien [platirinjɛ̃] *nm* platyrrhine.

plausibilité [plozibilite] *nf* plausibility.

plausible [plozibl] *adj* plausible, credible, believable; **pas très** OU **peu** ~ implausible.

Plaute [plot] *npr* Plautus.

play-back [plɛbak] *nm inv*: **il chante en** ~ he's miming (to a tape).

play-boy [plɛbɔj] (*pl* play-boys) *nm* playboy.

plèbe [plɛb] *nf* -**1.** *litt* & *péj*: **la** ~ the hoi polloi. -**2.** ANTIQ: **la** ~ the plebs.

plébéien, enne [plebejɛ̃, ɛn] ◇ *adj* -**1.** *litt* & *péj* [du bas peuple] plebeian; **des manières** ~**nes** plebeian manners. -**2.** ANTIQ plebeian.
◇ *nm, f* -**1.** *litt* & *péj* [personne vulgaire] plebeian. -**2.** ANTIQ plebeian.

plébiscitaire [plebisitɛr] *adj* plebiscitary.

plébiscite [plebisit] *nm* -**1.** [scrutin] plebiscite. -**2.** *Helv* POL referendum.

plébisciter [3] [plebisite] *vt* -**1.** [élire] to elect by (a) plebiscite. -**2.** [approuver] to approve (by a large majority); **les spectateurs plébiscitent notre émission** viewers overwhelmingly support our programme.

plectre [plɛktr] *nm* plectrum.

pléiade [plejad] *nf* -**1.** *sout* [grand nombre de] group, pleiad *litt*; **une** ~ **de vedettes** a glittering array of stars. -**2.** LITTÉRAT: **la Pléiade** [poètes] the poets of the Pléiade; [édition] *prestigious edition of literary classics.*

Pléiades [plejad] *npr fpl* ASTRON & MYTH Pleiades.

plein, e [plɛ̃, plɛn] *adj* -**1.** [rempli] full; **avoir l'estomac** OU **le ventre** ~ to have a full stomach; **avoir les mains** ~**es** to have one's hands full; **avoir le nez** ~ to have a blocked nose; **verre à demi** ~ half full glass; ~ **à ras bord** full to the brim; ~ **à ras bord de** brimming with; ~ **de** full of; **la casserole est** ~**e d'eau** the pan is full of water; **une pièce** ~**e de livres** a room full of books; **un roman** ~ **d'intérêt** a very interesting novel; **être** ~ **d'enthousiasme/de bonne volonté** to show great enthusiasm/willingness ❑ ~ **aux as** *fam* loaded, stinking rich; ~ **à craquer** full to bursting; **un gros** ~ **de soupe** *fam* a tub of lard, a fat slob; **être** ~ **comme un œuf** *fam* [valise, salle] to be chock-a-block; [personne repue] to be stuffed; **être** ~ **(comme une barrique** OU **une outre)** *fam* to be (well) tanked up. -**2.** [massif] solid; **une porte** ~**e** a solid door; **des briques** ~**es** solid bricks; **en bois** ~ solid wood; **mur** ~ blind wall. -**3.** [complet] full; **année** ~**e** full (calendar) year; **mois** ~ full (calendar) month ❑ ~ **temps, temps** ~ full-time; **être** OU **travailler à temps** ~ to work full-time; ~**e page** [gén] full page; [en publicité, sur une page] full-page ad; [en publicité, sur deux pages] spread; ~**s pouvoirs** (full) power of attorney; **avoir les** ~**s pouvoirs** to have full powers. -**4.** [chargé] busy, full; **j'ai eu une journée** ~**e** I've had a busy day; **ma vie a été** ~**e** I've led a full life. -**5.** [en intensif]: **une** ~**e carafe de** a jugful of; **une** ~**e valise de** a suitcase full of; ~ **gré: de son** ~ **gré** of his own volition OU free will; **obtenir un** ~ **succès** to achieve complete success; **j'ai** ~**e conscience de ce qui m'attend** I know exactly what to expect; **être en** ~**e forme** to be on top form; **ramasser qqch à** ~**s bras** to pick armfuls of sthg; **embrasser qqn à** ~**e bouche** to kiss sb full on the mouth; **manger des mûres à** ~**e bouche** to eat mouthfuls of blackberries; **rire à** ~**e gorge** to laugh one's head off; **chanter/crier à** ~ **gosier** to sing/to shout at the top of one's voice; **ramasser qqch à** ~**es mains** to pick up handfuls of sthg; **sentant qqch à** ~ **nez** reeking of sthg; **respirer à** ~**s poumons** to take deep breaths; **couler à** ~**s bords** to be overflowing ❑ ~ **cintre** semicircular ARCHIT; ~ **régime: moteur à** ~ **régime** engine running at full throttle; **travailler/fonctionner à** ~ **régime** to work/to function at full capacity; ~ **tube** *fam*, ~**s tubes** *fam*: **mettre la radio (à)** ~**s tubes** to put the radio on full blast; **foncer/rouler (à)** ~ **tube** to go/drive flat out; ~**e charge moteur** full throttle; ~**e peau: livre relié** ~**e peau** book bound in full leather; **fourrure** ~**e peau** solid fur; ~**s feux sur** spotlight on; ~**s gaz** *fam*, ~**s pots** *fam* full throttle; **allez, vas-y** ~**s gaz!** go on, put your foot down OU step on it!; ~**s phares** full beam *Br*, high beams *Am*. -**6.** [arrondi] full; **avoir des formes** ~**es** to have a well-rounded OU full figure; **avoir des joues** ~**es** to be chubby-cheeked; **avoir le visage** ~ to be moon-faced. -**7.** ZOOL [vache] in calf; [jument] in foal; [chatte] pregnant. -**8.** *litt* [préoccupé]: **ses lettres sont** ~**es de vous** she talks about nothing but you in her letters; **être** ~ **de soi-même/son sujet** to be full of o.s./one's subject. -**9.** JEUX [couleur] full; **main** ~**e** full house. -**10.** ASTRON & MÉTÉO full; **la lune est** ~**e** the moon is full ❑ ~**e lune** full moon; **attendre que ce soit la** ~**e mer** to wait for high tide.
◆ **plein** ◇ *nm* -**1.** [de carburant] full tank; **un** ~ **te mènera jusqu'à Versailles** you'll get as far as Versailles on a full tank; **faire le** ~ to fill up; **le** ~**, s'il vous plaît** fill her OU it up, please; **faire le** ~ **de vitamines/soleil** *fig* to stock up on vitamins/sunshine; **il a fait le** ~ **de ses voix** he got as many votes as he's ever likely to get. -**2.** [maximum]: **donner son** ~ [personne] to give one's best, to give one's all ❑ **le** ~ **de la lune** the moon at its full; **le** ~ **de la mer** the tide at its highest. -**3.** [en calligraphie] downstroke; **les** ~**s et les déliés** the downstrokes and the upstrokes. -**4.** CONSTR solid OU massive parts; **le** ~ **d'un mur** the solid section of a wall.
◇ *adv* -**1.** *fam* **tout** ~ [très] really; **il est mignon tout** ~**, ce bébé** what a cute little baby. -**2.** [non creux]: **sonner** ~ to sound solid.
◇ *prép* [partout dans] all over; **j'ai des plantes** ~ **ma maison** my house is full of plants, I have plants all over the house; **il a de la boue** ~ **son pantalon** his trousers are covered in mud, he's got mud all over his trousers; **avoir de l'argent** ~ **les poches** *fig* to have loads of money ❑ **il en a** ~ **la bouche, de sa nouvelle voiture** *fam* he keeps on about OU he's full of his new car; **en avoir** ~ **les bottes de qqch** *fam* to be fed up with sthg; **j'en ai** ~ **les bottes** OU **pattes** *fam* I'm bushed; **j'en ai** ~ **le dos** *fam* OU **le cul**▽ I've had it up to here; **s'en mettre** ~ **la lampe** *fam* to stuff one's face; **en mettre** ~ **la vue à qqn** *fam* to put on a show for sb; **en prendre** ~ **les dents** OU **les gencives** *fam* OU **la gueule**▽ [se faire reprendre] to get a right rollocking *Br*, to get bawled out *Am*; [être éperdu d'admiration] to be bowled over.
◆ **à plein** *loc adv*: **les moteurs/usines tournent à** ~ the engines/factories are working to full capacity; **utiliser des ressources à** ~ to make full use of resources.
◆ **de plein droit** *loc adv*: **exiger/réclamer qqch de** ~ **droit** to demand sthg as of right OU as one's right.
◆ **de plein fouet** *loc adv* full on; **les deux véhicules se sont heurtés de** ~ **fouet** the vehicles hit each other full on.
◆ **en plein** *loc adv* -**1.** [en entier] in full, entirely; **le soleil éclaire la pièce en** ~ the sun lights up the entire room. -**2.** [complètement, exactement]: **en** ~ **dans/sur** right in the middle of/on top of; **j'ai mis le pied en** ~ **dans une flaque** I stepped right in the middle of a puddle; **donner en** ~ **dans un piège** to fall right into a trap ❑ **mettre en** ~ **dans le mille** *pr* & *fig* to hit the bull's eye.
◆ **en plein, en pleine** *loc prép* [au milieu de, au plus fort de]: **en** ~ **air** in the open (air); **en** ~**e campagne** right out in the country; **en** ~ **cœur de la ville** right in the heart of the city; **une industrie en** ~ **essor** a booming OU fast-growing industry; **en** ~**e figure** OU *fam* **poire** right in the face; **en** ~ **jour** in broad daylight; **en** ~**e mer** (out) in the open sea; **en** ~ **midi** at twelve (noon) on the dot; **en** ~**e nuit** in the middle of the night; **en** ~**e rue** (right) in the middle of the street; **en** ~ **soleil** in full sun-

light; en ~e terre in the open ground; en ~ vent in the open air; en ~ vol in mid-flight.
◆ **plein de** *fam loc prép* lots of; il y avait ~ de gens dans la rue there were crowds OU masses of people in the street; tu veux des bonbons/de l'argent? j'en ai ~ do you want some sweets/ money? I've got lots; j'ai (~, ~,) ~ d'argent I've got lots (and lots) OU loads (and loads) of money.

plein-air [plɛnɛr] *nm inv* SCOL games.

pleinement [plɛnmɑ̃] *adv* wholly, fully, entirely; vivre ~ sa passion to live one's passion to the full; je suis ~ convaincu I'm fully convinced; profiter ~ de qqch to make the most of sthg.

plein(-)emploi [plɛnɑ̃plwa] *nm* full employment.

plein-temps [plɛ̃tɑ̃] (*pl* pleins-temps) ◇ *adj inv* full-time.
◇ *nm* full-time job; faire un ~ to work full-time, to have a full-time job.

plein-vent [plɛ̃vɑ̃] (*pl* pleins-vents) *nm* isolated OU exposed tree.

pléistocène [pleistɔsɛn] *nm* Pleistocene (period).

plénier, ère [plenje, ɛr] *adj* plenary.

plénipotentiaire [plenipɔtɑ̃sjɛr] *adj* & *nmf* plenipotentiary.

plénitude [plenityd] *nf* -**1.** *litt* [des formes] fullness; être dans la ~ de son talent to be at the peak of one's talent. -**2.** [satisfaction totale] fulfilment; un sentiment de ~ a feeling of fulfilment.

plénum [plenɔm] *nm* plenum POL.

pléonasme [pleɔnasm] *nm* pleonasm.

pléonastique [pleɔnastik] *adj* pleonastic.

pléthore [pletɔr] *nf sout* excess, plethora *litt*; ~ de an excess of; il y a ~ de candidats à ce poste far too many candidates have applied for the post.

pléthorique [pletɔrik] *adj* excessive, overabundant, plethoric *litt*.

pleur [plœr] *nm litt* tear; répandre OU verser des ~s to shed tears, to weep; en ~s in tears; il y aura des ~s et des grincements de dents there will be a great wailing and gnashing of teeth.

pleurage [plœraʒ] *nm* [basse fréquence] wow; [haute fréquence] flutter.

pleural, e, aux [plœral, o] *adj* pleural.

pleurant [plœrɑ̃] *nm* weeping figure, weeper ART.

pleurard, e *fam* [plœrar, ard] ◇ *adj* [sanglotant] whimpering; [plaintif] whining, whingeing *Br*.
◇ *nm, f* [qui sanglote] whimperer; [qui se plaint] whinger *Br*, whiner.

pleurer [5] [plœre] ◇ *vi* -**1.** PHYSIOL to cry; avoir un œil qui pleure to have a weepy OU watery eye ‖ [verser des larmes] to cry, to weep; le bébé pleure the baby's crying; ~ de joie/rage to cry for joy/with rage; j'en pleurais de rire! I laughed so much that I cried!; j'en aurais pleuré I could have wept OU cried; à ~ enough to make you weep OU cry; l'histoire est bête/triste à ~ the story is so stupid/sad you could weep ❑ ~ à chaudes larmes OU comme une Madeleine *fam* OU comme un veau *fam* OU comme une fontaine to cry OU to bawl one's eyes out; il ne lui reste OU il n'a plus que les yeux pour ~ he has nothing left to his name; aller ~ dans le gilet de qqn *fam* to go crying to sb; elle pleurait d'un œil et riait de l'autre she didn't know whether to laugh or cry; elle n'avait pas assez de ses yeux pour ~ she was grief-stricken. -**2.** *fam* [réclamer] to beg; il est allé ~ auprès du directeur pour avoir une promotion he went cap in hand to the boss OU went and begged the boss for a promotion; ~ après to beg for; ~ après des subventions to go begging for subsidies. -**3.** [se lamenter]: ~ sur to lament, to bemoan, to bewail; ~ sur soi-même OU son sort to bemoan one's fate. -**4.** *litt* [vent] to wail, to howl; [animal] to wail.
◇ *vt* -**1.** [répandre] to cry, to shed, to weep; ~ des larmes de joie to cry OU to shed tears of joy; pleurant des larmes de honte weeping tears of shame ❑ ~ toutes les larmes de son corps to cry one's eyes out. -**2.** *sout* [être en deuil de] to mourn; nous pleurons notre cher père we're mourning (for) our dear father ‖ [regretter] to lament, to bemoan; ~ une occasion perdue to lament a lost opportunity. -**3.** *fam* [se plaindre de] to begrudge; il ne pleure pas sa peine he doesn't mind putting himself out; tu ne vas pas ~ les quelques francs que tu lui donnes par mois? surely you don't begrudge her the few francs you give her a month?; elle est allée ~ qu'on l'avait trompée she went complaining that she'd been deceived. -**4.** *loc*: ~ misère to cry over OU to bemoan one's lot; il est allé ~ misère chez ses parents he went to his parents asking for money.

pleurésie [plœrezi] *nf* pleurisy.

pleurétique [plœretik] ◇ *adj* pleuritic.
◇ *nmf* pleurisy sufferer, pleuritic.

pleureur, euse [plœrœr, øz] ◇ *adj*: enfant ~ child who cries a lot.
◇ *nm, f* child who cries a lot.
◆ **pleureuse** *nf* [dans un cortège funèbre] (professional) mourner.

pleurite [plœrit] *nf* dry pleurisy.

pleurnichard, e [plœrniʃar, ard] = **pleurnicheur**.

pleurnicher [3] [plœrniʃe] *vi* [sangloter] to whimper; [se plaindre] to whine, to whinge *Br*; et après, ne viens pas ~! and don't come crying to me!; ~ auprès de qqn to go crying to sb.

pleurnicherie [plœrniʃri] *nf* whining *(U)*, whingeing *(U) Br*; lui, on l'aura toujours avec quelques ~s you can always get round him if you whine a bit.

pleurnicheur, euse [plœrniʃœr, øz] ◇ *adj* [sanglotant] whimpering; [plaintif] whining, whingeing.
◇ *nm, f* [qui sanglote] whimperer; [qui se plaint] whiner, whinger *Br*.

pleurote [plœrɔt] *nm* oyster mushroom.

pleurotomie [plœrɔtɔmi] *nf* pleurotomy.

pleutre [pløtr] *litt* ◇ *adj* cowardly, faint-hearted, lily-livered; il est trop ~ pour se battre he's too lily-livered to put up a fight.
◇ *nm* coward.

pleutrerie [pløtrəri] *nf litt* -**1.** [caractère lâche] cowardice, pusillanimity *litt*. -**2.** [acte] act of cowardice.

pleuvasser *fam* [3] [pløvase] *v impers* to drizzle.

pleuviner [3] [pløvine] *v impers* to drizzle.

pleuvoir [68] [pløvwar] ◇ *v impers* -**1.** MÉTÉO to rain; il pleut it's raining; il a plu toute la journée it's been raining all day; il pleut à grosses gouttes it's raining heavily; il pleut quelques gouttes there's a spatter of rain; on dirait qu'il va ~ it looks like rain ❑ il pleut à seaux OU à verse OU *fam* des cordes OU *fam* des hallebardes it's raining cats and dogs OU stair rods *Br*; il pleut comme vache qui pisse *fam* it's pouring; qu'il pleuve ou qu'il vente come rain come shine. -**2.** *loc*: comme s'il en pleuvait: des récompenses comme s'il en pleuvait rewards galore; elle dépense de l'argent comme s'il en pleuvait she's spending money like there was no tomorrow; il pleut, il mouille (c'est la fête à la grenouille) ≃ it's raining, it's pouring (the old man is snoring).
◇ *vi* [coup] to rain down, to fall like rain; [insulte] to shower down; les punitions pleuvaient sur les élèves punishments were showering down upon OU on the pupils; les coups pleuvaient sur sa tête blows were raining down upon OU on his head; faire ~ les malédictions sur qqn to rain curses upon OU on sb's head.

pleuvoter *fam* [3] [pløvɔte] *v impers* to drizzle.

plèvre [plɛvr] *nf* pleura.

Plexiglas® [plɛksiglas] *nm* Plexiglas®.

plexus [plɛksys] *nm* plexus; ~ solaire solar plexus.

pli [pli] *nm* -**1.** [repli - d'un éventail, d'un rideau, du papier] fold; [- d'un pantalon] crease; le drap fait des ~s the sheet is creased OU rumpled; un tissu qui ne fait pas de ~s a material that doesn't crease ❑ ~ d'aisance inverted pleat; ~ plat flat pleat; faux ~ crease; ça ne fait pas un ~ *fam* it goes without saying; il va la virer, ça ne fait pas un ~ he'll fire her, it's as good as done (already). -**2.** [habitude] habit; c'est un ~ à prendre you've (just) got to get into the habit; il a pris le ~ de marcher tous les jours he got into the habit of going for a walk everyday; ses enfants ont pris un mauvais ~ dès le début her children got into a bad habit right from the start. -**3.** [ride] wrinkle, line, crease; [bourrelet] fold; des petits ~s apparaissent autour de ses yeux little lines are showing around her eyes; les ~s de son ventre [petits] the creases in his belly; [gros] the rolls of fat on his belly ❑ ~ du bras bend of the arm; ~ de l'aine crease OU fold of the groin. -**4.** *sout* [enveloppe] envelope; [lettre] letter; veuillez trouver sous ce ~ le document demandé please find enclosed the required document; sous ~ cacheté in a sealed envelope; la copie vous sera envoyée sous ~ séparé the copy will be sent to you under separate cover. -**5.** JEUX trick; faire un ~ to win OU to take a trick. -**6.** GÉOG fold; ~ couché recumbent fold. -**7.** COUT pleat; ~ creux box pleat. -**8.** MENUIS ply.
◆ **à plis** *loc adj* pleated.

pliable [plijabl] *adj* foldable; difficilement ~ hard to fold.

pliage [plijaʒ] *nm* folding; à ~ accordéon fan-fold, Z-fold *Am*.

pliant, e [plijɑ̃, ɑ̃t] *adj* folding, collapsible.
◆ **pliant** *nm* folding stool.

plie [pli] *nf* plaice.

plié [plije] *nm* plié.

plier [10] [plije] ◇ *vt* -**1.** [mettre en plusieurs épaisseurs] to fold; ~ bagage to pack up and go; forcer qqn à ~ bagage to send sb packing. -**2.** [tordre - fil de fer, doigt, genou] to bend; ~ les jambes/bras to bend one's legs/arms; la douleur le plia en deux he was doubled up in pain ❑ plié en deux *fam* OU en quatre *fam* (de rire) doubled up (with laughter). -**3.** [soumettre]: je n'ai jamais pu la ~ à mes désirs/pu ~ sa volonté I never managed to get her to submit to my desires/to bend her will.
◇ *vi* -**1.** [se courber] to bend (over), to bow; les branches pliaient sous le poids des fruits/de la neige the branches were weighed down with fruit/snow; ~ sous le poids des responsabilités/de lourds travaux *fig* to be weighed down by responsibility/onerous tasks. -**2.** [se soumettre] to yield, to give in, to give way; tu ne me feras pas ~ I won't give in (to you); tu plieras! you'll just have to knuckle under!; ~ devant qqn to submit OU to yield to sb; faire ~ qqn to subdue sb, to make sb give in.
◆ **se plier** *vpi* [meuble, appareil] to fold up OU away; [personne, corps] to bend, to stoop; il fallait presque se ~ en deux pour entrer dans la grotte we had to bend almost double to get into the cave.
◆ **se plier à** *vp + prép* [se soumettre à] to submit to; [s'adapter à] to adapt to; il faut se ~ aux usages locaux you have to respect local customs; se ~ à des méthodes nouvelles to adapt to OU to accept new methods; c'est une discipline à laquelle il faut se ~ you have to accept the discipline.

plieur, euse [plijœr, øz] *nm, f* -**1.** [en bonneterie] folder. -**2.** [de papier] folder *(worker)*.
◆ **plieuse** *nf* IMPR folder, folding machine OU unit.

Pline [plin] *npr*: ~ l'Ancien/le Jeune Pliny the Elder/Younger.

plinthe [plɛ̃t] *nf* -**1.** CONSTR [en bois] skirting (board), baseboard *Am*, mopboard *Am*; [en pierre] skirting; ~ chauffante skirting fan convector. -**2.** ARCHIT plinth.

pliocène [plijɔsɛn] ◇ *adj* Pliocene *(modif)*.
◇ *nm* Pliocene (period).

plissage [plisaʒ] *nm* pleating.

plissé, e [plise] *adj* -**1.** VÊT pleated; une jupe ~e a pleated skirt. -**2.** [ridé - front, visage] wrinkled, creased; une petite figure toute ~e a wrinkled little face. -**3.** GÉOL [terrain] folded.
◆ **plissé** *nm* [plis] pleats; ~ soleil sunray pleat.

plissement [plismɑ̃] *nm* -**1.** GÉOG folding; ~ (de terrain) fold; montagnes formées par ~s fold mountains. -**2.** [d'un front, d'un visage] wrinkling *(U)*.

plisser [3] [plise] ◇ *vt* -**1.** [faire des plis à - volontairement] to fold; [- involontairement] to crease. -**2.** [froncer - yeux] to screw up *(sép)*; [- nez] to wrinkle; la contrariété plissait son front his brow was furrowed with worry. -**3.** GÉOG to fold. -**4.** COUT to pleat.
◇ *vi* [faire des plis - pantalon, robe, nappe] to crease, to become creased; [- collant] to wrinkle.
◆ **se plisser** *vpi* -**1.** [se rider] to crease, to wrinkle; son front se plissa she frowned. -**2.** COUT to pleat.

pliure [plijyr] *nf* -**1.** [marque] fold. -**2.** [pliage] folding.

ploc [plɔk] *onomat* plop; entendre le ~ des gouttes d'eau dans l'évier to hear water dripping into the sink.

ploiement [plwamɑ̃] *nm litt* bending.

plomb [plɔ̃] *nm* -**1.** MÉTALL lead; j'ai du ~ dans l'estomac I feel as though I have a knot in my stomach; il n'a pas de ~ dans la tête OU cervelle *fam* he's featherbrained, he's got nothing between the ears; ça te mettra un peu de ~ dans la tête OU cervelle that will knock some sense into you; avoir du ~ dans l'aile [entreprise] to be in a sorry state OU bad way; [personne] to be in bad shape OU on one's last legs. -**2.** ARM leadshot, shot; un ~ a piece of shot ❑ du gros ~ buckshot; du petit ~ small shot. -**3.** ÉLECTR fuse; un ~ a sauté a fuse has blown; faire sauter les ~s to blow the fuses. -**4.** PÊCHE sinker. -**5.** COUT lead (weight). -**6.** [de vitrail] lead, came. -**7.** [sceau] lead seal. -**8.** CONSTR plumb, bob, plummet. -**9.** IMPR type; lire sur le ~ to read from the metal. -**10.** NAUT lead.
◆ **à plomb** *loc adv*: mettre à ~ to plumb; le mur n'est pas/est à ~ the wall is off plumb/is plumb.
◆ **de plomb** *loc adj* lead *(modif)*; un ciel de ~ a leaden sky.

plombage [plɔ̃baʒ] *nm* -**1.** [d'une dent] filling; faire un ~ à qqn to fill sb's tooth; se faire faire un ~ to have a tooth filled OU a filling (put in). -**2.** [d'un colis] sealing (with lead). -**3.** PÊCHE leading. -**4.** AGR & HORT tamping down.

plombaginacée [plɔ̃baʒinase] *nf* member of the Plumbaginaceae.

plombagine [plɔ̃baʒin] *nf* graphite, plumbago.

plombe▽ [plɔ̃b] *nf* hour.

plombé, e [plɔ̃be] *adj* -**1.** [blafard - teint] leaden, pallid; un ciel ~ a leaden OU heavy sky. -**2.** [scellé - colis, wagon] sealed (with lead). -**3.** PÊCHE weighted (with lead OU with a sinker). -**4.** [dent] filled.

plomber [3] [plɔ̃be] *vt* -**1.** [dent] to fill, to put a filling in. -**2.** [colis] to seal with lead. -**3.** PÊCHE to weight (with lead), to lead. -**4.** AGR & HORT to tamp down *(sép)*. -**5.** CONSTR to plumb. -**6.** [toit] to lead. -**7.** *litt* [rendre gris]: ~ qqch to turn sthg the colour of lead.
◆ **se plomber** *vpi sout* [ciel] to turn leaden OU the colour of lead.

plomberie [plɔ̃bri] *nf* -**1.** [installation] plumbing; toute la ~ est à refaire all the plumbing in the house must be redone. -**2.** [profession] plumbing.

plombier [plɔ̃bje] *nm* -**1.** [artisan] plumber. -**2.** *fam* [espion] mole.

plombières [plɔ̃bjɛr] *nf* tutti-frutti OU plombières *(ice cream)*.

plombifère [plɔ̃bifɛr] *adj* plumbiferous.

plonge [plɔ̃ʒ] *nf* washing-up, washing the dishes; faire la ~ to do the washing-up *(in a restaurant)*.

plongeant, e [plɔ̃ʒɑ̃, ɑ̃t] *adj* plunging; il y a une vue ~e jusqu'à la mer the view plunges down to the sea.

plongée [plɔ̃ʒe] *nf* -**1.** LOISIRS & SPORT (underwater) diving; faire de la ~ to go diving; il fait de la ~ depuis deux ans he has been diving for two years; ~ sous-marine skin OU scuba diving. -**2.** CIN high angle shot. -**3.** [descente rapide] swoop, plunge, dive.

plongeoir [plɔ̃ʒwar] *nm* diving board.

plongeon [plɔ̃ʒɔ̃] *nm* -**1.** [dans l'eau] dive; faire un ~ en arrière to do a back dive OU a back flip ❑ faire le ~ *fam* to take a tumble, to come a cropper *Br fig*; son entrepôt a brûlé, il a fait le grand ~ his warehouse burned down and he lost everything. -**2.** FTBL dive; faire un ~ to dive. -**3.** ZOOL diver *Br*, loon *Am*.

plonger [17] [plɔ̃ʒe] ◇ *vi* -**1.** LOISIRS & SPORT to dive; [en profondeur] to dive, to go skin OU scuba diving; il plongea du haut du rocher he dived off the rock || FTBL to dive. -**2.** [descendre - avion] to dive; [- sous-marin] to dive; [- oiseau] to dive, to swoop; [- racine] to go down; le roman plonge dans le suspense dès la première page *fig* the novel plunges (the reader) into suspense from the very first page; depuis le balcon, la vue plonge dans le jardin des voisins there's a bird's-eye view of next door's garden from the balcony. -**3.** ~ dans [s'absorber dans] to plunge into, to absorb o.s. in; elle plongea dans la dépression she plunged into depression. -**4.** *sout*: ~ dans [avoir ses sources dans] to go back to; cette tradition plonge dans la nuit des temps this tradition goes back to the dawn of time. -**5.** *fam* [échouer] to decline, to fall off; beaucoup d'élèves plongent au deuxième trimestre a lot of pupils' work deteriorates in the second term || [faire faillite] to go bankrupt, to fold; de nombreux petits commerçants ont plongé a lot of small businesses folded. -**6.** ▽ [être arrêté] to get nabbed; il a plongé he got nicked *Br* OU busted *Am*.
◇ *vt* -**1.** [enfoncer] to plunge, to thrust; ~ la main dans l'eau to plunge one's hand into the water; il plongea la main dans sa poche he thrust his hand deep into his pocket; elle lui plongea un couteau entre les épaules she thrust a knife between his shoulder blades. -**2.** [mettre] to plunge; la panne a plongé la pièce dans l'obscurité the power failure plunged the room into darkness; ~ son regard OU ses regards dans to look deep OU deeply into; ~ qqn dans l'embarras to put sb in a difficult spot; la remarque nous plongea tous dans la consternation the remark appalled us all; être plongé dans to be deep in; j'étais plongé dans mes pensées/comptes I was deep in thought/in my accounts; être plongé dans le désespoir to be deep in despair; je suis plongé dans Proust pour l'instant at the moment, I'm completely immersed in Proust; il est plongé dans ses dossiers he's engrossed in his files; plongé dans un sommeil profond, il ne nous a pas entendus as he was sound asleep, he didn't hear us.
◆ **se plonger dans** *vp* + *prép* [bain] to sink into; [études, travail] to throw o.s. into; [livre] to bury o.s. in.

plongeur, euse [plɔ̃ʒœr, øz] *nm, f* -**1.** LOISIRS & SPORT diver; ~ sous-marin skin OU scuba diver. -**2.** [dans un café] washer-up *Br*, dishwasher *Am*.

plot [plo] *nm* -**1.** ÉLECTR contact; [dans un commutateur] contact block. -**2.** [bille de bois] block. -**3.** SPORT block. -**4.** *Helv* [billot] wooden block.

plouc *fam* [pluk] *nm péj* yokel, bumpkin, hick *Am*; ça fait ~ it's vulgar.

plouf [pluf] *interj* splash; elle a fait ~ dans l'eau *fam* she went splash into the water.

ploutocrate [plutɔkrat] *nmf* plutocrat.

ploutocratie [plutɔkrasi] *nf* plutocracy.

ploutocratique [plutɔkratik] *adj* plutocratic.

ployer [13] [plwaje] ◇ *vt* -**1.** *litt* [courber] to bend, to bow; le vent ploie la cime des arbres the wind bends the tops of the trees. -**2.** [fléchir] to bend, to flex; ~ les genoux *pr* to bend one's knees; *fig* to toe the line, to submit.
◇ *vi litt* -**1.** [arbre] to bend; [étagère, poutre] to sag; les étagères ploient sous le poids des livres the shelves are sagging under the weight of the books. -**2.** *fig*: ~ sous le poids des ans to be weighed down by age; ~ sous le joug to bend beneath the yoke, to be subjugated *litt*.

pluches *fam* [plyʃ] *nfpl* -**1.** [épluchage] peeling; faire les ~ to peel the veg *Br* OU veggies *Am*. -**2.** [épluchures] vegetable peelings.

pluie [plɥi] *nf* -**1.** MÉTÉO rain; le temps est à la ~ it looks like rain; ~ battante driving rain; ~ diluvienne OU torrentielle pouring rain; (petite) ~ fine drizzle ❑ ~s acides ÉCOL acid rain; ennuyeux comme la ~ deadly boring; triste comme la ~ terribly sad; faire la ~ et le beau temps to be powerful; il fait la ~ et le beau temps dans l'entreprise he dictates what goes on in the company; parler de la ~ et du beau temps to talk of this and that; après la ~, le beau temps *prov* every cloud has a silver lining *prov*; petite ~ abat grand vent *prov* a soft answer turneth away wrath *prov*. -**2.** [retombée] shower; une ~ de cendres s'échappa du volcan the volcano sent out a shower of ashes; une ~ d'étoiles filantes a meteoric shower. -**3.** [série] shower, stream.
◆ **en pluie** *loc adv*: les cendres tombaient en ~ sur la ville ashes rained OU showered down on the town; verser la farine en ~ dans le lait sprinkle the flour into the milk.

plumage [plymaʒ] *nm* plumage, feathers.

plumaison [plymɛzɔ̃] *nf* plucking.

plumard▽ [plymar] *nm* bed, sack; aller au ~ to hit the hay OU sack.

plume[1] [plym] *nf* -**1.** [d'oiseau] feather; j'y ai laissé des ~s *fam* I didn't come out of it unscathed. -**2.** [pour écrire] quill; [de stylo] nib; dessiner à la ~ to draw in pen and ink; je prends la ~ pour te dire que... I take up my pen to tell you that...; je passe la ~ à ton frère pour qu'il te donne tous les détails I'll hand over to your brother who'll give you all the details; j'ai pris ma plus belle ~ pour écrire aux Réclamations/à la Direction du personnel *hum* I wrote the Complaints/the Personnel Department a very nice letter *iron*; c'est un critique à la ~ acérée he's a scathing critic ❑ ~ d'oie goose quill; laisser aller OU courir sa ~ to write as the ideas come; avoir la ~ facile to have a gift for writing. -**3.** *sout* [écrivain] pen. -**4.** MÉD: ~ à vaccin vaccine point. -**5.** [d'un mollusque] pen.
◆ **à plumes** *loc adj* -**1.** ZOOL pennaceous. -**2.** VÊT (decorated) with feathers.
◆ **en plumes** *loc adj* [édredon, éventail] feather *(modif)*, feathered.

plume[2]▽ [plym] = **plumard**.

plumeau, x [plymo] *nm* feather duster.

plumer [3] [plyme] *vt* -**1.** [oiseau] to pluck. -**2.** *fam* [escroquer] to fleece.

plumet [plymɛ] *nm* plume.

plumetis [plymti] *nm* -**1.** [broderie] raised satin stitch; collant (à) ~ dot OU dotted tights. -**2.** TEXT Swiss muslin.

plumeux, euse [plymø, øz] *adj litt* feathery.
◆ **plumeuse** *nf* plucking machine.

plumier [plymje] *nm* pencil box OU case.

plumitif [plymitif] *nm* -**1.** *péj* [employé] pen-pusher. -**2.** *péj* [journaliste] hack. -**3.** JUR [registre] (written) court record, court minute-book.

plupart [plypar]
◆ **la plupart** *nf* most; quelques-uns sont partis mais la ~ ont attendu some left but most (of them) waited.
◆ **la plupart de** *loc prép* most (of); la ~ des enfants the majority of OU most children; la ~ des chanteurs étaient Anglais most of the singers were English, the singers were mostly English; la ~ du temps most of the time; dans la ~ des cas in the majority of OU in most cases.

◆ **pour la plupart** *loc adv* mostly, for the most part; **les clients sont pour la ~ satisfaits** the customers are mostly satisfied OU for the most part satisfied; **ils te croient? – oui, pour la ~** do they believe you? – most of them do OU for the most part, yes.

plural, e, aux [plyral, o] *adj* plural; **vote ~** plural voting.

pluralisme [plyralism] *nm* pluralism.

pluraliste [plyralist] ◇ *adj* pluralist, pluralistic.
◇ *nmf* pluralist.

pluralité [plyralite] *nf* plurality.

pluriannuel, elle [plyrianɥɛl] *adj* -**1.** JUR running over several years. -**2.** BOT perennial.

pluricellulaire [plyriselylɛr] *adj* multicellular.

pluridimensionnel, elle [plyridimɑ̃sjɔnɛl] *adj* multidimensional.

pluridisciplinaire [plyridisiplinɛr] *adj* multidisciplinary, joint *(modif)*; **cursus ~** joint OU interdisciplinary course.

pluridisciplinarité [plyridisiplinarite] *nf*: **la ~ de notre formation** the interdisciplinary nature of our training programme.

pluriel, elle [plyrjɛl] *adj* -**1.** GRAMM plural. -**2.** [diversifié] diverse, multifarious; **une société ~le** a pluralist society.
◆ **pluriel** *nm* plural; **la troisième personne du ~** the third person plural; **le mot a OU prend un « s » au ~** the word has OU takes an "s" (when) in the plural; **être au ~** to be in the plural; **mettre au ~** to put in OU into the plural; **prendre le ~** to take the plural; **quand le mot est au ~** when the word is in the plural; **quel est le ~ de « carnaval »?** what's the plural of "carnaval"? ☐ **le ~ de majesté** the royal "we".

plurilatéral, e, aux [plyrilateral, o] *adj* multilateral.

plurilingue [plyrilɛ̃g] *adj* multilingual, polyglot.

pluripartisme [plyripartism] *nm* pluralist (party) OU multi-party system.

plurivalent, e [plyrivalɑ̃, ɑ̃t] *adj* multivalent, polyvalent.

plurivoque [plyrivɔk] *adj* equivocal, ambiguous.

plus [ply(s)] ◇ *adv* **A.** COMPARATIF DE SUPÉRIORITÉ -**1.** [suivi d'un adv, d'un adj]: **viens ~ souvent** (do) come more often; **~ tôt** earlier; **~ tard** later; **c'est ~ loin** it's further OU farther; **maniez-le ~ doucement** handle it more gently OU with more care; **c'est ~ court/petit** it's shorter/smaller; **sois ~ modeste** be humbler OU more humble; **elle est ~ intéressante/sophistiquée** she's more interesting/sophisticated; **tu es ~ patient que moi** you're more patient than I am OU than me; **c'est ~ fatigant qu'on ne le croit** it's more tiring than it seems; **c'est ~ rouge qu'orange** it's red rather than OU it's more red than orange; **elle est ~ réservée que timide** she's reserved rather than shy; **elle a eu le prix mais elle n'en est pas ~ fière pour ça** she got the award, but it didn't make her any prouder for all that; **je veux la même, en ~ large** I want the same, only bigger; **c'est sa mère mais en ~ mince** she looks exactly like her mother, only slimmer; **bien ~ beau** much more handsome; **bien ~ gros** much fatter; **encore ~ beau** more handsome still, even more handsome; **ça ira infiniment ~ vite** it'll be infinitely faster; **il est autrement ~ calme que son père** he's certainly much calmer than his father; **cinq fois ~ cher** five times dearer OU as dear OU more expensive; **deux fois ~ cher** twice as expensive; **il l'a fait deux fois ~ vite (qu'elle)** he did it twice as quickly (as she did). -**2.** [avec un v] more; **j'apprécie ~ son frère** I like his brother more OU better; **je m'intéresse à la question ~ que tu ne penses** I'm more interested in the question than you think; **elle travaille ~ qu'elle ne réussit** she puts more work into it that she gets results; **je ne peux vous en dire ~** I can't tell you any more; **la verte coûtait ~** the green one was more expensive.

B. SUPERLATIF DE SUPÉRIORITÉ -**1.** [suivi d'un adv, d'un adj]: **le ~ loin** the furthest OU farthest; **la montagne la ~ haute** the highest mountain; **sur la branche la ~ haute** on the topmost OU highest branch; **l'homme le ~ riche du monde** the richest man in the world, the world's richest man; **j'ai répondu le ~ gentiment que j'ai pu** I answered as kindly as I could; **j'y vais le ~ rarement possible** I go there as seldom as possible; **le ~ souvent** most of the time; **le ~ rouge/laid** the reddest/ugliest; **la ~ amusante** the most amusing one; **tu es le ~ gentil de tous** you're the kindest of all; **le festival le ~ populaire de France** the most popular festival in France; **un de ses tableaux les ~ connus** one of her best-known paintings; **le ~ gros des deux** the bigger of the two; **le ~ gros des trois** the biggest of the three; **c'est ce qu'il y a de ~ original dans sa collection d'été** it's the most original feature of his summer collection; **c'est en hiver que les fleurs sont le ~ chères** *sout* in winter, flowers are at their dearest OU most expensive; **choisis les fruits les ~ mûrs possible** select the ripest possible fruit; **faites au ~ vite** do it the quickest possible way OU as quickly as possible; **aller au ~ pressé** OU **urgent** to deal with the most urgent priority first. -**2.** [précédé d'un v] most; **c'est moi qui travaille le ~** I'm the one who works most OU the hardest; **dans le groupe, c'est lui qui y croyait le ~** of all the group, he was the one who believed in it most; **ce qui me tourmente le ~** what worries me (the) most; **serrez-vous le ~ possible** get as close to each other as possible OU as you can.

C. ADVERBE DE NÉGATION -**1.** [avec 'ne']: **je n'y retournerai ~** I won't go back there any more; **je ne m'en souviens ~** I don't remember (any more); **je ne les vois ~** I don't see them any more ‖ [avec omission du 'ne'] *fam* not... any longer OU more, no... longer OU more; **j'ai ~ faim** I'm not hungry any more; **t'as ~ de voiture?** haven't you got a car any more?; **l'église existe ~** the church isn't there any more; **je veux ~ y aller** I don't want to go there any more; **y a ~ de pain** there's no bread left; **ça fait ~ que deux heures à attendre** it's only another two hours (to) wait. -**2.** [tour elliptique]: **~ de** no more; **~ de glace pour moi, merci** no more ice cream for me, thanks; **~ de tergiversations!** let's not shilly-shally any longer!; **~ un mot!** not another word!
◇ *adj* SCOL: **B ~** B plus; **H ~** CHIM H plus.
◇ *conj* -**1.** MATH plus; **3 ~ 3 égale 6** 3 plus 3 is OU makes 6; **~ 4 moins ~ 3 égale ~ 1** plus 4 minus plus 3 is OU makes plus 1; **il fait ~ 5°** it's 5° above freezing, it's plus 5°. -**2.** [en sus de] plus; **le transport, ~ le logement, ~ la nourriture, ça revient cher** travel, plus OU and accommodation, plus OU then food, (all) work out quite expensive; **ça fait 1 000 francs, ~ la TVA** it's 1,000 francs plus VAT; **~ le fait que...** plus OU together with the fact that...
◇ *nm* -**1.** MATH plus (sign); **mets un ~ avant le chiffre 4** write in a plus sign in front of the figure 4. -**2.** [avantage, atout] plus, bonus, asset; **la connaissance de l'anglais est toujours un ~** knowledge of English is always a plus; **la proximité de la gare est un ~** the closeness of the station is an advantage OU a plus (factor).
◆ **au plus** *loc adv* [au maximum] at the most OU outside; **il a au ~ 20 ans** he's 20 at the most, he can't be more than 20; **ça coûtera au ~ 300 francs** it'll cost a maximum of 300 francs OU 300 francs at most; **il y a 15 km au ~** it's 15 km at the outside.
◆ **de plus** *loc adv* -**1.** [en supplément] extra, another, more; **mets deux couverts de ~** lay two extra OU more places; **raison de ~ pour y aller** all the more reason for going; **je ne veux rien de ~** I don't want anything more; **tu n'auras rien de ~** you'll have nothing more; **il est content, que te faut-il de ~?** he's happy, what more do you want?; **un mot/une minute de ~ et je m'en allais** another word/minute and I was going (to leave). -**2.** [en trop] too many; **en recomptant, je trouve trente points de ~** on adding it up again, I get thirty points too many. -**3.** [en outre] furthermore, what's more, moreover; **elle fait mal son travail et de ~ elle prend trop cher** she doesn't do her work properly, and what's more her fees are too high; **de ~, il m'a menti** what's more, he lied to me.
◆ **de plus en plus** *loc adv* -**1.** [suivi d'un adv ou d'un adj] more and more, increasingly; **de ~ en ~ souvent** more and more often; **de ~ en ~ dangereux** more and more OU increasingly dangerous; **ça devient de ~ en ~ facile/compliqué** it's getting simpler and simpler/more and more complicated; **le ciel devenait de ~ en ~ sombre** the sky was growing darker and darker. -**2.** [précédé d'un v]: **les prix augmentent de ~ en ~** prices are increasing all the time. -**3. de ~ en ~ de** *(suivi d'un n comptable)* more and more, a growing number of; *(suivi d'un n non comptable)* more and more; **de ~ en ~ de gens** more and more people, an increasing number of people; **il y a de ~ en ~ de demande pour ce produit** demand for this product is increasing, there is more and more demand for this product; **elle a de ~ en ~ de fièvre** her temperature is rising.
◆ **des plus** *loc adv* most; **son attitude est des ~ compréhensibles** her attitude is most OU quite understandable; **un juge des ~ impartiaux** a most unbiased judge.
◆ **en plus** *loc adv* -**1.** [en supplément] extra *(avant n)*; **c'est le même appartement avec un balcon en ~** it's the same flat with a balcony as well; **les boissons sont en ~** drinks are extra, you pay extra for the drinks ‖ [en trop] spare; **tu n'as pas des tickets en ~?** do you have any spare tickets?; **j'ai une carte en ~** [à la fin du jeu] I've got one card left over; [en distribuant] I've got one card too many; **ça fait 45 minutes de transport en ~** it adds 45 minutes to the journey ‖ [en cadeau] as well, on top of that; **et vous emportez une bouteille de champagne en ~!** and you get a bottle of Champagne as well OU on top of that OU into the bargain! -**2.** [en outre] further, furthermore, what's more; **elle a une excellente technique et en ~, elle a de la force** her technique's first-class and she's got strength; **mais c'est qu'elle est méchante en ~!** *fam* and she's nasty to boot *hum* OU to cap it all!; **et elle m'avait menti, en ~!** not only that but she'd lied to me (as well)!; **c'est lui qui s'est trompé, et en ~, il se plaint!** he makes the mistake and, to crown it all, complains about it! -**3.** [d'ailleurs] besides, what's more, moreover; **je ne tiens pas à le faire (et), en ~, je n'ai pas le temps** I'm not too keen on doing it, (and) besides OU what's more, I've no time.
◆ **en plus de** *loc prép* -**1.** [en supplément de] besides, on top of, in addition to; **en ~ du squash, elle fait du tennis** besides (playing) squash, she plays tennis. -**2.** [quantitatif] in more than, in over; **elle a parcouru la distance en un peu ~ de deux heures** she covered the distance in just over two hours; **ça n'était jamais arrivé en ~ de 20 ans** it had never happened in over 20 years.
◆ **et plus** *loc adv* over; **deux ans et ~** over two years; **45 kilos et ~** over 45 kilos, 45 odd kilos; **les gens de 30 ans et ~** people aged 30 and over; **des chemisiers à 200 francs et ~** blouses at 200 francs and over OU more.
◆ **ni plus ni moins** *loc adv* no more no less; **c'est un enfant gâté, ni ~ ni moins** he's just a spoilt child, no more no less; **tu t'es trompé, ni ~ ni moins** you were mistaken, that's all.
◆ **non plus** *loc adv*: **moi non ~ je n'irai pas** I won't go either; **je n'en ai pas moi non ~** I haven't got any either; **je ne sais pas – moi non ~!** I don't know – neither do I OU nor do I OU me neither!
◆ **on ne peut plus** *loc adv*: **je suis on ne peut ~ désolé de vous voir partir** I'm ever so sorry you're leaving; **c'est on ne peut ~ compliqué** it couldn't be more complicated; **il était on ne**

peut ~ heureux de te voir he couldn't have been more delighted to see you; **des gens on ne peut ~ charmants** the most charming people you could ever wish to meet.

◆ **plus de** *loc dét* -**1.** [comparatif, suivi d'un n] more; **nous voulons ~ d'autonomie!** we want more autonomy!; **tu as fait ~ de fautes que moi** you made more mistakes than I did OU than me; **je n'ai pas ~ de courage qu'elle** I'm no braver than she is OU her; **c'est ~ de l'insouciance que de l'incompétence** it's more (a matter of) carelessness than incompetence; **elle a ~ de facilité que son frère pour apprendre** she's better at learning than her brother || *(suivi d'un num)* more than, over; **il y a ~ de 15 ans de cela** it's more than 15 years ago now; **elle a bien ~ de 40 ans** she's well over 40; **elle roulait à ~ de 150 km/h** she was driving at more than 150 km/h OU doing over 150 km/h; **vous avez un peu ~ du kilo** *fam* you've got OU that's a bit over one kilo; **il y en a ~ d'un qui s'est plaint** more than one person complained; **il est ~ de 5 h** it's past 5 o'clock OU after 5. -**2.** [superlatif, suivi d'un n]: **le ~ de** (the) most; **c'est ce qui m'a fait le ~ de peine** that's what hurt me (the) most; **c'est notre équipe qui a le ~ de points** our team has (the) most points; **celui qui a le ~ de chance de réussir** the one (who's the) most likely to succeed; **le ~ possible de**: **le ~ possible de cerises** as many cherries as possible; **le ~ d'argent possible** as much money as possible || *(comme n)*: **les ~ de 20 ans** people over 20, the over-20s; **les ~ de 10 tonnes** vehicles over 10 tons.

◆ **plus... moins** *loc corrél* the more... the less; **~ il vieillit, moins il a envie de sortir** the older he gets, the less he feels like going out; **~ ça va, moins je la comprends** I understand her less and less (as time goes on).

◆ **plus... plus** *loc corrél* the more... the more; **~ je réfléchis, ~ je me dis que...** the more I think (about it), the more I'm convinced that...; **~ j'attendais, ~ j'étais en colère** the longer I waited, the angrier I got; **~ j'avançais, ~ la forêt s'épaississait** the further OU the deeper I went into the forest, the thicker it got; **~ ça va, ~ il est agressif** he's getting more and more aggressive (all the time); **~ ça va, ~ je me demande si...** the longer it goes on, the more I wonder if...

◆ **plus ou moins** *loc adv* more or less; **c'est ~ ou moins cher, selon les endroits** it's more or less expensive OU prices vary according to where you are; **j'ai ~ ou moins compris ce qu'elle disait** I understood more or less what she was talking about; **je ne l'ai que ~ ou moins cru** I only half believed him; **tous ces partis, c'est ~ ou moins la même chose** all these parties amount to more or less the same thing; **c'était ~ ou moins prévu** it was more or less expected.

◆ **plus que** *loc adv* -**1.** *(suivi d'un adj)* more than; **c'est ~ que gênant** it's embarrassing, to say the least; **on a obtenu des résultats ~ qu'encourageants** our results were more than encouraging. -**2.** *(suivi d'un n)*: **cela représente ~ qu'une simple victoire** it means more than just a victory; **c'est ~ qu'un problème, c'est une catastrophe!** it's more than just a problem, it's a disaster!

◆ **qui plus est** *loc adv* what's OU what is more.

◆ **sans plus** *loc adv* nothing more; **c'était bien, sans ~** it was nice, but nothing more; **une fille assez sympathique, sans ~** quite a nice girl, but nothing more OU no more than that.

◆ **tout au plus** *loc adv* at the most; **c'est une mauvaise grippe, tout au ~** it's a bad case of flu, at the most; **c'est tout au ~ si je connais son nom** I hardly even know his surname.

plusieurs [plyzjœr] ◇ *adj indéf pl* several; **il y a eu ~ témoins** there were several witnesses; **en ~ endroits** in several places; **~ fois, à ~ reprises** several times.

◇ *pron indéf pl* -**1.** [désignant des personnes] several people; **ils s'y sont mis à ~** several people got together; **vous venez à ~?** will there be several of you coming?; **nous serons ~ à la réunion** there will be several of us at the meeting; **~ (d'entre eux) ont refusé** several of them refused; **~ parmi les enfants avaient envie de rentrer** several of the children wanted to go back. -**2.** [reprenant le substantif] several; **il n'y a pas une seule solution mais ~** there is no single solution, but several; **n'utilisez pas une seule couleur, mais ~** don't use just one colour, but several; **il ne sera pas le seul intervenant, il y en aura ~** he won't be the only contributor, there will be several of them.

plus-que-parfait [plyskəparfɛ] *nm* LING pluperfect, past perfect.

plus-value [plyvaly] *(pl* **plus-values**) *nf* -**1.** [augmentation de la valeur] increase (in value), appreciation. -**2.** [excédent d'impôts] (tax) budget surplus. -**3.** [surcoût] surplus value. -**4.** [somme ajoutée au salaire] bonus.

Plutarque [plytark] *npr* Plutarch.

pluton [plytɔ̃] *nm* pluton GEOL.

Pluton [plytɔ̃] *npr* ASTRON & MYTH Pluto.

plutonique [plytɔnik] *adj* plutonic.

plutonium [plytɔnjɔm] *nm* plutonium.

plutôt [plyto] *adv* -**1.** [de préférence] rather; [à la place] instead; **~ mourir!** I'd rather die!; **mets mon manteau ~, tu auras plus chaud** put my coat on instead, you'll be warmer; **n'y va pas en voiture, prends ~ le train** don't go by car, take the train instead; **demande ~ à un spécialiste** you'd better ask a specialist; **~ que** rather than, instead of; **~ que de travailler, je vais aller faire des courses** I'm going to do some shopping instead of working; **~ mourir que de céder!** I'd rather die than give in! -**2.** [plus précisément] rather; **la situation n'est pas désespérée, disons ~ qu'elle est délicate** the situation is not hopeless, let's say rather that it is delicate; **ce n'était pas une maison de campagne, mais bien ~ un manoir** it wasn't a country house, it was more of a country manor; **elle a l'air sévère ou ~ austère** she looks severe, or rather austere; **elle le méprise ~ qu'elle ne le hait** she doesn't so much hate as despise him. -**3.** [assez, passablement] rather; **il s'est montré ~ aimable** he was rather nice, he behaved rather nicely; **elle est ~ jolie** she's rather pretty; **sa vie est ~ monotone** her life is rather dull; **comment va-t-il? — ~ bien** how is he? — quite well; **c'est ~ mieux que la dernière fois** it's rather better than last time. -**4.** [en intensif]: **il est ~ collant ce type!** *fam* that guy's a bit of a leech!; **ce n'est pas sympa ce qu'il a fait! — ~, oui!** that wasn't very nice what he did! — you can say that again OU you're telling me!

pluvial, e, aux [plyvjal, o] *adj* pluvial *spéc*, rainy.

pluvier [plyvje] *nm* plover; **~ argenté/doré** grey/golden plover.

pluvieux, euse [plyvjø, øz] *adj* [temps] rainy, wet; [climat] wet, damp; **la journée va encore être pluvieuse** it's going to be rainy again today.

pluviomètre [plyvjɔmɛtr] *nm* pluviometer *spéc*, rain gauge.

pluviométrie [plyvjɔmetri] *nf* pluviometry.

pluviométrique [plyvjɔmetrik] *adj* pluviometric.

pluviôse [plyvjoz] *nm fifth month of the French Revolutionary calendar (from January 20th, 21st or 22nd to February 18th, 19th or 20th)*.

pluviosité [plyvjozite] *nf* (average) rainfall.

PM ◇ *nf* -**1.** *abr de* **préparation militaire**. -**2.** *(abr de* **police militaire**) MP MIL.

◇ *nm abr de* **pistolet mitrailleur**.

◇ *abr écrite de* **petit modèle**.

PMA ◇ *nf abr de* **procréation médicalement assistée**.

◇ *nmpl (abr de* **pays les moins avancés**) LDCs.

PME *(abr de* **petite et moyenne entreprise**) *nf* small business; **les ~** small and medium-sized firms.

PMI *nf* -**1.** *(abr de* **petite et moyenne industrie**) small industrial firm. -**2.** *abr de* **protection maternelle et infantile**.

PMO *abr de* **pièces et main-d'œuvre**.

PMU *(abr de* **Pari mutuel urbain**) *npr m French betting authority*, ≃ tote *Br*, ≃ pari-mutuel *Am*.

PMU:
These initials, often posted outside bars in France, indicate that there is a counter inside where bets on horse races can be placed.

PNB *(abr de* **produit national brut**) *nm* GNP.

pneu [pnø] *nm* -**1.** AUT tyre *Br*, tire *Am*; **~ à carcasse biaise** OU **croisée** crossply tyre; **~ à carcasse radiale** radial (ply) tyre; **~ à chambre à air** tubetyre; **~ sans chambre à air** tubeless tyre; **~ clouté** spiked tyre; **~ neige** snow tyre. -**2.** *fam* [lettre] message *(sent through a compressed air tube system)*, pneumatic (dispatch).

pneumallergène [pnømalɛrʒɛn] *nm* respiratory allergen.

pneumatique [pnømatik] ◇ *adj* -**1.** [gonflable] inflatable, blow-up *(avant n)*. -**2.** PHYS & RELIG pneumatic.

◇ *nm* -**1.** AUT tyre. -**2.** [lettre] message *(sent through a compressed air tube system)*, pneumatic (dispatch).

pneumocoque [pnømɔkɔk] *nm* pneumococcus.

pneumogastrique [pnømɔgastrik] ◇ *adj m* pneumogastric, vagal.

◇ *nm* vagus nerve.

pneumologie [pnømɔlɔʒi] *nf* pneumology.

pneumologue [pnømɔlɔg] *nmf* pneumologist.

pneumonectomie [pnømɔnɛktɔmi] *nf* pneumectomy, pneumonectomy.

pneumonie [pnømɔni] *nf* pneumonia.

pneumonique [pnømɔnik] *adj* pneumonic.

pneumopathie [pnømɔpati] *nf* lung disease.

pneumopéritoine [pnømɔperitwan] *nm* pneumoperitoneum.

pneumo-phtisiologue [pnømɔftizjɔlɔg] *(pl* **pneumo-phtisiologues**) *nmf* lung specialist.

pneumothorax [pnømɔtɔraks] *nm* pneumothorax.

Pnud, PNUD [pnyd] *(abr de* **Programme des Nations unies pour le développement**) *npr m* UNDP.

Pnue, PNUE [pny] *(abr de* **Programme des Nations unies pour l'environnement**) *npr m* UNEP.

PO *(abr écrite de* **petites ondes**) MW.

Pô [po] *npr m*: **le ~** the (River) Po.

pochade [pɔʃad] *nf* -**1.** [peinture] (quick) sketch, thumbnail sketch. -**2.** [écrit] sketch.

pochard, e *fam* [pɔʃar, ard] *nm, f* drunk.

poche [pɔʃ] ◇ *nf* -**1.** VÊT pocket; [d'un sac] pocket, pouch; **je n'ai même pas 10 francs en ~** I don't even have 10 francs on me; **il a de l'argent plein les ~s** *fam* he's rolling in money ❑ **~ intérieure** inside (breast) pocket; **~ plaquée** patch pocket; **~ à rabat** flapped pocket; **~ revolver** hip pocket; **avoir les ~s percées** to be a spendthrift; **j'ai les ~s percées** money just burns a hole in my pockets; **s'en mettre plein les** OU **se remplir les ~s** *fam* to line one's pockets; **faire les ~s à qqn** to go through OU to rifle (through) sb's pockets; **j'en ai été de ma ~** I was out of pocket; **c'est dans la ~!** *fam* it's in the bag!; **il a mis tout le monde dans sa ~** he twisted everyone round his little finger, he took everyone in; **mets ça dans ta ~ et ton mouchoir par-dessus** *fam* keep it under your hat. -**2.** [boursouflure] bag; **avoir des ~s sous les yeux** to have bags under one's eyes; **faire des ~s aux genoux/coudes** to go baggy at the knees/elbows. -**3.** [amas] pocket; **~ d'air** air pocket; **~ d'eau/de gaz** pocket of water/gas; **~ de grisou** MIN pocket of firedamp. -**4.** MÉD sac; **~ des eaux** (sac of) waters; **la ~ des eaux s'est rompue** her waters broke; **~ de pus** pus sac. -**5.** ZOOL [d'un kangourou] pouch; [d'un poulpe] sac; [d'un oiseau] crop; **~ marsupiale**

marsupium. -**6.** MIL : ~ **de résistance** pocket of resistance. -**7.** [contenant] : ~ **plastique** plastic bag; ~ **à douille** CULIN piping bag. -**8.** MÉTALL : ~ de coulée foundry ladle. -**9.** *Helv* [louche] ladle.

◇ *nm* [livre] paperback (book); en ~ in paperback.

◆ **de poche** *loc adj* [collection, édition] pocket *(modif)*; [cuirassé, théâtre] pocket *(modif)*, miniature *(avant n)*.

poché, e [pɔʃe] *adj* -**1.** [œuf] poached. -**2.** [meurtri] : **avoir un œil** ~ to have a black eye.

pocher [3] [pɔʃe] ◇ *vt* -**1.** CULIN [œuf, poisson] to poach. -**2.** [meurtrir] : ~ **un œil à qqn** to give sb a black eye. -**3.** BX-ARTS [peinture] to dash off *(sép)*.

◇ *vi* [vêtement] to go baggy.

pochetée▽ [pɔʃte] *nf* idiot, dumbo.

pochette [pɔʃɛt] *nf* -**1.** VÊT (breast) pocket handkerchief. -**2.** [sac - de femme] (small) handbag; [- d'homme] clutch bag. -**3.** [sachet] wallet, envelope; ~ **d'allumettes** book of matches. -**4.** [d'un disque] sleeve, cover. -**5.** MUS [violon] kit *(violin)*.

pochette-surprise [pɔʃɛtsyrpriz] (*pl* **pochettes-surprises**) *nf* lucky bag *Br*, surprise pack *Am*; **tu l'as trouvé dans une** ~, **ton permis de conduire?** *hum* find your driving licence in a Christmas cracker, did you?

pochoir [pɔʃwar] *nm* -**1.** [plaque évidée] stencil; **décor au** ~ stencilled ornamentation. -**2.** TEXT printing block.

pochon [pɔʃɔ̃] *nm* -**1.** [poche] belt pouch; [sachet] (small) bag. -**2.** *Helv* [louche] ladle.

podagre [pɔdagr] *arch* ◇ *adj* gouty.

◇ *nmf* gout sufferer, gouty person.

◇ *nf* gout.

podium [pɔdjɔm] *nm* -**1.** [plate-forme] podium; **monter sur le** ~ SPORT to mount the podium; [à la télévision, dans un jeu] to step onto the platform. -**2.** ARCHIT podium.

podologie [pɔdɔlɔʒi] *nf* chiropody.

podologue [pɔdɔlɔg] *nmf* chiropodist.

podomètre [pɔdɔmɛtr] *nm* pedometer.

podzol [pɔdzɔl] *nm* podzol.

poêle [pwal] ◇ *nm* -**1.** [chauffage] stove; [en céramique] furnace; ~ **à accumulation** storage heater; ~ **à mazout** oil OU oil-fired stove. -**2.** [drap] pall.

◇ *nf* [ustensile] : ~ **(à frire)** frying pan; ~ **à marrons** pan *(with holes in the bottom)* for toasting chestnuts.

poêlée [pwale] *nf* : **une** ~ **de pommes de terre** a frying pan full of potatoes.

poêler [3] [pwale] *vt* -**1.** [frire] to fry. -**2.** [braiser] to braise *(in a shallow pan)*.

poêlon [pwalɔ̃] *nm* casserole.

poème [pɔɛm] *nm* -**1.** LITTÉRAT poem; **un** ~ **en prose** a prose poem; **un** ~ **en vers** a poem. -**2.** *fam loc* : **c'est (tout) un** ~ : **ça a été un** ~, **pour venir de l'aéroport jusqu'ici!** what a to-do OU business getting here from the airport!; **ta fille, c'est un** ~! your daughter's really something else! -**3.** MUS : ~ **symphonique** symphonic OU tone poem.

poésie [pɔezi] *nf* -**1.** [genre] poetry; **écrire de la** ~ to write poems OU poetry. -**2.** [poème] poem; **des** ~**s pour enfants** poems OU verse for children. -**3.** *litt* [charme] poetry; **la** ~ **du vieux Montmartre** the poetic charm of old Montmartre.

poète [pɔɛt] ◇ *nm* [auteur] poet; **femme** ~ (woman) poet; **comme l'a dit le** ~ in the words of the poet.

◇ *adj* [allure, air] poetic, of a poet; **il est** ~ **à ses heures** he writes the occasional poem.

poétesse [pɔetɛs] *nf* poetess.

poétique [pɔetik] ◇ *adj* poetic, poetical.

◇ *nf* poetics *(sg)*.

poétiquement [pɔetikmɑ̃] *adv* poetically.

poétisation [pɔetizasjɔ̃] *nf litt* poetization, poeticization.

poétiser [3] [pɔetize] *vt* to poetize, to poeticize.

pogne▽ [pɔɲ] *nf* hand, big paw.

pognon *fam* [pɔɲɔ̃] *nm* dough *Am*, readies *Br*; **ils ont plein de** ~ they're rolling in it *Br* OU dough *Am*.

pogrom(e) [pɔgrɔm] *nm* pogrom.

poids [pwa] *nm* -**1.** PHYS weight; **son** ~ **est de 52 kilos** she weighs 52 kilos; **faire attention à** OU **surveiller son** ~ to watch one's weight; **prendre/perdre du** ~ to gain/to lose weight; **reprendre du** ~ to put weight back on OU on again; **je suis tombé de tout mon** ~ **sur le bras** I fell on my arm with all my weight ❑ ~ **brut/net** gross/net weight; ~ **adhérent** RAIL adhesive weight; ~ **en charge** (fully) loaded weight; ~ **spécifique** unit weight; ~ **utile** AÉRON useful load; ASTRONAUT payload; ~ **à vide** unladen weight, tare; **faire bon** ~ COMM to give good weight; **il y a un kilo de cerises bon** ~ there's a little more than OU just over a kilo of cherries; **faire le** ~ COMM to make up the weight; *fig* to hold one's own; **il ne fait pas le** ~ **face aux spécialistes** he's no match for OU not in the same league as the experts; **j'ai peur de ne pas faire le** ~ I'm afraid of being out of my depth. -**2.** [objet] weight; **soulever des** ~ to lift weights; **un** ~ **de 10 kilos** a 10 kilo weight; **les** ~ **de l'horloge** the clock weights; **avoir un** ~ **sur l'estomac** *fig* to feel bloated; **ça m'a enlevé un** ~ it's taken a weight off my mind ❑ **les** ~ **et mesures** *fam* the weights and measures administration. -**3.** SPORT : ~ **et haltères** weightlifting || [lancer] shotputting, shot; [instrument] shot; **lancer le** ~ to put the shot || BOXE [catégorie] : ~ **coq** bantamweight; ~ **léger** lightweight; ~ **lourd** heavyweight; ~ **mi-lourd** light heavyweight; ~ **mi-moyen** light middleweight; ~ **mouche** flyweight; ~ **moyen** middleweight; ~ **plume** featherweight; **c'est un** ~ **plume, cette petite!** *fig* that little one weighs next to nothing! || [aux courses] weight. -**4.** TRANSP : ~ **lourd** heavy (goods) vehicle OU lorry *Br* OU truck *Am*. -**5.** [importance] influence; **son avis a du** ~ **auprès du reste du groupe** her opinion carries weight with the rest of the group; **donner du** ~ **à un argument** to lend weight to an argument.

◆ **au poids** *loc adv* [vendre] by weight.

◆ **au poids de** *loc prép* by the weight of; **au** ~ **de l'or** by the weight of gold.

◆ **de poids** *loc adj* [alibi, argument] weighty; **un homme de** ~ an influential man.

◆ **sous le poids de** *loc prép* -**1.** [sous la masse de] under the weight of; **l'étagère ploie sous le** ~ **des livres** the shelf is sagging under the weight of the books. -**2.** *fig* under the burden of; **écrasé sous le** ~ **des responsabilités** weighed down by responsibilities.

◆ **poids mort** *nm* -**1.** MÉCAN dead weight. -**2.** *fig* : **le neveu du patron est un** ~ **mort** the boss's nephew is nothing but a dead weight.

poignant, e [pwaɲɑ̃, ɑ̃t] *adj* heartbreaking, poignant; **le souvenir** ~ **de leur dernière rencontre** the poignant memory of the last time they met.

poignard [pwaɲar] *nm* dagger; **coup de** ~ stab; **recevoir un coup de** ~ to get stabbed; **sa lettre a été comme un coup de** ~ **dans le dos** *fig* her letter was like a stab in the back.

poignarder [3] [pwaɲarde] *vt* to stab, to knife; ~ **qqn dans le dos** *pr & fig* to stab sb in the back; **c'est comme si on me poignardait** [douleur, angoisse] it feels as if I were being stabbed.

poigne [pwaɲ] *nf* grip; **avoir de la** ~ *pr* to have a strong grip; *fig* to rule with a firm hand.

◆ **à poigne** *loc adj* [personne, gouvernement] firm, authoritarian, iron-handed.

poignée [pwaɲe] *nf* -**1.** [contenu] handful, fistful; **une** ~ **de riz** a handful of rice. -**2.** [petit nombre] handful; **une** ~ **de manifestants** a handful of demonstrators. -**3.** [pour saisir - gén] handle; [- un sabre] hilt; [- une épée] handle; ~ **d'un tiroir/d'une valise** drawer/suitcase handle; ~ **de porte** door handle; **c'est la** ~ **qui a lâché** the handle broke.

◆ **à poignées** *loc adv* -**1.** [en quantité] in handfuls OU fistfuls; **prendre des bonbons à** ~**s** to take handfuls of sweets. -**2.** [avec prodigalité] hand over fist; **dépenser l'argent à** ~**s** to spend money hand over fist.

◆ **par poignées** *loc adv* in handfuls; **je perds mes cheveux par** ~**s** my hair's coming out in handfuls.

◆ **poignée de main** *nf* handshake; **distribuer des** ~**s de main à la foule** to shake hands with people in the crowd; **donner une** ~ **de main à qqn** to shake hands with sb, to shake sb's hand.

poignet [pwaɲɛ] *nm* -**1.** ANAT wrist. -**2.** VÊT cuff; [bande de tissu] wrist band.

poil [pwal] *nm* -**1.** ANAT hair; **le lavabo était plein de** ~**s** the washbasin was full of hairs; **avoir le** ~ **dur/dru** [barbe] to have a rough beard; **je n'ai plus un** ~ **de sec** *fam* [mouillé] I'm soaked through; [en sueur] I'm sweating like a pig; [mort de peur] I'm in a cold sweat; **il n'a plus un** ~ **sur le caillou** *fam* he's bald as a coot *esp Br* OU an egg ❑ ~ **pubien** pubic hair; **avoir un** ~ **dans la main** *fam* to be bone-idle; **elle a vraiment un** ~ **dans la main** she never does a stroke of work; **avoir du** ~ **au menton** to have grown up; **même pas encore de** ~ **au menton et monsieur se permet d'avoir un avis!** hardly a hair on his lip and he thinks he can have an opinion!; **être de bon/mauvais** ~ *fam* to be in a good/foul mood; **reprendre du** ~ **de la bête** *fam* [guérir] to perk up again; [reprendre des forces] to regain some strength for a fresh onslaught; **tomber sur le** ~ **à qqn** *fam* to go for OU to lay into sb; **d'un seul coup, elle m'est tombée sur le** ~ she came down on me like a ton of bricks. -**2.** *fam* [infime quantité] : **un** ~ **de** : **il n'a pas un** ~ **d'intégrité** he doesn't have one ounce OU a shred of integrity; **il n'y a pas un** ~ **de vrai dans ce qu'il dit** there's not an ounce of truth in what he says ❑ **à un** ~ **près, il était tué** he missed being killed by a hair's breadth, he came within an inch of his life; **manquer son train d'un** ~ OU **à un poil près** to miss one's train by a hair's breadth OU a whisker. -**3.** [pelage - long] hair, coat; [- court] coat; **il a le** ~ **luisant** his coat is shiny; **chien à** ~ **ras/long** smooth-haired/long-haired dog ❑ **manteau en** ~ **de chameau** camel-hair coat; **en** ~**s de sanglier** made of bristle. -**4.** [d'une brosse] bristle; [d'un pinceau] hair, bristle; [d'un tapis] pile; [d'un pull angora] down. -**5.** BOT hair; ~**s absorbants** root hairs; ~ **à gratter** itching powder.

◆ **à poil** *fam* ◇ *loc adj* stark naked, starkers.

◇ *loc adv* starkers *Br*, in the altogether; **se mettre à** ~ to strip (off); **aller se baigner à** ~ to go skinny-dipping; **à** ~, **à** ~! [huées] get'em off!

◆ **au poil** *fam* ◇ *loc adj* terrific, great; **il est au** ~, **ton copain!** your friend's terrific!; **tu peux venir samedi, au** ~! you can come on Saturday, great!

◇ *loc adv* terrifically; **ils avaient tout préparé au** ~ they'd done everything to a T.

◆ **au petit poil** *fam*, **au quart de poil** *fam loc adv* terrifically; **ça a marché au petit** ~ it's all gone exactly according to plan.

◆ **de tout poil** *fam loc adj hum* of all kinds; **voleurs et escrocs de tout** ~ all manner of thieves and crooks.

poilant, e *fam* [pwalɑ̃, ɑ̃t] *adj* hilarious, side-splitting.

poil-de-carotte [pwaldəkarɔt] *adj inv* [cheveux] red; [enfant] red-haired; **être** ~ to be red-haired, to have carroty-red hair.

poiler [3] [pwale]

◆ **se poiler** *fam vpi* [rire] to laugh fit to burst; [s'amuser] to have a ball.

poilu, e [pwaly] *adj* hairy.

◆ **poilu** *nm* HIST poilu; **les** ~**s de 14** OU **de 1914** (French) soldiers in the 1914-18 war.

poinçon [pwɛ̃sɔ̃] *nm* -**1.** JOAILL [marque] hallmark; **marquer une bague au** ~ to hallmark a ring. -**2.** [outil - de brodeuse, de couturière] bodkin; [de graveur] stylus; [- de sculpteur] chisel. -**3.** IMPR (matrice) punch. -**4.** MÉTALL die, stamp. -**5.** MENUIS point, awl. -**6.** [pièce de charpente] king post *Br*, joggle post *Am*.

poinçonnage [pwɛ̃sɔnaʒ], **poinçonnement** [pwɛ̃sɔnmɑ̃] *nm* -**1.** [d'un ticket] punching. -**2.** JOAILL hallmarking. -**3.** MÉTALL stamping, diestamping. -**4.** IMPR drive, strike.

poinçonner [3] [pwɛ̃sɔne] *vt* -**1.** [ticket] to punch. -**2.** JOAILL to hallmark. -**3.** MÉTALL to stamp.

poinçonneur, euse [pwɛ̃sɔnœr, øz] *nm, f* -**1.** [employé] ticket puncher. -**2.** MÉTALL punching machine operator.

◆ **poinçonneuse** *nf* [machine] punching machine.

poindre [82] [pwɛ̃dr] *litt* ◇ *vi* -**1.** [lumière] to break, to dawn; **dès que le jour poindra** as soon as dawn breaks, at daybreak. -**2.** [mouvement, idée] to dawn; **alors je vis ~ un sourire sur son visage** then I saw the beginnings of a smile on her face; **une idée commençait à ~ dans son esprit** an idea was growing in his mind.

◇ *vt* -**1.** [tourmenter] to stab *fig*; **ce souvenir le poignait parfois** the memory would stab him painfully from time to time. -**2.** [stimuler] to prick, to spur on *(sép)*; **le désir de vérité et de justice ne cessait de la ~** she was forever spurred on by the desire for truth and justice.

poing [pwɛ̃] *nm* fist; **le ~ levé** with one's fist raised; **lever le ~** to raise one's fist; **les ~s sur les hanches** with arms akimbo; **donner du ~ sur la table** to bang one's fist on OU to thump the table; **mettre son ~ dans la figure à qqn** *fam* to punch OU to smack sb in the face; **tu veux (prendre) mon ~ dans la gueule?**▽ fancy a knuckle sandwich OU a bunch of fives *Br*, do you? ❑ **ils sont entrés, revolvers/armes au ~** they came in, guns/arms at the ready; **gros comme le ~** (as) big as your fist.

◆ **coup de poing** *nm* punch; **les coups de ~ pleuvaient** it was raining blows OU punches; **donner un coup de ~ à qqn** to give sb a punch, to punch sb; **faire le coup de ~** to brawl, to be fighting, to be fistfighting.

point[1] [pwɛ̃] *nm* -**1.** [marque] point, dot, spot; [sur un dé, un domino] pip, spot; **un corsage à petits ~s bleus** a blouse with blue polka dots; **elle a des petits ~s blancs dans la gorge** she's got small white spots in her throat; **je t'ai fait un ~ sur la carte pour indiquer où c'est** I put a dot on the map to show you where it is; **la voiture n'était plus qu'un ~ à l'horizon** the car was now no more than a speck on the horizon ❑ **~ lumineux** spot OU point of light; **~ de rouille** speck OU spot of rust. -**2.** [touche] spot, dab, blob; **un ~ de soudure** a spot OU blob of solder; **mets-y un ~ de colle** put a dab of glue on it. -**3.** [symbole graphique - en fin de phrase] full stop, period *Am*; [- sur un i ou un j] dot; [- en morse, en musique] dot; MATH point; **deux ~s, trois traits** two dots three dashes; **a ~ b** a point b ❑ **~ d'exclamation** exclamation mark OU *Am* point; **~ d'interrogation** *pr* & *fig* question mark; **~ typographique** point; **~s de conduite** (dot) leaders; **~s de suspension** ellipsis, suspension points *Am*; **~ final** full stop, period *Am (at the end of a piece of text)*; **j'ai dit non, ~ final!** *fig* I said no and that's that OU that's final OU there's an end to it!; **mettre un ~ final à une discussion** to terminate a discussion, to bring a discussion to an end; **~, à la ligne!** *pr* new paragraph!; **il a fait une bêtise, ~ à la ligne!** *fig* he did something stupid, let's leave it at that!; **un ~ c'est tout**: **je ne le ferai pas, un ~ c'est tout!** I won't do it and that's that OU that's final OU that's the end of it! -**4.** AÉRON & NAUT [position] position; **donner/recevoir le ~** to give/to be given one's position; **porter le ~ sur la carte** to mark one's position on the map ❑ **~ estimé/observé** estimated/observed position; **~ fixe** run-up; **faire le ~** NAUT to take a bearing, to plot one's position; *fig* to take stock (of the situation); **à 40 ans, on s'arrête et on fait le ~** when you reach 40, you stand back and take stock of your life; **nous ferons le ~ sur les matches à Wimbledon à 11 h** we'll bring you a round-up of play at Wimbledon at 11 o'clock. -**5.** GÉOM point; **le ~ B** point B; **par deux ~s distincts ne passe qu'une seule droite** only one line passes through two distinct points ❑ **~ d'intersection/de tangence** intersection/tangential point; **~ double** double point. -**6.** [endroit] point, spot, place; **en plusieurs ~s de la planète** in different places OU spots on the planet ❑ **~ aveugle** ANAT blind spot; **~ chaud** hot spot; **~ de contrôle** checkpoint; **~ névralgique** MÉD nerve centre; *fig* sensitive spot; **~ de rencontre** meeting point; **~ de vente** retail outlet; **~s lacrymaux** puncta lacrimalia. -**7.** [douleur] twinge, sharp pain; MÉD pressure point; **j'ai un ~ au poumon** I can feel a twinge (of pain) in my chest ❑ **~ de côté** stitch. -**8.** [moment, stade] point, stage; **à ce ~ de la discussion** at this point in the discussion; **à ce ~ de nos recherches** at this point OU stage in our research; **nous nous retrouvons au même ~ qu'avant** we're back to where we started; **les pourparlers en sont toujours au même ~** the negotiations haven't got any further. -**9.** [degré] point; **porter qqch à son plus haut ~** to carry sthg to extremes; **si tu savais à quel ~ je te méprise!** if you only knew how much I despise you!; **il est radin, mais à un ~!** *fam* you wouldn't believe how tight-fisted he is! ❑ **~ de congélation/d'ébullition** freezing/boiling point; **~ de fusion/liquéfaction** melting/liquefaction point; **~ de saturation** *pr* & *fig* saturation point. -**10.** [élément - d'un texte, d'une théorie] point; [- d'un raisonnement] point, item; [- d'une description] feature, trait; **il reste quelques ~s obscurs dans votre thèse** a few points in your thesis still need clarifying; **le second ~ à l'ordre du jour** the second item on the agenda; **un programme social en trois ~s** a three-point social programme; **voici un ~ d'histoire que je souhaiterais éclaircir** I'd like to make clear what happened at that particular point in history; **c'est au moins un ~ d'acquis** we all agree on at least one point ❑ **~ d'entente/de désaccord** point of agreement/of disagreement; **~ commun** common feature; **nous n'avons aucun ~ commun** we have nothing in common; **un ~ de droit** JUR a point of law. -**11.** [unité de valeur - dans un sondage, à la Bourse] point; [- de retraite] unit; [- du salaire de base] (grading) point; ENS mark *Br*, point; JEUX & SPORT point; **sa cote de popularité a gagné/perdu trois ~s** his popularity rating has gone up/down by three points; **il me manquait 12 ~s pour avoir l'examen** I was 12 marks short of passing the exam; **une faute d'orthographe, c'est 4 ~s de moins** 4 marks are taken off for each spelling mistake; **la dame rapporte 6 ~s** the Queen's worth 6 points; **avoir plus de ~s que qqn** to outpoint sb, to have more points than sb; **battu aux ~s** BOXE beaten on points; **elle est à deux ~s du set** she's two points from winning the set; **faire le ~** [le gagner] to win the point; **faire un ~ gagnant** to play a winner ❑ **~s d'annonce** points in hand; **marquer un ~** to score a point; **rendre des ~s à qqn** to be way above sb. -**12.** ASTRON: **~ gamma** OU **vernal** First Point of Aries, vernal equinox. -**13.** COUT: **faire un ~ à** to put a stitch OU a few stitches in; **bâtir à grands ~s** to tack; **coudre à grands ~s** to sew using a long stitch ❑ **~ de couture/crochet/tricot** sewing/crochet/knitting stitch; **~ arrière** backstitch; **~ de devant** front stitch; **~ de jersey** stocking stitch; **~ mousse** moss stitch; **petit ~**: **tapisserie au petit ~** petit point tapestry; **c'est un travail au petit ~** *fig* it's a highly demanding piece of work. -**14.** INF [unité graphique] dot; [emplacement]: **~ d'accès/de retour** entry/reentry point; **~ de branchement** branch-point; **~ de sonde** probing-point. -**15.** TÉLÉC dot. -**16.** BX-ARTS & JOAILL point.

◆ **à ce point, à un tel point** *loc adv* [tellement] so, that; **ton travail est dur à ce ~?** is your job so (very) OU that hard?; **comment peux-tu être maladroit/paresseux à un tel ~?** how can you be so clumsy/lazy?; **j'en ai tellement assez que je vais démissionner – à ce ~?** I'm so fed up that I'm going to resign – that bad, is it?

◆ **à ce point que, à (un) tel point que** *loc conj* so much so that, to such a point that; **il faisait très chaud, à tel ~ que plusieurs personnes se sont évanouies** it was very hot, so much so that several people fainted; **les choses en étaient arrivées à un tel ~ que...** things had reached such a pitch that...; **elle est déprimée, à ce ~ qu'elle ne veut plus voir personne** she's so depressed that she won't see anyone anymore.

◆ **à point** ◇ *loc adj* [steak] medium; [rôti] done to a turn; [fromage] ripe, just right; [poire] just OU nicely ripe; **ton bonhomme est à ~, tu n'as plus qu'à enregistrer ses aveux** *fam fig* your man's nice and ready now, all you've got to do is get the confession down on tape.

◇ *loc adv* -**1.** CULIN: **le gâteau est cuit à ~** the cake is cooked (through). -**2.** [au bon moment]: **tomber à ~** [personne] to come (just) at the right time; [arrivée, décision] to be very timely.

◆ **à point nommé** *loc adv*: **faire qqch à ~ nommé** to do sthg (just) at the right time OU on time; **arriver à ~ nommé** to arrive (just) at the right moment OU when needed, to arrive in the nick of time.

◆ **au plus haut point** *loc adv* [énervé, généreux, irrespectueux] extremely, most; [méfiant] highly, extremely; **je le respecte/déteste au plus haut ~** I couldn't respect/hate him more; **elle m'inquiète au plus haut ~** I'm really worried about her.

◆ **au point** ◇ *loc adj* PHOT in focus; [moteur] tuned; [machine] in perfect running order; [technique] perfected; [discours, plaidoyer] finalized; [spectacle] ready; **ton revers n'est pas encore au ~** your backhand isn't good enough OU up to scratch yet; **le son/l'image n'est pas au ~** the sound/the image isn't right; **quand ma technique sera au ~** when my technique has been refined OU polished; **mes élèves sont maintenant au ~ pour l'examen** my students are now ready for the exam.

◇ *loc adv*: **mettre au ~** [texte à imprimer] to edit; [discours, projet, rapport] to finalize, to put the finishing touches to; [spectacle] to perfect; [moteur] to tune; [appareil photo] to (bring into) focus; [affaire] to settle, to finalize; **mettre les choses au ~**: **mettons les choses au ~** let's make things clear; **après cette discussion, j'ai tenu à mettre les choses au ~** following that discussion, I insisted on putting the record straight; **tu devrais mettre les choses au ~ avec lui** you two should have a long talk, you should sort things out between you.

◆ **au point de** *loc prép*: **méticuleux au ~ d'en être agaçant** meticulous to the point of being exasperating; **il n'est pas stupide au ~ de le leur répéter** he's not so stupid as to tell them.

◆ **au point du jour** *loc adv litt* at dawn OU daybreak.

◆ **au point où** *loc conj*: **nous sommes arrivés au ~ où...** we've reached the point OU stage where...; **au ~ où j'en suis, autant que je continue** having got this far, I might as well carry on; **au ~ où en sont les choses** as things stand, the way things are now.

◆ **au point que** *loc conj* so much that, so... that; **il était très effrayé, au ~ qu'il a essayé de se sauver** he was so frightened that he tried to run away; **ils maltraitaient leur enfant, au ~ qu'on a dû le leur retirer** they mistreated their child so much that he had to be taken away from them.

◆ **de point en point** *loc adv* point by point, punctiliously, to the letter; **le programme a été exécuté de ~ en ~** the programme was followed point by point.

◆ **point par point** *loc adv* [expliquer, questionner] point by point.

◆ **sur le point de** *loc prép*: **sur le ~ de faire qqch** about to do OU on the point of doing OU on the verge of doing sthg; **j'étais sur le ~ de** partir I was about to OU going to leave; **sur le ~ de pleurer** on the verge of tears OU of crying.

◆ **bon point** *nm* -**1.** SCOL [image] *cardboard card or picture given to schoolchildren as a reward*; [appréciation] mark *(for good behaviour)*. -**2.** *fig*: **un bon ~ pour toi!** *hum* good on *Br* OU for *Am* you!, you get a brownie point!

◆ **mauvais point** *nm* -**1.** SCOL black mark *(against sb's name)*. -**2.** *fig*: **un mauvais ~ pour toi!** *hum* go to the back of the class!

◆ **point faible** *nm* weak spot; **son ~ faible, c'est sa susceptibilité** his touchiness is his weak spot OU point.

◆ **point fort** *nm* [d'une personne, d'une entreprise] strong point; [d'un joueur de tennis] best shot; **les coups francs/les pénalités ne sont pas son ~ fort** he's not very good at free kicks/penalties; **les maths n'ont jamais été mon ~ fort** I was never any good at maths, maths was never my strong point.

◆ **point mort** *nm* AUT neutral; **au ~ mort** AUT in neutral; *fig* at a standstill.

◆ **point noir** *nm* -**1.** MÉD blackhead. -**2.** [difficulté] difficulty, headache *fig*; **un ~ noir de la circulation** [encombré] a heavily congested area; [dangereux] an accident blackspot.

◆ **point sensible** *nm* -**1.** [endroit douloureux] tender OU sore spot. -**2.** MIL key OU strategic target. -**3.** *fig*: **toucher un ~ sensible** [chez qqn] to touch on a sore spot; [dans un problème] to touch on a sensitive area.

point[2] [pwɛ̃] *adv litt* -**1.** [en corrélation avec 'ne']: **je ne l'ai ~ encore vu** I haven't seen him yet; **~ n'est besoin de** there's no need to; **~ n'était besoin de partir de si bonne heure** there was no need OU it was unnecessary to leave so early. -**2.** [employé seul]: **du vin il y en avait, mais de champagne ~** there was wine, but no champagne OU not a drop of champagne; **il eut beau chercher, ~ de John** he searched in vain, John was nowhere to be found; **~ de démocratie sans liberté de critiquer** (there can be) no democracy without the freedom to criticize. -**3.** [en réponse négative]: **~ du tout!** not at all!, not in the least!; **cela vous dérange? — ~ du tout!** do you mind? — not in the least!

pointage [pwɛ̃taʒ] *nm* -**1.** [d'une liste, d'un texte] ticking off *(U)*, checking *(U)*, marking *(U)*. -**2.** [d'un fusil] aiming, laying. -**3.** [des ouvriers - à l'arrivée] clocking in; [- à la sortie] clocking out. -**4.** TECH tack welding.

point de vue [pwɛ̃dvy] (*pl* **points de vue**) *nm* -**1.** [panorama] vista, view; **là-haut, le ~ est magnifique** the view from up there is magnificent. -**2.** [opinion] point of view, standpoint; **quel est ton ~?** what is your opinion?, where do you stand on this?; **du ~ des prix, du ~ prix** pricewise, as far as prices are concerned; **de ce ~, il n'a pas tort** from that point of view OU viewed in this light, he's right; **adopter un ~ différent** to view things from a different angle.

pointe [pwɛ̃t] *nf* -**1.** [extrémité] point, pointed end, tip; **la ~ et la racine d'un cheveu** the tip and the root of a hair; **la ~ du sein** the nipple; **mets-toi sur la ~ des pieds** stand on tiptoe OU on the tips of your toes; **elle traversa la pièce/monta l'escalier sur la ~ des pieds** she tiptoed across the room/up the stairs; **allons jusqu'à la ~ de l'île** let's go to the farthest point of the island ❑ **~ d'asperge** asparagus tip. -**2.** SPORT spike. -**3.** VÊT headscarf *(folded so as to form a triangle)*. -**4.** MIL [avancée] advanced party; **faire** OU **pousser une ~ jusqu'au village suivant** *fig* to push OU to press on as far as the next village. -**5.** [accès] peak, burst; **~ (de vitesse)** burst of speed; **faire une ~ à plus de 200 km/h** to put on a burst of speed of over 200 km/h. -**6.** *sout* [moquerie] barb, taunt; [mot d'esprit] witticism; **lancer des ~s à qqn** to taunt sb. -**7.** [petite quantité - d'ail] hint; [- d'ironie, de jalousie] trace, hint, note; **il a une ~ d'accent** he's got a slight accent; **il n'a pas une ~ d'accent** he hasn't got the slightest trace of an accent. -**8.** ACOUST: **~ de lecture** stylus. -**9.** BX-ARTS: **~ sèche** dry point; **compas à ~s sèches** (pair of) dividers. -**10.** ÉLECTR surge; **pouvoir des ~s** point effect. -**11.** INDUST [d'un tour] (lathe) centre; [d'une machine-outil] cone. -**12.** [clou] nail, sprig, brad. -**13.** PÊCHE point.

◆ **pointes** *nfpl* DANSE points; **faire des ~s** to dance on points.

◆ **à la pointe de** *loc prép* to the forefront of; **à la ~ du combat** *pr* & *fig* in the front line of battle; **à la ~ de l'actualité** right up to date; **à la ~ du progrès** in the vanguard (of progress).

◆ **à la pointe du jour** *loc adv litt* at daybreak OU dawn, at break of day *litt*.

◆ **de pointe** *loc adj* -**1.** [puissance, période] peak *(avant n)*; **heure de ~** rush hour; **vitesse de ~** maximum OU top speed. -**2.** [secteur, industrie] key *(avant n)*, leading, growth *(modif)*; **technologie de ~** state-of-the-art technology.

◆ **en pointe** ◇ *loc adj* [menton] pointed; [décolleté] plunging.

◇ *loc adv* -**1.** [en forme de pointe] to a point; **s'avancer en ~** to taper (to a point); **tailler en ~** [barbe] to shape to a point; [diamant] to cut to a point. -**2.** [à grande vitesse] at top speed; **je fais plus de 200 en ~** *fam* I can do 200 plus top whack *Br*, I can do over 200.

pointé, e [pwɛ̃te] *adj* MUS dotted.

pointeau, x [pwɛ̃to] *nm* -**1.** [d'un carburateur] needle. -**2.** [pour trouer] punch. -**3.** [pour régler une ouverture] nozzle valve. -**4.** [surveillant] timekeeper.

pointer[1] [pwɛ̃tœr] *nm* [chien] pointer.

pointer[2] [3] [pwɛ̃te] ◇ *vt* -**1.** [dresser]: **l'animal pointa les oreilles** the animal pricked up its ears ‖ [montrer]: **~ son nez** OU **sa tête quelque part** *fig* to show one's face somewhere. -**2.** [diriger - arme] to aim; [- doigt] to point; **~ son fusil vers le plafond** to aim one's rifle at the ceiling. -**3.** [à la pétanque]: **~ une boule** to make a draw shot. -**4.** [marquer] to check (off), to tick off *(sép)*; **~ la liste des participants** to check OU to tick off the list of participants. -**5.** [contrôler - à l'arrivée] to check in *(sép)*; [- à la sortie] to check out *(sép)*.

◇ *vi* -**1.** [monter en pointe - jeune pousse] to come up OU through; **~ vers le ciel** [arbre, oiseau] to rise (up) towards the sky. -**2.** [faire saillie] to stick OU to jut out, to protrude. -**3.** [apparaître - aube, jour] to be dawning; [- jalousie, remords] to be breaking OU seeping through; **j'ai vu une lueur d'effroi ~ dans son regard** I saw fear flashing in his eyes. -**4.** [à la pétanque] to draw (the jack). -**5.** [ouvrier - arrivant] to clock in; [- sortant] to clock out.

◆ **se pointer** *fam vpi* to show (up), to turn up; **il s'est pas pointé** he never showed; **alors, tu te pointes?** are you coming or aren't you?

pointeur, euse [pwɛ̃tœr, øz] *nm, f* -**1.** [surveillant] timekeeper. -**2.** [à la pétanque] drawer (of the jack).

◆ **pointeur** *nm* INF & MIL pointer.

◆ **pointeuse** *nf* -**1.** [machine-outil] jig borer. -**2.** [horloge] time clock.

pointillage [pwɛ̃tijaʒ] *nm* -**1.** [d'une surface] stippling. -**2.** [d'une ligne] marking out with dots, dotting.

pointillé [pwɛ̃tije] *nm* -**1.** [trait] dotted line; **découper suivant le ~** cut along the dotted line. -**2.** [coloration] stipple, stippling.

◆ **en pointillé** ◇ *loc adj*: **les frontières sont en ~ sur la carte** the frontiers are drawn as dotted lines on the map.

◇ *loc adv fig* in outline; **une solution lui apparaissait en ~** he was beginning to see the outline of a solution.

pointiller [3] [pwɛ̃tije] ◇ *vt* [surface] to stipple; [ligne] to dot, to mark with dots.

◇ *vi* to draw in stipple.

pointilleux, euse [pwɛ̃tijø, øz] *adj* fussy, fastidious; **des commentaires ~ sur mon style** nitpicking criticisms of my style; **il est très ~ sur l'horaire** he's very particular about OU he's a stickler for time-keeping.

pointillisme [pwɛ̃tijism] *nm* [style] pointillism; [mouvement] Pointillism.

pointilliste [pwɛ̃tijist] *adj* & *nmf* pointillist.

pointu, e [pwɛ̃ty] *adj* -**1.** [effilé] sharp, pointed. -**2.** [perspicace] sharp, astute; **une lecture ~e de l'œuvre** an astute OU in-depth interpretation of the work; **elle avait un esprit très ~** her mind was razor-sharp. -**3.** [revêche - air, caractère] querulous, petulant. -**4.** [aigu - voix, ton] shrill, sharp; **il avait une voix ~e** he had a shrill voice; **un accent ~** [parisien] a clipped Parisian accent. -**5.** [spécialisé - formation, marché] (very) narrowly-specialized, narrowly-targeted. -**6.** [aux courses]: **arrivée ~e** bunched finish.

◆ **pointu** *adv*: **parler ~** to talk in a clipped (Parisian) way.

pointure [pwɛ̃tyr] *nf* -**1.** [de chaussures] size; **quelle est ta ~?** what size do you take? -**2.** *fam fig*: **lui, c'est une petite ~!** he's small fry!

point-virgule [pwɛ̃virgyl] (*pl* **points-virgules**) *nm* semicolon.

poire [pwar] ◇ *nf* -**1.** [fruit] pear; **nous en avons parlé entre la ~ et le fromage** we talked idly about it at the end of the meal. -**2.** [alcool] pear brandy. -**3.** [objet en forme de poire]: **~ en caoutchouc** rubber syringe; **~ électrique** (pear-shaped) switch; **~ à injections** douche; **~ à lavement** enema; **~ à poudre** powder horn OU flask. -**4.** ▽ [visage] mug; **prendre qqch en pleine ~** to get smacked in the face OU between the eyes with sthg; **il s'est pris le ballon/la remarque en pleine ~** the ball/remark hit him right between the eyes. -**5.** *fam* [imbécile] sucker, mug, dope; **une bonne ~** a real mug. -**6.** JOAILL pear, pear-shaped jewel. -**7.** [morceau de viande] *pear-shaped end of the round of beef.*

◇ *adj fam*: **ce que tu peux être ~!** you're such a sucker!

◆ **en poire** *loc adj* [sein, perle] pear-shaped.

◆ **poire d'angoisse** *nf* -**1.** HIST (iron) gag. -**2.** *fig* & *litt* awful obligation to say nothing.

poiré [pware] *nm* perry.

poireau, x [pwaro] *nm* leek; **faire le ~** *fam* to be hanging around, to be kicking OU cooling one's heels.

poireauter *fam* [3] [pwarote] *vi* to be cooling OU kicking one's heels, to hang around.

poirier [pwarje] *nm* -**1.** BOT pear tree. -**2.** MENUIS pear, pearwood. -**3.** SPORT: **faire le ~** to do a headstand.

pois [pwa] *nm* -**1.** BOT & CULIN pea; **petits ~** (green OU garden) peas; [extra fins] petit pois; **~ cassé** split pea; **~ chiche** chickpea. -**2.** [motif] dot, spot; **tissu blanc à ~ rouges** white material with red spots; **un corsage à ~ blancs** a blouse with white polka-dots.

◆ **pois de senteur** *nm* sweet pea.

poison [pwazɔ̃] ◇ *nm* -**1.** [substance] poison; **ils avaient mis du ~ dans son café** they had poisoned his coffee. -**2.** *fam* [corvée] drag, hassle. -**3.** *litt* [vice] poison; **le ~ de l'oisiveté** the poison of idleness.

◇ *nmf* [enfant, personne insupportable] pest.

poissard, e [pwasar, ard] *adj vieilli* & *péj* [faubourien] coarse, common, vulgar.

◆ **poissarde** *nf vieilli* & *péj* fishwife.

poisse *fam* [pwas] *nf* bad OU rotten luck; **quelle ~!** what rotten luck!

poisser [3] [pwase] *vt* -**1.** [rendre poisseux] to make sticky. -**2.** ▽ [attraper] to nail, to nab; **se faire ~** to get nailed. -**3.** [enduire de poix] to (cover with) pitch.

poisseux, euse [pwasø, øz] *adj* sticky.

poisson [pwasɔ̃] *nm* -**1.** ZOOL fish; **attraper des ~s** to catch fish ❑ **~ d'eau douce** freshwater fish; **~s osseux** bony fish; **les ~s plats** flatfish; **~ rouge** goldfish; **~ volant** flying fish; **être comme un ~ dans l'eau** to be in one's element; **être heureux comme un ~ dans l'eau** to be as happy as a sandboy *Br* OU as a lark; **engueuler qqn comme du ~ pourri**▽ to scream at sb; **petit ~ deviendra grand** *prov* tall oaks from little acorns grow *prov*. -**2.** CULIN fish; **en entrée, nous avons du ~** we have fish OU a fish dish as a starter.

◆ **poisson d'avril** *nm* -**1.** [farce] April fool; ~ d'avril! April fool! -**2.** [papier découpé] *cut-out paper fish placed on someone's back as a prank on April lst.*

poisson-chat [pwasɔ̃ʃa] (*pl* poissons-chats) *nm* catfish.

poisson-épée [pwasɔ̃epe] (*pl* poissons-épées) *nm* swordfish.

poisson-lune [pwasɔ̃lyn] (*pl* poissons-lunes) *nm* moonfish.

poissonnerie [pwasɔnri] *nf* -**1.** [magasin] fishmonger's *Br* OU (fresh) fish shop; [au marché] fish stall. -**2.** [industrie] fish industry.

poissonneux, euse [pwasɔnø, øz] *adj* full of fish; des eaux poissonneuses waters rich in fish.

poissonnier, ère [pwasɔnje, ɛr] *nm, f* [personne] fishmonger *Br*, fish merchant *Am*.
◆ **poissonnière** *nf* [ustensile] fish-kettle.

poisson pilote [pwasɔ̃pilɔt] (*pl* poissons pilotes) *nm* pilotfish.

Poissons [pwasɔ̃] *npr mpl* -**1.** ASTRON Pisces. -**2.** ASTROL Pisces; elle est ~ she's Pisces.

poisson-scie [pwasɔ̃si] (*pl* poissons-scies) *nm* sawfish.

poitevin, e [pwatvɛ̃, in] *adj* -**1.** [du Poitou] from Poitou. -**2.** [de Poitiers] from Poitiers.
◆ **Poitevin, e** *nm, f* -**1.** [du Poitou] *inhabitant of or person from Poitou.* -**2.** [de Poitiers] *inhabitant of or person from Poitiers.*

Poitiers [pwatje] *npr* Poitiers.

Poitou [pwatu] *npr m*: le ~ Poitou.

poitrail [pwatraj] *nm* -**1.** ZOOL breast. -**2.** [partie de harnais] breastplate. -**3.** *hum* chest.

poitrinaire [pwatrinɛr] *adj* & *nmf vieilli* phtisic *vieilli*, consumptive.

poitrine [pwatrin] *nf* -**1.** [thorax] chest; [seins] bust, chest; elle a une ~ opulente she's got a big bust; avoir de la ~ to have a big bust; elle n'a pas beaucoup de ~ she's flat-chested. -**2.** [poumons] chest, lungs; être fragile de la ~ to have weak lungs OU a weak chest. -**3.** CULIN: ~ de bœuf beef brisket, brisket of beef; ~ fumée ≃ smoked bacon; ~ de porc belly (of) pork; ~ salée ≃ salt belly pork *Br*, ≃ salt pork *Am*; ~ de veau breast of veal.

poivrade [pwavrad] *nf* [sauce] pepper sauce.
◆ **à la poivrade** *loc adj* CULIN with a peppery vinaigrette sauce.

poivre [pwavr] *nm*: ~ noir OU gris black pepper, pepper; ~ blanc white pepper; ~ de Cayenne Cayenne (pepper); ~ en grains peppercorns, whole pepper; ~ moulu ground pepper.
◆ **poivre et sel** *loc adj inv* pepper-and-salt; cheveux/barbe ~ et sel pepper-and-salt hair/beard.

poivré, e [pwavre] *adj* -**1.** CULIN peppery. -**2.** [parfum] peppery, spicy. -**3.** [chanson, histoire] spicy, racy.

poivrer [3] [pwavre] *vt* CULIN to pepper; tu devrais ~ un peu plus ta sauce you should put a little more pepper in your sauce.
◆ **se poivrer**▽ *vpi* to get plastered.

poivrier [pwavrije] *nm* -**1.** BOT pepper plant. -**2.** [ustensile] pepper pot.

poivrière [pwavrijɛr] *nf* -**1.** ARCHIT pepper box (fortification). -**2.** [ustensile] pepper pot. -**3.** [plantation] pepper plantation.

poivron [pwavrɔ̃] *nm* sweet pepper, capsicum; ~ vert/jaune/rouge green/yellow/red pepper.

poivrot, e *fam* [pwavro, ɔt] *nm, f* drunkard.

poix [pwa] *nf* pitch.

poker [pɔkɛr] *nm* JEUX poker; jouer au ~ to play poker; faire un ~ OU une partie de ~ to have a game of poker ❑ ~ d'as [dés] poker dice; [cartes] four aces.
◆ **coup de poker** *nm* (bit of a) gamble; on peut tenter la chose, mais c'est un coup de ~ we can try it but it's risky.

polaire [pɔlɛr] ◇ *adj* MATH, SC & TECH polar.
◇ *nf* -**1.** PHYS polar curve. -**2.** MATH polar axis.

Polaire [pɔlɛr] *npr f*: la ~ Polaris, the Pole Starthe North Star.

polar *fam* [pɔlar] *nm* [livre, film] thriller, whodunnit.

polard, e *fam* [pɔlar, ard] ◇ *adj*: être complètement ~ to be a total swot *Br* OU grind *Am*.
◇ *nm, f* swot *Br*, grind *Am*.

polarimétrie [pɔlarimetri] *nf* polarimetry.

polarisation [pɔlarizasjɔ̃] *nf* -**1.** SC polarization. -**2.** *sout* [de l'intérêt, des activités] focusing, concentrating.

polariser [3] [pɔlarize] *vt* -**1.** SC to polarize. -**2.** [attention, énergie, ressources] to focus; il a polarisé l'attention de l'auditoire he made the audience sit up and listen. -**3.** [faire se concentrer]: ~ qqn sur to make sb concentrate (exclusively) on; le programme polarise trop les élèves sur les mathématiques the syllabus forces the students to concentrate too much on mathematics; être polarisé sur ses ennuis personnels/ses études to be obsessed by one's personal problems/one's studies; être polarisé sur un seul aspect de qqch to focus on a single aspect of sthg.
◆ **se polariser** *vpi* -**1.** SC to polarize. -**2.** [se concentrer]: se ~ sur qqch to focus on sthg; il s'est trop polarisé sur sa carrière he was too wrapped up in his career.

polariseur [pɔlarizœr] *nm* polarizer.

polarité [pɔlarite] *nf* polarity.

polarographie [pɔlarɔgrafi] *nf* polarography.

Polaroid® [pɔlarɔid] *nm* -**1.** [appareil] Polaroid® (camera). -**2.** [photo] Polaroid® (picture).

polder [pɔldɛr] *nm* polder.

poldérisation [pɔlderizasjɔ̃] *nf* reclamation (of land from the sea).

pôle [pol] *nm* -**1.** SC, GÉOG & MATH pole; le ~ Nord/Sud the North/South Pole; le ~ Nord/Sud magnétique the magnetic North/South pole; ~ (d'attraction): Toulouse est devenue le ~ (d'attraction) économique de la région Toulouse has become the focus OU hub of economic development in the region. -**2.** [extrême] pole; le gouvernement a réussi à concilier les deux ~s de l'opinion sur cette question the government managed to reconcile the two poles of opinion on this subject. -**3.** ÉCON: ~ de conversion special economic zone. -**4.** ÉLECTR pole; ~ saillant salient pole. -**5.** ANAT pole *(of an organ)*.

polémique [pɔlemik] ◇ *adj* -**1.** [article] polemic, polemical, provocative; [attitude] polemic, polemical, embattled. -**2.** [journaliste, écrivain] provocative.
◇ *nf* polemic, controversy.

polémiquer [3] [pɔlemike] *vi* to be polemical; sans vouloir ~, je pense que... I don't want to be controversial, but I think that...

polémiste [pɔlemist] *nmf* polemist, polemicist.

polémologie [pɔlemɔlɔʒi] *nf* polemology *spéc*, war studies.

polémologue [pɔlemɔlɔg] *nmf* polemologist *spéc*, war studies expert.

polémoniacée [pɔlemɔnjase] *nf* member of the Polemoniaceae.

polenta [pɔlɛnta] *nf* polenta.

pole position [polpozisjɔ̃] (*pl* pole positions) *nf* pole position.

poli, e [pɔli] *adj* -**1.** [bien élevé] polite, courteous, well-bred; ce n'est pas ~ de répondre! it's rude to answer back!; vous pourriez être ~! keep a civil tongue in your head!; il est trop ~ pour être honnête he's too sweet to be wholesome. -**2.** [pierre] smooth; [métal] polished; [marbre] glassed.
◆ **poli** *nm* [éclat] shine, sheen; la table a un beau ~ the table has a nice shiny finish OU a high polish OU a rich sheen.

police [pɔlis] *nf* -**1.** [institution] police; la ~ est alertée OU prévenue the police have been called; entrer dans la ~ to join the police, to go into the police force; il est recherché par toutes les ~s d'Europe he's being sought by police all over Europe; je vais à la ~ *fam* I'm going to the police ❑ ~ administrative law enforcement; ~ de l'air et des frontières airport and border police; ~ judiciaire ≃ Criminal Investigation Department; ~ militaire Military Police; ~ mondaine OU des mœurs Vice Squad; ~ municipale ≃ local police; la Police nationale the police force *(excluding "gendarmes")*; ~ parallèle paramilitary police; ~ secours (police) emergency services; ~ secrète secret police; la ~ des ~s *fam* ≃ police complaints committee. -**2.** [maintien de l'ordre] (enforcement of) law and order; faire la ~ dans les centres commerciaux to maintain security in shopping centres; il n'a jamais voulu faire la ~ chez lui he never tried to keep his family in order. -**3.** IMPR: ~ (de caractères) bill (of fount). -**4.** JUR: ~ d'assurance insurance policy.
◆ **de police** *loc adj* police *(modif)*.

POLICE NATIONALE:
The "Police nationale" operates under the authority of the Ministry of the Interior, unlike the "Gendarmerie", which is an army corps. Gendarmes are usually to be found in rural areas.

---

policé, e [pɔlise] *adj litt* highly civilized, urbane.

polichinelle [pɔliʃinɛl] *nm* -**1.** [pantin] (Punch) puppet. -**2.** *fam* [personne] puppet *péj*, clown, buffoon; arrête de faire le ~ stop clowning around ❑ avoir un ~ dans le tiroir▽ to have a bun in the oven.

Polichinelle [pɔliʃinɛl] *npr* [aux marionnettes] Punchinello; [à la commedia dell'arte] Pulcinella; aller voir ~ to go to a Punch-and-Judy show ❑ c'était un secret de ~ it was supposed to be a secret but everyone knew about it.

policier, ère [pɔlisje, ɛr] *adj* -**1.** [de la police] police *(modif)*. -**2.** [roman, film] detective *(modif)*.
◆ **policier** *nm* -**1.** [agent] policeman, police officer; une femme ~ a policewoman, a woman police officer; ~ en civil detective; une femme ~ en civil a woman detective; plusieurs ~s sont entrés dans l'immeuble several police officers went into the building. -**2.** [livre] detective story; [film] detective thriller.

policlinique [pɔliklinik] *nf* outpatient clinic.

policologie [pɔlikɔlɔʒi] *nf* police procedure.

poliment [pɔlimɑ̃] *adv* politely; il s'effaça ~ pour la laisser passer he politely stepped aside to let her pass.

polio [pɔljo] ◇ *nmf* polio victim.
◇ *nf* polio; avoir la ~ to have polio.

poliomyélite [pɔljɔmjelit] *nf* poliomyelitis.

poliomyélitique [pɔljɔmjelitik] ◇ *adj* suffering from polio.
◇ *nmf* polio victim.

polir [32] [pɔlir] *vt* -**1.** [métal] to polish (up), to burnish; [meuble] to polish; [chaussures] to polish, to clean, to shine; [ongles] to buff. -**2.** *sout* [parfaire] to polish, to refine; ~ ses phrases to polish one's sentences.

polissable [pɔlisabl] *adj* [métal] polishable, burnishable.

polissage [pɔlisaʒ] *nm* -**1.** [d'un meuble] polishing; [des ongles] buffing. -**2.** MÉTALL polishing, burnishing; ~ électrolytique electrolytic polishing, electropolishing.

polisseur, euse [pɔlisœr, øz] *nm, f* polisher.
◆ **polisseur** *nm* [de riz] rice-polishing machine.
◆ **polisseuse** *nf* -**1.** [pour la pierre] glassing OU polishing machine. -**2.** MÉTALL polishing head OU stick.

polissoir [pɔliswar] *nm* [machine] polishing machine; [outil] polishing stick; ~ à ongles (nail) buffer.

polisson, onne [pɔlisɔ̃, ɔn] ◇ *adj* -**1.** [taquin] mischievous, cheeky. -**2.** [égrillard] saucy, naughty; une chanson ~ne a racy OU saucy song.
◇ *nm, f* [espiègle] little devil OU rogue OU scamp.

polissonner [3] [pɔlisɔne] *vi vieilli* -**1.** [badiner] to fool around. -**2.** [faire des sottises] to get up to mischief.

polissonnerie [pɔlisɔnri] *nf* -**1.** [facétie] piece of mischief. -**2.** [parole grivoise] risqué OU saucy remark; **dire des ~s** to make risqué remarks. -**3.** [acte grivois]: **des ~s** naughty goings-on.

poliste [pɔlist] *nm* paper wasp.

politesse [pɔlitɛs] *nf* -**1.** [bonne éducation] politeness, courteousness; **faire/dire qqch par ~** to do/to say sthg out of politeness; **brûler la ~ à qqn** to leave s.o. abruptly. -**2.** [propos] polite remark; **échanger des ~s** *pr* to exchange polite small-talk; *iron* to trade insults. -**3.** [acte] polite gesture; **rendre la ~ à qqn** *pr* to pay sb back for a favour; *iron* to give sb a taste of his/her own medicine.
◆ **de politesse** *loc adj* [lettre, visite] courtesy *(modif)*.

politicaillerie *fam* [pɔlitikajri] *nf péj* backroom politics.

politicard, e *fam* [pɔlitikar, ard] *péj* ◇ *adj* careerist.
◇ *nm, f* careerist politician.

politicien, enne [pɔlitisjɛ̃, ɛn] ◇ *adj* -**1.** [d'habile politique] political; **une manœuvre ~ne** a successful political move. -**2.** *péj* scheming.
◇ *nm, f* politician.

politicologie [pɔlitikɔlɔʒi] = **politologie**.

politicologue [pɔlitikɔlɔg] = **politologue**.

politique [pɔlitik] ◇ *adj* -**1.** [du pouvoir de l'État] political; **carte ~** political map; **institutions ~s** political institutions. -**2.** [de la vie publique] political; **quelles sont ses opinions ~s?** what are his politics?; **une carrière ~** a career in politics; **dans les milieux ~s** in political circles ❑ **homme ~, femme ~** politician; **les partis ~s** the political parties. -**3.** [diplomate] diplomatic, politic; **ce n'était pas très ~ de le licencier** it wasn't a very wise move to fire him.
◇ *nf* -**1.** [activité] politics; **faire de la ~** to be involved in politics; **je ne fais pas de ~!** [je refuse de prendre parti] I don't want to bring politics into this!, no politics please!; **elle se destine à la ~** she wants to go into politics; **la ~ politicienne** *péj* party politics. -**2.** [stratégie] policy; **~ intérieure/extérieure** domestic/foreign policy; **une ~ de gauche** a left-wing policy; **une ~ des prix** a prices policy; **c'est de bonne ~** POL it's good political practice; *fig* it's good practice ❑ **la ~ agricole commune** the common agricultural policy; **pratiquer la ~ de l'autruche** to bury one's head in the sand; **la ~ du pire** *deliberately worsening the situation to further one's ends*.
◇ *nmf* -**1.** [politicien] politician. -**2.** [prisonnier] political prisoner.
◇ *nm* politics; **faire passer le ~ avant le social** to accord more importance to politics than to welfare.

politique-fiction [pɔlitikfiksjɔ̃] (*pl* **politiques-fictions**) *nf* (futuristic) political fiction writing; **un roman de ~** a political novel.

politiquement [pɔlitikmɑ̃] *adv* -**1.** POL politically. -**2.** [adroitement] judiciously, diplomatically.

politisation [pɔlitizasjɔ̃] *nf* politicization; **la ~ du sport** the politicization of sport, bringing politics into sport.

politiser [3] [pɔlitize] *vt* to politicize; **ils sont moins/plus politisés** they are less/more interested in politics; **~ une grève** to give a political dimension to a strike.
◆ **se politiser** *vpi* to become political.

politologie [pɔlitɔlɔʒi] *nf* political science.

politologue [pɔlitɔlɔg] *nmf* political scientist.

polka [pɔlka] *nf* polka.

pollen [pɔlɛn] *nm* pollen.

pollinisation [pɔlinizasjɔ̃] *nf* pollination.

polluant, e [pɔlɥɑ̃, ɑ̃t] *adj* polluting.
◆ **polluant** *nm* polluting agent, pollutant.

polluer [7] [pɔlɥe] *vt* -**1.** ÉCOL to pollute. -**2.** *sout* [souiller] to pollute, to sully; **la presse à scandale pollue toute la profession** the gutter press is a disgrace to the whole profession.

pollueur, euse [pɔlɥœr, øz] ◇ *adj* [industrie] polluting.
◇ *nm, f* polluter; **les ~s devront payer les dégâts** the polluters will have to pay for the damage.

pollution [pɔlysjɔ̃] *nf* ÉCOL pollution.
◆ **pollutions** *nfpl* MÉD: **~s nocturnes** nocturnal emissions.

polo [pɔlo] *nm* -**1.** SPORT polo. -**2.** VÊT polo shirt.

polochon *fam* [pɔlɔʃɔ̃] *nm* bolster.

Pologne [pɔlɔɲ] *npr f*: (la) ~ Poland.

polonais, e [pɔlɔnɛ, ɛz] *adj* Polish; **notation ~e** INF Polish notation.
◆ **Polonais, e** *nm, f* Pole.
◆ **polonais** *nm* LING Polish.
◆ **polonaise** *nf* -**1.** MUS [danse] polonaise. -**2.** CULIN polonaise *(sponge cake with candied fruit)*. -**3.** VÊT polonaise.
◆ **à la polonaise** *loc adj* CULIN à la polonaise.

polonium [pɔlɔnjɔm] *nm* polonium.

poltron, onne [pɔltrɔ̃, ɔn] ◇ *adj* cowardly, faint-hearted, lily-livered.
◇ *nm, f* coward, poltroon *litt*.

poltronnerie [pɔltrɔnri] *nf* cowardice, faint-heartedness.

polyacide [pɔliasid] *adj* & *nm* polyacid.

polyaddition [pɔliadisjɔ̃] *nf* polyaddition.

polyalcool [pɔlialkɔl] *nm* polyalcohol.

polyamide [pɔliamid] *nm* polyamide.

polyandre [pɔljɑ̃dr] *adj* polyandrous.

polyandrie [pɔliɑ̃dri] *nf* polyandry.

polyarchie [pɔliarʃi] *nf* polyarchy.

polyarthrite [pɔliartrit] *nf* polyarthritis.

polycarpique [pɔlikarpik] *adj* polycarpous.

polycentrique [pɔlisɑ̃trik] *adj* polycentric.

polycentrisme [pɔlisɑ̃trism] *nm* polycentrism.

polychlorure de vinyle [pɔliklɔryrdəvinil] *nm* polyvinyl chloride.

polychroïsme [pɔlikrɔism] *nm* pleochroism.

polychrome [pɔlikrom] *adj* polychrome.

polychromie [pɔlikrɔmi] *nf* polychromy.

polyclinique [pɔliklinik] *nf* polyclinic.

polycondensat [pɔlikɔ̃dɑ̃sa] *nm* polycondensate, condensation polymer.

polycondensation [pɔlikɔ̃dɑ̃sasjɔ̃] *nf* polycondensation, condensation polymerization.

polycopie [pɔlikɔpi] *nf* duplication; **envoyer un texte à la ~** to send a text to be duplicated.

polycopié [pɔlikɔpje] *nm* [gén] (duplicated) notes; UNIV lecture handout.

polycopier [9] [pɔlikɔpje] *vt* to duplicate.

polyculture [pɔlikyltyr] *nf* polyculture, mixed farming.

polycyclique [pɔlisiklik] *adj* BIOL & CHIM polycyclic.

polydactyle [pɔlidaktil] ◇ *adj* polydactyl, polydactylous.
◇ *nmf* polydactyl.

polydactylie [pɔlidaktili] *nf* polydactyly, polydactylism.

polyèdre [pɔliɛdr] ◇ *adj* polyhedral.
◇ *nm* polyhedron.

polyédrique [pɔliedrik] *adj* polyhedral.

polyembryonie [pɔliɑ̃brijɔni] *nf* polyembryony.

polyester [pɔliɛstɛr] *nm* polyester.

polyéthylène [pɔlietilɛn] *nm* polythene, polyethylene *Am*.

polygala [pɔligala] *nm* polygala.

polygame [pɔligam] ◇ *adj* polygamous.
◇ *nm* polygamist.

polygamie [pɔligami] *nf* polygamy.

polygénique [pɔliʒenik] *adj* -**1.** BIOL polygenic. -**2.** GÉOL polygenetic.

polygénisme [pɔliʒenism] *nm* polygenism.

polyglobulie [pɔliglɔbyli] *nf* polycythaemia.

polyglotte [pɔlyglɔt] *adj* & *nmf* polyglot.

polygonal, e, aux [pɔlygɔnal, o] *adj* polygonal; **sol ~ arctique** GÉOL patterned ground.

polygone [pɔligɔn] *nm* -**1.** MATH polygon. -**2.** MIL: **~ de tir** shooting range. -**3.** [dans des statistiques]: **~ des fréquences** frequency polygon.

polygynie [pɔliʒini] *nf* polygyny.

polyholoside [pɔliɔlɔsid] *nm* polysaccharide.

polylobé, e [pɔlilɔbe] *adj* ARCHIT multifoiled.

polymère [pɔlimɛr] ◇ *adj* polymeric.
◇ *nm* polymer.

polymérie [pɔlimeri] *nf* polymerism.

polymérisable [pɔlimerizabl] *adj* polymerizable.

polymérisation [pɔlimerizasjɔ̃] *nf* polymerization.

polymériser [3] [pɔlimerize] *vt* to polymerise.

polymorphe [pɔlimɔrf] *adj* -**1.** [gén & BIOL] polymorphous, polymorphic. -**2.** CHIM polymorphic.

polymorphisme [pɔlimɔrfism] *nm* polymorphism.

Polynésie [pɔlinezi] *npr f*: (la) ~ Polynesia; **(la) ~ française** French Polynesia.

polynésien, enne [pɔlinezjɛ̃, ɛn] *adj* Polynesian.
◆ **Polynésien, enne** *nm, f* Polynesian.
◆ **polynésien** *nm* LING Polynesian.

polynévrite [pɔlinevrit] *nf* polyneuritis.

polynôme [pɔlinom] *nm* polynomial.

polynomial, e, aux [pɔlinɔmjal, o] *adj* polynomial.

polynucléaire [pɔlinykleɛr] ◇ *adj* polynuclear, polynucleate.
◇ *nm* polymorphonuclear leucocyte.

polype [pɔlip] *nm* -**1.** MÉD polyp, polypus. -**2.** ZOOL polyp.

polypeptide [pɔlipɛptid] *nm* polypeptide.

polypeptidique [pɔlipɛptidik] *adj* polypeptide *(modif)*.

polypeux, euse [pɔlipø, øz] *adj* polypous.

polyphasé, e [pɔlifaze] *adj* polyphase.

polyphonie [pɔlifɔni] *nf* polyphony.

polyphonique [pɔlifɔnik] *adj* polyphonic.

polyphoniste [pɔlifɔnist] *nmf* polyphonist.

polypier [pɔlipje] *nm* polypary.

polypode [pɔlipɔd] *nm* BOT polypody.

polypore [pɔlipɔr] *nm* polypore; **~ écailleux** dryad's saddle.

polypropène [pɔliprɔpɛn], **polypropylène** [pɔliprɔpilɛn] *nm* polypropylene.

polyptère [pɔliptɛr] *nm* polypterid.

polyptyque [pɔliptik] *nm* polyptych.

polysaccharide [pɔlisakarid] *nm* polysaccharide.

polysémie [pɔlisemi] *nf* polysemy.

polysémique [pɔlisemik] *adj* polysemous.

polystyrène [pɔlistirɛn] *nm* polystyrene; **~ expansé** expanded polystyrene.

polysulfure [pɔlisylfyr] *nm* polysulphide.

polysyllabe [pɔlisilab], **polysyllabique** [pɔlisilabik] ◇ *adj* polysyllabic.
◇ *nm* polysyllable.

polysynthétique [pɔlisɛ̃tetik] *adj* polysynthetic.

polytechnicien, enne [pɔlitɛknisjɛ̃, ɛn] *nm, f student or ex-student from the École Polytechnique*.

polytechnique [pɔlitɛknik] *adj* -**1.** [polyvalent] polytechnic. -**2.** ENS polytechnic; **l'École Polytechnique** *grande école for engineers*.

ÉCOLE POLYTECHNIQUE:
This prestigious engineering college has close connections with the Ministry of Defence. Formerly situated in the heart of the Fifth Arrondissement, the college moved to Palaiseau, near Paris, in the 1970s. It is popularly known as "l'X".

polythéisme [pɔliteism] *nm* polytheism.

polythéiste [pɔliteist] ◇ *adj* polytheistic.
◇ *nmf* polytheist.

polytonal, e, aux [pɔlitɔnal, o] *adj* polytonal.

polytonalité [pɔlitɔnalite] *nf* polytonality, polytonalism.
polytransfusé, e [pɔlitrɑ̃sfyze] *nm, f person who has received multiple blood transfusions.*
polytraumatisé, e [pɔlitromatize] ◇ *adj* suffering from multiple trauma.
◇ *nm, f* multiple trauma sufferer.
polyuréthane [pɔliyretan] *nm* polyurethan, polyurethane.
polyvalence [pɔlivalɑ̃s] *nf* [gén] versatility, adaptability; SC polyvalence.
polyvalent, e [pɔlivalɑ̃, ɑ̃t] ◇ *adj* [gén] versatile, adaptable; SC polyvalent.
◇ *nm, f* -**1.** FIN & JUR tax inspector. -**2.** [dans les services sociaux] social worker.
◆ **polyvalente** *nf Can secondary school giving both general and vocational courses.*
polyvinyle [pɔlivinil] *nm* polyvinyl.
polyvinylique [pɔlivinilik] *adj* polyvinyl *(modif).*
pomelo [pɔmelo] *nm* pomelo, pink grapefruit.
Poméranie [pɔmerani] *npr f*: (la) ~ Pomerania.
poméranien, enne [pɔmeranjɛ̃, ɛn] *adj* Pomeranian.
◆ **Poméranien, enne** *nm, f* Pomeranian.
pomerol [pɔmrɔl] *nm* Pomerol (wine).
pommade [pɔmad] *nf* -**1.** MÉD [pour brûlures] ointment; [pour foulures] liniment; [cosmétique] *vieilli* cream; ~ **pour les lèvres** lip salve ❑ **passer de la ~ à qqn** *fam* to butter sb up. -**2.** CULIN cream, paste *(made from pounding certain ingredients together).*
pommader [3] [pɔmade] *vt* [cheveux] to put cream on, to pomade.
pommard [pɔmar] *nm* Pommard (wine).
pomme [pɔm] *nf* -**1.** [fruit] apple; ~ **d'api** *kind of small apple*; ~ **à cidre** cider apple; ~ **à couteau** dessert OU eating apple; ~ **de reinette** pippin; **la ~ de discorde** the bone of contention; **tomber dans les ~s** *fam fig* to pass out. -**2.** [légume] potato; ~**s dauphine/duchesse** dauphine/duchesse potatoes; ~**s frites** chips *Br*, French fries *Am*; ~**s noisettes** deep-fried potato balls. -**3.** [cœur - du chou, de la salade] heart. -**4.** ▽ [figure] face, mug; **t'en fais une drôle de ~!** you're looking funny OU weird! -**5.** ▽ [personne]: **ma ~** myself; **ta ~** yourself; **sa ~** himself, herself; **et l'addition, c'est encore pour ma ~!** and muggins *Br* OU yours truly has to fork out again!; **et les papiers à remplir, ce sera pour sa ~!** and he can damn well cope with the paperwork himself!; **être bonne ~** to be too accommodating; **t'es trop bonne ~!** you're such a soft touch OU a pushover! -**6.** [objet rond]: ~ **d'une canne** knob of a (walking) stick ❑ ~ **d'arrosoir** rose *(of a watering can)*; ~ **de douche** shower head.◇
◆ **aux pommes** *loc adj* -**1.** CULIN apple *(modif)*, with apple. -**2.** ▽ [extraordinaire] terrific, great.
◆ **pomme d'Adam** *nf* Adam's apple.
◆ **pomme d'amour** *nf* -**1.** [tomate] tomato. -**2.** [friandise] toffee apple.
◆ **pomme de pin** *nf* pine OU fir cone.
pommé, e [pɔme] *adj* [salade, chou] hearty, firm.
pommeau, x [pɔmo] *nm* [d'une canne] knob, pommel; [d'une selle, d'une épée] pommel; [d'un fût de pistolet] pommel, cascabel.
pomme de terre [pɔmdətɛr] *(pl* pommes de terre) *nf* potato; **des pommes de terre frites** chips *Br*, French fries *Am*.
pommelé, e [pɔmle] *adj* -**1.** [cheval] dappled. -**2.** [ciel] mackerel *(modif)*, dappled.
pommeler [24] [pɔmle]
◆ **se pommeler** *vpi*: **le ciel se pommelait** the sky was becoming dappled with clouds.
pommelle [pɔmɛl] *nf* drain grating OU cover.
pommer [3] [pɔme] *vi* [chou, laitue] to heart.
pommeraie [pɔmrɛ] *nf* apple orchard.
pommette [pɔmɛt] *nf* cheekbone; **avoir les ~s saillantes** to have high cheekbones.
pommier [pɔmje] *nm* -**1.** BOT apple tree. -**2.** MENUIS apple wood.
pomologie [pɔmɔlɔʒi] *nf* pomology.
pompage [pɔ̃paʒ] *nm* pumping (out).
pompe [pɔ̃p] *nf* -**1.** [machine] pump; **va prendre de l'eau à la ~** go and get some water from the pump ❑ ~ **à air/chaleur** air/heat pump; ~ **centrifuge/volumétrique** centrifuge/displacement pump; ~ **à vide/d'injection** vacuum/injection pump; ~ **aspirante** suction pump; ~ **à bicyclette** OU **à vélo** *fam* bicycle pump; ~ **à essence** petrol pump *Br*, gas pump *Am*; ~ **foulante** force pump; **s'arrêter à une ~** (à essence) to stop at a petrol *Br* OU gas *Am* station; **les prix à la ~** pump prices; ~ **à incendie** water pump *(on a fire engine)*; **coup de ~** *fam fig* sudden feeling of exhaustion; **j'ai un coup de ~** I suddenly feel shattered *Br* OU beat *Am*. -**2.** ▽ [chaussure] shoe; **il est** OU **il marche à côté de ses ~s aujourd'hui** *fam* he's not quite with it today. -**3.** PHYSIOL: ~ **membranaire** (membrane) pump. -**4.** [apparat] pomp; **la ~ des mariages princiers** the pomp (and circumstance) of royal weddings; **en grande ~** with great pomp and ceremony.
◆ **pompes** *nfpl* SPORT press-ups *Br*, push-ups *Am*.
◆ **à toute(s) pompe(s)** *fam loc adv* [courir] flat out; [s'enfuir] like a shot; **il est parti à toutes ~s** he was off like a shot!
◆ **pompes funèbres** *nfpl*: (entreprise de) ~**s funèbres** funeral parlour; **les ~s funèbres sont venues à 9 h pour la levée du corps** the undertakers came to take away the corpse at 9 o'clock.
pompé, e *fam* [pɔ̃pe] *adj* fagged out *Br*, pooped *Am*; **je suis ~!** I've had it!, I'm just about ready to drop!
Pompée [pɔ̃pe] *npr* Pompey.
Pompéi [pɔ̃pei] *npr* Pompeii.
pompéien, enne [pɔ̃pejɛ̃, ɛn] *adj* Pompeiian, Pompeian.
◆ **Pompéien, enne** *nm, f* Pompeiian, Pompeian.
pomper [3] [pɔ̃pe] ◇ *vt* -**1.** [aspirer - pour évacuer] to pump (out); [- pour boire] to suck (up); **il va falloir ~ l'eau du bateau** we'll have to pump the water out of the boat ❑ **tu me pompes l'air** *fam* you're being a real pain in the neck. -**2.** [absorber - suj: éponge] to soak up *(sép)*; [- suj: sol] to soak OU to drink up *(sép)*. -**3.** *fam* [prélever] to take up *(insép)*, to eat *fig*; **notre voyage aux Seychelles a pompé toutes nos économies** our trip to the Seychelles just ate up all our savings. -**4.** *fam* [fatiguer] to wear out *(sép)*, to do in *(sép)*; **ce déménagement m'a pompé** that move's done me in. -**5.** ▽ [boire] to knock back *(sép)*. -**6.** *arg scol* [copier] to crib; **il a tout pompé sur sa voisine** he cribbed the lot from his neighbour.
◇ *vi* -**1.** [appuyer] to pump; ~ **sur la pédale du frein** to pump the brake pedal. -**2.** *fam arg scol* [copier] to crib; **j'ai pompé sur Anne** I cribbed from Anne. -**3.** PÊCHE to pump.
pompette *fam* [pɔ̃pɛt] *adj* tipsy, tiddly; **elle était complètement/un peu ~** she was far gone/a bit tipsy.
pompeusement [pɔ̃pøzmɑ̃] *adv* pompously, bombastically.
pompeux, euse [pɔ̃pø, øz] *adj* pompous, bombastic.
pompier, ère [pɔ̃pje, ɛr] *adj* BX-ARTS pompier; *péj* [style, décor] pretentious, pompous.
◆ **pompier** *nm* -**1.** [sapeur] fireman; **les ~s** the fire brigade. -**2.** [style] pompier (style). -**3.** [artiste] pompier. -**4.** ▼ *loc*: **faire un ~ à qqn** to give sb a blow job.
pompiérisme [pɔ̃pjerism] *nm* pompier style OU genre.
pompiste [pɔ̃pist] *nm* petrol OU pump attendant *Br*, gas station attendant *Am*.
pompon [pɔ̃pɔ̃] *nm* -**1.** TEXT & VÊT pompom. -**2.** *fam loc*: **dans le genre désagréable, il tient le ~!** *fam* when it comes to unpleasantness, he certainly takes the biscuit *Br* OU cake *Am*!; **ça, c'est le ~!** *fam* that's just about the limit!
pomponner [3] [pɔ̃pɔne] *vt*: ~ **qqn** to do sb up nicely, to doll sb up *(sép).*
◆ **se pomponner** *vp (emploi réfléchi)* to do o.s. up nicely, to doll o.s. up.
ponant [pɔnɑ̃] *nm litt* West.
ponçage [pɔ̃saʒ] *nm* -**1.** [à l'abrasif] sanding (down), sandpapering; [à la pierre ponce] pumicing. -**2.** BX-ARTS pouncing.
ponce [pɔ̃s] *nf* -**1.** MINÉR: **(pierre) ~** pumice (stone). -**2.** BX-ARTS pounce bag, pouncer.
ponceau, x [pɔ̃so] *nm* small bridge.
Ponce Pilate [pɔ̃spilat] *npr* Pontius Pilate.
poncer [16] [pɔ̃se] *vt* -**1.** [polir avec un abrasif - mur] to sandpaper, to sand (down); [- peinture] to rub down *(sép)*; [polir avec une machine] to sand (down); [polir à la pierre ponce] to pumice (off). -**2.** BX-ARTS to pounce, to pounce in.
ponceur, euse [pɔ̃sœr, øz] *nm, f* -**1.** [de murs] sander. -**2.** BX-ARTS pouncer.
◆ **ponceuse** *nf* sander.
poncho [pɔ̃tʃo] *nm* -**1.** [cape] poncho. -**2.** [chausson] Afghan-style sock.
poncif [pɔ̃sif] *nm* -**1.** *péj* [cliché] cliché, commonplace, old chestnut. -**2.** BX-ARTS pouncing pattern. -**3.** MÉTALL parting compound.
ponction [pɔ̃ksjɔ̃] *nf* -**1.** MÉD puncture; ~ **lombaire/du ventricule** lumbar/ventricular puncture. -**2.** [retrait] withdrawal; **faire une grosse ~ sur un compte** to withdraw a large sum from an account; **c'est une ~ importante sur mes revenus** it makes quite a big hole OU dent in my income.
ponctionner [3] [pɔ̃ksjɔne] *vt* -**1.** MÉD [poumon] to tap; [région lombaire] to puncture. -**2.** [compte en banque] to withdraw money from; [économies] to make a hole OU dent in; **on nous ponctionne un tiers de notre salaire en impôts** a third of our salary goes in tax.
ponctualité [pɔ̃ktɥalite] *nf* [exactitude] punctuality, promptness.
◆ **avec ponctualité** *loc adv* promptly, on time.
ponctuation [pɔ̃ktɥasjɔ̃] *nf* punctuation.
ponctuel, elle [pɔ̃ktɥɛl] *adj* -**1.** [exact] punctual; **être ~** to be on time. -**2.** [limité]: **ses interventions ~les étaient vitales pour le projet** the contributions he made at various stages of the project were invaluable; **l'État accorde une aide ~le aux entreprises en difficulté** the state gives backing to companies to see them through periods of financial difficulty; **nous avons une action ~le dans les entreprises** we visit companies on an irregular basis. -**3.** LING, MATH & PHYS punctual.
ponctuellement [pɔ̃ktɥɛlmɑ̃] *adv* -**1.** [avec exactitude] punctually. -**2.** [de façon limitée] on an ad hoc basis; **agir ~** to take action as the need arises.
ponctuer [7] [pɔ̃ktɥe] *vt* -**1.** GRAMM to punctuate; *(en usage abs)*: **savoir ~** to know how to use punctuation. -**2.** *fig* to punctuate; **ses conférences étaient toujours ponctuées de plaisanteries** his lectures were always punctuated OU peppered with jokes; **elle ponctuait les mots importants d'un hochement de tête** she emphasized OU stressed the important words with a nod. -**3.** MUS to phrase.
pondaison [pɔ̃dɛzɔ̃] *nf* laying season.
pondérable [pɔ̃derabl] *adj* weighable, ponderable.
pondéral, e, aux [pɔ̃deral, o] *adj* weight *(modif).*
pondérateur, trice [pɔ̃deratœr, tris] *adj* stabilizing.
pondération [pɔ̃derasjɔ̃] *nf* -**1.** [sang-froid] level-headedness; **agir avec ~** to act with sound judgment. -**2.** BOURSE & ÉCON [de variables] weighting. -**3.** POL [de pouvoirs] balance, equilibrium.
pondéré, e [pɔ̃dere] *adj* -**1.** [personne] level-headed, steady. -**2.** [indice, moyenne] weighted.
pondérer [18] [pɔ̃dere] *vt* -**1.** [pouvoirs] to balance (out), to counterbalance. -**2.** BOURSE & ÉCON to weight.

pondéreux, euse [pɔ̃derø, øz] *adj* heavy INDUST.
◆ **pondéreux** *nm* heavy material; les ~ heavy goods.
pondeuse [pɔ̃døz] *nf* -**1.** [poule] : (poule)~ laying hen, layer; c'est une bonne ~ she's a good layer. -**2.** ▽ *fig & péj*: c'est une vraie ~ [d'enfants] she breeds like a rabbit.
Pondichéry [pɔ̃diʃeri] *npr* Pondicherry.
pondoir [pɔ̃dwar] *nm* laying place.
pondre [75] [pɔ̃dr] ◇ *vt* -**1.** [oiseau] to lay. -**2.** *fam* [femme] to produce. -**3.** [créer - gén] to come up with; [- en série] to churn out *(sép)*; il pond un article tous les jours he churns out an article every day; je n'ai pondu que trois pages sur le sujet I could only produce three pages on the subject.
◇ *vi* [poule] to lay (an egg); [moustique, saumon etc] to lay its eggs.
poney [pɔnɛ] *nm* pony.
pongé [pɔ̃ʒe] *nm* pongee.
pongiste [pɔ̃ʒist] *nmf* table tennis player.
pont [pɔ̃] *nm* -**1.** TRAV PUBL bridge; dormir OU vivre sous les ~s to sleep under the arches *Br*, to be homeless ❑ ~ mobile/suspendu movable/suspension bridge; ~ autoroutier (motorway *Br* OU freeway *Am*) flyover; ~ basculant bascule OU balance bridge; ~ ferroviaire railway bridge; ~ à haubans cable-stayed bridge; ~ levant lift bridge; ~ à péage toll-bridge; ~ routier road bridge; ~ tournant [routier] swing bridge; [ferroviaire] turntable; faire/promettre un ~ d'or à qqn to offer/to promise sb a fortune *(so that they'll take on a job)*; jeter un ~ to build bridges *fig*; se porter OU être solide comme le Pont-Neuf to be as fit as a fiddle; de quoi vous plaignez-vous, vous êtes solide comme le Pont-Neuf! what are you complaining about, you'll bury us all!; 'le Pont de la rivière Kwaï' *Lean* 'Bridge On The River Kwai'. -**2.** NAUT deck; elle prend le soleil sur le ~ she's sunbathing on the sun deck; bateau à deux/trois ~s two/three decker ❑ ~ inférieur/principal lower/main deck; ~ arrière aft OU after deck; ~ avant foredeck; ~ d'envol flight deck; ~ supérieur upper OU top deck; tout le monde sur le ~! [levez-vous] everybody up!; [mettez-vous au travail] let's get down to business! -**3.** [week-end] long weekend; [jour] *day off granted by an employer to fill the gap between a national holiday and a weekend*; faire le ~ [employé] *to take the intervening working day or days off*; le 11 novembre tombe un jeudi, je vais faire le ~ the 11th of November is on Thursday, I'll take Friday off (and have a long weekend). -**4.** [structure de manutention] : ~ élévateur OU de graissage garage ramp, car lift, elevator platform; ~ de chargement loading platform; ~ roulant gantry OU travelling crane. -**5.** AUT: ~ arrière rear axle (and drive). -**6.** AÉRON: ~ aérien airlift. -**7.** ANAT: ~ (de Varole) pons (Varolii). -**8.** ÉLECTR: ~ de Wheatstone Wheatstone bridge. -**9.** GÉOM: ~ aux ânes *pr* pons asinorum; *fig* old chestnut. -**10.** MIL: ~ d'assaut assault bridge; ~ Bailey Bailey bridge; ~ de bateaux pontoon bridge. -**11.** MUS bridge. -**12.** SPORT bridge; faire le ~ to do the crab. -**13.** THÉÂT: ~ de service catwalk bridge.
◆ **Ponts et Chaussées** *nmpl*: les Ponts et Chaussées ADMIN department of Civil Engineering; ENS college of Civil Engineering.
pontage [pɔ̃taʒ] *nm* -**1.** MÉD bypass (operation). -**2.** TRAV PUBL (gantry) bridging. -**3.** CHIM bridging.
pont-bascule [pɔ̃baskyl] (*pl* ponts-bascules) *nm* weighbridge.
pont-canal [pɔ̃kanal] (*pl* ponts-canaux) *nm* canal (carrying) bridge.
ponte[1] [pɔ̃t] *nm* -**1.** *fam* [autorité] : un (grand) ~ a bigwig; ce sont tous de grands ~s de l'université/de la médecine they're all top-flight academics/high-up in the medical profession. -**2.** JEUX punter.
ponte[2] [pɔ̃t] *nf* -**1.** ZOOL [action] laying (of eggs); [œufs - d'un oiseau] clutch, eggs; [- d'un insecte, d'un poisson] eggs. -**2.** PHYSIOL: ~ ovulaire ovulation.
ponté, e [pɔ̃te] *adj* [à un pont] single-deck *(avant n)*; [à plusieurs ponts] multi-deck *(avant n)*.
◆ **pontée** *nf* deck load.
ponter [3] [pɔ̃te] ◇ *vi* JEUX to punt.
◇ *vt* -**1.** [miser] to bet. -**2.** NAUT to deck.
Pont-Euxin [pɔ̃tøksɛ̃] *npr m*: le ~ the Euxine Sea.
pontife [pɔ̃tif] *nm* -**1.** *fam* [autorité] pundit, bigwig, big shot. -**2.** ANTIQ pontifex, pontiff. -**3.** RELIG pontiff.
pontifiant, e [pɔ̃tifjɑ̃, ɑ̃t] *adj* pontificating.
pontifical, e, aux [pɔ̃tifikal, o] *adj* -**1.** RELIG [insignes, cérémonie] pontifical; [États, trône] papal. -**2.** ANTIQ pontifical.
pontificat [pɔ̃tifika] *nm* pontificate.
pontifier [9] [pɔ̃tifje] *vi* to pontificate; arrête de ~ stop pontificating.
pont-l'évêque [pɔ̃levɛk] *nm inv* Pont l'Évêque cheese.
pont-levis [pɔ̃ləvi] (*pl* ponts-levis) *nm* drawbridge.
ponton [pɔ̃tɔ̃] *nm* -**1.** [d'un port de commerce] pontoon, floating dock; [d'un port de plaisance] landing stage, jetty; [pour nageurs] (floating) platform. -**2.** [chaland] hulk, lighter; [vieux vaisseau] hulk.
ponton-grue [pɔ̃tɔ̃gry] (*pl* pontons-grues) *nm* floating crane.
pontonnier [pɔ̃tɔnje] *nm* pontonier.
pont-promenade [pɔ̃prɔmnad] (*pl* ponts-promenade OU ponts-promenades) *nm* promenade deck.
pont-rail [pɔ̃raj] (*pl* ponts-rails) *nm* railway *Br* OU railroad *Am* bridge.
pont-route [pɔ̃rut] (*pl* ponts-routes) *nm* road bridge.
pool [pul] *nm* pool ECON; ~ de dactylos typing pool.
Poona [puna] *npr* Poona.
pop [pɔp] ◇ *adj inv* [art, chanteur, mouvement] pop; musique ~ pop (music).
◇ *nm* OU *nf* pop (music).
pop art [pɔpart] (*pl* pop arts) *nm* pop art.
pop-corn [pɔpkɔrn] *nm inv* popcorn.
pope [pɔp] *nm* (Eastern Orthodox Church) priest.
popeline [pɔplin] *nf* poplin; en ~ poplin *(modif)*.
pop music [pɔpmyzik] (*pl* pop musics) *nf* = **pop** *nm* OU *nf*.
popote [pɔpɔt] ◇ *nf* -**1.** *fam* [repas] : faire la ~ to do the cooking. -**2.** [matériel] mess kit. -**3.** MIL improvised mess.
◇ *adj inv fam*: elle est très ~ she's very much the stay-at-home type.
popotin *fam* [pɔpɔtɛ̃] *nm* bottom; se magner OU se remuer le ~ to get a move on.
populace [pɔpylas] *nf péj* rabble, hoi polloi, plebs.
populacier, ère [pɔpylasje, ɛr] *adj* vulgar, common.
populage [pɔpylaʒ] *nm* marsh marigold.
populaire [pɔpylɛr] *adj* -**1.** SOCIOL [du peuple] working-class; les quartiers ~s the working-class areas. -**2.** [tradition, croyance] popular; bon sens ~ popular wisdom. -**3.** POL [gouvernement] popular; [démocratie, tribunal] people's; [soulèvement] mass *(modif)*; la volonté ~ the will of the people. -**4.** [destiné au peuple] popular; art ~ popular art; romans ~s popular fiction. -**5.** [qui a du succès - chanteur, mesures] popular; elle s'est rendue très ~ auprès des étudiants she made herself very popular with the students; la voile devient très ~ sailing is growing in popularity OU becoming more and more popular. -**6.** LING [étymologie] popular; [niveau de langue] colloquial.
populairement [pɔpylɛrmɑ̃] *adv* LING [très familièrement] colloquially; comme on dit ~ as the popular phrase goes.
populariser [3] [pɔpylarize] *vt*: ~ qqch to popularize sthg, to make sthg available to all.
popularité [pɔpylarite] *nf* popularity; elle jouit d'une grande ~ parmi les étudiants she's very popular with the students; le président a perdu de sa ~ there's been a decline in the president's popularity.
population [pɔpylasjɔ̃] *nf* -**1.** SOCIOL population; ~ mondiale world population; ~ active/civile working/civilian population; ~ canine dog OU canine population. -**2.** [peuple] people; la ~ locale est satisfaite the local people OU the locals are happy. -**3.** ASTRON & PHYS population.
populationniste [pɔpylasjɔnist] ◇ *adj* encouraging population growth.
◇ *nmf supporter of measures encouraging population growth*.
populeux, euse [pɔpylø, øz] *adj* [quartier] heavily OU densely populated, populous *litt*; [place, rue] crowded, very busy.
populisme [pɔpylism] *nm* -**1.** HIST Populism. -**2.** LITTÉRAT Naturalism.
populiste [pɔpylist] ◇ *adj* -**1.** HIST Populist. -**2.** LITTÉRAT Naturalist.
◇ *nmf* -**1.** HIST Populist. -**2.** LITTÉRAT Naturalist (writer).
populo *fam* [pɔpylo] *nm* -**1.** [foule] : du ~ a crowd; il y toujours du ~ dans ce magasin this shop is always jam-packed. -**2.** [peuple] : le ~ the plebs OU hoi polloi.
porc [pɔr] *nm* -**1.** ZOOL pig *Br*, hog *Am*. -**2.** CULIN pork. -**3.** [peau] pigskin. -**4.** *fam* [personne] pig, swine.
◆ **de porc** *loc adj* -**1.** CULIN pork *(modif)*. -**2.** [en peau] pigskin *(modif)*.
porcelaine [pɔrsəlɛn] *nf* -**1.** [produit] china, porcelain; ~ dure/tendre hard-paste/softpaste porcelain; ~ phosphatique OU tendre naturelle bone china. -**2.** [pièce] piece of china OU porcelain. -**3.** [ensemble] : la ~ china, chinaware, porcelain ❑ ~ de Limoges Limoges porcelain; ~ de Sèvres Sèvres china. -**4.** ZOOL cowrie.
◆ **de porcelaine** *loc adj* -**1.** [tasse, objet] china *(modif)*, porcelain *(modif)*. -**2.** [teint] peaches-and-cream *(avant n)*.
porcelainier, ère [pɔrsəlenje, ɛr] ◇ *adj* china *(modif)*, porcelain *(modif)*.
◇ *nm, f* porcelain OU china manufacturer.
porcelet [pɔrsəlɛ] *nm* piglet.
porc-épic [pɔrkepik] (*pl* porcs-épics) *nm* -**1.** ZOOL porcupine; poisson ~ porcupine fish. -**2.** [personne revêche] prickly person. -**3.** *fam* [homme mal rasé] : c'est un vrai ~ he's really bristly.
porche [pɔrʃ] *nm* porch.
porcher, ère [pɔrʃe, ɛr] *nm, f* swineherd.
porcherie [pɔrʃəri] *nf pr & fig* pigsty.
porcin, e [pɔrsɛ̃, in] *adj* -**1.** [industrie, production] pig *(modif)*. -**2.** [yeux, figure] pig-like, piggy.
◆ **porcin** *nm* member of the pig family; les ~s the pig family, the suidians *spéc*.
pore [pɔr] *nm* pore; elle sue la suffisance par tous les ~s *fig* she exudes OU oozes self-importance.
poreux, euse [pɔrø, øz] *adj* porous.
porno *fam* [pɔrno] ◇ *adj* [film, magazine, scène] porn, porno; des photos ~s dirty pictures.
◇ *nm* -**1.** le ~ [genre] porn; [industrie] the porn industry. -**2.** [film] porno film *Br*, blue movie.
pornographe [pɔrnɔgraf] *nmf* pornographer.
pornographie [pɔrnɔgrafi] *nf* pornography.
pornographique [pɔrnɔgrafik] *adj* pornographic.
porophore [pɔrɔfɔr] *nm* porofacient *spéc*, pore-producing.
porosité [pɔrozite] *nf* porosity.
porphyre [pɔrfir] *nm* porphyry.
porphyroïde [pɔrfirɔid] *adj* porphyroid.
port[1] [pɔr] *nm* -**1.** [infrastructure] port *Br*, harbour; [ville] port; dans le ~ de Dunkerque in Dunkirk harbour; sur le ~ on the quayside;

entrer au ~ to come into port OU harbour; quitter le ~ to leave port OU harbour ❑ ~ maritime OU de mer sea port; ~ d'attache NAUT port of registry, home port; *fig* home base; ~ de commerce commercial port; ~ d'embarquement [de marchandises] port of shipment; [de personnes] port of embarkation; ~ d'entrée port of entry; ~ fluvial river port; ~ franc free port; ~ militaire naval base; ~ naturel natural harbour; ~ de pêche fishing port; ~ de plaisance marina; nous touchons OU arrivons au ~ we're on the home straight; faire naufrage (en arrivant) au ~, échouer en vue du ~ *sout* to fall at the last fence. -2. *litt* [havre, refuge] haven.

◆ **à bon port** *loc adv* safely, safe and sound; nous sommes arrivés à bon ~ we got there safe and sound; les verres sont arrivés à bon ~ the glasses got there in one piece OU without mishap; le chauffeur les a conduits à bon ~ the driver brought them safely to the right place.

port[2] [pɔr] *nm* -1. [d'une lettre, d'un colis postal] postage; frais de ~ (cost of) postage; (en) ~ dû/payé postage due/paid. -2. TRANSP [de marchandises] carriage; franco de ~ carriage paid OU included. -3. [possession - d'une arme] carrying; [- d'un uniforme, d'un casque] wearing; ~ d'armes prohibé illegal carrying of weapons; se mettre au ~ d'armes MIL to shoulder arms; le ~ de lunettes est obligatoire goggles must be worn. -4. *sout* [maintien] bearing, deportment; elle a un ~ de tête très gracieux she holds her head very gracefully ❑ avoir un ~ de reine to have a queenly bearing. -5. MUS: ~ de voix port de voix, appogiatura. -6. NAUT: ~ en lourd dead weight.

port[3] [pɔr] *nm dial* pass *(in the Pyrenees)*.

portabilité [pɔrtabilite] *nf* portability COMPUT.

portable [pɔrtabl] *adj* -1. [téléviseur, machine à écrire, ordinateur] portable. -2. [vêtement] wearable. -3. FIN to be paid in person.

portage [pɔrtaʒ] *nm* -1. [d'équipement] porterage. -2. NAUT portage.

portail [pɔrtaj] *nm* [d'une église] portal; [d'un jardin, d'une école] gate.

portance [pɔrtɑ̃s] *nf* -1. AÉRON lift. -2. TRAV PUBL bearing capacity.

portant, e [pɔrtɑ̃, ɑ̃t] *adj* -1. AÉRON: surface ~e aerofoil *Br*, airfoil *Am*. -2. NAUT: vent ~ fair wind. -3. *loc*: bien/mal ~ in good/poor health.

◆ **portant** *nm* -1. [poignée] handle. -2. NAUT outrigger. -3. THÉÂT upright, support *(for flats)*.

portatif, ive [pɔrtatif, iv] *adj* [machine à écrire] portable; [ordinateur] laptop *(modif)*.

Port-au-Prince [pɔroprɛ̃s] *npr* Port-au-Prince.

porte [pɔrt] ◇ *nf* -1. [d'une maison, d'un véhicule, d'un meuble] door; [d'un passe-plat] hatch; on vient de sonner, tu vas ouvrir la ~? someone's just rung the bell, could you answer OU open the door?; le piano est resté coincé dans la ~ the piano got stuck in the door OU doorway; fermer OU interdire OU refuser sa ~ à qqn to bar sb from one's house; fermer ses ~s [magasin] to close down; fermer la ~ au nez de qqn to shut the door in sb's face; ouvrir sa ~ à qqn to welcome sb; ouvrir la ~ toute grande à qqn to welcome sb with open arms; ouvrir ses ~s [magasin] to open; un père ministre, ça ouvre pas mal de ~s a father who happens to be a minister can open quite a few doors ❑ ~ de derrière/devant back/front door; ~ dérobée hidden door; ~ d'entrée front door; ~ de secours emergency exit; ~ de service tradesmen's entrance; ~ de sortie *pr* way out, exit; *fig* way out, let-out; trouver une ~ de sortie to find a way out; ménager à qqn une ~ de sortie to leave sb a way out; à ma/sa ~ *pr* & *fig* at my/his door, on my/his doorstep; l'hiver est à nos ~s winter is at the door; entrer par la grande/petite ~: elle est entrée dans l'entreprise par la grande ~ she went straight in at the top of the company; maintenant, on ne peut plus entrer dans la profession par la petite ~ it's now impossible to get into the profession by the back door; ouvrir la ~ à qqch *fig* to pave the way for sthg; ouvrir la ~ à l'espoir to allow a measure of hope; cette décision ouvre toute grande la ~ à l'injustice this decision throws the door wide open to injustice; sortir par la grande/petite ~: l'équipe quitte le tournoi par la grande ~ the team is leaving the tournament in style; après le scandale, il est sorti par la petite ~ after the scandal, he made a discreet exit; prendre la ~ to leave; il lui a dit de prendre la ~ he showed him the door; trouver ~ close: j'y suis allé mais j'ai trouvé ~ close I went round but nobody was in OU at home; il a essayé tous les éditeurs, mais partout il a trouvé ~ close he tried all the publishers, but without success; il faut qu'une ~ soit ouverte ou fermée *prov* it's either yes or no, one can't sit on the fence forever. -2. [passage dans une enceinte] gate; les ~s de Paris *the old city gates around Paris* ❑ ~ d'écluse lock gate; ~ d'embarquement (departure) gate; ~ triomphale triumphal arch; les ~s de l'enfer the gates of hell; les ~s du paradis heaven's gates, the pearly gates; la Porte d'Orléans/de Clichy Porte d'Orléans/de Clichy; la Porte OU Sublime-Porte the (Sublime) Porte; la ~ de Versailles *site of a large exhibition complex in Paris where major trade fairs take place*. -3. [panneau] door (panel); ~ basculante/battante up-and-over/swing door; ~ coulissante OU roulante sliding door; ~ à deux battants double door; ~ coupée half-door, stable door; ~ escamotable folding door; ~ palière landing door; ~ tournante revolving door; ~ vitrée glass door. -4. SPORT gate. -5. INF gate.

◇ *adj* portal PHYSIOL.

◆ **à la porte** *loc adv* out; à la ~! out of here!; ne reste pas à la ~ don't stay on the doorstep; je suis à la ~ de chez moi [sans clefs] I'm locked out; [chassé] I've been thrown out (of my home); mettre qqn à la ~ [importun] to throw sb out; [élève] to expel sb; [employé] to fire OU to dismiss sb.

◆ **de porte à porte** *loc adv* door-to-door; je mets 40 minutes de ~ à ~ it takes me 40 minutes door-to-door.

◆ **de porte en porte** *loc adv* from door to door.

◆ **la porte à côté** *fam loc adv*: Lyon, ce n'est pas la ~ à côté it's a fair way to Lyons; il n'habite pas la ~ à côté he doesn't exactly live round the corner.

porté [pɔrte] *nm* porté.

porte-aéronefs [pɔrtaerɔnɛf] *nm inv* aircraft carrier.

porte-à-faux [pɔrtafo] *nm inv* overhang.

◆ **en porte(-)à(-)faux** *loc adv*: être en ~ [mur] to be out of plumb, to be out of true; [roche] to be in a precarious position; *fig* to be in an awkward position; mettre qqn en ~ to put sb in an awkward position.

porte-affiches [pɔrtafiʃ] *nm inv* noticeboard.

porte-aiguilles [pɔrtegɥij] *nm inv* COUT needle case.

porte-amarre [pɔrtamar] *nm inv* line-throwing machine; fusil ~ line-throwing gun.

porte-à-porte [pɔrtapɔrt] *nm inv*: faire du ~ to sell from door-to-door, to be a door-to-door salesman (*f* saleswoman).

porte-autos [pɔrtoto] *adj inv* car-carrying, transporter *(modif)*.

porte-avions [pɔrtavjɔ̃] *nm inv* aircraft carrier.

porte-bagages [pɔrtbagaʒ] *nm inv* [d'un vélo] rack; [d'une voiture, d'un train] (luggage) rack.

porte-bannière [pɔrtbanjɛr] (*pl inv* OU porte-bannières) *nmf* banner bearer.

porte-barge [pɔrtəbarʒ] (*pl inv* OU porte-barges) *nm* container barge.

porte-bébé [pɔrtbebe] (*pl inv* OU porte-bébés) *nm* -1. [nacelle] carry-cot. -2. [harnais] baby sling.

porte-billets [pɔrtbijɛ] *nm inv* wallet, billfold *Am*.

porte-bonheur [pɔrtbɔnœr] *nm inv* lucky charm; une patte de lapin ~ a lucky rabbit's foot.

porte-bouteilles [pɔrtbutɛj] *nm inv* -1. [châssis] wine rack. -2. [panier] bottle-carrier. -3. [d'un réfrigérateur] bottle rack.

porte-cartes [pɔrtəkart] *nm inv* -1. [portefeuille] card-holder, wallet, billfold *Am (with spaces for cards, photos etc)*. -2. [de cartes géographiques] map holder.

porte-cigares [pɔrtsigar] *nm inv* cigar case.

porte-cigarettes [pɔrtsigarɛt] *nm inv* cigarette case.

porte-clefs, porte-clés [pɔrtəkle] *nm inv* -1. [anneau] key ring. -2. [étui] key case. -3. *vieilli* [gardien] turnkey.

porte-conteneurs [pɔrtkɔ̃tnœr] *nm inv* container ship.

porte-couteau [pɔrtkuto] (*pl inv* OU porte-couteaux) *nm* knife rest.

porte-cravate [pɔrtkravat] (*pl inv* OU porte-cravates) *nm* tie rack.

porte-crayon [pɔrtkrɛjɔ̃] (*pl inv* OU porte-crayons) *nm* pencil holder.

porte-documents [pɔrtdɔkymɑ̃] *nm inv* document case.

porte-drapeau [pɔrtdrapo] (*pl inv* OU porte-drapeaux) *nm pr* & *fig* standard bearer.

portée [pɔrte] *nf* -1. MIL & OPT range; à OU de faible ~ short-range; à OU de grande ~ long-range; à OU de longue ~ long-range; à OU de moyenne ~ medium-range. -2. [champ d'action - d'une mesure, d'une loi] scope; [impact - d'une décision] impact, significance; [- d'un événement] consequences, repercussions; l'incident a eu une ~ considérable the incident had far-reaching consequences; ces idées furent sans grande ~ jusqu'en 1940 these ideas had very little impact until 1940. -3. ZOOL litter. -4. MUS staff, stave. -5. CONSTR & TRAV PUBL [dimension] span; [charge] load. -6. ÉLECTR span. -7. MÉCAN area of bearing.

◆ **à la portée de** *loc prép* -1. [près de] close OU near to; 'ne pas laisser à la ~ des enfants' 'keep out of the reach of children'. -2. [pouvant être compris par]: son livre est à la ~ de tous her book is easily accessible to the ordinary reader; l'article n'est pas à ma ~ the article is beyond me; un jeu à la ~ des 10-12 ans a game suitable for 10-12 year olds. -3. *loc*: à la ~ de toutes les bourses easily affordable, to suit all pockets; ce n'est pas à la ~ de toutes les bourses not everyone can afford it.

◆ **à portée de** *loc prép* within reach of; à ~ de fusil within (firing) range, within gunshot; à ~ de (la) main within (easy) reach; avoir OU garder qqch à ~ de (la) main to keep sthg handy OU close at hand OU within (easy) reach; gardez la trousse de secours à ~ de la main keep the first-aid kit in a handy place; à ~ de voix within earshot.

porte-étendard [pɔrtetɑ̃dar] (*pl inv* OU porte-étendards) *nm* -1. [officier] standard bearer. -2. [étui] standard pocket.

portefaix [pɔrtəfɛ] *nm inv* [porteur] porter.

porte-fanion [pɔrtəfanjɔ̃] (*pl inv* OU porte-fanions) *nm* pennant bearer.

porte-fenêtre [pɔrtfənɛtr] (*pl* portes-fenêtres) *nf* French window.

portefeuille [pɔrtəfœj] *nm* -1. [étui] wallet *Br*, billfold *Am*; avoir le ~ bien rembourré *fam* to be comfortably off. -2. BOURSE portfolio; ~ de titres portfolio of securities. -3. POL portfolio; on lui a confié le ~ des Affaires étrangères he has been given OU he holds the foreign affairs portfolio.

porte-greffes [pɔrtəgrɛf] *nm inv* stock.

porte-hauban [pɔrtəobɑ̃] (*pl inv* OU porte-haubans) *nm* chainwale, channel.

porte-hélicoptères [pɔrtelikɔptɛr] *nm inv* helicopter carrier OU ship.

porte-jarretelles [pɔrtʒartɛl] *nm inv* suspender belt *Br*, garter belt *Am*.

porte-lame [pɔrtəlam] (*pl inv* OU **porte-lames**) *nm* blade holder.

porte-malheur [pɔrtmalœr] *nm inv* -**1.** [personne] jinx, Jonah *litt.* -**2.** [objet] jinx.

portemanteau, x [pɔrtmɑ̃to] *nm* -**1.** [sur pied] hat stand; [mural] coat rack. -**2.** [cintre] coathanger.

portement [pɔrtəmɑ̃] *nm*: ~ de croix (Christ's) bearing of the Cross.

porte-menu [pɔrtməny] (*pl inv* OU **porte-menus**) *nm* menu holder.

portemine [pɔrtəmin] *nm* propelling pencil.

porte-monnaie [pɔrtmɔnɛ] *nm inv* purse *Br*, change purse *Am*; **avoir le ~ bien garni** to be well off.

porte-objet [pɔrtɔbʒɛ] (*pl inv* OU **porte-objets**) *nm* -**1.** [lame] slide. -**2.** [platine] stage.

porte-outil [pɔrtuti] (*pl inv* OU **porte-outils**) *nm* [gén] tool holder; [d'une perceuse] chuck; [d'une raboteuse] stock; [d'un tour] slide rest.

porte-papier [pɔrtpapje] *nm inv* toilet roll holder.

porte-paquet [pɔrtpakɛ] (*pl* **porte-paquets**) *nm Belg* luggage carrier *(on a bicycle)*.

porte-parapluies [pɔrtparaplɥi] *nm inv* umbrella stand.

porte-parole [pɔrtparɔl] *nm inv* -**1.** [personne] spokesperson, spokesman (*f* spokeswoman); **se faire le ~ de qqn** to speak on sb's behalf. -**2.** [périodique] mouthpiece, organ.

porte-plume [pɔrtəplym] (*pl inv* OU **porte-plumes**) *nm* pen holder.

porter[1] [pɔrte] = **porté**.

porter[2] [pɔrtɛr] *nm* [bière] porter.

porter[3] [3] [pɔrte] ◇ *vt* **A.** TENIR, SUPPORTER -**1.** [soutenir - colis, fardeau, meuble] to carry; [- bannière, pancarte, cercueil] to carry, to bear; **aide-moi à ~ le sac jusqu'à la cuisine** help me to carry the bag to the kitchen; **j'ai porté sa malle jusqu'au grenier** I carried her trunk up to the attic; **tu peux ~ combien?** how much can you carry?; **son cheval portera 56 kilos** his horse will carry 56 kilos; **deux piliers portent le toit** two pillars take the weight of OU support the roof; **la glace n'est pas assez épaisse pour nous ~** the ice is too thin to bear our weight; **celui qui porte le ballon** SPORT the player with OU in possession of the ball; **portez armes!** MIL shoulder arms!; **~ qqn sur son dos/dans ses bras** to carry sb on one's back/in one's arms; **le kangourou porte son petit dans une poche** the kangaroo carries its young in a pouch; **ses jambes ne la portaient plus** her legs couldn't carry her anymore; **se laisser ~ par le courant** to let o.s. be carried (away) by the current; **~ son cheval** ÉQUIT to carry one's horse, to keep one's horse together || *(en usage abs)*: **l'eau de mer porte plus que l'eau douce** sea water is more buoyant than fresh water || *fig*: **~ la responsabilité de** to bear (the) responsibility for; **devenue veuve, j'ai trouvé la liberté bien lourde à ~** when I became a widow my new-found freedom weighed heavily on me. -**2.** [soutenir moralement - suj: foi, religion] to give strength to, to support; **c'est l'espoir de le retrouver qui la porte** the hope of finding him again keeps her going.

B. METTRE, AMENER -**1.** [amener] to take, to bring; **~ qqch à qqn** to take sthg to sb; **~ un message à qqn** to take OU to convey a message to sb; **porte-lui ce colis** take her this parcel, deliver this parcel to her; **~ des fleurs sur la tombe de qqn** to take flowers to sb's grave; **portez-le sur le canapé** take OU carry him to the settee; **se faire ~ un repas** to have a meal brought (to one) || [mettre]: **~ une œuvre à l'écran/à la scène** to adapt a work for the screen/the stage; **~ le débat sur la place publique** to make the debate public; **~ une affaire devant les tribunaux** to take OU to bring a matter before the courts; **elle a porté sa requête jusqu'au Président de la République** she took her petition as far as the President; **~ qqn/qqch à**: **~ qqn au pouvoir** to bring sb to power; **~ une émotion/crise à son paroxysme** to bring an emotion to a peak/a crisis to a head; **~ son art à la perfection** to perfect one's art; **cela porte le total à 506 francs** that brings the total (up) to 506 francs; **les frais d'inscription ont été portés à 125 francs** the registration fees have been increased OU raised to 125 francs; **il vient de ~ le score de 110 à 123** he's just raised the score from 110 to 123; **~ qqch à ébullition** CULIN to bring sthg to the boil; **~ qqch au rouge** MÉTALL to heat sthg to red-heat. -**2.** [diriger]: **~ sa OU la main à sa tête** to raise one's hand to one's head; **~ sa OU la main à son chapeau** to raise one's hand to one's hat; **il porta la main à sa poche** he put his hand to his pocket; **il porta la main à son revolver** he reached for his gun; **~ une tasse à ses lèvres** to lift OU to raise a cup to one's lips; **~ le buste en avant** to lean forward; **~ son regard vers** OU **sur** to look towards OU in the direction of; **~ ses pas vers** to make one's way towards, to head for; **~ des troupes en avant** MIL to move troops forward. -**3.** [enregistrer - donnée] to write OU to put down *(sép)*; **~ sa signature sur un registre** to sign a register; **porte ce point sur le graphique** plot that point onto the graph; **~ qqn absent** to report sb absent; **se faire ~ absent/malade** to go absent/sick; **~ qqn disparu** to report sb missing; **~ qqn déserteur** to report OU to declare sb a deserter; **portez le vin à mon compte** put the wine on my account; **~ une somme au compte clients** FIN to post a sum to accounts receivable; **~ 200 francs au crédit de qqn** to credit sb's account with 200 francs, to credit 200 francs to sb's account; **~ 200 francs au débit de qqn** to debit 200 francs from sb's account. -**4.** [appliquer - effort, énergie] to direct, to bring, to bear; **~ son attention sur** to focus one's attention on, to turn one's attention to; **~ son choix sur** to choose; **~ une accusation contre qqn** to bring a charge against sb; **il a fait ~ tout son effort** OU **ses efforts sur la réussite du projet** he did his utmost to make the project successful; **~ une attaque contre qqn** to direct an attack at OU to attack sb ❑ **~ ses vues sur qqn** [pour accomplir une tâche] to have sb in mind *(for a job)*; [pour l'épouser] to have one's eye on sb; **~ un coup à qqn** *pr* to deal sb a blow, to hit sb; *fig* to shock sb. -**5.** [inciter]: **~ qqn à qqch**: **mon intervention l'a portée à plus de clémence** my intervention made her inclined OU prompted her to be more lenient; **le paysage portait à la mélancolie** the scenery elicited feelings of melancholy; **l'alcool peut ~ les gens à des excès/à la violence** alcohol can drive people to excesses/induce people to be violent; **qu'est-ce qui vous a porté à faire du théâtre?** what made you take up acting?; **tout porte à croire que...** everything leads one to believe that...; **tous les indices portent à penser que c'est lui le coupable** all the evidence suggests he is the guilty one; **être porté à faire** to be inclined to do; **être porté sur**: **il est porté sur la boisson** OU *fam* **bouteille** he likes a drink; **être porté sur la chose** *fam euph* to have a one-track mind. -**6.** [éprouver]: **~ de l'intérêt à qqn/qqch** to be interested in sb/sthg; **~ de l'admiration à qqn** to admire sb; **je lui porte beaucoup d'amitié** I hold him very dear; **l'amour qu'il lui portait** the love he felt for her; **la haine qu'il lui portait** the hatred he felt towards her OU bore her.

C. AVOIR SUR SOI, EN SOI -**1.** [bijou, chaussures, lunettes, vêtement] to wear, to have on *(sép)*; [badge, décoration] to wear; [barbe, couettes, moustache, perruque] to have; [cicatrice] to bear, to have, to carry; [pistolet] to carry; **je porte toujours sur moi de quoi écrire** I always carry something to write with; **il porte le dossard numéro 12** he's wearing number 12; **son cheval porte le numéro 5** his horse is number 5; **elle porte toujours du noir** she always dresses in OU wears black; **~ les cheveux longs/courts/relevés** to wear one's hair long/short/up; **je porte bien/mal les pantalons** trousers look good/don't look good on me ❑ **elle porte bien son âge** she looks young for her age; **~ beau** *litt* to be sprightly. -**2.** [laisser voir - trace] to show, to bear; [- emblème, devise] to bear; **l'étui portait ses initiales gravées** the case was engraved with his initials; **la lettre porte la date du 13 mars** the letter is dated March 13th OU bears the date March 13th; **le couteau ne porte aucune empreinte** there are no fingerprints on the knife; **la signature que porte le tableau n'a pas été identifiée** the signature (which appears OU is) on the painting has not been identified; **le rapport portait le nom de plusieurs hauts fonctionnaires** the report bore OU carried the names of several senior officials; **elle portait la résignation sur son visage** resignation was written all over OU on her face; **la syllabe portant l'accent tonique** LING the stressed syllable. -**3.** [nom, prénom, patronyme] to have; **nous portons le même nom** we have OU bear the same name; **il porte le nom de Legrand** he's called Legrand; **elle porte le nom de son mari** she has taken her husband's name; **c'est un nom difficile à ~** it's not an easy name to be called by; **le roman et la pièce portent le même titre** the novel and the play have the same title. -**4.** [en soi] to carry, to bear; **~ qqch en soi** to carry OU to bear sthg within o.s.; **l'espoir/la rancune que je portais en moi** the hope/resentment I bore within me; **la vérité porte en elle sa propre force** truth carries its own weight ❑ **je ne le porte pas dans mon cœur** I'm not particularly fond of him. -**5.** MÉD [virus] to carry; **tous ceux qui portent le virus** all carriers of the virus || VÉTÉR [chiot, portée] to carry; **~ un enfant** to be expecting a baby; **la truie peut ~ jusqu'à 10 petits** the sow can carry OU have up to 10 piglets || AGR & HORT [fruits] to bear; **la tige porte trois feuilles** there are three leaves on the stem; **lorsque l'arbre porte ses fleurs** when the tree's in bloom; **~ ses fruits** *fig* to bear fruit.

◇ *vi* -**1.** [son, voix] to carry; **sa voix ne porte pas assez** his voice doesn't carry well; **aussi loin que porte la vue** as far as the eye can see || [canon, fusil]: **~ à** to have a range of; **le coup de feu a porté à plus de 2 km** the shot carried more than 2 km. -**2.** [faire mouche - critique, mot, plaisanterie] to hit OU to strike home; [- observation] to be heard OU heeded; [- coup] to hit home, to tell. -**3.** [cogner]: **c'est le crâne qui a porté** the skull took the impact OU the full force; **~ sur** OU **contre** to hit; **sa tête a porté sur** OU **contre le pilier** her head hit the pillar. -**4.** NAUT: **laisser ~** to bear away, to let (her) go; **~ à la terre** to stand in for the shore; **~ (bon) plein** to sail clean full; **~ au vent** to stand to windward. -**5.** [dans l'habillement masculin]: **~ à droite/gauche** to dress on the right/left.

◆ **porter de** *v + prép* HÉRALD to bear.

◆ **porter sur** *v + prép* -**1.** [concerner - suj: discussion, discours, chapitre, recherches] to be about, to be concerned with; [- suj: critiques] to be aimed at; [- suj: loi, mesures] to concern; [- suj: dossier, reportage] to be about OU on; **le détournement porte sur plusieurs millions de francs** the embezzlement concerns several million francs. -**2.** [reposer sur - suj: charpente] to rest on; **l'accent porte sur la deuxième syllabe** LING the accent falls on the second syllable, the second syllable is stressed.

◆ **se porter** ◇ *vp (emploi passif)* [bijou, chaussures, vêtement] to be worn; **je veux une veste qui se porte avec tout** I want a jacket which can be worn OU which goes with anything; **c'est une robe qui se porte avec une ceinture** this dress is worn with a belt; **les manteaux se porteront longs cet hiver** coats will be (worn) long this winter.

◇ *vpi* -**1.** [personne]: **comment vous portez-vous?** how do you feel?, how are you (feeling)?; **il se porte très bien maintenant** he's (feeling) fine now; **à bientôt, portez-vous bien!** see you soon, look after yourself! ❑ **s'en ~ mieux/plus mal**: **il va bientôt s'en aller, je ne m'en porterai que mieux** he's going to leave soon and I'll feel all the better for it; **nos parents ne prenaient pas de congés et ne s'en portaient** pas plus mal our parents never took time off and they were none the worse for it. **-2.** [se proposer comme]: **se ~ acquéreur de qqch** to offer to buy sthg; **se ~ candidat** to put o.s. up OU to stand *Br* OU to run *Am* as a candidate; **se ~ caution** to stand security; **se ~ garant de** [gén] to answer for; JUR to act as surety for; **se ~ volontaire pour faire** to volunteer to do; **se ~ fort pour qqn** *sout* to act as a guarantor for sb; **se ~ fort de qqch** *sout* to guarantee sthg, to vouch for sthg. **-3.** [aller]: **se ~ au-devant de qqn** to go to meet sb; **se ~ en tête d'une procession/course** to take the lead in a procession/race; **se ~ en avant** MIL to move forward, to advance; **il s'est porté à l'avant du peloton** he went to the head of the pack; **tout son sang s'est porté à sa tête** the blood rushed to his head.

◆ **se porter à** *vp + prép sout* [se livrer à] to give o.s. over to, to indulge in; **se ~ à des actes de violence** to indulge in violent acts; **comment a-t-il pu se ~ à de telles extrémités?** how could he go to such extremes?

◆ **se porter sur** *vp + prép* [choix, soupçon] to fall on; [conversation] to turn to; **tous les regards se portèrent sur elle** all eyes turned towards her.

porte-revues [pɔrtəvy] *nm inv* magazine rack.

porte-savon [pɔrtsavɔ̃] (*pl inv* OU **porte-savons**) *nm* soap dish.

porte-serviettes [pɔrtsɛrvjɛt] *nm inv* towel rail.

porteur, euse [pɔrtœr, øz] ◇ *adj* **-1.** [plein d'avenir] flourishing; **l'informatique est un secteur ~** computing is a flourishing OU booming industry; **une idée porteuse** an idea with great potential. **-2.** [chargé]: **~ de: un vaccin ~ d'espoir** a vaccine which brings new hope; **un livre ~ de doutes** a book expressing doubt. **-3.** TECH [essieu] loadbearing; [roue] carrying. **-4.** PHYS: **onde/fréquence porteuse** carrier wave/frequency. **-5.** ASTRONAUT [fusée] booster (*modif*). **-6.** CONSTR [mur] load-bearing. **-7.** MÉD → **mère**.

◇ *nm, f* **-1.** MÉD carrier; **~ sain** (unaffected) carrier. **-2.** [de bagages] porter; [d'un cercueil, d'un brancard, d'un étendard] bearer; [d'eau] carrier; [de nouvelles, d'une lettre] bearer; **le ~ du message attend votre réponse** the bearer of the message OU the messenger is waiting for your answer. **-3.** SPORT: **le ~ du ballon** the player in possession of OU with the ball.

◆ **porteur** *nm* BANQUE & BOURSE bearer; **chèque/obligations au ~** bearer cheque/bonds; **payable au ~** payable to bearer.

porte-voix [pɔrtəvwa] *nm inv* [simple] megaphone; [électrique] loud-hailer *Br*, bullhorn *Am*; **parler dans un ~** to talk through a megaphone.

portier, ère [pɔrtje, ɛr] ◇ *adj* RELIG: (frère) ~ porter; **sœur portière** portress.

◇ *nm, f* doorman (*f* doorwoman).

◆ **portière** *nf* **-1.** [d'un véhicule] door. **-2.** [tenture] portière, door curtain.

portillon [pɔrtijɔ̃] *nm* [d'une porte cochère] wicket; [dans le métro]: **~ automatique** ticket barrier.

portion [pɔrsjɔ̃] *nf* **-1.** [part - de nourriture] portion, helping; [- d'argent] share, cut; **~ congrue** (income providing) a meagre living. **-2.** [segment - de ligne, d'autoroute] stretch.

◆ **en portions** *loc adj* in individual helpings.

portique [pɔrtik] *nm* **-1.** ARCHIT portico. **-2.** SPORT crossbeam. **-3.** [dispositif de sécurité] security gate. **-4.** INDUST gantry crane.

portland [pɔrtlɑ̃d] *nm*: **(ciment) ~** Portland cement.

Port-Louis [pɔrlwi] *npr* Port Louis.

porto [pɔrto] *nm* port (wine).

Porto [pɔrto] *npr* Porto.

portor [pɔrtɔr] *nm* yellow-veined black marble.

portoricain, e [pɔrtɔrikɛ̃, ɛn] *adj* Puerto Rican.

◆ **Portoricain, e** *nm, f* Puerto Rican.

Porto Rico [pɔrtoriko] *npr* Puerto Rico; **à ~** in Puerto Rico.

portrait [pɔrtrɛ] *nm* **-1.** [dessin, peinture, photo] portrait; **le ~ n'est pas très ressemblant** it is not a very good likeness; **faire le ~ de qqn** [dessinateur] to draw sb's portrait; [peintre] to paint sb's portrait; **'votre ~ en 5 minutes'** [photo] 'your photo in 5 minutes' ❑ **~ de famille** family portrait; **être tout le ~** OU **le ~ vivant de qqn** to be the spitting image of sb. **-2.** BX-ARTS: **le ~** portraiture. **-3.** *fam* [figure] mug, face; **il lui a abîmé le ~** he rearranged his face (for him) *hum*; **elle s'est fait arranger le ~** she got her face rearranged. **-4.** [description] portrayal, description, portrait; **faire** OU **tracer le ~ de qqn** to portray sb. **-5.** JEUX ≃ Botticelli; **~ chinois** ≃ animal, vegetable or mineral.

portraitiste [pɔrtretist] *nmf* portraitist.

portrait-robot [pɔrtrɛrɔbo] (*pl* **portraits-robots**) *nm* **-1.** [d'un criminel] Photofit® OU Identikit® picture. **-2.** [caractéristiques] typical profile.

portraiturer [3] [pɔrtretyre] *vt litt* to portray, to depict.

Port-Saïd [pɔrsaid] *npr* Port Said.

portuaire [pɔrtɥɛr] *adj* port (*modif*), harbour (*modif*).

portugais, e [pɔrtygɛ, ɛz] *adj* Portuguese.

◆ **Portugais, e** *nm, f* Portuguese; **les Portugais** the Portuguese.

◆ **portugais** *nm* LING Portuguese.

◆ **portugaise** *nf* [huître] Portuguese oyster.

◆ **portugaises** *nfpl arg crime* lugholes *Br*, ears; **avoir les ~es ensablées** to be deaf as a post.

Portugal [pɔrtygal] *npr m*: **le ~** Portugal; **au ~** in Portugal.

portulan [pɔrtylɑ̃] *nm* portolano.

POS, Pos [pɔs] *nm abr de* **plan d'occupation des sols**.

pose [poz] *nf* **-1.** [mise en place] putting in, installing; **la ~ de la fenêtre vous coûtera 1 000 F** it will cost you 1,000 F to have the window put in; **la ~ d'un carrelage** laying tiles; **la ~ d'une moquette** fitting OU laying (wall-to-wall) carpet; **train de ~** track-laying train. **-2.** [attitude] position, posture; **dans une ~ peu élégante** in a rather inelegant position OU posture; **prendre une ~ avantageuse** to strike a flattering pose ‖ [pour un artiste] pose; **prendre la ~** to start posing, to take up a pose; **garder** OU **tenir la ~** to hold the pose. **-3.** PHOT [cliché, durée] exposure; **24/36 ~s** 24/36 exposures; **temps de ~** exposure time. **-4.** *sout* [affectation] affectation.

posé, e [poze] *adj* **-1.** [mesuré - personne] self-possessed, collected, composed; [- manières, ton] calm, cool, tranquil. **-2.** MUS: **voix bien/mal ~e** steady/unsteady voice.

Poséidon [pɔseidɔ̃] *npr* Poseidon.

posément [pozemɑ̃] *adv* calmly, coolly.

posemètre [pozmɛtr] *nm* exposure meter.

poser[1] [poze] *nm* MIL landing (*of a helicopter*).

poser[2] [3] [poze] ◇ *vt* **-1.** [mettre] to put, to lay, to place; **~ ses coudes sur la table** to rest OU to put one's elbows on the table; **je ne sais plus où j'ai posé la clef** I can't remember where I've put OU left the key; **~ un sac par terre** to put a bag (down) on the floor; **elle avait posé sa bicyclette contre la palissade** she'd leant OU put her bike against the fence; **ne pose pas ton chapeau sur le lit** don't put your hat (down) on the bed; **elle a posé le pied sur la première marche** she placed OU put her foot on OU onto the first step; **j'ai tellement mal que je ne peux plus ~ le pied par terre** my foot hurts so much, I can't put my weight on it any longer; **dès que je pose la tête sur l'oreiller, je m'endors** I fall asleep as soon as my head touches the pillow; **il posa un baiser sur ses paupières** he kissed her on the eyelids; **je ne sais pas où ~ mes fesses** *fam hum* I don't know where to sit ‖ (*en usage abs*): **à toi de ~!** [aux dominos] your turn! ‖ [cesser d'utiliser] to put away OU down (*sép*); **pose ton ballon et viens dîner** put away your ball and come and have dinner; **posez vos stylos et écoutez-moi** put your pens down and listen to me. **-2.** [installer - papier peint, cadre, tentures, affiche] to put up (*sép*); [- antenne] to put up (*sép*), to install; [- radiateur, alarme] to put in (*sép*), to install; [- verrou] to fit; [- cadenas] to put on (*sép*); [- moquette] to fit, to lay; [- carrelage, câble, mine, rail, tuyau] to lay; [- vitre] to put in; [- placard] to put in, to install; [- prothèse] to fit, to put in; [- enduit] to put on; **faire ~ l'électricité** to have a house wired; **faire ~ un double vitrage** to have double-glazing put in OU fitted; **se faire ~ une couronne** to have a crown fitted. **-3.** [énoncer - question] to ask; [- devinette] to ask, to set; **~ une question à qqn** to ask sb a question, to put a question to sb; **je peux ~ la question autrement** I can put OU ask the question another way; **~ un problème** [le soulever] to raise OU to pose a problem; [l'énoncer] to state a problem; **de la façon dont il m'avait posé le problème...** the way he'd put OU outlined the problem to me...; **sa mort va ~ le problème de l'héritage** his death will pose OU raise the problem of the inheritance. **-4.** [établir - condition] to state, to lay down; [- principe, règle] to lay OU to set down (*sép*), to state; **une fois posées les bases du projet** once the foundations of the project have been laid down; **~ qqch comme condition/principe** to lay sthg down as a condition/principle; **si l'on pose que...** if we assume OU suppose that...; **si l'on pose comme hypothèse que...** if we take as a hypothesis that...; **cela posé, nous pouvons dire que...** taking this as read, we can say that...; **posons cela comme acquis** let's take that as read. **-5.** *fam* [mettre en valeur] to establish the reputation of, to give standing to; **il n'y a rien qui pose un chercheur comme le Nobel** there's nothing quite like the Nobel prize to get a scientist noticed OU to boost a scientist's reputation; **une voiture comme ça, ça vous pose** that kind of car gives you a certain status. **-6.** MATH to put down (*sép*); **je pose 2 et je retiens 1** put down 2, carry 1; **~ une opération** to set out a sum. **-7.** MUS: **~ sa voix** to pitch one's voice. **-8.** SPORT to place; **il a bien posé sa volée** he placed his volley perfectly. **-9.** AÉRON [avion, hélicoptère] to land, to set down (*sép*).

◇ *vi* **-1.** [pour un peintre, un photographe] to pose, to sit; **j'ai souvent posé pour elle** I used to pose OU to sit for her regularly; **~ pour une photo/un magazine** to pose for a photo/magazine; **et maintenant, tout le monde va ~ pour la photo souvenir** let's have everyone together now for the souvenir photograph ❑ **faire ~ qqn** *fam* [le faire attendre] to keep sb hanging around. **-2.** [fanfaronner] to put on airs, to show off, to pose; **regardez-le ~ devant ces dames!** just look at him showing off in front of those ladies!; **il adore ~** he can't resist showing off ‖ [faire semblant] to put on airs, to strike a pose OU an attitude; **elle n'est pas vraiment malheureuse, elle pose** she's not really unhappy, it's just a façade OU it's all show; **~ à** [se faire passer pour] to pretend to be, to act, to play; **~ au justicier** to act the avenger.

◆ **se poser** ◇ *vp* (*emploi passif*): **se ~ facilement** [chaudière] to be easy to install; [moquette] to be easy to lay.

◇ *vpt* [faire surgir]: **se ~ la question** OU **le problème de savoir si...** to ask o.s. OU to wonder whether...; **il va finir par se ~ des questions** he's going to start having doubts.

◇ *vpi* **-1.** [descendre - avion, hélicoptère] to land, to touch down; [- papillon] to land, to alight; [- oiseau] to land, to perch; **se ~ en catastrophe** to make an emergency landing; **se ~ en douceur** to make a smooth landing; **les hirondelles se posent sur les fils électriques** the swallows land OU perch on the electric wires; **une plume est venue se ~ sur sa tête** a feather floated down onto his head; **tous les regards se posèrent sur elle** all eyes turned to her; **il sentit leurs yeux se ~ sur lui** he could feel their eyes on him; **sa main se posa sur la mienne** she put her hand on mine. **-2.** *fam* [s'asseoir]: **pose-toi là** sit (yourself) down here. **-3.** [surgir - question, problème] to arise, to come up; **la question s'est déjà posée plusieurs fois** the question has come up several times already; **la question ne se pose** plus maintenant the question is irrelevant now; **la question qui se pose maintenant est la suivante** the question which must now be asked is the following; **le problème qui se pose à moi** the problem I've got to face OU to solve; **le problème se pose de savoir si l'on doit négocier** there's the problem of whether or not we should negotiate; **le problème ne se pose pas exactement en ces termes** that's not exactly where the problem lies. -**4.** **se ~ en** OU **comme** [se faire passer pour] to pass o.s. off as; **il veut se ~ comme arbitre du goût** he wants to pass himself off as OU to pose as an arbiter of taste; **je ne me suis jamais posé en expert** I never set myself up to be OU I never pretended I was an expert. -**5.** *fam loc*: **se ~ là**: **pour l'intelligence, son frère se pose là!** [il est brillant] her brother's got quite a brain!; **elle se pose là, leur bagnole!** [avec admiration] their car's an impressive bit of machinery!; **comme plombier, tu te poses là!** call yourself a plumber, do you?; **comme enquiquineuse, elle se pose un peu là!** she's such a pain in the neck!; **comme gaffe, ça se pose là!** that's what you might call a blunder!

poseur, euse [pozœr, øz] ◇ *adj* [prétentieux] affected, pretentious, mannered; **elle est très poseuse** she's terribly pretentious.
◇ *nm, f* -**1.** [m'as-tu-vu] poseur, show-off. -**2.** [installateur]: **~ de**: **~ de parquet/carrelage** floor/tile layer; **~ de mines** mine layer; **les ~s de bombes se sont enfuis** those responsible for planting the bombs OU the bombers ran away.

positif, ive [pozitif, iv] *adj* -**1.** [constructif - mesures, suggestion, attitude] positive, constructive. -**2.** [réaliste] pragmatic, practical-minded. -**3.** [affirmatif - réponse] positive. -**4.** MATH, MÉD, PHOT & PHYS positive.
◆ **positif** *nm* -**1.** [quelque chose de constructif]: **il nous faut du ~** we need something positive. -**2.** LING, MATH & PHOT positive. -**3.** MUS [orgue] positive organ; [clavier secondaire] choir OU positive organ.

position [pozisjɔ̃] *nf* -**1.** MIL [lieu d'où l'on mène une action] position; **une ~ dominante** a commanding position ❑ **~ avancée/défensive** advanced/defensive position; **~ clef** key position; **être en ~ de combat** to be ready to attack; **des ~s fortifiées** a fortified position; **~ de repli** MIL & *fig* fall-back position. -**2.** [lieu où l'on se trouve] position; **donnez-nous votre ~** what is your position?; **déterminer sa ~** to find one's bearings; **déterminer la ~ de qqch** to locate sthg. -**3.** [dans un sondage, une course] position, place; **nous sommes en dernière/première ~ dans le championnat** we're bottom of the league/in the lead in the championship; **arriver en première/dernière ~** [coureur] to come first/last; [candidat] to come top/be last; **elle est en sixième ~** she's in sixth position OU place, she's lying sixth; **ils ont rétrogradé en quatrième ~ au hit-parade** they went down to number four in the charts. -**4.** [posture] posture, position; **changer de ~** to change (one's) position, to shift; **tu as une mauvaise ~** your posture is poor; **tu as une mauvaise ~ à cheval/lorsque tu fais le stem** your posture on horseback/when doing the stem turn is incorrect ❑ **la ~ debout est inconfortable** standing up is uncomfortable; **dans la** OU **en ~ verticale** when standing up; **dans la** OU **en ~ allongée** when lying down; **dans la** OU **en ~ assise** when sitting, in a sitting position; **la ~ du missionnaire** the missionary position. -**5.** [angle, orientation] position, setting; **quelle est la ~ de l'aiguille?** where is the needle pointing?, what's the position of the needle?; **mettez le siège en ~ inclinée** tilt the seat back; **éclairage à plusieurs ~s** lamp with several settings. -**6.** [opinion] position, stance, standpoint; **prendre ~ (sur qqch)** to take a stand OU to take up a position (on sthg); **prendre ~ pour** OU **en faveur de qqch** to come down in favour of sthg; **prendre ~ contre qqch** to come out against sthg; **rester sur ses ~s** *pr* & *fig* to stand one's ground, to stick to one's guns; **quelle est la ~ de la France dans ce conflit?** what's France's position on this conflict?; **~ commune** POL common stance. -**7.** [situation] position; **vous me mettez dans une ~ délicate** you're putting me in a difficult situation OU position; **en ~ de**: **en ~ de force** in a strong position OU a position of strength; **être en ~ de faire qqch** to be in a position to do sthg ‖ [dans une entreprise] position, post; **dans sa ~, elle devrait se sentir responsable** a woman in her position should feel responsible; **j'ai une ~ à tenir** I have my position to think of ❑ **~ sociale** social standing. -**8.** BANQUE balance (of account); **j'aimerais avoir ma ~, s'il vous plaît** could you tell me my balance, please? ❑ **~ de place** BOURSE market position; **feuille de ~** interim statement. -**9.** LING [d'un terme, d'une syllabe, d'une voyelle] position; **phonème en ~ forte/faible** stressed/unstressed phoneme. -**10.** DANSE position. -**11.** MUS [accord, doigté] position. -**12.** GÉOM & PSYCH position. -**13.** JUR status.
◆ **de position** *loc adj* [balise] position *(modif)*.

positionnement [pozisjɔnmɑ̃] *nm* -**1.** COMM positioning. -**2.** MÉCAN positioning.

positionner [3] [pozisjɔne] *vt* -**1.** COMM [produit] to position. -**2.** MÉCAN to position. -**3.** SPORT [joueur] to place. -**4.** [localiser] to locate, to determine the position of.
◆ **se positionner** *vp (emploi réfléchi)* to position o.s., to get into position.

positionneur [pozisjɔnœr] *nm* positioner.

positivement [pozitivmɑ̃] *adv* positively.

positivisme [pozitivism] *nm* positivism; **~ logique** logical positivism.

positiviste [pozitivist] *adj* & *nmf* positivist.

positivité [pozitivite] *nf* positivity.

posit(r)on [pozit(r)ɔ̃] *nm* positron.

posologie [pozɔlɔʒi] *nf* -**1.** [instructions] dosage; **respectez la ~** use as directed. -**2.** [science] posology.

possédant, e [pɔsedɑ̃, ɑ̃t] *adj* propertied, property-owning.
◆ **possédants** *nmpl*: **les ~s** people with property, property owners.

possédé, e [pɔsede] *nm, f*: **comme un ~** like a man possessed.

posséder [18] [pɔsede] *vt* -**1.** [détenir - demeure, collection, fortune, terres] to own, to possess, to have; [- colonies] to have; [- preuve, document, titre, ticket] to hold, to have; **les gens qui ne possèdent rien** those who have nothing; **le pays ne possédait pas d'armée puissante** the country did not possess a powerful army. -**2.** [être doté de] to possess, to have; **étant jeune, il possédait un vrai talent d'orateur** in his youth, he had a real talent for public speaking; **cette région possède de grandes réserves d'eau** this region has large water reserves. -**3.** [maîtriser - art, langue] to have mastered; **(bien) ~ son sujet** to be master OU on top of one's subject; **un conférencier qui possède parfaitement son sujet** a lecturer who knows exactly what he's talking about; **être possédé par** to be possessed by OU with; **le démon qui le possède** the devil within him. -**4.** *fam* [tromper - suj: escroc] to con, to have; **je me suis fait ~** I've been conned OU had. -**5.** *litt* [sexuellement] to possess, to have carnal knowledge of; **quand il la posséda enfin** when finally she was his.
◆ **se posséder** *vpi* [se dominer]: **je ne me possédais plus** I was not myself any more, I was no longer master of myself.

possesseur [pɔsesœr] *nm* -**1.** [propriétaire - d'une maison, d'une collection, d'une fortune] owner, possessor; [- d'un hôtel, d'une ferme] owner, proprietor; [- d'une charge, d'un ticket] holder; [- d'un titre] incumbent, holder; [- de documents] possessor, holder; **être le ~ d'une propriété** to own OU to possess a property. -**2.** [détenteur - d'une preuve] possessor.

possessif, ive [pɔsesif, iv] *adj* LING & PSYCH possessive.
◆ **possessif** *nm* GRAMM possessive (form).

possession [pɔsesjɔ̃] *nf* -**1.** [détention - d'une maison, d'un hôtel, d'une collection, d'une fortune] ownership, possession; [- d'informations] possession; [- d'actions, d'un diplôme] holding; [- d'une charge, d'un titre] possession, holding; [- d'un poste] tenure; **avoir qqch en sa ~** to have sthg in one's possession; **être en ~ de** to be in possession of; **prendre ~ de** [maison] to take possession of; [fonctions] to take up; **entrer en ~ de** to come into possession of, to come by; **comment êtes-vous entré en ~ de ces documents?** how did you come to have OU come by these documents?; **tomber en la ~ de qqn** to come into sb's possession. -**2.** JUR possession; **~ utile** quiet possession. -**3.** [territoire] possession, dominion. -**4.** [contrôle] control; **une force étrange a pris ~ de lui** a strange force has gained possession of him. -**5.** PSYCH & RELIG possession.

possessivité [pɔsesivite] *nf* possessiveness.

possessoire [pɔseswar] ◇ *adj* possessory.
◇ *nm* -**1.** [droit] (right of) possession. -**2.** [action] possessory action.

possibilité [pɔsibilite] *nf* -**1.** [chose envisageable ou faisable] possibility. -**2.** [moyen] possibility; **il n'a pas vraiment la ~ de refuser** he can't really refuse; **mon travail me donne la ~ de voyager** my job gives me the opportunity of travelling. -**3.** [éventualité] possibility; **le syndicat n'a pas nié la ~ d'une reprise des négociations** the trade union has not ruled out the possible re-opening of negotiations.
◆ **possibilités** *nfpl* [financières] means; **100 F, c'est dans mes ~s** 100 F, that's within my means; **la maison était au-dessus de nos ~s** we couldn't afford the house ‖ [intellectuelles, physiques] possibilities, potential; **c'est un pianiste qui a de grandes ~s** this pianist has got great possibilities OU potential; **écrire une thèse serait au-dessus de mes ~s** I couldn't cope with writing a thesis ‖ [techniques] facilities; **machine qui offre de multiples ~s d'utilisation** machine with many features.

possible [pɔsibl] ◇ *adj* -**1.** [réalisable - gén] possible; [- construction] feasible; **est-il ~ de vivre sur Mars?** is life possible on Mars?; **une opération rendue ~ par le fibroscope** an operation made possible by the fibrescope; **il est ~ de dire/de faire** it is possible to say/to do; **il est toujours ~ d'annuler la réunion** the meeting can always be cancelled; **il ne m'est financièrement pas ~ de partir pour l'étranger** I cannot afford to go abroad; **j'ai fait tout ce qu'il m'était humainement/techniquement ~ de faire** I did everything that was humanly/technically possible ‖ [par exagération]: **ce n'est pas ~ d'être aussi maladroit!** how can anyone be so clumsy!; **il faut qu'on divorce, ce n'est pas ~ autrement** we've got to get a divorce, it's the only solution; **on a dû le pousser, ce n'est pas ~ autrement!** somebody MUST have pushed him!; **il est pas ~, ce mec!** *fam* this guy's just too much! -**2.** [probable] possible; **il est ~ que je vous rejoigne plus tard** I may OU might join you later; **serait-il ~ qu'il m'ait menti?** could he (possibly) have lied to me?; **il t'aime — c'est bien ~, mais moi pas!** he loves you — quite possibly OU that's as may be, but I don't love him!; **tu devrais lui écrire — c'est ~, mais je n'en ai pas envie** you should write to him — maybe (I should), but I don't feel like it. -**3.** [pour exprimer l'étonnement]: **elle est morte hier — c'est pas ~!** *fam* she died yesterday — I can't believe it!; **pas ~! c'est ta fille?** *fam* is this your daughter? well, I never!; **Noël c'est le 25 — pas ~!** *iron* Christmas is on the 25th — you don't say! -**4.** [envisageable -interprétation, explication, option] possible; **le 24 février serait une date ~** the 24th of February would be a possible date OU a possibility; **voici la sélection ~ pour le match de demain** here is the possible selection for tomorrow's match. -**5.** [potentiel] possible; **je l'ai cherché dans tous les endroits ~s** I looked for it everywhere imaginable OU in every possible place; **as-tu considéré tous les cas ~s?** have you consid-

ered every possible OU conceivable explanation?; il a eu tous les problèmes ~s et imaginables pour récupérer son argent he had all kinds of problems getting his money back; bougez le moins ~ move as little as possible; roulez le plus lentement ~ drive as slowly as possible; je veux un rapport aussi détaillé que ~ I want as detailed a report as possible; j'ai acheté les moins chers ~ I bought the cheapest I could find; il mange le plus/le moins de gâteaux ~(s) he eats as many/as few cakes as possible.
◇ *nm*: le ~ the possible; c'est dans le domaine du ~ it's within the bounds of possibility, it's quite possible ❑ faire (tout) son ~ to do one's best OU all one (possibly) can OU one's utmost.
◆ **au possible** *loc adv* in the extreme; ennuyeux au ~ extremely boring; elle a été désagréable/serviable au ~ she couldn't have been more unpleasant/helpful.

postal, e, aux [pɔstal, o] *adj* [colis] (sent) by post *Br* OU mail; [frais, service, tarif] postal.

postchèque [pɔstʃɛk] *nm* Post Office traveller's cheque.

postclassique [pɔstklasik] *adj* postclassical.

postcombustion [pɔstkɔ̃bystjɔ̃] *nf* -**1.** [combustion] reheat, after-burning. -**2.** [dispositif] afterburner.

postcure [pɔstkyr] *nf* rehabilitation; foyer de ~ rehabilitation centre.

postdater [3] [pɔstdate] *vt* to postdate.

poste[1] [pɔst] *nm* -**1.** RAD & TV: ~ (de radio/télévision) (radio/television) set; ~ émetteur/récepteur transmitting/receiving set. -**2.** TÉLÉC [appareil] telephone; [d'un standard] extension; passez-moi le ~ 1421 give me extension 1421. -**3.** [métier] post, job, position; un ~ à pourvoir a post to be filled, a vacancy; elle a un ~ très élevé au ministère she has a very senior position OU post in the ministry; il a obtenu le ~ de directeur financier he was given the post of OU he was appointed financial director. -**4.** [local, installation]: ~ d'aiguillage signal box; ~ de douane customs post; ~ d'équipage crew's quarters; ~ d'essence petrol *Br* OU gas *Am* OU filling station; ~ d'incendie fire point; ~ de pilotage flight deck; ~ de police police station; ~ de ravitaillement service station; ~ de secours first-aid post. -**5.** MIL: être/rester à son ~ *pr* & *fig* to be/to stay at one's post ❑ ~ de combat action OU battle station; ~ de commandement command post; ~ de garde guardroom; ~ d'observation/d'écoute/de surveillance *pr* & *fig* observation/listening/look-out post. -**6.** FIN [d'un compte] item, entry; [d'un budget] item. -**7.** INDUST [division du temps] shift; ~ de 10 heures 10-hour shift ❑ ~ de nuit nightshift; ~ de travail [emplacement] workplace. -**8.** CHASSE hide.

poste[2] [pɔst] *nf* -**1.** [établissement] post office; ~ restante poste restante. -**2.** [moyen d'acheminement] post *Br*, mail *Am*; envoyer qqch par la ~ to send sthg by post *Br*, to mail sthg *Am*; mettre une lettre à la ~ to post *Br* OU to mail *Am* a letter; je venais de la mettre à la ~ quand je m'aperçus que j'avais oublié le timbre I'd just dropped it in the letter *Br* OU mail *Am* box when I realized I hadn't put a stamp on it; ~ aérienne air-mail. -**3.** ADMIN: la ~ ≃ the Post Office; travailler à la ~ ≃ to work for the Post Office ❑ les Postes et Télécommunications *the French postal and telecommunications service*. -**4.** HIST [relais] post.
◆ **postes** *nfpl* ARCHIT wave moulding.

posté, e [pɔste] *adj* INDUST shift *(modif)*; travailleur ~ shift worker.

poste-frontière [pɔst(ə)frɔ̃tjɛr] (*pl* postes-frontières) *nm* customs post.

poster[1] [pɔstɛr] *nm* poster.

poster[2] [3] [pɔste] *vt* -**1.** [envoyer - colis, courrier] to post *Br*, to mail *Am*; la lettre a été postée le 2 mai the letter was sent OU was posted *Br* OU was mailed *Am* on the 2nd of May. -**2.** [placer - garde, complice] to post, to station.
◆ **se poster** *vpi* [sentinelle] to station OU to post OU to position o.s.; se ~ sur le parcours d'une course/d'un cortège to go and stand on the route of a race/procession.

postérieur, e [pɔsterjœr] *adj* -**1.** [ultérieur - date, époque] later; [- fait, invention] subsequent, later; le tableau est ~ à 1930 the picture was painted after 1930. -**2.** [de derrière - pattes] hind, rear, back *(modif)*; [- partie] back, posterior. -**3.** PHON [voyelle, articulation] back *(modif)*.
◆ **postérieur** *fam nm* behind, bottom, posterior.

postérieurement [pɔsterjœrmɑ̃] *adv* later, subsequently, at a later date; ~ à later than, after.

posteriori → **a posteriori**.

postériorité [pɔsterjɔrite] *nf sout* posteriority.

postérité [pɔsterite] *nf* -**1.** *litt* [lignée] posterity, descendants. -**2.** [générations futures] posterity; passer à la ~ [artiste] to become famous, to go down in history; [mot, œuvre] to be handed down to posterity OU to future generations.

postface [pɔstfas] *nf* postcript, afterword.

postglaciaire [pɔstglasjɛr] *adj* postglacial.

posthume [pɔstym] *adj* [enfant, ouvrage] posthumous; médaille décernée à titre ~ posthumously awarded medal.

posthypophyse [pɔstipɔfiz] *nf* posthypophysis.

postiche [pɔstiʃ] ◇ *adj* -**1.** [cheveux, barbe, chignon] false. -**2.** *sout* [fictif] sham, spurious.
◇ *nm* hairpiece.

postier, ère [pɔstje, ɛr] *nm, f* postal worker.

postillon [pɔstijɔ̃] *nm* -**1.** [salive] fleck of spittle; ~s spluttering. -**2.** HIST postilion.

postillonner [3] [pɔstijɔne] *vi* to splutter; «...», dit-il en postillonnant "...", he spluttered.

postimpressionnisme [pɔstɛ̃presjɔnism] *nm* Postimpressionism.

postimpressionniste [pɔstɛ̃presjɔnist] *adj* & *nmf* Postimpressionist.

postindustriel, elle [pɔstɛ̃dystrijɛl] *adj* postindustrial.

postmoderne [pɔstmɔdɛrn] *adj* postmodern.

postmodernisme [pɔstmɔdɛrnism] *nm* postmodernism.

postnatal, e, als OU **aux** [pɔstnatal, o] *adj* postnatal.

postopératoire [pɔstɔperatwar] *adj* postoperative.

post-partum [pɔstpartɔm] *nm inv* postpartum period.

postposer [3] [pɔstpoze] *vt* to place after; un adjectif postposé a postpositive adjective, an adjective that comes after the noun.

postposition [pɔstpozisjɔ̃] *nf* -**1.** [particule] postposition. -**2.** [fait de postposer]: la ~ de l'adjectif placing the adjective after the noun.

postprandial, e, aux [pɔstprɑ̃djal, o] *adj* postprandial.

postromantique [pɔstrɔmɑ̃tik] *adj* post-Romantic.

postscolaire [pɔstskɔlɛr] *adj* postschool *(modif)*.

post-scriptum [pɔstskriptɔm] *nm inv* postscript.

postsynchronisation [pɔstsɛ̃krɔnizasjɔ̃] *nf* postsynchronization.

postsynchroniser [3] [pɔstsɛ̃krɔnize] *vt* to post-synchronize.

postulant, e [pɔstylɑ̃, ɑ̃t] *nm, f* -**1.** [à un emploi] applicant, candidate. -**2.** RELIG postulant.

postulat [pɔstyla] *nm* -**1.** LOGIQUE & MATH postulate; nous partons du ~ que... we take it as axiomatic that... -**2.** [principe de base] postulate. -**3.** RELIG postulancy.

postulation [pɔstylasjɔ̃] *nf* JUR representation, proxy.

postuler [3] [pɔstyle] ◇ *vt* -**1.** [poste] to apply for. -**2.** LOGIQUE & MATH to postulate, to assume.
◇ *vi* JUR to represent.
◆ **postuler à** *v + prép* to apply for.

postural, e, aux [pɔstyral, o] *adj* postural PHYSIOL.

posture [pɔstyr] *nf* -**1.** [position du corps] posture, position; être dans une ~ comique to strike a comic pose OU attitude; dans une ~ inconfortable in an uncomfortable position. -**2.** [situation] position; être en bonne/en mauvaise ~ to be in a good/in an awkward position; être en ~ de faire qqch to be in a position to do sthg.

pot [po] *nm* -**1.** [contenant] pot; ~ en étain/verre/terre tin/glass/earthenware pot; mettre en ~ [plantes] to pot; [fruits, confitures] to put into jars ❑ ~ à eau/lait water/milk jug; ~ à OU de yaourt yoghurt pot; ~ de chambre (chamber) pot; [pour enfant] pot, potty; mets-le sur son ~ put him on his potty; ~ à confiture OU à confitures jam jar; ~ de fleurs [vide] flowerpot, plant pot; [planté] flowers in a pot, potted flowers; ~ à moutarde mustard pot; ~ à tabac *pr* tobacco jar; *fig* tubby little person; tourner autour du ~ to beat around the bush; c'est le ~ de terre contre le ~ de fer *allusion La Fontaine* that's the danger of confronting someone more powerful than oneself; c'est dans les vieux ~s qu'on fait les bonnes OU les meilleures soupes *prov* experience always wins the day *prov*. -**2.** [contenu] pot, potful; ~ de confiture/miel jar of jam/honey; ~ de peinture pot OU can of paint; petit ~ (pour bébé) (jar of) baby food; elle ne lui donne que des petits ~s she only feeds him prepared baby foods. -**3.** *fam* [boisson] drink, jar *Br*, snort *Am*; viens, je t'offre un ~ come on, I'll buy you a drink || [fête]: ils font un ~ pour son départ à la retraite they're having a little get-together for his retirement; je suis invité à un ~ ce soir I've been invited out for drinks tonight. -**4.** *fam* [chance] luck; avoir du ~ [souvent] to be lucky; [à un certain moment] to be in luck; il n'a pas de ~ [jamais] he's unlucky; [en ce moment] he's out of luck; pas de ~! hard OU tough luck!; coup de ~ stroke of luck. -**5.** *fam* [derrière] backside, bottom, bum *Br*. -**6.** CARTES [talon] stock; [enjeux] pot. -**7.** AUT: ~ d'échappement exhaust (pipe) *Br*, tail pipe *Am*; ~ catalytique catalytic converter. -**8.** NAUT: ~ au noir doldrums.
◆ **en pot** *loc adj* [plante] pot *(modif)*, potted; [confiture, miel] in a jar.
◆ **pot de colle** *nm fig* & *péj fam*nuisance; elle est ~ de colle she sticks to you like glue, you just can't get rid of her.

potable [pɔtabl] *adj* -**1.** [buvable]: eau ~ drinking water; eau non ~ water unsuitable for drinking. -**2.** *fam* [acceptable - travail] passable, reasonable; [- vêtement] wearable.

potache *fam* [pɔtaʃ] *nm* schoolkid; blague de ~ schoolboy joke.

potage [pɔtaʒ] *nm* -**1.** CULIN soup. -**2.** *litt* & *vieilli*: n'ayant pour tout ~ que son diplôme de masseur with only his masseur's diploma to his name.

potager, ère [pɔtaʒe, ɛr] *adj* [culture] vegetable *(modif)*; [plante] grown for food, food *(modif)*.
◆ **potager** *nm* kitchen garden, vegetable plot.

potard *fam* [pɔtar] *nm vieilli* [pharmacien] chemist *Br*, druggist *Am*; [étudiant] pharmacy student.

potasse [pɔtas] *nf* -**1.** [hydroxyde] potassium hydroxide, (caustic) potash. -**2.** [carbonate] (impure) potassium carbonate, potash.

potasser *fam* [3] [pɔtase] *vt* [discipline, leçon] to swot up *Br*, to bone up on *Am*; [examen] to cram for.

potassique [pɔtasik] *adj* potassic.

potassium [pɔtasjɔm] *nm* potassium.

pot-au-feu [pɔtofø] ◇ *nm inv* CULIN pot-au-feu, beef and vegetable stew.
◇ *adj inv fam* [popote, prosaïque]: être ~ to be a homebody.

pot-de-vin [podvɛ̃] (*pl* pots-de-vin) *nm* bribe; verser des pots-de-vin à qqn to grease sb's palm, to bribe sb.

pote *fam* [pɔt] *nm* pal, mate *Br*, buddy *Am*.

poteau, x [pɔto] *nm* **-1.** [mât] post, pole; **~ indicateur** signpost; **~ télégraphique** telegraph pole OU post; **~** (**d'exécution**) (execution) stake; **envoyer qqn au ~** to sentence sb to execution by firing squad; **le proviseur, au ~!** *fam* down with the headmaster! **-2.** SPORT [support de but] post, goal-post; **entre les ~x** between the goal posts OU the uprights ‖ [dans une course]: **~ d'arrivée** winning post; **~ de départ** starting post; **rester au ~** [cheval] to be left at the starting post; **se faire coiffer au** OU **battre sur le ~** (**d'arrivée**) *pr* to be beaten at the (finishing) post; *fig* to be pipped at the post *Br*, to be beaten by a nose *Am*.

potée [pɔte] *nf* **-1.** CULIN pork hotpot *(with cabbage and root vegetables)*. **-2.** MÉTALL [pour mouler] moulding clay. **-3.** TECH [d'étain] putty powder; [de fer] crocus, jeweller's rouge.

potelé, e [pɔtle] *adj* plump, chubby; **une petite bonne femme ~e** a dumpy little woman.

potence [pɔtɑ̃s] *nf* **-1.** [supplice, instrument] gallows. **-2.** CONSTR [d'une charpente] post and braces; [pour une lanterne, une enseigne] support. **-3.** [d'une grue] crane jib. **-4.** [pour panneaux de signalisation] overhead signpost.

potentat [pɔtɑ̃ta] *nm* **-1.** *sout* [monarque] potentate. **-2.** [despote] despot; **il se comporte en vrai ~ avec ses employés** he's a real despot as far as his employees are concerned.

potentialité [pɔtɑ̃sjalite] *nf* potentiality.

potentiel, elle [pɔtɑ̃sjɛl] *adj* potential.

◆ **potentiel** *nm* **-1.** ÉLECTR, MATH, PHYS & PHYSIOL potential. **-2.** [possibilités] potential, potentiality; **avoir un certain ~** [personne] to have promising qualities, to have potential ❑ **~ de croissance** growth potential. **-3.** LING potential (mood).

potentiellement [pɔtɑ̃sjɛlmɑ̃] *adv* potentially.

potentiomètre [pɔtɑ̃sjɔmɛtr] *nm* potentiometer.

poterie [pɔtri] *nf* **-1.** [art] pottery. **-2.** [article] piece of pottery; **des ~s grecques** Greek pottery.

poterne [pɔtɛrn] *nf* [porte] postern.

potestatif, ive [pɔtɛstatif, iv] *adj*: **condition potestative** potestative condition.

potiche [pɔtiʃ] *nf* **-1.** [vase] rounded vase. **-2.** *fam* [personne] figurehead *fig*, puppet *fig*.

potier, ère [pɔtje, ɛr] *nm, f* potter.

potin *fam* [pɔtɛ̃] *nm* [bruit] racket, rumpus; **faire du ~** [machine, personne] to make a racket; [scandale, affaire] to cause a furore.

◆ **potins** *nmpl* [ragots] gossip, idle rumours; **(rubrique des) ~s mondains** society gossip (column).

potiner *fam* [3] [pɔtine] *vi* to gossip, to spread rumours.

potinier, ère *fam* [pɔtinje, ɛr] *adj* gossipy, scandal-mongering.

potion [posjɔ̃] *nf* PHARM potion, draft; **~ magique** magic potion.

potiquet [pɔtikɛ] *nm Belg* pot.

potiron [pɔtirɔ̃] *nm* pumpkin.

pot-pourri [popuri] (*pl* **pots-pourris**) *nm* **-1.** MUS potpourri, medley. **-2.** LITTÉRAT potpourri. **-3.** [fleurs séchées] potpourri.

potron-jaquet [pɔtrɔ̃ʒakɛ], **potron-minet** [pɔtrɔ̃minɛ] *nm inv hum* OU *vieilli*: **dès ~** at the crack of dawn.

Potsdam [pɔtsdam] *npr* Potsdam.

pou, x [pu] *nm* **-1.** [parasite de l'homme] louse; **~ de tête/du corps** head/body louse; **~x du pubis** crab OU pubic lice, crabs. **-2.** ENTOM: **~ collant** OU **des serres** cochineal (insect); **~ des livres** (common) book louse. **-3.** *loc*: **être laid** OU **moche** *fam* **comme un ~** to be as ugly as sin; **être fier** OU **orgueilleux comme un ~** to be as proud as a peacock.

pouah [pwa] *interj* ugh, yuck.

poubelle [pubɛl] *nf* **-1.** [récipient à déchets] dustbin *Br*, trash OU garbage can *Am*; **mettre** OU **jeter qqch à la ~** to put OU to throw sthg in the dustbin; **je vais mettre ces vieilles chaussures à la ~** I'm going to throw these old shoes out; **bon pour la ~** fit for the dustbin; **faire les ~s** to go scavenging (from the dustbins); **les ~s de l'histoire** *fig* the scrap heap of history. **-2.** [dépotoir] dumping-ground, rubbish *Br* OU garbage *Am* dump; **ne prenez pas la mer pour une ~** don't use the sea as a dumping-ground.

pouce [pus] *nm* **-1.** ANAT [doigt] thumb; [orteil] big toe; **se tourner les ~s** *fam* to twiddle one's thumbs; **et le ~!** *fam* and a bit more besides! **-2.** [dans un jeu]: **~!** pax! *Br*, time out! *Am*. **-3.** [mesure] inch; **on n'avançait pas d'un ~ sur la route** the traffic was solid; **je ne changerai pas d'un ~ les dispositions de mon testament** I won't change one jot OU iota of my will. **-4.** *Can loc*: **faire du ~, voyager sur le ~** to hitchhike.

◆ **coup de pouce** *nm* bit of help; **donner un coup de ~ à qqn** to pull (a few) strings for sb; **donner un coup de ~ à qqch** to give sthg a bit of a boost; **il nous faudrait de la publicité pour donner un petit coup de ~ à nos ventes** we need some advertising to give our sales a bit of a boost.

pouce-pied [puspje] (*pl* **pouces-pieds**) *nm* goose barnacle.

Pouchkine [puʃkin] *npr* Pushkin.

poudrage [pudraʒ] *nm* **-1.** [gén] (light) powdering OU sprinkling. **-2.** AGR dusting, crop-dusting.

poudre [pudr] *nf* **-1.** [aliment, médicament] powder; [de craie, d'os, de diamant, d'or] dust, powder; **mettre** OU **réduire qqch en ~** to reduce sthg to powder, to pulverize OU to powder sthg ❑ **~ à éternuer** sneezing powder; **~ à laver** washing *Br* OU soap powder; **~ à récurer** scouring powder. **-2.** ARM powder, gunpowder; **~ à canon** gunpowder; **faire parler la ~** to settle the argument with guns; **ça sent la ~** there's talk of war. **-3.** [cosmétique - pour le visage] (face) powder; [- pour une perruque] powder; **~ de riz** face powder; **~ compacte/libre** pressed/loose powder; **se mettre de la ~** to powder one's face OU nose. **-4.** *loc*: **prendre la ~ d'escampette** to decamp; **jeter de la ~ aux yeux à qqn** to try to dazzle OU to impress sb; **tout ça c'est de la ~ aux yeux** all that's just for show; **~ de perlimpinpin** [faux remède] quack remedy; **leur politique, c'est de la ~ de perlimpinpin** their policy is just a magic cure-all. **-5.** *arg drogue* [héroïne] smack.

◆ **en poudre** *loc adj* [amandes, lait] powdered; **chocolat en ~** drinking chocolate; **noix de muscade en ~** ground nutmeg.

poudrer [3] [pudre] *vt* **-1.** [maquiller] to powder. **-2.** *litt* [saupoudrer]: **la neige poudrait les arbres** the trees had a light powdering OU sprinkling of snow.

◆ **se poudrer** *vp* *(emploi réfléchi)* to powder one's nose OU face.

poudrerie [pudrəri] *nf* **-1.** ARM gun-powder factory. **-2.** *Can* [neige] flurry of snow.

poudreux, euse [pudrø, øz] *adj* [terre] dusty; [substance] powdery.

◆ **poudreuse** *nf* **-1.** [neige] powdery snow, powder. **-2.** AGR sprinkler, powder-sprinkler.

poudrier [pudrije] *nm* (powder) compact.

poudrière [pudrijɛr] *nf* ARM (gun) powder store; **la maison était une vraie ~** the house was packed with explosives ‖ *fig* power keg.

poudroiement [pudrwamɑ̃] *nm litt* [de la neige] sparkle; [de la poussière] fine cloud.

poudroyer [13] [pudrwaje] *vi litt* [sable, neige] to rise in clouds; [soleil, lumière] to shine hazily; **au loin, la route poudroyait** in the distance, fine clouds of dust could be seen rising up from the road.

pouf[1] [puf] *nm* pouf, pouffe.

pouf[2] [puf] *onomat* [dans une chute] bang, wallop; **faire ~** to go crash (bang, wallop); **et ~, par terre!** whoops-a-daisy!

pouffer [3] [pufe] *vi*: **~ (de rire)** to titter.

pouf(f)iasse▽ [pufjas] *nf péj* **-1.** [femme vulgaire] cow. **-2.** *vieilli* [prostituée] tart.

Pouille [puj] *npr f*: **la ~, les ~s** Apulia.

pouilleux, euse [pujø, øz] ◇ *adj* **-1.** [couvert de poux] covered in lice, lousy, verminous. **-2.** [pauvre et sale - individu] grubby, filthy; [- restaurant, quartier] shabby, seedy.

◇ *nm, f péj* grubby person; **sur ce, arrive une espèce de ~** in comes a scruffy wretch.

pouillot [pujo] *nm*: **~ fitis/siffleur** willow/wood warbler; **~ véloce** chiffchaff.

pouilly [puji] *nm* Pouilly (wine).

poujadisme [puʒadism] *nm* POL & *fig*: **le ~** Poujadism.

LE POUJADISME:
A short-lived right-wing political movement drawing support from craftsmen, small shopkeepers and small farmers, led by Pierre Poujade. Over 50 deputies were elected in 1956. The term typifies a still prevalent attitude of resistance to change amongst traditionalist groups threatened by economic developments.

---

poulailler [pulaje] *nm* **-1.** [hangar] hen house; [cour] hen-run. **-2.** *fam* THÉÂT: **le ~** the gods *Br*, the peanut gallery *Am*; **nous avons des places au ~** we've got seats up in the gods.

poulain [pulɛ̃] *nm* **-1.** ZOOL colt. **-2.** [protégé] (young) protégé; **il avait plusieurs ~s** he had several young people under his patronage.

poulaine [pulɛn] *nf* **-1.** [chaussure] poulaine. **-2.** NAUT head.

poularde [pulard] *nf* fattened hen, poulard, poularde.

poulbot [pulbo] *nm* (Montmartre) urchin.

poule [pul] *nf* **-1.** ZOOL hen; **~ d'eau** moorhen; **la ~ aux œufs d'or** the goose that laid the golden eggs; **se coucher avec les ~s** to go to bed very early; **se lever avec les ~s** to be an early riser; **~ mouillée** drip; **quand les ~s auront des dents: ton argent, tu le reverras quand les ~s auront des dents** you can kiss your money good-bye; **une ~ n'y retrouverait pas ses poussins** it's an awful mess; **être comme une ~ qui a trouvé un couteau** to be all flustered; **la ~ ne doit pas chanter devant le coq** *prov* it's the man who should wear the trousers. **-2.** CULIN (boiling) fowl; **~ au riz** boiled chicken with rice; **~ au pot** *casseroled chicken with vegetables*. **-3.** *fam* [maîtresse] mistress; *vieilli* [prostituée] whore, tart; **~ de luxe** high-class call girl. **-4.** *fam* [terme d'affection]: **ma ~** (my) pet, (my) love. **-5.** *(comme adj)*: **c'est une mère ~** she's a real mother hen; **c'est un papa ~** he's a real mother hen *hum*. **-6.** SPORT pool *(in a round robin)*; **en ~ A, Metz bat Béziers** in group OU pool A Metz beat Béziers ‖ ÉQUIT: **~ d'essai 1,600 m** maiden race.

poulet [pulɛ] *nm* **-1.** CULIN & ZOOL chicken; **~ de grain** corn-fed chicken; **~ fermier** free-range chicken. **-2.** ▽ [policier] cop, copper *Br*. **-3.** *fam* [terme d'affection]: **mon ~** my pet, (my) love. **-4.** *fam* [lettre galante] love letter.

poulette [pulɛt] *nf* **-1.** ZOOL pullet. **-2.** *fam* [terme d'affection]: **ma ~** (my) pet, (my) love. **-3.** *fam* [femme] bird *Br*, chick *Am*.

◆ **à la poulette** *loc adj* CULIN with a poulette sauce *(made from butter, cream and egg yolks)*.

pouliche [puliʃ] *nf* filly.

poulie [puli] *nf* [roue] pulley; [avec enveloppe] block; **~ folle** idler; **~ simple/double/fixe** single/double/fixed block; **~ trapézoïdale** V-belt pulley.

pouliner [3] [puline] *vi* to foal.

poulinière [pulinjɛr] ◇ *nf* brood mare.

◇ *adj f*: **jument ~** brood mare.

poulpe [pulp] *nm* octopus.

pouls [pu] *nm* MÉD pulse; **prendre le ~ de** [malade] to feel OU to take the pulse of ❑ **~ veineux** venous pulse; **prendre** OU **tâter le ~ de** [électorat] to feel the pulse of, to sound out; [entreprise, secteur] to feel the pulse of.

poumon [pumɔ̃] *nm* lung; **~ artificiel** OU **d'acier** artificial OU iron lung.

poupard [pupar] *nm* [bébé] chubby-cheeked baby.

poupe [pup] *nf* stern.

poupée [pupe] *nf* -**1.** [figurine] doll; **jouer à la ~** to play with dolls ❑ **~ de chiffon/cire/porcelaine** rag/wax/china doll; **~ qui parle/marche** talking/walking doll; **~ de son** stuffed doll; **~ gonflable** blow-up doll; **des ~s russes** a nest of Russian dolls. -**2.** *fam* [jolie femme] doll, looker. -**3.** *fam* [bandage] (large) finger bandage. -**4.** MÉCAN [gén] headstock; [d'un tour] poppet.
◆ **de poupée** *loc adj*: **une chambre de ~** a doll's bedroom; **un visage de ~** a doll-like face.

poupin, e [pupɛ̃, in] *adj* [visage] chubby.

poupon [pupɔ̃] *nm* -**1.** [bébé] little baby. -**2.** [jouet] baby doll.

pouponner [3] [pupɔne] *vi* to look after babies OU a baby.

pouponnière [pupɔnjɛr] *nf* nursery *(for babies and toddlers who can neither stay with their parents nor be fostered)*.

pour [pur] ◇ *prép* -**1.** [indiquant le lieu où l'on va] for; **partir ~ l'Italie** to leave for Italy; **un billet ~ Paris** a ticket for OU to Paris; **~ Granville, prendre à gauche** turn left for Granville; **le train ~ Séville** the train for Seville, the Seville train; **je m'envole ~ Rome** I'm flying to Rome; **partir ~ la campagne** to go to the country. -**2.** [dans le temps - indiquant le moment] for; **pourriez-vous avoir fini ~ lundi/demain?** could you have it finished for Monday/tomorrow?; **~ dans une semaine** for a week's time; **~ le 10 mai** for May 10th; **vous partez en Italie ~ Pâques?** are you going to Italy for Easter?; **~ la première fois** for the first time; **~ le moment** for the moment; **tu organises quelque chose ~ ton anniversaire?** are you doing anything for your birthday?; **j'ai repeint la chambre ~ quand tu viendras** I've redecorated the room for when you visit || [indiquant la durée] for; **partir ~ 10 jours** to go away for 10 days; **elle est absente ~ une semaine** she's away for a week; **il n'en a plus ~ longtemps** he won't be long now; [à vivre] he hasn't got long to live; **j'en ai bien ~ cinq heures** it'll take me at least five hours. -**3.** [exprimant la cause]: **je l'ai remercié ~ son amabilité** I thanked him for his kindness; **il a été grassement récompensé ~ son aide** he was handsomely rewarded for his help; **'fermé ~ travaux'** 'closed for repairs'; **un restaurant apprécié ~ ses fruits de mer** a restaurant famous for its seafood; **ils se querellent ~ des broutilles** they quarrel over trifles; **il est tombé malade ~ avoir mangé trop d'huîtres** he fell ill after eating OU because he ate too many oysters; **condamné ~ vol** found guilty of theft; **elle a obtenu un prix ~ son premier film** she won an award for her first film ❑ **y être ~ quelque chose: sa bonne constitution y est ~ quelque chose** his strong constitution had something to do with OU played a part in it; **elle est ~ beaucoup dans le succès de la pièce** the success of the play is to a large extent due to her, she has had a great deal to do with the success of the play; **n'y être ~ rien: ne me remerciez pas, je n'y suis ~ rien** don't thank me, I didn't have anything to do with it. -**4.** [exprimant la conséquence] to; **~ son malheur** to his misfortune; **~ la plus grande joie des enfants** to the children's great delight; **il a erré trois heures en forêt ~ se retrouver à son point de départ** he wandered for three hours in the forest, only to find he was back where he'd started from; **ses paroles n'étaient pas ~ me rassurer** his words were far from reassuring to me; **ce n'est pas ~ me déplaire** I can't say I'm displeased with it. -**5.** [capable de]: **je me suis trompé et il ne s'est trouvé personne ~ me le dire** I made a mistake and nobody was capable of telling me; **il y a toujours des gens ~ rire du malheur des autres** there will always be people who'll laugh at other people's misfortune. -**6.** [par rapport à] for; **il est en avance ~ son âge** he's advanced for his age; **pas mal ~ un début** not bad for a start; **il fait froid ~ un mois de mai** it's cold for May; **c'est cher ~ ce que c'est** it's expensive for what it is. -**7.** [avec une valeur emphatique]: **mot ~ mot** word for word; **~ un champion, c'est un champion!** that's what I call a (real) champion!; **~ une surprise, c'est une surprise!** well, talk about (a) surprise!; **perdre ~ perdre, autant que ce soit en beauté** if we are going to lose, we might as well do it in style; **~ être en colère, je l'étais!** I was so angry! -**8.** [indiquant une proportion, un pourcentage] per; **cinq ~ cent** five per cent; **~ mille** per thousand; **il faut 200 g de farine ~ une demi-livre de beurre** take 200 g of flour to OU for half a pound of butter. -**9.** [moyennant]: **~ 500 francs** for 500 francs; **~ la somme de** for the sum of; **~ rien** for nothing; **il y en a bien ~ 800 francs de réparation** the repairs will cost at least 800 francs. -**10.** [à la place de] for; **prendre un mot ~ un autre** to mistake a word for another; **on l'a prise ~ sa fille** they mistook her for her daughter. -**11.** [au nom de] for, on behalf of; **parler ~ qqn** to speak on sb's behalf OU for sb; **remercie-le ~ moi** thank him from me OU for me OU on my behalf; **son tuteur prend toutes les décisions ~ lui** his guardian makes all the decisions for him OU on his behalf; **~ le directeur** [dans la correspondance] pp Director. -**12.** [en guise de, en qualité de]: **prendre qqn ~ époux/épouse** to take sb to be one's husband/wife; **avoir qqn ~ ami/professeur** to have sb as a friend/teacher; **j'ai son fils ~ élève** his son is one of my pupils; **~ tout remerciement voilà ce que j'ai eu** that's all the thanks I got; **avoir ~ conséquence** to have as a consequence; **j'ai ~ principe que...** I believe on principle that...; **il se fait passer ~ un antiquaire** he claims to be an antique dealer; **le livre a ~ titre...** the book's title is..., the book is entitled... -**13.** [indiquant l'attribution, la destination, le but] for; **acheter un cadeau ~ qqn** to buy a present for sb; **il y a qqn ~ vous au téléphone** there's someone on the phone for you; **j'ai beaucoup d'admiration ~ lui** I've got a lot of admiration for him; **son amour ~ moi** his love for me; **mes sentiments ~ elle** my feelings towards OU for her; **tant pis ~ lui!** that's too bad (for him)!; **c'est ~ quoi faire, ce truc?** what's that thing for?; **sirop ~ la toux** cough mixture; **un journal ~ enfants** a newspaper for children; **des vêtements chauds ~ l'hiver** warm clothes for winter; **tout est bon ~ son ambition** everything feeds his ambition; **il est mort ~ la patrie** he died for his country; **voyager ~ son plaisir** to travel for pleasure; **l'art ~ l'art** art for art's sake; **la discipline ~ la discipline c'est idiot** discipline (just) for the sake of discipline is stupid; **~ 4 personnes** [recette] serves 4; [couchage] sleeps 4 ❑ **c'est fait ~** that's what it's (there) for. -**14.** *(suivi de l'infinitif)* [afin de] (in order) to; **je suis venu ~ vous voir** I'm here OU I've come to see you; **nous sommes là ~ vous informer** we're here to inform you; **~ mieux comprendre** in order to understand more clearly; **~ bien faire, il faudrait tout recommencer** in order to do the job properly, it would be better to start again; **~ en finir avec toutes ces rumeurs...** in order to put a stop to these rumours... || *(elliptiquement)*: **si tu veux réussir, il faut tout faire ~** if you want to succeed you have to do everything possible. -**15.** [en faveur de] for, in favour of; **voter ~ qqn** to vote for OU in favour of sb; **manifester ~ les droits de l'homme** to demonstrate for OU in favour of human rights; **il a ~ lui de nombreuses qualités** he has a number of qualities in his favour ❑ **être ~** to be for OU in favour (of); **qui est ~?** who's in favour?; **on est ~ ou contre** you're either for or against (it); **ceux qui sont ~ cette solution** the supporters of this solution, those who are in favour of this solution; **je suis ~ qu'on s'y mette tout de suite** I'm in favour of getting down to it immediately. -**16.** [du point de vue de]: **ça compte peu ~ toi, ~ moi c'est tellement important** it matters little to you but to OU for me it's so important; **~ moi, il a dû se réconcilier avec elle** if you ask me, he must have made it up with her; **~ moi, c'est comme s'il était toujours là** to me, it's as though he's still here OU around. -**17.** [en ce qui concerne]: **et ~ le salaire?** and what about the salary?; **ne t'en fais pas ~ moi** don't worry about me; **~ certains de nos collègues, la situation est inchangée** as far as some of our colleagues are concerned, the situation has not changed; **~ ce qui est de: ~ ce qui est de l'avancement, voyez avec le responsable du personnel** as far as promotion is concerned, see the personnel officer. -**18.** *sout* [exprimant la concession]: **~ être gentil il n'en est pas moins bête** he may be kind but he's still stupid, for all his kindness he's no less stupid; **~ être jeune, elle n'en est pas moins compétente** young though she is she's very able || [en corrélation avec 'que']: **~ patient qu'il soit, il ne supportera pas cette situation** for all his patience, he won't put up with this situation. -**19.** *litt (suivi de l'infinitif)* [sur le point de] about to, on the point of; **il était ~ partir** he was about to leave OU on the point of leaving.
◇ *nm inv*: **il y a du ~ et du contre** there are things to be said on both sides (of the argument); **peser le ~ et le contre** to weigh up the pros and cons; **les ~ l'emportent** the argument in favour is overwhelming, the ayes have it POL OU *hum*.
◆ **pour que** *loc conj* -**1.** [exprimant le but] so that, in order that *fml*; **venez tôt ~ que nous ayons le temps de faire connaissance** come early so that we have time to get to know each other; **j'ai pris des places non-fumeurs ~ que vous ne soyez pas incommodés par la fumée** I've got non-smoking seats so that you won't be bothered by the smoke. -**2.** [exprimant la conséquence]: **il est assez malin ~ qu'on ne l'arrête pas** he is cunning enough to avoid being caught; **mon appartement est trop petit ~ qu'on puisse tous y dormir** my flat is too small for us all to be able to sleep there.

pourboire [purbwar] *nm* tip; **donner un ~ à qqn** to give a tip to sb, to tip sb; **j'ai laissé 20 francs de ~** I left a 20 francs tip.

pourceau, x [purso] *nm litt* -**1.** [porc] pig, hog *Am*. -**2.** [homme - sale] pig; [- vicieux] animal.

pourcent [pursɑ̃] *nm*: **quelques ~s d'électeurs se sont abstenus** quite a few voters abstained.

pour-cent [pursɑ̃] *nm inv* FIN [intérêts, commission] percentage.

pourcentage [pursɑ̃taʒ] *nm* -**1.** FIN & MATH percentage; **ça fait combien, en ~?** what's the percentage figure? -**2.** COMM percentage, commission; **travailler au ~** to work on commission OU on a percentage basis; **être payé au ~** to be paid by commission.

pourchasser [3] [purʃase] *vt* -**1.** [criminel] to chase, to pursue; **pourchassé par ses créanciers** pursued OU hounded by his creditors. -**2.** *sout* [erreur, abus] to track down *(sép)*; **nous pourchasserons les injustices** we'll root out injustice wherever we find it.

pourfendeur, euse [purfɑ̃dœr, øz] *nm, f litt*: **~ d'idées reçues/de l'hypocrisie** declared OU sworn enemy of received ideas/of hypocrisy.

pourfendre [73] [purfɑ̃dr] *vt litt* -**1.** [avec une épée - ennemi] to kill (by the sword). -**2.** [hypocrisie, préjugés] to combat.

pourlécher [18] [purleʃe]
◆ **se pourlécher** ◇ *vpi* to lick one's lips.
◇ *vpt*: **je m'en pourlèche les babines à l'avance** *hum* my mouth is watering already.

pourparlers [purparle] *nmpl* negotiations, talks; **être/entrer en ~ avec qqn** to have/to enter into talks OU negotiations with sb; **les ~ vont reprendre** negotiations will be resumed.

pourpier [purpje] *nm* purslane.

pourpoint [purpwɛ̃] *nm* doublet, pourpoint; **des personnages en ~** characters wearing doublet and hose.

pourpre [purpr] ◇ *adj* crimson; **son visage devint ~** he went OU turned crimson.
◇ *nm* -**1.** [couleur] crimson. -**2.** [mollusque] murex, purple fish. -**3.** MÉD: **~ rétinien** visual purple.

◇ *nf* -**1.** [teinte] purple (dye). -**2.** RELIG: **la ~** [robe] the purple; **revêtir la ~ cardinalice** to don the red hat.

pourpré, e [purpre] *adj* -**1.** *litt* crimson. -**2.** MÉD & *vieilli*: **fièvre ~e** hives.

pourquoi [purkwa] ◇ *adv* why; **~ pars-tu?, ~ est-ce que tu pars?** why are you going?; **~ m'avoir menti?** why did you lie to me?; **~ cet air triste?** why are you looking so sad?; **~ chercher des difficultés?** why make things more complicated?; **~ lutter?** what's the use of fighting?; **~ tant d'efforts?** why so much effort?; **~ tant de simagrées?** what's the point of all this play-acting?; **mais ~?** but why?; **~ pas?** why not?; **elle a bien réussi l'examen, ~ pas moi?** she passed the exam, why shouldn't I?; **~ ça?** why?; **et ~ donc?** but why?; **et ~, s'il vous plaît?** and why, may I ask?; **~ je n'ai rien dit? parce que ça ne me regarde pas!** why didn't I say anything? because it's none of my business!; **je ne sais pas ~ tu dis ça** I don't know why you're saying that; **voilà ~ je démissionne** that's (the reason) why I am resigning, that's the reason for my resignation; **c'est ~ je n'y suis pas allée** that's why I didn't go; **personne ne m'a dit ~** nobody has told me why; **il boude, va savoir ou comprendre ~!** he's sulking, don't ask me why!; **je l'ai fait sans savoir ~** I did it without knowing why; **c'est une opération délicate, et voici ~** it is a tricky operation and this is why.
◇ *nm inv*: **nous ne saurons jamais le ~ de cette affaire** we'll never get to the bottom of this affair; **il s'interroge toujours sur le ~ et le comment des choses** he's always bothered about the whys and wherefores of everything; **dans sa lettre, il explique le ~ de son suicide** in his letter, he explains the reason OU reasons for his suicide; **les ~ des enfants** children's questions.

pourri, e [puri] ◇ *adj* -**1.** [nourriture] rotten, bad; [planche, arbre, plante] rotten; [dent] rotten, decayed; [chairs] decomposed, putrefied; **complètement ~** rotten to the core. -**2.** *fam* [pluvieux - climat, saison] rotten; **quel temps ~!** what rotten OU lousy weather! || [en mauvais état - carrosserie] rusty; **elle est complètement ~e ta voiture!** your car is a wreck OU is nothing but a pile of rust! -**3.** [corrompu - individu, système] stinking, rotten; **votre société est ~e!** your society is rotten!; **vous pouvez le garder, votre boulot ~!** *fam* you can keep your stinking job! -**4.** [trop gâté - enfant] spoilt. -**5.** *fam* **~ de** [plein de]: **il est ~ de fric** he's stinking rich OU loaded; **être ~ d'orgueil/d'ambition** to be eaten up with pride/ambition.
◇ *nm, f fam* [terme d'injure] swine; **tas de ~s!** you rotten swine!
◆ **pourri** *nm* [partie pourrie] rotten OU bad part; **enlève le ~** cut off the bits that have gone bad ❑ **ça sent le ~** *fam* it stinks.

pourrir [32] [purir] ◇ *vi* -**1.** [se gâter - fruit, légume, viande, œuf] to go rotten, to go bad OU off *Br*; [- planche, arbre] to rot; [- végétation, dent] to decay, to rot; [- chairs] to decay, to putrefy; **~ sur pied** to rot on the stalk. -**2.** *fig*: **laisser ~ une situation** to let a situation deteriorate. -**3.** *fam* [croupir - personne] to rot; **~ en prison** to rot in prison.
◇ *vt* -**1.** [putréfier - nourriture] to rot, to putrefy; [- végétation, dent] to decay. -**2.** [gâter - enfant] to spoil. -**3.** [pervertir - individu] to corrupt, to spoil; [- société] to corrupt.

pourrissage [purisaʒ] *nm* ageing *(of clay, in humid caves)*.

pourrissant, e [purisɑ̃, ɑ̃t] *adj* [chairs] putrescent, putrefying, decaying; **des fruits ~s** rotting fruit.

pourrissement [purismɑ̃] *nm* -**1.** [de fruits, du bois, de la viande] rotting; [de chairs] putrefaction; [d'une dent, de la végétation] decay, rotting, decaying. -**2.** [d'une situation] deterioration.

pourriture [purityr] *nf* -**1.** [partie pourrie] rotten part OU bit. -**2.** [état] rottenness. -**3.** [corruption] rottenness, corruption. -**4.** *fam* [personne] rotten swine. -**5.** ŒNOL: **~ noble** noble rot, pourriture noble.

pour-soi [purswa] *nm inv* pour-soi.

poursuite [pursɥit] *nf* -**1.** [pour rattraper - animal, fugitif] chase; **~ en voiture** car chase; **les voilà partis dans une ~ effrénée** off they go in hot pursuit; **ils sont à la ~ des voleurs** [ils courent] they're chasing the thieves; [ils enquêtent] they're on the trail of the thieves; **se mettre OU se lancer à la ~ de qqn** to set off in pursuit of sb, to give chase to sb. -**2.** [prolongation - de pourparlers, d'études, de recherches] continuation; **la panne d'électricité a empêché la ~ de l'opération** the power cut prevented the operation from going on OU being carried out; **ils ont décidé la ~ de la grève** they've decided to carry on OU to continue with the strike. -**3.** [recherche - du bonheur, d'un rêve] pursuit. -**4.** ASTRONAUT tracking. -**5.** SPORT pursuit.
◆ **poursuites** *nfpl* JUR: **~s (judiciaires)** [en droit civil] legal proceedings; [en droit pénal] prosecution; **entamer OU engager des ~s contre qqn** [en droit civil] to institute legal proceedings OU to take legal action against sb; [en droit pénal] to prosecute sb; **vous pouvez faire l'objet de ~s** you're liable to prosecution.

poursuiteur, euse [pursɥitœr, øz] *nm, f* pursuit rider.

poursuivant, e [pursɥivɑ̃, ɑ̃t] ◇ *adj* JUR: **la partie ~e** the plaintiff.
◇ *nm, f* -**1.** [dans une course] pursuer. -**2.** JUR plaintiff.

poursuivre [89] [pursɥivr] *vt* -**1.** [courir après - animal, voleur, voiture] to chase (after), to pursue; **je me suis fait ~ par une bande de voyous/une voiture de police** I was chased by a gang of hoodlums/a police car; **il sentait leurs regards qui le poursuivaient** he could feel their eyes pursuing OU following him. -**2.** [s'acharner contre - suj: créancier, rival] to hound, to harry, to pursue; [- suj: image, passé, remords] to haunt, to hound, to pursue; **~ qqn de ses assiduités** to pester sb with one's attentions; **~ qqn de sa haine** to hound sb through hatred; **il est poursuivi par la malchance** he is dogged OU pursued by misfortune. -**3.** [continuer - interrogatoire, récit, recherche, voyage] to go OU to carry on with *(insép)*, to continue; [- lutte] to continue, to pursue; **elle poursuivit sa lecture** she carried on reading, she read on; **ils poursuivirent la discussion jusqu'à une heure tardive** they went on talking till late at night; **poursuivez votre travail** get on with your work; **«quelques années plus tard», poursuivit-il** "a few years later", he went on || *(en usage abs)*: **veuillez ~, Monsieur** please proceed, Sir; **bien, poursuivons** right, let's go on OU continue. -**4.** [aspirer à - objectif] to pursue, to strive towards *(insép)*; [- rêve] to pursue; [- plaisirs] to pursue, to seek. -**5.** JUR: **~ qqn (en justice)** [en droit civil] to institute (legal) proceedings against OU to sue sb; [en droit pénal] to prosecute sb; **être poursuivi pour détournement de fonds** to be prosecuted for embezzlement; **être poursuivi en diffamation** to be sued for libel.
◆ **se poursuivre** ◇ *vp (emploi réciproque)* [se courir après] to chase one another OU each other.
◇ *vpi* [se prolonger - pourparlers, recherches] to go on, to continue; [- opération] to go on.

pourtant [purtɑ̃] *adv* -**1.** [malgré tout] yet, even so, all the same; **elle est ~ bien gentille** and yet she's very nice; **il faut ~ bien que quelqu'un le fasse** somebody has to do it all the same; **cette histoire est ~ vraie** and yet this story is true; **et ~** and yet; **c'est une avenue résidentielle, et ~ bruyante** it's a residential street and yet it's still noisy; **et ~, toutes les conditions étaient réunies!** and yet, all the conditions were right! -**2.** [emploi expressif]: **c'est ~ simple!** but it's quite simple!; **ce n'est ~ pas compliqué!** it's not exactly complicated!; **il n'est pas bête, ~!** he's not exactly stupid!; **je t'avais ~ prévenu...!** I did warn you...!; **ma montre ne s'est ~ pas envolée!** my watch didn't just vanish into thin air!; **c'est ~ vrai qu'il est déjà midi!** 12 o'clock already!

pourtour [purtur] *nm* -**1.** [délimitation - d'un terrain] perimeter; [- d'un globe] circumference. -**2.** [bordure - d'un plat] edge, rim; [- d'une feuille] edge; [- d'une baignoire] surround.

pourvoi [purvwa] *nm* JUR appeal; **il a présenté un ~ en cassation** he has taken his case to the Appeal Court; **~ en révision** review.

pourvoir [64] [purvwar] *vt* -**1.** [équiper]: **~ qqn de OU en** [outils] to equip OU to provide sb with; [vivres, documents] to provide sb with; **~ qqch de** to equip OU to fit sthg with; **la salle est pourvue d'un excellent système acoustique** the auditorium has been fitted with an excellent sound system. -**2.** [doter]: **~ de** to endow with; **la nature l'a pourvue d'une remarquable intelligence** nature has endowed OU graced her with extraordinary intelligence; **ses parents l'ont pourvu d'une solide éducation** his parents provided him with a sound education; **la cigogne est pourvue d'un long bec** storks have OU possess long beaks. -**3.** [remplir - emploi] to fill; **le poste est toujours à ~** the post is still vacant OU is still to be filled.
◆ **pourvoir à** *v + prép* [besoin] to provide OU to cater for; [dépense] to pay for; **nous pourvoirons au transport des médicaments** we will provide for OU deal with the transport of medicine.
◆ **se pourvoir** *vpi* JUR to appeal; **se ~ en cassation** to take one's case to the Supreme Court of Appeal.
◆ **se pourvoir de** *vp + prép* [se munir de]: **se ~ d'outils** to equip o.s. with tools; **se ~ de vivres** to provide o.s. with food.

pourvoyeur, euse [purvwajœr, øz] *nm, f* -**1.** [d'armes, de marchandises] supplier; [de drogue] dealer. -**2.** *litt*: **~ de fausses nouvelles** rumour monger.
◆ **pourvoyeur** *nm* MIL ammunition server.

pourvu, e [purvy] *adj*: **bien ~** well-off, well-provided for.

pourvu que [purvykə] *(devant voyelle ou h muet* **pourvu qu'** [purvyk]) *loc conj* -**1.** [exprimant un souhait]: **pourvu qu'il vienne!** I hope OU let's hope he's coming!; **~ ça dure!** let's hope it lasts!; **pourvu qu'il ne pleuve pas!** let's hope it doesn't rain! -**2.** [exprimant une condition] provided (that), so OU as long as; **tout ira bien ~ vous soyez à l'heure** everything will be fine so long as you're on time.

poussah [pusa] *nm* -**1.** [figurine] tumbler (toy). -**2.** [homme] portly (little) man.

pousse [pus] ◇ *nf* -**1.** ANAT growth. -**2.** BOT [bourgeon] (young) shoot, sprout; [début de croissance] sprouting; [développement] growth; **ma plante fait des ~s** my plant is sprouting new leaves ❑ **~s de bambou** bamboo shoots; **~s de soja** beansprouts. -**3.** [de la pâte à pain] proving. -**4.** ŒNOL *undesired fermentation of wine, which can spoil a batch*. -**5.** VÉTÉR broken wind.
◇ *nm inv* = **pousse-pousse 1**.

poussé, e[1] [puse] *adj* -**1.** [fouillé - interrogatoire] thorough, probing, searching; [- recherche, technique] advanced; [- description] thorough, extensive, exhaustive; **d'une efficacité très ~e** highly efficient; **elle fera des études ~es** she'll go on to advanced studies; **je n'ai pas fait d'études ~es** I didn't stay in education very long. -**2.** [exagéré] excessive; **350 F pour une coupe, c'est un peu ~!** 350 F for a haircut is a bit steep! -**3.** AUT [moteur] customized.

pousse-café *fam* [puskafe] *nm inv* liqueur, pousse-café; **voulez-vous un ~?** would you like a liqueur with your coffee?

poussée[2] [puse] *nf* -**1.** CONSTR, GÉOL & PHYS thrust; **~ d'Archimède** upthrust buoyancy. -**2.** [pression] push, shove, thrust; **la barrière a cédé sous la ~ des manifestants** the barrier gave way under the pressure of the demonstrators. -**3.** MÉD eruption, outbreak; **le bébé fait une petite ~ de boutons rouges** the baby has a red rash; **faire une ~ de fièvre** to have a sudden rise in temperature; **une ~ d'adréna-**

line a surge of adrenalin. -**4.** BOT : ~ **radiculaire** root pressure. -**5.** [progression] upsurge, rise; **une ~ de racisme** an upsurge of racism; **une ~ de l'inflation** a rise in inflation. -**6.** [attaque] thrust; **la ~ des troupes hitlériennes contre la Pologne** the thrust OU offensive of Hitler's troops against Poland. -**7.** AÉRON & ASTRONAUT thrust.

pousse-pousse [puspus] *nm inv* -**1.** [en Extrême-Orient] rickshaw. -**2.** *Helv* [poussette] pushchair *Br*, baby carriage *Am*.

pousser [3] [puse] ◇ *vt* -**1.** [faire avancer - caddie, fauteuil roulant, landau] to push, to wheel (along); [- moto en panne] to push, to walk; [- caisse] to push (along OU forward); [- pion] to move forward; **j'ai dû ~ mon vélo jusqu'à la maison** I had to push OU to wheel my bike home; **on va ~ la voiture** [sur une distance] we'll push the car (along); [pour la faire démarrer] we'll push-start the car, we'll give the car a push (to start it); **il poussait son troupeau devant lui** he was driving his flock before him; **ils essayaient de ~ les manifestants vers la place** they were trying to drive OU to push the demonstrators towards the square; **le vent pousse le radeau loin de la côte** the wind is pushing the raft away from the coast; **le courant poussait le canot** the stream was carrying OU pushing the canoe along; **des rafales de vent poussaient les nuages** gusts of wind sent the clouds scudding across the sky; **je me sentais irrésistiblement poussé vers elle** I was irresistibly attracted to her. -**2.** [enclencher, appuyer sur - bouton, interrupteur] to push (in) *(sép)*, to press on *(insép)*; **~ un levier vers le haut/bas** to push a lever up/down; **le ressort pousse le percuteur** the spring pushes the hammer in OU home; **~ un verrou** [pour ouvrir] to slide a bolt out; [pour fermer] to slide a bolt in OU home; **pousse le volet** [pour l'ouvrir] push the shutter open OU out; [pour le fermer] push the shutter to; **~ une porte** [doucement, pour l'ouvrir] to push a door open; [doucement, pour la fermer] to push a door to OU shut; **la porte à peine poussée, il me racontait ce qu'il avait fait dans la journée** no sooner was he inside the door, than he began telling me all about his day. -**3.** [bousculer] to push, to shove; **~ qqn du coude** [pour l'alerter, accidentellement] to nudge sb with one's elbow; **j'ai été obligé de ~ plusieurs personnes pour pouvoir sortir** I had to push past several people to get out; **elle l'a poussé par-dessus bord** she pushed him overboard. -**4.** [enlever] to push (away), to push OU to shove aside *(sép)*; **pousse le vase/ton pied, je ne vois pas la télévision** move the vase/your foot out of the way, I can't see the television; **pousse ton derrière de là!** *fam* shift up! *Br*, shove over!; **pousse le journal, je vais mettre la table** move OU shift the paper, I'm going to lay the table. -**5.** [inciter, entraîner - personne] to spur on *(sép)*, to drive; **c'est l'orgueil qui le pousse** he is spurred on OU driven by pride; **on n'a pas eu à le ~ beaucoup pour qu'il accepte** he didn't need much pressing OU persuasion to accept; **~ qqn à qqch** to drive OU to prompt sb to do sthg; **~ qqn à la consommation** to encourage sb to buy OU to consume; **~ qqn à la dépense** to encourage sb to spend more; **~ qqn au désespoir/suicide** to drive sb to despair/suicide; **ici, tout pousse à la paresse** this place encourages idleness; **sa curiosité l'a poussé à l'indiscrétion** his curiosity made him indiscreet; **~ qqn à faire qqch** [suj: curiosité, jalousie] to drive sb to do sthg; [suj: pitié soudaine] to prompt sb to do sthg; [suj: personne] to incite sb to do OU to push sb into doing OU to prompt sb to do sthg; **~ qqn à se droguer** to push sb into taking drugs; **~ qqn à boire** to drive sb to drink; **sa tyrannie les avait poussés à se révolter** his tyranny had driven them to revolt; **un désir inexplicable me poussa à y retourner** I was mysteriously compelled to go back there; **mes parents ne m'ont jamais poussé à faire des études** my parents never encouraged me to study; **elle le pousse à divorcer** [elle l'en persuade] she's talking him into getting a divorce; **mais qu'est-ce qui a bien pu te pousser à lui dire la vérité?** what on earth possessed you to tell him the truth? -**6.** [poursuivre - recherches] to press on OU to carry on with *(insép)*; [- discussion, études, analyse] to continue, to carry on (with); [- argumentation] to carry on (with) *(insép)*, to push further; [- comparaison, interrogatoire] to take further; [- avantage] to press home *(insép)*; **en poussant plus loin l'examen de leur comptabilité** by probing deeper into their accounts; **vous auriez dû ~ un peu plus votre réflexion sur ce point** you should have developed that point further; **~ la plaisanterie un peu loin** to take OU to carry the joke a bit too far; **tu pousses un peu loin le cynisme** you're being a bit too cynical; **~... jusqu'à: ~ la promenade jusqu'à** to push on to, to walk as far as; **~ la sévérité jusqu'à la cruauté** to carry severity to the point of cruelty; **elle a poussé l'audace jusqu'à...** she was bold enough to...; **il a poussé le vice jusqu'à ne pas la saluer** his spite was such that he refused even to greet her ‖ [aux enchères] : **~ un tableau** to push up the price of a painting. -**7.** [forcer - moteur] to push; [- voiture] to drive hard OU fast; [- chauffage] to turn up *(sép)*; [- son] to turn up *(sép)*; **je suis à 130, je préfère ne pas ~ le moteur** I'm doing 130, I'd rather not push the engine any further; **~ la sono à fond** *fam* to turn the sound up full (blast) ‖ [exiger un effort de - étudiant, employé] to push; [- cheval] to urge OU to spur on *(sép)*; **on ne m'a pas assez poussé quand j'étais à l'école** I wasn't pushed hard enough when I was at school ‖ [encourager - candidat, jeune artiste] to push; **elle a poussé son fils pour qu'il entre dans l'enseignement** she pushed her son towards a teaching career; **si tu la pousses un peu sur le sujet, tu verras qu'elle ne sait pas grand-chose** if you push her a bit on the subject, you'll see that she doesn't know much about it. -**8.** [émettre] : **~ un cri** [personne] to cry, to utter OU to let out a cry; [oiseau] to call; **~ une exclamation** to cry out; **~ un gémissement** to groan; **~ une plainte** to moan; **~ un soupir** to sigh, to heave a sigh; **~ des cris/hurlements de douleur** to scream/to yell with pain ❑ **~ la chansonnette** *fam* OU **la romance** *fam* to sing a song; **en ~ une** *fam* to sing a song; **allez, grand-père, tu nous en pousses une?** come on, grandpa, give us a song. -**9.** AGR & BOT [plante, animal] to force; **les fermiers poussent les veaux** farmers force calves. -**10.** PHOT to push-process. -**11.** MIL [troupes] to push forward *(sép)*, to drive on *(sép)*; **~ une charge** to charge; **~ une reconnaissance** to go on a (wide-ranging) reconnaissance ❑ **~ une attaque** *pr & fig* to drive an attack home.

◇ *vi* -**1.** [grandir - arbre, poil, ongle] to grow; [- dent] to come through; **le banian ne pousse qu'en Inde** banyans only grow OU are only found in India; **pour empêcher les mauvaises herbes de ~** to stop weeds from growing; **des mauvaises herbes poussées entre les pierres** weeds which have sprung up between the stones; **les plants de tomates poussent bien** the tomato plants are doing well; **ses dents commencent à ~** he's cutting his teeth, he's teething; **il a poussé trop vite** *fig* he's grown too fast; **et les enfants, ça pousse?** *fam* how're the kids (then), growing OU shooting up?; **des tours poussent partout dans mon quartier** there are high-rise blocks springing up all over the place where I live; **faire ~** [légumes] to grow; **faire ~ du blé** to grow OU to cultivate wheat; **on fait ~ de la vigne dans la région** they grow grapes in this region; **mets de l'engrais, ça fera ~ tes laitues plus vite** use fertilizer, it'll make your lettuces grow faster; **laisser ~** to grow; **et si tu laissais ~ ta barbe?** what about growing OU why don't you grow a beard?; **elle a laissé ~ ses cheveux** she's let her hair grow. -**2.** [avancer] to push on; **ils ont poussé jusqu'au manoir** they went OU pushed OU carried on as far as the manor house; **poussons un peu plus loin** let's go OU push on a bit further. -**3.** *fam* [exagérer] : **deux heures de retard, tu pousses!** you're two hours late, that's a bit much!; **500 francs par personne, ils poussent un peu!** 500 francs per person, that's a bit much OU steep!; **je veux 25 % d'augmentation — tu ne trouves pas que tu pousses un peu?** I want a 25% pay rise – don't you think that's pushing it a bit?; **faut pas ~!** enough's enough! -**4.** [bousculer] to push, to shove; **ne poussez pas, il y en aura pour tout le monde!** stop shoving OU pushing, there's plenty for everyone!; **ça poussait dans la file d'attente** *fam* there was a lot of shoving OU jostling in the queue. -**5.** [appuyer] to push; **on a tous poussé en même temps pour désembourber la voiture** we all pushed together to get the car out of the mud; **~ sur: ~ sur un bouton** to push a button; **~ sur ses pieds/jambes** to push with one's feet/legs; **poussez sur vos bâtons dans la descente** use your poles as you go downhill; **'poussez'** 'push'; **~ dans le sens de qqn** to push sb's cause. -**6.** PHYSIOL [à la selle] to strain; [dans l'enfantement] to push. -**7.** ŒNOL to undergo secondary fermentation *(in the spring)*.

◆ **se pousser** ◇ *vp (emploi passif)* to be pushed; **la manette se pousse d'un seul doigt** the lever can be pushed with a single finger.

◇ *vpi* -**1.** [se déplacer] to move; **tu peux te ~ un peu?** [dans une rangée de chaises] could you move along a bit OU a few places?; [sur un canapé, dans un lit] could you move over slightly?; **la foule s'est poussée pour laisser passer l'ambulance** the crowd moved out of the way of the ambulance; **pousse-toi de là, tu vois bien que tu gênes!** *fam* move over OU shove over, can't you see you're in the way?; **pousse-toi de devant la télé!** *fam* stop blocking the TV! -**2.** [se bousculer] : **les gens se poussaient pour voir arriver le Président** people were pushing and shoving to get a look at the President. -**3.** *fam* [pénétrer] : **se ~ dans une entreprise** to make one's way up (the ladder) in a firm; **il faut une fortune pour se ~ dans la finance** you need a private fortune to get ahead in the world of finance.

poussette [pusɛt] *nf* -**1.** [pour enfant] pushchair *Br*, stroller *Am*; [à provisions] shopping trolley *Br* OU cart *Am*. -**2.** *fam* SPORT : **faire la ~ à un coureur cycliste** to give a rider a little push OU shove.

poussette-canne [pusɛtkan] (*pl* **poussettes-cannes**) *nf* folding pushchair *Br* OU stroller *Am*.

pousseur [pusœr] *nm* -**1.** NAUT push tug. -**2.** ASTRONAUT booster.

poussier [pusje] *nm* coal dust.

poussière [pusjɛr] *nf* -**1.** [terre sèche, salissures] dust; **la voiture souleva un nuage de ~** the car raised a cloud of dust; **tu en fais de la ~ en balayant!** you're making OU raising a lot of dust with your broom!; **prendre la ~** to collect dust; **les tapisseries prennent facilement la ~** the wall-hangings are dust traps; **recouvert de ~** dusty, covered with dust; **essuie la ~ sur les meubles/dans ta chambre** dust the furniture/your room; **mettre OU réduire qqch en ~** to smash sthg to smithereens; **tomber en ~** to crumble into dust; **les parchemins/os tombent en ~** the pieces of parchment/the bones are crumbling into dust. -**2.** [dans l'œil] mote *litt*, piece of grit. -**3.** [particules - de roche, de charbon, d'or] dust; **~ cosmique/interstellaire** cosmic/interstellar dust; **~ industrielles** industrial dust; **~ lunaire** lunar dust; **~ radioactive** radioactive particles OU dust.

◆ **poussières** *fam nfpl* : **50 francs et des ~s** just over 50 francs; **ça fait 3 kilos et des ~s** it's a little over 3 kilos.

poussiéreux, euse [pusjerø, øz] *adj* -**1.** [couvert de poussière] dusty, dust-covered; **vitres poussiéreuses** grimy windows; **de vieux grimoires tout ~** old volumes all covered with dust. -**2.** *sout* [dépassé - législation, théorie] outmoded, outdated.

poussif, ive [pusif, iv] *adj* -**1.** [essoufflé - cheval] broken-winded; [- vieillard] short-winded, wheezy; [- locomotive] puffing, wheezing.

-**2.** [laborieux - prose] dull, flat, laboured; [- campagne électorale, émission] sluggish, dull.

poussin [pusɛ̃] *nm* -**1.** ZOOL chick; COMM poussin. -**2.** *fam* [terme d'affection]: **mon ~** my pet OU darling; **pauvre petit ~!** poor little thing! -**3.** SPORT under-eleven *(member of junior team or club)*. -**4.** *arg mil first-year student in the French Air Force training school.*

poussine [pusin] *nf Helv* pullet.

poussinière [pusinjɛr] *nf* chick house.

poussivement [pusivmɑ̃] *adv*: **monter ~** to puff OU to wheeze (one's way) up; **le train avançait ~** the train was wheezing OU puffing along.

poussoir [puswar] *nm* -**1.** [d'une montre] button. -**2.** MÉCAN tappet.

poutargue [putarg] *nf salted and pressed mullet roe.*

poutraison [putrɛzɔ̃] *nf* (framework of) beams.

poutre [putr] *nf* -**1.** CONSTR [en bois] beam; [en fer] girder; **~ armée/en treillis** lattice/trussed girder; **~ apparente** exposed beam; **~ de faîte** ridge beam. -**2.** SPORT beam; **exercices à la ~** beam exercises.

poutrelle [putrɛl] *nf* -**1.** CONSTR [en bois] small beam; [en fer] small girder. -**2.** MÉTALL I-beam.

poutser *fam* [3] [putse] *vt Helv* to clean.

pouvoir[1] [puvwar] *nm* -**1.** [aptitude, possibilité] power; **avoir un grand ~ de concentration/de persuasion** to have great powers of concentration/persuasion; **avoir un grand ~ d'adaptation** to be very adaptable; **je n'ai pas le ~ de lire l'avenir!** I cannot predict the future!; **il n'est plus en notre ~ de décider de la question** we're no longer in a position to decide on this matter; **je ferai tout ce qui est en mon ~ pour t'aider** I'll do everything OU all in my power to help you ❑ **~ d'achat** ÉCON purchasing power; **~ libératoire** FIN legal tender. -**2.** ADMIN & JUR [d'un président, d'un tuteur] power; **le ~ décisionnaire des actionnaires** the decision-making powers of shareholders; **le roi avait un ~ absolu** the king had absolute power; **avoir ~ de: avoir ~ de décision** to have the authority to decide; **je n'ai pas ~ de vous libérer** I have no authority OU it is not in my power to release you; **je lui ai donné ~ de décider à ma place par-devant notaire** I gave him power of attorney OU proxy ❑ **~ disciplinaire** disciplinary powers. -**3.** POL: **le ~** [exercice] power; [gouvernants] government; **elle est trop proche du ~ pour comprendre** she's too close to the seat of power to understand; **arriver au ~** to come to power; **être au ~** [parti élu] to be in power OU office; [junte] to be in power; **les gens au ~ ne connaissent pas nos problèmes** those in power OU the powers that be don't understand our difficulties; **prendre le ~** [élus] to take office; [dictateur] to seize power; **exercer le ~** to exercise power, to govern, to rule ❑ **le ~ central** central government; **le ~ exécutif** executive power, the executive; **le ~ judiciaire** judicial power, the judiciary; **le ~ législatif** legislative power, the legislature; **le ~ local** local government, the local authorities. -**4.** [influence] power, influence; **avoir du ~ sur qqn** to have power OU influence over sb; **il a beaucoup de ~ au sein du comité** he's very influential OU he has a lot of influence within the committee; **avoir qqn en son ~** to have sb in one's power; **la ville est tombée en leur ~** the town has fallen into their hands; **le ~ de la télévision/des sens** the power of television/the senses. -**5.** PHYS & TECH power, quality; **~ absorbant** absorbency; **~ calorifique (inférieur/supérieur)** (net/gross) calorific value; **~ couvrant (d'une peinture)** opacity (of a paint); **~ isolant** insulating capacity.

◆ **pouvoirs** *nmpl* -**1.** [fonctions] powers, authority; **outrepasser ses ~s** to overstep OU to exceed one's authority; **avoir tous ~s pour faire qqch** [administrateur] to have full powers to do sthg; [architecte, animateur] to have carte blanche to do sthg ❑ **~s exceptionnels** POL special powers *(available to the President of the French Republic in an emergency)*. -**2.** [gouvernants]: **les ~s constitués** the legally constituted government; **les ~s publics** the authorities. -**3.** [spirituels, magnétiques]: **elle a des ~s surnaturels** she has supernatural powers.

pouvoir[2] [58] [puvwar] ◇ *v aux* -**1.** [avoir la possibilité, la capacité de]: **je peux revenir en France** I'm able to OU I can return to France; **comme vous pouvez le voir sur ces images** as you can see on these pictures; **on peut toujours s'arranger** some sort of an arrangement can always be worked out; **si seulement je pouvais me souvenir de son nom** if only I could remember his name; **pourriez-vous m'indiquer la gare?** could you tell me the way to the station?; **comment as-tu pu lui mentir!** how could you lie to him!; **je te l'apporte dès que je peux** I'll bring it to you as soon as I can OU as soon as possible; **quand il pourra de nouveau marcher** when he's able to walk again; **c'est plus que je ne peux payer** it's more than I can afford (to pay); **je ne peux (pas) m'empêcher de penser que...** I can't help thinking that...; **ce modèle peut se ranger dans une valise** this model packs OU can be packed into a suitcase; **l'argument peut aisément être retourné** the argument cuts both ways OU can easily be turned around; **je ne peux pas dormir** I'm unable to OU I can't sleep; **jamais plus elle ne pourra chanter** she'll never be able to sing again; **tout le monde ne peut pas le faire/en dire autant!** not everybody can do it/say that!; **c'est construit de telle manière que l'on ne puisse pas s'échapper** it's built in such a way that it's impossible to escape OU as to make escape impossible; **le projet ne pourra pas se faire sans sa collaboration** the project can't be carried out without her collaboration; **il ne peut pas suivre d'études universitaires** [il n'est pas assez brillant] he's not up to going to university; **fais ce que tu veux, je ne peux pas mieux te dire!** do as you please, that's all I can say!; **tu ne peux pas ne pas l'aider** you MUST help her, you can't refuse to help her ❑ **il ne peut pas la voir (en peinture)** *fam* he can't stand (the sight of) her; **je n'ai jamais pu le voir (en peinture)** *fam* I never could abide him. -**2.** [parvenir à] to manage OU to be able to; **avez-vous pu entrer en contact avec lui?** did you succeed in contacting OU manage to contact him? -**3.** [avoir la permission de]: **vous pouvez disposer** you may OU can go now; **si je peux** OU **si je puis** *sout* **m'exprimer ainsi** if I may use the phrase; **vous pouvez dire ce que vous voulez, on ne vous croira pas** say what you will OU you can say whatever you like, nobody'll believe you; **si on ne peut plus plaisanter, maintenant!** it's a pretty sad thing if you can't have a laugh anymore! || [avoir des raisons de]: **on ne peut que s'en féliciter** one can't but feel happy about it; **je suis désolé — ça, tu peux (l'être)!** *fam* I'm so sorry — so you should be OU and with good reason OU and I should think so too! -**4.** [exprime une éventualité, un doute, un risque]: **la maladie peut revenir** the disease can OU may recur; **attention, tu pourrais glisser** careful, you might OU could slip; **ça peut exploser à tout moment** it could OU may OU might explode at any time; **un accident peut toujours se produire** accidents do happen; **il a pu les oublier dans le bus** he could OU may have left them on the bus; **où ai-je bien pu laisser mes lunettes?** what on earth can I have done with my glasses?; **qu'a-t-elle (bien) pu leur dire pour les mettre dans cet état?** what can she possibly have said for them to be in such a state!; **ce ne peut être déjà les invités!** (surely) it can't be the guests already!; **j'aurais pu l'attendre longtemps, elle n'arrive que demain!** I could have waited a long time, she's not coming until tomorrow!; **la gauche pourrait bien ne pas être élue** the left could well not get OU be elected; **après tout, il pourrait bien ne pas avoir menti** he may well have been telling the truth after all; **d'aucuns pourront mettre sa sincérité en doute** some people might question his sincerity; **c'est plus facile qu'on ne pourrait le croire** it's easier than you might think; **elle a très bien pu arriver entre-temps** she may well have arrived in the meantime; **je peux toujours m'être trompé** it's possible I might have got it wrong; **ça aurait pu être pire** it could have been worse; **on a pu dire de lui qu'il était le précurseur du romantisme** some consider him to be the precursor of the Romantic movement || *(tournure impersonnelle)*: **il pourrait** it could OU may (possibly); **il pourrait s'agir d'un suicide** it could OU may OU might be a suicide; **il peut arriver que...** it may (so) OU can happen that...; **il ne peut pas y avoir d'erreur** there can't (possibly) be a mistake. -**5.** [exprime une approximation]: **elle pouvait avoir entre 50 et 60 ans** she could have been between 50 and 60 (years of age); **il pouvait être 2 h quand nous sommes sortis** it could OU might have been 2 o'clock when we came out. -**6.** [exprime une suggestion, une hypothèse]: **tu peux toujours essayer de lui téléphoner** you could always try phoning him; **tu pourrais te lever pour donner ta place à la dame, quand même!** you might get up and let the lady have your seat!; **tu pourrais au moins t'excuser!** you could at least apologize!, the least you could do is (to) apologize!; **il aurait pu me prévenir!** he could've OU might've warned me!; **on peut s'attendre à tout avec elle** anything's possible with her ❑ **tu peux toujours attendre!** *fam iron* don't hold your breath!; **tu peux toujours courir!** *fam* you must be joking! -**7.** *litt* [exprime le souhait]: **puisse ce fléau nous épargner!** let us hope OU pray we may be spared this plague!; **puisse-t-il vous entendre!** let us hope he can hear you!; **puissé-je ne jamais revivre des moments pareils!** may I never have to live through that again!
◇ *vt* [être capable de faire]: **qu'y puis-je?** what can I do about it?; **vous seul y pouvez quelque chose** only you can do anything about it; **tu y peux quelque chose, toi?** can YOU do anything about it?; **on n'y peut rien** it can't be helped, nothing can be done about it; **que puis-je pour vous?** what can I do for you?; **elle peut beaucoup pour notre cause** she can do a lot for our cause; **j'ai fait tout ce que j'ai pu** I did my level best OU all I could; **je fais ce que je peux et je peux peu** *fam hum* I do what I can and that's not a lot ❑ **je n'en peux plus** [physiquement] I'm exhausted; [moralement] I can't take any more OU stand it any longer; [je suis rassasié] I'm full (up); **ma voiture n'en peut plus** *fam* my car's had it; **je n'en peux plus de l'entendre se plaindre sans cesse** I just can't take his continual moaning any more; **regarde-le danser avec elle, il n'en peut plus!** *fam hum* just look at him dancing with her, he's in seventh heaven!

◆ **se pouvoir** *v impers*: **ça se peut** it may OU could be; **ça se peut, mais...** that's as may be, but...; **il va pleuvoir — ça se pourrait bien!** it's going to rain — that's quite possible!; **est-ce qu'ils vont se marier? — cela se pourrait** are they going to get married? — they might OU it's possible; **sois calme, et s'il se peut, diplomate** keep calm and, if (at all) possible, be tactful; **il** OU **ça se peut que: il se peut qu'il soit malade** he might be ill, maybe he's ill; **il se peut que je vienne** I might come, maybe I'll come; **il se pourrait bien qu'il n'y ait plus de places** it might OU could well be fully booked.

pouzzolane [puzɔlan] *nf* pozzuolana, pozzolana.

Poznan [pɔznan] *npr* Poznan.

pp *(abr écrite de* **pages)** pp.

PP *(abr de* **préventive de la pellagre)** *adj*: **vitamine ~** niacin.

ppcm *(abr de* **plus petit commun multiple)** *nm* LCM.

PQ ◇ *nm* ▽ *(abr de* **papier-cul)** bog paper.
◇ -**1.** *(abr écrite de* **province de Québec)** PQ. -**2.** *(abr écrite de* **premier quartier (de lune))** *first quarter.*

PQR *nf abr de* **presse quotidienne régionale.**

Pr (*abr écrite de* professeur) Prof.
PR ◇ *npr m* (*abr de* parti républicain) *right-wing French political party.*
◇ (*abr écrite de* poste restante) PR.
Prado [prado] *npr m*: le (musée national du) ~ the Prado.
praesidium [prezidjɔm] *nm* praesidium, presidium.
pragmatique [pragmatik] ◇ *adj* [politique] pragmatic; [personne, attitude] pragmatic, practical.
◇ *nf* pragmatics *(sg).*
pragmatisme [pragmatism] *nm* pragmatism.
pragmatiste [pragmatist] *adj* & *nmf* pragmatist.
pragois, e [pragwa, az] = **praguois.**
Prague [prag] *npr* Prague.
praguois, e [pragwa, az] *adj* from Prague.
◆ **Praguois, e** *nm, f inhabitant of or person from Prague.*
praire [prɛr] *nf* clam.
prairie [preri] *nf* -**1.** [terrain] meadow. -**2.** [formation végétale] grassland. -**3.** [aux États-Unis et au sud du Canada]: la Prairie, les Prairies the Prairie, the Prairies.
pralin [pralɛ̃] *nm* CULIN praline *(toasted almonds in caramelized sugar).*
praline [pralin] *nf* -**1.** CULIN [amande] praline, sugared almond; *Belg* [chocolat] (filled) chocolate. -**2.** ▽ [balle d'arme à feu] slug.
praliné, e [praline] *adj* [glace, entremets] almond-flavoured; [amande] sugared; [chocolat] with (toasted) sugared almonds.
◆ **praliné** *nm* chocolate with (toasted) sugared almonds.
praticable [pratikabl] ◇ *adj* -**1.** [sentier] passable, practicable. -**2.** [réalisable - suggestion, solution] practicable, feasible.
◇ *nm* -**1.** CIN (tray) dolly. -**2.** THÉÂT prop. -**3.** INDUST cradle. -**4.** SPORT (floor) mat.
praticien, enne [pratisjɛ̃, ɛn] *nm, f* practitioner.
pratiquant, e [pratikɑ̃, ɑ̃t] ◇ *adj* practising; je ne suis pas ~ I don't attend church regularly, I'm not a (regular) churchgoer.
◇ *nm, f* -**1.** RELIG churchgoer. -**2.** [adepte] adherent.
pratique[1] [pratik] *adj* -**1.** [utile - gadget, outil, voiture, dictionnaire] practical, handy; [- vêtement] practical; quand on a des invités, c'est bien ~ un lave-vaisselle! when you've got guests, a dishwasher comes in handy! -**2.** [facile]: il faut changer de bus trois fois, ce n'est pas ~! you have to change buses three times, it's very inconvenient!; ce n'est pas ~ de courir avec une jupe étroite it's not easy to run in a tight skirt. -**3.** [concret - application, conseil, formation] practical; régler les détails ~s d'une excursion to sort out the practical details of an excursion. -**4.** [pragmatique] practical; avoir le sens OU l'esprit ~ to have a practical turn of mind, to be practical.
pratique[2] [pratik] *nf* -**1.** [application - d'une philosophie, d'une politique] practice; [- de l'autocritique, d'une vertu] exercise; [- d'une technique, de la censure] application; mettre en ~ [conseils, préceptes] to put into practice; [vertu] to exercise; en OU dans la ~ in (actual) practice. -**2.** [d'une activité] practice; la ~ régulière du tennis/vélo playing tennis/cycling on a regular basis; ~ illégale de la médecine illegal practice of medicine; la ~ religieuse religious observance. -**3.** [expérience] practical experience; on voit que tu as de la ~ you've obviously done this before; j'ai plusieurs années de ~ I have several years' practical experience. -**4.** [usage] practice; des ~s religieuses religious practices; une ~ courante common practice; le marchandage est une ~ courante là-bas over there, it's common practice to barter.
pratiquement [pratikmɑ̃] *adv* -**1.** [presque] practically, virtually; il n'y avait ~ personne there was hardly anybody OU practically nobody. -**2.** [en fait] in practice OU (actual) fact.
pratiquer [3] [pratike] ◇ *vt* -**1.** [faire - entaille] to make, to cut; [- ouverture] to make; [- passage] to open up; [- intervention chirurgicale, tests] to carry out *(sép)*; des marches avaient été pratiquées dans la roche steps had been carved out in the rock; ~ un trou [à la vrille] to bore OU to drill a hole; [aux ciseaux] to cut (out) a hole. -**2.** [appliquer - préceptes, politique] to practise; [- autocritique, vertu] to practise, to exercise; [- technique] to use, to apply; [- censure] to apply; [- sélection] to make; je ne pratiquerai jamais ce genre de chantage I will never resort to OU use this kind of blackmail; la vivisection est encore pratiquée dans certains laboratoires vivisection is still carried out OU practised in some laboratories. -**3.** [s'adonner à - jeu de ballon] to play; [- art martial, athlétisme, natation] to do; [- art, médecine, religion] to practise; [- langue] to speak. -**4.** COMM [rabais] to make, to give; ce sont les prix pratiqués dans tous nos supermarchés these are the current prices in all our supermarkets.
◇ *vi* RELIG to attend church (regularly), to be a (regular) churchgoer; il est catholique, mais il ne pratique pas he is not a practising Catholic.
◆ **se pratiquer** *vp (emploi passif)*: cette coutume se pratique encore dans certains pays this custom still exists in certain countries; cela se pratique couramment dans leur pays it is common practice in their country.
Pravda [pravda] *npr f*: la ~ Pravda.
praxie [praksi] *nf* praxis PSYCH.
praxis [praksis] *nf* praxis PHILOS.
Praxitèle [praksitɛl] *npr* Praxiteles.
pré [pre] *nm* -**1.** AGR meadow. -**2.** *loc*: ~ carré domain, preserve; aller sur le ~ *litt* to fight a duel.
préadaptation [preadaptasjɔ̃] *nf* preadaptation.
préadolescence [preadɔlesɑ̃s] *nf* preadolescence, preteen years.
préadolescent, e [preadɔlesɑ̃, ɑ̃t] *nm, f* preadolescent, preteen, pre-teenager.
préalable [prealabl] ◇ *adj* [discussion, entrevue, sélection] preliminary; [travail, formation] preparatory; [accord] prior; faites un essai ~ sur un bout de tissu test first OU beforehand on a piece of cloth; sans avertissement ~ without prior notice.
◇ *nm* prerequisite, precondition.
◆ **au préalable** *loc adv* first, beforehand.
préalablement [prealabləmɑ̃] *adv* first, beforehand; appliquer sur la plaie ~ nettoyée apply after cleansing the wound.
◆ **préalablement à** *loc prép* prior to, before.
Préalpes [prealp] *npr fpl*: les ~ the Pre-Alps.
préalpin, e [prealpɛ̃, in] *adj* of the Pre-Alps.
préambule [preɑ̃byl] *nm* -**1.** [d'une constitution, d'une conférence] preamble; épargnez-nous les ~s! spare us the preliminaries!, get straight to the point! -**2.** [prémices]: cet incident a été le ~ d'une crise grave this incident was the prelude to a serious crisis.
◆ **sans préambule** *loc adv* without warning.
préamplificateur [preɑ̃plifikatœr] *nm* preamplifier.
préapprentissage [preaprɑ̃tisaʒ] *nm* -**1.** [en alternance avec des cours] ≃ sandwich course. -**2.** [stade préliminaire] apprenticeship.
préau, x [preo] *nm* [d'une école] covered part of the playground; [d'un pénitencier] yard; [d'un cloître] inner courtyard.
préavis [preavi] *nm* (advance) notice; mon propriétaire m'a donné un mois de ~ my landlord gave me a month's notice (to move out) ❑ ~ de grève strike notice; déposer un ~ de grève to give strike notice; ~ (de licenciement) notice (of dismissal).
◆ **sans préavis** *loc adv* ADMIN without prior notice OU notification.
prébende [prebɑ̃d] *nf* -**1.** HIST prebend. -**2.** *litt* [emploi] sinecure; [argent] handsome payment OU emolument *litt.*
prébendier [prebɑ̃dje] *nm* prebendary.
précaire [prekɛr] *adj* [équilibre] fragile, precarious; [vie, situation] precarious; [santé] delicate, frail; il a un emploi ~ he's got no job security.
précairement [prekɛrmɑ̃] *adv* precariously.
précambrien, enne [prekɑ̃brijɛ̃, ɛn] *adj* Precambrian.
◆ **précambrien** *nm* Precambrian (era).
précancéreux, euse [prekɑ̃serø, øz] *adj* precancerous.
précarité [prekarite] *nf* precariousness; la ~ de l'emploi the lack of job security.
précaution [prekosjɔ̃] *nf* -**1.** [disposition préventive] precaution; prendre la ~ de faire qqch to take the precaution of doing OU to be especially careful to do sthg; prendre des OU ses ~s *pr* & *euph* to take precautions; prenez des ~s avant de vous engager dans cette affaire take all necessary precautions before getting involved; avec beaucoup de ~s oratoires in carefully chosen phrases ❑ ~s d'emploi caution (before use). -**2.** [prudence] caution, care.
◆ **avec précaution** *loc adv* cautiously, warily.
◆ **par (mesure de) précaution** *loc adv* as a precaution OU precautionary measure.
◆ **pour plus de précaution** *loc adv* to be on the safe side, to make absolutely certain.
◆ **sans précaution** *loc adv* carelessly, rashly; elle manipule les produits toxiques sans la moindre ~ she handles toxic substances without taking the slightest precaution.
précautionner [3] [prekosjɔne]
◆ **se précautionner contre** *vp* + *prép litt* to guard against.
précautionneusement [prekosjɔnøzmɑ̃] *adv* -**1.** [avec circonspection] cautiously, warily. -**2.** [avec soin] carefully, with care.
précautionneux, euse [prekosjɔnø, øz] *adj* -**1.** [circonspect] cautious, wary. -**2.** [soigneux] careful.
précédemment [presedamɑ̃] *adv* before (that), previously; comme je l'ai dit ~ as I have said OU mentioned before.
précédent, e [presedɑ̃, ɑ̃t] *adj* previous; la semaine ~e the week before, the previous week; lors de rencontres ~es during previous OU earlier meetings.
◆ **précédent** *nm* precedent.
◆ **sans précédent** *loc adj* without precedent, unprecedented.
précéder [18] [presede] ◇ *vt* -**1.** [marcher devant] to precede; je vais vous ~ dans le tunnel I'll go into the tunnel first; le groupe, précédé par le guide the group, led OU preceded by the guide. -**2.** [être placé avant] to precede, to be in front of; l'adresse doit ~ le numéro de téléphone the address should come before the telephone number. -**3.** [avoir lieu avant] to precede; le film sera précédé par un OU d'un documentaire the film will be preceded by OU will follow a documentary; le jour qui précéda son arrestation the day before OU prior to his arrest; celui qui vous a précédé à ce poste the person who held the post before you, your predecessor. -**4.** [arriver en avance sur] to precede, to arrive ahead of OU before; elle m'a précédé sur le court de quelques minutes she got to the court a few minutes before me; il avait été précédé de sa mauvaise réputation his bad reputation had preceded him; il précède le favori de trois secondes he has a three second lead over the favorite.
◇ *vi* to precede; as-tu lu ce qui précède? have you read what comes before?; les semaines qui précédèrent the preceding weeks.
précepte [presɛpt] *nm* precept.
précepteur [presɛptœr] *nm* private OU home tutor.
préceptorat [presɛptɔra] *nm* private OU home tutorship.
préceptrice [presɛptris] *nf* governess.
précession [presesjɔ̃] *nf* precession; ~ des équinoxes precession of the equinoxes.
préchambre [preʃɑ̃br] *nf* precombustion chamber.
préchauffage [preʃofaʒ] *nm* preheating.

préchauffer [3] [preʃofe] *vt* to preheat.

prêche [prɛʃ] *nm* sermon.

prêcher [4] [preʃe] ◇ *vt* -**1.** RELIG [Évangile, religion] to preach; [carême, retraite] to preach for *(insép)*; [personne] to preach to *(insép)*; **vous prêchez un converti** you're preaching to the converted. -**2.** [recommander - doctrine, bonté, vengeance] to preach; ~ **le faux pour savoir le vrai** to make false statements in order to discover the truth.
◇ *vi* [prêtre] to preach; [moralisateur] to preach; ~ **d'exemple** OU **par l'exemple** to practise what one preaches; ~ **dans le désert** *allusion Bible* & *fig* to preach in the wilderness; ~ **pour son saint** OU **son clocher** OU **sa paroisse** to look after one's own interests.

prêcheur, euse [preʃør, øz] ◇ *adj* -**1.** *fam péj* [ennuyeux] moralizing, preachy. -**2.** RELIG: **frères** ~**s** preaching friars.
◇ *nm, f* -**1.** *fam péj* [sermonneur] moralizer. -**2.** RELIG preacher.

prêchi-prêcha [preʃipreʃa] *nm inv péj* sermonizing, lecturing.

précieusement [presjøzmɑ̃] *adv* -**1.** [soigneusement] preciously; **conserver qqch** ~ to keep sthg safe, to look after sthg. -**2.** [avec affectation]: **c'est écrit un peu** ~ the style is a little bit precious.

précieux, euse [presjø, øz] *adj* -**1.** [de valeur - temps, santé] precious; [- objet, trésor, bijou] precious, priceless. -**2.** [très utile] invaluable; **c'était un** ~ **conseiller** he was an invaluable OU irreplaceable adviser; **elle m'a été d'un** ~ **secours** her help was invaluable to me. -**3.** [maniéré] mannered, affected, precious. -**4.** BX-ARTS & LITTÉRAT precious.
◆ **précieuse** *nf* précieuse.

préciosité [presjozite] *nf* -**1.** [maniérisme] affectedness, mannered style. -**2.** BX-ARTS & LITTÉRAT preciosity.

précipice [presipis] *nm* -**1.** [gouffre] precipice. -**2.** [catastrophe] abyss; **être au bord du** ~ to be on the brink of disaster.

précipitamment [presipitamɑ̃] *adv* [annuler, changer] hastily, hurriedly; **monter/traverser** ~ to dash up/across.

précipitation [presipitasjɔ̃] *nf* -**1.** [hâte] haste; **les ouvriers ont quitté l'usine avec** ~ the workers rushed OU hurried out of the factory; **dans ma** ~, **j'ai oublié l'adresse** in the rush, I forgot the address; **tout s'est fait dans la plus grande** ~ everything was done in a great hurry. -**2.** [irréflexion] rashness; **agir avec** ~ to act rashly. -**3.** CHIM precipitation.
◆ **précipitations** *nfpl* MÉTÉO precipitation; **fortes** ~**s sur l'ouest du pays demain** tomorrow, it will rain heavily in the west.

précipité, e [presipite] *adj* -**1.** [pressé - pas] hurried; [- fuite] headlong. -**2.** [rapide - respiration] rapid; **tout cela a été si** ~ it all happened so fast. -**3.** [hâtif - retour] hurried, hasty; **c'est une décision un peu** ~**e** it's a bit of a hasty OU rash decision.
◆ **précipité** *nm* precipitate.

précipiter [3] [presipite] ◇ *vt* -**1.** [faire tomber] to throw OU to hurl (down); **ils ont précipité leur voiture dans la mer** they hurled their car into the sea; **le choc précipita les passagers vers l'avant** the shock sent the passengers flying OU hurtling to the front. -**2.** *fig* [plonger] to plunge; ~ **un pays dans la guerre/crise** to plunge a country into war/a crisis. -**3.** [faire à la hâte]: **il ne faut rien** ~ we mustn't rush (into) things OU be hasty; **nous avons dû** ~ **notre départ/mariage** we had to leave/get married sooner than planned. -**4.** [accélérer - pas, cadence] to quicken, to speed up *(sép)*; [- mouvement, mort] to hasten. -**5.** CHIM to precipitate (out).
◇ *vi* CHIM to precipitate (out).
◆ **se précipiter** *vpi* -**1.** [d'en haut] to hurl o.s.; **il s'est précipité du septième étage** he threw OU hurled himself from the seventh floor; **se précipiter dans le vide** to hurl o.s. into space. -**2.** [se ruer] to rush; **on s'est tous précipités dehors** we all rushed out; **il s'est précipité dans l'escalier pour la rattraper** [vers le bas] he rushed downstairs after her; [vers le haut] he rushed upstairs after her; **il s'est précipité dans l'ascenseur** he rushed into the lift; **se** ~ **vers** OU **au-devant de qqn** to rush to meet sb; **se** ~ **sur qqn** to rush at sb; **ils se sont tous précipités sur moi** they all crowded round me. -**3.** [s'accélérer - pouls, cadence] to speed up, to quicken; **depuis peu, les choses** OU **événements se précipitent** things have been moving really fast recently. -**4.** [se dépêcher] to rush, to hurry; **on a tout notre temps, pourquoi se** ~? we've got plenty of time, what's the rush?; **ne te précipite pas pour répondre** take your time before answering.

précis, e [presi, iz] *adj* -**1.** [exact - horloge, tir, instrument] precise, exact; **les dimensions** ~**es de la maison** the exact measurements of the house; **le signalement** ~ **du meurtrier** a precise OU an accurate description of the murderer; **à 20 h** ~**es** at precisely 8 p.m., at 8 p.m. sharp; **à cet instant** ~ at that precise OU very moment; **il arriva à l'instant** ~ **où je partais** he arrived just as I was leaving. -**2.** [clair, net] precise, specific; **instructions** ~**es** precise orders; **je voudrais une réponse** ~**e** I'd like a clear answer; **je n'ai aucun souvenir** ~ **de cette année-là** I don't remember that year clearly at all; **le geste** ~ **du chirurgien** the surgeon's sure hand. -**3.** [particulier] particular, specific; **sans raison** ~**e** for no particular reason; **sans but** ~ with no specific aim in mind; **tu penses à quelqu'un de** ~? do you have a specific person in mind?
◆ **précis** *nm* -**1.** [manuel] handbook. -**2.** [résumé] précis, summary.

précisément [presizemɑ̃] *adv* -**1.** [exactement] precisely; **il nous reste très** ~ **52 francs** we've got precisely OU exactly 52 francs left; **ce n'est pas** ~ **ce à quoi je pensais** that's not exactly what I had in mind. -**2.** [justement, par coïncidence] precisely, exactly; **c'est** ~ **le problème** that's exactly OU precisely what the problem is; **M. Lebrun? c'est** ~ **de lui que nous parlions** Mr. Lebrun? that's precisely who we were talking about. -**3.** [oui] that's right.

préciser [3] [presize] *vt* -**1.** [clarifier] to make clear; ~ **ses intentions** to make one's intentions clear; **vous avez de bonnes idées, mais il faudrait les** ~ you have good ideas, but you should state them more clearly OU with more precision. -**2.** [spécifier]: **l'invitation ne précise pas si l'on peut venir accompagné** the invitation (card) doesn't specify OU say whether you can bring somebody with you; ~ **qqch à qqn** to make sthg clear to sb; **j'ai oublié de leur** ~ **le lieu du rendez-vous** I forgot to tell them where the meeting is taking place; **vous dites avoir vu quelqu'un, pourriez-vous** ~? you said you saw somebody, could you be more specific?; **la Maison-Blanche précise que la rencontre n'est pas officielle** the White House has made it clear that this is not an official meeting; **«cela s'est fait sans mon accord», précisa-t-il** "this was done without my agreement", he pointed out.
◆ **se préciser** *vpi* [idée, projet] to take shape; [situation] to become clearer; **la menace se précise** the threat is becoming clearer.

précision [presizjɔ̃] *nf* -**1.** [exactitude] preciseness, precision; **tout avait été calculé avec une** ~ **mathématique** everything had been planned with mathematical precision. -**2.** [netteté] precision, distinctness; **les visages sont peints avec une extraordinaire** ~ the faces are painted with extraordinary precision OU attention to detail. -**3.** [explication] point; **apporter une** ~ **à qqch** to add a point to sthg; **nous y reviendrons dès que nous aurons plus de** ~**s** we'll come back to that as soon as we have further information OU details; **je vous remercie de vos** ~**s** thank you for your informative comments; **raconter qqch avec maintes** ~**s** to tell sthg with a wealth of detail. -**4.** ARM accuracy.
◆ **de précision** *loc adj* precision *(modif)*; **instrument de** ~ precision instrument; **horlogerie de haute** ~ high-precision watchmaking.

précité, e [presite] *adj* [oralement] aforesaid, aforementioned; [par écrit] above-mentioned, aforesaid; **les auteurs** ~**s** the authors quoted above.

préclassique [preklasik] *adj* preclassical.

précoce [prekɔs] *adj* -**1.** [prématuré - surdité, mariage] premature. -**2.** [en avance - intellectuellement] precocious, mature (beyond one's years); [- sexuellement] precocious; **les enfants** ~**s** precocious children; **j'étais un garçon** ~ **pour mon âge** I was advanced for a boy of my age. -**3.** BOT & MÉTÉO early; **les gelées** ~**s** early frost; **poire** ~ early OU early-fruiting pear.

précocement [prekɔsmɑ̃] *adv* prematurely, precociously; **marié/vieilli** ~ prematurely married/aged.

précocité [prekɔsite] *nf* -**1.** [d'un enfant] precociousness, precocity; [d'une faculté, d'un talent] early manifestation. -**2.** BOT & MÉTÉO early arrival, earliness.

précolombien, enne [prekɔlɔ̃bjɛ̃, ɛn] *adj* pre-Columbian.

précombustion [prekɔ̃bystjɔ̃] *nf* precombustion.

précompte [prekɔ̃t] *nm* -**1.** [retenue] tax deduction (from one's salary) *Br*, withholding tax *Am*; ~ **mobilier** (withholding) tax on company income. -**2.** [estimation] (deduction) schedule.

précompter [3] [prekɔ̃te] *vt* -**1.** [déduire] to deduct; **vos cotisations sont précomptées sur votre salaire** your contribution is deducted automatically from your salary. -**2.** [estimer] to schedule, to estimate.

préconception [prekɔ̃sɛpsjɔ̃] *nf* preconception, prejudice.

préconçu, e [prekɔ̃sy] *adj* set, preconceived; **idée** ~**e** preconceived idea; **agir sans plan** ~ to act without a preconceived OU set plan.

préconisation [prekɔnizasjɔ̃] *nf* -**1.** [d'un remède] recommendation; [d'une méthode] advocacy. -**2.** RELIG preconization.

préconiser [3] [prekɔnize] *vt* -**1.** [recommander] to advocate; ~ **un remède** to recommend a remedy; **il préconise d'augmenter les tarifs douaniers** he advocates OU is an advocate of higher trade tariffs. -**2.** RELIG to preconize.

préconscient, e [prekɔ̃sjɑ̃, ɑ̃t] *adj* preconscious.
◆ **préconscient** *nm* preconscious.

précontraint, e [prekɔ̃trɛ̃, ɛ̃t] *adj* prestressed.
◆ **précontraint** *nm* prestressed concrete.
◆ **précontrainte** *nf* prestress.

précuit, e [prekɥi, it] *adj* precooked, ready-cooked.

précurseur [prekyrsœr] ◇ *adj m* warning.
◇ *nm* forerunner, precursor; **faire figure** OU **œuvre de** ~ to break new ground.

prédateur, trice [predatœr, tris] *adj* BOT & ZOOL predatory.
◆ **prédateur** *nm* BOT & ZOOL predator.

prédation [predasjɔ̃] *nf* predation.

prédécesseur [predesesœr] *nm* [devancier] predecessor.
◆ **prédécesseurs** *nmpl* [ancêtres] forebears.

prédécoupé, e [predekupe] *adj* precut, ready-cut.

prédélinquant, e [predelɛ̃kɑ̃, ɑ̃t] *nm, f* predelinquent.

prédestination [predɛstinasjɔ̃] *nf* predestination.

prédestiné, e [predɛstine] ◇ *adj* [voué à tel sort] fated.
◇ *nm, f* RELIG chosen OU predestined one.

prédestiner [3] [predɛstine] *vt* -**1.** [vouer] to prepare, to predestine; **rien ne me prédestinait à devenir acteur** nothing marked me out to become an actor OU for an acting career. -**2.** RELIG to predestine, to predestinate.

prédétermination [predetɛrminasjɔ̃] *nf* predetermination.

prédéterminer [3] [predetɛrmine] *vt* to predetermine.

prédicable [predikabl] *adj* predicable.

prédicat [predika] *nm* -**1.** LING [verbe] predicator; [adjectif] predicate. -**2.** LOGIQUE predicate.

prédicateur, trice [predikatœr, tris] *nm, f* preacher.

prédicatif, ive [predikatif, iv] *adj* -**1.** LING & LOGIQUE predicative. -**2.** RELIG predicatory, predicant.

prédication [predikasjɔ̃] *nf* -**1.** RELIG: la ~ preaching; [prêche] sermon. -**2.** LING & LOGIQUE predicate.

prédiction [prediksjɔ̃] *nf* [prophétie] prediction; tes ~s se sont accomplies OU réalisées what you predicted came true.

prédigéré, e [prediʒere] *adj* predigested.

prédilection [predilɛksjɔ̃] *nf* predilection, partiality; avoir une ~ pour qqch to be partial to sthg, to have a predilection for sthg.
◆ **de prédilection** *loc adj* favourite.

prédiquer [3] [predike] *vt* to predicate.

prédire [103] [predir] *vt* to predict, to foretell; ils avaient prédit la guerre they'd predicted the war OU that there would be a war; ~ l'avenir [par hasard ou estimation] to predict the future; [voyant] to tell fortunes; je lui prédis des jours difficiles I can see difficult times ahead for her.

prédisposer [3] [predispoze] *vt* -**1.** [préparer] to predispose; sa taille la prédisposait à devenir mannequin her height made modelling an obvious choice for her. -**2.** [incliner]: être prédisposé en faveur de qqn to be favourably disposed to sb; cette époque-là ne prédisposait pas à la frivolité that period was not conducive to frivolity.

prédisposition [predispozisjɔ̃] *nf* -**1.** [tendance] predisposition; avoir une ~ au diabète to have a predisposition to diabetes. -**2.** [talent] gift, talent.

prédominance [predɔminɑ̃s] *nf* predominance.

prédominant, e [predɔminɑ̃, ɑ̃t] *adj* [principal - couleur, trait] predominant, main; [- opinion, tendance] prevailing; [- souci] chief, major.

prédominer [3] [predɔmine] *vi* [couleur, trait] to predominate; [sentiment, tendance] to prevail; le soleil va ~ sur presque tout le pays the weather will be sunny in most parts of the country; c'est ce qui prédomine dans tous ses romans that's the dominant feature of all his novels.

préélectoral, e, aux [preelɛktɔral, o] *adj* preelectoral.

préélémentaire [preelemɑ̃tɛr] *adj* preprimary *Br*, preelementary *Am*.

préemballé, e [preɑ̃bale] *adj* prepacked.

prééminence [preeminɑ̃s] *nf* preeminence, dominance; donner la ~ à qqch to put sthg first.

prééminent, e [preeminɑ̃, ɑ̃t] *adj* preeminent; occuper un rang ~ to hold a prominent position.

préemption [preɑ̃psjɔ̃] *nf* preemption.

préencollé, e [preɑ̃kɔle] *adj* prepasted.

préenregistré, e [preɑ̃rəʒistre] *adj* prerecorded.

préétabli, e [preetabli] *adj* preestablished.

préétablir [32] [preetablir] *vt*: ~ qqch to preestablish sthg, to establish sthg in advance.

préexistant, e [preɛgzistɑ̃, ɑ̃t] *adj* existing; les immeubles ~s seront détruits existing buildings will be torn down.

préexistence [preɛgzistɑ̃s] *nf* preexistence.

préexister [3] [preɛgziste]
◆ **préexister à** *v + prép* to go before, to preexist; toutes les civilisations qui ont préexisté à la nôtre all the civilizations that came before ours.

préfabrication [prefabrikasjɔ̃] *nf* prefabrication.

préfabriqué, e [prefabrike] *adj* prefabricated.
◆ **préfabriqué** *nm* -**1.** [construction] prefab. -**2.** [matériau] prefabricated material; en ~ prefabricated.

préface [prefas] *nf* preface.

préfacer [16] [prefase] *vt* [livre, texte] to preface; ~ un ouvrage to write a preface to OU to preface a book.

préfacier [prefasje] *nm* prefacer, preface writer.

préfectoral, e, aux [prefɛktɔral, o] *adj* prefectorial, prefectural; par arrêté ~, par mesure ~e by order.

préfecture [prefɛktyr] *nf* -**1.** ADMIN [chef-lieu] prefecture; [édifice] prefecture building; [services] prefectural office; [emploi] post of préfet; briguer la ~ to aspire to the prefecture ❑ ~ maritime port prefecture; ~ de police (Paris) police headquarters. -**2.** ANTIQ prefecture.

préférable [preferabl] *adj* preferable; cette solution est nettement ~ that solution is preferable OU to be preferred; ne va pas trop loin, c'est ~ it'd be better if you didn't go too far away; ~ à preferable to, better than; tout est ~ à cette vie de reclus anything is better than this hermit's life.

préférablement [preferabləmɑ̃] *adv litt*: ~ à [de préférence à] in preference to.

préféré, e [prefere] ◇ *adj* favourite; quel est ton passe-temps ~? what is your favourite hobby?
◇ *nm, f* favourite; la petite dernière est la ~e de mon mari our youngest child is my husband's favourite.

préférence [preferɑ̃s] *nf* -**1.** [prédilection] preference; donner la ~ à to give preference to; avoir une ~ pour to have a preference for; ma ~ va aux tissus unis I prefer OU have a preference for plain fabrics; ça m'est égal, je n'ai pas de ~ it doesn't matter to me, I've no particular preference; avoir la ~ sur qqn to have preference over sb; sur 200 candidates, c'est elle qui a eu la ~ she was chosen out of 200 candidates. -**2.** JUR: droit de ~ right to preferential treatment. -**3.** ÉCON: ~ douanière preferential duties.
◆ **de préférence** *loc adv* preferably; donnemoi un verre de vin, et du bon de ~ give me a glass of wine, preferably a good one; 'à consommer de ~ avant fin 94' 'best before end 94'.
◆ **de préférence à** *loc prép* in preference to, rather than.

préférentiel, elle [preferɑ̃sjɛl] *adj* -**1.** [traitement, tarif, vote] preferential. -**2.** BOURSE: actions ~les preference shares *Br*, preferred stock *Am*.

préférentiellement [preferɑ̃sjɛlmɑ̃] *adv* preferentially.

préférer [18] [prefere] *vt* to prefer; la bruyère préfère une terre tourbeuse heather does better in OU prefers peaty soil; ils préfèrent les échecs aux cartes they prefer chess to playing cards; préférez-vous du vin ou de la bière? would you rather have wine or beer?; je me préfère avec un chignon I think I look better with my hair in a bun; il préférait mourir plutôt que (de) partir he would rather die than leave; il y a des moments où l'on préfère rester seul there are times when one would rather be alone; je préfère que tu n'en dises rien à personne I'd prefer it if OU I'd rather you didn't tell anybody || *(en usage abs)*: si tu préfères, nous allons rentrer if you'd rather, we'll go home.

préfet [prefɛ] *nm* -**1.** ADMIN préfet, prefect; elle était ~ du Lot she used to be prefect OU préfet of the Lot department ❑ le ~ de Paris the prefect of Paris; ~ de police [en France] prefect OU chief of police; [en Grande-Bretagne] ≃ chief constable, ≃ head of the constabulary; ~ de région regional prefect OU préfet. -**2.** RELIG prefect; ~ apostolique prefect apostolic; ~ des études master of studies *(in a religious school)*. -**3.** NAUT: ~ maritime *port admiral overseeing the defence of certain maritime departments*. -**4.** *Belg* principal *Am* OU head teacher *Br (of a secondary school)*. -**5.** ANTIQ prefect.

préfète [prefɛt] *nf* -**1.** [épouse] prefect's OU préfet's wife. -**2.** [titulaire] préfète, woman prefect. -**3.** *Belg* headmistress *Br* OU principal *Am (of a secondary school)*.

préfiguration [prefigyrasjɔ̃] *nf sout* prefiguration, foreshadowing; ce rêve était-il la ~ de mon avenir? was this dream a premonition?

préfigurer [3] [prefigyre] *vt sout* [annoncer] to prefigure; cette nouvelle ne préfigure rien de bon this news bodes ill for the future.

préfinancement [prefinɑ̃smɑ̃] *nm* bridging loan.

préfixal, e, aux [prefiksal, o] *adj* prefixal, prefix *(modif)*.

préfixation [prefiksasjɔ̃] *nf* prefixing, prefixation; la ~ d'un morphème the use of a morpheme as a prefix.

préfixe [prefiks] *nm* prefix.

préfixé, e [prefikse] *adj* -**1.** LING prefixed. -**2.** JUR [date, délai] prescribed, set.

préfixer [3] [prefikse] *vt* to prefix.

préformage [prefɔrmaʒ] *nm* preforming.

préformation [prefɔrmasjɔ̃] *nf* preformation.

préformer [3] [prefɔrme] *vt* to preform.

prégénital, e, aux [preʒenital, o] *adj* pregenital.

préglaciaire [preglasjɛr] *adj* preglacial.

prégnance [preɲɑ̃s] *nf* -**1.** *litt* significance, meaningfulness. -**2.** PSYCH pregnance, Prägnanz.

prégnant, e [preɲɑ̃, ɑ̃t] *adj litt* significant, pregnant (with meaning).

préhellénique [preelenik] *adj* pre-Hellenic.

préhenseur [preɑ̃sœr] *adj m* prehensile.

préhensile [preɑ̃sil] *adj* prehensile.

préhension [preɑ̃sjɔ̃] *nf* prehension; doué de ~ able to grip.

préhistoire [preistwar] *nf* prehistory.

préhistorien, enne [preistɔrjɛ̃, ɛn] *nm, f* prehistorian.

préhistorique [preistɔrik] *adj* -**1.** [ère, temps] prehistoric, prehistorical. -**2.** *fam* [dépassé] ancient, prehistoric; elle est ~, sa bagnole! his car's virtually an antique!

préhominien [preɔminjɛ̃] *nm* prehominid.

préindustriel, elle [preɛ̃dystrijɛl] *adj* preindustrial.

préinscription [preɛ̃skripsjɔ̃] *nf* preregistration.

préjudice [preʒydis] *nm* harm *(U)*, wrong *(U)*; subir un ~ matériel/financier to sustain damage/financial loss; subir un ~ moral to suffer mental distress; causer un OU porter ~ à qqn to harm sb, to do sb harm; les magnétoscopes ont-ils porté ~ au cinéma? have videorecorders been detrimental to the cinema?
◆ **au préjudice de** *loc prép* to the detriment OU at the expense of; on développe le tourisme au ~ des traditions locales tourism is being developed at the expense of local traditions.
◆ **sans préjudice de** *loc prép* without prejudice to; vous devez payer un million de francs sans ~ de vos dettes antérieures you must pay a million francs, without prejudice to the money previously owed.

préjudiciable [preʒydisjabl] *adj sout* prejudicial, detrimental; de telles déclarations seraient ~s à votre candidature such statements would be harmful OU injurious to your candidature.

préjudiciel, elle [preʒydisjɛl] *adj* [question] interlocutory; [action] prejudicial.

préjugé [preʒyʒe] *nm* prejudice; avoir un ~ contre qqn to be prejudiced OU biased against sb; avoir un ~ favorable pour qqn to be prejudiced in sb's favour, to be biased towards sb; c'est difficile de n'avoir aucun ~ it's hard to be totally unprejudiced OU unbiased.

préjuger [17] [preʒyʒe] *vt litt* to prejudge; autant qu'on puisse ~ as far as one can judge beforehand.
◆ **préjuger de** *v + prép litt*: ~ de qqch to judge sthg in advance, to prejudge sthg; son attitude

ne laisse rien ~ de sa décision his attitude gives us no indication of what he is going to decide; je crains d'avoir préjugé de mes forces I'm afraid I've overestimated my strength.

prélasser [3] [prelase]
◆ **se prélasser** *vpi* to be stretched out, to lounge (around), to laze around.

prélat [prela] *nm* prelate.

prélatin, e [prelatɛ̃, in] *adj* pre-Latin.

prélavage [prelavaʒ] *nm* prewash.

prélaver [3] [prelave] *vt* to prewash.

prêle, prèle [prɛl] *nf* horsetail.

prélegs [prelɛg] *nm* preference legacy.

prélèvement [prelɛvmɑ̃] *nm* -**1.** MÉD [de sang] sample; [sur les tissus] swab; il faut faire un ~ dans la partie infectée we have to take a swab of the infected area; faire des ~s à qqn to do tests on sb. -**2.** BANQUE [retrait] : ~ automatique OU bancaire banker's OU standing order; ~ en espèces cash withdrawal. -**3.** FIN [retenue - sur le salaire] deduction; [- sur les biens] levy; ~ sur le capital capital levy; les cotisations sont payées par ~ à la source contributions are deducted at source; ~s obligatoires tax and social security contributions.

prélever [19] [prelәve] *vt* -**1.** MÉD [sang, échantillon] to take; ~ du sang to take a blood sample. -**2.** FIN [somme - d'un compte] to withdraw; [- sur un salaire] to deduct, to withdraw; la somme sera prélevée sur votre compte tous les mois the sum will be deducted OU debited from your account every month; aller à la banque ~ de l'argent to go to the bank and withdraw some money.

préliminaire [preliminɛr] *adj* preliminary, early; remarque ~ preliminary OU prefatory remark.
◆ **préliminaires** *nmpl* [préparatifs] preliminaries; [discussions] preliminary talks.

prélogique [prelɔʒik] *adj* prelogical.

prélude [prelyd] *nm* -**1.** MUS prelude. -**2.** *sout* [préliminaire] prelude; cette première rencontre fut le ~ de bien d'autres this was the first of many meetings.

préluder [3] [prelyde] *vi* MUS to warm up, to prelude; ~ par des vocalises to warm up by doing vocal exercises.
◆ **préluder à** *v + prép* to be a prelude to.

prématuré, e [prematyre] ◇ *adj* -**1.** [naissance, bébé] premature. -**2.** [décision] premature; [décès] untimely; il est ~ de dresser un bilan de la situation it is too early to assess the situation.
◇ *nm, f* premature baby OU infant.

prématurément [prematyremɑ̃] *adv* prematurely; il nous a quittés ~ his was an untimely death.

prématurité [prematyrite] *nf* prematurity.

prémédication [premedikasjɔ̃] *nf* premedication.

préméditation [premeditasjɔ̃] *nf* premeditation; avec ~ with malice aforethought; être accusé de meurtre avec ~ to be accused of premeditated murder; si on ne peut pas prouver la ~ if proof of intent cannot be shown.

prémédité, e [premedite] *adj* -**1.** JUR [crime] premeditated, wilful. -**2.** [insulte, réponse] deliberate.

préméditer [3] [premedite] *vt* [crime, vol] to premeditate; ~ de faire qqch to plan to do sthg; ils avaient bien prémédité leur coup they'd thought the whole thing out really well.

prémenstruel, elle [premɑ̃stryɛl] *adj* premenstrual.

prémices [premis] *nfpl* -**1.** *litt* [début] beginnings; les ~ de l'été the first OU early signs of summer; les ~ d'un grand talent the first OU early stirrings of a great talent. -**2.** ANTIQ [récolte] premices, primices, first fruits; [animaux] premices, primices.

premier, ère [prәmje, ɛr] ◇ *adj* -**1.** *(souvent avant le n)* [initial] early; les ~s hommes early man; ses premières œuvres her early works; dans les ~s temps at the beginning, early on; il n'est plus de la première jeunesse he's not as young as he used to be; un Matisse de la première période an early Matisse. -**2.** [proche] nearest; je réussis à attraper les premières branches I managed to grasp the nearest branches; au ~ rang CIN & THÉÂT in the first OU front row; SCOL in the first row ❑ ~ balcon, ~s balcons THÉÂT dress circle; première loge box in the first tier; aux premières loges THÉÂT in the first-tier boxes; être aux premières loges *fig*: de notre fenêtre, on est aux premières loges pour les défilés we have a grandstand view of processions from our window. -**3.** [à venir] next, first; à la première occasion as soon as possible, at the first (possible) opportunity; remerciez-le à la première occasion thank him at the earliest opportunity; il a recommencé à chaparder à la première occasion he went back to thieving as soon as he got the chance; le ~ venu the first person who comes along; ce n'est pas le ~ venu he's not just anybody; le ~ imbécile venu pourrait le faire any idiot could do it; on s'est arrêtés dans le ~ hôtel venu we stopped at the first hotel we came to OU happened to come to. -**4.** [dans une série] first; chapitre ~ Chapter One; à la première heure first thing, at first light; à première vue at first (sight); au ~ abord at first; au ~ abord, on le prendrait pour un prêtre on first meeting him you'd think he was a priest; au ~ chant du coq *litt* when the cock crows, at cock crow; dans un ~ temps (at) first, to start with, to begin with; de la première à la dernière ligne from top to bottom *(of a text)*; de la première à la dernière page from cover to cover; de ~ ordre first-rate; d'un ~ mariage OU lit (born) of OU by a first marriage; j'ai deux fils d'un ~ lit I've got two sons from my first marriage; du ~ coup *fam* first off, at the first attempt; faire ses premières armes to try out one's strength; il a fait ses premières armes à la «Gazette du Nord» he cut his teeth at the "Gazette du Nord"; j'ai fait mes premières armes dans le métier comme apprenti cuisinier I started in the trade as a cook's apprentice; il s'en moque OU s'en soucie comme de sa première chemise he couldn't care less about it; la Première Guerre (mondiale) the First World War, World War I; le ~ âge infancy; le premier Empire the First Empire, the Napoleonic era; robe premier Empire Empire-style dress; ~ amour first love; le ~ arrivé the first person to arrive; ~ choix best OU top quality; de ~ choix top quality; je n'achète que de la viande OU des morceaux de ~ choix I only buy prime cuts; première prise CIN first take OU shot; ~ cycle SCOL lower secondary school years *Br*, junior high school *Am (age 11 to 14)*; UNIV first half of first degree course; ~ jet (first OU rough OU initial) draft; ~ pas: faire ses ~s pas to learn to walk; il a fait ses ~s pas de comédien dans un film de Chaplin he made his debut as an actor in a Chaplin picture; faire le ~ pas [s'excuser] to apologize first; [dans une rencontre amoureuse] to make the first move; il n'y a que le ~ pas qui coûte the first step is the hardest; ~ rôle [acteur] leading actor (*f* actress); [personnage] lead; ~ quartier (de la lune) first quarter (of the Moon); la lune en est à son ~ quartier the Moon is in its first quarter; ~s secours [personnes et matériel] emergency services; [soins] first aid; première classe TRANSP first class; première communion: faire sa première communion to make one's first communion; première fois: c'est la première fois que... it's the first time that...; il y a toujours une première fois there's always a first time; première nouvelle! *fam* it's the first I've heard of it!; première page PRESSE front page; mets-le en première page put it on the front page; faire la première page des journaux to be headline news; première partie [gén] first part; [au spectacle] opening act; qui va (lui) jeter OU lancer la première pierre? *allusion Bible* who will cast the first stone?; poser la première pierre d'un bâtiment to lay the first OU foundation stone of a building. -**5.** [principal] main; de (toute) première nécessité/urgence (absolutely) essential/urgent; c'est vous le ~ intéressé you're the main person concerned OU the one who's got most at stake; au ~ chef principally; leur décision me concerne au ~ chef their decision has immediate implications for me; le ~ pays producteur de vin au monde the world's leading wine-producing country; la première collection de fossiles au monde the world's greatest OU foremost collection of fossils. -**6.** [haut placé - clerc, commis] chief; [- danseur] leading; le ~ personnage de l'État the country's Head of State; le ~ nom d'une liste the top name on a list; sortir ~ d'une grande école to be first on the pass list *(in the final exam of a Grande École)* ❑ ~ maître chief petty officer; Premier ministre Prime Minister, Premier; ~ secrétaire (du parti) first secretary (of the party); ~ violon first violin; ~ violon (solo) leader *Br*, concertmaster *Am*; il se prend pour le ~ moutardier du pape *hum* he thinks he's God's gift to humanity. -**7.** *(tjrs après le n)* [originel] first, original, initial; il n'a jamais retrouvé son inspiration première he never recovered his initial inspiration; l'idée première était de... the original idea was to... ❑ de première main [information] first-hand; [érudition, recherche] original; nous tenons de première main que... we have it on the best authority that... -**8.** [spontané] first; son ~ mouvement his first OU spontaneous impulse; quelles sont vos premières réactions? what are your first OU initial reactions? -**9.** *(tjrs après le n)* [fondamental] first; cause première first cause; principe ~ first OU basic principle ‖ MATH [nombre] prime; [polynôme] irreducible. -**10.** [moindre] slightest; et ta récitation, tu n'en connais pas le ~ mot! you haven't a clue about your recitation, have you?; la robe coûte 3 000 F et je n'en ai pas le ~ sou the dress costs 3,000 F and I haven't a penny *Br* OU cent *Am* to my name. -**11.** GRAMM: première personne (du singulier/pluriel) first person (singular/plural). -**12.** CULIN: côte/côtelette première prime rib/cutlet.
◇ *nm, f* -**1.** [personne] : le ~ the first; entre la première go in first; elle a fini dans les cinq premières she finished amongst the top five; elle est la première de sa classe/au hit-parade she's top of her class/the charts; si c'est moi qui pars le ~ if I go first; mon ~ m'a fait une rougeole *fam* my eldest has had measles ❑ jeune ~ CIN & THÉÂT young male lead; jeune première young female lead; le Premier (britannique) POL the (British) Prime Minister OU Premier; les ~s seront les derniers *allusion Bible* the first shall be last. -**2.** [chose] : le ~ the first (one); de toutes les maisons où j'ai vécu, c'est la première que je regrette le plus of all the houses in which I have lived, I miss the first (one) most of all; plantez des roses ou des tulipes, mais les premières durent plus longtemps plant roses or tulips, but the former last longer.
◆ **premier** *nm* -**1.** [dans une charade] : mon ~ sent mauvais my first has a nasty smell. -**2.** [étage] first floor *Br*, second storey *Am*; la dame du ~ the lady on the first floor. -**3.** [dans des dates] : le ~ du mois the first of the month; tous les ~s du mois every first (day) of the month; Aix, le ~ juin Aix, June 1st; le ~ avril April Fool's OU All Fools Day; le ~ Mai May Day; le ~ janvier OU de l'an New Year's Day.
◆ **première** *nf* -**1.** CIN & THÉÂT first night, opening night; c'est la première mondiale CIN & THÉÂT it's the world première; [exploit] it's a world first; c'est une (grande) première chirurgicale it's a first for surgery; la première des Grandes Jorasses the first ascent of the Grandes Jorasses. -**2.** SCOL lower sixth (form) *Br*, eleventh grade *Am*; première supérieure *class leading to the entrance exam for the École normale supérieure*. -**3.** AUT first (gear); être/passer en première to be in/to go into first. -**4.** TRANSP first

class; voyager en première to travel first class; billet/wagon de première first-class ticket/ carriage. -**5.** COUT head seamstress. -**6.** DANSE first (position). -**7.** IMPR [épreuve] first proof; [édition - d'un livre] first edition; [- d'un journal] early edition. -**8.** [d'une chaussure] insole.

◆ **de première** *fam loc adj* first-rate; un imbécile de première *iron* a prize idiot.

◆ **en premier** *loc adv* first, in the first place, first of all; je dois m'occuper en ~ de mon visa the first thing I must do is to see about my visa.

◆ **premier de cordée** *nm* SPORT leader *(of a roped climbing team)*.

◆ **premier degré** *nm* -**1.** SCOL primary *Br* OU elementary *Am* education. -**2.** [phase initiale] first step; brûlure au ~ degré first-degree burn. -**3.** *fig*: des gags à ne pas prendre au ~ degré jokes which musn't be taken at face value.

◆ **premier jour** *nm* -**1.** BX-ARTS first OU opening day; PHILATÉLIE first day cover. -**2.** *loc*: comme au ~ jour as it was in the beginning; amoureux comme au ~ jour as much in love as when they first met; dès le ~ jour from the very first day.

◆ **premier plan** *nm* -**1.** CIN foreground; au ~ plan in the foreground. -**2.** *fig*: au ~ plan de l'actualité in the forefront of today's news; de (tout) ~ plan [personnage] leading, prominent; jouer un rôle de (tout) ~ plan dans to play a leading OU major part in.

◆ **premier prix** *nm* -**1.** COMM lowest OU cheapest price; dans les ~s prix at the cheaper OU lower end of the scale. -**2.** [récompense] first prize; elle a eu le ~ prix d'interprétation she's won the award for best actress.

premièrement [prəmjɛrmɑ̃] *adv* -**1.** [dans une énumération] in the first place, first; ~ il faut de l'argent, deuxièmement il faut du temps first you need the money, then you need the time. -**2.** [pour objecter] first, firstly, in the first place; ~, ça ne te regarde pas! to begin OU to start with, it's none of your business!

premier-né, première-née [prəmjene, prəmjɛrne] (*mpl* premiers-nés, *fpl* premières-nées) *adj* & *nm, f* first-born.

prémisse [premis] *nf* premise.

prémolaire [premɔlɛr] *nf* premolar.

prémonition [premɔnisjɔ̃] *nf* premonition.

prémonitoire [premɔnitwar] *adj* premonitory; j'ai fait un rêve ~ I had a premonition in my dream.

Prémontrés [premɔ̃tre] *nm pl*: les ~ the Premonstratensians.

prémunir [32] [premynir] *vt sout*: ~ qqn contre to protect sb against.

◆ **se prémunir contre** *vp + prép* to protect o.s. OU to guard against sthg.

prenable [prənabl] *adj* pregnable *litt*.

prenant, e [prənɑ̃, ɑ̃t] *adj* -**1.** [captivant] engrossing, gripping. -**2.** [qui prend du temps] time-consuming. -**3.** [préhensile] prehensile.

prénatal, e, als OU **aux** [prenatal, o] *adj* prenatal, antenatal.

prendre [79] [prɑ̃dr] ◇ *vt* **A.** SAISIR, ACQUÉRIR -**1.** [ramasser] to pick up *(sép)*; la chatte prend ses chatons par la peau du cou the cat picks up her kittens by the scruff of the neck; elle prit sa guitare sur le sol she picked her guitar up off the floor; quand il prend son saxophone, tout le monde se tait when he picks OU takes up his saxophone, everybody quietens down; prends la casserole par le manche pick the pan up by the handle; il prit son manteau à la patère he took his coat off the hook; où as-tu pris ce couteau? where did you get that knife (from)?; ~ qqch des mains de qqn to take sthg off sb; va ~ du persil/des fleurs dans le jardin go and pick some parsley/flowers in the garden; ~ un peigne dans sa poche/dans un tiroir to take a comb out of one's pocket/a drawer; prends le bébé pick the baby up || [saisir et garder] to take (hold of), to hold; tu peux ~ mon sac un instant? could you hold on to OU take my bag for a minute?; ~ sa tête entre ses mains to hold one's head in one's hands; il m'a pris par les épaules et m'a secoué he took (hold of) me by the shoulders and shook me; prenez cette médaille qui vous est offerte par tous vos collègues accept this medal as a gift from all your colleagues; ~ un siège to take a seat, to sit down. -**2.** [emporter - lunettes, document, en-cas] to take; tu as pris tes papiers (avec toi)? have you got your papers (with you)?; inutile de ~ un parapluie there's no need to take OU no need for an umbrella; ~ des vivres pour un mois to take one month's supply of food; quand prendrez-vous le colis? when will you collect the parcel? || [emmener] to take (along); l'inspecteur prit trois hommes avec lui the inspector took three men with him; (passer) ~ qqn: je l'ai prise chez elle à midi I picked her up at OU collected her from her home at 12 noon; ~ qqn en voiture to give sb a lift; ~ un autostoppeur to give a hitchhiker a lift, to pick up a hitchhiker. -**3.** [trouver] to get; où as-tu pris cette idée/cette citation/ces manières? where did you get that idea/this quotation/those manners?; où as-tu pris qu'on est plus heureux à la campagne? where did you get the idea that people are happier in the country? -**4.** [se procurer]: ~ des nouvelles de qqn to ask after sb; ~ des renseignements to get some information. -**5.** [acheter - nourriture, billet de loterie] to get, to buy; [- abonnement, assurance] to take out *(sép)*; [réserver - chambre d'hôtel, place de spectacle] to book; j'ai pris des artichauts pour ce soir I've got OU bought some artichokes for tonight; je vais vous ~ un petit poulet aujourd'hui I'll have OU take a small chicken today; je ne prends plus de fruits au supermarché I don't buy fruit at the supermarket any more. -**6.** [demander - argent] to take; je prends une commission de 3 % I take a 3% commission; mon coiffeur ne prend pas cher *fam* my hairdresser isn't too expensive OU doesn't charge too much; je prends 100 F de l'heure I charge 100 F per hour; elle l'a réparé sans rien nous ~ she fixed it free of charge OU without charging us (anything) for it. -**7.** [retirer]: les impôts sont pris à la source tax is deducted at source; ~ de l'argent sur son compte to withdraw money from one's account.

B. AVOIR RECOURS À, SE SERVIR DE -**1.** [utiliser - outil] to use; prends un marteau, ce sera plus facile use a hammer, you'll find it's easier; je ne prends jamais de dé pour coudre I never use a thimble when I'm sewing; ne prends pas ça, ça raye l'émail don't use that, it scratches the enamel || [emprunter] to take, to borrow; je peux ~ ta voiture? can I take OU borrow your car?; tu peux ~ ma jupe you can take OU borrow my skirt. -**2.** [consommer - nourriture] to eat; [- boisson] to drink, to have; [- médicament] to take; [- sucre] to take; je ne prends jamais de somnifères I never take sleeping pills; nous en discuterons en prenant le café we'll discuss it over a cup of coffee; tu prends du lait? do you take milk?; je prendrais bien une bière I could do with a beer; elle prend de la cocaïne she takes cocaine; à ~ matin, midi et soir to be taken three times a day; elle n'a rien pris depuis trois jours she hasn't eaten anything for three days || [comme ingrédient] to take; ~ 50 g de beurre et 200 g de farine take 50 g of butter and 200 g of flour. -**3.** [se déplacer en] to take, to go OU to travel by *(insép)*; ~ l'avion to take the plane, to fly; ~ le bateau to take the boat, to sail; ~ le bus to take the bus, to go by bus; ~ un taxi to take OU to use a taxi; ~ le train to take the train, to go by train; je ne prends jamais la voiture I never use the car; elle prend sa bicyclette pour aller au travail she goes to work on a bike, she cycles to work. -**4.** [monter dans - bus, train] to catch, to get on *(insép)*; elle a pris le vol suivant/le mauvais avion she caught the next plane/got on the wrong plane. -**5.** [suivre - voie] to take; prends la première à droite take the first (on the) right; prenez la direction de Lille follow the signs for Lille; j'ai pris un sens interdit I drove down a one-way street.

C. PRENDRE POSSESSION DE, CONTRÔLER -**1.** [retenir par la force - fugitif] to capture; [- prisonnier] to take; [- animal] to capture, to catch; MIL [ville, position] to take; ~ qqn en otage to take sb hostage; ~ du poisson dans un filet to catch OU to take fish in a net. -**2.** [voler - bijou] to take; il a tout pris dans la maison he took everything in the house; ~ une citation dans un livre [sans permission] to lift OU to poach a quotation from a book; ~ qqch à qqn: combien vous a-t-on pris? how much was taken OU stolen from you?; elle m'a pris mon tour she took my turn; elle m'a pris mon idée/petit ami she stole my idea/boyfriend. -**3.** [occuper - temps] to take (up), to require; [- place] to take (up); il prenait le banc à lui tout seul he was taking up all the space on the bench; ça prend combien de temps pour y aller? how long does it take to get there?; ça m'a pris deux heures it took me two hours; ça va te ~ des heures de le coudre à la main! it's going to take you ages to sew it by hand!; chercher un appartement prend du temps flat-hunting is time-consuming; ses fonctions le prennent beaucoup his responsibilities take up a lot of his time OU keep him very busy. -**4.** [envahir - suj: malaise, rage] to come over *(insép)*; [- suj: peur] to seize, to take hold of; quand ses quintes de toux le prennent when he has a bout of coughing; l'orage/la pluie nous a pris en rase campagne the storm/rain crept up on us OU caught us unawares in the open countryside; la fièvre du jeu la prit she was gripped by gambling fever; une douleur le prit dans le dos he suddenly felt a twinge of pain in his back; quand le doute me prend when doubt gets a hold of me, when I am seized by doubt; l'envie le OU lui prit d'aller nager he felt like going for a swim; qu'est-ce qui te prend? what's wrong with OU what's the matter with OU what's come over you?; qu'est-ce qui le OU lui prend de ne pas répondre? why on earth isn't he answering?; ça te prend souvent? *fam iron* do you make a regular habit of this?; quand ça le OU lui prend, il casse tout *fam* when he gets into this state, he just smashes everything in sight || *(tournure impersonnelle)*: il me prend parfois le désir de tout abandonner I sometimes feel like giving it all up ❑ il est rentré chez lui et bien lui en a pris he went home and it was just as well he did; il est rentré chez lui et mal lui en a pris he went home, but he'd have done better to stay where he was; ~ la tête à qqn[▽]: ça me prend la tête it's a real hassle; arrête de me ~ la tête stop being such a pain. -**5.** [surprendre - voleur, tricheur] to catch; si tu veux le voir, il faut le ~ au saut du lit if you want to see him, you must catch him as he gets up; ~ qqn à faire qqch to catch sb doing sthg; que je ne te prenne plus à écouter aux portes! don't let me catch you listening at keyholes again!; on ne me prendra plus à l'aider! you'll never catch me helping him again!; je t'y prends, petit galopin! caught OU got you, you little rascal!; il se jura qu'on ne l'y prendrait plus he swore to himself he'd never get caught again. -**6.** JEUX [pion, dame] to take; le roi prend la dame the King is higher than OU takes the Queen; demain, je te prends aux échecs *fam* tomorrow I'll take you on at OU play you at chess || CARTES *(en usage abs)*: je prends I'll try it; j'ai pris à cœur I went hearts. -**7.** SPORT: ~ le service de qqn to break sb's service; il est venu ~ la deuxième place [pendant la course] he moved into second place; [à l'arrivée] he came in second.

D. ADMETTRE, RECEVOIR -**1.** [recevoir]: le docteur ne pourra pas vous ~ avant demain the doctor won't be able to see you before tomorrow. -**2.** [cours] to take. -**3.** [accueillir - pensionnaire, locataire] to take in *(sép)*; [- passager] to take; [admettre par règlement] to take, to allow; [engager - employé, candidat] to take on *(sép)*; le lycée prend des pensionnaires the school takes boarders; le ferry/train ne prend que les passagers qui ont réservé the ferry/ train only takes passengers with reservations;

nous ne pouvons pas ~ votre chien à bord we can't allow your dog on board; **nous ne prenons pas les cartes de crédit/les bagages en cabine** we don't take credit cards/cabin baggage; **après son opération, je le prendrai dans mon service** after his operation, I'll have him transferred to my department; **~ un comptable** to take on OU to hire an accountant; **ils ne prennent que des gens qui ont de l'expérience** they only take OU employ OU use experienced people; **~ qqn à titre d'essai** OU **à l'essai** to take sb (on) OU to employ sb on a trial basis; **~ qqn comme stagiaire** to take sb on as a trainee; **on l'a prise comme assistante de direction** she's been taken on as (an) executive assistant. -**4.** [acquérir, gagner]: **~ de l'avance/du retard** to be earlier/later than scheduled; **j'ai pris trois centimètres de tour de taille** I've put on three centimetres round the waist; **quand le gâteau commence à ~ une jolie couleur dorée** when the cake starts to take on a nice golden colour; **le projet commence à ~ forme** OU **tournure** the project's starting to take shape; **avec lui, tout prend des proportions énormes** he always blows everything up out of proportion || [terminaison] to take; **«gaz» ne prend pas d's au pluriel** "gaz" doesn't take an s in the plural; **ça prend un e au féminin** it takes an e in the feminine (form); **le a prend un accent circonflexe** there's a circumflex on the a. -**5.** [subir] to get; **~ un coup de soleil** to get sunburnt; **~ froid** OU *vieilli* **du mal** to catch OU to get a cold; **tu vas ~ une fessée/claque!** *fam* you'll get a smack/a clout!; **~ des coups de pied** to get kicked; **il prend bien les coups** SPORT & *fig* he can take a lot of punishment; **j'ai pris la tuile en plein sur la tête** the tile hit me right on the head; **c'est elle qui a tout pris** *fam* [coups, reproches] she got the worst OU took the brunt of it; [éclaboussures] she got most OU the worst of it; **qu'est-ce qu'on a pris!** *fam*, **on a pris quelque chose!** *fam*[averse] we got soaked OU drenched!; [réprimande] we got a real dressing down!; [critique] we got panned!; [défaite] we got thrashed!; **qu'est-ce que le gouvernement a pris dans les journaux du matin!** *fam* the government got a roasting in the morning papers! || *(en usage abs)*: **quand les deux frères font une bêtise, c'est toujours l'aîné qui prend** *fam* when the two brothers have been up to some mischief, the eldest always gets the blame OU gets it in the neck; **c'est toujours les mêmes qui prennent!** *fam* they always pick on the same ones, it's always the same ones who get it in the neck! ❑ **en ~ pour** *fam*: **il en a pris pour 15 ans** he got 15 years, he got put away for 15 years.

E. CONSIDÉRER DE TELLE MANIÈRE -**1.** [accepter] to take; **il faut ~ les choses comme elles viennent/sont** you've got to take things as they come/are; **il a essayé de le ~ avec le sourire** OU **en souriant** he tried to pass it off with a smile; **elle a pris sa défaite avec le sourire** she accepted her defeat with a smile; **je lui ai dit ce que je pensais d'elle et elle l'a très bien/mal pris** I told her what I thought of her and she took it very well/badly; **elle prend très mal la critique** she doesn't take kindly to being criticized || [interpréter]: **ne prends pas ça pour toi** [ne te sens pas visé] don't take it personally; **~ qqch en bien** to take sthg as a compliment; **~ qqch en mal** to take sthg badly; **elle a pris mon silence pour de la désapprobation** she took my silence as a criticism; **c'est ce qu'il a dit, prends-le pour ce que ça vaut** that's what he said, (take it) for what it's worth. -**2.** [considérer] to take, to consider; **prenons un exemple** let's take OU consider an example; **prends Pierre, il n'est pas brillant, et pourtant il a réussi** take Pierre, he's not very bright but he's got on in life; **~ qqn/qqch en**: **~ qqn en amitié** to grow fond of sb; **~ qqn en pitié** to take pity on sb; **j'ai pris cette maison en horreur** I grew to loathe that house; **~ qqch/qqn pour** [par méprise] to mistake sthg/sb for; [le considérer, volontairement, comme] to take sthg/sb for, to consider sthg/sb to be; **on me prend souvent pour ma sœur** I'm often mistaken for my sister; **je vous avais pris pour Robert** I thought you were Robert; **de dos, on pourrait le ~ pour mon mari** seen from behind, you could mistake him for my husband; **pour qui me prenez-vous?** what do you take me for?, who do you think I am?; **tu me prends pour ta bonne?** do you think I'm your maid?; **elle va me ~ pour un idiot** she'll think I'm a fool; **~ qqch/qqn comme** to take sthg/sb as; **~ qqch comme excuse** to use OU to take sthg as an excuse; **~ un monument comme point de repère** to use a monument as a landmark ❑ **à tout ~** all in all, by and large, all things considered; **à tout ~, je préférerais le faire moi-même** all things being considered I'd rather do it myself. -**3.** [traiter - qqn] to handle, to deal with *(insép)*; **~ qqn par la douceur** to use gentle persuasion on sb; **elle sait très bien ~ les enfants** she knows how to handle children; **~ l'ennemi de front/à revers** MIL & *fig* to tackle the enemy head on/from the rear.

F. ENREGISTRER -**1.** [consigner - notes] to take OU to write down *(sép)*; [- empreintes, mesures, température, tension] to take; **je n'ai pas eu le temps de ~ son numéro** I didn't have time to take (down) his number; **je peux ~ jusqu'à 90 mots par minute** I can take down up to 90 words per minute; **~ les dimensions d'une pièce** to measure a room; **~ les mensurations d'un client** to take a customer's measurements. -**2.** PHOT: **~ qqch/qqn (en photo)** to take a picture OU photo OU photograph of sthg/sb; **ne prends pas la tour, elle est affreuse** don't take (a picture of) the tower, it's hideous.

G. DÉCIDER DE, ADOPTER -**1.** [s'octroyer - vacances] to take, to have; [- bain, douche] to have, to take; **~ un jour de congé** to take OU to have the day off; **~ un congé maternité** to take maternity leave; **~ du repos** to rest, to have a rest; **~ du bon temps** to have fun OU a good time; **~ le temps de faire qqch** to take the time to do sthg; **~ son temps** to take one's time; **~ un amant** to take a lover; **tu n'as pas le droit! – je le prends!** you've no right! – that's what you think! -**2.** [adopter - mesure, risque] to take; **~ une décision** [gén] to make a decision; [après avoir hésité] to make up one's mind, to come to a decision; **~ la décision de** to make up one's mind to, to decide to; **~ l'initiative** to take the initiative; **~ l'initiative de qqch** to initiate sthg; **~ l'initiative de faire qqch** to take the initiative in doing sthg, to take it upon o.s. to do sthg; **~ une (bonne) résolution** to make a (good) resolution; **~ de bonnes résolutions pour l'avenir** to resolve to do better in the future; **~ la résolution de** to resolve to. -**3.** [choisir - sujet d'examen, cadeau] to take, to choose, to have; **j'ai pris le docteur Valiet comme médecin** I chose Dr Valiet to be OU as my GP; **je prends la cravate rouge** I'll take OU have the red tie; **je ne sais pas quel poster ~ pour elle** I don't know which poster to choose OU to buy for her; **qu'est-ce qu'on lui prend comme glace?** which ice cream shall we get him?; **ils n'ont pris que les 20 premiers** they only took OU selected the top 20 ❑ **c'est à ~ ou à laisser** (you can) take it or leave it; **il y a à ~ et à laisser**: **il y a à ~ et à laisser dans son livre** his book is a bit of a curate's egg *Br* OU is good in parts. -**4.** [se charger de - poste] to take, to accept; **quand prend-elle ses fonctions?** when does she start work?; **j'ai fini par ~ des ménages** *fam* in the end I took on some cleaning jobs; **j'ai un appel pour toi, tu le prends?** I've got a call for you, will you take it? -**5.** [afficher] to put on *(sép)*, to assume; **elle a pris de grands airs pour me le dire** she told me very condescendingly; **il avait pris une voix doucereuse** he'd assumed a suave tone.

◇ *vi* -**1.** [se fixer durablement - végétal] to take (root); [- bouture, greffe, vaccin] to take; [- mode] to catch on; **la peinture ne prend pas sur le plastique** the plastic won't take the paint; **le slogan a pris** the slogan caught on ❑ **ça ne prendra pas avec elle** [plaisanterie] she won't be amused; [mensonge] it won't work with her, she won't be taken in. -**2.** [durcir - crème, ciment, colle] to set; [- lac, étang] to freeze (over); **faire ~ la mayonnaise** to get the mayonnaise to thicken. -**3.** [passer]: **prends à gauche** [tourne à gauche] turn left; **tu peux ~ par Le Mans** you can go via Le Mans; **~ à travers bois/champs** to cut through the woods/fields. -**4.** [commencer] to start, to get going; **le feu a pris dans la grange** the fire started in the barn; **je n'arrive pas à faire ~ le feu/les brindilles** I can't get the fire going/the twigs to catch; **le sapin prend bien** pine is easy to get going OU to light. -**5.** MUS & THÉÂT: **prenons avant la sixième mesure/à la scène 2** let's take it from just before bar six/from scene 2.

◆ **prendre sur** *v + prép* -**1.** [entamer] to use (some of); **désolé d'avoir pris sur votre temps d'antenne** sorry to have encroached on OU cut into your air time; **~ sur son capital pour payer qqch** to use some of OU to dig into one's capital to pay for sthg; **je ne prendrai pas sur mon week-end pour finir le travail!** I'm not going to give up OU to sacrifice part of my weekend to finish the job!; **après quelques jours sans nourriture, l'organisme prend sur ses réserves** after a few days without food, the body starts using up its reserves. -**2.** *loc*: **~ sur soi** to grin and bear it; **~ sur soi de faire qqch** to take (it) upon o.s. to do sthg.

◆ **se prendre** ◇ *vp (emploi passif)* to be taken; **ces cachets se prennent avant les repas** the tablets should be taken before meals.

◇ *vp (emploi réciproque)*: **ils se sont pris pour époux** they were united in matrimony.

◇ *vpi* to get caught OU trapped; **le foulard s'est pris dans la portière** the scarf got caught OU shut in the door.

◇ *vpt* -**1.** [se coincer]: **attention, tu vas te ~ les doigts dans la charnière!** careful, you'll trap your fingers OU get your fingers caught in the hinge! -**2.** *fam* [choisir]: **se ~ qqch** to get sthg for o.s.; **va acheter du pain et prends-toi un gâteau** go and buy some bread and get yourself a cake; **elle s'est pris un nouvel amant** she's taken a new lover.

◆ **se prendre à** *vp + prép* -**1.** [se laisser aller à]: **se ~ à qqch** to get (drawn) into sthg; **on se prend au charme de sa musique** you gradually succumb to the charm of his music; **se ~ à faire qqch** to find o.s. starting to do sthg; **se ~ à rêver** to find o.s. dreaming; **je me pris à l'aimer/le haïr** I found myself falling in love with him/starting to hate him. -**2.** *loc*: **s'y ~**: **comment pourrions-nous nous y ~?** how could we go about it?; **tu t'y prends un peu tard pour t'inscrire!** you've left it a bit late to enrol!; **il faut s'y ~ deux mois à l'avance pour avoir des places** you have to book two months in advance to be sure of getting seats; **elle s'y est prise à trois fois pour faire démarrer la tondeuse** she made three attempts before the lawn mower would start; **s'y ~ bien/mal**: **s'y ~ bien/mal avec qqn** to handle sb the right/wrong way; **elle s'y prend bien** OU **sait s'y ~ avec les enfants** she's good with children; **si tu t'y prends bien avec lui** if you get on the right side of him; **je n'arrive pas à repasser le col – c'est parce que tu t'y prends mal** I can't iron the collar properly – that's because you're going about it the wrong way OU doing it wrong.

◆ **se prendre de** *vp + prép*: **se ~ d'amitié pour qqn** to feel a growing affection for sb.

◆ **se prendre pour** *vp + prép*: **elle se prend pour une artiste** she likes to think she's an artist; **il ne se prend pas pour rien** OU **pour n'importe qui** he thinks he's God's gift to humanity; **tu te prends pour qui pour me parler sur ce ton?** who do you think you are, talking to me like that?

◆ **s'en prendre à** *vp + prép*: **s'en ~ à qqn** [l'attaquer] to attack sb; [le rendre responsable] to lay OU to put the blame on sb; **pourquoi faut-il toujours que tu t'en prennes à moi?** why do you always take it out on me?; **l'équipe perd un match et l'on s'en prend tout de suite à l'entraîneur** the team loses a match and the coach automatically gets the blame; **ne t'en prends qu'à toi-même** you've only (got) yourself to blame; **s'en ~ à une institution/un système** [l'accuser] to put the blame on an institution/a system; [le critiquer] to attack an institution/a system.

preneur, euse [prənœr, øz] *nm, f* **-1.** [acheteur] buyer; **trouver ~ pour qqch** to find someone (willing) to buy sthg OU to find a buyer for sthg; **si vous me le laissez à 100 F, je suis ~** I'll buy it if you'll take 100 F for it. **-2.** [locataire] potential tenant. **-3.** [ravisseur]: **~ d'otages** hostage-taker.

◆ **preneur, euse de son** *nm, f* sound engineer.

prénom [prenɔ̃] *nm* first OU Christian *Br* OU given *Am* name.

prénommé, e [prenɔme] ◇ *adj*: **un garçon ~ Julien** a boy called Julien; **la ~e Maria** the said Maria *aussi hum*.

◇ *nm, f* JUR above-named (person); **le ~** the above-named.

prénommer [3] [prenɔme] *vt* to call; **si c'est une fille, nous la prénommerons Léa** if it's a girl, we'll call her Léa.

◆ **se prénommer** *vpi*: **comment se prénomme-t-il?** what's his first name?; **il se prénomme Robin** his first name is Robin.

prénuptial, e, aux [prenypsjal, o] *adj* premarital, antenuptial; **la visite ~e obligatoire** the compulsory pre-marriage medical check *(in French law)*.

préoccupant, e [preɔkypɑ̃, ɑ̃t] *adj* worrying; **la situation est ~e** the situation gives cause for concern OU is worrying.

préoccupation [preɔkypasjɔ̃] *nf* **-1.** [souci] concern, worry; **le chômage reste notre ~ première** unemployment remains our major cause for concern; **ceux pour qui l'argent n'est pas une ~** those who don't have to worry about money OU who don't have money worries; **j'ai été un sujet de ~ pour mes parents** I was a worry to my parents; **~s d'ordre moral/esthétique** moral/aesthetic considerations. **-2.** [priorité] concern, preoccupation; **ma seule ~ est de divertir le public** my only concern OU sole preoccupation is keeping the audience entertained; **depuis qu'elle est partie, il n'a plus qu'une ~, la retrouver** since she left his one thought is to find her again.

préoccupé, e [preɔkype] *adj* [inquiet] worried, preoccupied, concerned; **elle avait l'air ~** she looked worried, there was a look of concern on her face.

préoccuper [3] [preɔkype] *vt* **-1.** [tracasser] to worry; **son avenir professionnel n'a pas l'air de la ~** she doesn't seem to be concerned about her career, her career doesn't seem to worry her. **-2.** [obséder] to preoccupy, to concern, to be of concern to; **l'environnement est un sujet qui nous préoccupe beaucoup** we are deeply concerned with environmental issues; **il est trop préoccupé de sa petite personne** he's too wrapped up in himself.

◆ **se préoccuper de** *vp + prép* to be concerned with, to care about; **se ~ de l'avenir** to care about the future; **se ~ de ses enfants** to worry about one's children; **ne te préoccupe donc pas de ça!** don't you worry OU bother about that!

préœdipien, enne [preødipjɛ̃, ɛn] *adj* pre-Oedipal.

préopératoire [preɔperatwar] *adj* preoperative, presurgical.

prépa *fam* [prepa] *(abr de* **classe préparatoire***)* *nf class preparing for the competitive entrance exam to a Grande École*.

préparateur, trice [preparatœr, tris] *nm, f* **-1.** ENS *assistant to a professor of science*. **-2.** PHARM: **~ en pharmacie** assistant to a pharmacist *Am* OU dispensing chemist *Br*.

préparatifs [preparatif] *nmpl* preparations; **~ de départ/guerre** preparations for leaving/war; **commencer les ~ du voyage** to start preparing for the trip.

préparation [preparasjɔ̃] *nf* **-1.** [réalisation - d'un plat, d'un médicament] preparation; **les moules ne demandent pas une longue ~** mussels don't take long to prepare ‖ [apprêt - d'une peau, de la laine] dressing. **-2.** [organisation - d'un voyage, d'une fête, d'un attentat] preparation; **la randonnée avait fait l'objet d'une soigneuse ~** the ramble had been carefully thought out OU prepared. **-3.** [entraînement - pour un examen] preparation; [- pour une épreuve sportive] training, preparation; **la ~ d'un examen** preparing OU working for an exam; **faire une ~ à une grande école** to attend preparatory classes for the entrance exam to a grande école; **manquer de ~** to be insufficiently prepared ❑ **~ d'artillerie** MIL initial artillery bombardment; **~ militaire** pre-call-up training. **-4.** [chose préparée] preparation; **~ culinaire** dish; **~ (pharmaceutique)** (pharmaceutical) preparation. **-5.** *vieilli* [exercice] exercise; [fait à la maison] homework; **as-tu fait ta ~ latine?** did you do your Latin homework OU *Br* prep? **-6.** MIN: **~ mécanique** mechanical processing. **-7.** BX-ARTS primer.

◆ **en préparation** *loc adv* being prepared, in hand; **avoir un livre/disque en ~** to have a book/record in the pipeline.

◆ **sans préparation** *loc adv* [courir] without preparation, cold *(adv)*; [parler] extempore, ad lib.

préparatoire [preparatwar] *adj*: **~ à** preparatory to, in preparation for.

préparer [3] [prepare] *vt* **-1.** [réaliser - plat] to prepare, to make; [- en-cas, sandwich] to prepare, to make; [- médicament, cataplasme] to prepare; **qu'est-ce que tu nous as préparé de bon?** what delicious dish have you cooked for us? **-2.** [rendre prêt - valise] to pack; [- repas, chambre, champ] to prepare, to get ready; [- peaux, laine] to dress; [- document] to prepare, to draw up *(sép)*; **préparez la monnaie, s'il vous plaît** please have change ready; **plats tout préparés** precooked OU ready-cooked meals; **poulet tout préparé** oven-ready OU dressed chicken; **on dirait qu'il nous prépare une rougeole** *fam* (it) looks like he's getting the measles ❑ **~ le terrain (pour)** *pr* to prepare the ground OU to lay the ground (for); *fig* to pave the way (for). **-3.** [organiser - attentat, conférence] to prepare, to organize; [- complot] to prepare, to hatch; **elle avait bien préparé son histoire** she'd got her story off to a T; **elle avait préparé sa réponse** she'd got her OU an answer ready; **~ une surprise à qqn** to have a surprise in store for sb. **-4.** [travailler à - œuvre] to be preparing, to be working on; [- examen] to be preparing for; [- épreuve sportive] to be in training for; **tu as préparé quelque chose en géographie?** *fam* did you prepare OU revise any geography?; **~ (sa) médecine** to do medicine; **~ son droit** to be reading Law. **-5.** [former - élève] to prepare; [- athlète] to train; **~ qqn à qqch** to prepare sb for sthg; **on les prépare intensivement à l'examen** they're being coached for the exam; **rien ne m'avait préparé à l'indépendance** nothing had prepared me for independence; **nous avons préparé les enfants à l'idée qu'ils vont changer d'école** we've accustomed the children to the idea of changing schools.

◆ **se préparer** ◇ *vp (emploi réfléchi)* **-1.** [s'apprêter] to get ready; **le temps qu'elle se prépare, on aura raté la séance** by the time she's ready, we'll have missed the show. **-2.** [s'entraîner] to train; **se ~ pour Roland-Garros** to train OU to prepare for the French Open tennis tournament.

◇ *vpi*: **un orage se prépare** there's a storm brewing ‖ *(tournure impersonnelle)*: **je sens qu'il se prépare quelque chose** I can feel there's something afoot OU in the air.

◇ *vpt*: **se ~ des déceptions** to prepare o.s. for disappointment.

◆ **se préparer à** *vp + prép* **-1.** [être disposé à] to be ready OU prepared for; **préparez-vous à vous faire tremper!** be ready OU prepared to get soaked!; **je ne m'étais pas préparé à un tel accueil** I wasn't prepared for such a welcome. **-2.** [être sur le point de] to be about to; **on se préparait à passer à table** we were about to sit down to eat.

prépondérance [prepɔ̃derɑ̃s] *nf* [supériorité] predominance, preponderance, primacy.

prépondérant, e [prepɔ̃derɑ̃, ɑ̃t] *adj* prominent; **jouer un rôle ~** to play a prominent part OU role ❑ **voix ~e** casting vote.

préposé, e [prepoze] *nm, f* **-1.** [employé]: **~ des douanes** customs official OU officer; **~ au vestiaire** cloakroom attendant. **-2.** ADMIN: **~ (aux postes)** postman *Br*, mailman *Am*. **-3.** JUR agent.

préposer [3] [prepoze] *vt* [affecter]: **~ qqn à** to place OU to put sb in charge of.

prépositif, ive [prepozitif, iv] = **prépositionnel**.

préposition [prepozisjɔ̃] *nf* preposition.

prépositionnel, elle [prepozisjɔnɛl] *adj* prepositional.

prépositivement [prepozitivmɑ̃] *adv* prepositionally; **adverbe employé ~** adverb used as a preposition.

prépsychose [prepsikoz] *nf* prepsychosis.

prépsychotique [prepsikɔtik] *adj* & *nmf* prepsychotic.

prépuce [prepys] *nm* foreskin, prepuce *spéc*.

préraphaélisme [prerafaelism] *nm* Pre-Raphaelism.

préraphaélite [prerafaelit] *adj* & *nmf* Pre-Raphaelite.

préréglage [preregla3] *nm* TECH preselection, presetting.

prérégler [18] [preregle] *vt* TECH to preselect, to preset.

prérentrée [prerɑ̃tre] *nf* SCOL *start of the new school year for teachers (a few days before the pupils)*.

préretraite [prerətrɛt] *nf* **-1.** [allocation] early retirement allowance. **-2.** [période]: **partir en ~** to take early retirement; **être mis en ~** to be retired early.

préretraité, e [prerətrete] *nm, f person who takes or has been given early retirement*.

prérogative [prerɔgativ] *nf* prerogative, privilege.

préroman, e [prerɔmɑ̃, an] *adj* pre-Romanesque.

préromantique [prerɔmɑ̃tik] ◇ *adj* pre-Romantic.

◇ *nmf* pre-Romantic *(poet or artist)*.

préromantisme [prerɔmɑ̃tism] *nm* pre-Romanticism.

près [prɛ] ◇ *adv* **-1.** [dans l'espace] near, close; **cent mètres plus ~** one hundred metres nearer OU closer; **aussi ~ que** as near OU close as; **le bureau est tout ~** the office is very near OU just around the corner. **-2.** [dans le temps] near, close, soon; **Noël, c'est tout ~ maintenant** it'll be Christmas very soon now, Christmas will be here very soon now; **jeudi c'est trop ~, disons plutôt samedi** Thursday is too soon, let's say Saturday.

◇ *prép sout*: **ambassadeur ~ le Saint-Siège** ambassador to the Holy See; **expert ~ la chambre de commerce** expert (appointed) to the Chamber of Commerce.

◆ **à... près** *loc corrél*: **ta démonstration est parfaite, à un détail ~** your demonstration is flawless but for OU except for one thing; **j'ai raté mon train à quelques secondes ~** I missed my train by a few seconds ❑ **vous n'en êtes plus à un scandale/procès ~** what's one more scandal/trial to you?; **on n'est pas à 50 francs ~** we can spare 50 francs; **tu n'es plus à cinq minutes ~** another five minutes won't make much difference.

◆ **à cela près que** *loc conj* except that; **tout s'est bien passé, à cela ~ que j'ai perdu mon portefeuille** everything went well except that I lost my wallet.

◆ **à peu de choses près** *loc adv* more or less; **à peu de choses ~, il y en a cinquante** there are fifty of them, more or less OU give or take a few.

◆ **à peu près** *loc adv* **-1.** [environ] about, around; **il habite à peu ~ à 10 km** he lives about OU around 10 km away; **il est à peu ~ 5 h** it's about OU around 5 o'clock; **on était à peu ~ cinquante** there were about OU around fifty of us. **-2.** [plus ou moins] more or less; **il sait à peu ~ comment y aller** he knows more or less OU roughly how to get there. **-3.** [emploi substantivé] approximation; **il ne se contentera pas d'à peu ~** he won't be satisfied with approximations.

◆ **de près** *loc adv* at close range OU quarters; **elle y voit mal de ~** she can't see very well close up OU at close range; **il est rasé de ~** he's clean-shaven; **surveiller qqn de ~** to keep a close watch OU eye on sb; **frôler qqch de ~** to come within an inch of sthg; **les explosions se sont suivies de très ~** the explosions took place within seconds of each other; **ses enfants se suivent de ~** her children are close together in age; **regarder qqch de (très) ~** *pr* to look at sthg very closely; *fig* to look (very) closely into sthg; **avant de donner de l'argent pour la recherche, il faut y regarder de ~** before giving money away for research, you must look into it carefully; **étudions la question de plus ~** let's take a closer look at the problem; **de ~ ou de loin** however OU whichever way you look at it; **cela ressemble, de ~ ou de loin, à une habile escroquerie** however OU whichever way you look at it, it's a skilful piece of fraud.

◆ **près de** *loc prép* **-1.** [dans l'espace] near; **il habite ~ de Paris** he lives near Paris; **ils habitent ~ d'ici** they live near here; **il vit ~ de chez moi** he lives near me; **assieds-toi ~ de lui** sit near him OU next to him; **naviguer ~ du vent** NAUT to sail close to the wind; **vêtements ~ du corps** close-fitting OU tight-fitting clothes ‖ [affectivement, qualitativement] close to; **il a toujours été ~ de ses parents** he's always been close to his parents; **les premiers candidats sont très ~ les uns des autres** there's very little difference between the first few candidates; **ce comportement est plus ~ de la bêtise que de la méchanceté** this behaviour is more like OU closer to stupidity than malice ❑ **être ~ de ses sous** OU **de son argent** to be tightfisted. **-2.** [dans le temps]: **Noël est trop ~ du jour de l'an** Christmas is too close to New Year's Day; **on est ~ des vacances** it's nearly the holidays; **il doit être ~ de la retraite** he must be about to retire; **nous étions ~ de partir** we were about to leave; **vous êtes ~ d'avoir deviné** you've nearly guessed; **je ne suis pas ~ d'oublier ça** I'm not about to OU it'll be a long time before I forget that; **je ne suis pas ~ de me remarier** I'm not about OU in no hurry to get married again; **ils ne sont pas ~ de me revoir dans leur restaurant!** I shan't visit their restaurant again in a hurry! **-3.** [environ, presque] nearly, almost; **cela fait ~ d'un mois qu'il est absent** he's been gone for almost a month; **il est ~ de midi** it's nearly midday; **on était ~ de cinquante** there were almost OU nearly fifty of us; **ça nous a coûté ~ de 1 000 francs** it cost us nearly 1,000 francs.

présage [prezaʒ] *nm* **-1.** [signe] omen, portent *litt*, presage *litt*; **heureux/mauvais ~** good/bad omen; **j'y ai vu le ~ d'un avenir meilleur** I viewed it as a sign of better days to come. **-2.** [prédiction] prediction; **tirer un ~ de qqch** to make a prediction on the basis of sthg.

présager [17] [prezaʒe] *vt* **-1.** [être le signe de] to be a sign of, to portend *litt*; **cela ne présage rien de bon** that's an ominous sign, nothing good will come of it. **-2.** [prévoir] to predict; **je n'aurais pu ~ qu'il en arriverait à cette extrémité** I would never have guessed that he would go so far; **laisser ~ qqch** to be a sign of sthg.

présalaire [presalɛr] *nm allowance paid to students to replace earnings lost while studying.*

pré-salé [presale] (*pl* **prés-salés**) *nm* [mouton] salt-meadow sheep; [viande] salt-meadow OU pré-salé lamb; **un gigot de ~** a salt-meadow leg of lamb.

presbyophrénie [prɛsbjɔfreni] *nf* presbyophrenia.

presbyte [prɛsbit] ◇ *adj* longsighted *Br*, farsighted *Am*, presbyopic *spéc*.
◇ *nmf* longsighted *Br* OU farsighted *Am* person, presbyope *spéc*.

presbytéral, e, aux [prɛsbiteral, o] *adj* presbyteral, presbyterial, priestly.

presbytère [prɛsbitɛr] *nm* presbytery.

presbytérianisme [prɛsbiterjanism] *nm* Presbyterianism.

presbytérien, enne [prɛsbiterjɛ̃, ɛn] *adj & nm, f* Presbyterian.

presbytie [prɛsbisi] *nf* longsightedness *Br*, farsightedness *Am*, presbyopia *spéc*.

prescience [presjɑ̃s] *nf* **-1.** [pressentiment] prescience *litt*, foreknowledge, foresight. **-2.** RELIG prescience.

préscolaire [preskɔlɛr] *adj* preschool.

prescripteur [prɛskriptœr] *nm* prescriber.

prescriptible [prɛskriptibl] *adj* JUR prescriptible.

prescription [prɛskripsjɔ̃] *nf* **-1.** JUR prescription; **~ de la peine** lapse OU lapsing of the sentence; **y a-t-il ~ pour les crimes de guerre?** is there a statutory limitation relating to war crimes? ❑ **~ acquisitive** positive OU acquisitive prescription; **~ extinctive** negative prescription. **-2.** [instruction]: **se conformer aux ~s** to conform to instructions OU regulations; **les ~s de la morale** moral dictates. **-3.** [MÉD - gén] orders, instructions; [- ordonnance] prescription; **il ne doit pas y avoir ~ d'antibiotiques dans ce cas** antibiotics should not be prescribed in this case.

prescrire [99] [prɛskrir] *vt* **-1.** [recommander] to prescribe; **~ qqch à qqn** to prescribe sthg for sb; **on lui a prescrit du repos** she was ordered to rest; **~ à qqn de faire qqch** to order sb to do sthg. **-2.** [stipuler] to prescribe, to stipulate; **accomplir les formalités que prescrit le règlement** to go through the procedures stipulated in the regulations. **-3.** JUR [propriété] to obtain by prescription; *(en usage abs)*: **on ne prescrit pas contre les mineurs** one cannot obtain property from minors by prescription ‖ [sanction, peine] to lapse; **il faut 20 ans pour ~ la peine** the sentence only lapses after 20 years.

◆ **se prescrire** *vp (emploi passif)* JUR [s'acquérir] to be obtained by prescription; [se périmer] to lapse; **la peine se prescrit par cinq ans** the penalty lapses after five years.

prescrit, e [prɛskri, it] *adj* **-1.** [conseillé - dose] prescribed, recommended; **agir dans les limites ~es** to act within prescribed limits. **-2.** [fixé]: **au jour ~** on the set day; **à l'heure ~e** at the agreed hour; **dans le délai ~** within the agreed time.

préséance [preseɑ̃s] *nf* **-1.** [priorité] precedence, priority; **avoir la ~ sur qqn** to have precedence over sb. **-2.** *sout* [ordre dû au rang]: **la ~ veut qu'on le serve avant vous** according to (the rules of) etiquette, he should be served before you.

présélecteur [preselɛktœr] *nm* preselector.

présélection [preselɛksjɔ̃] *nf* **-1.** [choix] preselection, short-listing. **-2.** AUT: **boîte de vitesses à ~** preselector gearbox. **-3.** RAD: **poste avec/sans ~** radio with/without preset.

présélectionné, e [preselɛksjɔne] *nm, f* short-listed candidate.

présélectionner [3] [preselɛksjɔne] *vt* **-1.** [candidat] to preselect, to short-list. **-2.** [heure, programme] to preset.

présence [prezɑ̃s] *nf* **-1.** [fait d'être là] presence; **si ma ~ vous gêne, je peux partir** if my presence disturbs you, I can leave; **j'ignorais ta ~** I didn't know you were here; **je sentais une ~ derrière moi** I could feel a presence behind me; **merci de nous avoir honorés de votre ~** thank you for honouring us with your presence; **cela s'est passé hors de ma ~** I wasn't present when it happened; **faire acte de ~** to put in an appearance; **réunion à 9 h, ~ obligatoire** meeting at 9 o'clock, attendance compulsory; **~ assidue aux cours** regular attendance in class. **-2.** THÉÂT [personnalité] presence; **il n'a aucune ~ sur scène** he has no stage presence whatsoever. **-3.** [influence] presence; **la ~ française en Afrique** the French presence in Africa. **-4.** RELIG: **~ réelle** real presence.

◆ **en présence** ◇ *loc adj* **-1.** [en opposition]: **les armées/équipes en ~** the opposing armies/teams. **-2.** JUR: **les parties en ~** the opposing parties, the litigants *spéc*.
◇ *loc adv*: **mettre deux personnes en ~** to bring two people together OU face-to-face.

◆ **en présence de** *loc prép*: **la lecture du testament s'est faite en ~ de toute la famille** the will was read out in the presence of the entire family; **je ne parlerai qu'en ~ de mon avocat** I refuse to talk unless my lawyer is present; **en ma ~** in my presence.

◆ **présence d'esprit** *nf* presence of mind; **mon voisin a eu la ~ d'esprit de me prévenir** my neighbour had the presence of mind to warn me; **conserver sa ~ d'esprit** to keep one's presence of mind OU one's wits about one.

présénescence [presenesɑ̃s] *nf* presenility.

présénile [presenil] *adj* presenile.

présent, e [prezɑ̃, ɑ̃t] ◇ *adj* **-1.** [dans le lieu dont on parle] present; **les personnes ici ~es** the people here present; **qui était ~ quand la bagarre a éclaté?** who was present when the fight broke out?; **le racisme est ~ à tous les niveaux** racism can be found at all levels; **croyez bien que je suis ~ en pensée** OU **par le cœur** I can assure you I am with you in spirit OU that my thoughts are with you; **être ~ à une conférence** to be present at OU to attend a conference; **étaient ~s à la cérémonie les amis et proches du défunt** present at OU attending the ceremony were the friends and relatives of the deceased; **être ~ à l'appel** MIL to be present at roll call; **Duval? — ~!** Duval? – here OU present!; **avoir qqch ~ à l'esprit** to bear OU to keep sthg in mind; **je n'ai pas ~ à l'esprit le terme exact qu'il a employé** I can't bring OU call to mind the precise word he used; **des images que nous garderons longtemps ~es à l'esprit** images which will linger in our minds ❑ **répondre ~** SCOL to answer to one's name, to be present at roll call; *fig* to rise to the challenge; **des centaines de jeunes ont répondu ~ à l'appel du pape** hundreds of young people answered the Pope's call. **-2.** [actif]: **il a été très ~ après la mort de mon mari** he was very supportive after my husband died; **les Français ne sont pas du tout ~s dans le jeu** the French team is making no impact on the game at all ‖ THÉÂT: **on a rarement vu un chanteur aussi ~ sur scène** seldom has one seen a singer with such stage presence. **-3.** [en cours] *(après le n)*: **dans le cas ~** in the present case ‖ *(avant le n)*: **la ~e convention** *sout* this agreement.
◇ *nm, f*: **il y avait 20 ~s à la réunion** 20 people were present at OU attended the meeting.

◆ **présent** *nm* **-1.** [moment] present; **vivre dans le ~** to live in the present; **pour le ~** for the time being, for the moment. **-2.** GRAMM present (tense); **le ~ historique** OU **de narration** the historic present; **~ de l'indicatif/du subjonctif** present indicative/subjunctive; **~ progressif** present progressive; **~ simple** simple present. **-3.** *litt* [cadeau] gift, present; **faire ~ de qqch à qqn** to present sb with sthg.

◆ **présente** *nf* ADMIN [lettre] the present (letter), this letter; **le porteur de la ~e** the bearer of this letter; **je vous informe par la ~e que...**

I hereby inform you that...; **je joins à la ~e un chèque à votre nom** I herewith enclose a cheque payable to you.

◆ **à présent** *loc adv* -**1.** [après ce qui s'est passé] now; **tu peux t'en aller à ~** you may go now. -**2.** [maintenant] at present; **je travaille à ~ dans une laiterie** I'm working in a dairy at present.

◆ **à présent que** *loc conj* now that.

◆ **d'à présent** *loc adj* modern-day, present-day; **les hommes politiques d'à ~** today's OU present-day politicians, the politicians of today.

présentable [prezɑ̃tabl] *adj* -**1.** [décent] presentable; **ta tenue n'est pas ~** you're not fit to be seen in that outfit. -**2.** [correct]: **griffonnés comme ça, les documents ne sont pas ~s** these hastily scribbled documents are not fit to be seen.

présentateur, trice [prezɑ̃tatœr, tris] *nm, f* RAD & TV [des programmes] announcer, presenter; [du journal] newscaster, anchorman (*f* anchorwoman) *Am*; [de variétés] host, compere *Br*.

présentation [prezɑ̃tasjɔ̃] *nf* -**1.** [dans un cercle, dans un groupe] introduction; **faire la ~ de qqn à la Cour** to present sb at Court; **faire les ~s** to do the introductions; **Robert, faites donc les ~s** [entre plusieurs personnes] Robert, could you introduce everybody?; **venez par ici, vous deux, je vais faire les ~s** come over here, you two, I want to introduce you; **maintenant que les ~s sont faites** now that everybody's been introduced. -**2.** RAD & TV [des informations] presentation, reading; [des variétés, d'un jeu] hosting, compering *Br*; **assurer la ~ d'une séquence** to present a news story. -**3.** COUT fashion show; **aller à une ~ de collection** OU **couture** OU **mode** to attend a fashion show. -**4.** [exposition] presenting, showing; **la ~ des modèles a d'abord provoqué une vive controverse** there was fierce controversy when the models were first presented OU unveiled; **la ~ du projet gagnant aura lieu devant la presse** the winning project will be presented to OU unveiled before the press || COMM [à un client potentiel] presentation. -**5.** [aspect formel] presentation; **bon devoir mais soignez davantage la ~** a good piece of work, but take more care with the presentation; **l'idée de départ est bonne mais la ~ des arguments n'est pas convaincante** the original idea is good but the arguments are not presented in a convincing manner || COMM presentation, packaging; **~ d'un produit** presentation of a product; **~ en vrac** bulk display; **leurs chocolats sont vendus dans une ~ originale** the packaging of their chocolates is very unusual. -**6.** [allure]: **il a une mauvaise/bonne ~** he doesn't look/he looks very presentable. -**7.** [d'un document, d'un laissez-passer] showing; [d'un compte, d'une facture] presentation; **la ~ de la facture a lieu un mois après** the bill is presented a month later. -**8.** MÉD: **~ du sommet/siège** head/breech presentation; **~ céphalique/transversale** cephalic/transverse presentation. -**9.** RELIG: **la Présentation du Seigneur/de la Vierge** the Presentation of Christ (in the Temple)/of the Virgin Mary.

◆ **sur présentation de** *loc prép* on presentation of; **vous n'entrerez que sur ~ d'une invitation/de ce coupon** you'll only be admitted on presentation of an invitation/this coupon.

présentement [prezɑ̃tmɑ̃] *adv* at present, presently *Am*.

présenter [3] [prezɑ̃te] ◇ *vt* -**1.** [faire connaître] to introduce; **je te présente ma sœur Blanche** this is OU let me introduce my sister Blanche; **nous n'avons pas été présentés** we haven't been introduced; **on ne vous présente plus** [personne célèbre] you need no introduction from me; **~ qqn à la Cour/au Roi** to present sb at Court/to the King. -**2.** [décrire] to describe, to portray; **on me l'a présenté comme un homme de parole** he was described to me as a man of his word; **on vous présente souvent comme une mélomane** you're often spoken of OU portrayed as a music lover; **je présente mon héros sous les traits d'un jeune banquier** I have portrayed my hero as a young banker. -**3.** [remettre - ticket, papiers] to present, to show; [- facture, devis] to present; **vous pouvez ~ la note** you may bring OU present the bill. -**4.** [montrer publiquement] to present; **le nouveau musée sera présenté à la presse demain** the new museum will be presented OU opened to the press tomorrow; **les Ballets de la Lune (vous) présentent...** the Moon Ballet Company presents... -**5.** COMM to present, to package; **c'est aussi présenté en granulés** it also comes in granules; **bouteille/vitrine joliment présentée** attractively packaged bottle/dressed window. -**6.** RAD & TV [informations] to present, to read; [variétés, jeu] to host, to compere *Br*; **les informations vous sont présentées par Claude Mart** the news is presented OU read by Claude Mart; **l'émission de ce soir est présentée par Margot Collet** your host for tonight's programme is Margot Collet. -**7.** [soumettre - démission] to present, to submit, to hand in *(sép)*; [- pétition] to put in *(sép)*, to submit; [- projet de loi] to present, to introduce; **~ sa candidature à un poste** to apply for a position || [dans un festival] to present; [dans un concours] to enter; **pourquoi présentez-vous votre film hors festival?** why aren't you showing your film as part of the festival?; **~ l'anglais à l'oral** SCOL & UNIV to take English at the oral exam; **il a présenté un de ses élèves au Conservatoire** he has entered one of his pupils for the Conservatoire entrance exam. -**8.** [expliquer - dossier] to present, to explain; [- rapport] to present, to bring in *(sép)*; **vous avez présenté votre cas de manière fort convaincante** you have set out OU stated your case most convincingly; **présentez-leur la chose gentiment** put it to them nicely; **tout dépend de la façon dont on présentera la décision à la réunion** it all depends on the way the decision is put OU explained to the meeting; **présentez vos objections** state your objections. -**9.** [dans des formules de politesse] to offer; **~ ses condoléances à qqn** to offer one's condolences to sb, to offer sb one's condolences; **je vous présente mes condoléances** please accept OU I'd like to offer my condolences; **~ ses hommages à qqn** to pay one's respects to sb; **~ ses excuses** to offer (one's) apologies; **~ ses félicitations à qqn** to congratulate sb. -**10.** [comporter] to present, to have; **la colonne vertébrale présente une déviation** the spine presents OU shows curvature; **la cuisine est petite, mais elle présente l'avantage d'être équipée** the kitchen may be small, but it has the advantage of being fully equipped; **les deux systèmes présentent peu de différences** the two systems present OU display very few differences; **votre compte présente un découvert de 5 000 francs** your account shows a 5,000 franc overdraft OU is overdrawn by 5,000 francs. -**11.** [offrir]: **~ son bras à une dame** to offer one's arm to a lady; **~ sa main à qqn** to hold out one's hand to sb; **~ des petits fours** to offer OU to pass round petit fours. -**12.** MIL [armes] to present; **présentez armes!** present arms!

◇ *vi fam* to present; **il présente bien, ton ami** your friend looks good; **le type présentait plutôt mal** the guy didn't look too presentable.

◆ **se présenter** ◇ *vp (emploi réfléchi)* [décliner son identité] to introduce o.s.

◇ *vp (emploi passif)*: **ça se présente sous forme de poudre ou de liquide** it comes as a powder or a liquid.

◇ *vpi* -**1.** [se manifester] to appear; **se ~ au QG** to report to HQ; **aucun témoin ne s'est encore présenté** no witness has come forward as yet; **vous devez vous ~ au tribunal à 14 h** you are required to be in court at 2 p.m.; **elle s'est présentée à son entretien avec une heure de retard** she arrived one hour late for the interview; **se ~ chez qqn** to call on sb, to go to sb's house || *(tournure impersonnelle)*: **il ne s'est présenté aucun acheteur/volontaire** no buyer/volunteer has come forward; **'ne pas écrire, se ~'** 'applicants should apply in person', 'no letters please'. -**2.** [avoir telle tournure]: **les choses se présentent plutôt mal** things aren't looking too good; **ça se présente mal pour qu'on ait fini mardi** it doesn't look as if we'll have finished by Tuesday; **tout cela se présente fort bien** it all looks very promising; **l'affaire se présente sous un jour nouveau** the matter can be seen OU appears in a new light. -**3.** [être candidat]: **se ~ aux présidentielles** to run for president; **se ~ à un examen** to take an exam; **se ~ à un concours de beauté** to go in for OU to enter a beauty contest; **se ~ pour un poste** to apply for a job. -**4.** [survenir] to arise; **une image terrible se présenta à mon esprit** a ghastly vision came into OU sprang into my mind; **si l'occasion se présente** if an opportunity arises; **si une difficulté se présente** if any difficulty should arise; **elle a épousé le premier qui s'est présenté** she married the first man that came along; **j'attends que quelque chose d'intéressant se présente** I'm waiting for something interesting to turn up OU to come my way. -**5.** MÉD to present; **le bébé se présente par le siège** the baby is in a breech position, it's a breech baby; **le bébé se présente par la tête** the baby's presentation is normal, the baby's in a head position.

présentoir [prezɑ̃twar] *nm* [étagère] (display) shelf; [support] (display) stand, display unit.

préservatif, ive [prezɛrvatif, iv] *adj litt* preventive, protective.

◆ **préservatif** *nm* condom, sheath; **~ féminin** female condom; [diaphragme] diaphragm.

préservation [prezɛrvasjɔ̃] *nf* preservation, protection; **la ~ de l'espèce/de la faune** the preservation of the species/of wildlife; **la ~ de l'emploi** safeguarding jobs.

préserver [3] [prezɛrve] *vt* -**1.** [maintenir] to preserve, to keep; **notre peuple tient à ~ son identité culturelle** our people want to preserve their cultural identity; **pour ~ l'intégrité de notre territoire** in order to retain our territorial integrity. -**2.** [protéger]: **~ de** to protect OU to preserve from; **'à ~ de l'humidité/la chaleur'** 'to be kept in a dry/cool place'; **Dieu** OU **le ciel me préserve de tomber jamais aussi bas!** God OU Heaven forbid that I should ever fall so low!

◆ **se préserver de** *vp + prép* to guard against; **pour se ~ du froid** to guard against OU to protect o.s. from the cold; **tu apprendras à te ~ des dangers** you'll learn to guard against OU to keep yourself safe from danger.

présidence [prezidɑ̃s] *nf* -**1.** [fonction] POL presidency; UNIV principalship, vice-chancellorship *Br*, presidency *Am*; COMM [d'un homme] chairmanship, directorship; ADMIN chairmanship; **la ~ du jury** UNIV the chief examinership; **une femme a été nommée à la ~** POL a woman was made President; ADMIN a woman was appointed to the chair OU made chairperson. -**2.** [durée - prévue] term of office; [- effectuée] period in office; **sa ~ aura duré un an** she'll have been in office for a year. -**3.** [lieu] presidential residence OU palace. -**4.** [services] presidential office; **vous avez la ~ en ligne** you're through to the President's OU the Presidential office; **à la ~, on ne dit rien** presidential aides are keeping silent.

président [prezidɑ̃] *nm* -**1.** POL president; **~ élu** president-elect; **le ~ de la République française** the French President. -**2.** ADMIN [homme] chairman, chairperson; [femme] chairwoman, chairperson. -**3.** COMM [homme] chairman, director; [femme] chairwoman, director; **~-directeur général** chairman and managing director, chief executive officer *esp Am*; **~ du conseil d'administration** Chairman of the Board. -**4.** JUR: **~ d'audience** presiding magistrate OU judge; **~ de section** head of division *Br*; **~ du tribunal** vice-chancellor *Br*. -**5.** UNIV principal, vice-chancellor *Br*, president *Am*; **~ (d'examen)** chief examiner. -**6.** SPORT: **~ d'un club de football** president of a football club; **le ~ du comité olympique** the chairman of the

Olympic Committee ❑ ~ du jury chairman of the panel of judges.

présidente [prezidɑ̃t] *nf* -**1.** POL [titulaire] (woman) president; *vieilli* [épouse du président] president's wife. -**2.** COMM [titulaire] chairwoman; *vieilli* [épouse du président] chairman's wife. -**3.** JUR presiding judge.

présidentiable [prezidɑ̃sjabl] *nmf* would-be presidential candidate.

présidentialisme [prezidɑ̃sjalism] *nm* presidential (government) system.

présidentiel, elle [prezidɑ̃sjɛl] *adj* -**1.** [du président] presidential, president's; **dans l'entourage** ~ among the president's close associates. -**2.** [centralisé - régime] presidential.

◆ **présidentielles** *nfpl* [élections] presidential election OU elections.

présider [3] [prezide] *vt* [diriger - séance] to preside at OU over *(insép)*; [- œuvre de bienfaisance, commission] to preside over, to be the president of; [table] to be at the head of the table.

◆ **présider à** *v + prép sout*: ~ **aux destinées d'un pays** to rule over a country, to steer the ship of state; **un réel esprit de coopération a présidé à nos entretiens** a genuine spirit of cooperation prevailed during our talks; **les règles qui président à cette cérémonie** the rules governing this ceremony.

présidium [prezidjɔm] = **praesidium**.

présomptif, ive [prezɔ̃ptif, iv] *adj* presumptive.

présomption [prezɔ̃psjɔ̃] *nf* -**1.** [prétention] presumption, presumptuousness. -**2.** [supposition] presumption, assumption; **il s'agit là d'une simple** ~ **de votre part** you're only assuming this (to be the case). -**3.** JUR presumption; ~ **absolue** OU **irréfragable** irrefutable presumption; ~ **légale** presumption of law; ~ **de paternité** presumption of legitimacy; ~ **simple** rebuttable presumption.

présomptueux, euse [prezɔ̃ptɥø, øz] *adj* [prétentieux] presumptuous.

présonorisation [presɔnɔrizasjɔ̃] *nf* playback.

présonoriser [3] [presɔnɔrize] *vt* to play back.

presque [prɛsk] *(devant voyelle ou h muet* **presqu'** [prɛsk]) *adv* -**1.** [dans des phrases affirmatives] almost, nearly; **les cerises sont** ~ **mûres** the cherries are almost OU nearly ripe; **il a** ~ **tout perdu au jeu** he gambled away almost OU nearly all his money; **l'espèce a** ~ **entièrement disparu** the species is virtually OU all but extinct; **l'ambulance est arrivée** ~ **aussitôt** the ambulance arrived almost immediately OU at once; **il est** ~ **minuit** it's almost OU nearly midnight; **de l'avis de** ~ **tous les collègues,...** in the opinion of almost all of our colleagues...; **il termine** ~ he's just finishing; **nous y sommes** ~ we're almost there; **il a** ~ **terminé** he has nearly OU almost finished; **c'est** ~ **de l'inconscience!** it's little short of madness! -**2.** [dans des phrases négatives] : **ils ne se sont** ~ **pas parlé** they hardly spoke to each other; **je n'avais** ~ **pas mangé de la journée** I'd eaten next to OU almost nothing all day; **tu fumes beaucoup en ce moment? — non,** ~ **pas** do you smoke much at the moment? — no, hardly at all; **est-ce qu'il reste des gâteaux? — non,** ~ **pas** are there any cakes left? — hardly any; **je n'ai** ~ **rien fait de la journée** I've done virtually OU almost nothing all day; **c'est** ~ **rien** *fam* it's hardly anything; **il n'y a** ~ **plus de café** there's hardly any coffee left. -**3.** *sout* [quasi] : **avoir la** ~ **certitude de qqch** to be almost OU practically certain of sthg; **la** ~ **totalité des électeurs** almost OU nearly all the voters.

◆ **ou presque** *loc adv*: **des écrivains ignorés ou** ~ writers who are unknown or almost unknown; **c'est sûr, ou** ~ it's almost OU practically certain.

presqu'île [prɛskil] *nf* peninsula.

pressage [prɛsaʒ] *nm* -**1.** [d'un vêtement, d'un tissu] pressing; ~ **à la vapeur** steam pressing. -**2.** [d'un disque] pressing. -**3.** TECH press moulding. -**4.** [du fromage] draining OU pressing of curds.

pressant, e [prɛsɑ̃, ɑ̃t] *adj* -**1.** [urgent] urgent; **un travail** ~ an urgent piece of work; **avoir un** ~ **besoin d'argent** to be pressed for money ❑ **avoir une envie** ~**e** OU **un besoin** ~ *euph* to have to go (and answer the call of nature). -**2.** [insistant - question, invitation] pressing, insistent; **elle se faisait de plus en plus** ~**e** she was becoming more and more insistent.

presse [prɛs] *nf* -**1.** [journaux, magazines etc] : **la** ~ **(écrite)** the press, the papers; **que dit la** ~**?** what do the papers say? ❑ ~ **féminine/financière/sportive** women's/financial/sports magazines; ~ **à sensation** OU **à scandale** popular press, gutter press, ≃ tabloids; **la** ~ **du cœur** romantic fiction (magazines); **la** ~ **d'opinion** the quality newspapers; ~ **quotidienne régionale** local daily press; **avoir bonne/mauvaise** ~ *pr* to have a good/bad press; *fig* to be well/badly thought of; **le nucléaire n'a pas très bonne** ~ nuclear power has a bad image. -**2.** IMPR press; **être mis sous** ~ to go to press; **au moment où nous mettons sous** ~ at the time of going to press; **sortir de** ~ to come out ❑ ~ **rotative** rotary press; ~ **typographique** printing press OU machine; ~ **à rogner** plough. -**3.** AGR, MÉCAN & TEXT press; MENUIS bench vice; ~ **à balancier** (mechanical) fly press; ~ **à forger** forging machine; ~ **hydraulique/mécanique** hydraulic/power press; ~ **à main** OU **à serrer** hand OU screw press; ~ **monétaire** coining press. -**4.** ŒNOL winepress. -**5.** *litt* [foule, bousculade] press, throng; **au moment de Noël, il y a toujours** ~ it's always busy at Christmas.

◆ **de presse** *loc adj* -**1.** [campagne, coupure, attaché] press *(modif)*. -**2.** *sout* [moment, période] peak *(avant n)*; **nous avons des moments de** ~ we get very busy at times.

PRESSE:

The main newspapers in France are:

l'Équipe: popular daily sports newspaper;

le Figaro: quality broadsheet newspaper. Predominantly conservative readership;

France-Dimanche: popular weekend broadsheet with a tendency to sensationalism;

France-Soir: conservative broadsheet newspaper;

l'Humanité ("l'Huma"): quality daily broadsheet. The organ of the French Communist Party;

Libération ("Libé"): quality daily tabloid. Predominantly left-of-centre readership;

le Monde: quality broadsheet newspaper which appears in the evening. Predominantly left-of-centre readership.

---

pressé, e [prese] *adj* -**1.** [personne] : **être** ~ to be pressed for time, to be in a hurry; **je suis horriblement** ~ I'm in an awful hurry OU rush; **ils ne sont jamais** ~**s** they're never in a hurry; **tu n'as pas l'air** ~ **de la revoir** you seem in no hurry OU you don't seem eager to see her again; **je suis** ~ **d'en finir** I'm anxious to get the whole thing over with; **je ne suis pas** ~**e de me remarier!** I'm in no rush to get married again! -**2.** [précipité - démarche, geste] hurried. -**3.** [urgent] urgent; **cette réparation, c'est** ~**?** is this repair urgent?; **il n'a rien trouvé de plus** ~ **que d'aller tout raconter à sa femme** he wasted no time in telling his wife the whole story. -**4.** CULIN freshly squeezed. -**5.** TECH pressed.

◆ **pressé** *nm*: **le plus** ~**, c'est de prévenir son mari** the first thing to do is to tell her husband.

presse-agrumes [prɛsagrym] *nm inv* electric (orange or lemon) squeezer.

presse-bouton [prɛsbutɔ̃] *adj inv*: **la guerre** ~ push-button warfare.

presse-citron [prɛssitrɔ̃] *(pl inv* OU **presse-citrons)** *nm* lemon squeezer.

pressentiment [presɑ̃timɑ̃] *nm* premonition, feeling, hunch; **avoir le** ~ **de malheurs à venir** to have a premonition of disaster; **avoir le** ~ **que la mort est proche** to have a feeling of impending death, to have a foreboding of death; **j'ai eu le curieux** ~ **que je reviendrais ici un jour** I had the odd feeling OU a hunch that I'd be back again some day.

pressentir [37] [presɑ̃tir] *vt* -**1.** [prévoir] to sense (in advance), to have a premonition of; ~ **un danger/des difficultés** to sense danger/trouble; **rien ne laissait** ~ **qu'elle allait démissionner** there was nothing to hint at her resignation OU that she would resign. -**2.** [contacter] to approach, to contact; **il a été pressenti pour jouer le Christ à l'écran** he's been approached about portraying Christ on the screen; **toutes les personnes pressenties** all the people who were contacted.

presse-papier [prɛspapje] *nm inv* paperweight.

presse-purée [prɛspyre] *nm inv* potato masher.

presser [4] [prese] ◇ *vt* -**1.** [extraire le jus de] to squeeze; ~ **le jus d'un citron** to squeeze the juice out of OU from a lemon; ~ **le raisin** to press grapes ❑ ~ **le citron à qqn** *fam*, ~ **qqn comme un citron** *fam* to exploit sb to the full, to squeeze sb dry; **on presse l'orange et on jette l'écorce** *allusion Frédéric II* you use people and then cast them aside. -**2.** [faire se hâter] to rush; **j'ai horreur qu'on me presse** I hate being rushed; **qu'est-ce qui te presse?** what's the hurry?, what's (all) the rush for?; ~ **le pas** to speed up; **nous presserons notre départ** *litt* we shall hasten our departure. -**3.** [serrer] to squeeze; **elle pressait sa poupée dans ses bras** she was hugging her doll; **il pressait sur son cœur la photo de sa fille** he was clasping a picture of his daughter to his heart; ~ **la main de qqn** to squeeze sb's hand, to give sb's hand a squeeze; **nous étions pressés contre les barrières** we were pressed OU crushed against the gates. -**4.** ~ **qqn de faire qqch** [l'inciter à faire] to urge sb to do sthg; **je le pressai de quitter le pays** I urged him to leave the country; **il m'a pressé de lui donner la combinaison du coffre** he pressured me into giving him the combination of the safe. -**5.** [accabler] : ~ **qqn de questions** to ply OU to bombard sb with questions; **être pressé par le temps/l'argent** to be pressed for time/money. -**6.** TECH [disque, pli] to press.

◇ *vi*: **le temps presse** time is short; **l'affaire presse** it's an urgent matter; **rien ne presse, ça ne presse pas** there's no (need to) rush OU hurry.

◆ **se presser** ◇ *vpi* -**1.** [se dépêcher] to hurry; **il n'est que 2 h, il n'y a pas de raison de se** ~ it's only 2 o'clock, there's no point in rushing OU no need to hurry; **allons les enfants, pressons-nous un peu** come on children, get a move on; **se** ~ **de faire qqch** to be in a hurry to do sthg; **je ne me pressai pas de répondre** I was in no hurry to reply. -**2.** [se serrer] : **il se pressait contre moi tant il avait peur** he was pressing up against me from fright; **les gens se pressaient au guichet** there was a crush at the box office; **on se pressait pour entrer** people were pushing to get in; **le temps où les photographes se pressaient à ma porte** the days when photographers would crowd OU press round my door.

◇ *vpt*: **se** ~ **le citron** *fam* to rack one's brains.

presse-raquette [prɛsrakɛt] *(pl inv* OU **presse-raquettes)** *nm* racket press.

presse-viande [prɛsvjɑ̃d] *nm inv* juice extractor (for meat).

pressing [presiŋ] *nm* -**1.** [repassage] pressing; ~ **à la vapeur** steam-pressing. -**2.** [boutique] dry cleaner's. -**3.** *fam* SPORT: **faire le** ~ to put OU to pile on the pressure.

pression [prɛsjɔ̃] *nf* -**1.** [action] pressure; **une simple** ~ **de la main suffit** you just have to press lightly. -**2.** PHYS pressure; **la** ~ **de l'eau** water pressure; **mettre sous** ~ to pressurize; **récipient sous** ~ pressurized container ❑ ~ **acoustique** ACOUST sound pressure; ~ **artérielle** MÉD blood pressure; ~ **atmosphérique** MÉTÉO atmospheric pressure; **être sous** ~ to be stressed OU under pressure; **entre midi et deux heures, on est sous** ~ we're always under pressure between twelve and two. -**3.** [contrainte morale] pressure; **céder à la** ~ **populaire/familiale** to give in to popular/

family pressure; faire ~ sur qqn to put pressure on sb; on a fait ~ sur lui pour qu'il démissionne they put pressure on him to resign, they pressured him into resigning; il faut exercer une ~ sur la classe politique we must put pressure on OU bring pressure to bear on the political community; il y a une forte ~ sur le dollar/l'équipe belge the dollar/the Belgian team is under heavy pressure ❑ ~ fiscale tax burden. -**4.** VÊT press stud *Br*, snap (fastener) *Am*. -**5.** [bière] draught *Br* OU draft *Am* (beer); garçon, trois ~s! waiter, three draught beers!

◆ **à la pression** *loc adj* [bière] draught *Br*, draft *Am*.

pressoir [prɛswar] *nm* -**1.** [appareil] winepress; ~ à cidre/huile cider/oil press. -**2.** [lieu] presshouse.

pressostat [prɛsɔsta] *nm* manostat, pressure controller.

presspahn [prɛspan] *nm* press board.

pressurage [presyraʒ] *nm* ŒNOL pressing.

pressurer [3] [presyre] *vt* -**1.** [raisin] to press; [citron] to squeeze. -**2.** *fig* [exploiter] to squeeze, to extort, to exploit.

pressurisation [presyrizasjɔ̃] *nf* pressurization.

pressuriser [3] [presyrize] *vt* to pressurize.

prestance [prɛstɑ̃s] *nf*: un jeune homme de belle/noble ~ a handsome/noble-looking young man; il a de la ~ he is a fine figure of a man; son costume anglais lui donne une certaine ~ his English suit gives him a certain air of elegance.

prestataire [prɛstatɛr] *nmf* -**1.** [bénéficiaire] recipient *(of an allowance)*; depuis la majorité de mes enfants, je ne suis plus ~ des allocations familiales since my children came of age, I have not been able to claim child benefit. -**2.** [fournisseur]: ~ de service provider OU deliverer of a service.

prestation [prɛstasjɔ̃] *nf* -**1.** [allocation] allowance, benefit; les diverses ~s auxquelles vous avez droit the various benefits to which you are entitled ❑ ~ en nature/deniers MIL allowance in kind/money; ~s familiales family benefits *(such as child benefit, rent allowance etc)*; ~ d'invalidité (industrial) disablement benefit; ~s sociales social security benefits; ~ de vieillesse old-age pension. -**2.** COMM: ~ de service provision OU delivery of a service. -**3.** [d'un artiste, d'un sportif etc] performance; faire une bonne/mauvaise ~ to play well/badly; faire une bonne ~ scénique/télévisuelle to put on a good stage/television performance. -**4.** JUR & HIST: ~ de serment taking the oath; sa ~ de serment aura lieu mardi she will be sworn in on Tuesday. -**5.** JUR & ADMIN: ~s locatives service charge *(paid by the tenant to the landlord)*.

preste [prɛst] *adj* swift, nimble; avoir la main ~ [être adroit] to have a light touch.

prestement [prɛstəmɑ̃] *adv* [se faufiler] swiftly, nimbly; [travailler] swiftly, quickly.

prestesse [prɛstɛs] *nf litt* swiftness, nimbleness.

prestidigitateur, trice [prɛstidiʒitatœr, tris] *nm, f* conjuror, magician.

prestidigitation [prɛstidiʒitasjɔ̃] *nf* conjuring, prestidigitation; faire de la ~ [en amateur] to do conjuring (tricks); [en professionnel] to be a conjuror.

prestige [prɛstiʒ] *nm* prestige; les cuisiniers jouissent d'un grand ~ en France in France, chefs enjoy great prestige; redonner du ~ à une institution to restore prestige to an institution; le ~ de l'uniforme the glamour of the uniform.

◆ **de prestige** *loc adj* [politique] prestige *(modif)*; [résidence] luxury *(modif)*.

◆ **pour le prestige** *loc adv* for the sake of prestige; collectionner les œuvres d'art pour le ~ to collect works of art for their prestige value.

prestigieux, euse [prɛstiʒjø, øz] *adj* -**1.** [magnifique] prestigious, glamorous; notre prestigieuse collection «Histoire» our magnificent History collection. -**2.** [célèbre] renowned, famous, world-famous; la Californie exporte ses ~ produits California exports its world-famous products.

presto [prɛsto] *adv* -**1.** MUS presto. -**2.** *fam* [vite] at OU on the double, double-quick; il faudra que tu me rembourses ~ you'll have to repay me double-quick.

présumable [prezymabl] *adj sout* presumable; il est ~ que... it is to be presumed that...

présumé, e [prezyme] *adj* -**1.** [considéré comme] presumed; tout accusé, en l'absence de preuves, est ~ innocent in the absence of proof, all defendants are presumed innocent. -**2.** [supposé] presumed, putative; Max Dalbon est l'auteur ~ du pamphlet Max Dalbon is presumed to be the author of this pamphlet.

présumer [3] [prezyme] *vt* [supposer] to presume, to assume; je présume que vous êtes sa sœur I take it OU presume you're his sister.

◆ **présumer de** *v + prép* [surestimer]: j'ai un peu présumé de mes forces I overdid things somewhat, I rather overtaxed myself; sans ~ de son intelligence without overrating his intelligence; ~ de qqn to rely on sb too much.

présupposé [presypoze] *nm* presupposition.

présupposer [3] [presypoze] *vt* to presuppose; la question présuppose une grande culture historique the question calls for OU presupposes a thorough grasp of history.

présupposition [presypozisjɔ̃] *nf* presupposition.

présure [prezyr] *nf* rennet.

présurer [3] [prezyre] *vt* to curdle with rennet.

prêt[1] [prɛ] *nm* -**1.** [action] lending, loaning; c'est seulement un ~ it's only a loan; le ~ de livres est réservé aux étudiants the lending of books is restricted to students; conditions de ~ lending conditions. -**2.** [bancaire] loan ❑ solliciter un ~ to apply for a loan; obtenir un ~ d'une banque to secure a bank loan; ~ bancaire bank loan; ~ gagé OU garanti secured loan; ~ à la construction building loan; ~ sur l'honneur loan on trust; ~ hypothécaire mortgage loan; ~ à intérêt loan at OU with interest; ~ relais bridging loan. -**3.** JUR & NAUT: ~ à la grosse bottomry loan. -**4.** MIL pay; ~ franc (subsistence) allowance *(paid in money)*. -**5.** [dans une bibliothèque] loan, issue, book issued; allez aux ~s *fam* go to the issuing desk.

prêt[2], **e** [prɛ, prɛt] *adj* -**1.** [préparé] ready; le dîner/votre costume est ~ dinner/your suit is ready; je suis ~, on peut partir I'm ready, we can go now; mes valises sont ~es my bags are packed; ~ à: ~ à l'envoi ready for dispatch; ~ à emporter take-away *(avant n)*; poulet ~ à cuire OU rôtir ovenready OU dressed chicken; être (fin) ~ au départ to be all set to go; l'armée se tient ~e à intervenir the army is ready to step in OU to intervene; ~ pour: vous n'êtes pas encore ~ pour la compétition you're not ready for competition yet; tout est (fin) ~ pour la cérémonie everything is ready for the ceremony; j'ai toujours une cassette de ~e *fam* I always have a tape ready. -**2.** [disposé]: ~ à ready OU willing to; ils ne sont pas ~s à vendre they aren't ready OU willing to sell; être ~ à tout to be game for anything; pour l'argent il est ~ à tout (faire) he'd do anything OU stop at nothing for money; Paul est tout ~ à te remplacer Paul is ready and willing to stand in for you.

prêt-à-coudre [prɛtakudr] (*pl* prêts-à-coudre) *nm* ready-to-sew garment, garment in kit form.

prêt-à-manger [prɛtamɑ̃ʒe] (*pl* prêts-à-manger) *nm* -**1.** [nourriture] fast food. -**2.** [restaurant] fast-food restaurant.

prêt-à-monter [prɛtamɔ̃te] (*pl* prêts-à-monter) *nm* kit.

prétantaine [pretɑ̃tɛn] *nf*: courir la ~ *vieilli* to go gallivanting.

prêt-à-porter [prɛtapɔrte] (*pl* prêts-à-porter) *nm* ready-to-wear; le salon du ~ the ready-to-wear fashion fair; une collection de ~ féminin a women's ready-to-wear show; elle n'achète que du ~ she only buys ready-to-wear OU off-the-peg *Br* clothes.

prêté [prete] *nm loc*: c'est un ~ pour un rendu it's tit for tat.

prétendant, e [pretɑ̃dɑ̃, ɑ̃t] *nm, f*: ~ au trône pretender to the throne.

◆ **prétendant** *nm hum* [soupirant] suitor, wooer *vieilli*.

prétendre [73] [pretɑ̃dr] *vt* -**1.** [se vanter de] to claim; il prétend qu'il peut rester 10 minutes sans respirer he claims he can stay 10 minutes without breathing; je n'ai jamais prétendu détenir la clé de la sagesse I never claimed to hold the key to wisdom. -**2.** [affirmer] to claim, to say, to maintain; il prétendait être un descendant de Napoléon he claimed to be descended from Napoleon; elle prétend avoir quelque chose d'important à te dire she claims to have OU she says she has something important to tell you; ~ que: je ne prétends pas que ce soit OU que c'est de ta faute I'm not saying OU I don't say it's your fault; on la prétend folle she's said OU alleged to be mad; à ce qu'elle prétend, son mari est ambassadeur according to her, her husband is an ambassador; ce n'est pas le chef-d'œuvre qu'on prétend it's not the masterpiece it's made out to be. -**3.** [avoir l'intention de] to intend, to mean; qui prétendez-vous choisir comme successeur? whom do you intend to choose as your successor?; mon père prétend être respecté de tous my father means to be respected by all.

◆ **prétendre à** *v + prép* -**1.** [revendiquer] to claim; vous pouvez ~ à une indemnisation you can claim compensation. -**2.** *litt* [aspirer à] to aspire to; ~ aux honneurs to aspire to honours; il prétend au titre de champion he is aiming for the championship.

◆ **se prétendre** *vpi* [se dire] to claim to be; il se prétend avocat he claims to be a lawyer; elle se prétend infirme she claims to be disabled; et ça se prétend original en plus! *fam* and what's more it claims to be original!

prétendu, e [pretɑ̃dy] ◇ *adj* [par soi-même] so-called, self-styled; [par autrui] so-called, alleged; le ~ professeur était en fait un espion the so-called professor was in fact a spy.

◇ *nm, f dial* [fiancé, fiancée] betrothed, intended.

prétendument [pretɑ̃dymɑ̃] *adv* [par soi-même] supposedly; [par autrui] supposedly, allegedly.

prête-nom [prɛtnɔ̃] (*pl* prête-noms) *nm* figurehead, man of straw; servir de ~ à qqch to act as a figurehead for sthg.

pretentaine [prətɑ̃tɛn] = **prétantaine**.

prétentieusement [pretɑ̃sjøzmɑ̃] *adv* pretentiously, self-importantly.

prétentieux, euse [pretɑ̃sjø, øz] ◇ *adj* [personne] pretentious; [style, remarque] pretentious; mauvaise langue, et en plus prétentieuse! she's a scandalmonger and pretentious into the bargain!

◇ *nm, f* conceited OU self-important person, poseur.

prétention [pretɑ̃sjɔ̃] *nf* -**1.** [orgueil] pretentiousness, conceit, self-conceit; il est plein de ~ he's so conceited. -**2.** [ambition] pretension, pretence; avoir la ~ de faire qqch: tu n'as tout de même pas la ~ de te représenter? do you really have the nerve to run again?; je n'ai pas la ~ d'avoir été complet sur ce sujet I don't claim to have fully covered the subject; avoir une ~ à la sagesse to pretend to wisdom; l'article a des ~s littéraires the article has literary pretensions.

◆ **prétentions** *nfpl* -**1.** [exigences] claims; avoir des ~s sur un héritage/une propriété to lay claim to an inheritance/a property. -**2.** [financières] expected salary; vos ~s sont trop élevées you're asking for too high a salary; envoyez une lettre spécifiant vos ~s send a letter specifying your salary expectations.

◆ **sans prétention** *loc adj* unpretentious; **un écrivain sans ~** an unassuming writer; **c'est un scénario sans ~** it's an unpretentious script.

prêter [4] [prete] ◇ *vt* -**1.** [argent, bien] to lend; **peux-tu me ~ ta voiture?** can you lend me OU can I borrow your car?; **je lui avais prêté 300 francs/mes livres d'art** I had lent her 300 francs/my art books || *(en usage abs)*: **la banque prête à 9 %** the bank lends at 9%; **~ sur gages** to lend (money) against security ❑ **~ à la petite semaine** to make short-term loans *(at a high interest rate)*; **on ne prête qu'aux riches** *prov* to those who have shall be given. -**2.** [attribuer] to attribute, to accord; **~ de l'importance à qqch** to attach importance to sthg; **on lui a parfois prêté des pouvoirs magiques** he was sometimes alleged OU claimed to have magical powers; **on me prête des talents que je n'ai malheureusement pas** I am credited with skills that I unfortunately do not possess; **l'opposition vous prête l'intention d'organiser un coup d'État** the opposition claims OU alleges that you intend to stage a coup; **ce sont les propos prêtés au sénateur** these are the words attributed to the senator. -**3.** [offrir]: **~ asile à qqn** to give OU to offer sb shelter; **~ assistance** OU **secours à qqn** to give OU to lend assistance to sb; **~ attention à** to pay attention to; **~ l'oreille** to listen; **~ une oreille attentive à qqn** to listen attentively to sb; **~ une oreille distraite à qqn** to listen to sb with only half an ear; **~ sa voix à** [chanter] to sing the part of; [parler] to speak the part of; [soutenir] to speak on behalf OU in support of; **~ serment** to take the oath; POL to be sworn in; **faire ~ serment à qqn** to put sb under oath; **~ son nom à une cause** to lend one's name to a cause ❑ **~ la main à qqch** to be involved in OU to take part in sthg; **les villageois ont prêté la main à cette restauration** the villagers were involved in OU took part in the restoration work; **~ le flanc à**: **~ le flanc à la critique** to lay o.s. open to OU to invite criticism; **~ le flanc à l'adversaire** to give the adversary an opening; **~ main-forte à qqn** to lend sb a (helping) hand.
◇ *vi* [tissu, cuir] to give, to stretch.
◆ **prêter à** *v + prép* [donner lieu à] to give rise to, to invite; **le texte prête à confusion** the text is open to misinterpretation; **la déclaration prête à équivoque** the statement is ambiguous; **il est d'une naïveté qui prête à rire** he is ridiculously naive.
◆ **se prêter à** *vp + prép* -**1.** [consentir à] to lend o.s. to; **se ~ à un arrangement** to lend o.s. to OU to consent to an arrangement; **se ~ à une fraude** to countenance a fraud; **se ~ au jeu** to enter into the spirit of the game. -**2.** [être adapté à] to be suitable for; **si le temps s'y prête** weather permitting; **les circonstances ne se prêtaient guère aux confidences** it was no time for confidences; **ma petite maison ne se prête pas à une grande réception** my little house is hardly the (ideal) place for a big party.

prétérit [preterit] *nm* preterite.

prétériter [3] [preterite] *vt Helv* [personne] to wrong.

prétérition [preterisjɔ̃] *nf* preterition.

prêteur, euse [prɛtœr, øz] ◇ *adj*: **elle n'est pas prêteuse** she doesn't like lending, she's very possessive about her belongings.
◇ *nm, f* lender, moneylender; **~ sur gages** pawnbroker; **~ sur hypothèque** mortgagee.

prétexte [pretɛkst] ◇ *adj f* ANTIQ [toge] praetexta.
◇ *nm* -**1.** [excuse] pretext, excuse; **trouver un bon ~** to come up with a good excuse; **un mauvais ~** a lame OU feeble excuse; **mon absence lui a servi de ~ pour sécher l'école** *fam* my absence provided him with a pretext OU an alibi for skipping school; **prendre ~ de qqch** to use sthg as an excuse; **pour toi, tous les ~s sont bons pour ne pas travailler** any excuse is good for avoiding work as far as you are concerned. -**2.** [occasion]: **pour toi, tout est ~ à rire/au sarcasme** you find cause for laughter/sarcasm in everything.
◆ **sous aucun prétexte** *loc adv* on no account; **vous ne quitterez cette pièce sous aucun ~** on no account OU under no circumstances will you leave this room, you will not leave this room on any account.
◆ **sous prétexte de, sous prétexte que** *loc conj*: **il est sorti sous ~ d'aller acheter du pain** he ostensibly went out to buy some bread, he went out on the pretext of buying some bread; **sous ~ qu'elle a été malade, on lui passe tous ses caprices** just because she's been ill, she can get away with anything she wants.

prétexter [4] [pretɛkste] *vt* to give as a pretext, to use as an excuse; **j'ai prétexté un rendez-vous chez le dentiste** I used a dental appointment as an excuse; **tu n'aurais pas pu ~ autre chose?** couldn't you have found another excuse?; **~ que** to pretend (that); **elle va sûrement ~ qu'elle n'a pas trouvé de taxi** she'll certainly pretend OU come up with the excuse that she couldn't find a taxi.

pretium doloris [presjɔmdɔlɔris] *nm inv* JUR (financial) compensation.

prétoire [pretwar] *nm* -**1.** JUR court. -**2.** ANTIQ [tente, palais] praetorium.

Pretoria [pretɔrja] *npr* Pretoria.

prétorien, enne [pretɔrjɛ̃, ɛn] *adj* ANTIQ [d'un préteur] pretorian, praetorian; [d'un garde] Praetorian.
◆ **prétorien** *nm* Praetorian Guard.

prétraité, e [pretrete] *adj* pretreated.

prétraitement [pretrɛtmɑ̃] *nm* -**1.** INF preprocessing. -**2.** TECH pretreatment.

prêtre [prɛtr] *nm* -**1.** RELIG priest; **les ~s** the clergy ❑ **grand ~** *pr* & *fig* high priest. -**2.** ZOOL sand smelt.

prêtre-ouvrier [prɛtruvrije] (*pl* **prêtres-ouvriers**) *nm* worker-priest.

prêtresse [prɛtrɛs] *nf* RELIG priestess; **grande ~** *pr* & *fig* high priestess.

prêtrise [pretriz] *nf* priesthood; **recevoir la ~** to be ordained a priest.

preuve [prœv] *nf* -**1.** [indice] proof, (piece of) evidence; **avoir la ~ que...** to have proof that...; **avez-vous des ~s de ce que vous avancez?** can you produce evidence of OU can you prove what you're saying?; **c'est à nous de fournir la ~** it's up to us to show proof, the onus of proof is on us; **un cadeau peut être une ~ d'amour** a gift may be a token of love ❑ **~ littérale** OU **par écrit** written evidence; **~ par commune renommée** hearsay evidence; **~ recevable** admissible evidence; **~ tangible** hard evidence; **~ testimoniale** testimony. -**2.** [démonstration] proof; **mon avocat fera la ~ de mon innocence** my lawyer will prove that I'm innocent, my lawyer will prove my innocence; **la ~ de son inexpérience, c'est qu'il n'a pas demandé de reçu** his not asking for a receipt goes to show OU proves that he lacks experience; **on ne peut jamais compter sur lui, la ~, il a déjà deux heures de retard** *fam* you can never rely on him, look, he's already two hours late; **faire ~ de**: **faire ~ d'un grand sang-froid** to show OU to display great presence of mind ❑ **faire ses ~s**: **c'est un produit qui a fait ses ~s** it's a tried and tested product; **la mission exige des gens ayant fait leurs ~s** the mission calls for experienced people; **il avait fait ses ~s dans le maquis** he'd won his spurs OU proved himself in the Maquis. -**3.** TECH *test measuring the alcohol content of a liquid.* -**4.** MATH: **~ par neuf** casting out nines; **faire une ~ par neuf** to cast out nines, to test it by casting out nines.
◆ **à preuve** *fam loc adv*: **tout le monde peut devenir célèbre, à ~ moi-même** anybody can become famous, take me for instance OU just look at me.
◆ **à preuve que** *fam loc conj* which goes to show that; **il m'a trahi, à ~ qu'on ne peut se fier à personne** he betrayed me, which (just) goes to show that you can't trust anybody.
◆ **preuves en main** *loc adv* with cast-iron proof available; **affirmer qqch ~s en main** to back up a statement with cast-iron evidence OU proof.

preux [prø] *arch* ◇ *adj m* valiant, gallant.
◇ *nm* valiant knight.

prévaloir [61] [prevalwar] *vi* [prédominer] to prevail; **l'optimisme prévaut encore dans les milieux financiers** optimism still prevails in financial circles; **nous lutterons pour faire ~ nos droits légitimes** we will fight for our legitimate rights; **~ sur** to prevail over OU against; **en l'occurrence, mon avis a prévalu sur le sien** in the event, my opinion prevailed over OU against hers; **~ contre** to prevail against, to overcome; **rien ne prévalut contre son obstination** nothing could prevail against OU overcome his obstinacy.
◆ **se prévaloir de** *vp + prép* -**1.** [profiter de]: **elle se prévalait de son ancienneté pour imposer ses goûts** she took advantage of her seniority to impose her preferences. -**2.** [se vanter de]: **il se prévalait de ses origines aristocratiques** he boasted of OU about his aristocratic background.

prévaricateur, trice [prevarikatœr, tris] JUR ◇ *adj* corrupt.
◇ *nm, f* corrupt official.

prévarication [prevarikasjɔ̃] *nf* JUR [corruption] breach of trust, corrupt practice.

prévenance [prevnɑ̃s] *nf* kindness, consideration, thoughtfulness; **être plein de ~ à l'égard de qqn** to show consideration for OU to be considerate towards sb; **entourer qqn de ~s** to do OU to show sb many kindnesses.

prévenant, e [prevnɑ̃, ɑ̃t] *adj* -**1.** [attentionné] kindly, considerate, thoughtful; **des manières ~es** attentive manners; **être ~ à l'égard de qqn** to be considerate OU thoughtful towards sb. -**2.** *vieilli* [engageant]: **un homme à l'air ~** a man of engaging appearance.

prévenir [40] [prevnir] *vt* -**1.** [informer]: **~ qqn** to inform sb, to let sb know; **si tu m'avais prévenu, j'aurais préparé à dîner** if you'd let me know, I'd have prepared something for dinner; **préviens-moi s'il y a du nouveau** let me know if anything new comes up; **en cas d'accident, qui dois-je ~?** who should I inform OU notify in case of an accident?; **~ la police** to call OU to notify the police. -**2.** [mettre en garde] to warn, to tell; **on m'avait prévenu de n'ouvrir à personne** I had been warned OU told not to open to anybody; **je te préviens, si tu recommences, c'est la fessée!** I'm warning you, if you do that again I'll spank you! || *(en usage abs)*: **partir sans ~** to leave without warning OU notice. -**3.** [empêcher] to prevent, to avert; **~ une rechute** to prevent a relapse; **~ un danger** to ward OU to stave off a danger; **comment ~ d'autres tragédies de ce genre?** how can we prevent other such disasters from happening? -**4.** [anticiper]: **~ les désirs/besoins de qqn** to anticipate sb's desires/needs; **j'ai écrit cette préface pour ~ toute accusation de parti pris politique** I've written this preface in order to forestall any charges of political prejudice. -**5.** *sout* [influencer]: **~ qqn en faveur de/contre** to prejudice OU to bias sb in favour of/against.

préventif, ive [prevɑ̃tif, iv] *adj* preventive, preventative; **prendre des mesures préventives** to take preventive OU precautionary measures; **prenez ce médicament à titre ~** take this medicine as a precaution.
◆ **préventive** *nf* custody *(pending trial)*; **faire de la préventive** to be remanded in custody; **ils ont fait trois mois de préventive** they were imprisoned without trial for three months.

prévention [prevɑ̃sjɔ̃] *nf* -**1.** [ensemble de mesures] prevention; **nous nous attachons à la ~ des accidents** we endeavour to prevent accidents; **la ~ joue un grand rôle dans la lutte contre le SIDA** prevention plays an important role in the fight against AIDS ❑ la ~ routière the road safety administration, ≃ Royal Society for the Prevention of Accidents *Br*. -**2.** *sout* [parti pris] prejudice, bias; **avoir des ~s à l'égard de** OU **contre qqn** to be prejudiced OU biased against sb; **toute innovation dans ce domaine se heurte aux ~s du public** any innovation in this domain meets with public resistance. -**3.** JUR custody; **il a fait un an de ~ avant d'être jugé** he was remanded in custody for one year before being tried.

préventivement [prevɑ̃tivmɑ̃] *adv* [comme précaution] preventatively, preventively.

préventologie [prevɑ̃tɔlɔʒi] *nf* preventative OU preventive medicine.

préventorium [prevɑ̃tɔrjɔm] *nm* preventorium.

prévenu, e [prevny] ◇ *adj* -**1.** *sout* [partial] biased; **je crois qu'elle est ~e pour le dernier candidat** I think she's biased in favour of the last candidate; **forcément! tu es ~ contre moi!** of course! you're biased against me. -**2.** JUR [poursuivi judiciairement] charged; **il est ~ de meurtre avec préméditation** he is charged with premeditated murder.

◇ *nm, f* [à un procès] defendant; [en prison] prisoner; **le ~ nie toute participation aux faits** the defendant denies being involved.

préverbe [prevɛrb] *nm* preverb.

prévisibilité [previzibilite] *nf* foreseeability.

prévisible [previzibl] *adj* foreseeable, predictable; **ses réactions ne sont pas toujours ~s** his reactions are sometimes unexpected OU unpredictable; **son échec était ~** it was to be expected that he'd fail.

prévision [previzjɔ̃] *nf* -**1.** *(gén pl)* [calcul] expectation; **le coût de la maison a dépassé nos ~s** the house cost more than we expected. -**2.** ÉCON [processus] forecasting; **~ budgétaire** budget forecast OU projections; **~ économique** economic forecasting. -**3.** MÉTÉO [technique] (weather) forecasting; **~s météorologiques** [bulletin] weather forecast.

◆ **en prévision de** *loc prép* in anticipation of; **isoler une maison en ~ du froid** to insulate a house in anticipation of cold weather.

prévisionnel, elle [previzjɔnɛl] *adj* [analyse, étude] forward-looking; [coût] estimated; [budget] projected.

prévoir [63] [prevwar] *vt* -**1.** [prédire] to foresee, to expect, to anticipate; MÉTÉO to forecast; **~ une augmentation du trafic** to anticipate OU to expect an increase in traffic; **j'avais prévu que ça arriverait** I anticipated it would happen; **on ne peut pas toujours tout ~** you can't always think of everything in advance; **sa maladie n'était pas prévue au programme** *fam* we never expected him to be sick; **et maintenant, le temps prévu pour demain** and now, tomorrow's weather; **rien ne laissait ~ pareil accident** nothing indicated that such an accident could happen; **rien ne laissait ~ qu'il nous quitterait si rapidement** we never expected him to pass away so soon. -**2.** [projeter] to plan; **tout s'est passé comme prévu** everything went according to plan OU smoothly; **on a dîné plus tôt que prévu** we had dinner earlier than planned; **tout est prévu pour les invités** everything has been laid on OU arranged for the guests; **le repas est prévu pour 100 personnes** a meal for 100 people has been planned; **j'ai prévu d'apporter des boissons chaudes pour tout le monde** I'm planning to bring hot drinks for everyone; **l'ouverture du centre commercial est prévue pour le mois prochain** the opening of the shopping centre is scheduled for next month. -**3.** [préparer] to allow, to provide; **prévoyez un peu d'argent de poche pour les enfants** make sure the children have some pocket money. -**4.** JUR to provide for; **dans tous les cas prévus par la loi** in all cases provided for by law.

prévôt [prevo] *nm* -**1.** HIST provost. -**2.** MIL provost marshal.

prévôté [prevote] *nf* -**1.** HIST provostship. -**2.** MIL military police.

prévoyance [prevwajɑ̃s] *nf* foresight, foresightedness, forethought; **faire preuve de ~** to be provident.

prévoyant, e [prevwajɑ̃, ɑ̃t] *adj* provident, prudent; **ses parents ont été ~s** his parents made provision for the future.

Priam [prijam] *npr* Priam.

priant [prijɑ̃] *nm* kneeling statue.

prie-Dieu [pridjø] *nm inv* prie-dieu, prayer stool.

prier [10] [prije] ◇ *vt* -**1.** [ciel, Dieu] to pray to; **~ la Vierge Marie** to pray to the Virgin Mary; **je prie Dieu et tous ses saints que...** I pray (to) God and all his saints that... -**2.** [supplier] to beg, to beseech *litt*; **je vous en prie, emmenez-moi** I beg you to take me with you; **je te prie de me pardonner** I beg you to forgive me; **les enfants, je vous en prie, ça suffit!** children, please, that's enough!; **se faire ~**: **il adore se faire ~** he loves to be coaxed; **elle ne s'est pas fait ~ pour venir** she didn't need any persuasion to come along; **j'ai accepté sans me faire ~** I said yes without any hesitation; **je vous prie de croire qu'il m'a écouté cette fois!** believe (you) me, he listened to me this time! -**3.** [enjoindre] to request; **vous êtes priés d'arriver à l'heure** you're requested to arrive on time. -**4.** [dans des formules de politesse orales]: **je vous en prie** (please) don't mention it; **je vous remercie d'être venu – je vous en prie** thank you for coming – you're welcome OU (please) don't mention it; **puis-je entrer? – je vous en prie** may I come in? – please do; **pourriez-vous m'indiquer où est le commissariat, je vous prie?** could you please tell me OU would you be kind enough to tell me where the police station is? || [par écrit]: **M. et Mme Lemet vous prient de bien vouloir assister au mariage de leur fille** Mr and Mrs Lemet request the pleasure of your company at their daughter's wedding; **je vous prie de croire à mes sentiments distingués** OU **les meilleurs** yours sincerely. -**5.** *litt* [inviter]: **~ qqn à** to ask OU to invite sb for, to request sb to *litt*; **il nous a priés à déjeuner** he asked OU invited us to lunch.

◇ *vi* to pray; **elle a prié longtemps** she prayed for a long time; **~ de toute son âme** to pray with all one's soul; **~ pour qqn** to pray for sb; **prions pour la paix** let us pray for peace.

prière [prijɛr] *nf* -**1.** RELIG prayer; **dire** OU **faire** OU **réciter ses ~s** to pray, to say one's prayers; **être en ~** to be praying; **je l'ai trouvé en ~** I found him at prayer; **pensez à moi dans vos ~s** remember me in your prayers; **tu peux faire tes ~s** [menace] say your prayers. -**2.** [requête] request, plea, entreaty; **elle a fini par céder aux ~s de ses enfants** she finally gave in to her children's pleas; **'~ de ne pas ouvrir la fenêtre'** 'please keep the window closed'; **'~ de ne pas fumer'** 'no smoking (please)'.

◆ **prière d'insérer** *nm* OU *nf* insert *(publisher's blurb for press release)*.

prieur, e [prijœr] *nm, f*: (père) ~ prior; (mère) ~e prioress.

prieuré [prijœre] *nm* [communauté] priory; [église] priory (church).

prima donna [primadɔna] *(pl* **prime donne** [primedɔne]) *nf* prima donna.

primaire [primɛr] ◇ *adj* -**1.** [premier - d'une série] primary; **élection ~** primary election; **école/enseignement ~** primary school/education; **ère ~** GÉOL Palaeozoic (age). -**2.** [fondamental] primary. -**3.** [borné - personne] simpleminded; [- attitude] simplistic, unsophisticated; **faire de l'anticommunisme ~** to be a dyed-in-the-wool anticommunist; **il est plutôt ~ dans ses raisonnements** his arguments are rather simplistic.

◇ *nmf* [personne bornée] simpleton; **ces gens sont des ~s, ils voteront pour n'importe quel démagogue** these people aren't very sophisticated, they'll vote for any rabble-rouser.

◇ *nm*: **le ~** ENS primary education; GÉOL the Palaeozoic age; ÉCON the primary sector.

◇ *nf* POL primary (election); **les ~s** the primaries.

primal, e, aux [primal, o] *adj* primal; **cri ~** primal scream.

primarité [primarite] *nf* simplemindedness.

primat [prima] *nm* -**1.** RELIG primate; **le ~ des Gaules** the Archbishop of Lyons. -**2.** *litt* [supériorité] sway, primacy; **le ~ des émotions sur l'esprit** the preeminence of emotions over the mind.

primate [primat] *nm* -**1.** ZOOL primate; **les ~s** the Primates. -**2.** *fam* [homme grossier] ape, brute.

primauté [primote] *nf* -**1.** [supériorité] primacy; **donner la ~ à la théorie sur la pratique** to accord more importance to theory than to practice. -**2.** RELIG primacy; **la ~ du pape** the primacy of the Pope.

prime [prim] ◇ *adj* -**1.** MATH prime; **m ~** m prime. -**2.** *litt* [premier]: **dès sa ~ enfance** OU **jeunesse** from her earliest childhood; **elle n'est plus vraiment dans la ~ jeunesse** she's not that young anymore.

◇ *nf* -**1.** [gratification] bonus; **~ d'objectif** incentive bonus; **~ de rendement** productivity bonus. -**2.** [indemnisation - par un organisme] allowance; [- par l'État] subsidy; **~ à l'arrachage (des pommiers)** subsidy for uprooting (apple trees) ❑ **~ de transport/déménagement** travel/relocation allowance; **~ de vie chère** cost-of-living allowance. -**3.** [incitation] subsidy; **cette mesure est une ~ à la délation** *fig* this measure will only encourage people to denounce others ❑ **~ à l'exportation** export subsidy; **~ au retour** repatriation allowance. -**4.** FIN [cotisation] premium; [indemnité] indemnity; **~ d'assurance** insurance premium; **ils ne toucheront pas la ~** they will not qualify for the no-claims bonus. -**5.** BOURSE [taux] option rate; [somme] option money; **réponse des ~s** declaration of options ❑ **~ d'émission** premium on option to buy shares. -**6.** *loc*: **faire ~** to be at a premium; **les films d'horreur font ~ dans les salles parisiennes** horror films are at a premium in Paris cinemas.

◆ **de prime abord** *loc adv* at first sight OU glance.

◆ **en prime** *loc adv* as a bonus; **en ~ vous gagnez trois tasses à café** as a bonus, you get a free gift of three coffee cups; **non seulement elle le quitte mais en ~ elle emmène les enfants!** not only is she leaving him, but she's taking the children into the bargain!

primé, e [prime] *adj* [qui a obtenu un prix - film] award-winning; [- animal] prizewinning; **un vin/fromage ~** an award-winning wine/cheese.

primer [3] [prime] ◇ *vt* -**1.** [récompenser - animal, invention]: **~ qqn** to award sb a prize; **les races traditionnelles ne sont plus souvent primées** awards are seldom given OU seldom go to the traditional breeds nowadays; **elle a été primée au concours du plus beau bébé** she won a prize in the beautiful baby contest; **un film primé à Cannes l'année dernière** a film which won an award at Cannes last year. -**2.** *sout* [prédominer sur] to take precedence over.

◇ *vi* [avoir l'avantage] to be dominant; **c'est généralement la main droite qui prime** generally speaking, the right hand is dominant; **~ sur** to take precedence over; **le salaire élevé a primé sur tous les autres avantages** the high salary took precedence over all the other advantages; **son dernier argument a primé sur tous les autres** her final argument won out over all the others.

primerose [primroz] *nf* hollyhock, rose mallow.

primesautier, ère [primsotje, ɛr] *adj sout* -**1.** [spontané] impulsive, spontaneous. -**2.** [vif] jaunty.

primeur [primœr] *nf* -**1.** *sout* [exclusivité]: **notre chaîne a eu la ~ de l'information** our channel was first with the news; **je vous réserve la ~**

de mon reportage you'll be the first one to have OU you'll have first refusal of my article; **merci de me donner la ~** thank you for letting me know first. **-2.** ŒNOL: **vin (de) ~** young wine.

◆ **primeurs** *nfpl* [fruits, légumes] early fruit and vegetables.

primeuriste [primœrist] *nmf* early fruit and vegetable grower.

primevère [primvɛr] *nf* [sauvage] primrose; [cultivée] primula; **~ officinale** cowslip.

primipare [primipar] ◇ *adj* primiparous.

◇ *nf* primipara.

primitif, ive [primitif, iv] ◇ *adj* **-1.** [initial] primitive, original; **voici notre projet dans sa forme primitive** here is our project in its original form; **mes gants ont perdu leur teinte primitive** my gloves have lost their original colour; **le sens ~ du mot a disparu** the original meaning of the word has disappeared ❑ **l'Église primitive** the early OU primitive Church; **l'homme ~** primitive OU early man; **langage ~** primitive language; **temps ~** LING basic tense; **terrain ~** GÉOL primeval OU primitive formations. **-2.** [non industrialisé - société] primitive; **leur technologie est plus que primitive** their technology is definitely primitive OU archaic; **la vie dans ces montagnes est restée très primitive** life in these mountains is still very primitive; **ton installation électrique est plutôt primitive!** *fig* the wiring in your place is a bit primitive! **-3.** [fruste] primitive, unsophisticated; **il est gentil mais un peu ~** he's nice but a bit unsophisticated. **-4.** BX-ARTS primitive; **la peinture primitive flamande/italienne** primitive Flemish/Italian painting. **-5.** OPT: **couleurs primitives** major colours. **-6.** MATH: **fonction primitive** primitive (function).

◇ *nm, f* **-1.** ANTHR (member of a) primitive (society). **-2.** BX-ARTS primitive (painter).

◆ **primitive** *nf* INF & MATH primitive.

primitivement [primitivmɑ̃] *adv* originally, in the first place; **~, mon intention était de rester une semaine** I originally intended to stay for one week.

primitivisme [primitivism] *nm* primitivism ART.

primo [primo] *adv* first (of all), firstly; **~, je n'en ai pas envie, (et) secundo je n'ai pas le temps** first of all, I don't feel like it, (and) second, I haven't got (the) time.

primogéniture [primɔʒenityr] *nf* primogeniture.

primo-infection [primɔɛ̃fɛksjɔ̃] (*pl* **primo-infections**) *nf* primary infection.

primordial, e, aux [primɔrdjal, o] *adj* **-1.** [essentiel] fundamental, essential; **elle a eu un rôle ~ dans la signature du traité** she played a crucial role in the signing of the treaty; **il est ~ que tu sois présent** it's essential for you to be there; **il est ~ de leur faire parvenir de la nourriture** it's essential OU vital to get food to them. **-2.** *sout* [originel - élément, molécule] primordial, primeval; **les instincts primordiaux de l'homme** man's primal instincts.

primulacée [primylase] *nf* member of the Primula OU Primulaceae.

prince [prɛ̃s] *nm* **-1.** [souverain, fils de roi] prince; **le ~ consort** the prince consort; **le ~ héritier** the crown prince; **le ~ de Galles** the Prince of Wales; **le Prince Noir** the Black Prince; **le ~ régent** the Prince Regent; **les ~s du sang** princes of royal blood; **les ~s qui nous gouvernent** *allusion Debré* the powers that be; **le Prince Charmant** Prince Charming; **être** OU **se montrer bon ~** to behave generously; **je suis bon ~, je vous pardonne** I'll be magnanimous OU generous and forgive you; **tu as été bon ~** that was generous of you; **comme un ~, en ~** like royalty OU a prince; **il a agi en ~** he behaved royally; **cet enfant est traité/vêtu comme un ~** that child is treated/dressed like a prince; **'le Petit Prince'** *Saint-Exupéry* 'The Little Prince'. **-2.** [personnage important] prince; **les ~s de l'Église** princes of the Church *(cardinals and bishops)* ❑ **le ~ des enfers** OU **des ténèbres** Satan, the prince of darkness; **le ~ des Apôtres** [saint Pierre] the prince of the Apostles. **-3.** *sout* [sommité] prince; **le ~ des poètes** the prince of poets. **-4.** *fam* [homme généreux] real gent *Br* OU gem; **merci, mon ~!** thanks, squire *Br* OU buddy *Am*!

prince-de-galles [prɛ̃sdəgal] ◇ *adj inv* Prince-of-Wales check *(modif)*.

◇ *nm inv* (Prince-of-Wales) check material.

princeps [prɛ̃sɛps] *adj inv*: **édition ~** first edition.

princesse [prɛ̃sɛs] *nf* **-1.** [souveraine, fille de roi] princess; **habillée comme une ~** dressed like a princess; **arrête de faire la ~, tu veux!** stop giving yourself airs! **-2.** VÊT princess dress. **-3.** *Belg* [haricot] *(very thin)* string bean.

princier, ère [prɛ̃sje, ɛr] *adj* **-1.** [du prince] prince's, royal; **dans la loge princière** in the royal box. **-2.** [luxueux] princely; **ils ont donné un cadeau ~/une somme princière** they gave a princely gift/sum.

princièrement [prɛ̃sjɛrmɑ̃] *adv* princely; **nous avons été accueillis ~** we were given a (right) royal welcome.

principal, e, aux [prɛ̃sipal, o] *adj* **-1.** [essentiel] main; **les principaux intéressés** the main parties involved; **la porte/l'entrée ~e** the main gate/entrance ❑ **c'est lui l'acteur ~** he's the leading man; **plat ~** main course; **résidence ~e** permanent OU main residence. **-2.** GRAMM [verbe, proposition] main. **-3.** [supérieur] principal, chief; **clerc ~** chief clerk.

◆ **principal, aux** *nm* **-1.** SCOL (school) principal. **-2.** FIN [capital] principal.

◆ **principal** *nm*: **le ~** the most important thing; **le ~, c'est que tu ne sois pas blessé** what is most important is that you're not hurt; **tout s'est bien passé, c'est le ~** everything went all right, that's the main thing.

◆ **principale** *nf* LING main clause.

principalement [prɛ̃sipalmɑ̃] *adv* chiefly, mostly, principally; **nous avons besoin ~ d'un nouveau directeur** what we need most is a new manager.

principauté [prɛ̃sipote] *nf* principality.

principe [prɛ̃sip] *nm* **-1.** [règle morale] principle, rule of conduct; **j'ai des ~s** I've got principles; **cela ne fait pas partie de mes ~s** it's against my principles; **j'ai toujours eu pour ~ d'agir honnêtement** I have always made it a principle to act with honesty; **vivre selon ses ~s** to live in accordance with one's principles; **manquer à tous ses ~s** to fail to live up to one's principles; **elle est sans ~s** she has no principles. **-2.** [axiome] principle, law, axiom; **les ~s de la philosophie/physique** the principles of philosophy/physics; **je pars du ~ que...** I start from the principle OU I assume that...; **posons comme ~ que nous avons les crédits nécessaires** let us assume that we get the necessary credits ❑ **le ~ d'Archimède** Archimedes' principle; **c'est le ~ des vases communicants** *pr* it's the principle of communicating vessels; *fig* it's a knock-on effect. **-3.** [notion] principle; **enseigner les ~s de la biologie** to teach the basic principles of biology. **-4.** [fonctionnement] principle; **ces deux appareils sont construits selon le même ~** these two appliances are built according to the same principle; **le ~ de la vente par correspondance, c'est...** the (basic) principle of mail-order selling is... **-5.** [élément constitutif] principle, constituent; **votre déclaration contredit le ~ même de notre Constitution** your statement goes against the very principle OU basis of our Constitution; **le fromage est riche en ~s nutritifs** cheese has a high nutritional value. **-6.** [fondement] origin; **le ~ de la vie** the origin of life; **remonter au ~ des choses** to go back to first principles. **-7.** CHIM [extrait] principle.

◆ **de principe** *loc adj* [accord, approbation] provisional; **donner son accord de ~** to agree in principle.

◆ **en principe** *loc adv* [en théorie] in principle, in theory, theoretically; **en ~, je devrais pouvoir venir** in principle, I should be able to come || [d'habitude]: **en ~, nous nous arrêtons à l'hôtel** we usually stop at a hotel.

◆ **par principe** *loc adv* on principle; **il refuse de l'écouter par ~** he refuses to listen to her on principle.

◆ **pour le principe** *loc adv* on principle; **je viendrai juste pour le ~** I'll come just on principle; **tu refuses de signer pour le ~ ou pour des raisons personnelles?** are you refusing to sign for reasons of principle or for personal reasons?

printanier, ère [prɛ̃tanje, ɛr] *adj* **-1.** [du printemps] spring; **il fait un temps ~** the weather feels like spring, spring is in the air; **une température printanière** springlike weather. **-2.** [gai et jeune] springlike; **vêtue de couleurs printanières** dressed in springlike colours. **-3.** CULIN [potage, salade] printanier *(garnished with early mixed vegetables, diced)*.

printanisation [prɛ̃tanizasjɔ̃] *nf* vernalization.

printemps [prɛ̃tɑ̃] *nm* **-1.** [saison] spring; **au ~** in (the) springtime; **~ précoce/tardif** early/late spring; **le Printemps de Bourges** *annual music festival held in Bourges* ❑ **'le Printemps'** *Botticelli* 'Spring'. **-2.** *litt* [année] summer *litt*, year; **une jeune fille de vingt ~** a young girl of twenty summers OU years. **-3.** *litt* [commencement] spring; **au ~ de la vie** in the springtime of life.

priodonte [prijɔdɔ̃t] *nm* giant armadillo.

priorat [prijɔra] *nm* priorate.

priori → **a priori**.

prioritaire [prijɔritɛr] ◇ *adj* **-1.** TRANSP priority *(modif)*, having priority; **ce véhicule est ~ lorsqu'il quitte son arrêt** this vehicle has (the) right of way when leaving a stop. **-2.** [privilégié - usager, industrie] priority *(modif)*; **notre projet est ~ sur tous les autres** our project has priority over all the others; **mon souci ~, c'est de trouver un logement** my main OU first problem is to find somewhere to live.

◇ *nmf* person with priority; **cette place est réservée aux ~s titulaires d'une carte** this seat is reserved for priority cardholders.

prioritairement [prijɔritɛrmɑ̃] *adv* as a priority, as a matter of urgency.

priorité [prijɔrite] *nf* **-1.** [sur route] right of way; **avoir la ~** to have the right of way; **tu as la ~** it's your right of way; **'~ à droite'** 'give way' *Br*, 'yield to right' *Am (in France, principle that gives right of way to vehicles coming from the right)*. **-2.** [en vertu d'un règlement] priority; **les handicapés ont la ~ pour monter à bord** disabled people are entitled to board first. **-3.** [antériorité] priority, precedence. **-4.** [primauté] priority; **la ~ sera donnée à la lutte contre le cancer** top priority will be given to the fight against cancer. **-5.** BOURSE: **action de ~** preference share *Br*, preferred stock *Am*.

◆ **en priorité, par priorité** *loc adv* as a priority, as a matter of urgency; **nous discuterons en ~ des droits de l'homme** we'll discuss human rights as a priority.

pris, e [pri, iz] *adj* **-1.** [occupé] busy; **une femme très ~e** a very busy woman; **aide-moi, tu vois bien que j'ai les mains ~es** help me, can't you see my hands are full? **-2.** MÉD [gorge] sore; [nez] blocked. **-3.** [crème, colle, ciment] set; [eau, rivière] frozen. **-4.** [envahi]: **~ de: ~ de pitié/peur** stricken by pity/fear; **~ de panique** panic-stricken; **~ d'une violente douleur** seized with a terrible pain; **~ de boisson** *sout* under the influence of alcohol.

◆ **prise** *nf* **-1.** [point de saisie] hold; **trouve une ~e et dis-moi quand tu es prêt à soulever (le piano)** get a grip (on the piano) and tell me when you're ready to lift it ❑ **avoir ~e sur qqn** to have a hold over sb; **je n'ai aucune ~e sur mes filles** I can't control my daughters at all; **donner ~e à la critique** [personne] to lay o.s. open to attack; [idée, réalisation] to be open to attack; **lâcher ~e** *pr* & *fig* to let go. **-2.** [absorption - d'un médicament] taking; **la ~e d'insuline doit se faire aux heures prescrites** insulin must be injected at the prescribed times. **-3.** [dose - de tabac] pinch; [- de cocaïne] snort. **-4.** [capture - de contrebande, de drogue] seizure, catch; JEUX capture; PÊCHE catch; MIL: **la ~e de la Bastille/du Palais d'Hiver** the storming of the Bastille/Winter Palace; **~es de guerre** spoils of war. **-5.** TECH: **~e d'air** [ouverture] air inlet; [introduction d'air] ventilation; **~e d'eau** water point; **~e (de courant** OU **électrique)** [mâle] plug; [femelle] socket; **~e multiple** adaptor; **~e de terre** earth *Br*, ground *Am*; **l'appareil n'a pas de ~e de terre** the appliance is not earthed *Br* OU grounded *Am*; **~e de vapeur** steam outlet. **-6.** [durcissement - du ciment, de la colle] setting; [- d'un fromage] hardening; **à ~e rapide** [ciment, colle] quick-setting. **-7.** [dans des expressions]: **~e de commandement** taking command (of a regiment); **~e de conscience** realization; **ma première ~e de conscience de la souffrance humaine** the first time I became aware of human suffering; **~e en considération** taking into account; **nous insistons sur la ~e en considération des circonstances individuelles** we stress that personal circumstances must be taken into account; **~e de contact** meeting; **ce ne sont que les premières ~es de contact entre nous** we're just meeting to get to know each other better; **~e de contrôle** ÉCON takeover; **~e de corps** *vieilli* arrest (by warrant); **~e d'habit** [action] taking the habit; [cérémonie] profession; **~e de mousse** secondary champagne fermentation; **~e d'otages** hostage-taking; **~e de parole: encore trois ~es de parole avant la fin de la session** three more speeches to go before the end of the session; **~e de participation** ÉCON acquisition of holdings; **~e de position** opinion, stand; **à l'origine, vos ~es de position étaient moins libérales** originally, your position was less liberal OU you took a less liberal stand; **~e de possession** [d'un héritage] acquisition; [d'un territoire] taking possession; **~e de pouvoir** [légale] (political) takeover; [illégale] seizure of power; **~e de sang** blood test; **~e de tête**▽ hassle; **~e de voile** taking the veil; **à sa ~e de voile** when she took the veil.

◆ **aux prises avec** *loc prép* fighting OU battling against, grappling with; **je l'ai laissé aux ~es avec un problème de géométrie** I left him grappling OU wrestling with a geometry problem.

◆ **en prise** ◇ *loc adv* AUT in gear; **mets-toi en ~** put the car in OU into gear.

◇ *loc adj*: **être en ~ (directe) avec la réalité** *fig* to have a good hold on OU to have a firm grip on reality.

◆ **prise d'armes** *nf* (military) parade.

◆ **prise de bec** *nf* dispute; **des petites ~es de bec** petty squabbles.

◆ **prise directe** *nf* AUT direct drive.

◆ **prise à partie** *nf* JUR *civil action against a judge or magistrate.*

◆ **prise de son** *nf* sound (recording); **la ~e de son est de Raoul Fleck** sound (engineer), Raoul Fleck.

◆ **prise de vues** *nf* CIN & TV [technique] shooting; [image] (camera) shot; **~e de vues: Marie Vilmet** camera: Marie Vilmet.

◆ **prise en charge** *nf* **-1.** [par la Sécurité sociale] refunding *(of medical expenses through the social security system)*. **-2.** [par un taxi] minimum (pick-up) charge.

prisé, e [prize] *adj* valued; **des qualités très ~es** highly valued qualities.

priser [3] [prize] ◇ *vt* **-1.** *litt* [estimer] to prize, to value highly; **je ne prise guère sa compagnie** I don't particularly relish his company. **-2.** [tabac] to snuff; [cocaïne] to snort.

◇ *vi* to take snuff.

priseur, euse [prizœr, øz] *nm, f* [de tabac] snuff-taker.

prismatique [prismatik] *adj* prismatic.

prisme [prism] *nm* **-1.** SC prism. **-2.** *fig*: **tu vois toujours la réalité à travers un ~** you always distort reality; **la vie se présente à elle à travers le ~ de son égoïsme** her ego distorts her view of life. **-3.** GÉOL: **~s basaltiques** (basalt) columnar structure.

prison [prizɔ̃] *nf* **-1.** [lieu] prison, jail; **envoyer/mettre qqn en ~** to send sb to/to put sb in jail; **sortir de ~** to get out (of jail); **l'otage a raconté sa vie dans sa ~** the hostage told of (her) life in captivity; **pour lui, la pension a été une véritable ~** boarding school was like a prison for him. **-2.** [peine] imprisonment; **faire de la ~** to be in prison OU jail, to serve time; **elle a fait de la ~ dans sa jeunesse** she was jailed in her youth; **il a été condamné à cinq ans de ~** he was sentenced to five years in jail ❑ **~ à vie** life sentence; **~ ferme** imprisonment. **-3.** *fig* prison; **son amour était une ~** I felt caged in by his love.

prisonnier, ère [prizɔnje, ɛr] ◇ *adj* **-1.** [séquestré] captive; **plusieurs mineurs sont encore ~s au fond de la mine** several miners are still trapped at the bottom of the shaft; **je ne sortais pas et restais ~ dans mon petit studio** I shut myself away in my little bedsit and never went out; **il gardait ma main prisonnière** he wouldn't let go of my hand. **-2.** *fig*: **~ de: ~ de ses promesses** prisoner of OU trapped by one's promises; **on est ~ de son éducation** we're prisoners of our upbringing.

◇ *nm, f* prisoner; **il a été fait ~** he was taken prisoner; **se constituer ~** to give oneself up, to turn oneself in; **les ~s sont montés sur le toit pour protester** the inmates staged a rooftop protest ❑ **les ~s de droit commun et les ~s politiques** common criminals and political prisoners; **~ de guerre** prisoner of war, POW.

◆ **prisonnier** *nm* **-1.** [tige filetée] stud (bolt). **-2.** [pièce sertie] insert.

privatif, ive [privatif, iv] *adj* **-1.** [privé] private; **avec jardin ~** with a private garden. **-2.** [réservé à une personne] exclusive. **-3.** JUR: **peine privative de liberté** detention. **-4.** LING [élément, préfixe] privative.

privation [privasjɔ̃] *nf* [perte] loss, deprivation; **pour moi, arrêter de boire n'a pas été une ~** giving up drinking was no deprivation for me; **la ~ de tout contact avec ses enfants lui a été insupportable** it was unbearable for her to be deprived of all contact with her children ❑ **~ des droits civiques** loss OU deprivation of civil rights.

◆ **privations** *nfpl* [sacrifices] hardship, hardships; **les ~s de la guerre** the hardships of war; **à force de ~s** through constant sacrifice, by constantly doing without; **affaibli par les ~s** weakened by deprivation.

privatique [privatik] *nf* stand-alone system.

privatisation [privatizasjɔ̃] *nf* privatization, privatizing.

privatiser [3] [privatize] *vt* to privatize.

privatiste [privatist] *nmf* private law specialist.

privauté [privote] *nf* [familiarité]: **~ de langage** crude OU coarse language; **une telle ~ de langage n'est pas de mise** there's no call for that sort of language.

◆ **privautés** *nfpl* [libertés déplacées] liberties; **avoir** OU **se permettre des ~s avec une jeune fille** to take liberties with a young girl.

privé, e [prive] *adj* **-1.** [personnel] private; **ma correspondance ~e** my private correspondence; **ma vie ~e ne regarde que moi** my private life is my own business. **-2.** [non public] private; **projection ~e d'un film** private screening of a film; **le pape lui a accordé une audience ~e** the Pope granted him a private audience. **-3.** [officieux] unofficial; **nous avons appris sa démission de source ~e** we've learned unofficially that he has resigned. **-4.** [non géré par l'État] private; **dans le secteur ~** INDUST in the private sector; **clinique ~e** private clinic; **enseignement ~** private education.

◆ **privé** *nm* **-1.** INDUST private sector; **travailler dans le ~** to work for the private sector OU a private company; **elle est médecin à l'hôpital mais elle fait aussi du ~** *fam* she works as a doctor in a hospital but she also has OU takes private patients. **-2.** [intimité] private life; **dans le ~, c'est un homme très agréable** in private life, he's very pleasant. **-3.** *fam* [détective] sleuth, private detective.

◆ **en privé** *loc adv* in private; **pourrais-je vous parler en ~?** could I talk to you privately OU in private?; **intimidante en public, elle est pourtant charmante en ~** she may be intimidating in public, but in private life she's charming.

priver [3] [prive] *vt* **-1.** [démunir] to deprive; **prenez mon écharpe, ça ne me prive guère** have my scarf, I won't miss OU don't need it; **ça la prive beaucoup de ne plus fumer** she misses smoking a lot; **être privé de** to be deprived of, to have no; **nous avons été privés de trains pendant quatre semaines à cause de la grève** we had no trains for four weeks because of the strike; **nous sommes privés de voiture depuis une semaine** we've been without a car for a week; **privé d'eau/d'air** deprived of water/air; **privé de connaissance** *litt* unconscious, bereft of conciousness *litt*; **le cancer/la guerre m'a privé de mon meilleur ami** I lost my best friend to cancer/in the war, cancer/war took my best friend (away) from me; **j'ai été privé de sommeil pendant deux nuits** I was deprived of sleep for two nights. **-2.** [comme sanction] to deprive; **~ qqn de qqch** to make sb go OU do without sthg; **tu seras privé de dessert/télévision** no dessert/television for you; **il a été privé de ses droits de citoyen** he was deprived OU stripped of his civil rights.

◆ **se priver de** *vp + prép* **-1.** [renoncer à] to deprive o.s. of, to do without; **il se prive d'alcool** he cuts out drink, he goes without drink ‖ *(en usage abs)*: **elle s'est privée pour leur payer des études** she made great sacrifices to pay for their education; **il n'aime pas se ~** he hates denying himself anything; **ne pas se ~** to deny o.s. nothing; **un jour de congé supplémentaire, il ne se prive pas!** another day off, he certainly looks after himself! **-2.** [se gêner pour]: **il ne s'est pas privé de se moquer de toi en public** he didn't hesitate at making fun of you in public; **je ne vais pas me ~ de le lui dire!** I'll make no bones about telling him!

privilège [privilɛʒ] *nm* **-1.** [avantage] privilege; **l'éducation est un droit, non un ~** education is a right, not a privilege; **le ~ de l'âge** the prerogative of old age; **j'ai eu le ~ de la voir sur scène** I was privileged (enough) to see her perform; **j'ai le triste ~ de vous annoncer...** it is my sad duty to inform you...; **j'ai eu le triste ~ de connaître cet individu** it was once my misfortune to be acquainted with this individual. **-2.** [exclusivité]: **l'homme a le ~ de la parole** man is unique in being endowed with the power of speech. **-3.** [faveur] privilege, favour; **accorder des ~s à qqn** to grant sb favours. **-4.** HIST: **les ~s** privileges. **-5.** FIN & JUR: **~ de créancier** creditor's preferential claim; **~ général/spécial** general/particular lien. **-6.** BANQUE: **~ d'émission** right to issue (banknotes).

privilégié, e [privileʒje] ◇ *adj* **-1.** [avantagé] privileged; **l'île jouit d'un climat ~** the island enjoys an excellent climate; **appartenir aux classes ~es** to belong to the privileged classes; **la minorité ~e** the privileged few. **-2.** [choisi - client, partenaire] favoured. **-3.** FIN: **action ~e** preference share *Br*, preferred stock *Am*. **-4.** JUR: **créancier ~** preferential creditor.

◇ *nm, f* privileged person; **quelques ~s ont assisté à la représentation** a privileged few attended the performance.

privilégier [9] [privileʒje] *vt* **-1.** [préférer] to privilege; **nous avons privilégié cette méthode pour l'enseignement de la langue** we've singled out this method for language teaching; **je ne veux pas ~ telle lecture de «Tartuffe» plutôt que telle autre** I don't wish to favour this particular interpretation of "Tartuffe" over any other. **-2.** [avantager] to favour; **les basketteurs adverses sont privilégiés par leur haute taille** the basketball players in the opposing team are helped by the fact that they're taller; **les aug-**

mentations en pourcentage privilégient les hauts salaires percentage increases work in favour of high salaries.

prix [pri] *nm* -**1.** [tarif fixe] price, cost; '~ écrasés OU sacrifiés!' 'prices slashed!'; ~ **et conditions de transport d'un produit** freight rates and conditions for a product; **le ~ de l'essence à la pompe** the cost of petrol *Br* OU gas *Am* to the motorist; **six yaourts pour le ~ de quatre** six yoghurts for the price of four; **ça coûte un ~ fou** it costs a fortune OU the earth; **mes bottes, dis un ~ pour voir!** how much do you think my boots cost?; **le ~ du voyage comprend le repas de midi** the cost of the trip includes lunch; **laissez-moi au moins régler le ~ des places** let me at least pay for the tickets; **à bas** OU *sout* **vil ~** very cheaply; **j'ai acheté le lot à vil ~** I bought the lot for practically nothing; **à ce ~-là** [cher] given how expensive it is; [bon marché] for what it costs; **à ce ~-là, ce serait bête de se le refuser** at that price, it would be silly not to buy it; **dans mes/ses ~** within my/his (price) range; **c'est tout à fait dans mes ~** it's well within what I can afford OU within my price range; **ce n'est déjà plus tout à fait dans ses prix** that's already a little more than he wanted to spend; **le ~ fort** [maximal] top OU maximum price; [excessif] high price; **j'ai payé le ~ fort pour ma promotion** I was promoted but I payed a high price for it OU it cost me dear; **un bon ~: je l'ai acheté un bon ~** I bought it for a very reasonable price; **je l'ai vendu un bon ~** I got a good price for it ❑ ~ **imposé/libre** fixed/deregulated price; ~ **d'achat** purchase price; ~ **d'appel** loss leader; ~ **courant** going OU market price; ~ **comptant** cash price; ~ **coûtant** cost price; **à ~ coûtant** at cost price; ~ **de détail** retail price; ~ **de gros** wholesale price; ~ **hors taxes** price before tax OU duties; ~ **d'intervention** CEE intervention price; ~ **au kilo** price per kilo; ~ **marqué** marked price; ~ **net** net price; ~ **de revient** cost price; ~ **à l'unité** unit price; ~ **de vente** selling price; **à ~ d'or: on achète aujourd'hui ses esquisses à ~ d'or** his sketches are now worth their weight in gold OU now cost the earth; **je l'ai acheté à ~ d'or** I paid a small fortune for it; **au ~ où sont les choses** OU **où est le beurre** *fam* seeing how expensive everything is; **y mettre le ~: j'ai fini par trouver le cuir que je voulais mais j'ai dû y mettre le ~** I finally found the type of leather I was looking for, but I had to pay top price for it; **elle a été reçue à son examen, mais il a fallu qu'elle y mette le ~** *fig* she passed her exam, but she really had to work hard for it. -**2.** [étiquette] price (tag OU label); **il n'y avait pas de ~ dessus** it wasn't priced, there was no price tag on it. -**3.** [barème convenu] price; **votre ~ sera le mien** name your price; **faire un ~ (d'ami) à qqn** to do a special deal for sb; **c'était la fin du marché, elle m'a fait un ~ pour les deux cageots** the market was nearly over, so she let me have both boxes cheap; **mettre qqch à ~** [aux enchères] to set a reserve *Br* OU an upset *Am* price on sthg; **les deux chandeliers mis à ~** the two chandeliers with a reserve *Br* OU an upset *Am* price; **sa tête a été mise à ~** *fig* there's a price on his head OU a reward for his capture. -**4.** [valeur] price, value; **le ~ de la vie/liberté** the price of life/freedom; **j'ai pris conscience du ~ de mon indépendance** I realized how valuable my independence was to me; **donner du ~ à qqch** to make sthg worthwhile; **attacher** OU **donner plus de ~ à qqch** to rate OU to rank sthg higher; **on attache plus de ~ à la vie quand on a failli la perdre** life is more precious to you when you have nearly lost it; **ça n'a pas de ~** you can't put a price on it; **le sourire d'un enfant, ça n'a pas de ~** a child's smile is the most precious thing in the world. -**5.** [contrepartie]: **à ce ~** at that OU such a price; **il fallait céder tous ses droits d'auteur, et à ce ~ j'ai refusé** giving up the copyright was too high a price to pay, so I refused (to do it); **oui, mais à quel ~!** yes, but at what cost! -**6.** [dans un concours commercial, un jeu] prize; **premier/deuxième ~** first/second prize. -**7.** [dans un concours artistique, un festival] prize, award; ~ **littéraire** literary prize; **elle a eu le ~ de la meilleure interprétation** she got the award for best actress ❑ **le Grand Prix (automobile)** SPORT the Grand Prix; **le ~ Femina** *annual literary prize whose winner is chosen by a jury of women*; **le ~ Goncourt** the Goncourt Prize (for literature); **le ~ Louis-Delluc** the Louis Delluc film *Br* OU movie *Am* award; **le ~ Nobel** the Nobel prize; **le ~ Pulitzer** the Pulitzer Prize. -**8.** [œuvre primée - livre] award-winning book OU title; [- disque] award-winning record; [- film] award-winning film *Br* OU movie *Am*. -**9.** [lauréat] prizewinner; **il a été Prix de Rome** he won the Prix de Rome; **Cannes rend hommage à ses Prix d'interprétation féminine** Cannes salutes its award-winning actresses; **nous recevons aujourd'hui le Prix Nobel de la Paix** we welcome today the Nobel Peace prizewinner ❑ ~ **de vertu** paragon of virtue; **je n'ai jamais été un ~ de vertu** I was never a paragon of virtue. -**10.** SCOL [distinction]: **jour de la distribution des ~** prize OU prizegiving day ❑ ~ **de consolation** consolation prize; ~ **d'excellence** first prize; ~ **d'honneur** second prize.

◆ **à aucun prix** *loc adv* not at any price, not for all the world, on no account; **je ne quitterais le pays à aucun ~!** nothing in the world would induce me to leave the country!; **il ne se séparera de son chien à aucun ~** nothing would ever make him part with his dog.

◆ **à n'importe quel prix** *loc adv* at any price, no matter what (the cost); **son obsession: se faire un nom à n'importe quel ~** he'll stop at nothing to make a name for himself.

◆ **à tout prix** *loc adv* -**1.** [obligatoirement] at all costs; **tu dois à tout ~ être rentré à minuit** you must be back by midnight at all costs. -**2.** [coûte que coûte] at any cost, no matter what (the cost); **nous voulons un enfant à tout ~** we want a child no matter what (the cost).

◆ **au prix de** *loc prép* at the cost of; **ma mère m'a élevé au ~ de grands sacrifices** my mother made great sacrifices to bring me up; **je ne veux pas du succès au ~ de ma santé/notre amitié** I don't want success at the cost OU expense of my health/our friendship; **collaborer avec eux au ~ d'une trahison, jamais!** if collaborating with them means becoming a traitor, never!; **qu'est-ce qu'un peu de temps perdu, au ~ de ta santé?** what's a little wasted time when your health is at stake?

◆ **de prix** *loc adj* [bijou, objet] valuable.

◆ **pour prix de** *loc prép* in return for; **pour ~ de sa patience** as a reward for OU in return for her patience.

◆ **sans prix** *loc adj* invaluable, priceless; **sa flûte du dix-huitième siècle est sans ~** his eighteenth-century flute is priceless; **l'estime de mes amis est sans ~** I value the esteem of my friends above all else.

pro *fam* [pro] (*abr de* **professionnel**) ◇ *adj* -**1.** [émission, film] professional. -**2.** SPORT professional; **il est joueur ~ maintenant** he's now a pro.

◇ *nmf* pro; **c'est une vraie ~** she's a real pro; **passer ~** to turn pro; **ils ont fait un vrai travail de ~** they did a really professional job.

probabilisme [prɔbabilism] *nm* probabilism.

probabiliste [prɔbabilist] ◇ *adj* probabilist, probabilistic.

◇ *nmf* probabilist.

probabilité [prɔbabilite] *nf* -**1.** [vraisemblance] probability, likelihood; **selon toute ~, nous y serons vendredi** in all probability OU likelihood, we'll be there on Friday. -**2.** [supposition] probability; **je ne dis pas qu'il l'a volé, c'est une ~** I'm not saying he stole it, but it's probable; **la ~ qu'il gagne est plutôt faible** there's little chance of him winning. -**3.** MATH & PHYS probability.

probable [prɔbabl] *adj* -**1.** [vraisemblable] likely, probable; **il est peu ~ qu'elle soit sa sœur** it's not very likely that she's his sister; **il est peu ~ qu'il réussisse** there is little chance of his succeeding. -**2.** [possible] probable; **est-il à Paris? — c'est ~** is he in Paris? — quite probably (he is); **je parie qu'elle va refuser — ~!** *fam* I bet she'll say no — more than likely!

probablement [prɔbabləmɑ̃] *adv* probably; **tu as ~ raison** you're probably right; **tu viendras demain? — très ~** will you come tomorrow? — very probably OU quite likely; **~ qu'il acceptera** *fam* he's likely to accept, he'll probably say yes.

probant, e [prɔbɑ̃, ɑ̃t] *adj* -**1.** [convaincant - argument, fait, expérience] convincing. -**2.** JUR [pièce] probative.

probation [prɔbasjɔ̃] *nf* JUR & RELIG probation; **être en ~** to be on probation.

probationnaire [prɔbasjɔnɛr] *nmf* probationer.

probatoire [prɔbatwar] *adj* probationary; **examen ~** probationary examination.

probe [prɔb] *adj litt* upright, endowed with integrity.

probité [prɔbite] *nf* probity, integrity, uprightness.

problématique [prɔblematik] ◇ *adj* problematic, problematical.

◇ *nf* problematics *(U)*.

problématiquement [prɔblematikmɑ̃] *adv* problematically.

problème [prɔblɛm] *nm* -**1.** MATH problem; ~ **de géométrie** geometry problem; **résoudre un ~ d'algèbre** to solve an algebraic problem; **~s de robinet** *mathematical problems for schoolchildren, typically about the volume of water in a container*. -**2.** [difficulté] problem, difficulty; **pas de ~, viens quand tu veux** no problem, you can come whenever you want; **le ~ posé par le chômage/la circulation** the problem of unemployment/traffic; **nous avons un gros ~** we have a major problem, we're in big trouble here; **il a toujours eu des ~s d'argent** he always had money troubles OU problems; **dis donc, c'est ton ~, pas le mien** *fam* listen, it's your problem, not mine; **avoir des ~s psychologiques** to be psychologically disturbed; **elle me pose de gros ~s** she's a great problem OU source of worry to me. -**3.** [question] problem, issue, question; **soulever un ~** to raise a question OU an issue; **la clé du ~** the key to the problem; **faux ~** red herring *fig*; **pour l'instant, nous discutons d'un faux ~** for the moment, we're going around in circles. -**4.** JEUX problem.

◆ **à problèmes** *loc adj* problem *(modif)*; **ma cousine, c'est une femme à ~s** *fam* my cousin's always got problems.

procédé [prɔsede] *nm* -**1.** *sout* [comportement] conduct, behaviour; **vos ~s sont indignes** your behaviour is shameful; **je n'ai pas du tout apprécié son ~** I wasn't very impressed with what he did. -**2.** [technique] process; **mettre un ~ au point** to perfect a process; **~ de fabrication** manufacturing process. -**3.** *péj* [artifice]: **toute la pièce sent le ~** the whole play seems contrived. -**4.** JEUX [billard] tip.

procéder [18] [prɔsede] *vi* -**1.** [progresser] to proceed; **~ méthodiquement/par tâtonnements** to proceed methodically/by trial and error; **procédons par ordre** let's do one thing at a time. -**2.** [se conduire] to behave; **j'apprécie sa manière de ~ avec nous** I like the way he deals with us.

◆ **procéder à** *v + prép* -**1.** [effectuer] to conduct; **~ à une étude** to conduct a study; **~ à un examen approfondi de la situation** to examine the situation thoroughly; **~ à l'élection du bureau national du parti** to elect the national executive of the party. -**2.** JUR: **~ à l'arrestation d'un criminel** to arrest a criminal; **~ à l'ouverture d'un testament** to open a will.

◆ **procéder de** *v + prép* -**1.** *litt* [provenir de] to proceed OU to come from, to originate in; **tous ses problèmes procèdent d'une mauvaise administration** all his problems spring OU derive from poor management. -**2.** RELIG to proceed from.

procédure [prɔsedyr] *nf* -**1.** [démarche] procedure, way to proceed; **nous suivrons la ~ habituelle** we'll follow the usual procedure; **voici la ~ à suivre** this is the way to proceed. -**2.** JUR [ensemble des règles] procedure, practice; **Code de ~ civile/pénale** civil law/criminal law procedure || [mise en œuvre] proceedings; **entamer une ~ contre qqn** to start proceedings against sb ❑ **~ de divorce** divorce proceedings. -**3.** INF subroutine, procedure. -**4.** SC: **~ scientifique** scientific procedure.

procédurier, ère [prɔsedyrje, ɛr] ◇ *adj* -**1.** *péj* [personne] pettifogging, quibbling; **être ~** to be a pettifogger OU a nitpicker. -**2.** [action, démarche] litigious; **formalités procédurières** procedural formalities, red tape.
◇ *nm, f* pettifogger, quibbler.

procès [prɔsɛ] *nm* -**1.** JUR [au tribunal] trial; **faire OU intenter un ~ à qqn** to institute legal proceedings against sb; **entreprendre OU engager un ~ contre qqn** to take sb to court; **instruire un ~** to prepare a lawsuit; **il a gagné/perdu son ~ contre nous** he won/lost his case against us; **un ~ pour meurtre** a murder trial ❑ **'le Procès'** *Kafka* 'The Trial'. -**2.** [critique]: **faire le ~ de qqn/qqch** to put sb/sthg on trial ❑ **~ d'intention: vous me faites un ~ d'intention** you're assuming too much about my intentions; **pas de ~ d'intention, s'il vous plaît!** don't put words in my mouth, please!; **faire un mauvais ~ à qqn** to make groundless accusations against sb; **tu lui fais un mauvais ~** you're being unfair to him. -**3.** ANAT process; **~ ciliaire** ciliary process. -**4.** LING process.

processeur [prɔsesœr] *nm* INF -**1.** [organe] (hardware) processor; [unité centrale] central processing unit. -**2.** [ensemble de programmes] (language) processor; **~ entrée/sortie** input/output processor, I/O processor; **~ frontal/graphique/maître/matriciel** front-end/display/master/array processor.

processif, ive [prɔsesif, iv] *adj litt* litigious.

procession [prɔsesjɔ̃] *nf* -**1.** RELIG procession; **~ rituelle** religious procession. -**2.** [cortège] procession; **une ~ de voitures devant le ministère** a motorcade outside the ministry; **les manifestants s'avançaient en ~ vers la place** the demonstrators were marching towards the square in procession.

processionnaire [prɔsesjɔnɛr] ◇ *adj* ENTOM processionary.
◇ *nf* processionary moth.

processus [prɔsesys] *nm* -**1.** [procédé] process; **le ~ d'acquisition de la lecture** learning how to read; **~ de fabrication** manufacturing process; **~ industriel** industrial processing. -**2.** PSYCH: **~ primaire/secondaire** primary/secondary process. -**3.** ANAT process.

procès-verbal, aux [prɔsɛvɛrbal, o] *nm* -**1.** JUR [acte - d'un magistrat] (official) report, record; [- d'un agent de police] (police) report. -**2.** [pour une contravention] parking ticket. -**3.** [résumé] minutes, proceedings; **le ~ de la dernière réunion** the minutes of the last meeting.

prochain, e [prɔʃɛ̃, ɛn] *adj* -**1.** [dans le temps] next; **je te verrai la semaine ~e** I'll see you next week; **à samedi ~!** see you next Saturday!; **au mois de novembre ~** next November, this coming November; **ça sera pour une ~e fois** we'll do it some other time; **la ~e fois, fais attention** next time, be careful. -**2.** [dans l'espace] next; **je descends au ~ arrêt** I'm getting off at the next stop; **tourne à gauche au ~ carrefour** turn left at the next crossroads. -**3.** [imminent] imminent, near; **on se reverra dans un avenir ~** we will see each other again in the near future; **leur ~ départ** their imminent departure. -**4.** *sout* [immédiat - cause, pouvoir] immediate.

◆ **prochain** *nm*: **son ~** one's fellow man; **aime ton ~ comme toi-même** love your neighbour as yourself.

◆ **prochaine** *fam nf* -**1.** [arrêt] next stop; **je descends à la ~e** I'm getting off at the next stop. -**2.** *loc*: **à la ~e!** see you (soon)!, be seeing you!, so long! *Am*.

prochainement [prɔʃɛnmɑ̃] *adv* shortly, soon; **il revient ~** he'll be back soon; **'~ sur vos écrans'** 'coming soon'.

proche [prɔʃ] ◇ *adj* -**1.** [avoisinant] nearby, neighbouring; **elle entra dans une église proche** she went into a nearby church; **le bureau est tout ~** the office is close at hand OU very near; **le village le plus ~ est Pigny** Pigny's the nearest village. -**2.** [dans l'avenir] near, imminent; [dans le passé] in the recent past; **dans un avenir ~** in the near future; **le dénouement est ~** the end is in sight; **Noël est ~** we're getting close to Christmas; **lampions et drapeaux dans les rues, la fête est ~** there are lanterns and bunting in the streets, the celebrations are about to begin; **la fin du monde est ~** the end of the world is nigh; **la dernière guerre est encore ~ de nous** the last war belongs to the not too distant past. -**3.** [cousin, parent] near; **adresse de votre plus ~ parent** address of your next of kin. -**4.** [intime] close; **nous sommes plus ~s depuis ce deuil** we've grown closer since we were bereaved; **l'un des ~s conseillers du président** one of the president's trusted OU close advisors. -**5.** [semblable] similar; **nos goûts sont très ~s** we have very similar tastes.
◇ *nm* close relative OU relation; **perdre un ~** to lose a close relative; **ses ~s** his close relations, his immediate family.

◆ **de proche en proche** *loc adv* gradually, step by step; **l'infection gagne de ~ en ~** the infection is spreading gradually; **de ~ en ~, j'ai fini par reconstituer les événements** step by step, I finally reconstructed the events.

◆ **proche de** *loc prép* -**1.** [dans l'espace] near (to), close to, not far from; **la villa est ~ de la mer** the villa is close to OU near the sea; **plus ~ de chez lui** closer to his home. -**2.** [dans le temps] close; **la guerre est encore ~ de nous** the war is still close to us. -**3.** [en contact avec] close to; **il est resté ~ de son père** he remained close to his father; **elle est très ~ de ses élèves/malades** she's close to her pupils/patients; **être ~ de la nature** to be close to OU in touch with nature; **d'après des sources ~s de la Maison-Blanche** according to sources close to the White House. -**4.** [semblable à - langage, espèce animale] closely related to; [- style, solution] similar to; **la haine est ~ de l'amour** hatred is akin to love; **portrait ~ de la réalité** accurate OU lifelike portrait; **une obsession ~ de la névrose** an obsession verging on the neurotic; **ils sont ~s de nous par la religion et la culture** religiously and culturally they have a lot in common with us. -**5.** [sans différence de rang, d'âge avec] close to; **les candidats sont ~s les uns des autres** there's little to choose between the candidates; **mes frères et moi sommes ~s les uns des autres** my brothers and I are close together (in age).

Proche-Orient [prɔʃɔrjɑ̃] *npr m*: **le ~** the Near East.

proclamation [prɔklamasjɔ̃] *nf* -**1.** [annonce] (official) announcement OU statement; **~ du résultat des élections à 20 h** the results of the election will be announced at 8 p.m. -**2.** [texte] proclamation; **la ~ sera affichée dans toutes les mairies** the proclamation will be displayed in every town hall.

proclamer [3] [prɔklame] *vt* -**1.** [déclarer - innocence, vérité] to proclaim, to declare; **~ que** to declare that; **nous proclamons que la paix sera bientôt là** we declare that we will soon be at peace. -**2.** [rendre public] to publicly announce OU state, to proclaim; **~ la république** to proclaim the republic; **~ le résultat des élections** to announce the outcome of the election; **il a été proclamé empereur par la foule** he was proclaimed emperor by the crowd, the crowd proclaimed him emperor.

proclitique [prɔklitik] *adj & nm* proclitic.

proconsul [prɔkɔ̃syl] *nm* proconsul.

procréateur, trice [prɔkreatœr, tris] ◇ *adj litt* procreant, procreative.
◇ *nm, f litt* procreator.

procréation [prɔkreasjɔ̃] *nf* procreation; **~ artificielle** artificial reproduction.

procréer [15] [prɔkree] *vt litt* to procreate.

proctalgie [prɔktalʒi] *nf* proctalgia.

proctologie [prɔktɔlɔʒi] *nf* proctology.

proctologue [prɔktɔlɔg] *nmf* proctologist.

procuration [prɔkyrasjɔ̃] *nf* -**1.** JUR [pouvoir - gén] power OU letter of attorney; [- pour une élection] proxy (form); **donner ~ à qqn** to authorize OU to empower sb. -**2.** BANQUE mandate; **il a une ~ sur mon compte** he has a mandate to operate my account.

◆ **par procuration** *loc adv* -**1.** [voter] by proxy. -**2.** *fig* vicariously; **vivre/voyager par ~** to live/to travel vicariously.

procure [prɔkyr] *nf* procuracy.

procurer [3] [prɔkyre] *vt* -**1.** [fournir] to provide; **~ de l'argent à qqn** to provide sb with money, to obtain money for sb; **je lui ai procuré un emploi** I found her a job; **les places qu'il m'a procurées étaient excellentes** the seats he found OU obtained for me were superb. -**2.** [occasionner] to bring; **la lecture me procure beaucoup de plaisir** reading brings me great pleasure, I get a lot of pleasure out of reading; **les joies procurées par les sens** pleasures afforded by the senses.

◆ **se procurer** *vpt* to get, to obtain; **essaye de te ~ son dernier livre** try to get his latest book; **il faut que je me procure un visa** I must obtain a visa.

procureur [prɔkyrœr] *nm* -**1.** JUR prosecutor; **~ général** ≃ Director of Public Prosecutions *Br*, ≃ district attorney *Am*; **~ de la République** ≃ Attorney General. -**2.** HIST [syndic] procurer. -**3.** RELIG procurator *arch*.

prodigalité [prɔdigalite] *nf* -**1.** [générosité] prodigality *sout*, profligacy *sout*, extravagance. -**2.** [dépenses] prodigality, extravagance; **connu pour ses ~s** well-known for his extravagance (in spending) OU for his extravagant spending habits. -**3.** *litt* [surabondance] (lavish) abundance, prodigality.

prodige [prɔdiʒ] ◇ *nm* -**1.** [miracle] marvel, wonder; **faire des ~s** to work wonders, to achieve miracles; **ton médicament a fait des ~s** your medicine worked wonders; **tenir du ~** to be nothing short of miraculous OU a miracle; **cela tient du ~ que personne ne soit mort** it's nothing short of a miracle that nobody was killed; **un ~ de** a wonder of; **cet appareil est un ~ de la technique** this machine is a wonder of modern technology; **il nous a fallu déployer des ~s d'ingéniosité pour tout ranger** we had to use boundless ingenuity to find space for everything. -**2.** [personne] prodigy; **à 10 ans, on la considérait comme un ~ en mathématiques** at 10 years of age she was considered a mathematical genius.
◇ *adj*: **enfant/musicien ~** child/musical prodigy.

prodigieusement [prɔdiʒjøzmɑ̃] *adv* -**1.** [beaucoup] enormously, tremendously; **je me suis ~ amusé** I enjoyed myself tremendously. -**2.** [magnifiquement] fantastically, magnificently; **elle dessine ~ bien** she draws fantastically well.

prodigieux, euse [prɔdiʒjø, øz] *adj* -**1.** [extrême] huge, tremendous; **sa chanson a eu un succès ~** her song was hugely successful; **être d'une bêtise prodigieuse** to be prodigiously stupid; **être d'une force prodigieuse** to be tremendously strong; **une quantité prodigieuse** a huge amount. -**2.** [peu commun] prodigious, astounding, amazing; **une connaissance prodigieuse du jazz** an astounding knowledge of jazz. -**3.** *litt* [miraculeux] prodigious, miraculous; **guérison prodigieuse** miracle cure.

prodigue [prɔdig] ◇ *adj* -**1.** [dépensier] extravagant, profligate; **le fils ~** *allusion Bible* the prodigal son. -**2.** *fig*: **~ de** generous OU over-

generous with; elle n'est guère ~ de détails she doesn't go in much for detail; ~ de compliments lavish with compliments; tu es toujours ~ de bons conseils you're always full of good advice.
◇ *nmf* spender, spendthrift.

prodiguer [3] [prɔdige] *vt* -**1.** [faire don de] to be lavish with; **la nature nous prodigue ses bienfaits** nature is profuse OU lavish in its bounty; **elle a prodigué des soins extraordinaires à son fils** she lavished endless care on her son; **j'ai prodigué tous mes efforts pour te voir réussir** I did all I could to see you succeed; **prodiguant des sourires à tous** smiling bountifully on everybody *aussi péj*. -**2.** [manifester] to show; **elle ne sait pas comment lui ~ son affection** she simply doesn't know how to show him her affection.
◆ **se prodiguer** *vpi litt*: **il se prodigue sans compter** he gives generously of himself.

pro domo [prodomo] *loc adj inv*: **faire un plaidoyer ~** to defend o.s. OU one's own cause.

prodrome [prɔdrom] *nm* -**1.** MÉD prodrome *spéc*, warning symptom. -**2.** *litt* [signe] forerunner, early sign.

prodromique [prɔdrɔmik] *adj* prodromal.

producteur, trice [prɔdyktœr, tris] ◇ *adj* producing; **les pays ~s de pétrole** oil-producing countries; **zone productrice de betteraves** beetroot-producing OU beetroot-growing area.
◇ *nm, f* CIN, RAD, THÉÂT & TV [personne] producer; [société] production company.
◆ **producteur** *nm* AGR & ÉCON producer; **directement du ~ au consommateur** directly from the producer to the consumer; **les ~s sont mécontents** the farmers are up in arms; **les ~s de melons** melon growers OU producers.

productibilité [prɔdyktibilite] *nf* maximum energy yield *(from a hydroelectric power station)*.

productible [prɔdyktibl] *adj* [marchandise] producible.

productif, ive [prɔdyktif, iv] *adj* -**1.** ÉCON productive; **c'est l'un de nos auteurs les plus ~s** he is one of our most prolific OU productive authors. -**2.** FIN: **capital ~** interest-bearing OU interest-yielding capital. -**3.** AGR & MIN productive; **le sol est peu ~** the yield from the soil is poor.

production [prɔdyksjɔ̃] *nf* -**1.** [activité économique]: **la ~** production; **la ~ ne suit plus la consommation** supply is failing to keep up with demand; **à ce stade de la ~, nous perdons de l'argent** at this stage of production, we're losing money. -**2.** [rendement] INDUST output; AGR yield; **la ~ a augmenté/diminué** INDUST output has risen/dropped; AGR the yield is higher/lower; **l'usine a une ~ de 10 000 voitures par an** the factory turns out OU produces 10,000 cars a year. -**3.** [produits] AGR produce *(U)*, production *(U)*; INDUST products, production; **les ~s maraîchères de la région** the market garden *Br* OU truck garden *Am* produce of the area; **le pays veut écouler sa ~ de maïs** the country wants to sell off its maize crop OU the maize it has produced. -**4.** [fabrication] production, manufacturing; **le pays devait sa prospérité à sa ~ textile** the country owed its prosperity to its textile manufacturing. -**5.** [d'une œuvre d'art] production, creation; **la ~ littéraire a toujours été hautement considérée dans notre pays** creative writing has always been highly valued in our country || CIN, THÉÂT & TV production; **assurer la ~ de** to produce ❑ **assistant/directeur de ~** production assistant/manager. -**6.** [œuvres]: **la ~ contemporaine** contemporary works; **la ~ dramatique/romanesque du XVIIIe siècle** 18th-century plays/novels; **les ~s de l'esprit** intellectual work || CIN production, film *Br*, movie *esp Am*; RAD production, programme; THÉÂT production, play. -**7.** [présentation] presentation; **sur ~ d'un acte de naissance** on presentation of a birth certificate. -**8.** [fait d'occasionner] production, producing, making; **la ~ d'un son** making a sound. -**9.** TECH: **~ combinée** heat and power (generation).

productique [prɔdyktik] *nf* computer-aided OU computer-integrated manufacturing.

productivité [prɔdyktivite] *nf* -**1.** [fertilité - d'un sol, d'une région] productivity, productiveness. -**2.** [rentabilité] productivity; **~ de l'impôt** FIN (net) tax revenue. -**3.** ÉCOL productivity, production.

produire [98] [prɔdɥir] *vt* -**1.** [fabriquer - bien de consommation] to produce, to manufacture; [- énergie, électricité] to produce, to generate; AGR [faire pousser] to produce, to grow. -**2.** [fournir - suj: usine] to produce; [- suj: sol] to produce, to yield; *(en usage abs)*: **tes arbres ne produiront jamais** your trees will never bear fruit || FIN [bénéfice] to yield, to return. -**3.** [causer - bruit] to make, to produce; [- moisissure, vapeur] to produce, to make, to cause; [- douleur, démangeaison] to produce, to cause; [- changement] to effect, to bring about *(sép)*; [- résultat] to produce; **la lumière produit une illusion spectaculaire** the light creates a spectacular illusion; **l'effet produit par son discours a été catastrophique** the effect of her speech was disastrous ❑ **~ son petit effet** to cause quite a stir. -**4.** [créer - suj: artiste] to produce, to write; **il a produit quelques bons romans** he has written a few good novels || *(en usage abs)*: **il produit beaucoup** [écrivain] he writes a lot; [musicien] he writes OU composes a lot; [cinéaste] he makes a lot of films. -**5.** CIN, RAD, THÉÂT & TV to produce, to be the producer of. -**6.** [engendrer] to produce; **combien le XIXe siècle/Mexique a-t-il produit de romancières?** how many women novelists did 19th century produce/has Mexico produced? -**7.** [présenter - passeport] to produce, to show; [- preuve] to adduce, to produce; [- témoin] to produce.
◆ **se produire** *vpi* -**1.** [événement] to happen, to occur; **ça peut encore se ~** it may happen again; **il s'est produit un très grave accident près d'ici** there was a very serious accident nearby. -**2.** [personne] to appear, to give a performance; **se ~ sur scène** to appear on stage; **se ~ en public** to give a public performance.

produit [prɔdɥi] *nm* -**1.** INDUST product, article; AGR produce; **~ brut/fini** raw/finished product; **~s de grande consommation** OU **de consommation courante** consumer goods; **~s alimentaires** food, foodstuffs; **~ de beauté** beauty product; **les ~s de beauté** cosmetics, beauty products; **~s chimiques** chemicals; **garanti sans ~s chimiques** guaranteed no (chemical) additives; **~ colorant** colouring agent; **~ dérivé** by-product; **~ d'entretien** (household) cleaning product; **~s exotiques** exotic goods; **~ générique** own-brand product; **~s de luxe** luxury goods OU articles; **~ manufacturé** manufactured product; **~s manufacturés** manufactured goods; **~s naturels** natural produce; **~s pharmaceutiques** drugs, pharmaceuticalspharmaceutical products; **~ de synthèse** synthetic product. -**2.** [résultat] product, outcome; **le ~ d'une matinée de travail** the result OU product of a morning's work; **c'est un pur ~ de ton imagination** it's a mere product OU figment of your imagination. -**3.** [bénéfice] profit; **le ~ de la vente** the profit made on the sale; **il vit du ~ de ses terres** he lives off his land; **vivre du ~ de son travail** to work for a living ❑ **~ de l'impôt** tax revenue. -**4.** FIN: **~s financiers** financial services. -**5.** ÉCON: **le ~ industriel** industrial earnings; **~ intérieur brut** gross (domestic) product; **~ national brut** gross national product. -**6.** CHIM & MATH product; **~ cartésien** Cartesian product; **~ vectoriel** vector product. -**7.** ZOOL offspring. -**8.** PÉTR: **~s blancs/noirs** white/black products.

proéminence [prɔeminɑ̃s] *nf* -**1.** *litt* [caractère] prominence, conspicuousness. -**2.** [saillie] protuberance; **la montagne présente une ~ à gauche du pic** the mountain juts out OU protrudes left of the peak.

proéminent, e [prɔeminɑ̃, ɑ̃t] *adj* prominent.

prof *fam* [prɔf] *nmf* -**1.** SCOL teacher. -**2.** UNIV [sans chaire] lecturer *Br*, instructor *Am*; [titulaire de chaire] prof; **les ~s de fac descendent dans la rue** lecturers take to the streets *Br*. -**3.** [hors d'un établissement scolaire] teacher; **ma ~ de piano** my piano teacher.

profanateur, trice [prɔfanatœr, tris] *litt* ◇ *adj* blasphemous, sacrilegious.
◇ *nm, f* profaner.

profanation [prɔfanasjɔ̃] *nf* -**1.** [sacrilège] blasphemy, sacrilege, profanation; **~ de sépultures** desecration of graves. -**2.** *sout* [avilissement] defilement, debasement; **une ~ de la justice** a travesty of justice.

profane [prɔfan] ◇ *adj* -**1.** [ignorant] uninitiated; **je suis ~ en matière de papillons** I know nothing about OU I'm completely ignorant when it comes to butterflies. -**2.** [non religieux] non-religious, secular, profane *litt*.
◇ *nmf* -**1.** [ignorant] lay person, layman *(f* laywoman); **pour le ~** to the layman OU uninitiated. -**2.** [non religieux] lay person, non-initiate.
◇ *nm*: **le ~** the secular, the profane *litt*; **le ~ et le sacré** the profane and the sacred.

profaner [3] [prɔfane] *vt* -**1.** RELIG [tombe, église, hostie] to desecrate, to violate the sanctity of, to profane. -**2.** [dégrader - justice, talent] to debase, to defile, to profane.

proférer [18] [prɔfere] *vt* [insultes, menaces] to utter; **~ des injures contre qqn** to heap insults on sb.

professer [4] [prɔfese] *vt* -**1.** *litt* [déclarer] to affirm, to claim, to profess; **~ des opinions révolutionnaires** to profess revolutionary opinions; **il a toujours professé qu'il haïssait la religion** he has always professed hatred for OU claimed that he hated religion. -**2.** *vieilli* [enseigner] to teach; **~ l'anglais/l'histoire à l'université** to teach English/history at university.

professeur [prɔfɛsœr] *nm* -**1.** [du primaire, du secondaire] teacher, schoolteacher; **~ certifié** qualified schoolteacher *(who has passed the CAPES)*; **~ principal** ≃ form tutor *Br*, ≃ homeroom teacher *Am*. -**2.** [de l'enseignement supérieur - assistant] ≃ lecturer; [- au grade supérieur] professor; **elle est ~ à Lyon** she teaches at Lyons University ❑ **~ agrégé** SCOL qualified teacher *(who has passed the agrégation)*; MÉD *professor qualified to teach medicine*. -**3.** *Can*: **~ adjoint** assistant professor; **~ agrégé** associate professor; **~ titulaire** SCOL staff teacher, member of (teaching) staff; UNIV full professor. -**4.** [hors d'un établissement scolaire] teacher, tutor.

profession [prɔfɛsjɔ̃] *nf* -**1.** [métier] occupation, job, profession; [d'un commerçant, d'un artisan] trade; [d'un artiste, d'un industriel] profession; **quelle est votre ~?** what is your occupation?, what do you do (for a living)?; **de ~** professional; **je suis mécanicien de ~** I'm a mechanic by trade; **cambrioleur/rebelle de ~** *hum* professional burglar/rebel ❑ **les ~s libérales** the professions. -**2.** [corporation - de commerçants, d'artisans] trade; [- d'artistes, d'industriels] profession. -**3.** [déclaration]: **faire ~ de** to profess, to declare; **faire ~ de libéralisme/socialisme** to declare o.s. a liberal/socialist. -**4.** RELIG: **~ religieuse** profession; **~ de foi** profession of faith.
◆ **sans profession** *loc adj* ADMIN unemployed; *(comme n)*: **les sans ~ recevront une indemnité** the unemployed will receive benefit.

professionnalisation [prɔfɛsjɔnalizasjɔ̃] *nf* professionalization.

professionnaliser [3] [prɔfɛsjɔnalize] *vt* [joueur, sportif]: **~ qqn** to make sb into a professional.

professionnalisme [prɔfɛsjɔnalism] *nm* professionalism.

professionnel, elle [prɔfɛsjɔnɛl] ◇ *adj* -**1.** [lié à une profession - maladie, risque] occupational; [- enseignement] vocational; **avoir des soucis ~s** to have work problems ❑ **école ~le** ≃ technical college. -**2.** [qualifié] professional; **mu-**

sicien/sportif ~ professional musician/ sportsman. -3. [compétent] professional, accomplished; elle a réagi d'une manière très ~le she reacted in a very professional way; les jeunes acteurs ont eu un jeu très ~ the young actors performed like real professionals.

◇ *nm, f* -1. SPORT professional; les ~s de la boxe professional boxers; passer ~ to turn professional. -2. [personne expérimentée] professional; c'est l'œuvre d'un ~ this is the work of a professional; ce n'est pas digne d'un ~ it's unworthy of a professional.

◆ **professionnelle** *fam nf* [prostituée] pro *(prostitute)*.

professionnellement [prɔfɛsjɔnɛlmɑ̃] *adv* professionally; ~, il a plutôt réussi he did rather well in his professional life; je n'ai affaire à elle que ~ I only have a professional relationship with her, my relations with her are strictly business.

professoral, e, aux [prɔfɛsɔral, o] *adj* -1. [de professeur] professorial. -2. [pédant] patronizing, lecturing.

professorat [prɔfɛsɔra] *nm* teaching; il a choisi le ~ he chose teaching as a OU his profession.

profil [prɔfil] *nm* -1. [côté du visage] profile; mon meilleur ~ my best profile; avoir un ~ de médaille to have very regular features. -2. [silhouette] profile, outline; on devinait le ~ du volcan dans la brume the volcano was silhouetted in the mist ❑ conserver OU maintenir un ~ bas to keep a low profile. -3. [aptitude] profile; elle a le ~ de l'emploi she seems right for the job; il a le ~ parfait pour être président he's ideal presidential material ❑ son ~ de carrière her career profile; ~ psychologique PSYCH psychological profile. -4. GÉOG profile; ~ d'équilibre profile of equilibrium; ~ fluvial en long long profile of a river; ~ fluvial en travers river section. -5. COMM: le ~ des ventes montre une augmentation the sales outline OU profile shows a definite increase. -6. ARCHIT (perpendicular) section.

◆ **de profil** *loc adv* in profile; être de ~ to be in profile; mettez-vous de ~ par rapport à la caméra show your profile to the camera.

profilage [prɔfilaʒ] *nm* streamlining.

profilé, e [prɔfile] *adj* AUT streamlined.

◆ **profilé** *nm* MÉTALL section.

profiler [3] [prɔfile] *vt* -1. MENUIS to profile, to mould; MÉTALL to form. -2. *litt* [laisser voir] to show in outline; les montagnes au loin profilaient leur silhouette the mountains were silhouetted in the distance.

◆ **se profiler** *vpi* -1. [se découper] to stand out, to be silhouetted; l'église se profile en haut de la colline the church stands out on top of the hill. -2. *sout* [s'ébaucher] to emerge; une solution se profile enfin a solution is finally emerging; des périodes difficiles/des ennuis se profilent à l'horizon a difficult time/trouble is looming on the horizon.

profit [prɔfi] *nm* -1. [avantage] profit, advantage; tirer ~ de ses lectures to benefit from one's reading; tirer ~ de l'expérience des autres to profit from other people's experience; j'ai lu ton livre avec ~ reading your book taught me a lot; il a étudié avec ~ he gained a lot from his studies; vous étudierez avec ~ la préface you will find it enlightening to study the preface; mettre qqch à ~ to take advantage of OU to make the most of sthg; essayez de mettre à ~ les connaissances acquises try to make the most of what you already know; ta veste t'aura fait du ~ *fam* you certainly got your money's worth out of that jacket; il y a trouvé son ~, sinon il ne l'aurait pas fait he got something out of it otherwise he wouldn't have done it. -2. COMM & FIN [bénéfice] profit; faire OU réaliser des ~s to make profits OU a profit; le ~ réalisé sur la vente de la propriété the return on OU the revenue from the sale of the property; l'exploitation de la mine ne rapporte que de faibles ~s working the mine brings in only small profits ❑ ~ brut/net gross/net profit; ~ minimal minimum trading profit; ~ pur pure profit. -3. JUR: ~ du défaut *(legal) advantage accruing to the appearing party when the other party is in default*.

◆ **au profit de** *loc prép* in aid of; à son/mon seul ~ for his/my sole benefit.

profitabilité [prɔfitabilite] *nf* profitability.

profitable [prɔfitabl] *adj* profitable; ce séjour en Italie lui a été ~ the time she spent in Italy did her a lot of good.

profiter [3] [prɔfite] *vi fam* to thrive, to do well; cet enfant profite (bien) this child is thriving.

◆ **profiter à** *v + prép* to benefit, to be beneficial to; cet argent ne profite à personne this money's not doing anyone any good; les études ne t'ont guère profité studying didn't do you much good.

◆ **profiter de** *v + prép* -1. [financièrement] to profit from; tous n'ont pas profité de l'expansion not everybody gained by the expansion. -2. [jouir de] to enjoy; il n'aura pas profité longtemps de sa retraite he didn't enjoy his retirement for long; vivement Noël que je puisse ~ de mes petits-enfants! *fam* I can't wait for Christmas so as I can be with my grandchildren! -3. [tirer parti de] to take advantage of; ~ du beau temps pour aller se promener to take advantage of the good weather to go for a walk; il profite de ce qu'elle est absente he's taking advantage of the fact that she's away; ~ de la situation to take advantage of the situation. -4. [exploiter] to exploit; elle a profité de nous tant qu'elle a pu she exploited us as long as she could; tu profites de moi, c'est tout! you're taking advantage of me OU using me, that's all!

profiterole [prɔfitrɔl] *nf*: ~ (au chocolat) (chocolate) profiterole.

profiteur, euse [prɔfitœr, øz] *nm, f* profiteer.

profond, e [prɔfɔ̃, ɔ̃d] *adj* -1. [enfoncé - lac, racine, blessure] deep; peu ~ shallow; un puits ~ de 10 mètres a well 10 metres deep; dans les couches ~es du sol deep in OU in the deepest layers of the earth; des préjugés dont l'origine est ~e deep-rooted OU deep-seated prejudices; la haine de l'ennemi est ~e hatred of the enemy runs deep; absorbé dans de ~es pensées deep in thought. -2. [plongeant - révérence, salut] deep, low; [- regard] penetrating; [- décolleté] plunging. -3. [intense - respiration] deep; [- soupir, sommeil] deep, heavy; [- silence] profound, utter; dans une solitude ~e in extreme isolation; ma surprise fut ~e I was extremely surprised; de ~s changements OU bouleversements profound changes. -4. [grave - voix] deep. -5. [obscur] deep, dark; dans la nuit ~e at dead of night. -6. [foncé - couleur] dark. -7. [sagace] deep, profound, shrewd; avoir un esprit ~ to have profound insight. -8. [véritable - cause] deep, underlying, primary; la raison ~e de son acte his basic OU primary OU underlying motivation ❑ la France ~e grass-roots France. -9. LING deep.

◆ **profond** ◇ *adv* [aller, creuser] deep.

◇ *nm*: au plus ~ de in the depths of; au plus ~ de la terre in the depths OU bowels of the earth; au plus ~ de mon cœur deep in my heart.

profondément [prɔfɔ̃demɑ̃] *adv* -1. [creuser, enfouir] deep; il salua ~ la foule he greeted the crowd with a deep bow. -2. [respirer] deeply; [soupirer] heavily, deeply; dormir ~ to be sound asleep; d'habitude, je dors très ~ I usually sleep very heavily, I'm usually a sound sleeper. -3. [en intensif] profoundly, deeply; je suis ~ choqué I'm deeply shocked; elle est ~ convaincue de son bon droit she's utterly convinced she's right; ce que je ressens pour lui est ~ différent what I feel for him is completely different; je regrette ~! I'm deeply sorry!

profondeur [prɔfɔ̃dœr] *nf* -1. [dimension] depth; quelle est la ~ du puits? how deep is the well?; un trou de trois mètres de ~ a hole three metres deep; on s'est arrêtés à huit mètres de ~ we stopped eight metres down; une armoire de 60 centimètres de ~ a wardrobe 60 centimetres deep. -2. [intensité] depth, profundity *sout*; la ~ de ses sentiments the depth of his feelings. -3. [perspicacité] profoundness, profundity; la ~ de ses vues, sa ~ d'esprit her insight. -4. OPT & PHOT: ~ de champ depth of field. -5. AÉRON [d'une aile] chord (length).

◆ **profondeurs** *nfpl litt* depths.

◆ **en profondeur** ◇ *loc adj* [étude] in-depth, thorough; il nous faut des changements en ~ we need fundamental OU root-and-branch changes.

◇ *loc adv* [creuser] deep; notre crème antirides agit en ~ our anti-wrinkle cream works deep into the skin; agir en ~ pour changer l'environnement to work intensively to change the environment.

profusion [prɔfyzjɔ̃] *nf* -1. *sout* [abondance] profusion, abundance. -2. [excès] excess; avec une ~ de détails with too much detail.

◆ **à profusion** *loc adv* galore, plenty; il y avait à boire et à manger à ~ there was food and drink galore, there was plenty to eat and drink.

progéniture [prɔʒenityr] *nf* offspring, progeny, issue; que fais-tu de ta nombreuse ~ le dimanche? *fam hum* what do you do with all your offspring on Sundays?

progestatif, ive [prɔʒɛstatif, iv] *adj* progestational.

progestérone [prɔʒɛsterɔn] *nf* progesterone.

progiciel [prɔʒisjɛl] *nm* package COMPUT.

prognathe [prɔgnat] ◇ *adj* prognathous, prognathic.

◇ *nmf* prognathous subject.

prognathisme [prɔgnatism] *nm* prognathism.

programmable [prɔgramabl] *adj* programmable.

programmateur, trice [prɔgramatœr, tris] *nm, f* RAD & TV programme planner.

◆ **programmateur** *nm* [d'une cuisinière] programmer, autotimer; [d'une machine à laver] programme selector.

programmation [prɔgramasjɔ̃] *nf* -1. RAD & TV programme planning. -2. INF programming; ~ absolue/dynamique/linéaire absolute/dynamic/linear programming. -3. ÉCON programming.

programmatique [prɔgramatik] *adj* programmatic.

programme [prɔgram] *nm* -1. [contenu - d'une cérémonie, d'un spectacle] programme; qu'est-ce qu'il y a au ~ ce soir à l'Opéra? what's on tonight at the Opera?; un court morceau de Ravel a été donné hors ~ en bis a short piece by Ravel not listed on the programme was given as an encore; présentation des nouveaux ~s d'été presentation of our new summer schedule OU programmes ❑ ~ minimum RAD & TV minimum programme schedule *(provided during strike actions by journalists and technicians)*. -2. [brochure - d'un concert, d'une soirée] programme; [- de cinéma, de télévision] listings, guide; demandez le ~! programmes on sale here!; le ~ de télévision est en page 4 the TV guide is on page 4. -3. [emploi du temps] schedule; notre ~ est très chargé cette semaine we have a busy schedule this week; qu'avons-nous au ~ aujourd'hui? what's on (our schedule) today?; remplir son ~ to fulfil (the requirements of) one's schedule ❑ quel est le ~ des réjouissances? *hum* what exciting things lie in store for us today? -4. SCOL [d'une année] curriculum; [dans une matière] syllabus; Shakespeare figure au ~ cette année Shakespeare is on this year's syllabus; le ~ de première année à l'université the first-year course at college. -5. POL [plate-forme] manifesto *Br*, platform *Am*; ~ commun common OU joint manifesto; ~ de gouvernement government manifesto. -6. [projet] programme; ~ économique economic programme OU plan; lancer un ~ de réformes to launch a package OU programme of reforms; ~ d'investissements à long terme long-term investment programme; le ~ nucléaire/spatial français the French nuclear/space programme ❑ ton voyage, c'est tout un ~! *fam* this trip sounds like it's quite something!; je voudrais l'intéresser à l'actualité – tout un ~! *hum* I'd like to get him interested in current affairs – that's a tall order! -**7.** INF program; ~ objet/source object/source program; ~ amorce initial program loader, bootstrap; ~ d'assemblage assembler; ~ de chargement loader; ~ de service utility program; ~ de test check program.

programmé, e [prɔgrame] *adj* computerized.

programmer [3] [prɔgrame] ◇ *vt* -**1.** CIN, RAD, THÉÂT & TV to bill, to programme; le débat n'a jamais été programmé the debate was never shown OU screened; les deux chaînes programment la même émission both channels are running the same programme. -**2.** [planifier] to plan; j'ai programmé tout le week-end I planned the entire weekend. -**3.** ÉLECTRON to set, to programme; ~ un magnétoscope pour qu'il enregistre une émission to set (up) a video-recorder to record a programme. -**4.** INF to program.

◇ *vi* INF to (write a) program.

programmeur, euse [prɔgramœr, øz] *nm, f* programmer COMPUT.

progrès [prɔgrɛ] *nm* -**1.** [amélioration] progress; faire des ~ to make progress; être en ~ to (make) progress, to improve; il y a du ~, continuez that's better, keep it up; le ~ progress; croire au ~ to believe in progress; tu vois, ça c'est le ~! that's progress for you! *aussi iron.* -**2.** [avancée] breakthrough, advance; le XXe siècle a connu de grands ~ scientifiques the 20th century has witnessed some great scientific breakthroughs. -**3.** [développement - d'un incendie] progress; les ~ de la criminalité the upsurge OU increase in criminal activity; les ~ de sa maladie the progress OU progression of his disease. -**4.** MIL advance.

progresser [4] [prɔgrese] *vi* -**1.** [s'améliorer] to improve, to (make) progress; vous avez bien progressé depuis le début de l'année you've improved a lot OU made great strides since the beginning of the year; elle a progressé en français mais pas en musique she has made some progress in French but not in music. -**2.** [gagner du terrain] to progress, to advance; l'ennemi progresse the enemy's advancing OU progressing; je progresse lentement dans ma lecture I'm getting on OU progressing slowly in my reading; malheureusement, le mal progresse unfortunately, the disease is gaining ground OU worsening; l'inflation progresse de nouveau inflation is creeping up OU rising again; nos bénéfices ont progressé de 2% l'année dernière our profits rose by 2% last year; la recherche scientifique progresse de jour en jour/à grands pas scientific research is making progress every day/is advancing by leaps and bounds.

progressif, ive [prɔgresif, iv] *adj* -**1.** [graduel] gradual, progressive. -**2.** LING progressive.

progression [prɔgresjɔ̃] *nf* -**1.** [avancée] progress, advance; l'ennemi a poursuivi sa ~ vers l'intérieur des terres the enemy advanced OU progressed inland; la ~ du racisme the development of racism. -**2.** [développement] progression, progress; la ~ du mal est inévitable the progression of the disease in unavoidable; notre chiffre d'affaires est en constante ~ our turnover is constantly increasing OU improving. -**3.** MATH & MUS progression.

progressisme [prɔgresism] *nm* belief in the possibility of (social) progress, progressivism.

progressiste [prɔgresist] ◇ *adj* [politique, parti] progressive.

◇ *nmf* progressive.

progressivement [prɔgresivmɑ̃] *adv* progressively, gradually.

progressivité [prɔgresivite] *nf* progressiveness.

prohibé, e [prɔibe] *adj* -**1.** [interdit] prohibited, banned, illegal. -**2.** JUR: temps ~ proscribed OU prohibited period.

prohiber [3] [prɔibe] *vt* to prohibit, to ban.

prohibitif, ive [prɔibitif, iv] *adj* [prix, tarif] prohibitive; pareil prix, c'est ~ en ce qui me concerne it's just too expensive for me.

prohibition [prɔibisjɔ̃] *nf* -**1.** [interdiction] prohibition, ban, banning. -**2.** HIST: la Prohibition Prohibition.

prohibitionnisme [prɔibisjɔnism] *nm* prohibitionism.

prohibitionniste [prɔibisjɔnist] *adj* & *nmf* prohibitionist.

proie [prwa] *nf* -**1.** [animal] prey. -**2.** [victime] prey; vu son grand âge, il est une ~ facile pour les cambrioleurs being so old makes him an easy prey for burglars; la ville devint rapidement la ~ des flammes the city rapidly became engulfed in flames.

◆ **en proie à** *loc prép* in the grip of; en ~ au doute racked with OU beset by doubt; être en ~ à des hallucinations to suffer from hallucinations.

projecteur [prɔʒɛktœr] *nm* -**1.** [pour illuminer - un spectacle] spotlight; [- un édifice] floodlight; [pour surveiller] searchlight; sous les ~s de l'actualité *fig* in the spotlight. -**2.** [d'images] projector. -**3.** AUT headlight.

projectif, ive [prɔʒɛktif, iv] *adj* GÉOM & PSYCH projective.

projectile [prɔʒɛktil] *nm* -**1.** ARM projectile. -**2.** [objet lancé] projectile, missile.

projection [prɔʒɛksjɔ̃] *nf* -**1.** CIN & PHOT projection, showing; ils durent interrompre la ~ they had to stop the film; on va encore avoir droit à la ~ de ses diapos de Grèce we'll have to endure his slides of Greece again ❑ ~ privée private showing. -**2.** [jet] splash, spatter; sali par des ~s de boue spattered with mud; quand vous cuisinez, attention aux ~s d'huile when cooking, be careful of the hot oil splashing ❑ ~ de cendres GÉOL ash fall; ~s volcaniques ejecta, volcanic debris. -**3.** PSYCH projection; tu fais une ~ *fam* you're projecting. -**4.** MATH projection; ~ orthogonale orthogonal projection. -**5.** GÉOM: ~ (cartographique) (map) projection; ~ de Mercator Mercator OU Mercator's projection.

projectionniste [prɔʒɛksjɔnist] *nmf* projectionist.

projet [prɔʒɛ] *nm* -**1.** [intention] plan; faire OU former le ~ de to plan to; faire des ~s to make plans; j'ai fait le ~ de me rendre en Italie I'm planning on going to Italy; j'ai formé le ~ de m'arrêter de travailler dès que possible I'm planning on stopping work as soon as possible; quels sont tes ~s de spectacle? what are your plans for new shows?; je n'ai pas de ~ pour ce soir I have no plans for tonight. -**2.** [esquisse] plan, outline; tous les ~s doivent nous parvenir le 4 décembre au plus tard all outlines to be in by December 4th at the latest; ma pièce n'est encore qu'à l'état de ~ my play is still only a draft OU at the planning stage ❑ ~ d'accord/de contrat JUR draft agreement/contract; avoir des ~s dans ses cartons *pr* to have some outline plans in one's folder; *fig* to have plans for the future. -**3.** ARCHIT & TECH plan.

◆ **projet de loi** *nm* bill.

◆ **en projet** *loc adv*: qu'avez-vous en ~ pour le printemps? what are your plans for the spring?; nous avons un nouveau modèle d'avion en ~ we're working on (the plans for) a new design of aircraft.

projeter [27] [prɔʃte] *vt* -**1.** [prévoir] to plan, to arrange; j'ai projeté un voyage pour cet été I've planned a trip for this summer; je n'ai pas projeté de sortir ce soir I haven't planned OU arranged to go out tonight; nous avons projeté de monter une affaire ensemble we're planning on setting up a business together; nous avons dû abandonner la promenade projetée we had to abandon our plans for a walk. -**2.** [lancer] to throw, to hurl; être projeté au sol to be hurled to the ground; elle a été projetée hors de la voiture she was thrown out of the car; le volcan projette des cendres the volcano throws up ashes. -**3.** [faire apparaître] to project, to cast, to throw; son chapeau projette une ombre légère sur son visage her hat is casting a slight shadow on her face. -**4.** CIN & PHOT to show, to project; si tu nous projetais tes photos d'Italie! why don't you show us your slides OU pictures of Italy! -**5.** PSYCH to project; ~ ses fantasmes sur qqn to project one's fantasies onto sb. -**6.** MATH to project; ~ un cercle/une droite sur un plan to project a circle/a straight line onto a plane.

◆ **se projeter** *vpi* [ombre] to be outlined OU silhouetted; son ombre se projetait sur l'écran he was silhouetted against the screen.

projeteur [prɔʃtœr] *nm* -**1.** [technicien] design engineer. -**2.** [dessinateur] industrial (design) draughtsman.

Prokofiev [prɔkɔfjɛf] *npr* Prokofiev.

prolactine [prɔlaktin] *nf* prolactin.

prolamine [prɔlamin] *nf* prolamin, prolamine.

prolapsus [prɔlapsys] *nm* prolapse; ~ de l'utérus prolapse of the womb.

prolégomènes [prɔlegɔmɛn] *nmpl* prolegomena.

prolétaire [prɔletɛr] ◇ *adj* -**1.** *vieilli* [masse, parti] proletarian. -**2.** [quartier] working-class.

◇ *nmf* proletarian, member of the proletariat.

prolétariat [prɔletarja] *nm* proletariat.

prolétarien, enne [prɔletarjɛ̃, ɛn] *adj* proletarian; solidarité ~ne solidarity of the working class.

prolétarisation [prɔletarizasjɔ̃] *nf* proletarianization.

prolétariser [3] [prɔletarize] *vt* to proletarianize.

prolifération [prɔliferasjɔ̃] *nf* -**1.** [gén] proliferation, multiplication; la ~ des industries mushrooming of industry. -**2.** BIOL & NUCL proliferation.

prolifère [prɔlifɛr] *adj* proliferous BOT.

proliférer [18] [prɔlifere] *vi* to proliferate; les insectes prolifèrent dans le marécage insects proliferate in the swamp; les clichés prolifèrent dans ses derniers poèmes *fig* his later poems abound in clichés.

prolifique [prɔlifik] *adj* -**1.** [fécond] prolific. -**2.** *fig* [auteur, peintre] prolific, productive.

prolixe [prɔliks] *adj* -**1.** [description, style] wordy, verbose, prolix *sout.* -**2.** [écrivain] verbose, prolix *sout*; il n'est pas ~ he's a man of few words.

prolixité [prɔliksite] *nf sout* -**1.** [d'un discours] wordiness, verbosity. -**2.** [d'un auteur] verbosity, prolixity.

prolo *fam* [prɔlo] *nmf*: nous, les ~s us workers.

PROLOG, prolog [prɔlɔg] *nm* prolog COMPUT.

prologue [prɔlɔg] *nm* -**1.** LITTÉRAT, MUS & THÉÂT prologue. -**2.** [début] prologue, prelude, preamble; en ~ à la réunion as a prologue OU prelude OU preamble to the meeting.

prolongateur [prɔlɔ̃gatœr] *nm* extension ELEC.

prolongation [prɔlɔ̃gasjɔ̃] *nf* -**1.** [allongement] extension; obtenir une ~ de congé to get an extension of leave. -**2.** SPORT extra time *Br*, overtime *Am*; jouer les ~s *pr* to play OU to go into extra time.

prolongé, e [prɔlɔ̃ʒe] *adj* -**1.** [long - applaudissements] lengthy, protracted. -**2.** [trop long] protracted, overlong; le séjour ~ au soleil abîme la peau prolonged exposure to the sun is harmful to the skin; en cas d'arrêt ~ entre deux stations in the event of unduly long halts between stations; attention à la station debout/assise ~e be careful not to spend too much time standing/sitting. -**3.** [attardé]: un adolescent ~ a man who won't grow up; une jeune fille ~e *vieilli* a spinster.

prolongement [prɔlɔ̃ʒmɑ̃] *nm* [extension - d'une route] continuation; [- d'un mur, d'une période] extension.

◆ **prolongements** *nmpl* [conséquences] effects, consequences, repercussions; **cette affaire aura des ~s** this matter will have significant repercussions; **les ~s du scandale se font encore sentir** the effects of OU ripples from the scandal can still be felt.

◆ **dans le prolongement de** *loc prép* in the same line as; **la maison que vous cherchez se trouve dans le ~ du parc** the house you're looking for is just past the park on the same side of the road; **c'est tout à fait dans le ~ de mes préoccupations actuelles** it's directly related to what I'm concerned with at the moment.

prolonger [17] [prɔlɔ̃ʒe] *vt* -**1.** [dans le temps] to extend, to prolong; **~ son séjour** to extend one's stay, to stay longer than planned; **~ un délai** to extend a deadline; **comment ~ la vie** how to live longer. -**2.** [dans l'espace] to extend, to continue; **~ une route de deux kilomètres** to extend a road by two kilometres; **la ligne de métro nº 7 a été prolongée jusqu'en banlieue** the nº 7 underground line was extended to the suburbs; **~ le fil de la télévision** to extend the lead for the television set. -**3.** MUS [note] to hold.

◆ **se prolonger** *vpi* -**1.** [dans le temps] to persist, to go on; **la guerre semble se ~ indéfiniment** the war seems to be going on forever; **notre discussion s'est prolongée tard** our conversation went on until late; **sa maladie se prolonge** his disease is persisting. -**2.** [dans l'espace] to go on, to continue; **le sentier se prolonge dans la forêt** the path continues through the forest.

promenade [prɔmnad] *nf* -**1.** [à pied] walk, stroll; [à bicyclette, à cheval] ride; **~ en voiture** ride, drive; **aller faire une ~** [à pied] to go for a walk OU stroll; [à bicyclette, à cheval] to go for a ride; **et si on faisait une ~ en mer?** shall we go for a sail?; **je lui ai fait faire une ~** I took her out for a walk; **aller en Angleterre de nos jours, c'est presque devenu une ~** going to England nowadays is almost like going next door ❑ **ça a été une vraie ~** *fam* [victoire facile] it was a real walkover. -**2.** [allée] walk. -**3.** DANSE promenade.

◆ **en promenade** *loc adv* out walking, out for a walk.

promener [19] [prɔmne] *vt* -**1.** [sortir – à pied] to take (out) for a walk OU stroll; [– en voiture] to take (out) for a drive; **j'ai passé le week-end à ~ un ami étranger dans Paris** I spent the weekend showing a foreign friend around Paris; **~ le chien** to walk the dog, to take the dog for a walk. -**2.** *fig* [emmener – personne]: **j'en ai assez d'être promené de poste en poste** I've had enough of being sent from job to job || [mentir]: **~ qqn** *fam*: **il m'a promené pendant trois semaines et finalement ne m'a pas accordé d'augmentation** he kept me hanging on for three weeks and then he didn't give me my rise. -**3.** [déplacer]: **elle promène son regard sur la foule** her eyes scan the crowd; **~ ses doigts sur le piano** [en jouant] to run one's fingers over the piano keyboard; [pour le toucher] to finger the piano; **~ une lampe électrique sur une fresque** to scan a fresco with a torch. -**4.** *sout* [traîner]: **~ son ennui/désespoir** to go around looking bored/disconsolate. -**5.** [transporter] to take around; **le roman nous promène dans la France du XIXᵉ siècle** the novel takes us for a stroll round 19th-century France; **ses récits de voyage nous ont promenés dans le monde entier** her travel stories have taken us all around the world.

◆ **se promener** *vpi* -**1.** [à pied] to go for a walk OU stroll; [en voiture] to go for a drive; [à bicyclette, à cheval] to go for a ride; [en bateau] to go for a sail; **viens te ~ avec moi** come for OU on a walk with me; **va te ~!** *fam* (go) get lost! -**2.** [mains, regard]: **ses doigts se promenaient sur le clavier** her fingers wandered over the keyboard. -**3.** *fam* [traîner]: **j'en ai assez que tes affaires se promènent dans toute la maison!** I've had enough of your things lying about all over the house!; **où sont-elles encore allées se ~, ces lunettes?** where have those glasses got to this time?

promeneur, euse [prɔmnœr, øz] *nm, f* walker, stroller.

promenoir [prɔmnwar] *nm* -**1.** THÉÂT promenade. -**2.** [dans un parc] covered walk. -**3.** CONSTR gallery, arcade, walkway.

promesse [prɔmɛs] *nf* -**1.** [engagement] promise, assurance; **faire une ~** to (make a) promise; **faire des ~s** to make promises; **manquer à/tenir sa ~** to break/to keep one's promise; **je ne vous fais pas de ~** I won't promise anything; **rappelle-toi, j'ai ta ~** remember, you promised (me) OU gave your word; **il m'a fait la ~ de revenir** he promised me he would come back ❑ **encore une ~ en l'air** OU **d'ivrogne** OU **de gascon!** promises, promises! -**2.** FIN commitment; **~ (unilatérale) d'achat/de vente** (unilateral) commitment OU undertaking to buy/to sell; **~ d'action** (debenture) scrip. -**3.** *litt* [espoir] promise; **la ~ d'une journée magnifique/d'un avenir meilleur** the promise of a beautiful day/a better future.

◆ **promesses** *nfpl* [avenir] promise; **un jeune joueur plein de ~s** a young player showing great promise, a very promising young player.

prométhazine [prɔmetazin] *nf* promethazine.

Prométhée [prɔmete] *npr* Prometheus.

prométhéen, enne [prɔmeteɛ̃, ɛn] *adj* Promethean.

prométhéum [prɔmeteɔm] *nm* promethium.

prometteur, euse [prɔmɛtœr, øz] *adj* -**1.** [début, situation] promising, encouraging; **un sourire ~** an inviting smile; **voilà qui est ~!** *aussi iron* that's a good sign! -**2.** [musicien, acteur] promising, of promise.

promettre [84] [prɔmɛtr] ◇ *vt* -**1.** [jurer] to promise; **je te l'ai promis** I promised (you); **je ne peux rien vous ~** I can't promise anything; **je te promets de ne pas lui en parler** I promise I won't say a word to him about it; **je te promets que je ne dirai rien** I promise (you) I won't say anything; **on nous a promis de l'aide** we were promised help; **~ une récompense** to offer a reward ❑ **~ la lune, ~ monts et merveilles** to promise the moon OU the earth OU the sun, moon and stars. -**2.** [annoncer] to promise; **la météo nous promet du beau temps pour toute la semaine** the weather forecast promises nice weather for the whole week; **tout cela ne promet rien de bon** it doesn't look OU sound too good; **voilà une émission qui promet d'être intéressante** this programme should be interesting, it sounds like an interesting programme. -**3.** [destiner] to destine; **ses récents succès le promettent à une brillante carrière** considering his recent successes, he has a brilliant career ahead of him. -**4.** *fam* [affirmer] to assure; **je te promets qu'il s'en souviendra de ce dîner!** I can assure you OU you can take my word for it that he'll remember that dinner!

◇ *vi* -**1.** [faire naître des espérances] to promise; **un jeune auteur qui promet** a promising young author; **des débuts qui promettent** a promising start ❑ **promettre et tenir sont deux** *prov* it's easier to make a promise than to keep one. -**2.** *fam* [laisser présager des difficultés]: **ce gamin promet!** that kid's got a great future ahead of him!; **eh bien, ça promet!** that's a good start! *iron.*

◆ **se promettre** ◇ *vp (emploi réciproque)*: **ils se sont promis de se revoir** they promised (each other) that they would meet again.

◇ *vpt* -**1.** [espérer] to look forward to; **je m'étais promis beaucoup de joie de cette rencontre** I'd been looking forward to the meeting. -**2.** [se jurer à soi-même] to swear, to promise (to) o.s.; **je me suis bien promis de ne jamais recommencer** I swore never to do it again, I promised myself I would never do it again; **je me suis promis d'aller lui rendre visite un de ces jours** I mean to visit him one of these days.

◆ **se promettre à** *vp + prép vieilli*: **se ~ à qqn** to plight one's troth to sb *arch* OU *hum*; **elle s'était promise à un médecin de province** she was promised OU betrothed to a provincial doctor.

promis, e [prɔmi, iz] ◇ *adj* promised; **voici le document ~** here is the promised document.
◇ *nm, f vieilli* OU *dial* betrothed.

promiscuité [prɔmiskɥite] *nf* promiscuity; **vivre dans la ~** to have no privacy; **la ~ des plages en été/de l'hôpital** the overcrowding of beaches in summer/lack of privacy in hospital.

promo *fam* [prɔmo] *nf* -**1.** MIL, SCOL & UNIV year *Br*, class *Am*; **la ~ 64** the class of 64. -**2.** TV promotional video.

promontoire [prɔmɔ̃twar] *nm* -**1.** GÉOG headland, promontory. -**2.** ANAT promontory.

promoteur, trice [prɔmɔtœr, tris] ◇ *adj*: **société promotrice privée** development company.
◇ *nm, f* -**1.** *litt* [créateur] promoter, instigator; **le ~ de la réforme** the instigator of the reform. -**2.** CONSTR developer.

◆ **promoteur** *nm* promoter CHEM.

promotion [prɔmɔsjɔ̃] *nf* -**1.** [avancement] promotion; **j'ai eu une ~** I've been promoted; **fêter la ~ de qqn** to celebrate sb's promotion; **~ au mérite/à l'ancienneté** promotion on merit/by seniority ❑ **~ sociale** upward mobility. -**2.** COMM promotion; **voyez plutôt la ~ du jour** see today's special offer instead ❑ **~ des ventes** sales promotion. -**3.** MIL, SCOL & UNIV year *Br*, class *Am*; **ils étaient camarades de ~** they were in the same class. -**4.** CONSTR: **~ immobilière** property development. -**5.** [aux échecs, aux dames] queening.

◆ **en promotion** *loc adj* COMM on special offer.

promotionnel, elle [prɔmɔsjɔnɛl] *adj* [article, prix] promotional; **tarifs ~s sur ce voyage en Israël!** special offer on this trip to Israel!

promouvoir [56] [prɔmuvwar] *vt* -**1.** [faire monter en grade] to promote; **il a été promu capitaine** he was promoted (to the rank of) captain. -**2.** [encourager – réforme] to advocate, to push for.

prompt, e [prɔ̃, prɔ̃t] *adj* prompt, quick, swift; **~ à répondre** quick with an answer; **vous avez été trop ~ à agir** you acted rashly; **~ à la colère** easily moved to anger; **avoir l'esprit ~** to be quick-witted ❑ **~ comme l'éclair** OU **la foudre** (as) quick as lightning.

promptement [prɔ̃tmɑ̃] *adv* quickly, swiftly; **répondre ~** to give a prompt reply; **exécuter ~ des ordres** to waste no time in carrying out orders.

prompteur [prɔ̃ptœr] *nm* autocue, teleprompt.

promptitude [prɔ̃tityd] *nf* quickness, swiftness.

promu, e [prɔmy] *nm, f* promoted person; **voici la liste des ~s dans l'ordre de la Légion d'honneur** here is the list of those decorated with the Legion of Honour.

promulgation [prɔmylgasjɔ̃] *nf* promulgation.

promulguer [3] [prɔmylge] *vt* to promulgate.

promyélocyte [prɔmjelɔsit] *nm* promyelocyte.

prône [pron] *nm* RELIG (Sunday) sermon.

prôner [3] [prone] *vt sout* [méthode, pratique] to advocate, to extol.

pronom [prɔnɔ̃] *nm* pronoun; **~ indéfini/interrogatif/personnel/relatif** indefinite/interrogative/personal/relative pronoun.

pronominal, e, aux [prɔnɔminal, o] *adj* [adjectif, adverbe] pronominal; [verbe] reflexive.

◆ **pronominal, aux** *nm* reflexive verb.

pronominalement [prɔnɔminalmɑ̃] *adv*: **adjectif fonctionnant ~** adjective functioning as a pronoun OU pronominally; **verbe employé ~** verb employed pronominally OU reflexively.

prononçable [prɔnɔ̃sabl] *adj* pronounceable; **un nom qui n'est pas ~** an unpronounceable name.

prononcé, e [prɔnɔ̃se] *adj* pronounced, strongly marked.

◆ **prononcé** *nm* (announcement of) decision JUR.

prononcer [16] [prɔnɔ̃se] ◇ *vt* -**1.** [dire - parole] to utter; [- discours] to make, to deliver; **sans ~ un mot** without a word ❑ **il a prononcé son nom entre ses dents** OU **dans sa barbe** he mumbled her name. -**2.** [proclamer - jugement] to pronounce; **~ un divorce** to issue a divorce decree, to pronounce a couple divorced; **~ la sentence** to pronounce OU to pass sentence; **~ le huis clos de l'audience** to order that the case be heard in camera; **il a prononcé lui-même sa condamnation** he's condemned himself. -**3.** RELIG: **~ ses vœux** to take one's vows. -**4.** [articuler - mot, langue] to pronounce; [- phonème] to articulate; **je ne sais pas le ~** I don't know how to pronounce OU say it; **c'est un mot que je prononce toujours de travers** I always mispronounce that word || *(en usage abs)*: **il prononce mal** his pronunciation is poor; **c'est la mode chez certains acteurs de ne pas ~ clairement** it is the fashion among certain actors to slur their speech.

◇ *vi* -**1.** JUR to deliver OU to give a verdict; **le tribunal a prononcé** the court delivered its verdict. -**2.** *litt* & *vieilli* [choisir] to pronounce; **il prononça en faveur de/contre son fils aîné** he pronounced in favour of/against his eldest son.

◆ **se prononcer** ◇ *vp (emploi passif)* [mot] to be pronounced; **le «a» se prononce en ouvrant la bouche** "a" is pronounced by opening the mouth; **le deuxième «i» ne se prononce pas** the second "i" isn't sounded OU is silent; **comment ça se prononce?** *fam* how do you say it?; **ça s'écrit comme ça se prononce** it's spelled as it sounds.

◇ *vpi* [personne] to come to a decision, to decide; **je ne peux pas encore me ~** I can't decide yet; **ils se sont prononcés pour/contre la peine de mort** they pronounced themselves in favour of/against the death penalty.

prononciation [prɔnɔ̃sjasjɔ̃] *nf* -**1.** [d'un mot] pronunciation; **un mot avec deux ~s différentes** a word with two different pronunciations; **la ~ du «th» anglais est difficile pour un Français** pronouncing the English "th" is difficult for a French person; **la ~ du «t» final est facultative** the final "t" doesn't have to be sounded. -**2.** [d'une personne] pronunciation; **elle a une bonne/mauvaise ~ en allemand** her German pronunciation is good/bad; **étant petit, j'ai eu des leçons particulières pour corriger ma mauvaise ~** when I was young, I had private tuition to improve my speech. -**3.** [d'un jugement] pronouncing; **j'attends la ~ du divorce** I'm waiting for the divorce to be made final OU to come through.

pronostic [prɔnɔstik] *nm* -**1.** SPORT forecast; [pour les courses] forecast, tip; **vos ~s sur le match Bordeaux-Marseille?** what is your prediction for the Bordeaux-Marseilles match? -**2.** [conjecture] forecast; **les ~s économiques** economic forecasts. -**3.** MÉD prognosis.

pronostique [prɔnɔstik] *adj* [gén & MÉD] prognostic.

pronostiquer [3] [prɔnɔstike] *vt* -**1.** [prévoir] to forecast, to prognosticate. -**2.** *sout* [être signe de] to be a sign OU forerunner of; **le vent d'ouest pronostique la pluie** westerly winds are a sign OU harbinger of rain.

pronostiqueur, euse [prɔnɔstikœr, øz] *nm, f* -**1.** ÉCON forecaster. -**2.** SPORT tipster.

pronunciamiento [prɔnunsjamjɛnto] *nm* [gén] military coup; [en pays de langue espagnole] pronunciamento.

propagande [prɔpagɑ̃d] *nf* -**1.** [politique] propaganda; **~ électorale** electioneering. -**2.** [publicité] publicity, plugging; **faire de la ~ à qqn/qqch** to advertise sb/sthg; **tu me fais de la ~!** you're a good advert for my cause!

◆ **de propagande** *loc adj* [film, journal] propaganda *(modif)*.

propagandiste [prɔpagɑ̃dist] *adj* & *nmf* propagandist.

propagateur, trice [prɔpagatœr, tris] *nm, f* propagator *(person)*.

propagation [prɔpagasjɔ̃] *nf* -**1.** *litt* [reproduction] propagation, spreading; **la ~ de l'espèce humaine** the propagation of the human race. -**2.** [diffusion] spreading; **la ~ des idées révolutionnaires** the spreading of revolutionary ideas; **ils n'ont pu empêcher la ~ de l'incendie** they couldn't stop the fire (from) spreading. -**3.** ÉLECTR & PHYS propagation; **~ en espace libre** propagation in free space, free-space propagation; **~ guidée** guided (wave) propagation.

propager [17] [prɔpaʒe] *vt* -**1.** [répandre - foi, idées] to propagate, to disseminate, to spread; [- épidémie, feu] to spread; **la télévision a propagé la nouvelle très rapidement** television spread the news very quickly; **sa spécialité c'est de ~ des rumeurs scandaleuses** she's a specialist in spreading gossip; **le vent a propagé l'incendie jusqu'à la pinède voisine** the wind spread the fire to the nearby pine wood; **~ une maladie** to transmit OU to spread a disease. -**2.** BOT & ZOOL to propagate; **~ des fleurs par semis** to propagate flowers by sowing seed.

◆ **se propager** *vpi* -**1.** [s'étendre] to spread; **la nouvelle de l'accident s'est propagée à toute allure** the news of the accident spread like wildfire; **l'épidémie se propage dans les bidonvilles** the epidemic is spreading in the slums. -**2.** PHYS [onde, son] to be propagated.

propane [prɔpan] *nm* propane.

propanier [prɔpanje] *nm* propane tanker OU carrier.

propène [prɔpɛn] = **propylène**.

propension [prɔpɑ̃sjɔ̃] *nf* -**1.** [tendance] proclivity, propensity; **avoir une forte ~ à faire qqch** to have a strong tendency to do sthg. -**2.** ÉCON propensity; **~ à consommer/épargner** propensity to spend/to save.

propergol [prɔpɛrgɔl] *nm* propellant; **~ liquide/solide** liquid/solid propellant.

propharmacien, enne [prɔfarmasjɛ̃, ɛn] *nm, f* dispensing doctor.

prophase [prɔfaz] *nf* prophase.

prophète [prɔfɛt] *nm* prophet; **grands/petits ~s** major/minor prophets; **le Prophète** the Prophet ❑ **~ de malheur** prophet of doom; **faux ~** false prophet.

prophétesse [prɔfetɛs] *nf* prophetess.

prophétie [prɔfesi] *nf* prophecy; **faire une ~** to prophesy; **ses ~s sur l'imminence d'une guerre** her prophecies about a war being imminent.

prophétique [prɔfetik] *adj* -**1.** RELIG prophetic. -**2.** *fig* & *sout* prophetic, premonitory; **il a eu une vue ~ de la catastrophe** he had a premonition of the catastrophe.

prophétiquement [prɔfetikmɑ̃] *adv* prophetically.

prophétiser [3] [prɔfetize] ◇ *vt* -**1.** RELIG to prophesy. -**2.** *fig* & *sout* to foretell, to predict, to prophesy.

◇ *vi sout* [prédire] to make pompous predictions.

prophylactique [prɔfilaktik] *adj* [mesure] prophylactic.

prophylaxie [prɔfilaksi] *nf* prophylaxis.

propice [prɔpis] *adj* -**1.** *sout* [temps, période] favourable; **un vent ~** a favourable wind; **les cieux n'ont pas l'air bien ~s** the sky looks rather menacing; **l'automne est ~ à la méditation** autumn is conducive to OU is an appropriate time for meditation. -**2.** [opportun] suitable; **au moment ~** at the right moment; **un endroit plus ~** a more suitable place. -**3.** *sout* [personne] kindly, favourable; **que les dieux vous soient ~s!** may the gods smile upon you!

propitiatoire [prɔpisjatwar] ◇ *adj* RELIG propitiatory; **offrande/sacrifice ~** propitiatory gift/sacrifice.

◇ *nm* BIBLE: **le ~** the mercy seat.

proportion [prɔpɔrsjɔ̃] *nf* -**1.** [rapport] proportion, ratio; **une égale ~ de oui et de non dans les deux échantillons** the same ratio OU proportion of yeses to noes in both samples; **dans la ~ de 15%** in the ratio of 15%; **dans la ~ de cent contre un** in the ratio of a hundred to one; **dans la même ~** in equal proportions; **dans l'exacte ~ où...** to the exact degree that...; **dans une juste ~** in the correct proportion; **tu n'as pas respecté les ~s dans le dessin** your drawing isn't in proportion; **la ~ des maisons individuelles est stationnaire** the proportion OU comparative number of detached houses remains stable. -**2.** CHIM: **loi des ~s définies** law of constant OU definite proportions; **loi des ~s multiples** law of multiple proportions.

◆ **proportions** *nfpl* -**1.** [importance] (great) importance; **prendre des ~s énormes** to get (dramatically) bigger; **pourquoi un incident aussi minime a-t-il pris de telles ~s?** why was such a trivial incident blown out of all proportion? -**2.** [dimensions] dimensions, size; **tout dépendra des ~s de l'armoire** it will all depend on the size of the wardrobe ❑ **c'est le même modèle, toutes ~s gardées** it's the identical model, on a different scale.

◆ **à proportion de, en proportion de** *loc prép*: **son succès est en ~ de son talent** his success is proportional to his talent; **il est payé en ~ des risques qu'il court** he is payed in proportion to the risks he takes.

◆ **en proportion** ◇ *loc adj* commensurate.

◇ *loc adv* proportionately, at the same rate; **il a de gros frais, mais il touche un salaire en ~** he has a lot of expenses, but he has a correspondingly high salary; **vous serez récompensé en ~** you'll be rewarded accordingly.

proportionnalité [prɔpɔrsjɔnalite] *nf* -**1.** MATH proportionality. -**2.** [rapport] balance, (good) proportions. -**3.** [répartition] equal distribution.

proportionné, e [prɔpɔrsjɔne] *adj* -**1.** [harmonieux]: **bien ~** well-proportioned; **mal ~** out of proportion. -**2.** [adapté]: **~ à** commensurate with, in proportion to, proportional to.

proportionnel, elle [prɔpɔrsjɔnɛl] *adj* -**1.** **~ à** [en rapport avec] proportional to, in proportion with, commensurate with; **ils gagnent un salaire ~ à leur travail** they earn a salary in proportion to the work they do; **directement/inversement ~ (à)** directly/inversely proportional (to). -**2.** COMM & ÉCON ad valorem; **droits ~s** ad valorem tariff; **impôt ~** ad valorem tax. -**3.** MATH & POL proportional.

◆ **proportionnelle** *nf* POL: **la ~** le [processus] proportional system; [résultat] proportional representation.

proportionnellement [prɔpɔrsjɔnɛlmɑ̃] *adv* [gén] proportionately; MATH & ÉCON proportionally, in direct ratio; **~ à une valeur donnée** proportionally to OU in ratio to a given value.

proportionner [3] [prɔpɔrsjɔne] *vt* to match; **il est juste de ~ le délit et la sanction** the punishment must fit the crime; **il faudrait ~ la note à l'effort fourni par l'élève** the mark should reflect OU match the amount of effort put in by the pupil.

propos [prɔpo] *nm* -**1.** [sujet] subject, topic; **à ce ~** in this respect OU connection; **à ce ~, que penses-tu de ma suggestion?** which reminds me, what do you think of my suggestion?; **c'est à quel ~?** what's it about?; **à quel ~ a-t-elle téléphoné?** what was the reason for her telephone call? -**2.** [but] intention; **mon ~ n'est pas de vous convaincre** my intention is not to convince you; **là n'est pas le/mon ~** that is not the/my point.

◆ **propos** *nmpl* [paroles] words, talk; **tenir des ~ injurieux** to make offensive remarks; **elle tient des ~ sibyllins** she talks in riddles; **il était si fatigué que ses ~ étaient à peine audibles** he was so tired that his words could hardly be heard.

◆ **à propos** ◇ *loc adj* appropriate; **il serait à ~ de changer de cap** it would be appropriate OU timely to change course; **elle n'a pas trouvé à ~ de nous le dire** she didn't think it appropriate to tell us.

◇ *loc adv* -1. [opportunément] at the right moment; **arriver** OU **tomber à ~** to occur at the right time; **répondre à ~** [pertinemment] to answer appropriately; [au bon moment] to answer at the right moment; **mal à ~** at the wrong moment; **très mal à ~** at the worst possible moment. -2. [au fait] by the way, incidentally; **à ~, as-tu reçu ma carte?** by the way OU incidentally, did you get my postcard?

◆ **à propos de** *loc prép* about, concerning, regarding; **j'ai quelques remarques à faire à ~ de votre devoir** I have a few things to say to you about your homework; **dis donc, à ~ d'argent** hey, (talking) about money OU on the subject of money; **à ~ de tout** OU **de rien** for no reason at all; **elle se met en colère à ~ d'un rien** she gets angry for no reason at all.

◆ **à tout propos** *loc adv* constantly, at the slightest provocation.

◆ **de propos délibéré** *loc adv* deliberately, on purpose.

proposer [3] [prɔpoze] *vt* -1. [suggérer] to suggest; **qu'est-ce que tu proposes?** what would OU do you suggest?; **je propose d'aller au cinéma** I suggest going to the cinema; **je vous propose de rester dîner** I suggest (that) you stay for dinner; **l'agence nous a proposé un projet original** the agency submitted an original project to us; **proposez vos idées** put forward your ideas; **le chef vous propose sa quiche au saumon** the chef's suggestion is salmon quiche ‖ [dire]: **asseyons-nous, proposa-t-elle** let's sit down, she said. -2. [offrir] to offer; **il a proposé sa place à la vieille dame** he offered the old lady his seat; **on m'a proposé une vieille horloge** I have been offered an old clock; **on m'en propose un bon prix** I've been offered a good price for it. -3. [personne] to recommend, to put forward *(sép)*; **~ qqn pour un oscar** to nominate sb for an Oscar. -4. ENS to set *Br*, to assign *Am*; **proposez-leur des exercices gradués** set them increasingly difficult exercises; **si les classifications proposées ne suffisent pas** if the available categories are not sufficient. -5. ADMIN & POL: **~ une loi** to introduce a bill; **~ un ordre du jour** to move an agenda; **~ la suspension de la séance** to move that the session be suspended.

◆ **se proposer** *vpi* [être volontaire] to offer one's services; **je me propose pour coller les enveloppes** I'm volunteering to stick the envelopes; **se ~ pour un poste** to apply for a post.

◆ **se proposer de** *vp + prép* [avoir l'intention de] to intend to; **ils se proposaient de passer ensemble une semaine tranquille** they intended to spend a quiet week together.

proposition [prɔpozisjɔ̃] *nf* -1. [suggestion] suggestion; **quelqu'un a-t-il une autre ~ à faire?** has anyone any other suggestion OU anything else to suggest?; **vos ~s ne sont pas recevables** what you're suggesting OU proposing is unacceptable; **je vais te faire une ~, partons dimanche!** I tell you what, why don't we leave on Sunday! -2. [offre] offer; **refuser une ~** to turn down an offer; **j'ai déjà eu quelques ~s de tournage** I've already had one or two film offers ❑ **faire des ~s à qqn** *euph* to proposition sb. -3. LOGIQUE & PHILOS proposition; **calcul des ~s** propositional calculus. -4. [recommandation] recommendation; **sur ~ du comité** on the committee's recommendation. -5. POL: **~s et contre-propositions** proposals and counterproposals; **la ~ est votée** the motion is passed; **~ de loi** private member's bill *Br*, private bill *Am*; **~s de paix** peace proposals. -6. GRAMM clause; **~ consécutive** OU **de conséquence** consecutive OU result clause.

propositionnel, elle [prɔpozisjɔnɛl] *adj* propositional; **calcul ~** propositional calculus.

propre [prɔpr] ◇ *adj* **A.** -1. [nettoyé, lavé] clean; [rangé] neat, tidy; **chez eux c'est bien ~** their house is neat and tidy; **gardez votre ville ~** don't drop litter! *Br*, don't litter! *Am* ❑ **~ sur lui** *hum* neat and proper; **nous voilà ~s!** *iron* now we're in a fine mess!; **~ comme un sou neuf** spick and span, clean as a new pin. -2. *euph* [éduqué - bébé] toilet-trained, potty-trained; [- chiot] house-trained. -3. [honnête] honest; **il n'a jamais rien fait de ~** he's never done anything honest; **une affaire pas très ~** a shady business. -4. [bien exécuté] neat, well done; **un travail ~** a good job well done. -5. ÉCOL clean, non-polluting, non-pollutant; NUCL clean.

B. -1. *(avant le n)* [en intensif] own; **ma ~ maison/fille** my own house/daughter; **de mes ~s yeux** with my own eyes; **de sa ~ main** personally; **de son ~ chef** on his own initiative OU authority; **les ~s paroles du Prophète** the Prophet's very OU own words ‖ [privé] own, private; **son ~ hélicoptère** his own helicopter, a helicopter of his own, his private helicopter. -2. [légitime] proper, legitimate; **l'objet ~ de la diplomatie** the proper OU legitimate purpose of diplomacy; **~ à** [caractéristique de] specific OU peculiar to; **sa méthode de travail lui est ~** he has his own particular way of working; **une habitude ~ à notre génération** a habit peculiar to OU specific to our generation. -3. [adapté] proper; **le mot ~** the proper OU correct term; **~ à** suited to, fit for, appropriate to; **~ à la consommation humaine** fit for human consumption; **mesures ~s à stimuler la production** appropriate measures for boosting production. -4. LING [nom] proper; [sens] literal. -5. ASTRON: **mouvement ~** proper motion. -6. PHYS: **oscillation ~** natural oscillation. -7. INF: **erreur ~** inherent error. -8. MATH [nombre, valeur] characteristic; [partie] proper. -9. FIN: **capitaux** OU **fonds ~s** capital stock. -10. JUR: **biens ~s** separate property (of each spouse).

◇ *nm* -1. [propreté] cleanliness, tidiness; **sentir le ~** to smell clean; **c'est du ~!** *fam iron* [gâchis] what a mess!; [action scandaleuse] shame on you! -2. [caractéristique] peculiarity, distinctive feature; **la raison est le ~ de l'homme** reason is unique to man. -3. RELIG proper.

◆ **propres** *nmpl* JUR separate property (of each spouse).

◆ **au propre** *loc adv* -1. [en version définitive]: **mettre qqch au ~** to copy sthg out neatly, to make a fair copy of sthg. -2. LING literally; **le mot peut s'employer au ~ et au figuré** the word can be used both literally and figuratively.

◆ **en propre** *loc adv* by rights; **avoir en ~** to possess (by rights); **la fortune qu'il a en ~** his own fortune, the fortune that's his by rights.

propre-à-rien [prɔprarjɛ̃] *(pl* **propres-à-rien)** *nmf* good-for-nothing; **ce sera toujours un ~** he'll never amount to anything.

proprement [prɔprəmɑ̃] *adv* **A.** -1. [sans salir] cleanly, tidily; **l'enfant/l'hôtel est très ~ tenu** the child/hotel is spotlessly clean; **coupe ta viande ~!** [sans salir] cut your meat without making a mess!; [selon les convenances] cut your meat properly!; **elle rangea ~ ses affaires** she set her things out neatly. -2. [convenablement] decently, properly, honourably; **elle ne s'est pas conduite très ~** she didn't behave very properly.

B. -1. [absolument] truly, totally, absolutely; **elle est ~ insupportable!** she's absolutely unbearable!; **il s'est fait ~ éjecter** *fam* he was thrown out unceremoniously OU well and truly thrown out. -2. [spécifiquement] specifically, strictly; **l'aspect ~ éducatif du projet leur a échappé** they missed the specifically educational significance of the project.

◆ **à proprement parler** *loc adv* strictly speaking.

◆ **proprement dit, proprement dite** *loc adj* actual; **la maison ~ dite** the house proper, the actual house, the house itself.

propret, ette [prɔprɛ, ɛt] *adj* neat and tidy; **elle est toujours bien ~te** she's always neat and tidy; **un petit jardin bien ~** a neat little garden.

propreté [prɔprəte] *nf* -1. [absence de saleté] cleanness, cleanliness; [fait d'être rangé] tidiness; [hygiène] hygiene. -2. ÉCOL cleanness, absence of pollution. -3. *euph*: **l'apprentissage de la ~** [chez l'enfant] toilet-training; [chez l'animal] house-training.

propriétaire [prɔprijetɛr] *nmf* -1. [celui qui possède] owner; **ce sont eux les ~s du club/de l'hôtel** they are the owners OU proprietors of the club/hotel; **c'est moi le ~** I am the owner; **ils ont voulu être ~s** they wanted to own their (own) place; **tous les ~s seront soumis à la taxe** all householders OU homeowners will be liable to tax; **qui est le ~ de cette valise?** to whom does this case belong?; **vous êtes maintenant l'heureux ~ d'une machine à laver** your are now the proud owner OU possessor of a washing machine ❑ **~ foncier** property owner; **~ terrien** landowner. -2. [celui qui loue] landlord *(f* landlady).

propriétaire-éleveur [prɔprijetɛrelvœr] *(pl* **propriétaires-éleveurs)** *nm* AGR & SPORT owner-breeder.

propriétaire-récoltant [prɔprijetɛrrekɔltɑ̃] *(pl* **propriétaires-récoltants)** *nm* wine grower.

propriété [prɔprijete] *nf* -1. [biens] estate, property; **une très belle/une grande/une petite ~** an excellent/a large/a small property; **~ foncière/immobilière** landed/real estate; **~ de l'État** government OU state property; **~ mobilière** personal property, movables JUR; **~ privée** private (property). -2. [fait de posséder] ownership. -3. JUR ownership; **posséder en toute ~** to hold in fee simple ❑ **~ collective des moyens de production** collective ownership of the means of production; **~ commerciale** leasehold ownership *(covenant to extend lease)*; **~ individuelle** personal OU private property; **~ indivise** joint ownership; **~ industrielle** patent rights; **~ littéraire et artistique** copyright. -4. [propriétaires] property owners; **la grande/petite ~** the big/small landowners. -5. [caractéristique] property, characteristic, feature; **la codéine a des ~s antitussives** codeine suppresses coughing; **ce plastique a la ~ d'être souple** this plastic has the characteristic of being flexible. -6. [exactitude] aptness, appropriateness; **sans ~ dans les termes, pas de clarté** if the correct terms are not used, clarity is lost.

proprio *fam* [prɔprijo] *nmf* landlord *(f* landlady).

propriocepteur [prɔprijosɛptœr] *nm* proprioceptor.

proprioceptif, ive [prɔprijosɛptif, iv] *adj* proprioceptive.

proprioception [prɔprijosɛpsjɔ̃] *nf* proprioception.

propulser [3] [prɔpylse] *vt* -1. AUT to drive; ASTRONAUT to propel; MÉCAN to propel, to drive; **propulsé par un moteur puissant** driven by a powerful engine. -2. [pousser] to push, to fling; **il s'est trouvé propulsé sur le devant de la scène** he was pushed towards the front of the stage; **le vélo a été propulsé sous le camion** the bicycle was flung OU thrown under the lorry; **elle s'est trouvée propulsée à la tête de l'entreprise** *fig* she suddenly found herself in charge of the business.

◆ **se propulser** *fam vpi* to go OU to toddle along.

propulseur [prɔpylsœr] *nm* -1. MÉCAN & NAUT [hélice] (screw) propeller; [moteur] power unit; [carburant] propellant; **~ d'étrave** bow propeller. -2. ASTRONAUT rocket engine; **~ auxiliaire** booster.

propulsif, ive [prɔpylsif, iv] *adj* propellant, propelling, propulsive; **roue propulsive** driving wheel.

propulsion [prɔpylsjɔ̃] *nf* -1. AÉRON, MÉCAN & NAUT [phénomène] propulsion, propelling force; [résultat] propulsion, propulsive motion, drive; **fusée à ~ atomique/nucléaire** atomic-powered/nuclear-powered rocket. -2. ÉLECTR: **~ électrique** electric drive; **~ turbo-électrique** turbo-electric propulsion; **~ par photons** photonic drive.

propylée [prɔpile] *nm* propylaeum; les ∼s de l'Acropole the Propylaea.

propylène [prɔpilɛn] *nm* [hydrocarbure] propylene, propene.

prorata [prɔrata] *nm inv* proportion; **en respectant le** ∼ in due ratio.

◆ **au prorata** *loc adv* proportionally, pro rata.

◆ **au prorata de** *loc prép* in proportion to; **bénéfices au** ∼ **du nombre d'actions** profits shared out pro rata to (the number of) shares held.

prorogatif, ive [prɔrɔgatif, iv] *adj* JUR prorogating.

prorogation [prɔrɔgasjɔ̃] *nf* -**1.** ADMIN & JUR [d'un délai] extension; [d'un visa] renewal; ∼ **de compétence** OU **de juridiction** extension of jurisdiction. -**2.** POL adjournment, prorogation *spéc.*

proroger [17] [prɔrɔʒe] *vt* -**1.** ADMIN & JUR [délai, compétence] to extend; [traité] to renew; [échéance] to defer. -**2.** POL [suspendre - assemblée] to prorogue *spéc*, to adjourn.

prosaïque [prozaik] *adj* [banal, commun] mundane, pedestrian, prosaic; **pour en revenir à des préoccupations plus** ∼**s, qu'est-ce qu'on mange ce soir?** *hum* to get back to more mundane matters, what are we having for dinner?

prosaïquement [prozaikmɑ̃] *adv* mundanely, prosaically.

prosaïsme [prozaism] *nm sout* ordinariness, prosaicness; **quel** ∼**!** how romantic! *iron.*

prosateur, trice [prozatœr, tris] *nm, f* prose writer.

proscenium [prosenjɔm] *nm* -**1.** THÉÂT apron, proscenium. -**2.** ANTIQ proscenium.

proscripteur [prɔskriptœr] *nm* proscriber.

proscription [prɔskripsjɔ̃] *nf* -**1.** HIST [exil] exiling, banishment; ANTIQ proscription. -**2.** [interdiction] prohibition, banning, proscription.

proscrire [99] [prɔskrir] *vt* -**1.** [exiler] to banish, to proscribe. -**2.** [interdire - gén] to forbid; [- par la loi] to outlaw; [déconseiller] to advise against; **cet usage est à** ∼ this expression is to be avoided.

proscrit, e [prɔskri, it] ◇ *adj sout* -**1.** [exilé] proscribed. -**2.** [interdit] forbidden; **c'est un usage** ∼ [déconseillé] the expression is to be avoided; [tabou] the expression is taboo.

◇ *nm, f* outlaw.

prose [proz] *nf* -**1.** LITTÉRAT prose. -**2.** *fam* [style] (writing) style; **sa** ∼ **se lit sans déplaisir** her work reads quite well. -**3.** *fam hum* [écrit] work, masterpiece *iron*; **vous, au fond de la classe, apportez-moi votre** ∼**!** you there, in the back row, bring me over your masterpiece!

◆ **en prose** *loc adj* prose *(modif)*; **écrire en** ∼ to write (in) prose ❑ **poème en** ∼ prose poem.

prosélyte [prɔzelit] *nmf* -**1.** *sout* [adepte] proselyte; **l'idée a fait de nombreux** ∼**s** there were many converts to the idea, many people espoused the idea. -**2.** HIST & RELIG convert, proselyte.

prosélytisme [prɔzelitism] *nm* -**1.** RELIG proselytism. -**2.** *sout* [propagande] proselytism, missionary zeal; **faire du** ∼ to proselytize *Br*, to proselyte *Am.*

Proserpine [prɔzɛrpin] *npr* Proserpina.

prosodie [prɔzɔdi] *nf* -**1.** LITTÉRAT prosody. -**2.** MUS rules of musical arrangement.

prosodique [prɔzɔdik] *adj* prosodic.

prosopopée [prɔzɔpɔpe] *nf* prosopopoeia.

prospect[1] [prɔspɛ] *nm* COMM prospect, potential customer OU client.

prospect[2] [prɔspɛkt] *nm* CONSTR & JUR minimum distance between buildings.

prospecter [4] [prɔspɛkte] ◇ *vt* -**1.** COMM & ÉCON [région] to comb; [clientèle] to canvass; [marché] to explore, to investigate. -**2.** MIN to prospect; ∼ **une région pour trouver de l'or** to prospect an area for gold; **on prospecte la région pour trouver du pétrole** they're looking for oil in the area.

◇ *vi* to comb an area.

prospecteur, trice [prɔspɛktœr, tris] ◇ *adj* prospecting, investigating.

◇ *nm, f* -**1.** COMM canvasser. -**2.** MIN prospector.

prospecteur-placier [prɔspɛktœrplasje] (*pl* **prospecteurs-placiers**) *nm* employment officer.

prospectif, ive [prɔspɛktif, iv] *adj* prospective.

◆ **prospective** *nf* -**1.** ÉCON (long-term) forecasting. -**2.** [science] futurology.

prospection [prɔspɛksjɔ̃] *nf* -**1.** MIN prospecting; ∼ **minière/pétrolière** mining/oil exploration. -**2.** COMM [de la clientèle] canvassing; [des tendances] exploring; ∼ **du marché** surveying OU exploring the market.

prospective [prɔspɛktiv] *f* → **prospectif.**

prospectrice [prɔspɛktris] *f* → **prospecteur.**

prospectus [prɔspɛktys] *nm* -**1.** COMM [feuillet publicitaire] leaflet, handout; **il n'y a rien que des** ∼ **dans la boîte aux lettres** there's nothing but advertising leaflets in the letter box; **nous avons envoyé des** ∼ **à tous nos clients** we have sent a mailshot to OU we have circularized all our customers; **mode d'emploi détaillé sur le** ∼ directions for use are set out in the enclosed leaflet ❑ ∼ **de publicité directe** fly sheet. -**2.** JUR: ∼ **d'émission** (pathfinder) prospectus.

prospère [prɔspɛr] *adj* -**1.** [fructueux] flourishing, thriving; **les affaires sont** ∼**s** business is booming. -**2.** [riche] prosperous.

prospérer [18] [prɔspere] *vi* [entreprise] to flourish, to thrive; [personne] to fare well, to thrive; [plante] to thrive.

prospérité [prɔsperite] *nf* prosperity, success; **une période de (grande)** ∼ a boom; **(santé et)** ∼ **à tous!** here's to health and prosperity!

prostaglandine [prɔstaglɑ̃din] *nf* prostaglandin.

prostate [prɔstat] *nf* prostate (gland); **se faire opérer de la** ∼ to have a prostate operation.

prostatectomie [prɔstatɛktɔmi] *nf* prostatectomy.

prostatique [prɔstatik] ◇ *adj* prostatic; **calcul** ∼ prostatic calculus, prostatolith.

◇ *nm* prostate sufferer.

prostatite [prɔstatit] *nf* prostatitis.

prosternation [prɔstɛrnasjɔ̃] *nf*, **prosternement** [prɔstɛrnəmɑ̃] *nm* -**1.** RELIG bowing-down, prosternation. -**2.** *fig* & *litt* toadying.

prosterner [3] [prɔstɛrne]

◆ **se prosterner** *vpi* RELIG to bow down; **se** ∼ **devant qqn** *fig* to grovel to sb.

prostitué, e [prɔstitɥe] *nm, f* [femme] prostitute; [homme] male prostitute.

prostituer [7] [prɔstitɥe] *vt* -**1.** [personne] to make a prostitute of, to prostitute. -**2.** *fig* & *sout*: ∼ **ses talents** to sell OU to prostitute one's talent.

◆ **se prostituer** *vp* *(emploi réfléchi) pr* & *fig* to prostitute o.s.

prostitution [prɔstitysjɔ̃] *nf pr* & *fig* prostitution.

prostration [prɔstrasjɔ̃] *nf* -**1.** MÉD & RELIG prostration. -**2.** ÉCON collapse, crash.

prostré, e [prɔstre] *adj* -**1.** [accablé] prostrate, despondent. -**2.** MÉD prostrate.

protagoniste [prɔtagɔnist] *nmf* -**1.** [principal participant] protagonist; **les** ∼**s du conflit vont entamer des pourparlers** the protagonists in the conflict are to start negotiations. -**2.** CIN & LITTÉRAT (chief) protagonist, main character. -**3.** ANTIQ protagonist.

protamine [prɔtamin] *nf* protamine.

protéase [prɔteaz] *nf* protease.

protecteur, trice [prɔtɛktœr, tris] ◇ *adj* -**1.** [qui protège] protective; **une crème protectrice** a barrier cream. -**2.** [condescendant] patronizing. -**3.** ÉCON protectionist.

◇ *nm, f* -**1.** [gardien] custodian, guardian, guarantor. -**2.** [mécène] patron.

◆ **protecteur** *nm* [d'une prostituée] procurer.

protection [prɔtɛksjɔ̃] *nf* -**1.** [défense] protection; **assurer la** ∼ **de qqn** to protect sb; **demander la** ∼ **des services de police** to ask for police protection; **prendre qqn sous sa** ∼ to take sb under one's wing ❑ ∼ **aérienne** MIL aerial protection; ∼ **civile** [en temps de guerre] civil defence; [en temps de paix] disaster management; ∼ **contre les rayonnements** NUCL radiological protection; ∼ **diplomatique** diplomatic protection; ∼ **de l'emploi** personal security, job protection; ∼ **de l'enfance** child welfare; ∼ **des espèces menacées** protection of endangered species; ∼ **judiciaire** (court) supervision (of a minor), wardship; ∼ **maternelle et infantile** mother and child care *(including antenatal and postnatal clinics and family planning)*; ∼ **de la nature** nature conservation OU conservancy; ∼ **rapprochée** [d'une personne] personal security; [d'un lieu] security. -**2.** [prévention] protection, preservation, conservation; **c'est une bonne** ∼ **contre la rouille/les fraudes** it's a good protection against rust/fraud. -**3.** [soutien]: **solliciter la** ∼ **de qqn** to ask for sb's support, to ask sb to use their influence on one's behalf; **par** ∼ through (personal) influence. -**4.** BX-ARTS & SPORT patronage. -**5.** [serviette hygiénique]: ∼ **(féminine)** sanitary towel *Br*, sanitary napkin *Am.* -**6.** INF security; ∼ **de fichier** protected file access; ∼ **mémoire** protected location. -**7.** MÉTALL coating; ∼ **cathodique** cathodic protection.

◆ **de protection** *loc adj* protection *(modif)*, protective, safety *(modif)*; **gaine de** ∼ protective cover; **couche/vernis de** ∼ protective coating/varnish.

protectionnisme [prɔtɛksjɔnism] *nm* protectionism.

protectionniste [prɔtɛksjɔnist] *adj* & *nmf* protectionist.

protectorat [prɔtɛktɔra] *nm* protectorate.

protectrice [prɔtɛktris] *f* → **protecteur.**

protégé, e [prɔteʒe] ◇ *adj* -**1.** AÉRON: **espace aérien** ∼ protected airspace. -**2.** ÉCOL [espèce, zone] protected. -**3.** ÉLECTRON protected.

◇ *nm, f* protégé.

protège-cahier [prɔtɛʒkaje] (*pl* **protège-cahiers**) *nm* exercise-book cover.

protège-dents [prɔtɛʒdɑ̃] *nm inv* gum-shield.

protéger [22] [prɔteʒe] *vt* -**1.** [assurer - la sécurité de] to protect, to defend; [- la santé, la survie de] to protect, to look after *(insép)*, to shield against; ∼ **qqch contre le** OU **du froid** to protect OU to insulate sthg against the cold; ∼ **qqch contre** OU **de la chaleur** to heat-proof sthg, to protect sthg against heat; ∼ **qqch contre les radiations** to shield sthg from radiation ❑ ∼ **ses arrières** to leave o.s. an escape route *fig.* -**2.** COMM & ÉCON to protect; ∼ **par un brevet** JUR to patent. -**3.** [favoriser] to encourage, to protect. -**4.** [faire du racket] to protect. -**5.** *euph* [prostituée] to act as a procurer (*f* procuress) for.

◆ **se protéger** *vp* *(emploi réfléchi)* to protect o.s.; **protégez-vous contre la grippe** protect yourself against the flu; **se** ∼ **contre le** OU **du soleil** to shield o.s. from the sun; **elle a su se** ∼ **grâce à des relations haut placées** she was able to protect herself thanks to friends in high places.

protège-slip [prɔtɛʒslip] (*pl* **protège-slips**) *nm* mini (sanitary) pad.

protège-tibia [prɔtɛʒtibja] (*pl* **protège-tibias**) *nm* shin pad.

protéide [prɔteid] *nm* protein.

protéiforme [prɔteifɔrm] *adj* multiform, protean *litt.*

protéine [prɔtein] *nf* protein; ∼ **plasmatique/spécifique** plasma/specific protein; ∼**s animales/végétales** animal/vegetable proteins.

protéinurie [prɔteinyri] *nf* proteinuria.

protéique [prɔteik] *adj* proteinic, protein *(modif).*

protèle [prɔtɛl] *nm* aardwolf.

protéolyse [prɔteoliz] *nf* proteolysis.

protéolytique [prɔteɔlitik] *adj* proteolytic.

protestable [prɔtɛstabl] *adj* BANQUE & JUR protestable.

protestant, e [prɔtɛstɑ̃, ɑ̃t] *adj & nm, f* Protestant.
protestantisme [prɔtɛstɑ̃tism] *nm* Protestantism.
protestataire [prɔtɛstatɛr] ◇ *adj* [délégué] protesting; [mesure] protest *(modif)*.
◇ *nmf* protester, protestor.
protestation [prɔtɛstasjɔ̃] *nf* -**1.** [mécontentement] protest, discontent; **grand mouvement/grande manifestation de ~ demain à 14 h a** big protest rally/demonstration will be held tomorrow at 2 p.m. -**2.** [opposition] protest; **sans ~** without protest; **en signe de ~** as a protest; **sans une ~** without a murmur. -**3.** JUR protesting, protestation.
◆ **protestations** *nfpl litt* [déclarations] : **~s d'amitié** protestations OU assurances of friendship; **faire à qqn des ~s d'amour/de loyauté** to profess one's love/loyalty to sb.
protester [3] [prɔtɛste] ◇ *vi* [dire non] to protest; **je proteste!** I protest!, I object!; **~ contre** to protest against OU about; **~ mollement** to make a feeble protest; **~ de son innocence** *litt* to protest one's innocence.
◇ *vt* -**1.** JUR to protest. -**2.** *vieilli* [affirmer] to protest, to declare; **je proteste avec la dernière énergie que je n'ai pas reçu votre convocation** I strongly protest that OU I solemnly declare that I didn't receive your notification.
protêt [prɔtɛ] *nm* JUR protest; **faire dresser un ~** to (make a) protest ❑ **~ faute d'acceptation/faute de paiement** protest for non-acceptance/non-payment.
prothèse [prɔtɛz] *nf* -**1.** [technique] prosthetics *(sg)*; **~ dentaire** prosthodontics *(sg)*. -**2.** [dispositif] prosthesis; **~ dentaire totale** dentures; **une ~ dentaire fixe** a bridge, a fixed dental prosthesis *spéc*.
prothésiste [prɔtezist] *nmf* prosthetist; **~ dentaire** prosthodontist, dental prosthetist.
prothorax [prɔtɔraks] *nm* prothorax.
prothrombine [prɔtrɔ̃bin] *nf* prothrombin.
protide [prɔtid] *nm* protein.
protidique [prɔtidik] *adj* protein *(modif)*, proteinic.
protiste [prɔtist] *nm* protist.
proto- [prɔto] *préf* proto, proto-.
protocolaire [prɔtɔkɔlɛr] *adj* [respectueux des usages] formal; [conforme à l'étiquette] mindful of OU conforming to etiquette; **le prince dans une attitude peu ~** the Prince in a relaxed pose.
protocole [prɔtɔkɔl] *nm* -**1.** JUR & POL protocol; **~ d'accord** draft agreement. -**2.** INF protocol; **~ multivoie/univoie** multi-channel/single-channel protocol. -**3.** IMPR style sheet. -**4.** [cérémonial] : **le ~** protocole, etiquette; **le bain de foule n'était pas prévu par le ~** the walkabout was not part of the (prearranged) schedule. -**5.** SC: **~ d'une expérience** experimental procedure. -**6.** MÉD: **~ opératoire** protocol.
protoétoile [prɔtoetwal] *nf* protostar.
protogalaxie [prɔtogalaksi] *nf* protogalaxy.
protohistoire [prɔtɔistwar] *nf* protohistory.
protohistorien, enne [prɔtɔistɔrjɛ̃, ɛn] *nm, f* protohistorian.
protohistorique [prɔtɔistɔrik] *adj* protohistoric.
proton [prɔtɔ̃] *nm* proton.
protonique [prɔtɔnik] *adj* protonic.
protophyte [prɔtɔfit] *nm* protophyte; **les ~s** the Protophyta.
protoplanète [prɔtoplanɛt] *nf* protoplanet.
protoplasma [prɔtɔplasma], **protoplasme** [prɔtɔplasm] *nm* protoplasm.
protoplasmique [prɔtɔplasmik] *adj* protoplasmic.
prototype [prɔtɔtip] *nm* -**1.** INDUST prototype. -**2.** [archétype] standard; **c'est le ~ du vieil imprimeur** he's the archetypal old printer. -**3.** *(comme adj; avec ou sans trait d'union)* prototype *(modif)*.
protoxyde [prɔtɔksid] *nm* protoxide.
protozoaire [prɔtɔzɔɛr] *nm* protozoan, protozoon; **les ~s** the Protozoa.
protractile [prɔtraktil] *adj* protractile.
protubérance [prɔtyberɑ̃s] *nf* -**1.** [bosse] bump; [enflure] bulge, protuberance *spéc*. -**2.** ANAT protuberance; **~ cérébrale** mesencephalon. -**3.** ASTRON: **~ solaire** solar prominence.
protubérant, e [prɔtyberɑ̃, ɑ̃t] *adj* [muscle] bulging; [menton, front] prominent; [œil, ventre] protruding, bulging.
protubérantiel, elle [prɔtyberɑ̃sjɛl] *adj* ASTRON prominence *(modif)*.
prou [pru] *adv* → **peu**.
proudhonien, enne [prudɔnjɛ̃, ɛn] ◇ *adj* Proudhonian.
◇ *nm, f* follower of Proudhon.
proue [pru] *nf* NAUT bow, bows, prow.
◆ **en proue** *loc adj* projecting.
prouesse [pruɛs] *nf* exploit, feat; **le convaincre était une ~** *fig* convincing him was quite a feat; **faire des ~s** [briller] to perform outstandingly; [faire des efforts] to do one's utmost; **j'ai fait des ~s pour finir dans les délais** I did my utmost to finish on time; **il n'a pas/je n'ai pas fait de ~** *hum* he/I didn't exactly shine; **calomnier et diviser, voilà toutes les ~s dont il est capable** spreading slander and dividing people, that's what he excels at.
prouvable [pruvabl] *adj* provable; **ce n'est pas ~** it can't be proved (or disproved).
prouver [3] [pruve] *vt* -**1.** [faire la preuve de] to prove; **cela n'est pas encore prouvé** it remains to be proved; **les faits ont prouvé qu'elle était bel et bien absente** the facts proved her to have indeed been absent; **prouve-moi le contraire!** give me proof of OU to the contrary!; **il t'a menti – prouve-le-moi!** he lied to you – prove it!; **~ le bien-fondé d'une accusation** JUR to substantiate a charge ❑ **il m'a prouvé par A + B que j'avais tort** he demonstrated that I was wrong in a very logical way. -**2.** [mettre en évidence] to show; **cela prouve bien que j'avais raison** it shows that I was right; **tous les tests ont prouvé la supériorité du nouveau système** all the tests showed OU demonstrated the superiority of the new system; **son désintéressement n'est plus à ~** her impartiality is no longer open to question. -**3.** [témoigner] to demonstrate; **~ à qqn son amitié/sa reconnaissance** to demonstrate one's friendship/gratitude to sb, to give sb proof of one's friendship/gratitude.
◆ **se prouver** *vpt*: **se ~ qqch (à soi-même)** to prove sthg (to o.s.).
provenance [prɔvnɑ̃s] *nf* [d'un mot] origin; [d'une rumeur] source; **des marchandises de ~ étrangère** imported goods; **quelle est la ~ de ces légumes?** where do these vegetables come from?
◆ **en provenance de** *loc prép* (coming) from; **le train en ~ de Genève** the train from Geneva, the Geneva train; **les voyageurs en ~ de Montréal** passengers (recently arrived) from Montreal.
provençal, e, aux [prɔvɑ̃sal, o] *adj* Provençal.
◆ **Provençal, e, aux** *nm, f* Provençal.
◆ **provençal** *nm* LING Provençal.
◆ **à la provençale** *loc adj* CULIN à la provençale.
Provence [prɔvɑ̃s] *npr f*: **(la) ~** Provence; **herbes de ~** ≃ mixed herbs.
provenir [40] [prɔvnir]
◆ **provenir de** *v + prép* -**1.** [avoir pour origine] to come from *(insép)*; **d'où provient cette statuette?** where does this statuette come from? -**2.** [résulter de] to arise OU to result from, to arise out of.
proverbe [prɔvɛrb] *nm* proverb, adage; **comme dit le ~** as the proverb goes; **passer en ~** to become proverbial.
◆ **Proverbes** *nmpl* Proverbs.
proverbial, e, aux [prɔvɛrbjal, o] *adj* -**1.** [de proverbe] proverbial. -**2.** [connu] well-known, proverbial; **au lycée, son talent d'imitateur est ~** he's become well-known throughout the school for his impersonations.
providence [prɔvidɑ̃s] *nf* -**1.** RELIG Providence; **les voies de la Providence** the ways of Providence. -**2.** [aubaine] salvation, piece of luck. -**3.** [personne] : **tu es ma ~!** you're my saviour!; **vous rentrez à Nice en voiture? vous êtes ma ~!** you're driving back to Nice? you've saved my life!
providentiel, elle [prɔvidɑ̃sjɛl] *adj* providential, miraculous; **c'est l'homme ~!** he's the man we need!; **sans cette grève ~le, nous n'aurions jamais fait connaissance** if it hadn't been for that timely strike, we'd never have met.
providentiellement [prɔvidɑ̃sjɛlmɑ̃] *adv* providentially, miraculously.
provin [prɔvɛ̃] *nm* layered runner, sucker.
province [prɔvɛ̃s] *nf* -**1.** [régions en dehors de la capitale] : **la ~** [en France] provincial France; [dans d'autres pays] the provinces; **il doit bientôt partir en ~** he'll soon be leaving town; **un week-end en ~** a weekend out of town; **arriver OU débarquer tout droit de sa ~** to be fresh from the country OU the provinces; **une petite ville de ~** a small country town; **Bordeaux est une grande ville de ~** Bordeaux is a major provincial town; **nous avons également des bureaux en ~** we also have provincial branches. -**2.** HIST province; **la Gaule cisalpine était ~ romaine** Cisalpine Gaul was a Roman province ❑ **la ~ de Bourgogne** the province of Burgundy; **la Belle Province** *Can* Quebec. -**3.** *(comme adj inv)*: **notre quartier est encore très ~** there's still a small-town feeling to our area; **sa famille est restée un peu ~** her family's kept up a rather provincial way of life.
Provinces Maritimes [prɔvɛ̃smaritim] *npr fpl* [au Canada] : **les ~** the Maritime Provinces, the Maritimes.
Provinces-Unies [prɔvɛ̃syni] *npr fpl* HIST [aux Pays-Bas] : **les ~** the United Provinces.
provincial, e, aux [prɔvɛ̃sjal, o] ◇ *adj* -**1.** [en dehors de Paris] provincial; **sa tournée ~e** her tour of the provinces. -**2.** *péj* [personne, comportement] provincial, parochial.
◇ *nm, f* provincial.
◆ **provincial, aux** *nm* -**1.** RELIG provincial. -**2.** *Can*: **le Provincial** the Provincial Government.
provincialisme [prɔvɛ̃sjalism] *nm* -**1.** LING provincialism. -**2.** *péj* [étroitesse d'esprit] small-town OU village-pump mentality, parochialism.
proviseur [prɔvizœr] *nm* -**1.** [directeur] head teacher *Br*, headmaster (*f* headmistress) *Br*, principal *Am*. -**2.** *Belg* [adjoint] deputy head *(with overall responsibility for discipline within the school)*.
provision [prɔvizjɔ̃] *nf* -**1.** [réserve] stock, store, supply; **~ d'eau** supply of water; **une ~ de pommes de terre** a stock of potatoes; **avoir une bonne ~ de chocolat/patience** to have a good supply of chocolate/amazing reserves of patience; **ma grand-mère avait une ~ de boutons de nacre** my grandmother had plenty of spare mother-of-pearl buttons; **faire ~ de sucre/d'enveloppes** to build up a stock of sugar/envelopes; **les écureuils font ~ de noix pour l'hiver** squirrels store up nuts for the winter; **faire des ~s** to stock up on food, to lay in stocks of food. -**2.** [acompte] advance OU down payment; BANQUE (sufficient) funds; **je n'ai pas de ~** I don't have sufficient funds OU enough money in my account. -**3.** [d'un bilan comptable] provision; [couverture] cover. -**4.** [honoraires] retainer. -**5.** JUR interim payment, interlocutory relief; **par ~** [décision, acte] provisional, interim ❑ **~ ad litem** security OU provision for costs *(during divorce proceedings)*.
◆ **provisions** *nfpl* [courses] : **~s (de bouche)** shopping, groceries; **qu'est-ce que tu as fait des ~s?** what have you done with the groceries?
◆ **à provisions** *loc adj* [filet, sac] shopping *(modif)*; [placard] food *(modif)*; **c'est mon étagère à ~s** it's the shelf where I keep my food.
provisionnel, elle [prɔvizjɔnɛl] *adj* provisional; **acompte OU versement ~** [gén] instalment; [d'une dette] interim payment.

provisionner [3] [prɔvizjɔne] *vt* BANQUE [compte] to deposit funds into; **son compte n'a pas été provisionné depuis plusieurs mois** there has been no money paid into his account for several months.

provisoire [prɔvizwar] ◇ *adj* **-1.** [momentané] temporary, provisional; **c'est une solution ~** it's a temporary solution OU a stopgap. **-2.** [précaire] makeshift; **une réparation ~** a makeshift repair. **-3.** [intérimaire - gouvernement] provisional; [- directeur] acting. **-4.** JUR [jugement] provisional, interlocutory; [mise en liberté] conditional.
◇ *nm*: **le ~** that which is temporary.

provisoirement [prɔvizwarmɑ̃] *adv* temporarily, provisionally; **la piscine est ~ fermée** the swimming-pool is temporarily closed; **je fais repeindre la chambre et, ~, je couche dans le salon** I'm having the bedroom redecorated and I'm sleeping in the living-room provisionally OU in the meantime; **~, je fais des ménages** provisionally OU for the time being, I do cleaning for people.

provisorat [prɔvizɔra] *nm* headship *Br*, principalship *Am*.

provitamine [prɔvitamin] *nf* provitamin.

provo [prɔvo] *nm* **-1.** *arg scol* [proviseur] head *(of a school)*. **-2.** [aux Pays-Bas] provo.

provoc [prɔvɔk] *nf* provocation; **tu fais de la ~ ou quoi?** are you trying to wind me up *Br* OU tick me off *Am*?

provocant, e [prɔvɔkɑ̃, ɑ̃t] *adj* **-1.** [agressif] aggressive, provoking; **une remarque ~e** an aggressive remark. **-2.** [osé] blatant; **un modernisme ~** blatant modernism. **-3.** [excitant] exciting, provocative, teasing.

provocateur, trice [prɔvɔkatœr, tris] ◇ *adj* [discours, propagande] inflammatory; [argument, propos] provocative; **geste ~** offensive gesture.
◇ *nm, f* POL provocateur.

provocation [prɔvɔkasjɔ̃] *nf* **-1.** [stratégie] provocation, incitement; [acte] provocation; **c'est une ~!** it's an act of provocation!; **faire qqch par ~** to do sthg as an act of provocation; **se livrer à des ~s à l'égard de qqn** to provoke sb; **les ~s policières** police provocation; **il a dit ça par pure ~** he only said it to try and shock people. **-2.** *litt* [séduction] teasing, provocativeness.

provoquer [3] [prɔvɔke] *vt* **-1.** [défier] to provoke, to push (to breaking point); **arrête de me ~!** *fam* don't push me!; **c'est lui qui m'a provoqué!** he started it!; **il semblait vouloir ~ le policier** he seemed to be trying to provoke the policeman; **~ le destin** to tempt fate; **~ qqn en duel** to challenge sb to a duel. **-2.** [sexuellement] to tease. **-3.** [occasionner - maladie, sommeil] to cause, to induce; **les vapeurs d'essence peuvent ~ des migraines** petrol fumes can cause migraines; **on lui a fait une piqûre qui provoque le sommeil** they gave him a sleep-inducing injection; **pouvant ~ la mort** potentially fatal ‖ [sentiment] to arouse, to stir up *(sép)*, to give rise to; **il ne se doutait pas qu'il allait ~ sa jalousie** he didn't realize that he would make her jealous; **il disait cela pour ~ les rires de ses camarades** he said that to make his schoolfriends laugh; **ses dénégations ne provoquèrent aucune réaction chez le juge** his denials brought no reaction from the judge; **l'explosion provoqua la panique générale** the explosion caused general panic ‖ [événement] to cause, to be the cause of, to bring about *(sép)*; **le krach a provoqué de nombreuses faillites** the stock exchange crash caused a great number of bankruptcies; **elle fit cette déclaration pour ~ une nouvelle enquête** she made that statement so that there would be a new enquiry.

prox. (*abr écrite de* **proximité**): **'~ commerces'** 'near shops'.

proxénète [prɔksenɛt] *nmf* [entremetteur] procurer (*f* procuress).

proxénétisme [prɔksenetism] *nm* procuring.

proximité [prɔksimite] *nf* **-1.** [dans l'espace] closeness, nearness, proximity; **la ~ du casino est une grande tentation** having the casino so close (by) is very tempting. **-2.** [dans le temps] closeness, imminence; **la ~ de Noël** Christmas being near; **la ~ du départ les rend fébriles** the approaching departure is making them excited. **-3.** *vieilli* [parenté] kinship; **~ du sang** blood kinship.
◆ **à proximité** *loc adv* near by, close at hand; **ses parents habitent à ~** her parents live near OU close by.
◆ **à proximité de** *loc prép* near, close to, not far from; **la maison est à ~ de la mer** the house is not far from the sea.
◆ **de proximité** *loc adj* **-1.** TECH proximity *(modif)*. **-2.** COMM local.

pruche [pryʃ] *nf Can* hemlock spruce.

prude [pryd] ◇ *adj* prudish, prim and proper; **et pourtant, je ne suis pas ~** and yet I'm not afraid to call a spade a spade.
◇ *nf* prude, puritan.

prudemment [prydamɑ̃] *adv* **-1.** [avec précaution] carefully, cautiously, prudently; **regarde ~ des deux côtés avant de traverser** be careful to look right and left before crossing. **-2.** [avec sagesse] wisely, prudently; **il préféra ~ battre en retraite** he was wise enough to retreat.

prudence [prydɑ̃s] *nf* **-1.** [précaution] caution, carefulness; **elle conduit avec la plus grande ~** she's a very careful driver; **la ~ avant tout!** safety first! ❑ **~ est mère de sûreté** *prov* look before you leap *prov*. **-2.** [méfiance] wariness, caginess; [ruse] cunning; **avoir la ~ du serpent** to be a sly fox. **-3.** *vieilli* [sagesse] wisdom, good judgment, prudence.
◆ **prudences** *nfpl litt* wariness, caginess; **ses ~s en matière de musique contemporaine** his wariness of modern music.
◆ **avec prudence** *loc adv* [avec attention] cautiously, carefully.
◆ **par prudence** *loc adv* as a precaution; **prends ton parapluie par ~** take your umbrella just in case.

prudent, e [prydɑ̃, ɑ̃t] *adj* **-1.** [attentif] careful, prudent; **sois ~!** be careful!; **tu peux lui confier tes enfants, elle est très ~e** you can safely leave your children with her, she's very sensible. **-2.** [mesuré] discreet, circumspect, cautious; **une réponse ~e** a diplomatic OU circumspect answer; **on doit se montrer ~ en matière d'investissements** one should be cautious when investing money. **-3.** [prévoyant] judicious, wise; **un homme de loi ~** a wise lawyer; **tu sors sans écharpe, ce n'est pas ~** you're going out without a scarf, it's not very sensible; **ses parents s'étaient montrés ~s et avaient mis de l'argent de côté pour lui** his parents had looked ahead OU had been provident and had put aside some money for him. **-4.** [préférable] advisable, better; **il serait ~ de partir avant la nuit** it would be better for us to leave before nightfall; **il est ~ de réserver ses places** advance booking is advisable.

pruderie [prydri] *nf* prudishness, prudery.

prud'homal, e, aux [prydɔmal, o] *adj*: **conseiller ~** *member of an elected industrial tribunal*; **élections ~es** industrial tribunal election.

prud'homme [prydɔm] *nm* **-1.** [conseiller] *member of an elected industrial tribunal*. **-2.** *(comme adj)*: **conseiller ~** *member of an elected industrial tribunal*.
◆ **prud'hommes** *nmpl* [tribunal]: **les ~s, le conseil de ~s** the elected industrial tribunal.

prune [pryn] ◇ *nf* **-1.** BOT plum. **-2.** *fam loc*: **des ~s!** no way!, nothing doing!; **pour des ~s** for nothing; **je suis allé en classe pour des ~s, le prof n'était pas là** I went to school for nothing, the teacher wasn't there; **aux ~s** *vieilli*: **elle aura 15 ans aux ~s** she'll be 15 next summer. **-3.** [alcool] plum brandy. **-4.** ▽[balle] bullet, slug; [coup] clout, sock.
◇ *adj inv* plum-coloured.

pruneau, x [pryno] *nm* **-1.** [fruit sec] prune. **-2.** *Helv* [prune] red plum. **-3.** *fam* [personne hâlée]: **c'est un vrai ~** he's as brown as a berry. **-4.** *arg crime* [balle] bullet, slug; **il s'est pris un ~ dans le buffet** someone filled his belly with lead.

prunelle [prynɛl] *nf* **-1.** BOT sloe. **-2.** [alcool] sloe gin. **-3.** ANAT pupil; **je tiens à ce livre comme à la ~ de mes yeux** I wouldn't give this book up OU away for the world. **-4.** [regard] eye; **jouer de la ~** *fam* to make eyes at sb.

prunellier [prynelje] *nm* sloe, blackthorn.

prunier [prynje] *nm* plumtree; **~ myrobolan** cherry plum, myrobalan; **~ du Japon** Japanese cherry.

prurigineux, euse [pryriʒinø, øz] *adj* pruritic.

prurigo [pryrigo] *nm* prurigo.

prurit [pryrit] *nm* pruritus.

Prusse [prys] *npr f*: **(la) ~** Prussia.

prussiate [prysjat] *nm vieilli* cyanide; **~ jaune** potassium ferrocyanide.

prussien, enne [prysjɛ̃, ɛn] *adj* Prussian.
◆ **Prussien, enne** *nm, f* Prussian.

prussique [prysik] *adj* prussic.

prytanée [pritane] *nm* **-1.** ANTIQ prytaneum. **-2.** [école]: **le Prytanée militaire de La Flèche** the La Flèche military academy *(free school for sons of members of the armed forces)*.

PS ◇ *npr m* (*abr de* **parti socialiste**) *French socialist party*.
◇ *nm* (*abr de* **post-scriptum**) PS, ps.

psalliote [psaljɔt] *nf*: **~ des forêts** pine wood mushroom.

psalmodie [psalmɔdi] *nf* **-1.** RELIG psalmody, intoning. **-2.** *fig & litt* drone.

psalmodier [9] [psalmɔdje] ◇ *vi* **-1.** RELIG to chant. **-2.** *fig & litt* to drone (on).
◇ *vt* **-1.** RELIG to chant. **-2.** *fig* to intone, to drone (out).

psaume [psom] *nm* psalm; **le livre des Psaumes** Psalms; **~s pénitentiaux** Penitential Psalms; **Psaume 27** Psalm XXVII.

psautier [psotje] *nm* psalter.

pseudarthrose [psødartroz] *nf* pseudoarthrosis, nearthrosis.

pseudo- [psødo] *préf* pseudo-, false; **méfie-toi de leur ~contrat** beware of their so-called contract; **ses ~excuses** her fake apologies; **le ~démarcheur attaquait les vieilles dames** the bogus salesman preyed on old ladies; **c'est du ~style anglais** it's in pseudo-English style.

pseudonyme [psødɔnim] *nm* [nom d'emprunt - gén] assumed name; [- d'un écrivain] pen name, pseudonym; [- d'acteur] stage name; [- de criminel] alias; **il m'a écrit sous le ~ de Christophe Colomb** he wrote me a letter signing himself Christopher Columbus.

pseudopode [psødɔpɔd] *nm* pseudopod, pseudopodium.

PS-G (*abr de* **Paris St-Germain**) *npr m Paris football team*.

psi [psi] *nm* **-1.** [lettre grecque] psi. **-2.** NUCL psi (particle), J.

PSIG (*abr de* **Peloton de surveillance et d'intervention de la gendarmerie**) *npr m gendarmerie commando squad*.

psitt [psit] *interj* psst, hey.

psittacidé [psitaside] *nm* psittacine.

psittacisme [psitasism] *nm* parrotlike repetition, psittacism PSYCH.

psittacose [psitakoz] *nf* psittacosis.

psoriasis [psɔrjazis] *nm* psoriasis.

pst [psit] = **psitt**.

PSU (*abr de* **parti socialiste unifié**) *npr m former French socialist party*.

psy *fam* [psi] ◇ *nmf* [psychanalyste] psychoanalyst, shrink.
◇ *nf* [psychanalyse]: **il est très branché ~** *fam* he's really into psychoanalysis.

psychanalyse [psikanaliz] *nf* analysis, psychoanalysis.

psychanalyser [3] [psikanalize] *vt* to psychoanalyse, to analyse; **elle se fait ~** she's undergoing psychoanalysis, she's in therapy; **je me suis fait ~ pendant cinq ans** I went to see an analyst for five years.

psychanalyste [psikanalist] *nmf* analyst, psychoanalyst.

psychanalytique [psikanalitik] *adj* analytical, psychoanalytical.

psychasthénie [psikasteni] *nf* psychastenia, psychastheny.

psychasthénique [psikastenik] *adj* & *nmf* psychasthenic.

psyché [psiʃe] *nf* -**1.** PSYCH psyche. -**2.** [miroir] cheval glass.

Psyché [psiʃe] *npr* Psyche.

psychédélique [psikedelik] *adj* psychedelic.

psychédélisme [psikedelism] *nm* psychedelic state.

psychiatre [psikjatr] *nmf* psychiatrist.

psychiatrie [psikjatri] *nf* psychiatry; **~ infantile** child psychiatry.

psychiatrique [psikjatrik] *adj* psychiatric.

psychique [psiʃik] ◇ *adj* -**1.** MÉD [blocage] mental; [troubles] mental, psychic *spéc*; **les maux de tête peuvent être d'origine ~** headaches may be psychosomatic. -**2.** *fam* [psychologique] psychological; **je ne peux pas voir une souris sans défaillir, c'est ~** I feel faint whenever I see a mouse, I know it's all in the mind but I can't help it.
◇ *nm fam* mind, psychological side; **chez lui, c'est le ~ qui va mal** he's got a psychological problem.

psychisme [psiʃism] *nm* psyche, mind; **son ~ est perturbé** the balance of her mind is disturbed.

psycho *fam* [psiko] *nf* [psychologie]: **il a fait des études de ~** he studied psychology; **il t'a plu, le cours de ~?** did you like the psychology lecture?

psycho- [psiko] *préf* psycho-.

psychoanaleptique [psikɔanalɛptik] *adj* & *nm* psychoanaleptic.

psychochirurgie [psikɔʃiryrʒi] *nf* psychosurgery.

psychocritique [psikɔkritik] *nf* psychological criticism.

psychodramatique [psikɔdramatik] *adj* psychodramatic.

psychodrame [psikɔdram] *nm* -**1.** [thérapie] role-play techniques, psychodrama. -**2.** [séance] (psychotherapeutic) role-play session.

psychodysleptique [psikɔdislɛptik] *adj* & *nm* psychodysleptic.

psychogène [psikɔgɛn] *adj* psychogenic.

psychogenèse [psikɔgənɛz] *nf* psychogenesis.

psycholeptique [psikɔlɛptik] ◇ *adj* psycholeptic.
◇ *nm* psycholeptic drug, tranquillizer.

psycholinguiste [psikɔlɛ̃gɥist] *nmf* psycholinguist.

psycholinguistique [psikɔlɛ̃gɥistik] ◇ *adj* psycholinguistic.
◇ *nf* psycholinguistics *(sg)*.

psychologie [psikɔlɔʒi] *nf* -**1.** [étude] psychology; **~ appliquée/comparative** applied/comparative psychology; **~ expérimentale/sociale** experimental/social psychology. -**2.** [intuition] perception; **tu manques de ~** you're not very perceptive. -**3.** [mentalité] psychology; **la ~ des citadins** the psychology of the town-dweller ❑ **~ des foules** crowd psychology. -**4.** [dimension psychologique] psychology, mind; **étudiez la ~ des personnages** study the psychological make-up of the characters; **la ~ de son dernier film est tout à fait sommaire** the psychological content of his last film leaves a lot to be desired.

psychologique [psikɔlɔʒik] *adj* -**1.** [méthode, théorie] psychological. -**2.** MÉD [état, troubles] psychological, mental; **il a des problèmes ~s** he has psychological problems; **on leur injecte de l'eau et ils guérissent, c'est ~** *fam* they recover after being injected with water, it's all in the mind. -**3.** [dimension] psychological; **la vérité ~ d'un personnage** the true psychology of a character ❑ **roman ~** psychological novel. -**4.** [propice]: **le moment** OU **l'instant ~** the right OU appropriate moment.

psychologiquement [psikɔlɔʒikmɑ̃] *adv* psychologically.

psychologisme [psikɔlɔʒism] *nm* psychologism.

psychologue [psikɔlɔg] ◇ *adj* insightful, perceptive.
◇ *nmf* psychologist; **~ scolaire** educational psychologist.

psychométricien, enne [psikɔmetrisjɛ̃, ɛn] *nm, f* psychometrist.

psychométrie [psikɔmetri] *nf* psychometrics *(sg)*.

psychométrique [psikɔmetrik] *adj* psychometric.

psychomoteur, trice [psikɔmɔtœr, tris] *adj* psychomotor.

psychomotricité [psikɔmɔtrisite] *nf* psychomotricity.

psychopathe [psikɔpat] *nmf* psychopath.

psychopathie [psikɔpati] *nf* psychopathy, psychopathic personality.

psychopathologie [psikɔpatɔlɔʒi] *nf* psychopathology.

psychopédagogie [psikɔpedagɔʒi] *nf* educational psychology.

psychopédagogique [psikɔpedagɔʒik] *adj*: **centre ~** centre for educational psychology.

psychopharmacologie [psikɔfarmakɔlɔʒi] *nf* psychopharmacology.

psychophysiologie [psikɔfizjɔlɔʒi] *nf* psychophysiology.

psychophysiologique [psikɔfizjɔlɔʒik] *adj* psychophysiological.

psychoprophylactique [psikɔprɔfilaktik] *adj*: **méthode ~** psychoprophylaxis.

psychorigide [psikɔriʒid] ◇ *adj* resisting to change.
◇ *nmf* resister.

psychorigidité [psikɔriʒidite] *nf* resistance to change or progress, pathological conservatism.

psychose [psikoz] *nf* -**1.** PSYCH psychosis. -**2.** [angoisse - individuelle] (obsessive) fear; [- collective] fear; **il a la ~ du cambriolage** he has an obsession about being burgled; **il règne ici une véritable ~ de guerre** people here are in the grip of war hysteria.

psychosensoriel, elle [psikɔsɑ̃sɔrjɛl] *adj* psychosensory.

psychosocial, e [psikɔsɔsjal] *adj* psychosocial.

psychosociologie [psikɔsɔsjɔlɔʒi] *nf* psychosociology.

psychosociologique [psikɔsɔsjɔlɔʒik] *adj* psychosociological.

psychosociologue [psikɔsɔsjɔlɔg] *nmf* psychosociologist.

psychosomatique [psikɔsɔmatik] ◇ *adj* [médecine, trouble] psychosomatic.
◇ *nf* psychosomatics *(sg)*.

psychotechnicien, enne [psikɔtɛknisjɛ̃, ɛn] *nm, f* psychotechnician.

psychotechnique [psikɔtɛknik] *nf* psychotechnology.

psychothérapeute [psikɔterapøt] *nmf* psychotherapist.

psychothérapeutique [psikɔterapøtik] = **psychothérapique**.

psychothérapie [psikɔterapi] *nf* psychotherapy.

psychothérapique [psikɔterapik] *adj* psychotherapeutic.

psychotique [psikɔtik] *adj* & *nmf* psychotic.

psychotonique [psikɔtɔnik] ◇ *adj* psychotonic.
◇ *nm* psychotonic (substance).

psychotrope [psikɔtrɔp] ◇ *adj* psychotropic, psychoactive.
◇ *nm* psychotropic (drug).

PTA (*abr écrite de* peseta) Pta, P.

PTCA (*abr de* **poids total en charge autorisé**) *nm maximum authorized load*.

Pte -**1.** *abr écrite de* **porte**. -**2.** *abr écrite de* **pointe**.

ptérodactyle [pterodaktil] *nm* pterodactyl.

ptolémaïque [ptɔlemaik] *adj* Ptolemaic.

Ptolémée [ptɔleme] *npr* Ptolemy.

ptôse, ptose [ptoz] *nf* ptosis.

PTT (*abr de* **Postes, télécommunications et télédiffusion**) *nfpl former French post office and telecommunications network*.

puant, e [pɥɑ̃, ɑ̃t] *adj* -**1.** [nauséabond] stinking, foul-smelling. -**2.** *fam* [prétentieux] insufferably conceited; **tu es vraiment ~!** you really think you're something special!

puanteur [pɥɑ̃tœr] *nf* foul smell, stench.

pub[1] *fam* [pyb] *nf* -**1.** [publicité] advertising; **il travaille dans la ~** he's in advertising; **faire de la ~ pour un produit** to plug OU to push a product ❑ **un coup de ~** a plug. -**2.** [annonce - gén] ad, advertisement; RAD & TV commercial.

pub[2] [pœb] *nm* [bar] bar *(in the style of an English pub)*.

pubère [pybɛr] *adj* pubescent; **il est ~** he's reached (the age of) puberty.

pubertaire [pybɛrtɛr] *adj* pubertal.

puberté [pybɛrte] *nf* puberty.

pubescent, e [pybesɑ̃, ɑ̃t] *adj* BOT pubescent, puberulent.

pubien, enne [pybjɛ̃, ɛn] *adj* pubic.

pubis [pybis] *nm* [os] pubis; [bas-ventre] pubis, pubes *spéc*.

publiable [pyblijabl] *adj* publishable; **ce n'est guère ~** it's hardly fit for publication OU to be printed.

public, ique [pyblik] *adj* -**1.** [ouvert à tous] public; **chemin ~** public footpath; **la séance est publique** it's an open session. -**2.** [connu] public, well-known; **sa nomination a été rendue publique ce matin** his nomination was officially announced OU was made public this morning; **l'homme ~** the man the public sees. -**3.** [de l'État] public, state *(modif)*.
◆ **public** *nm* -**1.** [population] public; **le grand ~** the general public, the public at large. -**2.** [audience - d'un spectacle] public, audience; [- d'un écrivain] readership, readers; [- d'un match] spectators; **~ féminin/familial** female/family audience; **s'adresser à un vaste ~/à un ~ restreint** to address a vast/limited audience; **c'est un excellent livre, mais qui n'a pas encore trouvé son ~** although the book is excellent, it hasn't yet found the readership it deserves ❑ **~ cible** target audience; **être bon ~** to be easy to please. -**3.** [secteur]: **le ~** public sector.
◆ **en public** *loc adv* publicly, in public; **les livres ont été brûlés en ~** the books were publicly burnt; **faire honte à qqn en ~** to show sb up in public.
◆ **grand public** *loc adj*: **produits grand ~** consumer goods; **émission grand ~** programme designed to appeal to a wide audience; **film grand ~** blockbuster; **l'électronique grand ~** consumer electronics.

publication [pyblikasjɔ̃] *nf* -**1.** [d'un livre, d'un journal] publication, publishing; **le journal a dû cesser sa ~** the paper had to cease publication OU to fold; **j'attends la ~ pour consulter mon avocat** I'm waiting for publication OU for the book to be published before I consult my lawyer; **interdire la ~ de qqch** to stop sthg coming out OU being published ❑ **~ assistée par ordinateur** → **PAO**. -**2.** JUR [d'un arrêté, d'une loi] promulgation, publication; **la ~ des**

bans announcement of OU publishing the banns. -**3.** [document] publication, magazine; ~ **scientifique** scientific publication OU journal; ~ **spécialisée** specialist review.

publiciste [pyblisist] *nmf* -**1.** JUR specialist in public law. -**2.** [publicitaire] advertiser, advertising man *nm*.

publicitaire [pyblisitɛr] ◇ *adj* advertising, promotional; **budget** ~ advertising budget; **documents** ~**s** advertising OU promotional material.
◇ *nmf*: **c'est un** ~ he's an advertising man, he's in advertising; **c'est une** ~ she's in advertising.

publicité [pyblisite] *nf* -**1.** [action commerciale] advertising; [profession]: **la** ~ advertising ❑ ~ **audiovisuelle/par affichage** audiovisual/poster advertising; ~ **de marque/produit** brand/product advertising; ~ **aérienne** sky writing; ~ **clandestine** underhand advertising; ~ **comparative** comparative advertising; ~ **rédactionnelle** promotional article OU advertorial; ~ **subliminale** subliminal advertising; ~ **sur le lieu de vente** point-of-sale advertising. -**2.** [annonce commerciale] advertisement; RAD & TV commercial; [pour une association] publicity; **en ce moment, ils font de la** ~ **pour les banques** there are a lot of advertisements for banks at the moment; **passer une** ~ **à la télévision** to advertise on TV; **faire sa propre** ~ to sell o.s.; **faire de la** ~ **pour** to publicize ❑ ~ **mensongère** deceptive OU misleading advertising. -**3.** [caractère public] publicity; **la** ~ **de cette déclaration ne lui laisse pas la possibilité de se rétracter** the fact that she made the statement publicly leaves her no room to retract; **la** ~ **des débats parlementaires garantit-elle la démocratie?** is democracy safeguarded by the fact that debates in Parliament are (held in) public? -**4.** JUR [en droit civil] public announcement.

publier [10] [pyblije] *vt* -**1.** [éditer - auteur, texte] to publish; **elle a été publiée aux États-Unis** [journaliste] her articles were published OU came out in the States; **dans un article qui n'a jamais été publié** in an unpublished article. -**2.** [rendre public - communiqué] to make public, to release; [- brochure] to publish, to issue, to release; [- bans] to publish, to announce; [- décret, loi] to promulgate, to publish; **le journal publie les cours de l'or** the paper publishes gold prices.

Publiphone® [pyblifɔn] *nm* cardphone.

publipostage [pyblipɔstaʒ] *nm* mailing; ~ **d'essai** test OU cold mailing; ~ **massif** blanket mailing.

publiquement [pyblikmɑ̃] *adv* publicly, in public; **il s'est confessé** ~ he admitted his fault in public; **sa mère lui a fait honte** ~ her mother showed her up in front of everybody.

publireportage [pyblirəpɔrtaʒ] *nm* special advertising section, advertorial *Am*.

puce [pys] ◇ *nf* -**1.** ZOOL flea; ~ **de mer** sandflea, sandhopper; ~ **d'eau** water flea; **mettre la** ~ **à l'oreille de qqn** to alert sb about sthg; **ce nom m'a mis la** ~ **à l'oreille** the name gave me a clue OU set me thinking; **il est excité comme une** ~ *fam* he's so excited he can't sit still. -**2.** *fam* [par affection]: **ma** ~ sweetie; **tu veux quelque chose, ma** ~? do you want something, (my) pet?; **où elle est, la petite** ~? where's my little girl then? -**3.** ÉLECTRON chip; ~ **mémoire** memory chip.
◇ *adj inv* [couleur] puce.
◆ **puces** *nfpl* -**1.** JEUX tiddly-winks. -**2.** [marché] flea market; **elle s'habille aux** ~**s** she wears secondhand clothes.

puceau, elle *fam* [pyso, ɛl] *adj*: **il est** ~ he's a virgin.
◆ **puceau** *nm* virgin.
◆ **pucelle** *nf* virgin, maid *litt*.

pucelage *fam* [pyslaʒ] *nm* [d'un homme] virginity; [d'une femme] maidenhead *arch* OU *litt*, virginity; **perdre son** ~ to lose one's virginity.

pucelle [pysɛl] *f* → **puceau**.

Pucelle [pysɛl] *npr f*: **la** ~ **d'Orléans, Jeanne la** ~ the Maid of Orléans, Joan of Arc.

puceron [pysrɔ̃] *nm* greenfly, aphid, plant louse.

pucier▽ [pysje] *nm* bed; **tu vas me refaire ce** ~! make that fleabag of a bed!

pudeur [pydœr] *nf* -**1.** [décence] modesty, decency, propriety; **avec** ~ modestly; **manquer de** ~ to have no sense of decency. -**2.** [délicatesse] tact, sense of propriety; **il aurait pu avoir la** ~ **de se taire** he could have been tactful enough to keep quiet.

pudibond, e [pydibɔ̃, ɔ̃d] ◇ *adj* prudish, prim.
◇ *nm, f* prude.

pudibonderie [pydibɔ̃dri] *nf* prudishness.

pudicité [pydisite] *nf litt* modesty.

pudique [pydik] *adj* -**1.** [chaste] chaste, modest; **une jeune fille très** ~ a very demure young lady. -**2.** [discret] discreet; **quelques remarques** ~**s sur ses difficultés financières** a few discreet remarks about her financial difficulties.

pudiquement [pydikmɑ̃] *adv* -**1.** [avec pudeur] modestly; **elle tira** ~ **sa jupe sur ses genoux** she modestly drew her skirt over her knees. -**2.** [avec tact] discreetly.

Pueblo [pweblo] *nmf*: **les** ~**s** the Pueblo.

puer [7] [pɥe] ◇ *vi* to stink; **ça pue ici!** what a stink OU stench in here!
◇ *vt* -**1.** [répandre - odeur] to stink of; ~ **le vin/l'éther** to stink of wine/ether; **il pue l'ail à quinze pas!** he OU his breath reeks of garlic!; **tu pues des pieds** your feet stink. -**2.** [laisser paraître - défaut]: ~ **la méchanceté/l'hypocrisie** to be oozing spitefulness/hypocrisy; **il pue l'arriviste** you can smell the social climber (in him) a mile off.

puéricultrice [pɥerikyltris] *nf* -**1.** [dans une crèche] nursery nurse. -**2.** [à l'hôpital] pediatric nurse.

puériculture [pɥerikyltyr] *nf* -**1.** [gén] child care OU welfare. -**2.** ENS nursery nursing. -**3.** [à l'hôpital] pediatric nursing.

puéril, e [pɥeril] *adj* -**1.** [enfantin] childlike; **un enthousiasme** ~ a childish excitement. -**2.** [immature, naïf] childish, infantile, puerile.

puérilement [pɥerilmɑ̃] *adv* childishly.

puérilisme [pɥerilism] *nm* puerilism.

puérilité [pɥerilite] *nf* [non-maturité] childishness, puerility.
◆ **puérilités** *nfpl* childish OU petty trifles.

puerpéral, e, aux [pɥɛrperal, o] *adj* puerperal; **fièvre** ~**e** childbed OU puerperal fever.

pugilat [pyʒila] *nm* -**1.** [bagarre] brawl, scuffle, (bout of) fisticuffs *hum*. -**2.** ANTIQ boxing.

pugiliste [pyʒilist] *nm* -**1.** *litt* [boxeur] boxer, pugilist. -**2.** ANTIQ boxer.

pugilistique [pyʒilistik] *adj sout* boxing *(modif)*, pugilistic.

pugnace [pygnas] *adj litt* -**1.** [combatif] combative, belligerent *litt*. -**2.** [dans la discussion] argumentative, pugnacious *litt*.

pugnacité [pygnasite] *nf litt* -**1.** [combativité] combativeness, belligerence *litt*. -**2.** [dans la discussion] argumentativeness, pugnacity *litt*.

puîné, e [pɥine] *vieilli* ◇ *adj* [de deux enfants] younger; [de plusieurs enfants] youngest.
◇ *nm, f any child born after the eldest*; **les** ~**s n'avaient pas droit à l'héritage paternel** the younger children had no right to their father's inheritance.

puis [pɥi] *adv* -**1.** [indiquant la succession] then; **il a regardé un moment,** ~ **a semblé s'en désintéresser** he looked for a while, then seemed to lose interest; **il sortit** ~ **se mit à courir** he went out and (then) started to run; **prenez à gauche** ~ **à droite** turn left then right; **vous verrez une grande ferme à droite,** ~ **un groupe de maisons** you'll see a big farm on the right, then a group of houses. -**2.** [dans une énumération] then; **elle a mangé une cerise,** ~ **une autre,** ~ **une troisième** she ate a cherry, and then another, and then a third one.
◆ **et puis** *loc adv* -**1.** [indiquant la succession]: **il a dîné rapidement et** ~ **il s'est couché** he ate quickly and then he went to bed; **en tête du cortège le ministre et** ~ **les conseillers** at the head of the procession the minister followed by the counsellors ❑ **et** ~**?, et** ~ **après?** [pour solliciter la suite] what then?, what happened next?; *fam* [pour couper court] it's none of your business!; *fam* [exprimant l'indifférence] so what!; **oui, je vais vendre ma voiture, et** ~ **après?** yes, I'll sell my car, if it's any of your business!; **et** ~ **c'est tout!, et** ~ **voilà!** and that's all!, and that's that!, and that's all there's to it!; **tu n'iras pas, et** ~ **c'est tout!** you're not going, and that's that! -**2.** [dans une énumération] then; **on a mangé un gâteau, et** ~ **une glace** we had a cake and then an ice cream. -**3.** [d'ailleurs]: **je n'ai pas envie de sortir, et** ~ **il fait trop froid** I don't feel like going out, and anyway OU and what's more it's too cold.

puisage [pɥizaʒ] *nm* drawing (of water).

puisard [pɥizar] *nm* -**1.** [pour l'évacuation] sump; ~ **de rue** catch pit. -**2.** [pour l'épuration] cesspool, drainage well. -**3.** NAUT bilge well. -**4.** MIN sump.

puisatier [pɥizatje] *nm* -**1.** [terrassier] well sinker. -**2.** MIN sumpman.

puisement [pɥizmɑ̃] = **puisage**.

puiser [3] [pɥize] ◇ *vt* -**1.** [eau] to draw; ~ **l'eau d'un puits/d'une citerne** to draw water from a well/a tank. -**2.** *sout* [extraire] to get, to derive; **où a-t-il puisé le courage de parler ainsi?** where did he get the nerve to say such things?; ~ **sa force dans** to draw one's strength from; ~ **son inspiration dans** to take OU to draw one's inspiration from. -**3.** [prélever] to draw, to take; **tu peux** ~ **de l'argent sur mon compte si tu en as besoin** you can draw some money from my account if you need any.
◇ *vi* [avoir recours à] to draw; ~ **dans ses économies** to draw on OU upon one's savings; **j'ai trop puisé dans mes économies** I've depleted my savings; **est-ce que je peux** ~ **dans ta réserve de crayons?** can I dip into OU help myself from your stock of pencils?; ~ **dans son expérience** to draw on one's experience; **ils n'ont pas puisé dans la même documentation** they didn't use the same source material.

puisque [pɥiskə] *(devant voyelle ou h muet* **puisqu'** [pɥisk]*) conj* -**1.** [parce que] since, because; **tu ne peux pas acheter de voiture,** ~ **tu n'as pas d'argent** you can't buy a car because OU since you don't have any money; **la terrasse est très ensoleillée puisqu'exposée au sud** because OU since the terrace faces south it gets a lot of sun. -**2.** [étant donné que] since; **je viendrai dîner,** ~ **vous insistez** I will come to dinner, since you insist; **je ne sortirai pas,** ~ **ça t'inquiète** since it worries you, I won't go out; ~ **vous voulez me parler, allons dans mon bureau** since you wish to speak to me, let's go into my office; **bon,** ~ **tu le dis/y tiens** alright, if that's what you say/want; ~ **c'est comme ça, je m'en vais!** if that's how it is, I'm leaving!; **puisqu'il en est ainsi** since that's the way things are; **ce chantage, puisqu'il faut l'appeler ainsi...** this blackmail, since there's no other word for it...; **cette erreur, puisqu'erreur il y a...** this mistake, since there is a mistake... -**3.** [emploi exclamatif]: **mais** ~ **je te dis que je ne veux pas!** but I'm telling you that I don't want to!; **mais puisqu'il m'attend!** but I'm telling you he's waiting for me!; ~ **je te dis que je vais le faire!** I've told you I'm going to do it!; **tu vas vraiment y aller?** — ~ **je te le dis!** so are you really going? — isn't that what I said?

puissamment [pɥisamɑ̃] *adv* -**1.** [avec efficacité] greatly; **ils ont** ~ **contribué à la victoire** their part in the victory was decisive; ~ **raisonné!** *iron* brilliant thinking! -**2.** [avec force] powerfully, mightily; un corps ~ musclé a powerfully muscular body.

puissance [pɥisɑ̃s] *nf* -**1.** [force physique] power, force, strength. -**2.** [pouvoir, autorité] power; un État au sommet de sa ~ a state at the height of its power. -**3.** [capacité] power, capacity; une grande ~ de travail a great capacity for work; une grande ~ de séduction great powers of seduction. -**4.** [d'un appareil] power, capacity, capability; ~ d'une arme nucléaire ARM yield of a nuclear weapon; augmenter/diminuer la ~ AUDIO to turn the volume up/down ❑ ~ active/instantanée/réactive ÉLECTR active/instantaneous/reactive power; ~ d'entrée/de sortie ÉLECTR input/output (power); ~ de feu ARM fire power; ~ fiscale AUT engine rating; ~ nominale/au frein AUT nominal/brake horsepower. -**5.** COMM power; ~ commerciale sales power; ~ publicitaire OU de vente selling power. -**6.** MATH: ~ d'un nombre power of a number; six ~ cinq six to the power (of) five; deux (à la) ~ trois égale huit two cubed OU two to the power (of) three is eight; c'est comme une étincelle, mais à la ~ n *fig* it's like a spark, but to the nth power OU degree. -**7.** JUR authority; ~ paternelle paternal authority; ~ maritale authority of husband over wife; être en ~ de mari to be under a husband's authority OU control. -**8.** ADMIN: la ~ publique the authorities. -**9.** OPT (optical) power. -**10.** ÉQUIT puissance. -**11.** GÉOL thickness, depth.

◆ **puissances** *nfpl* powers; les ~s de l'argent the moneyed classes; les ~s BIBLE the powers; les ~s des ténèbres the powers of darkness ❑ les grandes ~s POL the great powers.

◆ **en puissance** *loc adj* [virtuel] potential, prospective; un candidat en ~ a potential candidate; un client en ~ a prospective customer; c'est un fasciste en ~ he's got latent fascist tendencies.

puissant, e [pɥisɑ̃, ɑ̃t] *adj* -**1.** [efficace - remède] powerful, potent, efficacious; [- antidote, armée, ordinateur] powerful; [- membre, mouvement] strong, powerful, mighty *litt*; une théorie qui soit assez ~e pour expliquer l'évolution a theory powerful enough to explain evolution. -**2.** [intense] strong; une ~e odeur de goudron a strong smell of tar; sa voix ~e her strong OU powerful voice. -**3.** [influent] powerful, mighty *litt*; riche et ~ rich and powerful; ils craignent leurs ~s voisins they fear their powerful neighbours. -**4.** [profond] powerful; un ~ instinct de conservation a powerful instinct of self-preservation. -**5.** GÉOL thick.

◆ **puissants** *nmpl*: les ~s the powerful.

puits [pɥi] *nm* -**1.** [pour l'eau] well; ~ à ciel ouvert open well; ~ perdu cesspool; ~ artésien artesian well. -**2.** PÉTR: ~ de pétrole oil well; ~ d'exploration exploration OU wild cat well; ~ d'intervention relief OU killer well; ~ sec OU improductif duster. -**3.** MIN shaft, pit; ~ d'aérage ventilation OU ventilating shaft; ~ d'extraction extraction shaft. -**4.** CONSTR: ~ d'amarrage OU d'ancrage anchor block (hole). -**5.** *fig*: un ~ de science a walking encyclopedia, a fount of knowledge, a mine of information. -**6.** GÉOG pothole.

◆ **puits d'amour** *nm* CULIN cream puff.

pull [pyl] = **pull-over**.

pullman [pulman] *nm* -**1.** RAIL Pullman® (car). -**2.** [autocar] luxury coach *Br*, luxury touring bus.

pull-over [pylɔvɛr] (*pl* **pull-overs**) *nm* sweater, pullover, jumper *Br*.

pullulation [pylylasjɔ̃] *nf* pullulation.

pullulement [pylylmɑ̃] *nm* -**1.** [processus] proliferation; empêcher le ~ des bactéries to stop bacteria from proliferating. -**2.** *sout* [grand nombre]: un ~ d'insectes swarms of insects; un ~ de touristes hordes of tourists.

pulluler [3] [pylyle] *vi* -**1.** [abonder] to congregate, to swarm; au lever du jour, les mouettes pullulent sur la falaise seagulls congregate OU swarm on the cliffs at dawn; égouts où les rats pullulent sewers overrun by rats. -**2.** [se multiplier] to multiply, to proliferate; les mauvaises herbes pullulaient dans le jardin abandonné weeds were taking over the abandoned garden. -**3.** ~ de [fourmiller de] to swarm OU to be alive with; la plage pullule de baigneurs the seashore is swarming with bathers; votre rapport pullule d'inexactitudes your report is riddled with inaccuracies.

pulmonaire [pylmɔnɛr] ◇ *adj* -**1.** ANAT pulmonary. -**2.** MÉD pulmonary, lung *(modif)*.

◇ *nmf* lung patient.

◇ *nf* BOT lungwort.

pulpaire [pylpɛr] *adj* pulpal.

pulpe [pylp] *nf* -**1.** [de fruit] pulp; ~ d'agrumes citrus pulp; yaourt/boisson à la ~ de fruit yoghurt/drink with real fruit. -**2.** ANAT pulp; [des doigts] pad, digital pulp *spéc*; ~ dentaire tooth OU dental pulp.

pulpeux, euse [pylpø, øz] *adj* -**1.** ANAT & BOT pulpy. -**2.** [charnu - lèvres, formes] fleshy, voluptuous; une blonde pulpeuse a curvaceous blonde.

pulpite [pylpit] *nf* pulpitis.

pulsant, e [pylsɑ̃, ɑ̃t] *adj* pulsating ASTRON.

pulsatif, ive [pylsatif, iv] *adj* pulsatory, pulsatile.

pulsation [pylsasjɔ̃] *nf* -**1.** ANAT: ~s cardiaques heartbeats. -**2.** ASTRON pulsation. -**3.** ÉLECTR pulsatance, angular frequency. -**4.** PHYS (mechanical) pulsation. -**5.** MUS beat.

pulser [3] [pylse] ◇ *vt* [air] to extract, to pump out *(sép)*.

◇ *vi* -**1.** MÉD & MUS to throb. -**2.** ASTRON to pulsate.

pulsion [pylsjɔ̃] *nf* -**1.** [motivation] impulse, unconscious motive; mû par des ~s inexplicables spurred on OU driven by mysterious impulses. -**2.** PSYCH drive, urge; ~s sexuelles sexual desire, sexual urge.

pulsionnel, elle [pylsjɔnɛl] *adj* drive *(modif)*.

pulsoréacteur [pylsɔreaktœr] *nm* pulse-jet (engine).

pulvérisateur [pylverizatœr] *nm* -**1.** [vaporisateur] spray. -**2.** AGR sprayer; ~ rotatif/va-et-vient rotary/travelling sprayer.

pulvérisation [pylverizasjɔ̃] *nf* -**1.** [action] spraying. -**2.** [médicament] spray; prendre un médicament en ~ to take a medicine in the form of a spray.

pulvériser [3] [pylverize] *vt* -**1.** [broyer] to pulverise, to turn into powder. -**2.** *fig* [détruire] to demolish, to smash to pieces; les bombes ont pulvérisé la ville the bombs reduced the town to ashes OU to a heap of rubble; ~ un record to smash a record; je vais le ~, ce type! *fam* I'm going to flatten OU make mincemeat out of this guy! -**3.** [vaporiser] to spray.

pulvériseur [pylverizœr] *nm* disc harrow.

pulvérulence [pylverylɑ̃s] *nf* powderiness, dustiness.

pulvérulent, e [pylverylɑ̃, ɑ̃t] *adj* powdery, dusty.

puma [pyma] *nm* puma, cougar, mountain lion.

punaise [pynɛz] ◇ *nf* -**1.** ZOOL bug; ~ des lits bed bug; ~ des bois [pentatome] forest bug. -**2.** [clou] tack, drawing pin *Br*, thumbtack *Am*; ~ d'architecte three-pointed tack. -**3.** *fam* [personne] vixen. -**4.** *fam péj*: ~ de sacristie sanctimonious person.

◇ *interj fam*: ~! blimey! *Br*, gee whizz! *Am*.

punaiser [4] [pyneze] *vt* to pin up *(sép)*, to put up *(sép)* with drawing pins.

punch[1] [pɔ̃ʃ] *nm* [boisson] punch.

punch[2] [pœnʃ] *nm inv* -**1.** *fam* [dynamisme] pep, get-up-and-go; avoir du ~ to be full of get-up-and-go; une politique qui a du ~ a hard-hitting policy. -**2.** SPORT [d'un boxeur]: il a le ~ he's got a knock-out OU devastating punch.

puncheur [pœnʃœr] *nm* SPORT powerful boxer.

punching-ball [pœnʃiŋbol] (*pl* **punching-balls**) *nm* punch OU speed ball.

puni, e [pyni] *nm, f* punished pupil; les ~s resteront dans la classe pendant la récréation those who have been punished will stay in during break.

punique [pynik] ◇ *adj* [civilisation] Carthaginian, Punic; [guerre] Punic.

◇ *nm* LING Punic.

punir [32] [pynir] *vt* -**1.** [élève, enfant] to punish. -**2.** JUR to punish, to penalize; ~ qqn de qqch to punish sb for sthg; être puni par la loi to be punished by law, to be prosecuted; être puni de prison to be sentenced to prison; 'tout abus sera puni' 'penalty for improper use'; tu seras puni par où tu as péché *allusion Bible* as you sow, so you shall reap; le kidnapping est puni de la prison à vie kidnapping is punishable by life imprisonment; elle est bien punie de sa méchanceté she's paying the price for her spitefulness ❑ c'est le ciel OU le bon Dieu qui t'a puni *fam* it serves you right.

punissable [pynisabl] *adj* punishable, deserving (of) punishment; ~ de trois mois de prison [délit] carrying a penalty of three months imprisonment; [criminel] liable to three months in jail.

punitif, ive [pynitif, iv] *adj* punitive; en agissant ainsi, je n'ai pas d'intentions punitives I do not intend this as punishment.

punition [pynisjɔ̃] *nf* -**1.** [sanction] punishment; en guise de ~ as (a) punishment ❑ ~ corporelle corporal punishment; ~ de Dieu OU du ciel divine retribution. -**2.** *fam* [défaite] thrashing; les Bordelais ont infligé une rude ~ aux Parisiens the Bordeaux team wiped the floor with OU thrashed the Paris club. -**3.** [conséquence] punishment, penalty; la ~ est lourde it's a heavy price to pay.

◆ **en punition** *fam loc adj & adv* in detention; il est en ~ he is being kept in *(by a teacher)*.

◆ **en punition de** *loc prép* as a punishment for.

Punjab [pœndʒab] = **Pendjab**.

punk [pœnk] *adj inv & nmf* punk.

pupillaire [pypilɛr] *adj* -**1.** JUR pupillary. -**2.** ANAT pupillary.

pupille [pypij] ◇ *nmf* -**1.** [en tutelle] ward (of court). -**2.** [orphelin] orphan; ~ de l'État child in care; ~s de la Nation war orphans.

◇ *nf* ANAT pupil.

pupitre [pypitr] *nm* -**1.** AÉRON, AUDIO & INF console; [clavier] keyboard; ~ de commande control console OU desk; ~ de mélange mixing-desk, mixing console, audio-mixer; ~ de poursuite tracking console. -**2.** MUS [support - sur pied] music stand; [- sur un instrument] music rest; [groupe] section; le ~ des violons the violin section, the violins ❑ ~ d'orchestre orchestra stand. -**3.** [tablette de lecture] (table) lectern. -**4.** *vieilli* [bureau d'écolier] desk.

pupitreur, euse [pypitrœr, øz] *nm, f* console operator; [claviste] keyboarder.

pur, e [pyr] ◇ *adj* -**1.** [limpide - eau] pure, clear, uncontaminated; [- ciel] pure, clear; respirez l'air ~! breathe in the clean OU pure air!; l'air est ~ dans nos montagnes the air is pure OU clean OU unpolluted up in our mountains. -**2.** [sans mélange - liquide] undiluted; [- race] pure; [- bonheur, joie] unalloyed, pure; [- note, voyelle, couleur] pure; il parle un anglais très ~ he speaks very refined OU polished English; du lait ~ unadulterated milk; le cognac se boit ~ cognac should be taken straight OU neat; ~ style dorique pure Doric style; ~e laine (vierge) pure (new) wool; biscuits ~ beurre (100 %) butter biscuits; c'est un ~ produit de la bourgeoisie he's a genuine middle-class product; ce n'est pas un ~ esprit *euph* he's made of flesh and blood; à l'état ~ pure, unalloyed, unadulterated ❑ ~ et dur [fidèle] strict; [intransigeant] hard-line; les amateurs de café ~s et durs *hum* serious OU dedicated coffee drinkers. -**3.** [sans défaut] faultless, perfect; des lignes ~es neat OU perfect lines; l'ovale ~ de son visage the faultless OU perfect oval of her face; un style ~ an unaffected style. -**4.** [innocent] pure, clean; **être ~** to be pure at heart; **ses pensées sont ~es** his thoughts are clean OU pure; **une conscience ~e** a clear conscience; **le regard ~ d'un enfant** a child's innocent gaze; **une jeune fille ~e** a young innocent girl. -**5.** [théorique] pure, theoretical; **mathématiques/sciences ~es** pure mathematics/science. -**6.** [en intensif] sheer, utter, pure; **c'est de la folie ~e!** it's utter lunacy!; **par ~e méchanceté** out of sheer malice; **c'était un ~ hasard de le trouver là** I found him there purely by chance ❑ **~ et simple** pure and simple; **c'est de la lâcheté ~e et simple** it's sheer cowardice, it's cowardice pure and simple. -**7.** AUDIO, CHIM & OPT pure. -**8.** MINÉR flawless.

◇ *nm, f* -**1.** POL [fidèle] dedicated follower; [intransigeant] hardliner. -**2.** RELIG true believer.

◆ **en pure perte** *loc adv* for nothing, to no avail; **il a couru en ~e perte, il a quand même manqué le train** it was absolutely no use running, he missed the train all the same.

purée [pyre] ◇ *nf* -**1.** CULIN [de pommes de terre] mashed potatoes; [de légumes] purée; **~ de tomates/carottes** tomato/carrot purée; **réduire qqch en ~** CULIN to purée sthg; *fig* to smash sthg to a pulp; **j'ai retrouvé mes coquillages en ~ au fond du sac** my shells were all crushed at the bottom of the bag. -**2.** ▽ [misère]: **être dans la ~** to be broke.

◇ *interj fam* crumbs, crikey.

◆ **purée de pois** *fam nf* [brouillard] peasouper.

purement [pyrmɑ̃] *adv* -**1.** [uniquement] purely, only, solely; **ses connaissances sont ~ techniques** his knowledge is purely technical. -**2.** [entièrement] purely, wholly; **une existence ~ mystique** a purely mystical life ❑ **~ et simplement** purely and simply; **le contrat est ~ et simplement annulé** the contract is purely and simply cancelled; **non, c'est ~ et simplement impossible!** no, it's quite simply out of the question!

pureté [pyrte] *nf* -**1.** [propreté] cleanness, purity; **la ~ de l'eau** the cleanness of the water. -**2.** AUDIO, CHIM & OPT purity; MINÉR purity, flawlessness; **la ~ de l'or** the purity of gold; **une émeraude d'une grande ~** a perfect OU flawless emerald. -**3.** [harmonie parfaite - d'un contour] neatness, purity; [- d'une langue, d'un style] purity, refinement; **la ~ de ses traits** the perfection in her face OU of her features. -**4.** [innocence] purity, chastity; **je doute de la ~ de ses intentions** I doubt whether his intentions are honourable.

purgatif, ive [pyrgatif, iv] *adj* purgative.

◆ **purgatif** *nm* purgative.

purgation [pyrgasjɔ̃] *nf* -**1.** MÉD [remède] purgative; [processus] purging, cleansing. -**2.** RELIG purgation.

purgatoire [pyrgatwar] *nm* -**1.** RELIG purgatory; **au ~** in purgatory. -**2.** *fig* purgatory; **faire son ~ sur terre** to live a life of purgatory.

purge [pyrʒ] *nf* -**1.** TECH [processus] draining, bleeding; [d'un radiateur] bleeding; [dispositif] bleed key. -**2.** MÉD purge, purgative. -**3.** *fig* [au sein d'un groupe] purge. -**4.** JUR: **~ d'hypothèque** redemption of mortgage. -**5.** TEXT cleaning.

purger [17] [pyrʒe] *vt* -**1.** TECH [radiateur] to bleed; [réservoir] to drain; [tuyau à gaz] to allow to blow off, to blow off *(sép)*. -**2.** CHIM [métal] to refine; [substance] to purify. -**3.** JUR [peine] to serve, to purge; **il a purgé six mois de prison** he served six months in prison; **~ sa peine** to serve one's sentence. -**4.** [dette] to pay off *(sép)*; [hypothèque] to redeem. -**5.** MÉD to purge, to give a laxative to. -**6.** [débarrasser] to rid of *(sép)*; **~ un quartier** to clean up an area; **le parti a été purgé de ses contestataires** the party has been purged of disloyal elements. -**7.** *sout* [nettoyer, purifier]: **ils ont purgé le texte de toute allusion politique** they removed all political references from the text.

◆ **se purger** *vp (emploi réfléchi)* to take a purgative.

purgeur [pyrʒœr] *nm* [vidange] draincock; [trop-plein] bleed tap; **~ d'air** air cock; **~ de vapeur** pet cock.

purifiant, e [pyrifjɑ̃, ɑ̃t] *adj* -**1.** [crème, lotion] cleansing, purifying. -**2.** [air] healthy.

purificateur, trice [pyrifikatœr, tris] *adj* purifying.

◆ **purificateur** *nm*: **~ (d'air)** (air) purifier.

purification [pyrifikasjɔ̃] *nf* -**1.** CHIM purifying; **~ de l'air/l'eau** air/water purifying ‖ *fig* cleansing. -**2.** RELIG purification; **la Purification** Candlemas, the Purification.

purificatoire [pyrifikatwar] ◇ *adj* purificatory.

◇ *nm* RELIG purificator (napkin).

purifier [9] [pyrifje] *vt* -**1.** [rendre pur - air] to purify, to clear; **la pluie a purifié l'atmosphère** the rain has cleared the air. -**2.** [âme] to cleanse. -**3.** [corriger] to purify. -**4.** CHIM [filtrer] to purify, to decontaminate; **eau purifiée** purified OU decontaminated water. -**5.** MÉTALL to refine; **or purifié** refined gold.

◆ **se purifier** *vpi sout* -**1.** [devenir propre] to become clean OU pure; **plus on monte, plus l'air se purifie** the higher you go, the purer the air becomes. -**2.** RELIG to be cleansed OU purified; **l'âme se purifie dans la prière** the soul is purified by prayer.

purin [pyrɛ̃] *nm* liquid manure.

purisme [pyrism] *nm* -**1.** [gén & LING] purism. -**2.** BX-ARTS Purism.

puriste [pyrist] *adj* & *nmf* -**1.** [gén & LING] purist. -**2.** BX-ARTS Purist.

puritain, e [pyritɛ̃, ɛn] ◇ *adj* -**1.** [strict] puritan, puritanical. -**2.** HIST Puritan.

◇ *nm, f* -**1.** [personne stricte] puritan. -**2.** HIST: **les ~s** the Puritans.

puritanisme [pyritanism] *nm* -**1.** [austérité] puritanism, austerity. -**2.** HIST Puritanism.

purpura [pyrpyra] *nm* purpura.

purpurin, e [pyrpyrɛ̃, in] *adj litt* crimson, purpurine *litt*.

pur-sang [pyrsɑ̃] *nm inv* ZOOL thoroughbred.

purulence [pyrylɑ̃s] *nf* purulence, purulency.

purulent, e [pyrylɑ̃, ɑ̃t] *adj* MÉD [plaie] suppurating; [sinusite] purulent.

pus [py] *nm* pus.

push-pull [puʃpul] *adj inv* & *nm inv* push-pull.

pusillanime [pyzilanim] *adj sout* pusillanimous, spineless.

pusillanimité [pyzilanimite] *nf sout* pusillanimity, spinelessness.

pustule [pystyl] *nf* -**1.** MÉD pustule *spéc*, pimple; **~ maligne** malignant pustule *spéc*. -**2.** BOT & ZOOL pustule.

putain [pytɛ̃] ◇ *nf* ▽ [prostituée] whore; **faire la ~** [être prostituée] to be on the game *Br*, to hustle *Am*; [renoncer à ses principes] to sell out.

◇ *adj* ▽: **il est très ~** he's a real bootlicker.

◇ *interj* ▼ shit; **~, j'ai oublié mon portefeuille!** shit, I've forgotten my wallet!; **~ de voiture!** that bloody *Br* OU goddam *Am* car!; **~ d'autobus, encore en retard!** that bloody *Br* OU goddam *Am* bus is always turning up late!

putassier, ère▼ [pytasje, ɛr] *adj péj* -**1.** [qui concerne la prostitution] whorish. -**2.** [servile, obséquieux] ingratiating.

putatif, ive [pytatif, iv] *adj* -**1.** JUR putative. -**2.** [supposé] assumed, supposed.

pute▼ [pyt] *nf* whore; **aller chez les** OU **aux ~s** to go (out) whoring; **fils** OU **enfant de ~!** you son of a bitch!

putois [pytwa] *nm* -**1.** ZOOL polecat. -**2.** [fourrure] fitch.

putréfaction [pytrefaksjɔ̃] *nf* putrefaction, decomposition.

putréfiable [pytrefjabl] *adj* putrefiable.

putréfié, e [pytrefje] *adj* putrefied, putrid, rotten.

putréfier [9] [pytrefje]

◆ **se putréfier** *vpi* to putrify, to become putrid.

putrescibilité [pytresibilite] *nf* putrescibility.

putrescible [pytresibl] *adj* putrescible, putrefiable.

putride [pytrid] *adj* -**1.** *sout* [pourri - viande, cadavre] decomposed, putrid; [- eau] putrid, contaminated. -**2.** [nauséabond] foul, putrid; **odeur ~** putrid smell, foul stench. -**3.** *sout* [immoral - lettre, pièce] depraved, offensive.

putridité [pytridite] *nf litt* rottenness, putridness.

putsch [putʃ] *nm* military coup, putsch.

putschiste [putʃist] *nmf* putschist, author of a military coup.

putt [pœt] *nm* putt.

putter [pœtœr] *nm* putter (club).

putting [pœtiŋ] = **putt**.

puy [pɥi] *nm* puy, mountain *(in the Auvergne)*.

puzzle [pœzl] *nm* -**1.** JEUX (jigsaw) puzzle. -**2.** [énigme] puzzle, puzzling question, riddle; **je commence à rassembler les morceaux du ~** I'm beginning to fit the pieces of the puzzle together; **il ne lui restait plus qu'à placer la dernière pièce du ~** he just had the last piece of the jigsaw to put into place.

P-V *fam* (*abr de* **procès-verbal**) *nm* (parking) ticket.

PVC (*abr de* **polyvinyl chloride**) *nm* PVC.

PVD *nm abr de* **pays en voie de développement**.

px (*abr écrite de* **prix**): **~ à déb.** offers.

Pygmalion [pigmaljɔ̃] *npr* MYTH Pygmalion.

pygmée [pigme] ◇ *adj* Pygmy.

◇ *nmf* -**1.** *arch* & *péj* [nain] pygmy, dwarf. -**2.** *litt* & *péj* [personne insignifiante] nobody, pygmy *litt*.

◆ **Pygmée** *nmf* ANTHR & MYTH Pygmy.

pyjama [piʒama] *nm*: **un ~** (a pair of) pyjamas; **encore en ~ à cette heure-ci?** still in your OU wearing pyjamas at this time of day?

pylône [pilon] *nm* -**1.** ÉLECTR & TÉLÉC pylon. -**2.** ARCHIT monumental column, pylon. -**3.** ANTIQ pylon. -**4.** TRAV PUBL tower.

pylore [pilɔr] *nm* pylorus.

pylorique [pilɔrik] *adj* pyloric.

Pyongyang [pjɔ̃gjɑ̃g] *npr* Pyongyang.

pyorrhée [pjɔre] *nf* pyorrhoea.

pyralène [piralɛn] *nm* Pyralene.

pyramidal, e, aux [piramidal, o] *adj* -**1.** ARCHIT, ÉCON, GÉOM & MÉD pyramidal. -**2.** [forme] pyramid-shaped. -**3.** ANAT: **muscle ~ de l'abdomen** pyramidalis; **voie ~e** pyramidal tract.

pyramide [piramid] *nf* -**1.** ARCHIT & GÉOM pyramid; **la ~ de Kheops** the (Great) Pyramid of Cheops. -**2.** [empilement]: **une ~ de fruits** a pyramid of fruit ❑ **~ humaine** human pyramid. -**3.** SOCIOL: **~ des âges** population pyramid. -**4.** ÉCOL: **~ alimentaire** food pyramid. -**5.** ANAT pyramid; **~ de Malpighi** pyramid of Malpighi.

pyranne [piran] *nm* pyran.

pyrénéen, enne [pireneɛ̃, ɛn] *adj* Pyrenean.

◆ **Pyrénéen, enne** *nm, f person from the Pyrenees*.

Pyrénées [pirene] *npr fpl*: **les ~** the Pyrenees.

Pyrex® [pirɛks] *nm* Pyrex®.

pyrite [pirit] *nf* pyrite; **~ cuivreuse** copper pyrite OU pyrites; **~ blanche** marcasite.

pyroélectricité [pirɔelɛktrisite] *nf* pyroelectricity.

pyrogénation [pirɔʒenasjɔ̃] *nf* pyrogenation.

pyrogène [pirɔʒɛn] *adj* MÉD pyrogenic.

pyrograver [3] [pirɔgrave] *vt*: **~ qqch** to work sthg with a hot poker, to pyrograph sthg *spéc*.

pyrogravure [pirɔgravyr] *nf* pyrography *spéc*, poker-work.

pyrolyse [pirɔliz] *nf* pyrolysis.

pyromane [pirɔman] *nmf* arsonist, pyromaniac.

pyromanie [pirɔmani] *nf* pyromania.

pyrométrie [pirɔmetri] *nf* pyrometry.

pyrosis [pirɔzis] *nm* heartburn, pyrosis *spéc*.

pyrotechnicien, enne [pirɔtɛknisjɛ̃, ɛn] *nm, f* pyrotechnician.

pyrotechnie [pirɔtɛkni] *nf* pyrotechnics *(U)*, pyrotechny, fireworks.

pyrotechnique [pirɔtɛknik] *adj* pyrotechnic, pyrotechnical; **un spectacle ~** a firework display.

pyroxène [pirɔksɛn] *nm* pyroxene.

pyroxyle [pirɔksil] *nm vieilli* pyroxilin, guncotton.

pyrrhonisme [pirɔnism] *nm* Pyrrhonism.

Pyrrhus [pirys] *npr* Pyrrhus.

Pythagore [pitagɔr] *npr* Pythagoras; **le théorème de ~** Pythagoras' theorem.

pythagoricien, enne [pitagɔrisjɛ̃, ɛn] ◇ *adj* Pythagorean; **la gamme ~ne** the Pythagorean scale.
◇ *nm, f* Pythagorean.

pythagorique [pitagɔrik] *adj*: **nombres ~s** Pythagorean numbers.

pythie [piti] *nf* -**1.** ANTIQ: **la ~** Pythia. -**2.** *litt* [prophétesse] pythoness.

python [pitɔ̃] *nm* ZOOL python.

pythonisse [pitɔnis] *nf* -**1.** ANTIQ pythoness. -**2.** *litt* [prophétesse] prophetess, (female) soothsayer.

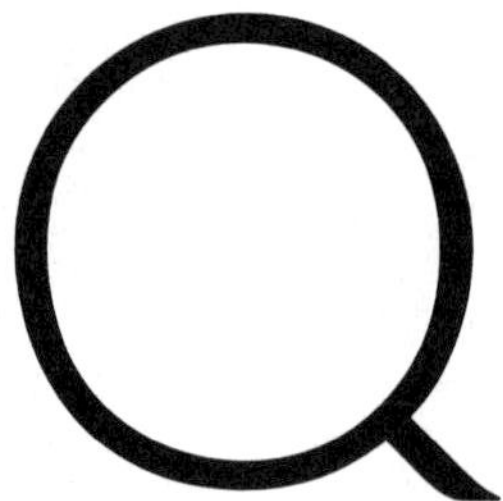

q, Q [ky] *nm* q, Q; fièvre Q Q fever.
q *abr écrite de* quintal.
Qatar [katar] *npr m*: le ~ Qatar, Katar.
QCM (*abr de* questionnaire à choix multiple) *nm* multiple-choice questionnaire.
QG (*abr de* quartier général) *nm* HQ.
QHS *nm abr de* quartier de haute sécurité.
QI (*abr de* quotient intellectuel) *nm* IQ.
Qom [kɔm] *npr* Qom, Qum.
qqch (*abr écrite de* quelque chose) sthg.
qqe *abr écrite de* quelque.
qqes *abr écrite de* quelques.
qqf *abr écrite de* quelquefois.
qqn (*abr écrite de* quelqu'un) sb.
QSR *nm abr de* quartier de sécurité renforcée.
quadragénaire [kwadraʒenɛr] ◇ *adj* forty-year-old, quadragenarian; elle est ~ she's over forty OU in her forties.
◇ *nmf* forty-year-old man (*f* woman), quadragenarian; un sémillant ~ a dashing forty-year old.
quadragésime [kwadraʒezim] *nf* Quadragesima Sunday.
quadrangulaire [kwadrɑ̃gylɛr] *adj* quadrangular, four-angled; une tour ~ a four-sided tower.
quadrant [kwadrɑ̃] *nm* ANAT & GÉOM quadrant.
quadratique [kwadratik] *adj* quadratic; système ~ tetragonal system.
quadrature [kwadratyr] *nf* -**1.** GÉOM quadrature, squaring; ~ du cercle squaring the circle; c'est la ~ du cercle it's like trying to square a circle OU to get a quart into a pint pot. -**2.** ASTRON quadrature. -**3.** MATH integration.
quadriceps [kwadrisɛps] *nm* quadriceps.
quadrichromie [kwadrikrɔmi] *nf* four-colour processing OU printing.
quadriennal, e, aux [kwadrijenal, o] *adj* quadrennial, four-year *(avant n)*.
quadrifide [kwadrifid] *adj* quadrifid.
quadrilatéral, e, aux [kwadrilateral, o] *adj* quadrilateral, four-sided.
quadrilatère [kwadrilatɛr] ◇ *adj* quadrilateral.
◇ *nm* GÉOM & MIL quadrilateral.
quadrillage [kadrijaʒ] *nm* -**1.** [réseau] grid; ~ international standard grid; ~ des rues grid arrangement OU layout of streets. -**2.** [tracé] grid OU criss-cross pattern; pour dessiner, tu peux utiliser le ~ de ton cahier you can use the squares on your exercise-book to make your drawing. -**3.** [division] division; ~ administratif division into administrative areas; ~ hospitalier hospital area division. -**4.** [contrôle] surveillance; les gangsters se sont enfuis malgré le ~ mis en place par la police the gangsters got away despite the tight police controls. -**5.** [sur une carte] grid, graticule.
quadrille [kadrij] *nm* quadrille; le ~ des lanciers the lancers.
quadrillé, e [kadrije] *adj* squared, cross-ruled.
quadriller [3] [kadrije] *vt* -**1.** [papier] to criss-cross, to mark into squares. -**2.** [surveiller] to surround; la police quadrille le quartier police presence is heavy in the district. -**3.** [être réparti sur] to be scattered about OU dotted over; les pylônes quadrillent la région pylons criss-cross OU are dotted all over the area.
quadrimoteur [kwadrimɔtœr] ◇ *adj m* four-engined.
◇ *nm* four-engined plane.
quadripartite [kwadripartit] *adj* -**1.** BOT quadripartite. -**2.** [conférence, commission] quadripartite; réunion ~ [de groupements] quadripartite meeting; [de pays] meeting between four countries; [de partis] four-party meeting.
quadriphonie [kwadrifɔni] *nf* quadraphony, quadraphonics *(sg)*.
quadriplégie [kwadripleʒi] *nf* quadriplegia, tetraplegia.
quadripolaire [kwadripɔlɛr] *adj* quadripolar.
quadripôle [kwadripol] *nm* quadripole.
quadriréacteur [kwadrireaktœr] ◇ *adj m* four-engined.
◇ *nm* four-engined plane OU jet.
quadrisyllabe [kwadrisilab] *nm* quadrisyllable, tetrasyllable.
quadrisyllabique [kwadrisilabik] *adj* quadrisyllabic, tetrasyllabic.
quadrivalent, e [kwadrivalɑ̃, ɑ̃t] *adj* quadrivalent, tetravalent.
quadrumane [k(w)adryman] ◇ *adj* quadrumanous.
◇ *nm* quadrumane; les ~s the quadrumana.
quadrupède [k(w)adrypɛd] ◇ *adj* quadruped, four-footed.
◇ *nm* quadruped.
quadruple [k(w)adrypl] ◇ *adj* quadruple.
◇ *nm* quadruple; j'ai gagné 100 francs et le vendeur le ~ I earned 100 francs and the seller four times that.
quadrupler [3] [k(w)adryple] ◇ *vi* to quadruple, to increase fourfold; ses revenus ont quadruplé depuis l'année dernière her income has increased fourfold OU quadrupled since last year, she earns four times more than she did last year.
◇ *vt* to increase fourfold, to quadruple.
quadruplés, ées [k(w)adryple] *nm, f pl* quadruplets, quads.
quadruplex [kwadryplɛks] ◇ *adj inv* quadruplex.
◇ *nm inv* quadruplex system.
quai [kɛ] *nm* -**1.** [d'une gare] platform; le train est à ~ the train is in; arrivée du train au ~ numéro cinq train arriving on platform five. -**2.** NAUT quay, wharf; arriver à ~ to berth; le navire est à ~ the ship has berthed. -**3.** [berge] bank, embankment; sur les ~s de la Seine on the banks of the Seine. -**4.** [rue bordant un fleuve] street; prendre les ~s to drive along the river *(in a town)*; le Quai [le Quai d'Orsay] the (French) Foreign Ministry; [le Quai des Orfèvres] Police Headquarters *(in Paris)*. -**5.** TECH platform.

QUAI:
Note that the names "Quai d'Orsay" and "Quai des Orfèvres" are often used to refer to the government departments situated on the streets of the same name (the foreign office and the police department respectively). "Le quai de Conti" is sometimes used to refer to the Académie française.

---

quaker, eresse [kwɛkœr, kwɛkrɛs] *nm, f* Quaker (*f* Quakeress); les ~s the Quakers, the Society of Friends.
qualifiable [kalifjabl] *adj* -**1.** SPORT [athlète, concurrent] liable to qualify. -**2.** [descriptible]: son attitude n'est pas ~ his attitude can't be justified; les atrocités qu'ils ont commises ne sont pas ~s there are no words to describe the atrocities they committed.
qualificatif, ive [kalifikatif, iv] *adj* qualifying.
◆ **qualificatif** *nm* -**1.** [mot] term, word; ce ~ suave ne lui convient guère! she hardly deserves to be described in such a pleasant way! -**2.** LING qualifier, modifier.
qualification [kalifikasjɔ̃] *nf* -**1.** [formation] qualification, skill; elle n'a aucune ~ pour s'occuper d'enfants she's not qualified to look after children; sans ~ unskilled; il n'a pas les ~s requises pour ce poste he's not qualified OU he hasn't got the right qualifications for this job ❑ ~ professionnelle professional qualifications. -**2.** SPORT preliminary, qualifying; obtenir sa ~ to qualify ❑ épreuves/match de ~ qualifying heats/match. -**3.** [appellation] name; la ~ de faussaire paraît exagérée the term forger seems a bit extreme. -**4.** JUR legal definition.
qualifié, e [kalifje] *adj* -**1.** [compétent] skilled, qualified; elle est ~e pour remplir cette tâche she's qualified to do this task; un professeur ~ a qualified teacher. -**2.** SPORT [choisi] qualifying; les joueurs ~s the qualifying players. -**3.** JUR aggravated.
qualifier [9] [kalifje] *vt* -**1.** [appeler]: ~ qqn/qqch de... to describe sb/sthg as...; il qualifie tout le monde de snob he calls OU dubs everybody a snob; un incident que l'ambassade qualifie de grave an incident described as serious by the embassy. -**2.** [apprécier] to consider; je ne sais comment ~ son attitude I

don't know what to think of his attitude. -**3.** [conférer la capacité de] to qualify; **son expérience la qualifie parfaitement pour ce poste** her experience qualifies her perfectly for this job. -**4.** SPORT to qualify. -**5.** LING to qualify, to modify.

◆ **se qualifier** ◇ *vp (emploi réfléchi)*: **se ~ de** [se dire] to call o.s.; **elle se qualifie volontiers d'artiste** she likes to call herself an artist.

◇ *vpi* [être choisi] to qualify; **se ~ pour une finale** to qualify for OU to get through to a final.

qualitatif, ive [kalitatif, iv] *adj* qualitative; **d'un point de vue ~** from a qualitative point of view.

qualitativement [kalitativmɑ̃] *adv* qualitatively.

qualité [kalite] *nf* -**1.** [caractéristique d'une personne] quality, virtue; **elle a beaucoup de ~s** she has many (good) qualities; **les ~s et les défauts** good and bad qualities; **~s morales/intellectuelles** moral/intellectual qualities; **avoir des ~s de cœur** to have a good heart. -**2.** [propriété d'une chose] quality, property; **cette plante a des ~s laxatives** this plant has laxative properties; **leur nouvelle maison a beaucoup de ~s** their new house has many good points OU positive features. -**3.** [niveau] quality, grade; **~ ordinaire** standard OU regular grade; **~ médiocre** poor quality; **~ inférieure** low grade; **la ~ de l'impression est insuffisante/bonne** the quality of the printing is inadequate/good; **de ~ inférieure** low-quality, shoddy; **10 points pour la ~ artistique** 10 points for artistic merit; **un pneumologue de sa ~** a lung specialist of his calibre ❑ **~ de vie** quality of life. -**4.** [statut] position; JUR quality, capacity; **nom, prénom, âge et ~** name, first name, age and occupation; **avoir ~ pour faire qqch** to be entitled to do sthg; **je n'ai pas ~ pour vous soigner** [je ne suis pas médecin] I'm not qualified to treat you; [je n'y suis pas autorisé] I am not authorized to treat you; **qui a ~ pour décider, ici?** who's entitled OU empowered to decide around here? -**5.** [supériorité qualitative] quality; **la ~ et la quantité** quality and quantity; **la ~ se paie** you get what you pay for. -**6.** PHILOS quality. -**7.** ÉLECTR & TÉLÉC: **facteur de ~** quality factor.

◆ **qualités** *nfpl* [mérites] skills, qualifications; **pensez-vous avoir les ~s requises?** do you think you've got the required skills?

◆ **de qualité** *loc adj* -**1.** [de luxe] quality *(modif)*, high-standard; **vêtements de ~** quality clothes; **un immeuble de ~ dans un cadre agréable** a luxury residence in pleasant surroundings. -**2.** *vieilli* [noble] noble.

◆ **en qualité de** *loc prép*: **en ~ de tuteur, je peux interdire à ma pupille de se marier** in my capacity as guardian, I can forbid my ward to marry; **en ma ~ de chef de l'opposition, je...** as leader of the opposition, I...

◆ **ès qualités** *loc adv* ADMIN & JUR in one's official capacity; **le ministre n'est pas intervenu ès ~s, mais à titre personnel** the minister intervened in a personal rather than an official capacity.

quand [kɑ̃] ◇ *conj* -**1.** [lorsque] when; **réveille-moi ~ tu partiras** wake me when you leave; **~ tu le verras, demande-lui de me téléphoner** when you see him, ask him to ring me; **elle venait de partir ~ il arriva** she had just left when he arrived; **je te donnerai une réponse ~ j'aurai reçu sa lettre** I'll give you a reply when I get his/her letter; **je le préfère ~ il est de bonne humeur** I prefer him when he is in a good mood; **~ j'ai le temps, j'aime bien aller au cinéma** when I have the time, I like to go to the cinema; **~ je te disais qu'il serait en retard!** I TOLD you he'd be late!; **~ je pense à l'argent que j'ai dépensé!** when I think OU to think of the money I spent! ❑ **~ il n'y en a plus il y en a encore** *fam* there's plenty more where that came from; **~ le vin est tiré, il faut le boire** *prov* you've made your bed and must lie in it. -**2.** [alors que] when; **elle se promène ~ elle doit garder la chambre** she's up and about when she should be in bed; **pourquoi rester enfermé ~ il fait si beau dehors?** why stay cooped up when it's so lovely outside?; **pourquoi rester ici ~ on pourrait partir en week-end?** why stay here when we could go away for the weekend? -**3.** [introduisant une hypothèse] even if; **~ il serait le plus riche des hommes, elle n'en voudrait pas** even if he were the richest man in the world, she wouldn't want to have anything to do with him; **et ~ ce serait, j'ai bien le droit de rêver** even if that is the case, I'm allowed to dream, aren't I?

◇ *adv* when; **~ travaille-t-il?** when does he work?; **~ viendras-tu nous voir?** when will you come and visit us?; **je ne sais pas encore ~ je pars** I don't know when I'm leaving yet; **depuis ~ es-tu là?** how long have you been here?; **à ~ le mariage?** when's the wedding?; **jusqu'à ~ restez-vous?** until when OU how long are you staying?; **c'est pour ~, ce mariage?** when is this wedding going to happen?; **~ est-ce que tu y vas?** *fam* when are you going there?

◆ **quand bien même** *loc conj* even if; **j'irai, ~ bien même je devrais y aller à pied!** I'll go, even if I have to go on foot!

◆ **quand même** ◇ *loc conj sout* even though, even if; **~ même tu lui dirais vingt fois, elle oublierait toujours** even if you told her twenty times, she would still forget.

◇ *loc adv*: **c'était ~ même bien** it was still good, it was good all the same; **je pense qu'il ne viendra pas, mais je l'inviterai ~ même** I don't think he'll come but I'll invite him all the same; **tu pourrais faire attention ~ même!** you really should be more careful!

quant [kɑ̃]

◆ **quant à** *loc prép* as for OU to; **~ aux photos, je ne les ai même jamais vues** as for the photographs, I never even saw them; **~ à la publication de l'ouvrage, elle devrait avoir lieu en juin** as for OU regarding the publication of the work, it should take place in June; **je partage votre opinion ~ à ses capacités** I share your opinion about his ability; **~ à lui** as for him; **~ à vous, tenez-vous tranquilles** as for you, just keep quiet; **~ à ce que vous nous proposez...** as for your proposal...

quanta [kwɑ̃ta] *pl* → **quantum**.

quant-à-soi [kɑ̃taswa] *nm inv*: **rester** OU **se tenir sur son ~** to remain distant OU aloof; **chacun reste sur son ~** everyone remains aloof.

quantième [kɑ̃tjɛm] *nm* day (and date) of the month; **la lettre ne spécifie pas le ~ du mois pour la livraison** the letter doesn't specify what day of the month delivery is to be made; **dû le jour ayant le même ~** JUR due on the same day and date.

quantifiable [kɑ̃tifjabl] *adj* quantifiable.

quantificateur [kɑ̃tifikatœr] *nm* quantifier.

quantification [kɑ̃tifikasjɔ̃] *nf* -**1.** PHILOS quantification. -**2.** PHYS quantization.

quantifier [9] [kɑ̃tifje] *vt* -**1.** PHILOS to quantify. -**2.** PHYS to quantize.

quantique [kwɑ̃tik] ◇ *adj* quantic; **nombre ~** quantic number.

◇ *nf* quantum mechanics.

quantitatif, ive [kɑ̃titatif, iv] *adj* -**1.** [concernant la quantité] quantitative; **évaluation quantitative des résultats des tests** quantitative analysis of test results. -**2.** [reposant sur des statistiques] quantitative; **l'histoire quantitative** quantitative history. -**3.** LING quantitative; **terme ~** quantifier.

quantitativement [kɑ̃titativmɑ̃] *adv* quantitatively.

quantité [kɑ̃tite] *nf* -**1.** [mesure] amount, quantity; **quelle ~ de lessive faut-il mettre?** how much detergent do you have to put in?; **petites ~s de peinture/vitamines** small amounts of paint/doses of vitamins; **une ~ de** lots of, a lot of, a great many; **il y a une ~ de boîtes en carton dans le couloir** there are a lot of cardboard boxes in the corridor; **une ~ industrielle de** *fam* masses and masses of, heaps and heaps of. -**2.** SC [grandeur] quantity; **~ constante/variable** constant/variable quantity; **~ d'électricité** quantity OU charge of electricity; **~ de lumière** quantity of light; **~ de mouvement** linear momentum. -**3.** *loc*: **~ négligeable**: **tenir qqn/qqch pour ~ négligeable** to disregard sb/sthg; **traiter qqn/qqch comme une ~ négligeable** to treat sb/sthg as unworthy of consideration; **il considère mon avis comme ~ négligeable** he doesn't care a jot for my opinion. -**4.** PHILOS & LING quantity.

◆ **en quantité** *loc adv* in abundance, in great amounts; **du vin/des prix en ~** lots of wine/prizes; **il y avait du saumon en ~ dans le torrent** there was plenty of salmon in the stream.

◆ **quantité de** *loc dét sout* a great many, lots of; **~ de femmes vous diront que...** a large number of women will tell you that...; **elle trouve ~ de raisons pour ne pas le faire** she finds any amount OU lots of reasons not to do it.

quantum [kwɑ̃tɔm] (*pl* **quanta** [-ta]) *nm* -**1.** MATH & PHYS quantum; **théorie des quanta** quantum theory. -**2.** [montant] amount; **~ des dommages et intérêts** sum of damages. -**3.** [proportion] proportion, ratio.

quarantaine [karɑ̃tɛn] *nf* -**1.** [nombre] about forty; **une ~ de chevaux** about forty OU forty or so horses. -**2.** [âge]: **avoir la ~** to be in one's forties; **elle frise la ~** she's pushing forty. -**3.** [isolement] quarantine. -**4.** BOT annual OU hairy stock.

◆ **en quarantaine** ◇ *loc adj* -**1.** MÉD & VÉTÉR in quarantine. -**2.** *fig* excluded, ostracized.

◇ *loc adv*: **mettre en ~** MÉD & VÉTÉR to quarantine; *fig* to ostracize, to exclude.

quarante [karɑ̃t] ◇ *adj num card inv* forty; **elle a ~ de fièvre** her temperature is 40° C; **en ~** [en 1940] in 1940.

◇ *nm inv* -**1.** [numéro] forty; **ils habitent au ~** they live at number 40; **les Quarante** the French Academy. -**2.** TENNIS forty; **~ partout** deuce.

quarante-cinq-tours [karɑ̃tsɛ̃tur] *nm inv* 45 (rpm), single.

quarantenaire [karɑ̃tnɛr] ◇ *adj* -**1.** [qui dure quarante ans] forty-year *(avant n)*. -**2.** MÉD: **maladie ~** notifiable *Br* OU quarantinable *Am* disease.

◇ *nm* [lieu] quarantine.

◇ *nf* [maladie] notifiable *Br* OU quarantinable *Am* disease.

quarantième [karɑ̃tjɛm] ◇ *adj num ord* fortieth.

◇ *nmf* fortieth; **la ~ a été déclassée** the fortieth (one) was relegated.

◇ *nm* -**1.** [fraction] fortieth; **le ~ de cette somme ne représente pas grand-chose** the fortieth (part) of that sum doesn't amount to much. -**2.** NAUT: **les ~s rugissants** the roaring forties.

quart[1] [kar] *nm* -**1.** [quatrième partie] quarter; **5 est le ~ de 20** 5 is a quarter of 20; **un ~ de beurre** a quarter (of a pound) of butter; **un ~ de la tarte** one quarter of the tart; **un ~ de cidre** a quarter (of a litre) of cider; **un kilo et ~, un kilo un ~** a kilo and quarter, one and a quarter kilos ❑ **un ~ de cercle** [gén] a quarter (of a) circle; GÉOM a quadrant; **~ de finale** quarter final; **un ~ de tour** a quarter turn; **au ~ de poil** *fam* perfectly; **le frigo rentre au ~ de poil** the fridge just fits; **démarrer** OU **partir au ~ de tour** *pr & fig* to start first go; **notre prof a démarré au ~ de tour avec les sous-ensembles** *fam* the teacher wasted no time and got us going on subsets. -**2.** MUS: **~ de soupir** semiquaver *Br* OU sixteenth *Am* rest; **~ de ton** quarter tone. -**3.** [période de quinze minutes] quarter of an hour, quarter hour *Am*; **l'horloge sonne tous les ~s** the clock chimes on the quarter of every hour; **c'est le ~ qui sonne** that's the bell for quarter past; **une heure et ~** a quarter past one; **une heure moins le ~** a quarter to one; **viens au ~** *fam* get here at a quarter past; **j'étais là à moins**

le ~ *fam* I was there at a quarter to. -**4.** [petite quantité] fraction; **il dit cela mais il n'en pense pas le ~** that's what he says but he doesn't really mean it. -**5.** NAUT [garde] watch; [aire de vent] rhumb; **prendre le ~** to take the watch; **être de ~** to be on watch OU duty ❑ **petit ~** dogwatch; **grand ~** six hour (evening) watch. -**6.** [bouteille ou pichet] quarter litre. -**7.** [gobelet] (quarter litre) mug OU beaker. -**8.** *fam* **~ de brie** [nez] conk *Br*, schnoz *Am*.

quart[2], **e**[1] [kar, kart] *adj vieilli* fourth.

quart-de-finaliste [kardəfinalist] (*pl* quart-de-finalistes) *nmf* quarterfinalist.

quart d'heure [kardœr] (*pl* quarts d'heure) *nm* -**1.** [quinze minutes] quarter of an hour; **je suis resté un ~ devant la porte** I stood at the door for a quarter of an hour; **cela va te prendre au moins trois quarts d'heure** it'll take you at least three quarters of an hour. -**2.** *loc*: **le ~ américain** *the time when the girls can invite the boys to dance (at a party)*; **passer un mauvais ~** *fam* to have a bad time of it; **le ~ de Rabelais** the hour of reckoning, the dreaded moment *hum*; **le dernier ~** the very last minutes.

quarte[2] [kart] *nf* -**1.** TÉLÉC quad; **câble à ~s** quad cable. -**2.** MUS fourth. -**3.** ESCRIME quarte. -**4.** CARTES quart.

quarté [karte] *nm* forecast *(of the first four horses)*.

quarteron, onne [kartərɔ̃, ɔn] *nm, f* [métis] quadroon.

◆ **quarteron** *nm péj* [petit nombre] bunch, gang; **un ~ de politiciens véreux** a bunch of shady politicians.

quartet [kwartɛ] *nm* INF fourbit byte.

quartette [kwartɛt] *nm* MUS quartet, quartette.

quartier [kartje] *nm* -**1.** [division d'une ville] district, area; **le ~ des affaires** the business district; **le ~ juif** the Jewish quarter OU area; **le ~ chinois** Chinatown; **le ~** the neighbourhood; **je ne suis pas du ~** I'm not from around here; **c'est un garçon du ~** he's a local boy ❑ **les beaux ~s** fashionable districts; **les bas ~s** the less salubrious parts of town; **les vieux ~s** the old town OU quarter (of town); **le Quartier latin** the Latin Quarter *(area on the Left Bank of the Seine traditionally associated with students and artists)*. -**2.** MIL quarters; **le ~ est à l'autre bout de la ville** the barracks are on the other side of the town ❑ **~ général** *pr* & *fig* headquarters; **la bande a établi son ~ général près de la gare** the gang set up its headquarters near the station; **grand ~ général** General Headquarters; **~s d'hiver** winter quarters; **prendre ses ~s d'hiver à...** to winter at...; **avoir ~ libre** MIL to be off duty; *fig* to be free. -**3.** [partie d'une prison] wing; **~ de haute sécurité** OU **de sécurité renforcée** high- OU top-security wing. -**4.** [quart] quarter; **un ~ de pomme** a quarter of an apple || [morceau] portion, section; **un ~ d'orange** an orange segment; **un ~ de bœuf** a quarter of beef. -**5.** ASTRON quarter; **la Lune est dans son premier/dernier ~** the Moon is in its first/last quarter. -**6.** HÉRALD quarter. -**7.** [degré de descendance noble]: **un prince à seize ~s** a prince of noble descent through all of his great-great-grandparents ❑ **~s de noblesse** degree of noble descent; **avoir ses ~s de noblesse** to be well established. -**8.** [pitié] mercy, quarter; **l'armée victorieuse n'a pas fait de ~** the victorious army gave no quarter; **pas de ~!** no quarter! -**9.** [d'une chaussure] quarter; [d'une selle] (half) panel. -**10.** ZOOL [partie du sabot] quarter. -**11.** MIN (overseers) district. -**12.** *Belg* [appartement] one-bedroom flat.

◆ **de quartier** *loc adj* [médecin, cinéma] local.

quartier-maître [kartjemɛtr] (*pl* quartiers-maîtres) *nm* -**1.** HIST & MIL quartermaster. -**2.** NAUT leading seaman.

quartile [kwartil] *nm* quartile.

quart(-)monde [karmɔ̃d] (*pl* quarts mondes OU quarts-mondes) *nm*: **le ~** [ensemble de pays] the least developed countries, the Fourth World; [dans un pays] the poor.

quarto [kwarto] *adv* fourthly.

quartz [kwarts] *nm* quartz.

◆ **à quartz** *loc adj* quartz *(modif)*.

quartzifère [kwartsifɛr] *adj* quartziferous.

quasar [kwazar] *nm* quasar.

quasi [kazi] ◇ *adv* = **quasiment**.

◇ *nm* chump end.

quasi- [kazi] *préf* quasi-, near, almost; **j'en ai la ~certitude** I'm virtually certain; **la ~totalité de...** almost the whole...

quasi-contrat [kazikɔ̃tra] (*pl* quasi-contrats) *nm* quasi-contract, implied contract.

quasi-délit [kazideli] (*pl* quasi-délits) *nm* criminal negligence.

quasiment [kazimɑ̃] *adv* almost, practically; **attends-moi, j'ai ~ fini** wait for me, I've nearly finished; **c'est ~ la même chose** it's more or less the same.

Quasimodo [kazimɔdo] ◇ *nf* RELIG Quasimodo, Low Sunday.

◇ *npr* LITTÉRAT Quasimodo, the hunchback of Notre-Dame.

quasi-monnaie [kazimɔnɛ] (*pl* quasi-monnaies) *nf* near money, quasi-money.

quaternaire [kwatɛrnɛr] ◇ *adj* -**1.** GÉOL Quaternary; **ère ~** Quaternary era. -**2.** CHIM & MATH quaternary.

◇ *nm* GÉOL Quaternary (period).

quaterne [kwatɛrn] *nm group of four winning numbers on the same line (of a loto ticket)*.

quaternion [kwatɛrnjɔ̃] *nm* quaternion MATH.

quatorze [katɔrz] ◇ *adj num card inv* -**1.** fourteen. -**2.** [quatorzième] fourteenth; **à ~ heures** at 2 p.m.; **en ~** during World War I ❑ **le 14 Juillet** Bastille Day, the fourteenth of July; **la guerre de ~** World War I, the First World War; **c'est parti comme en ~!** *fam hum* off we go, lads!; **c'est reparti comme en ~!** *hum* once more into the breach! *hum*.

◇ *nm inv* (number) fourteen.

quatorzième [katɔrzjɛm] ◇ *adj num ord* fourteenth.

◇ *nmf* fourteenth.

◇ *nm* [fraction d'un tout] fourteenth.

quatorzièmement [katɔrzjɛmmɑ̃] *adv* in (the) fourteenth place.

quatrain [katrɛ̃] *nm* quatrain.

quatre [katr] ◇ *adj num card inv* -**1.** four; **les ~ vertus cardinales** the cardinal virtues. -**2.** AUT: **4 x 4 = quatre-quatre**. -**3.** *loc*: **il lui fallait se tenir à ~ pour ne pas rire/parler** he had to bite his lip not to laugh/to bite his tongue not to speak; **faire les ~ cents coups: il a fait les ~ cents coups dans sa jeunesse** he sowed his wild oats when he was young; **cet enfant fait les ~ cents coups** that child's a bit of a handful; **il n'y est pas allé par ~ chemins** he came straight to the point OU didn't beat about the bush; **aux ~ coins de la chambre** in the four corners of the room; **ils viennent des ~ coins du monde** they come from the four corners of the world; **jouer aux ~ coins** JEUX *to run from one corner of a room to another trying to reach a corner before the player standing in the middle*; **être tiré à ~ épingles** to be immaculately dressed OU dressed to the nines; **les ~ fers en l'air** *fam* flat on one's back; **il s'est retrouvé les ~ fers en l'air** he fell flat on his back; **un de ces ~ matins** one of these days; **être enfermé entre ~ murs** to be shut away indoors; **être entre ~ planches** *fam* to be six foot under; **~ sous** *fam*: **il a eu vite dépensé ses ~ sous** he soon spent the little money he had; **ça ne vaut pas ~ sous** it's not worth tuppence *Br* OU a red cent *Am*; **bague de ~ sous** cheap ring; **hôtel de ~ sous** cut-price OU low-rate hotel; **les ~ vents** *litt* [les quatre points cardinaux] the four points of the compass; **être logé aux ~ vents** to live in a draughty old place; **dire ses ~ vérités à qqn** to give sb a piece of one's mind; **faire les ~ volontés de qqn** to pander to sb's every whim; **se mettre en ~ pour qqn** to go to no end of trouble OU to bend over backwards for sb; **se mettre en ~ pour faire qqch** to go out of one's way to do sthg.

◇ *nm inv* -**1.** [nombre] four. -**2.** NAUT four; **~ avec/sans barreur** coxed/coxless four.

◆ **à quatre mains** MUS ◇ *loc adj*: **morceau à ~ mains** piece for four hands.

◇ *loc adv*: **jouer à ~ mains** to play a duet.

◆ **à quatre pattes** *loc adv* on all fours; **marcher à ~ pattes** to walk on all fours; **se mettre à ~ pattes** to go down on all fours.

◆ **comme quatre** *loc adv*: **boire/manger/parler comme ~** to eat/to drink/to talk a lot; **avoir de l'esprit comme ~** to be a bit of a wit.

Quatre-Cantons [katrkɑ̃tɔ̃] *npr mpl*: **le lac des ~** lake Lucerne.

quatre-cent-vingt-et-un [kat(rə)sɑ̃vɛ̃teœ̃] *nm inv simple dice game usually played in cafés: the loser pays for a round of drinks*.

quatre-épices [katrepis] *nm inv* allspice.

quatre-feuilles [katrəfœj] *nm inv* quatrefoil.

quatre-mâts [katrəma] *nm inv* four-master.

quatre-quarts [katkar] *nm inv* ≃ pound cake *(without fruit)*.

quatre-quatre [katkatr] ◇ *adj inv* four-wheel drive.

◇ *nm inv* OU *nf inv* four-wheel drive (vehicle).

quatre-saisons [kat(rə)sɛzɔ̃] *nf inv* [légume] second-crop OU second-cropping vegetable; [fruit] second-crop OU second-cropping fruit; **une fraise ~** a second-crop OU second-cropping strawberry, a perpetual-fruiting strawberry.

quatre-vingt [katrəvɛ̃] *adj num ord inv* eighty; **page ~** page eighty.

quatre-vingt-dix [katrəvɛ̃dis] ◇ *adj num card inv* ninety.

◇ *nm inv* -**1.** [nombre] ninety. -**2.** *fam* [sur une voiture] *sticker showing the maximum speed at which a new licence holder can drive a car*; **pas étonnant, c'est un ~!** no wonder, he's only just passed his test!

quatre-vingtième [katrəvɛ̃tjɛm] ◇ *adj num ord* eightieth.

◇ *nmf* & *nm* eightieth.

quatre-vingts [katrəvɛ̃] ◇ *adj num card* eighty; **~ personnes** eighty people.

◇ *nm inv* eighty.

quatrième [katrijɛm] ◇ *adj num ord* fourth.

◇ *nmf* fourth.

◇ *nf* -**1.** ENS ≃ third form *Br*, ≃ ninth grade *Am*. -**2.** DANSE fourth position.

◆ **en quatrième vitesse** *fam loc adv* in a hurry, at breakneck speed; **rapporte ce livre à la bibliothèque, et en ~ vitesse!** take this book back to the library and be quick about it!; **j'ai bu mon café en ~ vitesse** I drank my coffee in a rush.

quatrièmement [katrijɛmmɑ̃] *adv* fourthly, in (the) fourth place.

quatrillion [katriljɔ̃] *nm* quadrillion *Br*, septillion *Am*.

quatuor [kwatɥɔr] *nm* -**1.** MUS quartet; **~ à cordes/vent** string/wind quartet. -**2.** *fam* [groupe] foursome.

que [kə] (*devant voyelle ou h muet* qu' [k]) ◇ *adv* -**1.** [combien]: **~ tu es naïf!** you're so naive!, aren't you naive!; **~ de bruit ici!** it's so noisy here!, what a lot of noise there is in here!; **~ d'assurance chez une femme si jeune!** so much self-confidence in such a young woman!; **~ de choses à faire dans une maison!** there are so many things to do in a house!; **qu'il a un grand nez!** he's got such a big nose!; **qu'est-ce ~ tu es bête!** *fam* you're (ever) so stupid!; **qu'est-ce ~ c'est bon!** it's delicious!, it's so good!; **qu'est-ce qu'il m'a déçu!** he really disappointed me! -**2.** [combiné avec une interr]: **~ m'importent ses états d'âme!** what do I care about what he feels! || *sout* [pourquoi] why; **~ ne l'as-tu (pas) dit plus tôt!** why didn't you say so earlier?, I wish you had said so OU that earlier!; **~ viens-tu parler de rendement?** why on earth are you talking about productivity?

◇ *pron rel* -**1.** [représente une personne] whom, that, which; **la fille qu'il a épousée** the girl (whom) he married; **sa sœur, ~ je n'avais pas vue depuis 10 ans, était là aussi** her sister, whom OU who I hadn't seen for 10 years, was there too; **le responsable ~ j'ai vu** the official (whom OU that) I saw; **la femme qu'elle était devenue** the woman (that) she'd become. **-2.** [représente un animal] which, that, whom; **les chenilles ~ les enfants ont rapportées** the caterpillars (which OU that) the children brought back; **et voici Pozo, ~ j'ai eu quand c'était un chiot** and this is Pozo, whom I've had since he was a puppy. **-3.** [représente une chose, une idée] which, that; **le contrat ~ j'ai signé** the contract (which OU that) I signed; **la dernière lettre qu'il a écrite** the last letter (which OU that) he wrote; **la chose la plus drôle ~ j'aie jamais entendue** the funniest thing I've ever heard ❑ **je ne suis pas la seule, ~ je sache** I'm not the only one as far as I know. **-4.** [pour souligner une caractéristique]: **malheureux ~ vous êtes!** you unfortunate man!; **fatiguée qu'elle était, elle continuait à l'aider** [malgré sa fatigue] tired though OU as she was, she carried on helping him; **de timide qu'il était, il est devenu expansif** once a shy man, he's now an extrovert; **toute jaune qu'elle était, l'eau!** *fam* the water was all yellow, really it was!; **en bon père/électricien qu'il était** being the good father/electrician he was; **bel exploit ~ le sien!** what he's done is quite a feat!; **drôles de gens ~ ces gens-là!** strange people, those!; **une chance, ~ cette panne!** very lucky, this breakdown! **-5.** [dans des expressions de temps, de durée]: **voici 3 mois ~ je ne joue plus** it's 3 months since I stopped playing, I haven't played for 3 months; **ça fait deux heures ~ j'attends** I've been waiting for two hours; **un jour ~...** one day when...; **un soir qu'il faisait très chaud** one very hot evening, one evening when the weather was very hot; **le temps ~ tu te prépares, il sera trop tard** by the time you're ready it'll be too late; **il n'y a pas longtemps qu'elle l'a vendu** it wasn't long ago that she sold it; **il y a bien longtemps ~ je le sais** I've known for a long time; **chaque fois que je m'absente, il téléphone** every time I'm out he phones.

◇ *pron interr* **-1.** [dans le discours direct] what; **~ se passe-t-il?** what's happening?; **qu'y a-t-il?** what's the matter?; **~ dis-tu?** what are you saying?; **~ devient-elle?** what's become of her?; **qu'est-ce ~ ça veut dire?** what does it mean?; **qu'est-ce ~ tu lis/fais?** what are you reading/doing?; **qu'est-ce ~ je vois/j'entends?** [ton menaçant ou hum] what is this I see/hear?; **qu'est-ce ~ la liberté?** what is freedom?; **qu'est-ce ~ c'est que cette horreur?** what's that monstrosity? **-2.** [dans le discours indirect] what; **je ne sais plus ~ penser** I don't know what to think anymore; **je ne sais ~ devenir** I don't know what to do with myself.

◇ *conj* **-1.** [après des v déclaratifs ou des v d'évaluation] that; **je sais ~ je peux le faire** I know (that) I can do it; **crois-tu qu'il se serait excusé?** do you think he'd have apologized?; **ne crains-tu pas qu'il oublie** OU **qu'il n'oublie?** aren't you afraid (that) he might forget?; **il est possible ~ je revienne** I may come back; **il est surprenant qu'elle n'ait pas téléphoné** it's strange (that) she hasn't phoned; **il est fort dommage ~ vous n'ayez pas été là** it's a real shame (that) you weren't there; **exigez qu'on vous indemnise** demand compensation OU to be compensated; **je préférerais qu'on me laisse à l'écart de tout cela** I'd rather be left out of all this; **il dit qu'il était déçu** he said (that) he was disappointed; **elle murmura qu'elle devait s'en aller** she whispered that she had to go; **où il est dit ~ la nature se suffit à elle-même** in which the reader learns that nature is sufficient unto itself ‖ [en début de proposition]: **~ leur fils ait fugué, cela ne devrait pas nous surprendre** the fact that their son ran away shouldn't come as a surprise to us; **~ vous ayez raison, c'est bien évident** it's quite obvious (that) you're right; **~ tu pleures ne changera rien** your OU you crying won't change anything. **-2.** *(à valeur circonstancielle)* [et déjà] than; **il n'a pas fini de lire un roman qu'il en commence un autre** no sooner has he finished one novel than he starts reading another ‖ [afin que] so than; **approche-toi, ~ je te voie mieux** come closer so that I can see you better; **parle plus fort, ~ l'on t'entende** speak up so that we can hear you ‖ [à tel point que]: **elle tousse ~ ça réveille tout le monde** *fam* she coughs so much (that) she wakes everybody up; **il est têtu ~ ça en devient un vrai problème** *fam* he's so OU that stubborn (that) it's a real problem; **êtes-vous fou ~ vous risquiez votre vie pour un inconnu?** *litt* are you so crazy that you're willing to risk your life for a stranger? ‖ *dial* [parce que]: **ne viens pas, ~ si je te vois je te tue!** don't come, 'coz if I see you I'll kill you! **-3.** *(suivi du subj)* [pour formuler un ordre, un souhait, une éventualité]: **qu'elle parle!** [faites-la parler] make her talk!; [laissez-la parler] let her speak!; **~ l'on apporte à boire!** bring some drinks!; **~ le bal commence!** let the dancing begin!; **eh bien, qu'il s'en aille s'il n'est pas content!** he can leave if he doesn't like it!; **~ Dieu nous pardonne** may God forgive us; **qu'il m'attaque et je dis tout** just let him (try and) attack me, and I'll reveal everything. **-4.** *sout* [dans une double hypothèse]: **il me l'interdirait ~ je le ferais quand même** I would do it even if he forbade me to; **aurais-je le moyen d'y aller ~ je n'en aurais pas envie** even had I the means of going, I still would not have the will. **-5.** [répète la conj précédente]: **quand je serai grande et ~ j'aurai un métier** when I'm grown up and (I) have a job; **comme il l'aime/s'il l'aime et qu'elle l'aime...** as/if he loves her and she loves him...; **comme/puisque j'ai horreur de cuisiner et ~ Pierre aussi...** as/since I hate cooking and Pierre (does) too... **-6.** [formule de présentation et d'insistance]: **voici ~ le bus dépasse son arrêt!** lo and behold, the bus goes on past its stop!; **je croyais l'affaire faite et voilà qu'elle n'est pas d'accord** I thought the deal was clinched and now I find she disagrees; **si je n'ai rien dit, c'est ~ je craignais de te vexer** if I said nothing, it was because I was afraid of upsetting you; **~ oui!** oh yes indeed!; **~ non!** certainly not!; **tu n'iras pas ~ ~ si!** you won't go – oh yes I will OU I will too!; **tu ne le savais pas? ~ ~ si!** didn't you know? – oh yes, I did!; **~ tu crois/dis!** *fam* that's what YOU think/say! **-7.** [dans une formule interr]: **est-ce ~ tu viendras?** will you come?; **comment qu'il a fait?** *fam* how did he manage?; **où qu'elle est partie?** *fam* where did she go (to)?

◆ **que... ne** *loc conj* without; **aucune décision n'est prise ~ je ne sois préalablement consulté** no decision is made without my being consulted first.

◆ **que... ou non** *loc conj* whether... or not; **~ tu me croies ou non** whether you believe me or not.

◆ **que... (ou) que** *loc conj* whether... or; **~ je parte ou ~ je reste** whether I go or (whether I) stay; **qu'il fasse beau, qu'il pleuve, je sors me promener** come rain or come shine, I go out for a walk.

Québec [kebɛk] *npr m* **-1.** [province]: **le ~** Quebec; **au ~** in Quebec; **la province de** OU **du ~** Quebec State. **-2.** [ville] Quebec; **à ~** in (the city of) Quebec.

LE QUÉBEC:

Founded by Champlain in 1608, this Canadian province remained predominantly French-speaking after Canada became a British possession in 1763. Today, with French as its official language, it is an active centre of French-Canadian culture.

---

québécisme [kebesism] *nm* Quebec French (turn of) phrase.

québécois, e [kebekwa, az] *adj* from Quebec.

◆ **Québécois, e** *nm, f* Québecois, Quebecker.

◆ **québécois** *nm* LING Canadian French.

Queensland [kwinslɑ̃d] *npr m*: **le ~** Queensland.

quel [kɛl] (*f* quelle, *mpl* quels, *fpl* quelles)

◇ *adj interr* [personne] which; [animal, chose] which, what; **quelle actrice serait capable de jouer ce rôle?** which actress could play this part?; **de ~ côté es-tu?** which OU whose side are you on?; **je ne sais ~s sont ses projets** I don't know what his plans are; **quelle heure est-il?** what's the time?, what time is it?; **quelle sorte d'homme est-ce?** what kind of man is he?

◇ *adj exclam* what; **~ dommage!** what a pity!; **~ idiot!** what a fool!; **~ sale temps!** what terrible weather!; **~ talent chez ce peintre!** what talent this painter has!, what a talented painter!; **il s'est exprimé en japonais, et avec quelle aisance!** he spoke in Japanese, and so fluently too!

◇ *adj rel* [en corrélation avec 'que' - personne] whoever; [- animal] whichever; [- chose] whichever, whatever; **il a refusé de recevoir les nouveaux arrivants, ~s qu'ils fussent** he refused to see the new arrivals, whoever they were; **les mammifères ~s qu'ils soient** all mammals; **quelle que soit l'assurance que vous choisissiez...** whichever the insurance policy you choose...; **il se baigne ~ que soit le temps** he goes swimming whatever the weather.

◇ *pron interr* which (one); **~ est le plus jeune des deux?** which one is the younger of the two?; **de tous vos matches, ~ fut le plus difficile?** of all the matches you've played, which (one) was the most difficult OU which was the most difficult one?

quelconque [kɛlkɔ̃k] ◇ *adj indéf* **-1.** [quel qu'il soit] any, some or other; **si, pour une raison ~, tu ne pouvais pas venir** if, for some reason or other OU if, for any reason, you can't come; **je trouverai bien une excuse ~** I'll find some excuse or other; **une ~ de ses connaissances** some acquaintance of his; **as-tu une ~ idée du prix?** have you got any idea of the price?; **a-t-il une chance ~ de gagner?** has he got any chance OU does he stand the slightest chance of winning? **-2.** MATH & SC any; **un quadrilatère ~** any quadrilateral figure.

◇ *adj* [insignifiant, banal - nourriture, visage] ordinary, plain; [- personne] average, ordinary; [- comédien, film, spectacle] run-of-the-mill, second-rate, (pretty) average; [- exécution, réalisation] mediocre, lacklustre; **moi, je le trouve très ~** I don't think there's anything special about him.

quelle [kɛl] *f* → **quel**.

quelles [kɛl] *fpl* → **quel**.

quel que [kɛlkə] → **quel**.

quelque [kɛlk(ə)] ◇ *adj indéf* **-1.** [un peu de] some; **j'ai eu ~ peine à le reconnaître** I had some difficulty (in) recognizing him; **elle est bizarre depuis ~ temps** she's been acting strangely for a OU some time now. **-2.** *sout* [n'importe quel] some; **je trouverai bien ~ prétexte** no doubt I'll think of some excuse (or other); **~ passant aura ramassé l'argent** some passer-by will have picked up the money; **il trouvera bien une ~ autre excuse** he's bound to find some new excuse or other. **-3.** [en corrélation avec 'que']: **dans ~ pays que tu sois** whichever OU whatever country you may be in; **à ~ heure que ce soit** whatever the time, at whatever time.

◇ *adv sout* **-1.** [approximativement] around, about; **il y a ~ 40 ans de cela** that was about 40 years ago, that was 40 or so years ago. **-2.** [en corrélation avec 'que']: **nous y arriverons, ~ difficile que ce soit** we will manage, however difficult it may be.

◆ **quelques** *adj indéf pl* **-1.** *(sans déterminant)* a few, some; **~s jours plus tard** a few days later; **amène ~s amis** bring some OU a few friends along; **~s dizaines de journalistes** a few dozen journalists ❑ **et ~s** *fam* [et un peu plus] and a bit; ça pèse deux kilos et ~s it's a little OU a bit over two kilos; il était cinq heures et ~s it was just after five o'clock; 250 francs et ~s just over 250 francs. -2. *(avec déterminant)* few; les ~s millions de téléspectateurs qui nous regardent the few million viewers watching us; elle n'a laissé que ces ~s vêtements she only left these few clothes.

◆ **en quelque sorte** *loc adv* -1. [en un sens] as it were, so to speak, in a manner of speaking; c'est en ~ sorte un cheval avec un buste d'homme it is, as it were OU so to speak, a horse with the head and shoulders of a man. -2. [en résumé] in a nutshell, in fact; tu veux, en ~ sorte, refaire le monde in a nutshell OU in fact, you want to set the world to rights.

◆ **quelque chose** *pron indéf* -1. [dans une affirmation] something; elle a ~ chose aux poumons she's (got) something wrong with her lungs; ~ chose me dit que... something tells me that..., I've got the feeling that...; ça m'a fait ~ chose de le revoir 20 ans plus tard I found it really strange seeing him 20 years later; quand il est parti, ça m'a vraiment fait ~ chose when he left, it really affected me; ~ chose de blanc/rouge something white/red; ~ chose de beau something beautiful; elle a fait ~ chose de bien she did a very good thing, she did something very good; il trouvera encore ~ chose de pire à faire he'll find (still) worse to do OU something even worse to do ❑ je vais te corriger, ~ chose de bien! *fam* I'm going to give you a good OU proper hiding! -2. [dans une question, une négation, une hypothèse] anything, something; tu veux ~ chose à manger? do you want something OU anything to eat?; s'il m'arrivait ~ chose, contactez mon notaire if anything OU something should happen to me, contact my solicitor; ~ chose ne va pas? is there anything wrong?, is there something wrong?, is anything the matter?; ça te ferait vraiment ~ chose si je partais? would it really matter to you OU would you feel anything if I left?; tu n'as pas ~ chose d'autre? haven't you got something OU anything else? -3. *fam* [dans une approximation]: elle a ~ chose comme 80 ans she's about 80 OU 80 or so; c'était une Renault 5 ou ~ chose comme ça it was a Renault 5 or something (of the kind OU like that); elle est ~ chose au parti socialiste she's something in the Socialist Party; Anne ~ chose a téléphoné *fam* Anne something phoned. -4. *fam* [emploi expressif]: tu vas recevoir ~ chose! you're asking for it! ❑ c'est ~ chose! [ton exaspéré] that's a bit much!; [ton admiratif] that's quite something!; je t'ai dit trois fois de ranger ta chambre, c'est ~ chose! I've told you three times to tidy up your room, for God's sake!; partie de rien, elle dirige l'entreprise, c'est ~ chose, non? she started from nothing and now runs the firm, quite something, eh?

◆ **quelque part** *loc adv* -1. [dans un lieu] somewhere; tu vas ~ part à Noël? are you going anywhere (special) for Christmas? -2. *fam euph* [aux toilettes]: elle est allée ~ part she went to wash her hands OU to powder her nose *euph*. -3. *fam euph* [au derrière]: il a mal ~ part he's got a pain in his you-know-what; c'est mon pied ~ part que tu veux? do you want a kick up the backside?

◆ **quelque part que** *loc conj litt*: ~ part qu'elle regardât wherever she looked.

quelquefois [kɛlkəfwa] *adv* sometimes, from time to time; je vais ~ au concert sometimes OU from time to time I go to the concerts; ~, je me demande si j'ai raison d'insister sometimes I wonder if I'm right to insist.

quelques-uns, quelques-unes [kɛlkəzœ̃, yn] *pron indéf pl* -1. [certains] some; ~ parmi eux avaient beaucoup lu some of them had read a lot; ~ de ses collaborateurs étaient au courant some of his colleagues knew about it; il y en a toujours ~ pour se plaindre certain people always complain. -2. [un petit nombre] a few; tu connais ses pièces? — seulement quelques-unes do you know his plays? — only a few of them.

quelqu'un, e [kɛlkœ̃, yn] *pron indéf litt*: ~ de one of; ~e de ces demoiselles va vous conduire one of these young ladies will show you the way.

◆ **quelqu'un** *pron indéf m* -1. [dans une affirmation] someone, somebody; ~ devra le faire! somebody OU someone will have to do it!; ~ te demande au téléphone there's someone OU somebody on the phone for you; demande à ~ du village ask one of the villagers, ask someone from the village; ~ de très grand est venu somebody very tall called; ~ de frisé/barbu somebody with curly hair/a beard; c'est ~ de bien, mon frère! my brother's a good bloke *Br* OU guy!; tu peux lui parler, c'est ~ de sûr you can talk to him, he's a reliable person; il faut ~ de plus one more (person) is needed; c'est ~! [ton admiratif] she's quite somebody!; elle veut devenir ~ (dans le monde de l'art) she wants to become someone famous (in the world of art); il se prend pour OU se croit ~ *péj* he thinks he's really something, he thinks he's it. -2. [dans une question, une négation, une hypothèse] anybody, anyone; il y a ~? is (there) anybody in?; si ~ me demande if somebody OU anybody asks for me; ~ parmi vous le connaît-il? do any of you know him?

quels [kɛl] *mpl* → **quel**.

quémander [3] [kemɑ̃de] *vt* [aide, argent, nourriture] to beg for *(insép)*; [compliment] to fish OU to angle for *(insép)*; ton chien est toujours à ~ des caresses your dog is always wanting to be stroked.

quémandeur, euse [kemɑ̃dœr, øz] *nm, f litt* [mendiant] beggar.

qu'en-dira-t-on [kɑ̃diratɔ̃] *nm inv* gossip; elle a peur du ~ she's afraid of what people will say.

quenelle [kənɛl] *nf*: ~ (de poisson) (fish) quenelle.

quenotte *fam* [kənɔt] *nf* toothy (peg).

quenouille [kənuj] *nf* -1. TEXT distaff; tomber en ~ HIST to fall to the distaff; [échouer] to go to rack and ruin. -2. [d'un lit] bedpost. -3. MÉTALL stopper. -4. BOT [tige] bulrush.

quéquette▽ [kekɛt] *nf* willy *Br*, peter *Am*.

quercinois, e [kɛrsinwa, az] *adj* from Quercy.

◆ **Quercinois, e** *nm, f inhabitant of or person from Quercy.*

Quercy [kɛrsi] *npr m*: le ~ (the) Quercy (region).

quercynois, e [kɛrsinwa, az] = **quercinois**.

querelle [karɛl] *nf* quarrel; [verbale] quarrel, argument; une vieille ~ a long-standing quarrel; ce n'est qu'une ~ d'amoureux it's only a lovers' tiff; ~ de famille [brouille] family squabble; [sérieuse] family feud; la ~ déclenchée au sein du gouvernement the row sparked off within the cabinet; vaines ~s pointless squabbles ❑ ~ d'Allemand, mauvaise ~ quarrel for quarrelling's sake; ~ de personnes ad personam quarrel.

quereller [4] [kərele] *vt sout* to reprimand.

◆ **se quereller** *vp (emploi réciproque)* to quarrel (with one another); elles se querellent pour des riens they quarrel OU squabble over nothing.

◆ **se quereller avec** *vp + prép* to have an argument OU to quarrel with.

querelleur, euse [kərɛlœr, øz] ◇ *adj* quarrelsome, belligerent; il est très ~ he's always picking fights OU looking for arguments.

◇ *nm, f* quarrelsome person.

quérir [kerir] *vt (infinitif seulement) litt*: envoyer OU faire ~ qqn to summon sb; le roi le fit ~ the king bade him come *arch*; venir/aller ~ qqn to come/to go and fetch sb.

quérulence [kerylɑ̃s] *nf* querulousness, whining.

quérulent, e [kerylɑ̃, ɑ̃t] *adj* querulous, whining.

qu'est-ce que [kɛskə] → **que** *pron interr.*

questeur [kɛstœr] *nm* -1. ANTIQ quaestor. -2. POL parliamentary administrator.

question [kɛstjɔ̃] *nf* -1. [interrogation] question; je ferme la porte à clé? — bien sûr, quelle OU cette ~! shall I lock the door? — of course, what a question!; y a-t-il des ~s? are there any questions OU queries?; peut-on lui faire confiance, toute la ~ est là OU voilà la ~! can she be trusted, that's the question!; poser une ~ à qqn to ask sb a question; c'est moi qui pose les ~s! I'm (the one) asking the questions!, I do the asking!; poser une ~ POL to table a question; c'est une ~ que je me pose depuis longtemps that's something OU a question I've been asking myself for a long time; je commence à me poser des ~s sur sa compétence I'm beginning to have (my) doubts about OU to wonder how competent he is; se poser la ~ de savoir si to ask o.s. whether ❑ ~ écrite/orale POL written/oral question; poser la ~ de confiance POL to ask for a vote of confidence; ~ piège JEUX trick question; [dans un interrogatoire] loaded OU leading question; ~ subsidiaire JEUX tiebreaker. -2. [sujet] question, topic; j'en connais un bout sur la ~! *fam* I know quite a bit about this (topic)! ❑ être ~ de: de quoi est-il ~ dans ce paragraphe? what is this paragraph about?; il a beaucoup été ~ d'échanges culturels à la réunion during the meeting they talked a lot about cultural exchanges OU the overriding topic was cultural exchanges; dans notre prochaine émission, il sera ~ de l'architecture romane in our next programme, we will examine Roman architecture; il n'est jamais ~ de la répression dans son livre repression is never mentioned in his book; prête-moi 1 000 francs — pas ~! *fam* lend me 1,000 francs — no way OU nothing doing!; il ne saurait être ~ que vous régliez l'addition there's no question of your settling the bill; il n'en est pas ~! it's out of the question!; avec mon salaire, une voiture c'est hors de ~ with my salary, a car is out of the question; je veux sortir ce soir — hors de ~! I want to go out tonight — you can forget it OU it's out of the question!; il n'est pas ~ OU il est hors de ~ que je le voie! there's no way I'll see him!, there's no question of my seeing him!; ~ salaire, je ne me plains pas *fam* as far as the salary is concerned OU salarywise, I'm not complaining; ~ cuisine, il est imbattable *fam* as a cook OU in the kitchen, he's unbeatable. -3. [affaire, difficulté] question, matter, point (at issue); la ~ du nucléaire the nuclear energy question OU issue; les grèves sont interdites mais là n'est pas la ~ strikes are illegal but that's not the point (at issue) OU the issue; (une) ~ de a question of; ce n'est plus qu'une ~ de temps it's only a question OU matter of time; c'est une ~ d'habitude/de politesse it's a question of habit/of politeness; c'est une ~ de vie ou de mort it's a matter of life and death; ils se sont disputés pour des ~s d'argent they had an argument over OU about money; je ne lis pas les critiques, ~ de principe! I don't read reviews on principle!; ça c'est une autre ~! that's another problem OU story! -4. *sout*: faire ~ [être douteux]: son talent ne fait pas (de) ~ her talent is beyond (all) question OU (any) doubt; c'est son passé qui fait ~ what's doubtful is his past. -5. HIST question; mettre OU soumettre qqn à la ~ to put sb to the question.

◆ **en question** ◇ *loc adj* in question, concerned; la personne en ~ veut garder l'anonymat the person in question wishes to remain anonymous.

◇ *loc adv*: mettez-vous mon honnêteté en ~? are you questioning my honesty?; remettre en ~ [mettre en doute] to (call into) question, to challenge; [compromettre] to call into question; la moindre querelle et leur couple est remis en ~ the slightest argument and their relationship is put in jeopardy; se remettre en ~ to do some soul searching.

questionnaire [kɛstjɔnɛr] *nm* questionnaire; ~ à choix multiple → **QCM**.

questionner [3] [kɛstjɔne] *vt* [interroger]: ~ qqn to question sb, to ask sb questions; **elle m'a questionné sur mon emploi du temps** she asked me questions about OU questioned me on my timetable.

questionneur, euse [kɛstjɔnœr, øz] *nm, f litt* questioner; **les enfants sont souvent des ~s** children often ask a lot of questions.

questure [kɛstyr] *nf* -**1.** ANTIQ quaestorship. -**2.** POL treasury and administrative department of the French Parliament.

quête [kɛt] *nf* -**1.** [d'argent] collection; **faire la ~** [à l'église] to take (the) collection; [dans la rue] to go round with the hat, to pass the hat round; **ils font la ~ pour la fête de l'école** they're collecting money OU making a collection for the school fete. -**2.** *litt* [recherche] quest; **la ~ du Graal** the Quest for the Holy Grail. -**3.** CHASSE search. -**4.** NAUT rake.
◆ **en quête de** *loc prép sout* in search OU pursuit of, searching for, questing for *litt*; **le poète en ~ de la beauté** the poet in search OU pursuit of beauty; **se mettre en ~ de** to go in search of; **elle est en ~ d'un travail** she's job-hunting.

quêter [4] [kete] ◇ *vi* [à l'église] to take (the) collection; [parmi un groupe] to collect money, to make a collection; [dans la rue] to pass the hat round, to go round with the hat; ~ **pour les pauvres/handicapés** to collect money for the poor/handicapped.
◇ *vt litt* [pitié, regard approbateur] to beg for *(insép)*.

quêteur, euse [kɛtœr, øz] *nm, f* collector.

quetsche [kwɛtʃ] *nf* -**1.** BOT quetsch (plum). -**2.** [eau-de-vie] quetsch brandy.

queue [kø] *nf* -**1.** ZOOL tail; ~ **de poisson** AUT: **faire une ~ de poisson à qqn** to cut in front of sb; **il est parti la ~ basse** *fam* OU **entre les jambes** *fam* he left with his tail between his legs. -**2.** BOT [d'une cerise, d'une feuille] stalk; [d'une fleur] stalk, stem. -**3.** [extrémité - d'une poêle] handle; [- d'un avion, d'une comète, d'un cerf-volant] tail; [- d'une étoile filante] trail; [- d'un cortège] back, tail (end); [- d'un orage, d'un tourbillon] tail (end); [d'une procession, d'un train] rear; **les voitures de ~** the rear carriages; **je monte toujours en ~** I always get on at the rear (of the train); **il est en ~ de peloton** SPORT he is at the back OU rear of the bunch ❑ **pas la ~ d'un** *fam* OU **d'une** *fam*: **on pourrait prendre un taxi — je n'en ai pas encore vu la ~ d'un** we could get a taxi — I haven't seen hide nor hair of one yet; **je n'en ai pas la ~ d'un** [argent] I'm broke; **n'avoir ni ~ ni tête: ce que tu dis n'a ni ~ ni tête** you make no sense at all, you're talking nonsense; **la pièce n'avait ni ~ ni tête** you couldn't make head or OU nor tail of the play. -**4.** [dans un classement] bottom; **être à la ~ de la classe/du championnat** to be at the bottom of the class/league. -**5.** [file d'attente] queue *Br*, line *Am*; **faire la ~** to queue (up) *(insép) Br*, to stand in line *Am*; **vous faites la ~?** are you queuing up? *Br*, are you in line? *Am*; **allez à la ~!** go to the back of the queue *Br* OU line *Am*! -**6.** ▼ [pénis] cock, prick. -**7.** JEUX: ~ **(de billard)** (billiard) cue; **(faire une) fausse ~** (to) miscue. -**8.** CONSTR [d'une marche] tail; [d'une pierre] (inner) tail; ~ **d'aronde** dovetail. -**9.** PÉTR tails, bottoms. -**10.** IMPR [d'une lettre] stem, tail, descender *spéc*; [d'une note de musique] stem; [d'une page] tail, foot; **tranche de ~** tail edge.
◆ **à la queue leu leu** *loc adv* in single OU Indian file.

queue-de-cheval [køtʃəval] (*pl* queues-de-cheval) *nf* -**1.** [cheveux] ponytail. -**2.** ANAT cauda equina.

queue-de-cochon [kødkɔʃɔ̃] (*pl* queues-de-cochon) *nf* -**1.** [vrille] auger. -**2.** [ornement] wrought iron twist.

queue-de-morue [kødmɔry] (*pl* queues-de-morue) *nf* flat (paint) brush.

queue-de-pie [kødpi] (*pl* queues-de-pie) *nf* tail coat.

queue-de-rat [kødra] (*pl* queues-de-rat) *nf* MENUIS rat-tail file.

queue-de-renard [kødrənar] (*pl* queues-de-renard) *nf* BOT [amarante] love lies bleeding; [mélampyre] cow-wheat; [vulpin] foxtail fescue.

queuter [3] [køte] *vi* -**1.** [au billard] to hit through the ball. -**2.** ▽ [rater] to screw up. -**3.** ▼ [forniquer] to fuck.

queux [kø] *nm* → **maître**.

qui [ki] ◇ *pron rel* -**1.** [représente une personne] who, that; **il y a des gens ~ aiment ça** there are people who like that; **toi ~ connais le problème, tu pourras m'aider** you who OU as you are acquainted with the problem, you can help me out; **c'est Pierre ~ me l'a dit** Pierre told me, it was Pierre who told me ‖ *(après une prép)* whom, who; **la personne à ~ je l'ai prêté** the person to whom I lent it, the person I lent it to; **il ne peut résister à ~ lui fait des compliments** he can't resist anyone who pays him compliments; **c'est à ~ aura le dernier mot** each tries OU they all try to have the last word; **c'était à ~ crierait le plus fort** it was down to who could shout the loudest; **le collègue avec ~ j'ai déjeuné** the colleague with whom I had lunch, the colleague I had lunch with; **les personnes au nom de ~ ils ont agi** the people in whose name they acted; **l'homme en ~ j'avais confiance** the man (whom) I trusted; **l'amie par ~ j'ai eu cette adresse** the friend from whom I got this address, the friend I got this address from; **le couturier pour ~ elle travaille** the designer she works for OU whom she works for OU for whom she works; **c'est rebutant pour ~ n'est pas habitué** it's disconcerting for somebody who isn't OU for whoever isn't used to it; **la personne sans ~ nous n'aurions jamais pu écrire ce livre** the person without whom this book would never have been written; **le peintre sur ~ a été faite cette monographie** the painter whom this monography was written OU this monography was written about; **je ne sais plus sur ~ compter** I don't know whom OU who to rely on anymore ‖ [sans antécédent] whoever, anyone (who); **vienne ~ voudra** anyone who wants to, can come; **emmenez ~ vous voulez** take whoever you like with you; **j'ai peur de négliger ~ j'aime** I worry about neglecting those (whom) I love; **faites-vous aider par ~ vous voulez** get help from anyone OU whoever you like; ~ **tu sais,** ~ **vous savez** [sujet] you know who; [objet] you know who OU whom; ~ **tu sais doit venir ce soir** you know who is coming tonight; **nous avons contacté ~ vous savez** we contacted you know who OU whom; **il est allé chez ~ tu sais hier soir** he went to you know who's last night; **c'est la responsabilité de ~ vous savez** it's you know who's responsibility. -**2.** [représente un animal] which, who, that; **les animaux ~ parcourent la jungle** the animals which OU that roam the jungle. -**3.** [représente une chose, une idée] which, that; **le festival, ~ débutera en mai** the festival, which will start in May; **donne-moi le magazine ~ est sur la table** give me the magazine (that OU which is) on the table; **elle veut une poupée ~ marche** she wants a walking doll, she wants a doll which OU that can walk; **l'année ~ suivit son divorce** the year following OU after her divorce; **la seule ~ me plaise** the only one (that) I like. -**4.** [après des v de perception]: **je l'ai entendu ~ se plaignait** I heard him moaning; **tu ne la vois pas ~ descend?** can't you see her coming down? -**5.** [formule de présentation]: **le voilà ~ pleure, maintenant!** now he's crying!; **voilà ~ ne m'aide pas beaucoup** that doesn't help me much; **voilà ~ est bien** that is a good thing. -**6.** [en corrélation avec 'que']: ~ **que tu sois/vous soyez** whoever you are OU you may be ❑ ~ **que ce soit** [sujet] whoever; [objet] anybody, anyone; ~ **que ce soit qui téléphone, répondez que je suis absent** whoever phones, tell them I'm not here; **je défie ~ que ce soit de faire mieux que je n'ai fait** I challenge anybody to improve on what I did. -**7.** *loc*: ~ **aime bien châtie bien** spare the rod and spoil the child; ~ **a bu boira** a leopard never changes its spots; ~ **ne dit mot consent** silence is consent; ~ **sème le vent récolte la tempête** he who sows the wind shall reap the whirlwind; ~ **vole un œuf vole un bœuf** he that will steal a penny will steal a pound.
◇ *pron interr* -**1.** [sujet ou attribut dans le discours direct] who; ~ **m'appelle?** who's calling (me)?; ~ **sait?** who knows?; ~ **va là?** who goes there?; ~ **suis-je?** who am I?; ~ **est votre médecin?** who's your doctor?; **on me l'a donné — ~ donc?** I was given it — by who OU who by OU by whom?; ~ **donc t'a frappé?** who hit you?; ~ **est-ce qui** who; ~ **est-ce qui en veut?** who wants some?; **c'est ~ qui** *fam*, ~ **c'est qui** *fam* who; **c'est ~ qui** OU ~ **c'est qui te l'a dit?** *fam* who told you? ‖ [obj dans le discours direct] who, whom; ~ **cherchez-vous?** who are you looking for?; **c'est à ~?** whose is it, to whom does it belong?; **à ~ le tour?** whose turn (is it)?; **à ~ mens-tu?** who are you lying to?; **de ~ parles-tu?** who OU whom are you talking about?; **chez ~ dors-tu ce soir?** whose place are you staying at tonight?, who OU whom are you staying with tonight?; **vers ~ me tourner?** to whom can I turn?, who OU whom can I turn to?; ~ **est-ce que** who, whom; ~ **est-ce que tu connais ici?** who do you know around here?; **à ~ est-ce que je dois de l'argent?** who do I owe money to?, to whom do I owe money? -**2.** [suj dans le discours indirect] who; **je ne vois pas ~ pourrait t'aider** I can't see who could OU I can't think of anyone who could help you ‖ [obj dans le discours indirect] who, whom; **sais-tu ~ j'ai rencontré ce matin?** do you know who I met this morning?; **je ne me souviens pas à ~ je l'ai donné** I can't remember who I gave it to; **sais-tu à ~ ça appartient?** do you know who it belongs to OU to whom it belongs?; **tu ne m'as pas dit pour ~ tu travaillais** you haven't told me who you work for.
◆ **qui... qui** *loc corrél sout*: **ils étaient déguisés, ~ en Pierrot, ~ en bergère** they were in fancy dress, some as Pierrots, others as shepherdesses.

quia [kɥija]
◆ **à quia** *loc adv sout*: **être à ~** to be at a loss for an answer; **mettre** OU **réduire qqn à ~** to confound sb.

quiche [kiʃ] *nf* quiche; ~ **lorraine** quiche lorraine.

quiconque [kikɔ̃k] ◇ *pron rel indéf* whoever; ~ **frappera par l'épée périra par l'épée** BIBLE he who lives by the sword shall die by the sword.
◇ *pron indéf* anyone OU anybody (else); **il connaît les volcans mieux que ~** he knows volcanoes better than anybody else OU than anyone alive.

Quid [kwid] *npr m annually updated one-volume encyclopedia of facts and figures.*

quidam [kidam] *nm hum* OU *sout* fellow, individual.

qui est-ce que [kiɛskø], **qui est-ce qui** [kiɛski] → **qui** *pron interr.*

quiet, ète [kjɛ, ɛt] *adj litt* calm, tranquil *litt*.

quiétisme [kjetism] *nm* quietism.

quiétiste [kjetist] *adj & nmf* quietist.

quiétude [kjetyd] *nf litt* -**1.** [d'une demeure] quiet, tranquillity, quietude *litt*. -**2.** [d'esprit] peace of mind; **elle attendait les résultats en toute ~** she was calmly waiting for the results.

quignon [kiɲɔ̃] *nm*: ~ **(de pain)** [morceau] (crusty) chunk of bread; [extrémité] heel (of the loaf).

quille [kij] *nf* -**1.** JEUX skittle; **jouer aux ~s** to play ninepins OU skittles. -**2.** *fam* [jambe] pin *esp Br*, leg. -**3.** *arg mil* [fin du service] demob *Br*, discharge; **vivement la ~!** *fig* I can't wait to get out of here! -**4.** NAUT keel.

quilleur, euse [kijœr, øz] *nm, f Can* skittle player.

quincaillerie [kɛ̃kajri] *nf* -**1.** [articles, commerce] hardware. -**2.** [boutique] ironmonger's *Br*, hardware store *Am.* -**3.** *fam* [bijoux, décorations] (cheap) baubles *péj*; [armes] guns; **il ne sort jamais sans toute sa ~** he's always armed to the teeth when he goes out. -**4.** *fam* INF hardware.

quincaillier, ère [kɛ̃kaje, ɛr] *nm, f* hardware dealer, ironmonger *Br.*

quinconce [kɛ̃kɔ̃s] *nm* HORT quincunx; **en ~** quincuncial, arranged in a quincunx.

quinine [kinin] *nf* quinine.

quinquagénaire [kɛ̃kaʒenɛr] ◇ *adj*: **être ~** [avoir de 50 à 60 ans] to be in one's fifties; [avoir 50 ans] to be fifty.
◇ *nmf* [de 50 à 60 ans] person in his/her fifties; [de 50 ans] 50 year old person.

Quinquagésime [kɛ̃kaʒezim] *nf* Quinquagesima Sunday.

quinquennal, e, aux [kɛ̃kenal, o] *adj* [plan] five-year *(avant n)*; [élection, foire] five-yearly, quinquennial.

quinquennat [kɛ̃kena] *nm* five-year period, quinquennium, lustrum.

quinquet [kɛ̃kɛ] *nm* (Argand) oil lamp.
◆ **quinquets**▽ *nmpl* [yeux] peepers.

quinquina [kɛ̃kina] *nm* -**1.** BOT & PHARM cinchona. -**2.** [boisson] quinine tonic wine.

quint, e[1] [kɛ̃, kɛ̃t] *adj* -**1.** Quint [dans les n pr] Fifth; **Charles Quint** Charles the Fifth. -**2.** MÉD: **fièvre ~e** quintan fever.

quintal, aux [kɛ̃tal, o] *nm* (metric) quintal.

quinte[2] [kɛ̃t] *nf* -**1.** MÉD: **~ (de toux)** coughing fit, fit of coughing. -**2.** MUS fifth; **~ juste** perfect fifth. -**3.** JEUX quint. -**4.** ESCRIME quinte.

quintessence [kɛ̃tesɑ̃s] *nf litt* quintessence; **la ~ du romantisme** the epitome OU quintessence OU very essence of Romanticism.

quintet [kɛ̃tɛt] *nm* jazz quintet.

quintette [kɛ̃tɛt] *nm* quintet, quintette; **~ à cordes/vent** string/wind quintet.

quinteux, euse [kɛ̃tø, øz] *adj* -**1.** MÉD [toux] fitful. -**2.** *litt* [acariâtre] crotchety, testy.

Quintillien [kɛ̃tiljɛ̃] *npr* Quintilian.

quintillion [kɛ̃tiljɔ̃] *nm* quintillion *Br*, nonillion *Am.*

quinto [kɥɛ̃to] *adv* in (the) fifth place, fifthly.

quintuple [kɛ̃typl] ◇ *adj* [somme, quantité] quintuple, five-fold.
◇ *nm* quintuple; **le ~ de sa valeur** five times its value.

quintupler [3] [kɛ̃typle] *vi* & *vt* to quintuple, to increase fivefold.

quintuplés, ées [kɛ̃typle] *nm, f pl* quintuplets, quins.

quinzaine [kɛ̃zɛn] *nf* -**1.** [durée]: **une ~ de jours** a fortnight, two weeks; **venez me voir dans une ~** come and see me in a couple of weeks OU in two weeks OU in a fortnight's time. -**2.** [quantité]: **une ~ de** about fifteen; **une ~ de crayons** about fifteen pencils, fifteen pencils or so. -**3.** COMM: **~ commerciale** two-week sale; **la grande ~ des prix littéraires** the literary prize season *(two-week period in November and December when all the major French literary prizes are awarded)*. -**4.** [salaire] fortnight's pay, two-week's pay OU wages.

quinze [kɛ̃z] ◇ *adj num card inv* fifteen; **~ jours** two weeks, a fortnight.
◇ *nm inv* -**1.** [nombre] fifteen; **lundi en ~** a fortnight on *Br* OU two weeks from Monday. -**2.** SPORT: **le ~ de France** the French Fifteen.

1515:
This is the date of the Battle of Marignan; it is a date that every French person is supposed to know (cf 1066 for the English): 'moi, à part 1515, je ne connais rien à l'histoire de France'.

---

quinzième [kɛ̃zjɛm] ◇ *adj num ord* fifteenth.
◇ *nmf* [dans un classement] fifteenth.
◇ *nm* [fraction d'un tout] fifteenth.

quinzièmement [kɛ̃zjɛmmɑ̃] *adv* in (the) fifteenth place.

quiproquo [kiprɔko] *nm* [sur l'identité d'une personne] mistake; **l'intrigue est fondée sur un ~** the plot revolves round a case of mistaken identity; **il croyait que j'étais ton frère, j'ai entretenu le ~** he mistook me for your brother and I didn't let on || [sur le sujet d'une conversation] misunderstanding; **il y a ~, nous ne parlons pas du même étudiant** there is a misunderstanding, we're not talking about the same student.

Quirinal [kirinal] *npr m*: **le (palais du) ~** the Quirinal (palace).

Quito [kito] *npr* Quito.

quittance [kitɑ̃s] *nf*: **~ de gaz/d'électricité** gas/electricity bill; **~ de loyer** rent receipt.

quittancer [16] [kitɑ̃se] *vt* to give a receipt for.

quitte [kit] *adj* -**1.** [libéré - d'une dette, d'une obligation]: **être ~ envers qqn** to be even OU quits OU (all) square with sb; **être ~ d'une dette** to be rid OU clear of a debt; **donne-moi seulement 500 francs, tu es ~ du reste** just give me 500 francs, let's not worry about the rest OU I'll let you off the rest; **considérer** OU **estimer qqn ~ de** to consider sb to be rid OU clear of; **vous êtes tenu ~ de ce que vous me devez** consider your debt to me (to be) paid; **être ~ envers la société** [après une peine de prison] to have paid one's debt to society; **je ne te tiens pas ~ de ta promesse!** I don't consider that you have fulfilled your promise! -**2.** [au même niveau]: **être ~s** to be quits OU all square. -**3. en être ~ pour qqch** [s'en tirer avec qqch] to get away with sthg; **il en a été ~ pour quelques égratignures/la peur** he got away with a few scratches/a bit of a fright. -**4. en être ~ pour faire** [devoir faire]: **j'ai oublié mes papiers à la banque, j'en suis ~ pour y retourner** I've left my papers at the bank, so I have to go back there now. -**5.** JEUX: **~ ou double** double or quits *Br* OU nothing; **c'est jouer à ~ ou double** *fig* it's a big gamble OU risk.
◆ **quitte à** *loc prép* -**1.** [au risque de, même si]: **je lui dirai, ~ à me faire renvoyer** I'll tell him, even if it means being fired. -**2.** [puisqu'il faut] since it is necessary to; **~ à les inviter, autant le faire dans les règles** since we have to invite them, we may as well do things properly.

quitter [3] [kite] *vt* -**1.** [lieu] to leave; [ami, époux] to leave, to split up with *(insép)*; [emploi] to leave, to quit, to give up *(sép)*; [habitude] to drop, to get rid of *(insép)*; **je quitte (le bureau) à 5h** I leave the office OU I finish at 5 o'clock; **~ le port** NAUT to leave port; **~ les rails** RAIL to be derailed, to derail, to leave the track; **la voiture a quitté la route** the car came off OU ran off OU left the road; **il ne peut pas encore ~ son lit** he can't leave his bed yet, he's still confined to bed; **elle ne quitte pratiquement pas son atelier** she hardly ever sets foot outside OU leaves her workshop; **il faut que je te quitte** I must be going, I must go; **je ne te quitterai jamais** I'll never leave OU forsake *litt* you; **il ne la quitta pas des yeux** OU **du regard** he never took his eyes off her, he watched her every move; **il suffit que je la quitte des yeux une seconde pour qu'elle fasse des bêtises** if I let her out of my sight OU if I take my eyes off her for a second, she gets up to some mischief ❑ **ne la quitte pas d'un pas** OU **d'une semelle** don't lose track of her, keep on her tail; **le détective ne le quittait pas d'une semelle** the detective was dogging his every footstep. -**2.** *euph* [mourir]: **il nous a quittés hier** he passed away yesterday; **elle a quitté ce monde** she has departed this world OU this life. -**3.** *sout* [abandonner - suj: courage, force] to leave, to forsake, to desert; **son optimisme ne l'a jamais quitté** he remained optimistic throughout; **son bon sens semblait l'avoir quitté** he seemed to have taken leave of his senses; **la vie le quittait lentement** his life was slowly ebbing away. -**4.** [retirer - habit] to take off *(sép)*; **il ne quitte jamais son chapeau** he never takes his hat off, he always has his hat on; **~ le deuil** to come out of mourning ❑ **~ l'uniforme** to leave the service. -**5.** [au téléphone]: **ne quittez pas** hold on, hold the line.
◆ **se quitter** *vp (emploi réciproque)* [amis] to part; [époux] to part, to break OU to split up; **quittons-nous bons amis** let's part on good terms; **elle et le chiot ne se quittent pas** she and the puppy are inseparable OU are always together.

quitus [kitys] *nm* JUR (full) discharge, quietus JUR; **donner ~ à qqn** to discharge sb.

qui vive [kiviv] *loc interj*: **~?** who goes there?

qui-vive [kiviv] *nm inv*: **être sur le ~** [soldat] to be on the alert OU the qui vive; [animal] to be on the alert; **je la sentais sur le ~** I felt she was on edge, I felt she was waiting for something to happen.

quoi [kwa] ◇ *pron rel* what, which; **c'est ce à ~ je voulais en venir** that's what I was coming to; **c'est ce à ~ je me suis intéressée** that's what I was interested in; **il a refusé, ce en ~ il a eu raison** he refused, which was quite right of him; **on est allés au jardin, après ~ il a fallu rentrer** we went to the garden, and then we had to come back in; **de ~: prends de ~ boire/écrire/payer** get something to drink/to write/to pay with; **il y a de ~ nourrir au moins 10 personnes** there's enough to feed at least 10 people; **il n'y a pas de ~ se faire du souci** there's nothing to worry about; **il y a de ~ être satisfait** there are good grounds for satisfaction; **je suis en colère – il y a de ~!** *fam* I'm angry – it's no wonder OU with good reason!; **merci! – il n'y a pas de ~** thank you! – not at all OU you're welcome OU don't mention it.
◇ *adv interr* -**1.** [quelle chose] what; **c'est ~?** what's that?; **c'est ~ ton nom?** *fam* what's your name?; **tu fais ~ ce soir?** *fam* what are you doing this evening?; **à ~ penses-tu?** what are you thinking about?; **elle est à ~ ta glace?** *fam* what flavour is your ice cream?; **en ~ puis-je vous être utile?** how can I help you?; **par ~ se sent-il concerné?** what does he feel concerned about?; **je voudrais parler au directeur – c'est pour ~?** I'd like to talk to the manager – what (is it) about?; **sur ~ va-t-elle travailler?** what is she going to work on?; **je me demande à ~ ça sert/il pense** I wonder what it's for/what he's thinking about; **elle ne sait plus ~ lui dire** she doesn't know what to say to him any more; **salut, alors ~ de neuf?** *fam* hi, what have you been up to OU what's new?; **~ de plus naturel?** what could be more natural?; **à ~ bon?** what's the use?; **à ~ bon l'attendre?** what's the use of waiting for him?; **~ encore?** what else?; [ton irrité] what is it now? -**2.** *fam* [pour faire répéter]: **~?** what?; **~, qu'est-ce que tu dis?** what did you say? -**3.** [emplois expressifs]: **eh bien ~, qu'est-ce que tu as?** well, what's the matter with you?; **enfin ~,** OU **eh bien ~, tu pourrais regarder où tu vas!** come on now, watch where you're going!; **de ~? tu n'es pas d'accord?** what's that, you don't agree?; **tu viens (oui) ou ~?** are you coming or not?; **décide-toi, ~!** well make up your mind!; **mais puisque je l'ai vue, ~!** but I saw her, I'm telling you!; **si je comprends bien, tu es fauché, ~!** if I've understood you, you're broke, aren't you?; **je vais lui acheter ce livre, pour lui faire un petit cadeau, ~** I'm going to buy her this book... you know, just as a little present.
◆ **quoi que** *loc conj*: **~ qu'il arrive** whatever happens; **~ qu'il en soit** be that as it may, however that may be; **~ qu'il dise** whatever he may say; **~ que vous en pensiez** whatever you may think of it; **je te défends de lui dire ~ que ce soit!** I forbid you to tell her/him anything (whatsoever)!; **trouve un moyen, ~ que ce soit qui nous tire d'affaire** find a way, any way that will get us out of this mess ❑ **~ qu'il en ait** *sout* whatever he feels about it.

quoique [kwakə] *(devant voyelle ou h muet* **quoiqu'** [kwak]) *conj* -**1.** [bien que] though, although; **quoiqu'il fût déjà minuit** though OU although it was already midnight; **~ riche, il**

n'était guère généreux although rich, he was hardly generous; ~ **née en France, elle a passé sa vie en Angleterre** though OU although born in France, she spent her life in England. -**2.** [introduisant une restriction]: **bien sûr 2 000 F c'est cher,** ~ **tu sais, ce n'est pas exagéré** of course 2,000 francs is a lot of money, although you know OU but mind you it's not excessive; **je vous installerais bien dans cette chambre...** ~ **vous seriez mieux dans celle qui donne sur la cour** I'd like to put you in this room... although you'd be better off in the one which overlooks the courtyard; **il a l'air compétent...** ~... he seems competent... mind you...

quolibet [kɔlibɛ] *nm sout* gibe, jeer, taunt; **les enfants le poursuivaient de leurs** ~**s** the children jeered at him OU taunted him relentlessly.

quorum [k(w)orɔm] *nm sout* quorum; **nous avons atteint le** ~ we're quorate, we have a quorum.

quota [k(w)ɔta] *nm* quota.

quote-part [kɔtpar] (*pl* **quotes-parts**) *nf* share.

quotidien, enne [kɔtidjɛ̃, ɛn] *adj* -**1.** [de chaque jour - entraînement, promenade, repas] daily; [- préoccupations] everyday; **leurs disputes étaient devenues presque** ~**nes** they'd got to the stage where they were arguing almost every day. -**2.** [routinier - tâche] run-of-the-mill, humdrum.

◆ **quotidien** *nm* daily (paper); **un grand** ~ a (major) national daily.

◆ **au quotidien** *fam loc adv* on a day-to-day basis; **vivre sa vie au** ~ to live from day to day.

quotidiennement [kɔtidjɛnmɑ̃] *adv* daily, every OU each day.

quotidienneté [kɔtidjɛnte] *nf* everyday nature; **la** ~ **de leur existence** the routine of their everyday life.

quotient [kɔsjɑ̃] *nm* -**1.** MATH quotient. -**2.** PSYCH: ~ **intellectuel** intelligence quotient. -**3.** JUR: ~ **électoral** electoral quota; ~ **familial** tax code. -**4.** PHYSIOL: ~ **respiratoire** respiratory quotient.

quotité [kɔtite] *nf* -**1.** FIN quota. -**2.** JUR: ~ **disponible** disposable portion (of estate).

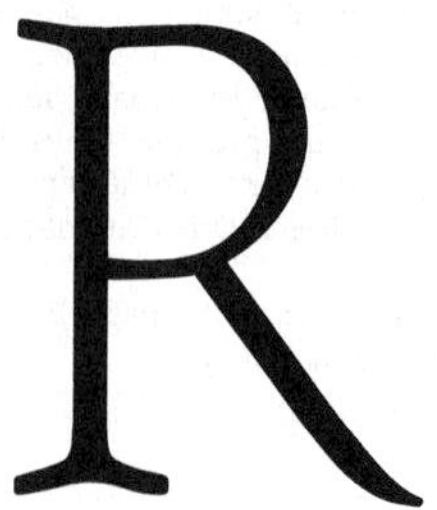

r, R [ɛr] *nm* r, R.

r *abr écrite de* **rue.**

R -**1.** *abr écrite de* **roentgen.** -**2.** (*abr écrite de* **rand**) R.

Râ [ra] = **Rê.**

rab *fam* [rab] *nm*: **qui veut du ~?** [à table] anyone for seconds?; **alors, on fait du ~?** [au travail] doing some overtime, are we?; **j'ai eu deux heures de ~ au lit** I had an extra two hours in bed.

◆ **en rab** *fam loc adj*: **il y a des patates en ~** there are some spuds left (over); **un ticket en ~** a spare ticket; **du tissu en ~** some spare material.

rabâchage [rabaʃaʒ] *nm*: **son cours, c'est vraiment du ~** he's always going over the same old things in class.

rabâcher [3] [rabaʃe] ◇ *vt* -**1.** [conseils] to keep (on) repeating; [malheurs] to keep harping on about; **tu n'arrêtes pas de ~ la même chose** you're like a record that's got stuck, you do go on; **des arguments rabâchés** the same old arguments. -**2.** [leçon] to go over (and over) *(insép)*.

◇ *vi* to keep repeating o.s., to keep harping on.

rabâcheur, euse *fam* [rabaʃœr, øz] *nm, f* drone, bore.

rabais [rabɛ] *nm* reduction, discount; **avec un ~ de 15 %, avec 15 % de ~** with a 15 % discount OU reduction; **faire un ~ de 10% sur le prix** to knock 10% off the price; **il m'a fait un ~ de 20 %** he gave me 20 % off.

◆ **au rabais** ◇ *loc adj* [vente] cut-price; *péj* [formation] second-rate; [travail] underpaid.

◇ *loc adv*: **vendre/acheter au ~** to sell/to buy at a reduced price OU discount; **elle travaille au ~** she works for a pittance.

rabaissant, e [rabɛsɑ̃, ɑ̃t] *adj* degrading, debasing.

rabaissement [rabɛsmɑ̃] *nm* -**1.** [d'un prix] lowering. -**2.** *sout* [de l'être humain] debasement.

rabaisser [4] [rabɛse] *vt* -**1.** [diminuer - prétentions] to moderate, to reduce; [- niveau] to lower; [- orgueil] to humble; [- prix] to reduce, to lower. -**2.** [dévaloriser - mérites, personne] to devalue, to belittle; **de tels actes rabaissent l'homme au niveau des animaux** such actions reduce man to the level of an animal. -**3.** [voilette, jupe] to pull (back) down *(sép)*.

◆ **se rabaisser** *vp (emploi réfléchi)* -**1.** [se dévaloriser] to belittle o.s., to sell o.s. short. -**2.** [s'avilir] to degrade o.s.

raban [rabɑ̃] *nm* NAUT (short) rope OU line.

rabane [raban] *nf* raffia fabric.

rabat [raba] *nm* [d'un sac, d'une poche] flap; [de toge] bands.

Rabat [raba] *npr* Rabat.

rabat-joie [rabajwa] ◇ *nmf inv* killjoy, spoilsport.

◇ *adj inv*: **ce qu'ils sont ~!** what a bunch of killjoys they are!

rabattage [rabataʒ] *nm* CHASSE beating.

rabattement [rabatmɑ̃] *nm* GÉOM rabatment.

rabatteur, euse [rabatœr, øz] *nm, f* -**1.** CHASSE beater. -**2.** COMM tout. -**3.** POL canvasser.

◆ **rabatteur** *nm* AGR reel.

rabattre [83] [rabatr] ◇ *vt* -**1.** [toit ouvrant, strapontin - pour baisser] to pull down *(sép)*; [- pour lever] to pull up *(sép)*; [couvercle] to shut down *(sép)*, to close; [chapeau] to pull down *(sép)*; [col, visière] to turn down *(sép)*; **rabats le drap sur la couverture** fold the sheet back over the blanket; **rabattez le tissu avant de coudre** fold the material over before sewing; **les cheveux rabattus sur le front** hair brushed forward OU down over the forehead; **rabats le capot de la voiture** close the bonnet of the car; **une bourrasque rabattit le volet contre le mur** a gust of wind blew the shutter back against the wall; **de la fumée rabattue par le vent** smoke blown back by the wind; **le vent rabattait la pluie contre son visage** the wind was driving the rain against his face; **l'oiseau se posa et rabattit ses ailes** the bird landed and folded back its wings. -**2.** CHASSE to drive; **la police rabattait les manifestants vers** OU **sur la place** the police were driving the demonstrators (back) towards the square || [racoler]: **~ des clients** *fam* to tout for customers. -**3.** [déduire] to take off *(sép)*, to deduct; **il a rabattu 5 % sur le prix affiché** he took OU knocked 5 % off the marked price. -**4.** [diminuer]: **~ l'orgueil de qqn** to humble sb; **il ne rabat rien de ses prétentions** he won't budge an inch ❑ **en ~** *sout* [modérer ses exigences] to climb down *(insép)*, to lower one's sights. -**5.** COUT to stitch down *(sép)*; **~ une couture** to fell a seam || [en tricot]: **~ deux mailles** to decrease two stitches; **~ toutes les mailles** to cast off. -**6.** GÉOM to rabat. -**7.** HORT to cut (down), to prune away *(sép)*. -**8.** TEXT to tone down *(sép)*.

◇ *vi sout* [quitter la direction suivie]: **nous rabattîmes sur le château** we turned off towards the castle.

◆ **se rabattre** *vpi* [véhicule - graduellement] to move back into position; [- brusquement] to cut in; **le car s'est rabattu juste devant moi** the bus cut in just in front of me.

◆ **se rabattre sur** *vp + prép* -**1.** [se contenter de] to fall back on, to make do with; **il a dû se ~ sur un emploi de veilleur de nuit** he had to make do with a night watchman's job. -**2.** [se fermer - volet] to slam shut; [- table] to fold away; **le portail se rabattit sur eux** the gate slammed shut OU closed behind them. -**3.** [oiseau] to land.

rabbi [rabi] *nm* rabbi HIST.

rabbin [rabɛ̃] *nm* rabbi; **grand ~** Chief Rabbi.

rabbinat [rabina] *nm* rabbinate.

rabbinique [rabinik] *adj* rabbinical.

rabbinisme [rabinism] *nm* rabbinism.

rabe *fam* [rab] = **rab.**

rabelaisien, enne [rablɛzjɛ̃, ɛn] *adj* Rabelaisian.

rabibocher *fam* [3] [rabibɔʃe] *vt* -**1.** [réconcilier] to patch things up between, to bring together again. -**2.** *vieilli* [réparer] to fix OU to patch up.

◆ **se rabibocher** *vpi* to make up; **se ~ avec qqn** to patch things up with sb.

rabiot *fam* [rabjo] = **rab.**

rabioter *fam* [3] [rabjɔte] *vt* -**1.** [obtenir en supplément] to wangle; **elle a réussi à ~ une semaine de congé de maladie** she managed to wangle a week's sick leave. -**2.** [s'octroyer]: **il m'a rabioté 20 francs sur la monnaie** he pocketed 20 francs when he gave me my change.

rabique [rabik] *adj* rabies *(modif)*, rabic.

râble [rabl] *nm* -**1.** ZOOL back; **~ de lièvre** CULIN saddle of hare; **tomber** OU **sauter sur le ~ de qqn** *fam* [attaquer] to lay into sb, to go for sb; [critiquer] to go for sb. -**2.** MÉTALL rabble, rake; TECH rake.

râblé, e [rable] *adj* -**1.** [animal] broad-backed. -**2.** [personne] stocky.

râbler [3] [rable] *vt* MÉTALL to rabble; TECH to rake (out).

rabot [rabo] *nm* MENUIS plane; **dent ~** straight tooth *(in raker set)*.

rabotage [rabɔtaʒ], **rabotement** [rabɔtmɑ̃] *nm* planing (down).

raboter [3] [rabɔte] *vt* to plane (down).

◆ **se raboter** *vpt*: **je me suis raboté le genou contre le mur** I scraped my knee on the wall.

raboteur [rabɔtœr] *nm* [ouvrier] planer.

raboteux, euse [rabɔtø, øz] *adj* -**1.** [sentier] bumpy, rugged; [plancher] uneven, rough. -**2.** *litt* [style] rugged, unpolished, rough.

◆ **raboteuse** *nf* [outil] planing machine, planer.

rabougri, e [rabugri] *adj* -**1.** [étiolé] scraggy; [desséché] shrivelled. -**2.** *fam* [chétif] stunted; [ratatiné] shrivelled, wizened.

rabougrir [32] [rabugrir] *vt* [dessécher] to shrivel (up); [entraver la croissance de] to stunt (the growth of).

◆ **se rabougrir** *vpi* -**1.** [plante] to shrivel (up). -**2.** *fam* [personne] to become wizened, to become shrivelled (with age).

rabouter [3] [rabute] *vt* [tuyaux] to join, to put end to end; [cordes] to tie together *(sép)*, to put end to end; **ce n'est pas une anthologie, seulement quelques textes raboutés** *fig* it's not an anthology, only a few bits of prose thrown OU stuck together.

rabrouer [3] [rabrue] *vt* to send packing; se faire ~ par qqn to feel the sharp end of sb's tongue.

racage [rakaʒ] *nm* NAUT parrel, parral.

racaille [rakaj] *nf péj* rabble, riff-raff.

raccard [rakar] *nm Helv grain store typical of the Valais region*.

raccommodable [rakɔmɔdabl] *adj* mendable, repairable.

raccommodage [rakɔmɔdaʒ] *nm* [de linge, d'un filet] mending, repairing; [d'une chaussette] darning, mending; j'ai du ~ à faire I've got some mending to do; un ~ bien fait a neat bit of mending.

raccommodement *fam* [rakɔmɔdmɑ̃] *nm* reconciliation.

raccommoder [3] [rakɔmɔde] *vt* -**1.** [réparer - linge, filet] to repair, to mend; [- chaussette] to darn, to mend; peux-tu ~ mon pantalon/mes chaussettes? can you mend my trousers/darn my socks? -**2.** *fam* [réconcilier] to bring together (again); je suis raccommodé avec elle I've made it up with her, I'm back with her again.
◆ **se raccommoder** *fam vpi* [se réconcilier] to be reconciled, to get together (again); ils finiront bien par se ~ they're bound to get back together again.

raccommodeur, euse [rakɔmɔdœr, øz] *nm, f* mender.

raccompagner [3] [rakɔ̃paɲe] *vt* -**1.** [reconduire à la porte]: ~ qqn to show OU to see sb out. -**2.** [accompagner]: je vais te ~ chez toi [à pied] I'll walk OU take you back home; [en voiture] I'll give you a lift home, I'll drive OU run you home; tu me raccompagnes jusqu'au bout de la rue? will you walk me OU see me to the end of the street?; ~ qqn à la gare/à l'aéroport to see sb off at the station/airport.

raccord [rakɔr] *nm* -**1.** [en décoration] join; papier avec ~ wallpaper with pattern match; tissu sans ~ random match material; compte 33 cm pour le ~ allow 33 cm for pattern match. -**2.** CIN [liaison de scènes] continuity; [plan] link shot; scène de ~ link scene ‖ LITTÉRAT link. -**3.** [retouche] touch-up; la peinture de la cuisine a besoin de quelques ~s the kitchen paint needs some touching up; elle s'est fait un petit ~ devant la glace *fam* she touched up her make-up in front of the mirror. -**4.** TECH [pour tuyaux différents] adaptor; [joint] connector; ~ en T T-union.

raccordement [rakɔrdəmɑ̃] *nm* -**1.** [opération de connexion] RAIL linking, joining; TRAV PUBL connecting, linking, joining; ÉLECTR joining, connecting; faire le ~ (au réseau) TÉLÉC to connect the phone. -**2.** [voie ferrée] junction.

raccorder [3] [rakɔrde] *vt* -**1.** [route, chemin de fer] to link OU to join up *(sép)*; la ville nouvelle est raccordée à l'autoroute the new town is linked up to the motorway OU has a motorway link-up. -**2.** [morceaux cassés, papier peint] to align, to join (up); [bandes magnétiques] to splice; les motifs ne sont pas raccordés the pattern doesn't line up. -**3.** ÉLECTR [au secteur] to couple; [à un circuit] to join. -**4.** TÉLÉC: ~ qqn au réseau to connect (up) sb's phone. -**5.** *fig* [indices, faits] to link up *(sép)*, to connect. -**6.** CIN [scènes] to link up *(sép)*.
◆ **se raccorder à** *vp + prép* -**1.** [route, voie ferrée] to join up with. -**2.** [être lié à] to tie in with; le dernier paragraphe ne se raccorde pas au reste the last paragraph doesn't tie in with the rest.

raccourci [rakursi] *nm* -**1.** [trajet] shortcut. -**2.** [énoncé]: un ~ (saisissant) a pithy turn of phrase. -**3.** BX-ARTS foreshortening *(U)*.
◆ **en raccourci** *loc adv* [en résumé] in brief, in a nutshell; [en miniature] on a small scale, in miniature.

raccourcir [32] [rakursir] ◇ *vt* -**1.** [vêtement, rideau] to shorten, to take up *(sép)*; [cheveux, barbe] to trim; [discours] to shorten; [film] to shorten; j'ai raccourci la robe de 3 cm I've shortened the dress by 3 cm, I've taken the dress up by 3 cm; tu as trop raccourci les manches you've made the sleeves too short ‖ [trajet] to shorten; le sentier raccourcit le trajet de deux kilomètres the path shortens the trip by two kilometres ‖ [séjour] to cut short; elle a dû ~ ses vacances d'une semaine she had to come back from her holidays a week early. -**2.** *fam* [décapiter]: ~ qqn to chop sb's head off.
◇ *vi* -**1.** [durée]: les jours raccourcissent the days are growing shorter OU drawing in. -**2.** [mode]: les manteaux vont ~ à l'automne prochain coats will be shorter next autumn. -**3.** [distance]: ça raccourcit it's shorter.
◆ **se raccourcir** *vpi* [diminuer]: les délais de livraison se sont considérablement raccourcis delivery times have been considerably shortened OU reduced.

raccourcissement [rakursismɑ̃] *nm* [des jours] shortening, drawing in; [des robes] shortening; [des délais] shortening, reducing.

raccroc [rakro]
◆ **par raccroc** *loc adv* by a stroke of good luck.

raccrocher [3] [rakrɔʃe] ◇ *vt* -**1.** [remettre en place - habit, rideau] to hang back up; [- tableau] to put back on the hook, to hang OU to put back up; [- téléphone] to put down, to hang up; ~ les gants *fam* [boxeur] to hang up one's gloves, to retire. -**2.** [relier - wagons] to couple, to hitch together; la remorque a été mal raccrochée à la voiture the trailer wasn't properly hitched up to the car; c'est la seule chose qui la raccroche à la vie *fig* it's the only thing which keeps her going, it's her only lifeline. -**3.** [rattraper - affaire] to save at the last minute; ils ont raccroché les négociations they managed to rescue the negotiations at the last minute. -**4.** *fam* [obtenir par chance - commande] to pull OU to bring off *(sép)*.
◇ *vi* -**1.** [au téléphone] to hang up, to put the receiver down; elle m'a raccroché au nez *fam* she hung up OU put the phone down on me. -**2.** *fam* [prendre sa retraite - boxeur] to hang up one's gloves.
◆ **se raccrocher à** *vp + prép* -**1.** [se rattraper à] to grab OU to catch hold of; il n'a personne à qui se ~ *fig* he has nobody to turn to. -**2.** [être relié à] to be linked OU related to.

raccrocheur, euse [rakrɔʃœr, øz] *adj* [publicité] eye-catching.

raccuser *fam* [3] [rakyze] *vt Belg* to snitch on *(insep)*.

raccusette *fam* [rakyzɛt] *nf Belg* snitch.

race [ras] *nf* -**1.** ANTHR race; la ~ blanche/noire the white/black race; de ~ blanche white; de ~ noire black; il est de ~ asiatique he's of Asian origin. -**2.** [catégorie]: la ~ des honnêtes gens est en voie de disparition decent people are a dying breed; il est de la ~ des gens qui se plaignent tout le temps he's one of those people who are always moaning. -**3.** ZOOL breed. -**4.** *litt* [lignée] line; être de ~ noble to be of noble stock OU blood. -**5.** [distinction]: avoir de la ~ to have breeding.
◆ **de race** *loc adj* purebred, pedigree *(modif)*; cheval de ~ thoroughbred (horse).

racé, e [rase] *adj* -**1.** ZOOL [chien] purebred, pedigree *(modif)*; [cheval] thoroughbred. -**2.** [personne] wellbred. -**3.** [voilier, voiture] handsome.

racer [rɛsœr] *nm* racer *(car, boat)*.

rachat [raʃa] *nm* -**1.** [de ce qu'on avait vendu] repurchase, buying back. -**2.** [achat]: 'nous vous proposons le ~ de votre ancienne voiture!' COMM 'we offer to take your old car in part-exchange *Br* OU as a trade-in *Am*!' -**3.** FIN [d'actions, d'obligations] buying up OU in; [d'une affaire] take over; ~ de l'entreprise par ses salariés management buyout ‖ [d'une franchise, d'une rente] redemption. -**4.** *sout* [des péchés] redemption.

Rachel [raʃɛl] *npr* Rachel.

rachetable [raʃtabl] *adj* -**1.** *fam* [remplaçable]: un vase, c'est ~ you can always buy another vase. -**2.** *litt* [dette, rente, péché] redeemable.

racheter [28] [raʃte] *vt* -**1.** [en plus] to buy some more (of); rachète du pain buy some more bread; ~ des actions [en supplément] to buy some more shares; [pour remplacer celles qu'on a vendues] to buy back OU to repurchase shares; je vais ~ un service à café I'm going to buy another OU a new coffee set. -**2.** [acheter] to buy; ~ qqch à qqn [à un particulier] to buy sthg from sb; 'on vous rachète vos anciens meubles' COMM your old furniture taken in part-exchange *Br* OU as a trade-in *Am*; j'ai racheté sa part/son affaire FIN I've bought him out (of the business)/bought him up; ~ une entreprise to take over a company. -**3.** [rente, cotisations] to redeem. -**4.** [erreur, défaut] to make up for *(insép)*, to compensate for *(insép)*; [péché] to atone for *(insép)*, to expiate; [vie dissolue] to make amends for, to make up for *(insép)*; [pécheur] to redeem; il n'y en a pas un pour ~ l'autre one's as bad as the other. -**5.** CONSTR to modify, to compensate. -**6.** HIST [soldat] to buy out *(sép)*; [prisonnier, esclave] to ransom, to buy the freedom of. -**7.** ENS: ~ un candidat to pass a candidate *(in spite of insufficient marks)*; ~ une (mauvaise) note to make up for a (poor) grade.
◆ **se racheter** *vp (emploi réfléchi)* [gén] to make amends, to redeem o.s.; [pécheur] to redeem o.s.; ce n'est pas en m'offrant des fleurs que tu vas te ~! it'll take more than flowers to bring me around!

rachialgie [raʃjalʒi] *nf* rachialgia.

rachianalgésie [raʃianalʒezi], **rachianesthésie** [raʃianɛstezi] *nf* rachianesthesia.

rachidien, enne [raʃidjɛ̃, ɛn] *adj* rachidian, rachidial.

rachis [raʃis] *nm* rachis.

rachitique [raʃitik] ◇ *adj* -**1.** MÉD suffering from rickets, rachitic *spéc.* -**2.** [chétif - plante] stunted; [- chien, personne] puny, scrawny.
◇ *nmf* person suffering from rickets.

rachitisme [raʃitism] *nm* rickets *(U)*, rachitis *spéc.*

Rachmaninov [rakmaninɔf] *npr* Rachmaninoff.

racial, e, aux [rasjal, o] *adj* racial, race *(modif)*; attiser la haine ~e to stir up racial hatred; émeute ~e race riot.

racinal, aux [rasinal, o] *nm* -**1.** CONSTR purlin. -**2.** TRAV PUBL member.

racine [rasin] *nf* -**1.** BOT root; ~ aérienne aerial root; ~ pivotante taproot; ~s alimentaires root crops; ~s (comestibles) root vegetables; ~ de gingembre root ginger; il prend ~ *fam* [il s'installe] he's getting a bit too comfortably settled; tu vas prendre racine! *fam* [l'attente est longue] you'll take root! -**2.** ANAT [d'un cheveu, d'un poil, d'une dent] root; [du nez] base. -**3.** LING & MATH root; ~ carrée/cubique/énième square/cube/nth root.
◆ **racines** *nfpl* [origines] roots; elle a ses ~s en Écosse her roots are in Scotland; je suis sans ~s I don't have any roots, I don't belong anywhere; retrouver ses ~s to go back to one's roots; cette croyance a ses ~s dans le folklore breton this belief is rooted in Breton folklore.

racinien, enne [rasinjɛ̃, ɛn] *adj* Racinian.

racisme [rasism] *nm* racism, racial prejudice; c'est du ~ anti-vieux that's ageism; c'est du ~ anti-jeunes that's prejudice against young people.

raciste [rasist] ◇ *adj* racist, prejudiced.
◇ *nmf* racist.

rack [rak] *nm* AUDIO (stereo) rack.

racket [rakɛt] *nm* (protection) racket; la lutte contre les ~s the fight against racketeering.

racketter [4] [rakɛte] *vt* to racketeer, to run a (protection) racket.

racketteur, euse [rakɛtœr, øz] *nm, f* racketeer.

raclage [raklaʒ] *nm* scraping.

racle [rakl] *nf* [instrument] squeegee.

raclée *fam* [rakle] *nf* -**1.** [coups] thrashing, hiding; donner une ~ à qqn to give sb a good thrashing OU hiding; prendre OU recevoir une ~ to get a good hiding. -**2.** [défaite] thrashing, hammering; il a pris sa ~ en finale he got thrashed OU hammered in the final.

raclement [rakləmɑ̃] *nm* scraping (noise); on entendit quelques ~s de gorge some people could be heard clearing their throats.

racler [3] [rakle] *vt* -**1.** [frotter] to scrape; ~ la semelle de ses souliers to scrape the soles of one's shoes; un petit vin blanc qui racle le gosier a white wine that is rough on OU that burns your throat ❑ ~ les fonds de tiroir *fam* to scrape some money together. -**2.** *péj* [instrument]: ~ du violon to scrape away at the fiddle.
◆ **se racler** *vpt*: se ~ la gorge to clear one's throat.

raclette [raklɛt] *nf* -**1.** CULIN *Swiss speciality consisting of melted cheese prepared at the table using a special heater or grill, served with potatoes and cold meats.* -**2.** [grattoir] scraper. -**3.** [pour vitres] squeegee.

racleur, euse [raklœr, øz] *nm, f*: ce n'est qu'un ~ de violon he's a third-rate fiddler.

racloir [raklwar] *nm* -**1.** MIN scraper. -**2.** MENUIS scraper plane. -**3.** MÉTALL strickle. -**4.** ARCHÉOL racloir, side scraper.

raclure [raklyr] *nf* -**1.** [résidu] scraping. -**2.** ▽ [personne] the bottom of the barrel *(U)*.

racolage [rakɔlaʒ] *nm* [par une prostituée] soliciting; [par un vendeur] touting (for customers); [par un militant] canvassing; faire du ~ [prostituée] to solicit; [commerçant] to tout (for customers); [militant] to canvass (support).

racoler [3] [rakɔle] *vt* -**1.** [clients - suj: prostituée] to accost; [- suj: vendeur] to tout *(for customers)*, to drum up *(business)*; [électeurs] to canvass. -**2.** HIST [soldat] to press-gang.

racoleur, euse [rakɔlœr, øz] *adj* [sourire] enticing; [affiche] eye-catching; [titre, journal] sensationalist; [campagne électorale] vote-catching.
◆ **racoleur** *nm* tout.
◆ **racoleuse** *nf* street walker.

racontable [rakɔ̃tabl] *adj*: ce n'est pas ~ devant des enfants I can't say it in front of children; alors que s'est-il passé? – ce n'est pas ~! so what happened? – it defies description!

racontar [rakɔ̃tar] *nm* piece of gossip; n'écoute pas les ~s don't listen to gossip; tout ça, c'est des ~s that's just gossip OU talk.

raconter [3] [rakɔ̃te] *vt* -**1.** [conte, histoire] to tell; la tapisserie de Bayeux raconte la conquête de l'Angleterre the Bayeux tapestry tells (the story) of the conquest of England; il a raconté l'histoire à son voisin he told his neighbour the story, he told the story to his neighbour. -**2.** [événement, voyage] to relate; il a raconté l'accident à sa mère he told his mother about the accident; ~ ses malheurs à qqn to tell sb all one's troubles, to pour one's heart out to sb ❑ ~ sa vie *fam* to tell one's (whole) life story; nous raconte pas ta vie! *fam* we don't want to hear your life history! -**3.** [dire] to tell; ne crois pas tout ce qu'on raconte don't believe everything people tell you; on raconte beaucoup de choses sur lui you hear all sorts of stories about him; on m'avait raconté que vous étiez malade I heard that you were ill; on raconte qu'il a été marié plusieurs fois people say he's been married several times; à ce qu'on raconte, elle était la maîtresse du docteur she was the doctor's mistress, at least that's what people say; elle est allée tout lui ~ she went and told him everything; mais enfin qu'est-ce que tu racontes? what (on earth) are you on about?; ne raconte pas de bêtises don't be silly ‖ *(en usage abs)*: vite, raconte! go on!, quick, tell me! ❑ ~ des histoires to tell stories, to spin yarns; allez, tu me racontes des histoires come on, you're pulling my leg; qu'est-ce que tu racontes (de beau)? so, what's new?
◆ **se raconter** ◇ *vp (emploi passif)* [événement]: des choses pareilles ne se racontent pas such things are best left unsaid; il faut l'avoir vécu, ça ne se raconte pas I couldn't describe what it was like.
◇ *vpi* [personne] to talk about o.s.

raconteur, euse [rakɔ̃tœr, øz] *nm, f* storyteller; c'est un bon ~ he tells a good story.

racorni, e [rakɔrni] *adj* -**1.** [vieillard] wizened, shrivelled; [mains] gnarled; [plante] shrivelled; [parchemin] dried-up. -**2.** *sout* [esprit] hardened.

racornir [32] [rakɔrnir] *vt* -**1.** [peau, mains] to toughen; [cœur] to harden. -**2.** [plante] to shrivel up *(sép)*.
◆ **se racornir** *vpi* -**1.** [plante] to shrivel up *(insép)*, to become shrivelled up. -**2.** *sout* [personne] to become hardened OU hardhearted.

rad [rad] *nm* rad.

radar [radar] *nm* radar; ~ de veille military surveillance radar; écran/système ~ radar screen/system; contrôle-~ [sur la route] radar (speed) trap *(on a road)*; aujourd'hui je suis OU je marche au ~ *fam* I'm on automatic pilot today.

radarastronomie [radarastrɔnɔmi] *nf* radar astronomy.

radariste [radarist] *nmf* radar specialist OU engineer.

rade [rad] ◇ *nf* -**1.** [bassin] harbour *Br*, harbor *Am*; en ~ de San Francisco in San Francisco harbour. -**2.** *fam loc*: laisser qqn en ~ [l'abandonner] to leave sb in the lurch; on est restés en ~ we were left stranded.
◇ *nm arg crime* [bar] joint.

radeau, x [rado] *nm* raft; ~ de sauvetage life raft; ~ pneumatique inflatable raft; 'le Radeau de la Méduse' *Géricault* 'The Raft of the Medusa'.

radial, e, aux [radjal, o] *adj* MATH & ANAT radial.
◆ **radiale** *nf* [autoroute urbaine] urban expressway *(leading out from the city centre)*.

radian [radjɑ̃] *nm* radian.

radiant, e [radjɑ̃, ɑ̃t] *adj* radiant.
◆ **radiant** *nm* radiant.

radiateur [radjatœr] *nm* [à eau, d'un véhicule] radiator; [à gaz] heater; ~ électrique electric radiator OU heater.

radiatif, ive [radjatif, iv] *adj* radiative.

radiation [radjasjɔ̃] *nf* -**1.** BIOL & PHYS radiation. -**2.** [élimination] removal, striking off; ils ont demandé sa ~ de l'ordre des médecins/du barreau they asked that he should be struck off the register/that he should be struck off.

radical, e, aux [radikal, o] ◇ *adj* -**1.** [complet] radical, drastic; un changement ~ a drastic OU radical change; une réorganisation ~e a thoroughgoing OU root and branch reorganization. -**2.** [efficace]: l'eucalyptus c'est ~ contre le rhume eucalyptus is just the thing for colds; il s'endort quand je mets cette cassette, c'est ~ *fam* he goes to sleep as soon as I play this tape, it works like a dream. -**3.** BOT radical, root *(modif)*. -**4.** LING root *(modif)*.
◇ *nm, f* POL Radical.
◆ **radical** *nm* -**1.** LING radical, stem. -**2.** CHIM radical. -**3.** MATH radical (sign).

radicalaire [radikalɛr] *adj* CHIM free radical *(modif)*.

radicalement [radikalmɑ̃] *adv* radically, completely; ~ faux completely untrue; il a ~ changé he's completely different, he's a different person.

radicalisation [radikalizasjɔ̃] *nf* radicalization; il est pour la ~ des revendications he wants the demands to be made more radical; la ~ du conflit the heightening of the conflict.

radicaliser [3] [radikalize] *vt* to radicalize, to make more radical.
◆ **se radicaliser** *vpi*: le mouvement étudiant s'est radicalisé the student movement has become more radical.

radicalisme [radikalism] *nm* radicalism.

radical-socialisme [radikalsɔsjalism] *nm* radical-socialism.

radical-socialiste [radikalsɔsjalist] (*pl* radicaux-socialistes [radikosɔsjalist]) *adj* & *nmf* radical-socialist.

radicant, e [radikɑ̃, ɑ̃t] *adj* radicant.

radicelle [radisɛl] *nf* radicel *spéc*, rootlet.

radicotomie [radikɔtɔmi] *nf* radicotomy.

radiculaire [radikylɛr] *adj* radicular.

radicule [radikyl] *nf* radicle.

radié, e [radje] *adj* -**1.** [cadran] marked in rays, radiate *spéc*. -**2.** BOT radiate, rayed.
◆ **radiée** *nf* radiate plant.

radier[1] [radje] *nm* -**1.** CONSTR [dalle] concrete slab; [revêtement] apron. -**2.** MIN sill.

radier[2] [9] [radje] *vt* to strike off *(sép)*; elle a été radiée du barreau/de l'ordre des médecins she was struck off the register/struck off.

radiesthésie [radjɛstezi] *nf* divination, divining.

radiesthésiste [radjɛstezist] *nmf* diviner.

radieux, euse [radjø, øz] *adj* [matinée, temps] glorious; [soleil, beauté] brilliant, radiant; [visage] radiant, glowing (with happiness); [sourire] radiant; elle était radieuse à son retour de vacances she was positively glowing when she got back from her holidays.

radin, e [radɛ̃, in] ◇ *adj* tightfisted, stingy.
◇ *nm, f* skinflint.

radiner▽ [3] [radine] *vi* [arriver] to turn OU to show up *(insép)*.
◆ **se radiner**▽ *vpi*: allez, vite, radine-toi! come on, get a move on!

radinerie [radinri] *nf* stinginess, tightfistedness.

radio [radjo] ◇ *nf* -**1.** [récepteur] radio. -**2.** [diffusion]: la ~ radio (broadcasting); à la ~ on the radio; passer à la ~ [personne] to be on the radio; [chanson] to be played on the radio; [jeu, concert] to be broadcast (on the radio), to be radiocast *Am*. -**3.** [station] radio station; sur toutes les ~s on all stations; écoutez ~ TSW! tune in to TSW! ❑ ~ locale privée OU libre independent local radio station; Radio France *state-owned radio broadcasting company*; Radio France Internationale ≃ BBC World Service; ~ périphérique *radio station broadcasting from outside national territory*; ~ pirate pirate radio station; ~ privée independent OU commercial radio station. -**4.** *(comme adj inv)* MIL: message ~ radio message. -**5.** MÉD X-ray (photograph); passer une ~ OU à la ~ *fam* to have an X-ray (done), to be X-rayed.
◇ *nm* radio operator.

radioactif, ive [radjɔaktif, iv] *adj* radioactive.

radioactivation [radjɔaktivasjɔ̃] *nf* radioactivation.

radioactivité [radjɔaktivite] *nf* radioactivity.

radioalignement [radjɔaliɲmɑ̃] *nm* [méthode] radio navigation; [dispositif] radio direction finder.

radioaltimètre [radjɔaltimɛtr] *nm* radio altimeter.

radioamateur [radjɔamatœr] *nm* radio ham.

radioastronome [radjɔastrɔnɔm] *nm* radio astronomer.

radioastronomie [radjɔastrɔnɔmi] *nf* radio astronomy.

radiobalisage [radjɔbalizaʒ] *nm* radio beacon signalling.

radiobalise [radjɔbaliz] *nf* radio beacon.

radiobaliser [3] [radjɔbalize] *vt* to equip with a radio beacon signalling system.

radiobiologie [radjɔbjɔlɔʒi] *nf* radiobiology.

radiocarbone [radjɔkarbɔn] *nm* radiocarbon.

radiocassette [radjɔkasɛt] *nf* radio cassette player.

radiocobalt [radjɔkɔbalt] *nm* radiocobalt.

radiocommande [radjɔkɔmɑ̃d] *nf* radio control.

radiocommunication [radjɔkɔmynikasjɔ̃] *nf* radiocommunication.

radiocompas [radjɔkɔ̃pa] *nm* radio compass.

radioconducteur [radjɔkɔ̃dyktœr] *nm* coherer.

radiocristallographie [radjɔkristalɔgrafi] *nf* radio crystallography.

radiodermite [radjɔdɛrmit] *nf* radiodermatitis.

radiodiagnostic [radjɔdjagnɔstik] *nm* radiodiagnosis.

radiodiffusé, e [radjɔdifyze] *adj* radio *(modif)* RAD.

radiodiffuser [3] [radjɔdifyze] *vt* to broadcast (on radio), to radiocast *Am.*

radiodiffusion [radjɔdifyzjɔ̃] *nf* radio broadcasting.

radioélectricien, enne [radjɔelɛktrisjɛ̃, ɛn] *nm, f* radio engineer.

radioélectricité [radjɔelɛktrisite] *nf* radio engineering.

radioélectrique [radjɔelɛktrik] *adj* radio *(modif)* ELEC.

radioélément [radjɔelemɑ̃] *nm* radioelement.

radiofréquence [radjɔfrekɑ̃s] *nf* radio frequency.

radiogalaxie [radjɔgalaksi] *nf* radio galaxy.

radiogoniomètre [radjɔgɔnjɔmɛtr] *nm* (radio) direction finder, radiogoniometer.

radiogoniométrie [radjɔgɔnjɔmetri] *nf* (radio) direction finding, radiogoniometry.

radiogramme [radjɔgram] *nm* radiogram TELEC.

radiographie [radjɔgrafi] *nf* [technique] radiography; [image] X-ray, radiograph.

radiographier [9] [radjɔgrafje] *vt* to X-ray.

radioguidage [radjɔgidaʒ] *nm* **-1.** AÉRON radio direction finding, radio guidance. **-2.** AUT traffic news.

radioguidé, e [radjɔgide] *adj* [avion] radio-controlled; [projectile, missile] guided.

radioguider [3] [radjɔgide] *vt* to radio-control.

radio-immunologie [radjɔimynɔlɔʒi] *nf* radioimmunology.

radio-isotope [radjɔizɔtɔp] (*pl* **radio-isotopes**) *nm* radioisotope.

radiolésion [radjɔlezjɔ̃] *nf* radiation injury, radiolesion.

radiolocalisation [radjɔlɔkalizasjɔ̃] *nf* radiolocation.

radiologie [radjɔlɔʒi] *nf* radiology.

radiologique [radjɔlɔʒik] *adj* radiological; **examen ~** X-ray examination.

radiologiste [radjɔlɔʒist], **radiologue** [radjɔlɔg] *nmf* radiologist.

radiolyse [radjɔliz] *nf* radiolysis.

radiométallographie [radjɔmetalɔgrafi] *nf* radio metallography.

radiomètre [radjɔmɛtr] *nm* radiometer.

radionavigant [radjɔnavigɑ̃] *nm* radio officer OU operator.

radionavigation [radjɔnavigasjɔ̃] *nf* radio navigation; **aide à la ~** radio navigational aid; **techniques de ~** radio navigational techniques.

radiophare [radjɔfar] *nm* radio beacon.

radiophonie [radjɔfɔni] *nf* broadcasting.

radiophonique [radjɔfɔnik] *adj* [émission, feuilleton] radio *(modif)*; [studio] broadcasting *(modif)*.

radiophotographie [radjɔfɔtɔgrafi] *nf* [image] X-ray photograph; [procédé] radiophotography.

radioprotection [radjɔprɔtɛksjɔ̃] *nf* defence against radiation.

radiorécepteur [radjɔresɛptœr] *nm* radio receiver.

radioreportage [radjɔrəpɔrtaʒ] *nm* [émission] (radio) report; [commentaire] (radio) commentary.

radioreporter [radjɔrəpɔrtɛr] *nm* (radio) reporter OU correspondent.

radiorésistance [radjɔrezistɑ̃s] *nf* radioresistance.

radioréveil [radjɔrevɛj] *nm* radio alarm (clock).

radioscopie [radjɔskɔpi] *nf* **-1.** MÉD radioscopy. **-2.** [étude] in-depth analysis.

radiosensibilité [radjɔsɑ̃sibilite] *nf* radiosensitivity.

radiosondage [radjɔsɔ̃daʒ] *nm* radiosondage, radiosonde sounding; **station de ~** radiosonde station.

radiosonde [radjɔsɔ̃d] *nf* MÉTÉO radiosonde, radiometeorograph.

radiosource [radjɔsurs] *nf* radio-source, radio star, star source.

radio-taxi [radjɔtaksi] (*pl* **radio-taxis**) *nm* radio cab, radio-taxi.

radiotechnique [radjɔtɛknik] ◇ *adj* radiotechnical.
◇ *nf* radiotechnics *(U)*, radio technology.

radiotélégramme [radjɔtelegram] *nm* radiotelegram.

radiotélégraphie [radjɔtelegrafi] *nf* radiotelegraphy, wireless telegraphy.

radiotélégraphiste [radjɔtelegrafist] *nmf* radio operator, radiotelegrapher.

radiotéléphone [radjɔtelefɔn] *nm* radiotelephone.

radiotéléphonie [radjɔtelefɔni] *nf* radiotelephony.

radiotéléphoniste [radjɔtelefɔnist] *nmf* radiotelephonist.

radiotélescope [radjɔteleskɔp] *nm* radio telescope.

radiotélévisé, e [radjɔtelevize] *adj* broadcast simultaneously on radio and TV, simulcast.

radiotélévision [radjɔtelevizjɔ̃] *nf* radio and television.

radiothérapeute [radjɔterapøt] *nmf* radiotherapist.

radiothérapie [radjɔterapi] *nf* radiotherapy.

radis [radi] *nm* **-1.** BOT radish; **~ noir** black radish. **-2.** ▽ *loc*: **je n'ai plus un ~** I haven't got a bean *esp Br* OU a red cent *Am.*

radium [radjɔm] *nm* radium.

radius [radjys] *nm* radius.

radjah [radʒa] = **raja(h).**

radôme [radom] *nm* radome.

radotage [radɔtaʒ] *nm* drivel.

radoter [3] [radɔte] ◇ *vi* to witter on; **excuse-moi si je radote, mais...** sorry to go on and on about it, but...; **là, il radote!** he's going soft in the head!
◇ *vt* **-1.** [raconter]: **qu'est-ce que tu radotes?** *fam* what are you wittering *Br* OU drivelling on about? **-2.** [répéter]: **il radote cent fois les mêmes histoires** he's always going on about the same old things.

radoteur, euse [radɔtœr, øz] *nm, f* drivelling fool.

radoub [radu] *nm* **-1.** [réparation] repair, refitting; **le voilier est en ~** the yacht is being refitted. **-2.** [cale sèche] dry dock.

radouber [3] [radube] *vt* **-1.** [bateau] to repair, to refit. **-2.** [filet] to mend.

radoucir [32] [radusir] *vt* **-1.** [caractère] to soften; [personne] to calm down *(sép)*, to mollify. **-2.** MÉTÉO to make milder; **les chutes de neige ont radouci le temps** there's been a slight rise in temperature due to the snowfall.
◆ **se radoucir** *vpi* **-1.** [voix] to soften, to become gentler; [personne] to yield, to soften; **elle a fini par se ~ devant leurs prières** her attitude softened in the face of their pleas. **-2.** [température] to get milder; **le temps s'est radouci** the weather's milder.

radoucissement [radusismɑ̃] *nm* **-1.** MÉTÉO (slight) rise in temperature; **net ~ des températures ce matin** a marked rise in temperature this morning. **-2.** [d'une personne] softening.

rafale [rafal] *nf* **-1.** MÉTÉO blast, gust; **le vent souffle en ~s** it's blustery. **-2.** ARM burst; **tir par ~s** firing in bursts; **une ~ de mitraillette** a burst of machine-gun fire. **-3.** *fig* burst; **par** OU **en ~s** intermittently ‖ INF burst.

raffermir [32] [rafɛrmir] *vt* **-1.** [muscle, peau] to tone OU to firm up *(sép)*. **-2.** [consolider] to strengthen, to reinforce; **~ sa position** to consolidate one's position; **~ le courage de qqn** to bolster up sb's courage.
◆ **se raffermir** *vpi* **-1.** [muscle, peau] to tone OU to firm up. **-2.** [se consolider] to get stronger; **se ~ dans ses intentions** to stiffen one's resolve. **-3.** FIN [monnaie, prix] to strengthen.

raffermissement [rafɛrmismɑ̃] *nm* [de la peau] firming up; [de la voix] steadying; [d'une autorité] strengthening, consolidation; **~ des tendances à la Bourse** strengthening of trends on the Stock Exchange.

raffinage [rafinaʒ] *nm* refining.

raffinat [rafina] *nm* refined product.

raffiné, e [rafine] ◇ *adj* **-1.** INDUST refined; **pétrole ~** refined oil. **-2.** [élégant] refined, sophisticated. **-3.** [subtil - raisonnement] subtle; [- politesse] extreme, exquisite; [- goût] refined, discriminating.
◇ *nm, f* person of taste.

raffinement [rafinmɑ̃] *nm* **-1.** [élégance] refinement, sophistication. **-2.** [détail élégant] subtlety, refinement. **-3.** [surenchère] : **avec un ~ de cruauté** with exquisite OU refined cruelty.

raffiner [3] [rafine] *vt* **-1.** INDUST to refine. **-2.** [rendre plus délicat] to polish, to refine.
◆ **raffiner sur** *v + prép* to be overparticular about; **elle raffine beaucoup sur la toilette** she's overparticular about her appearance; **je n'ai pas eu le temps de ~ sur les détails** I didn't have time to pay that much attention to the details.

raffinerie [rafinri] *nf* refinery; **~ de pétrole/sucre** oil/sugar refinery.

raffineur, euse [rafinœr, øz] *nm, f* refiner PETR.
◆ **raffineur** *nm* (paper) refiner.

raffoler [3] [rafɔle]
◆ **raffoler de** *v + prép* to be crazy OU mad OU wild about; **il raffole de ses petits-enfants** he's mad about his grandchildren; **chic, des glaces, j'en raffole!** ooh, ice cream, I LOVE ice cream!

raffut *fam* [rafy] *nm* **-1.** [bruit] racket; **pourquoi tout ce ~?** [voix] what's all this shouting about? **-2.** [esclandre] to-do; **faire du ~ à propos de qqch** to make a big to-do about sthg.

raffûter [3] [rafyte] *vt* RUGBY to hand off *(sép).*

rafiot *fam* [rafjo] *nm* [vieux bateau] old tub.

rafistolage *fam* [rafistɔlaʒ] *nm* patching up; **c'est le roi du ~** he's always making do.

rafistoler *fam* [3] [rafistɔle] *vt* to patch up *(sép)*, to fix temporarily.

rafle [rafl] *nf* **-1.** [arrestation] raid; **une ~ de police** a police raid ❑ **la ~ du Vel' d'Hiv** HIST *the rounding up of Jews in the Paris Vélodrome d'Hiver in 1942.* **-2.** *fig*: **il y a eu une ~ de tout le sucre disponible dans les magasins** all the sugar available in the shops was snatched up. **-3.** BOT stalk; [du maïs] cob.

rafler *fam* [3] [rafle] *vt* **-1.** [voler] to nick *Br*, to swipe. **-2.** [saisir] to grab; COMM to buy up *(sép)*; **les clients ont tout raflé en moins de deux heures** the customers cleared the shelves in less than two hours. **-3.** [remporter - prix] to walk off with; **le film a raflé toutes les récompenses** the film made a clean sweep of the awards.

rafraîchir [32] [rafrɛʃir] ◇ *vt* **-1.** [refroidir] to cool (down); **ces averses ont rafraîchi le temps** the weather's a bit cooler because of the showers; **un verre d'eau te rafraîchira** a glass of water will cool you down. **-2.** [remettre en état - vêtement] to smarten OU to brighten up *(sép)*; [- barbe, coupe de cheveux] to trim; [- peintures] to freshen up *(sép)*; **la cuisine a besoin d'être rafraîchie** the kitchen needs a lick of paint; **'à ~'**[logement] 'needs some redecoration'. **-3.** *fam fig* [raviver] : **~ la mémoire à qqn** to refresh OU to jog sb's memory.
◇ *vi* **-1.** MÉTÉO to get cooler OU colder; **le temps rafraîchit** it's getting colder. **-2.** CULIN to chill; **mettre qqch à ~** to chill sthg; **fruits rafraîchis** chilled fruit salad.
◆ **se rafraîchir** *vpi* **-1.** [se refroidir] to get colder. **-2.** [faire sa toilette] to freshen up. **-3.** [boire] to have a cool drink.

rafraîchissant, e [rafrɛʃisɑ̃, ɑ̃t] *adj* **-1.** [froid] cool, refreshing; [tonique] refreshing, invigorating; **une boisson ~e** a refreshing drink. **-2.** [charmant] refreshing.

rafraîchissement [rafrɛʃismɑ̃] *nm* **-1.** [refroidissement] cooling; **net ~ des températures sur tout le pays** temperatures are noticeably cooler throughout the country. -**2.** [boisson] cool OU cold drink. -**3.** INF refreshing *(U)*, refresh; cycle/vitesse de ~ refresh cycle/rate.

ragaillardir [32] [ragajardir] *vt* to buck OU to perk up *(sép)*; ragaillardi par une nuit de sommeil refreshed after a good night's sleep.

rage [raʒ] *nf* -**1.** MÉD & VÉTÉR: la ~ rabies ❑ ~ de dents toothache. -**2.** [colère - d'adulte] rage, fury; [- d'enfant] tantrum; être fou de ~ to be absolutely furious; elle est repartie la ~ au cœur she went off boiling OU seething with rage; j'ai accepté, mais la ~ au cœur I accepted, but actually I was furious about it. -**3.** [passion] passion, mania; ils ont la ~ du jeu they're mad on gambling; avoir la ~ de vivre to have an insatiable lust for life. -**4.** *loc*: faire ~ [feu, ouragan] to rage; [mode] to be all the rage.

rageant, e [raʒɑ̃, ɑ̃t] *adj* infuriating, exasperating; c'est ~! it makes you mad!

rager [17] [raʒe] *vi*: ~ contre qqn to be furious with sb; je rage de la voir se pavaner it makes me mad OU it infuriates me to see her strutting about; ça (vous) fait ~! it's absolutely infuriating!; je rageais! I was fuming OU furious!

rageur, euse [raʒœr, øz] *adj* -**1.** [irrité - ton] angry, enraged; [- geste, réponse] bad-tempered, angry. -**2.** [coléreux] hot-tempered.

rageusement [raʒøzmɑ̃] *adv* angrily, furiously; il claqua ~ la porte he slammed the door angrily.

raglan [raglɑ̃] ◇ *adj inv* raglan; des manches ~ raglan sleeves.
◇ *nm* raglan coat.

ragondin [ragɔ̃dɛ̃] *nm* -**1.** ZOOL coypu. -**2.** [fourrure] nutria.

ragot [rago] *nm* piece of gossip; des ~s gossip; les ~s ne m'intéressent pas I'm not interested in gossip.

ragougnasse *fam* [ragunas] *nf* pigswill *fig*.

ragoût [ragu] *nm* stew, ragout.
◆ **en ragoût** *loc adj* stewed.

ragoûtant, e [ragutɑ̃, ɑ̃t] *adj*: peu ~ [mets] unappetizing; [personne] unsavoury *Br*, unsavory *Am*; [lieu] insalubrious.

ragtime [ragtajm] *nm* ragtime.

rahat-loukoum [raatlukum] (*pl* rahat-loukoums), **rahat-lokoum** [raatlɔkum] (*pl* rahat-lokoums) *nm* Turkish delight *(U)*.

rai [rɛ] *nm* -**1.** *litt* [rayon]: un ~ de lumière a shaft of light. -**2.** [d'une roue] spoke.

raid [rɛd] *nm* -**1.** MIL raid, surprise attack; ~ aérien air raid. -**2.** SPORT [avec des véhicules] long-distance rally; [à pied] trek. -**3.** BOURSE raid.

raide [rɛd] ◇ *adj* -**1.** [rigide - baguette, matériau] stiff, rigid; [tendu - fil, ficelle] taut, tight; [droit] straight; avoir une jambe ~ to have a stiff leg; assis tout ~ sur un tabouret/dans son lit sitting stiffly on a stool/bolt upright in his bed ❑ avoir les cheveux ~s (comme des baguettes de tambour) to have straight hair; se tenir ~ comme un piquet to stand as stiff as a pole OU a poker. -**2.** [guindé - personne] stiff, starchy; [- style, jeu de scène] wooden; [inébranlable - personne, comportement] rigid, inflexible; être ~ comme la justice *litt* to be totally unbending OU inflexible. -**3.** [abrupt] steep; la côte est (en pente) ~ the hill climbs steeply; la descente est en pente ~ [piste de ski] the slope is very steep; [route] the way down is very steep. -**4.** *fam* [fort - café] strong; [- alcool] rough; vraiment ~, cette vodka! that vodka's really rough! -**5.** *fam* [osé - détail, récit] risqué; [- scène] explicit, daring; le vieux canapé a dû en voir de ~s the old sofa has seen a thing or two. -**6.** *fam* [surprenant]: elle est ~, celle-là! that's a bit far-fetched OU hard to believe!; je vais t'en raconter une ~ I'll tell you an amazing story. -**7.** ▽ [désargenté] broke, skint *Br*; être ~ comme un passe-lacet to be dead broke OU cleaned out.
◇ *adv* -**1.** [à pic] steeply; ça descend/monte ~ derrière chez eux the ground slopes steeply downward/upward behind their house. -**2.** [en intensif]: tomber ~ to drop dead; ~ mort stone dead *Br*, dead as a doornail.

raider [rɛdœr] *nm* raider.

raideur [rɛdœr] *nf* -**1.** [d'une étoffe, d'une attitude] stiffness; [d'une baguette] stiffness, rigidity; [d'une corde] tautness; [des cheveux] straightness; [d'un sentier] steepness; [d'un style, d'un jeu de scène] woodenness; elle répondit avec ~ she answered sharply. -**2.** [d'un muscle] stiffness; avoir une ~ dans la nuque/l'épaule to have a stiff neck/shoulder.

raidillon [rɛdijɔ̃] *nm* steep path OU climb; juste avant le ~ just before the road starts climbing.

raidir [32] [rɛdir] *vt* -**1.** [tendre] to stiffen. -**2.** [faire perdre sa souplesse à] to stiffen; l'eau calcaire raidit le tissu hard water stiffens fabric.
◆ **se raidir** *vpi* -**1.** [perdre sa souplesse] to stiffen, to go stiff, to become stiffer. -**2.** [se tendre - muscle, corps] to tense (up), to stiffen; [- cordage] to tighten, to grow taut. -**3.** [rassembler sa volonté] to steel OU to brace o.s.; se ~ contre l'adversité to stand firm in the face of adversity.

raidissement [rɛdismɑ̃] *nm* -**1.** [physique] tensing, stiffening. -**2.** [moral]: face au ~ des patrons faced with the tougher line taken by the employers.

raidisseur [rɛdisœr] *nm* -**1.** [tendeur] tightener. -**2.** AÉRON stiffener, stringer. -**3.** CONSTR & NAUT stringer.

raie [rɛ] *nf* -**1.** [trait] line; [rayure] stripe; [griffure] scratch, mark; ~s creusées dans le bois marks cut into the wood; une ~ de lumière a ray of light. -**2.** [dans les cheveux] parting *Br*, part *Am*; une ~ sur le côté a side parting; se coiffer avec la ~ à gauche/droite to part one's hair on the left/right. -**3.** ANAT slit; ~ des fesses cleft of the buttocks. -**4.** AGR furrow. -**5.** OPT & PHYS line; ~s spectrales spectrum lines; ~ d'absorption/d'émission absorption/emission spectrum. -**6.** ZOOL ray, skate; CULIN skate; ~ cornue devilfish, manta ray; ~ électrique/venimeuse electric/sting ray.

raifort [rɛfɔr] *nm* horseradish.

rail [raj] *nm* -**1.** [barre d'acier] rail; les ~s [la voie] the tracks, the rails; les ~s s'arrêtent en rase campagne the track comes to an end in the middle of the countryside; poser des ~s to lay track ❑ ~ conducteur live rail; ~ fixe main rail; ~ mobile switch (rail); sortir des ~s to leave the rails, to go OU to come off the rails; remettre qqch/qqn sur les ~s *fig* to put sthg/sb back on the rails; elle a remis l'entreprise sur ses OU les ~s she put OU set the firm (back) on the rails again. -**2.** [moyen de transport]: le ~ rail; une grève du ~ a rail strike; les usagers du ~ rail users; transport par ~ rail transport. -**3.** [glissière] track ❑ ~ d'éclairage lighting track; ~ de travelling dolly (tracks). -**4.** NAUT shipping lane.

railler [3] [raje] *litt* ◇ *vt* to mock, to laugh OU to scoff at *(insép)*.
◇ *vi* to jest; vous raillez? *hum* you jest?
◆ **se railler de** *vp* + *prép litt*: se ~ de qqn/qqch to scoff at sb/sthg.

raillerie [rajri] *nf* -**1.** [attitude] mocking, raillery *litt*. -**2.** [remarque] jibe, jest *arch* OU *hum*.

railleur, euse [rajœr, øz] ◇ *adj* mocking, scoffing.
◇ *nm, f* mocker, scoffer; faire taire les ~s to silence the scoffers.

rail-route [rajrut] *adj inv* road-rail *(modif)*.

rainette [renɛt] *nf* tree frog.

rainurage [rɛnyraʒ] *nm* [sur route]: 'rainurage' 'grooved surface'.

rainure [rɛnyr] *nf* -**1.** [sillon] groove; [guide] channel, slot; les ~s du parquet the gaps between the floorboards. -**2.** ANAT groove.

rainurer [3] [rɛnyre] *vt* to (cut a) groove (in).

raisin [rɛzɛ̃] *nm* -**1.** [en grappes] grapes; grain de ~ grape; acheter du ~ to buy grapes ❑ ~ blanc/noir white/black grapes; ~ de cuve/table wine/eating grapes; 'les Raisins de la colère' *Steinbeck* 'The Grapes of Wrath'. -**2.** CULIN: ~s de Corinthe currants; ~s secs raisins; ~s de Smyrne sultanas.

raisiné [rɛzine] *nm* -**1.** [confiture] grape jelly. -**2.** *arg crime* [sang] blood.

raisinet [rezinɛ] *nm Helv* redcurrant.

raison [rɛzɔ̃] *nf* -**1.** [motif] reason; j'aurais cent ~s de vous mettre à la porte I could think of a thousand reasons why I should dismiss you; il n'y a aucune ~ pour que vous partiez there's no reason for you to leave; y a-t-il une ~ de s'inquiéter? is there any reason to worry?; quelle est la ~ de...? what's the reason for...?; quelle est la ~ de son départ? why is she leaving?; la ~ pour laquelle je vous écris the reason (why OU that) I'm writing to you; la ~ en est que... the reason is (that)..., it's because...; pour quelle ~? why?; pour des ~s familiales/de santé for family/health reasons; pour ~s de santé for reasons of ill-health; pour des ~s personnelles for personal reasons; avoir de bonnes ~s OU des ~s (de faire qqch) to have good reasons (for doing sthg); avoir ses ~s to have one's reasons; je n'ai pas de ~s à te donner! I don't have to tell you why!; avec ~ with good reason; sans ~ for no reason (at all); pour une ~ ou pour une autre for one reason or another; pour la (bonne et) simple ~ que for the simple reason that; elle n'est pas venue, pour la (bonne et) simple ~ qu'elle était malade the reason she didn't come was simply that she was ill; ce n'est pas une ~! that's no excuse!; ce n'est pas une ~ pour vous fâcher there's no need for you to get angry ❑ ~ de vivre reason to live; cet enfant c'est sa ~ de vivre he lives for that child; à plus forte ~ all the more so; ~ de plus: mais je suis malade! - ~ de plus! but I'm not feeling well! - all the more reason!; ~ de plus pour le faire that's one more reason for doing so; c'est pas une ~! *fam* that's no excuse!; y a pas de ~ *fam*: qu'elle se débrouille toute seule, y a pas de ~! *fam* there's no reason why she shouldn't sort it out for herself!; le cœur a ses ~s que la ~ ne connaît point *allusion Pascal* the heart has its reasons that reason ignores; se rendre aux ~s de qqn to yield to sb's arguments. -**2.** [lucidité]: il n'a pas/plus toute sa ~ he's not/he's no longer in his right mind; il n'a plus toute sa ~ depuis la catastrophe the disaster affected his mind; perdre la ~ to lose one's mind; recouvrer la ~ to recover one's faculties; troubler la ~ de qqn to affect sb's mind. -**3.** [bon sens] reason; agir contre toute ~ to behave quite unreasonably; faire entendre ~ à qqn, ramener qqn à la ~ to make sb see reason; revenir à la ~ to come to one's senses ❑ plus que de ~ to excess, more than is reasonable; elle boit plus que de ~ she drinks more than is good for her; il faut ~ garder one must keep one's head. -**4.** [faculté de penser] reason; l'homme est un être doué de ~ man is a thinking being. -**5.** MATH proportion; en ~ inverse/directe (de) in inverse/direct proportion (to). -**6.** *loc*: avoir ~ to be right; avoir (bien) ~ de faire qqch to be (quite) right to do OU justified in doing sthg; donner ~ à qqn [personne] to agree that sb is right; [événement] to prove sb right; se faire une ~ to resign o.s.; fais-toi une ~, tu l'as cassé you'll just have to put up with OU to accept the fact that you've broken it; avoir ~ de qqn/qqch *sout* to get the better of sb/sthg, to overcome sb/sthg; le traitement a finalement eu ~ de son eczéma the treatment finally cured his eczema; demander ~ à qqn (de) *sout* to demand satisfaction from sb (for); rendre ~ de qqch à qqn to justify sthg to sb; la ~ du plus fort est toujours la meilleure *prov* might is right *prov*.
◆ **à raison de** *loc prép* at the rate of.
◆ **comme de raison** *loc adv* and rightly so.
◆ **en raison de** *loc prép* -**1.** [à cause de] on account of, because of; le vol est annulé en ~ du mauvais temps the flight has been cancelled because of bad weather. -**2.** [en proportion de] according to.

◆ **raison d'État** *nf*: le gouvernement a invoqué la ~ d'État pour justifier cette mesure the government said that it had done this for reasons of State.
◆ **raison d'être** *nf* raison d'être; **sa présence n'a plus aucune ~ d'être** there's no longer any reason for him to be here.
◆ **raison sociale** *nf* corporate OU company name.

raisonnable [rɛzɔnabl] *adj* -**1.** [sensé - personne, solution, décision] sensible; **sois ~!** be reasonable!; **tu n'es (vraiment) pas ~ de boire autant** it's not sensible to drink so much; **à cet âge ils sont ~s** when they get to that age they know how to behave sensibly; **soyez ~s, les enfants, je reviens dans une minute** behave yourselves children, I'll be back in a minute; **il devrait être plus ~** he should know better; **c'est ~** it makes sense; **est-ce bien ~?** *hum* is that wise? -**2.** [normal, naturel] reasonable; **il est ~ de penser que...** it's reasonable to think that... -**3.** [acceptable - prix, taux, tarif] reasonable; [- salaire] decent; **à une heure ~** at a reasonable time; **un appartement de taille ~** a reasonably OU fairly large flat; **leurs exigences restent très raisonnables** they're very moderate in their demands. -**4.** [doué de raison] rational.

raisonnablement [rɛzɔnabləmɑ̃] *adv* -**1.** [de manière sensée] sensibly, properly; **quand donc te conduiras-tu ~?** when are you going to behave sensibly OU properly? -**2.** [normalement] reasonably; **elle peut ~ espérer une augmentation** she can reasonably expect a pay rise. -**3.** [modérément] in moderation; **vous pouvez boire, mais ~** you may drink, but in moderation.

raisonné, e [rɛzɔne] *adj* -**1.** [analyse, projet, décision] reasoned. -**2.** [grammaire, méthode] structured.

raisonnement [rɛzɔnmɑ̃] *nm* -**1.** [faculté, réflexion]: **le ~** reasoning ❑ **~ par l'absurde** reductio ad absurdum; **~ par analogie** analogical reasoning; **~ déductif/inductif** deductive/inductive reasoning. -**2.** [argumentation] reasoning; **mon ~ est le suivant** my reasoning is as follows; **la conclusion de mon ~ est la suivante** after careful thought, I have come to the following conclusion; **je ne suis pas bien votre ~** I don't follow your line of argument OU thought; **son ~ est assez convaincant** her arguments are quite convincing; **tenir un ~: il ne faudra pas tenir ce ~ avec lui** we mustn't use that argument with him; **ce n'est pas un ~!** you're wrong to think like that!
◆ **raisonnements** *nmpl litt* (endless) arguing *(U)*.

raisonner [3] [rɛzɔne] ◇ *vi* -**1.** [penser] to think; **~ avant d'agir** to think before doing something ❑ **~ comme un tambour** OU **une pantoufle** to talk nonsense, to talk through one's hat. -**2.** [enchaîner des arguments]: **non, là vous raisonnez mal!** no, your reasoning isn't sound there!; **~ par analogie** to use analogy as the basis of one's argument; **~ par induction/déduction** to use inductive/deductive reasoning. -**3.** [discuter]: **~ sur** to argue about; **~ avec qqn** to reason with sb; **~ avec lui, c'est perdre son temps** it's a waste of time trying to reason with him.
◇ *vt* -**1.** [faire appel à la raison de] to reason with *(insép)*; **j'ai essayé de le ~, rien à faire** I tried to reason with him OU to make him see reason, but it was no use. -**2.** *sout* [examiner par la raison] to think out OU through *(sép)*; **~ ses choix** to make reasoned choices.
◆ **se raisonner** ◇ *vp (emploi réfléchi)*: **raisonne-toi, essaie de manger moins** be reasonable and try not to eat so much.
◇ *vp (emploi passif)*: **la passion ne se raisonne pas** there's no reasoning with passion, passion knows no reason.

raisonneur, euse [rɛzɔnœr, øz] ◇ *adj* argumentative.
◇ *nm, f* arguer, quibbler.

raja(h) [raʒa] *nm* rajah.

rajeunir [32] [raʒœnir] ◇ *vi* -**1.** [redevenir jeune] to grow young again; **elle voudrait ~** she'd like to be younger. -**2.** [paraître plus jeune] to look OU to seem younger; **je le trouve rajeuni** he looks younger to me; **nous n'avons pas rajeuni** we're not getting any younger; **il a rajeuni de plusieurs années depuis son mariage** he looks years younger since he got married; **elle rajeunit de jour en jour, on dirait!** she seems to get younger every day! -**3.** [retrouver de l'éclat - façade] to look like new.
◇ *vt* -**1.** [rendre jeune]: **~ qqn** *pr* to rejuvenate sb, to make sb younger; *fig* to make sb look younger; **cette coiffure/robe la rajeunit** that hairstyle/dress makes her look younger; **il a perdu des kilos, ça le rajeunit** he's lost weight, it takes years off him; **~ le personnel d'une société** to bring new blood into a company. -**2.** [attribuer un âge moins avancé à]: **très aimable à vous, mais vous me rajeunissez!** that's very kind of you but you're making me younger than I am!; **vous me rajeunissez de cinq ans** I'm five years older than you said. -**3.** [faire se sentir plus jeune]: **cette soirée m'a rajeuni de dix ans!** this party's made me feel ten years younger!; **ça me rajeunit!** it makes me feel younger!; **ça ne nous rajeunit pas!** it makes you realize how old we are!, it makes you feel your age! -**4.** [moderniser - mobilier, équipement] to modernize.
◆ **se rajeunir** *vp (emploi réfléchi)* -**1.** [se faire paraître plus jeune] to make o.s. look younger. -**2.** [se prétendre plus jeune] to lie about one's age; **elle se rajeunit de cinq ans/d'au moins cinq ans** she claims to be five years younger/at least five years younger than she really is.

rajeunissant, e [raʒœnisɑ̃, ɑ̃t] *adj* rejuvenating.

rajeunissement [raʒœnismɑ̃] *nm* -**1.** BIOL & PHYSIOL rejuvenation; **elle a fait une cure de ~** she went to a health farm. -**2.** [modernisation - d'un équipement, d'une entreprise] modernization. -**3.** [abaissement de l'âge]: **le ~ de la population** the decreasing average age of the population; **il y a aujourd'hui un net ~ des amateurs de musique classique** there has been a marked drop in the average age of classical music lovers.

rajout [raʒu] *nm* addition; **faire des ~s à qqch** to make additions to sthg, to add things to sthg.

rajouter [3] [raʒute] *vt* -**1.** [ajouter]: **~ qqch (à)** to add sthg (to). -**2.** [dire en plus]: **~ qqch (à)** to add sthg (to); **je n'ai rien à ~** I have nothing to add, I have nothing more to say; **~ que** to add that. -**3.** *loc*: **en ~** *fam* to lay it on a bit thick; **je t'en prie, n'en rajoute pas!** oh, for God's sake, give it a rest!

rajustement [raʒystəmɑ̃] *nm* adjustment; **un ~ des salaires** a wage adjustment.

rajuster [3] [raʒyste] *vt* -**1.** [prix, salaires, vêtements] to adjust. -**2.** [rectifier]: **~ le tir** to adjust OU to correct one's aim.
◆ **se rajuster** *vpi* to tidy o.s. up; **il avait oublié de se ~** he'd forgotten to do up his fly OU to adjust his dress *hum*.

râlant, e *fam* [ralɑ̃, ɑ̃t] *adj* infuriating, exasperating; **c'est ~!** it's enough to drive you mad!

râle [ral] *nm* -**1.** [d'un agonisant]: **~ (d'agonie)** death rattle. -**2.** MÉD rale. -**3.** [oiseau] rail; **~ d'eau** water rail; **~ des genêts** corncrake.

ralenti, e [ralɑ̃ti] *adj*: **mener une vie ~e** to live quietly; **depuis son infarctus, il mène une vie ~e** since his coronary, he's been taking things easy.
◆ **ralenti** *nm* -**1.** CIN slow motion. -**2.** AUT & MÉCAN idling speed; **régler le ~** to adjust the idling speed.
◆ **au ralenti** *loc adv* -**1.** CIN: **passer une scène au ~** to show a scene in slow motion. -**2.** [à vitesse réduite]: **tourner au ~** [moteur] to idle; **l'usine tourne au ~** the factory is running under capacity; **vivre au ~: depuis qu'il est à la retraite, il vit au ~** now that he's retired, he doesn't do as much as he used to; **travailler au ~: ils travaillent au ~** [pour protester] they're on a go-slow *Br* OU a slowdown *Am*; [par nécessité] they're working at a slower pace.

ralentir [32] [ralɑ̃tir] ◇ *vi* to slow down; **l'autobus n'a même pas ralenti** the bus didn't even slow down; **'attention, ~'** 'reduce speed now'; **'~, travaux'** 'slow, roadworks ahead'.
◇ *vt* -**1.** [mouvement, effort] to slow down; **~ sa course** OU **l'allure** to reduce speed, to slow down; **~ le pas** to slow down. -**2.** [processus] to slow down *(sép)*.
◆ **se ralentir** *vpi* to slow down.

ralentissement [ralɑ̃tismɑ̃] *nm* -**1.** [décélération] decrease in speed; **un ~ de 10 km sur la N10** slow-moving traffic for 6 miles on the N10. -**2.** [diminution] reduction; **un ~ des ventes** a falloff in sales; **un ~ des fonctions cérébrales** a reduction in brain activity.

ralentisseur [ralɑ̃tisœr] *nm* -**1.** [sur une route] speed bump, sleeping policeman *Br*. -**2.** AUT & MÉCAN idler, speed reducer. -**3.** PHYS moderator; **~ de particules/neutrons** particle/neutron moderator.

râler [3] [rale] *vi* -**1.** [agonisant] to give a death rattle. -**2.** *fam* [se plaindre] to grumble, to moan; **~ contre qqch** to moan about sthg; **ça me fait ~!** it makes me so mad OU furious!; **juste pour la faire ~** just to make her angry. -**3.** [tigre] to growl.

râleur, euse *fam* [ralœr, øz] ◇ *adj* bad-tempered, grumpy.
◇ *nm, f* grouch, moaner; **quel ~!** he never stops moaning!

ralingue [ralɛ̃g] *nf* bolt rope; **voile en ~** shivering sail *spéc*.

ralinguer [3] [ralɛ̃ge] ◇ *vt* to rope.
◇ *vi* to shiver NAUT.

rallié, e [ralje] *nm, f* new supporter.

ralliement [ralimɑ̃] *nm* -**1.** [adhésion]: **lors de son ~ à notre parti/notre cause** when he came over to our party/cause. -**2.** [rassemblement] rally, gathering; **signe/cri de ~** rallying sign/cry; **point de ~** rallying point.

rallier [9] [ralje] *vt* -**1.** [rejoindre - groupe, poste] to go back to; **des permissionnaires qui rallient leur régiment** soldiers on their way back to their units. -**2.** [adhérer à] to join; **c'est pour cela que j'ai fini par ~ ce parti** that's why I ended up joining this party. -**3.** [rassembler - autour de soi, d'un projet] to win over *(sép)*; [- des troupes] to gather together, to rally; **~ les indécis** to win over OU to persuade the undecided; **il a su ~ la majorité des actionnaires à son projet** he managed to convince the majority of the shareholders that his project was a good idea; **~ tous les suffrages** to meet with general approval; **~ qqn à sa cause** to win sb over. -**4.** NAUT: **~ la terre** to haul in for the coast; **~ le bord** to rejoin ship.
◆ **se rallier à** *vp + prép* -**1.** [se joindre à]: **se ~ à qqn** to join forces with sb; **se ~ à un parti** to join a party ‖ *(en usage abs)*: **il a fini par se ~** he ended up joining ❑ **ralliez-vous à mon panache blanc!** *allusion Henri IV* follow me! -**2.** [se montrer favorable à]: **se ~ à un avis/un point de vue** to come round to an opinion/a point of view; **se ~ à l'avis général** to come round to OU to rally to the opinion of the majority.

rallonge [ralɔ̃ʒ] *nf* -**1.** [électrique] extension (cable). -**2.** [planche] extension. -**3.** [tuyau] extension tube *(of a vacuum cleaner)*. -**4.** *fam* [délai] extra time *(U)*; **une ~ de quelques jours** a few extra days. -**5.** *fam* [supplément] extra money *(U)*; **il nous a donné une ~ de cent francs** he gave us an extra hundred francs.
◆ **à rallonge(s)** *loc adj* -**1.** **table à ~** OU **~s** extending table. -**2.** [week-end] long; [histoire] never-ending; [nom] double-barrelled.

rallongement [ralɔ̃ʒmɑ̃] *nm* [gén] lengthening, extension; [d'un vêtement] letting down.

rallonger [17] [ralɔ̃ʒe] ◇ *vt* -**1.** [gén] to extend; [durée, liste] to lengthen, to make longer, to extend; **~ un article de quelques lignes** to extend an article by a few lines. -**2.** [vêtement - en défaisant l'ourlet] to let down *(sép)*; [- en ajoutant du tissu] to make longer. -**3.** *fam* [suj: trajet, itinéraire]: **ça nous rallonge** it's taking us out of our way; **en passant par Lille, ça te rallonge d'une heure** if you go via Lille, it'll add an hour to your journey time.

◇ *vi*: **les jours rallongent** the days are getting longer; **la mode rallonge** hemlines are coming down again.

rallumer [3] [ralyme] *vt* -**1.** [feu] to rekindle, to light again; [lampe, télévision] to put back on, to switch on again; [électricité] to turn on again; **~ une cigarette** [éteinte] to relight a cigarette; [une nouvelle cigarette] to light up another cigarette ‖ *(en usage abs)*: **rallume!** put the light back on! -**2.** *sout* [faire renaître - haine, passion] to rekindle; **cet événement a rallumé la guerre** this event sparked the war off again.

◆ **se rallumer** ◇ *vpi* -**1.** [feu, incendie] to flare up again; [lampe] to come back on. -**2.** *sout* [espoir] to be revived; [conflit] to break out again; [passion] to flare up.

◇ *vpt*: **elle se ralluma une énième cigarette** she lit yet another cigarette.

rallye [rali] *nm*: **~ (automobile)** rally, car-rally.

RAM, Ram [ram] *(abr de* Random Access Memory*) nf* Ram, ram.

ramadan [ramadɑ̃] *nm* Ramadan, Ramadhan; **faire** OU **observer le ~** to observe Ramadan.

ramage [ramaʒ] *nm litt* [d'un oiseau] song.

◆ **ramages** *nmpl* floral pattern; **un tissu à grands ~s** material with a bold floral pattern.

ramassage [ramasaʒ] *nm* -**1.** [cueillette - du bois, des fruits] gathering; [- des pommes de terre] picking, digging up; [- des champignons] picking, gathering; **~ manuel** hand picking. -**2.** [collecte]: **~ du lait** milk collection; **~ des ordures** rubbish *Br* OU garbage *Am* collection. -**3.** [transport] picking up; **ils se chargent du ~ des ouvriers** they pick up the workers ❑ **point/zone de ~** pick-up point/area; **~ scolaire** school bus service.

ramassé, e [ramase] *adj* -**1.** [homme, corps] stocky, squat; [bâtisse, forme] squat. -**2.** [style] terse.

ramasse-miettes [ramasmjɛt] *nm inv* brush and pan *(for sweeping crumbs off a table)*.

ramasser [3] [ramase] *vt* -**1.** [objet à terre] to pick up *(sép)*; **~ qqch à la pelle** *fam*: **ils ramassent des fraises à la pelle dans leur jardin** they get loads of strawberries from their garden; **des mauvaises notes, il en a ramassé à la pelle cette année** he's been getting bad marks by the dozen this year; **~ qqn dans le ruisseau** to pick sb up out of the gutter; **il était à ~ à la petite cuillère** *fam* [épuisé] he was all washed out; [blessé] you could have scraped him off the ground; **encore un pas et je serai bon à ~ à la petite cuillère!** one more step and I'll fall to bits! -**2.** [cueillir - champignons] to pick, to gather; [- pommes de terre] to dig; [- marrons] to gather. -**3.** [rassembler - copies] to collect, to take in *(sép)*; [- cartes à jouer] to gather up *(sép)*; [- feuilles mortes] to sweep up *(sép)*; **~ du bois** to gather wood; **~ les débris d'une armée** *fig* to rally the remnants of an army; **~ pas mal d'argent** *fam* to pick up OU to make quite a bit of money ❑ **~ ses forces** to gather one's strength; **~ la monnaie** to pick up the change; **~ le paquet** *fam* to hit the jackpot. -**4.** [collecter] to collect; **~ les ordures** to collect the rubbish *Br* OU garbage *Am*; **un bus ramasse les enfants à 11 h** a bus picks up OU collects the children at 11 a.m. -**5.** [résumer] to condense; **ramassez vos idées en quelques lignes** condense your ideas into just a few lines. -**6.** *fam* [trouver] to pick up, to dig up; **où as-tu ramassé cet affreux roquet?** where did you pick up OU dig up that ugly mutt? -**7.** *fam* [arrêter] to collar, to nab; **se faire ~** to get nabbed, to be collared. -**8.** *fam* [recevoir - mauvais coup, gifle] to get; **qu'est-ce que tu vas ~!** you're in for it! ❑ **~ une pelle** *fam* OU **une bûche** *fam* OU **un gadin** *fam* [tomber] to come a cropper *Br*, to fall flat on one's face. -**9.** *fam* [attraper - maladie] to catch. -**10.** *fam arg scol*: **se faire ~** to fail.

◆ **se ramasser** ◇ *vp (emploi passif)* to be picked (up); **les cèpes se ramassent en automne** ceps are picked in the autumn ❑ **se ~ à la pelle** *fam*: **les truffes se ramassent à la pelle dans cette région** there are loads of truffles around here.

◇ *vp (emploi réfléchi) fam* [se relever] to pick o.s. up.

◇ *vpi* -**1.** [avant de bondir] to crouch. -**2.** *fam* [tomber] to come a cropper *Br*, to fall flat on one's face; [échouer] to fail.

◇ *vpt*: **se ~ une veste**[∇] to come a cropper.

ramassette [ramasɛt] *nf Belg* dustpan.

ramasseur, euse [ramasœr, øz] *nm, f* gatherer; **~ de balles** [au tennis] ball boy; **~ de lait** milk collector.

◆ **ramasseur** *nm* [machine] pick-up AGR.

ramasseuse-presse [ramasøzprɛs] *(pl* ramasseuses-presses*) nf* pick-up baler.

ramassis [ramasi] *nm péj* [d'objets] jumble; [de personnes] bunch; **un ~ de petits voyous** a bunch of young louts; **un ~ de mensonges** a tissue of lies.

ramassoire [ramaswar] *nf Helv* dustpan.

rambarde [rɑ̃bard] *nf* rail, guardrail.

ramdam *fam* [ramdam] *nm* racket; **faire du ~** to make a racket.

rame [ram] *nf* -**1.** [aviron] oar. -**2.** [de papier] ream. -**3.** [train] train; **~ (de métro)** (underground *Br* OU subway *Am*) train. -**4.** [branche] prop, stake. -**5.** *loc*: **il n'en a pas fichu une ~** *fam* he hasn't done a stroke (of work).

rameau, x [ramo] *nm* -**1.** [branche] (small) branch; **~ d'olivier** olive branch. -**2.** *fig* [division] branch, subdivision. -**3.** ANAT ramification.

◆ **Rameaux** *nmpl*: **les Rameaux, le dimanche des Rameaux** Palm Sunday.

ramée [rame] *nf* -**1.** *litt* [feuillage] foliage; **sous la ~** under the leafy boughs. -**2.** *loc*: **il n'en a pas fichu une ~** *fam* he hasn't done a stroke (of work).

ramender [3] [ramɑ̃de] *vt* -**1.** AGR to add more manure to. -**2.** [réparer - filet] to mend. -**3.** [redorer] to gild, to regild.

ramener [19] [ramne] *vt* -**1.** [personne, véhicule - au point de départ] to take back *(sép)*; [- d'un endroit] to bring back *(sép)*; **je vous ramène?** [chez vous] shall I give you a lift home?; [à votre point de départ] shall I give you a lift back?; **son chauffeur le ramène tous les soirs** his chauffeur drives him back every evening; **je te ramènerai la voiture lundi** I'll bring the car back on Monday; **~ à** [un endroit] to take back to; **~ les enfants à l'école** to take the children back to school; **il a fallu le ~ à l'hôpital** he had to be taken back to the hospital. -**2.** [rapporter]: **ramène-moi un journal** bring me back a newspaper; **je te ramènerai un souvenir d'Italie** I'll bring you back a souvenir from Italy; **elle a vécu dix ans en Inde et en a ramené mari et enfants** she lived in India for ten years, returning with a husband and children; **il faut que je ramène les clefs à l'agence** I've got to take the keys back to the estate agent. -**3.** [rétablir] to bring back *(sép)*, to restore; **~ la paix** to restore peace; **~ l'espérance** to bring back OU to revive hope. -**4.** [placer]: **elle ramena le châle sur ses épaules** she pulled the shawl around her shoulders; **~ ses cheveux en arrière** to draw one's hair back; **~ ses genoux sous son menton** to pull one's knees up under one's chin. -**5.** [faire revenir]: **l'été a ramené les visiteurs** the summer has brought back the tourists; **l'orage le ramena chez lui** the storm obliged him to return home; **le film m'a ramené dix ans en arrière** the film took me back ten years; **~ à: ~ le débat au sujet principal** to lead OU to steer the discussion back to the main subject; **~ la conversation à** OU **sur qqch** to bring the conversation back (round) to sthg; **~ qqn à la vie** to bring sb back to life, to revive sb; **~ un malade à lui** to bring a patient round; **~ qqn à la raison** to bring sb back to his senses; **~ qqn à de meilleurs sentiments** to bring sb round to a more generous point of view; **~ qqn dans le rang** to pull sb back into line *fig*. -**6.** [réduire]: **cela ramène le problème à sa dimension financière** it reduces the problem to its purely financial aspects; **ne ramenons pas son attitude à de la jalousie** let's not reduce his attitude to simple jealousy; **~ tout à soi** to bring everything back to OU to relate everything to o.s. -**7.** *loc*: **la ~, ~ sa fraise** *fam* [vouloir s'imposer] to stick one's oar in; [faire l'important] to show off.

◆ **se ramener** *fam vpi* [arriver] to turn OU to show up; **ramène-toi en vitesse!** come on, hurry up!

◆ **se ramener à** *vp + prép* [se réduire à] to boil down to; **toute l'affaire se ramenait finalement à une querelle de famille** in the end the whole business boiled down to OU was nothing more than a family quarrel.

ramequin [ramkɛ̃] *nm* -**1.** [récipient] ramekin (mould). -**2.** [tartelette] (small) cheese tart.

ramer [3] [rame] ◇ *vi* -**1.** [pagayer] to row; **~ en couple** to scull. -**2.** *fam* [peiner]: **j'ai ramé trop longtemps, maintenant je veux un vrai boulot** I've been slaving away for too long, now I want a decent job; **qu'est-ce qu'on a ramé pour trouver cet appartement!** it was such a hassle finding this flat!

◇ *vt* HORT to stick, to stake.

ramette [ramɛt] *nf* ream *(of 125 sheets)*, five quires.

rameur, euse [ramœr, øz] *nm, f* rower, oarsman (*f* oarswoman); **~ en couple** sculler.

rameuter [3] [ramøte] *vt* -**1.** [regrouper - foule] to draw; **son manège avait rameuté les gens autour de lui** his antics had attracted OU drawn a crowd of people around him. -**2.** [mobiliser - militants, partisans] to rouse; **~ les populations** to stir people into action. -**3.** [chiens] to round up *(sép)*.

rami [rami] *nm* rummy; **faire ~** to go rummy.

ramier [ramje] *adj m* & *nm*: **(pigeon) ~** ring-dove, wood pigeon.

ramification [ramifikasjɔ̃] *nf* -**1.** BOT ramification *spéc*, offshoot. -**2.** ANAT ramification; **~s nerveuses** nerve plexus. -**3.** [d'un fleuve] ramification, distributary; [d'une voie ferrée] branch line; [d'un réseau, d'une organisation] branch.

ramifier [9] [ramifje]

◆ **se ramifier** *vpi* -**1.** ANAT & BOT to ramify, to divide. -**2.** [se subdiviser - réseau] to split; **la famille s'est ramifiée en trois branches** the family split into three branches.

ramille [ramij] *nf* twig, branchlet.

ramolli, e [ramɔli] ◇ *adj* -**1.** [mou] soft; **beurre ~** soft butter; **le beurre est tout ~** the butter's (gone) all soft. -**2.** *fam* [gâteux] soft; **il est un peu ~ du cerveau** he's gone a bit soft (in the head) OU soft-headed. -**3.** *fam* [sans énergie]: **se sentir tout ~** to feel washed out.

◇ *nm, f fam*: **un vieux ~** an old dodderer.

ramollir [32] [ramɔlir] ◇ *vt* -**1.** [rendre mou] to soften. -**2.** [affaiblir] to weaken. -**3.** *fam* [rendre gâteux]: **l'âge l'a ramolli** he's gone soft in the head with age.

◇ *vi* to go soft.

◆ **se ramollir** *vpi* -**1.** [devenir mou] to go soft. -**2.** *fam* [perdre son tonus]: **depuis que j'ai arrêté le sport, je me suis ramolli** I've been out of condition since I stopped doing sport. -**3.** *fam* [devenir gâteux]: **j'ai l'impression que je me ramollis** I feel like I'm going senile.

ramollissant, e [ramɔlisɑ̃, ɑ̃t] *adj* -**1.** PHARM emollient. -**2.** [climat] debilitating.

ramollissement [ramɔlismɑ̃] *nm* [du beurre, de la cire] softening; **~ cérébral** softening of the brain.

ramollo *fam* [ramɔlo] *adj* -**1.** [mou] sluggish; **se sentir tout ~** to feel like a wet rag. -**2.** [gâteux] doddery.

ramonage [ramɔnaʒ] *nm* -**1.** [d'une cheminée] chimney-sweeping; [d'une machine] cleaning. -**2.** SPORT [en alpinisme] chimneying.

ramoner [3] [ramɔne] *vt* -**1.** [cheminée] to sweep; [machine] to clean; [pipe] to clean (out). -**2.** SPORT [en alpinisme] to climb *(using chimneying method)*.

ramoneur [ramɔnœr] *nm* chimney sweep.

rampant, e [rɑ̃pɑ̃, ɑ̃t] *adj* -**1.** [animal] creeping, crawling; insecte ~ flightless insect. -**2.** BOT creeping; fraisiers ~s creeping strawberries; plante ~e creeper. -**3.** [évoluant lentement]: inflation ~e creeping inflation. -**4.** HÉRALD rampant; lion/dragon ~ lion/dragon rampant. -**5.** ARCHIT [arc] rampant; [pièce] raked.
◆ **rampant** *nm* -**1.** *fam* AÉRON member of the ground staff; les ~s the ground staff. -**2.** ARCHIT pitch.

rampe [rɑ̃p] *nf* -**1.** [balustrade] banisters, bannisters; [main courante] handrail, bannister; tiens bon la ~! *fam* hang in there!, don't give in!; lâcher la ~ *fam euph* to peg out *esp Br*, to kick the bucket. -**2.** [plan incliné] slope, incline; ~ d'un échangeur sloping approach to an interchange ❑ ~ d'accès approach ramp. -**3.** THÉÂT footlights; passer la ~ to get across to the audience; il passe mal la ~ he doesn't come across well. -**4.** AÉRON: ~ (de balisage) marker OU runway lights. -**5.** TECH: ~ de chargement loading ramp; ~ de graissage lubricating rack; ~ de lancement ASTRONAUT launchpad, launching pad; *fig* launchpad.

ramper [3] [rɑ̃pe] *vi* -**1.** [lierre] to creep; [personne] to crawl; [serpent] to slither, to crawl; [doute, inquiétude] to lurk. -**2.** *fig* [s'abaisser] to grovel; ~ devant qqn to grovel before sb.

rampon [rɑ̃pɔ̃] *nm Helv* lamb's lettuce.

rampon(n)eau, x *fam* [rɑ̃pɔno] *nm* [coup] clout; recevoir un ~ to get a clout.

Ramsès [ramsɛs] *npr* Ramses, Rameses.

ramure [ramyr] *nf* -**1.** BOT: la ~ the branches, the tree tops. -**2.** ZOOL: la ~ the antlers.

rancard▽ [rɑ̃kar] *nm* -**1.** [rendez-vous - gén] meeting; [- amoureux] date; j'ai ~ avec lui à 15 h I'm meeting him at 3; filer (un) ~ à qqn to arrange to meet sb. -**2.** *arg crime* [renseignement] info *(U)*, gen *(U) Br*; [tuyau] tip, tip-off.

rancarder [3] [rɑ̃karde] *vt* -**1.** *arg crime* [renseigner] to fill in *(sép)*, to clue up *(sép)*; qui t'a rancardé? who tipped you off?; ~ qqn sur qqch to give sb the lowdown on sthg. -**2.** ▽[donner un rendez-vous à]: ~ qqn to arrange to meet sb.
◆ **se rancarder** *vp (emploi réfléchi) arg crime* to get information.

rancart▽ [rɑ̃kar] *nm* -**1.**▽ = **rancard**. -**2.** *loc*: mettre qqch au ~ *fam* to chuck sthg out, to bin sthg *Br*; on a mis le projet au ~ we scrapped the project.

rance [rɑ̃s] ◇ *adj* [beurre, huile] rancid; [noix] stale.
◇ *nm*: odeur/goût de ~ rancid smell/taste; sentir le ~ to smell rancid.

ranch [rɑ̃tʃ] *(pl* ranchs OU ranches) *nm* ranch.

ranci [rɑ̃si] *nm*: enlève le ~ take off the rancid bit; sentir le ~ to have a rancid smell.

rancir [32] [rɑ̃sir] *vi* -**1.** [beurre, huile] to go rancid; [noix] to go stale. -**2.** *fig & litt* to become stale.

rancœur [rɑ̃kœr] *nf sout* resentment, rancour *Br*, rancor *Am*; avoir de la ~ envers qqn to feel resentful towards sb.

rançon [rɑ̃sɔ̃] *nf* -**1.** [somme d'argent] ransom. -**2.** [contrepartie]: la ~ de: c'est la ~ de la gloire/du succès that's the price you have to pay for being famous/successful.

rançonner [3] [rɑ̃sɔne] *vt* -**1.** [exiger une rançon de] to hold to ransom; ils ont rançonné la ville they held the town to ransom. -**2.** *fam*[exploiter] to fleece, to swindle.

rancune [rɑ̃kyn] *nf* grudge; garder ~ à qqn to bear OU to harbour a grudge against sb; elle garde ~ à son frère de son refus she has a grudge against her brother because of his refusal; sans ~? no hard feelings?; sans ~! let's shake hands and forget it!

rancunier, ère [rɑ̃kynje, ɛr] ◇ *adj* spiteful; être ~ to bear grudges.
◇ *nm, f* spiteful person.

randomisation [rɑ̃dɔmizasjɔ̃] *nf* randomization.

randomiser [3] [rɑ̃dɔmize] *vt* to randomize.

randonnée [rɑ̃dɔne] *nf*: faire une ~ [à pied] to go for a hike; faire une ~ à bicyclette to go for a (long) bike ride; faire une ~ à skis to go cross-country skiing; la ~ (pédestre) walking, hiking; grande ~ long-distance hiking.

randonner [3] [rɑ̃dɔne] *vi* to walk, to hike.

randonneur, euse [rɑ̃dɔnœr, øz] *nm, f* hiker.

rang [rɑ̃] *nm* -**1.** [rangée - de personnes] row, line; [- de fauteuils] row; [- de crochet, de tricot] row (of stitches); sur un ~ in one row; un collier à double ~ de perles a double string of pearls; le premier/dernier ~ the front/back row; on était au premier ~ we were in the front row. -**2.** [dans une hiérarchie] rank; elle occupe le premier ~ dans sa profession she's ranked first in her profession; mettre un problème au premier ~ de ses préoccupations to put a problem at the top of one's list of priorities; venir au deuxième/troisième ~ to rank second/third; par ~ d'âge according to age; par ~ d'ancienneté in order of seniority; il a pris ~ parmi les meilleurs he ranks among the best; avoir ~ d'ambassadeur to hold the office of ambassador ❑ de premier ~ high ranking, first-class, top-class; de second ~ second-rate. -**3.** [condition sociale] (social) standing; le respect qui est dû à son ~ the respect which his position commands; un homme du meilleur ~ a man of the highest standing; elle a épousé quelqu'un d'un ~ plus élevé she married above her station ❑ tenir son ~ to maintain one's position in society; être digne de son ~ to live up to one's birth. -**4.** MIL: le ~ the ranks; les militaires du ~ the rank and file ❑ sortir du ~ *pr* to come up through the ranks; *fig* to stand out; un officier sorti du ~ an officer who came up through OU was promoted from the ranks; rentrer dans le ~ *pr* to return to the ranks; *fig* to give in, to submit. -**5.** *Can* long strip of farmland *(at right angles to a road or a river)*.
◆ **rangs** *nmpl* ranks; à vos ~s fixe! MIL fall in!; en ~s serrés MIL in close order ❑ être OU se mettre sur les ~s to line up; trois candidats sont sur les ~s three candidates are lined up for OU are in the running for the job; servir dans les ~s d'une armée to serve in the ranks of an army; servir dans les ~s d'un parti/syndicat to be a member OU to serve in the ranks of a party/union; grossir OU rejoindre les ~s de to join OU to swell the ranks of; grossir les ~s des mécontents to join the growing number of discontented people.
◆ **au rang de** *loc prép* -**1.** [dans la catégorie de]: une habitude élevée OU passée au ~ de rite sacré a habit which has been raised to the status of a sacred rite. -**2.** [au nombre de]: mettre qqn au ~ de ses amis to count sb among one's friends. -**3.** [à la fonction de]: élever qqn au ~ de ministre to raise OU to promote sb to the rank of minister.
◆ **de rang** *loc adv*: trois heures de ~ three hours in a row.
◆ **en rang** *loc adv* in a line OU row; entrez/sortez en ~ go in/out in single file; se mettre en ~ to line up, to form a line ❑ en ~ d'oignons in a line OU row.

rangé, e[1] [rɑ̃ʒe] *adj* -**1.** [en ordre - chambre, vêtements] tidy. -**2.** [raisonnable] steady, level-headed; une jeune personne ~e a very sober OU well-behaved young person; il mène une petite vie bien ~e he leads a very settled existence. -**3.** *fam* [assagi] settled; être ~ des voitures to have settled down.

rangée[2] [rɑ̃ʒe] *nf* row.

rangement [rɑ̃ʒmɑ̃] *nm* -**1.** [mise en ordre - pièce] tidying (up); faire du ~ to do some tidying up. -**2.** [d'objets, de vêtements à leur place] putting away. -**3.** [agencement] arrangement, classification. -**4.** [meuble] storage unit; [cagibi] storage room; [espace] storage space; quelques solutions de ~ pour la chambre d'enfants a few storage ideas for the children's room.

ranger[1] [rɑ̃dʒœr] *nm* MIL ranger.
◆ **rangers** *nmpl* combat boots.

ranger[2] [17] [rɑ̃ʒe] *vt* -**1.** [mettre en ordre - pièce] to tidy (up). -**2.** [mettre à sa place - vêtement, objets] to put away *(sép)*; [- document] to file away *(sép)*; peux-tu ~ les verres? can you put the glasses away?; où range-t-on les photocopies? where do you keep OU file the photocopies?; j'ai rangé la voiture au garage I've put the car in the garage. -**3.** [classer] to sort (out); je vais ~ mes cartes postales I'm going to sort (out) my postcards; ~ des dossiers par année to file documents according to year ‖ *fig*: ~ qqn parmi to rank sb amongst; peut-on le ~ parmi les grands? can he be ranked OU does he rank amongst the greats? -**4.** *litt* [faire adhérer]: ~ un auditoire à son avis to win an audience over.
◆ **se ranger** ◇ *vp (emploi passif)*: où se rangent les serviettes? where do the towels go?, where are the towels kept?
◇ *vpi* -**1.** [s'écarter] to stand aside; rangez-vous! stand aside! -**2.** [se mettre en rang - élèves, coureurs] to line up; rangez-vous deux par deux get into rows of two, line up in twos; les concurrents se rangent sur la ligne de départ the competitors are lining up at the start ‖ [s'arrêter]: se ~ contre to pull up next to. -**3.** [s'assagir] to settle down; se ~ des voitures *fam* to settle down. -**4.** NAUT: se ~ à quai to berth.
◆ **se ranger à** *vp + prép* [adhérer à]: se ~ à l'avis/au choix de qqn to go along with sb's opinion/decision; ils se sont finalement rangés à mon avis they ended up coming round to my point of view.

Rangoon [rɑ̃gun] *npr* Rangoon.

rani [rani] *nf inv* rani, ranee.

ranidé [ranide] *nm* member of the frog family; les ~s the frogs.

ranimer [3] [ranime] *vt* -**1.** [feu] to rekindle, to relight. -**2.** [conversation] to bring back to life; [haine, passion] to rekindle, to revive; [douleur] to bring back; ~ le moral des troupes to restore the morale of the troops; on ne peut ~ le passé you can't bring back the past; ~ le débat to revive the controversy. -**3.** [malade] to revive, to bring round *(sép)*.
◆ **se ranimer** *vpi* [conversation] to pick up again; [personne] to come round; [haine, passion] to flare up again, to be rekindled; leurs espoirs se ranimèrent their hopes were revived.

raout [raut] *nm arch* (social) gathering.

rap [rap] *nm* MUS rap.

rapace [rapas] ◇ *adj* -**1.** ORNITH predatory. -**2.** *litt* [avare] grasping, avaricious.
◇ *nm* ORNITH bird of prey.

rapacité [rapasite] *nf litt* -**1.** [avarice] rapaciousness, rapacity. -**2.** [d'un animal] rapacity.

rapatriable [rapatrijabl] *adj*: est-il ~ dans l'état où il est? can he be repatriated in his present state?

rapatrié, e [rapatrije] *nm, f* repatriate; les ~s d'Algérie *French settlers in Algeria who were repatriated as a result of Algerian independence in 1962.*

rapatriement [rapatrimɑ̃] *nm* repatriation; le ~ des bénéfices repatriation of profits.

rapatrier [10] [rapatrije] *vt* [personnes, capitaux] to repatriate; [objets] to send OU to bring home; son corps a été rapatrié le mois dernier his body was sent home last month.

râpe [rap] *nf* -**1.** [de cuisine] grater; ~ à fromage/muscade cheese/nutmeg grater. -**2.** TECH [en distillerie] rotary peeler; [en outillage] rasp OU rough file. -**3.** BOT rape. -**4.** *fam Helv* [avare] miserly person; quelle ~! he's such a miser!

râpé, e [rape] *adj* -**1.** [carotte, fromage etc] grated. -**2.** [vêtement] worn out, threadbare. -**3.** *fam loc*: c'est ~! that's the end of that!; avec cette pluie, c'est ~ pour la promenade with all this rain, we might as well forget about going for a walk; moi qui voulais lui faire une surprise, c'est ~! to think that I wanted to surprise him, I might as well not have bothered!
◆ **râpé** *nm* -**1.** [fromage] grated cheese. -**2.** [tabac] scraped tobacco.

râper [3] [rape] *vt* -**1.** [carotte, fromage etc] to grate. -**2.** TECH to file down *(sép)*. -**3.** *fig*: un vin qui râpe la gorge a rough wine.

rapercher [3] [rapɛrʃe] *vt Helv* -**1.** [dénicher] to discover. -**2.** [récupérer] to get back, to recover.

rapetassage *fam* [raptasaʒ] *nm* patching up.

rapetasser *fam* [3] [raptase] *vt* to patch up *(sép)*, to mend.

rapetissement [raptismɑ̃] *nm* -**1.** [réduction]: il observa le ~ de l'image sur l'écran he watched the picture get smaller and smaller on the screen. -**2.** *fig* & *sout* belittling.

rapetisser [3] [raptise] ◇ *vt* -**1.** [rendre plus petit] to make smaller. -**2.** [faire paraître plus petit]: ~ qqn/qqch to make sb/sthg seem smaller. -**3.** [dévaloriser] to belittle.
◇ *vi* to get smaller; la piste rapetissait à vue d'œil the runway looked smaller and smaller by the minute.
◆ **se rapetisser** ◇ *vp (emploi réfléchi)* [se dévaloriser]: se ~ aux yeux de qqn to belittle o.s. in front of sb.
◇ *vpi* [devenir plus petit] to get smaller.

râpeux, euse [rapø, øz] *adj* rough; vin ~ rough wine.

Raphaël [rafaɛl] *npr* Raphael.

raphaélesque [rafaelɛsk], **raphaélique** [rafaelik] *adj* Raphaelesque.

raphia [rafja] *nm* -**1.** BOT raffia OU raphia palm. -**2.** TEXT raffia, raphia.

rapiat, e▽ [rapja, at] *nm, f* skinflint, meany *Br*.
◆ **rapiat**▽ *adj* [avare] tightfisted, stingy; qu'est-ce qu'elle est ~! she's so stingy!

rapide [rapid] ◇ *adj* -**1.** [véhicule, sportif] fast; [cheval] fast; [courant] fast flowing; approche ~ AÉRON fast approach; décélération/descente ~ AÉRON rapid deceleration/descent; une piste ~ SPORT a quick OU fast track; piste ~ aujourd'hui sur l'hippodrome d'Auteuil the going is good today at Auteuil ❑ voie ~ fast lane; ~ comme l'éclair quick as lightning; ~ comme une flèche swift as an arrow. -**2.** [esprit, intelligence, travail] quick; [progrès, réaction] rapid; c'est l'homme des décisions ~s he's good at reaching quick decisions; une réponse ~ a quick OU speedy reply; il n'a pas l'esprit très ~ he's a bit slow on the uptake ❑ être ~ à la détente to be quick off the mark. -**3.** [rythme] quick, fast; marcher d'un pas ~ to walk at a brisk OU quick pace; battements de cœur ~s MÉD rapid heartbeat. -**4.** TECH: acier ~ high-speed steel; colle à prise ~ quick-setting adhesive; déblocage ~ quick release; imprimante/lecteur ~ INF high-speed printer/drive; pellicule ~ PHOT fast film. -**5.** [court, sommaire] quick; le chemin le plus ~ the shortest OU quickest way; un examen ~ des dossiers a quick OU cursory glance through the documents; jeter un coup d'œil ~ sur qqch to have a quick glance at sthg. -**6.** [hâtif] hurried, hasty; une visite ~ a hurried visit; un jugement un peu ~ a rather hasty judgment. -**7.** [facile - recette] quick.
◇ *nmf fam* [personne qui comprend vite]: c'est un ~ he's really quick on the uptake; ce n'est pas un ~ he's a bit slow on the uptake.
◇ *nm* -**1.** [cours d'eau] rapid. -**2.** [train] express (train), fast train.

rapidement [rapidmɑ̃] *adv* -**1.** [vite] quickly, rapidly; aussi ~ que possible as quickly as possible; la situation se détériore ~ the situation is deteriorating rapidly; il faut que je réponde ~ I must reply quickly. -**2.** [superficiellement] briefly; j'ai lu ~ les journaux de ce matin I had a quick look at OU I briefly glanced at the papers this morning.

rapidité [rapidite] *nf* -**1.** [vitesse - d'une course, d'une attaque] speed; [- d'une réponse] quickness; avec ~ quickly, speedily, rapidly; le chat a une ~ de détente remarquable the speed with which the cat is able to pounce is remarkable; la ~ de son geste m'étonna I was surprised at how quickly his hand moved; la ~ avec laquelle elle faisait des progrès the speed OU rapidity with which she progressed ❑ avec la ~ de l'éclair in a flash, with lightning speed. -**2.** [d'une piste]: la ~ de cette piste favorisait les coureurs the fast surface of the track helped the runners. -**3.** [du pouls] rapidity.

rapido *fam* [rapido] *adv* pronto.

rapiècement [rapjɛsmɑ̃], **rapiéçage** [rapjesaʒ] *nm* -**1.** [raccommodage] patching (up). -**2.** [pièce de tissu, de cuir] patch.

rapiécer [20] [rapjese] *vt* to patch up *(sép)*.

rapière [rapjɛr] *nf* rapier.

rapin [rapɛ̃] *nm* -**1.** *arch* [apprenti chez un artiste] artist's apprentice. -**2.** *péj* [peintre sans talent] dauber.

rapine [rapin] *nf litt* -**1.** [pillage] pillage, plunder. -**2.** [butin] plunder.

raplapla *fam* [raplapla] *adj inv* -**1.** [fatigué] whacked *Br*, bushed *Am*. -**2.** [plat] flat; il est ~, ton ballon! your ball's as flat as a pancake!

raplatir [32] [raplatir] *vt* to make flatter, to flatten.

rappareiller [4] [rapareje] *vt* to match up *(sép)* again.

rappariement [raparimɑ̃] *nm* matching up, pairing up.

rapparier [9] [raparje] *vt* to match OU to pair up *(sép)*; ~ des gants to pair gloves.

rappel [rapɛl] *nm* -**1.** [remise en mémoire] reminder; le ~ de ces événements tragiques la bouleversait being reminded of those tragic events upset her deeply; commençons par un ~ historique let's start with a historical reminder; ~ des titres de l'actualité a summary of today's news; '~! défense de stationner' 'no parking'; '~! défense de doubler' 'no overtaking' *Br*, 'no passing' *Am* ❑ ~ d'échéance reminder of due date; ~ à l'ordre [gén] call to order; POL ≃ naming *Br*; il a fallu trois ~s à l'ordre pour qu'il se taise he had to be called to order three times before he stopped talking. -**2.** [d'un ambassadeur] recalling; [de produits défectueux] recalling; [de réservistes]: ~ sous les drapeaux (reservists') call-up OU recall. -**3.** THÉÂT curtain call. -**4.** [répétition - dans un tableau, une toilette]: ~ de couleur colour repeat. -**5.** MÉD booster; dose/vaccination de ~ booster dose/injection; piqûre de ~ booster (shot); ne pas oublier le ~ l'an prochain don't forget to renew the vaccination next year. -**6.** [arriéré]: ~ de salaire back pay; ~ de cotisation payment of contribution arrears. -**7.** TÉLÉC: ~ automatique recall. -**8.** MÉCAN [retour] return; ressort/vis de ~ return spring/screw. -**9.** SPORT [en voile]: faire du ~ to sit OU to lean out ‖ [en alpinisme] abseiling; descendre en ~ to rope OU to abseil down; faire un ~ to abseil. -**10.** MATH: ligne de ~ line of projection.

rappelable [raplabl] *adj* MIL recallable.

rappelé, e [raple] ◇ *adj* recalled.
◇ *nm, f* MIL reservist *(who has been recalled)*.

rappeler [24] [raple] *vt* -**1.** [remettre en mémoire]: ~ qqch à qqn to remind sb of sthg; est-il nécessaire de ~ le talent qu'il a? do I need to remind you how talented he is?; rappelez-moi votre nom what was your name again, please?; rappelle-moi de lui écrire remind me to write to him; rappelle-moi que c'est son anniversaire remind me it's her birthday; il faut ~ que... it should be borne in mind OU remembered that...; les portes ferment à 8 h, je vous le rappelle let me remind you that the doors are closed at 8; le premier mouvement n'est pas sans ~ Brahms the first movement is somewhat reminiscent of Brahms; ça m'a rappelé mes vacances en Grèce it reminded me of my holiday in Greece; ça me rappelle quelque chose that rings a bell; veuillez me ~ au bon souvenir de votre père [dans une lettre] please give my best regards to OU please remember me to your father; 'numéro à ~ dans toute correspondance' 'please quote this number in all correspondence'. -**2.** [faire revenir] to recall, to call back *(sép)*; rappelez donc votre chien! call your dog off!; ~ un ambassadeur to recall an ambassador; ~ des réservistes MIL to recall reservists; le Seigneur a rappelé à lui son serviteur *euph* & *sout* he has been called to a better OU higher place; l'acteur a été rappelé plusieurs fois the actor had several curtain calls; la mort de sa mère l'a rappelé à Aix the death of his mother took him back to Aix. -**3.** [au téléphone] to call back *(sép)*, to ring *Br* OU to phone back *(sép)*; rappelez-moi plus tard call me back later. -**4.** [faire écho à]: son collier de turquoise rappelle la couleur de ses yeux her turquoise necklace echoes the colour of her eyes; les rideaux rappellent la couleur de la moquette the curtains pick out the colour of the carpet. -**5.** INF to call up *(sép)*; ~ un sous-programme/une procédure to call up a subroutine/a procedure. -**6.** SPORT [en alpinisme] to fly back *(sép)*. -**7.** *loc*: ~ qqn à la raison to bring sb back to his/her senses; ~ qqn à la vie to bring sb back to life; ~ qqn à l'ordre to call sb to order; se faire ~ à l'ordre [dans une assemblée] to be called to order; [dans une classe] to get told off.
◆ **se rappeler** ◇ *vp (emploi réciproque)*: on se rappelle demain? shall we talk again tomorrow?
◇ *vp (emploi réfléchi)*: se ~ au bon souvenir de qqn *sout* to send sb one's best regards.
◇ *vpt* [se souvenir de] to remember; tu te rappelles mon frère? do you remember my brother?; rappelle-toi que je t'attends! remember OU don't forget (that) I'm waiting for you!; elle se rappelle avoir reçu une lettre she remembers receiving a letter; je me rappelle bien que tu étais là I'm sure OU I well remember that you were here.

rapper [3] [rape] *vi* to rap.

rappeur, euse [rapœr, øz] *nm, f* rapper.

rappliquer▽ [3] [raplike] *vi* to show OU to turn up (again).

rapport [rapɔr] *nm* -**1.** [compte rendu - gén] report; MIL briefing; faire un ~ sur les conditions de travail to report on working conditions; ~ détaillé item-by-item report, full rundown ❑ ~ d'activité OU annuel annual report; ~ d'expert audit report; ~ financier annual (financial) report OU statement; ~ de police police report; ~ quotidien MIL (daily) briefing; ~ de recherche research paper; au ~! *pr* read!; *fig* & *hum* let's hear it then! -**2.** [profit] profit; il vit du ~ de son capital he lives on the income from his investments; d'un bon ~ profitable; cette terre est d'un bon ~ this land gives a good yield. -**3.** [ratio] ratio; dans le ~ de 1 à 5 in a ratio of 1 to 5 ❑ ~ du changement de vitesse AUT gear ratio; ~ profit-ventes profit-volume OU profit-to-volume ratio; ~ qualité-prix value for money; un bon ~ qualité-prix good value for money; ~ signal-bruit signal-to-noise ratio. -**4.** [relation] connection, link; n'avoir aucun ~ avec qqch to have no connection with OU to bear no relation to sthg; son dernier album n'a aucun ~ avec les précédents her latest record is nothing like her earlier ones; c'est sans ~ avec le sujet that's beside the point, that's irrelevant; je ne vois pas le ~ I don't see the connection; où est le ~? what's that got to do with it?; cette décision n'est pas sans ~ avec les récents événements this decision isn't totally unconnected with recent events; établir un ~ entre deux événements to establish a link OU connection between two events ❑ ~ de forces: le ~ de forces entre les deux pays the balance of power between the two countries; il y a un ~ de forces entre eux they are always trying to see who can get the upper hand. -**5.** JUR: ~ à succession hotchpot.
◆ **rapports** *nmpl* [échanges] relationship, relations; des ~s sociaux/culturels social/cultural relations; ~s entre l'Est et l'Ouest East-West relations; cesser tous ~s avec qqn to break off all relations with sb; nous n'avons plus de ~s avec cette société we no longer deal with that company; entretenir de bons ~s avec qqn to

be on good terms with sb ❑ ~s sexuels (sexual) intercourse; avoir des ~s (avec qqn) to have sex (with sb).

◆ **de rapport** *loc adj*: immeuble de ~ block of flats *Br* OU apartments *Am* for renting; maison de ~ house for renting.

◆ **en rapport avec** *loc prép* -1. [qui correspond à] in keeping with. -2. [en relation avec]: **mettre qqn en ~ avec qqn** to put sb in touch with sb; **mettre qqch en ~ avec** to link sthg to; **se mettre en ~ avec qqn** to get in touch OU contact with sb.

◆ **par rapport à** *loc prép* -1. [en ce qui concerne] regarding. -2. [comparativement à] compared with, in comparison to; **on constate un retrait du franc par ~ aux autres monnaies européennes** the franc has dropped sharply against other European currencies.

◆ **rapport à** *loc prép (tournure critiquée)* [en ce qui concerne] about; ~ **à notre affaire, tu as du nouveau?** about our little business, any news?

◆ **sous le rapport de** *loc prép* as regards; **sous le ~ des prix** as far as prices are concerned, as regards prices; **sous ce ~** in this respect.

◆ **sous tous (les) rapports** *loc adv* in every respect; **'jeune homme bien sous tous ~s'** 'respectable young man'.

rapporté, e [rapɔrte] *adj* added on; **sans élément ~** plain ❑ **poche ~e** patch OU sewn-on pocket; **poignée ~e** detachable handle; **terre ~e** made ground.

rapporter [3] [rapɔrte] ◇ *vt* -1. [remettre à sa place] to bring OU to put back; **tu rapporteras la clé** bring back the key. -2. [apporter avec soi] to bring; **j'ai rapporté des fleurs du jardin** I brought some flowers in from the garden; **as-tu rapporté le journal?** did you get OU buy the paper?; **le chien rapporte la balle** the dog brings back the ball; **je rapporte une impression favorable de cet entretien** I came away with a favourable impression of that meeting ‖ [apporter de nouveau ou en plus]: **rapporte-nous un peu plus de vin** bring us a little more wine ‖ CHASSE to retrieve. -3. [rendre] to take back *(sép)*, to return; **pouvez-vous ~ ces livres à la bibliothèque?** could you take these books back OU return these books to the library?; **quelqu'un a rapporté le sac que tu avais oublié** somebody has brought back OU returned the bag you left behind. -4. [ajouter] to add; COUT to sew on *(sép)*; ~ **un angle** MATH to plot an angle. -5. [produire] to produce, to yield; ~ **des bénéfices** to yield a profit; ~ **des intérêts** to yield interest; **le compte d'épargne vous rapporte 3,5 %** the savings account has a yield of 3.5 % OU carries 3.5 % interest; **sa boutique lui rapporte beaucoup d'argent** her shop brings in a lot of money; **et qu'est-ce que ça t'a rapporté en fin de compte?** what did you get out of it in the end?; **ça pourrait ~ gros!** it could make you a lot of money! -6. [dire] to tell, to say; **on m'a rapporté que les travaux n'étaient pas terminés** I was told that the work was not finished; **ce n'est pas ce qui a été rapporté** that's not quite what was said; **ils ont tout rapporté à la directrice** they told the headmistress everything. -7. [faire le compte rendu de] to report (on); ~ **les décisions d'une commission** POL to report on the decisions of a committee. -8. ADMIN & JUR [annuler] to cancel, to revoke; ~ **un projet de loi** to throw out a bill. -9. ~ **qqch à** [rattacher qqch à] to relate sthg to; **elle rapporte tout à elle** she always brings everything back to herself.

◇ *vi* -1. [être rentable] to yield a profit; **ça rapporte** *fam* it pays. -2. CHASSE to retrieve; **rapporte, mon chien!** fetch, boy! -3. *fam* [enfant] to tell tales, to sneak; **je n'aime pas les enfants qui rapportent!** I don't like children who tell tales!

◆ **se rapporter à** *vp + prép* -1. [avoir un lien avec] to refer OU to relate to; **l'affiche ne se rapporte pas au sujet de la pièce** the poster bears no relation to the play itself. -2. GRAMM to relate to. -3. *sout*: **s'en ~ à** [s'en remettre à] to rely on; **je m'en rapporterai à votre expérience** I'll rely on OU trust your experience.

rapporteur, euse [rapɔrtœr, øz] ◇ *adj* telltale, sneaky *Br*.

◇ *nm, f* telltale, sneak *Br*, tattletale *Am*.

◆ **rapporteur** *nm* -1. ADMIN & POL [porte-parole] rapporteur, reporter; ~ **officiel** official recorder; ~ **de la commission** *committee member who acts as spokesman*. -2. GÉOM protractor.

rapprendre [raprɑ̃dr] = **réapprendre**.

rapproché, e [raprɔʃe] *adj* close; **protection ~e** police protection.

rapprochement [raprɔʃmɑ̃] *nm* -1. [réconciliation] rapprochement, reconciliation; **des tentatives de ~** attempts at reconciliation; **le ~ avec les socialistes** rapprochement with the socialists. -2. [comparaison] link, connection; **elle fait un ~ saisissant entre Mao et Jung** she draws a striking parallel between Mao and Jung; **tu n'avais pas fait le ~?** hadn't you made the connection?; **quand j'ai eu fait le ~** once I made the connection OU put two and two together; **le ~ de ces deux textes établit le plagiat** comparing the two texts provides proof of plagiarism. -3. [convergence] coming together; **on assiste à un ~ des thèses des deux parties** the arguments of the two parties are coming closer together.

rapprocher [3] [raprɔʃe] *vt* -1. [approcher] to bring closer OU nearer; **il a rapproché son tabouret du piano** he brought OU moved his stool closer to the piano; **rapprochez les deux toiles** bring the two canvases closer together; ~ **les morceaux bord à bord** COUT to put the two pieces edge to edge; **'à ~'** IMPR 'close up'. -2. [temporellement]: **chaque minute le rapprochait du moment fatidique** every minute brought the fateful moment closer; **l'émission/la fête a été rapprochée à cause des événements** the programme/party has been brought forward because of what's happened; **je vais ~ mes rendez-vous** I'm going to group my appointments together. -3. [faire paraître proche] to bring closer; **le dessin japonais rapproche les différents plans** Japanese drawing techniques foreshorten perspective ‖ *(en usage abs)*: **mon nouveau zoom rapproche quinze fois** my new zoom lens magnifies fifteen times. -4. ~ **qqn** [de sa destination] to take OU to bring sb closer; **je te dépose à Concorde, ça te rapprochera** I'll drop you off at Concorde, that'll get you a bit closer to where you're going. -5. [affectivement] to bring (closer) together; **cette naissance n'a pas suffi à les ~** that baby wasn't enough to bring them together; **ça m'a rapproché de mon père** it's brought me closer to my father, it's brought my father and me closer together; **qu'est-ce qui vous rapproche?** what do you have in common? -6. [comparer] to compare.

◆ **se rapprocher** ◇ *vp (emploi réciproque)*: **les deux pays cherchent à se ~** the two countries are seeking a rapprochement.

◇ *vpi* [venir près] to come close OU closer; **la date du mariage/le vacarme des moteurs se rapproche** the wedding day/the roar of the engines is getting closer; **rapprochez-vous de moi** come closer (to me); **rapprochez-vous de l'estrade** move closer to the stage.

◆ **se rapprocher de** *vp + prép* -1. [se réconcilier avec]: **j'ai essayé sans succès de me ~ d'elle avant sa mort** I tried in vain to get closer to her before she died; **il se rapproche actuellement des catholiques** he's now moving closer to Catholicism. -2. [être comparable à] to be similar to; **le style se rapproche du reggae** the style is similar to OU resembles reggae.

rapsodie [rapsɔdi] = **rhapsodie**.

rapt [rapt] *nm* [kidnapping] abduction, kidnapping; ~ **d'enfant** abduction of a child.

raquer▽ [3] [rake] ◇ *vt* to cough up *(insép)*.

◇ *vi* to foot the bill.

raquette [rakɛt] *nf* -1. TENNIS racket; PING-PONG bat; **c'est une bonne ~** *fam* he's a good tennis player. -2. [pour la neige] snowshoe. -3. BOT prickly pear.

raquetteur, euse [rakɛtœr, øz] *nm, f Can* snowshoer.

rare [rar] *adj* -1. [difficile à trouver] rare, uncommon; **ce qui est ~ est cher** anything that is in short supply is expensive; **l'amour vrai est un sentiment si ~** true love is such a rare feeling; **un musicien d'un ~ talent** an exceptionally talented musician; **plantes/timbres ~s** rare plants/stamps. -2. [peu fréquent] rare; **à de ~s intervalles** at rare OU infrequent intervals; **on le voyait chez nous à de ~s intervalles** once in a (very long) while, he'd turn up at our house; **tes visites sont trop ~s** you don't visit us nearly often enough; **il est ~ qu'elle veuille bien venir avec moi** she rarely OU seldom agrees to come with me; **il n'est pas ~ de le voir ici** it's not uncommon OU unusual to see him here; **tu te fais ~ ces derniers temps** *fam* you've become quite a stranger lately, where have you been hiding lately?; **c'est un mot ~** that's a rare word. -3. [peu nombreux] few; **les ~s électeurs qui ont voté pour lui** the few who voted for him; **les ~s amis qu'elle s'est faits** the few friends she made; **~s sont ceux qui l'apprécient** not many people like him; **à de ~s exceptions près** with only OU apart from a few exceptions; **elle est une des ~s personnes que je connaisse à aimer le jazz** she's one of the very few people I know who enjoys jazz; **les visiteurs se font ~s** there are fewer and fewer visitors; **les bons pâtissiers se font ~s** good bakers are hard to find nowadays ‖ [peu abondant] scarce; **la nourriture était ~ pendant la guerre** food was scarce during the war. -4. [clairsemé] thin, sparse; **une herbe ~** sparse clumps of grass; **elle a toujours eu le cheveu ~** she never had much hair; **maintenant, il a le cheveu ~** his hair is thinning now. -5. [étonnant] unusual; **c'est bien ~ de ne pas le voir au moins une fois dans la semaine** it's unusual not to see him at least once a week. -6. PHYS [raréfié] rare.

raréfaction [rarefaksjɔ̃] *nf* -1. PHYS [de l'air] rarefaction. -2. [des denrées, de l'argent] increasing scarcity.

raréfiable [rarefjabl] *adj* rarefiable.

raréfier [9] [rarefje] *vt* -1. PHYS [air, oxygène] to rarefy, to rarify. -2. [denrées] to make scarce.

◆ **se raréfier** *vpi* -1. PHYS [air] to rarefy, to rarify. -2. [argent, denrées] to become scarce; [visites] to become less frequent.

rarement [rarmɑ̃] *adv* rarely, seldom; **elle téléphone ~, pour ne pas dire jamais** she seldom, if ever, calls.

rareté [rarte] *nf* -1. [d'un fait, d'un phénomène] rarity; [d'une denrée] scarcity; **une poterie d'une très grande ~** an extremely rare piece of pottery. -2. [objet - rare] rarity, rare object; [- bizarre] curio.

rarissime [rarisim] *adj* extremely rare, most unusual.

ras[1] [ra] *nm* [radeau] raft.

ras[2] [ras] *nm* [titre éthiopien] ras.

ras[3], **e** [ra, raz] *adj* -1. [cheveux] close-cropped, very short; [barbe] very short. -2. [végétation] short; **pelouse ~e** closely-mown lawn. -3. [plein]: **mesure ~e** full measure. -4. TEXT short-piled. -5. *loc*: **en ~e campagne** in the open countryside; **la voiture est tombée en panne en ~e campagne** the car broke down in the middle of nowhere.

◆ **ras** *adv* -1. [très court] short; **avoir les ongles coupés ~** to keep one's nails cut short; **une haie taillée ~** a closely-clipped hedge. -2. *loc*: **en avoir ~ le bol** *fam* OU ~ **le cul**▼ **de qqch** to be fed up to the (back) teeth with sthg, to have had it up to here with sthg; ~ **le bol!** *fam* enough is enough!

◆ **à ras** *loc adv*: **coupé à ~** cut short.

◆ **à ras bord(s)** *loc adv* to the brim OU top.

◆ **à ras de** *loc prép* level with; **à ~ de terre** level with the ground.

◆ **au ras de** *loc prép*: au ~ de l'eau just above water level, level with the water ❑ ses remarques étaient au ~ des pâquerettes *fam* he came out with some very uninspired comments; le débat est au ~ des pâquerettes *fam* the discussion isn't exactly highbrow.

RAS *abr de* rien à signaler.

rasade [razad] *nf* glassful.

rasage [razaʒ] *nm* -**1.** [de la barbe] shaving. -**2.** TEXT shearing. -**3.** MÉTALL (machine) shaving.

rasant, e [razɑ̃, ɑ̃t] *adj* -**1.** [bas]: vue ~e panoramic view; un soleil ~ a low sun. -**2.** MIL: tir ~ grazing fire. -**3.** *fam* [assommant] boring; il est vraiment ~! he's so boring!, he's such a bore!

rascasse [raskas] *nf* scorpion fish.

ras(-)du(-)cou [radyku] ◇ *adj inv* round neck *(modif)*; un pull ~ a round neck sweater.
◇ *nm inv* round neck sweater.

rase-mottes [razmɔt] *nm inv* -**1.** AÉRON hedgehopping; voler en OU faire du ~ to hedgehop. -**2.** *péj* runt, shortie.

raser [3] [raze] *vt* -**1.** [cheveux, poils] to shave off *(sép)*; [crâne] to shave; ~ qqn to give sb a shave, to shave sb; être rasé de près to be close-shaven. -**2.** [détruire] to raze; la vieille église a été rasée the old church was razed to the ground. -**3.** [frôler]: l'hirondelle rase le sol the swallow is skimming the ground; la balle lui rasa l'épaule the bullet grazed his shoulder ❑ ~ les murs to hug the walls. -**4.** *fam* [lasser] to bore; tu nous rases! you're boring us to tears! -**5.** TEXT to shear.
◆ **se raser** ◇ *vp (emploi réfléchi)* to shave; se ~ de près to shave closely; se ~ les jambes to shave one's legs; se ~ la barbe to shave off one's beard.
◇ *vpi fam* [s'ennuyer] to get bored; on se rase ici, allons-nous-en it's deadly boring here, let's go.
◆ **à raser** *loc adj* shaving *(modif)*; mousse à ~ shaving foam.

raseur, euse *fam* [razœr, øz] *nm, f*: c'est un ~ he's a real drag OU pain.

rash [raʃ] *(pl* rashs OU rashes) *nm* rash MED.

rasibus *fam* [razibys] *adv* very close.

ras-le-bol *fam* [ralbɔl] *nm inv*: il y a un ~ général dans la population people in general are sick and tired of OU fed up with the way things are going.

rasoir [razwar] ◇ *nm* razor; ~ électrique (electric) shaver; ~ mécanique OU de sûreté safety razor; demander une coupe au ~ to ask for a razor cut; coupé au ~ cut with a razor ❑ être sur le fil du ~ to be on a knife edge.
◇ *adj fam* boring; il est tellement ~! he's so boring!, he's such a bore!

Raspoutine [rasputin] *npr* Rasputin.

rassasiement [rasazimɑ̃] *nm sout* satisfaction.

rassasier [9] [rasazje] *vt* -**1.** [faim] to satisfy; je suis rassasié I'm full. -**2.** [désirs]: alors, vous êtes rassasiés de plein air? so, have you had your fill of fresh air?; il n'est jamais rassasié de la voir he never tires of seeing her.
◆ **se rassasier** *vpi* -**1.** [apaiser sa faim] to eat one's fill. -**2.** [assouvir son désir]: se ~ de qqch to get one's fill of sthg.

rassemblement [rasɑ̃bləmɑ̃] *nm* -**1.** [réunion sur la voie publique] gathering, group; disperser un ~ to break up OU to disperse a gathering; tous les ~s sont strictement interdits all rallies OU gatherings are strictly forbidden ‖ [en politique] rally; ~ pour la paix peace rally. -**2.** [dans un nom de parti] party, union, alliance; votez pour le Rassemblement écologiste vote for the Green party. -**3.** [fait de se rassembler] gathering; vous devez empêcher le ~ des élèves dans le hall you must prevent the pupils from gathering in the hall. -**4.** MIL: sonner le ~ to sound the assembly; ~! fall in!

rassembler [3] [rasɑ̃ble] *vt* -**1.** [objets, idées] to collect, to gather; elle rassembla tous les journaux de la semaine passée she gathered together all the previous week's newspapers; ~ des preuves pour une inculpation to gather OU to collect evidence for a charge; il a rassemblé des documents pour écrire une biographie he has collected OU assembled documents to write a biography; faites ~ toutes mes affaires et envoyez-les moi have all my belongings collected together and send them to me; j'eus à peine le temps de ~ quelques affaires I hardly had enough time to gather OU to put a few things together; ~ ses forces to gather OU to muster one's strength; ~ ses esprits to gather OU to collect one's wits; ~ ses idées to gather one's thoughts; ~ son courage to summon up one's courage. -**2.** [personnes] to gather together *(sép)*; [animaux] to round up *(sép)*; puisque nous voici ici rassemblés since we are (gathered) here together; leur manifestation a rassemblé des milliers de personnes their demonstration drew OU attracted thousands of people. -**3.** ÉQUIT to collect.
◆ **se rassembler** *vpi* to gather together, to assemble; ils se sont rassemblés devant chez moi they gathered together OU assembled outside my home; rassemblez-vous! assemble!

rassembleur, euse [rasɑ̃blœr, øz] *nm, f sout*: ce fut un grand ~ he had the gift of bringing people together in a common cause.

rasseoir [65] [raswar] *vt* -**1.** [asseoir de nouveau]: ~ qqn to sit sb down (again); veuillez ~ le malade [dans son lit] please sit the patient up again; je vous en prie, faites ~ tout le monde please, have everybody sit down again. -**2.** [replacer] to put back *(sép)*; ~ une statue sur son socle to put a statue back on its plinth.
◆ **se rasseoir** *vpi* to sit down again; il a fait se ~ tous les invités he made all the guests sit down again; allez vous ~ go back to your seat, go and sit down again.

rasséréner [18] [raserene] *vt litt* to make calm; ses déclarations m'ont complètement rasséréné what he said put my mind completely at rest.
◆ **se rasséréner** *vpi litt* to become calm OU serene again.

rassir [32] [rasir] *vi* [gâteau, pain] to go stale; [viande]: laisser ~ un morceau de bœuf to let a piece of beef hang.
◆ **se rassir** *vpi* to go stale.

rassis, e [rasi, iz] *adj* -**1.** [gâteau, pain] stale; [viande] properly hung. -**2.** *litt* [calme] calm, composed; [pondéré] balanced.

rassortiment [rasɔrtimɑ̃] = **réassortiment**.

rassortir [rasɔrtir] = **réassortir**.

rassurant, e [rasyrɑ̃, ɑ̃t] *adj* -**1.** [personne] reassuring; le président n'a pas été très ~ dans ses dernières déclarations the president's most recent statements were not very reassuring; elle a été ~e pour tout le monde she comforted everybody. -**2.** [nouvelle, déclaration, ton, voix] reassuring, comforting; voilà qui est ~! well, that's reassuring! *aussi iron.*

rassurer [3] [rasyre] *vt* to reassure; j'aimerais pouvoir te ~ I wish I could reassure you OU put your mind at ease; va vite ~ ta mère go and tell your mother she has nothing to worry about, go and set your mother's mind at ease; je n'étais pas très rassuré I felt rather worried.
◆ **se rassurer** ◇ *vp (emploi réfléchi)* to reassure o.s.; j'essaie de me ~ en me disant que tout n'est pas fini I try to reassure myself by saying it's not all over; rassure-toi don't worry.
◇ *vpi*: elle a mis longtemps à se ~ (pleinement) it took her a while to calm down.

rasta [rasta] ◇ *adj inv* Rasta *(inv)*.
◇ *nmf* Rasta.
◇ *nm* ▼ = **rastaquouère**.

rastafari [rastafari] *adj* & *nmf* Rastafarian.

rastaquouère▼ [rastakwɛr] *nm dated and racist term used with reference to wealthy foreigners.*

rat [ra] ◇ *nm* -**1.** ZOOL rat; faire la chasse aux ~s to go ratting ❑ ~ des champs field mouse; ~ d'eau water vole OU rat; ~ d'égout sewer rat; ~ musqué OU d'Amérique muskrat, musquash. -**2.** *fig*: ~ de bibliothèque bookworm; ~ d'hôtel hotel thief; les ~s quittent le navire the rats are leaving the sinking ship; être fait comme un ~ *fam* to have no escape, to be cornered; vous êtes faits comme des ~s! you're caught like rats in a trap!; il s'est fait prendre comme un ~ he got caught out; être comme un ~ dans un fromage *fam* to be in clover. -**3.** DANSE: petit ~ de l'Opéra ballet student *(at the Opéra de Paris)*. -**4.** *fam péj* [avare] miser, skinflint. -**5.** [par affection]: mon (petit) ~ my darling.
◇ *adj m fam péj* [avare] stingy, tightfisted; il est tellement ~! he's so stingy!, he's such a miser OU skinflint!

rata *fam* [rata] *nm arg mil* & *vieilli* grub, nosh.

ratafia [ratafja] *nm* ratafia (liqueur).

ratage [rataʒ] *nm* failure; un ~ complet a complete failure; après un ou deux ~s, il a réussi son soufflé à la perfection after one or two disastrous attempts, he got the soufflé just right.

rataplan [rataplɑ̃] *onomat* rat-a-tat.

ratatiné, e [ratatine] *adj* -**1.** [fruit] shrivelled (up). -**2.** [visage] wrinkled, wizened. -**3.** *fam* [voiture, vélo] smashed up; [soufflé] flat.

ratatiner [3] [ratatine] *vt* -**1.** *fam* [démolir]: le bâtiment a été ratatiné en quelques secondes the building was reduced to a pile of rubble within seconds; la voiture a été complètement ratatinée the car was completely wrecked. -**2.** [flétrir]: l'âge l'a complètement ratatiné he has become wizened with age. -**3.** *fam* [battre]: je me suis fait ~ au tennis/aux échecs I got thrashed at tennis/chess ‖ [assassiner]: il s'est fait ~ he got done in.
◆ **se ratatiner** *vpi* -**1.** [se dessécher] to shrivel; son visage s'est ratatiné her face has become all wizened. -**2.** *fam* [rapetisser] to shrink; elle se ratatine en vieillissant she's shrinking with age. -**3.** *fam* [s'écraser] to crash; la voiture s'est ratatinée contre un mur the car crashed OU smashed into a wall.

ratatouille [ratatuj] *nf* -**1.** CULIN: ~ (niçoise) ratatouille. -**2.** *fam péj* [ragoût grossier]: ils ont servi une affreuse ~ they served up some ghastly mess. -**3.** *fam* [raclée] walloping, hammering.

rate [rat] *nf* -**1.** ZOOL she-rat, female rat. -**2.** ANAT spleen.

raté, e [rate] ◇ *adj* -**1.** [photo, sauce] spoilt; [coupe de cheveux] disastrous; il est complètement ~, ce gâteau this cake is a complete disaster. -**2.** [attentat] failed; [vie] wasted; [occasion] missed; [tentative] failed, abortive, unsuccessful; un musicien ~ a failed musician.
◇ *nm, f* failure, loser.
◆ **raté** *nm* -**1.** [bruit] misfiring *(U)*; le moteur a des ~s the engine is misfiring. -**2.** [défaut] hitch. -**3.** ARM misfire.

râteau, x [rato] *nm* rake; ~ faneur tedder.

râteler [24] [ratle] *vt* -**1.** [ratisser] to rake up *(sép)*. -**2.** [niveler] to rake (over).

râtelier [ratəlje] *nm* -**1.** [support] rack; ~ à fusils/outils/pipes gun/tool/pipe rack. -**2.** [mangeoire] rack. -**3.** *fam* [dentier] dentures, (set of) false teeth.

rater [3] [rate] ◇ *vi* -**1.** *fam* [échouer] to fail; je t'avais dit qu'elle serait en retard, et ça n'a pas raté! I told you she'd be late, and sure enough she was!; ça ne rate jamais it never fails; tais-toi, tu vas tout faire ~! shut up or you'll ruin everything! -**2.** ARM: le coup a raté the gun failed to go off.
◇ *vt* -**1.** [but] to miss; vous avez de la chance, la balle a bien failli ne pas vous ~ you're lucky, that bullet missed you by a fraction of an inch OU a hair's breadth; elle a raté la marche she missed the step ❑ j'ai raté mon coup *fam* I made a mess of it; s'il recommence, je te jure que je ne le raterai pas! *fam* if he does it again, I swear I'll get him! -**2.** [avion, train, rendez-vous, visiteur] to miss; [occasion] to miss; je n'ai pas vu le concert – tu n'as rien raté/tu as raté quelque chose! I didn't see the concert – you didn't miss anything/you really missed something!; c'est une émission à ne pas ~ this programme is a must; tu vas nous faire ~ la

séance! you're going to make us miss the film! ❑ tu n'en rates pas une! *fam* you're always putting your foot in it! -**3.** [ne pas réussir] : il a **complètement raté son oral** he made a complete mess of his oral; **il a raté son effet** he didn't achieve the desired effect; **il a raté sa sortie** his exit didn't quite come off; **il rate toujours les mayonnaises** his mayonnaise always goes wrong; ~ **sa vie** to make a mess of one's life.

◆ **se rater** *fam vp (emploi réfléchi)*: **elle s'est ratée pour la troisième fois** that's her third (unsuccessful) suicide attempt.

ratiboiser *fam* [3] [ratibwaze] *vt* -**1.** [voler] to pinch, to nick *esp Br*. -**2.** [ruiner] to clean out *(sép)*; **je suis ratiboisé!** I'm cleaned out! -**3.** [tuer] to bump off *(sép)*, to do in *(sép)*; **les critiques l'ont ratiboisé** *fig* the critics tore him to shreds, he was slated *esp Br* by the critics. -**4.** [cheveux] to scalp; **je suis ressorti ratiboisé de chez le coiffeur** I got scalped at the hairdresser's.

raticide [ratisid] *nm* rat poison.

ratier [ratje] *adj m* & *nm* ratter.

ratière [ratjɛr] *nf* -**1.** [piège] rat trap. -**2.** TEXT dobby.

ratification [ratifikasjɔ̃] *nf* ratification.

ratifier [9] [ratifje] *vt* -**1.** JUR to ratify. -**2.** *litt* [confirmer] to confirm.

ratine [ratin] *nf* ratine.

rating [ratiŋ] *nm* ÉCON & NAUT rating.

ratio [rasjo] *nm* ÉCON & FIN ratio.

ratiocination [rasjɔsinasjɔ̃] *nf sout* quibble; **ce sont des** ~**s!** you're just splitting hairs!

ratiociner [3] [rasjɔsine] *vi sout* to quibble, to split hairs.

ration [rasjɔ̃] *nf* -**1.** [portion] ration; ~**s de guerre** war rations; **sa** ~ **de problèmes** *fig* his share of problems; **non merci, j'ai eu ma** ~! *hum* no thanks, I've had my fill (of it)! -**2.** [quantité nécessaire] daily intake; ~ **alimentaire** food (intake); ~ **d'entretien** maintenance ration. -**3.** MIL rations; ~ **de combat** combat rations; **avoir une** ~ **réduite** to be on short rations.

rationalisation [rasjɔnalizasjɔ̃] *nf* rationalization.

rationaliser [3] [rasjɔnalize] *vt* to rationalize.

rationalisme [rasjɔnalism] *nm* rationalism.

rationaliste [rasjɔnalist] *adj* & *nmf* rationalist.

rationalité [rasjɔnalite] *nf* rationality.

rationnel, elle [rasjɔnɛl] *adj* -**1.** MATH & PHILOS rational. -**2.** [sensé] rational; **il n'a pas une attitude très** ~**le** his attitude is not very rational.

rationnellement [rasjɔnɛlmɑ̃] *adv* -**1.** MATH & PHILOS rationally. -**2.** [avec bon sens] rationally, sensibly, logically.

rationnement [rasjɔnmɑ̃] *nm* rationing.

rationner [3] [rasjɔne] *vt* -**1.** [quelque chose] to ration; **on nous rationne même l'électricité!** they're even rationing electricity! -**2.** [quelqu'un] to put on rations, to ration; **je vais vous** ~ **à deux tasses de café par jour** I'm going to ration you to two cups of coffee a day; **il va bientôt falloir le** ~! *hum* we'll have to put him on (short) rations OU on a diet soon!

◆ **se rationner** *vp (emploi réfléchi)* to ration o.s.

Ratisbonne [ratizbɔn] *npr* Ratisbon.

ratissage [ratisaʒ] *nm* -**1.** [nettoyage] raking. -**2.** [fouille] combing, thorough search.

ratisser [3] [ratise] ◇ *vt* -**1.** [gravier, allée] to rake; [feuilles, herbe coupée] to rake up *(sép)*. -**2.** *fam* [voler] to pinch, to nick *esp Br*; **je me suis fait** ~ **mon sac** I got my bag nicked ‖ [ruiner] to clean out *(sép)*; **il s'est fait** ~ **au poker** he got cleaned out playing poker. -**3.** [fouiller] to comb. -**4.** SPORT to heel.

◇ *vi*: ~ **large** *fam* to cast one's net wide *fig*.

raton [ratɔ̃] *nm* -**1.** ZOOL young rat; ~ **laveur** raccoon. -**2.** [par affection] : **mon** ~! my darling! -**3.** ▼*racist term used with reference to North African Arabs*.

ratonnade [ratɔnad] *nf violent racist attack on North African Arab immigrants*.

RATP (*abr de* **Régie autonome des transports parisiens**) *npr f Paris transport authority*.

rattachement [rataʃmɑ̃] *nm*: **le** ~ **de la Savoie à la France** the incorporation of Savoy into France; **opérer le** ~ **de territoires à la métropole** to bring territories under the jurisdiction of the home country; **demander son** ~ **à un service** to ask to be attached to a department.

rattacher [3] [rataʃe] *vt* -**1.** [paquet] to tie up *(sép)* again, to do up *(sép)* again; [ceinture, lacet] to do up *(sép)* again; [chien] to tie up *(sép)* again; [plante grimpante] to tie back *(sép)*. -**2.** ADMIN & POL: ~ **plusieurs services à une même direction** to bring several departments under the same management; ~ **un territoire à un pays** to bring a territory under the jurisdiction of a country; **les abonnés ont été rattachés à un nouveau central** the subscribers were connected to a new exchange. -**3.** [établir un lien] : ~ **qqch à** to connect OU to link sthg with, to relate sthg to.

◆ **se rattacher à** *vp + prép* -**1.** [découler de] to derive from; **des dialectes qui se rattachent à une langue** dialects which derive from the same language. -**2.** [avoir un lien avec] to be connected OU linked with, to be related to; **laissez de côté tout ce qui ne se rattache pas au problème central** put everything that isn't (directly) related to the key issue to one side.

rattrapable [ratrapabl] *adj*: **une telle erreur ne serait pas** ~ a mistake like that couldn't be put right.

rattrapage [ratrapaʒ] *nm* -**1.** [d'un étudiant] passing, letting through; **le** ~ **d'un candidat** letting a candidate through (an exam) ‖ [remise à niveau] : ~ **scolaire** ≃ remedial teaching; **cours de** ~ *extra class for pupils who need to catch up*; **je dois passer l'oral de** ~ I've got to resit the oral; **session de** ~ resit. -**2.** [d'une maille] picking up. -**3.** ÉCON: ~ **des salaires** wage adjustment.

rattraper [3] [ratrape] *vt* -**1.** [animal, prisonnier] to recapture, to catch again. -**2.** [objet qui tombe] to catch (hold of); **je l'ai rattrapé de justesse** I caught (hold of) it just in time; ~ **la balle au vol/bond** to catch the ball in the air/on the bounce. -**3.** [quelqu'un parti plus tôt] to catch up with; **passe devant, je te rattraperai** go on ahead, I'll catch up with you OU catch you up. -**4.** [compenser] : ~ **le temps perdu** OU **son retard** to make up for lost time; **il a rattrapé les cours manqués** he has caught up on the lessons he missed; ~ **du sommeil** to catch up on one's sleep; **pour** ~ **nos pertes** to make good our losses. -**5.** [erreur, maladresse] to put right. -**6.** [étudiant] to let through. -**7.** [maille] to pick up *(sép)*.

◆ **se rattraper** ◇ *vp (emploi passif)*: **le temps perdu ne se rattrape jamais** *prov* you can never make up for lost time.

◇ *vpi* -**1.** [éviter la chute] to catch o.s. (in time); **heureusement il s'est rattrapé** luckily he managed to avoid falling; **se** ~ **à qqn/qqch** to grab OU to catch hold of sb/sthg to stop o.s. falling. -**2.** [compenser] : **j'ai l'intention de me** ~! I'm going to make up for it!; **la limonade est en promotion, mais ils se rattrapent sur le café** lemonade is on special offer, but they've put up the price of coffee to make up for it; **enfant, c'était un ange, mais elle s'est bien rattrapée depuis!** *hum* she used to be an angel when she was a child, but she's certainly made up for it since! -**3.** [élève] to catch up.

raturage [ratyraʒ] *nm* crossing out, scoring out *(U)*.

rature [ratyr] *nf* crossing out, deletion; **tu as fait trop de** ~**s** you've crossed too many things out; **'sans** ~**s ni surcharges'** 'without deletions or alterations'.

raturer [3] [ratyre] *vt* to cross out *(sép)*, to delete.

RAU (*abr de* **République Arabe Unie**) *npr f* UAR, United Arab Republic.

rauque [rok] *adj* -**1.** [voix] husky. -**2.** [cri] raucous.

ravage [ravaʒ] *nm* [destruction] devastation; **les** ~**s de la maladie/du temps** the ravages of disease/of time; **faire des** ~**s** *pr* to wreak havoc; **l'alcoolisme faisait des** ~**s** *fig* alcoholism was rife; **notre cousin fait des** ~**s (dans les cœurs)!** our cousin is a heartbreaker!

ravagé, e [ravaʒe] *adj* -**1.** [par la fatigue, le désespoir] haggard; [par la maladie] ravaged. -**2.** *fam* [fou] loopy, barmy *esp Br*, nuts; **c'est un mec complètement** ~! he's completely loopy!

ravager [17] [ravaʒe] *vt* [région, ville] to ravage, to lay waste *(insép)*, to devastate; **la guerre a ravagé leur vie** the war wreaked havoc upon their lives; **elle avait les traits ravagés par la douleur** her features were ravaged by pain.

ravageur, euse [ravaʒœr, øz] ◇ *adj* -**1.** [destructeur] destructive; **des insectes** ~**s** insect pests. -**2.** [séducteur] : **un sourire** ~ a devastating smile.

◇ *nm, f* ravager.

raval, als [raval] *nm* (shaft) deepening MIN.

ravalement [ravalmɑ̃] *nm* -**1.** [d'une façade] cleaning. -**2.** ▽ *fig*: **se faire un** ~ **(de façade)** [opération] to have a facelift; [maquillage] to put on one's warpaint.

ravaler [3] [ravale] *vt* -**1.** CONSTR to clean; **ils ont ravalé la façade de la mairie** they've given the front of the town hall a clean ❑ **se faire** ~ **la façade**▽ OU **le portrait**▽ to have a facelift. -**2.** [salive] to swallow; [larmes] to hold OU to choke back; [colère] to stifle, to choke back; [fierté] to swallow; **faire** ~ **ses paroles à qqn** *fam* to make sb eat his words; **je lui ferai** ~ **ses insultes!** *fam* I'll make him choke on his insults! -**3.** [abaisser] to lower; **de tels sentiments nous ravalent au niveau de la bête** such feelings lower OU reduce us to the level of animals. -**4.** MIN to deepen.

◆ **se ravaler** ◇ *vp (emploi réfléchi)* [s'abaisser] to debase OU to lower o.s.; **se** ~ **aux pires bassesses** to stoop to the meanest acts; **se** ~ **au rang de la brute** to be reduced to the level of animals.

◇ *vpt* ▽: **se** ~ **la façade** [se maquiller] to slap some make-up on, to put on one's warpaint.

ravaleur [ravalœr] *nm* cleaner, stone-cleaner.

ravaudage [ravodaʒ] *nm vieilli* [de chaussettes] darning; [de vêtements] mending, repairing.

ravauder [3] [ravode] *vt vieilli* [chaussettes] to darn; [vêtements] to sew up *(sép)*, to mend.

rave [rav] *nf* rape.

ravenelle [ravnɛl] *nf* -**1.** [radis sauvage] wild radish. -**2.** [giroflée] wallflower, gillyflower.

Ravenne [ravɛn] *npr* Ravenna.

ravi, e [ravi] *adj* delighted; **il n'a pas eu l'air** ~ he didn't look too pleased; **être** ~ **de qqch** to be delighted with sthg; ~ **(de faire votre connaissance)** (I'm) delighted OU very pleased to meet you.

ravier [ravje] *nm* hors-d'œuvres dish.

ravigotant, e *fam* [ravigɔtɑ̃, ɑ̃t] *adj* [vent] invigorating, bracing; [soupe, vin] warming.

ravigote [ravigɔt] *nf* ravigote sauce *(vinaigrette with herbs and hard-boiled eggs)*.

◆ **à la ravigote** *loc adj* with a ravigote sauce.

ravigoter *fam* [3] [ravigɔte] *vt* to buck up *(sép)*; **la voilà toute ravigotée** she's full of life again; **ravigoté par une nuit de repos** refreshed OU restored by a night's sleep.

ravin [ravɛ̃] *nm* gully, ravine.

ravine [ravin] *nf* gully.

ravinement [ravinmɑ̃] *nm* -**1.** [action] gullying. -**2.** [résultat] : ~**s** gullies.

raviner [3] [ravine] *vt* -**1.** GÉOG to gully. -**2.** *fig* & *sout* to furrow; **un visage raviné** a deeply lined face.

ravioli [ravjɔli] (*pl inv* OU **raviolis**) *nm* ravioli *(U)*.

ravir [82] [ravir] *vt* -**1.** [enchanter] to delight; **cette naissance les a ravis** they were thrilled with the new baby; **nous avons été ravis de vous connaître** we were delighted OU very pleased to meet you. -**2.** *litt* [enlever] : ~ **qqch à qqn** to rob sb of sthg; **prématurément ravi à l'affection des siens** taken too early from (the bosom of) family and friends.

◆ **à ravir** *loc adv* [merveilleusement]: **la robe lui va à ~** the dress looks lovely on her; **il dessine à ~** he draws beautifully; **elle est belle à ~** she's ravishing.

raviser [3] [ravize]

◆ **se raviser** *vpi* to change one's mind; **il s'est ravisé** he changed his mind, he thought better of it, he had second thoughts.

ravissant, e [ravisɑ̃, ɑ̃t] *adj* [vêtement] gorgeous, beautiful; [endroit, maison] delightful, beautiful; **une femme ~e** a strikingly OU ravishingly beautiful woman.

ravissement [ravismɑ̃] *nm* -**1.** [enchantement]: **c'est un véritable ~ (pour les yeux)** it is an enchanting sight; **avec ~** delightedly; **mettre OU plonger qqn dans le ~** to send sb into raptures; **dans le plus grand ~ (de tous les sens)** totally enraptured. -**2.** *litt* OU *arch* [enlèvement] abduction. -**3.** RELIG rapture.

ravisseur, euse [ravisœr, øz] ◇ *adj* ZOOL: **patte ravisseuse** grasping tibia.

◇ *nm, f* [personne] abductor, kidnapper.

ravitaillement [ravitajmɑ̃] *nm* -**1.** MIL & NAUT supplying; **assurer le ~ de qqn en munitions/carburant/vivres** to supply sb with ammunition/fuel/food ❑ **bateau/véhicule de ~** supply ship/vehicle. -**2.** AÉRON refuelling; **~ en vol** in-flight OU mid-air refuelling. -**3.** [denrées] food supplies; **je vais au ~** *fam* I'm off to buy some food, I'm going for fresh supplies.

ravitailler [3] [ravitaje] *vt* -**1.** MIL & NAUT to supply; **~ un régiment en vivres** to supply a regiment with food, to supply food to a regiment. -**2.** AÉRON to refuel; **~ un avion en vol** to refuel a plane in flight. -**3.** [famille, campement]: **~ qqn en** to supply sb with, to give sb fresh supplies of.

◆ **se ravitailler** *vp (emploi réfléchi)* -**1.** [en nourriture] to get (fresh) supplies. -**2.** [en carburant] to refuel.

ravitailleur, euse [ravitajœr, øz] ◇ *adj*: **avion ~** supply plane, (air) tanker; **véhicule/navire ~** supply vehicle/ship.

◇ *nm, f* MIL quartermaster; NAUT supply officer.

◆ **ravitailleur** *nm* -**1.** AÉRON [avion] tanker aircraft; **~ d'avions** [camion-citerne] (airport) supply tanker. -**2.** MIL supply vehicle. -**3.** NAUT [d'escadre, de sous-marin] supply ship; [pour travaux en mer] refurbishment ship.

ravivage [ravivaʒ] *nm* -**1.** MÉTALL [gén] cleaning; [à l'abrasif] scouring; [à l'acide] pickling; [au chalumeau] burning off. -**2.** TEXT [d'une couleur] brightening up, reviving.

raviver [3] [ravive] *vt* -**1.** [feu] to rekindle, to revive; [couleur] to brighten up *(sép)*. -**2.** [sensation, sentiment] to rekindle, to revive; **le procès va ~ l'horreur/les souffrances de la guerre** the trial will bring back the horrors/sufferings of the war. -**3.** MÉTALL [gén] to clean; [à l'abrasif] to scour; [à l'acide] to pickle; [au chalumeau] to burn off *(sép)*.

◆ **se raviver** *vpi* [sentiment] to return; **sa haine se ravivait dès qu'il le voyait** every time he saw him, his hatred flared up again.

ravoir [ravwar] *vt (à l'infinitif seulement)* -**1.** [récupérer] to get back. -**2.** *fam* [vêtement]: **~ une chemise** to get a shirt clean. -**3.** [maladie]: **je ne veux pas ~ la grippe** I don't want to get flu again.

◆ **se ravoir** *vpi Belg* [reprendre haleine] to get one's breath back; [retrouver ses esprits] to come to one's senses.

rayage [rɛjaʒ] *nm* -**1.** [éraflement] scratching. -**2.** [rature] scoring. -**3.** ARM rifling.

rayé, e [rɛje] *adj* -**1.** [à raies - papier] lined, ruled; [- vêtement] striped; **tissu ~ bleu et rouge** blue and red striped fabric, fabric with blue and red stripes. -**2.** [éraflé - verre, disque] scratched. -**3.** ARM rifled.

rayer [11] [rɛje] *vt* -**1.** [abîmer] to scratch; **les branches avaient rayé la peinture** the branches had scratched the paintwork. -**2.** [éliminer - faute, coquille] to cross OU to score out *(sép)*; [- clause, codicille] to cancel; [- avocat, médecin] to strike off *(sép)*; **j'ai rayé son souvenir de ma mémoire** I've erased his memory from my mind; **rayé, balayé, je n'existe plus!** out of sight, out of mind, it's as if I'd never existed!; **'~ la mention inutile'** 'delete where inapplicable' ❑ **rayé de la carte** wiped off the face of the earth. -**3.** ARM to rifle.

ray-grass [rɛgras] *nm inv* rye grass.

rayon [rɛjɔ̃] *nm* **A.** -**1.** OPT & PHYS ray; **~ laser** laser beam; **~ lumineux** (light) ray; **~ vert** green flash. -**2.** [de lumière] beam, shaft; [du soleil] ray; **un ~ de lune** a moonbeam; **un ~ de soleil** a ray of sunshine, a sunbeam; MÉTÉO a brief sunny spell; *fig* a ray of sunshine. -**3.** MATH [vecteur] radius vector; [d'un cercle] radius. -**4.** [de roue] spoke. -**5.** [distance] radius; **dans un ~ de vingt kilomètres** within (a radius of) twenty kilometres. -**6.** AUT: **~ de braquage** turning circle. -**7.** MIL: **~ d'action** range; **à grand ~ d'action** long-range; **étendre son ~ d'action** *fig* to increase OU to widen the scope of one's activities. -**8.** BX-ARTS: **~ visuel** principal line of vision.

B. -**1.** [étagère - gén] shelf; [- à livres] shelf, bookshelf. -**2.** COMM department; **le ~ des jouets/des surgelés** the toy/the frozen food department; **nous n'en avons plus en ~** we're out of stock. -**3.** *fam* [domaine]: **demande à ton père, c'est son ~** ask your father, that's his department; **ce n'est pas mon ~** [cela ne me regarde pas] that is none of my concern; **il en connaît un ~ en électricité** he really knows a thing or two about electricity. -**4.** ZOOL comb; [d'abeilles] honeycomb. -**5.** HORT small furrow, drill.

◆ **rayons** *nmpl* -**1.** MÉD X-ray treatment *(U) (for cancer)*; **on lui fait des ~s** *fam* he's having radiotherapy OU radiation treatment; **mal OU maladie des ~s** radiation sickness. -**2.** PHYS: **~s bêta/gamma** beta/gamma rays; **~s infrarouges/ultraviolets** infrared/ultraviolet light; **~s cosmiques** cosmic rays; **~s X** X-rays; **passer qqch aux ~s X** to X-ray sthg.

rayonnage [rɛjɔnaʒ] *nm* -**1.** [étagères] shelving *(U)*, shelves; **sur les ~s** on the shelves. -**2.** HORT drilling.

rayonnant, e [rɛjɔnɑ̃, ɑ̃t] *adj* -**1.** [radieux] radiant; **un visage ~ de joie** a face radiant with joy; **~ de santé** glowing OU blooming with health. -**2.** ARCHIT & BX-ARTS radiating; **chapelles ~es** radiating chapels; **motif ~** radiating pattern ❑ **gothique ~** High Gothic. -**3.** PHYS: **chaleur/énergie ~e** radiant heat/energy. -**4.** MÉD: **douleur ~e** radiating pain.

rayonne [rɛjɔn] *nf* rayon.

rayonnement [rɛjɔnmɑ̃] *nm* -**1.** [influence] influence; **le ~ de la France au siècle des Lumières** the influence of France during the Enlightenment. -**2.** *litt* [éclat] radiance. -**3.** [lumière - d'une étoile, du feu] radiance. -**4.** SC radiation; **~ électromagnétique/optique/visible** electromagnetic/optical/visible radiation; **chauffage par ~** radiant heating; **énergie de ~** radiant energy.

rayonner [3] [rɛjɔne] ◇ *vi* -**1.** [personne, physionomie] to be radiant; **~ de joie** to be radiant with joy; **~ de santé** to be blooming with health; **son visage rayonnait/ses yeux rayonnaient d'allégresse** he was beaming/his eyes were shining with joy. -**2.** *litt* [soleil] to shine. -**3.** [circuler - influence] to spread; [- touriste] to tour around; [- chaleur] to radiate; **nos cars rayonnent dans toute la région** our coaches cover every corner of the region. -**4.** [être disposé en rayons] to radiate; **sept avenues rayonnent à partir de la place** seven avenues radiate (out) from the square. -**5.** OPT & PHYS to radiate. -**6.** MÉD: **douleur qui rayonne** radiating pain.

◇ *vt* HORT to furrow.

rayonneur [rɛjɔnœr] *nm* drill (tool).

rayure [rɛjyr] *nf* -**1.** [ligne] line, stripe; [du pelage] stripe; **papier à ~s** lined OU ruled paper; **tissu à ~s** striped fabric; **une chemise à ~s bleues** a blue-striped shirt; **un drapeau à ~s bleues** a flag with blue stripes. -**2.** [éraflure] score, scratch. -**3.** ARM groove, rifling.

raz [ra] *nm* -**1.** [détroit] strait *(run by fast tidal races, in Brittany)*. -**2.** [courant] race.

raz(-)de(-)marée [radmare] *nm inv* -**1.** GÉOG tidal wave, tsunami *spéc*. -**2.** *fig* tidal wave; **~ électoral** landslide victory.

razzia [razja] *nf* -**1.** MIL foray, raid. -**2.** *fam fig* raid; **faire une ~ sur qqch** to raid sthg.

razzier [9] [razje] *vt* -**1.** MIL to raid. -**2.** *fam fig* [en prenant] to raid; [en achetant] to buy up *(insép)*.

RBE *nm abr de* **revenu brut d'exploitation**.

RBL *(abr écrite de* **rouble**) R, Rub.

R-C *abr écrite de* **rez-de-chaussée**.

r.d. *abr écrite de* **rive droite** .

R-D *(abr de* **recherche-développement**) *nf* R & D.

RDA *(abr de* **République démocratique allemande**) *npr f* GDR; **en ~** in the GDR.

RDB *nm abr de* **revenu disponible brut**.

RdC *abr écrite de* **rez-de-chaussée**.

ré [re] *nm inv* D; [chanté] re, ray.

Rê [rɛ] *npr* Râ.

réa [rea] *nm* pulley (wheel).

réabonnement [reabɔnmɑ̃] *nm* [à un cinéma, théâtre etc] renewal of one's season ticket; [à une revue] subscription renewal; [à un club] membership renewal; **de ~** renewal *(modif)*.

réabonner [3] [reabɔne] *vt*: **~ qqn à une revue/un club** to renew sb's subscription to a magazine/membership of a club.

◆ **se réabonner** *vp (emploi réfléchi)* [à un cinéma, théâtre etc] to renew one's season ticket; [à une revue] to renew one's subscription; [à un club] to renew one's membership.

réabsorber [3] [reapsɔrbe] *vt* to reabsorb; **elle commence à ~ un peu de nourriture** she has started to take a little food again.

réabsorption [reapsɔrpsjɔ̃] *nf* reabsorption.

réac *fam* [reak] *adj* & *nmf péj* reactionary.

réaccoutumer [3] [reakutyme] *vt sout* to reaccustom; **~ qqn à qqch** to reaccustom sb to sthg, to get sb used to sthg again.

◆ **se réaccoutumer à** *vp + prép* to reaccustom o.s. to, to become reaccustomed to.

réactance [reaktɑ̃s] *nf* reactance; **bobine de ~** reaction coil.

réacteur [reaktœr] *nm* -**1.** AÉRON jet (engine). -**2.** CHIM, NUCL & PHYS reactor; **~ à eau sous pression** pressurized water reactor; **~ à neutrons rapides** fast (neutron) reactor; **~ nucléaire** nuclear reactor.

réactif, ive [reaktif, iv] *adj* CHIM & PHYS reactive; **papier ~** reagent paper; **peinture primaire réactive** primer; **substance réactive** reactant.

◆ **réactif** *nm* -**1.** CHIM reactant. -**2.** PSYCH reactive.

réaction [reaksjɔ̃] *nf* -**1.** [réponse] reaction, response; **la nouvelle l'a laissée sans ~** she showed no reaction to the news; **il a eu une ~ très violente** he reacted very violently; **~ à un stimulus** stimulus response, response to a stimulus; **~ affective** emotional response ❑ **~ motrice/tactile** motor/tactile response; **temps de ~** MÉD reaction time; PSYCH latent period OU time. -**2.** [riposte] reaction; **en ~ contre** as a reaction against. -**3.** POL reaction; **gouvernement/vote de ~** reactionary government/vote. -**4.** AÉRON, ASTRONAUT, CHIM & PHYS reaction; **propulsion par ~ atomique** atomic-powered propulsion; **~ en chaîne** *pr* chain reaction; *fig* chain reaction, domino effect. -**5.** ÉLECTRON: **~ négative** negative feedback.

réactionnaire [reaksjɔnɛr] *adj* & *nmf* reactionary.

réactionnel, elle [reaksjɔnɛl] *adj* -**1.** CHIM & PHYSIOL reactional; **formation ~le** reaction formation. -**2.** PSYCH reactive.

réactivation [reaktivasjɔ̃] *nf* reactivation.

réactiver [3] [reaktive] *vt* -**1.** [feu] to rekindle; [circulation sanguine] to restore; [système] to reactivate; **~ les négociations** to revive negotiations. -**2.** CHIM to reactivate.

réactivité [reaktivite] *nf* -**1.** CHIM reactivity. -**2.** BIOL reactivity, excitability.

réactogène [reaktɔʒɛn] ◇ *adj* reactogenic. ◇ *nm* reactogen, (general) allergen.

réactualisation [reaktɥalizasjɔ̃] *nf* **-1.** [ajustement] adapting, readjustment. **-2.** [modernisation] updating, bringing up to date.

réactualiser [3] [reaktɥalize] *vt* **-1.** [adapter - système] to adapt, to readjust. **-2.** [moderniser - dictionnaire] to update, to bring up to date.

réadaptation [readaptasjɔ̃] *nf* **-1.** [rééducation] reeducation. **-2.** BIOL readaptation.

réadapter [3] [readapte] *vt* [handicapé] to reeducate, to rehabilitate; [muscle] to reeducate.
◆ **se réadapter** *vpi* [handicapé] to readjust; **après vingt ans d'exil, ils ont du mal à se ~** after twenty years in exile they have found it hard to adjust OU to readjust OU to adapt; **se ~ à qqch** to readjust to sthg.

réadmettre [84] [readmɛtr] *vt* to readmit.

réadmission [readmisjɔ̃] *nf* readmission, readmittance.

réaffecter [4] [reafɛkte] *vt* **-1.** [personne - à une fonction] to reappoint, to renominate; [- à une région, un pays] to post back *(sép)*. **-2.** [crédits] to reallocate.

réaffirmer [3] [reafirme] *vt* to reaffirm, to reassert.

réagir [32] [reaʒir] *vi* **-1.** CHIM, PHOT & PHYS to react. **-2.** [répondre] to react; **il a bien/mal réagi à son départ** he reacted well/badly to her leaving; **il faut absolument ~** we really have to do something; **et tu restes là sans ~?** how can you just sit there (and do nothing)? **-3.** MÉD to respond.

réajustement [reaʒystəmɑ̃] = **rajustement**.

réajuster [reaʒyste] = **rajuster**.

réalésage [realezaʒ] *nm* [action] reboring; [résultat] rebore.

réaléser [18] [realeze] *vt* to rebore.

réalisable [realizabl] *adj* **-1.** [projet] feasible, workable; [rêve] attainable; **tu sais bien que ce n'est pas ~!** you know it can't OU it won't work! **-2.** FIN realizable.

réalisateur, trice [realizatœr, tris] *nm, f* **-1.** CIN director, film-maker; RAD & TV producer. **-2.** [maître d'œuvre]: **il a été le ~ du projet** he was the one who brought the project to fruition.

réalisation [realizasjɔ̃] *nf* **-1.** [d'un projet] carrying out, execution; [d'un rêve] fulfilment; [d'un exploit] achievement. **-2.** [chose réalisée] achievement; **le nouveau centre commercial est une ~ remarquable** the new shopping centre is a major achievement; **être en cours de ~** to be under way. **-3.** JUR [d'un contrat] fulfilment; COMM [d'une vente] clinching, closing; FIN [liquidation] realization. **-4.** CIN & TV [mise en scène] directing, filmmaking; [film] production, film *Br*, movie *Am*; **'~ (de) George Cukor'** 'directed by George Cukor'; **beaucoup de comédiens se lancent dans la ~ (de films)** many actors are taking up film directing; **la ~ de ce film coûterait trop cher** making this film would cost too much. **-5.** RAD [émission] production; [enregistrement] recording; **à la ~, Fred X** sound engineer, Fred X. **-6.** MUS realization.

réaliser [3] [realize] *vt* **-1.** [rendre réel - projet] to carry out *(sép)*; [- rêve] to fulfil, to realize; [- espoir] to realize. **-2.** [accomplir - œuvre] to complete, to carry out *(sép)*; [- exploit] to achieve, to perform; **les efforts réalisés** the efforts that have been made. **-3.** COMM [vente] to make; FIN [capital, valeurs] to realize; [bénéfice] to make. **-4.** CIN, RAD & TV to direct. **-5.** MUS to realize. **-6.** [comprendre] to realize; **as-tu réalisé que la situation est grave?** do you realize how serious the situation is? || *(en usage abs)*: **elle est encore sous le choc, mais quand elle va ~!** she's still in a state of shock, but wait till it hits her!
◆ **se réaliser** *vpi* **-1.** [s'accomplir - projet] to be carried out; [- rêve, vœu] to come true, to be fulfilled; [- prédiction] to come true. **-2.** [personne] to fulfil o.s.

réalisme [realism] *nm* **-1.** [gén] realism; **faire preuve de ~** to be realistic. **-2.** BX-ARTS & LITTÉRAT realism.

réaliste [realist] ◇ *adj* **-1.** [gén] realistic. **-2.** BX-ARTS & LITTÉRAT realist.
◇ *nmf* realist.

réalité [realite] *nf* **-1.** [existence] reality; **douter de la ~ d'un fait** to doubt the reality of a fact. **-2.** [univers réel]: **la ~** reality; **regarder la ~ en face** to face up to reality; **la dure ~ quotidienne** the harsh reality of everyday existence; **ça ne se passe jamais comme ça dans la ~** it never happens like that in real life; **quand la ~ dépasse la fiction** when fact is stranger than fiction. **-3.** [fait]: **n'en doutez pas, c'est une ~!** you'd better believe it, it's a fact!; **prendre conscience des ~s (de la vie)** to face facts; **les ~s de ce monde** the realities of this world.
◆ **en réalité** *loc adv* **-1.** [en fait] in (actual) fact; **on m'en avait dit beaucoup de mal, mais en ~ c'est une personne charmante** I'd heard a lot of bad things about him, but in (actual) fact he is charming. **-2.** [vraiment] in real life; **à la scène, elle paraît plus jeune qu'elle n'est en ~** on stage, she looks younger than she does in real life.

réaménagement [reamenaʒmɑ̃] *nm* **-1.** [modification - d'un bâtiment] refitting *(U)*; [- d'un projet] reorganization, replanning *(U)*; **~ urbain** urban redevelopment. **-2.** FIN readjustment.

réaménager [17] [reamenaʒe] *vt* **-1.** [espace, salle] to refit, to refurbish. **-2.** [horaire] to replan, to readjust; [politique] to reshape. **-3.** FIN [dette] to reschedule.

réamorcer [16] [reamɔrse] *vt* **-1.** TECH [pompe] to prime again; **~ la pompe** *fig* to get things rolling again. **-2.** [discussion] to begin OU to start again, to reinitiate.

réanimateur, trice [reanimatœr, tris] *nm, f* resuscitator.

réanimation [reanimasjɔ̃] *nf* [action] resuscitation; **service de ~ (intensive)** intensive care unit; **admis en ~** [service] put in intensive care.

réanimer [3] [reanime] *vt* **-1.** [malade] to resuscitate, to revive. **-2.** [conversation, intérêt] to revive.

réapparaître [91] [reaparɛtr] *vi (aux être ou avoir)* to come back, to reappear, to appear again.

réapparition [reaparisjɔ̃] *nf* **-1.** [du soleil] reappearance. **-2.** [d'une vedette] comeback.

réapprendre [79] [reaprɑ̃dr] *vt* to learn again.

réapprovisionnement [reaprɔvizjɔnmɑ̃] *nm* COMM [d'un magasin] restocking; [d'un commerçant] re-supplying.

réapprovisionner [3] [reaprɔvizjɔne] *vt* COMM [magasin] to restock; [commerçant] to resupply.

réargenter [3] [rearʒɑ̃te] *vt* to resilver.

réarmement [rearməmɑ̃] *nm* **-1.** MIL rearmament, rearming; POL rearmament. **-2.** NAUT refitting. **-3.** ARM cocking.

réarmer [3] [rearme] ◇ *vt* **-1.** MIL & POL to rearm. **-2.** NAUT to refit. **-3.** ARM to cock.
◇ *vi* [pays] to rearm.

réarrangement [rearɑ̃ʒmɑ̃] *nm* **-1.** [processus] rearranging, rearrangement; [résultat] rearrangement. **-2.** CHIM rearrangement.

réarranger [17] [rearɑ̃ʒe] *vt* to rearrange, to redo.

réassignation [reasiɲasjɔ̃] *nf* JUR resummons *(sg)*.

réassigner [3] [reasiɲe] *vt* JUR to resummon.

réassort [reasɔr] *nm* new stock.

réassortiment [reasɔrtimɑ̃] *nm* **-1.** COMM [d'un magasin] restocking; [d'un stock] renewing; [de marchandises] new stock, fresh supplies. **-2.** [de pièces d'un service] matching (up); [d'une soucoupe] replacing.

réassortir [32] [reasɔrtir] *vt* COMM [magasin] to restock; [stock] to renew.
◆ **se réassortir** *vp (emploi réfléchi)* to replenish one's stock; **se ~ en** to renew one's stock of.

réassurance [reasyrɑ̃s] *nf* reinsurance.

réassurer [3] [reasyre] *vt* to reinsure.
◆ **se réassurer** *vp (emploi réfléchi)* to reinsure.

réassureur [reasyrœr] *nm* reinsurer.

rebaisser [4] [rəbese] ◇ *vi* to go down again, to drop OU to fall again.
◇ *vt* [prix] to bring down *(sép)* again, to lower again; [chauffage, feu, son] to turn down *(sép)* again, to turn down low again.

rebaptiser [3] [rəbatize] *vt* to rename.

rébarbatif, ive [rebarbatif, iv] *adj* **-1.** [personne] cantankerous, surly. **-2.** [idée] off-putting *esp Br*, daunting.

rebâtir [32] [rəbatir] *vt* to rebuild.

rebattre [83] [rəbatr] *vt* **-1.** [cartes] to reshuffle. **-2.** *loc*: **elle m'a rebattu les oreilles de son divorce** she went on and on OU she kept harping on about her divorce.

rebattu, e [rəbaty] *adj* hackneyed, worn out.

Rébecca [rebeka] *npr* BIBLE Rebecca.

rebelle [rəbɛl] ◇ *adj* **-1.** POL rebel *(modif)*. **-2.** [indomptable - cheval] rebellious; [- cœur, esprit] rebellious, intractable; [- enfant] rebellious, wilful; [- mèche] unruly, wild. **-3. ~ à** [réfractaire à] impervious to; **~ à tout conseil** unwilling to heed advice, impervious to advice. **-4.** [acné, fièvre] stubborn, refractory *spéc*.
◇ *nmf* rebel.

rebeller [4] [rəbɛle]
◆ **se rebeller** *vpi* to rebel; **se ~ contre** to rebel against; **la jeune génération de cinéastes qui se rebellent contre les conventions** the younger generation of filmmakers who flout established conventions.

rébellion [rebɛljɔ̃] *nf* **-1.** [révolte] rebellion. **-2.** [les rebelles]: **la ~** the rebels.

rebelote [rəbəlɔt] *nf* **-1.** JEUX rebelote *(said when playing the second card of a pair of king and queen of trumps while playing belote)*. **-2.** *fam loc*: **~!** here we go again!

rebiffer [3] [rəbife]
◆ **se rebiffer** *fam vpi*: **quand je lui fais une remarque, il se rebiffe** when I say anything to him he reacts really badly; **se ~ contre qqch** to kick out against sthg.

rebiquer *fam* [3] [rəbike] *vi* to stick up.

reblanchir [32] [rəblɑ̃ʃir] *vt* [gén] to rewhiten; [à la chaux] to rewhitewash.

reblochon [rəblɔʃɔ̃] *nm* Reblochon (cheese).

reboisement [rəbwazmɑ̃] *nm* reafforestation.

reboiser [3] [rəbwaze] *vt* to reafforest.

rebond [rəbɔ̃] *nm* bounce, rebound; **je l'ai attrapé au ~** I caught it on the rebound.

rebondi, e [rəbɔ̃di] *adj* [joue, face] chubby, plump; [formes] well-rounded; **à la poitrine ~e** buxom.

rebondir [32] [rəbɔ̃dir] *vi* **-1.** [balle, ballon] to bounce; **le ballon rebondit mal** the ball doesn't bounce well. **-2.** [conversation] to get going again; [intérêt] to be revived OU renewed; [procès, scandale] to get new impetus; **faire ~ qqch** to give sthg a fresh start OU a new lease of life. **-3.** [intrigue] to take off again.

rebondissement [rəbɔ̃dismɑ̃] *nm* **-1.** [d'une balle] bouncing. **-2.** [d'une affaire] (new) development.

rebord [rəbɔr] *nm* [d'un fossé, d'une étagère] edge; [d'une assiette, d'un verre] rim; [d'une cheminée] mantelpiece; [d'une fenêtre] (window) ledge OU sill; **le savon est sur le ~ de la baignoire** the soap is on the side OU edge of the bath; **pose-le sur le ~ du buffet** put it on top of the sideboard.

reborder [3] [rəbɔrde] *vt* **-1.** [chapeau] to renew the edging on. **-2.** [enfant, drap] to tuck in *(sép)* again.

rebouchage [rəbuʃaʒ] *nm* **-1.** [d'un trou] filling (in). **-2.** CONSTR [d'une surface] stopping, making good. **-3.** [d'un puits] stopping (up).

reboucher [3] [rəbuʃe] *vt* **-1.** [bouteille de vin] to recork; [flacon, carafe] to restopper; **'~ après usage'** 'replace lid after use'. **-2.** CONSTR [trou] to fill, to plug; [fissure] to fill, to stop.
◆ **se reboucher** *vpi* [évier] to get blocked again.

rebours [rəbur]
◆ **à rebours** *loc adv* -**1.** [dans le mauvais sens] the wrong way; **il ne faut pas le prendre à ~!** you mustn't rub him up the wrong way!; **tu prends tout à ~!** you're always getting the wrong idea!, you're always getting the wrong end of the stick! *Br.* -**2.** TEXT against the nap OU the pile.
◆ **à rebours de** *loc prép*: **aller à ~ de tout le monde** to go OU to run counter to the general trend; **elle fait tout à ~ de ce qu'on lui dit** she does the exact opposite of what people tell her.

rebouteux, euse [rəbutø, øz], **rebouteur, euse** [rəbutœr, øz] *nm, f* bonesetter.

reboutonner [3] [rəbutɔne] *vt* to button up *(sép)* again, to rebutton.
◆ **se reboutonner** *vp* *(emploi réfléchi)* to do o.s. up again.

rebrousse-poil [rəbruspwal]
◆ **à rebrousse-poil** *loc adv* -**1.** TEXT against the nap OU the pile. -**2.** [maladroitement] the wrong way; **mieux vaut ne pas prendre le patron à ~** better not rub the boss up the wrong way.

rebrousser [3] [rəbruse] *vt* -**1.** [cheveux] to ruffle. -**2.** [poil] to brush the wrong way; **~ le poil à qqn** *fam* to rub sb up the wrong way. -**3.** TEXT [drap] to brush against the nap. -**4.** *loc*: **~ chemin** to turn back, to retrace one's steps.

rebuffade [rəbyfad] *nf* rebuff; **essuyer une ~** to suffer a rebuff.

rébus [rebys] *nm* rebus; **ce texte est un ~ pour moi** *fig* this text is a real puzzle for me.

rebut [rəby] *nm* -**1.** [article défectueux] second, reject; **cette boutique leur sert à écouler les ~s de fabrication** they use that shop to sell off all their seconds OU rejects. -**2.** [poubelle, casse]: **mettre** OU **jeter au ~** to throw away, to discard; **bon à mettre au ~** [vêtement] only fit to be thrown out; [véhicule] ready for the scrapheap. -**3.** *fig & litt*: **le ~ de la société** the dregs of society. -**4.** [envoi postal] dead letter.
◆ **de rebut** *loc adj* -**1.** [sans valeur]: **meubles de ~** unwanted furniture; **vêtements de ~** cast-offs. -**2.** [défectueux]: **marchandises de ~** seconds, rejects.

rebutant, e [rəbytɑ̃, ɑ̃t] *adj* -**1.** [repoussant] repulsive; **un visage ~** a repulsive face. -**2.** [décourageant] off-putting *esp Br*, disheartening; **mon travail est ~** my work is very disheartening.

rebuter [3] [rəbyte] *vt* -**1.** [décourager] to discourage, to put off *(sép)*; **ses façons ont de quoi vous ~** his manners are enough to put you off. -**2.** [dégoûter] to put off *(sép)*; **cette nourriture rebuterait un homme affamé** even a starving man would be put off by that food. -**3.** [choquer]: **ses manières me rebutent** I find his behaviour quite shocking.
◆ **se rebuter** *vpi* [se lasser]: **il était plein d'ardeur mais il s'est vite rebuté** he used to be very keen but he soon lost heart OU his enthusiasm.

recacheter [27] [rəkaʃte] *vt* to reseal.

recalcification [rəkalsifikasjɔ̃] *nf* recalcification.

recalcifier [9] [rəkalsifje] *vt* to recalcify.

récalcitrant, e [rekalsitrɑ̃, ɑ̃t] ◇ *adj* [animal] stubborn; [personne] recalcitrant, rebellious.
◇ *nm, f* recalcitrant.

recalculer [3] [rəkalkyle] *vt* to work out *(sép)* again, to recalculate.

recalé, e *fam* [rəkale] ◇ *adj*: **~e en juin, j'ai réussi en septembre** I failed in June but passed in September.
◇ *nm, f* failed candidate.

recaler [3] [rəkale] *vt* [candidat] to fail.

récapitulatif, ive [rekapitylatif, iv] *adj* -**1.** [note] summarizing; [tableau] summary *(modif)*. -**2.** BANQUE: **tableau ~ (d'un compte)** (summary) statement.
◆ **récapitulatif** *nm* summary, recapitulation, résumé.

récapitulation [rekapitylasjɔ̃] *nf* -**1.** [résumé] recapitulation, summary, résumé; [liste] recapitulation, summary. -**2.** BANQUE (summary) statement.

récapituler [3] [rekapityle] *vt* -**1.** [résumer] to summarize, to recapitulate. -**2.** [énumérer] to go OU to run over *(insép)*; **récapitulons vos arguments** let's run over OU go over your arguments.

recarreler [24] [rəkarle] *vt* to retile.

recaser *fam* [3] [rəkaze] *vt* [personne] to find a new job for.
◆ **se recaser** *fam vp* *(emploi réfléchi)* [retrouver un emploi] to get fixed up with a new job; [se remarier] to get hitched again.

recéder [18] [rəsede] *vt* -**1.** [à l'ancien propriétaire] to sell back. -**2.** [vendre] to resell; **les circonstances l'ont obligé à ~ sa maison** circumstances forced him to resell his house.
◆ **recéder à** *v + prép*: **~ à qqch** to give o.s. up to sthg again.

recel [rəsɛl] *nm* JUR -**1.** [d'objets] possession of stolen goods; **faire du ~** to deal in stolen goods; **condamné pour ~ de bijoux volés** convicted for possession of stolen jewels. -**2.** [de personnes]: **~ de cadavre/naissance** concealment of a death/birth; **~ de déserteur/malfaiteur** harbouring a deserter/a (known) criminal.

receler [25] [rəsəle] *vt* -**1.** [bijoux, trésor] to receive; [personne] to harbour. -**2.** [mystère, ressources] to hold; **la maison recèle un secret** the house holds a secret; **le sous-sol recèle beaucoup de pétrole** the subsoil holds a great deal of oil.

receleur, euse [rəsəlœr, øz] *nm, f* receiver (of stolen goods).

récemment [resamɑ̃] *adv* -**1.** [dernièrement] recently, not (very) long ago; **un journaliste ~ rentré d'Amérique du Sud** a journalist just back from South America; **ils ont emménagé ~** they moved in recently OU not (very) long ago; **tout ~** encore just recently; **l'as-tu rencontrée ~?** have you met her lately? -**2.** [nouvellement] recently, newly; **membres ~ inscrits** newly registered members.

recensement [rəsɑ̃smɑ̃] *nm* -**1.** [de population] census; **faire le ~ de la population** to take a census of the population; **employé au ~** census taker. -**2.** POL: **~ des votes** registering OU counting of the votes. -**3.** MIL [des futurs conscrits] *registering men for military service*; [des équipements] inventorying.

recenser [3] [rəsɑ̃se] *vt* -**1.** [population] to take OU to make a census of; [votes] to count, to register. -**2.** [biens] to inventory, to make an inventory of; [marchandises] to check, to take stock of; **~ les marchandises en magasin** to do the stock-taking. -**3.** MIL [futurs conscrits] to register; [équipements] to inventory; **se faire ~** to register for military service.

recenseur, euse [rəsɑ̃sœr, øz] *nm, f* census taker.

récent, e [resɑ̃, ɑ̃t] *adj* -**1.** [événement] recent; **leur mariage est tout ~** they've just OU recently got married; **ils sont de noblesse ~e** they're of recent nobility; **jusqu'à une date ~e** until recently; **c'est une mode ~e** it's a recent fashion. -**2.** [nouveau] new; **les immigrés ~s** new immigrants.

recentrage [rəsɑ̃traʒ] *nm* -**1.** AUT recentring; MÉCAN realigning. -**2.** ÉCON streamlining, rationalization. -**3.** POL adoption of a moderate stance.

recentrer [3] [rəsɑ̃tre] *vt* -**1.** AUT to recentre; MÉCAN to realign. -**2.** ÉCON to streamline. -**3.** POL to revise, to realign. -**4.** SPORT to centre again.
◆ **se recentrer** *vpi* to become refocussed.

recepage [rəsəpaʒ], **recépage** [rəsepaʒ] *nm* AGR (severe) pruning, lopping.

receper [19] [rəsəpe], **recéper** [18] [rəsepe] *vt* AGR to prune (severely), to cut OU to lop back.

récépissé [resepise] *nm* (acknowledgment of) receipt.

réceptacle [resɛptakl] *nm* -**1.** [réservoir] container, vessel, receptacle. -**2.** *fig & litt* [lieu de rendez-vous] meeting place. -**3.** BOT receptacle.

récepteur, trice [resɛptœr, tris] *adj* RAD, TÉLÉC & TV receiving, receiver *(modif)*.
◆ **récepteur** *nm* -**1.** ÉLECTRON receiver; **~ électroacoustique** electroacoustic transducer OU receiver. -**2.** RAD & TV (receiving) set, receiver; **~ de contrôle** TV monitor. -**3.** [téléphonique] receiver. -**4.** MÉD receptor; [en neurologie] receptor (molecule). -**5.** LING receiver.

réceptif, ive [resɛptif, iv] *adj* -**1.** [ouvert] receptive; **~ à** open OU receptive to. -**2.** MÉD susceptible (to infection).

réception [resɛpsjɔ̃] *nf* -**1.** [du courrier] receipt; **dès ~ de la présente** on receipt of this letter; **acquitter** OU **payer à la ~** to pay on receipt OU delivery. -**2.** RAD & TV reception; **ma télévision a une bonne/mauvaise ~** I get good/bad reception on my TV set. -**3.** [accueil] welcome, reception; **une ~ chaleureuse** a warm welcome; **une ~ glaciale** an icy reception. -**4.** [fête, dîner] party, reception; **~ mondaine** fashionable party; **pour toutes vos ~s** for whenever you have guests. -**5.** [d'un hôtel, d'une société - lieu] reception area OU desk; [- personnel] reception staff; **demandez à la ~** ask at reception. -**6.** [cérémonie d'admission] admission. -**7.** CONSTR: **~ des travaux** acceptance (of work done). -**8.** SPORT [d'un sauteur] landing; [du ballon - avec la main] catch; [- avec le pied]: **bonne ~ de Pareta qui passe à Loval** Pareta traps the ball well and passes to Loval.

réceptionnaire [resɛpsjɔnɛr] *nmf* -**1.** [dans un hôtel] head of reception. -**2.** COMM [de marchandises] receiving clerk. -**3.** NAUT receiving agent, receiver, consignee.

réceptionner [3] [resɛpsjɔne] *vt* -**1.** [article] to check and sign for. -**2.** SPORT [balle - avec la main] to catch; [- avec le pied] to trap.
◆ **se réceptionner** *fam vpi* to land; **il s'est bien/mal réceptionné** he made a good/poor landing.

réceptionniste [resɛpsjɔnist] *nmf* receptionist.

réceptivité [resɛptivite] *nf* -**1.** [sensibilité] receptiveness, responsiveness. -**2.** MÉD susceptibility (to infection). -**3.** PSYCH receptiveness.

recercler [3] [rəsɛrkle] *vt* [tonneau] to rehoop.

récessif, ive [resesif, iv] *adj* -**1.** BIOL [gène] recessive. -**2.** ÉCON recessionary.

récession [resesjɔ̃] *nf* -**1.** [crise économique] recession. -**2.** ASTRON & GÉOG receding.

récessivité [resesivite] *nf* recessiveness.

recette [rəsɛt] *nf* -**1.** COMM takings *Br*, take *Am*; **on a fait une bonne/mauvaise ~** the takings were good/poor; **la ~ était meilleure la semaine dernière** takings were up last week ❑ **faire ~** [idée] to catch on; [mode] to be all the rage; [personne] to be a great success, to be a hit. -**2.** JUR & FIN tax (collector's) office; **~ fiscale** [administration] revenue service, Inland Revenue *Br*; **~ municipale** local tax office; **~ principale** [de la poste] main post office; [des impôts] main tax office. -**3.** CULIN recipe; **elle m'a donné la ~ des crêpes** she gave me the recipe for pancakes ❑ **livre de ~s** cookbook, cookery book *Br*. -**4.** *fig* [méthode]: **elle a une ~ pour enlever les taches** she's got a formula for getting rid of stains; **la ~ du bonheur** the secret of OU recipe for happiness. -**5.** MIN landing; **~ de fond/jour** bottom/top landing.
◆ **recettes** *nfpl* [sommes touchées] income *(U)*, receipts, incomings; **~s et dépenses** [gén] income and expenses, incomings and outgoings; [en comptabilité] credit and debit; **~s en devises** foreign currency earnings ❑ **~s publiques** public revenue OU income.

recevabilité [rəsəvabilite] *nf* JUR admissibility.

recevable [rəsəvabl] *adj* -**1.** [offre, excuse] acceptable. -**2.** JUR [témoignage] admissible; [demande] allowable; **témoignage non ~** inadmissible evidence ‖ [personne] entitled; **être déclaré ~ dans une demande** to be declared entitled to proceed with a claim.

receveur, euse [rəsəvœr, øz] *nm, f* -**1.** TRANSP conductor. -**2.** [des postes] postmaster (*f* postmistress). -**3.** [des impôts] tax collector OU officer; **~ des contributions** income tax collector. -**4.** MÉD recipient; **~ universel** universal recipient.

recevoir [52] [rəsəvwar] ◇ *vt* -**1.** [courrier, coup de téléphone, compliments] to receive, to get; [salaire, somme] to receive, to get, to be paid; [cadeau] to get, to receive, to be given; [prix, titre] to receive, to get, to be awarded; [déposition, réclamation] to receive; **nous n'avons toujours rien reçu** we still haven't received anything; **voilà longtemps que je n'ai pas reçu de ses nouvelles** it's a long time since I last heard from him; **nous avons bien reçu votre courrier du 12 mai** we acknowledge receipt OU confirm receipt of your letter dated May 12th; **je reçois une livraison chaque semaine** I get weekly deliveries; **c'est le nom que j'ai reçu de mes parents** it's the name I was given by my parents; **la rose a reçu le nom de la cantatrice** the rose took its name from OU was named after the singer; **cette hypothèse n'a pas encore reçu de confirmation** that hypothesis has yet to receive confirmation OU to be confirmed; **je n'ai de conseils à ~ de personne!** I don't have to take advice from anybody!; **~ un ordre** to receive OU to take an order; **je n'ai pas l'habitude de ~ des ordres** I'm not in the habit of taking orders; **veuillez ~, Madame, l'expression de mes sentiments les meilleurs** OU **mes salutations distinguées** yours sincerely; **ma requête n'a pas été reçue** my request was turned down. -**2.** [attention] to receive, to get; [affection, soins] to receive. -**3.** [subir - coups] to get, to receive; **il a reçu un choc terrible** he got OU had OU received a terrible shock; **~ un coup sur la tête** to receive a blow to OU to get hit on the head; **elle a reçu plusieurs coups de couteau** she was stabbed several times; **la bouteille est tombée et c'est lui qui a tout reçu** the bottle fell over and it went all over him. -**4.** [chez soi - accueillir] to greet, to welcome; [- inviter] to entertain; [- héberger] to take in *(sép)*, to put up *(sép)*; **je reçois quelques amis lundi, serez-vous des nôtres?** I'm having a few friends round on Monday, will you join us?; **~ qqn à dîner** [avec simplicité] to have sb round for dinner, to invite sb to dinner; [solennellement] to entertain sb to dinner; **ils m'ont reçu à bras ouverts** they welcomed me with open arms; **j'ai été très bien reçu** I was made (to feel) most welcome; **j'ai été mal reçu** I was made to feel unwelcome; **elle est reçue partout** she's on visiting terms with all the top people; **ils ont reçu la visite de cambrioleurs** they were visited by burglars; **ils ont reçu la visite de la police** they received a visit from the police; **je reçois mes parents pour une semaine** I'm having my parents to stay for a week; **nous ne pouvons guère ~ plus de deux personnes** we can hardly have more than two people ❑ **se faire ~** *fam* to get told off. -**5.** [à son lieu de travail - client, représentant] to see; **crois-tu qu'elle va nous ~?** do you think she'll see us?; **ils furent reçus par le Pape** they had an audience with OU were received by the Pope. -**6.** [dans un club, une société - nouveau membre] to admit; **Livot a été reçu à l'Académie française** Livot has been admitted to the Académie Française. -**7.** [abriter]: **le chalet peut ~ six personnes** the chalet sleeps six (people); **ce port peut ~ les gros pétroliers** the port can handle large oil tankers; **le stade peut ~ jusqu'à 75 000 personnes** the stadium can hold up to 75,000 people OU has a capacity of 75,000. -**8.** [eaux de pluie] to collect; [lumière] to receive. -**9.** *(surtout au passif)* [candidat] to pass; **elle a été reçue à l'épreuve de français** she passed her French exam; **je ne suis pas reçu** I didn't pass; **cette année on a reçu 60 % des candidats** this year we passed 60% of the candidates. -**10.** RAD & TV to receive, to get; **vous recevez la huitième chaîne?** do you get the eighth channel? ❑ **je te reçois cinq sur cinq** *pr* & *fig* I'm reading OU receiving you loud and clear. -**11.** RELIG [sacrement, vœux] to receive; [confession] to hear.
◇ *vi* -**1.** [donner une réception] to entertain; **elle sait merveilleusement ~** she's marvellous at entertaining, she's a marvellous hostess ‖ [tenir salon]: **la comtesse recevait le mardi** the countess used to be at home (to visitors) on Tuesdays. -**2.** [avocat, conseiller, médecin] to be available (to see clients); **le médecin reçoit/ne reçoit pas aujourd'hui** the doctor is/isn't seeing patients today.
◆ **se recevoir** ◇ *vp (emploi réciproque)* [s'inviter] to visit each other.
◇ *vpi* SPORT to land; **elle s'est mal reçue** she landed badly OU awkwardly.

réchampir [32] [reʃɑ̃pir], **rechampir** [32] [rəʃɑ̃pir] *vt* BX-ARTS & CONSTR to set off *(sép)*.

rechange [rəʃɑ̃ʒ]
◆ **de rechange** *loc adj* -**1.** [de secours] spare; [pour se changer] extra; **elle n'avait même pas de linge de ~** she didn't even have a change of clothes; **apporte un maillot de ~** bring an extra OU a spare swimming costume. -**2.** [de remplacement] alternative; **une solution de ~** an alternative OU a fallback solution.

rechanger [17] [rəʃɑ̃ʒe] *vt* to change (again), to exchange (again).

rechanter [3] [rəʃɑ̃te] *vt* to sing again.

rechapage [rəʃapaʒ] *nm* retreading AUT.

rechaper [3] [rəʃape] *vt* to retread AUT.

réchapper [3] [reʃape]
◆ **réchapper à, réchapper de** *v + prép* to come OU to pull through; **en ~** [rester en vie] to come through, to escape alive.

recharge [rəʃarʒ] *nf* -**1.** [d'arme] reload; [de stylo, briquet, parfum] refill. -**2.** [action] ARM reloading; ÉLECTR recharging.

rechargeable [rəʃarʒabl] *adj* [briquet, stylo] refillable; [batterie] rechargeable.

rechargement [rəʃarʒəmɑ̃] *nm* [d'une arme, d'un appareil photo] reloading; [d'une batterie] recharging; [d'un briquet, d'un stylo] refilling; [d'un poêle - à mazout] refuelling; [- à bois, à charbon] refilling.

recharger [17] [rəʃarʒe] *vt* -**1.** [réapprovisionner - arme, appareil photo] to reload; [- briquet, stylo] to refill; [- poêle à bois, à mazout, à charbon] to refill; [- batterie] to recharge; **~ ses accus** *fam fig* to recharge one's batteries. -**2.** [voiture, camion] to load again; **il a fallu ~ les bagages dans la voiture** we had to load the bags back into the car. -**3.** TRAV PUBL to remetal; RAIL to reballast, to relay. -**4.** INDUST to strengthen, to consolidate. -**5.** INF to reload.

réchaud [reʃo] *nm* -**1.** [de cuisson] (portable) stove; **~ à alcool** spirit stove; **~ de camping** [à gaz] camping stove; [à pétrole] Primus® (stove); **~ à gaz** (portable) gas stove. -**2.** [chauffe-plats] plate warmer, chafing dish.

réchauffage [reʃofaʒ] *nm* reheating.

réchauffé, e [reʃofe] *adj* -**1.** [nourriture] reheated, warmed-up, heated-up. -**2.** *fig* [plaisanterie] stale.
◆ **réchauffé** *nm* reheated OU warmed-up food; **ça a un goût de ~** it tastes like it's been heated up again ❑ **c'est du ~** *péj* that's old hat.

réchauffement [reʃofmɑ̃] *nm* warming up *(U)*; **~ de l'atmosphère** global warming; **on annonce un léger ~ pour le week-end** temperatures will rise slightly this weekend.

réchauffer [3] [reʃofe] *vt* -**1.** [nourriture] to heat OU to warm up *(sép)* (again). -**2.** [personne, salle] to warm up *(sép)*; **il frappait ses mains l'une contre l'autre pour les ~** he was clapping his hands together to warm them up; **le soleil commençait à nous ~** we were beginning to feel warmer in the sun; **tu as l'air** OU **tu es bien réchauffé!** don't you feel the cold? -**3.** *fig* [ambiance] to warm up *(sép)*; [ardeur] to rekindle; **ça vous réchauffe le cœur de les voir** it warms (the cockles of) your heart to see them; **ses bonnes paroles m'avaient réchauffé le cœur** his kind words had warmed my heart.
◆ **se réchauffer** ◇ *vp (emploi passif)*: **un soufflé ne se réchauffe pas** you can't reheat a soufflé.
◇ *vpi* -**1.** [personne] to warm (up); **je n'arrive pas à me ~ aujourd'hui** I just can't get warm today; **alors, tu te réchauffes?** well now, are you feeling a bit warmer? -**2.** [pièce, sol, température] to warm up, to get warmer; **ça ne se réchauffe guère!** the weather isn't exactly getting warmer!
◇ *vpt*: **se ~ les pieds/mains** to warm one's feet/hands (up).

réchauffeur [reʃofœr] *nm* heater; **~ d'air/d'eau/d'huile** air/water/oil heater; **~ à mélange** (liquid) mixture preheater; **~ à surface** surface preheater.

rechaussement [rəʃosmɑ̃] *nm* -**1.** AGR & HORT earthing OU banking up. -**2.** CONSTR consolidating.

rechausser [3] [rəʃose] *vt* -**1.** [personne]: **~ qqn** to put sb's shoes back on for him/her. -**2.** AGR & HORT to earth OU to bank up *(sép)*. -**3.** CONSTR to consolidate (the base of).
◆ **se rechausser** *vp (emploi réfléchi)* to put one's shoes back on.

rêche [rɛʃ] *adj* -**1.** [matière, vin] rough; [fruit] bitter. -**2.** *fig* [voix, ton] harsh, rough.

recherche [rəʃɛrʃ] *nf* -**1.** [d'un objet, d'une personne, d'un emploi etc] search; [du bonheur, de la gloire, du plaisir] pursuit; [d'informations] research; **la ~ du virus devrait être plus systématique** tests to detect the virus should be more systematic; **la ~ d'un bon avocat m'a déjà pris deux mois** I've already spent two months looking for OU searching for a good lawyer ❑ **~ documentaire** documentary research. -**2.** INF search, searching *(U)*. -**3.** JUR search; **~ de paternité** paternity proceedings OU suit *Am*. -**4.** [prospection]: **~ minière** mining; **~ pétrolière** oil prospecting. -**5.** SC & UNIV: **la ~** research; **le budget de la ~** the research budget; **bourse/travaux de ~** research grant/work; **faire de la ~** to do research; **elle fait de la ~ en chimie** [spécialiste] she's a research chemist; [étudiante] she's a chemistry research student ❑ **~ fondamentale** fundamental research; **~ opérationnelle** operational *Br* OU operations *Am* research; **~ scientifique** scientific research. -**6.** [raffinement] sophistication, refinement; **vêtu avec ~** elegantly dressed; **s'exprimer avec ~** to be highly articulate; **sans ~** simple, plain ‖ [affectation] affectation, ostentatiousness; **trop de ~ nuit à la clarté du style** an overelaborate style works against OU undermines clarity.
◆ **recherches** *nfpl* [enquête] search; **les ~s de la police pour rattraper le fuyard sont restées vaines** despite a police search, the runaway has not been found; **faire faire des ~s pour retrouver un parent disparu** to have a search carried out for a missing relative ‖ [travaux - gén] work, research; [- de médecine] research; **une équipe d'archéologues mène déjà des ~s sur le site** a team of archeologists is already working on OU researching the site.
◆ **à la recherche de** *loc prép* in search of, looking OU searching for; **être/partir/se mettre à la ~ de** to be/to set off/to go in search of; **nous sommes toujours à la ~ d'un remède** we're still looking for a cure; **je suis toujours à la ~ d'un prétexte pour ne pas y aller** I'm always looking for an excuse not to go; **depuis combien de temps êtes-vous à la ~ d'un emploi?** how long have you been looking for a job?; **une vie passée à la ~ des plaisirs/de la fortune** a life spent in pursuit of pleasure/riches.

recherché, e [rəʃɛrʃe] *adj* -**1.** [prisé]: **la chair délicate de ce poisson en fait un mets très ~** because of its delicate flavour, this fish is highly sought-after; **plus un comédien est ~, plus il est cher** the more an actor is in demand, the more expensive he becomes. -**2.** [raffiné - langage] studied; [- tenue] elegant; [- style] ornate; **dans sa toilette la plus ~e** in her best finery.

rechercher [3] [rəʃɛrʃe] *vt* -**1.** [document, objet] to look OU to search for *(insép)*; [disparu] to search for *(insép)*; [assassin] to look for *(insép)*; **~ un passage dans un livre** to try and find a passage in a book; **nous recherchons votre correspondant** TÉLÉC we're trying to connect you; **il est recherché par la police** the police are looking for him; **'on recherche pour meurtre homme brun, 32 ans'** 'wanted for murder brown-haired, 32 year-old man'; **la police recherche les témoins de l'accident** the police are appealing for witnesses of the accident to come forward. -**2.** [dans une annonce]: (on) **recherche jeunes gens pour travail bien rémunéré** young people wanted for well-paid job. -**3.** [cause] to look into *(insép)*, to investigate; **on recherche toujours la cause du sinistre** the cause of the fire is still being investigated. -**4.** [compliment, pouvoir, gloire] to seek (out); [sécurité] to look for *(insép)*; [fortune, plaisirs] to be in search of; [beauté, pureté] to strive for *(insép)*, to aim at *(insép)*; ~ **l'affection/la compagnie de qqn** to seek out sb's affection/company. -**5.** [récupérer - une personne] to collect, to fetch back (again); **je viendrai te** ~ I'll come and fetch you. -**6.** [chercher à nouveau] to search OU to look for *(insép)* again; [prendre, acheter à nouveau]: **va me** ~ **du pain chez le boulanger/à la cuisine** go and get me some more bread from the baker's/kitchen. -**7.** INF to search.

rechigner [3] [rəʃiɲe] *vi litt* -**1.** [montrer sa mauvaise humeur] to grimace, to frown. -**2.** [protester] to grumble; **fais-le sans** ~ do it without making a fuss.

◆ **rechigner à** *v + prép*: **elle rechigne à faire cette vérification** she's reluctant to carry out this check; **la vieille Marie, en voilà une qui ne rechignait pas à l'ouvrage!** old Mary didn't mind a bit of hard work!

rechristianiser [3] [rəkristjanize] *vt* to reconvert to Christianity.

rechute [rəʃyt] *nf* -**1.** MÉD relapse; **avoir** OU **faire une** ~ to (have a) relapse. -**2.** [d'une mauvaise habitude] relapse.

rechuter [3] [rəʃyte] *vi* -**1.** MÉD to (have a) relapse. -**2.** [dans une mauvaise habitude] to relapse.

récidivant, e [residivɑ̃, ɑ̃t] *adj* recurring.

récidive [residiv] *nf* -**1.** JUR [après première condamnation] second offence; [après deuxième condamnation] subsequent offence; **il y a** ~ this is a second offence; **en cas de** ~ in the event of a subsequent offence; **elle n'en est pas à sa première** ~ this is the latest in a long line of offences for her; **à la première** ~, **je confisque ton vélo!** *fig* if you do that once more, I'll confiscate your bike! -**2.** MÉD recurrence.

récidiver [3] [residive] *vi* -**1.** JUR [après première condamnation] to commit a second offence; [après deuxième condamnation] to commit a subsequent offence. -**2.** [recommencer]: **il récidive dans ses plaintes** he's bringing up the same complaints again. -**3.** MÉD to recur, to be recurrent.

récidivisme [residivism] *nm* recidivism *spéc*, habitual offending.

récidiviste [residivist] ◇ *adj* recidivist.

◇ *nmf* [pour la première fois] second offender, recidivist *spéc*; [de longue date] habitual offender, recidivist *spéc*.

récif [resif] *nm* reef; ~ **corallien** OU **de corail** coral reef; ~ **frangeant** fringing reef.

récif-barrière [resifbarjɛr] (*pl* **récifs-barrières**) *nm* barrier reef.

Recife [resif] *npr* Recife.

récipiendaire [resipjɑ̃dɛr] *nmf* -**1.** [nouveau venu] member elect. -**2.** [d'une médaille, d'un diplôme] recipient.

récipient [resipjɑ̃] *nm* container, receptacle *sout*, vessel *litt*.

réciprocité [resiprosite] *nf* reciprocity; **mais à titre de** ~, **laissez-moi vous inviter à déjeuner** but allow me to repay you by inviting you to lunch.

réciproque [resiprɔk] ◇ *adj* -**1.** [mutuel] mutual; **des sentiments** ~**s** mutual feelings; **je vous hais! – c'est** ~**!** I hate you! – I hate you too OU the feeling's mutual!; **l'affection qu'elle portait au jeune homme n'était pas** ~ her affectionfor the young man was not reciprocated OU returned. -**2.** [bilatéral] reciprocal; **convention** ~ reciprocal agreement. -**3.** LOGIQUE converse; **proposition** ~ converse (proposition). -**4.** GRAMM & MATH reciprocal.

◇ *nf* -**1.** la ~ [l'opposé] the reverse, the opposite; **pourtant la** ~ **n'est pas vraie** though the reverse isn't true, but not vice versa. -**2.** la ~ [la même chose] the same; **ils vous ont invités, à vous de leur rendre la** ~ they invited you, now it's up to you to do the same OU to invite them in return; **la** ~ **est vraie** the same goes for me/them *etc*. -**3.** MATH reciprocal function.

réciproquement [resiprɔkmɑ̃] *adv* -**1.** [mutuellement]: **ils ont le devoir de se protéger** ~ it is their duty to protect each other OU one another, they must provide each other with mutual protection. -**2.** [inversement] vice versa; **ce qui est blanc ici est noir là-bas et** ~ what is white here is black over there and vice versa.

réciproquer [3] [resiprɔke] *Belg* ◇ *vi*: **je vous souhaite une bonne année! – je réciproque!** happy New Year! – same to you!

◇ *vt* [voeux] to return.

récit [resi] *nm* -**1.** [histoire racontée] story, tale, narration; **le** ~ **de ses aventures** the story of her adventures; **vous ferez le** ~ **de vos dernières vacances** write an account of your last holidays; **nous avons tous frémi au** ~ **de cette histoire** we all shivered when we heard this tale. -**2.** [exposé] account; **le** ~ **chronologique des faits** a chronological account of the facts; **un** ~ **circonstancié** a blow-by-blow account. -**3.** LITTÉRAT & THÉÂT narrative. -**4.** MUS [dans un opéra] recitative; [solo] solo; [clavier d'orgue] third manual, choir (organ).

récital, als [resital] *nm* recital; ~ **de piano** piano recital.

récitant, e [resitɑ̃, ɑ̃t] ◇ *adj* MUS solo.

◇ *nm, f* CIN, RAD, THÉÂT & TV narrator.

récitatif [resitatif] *nm* recitative.

récitation [resitasjɔ̃] *nf* -**1.** [d'un texte] recitation. -**2.** SCOL [poème] recitation piece; **on leur a fait apprendre une belle** ~ they were given a beautiful poem to learn (by heart).

réciter [3] [resite] *vt* -**1.** [dire par cœur - leçon] to repeat, to recite; [- discours] to give; [- poème, prière] to say, to recite; [- formule] to recite. -**2.** [dire sans sincérité]: **elle avait l'air de** ~ **un texte** she sounded as if she was reading from a book; **le témoin a récité sa déposition** the witness reeled off his statement.

réclamation [reklamasjɔ̃] *nf* -**1.** ADMIN [plainte] complaint; **pour toute** ~, **s'adresser au guichet 16** all complaints should be addressed OU referred to desk 16; **faire une** ~ to lodge a complaint ❑ **service/bureau des** ~**s** complaints department/office. -**2.** JUR [demande] claim, demand; **faire une** ~ to lodge a claim; **faire droit à une** ~ to allow OU to satisfy a claim ❑ ~ **d'état** claim of status. -**3.** [récrimination] complaining *(U)*; **les** ~**s continuelles des enfants** the children's incessant complaining. -**4.** [dans le domaine fiscal] tax adjustment claim.

◆ **réclamations** *nfpl* TÉLÉC [service]: **appeler les** ~**s** to call the (telephone) engineer.

réclame [reklam] *nf vieilli* -**1.** la ~ [la publicité] advertising *(U)*; **faire de la** ~ **pour qqch** to advertize sthg. -**2.** [annonce] advertisement; **j'ai vu la** ~ **de cette voiture à la télé** *fam* I saw the advert *Br* OU commercial *Am* for this car on TV.

◆ **en réclame** ◇ *loc adj* on (special) offer; **le café est en** ~ **cette semaine** there's a special offer on coffee OU coffee's on special offer this week.

◇ *loc adv* at a discount.

réclamer [3] [reklame] ◇ *vt* -**1.** [argent, augmentation] to demand; [attention, silence] to call for *(insép)*, to demand; [personne] to ask OU to clamour for *(insép)*; **l'enfant ne cesse de** ~ **sa mère** the child is continually asking for his mother; **je réclame le silence!** silence, please!; **elle me doit encore de l'argent mais je n'ose le lui** ~ she still owes me money but I daren't ask for it back; ~ **le secours de qqn** to ask sb for assistance; **ils réclament la semaine de 35 heures** they demand a 35 hour week || *(en usage abs)*: **le chien est toujours à** ~ *fam* the dog's always begging; **le bébé est toujours à** ~ *fam* the baby's always wanting to be fed. -**2.** [revendiquer - droit] to claim; [- somme due] to put in for *(insép)*, to claim; ~ **des dommages et intérêts** to claim compensation OU damages; ~ **sa part d'héritage** to claim one's share of the inheritance. -**3.** [nécessiter - précautions] to call for *(insép)*; [- soins] to require; [- explication] to require, to demand; **la situation réclame des mesures d'exception** the situation calls for special measures.

◇ *vi* -**1.** [se plaindre]: ~ **auprès de qqn** to complain to sb. -**2.** [protester]: ~ **contre qqch** to cry out against sthg.

◆ **se réclamer de** *vp + prép*: **se** ~ **de qqn** [utiliser son nom] to use sb's name; [se prévaloir de lui] to invoke sb's name; **elle ne se réclame d'aucun mouvement politique** she doesn't identify with any political movement; **les organisations se réclamant du marxisme** organizations calling OU labelling themselves Marxist.

reclassement [rəklasmɑ̃] *nm* -**1.** [de données - alphabétiques] reordering; [- numériques] reordering, resequencing; [d'un dossier - remise en place] refiling; [- nouveau classement] reclassifying. -**2.** ADMIN [d'un fonctionnaire] regrading; ~ **de la fonction publique** restructuring of public services. -**3.** [d'un chômeur] placement; [d'un handicapé, d'un ex-détenu] rehabilitation.

reclasser [3] [rəklase] *vt* -**1.** [par ordre alphabétique] to reorder; [par ordre numérique] to reorder, to resequence. -**2.** [ranger] to put back, to refile; [réorganiser] to reclassify, to reorganize; ~ **les dossiers par ordre chronologique** to reclassify the files in chronological order. -**3.** ADMIN [salaires] to restructure; [fonctionnaire] to regrade. -**4.** [chômeur] to place; [handicapé, ex-détenu] to rehabilitate.

reclouer [3] [rəklue] *vt* to nail back together.

reclus, e [rəkly, yz] ◇ *adj* solitary, secluded; **mener une vie** ~**e** to lead a secluded existence.

◇ *nm, f* recluse; **vivre en** ~ to live like a hermit OU recluse.

réclusion [reklyzjɔ̃] *nf* -**1.** *litt* reclusion, seclusion. -**2.** JUR imprisonment; ~ **criminelle** imprisonment with labour; **condamné à la** ~ **criminelle à perpétuité** sentenced to life (imprisonment), given a life sentence.

réclusionnaire [reklyzjɔnɛr] *nmf* prisoner.

récognitif, ive [rekɔgnitif, iv] *adj* JUR recognitive, recognitory; **acte** ~ deed of recognition.

récognition [rekɔgnisjɔ̃] *nf* recognition.

recoiffer [3] [rəkwafe] *vt*: ~ **ses cheveux** to do OU to redo one's hair; ~ **qqn** to do sb's hair (again).

◆ **se recoiffer** *vp (emploi réfléchi)* -**1.** [se peigner] to do OU to redo one's hair. -**2.** [remettre son chapeau] to put one's hat on again OU back on.

recoin [rəkwɛ̃] *nm* -**1.** [coin] corner, nook; **elle a dû le cacher dans quelque** ~ she must have hidden it in some corner or other; **chercher dans le moindre** ~ OU **dans tous les (coins et)** ~**s** to search every nook and cranny. -**2.** *fig* [partie secrète] recess; **les** ~**s de l'inconscient** the (hidden) recesses of the unconscious.

recollage [rəkɔlaʒ] *nm* resticking.

récollection [rekɔlɛksjɔ̃] *nf* recollection RELIG.

recollement [rəkɔlmɑ̃] = **recollage**.

recoller [3] [rəkɔle] *vt* -**1.** [objet brisé] to stick OU to glue back together; [timbre] to stick back on; [enveloppe] to stick back down, to restick; **j'ai fait** ~ **la semelle** I had the sole stuck OU glued back on ❑ ~ **les morceaux** [avec de la colle] to stick OU to glue the pieces back together (again); [avec de l'adhésif] to tape the pieces back together (again); *fig* to patch things up. -**2.** *fam* [redonner]: **on m'a recollé une amende** I've been landed with another fine; **on nous a recollé un prof nul** we've been landed with another useless teacher. -**3.** *fam* [renvoyer] to stick OU to shove back; **ils l'ont recollé à l'hôpital** they stuck him back in hospital.

◆ **recoller à** *v + prép* SPORT: ~ **au peloton** to catch up with the bunch.

◆ **se recoller** ◇ *vp (emploi passif)*: **ça se recolle très facilement** it can easily be stuck back together.

◇ *vpi* -**1.** [se ressouder - os] to knit (together), to mend; [- objet] to stick (together). -**2.** *fam fig*: **se** ~ **avec qqn** [se réinstaller avec qqn] to move back in with sb.

récoltant, e [rekɔltɑ̃, ɑ̃t] *nm, f* grower.

récolte [rekɔlt] *nf* -**1.** [des céréales] harvest *(U)*; [des fruits, des choux] picking *(U)*; [des pommes de terre] lifting *(U)*; [du miel] gathering, collecting *(U)*; **ils ont déjà commencé à faire la** ~ they've already started harvesting. -**2.** [quantité récoltée] harvest; [denrées récoltées] crop. -**3.** [de documents, d'information] gathering, collecting.

récolter [3] [rekɔlte] *vt* -**1.** [céréales] to harvest, to gather; [légumes, fruits] to pick; [miel] to collect, to gather; [tubercules] to lift, to pick. -**2.** [informations, argent] to collect, to gather; **la police a pu** ~ **quelques indices** the police were able to gather a few clues; ~ **une somme importante** to collect a large sum ‖ [voix]: ~ **des voix** to get sb's votes *(in a transferable vote system)*. -**3.** *fam* [ennuis, maladie etc] to get; **tout ce que j'ai récolté, c'est un bon rhume** all I got (out of it) was a streaming cold; **depuis qu'il a acheté cette maison, il n'a récolté que des ennuis** he's had nothing but trouble since he bought that house.

recombinaison [rəkɔ̃binɛzɔ̃] *nf* BIOL & CHIM recombination.

recommandable [rəkɔmɑ̃dabl] *adj* commendable; **un individu peu** ~ a rather disreputable character; **le procédé est peu** ~ that isn't a very commendable thing to do.

recommandataire [rəkɔmɑ̃datɛr] *nmf* case of need, referral drawee COMM.

recommandation [rəkɔmɑ̃dasjɔ̃] *nf* -**1.** [conseil] advice, recommendation; **tout ira bien si tu suis mes** ~**s** everything will be all right if you follow my advice; **faire qqch sur la** ~ **de qqn** to do sthg on sb's recommendation; **je lui ai fait mes dernières** ~**s** I gave him some last-minute advice; '~ **importante, ne pas dépasser la dose prescrite**' 'caution: do not exceed the stated dose'. -**2.** [appui] recommendation, reference; **je me suis procuré des** ~**s** I've got some people to give me a reference. -**3.** [d'un courrier - sans avis de réception] registering *Br*, certifying *Am*; [- avec avis de réception] recording. -**4.** POL: ~ **de l'ONU** UN recommendation.

recommandé, e [rəkɔmɑ̃de] *adj* -**1.** [conseillé] advisable; **dans votre cas le sport n'est pas** ~ in your case sport isn't advisable OU recommended; **il est** ~ **de...** it is advisable to...; **il est** ~ **aux visiteurs de se munir de leurs passeports** visitors are advised to take their passports; **ce n'est pas (très)** ~ **d'être constamment en retard** *euph* it's not the done thing to be late all the time. -**2.** [courrier - avec avis de réception] recorded *Br*, certified *Am*; [- à valeur assurée] registered.

◆ **recommandé** *nm* [courrier - avec avis de réception] recorded *Br* OU certified *Am* delivery item; [- à valeur assurée] registered item; **en** ~ [avec avis de réception] by recorded delivery *Br* OU certified mail *Am*; [à valeur assurée] by registered post *Br* OU mail *Am*.

recommander [3] [rəkɔmɑ̃de] *vt* -**1.** [conseiller - produit, personne] to recommend; **cet hôtel est recommandé par tous les guides** this hotel is recommended in all the guides; **je te recommande vivement mon médecin** I (can) heartily recommend my doctor to you; **un homme que ses états de service recommandent** a man with a very commendable service record OU whose service record commends him. -**2.** [exhorter à] to recommend, to advise; **je vous recommande la prudence** I recommend OU I advise you to be cautious, I advise caution; **je ne saurais trop vous** ~ **d'être vigilant** I cannot advise you too strongly to be watchful. -**3.** [confier]: ~ **qqn à qqn** to place sb in sb's care; ~ **son âme à Dieu** RELIG to commend one's soul OU o.s. to God. -**4.** [courrier - pour attester sa réception] to record; [- pour l'assurer] to register.

◆ **se recommander à** *vp + prép* [s'en remettre à] to commend o.s. to; **recommandons-nous à Dieu** let us commend our souls to God.

◆ **se recommander de** *vp + prép*: **se** ~ **de qqn** [postulant] to give sb's name as a reference; **tu peux te** ~ **de moi** [chez un marchand] you can say I sent you; [à un postulant] you can quote me as a referee.

recommencement [rəkɔmɑ̃smɑ̃] *nm* renewal, resumption; **la vie est un éternel** ~ every day is a new beginning.

recommencer [16] [rəkɔmɑ̃se] ◇ *vt* -**1.** [refaire - dessin, lettre, travail etc] to start OU to begin again; [- attaque] to renew, to start again; [- expérience] to repeat; [- erreur] to repeat, to make again; **recommence ta phrase depuis le début** start your sentence again from the beginning; **ne recommence pas tes bêtises** don't start being silly again; **recommençons la scène 4** let's do scene 4 again; **si seulement on pouvait** ~ **sa vie!** if only one could start one's life afresh OU begin one's life all over again!; **c'est la quatrième fois que je recommence cette rangée de tricot** that's the fourth time I've had to start this row of knitting; **tout est à** ~, **il faut tout** ~ we have to start OU to begin all over again ‖ *(en usage absolu)*: **ne recommence pas!** don't do that again! -**2.** [reprendre - histoire, conversation] to resume, to carry on *(insép)* with; [- lecture, travail] to resume, to go back *(insép)* to; [- campagne, lutte] to resume, to take up *(sép)* again; **la vie est une lutte toujours recommencée** life is an ongoing OU continuous struggle.

◇ *vi* -**1.** [depuis le début] to start OU to begin again; [après interruption] to resume; **les cours ne recommencent qu'en octobre** term doesn't begin OU start again until October; **pour moi, la vie va** ~ my life is about to begin anew, a new life is beginning for me; **tenez-vous tranquilles, ça ne va pas** ~ **comme hier, non?** calm down, you're not going to start behaving like you did yesterday, are you?; **ça y est, ça recommence!** here we go again! -**2.** [se remettre]: ~ **à faire qqch** to start doing OU to do sthg again; **elle a recommencé à danser deux mois après son accident** she started dancing again OU she went back to dancing two months after her accident; **depuis quand a-t-il recommencé à boire?** when did he start drinking again OU go back to drinking?; **mon genou recommence à me faire mal** my knee's started aching again ‖ *(tournure impersonnelle)*: **il a recommencé à neiger dans la nuit** it started snowing again during the night; **il recommence à faire froid** it's beginning OU starting to get cold again; **il recommence à y avoir des moustiques** the mosquitoes are back (again).

recomparaître [91] [rəkɔ̃parɛtr] *vi* to appear again JUR.

récompense [rekɔ̃pɑ̃s] *nf* -**1.** [d'un acte] reward, recompense; **en** ~ **de** as a reward OU in return for; **en** ~ OU **pour ta** ~, **accepte ce cadeau** please accept this gift as a reward; **il a trimé toute sa vie, et voilà sa** ~! *fam iron* he's slaved away all his life and that's all the thanks OU the reward he gets!; **qu'il soit heureux, ce serait là toute ma** ~ as long as he is happy, that will be ample recompense OU reward for me; **'forte** ~ **à qui me permettra de retrouver mon chien'** 'handsome reward for information on the whereabouts of OU leading to the recovery of my dog'. -**2.** [prix] award, prize; **la remise des** ~**s** the presentation of awards. -**3.** JUR financial provision. -**4.** MIL award.

récompenser [3] [rekɔ̃pɑ̃se] *vt* -**1.** [pour un acte] to reward, to recompense; **tu mérites d'être récompensé** you deserve a reward OU to be rewarded; **voilà comment je suis récompensé de ma peine!** *iron* that's all the reward I get for my troubles! -**2.** [primer] to give an award OU a prize to, to reward; **le scénario a été récompensé à Cannes** the script won an award at Cannes.

recomposer [3] [rəkɔ̃poze] *vt* -**1.** [reconstituer] to piece OU to put together *(sép)* (again), to reconstruct; **son esprit recomposait peu à peu la scène** he gradually reconstructed the scene in his mind. -**2.** IMPR [page] to reset; [texte] to rekey. -**3.** [réarranger - chanson] to rewrite; [- photo] to compose again. -**4.** CHIM to recompose. -**5.** TÉLÉC: ~ **un numéro** to dial a number again.

recomposition [rəkɔ̃pozisjɔ̃] *nf* -**1.** [reconstitution] reconstruction. -**2.** IMPR [d'une page] resetting; [d'un texte] rekeying. -**3.** [d'une chanson] rewriting; [d'une photo] recomposition. -**4.** CHIM & LING recomposition.

recompter [3] [rəkɔ̃te] *vt* to count again.

réconciliation [rekɔ̃siljasjɔ̃] *nf* -**1.** [entente] reconciliation; **leur** ~ **a été de courte durée** their reconciliation didn't last long. -**2.** JUR & RELIG reconciliation.

réconcilier [9] [rekɔ̃silje] *vt* -**1.** [deux personnes] to reconcile; **nous devons les** ~ we have to reconcile them with each other. -**2.** *fig*: ~ **qqn avec qqch** to reconcile sb to OU with sthg; ~ **qqch avec qqch** to reconcile sthg with sthg; **il voulait** ~ **classicisme et romantisme** he wanted to bridge the gap between classicism and romanticism. -**3.** RELIG to reconcile.

◆ **se réconcilier** *vpi* [personnes] to make up; [pays] to make peace; **se** ~ **sur l'oreiller** *hum* to make up in bed; **se** ~ **avec soi-même** to come to terms with oneself.

recondamner [3] [rəkɔ̃dane] *vt* to sentence again.

reconductible [rəkɔ̃dyktibl] *adj* JUR renewable.

reconduction [rəkɔ̃dyksjɔ̃] *nf* [d'un contrat, d'un budget] renewal; [d'un bail] renewal, extension.

reconduire [98] [rəkɔ̃dɥir] *vt* -**1.** [accompagner]: ~ **qqn** to see sb home; **laisse-moi te** ~ let me see you home; ~ **qqn à pied/en voiture** to walk/to drive sb home ‖ [vers la sortie] to show to the door; **inutile de me** ~, **je connais le chemin** please don't trouble yourself, I know the way. -**2.** [expulser] to escort; **les terroristes ont été reconduits à la frontière sous bonne escorte** the terrorists were escorted (back) to the border by the police OU were taken (back) to the border under police escort. -**3.** [renouveler - contrat, budget, mandat] to renew; [- bail] to renew, to extend.

réconfort [rekɔ̃fɔr] *nm* comfort; **tu m'es d'un grand** ~ you're a great comfort to me.

réconfortant, e [rekɔ̃fɔrtɑ̃, ɑ̃t] *adj* -**1.** [rassurant] comforting, reassuring. -**2.** [revigorant] fortifying, invigorating, stimulating.

réconforter [3] [rekɔ̃fɔrte] *vt* -**1.** [consoler] to comfort, to reassure; **tes bonnes paroles m'ont réconfortée** your kind words comforted me OU gave me hope. -**2.** [revigorer]: **bois ça, ça va te** ~ drink this, it'll make you feel better.

reconnaissable [rəkɔnɛsabl] *adj* recognizable; **après trois mois de prison il était à peine** ~ after three months in prison he was hardly recognizable OU you could hardly recognize him; ~ **à** identifiable by.

reconnaissance [rəkɔnɛsɑ̃s] *nf* -**1.** [gratitude] gratitude; **avoir/éprouver de la** ~ **envers qqn** to be/to feel grateful to OU towards sb; **je lui en ai une vive** ~ I am most grateful to her; **témoigner de la** ~ **à qqn** to show gratitude to sb; **vous avez toute ma** ~ I'm most grateful to you; **avec** ~ gratefully, with gratitude; **en** ~ **de votre dévouement** as a token of our gratitude for OU in recognition of your devotion ❑ **il n'a même pas la** ~ **du ventre!** *fam* he'd bite the hand that fed him!; **le chat vient vers toi mais c'est la** ~ **du ventre** the cat comes to you but it's only cupboard love. -**2.** [exploration] reconnaissance; **envoyer des hommes en** ~ to send men out on reconnaissance; **faire une** ~ to go on reconnaissance; **elle est partie en** ~ OU **est allée faire une** ~ **des lieux** *fig* she went to check the place out ❑ **patrouille de ~** reconnaissance patrol; **vol de ~** reconnaissance flight. -**3.** [identification] recognition. -**4.** [aveu] admission; **la ~ de ses torts lui a valu l'indulgence du jury** his admission of his wrongs won him the leniency of the jury. -**5.** POL [d'un gouvernement] recognition; **~ d'un État** recognition (of statehood). -**6.** JUR [d'un droit] recognition, acknowledgment ❑ **~ de dette** acknowledgment of a debt; **~ d'enfant** legal recognition of a child; **~ d'utilité publique** ADMIN official approval. -**7.** [reçu]: **acte de ~ (du mont-de-piété)** pawn ticket. -**8.** INF recognition; **~ de la parole/de formes/de caractères** speech/pattern/character recognition. -**9.** PSYCH recognition.

reconnaissant, e [rəkɔnɛsɑ̃, ɑ̃t] *adj* grateful; **tu aurais dû te montrer un peu plus ~** you should have shown a bit more gratitude; **je te suis ~ de ta patience** I'm most grateful to you for your patience; **je vous serais ~ de me fournir ces renseignements dans les meilleurs délais** I would be (most) obliged OU grateful if you would provide me with this information as soon as possible.

reconnaître [91] [rəkɔnɛtr] *vt* -**1.** [air, personne, pas] to recognize; **je t'ai reconnu à ta démarche** I recognized you OU I could tell it was you by your walk; **je ne l'aurais pas reconnue, elle a vieilli de dix ans!** I wouldn't have known (it was) her, she looks ten years older!; **on ne le reconnaît plus** you wouldn't recognize OU know him now; **je te reconnais bien (là)!** that's just like you!, that's you all over!; **tu veux fonder une famille? je ne te reconnais plus!** you want to start a family? that's not like you at all OU you've changed your tune!; **il a été reconnu par plusieurs témoins** he was identified by several witnesses; **on reconnaît bien là la marque du génie** you can't fail to recognize the stamp of genius; **je reconnais bien là ta mauvaise foi!** that's just typical of your bad faith!; **la presse a reconnu en lui le futur chef du parti** the press acknowledged him as the future leader of the party. -**2.** [admettre - torts] to recognize, to acknowledge, to admit; [- aptitude, talent, vérité] to acknowledge, to recognize; **il faut au moins lui ~ cette qualité** you have to say this for him; **l'accusé reconnaît-il les faits?** does the accused acknowledge the facts?; **il est difficile de lui faire ~ ses erreurs** it's hard to get him to acknowledge OU see he's wrong; **sa prestation fut décevante, il faut bien le ~** it has to be admitted that his performance was disappointing; **elle est douée, il faut le ~!** she's clever, you've got to admit it OU give her that!; **je reconnais que j'ai eu tort** I admit I was wrong; **elle refuse de ~ qu'elle est malade** she won't admit OU acknowledge that she's ill; **il n'a jamais reconnu avoir falsifié les documents** he never admitted to having falsified the documents. -**3.** JUR & POL [État, chef de file] to recognize; [enfant] to recognize legally; [dette, document, signature] to authenticate; **tous le reconnaissent comme leur maître** they all acknowledge him as their master; **~ la compétence d'un tribunal** JUR to acknowledge the competence of a court; **être reconnu coupable** to be found guilty; **organisme reconnu d'utilité publique** officially approved organization; **~ un droit à qqn** to recognize OU to acknowledge sb's right; **je ne reconnais à personne le droit de me juger** nobody has the right to judge me. -**4.** [explorer] to reconnoitre; **il envoya dix hommes ~ le terrain** he ordered ten men to go and reconnoitre the ground; **l'équipe de tournage est allée ~ les lieux** the film crew went to have a look round (the place).

◆ **se reconnaître** ◇ *vp (emploi réfléchi)* [physiquement, moralement] to see o.s.; **je me reconnais dans la réaction de ma sœur** I can see myself reacting in the same way as my sister; **je ne me reconnais pas dans votre description** I don't see myself as fitting your description. ◇ *vp (emploi réciproque)* to recognize each other. ◇ *vp (emploi passif)* to be recognizable; **un poisson frais se reconnaît à l'odeur** you can tell a fresh fish by the smell. ◇ *vpi* -**1.** [se retrouver]: **je ne me reconnais plus dans ma propre ville** I can't even find my way about OU around my own home town any more; **mets des étiquettes sur tes dossiers, sinon comment veux-tu qu'on s'y reconnaisse?** label your files, otherwise we'll get completely confused; **la situation est trop embrouillée, je ne m'y reconnais plus** the situation is too complicated, I'm totally confused. -**2.** [s'avouer]: **se ~ coupable** to admit OU to confess to being guilty.

reconnecter [rəkɔnɛkte] *vt* to reconnect.

◆ **se reconnecter** *vpi* INF to reconnect o.s., to get back on line.

reconnu, e [rəkɔny] *adj* -**1.** [admis] recognized, accepted; **c'est un fait ~** it's a recognized OU an accepted fact; **ce diplôme n'est pas ~ dans tous les pays** this diploma is not recognized in all countries. -**2.** [célébré] famous, well-known.

reconquérir [39] [rəkɔ̃kerir] *vt* -**1.** [territoire, peuple] to reconquer, to recapture. -**2.** [honneur, avantage] to win back *(sép)*, to recover. -**3.** [personne] to win back *(sép)*.

reconquête [rəkɔ̃kɛt] *nf* -**1.** [d'un territoire, d'un peuple] reconquest, recapture. -**2.** [de l'honneur, d'un avantage] winning back *(U)*, recovery.

reconsidérer [18] [rəkɔ̃sidere] *vt* to reconsider.

reconstituant, e [rəkɔ̃stitɥɑ̃, ɑ̃t] *adj* [aliment, boisson] fortifying; [traitement] restorative.

◆ **reconstituant** *nm* restorative.

reconstituer [7] [rəkɔ̃stitɥe] *vt* -**1.** [reformer - groupe] to bring together *(sép)* again, to reconstitute; [- capital] to rebuild, to build up *(sép)* again; [- fichier] to recreate; [- histoire, meurtre] to reconstruct; **ils ont reconstitué un décor d'époque** they created a period setting ❑ **bois reconstitué** chipboard; **lait reconstitué** reconstituted milk. -**2.** [réparer] to piece together *(sép)* (again).

reconstitution [rəkɔ̃stitysjɔ̃] *nf* -**1.** [d'un groupe] reconstituting *(U)*, bringing together *(sép)* again *(U)*; [d'un capital] rebuilding, building up *(sép)* again; [d'un fichier] recreating *(U)*; [d'une histoire, d'un meurtre] reconstruction. -**2.** [réparation] piecing together (again).

reconstruction [rəkɔ̃stryksjɔ̃] *nf* -**1.** [gén] reconstruction, rebuilding; **en ~** being rebuilt. -**2.** LING reconstruction.

reconstruire [98] [rəkɔ̃strɥir] *vt* -**1.** [bâtiment] to reconstruct, to rebuild; [fortune, réputation] to rebuild, to build up *(sép)* again. -**2.** LING to reconstruct.

reconvention [rəkɔ̃vɑ̃sjɔ̃] *nf* counterclaim JUR.

reconventionnel, elle [rəkɔ̃vɑ̃sjɔnɛl] *adj*: **demande ~le** counterclaim JUR.

reconventionnellement [rəkɔ̃vɑ̃sjɔnɛlmɑ̃] *adv* by counterclaim.

reconversion [rəkɔ̃vɛrsjɔ̃] *nf* [d'une usine] reconversion; [d'un individu] retraining.

reconvertir [32] [rəkɔ̃vɛrtir] *vt* -**1.** [usine] to reconvert. -**2.** [armes] to convert.

◆ **se reconvertir** *vpi* to retrain; **il s'est reconverti dans l'informatique** he retrained and went into computing.

recopier [9] [rəkɔpje] *vt* -**1.** [mettre au propre] to write up *(sép)*, to make OU to take a fair copy of. -**2.** [copier à nouveau] to copy again, to make another copy of.

record [rəkɔr] *nm* -**1.** SPORT & *fig* record; **battre un ~ de vitesse** to break a speed record; **~ de hauteur/longueur** high/long jump record; **tu bats tous les ~s d'idiotie!** *fam* you've broken all the records OU won first prize for stupidity!; **ça bat tous les ~s** *fam* that beats everything OU the lot. -**2.** *(comme adj)* record *(modif)*; **l'inflation a atteint le chiffre~ de 200 %** inflation has risen to a record OU record-breaking 200%; **en un temps~** in record time.

recordage [rəkɔrdaʒ] *nm* [d'une raquette] restringing.

recorder [3] [rəkɔrde] *vt* [raquette] to restring.

recordman [rəkɔrdman] *(pl* **recordmans** OU **recordmen** [-mɛn]) *nm* (men's) record holder; **le ~ du 5 000 m** the record holder for the (men's) 5,000 m.

recordwoman [rəkɔrdwuman] *(pl* **recordwomans** OU **recordwomen** [-mɛn]) *nf* (women's) record holder.

recorriger [17] [rəkɔriʒe] *vt* [erreur] to recorrect, to correct again; [dissertation] to mark again.

recoucher [3] [rəkuʃe] *vt* [personne] to put back to bed; [objet] to lay down again.

◆ **se recoucher** *vpi* to go back to bed.

recoudre [86] [rəkudr] *vt* -**1.** [bouton, badge etc] to sew on *(sép)* again; [accroc, ourlet etc] to sew up *(sép)* again. -**2.** MÉD to sew OU to stitch up *(sép)* (again).

recoupe [rəkup] *nf* -**1.** [boisson] diluted spirits. -**2.** AGR [de fourrage] aftermath; [en meunerie] middlings.

recoupement [rəkupmɑ̃] *nm* -**1.** [vérification] crosschecking; **procéder par ~s** to crosscheck. -**2.** CONSTR [action] stepping; [résultat] retreat. -**3.** GÉOM resection.

recouper [3] [rəkupe] ◇ *vt* -**1.** [couper à nouveau]: **~ de la viande** to cut OU to carve some more meat. -**2.** COUT to cut again, to alter the cut of. -**3.** [concorder avec] to tally with *(insép)*, to match up with *(insép)*.

◇ *vi* JEUX to cut again.

◆ **se recouper** ◇ *vp (emploi réfléchi)* [personne] to cut o.s. again.

◇ *vp (emploi réciproque)* -**1.** [ensembles, routes] to intersect. -**2.** [statistiques, témoignages] to tally, to confirm one another; **les deux versions ne se recoupent pas** the two stories don't tally.

recourbé, e [rəkurbe] *adj* [cils] curved; [nez] hooked.

recourbement [rəkurbəmɑ̃] *nm sout* [état] curve; [action] curving.

recourber [3] [rəkurbe] *vt* to bend, to curve.

recourbure [rəkurbyr] *nf* bend, curve.

recourir [45] [rəkurir] ◇ *vt* to run again; **~ une course** to (run a) race again.

◇ *vi* SPORT to run OU to race again; **il n'a pas pu ~ après sa chute** he wasn't able to run again after his fall.

◆ **recourir à** *v + prép* -**1.** [personne]: **~ à qqn** to appeal OU to turn to sb; **en cas de désaccord, il faudra ~ à un expert** in case of disagreement you will have to turn to OU to seek the help of an expert. -**2.** [objet, méthode etc]: **~ à qqch** to resort to sthg.

recours [rəkur] *nm* -**1.** [ressource] recourse, resort; **c'est notre dernier ~** this is our last resort OU the last course left open to us; **c'est sans ~** there's nothing we can do about it; **avoir ~ à** to resort to; **nous n'aurons ~ à l'expulsion qu'en dernière limite** we shall only resort to OU have recourse to eviction if absolutely necessary; **je me vois contraint d'avoir ~ à vous** I am forced to turn to you. -**2.** JUR appeal; **~ en cassation** appeal (to the appellate court); **~ pour excès de pouvoir** (demand for) remedy of ultra vires; **~ en grâce** [pour une remise de peine] petition for pardon; [pour une commutation de peine] petition for clemency OU remission; **~ gracieux** application for an ex gratia settlement.

recouvrable [rəkuvrabl] *adj* collectable, payable.

recouvrage [rəkuvraʒ] *nm* recovering, re-upholstering.

recouvrement [rəkuvrəmɑ̃] *nm* -**1.** [récupération - d'une somme] collecting, collection; [- de la santé, des forces etc] recovering, recovery. -**2.** FIN [perception] collection; [d'une créance] recovery; **l'impôt est mis en ~ après le 31 octobre** payment of tax is due from October 31st ❑ **date de mise en ~** date due, due date; **modalités de ~** methods of payment. -**3.** [d'une surface] covering (over). -**4.** CONSTR & MENUIS lap. -**5.** INF & MATH overlap. -**6.** GÉOL overlap, overthrust.

recouvrer [3] [rəkuvre] *vt* -**1.** [récupérer] to recover; **elle n'a pas recouvré tous ses moyens**

she hasn't recovered OU regained the full use of her faculties; **il a recouvré l'usage de sa jambe** he got back OU recovered the use of his leg; **laissez-lui le temps de ~ ses esprits** give her time to recover her wits OU to get her wits back; **~ la liberté** to regain one's freedom. -**2.** FIN [percevoir] to collect, to recover.

recouvrir [34] [rəkuvrir] *vt* -**1.** [couvrir] to cover; **~ un gâteau de chocolat** to coat a cake with chocolate; **ajouter suffisamment d'eau pour ~ les légumes** add enough water to cover the vegetables; **le mot ne recouvre pas les mêmes notions dans les deux langues** the word doesn't cover the same concepts in both languages. -**2.** [couvrir à nouveau - personne] to cover (up) *(sép)* again; [- siège] to re-cover, to reupholster; [- livre] to re-cover.
◆ **se recouvrir** ◇ *vp (emploi réfléchi)*: **recouvre-toi, le soleil s'est caché** cover yourself up again, the sun's gone in.
◇ *vpi* -**1.** [temps] to get cloudy again. -**2.** [surface]: **se ~ de moisissure** to become covered with OU in mould; **la glace s'est recouverte de buée** the mirror steamed up.

recracher [3] [rəkraʃe] ◇ *vt* -**1.** [cracher] to spit out *(sép)* (again); **~ un noyau** to spit out a stone; **le distributeur de billets a recraché** *fam* **ma carte** the cash dispenser rejected my card. -**2.** *fam* [cours, leçon] to regurgitate.
◇ *vi* to spit again.

récré *fam* [rekre] *nf* [dans le primaire] playtime *Br*, recess *Am*; [dans le secondaire] break.

récréatif, ive [rekreatif, iv] *adj sout* recreational; **une journée récréative** a day of recreation OU relaxation.

recréation [rəkreasjɔ̃] *nf* INF: **la ~ de tous les fichiers me prendra des heures** it will take me hours to recreate all the files.

récréation [rekreasjɔ̃] *nf* -**1.** SCOL [dans le primaire] playtime *esp Br*, recess *Am*; [dans le secondaire] break. -**2.** [délassement] recreation, leisure activity.

recréer [15] [rəkree] *vt* -**1.** [suivant un modèle] to recreate. -**2.** [créer] to create; **il recrée un décor à son goût** he is creating a decor more to his liking.

récréer [15] [rekree] *vt litt* to entertain, to amuse, to divert.
◆ **se récréer** *vpi* to entertain OU to amuse OU to divert o.s.

recrépir [32] [rəkrepir] *vt* to roughcast CONSTR.

recrépissage [rəkrepisaʒ] *nm* resurfacing OU redoing with roughcast.

recreuser [3] [rəkrøze] *vt* [creuser - davantage] to dig deeper; [- un nouveau trou] to dig again.

récrier [10] [rekrije]
◆ **se récrier** *vpi* -**1.** [protester]: **se ~ contre qqch** to cry out OU to protest against sthg. -**2.** *litt* [s'exclamer]: **se ~ de surprise/joie** to cry out OU to exclaim in surprise/joy.

récriminateur, trice [rekriminatœr, tris] ◇ *adj* recriminative, recriminatory.
◇ *nm, f* recriminator.

récrimination [rekriminasjɔ̃] *nf* recrimination, protest.

récriminer [3] [rekrimine] *vi* [critiquer]: **~ (contre qqn)** to recriminate (against sb).

récrire [rekrir] = **réécrire**.

recristallisation [rəkristalizasjɔ̃] *nf* recrystallization.

recristalliser [3] [rəkristalize] *vi & vt* to recrystallize.

recroquevillé, e [rəkrɔkvije] *adj* -**1.** [confortablement] curled up; [dans l'inconfort] hunched OU huddled up. -**2.** [feuille, pétale] curled OU shrivelled up.

recroqueviller [3] [rəkrɔkvije]
◆ **se recroqueviller** *vpi* -**1.** [confortablement] to curl up; [dans l'inconfort] to hunch OU to huddle up. -**2.** [feuille, pétale] to shrivel OU to curl (up).

recru, e[1] [rəkry] *adj litt*: **être ~ de fatigue** to be exhausted.

recrudescence [rəkrydɛsɑ̃s] *nf* -**1.** [aggravation - d'une maladie] aggravation, worsening; [- de la fièvre] new bout; [- d'une épidémie] fresh OU new outbreak; **la ~ du terrorisme** the new wave OU outbreak of terrorism. -**2.** [réapparition]: **~ du froid** a new spell of cold weather; **nous nous attendons à une ~ des pluies** we are expecting a new spell of even rainier weather.

recrudescent, e [rəkrydɛsɑ̃, ɑ̃t] *adj litt* increasing, mounting, recrudescent.

recrue[2] [rəkry] *nf* -**1.** MIL recruit. -**2.** *fig* recruit, new member.

recrutement [rəkrytmɑ̃] *nm* recruiting, recruitment *(U)*; **le ~ du personnel s'effectue par concours** staff are recruited by competitive examination.

recruter [3] [rəkryte] *vt* -**1.** [engager] to recruit; **l'entreprise recrute des ingénieurs en informatique** the firm is recruiting computer engineers; **nous recrutons des bonnes volontés pour déménager** *hum* do we have any volunteers to help with the move? -**2.** MIL & POL to recruit, to enlist.
◆ **se recruter** *vp (emploi passif)* -**1.** [être engagé] to be recruited; **les ingénieurs se recrutent sur diplôme** engineers are recruited on the basis of their qualifications. -**2.** [provenir de] to come from; **les délinquants se recrutent généralement dans les classes les plus défavorisées** delinquents generally come from the most underprivileged sections of society.

recruteur, euse [rəkrytœr, øz] *nm, f* recruiter; *(comme adj; avec ou sans trait d'union)* recruiting; **sergent ~** recruiting officer.

recta *fam* [rɛkta] *adv* [ponctuellement]: **payer ~** to pay on the nail.

rectal, e, aux [rɛktal, o] *adj* rectal.

rectangle [rɛktɑ̃gl] ◇ *nm* -**1.** [forme] rectangle, oblong. -**2.** GÉOM rectangle.
◇ *adj*: **triangle ~** right-angled triangle.

rectangulaire [rɛktɑ̃gylɛr] *adj* -**1.** [forme] rectangular, oblong. -**2.** GÉOM rectangular.

recteur [rɛktœr] *nm* -**1.** ENS [d'académie] *chief administrative officer of an education authority*, ≃ (Chief) Education Officer *Br*; [d'une université catholique] ≃ rector; [chez les jésuites]: **père ~** rector. -**2.** RELIG [d'un sanctuaire] ≃ rector; [en Bretagne] priest, rector.

rectifiable [rɛktifjabl] *adj* -**1.** [réparable] rectifiable; **les erreurs ne sont pas ~s après coup** mistakes cannot be rectified afterwards. -**2.** CHIM rectifiable.

rectificatif, ive [rɛktifikatif, iv] *adj* correcting; **mention rectificative** correction.
◆ **rectificatif** *nm* correction, rectification.

rectification [rɛktifikasjɔ̃] *nf* -**1.** [action] rectification, correction. -**2.** [rectificatif] correction; **apporter une ~ à une déclaration** to correct a statement ☐ **droit de ~** PRESSE ≃ right of reply. -**3.** CHIM & MATH rectification. -**4.** MÉCAN precision grinding.

rectifier [9] [rɛktifje] *vt* -**1.** [rajuster] to adjust, to rectify. -**2.** [corriger] to correct, to rectify; **~ le tir** to change one's angle of attack. -**3.** ▽ [tuer] to bump off *(sép)*. -**4.** CHIM & MATH to rectify. -**5.** MÉCAN to precision grind.

rectifieuse [rɛktifjøz] *nf* grinding machine TECH.

rectiligne [rɛktiliɲ] ◇ *adj* [droit] rectilinear.
◇ *nm* MATH rectilinear angle.

rectilinéaire [rɛktilineɛr] *adj* rectilinear.

rectite [rɛktit] *nf* proctitis.

rectitude [rɛktityd] *nf* -**1.** [justesse] (moral) rectitude, uprightness. -**2.** *litt* [d'une ligne] straightness.

recto [rɛkto] *nm* first side OU front of a page, recto; **n'écrivez qu'au ~** write on this side only.
◆ **recto verso** *loc adv* on both sider.

recto-colite [rɛktɔkɔlit] (*pl* **recto-colites**) *nf* proctocolitis.

rectoral, e, aux [rɛktɔral, o] *adj* ≃ of the (Chief) Education Officer *Br*; **décision ~e** ≃ decision by OU emanating from the Education Office *Br*.

rectorat [rɛktɔra] *nm* ENS [d'une académie - administration] ≃ Education Office *Br*; [- bâtiment] ≃ Education offices *Br*; [chez les jésuites] rectorship.

rectoscope [rɛktɔskɔp] *nm* proctoscope.

rectoscopie [rɛktɔskɔpi] *nf* proctoscopy.

rectrice [rɛktris] *nf* rectrix ORNITH.

rectum [rɛktɔm] *nm* rectum.

reçu, e [rəsy] *nm, f* [candidat] pass; **les ~s** the successful candidates, the passes.
◆ **reçu** *nm* [quittance] receipt.

recueil [rəkœj] *nm* collection; **un ~ de poèmes** a collection OU a selection OU an anthology of poems.

recueillement [rəkœjmɑ̃] *nm* contemplation, meditation; **écouter qqch avec ~** to listen reverently to sthg.

recueilli, e [rəkœji] *adj* contemplative, meditative; **un public très ~** a very attentive audience; **un visage ~** a composed expression.

recueillir [41] [rəkœjir] *vt* -**1.** [récolter] to gather, to pick; **les abeilles recueillent le pollen** bees collect OU gather pollen; **il a recueilli les félicitations du jury** *fig* he was congratulated by the board of examiners; **~ le fruit de son travail** to reap the fruit of one's labour; **elle espère ~ plus de la moitié des suffrages** she hopes to win more than half the votes; **~ les eaux de pluie** to collect rainwater. -**2.** [renseignements] to collect, to obtain; [argent] to collect; **~ les traditions locales** to collect OU to record local traditions; **j'ai recueilli ses dernières paroles** *fig & litt* I received his last words. -**3.** [personne] to take in *(sép)*; **~ un oiseau tombé du nid** to take care of a bird which has fallen from its nest.
◆ **se recueillir** *vpi* [penser] to spend some moments in silence; [prier] to pray; **recueillons-nous un instant avant de nous séparer** before we go our separate ways let us pray for a moment; **le chef de l'État s'est recueilli devant le cénotaphe** the head of state reflected a while in front of the cenotaph; **aller se ~ sur la tombe de qqn** to spend some moments in silence at sb's graveside.

recuire [98] [rəkɥir] ◇ *vt* -**1.** CULIN [à l'eau] to cook longer; [au four] to cook longer in the oven. -**2.** MÉTALL to anneal; [lingot] to soak.
◇ *vi*: **faire ~ un rôti** to recook a joint; **faire ~ un gâteau** to rebake a cake.

recuit [rəkɥi] *nm* MÉTALL annealing; **~ de normalisation/recristallisation** full normalizing/annealing.

recul [rəkyl] *nm* -**1.** [mouvement] moving back, backward movement; ARM recoil, kick; **il eut un mouvement de ~** he stepped back. -**2.** [distance]: **as-tu assez de ~ pour juger du tableau/prendre la photo?** are you far enough away to judge the painting/to take the photograph? -**3.** [réflexion]: **avec le ~** retrospectively, with (the benefit of) hindsight; **prendre du ~ par rapport à un événement** to stand back (in order) to assess an event; **nous n'avons pas assez de ~ pour juger des effets à long terme** it's too early OU there's not been enough time to assess what long-term effects there might be. -**4.** [baisse] fall, drop; **le ~ de l'industrie textile** the decline of the textile industry; **le ~ du yen par rapport au dollar** the fall of the yen against the dollar; **un ~ des valeurs morales** a falling off of moral values.

reculade [rəkylad] *nf* [d'une armée] retreat; [politique] climb-down, back-tracking *(U)*.

reculé, e [rəkyle] *adj* -**1.** [à l'écart] remote, far-off; **ils habitent dans un coin ~** they live in an out-of-the-way place. -**2.** [ancien] remote, far-off, distant; **les temps les plus ~s** the distant past.
◆ **reculée** *nf* blind valley GEOG.

reculer [3] [rəkyle] ◇ *vt* -**1.** [dans l'espace] to push OU to move back *(sép)*; **~ une clôture d'un mètre** to move a fence back by one metre; **~ les limites du possible** *fig* to push back the frontiers of what is considered possible. -**2.** [dans le temps - rendez-vous] to delay, to postpone, to defer; [- date] to postpone, to put back *(sép)*; [- décision] to defer, to postpone, to put off *(sép)*; ~ **la date de son départ** to postpone one's departure.

◇ *vi* -**1.** [aller en arrière - à pied] to step OU to go OU to move back; [- en voiture] to reverse, to move back; **recule d'un pas!** take one step backwards!; **mets le frein à main, la voiture recule!** put the handbrake on, the car is rolling backwards!; **il a heurté le mur en reculant** he backed OU reversed into the wall. -**2.** [céder du terrain - falaise, forêt] to recede. -**3.** [renoncer] to retreat, to shrink (back), to draw back; **il n'est pas homme à ~ devant les difficultés** he is not the kind of man to shrink back in the face of difficulties; ~ **devant l'ennemi** to retreat in the face of the enemy; ~ **devant le danger** to retreat in the face of danger; **le prix m'a fait ~** I backed down when I saw the price ❑ **c'est ~ pour mieux sauter** that's just putting off the inevitable. -**4.** [faiblir - cours, valeur] to fall, to weaken; [- épidémie, criminalité, mortalité] to recede, to subside; **le yen recule par rapport au dollar** the yen is losing ground OU falling against the dollar. -**5.** ARM to recoil.

reculons [rəkylɔ̃]

◆ **à reculons** *loc adv* -**1.** [en marche arrière] backwards; **descendre un escalier à ~** to go downstairs backwards ❑ **avancer à ~** *hum* to be getting nowhere. -**2.** [avec réticence] under protest; **faire qqch à ~** to do sthg unwillingly OU under protest.

reculotter [3] [rəkylɔte] *vt*: ~ **un enfant** to put a child's trousers *Br* OU pants *Am* back on.

récupérable [rekyperabl] *adj* -**1.** [objet] salvageable, worth rescuing; **vêtements ~s** (still) serviceable clothes. -**2.** [personne] redeemable; **les récidivistes sont-ils ~s?** are second-time offenders beyond redemption OU past saving? -**3.** [temps] recoverable; **ce jour férié est ~** you can make up for that day.

récupérateur, trice [rekyperatœr, tris]

◇ *adj* -**1.** [qui recycle]: **industrie récupératrice** *industry based on reclaimed or recycled materials.* -**2.** [qui repose]: **sommeil ~** refreshing OU restorative sleep.

◇ *nm, f industrialist or builder working with reclaimed materials.*

◆ **récupérateur** *nm* ARM & TECH recuperator.

récupération [rekyperasjɔ̃] *nf* -**1.** [après séparation, perte] recovery; **la ~ de sa voiture à la fourrière lui a coûté cher** it cost him a lot to get his car out of the pound. -**2.** ÉCOL recycling, reclaiming; **matériau de ~** scrap *(U)*. -**3.** PÉTR: ~ **assistée** enhanced recovery; **taux de ~** (rate of) recovery. -**4.** INDUST: **chaudière à ~** recuperative OU regenerative heater. -**5.** POL takeover; **il y a eu ~ du mouvement par les extrémistes** the extremists have taken over and manipulated the movement. -**6.** [au travail] making up; **quand je fais des heures supplémentaires, j'ai des jours de ~** when I work overtime, I get time off in exchange OU in lieu. -**7.** ASTRON recovery.

récupérer [18] [rekypere] *vt* -**1.** [retrouver] to get back *(sép)*; **il doit ~ son chien au chenil** he's got to pick up OU to collect his dog from the kennels; **je passe te ~ en voiture** I'll come and pick you up; **je n'ai jamais pu ~ mon livre** I never managed to get my book back; **veux-tu ~ ton anorak?** do you want your anorak back?; **j'ai récupéré l'usage de ma main gauche** I recovered the use of my left hand; **il a récupéré toutes ses forces** [il s'est reposé] he has recuperated, he's back to normal; **tout a brûlé, ils n'ont rien pu ~** everything was destroyed by the fire, they didn't manage to salvage anything; ~ **sa mise** to recoup one's outlay. -**2.** [pour utiliser - chiffons, papier, verre, ferraille] to salvage; [- chaleur, énergie] to save; **j'ai récupéré des chaises dont personne ne voulait** I've rescued some chairs no one wanted; **regarde si tu peux ~ quelques pommes** see if you can save a few apples. -**3.** [jour de congé] to make up for, to compensate for; **on récupère ce jour férié samedi prochain** we are making up for this public holiday by working next Saturday ‖ [jour de travail]: **les jours fériés travaillés seront récupérés** employees will be allowed time off in lieu to compensate for working on public holidays. -**4.** POL to take over *(sép)*; **le mouvement a été récupéré par le gouvernement** the movement has been taken over by the government for its own ends. -**5.** *(en usage abs)* [se remettre] to recover, to recuperate; **il en a pour plusieurs jours à ~, avec le décalage horaire** with the time lag it will take him a few days to get back to normal OU to recover OU to recuperate.

récurage [rekyraʒ] *nm* [nettoyage] scouring; [avec une brosse] scrubbing.

récurant, e [rekyrɑ̃, ɑ̃t] *adj* scouring.

◆ **récurant** *nm* scouring cream OU agent, cleaning cream.

récurer [3] [rekyre] *vt* [baignoire, casserole, évier] to scour, to scrub.

récurrence [rekyrɑ̃s] *nf* -**1.** [gén & MÉD] recurrence. -**2.** MATH [d'une décimale] recurrence; [induction] induction.

récurrent, e [rekyrɑ̃, ɑ̃t] *adj* -**1.** [à répétition] recurrent, recurring. -**2.** MÉD [fièvre] recurrent, relapsing. -**3.** ANAT: **nerf ~** nervus laryngeus recurrens. -**4.** INF & MATH: **suite** OU **série ~e** recursion series. -**5.** ÉCON: **chômage ~** periodic OU recurrent unemployment; **coûts ~s** recurrent OU running costs.

récursif, ive [rekyrsif, iv] *adj* recursive.

récursivité [rekyrsivite] *nf* recursiveness.

récursoire [rekyrswar] *adj*: **action ~** cross claim.

récusable [rekyzabl] *adj* impugnable, challengeable.

récusation [rekyzasjɔ̃] *nf* challenge, recusal JUR; **droit de ~** right to challenge.

récuser [3] [rekyze] *vt* -**1.** JUR [juge, juré, expert] to challenge. -**2.** [décision, témoignage] to challenge, to impugn.

◆ **se récuser** *vpi* -**1.** [lors d'un procès] to declare o.s. incompetent. -**2.** [lors d'une entrevue, d'un débat] to refuse to give an opinion, to decline to (make any) comment.

recyclable [rəsiklabl] *adj* recyclable.

recyclage [rəsiklaʒ] *nm* -**1.** INDUST recycling. -**2.** ENS [perfectionnement] refresher course; [reconversion] retraining. -**3.** [stage - pour employés] retraining course; [- pour chômeurs] retraining course, restart (course) *Br.*

recycler [3] [rəsikle] *vt* -**1.** INDUST to recycle; **papier recyclé** recycled paper. -**2.** [perfectionner] to send on a refresher course; [reconvertir] to retrain.

◆ **se recycler** *vpi* [pour se perfectionner] to go on a refresher course; [pour se reconvertir] to retrain; **le vocabulaire des jeunes change, j'ai dû me ~** *hum* young people speak differently nowadays, I've had to bring myself up to date.

rédacteur, trice [redaktœr, tris] *nm, f* -**1.** [auteur - d'un livre] writer; [- d'un guide] compiler; **les ~s de l'encyclopédie** the contributors to the encyclopedia; **le ~ du contrat n'a pas prévu cela** the person who drew up the contract didn't foresee this. -**2.** PRESSE writer, contributor; ~ **en chef** [d'une revue] (chief) editor; [du journal télévisé] television news editor.

rédaction [redaksjɔ̃] *nf* -**1.** [écriture] writing; **il vient d'achever la ~ de son roman** he's just finished writing his novel; **la ~ de la thèse a pris moins de temps que la recherche** writing up the thesis took less time than researching it; **équipe chargée de la ~ d'un guide/dictionnaire** team responsible for compiling a guide/dictionary; **la ~ d'un projet de loi/d'un contrat d'assurance** the drafting of a bill/of an insurance contract. -**2.** PRESSE [lieu] editorial office; TV newsdesk, newsroom; [équipe] editorial staff; **la ~ est en grève** the editorial staff is OU are on strike. -**3.** SCOL [composition] ≃ essay, ≃ composition.

rédactionnel, elle [redaksjɔnɛl] *adj* editorial; **publicité ~le** promotional article, advertorial *Am.*

reddition [redisjɔ̃] *nf* -**1.** MIL surrender. -**2.** FIN & JUR rendering; ~ **de compte** presentation of account.

redécoupage [rədekupaʒ] *nm* POL: ~ **électoral** redrawing of electoral OU constituency boundaries.

redécouvrir [34] [rədekuvrir] *vt* to rediscover.

redéfaire [109] [rədefɛr] *vt* [nœud] to undo again; [tricot, couture] to unstitch again; [lit, coiffure] to mess up *(sép)* again.

redéfinir [32] [rədefinir] *vt* to redefine; ~ **la politique du logement** to lay down new housing policy guidelines.

redemander [3] [rədəmɑ̃de] *vt* -**1.** [demander à nouveau] to ask again; **je lui ai redemandé son nom** I asked him his name again. -**2.** [demander davantage]: **il a redemandé de la soupe** he asked for some more soup; **en ~** *fig* to cry out for more; **sa correction ne lui a pas suffi, il en redemande** the first hiding wasn't enough for him, now he's asking for more. -**3.** [après un prêt] to ask for *(insép)*; **redemande ton vélo dès que tu en as besoin** ask for your bike back as soon as you need it.

redémarrage [rədemaraʒ] *nm* -**1.** [d'une machine] starting up again *(U)*. -**2.** [économique] resurgence.

redémarrer [3] [rədemare] *vi* -**1.** [moteur] to start up *(sép)* again. -**2.** [processus] to get going OU to take off again; **l'économie redémarre** the economy is taking off again; **les cours redémarrent fin octobre** classes start again at the end of October.

rédempteur, trice [redɑ̃ptœr, tris] ◇ *adj* redeeming, redemptive; **œuvre rédemptrice** redemptive act, act of redemption.

◇ *nm, f* redeemer; **le Rédempteur** the Redeemer.

rédemption [redɑ̃psjɔ̃] *nf* RELIG: **la Rédemption** Redemption.

redéploiement [rədeplwamɑ̃] *nm* -**1.** MIL redeployment. -**2.** ÉCON reorganization, restructuring.

redéployer [13] [rədeplwaje] *vt* -**1.** MIL to redeploy. -**2.** ÉCON to reorganize, to restructure.

redescendre [73] [rədesɑ̃dr] ◇ *vt* -**1.** [colline, montagne etc - en voiture] to drive (back) down; [- à pied] to walk (back) down; [alpiniste] to climb back down *(insép)*. -**2.** [passager, fret] to take OU to drive (back) down *(sép)*; **je redescendrai les cartons plus tard** [je suis en haut] I'll take the cardboard boxes back down later; [je suis en bas] I'll bring the cardboard boxes back down later.

◇ *vi (aux être)* -**1.** [descendre] to go OU to come OU to get (back) down; **la température/le niveau de l'eau redescend** the temperature/the water level is falling (again); **je suis redescendu en chasse-neige** I snowploughed (back) down; **et maintenant, comment ~?** and now, how do we get back down? -**2.** [descendre à nouveau] to go down again.

redevable [rədəvabl] *adj* -**1.** FIN: **être ~ d'une somme d'argent à qqn** to owe sb a sum of money; **vous êtes ~ d'un acompte provisionnel** you are liable for an interim payment. -**2.** *fig*: **être ~ de qqch à qqn** to be indebted to sb for sthg; **je lui suis ~ de ma promotion** I owe him my promotion, I owe it to him that I was promoted.

redevance [rədəvɑ̃s] *nf* -**1.** TV licence fee *Br*; TÉLÉC rental charge. -**2.** COMM & FIN [pour un service] dues, fees; [royalties] royalties. -**3.** HIST tax.

redevenir [40] [rədəvnir] *vi (aux être)* to become again; **le ciel redevient nuageux** the sky is clouding over again; ~ **amis** to become friends again.

redevoir [53] [rədəvwar] *vt (seulement aux temps simples)*: **il redoit cinquante mille francs** he still owes fifty thousand francs.

rédhibitoire [redibitwar] *adj* -**1.** JUR: **action ~** remedy for latent defect; **vice ~** latent (principal) defect. -**2.** *fig*: **le prix est élevé mais pas ~** the price is high but not prohibitive; **une mauvaise note à l'écrit, c'est ~** a bad mark in the written exam is enough to fail the candidate.

rediffuser [3] [rədifyze] *vt* to rebroadcast, to repeat, to rerun; **nous rediffuserons ces images** we'll be showing these scenes again, we'll be rebroadcasting these scenes.

rediffusion [rədifyzjɔ̃] *nf* repeat, rerun, rebroadcast.

rédiger [17] [rediʒe] *vt* [manifeste, contrat] to write, to draw up *(sép)*; [thèse, rapport] to write up *(sép)*; [lettre] to write, to compose; [guide, manuel] to write, to compile; **il a rédigé sa lettre en termes énergiques** he wrote a strongly worded letter || *(en usage abs)*: **il rédige bien** he writes well.

redingote [rədɛ̃gɔt] *nf* -**1.** [de femme] tailored OU fitted coat. -**2.** [d'homme] frock coat.

redire [102] [rədir] *vt* -**1.** [répéter] to say OU to tell again, to repeat; **je tiens à vous ~ combien j'ai été heureux de vous voir** I'd like to tell you again how happy I was to see you; **redites lentement les mots après moi** repeat slowly after me || [rabâcher] to keep saying, to repeat; **on lui a dit et redit** he's been told again and again; **elle a redit la même chose tout au long de son discours** throughout her speech she repeated the same thing. -**2.** [rapporter] to (go and) tell, to repeat; **surtout, n'allez pas le lui ~** whatever you do, don't go and tell him. -**3.** *loc*: **quelque chose/rien à ~** something/nothing to object to; **elle ne voit rien à ~ aux nouvelles mesures** she can't see anything wrong with the new measures; **il n'y avait rien à ~ à cela** there was nothing wrong with OU nothing to object to in that; **trouver à ~ (à)** to find fault (with); **l'organisation était parfaite, je n'y ai pas trouvé à ~** the organization was perfect, there was nothing I could find fault with OU I had no complaint to make.

rediscuter [3] [rədiskyte] *vt* to discuss again, to have further discussion about.

◆ **rediscuter de** *v + prép* to talk about OU to discuss again.

redistribuer [7] [rədistribɥe] *vt* [cartes] to deal (out) *(sép)* again; [fortune] to redistribute; [emplois] to reallocate; **~ les rôles** *pr* to recast the show; *fig* to reallocate the tasks.

redistribution [rədistribysjɔ̃] *nf* [des revenus, des terres] redistribution.

redite [rədit] *nf* superfluous OU needless repetition; **son texte est plein de ~s** his text is very repetitive.

redondance [rədɔ̃dɑ̃s] *nf* -**1.** [répétition] redundancy. -**2.** INF, LING & TÉLÉC redundancy; **vérification par ~** redundancy check.

redondant, e [rədɔ̃dɑ̃, ɑ̃t] *adj* -**1.** [mot] redundant, superfluous; [style] redundant, verbose, wordy. -**2.** INF, LING & TÉLÉC redundant.

redonner [3] [rədɔne] *vt* -**1.** [donner de nouveau] to give more; **redonnez-lui du sirop** give him some more cough mixture; **~ à manger/de l'argent/du travail à qqn** to give sb some more food/money/work; **j'ai redonné les chaussures au cordonnier** I took the shoes back OU returned the shoes to the cobbler's; **ma promenade m'a redonné faim** that walk has made me hungry again. -**2.** [rendre] to give back *(sép)*; **ça m'a redonné confiance** it restored my confidence in myself; **la lessive qui redonne l'éclat du neuf à tout votre linge** the powder that puts a new brightness into your washing. -**3.** THÉÂT to stage again; **~ «Hamlet» au théâtre** to stage "Hamlet" again.

◆ **redonner dans** *v + prép sout* to lapse OU to fall back into.

redorer [3] [rədɔre] *vt* -**1.** TECH to regild. -**2.** *fig*: **~ son blason** [financièrement] to restore the family fortune *(by marrying into money)*; [rétablir son prestige] to polish OU to spruce up one's image, to give one's image a face-lift.

redormir [36] [rədɔrmir] *vi* [plus longtemps] to sleep some more; [à nouveau] to sleep again.

redoublant, e [rədublɑ̃, ɑ̃t] *nm, f* pupil repeating a year *Br* OU grade *Am*; **combien y a-t-il de ~s?** how many pupils are repeating their year?

redoublement [rədubləmɑ̃] *nm* -**1.** SCOL repeating a year *Br* OU grade *Am*; **son ~ l'a fait progresser** she's doing much better at school since she was held back a year. -**2.** LING reduplication. -**3.** [accroissement] increase, intensification; **seul un ~ d'efforts lui permettra de réussir** he will only succeed if he works much harder.

redoubler [3] [rəduble] ◇ *vt* -**1.** [rendre double]: **~ une consonne** to double a consonant; **frapper à coups redoublés** [plus fort] to knock even harder OU with renewed vigour; [plus vite] to knock even more urgently. -**2.** SCOL: **~ une classe** to repeat a year *Br* OU grade *Am* || *(en usage abs)*: **ils l'ont fait ~** they made him do the year again.

◇ *vi* [froid, tempête] to increase, to intensify, to become more intense.

◆ **redoubler de** *v + prép* to increase in; **les coups redoublèrent de violence** the blows increased in violence; **~ d'efforts** to strive doubly hard, to redouble one's efforts; **~ de patience** to be doubly OU extra patient; **~ de ruse** to be doubly OU extra cunning.

redoutable [rədutabl] *adj* -**1.** [dangereux] formidable; **un ennemi ~** a fearsome OU formidable enemy; **une maladie ~** a dreadful illness; **la compagnie d'assurances a des enquêteurs ~s** the insurance company has very able investigators; **elle a un revers ~** she has a lethal backhand. -**2.** [effrayant - aspect, réputation] awesome, fearsome, awe-inspiring.

redoute [rədut] *nf* [fortification] redoubt.

Redoute [rədut] *npr f*: **la ~** *French mail order firm.*

redouter [3] [rədute] *vt* to dread; **il redoute de te rencontrer** he dreads meeting you.

redoux [rədu] *nm* mild spell *(during winter)*.

redox [rədɔks] *adj*: **couple ~** redox couple.

redresse [rədrɛs]

◆ **à la redresse**▽ *loc adj*: **un type à la ~** a tough guy.

redressement [rədrɛsmɑ̃] *nm* -**1.** [du corps, d'une barre] straightening up. -**2.** [d'un véhicule]: **son pneu a explosé juste après un ~ dans un virage** his tyre burst just after he straightened up coming out of a bend. -**3.** COMM & ÉCON recovery; **plan de ~** recovery programme. -**4.** FIN: **~ fiscal** payment of back taxes. -**5.** ÉLECTRON rectification.

redresser [4] [rədrɛse] *vt* -**1.** [arbre, poteau] to straighten (up), to set upright; [véhicule, volant] to straighten (up); [bateau] to right; **~ la tête** [la lever] to lift up one's head; [avec fierté] to hold one's head up high. -**2.** AUT *(en usage abs)* to straighten up, to recover; **il n'a pas redressé assez vite à la sortie du virage** he didn't straighten up quickly enough after the bend. -**3.** [corriger - courbure] to put right, to straighten out *(sép)*; [- anomalie] to rectify, to put right; [- situation] to sort out *(sép)*, to put right, to put back on an even keel. -**4.** ÉLECTRON to rectify.

◆ **se redresser** *vpi* -**1.** [personne assise] to sit up straight; [personne allongée] to sit up; [personne voûtée ou penchée] to straighten up; **redresse-toi!** [personne assise] sit up straight!; [personne debout] stand up straight! -**2.** *fig* [remonter] to recover; **les résultats se redressent depuis mai** output figures have been looking up OU have been recovering since May; **la situation se redresse un peu** the situation is on the mend.

redresseur, euse [rədrɛsœr, øz] *adj* -**1.** ÉLECTR rectifying. -**2.** OPT erecting.

◆ **redresseur** *nm* ÉLECTR rectifier.

◆ **redresseur de torts** *nm* HIST OU *hum* righter of wrongs.

réducteur, trice [redyktœr, tris] *adj* -**1.** [limitatif] simplistic; **une analyse réductrice** an over-simplistic analysis. -**2.** MÉCAN reduction *(modif)*. -**3.** CHIM reducing.

◆ **réducteur** *nm* -**1.** MÉCAN reduction gear. -**2.** CHIM reducer, reductant, reducing agent. -**3.** ANTHR: **~ de têtes** headshrinker.

réductibilité [redyktibilite] *nf* reducibility.

réductible [redyktibl] *adj* -**1.** [dépenses, dimensions] which can be reduced; [théorie] which can be reduced OU simplified. -**2.** CHIM, MATH & MÉD reducible.

réduction [redyksjɔ̃] *nf* -**1.** [remise] discount, rebate; **accorder une ~ de 10 %/de 50 francs sur le prix total** to give a 10%/a 50-franc discount on the overall cost; **carte de ~** discount card. -**2.** [baisse] cut, drop; **ils nous ont imposé une ~ des dépenses/salaires/effectifs** they've cut our expenditure/wages/numbers; **ils ont promis une ~ des impôts** they promised to reduce OU to lower taxes. -**3.** [copie plus petite] (scale) model; **cette sculpture est une ~ de la Vénus de Milo** this sculpture is a scale model OU scaled-down copy of the Venus de Milo. -**4.** BIOL, CHIM & MÉTALL reduction. -**5.** MÉD setting, reducing; **la ~ d'une fracture** setting a broken bone. -**6.** MATH, MUS & PHILOS reduction. -**7.** LOGIQUE: **~ à l'absurde** reductio ad absurdum. -**8.** JUR: **~ de peine** mitigation (of sentence); **il a eu une ~ de peine** he got his sentence cut OU reduced.

◆ **en réduction** *loc adj* scaled-down.

réductionnisme [redyksjɔnism] *nm* reductionism.

réductionniste [redyksjɔnist] *adj* & *nmf* reductionist.

réduire [98] [redɥir] ◇ *vt* -**1.** [restreindre - consommation] to reduce, to cut down on; [- inflation] to reduce, to bring down *(sép)*, to lower; [- dépenses, effectifs] to reduce, to cut back on; [- distance] to reduce, to decrease; [- chauffage] to lower, to turn down *(sép)*; **réduis la flamme** turn down the gas; **il a réduit le prix de 10 %** he cut OU reduced the price by 10%; **j'ai réduit mon budget vêtements à 200 francs par mois/mon texte à trois pages** I've cut down my spending on clothes to 200 francs a month/my text to three pages; **ils ont réduit leurs délais de deux jours** they've cut the waiting time by two days; **~ qqch de moitié** to cut sthg by half, to halve sthg. -**2.** [refaire en petit - photo] to reduce; [- schéma] to scale down *(sép)*. -**3.** [changer]: **~ qqch à néant**: **il a réussi à ~ à néant le travail de dix années** he managed to reduce ten years' work to nothing; **~ qqch en miettes** to smash sthg to bits OU pieces; **~ qqch en cendres** to reduce sthg to ashes; **~ qqch à sa plus simple expression** to reduce sthg to its simplest expression. -**4.** [forcer]: **~ qqn à** to reduce sb to; **~ la presse/l'opposition au silence** to silence the press/the opposition; **~ à la clandestinité** to drive underground; **en être réduit à des expédients/au suicide** to be driven to using expedients/to suicide; **ils en sont réduits aux dernières extrémités** they are in dire straits; **~ qqn à faire** to force OU to compel OU to drive sb to do. -**5.** [vaincre] to quell, to subdue, to crush; **~ les poches de résistance** to crush the last pockets of resistance; **une armée que rien n'a pu ~** an army which no one OU nothing has been able to beat. -**6.** CHIM & CULIN to reduce. -**7.** MÉD to set, to reduce. -**8.** MATH & MUS to reduce. -**9.** *Helv* [ranger] to put away *(sep)*.

◇ *vi* CULIN: **faire ~** to reduce.

◆ **se réduire** *vpi* [économiser] to cut down; **il va falloir se ~ sur les sorties au restaurant** we're going to have to cut down on eating out.

◆ **se réduire à** *vp + prép* [consister en] to amount to; **la rencontre s'est réduite à un échange poli** the meeting amounted to nothing more than a polite exchange of views; **son influence se réduit à peu de chose** her influence amounts to very little.

réduit, e [redɥi, it] *adj* -**1.** [diminué - échelle, format etc] scaled-down, small-scale; **(avion/voiture en) modèle ~** model (aeroplane/car). -**2.** [petit - taille] small; [- tarif] reduced, cut; **à vitesse ~e** at reduced OU low speed; **à prix ~** cut price; **la fréquentation est ~e l'hiver**

attendance is lower in the winter. -**3.** [peu nombreux - débouchés] limited, restricted.

◆ **réduit** *nm* -**1.** *péj* [logement] cubbyhole; **il vit dans un ~ mal chauffé** he lives in a badly heated little cubbyhole. -**2.** [recoin] recess; [placard] cupboard. -**3.** [fortification] reduit.

rééchelonnement [reeʃlɔnmɑ̃] *nm* rescheduling.

réécouter [3] [reekute] *vt*: **~ qqch** to listen to sthg again.

réécrire [99] [reekrir] *vt* to rewrite; **~ l'histoire** to rewrite history.

réécriture [reekrityr] *nf* rewriting.

réédification [reedifikasjɔ̃] *nf* reconstruction, re-erection.

réédifier [9] [reedifje] *vt* to reconstruct, to re-erect.

rééditer [3] [reedite] *vt* -**1.** IMPR to republish; **son livre a été réédité chez Leroux** his book has been republished by Leroux OU brought out again by Leroux. -**2.** *fam* [refaire] to repeat; **~ la même erreur** to make OU to repeat the same mistake.

réédition [reedisjɔ̃] *nf* -**1.** IMPR [nouvelle édition] new edition; [action de rééditer] republishing, republication. -**2.** [répétition] repeat, repetition.

rééducation [reedykasjɔ̃] *nf* -**1.** MÉD [d'un membre] reeducation; [d'un malade] rehabilitation, reeducation; **faire de la ~** to undergo physiotherapy *esp Br* OU physical therapy *Am* ❑ **~ motrice** motor reeducation. -**2.** [morale] reeducation; JUR [d'un délinquant] rehabilitation.

rééduquer [3] [reedyke] *vt* -**1.** MÉD [malade] to give physiotherapy *esp Br* OU physical therapy *Am* to, to reeducate; [membre] to reeducate. -**2.** [délinquant] to rehabilitate.

réel, elle [reɛl] *adj* -**1.** [concret] real; **besoins ~s** genuine needs; **dans la vie ~le, c'est différent** it's different in real life ‖ [prix, profit, salaire] real; [date] effective; **résultats ~s** actual results. -**2.** *(avant le n)* [appréciable] genuine, real; **une ~le amélioration** real OU genuine progress; **elle a fait preuve d'un ~ talent** she's shown true OU genuine talent.

◆ **réel** *nm*: **le ~** reality, the real.

réélection [reelɛksjɔ̃] *nf* reelection.

rééligible [reeliʒibl] *adj* reeligible; **ils sont/ne sont pas ~s** they are/aren't entitled to stand for election again.

réélire [106] [reelir] *vt* to reelect.

réellement [reɛlmɑ̃] *adv* really; **ces faits ont ~ eu lieu** these events really did take place.

réembaucher [3] [reɑ̃boʃe] ◇ *vt* to take back on, to take on *(sép)* again, to reemploy; **sa société l'a réembauché** his company took him on again.

◇ *vi* to hire again; **l'entreprise réembauche** the company is taking people on again.

réémetteur [reemetœr] *nm* relay transmitter.

réemploi [reɑ̃plwa] = **remploi**.

réemployer [reɑ̃plwaje] = **remployer**.

réemprunter [reɑ̃prœ̃te] = **remprunter**.

réengagement [reɑ̃gaʒmɑ̃] = **rengagement**.

réengager [reɑ̃gaʒe] = **rengager**.

réensemencement [reɑ̃smɑ̃smɑ̃] *nm* resowing.

réensemencer [16] [reɑ̃smɑ̃se] *vt* to sow again, to resow.

réenvisager [17] [reɑ̃vizaʒe] *vt* [de nouveau] to consider again, to think about *(insép)* again; [différemment] to rethink, to review.

rééquilibrage [reekilibraʒ] *nm* readjustment, rebalancing; **le ~ des forces européennes** the rebalancing OU restabilizing of power in Europe; **~ du budget** balancing the budget again.

rééquilibrer [3] [reekilibre] *vt* -**1.** [budget] to balance again; [situation] to restabilize. -**2.** [personne]: **son séjour à l'étranger l'a rééquilibré** his stay abroad has helped him (to) find his feet again.

réescompte [reɛskɔ̃t] *nm* rediscount.

réescompter [3] [reɛskɔ̃te] *vt* to rediscount.

réessayer [11] [reeseje] *vt* [voiture, produit, méthode] to try again; [vêtement] to try on *(sép)* again.

réétudier [9] [reetydje] *vt* -**1.** [discipline] to study again; **se mettre à ~ le grec** to go back to studying Greek. -**2.** [projet, idée] to study OU to examine again; **on va ~ la question** we're going to give the question some more thought.

réévaluation [reevalɥasjɔ̃] *nf* -**1.** [d'une devise] revaluation. -**2.** [d'un budget, d'un salaire - gén] reappraisal, reassessment; [- à la hausse] upgrade, upgrading; [- à la baisse] downgrade, downgrading.

réévaluer [7] [reevalɥe] *vt* -**1.** FIN [devise, monnaie] to revalue; [salaire, taux] to reappraise; [à la hausse] to upgrade; [à la baisse] to downgrade. -**2.** [qualité, travail] to reassess, to reevaluate.

réexamen [reɛgzamɛ̃] *nm* reexamination, reassessment.

réexaminer [3] [reɛgzamine] *vt* to reexamine, to reassess.

réexpédier [9] [reɛkspedje] *vt* -**1.** [courrier - à l'expéditeur] to return (to sender), to send back *(sép)*; [- au destinataire] to forward. -**2.** *fam* [personne] to throw out *(sép)*; **je l'ai réexpédié vite fait** I got rid of him in no time.

réexpédition [reɛkspedisjɔ̃] *nf* [pour renvoyer] sending back, returning (to sender); [pour faire suivre] forwarding, redirecting; **service de ~ du courrier** mail forwarding OU redirecting service.

réexportation [reɛkspɔrtasjɔ̃] *nf* reexport.

réexporter [3] [reɛkspɔrte] *vt* to reexport.

réf. *(abr écrite de* **référence)** ref.

refaçonner [3] [rəfasɔne] *vt* to reshape, to remodel.

réfaction [refaksjɔ̃] *nf* -**1.** COMM reimbursement, allowance. -**2.** FIN adjustment.

refaire [109] [rəfɛr] *vt* -**1.** [à nouveau] to redo, to do again; **~ une addition** to add a sum up again; **~ une opération pour la vérifier** to do a calculation again to check it; **~ un pansement** to redo a bandage; **~ une piqûre** to give another injection; **j'ai dû ~ le trajet en sens inverse** I had to make the same journey again in the other direction; **quand pourras-tu ~ du sport?** when will you be able to do some sport again?; **je vais ~ quelques longueurs de bassin** I'm going to swim a few more lengths; **il a refait le dessin en tenant compte de nos remarques** he redid the drawing taking our comments into account ‖ *fig*: **vous ne la referez pas** you won't change her; **~ sa vie** to start a new life, to make a fresh start (in life); **si c'était à ~, je ne l'épouserais pas** if I could start all over again, I wouldn't marry him; **si c'était à ~? - je suis prête à recommencer** and if you had to do it all again? - I would do the same thing. -**2.** [réparer] to redo; **~ la toiture** to redo the roof; **~ la peinture** to repaint, to redo the paintwork; **ils refont la route** they are resurfacing the road; **le moteur a été complètement refait à neuf** the engine has had a complete overhaul. -**3.** *fam* [berner] to take in *(sép)*; **il m'a refait de cent francs** he did me out of a hundred francs; **tu as été refait** you've been taken in OU had.

◆ **se refaire** ◇ *vp* *(emploi réfléchi)* [se changer]: **on ne se refait pas** you can't change the way you are.

◇ *vpi* *fam* [financièrement] to recoup one's losses; **j'ai besoin de me ~** I need to get hold of some more cash.

◇ *vpt*: **se ~ une tasse de thé** to make o.s. another cup of tea ❑ **se ~ une beauté** to powder one's nose; **se ~ une santé** to recuperate, to get back into shape.

◆ **se refaire à** *vp + prép*: **se ~ à qqch** to get used to sthg again; **il a du mal à se ~ à la vie urbaine** he's finding it hard getting used to city life again OU getting reaccustomed to city life.

réfection [refɛksjɔ̃] *nf* [gén] redoing; [d'une pièce] redecorating; [d'une maison] redoing, doing up; [d'une route] repairs; **pendant les travaux de ~** [d'une maison] while the house is being done up; [d'une route] during repairs to the road, while there are roadworks.

réfectoire [refɛktwar] *nm* [dans une communauté] refectory; SCOL dining hall, canteen; UNIV (dining) hall.

refend [rəfɑ̃] *nm* ARCHIT & CONSTR: **bois de ~** (wood in) planks; **pierre de ~** corner stone; **mur de ~** partition (wall).

refendre [78] [rəfɑ̃dr] *vt* -**1.** [ardoise] to split. -**2.** MENUIS: **scie à ~** pitsaw.

référé [refere] *nm* [procédure] special hearing; [arrêt] temporary ruling; [ordonnance] temporary injunction; **introduire un ~** to issue a temporary injunction.

référence [referɑ̃s] *nf* -**1.** [renvoi] reference. -**2.** ADMIN & COMM reference number; **'~ à rappeler dans toute correspondance'** 'reference number to be quoted when replying OU in all correspondence'. -**3.** [base d'évaluation] reference; **un prix littéraire, c'est une ~** to have won a literary prize is a good reference OU recommendation; **ton ami n'est pas une ~** your friend is nothing to go by; **faire ~ à**: **la biographie fait plusieurs fois ~ à son éthylisme** the biography makes several references to his alcoholism; **dans ce passage il fait ~ à Platon** in this passage he is referring to Plato. -**4.** LING reference.

◆ **références** *nfpl* [pour un emploi - témoignages] references, credentials *fig*; [- document] reference letter, testimonial; **'sérieuses ~s exigées'** 'good references required'; **quelles sont les ~s de votre société?** what are your company's credentials?

◆ **de référence** *loc adj* reference *(modif)*; **année de ~** FIN base year; **groupe de ~** PSYCH reference group; **prix de ~** reference price.

référencer [16] [referɑ̃se] *vt* to reference.

référendaire [referɑ̃dɛr] *adj* referendum *(modif)*; **conseiller ~** ≃ public auditor.

référendum [referɛ̃dɔm] *nm* referendum.

référent [referɑ̃] *nm* referent.

référentiel, elle [referɑ̃sjɛl] *adj* referential.

◆ **référentiel** *nm* frame of reference.

référer [18] [refere]

◆ **en référer à** *v + prép* [consulter] to refer back to; **il ne peut rien décider sans en ~ à son supérieur** he can't decide anything without referring back to his boss.

◆ **se référer à** *vp + prép* to refer to; **l'article se réfère à l'affaire Dreyfus** the article refers to the Dreyfus affair; **nous nous référons à la définition ci-dessus** the reader is referred to the above definition.

refermer [3] [rəfɛrme] *vt* to close OU to shut again; **~ ses mâchoires sur qqch** to clamp one's jaws on sthg.

◆ **se refermer** *vpi* [porte] to close OU to shut again; [blessure] to close OU to heal up; [piège] to snap shut; **la porte s'est refermée sur mes doigts** the door closed on my fingers.

refiler *fam* [3] [rəfile] *vt* to give; **il m'a refilé sa grippe/son vieux blouson** he gave me the flu/his old jacket ❑ **~ le bébé à qqn** to unload a problem onto sb.

refinancement [rəfinɑ̃smɑ̃] *nm* refinancing.

réfléchi, e [refleʃi] *adj* -**1.** [caractère, personne] reflective, thoughtful; **une analyse ~e** a thoughtful OU well thought-out analysis; **un enfant très ~ pour son âge** a child who thinks very seriously for his age. -**2.** LING reflexive.

réfléchir [32] [refleʃir] ◇ *vt* PHOT & PHYS to reflect.

◇ *vi* to think, to reflect; **as-tu bien réfléchi?** have you thought about it carefully?; **j'ai demandé à ~ avant de répondre** I've asked for time to think it over OU to think about it before giving my answer; **parler sans ~** to speak without thinking; **il fallait ~ avant de parler!** you should have thought before you spoke!; **j'ai longuement réfléchi** I gave it a lot of thought; **~ vite** to think quickly; **tes mésaventures m'ont donné à ~** your mishaps have given me food for thought; **~ à** to think about *(insép)*, to reflect on *(insép)*, to consider; **réflé-**

chissez à ma proposition do think about my offer; **as-tu réfléchi aux conséquences de ton départ?** have you thought about OU considered the consequences of your going?; **as-tu réfléchi (au fait) que tu n'étais pas libre demain?** have you forgotten OU haven't you realized you aren't free tomorrow?; **tout bien réfléchi** all things considered, after careful consideration; **c'est tout réfléchi** it's all settled, my mind's made up; **c'est tout réfléchi, je refuse!** that's easy, the answer is no!
◆ **se réfléchir** *vpi* [lumière, son] to be reflected.

réfléchissant, e [refleʃisɑ̃, ɑ̃t] *adj* reflecting PHYS.

réflecteur, trice [reflɛktœr, tris] *adj* reflecting.
◆ **réflecteur** *nm* -**1.** ASTRON reflector, reflecting telescope. -**2.** PHYS reflector.

réflectif, ive [reflɛktif, iv] *adj* reflexive PHYSIOL.

reflet [rəflɛ] *nm* -**1.** [lumière] reflection, glint, light; **les ~s du soleil sur l'eau** the reflection of the sun on the water. -**2.** [couleur] tinge, glint, highlight; **des cheveux châtains avec des ~s dorés** brown hair with tints of gold; **se faire faire des ~s** to have highlights put in; **avoir des ~s changeants** to shimmer. -**3.** [image] reflection; **je vois ton ~ dans la vitre** I can see your reflection in the window; **on voit le ~ du flash dans la fenêtre** you can see the reflection of the flashlight on the windowpane; **ses lettres sont le ~ de son caractère** her letters reflect OU mirror her character.

refléter [18] [rəflete] *vt* -**1.** [renvoyer - lumière] to reflect; [- image] to reflect, to mirror. -**2.** [représenter] to reflect, to mirror; **son air perplexe reflétait son trouble intérieur** his puzzled look indicated OU betrayed his inner turmoil; **ce qu'il dit ne reflète pas ce qu'il pense/mon opinion** his words are not a fair reflection of what he thinks/of my opinion.
◆ **se refléter** *vpi* -**1.** [lumière, rayon] to be reflected. -**2.** [se manifester] to be reflected in; **son éducation religieuse se reflète dans sa manière de vivre** his religious education is reflected in the way he lives; **le bonheur se reflète sur son visage** happiness shines in his face.

refleurir [32] [rəflœrir] *vi* -**1.** [plante] to flower again, to blossom again. -**2.** *fig* & *litt* to blossom OU to flourish again.

reflex [reflɛks] ◇ *adj inv* reflex *(modif)*.
◇ *nm inv* reflex (camera).

réflexe [reflɛks] ◇ *nm* -**1.** BIOL & PHYSIOL reflex; **avoir de bons ~s** to have good reflexes ❑ **~ inné/conditionné** instinctive/conditioned reflex. -**2.** [réaction] reaction; **il a eu/n'a pas eu le ~ de tirer le signal d'alarme** he instinctively pulled/he didn't think to pull the alarm; **son premier ~ a été d'appeler à l'aide** her immediate reaction was to call for help; **ses ~s de conducteur sont émoussés** his reflexes when he's behind the wheel aren't what they used to be.
◇ *adj* reflex *(modif)*.

réflexible [reflɛksibl] *adj* reflexible.

réflexif, ive [reflɛksif, iv] *adj* MATH & PHILOS reflexive.

réflexion [reflɛksjɔ̃] *nf* -**1.** [méditation] thought; **après mûre ~** after careful consideration, after much thought; **leur proposition demande ~** their offer will need thinking over; **s'absorber dans ses ~s** to be deep OU lost in thought ❑ **~ faite, à la ~** on reflection. -**2.** [discernement]: **agir sans ~** to act without thinking, to act thoughtlessly; **son rapport manque de ~** his report hasn't been properly thought out OU through; **elle manque de ~** she doesn't think things out (sufficiently); **un homme de ~** a man of intellect. -**3.** [remarque] remark, comment, reflection; **faire des ~ à qqn** to make comments to sb; **elle a fait d'amères ~s sur son passé** she made bitter reflections about OU she commented bitterly on her past life; **sa ~ ne m'a pas plu** I didn't like his remark OU what he said; **elle a eu des ~s de la direction** the management have had a word with her *euph*. -**4.** TECH [de la lumière] reflection; **angle de ~** angle of reflection.

réflexivité [reflɛksivite] *nf* reflexivity.

réflexologie [reflɛksɔlɔʒi] *nf* reflexology.

refluer [3] [rəflye] *vi* -**1.** [liquide] to flow back; [marée] to ebb; [foule, public] to surge back; **faire ~ les manifestants** to push back the demonstrators. -**2.** *fig* & *litt* [pensée, souvenir] to come flooding OU rushing back.

reflux [rəfly] *nm* -**1.** [de la marée] ebb. -**2.** [d'une foule] backward surge. -**3.** MÉD reflux.

refondre [75] [rəfɔ̃dr] *vt* -**1.** [métal] to remelt, to melt down *(sép)* again; [cloche] to recast. -**2.** *fig* [remanier] to recast, to reshape, to refashion; **~ un projet de loi** to redraft OU to recast a bill; **la 3e édition a été entièrement refondue** the third edition has been entirely revised.

refonte [rəfɔ̃t] *nf* -**1.** MÉTALL [nouvelle fonte] remelting; [nouvelle coulée] recasting. -**2.** *fig* [remaniement] recasting, reshaping, refashioning; **il y a eu ~ de l'ouvrage** the work has been completely OU entirely revised.

réformable [refɔrmabl] *adj* -**1.** MIL *liable for exemption from military service*. -**2.** [modifiable] reformable, capable of being modified.

reformage [rəfɔrmaʒ] *nm* reforming; **~ catalytique/à la vapeur** catalytic/steam reforming.

réformateur, trice [refɔrmatœr, tris] ◇ *adj* reforming; **idées réformatrices** ideas of reform.
◇ *nm, f* reformer.

réformation [refɔrmasjɔ̃] *nf* -**1.** *litt* [action] reform, reformation. -**2.** RELIG & *vieilli*: **la Réformation** the Reformation. -**3.** JUR reversal.

réforme [refɔrm] *nf* -**1.** [modification] reform; **demander la ~ de l'orthographe** to call for spelling reform; **~s sociales** social reforms; **nous choisirons la voie des ~s** we shall opt for reformism OU a policy of reform OU reforms. -**2.** MIL [de matériel] scrapping; [d'un soldat] discharge; [d'un appelé] declaration of unfitness for service; **commission de ~** ≃ Army Medical Board. -**3.** RELIG: **la Réforme** the Reformation.

réformé, e [refɔrme] ◇ *adj* [religion] Reformed, Protestant.
◇ *nm, f* [calviniste] Protestant; [moine] member of a Reformed Order.
◆ **réformé** *nm* MIL [recrue] *conscript declared unfit for service*; [soldat] discharged soldier.

reformer [3] [rəfɔrme] *vt* -**1.** [à nouveau] to re-form, to form again; **~ un groupe** to bring a group back together; **reformez les groupes!** get back into your groups! -**2.** PÉTR to reform.
◆ **se reformer** *vpi* to re-form, to form again; **la fissure se reforme tous les hivers** the crack reappears every winter; **l'association va se ~ autour d'une nouvelle équipe** the association will be set up again OU re-formed around a new team.

réformer [3] [refɔrme] *vt* -**1.** [modifier] to reform. -**2.** *litt* [supprimer] to put an end to; **~ les abus** to put an end to injustice. -**3.** [mettre au rebut] to scrap, to discard. -**4.** MIL [recrue] to declare unfit for service; [soldat] to discharge; [tank, arme] to scrap. -**5.** RAIL to overhaul.

réformette *fam* [refɔrmɛt] *nf péj* petty reform.

réformisme [refɔrmism] *nm* reformism.

réformiste [refɔrmist] *adj* & *nmf* reformist.

reformuler [3] [rəfɔrmyle] *vt* to rephrase, to reword; **je ne comprends pas votre question, pouvez-vous la ~?** I don't understand your question, could you rephrase it?

refouiller [3] [rəfuje] *vt* to carve out *(sép)*.

refoulant, e [rəfulɑ̃, ɑ̃t] *adj* pumping *(avant n)*; **pompe ~e** force pump.

refoulé, e [rəfule] ◇ *adj* [instinct, sentiment] repressed; [ambition] frustrated; [personne] inhibited.
◇ *nm, f* inhibited person.
◆ **refoulé** *nm* PSYCH: **le ~** repressed content.

refoulement [rəfulmɑ̃] *nm* -**1.** [d'assaillants] pushing OU forcing back; [d'immigrants] turning back OU away. -**2.** PSYCH repression. -**3.** RAIL backing.

refouler [3] [rəfule] ◇ *vt* -**1.** [assaillants] to drive OU to push back *(sép)*, to repulse; [immigrants] to turn back OU away *(sép)*; **les forces de police ont refoulé les manifestants hors de la place** the police drove the demonstrators out of the square. -**2.** [liquide] to force to flow back; [courant] to stem; [air] to pump out *(sép)*. -**3.** [retenir]: **~ ses larmes** to hold OU to choke back one's tears; **~ sa colère** to keep one's anger in check. -**4.** PSYCH to repress. -**5.** RAIL to back.
◇ *vi* -**1.** [pieu, cheville] to balk. -**2.** [mal fonctionner]: **l'égout refoule** a stench is coming up from the sewer; **la cheminée refoule** the fire is blowing back.

réfractaire [refraktɛr] ◇ *adj* -**1.** [matériau] refractory, heat-resistant. -**2.** [personne]: **~ à** resistant OU unamenable to; **je suis ~ aux mathématiques** I'm incapable of understanding mathematics, mathematics is a closed book to me; **~ aux charmes de la nature** impervious to nature's charms. -**3.** MÉD resistant. -**4.** PHYSIOL: **période ~** refractory period OU phase.
◇ *nm* -**1.** TECH refractory (material). -**2.** HIST *French citizen refusing to work in Germany during World War II*.

réfracter [3] [refrakte] *vt* to refract.
◆ **se réfracter** *vpi* to be refracted.

réfracteur, trice [refraktœr, tris] *adj* refracting.
◆ **réfracteur** *nm* refracting telescope, refractor.

réfraction [refraksjɔ̃] *nf* refraction; **indice de ~** refractive index.

réfractomètre [refraktɔmɛtr] *nm* -**1.** OPT refractometer. -**2.** MÉD optometer.

refrain [rəfrɛ̃] *nm* -**1.** [d'une chanson] chorus, refrain; [chanson] tune, song. -**2.** *péj* [sujet]: **change de ~** can't you talk about something else?; **avec toi c'est toujours le même ~** it's always the same old story with you.

réfrangibilité [refrɑ̃ʒibilite] *nf* refrangibility, refrangibleness.

réfrangible [refrɑ̃ʒibl] *adj* refrangible.

refrènement [rəfrɛnmɑ̃], **réfrènement** [refrɛnmɑ̃] *nm litt* repressing, curbing.

refréner [rəfrene], **réfréner** [refrene] *vt* to hold back *(sép)*, to hold in check, to curb; **~ sa colère** to stifle one's anger.

réfrigérant, e [refriʒerɑ̃, ɑ̃t] *adj* -**1.** [liquide] cooling, refrigerant *spéc*; **mélange ~** refrigerant. -**2.** *fig* [comportement, individu] frosty, icy.
◆ **réfrigérant** *nm* INDUST & SC cooler.

réfrigérateur [refriʒeratœr] *nm* refrigerator, fridge, icebox *Am*.

réfrigérateur-congélateur [refriʒeratœrkɔ̃ʒelatœr] (*pl* **réfrigérateurs-congélateurs**) *nm* fridge-freezer.

réfrigération [refriʒerasjɔ̃] *nf* refrigeration.

réfrigéré, e [refriʒere] *adj* -**1.** *fam* [personne] frozen. -**2.** [véhicule] refrigerated.

réfrigérer [18] [refriʒere] *vt* -**1.** [denrée] to cool, to refrigerate. -**2.** *fig*: **son abord glacial m'a réfrigéré** his icy manner cut me dead.

réfringence [refrɛ̃ʒɑ̃s] *nf* refringence, refringency.

réfringent, e [refrɛ̃ʒɑ̃, ɑ̃t] *adj* refringent.

refroidir [32] [rəfrwadir] ◇ *vt* -**1.** TECH to cool. -**2.** *fig* [personne] to cool (down); [sentiment] to dampen, to put a damper on; **cet échec l'a refroidi** this failure has dampened his enthusiasm. -**3.** ▽ [assassiner] to bump off.
◇ *vi* -**1.** [devenir froid] to cool (down), to get cold OU colder; **faites ~ pendant deux heures dans le réfrigérateur** cool OU leave to cool in the refrigerator for two hours; **viens manger, le potage va ~!** come and eat, the soup's getting cold! -**2.** *fam fig*: **laisser ~ qqch** to leave OU to keep OU to put sthg on ice.
◆ **se refroidir** *vpi* -**1.** [devenir froid] to get cold OU colder, to cool down; **le temps va se ~** [légèrement] it'll get cooler; [sensiblement] it'll

get cold OU colder; **attendez que le métal se soit refroidi** wait till the metal has cooled (down); **ne laissez pas vos muscles se ~** don't let your muscles get cold. **-2.** [diminuer] to cool off; **sa passion s'est refroidie** her love has lost some of its fire.

refroidissement [rəfrwadismɑ̃] *nm* **-1.** TECH cooling; **à ~ par circulation d'eau** water-cooled; **à ~ par ventilation** air-cooled; **plaque/tour de ~** cooling plate/tower. **-2.** [rhume] chill; **elle a pris un ~** she caught a chill. **-3.** *fig* [dans une relation] cooling (off); **il y a eu un net ~ dans leurs relations** there's been a definite cooling off in their relationship.

refroidisseur [rəfrwadisœr] *nm* TECH cooler.

refuge [rəfyʒ] *nm* **-1.** [abri] refuge; **servir de ~ à qqn** to offer refuge to sb, to provide a roof for sb; **chercher/trouver ~ dans une grange** to seek/to find shelter in a barn; **donner ~ à** to give shelter to, to shelter ‖ [en montagne] (mountain) refuge; **l'hébergement est en ~** accommodation is provided at the mountain refuge. **-2.** *sout* [réconfort] haven; **chercher ~ dans la religion/les livres** to seek refuge in religion/books; **ce quartier est le ~ des artistes** this area is a haven for artists. **-3.** [dans une rue] refuge, (traffic) island. **-4.** *(comme adj; avec ou sans trait d'union)* [sûr]: **valeur ~** [gén] sound investment; BOURSE currency-safe investment.

réfugié, e [refyʒje] *nm, f* refugee.

réfugier [9] [refyʒje]

◆ **se réfugier** *vpi* **-1.** [s'abriter] to take refuge OU shelter; **ils se sont réfugiés dans une grotte** they took refuge in a cave; **ils se sont réfugiés sous un arbre** they sheltered under a tree. **-2.** *fig*: **elle se réfugie dans ses livres** she takes refuge in her books.

refumer [3] [rəfyme] *vi* to start smoking again.

refus [rəfy] *nm* **-1.** [réponse négative] refusal, rebuff; **s'exposer à un ~** to run the risk of a refusal OU of being turned down; **opposer un ~ catégorique à qqn** to give an outright refusal to sb; **~ de vente/de priorité/d'obéissance** refusal to sell/to give way/to comply ❑ **ce n'est pas de ~!** *fam* I wouldn't say no!, I don't mind if I do! **-2.** ÉQUIT refusal.

refusable [rəfyzabl] *adj* [gén] refusable; [offre] which can be rejected.

refusé, e [rəfyze] *nm, f* ENS failed candidate.

refuser [3] [rəfyze] ◇ *vt* **-1.** [don, livraison] to refuse to accept, to reject; **~ une marchandise pour non-conformité** to refuse to accept an unfit OU a faulty product; **il a refusé tous les cadeaux** he's refused to accept any present, he's turned down every gift ‖ [offre, proposition] to turn down, to refuse; **~ une invitation** to turn down OU to decline an invitation; **je suis obligé de ~ du travail** I have to turn jobs down OU to refuse work; **le restaurant refuse du monde tous les soirs** the restaurant turns people away every evening. **-2.** [autorisation] to refuse, to turn down; [service] to refuse, to deny; **je lui ai refusé l'accès au jardin** I denied him access to the garden; **je lui ai refusé la visite du jardin** I wouldn't allow him to visit the garden; **il refuse de sortir de sa chambre** he refuses to leave his room; **il ne peut rien lui ~** he can refuse him nothing; **comment peux-tu lui ~ ça?** how can you deny him that?; **le tiroir refuse de s'ouvrir** the drawer refuses to OU won't open. **-3.** ÉQUIT to refuse. **-4.** [combat, maladie, responsabilité] to refuse, to reject; **je refusais tout à fait cette idée** I wouldn't accept that idea at all; **~ le combat** to refuse battle OU to fight; **~ de lutter contre la maladie/d'utiliser la force** to refuse to combat illness/to use force; **~ les responsabilités** to shun responsibilities, to refuse to take on responsibilities; **on ne peut lui ~ une réelle maîtrise du sujet** *sout* there's no denying he really knows the subject.

◇ *vi* **-1.** CONSTR & TRAV PUBL to resist, to balk. **-2.** NAUT to haul, to turn.

◆ **se refuser** ◇ *vp (emploi passif; à la forme nég)*: **une telle offre ne se refuse pas** such an offer is not to be refused OU can't be turned down; **un séjour au bord de la mer, ça ne se refuse pas** a stay at the seaside, you can't say no to that. ◇ *vpt* to deny o.s.; **des vacances au Brésil, on ne se refuse rien!** *fam hum* a holiday in Brazil, no less!

◆ **se refuser à** *vp + prép*: **je me refuse à croire de pareilles sornettes!** I refuse to believe such twaddle!; **l'avocat se refuse à tout commentaire** the lawyer is refusing to make any comment OU is declining to comment.

réfutable [refytabl] *adj* refutable; **arguments qui ne sont pas ~s** arguments which cannot be refuted.

réfutation [refytasjɔ̃] *nf* refutation.

réfuter [3] [refyte] *vt* **-1.** [en prouvant] to refute, to disprove. **-2.** [contredire] to contradict.

refuznik [rəfyznik] *nmf* refusnik, refusenik.

reg [rɛg] *nm* reg GEOG.

regagner [3] [rəgaɲe] *vt* **-1.** [gagner - à nouveau] to win back *(sép)*, to regain; [- après perte] to win back; **le dollar regagne quelques centimes sur le marché des changes** the dollar has regained a few cents on the foreign exchange market; **~ la confiance de ses électeurs** to win back the voters' trust; **~ le temps perdu** to make up for lost time; **~ du terrain** to recover lost ground. **-2.** [retourner à] to go back OU to return to; **~ la ville/la France** to return to (the) town/to France; **il a regagné la côte à la nage** he swam (back) to the shore; **~ sa place** to get back to one's seat OU place.

regain [rəgɛ̃] *nm* **-1.** [retour, accroissement] renewal, revival; **un ~ de vie** a new lease of life; **avec un ~ de bonne humeur** with renewed cheerfulness; **un ~ d'énergie** fresh energy. **-2.** AGR aftermath.

régal, als [regal] *nm* **-1.** [délice] delight, treat; **ce repas est un vrai ~** this meal is a real treat. **-2.** [plaisir] delight; **la mousse au chocolat est son ~** chocolate mousse is his favourite; **c'est un ~ pour les yeux** it's a sight for sore eyes.

régalade [regalad] *nf*: **boire à la ~** *to drink without letting the bottle touch one's lips.*

régale [regal] *adj f* CHIM: **eau ~** aqua regia.

régalement [regalmɑ̃] *nm* (tax) apportioning.

régaler [3] [regale] *vt* **-1.** [offrir à manger, à boire] to treat; **~ ses amis d'un excellent vin** to treat one's friends to an excellent wine; **aujourd'hui, c'est moi qui régale** *fam* today it's on me OU I'm treating you OU it's my treat. **-2.** *fig* to regale; **elle régalait ses collègues d'anecdotes croustillantes** she regaled her colleagues with OU treated her colleagues to spicy anecdotes. **-3.** [terrain] to level. **-4.** FIN to apportion (a tax).

◆ **se régaler** *vpi* **-1.** [en mangeant]: **je me suis régalé** it was a real treat, I really enjoyed it. **-2.** *fig*: **je me régale en l'écoutant** OU **à l'écouter** it's a real treat for me to listen to her.

régalien, enne [regaljɛ̃, ɛn] *adj* kingly, royal; **droit ~** royal prerogative.

regard [rəgar] *nm* **-1.** [expression] look, expression; **son ~ était haineux** he had a look of hatred in his eye OU eyes, his eyes were full of hatred; **il a un ~ doux/torve** he has a gentle/menacing look in his eyes; **un ~ vitreux** a glassy stare; **un ~ de concupiscence** a leer; **un ~ de méfiance** a suspicious look. **-2.** [coup d'œil] look, glance, gaze; **mon ~ s'arrêta sur une fleur** my eyes fell on a flower; **attirer les ~s** to be the centre of attention; **nos ~s se croisèrent** our eyes met; **il a détourné le ~** he averted his gaze, he looked away; **ils échangèrent un ~ de connivence** they exchanged knowing OU conspiring looks; **un ~ qui en disait long** an eloquent look; **chercher du ~** to look (around) for; **interroger qqn du ~** to give sb a questioning look; **il est parti sans même un ~** he left without even a backward glance; **lancer un ~ à qqn** to look at sb; **il lançait aux visiteurs des ~s mauvais** he glared at the visitors OU gave the visitors nasty looks; **caché aux ~s du public** out of the public eye; **loin des ~s curieux** far from prying eyes; **porter un ~ nouveau sur qqn/qqch** *fig* to look at sb/sthg in a new light; **couver qqch/qqn du ~** to stare at sthg/sb with greedy eyes ❑ **suivez mon ~** *hum* mentioning no names. **-3.** [d'égout] manhole; [de colonne, de four] peephole.

◆ **au regard de** *loc prép* **-1.** [aux termes de] in the eyes of; **mes papiers sont en règle au ~ de la loi** my papers are in order from a legal point of view. **-2.** [en comparaison avec] in comparison with, compared to; **ce n'est pas grand-chose au ~ de ce que je dois au percepteur** that's not much compared to what I owe the taxman.

◆ **en regard** *loc adv*: **un texte latin avec la traduction en ~** a Latin text with a translation on the opposite page.

◆ **en regard de** *loc prép*: **en ~ de la colonne des chiffres** facing OU opposite the column of figures.

regardant, e [rəgardɑ̃, ɑ̃t] *adj* **-1.** [avare] careful with money *euph*, sparing, grudging. **-2.** [pointilleux] demanding; **elle n'est pas très ~e sur la propreté** she's not very particular when it comes to cleanliness.

regarder [3] [rəgarde] ◇ *vt* **-1.** [voir] to look at *(insép)*, to see; [observer] to watch, to see; **regarde s'il arrive** see if he's coming; **si tu veux t'instruire, regarde-le faire** if you want to learn something, watch how he does it; **as-tu regardé le match?** did you watch OU see the match?; **regarde voir dans la chambre** *fam* go and look OU have a look in the bedroom; **regarde voir si ton petit frère dort** *fam* look OU check and see if your little brother is sleeping, will you?; **regarde-moi ça!** *fam* just look at that!; **regarde-moi ce travail!** *fam* just look at this mess! ❑ **tu ne m'as pas regardé!** *fam* what do you take me for?, who do you think I am?; **tu veux que j'y aille à ta place? non mais, tu m'as bien regardé?** *fam* you want me to go instead of you? what sort of a sucker do you take me for? **-2.** [examiner - moteur, blessure] to look at *(insép)*, to check; [- notes, travail] to look over OU through *(sép)*; [- causes] to examine, to consider, to look into *(insép)*; **as-tu eu le temps de ~ le dossier?** did you have time to look at OU to examine the file?; **regarde avant tout les conséquences possibles** above all you must weigh up OU consider the possible consequences. **-3.** [consulter] to look up *(sép)*; **regarde son prénom dans le dictionnaire** look up her first name in the dictionary; **regarde à la lettre D** look through the D's, look at the letter D; **tu regardes constamment la pendule!** you're always looking at OU watching the clock!; **non mais, tu as regardé l'heure?** *fam* [il est tard] have you seen the time?, do you realize what time it is?; **je vais ~ quelle heure il est** OU **l'heure** I'm going to see OU to check what time it is. **-4.** [concerner] to concern; **bien sûr que ça me regarde!** of course it concerns me!; **ceci ne regarde que toi et moi** this is (just) between you and me; **ça ne te regarde pas!** that's OU it's none of your business!; **cette affaire ne me regarde plus** this affair is no longer any concern OU business of mine; **cela ne les regarde en rien** it's absolutely no business of theirs; **en quoi est-ce que ça me regarde?** what's that got to do with me? **-5.** [considérer - sujet, situation] to look at *(insép)*, to view; **elle ne regarde pas les choses de la même façon que moi** she looks at OU sees things differently from me; **si l'on regarde la situation de son point de vue** if you look at OU view the situation from his standpoint; **un projet que l'on regardait alors avec suspicion** a project which was regarded OU viewed with suspicion at the time; **nous regardons l'avenir avec confiance** we look to the future with confidence; **il regarde avec envie la réussite de son frère** he casts an envious eye upon his brother's success, he looks upon his brother's success with envy; **ne ~ que** [ne penser qu'à] to be concerned only with, to think only about; **il ne regarde que ses intérêts** he thinks only about his own interests; **~ qqn comme** to consider sb as, to regard sb as, to look upon sb as; **je l'ai toujours regardé comme un frère** I've always looked upon him as a brother; **on le regarde comme un futur champion** he is seen

ou regarded as a future champion; ~ qqch comme to regard sthg as, to look upon sthg as, to think of sthg as.
◇ *vi* -**1.** [personne] to look; **nous avons regardé partout** we looked ou searched everywhere; **il passe des heures à ~ dans son télescope** he spends hours peering into his telescope; **tu ne sais pas ~** you should learn to use your eyes; **ne reste pas là à ~, fais quelque chose!** don't just stand there (staring), do something! -**2.** [bâtiment, pièce] to face, to look (out) onto; **~ à l'ouest** to face West; **le balcon regarde vers la mer** the balcony looks out over ou faces the sea; **la cuisine regarde sur la cour** the kitchen (window) looks out onto the courtyard.
◆ **regarder à** *v + prép* [morale, principes] to think of ou about, to take into account; [apparence, détail] to pay attention to; **je regarde avant tout à la qualité** I'm particularly ou primarily concerned with quality; **nous regardons d'abord au bien-être de nos patients** we are primarily concerned with the welfare of our patients; **regarde à ne pas faire d'erreur** watch you don't make a mistake; **~ à la dépense** to be careful with one's money; **ne regardons pas à la dépense!** let's not think about the money!; **acheter sans ~ à la dépense** to buy things regardless of the expense; **tu ne vas pas ~ à trente francs, non!** you're not going to worry about thirty francs, are you? ❑ **y ~ à deux** ou **à plusieurs fois avant de faire qqch** to think twice before doing sthg; **à y bien ~, à y ~ de plus près** when you think it over, on thinking it over; **il ne faut pas y ~ de trop près** *pr* don't look too closely; *fig* don't be too fussy.
◆ **se regarder** ◇ *vp (emploi réfléchi) pr & fig* to look at oneself; **se ~ dans un miroir** to look at o.s. in a mirror; **elle se regardait sans complaisance** she examined herself critically ❑ **tu ne t'es pas regardé!** *fam* you should take a (good) look at yourself!
◇ *vp (emploi réciproque)* [personnes] to look at each other ou at one another; [bâtiments] to be opposite one another, to face each other; **elles se regardaient dans les yeux** they were looking ou staring into each other's eyes.
◇ *vp (emploi passif)* [spectacle]: **cette émission se regarde en famille** this is a family show, this show is family viewing; **ça se regarde volontiers** it's quite pleasant to watch.

regarnir [32] [rəgarnir] *vt* [rayons] to refill, to restock, to stock up *(sép)* again; [maison] to refurnish.

régate [regat] *nf* NAUT regatta; **faire une régate** to sail in a regatta.

régater [3] [regate] *vi* to race ou to sail in a regatta; **~ avec qqn** to race sb in a regatta.

régatier [regatje] *nm* entrant ou competitor in a regatta.

regeler [25] [rəʒəle] ◇ *vi & vt* to freeze again.
◇ *v impers*: **il regèle** it's freezing again.

régence [reʒɑ̃s] *nf* regency.
◆ **Régence** ◇ *nf*: **la Régence** the Regency of Philippe II *(in France)*.
◇ *adj inv* (French) Regency; **un fauteuil Régence** a Regency armchair.

Regency [reʒɑ̃nsi] *adj inv* [style britannique] Regency.

régendat [reʒɑ̃da] *nm Belg teacher training course for 'régents'*.

régénérateur, trice [reʒeneratœr, tris] *adj* regenerative.
◆ **régénérateur** *nm* regenerator.

régénération [reʒenerasjɔ̃] *nf* regeneration.

régénérer [18] [reʒenere] *vt* -**1.** BIOL & CHIM to regenerate; **caoutchouc régénéré** regenerated rubber (fibres). -**2.** *litt* [rénover] to regenerate, to restore.

régent, e [reʒɑ̃, ɑ̃t] *nm, f* regent.
◆ **régent** *nm Belg qualified secondary school teacher*.

régenter [3] [reʒɑ̃te] *vt* to rule over *(insép)*, to run; **il veut ~ tout le monde** he wants everybody to be at his beck and call.

reggae [rege] *nm* reggae (music).

régicide [reʒisid] *adj, nmf & nm* regicide.

régie [reʒi] *nf* -**1.** [d'une entreprise publique]: (société) **en ~** [par l'État] state-controlled (corporation); [par le département] local authority controlled (company); [par la commune] ≃ local district controlled (company); **il travaille à la ~ municipale des eaux** he works for the local water board. -**2.** RAD & TV [pièce] control room. -**3.** CIN, THÉÂT & TV [équipe] production team. -**4.** ÉCON: **travaux en ~** (net) timework. -**5.** FIN excise.

regimber [3] [rəʒɛ̃be] *vi* -**1.** [cheval] to rear up, to jib. -**2.** [personne] to rebel, to grumble; **faire qqch sans ~** to do sthg without complaining; **inutile de ~** it's no use grumbling.

régime [reʒim] *nm* -**1.** POL [système] regime, (system of) government; **~ militaire/parlementaire/totalitaire** military/parliamentary/totalitarian regime ‖ [gouvernement] regime; **la chute du ~** the fall of the regime ou the government. -**2.** ADMIN & JUR [système] system, scheme; [règlement] rules, regulations; **le ~ des visites à l'hôpital** hospital visiting hours and conditions; **~ de Sécurité sociale** *subdivision of the French social security system applying to certain professional groups* ❑ **être marié sous le ~ de la communauté** to opt for a marriage based on joint ownership of property; **~ complémentaire** additional retirement cover; **~ douanier** customs regulations; **le ~ général de la Sécurité sociale** the social security system; **~ matrimonial** marriage settlement; **~ pénitentiaire** prison system; **~ de retraite** retirement scheme. -**3.** ÉCON: **~ préférentiel** special arrangements. -**4.** MÉD: **faire un ~** to go on a diet; **être au ~** to be on a diet, to be dieting ❑ **~ (alimentaire)** diet; **~ amaigrissant** slimming *Br* ou reducing *Am* diet; **~ lacté** milk diet; **~ sec** *fam*: **je suis au ~ sec** *hum* I'm on an alcohol-free diet; **~ sans sel** salt-free diet; **se mettre au ~ jockey** to go on a starvation diet. -**5.** INDUST & MÉCAN engine speed; **fonctionner à plein ~** *pr & fig* to be ou to go at full speed; **à ce ~ vous ne tiendrez pas longtemps** at this rate you won't last long ❑ **~ de croisière** economic ou cruising speed; **~ de production** production rate. -**6.** GÉOG: **~ glaciaire/nivo-glaciaire/nivo-pluvial** glacial/snow and ice/snow and rain regime; **~ d'un fleuve** rate of flow, regimen of a river; **~ des pluies** rainfall pattern; **le ~ des vents** the prevailing winds ou wind system. -**7.** LING: **~ direct/indirect** direct/indirect object. -**8.** PHYS regimen, flow rate; **~ laminaire/turbulent** laminary/turbulent flow. -**9.** BOT: **un ~ de bananes** a hand ou stem ou bunch of bananas; **un ~ de dattes** a bunch ou cluster of dates.

RÉGIME DE SÉCURITÉ SOCIALE:
The French social security system is divided into the following types of "régimes": 1. "Le régime général des salariés", which provides social security cover for people in paid employment. 2. "Les régimes spéciaux", which provide tailor-made cover for certain socioprofessional groups (civil servants, miners, students etc). 3. "Les régimes particuliers", designed for the self-employed. 4. "Les régimes complémentaires", which provide additional retirement cover for wage-earners.

---

régiment [reʒimɑ̃] *nm* -**1.** MIL [unité de l'armée] regiment. -**2.** *fam vieilli* [service militaire]: **faire son ~ dans l'infanterie** ≃ to do one's military service in the infantry *Br*, ≃ to be drafted into the infantry *Am*; **un de mes camarades de ~** a friend from my military service days. -**3.** *fam* [grande quantité]: **il a tout un ~ de cousins** he's got a whole army of cousins.

régimentaire [reʒimɑ̃tɛr] *adj* regimental MIL.

région [reʒjɔ̃] *nf* -**1.** GÉOG region; **~ industrielle/agricole** industrial/agricultural region; **les ~s tempérées/polaires** the temperate/polar regions; **la Sologne est une ~ marécageuse** the Sologne is a marshy area ou region; **les habitants de Paris et sa ~** the inhabitants of Paris and of the Paris area; **le nouveau médecin n'est pas de la ~** the new doctor isn't from the area ou from around here ❑ **la ~ parisienne** the Paris area, the area around Paris. -**2.** ANAT: **~ cervicale/lombaire** cervical/lumbar region; **une douleur dans la ~ du foie** a pain somewhere around ou near the liver.
◆ **Région** *nf* ADMIN region *(French administrative area made up of several departments)*.

régional, e, aux [reʒjɔnal, o] *adj* -**1.** [de la région] regional; [de la localité] local. -**2.** [sur le plan international] local, regional; **un conflit ~** a regional conflict.

régionalisation [reʒjɔnalizasjɔ̃] *nf* regionalization.

régionaliser [3] [reʒjɔnalize] *vt* to regionalize.

régionalisme [reʒjɔnalism] *nm* regionalism.

régionaliste [reʒjɔnalist] *adj & nmf* regionalist.

régir [32] [reʒir] *vt* to govern.

régisseur [reʒisœr] *nm* -**1.** [d'un domaine] steward. -**2.** CIN & TV assistant director; THÉÂT stage manager. -**3.** ÉCON comptroller.

régistraire [reʒistrɛr] *nmf Can* SCOL registrar.

registre [rəʒistr] *nm* -**1.** ADMIN & JUR register; **noter qqch dans un ~** to write sthg down in ou to enter sthg into a register ❑ **~ d'audience** record JUR; **s'inscrire au ~ du commerce** to register one's company; **~ de l'état civil** ≃ register of births, marriages and deaths. -**2.** IMPR & INF register. -**3.** MUS [d'un orgue] stop; [d'une voix] range, register; **avoir un ~ étendu** to have a wide range; **un ~ aigu/grave** a high/low pitch. -**4.** LING register, level of language; **le livre est écrit dans un ~ plaisant** *fig* the book is written in a humorous style. -**5.** TECH damper.

réglable [reglabl] *adj* -**1.** [adaptable] adjustable; **position/hauteur ~** adjustable position/height; **le dossier est ~** the seat back is adjustable; **température/intensité ~** adjustable temperature/intensity. -**2.** [payable] payable; **~ par mensualités** payable in monthly instalments.

réglage [reglaʒ] *nm* -**1.** [mise au point] adjustment, regulation; **procéder au ~ des phares** to adjust the headlights; **~ d'un thermostat** thermostat setting ❑ **levier de ~** adjusting lever. -**2.** AUT, RAD & TV tuning; **~ de la luminosité de l'écran** brightness control; **le ~ de l'appareil est automatique** PHOT the camera is fully automatic. -**3.** MIL: **~ du tir** range finding ou adjustment. -**4.** [du papier] ruling.

règle [rɛgl] *nf* -**1.** [instrument] ruler, rule; **~ à calcul** slide rule. -**2.** [principe, code] rule; **se plier à une ~** to abide by a rule; **les ~s de l'honneur** the rules ou code of honour; **enfreindre la ~** to break the rule ou rules; **il est de ~ de porter une cravate ici** it's usual to wear a tie here; **les ~s de base en grammaire** the basic rules of grammar; **les ~s des échecs** the rules of chess ❑ **la ~ du jeu** the rules of the game; **respecter la ~ du jeu** to play by the rules; **~ de trois** rule of three; **dans les ~s (de l'art)** according to the (rule) book.
◆ **règles** *nfpl* PHYSIOL [en général] periods; [d'un cycle] period; **je n'ai plus de** ou **mes ~s depuis trois mois** I haven't had a period for three months; **avoir des ~s douloureuses** to suffer from period pain ou pains *Br*, to suffer from menstrual cramps *Am*, to have painful periods.
◆ **en règle** *loc adj*: **être en ~** [document] to be in order; [personne] to have one's papers in order, to be in possession of valid papers; **se mettre en ~** to sort out one's situation; **recevoir un avertissement en ~** to be given an official warning.
◆ **en règle générale** *loc adv* generally, as a (general) rule.

réglé, e [regle] *adj* -**1.** [organisé] regular, well-ordered; **une vie bien ~e** a well-ordered existence. -**2.** [rayé ou quadrillé]: **papier ~** ruled ou lined paper ❑ **c'est ~ comme du papier à musique** it's completely predictable.

◆ **réglée** *adj f*: être ~e [avoir ses règles]: **depuis combien de temps êtes-vous ~e?** how long have you been having your periods?; **est-elle ~e?** has she started to menstruate (yet)?

règlement [rɛgləmɑ̃] *nm* -**1.** ADMIN regulation, rules; **observer le ~** to abide by the rules; **d'après le ~, il est interdit de...** it's against the regulations to...; **afficher le ~ dans chaque classe** to have the rules pinned up in each classroom ❑ **~ administratif** ≃ statutory policy; **~ d'administration publique** ≃ statutory decree OU declaration; **~ intérieur** house rules; **~ de police municipale** ≃ by-law; **~ sanitaire** health regulations. -**2.** [paiement] payment, settlement; **~ par carte de crédit** payment by credit card. -**3.** [résolution] settlement, settling; **~ de compte** OU **comptes** settling of scores; **il y a eu des ~s de comptes** some old scores were settled; **~ judiciaire** JUR compulsory liquidation, winding-up *Br*.

réglementaire [rɛgləmɑ̃tɛr] *adj* -**1.** [conforme] regulation *(modif)*; **longueur ~** regulation length; **modèle de chaudière ~** approved OU standard type of boiler; **il a passé l'âge ~** he's above the statutory age limit; **sa tenue n'était pas des plus ~s** *fam* her outfit was somewhat unorthodox. -**2.** JUR: **pouvoir ~** statutory OU regulative power. -**3.** ADMIN [décision] statutory.

réglementairement [rɛgləmɑ̃tɛrmɑ̃] *adv* according to regulations, statutorily.

réglementation [rɛgləmɑ̃tasjɔ̃] *nf* -**1.** [mesures] regulations. -**2.** [limitation] control, regulation; **la ~ des prix** price controls.

réglementer [3] [rɛgləmɑ̃te] *vt* to regulate, to control; **la vente des boissons alcoolisées est très réglementée** the sale of alcoholic drinks is under strict control OU is strictly controlled.

régler [18] [regle] *vt* -**1.** [résoudre - litige] to settle, to resolve; [- problème] to solve, to iron out *(sép)*, to sort out *(sép)*; **alors c'est réglé, nous irons au bord de la mer** it's settled then, we'll go to the seaside; **c'est une affaire réglée** it is (all) settled now. -**2.** [payer - achat] to pay (for); [- facture, mensualité] to settle; [- créancier] to settle up *(insép)* with; **mon salaire ne m'a pas été réglé** my salary hasn't been paid (in); **~ l'addition** to pay OU settle the bill; **~ qqch en espèces** to pay cash for sthg; **~ qqch par chèque/par carte de crédit** to pay for sthg by cheque/by credit card; **désirez-vous ~ par chèque ou par carte de crédit?** cash or credit card? *Br*, cash or charge? *Am* ❑ **~ ses comptes (avec qqn)** *pr* to settle up *(insép)* (with sb); *fig* to settle (one's) scores (with sb); **~ quelques comptes** to settle a few scores; **j'ai un compte à ~ avec toi** I've got a bone to pick with you; **~ son compte à qqn** *fam* [se venger de lui] to get even with sb; [le tuer] to take care of sb *euph*. -**3.** [mettre au point - volume, allumage, phare etc] to adjust; [- vitesse, thermostat] to set; [- température] to regulate; [- circulation] to control; [- moteur] to tune; **j'ai réglé mon réveil sur 7 h/le four à 200°** I've set my alarm for seven o'clock/the oven at 200 degrees; **comment ~ la radio sur France-Musique?** how do you tune in to France-Musique?; **~ qqch sur** [accorder par rapport à] to set sthg by; **~ sa montre sur l'horloge parlante** to set one's watch by the speaking clock; **~ son rythme sur celui du soleil** to model one's rhythm of life on the movement of the sun. -**4.** [déterminer] to decide (on), to settle; **quelques détails à ~** a few details to be settled; **~ les pas d'un ballet** to set (down) the steps for a ballet. -**5.** [papier] to rule.

◆ **se régler** *vp (emploi passif)* [mécanisme] to be set OU regulated; [luminosité, phare] to be adjusted; [récepteur] to be tuned.

◆ **se régler sur** *vp + prép* [imiter] to model o.s. on, to follow (the example of); **elle a tendance à se ~ sur (l'exemple de) sa mère** she has a tendency to model herself on her mother.

réglette [reglɛt] *nf* -**1.** [petite règle] short ruler, straightedge. -**2.** IMPR lead, reglet.

régleur, euse [reglœr, øz] ◇ *adj* adjusting.
◇ *nm, f* setter.

◆ **régleur** *nm* [dans l'industrie du froid] regulator *(of freezing mixture)*.

◆ **régleuse** *nf* INDUST ruling machine.

réglisse [reglis] *nf* liquorice; **bâton de ~** stick of liquorice.

réglo[▽] [reglo] *adj inv* regular, OK, on the level; **un type ~** an OK OU a regular guy; **il trempe toujours dans des affaires pas très ~** he's always mixed up in some kind of shady business.

régnant, e [reɲɑ̃, ɑ̃t] *adj* -**1.** [qui règne] reigning. -**2.** *sout* [qui prédomine] prevailing, reigning, dominant; **la mode ~e** prevailing fashion.

règne [rɛɲ] *nm* -**1.** [gouvernement] reign; **sous le ~ de Catherine II** in the reign of Catherine II. -**2.** [domination - de la bêtise, de la justice] rule, reign. -**3.** BIOL: **~ animal/végétal** animal/plant kingdom.

régner [8] [reɲe] *vi* -**1.** [gouverner] to reign, to rule. -**2.** [dominer - idée] to predominate, to prevail; [- ordre, silence] to reign, to prevail; **le chaos règne** chaos reigns OU prevails; **la courtoisie qui règne dans nos rapports** the courtesy which prevails in our dealings with each other; **~ sur** to rule over; **~ en maître (sur)** to rule supreme (over); **faire ~ la paix** to keep the peace; **faire ~ le silence** to keep everybody quiet; **faire ~ l'ordre** to keep things under control; **la confiance règne!** *iron* there's trust OU confidence for you! || *(tournure impersonnelle)*: **il règne enfin une paix profonde** a great peace reigns at last; **il règne dans la famille une atmosphère de haine** an atmosphere of hatred reigns in the family.

regonflage [rəgɔ̃flaʒ], **regonflement** [rəgɔ̃fləmɑ̃] *nm* blowing OU pumping up again, reinflating.

regonfler [3] [rəgɔ̃fle] ◇ *vt* -**1.** [gonfler de nouveau - ballon, bouée] to blow up *(sép)* (again), to reinflate; [- matelas pneumatique] to pump up *(sép)* (again), to reinflate; **son séjour à la mer l'a regonflée à bloc** *fam fig* her stay at the seaside has bucked her up (no end). -**2.** [gonfler davantage] to put more air in OU into; **faites le plein et regonflez les pneus avant** fill her up and put some air in the front tyres.
◇ *vi* [gén & MÉD] to swell (up) again.

◆ **se regonfler** *fam vp (emploi réfléchi)*: **je me suis regonflé en allant passer un week-end à la mer** I spent a week-end at the seaside and it really did me good.

regorgement [rəgɔrʒəmɑ̃] *nm litt* overflow, overflowing.

regorger [17] [rəgɔrʒe] *vi litt* [liquide] to overflow.

◆ **regorger de** *v + prép* to overflow with *(insép)*, to abound in *(insép)*; **la terre regorge d'eau** the ground is waterlogged; **les vitrines regorgent de marchandises** the shop windows are packed with goods; **les cafés regorgent de clients** the cafés are packed with customers.

regratter [3] [rəgrate] *vt* to scrape again.

regréer [15] [rəgree] *vt* to rig again.

regreffer [4] [rəgrefe] *vt* to regraft.

régresser [4] [regrese] *vi* -**1.** [baisser - chiffre, population] to drop; **le chiffre d'affaires a régressé** there has been a drop in turnover || [civilisation] to regress. -**2.** [s'atténuer - maladie] to improve. -**3.** PSYCH to regress.

régressif, ive [regresif, iv] *adj* regressive; **impôt ~** degressive tax.

régression [regresjɔ̃] *nf* -**1.** [recul] decline, decrease, regression. -**2.** PSYCH & SC regression. -**3.** GÉOG: **~ (marine)** (marine) regression.

regret [rəgrɛ] *nm* -**1.** [remords] regret; **elle m'a fait part de ses ~s** she expressed her regret to me; **tu l'achètes, pas de ~s?** so you're buying it, no regrets?; **sans un ~** without a single regret; **'~s éternels'** 'deeply regretted', 'greatly lamented'. -**2.** [tristesse] regret; **je vous quitte avec beaucoup de ~** I leave you with great regret, I'm sorry I have to leave you; **nous sommes au** OU **nous avons le ~ de vous annoncer que...** we are sorry OU we regret to have to inform you that...; **j'ai le ~ de te le dire** I'm sorry OU I regret to have to tell you this.

◆ **à regret** *loc adv* [partir, sévir] regretfully, with regret; **il s'éloigna comme à ~** he walked away as though reluctant to do so.

regrettable [rəgrɛtabl] *adj* regrettable, unfortunate; **il est ~ que...** it's unfortunate that...; **il est ~ que tu n'aies pas été informée à temps** it is unfortunate OU a pity (that) you were not informed in time.

regretter [4] [rəgrɛte] *vt* -**1.** [se remémorer - personne, pays] to miss; [- jeunesse, passé] to be nostalgic for; **son regretté mari** her late lamented husband. -**2.** [se reprocher] to be sorry about, to regret; **tu n'as rien à ~** you've got nothing to feel sorry about OU to regret; **je ne regrette pas le temps passé là-dessus/l'argent que ça m'a coûté** I'm not sorry I spent time/money on it; **je ne regrette rien** I've no regrets. -**3.** [dans des expressions de menace] to be sorry, to regret; **je saurai te faire ~ ta plaisanterie** I'll make you regret that joke OU sorry for that joke; **vous regretterez vos paroles!** you'll be sorry that you said that!, you'll regret those words!

◆ **regretter de** *v + prép* -**1.** [se reprocher de]: **tu ne regretteras pas de m'avoir écoutée** you won't be sorry you listened to me. -**2.** [dans des expressions de politesse] *(en usage abs)*: **nous regrettons de ne pouvoir donner suite à votre appel** we regret OU we are sorry we are unable to connect you; **pouvez-vous venir? – non, je regrette!** will you be able to come? – no, I'm afraid not OU – sorry, no!

regrimper [3] [rəgrɛ̃pe] ◇ *vt* to climb (up) again.
◇ *vi* to go up OU to rise again.

regrossir [32] [rəgrosir] *vi* to put on weight again.

regroupement [rəgrupmɑ̃] *nm*: **~ de troupes** gathering OU grouping together of troops; **le ~ des différentes tendances politiques** the rallying (together) of various shades of political opinion.

regrouper [3] [rəgrupe] *vt* -**1.** [rassembler] to bring together *(sép)*, to group OU to gather together *(sép)*. -**2.** [contenir] to contain; **le centre culturel regroupe sous un même toit un cinéma et un théâtre** the arts centre accommodates OU has a cinema and a theatre (under the same roof).

◆ **se regrouper** *vpi* -**1.** [institutions] to group together; [foule] to gather; **les sociétés se sont regroupées pour mieux faire face à la concurrence** the companies have joined forces to deal more effectively with the competition; **les manifestants se regroupent devant la mairie** demonstrators are gathering OU assembling in front of the town hall. -**2.** MIL to regroup.

régularisation [regylarizasjɔ̃] *nf* -**1.** [d'une situation] straightening out, regularization. -**2.** FIN: **paiement de dix mensualités avec ~ annuelle** ten monthly payments with end-of-year adjustments. -**3.** GÉOG grading.

régulariser [3] [regylarize] *vt* -**1.** [rendre légal] to regularize; **il a fait ~ son permis de séjour** he got his residence permit sorted out OU put in order; **ils ont régularisé leur situation** they've regularized OU legalized their situation, they've made their situation legal. -**2.** [rendre régulier] to regulate; **des pilules qui régularisent le rythme cardiaque** pills which regulate the heartbeat.

régularité [regylarite] *nf* -**1.** [dans le temps] regularity, steadiness; **la ~ des battements de son cœur** the regularity of her heartbeat; **un emploi du temps d'une parfaite ~** a schedule that is (as) regular as clockwork; **les factures tombent avec ~** there's a steady flow of bills to pay; **les lettres me parvenaient sans aucune ~** letters would reach me fairly erratically. -**2.** [dans l'espace - de la dentition] evenness; [- d'une surface] smoothness; [- de plantations] straightness. -**3.** [en valeur, en intensité] consistency; **élève d'une grande ~** very consistent pupil; **travailler avec ~** to work steadily OU consistently. -**4.** [légalité] lawfulness, legality.

régulateur, trice [regylatœr, tris] *adj* regulating, control *(modif)*.
◆ **régulateur** *nm* -**1.** [dispositif, horloge] regulator. -**2.** BIOL [gène] regulator OU regulatory gene. -**3.** ÉLECTRON controller.

régulation [regylasjɔ̃] *nf* -**1.** [contrôle] control, regulation; [réglage] regulation, correction; ~ **de la circulation** traffic control; ~ **de la consommation électrique** regulation OU control of electricity consumption. -**2.** BIOL regulation; ~ **thermique** (body) temperature control. -**3.** ÉLECTRON regulation. -**4.** RAIL control.

réguler [3] [regyle] *vt* to control.

régulier, ère [regylje, ɛr] *adj* -**1.** [fixe] regular; **des revenus ~s** a regular OU steady income; **manger à heures régulières** to eat regularly OU at regular intervals || [permanent] regular; **liaisons régulières** [en avion] regular flights; **les vols ~s** scheduled flights ❑ **armée régulière** regular OU standing army. -**2.** [dans l'espace - gén] regular, even; [- plantations] evenly distributed; **des espacements ~s** regular intervals; **une écriture régulière** regular OU neat handwriting. -**3.** [montée, déclin] steady; [distribution] even. -**4.** [harmonieux - traits] regular. -**5.** [conforme à la règle - transaction] legitimate; [- procédure] correct, fair; **l'expulsion n'était pas régulière** the eviction wasn't legal; **c'est un procédé pas très ~** that's not quite above board. -**6.** *fam* [honnête] on the level, straight; **ils sont ~s en affaires** they're straight OU honest in business. -**7.** BOT, GÉOM, LING & ZOOL regular.
◆ **régulier** *nm* MIL & RELIG regular.
◆ **régulière** *fam nf hum*: **ma régulière** [épouse] my missus, my old lady; [maîtresse] my girlfriend.
◆ **à la régulière** *fam loc adv* fair and square, above board; **ça a été fait à la régulière** it was all (done) above board, there was nothing shady about it.

régulièrement [regyljɛrmɑ̃] *adv* -**1.** [dans l'espace - disposer] evenly, regularly, uniformly; **les arbres sont plantés ~** the trees are evenly OU regularly spaced. -**2.** [dans le temps - progresser] steadily; ~ **révisé** updated regularly OU at regular intervals; **donne de tes nouvelles ~** write often OU regularly OU on a regular basis; **elle avait ~ de bonnes notes** she got consistently good marks; **je la vois assez ~** I see her quite regularly OU quite frequently. -**3.** [selon la règle] lawfully; **assemblée élue ~** lawfully OU properly elected assembly. -**4.** *fam* [normalement] in principle, normally; **~, c'est lui qui devrait gagner** ordinarily OU in principle, he should win.

régurgitation [regyrʒitasjɔ̃] *nf* regurgitation.

régurgiter [3] [regyrʒite] *vt* to regurgitate.

réhabilitable [reabilitabl] *adj* [condamné] who can be rehabilitated.

réhabilitation [reabilitasjɔ̃] *nf* -**1.** JUR rehabilitation; ~ **d'un failli** discharge of a bankrupt; ~ **judiciaire** judicial discharge. -**2.** [d'une personne] rehabilitation, clearing the name of. -**3.** [d'un quartier] rehabilitation.

réhabilité, e [reabilite] ◇ *adj* rehabilitated.
◇ *nm, f* JUR rehabilitated person.

réhabiliter [3] [reabilite] *vt* -**1.** JUR [condamné] to rehabilitate; [failli] to discharge; ~ **la mémoire de qqn** to clear sb's name. -**2.** [revaloriser - profession] to rehabilitate, to restore to favour; [- quartier] to rehabilitate.

réhabituer [7] [reabitɥe] *vt*: ~ **qqn à qqch** to get sb used to sthg again; **il va falloir ~ les enfants à un peu plus de discipline** the children are going to have to get used to a little more discipline again.
◆ **se réhabituer à** *vp + prép* to get used to again; **j'ai eu du mal à me ~ à la vie à Paris** I had a hard time getting used to life in Paris again OU getting reaccustomed to life in Paris; **se ~ à faire qqch** to get back into the habit of doing sthg.

rehaussement [rəosmɑ̃] *nm* -**1.** CONSTR [d'un mur] raising, building up OU higher; [d'un plafond] raising. -**2.** FIN upward adjustment, increment.

rehausser [3] [rəose] *vt* -**1.** [surélever - plafond] to raise; [- mur] to make higher; **nous avons rehaussé la clôture** we made the fence higher. -**2.** [faire ressortir - goût] to bring out; [- beauté, couleur] to emphasize, to enhance; **un rouge rehaussé par un orangé** a red set off by OU brought out by an orange. -**3.** [revaloriser] to enhance, to increase; **une nouvelle victoire pour ~ le prestige de l'équipe** a further victory which will increase OU enhance the team's prestige.

réhydratation [reidratasjɔ̃] *nf* moisturizing, rehydration *spéc*; **pour une meilleure ~ de votre peau** to ensure that your skin retains its moisture.

réhydrater [3] [reidrate] *vt* [peau] to moisturize, to rehydrate *spéc*.

réification [reifikasjɔ̃] *nf* reification.

réifier [9] [reifje] *vt* to reify.

réimperméabiliser [3] [reɛ̃pɛrmeabilize] *vt* to re-proof.

réimplantation [reɛ̃plɑ̃tasjɔ̃] *nf* -**1.** MÉD reimplantation. -**2.** [d'une entreprise] reestablishment; [d'une tribu] resettling.

réimplanter [3] [reɛ̃plɑ̃te] *vt* -**1.** MÉD to reimplant. -**2.** [industrie, usine] to set up *(sép)* again, to reestablish; [tribu] to resettle.

réimportation [reɛ̃pɔrtasjɔ̃] *nf* reimportation.

réimporter [3] [reɛ̃pɔrte] *vt* to reimport.

réimposer [3] [reɛ̃poze] *vt* -**1.** [taxer à nouveau] to tax again. -**2.** IMPR to reimpose.

réimposition [reɛ̃pozisjɔ̃] *nf* -**1.** [taxe] further taxation. -**2.** IMPR reimposition.

réimpression [reɛ̃prɛsjɔ̃] *nf* [processus] reprinting; [résultat] reprint; **ce livre est en cours de ~** this book is being reprinted.

réimprimer [3] [reɛ̃prime] *vt* to reprint.

Reims [rɛ̃s] *npr* Reims, Rheims.

rein [rɛ̃] *nm* -**1.** ANAT kidney; ~ **artificiel** artificial kidney, kidney machine; **coup de ~** heave; **il donna un violent coup de ~ pour soulever l'armoire** he heaved the wardrobe up. -**2.** CONSTR springer.
◆ **reins** *nmpl* [dos] back, loin; *litt* [taille] waist; **avoir mal aux ~s** to have (a) backache; **avoir mal dans le bas des** OU **au creux des ~s** to have a pain in the small of one's back ❑ **avoir les ~s solides** to have good financial backing; **je lui briserai** OU **casserai les ~s** I'll break him.

réincarcération [reɛ̃karserasjɔ̃] *nf* reimprisonment; **après sa ~** after he was sent back to jail.

réincarcérer [18] [reɛ̃karsere] *vt*: ~ **qqn** to send sb back to jail, to reimprison sb.

réincarnation [reɛ̃karnasjɔ̃] *nf* RELIG reincarnation.

réincarner [3] [reɛ̃karne]
◆ **se réincarner** *vpi* to be reincarnated; **il voulait se ~ en oiseau** he wanted to be reincarnated as a bird.

réincorporer [3] [reɛ̃kɔrpɔre] *vt* [militaire, soldat] to reenlist.

reine [rɛn] *nf* -**1.** [femme du roi] queen (consort); [souveraine] queen; **la ~ de Suède/des Pays-Bas** the Queen of Sweden/of the Netherlands; **la ~ de Saba** the Queen of Sheba ❑ **la ~ mère** the Queen Mother; **s'habiller comme une ~** to be dressed up to the nines OU like a princess; **elle est heureuse comme une ~** she is as happy as a lark. -**2.** JEUX queen; **la ~ de cœur/pique** the queen of hearts/spades. -**3.** *fig* queen; **la ~ de la soirée** the belle of the ball, the star of the party; **tu es vraiment la ~ des imbéciles** you're the most stupid woman I've ever come across ❑ ~ **de beauté** beauty queen; **la petite ~** *vieilli* the bicycle. -**4.** ZOOL queen; **la ~ des abeilles/termites** the queen bee/termite. -**5.** HORT: ~ **des reinettes** rennet.

reine-claude [rɛnklod] (*pl* reines-claudes) *nf* (Reine Claude) greengage.

reine-des-prés [rɛndepre] (*pl* reines-des-prés) *nf* meadowsweet *(U)*.

reine-marguerite [rɛnmargərit] (*pl* reines-marguerites) *nf* (China OU annual) aster.

reinette [renɛt] *nf* ≃ pippin; ~ **grise** russet (apple).

réinfecter [4] [reɛ̃fɛkte] *vt* to reinfect.
◆ **se réinfecter** *vpi* to become reinfected.

réinfection [reɛ̃fɛksjɔ̃] *nf* reinfection.

réinscription [reɛ̃skripsjɔ̃] *nf* reregistration.

réinscrire [99] [reɛ̃skrir] *vt* [étudiant] to reregister, to reenrol; [électeur] to reregister; [sur un agenda] to put down *(sép)* again.
◆ **se réinscrire** *vp (emploi réfléchi)* to reregister, to reenrol; **je me suis réinscrit pour la poterie** I put my name down for OU I joined the pottery class again; **se ~ au chômage** to reregister as unemployed.

réinsérer [18] [reɛ̃sere] *vt* -**1.** [paragraphe] to reinsert. -**2.** [détenu, drogué] to rehabilitate, to reintegrate.
◆ **se réinsérer** *vp (emploi réfléchi)* to rehabilitate o.s., to become rehabilitated.

réinsertion [reɛ̃sɛrsjɔ̃] *nf* -**1.** [d'un paragraphe] reinsertion. -**2.** [d'un détenu] rehabilitation; **la ~ sociale** social rehabilitation, reintegration into society; **pour eux, la ~ sociale est très difficile** they find it very difficult to get back into the community (again).

réinstallation [reɛ̃stalasjɔ̃] *nf*: **notre ~ en Europe a été facile** settling in Europe again OU moving back to Europe was easy.

réinstaller [3] [reɛ̃stale] *vt* [chauffage, électricité, téléphone] to reinstall, to put back *(sép)*; **j'ai réinstallé mon bureau au premier étage** I've moved my office back to the first floor.
◆ **se réinstaller** *vpi* -**1.** [retourner] to go back, to settle again; **il s'est réinstallé dans son ancien bureau** he's gone OU moved back to his old office. -**2.** [se rasseoir] to settle (back) down in one's seat.

réintégrable [reɛ̃tegrabl] *adj*: **il est difficilement ~** he cannot be easily reinstated.

réintégration [reɛ̃tegrasjɔ̃] *nf* -**1.** [d'un fonctionnaire] reinstatement. -**2.** [d'un évadé] reimprisonment. -**3.** [recouvrement d'un droit] reintegration.

réintégrer [18] [reɛ̃tegre] *vt* -**1.** [employer à nouveau] to reinstate; **il a été réintégré dans l'Administration** he was reinstated in the Civil Service. -**2.** [regagner] to go back OU to return to; ~ **le domicile conjugal** to return to the marital home.

réintroduction [reɛ̃trɔdyksjɔ̃] *nf* reintroduction.

réintroduire [98] [reɛ̃trɔdɥir] *vt* [dans un texte]: ~ **qqch** to reintroduce sthg, to put sthg back in || [projet de loi] to put up *(sép)* again, to reintroduce.

réinventer [3] [reɛ̃vɑ̃te] *vt* to reinvent; **il a su ~ la mise en scène** he has a totally new approach to production.

réinvestir [32] [reɛ̃vɛstir] *vt* to reinvest.

réinviter [3] [reɛ̃vite] *vt* to reinvite; **il faudra les ~** we'll have to ask OU invite them (round) again.

réitératif, ive [reiteratif, iv] *adj sout* reiterative.

réitération [reiterasjɔ̃] *nf sout* reiteration.

réitérer [18] [reitere] *vt sout* [interdiction, demande] to reiterate, to repeat.

rejaillir [32] [rəʒajir] *vi* -**1.** [gicler - gén] to splash (back); [- violemment] to spurt (up); **le champagne lui a rejailli à la figure** champagne spurted up into his face; **avec le vent, l'eau de la fontaine rejaillit sur la place** because of the wind, the water from the fountain is splashing on to the square. -**2.** *sout* [se répercuter]: ~ **sur** to reflect on OU upon; **sa notoriété a rejailli sur nous tous** his fame reflected on OU was shared by all of us; **la honte rejaillit sur lui** he was covered in shame.

rejaillissement [rəʒajismɑ̃] *nm litt* -**1.** [d'une fontaine] splashing up. -**2.** *fig* [retombées] repercussion, reflection.

rejet [rəʒɛ] *nm* -**1.** [physique] throwing back OU up, driving back; **interdire le ~ de substances polluantes** to prohibit the discharge of pollutants. -**2.** [refus] rejection; **elle a été très déçue par le ~ de son manuscrit/de son offre** she was very disappointed when her manuscript/her offer was turned down; **il y a eu ~ de toutes les accusations par le juge** the judge dismissed all charges; **on constate un ~ des idées modernes** a rejection of modern ideas is apparent ❑ **phénomène de ~: les enfants handicapés sont parfois victimes d'un phénomène de ~ à l'école** handicapped children are sometimes rejected by other children at school. -**3.** LITTÉRAT [enjambement] run-on; **il y a ~ du verbe à la fin de la proposition subordonnée** GRAMM the verb is put OU goes at the end of the subordinate clause. -**4.** MÉD rejection; **~ d'une greffe** rejection of a transplant. -**5.** GÉOL throw; **~ horizontal** heave. -**6.** BOT shoot. -**7.** INF reject. -**8.** ZOOL cast (swarm).

rejetable [rəʒtabl] *adj* which can be rejected OU dismissed JUR.

rejeter [27] [rəʒte] ◇ *vt* -**1.** [relancer] to throw back *(sép)*; [violemment] to hurl back *(sép)*; *fig*: **les cahots les ont rejetés à l'arrière de la camionnette** they were thrown to the back of the van by the jolting; **avec un petit chapeau rejeté en arrière** with a little hat tilted back on the head; **elle rejeta ses cheveux en arrière** she tossed her hair back; **~ la tête en arrière** to throw one's head back; **~ les épaules en arrière** to put one's shoulders back; **~ un verbe en fin de phrase** to put a verb at the end of a sentence. -**2.** [repousser - ennemi] to drive OU to push back *(sép)*; **~ une armée au-delà des frontières** to drive an army back over the border ‖ [bannir] to reject, to cast out *(sép)*, to expel; **la société les rejette** society rejects them OU casts them out. -**3.** [rendre - nourriture] to spew out *(sép)*, to throw up *(sép)*, to reject; [- déchets] to throw out *(sép)*, to expel; **son estomac rejette tout ce qu'elle absorbe** she can't keep anything down; **~ de la bile/du sang** to throw up OU to bring bile/blood; **la mer a rejeté plusieurs épaves** several wrecks were washed up OU cast up by the sea. -**4.** [refuser] to reject, to turn down *(sép)*; **~ une offre/une demande** to reject an offer/a request; **ne rejette pas d'emblée cette idée/hypothèse** don't dismiss this idea/hypothesis out of hand. -**5.** [déplacer]: **~ la faute/la responsabilité sur qqn** to shift the blame/responsibility on to sb. -**6.** INF to reject.

◇ *vi* BOT to shoot.

◆ **se rejeter** ◇ *vpi*: **se ~ en arrière** to jump backwards.

◇ *vpt* [se renvoyer]: **ils se rejettent mutuellement la responsabilité de l'accident** they blame each other for the accident.

rejeton [rəʒtɔ̃] *nm* -**1.** *fam péj* OU *hum* [enfant] kid; **que fais-tu de tes ~s cet été?** what will you do with your offspring OU kids this summer? -**2.** BOT offshoot, shoot.

rejoindre [82] [rəʒwɛ̃dr] *vt* -**1.** [retrouver] to meet up OU to join up OU to catch up with *(insép)*; **tu me rejoins au café en bas?** can you meet (up with) me in the café downstairs?; **je viendrai vous ~ dans le Midi dès que je pourrai** I'll come and meet up with you OU join you in the Midi as soon as I can; **il est parti ~ sa femme** he went to meet up with OU join OU rejoin his wife; **il a rejoint le gros du peloton** he's caught up with the pack. -**2.** [retourner à] to get back OU to return to; **elle a rejoint Paris** she got back OU she returned to Paris; **l'ambassadeur a rejoint son poste à Moscou** the ambassador has returned to his post in Moscow; **il a reçu l'ordre de ~ son régiment** he was ordered to rejoin his regiment. -**3.** [aboutir à] to join OU to meet (up with); **le chemin rejoint la route à la hauteur de la borne** the path meets OU joins (up with) the road at the milestone. -**4.** [être d'accord avec] to agree with; **mon point de vue rejoint entièrement le vôtre** my point of view is much the same as OU very similar to yours; **je ne peux vous ~ sur ce point** I cannot agree OU see eye to eye with you (on this matter); **elle rejoint un peu les vues du parti socialiste** to some extent she agrees with the views held by the socialist party ‖ POL [adhérer à] to join; **elle a fini par ~ l'opposition** she ended up joining the opposition.

◆ **se rejoindre** *vp* *(emploi réciproque)* -**1.** [se réunir] to meet again OU up; **nous nous rejoindrons à Marseille** we'll meet up in Marseilles. -**2.** [concorder]: **nos opinions se rejoignent entièrement** our views concur perfectly, we are in total agreement; **nous avons voulu faire se ~ différents témoignages** we aimed to bring together different accounts.

rejointoyer [13] [rəʒwɛ̃twaje] *vt* to repoint.

rejouer [6] [rəʒwe] ◇ *vt* -**1.** [refaire - jeu] to play again; [- match] to replay, to play again; **~ le même cheval** to bet on the same horse again; **elle a rejoué toute sa fortune sur le 7** she gambled her whole fortune on the 7 again; **tu devrais ~ atout** you should lead trumps again. -**2.** [pièce de théâtre] to perform again; [morceau] to play again.

◇ *vi* JEUX to start gambling again; SPORT to play again.

réjoui, e [reʒwi] *adj* joyful, happy, pleased; **avoir** OU **prendre un air ~** to look cheerful.

réjouir [32] [reʒwir] *vt* to delight; **la nouvelle a réjoui tout le monde** everyone was delighted at the news; **ça ne me réjouit guère d'y aller** I'm not particularly keen on OU thrilled at going; **ça lui a réjoui le cœur** it gladdened her heart.

◆ **se réjouir** *vpi* to be delighted; **je me réjouis de vous accueillir chez moi** I'm delighted to welcome you to my home; **se ~ du malheur des autres** to gloat over other people's misfortunes; **je me réjouis de votre succès** I'm glad to hear of your success; **je me réjouis à la pensée de les retrouver** I'm thrilled at the idea of meeting them again.

réjouissance [reʒwisɑ̃s] *nf* [gaieté] rejoicing; **les occasions de ~ manquent** opportunities for rejoicing are scarce.

◆ **réjouissances** *nfpl* [fête] festivities; **quel est le programme des ~s?** *hum* what's on the menu OU agenda for today?

réjouissant, e [reʒwisɑ̃, ɑ̃t] *adj* joyful, cheerful; **peu ~** rather grim; **c'est ~!** *iron* that's just great!; **je ne vois pas ce que tu trouves de si ~ à cette histoire** I don't see what you find so funny OU amusing about this story.

relâche [rəlaʃ] *nf* -**1.** *sout* [pause] respite, rest; **accordons-nous un peu de ~** let's rest a while OU take a short break. -**2.** CIN & THÉÂT [fermeture]: **le dimanche est notre jour de ~** there is no performance on Sundays; **nous ferons ~ en août** no performances in August; **'~ le mardi'** 'no performance on Tuesdays'. -**3.** NAUT: **le navire a fait ~ à Nice** the boat called in at Nice ❑ **(port de) ~** port of call.

◆ **sans relâche** *loc adv* without respite, continuously; **travailler sans ~** to work continuously OU without respite; **il écrit sans ~ jusqu'à l'aube** he writes without letting up OU without any break till dawn.

relâché, e [rəlaʃe] *adj* -**1.** [négligé - discipline, effort] lax, loose; [- style] flowing, loose *péj*; **la surveillance était plutôt ~e** surveillance was a bit lax. -**2.** [détendu - muscle, corde] lax, relaxed; **intestin ~** MÉD lax bowels.

relâchement [rəlaʃmɑ̃] *nm* -**1.** [laisser-aller] laxity, loosening; **il y a du ~ dans votre travail** you're letting your work slide; **le ~ des mœurs** the laxity of OU decline in moral standards. -**2.** MÉD [de l'intestin] loosening; [d'un muscle] relaxation. -**3.** [d'une corde, d'un lien] loosening, slackening.

relâcher [3] [rəlaʃe] ◇ *vt* -**1.** [libérer] to let go *(sép)*, to release, to set free *(sép)*; **les otages ont été relâchés** the hostages have been released OU set free; **il a relâché l'oiseau** he let the bird go, he freed the bird. -**2.** [diminuer] to relax, to slacken; **~ son attention** to let one's attention wander; **ne relâchons pas nos efforts** we must not relax OU slacken our efforts; **elle a relâché son étreinte** she relaxed OU loosened her grip. -**3.** [détendre - câble] to loosen, to slacken; [- muscle] to relax. -**4.** *litt* [abandonner] to give up *(sép)*; **il n'a rien relâché de ses exigences** he didn't let up in OU didn't give up any of his demands. -**5.** MÉD [intestin] to loosen.

◇ *vi* NAUT to put into port; **nous avons relâché à Cannes** we put in at Cannes.

◆ **se relâcher** *vpi* -**1.** [muscle] to relax, to loosen; [câble] to loosen, to slacken. -**2.** [devenir moins rigoureux] to become lax OU laxer; **se ~ dans son travail** to become lax about one's work; **elle se relâche en tout** she's letting things slide; **son attention se relâche** his attention is flagging.

relais [rəlɛ] *nm* -**1.** [succession] shift; **travail par ~** shift work; **prendre le ~ (de qqn)** to take over (from sb); **j'ai commencé le travail, tu n'as plus qu'à prendre le ~** I started the job, just carry on OU take over; **il m'a déjà réprimandé, ne prends pas le ~!** he's already told me off, don't you start as well! -**2.** SPORT relay; **courir le ~ 4 x 400 mètres** to run the 4 x 400 metres relay. -**3.** HIST [lieu] coaching inn; [chevaux] relay. -**4.** [auberge] inn; **~ autoroutier** motorway café *Br*, truck stop *Am*; **ce restaurant est donné comme ~ gastronomique dans le guide** this restaurant is recommended in the guide as an excellent place to eat. -**5.** *(comme adj; avec ou sans trait d'union)* ÉLECTR [appareil, station] relay *(modif)*; [processus] relaying. -**6.** SC: **~ statique/de mesure/de tout ou rien** static/measuring/all-or-nothing relay. -**7.** TÉLÉC: **~ hertzien** radio relay. -**8.** BANQUE: **(crédit) ~** bridging loan.

relance [rəlɑ̃s] *nf* -**1.** [nouvelle impulsion] revival, boost. -**2.** ÉCON: **il y a une ~ de la production sidérurgique** steel production is being boosted OU increased; **politique de ~** reflationary policy ❑ **~ économique** reflation. -**3.** [sollicitation]: **des ~s téléphoniques** follow-up calls; **lettre de ~** follow-up letter. -**4.** JEUX raise; **faire une ~** to raise (the stakes); **limiter la ~** to limit the raise.

relancer [16] [rəlɑ̃se] ◇ *vt* -**1.** [donner un nouvel essor à] to relaunch, to revive; **~ l'économie d'un pays** to give a boost to OU to boost OU to reflate a country's economy. -**2.** [solliciter] to chase up *Br*, to chase after *fig*; **il faudra le ~ pour obtenir un rendez-vous** you'll have to chase him up *Br* OU chase after him if you want an appointment; **c'est à lui de ~ ses clients** it's his job to chase up *Br* OU follow up on his clients; **arrête de me ~!** stop badgering me! -**3.** [jeter à nouveau] to throw again. -**4.** CHASSE to start again.

◇ *vi* JEUX: **~ (de): je relance de 1 000 francs** I raise (the bid) by 1,000 francs.

◆ **se relancer dans** *vp + prép*: **se ~ dans le tissage** to take up weaving again; **se ~ dans de longues explications** to reembark on a long explanation.

relaps, e [rəlaps] ◇ *adj* relapsed.

◇ *nm, f* relapsed person, backslider RELIG.

relater [3] [rəlate] *vt* -**1.** *sout* [raconter] to relate, to recount; **les faits ont été relatés dans la presse** the facts were reported OU detailed in the papers. -**2.** JUR [consigner] to record.

relatif, ive [rəlatif, iv] *adj* -**1.** [gén, GRAMM & MATH] relative; **donner une valeur relative** to give a relative value; **comparer les mérites ~s de...** to compare the relative merits of...; **tout est ~** everything is relative. -**2.** **~ à** [concernant] relating to, concerning. -**3.** [approximatif]: **les élèves sont rentrés dans un ordre ~** the pupils went back inside in a more or less orderly fashion; **nous avons goûté un repos tout ~** we enjoyed a rest of sorts; **un isolement ~** relative OU comparative isolation. -**4.** MUS relative.

◆ **relatif** *nm* -**1.** GRAMM relative pronoun. -**2.** [proportions]: **avoir le sens du ~** to have a sense of proportion.

◆ **relative** *nf* relative clause.

relation [rəlasjɔ̃] *nf* -**1.** [corrélation] relationship, connection; **~ de cause à effet** relation OU relationship of cause and effect; **mettre**

deux questions en ~ l'une avec l'autre, faire la ~ entre deux questions to make the connection between OU to connect two questions; c'est sans ~ avec..., il n'y a aucune ~ avec... there's no connection with..., it's nothing to do with... -2. [rapport] relationship; nouer des ~s professionnelles to form professional contacts; les ~s sino-japonaises relations between China and Japan, Sino-Japanese relations; en ~ OU ~s: nous sommes en ~ d'affaires depuis des années we've had business dealings OU a business relationship for years; en excellentes/mauvaises ~s avec ses collègues on excellent/bad terms with one's colleagues; entrer en ~ avec qqn [le contacter] to get in touch OU to make contact with sb; [commencer à le fréquenter] to start (up) OU to strike up a relationship with sb; mettre qqn en ~ avec un ami/une organisation to put sb in touch with a friend/an organization ❑ ~s diplomatiques diplomatic relations OU links; ~s humaines [gén] dealings between people; SOCIOL human relations; ~s internationales international relations; ~s publiques public relations; ~s sexuelles sexual relations. -3. [connaissance] acquaintance; une ~ d'affaires a business acquaintance OU connection; avoir de nombreuses ~s to know a lot of people; utilise tes ~s use your connections; heureusement que j'ai des ~s! it's a good thing I'm well connected OU I know the right people!; j'ai trouvé à me loger par ~s I found a place to live through knowing the right people OU through the grapevine. -4. MATH relation. -5. *sout* [compte-rendu] relation, narration; sa ~ des faits his account of the story. -6. JUR account.

relationnel, elle [rəlasjɔnɛl] *adj* -1. PSYCH relationship *(modif)*; avoir des difficultés ~les avec qqn to have trouble relating to OU getting on with sb. -2. LING relational, relation *(modif)*.

relationniste [rəlasjɔnist] *nmf Can* public relations officer.

relativement [rəlativmɑ̃] *adv* -1. [passablement] relatively, comparatively, reasonably. -2. *sout* [de façon relative] relatively, contingently.

◆ **relativement à** *loc prép* -1. [par rapport à] compared to, in relation to. -2. [concernant] concerning; entendre un témoin ~ à une affaire to hear a witness in relation to a case.

relativisation [rəlativizasjɔ̃] *nf* relativization.

relativiser [3] [rəlativize] *vt*: ~ qqch to consider sthg in context, to relativize sthg *spéc*; il faut ~ tout ceci, ça pourrait être pire you've got to keep things in perspective, it could be worse.

relativisme [rəlativism] *nm* relativism.

relativiste [rəlativist] ◇ *adj* -1. PHYS relativistic. -2. PHILOS relativist, relativistic.
◇ *nmf* PHILOS relativist.

relativité [rəlativite] *nf* -1. [gén] relativity; la ~ des connaissances humaines the relative nature OU relativeness of human knowledge. -2. PHYS relativity; (théorie de) la ~ générale/restreinte general/special (theory of) relativity.

relaver [3] [rəlave] *vt* -1. [laver de nouveau] to wash again, to rewash. -2. *Helv* [vaisselle] to wash.

relax *fam* [rəlaks] *adj inv* [personne, ambiance] easy-going, laid back; [activité, vacances] relaxing; c'est une fille plutôt ~ she's an easy-going sort of girl ❑ fauteuil ~ reclining chair.

relaxant, e [rəlaksɑ̃, ɑ̃t] *adj* relaxing, soothing.

relaxation [rəlaksasjɔ̃] *nf* -1. [détente] relaxation, relaxing; faire de la ~ to do relaxation exercises. -2. PHYS & PSYCH relaxation.

relaxe [rəlaks] ◇ *adj fam* = **relax**.
◇ *nf* JUR discharge, release.

relaxer [3] [rəlakse] *vt* -1. [relâcher - muscle] to relax. -2. JUR [prisonnier] to discharge, to release.
◆ **se relaxer** *vpi* to relax.

relayer [11] [rəleje] *vt* -1. [suppléer] to relieve, to take over from; il l'a relayée au chevet du malade he took over from her at the patient's bedside. -2. RAD & TV to relay. -3. SPORT to take over, to take the baton.
◆ **se relayer** *vp (emploi réciproque)* to take turns; se ~ auprès d'un malade to take turns at a sick person's bedside; se ~ au volant to take turns at the wheel.

relayeur, euse [rəlɛjœr, øz] *nm, f* SPORT relay runner.

releasing factor [rəliziŋfaktɔr] (*pl* releasing factors) *nm* releasing factor PHYSIOL.

relecture [rəlɛktyr] *nf*: une ~ de sa lettre m'a donné l'impression que quelque chose n'allait pas a closer (second) reading of his letter gave me the impression something was wrong; la ~ du manuscrit a pris une heure it took an hour to reread the manuscript; à la ~, j'ai trouvé que... on reading it again OU when I reread it, I found that...; le metteur en scène nous propose une véritable ~ de la pièce the director gives us a totally new approach to the play ❑ ~ d'épreuves proofreading PRINT.

relégation [rəlegasjɔ̃] *nf* -1. SPORT relegation. -2. HIST & JUR banishment, relegation.

relégué, e [rəlege] ◇ *adj* -1. SPORT relegated. -2. HIST & JUR banished, relegated.
◇ *nm, f* -1. SPORT relegated team. -2. JUR relegated person. -3. HIST banished person.

reléguer [18] [rəlege] *vt* -1. [cantonner] to relegate; ~ qqn au second plan to put sb in the background; leur équipe a été reléguée en deuxième division cette année SPORT their team went down into the second division this year. -2. HIST & JUR to banish, to relegate.

relent [rəlɑ̃] *nm* -1. *(gén pl)* [mauvaise odeur] stink *(U)*, stench *(U)*; des ~s de tabac froid a stench of stale tobacco. -2. *sout* [trace] residue, hint, trace.

relevable [rələvabl] *adj* (vertically) adjustable; siège à dossier ~ reclinable seat.

relevailles [rələvaj] *nfpl* churching.

relevé, e [rəlve] *adj* -1. [redressé - col, nez] turned-up; ses manches étaient ~es jusqu'au coude his sleeves were rolled up to the elbows; elle portait un chapeau à bords ~s she wore a hat with a turned-up brim. -2. CULIN [assaisonné] seasoned, well-seasoned; [pimenté] spicy, hot; plats ~s spicy food. -3. *sout* [distingué] elevated, refined.
◆ **relevé** *nm* -1. [de recettes, de dépenses] summary, statement; [de gaz, d'électricité] reading; [de noms] list; ~ mensuel BANQUE monthly statement ❑ demander son ~ (de compte) to ask for one's bank statement; ~ d'identité bancaire ≃ bank and account number, particulars of one's bank account; ~ de notes SCOL examination results. -2. GÉOG survey. -3. ARCHIT layout. -4. DANSE relevé.

relève [rəlɛv] *nf* -1. [manœuvre] relieving, changing; prendre la ~ (de qqn) to take over (from sb) ❑ la ~ de la garde the changing of the guard. -2. [groupe] replacement, stand-in; la ~ [au travail] the relief team; MIL the relief troops; [garde] the relief guard.

relèvement [rəlɛvmɑ̃] *nm* -1. [rétablissement] recovery, restoring; mesures prises pour favoriser le ~ d'une société measures adopted to help put a company back on its feet OU to help a company recover. -2. [fait d'augmenter] raising; [résultat] increase, rise; le ~ des impôts/des salaires tax/salary increase. -3. [reconstruction] reerecting, rebuilding. -4. [rehaussement] raising, increase; le ~ du niveau des eaux the rise in the water level. -5. JUR release. -6. NAUT bearing *(U)*; faire un ~ (de sa position) to plot OU to chart one's position. -7. RAD (radio) direction finding. -8. TRAV PUBL: station de ~ pumping station.

relever [19] [rəlve] ◇ *vt* -1. [redresser - lampe, statue] to stand up *(sép)* again; [- chaise] to pick up *(sép)*; [- tête] to lift up *(sép)* again; ils m'ont relevé [vers la position debout] they helped me (back) to my feet; [vers la position assise] they sat me up OU helped me to sit up. -2. [remonter - store] to raise; [- cheveux] to put up *(sép)*; [- col, visière] to turn up *(sép)*; [- pantalon, manches] to roll up *(sép)*; [- rideaux] to tie back *(sép)*; [- strapontin] to tie up *(sép)*; le virage est trop relevé the banking on the bend has been made too steep. -3. [augmenter - prix, salaires] to increase, to raise, to put up *(sép)*; ils ont relevé les notes d'un point they put up OU raised the marks by one point. -4. [ramasser, recueillir] to pick up *(sép)*; ~ les copies SCOL to collect the papers. -5. [remettre en état - mur] to rebuild, to re-erect; [- pylône] to re-erect, to put up *(sép)* again; ~ des ruines [ville] to reconstruct OU to rebuild a ruined city; [maison] to rebuild a ruined house; c'est lui qui a relevé la nation *fig* he's the one who put the country back on its feet (again) OU got the country going again; ~ l'économie to rebuild the economy; ~ le moral des troupes to boost the troops' morale. -6. [mettre en valeur] to enhance. -7. CULIN to season, to spice up *(sép)*; relevez l'assaisonnement make the seasoning more spicy. -8. [remarquer] to notice; ~ des fautes to notice OU to pick out mistakes; elle n'a pas relevé l'allusion [car elle ne l'a pas comprise] she didn't notice the hint; [elle l'a sciemment ignorée] she pretended not to notice the hint ‖ *(en usage abs)*: ce ne sont que des ragots, il vaut mieux ne pas ~ it's just gossip, (best) ignore it; je ne relèverai pas! I'll ignore that! -9. [enregistrer - empreinte digitale] to record; [- cote, mesure] to take down *(sép)*, to plot; [- informations] to take OU to note down; [- plan] to sketch; on a relevé des traces de boue sur ses chaussures traces of mud were found OU discovered on his shoes; ~ l'eau *fam* OU le compteur d'eau to read the water meter; ~ le gaz *fam* OU le compteur de gaz to read the gas meter; ayant relevé les détails dans son carnet... having noted down OU recorded the details in his notebook...; les faits relevés ne plaident pas en ta faveur the facts as they have been recorded do not help your case; températures relevées à 16 h MÉTÉO temperatures recorded at 4 p.m.; ~ sa position to plot OU to chart one's position; ~ un point to take a bearing. -10. [relayer - garde] to relieve; [- coéquipier] to take over *(insép)* from; ~ qqn de: ~ qqn de ses vœux to release sb from his/her vows; ~ qqn de ses fonctions to relieve sb of his/her duties. -11. JUR [prisonnier] to release. -12. [en tricot] to pick up *(sép)*. -13. CONSTR [parquet] to lift, to raise. -14. JEUX to pick up (one's cards). -15. NAUT: ~ un navire to refloat a ship.
◇ *vi* [remonter] to ride up; ta jupe relève derrière your skirt rides up at the back.
◆ **relever de** *v + prép* -1. [être de la compétence de - juridiction] to fall OU to come under; [- spécialiste] to be a matter for; [- magistrat] to come under the jurisdiction of; cela relève des tribunaux/de la psychiatrie it's a matter for the courts/the psychiatrists. -2. [tenir de]: cela relève du miracle it's truly miraculous. -3. *sout* [se rétablir de]: ~ de couches to come out of confinement; elle relève d'une grippe she is recovering from flu.
◆ **se relever** ◇ *vp (emploi passif)* [être inclinable] to lift up.
◇ *vpi* -1. [se remettre - debout] to get OU to stand up again; [- assis] to sit up again; aider qqn à se ~: il l'aida à se ~ he helped her to her feet again; se ~ la nuit to get up in the night; je ne veux pas avoir à me ~! I don't want to have to get up (again)! -2. [remonter]: les commissures de ses lèvres se relevèrent the corners of his mouth curled up.
◆ **se relever de** *vp + prép* to recover from, to get over; le parti se relève de ses cendres OU ruines the party is rising from the ashes; je ne m'en relèverai/ils ne s'en relèveront pas I'll/they'll never get over it.

releveur, euse [rəlvœr, øz] ◇ *adj* ANAT: muscle ~ levator muscle.
◇ *nm, f* [employé] meter reader.
◆ **releveur** *nm* -1. ANAT levator. -2. [sur une moissonneuse] elevator.

relief [rəljɛf] *nm* -1. BX-ARTS, GÉOG & OPT relief; la région a un ~ accidenté the area is hilly;

pays sans (aucun) ~ flat country; un ~ calcaire limestone relief. -2. [contraste] relief, highlight; donner du ~ à qqch to highlight sthg; son discours manquait de ~ his speech was a rather lacklustre affair; le personnage est brossé avec beaucoup de ~ the character is brought out OU stands out very well. -3. ACOUST: ~ acoustique spatial effect (of a sound).

◆ **reliefs** *nmpl litt*: les ~s [d'un repas] the remnants OU leftovers.

◆ **en relief** ◇ *loc adj* BX-ARTS & IMPR relief *(modif)*, raised; impression en ~ relief printing; motif en ~ raised design, design in relief.
◇ *loc adv* [en valeur]: mettre qqch en ~ to bring sthg out; le jus de citron met en ~ le goût des fraises lemon juice brings out OU accentuates the taste of strawberries.

relier [9] [rəlje] *vt* -1. [faire communiquer] to link up *(sép)*, to link (together), to connect; les deux pièces sont reliées par un long couloir the two rooms are linked (together) OU connected by a long corridor; un vol quotidien relie Paris à Lourdes a daily flight links Paris to Lourdes; la route qui relie Bruxelles à Ostende the road running from OU linking Brussels to Ostend. -2. [mettre en rapport] to connect, to link (together), to relate; les deux paragraphes ne sont pas reliés there is no link OU connection between the two paragraphs. -3. [livre] to bind; livre relié hardback (book); relié en cuir leather-bound; relié toile cloth-bound. -4. [tonneau] to hoop.

relieur, euse [rəljœr, øz] *nm, f* bookbinder.

religieusement [rəliʒjøzmɑ̃] *adv* -1. [pieusement] religiously; se marier ~ to get married in church. -2. [soigneusement] religiously, rigorously, scrupulously; [avec vénération] reverently, devoutly.

religieux, euse [rəliʒjø, øz] *adj* -1. [cérémonie, éducation, ordre, vie] religious; l'état ~ the religious state; un mariage ~ a church wedding; s'intéresser à l'art ~/à la musique religieuse to be interested in religious art/music. -2. [personne] religious; il n'a jamais été très ~ he was never very religious. -3. [empreint de gravité] religious; un silence ~ se fit dans la salle a reverent silence fell on the room.

◆ **religieux** *nm* member of a religious order.

◆ **religieuse** *nf* -1. RELIG nun. -2. CULIN cream puff; ~ au chocolat/au café chocolate/coffee cream puff.

religion [rəliʒjɔ̃] *nf* -1. [croyance] religion; l'histoire de la ~ the history of religion; la ~ juive the Jewish religion OU faith; être sans OU n'avoir pas de ~ to have no religion, to be of no religious faith; se convertir à la ~ catholique/musulmane to be converted to Catholicism/Islam ❑ entrer en ~ to join a religious order; la ~ est l'opium du peuple *allusion Marx* religion is the opium of the people. -2. [piété] religious faith; avoir de la ~ *litt* to be religious OU devout; connu pour sa ~ well-known for the strength of his religious faith ❑ se faire une ~ de qqch *arch* to be obsessed with sthg.

religiosité [rəliʒjozite] *nf* religiosity, religiousness.

reliquaire [rəlikɛr] *nm* reliquary.

reliquat [rəlika] *nm* remainder, balance; un ~ de vacances outstanding leave; ~ d'impôts outstanding taxes; après apurement des comptes, il n'y a plus aucun ~ after balancing the accounts, there is nothing left over OU there is no surplus.

relique [rəlik] *nf* RELIG relic; conserver qqch comme une ~ to treasure sthg.

relire [106] [rəlir] *vt* to read again, to reread.

◆ **se relire** *vp (emploi réfléchi)* to read (over) what one has written; j'ai du mal à me ~ I have difficulty reading my own writing.

reliure [rəljyr] *nf* -1. [technique] binding, bookbinding. -2. [couverture] binding; ~ d'amateur amateur OU threequarter binding; ~ à nerfs band OU banded binding; ~ pleine full binding; ~ sans couture perfect binding.

relogement [rəlɔʒmɑ̃] *nm* rehousing.

reloger [17] [rəlɔʒe] *vt* to rehouse.

relouer [6] [rəlwe] *vt* [suj: propriétaire] to rent out *(sép)* again, to relet; [suj: locataire] to rent again.

réluctance [relyktɑ̃s] *nf* reluctance PHYS.

reluire [97] [rəlɥir] *vi* [casque, casserole] to gleam, to shine; [pavé mouillé] to glisten; faire ~ ses cuivres to do OU to polish the brasses.

reluisant, e [rəlɥizɑ̃, ɑ̃t] *adj* -1. *fam (gén nég)*: peu OU pas ~ [médiocre] shabby; un individu peu ~ an unsavoury character; notre avenir n'apparaît guère ~ our future hardly looks bright. -2. [brillant] shining, shiny, gleaming.

reluquer *fam* [3] [rəlyke] *vt* [personne] to ogle, to eye up; [objet] to have one's eyes on, to covet.

rem [rɛm] *nm* rem.

remâcher [3] [rəmaʃe] *vt* -1. [mâcher de nouveau] to chew again; [suj: ruminant] to ruminate. -2. [ressasser] to brood over *(insép)*.

remaillage [rəmajaʒ] *nm* [d'un filet] mending; [d'une chaussette, d'un bas] darning.

remailler [3] [rəmaje] *vt* [filet] to mend; [bas, chaussette] to darn.

remake [rimɛk] *nm* CIN remake; à quand le ~ ? when are you doing the remake?

rémanence [remanɑ̃s] *nf* -1. PHYS remanence, retentivity. -2. PHYSIOL [durabilité] persistence.

rémanent, e [remanɑ̃, ɑ̃t] *adj* -1. PHYS [aimantation] remanent, retentive; [magnétisme] residual. -2. [gén & CHIM] persistent; image ~e after-image.

remanger [17] [rəmɑ̃ʒe] ◇ *vt* to have OU to eat again; je n'ai plus jamais remangé d'huîtres depuis I've never eaten oysters since.
◇ *vi* to eat again.

remaniable [rəmanjabl] *adj* [discours, projet, texte] revisable, amendable; son plan sera difficilement ~ his plan is going to be hard to revise OU to rework.

remaniement [rəmanimɑ̃] *nm* -1. [d'un projet de loi] redrafting, altering, amending; [d'un discours] revision, altering; [d'un programme] modification. -2. [d'un gouvernement, d'un ministère] reshuffle.

remanier [9] [rəmanje] *vt* -1. [texte, discours] to revise; [projet de loi] to draft again, to redraft. -2. [gouvernement, ministère] to reshuffle; l'équipe a été complètement remaniée the team was completely reshuffled.

remaquiller [3] [rəmakije] *vt* to make up *(sép)* again.

◆ **se remaquiller** *vp (emploi réfléchi)* [entièrement] to make o.s. up again; [partiellement] to touch up one's make-up.

remarcher [3] [rəmarʃe] *vi* -1. [accidenté, handicapé] to walk again. -2. [mécanisme] to work again.

remariage [rəmarjaʒ] *nm* remarriage; son ~ avec... his remarriage to...

remarier [9] [rəmarje] *vt* to remarry; finalement, il a réussi à ~ son fils he eventually managed to marry off his son again.

◆ **se remarier** *vpi* to get married OU to marry again, to remarry.

remarquable [rəmarkabl] *adj* -1. [marquant] striking, notable, noteworthy; un événement ~ a noteworthy event. -2. [émérite] remarkable, outstanding, exceptional; un travail ~ a remarkable OU an outstanding piece of work. -3. [particulier] conspicuous, prominent; la girafe est ~ par la longueur de son cou the giraffe is notable for its long neck.

remarquablement [rəmarkabləmɑ̃] *adv* remarkably, strikingly, outstandingly; elle joue ~ du violon she plays the violin outstandingly well.

remarque [rəmark] *nf* -1. [opinion exprimée] remark, comment; je l'ai trouvée insolente et je lui en ai fait la ~ I thought she was insolent and (I) told her so ‖ [blâme] (critical) remark; j'en ai assez de tes ~s I've had enough of your criticisms; faire une ~ à qqn sur qqch to pass a remark to sb about sthg; si le service n'est pas assez rapide, fais-en la ~ au garçon if service isn't fast enough, have a word with OU complain to the waiter about it. -2. [commentaire écrit] note; j'ai ajouté quelques ~s grammaticales en fin de chapitre I have added a few grammatical notes at the end of the chapter. -3. *litt & vieilli*: digne de ~ noteworthy, (worthy) of note.

remarqué, e [rəmarke] *adj* conspicuous, noticeable, striking; il a fait une intervention très ~e the speech he made attracted a great deal of attention; une entrée ~e a conspicuous entrance.

remarquer [3] [rəmarke] *vt* -1. [constater] to notice; faire ~ qqch à qqn to point sthg out to sb; on m'a fait ~ que... it's been pointed out to me OU it's been drawn to my attention that...; je n'ai même pas remarqué que tu étais parti I didn't even notice you had left; puis-je vous faire ~ que nous sommes en retard? may I point out to you that we're late?; remarque, je m'en moque éperdument mind you, I really couldn't care less; remarque qu'elle OU remarque, elle a sûrement raison mind you, she's most probably right ‖ [distinguer] to notice; il l'avait déjà remarquée la semaine précédente he'd already noticed OU spotted her the week before; se faire ~ to draw attention to o.s.; elle partit sans se faire ~ she left unnoticed OU without drawing attention to herself. -2. [dire] to remark; «il ne viendra pas», remarqua-t-il "he won't come", he remarked. -3. [marquer de nouveau - date, adresse] to write OU to note down *(sép)* again; [- linge] to tag OU to mark again.

◆ **se remarquer** *vp (emploi passif)* [être visible] to be noticed, to show; le défaut du tissu se remarque à peine the flaw in the material is scarcely noticeable OU can hardly be seen; si elle continue à bouder, ça va se ~ if she keeps (on) sulking, people are going to notice.

remastiquer [3] [rəmastike] *vt* [vitre] to reapply putty to.

remballage [rɑ̃balaʒ] *nm* [d'affaires personnelles] packing up again; [d'un paquet] rewrapping.

remballer [3] [rɑ̃bale] *vt* -1. [marchandise] to pack up *(sép)* again. -2. *fam fig*: tu peux ~ tes compliments you can keep your compliments to yourself.

rembarquement [rɑ̃barkəmɑ̃] *nm* [de passagers] reembarkation; [de produits] reloading.

rembarquer [3] [rɑ̃barke] ◇ *vt* [produits] to reload.
◇ *vi* [passagers] to reembark.

◆ **se rembarquer** *vpi* -1. [passagers] to reembark. -2. *fig*: se ~ dans qqch to get involved in sthg again; tu ne vas pas te ~ dans une histoire pareille you're not going to get mixed up in a mess like that again.

rembarrer *fam* [3] [rɑ̃bare] *vt*: ~ qqn to put sb in his place, to tell sb where to get off; je me suis fait (drôlement) ~ ! I was told (in no uncertain terms) where to get off!

remblai [rɑ̃blɛ] *nm* -1. RAIL & TRAV PUBL embankment; [terre rapportée] ballast; terre de ~ backfill. -2. MIN packing, backfill.

remblaiement [rɑ̃blɛmɑ̃] *nm* depositing GEOL.

remblayage [rɑ̃blɛjaʒ] *nm* -1. TRAV PUBL banking up. -2. MIN backfilling, stowing.

remblayer [11] [rɑ̃bleje] *vt* -1. TRAV PUBL to bank up *(sép)*; ~ un fossé to fill up a ditch. -2. MIN to backfill, to pack.

rembobiner [3] [rɑ̃bɔbine] *vt* [film, bande magnétique] to rewind, to spool back *(sép)*.

remboîtage [rɑ̃bwataʒ], **remboîtement** [rɑ̃bwatmɑ̃] *nm* -1. MÉD [d'une articulation, d'un os] repositioning, resetting. -2. IMPR [d'un livre] recasing.

remboîter [3] [rɑ̃bwate] *vt* -1. MÉD [articulation, os] to reposition, to reset. -2. IMPR [livre] to recase.

rembourrage [rɑ̃buraʒ] *nm* [d'un vêtement] padding; [d'un siège] stuffing.

rembourrer [3] [rɑ̃bure] *vt* [coussin, manteau] to pad; [siège] to stuff; il est plutôt bien rembourré *fam hum* he's a bit podgy OU a bit on the plump side; rembourré avec des noyaux de pêches *hum* as hard as iron.

rembourrure [rɑ̃buryr] *nf* = **rembourrage**.

remboursable [rɑ̃bursabl] *adj* [ticket] refundable; [prêt] repayable; ~ en 20 mensualités repayable in 20 monthly instalments.

remboursement [rɑ̃bursəmɑ̃] *nm* [d'un ticket, d'un achat] refund; [d'un prêt] repayment, settlement; [d'une dépense] reimbursement; le ~ de ses dettes lui a pris deux ans it took her two years to pay off her debts ❑ envoi OU expédition contre ~ cash on delivery.

rembourser [3] [rɑ̃burse] *vt* [argent] to pay back OU off *(sép)*, to repay; [dépense, achat] to reimburse, to refund; [personne] to pay back, to reimburse; les billets non utilisés seront remboursés unused tickets will be reimbursed OU refunded; frais de port remboursés postage refunded; tous les délégués seront remboursés de leurs frais we will refund all delegates' expenses; est-ce que tu peux me ~? can you pay me back?; remboursez, remboursez! we want a refund!, give us our money back!; ce médicament n'est remboursé qu'à 40 % (par la Sécurité sociale) only 40% of the price of this drug is refunded (by the Health Service).

Rembrandt [rɑ̃brɑ̃] *npr* Rembrandt.

rembrunir [32] [rɑ̃brynir]

◆ **se rembrunir** *vpi* -**1.** *litt* [s'assombrir] to darken, to cloud (over); le ciel s'est rembruni the sky has clouded over. -**2.** [se renfrogner] to darken; son visage s'est rembruni à l'annonce de la nouvelle his face darkened when he heard the news.

remède [rəmɛd] *nm* -**1.** [solution] remedy, cure, solution; trouver un ~ au désespoir/à l'inflation to find a cure for despair/for inflation; le chômage est-il sans ~? *fig* is there no cure for OU no answer to unemployment?; porter ~ à qqch to cure OU to find a cure for sthg. -**2.** [thérapeutique] cure, remedy; un ~ contre le cancer/le SIDA a cure for cancer/for AIDS; le ~ est pire que le mal *fig* the remedy is worse than the disease; c'est un (vrai) ~ contre l'amour *fam* he's/she's a real turn-off. -**3.** *vieilli* [médicament] remedy; un ~ de bonne femme a traditional OU an old-fashioned remedy; un ~ de cheval a drastic remedy; aux grands maux les grands ~s *prov* desperate situations call for drastic remedies.

remédiable [rəmedjabl] *adj* curable, remediable *litt.*

remédier [9] [rəmedje]

◆ **remédier à** *v + prép* -**1.** [maladie] to cure; [douleur] to alleviate, to relieve. -**2.** *sout* [problème] to remedy, to find a remedy OU solution for; nous ne savons pas comment ~ à la situation we don't know how to remedy the situation; ~ à ses défauts to make up for OU to compensate for one's shortcomings; ~ à une erreur to put right a mistake.

remembrement [rəmɑ̃brəmɑ̃] *nm* land consolidation OU reallotment.

remembrer [3] [rəmɑ̃bre] *vt* [terres] to redistribute OU to reallot.

remémoration [rəmemɔrasjɔ̃] *nf litt* recalling.

remémorer [3] [rəmemɔre] *vt sout*: ~ qqch à qqn to remind sb of sthg, to bring sthg to sb's mind.

◆ **se remémorer** *vpt sout* to recollect, to recall, to remember.

remerciement [rəmɛrsimɑ̃] *nm* -**1.** [action] thanks, thanking; une lettre de ~ a letter of thanks, a thank-you letter; un geste/un mot de ~ a gesture/a word of thanks. -**2.** [parole] thanks; (je vous adresse) tous mes ~s pour ce que vous avez fait (I) thank you for what you did; il a balbutié quelques ~s et s'est enfui he mumbled a few words of thanks and ran off; avec mes ~s with (many) thanks.

remercier [9] [rəmɛrsje] *vt* -**1.** [témoigner sa gratitude à] to thank; je te remercie thank you; comment vous ~ pour ce que vous avez fait? I don't know how to thank you for what you did; tu peux ~ le Ciel! you can count yourself lucky!; elle nous a remerciés par un superbe bouquet de fleurs she thanked us with a beautiful bunch of flowers; je te remercie de m'avoir aidé thank you for helping me OU for your help; et c'est comme ça que tu me remercies! and that's all the thanks I get! -**2.** [pour décliner une offre]: encore un peu de thé? – je vous remercie would you like some more tea? – no, thank you; je te remercie mais je n'ai que faire de ton aide I can do without your help, thanks all the same; je te remercie du conseil *iron* thanks for the advice. -**3.** *euph* [licencier] to dismiss, to let go; ils ont décidé de la ~ they decided to dispense with her services.

réméré [remere] *nm* repurchase (clause); vente à ~ sale with option of repurchase.

remettre [84] [rəmɛtr] ◇ *vt* -**1.** [replacer - gén] to put back *(sép)*; [- horizontalement] to lay, to put; remets le livre où tu l'as trouvé put the book back where you found it; je l'ai remis en pension I sent him back to boarding school; je ne remettrai plus les pieds ici! I will never set foot in here again!; ~ qqn sur la voie to put sb back on the right track; ~ qqn sur le droit chemin to set sb on the straight and narrow again; remets les cartes face dessous lay OU place the cards face down again; il remit son fusil par terre he laid OU put his gun down on the floor again; ~ qqch à plat to lay sthg flat again OU back (down) flat; l'oiseau remit sa tête sous son aile the bird put OU tucked its head back under its wing; ~ qqn debout to stand sb up again OU sb back up; ~ qqch à: ~ qqch à cuire to put sthg back on to cook; ~ qqch à sécher/tremper to put sthg back up to dry/back in to soak || [pour remplacer]: il faut simplement lui ~ des piles you just have to put new batteries in (it); faire ~ un verre à ses lunettes to have a lens replaced OU to have a new lens put in one's glasses. -**2.** [rétablir dans un état]: ~ qqch en marche to get sthg going again; ~ qqch en état to repair sthg; ~ qqch à neuf to restore sthg; ~ une pendule à l'heure to set a clock right (again); ces mots me remirent en confiance those words restored my faith; elle a remis la pagaille dans toute la maison *fam* she plunged the whole household into chaos again ❑ ~ les pendules à l'heure to set the record straight; ~ qqn à sa place to put sb in his/her place. -**3.** [rajouter] to add; remets un peu de sel put in a bit more salt, add some (more) salt ❑ en ~ *fam* [exagérer]: il est assez puni comme ça, n'en remets pas he's been punished enough already, no need to rub it in. -**4.** [se vêtir, se coiffer, se chausser de] to put on *(sép)* again, to put back on *(sép)*; remets tes skis/ta casquette put your skis/cap back on. -**5.** [recommencer]: la balle est à ~ TENNIS play a let ❑ ~ ça *fam*: voilà qu'elle remet ça! there she goes again!, she's at it again!; tu ne vas pas ~ ça avec ma mère! don't you start going on again about my mother!; les voilà qui remettent ça avec leur grève! here they go striking again!; je n'ai pas envie de ~ ça! I don't want to go through that again!; allez, on remet ça! [au café] come on, let's have another round OU another one!; remettez-nous ça! same again please! -**6.** [donner - colis, lettre, message] to deliver, to hand over *(sép)*; [- objet, dossier à régler, rançon] to hand over *(sép)*, to give; [- dossier d'inscription, dissertation] to hand OU to give in *(sép)*; [- pétition, rapport] to present, to hand in; [- démission] to hand in, to tender; *sout* [- médaille, récompense] to present, to give; on nous a remis 100 francs à chacun we were each given 100 francs; ~ qqn aux autorités to hand OU to turn sb over to the authorities; on lui a remis le prix Nobel he was presented with OU awarded the Nobel prize. -**7.** [confier] to place; ~ son sort/sa vie entre les mains de qqn to place one's fate/life into sb's hands; ~ son âme à Dieu to commit one's soul to God, to place one's soul in God's keeping. -**8.** [rendre - copies] to hand OU to give back *(sép)*; [- clés] to hand back *(sép)*, to return; l'enfant a été remis à sa famille the child was returned to his family. -**9.** [ajourner - entrevue] to put off *(sép)*, to postpone, to put back *(sép) esp Br*; [- décision] to put off *(sép)*, to defer; ~ qqch à huitaine to postpone sthg OU to put sthg off for a week; la réunion a été remise à lundi the meeting has been put off OU postponed until Monday; ~ qqch à plus tard to put sthg off until later ❑ il ne faut jamais ~ au lendemain ce que l'on peut faire le jour même *prov* never put off till tomorrow what you can do today. -**10.** MÉD [replacer - articulation, os] to put back *(sép)* in place; sa cheville n'est pas vraiment encore remise her ankle isn't reset yet || [rétablir - personne]: être remis to be well again; une semaine de repos et me voilà remise a week's rest and I'm back on my feet (again); être remis de to have recovered from, to have got over; il n'est pas encore remis de sa frayeur/son cauchemar he hasn't yet got over his fright/nightmare. -**11.** [reconnaître] to remember; je ne la remets pas I don't remember her, I can't place her. -**12.** [faire grâce de - peine de prison] to remit; ~ une dette à qqn to let sb off a debt || [pardonner - péché] to forgive, to remit; [- offense] to forgive, to pardon. -**13.** *Belg* [vomir] to vomit; [monnaie]: il m'a remis trois francs he gave me three francs change || [céder]: ils ont remis leur boutique they gave up their shop.

◇ *vi* NAUT: ~ à la route to get back on course; ~ à la voile to hoist sail again.

◆ **se remettre** ◇ *vp (emploi réfléchi)* [se livrer]: se ~ à la police to give o.s. up to the police; se ~ entre les mains de qqn to put OU to place o.s. in sb's hands.

◇ *vpt vieilli*: se ~ qqn [reconnaître qqn] to remember OU to place sb.

◇ *vpi* -**1.** [se replacer - dans une position, un état]: se ~ au lit to go back to bed; se ~ debout to stand up again, to get back up; se ~ en route to get started OU going again; tu ne vas pas te ~ en colère! don't go getting angry again!; se ~ avec qqn [se réconcilier] to make it up with sb; [se réinstaller] to go OU to be back with sb again. -**2.** [guérir] to recover, to get better; je vais me ~, c'est simplement que je suis encore sous le choc I'll be all right, it's just that I'm still in shock; elle se remettra, ne t'inquiète pas [d'un choc] she'll get over it, don't worry; [d'une dépression] she'll pull out of it, don't worry; se ~ de qqch to get over sthg; se ~ d'un accident to recover from OU to get over an accident; il ne s'est pas encore complètement remis de son opération he's not fully recovered from his operation yet; allons, remets-toi! come on, pull yourself together OU get a grip on yourself!; je ne m'en remets pas I can't get over it; elle va s'en ~ she'll get over it.

◆ **se remettre à** *vp + prép* -**1.** [recommencer à]: se ~ à (faire) qqch to start (doing) sthg again, to take up (doing) sthg again; il s'est remis à fumer he started smoking again; je me suis remis à l'espagnol I've taken up Spanish again. -**2.** MÉTÉO: la pluie se remet à tomber, il se remet à pleuvoir the rain's starting again, it's started raining again; le temps se remet au beau it's brightening up; le temps se remet à la neige it looks like snow again.

◆ **s'en remettre à** *vp + prép* [se fier à] to rely on, to leave it (up) to; tu peux t'en ~ à moi you can rely on me OU leave it (up) to me; je m'en remets à lui pour tout ce qui concerne le financement du projet I'm leaving the financial arrangements of the plan to him OU in his hands; s'en ~ à la décision de qqn to leave it (up) to sb to decide; s'en ~ au bon sens de qqn to rely on sb's common sense.

remeubler [5] [rəmøble] *vt* [meubler de nouveau] to refurnish; [mettre de nouveaux meubles] to put new furniture into.

rémige [remiʒ] *nf* remex; les ~s remiges.

remilitarisation [rəmilitarizasjɔ̃] *nf* remilitarization.

remilitariser [3] [rəmilitarize] *vt* to remilitarize.

réminiscence [reminisɑ̃s] *nf* -**1.** [souvenir] reminiscence, recollection; **quelques ~s de ce qu'elle avait appris à l'école** a few vague memories of what she'd learned at school; **des ~s de mon enfance** reminiscences OU recollections of my childhood. -**2.** [influence] overtone; **il y a des ~s de Mahler dans ce morceau** there are some echoes of Mahler in this piece, this piece is reminiscent of Mahler. -**3.** PHILOS & PSYCH reminiscence.

remisage [rəmizaʒ] *nm* [gén] putting away, storing (away).

remise [rəmiz] *nf* -**1.** [dans un état antérieur]: **la ~ en place des meubles/en ordre des documents nous a pris du temps** putting all the furniture back into place/sorting out the papers again took us some time; **la ~ en marche du moteur** restarting the engine ❑ **~ en cause** OU **question** calling into question; **~ en jeu** OU **en touche** HOCKEY put-in; RUGBY line-out; FTBL throw-in; **~ à neuf** restoration; **il a besoin d'une ~ à niveau** he needs to be brought up to scratch; **~ à zéro** INF [effacement] core flush; [réinitialisation] resetting; **la ~ à zéro du compteur kilométrique a été faite récemment** AUT the mileometerhas recently been put back to zero. -**2.** [livraison] delivery; **~ d'une lettre/d'un paquet en mains propres** personal delivery of a letter/package; **la ~ des clés sera faite par l'agence** the agency will be responsible for handing over the keys; **la ~ de la rançon aura lieu derrière le garage** the ransom will be handed over OU paid behind the garage ❑ **~ des prix** SCOL prize-giving. -**3.** COMM [réduction] discount, reduction, remittance *spéc*; **une ~ de 15 %** a 15 % discount; **vous pouvez bien me faire une ~, je suis bonne cliente** you might consider giving me a discount OU a reduction, I'm a regular customer. -**4.** FIN [d'un impôt] allowance. -**5.** JUR remission; **faire ~ d'une dette** to discharge a debt; **faire ~ d'une amende** to remit OU to reduce a fine ❑ **~ de peine** reduction of (the) sentence. -**6.** *sout* [ajournement] putting off, postponement; **la ~ à huitaine de l'ouverture du procès** the postponement OU deferment of the opening of the trial for a week. -**7.** [resserre] shed. -**8.** AUT: **voiture de grande ~** chauffeur-driven hire limousine. -**9.** CHASSE covert.

remiser [3] [rəmize] ◇ *vt* -**1.** [ranger] to store away *(sép)*, to put away *(sép)*. -**2.** *fam vieilli* [rabrouer]: **~ qqn** to send sb packing.
◇ *vi* JEUX to place another bet.

remisier [rəmizje] *nm* intermediate broker ST. EX.

rémissible [remisibl] *adj litt* [crime, faute, péché] remissible, subject to remission.

rémission [remisjɔ̃] *nf* -**1.** RELIG remission, forgiveness; **la ~ des péchés** the remission of sins. -**2.** JUR remission; **la ~ d'une peine** the remission of a sentence. -**3.** MÉD remission; **la ~ fut de courte durée** the remission didn't last.
◆ **sans rémission** *sout* ◇ *loc adj* [implacable] merciless, pitiless; **ses jugements sont sans ~** her judgments are merciless.
◇ *loc adv* -**1.** [sans pardon possible] mercilessly, without mercy; **tu seras puni sans ~** you will be mercilessly punished. -**2.** [sans relâche] unremittingly; **travailler sans ~** to work unremittingly OU relentlessly.

rémittence [remitɑ̃s] *nf* [d'une fièvre, d'un mal] remission.

rémittent, e [remitɑ̃, ɑ̃t] *adj* [fièvre] remittent.

remmaillage [rɑ̃majaʒ] = **remaillage**.

remmailler [rɑ̃maje] = **remailler**.

remmailloter [3] [rɑ̃majɔte] *vt* [bébé] to wrap in swaddling clothes again.

remmancher [3] [rɑ̃mɑ̃ʃe] *vt* to put a handle back on.

remmener [19] [rɑ̃mne] *vt* to take OU to bring back *(sép)*; **je te remmènerai chez toi en voiture** I'll drive you back home.

remmoulage [rɑ̃mulaʒ] *nm* mould assembly OU reassembly.

remodelage [rəmɔdlaʒ] *nm* -**1.** [d'une silhouette] remodelling. -**2.** [d'un quartier] replanning; [d'une institution] reorganization; [d'un projet] redesigning, revising.

remodeler [25] [rəmɔdle] *vt* -**1.** [silhouette, traits] to remodel. -**2.** [quartier] to replan. -**3.** [institution] to reorganize; [projet] to redesign, to revise.

rémois, e [remwa, az] *adj* from Rheims OU Reims.
◆ **Rémois, e** *nm, f inhabitant of or person from Rheims.*

remontage [rəmɔ̃taʒ] *nm* -**1.** [d'une pendule] winding up, rewinding. -**2.** [d'une étagère] reassembly, reassembling.

remontant, e [rəmɔ̃tɑ̃, ɑ̃t] *adj* -**1.** BOT [fraisier] double-cropping, remontant *spéc*; [rosier] remontant. -**2.** [fortifiant] invigorating.
◆ **remontant** *nm* tonic.

remonte [rəmɔ̃t] *nf* -**1.** MIL remount. -**2.** NAUT sailing upstream OU upriver.

remonté, e *fam* [rəmɔ̃te] *adj* -**1.** [plein d'énergie] full of beans. -**2.** [irrité]: **~ contre qqn/qqch** up in arms against sb/sthg.
◆ **remontée** *nf* -**1.** [d'une côte] ascent, climb; **la ~ du fleuve** the trip upriver OU upstream; **la ~ des mineurs a lieu à 4 h** the miners are brought back up at 4 o'clock. -**2.** [rattrapage] catching up; **~ du coureur colombien face à ses adversaires** the Colombian competitor is catching up with his opponents; **belle ~ du groupe canadien à la septième place** spectacular recovery by the Canadian group up to seventh place; **brusque ~ de la cote du président dans les sondages** the popularity of the President has shot up OU suddenly gone up according to the polls. -**3.** GÉOG upwelling.
◆ **remontée mécanique** *nf* ski lift.

remonte-pente [rəmɔ̃tpɑ̃t] *(pl* **remonte-pentes**) *nm* ski tow.

remonter [3] [rəmɔ̃te] ◇ *vt* -**1.** [côte, étage] to go OU to climb back up; **~ l'escalier** to go OU to climb back up the stairs. -**2.** [porter à nouveau] to take back up; **~ une valise au grenier** to take a suitcase back up to the attic. -**3.** [parcourir - en voiture, en bateau etc] to go up *(insép)*; **~ le Nil** to sail up the Nile; **les saumons remontent le fleuve** the salmon are swimming upstream; **nous avons remonté la Seine en voiture jusqu'à Rouen** we drove along the Seine (upriver) to Rouen; **~ le défilé** [aller en tête] to work one's way to the front of the procession; **~ la rue** to go OU to walk back up the street; **en remontant le cours des siècles** OU **du temps** going back several centuries. -**4.** [relever - chaussette] to pull up *(sép)*; [- manche] to roll up *(sép)*; [- col, visière] to raise, to turn up *(sép)*; [- robe] to raise, to lift; [- store] to roll up, to raise; **~ qqch** to put sthg higher up, to raise sthg; **remonte ton pantalon** pull your trousers *Br* OU pants *Am* up; **elle a remonté la vitre** she wound the window up ‖ [augmenter - salaire, notation] to increase, to raise, to put up *(sép)*; **tous les résultats des examens ont été remontés de 2 points** all exam results have been put up OU raised by 2 marks. -**5.** [assembler à nouveau - moteur, kit] to reassemble, to put back *(sép)* together (again); [- étagère] to put back *(sép)* up; CIN [film] to reedit. -**6.** COMM [réouvrir] to set up *(sép)* again; **à sa sortie de prison, il a remonté une petite affaire de plomberie** when he came out of prison he reopened a small plumbing business ‖ [faire prospérer à nouveau]: **il a su ~ l'entreprise** he managed to set OU to put the business back on its feet; **elle a remonté la scierie après la mort de son père** she got the sawmill going again after her father died. -**7.** [renouveler] to restock, to stock up again; **~ sa cave** to stock up one's cellar again, to restock one's cellar; **~ son stock (de cassettes vidéo)** to stock up again (on video cassettes); **il faut que je remonte ma garde-robe pour l'hiver** I must buy myself some new clothes OU I must restock my wardrobe for the winter. -**8.** [mécanisme, montre] to wind (up); **pas besoin de la ~, elle est à piles** no need to wind it (up), it's battery-operated; **continue à la ~** keep on winding it (up). -**9.** [ragaillardir - physiquement] to pick up *(sép)*; [- moralement] to cheer up *(sép)*; **prends un whisky, ça te remontera** *fam* have a whisky, it'll make you feel better; **~ le moral à qqn** to cheer sb up. -**10.** SPORT [concurrent] to catch (up with). -**11.** THÉÂT to stage again, to put on (the stage) again; **une pièce oubliée que personne n'avait jamais remontée** a forgotten play which had never been revived.
◇ *vi (surtout aux être, parfois aux avoir)* -**1.** [monter de nouveau] to go back up, to go up again; **l'enfant remonta dans la brouette/sur l'escabeau** the child got back into the wheelbarrow/up onto the stool; **remonte dans ta chambre** go back up to your room; **~ au troisième étage** to go back up to the third floor; **~ à Paris** to go back to Paris. -**2.** [dans un moyen de transport]: **~ dans** [bateau, bus, train] to get back onto; [voiture] to get back into; **~ à cheval** [se remettre en selle] to remount; [refaire de l'équitation] to take up riding again. -**3.** [s'élever - route] to go back up, to go up again; **le sentier remonte jusqu'à la villa** the path climbs again to the villa ‖ [avoir un niveau supérieur]: **la rivière a remonté cette nuit** the level of the river rose again last night; **la mer remonte** the tide's coming in (again); **le baromètre remonte** the barometer is rising; **le prix du sucre a remonté** [après une baisse] the price of sugar has gone back up again; **sa fièvre remonte de plus belle** his temperature is going up even higher; **tu remontes dans mon estime** you've gone up in my esteem; **sa cote remonte** *fig* he's becoming more popular; **ses actions remontent** *fig* things are looking OU picking up for him. -**4.** [jupe] to ride OU to go up. -**5.** [faire surface - mauvaise odeur] to come back up; **~ à la surface** [noyé] to float back (up) to the surface; [plongeur] to resurface; [scandale] to reemerge, to resurface; **un sentiment de culpabilité remontait à sa conscience de temps en temps** a guilty feeling used to well up in him from time to time. -**6.** [retourner vers l'origine]: **~ dans le temps** to go back in time; **il avait beau ~ dans ses souvenirs, il ne la reconnaissait pas** however far back he tried to remember, he couldn't place her; **il est remonté très loin dans l'histoire de sa famille** he delved back a long way into his family history; **si l'on remonte encore plus loin dans le passé** looking OU going back even further into the past; **~ à** [se reporter à] to go back to, to return to; **~ à la cause première/à l'origine de qqch** to go back to the primary cause/the origins of sthg; **le renseignement qui nous a permis de ~ jusqu'à vous** the piece of information which enabled us to trace you; **~ de l'effet à la cause** to trace the effect back to the cause; **~ à: cela remonte à plusieurs mois** this goes OU dates back several months; **cela remonte à 1958** this goes OU dates back to 1958; **les recherches font ~ sa famille à 1518** research shows that his family goes back to 1518. -**7.** HORT [framboisier] to crop twice; [dahlia] to reflower. -**8.** THÉÂT to go upstage. -**9.** NAUT [navire] to sail north; [vent] to come round the north; **~ au vent** to tack into the wind.
◆ **se remonter** ◇ *vp (emploi passif)*: **ces nouvelles montres ne se remontent pas** these new watches don't have to be wound up; **ça se remonte avec une clé** you wind it up with a key.
◇ *vp (emploi réfléchi)* [physiquement] to recover one's strength; [moralement] to cheer o.s. up; **elle dit qu'elle boit pour se ~** she says she drinks to cheer herself up OU to make herself feel better; **il s'est bien remonté depuis hier** he's cheered up a lot since yesterday; **se ~ le moral** to cheer o.s. up.
◆ **se remonter en** *fam vp + prép* [se réapprovisionner en] to replenish one's stock of; **il s'est remonté en cravates/chaussettes** he's replenished his stock of ties/socks.

remontoir [rəmɔ̃twar] *nm* [en horlogerie] winder.

remontrance [rəmɔ̃trɑ̃s] *nf* -**1.** *sout (gén pl)* [reproche] remonstrance, reproof; faire des ~s à qqn to remonstrate with OU to reprimand OU to admonish sb. -**2.** HIST remonstrance.

remontrer [3] [rəmɔ̃tre] *vt* -**1.** [montrer de nouveau] to show again; **tu peux me ~ ton livre?** can you show me your book again?; **j'aimerais que tu me remontres comment tu as fait** I'd like you to show me again OU once more how you did it. -**2.** *litt* [faute, tort] to point out *(sép)*. -**3.** *loc*: **en ~ à qqn**: **crois-tu vraiment pouvoir m'en ~?** do you really think you have anything to teach me?; **il veut toujours en ~ à tout le monde** he's always trying to show off to people.

◆ **se remontrer** *vpi* to show up again; **et ne t'avise pas de te ~ ici!** and don't ever show your face (around) here again!

rémora [remɔra] *nm* remora.

remords [rəmɔr] *nm* -**1.** [repentir] remorse; **avoir des ~** to be full of remorse; **être bourrelé de** OU **torturé par le ~** to be stricken with remorse; **elle est rongée par le ~** she is consumed with remorse; **sans aucun ~** without a qualm, without any compunction, without (the slightest) remorse. -**2.** [regret]: **tu ne veux vraiment pas l'acheter, c'est sans ~?** you're sure you won't regret not buying it?

remorquage [rəmɔrkaʒ] *nm* [d'un bateau, d'un véhicule] towing.

remorque [rəmɔrk] *nf* -**1.** [traction - d'une voiture] towing; [- d'un navire] tugging, towing; **câble de ~** towline, towrope; **prendre une voiture en ~** to tow a car; **être en ~** to be on tow *Br* OU in tow *Am*; **'véhicule accidenté en ~'** 'on tow'. -**2.** [voiture] trailer. -**3.** *fig*: **il est toujours à la ~** he always lags behind; **être à la ~ de qqn** to tag (along) behind sb; **toujours à la ~ de ton frère!** always tagging (along) behind your brother!

remorquer [3] [rəmɔrke] *vt* -**1.** [voiture] to tow; [navire] to tug, to tow; [masse] to haul; **se faire ~ jusqu'au garage** to get a tow to the garage. -**2.** *fam* [traîner - enfant, famille] to drag along *(sép)*.

remorqueur, euse [rəmɔrkœr, øz] *adj* [avion, bateau, train] towing.

◆ **remorqueur** *nm* -**1.** NAUT towboat, tug. -**2.** ASTRONAUT space tug.

remouiller [3] [rəmuje] *vt* -**1.** [éponge, linge] to wet again. -**2.** NAUT: **nous avons remouillé l'ancre à Nice** we anchored in Nice again.

rémoulade [remulad] *nf* rémoulade (sauce).

remoulage [rəmulaʒ] *nm* -**1.** [du café] regrinding. -**2.** [en meunerie - action] remilling; [- résultat] middlings.

rémouleur [remulœr] *nm* (itinerant) knife grinder.

remous [rəmu] *nm* -**1.** [tourbillon] swirl, eddy; [derrière un bateau] wash, backwash. -**2.** [mouvement] ripple, stir; **un ~ parcourut la foule** a ripple OU stir went through the crowd. -**3.** *sout* [réaction] stir, flurry; **l'article va sûrement provoquer quelques ~ dans la classe politique** the article will doubtless cause a stir OU raise a few eyebrowsin the political world; **sa nomination n'a pas provoqué de ~** his appointment didn't cause a stir.

rempaillage [rɑ̃pajaʒ] *nm* [d'une chaise] reseating (with straw).

rempailler [3] [rɑ̃paje] *vt* [chaise] to reseat (with straw).

rempailleur, euse [rɑ̃pajœr, øz] *nm, f* chair-caner.

rempaqueter [27] [rɑ̃pakte] *vt* to wrap (up) again, to rewrap.

rempart [rɑ̃par] *nm* -**1.** [enceinte] rampart, bulwark; **les ~s** [d'une ville] ramparts, city walls. -**2.** *fig & litt* bulwark, bastion; **elle lui fit un ~ de son corps** she shielded him with her body.

rempiètement [rɑ̃pjɛtmɑ̃] *nm* underpinning CONSTR.

rempiler [3] [rɑ̃pile] ◇ *vt* to pile (up) again. ◇ *vi arg mil* to re-enlist, to sign up again.

remplaçable [rɑ̃plasabl] *adj* replaceable; **difficilement ~** hard to replace.

remplaçant, e [rɑ̃plasɑ̃, ɑ̃t] *nm, f* -**1.** [gén] replacement, stand-in; [d'un enseignant] supply *Br* OU substitute *Am* teacher; [d'un médecin] replacement, locum *Br*. -**2.** SPORT reserve; [au cours du match] substitute. -**3.** MUS, THÉÂT & TV understudy.

remplacement [rɑ̃plasmɑ̃] *nm* -**1.** [substitution] replacement; **le juge a procédé au ~ de deux jurés** the judge has replaced two members of the jury; **il y a eu quelques ~s dans le personnel** some members of staff have been replaced; **le ~ des pneus va me coûter cher** it's going to cost me a lot to replace the tyres. -**2.** [suppléance]: **je ne trouve que des ~s** I can only find work standing in for other people; **faire un ~** to stand in *(insép)*, to fill in *(insép)*; **faire des ~s** [gén] to do temporary replacement work; [comme secrétaire] to do temporary work; [comme enseignant] to work as a supply *Br* OU substitute *Am* teacher.

◆ **de remplacement** *loc adj*: **un avion arrive avec du matériel de ~** a plane is arriving with replacement equipment OU with spares; **produit de ~** substitute product; **solution de ~** alternative OU fallback (solution).

remplacer [16] [rɑ̃plase] *vt* -**1.** [renouveler] to replace, to change; **~ une tuile cassée/un fusible** to replace a broken tile/a fuse; **il va falloir ~ les poignées de porte** we'll have to replace the door handles. -**2.** [mettre à la place de] to replace; **nous avons remplacé les vieux bâtiments par un grand jardin** we have made a big garden where the old buildings used to be; **remplacez les adjectifs par d'autres expressions** replace the adjectives with other phrases. -**3.** [prendre la place de] to replace, to take the place of; **dans de nombreuses tâches, la machine remplace maintenant l'homme** in a lot of tasks, machines are now taking over from men; **le pétrole a remplacé le charbon** oil has replaced coal. -**4.** [suppléer] to stand in OU to substitute for; **tu dois absolument trouver quelqu'un pour le ~** you must find someone to replace him; **rien ne peut ~ une mère** there is no substitute for a mother; **personne ne peut la ~** she's irreplaceable; **si vous ne pouvez pas venir, faites-vous ~** if you can't come, get someone to stand in for you; **il l'a remplacé deux fois comme capitaine de l'équipe nationale** he's stood in for him twice as captain of his country's team; **on l'a remplacé pendant la seconde mi-temps** he was taken off OU substituted during the second half; **tu as l'air épuisé, je vais te ~** you look exhausted, I'll take over from you.

◆ **se remplacer** *vp (emploi passif)* to be replaced; **une sœur, ça ne se remplace pas** there's no substitute for a sister; **une secrétaire comme ça, ça ne se remplace pas** you won't find another secretary like her.

remplir [32] [rɑ̃plir] *vt* -**1.** [emplir] to fill; **il a rempli mon verre d'un excellent vin** he filled my glass with an excellent wine; **remplissez votre casserole d'eau** fill your saucepan with water; **le vase est rempli à ras bord** the vase is full to the brim; **la foule a rapidement rempli la rue** the crowd quickly filled the street; **on ne remplit plus les salles avec des comédies** comedy doesn't pull audiences OU fill the house anymore; **la cave est remplie de bons vins** the cellar is filled OU stocked with good wines; **j'ai eu une journée bien remplie** I've had a very full OU busy day; **un emploi du temps très** OU **bien rempli** a very busy schedule; **l'accident a rempli les premières pages des journaux** the front pages of the newspapers were full of news about the accident; **j'ai le ventre bien rempli, ça va mieux!** *fam* I feel a lot better for that meal! -**2.** [compléter - formulaire] to fill in OU out *(sép)*; [- chèque] to fill OU to make out *(sép)*; **je n'ai pas rempli le formulaire** I didn't fill in the form; **elle a rempli des pages et des pages** she wrote pages and pages. -**3.** [combler] to fill in *(sép)*; **~ un trou/un fossé** to fill in a hole/a ditch. -**4.** [accomplir - engagement] to fulfil; [- fonction, mission] to carry out *(sép)*; **dès que j'aurai rempli mes obligations, je vous rejoindrai** as soon as I've fulfilled my obligations I'll join you. -**5.** [satisfaire - condition] to fulfil, to satisfy; [- besoin] to meet, to satisfy; **elle ne remplit pas les conditions nécessaires** she doesn't fulfil OU meet the necessary conditions. -**6.** [d'émotion]: **~ qqn de joie/d'espoir** to fill sb with joy/with hope; **être rempli de colère/de désespoir** to be filled with anger/with despair; **être rempli de soi-même/de son importance** to be full of o.s./of one's own importance.

◆ **se remplir** ◇ *vpi* to fill (up); **le ciel s'est rapidement rempli de nuages noirs** the sky quickly filled with dark clouds; **le fossé s'est rempli d'eau en quelques minutes** the ditch filled (up) with water within a few minutes. ◇ *vpt*: **se ~ les poches** *fam* to line one's pockets; **se ~ l'estomac** *fam* OU **la panse** *fam* to stuff o.s. OU one's face.

remplissage [rɑ̃plisaʒ] *nm* -**1.** [d'une fosse, d'un récipient] filling (up). -**2.** *fig* [d'un texte] padding; **faire du ~** to pad. -**3.** CONSTR studwork; **~ en briques** nogging. -**4.** MUS filling-in.

remploi [rɑ̃plwa] *nm* -**1.** [d'un travailleur] reemployment. -**2.** [d'une machine, de matériaux] reuse. -**3.** FIN reinvestment.

remployer [13] [rɑ̃plwaje] *vt* -**1.** [travailleur] to take on *(sép)* again, to re-employ. -**2.** [machine] to reuse, to use again. -**3.** FIN to reinvest.

remplumer [3] [rɑ̃plyme]

◆ **se remplumer** *fam vpi* -**1.** [physiquement] to fill out again; **elle s'est bien remplumée depuis l'année dernière** she's put a bit of weight back on since last year. -**2.** [financièrement] to improve one's cash flow, to straighten out one's cash situation; **il a réussi à se ~ en vendant ses tableaux** he managed to improve his cash flow situation by selling his paintings.

rempocher [3] [rɑ̃pɔʃe] *vt* to pocket again, to put back in one's pocket.

rempoissonnement [rɑ̃pwasɔnmɑ̃] *nm* restocking (with fish).

rempoissonner [3] [rɑ̃pwasɔne] *vt* to restock (with fish).

remporter [3] [rɑ̃pɔrte] *vt* -**1.** [reprendre] to take back *(sép)*; **n'oublie pas de ~ ton disque** don't forget to take your record with you. -**2.** [obtenir] to win, to get; **~ un prix** to carry off OU to win a prize; **~ un succès** to be successful; **~ la palme** to win the prize, to be victorious. -**3.** SPORT to win.

rempotage [rɑ̃pɔtaʒ] *nm* repotting.

rempoter [3] [rɑ̃pɔte] *vt* to repot.

remprunter [3] [rɑ̃prœ̃te] *vt* -**1.** [emprunter - de nouveau] to borrow again; [- en supplément] to borrow more. -**2.** [route]: **~ le même chemin** to take the same road again.

remuage [rəmɥaʒ] *nm* -**1.** AGR [du blé] turning (over). -**2.** ŒNOL turning *(of Champagne bottles)*, remuage.

remuant, e [rəmɥɑ̃, ɑ̃t] *adj* -**1.** [agité] restless, fidgety; **que cet enfant est ~!** that kid is a fidget OU never sits still! -**2.** [entreprenant] energetic, active, lively; **son parti trouve qu'il est un peu trop ~ parfois** his party finds him somewhat over-enthusiastic at times *euph*.

remue-ménage [rəmymenaʒ] *nm inv* -**1.** [dérangement d'objets] jumble, disorder; **il a fallu tout déménager, tu aurais vu le ~ dans le bureau hier** we had to move out all the furniture, you should've seen the mess OU shambles in the office yesterday. -**2.** [agitation bruyante] commotion, hurly-burly, rumpus; **les gens du dessus font leur ~ habituel** the people upstairs are making their usual rumpus.

remue-méninges [rəmymenɛ̃ʒ] *nm inv* brainstorming.

remuement [rəmymɑ̃] *nm litt* movement, moving, stirring.

remuer [7] [rəmɥe] ◇ *vt* -**1.** [agiter] to move, to shift; **je l'entends ~ ses livres/son tabouret** I can hear her shifting her books/her stool (about); **~ les lèvres** to move one's lips; **~ les**

bras to wave one's arms (about); **la brise remue les branches/les herbes** the breeze is stirring the branches/the grass; **le chien remuait la queue** the dog was wagging its tail. -**2.** [déplacer] to move, to shift; **il faudrait pouvoir ~ ces meubles** it would be better if we could move the furniture. -**3.** [retourner - cendres] to poke; [- terre, compost] to turn over *(sép)*; [- salade] to toss; [- boisson, préparation] to stir; **remuez délicatement le chocolat et les blancs d'œufs** gently fold the chocolate into the egg whites; **~ des fortunes** OU **de grosses sommes** to handle huge amounts of money ❑ **~ l'or à la pelle** *fam* to be rolling in money; **~ ciel et terre** to move heaven and earth, to leave no stone unturned. -**4.** *sout* [ressasser] to stir up *(sép)*, to brood over *(sép)*; **à quoi bon ~ le passé?** what's the good of stirring up OU mulling over the past?; **~ des souvenirs** to turn OU to go over memories. -**5.** [troubler] to move; **être (tout/profondément) remué** to be (very/deeply) moved; **ton histoire m'a remué** your story moved me.

◇ *vi* -**1.** [s'agiter - nez, oreille] to twitch; **la queue du chien/du chat/du cheval remuait** the dog was wagging/the cat was wagging/the horse was flicking its tail. -**2.** [branler - dent, manche] to be loose. -**3.** [bouger] to move; [gigoter] to fidget; **les gosses, ça remue tout le temps** *fam* kids can't stop fidgeting OU never keep still; **qu'est-ce qui remue dans le panier?** what's moving about in the basket? -**4.** *fig* to get restless; **les mineurs commencent à ~** the miners are getting restless.

◆ **se remuer** *vpi* -**1.** [bouger] to move; **j'ai besoin de me ~ un peu** *pr* I need to move OU to walk around a bit; *fig* I need to wake myself up a bit. -**2.** [se démener] to put o.s. out; **il a fallu que je me remue pour t'inscrire** I had to go to a lot of trouble to get you on the course.

remueur, euse [rəmɥœr, øz] *nm, f litt*: **un ~ d'idées** an ideas man.

remugle [rəmygl] *nm litt* mustiness, fustiness.

rémunérateur, trice [remyneratœr, tris] *adj* remunerative, income-generating; **un emploi ~** a lucrative job.

rémunération [remynerasjɔ̃] *nf* remuneration, payment; **sa ~** his income OU earnings; **la ~ de ses services** payment for her services.

rémunératoire [remyneratwar] *adj* JUR remunerative; **legs ~** legacy in consideration of service rendered.

rémunérer [18] [remynere] *vt* to remunerate, to pay; **travail bien/mal rémunéré** well-paid/badly-paid work.

renâcler [3] [rənakle] *vi* -**1.** [cheval] to snort. -**2.** [personne] to grumble, to moan; **il a un peu renâclé** he dragged his feet a bit *fig*; **il a accepté en renâclant** he reluctantly accepted; **~ à: ~ à faire qqch** to be (very) loath OU reluctant to do sthg; **~ à une tâche** to recoil from a task.

renaissance [rənɛsɑ̃s] *nf* -**1.** [réincarnation] rebirth. -**2.** [renouveau] revival, rebirth.

Renaissance [rənɛsɑ̃s] ◇ *nf*: **la ~** the Renaissance (period).

◇ *adj inv* ARCHIT & BX-ARTS Renaissance *(modif)*.

renaissant, e [rənɛsɑ̃, ɑ̃t] *adj* -**1.** [enthousiasme] returning; [intérêt] renewed; [douleur] recurring; **l'économie ~e de ces pays** the reviving economy of those countries; **leur amour ~** their newfound love; **sans cesse ~** [espoir] ever renewed; [problème] ever recurring. -**2.** ARCHIT & BX-ARTS Renaissance *(modif)*; **l'art ~** Renaissance art, the art of the Renaissance.

renaître [92] [rənɛtr] *vi (inusité aux temps composés)* -**1.** [naître de nouveau - gén] to come back to life, to come to life again; [- végétation] to spring up again; **se sentir ~** to feel like a new person; **~ par le baptême/la pénitence** RELIG to be born again through baptism/repentance; **~ à** *litt*: **~ à la vie** to come alive again; **~ à l'espoir/l'amour** to find hope again/a new love ❑ **~ de ses cendres** to rise from one's ashes. -**2.** [revenir - jour] to dawn; [- courage, économie] to revive, to recover; [- bonheur, espoir] to return; **faire ~ le passé/un antagonisme** to revive the past/an antagonism; **l'espoir renaît dans l'équipe/le village** the team/the village has found fresh hope; **l'espoir** OU **l'espérance renaît toujours** hope springs eternal.

rénal, e, aux [renal, o] *adj* kidney *(modif)*, renal *spéc*.

renard [rənar] *nm* -**1.** ZOOL fox; **~ argenté/bleu** silver/blue fox; **~ roux** common OU red fox. -**2.** [fourrure] fox fur; **un manteau en ~ argenté** a silver fox fur coat. -**3.** *fig*: **vieux ~** (sly) old fox, cunning old devil. -**4.** TRAV PUBL [brèche] breach, leakage.

renarde [rənard] *nf* vixen ZOOL.

renardeau, x [rənardo] *nm* fox cub.

renardière [rənardjɛr] *nf* -**1.** [tanière] fox's earth OU den. -**2.** *Can* [élevage] fox farm.

rencaissage [rɑ̃kɛsaʒ] *nm* [d'une plante] reboxing.

rencaissement [rɑ̃kɛsmɑ̃] *nm* FIN cashing (in) again.

rencaisser [4] [rɑ̃kɛse] *vt* -**1.** [plante] to rebox. -**2.** FIN [toucher] to cash again; [remettre en caisse] to put back in the till.

rencard[▽] [rɑ̃kar] = **rancard**.

rencarder[▽] [rɑ̃karde] = **rancarder**.

renchérir [32] [rɑ̃ʃerir] ◇ *vi* -**1.** [devenir plus cher] to become more expensive, to go up. -**2.** [faire une surenchère] to make a higher bid, to bid higher; **~ sur** [obj: personne] to outbid; [obj: enchère] to bid higher than; [en actes ou en paroles] to go further than, to outdo; **il renchérit toujours sur ce que dit sa femme** he always goes further OU one better than his wife.

◇ *vt* [rendre plus cher]: **la crise a renchéri les produits courants** the crisis has pushed up the price of everyday goods.

renchérissement [rɑ̃ʃerismɑ̃] *nm* increase, rise; **un ~ des produits laitiers** an increase OU a rise in the price of dairy products.

renchérisseur, euse [rɑ̃ʃerisœr, øz] *nm, f* [aux enchères] outbidder.

rencogner *fam* [3] [rɑ̃kɔɲe] *vt* to corner.

rencontre [rɑ̃kɔ̃tr] *nf* -**1.** [entrevue] meeting, encounter; **une ~ de hasard** a chance meeting OU encounter; **c'était une ~ tout à fait inattendue** it was a completely unexpected encounter; **faire la ~ de qqn** to meet sb; **faire beaucoup de ~s** to meet a lot of people; **faire une ~** to meet someone; **faire une mauvaise ~** to have an unpleasant encounter; **faire des mauvaises ~s** to meet the wrong kind of people; **aller** OU **marcher à la ~ de qqn** to go to meet sb; **je pars à sa ~** I'm going to go and meet him ❑ **'Rencontres du troisième type'** *Spielberg* 'Close Encounters of the Third Kind'. -**2.** [conférence] meeting, conference; **une ~ internationale sur l'énergie nucléaire** an international meeting OU conference on nuclear energy ❑ **~ au sommet** summit meeting. -**3.** SPORT match, game, fixture *Br*; **une ~ de tennis** a tennis fixture *Br* OU match; **une ~ d'athlétisme** an athletics meeting. -**4.** [combat] engagement, encounter; HIST duel. -**5.** [jonction - de deux fleuves] confluence; [- de deux routes] junction.

◆ **de rencontre** *loc adj* [liaison] passing, casual; [amitié] chance *(modif)*.

rencontrer [3] [rɑ̃kɔ̃tre] *vt* -**1.** [croiser] to meet, to encounter; [faire la connaissance de] to meet; **je l'ai rencontré (par hasard) au marché** I met him (by chance) OU ran into him at the market. -**2.** [donner audience à] to meet, to have a meeting with; **il ne peut pas vous ~ avant lundi** he can't meet you before Monday. -**3.** [affronter] to meet; SPORT to play against *(insép)*, to meet; **attention, vous allez ~ les meilleurs** watch out, you're going to be up against the best; **Nantes rencontre Bordeaux samedi** Nantes are *Br* OU is *Am* playing against Bordeaux on Saturday. -**4.** [heurter] to strike, to hit; **la fourche rencontra une grosse pierre** the fork struck OU hit a big stone. -**5.** [trouver] to meet with, to come across; **~ l'assentiment de tous** to meet with everyone's approval; **sans ~ la moindre résistance** without meeting with OU experiencing the least resistance; **l'une des plus belles villes qu'il m'ait été donné de ~** one of the most beautiful cities I've had the opportunity to visit; **~ l'amour/Dieu** to find love/God. -**6.** *Belg* [opinion, objection] to agree with.

◆ **se rencontrer** ◇ *vp (emploi réciproque)* -**1.** [se trouver en présence] to meet; **c'est ma sœur qui les a fait se ~** my sister arranged for OU got them to meet; **où vous êtes-vous rencontrés?** where did you meet? ❑ **comme on se rencontre!** it's a small world! -**2.** SPORT to play (against), to meet. -**3.** [se rejoindre - fleuves] to meet, to join; [- routes] to meet, to merge; **leurs yeux** OU **regards se sont rencontrés** their eyes met.

◇ *vp (emploi passif)*: **un homme intègre, ça ne se rencontre pas souvent** it's not often you come across OU meet an honest man ‖ *(tournure impersonnelle)*: **il se rencontrera toujours des gens pour nier la vérité** you will always find people who deny the truth.

◆ **se rencontrer avec** *vp + prép litt* & *fig* to see eye to eye with.

rendement [rɑ̃dmɑ̃] *nm* -**1.** [production] output; **le ~ d'un puits de pétrole** the output of an oil well. -**2.** [rentabilité] productivity; **le ~ de cette machine est supérieur** this machine is more productive. -**3.** [efficacité] efficiency; **mon ~ s'en est trouvé affecté** I'm not as efficient because of it. -**4.** AGR yield; **le ~ de ces champs est faible** those fields give a low yield; **une terre sans aucun ~** a land that yields no return. -**5.** FIN yield, return; **acheter des actions à gros ~** to buy shares yielding a high return OU high-interest shares. -**6.** CHIM yield. -**7.** ÉLECTR & PHYS efficiency.

rendez-vous [rɑ̃devu] *nm inv* -**1.** [rencontre] appointment; **j'ai ~ chez le médecin** I have an appointment with the doctor; **donner ~ à qqn** to make an appointment with sb; **avez-vous ~?** do you have an appointment?; **le réceptionniste m'a pris ~ pour 11 h** the receptionist made an appointment for me for 11 o'clock; **~ chez mes parents à 10 h** let's meet at 10 o'clock at my parents' (house); **un ~ manqué** a missed meeting; **c'était un ~ manqué** we/they didn't meet up; **son premier ~** [amoureux] her first date ❑ **~ spatial** ASTRONAUT docking in space. -**2.** [endroit] meeting place; **j'étais le premier au ~** I was the first one to turn up OU to arrive; **ici, c'est le ~ des étudiants** this is where all the students meet ❑ **~ de chasse** [lieu de rassemblement] meet; [bâtiment] hunting lodge.

rendormir [36] [rɑ̃dɔrmir] *vt* to put OU to send back to sleep.

◆ **se rendormir** *vpi* to go back to sleep, to fall asleep again; **je n'arrive pas à me ~** I can't get back to sleep.

rendre [73] [rɑ̃dr] ◇ *vt* -**1.** [restituer - objet prêté ou donné] to give back *(sép)*, to return; [- objet volé] to give back *(sép)*, to return, to restore; [- objet défectueux] to take back *(sép)*, to return; [- somme] to pay back *(sép)*; [- réponse] to give; **il est venu ~ la chaise** he brought the chair back; **donne-moi trente francs, je te les rendrai demain** give me thirty francs, I'll pay you back OU I'll give it back to you tomorrow; **~ un devoir** [élève] to hand OU to give in a piece of work; [professeur] to hand OU to give back a piece of work; **le professeur nous a rendu nos dissertations** the teacher gave us our essays back OU returned our essays; **l'enfant a été rendu à sa famille** the child was handed back OU returned to his family; **~ un otage** to return OU to hand over a hostage. -**2.** [donner en retour] to return; **~ un baiser à qqn** to kiss sb back; **~ le bien pour le mal/coup pour coup** to return good for evil/blow for blow; **rends-moi trois francs** give me three francs back OU three francs change; **elle m'a rendu cinq francs de trop** she gave me five francs (change) too much; **~ la monnaie (sur)** to give change (out of OU from); **elle me méprise, mais je le lui rends bien** she despises me, but the feeling's mutual ❑ ~ **la pareille à qqn** to repay sb in kind; ~ **la politesse** *pr* to return the compliment; *iron* to return the compliment, to give as good as one gets. -**3.** *(suivi d'un adj)* [faire devenir] to make; ~ **qqch public** to make sthg public; **la nouvelle n'a pas encore été rendue publique** the news hasn't been made public OU been released yet; ~ **qqn aveugle** *pr* to make sb (go) blind, to blind sb; *fig* to blind sb; ~ **qqn célèbre** to make sb famous; ~ **qqn fou** [dément, exaspéré, amoureux] to drive OU to make sb mad; ~ **qqn heureux/idiot/malade** to make sb happy/stupid/ill; **rien que de penser aux examens, ça me rend malade** just thinking about the exams makes me (feel) ill; ~ **qqn responsable** to make OU to hold sb responsible; ~ **qqn sourd** to make sb (go) deaf; **l'absence de ponctuation rend le texte incompréhensible** the lack of punctuation makes the text incomprehensible; **ils veulent ~ la Loire navigable** they want to make the river Loire navigable. -**4.** [faire recouvrer]: ~ **l'ouïe/la santé/la vue à qqn** to restore sb's hearing/health/sight, to give sb back his hearing/health/sight; **l'opération ne lui a pas rendu l'usage de la parole/de son bras** the operation did not give him back the power of speech/the use of his arm; **tu m'as rendu l'espoir** you've given me new hope; ~ **son honneur à qqn** to restore sb's honour; ~ **sa forme à un chapeau** to pull a hat back into shape; **Brillax rend à vos sols l'éclat du neuf** Brillax puts the shine back into your floors. -**5.** [exprimer - personnalité] to portray, to capture; [- nuances, pensée] to convey, to render, to express; **la traduction rend bien sa pensée** the translation successfully conveys OU renders his thought; **voyons comment il a rendu cette scène à l'écran** [metteur en scène] let's see how he transferred this scene to the screen; **l'enregistrement ne rend pas la qualité de sa voix** the recording doesn't do justice to the quality of her voice. -**6.** [produire]: ~ **un son métallique/cristallin** to sound metallic/like glass; **ici le mur rend un son creux** the wall sounds hollow here; **ça ne rend rien** OU **pas grand-chose** [décor, couleurs] it doesn't look much; **les photos n'ont pas rendu grand-chose** the pictures didn't come out very well; **mes recherches n'ont encore rien rendu** my research hasn't come up with anything yet OU hasn't produced any results yet. -**7.** CULIN to give out *(sép)*; **quand les champignons ont rendu toute leur eau** when the mushrooms have released all their juices. -**8.** [vomir - repas] to vomit, to bring up *(sép)*; **il a tout rendu** he's brought everything back up. -**9.** SPORT: ~ **du poids** to have a weight handicap; ~ **150 m** to have a 150 m handicap; ~ **5 kg** to give OU to carry 5 kg. -**10.** [prononcer - jugement, arrêt] to pronounce; ~ **un verdict** to deliver OU to return a verdict; ~ **une sentence** to pass OU to pronounce sentence; ~ **un oracle** to prophesy. -**11.** AGR [produire] to yield, to have a yield of; **cette terre rend peu de blé à l'hectare** this land doesn't yield much wheat per hectare; **ce blé rend beaucoup de farine** this wheat has a high flour yield.

◇ *vi* -**1.** AGR & HORT to be productive; **les vignes ont bien rendu** the vineyards have given a good yield OU have produced well; **cette terre ne rend pas** this land is unproductive OU yields no return; **le verger rend peu** the orchard is not very productive. -**2.** [ressortir] to be effective; **ce tapis rend très bien/ne rend pas très bien avec les rideaux** this carpet looks really good/doesn't look much with the curtains; **le tableau rendrait mieux sous un autre éclairage** the picture would be more effective OU would look better in different lighting. -**3.** [vomir] to vomit, to be sick; **j'ai envie de ~** I want to be OU I feel sick; **il a rendu la nuit dernière** he was sick last night.

◆ **se rendre** *vpi* -**1.** [cesser le combat - criminel] to give o.s. up, to surrender; [- ville] to surrender; **se ~ à la police** to give o.s. up to the police; **rendez-vous!** give yourself up!, surrender!; **il a fini par se ~** *fig* he finally gave in. -**2.** *(suivi d'un adj)* [devenir] to make o.s.; **elle sait se ~ indispensable** she knows how to make herself indispensable; **rends-toi utile!** make yourself useful!; **tu vas te ~ malade** you'll make yourself ill; **ne te rends pas malade pour ça!** it's not worth making yourself ill about OU over it! -**3.** [aller]: **se ~ à** to go to; **je me rends à l'école à pied/à vélo/en voiture** I walk/ride (my bike)/drive to school, I go to school on foot/by bike/by car; **il s'y rend en train** he goes OU gets OU travels there by train; **je me rendais chez elle quand je l'ai vue** I was going to OU I was on my way to her place when I saw her; **les pompiers se sont rendus sur les lieux** the fire brigade went to OU arrived on the scene.

◆ **se rendre à** *vp + prép* [accepter] to yield to; **se ~ à l'avis de ses supérieurs** to bow to the opinion of one's superiors; **se ~ à la raison** to give in to reason; **il ne s'est pas rendu à leurs raisons** he didn't give in to their arguments; **se ~ à l'évidence** [être lucide] to face facts; [reconnaître les preuves] to acknowledge OU to recognize the facts; **se ~ aux prières de qqn** to give way OU to yield to sb's entreaties.

rendu, e [rɑ̃dy] *adj* -**1.** [harassé] exhausted, worn OU tired out; **les chevaux étaient ~s** the horses were on their last legs OU were worn out. -**2.** [arrivé]: **nous/vous voilà ~s** here we/you are.

◆ **rendu** *nm* -**1.** COMM return. -**2.** BX-ARTS rendering.

rêne [rɛn] *nf* [courroie] rein; *fig*: **lâcher les ~s** to slacken the reins; **prendre les ~** to take over the reins; **c'est lui qui tient les ~s (à la direction)?** he's the one who's really in charge (up in management)?

renégat, e [rənega, at] *nm, f sout* renegade.

renégociation [rənegɔsjasjɔ̃] *nf* [d'un contrat] renegotiation; [d'une dette] rescheduling.

renégocier [9] [rənegɔsje] *vt* [contrat] to renegotiate; [dette] to reschedule.

reneiger [23] [rəneʒe] *v impers* to snow again; **il reneige** it's snowing again.

renfermé, e [rɑ̃fɛrme] *adj* uncommunicative, withdrawn, silent; **elle est du genre ~** she's the uncommunicative type.

◆ **renfermé** *nm*: **une odeur de ~** a stale OU musty smell; **ça sent le ~ ici** it smells musty in here.

renfermer [3] [rɑ̃fɛrme] *vt* to hold, to contain; **son histoire renferme une part de vérité** there's some truth in what he says.

◆ **se renfermer** *vpi* to withdraw (into o.s.).

renfiler [3] [rɑ̃file] *vt* [aiguille] to rethread, to thread again; [perles] to restring; [vêtement] to slip back into.

renflé, e [rɑ̃fle] *adj* [colonne, forme] bulging, bulbous.

renflement [rɑ̃fləmɑ̃] *nm* [d'une colonne, d'un vase] bulge; **la poche forme un ~ à hauteur de la hanche** the pocket bulges (out) at the hip.

renfler [3] [rɑ̃fle] *vt*: **le pigeon renfla ses plumes** the pigeon fluffed up its feathers.

◆ **se renfler** *vpi* to bulge out *(insép)*.

renflouage [rɑ̃fluaʒ], **renflouement** [rɑ̃flumɑ̃] *nm* -**1.** NAUT refloating. -**2.** ÉCON bailing out, refloating.

renflouer [3] [rɑ̃flue] *vt* -**1.** NAUT to refloat. -**2.** [entreprise, projet] to bail out *(sép)*; **ça va ~ nos finances** that will bail us out.

renfoncement [rɑ̃fɔ̃smɑ̃] *nm* -**1.** [dans un mur] recess, hollow. -**2.** IMPR indentation.

renfoncer [rɑ̃fɔ̃se] *vt* [bouchon] to push further in; [clou] to knock further in; [chapeau] to pull down.

renforçateur [rɑ̃fɔrsatœr] *nm* -**1.** PHOT intensifier. -**2.** [de mise en pli] setting lotion. -**3.** PSYCH reinforcer.

renforcement [rɑ̃fɔrsəmɑ̃] *nm* -**1.** [augmentation] reinforcement; **le ~ des pouvoirs du président** the strengthening of the President's powers. -**2.** PHOT intensification. -**3.** PSYCH reinforcement.

renforcer [16] [rɑ̃fɔrse] *vt* -**1.** CONSTR & COUT to reinforce. -**2.** [grossir - effectif, service d'ordre] to reinforce, to strengthen; **le candidat choisi viendra ~ notre équipe de chercheurs** the ideal candidate will join our team of researchers. -**3.** [affermir - conviction] to reinforce, to strengthen, to intensify; **sa méchanceté a renforcé ma détermination** his nastiness made me all the more OU even more determined; **il m'a renforcé dans mon opinion** he confirmed me in my belief. -**4.** [mettre en relief] to set off *(sép)*, to enhance; **utilisez un adverbe pour ~ l'adjectif** use an adverb to reinforce OU underline the adjective. -**5.** PSYCH to reinforce.

◆ **se renforcer** *vpi* [devenir plus fort] to become stronger, to be consolidated; **sa popularité s'est beaucoup renforcée** his popularity has greatly increased OU has grown considerably; **notre équipe se renforce maintenant de plusieurs jeunes ingénieurs** our team has now been strengthened by the arrival of several young engineers.

renfort [rɑ̃fɔr] *nm* -**1.** [aide] reinforcement; **nous avons reçu le ~ de bénévoles** we were aided by volunteers, we had backup from a team of volunteers; **j'ai besoin de ~ pour faire la cuisine** *hum* I need some extra pairs of hands to help me do the cooking; **il amène toujours sa sœur en ~** he always brings his sister along to back him up. -**2.** [pièce de tissu] lining; **collant avec ~s aux talons/à l'entrejambe** tights with lined heels/a gusseted crotch. -**3.** TECH reinforcement.

◆ **renforts** *nmpl* MIL [soldats] reinforcements; [matériel] (fresh) supplies.

◆ **à grand renfort de** *loc prép* with a lot of, with much; **ils ont fait sortir tout le monde à grand ~ de hurlements** they got everyone out with much yelling (and shouting); **il s'expliquait à grand ~ de gestes** he expressed himself with the help of a great many gestures.

◆ **de renfort** *loc adj* reinforcement *(modif)*.

renfrogné, e [rɑ̃frɔɲe] *adj* [air, visage] sullen, dour; [personne] sulky, dour; **il est toujours ~** he's always sulking.

renfrogner [3] [rɑ̃frɔɲe]

◆ **se renfrogner** *vpi* to scowl, to frown, to grimace; **elle se renfrognait quand on parlait de lui** she became sullen whenever his name was mentioned.

rengagé [rɑ̃gaʒe] *nm* re-enlisted man.

rengagement [rɑ̃gaʒmɑ̃] *nm* [d'un soldat] reenlistment; [d'un combat] re-engagement; [d'argent] reinvestment; **la banque a annoncé son ~** [employé] the bank announced it was taking him on again.

rengager [17] [rɑ̃gaʒe] *vt* [combat] to re-engage; [conversation] to start again, to take up *(sép)* again; [employé] to re-engage, to take on *(sép)* again; [argent] to reinvest, to plough back *(sép)*.

◆ **se rengager** *vpi* MIL to re-enlist, to join up again.

rengaine [rɑ̃gɛn] *nf* -**1.** [refrain] (old) tune, (old) song. -**2.** *fig*: **avec eux, c'est toujours la même ~** they never change their tune, with them it's always the same (old) story; **tais-toi, je la connais, ta ~!** save your breath, I know what you're going to say!

rengainer [4] [rɑ̃gɛne] *vt* -**1.** [arme]: ~ **un revolver** to put a revolver back in its holster; ~ **une épée** to resheathe a sword. -**2.** *fig* to hold back *(sép)*, to contain; **tu peux ~ tes compliments** you can keep your compliments to yourself.

rengorger [17] [rɑ̃gɔrʒe]

◆ **se rengorger** *vpi* -**1.** [volatile] to puff out its throat. -**2.** [personne] to puff o.s. up; **il se rengorge quand on lui parle de sa pièce** he puffs up with pride when you talk to him about his play.

rengraisser [4] [rɑ̃grɛse] *vi* to put weight back on, to put on weight again.

rengréner [18] [rɑ̃grene], **rengrener** [19] [rɑ̃grəne] *vt* [pignon] to re-engage, to put into gear again.

reniement [rənimɑ̃] *nm* [d'une promesse] breaking; [de sa famille] disowning, repudiation; [d'un principe] renouncing, abandonment, giving up.

renier [9] [rənje] *vt* [promesse] to break; [famille, patrie] to disown, to repudiate; [religion] to renounce; **il a renié ses engagements** he's reneged on OU broken his promises; **Pierre a renié Jésus par trois fois** Peter denied Christ three times.
◆ **se renier** *vpi* to retract.

reniflard [rəniflar] *nm* AUT breather; [dans une canalisation] breather, vent.

reniflement [rənifləmɑ̃] *nm* [action - en pleurant] sniffing, sniffling; [- à cause d'un rhume] snuffling; [bruit] sniff, sniffle, snuffle.

renifler [3] [rənifle] ◇ *vt* -**1.** [humer] to sniff at *(insép)*; ~ **le bouquet d'un vin** to smell a wine's bouquet. -**2.** [aspirer par le nez] : ~ **de la cocaïne** to sniff cocaine. -**3.** *fam fig* to sniff out *(sép)*; ~ **une histoire louche** to smell a rat *loc*.
◇ *vi* [en pleurant] to sniffle; [à cause d'un rhume] to snuffle, to sniff; **arrête de** ~ stop sniffling OU snuffling.

renifleur, euse *fam* [reniflœr, øz] ◇ *adj* sniffing, sniffling, snuffling.
◇ *nm, f* sniffer, sniffler, snuffler.

réniforme [renifɔrm] *adj* reniform *spéc*, kidney-shaped.

rénine [renin] *nf* renin.

rennais, e [rɛnɛ, ɛz] *adj* from Rennes.
◆ **Rennais, e** *nm, f inhabitant of or person from Rennes.*

renne [rɛn] *nm* reindeer.

Rennes [rɛn] *npr* Rennes.

renom [rənɔ̃] *nm* -**1.** [notoriété] fame, renown; **il doit son** ~ **à son invention** he became famous thanks to his invention. -**2.** *litt* [réputation] reputation; **votre attitude est préjudiciable à votre** ~ your attitude is detrimental to your reputation.
◆ **de renom, en renom** *loc adj* famous, renowned; **un musicien de (grand)** ~ a musician of high renown OU repute; **une école en** ~ a famous OU renowned school.

renommé, e [rənɔme] *adj* [célèbre] famous, renowned, celebrated; **chez un fourreur** ~ at a celebrated OU famous furrier's; ~ **pour: elle est** ~**e pour ses omelettes** she's famed for her omelettes.
◆ **renommée** *nf* -**1.** [notoriété] fame, repute; **un musicien de** ~ **internationale** a world-famous musician, a musician of international repute; **ce vin est digne de sa** ~ this wine is worthy of its reputation; **de bonne/fâcheuse** ~ of good/ill repute ❑ **bonne** ~ **vaut mieux que ceinture dorée** *prov* a good name is worth more than wealth. -**2.** *litt* [rumeur publique] public opinion.

renommer [3] [rənɔme] *vt* -**1.** [à un poste] to reappoint, to renominate. -**2.** INF to rename.

renon [rənɔ̃] *nm Belg* lease cancellation; **il a donné son** ~ he has terminated his lease.

renonce [rənɔ̃s] *nf* JEUX: **je fais une** ~ I can't follow suit.

renoncement [rənɔ̃smɑ̃] *nm* renunciation; **vivre dans le** ~ to live a life of renunciation OU abnegation.

renoncer [16] [rənɔ̃se] ◇ *vi* JEUX to give up OU in.
◇ *vt Belg* [bail] to cancel.
◆ **renoncer à** *v + prép* to renounce, to give up, to abandon; **il a renoncé au trône** he renounced OU gave up the throne; **elle ne veut à aucun prix** ~ **à son indépendance** nothing would make her give up her independence; **renonce à ton projet** give up OU abandon your plan; ~ **au tabac** to give up smoking; ~ **au monde** RELIG to renounce the world ‖ *(en usage abs)*: **je ne renoncerai jamais** I'll never give up.

renonciataire [rənɔ̃sjatɛr] *nmf person in favour of whom a right has been renounced.*

renonciateur, trice [rənɔ̃sjatœr, tris] *nm, f* renouncer JUR.

renonciation [rənɔ̃sjasjɔ̃] *nf* -**1.** *sout* [renoncement] renunciation. -**2.** JUR release.

renonculacée [rənɔ̃kylase] *nf* member of the Ranunculaceae *spéc* OU buttercup family.

renoncule [rənɔ̃kyl] *nf* buttercup, ranunculus *spéc*; ~ **des marais** marsh marigold, kingcup; **fausse** ~ lesser celandine.

renouer [6] [rənwe] ◇ *vt* -**1.** [rattacher - ruban, cravate] to retie, to tie again, to reknot. -**2.** [reprendre - discussion] to resume, to renew; ~ **une liaison** to rekindle OU to revive an old affair.
◇ *vi* to get back together again; ~ **avec: j'ai renoué avec mes vieux amis** I've taken up with my old friends again; ~ **avec la tradition/l'usage** to revive traditions/customs.

renouveau, x [rənuvo] *nm* -**1.** [renaissance] revival; **connaître un** ~ to undergo a revival. -**2.** [recrudescence] : **un** ~ **de succès** renewed success. -**3.** *litt* [retour du printemps] springtime, springtide.

renouvelable [rənuvlabl] *adj* -**1.** [faisable à nouveau] repeatable; **l'expérience est facilement** ~ the experience is easy to repeat; **l'offre ne sera pas** ~ it's an unrepeatable offer; **l'abonnement n'est pas** ~ **par téléphone** the subscription cannot be renewed by phone. -**2.** ADMIN & POL: **le comité est** ~ **tous les ans** the committee must stand *Br* OU run *Am* for office each year; **mon mandat est** ~ I am eligible to stand *Br* OU run *Am* (for office) again. -**3.** ÉCOL & JUR renewable.

renouveler [24] [rənuvle] *vt* -**1.** [prolonger] to renew; ~ **un abonnement/un permis de séjour** to renew a subscription/a residence permit; **le crédit a été renouvelé pour six mois** the credit arrangement was extended for a further six months; **ordonnance à** ~ repeat prescription, prescription to be renewed. -**2.** [répéter] to renew, to repeat; ~ **un exploit/une tentative** to repeat a feat/an attempt; ~ **une question** to repeat a question, to ask a question again; ~ **une promesse/une plainte** to repeat a promise/a complaint; **il nous a renouvelé ses vœux pour la nouvelle année** he wished us all a happy New Year again; **je vous renouvelle mes félicitations** I congratulate you once more OU again; **il faudra** ~ **votre candidature** you'll have to apply again OU to reapply; **avec une ardeur renouvelée** with renewed vigour; **j'ai préféré ne pas** ~ **l'expérience** I chose not to repeat the experience. -**3.** [changer] to renew, to change; ~ **l'eau de l'aquarium** to change the water in the aquarium; ~ **l'air d'une pièce** to let some fresh air into a room; **elle a renouvelé son stock de confitures** she renewed OU replenished her stock of jams; ~ **sa garde-robe** to get OU to buy some new clothes; **on a renouvelé mon plâtre** they gave me a new plaster; ~ **la composition d'un groupe** to change the line-up of a band; **il nous revient avec un répertoire entièrement renouvelé** he's back with an entirely new repertoire; **elle a renouvelé le genre policier** she gave the detective story new life. -**4.** [réélire - groupe, assemblée] to reelect.
◆ **se renouveler** *vpi* -**1.** [se reproduire] to recur, to occur again and again; **les appels anonymes se sont renouvelés pendant un mois** the anonymous phone calls persisted for a month; **je te promets que cela ne se renouvellera pas** I promise you it won't happen again. -**2.** [changer de style] to change one's style; **c'est un bon acteur mais il ne se renouvelle pas assez** he's a good actor but he doesn't vary his roles enough. -**3.** [groupe, assemblée] to be reelected OU replaced.

renouvellement [rənuvɛlmɑ̃] *nm* -**1.** [reconduction] renewal; ~ **d'une traite/d'un passeport** renewal of a draft/of a passport; **solliciter le** ~ **d'un mandat** to stand *Br* OU to run *Am* for re-election. -**2.** [répétition] repetition, recurrence. -**3.** [changement] : **procéder au** ~ **d'une équipe** to change the line-up of a team; **procéder au** ~ **de sa garde-robe** to buy some new clothes; **la marée assure le** ~ **de l'eau dans les viviers** the water in the tanks is changed by the action of the tide; **dans la mode actuelle, il n'y a aucun** ~ there are no new ideas in (the world of) fashion today ❑ ~ **de stock** restocking. -**4.** RELIG: **faire son** ~ to undergo confirmation.

rénovateur, trice [renɔvatœr, tris] ◇ *adj* reformist, reforming.
◇ *nm, f* reformer; **les grands** ~**s de la science** the people who revolutionized OU radically transformed science.
◆ **rénovateur** *nm* [pour nettoyer] restorer.

rénovation [renɔvasjɔ̃] *nf* -**1.** [d'un meuble, d'un immeuble] renovation; [d'un quartier] redevelopment, renovation; **la maison est en** ~ the house is being done up OU is having a complete facelift ❑ ~ **urbaine** urban renewal. -**2.** *fig* [rajeunissement] updating.

rénover [3] [renɔve] *vt* -**1.** [remettre à neuf - meuble] to restore, to renovate; [- immeuble] to renovate, to do up *(sép)*; [- quartier] to redevelop, to renovate; [- salle de bains] to modernize; **toute la façade ouest a été rénovée** the whole of the west front has been done up OU has been given a facelift. -**2.** [transformer en améliorant] : ~ **des méthodes pédagogiques** to update teaching methods; ~ **les institutions politiques** to reform political institutions.

renseignement [rɑ̃sɛɲəmɑ̃] *nm* -**1.** [information] piece of information, information *(U)*; **un précieux** ~ an invaluable piece of information, some invaluable information; **de précieux** ~**s** (some) invaluable information; **pour avoir de plus amples** ~**s, s'adresser à...** for further information OU details, apply to...; **demander un** ~ OU **des** ~**s à qqn** to ask sb for information; **prendre des** ~**s sur** to make enquiries about; **avoir pris des** ~**s sur** to have found out about; ~**s pris, elle était la seule héritière** after making some enquiries it turned out (that) she was the sole heir; **tu n'obtiendras aucun** ~ you won't get any information; **merci pour le** ~ thanks for letting me know *aussi iron*; **aller aux** ~**s** to go and (see what one can) find out. -**2.** *fam* [surveillance] : **être/travailler dans le** ~ to be/to work in intelligence.
◆ **renseignements** *nmpl* -**1.** ADMIN [service] enquiries (department); [réception] information OU enquiries (desk); **appeler les** ~**s** TÉLÉC to phone directory enquiries *Br* OU information *Am*. -**2.** [espionnage] : **agent/services de** ~**s** intelligence agent/services; **les Renseignements généraux** ≃ Special Branch *Br*, ≃ the FBI *Am*.

renseigner [4] [rɑ̃seɲe] *vt* -**1.** [mettre au courant - étranger, journaliste] to give information to, to inform; [- automobiliste] to give directions to; **elle vous renseignera sur les prix** she'll tell you the prices, she'll give you more information about the prices; **pardon, Monsieur, pouvez-vous me** ~ ? excuse me Sir, could you help me, please?; ~ **qqn sur** to tell sb about; **bien renseigné** well-informed; **mal renseigné** misinformed; **je suis mal renseigné sur l'horaire des marées** I don't have much information about the times of the tides. -**2.** [donner des indices à] : **ça ne me renseigne pas sur ses motivations** that doesn't tell me anything about her motives; **seule sa biographie peut nous** ~ **sur son passé militaire** only his biography can tell us something of OU about his military career; **nous voilà bien renseignés!** *iron* that doesn't get us very far!, that doesn't give us much to go on! -**3.** *Belg* [indiquer] : **pouvez-vous me** ~ **le chemin?** could you show me the way? ‖ [conseiller] : **pouvez-vous me** ~ **un livre?** could you recommend a book?
◆ **se renseigner** *vpi* to make enquiries; **se** ~ **sur qqn/qqch** to find out about sb/sthg; **il aurait fallu se** ~ **sur son compte** you should have made (some) enquiries about him; **renseignez-vous auprès de votre agence de voyages** ask your travel agent for further information.

rentabilisation [rɑ̃tabilizasjɔ̃] *nf*: **la** ~ **de l'affaire prendra peu de temps** it will not be long before the business becomes profitable OU starts to make a profit.

rentabiliser [3] [rɑ̃tabilize] *vt* to make profitable.

rentabilité [rɑ̃tabilite] *nf* profitability; **taux de ~** rate of profit.

rentable [rɑ̃tabl] *adj* profitable; **l'opération s'est avérée ~** the operation turned out to be profitable OU has paid off; **si je les vends moins cher, ce n'est plus ~** if I sell them any cheaper, I no longer make a profit OU any money; **c'est plus ~ d'acheter que de louer en ce moment** *fam* you're better off buying than renting at the moment.

rentamer [3] [rɑ̃tame] *vt* [recommencer] to start OU to begin again.

rente [rɑ̃t] *nf* **-1.** [revenu] private income; **avoir des ~s** to have a private income, to have independent means; **vivre de ses ~s** to live on OU off one's private income ❑ **~ de situation** secure income. **-2.** [pension] pension, annuity, rente *spéc*; **servir une ~ à qqn** to pay sb an allowance ❑ **~ viagère** life annuity. **-3.** ÉCON rent; **~ foncière** ground rent. **-4.** BOURSE (government) bond; **~s amortissables** redeemable securities OU bonds; **~s consolidées** BANQUE consols; **~s perpétuelles** undated OU irredeemable securities.

rentier, ère [rɑ̃tje, ɛr] *nm, f* person of private means; **mener une vie de ~** to live a life of ease ❑ **~ viager** life annuitant.

rentrage [rɑ̃traʒ] *nm* **-1.** [du bois, du foin] taking OU bringing in. **-2.** TEXT looming, healding.

rentrant, e [rɑ̃trɑ̃, ɑ̃t] *adj* **-1.** MATH: **angle ~** re-entring OU re-entrant angle. **-2.** AÉRON: **train d'atterrissage ~** retractable undercarriage. **-3.** INF re-entrant.

rentré, e[1] [rɑ̃tre] *adj* **-1.** [refoulé] suppressed; **colère/jalousie ~e** suppressed anger/jealousy. **-2.** [creux]: **des joues ~es** hollow OU sunken cheeks; **des yeux ~s** sunken OU deep-set eyes.

◆ **rentré** *nm* COUT turn in.

rentrée[2] [rɑ̃tre] *nf* **-1.** ENS: **~ (scolaire** OU **des classes)** start of the (new) academic year; **depuis la ~ de Noël/Pâques** since the spring/summer term began, since the Christmas/Easter break; **la ~ est fixée au 6 septembre** school starts again OU schools reopen on September 6th; **j'irai le mardi de la ~** I'll go on the first Tuesday of the (new) term; **c'est quand, la ~, chez vous?** when do you go back? *(to school, college etc)*; **les vitrines de la ~** back-to-school window displays. **-2.** [au Parlement] reopening (of Parliament), new (parliamentary) session; **les députés vont devoir avancer leur ~** Parliament will have to start the new session earlier than usual ❑ **à la prochaine ~ parlementaire** at the beginning of the new parliamentary session; **faire sa ~ politique** [après les vacances] to start the new political season *(after the summer)*; [après une absence] to make one's (political) comeback. **-3.** [saison artistique]: **la ~ musicale/théâtrale** the new musical/theatrical season *(after the summer break)*; **le disque sortira à la ~** the record will be released in the autumn *Br* OU fall *Am*; **pour votre ~ parisienne** [après les vacances] for the start of your autumn *Br* OU fall *Am* season in Paris; [après une absence] for your Parisian comeback. **-4.** [retour - des vacances d'été] (beginning of the) autumn *Br* OU fall *Am*; [- de congé ou de week-end] return to work; **la ~ a été dure** it was hard to get back to work after the summer holidays *Br* OU vacation *Am* ‖ TRANSP city-bound traffic; **grosses ~s prévues ce soir** in-bound traffic will be heavy tonight. **-5.** ASTRONAUT: **~ (atmosphérique)** re-entry (into the atmosphere). **-6.** JEUX pick-up. **-7.** [des foins] bringing OU taking in.

◆ **rentrées** *nfpl* FIN income, money coming in; **avoir des ~s (d'argent) régulières** to have a regular income OU money coming in regularly ❑ **~s de caisse** cash receipts; **~s fiscales** tax receipts OU revenue.

> **LA RENTRÉE:**
> The time of the year when children go back to school has considerable cultural significance in France; coming after the long summer break or "grandes vacances", it is the time when academic, political, social and commercial activity begins again in earnest.

rentrer [3] [rɑ̃tre] ◇ *vi* **-1.** [personne - vue de l'intérieur] to come in; [- vue de l'extérieur] to go in; [chose] to go in; **une souris essayait de ~ dans le placard** a mouse was trying to get into the cupboard; **tu es rentré dans Lyon par quelle route?** which way did you come to Lyons?, which road did you take into Lyons?; **impossible de faire ~ ce clou dans le mur** I can't get this nail into the wall; **la clé ne rentre pas dans la serrure** the key won't go in; **tu n'arriveras pas à tout faire ~ dans cette valise** you'll never fit everything in this case; **c'est par là que l'eau rentre** that's where the water is coming OU getting in ‖ [s'emboîter] to go OU to fit in; **les rallonges rentrent sous la table** the leaves fit in under the table; **~ dans** [poteau] to crash into; [véhicule] to collide with; **les deux voitures sont rentrées l'une dans l'autre** the two cars crashed into each other ❑ **~ dans qqn** [physiquement, verbalement] to lay into sb; **rentre-lui dedans!** *fam* [frappe-le] smack him one!; **il n'a pas arrêté de me ~ dedans** *fam* [verbalement] he was constantly knocking me OU having a go at me *esp Br*. **-2.** [faire partie de] to be part of, to be included in; **la mesure en question ne rentre pas dans le cadre de la réforme** the measure under discussion is not part of the reform; **cela ne rentre pas dans mes attributions** that is not part of my duties. **-3.** [pour travailler]: **~ dans les affaires/la police** to go into business/join the police; **il est rentré dans la société grâce à son oncle** he got a job with the company thanks to his uncle. **-4.** [retourner - gén] to return, to come OU to get back; [revenir chez soi] to come OU to get (back) home; [aller chez soi] to go (back) OU to return home; **nous rentrerons dimanche** we'll come OU be back home on Sunday; **je rentre tout de suite!** I'm on my way home!, I'm coming home straightaway!; **les enfants, rentrez!** children, get OU come back in!; **il n'est pas encore rentré de (faire) ses commissions** he hasn't got back from shopping yet; **je ne rentrerai pas dîner** I won't be home for dinner; **je rentre chez moi pour déjeuner** [tous les jours] I have lunch at home; **je suis inquiète, elle n'est pas rentrée hier soir** I'm worried, she didn't come home last night; **les élèves sont rentrés au lycée enchantés de leur visite** the students got back to school thrilled by their visit; **il est rentré à cinq heures** he got in at five o'clock; **je vous laisse, il faut que je rentre** I'll leave you now, I must go home OU get (back) home; **en rentrant de l'école** on the way home OU back from school; **~ dans son pays** to go back OU to return home (to one's country); **le bateau n'est pas rentré au port** the boat hasn't come (back) in. **-5.** [reprendre ses occupations - lycéen] to go back to school, to start school again; [- étudiant] to go back, to start the new term; [- école] to start again, to go back; [- parlementaire] to start the new session, to return to take one's seat; [- parlement] to reopen, to reassemble; [- cinéaste] to start the season. **-6.** [être perçu - argent] to come in; **l'argent rentre mal** there isn't much money coming in; **faire ~ l'argent/les devises** to bring in money/foreign currency; **faire ~ l'impôt/les cotisations** to collect taxes/dues; **faire ~ ses créances** to collect one's money OU debts; **la commande n'est pas encore rentrée** COMM the order isn't in OU hasn't come in yet. **-7.** *fam* [explication, idée, connaissances] to sink in; **ça rentre, l'informatique?** are you getting the hang of computing?; **le russe, ça rentre tout seul avec Sophie!** [elle apprend bien] Sophie is having no trouble picking up Russian!; [elle enseigne bien] Sophie makes learning Russian easy; **je le lui ai expliqué dix fois, mais ça n'est toujours pas rentré** I've told him ten times but it hasn't gone OU sunk in yet; **faire ~ qqch dans la tête de qqn** to get sthg into sb's head, to drum sthg into sb; **tu ne lui feras jamais ~ dans la tête que c'est impossible!** you'll never get it into his head OU convince him that it's impossible! **-8.** JEUX & SPORT: **~ dans la mêlée** RUGBY to scrum down; **faire ~ le ballon dans les buts** FTBL to get the ball into the back of the net; **faire ~ une bille** BILLARD to pot a ball.

◇ *vt* **-1.** [mettre à l'abri - linge, moisson] to bring OU to get in *(sép)*; [- bétail] to bring OU to take in *(sép)*; [- véhicule] to put away *(sép)*; [- chaise] to carry OU to take in *(sép)*; **il faut ~ les plantes avant les grands froids** we must bring the plants in before it gets really cold; **rentre ta moto au garage** put your motorbike (away) in the garage; **~ les foins** to bring in the hay. **-2.** [mettre - gén] to put in *(sép)*; [faire disparaître - antenne] to put down *(sép)*; [- train d'atterrissage] to raise, to retract; [- griffes] to draw in *(sép)*, to retract; **~ une clé dans une serrure** to put a key in a lock; **~ son chemisier dans sa jupe** to tuck one's blouse into one's skirt; **elle rentra ses mains sous sa cape/dans son manchon** she put her hands under her cloak/into her muff; **rentre ton ventre/tes fesses!** pull your stomach/bottom in!; **~ la tête dans les épaules** to hunch (up) one's shoulders; **avec la tête rentrée dans les épaules** with hunched shoulders. **-3.** [réprimer - colère] to hold back *(sép)*, to curb, to suppress; **~ ses larmes/son humiliation** to swallow one's tears/humiliation. **-4.** INF to input, to key in *(sép)*. **-5.** IMPR: **~ une ligne** to indent a line. **-6.** NAUT: **~ le pavillon** to lower the colours; **rentrez!** ship oars!

◆ **rentrer dans** *v + prép* [recouvrer] to recover; **~ dans son argent/ses dépenses** to recover one's money/expenses, to get one's money/expenses back; **~ dans ses fonds** to recoup (one's) costs; **~ dans ses droits** to recover one's rights; **~ dans la légalité** [criminel] to reform; [opération, manœuvre] to become legal.

◆ **rentrer en** *v + prép*: **~ en grâce auprès de qqn** to get back into sb's good graces OU books; **~ en faveur auprès de qqn** to regain favour with sb; **~ en possession de** to regain possession of.

◆ **se rentrer** *vp (emploi passif)*: **les foins ne se rentrent pas avant juillet** the hay isn't brought in until July; **les rallonges se rentrent sous la table** the extension leaves fit in under the table.

◆ **se rentrer dedans** *fam vp (emploi réciproque)*: **ils se sont rentrés dedans** [heurtés] they smashed OU banged into one another; [disputés] they laid into one another.

renuméroter [3] [rənymerɔte] *vt* to renumber, to reserialize TECH.

renversant, e [rɑ̃vɛrsɑ̃, ɑ̃t] *adj* [nouvelle] astounding, amazing, staggering; [personne] amazing, incredible.

renverse [rɑ̃vɛrs] *nf* NAUT [du vent] change; [du courant] turn (of tide).

◆ **à la renverse** *loc adv*: **tomber à la ~** [sur le dos] to fall flat on one's back; **j'ai failli tomber à la ~** I almost fell over backwards; **il y a de quoi tomber à la ~** *fig* it's amazing OU staggering.

renversé, e [rɑ̃vɛrse] *adj* **-1.** [image] reverse *(modif)*, reversed, inverted; [objet] upside down, overturned. **-2.** [penché]: **le corps ~ en arrière** with the body leaning OU tilted back. **-3.** [stupéfait]: **être ~** to be staggered.

renversement [rɑ̃vɛrsəmɑ̃] *nm* **-1.** [inversion] reversal; **~ d'une image** inversion of an image. **-2.** [changement]: **~ des alliances** reversal OU switch of alliances; **il y eut un brusque ~ du vent/du courant** the wind/the current changed direction suddenly ❑ **~ de situation** reversal of the situation; **~ de tendance** shift OU swing (in the opposite direction). **-3.** [chute - d'un régime] overthrow. **-4.** [inclinaison - du buste, de la tête] tipping OU tilting back. **-5.** MUS inversion.

renverser [3] [rɑ̃vɛrse] *vt* **-1.** [répandre - liquide] to spill; [faire tomber - bouteille, casserole] to spill, to knock over *(sép)*, to upset; [- table, voiture] to overturn; [retourner exprès] to turn upside down. -**2.** [faire tomber - piéton] to knock down *(sép)*; **être renversé par qqn** to be knocked down OU run over by sb; **il m'a renversé de mon tabouret** he tipped me off my stool. -**3.** [inverser] to reverse; ~ **l'ordre des mots** to reverse the word order; ~ **une fraction** to invert a fraction; **le Suédois renversa la situation au cours du 3e set** the Swedish player managed to turn the situation round during the third set ❑ ~ **les rôles** to reverse the roles; ~ **la vapeur** *pr* to reverse engines; *fig* to turn the tables. -**4.** [détruire - obstacle] to overcome; [- valeurs] to overthrow; [- régime] to overthrow, to topple; **le président a été renversé** the President was thrown out of OU removed from office; ~ **un gouvernement** [par la force] to overthrow OU to topple a government; [par un vote] to bring down OU to topple a government. -**5.** [incliner en arrière] to tilt OU to tip back *(sép)*. -**6.** [stupéfier] to amaze, to astound; **la nouvelle de leur divorce m'a renversé** I was thoroughly taken aback OU amazed when I heard they'd got divorced.

◆ **se renverser** *vpi* -**1.** [bouteille] to fall over; [liquide] to spill; [véhicule] to overturn; [bateau] to overturn, to capsize; [marée] to turn. -**2.** [personne] to lean over backwards; **l'acrobate se renverse en arrière et touche le sol avec ses mains** the acrobat bends over backwards and touches the floor with his hands; **se ~ sur sa chaise** to tilt back on one's chair; **se ~ dans un fauteuil** to lie back in an armchair.

renvoi [rɑ̃vwa] *nm* -**1.** [d'un colis - gén] return, sending back; [- par avion] flying back; [- par bateau] shipping back; '~ **à l'expéditeur**' 'return to sender'. -**2.** TÉLÉC: ~ **automatique** call forwarding. -**3.** SPORT: ~ **(de la balle)** return; ~ **aux 22 mètres** 22 metre drop-out; ~ **en touche** touch kick, kick for touch. -**4.** [congédiement - d'un employé] dismissal, sacking *Br*; [- d'un élève] expulsion; **demander le ~ d'un élève/d'un employé** to ask for a pupil to be expelled/an employee to be dismissed. -**5.** [ajournement] postponement; **le tribunal décida le ~ du procès à huitaine** the court decided to put off OU to adjourn the trial for a week. -**6.** [transfert] transfer; **ordonnance de ~ aux assises** order of transfer to the assizes; **après le ~ du texte en commission** after the text was sent to a committee. -**7.** [indication] cross-reference; [note au bas du texte] footnote; **faire un ~ à** to make a cross-reference to, to cross-refer to. -**8.** [éructation] belch, burp; **avoir un ~** to belch, to burp; **ça me donne des ~s** it makes me belch OU burp, it repeats on me. -**9.** JUR amendment; ~ **des fins de poursuite** discharge of case; **demande de ~** application for removal of action. -**10.** MUS repeat mark. -**11.** MÉCAN: **levier de ~** reversing lever; **poulie de ~** return pulley.

renvoyer [30] [rɑ̃vwaje] *vt* -**1.** [colis, formulaire] to send back *(sép)*; [cadeau] to return, to give back *(sép)*; [importun] to send away *(sép)*; [soldat, troupes] to discharge; **on les a renvoyés chez eux** they were sent (back) home OU discharged; **je le renvoie chez sa mère demain** I'm sending him back OU off to his mother's tomorrow. -**2.** [lancer de nouveau - ballon] to send back *(sép)*, to return; **j'étais renvoyé de vendeur en vendeur** I was being passed OU shunted around from one salesman to the next ❑ ~ **la balle à qqn** FTBL to kick OU to pass the ball back to sb; RUGBY to throw OU to pass the ball back to sb; TENNIS to return to sb; *fig* to answer sb tit for tat; **savoir ~ la balle** *fig* to give as good as one gets; ~ **l'ascenseur à qqn** *pr* to send the lift back to sb; *fig* to return sb's favour. -**3.** [congédier] to dismiss; **tu vas te faire ~** [de ton travail] you're going to lose your job; [de ton lycée] you're going to get yourself expelled. -**4.** [différer] to postpone, to put off *(sép)*; ~ **une affaire** to postpone a case; **la réunion est renvoyée à mardi prochain** the meeting has been put off until OU put back to next Tuesday. -**5.** [transférer] to refer; **l'affaire a été renvoyée en cour d'assises** the matter has been referred to the assize court. -**6.** [faire se reporter] to refer; **je vous renvoie à l'article publié dans « La Tribune »** I refer you to the article published in "La Tribune"; **les numéros renvoient aux notes de fin de chapitre** the numbers refer to notes at the end of each chapter. -**7.** [refléter] to reflect; **la glace lui renvoyait son image** she saw her reflection in the mirror ‖ [répercuter]: **la falaise nous renvoyait nos cris** the cliff echoed our cries.

◆ **se renvoyer** *vp (emploi réciproque) loc*: **se ~ la balle: on peut se ~ la balle comme ça longtemps!** we could go on forever blaming each other like this!; **dans cette affaire d'évasion, Français et Suisses se renvoient la balle** in this escape business, the French and Swiss authorities are trying to make each other carry the can.

réoccupation [reɔkypasjɔ̃] *nf* [action militante] reoccupation; [réinstallation] moving (back) in again; **nous envisageons la ~ immédiate du bâtiment** [pour y vivre] we expect people to move straight back into the building.

réoccuper [3] [reɔkype] *vt* [lieu - pour protester] to reoccupy; [- pour y vivre] to move back into; [emploi] to take up *(sép)* again.

réopérer [18] [reɔpere] *vt* to reoperate (on); **il va falloir vous ~** you're going to require further surgery, you'll have to have another operation.

réorchestration [reɔrkɛstrasjɔ̃] *nf* reorchestration.

réorchestrer [3] [reɔkɛstre] *vt* to reorchestrate.

réorganisation [reɔrganizasjɔ̃] *nf* reorganization.

réorganiser [3] [reɔrganize] *vt* to reorganize.

◆ **se réorganiser** *vpi* to reorganize o.s., to get reorganized.

réorientation [reɔrjɑ̃tasjɔ̃] *nf* -**1.** POL redirecting. -**2.** ENS changing to a different course.

réorienter [3] [reɔrjɑ̃te] *vt* -**1.** POL to reorientate, to redirect. -**2.** ENS to put onto a different course.

réouverture [reuvɛrtyr] *nf* -**1.** [d'un magasin, d'un guichet, d'un musée, d'une route, d'un col] reopening; '~ **du cabinet médical à 14 h**' 'surgery reopens at 2 p.m'. -**2.** [reprise - d'un débat] resumption; **à la ~ des marchés ce matin** BOURSE when trading resumed this morning.

repaire [rəpɛr] *nm* -**1.** [d'animaux] den, lair. -**2.** [d'individus] den, haunt; **un ~ d'espions/de malfaiteurs** a den of spies/of criminals.

repairer [4] [rəpere] *vi* [animal] to hide in its den OU lair.

repaître [91] [rəpɛtr] *vt litt* [nourrir] to feed; ~ **son esprit de connaissances nouvelles** to feast one's mind on knowledge.

◆ **se repaître de** *vp + prép* -**1.** *litt* [manger] to feed on *(insép)*. -**2.** *fig* [savourer]: **se ~ de bandes dessinées** to feast on comic strips; **se ~ de sang** to wallow in blood.

répandre [74] [repɑ̃dr] *vt* -**1.** [renverser - liquide] to spill; [verser - sable, sciure] to spread, to sprinkle, to scatter; ~ **des larmes** to shed tears; ~ **le sang** to spill OU to shed blood. -**2.** [propager - rumeur, terreur, usage] to spread. -**3.** [dégager - odeur] to give off *(insép)*; [- lumière] to shed, to give out *(insép)*; [- chaleur, fumée] to give out OU off *(insép)*. -**4.** [dispenser - bienfaits] to pour out *(sép)*, to spread (around).

◆ **se répandre** *vpi* -**1.** [eau, vin] to spill; **les eaux se sont répandues dans toute la ville** the water spread throughout the town ‖ [se disperser]: **les supporters se sont répandus sur le terrain** the fans spilled (out) OU poured onto the field. -**2.** [se propager - nouvelle, mode, coutume] to spread, to become widespread; **les boutons rouges se répandent ensuite sur tout l'abdomen** the red pimples then spread to the whole abdominal area; **l'usage de la carte de crédit s'est répandu parmi les jeunes** credit card use has become widespread among young people ❑ **se ~ comme une traînée de poudre** to spread like wildfire. -**3.** [se dégager - odeur] to spread, to be given off; **la fumée se répandit dans la carlingue** smoke spread through the cabin ‖ *(tournure impersonnelle)*: **il se répandit une odeur de brûlé** the smell of burning filled the air.

◆ **se répandre en** *vp + prép sout*: **se ~ en compliments/en propos blessants** to be full ofcompliments/hurtful remarks; **se ~ en invectives/en louanges contre qqn** to heap abuse/praise on sb; **inutile de se ~ en commentaires là-dessus** no need to keep on (making comments) about it.

répandu, e [repɑ̃dy] *adj* widespread; **un préjugé (très) ~** a very widespread OU widely-held prejudice; **une vue (très) ~e** a commonly held OU widely found view; **la technique n'est pas encore très ~e ici** the technique isn't widely used here yet.

réparable [reparabl] *adj* -**1.** [appareil] repairable; **j'espère que c'est ~** I hope it can be mended OU repaired, I hope it's not beyond repair; **la voiture n'est pas ~** [après un accident] the car is a write-off; [à cause de sa vétusté] the car isn't worth repairing. -**2.** [erreur, perte] reparable; **une maladresse difficilement ~** a blunder which will be hard to correct OU to put right.

reparaître [91] [rəparɛtr] *vi* -**1.** [journal, revue] to be out again, to be published again. -**2.** = **réapparaître**.

réparateur, trice [reparatœr, tris] ◇ *adj* [reposant]: **un sommeil ~** restorative OU refreshing sleep.

◇ *nm, f* repairer, repairman (*f* repairwoman); ~ **de radios** radio repairman; ~ **d'antiquités** antiques restorer.

réparation [reparasjɔ̃] *nf* -**1.** [processus] repairing, fixing, mending; [résultat] repair; **pendant les ~s** during (the) repairs; **toutes les ~s sont à la charge du locataire** the tenant is liable for all repair work OU all repairs ❑ **atelier/service de ~** repair shop/department. -**2.** [compensation] redress, compensation; **en ~ des dégâts occasionnés** in compensation for OU to make up for the damage caused; **demander/obtenir ~** *litt* to demand/to obtain redress; **demander/obtenir ~ par les armes** to demand/to obtain satisfaction by a duel. -**3.** JUR damages, compensation; **les ~s** HIST (war) reparations. -**4.** [correction - d'une négligence] correction; [- d'une omission] rectification.

◆ **de réparation** *loc adj* SPORT penalty *(modif)*; **surface de ~** penalty area; **point de ~** penalty spot; **coup de pied de ~** penalty (kick).

◆ **en réparation** *loc adj* under repair, being repaired.

réparer [3] [repare] *vt* -**1.** [appareil, chaussure] to repair, to mend; [défaut de construction] to repair, to make good; [meuble, porcelaine] to restore; **faire ~ qqch** to get sthg repaired OU put right ‖ *(en usage abs)*: **aujourd'hui, les gens ne réparent plus, ils jettent** people today don't mend things, they just throw them away. -**2.** [compenser] to make up for *(insép)*, to compensate for *(insép)*; **il est encore temps de ~ le mal qui a été fait** there's still time to make up for OU to undo the harm that's been done ❑ ~ **les dégâts** *pr* to repair the damage; *fig* to pick up the pieces. -**3.** [corriger - omission] to rectify, to repair; **c'était une négligence qu'il ne pouvait plus ~** it was too late to correct the mistake. -**4.** *sout* [santé, forces] to restore.

◆ **se réparer** *vp (emploi passif)* to mend; **ça ne se répare pas** it can't be mended.

reparler [3] [rəparle] ◇ *vt* [langue]: **ce voyage m'a donné l'occasion de ~ arabe** this trip gave me the opportunity to speak Arabic again.

◇ *vi* to speak again; ~ **de: il a reparlé de son roman** he talked about his novel again; **retenez bien son nom, c'est un chanteur dont on reparlera** remember this singer's name, you'll be hearing more of him; **je laisse là les Incas, nous allons en ~** I won't say any more about the Incas now, we'll come back to them later; **il n'en a plus reparlé** he never mentioned it again; ~ **à: ~ à qqn (de qqch)** to speak to sb (about sthg) again.

◆ **se reparler** *vp (emploi réciproque)* to get back on speaking terms.

repartager [17] [rəpartaʒe] *vt* to share out *(sép)* again.

repartie [rəparti] *nf* [réplique] retort, repartee; **une ~ adroite/spirituelle** a clever/witty retort; **avoir de la ~** to have a good sense of repartee.

repartir[1] [43] [rəpartir] *vt (aux avoir) litt* [répliquer] to retort, to reply, to rejoin; **on me repartit que le maître serait bientôt de retour** I received the reply that the master would soon be back.

repartir[2] [43] [rəpartir] *vi (aux être)* -**1.** [se remettre en route] to start OU to set off again; **quand repars-tu?** when are you off OU leaving again?; **l'économie est bien repartie** the economy has picked up again; **votre carrière semble être bien repartie** your career seems to have taken off well again; **c'est reparti, encore une hausse de l'électricité!** here we go again, another rise in the price of electricity! ❑ **~ à l'assaut** OU **à l'attaque** *pr* to mount a fresh assault; *fig* to try again; **~ à zéro** to start again from scratch, to go back to square one; **~ du bon pied** to make a fresh start. -**2.** HORT to start growing OU to sprout again.

répartir [32] [repartir] *vt* -**1.** [distribuer - encouragements, sanctions] to give; [- héritage, travail] to share out *(sép)*, to divide up *(sép)*; **les bénéfices seront répartis entre les actionnaires** profits will be shared out OU distributed amongst the shareholders; **le tout, c'est de bien ~ les livres dans les cartons** the important thing is for the books to be evenly OU properly distributed in the boxes; **répartissez les enfants en trois groupes** get OU split up the children into three groups. -**2.** [étaler - confiture, cirage] to spread; [- soldats, policiers] to deploy, to spread out *(sép)*; [- chaleur, ventilation] to distribute; **~ des remboursements** to pay back in instalments; **~ des paiements** to spread out the payments. -**3.** INF: **être réparti** to be distributed *(over a network)*.

◆ **se répartir** ◇ *vpi* [se diviser] to split, to divide (up); **répartissez-vous en deux équipes** get yourselves OU split into two teams; **les dépenses se répartissent en trois catégories** expenditure falls under three headings.

◇ *vpt* [partager]: **se ~ le travail/les responsabilités** to share out the work/the responsibility.

répartiteur, trice [repartitœr, tris] *nm, f* -**1.** *litt* distributor, apportioner. -**2.** FIN tax assessor.

répartition [repartisjɔ̃] *nf* -**1.** [partage - de l'impôt, des bénéfices] distribution; [- d'un butin] sharing out, dividing up; [- d'allocations, de prestations] allotment, sharing out; **comment se fera la ~ des frais?** how will the expenses be shared out?; **comment se fera la ~ des tâches?** how will the tasks be shared out OU allocated?; **la ~ des portefeuilles ministériels** the distribution of ministerial posts. -**2.** [agencement] layout; **la ~ des pièces est la suivante** the layout of the rooms is as follows, the rooms are laid out as follows. -**3.** [étalement - dans l'espace] distribution; **la ~ géographique des gisements** the geographical distribution of the deposits. -**4.** ÉCON assessment.

reparution [rəparysjɔ̃] *nf* [d'un journal] republishing, reappearance; **le jour de sa ~, le quotidien s'est vendu à un million d'exemplaires** on the day the paper was back on the newstands OU resumed publication, it sold a million copies.

repas [rəpa] *nm* -**1.** [gén] meal; [d'un nourrisson, d'un animal] feed *Br*, feeding *Am*; **faire un bon ~** to have a square OU good meal; **faire quatre ~ par jour** to have four meals a day, to eat four times a day; **prendre ses ~ à la cantine** [de l'école] to have school lunches OU dinners *Br*; [de l'usine] to eat in the (works) canteen; **à l'heure des ~** at mealtimes ❑ **~ à la carte** à la carte meal; **~ livrés à domicile** meals on wheels; **~ de midi** lunch, midday *Br* OU noon *Am* meal; **~ de noces** wedding meal; **~ du soir** dinner, evening meal. -**2.** *(comme adj; avec ou sans trait d'union)*: **plateau-~** lunch OU dinner tray; **ticket-~** luncheon voucher *Br*, meal ticket *Am*.

repassage [rəpasaʒ] *nm* -**1.** [du linge] ironing; **faire un premier ~ avant de bâtir la couture** go over it with the iron before tacking the seam; **'~ superflu'** 'wash and wear', 'non-iron'. -**2.** [aiguisage - gén] sharpening; [- avec une pierre] whetting.

repasser [3] [rəpase] ◇ *vi* -**1.** [passer à nouveau dans un lieu] to go (back) again; **elle repassera** she'll drop by again; **je suis repassé la voir à l'hôpital** I went to see her in the hospital again; **je ne suis jamais plus repassé dans cette rue** I never again went down OU visited that street; **si tu repasses à Berlin, fais-moi signe** if you're in OU passing through Berlin again, let me know; **~ par le même chemin** to go back the way one came; **il passait et repassait sous l'horloge de la gare** he kept walking up and down under the station clock; **faire ~ le fromage** to pass the cheese round again; **~ sur un dessin** to go over a drawing again, to go back over a drawing; **j'ai horreur qu'on repasse derrière moi** I hate to have people go over what I've done; **le dollar est repassé au-dessous des 6 francs** the dollar has fallen OU dropped below 6 francs again ❑ **tu peux toujours ~!** *fam* no chance!, nothing doing!, not on your life!; **si c'est de l'argent qu'il veut, il repassera!** *fam* if it's money he wants, he's got another think coming! -**2.** CIN & TV to be on OU to be shown again.

◇ *vt* -**1.** [défriper] to iron; **~ les plis** to iron out the creases. -**2.** [aiguiser - gén] to sharpen; [- avec une pierre] to whet. -**3.** [réviser]: **~ ses leçons/le programme de physique/la tirade d'Elvire** SCOL to go over one's homework/the physics course/Elvire's soliloquy; **~ des comptes** to reexamine a set of accounts. -**4.** *fam* [donner]: **elle m'a repassé sa tunique** she let me have her smock. -**5.** [traverser à nouveau]: **~ un fleuve** to go back across a river, to cross a river again. -**6.** [subir à nouveau]: **~ un examen** to resit an exam *Br*, to take an exam again; **je dois ~ l'allemand/le permis demain** I have to retake German/my driving test tomorrow; **~ une échographie** to go for another ultrasound scan. -**7.** [donner à nouveau] to pass again; **repasse-moi la confiture** pass me (over) the jam again; **voulez-vous ~ la salade?** would you hand OU pass the salad round again?; **repasse-moi mon mouchoir** hand me back my handkerchief. -**8.** [remettre]: **~ une couche de vernis** to put on another coat of varnish; **~ un manteau** [le réessayer] to try a coat on again; **~ un poisson sur le gril** to put a fish back on the grill, to give a fish a bit more time on the grill; **repasse ta sauce au mixer** put your sauce through the blender again; **repasse les chaussettes en machine** stick the socks in the washing machine again; **repasse-moi la diapo 3** show me slide 3 again; **repasse-moi la face A du disque** play me the A-side of the record again. -**9.** [au téléphone]: **je te repasse Paul** I'll put Paul on again, I'll hand you back to Paul; **repassez-moi le standard** put me through to the switchboard again.

◆ **se repasser** *vp (emploi passif)* to iron; **le voile ne se repasse pas** [ne doit pas être repassé] the veil mustn't be ironed; [n'a pas besoin de repassage] the veil doesn't need ironing.

repasseur, euse [rəpasœr, øz] *nm, f* -**1.** [de linge] ironer. -**2.** [rémouleur] knife-grinder, knife-sharpener.

◆ **repasseuse** *nf* [machine] ironing machine.

repavage [rəpavaʒ] *nm* repaving.

repaver [3] [rəpave] *vt* to repave.

repayer [11] [rəpeje] *vt* [payer à nouveau] to pay again; [payer en plus] to pay more for; **si l'on veut visiter la maison des reptiles, il faut ~** if you wish to visit the reptile house, you have to pay extra.

repêchage [rəpeʃaʒ] *nm* -**1.** [d'un objet] fishing out; [d'un corps] recovery. -**2.** ENS letting through. -**3.** SPORT repechage.

repêcher [4] [rəpeʃe] *vt* -**1.** [noyé] to fish out *(sép)*, to recover; **~ un corps/une voiture dans le fleuve** to fish a body/a car out of the river. -**2.** ENS to let through *(sép)*; **j'ai été repêché à deux points** I was let through though I was two points short of the pass mark; **j'ai été repêché à l'oral** I passed on my oral. -**3.** SPORT to let through on the repechage.

repeindre [81] [rəpɛ̃dr] *vt* to repaint, to paint again.

rependre [73] [rəpɑ̃dr] *vt* to rehang, to hang again.

repenser [3] [rəpɑ̃se] *vt* to reconsider, to rethink; **l'entrepôt a été entièrement repensé** the layout of the warehouse has been completely redesigned; **il faudra ~ notre stratégie** we'll have to rethink our strategy.

◆ **repenser à** *v + prép* to think about again; **en y repensant** thinking back on it all; **je n'ai plus jamais repensé à elle** I never thought of her again OU gave her another thought; **ah mais oui, j'y repense, elle t'a appelé ce matin** oh yes, now I come to think of it, she phoned you this morning.

repentant, e [rəpɑ̃tɑ̃, ɑ̃t] *adj* repentant, penitent; **pécheur ~** repentant sinner.

repenti, e [rəpɑ̃ti] ◇ *adj* repentant, penitent; **alcoolique/fumeur ~** reformed alcoholic/smoker.

◇ *nm, f* penitent; **les ~s du terrorisme** repentant terrorists.

repentir[1] [rəpɑ̃tir] *nm* -**1.** [remords] remorse; **verser des larmes de ~** to shed tears of remorse OU regret. -**2.** RELIG repentance; **mener une vie de ~** to live a life of repentance OU penance. -**3.** [correction] alteration. -**4.** BX-ARTS reworking, retouching.

repentir[2] [37] [rəpɑ̃tir]

◆ **se repentir** *vpi* to repent.

◆ **se repentir de** *vp + prép* to regret, to be sorry for; **elle se repent d'avoir été trop sévère** she's sorry for having been too harsh; **il s'en repentira, crois-moi** believe me, he'll regret that OU he'll be sorry for that; **j'ai refusé son offre et je m'en suis amèrement repenti** I turned down his offer and I've lived to rue the day OU I bitterly regret it; **se ~ d'une faute/d'avoir péché** to repent of a fault/of having sinned.

repérable [rəperabl] *adj* [maison] easily found; [changement, signe] easily spotted; **le bar est facilement ~** the bar is easy to find; **les oiseaux de cette espèce sont ~s à leur bec coloré** birds of this species are recognizable OU identifiable by their coloured beaks.

repérage [rəperaʒ] *nm* -**1.** [gén] spotting, pinpointing. -**2.** MIL location. -**3.** CIN: **être en ~** to be looking for locations OU choosing settings. -**4.** IMPR registry, laying.

répercussion [repɛrkysjɔ̃] *nf* -**1.** [conséquence] repercussion, consequence, side-effect. -**2.** [renvoi - d'un son] repercussion, echo. -**3.** FIN: **le coût final est aggravé par la ~ de l'impôt** the final cost is increased because taxes levied are passed on (to the buyer).

répercuter [3] [repɛrkyte] *vt* -**1.** [renvoyer - son] to echo, to reflect; **un coup de feu répercuté par l'écho** the sound of an echoing shot. -**2.** FIN: **~ l'impôt sur le prix de revient** to pass a tax on in the selling price. -**3.** [transmettre] to pass on OU along *(sép)*.

◆ **se répercuter** *vpi* [bruit] to echo.

◆ **se répercuter sur** *vp + prép* to have an effect on OU upon, to affect; **les problèmes familiaux se répercutent sur le travail scolaire** family problems have repercussions on OU affect children's performance at school.

reperdre [77] [rəpɛrdr] *vt* to lose again; **j'ai reperdu 2 kilos** my weight's gone back down by 2 kilos.

repère [rəpɛr] *nm* -**1.** [gén] line, mark; [indice - matériel] landmark; [- qui permet de juger] benchmark, reference mark; **verser le liquide jusqu'au ~** pour in the liquid until it reaches the mark ❑ **point de ~** landmark. -**2.** TECH (index) mark; **~ de montage** assembly OU match mark. -**3.** [référence] reference point, landmark; **servir de ~ à qqn** to serve as a (guiding) light to sb; **j'ai l'impression de n'avoir plus aucun (point de) ~** I've lost my bearings. -**4.** MATH: **~ projectif** projective point. -**5.** *(comme adj; avec ou sans trait d'union)* reference *(modif)*; **date/point ~** reference date/ point.

repérer [18] [rəpere] *vt* -**1.** [indiquer par un repère] to mark; TECH to mark out OU off *(sép)*. -**2.** [localiser] to locate, to pinpoint; **~ d'abord l'église sur la carte** first locate the church on the map. -**3.** [remarquer] to spot, to pick out *(sép)*, to notice; **je l'avais repéré au premier rang** I'd noticed OU spotted him in the first row; **tu vas nous faire ~ avec tes éternuements** you'll get us caught OU spotted with your sneezing. -**4.** [dénicher] to discover; **j'ai repéré un très bon petit restaurant** I've discovered a really nice little restaurant.

◆ **se repérer** *vpi* -**1.** [déterminer sa position] to find OU to get one's bearings; **on n'arrive jamais à se ~ dans un aéroport** you can never find your way about OU around in an airport. -**2.** *fig*: **beaucoup de jeunes ont du mal à se ~ dans la jungle universitaire** many young people find it difficult to get OU to find their bearings in the jungle of the university; **je n'arrive plus à me ~ dans ses mensonges** I don't know where I am any more with all those lies she tells.

répertoire [repertwar] *nm* -**1.** [liste] index, list; **~ alphabétique/thématique** alphabetical/ thematic index. -**2.** [livre] notebook, book; **ils notent le vocabulaire dans un ~** they write down the vocabulary in a notebook ❑ **~ d'adresses** address book; **~ à onglets** thumb-index notebook OU book; **~ des rues** street index. -**3.** DANSE & MUS repertoire; THÉÂT repertoire, repertory; **jouer une pièce du ~** [acteur] to be in rep; [théâtre] to put on a play from the repertoire OU a stock play; **elle a joué tout le ~ classique** she's played every part in the classical repertory; **on a inscrit une pièce de Brecht à notre ~** we have put a play by Brecht on OU in our repertoire; **tu devrais ajouter ça à ton ~** *fig* that could be another string to your bow. -**4.** JUR: **~ civil** civil register; **~ général** record of cases. -**5.** INF directory.

répertorier [9] [repertɔrje] *vt* -**1.** [inventorier] to index, to list; **~ les erreurs** to list OU to pick out the mistakes. -**2.** [inscrire dans une liste] to list; **répertorié par adresses/professions** listed under addresses/professions.

répéter [18] [repete] *vt* -**1.** [dire encore] to repeat; **répétez après moi** repeat after me; **je n'arrête pas de vous le ~** that's what I've been trying to tell you; **elle ne se l'est pas fait ~ (deux fois)** she didn't need telling twice; **répète un peu pour voir?** let's hear you repeat that (if you dare)! -**2.** [révéler par indiscrétion - fait] to repeat; [- histoire] to retell, to relate; **ne lui répète pas** don't tell her, don't repeat this to her; **ne va pas le ~ (à tout le monde)** don't go telling everybody. -**3.** [recommencer] to repeat, to do again; **des tentatives répétées de chantage** repeated attempts to blackmail people. -**4.** [mémoriser - leçon] to go over *(insép)*, to practise; [- morceau de musique] to practise; [- pièce, film] to rehearse; **répétons la séquence une dernière fois** let's run through the sequence one more time || *(en usage abs)*: **on ne répète pas demain** there's no rehearsal tomorrow. -**5.** [reproduire - motif] to repeat, to duplicate; [- refrain] to repeat; **l'écho répétait nos rires à l'infini** our laughter echoed OU reverberated endlessly. -**6.** JUR to obtain recovery of.

◆ **se répéter** *vpi* -**1.** [redire la même chose] to repeat o.s.; **au risque de me ~** at the risk of repeating myself; **depuis son premier roman, elle se répète** since her first novel, she's just been rewriting the same thing. -**2.** [se reproduire] to recur, to reoccur, to be repeated; **et que ça ne se répète plus!** don't let it happen again!; **la disposition des locaux se répète à tous les étages** the layout of the rooms is the same on every floor; **l'histoire se répète** history repeats itself.

répéteur [repetœr] *nm* repeater TELEC.

répétiteur, trice [repetitœr, tris] *nm, f vieilli* coach *(at home or in school)*.

répétitif, ive [repetitif, iv] *adj* repetitive, repetitious.

répétition [repetisjɔ̃] *nf* -**1.** [d'un mot, d'un geste] repetition. -**2.** [séance de travail] rehearsal; **être en ~** to be rehearsing ❑ **~ générale** dress rehearsal. -**3.** JUR: **~ de l'indu** recovery of payment made in error.

◆ **à répétition** *loc adj* -**1.** [en armurerie, en horlogerie] repeater *(modif)*. -**2.** *fam* [renouvelé]: **il fait des bêtises à ~** he keeps doing stupid things.

répétitivité [repetitivite] *nf* repetitiveness, repetitiousness.

repeuplement [rəpœpləmɑ̃] *nm* [par des hommes] repopulation; [par des animaux] restocking; [par des plantes] replantation, replanting *(U)*; [par des arbres] reafforestation *Br*, reforestation *Am*.

repeupler [5] [rəpœple] *vt* [secteur] ro repopulate; [étang] to restock; [forêt] to reafforest *Br*, to reforest *Am*.

◆ **se repeupler** *vpi*: **cette région commence à se ~** people are starting to move back to the area; **la rivière se repeuple** life is coming back to the river.

repiquage [rəpikaʒ] *nm* -**1.** AGR planting OU bedding out. -**2.** AUDIO [sur bande] rerecording, taping; [sur disque] transfer.

repiquer [3] [rəpike] ◇ *vt* -**1.** [planter - riz, salades] to plant OU to pick OU to bed out. -**2.**$^{\nabla}$ [attraper de nouveau] to catch OU to nab again. -**3.** [enregistrer - sur cassette] to rerecord, to tape; [- sur disque] to transfer. -**4.** COUT to restitch. -**5.** *arg scol* [classe] to repeat. -**6.** [repaver] to repave. -**7.** PHOT to touch up.

◇ *vi fam* [recommencer] to start again; **~ à un plat** to have a second helping.

répit [repi] *nm* respite, rest; **mes enfants ne me laissent pas un instant de ~** my children never give me a minute's rest; **s'accorder quelques minutes de ~** to give o.s. a few minutes' rest; **lutter sans ~** to struggle perseveringly OU tirelessly OU relentlessly; **interrogé sans ~ pendant toute la nuit** interrogated non-stop OU without a break throughout the night.

replacer [16] [rəplase] *vt* -**1.** [remettre] to replace, to put back *(sép)*; **replace ça là où tu l'as trouvé** put that back where you found it; **~ les événements dans leur contexte** to put events into their context. -**2.** *fam* [réutiliser] to put in *(sép)* again; **elle est bonne, celle-là, je la replacerai!** *fam* that's a good one, I must remember it OU use it myself sometime! -**3.** [trouver un nouvel emploi pour - domestique] to find a new position for; [- employé] to reassign.

◆ **se replacer** *vpi* -**1.** [se remettre en place] to take up one's position again; **les joueurs se replacent sur le terrain** the players are taking up their positions again on the field. -**2.** [domestique] to find (o.s.) a new job. -**3.** [dans une situation déterminée] to imagine o.s., to visualize o.s.; **il faut se ~ dans les conditions de l'examen pour comprendre son échec** you have to imagine yourself in the exam situation to understand why she failed.

replantation [rəplɑ̃tasjɔ̃] *nf* replanting *(U)*.

replanter [3] [rəplɑ̃te] *vt* to replant; **~ une forêt en sapins** to replant a forest with firs; **après le phylloxéra, ils ont replanté en blé** after the phylloxera epidemic they planted the area with wheat.

replat [rəpla] *nm* sloping ledge, shoulder GEOG.

replâtrage [rəplatraʒ] *nm* -**1.** CONSTR replastering. -**2.** *fam* [réconciliation] patching-up; [réarrangement] tinkering.

replâtrer [3] [rəplatre] *vt* -**1.** CONSTR to replaster. -**2.** *fam fig* to patch up *(sép)*; **ces capitaux ne suffiront pas à ~ les finances de l'entreprise** this capital won't be sufficient to paper over the cracks in the company's finances; **ils n'ont fait que ~ le texte** they just rejigged *Br* OU doctored the text a bit.

replet, ète [rəplɛ, ɛt] *adj* [grassouillet - personne] plump, podgy, portly; [- visage] plump, chubby; [- ventre] full, rounded.

repleuvoir [68] [rəpløvwar] *v impers*: **il repleut** it's (started) raining again; **il n'a pas replu depuis** it hasn't rained (again) since.

repli [rəpli] *nm* -**1.** [pli - du terrain] fold; [courbe - d'une rivière] bend, meander. -**2.** MIL withdrawal, falling back *(U)*; **solution** OU **stratégie de ~** fallback option. -**3.** *fig* & *litt* [recoin] recess; **les sombres ~s de l'âme** the dark recesses OU reaches of the soul. -**4.** [baisse] fall, drop; **on note un léger ~ de la livre sterling** sterling has fallen slightly OU has eased (back). -**5.** [introversion]: **un ~ sur soi** a turning in on o.s.

repliable [rəplijabl] *adj* folding.

réplication [replikasjɔ̃] *nf* replication BIOL.

repliement [rəplimɑ̃] *nm sout* [introversion] withdrawal; **~ sur soi-même** withdrawal (into o.s.), turning in on o.s., self-absorption.

replier [10] [rəplije] *vt* -**1.** [plier - journal] to fold up *(sép)* again; [- couteau] to close again; **replie le bas de ton pantalon** turn up the bottom of your trousers. -**2.** [ramener - ailes] to fold; [- jambes] to tuck under *(sép)*. -**3.** MIL: **~ des unités derrière le fleuve** to withdraw units back to the other side of the river; **~ les populations civiles** to move the civilian population back.

◆ **se replier** ◇ *vp (emploi passif)* to fold back; **la lame se replie dans le manche** the blade folds back into the handle.

◇ *vpi* MIL to withdraw, to fall back.

◆ **se replier sur** *vp + prép*: **se ~ sur soi-même** to withdraw into o.s., to turn in on o.s.; **la secte s'est repliée sur elle-même** the sect has cut itself off from the outside world.

réplique [replik] *nf* -**1.** [réponse] reply, retort, rejoinder; **ce gamin a la ~ facile** this kid is always ready with OU is never short of an answer; **je cite toujours la ~ de de Gaulle le jour où...** I like to quote the reply made by de Gaulle when...; **avoir le sens de la ~** to be always ready with an answer; **argument sans ~** irrefutable OU unanswerable argument; **c'est sans ~!** what can you say to that!, there's no answer to that!; **quand elle a décidé quelque chose, c'est sans ~!** when she's made up her mind about something, she's quite adamant!; **obéissez, et pas de ~!** do as you're told and no argument!; **un échange de ~s assez vives** a rather lively exchange. -**2.** [dans une pièce, un film] line, cue; **manquer une ~** to miss a cue; **oublier sa ~** to forget one's lines; **donner la ~ à un acteur** [en répétition] to give an actor his cues; [dans une distribution] to play opposite an actor. -**3.** [reproduction] replica, studio copy; **il est la ~ vivante de son père** he's the spitting image of OU a dead ringer for his father; **réaliser la ~ de qqch** to design a replica of sthg. -**4.** GÉOL aftershock.

répliquer [3] [replike] *vt* [répondre] to reply, to retort; **elle répliqua que ça ne le regardait pas** she replied OU retorted that it was none of his business; **il n'y a rien à ~ à un tel argument** there's no answer to an argument like that; **que ~ à ça?** how can you reply to that?; **il n'en est pas question, répliqua-t-il** it's out of the question, he replied OU retorted.

◆ **répliquer à** *v + prép* -**1.** [répondre à] to reply to; **~ à une insulte** to reply to an insult; **~ à une critique** to reply to OU to answer criticism; **ne t'avise plus de me ~!** don't you ever dare answer me back again! || *(en usage abs)*: **monte te coucher et ne réplique pas!** go upstairs to bed and no argument! -**2.** [contre-attaquer] to respond to; **la France a répliqué à cette déclaration en rappelant son ambassadeur** France has responded to this declaration by recalling her ambassador || *(en usage abs)*: **le pays a été attaqué et a répliqué immédiatement** the country was attacked and immediately retaliated.

replisser [3] [rəplise] *vt* [tissu] to pleat again.

replonger [17] [rəplɔ̃ʒe] ◇ *vt* -**1.** [plonger à nouveau] to dip back *(sép)*; ~ la louche dans la marmite to dip the ladle back into the pot; l'enfant replongea ses doigts dans la confiture the child plunged OU stuck his fingers back into the jam. -**2.** *fig* [faire sombrer à nouveau] to plunge back *(sép)*, to push back; le choc la replongea dans la démence the shock pushed OU tipped her back into madness.

◇ *vi* -**1.** [plonger à nouveau] to dive again; on replonge? shall we dive in again OU have another dive? -**2.** *fig*: ~ dans l'alcool/la délinquance to relapse into drinking/delinquency; ~ dans la dépression to sink back OU to relapse into depression. -**3.** *arg crime* [retourner en prison] to go back inside.

◆ **se replonger dans** *vp + prép* to go back to; se ~ dans son travail to immerse o.s. in work again, to go back to one's work; se ~ dans ses recherches to get involved in one's research again.

repolir [32] [rəpɔlir] *vt* to polish up *(sép)* again.

repolissage [rəpɔlisaʒ] *nm* repolishing, polishing up again.

répondant, e [repɔ̃dɑ̃, ɑ̃t] *nm, f* [garant] guarantor, surety; être le ~ de qqn [financièrement] to stand surety for sb, to be sb's guarantor; [moralement] to answer OU to vouch for sb.

◆ **répondant** *nm* -**1.** RELIG & *vieilli* server. -**2.** ARCHÉOL shawabti. -**3.** *fam loc*: avoir du ~ to have money.

répondeur, euse [repɔ̃dœr, øz] *adj* [insolent] who answers back; il est déjà ~ à son âge he's got a lot of cheek *Br* OU he's very sassy *Am* for his age.

◆ **répondeur** *nm*: ~ (téléphonique) (telephone) answering machine; ~ enregistreur Ansafone® *Br*, answering machine; ~ interrogeable à distance remote-control (telephone) answering machine.

répondre [75] [repɔ̃dr] ◇ *vi* -**1.** [répliquer] to answer, to reply; réponds quand je t'appelle! answer (me) when I call you!; ma sœur a répondu pour moi my sister answered for me OU in my place; bien répondu! well said OU spoken!; répondez par oui ou par non answer OU say yes or no; il n'a répondu que par des grognements his only answer OU reply was a series of grunts; elle répondit en riant she answered OU replied with a laugh; il lui a répondu par un crochet du gauche he answered OU replied with a left hook; ~ par un clin d'œil/hochement de tête to wink/to nod in reply; ~ par l'affirmative/la négative to answer in the affirmative/negative; seul l'écho lui répondit the only reply was an echo; ~ à qqn to answer sb; réponds à la dame answer the lady; ~ à qqch to answer sthg; vous ne répondez pas à ma question you haven't answered my question; je ne répondrai pas à cet interrogatoire I refuse to answer these questions OU to undergo this interrogation. -**2.** [être insolent] to answer back; ~ à ses parents/professeurs to answer one's parents/teachers back; et ne réponds pas! and no answering back!, and no backchat *Br* OU backtalk *Am*! -**3.** [à une lettre] to answer, to reply, to write back; ~ par écrit to answer OU to reply in writing; je n'ai jamais répondu I never wrote back OU answered OU replied; il faut leur ~ par écrit you must give them a written answer OU reply; il ne m'a pas encore répondu he hasn't written back to me yet, I still haven't had a reply from him; ~ à une note to answer OU to reply to a note; répondez au questionnaire suivant answer the following questions, fill in the following questionnaire; je réponds toujours aux vœux qu'on m'envoie I always reply to any messages of goodwill that people send me; ~ à une invitation [dire qu'on l'a reçue] to reply to OU to answer an invitation; je suis ravie que vous ayez pu ~ à mon invitation [que vous soyez venu] I'm delighted that you were able to accept my invitation; vous devez ~ à la convocation [dire que vous l'avez reçue] you must acknowledge receipt of the notification; ~ à une citation à comparaître JUR [témoin] to comply with a subpoena, to answer a court summons; [inculpé] to attend a summons. -**4.** [à la porte, au téléphone] to answer; ne réponds pas! don't answer!; je vais ~ [à la porte] I'll go; [au téléphone] I'll answer it, I'll get it; ça ne répond pas nobody's answering, there's no answer; ~ au téléphone to answer the phone OU telephone. -**5.** [réagir - véhicule, personne, cheval] to respond; les gens répondent par milliers people are responding in their thousands; le public répond mal there is a low level of public response; les freins répondent bien the brakes respond well; une voiture qui répond bien a car that responds well; ~ à to respond to; son organisme ne répond plus au traitement her body isn't responding to treatment any more; ~ à l'amitié de qqn to respond to OU to return sb's friendship; elle répondit à son accueil par un sourire glacial she responded to OU met his welcome with an icy smile; ~ à un coup OU à une attaque to fight back, to retaliate; ~ à une accusation/critique to counter an accusation/a criticism; ~ à la force par la force to meet OU to answer force with force; ~ aux aides ÉQUIT to respond (well) to aids.

◇ *vt* -**1.** [gén] to answer, to reply; [après une attaque] to retort; ~ (que) oui/non to say yes/no in reply, to answer yes/no; à trois heures et demie, répondit-elle at half past three, she answered OU replied; qu'as-tu répondu? what did you say?, what was your answer?; je n'ai rien trouvé à ~ I could find no answer OU reply; est-ce qu'elle a répondu quelque chose? did she give any answer?, did she say anything in reply?; si on me demande pourquoi, je répondrai ceci if I'm asked the reason why, this is what I'll say OU answer; ils m'ont répondu des bêtises they answered me with a lot of nonsense; j'ai répondu à Joseph que je ne le ferais pas I told Joseph I wouldn't do it; je me suis vu ~ que cela ne me regardait pas I was told it was none of my business; elle m'a répondu de le faire moi-même she told me to do it myself; que ~ à cela? there's no answer to that (,is there?); il répondit ne pas s'en soucier *sout* he answered OU replied that he did not care about it. -**2.** [par lettre] to answer OU to reply (in writing OU by letter); ~ que... to write (back) that... -**3.** RELIG: ~ la messe to give the responses (at Mass).

◆ **répondre à** *v + prép* -**1.** [satisfaire - besoin, demande] to answer, to meet; [- attente, espoir] to come OU to live up to, to fulfil; [correspondre à - norme] to meet; [- condition] to fulfil; [- description, signalement] to answer, to fit; nos produits répondent à ces exigences de qualité our products meet these quality requirements; les dédommagements ne répondent pas à l'attente des sinistrés the amount offered in compensation falls short of the victims' expectations. -**2.** [s'harmoniser avec] to match; au bleu du ciel répond le bleu de la mer the blue of the sky matches the blue of the sea; la frise de la nef répond à celle du transept the frieze in the nave harmonizes with the one in the transept. -**3.** ~ au nom de [s'appeler] to answer to the name (of).

◆ **répondre de** *v + prép* -**1.** [cautionner - filleul, protégé] to answer for; ~ de l'exactitude de qqch/de l'intégrité de qqn to vouch for the accuracy of sthg/sb's integrity; je réponds de lui comme de moi-même I can fully vouch for him; je ne réponds plus de rien I am no longer responsible for anything; elle répond des dettes de son mari jusqu'au divorce she's responsible OU answerable for her husband's debts until the divorce. -**2.** *sout* [assurer]: elle cédera, je vous en réponds! she'll give in, you can take it from me OU take my word for it!; je vous réponds que cela ne se renouvellera pas! I guarantee (you) it won't happen again! -**3.** [expliquer] to answer OU to account for, to be accountable for; je n'ai pas à ~ de mes décisions I do not have to account for my decisions; les ministres répondent de leurs actes devant le Parlement ministers are accountable for their actions before Parliament; ~ d'un crime JUR to answer for a crime; il lui faudra ~ de plusieurs tentatives de viol he'll have to answer several charges of attempted rape.

◆ **se répondre** *vp (emploi réciproque)* [instruments de musique] to answer each other; [sculptures, tableaux] to match each other; [couleurs, formes, sons] to harmonize.

répons [repɔ̃] *nm* RELIG response.

réponse [repɔ̃s] *nf* -**1.** [réplique] answer, reply; avoir (toujours) ~ à tout: elle a toujours ~ à tout [elle sait tout] she has an answer for everything; [elle a de la repartie] she's never at a loss for OU she's always ready with an answer; pour toute ~, elle me claqua la porte au nez her only answer was to slam the door in my face ❑ une ~ de Normand an evasive answer; c'est la ~ du berger à la bergère it's tit for tat. -**2.** [à un courrier] reply, answer, response; en ~ à votre courrier du 2 mai in reply OU response to your letter dated May 2nd; leur lettre est restée sans ~ their letter remained OU was left unanswered; leur demande est restée sans ~ there was no reply OU response to their request; ~ par retour du courrier reply by return of post ❑ ~ payée TÉLÉC reply paid; télégramme avec ~ payée reply-paid telegram; bulletin-~ reply slip; coupon-~ reply coupon. -**3.** [réaction] response; la ~ du gouvernement fut d'imposer le couvre-feu the government's response was to impose a curfew. -**4.** SCOL & UNIV [solution] answer; la ~ à la question n° 5 est fausse the answer to number 5 is wrong. -**5.** TECH response; temps de ~ d'un appareil response time of a device. -**6.** MUS answer. -**7.** PSYCH response, reaction.

repopulation [rəpɔpylasjɔ̃] *nf* repopulation.

report [rəpɔr] *nm* -**1.** [renvoi à plus tard] postponement, deferment; ~ du jugement sine die deferment of the verdict to an unspecified date ❑ ~ d'échéance FIN extension of due date. -**2.** COMPTA carrying forward OU over; faire le ~ d'une somme to carry forward OU over an amount ❑ ~ d'écritures posting; ~ à nouveau balance (carried forward); [en haut de colonne] brought forward; [en bas de colonne] carried forward. -**3.** [au turf] rebetting. -**4.** [transfert]: ~ des voix transfer of votes. -**5.** BOURSE contango, carry over. -**6.** PHOT transfer. -**7.** IMPR: papier à ~ transfer paper.

reportage [rəpɔrtaʒ] *nm* -**1.** [récit, émission] report; ~ télévisé/photo television/photo report; faire un ~ sur qqch to do a report on sthg; j'ai fait mon premier grand ~ pour Nice-Matin I covered my first big story for Nice-Matin. -**2.** [métier] (news) reporting, reportage; faire du ~ to be a news reporter; être en ~ to be on an assignment ❑ faire du grand ~ to do international reporting, to cover stories from all over the world.

reporter[1] [rəpɔrtɛr] *nm* (news) reporter; grand ~ international reporter; ~ sportif sports commentator; sac (de) ~ organizer bag.

reporter[2] [3] [rəpɔrte] *vt* -**1.** [rapporter] to take back *(sép)*; ~ un livre à la bibliothèque to take a book back to the library. -**2.** [transcrire - note, insertion] to transfer; ~ votre appréciation sous la photo du candidat copy out your assessment under the candidate's photograph ‖ COMPTA to carry forward *(sép)*; tu dois ~ le total à la page suivante you must carry the total forward to the next page; ~ à nouveau to carry forward (to new account); ~ le montant des exportations dans le livre des comptes to post exports (to the ledger). -**3.** [retarder - conférence, rendez-vous] to postpone, to put off *(sép)*; [- annonce, verdict] to put off, to defer; [- date] to defer, to put back *esp Br*; ~ qqch à une prochaine fois to put sthg off until another time ‖ [en arrière dans le temps] to take back *(sép)*; ces photos me reportent à l'été 43 these photographs take me back to the summer of '43. -**4.** [transférer] to shift, to transfer; ~ qqch sur: **les votes ont été reportés sur le candidat communiste** the votes were transferred to the communist candidate; **il a reporté toute son amertume sur sa fille** he's transferred OU shifted all his bitterness onto his daughter. -**5.** [miser] to put, to place, to transfer; ~ **tous ses gains sur le 8** to put OU to place all one's winnings on the 8. -**6.** BOURSE to carry over *(sép)*; **faire ~ des titres** to give on OU to lend stock.

◆ **se reporter à** *vp + prép* [se référer à] to turn OU to refer to; **reportez-vous à notre dernier numéro** see our last issue.

◆ **se reporter sur** *vp + prép* [se transférer sur] to be transferred to; **tout son amour s'est reporté sur sa fille** all his love was switched to his daughter.

reporter-cameraman [rəpɔrtɛrkameraman] (*pl* **reporters-cameramans** OU **reporters-cameramen** [rəpɔrtɛrkameramɛn]) *nm* television news reporter.

reporter-photographe [rəpɔrtɛrfɔtɔgraf] (*pl* **reporters-photographes**) *nm* news photographer, photojournalist.

reporteur [rəpɔrtœr] *nm* -**1.** BOURSE taker (of stock). -**2.** IMPR transfer printer (person). -**3.** PRESSE: ~ **d'images** television news reporter.

repos [rəpo] *nm* -**1.** [détente] rest; **prendre quelques jours de ~** to take OU to have a few days' rest; **j'ai besoin d'un peu de ~** I need a bit of a rest, I need to rest a little; **mon médecin m'a conseillé le ~** my doctor has advised me to take a rest. -**2.** [période d'inactivité] rest (period), time off; **trois jours de ~, un ~ de trois jours** three days off ❑ ~ **compensateur** ≃ time off in lieu; ~ **dominical** Sunday rest; ~ **hebdomadaire** weekly time off. -**3.** *litt* [tranquillité - de la nature] peace and quiet; [- intérieure] peace of mind; **la peur d'être expulsé lui ôtait tout ~** fear of expulsion took away his peace of mind; **je n'aurai pas de ~ tant que...** I won't rest as long as... -**4.** *litt* [sommeil] sleep, rest; **respecte le ~ des autres** let other people sleep (in peace); ~ **éternel** eternal rest; **le ~ de la tombe** OU **de la mort** the sleep of the dead. -**5.** MUS cadence; LITTÉRAT break. -**6.** MIL: ~**!** at ease! -**7.** CONSTR (small) landing. -**8.** GÉOL dormancy. -**9.** PHYS rest. -**10.** SPORT break.

◆ **au repos** ◇ *loc adj* [moteur, animal] at rest; [volcan] dormant, inactive; [muscle, corps] relaxed.

◇ *loc adv* -**1.** AGR: **laisser un champ au ~** to let a field lie fallow. -**2.** MIL: **mettre la troupe au ~** to order the troops to stand at ease.

◆ **de tout repos** *loc adj*: **le voyage n'était pas de tout ~** it wasn't exactly a restful journey; **des placements de tout ~** gilt-edged investments.

◆ **en repos** *loc adj* -**1.** [inactif]: **l'imagination de l'artiste ne reste jamais en ~** an artist's imagination never rests OU is never at rest. -**2.** [serein]: **elle a la conscience en ~** she has an easy OU a clear conscience.

reposant, e [rəpozɑ̃, ɑ̃t] *adj* [vacances] relaxing; [ambiance, lumière, musique] soothing.

repose [rəpoz] *nf* [d'une serrure, d'une porte] refitting *(U)*; [d'un tissu, d'une moquette] relaying *(U)*, putting (back) down again *(U)*.

reposé, e [rəpoze] *adj* fresh, rested; **on repartira quand tu seras bien ~** we'll set off again once you've had a good rest; **tu as l'air ~** you look rested.

repose-pieds [rəpozpje] *nm inv* footrest.

reposer [3] [rəpoze] ◇ *vt* -**1.** [question] to ask again, to repeat; [- problème] to raise again, to bring up *(sép)* again. -**2.** [objet] to put down (again) OU back down; **on a dû faire ~ de la moquette** we had to have the carpet relaid; ~ **une serrure** to refit a lock. -**3.** [personne, corps, esprit] to rest; ~ **ses jambes** to rest one's legs; **la peinture me repose les nerfs** painting rests my nerves; **ça le repose de tous ses soucis** it gives him a rest from all his worries. -**4.** MIL: **reposez armes!** order arms!

◇ *vi* -**1.** [être placé] to rest, to lie; **sa tête reposait sur l'oreiller** her head rested OU lay on the pillow. -**2.** *litt* [dormir] to sleep; [être allongé] to rest, to be lying down; ~ **sur son lit de mort** to be lying on one's deathbed ‖ [être enterré]: **elle repose non loin de son village natal** she rests OU she's buried not far from her native village; **ici reposent les victimes de la guerre** here lie the victims of the war; **qu'il/que son âme repose en paix** may he/his soul rest in peace. -**3.** [être posé] to rest, to lie, to stand; **l'épave reposait par cent mètres de fond** the wreck lay one hundred metres down. -**4.** [liquide, mélange]: **laissez le vin ~** leave the wine to settle, let the wine stand; **laissez ~ la pâte/colle** leave the dough to stand/glue to set. -**5.** AGR: **laisser la terre ~** to let the land lie fallow.

◆ **reposer sur** *v + prép* -**1.** [être posé sur] to rest on, to lie on, to stand on; **la statue repose sur un socle de marbre** the statue stands OU sits on a marble pedestal ‖ CONSTR to be built OU to rest on. -**2.** [être fondé sur - suj: témoignage, conception] to rest on; **sur quelles preuves repose votre affirmation?** what evidence do you have to support your assertion?, on what evidence do you base your assertion?; **l'ordre social repose sur la famille** social order hinges OU is based on the family.

◆ **se reposer** *vpi* [se détendre] to rest; **va te ~ une heure** go and rest OU go take a rest for an hour; **se ~ des fatigues de la journée** to rest after a tiring day ❑ **se ~ sur ses lauriers** to rest on one's laurels.

◆ **se reposer sur** *vp + prép* [s'en remettre à] to rely on; **le Président se repose trop sur ses conseillers** the President relies OU depends too much on his advisers; **je me repose sur elle pour les histoires d'argent** I rely on her as far as money matters are concerned.

repose-tête [rəpoztɛt] *nm inv* headrest.

repositionner [3] [rəpozisjɔne] *vt* -**1.** [remettre en position] to reposition. -**2.** COMM: ~ **un produit** to reposition a product.

◆ **se repositionner** *vpi*: **se ~ sur le marché** to reposition o.s. in the market.

reposoir [rəpozwar] *nm* [dans une église] repository; [dans une maison] (temporary) altar.

repourvoir [64] [rəpurvwar] *vt Helv* to entrust with responsibility.

repoussage [rəpusaʒ] *nm* -**1.** BX-ARTS repoussé (work) *(U)*, chasing *(U)*, embossing *(U)*; [travail du cuir] embossing *(U)*. -**2.** MÉTALL repoussé.

repoussant, e [rəpusɑ̃, ɑ̃t] *adj* repulsive, repellent; **être d'une laideur ~e** to be repulsively OU horribly ugly.

repousse [rəpus] *nf* new growth; **des pilules qui facilitent la ~ des cheveux** hair-restoring pills.

repoussé [rəpuse] ◇ *adj m* repoussé *(modif)*.

◇ *nm* [technique - gén] repoussé (work); [- au marteau] chasing; [relief] repoussé.

repousser [3] [rəpuse] ◇ *vt* -**1.** [faire reculer - manifestants] to push OU to drive back *(sép)*; ~ **un agresseur** to drive off OU to beat off OU to repel an attacker; ~ **une attaque** to drive back OU to repel an attack; ~ **les frontières de l'imaginaire/l'horreur** to push back the frontiers of imagination/horror. -**2.** [écarter] to push aside OU away *(sép)*; **elle repoussa violemment l'assiette** she pushed the plate away violently; ~ **qqn d'un geste brusque** to push OU to shove sb out of the way roughly; **il repoussa du pied la bouteille vide** [violemment] he kicked the empty bottle away; [doucement] he nudged OU edged the empty bottle out of the way with his foot; **repoussons les meubles** let's push back the furniture. -**3.** [refuser - offre, mesure, demande en mariage] to turn down *(sép)*, to reject; [- solution, thèse] to reject, to dismiss, to rule out *(sép)*; [- tentation, idées noires] to resist, to reject, to drive away *(sép)*; ~ **un projet de loi** to throw out OU to reject a bill; ~ **les avances de qqn** to reject sb's advances. -**4.** [éconduire - mendiant] to turn away *(sép)*; [- prétendant] to reject. -**5.** [dégoûter] to repel, to put off *(sép)*; **il me repousse** he repels me. -**6.** [retarder - conférence, travail] to postpone, to put off *(sép)*; [- date] to defer, to put back *(sép) Br*; [- décision, jugement] to defer; **repoussé au 26 juin** postponed until the 26th of June. -**7.** TECH [cuir] to emboss; [métal] to chase, to work in repoussé.

◇ *vi* -**1.** [barbe, plante] to grow again OU back. -**2.** ∇ *loc*: **il repousse du goulot** his breath stinks, he's got foul breath.

◆ **se repousser** *vp (emploi réciproque)* [particules] to repel each other.

repoussoir [rəpuswar] *nm* -**1.** [faire-valoir] foil; **servir de ~ à (la beauté de) qqn** to act as a foil to sb's beauty. -**2.** [laideron] ugly duckling; **sa sœur est un véritable ~** his sister's really ugly. -**3.** BX-ARTS repoussoir. -**4.** CONSTR [ciseau] drift (chisel). -**5.** [spatule de manucure] orange stick.

répréhensible [repreɑ̃sibl] *adj* reprehensible, blameworthy; **un acte ~** a reprehensible OU an objectionable deed; **je ne vois pas ce que ma conduite a de ~** I don't see what's reproachable about my behaviour.

reprendre [79] [rəprɑ̃dr] ◇ *vt* -**1.** [saisir à nouveau - objet] to pick up *(sép)* again, to take again; **reprenez vos crayons et notez** pick up your pencils again and write ❑ ~ **les rênes** *pr* to take in the reins; *fig* to resume control. -**2.** [s'emparer à nouveau de - position, ville] to retake, to recapture; [- prisonnier] to recapture, to catch again. -**3.** [assaillir - suj: maladie, doutes] to take hold of again; **quand la douleur me reprend** when the pain comes back; **l'angoisse me reprit** anxiety took hold of me again; **ça y est, ça le reprend!** there he goes again! -**4.** [aller rechercher - personne] to pick up *(sép)*; [- objet] to get back *(sép)*, to collect; [remporter] to take back *(sép)*; **va ~ ton argent** go and collect your money OU get your money back; **je (te) reprendrai mon écharpe demain** I'll get my scarf back (from you) tomorrow; **ils reprennent aux uns ce qu'ils donnent aux autres** they take away from some in order to give to others; **tu peux ~ ton cadeau, je n'en ai que faire** you can keep your present, I don't want it; **tu peux ~ ton parapluie, je n'en ai plus besoin** I don't need your umbrella anymore, you can take it back; **je te reprendrai à la sortie de l'école** I'll pick you up OU I'll collect you OU I'll come and fetch you after school; **je suis venu ~ Nathalie** I've come to pick Nathalie up, I've come to fetch Nathalie; ~ **ses bagages à la consigne** to collect OU to pick up one's luggage from the left-luggage office; **vous pouvez (passer) ~ votre montre demain** you can come (by) and collect OU pick up your watch tomorrow; **je laisserai la voiture à l'aéroport et je la reprendrai en revenant** I'll leave the car at the airport and I'll pick it up OU collect it on the way back. -**5.** [réengager - employé] to take OU to have back *(sép)*; [réadmettre - élève] to take OU to have back; **nous ne pouvons ~ votre enfant en septembre** we can't take OU have your child back in September. -**6.** [retrouver - un état antérieur] to go back to; **elle a repris son nom de jeune fille** she went back to her maiden name; **il a repris sa bonhomie coutumière** he has recovered his usual good spirits; **je n'arrivais plus à ~ ma respiration** I couldn't get my breath back; ~ **son sang-froid** to calm down; ~ **courage** to regain OU to recover courage; **si tu le fais sécher à plat, il reprendra sa forme** if you dry it flat, it'll regain its shape OU it'll get its shape back. -**7.** [se resservir de - à table]: **reprends un biscuit** have another biscuit; **reprenez-en (un peu)** have some more OU a little more; **reprends un comprimé dans deux heures** take another tablet in two hours' time ‖ [chez un commerçant] to have OU to take more (of); **j'ai changé d'avis, je vais en ~ trois** I've changed my mind, I'll have another three; **votre poulet était bon la dernière fois, je vais en ~** your chicken was good last time, I'll have some again OU more. -**8.** [recommencer, se remettre à - recherche, combat] to resume; [- projet] to take up again; [- enquête] to restart, to reopen; [- lecture] to go back to, to resume; [- hostilités] to resume, to reopen; [- discussion, voyage] to resume, to carry on (with), to continue; ~ ses études to take up one's studies again, to resume one's studies; je reprends l'école le 15 septembre I start school again OU I go back to school on September 15th; ~ le travail [après des vacances] to go back to work, to start work again; [après une pause] to get back to work, to start work again; [après une grève] to go back to work; ~ contact avec qqn to get in touch with sb again; ~ la plume/la caméra/le pinceau to take up one's pen/movie camera/brush once more; les évadés ont repris leur course vers la mer the fugitives have resumed their flight towards the coast; ~ la route OU son chemin to set off again, to resume one's journey; elle a repris le volant après quelques heures she took the wheel again after a few hours; je reprends des antibiotiques depuis une semaine I've been taking antibiotics again for a week; ~ la mer [marin] to go back to sea; [navire] to (set) sail again; Dupin reprendra sa chronique en janvier PRESSE Dupin will resume his regular column again in January; ~ une instance JUR to resume a hearing. -9. [répéter - texte] to read again; [- argument, passage musical] to repeat; [- refrain] to take up *(sép)*; il reprend toujours les mêmes thèmes he always repeats the same themes, he always harps on the same themes *péj*; j'ai inlassablement repris mes arguments I repeated OU used the same arguments over and over again; elle leur a fait ~ en chœur les trois dernières mesures she made them repeat the last three bars in chorus; on reprend tout depuis le OU au début [on répète] let's start (all over) again from the beginning; reprends la lecture depuis le début du paragraphe start reading again from the beginning of the paragraph; un sujet repris par tous vos hebdomadaires an issue taken up by all your weeklies || TV to repeat; CIN to rerun; THÉÂT to revive, to put on again, to put back on the stage; quand j'ai repris le rôle de Tosca [que j'avais déjà chanté] when I took on the part of Tosca again; [que je n'avais jamais chanté] when I took on OU over the part of Tosca || [récapituler - faits] to go over *(insép)* again; il faut ~ les événements bien plus loin we have to take up the story much earlier. -10. [dire] to go OU to carry on; «et lui?» reprit-elle "what about him?" she went on. -11. COMM [article refusé] to take back *(sép)*; les vêtements ne sont ni repris ni échangés clothes cannot be returned or exchanged; nous vous reprenons votre vieux salon pour tout achat de plus de 5 000 francs your old lounge suite accepted in part exchange for any purchase over 5,000 francs; je me suis engagé à ~ la cuisine/les moquettes [à la location, à l'achat] I agreed to accept the kitchen/fitted carpets (as part of the deal); ils m'ont repris ma voiture pour 5 000 francs I traded my car in for 5,000 francs || [prendre à son compte - cabinet, boutique] to take over *(sép)*; après l'accident de son père, elle a repris l'entreprise/le stock she took over the firm/stock after her father's accident. -12. [adopter - idée, programme politique] to take up *(sép)*; j'ai repris leur devise I've taken up their motto, I've made their motto mine; ~ à son compte les idées de qqn to take up sb's ideas. -13. [modifier - texte] to rework, to go over *(insép)* again; [- peinture] to touch up *(sép)*; il a fallu tout ~ it all had to be gone over OU done again; c'était parfait, je n'ai rien eu à ~ it was perfect, I didn't have to make a single correction OU alteration; il faudra que tu reprennes le début du premier paragraphe you'll have to rework the beginning of the first paragraph; il faudra ~ le projet de fond en comble the plan has to be completely reviewed || COUT [gén] to alter; [rétrécir] to take in; je vais ~ le pantalon à la taille I'll take in the trousers at the waist || [en tricot]: ~ une maille to pick up a stitch || CONSTR to repair; ~ un mur en sous-œuvre to underpin a wall || MÉCAN [pièce] to rework, to machine. -14. [réprimander] to pull up, to reprimand, to tell off *(sép)*; [corriger] to correct, to pull up *(sép)*; j'ai été obligée de la ~ en public I had to put her straight in front of everybody; sa femme est toujours en train de le ~ his wife is always telling him off. -15. [surprendre]: ~ qqn à voler/fumer to catch sb stealing/smoking again; que je ne t'y reprenne plus! don't let me catch you at it again!; on ne m'y reprendra plus! that's the last time you'll catch me doing that! -16. SPORT to return; ~ la balle en revers to take OU to return the ball on one's backhand; ~ un cheval ÉQUIT to rein in a horse; ~ la voie CHASSE [chien] to pick up the scent again.

◇ *vi* -1. [s'améliorer - affaires] to improve, to recover, to pick OU to look up; les affaires reprennent business is picking OU looking up; avec le nouveau gérant, le restaurant a bien repris with the new manager, the restaurant is picking up well || [repousser - plante] to pick up, to recover. -2. [recommencer - lutte] to start (up) again, to resume; [- pluie, vacarme] to start (up) again; [- cours, école] to start again, to resume; [- feu] to rekindle; [- fièvre, douleur] to return, to start again; si la fièvre reprend, donnez-lui un comprimé if his temperature goes up again OU if the fever returns give him a tablet; le feu ne veut pas ~ the fire just won't get going again OU rekindle; je n'arrive pas à faire ~ le feu I can't get the fire going again; l'incendie a repris au dernier étage the fire has started again on the top floor; la tempête reprit de plus belle the storm started again with renewed ferocity; le froid a repris the cold weather has set in again OU has returned || [retourner au travail - employé] to start again; je reprends à 2 h I'm back (at work) at 2, I start again at 2.

◆ **se reprendre** *vpi* -1. [recouvrer ses esprits] to get a grip on o.s., to pull o.s. together; [retrouver son calme] to settle down; ils ne nous laissent pas le temps de nous ~ entre deux questions they don't give us time to take a breather between questions. -2. SPORT [au cours d'un match] to make a recovery, to rally; après un mauvais début de saison, il s'est très bien repris he started the season badly but has come back strongly OU has staged a good comeback. -3. [se ressaisir - après une erreur] to correct o.s.; se ~ à temps [avant une bévue] to stop o.s. in time.

◆ **se reprendre à** *vp + prép*: elle se reprit à divaguer she started rambling again; je me repris à l'aimer I started to fall in love with her again ❑ s'y ~ [recommencer]: je m'y suis reprise à trois fois I had to start again three times OU to make three attempts.

repreneur [rəprənœr] *nm* ÉCON buyer; les ~s de la chaîne the people who bought up OU acquired the channel.

représailles [rəprezaj] *nfpl* reprisals, retaliation *(U)*; user de ~ contre un pays to take retaliatory measures OU to retaliate against a country; exercer des ~ contre OU envers qqn to take reprisals against sb; en (guise de) ~ contre in retaliation for, as a reprisal for; nos ~ seront militaires et économiques we shall retaliate both militarily and economically.

représentable [rəprezɑ̃tabl] *adj* representable.

représentant, e [rəprezɑ̃tɑ̃, ɑ̃t] *nm, f* -1. POL (elected) representative; les ~s du peuple the people's representatives. -2. [porte-parole] representative; un des derniers ~s de la Nouvelle Vague one of the last representatives of New Wave cinema. -3. [délégué] delegate, representative; le ~ de la France à l'ONU France's OU the French representative at the U.N.; où sont les ~s des élèves? where are the class OU student delegates? ❑ ~ du personnel staff delegate OU representative; ~ syndical shop steward *esp Br*, union representative. -4. COMM: ~ (de commerce) (sales) representative, commercial traveller, travelling salesman; je suis ~ en électroménager I'm a sales representative for an electrical appliances firm.

représentatif, ive [rəprezɑ̃tatif, iv] *adj* representative; vous ne pouvez prétendre être ~ you cannot claim to represent anybody; être ~ de qqn/qqch to be representative of sb/sthg; un échantillon ~ de la population a representative sample of the population; c'est assez ~ de la mentalité des jeunes it's fairly typical of the way young people think.

représentation [rəprezɑ̃tasjɔ̃] *nf* -1. [image] representation, illustration; c'est une ~ très fidèle des lieux it's a very accurate description of the place. -2. THÉÂT performance; ~ en matinée matinee (performance); ~ en soirée evening performance; il y aura 150 ~s there will be 150 performances. -3. [évocation] description, portrayal; une ~ féroce des milieux d'affaires a vitriolic portrayal of the business world. -4. [matérialisation par un signe] representing *(U)*; l'écriture est un système de ~ de la langue writing is a way of representing language. -5. ADMIN & POL representation; assurer la ~ d'un pays to represent a country, to act as a country's representative; réduire sa ~ diplomatique dans un pays to cut down on OU to reduce one's diplomatic representation in a country ❑ ~ proportionnelle proportional representation. -6. JUR: ~ en justice legal representation. -7. COMM sales representation, agency; avoir la ~ exclusive de X to be sole agents for X; avoir une ~ à l'étranger to have an office abroad; faire de la ~ to be a sales representative; je fais de la ~ en chaussures I'm a footwear salesman. -8. PSYCH representation. -9. BX-ARTS representation; une ~ de la Vierge a representation of the Virgin. -10. GÉOG: ~ plane projection.

◆ **représentations** *nfpl arch*: faire des ~s à qqn to make representations to sb.

◆ **en représentation** *loc adj* -1. [personne]: il est toujours en ~ he's always trying to project a certain image of himself. -2. [pièce de théâtre] in performance.

représentativité [rəprezɑ̃tativite] *nf* representativeness; quelle est la ~ de cet exemple? how representative OU typical is this example?

représenter [3] [rəprezɑ̃te] ◇ *vt* -1. [montrer] to depict, to show, to represent; ~ qqch par un graphique to show sthg with a diagram; le tableau représente une femme assise the picture shows a seated woman; la scène représente un intérieur bourgeois the scene is OU represents a middle-class interior; je ne vois pas ce que cette sculpture est censée ~ I can't see what this sculpture is supposed to be OU to represent. -2. [incarner] to represent; elle représentait pour lui l'idéal féminin she represented OU symbolized OU embodied the feminine ideal for him; tu ne représentes plus rien pour moi you don't mean anything to me anymore || [symboliser] to represent, to stand for *(insép)*; chaque signe représente un son each sign stands for OU represents a sound. -3. [constituer] to represent, to account for *(insép)*; les produits de luxe représentent 60 % de nos exportations luxury items account for OU make up 60% of our exports; le loyer représente un tiers de mon salaire the rent amounts OU comes to one third of my salary; les immigrés représentent 10 % de l'échantillon immigrants account for OU make up OU represent 10% of the sample; cela représente 200 heures de travail 200 hours of work went into this, this represents 200 hours' work. -4. THÉÂT [faire jouer] to stage, to put on *(sép)*; [jouer] to play, to perform. -5. [être le représentant de] to represent; 120 athlètes représentent la France aux jeux Olympiques 120 athletes are representing France in the Olympic Games; le maire s'est fait ~ par son adjoint the mayor was represented by his deputy, the mayor sent his deputy to represent him; si vous n'êtes pas disponible, faites-vous ~ if you are not available, have someone stand in for you OU delegate someone. -6. COMM to be a representative of OU for. -7. *litt* [faire remarquer] to explain, to outline; [mettre en garde quant à] to point out *(sép)*; **elle me représenta les avantages fiscaux de son plan** she pointed out to me the tax benefits of her plan. **-8.** [traite] to present for payment again.

◇ *vi litt* [présenter] : **il représente bien** he certainly has presence.

◆ **se représenter** ◇ *vpi* **-1.** [à une élection] to stand *Br* OU to run *Am* (for election) again; [à un examen] to sit *Br* OU to take an examination again. **-2.** [se manifester à nouveau - problème] to crop OU to come up again; **une occasion qui ne se représentera sans doute jamais** an opportunity which doubtless will never again present itself; **la même pensée se représenta à mon esprit** the same thought crossed my mind once more.

◇ *vpt* [imaginer] to imagine, to picture; **j'essaie de me la ~ avec 20 ans de moins** I try to imagine OU picture her (as she was) 20 years ago; **le métier d'actrice n'est pas comme je me l'étais représenté** being an actress isn't what I imagined OU thought it would be; **représentez-vous le scandale que c'était à l'époque!** just imagine OU think how scandalous it was in those days!

répresseur [represœr] *nm* repressor BIOL.

répressif, ive [represif, iv] *adj* repressive; **par des moyens ~s** through coercion.

répression [represjɔ̃] *nf* **-1.** [punition] : **ils exigent une ~ plus sévère des actes terroristes** they are demanding a crackdown on terrorist activities. **-2.** [étouffement - d'une révolte] suppression, repression; **la ~ ne mène à rien** coercive methods are no use. **-3.** PSYCH repression.

réprimande [reprimɑ̃d] *nf* [semonce - amicale] scolding, rebuke; [- par un supérieur hiérarchique] reprimand; **faire** OU **adresser une ~ à qqn** to rebuke OU to reprimand sb; **face aux ~s de toute la famille** reprimanded by the whole family.

réprimander [3] [reprimɑ̃de] *vt* [gronder] to reprimand, to rebuke; **il s'est fait ~** [par son père] he was told off; [par son patron] he was given a reprimand.

réprimer [3] [reprime] *vt* **-1.** [étouffer - rébellion] to suppress, to quell, to put down *(sép)*. **-2.** [punir - délit, vandalisme] to punish; **~ le banditisme/terrorisme** to crack down on crime/terrorism. **-3.** [refouler - sourire, colère] to suppress; [- larmes] to hold OU to choke back *(sép)*; [- bâillement] to stifle; **des rires réprimés** repressed OU stifled laughter.

repris [rəpri] *nm* : **~ de justice** ex-convict.

reprisage [rəprizaʒ] *nm* darning, mending.

reprise [rəpriz] *nf* **-1.** [recommencement - d'une activité, d'un dialogue] resumption; **~ des hostilités hier sur le front oriental** hostilities resumed on the eastern front yesterday; **la ~ du travail a été votée à la majorité** the majority voted in favour of going back OU returning to work; **à la ~ des cotations** when trading resumed; **une ~ des affaires** an upturn OU a recovery in business activity ❑ **~ économique** (economic) recovery. **-2.** RAD & TV repeat, rerun; CIN rerun, reshowing; THÉÂT revival, reprise; MUS [d'un passage] repeat, reprise; **une ~ d'une chanson des Beatles** a cover (version) of a Beatles' song. **-3.** [rachat] : **deux hommes sont candidats à la ~ de la chaîne** two men have put in an offer to take over OU to buy out the channel. **-4.** COMM [action - de reprendre] taking back; [- d'échanger] trade-in, part exchange *Br*; **nous ne faisons pas de ~** goods cannot be returned OU exchanged; **il m'offre une ~ de 2 000 francs pour ma vieille voiture** he'll give me 2,000 francs as a trade-in OU in part exchange *Br* for my old car. **-5.** [entre locataires] *payment made to an outgoing tenant (when renting property)*; **la ~ comprend l'équipement de la cuisine** the sum due to the former tenant includes the kitchen equipment; **ils demandent une ~ de 8 000 francs** they're asking 8,000 francs for furniture and fittings *Br* OU for the furnishings. **-6.** AUT speeding up, acceleration; **une voiture qui a de bonnes ~s** a car with good acceleration; **je n'ai plus de ~** I've got no acceleration. **-7.** SPORT [à la boxe] round; ÉQUIT [leçon] riding lesson; [cavaliers] riding team; **~ de volée** TENNIS return volley; **à la ~, la Corée menait 2 à 0** FTBL Korea was leading 2-0 when the game resumed after halftime OU at the start of the second half. **-8.** COUT [dans la maille] darn; [dans le tissu] mend; **faire une ~ à une chemise** to mend a shirt. **-9.** CONSTR [des fondations] consolidation. **-10.** JUR : **droit de ~** right of repossession OU reentry; **~ des propres** recovery of personal property. **-11.** HORT regrowth. **-12.** INDUST overhauling, repairing; **~ d'usinage** remachining. **-13.** MÉTALL misrun, scabling. **-14.** TEXT : **taux de ~** regain.

◆ **reprises** *nfpl* : **à diverses/multiples ~s** on several/numerous occasions; **à maintes ~s** on several OU many occasions; **à trois ou quatre ~s** three or four times, on three or four occasions.

repriser [3] [rəprize] *vt* [raccommoder - bas, moufle] to darn, to mend; [- imperméable] to mend.

réprobateur, trice [reprɔbatœr, tris] *adj* reproving, reproachful; **jeter un regard ~ à qqn** to give sb a reproving look, to look at sb reprovingly OU reproachfully;..., **dit-elle sur un ton ~** ..., she said reproachfully OU in a reproving tone.

réprobation [reprɔbasjɔ̃] *nf* **-1.** [blâme] reprobation, disapproval; **soulever la ~ générale** to give rise to general reprobation, to be unanimously reproved; **encourir la ~ générale** to meet with general disapproval. **-2.** RELIG reprobation.

reproche [rəprɔʃ] *nm* **-1.** [blâme] reproach; **accabler qqn de ~s** to heap reproaches on sb; **faire un ~ à qqn** to reproach sb; **les ~s qu'on lui fait sont injustifiés** the reproaches levelled OU directed at him are unjustified; **il y avait un léger ~ dans sa voix/remarque** there was a hint of reproach in her voice/remark; **faire ~ à qqn de qqch** *sout* to upbraid sb for sthg; **je ne vous fais pas ~ de vous être trompé, mais d'avoir menti** what I hold against you is not the fact that you made a mistake, but the fact that you lied. **-2.** [critique] : **le seul ~ que je ferais à la pièce, c'est sa longueur** the only thing I'd say against the play OU my only criticism of the play is that it's too long.

◆ **sans reproche** ◇ *loc adj* [parfait] above OU beyond reproach, irreproachable; [qui n'a pas commis d'erreur] blameless.

◇ *loc adv* : **soit dit sans ~, tu n'aurais pas dû y aller** I don't mean to blame OU to reproach you, but you shouldn't have gone.

reprocher [3] [rəprɔʃe] *vt* **-1. ~ qqch à qqn** [erreur, faute] to blame OU to reproach sb for sthg; **on ne peut pas ~ au gouvernement son laxisme** you can't criticize the government for being too soft; **~ à qqn de faire qqch** to blame sb for doing sthg; **il lui a toujours reproché de l'avoir quitté** he always blamed her for leaving him. **-2. ~ qqch à qqch** [défaut] to criticize sthg for sthg; **ce que je reproche à ce beaujolais, c'est sa verdeur** the criticism I would make of this Beaujolais is that it's too young; **je n'ai rien à ~ à son interprétation** in my view her interpretation is faultless, I can't find fault with her interpretation; **tu lui reproches quelque chose à ma moto?** *fam* something wrong with my bike is there?; **~ à qqch d'être...** to criticize sthg for being...; **on a reproché à ma thèse d'être trop courte** my thesis was criticized for being too short.

◆ **se reprocher** *vpt* : **n'avoir rien à se ~** to have nothing to feel guilty about; **tu n'as pas à te ~ son départ** you shouldn't blame yourself for her departure.

reproducteur, trice [rəprɔdyktœr, tris] ◇ *adj* [organe, cellule] reproductive; **cheval ~** studhorse, stallion; **poule reproductrice** breeder hen.

◇ *nm, f* [poule] breeder; [cheval] stud.

◆ **reproducteur** *nm* MÉCAN template.

◆ **reproductrice** *nf* [machine] : **reproductrice de cartes** (card) reproducer.

reproductibilité [rəprɔdyktibilite] *nf* reproducibility, repeatability.

reproductible [rəprɔdyktibl] *adj* reproducible, repeatable.

reproductif, ive [rəprɔdyktif, iv] *adj* reproductive.

reproduction [rəprɔdyksjɔ̃] *nf* **-1.** BIOL & BOT reproduction; AGR breeding; **cycle/organes de la ~** reproductive cycle/organs ❑ **~ sexuée/asexuée** sexual/asexual reproduction. **-2.** [restitution] reproduction, reproducing; **techniques de ~ des sons** sound reproduction techniques. **-3.** IMPR [nouvelle publication] reprinting, reissuing; [technique] reproduction, duplication; **'~ interdite'** 'all rights reserved'. **-4.** [réplique] reproduction, copy; **la qualité des ~s dans un ouvrage d'art** the quality of the reproduction OU reproductions in an art book; **une ~ du Baiser de Rodin/de Guernica** a copy of Rodin's Kiss/of Guernica; **une ~ en couleur** a colour print; **une ~ en plâtre** a plaster cast; **une ~ en résine** a resin replica. **-5.** [département] reprographic department; **les documents sont partis à la ~** the documents have gone off to repro.

reproduire [98] [rəprɔdɥir] *vt* **-1.** [faire un autre exemplaire de] to copy; **~ une médaille par moulage** to copy a medal by taking a mould of it; **~ une clé** to cut a key. **-2.** [renouveler] to repeat; **cette expérience peut être reproduite** this experiment can be repeated. **-3.** [imiter] to reproduce, to copy; **les enfants reproduisent les attitudes des adultes** children copy OU mimic adult attitudes; **peintre qui reproduit le réel** painter who reproduces reality. **-4.** [représenter] to show, to depict, to portray; **la tapisserie reproduit une scène de chasse** the tapestry depicts a hunting scene. **-5.** [restituer - son] to reproduce. **-6.** IMPR [republier - texte] to reissue; [- livre] to reprint; [photocopier] to photocopy; [reprographier] to duplicate, to reproduce; [polycopier] to duplicate. **-7.** HORT to reproduce; **plantes reproduites en serre** plants propagated in a greenhouse.

◆ **se reproduire** *vpi* **-1.** BIOL & BOT to reproduce, to breed. **-2.** [se renouveler] to recur; **ces tendances se reproduisent de génération en génération** these trends recur OU are repeated with each successive generation; **que cela ne se reproduise plus!** don't let it happen again!

reprogrammer [3] [rəprɔgrame] *vt* **-1.** CIN & TV to reschedule. **-2.** INF to reprogramme.

reprographie [rəprɔgrafi] *nf* reprography, repro.

reprographier [9] [rəprɔgrafje] *vt* [polycopier] to duplicate; [photocopier] to photocopy.

réprouvé, e [repruve] ◇ *adj* RELIG reprobate.

◇ *nm, f* **-1.** RELIG reprobate. **-2.** *sout* [personne rejetée] : **vivre en ~** to live as an outcast.

réprouver [3] [repruve] *vt* **-1.** [condamner] to reprove; **~ l'attitude de qqn** to reprove OU to condemn sb's attitude; **nous réprouvons l'usage qui a été fait de cet argent** we disapprove of OU condemn the way this money has been used; **des pratiques/tendances que la morale réprouve** morally unacceptable practices/tendencies. **-2.** RELIG to reprobate, to damn.

reps [rɛps] *nm* rep, repp.

reptation [rɛptasjɔ̃] *nf* crawling, reptation *spéc.*

reptile [rɛptil] *nm* reptile.

reptilien, enne [rɛptiljɛ̃, ɛn] *adj* reptilian.

repu, e [rəpy] *adj* [rassasié] sated, satiated; **être ~** to be full (up), to have eaten one's fill; **je suis ~ de films policiers** I've had my fill of detective films.

républicain, e [repyblikɛ̃, ɛn] ◇ *adj* [esprit, système] republican.

◇ *nm, f* [gén] republican; [aux États-Unis, en Irlande] Republican.

républicanisme [repyblikanism] *nm* republicanism.

république [repyblik] *nf* -**1.** [régime politique] republic; **vivre en ~** to live in a republic; **je fais ce que je veux; on est en ~, non?** *fam* I'll do as I like, it's a free country, isn't it? ❑ **'la République'** *Platon* 'The Republic'. -**2. République** [État] Republic; **la République française** the French Republic; **la République arabe unie** the United Arab Republic; **la République d'Irlande** the Irish Republic, the Republic of Ireland; **la République démocratique allemande** HIST the German Democratic Republic; **la République fédérale d'Allemagne** the Federal Republic of Germany; **la République islamique d'Iran** the Islamic Republic of Iran; **la République populaire de Chine** the People's Republic of China; **~ bananière** *péj* banana republic. -**3.** [confrérie] : **dans la ~ des lettres** in the literary world, in the world of letters.

répudiation [repydjasjɔ̃] *nf* -**1.** [d'une épouse] repudiation, disowning. -**2.** [d'un principe, d'un devoir] renunciation, renouncement.

répudier [9] [repydje] *vt* -**1.** [renvoyer - épouse] to repudiate, to disown. -**2.** [renoncer à - nationalité, héritage] to renounce, to relinquish; [- foi] to renounce; **~ ses anciennes convictions** to go back on OU to renounce one's former beliefs.

répugnance [repyɲɑ̃s] *nf* -**1.** [dégoût] repugnance, disgust, loathing; **avoir de la ~ pour qqch/qqn** to loathe sthg/sb. -**2.** [mauvaise volonté] reluctance; **éprouver une certaine ~ à faire qqch** to be somewhat reluctant OU loath to do sthg; **je m'attelai à la tâche avec ~** I set about the task reluctantly OU unwillingly; **la ~ du syndicat à relancer le dialogue** the union's reluctance to resume talks.

répugnant, e [repyɲɑ̃, ɑ̃t] *adj* -**1.** [physiquement] repugnant, loathsome, disgusting; **avoir un physique ~** to be repulsive; **odeur ~e** disgusting smell; **tâche ~e** revolting task; **une chambre d'une saleté ~e** a revoltingly OU disgustingly filthy room. -**2.** [moralement - individu, crime] repugnant; [- livre, image] disgusting, revolting.

répugner [3] [repyɲe]

◆ **répugner à** *v + prép* -**1.** [être peu disposé à] : **~ à faire qqch** to be reluctant to do sthg; **elle répugnait à le revoir** she was reluctant to see him again; **je répugne à accuser un ami** I am reluctant OU loath to accuse a friend; **il ne répugnait pas à faire ce voyage** he didn't hesitate to make this trip. -**2.** [dégoûter] : **~ à qqn** to repel sb, to be repugnant to sb; **tout ce qui est tâche domestique me répugne** I can't bear anything to do with housework; **ça ne te répugne pas, l'idée de manger du serpent?** doesn't the idea of eating snake disgust you OU put you off?; **tout en cet homme me répugne** everything about that man is repulsive (to me) || *(tournure impersonnelle) sout*: **il me répugne de travailler avec lui** I hate OU loathe working with him.

répulsif, ive [repylsif, iv] *adj* -**1.** PHYS repulsive. -**2.** *litt* [répugnant] repulsive, repugnant, repellent.

répulsion [repylsjɔ̃] *nf* -**1.** [dégoût] repulsion, repugnance; **éprouver de la ~ pour qqch** to feel repulsion for sthg, to find sthg repugnant; **leurs méthodes m'inspirent une grande ~** I find their methods repugnant. -**2.** PHYS repulsion.

réputation [repytasjɔ̃] *nf* -**1.** [renommée] reputation, repute; **jouir d'une bonne ~** to have OU to enjoy a good reputation; **se faire une ~** to make a reputation OU name for o.s.; **un hôtel de bonne/mauvaise ~** a hotel of good/ill repute; **il n'a pas volé sa ~ de frimeur** *fam* they don't call him a show-off for nothing; **elle a la ~ de noter sévèrement** she has a reputation OU she's well-known for being a tough marker; **marque de ~ mondiale** OU **internationale** world-famous brand, brand of international repute; **tu me fais une sale ~** *fam* you're giving me a bad name; **leur ~ n'est plus à faire** their reputation is well-established; **je vous présente un restaurateur dont la ~ n'est plus à faire** here is someone who has built up a fine reputation as a restaurant owner; **connaître qqn de ~** to know sb by repute OU reputation. -**2.** [honorabilité] reputation, good name; **je suis prêt à mettre ma ~ en jeu** I'm willing to stake my reputation on it; **porter atteinte à la ~ de qqn** to damage OU to blacken sb's good name.

réputé, e [repyte] *adj* -**1.** [illustre - orchestre, restaurant] famous, renowned; **l'un des musiciens les plus ~s de son temps** one of the most famous musicians of his day; **des vins très ~s** wines of great repute; **un écrivain pas très ~** a little-known writer; **elle est ~e pour ses colères** she's famous OU renowned for her fits of rage; **il est ~ pour être un avocat efficace** he has the reputation of being OU he's reputed to be a good lawyer. -**2.** [considéré comme] reputed; **elle est ~e intelligente** she has a reputation for intelligence, she's reputed to be intelligent.

requérant, e [rəkerɑ̃, ɑ̃t] ◇ *adj* claiming JUR; **la partie ~e** the claimant, the petitioner.
◇ *nm, f* claimant, petitioner JUR.

requérir [39] [rəkerir] *vt* -**1.** [faire appel à] to call for, to require; **ce travail requiert beaucoup d'attention** the work requires OU demands great concentration; **~ la force publique** to ask the police to intervene; **~ les civils** to call upon civilian help; **~ de l'aide** to request help. -**2.** JUR to call for, to demand; **le juge a requis une peine de deux ans de prison** the judge recommended a two-year prison sentence || *(en usage abs)*: **pendant qu'il requérait** during his summing up. -**3.** *sout* [sommer] : **~ qqn de faire qqch** to request that sb do sthg.

requête [rəkɛt] *nf* -**1.** [demande] request, petition; **soumettre une ~ à un service** to put in OU to submit a request to a department; **à la** OU **sur la ~ de qqn** *sout* at sb's request OU behest; **elle est venue à ma ~** she came at my request. -**2.** JUR petition; **adresser une ~ au tribunal** to petition the court, to apply for legal remedy ❑ **~ en cassation** application for appeal; **~ civile** extraordinary petition *(against a judgment)*; **~ conjointe** joint petition.

requiem [rekɥijɛm] *nm inv* requiem.

requin [rəkɛ̃] *nm* -**1.** ZOOL shark; **~ bleu** blue shark; **(grand) ~ blanc** (great) white shark. -**2.** [forban] shark; **les ~s du show-business** the sharks of the show business world.

requin-baleine [rəkɛ̃balɛn] *(pl* **requins-baleines)** *nm* whale shark.

requin-marteau [rəkɛ̃marto] *(pl* **requins-marteaux)** *nm* hammerhead (shark).

requin-pèlerin [rəkɛ̃pɛlrɛ̃] *(pl* **requins-pèlerins)** *nm* basking shark.

requinquer *fam* [3] [rəkɛ̃ke] *vt* [redonner des forces à] to pep OU to buck up *(sép)*.

◆ **se requinquer** *vpi* to recover, to perk up; **il a eu du mal à se ~** it took him a while to recover OU to get back to his old self again.

requis, e [rəki, iz] *adj* -**1.** [prescrit] required, requisite; **remplir les conditions ~es** to meet the required OU prescribed conditions; **les conditions ~es sont simples** the requirements are simple; **avoir l'âge ~** to meet the age requirements; **avoir les qualifications ~es** to have the requisite OU necessary qualifications. -**2.** [réquisitionné] commandeered, requisitioned; **fonctionnaire ~** commandeered civil servant; **gréviste ~** requisitioned striker.

◆ **requis** *nm* commandeered civilian; **les ~ du travail (obligatoire)** labour conscripts.

réquisit [rekwizit] *nm* necessary condition, requisite PHILOS.

réquisition [rekizisjɔ̃] *nf* -**1.** MIL & *fig* requisition, requisitioning, commandeering; **on a annoncé la ~ des ouvriers grévistes** it has been announced that the striking workers are to be requisitioned; **~ de tous les véhicules par l'armée** the army has requisitioned OU commandeered all vehicles. -**2.** JUR: **~ d'audience** petition to the court. -**3.** FIN: **~ de paiement** demand for payment.

◆ **réquisitions** *nfpl* JUR [conclusions] closing speech (for the prosecution); [réquisitoire] charge.

réquisitionner [3] [rekizisjɔne] *vt* -**1.** [matériel, troupe, employé] to requisition, to commandeer. -**2.** [faire appel à] : **~ qqn pour faire qqch** to rope sb into doing sthg.

réquisitoire [rekizitwar] *nm* -**1.** JUR [dans un procès] prosecutor's arraignment OU speech OU charge. -**2.** *fig*: **ces résultats constituent un véritable ~ contre la politique du gouvernement** these results are an indictment of the government's policy.

réquisitorial, e, aux [rekizitɔrjal, o] *adj* accusatorial.

RER *(abr de* **Réseau express régional)** *nm Paris metropolitan and regional rail system.*

RES *(abr de* **rachat de l'entreprise par ses salariés)** *nm* MBO.

resaler [3] [rəsale] *vt* to put more salt in, to add more salt to.

resalir [32] [rəsalir] *vt*: **j'ai resali le tailleur que je viens de faire nettoyer** I've just got my suit back from the cleaners and I've got it dirty again; **évitez de ~ des assiettes** try not to dirty any more plates.

◆ **se resalir** *vp (emploi réfléchi)* to get o.s. dirty again.

rescapé, e [rɛskape] ◇ *adj* surviving.
◇ *nm, f* -**1.** [d'un accident] survivor; **les ~s de la catastrophe** the survivors of the catastrophe. -**2.** *fig*: **les quelques ~s du Tour de France** the few remaining participants in the Tour de France.

rescindable [rəsɛ̃dabl] *adj* rescindable.

rescindant, e [rəsɛ̃dɑ̃, ɑ̃t] *adj* rescissory.

rescinder [3] [rəsɛ̃de] *vt* to rescind.

rescousse [rɛskus]

◆ **à la rescousse** *loc adv*: **aller/venir à la ~ de qqn** to go/to come to sb's rescue *fig*; **nous avons appelé quelques amis à la ~** we called on a few friends for help; **tout le monde à la ~!** rally round, everybody!

réseau, x [rezo] *nm* -**1.** TRANSP network; **~ aérien/ferroviaire/routier** air/rail/road network ❑ **Réseau express régional** → **RER**. -**2.** TÉLÉC & TV network; **~ téléphonique** telephone network; **~ de télévision** television network. -**3.** [organisation] network; **développer un ~ commercial** to develop OU to expand a sales network; **~ de distribution** distribution network; **~ d'espionnage** spy ring, network of spies; **~ de résistance** HIST resistance network OU group. -**4.** *litt* network, web; **je suis pris dans un ~ de contraintes** I'm caught in a network OU web of constraints. -**5.** ARCHIT tracery. -**6.** ÉLECTR grid; **~ bouclé** ring main. -**7.** GÉOG: **~ fluvial** river system. -**8.** INF network; **~ étoilé/maillé** star/mesh network; **~ à commutation par paquets** packet-switching network. -**9.** OPT (diffraction) grating.

résection [resɛksjɔ̃] *nf* resection.

réséda [rezeda] *nm* reseda.

réséquer [18] [reseke] *vt* to resect.

réserpine [rezɛrpin] *nf* reserpine.

réservataire [rezɛrvatɛr] ◇ *adj* JUR: **elle est ~ pour un tiers** a third of the legacy devolves to her by law ❑ **héritier ~** heir who cannot be totally disinherited.
◇ *nmf* heir who cannot be totally disinherited.

réservation [rezɛrvasjɔ̃] *nf* -**1.** [d'un billet, d'une chambre, d'une table] reservation, booking; **faire une ~** [à l'hôtel] to make a reservation; [au restaurant] to reserve a table; **faut-il faire une ~?** is it necessary to reserve OU to book?; **souhaitez-vous un billet avec ou sans ~?** do you wish to reserve a seat with your ticket or not? -**2.** JUR reservation.

réserve [rezɛrv] *nf* -**1.** [stock] reserve, stock; **nous ne disposons pas d'une ~ suffisante d'eau potable** we do not have sufficient reserves of drinking water; faire des ~s de to lay in supplies OU provisions of; il a des ~s! *fam hum* he's got plenty of fat in reserve! ❑ ~ légale ÉCON reserve assets. -2. [réticence] reservation; permettez-moi de formuler quelques ~s I have some reservations which I should like to express; avoir des ~s au sujet d'un projet to have (some) reservations about a project; faire OU émettre des ~s to express reservations. -3. [modestie, retenue] reserve; une jeune femme pleine de ~ a very reserved young woman; elle est OU demeure OU se tient sur la ~ she's being OU remaining reserved (about it); il a accueilli mon frère avec une grande ~ he welcomed my brother with great restraint. -4. ANTHR reservation; ÉCOL reserve; ~ de chasse/pêche hunting/fishing preserve; ~ naturelle nature reserve; ~ ornithologique OU d'oiseaux bird sanctuary. -5. [resserre - dans un magasin] storeroom; [collections réservées - dans un musée, une bibliothèque] reserve collection. -6. JUR [clause] reservation; ~ (héréditaire) *that part of a legacy legally apportioned to a rightful heir*. -7. MIL: la ~ the reserve. -8. NAUT: ~ de flottabilité reserves buoyancy. -9. PHYSIOL: ~ alcaline (du sang) concentration of alkaline substance (in the blood). -10. TEXT resist.

◆ **réserves** *nfpl* FIN reserves; ~s monétaires/de devises monetary/currency reserves; les ~s de charbon d'un pays MIN [gisements] a country's coal reserves; [stocks] a country's coal stocks ❑ ~s obligatoires FIN statutory reserves; ~s prouvées PÉTR proven reserves.

◆ **de réserve** *loc adj* -1. [conservé pour plus tard] reserve *(modif)*; nous avons un stock de ~ we have a reserve supply. -2. FIN: monnaie de ~ reserve currency. -3. MIL: officier de ~ officer of the reserve; régiment de ~ reserve regiment.

◆ **en réserve** *loc adv* -1. [de côté] in reserve; avoir de la nourriture en ~ to have food put by, to have food in reserve; mettre de la nourriture en ~ to put food aside; je tiens en ~ quelques bouteilles pour notre anniversaire I've put a few bottles aside OU to one side for our anniversary. -2. COMM in stock; avoir qqch en ~ to have sthg in stock; nous avons du papier en ~ pour un mois we have one month's supply OU stock of paper in reserve.

◆ **sans réserve** ◇ *loc adj* [admiration] unreserved; [dévotion] unreserved, unstinting; [approbation] unreserved, unqualified.

◇ *loc adv* without reservation, unreservedly.

◆ **sous réserve de** *loc prép* subject to; sous ~ de vérification subject to verification, pending checks; le départ aura lieu à 8 heures sous ~ d'annulation departure (subject to cancellation) will be at 8 o'clock.

◆ **sous toute réserve** *loc adv* with all proper reserves; attention, c'est sous toute ~! there's no guarantee as to the accuracy of this!; la nouvelle a été publiée sous toute ~ the news was published with no guarantee as to its accuracy.

réservé, e [rezɛrve] *adj* -1. [non public]: 'chasse ~e' private hunting; cuvée ~e reserved vintage, vintage cuvée ❑ quartier ~ *euph* red-light district. -2. [retenu] reserved, booked *Br*; désolé Monsieur, cette table est ~e I'm sorry, Sir, this table is reserved; 'réservé' 'reserved'. -3. [distant] reserved; une jeune fille très ~e a very reserved OU demure young girl; il a toujours eu une attitude très ~e à mon égard he was always very reserved towards me. -4. JUR reserved.

réserver [3] [rezɛrve] *vt* -1. [retenir à l'avance] to reserve, to book; on vous a réservé une chambre a room has been reserved for you; ~ une place de concert to book OU to reserve a ticket for a concert; nous réservons toujours cette table à nos meilleurs clients we always reserve this table for our best customers; Mesdames, bonsoir, avez-vous réservé? good evening, ladies, have you booked *Br* OU do you have a reservation? -2. [garder - pour un usage particulier] to save, to keep, to set OU to put aside; il a réservé une partie de sa maison pour peindre he keeps OU he's set aside part of his house to paint in; il a promis de nous ~ une partie de sa récolte he promised to put aside OU to keep part of his crop for us; j'avais réservé des fonds pour l'achat d'une maison I had put OU set some money aside to buy a house; ~ qqn pour une mission spéciale to keep sb for a special mission; les nouvelles installations seront réservées aux superpétroliers the new installations will be reserved for the use of supertankers || [conserver] to reserve, to keep; ~ le meilleur pour la fin to keep OU to save the best till last; ~ sa réponse to delay one's answer; ~ son opinion to reserve one's opinion; être réservé à qqn to be reserved for sb; un privilège/sport réservé aux gens riches a privilege/sport enjoyed solely by rich people; toilettes réservées aux handicapés toilets (reserved) for the disabled; emplacements réservés aux médecins parking (reserved) for doctors only. -3. [destiner] to reserve, to have in store; ~ une surprise à qqn to have a surprise (in store) for sb; ~ un accueil glacial/chaleureux à qqn to reserve an icy/a warm welcome for sb; que nous réserve l'avenir? what does the future have in store for us?

◆ **se réserver** ◇ *vpi* -1. [par prudence] to hold back; je me réserve pour le fromage I'm keeping some room OU saving myself for the cheese. -2. SPORT & *fig* to save one's strength.

◇ *vpt*: se ~ qqch to reserve OU to keep sthg (for o.s.); je me suis réservé le blanc du poulet/la chambre du haut I've saved the chicken breast/I've kept the top bedroom for myself; se ~ un droit de regard sur to retain the right to inspect sthg; se ~ le droit de faire/ne pas faire qqch to reserve the right to do/not to do sthg.

réserviste [rezɛrvist] *nm* reservist.

réservoir [rezɛrvwar] *nm* -1. [d'essence, de mazout] tank; AUT (petrol *Br* OU fuel) tank; [d'eau] (water) tank; [des W.-C.] cistern; ~ d'eau chaude hot water tank. -2. [étang, lac] reservoir; un ~ de jeunes talents *fig* a breeding ground for young talent. -3. BIOL [de virus] reservoir.

résidanat [rezidana] *nm* housemanship *Br*, internship *Am*.

résidant, e [rezidɑ̃, ɑ̃t] *adj* & *nm, f* resident.

résidence [rezidɑ̃s] *nf* -1. [domicile] residence; établir sa ~ à Nice to take up residence in Nice; ~ d'été summer quarters ❑ ~ principale/secondaire main/second home; ~ officielle official residence. -2. [bâtiment] block of flats *Br*, apartment block *Am*; ~ universitaire UNIV hall of residence *Br*, dormitory *Am*. -3. [maison] residential property; il a acheté une jolie petite ~ pas trop loin de Paris he bought a nice little place not too far from Paris. -4. JUR residence; assigner qqn à ~ to put sb under house arrest; être en ~ surveillée to be under house arrest.

résident, e [rezidɑ̃, ɑ̃t] ◇ *nm, f* resident, (foreign) national; tous les ~s français de Londres all French nationals living in London.

◇ *adj* INF resident.

résidentiel, elle [rezidɑ̃sjɛl] *adj* residential.

résider [3] [rezide] *vi* -1. [habiter]: ~ à to reside OU to live in; ~ à l'étranger/à Genève to live abroad/in Geneva. -2. *fig*: ~ dans to lie in; sa force réside dans son influence sur l'armée his strength lies in OU is based on his influence over the army; c'est là que réside tout l'intérêt du film that is where the strength of the film lies.

résidu [rezidy] *nm* -1. [portion restante] residue; ~s de raffinage waste oil. -2. [détritus] residue, remnants.

résiduaire [rezidɥɛr] *adj* residuary.

résiduel, elle [rezidɥɛl] *adj* -1. [qui constitue un résidu - huile, matière] residual. -2. [persistant - chômage] residual; fatigue ~le constant tiredness.

résignation [reziɲasjɔ̃] *nf* -1. [acceptation] resignation, resignedness; accepter son destin avec ~ to accept one's fate resignedly OU with resignation. -2. JUR abandonment (of a right).

résigné, e [reziɲe] ◇ *adj* resigned; prendre un air ~ to look resigned; parler d'un ton ~ to speak in a resigned OU philosophical tone of voice.

◇ *nm, f* resigned person; les ~s people who have accepted their fate.

résigner [3] [reziɲe] *vt sout* [se démettre de] to resign, to relinquish.

◆ **se résigner à** *vp* + *prép* to resign o.s. to; il s'est résigné à vivre dans la pauvreté he has resigned himself to living in poverty; se ~ à une perte to resign o.s. to a loss || *(en usage abs)*: il n'a jamais voulu se ~ he would never give up OU in, he would never submit; il faut se ~ you must resign yourself to it OU accept it.

résiliable [reziljabl] *adj* [bail, contrat, marché] cancellable, terminable, voidable JUR.

résiliation [reziljasjɔ̃] *nf* [d'un bail, d'un contrat, d'un marché - en cours] cancellation, avoidance JUR; [- arrivant à expiration] termination.

résilience [reziljɑ̃s] *nf* MÉTALL resilience; ~ d'impact impact toughness OU strength.

résilier [9] [rezilje] *vt* [bail, contrat, marché - en cours] to cancel; [- arrivant à expiration] to terminate.

résille [rezij] *nf* -1. [à cheveux] hairnet. -2. [d'un vitrail] cames.

résine [rezin] *nf* BOT & TECH resin; ~ synthétique synthetic resin; ~ thermodurcissable thermosetting resin.

résiné, e [rezine] *adj* resinated.

◆ **résiné** *nm* resinated wine.

résiner [3] [rezine] *vt* -1. [enduire] to resin. -2. [gemmer] to tap.

résineux, euse [rezinø, øz] *adj* -1. [essence, odeur] resinous. -2. [arbre, bois] resiniferous.

◆ **résineux** *nm* resiniferous tree.

résinier, ère [rezinje, ɛr] ◇ *adj* [industrie] resin *(modif)*; [produit] resin-based.

◇ *nm, f* (resin) tapper.

résinifère [rezinifɛr] *adj* [arbre] resiniferous; canal ~ resin duct OU canal.

résipiscence [resipisɑ̃s] *nf litt* resipiscence; venir à ~ to see the error of one's ways.

résistance [rezistɑ̃s] *nf* -1. [combativité] resistance; la ~ de l'armée resistance by the troops, the troops' resistance; elle a opposé une ~ farouche à ses agresseurs she put up a fierce resistance to her attackers; il s'est laissé emmener sans ~ he let himself be taken away quietly OU without resistance. -2. [rébellion] resistance; ~ active/passive active/passive resistance; la Résistance HIST the (French) Resistance; il est entré dans la Résistance dès 1940 he joined the Resistance as early as 1940. -3. [obstacle] resistance; son projet n'a pas rencontré de ~ her project met no opposition OU was unopposed; venir à bout de toutes les ~s to overcome all obstacles OU all resistance; en fermant le tiroir j'ai senti une ~ when I shut the drawer I felt some resistance. -4. [robustesse] resistance, stamina; elle a survécu grâce à sa ~ exceptionnelle she survived thanks to her great powers of resistance; ~ à la fatigue/au froid resistance to tiredness/cold; les limites de la ~ humaine the limits of human resistance OU endurance. -5. TECH resistance, strength; ~ aux chocs resilience; la ~ d'un pont/d'une poutre the resistance of a bridge/beam; ~ des matériaux strength of materials. -6. ÉLECTR resistance; [dispositif chauffant] element; quelle est l'unité de ~ en électricité? what's the unit of electrical resistance? -7. PSYCH resistance.

LA RÉSISTANCE:
This underground anti-German movement was created after the French-German armistice, in 1940, and gained in momentum after General de Gaulle's radio call from London on 18 June of the same year. The movement won the active support of the French Communist Party after German troops invaded the USSR. In his ambition to impose himself as the leader of a united resistance movement, General de Gaulle integrated all major clandestine groups into the "Conseil national de la Résistance". In May 1943, he created the French Committee of National Liberation in Algeria, which later became the provisional government for France in 1944.

résistant, e [rezistɑ̃, ɑ̃t] ◇ *adj* -**1.** [personne] resistant, tough; [emballage] resistant, strong, solid; [couleur] fast; c'est **une enfant peu ~e** she's not a very strong child; **nos soldats sont ~s, bien entraînés** our soldiers are tough and well-trained. -**2.** ÉLECTR & PHYS resistant; **~ au froid/gel** cold/frost resistant; **~ aux chocs** shockproof; **~ à la chaleur** heatproof, heat-resistant.
◇ *nm, f* HIST (French) Resistance fighter.

résister [3] [reziste]
◆ **résister à** *v + prép* -**1.** [dans un conflit entre personnes - agresseur, attaquant] to resist, to hold out against; [- autorité] to resist, to stand up to; [- gendarme, huissier] to put up resistance to; **il a résisté aux officiers venus l'arrêter** he resisted arrest; **j'ai toujours résisté à ses caprices** I've always stood up to OU opposed his whims; **je ne peux pas lui ~, il est si gentil** I can't resist him, he's so nice. -**2.** [fatigue, faim] to withstand, to put up with; [solitude, douleur] to stand, to withstand; **~ à la tentation** to resist temptation; **~ à ses désirs/penchants** to fight against one's desires/inclinations. -**3.** [à l'usure, à l'action de l'homme ou des éléments] to withstand, to resist, to be proof against; **qui résiste au feu** fire proof; **qui résiste à la chaleur** heatproof; **qui résiste aux chocs** shockproof; **couleurs qui résistent au lavage** fast colours; **la porte a résisté à ma poussée** the door wouldn't open when I pushed it ‖ *(en usage abs)*: **la serrure résiste** the lock is sticking; **la toiture/théière n'a pas résisté** the roof/teapot didn't stand up to the shock. -**4.** [suj: livre, projet] to stand up; **~ à l'analyse/l'examen** to stand up to analysis/investigation; **son œuvre ne résistera pas à la critique** his work won't stand up to criticism.

résistivité [rezistivite] *nf* resistivity, specific resistance.

résolu, e [rezɔly] *adj* -**1.** [personne] resolute, determined; **il m'a paru plutôt ~** he looked quite determined to me; **je suis ~ à ne pas céder** I'm determined not to give in. -**2.** [attitude]: **une foi ~e en l'avenir** an unshakeable faith in the future.

résoluble [rezɔlybl] *adj* -**1.** [question, situation] soluble, solvable; **le problème est aisément ~** the problem is easy to solve OU can be solved easily. -**2.** JUR [bail, contrat] annulable, cancellable.

résolument [rezɔlymɑ̃] *adv* -**1.** [fermement] resolutely, firmly, determinedly; **je m'oppose ~ à cette décision** I'm strongly OU firmly opposed to this decision. -**2.** [vaillamment] resolutely, steadfastly, unwaveringly.

résolutif, ive [rezɔlytif, iv] *adj* [médicament, substance] resolvent.
◆ **résolutif** *nm* resolvent.

résolution [rezɔlysjɔ̃] *nf* -**1.** [décision] resolution; **prendre une ~** to make a resolution; **prendre la ~ de faire qqch** to make up one's mind OU to resolve to do sthg; **sa ~ est prise** her mind is made up; **bonnes ~s** [gén] good intentions; [du nouvel an] New Year resolutions. -**2.** [solution] solution, resolution; **la ~ d'une énigme/d'un problème** the solution to an enigma/a problem. -**3.** [texte] resolution; **la ~ a été votée à l'unanimité par l'Assemblée** the resolution was unanimously adopted by the Assembly. -**4.** JUR annulment, cancellation. -**5.** [d'un écran] resolution; **mauvaise/bonne ~** poor/high resolution. -**6.** CHIM & MUS resolution. -**7.** MÉD resolution; **~ des membres** muscular relaxation. -**8.** OPT: **pouvoir de ~** resolving power.

résolutoire [rezɔlytwar] *adj* resolutive JUR.

résolvante [rezɔlvɑ̃t] *nf* resolvant equation.

résonance [rezɔnɑ̃s] *nf* -**1.** ÉLECTR, NUCL, PHYS & TÉLÉC resonance; **entrer en ~** to start resonating; **avoir une ~ OU des ~s (dans)** *fig* to find an echo (in); **sa déclaration a eu quelque ~ dans la classe politique** his statement found an echo OU had a certain effect amongst politicians ❑ **~ magnétique** magnetic resonance; **~ magnétique nucléaire** nuclear magnetic resonance. -**2.** [style] connotation, colouring *(U)*; **un poème de Donne aux ~s très modernes** a poem by Donne with very modern overtones.

résonant, e [rezɔnɑ̃, ɑ̃t] = **résonnant.**

résonateur [rezɔnatœr] *nm* resonator.

résonnant, e [rezɔnɑ̃, ɑ̃t] *adj* resonant.

résonner [3] [rezɔne] *vi* -**1.** [sonner] to resonate, to resound; **la cloche résonne faiblement** the bell rings feebly. -**2.** [renvoyer le son] to resound, to be resonant; **la pièce résonne** sound reverberates OU echoes in the room; **la halle résonnait des cris des vendeurs** the hall resounded with the cries of the traders.

résorbable [rezɔrbabl] *adj* -**1.** MÉD resorbable. -**2.** [qui peut être éliminé]: **un surplus difficilement ~** a surplus (which is) difficult to reduce OU to absorb.

résorber [3] [rezɔrbe] *vt* -**1.** [éliminer - chômage, déficit] to reduce, to bring down *(sép)*, to curb. -**2.** MÉD to resorb.
◆ **se résorber** *vpi* -**1.** [chômage, inflation] to be reduced; **la crise ne va pas se ~ toute seule** the crisis isn't going to just disappear. -**2.** MÉD to be resorbed.

résorption [rezɔrpsjɔ̃] *nf* -**1.** [de l'inflation, du chômage] curbing, reduction; **la ~ des dépenses** bringing down OU curbing spending; **la ~ des excédents prendra plusieurs années** it will take several years for the surplus to be absorbed. -**2.** MÉD resorption.

résoudre [88] [rezudr] *vt* -**1.** [querelle] to settle, to resolve; [énigme, mystère] to solve; [difficulté] to resolve, to sort out *(sép)*; **le problème a été résolu en cinq minutes/après des années** the problem was solved in five minutes/was resolved over the years. -**2.** MATH to resolve; **~ une équation** to solve an equation; **~ une parenthèse** to remove the brackets. -**3.** *sout* [décider] to decide (on); **ils ont résolu sa perte** they decided on his ruin; **je résolus finalement de rentrer chez moi** in the end I decided to go back home. -**4.** *sout* [entraîner]: **~ qqn à faire qqch** to induce OU to move sb to do sthg. -**5.** CHIM, MÉD & MUS to resolve. -**6.** JUR [bail, contrat] to annul, to avoid.
◆ **se résoudre** *vpi* MÉD to resolve; **la tumeur s'est résolue lentement** the tumor slowly resolved itself.
◆ **se résoudre à** *vp + prép* -**1.** [accepter de] to reconcile o.s. to; **il faudra te ~ à voir tout le monde** you will have to reconcile yourself to seeing everyone; **je ne peux m'y ~** I can't reconcile myself to doing it. -**2.** [consister en] to amount to, to result in; **son aide se résout à peu de chose** his help amounts to little (in the end).

respect [rɛspɛ] *nm* [estime] respect; **avec ~** with respect, respectfully; **elle m'inspire beaucoup de ~** I have a great deal of respect for her; **élevé dans le ~ des traditions/de la loi** brought up to respect traditions/the law; **manquer de ~ à qqn** to be disrespectful to sb; **marquer son ~ à qqn** to show respect to sb; **avec (tout) le ~ que je vous dois** with all due respect; **tenir qqn en ~** to keep sb at bay OU at a (respectful) distance; **il nous tenait en ~ avec un couteau** he kept us back OU at bay with a knife.
◆ **respects** *nmpl* [hommages] respects, regards; **présenter ses ~s à qqn** to present one's respects to sb; **mes ~s à madame votre mère** please give my respects to your mother.

respectabilité [rɛspɛktabilite] *nf* respectability, respectableness.

respectable [rɛspɛktabl] *adj* -**1.** [estimable] respectable, deserving of respect; *hum* respectable; **c'est une dame fort ~!** *hum* she's a real pillar of society! -**2.** [important] respectable; **un nombre ~ de manifestants** a respectable OU fair number of demonstrators; **avec une avance ~** SPORT with an impressive lead; **une calvitie ~** *hum* a fair-sized bald patch.

respecter [4] [rɛspɛkte] *vt* -**1.** [honorer] to respect, to have OU to show respect for; **dans le pays, tout le monde le respecte** everyone respects him in our country; **il a un nom respecté dans notre ville** his name is held in respect in our city; **elle sait se faire ~** she commands respect. -**2.** [se conformer à] to respect, to keep to *(insép)*; **si les formes sont respectées, vous obtiendrez ce que vous voulez** if the conventions are adhered to OU respected, you'll get what you want; **~ les dernières volontés de qqn** to abide by sb's last wishes; **~ l'ordre alphabétique** to keep to alphabetical order; **~ la parole donnée** to keep one's word; **~ les lois** to respect OU to obey the law. -**3.** [ne pas porter atteinte à] to show respect for; **les jeunes d'aujourd'hui ne respectent plus rien** today's young people do not show any respect for anything; **~ la tranquillité/le repos de qqn** to respect sb's need for peace and quiet/rest; **~ une femme** *vieilli* to respect a woman's honour.
◆ **se respecter** *vp (emploi réfléchi)* to respect o.s.; **il s'est toujours respecté** he's always had self-respect OU self-esteem; **elle ne se respecte plus** she's lost all her self-respect; **une chanteuse qui se respecte ne prend pas de micro** no self-respecting singer would use a microphone.

respectif, ive [rɛspɛktif, iv] *adj* respective; **nous sommes rentrés dans nos foyers ~s** we went back to our respective homes.

respectivement [rɛspɛktivmɑ̃] *adv* respectively; **Paul et Jean sont âgés ~ de trois et cinq ans** Paul and John are three and five years old respectively.

respectueusement [rɛspɛktɥøzmɑ̃] *adv* respectfully, with respect; **puis-je vous faire ~ remarquer que vous vous êtes trompé?** may I respectfully point out that you have made a mistake?

respectueux, euse [rɛspɛktɥø, øz] *adj* -**1.** [personne] respectful; **se montrer ~ envers qqn** to be respectful to sb; **~ de** respectful of; **~ des lois** law-abiding. -**2.** [lettre, salut] respectful; **prendre un ton ~ pour parler à qqn** to adopt a respectful tone towards sb. -**3.** [dans des formules de politesse]: **je vous prie d'agréer mes respectueuses salutations** yours faithfully.
◆ **respectueuse** *fam nf euph* lady of the night.

respirable [rɛspirabl] *adj* -**1.** [qu'on peut respirer] breathable; **l'air est difficilement ~ ici** it's hard to breathe in here. -**2.** *fig* [supportable]: **l'ambiance du bureau est à peine ~** the atmosphere at the office is almost unbearable.

respirateur [rɛspiratœr] *nm* -**1.** [masque] gas mask, respirator. -**2.** MÉD [poumon d'acier] iron lung; [à insufflation] positive-pressure respirator.

respiration [rɛspirasjɔ̃] *nf* -**1.** PHYSIOL [action] breathing, respiration *spéc*; [résultat] breath; **reprendre sa ~** to get one's breath back; **retenir sa ~** to hold one's breath; **avoir une ~ bruyante** to breathe noisily OU heavily; **j'en ai eu la ~ coupée** it took my breath away ❑ **~ artificielle** artificial respiration. -**2.** MUS phrasing.

respiratoire [rɛspiratwar] *adj* breathing, respiratory *spéc.*

respirer [3] [rɛspire] ◇ *vi* -**1.** PHYSIOL to breathe; **ça l'empêche de ~** it prevents him from breathing; **il a du mal à ~** he has difficulty breathing, he's breathing with difficulty; **~**

par la bouche/le nez to breathe through one's mouth/nose; respirez à fond, expirez! breathe in, and (breathe) out! -2. [être rassuré] to breathe again; il est sauf, je respire he's safe, I can breathe again; ouf, je respire! phew, thank goodness for that! -3. [marquer un temps d'arrêt]: du calme, laissez-moi ~! give me a chance!; on n'a jamais cinq minutes pour ~ you can't even take a breather for five minutes.

◇ *vt* -1. PHYSIOL to breathe (in), to inhale *spéc*; [sentir] to smell. -2. [exprimer] to radiate, to exude; elle respire la santé she radiates good health; il respire le bonheur he's the very picture of happiness; la maison respire la douceur de vivre the whole house is bathed in OU alive with the joy of living.

resplendir [32] [rɛsplɑ̃dir] *vi litt* -1. [étinceler - casque, chaussure] to gleam, to shine; ~ de propreté to be spotlessly clean; la mer resplendit au soleil the sea is glinting in the sun. -2. [s'épanouir]: son visage resplendit de bonheur her face is shining OU radiant with happiness; les jeunes mariés resplendissent de joie the newly-weds are radiant with joy.

resplendissant, e [rɛsplɑ̃disɑ̃, ɑ̃t] *adj* -1. [éclatant - meuble, parquet] shining; [- casserole, émail] gleaming; [- soleil, temps] glorious. -2. [radieux] radiant, shining, resplendent *litt*; tu as une mine ~e you look radiant; ~ de santé radiant OU blooming with health.

resplendissement [rɛsplɑ̃dismɑ̃] *nm litt* resplendence *litt*, radiance, brilliance.

responsabilisation [rɛspɔ̃sabilizasjɔ̃] *nf*: développer la ~ des jeunes to make young people aware of their responsibilities.

responsabiliser [3] [rɛspɔ̃sabilize] *vt* -1. [donner des responsabilités à]: tu ne le responsabilises pas assez you don't give him enough responsibility. -2. [rendre conscient de ses responsabilités]: ~ qqn to make sb aware of their responsibilities.

responsabilité [rɛspɔ̃sabilite] *nf* -1. [obligation morale] responsibility; nous déclinons toute ~ en cas de vol we take no responsibility in the event of theft; c'est une grosse ~! it's a big responsibility!; prends tes ~s! face up to your responsibilities!; faire porter la ~ de qqch à qqn to hold sb responsible for sthg; ils ont une ~ morale vis-à-vis de nous they have a moral obligation towards us; assumer entièrement la ~ de qqch to take on OU to shoulder the entire responsibility for sthg. -2. [charge administrative] function, position; des ~s gouvernementales-/ministérielles a post in the government/ cabinet; il a accepté de nouvelles ~s au sein de notre compagnie he took on new responsibilities within our company; démis de ses ~s relieved of his responsibilities OU position; elle a la ~ du département publicité she's in charge of the advertising department. -3. JUR liability, responsibility; [acte moral] responsibility; ~ civile [d'un individu] civil liability, strict liability; [d'une société] business liability; ~ contractuelle/délictuelle contractual/negligence liability; ~ du fait d'autrui ≃ parental liability; ~ collective collective responsibility; ~ pénale legal responsibility. -4. [rapport causal]: la ~ du tabac dans les affections respiratoires a été démontrée it has been proved that tobacco is the main contributing factor in respiratory diseases.

responsable [rɛspɔ̃sabl] ◇ *adj* -1. ~ de [garant de] responsible (for); j'en suis ~ I'm responsible for it; les parents sont légalement ~s de leurs enfants parents are legally responsible for their children; il n'est pas ~ de ses actes JUR he cannot be held responsible for his (own) actions. -2. ~ de [chargé de] in charge of, responsible for; il est ~ du service après-vente he's in charge of the after-sales department. -3. ~ de [à l'origine de]: on l'a toujours considéré comme ~ de nos problèmes he has always been considered responsible for our problems; l'abus des graisses animales est largement ~ des affections cardiaques the main contributing factor to heart disease is over-consumption of animal fats; il est ~ de l'accident he is responsible for (causing) the accident. -4. JUR liable; ~ civilement liable in civil law. -5. [réfléchi] responsible; ce n'est pas très ~ de sa part that isn't very responsible of him; elle s'est toujours comportée en personne ~ she has always acted responsibly.

◇ *nmf* -1. [coupable]: le ~, la ~ the person responsible OU to blame; qui est le ~ de l'accident? who's responsible for the accident?; nous retrouverons les ~s we will find the people OU those responsible; il n'y a jamais de ~s! nobody is ever to blame! -2. [dirigeant-politique] leader; [- administratif] person in charge; parler avec les ~s politiques to speak with the political leaders; réunion avec les ~s syndicaux meeting with the union representatives; je veux parler au ~ I want to speak to the person in charge.

resquille *fam* [rɛskij] *nf*, **resquillage** *fam* [rɛskijaʒ] *nm* [sans payer] sneaking in; TRANSP fare-dodging; [sans attendre son tour] queue-jumping *Br*, line-jumping *Am*.

resquiller *fam* [3] [rɛskije] ◇ *vi* [ne pas payer] to sneak in; TRANSP to dodge the fare *Br*; [ne pas attendre son tour] to push in, to jump the queue *Br*, to cut in the line *Am*.

◇ *vt*: ~ une place pour le concert to fiddle OU to wangle o.s. a seat for the concert.

resquilleur, euse *fam* [rɛskijœr, øz] *nm, f* [qui ne paie pas] person who sneaks in without paying; TRANSP fare-dodger *Br*; [qui n'attend pas son tour] queue-jumper *Br*, line-jumper *Am*.

ressac [rəsak] *nm* backwash (of a wave).

ressaisir [32] [rəsezir] *vt* -1. [agripper de nouveau] to catch OU to grab again, to seize again; le chien ressaisit sa proie the dog got hold of OU caught his prey again. -2. *fig* [occasion] to seize again. -3. INF to rekey.

◆ **se ressaisir** *vpi* [se calmer] to pull o.s. together; ressaisis-toi! pull yourself together!, get a hold of OU a grip on yourself!; il s'est ressaisi et a finalement gagné le deuxième set he recovered OU rallied and finally won the second set.

ressasser [3] [rəsase] *vt* -1. [rabâcher] to turn over *(sép)*; ~ les exploits de sa jeunesse to go OU to harp on about one's youthful exploits; les mêmes histoires ressassées l'amusent toujours he's still amused by the same worn-out old stories. -2. [revoir en esprit] to dwell on *(sép)*, to mull over *(sép)*.

ressaut [rəso] *nm* -1. GÉOG rise; ALPINISME step, projection. -2. CONSTR [en saillie] step; [en recul] offset; faire ~ to jut out. -3. [niveau des eaux] jump.

ressauter [3] [rəsote] ◇ *vt* [barrière] to jump again; le cavalier revint sur ses pas et ressauta l'obstacle the rider retraced his steps and jumped over the fence again.

◇ *vi* to jump again; tous les enfants ont ressauté dans l'eau en même temps all the children jumped into the water again at the same time.

ressayer [reseje] = **réessayer**.

ressemblance [rəsɑ̃blɑ̃s] *nf* -1. [entre êtres humains] likeness, resemblance; la ~ entre la mère et la fille est étonnante mother and daughter look amazingly alike; il y a une ~ entre les deux cousins the two cousins look alike; 'toute ~ avec des personnages réels ne peut être que fortuite' 'any resemblance to persons living or dead is purely accidental'. -2. [entre choses] similarity; il existe une certaine ~ entre les deux livres both books are somehow similar; il n'y a aucune ~ entre ta situation et la mienne there's no similarity OU comparison between your situation and mine.

ressemblant, e [rəsɑ̃blɑ̃, ɑ̃t] *adj* [photo, portrait] true to life, lifelike; ta photo n'est pas très ~e your photo doesn't look like you; elle est très ~e sur le dessin the drawing really looks like her.

ressembler [3] [rəsɑ̃ble]

◆ **ressembler à** *v + prép* -1. [avoir la même apparence que] to resemble, to look like; il ressemble à sa mère he looks like his mother, he favours his mother; elle me ressemble un peu she looks a bit like me; ça ne ressemble en rien à une maison that doesn't look like a house at all. -2. [avoir la même nature que] to resemble, to be like; il a toujours cherché à ~ à son père he always tried to be like his father; je n'ai rien qui ressemble à une tenue de soirée I have nothing that you could even vaguely call evening wear. -3. *loc*: ça ne ressemble à rien *fam* it makes no sense at all; son tableau ne ressemble à rien *fam* her painting looks like nothing on earth; ça ne ressemble à rien de ne pas vouloir venir *fam* there's no sense in not wanting to come; à quoi ça ressemble de quitter la réunion sans même s'excuser? *fam* what's the idea OU meaning of leaving the meeting without even apologizing?; cela ne me/te/leur ressemble pas that's not like me/ you/them; ça lui ressemble bien d'oublier mon anniversaire it's just like him to forget my birthday.

◆ **se ressembler** ◇ *vp (emploi réciproque)* to look alike, to resemble each other; ils se ressemblent they look alike OU like each other; tous les amoureux se ressemblent all lovers are alike, lovers are all alike ☐ se ~ comme deux gouttes d'eau to be as like as two peas (in a pod); qui se ressemble s'assemble *prov* birds of a feather flock together *prov*.

◇ *vpi sout*: depuis sa maladie, il ne se ressemble plus he's not been himself since his illness.

ressemelage [rəsəmlaʒ] *nm* [action] soling, resoling; [nouvelle semelle] new sole.

ressemeler [24] [rəsəmle] *vt* to sole, to resole.

ressemer [19] [rəsəme] *vt* [graine, champ] to resow, to sow again.

ressentiment [rəsɑ̃timɑ̃] *nm sout* resentment, ill will; éprouver un profond ~ à l'égard de qqn to feel deep resentment against sb, to feel deeply resentful towards sb; je n'ai aucun ~ à ton égard I don't bear you any resentment OU ill will; c'est un homme aigri, plein de ~ he's embittered and full of resentment.

ressentir [37] [rəsɑ̃tir] *vt* -1. [éprouver - bienfait, douleur, haine] to feel; j'ai ressenti la même impression que vous quand je l'ai vu I felt the same way you did OU I had the same feeling as you when I saw him. -2. [être affecté par] to feel, to be affected by; il a ressenti très vivement la perte de son père he was deeply affected by his father's death; j'ai ressenti ses propos comme une véritable insulte I felt OU was extremely insulted by his remarks.

◆ **se ressentir de** *vp + prép* to feel the effect of; je me ressens encore des suites de mon accident I still feel OU I'm still suffering from the effects of my accident; la production a été accélérée et la qualité s'en ressent production has been speeded up at the expense of quality.

resserre [rəsɛr] *nf* [à outils] shed, outhouse; [à produits] storeroom; [à provisions] store cupboard, larder.

resserré, e [rəsere] *adj* [étroit] narrow.

resserrement [rəsɛrmɑ̃] *nm* -1. [passage étroit] narrow part; il y a un ~ de la route après le pont the road narrows after the bridge. -2. [limitation] tightening; le ~ du crédit the credit squeeze, the tightening of credit controls. -3. [consolidation - d'un lien affectif] strengthening. -4. [des pores] closing.

resserrer [4] [rəsere] *vt* -1. [boulon, nœud - serrer de nouveau] to retighten, to tighten again; [- serrer davantage] to tighten up *(sép)*; resserre-le tighten it (up). -2. [renforcer] to strengthen; pour ~ les liens d'amitié entre nos deux pays to strengthen the bonds of friendship between our two countries. -3. [fermer] to close (up); pour ~ les pores to close the pores. -4. [diminuer - texte, exposé] to condense, to compress.

◆ **se resserrer** *vpi* -1. [devenir plus étroit] to narrow; la route se resserre après le village the road narrows past the village. -2. [se refermer] to tighten; **les mailles du filet se resserrent** *fig* the police are closing in. -**3.** [devenir plus fort] : **nos relations se sont resserrées depuis l'année dernière** we have become closer (to each other) OU our relationship has grown stronger since last year.

resservir [38] [rəsɛrvir] ◇ *vt* -**1.** [donner de nouveau] to serve again; **elle nous a resservi les pâtes d'hier en gratin** she served up yesterday's pasta in a gratin. -**2.** [servir davantage] to serve (out) some more OU another helping; **donne-moi ton assiette, je vais te** ~ give me your plate, I'll give you another helping. -**3.** *fam* [répéter] : **il nous ressert la même excuse tous les ans** he comes out with OU he trots out the same (old) excuse every year.
◇ *vi* -**1.** [être utile] : **j'ai une vieille robe longue qui pourra bien** ~ **pour l'occasion** I have an old full-length dress which would do for this occasion; **garde-le, ça pourra toujours** ~ keep it, it might come in handy OU useful again (one day). -**2.** MIL & TENNIS to serve again.
◆ **se resservir** *vp (emploi réfléchi)* [reprendre à manger] to help o.s. to some more OU to a second helping; **ressers-toi** help yourself to (some) more; **puis-je me** ~? may I help myself to some more OU take a second helping?
◆ **se resservir de** *vp + prép* [réutiliser] to use again.

ressort [rəsɔr] *nm* -**1.** [mécanisme] spring; **faire** ~ to act as a spring ❑ ~ **hélicoïdal/spiral** helical/spiral spring; ~ **à boudin** coil spring; ~ **à lames** leaf OU coach spring; ~ **de montre** watch spring, hairspring. -**2.** [force morale] spirit, drive; **manquer de** ~ to lack drive. -**3.** [mobile] motivation; **les** ~**s de l'âme humaine** the deepest motivations of the human soul OU spirit. -**4.** PHYS [propriété] springiness, elasticity *spéc.* -**5.** [compétence] : **les problèmes qui sont de mon** ~ problems I am qualified to deal with; **ce n'est pas de mon/son** ~ it is not my/his responsibility. -**6.** JUR jurisdiction; **juger en premier** ~ to judge (a case) in the first instance.
◆ **à ressort(s)** *loc adj* spring-loaded; **matelas à** ~**s** spring mattress.

ressortir[1] [43] [rəsɔrtir] ◇ *vt (avec aux avoir)* -**1.** [vêtement, ustensile] to take out *(sép)* again. -**2.** [film] to rerelease, to bring out *(sép)* again; [pièce de théâtre] to rerun. -**3.** *fam* [répéter] to trot out *(sép)* again; **tu ne vas pas** ~ **cette vieille histoire?** you're not going to come out with that old story again, are you?
◇ *vi (avec aux être)* -**1.** [sortir de nouveau] to go out OU to leave again; **je n'ai pas envie de** ~, **il fait trop froid** I don't feel like going out again, it's too cold ‖ [sortir] to go out, to leave; **je suis ressorti de la maison vers minuit** I left the house around midnight; **il n'est pas encore ressorti de chez le médecin** he hasn't left the doctor's yet. -**2.** [se détacher] to stand out; **le rouge ressortira mieux** red will stand out better; **le foulard qu'elle porte fait** ~ **ses yeux bleus** the scarf she's wearing brings out the blue of her eyes; **faire** ~ **les avantages d'une solution** to stress OU to highlight the advantages of a solution. -**3.** [réapparaître] : **la pointe est ressortie de l'autre côté du mur** the tip came through the other side of the wall. -**4.** [film] to show again, to be rereleased; **ses films viennent de** ~ **à Paris** her movies have just started showing again in Paris OU have just been rereleased in Paris. -**5.** JEUX [chiffre, carte] to come up *(insép)* again.
◆ **ressortir de** *v + prép* to emerge OU to flow from; **il ressort de votre analyse que les affaires vont bien** according to your analysis, business is good; **il ressort de tout cela qu'il a menti** the upshot of all this is that he's been lying.

ressortir[2] [32] [rəsɔrtir]
◆ **ressortir à** *v + prép* -**1.** JUR : ~ **à la juridiction de** to come under the jurisdiction of. -**2.** *litt* [relever de] to pertain to; **pareil sujet ressortit au roman plutôt qu'à l'essai** such a subject pertains to the novel rather than to the essay (genre).

ressortissant, e [rəsɔrtisɑ̃, ɑ̃t] *nm, f* national; ~ **d'un État membre de la CEE** EC national.

ressouder [3] [rəsude] *vt* -**1.** [tuyau] to resolder, to reweld, to weld together *(sép)* again. -**2.** *fig* [alliance, couple] to bring OU to get together *(sép)* again, to reunite.

ressource [rəsurs] *nf* -**1.** [secours] recourse, resort; **tu es mon unique** ~ you're the only person who can help me OU my only hope; **elle n'a eu d'autre** ~ **que la mendicité** there was no other course (of action) open OU left to her but to become a beggar; **en dernière** ~ as a last resort. -**2.** [présence d'esprit] : **un homme/une femme de** ~**(s)** a resourceful man/woman. -**3.** [endurance, courage] : **avoir de la** ~ to have strength in reserve.
◆ **ressources** *nfpl* -**1.** [fonds] funds, resources, income; **25 ans et sans** ~**s** 25 years old and no visible means of support ❑ ~**s personnelles** private means. -**2.** [réserves] resources; ~**s naturelles/minières d'un pays** natural/mineral resources of a country; **des** ~**s en hommes** manpower resources. -**3.** [moyens] resources, possibilities; **nous mobilisons toutes nos** ~**s pour retrouver les marins disparus** we're mobilizing all our resources OU all the means at our disposal to find the missing sailors; **toutes les** ~**s de notre langue** all the possibilities OU resources of our language.

ressourcer [16] [rəsurse]
◆ **se ressourcer** *vpi* to go back to one's roots.

ressouvenir [40] [rəsuvnir]
◆ **se ressouvenir de** *vp + prép litt* to remember, to recall; **à chaque retour dans son village natal, il se ressouvenait de son enfance** each time he returned to his home village, he would recall his childhood.

ressurgir [32] [rəsyrʒir] *vi* -**1.** [source] to reappear. -**2.** [problème] to arise again, to reoccur; **faire** ~ **de vieux souvenirs** to bring back old memories.

ressuscité, e [resysite] *nm, f* -**1.** RELIG resurrected person; **les** ~**s** those who have risen again, the risen. -**2.** *fig* : **tu as l'air d'un** ~ you look like death warmed up.

ressusciter [3] [resysite] ◇ *vt* -**1.** RELIG to resurrect, to raise from the dead; **le Christ ressuscitera les morts** Christ will raise the dead to life. -**2.** [ranimer] to resuscitate; MÉD to bring back to life, to revive; **vos piqûres m'ont littéralement ressuscité** your injections literally brought me back to life; **un whisky à** ~ **les morts** *fam* whisky strong enough to bring the dead back to life. -**3.** *litt* [faire resurgir] to revive, to resurrect; ~ **le passé** to summon up OU to revive the past.
◇ *vi* -**1.** *(avec aux être)* RELIG to rise again OU from the dead; **le Christ est ressuscité** Christ has risen (from the dead). -**2.** *(avec aux avoir)* [revivre - sentiment, nature] to come back to life, to revive.

restant, e [rɛstɑ̃, ɑ̃t] *adj* remaining; **ils se sont partagé les chocolats** ~**s** they shared the chocolates that were left; **c'est le seul héritier** ~ he's the sole remaining heir.
◆ **restant** *nm* [reste] rest, remainder; **dépenser le** ~ **de son argent** to spend the rest of one's money OU one's remaining money; **pour le** ~ **de mes/ses jours** until my/his dying day.

restau *fam* [rɛsto] *nm* restaurant.

restaurant [rɛstɔrɑ̃] *nm* restaurant; **manger au** ~ to eat out; **ce soir, on dîne au** ~ we're dining out tonight ❑ ~ **d'entreprise** (staff) canteen; ~ **universitaire** ≃ university cafeteria OU refectory.

restaurateur, trice [rɛstɔratœr, tris] *nm, f* -**1.** [d'œuvres d'art] restorer. -**2.** [qui tient un restaurant] restaurant owner, restaurateur.

restauration [rɛstɔrasjɔ̃] *nf* -**1.** [d'œuvres d'art] restoration; **la** ~ **des vitraux a pris plusieurs années** it took several years to restore the stained-glass windows. -**2.** [rétablissement] restoration; **la Restauration** HIST the Restoration. -**3.** [hôtellerie] catering; **dans la** ~ in the restaurant trade OU the catering business ❑ **la** ~ **rapide** the fast-food business.

restaurer [3] [rɛstɔre] *vt* -**1.** [édifice, œuvre d'art] to restore. -**2.** *litt* [rétablir] to restore, to reestablish; ~ **la paix** to restore peace. -**3.** *litt* [nourrir] to feed.
◆ **se restaurer** *vp (emploi réfléchi)* to have something to eat; **on s'arrêtera vers midi pour se** ~ **un peu** we'll stop around noon to have a bite to eat.

reste [rɛst] *nm* -**1.** [restant] rest; **il en a mangé une partie et a jeté le** ~ he ate part of it and threw the rest away; **puis-je vous payer le** ~ **à la fin du mois?** can I pay you the rest at the end of the month?; **il a dormi le** ~ **de la journée** he slept for the rest of the day; **le** ~ **de ta vie** the rest of your life; **si vous êtes sages, je vous raconterai le** ~ **demain** if you're good, I'll tell you the rest of the story tomorrow; **et (tout) le** ~! and so on (and so forth)!; **tout le** ~ **n'est que littérature/qu'illusion** everything else is just insignificant/an illusion ❑ **sans attendre** OU **demander son** ~ without (any) further ado; **elle s'est enfuie sans demander son** ~ she left without further ado; **j'irai encaisser le chèque sans attendre mon** ~ I'll go and cash in the cheque and have done with it; **être** OU **demeurer en** ~ to be outdone, to be at a loss. -**2.** [résidu - de nourriture] food left over, leftovers (of food); [- de boisson] drink left over; [- de tissu, de papier] remnant, scrap; CIN outtakes; **un** ~ **de jour** OU **de lumière** a glimmer of daylight; **un** ~ **de sa gloire passée** a vestige OU remnant of his past glory. -**3.** MATH remainder; **le** ~ **égale cinq** the remainder is five.
◆ **restes** *nmpl* -**1.** [d'un repas] leftovers; **on mangera les** ~**s ce soir** we'll have the leftovers tonight; **je ne veux pas de ses** ~**s!** *fig* I don't want his leftovers! -**2.** [de beautés] : **avoir de beaux** ~**s** : **elle a de beaux** ~**s** she's still beautiful despite her age. -**3.** [vestiges] remains. -**4.** [ossements] (last) remains.
◆ **au reste, du reste** *loc adv* besides, furthermore, moreover; **inutile de discuter, du** ~, **ça ne dépend pas de moi** there's no point in arguing and, besides, it's not up to me to decide; **du** ~, **je ne suis pas d'accord avec toi** what's more, I don't agree with you.
◆ **de reste** *loc adj* surplus *(modif)*, spare; **passez me voir demain, j'aurai du temps de** ~ come and see me tomorrow, I'll have some spare time; **il a de la patience de** ~ he has patience to spare.

rester [3] [rɛste] *vi* -**1.** [dans un lieu, une situation] to stay, to remain; **le dard est resté dans son doigt** the sting is still OU has stayed in her finger; **c'est mieux si la voiture reste au garage** it's better if the car stays in the garage; **malgré mes efforts, la tache est restée** despite my efforts, the stain wouldn't go; **ceci doit** ~ **entre nous** this is strictly between me and you, this is for our ears only; **restez donc à déjeuner/dîner** do stay for lunch/dinner; **je ne reste pas** I'm not staying OU stopping; **savoir** ~ **à sa place** *fig* to know one's place; ~ **debout/assis** to remain standing/seated; **elle est restée debout toute la nuit** she stayed up all night; ~ **paralysé** to be left paralysed; ~ **fidèle à qqn** to be OU to stay faithful to sb; ~ **en fonction** to remain in office; ~ **dans l'ignorance** to remain in ignorance; ~ **célibataire** to remain single; **elle ne reste pas en place** she never keeps still; **tu veux bien** ~ **tranquille!** will you keep still!; ~ **en contact avec qqn** to keep OU to stay in touch with sb; **je reste sur une impression désagréable** I'm left with an unpleasant impression; **je n'aime pas** ~ **sur un échec** I don't like to stop at failure; ~ **dans les mémoires** OU **les annales** to go down in history; **en** ~ **à** : **nous en sommes restés à la page 160** we left off at OU got as far as page 160; **nous en resterons à cet accord** we will limit ourselves to OU go no further than this agreement; **restons-en là!** let's leave it at that! ❑ ~ **en rade** *fam* OU **en plan** *fam* OU **en chemin** *fam* OU **en carafe** *fam* to be left high and dry OU stranded; **ça m'est resté sur le cœur** it still rankles with OU galls me; **ça m'est resté en travers de la gorge** *pr* it (got) stuck in my throat; *fig* I couldn't swallow it; **ça m'est resté sur l'estomac** *fam pr* I couldn't digest it; *fig* I still feel pretty peeved about it; **il est resté sur sa faim** *pr* he was still hungry; *fig* he was left unsatisfied OU frustrated; **j'y suis, j'y reste!** here I am and here I stay! **-2.** [subsister] to be left; **c'est tout ce qui me reste** that's all I have left; **cette mauvaise habitude lui est restée** he still has that bad habit; **restent les deux dernières questions à traiter** the last two questions still have to be dealt with; **reste à savoir qui ira** there still remains the problem of deciding who is to go. **-3.** *Afr* [habiter] to live. **-4.** *euph* [mourir] to meet one's end; **il est resté sur le champ de bataille** he died on the battlefield ❑ **y ~** *fam* to kick the bucket. **-5.** [durer] to live on *(insép)*, to endure; **son souvenir restera** his memory will live on.

◆ **il reste** *v impers*: **il me reste une bague de ma grand-mère** I still have a ring my grandmother left me; **il nous reste un peu de pain et de fromage** we have a little bit of bread and cheese left; **il me reste la moitié à payer** I (still) have half of it to pay; **il nous reste de quoi vivre** we have enough left to live on; **lisez beaucoup, il en restera toujours quelque chose** do a lot of reading, there will always be something to show for it OU there's always something to be got out of it; **cinq ôté de quinze, il reste dix** five (taken away) from fifteen leaves ten; **il reste un doute** a doubt still remains; **il reste encore à examiner les points a et c** points a and c still remain to be examined; **il ne reste plus rien à faire** there's nothing left to be done; **il reste à faire l'ourlet** the hem is all that remains OU that's left to be done; **il reste encore 12 km/40 jours à faire** there's still 12 km/40 days to go; **il reste que, il n'en reste pas moins que**: **il reste que le problème de succession n'est pas réglé** the fact remains that the problem of the inheritance hasn't been solved; **il n'en reste pas moins que vous avez tort** you are nevertheless wrong ❑ **il ne lui restera que les yeux pour pleurer** he stands to lose everything; **et s'il n'en reste qu'un, je serai celui-là** *allusion Victor Hugo* and if anyone will be there at the finish, it will be me.

restituable [rɛstitɥabl] *adj* [somme] repayable.

restituer [7] [rɛstitɥe] *vt* **-1.** [rendre - bien] to return, to restore; [- argent] to refund, to return; **~ qqch à qqn** to return sthg to sb; **elle dut ~ les fonds détournés** she had to pay back OU to return the embezzled funds. **-2.** [reconstituer - œuvre endommagée] to restore, to reconstruct; [- ambiance] to reconstitute, to render; **~ fidèlement les sons** to reproduce sounds faithfully. **-3.** [vomir] to bring up *(sép)*; **~ son repas** to bring up one's meal.

restitution [rɛstitysjɔ̃] *nf* **-1.** [d'un bien] return, restitution; [d'argent] refund. **-2.** [d'un son, d'une couleur] reproduction.

resto *fam* [rɛsto] *nm* restaurant; **les ~s du cœur** *charity food distribution centres.*

LES RESTOS DU CŒUR:
Set up by the comedian Coluche, the "restos du cœur" (full name, "les Restaurants du Cœur") are run by volunteers who distribute free meals to the poor and homeless, especially at Christmas time.

Restoroute® [rɛstorut] *nm* [sur autoroute] ≃ motorway *Br* OU freeway *Am* restaurant; [sur route] roadside restaurant.

resto-U *fam* [rɛstoy] *nm abr de* **restaurant universitaire.**

restreindre [81] [rɛstrɛ̃dr] *vt* [ambition, dépense] to restrict, to limit, to curb; [consommation] to cut down *(sép)*; **~ les libertés** to restrict liberties; **en raison de son âge, il a dû ~ ses activités** he had to limit his activities because of his age; **elle a dû ~ ses recherches à un domaine précis** she had to limit her research to a precise field.

◆ **se restreindre** *vpi* **-1.** [se rationner] to cut down; **tu ne sais pas te ~** you don't know when to stop. **-2.** [s'amenuiser]: **le champ d'activités de l'entreprise s'est restreint** the company's activities have become more limited; **son cercle d'amis s'est restreint** his circle of friends has got smaller.

restreint, e [rɛstrɛ̃, ɛ̃t] *adj* **-1.** [réduit] limited; **l'espace est ~** there's not much room ❑ **édition à tirage ~** limited edition. **-2.** [limité] restricted; **la distribution de ces produits est ~e à Paris et à sa région** these products are sold exclusively in the Paris area.

restrictif, ive [rɛstriktif, iv] *adj* restrictive.

restriction [rɛstriksjɔ̃] *nf* **-1.** [réserve] reservation; **émettre quelques ~s à l'égard d'un projet** to express some reservations about a project ❑ **~ mentale** mental reservation. **-2.** [limitation] restriction, limitation; **~ de crédit** restriction on credit, credit squeeze.

◆ **restrictions** *nfpl* restrictions; **les ~s en temps de guerre** wartime restrictions OU austerity.

◆ **sans restriction** *loc adv* [entièrement]: **je vous approuve sans ~** you have my unreserved approval.

restructuration [rəstryktyrasjɔ̃] *nf* **-1.** [d'un quartier, d'une ville] redevelopment. **-2.** [d'une société, d'un service] restructuring, reorganization.

restructurer [3] [rəstryktyre] *vt* to restructure, to reorganize.

resucée *fam* [rəsyse] *nf* **-1.** [de boisson]: **une ~ de** another swig OU slug of. **-2.** [répétition] rehash; **ils ne montrent que des ~s à la télévision** all they ever show on TV is (old) repeats.

résultant, e [rezyltɑ̃, ɑ̃t] *adj* resulting.

◆ **résultante** *nf* **-1.** [résultat] result, outcome. **-2.** PHYS resultant.

résultat [rezylta] *nm* **-1.** [réalisation positive] result; **ne donner aucun ~** to have no effect; **il n'y a pas que le ~ qui compte** the (end) result is not the only important thing. **-2.** [aboutissement] result, outcome; **voici le ~ de nombreuses années de recherche** this is the result of several years of research; **son attitude a eu pour ~ de rapprocher le frère et la sœur** her attitude led to OU resulted in closer ties between brother and sister. **-3.** *fam* [introduisant une conclusion]: **il a voulu trop en faire, ~, il est malade** he tried to do too much and sure enough he fell ill; **~, je n'ai toujours pas compris** so I'm still none the wiser. **-4.** MATH result; **peux-tu me donner le ~ de la soustraction?** can you give me the result of OU the answer to the subtraction?; **j'ai le même ~ que toi** I get the same result as you. **-5.** POL & SPORT result; **nous avons un dernier ~ en tennis** here is the latest tennis score; **~ partiel pour la Corse et les Alpes-Maritimes** by-election result for Corsica and the Alpes-Maritimes ❑ **le ~ des courses** SPORT the racing results; *fig* the outcome (of the situation).

◆ **résultats** *nmpl* FIN, POL & SPORT results; SCOL results, marks; **les ~s de l'exercice en cours sont mauvais** the results are poor for the current (financial) year; **les ~s du Loto** the winning lottery numbers.

résulter [3] [rezylte]

◆ **résulter de** *v + prép* to result OU to ensue from; **il est difficile de dire ce qui en résultera** at the moment it's difficult to say what the result OU outcome will be; **je ne sais pas ce qui en résultera** I don't know what the end result will be OU what's going to come out of this; **le travail/souci qui en résulte** the ensuing work/worry ‖ *(tournure impersonnelle)*: **il résulte de l'enquête que...** the result of the investigation shows that...; **il en a résulté que...** the result OU the outcome was that...

résumé [rezyme] *nm* **-1.** [sommaire] summary, résumé; **faites un ~ du passage suivant** write a summary OU a précis of the following passage; **~ des épisodes précédents** the story so far. **-2.** [bref exposé] summary; **faites-nous le ~ de la situation** sum up OU summarize the situation for us. **-3.** [ouvrage] summary, précis.

◆ **en résumé** *loc adv* in short, in brief, briefly; **en ~, nous ne sommes d'accord sur aucun des points soulevés** in short, we do not agree on any of the points raised.

résumer [3] [rezyme] *vt* **-1.** [récapituler] to summarize, to sum up *(sép)*; **je vais vous ~ notre conversation** let me summarize our conversation; **voici le problème résumé en quelques chiffres** here is the problem summed up in a few figures; **résume-lui l'histoire en quelques mots** sum up the story for him in a few words. **-2.** [symboliser] to typify, to symbolize; **ce cas résume tous les autres du même genre** this case sums up all others of the same type.

◆ **se résumer** *vpi* [reprendre] to sum up; **pour me ~, je dirai que nous devons être vigilants** to sum up, I would say that we must be vigilant.

◆ **se résumer à** *vp + prép* to come down to; **cela se résume à peu de chose** it doesn't amount to much.

resurchauffer [3] [rəsyrʃofe] *vt* to reheat, to resuperheat *spéc.*

résurgence [rezyrʒɑ̃s] *nf* **-1.** GÉOG resurgence. **-2.** *sout* [réapparition] resurgence, revival.

resurgir [rəsyrʒir] = **ressurgir.**

résurrection [rezyrɛksjɔ̃] *nf* **-1.** RELIG resurrection; **la Résurrection (du Christ)** the Resurrection (of Christ); **~ de la chair** resurrection of the body. **-2.** [renaissance] revival; **nous attendons la ~ du cinéma français** we're waiting for French cinema to take on a new lease of life. **-3.** [guérison]: **depuis qu'il sait que sa fille est saine et sauve, c'est une véritable ~!** now he knows his daughter is safe, he's made a miraculous recovery!

retable [rətabl] *nm* [sur l'autel] retable; [derrière l'autel] reredos.

rétablir [32] [retablir] *vt* **-1.** [établir de nouveau] to restore; **le courant a été rétabli dans l'après-midi** the power was reconnected OU restored in the afternoon; **~ le calme/l'ordre/une vieille coutume** to restore calm/order/an old custom; **~ l'équilibre** to redress the balance; **nous prendrons les mesures nécessaires pour ~ la situation** we'll take the measures required to restore the situation to normal; **~ un texte** restore a text *(to its original form)*; **~ qqn dans son emploi** to reinstate sb; **elle a été rétablie dans tous ses droits** all her rights were restored. **-2.** [guérir]: **~ qqn** to restore sb to health; **c'est un traitement assez long mais il vous rétablira** it's a rather long treatment but it will restore you to health; **son séjour l'a complètement rétabli** his holiday brought about his complete recovery. **-3.** [rectifier] to reestablish; **rétablissons les faits** let's reestablish the facts, let's get down to what really happened.

◆ **se rétablir** *vpi* **-1.** [guérir] to recover; **il ne se rétablit pas très vite** he's not recovering very quickly; **elle est partie se ~ à la campagne** she went to the country to recuperate OU to recover. **-2.** [revenir] to be restored; **l'ordre s'est rétabli lentement** order was gradually restored. **-3.** [reprendre son équilibre] to get one's balance back.

rétablissement [retablismɑ̃] *nm* **-1.** [action] restoration; [résultat] restoration, reestablishment; **le ~ du courant prendra deux heures** it will be two hours before the power comes back on; **nous souhaitons tous le ~ de la paix** we all want peace to be restored. **-2.** [guérison] recovery; **nous vous souhaitons un prompt ~** we wish you a speedy recovery. **-3.** SPORT: **faire un ~ à la barre fixe** to do a pull-up on the horizontal bar.

retailler [3] [rətaje] *vt* [rosier, vigne] to reprune; [diamant, vêtement] to recut; [crayon] to resharpen; [haie] to retrim; [cartes à jouer] to shuffle and cut again.

rétamage [retamaʒ] *nm* retinning.

rétamé, e [retame] *adj* **-1.** [étamé de nouveau] retinned. **-2.** ▽ [épuisé] worn out, knackered *Br*;

[ivre] pissed *Br*, wrecked; [démoli] wrecked, smashed up.

rétamer [3] [retame] *vt* -**1.** [étamer de nouveau] to retin. -**2.** ▽ [enivrer] to knock out *(sép)*; **un verre de champagne suffit à me ~** one glass of champagne is enough to knock me out. -**3.** ▽ [battre au jeu] to clean out; **je me suis fait ~ au casino** I got cleaned out at the casino. -**4.** ▽ [fatiguer] to wreck. -**5.** ▽ [démolir] to wreck; **il a complètement rétamé sa voiture** he wrote his car off *Br*, he totalled his car *Am*. -**6.** ▽ [refuser - candidat] to fail; **ils ont rétamé la moitié des candidats** they failed half the candidates.

◆ **se rétamer** *vpi* -**1.** *fam* [tomber] to come a cropper *Br*, to take a tumble; **je me suis drôlement rétamé au ski** I took a real tumble when I went skiing. -**2.** [échouer] to mess up; **je me suis rétamée à l'oral** I messed up my oral exam.

rétameur [retamœr] *nm* tinker.

retapage *fam* [rətapaʒ] *nm* [d'un lit] straightening, making; [d'une maison, d'une voiture] doing up.

retape▽ [rətap] *nf* -**1.** [racolage]: **faire (de) la ~** to hustle *Am*, to be on the game *Br*. -**2.** [publicité] loud advertising, hyping (up), plugging.

retaper [3] [rətape] *vt* -**1.** [lit] to straighten, to make. -**2.** *fam* [maison] to do up *(sép)*; [voiture] to fix OU to do up *(sép)*. -**3.** *fam* [malade] to buck up *(sép)*; **mon séjour à la montagne m'a retapé** my stay in the mountains set me back on my feet again. -**4.** [lettre] to retype, to type again.

◆ **se retaper** *fam* ◇ *vp (emploi réfléchi)* -**1.** [physiquement] to get back on one's feet again; **elle a grand besoin de se ~** she badly needs to recharge her batteries. -**2.** [financièrement] to sort out one's finances, to get straightened out (financially).

◇ *vpt*: **j'ai dû me ~ la lecture du rapport** I had to read through the blasted report again.

retard [rətar] ◇ *nm* -**1.** [manque de ponctualité] lateness; **il ne s'est même pas excusé pour son ~** he didn't even apologize for being late; **mon ~ est dû à...** I'm late because of...; **j'avais plus d'une heure de ~** I was more than an hour late; **avoir du ~** to be late; **l'avion Londres-Paris est annoncé avec deux heures de ~** a two-hour delay is expected on the London to Paris flight; **rapportez vos livres sans ~** return your books without delay; **tout ~ dans le paiement des intérêts sera sanctionné** all late payments of interest OU any delay in paying interest will incur a penalty. -**2.** [intervalle de temps, distance]: **il a un tour de ~ sur son principal adversaire** he's a lap behind his main opponent; **le peloton est arrivé avec cinq minutes de ~ sur le vainqueur** the pack arrived five minutes after OU behind the winner. -**3.** [d'une horloge]: **ma montre a plusieurs minutes de ~** my watch is several minutes slow. -**4.** [d'un élève] backwardness *péj*; **il a du ~ en allemand** he's behind in German; **il doit combler son ~ en physique** he's got to catch up in physics ❑ **~ scolaire** learning difficulties. -**5.** [handicap]: **nous avons comblé notre ~ industriel en quelques années** we caught up on OU we closed the gap in our industrial development in a few years; **nous avons des années de ~ (sur eux)** we're years behind (them). -**6.** MÉCAN: **~ à l'allumage** retarded ignition.

◇ *adj inv* delayed(-action), retarded; **insuline/pénicilline ~** slow-release insulin/penicillin.

◆ **en retard** ◇ *loc adj*: **j'ai des lettres/du tricot en ~** I'm behind with my mail/knitting; **un élève en ~ dans ses études** a pupil who is behind in his studies ❑ **paiement en ~** [qui n'est pas fait] arrears, overdue payment; [qui est fait] late payment.

◇ *loc adv*: **être/arriver en ~** to be/to arrive late; **il est en ~ dans ses paiements** he's behind OU in arrears with (his) payments; **elle s'est mise en ~** she made herself late; **elle est très en ~ pour son âge** PSYCH she's rather immature OU slow for her age; ENS she's rather behind for her age; **nous avons rendu nos épreuves en ~** we were late handing in our tests; **être en ~ sur son époque** OU **son temps** to be behind the times.

retardataire [rətardatɛr] ◇ *adj* -**1.** [qui n'est pas à l'heure] late; [qui a été retardé] delayed. -**2.** [désuet] obsolete, old-fashioned; **vous avez vraiment des méthodes ~s** your methods are completely obsolete OU outdated.

◇ *nmf* latecomer.

retardateur, trice [rətardatœr, tris] *adj* retarding; **action retardatrice** MIL delaying tactics; **frottement ~** SC & TECH (friction) drag.

◆ **retardateur** *nm* -**1.** CHIM retarder, negative catalyst. -**2.** CONSTR retarding agent, retarder. -**3.** PHOT (camera) self-timer.

retardé, e [rətarde] ◇ *adj fam* [arriéré] retarded, backward *péj*, slow.

◇ *nm, f* (mentally) retarded person.

retardement [rətardəmɑ̃]

◆ **à retardement** ◇ *loc adj* [mécanisme] delayed-action *(modif)*.

◇ *loc adv*: **comprendre à ~** to understand after the event.

retarder [3] [rətarde] ◇ *vt* -**1.** [ralentir - visiteur, passager] to delay, to make late; **la pluie/grève m'a retardé** the rain/strike made me late || [entraver - enquête, progrès, travaux] to delay, to hamper, to slow down *(sép)*; **les problèmes financiers l'ont retardé dans ses études** financial problems slowed him down OU hampered him in his studies. -**2.** [ajourner] to postpone, to put back *(sép)*; **nous avons dû ~ la date d'ouverture du congrès** we had to put back the date for OU postpone the start of the congress; **elle retarde par tous les moyens le moment de le rencontrer** she's using every opportunity to put off OU to postpone OU to delay meeting him. -**3.** [montre] to put back *(sép)*; **j'ai retardé la pendule de quelques minutes** I put the clock back a few minutes.

◇ *vi* -**1.** [montre] to be slow; **la pendule retarde** the clock is slow; **mon réveil retarde de cinq minutes** my alarm (clock) is five minutes slow; **je retarde de quelques minutes** *fam* I'm OU my watch is a few minutes slow. -**2.** *fam* [personne] to be out of touch; **~ sur son temps** OU **son siècle** to be behind the times; **il retarde de vingt ans sur notre époque** OU **temps** he's twenty years behind the times ❑ **~ (d'un métro)** to be out of touch.

◆ **se retarder** *vpi* to make o.s. late; **ne te retarde pas pour ça** don't let this hold you up OU delay you.

retâter [3] [rətate] *vt* [étoffe] to feel again.

◆ **retâter de** *fam v + prép*: **il n'a pas envie de ~ de la prison** he doesn't want to sample the delights of prison life again.

reteindre [81] [rətɛ̃dr] *vt* to dye again, to redye.

retendre [73] [rətɑ̃dr] *vt* [corde, câble] to retighten, to tauten (again); [ressort] to reset; [muscle] to brace OU to tense again; [corde de raquette] to tauten (again).

retenir [40] [rətənir] *vt* -**1.** [immobiliser] to hold, to keep; **retiens le chien, il va sauter!** hold the dog back, it's going to jump!; **j'ai retenu la chaise juste à temps** I caught the chair just in time; **le mur est retenu par un échafaudage** the wall is held up by scaffolding; **~ le regard de qqn** to arrest sb's gaze; **~ l'attention de qqn** to hold sb's attention; **votre CV a retenu toute mon attention** I studied your CV with great interest; **~ qqn prisonnier** to hold sb prisoner; **~ qqn en otage** to hold sb hostage; **~ qqn à dîner** to invite sb for dinner; **je ne vous retiens pas, je sais que vous êtes pressé** I won't keep you, I know you're in a hurry. -**2.** [empêcher d'agir] to hold back *(sép)*; **quand il est en colère, personne ne peut le ~** when he's angry, there's no holding him OU nobody can stop him; **je ne sais pas ce qui me retient de l'envoyer promener** *fam* I don't know what's stopping OU keeping me from telling him to go to hell; **retiens-moi ou je fais un malheur** *fam* hold me back or I'll do something desperate. -**3.** [refouler] to curb, to hold in check, to hold back *(sép)*; **elle ne pouvait ~ ses larmes/un sourire** she couldn't hold back her tears/a smile; **~ un geste d'impatience** to hold back OU to check a gesture of impatience; **~ un cri** to stifle a scream; **~ son souffle** OU **sa respiration** to hold one's breath. -**4.** [réserver] to book, to reserve; **~ une chambre dans un hôtel** to book a room in a hotel; **retiens la date du 20 juin pour notre réunion** keep June the 20th free for our meeting. -**5.** [se rappeler] to remember; **~ qqch** to remember OU to recall sthg; **et surtout, retiens bien ce qu'on t'a dit** and above all, remember OU don't forget what you've been told ❑ **je te retiens, toi et tes soi-disant bonnes idées!** *fam* I'll remember you and your so-called good ideas! -**6.** [prendre en considération - candidature, suggestion] to retain, to accept; **~ une accusation contre qqn** to uphold a charge against sb. -**7.** [décompter] to deduct, to keep back *(sép)*; **j'ai retenu 1 500 francs sur votre salaire** I've deducted 1,500 francs from your salary; **sommes retenues à la base** OU **source** sums deducted at source. -**8.** [conserver - chaleur] to keep in *(sép)*, to retain, to conserve; [- eau] to retain; [- lumière] to reflect; **un filtre retient les impuretés** a filter retains the impurities. -**9.** MATH to carry; **je pose 5 et je retiens 4** I put down 5 and carry 4.

◆ **se retenir** ◇ *vp (emploi réfléchi)* -**1.** [se contrôler] to restrain o.s.; **se ~ de pleurer** to stop o.s. crying. -**2.** *fam euph* to hold on; **il n'a pas pu se ~** he couldn't wait (to go to the toilet).

◇ *vpi* [s'agripper] to hold on; **retiens-toi à la branche** hold on to the branch.

rétention [retɑ̃sjɔ̃] *nf* -**1.** MÉD retention; **faire de la ~ d'urines/d'eau** to suffer from urine/water retention. -**2.** JUR reservation. -**3.** PSYCH retention.

retentir [32] [rətɑ̃tir] *vi* -**1.** [résonner] to resound, to ring; **de bruyants applaudissements retentirent dans la salle** loud applause burst forth in the hall; **la voix des enfants retentissait dans l'escalier** the children's voices were ringing out in the stairway; **la maison retentit du bruit des ouvriers** the house is filled with the noise of the workers. -**2.** [avoir des répercussions]: **~ sur** to have an effect on; **l'accident de sa femme a retenti sur son moral** his wife's accident shook him a great deal.

retentissant, e [rətɑ̃tisɑ̃, ɑ̃t] *adj* -**1.** [éclatant - cri, bruit, gifle] resounding, ringing; [- voix] ringing; [- sonnerie] loud. -**2.** [remarquable] tremendous; **un succès ~** resounding success; **un bide ~** *fam* a resounding flop; **faire une découverte ~e** to make a tremendous OU sensational discovery.

retentissement [rətɑ̃tismɑ̃] *nm* -**1.** [contrecoup] repercussion; **ça n'a aucun ~ sur notre pouvoir d'achat** it doesn't affect our purchasing power in any way. -**2.** [impact] effect, impact; **le ~ dans l'opinion publique a été considérable/nul** there was considerable/no effect on public opinion; **cette déclaration devrait avoir un certain ~** this statement should create quite a stir. -**3.** *litt* [bruit] ringing, resounding.

retenue [rətəny] *nf* -**1.** [déduction] deduction; **opérer une ~ de 9 % sur les salaires** to deduct OU to stop 9 % from salaries; **on a fait une ~ de 200 francs sur son salaire** 200 francs have been docked from his wages; **moins 5,6 % en ~s diverses** less 5.6 % in deductions OU stoppages *Br* ❑ **~ à la source** payment (of income tax) at source, ≃ PAYE *Br*. -**2.** [réserve] reserve, self-control, restraint; **se confier à qqn sans ~** to confide in sb unreservedly OU freely; **c'est une jeune femme pleine de ~** she's a very reserved young woman; **un peu de ~!** show some restraint!, keep a hold of yourself! -**3.** SCOL [punition] detention; **mettre qqn en ~** to keep sb in after school, to put sb in detention; **j'ai 4 heures de ~ la semaine prochaine** I've got 4 hours detention next week. -**4.** MATH: **reporter la ~** to carry over; **la ~, c'est combien?** how much is there to carry over?

-**5.** CONSTR [d'une poutre] pinning. -**6.** NAUT [entre écluses] reach. -**7.** TRAV PUBL damming up *(U)*; ~ **d'eau** volume of water *(in dam)*.

réticence [retisɑ̃s] *nf* reluctance, reticence; **avec quelque ~** with some reticence OU reservations; **avoir des ~s (sur qqch)** to feel reticent OU to have reservations (about sthg); **j'ai remarqué un peu de ~ dans son accord** I noticed she agreed somewhat reluctantly; **parler avec ~** to speak reticently; **parlez sans ~** don't be reticent, feel free to speak quite openly.

réticent, e [retisɑ̃, ɑ̃t] *adj* -**1.** [hésitant] reticent, reluctant, reserved; **je suis un peu ~ à l'égard de votre proposition** I feel slightly reluctant about your proposal. -**2.** *litt* [discret] reticent.

réticulaire [retikylɛr] *adj* reticular.

réticulation [retikylasjɔ̃] *nf* CHIM cross-linkage.

réticule [retikyl] *nm* -**1.** [sac] reticule. -**2.** OPT reticle.

réticulé, e [retikyle] *adj* -**1.** ARCHIT reticulated, reticular. -**2.** ANAT & BOT reticulate.

réticulocyte [retikylɔsit] *nm* reticulocyte.

rétif, ive [retif, iv] *adj* -**1.** [cheval] stubborn. -**2.** [enfant] restive, fractious, recalcitrant.

rétine [retin] *nf* retina.

rétinien, enne [retinjɛ̃, ɛn] *adj* retinal.

rétinite [retinit] *nf* -**1.** MINÉR retinite. -**2.** MÉD retinitis.

retirage [rətiraʒ] *nm* reprint; **je voudrais faire un ~ de ces photos** I'd like prints of these photos.

retiré, e [rətire] *adj* -**1.** [isolé] remote, secluded, out-of-the-way; **ils cherchent une maison ~e** they're looking for a secluded house; **elle habite un quartier ~** she lives in an out-of-the-way neighbourhood. -**2.** [solitaire] secluded; **mener une vie ~e à la campagne** to live a secluded life in the country; **vivre ~ du monde** to live in seclusion. -**3.** [à la retraite] retired.

retirer [3] [rətire] ◇ *vt* -**1.** [ôter] to take off OU away *(sép)*, to remove; **retire tes gants** take off your gloves; **aider un enfant à ~ son manteau** to help a child off with his coat. -**2.** [ramener à soi]: **retire ta main** take your hand away; **retire tes jambes** move your legs back. -**3.** [faire sortir] to take out *(sép)*, to remove; **on a retiré de nombreux corps du bâtiment** a large number of bodies were removed from OU taken out of the building; **elle a été obligée de ~ son fils de l'école** she had to remove her son from the school. -**4.** [annuler - droit] to take away *(sép)*; [- plainte, offre] to withdraw; [- accusation] to take back *(sép)*; ~ **sa candidature** to withdraw one's candidature, to stand down; **d'accord, je retire tout ce que j'ai dit sur lui** OK, I take back all I said about him; ~ **des billets/un magazine de la circulation** to withdraw banknotes/a magazine (from circulation); **la pièce a été retirée de l'affiche après une semaine** the play came off OU closed after a week. -**5.** [confisquer]: ~ **qqch à qqn** to take sthg away from sb; **retire-lui le verre des mains** take the glass away from him; **on lui a retiré la garde des enfants** he lost custody of the children; **on lui a retiré son permis de conduire** he's been banned from driving; ~ **son emploi à qqn** to take away sb's job; ~ **sa confiance à qqn** to no longer trust sb. -**6.** [récupérer - argent] to withdraw, to take out *(sép)*, to draw; [- bagage, ticket] to pick up *(sép)*, to collect; **j'ai retiré un peu d'argent de mon compte** I drew OU withdrew some money from my bank account; **retire 1 000 francs, ça suffira** take OU get 1,000 francs out, that will be enough. -**7.** [obtenir] to gain, to get; ~ **un bénéfice important d'une affaire** to make a large profit out of a deal; **je n'ai retiré que des désagréments de cet emploi** I got nothing but trouble from that job. -**8.** [coup de feu] to fire again. -**9.** IMPR to reprint; ~ **une photo** to make a new OU fresh print (from a photo).
◇ *vi* -**1.** ARM to fire again. -**2.** SPORT to shoot again.

◆ **se retirer** *vpi* -**1.** [s'éloigner] to withdraw; **il est tard, je vais me ~** *sout* it's late, I'm going to retire OU to withdraw; **ils se sont retirés discrètement pour pouvoir parler entre eux** they withdrew discreetly so that they could talk together; **les manifestants se sont retirés** the demonstrators withdrew; **se ~ de** to withdraw from; **se ~ de la politique/compétition** to withdraw from politics/the competition; **se ~ de la vie active** to retire ❑ **se ~ dans ses appartements** *hum* to retire OU to withdraw to one's room. -**2.** [s'établir] to retire; **il s'est retiré dans le Midi** he retired to the South of France ‖ [se cloîtrer] to retire, to withdraw; **se ~ du monde** to cut o.s. off from the world. -**3.** [mer] to recede, to ebb. -**4.** [disparaître] to disappear, to vanish; **toute joie s'est retirée de leur maison à la mort de leur fille** joy vanished from their home when their daughter died.

retisser [3] [rətise] *vt* to weave again, to re-weave.

retombant, e [rətɔ̃bɑ̃, ɑ̃t] *adj* hanging, trailing, drooping *péj*.

retombé [rətɔ̃be] *nm* landing DANCE.

retombée [rətɔ̃be] *nf* -**1.** *litt* [déclin]: **la ~ de l'enthousiasme populaire** the decline in popular enthusiasm. -**2.** ARCHIT & CONSTR springing.
◆ **retombées** *nfpl* NUCL fallout; *fig* [répercussions] repercussions, effects.

retomber [3] [rətɔ̃be] *vi (aux être)* -**1.** [bouteille, balai] to fall over again; [mur, livres empilés] to fall down again OU back down; [ivrogne, bambin] to fall over OU down again; **se laisser ~ par terre/sur une chaise** to fall OU to drop back onto the ground/onto a chair; **se laisser ~ sur son lit** to flop OU to fall back onto one's bed; **se laisser ~ sur son oreiller** to sink back into one's pillow; ~ **de cheval** to fall off a horse again; **le savon est retombé dans l'eau** the soap has fallen into the water again. -**2.** [atterrir - chat, sauteur, parachutiste, missile] to land; [- balle] to come (back) down; [redescendre - couvercle, rideau de fer, clapet] to close; [- soufflé, mousse] to collapse; **laissez ~ votre main droite** let your right hand come down OU drop down ❑ **elle est retombée sur ses pieds** *pr* & *fig* she landed on her feet. -**3.** [devenir moins fort - fièvre, prix] to drop; [- agitation] to fall, to tail off, to die away; [- enthousiasme] to fall, to wane; **le dollar est retombé** the dollar has fallen OU dropped again. -**4.** [dans un état, une habitude] to fall back, to lapse; ~ **dans la pénurie/l'ennui** to fall back into poverty/boredom; ~ **dans les mêmes erreurs** to make the same mistakes again. -**5.** MÉTÉO [vent] to fall (again), to drop, to die down; [brume] to disappear, to be dispelled; *(tournure impersonnelle)*: **il retombe de la pluie/neige/grêle** it's raining/snowing/hailing again. -**6.** [pendre -drapé, guirlande, ourlet] to hang; **les fleurs retombent en lourdes grappes** the flowers are hanging in heavy clusters. -**7.** [redevenir]: ~ **amoureux** to fall in love again; ~ **d'accord** to come to OU to reach an agreement again; ~ **enceinte** to get pregnant again; ~ **malade** to become OU to fall ill again; ~ **en enfance** to go into one's second childhood. -**8.** [dans l'expression des dates]: **mon anniversaire retombe un lundi cette année** my birthday falls on a Monday again this year.
◆ **retomber sur** *v + prép* -**1.** [rejaillir]: **la responsabilité retombe sur moi** the blame for it falls on me; **tous les torts sont retombés sur elle** she had to bear the brunt of all the blame; **la malédiction retombera sur votre tête** the curse shall be visited upon you *litt* OU will fall on your head ❑ **un de ces jours ça va te ~ sur le nez!** *fam* one of these days you'll get your come-uppance OU what's coming to you! -**2.** *fam* [rencontrer à nouveau]: ~ **sur qqn** to bump into OU to come across sb again; ~ **sur qqch** to come across sthg again; **je suis retombé sur le même prof/sujet à l'oral** *fam* I got the same examiner/question for the oral exam; **en tournant à droite, vous retombez sur l'avenue** if you turn right you're back on the avenue again.

retordre [76] [rətɔrdr] *vt* -**1.** TEXT to twist. -**2.** [linge] to wring out *(sép)* again.

rétorquer [3] [retɔrke] *vt* to retort; **certainement pas! rétorqua-t-elle vivement** certainly not! she snapped back.

retors, e [rətɔr, ɔrs] *adj* -**1.** [machiavélique] crafty, tricky; **méfie-toi, il est ~** be careful, he's a wily customer OU he knows all the tricks of the trade. -**2.** TEXT: **fil ~** twisted OU warp yarn.

rétorsion [retɔrsjɔ̃] *nf* -**1.** [représailles] retaliation; **par ~** in retaliation; **user de ~ envers** to retaliate against. -**2.** JUR retortion.

retouche [rətuʃ] *nf* -**1.** [correction] alteration; **je dois apporter quelques ~s à mon texte** I need to make a few alterations to my text; **sans ~s** unaltered. -**2.** BX-ARTS retouching *(U)*; **je veux faire des ~s à cette sculpture avant de l'exposer** I want to work a little more on this sculpture before exhibiting it. -**3.** COUT alteration. -**4.** PHOT touching up *(U)*; **l'agrandissement demande quelques ~s** the enlargement needs a little touching up.

retoucher [3] [rətuʃe] *vt* [modifier - texte, vêtement] to alter; [- œuvre] to retouch; [- photo] to retouch, to touch up *(sép)*; **j'ai seulement retouché les ombres** I just touched up the shadows.
◆ **retoucher à** *v + prép* [se remettre à] to go back to; **et depuis, tu n'as plus jamais retouché à une cigarette?** and since then you haven't touched a OU another cigarette?; **il n'a plus jamais retouché à son piano** he never touched OU played his piano again; **n'avez-vous pas envie de ~ à la peinture, à présent?** don't you feel like doing a bit of painting again, now?

retoucheur, euse [rətuʃœr, øz] *nm, f* -**1.** COUT alterer. -**2.** PHOT retoucher.

retour [rətur] ◇ *nm* -**1.** [chez soi, au point de départ] return; **à ton ~** when you return home OU get back; **à son ~ de l'hôpital nous l'inviterons au restaurant** when he gets out of hospital we'll take him out for a meal; **à son ~ de l'usine il prenait le temps de lire le journal** when he got back from the factory he would take the time to read the newspaper; **nous comptons sur ton ~ pour Noël** we expect you back (home) for Christmas; **après dix années d'exil, c'est le ~ au pays** after a ten-year exile he's coming home; ~ **à un stade antérieur** reverting OU returning to an earlier stage ❑ ~ **à la normale** back to normal; ~ **aux sources** return to one's roots; **c'est un ~ aux sources qu'il fait en se rendant à Varsovie** he's going back to his roots on this trip to Warsaw; ~ **à la terre** return to the land; **être sur le ~** *pr* to be about to return, to be on the point of returning; *fig* to be past one's prime; **ils doivent être sur le ~ à présent** they must be on their way back now; **un don Juan sur le ~** an ageing Don Juan; **une beauté sur le ~** a waning beauty. -**2.** [nouvelle apparition - d'une célébrité] return, reappearance; **ses ~s répétés sur la scène londonienne** her regular reappearances on the London stage ‖ [récurrence - d'une mode, d'un thème] return, recurrence; **on note un ~ des jupes longues** long skirts are back (in fashion); **le ~ d'un thème** the recurrence of a theme. -**3.** [mouvement inverse]: **faire un ~ sur soi-même** to review one's past life ❑ ~ **arrière** IMPR backspace; ~ **de bâton** kickback; ~ **(de) chariot** carriage return; ~ **de flamme** TECH & *fig* backfire; ~ **offensif** renewed outbreak; ~ **par la terre** ÉLECTR earthing *Br*, grounding *Am*; ~ **à la case départ** JEUX back to the start; *fig* back to square one OU to the drawing board; **par un juste ~ des choses il a été licencié** he was sacked, which seemed fair enough under the circumstances. -**4.** [réexpédition] return; ~ **à l'envoyeur** OU **à l'expéditeur** return to sender; **par ~ du courrier** by return of post. -**5.** TRANSP [trajet] return (journey), journey back; **combien coûte le ~?** how much is the return fare? ❑ **un aller (et) ~** [trajet] a round trip; [billet] a return (ticket) *Br*, a round-trip ticket *Am*. -**6.** JUR reversion; **faire ~ à** to revert to. -**7.** TENNIS return; ~ **de service** return of serve, service return. -**8.** INF: ~ (d'information) (information) feedback. -**9.** ARCHIT return, (corner) angle; en ~ d'équerre right-angle *(modif).* -**10.** FIN: ~ sur investissements return on investments. -**11.** COMM return; avec possibilité de ~ on a sale or return basis. -**12.** [meuble]: bureau avec ~ desk with a right-angled extension unit.

◇ *adj inv* SPORT: match ~ return match.

◆ **retours** *nmpl* [de vacances] return traffic *(from weekends etc)*; il y a beaucoup de ~s ce soir many people are driving back to the city tonight.

◆ **de retour** *loc adv* back; je serai de ~ demain I'll be back tomorrow; les hirondelles sont de ~ the swallows are back (again) OU with us again; de ~ chez lui, il réfléchit (once he was) back home, he thought it over.

◆ **de retour de** *loc prép* back from; de ~ de Rio, je tentai de la voir on my return from Rio, I tried to see her.

◆ **en retour** *loc adv* in return.

◆ **sans retour** *loc adv litt* [pour toujours] forever, irrevocably.

◆ **retour d'âge** *nm* change of life.

◆ **retour de manivelle** *nm* -**1.** MÉCAN kickback. -**2.** [choc en retour] backlash; [conséquence néfaste] backlash, repercussion.

◆ **retour en arrière** *nm* -**1.** CIN & LITTÉRAT flashback. -**2.** [régression] step backwards *fig.*

retournage [rəturnaʒ] *nm* turning inside out *(and repairing).*

retourne [rəturn] *nf* CARTES: la ~ est à cœur hearts are trumps.

retournement [rəturnəmɑ̃] *nm* -**1.** [revirement]: un ~ de situation a turnaround OU a reversal (of the situation). -**2.** GÉOM turning (over).

retourner [3] [rəturne] ◇ *vt (aux avoir)* -**1.** [orienter dans le sens contraire] to turn round OU around *(sép)*; retourne le plan turn the map round OU around OU the other way round; ~ une arme contre OU sur qqn to turn a weapon on sb; puis il a retourné son arme contre lui-même then he turned his weapon on himself, then he shot himself || [renverser - situation] to reverse, to turn inside out OU back to front; je lui ai retourné son OU le compliment I returned the compliment. -**2.** [renvoyer - colis, lettre] to send back *(sép).* -**3.** [mettre à l'envers - literie] to turn round OU around; [- carte à jouer] to turn up *(sép)*; [- champ, paille] to turn over *(sép)*; [- verre] to turn upside down; [- grillade] to turn over *(sép)*; [- gant, poche] to turn inside out; il a retourné la photo contre le mur he turned the photo against the wall ❑ ~ sa veste to turn one's coat, to go over to the other side; il te retournera comme une crêpe OU un gant he'll twist you round his little finger. -**4.** [mélanger - salade] to toss. -**5.** [fouiller - maison, pièce] to turn upside down. -**6.** [examiner - pensée]: tourner et ~ une idée dans sa tête to mull over an idea (in one's head). -**7.** *fam* [émouvoir]: j'en suis encore tout retourné! I'm still reeling from the shock!

◇ *vi (aux être)* -**1.** [aller à nouveau] to return, to go again OU back; jamais je ne retournerai là-bas I will never go there again OU go back there; je n'y étais pas retourné depuis des années I had not been back there for years; si tu étais à ma place, tu retournerais le voir? if you were me, would you (ever) go and see him again?; je retournai la voir une dernière fois I paid her one OU my last visit; la pièce m'a tellement plu que je suis retourné la voir I liked the play so much that I went (back) to see it again. -**2.** [revenir] to go back, to return; ~ chez soi to go (back) home; ~ sur ses pas to retrace one's steps, to turn back; ~ à sa place [sur son siège] to go back to one's seat.

◇ *v impers*: peut-on savoir de quoi il retourne? what is it all about?, what exactly is going on?

◆ **retourner à** *v + prép* [reprendre, retrouver] to return to, to go back to; ~ à l'ouvrage to go back to work; ~ à un stade antérieur to revert to an earlier stage; ~ à ses premières amours to go back to one's first loves.

◆ **se retourner** ◇ *vpi* -**1.** [tourner la tête] to turn round; partir sans se ~ to leave without looking back; tout le monde se retournait sur eux everybody turned round to look at them. -**2.** [se mettre sur l'autre face] to turn over; se ~ sur le dos/ventre to turn over on one's back/stomach; je me suis retourné dans mon lit toute la nuit I tossed and turned all night ❑ elle doit se ~ dans sa tombe she must be turning in her grave. -**3.** [se renverser - auto, tracteur] to overturn, to turn over. -**4.** [réagir] to sort things out; ils ne me laissent pas le temps de me ~ [de décider] they won't give me time to make a decision; [de me reprendre] they won't give me time to sort things out. -**5.** [changer totalement] to be reversed OU turned around; le lendemain, la situation s'était retournée the following day, the situation had changed beyond recognition. -**6.** s'en ~ [partir] to depart, to leave; [rentrer] to make one's way back.

◇ *vpt*: se ~ un ongle/doigt to twist a nail/finger.

◆ **se retourner contre** *vp + prép* -**1.** [agir contre]: se ~ contre qqn to turn against sb; tout cela finira par se ~ contre toi all this will eventually backfire on you. -**2.** JUR to take (legal) action against.

retracer [16] [rətrase] *vt* -**1.** [relater] to relate, to recount, to tell of *(insép)*; retraçons les faits let's go back over the facts. -**2.** [dessiner à nouveau] to draw again, to redraw.

rétractable [retraktabl] *adj* -**1.** JUR retractable, revocable. -**2.** [emballage]: film ~ shrink wrap OU film.

rétractation [retraktasjɔ̃] *nf* withdrawal, retraction *spéc*, retractation *spéc.*

rétracter [3] [retrakte] *vt* -**1.** ZOOL [griffes] to retract, to draw back *(sép)*; [cornes] to retract, to draw in *(sép).* -**2.** *sout* [aveux, témoignage] to retract, to withdraw.

◆ **se rétracter** *vpi* -**1.** [griffes] to draw back, to retract *spéc.* -**2.** [témoin] to recant, to retract; il lui a fallu se ~ he had to withdraw his statement.

rétractif, ive [retraktif, iv] *adj* retractive.

rétractile [retraktil] *adj* retractile.

rétractilité [retraktilite] *nf* retractility.

rétraction [retraksjɔ̃] *nf* -**1.** MÉD retraction. -**2.** [en emballage] shrink-wrapping.

retraduction [rətradyksjɔ̃] *nf* -**1.** [d'un texte traduit d'une autre langue] retranslation. -**2.** [nouvelle traduction] new translation.

retraduire [98] [rətradɥir] *vt* -**1.** [texte traduit d'une autre langue] to retranslate. -**2.** [à nouveau] to make a new translation of.

retrait [rətrɛ] *nm* -**1.** [annulation - d'une licence] cancelling; [- d'un mot d'ordre] calling off; ~ de candidature [par un prestataire] withdrawal of application; [par un député] standing down, withdrawal; ~ de permis (de conduire) revocation of driving licence JUR. -**2.** BANQUE withdrawal; faire un ~ to withdraw money; je veux faire un ~ de 3 000 francs I want to take out OU to withdraw 3,000 francs. -**3.** [récupération]: le ~ des billets/bagages se fera dès 11 h tickets/luggage may be collected from 11 o'clock onwards. -**4.** [départ - d'un joueur, du contingent] withdrawal. -**5.** [recul - des eaux d'inondation] subsiding, receding; [- de la marée] ebbing; [- des glaces] retreat. -**6.** JUR [d'un acte administratif] revocation; [d'un acte de vente] redemption; ~ successoral redemption of an estate. -**7.** TECH shrinkage.

◆ **en retrait** *loc adv* set back; en ~ par rapport au mur [clôture] set back from the wall; [étagère] recessed; rester en ~ *pr* to stand back; *fig* to remain in the background; vivre en ~ to lead a quiet life.

◆ **en retrait de** *loc prép* below, beneath; son offre est en ~ de ce qu'il avait laissé entendre his offer doesn't come up to what he'd led us to expect.

retraite [rətrɛt] *nf* -**1.** [pension] superannuation ADMIN, pension; ~ des fonctionnaires/des non-salariés public service/self-employed pension; toucher OU percevoir sa ~ to get OU to draw one's pension ❑ ~ complémentaire supplementary pension. -**2.** [cessation d'activité] retirement; il est à la OU en ~ he has retired; prendre sa ~ to retire; être mis à la ~ to be retired; l'âge de la ~ retirement age ❑ ~ anticipée early retirement; ~ d'office compulsory retirement. -**3.** MIL & RELIG retreat; suivre OU faire une ~ RELIG to go on a retreat ❑ ~ aux flambeaux torchlight procession. -**4.** *litt* [cachette] hiding place, refuge, shelter. -**5.** CONSTR tapering, offsetting.

retraité, e [rətrɛte] ◇ *adj* [qui est à la retraite] retired.

◇ *nm, f* ADMIN pensioner; [personne ne travaillant plus] retired person.

retraitement [rətrɛtmɑ̃] *nm* reprocessing; centre OU usine de ~ (des déchets nucléaires) (nuclear) reprocessing plant.

retraiter [4] [rətrɛte] *vt* INDUST & NUCL to reprocess.

retranchement [rətrɑ̃ʃmɑ̃] *nm* MIL retrenchment, entrenchment; *fig*: pousser qqn dans ses derniers ~s to force sb to the wall.

retrancher [3] [rətrɑ̃ʃe] *vt* -**1.** MATH to subtract; ~ 10 de 20 to take 10 away from 20, to subtract 10 from 20. -**2.** *sout* [enlever] to remove, to excise; ~ un passage d'un livre to remove OU to excise a passage from a book. -**3.** [déduire - pour des raisons administratives] to deduct; [- par sanction] to deduct, to dock.

◆ **se retrancher** *vpi* -**1.** [se protéger]: se ~ derrière [se cacher] to hide behind; [se réfugier] to take refuge behind; ils se sont retranchés derrière la raison d'État/les statistiques they hid behind the public interest/statistics; se ~ sur ses positions to remain entrenched in one's position. -**2.** MIL to entrench o.s.

retranscription [rətrɑ̃skripsjɔ̃] *nf* -**1.** [processus] retranscription. -**2.** [résultat] new transcript.

retranscrire [99] [rətrɑ̃skrir] *vt* to retranscribe.

retransmettre [84] [rətrɑ̃smɛtr] *vt* RAD to broadcast; TV to broadcast, to screen, to show; concert retransmis en direct live concert; ~ une émission en direct/différé to broadcast a programme live/a recorded programme.

retransmission [rətrɑ̃smisjɔ̃] *nf* RAD broadcast; TV broadcast, screening, showing; ~ en direct/différé live/recorded broadcast.

retravailler [3] [rətravaje] ◇ *vt* to work on *(insép)* again.

◇ *vi* to (start) work again.

retraverser [3] [rətravɛrse] *vt* -**1.** [à nouveau] to cross again, to recross; là où la voie ferrée retraverse la route where the railway crosses the road again. -**2.** [en sens inverse] to go OU to cross back over; l'ayant saluée, il retraversa la rue once he'd said hello to her, he crossed back over the road; elle a retraversé l'estuaire à la nage she swam back across the estuary.

rétrécir [32] [retresir] ◇ *vt* TEXT & VÊT to shrink; ~ une jupe COUT to take in a skirt.

◇ *vi* TEXT & VÊT to shrink; ~ au lavage to shrink in the wash.

◆ **se rétrécir** *vpi* [allée, goulot] to narrow, to get narrower; [cercle, diaphragme] to contract, to get smaller; [budget] to shrink, to dwindle.

rétrécissement [retresismɑ̃] *nm* -**1.** [d'un couloir, d'un diaphragme] narrowing *(U)*; en haut de la ruelle, il y a un ~ the lane narrows at the top. -**2.** MÉD stricture. -**3.** TEXT & VÊT shrinkage.

retrempe [rətrɑ̃p] *nf* MÉTALL requenching.

retremper [3] [rətrɑ̃pe] *vt* -**1.** MÉTALL to requench. -**2.** [doigt] to dip again; [linge] to soak again. -**3.** *sout* & *fig*: cette épreuve lui a retrempé le caractère this experience gave him new strength.

◆ **se retremper** *vpi*: se ~ dans *pr* to have another dip into; *fig* to go back into; se ~ aux sources *litt* to go back to basics.

rétribuer [7] [retribɥe] *vt* [employé] to pay, to remunerate; [travail, service rendu] to pay for *(insép).*

rétribution [retribysjɔ̃] *nf* **-1.** [salaire] remuneration, salary. **-2.** *sout* [récompense] recompense, reward.

retriever [retrivœr] *nm* retriever (dog).

rétro [retro] ◇ *adj inv* retro; **mode ~** retro fashion.
◇ *nm* **-1.** *fam abr de* **rétroviseur**. **-2. le ~** retro style. **-3.** [au billard] screw shot.

rétroactes [retrɔakt] *nmpl Belg* antecedents; **j'ignore tout des ~ de cette affaire** I know nothing of the events which gave rise to this situation.

rétroactif, ive [retrɔaktif, iv] *adj* retroactive; **avec effet ~ au 1er janvier** backdated to January 1st; **la loi a été votée, avec effet ~ à dater de mars** the bill was passed, retroactive OU retrospective to March.

rétroaction [retrɔaksjɔ̃] *nf* **-1.** *sout* [action en retour] retrospective effect. **-2.** BIOL feedback.

rétroactivement [retrɔaktivmɑ̃] *adv* retrospectively, with retrospective OU retroactive effect.

rétroactivité [retrɔaktivite] *nf* retroactivity; JUR retrospectiveness.

rétrocéder [18] [retrɔsede] *vt* to cede back *(sép),* to retrocede.

rétrocession [retrɔsɛsjɔ̃] *nf* retrocedence, retrocession.

rétrocontrôle [retrɔkɔ̃trol] *nm* negative feedback control *(of endocrine system).*

rétroflexe [retrɔflɛks] ◇ *adj* retroflex.
◇ *nf* retroflex consonant.

rétrofusée [retrɔfyze] *nf* retrorocket.

rétrogradation [retrɔgradasjɔ̃] *nf* **-1.** ADMIN demotion, downgrading; MIL demotion. **-2.** AUT changing down *Br* OU shifting down *Am* (to a lower gear). **-3.** ASTRON retrogradation, retrograde motion.

rétrograde [retrɔgrad] *adj* **-1.** [passéiste - esprit] reactionary, backward; [- mesure, politique] reactionary, backward-looking, retrograde. **-2.** [de recul] backward, retrograde; **mouvement ~** backward motion. **-3.** ASTRON, GÉOL, MÉD & MUS retrograde. **-4.** BILLARD: **effet ~** screw.

rétrograder [3] [retrɔgrade] ◇ *vt* [fonctionnaire] to downgrade, to demote; [officier] to demote; **il a été rétrogradé** he was demoted.
◇ *vi* **-1.** AUT to change down *Br*, to shift down *Am*. **-2.** [régresser - dans une hiérarchie] to move down. **-3.** ASTRON to retrograde.

rétrogression [retrɔgrɛsjɔ̃] *nf* retrogression.

rétropédalage [retrɔpedalaʒ] *nm* backpedalling *literal.*

rétroprojecteur [retrɔprɔʒɛktœr] *nm* overhead projector.

rétropropulsion [retrɔprɔpylsjɔ̃] *nf* reverse thrust.

rétrospectif, ive [retrɔspɛktif, iv] *adj* [étude] retrospective; **examen ~** retrospective study.
◆ **rétrospective** *nf* BX-ARTS retrospective; CIN season; **une rétrospective Richard Burton** a Richard Burton season.

rétrospectivement [retrɔspɛktivmɑ̃] *adv* in retrospect, retrospectively, looking back.

retroussé, e [rətruse] *adj* **-1.** [jupe] bunched OU pulled up; [manches, pantalon] rolled OU turned up. **-2.** [nez] turned up. **-3.** [babines] curled up; [moustache] curled OU twisted up.

retrousser [3] [rətruse] *vt* **-1.** [jupe] to bunch OU to pull up *(sép);* [pantalon] to roll OU to turn up *(sép);* [manches] to roll up *(sép);* **il va falloir ~ nos manches** *pr & fig* we'll have to roll our sleeves up. **-2.** [babines] to curl up *(sép);* [moustache] to curl OU to twist up *(sép).*
◆ **se retrousser** ◇ *vp (emploi réfléchi)* to pull OU to hitch up one's skirt/trousers *etc;* **j'ai dû me ~ jusqu'aux genoux pour ne pas mouiller ma robe** I had to pull my dress up around my knees to stop it getting wet.
◇ *vpi* [bords, feuille] to curl up.

retroussis [rətrusi] *nm* [revers] lapel; [d'un uniforme] lappet; **chapeau à ~** cocked hat.

retrouvailles [rətruvaj] *nfpl* **-1.** [après une querelle] getting back on friendly terms again; [après une absence] reunion, getting together again. **-2.** [retour - dans un lieu] rediscovery, return; [- à un travail] return; **mes ~ avec mon roman/le train-train quotidien** getting back to my novel/into my daily routine.

retrouver [3] [rətruve] *vt* **-1.** [après recherches - clés, lunettes] to find (again); **je ne le retrouve plus** I can't find it; **il a retrouvé ma bague** he found my ring; **a-t-elle retrouvé sa clef?** [elle-même] did she find her key?; [grâce à autrui] did she get her key back?; **elle n'a toujours pas retrouvé de travail** she still hasn't found any work; **~ un poste** to find a (new) job; **~ son (ancien) poste** to get one's (old) job back; **~ son chemin** to find one's way (again); **là vous retrouvez la Nationale** that's where you join up with the main road; **~ la trace de qqch** to find trace of sthg; **on n'a rien retrouvé après l'explosion** there was nothing left after the blast ‖ [après un changement] to find; **~ tout propre/sens dessus dessous** to find everything clean/upside down; **~ qqn affaibli/changé** to find sb weaker/a different person. **-2.** [revoir - ami, parent] to be reunited with, to meet up with *(insép)* (again); [- voleur] to catch up with *(insép)* (again), to find; **et que je ne vous retrouve pas ici!** don't let me catch you (around) here again!; **celle-là, je la retrouverai** I'll get even with her (one day) ‖ [revoir par hasard] to come across *(insép)* (again), to run into *(insép)* again; [rejoindre] to meet up with again; **retrouve-moi en bas** meet me downstairs. **-3.** [se rappeler] to remember, to recall; **ça y est, j'ai retrouvé le mot!** that's it, the word's come back to me now! **-4.** [redécouvrir - secret, parchemin, formule] to uncover. **-5.** [jouir à nouveau de] to enjoy again; **à partir de la semaine prochaine nous allons ~ nos émissions littéraires** our book programmes will be back on as from next week; **nous avons retrouvé notre petite plage/maison** here we are back on our little beach/in our little house; **~ son calme** to regain one's composure; **~ l'appétit/ses forces/sa santé** to get one's appetite/strength/health back; **~ la forme** to get fit again, to be back on form; **~ la foi** to find (one's) faith again; **~ la mémoire** to get one's memory back again; **~ le sommeil** to go back to sleep; **il a retrouvé le sourire** he's smiling again now, he's found his smile again; **j'avais retrouvé mes vingt ans** I felt twenty years old again; **le bonheur/l'amour retrouvé** new-found happiness/love. **-6.** [reconnaître] to recognize, to trace; **on retrouve dans le premier mouvement des accents mozartiens** the influence of Mozart is recognizable OU noticeable in the first movement; **on retrouve les mêmes propriétés dans les polymères** the same properties are to be found in polymers; **je n'ai pas retrouvé la jeune fille gaie d'autrefois** she's not the happy young girl I used to know; **enfin, je te retrouve!** you're back to normal, you're your old self again at last!
◆ **se retrouver** ◇ *vp (emploi réciproque)* **-1.** [avoir rendez-vous] to meet (one another); **on se retrouve demain** see you tomorrow; **retrouvons-nous sous l'horloge** let's meet under the clock. **-2.** [se réunir de nouveau] to meet again; **ils aiment se ~ entre eux** they like to get together; **on se retrouve entre gourmets/jeunes au Cheval Blanc** food-lovers/young people get together at the Cheval Blanc; **on se retrouvera, mon bonhomme!** *fam* I'll get even with you, chum! ❑ **comme on se retrouve!** fancy meeting you here!, well, well, well, look who's here!
◇ *vpi* **-1.** [être de nouveau] to find o.s. back (again); **se ~ dans la même situation (qu'avant)** to find o.s. back in the same situation (as before). **-2.** [par hasard] to end up; **je me suis retrouvé de l'autre côté de la frontière** I ended up on the other side of the border; **se ~ dans la même situation (que quelqu'un d'autre)** to find o.s. in OU to end up in the same situation (as someone else); **à quarante ans, il s'est retrouvé veuf** he (suddenly) found himself a widower at forty; **tu vas te ~ à l'hôpital** you'll end up in hospital. **-3.** [se repérer] to find one's way; **je ne m'y retrouve plus dans tous ces formulaires à remplir** I can't make head or tail of all these forms to fill in ❑ **s'y ~** [résoudre un problème] to sort things out; [faire un bénéfice] to make a profit; **il s'y retrouve (largement)!** he does more than break even! **-4.** [se ressourcer] to find o.s. again, to go back to one's roots.

rétroversion [retrɔvɛrsjɔ̃] *nf* retroversion.

rétrovirus [retrɔvirys] *nm* retrovirus.

rétroviseur [retrɔvizœr] *nm*: **~ central** (rear-view) mirror; **~ latéral** wing mirror *Br*, side-view mirror *Am*.

rets [rɛ] *nm* **-1.** *(gén pl) litt* [piège] snare; **attraper OU prendre qqn dans ses ~** to ensnare sb; **tomber dans les ~ de qqn** to be caught in sb's trap. **-2.** [filet - de chasse] net, snare; [- de pêche] (fishing) net.

retsina [retsina] *nm* retsina.

réunification [reynifikasjɔ̃] *nf* reunification.

réunifier [9] [reynifje] *vt* to reunify, to reunite.

réunion [reynjɔ̃] *nf* **-1.** [rassemblement] gathering, get-together; **~ de famille** family reunion OU gathering; **c'est l'occasion d'une ~ familiale** it's an opportunity to bring the family together. **-2.** [fête] gathering, party; **j'organise une petite ~ entre amis** I'm having a small party for my friends, I'm entertaining a few friends. **-3.** [retrouvailles] reunion; **~ d'anciens élèves** reunion of former pupils. **-4.** [congrès] meeting; **~ publique** public OU open meeting; **dites que je suis en ~** say that I'm at OU in a meeting ‖ [séance] session, sitting; **~ de la Cour** court session; **~ du Parlement** Parliamentary session *Br*. **-5.** [regroupement - de faits, de preuves] bringing together, assembling, gathering; [- de sociétés] merging; [- d'États] union; **la ~ de ces territoires à la France a eu lieu en 1823** these territories were united with France in 1823. **-6.** SPORT meeting; **~ (sportive)** sports meeting; **~ d'athlétisme** athletics meeting; **~ hippique** horse show. **-7.** MATH union.

Réunion [reynjɔ̃] *npr f*: **(l'île de) la ~** Réunion; **à la ~** in Réunion.

réunionnais, e [reynjɔnɛ, ɛz] *adj* from Réunion.
◆ **Réunionnais, e** *nm, f inhabitant of or person from Réunion.*

réunionnite [reynjɔnit] *nf* meeting mania.

réunir [32] [reynir] *vt* **-1.** [relier - pôles, tuyaux] to join (together); [- brins, câbles] to tie together. **-2.** [mettre ensemble - objets] to collect together *(sép);* [- bétail] to round up *(sép);* **le spectacle réunit ses meilleures chansons** the show is a collection of her best hits ‖ [province]: **~ à** to join to; **propriétés réunies au domaine royal en 1823** land acquired by the crown in 1823. **-3.** [combiner - goûts, couleurs] to combine. **-4.** [recueillir - statistiques, propositions] to put OU to collect together; [- preuves] to put together; [- fonds] to raise. **-5.** [rassembler - personnes] to bring together, to reunite; **nous sommes enfin réunis** [après rendez-vous manqué] at last we are together; [après querelle] we are reunited at last; **le séminaire réunira des chercheurs émérites** the conference will bring together some of the most talented researchers; **réunissez les élèves par groupes de dix** gather OU put the pupils into groups of ten.
◆ **se réunir** *vpi* **-1.** [se retrouver ensemble] to meet, to get together. **-2.** [fusionner] to unite, to join (together).

réunis, ies [reyni] *adj pl* **-1.** [rassemblés] combined; **les influences lunaire et solaire réunies** the combined influence of the Moon and the Sun. **-2.** [dans un titre commercial]: **les Cavistes/Mareyeurs Réunis** United Vintners/Fisheries.

réussi, e [reysi] *adj* successful; ton tricot/soufflé est très ~ your sweater/soufflé is a real success; ce fut un retour ~ the homecoming was a success; comme fête, c'était ~! *iron* call that a party!

réussir [32] [reysir] ◇ *vt* [manœuvre, œuvre, recette] to make a success of, to carry off *(sép)*; [exercice] to succeed in doing; [examen] to pass; il a réussi son saut périlleux/sa nature morte his somersault/still life was a success; j'ai bien réussi mon coup *fam* it worked out (well) for me, I managed to pull it off; ~ sa vie to make a success of one's life; ~ son effet to achieve the desired effect; avec ce concert, il réussit un tour de force his concert is a great achievement.

◇ *vi* -**1.** [dans la vie, à l'école] to do well, to be successful; je veux ~ I want to succeed OU to be a success OU to be successful; il a réussi dans la vie he's done well in life, he's a successful man; un jeune acteur qui va ~ an up-and-coming young actor; ~ à un examen to pass an exam. -**2.** [affaire, entreprise] to succeed, to be a success; l'opération n'a pas vraiment réussi the operation wasn't rreally a success. -**3.** [parvenir] to pass; ~ à faire qqch to manage to do sthg, to succeed in doing sthg; j'ai réussi à le réparer/à me couper I managed to mend it/to cut myself; il réussit finalement à s'échapper he finally managed to escape. -**4.** [convenir]: ~ à qqn [climat, nourriture] to agree with sb, to do sb good; le café lui réussit/ne lui réussit pas coffee agrees/doesn't agree with him; on dirait que ça te réussit, le mariage! being married seems to make you thrive OU to suit you!; il a essayé de les rouler, mais ça ne lui a pas réussi he tried to swindle them but it didn't do him any good OU it didn't get him very far; rien ne lui réussit he can't do anything right. -**5.** AGR & HORT to thrive, to do well.

réussite [reysit] *nf* -**1.** [affaire, entreprise] success; c'est une ~! it's a (real) success!; son premier album est une ~ his first album is a success; à quoi attribuez-vous votre ~? what is the secret of your success?; ~ à un examen exam pass. -**2.** JEUX patience; faire une ~ to have a game of patience.

réutilisable [reytilizabl] *adj* reusable; non ~ disposable, throwaway.

réutilisation [reytilizasjɔ̃] *nf* reuse, reutilization TECH.

réutiliser [3] [reytilize] *vt* to reuse, to use again.

revaccination [rəvaksinasjɔ̃] *nf* revaccination.

revacciner [3] [rəvaksine] *vt* to revaccinate.

revaloir [60] [rəvalwar] *vt*: je te revaudrai ça [en remerciant] I'll repay you some day; [en menaçant] I'll get even with you for that, I'll pay you back for that.

revalorisation [rəvalɔrizasjɔ̃] *nf* -**1.** [d'une monnaie] revaluation. -**2.** [des salaires] raising, revaluation, increment. -**3.** [d'une théorie, d'une fonction] upgrading, reassertion; on assiste à une ~ du rôle des pères the role of the father is becoming more important.

revaloriser [3] [rəvalɔrize] *vt* -**1.** [monnaie] to revaluate. -**2.** [salaires] to raise, to revalue. -**3.** [théorie, fonction] to improve the status OU prestige OU standing of, to upgrade.

revanchard, e [rəvɑ̃ʃar, ard] *péj* ◇ *adj* [attitude, politique] of revenge, revengeful, revanchard *spéc*; [personne] revengeful, set on revenge, revanchist *spéc*.

◇ *nm, f* revanchist.

revanche [rəvɑ̃ʃ] *nf* -**1.** [sur un ennemi] revenge; prendre sa ~ (sur qqn) to take OU to get one's revenge (on sb). -**2.** JEUX & SPORT return game; donner sa ~ à qqn to give sb his revenge.

◆ **en revanche** *loc adv* on the other hand.

revanchisme [rəvɑ̃ʃism] *nm* revanchism, spirit of revenge.

revascularisation [rəvaskylarizasjɔ̃] *nf* revascularization.

revasculariser [3] [rəvaskylarize] *vt* to revascularize.

rêvasser [3] [rɛvase] *vi* to daydream, to dream away, to muse; arrête de ~! stop daydreaming!

rêvasserie [rɛvasri] *nf* daydream; des ~s sans fin endless musing OU daydreaming.

rêvasseur, euse [rɛvasœr, øz] ◇ *nm, f sout* daydreamer.

◇ *adj* dreamlike, dreamy.

rêve [rɛv] *nm* -**1.** [d'un dormeur] dream; un mauvais ~ a nightmare, a bad dream; faire un ~ to have a dream; je l'ai vu en ~ I saw him in my OU in a dream; comme dans un ~ as if in a dream; bonne nuit, fais de beaux ~s! good night, sweet dreams!; le ~ PSYCH dreams, dreaming. -**2.** [d'un utopiste] dream, fantasy, pipe dream; mon ~, ce serait d'aller au Japon my dream is to go to Japan, I dream of going to Japan; tout ça, ce sont des ~s that's all (just) fantasy OU cloud-cuckoo-land; dans mes ~s les plus fous in my wildest dreams OU imaginings; perdu dans son ~ OU ses ~s lost in his dream world. -**3.** *fam* le ~ [l'idéal] the ideal thing; c'est/ce n'est pas le ~ it's/it isn't ideal; c'est le ~ pour un pique-nique, ici! this place is just perfect for a picnic!; ce n'est pas le ~ mais il faudra faire avec it's not exactly what I'd dreamt of but it'll have to do.

◆ **de mes rêves, de ses rêves** *etc loc adj* of my/his *etc* dreams; j'ai le métier de mes ~s I've got the job I always dreamed of having; la maison de leurs ~s the house of their dreams, their dream house; la femme de ses ~s the woman of his dreams.

◆ **de rêve** *loc adj* ideal; une vie de ~ a sublime OU an ideal existence; un mariage de ~ a perfect marriage; il fait un temps de ~ the weather is perfect.

rêvé, e [rɛve] *adj* perfect, ideal; c'est l'endroit ~ pour camper this is the ideal place OU just the place to camp.

revêche [rəvɛʃ] *adj* [personne] surly, cantankerous, tetchy; [voix, air] surly, grumpy.

réveil [revɛj] *nm* -**1.** [après le sommeil] waking (up), awakening *litt*; je déteste l'heure du ~ I hate waking up OU having to wake up (in the morning); j'attendrai ton ~ pour partir I'll wait until you have woken up OU until you are awake before I leave; j'ai des ~s difficiles OU le ~ difficile I find it hard to wake up; à mon ~ il était là when I woke up he was there. -**2.** [prise de conscience] awakening. -**3.** MIL reveille; ~ au clairon (bugle) reveille; j'ai eu droit à un ~ en fanfare, ce matin! *fig* I was treated to a very noisy awakening this morning! -**4.** [réactivation - de la mémoire, de la nature] reawakening; [- d'une douleur] return, new onset; [- d'un volcan] (new) stirring, fresh eruption. -**5.** [pendule] alarm (clock); j'ai mis le ~ (à 7 h) I've set the alarm (for 7 o'clock).

réveille-matin [revɛjmatɛ̃] *nm inv vieilli* alarm (clock).

réveiller [4] [reveje] *vt* -**1.** [tirer - du sommeil, de l'évanouissement] to wake (up) *(sép)*; [- d'une réflexion, d'une rêverie] to rouse, to stir; un bruit/une explosion à ~ les morts a noise/an explosion loud enough to wake the dead; le soleil réveillait peu à peu la nature nature gradually began to stir under the sun's rays ❑ il ne faut pas ~ le chat qui dort *prov* let sleeping dogs lie *prov*. -**2.** [faire renaître - enthousiasme, rancœur, envie] to reawaken, to revive.

◆ **se réveiller** *vpi* -**1.** [sortir - du sommeil, de l'évanouissement] to wake (up), to awake *litt*, to awaken *litt*; [- d'une réflexion, de la torpeur] to wake up, to stir OU to rouse o.s.; se ~ en sursaut to wake up with a start; il faut vous ~! you'd better pull yourself together! -**2.** [se ranimer - passion, souvenir] to revive, to be stirred up OU aroused (again); [- volcan] to stir OU to erupt again; [- maladie, douleur] to start up again, to return.

réveillon [revɛjɔ̃] *nm family meal eaten on Christmas Eve or New Year's Eve*; ~ (de Noël) [fête] Christmas Eve party; [repas] Christmas Eve supper; ~ de la Saint-Sylvestre OU du Jour de l'An [fête] New Year's Eve party; [repas] New Year's Eve supper.

réveillonner [3] [revɛjɔne] *vi* [faire une fête - à Noël] to have a Christmas Eve party; [- pour la Saint-Sylvestre] to have a New Year's Eve party; [faire un repas - à Noël] to have a Christmas Eve supper; [- pour la Saint-Sylvestre] to have a New Year's Eve supper; nous avons trop bien réveillonné we had too much to eat and drink *(on Christmas Eve or New Year's Eve)*.

révélateur, trice [revelatœr, tris] ◇ *adj* [détail] revealing, indicative, significant; [lapsus, sourire] revealing, telltale; une interview révélatrice a revealing interview; les chiffres sont ~s the figures speak volumes; ce sondage est très ~ de la tendance actuelle this poll tells us OU reveals a lot about the current trend; c'est tout à fait ~ de notre époque it says a lot about our times; un décolleté ~ a plunging neckline.

◇ *nm, f* revealer.

◆ **révélateur** *nm* -**1.** *sout* [indice] telltale sign. -**2.** PHOT developer.

révélation [revelasjɔ̃] *nf* -**1.** [information] revelation, disclosure; faire des ~s à la presse/police to give the press a scoop/the police important information; Mylène Jauvert nous fait ses ~s! Mylène Jauvert tells OU reveals all (her secrets)! -**2.** [personne] revelation; le jeune Kahim pourrait bien être la ~ musicale de l'année young Kahim could well turn out to be this year's musical revelation OU discovery. -**3.** [prise de conscience] revelation; ce voyage en Égypte a été une ~ that trip to Egypt was an eye-opener OU a revelation; avoir une ~ to have a brainwave. -**4.** [divulgation] disclosure, revealing; la ~ d'un complot the revealing OU uncovering of a plot. -**5.** RELIG revelation.

révélé, e [revele] *adj* revealed; religion ~e revealed religion.

révéler [18] [revele] *vt* -**1.** [dévoiler - secret, information, intention] to reveal; [- état de fait] to reveal, to bring to light; [- vérité] to reveal, to tell; j'ai des choses importantes à ~ à la police I have important information to give to the police; qui sait ce que ces murs révéleraient s'ils pouvaient parler! who knows what these walls would tell if they could speak!; elle a révélé mon secret [intentionnellement] she revealed my secret; [involontairement] she gave away my secret; le nom de la victime n'a toujours pas été révélé the victim's name has still not been disclosed OU released; il refuse de ~ son identité he's refusing to disclose his identity OU to say who he is; le monde de corruption révélé par cette enquête the world of corruption brought to light by this investigation. -**2.** [montrer - don, qualité, anomalie] to reveal, to show; ce comportement révèle une nature violente this behaviour reveals a violent temperament; la mauvaise gestion révélée par ces chiffres the bad management brought to light OU evidenced by these results; une grosseur que les radios n'avaient pas révélée a growth which hadn't shown up on the X rays; l'actrice révèle dans cette scène un talent prometteur the actress shows promising talent in this scene. -**3.** [faire connaître]: ~ qqn to make sb famous; révélé par un important metteur en scène discovered by an important director; dans l'album qui l'a révélé (au public) on the album which brought him fame. -**4.** PHOT to develop.

◆ **se révéler** *vpi* -**1.** [s'avérer]: se ~ coûteux/utile to prove (to be) expensive/useful; il s'est révélé d'un égoïsme effrayant he proved to be dreadfully selfish; l'expérience ne s'est pas révélée concluante the experiment wasn't conclusive OU turned out to be inconclusive; elle se révéla piètre vendeuse she turned out OU proved to be a poor salesgirl. -**2.** [se faire connaître] to be revealed OU discovered, to come to light; tu t'es révélé sous ton vrai jour you've showed yourself in your true colours; elle s'est révélée (au grand public) dans Carmen she had her first big success in Carmen.

revenant, e *fam* [rəvnɑ̃, ɑ̃t] *nm, f hum*: **tiens, un ~!** hello, stranger!, long time no see! *hum*.

◆ **revenant** *nm* [fantôme] ghost, spirit.

revendeur, euse [rəvɑ̃dœr, øz] *nm, f* -1. [détaillant] retailer, dealer; **vous trouverez le dernier modèle chez votre ~ habituel** you'll find the latest model at your local dealer. -2. [de billets, de tickets] tout *Br*, scalper *Am*; [d'articles d'occasion] (secondhand) dealer; **~ de drogue** drug dealer; **~ de voitures** secondhand car dealer.

revendicateur, trice [rəvɑ̃dikatœr, tris] ◇ *adj*: **des discours ~s** speeches setting out demands OU claims.

◇ *nm, f*: **les ~s demandaient une augmentation de salaire** the claimants OU protestors were pushing for a wage increase.

revendicatif, ive [rəvɑ̃dikatif, iv] *adj* protest *(modif)*; **un mouvement ~** a protest movement.

revendication [rəvɑ̃dikasjɔ̃] *nf* -1. [réclamation] demand; **journée de ~** day of action OU of protest; **~s salariales** wage demands OU claims. -2. JUR claim; **mener une action en ~ contre qqn** to set up OU to lodge a claim against sb.

revendiquer [3] [rəvɑ̃dike] *vt* -1. [réclamer - dû, droit, part d'héritage] to claim; [- hausse de salaire] to demand; **il revendique le droit de s'exprimer librement** he claims the right to express himself freely || *(en usage abs)*: **le personnel revendique** the staff are making demands OU have put in a claim. -2. [assumer] to lay claim to, to claim; **~ la responsabilité de qqch** to claim responsibility for sthg; **l'attentat n'a pas été revendiqué** nobody has claimed responsibility for the attack; **c'est un nom que je revendique** it's a name I am proud to carry; **il n'a jamais revendiqué cette paternité** he never claimed this child as his; **j'ai eu ma part de misère et je la revendique!** I've known what it is to be poor and I'm not ashamed of it! -3. JUR to lay claim to, to claim.

revendre [73] [rəvɑ̃dr] *vt* -1. [vendre] to sell; **j'ai revendu ma maison plus cher que je ne l'avais achetée** I sold my house for more than what I paid for it; **revends ta voiture, si tu as besoin d'argent** if you need money sell your car. -2. *fam loc*: **des crayons, j'en ai à ~** I've got loads of pencils; **elle a du talent/de l'ambition à ~** she's got masses of talent/ambition.

◆ **se revendre** *vp (emploi passif)*: **ce genre d'appareil ne se revend pas facilement** this sort of equipment isn't easy to resell; **dans cinq ans, cette maison se revendra beaucoup plus cher** in five years this house will be worth far more than it is now.

revenez-y [rəvnezi] *nm inv* -1. *litt* [retour vers le passé] reversion, throwback. -2. *fam loc*: **un goût de ~: ce vin a un petit goût de ~!** this wine is moreish!

revenir [40] [rəvnir] *vi* -1. [venir à nouveau - gén] to come back; [- chez soi] to come back, to come (back) home, to return home; [- au point de départ] to return, to come OU to get back; **pouvez-vous ~ plus tard?** could you come back later?; **elle est passée ce matin et a dit qu'elle reviendrait** she popped in this morning and said she would be OU come back; **une fois revenue chez elle** once she'd got (back) OU returned home; **je suis revenue de Rome hier** I came OU I got back from Rome yesterday; **passe me voir en revenant du bureau** call in to see me on your way back OU home from the office; **je reviens (tout de suite)** I'll be (right) back; **les gens sont revenus à leur place** people are back in OU have returned to their seats; **il n'est pas encore revenu de faire ses commissions** he hasn't come OU got back from the shops yet; **je suis revenue déçue de la visite** I came back disappointed after the visit; **le boomerang revient vers celui qui l'a lancé** boomerangs return to the thrower; **la lettre m'est revenue** the letter was returned to me; **~ à qqn** [renouer le contact avec] to come back to sb; **enfin tu me reviens!** at last, you've come back to me!; **d'où nous revenez-vous?** and where have you been?; **nous aimons ~ ici** we like coming (back) here; **je ne reviendrai jamais chez ce coiffeur** I'll never come back to this hairdresser again; **je suis très satisfaite de mes achats, je reviendrai** I'm very pleased with what I've bought, I'll be back; **~ en arrière** [dans le temps] to go back (in time); [dans l'espace] to retrace one's steps, to go back; **revenons en arrière, au début de l'année 1914** let's go back to the beginning of (the year) 1914 ❑ **~ au point de départ** to go back to the starting point; *fig* to be back to square one; **~ de loin: elle revient de loin!** [elle a failli mourir] it was touch and go (for her)! *euph*; [elle a eu de graves ennuis] she's had a close shave!; **~ sur ses pas** to retrace one's steps; **~ à la charge** MIL & *fig* to mount a fresh attack; **je t'ai déjà dit que non, tu ne vas pas ~ à la charge!** I've already said no, don't keep on at me! -2. [se manifester à nouveau - doute, inquiétude] to return, to come back; [- calme, paix] to return, to be restored; [- symptôme] to recur, to return, to reappear; [- problème] to crop up OU to arise again; [- occasion] to crop up again; [- thème, rime] to recur, to reappear; [- célébration] to come round again; [- saison] to return, to come back; [- soleil] to come out again, to reappear; **le temps des fêtes est revenu** the festive season is with us again OU has come round again; **la question qui revient le plus fréquemment dans les entretiens** the most commonly asked question OU the question that crops up most often in interviews; **la question revient toujours sur le tapis** that question always comes up for discussion; **c'est un thème qui revient toujours dans ses romans** it's a recurring theme in his novels; **c'est une erreur qui revient souvent dans vos devoirs** you often make this mistake in your homework; **ses crises reviennent de plus en plus souvent** her fits are becoming more and more frequent; **j'ai désherbé, mais les orties reviennent de plus belle** I've weeded, but the nettles are even worse than before. -3. SPORT [dans une course] to come back, to catch up; **le peloton est en train de ~ sur les échappés** the pack is catching up with OU gaining on the breakaway group; **et voici Bapow qui revient pour prendre la 3ᵉ place!** and it's Bapow who comes back to take the 3rd place! -4. [coûter]: **~ cher** to be expensive; **elle a dû te ~ cher, ta petite sortie!** your little night out must have cost you a lot!; **~ à** to cost, to amount to, to come to; **le voyage nous est revenu à 1 500 francs** the trip cost us 1,500 francs; **le tout ne reviendra pas à plus de 2 000 francs** it won't come to OU cost any more than 2,000 francs for everything. -5. CULIN: **faire ~** to brown; **une fois les oignons revenus** once the onions have browned OU are brown. -6. *fam* [retrouver son état normal - tissu]: **les draps sont bien revenus au lavage** the sheets came up like new in the wash.

◆ **revenir à** *v + prép* -1. [équivaloir à] to come down to, to amount to; **cela reviendrait à une rupture de contrat** that would amount to OU mean a breach of contract; **cela revient toujours à une question de relations** it always boils OU comes down to having the right connections; **ce qui revient à dire que...** which amounts to saying that...; **ça revient au même!** (it amounts to OU comes to the) same thing!; **pour moi, ça revient au même, il faudra que j'y aille** it's all the same to me, I'll have to go anyway. -2. [reprendre - mode, procédé, thème] to go back to, to revert to, to return to; **le gouvernement veut ~ à la liberté des prix** the government wants to return to price deregulation; **on revient aux OU à la mode des cheveux courts** short hair is coming back OU on its way back; **~ à une plus juste vision des choses** to come round to a more balanced view of things; **~ à de meilleures dispositions OU à de meilleurs sentiments** to return to a better frame of mind; **(en) ~ à: on (en) revient à des formes d'énergie naturelles** natural sources of energy are coming back into use, we're reverting to natural sources of energy; **mais revenons OU revenons-en à cette affaire** but let's get OU come back to this matter; **bon, pour (en) ~ à notre histoire...** right, to get back to OU to go on with our story...; **j'en OU je reviens à ma question, où étiez-vous hier?** I'm asking you again, where were you yesterday?; **et si nous (en) revenions à vous, M. Lebrun?** now what about you, Mr Lebrun? ❑ **y ~: voilà cent francs, et n'y reviens plus!** here's a hundred francs, and don't ask me again!; **il n'y a pas OU plus à y ~!** and that's final OU that's that!; **~ à la vie** to come back OU to be restored to life; **~ à soi** to come to, to come round; **~ à la raison** to see reason. -3. [suj: part, récompense] to go OU to fall to, to devolve on OU upon; [suj: droit, tâche] to fall to; **à chacun ce qui lui revient** to each his due; **avec les honneurs qui lui reviennent** with the honours (which are) due to her; **ses terrains sont revenus à l'État** his lands passed OU went to the State; **il devrait encore me ~ 200 francs** I should still get 200 francs; **si, il m'est quand même revenu un rang de perles** yes, I was left a string of pearls all the same; **la charge de son père/ce titre lui revient de droit** his father's position/this title is his by right; **tout le mérite t'en revient** the credit is all yours, you get all the credit for it; **la décision nous revient, il nous revient de décider** it's for us OU up to us to decide. -4. [suj: faculté, souvenir] to come back to; **l'appétit lui revient** she's recovering her appetite OU getting her appetite back; **l'usage de son bras gauche ne lui est jamais revenu** he never recovered the use of his left arm; **la mémoire lui revient** her memory is coming back; **son nom ne me revient pas (à la mémoire)** his name escapes me OU has slipped my mind; **attends, ça me revient!** wait, I've got it now OU it's coming back to me now!; **ça me revient seulement maintenant, ils ont divorcé** I've just remembered, they got divorced; **tu ne te souviens pas de cet article? — si, ça me revient maintenant!** don't you remember that article? — yes, I'm with you now OU it's coming back to me now!; **il me revient que tu étais célibataire à l'époque** *sout* as I recall, you were a bachelor at the time; **~ à qqn OU aux oreilles de qqn** to get back to sb, to reach sb's ears; **il m'est revenu que...** word has got back to me OU has reached me that... -5. *fam* [plaire à]: **ses manières ne me reviennent pas** her manners aren't to my liking; **elle a une tête qui ne me revient pas** I don't really like the look of her.

◆ **revenir de** *v + prép* -1. [émotion, étonnement, maladie] to get over, to recover from; [évanouissement] to come round from, to come to after; **alors, tu es revenue de ta grande frayeur?** so, are you less frightened now OU have you got over the fright now?; **en ~** [guérir] to come OU to pull through it, to recover; [échapper à un danger] to come through (it) ❑ **je n'en reviens pas!** I can't get over it!; **je n'en reviens pas qu'il ait dit ça!** it's amazing he should say that!, I can't get over him saying that!; **quand je vais te le raconter, tu n'en reviendras pas** when I tell you the story you won't believe your ears. -2. [idée, préjugé] to put OU to cast aside *(sép)*, to throw over *(sép)*; [illusion] to shake off *(sép)*; [principe] to give up *(sép)*, to leave behind; **~ de ses erreurs** to realize OU to recognize one's mistakes; **moi, l'homéopathie, j'en suis revenu!** *fam* as far as I'm concerned, I've done OU I'm through with homeopathy!; **ce type-là, j'en suis bien revenue!** *fam* I couldn't care less for that guy now!; **il est revenu de tout** he's seen it all (before).

◆ **revenir sur** *v + prép* -1. [question] to go back over, to hark back to; **elle ne peut s'empêcher de ~ sur cette triste affaire** she can't help going OU mulling over that sad business; **la question est réglée, ne revenons pas dessus** the matter's settled, let's not discuss it any longer. -2. [décision, déclaration, promesse] to go back on; **ma décision est prise, je ne reviendrai pas dessus** my mind is made up and I'm not going to change it; ~ sur sa parole ou sur la parole donnée to go back on one's word, to break one's promise.

◆ **s'en revenir** *vpi sout* to be on one's way back; **nous nous en revenions tranquillement lorsque...** we were slowly making our way home when...

revente [rəvɑ̃t] *nf* resale; **la ~ d'un tableau** the resale of a painting.

revenu [rəvəny] *nm* -**1.** [rétribution - d'une personne] income *(U)*; **elle a de gros/petits ~s** she has a large/small income; **sans ~s** without any income ❑ **~ disponible** disposable income; **~ par habitant** per capita income; **~ minimum d'insertion** minimum guaranteed income *(for people with no other source of income)*. -**2.** [recettes - de l'État] revenue; **~ national** national income; **~s publics** ou **de l'État** public revenue. -**3.** [intérêt] income, return; **un investissement produisant un ~ de 7 %** an investment with a 7 % rate of return ‖ [dividende] yield; **le ~ d'une action** the yield on a share ❑ **valeurs à ~ fixe/variable** fixed/variable income securities. -**4.** [bénéfice]: **~ brut d'exploitation** gross profit. -**5.** MÉTALL tempering.

rêver [4] [rɛve] ◇ *vi* -**1.** [en dormant] to dream; **~ tout haut** to talk in one's sleep; **j'ai l'impression d'avoir rêvé!** I feel as if I've been dreaming!; **elle rêve (tout) éveillée** she's a daydreamer, she's lost in a dream ou daydream; **c'est ce qu'il m'a dit, je n'ai pas rêvé!** that's what he said, I didn't dream it up ou imagine it!; **toi ici? (dites moi que) je rêve!** you here? I must be dreaming!; **~ de** to dream of; **j'ai rêvé d'un monstre** I dreamed of ou had a dream about a monster ❑ **on croit ~!** [ton irrité] is this a joke?; **elle en rêve la nuit** *pr* she has dreams about it at night; *fig* she's obsessed by it. -**2.** [divaguer] to be imagining things, to be in cloud-cuckoo-land; **dis-moi aussi que je rêve!** go ahead, tell me I'm imagining things!; **toi, gagner ta vie tout seul, non mais tu rêves!** you, earn your own living? you must be joking!; **ça fait ~!** that's the stuff that dreams are made of!; **13 % d'intérêt, ça fait ~, hein?** 13 % interest, isn't that just great?; **des plages/salaires à faire ~** dream beaches/wages; **on peut toujours ~!** there's no harm in dreaming!, there's no harm in a little fantasizing! ❑ **faut pas ~!** let's not get carried away!; **la semaine de 25 heures? faut pas ~!** the 25 hour week? that'll be the day! -**3.** [songer] to dream, to daydream; **aide-nous, au lieu de ~!** give us a hand instead of dreaming ou daydreaming!; **~ à** to dream of *(insép)*, to muse over *(insép)*; **j'étais en train de ~ à ma jeunesse** I was lost in thoughts of my youth.

◇ *vt* -**1.** [suj: dormeur] to dream; **~ que...** to dream that... -**2.** [souhaiter] to dream of *(insép)*; **on ne saurait ~ (un) coin plus agréable/(une) occasion plus propice** you couldn't wish for a more delightful place/appropriate occasion; **je n'ai jamais rêvé mariage/fortune!** I've never dreamed of marriage/being wealthy!; **il ne rêve que plaies et bosses** he's always spoiling for a fight ‖ [inventer de toutes pièces] to dream up *(sép)*; **il a dû ~ toute cette histoire** he must have dreamt up the whole story.

◆ **rêver de** *v + prép* [espérer] to dream of; **j'avais tellement rêvé de ton retour** I so longed for your return; **l'homme dont toutes les femmes rêvent** the man every woman dreams about ou desires; **je n'avais jamais osé ~ d'un bonheur pareil!** I'd never have dared dream of such happiness!; **~ de faire qqch** to be longing to do sthg.

réverbérant, e [revɛrberɑ̃, ɑ̃t] *adj* reverberating, reverberant.

réverbération [revɛrberasjɔ̃] *nf* -**1.** [du son] reverberation; [de la chaleur, de la lumière] reflection; **à cause de la ~ du soleil sur la neige** because of the glare of the sun on the snow. -**2.** ACOUST: **durée** ou **temps de ~** reverberation time.

réverbère [revɛrbɛr] *nm* -**1.** [lampe] street lamp, streetlight. -**2.** [réflecteur] reflector.

réverbérer [18] [revɛrbere] *vt* [chaleur, lumière] to reflect; [son] to reverberate, to send back *(sép)*.

reverdir [32] [rəvɛrdir] *vi* to grow ou to turn green again.

révérence [reverɑ̃s] *nf* -**1.** *litt* [déférence] reverence; **traiter qqn avec ~** to treat sb with reverence ou reverently ❑ **~ parler** saving your reverence *arch*, begging your pardon. -**2.** [salut] bow, curtsy, curtsey; **elle fit une ~ à Son Altesse** she curtseyed to Her Highness ❑ **tirer sa ~ à qqn** to walk out on sb; **tirer sa ~ à qqch** to bow out of sthg. -**3.** RELIG: **Votre Révérence** Your Reverence.

révérencieux, euse [reverɑ̃sjø, øz] *adj litt* reverent, respectful.

révérend, e [reverɑ̃, ɑ̃d] *adj* reverend; **la Révérende Mère Supérieure** the Reverend Mother (Superior); **le Révérend Père Thomas** (the) Reverend Father Thomas.

◆ **révérend** *nm* reverend.

révérendissime [reverɑ̃disim] *adj* [archevêque] Most Reverend.

révérer [18] [revere] *vt sout* to revere, to reverence; **il révère son frère** he's devoted to ou he reveres his brother.

rêverie [rɛvri] *nf* -**1.** [réflexion] daydreaming *(U)*, reverie; **plongé dans ses ~s** ou **sa ~** deep in thought. -**2.** [chimère] dream, daydream, delusion.

revérifier [9] [rəverifje] *vt* to check again, to double-check.

revers [rəvɛr] *nm* -**1.** [d'une blouse, d'un veston] lapel; [d'un pantalon] turn-up *Br*, cuff *Am*; [d'une manche] (turned-back) cuff; [d'un uniforme] facing; **peignoir à ~ de soie** dressing gown with silk lapels; **col/bottes à ~** turned-down collar/boots. -**2.** [d'une feuille, d'un tissu, d'un tableau, de la main] back; **essuyant d'un ~ de main la sueur qui coulait de son front** wiping the sweat from his forehead with the back of his hand ‖ [d'une médaille, d'une pièce] reverse (side); **c'est le ~ de la médaille** that's the other side of the coin, there's the rub. -**3.** [échec, défaite] setback; **~ économiques** economic setbacks ❑ **~ de fortune** reverse of fortune, setback (in one's fortunes). -**4.** TENNIS backhand (shot); **faire un ~** to play a backhand shot; **jouer en ~** to play backhand.

◆ **à revers** *loc adv* MIL from ou in the rear.

reversement [rəvɛrsəmɑ̃] *nm* FIN transfer.

reverser [3] [rəvɛrse] *vt* -**1.** [verser - de nouveau] to pour again, to pour (out) more (of); [- dans le récipient d'origine] to pour back *(sép)*. -**2.** FIN [reporter] to transfer; **~ des intérêts sur un compte** to pay interest on an account; **la prime d'assurance vous sera intégralement reversée au bout d'un an** the total premium will be paid back to you after one year.

reversi [rəvɛrsi] *nm* [avec des cartes] reversis; [avec des pions] reversi.

réversibilité [revɛrsibilite] *nf* JUR revertibility.

réversible [revɛrsibl] *adj* -**1.** [vêtement] reversible. -**2.** JUR [bien, pension] revertible; **annuité ~** reversionary annuity. -**3.** CHIM & PHYS reversible.

réversion [revɛrsjɔ̃] *nf* BIOL, JUR & MÉTALL reversion.

revêtement [rəvɛtmɑ̃] *nm* -**1.** CONSTR [intérieur - peinture] covering *(C)*; [- enduit] coating *(C)*; [extérieur - gén] facing; [- crépi] rendering. -**2.** TRAV PUBL: **refaire le ~ d'une route** to resurface a road. -**3.** TECH [gaine - d'un câble électrique] housing, sheathing *(C ou U)*; [- d'un pneu] casing *(C)*; [- d'un conduit] lining *(C)*; **~ calorifuge** lagging; **~ galvanique** electroplating. -**4.** AÉRON skin. -**5.** ARCHIT revetment. -**6.** MIN lining.

revêtir [44] [rəvɛtir] *vt* -**1.** *sout* [endosser] to don, to array o.s. in, to put on; **~ ses plus beaux atours** to array o.s. in ou to don one's finest attire; **la montagne a revêtu son habit de bruyère** the mountain is clad in its cloak of heather. -**2.** *sout* [habiller]: **~ qqn de** to dress ou to array sb in, to clothe sb in ou with; **on l'avait revêtue d'une lourde cape** she had been arrayed ou garbed in a heavy cloak; **un mur revêtu de lierre** an ivy-clad ou ivy-hung wall. -**3.** *sout* [importance, signification] to take on *(insép)*, to assume; [forme] to appear in, to take on, to assume; **ses propos revêtent un caractère dangereux** there's something dangerous in what he says; **Merlin revêtit l'aspect d'une souris** Merlin took on ou assumed the appearance of a mouse. -**4.** ARCHIT, CONSTR & TRAV PUBL [rue - asphalter] to surface; [- paver] to pave; **~ une surface de** to cover a surface with. -**5.** TECH [chaudière] to line, to lag; [puits de mine] to line. -**6.** JUR: **~ un contrat de signatures** to append signatures to a contract; **laissez-passer revêtu du tampon obligatoire** authorization bearing the regulation stamp.

rêveur, euse [rɛvœr, øz] ◇ *adj* -**1.** [distrait] dreamy; **avoir un caractère ~** to be a daydreamer. -**2.** [perplexe]: **laisser qqn ~** to leave sb baffled ou in a state of bafflement; **cette dernière phrase me laissa ~** these last words puzzled ou baffled me; **ça laisse ~!** it makes you wonder!

◇ *nm, f* dreamer, daydreamer.

rêveusement [rɛvøzmɑ̃] *adv* dreamily; **regarder ~ par la fenêtre** to gaze absentmindedly out of the window.

revient [rəvjɛ̃] *nm*: **prix de ~** cost price.

revigorer [3] [rəvigɔre] *vt* -**1.** [stimuler] to invigorate, to liven up *(sép)*; **une petite promenade pour vous ~?** how about a bracing little walk? -**2.** [relancer] to boost, to give a boost to; **les subventions ont revigoré l'entreprise** the subsidies gave the company a new lease of life.

revirement [rəvirmɑ̃] *nm* [changement - d'avis] about-face, change of mind; [- de situation] turnaround, about-face, sudden turn; **un ~ dans l'opinion publique** a complete swing ou turnaround in public opinion; **un ~ de la tendance sur le marché des valeurs** a sudden reversal of stock market trends.

révisable [revizabl] *adj* -**1.** [gén] revisable. -**2.** JUR reviewable.

réviser [3] [revize] *vt* -**1.** SCOL & UNIV to revise, to go over *(insép)* (again). -**2.** [réévaluer - jugement, situation] to review, to reexamine, to reappraise; **~ à la baisse/hausse** to downgrade/upgrade, to scale down/up; **il a fallu ~ à la baisse les prévisions pour l'an prochain** the projected figures for next year have had to be scaled down. -**3.** JUR: **~ un procès** to rehear a trial; **~ le procès de qqn** to retry sb; **~ un jugement** to review a judgment. -**4.** [voiture] to service; [machine] to overhaul; **faire ~ une voiture** to have a car serviced; **la voiture a été révisée récemment** the car was serviced not long ago; **faire ~ les freins** to have the brakes checked. -**5.** [clause] to revise; [liste électorale] to update, to revise; [manuscrit] to check, to go over *(insép)*; [épreuves] to revise, to line edit *spéc*.

réviseur, euse [revizœr, øz] *nm, f* -**1.** ÉCON: **~ comptable** auditor. -**2.** IMPR reviser, checker.

révision [revizjɔ̃] *nf* -**1.** SCOL & UNIV revision *(U)*, revising *(U)*; **actuellement, où en es-tu de tes ~s?** how much have you revised so far? -**2.** [modification - d'une clause] revision; [- d'une liste électorale] updating, revision; [- d'un manuscrit] checking; [- d'épreuves] checking, revising. -**3.** [d'une voiture] service; [d'une machine] overhaul, overhauling. -**4.** [fait de réestimer] reevaluation, reappraisal; **la ~ à la baisse/hausse des prévisions** the downgrading/upgrading of the forecast figures. -**5.** JUR [d'un procès] rehearing; [d'un jugement] reviewing.

révisionnel, elle [revizjɔnɛl] *adj* revisionary, review *(modif)*.

révisionnisme [revizjɔnism] *nm* revisionism.

révisionniste [revizjɔnist] *adj & nmf* revisionist.

revisser [3] [rəvise] *vt* to screw back again.

revitalisant, e [rəvitalizɑ̃, ɑ̃t] *adj* revitalizing.

revitalisation [rəvitalizasjɔ̃] *nf* revitalization.

revitaliser [3] [rəvitalize] *vt* -**1.** [ranimer] to bring new life to; **ce nouveau plan économi-**

que est destiné à ~ la région this new economic programme is designed to bring new life to the area. -2. [régénérer] to revitalize; cette crème revitalisera votre épiderme this cream will revitalize your skin.

revivifiant, e [ʀəvivifjɑ̃, ɑ̃t] *adj* bracing, revivifying.

revivifier [9] [ʀəvivifje] *vt* -1. [personne] to revivify, to revitalize. -2. *litt* [souvenir] to bring back to life, to revive.

reviviscence [ʀəvivisɑ̃s] *nf* -1. BIOL anabiosis, reviviscence. -2. *litt* revival, reappearance.

reviviscent, e [ʀəvivisɑ̃, ɑ̃t] *adj* BIOL anabiotic, reviviscent.

revivre [90] [ʀəvivʀ] ◇ *vi* -1. [guérir, renaître] to come alive (again); **les examens sont terminés, je revis!** the exams are over, I can breathe again OU what a weight off my mind!; **quel calme, je me sens ~!** how quiet it is around here, I feel like a new person! -2. [nature, campagne] to come alive again. -3. [personne ou animal mort] to come back to life; **~ dans** OU **par qqn** *sout* to live again in OU through sb. -4. [redevenir actuel]: **faire ~ qqch: faire ~ la tradition** to restore OU to revive tradition; **faire ~ les années de guerre** to bring back the war years.

◇ *vt* -1. [se souvenir de] to relive, to live OU to go through *(insép)* (again); **toutes les nuits je revis l'accident** I relive the accident every night. -2. [vivre à nouveau] to relive; **avec lui, elle revit un grand amour** with him, she's reliving a grand passion.

révocabilité [ʀevɔkabilite] *nf* -1. ADMIN [d'un fonctionnaire] dismissibility. -2. JUR [d'un acte juridique] revocability. -3. POL [d'un élu] recallability.

révocable [ʀevɔkabl] *adj* -1. ADMIN [fonctionnaire] dismissible. -2. JUR [acte juridique] revocable, subject to repeal. -3. POL [élu] recallable, subject to recall.

révocation [ʀevɔkasjɔ̃] *nf* -1. ADMIN [d'un fonctionnaire] dismissal; [d'un dirigeant] removal. -2. JUR [d'un acte juridique] repeal, revocation; [d'un testament] revocation; [d'un ordre] rescinding; **la ~ de l'édit de Nantes** the Revocation of the Edict of Nantes. -3. POL [d'un élu] removal, recall.

révocatoire [ʀevɔkatwaʀ] *adj* revocatory.

revoici [ʀəvwasi] *prép*: **me ~!** here I am again!, it's me again!

revoilà [ʀəvwala] *prép*: **~ le printemps!** it looks like spring's here again!; **enfin, te ~!** you're back at last!; **les ~!** there they are again! ❑ **nous y ~, je m'y attendais!** here we go again! I just knew it.

revoir[1] [ʀəvwaʀ] *nm* -1. *litt*: **le charme du ~** the delights of meeting again. -2. CHASSE trail.

◆ **au revoir** ◇ *interj* goodbye.

◇ *nm*: **ce n'est qu'un au ~** we'll meet again.

revoir[2] [62] [ʀəvwaʀ] *vt* -1. [rencontrer à nouveau] to see OU to meet again; **il y a longtemps que tu le revois?** is it a long time since you started seeing him again?; **tu ne croyais pas me ~ de sitôt, hein?** you didn't expect to see me again so soon, did you?; **et que je ne te revoie plus ici, compris?** and don't let me see OU catch you around here again, is that clear? ‖ [retourner à] to see again, to go back to; **c'est bon de ~ son pays** it's good to be back in OU to see one's country (again); **elle ne devait plus ~ sa terre natale** she was never to see her native land again. -2. [examiner à nouveau - images] to see again, to have another look at; [- exposition, spectacle] to see again; [- dossier] to reexamine, to look at *(insép)* again; [- vidéocassette] to watch again; **c'est un documentaire qu'il faut ~** the documentary is well worth seeing a second time; **je l'ai revu trois fois à la télévision** I've seen it three times on television. -3. [assister de nouveau à - incident] to see OU to witness again; **nous ne voulons plus jamais ~ ces scènes sur nos écrans** we never want to witness OU to see such scenes on our screens again. -4. [par l'imagination]: **je nous revois encore, autour du feu de camp** I can still see OU picture us around the campfire; **quand je revois ces moments de bonheur** when I think back to those happy times. -5. [vérifier - installation, mécanisme, moteur] to check, to look at *(insép)* again; [- texte] to reexamine, to revise; [- opinion] to modify, to revise; **la première partie de ta thèse est à ~** the first part of your thesis will have to be gone over again OU revised; **'édition revue et corrigée'** 'revised edition'. -6. SCOL [cours] to go over *(insép)* (again), to revise *Br*, to review *Am*; **revoyez les racines carrées pour demain** go over the section on square roots for tomorrow; **tu ferais bien de ~ ta physique!** [réviser] you'd better revise your physics!; [réapprendre] you'd better study OU learn your physics again!

◆ **se revoir** ◇ *vp (emploi réciproque)* to meet again; **nous reverrons-nous?** will we see each other OU meet again?

◇ *vp (emploi réfléchi)* to see OU to picture o.s. again; **je me revois enfant, chez ma grand-mère** I can still see myself as a child at my grandmother's.

révoltant, e [ʀevɔltɑ̃, ɑ̃t] *adj* [violence, lâcheté] appalling, shocking; [grossièreté] revolting, outrageous, scandalous.

révolte [ʀevɔlt] *nf* -1. [sédition] revolt, rebellion; **la ~ fut durement réprimée** the revolt was harshly repressed. -2. [insoumission] rebellion, revolt; **être en ~ contre qqn** to be in revolt against sb; **elle est en ~ contre ses parents** she's rebelling OU revolting against her parents. -3. [réprobation] outrage; **nous manifestons notre ~ contre la vivisection** we're expressing our outrage against vivisection.

révolté, e [ʀevɔlte] ◇ *adj* -1. [rebelle] rebellious, rebel *(avant n)*. -2. [indigné] outraged. -3. MIL mutinous.

◇ *nm, f* -1. [gén] rebel. -2. MIL rebel, mutineer.

révolter [3] [ʀevɔlte] *vt* [scandaliser] to appal, to revolt, to shock; **ça ne te révolte pas, toi?** don't you think that's disgusting OU revolting OU shocking?; **révolté par la misère/tant de violence** outraged by poverty/at so much violence.

◆ **se révolter** *vpi* -1. [gén] to revolt; **les mineurs se révoltent contre leurs syndicats** the miners are revolting OU are in revolt against their unions; **adolescent, il s'est révolté contre ses parents** he rebelled against his parents when he was a teenager. -2. [marin, soldat] to mutiny.

révolu, e [ʀevɔly] *adj* -1. *litt* [d'autrefois]: **aux jours ~s de ma jeunesse** in the bygone days of my youth; **en des temps ~s** in days gone by. -2. [fini] past; **l'époque des hippies est ~e** the hippie era is over. -3. ADMIN: **âgé de 18 ans ~s** over 18 (years of age); **au bout de trois années ~es** after three full years.

révolution [ʀevɔlysjɔ̃] *nf* -1. POL revolution; **la ~ industrielle** the industrial revolution; **une ~ de palais** a palace coup OU revolution; **la première/seconde ~ d'Angleterre** the English/Glorious Revolution; **la Révolution culturelle** the Cultural Revolution; **la Révolution (française)** the French Revolution; **la ~ d'octobre** the October Revolution. -2. [changement] revolution, upset; **une ~ dans** a revolution in; **faire** OU **causer une ~ dans qqch** to revolutionize sthg. -3. [agitation] turmoil; **tous ces cambriolages ont mis la ville en ~** the town is up in arms OU in uproar because of all these burglaries. -4. ASTRON & MATH revolution.

LA RÉVOLUTION FRANÇAISE:

The most important event in the history of modern France, from which it emerged as a Republic with an egalitarian constitution. Precipitated by the social and financial abuses of the Ancien Régime monarchy, it was a turbulent period lasting from the Fall of the Bastille in 1789 until the end of the century, marked by the Declaration of Human Rights, the execution of Louis XVI and the Terror (1793), and war against the other European powers.

---

révolutionnaire [ʀevɔlysjɔnɛʀ] ◇ *adj* -1. POL revolutionary. -2. HIST revolutionary. -3. *fig* revolutionary; **une découverte ~** a revolutionary discovery.

◇ *nmf* -1. POL revolutionary, revolutionist *Am*. -2. HIST: **un ~** a revolutionary. -3. *fig* innovator.

révolutionnairement [ʀevɔlysjɔnɛʀmɑ̃] *adv* in a revolutionary manner, revolutionarily.

révolutionnarisation [ʀevɔlysjɔnaʀizasjɔ̃] *nf* revolutionizing, revolutionization.

révolutionnarisme [ʀevɔlysjɔnaʀism] *nm* revolutionism.

révolutionnariste [ʀevɔlysjɔnaʀist] *adj & nmf* revolutionist.

révolutionner [3] [ʀevɔlysjɔne] *vt* -1. [changer - système, domaine] to revolutionize; [- vie] to change radically. -2. *fam* [bouleverser - personne] to upset (deeply); **cette nouvelle l'a révolutionnée** the news made a deep impression on her.

revolver [ʀevɔlvɛʀ] *nm* -1. ARM revolver; **un coup de ~** a gunshot. -2. OPT revolving nose piece. -3. TECH capstan, turret.

revolving [ʀevɔlviŋ] *adj inv* revolving BANK; **crédit ~** revolving credit.

révoquer [3] [ʀevɔke] *vt* -1. ADMIN [fonctionnaire] to dismiss; [dirigeant] to remove (from office). -2. JUR [acte juridique] to revoke, to repeal; [testament] to revoke; [ordre] to revoke, to rescind. -3. POL [élu] to recall.

revoter [3] [ʀəvɔte] ◇ *vi* to vote again.

◇ *vt* to vote for again.

revouloir *fam* [57] [ʀəvulwaʀ] *vt* to want some more; **j'en reveux!** I want some more!

revoyure▽ [ʀəvwajyʀ] *nf*: **à la ~!** see you (around)!, so long!, toodle-oo!

revue [ʀəvy] *nf* -1. [publication - gén] magazine; [- spécialisée] journal, review; **~ économique** economic journal OU review; **~ financière** financial review; **~ de linguistique** review of linguistics; **~ de mode** fashion magazine; **~ porno** *fam* porno OU porn magazine; **~ scientifique** science journal. -2. [de music-hall] variety show; [de chansonniers] revue; **~ à grand spectacle** big show, spectacular. -3. MIL [inspection] inspection, review; [défilé] review, march-past; **la ~ du 14 juillet** the 14th of July (military) parade ❑ **~ de détail/d'armement** kit/arms inspection; **passer en ~** [troupes] to hold a review of, to review; [uniformes] to inspect. -4. [inventaire]: **faire la ~ de, passer en ~** [vêtements, documents] to go OU to look through; [solutions] to go over in one's mind, to review.

◆ **revue de presse** *nf* review of the press OU of what the papers say.

revuiste [ʀəvyist] *nmf* revue OU sketch writer.

révulsé, e [ʀevylse] *adj* [traits, visage] contorted; **~ de douleur** [visage] contorted with pain; **les yeux ~s** with his eyes rolled upwards.

révulser [3] [ʀevylse] *vt* -1. [dégoûter] to revolt, to fill with loathing, to disgust. -2. [crisper] to contort.

◆ **se révulser** *vpi* [traits, visage] to contort, to become contorted; [yeux] to roll upwards.

révulsif, ive [ʀevylsif, iv] *adj* revulsant.

◆ **révulsif** *nm* revulsant, revulsive.

révulsion [ʀevylsjɔ̃] *nf* -1. MÉD revulsion. -2. [dégoût] revulsion, loathing.

rewriter[1] [ʀiʀajtœʀ] *nm* rewriter.

rewriter[2] [3] [ʀiʀajte] *vt* to rewrite.

rewriting [ʀiʀajtiŋ] *nm* rewriting.

rexisme [ʀɛksism] *nm* rexism.

Reykjavik [ʀɛkjavik] *npr* Reykjavik.

rez-de-chaussée [ʀedʃose] *nm inv* ground floor *Br*, first floor *Am*; **au ~** on the ground floor; **habiter un ~** to live in a ground floor flat *Br* OU first floor apartment *Am*.

rez-de-jardin [ʀedʒaʀdɛ̃] *nm inv* ground OU garden level; **pièces en ~** ground-level rooms.

RF *abr écrite de* **République française.**

RFA (*abr de* **République fédérale d'Allemagne**) *npr f* FRG, West Germany.

RFI (*abr de* **Radio France Internationale**) *npr French World Service radio station.*

RFO (*abr de* **Radio-télévision française d'outre-mer**) *npr French overseas broadcasting service.*

r.g. *abr écrite de* rive gauche.
RG *npr mpl abr de* Renseignements généraux.
Rh (*abr écrite de* Rhésus) Rh.
rhabillage [rabijaʒ] *nm* -**1.** [d'une meule] dressing; [d'une montre] overhaul. -**2.** [d'une personne]: le ~ des enfants après la gymnastique prend beaucoup de temps the children take a long time getting dressed again after gym.
rhabiller [3] [rabije] *vt* -**1.** [habiller à nouveau] to dress again; **rhabille-le** put his clothes back on (for him). -**2.** ARCHIT to revamp, to refurbish; **on a rhabillé tout le foyer du théâtre** the entire foyer of the theatre has been refurbished. -**3.** TECH [montre] to overhaul; [meule] to dress.
◆ **se rhabiller** *vp* *(emploi réfléchi)* -**1.** [s'habiller à nouveau] to put one's clothes back on, to dress OU to get dressed again. -**2.** *fam loc*: **tu peux aller te/il peut aller se** ~! you've/he's got another think coming!
rhapsodie [rapsɔdi] *nf* MUS rhapsody.
rhénan, e [renɑ̃, an] *adj* -**1.** [du Rhin] of the Rhine, Rhenish; **le pays** ~ the Rhineland. -**2.** [de la Rhénanie] of the Rhineland.
Rhénan [renɑ̃] *npr m*: **le** ~ the Rhineland (Mountains).
Rhénanie [renani] *npr f*: (la) ~ the Rhineland.
Rhénanie-du-Nord-Westphalie [renanidynɔrvɛsfali] *npr f*: (la) ~ North Rhine-Westphalia.
Rhénanie-Palatinat [renanipalatina] *npr f*: (la) ~ Rhineland-Palatinate.
rhénium [renjɔm] *nm* rhenium.
rhéobase [reɔbaz] *nf* rheobase.
rhéologie [reɔlɔʒi] *nf* rheology.
rhéologique [reɔlɔʒik] *adj* rheological.
rhéologue [reɔlɔg] *nmf* rheologist.
rhéomètre [reɔmɛtr] *nm* rheometer.
rhéophile [reɔfil] *adj* rheophilic.
rhéostat [reɔsta] *nm* rheostat; ~ **de glissement** slip regulator.
rhésus [rezys] *nm* ZOOL rhesus monkey.
Rhésus [rezys] *nm* [système sanguin]: **facteur** ~ Rhesus OU Rh factor; ~ **positif/négatif** Rhesus positive/negative.
rhéteur [retœr] *nm* -**1.** ANTIQ rhetor. -**2.** *litt* rhetorician.
rhétoricien, enne [retɔrisjɛ̃, ɛn] ◇ *adj* rhetorical.
◇ *nm, f* -**1.** [spécialiste] rhetorician. -**2.** *Belg* SCOL ≃ lower sixth former *Br*, ≃ student in sixth grade *Am*.
rhétorique [retɔrik] ◇ *adj* rhetoric, rhetorical.
◇ *nf* -**1.** [art] rhetoric. -**2.** *péj* [affectation]: **ce n'est que de la** ~ that's just posturing. -**3.** *Belg* SCOL ≃ lower sixth form *Br*, ≃ sixth grade *Am*.
Rhin [rɛ̃] *npr m*: **le** ~ the Rhine.
rhinanthe [rinɑ̃t] *nm* yellow rattle, rhinanthus *spéc*.
rhinencéphale [rinɑ̃sefal] *nm* rhinencephalon.
rhinite [rinit] *nf* rhinitis.
rhinocéros [rinɔserɔs] *nm* -**1.** ZOOL rhinoceros, rhino. -**2.** ENTOM rhinoceros beetle.
rhino-pharyngien, enne [rinɔfarɛ̃ʒjɛ̃, ɛn] (*mpl* rhino-pharyngiens, *fpl* rhino-pharyngiennes), **rhino-pharyngé, e** [rinɔfarɛ̃ʒe] (*mpl* rhino-pharyngés, *fpl* rhino-pharyngées) *adj* rhinopharyngal, rhinopharyngeal.
rhino-pharyngite [rinɔfarɛ̃ʒit] (*pl* rhino-pharyngites) *nf* rhinopharyngitis.
rhinopharynx [rinɔfarɛ̃ks] *nm* rhinopharynx.
rhinoplastie [rinɔplasti] *nf* rhinoplasty.
rhinoscopie [rinɔskɔpi] *nf* rhinoscopy.
rhizome [rizom] *nm* rhizome.
rhodanien, enne [rɔdanjɛ̃, ɛn] *adj* [du Rhône] from the Rhone; **le couloir** ~ the Rhone corridor.
◆ **rhodanien** *nm* LING *Rhone valley variety of Provençal*.
Rhode Island [rɔdajlɑ̃d] *npr m*: **le** ~ Rhode Island.
Rhodes [rɔd] *npr* Rhodes.
Rhodésie [rɔdezi] *npr f*: (la) ~ Rhodesia; ~ **du Nord** Northern Rhodesia; ~ **du Sud** Southern Rhodesia.
rhodésien, enne [rɔdezjɛ̃, ɛn] *adj* Rhodesian.
◆ **Rhodésien, enne** *nm, f* Rhodesian.
rhodien, enne [rɔdjɛ̃, ɛn] *adj* Rhodian.
◆ **Rhodien, enne** *nm, f* Rhodian.
rhodium [rɔdjɔm] *nm* rhodium.
rhododendron [rɔdɔdɛ̃drɔ̃] *nm* rhododendron.
Rhodoïd® [rɔdɔid] *nm* Rhodoid®.
rhombencéphale [rɔ̃bɑ̃sefal] *nm* rhombencephalon.
rhombique [rɔ̃bik] *adj* rhombic.
rhomboèdre [rɔ̃bɔɛdr] *nm* rhombohedron.
rhomboïdal, e, aux [rɔ̃bɔidal, o] *adj* rhomboid, rhomboidal.
rhomboïde [rɔ̃bɔid] *nm* -**1.** GÉOM rhomboid. -**2.** ANAT rhomboideus.
Rhône [ron] *npr m*: **le** ~ the (River) Rhone.
Rhovyl® [rɔvil] *nm* *man-made fibre used for making warm clothing*.
rhubarbe [rybarb] *nf* rhubarb.
rhum [rɔm] *nm* rum; **au** ~ [dessert] rum-flavoured; [boisson] rum-based.
rhumatisant, e [rymatizɑ̃, ɑ̃t] *adj* & *nm, f* rheumatic.
rhumatismal, e, aux [rymatismal, o] *adj* rheumatic.
rhumatisme [rymatism] *nm* rheumatism *(U)*; **avoir un** ~ OU **des** ~**s au genou** to have rheumatism in one's knee ☐ ~ **articulaire aigu** rheumatic fever; ~ **déformant** polyarthritis.
rhumatoïde [rymatɔid] *adj* rheumatoid.
rhumatologie [rymatɔlɔʒi] *nf* rheumatology.
rhumatologique [rymatɔlɔʒik] *adj* rheumatological.
rhumatologue [rymatɔlɔg] *nmf* rheumatologist.
rhume [rym] *nm* cold; **je tiens un bon** ~! *fam* I've got a nasty cold!; **tu vas attraper un** ~ you're going to catch (a) cold ☐ ~ **de cerveau** head cold; ~ **des foins** hay fever.
rhumerie [rɔmri] *nf* rum distillery.
rhynchite [rɛ̃kit] *nm* rhynchites.
rhythm and blues [ritmɛ̃dbluz] *nm* rhythm and blues.
RI ◇ *nm* *abr de* **régiment d'infanterie**.
◇ *npr mpl* *abr de* **Républicains indépendants**.
ria [rija] *nf* ria.
Riad [rijad] = **Riyàd**.
Rialto [rialto] *npr m*: **le (pont du)** ~ the Rialto Bridge.
riant, e [rijɑ̃, ɑ̃t] *adj* -**1.** [visage, yeux] smiling. -**2.** [nature, paysage] pleasant; **une** ~**e vallée** a pleasant valley. -**3.** *litt* [heureux] happy.
RIB, Rib [rib] *nm* *abr de* **relevé d'identité bancaire**.
ribambelle [ribɑ̃bɛl] *nf* -**1.** [quantité] flock, swarm; **suivie d'une** ~ **de gamins** *fam* followed by a long string of OU a swarm of kids. -**2.** [papier découpé] paper dolls.
◆ **en ribambelle** *loc adv*: **les enfants sortent de l'école en** ~ the children stream out of the school.
ribaud, e [ribo, od] *arch* ◇ *adj* ribald.
◇ *nm, f*: **un** ~ a ribald fellow; **une** ~**e** a brazen wench.
riboflavine [riboflavin] *nf* riboflavin, riboflavine.
ribonucléase [ribonykleaz] *nf* ribonuclease.
ribonucléique [ribonykleik] *adj* ribonucleic.
ribose [riboz] *nm* ribose.
ribosome [ribozom] *nm* ribosome.
ribote [ribɔt] *nf arch* high living; **en** ~ [ivre] drunk; **faire** ~ [s'enivrer] to go drinking.
ribouldingue *fam* [ribuldɛ̃g] *nf vieilli*: **une sacrée** ~ a real do OU shindig.
ricain, e▽ [rikɛ̃, ɛn] *nm, f pejorative or humorous term used with reference to Americans*, ≃ Yank.
ricanant, e [rikanɑ̃, ɑ̃t] *adj* sniggering.
ricanement [rikanmɑ̃] *nm* [rire - méchant] sniggering *(U)*, snigger; [- nerveux] nervous OU jittery laugh; [- bête] giggle, giggling *(U)*.
ricaner [3] [rikane] *vi* [rire - méchamment] to snigger; [- nerveusement] to laugh nervously; [- bêtement] to giggle.
ricaneur, euse [rikanœr, øz] ◇ *adj* [riant - méchamment] sniggering; [- bêtement] giggling.
◇ *nm, f* [méchant] sniggerer; [sot] giggler; **les** ~**s en seront pour leurs frais** anybody who laughs OU sniggers gets it.
riccie [riksi] *nf* riccia.
RICE, Rice (*abr de* **relevé d'identité de caisse d'épargne**) *nm savings account identification slip*.
richard, e *fam* [riʃar, ard] *nm, f péj* rich person; **un gros** ~ a fat cat.
Richard [riʃar] *npr*: ~ **Cœur de Lion** Richard the Lion-Heart, Richard Cœur de Lion.
riche [riʃ] ◇ *adj* -**1.** [fortuné - famille, personne] rich, wealthy, well-off; [- nation] rich, wealthy; **une** ~ **héritière** a wealthy heiress; **ils ont l'air** ~ they look wealthy; **elle a fait un** ~ **mariage** she's married into a rich family OU into money; **on n'est pas bien** ~ **chez nous** we're not very well-off; **je te paie le restaurant, aujourd'hui, je suis** ~ I'll treat you to a meal, I'm feeling rich today; **je suis plus** ~ **de 5 000 francs maintenant** I'm 5,000 francs better off now ☐ **être** ~ **comme Crésus** OU **à millions** to be as rich as Croesus OU Midas; **elle est** ~ **à millions** she's extremely wealthy. -**2.** *(avant n)* [de valeur - demeure, décor] lavish, sumptuous, luxurious; [- étoffe, enluminure] magnificent, splendid; **un** ~ **cadre doré** a heavy gilt frame; **elle le couvre de** ~**s présents** she lavishes fabulous OU expensive gifts on him. -**3.** [plein d'éléments bénéfiques] rich; **un sol** ~ a rich soil; **une végétation** ~ lush OU luxuriant OU profuse vegetation; **ces terres sont** ~**s** these lands are fertile OU productive || [nourrissant] rich; **ce qu'il vous faut, c'est une alimentation** ~ what you need is a nutritious diet; **le gâteau est un peu trop** ~ the cake is a little too rich || [intéressant] rich; **c'est une** ~ **nature** *fam* he is a hearty OU an exuberant person; **la ville a une histoire très** ~ the town has had a very varied history; **vous y trouverez une documentation très** ~ **sur Proust** you'll find a wide range of documents on Proust there; **c'est une** ~ **idée que tu as eue là** *fam aussi iron* that's a wonderful OU great idea you've just had. -**4.** [complexe] rich; **des tons** ~**s** rich hues; **elle a un vocabulaire/une langue** ~ she has a rich vocabulary/a tremendous command of the language; **une imagination** ~ a fertile imagination. -**5.** ~ **en** [vitamines, minerais] rich in; [événements] full of; ~ **en lipides** with a high lipid content; **régime** ~ **en calcium** calcium-rich diet; **texte** ~ **en superlatifs** text overflowing with superlatives; **la journée fut** ~ **en émotions** the day was packed full of excitement; **la journée fut** ~ **en rebondissements** spectacular things happened all day; **leur bibliothèque n'est pas** ~ **en livres d'art** they don't have a very large collection OU choice of art books; **je ne suis pas** ~ **en papier/farine!** *fam* I'm not very well-off for paper/flour! -**6.** ~ **de** [qualités, possibilités]: **un livre** ~ **d'enseignements** a very informative book; **un magazine féminin** ~ **d'idées** a women's magazine packed full of OU teeming with ideas; **son premier roman est** ~ **de promesses** his first novel is full of promise OU shows great promise.
◇ *nmf* rich person; **les** ~**s** the rich, the wealthy; **voiture de** ~ rich man's car.
◇ *adv* *fam*: **ça fait** ~ it looks posh.
richelieu [riʃəljø] (*pl inv* OU **richelieus**) *nm* lace-up shoe.
richement [riʃmɑ̃] *adv* -**1.** [luxueusement] richly, handsomely; **cette pièce est** ~ **meublée** this room is richly OU handsomely furnished.

-**2.** [abondamment] lavishly, sumptuously, richly; ~ **illustré** lavishly illustrated. -**3.** [de manière à rendre riche] : **il a ~ marié sa fille** OU **marié sa fille ~** he married his daughter into a wealthy family.

richesse [riʃɛs] *nf* -**1.** [fortune - d'une personne] wealth; [- d'une région, d'une nation] wealth, affluence, prosperity; **ses livres sont sa seule ~** his books are all he has; **ces traditions ancestrales font la ~ de ce peuple** these ancestral traditions make up the rich cultural heritage of this people. -**2.** [d'un décor] luxuriousness, lavishness, sumptuousness; [d'un tissu] beauty, splendour. -**3.** [luxuriance - de la végétation] richness, lushness, profuseness, luxuriance; **la ~ du sous-sol** the wealth of (underground) mineral deposits; **~ en: la ~ en fer d'un légume** the high iron content of a vegetable; **pour préserver notre ~ en forêts** in order to protect our many forests. -**4.** [complexité - du vocabulaire, de la langue] richness; [- de l'imagination] creativeness, inventiveness; **la ~ culturelle de notre capitale** the cultural wealth of our capital city. -**5.** *sout* [réconfort] blessing; **avoir un ami fidèle est une grande ~** to have a faithful friend is to be rich indeed.

◆ **richesses** *nfpl* [biens, capital] riches, wealth *(U)*; [articles de valeur] treasures, wealth; [ressources] resources; **~s minières/naturelles** mining/natural resources; **les ~s que recèle ce site archéologique** the treasures contained in this archeological site.

richissime [riʃisim] *adj* fantastically wealthy.

Richter [riʃtɛr] *npr*: **échelle de ~** Richter scale.

ricin [risɛ̃] *nm* castor oil plant, ricinus *spéc.*

riciné, e [risine] *adj* containing castor oil.

rickettsie [rikɛtsi] *nf* rickettsia.

ricocher [3] [rikɔʃe] *vi* -**1.** [caillou] to ricochet, to bounce, to rebound, to glance; **les enfants font ~ des pierres sur l'eau** the children are skimming stones across the water OU are playing ducks and drakes. -**2.** [balle] to ricochet; **la balle a ricoché sur le mur** the bullet ricochetted OU glanced off the wall.

ricochet [rikɔʃɛ] *nm* -**1.** [d'un caillou] bounce, rebound; **j'ai fait trois ~s!** I made the pebble bounce three times!; **faire des ~s** to skim pebbles, to play ducks and drakes; **par ~** *fig* indirectly; **les épargnants ont perdu de l'argent par ~** savers lost money as an indirect consequence; **faire ~** *fig*: **ces mesures feront ~** these measures will have a knock-on effect. -**2.** [d'une balle] ricochet.

ric-rac *fam* [rikrak] *adv* -**1.** [très exactement] : **il nous a payés ~** he paid us right down to the last penny. -**2.** [de justesse] : **avec mon petit salaire, à la fin du mois c'est ~ pour manger** on my salary, money for food gets a bit tight at the end of the month.

rictus [riktys] *nm* grimace, rictus; **un affreux ~ déformait son visage** his face was twisted into a hideous grimace; **un ~ de colère** an angry scowl OU grimace.

ridage [ridaʒ] *nm* tightening, hauling taut.

ride [rid] *nf* -**1.** [d'un visage] line, wrinkle; **creusé de ~s** furrowed with wrinkles; **prendre des ~s** to age; **le documentaire n'a pas pris une ~** *fig* the documentary hasn't dated in the slightest. -**2.** [sur l'eau, sur le sable] ripple, ridge; **les dunes où le vent traçait ses ~s** the dunes ridged by the wind. -**3.** NAUT: **~ de hauban** shroud lanyard.

ridé, e [ride] *adj* -**1.** [visage] wrinkled, lined; [pomme] wrinkled; **un front ~** a deeply lined forehead ❑ **~ comme une vieille pomme** wrinkled like a prune. -**2.** [eau, sable] ridged, rippled.

rideau, x [rido] *nm* -**1.** [en décoration intérieure] curtain, drape *Am*; **fermé par un ~** curtained off; **mettre des ~x aux fenêtres** to put curtains up; **tirer** OU **ouvrir les ~x** to draw OU to open the curtains; **tirer** OU **fermer les ~x** to draw OU to close the curtains ❑ **doubles ~x** thick curtains; **~x bonne femme** tieback curtains; **tirer le ~ sur qqch** to draw a veil over sthg. -**2.** THÉÂT curtain; **le ~ se lève sur un jardin japonais** the curtain rises on a Japanese garden ❑ **~ à la guillotine/à la grecque** drop/draw curtain; **~!** curtain!; **ça suffit, ~!** *fam* (that's) enough!, lay off! -**3.** [écran] screen, curtain; **~ de bambou** bamboo curtain; **~ de cyprès** screen of cypress trees; **~ de fumée** smoke screen; **~ de pluie** sheet of rain ❑ **~ de feu** MIL covering fire; **~ de troupes** MIL screen of troops.

◆ **rideau de fer** *nm* -**1.** [d'un magasin] (metal) shutter. -**2.** THÉÂT safety curtain. -**3.** HIST & POL Iron Curtain. -**4.** CONSTR [de cheminée] damper, flue shutter. -**5.** PHOT shutter. -**6.** GÉOG embankment.

ridelle [ridɛl] *nf* [d'un camion] side panel.

rider [3] [ride] *vt* -**1.** [peau] to wrinkle, to line, to furrow *litt.* -**2.** [eau, sable] to ripple, to ruffle the surface of. -**3.** NAUT to tighten.

◆ **se rider** *vpi* -**1.** [fruit] to shrivel, to go wrinkly; [visage] to become wrinkled. -**2.** [eau] to ripple, to become rippled.

ridicule [ridikyl] ◇ *adj* -**1.** [risible - personne] ridiculous, laughable; [- tenue] ridiculous, ludicrous; **se sentir ~** to feel ridiculous; **tu es ~ avec cette perruque** you look ridiculous with that wig on. -**2.** [absurde] ridiculous, ludicrous, preposterous; **c'est ~ d'avoir peur de l'avion** it's ridiculous to be afraid of flying. -**3.** [dérisoire] ridiculous, laughable, derisory; **un salaire ~** [trop bas] a ridiculously low salary.
◇ *nm* ridicule; **se couvrir de ~** to make o.s. a laughing stock, to make a complete fool of o.s.; **couvrir qqn de ~** to heap ridicule on sb; **tourner qqn/qqch en ~** to ridicule sb/sthg, to hold sb/sthg up to ridicule; **c'est d'un ~ (achevé** OU **fini)!** it's utterly ridiculous!, it's a farce!; **s'exposer au ~** to lay o.s. open to ridicule; **tomber** OU **donner dans le ~** to become ridiculous ❑ **le ~ ne tue pas** ridicule never did anyone any real harm.

◆ **ridicules** *nmpl litt* ridiculous ways.

ridiculement [ridikylmɑ̃] *adv* -**1.** [dérisoirement] ridiculously, ludicrously; **~ petit/bas/grand** ridiculously small/low/big. -**2.** [risiblement] ridiculously, laughably.

ridiculiser [3] [ridikylize] *vt* to ridicule, to hold up to ridicule.

◆ **se ridiculiser** *vp (réfléchi)* to make o.s. (look) ridiculous, to make a fool of o.s.

ridule [ridyl] *nf* small wrinkle.

rien [rjɛ̃] ◇ *pron indéf* -**1.** [quelque chose] anything; **y a-t-il ~ d'autre?** is there anything else?; **y a-t-il ~ que je puisse faire?** is there nothing I can do?; **y a-t-il eu jamais ~ de plus beau?** was there ever anything more beautiful?; **je me demande s'il y entend ~** *sout* I wonder whether he actually knows anything about it; **j'ai compris sans qu'il dise ~** I understood without him having to say anything; **j'ai compris avant qu'il dise ~** I understood before he said anything; **on ne peut pas vivre sans ~ faire** you can't live without doing anything; **appelle-moi avant de ~ faire** call me before you do OU before doing anything; **il fait trop chaud pour ~ manger** it's too hot to eat anything. -**2.** [nulle chose] nothing; **créer qqch à partir de ~** to create something out of nothing; **passer son temps à ~ faire** to spend one's time doing nothing; **réduire à ~** to reduce to nothing; **la tisane, ~ de tel pour dormir!** there's nothing like herbal tea to help you sleep!; **~ de tel qu'un bon (roman) policier** there's nothing like a good detective story; **~ de cassé/grave, j'espère?** nothing broken/serious, I hope?; **~ d'autre** nothing else; **~ de nouveau** no new developments; **~ de plus** nothing else OU more; **j'ai fait mon devoir, ~ de plus** I've done my duty, nothing more; **~ de moins** nothing less; **il veut le poste de directeur, ~ de moins** he wants the post of director, nothing less OU no less || [en réponse négative à une question] : **qu'est-ce qui ne va pas? — ~!** what's wrong? — nothing!; **à quoi tu penses? — à ~!** what are you thinking about? — nothing!; **il viendra? — ~ de moins sûr** will he come? — nothing could be less certain; **qu'est-ce que tu lui laisses? — ~ de ~!** what are you leaving him — not a thing!; **~ du tout** nothing at all ❑ **je vous remercie — de ~!** thanks — you're welcome OU not at all OU don't mention it; **une fille de ~** *péj* a worthless girl; **une affaire de ~ du tout** a trifling OU trivial matter; **une égratignure de ~ du tout** a little scratch; **c'est ça ou ~** take it or leave it; **c'est tout ou ~** it's all or nothing; **avec lui c'est toujours tout ou ~** with him it's always all or nothing; **~ à dire, c'est parfait!** what can I say, it's perfect!; **~ à faire, il n'entend pas** it's no good, he can't hear; **~ à faire, la voiture ne veut pas démarrer** it's no good, the car (just) won't start; **~ à déclarer/signaler** nothing to declare/report; **j'en ai ~ à faire** *fam* OU **à cirer**▽ I don't give a damn OU a toss. -**3.** [en corrélation avec 'ne'] : **~ n'est plus beau que...** there's nothing more beautiful than...; **~ ne la fatigue** nothing tires her OU makes her tired; **plus ~ n'a d'importance** nothing matters any more; **~ de grave n'est arrivé** nothing serious happened; **~ n'y a fait, elle a refusé** (there was) nothing doing, she said no; **ce n'est ~, ça va guérir** it's nothing, it'll get better; **ce n'est pas ~** it's no small thing OU matter; **repeindre la cuisine, ce n'est pas ~** redecorating the kitchen is no small thing OU no easy task; **ce n'est ~ en comparaison de** OU **à côté de...** it's nothing compared to...; **je croyais avoir perdu, il n'en est ~** I thought I'd lost, but not at all OU quite the contrary; **ils se disaient mariés, en fait il n'en est ~** they claimed they were married but they're nothing of the sort; **sans elle il n'est ~** without her he's nothing; **je ne suis ~ sans mes livres** I'm lost without my books; **il n'est (plus) ~ pour moi** he's OU he means nothing to me (anymore); **cela ne paraît ~, mais c'est une lourde tâche** it doesn't look much, but it's quite a big job; **et moi alors, je ne suis ~ (dans tout ça)?** and what about me (in all this), don't I count for anything OU don't I matter?; **je ne comprends ~** I don't understand anything; **je n'ai ~ compris** I haven't understood anything, I've understood nothing; **je ne me souviens de ~** I remember nothing, I don't remember anything; **on ne voit ~ avec cette fumée** you can't see anything OU a thing with all this smoke; **il ne croit à ~** he doesn't believe in anything; **ce soupçon ne repose sur ~** the suspicion is without foundation OU based on nothing; **il n'y a ~ entre nous** there is nothing between us; **cela** OU **ça ne fait ~** it doesn't matter; **ça ne (te) fait ~ si je te dépose en dernier?** would you mind if I dropped you off last?, is it OK with you if I drop you off last?; **cela ne fait ~ à l'affaire** that makes no difference (to the matter in hand); **dis-lui — je n'en ferai ~** tell him — I shall do nothing of the sort; **ça n'a ~ à voir** it's got nothing to do with it; **ça n'a ~ à voir avec toi** it's got nothing to do with you, it doesn't concern you; **Paul et Fred n'ont ~ à voir l'un avec l'autre** there's no connection between Paul and Fred; **n'avoir ~ contre qqn/qqch** to have nothing against sb/sthg; **je n'ai ~ contre lui** I have nothing against him, I don't have anything against him; **elle veut déménager, je n'ai ~ contre** she wants to move, I've got nothing against it; **n'y être pour ~**: **ne t'inquiète pas, tu n'y es pour ~** don't worry, it's not your fault; **ça n'a ~ d'un chef-d'œuvre** it's far from being a masterpiece; **il n'a ~ du séducteur** there's nothing of the lady-killer about him; **il n'y a ~ de moins sûr** there's nothing less certain; **~ de moins que** nothing less than; **elle n'est ~ de moins qu'une sotte** she's nothing less than an idiot; **ils ne veulent ~ de moins que sa démission** they want nothing less than her resignation; **~ tant que** nothing so much as; **je ne méprise ~ tant que le mensonge** I despise nothing so much as lying; **elle n'aime ~ tant qu'à rester à lire sur le balcon** she likes nothing better than sitting reading on the balcony; **elle n'a ~ fait que ce qu'on lui a demandé** she only did what she was asked to do; **il n'y a plus ~ à faire** there's nothing more to be done; **pour ne ~ vous cacher...** to be completely open with you...; **elle n'avait jamais ~ vu de semblable** she had never seen such a thing OU anything like it; **faire semblant de ~** to pretend that nothing happened ▢ **~ ne sert de courir (il faut partir à point)** *allusion La Fontaine* slow and steady wins the race *prov.* **-4.** JEUX: **~ ne va plus** rien ne va plus. **-5.** [au tennis] love; **~ partout** love all; **40 à ~** 40 love. **-6.** *loc*: **~ moins que: elle est ~ moins que décidée à le poursuivre en justice** [bel et bien] she's well and truly determined to take him to court; **elle est ~ moins que sotte** [nullement] she is far from stupid.

◇ *adv* ▽ really; **elle est ~ moche** she's really ugly; **ils sont ~ riches** they really are rolling in it *Br*, they sure as hell are rich *Am*.

◇ *nm* **-1.** [néant]: **le ~** nothingness. **-2.** [chose sans importance]: **un ~** the merest trifle OU slightest thing; **un ~ la met en colère** the slightest thing OU every little thing makes her angry; **un ~ l'habille** she looks good in anything; **on se faisait gronder pour un ~** we used to be scolded for the merest trifle OU the slightest thing; **il se fâche pour un ~** he loses his temper over the slightest little thing; **il a passé son examen comme un ~** he took the exam in his stride; **perdre son temps à des ~s** to waste one's time over trivia OU trifles; **les petits ~s dont la vie est faite** the little things in life. **-3. un ~ de** [très peu de] a touch of; **un ~ de cannelle** a touch OU pinch of cinnamon; **un ~ de canard/vin** a taste of duck/wine; **un ~ de frivolité** a touch OU tinge OU hint of frivolity ▢ **en un ~ de temps** in (next to) no time; **tout a été exécuté en un ~ de temps** everything was done in next to no time; **un/une ~ du tout** a nobody.

◆ **en rien** *loc adv*: **ça ne me dérange en ~** that doesn't bother me at all OU in the least; **il ne ressemble en ~ à son père** he looks nothing like his father; **ça n'a en ~ affecté ma décision** it hasn't influenced my decision at all OU in the least OU in any way.

◆ **pour rien** *loc adv*: **ne le dérange pas pour ~** don't disturb him for no reason; **il est venu pour ~** he came for nothing; **ça compte pour ~** that doesn't mean anything; **j'ai acheté ça pour ~ chez un brocanteur** I bought it for next to nothing in a second hand shop ▢ **pour deux/trois fois ~** for next to nothing.

◆ **rien que** *loc adv*: **~ que pour toi** just OU only for you; **~ que cette fois** just this once; **~ qu'une fois** just OU only once; **viens, ~ qu'un jour** do come, (even) if only for a day; **~ que le billet coûte une fortune** the ticket alone costs a fortune; **~ que d'y penser, j'ai le frisson** the mere thought of it OU just thinking about it makes me shiver; **la vérité, ~ que la vérité** the truth and nothing but the truth; **~ que ça?** *iron* is that all?

◆ **un rien** *loc adv* a touch, a shade, a tiny bit; **sa robe est un ~ trop étroite** her dress is a touch OU a shade OU a tiny bit too tight; **c'est un ~ trop sucré pour moi** it's a trifle OU shade OU tiny bit too sweet for me; **elle est un ~ farce!** *fam* she's a bit of a clown!

riesling [rislin̩] *nm* Riesling.

rieur, euse [rijœr, øz] ◇ *adj* [enfant] cheery, cheerful; [visage, regard] laughing.

◇ *nm, f* laugher; **les ~s** those who laugh ▢ **avoir les ~s de son côté** to have the last laugh.

◆ **rieuse** *nf* ORNITH black-headed gull.

Rif [rif] *npr m*: **le ~** Er Rif.

rififi [rififi] *nm arg crime* [bagarre] aggro *Br*.

riflard [riflar] *nm* **-1.** CONSTR paring chisel. **-2.** MENUIS jack (plane). **-3.** MÉTALL coarse file. **-4.** *fam vieilli* [parapluie] umbrella, brolly *Br*.

rifle [rifl] *nm* rifle; **carabine (de) 22 long ~** 22 calibre (rifle).

Rift Valley [riftvalɛ] *npr m*: **le ~** the Rift Valley.

rigide [riʒid] *adj* **-1.** [solide] rigid. **-2.** [intransigeant] rigid, inflexible, unbending. **-3.** [austère] rigid, strict; **nous recevions une éducation ~** we had a strict upbringing.

rigidement [riʒidmɑ̃] *adv* rigidly, inflexibly, strictly.

rigidifier [9] [riʒidifje] *vt* to rigidify, to stiffen.

rigidité [riʒidite] *nf* **-1.** [raideur] rigidity, stiffness; **~ cadavérique** rigor mortis. **-2.** [austérité] strictness, inflexibility.

rigolade *fam* [rigɔlad] *nf* **-1.** [amusement] fun; **il n'y a pas que la ~ dans la vie** there's more to life than just having fun OU a good laugh; **prendre qqch à la ~** to make a joke of sthg; **chez eux, l'ambiance n'est pas/est franchement à la ~** it isn't exactly/it's a laugh a minute round their place; **la vie n'est qu'une vaste ~** life is one big joke OU farce; **élever quatre enfants, ce n'est pas une (partie de) ~** raising four children is no laughing matter; **soulever des poids est une ~ pour elle** lifting weights is child's play for her; **c'est de la ~!** [ce n'est pas sérieux] it's a joke!; [c'est sans importance] it's nothing!; [c'est très facile] it's a piece of cake! **-2.** [fou rire] fit of laughter; **t'aurais vu la ~!** it was a right *Br* OU good laugh!

rigolard, e *fam* [rigɔlar, ard] ◇ *adj* joking, laughing.

◇ *nm, f*: **c'est un ~** he likes a good laugh.

rigole [rigɔl] *nf* **-1.** [fossé] rivulet, rill. **-2.** CONSTR [d'un mur] ditch; [d'une fenêtre] drainage groove. **-3.** HORT [sillon] furrow; [conduit] trench, channel; **~ d'irrigation** irrigation channel.

rigoler *fam* [3] [rigɔle] *vi* **-1.** [rire] to laugh; **moi, il ne me fait pas ~ du tout** I don't find him funny OU he doesn't make me laugh at all; **tu me fais ~ avec tes remords** you, sorry? don't make me laugh! **-2.** [plaisanter] to joke; **il a dit ça pour ~** he said that in jest, he meant it as a joke; **tu rigoles!** you're joking OU kidding! **-3.** [s'amuser] to have fun; **on a bien rigolé cette année-là** we had some good laughs OU great fun that year; **avec lui comme prof, tu ne vas pas ~ tous les jours** it won't be much fun for you having him as a teacher.

rigolo, ote *fam* [rigɔlo, ɔt] ◇ *adj* **-1.** [amusant] funny; **(je trouve qu') il est ~, ce gosse!** that kid is so funny!; **elle a des copains très ~s** her friends are a scream; **ce serait ~ que tu aies des jumeaux** wouldn't it be funny if you had twins; **c'est pas ~ de bosser avec lui** working with him is no joke. **-2.** [étrange] funny, odd; **c'est ~, mais est-ce pratique?** it's certainly funny, but is it useful?

◇ *nm, f* **-1.** [rieur] laugh, scream; **c'est une ~te** she's a hoot. **-2.** [incompétent] joker, clown, comedian *péj*; **c'est un (petit) ~ ton électricien, trois heures pour faire un branchement!** your electrician is some comedian - three hours to instal one appliance!

rigorisme [rigɔrism] *nm* rigorism.

rigoriste [rigɔrist] ◇ *adj* rigid, rigoristic.

◇ *nmf* rigorist.

rigotte [rigɔt] *nf* ≃ cottage cheese *(made from cow's and goat's milk)*.

rigoureusement [rigurøzmɑ̃] *adv* **-1.** [sévèrement] harshly, severely. **-2.** [scrupuleusement] rigorously; **son classement est ~ fait** his filing system is very thorough. **-3.** [complètement]: **les deux portraits sont ~ identiques** the two portraits are exactly the same OU absolutely identical; **c'est ~ vrai** it's perfectly true.

rigoureux, euse [rigurø, øz] *adj* **-1.** [sévère - personne] severe, rigorous; [- sanction] harsh, severe; [- principe] strict. **-2.** [scrupuleux - analyse, définition] rigorous; **observer une rigoureuse neutralité** to remain strictly neutral; **soyez plus ~ dans votre travail** be more thorough in your work. **-3.** [rude - climat] harsh, severe.

rigueur [rigœr] *nf* **-1.** [sévérité] harshness, severity, rigour; **tenir ~ à qqn de qqch** to hold sthg against sb; **elle me tient ~ d'avoir oublié son anniversaire** I forgot her birthday, and now she holds it against me. **-2.** [austérité - d'une gestion] austerity, stringency; [- d'une morale] rigour, strictness, sternness; **politique de ~** austerity (measures). **-3.** [âpreté - d'un climat, d'une existence] rigour, harshness, toughness; **l'hiver a été d'une ~ exceptionnelle** the winter has been exceptionally harsh. **-4.** [précision - d'un calcul] exactness, precision; [- d'une logique, d'un esprit] rigour.

◆ **rigueurs** *nfpl litt* rigours; **les ~s de l'hiver/de la vie carcérale** the rigours of winter/of prison life.

◆ **à la rigueur** *loc adv* **-1.** [peut-être]: **il a bu deux verres à la ~, mais pas plus** he may possibly have had two drinks but no more. **-2.** [s'il le faut] at a pinch, if need be; **à la ~, on pourrait y aller à pied** at a pinch OU if need be OU if the worst comes to the worst we could walk there.

◆ **de rigueur** *loc adj*: **la ponctualité est de ~** punctuality is insisted upon, it's de rigueur to be on time *sout*; **tenue de soirée de ~** dress formal.

rikiki *fam* [rikiki] = **riquiqui**.

rillettes [rijɛt] *nfpl* rillettes *(potted meat)*.

Rilsan® [rilsɑ̃] *nm* Rilsan®.

rimailler *fam* [3] [rimaje] *vi vieilli & péj* to write poetry of a sort, to dabble in writing poetry.

rimailleur, euse *fam* [rimajœr, øz] *nm, f vieilli & péj* rhymester, versifier, poetaster.

rime [rim] *nf* **-1.** LITTÉRAT rhyme; **créer un mot pour la ~** to coin a word for the sake of rhyme ▢ **~ masculine/féminine** masculine/feminine rhyme; **~ pour l'œil** eye rhyme; **~ pour l'oreille** rhyme for the ear; **~ pauvre** poor rhyme; **~ riche** rich OU perfect rhyme; **~s croisées** OU **alternées** alternate rhymes; **~s embrassées** abba rhyme scheme; **~s plates** rhyming couplets; **~s tiercées** terzarima. **-2.** *loc*: **il me tenait des propos sans ~ ni raison** what he was telling me had neither rhyme nor reason to it, there was neither rhyme nor reason in what he was telling me.

rimer [3] [rime] ◇ *vt* to versify, to put into verse.

◇ *vi* **-1.** *litt* [faire de la poésie] to write poetry OU verse. **-2.** [finir par le même son] to rhyme; **les premier et dernier vers riment** the first and last lines rhyme. **-3.** *sout*: **~ avec** [équivaloir à]: **amour ne rime pas toujours avec fidélité** love and fidelity don't aways go together OU hand in hand.

◆ **rimer à** *v + prép*: **à quoi rime cette scène de jalousie?** what's the meaning of this jealous outburst?; **tout cela ne rime à rien** none of this makes any sense, there's no sense in any of this.

rimeur, euse [rimœr, øz] *nm, f péj* versifier, rhymester, poetaster.

Rimmel® [rimɛl] *nm* mascara.

Rimski-Korsakov [rimskikɔrsakɔf] *npr* Rimsky-Korsakov.

rinçage [rɛ̃saʒ] *nm* **-1.** [au cours d'une lessive] rinse, rinsing; **les draps ont besoin d'un ~** the sheets need rinsing (out) OU a rinse. **-2.** [pour les cheveux] (colour) rinse.

rinceaux [rɛ̃so] *nmpl* rinceau *(sg)*, foliated pattern.

rince-bouteilles [rɛ̃sbutɛj] *nm inv* **-1.** [brosse] bottlebrush. **-2.** [machine] bottle-washing machine.

rince-doigts [rɛ̃sdwa] *nm inv* finger bowl.

rincée *fam* [rɛ̃se] *nf* **-1.** *vieilli* [défaite] licking, hammering, thrashing. **-2.** [averse] downpour; **prendre une ~** to get caught in a downpour.

rincer [16] [rɛ̃se] *vt* **-1.** [passer à l'eau] to rinse; **~ qqch abondamment** to rinse sthg thoroughly, to give sthg a thorough rinse. **-2.** *fam* [mouiller]: **se faire ~** to get soaked OU drenched. **-3.** *fam* [ruiner]: **il s'est fait ~ au jeu** he got cleaned out at the gambling table.

◆ **se rincer** *vpt*: **se ~ la bouche/les mains** to rinse one's mouth (out)/one's hands ▢ **se ~ le bec** *fam* OU **la dalle** *fam* OU **le gosier** *fam* [boire] to wet one's whistle; se ~ l'œil *fam* [regarder] to get an eyeful; alors, on se rince l'œil? seen enough, have you?

rincette *fam* [rɛ̃sɛt] *nf* [eau-de-vie] nip of brandy, brandy chaser *(after coffee)*.

rinceuse [rɛ̃søz] *nf* bottle-washing machine.

rinçure [rɛ̃syr] *nf* -**1.** [eau de vaisselle] dishwater. -**2.** *fam vieilli* [mauvaise boisson] : **leur vin, c'est de la ~** their wine tastes like dishwater.

ring [riŋ] *nm* -**1.** [estrade] (boxing) ring; **monter sur le ~** [au début d'un combat] to get into the ring; **quand il est monté sur le ~** [quand il a débuté] when he took up boxing. -**2.** [boxe] : **le ~** the ring; **une légende du ~** a boxing legend, a legend of the ring. -**3.** *Belg* [rocade] ring road.

ringard[1] [rɛ̃gar] *nm* MÉTALL poker, rabble.

ringard[2], **e** [rɛ̃gar, ard] ◇ *adj fam péj* [démodé - gén] corny, naff *Br*; [- chanson] corny; [- décor] naff *Br*, tacky *Am*; **elle est ~e** she's so out of it.
◇ *nm, f fam* -**1.** [acteur] second-rate actor. -**2.** [individu démodé] has-been.

Rio de Janeiro [rijodʒanɛro] *npr* Rio de Janeiro.

Rio de la Plata [rijodlaplata] *npr m*: **le ~** the River Plate.

Rio Grande [rijogrɑ̃de] *npr m*: **le ~** the Rio Grande.

Rio Negro [rijonegro] *npr m*: **le ~** the Rio Negro.

ripage [ripaʒ] *nm* -**1.** CONSTR scraping. -**2.** NAUT cargo displacement.

ripaille *fam* [ripaj] *nf arch*: **faire ~** to have a feast.

ripailler *fam* [3] [ripaje] *vi arch* to have a feast.

ripailleur, euse *fam* [ripajœr, øz] *arch*
◇ *nm, f* reveller.
◇ *adj* revelling, feasting.

ripaton *fam* [ripatɔ̃] *nm arg crime* foot; **attention les ~s!** mind your feet!

ripe [rip] *nf* scraper CONSTR.

riper [3] [ripe] ◇ *vt* -**1.** CONSTR to scrape. -**2.** NAUT: **~ un cordage** to let a rope out OU slip. -**3.** RAIL: **~ une voie** to shift a track.
◇ *vi* -**1.** [glisser] to slip. -**2.** ▽ [s'en aller] to clear off.

Ripolin® [ripɔlɛ̃] *nm* enamel paint, Ripolin®.

ripoliner [3] [ripɔline] *vt* to paint *(with enamel paint)*; **murs ripolinés** walls painted with enamel paint OU with Ripolin®.

riposte [ripɔst] *nf* -**1.** [réplique] retort, riposte; **avoir la ~ rapide** to be good at repartee; **elle a été prompte à la ~** she was quick to retort, she was ready with an answer. -**2.** [réaction] reaction; **quand on l'attaque, la ~ ne se fait pas attendre** when he's attacked, he doesn't take long to react. -**3.** MIL [contre-attaque] counterattack, reprisal; **~ graduée** flexible response. -**4.** ESCRIME riposte.

riposter [3] [ripɔste] ◇ *vi* -**1.** [rétorquer] to answer back. -**2.** [réagir] to respond; **il a riposté à son insulte par une gifle** he countered his insult with a slap; **ils ont riposté par une rafale de mitraillette** they responded with a burst of machine-gun fire; **nous riposterons immédiatement** we will take immediate retaliatory action. -**3.** [contre-attaquer] to counterattack; **~ à un assaut** to counterattack; **~ à une agression** to counter an aggression. -**4.** ESCRIME to riposte.
◇ *vt*: **elle riposta que ça ne le regardait pas** she retorted that it was none of his business.

ripou *fam* [ripu] (*pl* **ripoux** OU **ripous**)
◇ *adj* rotten; **ce monde ~** this rotten lousy world.
◇ *nm*: **ce flic est un ~** he's a bent copper *Br* OU a crooked cop *Am*.

ripper [ripɛr] *nm* ripper CIV ENG.

riquiqui *fam* [rikiki] *adj inv* -**1.** [minuscule] tiny; **une portion ~** a minute OU minuscule helping; **une natte ~** a dinky little plait. -**2.** [étriqué - mobilier] shabby, grotty; [- vêtement] skimpy.

rire[1] [rir] *nm* laugh, laughter *(U)*; **j'adore son ~** I love her laugh OU the way she laughs; **le ~ est une bonne thérapie** laughter is the best medicine; **j'entends des ~s** I hear laughter OU people laughing; **~ jovial** hearty laugh; **gros ~** guffaw; **~ gras** coarse laugh, cackle; **un petit ~ sot** a silly giggle; **un petit ~ méchant** a wicked little laugh; **ce n'est pas avec des ~s que vous me ferez taire** I won't be laughed down ❑ **~s préenregistrés** OU **en boîte** *fam* RAD & TV prerecorded OU canned laughter.

rire[2] [95] [rir] *vi* -**1.** [de joie] to laugh; **ta lettre nous a beaucoup fait ~** your letter made us all laugh a lot; **ça ne me fait pas ~** that's not funny; **c'est vrai, dit-il en riant** that's true, he said with a laugh; **sa gêne/tenue prêtait à ~** his embarrassment/outfit was really funny; **~ de bon cœur** to laugh heartily; **~ bruyamment** to guffaw; **~ de** to laugh OU to scoff at; **il n'y a pas de quoi ~** this is no joke OU no laughing matter; **un jour nous rirons de tout cela** we'll have a good laugh over all this some day; **je ris de voir que toi aussi tu t'es trompé** it makes me laugh to see that OU I find it funny that you made a mistake too; **je n'en pouvais plus de ~** I was helpless with laughter; **j'étais morte de ~** *fam* I nearly died laughing, I was doubled up with laughter; **c'est à mourir** OU **crever** *fam* **de ~** it's a hoot OU a scream ❑ **il vaut mieux en ~ qu'en pleurer** you have to laugh or else you cry; **~ aux éclats** OU **à gorge déployée** to howl with laughter; **~ aux larmes**: **il m'a fait ~ aux larmes avec ses histoires** his jokes made me laugh until I cried; **~ du bout des dents** OU **des lèvres** to force a laugh; **~ dans sa barbe** OU **sous cape** to laugh up one's sleeve, to laugh to o.s.; **~ au nez** OU **à la barbe de qqn** to laugh in sb's face; **~ comme un bossu** *fam* OU **une baleine** *fam* to laugh like a drain *Br*, to laugh o.s. silly; **se tenir les côtes** OU **se tordre de ~** to split one's sides (with laughter), to be in stitches; **~ aux anges** [bébé] to chuckle happily in one's sleep; **~ jaune** to give a hollow laugh; **tu me fais ~!, laisse-moi ~!** *iron* don't make me laugh!; **rira bien qui rira le dernier** *prov* he who laughs last laughs longest *Br* OU best *Am prov*. -**2.** [plaisanter] : **j'ai dit ça pour ~** OU **pour de ~** *fam* I (only) said it in jest, I was only joking; **elle a pris ça en riant** it just made her laugh ❑ **tu veux ~!** you must be joking!, you've got to be kidding!; **sans ~, tu comptes y aller?** joking apart OU aside, do you intend to go? -**3.** [se distraire] to have fun; **qu'est-ce qu'on a pu ~ pendant ses cours** we had such fun in his lessons. -**4.** *litt* [yeux] to shine OU to sparkle (with laughter); [visage] to beam (with happiness).
◆ **se rire de** *vp* + *prép* -**1.** [conseil, doute] to laugh off *(sép)*, to make fun of *(insép)*; [danger, maladie, difficultés] to make light of *(insép)*. -**2.** *litt* [se moquer de] to laugh OU to scoff at.

ris [ri] *nm* -**1.** CULIN sweetbread; **des ~ de veau** calves' sweetbreads. -**2.** NAUT reef; **prendre/larguer un ~** to take in/to shake out a reef; **prendre les ~** to reef the sails. -**3.** *arch* [rire] laughter; **aimer les jeux et les ~** [les amusements] to enjoy the pleasures of life .

risée [rize] *nf* -**1.** [moquerie] : **être un objet de ~** to be a laughing stock; **devenir la ~ du village/de la presse** to become the laughing stock of the village/the butt of the press's jokes; **tu t'exposerais à la ~ de tout le monde** you'd lay yourself open to public ridicule. -**2.** [brise] flurry (of wind).

riser [rajzœr] *nm* riser PETR.

risette *fam* [rizɛt] *nf* -**1.** [sourire d'enfant] : **allez, fais ~ à mamie** come on, give grandma a nice little smile. -**2.** [flagornerie] : **faire ~** OU **des ~s à qqn** to smarm up *Br* OU to play up *Am* to sb.

risible [rizibl] *adj* -**1.** [amusant] funny, comical. -**2.** [ridicule] ridiculous, laughable.

risotto [rizɔto] *nm* risotto.

risque [risk] *nm* -**1.** [danger] risk, hazard, danger; **il y a un ~ de contagion/d'explosion** there's a risk of contamination/of an explosion; **au ~ de te décevoir/de le faire souffrir** at the risk of disappointing you/of hurting him ❑ **~ professionnel** occupational hazard; **zone/population à haut ~** high-risk area/population; **à mes/tes ~s et périls** at my/your own risk; **ce sont les ~s du métier** it's an occupational hazard. -**2.** [initiative hasardeuse] risk, chance; **il y a une part de ~** there's an element of risk; **courir** OU **prendre un ~** to run a risk, to take a chance; **ne prenez pas de ~s inutiles** don't take any unnecessary risks OU chances; **courir le ~ de se faire prendre** to run the risk of getting caught; **j'ai toujours gagné en ne prenant pas de ~s** I've always won by playing safe; **avoir le goût du ~, aimer le ~** to enjoy taking chances ❑ **~ calculé** calculated risk. -**3.** [préjudice] risk; **~ d'incendie** fire hazard OU risk; **~ de cambriolage** risk of burglary ❑ **~ de change** FIN foreign exchange risk; **~ locatif** tenant's thirdparty risk; **capitaux à ~s** FIN risk OU venture capital; **la délégation aux Risques majeurs** the commission on natural disasters.

risqué, e [riske] *adj* -**1.** [dangereux] risky, dangerous; **c'est une entreprise ~e** it's a risky business. -**2.** [osé] risqué, racy.

risquer [3] [riske] *vt* -**1.** [engager - fortune, crédibilité] to risk; **~ sa peau** *fam* OU **sa vie** to risk one's neck OU life; **~ le tout pour le tout, ~ le paquet** *fam* to chance one's arm, to stake one's all; **on risque le coup** OU **la partie?** shall we have a shot at it?, shall we chance it?; **qui ne risque rien n'a rien** *prov* nothing ventured nothing gained *prov*. -**2.** [s'exposer à] to risk; **elle risque la mort/la paralysie** she runs the risk of dying/of being left paralysed; **on ne risque rien à essayer** we can always try; **tu ne risques rien avec ce masque/avec moi à tes côtés** you'll be safe with this mask/with me beside you; **tu peux laisser ça dehors, ça ne risque rien** you can leave it outside, it'll be safe; **ne t'en fais pas, ces gants ne risquent rien** don't worry, I'm not bothered about those gloves ❑ **~ gros** to take OU to run a big risk, to stick one's neck out. -**3.** [oser] to venture; **~ une comparaison** to risk drawing a comparison, to venture a comparison; **risquerai-je la question?** shall I be bold enough to put OU shall I risk putting the question?; **~ un regard** OU **un œil** *fam* to venture a look OU a peep.
◆ **risquer de** *v* + *prép* to risk; **ton idée risque de ne pas marcher** there's a chance your idea mightn't work; **ils risquent d'être renvoyés** they run the risk of being sacked; **le plafond risquait de s'écrouler d'une minute à l'autre** the ceiling was likely to collapse at any minute; **ne m'attends pas, je risque d'être en retard** don't wait for me, I'm likely to be late OU the chances are I'll be late; **je ne risque pas de me remarier!** *hum* (there's) no danger of my getting married again!; **ça ne risque pas de se faire!** there's no chance of that happening!; **ça ne risque pas!** no chance!
◆ **se risquer** *vpi*: **se ~ dehors** to venture outside; **se ~ à faire qqch** to venture OU to dare to do sthg; **je ne m'y risquerais pas si j'étais toi** I wouldn't take a chance on it if I were you.

risque-tout [riskətu] *nmf inv* daredevil.

riss [ris] *nm* Riss.

rissole [risɔl] *nf* -**1.** CULIN rissole. -**2.** PÊCHE *close-meshed fishing net for sardine and anchovy fishing*.

rissoler [3] [risɔle] ◇ *vt* to brown; **pommes rissolées** sauté OU sautéed potatoes.
◇ *vi*: **faire ~** to brown.

ristourne [risturn] *nf* -**1.** [réduction] discount, reduction; **j'ai eu une ~ de 20 % sur la moto** I got a 20% discount on the motorbike. -**2.** [remboursement] refund, reimbursement. -**3.** JUR cancellation *(of a maritime policy)*. -**4.** COMM [versement] bonus.

ristourner [3] [risturne] *vt* -**1.** [réduire] to give a discount on. -**2.** [rembourser] to refund, to give a refund of. -**3.** JUR to cancel *(a maritime* *policy)*. -**4.** COMM *(en usage abs)*: ~ à qqn to give a bonus to sb.

ristrette [ristrɛt], **ristretto** [ristrɛto] *nm Helv* very strong black coffee *(served in a small cup)*.

rital, als▼ [rital] *nm péj offensive term used with reference to Italians*, ≃ Eyetie *Br*, ≃ Macaroni *Am*.

rite [rit] *nm* -**1.** ANTHR & RELIG rite; ~ **de passage** rite of passage. -**2.** [coutume] ritual.

ritournelle [riturnɛl] *nf* -**1.** *fam* [histoire]: **avec lui c'est toujours la même** ~ he's always giving us the same old story. -**2.** MUS ritornello.

ritualisation [ritɥalizasjɔ̃] *nf* ritualization.

ritualiser [3] [ritɥalize] *vt* to ritualize.

ritualisme [ritɥalism] *nm* ritualism.

ritualiste [ritɥalist] ◇ *adj* ritualistic.
◇ *nmf* ritualist.

rituel, elle [ritɥɛl] *adj* -**1.** [réglé par un rite] ritual. -**2.** [habituel] ritual, usual, customary.
◆ **rituel** *nm* -**1.** [ensemble de règles] ritual, rite. -**2.** RELIG [livre] ceremonial.

rituellement [ritɥɛlmɑ̃] *adv* -**1.** [selon un rite] ritually. -**2.** [invariablement] invariably.

riv. *abr écrite de* **rivière**.

rivage [rivaʒ] *nm* -**1.** [littoral] shore. -**2.** [plage]: ~ **de sable/de galets** sand/pebble beach.

rival, e, aux [rival, o] ◇ *adj* [antagonique] rival *(avant n)*.
◇ *nm, f* -**1.** [adversaire] rival, opponent; ~ **politique** political rival OU opponent. -**2.** [concurrent] rival; **elle n'a pas eu de** ~**e en son temps** she was unrivalled in her day.
◆ **sans rival, e** *loc adj* unrivalled.

rivaliser [3] [rivalize] *vi*: ~ **avec** to compete with, to vie with, to rival; **ils rivalisent avec nous pour la conquête du marché** they're competing OU vying with us for domination of the market; **nos vins peuvent** ~ **avec les meilleurs crus français** our wines can compare with OU hold their own against OU rival French vintages; ~ **de: elles rivalisent d'élégance** they are trying to outdo each other in elegance; **ne rivalise pas de vitesse avec lui** don't try to match his pace.

rivalité [rivalite] *nf* [en amour, en politique] rivalry; [en affaires] rivalry, competition; **des** ~**s d'intérêts** conflicting interests.

rive [riv] *nf* -**1.** [bord - d'un lac, d'une mer] shore; [- d'une rivière] bank; ~ **droite/gauche** [gén] right/left bank; **mode/intellectuels** ~ **gauche** [à Paris] Left Bank fashion/intellectuals *(in Paris)*. -**2.** TRAV PUBL: **poutre de** ~ continuous girder OU beam. -**3.** MÉTALL face; ~ **d'un four** lip of an oven.

RIVE DROITE, RIVE GAUCHE:
The Right (north) Bank of the Seine is traditionally associated with business and trade, and has a reputation for being more conservative than the Left Bank. The Left (south) Bank includes districts traditionally favoured by artists, students and intellectuals, and has a reputation for being Bohemian and unconventional.

river [3] [rive] *vt* -**1.** [joindre - plaques] to rivet; [- clou] to clinch; ~ **son clou à qqn** *fam* to shut sb up. -**2.** *fig* [fixer] to rivet; **il avait les yeux rivés sur elle/les diamants** he couldn't take his eyes off her/the diamonds; **être rivé à la télévision/à son travail** to be glued to the television/chained to one's work; **rester rivé sur place** to be riveted OU rooted to the spot; **ils étaient rivés au sol par une force invisible** an invisible force held OU pinned them to the ground.

riverain, e [rivrɛ̃, ɛn] ◇ *adj* [d'un lac] lakeside, waterside; [d'une rivière] riverside, waterside, riparian; **les restaurants** ~**s de la Seine** the restaurants along the banks of the Seine; **les maisons** ~**es de la grande route** the houses stretching along OU bordering the main road.
◇ *nm, f* [qui vit au bord - d'un lac] lakeside resident; [- d'une rivière] riverside resident; **les** ~**s du parc s'opposent au concert** residents living near the park are against the concert; **'interdit sauf aux** ~**s'** 'residents only', 'no entry except for access'.

riveraineté [rivrɛnte] *nf* riparian rights JUR.

rivesaltes [rivzalt] *nm* Rivesaltes (wine).

rivet [rivɛ] *nm* rivet; ~ **bifurqué/fendu** slotted/split rivet.

rivetage [rivtaʒ] *nm* riveting.

riveter [27] [rivte] *vt* to rivet.

riveteuse [rivtøz] *nf* riveting machine, rivet gun.

riveur, euse [rivœr, øz] *nm, f* riveter.

Riviera [rivjera] *npr f*: **la** ~ the (Italian) Riviera.

rivière [rivjɛr] *nf* -**1.** [cours d'eau] river; **remonter/descendre une** ~ to go up/down a river; **une** ~ **de feu coule du Vésuve** *fig* a river of fire is flowing from Vesuvius. -**2.** JOAILL: ~ **de diamants** (diamond) rivière. -**3.** ÉQUIT water jump.

rivulaire [rivylɛr] *nf* rivularia.

rivure [rivyr] *nf* -**1.** [tête de rivet] rivet head. -**2.** [opération] riveting; ~ **simple/double** single/double riveting.

rixe [riks] *nf* brawl, scuffle.

Riyad [rijad] *npr* Riyadh.

riz [ri] *nm* rice; ~ **court/long** short-grain/long-grain rice; ~ **pilaf/cantonnais/créole** pilaff/Cantonese/Creole rice; ~ **complet** brown rice; ~ **au lait** rice pudding; ~ **rond** pudding rice.

rizerie [rizri] *nf* rice-processing plant.

rizicole [rizikɔl] *adj* [région] rice-producing, rice-growing; [production] rice *(modif)*.

riziculteur, trice [rizikyltœr, tris] *nm, f* rice grower.

riziculture [rizikyltyr] *nf* [processus] rice-growing; [secteur] rice production.

rizière [rizjɛr] *nf* rice field, paddyfield.

riz-pain-sel [ripɛ̃sɛl] *nm inv arg mil* quartermaster *Br*, commissary *Am*.

RMC *(abr de* **Radio Monte-Carlo***)* *npr independent radio station*.

RMI *nm abr de* **revenu minimum d'insertion**.

RMiste [ɛremist] *nmf person receiving the 'RMI'*.

RN *(abr de* **route nationale***)* *nf* ≃ A-road *Br*, ≃ state highway *Am*.

RNIS *(abr de* **réseau numérique à intégration de services***)* *nm* ISDN.

ro *abr écrite de* **recto**.

roadster [rodstœr] *nm* roadster AUT.

rob [rɔb] *nm* -**1.** PHARM syrup. -**2.** JEUX rubber.

robe [rɔb] *nf* -**1.** VÊT dress; **je me mets en** ~ **ou en jupe?** shall I wear a dress or a skirt? ❑ ~ **de bal** ballgown; ~ **de baptême** christening robe; ~ **de chambre** dressing gown, bathrobe *Am*; **pomme de terre en** ~ **de chambre** jacket potato; ~**-chasuble** pinafore dress; ~**-chemisier** shirtwaister *Br*, shirtwaist *Am*; ~ **de grossesse** maternity dress; ~ **d'intérieur** housecoat; ~ **de mariée** wedding dress, bridal gown; **une** ~ **à paniers** a dress with panniers; ~ **de plage** sundress; ~**-sac** sack-dress; ~ **du soir** evening dress. -**2.** [tenue - d'un professeur] gown; [- d'un cardinal, d'un magistrat] robe; **la** ~ *sout* the legal profession. -**3.** [pelage] coat. -**4.** [enveloppe - d'un fruit] skin; [- d'une plante] husk. -**5.** [feuille de tabac] wrapper leaf. -**6.** ŒNOL colour *(general aspect of wine in terms of colour and clarity)*.

roberts▽ [rɔbɛr] *nmpl* tits, boobs.

robin [rɔbɛ̃] *mn litt & péj* lawyer, gownsman.

Robin des Bois [rɔbɛ̃debwa] *npr* Robin Hood.

robinet [rɔbinɛ] *nm* -**1.** [à eau, à gaz] tap *Br*, faucet *Am*; [à pétrole, de tonneau] spigot; ~ **d'eau chaude/froide** hot/cold water tap; ~ **d'arrivée d'eau** stopcock; ~ **mélangeur/mitigeur** mixer tap; ~ **à tournant** plug cock. -**2.** *fam* [sexe masculin] willy *Br*, peter *Am*.

robinetier [rɔbintje] *nm* -**1.** [fabricant] tap *Br* OU faucet *Am* manufacturer. -**2.** [commerçant] *supplier of taps and plumbing accessories*.

robinetterie [rɔbinɛtri] *nf* -**1.** [dispositif] plumbing. -**2.** [usine] tap *Br* OU faucet *Am* factory; [commerce] tap *Br* OU faucet *Am* trade.

robinier [rɔbinje] *nm* acacia; ~ **faux acacia** false acacia, robinia.

Robinson Crusoé [rɔbɛ̃sɔ̃kryzɔe] *npr* Robinson Crusoe.

roboratif, ive [rɔbɔratif, iv] *adj litt* [activité] invigorating; [mets] hearty; [climat] bracing.

robot [rɔbo] *nm* robot; **comme un** ~ robot-like, like an automaton ❑ ~ **ménager** OU **de cuisine, Robot Marie®** food processor; **avion-**~ robot plane.

robotique [rɔbɔtik] *nf* robotics *(sg)*.

robotisation [rɔbɔtizasjɔ̃] *nf* robotizing.

robotiser [3] [rɔbɔtize] *vt* -**1.** [atelier, usine, travail] to automate, to robotize. -**2.** [personne] to robotize.

robre [rɔbr] = **rob 2**.

robusta [rɔbysta] *nm* robusta (coffee).

robuste [rɔbyst] *adj* -**1.** [personne] robust, sturdy, strong; **des jambes** ~**s** sturdy legs. -**2.** [santé] sound; **doté d'une** ~ **constitution** blessed with a robust OU sound constitution. -**3.** [arbre, plante] hardy. -**4.** [meuble] sturdy; [voiture, moteur] rugged, heavy-duty. -**5.** *sout* [conviction] firm, strong.

robustesse [rɔbystɛs] *nf* [d'une personne] robustness; [d'un meuble] sturdiness; [d'un arbre] hardiness.

roc [rɔk] *nm* -**1.** [pierre] rock; **dur** OU **ferme comme un** ~ solid OU firm as a rock. -**2.** JEUX [pièce] rook, castle; [action] castling.

rocade [rɔkad] *nf* -**1.** TRAV PUBL bypass. -**2.** MIL communications line.

rocaille [rɔkaj] *nf* -**1.** [pierraille] loose stones; [terrain] stony ground. -**2.** [jardin] rock garden, rockery. -**3.** ARCHIT rocaille; **style** ~ rocaille style; **grotte/fontaine en** ~ rocaille grotto/fountain.

rocailleux, euse [rɔkajø, øz] *adj* -**1.** [terrain] rocky, stony. -**2.** [voix] gravelly. -**3.** *sout* [style] rough, rugged.

rocambole [rɔkɑ̃bɔl] *nf* rocambole, sand leek.

rocambolesque [rɔkɑ̃bɔlɛsk] *adj* [aventures] fantastic; [histoire] incredible; **le scénario est** ~ the script is all thrills and spills.

rochage [rɔʃaʒ] *nm* MÉTALL spitting.

roche [rɔʃ] *nf* -**1.** GÉOL rock; ~ **ignée/métamorphique/sédimentaire** igneous/metamorphic/sedimentary rock; ~ **mère** parent rock. -**2.** [pierre] rock, boulder; **sculpté à même la** ~ OU **dans la** ~ [bas-relief] carved in the rock; [statue] carved out of the rock ❑ **la** ~ **Tarpéienne** ANTIQ the Tarpeian Rock.

roche-magasin [rɔʃmagazɛ̃] *(pl* **roches-magasins***)* *nf* reservoir rock.

rocher¹ [rɔʃe] *nm* -**1.** GÉOL rock; **grimper/pousser à flanc de** ~ to climb up/to grow on the rock face; **côte hérissée de** ~**s** rocky coast ❑ ~ **branlant** rocking OU logan stone; **le Rocher** *the town of Monaco*; **le** ~ **de Gibraltar** the Rock of Gibraltar; **le** ~ **de Sisyphe** MYTH the rock of Sisyphus. -**2.** SPORT: **faire du** ~ to go rock-climbing. -**3.** ANAT petrous bone. -**4.** [en chocolat] rocher *(rock-shaped chocolate)*.

rocher² [3] [rɔʃe] *vi* -**1.** MÉTALL to spit. -**2.** [bière] to froth.

roche-réservoir [rɔʃrezɛrvwar] *(pl* **roches-réservoirs***)* = **roche-magasin**.

rochet [rɔʃɛ] *nm* -**1.** TEXT spool. -**2.** MÉCAN: **roue à** ~ ratchet wheel.

Rocheuses [rɔʃøz] *npr fpl*: **les (montagnes)** ~ the (Great) Rocky Mountains, the Rockies.

rocheux, euse [rɔʃø, øz] *adj* rocky.

Roch ha-Shana [rɔʃaʃana] *nm* Rosh Hashana OU Hashanah.

rock [rɔk] ◇ *adj inv* MUS rock.
◇ *nm* -**1.** MUS rock. -**2.** LITTÉRAT roc.

rock and roll [rɔkɛnrɔl] *nm inv* rock and roll, rock'n'roll; **danser le** ~ to jive, to rock (and roll).

rocker [rɔkœr] *nm* -**1.** [artiste] rock singer OU musician. -**2.** *fam* [fan] rocker.
rocket [rɔkɛt] = **roquette 1**.
rockeur, euse [rɔkœr, øz] *nm, f* -**1.** [artiste] rock singer OU musician; **les plus grands ~s** the greatest rock stars. -**2.** *fam* [fan] rocker.
rocking-chair [rɔkiŋtʃɛr] (*pl* **rocking-chairs**) *nm* rocking chair.
rococo [rɔkoko] ◇ *adj inv* -**1.** BX-ARTS rococo. -**2.** *péj* [tarabiscoté] over-ornate, rococo; [démodé] antiquated, rococo.
◇ *nm* BX-ARTS rococo.
rodage [rɔdaʒ] *nm* -**1.** [d'un moteur, d'une voiture] running in *Br*, breaking in *Am*; **tant que la voiture est en ~** while the car is being run in *Br* OU broken in *Am*. -**2.** *fig* [mise au point]: **la démocratie est récente et demande un certain ~** democracy is in its infancy and needs time to get over its teething troubles; **le ~ de ce service va prendre plusieurs mois** it'll take several months to get this new service running smoothly. -**3.** TECH grinding; **~ de soupape** valve grinding.
rôdailler *fam* [3] [rodaje] *vi* [traînasser] to roam OU to wander about.
rodéo [rɔdeo] *nm* -**1.** [à cheval] rodeo. -**2.** *fam* [en voiture]: **les policiers et les gangsters ont fait un ~ dans le quartier** the police and the gangsters had a high-speed car chase through the streets.
roder [3] [rɔde] *vt* -**1.** [moteur, voiture] to run in *Br (sép)*, to break in *Am (sép)*. -**2.** *fig* [mettre au point]: **~ un service/une équipe** to get a department/a team up and running; **il est rodé maintenant** he knows the ropes now; **tout est bien rodé** everything is running smoothly. -**3.** TECH [surface] to grind.
rôder [3] [rode] *vi* [traîner - sans but] to hang around, to roam OU to loiter about; [- avec une mauvaise intention] to lurk OU to skulk around; **il rôdait autour du magasin** he was lurking OU loitering around the shop; **l'animal rôde toujours** the animal is still on the prowl OU prowling about; **arrêtez de ~ autour de ma fille** stop hanging round my daughter.
rôdeur, euse [rodœr, øz] *nm, f* prowler.
rodomontade [rɔdɔmɔ̃tad] *nf litt* bragging *(U)*, swaggering *(U)*; **il est connu pour ses ~s** he's notorious for being a braggart; **faire des ~s** to brag, to bluster.
rœsti [røsti] *nmpl Helv* rœsti, potato pancake.
rogations [rɔgasjɔ̃] *nfpl* rogations.
rogatoire [rɔgatwar] *adj* rogatory.
rogaton *fam* [rɔgatɔ̃] *nm arch* [objet de rebut] rubbish *(U)*.
◆ **rogatons** *fam nmpl* [restes de nourriture] scraps (of food), leftovers.
rogne *fam* [rɔɲ] *nf* anger; **être/se mettre en ~ (contre qqn)** to be/to get hopping mad (with sb); **mettre qqn en ~** to make sb hopping mad.
rogner [3] [rɔɲe] ◇ *vt* -**1.** [couper - métal] to pare, to clip; [- cuir] to pare, to trim; [- papier] to trim; [- livre] to guillotine, to trim; **~ les griffes à un oiseau** to clip OU to pare a bird's claws ❑ **~ les ailes à qqn** to clip sb's wings. -**2.** [réduire - budget, salaire] to cut (back); **~ sur** to cut back OU down on; **~ sur la nourriture** to cut back OU to skimp on food.
◇ *vi fam* [être en colère] to be hopping mad.
rognon [rɔɲɔ̃] *nm* -**1.** CULIN kidney. -**2.** GÉOL nodule.
rognonnade [rɔɲɔnad] *nf*: **~ de veau** *loin of veal cooked with kidneys.*
rognonner *fam* [3] [rɔɲɔne] *vi vieilli* to grumble, to grouse.
rognures [rɔɲyr] *nfpl* [de métal, de carton, d'étoffe] clippings, trimmings; [d'ongles] clippings, parings; [de viande] scraps, offcuts.
rogomme *fam* [rɔgɔm] *nm*: **voix de ~** hoarse OU gruff voice.
rogue [rɔg] ◇ *adj sout* [arrogant] arrogant, haughty.
◇ *nf* ZOOL roe.

roi [rwa] *nm* -**1.** [monarque] king; **~ constitutionnel** constitutional monarch; **~ de droit divin** king by divine right; **le ~ de Rome** the King of Rome; **le Roi des ~s** the King of Kings; **le Roi Très Chrétien** the King of France; **les ~s fainéants** *the last Merovingian kings*; **les Rois mages** the Magi, the Three Wise Men; **les Rois, la fête des Rois** Twelfth Night; **tirer les Rois** to eat Twelfth Night cake; **morceau de ~** OU **digne d'un ~** dish fit for a king; **être heureux comme un ~** to be as happy as a sandboy *Br* OU a king; **vivre comme un ~** to live like a king OU a lord; **le ~ n'est pas son cousin** he's terribly stuck-up; **le ~ dit «nous voulons»** "I want" doesn't get; **je vais où le ~ va à pied** *euph* I'm going to the toilet OU to sit on the throne; **le ~ est mort, vive le ~!** the King is dead, long live the King!; **le ~ est nu** the emperor has no clothes. -**2.** *fig*: **le ~ de notre petite fête** the prince of our little gathering; **le ~ des animaux** the king of beasts; **les ~s du pétrole** the oil tycoons OU magnates; **le ~ du surgelé** *hum* the leading name in frozen food, the frozen food king; **tu es vraiment le ~ de la gaffe!** you're an expert at putting your foot in it!; **c'est vraiment le ~ des imbéciles** he's a prize idiot. -**3.** JEUX king; **~ de carreau/pique** king of diamonds/spades.

TIRER LES ROIS:
The French traditionally celebrate Epiphany with a round, almond-flavoured pastry ("la galette des Rois") containing a small porcelain figurine ("la fève" - originally a dried bean). The pastry is shared out and the person who finds the "fève" is appointed "king" or "queen" and given a cardboard crown to wear. This tradition is called "tirer les Rois".

---

roiller *fam* [3] [rɔje] *v impers Helv* to pour with rain.
Roi-Soleil [rwasɔlɛj] *npr m*: **le ~** the Sun King.
roitelet [rwatle] *nm* -**1.** *péj* [roi] kinglet. -**2.** [oiseau] wren *Br*, winter wren *Am*; **~ huppé** gold-crest.
Roland [rɔlɑ̃] *npr*: **'la Chanson de ~'** 'The Chanson de Roland'.
Roland-Garros [rɔlɑ̃garos] *npr*: **(le stade) ~** *stadium in Paris where international tennis championships are held.*
rôle [rol] *nm* -**1.** CIN, THÉÂT & TV role, part; **apprendre son ~** to learn one's part OU lines; **il joue le ~ d'un espion** he plays (the part of) a spy; **distribuer les ~s** to do the casting, to cast; **il a toujours des ~s de névropathe** he's always cast as a neurotic, he always gets to play neurotics; **avec Jean Dumay dans le ~ du Grand Inquisiteur** starring Jean Dumay as the Inquisitor General ❑ **~ de composition** character part OU role; **~ muet** non-speaking part; **petit ~** walk-on part; **avoir le premier ~** OU **le ~ principal** to have the starring role, to play the leading role; **second ~** secondary OU supporting role; **jouer les seconds ~s (auprès de qqn)** to play second fiddle (to sb); **meilleur second ~ masculin/féminin** best supporting actor/actress; **jeu de ~** role play; **avoir le beau ~** to have it OU things easy. -**2.** [fonction] role; **jouer un ~ important dans qqch** to play an important part in sthg; **le ~ du cœur dans la circulation du sang** the role OU the part played by the heart in blood circulation; **le ~ de l'exécutif** the role OU function of the executive; **prendre à cœur son ~ de père** to take one's role as father OU one's paternal duties seriously; **ce n'est pas mon ~ de m'occuper de ça** it's not my job OU it's not up to me to do it. -**3.** [liste] roll; **~ d'équipage** muster roll, crew list; **~ des malades** sick list. -**4.** JUR: **mettre une affaire au** OU **sur le ~** to put a case on the cause list ❑ **~ nominatif** FIN income tax (units) list. -**5.** SOCIOL role.
rôle-titre [roltitr] (*pl* **rôles-titres**) *nm* title role.
rollmops [rɔlmɔps] *nm* rollmop (herring).
rom [rɔm] *adj* Romany *(modif)*.

ROM, Rom [rɔm] (*abr de* **read only memory**) *nf* ROM, Rom.
romain, e [rɔmɛ̃, ɛn] *adj* Roman.
◆ **Romain, e** *nm, f* Roman.
◆ **romaine** *nf* -**1.** [salade] cos lettuce *Br*, ≃ romaine *Am*. -**2.** *fam loc*: **être bon comme la ~** to be too kind-hearted for one's own good; **on est bons comme la ~** [on a perdu] we've had it; [on va supporter les conséquences] we're in for it.
roman[1] [rɔmɑ̃] *nm* -**1.** LITTÉRAT novel; **il n'écrit que des ~s** he only writes novels OU fiction; **on dirait un mauvais ~** it sounds like something out of a cheap novel; **sa vie est un vrai ~** you could write a book about his life; **tout ça c'est du ~** it's all fantasy OU make-believe ❑ **~ d'aventures/d'amour** adventure/love story; **~ didactique** OU **d'initiation** didactic OU educational novel; **~ d'anticipation** science-fiction novel; **~ de cape et d'épée** swash-buckling tale; **~ de chevalerie** tale of chivalry; **~ à clef** roman à clef; **~ d'épouvante** horror novel; **~ d'espionnage** spy story; **~ de gare** *péj* airport OU dime *Am* novel; **~ historique** historical novel; **~ de mœurs** social novel; **~ noir** Gothic novel; **~ policier** detective story OU novel; **~ psychologique** psychological novel; **~ de science-fiction** science fiction OU sci-fi novel; **~ à thèse** roman à thèse, novel of ideas. -**2.** [genre médiéval] romance; **'le Roman de la Rose'** 'The Romance of the Rose'.
roman[2]**, e** [rɔmɑ̃, an] *adj* -**1.** LING Romance *(modif)*. -**2.** ARCHIT Romanesque.
◆ **roman** *nm* -**1.** LING Romance. -**2.** ARCHIT: **le ~** the Romanesque.
romance [rɔmɑ̃s] *nf* [poème, musique] romance; [chanson sentimentale] sentimental love-song OU ballad.
romancer [16] [rɔmɑ̃se] ◇ *vt* [histoire] to novelize; **~ une biographie** to write a biography in the form of a novel.
◇ *vi fig*: **tu as tendance à ~** you have a tendency to embroider the facts.
romancero [rɔmɑ̃sero] *nm*: **le ~ du Cid** the romances of El Cid.
romanche [rɔmɑ̃ʃ] *adj & nm* Romansh.
romancier, ère [rɔmɑ̃sje, ɛr] *nm, f* novelist, novel OU fiction writer.
romand, e [rɔmɑ̃, ɑ̃d] *adj* of French-speaking Switzerland; **la Suisse ~e** French-speaking Switzerland.
◆ **Romand, e** *nm, f* French-speaking Swiss; **les Romands** the French-speaking Swiss.
romanesque [rɔmanɛsk] ◇ *adj* -**1.** LITTÉRAT [héros] fiction *(modif)*, fictional; [technique, style] novelistic. -**2.** *fig* [aventure] fabulous, fantastic; [imagination, amour] romantic.
◇ *nm* LITTÉRAT: **les règles du ~** the rules of fiction writing.
roman-feuilleton [rɔmɑ̃fœjtɔ̃] (*pl* **romans-feuilletons**) *nm* serialized novel, serial; **sa vie est un vrai ~** his life is a real adventure story.
roman-fleuve [rɔmɑ̃flœv] (*pl* **romans-fleuves**) *nm* roman-fleuve, saga; **il m'a écrit un ~** the letter he sent me was one long OU endless saga.
romani [rɔmani] *nm* Romany.
romanichel, elle [rɔmaniʃɛl] *nm, f péj* -**1.** [Tsigane] Romany, Gipsy. -**2.** [nomade] Gipsy.
romanisation [rɔmanizasjɔ̃] *nf* romanization.
romaniser [3] [rɔmanize] *vt* to romanize.
romaniste [rɔmanist] *nmf* -**1.** JUR & LING Romanist. -**2.** BX-ARTS romanist.
romanité [rɔmanite] *nf* -**1.** [civilisation] the (Ancient) Roman civilization OU way of life. -**2.** [pays] Roman Empire.
roman-photo [rɔmɑ̃fɔto] (*pl* **romans-photos**) *nm* photo novel, photo romance.
romantique [rɔmɑ̃tik] ◇ *adj* -**1.** BX-ARTS & LITTÉRAT Romantic. -**2.** [sentimental] romantic.
◇ *nmf* -**1.** BX-ARTS & LITTÉRAT Romantic; **les ~s** the Romantics. -**2.** [personne] romantic.

romantisme [rɔmɑ̃tism] *nm* **-1.** BX-ARTS & LITTÉRAT Romanticism. **-2.** [sentimentalisme] romanticism.

romarin [rɔmarɛ̃] *nm* rosemary.

rombière *fam* [rɔ̃bjɛr] *nf*: **une vieille ~** a stuck-up old bat.

Rome [rɔm] *npr* Rome; **la ~ antique** Ancient Rome.

Roméo [rɔmeo] *npr*: **'~ et Juliette'** *Shakespeare* 'Romeo and Juliet'.

rompre [78] [rɔ̃pr] ◇ *vt* **-1.** [mettre fin à - jeûne, silence, contrat] to break; [- fiançailles, relations] to break off *(sép)*; [- marché] to call off *(sép)*; [- équilibre] to upset; **~ le charme** to break the spell; **prenez des vacances pour ~ la monotonie quotidienne!** take a holiday to break the monotony of everyday life!; **désolé de ~ ce doux entretien** *hum* sorry to break in on your tête-à-tête. **-2.** [briser] to break; **le fleuve a rompu ses digues** the river has burst its banks; **~ ses chaînes** OU **fers** *litt* to break one's chains; **~ les amarres** NAUT to break (free from) the moorings ❑ **~ le pain** to break bread; **~ le pain avec qqn** *litt* to break bread with sb; **~ la glace** *pr* & *fig* to break the ice; **~ des lances contre qqn** to cross swords with sb; **~ en visière avec qqn** *litt* to quarrel openly with sb. **-3.** *sout* [accoutumer] to break in *(sép)*; **~ qqn à qqch** to break sb in to sthg; **~ qqn à une discipline** to initiate sb into OU to train sb in a discipline; **sa vie à la ferme l'a rompu aux travaux pénibles** life on the farm has inured him to hard labour. **-4.** MIL to break; **~ les rangs** to break ranks; **rompez (les rangs)!** dismiss!, fall out!

◇ *vi* **-1.** [se séparer] to break up; **~ avec** to break with; **~ avec ses amis/son milieu** to break with one's friends/one's milieu; **~ avec l'étiquette/la tradition** to break with etiquette/tradition. **-2.** *sout* [se briser - corde] to break, to snap; [- digue] to break, to burst. **-3.** SPORT [reculer] to break.

◆ **se rompre** ◇ *vpi* [se briser - branche] to break OU to snap (off); [- digue] to burst, to break.

◇ *vpt*: **se ~ le cou** OU **les os** to break one's neck.

rompu, e [rɔ̃py] *adj* **-1.** [épuisé]: **~ (de fatigue)** tired out, worn out, exhausted; **j'ai les jambes ~es** my legs are giving way under me. **-2.** *sout* [habitué]: **~ à**: **~ aux affaires/à la diplomatie** experienced in business/in diplomacy; **il est ~ à ce genre d'exercice** he's accustomed OU used to this kind of exercise; **je suis peu ~ au droit anglais** I'm not well-grounded in OU I have little experience of English law; **~ aux rigueurs de** accustomed OU inured to the rigours of.

◆ **rompu** *nm* BOURSE fraction.

romsteck [rɔmstɛk] *nm* [partie du bœuf] rumpsteak; [morceau coupé] slice of rumpsteak.

Romulus [rɔmylys] *npr*: **~ et Rémus** Romulus and Remus.

ronce [rɔ̃s] *nf* **-1.** BOT blackberry bush; **les ~s** [buissons] the brambles ❑ **~ artificielle** barbed wire. **-2.** [nœud dans le bois] burr, swirl *spéc*; **~ de noyer** figured walnut, walnut burr.

ronceraie [rɔ̃srɛ] *nf* bramble patch, brambles.

ronceux, euse [rɔ̃sø, øz] *adj* **-1.** [bois] knotty. **-2.** *litt* [chemin] brambly, thorny.

Roncevaux [rɔ̃svo] *npr* Roncesvalles.

RONCEVAUX:
Site of a surprise attack (15 August 778) on Charlemagne's rear guard by Basque mountain dwellers. The event was romanticized in "la Chanson de Roland", a 12th-century epic ballad extolling the heroism of Roland, one of the unfortunate victims.

---

ronchon, onne *fam* [rɔ̃ʃɔ̃, ɔn] ◇ *adj* crotchety, grumpy, grouchy.

◇ *nm, f* grumbler, grouse, grouch *Am*.

ronchonnement *fam* [rɔ̃ʃɔnmɑ̃] *nm* grousing *(U)*, grouching *(U)*, griping *(U)*.

ronchonner *fam* [3] [rɔ̃ʃɔne] *vi*: **~ (après qqn)** to grouse OU to gripe OU to grouch (at sb).

ronchonneur, euse *fam* [rɔ̃ʃɔnœr, øz] = **ronchon**.

roncier [rɔ̃sje] *nm*, **roncière** [rɔ̃sjɛr] *nf* bramble (bush).

rond, e[1] [rɔ̃, rɔ̃d] *adj* **-1.** [circulaire] round, circular; **faire** OU **ouvrir des yeux ~s** to stare in disbelief. **-2.** [bien en chair] round, full, plump; **un petit bébé tout ~** a chubby little baby; **un petit nez ~** a button nose; **de jolies épaules bien ~es** well-rounded OU well-turned shoulders; **des seins ~s** full breasts; **un visage tout ~** a round face, a moon face *péj*; **un petit homme ~** a podgy *Br* OU pudgy *Am* little man. **-3.** *fam* [ivre] tight, well-oiled; **~ comme une queue de pelle** three sheets to the wind. **-4.** [franc] straightforward, straight; **il est ~ en affaires** he's very direct OU straightforward OU up front when it comes to business; **elle me l'a dit de façon très ~e** she told me straight (out). **-5.** [chiffre, somme] round.

◆ **rond** ◇ *nm* **-1.** [cercle] circle, ring; **faire des ~s de fumée** to blow OU to make smoke rings ❑ **faire des ~s dans l'eau** *pr* to make rings in the water; *fig* to fritter away one's time. **-2.** [anneau] ring; **~ de serviette** napkin ring; **~ central** FTBL centre circle. **-3.** *fam* [sou]: **je n'ai plus un ~** I'm flat broke, I'm skint *Br*; **je n'ai pas un ~ sur moi** I don't have a penny *Br* OU cent *Am* on me; **ils ont des ~s** they're rolling in it, they're loaded. **-4.** BOT: **~ de sorcière** fairy ring *(on ground)*. **-5.** DANSE: **~ de jambe** rond de jambe; **faire des ~s de jambe** *fig* to bow and scrape.

◇ *adv fam loc*: **tourner ~** to go well, to run smoothly; **qu'est-ce qui ne tourne pas ~?** what's the matter?, what's the problem?; **ça ne tourne pas ~** things aren't going (very) well; **il ne tourne pas ~** he's got a screw loose; **tout ~** [exactement] exactly; **tu me dois 100 francs tout ~** you owe me exactly 100 Francs.

◆ **en rond** *loc adv* [se placer, s'asseoir] in a circle; [danser] in a ring; **tourner en ~** *pr* & *fig* to go round (and round) in circles.

rondade [rɔ̃dad] *nf* run-up SPORT.

rond-de-cuir [rɔ̃dkɥir] (*pl* **ronds-de-cuir**) *nm péj* penpusher.

ronde[2] [rɔ̃d] *nf* **-1.** [inspection - d'un vigile] round, rounds, patrol; [- d'un soldat] patrol; [- d'un policier] beat, round, rounds; **faire sa ~** [veilleur] to make one's round OU rounds; [policier] to be on patrol OU on the beat; **croiser une ~ de police** to come across a police patrol ❑ **'la Ronde de nuit'** *Rembrandt* 'The Night Watch'. **-2.** [mouvement circulaire] circling, turning; **nous regardions la ~ incessante des voitures** we were watching the cars go round and round. **-3.** MUS semibreve *Br*, whole note *Am*. **-4.** [danse] round (dance), ronde; **faire la ~** to dance round in a circle OU ring; **allez les enfants, on fait la ~!** come on children, let's join hands in a ring! **-5.** [écriture] round hand.

◆ **à la ronde** *loc adv*: **il n'y a pas une seule maison à 20 km à la ~** there's no house within 20 km, there's no house within OU in a 20-km radius; **boire à la ~** to pass the bottle round; **répétez-le à la ~** go round and tell everybody.

◆ **rondes** *nf pl Helv* jacket potatoes.

rondeau, x [rɔ̃do] *nm* **-1.** LITTÉRAT rondeau. **-2.** MUS rondo.

ronde-bosse [rɔ̃dbɔs] (*pl* **rondes-bosses**) *nf* sculpture in the round.

rondelet, ette *fam* [rɔ̃dlɛ, ɛt] *adj* **-1.** [potelé] chubby, plump, plumpish. **-2.** [important]: **une somme ~te** a tidy OU nice little sum.

rondelle [rɔ̃dɛl] *nf* **-1.** [de salami, de citron] slice; **couper qqch en ~s** to slice sthg, to cut sthg into slices. **-2.** TECH disc; [d'un écrou] washer; [d'une canette] ring.

rondement [rɔ̃dmɑ̃] *adv* **-1.** [promptement] briskly, promptly, quickly and efficiently; **des négociations ~ menées** competently conducted negotiations. **-2.** [franchement] frankly, outspokenly; **il me l'a dit ~** he told me straight out.

rondeur [rɔ̃dœr] *nf* **-1.** [forme - d'un visage, d'un bras] roundness, plumpness, chubbiness; [- d'un sein] fullness; [- d'une épaule] roundness. **-2.** [franchise] straightforwardness, directness.

◆ **rondeurs** *nfpl euph* curves; **~s disgracieuses** unsightly bulges.

rondin [rɔ̃dɛ̃] *nm* [bois] round billet, log.

rondo [rɔ̃do] *nm* rondo.

rondouillard, e *fam* [rɔ̃dujar, ard] *adj* tubby, podgy *Br*, pudgy *Am*.

rond-point [rɔ̃pwɛ̃] (*pl* **ronds-points**) *nm* roundabout *Br*, traffic circle *Am*.

Ronéo® [rɔneo] *nf* Roneo®.

ronéoter [rɔneɔte], **ronéotyper** [3] [rɔneɔtipe] *vt* to Roneo®, to duplicate.

ronflant, e [rɔ̃flɑ̃, ɑ̃t] *adj* **-1.** [moteur] purring, throbbing; [feu] roaring. **-2.** *péj* [discours] bombastic, high-flown; [promesses] grand; **titre ~** grand-sounding title.

ronflement [rɔ̃fləmɑ̃] *nm* **-1.** [d'un dormeur] snore, snoring *(U)*. **-2.** [bruit - sourd] humming *(U)*, droning *(U)*; [- fort] roar, roaring *(U)*, throbbing *(U)*.

ronfler [3] [rɔ̃fle] *vi* **-1.** [en dormant] to snore; **~ comme un soufflet de forge** to snore like anything. **-2.** *fam* [dormir] to snooze, to snore away. **-3.** [vrombir] to roar, to throb; **faire ~ le moteur** to rev up the engine.

ronfleur, euse [rɔ̃flœr, øz] *nm, f* snorer.

◆ **ronfleur** *nm* ÉLECTR & TÉLÉC buzzer.

rongement [rɔ̃ʒmɑ̃] *nm litt* gnawing.

ronger [17] [rɔ̃ʒe] *vt* **-1.** [mordiller] to gnaw (away) at *(insép)*, to eat into *(insép)*; **~ un os** to gnaw at a bone; **rongé par les vers/mites** worm-/moth-eaten ❑ **~ son frein** *pr* & *fig* to champ at the bit. **-2.** [corroder - suj: mer] to wear away *(sép)*; [- suj: acide, rouille] to eat into *(insép)*; **rongé par la rouille** eaten away with rust, rusted away; **être rongé par la maladie** to be wasted by disease; **le mal qui ronge la société** the evil that eats away at society; **le chagrin qui me ronge le cœur** *litt* the sorrow that eats away OU gnaws at my heart.

◆ **se ronger** *vpt* **-1.** [se mordiller]: **se ~ les ongles** to bite one's nails. **-2.** *loc*: **se ~ les sangs** to worry o.s. sick.

rongeur, euse [rɔ̃ʒœr, øz] *adj* gnawing.

◆ **rongeur** *nm* rodent.

ronron [rɔ̃rɔ̃], **ronronnement** [rɔ̃rɔnmɑ̃] *nm* **-1.** [d'un chat] purr, purring *(U)*; **faire ~** *fam* to purr. **-2.** *fam* [d'une machine] drone, whirr, droning *(U)*, whirring *(U)*. **-3.** [routine] routine; **le ~ de la vie quotidienne** the daily routine.

ronronner [3] [rɔ̃rɔne] *vi* **-1.** [chat] to purr; [machine] to drone, to hum. **-2.** *fig* to tick over, to chug along.

röntgen [rœntgɛn] *nm* roentgen, rontgen, röntgen.

roof [ruf] = **rouf**.

roque [rɔk] *nm* JEUX castling; **petit/grand ~** king's/queen's side castling.

roquefort [rɔkfɔr] *nm* Roquefort (cheese).

roquer [3] [rɔke] *vi* JEUX to castle.

roquet [rɔkɛ] *nm* **-1.** [chien] yappy OU noisy dog. **-2.** *fam péj* [personne] pest; **espèce de petit ~!** you little runt!

roquette [rɔkɛt] *nf* **-1.** [projectile] rocket. **-2.** BOT rocket; **~ blanche/de mer** wall/sea rocket.

rorqual, als [rɔrkwal] *nm* rorqual, fin whale.

rosace [rozas] *nf* ARCHIT [moulure] (ceiling) rose; [vitrail] rose window, rosace; [figure] rosette.

rosacée [rozase] *nf* **-1.** BOT rosaceous plant, rosacean; **les ~s** the Rosaceae. **-2.** MÉD rosacea.

rosaire [rozɛr] *nm* **-1.** [chapelet] rosary; **égrener un ~** to count OU to tell one's beads. **-2.** [prières]: **dire** OU **réciter le ~** to recite the rosary.

rosâtre [rozatr] *adj* pinkish, roseate *litt.*

rosbif [rɔzbif] *nm* **-1.** [cru] roasting beef *(U)*, joint OU piece of beef *(for roasting)*; [cuit] roast beef *(U)*, joint of roast beef. **-2.** *fam* [Anglais] *pejorative or humorous term used with reference to British people*.

rose [roz] ◇ *adj* **-1.** [gén] pink; [teint, joue] rosy; **~ bonbon/saumon** candy/salmon pink; **~ fluo** *fam* fluorescent OU dayglo pink; **~ thé** tea rose; **vieux ~** old rose. **-2.** [agréable] : **la vie d'un athlète n'est pas toujours ~** an athlete's life isn't all roses; **ce n'est pas (tout) ~** it isn't exactly a bed of roses. **-3.** [érotique] erotic, soft-porn *(modif)*.
◇ *nf* **-1.** BOT rose; **~ blanche/rouge** white/red rose ❑ **~ de Jéricho** rose of Jericho, resurrection plant; **~ de Noël** Christmas rose; **~ pompon** fairy rose; **~ sauvage** wild rose; **une ~ trémière** a hollyhock *Br*, a rose mallow; **ça ne sent pas la ~ ici** *euph* it's a bit smelly in here; **il n'y a pas de ~ sans épines** *prov* there's no rose without a thorn *prov*. **-2.** ARCHIT rose window, rosace. **-3.** JOAILL: **(diamant en) ~** rose (diamond).
◇ *nm* **-1.** [couleur] pink. **-2.** *loc*: **voir la vie** OU **les choses en ~** to see things through rose-tinted spectacles *Br* OU glasses *Am*.
◆ **rose des sables, rose du désert** *nf* gypsum flower.
◆ **rose des vents** *nf* wind rose.

ROSE:
The symbol of the French socialists is a rose, and this word is sometimes used to suggest socialist leanings. ("Ce maire est un peu moins rose que son prédécesseur").
The word "rose" can also suggest soft pornography ("les messageries roses" and "le Minitel rose" refer to erotic call lines available on Minitel).
"Les villes roses" (Albi, Montauban and Toulouse) are so called because they are largely built of pink stone.
"Le carnet rose" is the list of births and marriages in a newspaper.

---

rosé, e[1] [roze] *adj* **-1.** [teinte] pinkish, rosy. **-2.** [vin] rosé.
◆ **rosé** *nm* rosé (wine).

roseau, x [rozo] *nm* reed; **le ~ plie mais ne rompt pas** *allusion La Fontaine* the reed bends but does not break; **l'homme est un ~ pensant** *allusion Pascal* man is a thinking reed.

rose-croix [rozkrwa] *nm inv* Rosicrucian; **les ~** the Rosicrucians.

rosé-des-prés [rozedepre] (*pl* **rosés-des-prés**) *nm* [champêtre] field mushroom; [des jachères] horse mushroom.

rosée[2] [roze] *nf* dew.

roséole [rozeɔl] *nf* roseola.

roseraie [rozrɛ] *nf* rose garden, rosery.

rosette [rozɛt] *nf* **-1.** [nœud] bow; **faire une ~** to tie a bow. **-2.** [cocarde] rose, rosette; **avoir/recevoir la ~** to be/to be made an officer *(of an order of knighthood or merit)*. **-3.** CULIN: **~ (de Lyon)** *broad type of salami*. **-4.** BOT rosette; **en ~** rosulate.

Rosette [rozɛt] *npr*: **la pierre de ~** the Rosetta Stone.

rosicrucien, enne [rozikrysjɛ̃, ɛn] *adj* Rosicrucian.

rosier [rozje] *nm* rosebush, rose tree; **~ grimpant/nain** climbing/dwarf rose.

rosière [rozjɛr] *nf young girl traditionally awarded a crown of roses and a prize for virgin purity*; **quelle ~, celle-là!** *fam vieilli* she's pure as the driven snow!

rosiériste [rozjerist] *nmf* rose grower, rosarian.

rosir [32] [rozir] ◇ *vt* to give a pink hue to; **l'air de la montagne avait rosi ses joues** the mountain air had tinged OU suffused her cheeks with pink.
◇ *vi* to turn pink; **son visage rosit à la première gorgée de champagne** her face went pink as she took her first mouthful of champagne.

rossard, e *fam* [rɔsar, ard] *nm, f péj* rotter *Br*, blighter *Br*, cad.

rosse *fam* [rɔs] ◇ *adj* [chanson, portrait] nasty, vicious; [conduite] rotten, lousy, horrid; [personne] nasty, horrid, catty; **être ~ envers** OU **avec qqn** to be horrid OU nasty to sb; **un professeur ~** a hard OU tough teacher.
◇ *nf* **-1.** [personne] rotter *Br*, rotten beast. **-2.** *vieilli* [cheval] nag, jade.

rossée *fam* [rɔse] *nf* thrashing; **flanquer une ~ à qqn** to give sb a good hiding OU thrashing.

rosser [3] [rɔse] *vt* **-1.** [frapper] to thrash. **-2.** [vaincre] to thrash, to hammer; **se faire ~** to get thrashed, to get hammered.

rosserie *fam* [rɔsri] *nf* **-1.** [remarque] nasty remark; [acte] dirty trick; **dire des ~s sur qqn** to say nasty OU rotten things about sb. **-2.** [caractère] horridness, nastiness, rottenness.

rossignol [rɔsiɲɔl] *nm* **-1.** [oiseau] nightingale; **~ des murailles** redstart. **-2.** [clef] picklock, skeleton key. **-3.** *fam* [objet de pacotille] piece of junk; **on t'a refilé un ~** they've sold you a dud OU a piece of junk.

rossinante [rɔsinɑ̃t] *nf litt* scrag, nag.

rösti [røsti] = **rœsti**.

Rostov-sur-le-Don [rɔstɔfsyrlədɔ̃] *npr* Rostov.

rostre [rɔstr] *nm* ANTIQ & ZOOL rostrum.
◆ **rostres** *nmpl* [tribune] rostrum.

rot[1] [rɔt] *nm* BOT rot.

rot[2] [ro] *nm* [renvoi] belch, burp; **faire** OU **lâcher un ~** to (let out a) belch OU burp; **il a fait son ~?** [bébé] has he burped?; **faire faire son ~ à un bébé** to burp a baby.

rôt [ro] *nm arch* roast.

rotang [rɔtɑ̃g] *nm* rattan.

rotary [rɔtari] *nm* **-1.** PÉTR rotary drill. **-2.** TÉLÉC uniselector system. **-3.** Rotary-Club Rotary Club.

rotateur [rɔtatœr] ◇ *adj m*: **muscle ~** rotator.
◇ *nm* rotator.

rotatif, ive [rɔtatif, iv] *adj* rotary, rotating; **moteur ~** rotary engine; **mouvement ~** rotary OU rotating motion.
◆ **rotative** *nf* IMPR (rotary) press; **faire tourner** OU **marcher les ~s** *fig* to give the newspapers something to write about.

rotation [rɔtasjɔ̃] *nf* **-1.** [mouvement] rotation; [sur un axe] spinning; **angle/sens/vitesse de ~** angle/direction/speed of rotation; **mouvement de ~** rotational *spéc* OU rotary motion; **masse en ~** rotating mass ‖ SPORT turn, turning *(U)*. **-2.** [renouvellement] turnover; **~ des stocks/du personnel** inventory/staff turnover; **~ des postes** job rotation. **-3.** FIN turnover. **-4.** TRANSP turnround *Br*, turnaround *Am*. **-5.** AGR: **la ~ des cultures** crop rotation.

rotatoire [rɔtatwar] *adj* **-1.** [mouvement] rotatory, rotary. **-2.** CHIM: **pouvoir ~** rotatory power.

rote [rɔt] *nf* Rota.

roter [3] [rote] *vi* to belch, to burp.

rôti [roti] *nm* **-1.** [viande - crue] joint *(of meat for roasting)*; [- cuite] joint, roast; **~ de porc** [cru] joint OU piece of pork for roasting; [cuit] piece of roast pork; **une tranche de ~** a cut off the joint OU roast. **-2.** [poisson] : **~ de lotte** baked monkfish *(U)*.

rôtie [roti] *nf* [pain grillé] slice of toast; [pain frit] slice of fried bread.

rotin [rɔtɛ̃] *nm* rattan; **chaise en ~** rattan chair.

rôtir [32] [rotir] ◇ *vt* **-1.** [cuire] to roast; **faire ~ une viande** to roast a piece of meat; **dinde rôtie** roast turkey; **quand la viande est bien rôtie** when the meat is done to a turn. **-2.** *fam* [dessécher] to parch.
◇ *vi* **-1.** [cuire] to roast; **mettre une oie à ~** to roast a goose. **-2.** *fam fig* to roast; **baisse le thermostat, on va ~** lower the thermostat or we'll roast.
◆ **se rôtir** *fam vp (emploi réfléchi)*: **se ~ au soleil** to bask OU to fry in the sun; **se ~ les jambes devant le feu** to roast one's legs in front of the fire.

rôtissage [rotisaʒ] *nm* CULIN roasting.

rôtisserie [rotisri] *nf* **-1.** [restaurant] grillroom, steakhouse, rotisserie. **-2.** [magasin] rotisserie.

rôtisseur, euse [rotisœr, øz] *nm, f* **-1.** [restaurateur] grillroom OU steakhouse owner; [commis de cuisine] roaster (chef). **-2.** [vendeur] seller of roast meat.

rôtissoire [rotiswar] *nf* [appareil] roaster; [broche] (roasting) spit, rotisserie.

rotogravure [rɔtɔgravyr] *nf* rotogravure.

rotonde [rɔtɔ̃d] *nf* **-1.** ARCHIT rotunda; **disposition en ~** circular layout. **-2.** [dans les autobus] semicircular bench seat *(at rear)*.

rotondité [rɔtɔ̃dite] *nf* **-1.** [forme sphérique] rotundity, roundness. **-2.** [corpulence] plumpness, roundness.

rotor [rɔtɔr] *nm* AÉRON & ÉLECTR rotor.

Rotterdam [rɔtɛrdam] *npr* Rotterdam.

rotule [rɔtyl] *nf* **-1.** ANAT kneecap, patella *spéc*; **être sur les ~s** *fam* to be on one's last legs. **-2.** TECH ball-and-socket joint.

rotulien, enne [rɔtyljɛ̃, ɛn] *adj* patellar; **réflexe ~** knee jerk.

roture [rɔtyr] *nf litt* commonalty; **né dans la ~** born a commoner; **elle a épousé quelqu'un de la ~** she married a commoner.

roturier, ère [rɔtyrje, ɛr] ◇ *adj* **-1.** HIST [non noble] common; **être d'origine roturière** to be of common birth OU stock. **-2.** *sout* [vulgaire] low, common, vulgar; **des façons roturières** plebeian manners.
◇ *nm, f* HIST commoner, plebeian.

rouage [rwaʒ] *nm* **-1.** TECH moving part, movement; [engrenage] cogwheel; **les ~s d'une horloge** the works OU movement of a clock. **-2.** *fig* cog; **il n'était qu'un ~ dans la vaste machine politique** he was only a cog in the huge political machine; **les ~s de la Justice** the wheels of Justice.

rouan, anne [rwɑ̃, an] *adj* roan.
◆ **rouan** *nm* roan (horse).

roublard, e *fam* [rublar, ard] ◇ *adj* [rusé] sly, wily, crafty.
◇ *nm, f* dodger; **c'est un fin ~** he's a sly (old) fox OU devil, he's an artful dodger.

roublardise *fam* [rublardiz] *nf* **-1.** [habileté] slyness, craftiness, wiliness. **-2.** [manœuvre] clever OU crafty trick, dodge.

rouble [rubl] *nm* rouble.

roucoulade [rukulad] *nf* **-1.** [d'un pigeon] (billing and) cooing *(U)*. **-2.** *fam* [d'un amoureux] cooing, sweet nothings.

roucoulement [rukulmɑ̃] *nm* **-1.** [cri du pigeon] (billing and) cooing *(U)*. **-2.** *fam* [propos tendres] cooing, sweet nothings. **-3.** *péj* [d'un chanteur] crooning *(U)*.

roucouler [3] [rukule] ◇ *vi* **-1.** [pigeon] to (bill and) coo. **-2.** *fam* [amoureux] to coo, to whisper sweet nothings. **-3.** *péj* [chanteur] to croon.
◇ *vt* **-1.** [suj: amoureux] to coo. **-2.** *péj* [suj: chanteur] to croon.

roudoudou *fam* [rududu] *nm* hard sweet *Br*, candy *Am (licked out of a small round box or shell)*.

roue [ru] *nf* **-1.** TRANSP wheel; **véhicule à deux/trois ~s** two-wheeled/three-wheeled vehicle; **j'étais dans sa ~** I was right behind him ❑ **~ directrice** guiding OU leading wheel; **~ motrice** drive OU driving wheel; **~ de secours** spare (wheel); **pousser à la ~** to give a helping hand; **je voudrais les empêcher de s'engager dans l'armée mais leur père pousse à la ~** I'd like to stop them joining up but their father is egging them on. **-2.** MÉCAN (cog OU gear) wheel; **~ d'angle** bevel gear wheel; **~ crantée** toothed wheel; **~ dentée** cogwheel; **~ folle** idle wheel; **~ de friction** friction gear wheel; **~ à godets** bucket wheel; **~ hydraulique** waterwheel; **~ libre** freewheel; **en ~ libre** *pr* & *fig* freewheeling; **j'ai descendu la côte en ~ libre** I freewheeled down the hill; **~ à réaction** reaction wheel. **-3.** [objet circulaire] wheel; **une ~ de gruyère** a large round Gruyere cheese ❑ **la grande ~** the big wheel *Br*, the Ferris wheel *Am*; la ~ de la Fortune the wheel of Fortune; la ~ tourne the wheel of Fortune is turning; faire la ~ [paon] to spread OU to fan its tail; [gymnaste] to do a cartwheel; [séducteur] to strut about *péj*. -**4.** HIST: (le supplice de) la ~ the wheel. -**5.** IMPR: ~ à caractères OU d'impression print OU type wheel. -**6.** NAUT: ~ à aubes OU à palettes paddle wheel; ~ du gouvernail helm.

roué, e [rwe] ◇ *adj* sly, tricky, wily.
◇ *nm, f* -**1.** [fripon] sly dog, tricky customer; [friponne] sly OU tricky customer. -**2.** HIST [homme] roué, rake; [femme] hussy, trollop, jezebel.

rouelle [rwɛl] *nf* -**1.** CULIN: ~ (de veau) thick round of veal. -**2.** [rondelle] (round) slice.

Rouen [rwɑ̃] *npr* Rouen.

rouennais, e [rwanɛ, ɛz] *adj* from Rouen.
◆ **Rouennais, e** *nm, f inhabitant of or person from Rouen.*

roue-pelle [rupɛl] (*pl* roues-pelles) *nf* bucket dredge OU dredger.

rouer [6] [rwe] *vt* -**1.** *loc*: ~ qqn de coups [le frapper] to pummel sb. -**2.** HIST: ~ qqn to break sb on the wheel.

rouerie [ruri] *nf litt.* -**1.** [caractère] cunning, foxiness, wiliness. -**2.** *sout* [manœuvre] sly OU cunning trick.

rouet [rue] *nm* -**1.** [pour filer] spinning wheel. -**2.** [de serrure] key plate.

rouf [ruf] *nm* deckhouse.

rouflaquette *fam* [ruflakɛt] *nf* [accroche-cœur] kiss *Br* OU spit *Am* curl.
◆ **rouflaquettes** *fam nfpl* [favoris] sideburns, sidewhiskers, sideboards *Br*.

rouge [ruʒ] ◇ *adj* -**1.** [gén] red; être ~ [après un effort] to be flushed, to be red in the face; [de honte] to be red in the face (with shame), to be red-faced; [de plaisir, de colère] to be flushed ❑ ~ brique brick-red; ~ sang bloodred; ~ vermillon vermilion; être ~ comme un coq OU un coquelicot OU une écrevisse OU un homard OU une pivoine OU une tomate to be as red as a beetroot *Br* OU a lobster; la place Rouge Red Square; 'le Rouge et le noir' *Stendhal* 'Scarlet and Black'. -**2.** [pelage, cheveux] red, ginger, carroty *péj*. -**3.** MÉTALL red-hot. -**4.** *péj* [communiste] red.
◇ *nmf péj* [communiste] Red.
◇ *nm* -**1.** [couleur] red; le ~ lui monta au visage he went red in the face, his face went red. -**2.** TRANSP: le feu est passé au ~ the lights turned to OU went red; la voiture est passée au ~ the car went through a red light; c'est ~ ! it's red! -**3.** RAD & TV: le ~ est mis! you're on (the) air! -**4.** *fam* [vin] red wine; du gros ~ rough red wine; du gros ~ qui tache (red) plonk. -**5.** [cosmétique]: ~ (à joues) blusher, rouge. -**6.** MÉTALL: porté au ~ red-hot; portez le métal au ~ heat the metal until it's red-hot. -**7.** JEUX red; tout miser sur le ~ to stake all on the red; le ~ est mis *fam* the die is cast. -**8.** BANQUE red; je suis dans le ~ I'm in the red OU overdrawn; sortir du ~ [cesser d'être en déficit] to get out of the red, to get rid of one's overdraft.
◇ *nf* [au billard] red (ball).
◇ *adv* -**1.** *loc*: se fâcher tout ~ to get really angry; voir ~ to see red. -**2.** POL: voter ~ *péj* to vote communist.
◆ **rouge à lèvres** *nm* lipstick.

rougeâtre [ruʒatr] *adj* reddish, reddy.

rougeaud, e [ruʒo, od] ◇ *adj* red-faced, ruddy, ruddy-cheeked.
◇ *nm, f* red-faced OU ruddy OU ruddy-faced person.

rouge-gorge [ruʒgɔrʒ] (*pl* rouges-gorges) *nm* (robin) redbreast, robin.

rougeoiement [ruʒwamɑ̃] *nm* reddish glow.

rougeole [ruʒɔl] *nf* MÉD measles *(sg)*; avoir la ~ to have (the) measles.

rougeoyant, e [ruʒwajɑ̃, ɑ̃t] *adj* glowing (red); lueur ~e flush of red, red glow.

rougeoyer [13] [ruʒwaje] *vi* to turn red, to redden, to take on a reddish hue.

rouge-queue [ruʒkø] (*pl* rouges-queues) *nm* redstart.

rouget [ruʒɛ] *nm* -**1.** ZOOL: ~ barbet (de vase) red mullet; ~ grondin red gurnard; ~ de roche surmullet. -**2.** VÉTÉR swine erysipelas.

rougeur [ruʒœr] *nf* -**1.** [couleur - du ciel] redness, glow; [- des joues] redness, ruddiness. -**2.** [rougissement] flush, blush; sa ~ l'a trahie her blush gave her away. -**3.** MÉD red patch OU blotch; être sujet aux ~s to be prone to developing red patches *(on one's skin)*.

rough [rœf] *nm* -**1.** SPORT: le ~ the rough. -**2.** [avant-projet] mock-up.

rougir [32] [ruʒir] ◇ *vt* -**1.** [colorer en rouge]: un dernier rayon de soleil rougissait le firmament one last ray of sun spread a red glow across the skies; ~ son eau to put a drop of (red) wine in one's water; des yeux rougis par les larmes/la poussière eyes red with weeping/with the dust. -**2.** MÉTALL to heat to red heat OU until red-hot. -**3.** *fig* & *litt*: mes mains sont rougies de (son) sang my hands are stained with (his) blood.
◇ *vi* -**1.** [chose, personne - gén] to go OU to turn red; [personne - de gêne] to blush; les pommes/ses joues rougissent the apples/his cheeks are turning red; au moment où rougit l'horizon *litt* when the horizon reddens OU becomes suffused with red; menteur, tu rougis! you liar, you're blushing!; ~ de plaisir to flush with pleasure; ~ de honte to blush with shame; il se rassit en rougissant de honte red-faced with shame, he sat down again; je vous aime, dit-il en rougissant I love you, he said, blushing OU with a blush; je me sentais ~ I could feel myself going red (in the face); faire ~ qqn to make sb blush; arrête, tu vas me faire ~ *hum* spare my blushes, please ❑ ~ jusqu'au blanc des yeux OU jusqu'aux oreilles to blush to the roots of one's hair. -**2.** *fig*: ~ de [avoir honte de] to be ashamed of; j'en ai rougi pour elle I felt ashamed for her; tu n'as pas/il n'y a pas à en ~ there's nothing for you/nothing to be ashamed of; je n'ai pas à ~ de ma conduite I'm not ashamed of what I did; ne ~ de rien to be shameless. -**3.** MÉTALL to become red-hot.

rougissant, e [ruʒisɑ̃, ɑ̃t] *adj* -**1.** [de honte] blushing; [d'excitation] flushing. -**2.** [horizon, forêt] reddening.

rougissement [ruʒismɑ̃] *nm sout* [gén] reddening; [de honte] blushing; [d'excitation] flushing.

rouille [ruj] ◇ *nf* -**1.** [corrosion d'un métal] rust; couche de ~ layer of rust; tache de ~ spot of rust; traiter une surface contre la ~ to rust-proof a surface. -**2.** BOT: ~ blanche white rust; ~ du blé wheat rust; ~ des feuilles leaf mould. -**3.** CULIN rouille sauce *(served with fish soup and bouillabaisse)*.
◇ *adj inv* rust, rust-coloured.

rouillé, e [ruje] *adj* -**1.** [grille, clef] rusty, rusted; la serrure est complètement ~e the lock is rusted up. -**2.** *fig* [muscles] stiff; être ~ [physiquement] to feel stiff; [intellectuellement] to feel a bit rusty; mes réflexes au volant sont un peu ~s my driving reflexes are a bit rusty. -**3.** BOT [blé] affected by rust, rusted; [feuille] mouldy.

rouiller [3] [ruje] ◇ *vt* -**1.** [métal] to rust. -**2.** [intellect, mémoire] to make rusty.
◇ *vi* to rust, to go rusty.
◆ **se rouiller** *vpi* -**1.** [machine] to rust up, to get rusty. -**2.** [esprit] to become OU to get rusty. -**3.** [muscle] to grow OU to get stiff; [athlète] to get rusty.

rouillure [rujyr] *nf* -**1.** CHIM rustiness. -**2.** BOT rust, rusting *(U)*. -**3.** MIN kerf.

rouir [32] [rwir] *vt* to ret.

rouissage [rwisaʒ] *nm*: ~ à l'eau/à terre water/ground retting.

roulade [rulad] *nf* -**1.** MUS roulade, run. -**2.** [d'un oiseau] trill. -**3.** CULIN rolled meat, roulade; ~ de bœuf rolled (piece of) beef, beef roulade. -**4.** [culbute] roll; ~ avant/arrière forward/backward roll.

roulage [rulaʒ] *nm* -**1.** AGR & MÉTALL rolling. -**2.** MIN haulage, hauling. -**3.** NAUT: manutention par ~ roll-on roll-off.

roulant, e [rulɑ̃, ɑ̃t] *adj* -**1.** [surface] moving; [meuble] on wheels; trottoir ~ moving pavement *Br*, travolator. -**2.** RAIL: matériel ~ rolling stock; personnel ~ train crews.
◆ **roulant** *fam nm* TRANSP crewman.
◆ **roulante** *nf* field OU mobile kitchen.

roulé, e [rule] *adj* -**1.** COUT rolled; foulard ~ main hand-rolled scarf. -**2.** LING: r ~ rolled OU trilled R. -**3.** *fam loc*: elle est bien ~e she's got curves in all the right places. -**4.** CULIN [gâteau, viande] rolled.
◆ **roulé** *nm* -**1.** CULIN [gâteau] Swiss roll; [viande] rolled meat. -**2.** CONSTR rolled pebbles.

rouleau, x [rulo] *nm* -**1.** [de papier, de tissu etc] roll; ~ de parchemin roll OU scroll of parchment; ~ de papier hygiénique toilet roll *Br*, roll of toilet paper; ~ de pièces roll of coins. -**2.** [outil - de peintre, de jardinier, de relieur] roller; ~ imprimeur OU encreur (press) cylinder; ~ de machine à écrire barrel, platen; ~ à pâtisserie rolling pin. -**3.** [bigoudi] roller, curler. -**4.** CULIN: ~ de printemps spring roll. -**5.** SPORT: ~ costal western roll; ~ ventral straddle. -**6.** [vague] roller. -**7.** BX-ARTS [vase] rouleau. -**8.** CONSTR arch moulding. -**9.** TRAV PUBL roller; ~ compresseur *pr* [à gazole] roadroller; [à vapeur] steamroller; *fig* steamroller.

roulé-boulé [rulebule] (*pl* roulés-boulés) *nm* [culbute] roll; faire des roulés-boulés to roll.

roulement [rulmɑ̃] *nm* -**1.** [mouvement]: un ~ d'yeux a roll of the eyes; un ~ de hanches a swing of the hips. -**2.** [grondement] rumble, rumbling *(U)*; le ~ du tonnerre the rumble OU roll OU peal of thunder; le ~ des canons the rumble OU roar of the cannons; ~ de tambour drum roll. -**3.** [rotation] rotation; établir un ~ to set up a rota *Br* OU a rotation system *Am*. -**4.** MÉCAN [déplacement] rolling; ~ à billes/à rouleaux/à aiguilles ball/roller/needle bearings; frottement de ~ rolling friction. -**5.** FIN: ~ des capitaux circulation of capital. -**6.** TRANSP rolling motion. -**7.** ARM [d'un char] bogie and tread, tracking. -**8.** MÉD: ~ diastolique diastolic murmur.

rouler [3] [rule] ◇ *vt* -**1.** [faire tourner] to roll; ~ les yeux to roll one's eyes; les graviers que roulait le fleuve the gravel that was being rolled along by the river; ~ de sombres pensées to turn dark thoughts over in one's mind ❑ ~ un patin▽ OU une pelle▽ à qqn to snog *Br* OU to neck *Am* sb; ~ qqn dans la farine to pull the wool over sb's eyes. -**2.** [enrouler - poster, tapis, bas de pantalon] to roll up *(sép)*; [- corde, câble] to roll up, to wind up *(sép)*; [- cigarette] to roll; aide-moi à ~ la laine en pelote help me to wind the wool up into a ball; ~ du fil sur une bobine to spool OU to wind thread around a reel; ~ un blessé dans une couverture to wrap an injured person in a blanket. -**3.** [déplacer - Caddie] to push (along); [- balle, tronc, fût] to roll (along); il a roulé le rocher jusqu'en bas de la colline he rolled the rock right down the hill ❑ ~ carrosse *vieilli* to have an expensive lifestyle; j'ai roulé ma bosse I've been around, I've seen it all. -**4.** *fam* [escroquer - lors d'un paiement] to diddle; [- dans une affaire] to swindle; elle m'a roulé de 30 francs she diddled OU did me out of 30 francs; ce n'est pas du cuir, je me suis fait ~ it's not genuine leather, I've been done OU had. -**5.** [balancer]: ~ des OU les épaules to sway one's shoulders; ~ des OU les hanches to swing one's hips ❑ ~ des mécaniques *fam pr* to sway one's shoulders; *fig* to come OU to play the hard guy. -**6.** [aplatir - gazon, court de tennis] to roll; CULIN [pâte] to roll out *(sép)*. -**7.** LING: ~ les r to roll one's r's. -**8.** MÉTALL to roll.
◇ *vi* -**1.** [véhicule] to go, to run; [conducteur] to drive; une voiture qui a peu/beaucoup roulé a car with a low/high mileage; et ta Renault, elle roule toujours? is your Renault still going OU running?; la moto roulait au milieu de la route

the motorbike was going OU driving down the middle of the road; **à quelle vitesse rouliez-vous?** what speed were you travelling at?, what speed were you doing?, how fast were you going?; **il est interdit de ~ sur la bande d'arrêt d'urgence** do not drive on the hard shoulder; **j'ai beaucoup roulé quand j'étais jeune** I did a lot of driving when I was young; **seulement deux heures? tu as bien roulé!** only two hours? you've made good time!; **~ au pas** to go at a walking pace, to crawl along; **'roulez au pas'** 'dead slow'; **roule moins vite** slow down, drive more slowly; **elle roule en Jaguar** she drives (around in) a Jaguar; **~ à moto/à bicyclette** to ride a motorbike/a bicycle; **ça roule mal/bien dans Anvers** there's a lot of traffic/there's no traffic through Antwerp ❑ **ça roule!** *fam* everything's going alright!; **salut! ça roule?** hi, how's life? -**2.** [balle, dé, rocher] to roll; **ses billes allèrent ~ dans le caniveau** his marbles rolled down into the gutter; **des larmes roulaient sur sa joue** tears were rolling down her cheeks; **faire ~** [balle] to roll; [chariot] to wheel (along); [roue] to roll along; **il a roulé jusqu'en bas du champ** he rolled OU tumbled down to the bottom of the field ❑ **~ sous la table** to end up (dead drunk) under the table. -**3.** NAUT to roll. -**4.** [gronder - tonnerre] to roll, to rumble; [- tambour] to roll. -**5.** [se succéder] to take turns; **nous ferons ~ les équipes dès janvier** as from January, we'll start the teams off on a rota system *Br* OU rotation *Am*. -**6.** [argent] to circulate; **il sait faire ~ l'argent** he knows how to make money work. -**7.** **~ sur** [conversation] to be centred upon; **la conversation a d'abord roulé sur la politique** we started off talking about politics. -**8.** *loc*: **~ pour qqn** *fam* to be for sb, to back sb; **~ sur l'or** *fam* to be rolling in money OU in it; **mon salaire est correct, mais je ne roule pas sur l'or** I've got a decent salary, but I'm not exactly well-off OU rolling in it.

◆ **se rouler** *vpi* [se vautrer]: **se ~ par terre** [de colère] to have a fit; [de douleur] to be doubled up with pain; [de rire] to be doubled up with laughter; **c'était à se ~ par terre** [de rire] it was hysterically funny; [de douleur] it was so painful.

roulette [rulɛt] *nf* -**1.** [roue - libre] wheel; [- sur pivot] caster; **à ~s** on wheels ❑ **marcher** OU **aller comme sur des ~s** *fam* [opération] to go off without a hitch; [organisation, projet] to proceed smoothly, to go like clockwork; **et ton entrevue? — ça a marché comme sur des ~s** *fam* what about your interview? — it all went off very smoothly OU without a hitch. -**2.** [ustensile - de relieur] fillet (wheel); [- de graveur] roulette; COUT tracing wheel; **~ de dentiste** dentist's drill; **~ à pâte** pastry cutting wheel. -**3.** JEUX [jeu] roulette; [roue] roulette wheel; **~ russe** Russian roulette; **jouer à la ~ russe** *pr & fig* to play Russian roulette.

rouleur [rulœr] *nm* -**1.** SPORT flat racer. -**2.** *fam* **~ de mécaniques** [fanfaron] poser.

roulier [rulje] *nm* -**1.** HIST cart driver. -**2.** NAUT roll-on roll-off ship.

roulis [ruli] *nm* AÉRON & NAUT roll, rolling; **il y a du ~** the ship is rolling ❑ **coup de ~** strong roll; **il y eut un grand coup de ~** the ship started to roll violently.

roulotte [rulɔt] *nf* -**1.** [tirée par des chevaux] horse-drawn caravan. -**2.** [caravane] caravan, mobile home.

roulotté, e [rulɔte] *adj* [ourlet] rolled.

roulure ∇ [rulyr] *nf péj* slut, slag *Br*.

roumain, e [rumɛ̃, ɛn] *adj* Romanian, Rumanian, Roumanian.

◆ **Roumain, e** *nm, f* Romanian, Rumanian, Roumanian.

◆ **roumain** *nm* LING Romanian.

Roumanie [rumani] *npr f*: **(la) ~** Romania, Rumania, Roumania.

round [rawnd] *nm* [à la boxe, dans un débat] round.

roupie [rupi] *nf* -**1.** [monnaie] rupee. -**2.** *loc*: **c'est de la ~ de sansonnet** that's (worthless) rubbish; **ce n'est pas de la ~ de sansonnet** it's not to be sniffed at.

roupiller *fam* [3] [rupije] *vi* to have a kip *Br*, to get some shut-eye *Am*; **c'est pas le moment de ~!** *fam* this is no time for lying down on the job!

roupillon *fam* [rupijɔ̃] *nm*: **faire** OU **piquer un ~** to have a snooze OU a nap OU a kip *Br*.

rouquette [rukɛt] = **roquette 2**.

rouquin, e *fam* [rukɛ̃, in] ◇ *adj* [personne] red-haired; [chevelure] red, ginger *(modif)*, carroty *péj*; **elle est ~e** she has red OU ginger OU carroty hair.

◇ *nm, f fam* redhead.

◆ **rouquin** ∇ *nm* [vin] (red) plonk *Br*, cheap red wine.

rouscailler ∇ [3] [ruskaje] *vi* to bellyache, to whinge; **arrête de ~!** stop moaning OU bellyaching!

rouspétance *fam* [ruspetɑ̃s] *nf* grumbling, moaning (and groaning); **et vous, pas de ~!** and no backchat *Br* OU backtalk *Am* from you!

rouspéter *fam* [18] [ruspete] *vi* to grumble, to complain, to make a fuss.

rouspéteur, euse *fam* [ruspetœr, øz] *nm, f* grumbler, moaner, groucher; **il n'y a que les ~s qui obtiennent satisfaction** you only get what you want if you complain.

roussâtre [rusatr] *adj* [eau] reddish; [feuilles] reddish-brown, russet.

rousse [rus] ◇ *f* → **roux**.

◇ *nf arg crime & vieilli*: **la ~** the fuzz.

rousseau, x [ruso] *nm* (common OU red) sea bream.

roussette [rusɛt] *nf* -**1.** [requin] large spotted dogfish, rock salmon CULIN. -**2.** [chauve-souris] flying fox.

rousseur [rusœr] *nf sout* [teinte] redness, gingery colour.

◆ **rousseurs** *nfpl* [pigmentation] freckles.

roussi [rusi] *nm*: **ça sent le ~** *pr* something's burning; *fig fam* there's trouble ahead OU brewing; **il a démissionné quand ça a commencé à sentir le ~** he resigned when things started going wrong.

roussir [32] [rusir] ◇ *vt* -**1.** [rendre roux]: **~ qqch** to turn sthg brown. -**2.** [brûler] to scorch, to singe; **la gelée a roussi l'herbe** the grass has turned brown with the frost.

◇ *vi* -**1.** [feuillage, arbre] to turn brown OU russet. -**2.** CULIN: **faire ~** to brown.

rouste ∇ [rust] *nf* thrashing, walloping; **flanquer une ~ à qqn** to give sb a good hiding.

routage [rutaʒ] *nm* -**1.** IMPR sorting and mailing. -**2.** NAUT steering.

routard, e *fam* [rutar, ard] *nm, f* [auto-stoppeur] hitchhiker; [marcheur] trekker; [touriste avec sac à dos] backpacker.

route [rut] *nf* -**1.** [voie de circulation] road; **les petites ~s (de campagne)** small country roads; **c'est la ~ de Genève** it's the road to Geneva; **sur ~, la voiture consomme moins** when cruising OU on the open road, the car's fuel consumption is lower; **il va y avoir du monde sur la ~** OU **les ~s** there'll be a lot of cars on the roads OU a lot of traffic; **je n'aime pas le savoir sur la ~** I don't like the idea of him driving; **tenir la ~** [voiture] to hold the road; **cette politique ne tient pas la ~** *fig* there's no mileage in that policy ❑ **~ départementale** secondary road; **~ nationale** major road, trunk road *Br*; **~ de montagne** mountain road. -**2.** [moyen de transport]: **par la ~** by road; **les transports sur ~** road transport; **les accidents de la ~** road accidents; **les victimes de la ~** road casualties. -**3.** [itinéraire] way; **chercher sa ~** to try and find one's way; **c'est sur ma ~** it's on my way; **faire ~ vers** [bateau] to be headed for, to be en route for, to steer a course for *spéc*; [voiture, avion] to head for OU towards; [personne] to be on one's way to, to head for; **en** OU **faisant ~ vers** [bateau, avion] bound for, heading for, on its way to; [personne] on one's way to, heading for; **prendre la ~ des vacances/du soleil** to set off on holiday/to the south ❑ **~ aérienne** air route; **~ maritime** shipping OU sea route; **la ~ des épices** the spice trail OU route; **la ~ des Indes** the road to India; **la ~ de la soie** the silk road; **faire fausse ~** [conducteur] to go the wrong way, to take the wrong road; [dans un raisonnement] to be on the wrong track. -**4.** [trajet] journey; **j'ai fait la ~ à pied** I did the journey on foot; **il y a six heures de ~** [en voiture] it's a six-hour drive OU ride OU journey; [à bicyclette] it's a six-hour ride OU journey; **il y a une bonne heure de ~** it takes at least an hour to get there; **(faites) bonne ~!** have a good OU safe journey!; **faire ~ avec qqn** to travel with sb; **faire de la ~** to do a lot of driving OU mileage; **en ~** on the way; **j'ai dû perdre ma montre en ~** I must have lost my watch on the way; **prendre la** OU **se mettre en ~** to set off, to get going; **reprendre la ~, se remettre en ~** to set off again, to resume one's journey; **allez, en ~!** come on, let's go! ❑ **en ~ mauvaise troupe!** *fam hum* c'mon you lot, we're off! -**5.** *fig* [voie] road, way, path; **la ~ du succès** the road to success; **la ~ est toute tracée pour lui** the path is all laid out for him. -**6.** **en ~** [en marche]: **mettre en ~** [appareil, véhicule] to start (up) *(sép)*; [projet] to set in motion, to get started OU under way; **se mettre en ~** [machine] to start (up); **j'ai du mal à me mettre en ~ le matin** *fam* I find it hard to get started OU going in the morning.

router [3] [rute] *vt* -**1.** IMPR to sort and mail. -**2.** NAUT [navire] to plot a course for.

routier, ère [rutje, ɛr] *adj* road *(modif)*.

◆ **routier** *nm* -**1.** [chauffeur] (long-distance) lorry *Br* OU truck *Am* driver; **c'est un vieux ~ du journalisme** *fig* he's a veteran journalist. -**2.** *fam* [restaurant] transport café *Br*, truck-stop *Am*. -**3.** SPORT [cycliste] road racer OU rider. -**4.** NAUT (plotting) chart.

◆ **routière** *nf* AUT touring car; **c'est une excellente routière** it's an ideal car for long-distance trips, it's an excellent touring car.

routine [rutin] *nf* -**1.** [habitude] routine; **la ~ quotidienne** the daily routine OU grind *péj*; **se laisser enfermer dans la ~** to get into a rut. -**2.** INF routine.

◆ **de routine** *loc adj* [contrôle, visite] routine *(avant n)*; **c'est une procédure de ~** it's routine procedure; **une vérification de ~** a routine check.

routinier, ère [rutinje, ɛr] ◇ *adj* [tâche, corvée] routine *(avant n)*, humdrum *péj*; [vérification, méthode] routine *(avant n)*; [personne] routine-minded, conventional; **de façon routinière** routinely.

◇ *nm, f*: **c'est un ~** he's a creature of habit, he's tied to his routine.

rouvre [ruvr] *nm* robur.

rouvrir [34] [ruvrir] ◇ *vt* -**1.** [livre, hôtel, débat, dossier] to reopen. -**2.** *fig* [raviver]: **~ une blessure** OU **plaie** to open an old wound.

◇ *vi* [magasin] to reopen, to open again.

◆ **se rouvrir** *vpi* [porte, fenêtre] to reopen; [blessure] to reopen, to open up again.

roux, rousse [ru, rus] ◇ *adj* [feuillage, fourrure] reddish-brown, russet; [chevelure, moustache] red, ginger.

◇ *nm, f* redhead.

◆ **rousse** *nf arg crime & vieilli*: **la rousse** [la police] the Old Bill *Br*, the fuzz.

◆ **roux** *nm* -**1.** [teinte - d'un feuillage] reddish-brown (colour), russet; [- d'une chevelure, d'une moustache] reddish OU gingery colour. -**2.** CULIN roux.

royal, e, aux [rwajal, o] *adj* -**1.** HIST & POL [puissance] royal, regal; [bijoux, insignes, appartements, palais, académie] royal; **la famille ~e** [en Grande-Bretagne] the Royal Family; [ailleurs] the royal family; **prince ~** crown prince, heir apparent. -**2.** [somptueux - cadeau] magnificent, princely; [- pourboire] lavish; [- salaire] princely; [- accueil] royal; **un train de vie ~ a** sumptuous lifestyle. **-3.** [extrême - mépris] total; **il m'a fichu une paix ~e** *fam* he left me in total peace. **-4.** CARTES: **quinte ~e** royal flush.

◆ **royale** *nf* **-1.** [barbe] royale, imperial. **-2.** *fam* [marine]: **la Royale** the French Navy.

◆ **à la royale** *loc adj* CULIN: **lièvre à la ~e** hare royale.

royalement [rwajalmɑ̃] *adv* **-1.** [avec magnificence] royally, regally; **ils nous ont reçus ~** they treated us like royalty; **il l'a ~ payé** he paid him a princely sum. **-2.** *fam* [complètement] totally; **je m'en fiche** OU **moque ~!** I really couldn't care less!, I don't give a damn!

royalisme [rwajalism] *nm* royalism.

royaliste [rwajalist] ◇ *adj* royalist; **il ne faut pas être plus ~ que le roi** one mustn't try to out-Herod Herod OU to be more Catholic than the Pope.

◇ *nmf* royalist.

royalties [rwajalti] *nfpl* royalties *(for landowner or owner of patent)*.

royaume [rwajom] *nm* **-1.** HIST & POL kingdom. **-2.** RELIG: **le ~ céleste** OU **des cieux** the kingdom of Heaven; **le ~ des morts** *litt* the kingdom of the dead. **-3.** *fig* [domaine] realm; **le ~ de l'imagination** the realm of the imagination; **le cinéaste nous fait entrer dans le ~ de la fantaisie** the filmmaker takes us into the realm of fantasy; **mon atelier, c'est mon ~** my workshop is my private world OU domain □ **le ~ éternel** the here after; **le ~ des ombres** the nether world. **-4.** *loc*: **je ne le ferais pas/je n'en voudrais pas pour un ~** I wouldn't do it/have it for all the tea in China.

Royaume-Uni [rwajomyni] *npr m*: **le ~ (de Grande-Bretagne et d'Irlande du Nord)** the United Kingdom (of Great Britain and Northern Ireland), the UK.

royauté [rwajɔte] *nf* **-1.** [monarchie] monarchy. **-2.** [rang] royalty, kingship; **il aspirait à la ~** he had designs on the throne.

RP ◇ *nfpl* (*abr de* **relations publiques**) PR.

◇ *nf* **-1.** *abr de* **recette principale**. **-2.** *abr de* **région parisienne**.

◇ (*abr écrite de* **Révérend Père**) Rev.

RPR (*abr de* **Rassemblement pour la République**) *npr m right-wing French political party*.

RSFSR (*abr de* **République socialiste fédérative soviétique de Russie**) *npr f*: **(la) ~** RSFSR.

RSVP (*abr de* **répondez s'il vous plaît**) RSVP.

RTB (*abr de* **Radio-télévision belge**) *npr f Belgian broadcasting company*.

rte *abr écrite de* **route**.

RTL ◇ (*abr de* **Radio-télévision Luxembourg**) *npr Luxembourg broadcasting company*.

◇ (*abr de* **résistance transistor logique**) *nf* RTL.

RTVE (*abr de* **Radio-télévision espagnole**) *npr f Spanish broadcasting company*.

ru [ry] *nm litt* OU *dial* rill *litt*, brook.

RU [ry] *nm abr de* **restaurant universitaire**.

ruade [ryad] *nf* kick; **lancer** OU **décocher une ~** à to kick OU to lash out at.

Ruanda [rwɑ̃da] *npr m*: **le ~** Rwanda; **au ~** in Rwanda.

ruandais, e [rwɑ̃dɛ, ɛz] *adj* Rwandan.

◆ **Ruandais, e** *nm, f* Rwandan.

ruban [rybɑ̃] *nm* **-1.** [ornement] ribbon; [liseré] ribbon, tape; [bolduc] tape; [sur chapeau] band; **le ~ bleu** *sout* the blue ribbon; **le ~ rouge** *fam* the ribbon of the Légion d'honneur; **le ~ violet** *fam decoration for services to education in France*. **-2.** *litt*: **la rivière déroule son long ~** the river winds before us like a long ribbon. **-3.** [de cassette] tape; [de machine à écrire] ribbon; **~ adhésif** adhesive tape; **~ isolant** insulating tape; **~ perforé** INF perforated tape.

rubéfaction [rybefaksjɔ̃] *nf* MÉD rubefaction.

rubéfier [9] [rybefje] *vt* to rubefy.

rubéole [rybeɔl] *nf* German measles *(U)*, rubella *spéc*.

rubéoleux, euse [rybeɔlø, øz] ◇ *adj* rubella *(modif)*; [patient] suffering from German measles; [symptômes] of German measles.

◇ *nm, f* German measles sufferer.

rubiacée [rybjase] *nf* rubiacea; **les ~s** the Rubiaceae.

rubican [rybikɑ̃] *adj m* & *nm* roan.

Rubicon [rybikɔ̃] *npr m* Rubicon; **franchir** OU **passer le ~** to cross the Rubicon; **le passage du ~** the crossing of the Rubicon.

rubicond, e [rybikɔ̃, ɔ̃d] *adj litt* rubicund *litt*, ruddy, rosy-cheeked.

rubidium [rybidjɔm] *nm* rubidium.

rubigineux, euse [rybiʒinø, øz] *adj litt* **-1.** [couvert de rouille] rust-covered. **-2.** [couleur de rouille] rust-coloured.

rubis [rybi] *nm* **-1.** JOAILL ruby. **-2.** [couleur] ruby (colour). **-3.** [d'une montre] jewel, ruby. **-4.** ORNITH red colibri.

rubrique [rybrik] *nf* **-1.** [dans la presse] column; **la ~ scientifique** the science column; **la ~ littéraire** the book page; **la ~ nécrologique** the obituaries; **elle tient la ~ cinéma** [critiques] she writes the film *Br* OU movie *Am* pages. **-2.** [catégorie] heading; **la somme se trouve dans la ~ frais généraux** the sum comes under the heading of overheads OU is entered as an overhead. **-3.** [d'un livre liturgique] rubric; [d'un dictionnaire] field label.

ruche [ryʃ] *nf* **-1.** ENTOM [abri - en bois] beehive; [- en paille] beehive, skep *spéc*; [colonie d'abeilles] hive. **-2.** *fig* hive of activity.

ruché [ryʃe] *nm* ruche, rouche; **des ~s** ruching.

rucher [ryʃe] *nm* apiary.

rude [ryd] *adj* **-1.** [rugueux - surface, vin] rough; [- toile] rough, coarse; [- peau] rough, coarse; [- voix, son] rough, harsh; [- manières, paysan] rough, uncouth, unrefined; [- traits] rugged. **-2.** [difficile - climat, hiver] harsh, severe; [- conditions, concurrent] tough; [- concurrence] severe, tough; [- vie, tâche] hard, tough; [- côte] hard, stiff; **être mis à ~ épreuve** [personne] to be severely tested, to be put through the mill; [vêtement, matériel] to get a lot of wear and tear; **ma patience a été mise à ~ épreuve** it was a severe strain on my patience □ **être à ~ école** to learn life the hard way. **-3.** [sévère - ton, voix] rough, harsh, hard; [- personne] harsh, hard, severe. **-4.** *fam* [important, remarquable]: **avoir un ~ appétit** to have a hearty appetite; **un ~ gaillard** a hearty fellow; **ça a été un ~ coup pour lui** it was a hard blow for him.

rudement [rydmɑ̃] *adv* **-1.** *fam* [diablement]: **c'est ~ bon** it's really good; **c'est ~ beau** it's really lovely; **c'est ~ cher** it's incredibly OU awfully expensive; **elle est ~ culottée!** she's got some cheek *Br* OU gall!; **ça m'a fait ~ mal!** it was awfully painful!; **ils étaient ~ nombreux** there were a heck of a lot of them. **-2.** [sans ménagement] roughly, harshly; **tu lui parles trop ~** you talk to him too roughly. **-3.** [brutalement] hard; **il a frappé à la porte ~** he banged hard on the door.

rudesse [rydɛs] *nf* **-1.** [rugosité - d'une surface, de la peau] roughness; [- d'une toile] roughness, coarseness; [- d'une voix, d'un son] roughness, harshness. **-2.** [rusticité - des manières] roughness, uncouthness; [- des traits] ruggedness. **-3.** [sévérité - d'un ton, d'une voix] roughness, harshness, hardness; [- d'un maître] severity, harshness. **-4.** [dureté - d'un climat, d'un hiver] hardness, harshness, severity; [- d'une concurrence, d'une tâche] toughness.

rudiment [rydimɑ̃] *nm* **-1.** *litt* [début, ébauche] rudiment; **il en est encore au ~** he's still learning the basics; **je n'ai encore acquis qu'un ~ de technique** my technique is still rudimentary. **-2.** BIOL rudiment; **un ~ de queue** a rudimentary tail.

◆ **rudiments** *nmpl* [d'un art, d'une science] basics, rudiments; **tu apprendras vite les ~s** you'll soon learn the basics; **apprendre les ~s de la grammaire** to learn some basic grammar, to get a basic (working) knowledge of grammar; **je n'ai que des ~s d'informatique** I have only a rudimentary knowledge of computing.

rudimentaire [rydimɑ̃tɛr] *adj* **-1.** [élémentaire] rudimentary, basic; **des notions ~s d'informatique** basic notions of computing. **-2.** [commençant] rudimentary, undeveloped; **cette technique est encore ~** the technique is still in its infancy. **-3.** [succinct] basic; **des informations trop ~s** inadequate information. **-4.** BIOL rudimentary.

rudoiement [rydwamɑ̃] *nm litt* harsh treatment.

rudoyer [13] [rydwaje] *vt* to treat harshly; **il les a un peu rudoyés** he was a bit harsh with them.

rue [ry] *nf* **-1.** [voie] street; **de la ~, des ~s** street *(modif)*; **c'est la ~ qui dicte sa loi aujourd'hui** *fig* it's mob rule these days; **~ pavée** paved street *(with small, flat paving stones)* □ **~ piétonnière** pedestrian street; **~ à sens unique** one-way street; **la grande ~** the high *Br* OU main street; **les petites ~s** the side streets; **être à la ~** to be on the streets; **mettre** OU **jeter qqn à la ~** to turn OU to put sb out into the street. **-2.** BOT rue.

RUE:

The names of some Paris streets are used to refer to the establishments situated there: "la rue de Grenelle" the Ministry of Education; "la rue de Valois" the Ministry of Culture; "la rue de Rivoli" (formerly) the Ministry of Finance; "la rue de Solferino" the (headquarters of the) Socialist Party.

---

ruée [rɥe] *nf* rush; **à l'heure de la ~ hors des bureaux** during the evening rush hour; **il y a eu une ~ vers le buffet** everybody made a mad dash for the buffet □ **la ~ vers l'or** HIST the gold rush; **'la Ruée vers l'or'** *Chaplin* 'The Goldrush'.

ruelle [rɥɛl] *nf* **-1.** [voie] lane, narrow street, alley. **-2.** [de lit] space between bed and wall, ruelle *arch*. **-3.** HIST [pour réception] ruelle.

ruer [7] [rɥe] *vi* **-1.** [animal] to kick (out). **-2.** *fam loc*: **~ dans les brancards** [verbalement] to kick up a fuss; [par ses actions] to kick OU to lash out.

◆ **se ruer** *vpi*: **se ~ sur qqn** [gén] to rush at sb; [agressivement] to hurl OU to throw o.s. at sb; **se ~ vers la sortie** to dash OU to rush towards the exit; **ils se sont tous rués sur le buffet** they made a mad dash for the buffet; **dès qu'une chambre se libère, tout le monde se rue dessus** as soon as a room becomes vacant, everybody pounces on it; **on se rue pour aller voir son dernier film** people are flocking to see his latest film; **se ~ à l'attaque** SPORT to rush into the attack.

ruf(f)ian [ryfjɑ̃] *nm* **-1.** *arch* [souteneur] whoremonger. **-2.** [aventurier] adventurer.

rugby [rygbi] *nm* rugby (football); **~ à quinze** Rugby Union; **~ à treize** Rugby League.

rugbyman [rygbiman] (*pl* **rugbymen** [mɛn]) *nm* rugby player.

rugir [32] [ryʒir] ◇ *vi* **-1.** [fauve] to roar. **-2.** [personne] to bellow.

◇ *vt* [insultes, menaces] to bellow OU to roar out *(sép)*.

rugissant, e [ryʒisɑ̃, ɑ̃t] *adj* **-1.** [fauve, moteur] roaring. **-2.** *litt* [flots] roaring; [vent, tempête] roaring, howling.

rugissement [ryʒismɑ̃] *nm* **-1.** [d'un lion, d'un moteur] roar, roaring. **-2.** *litt* [des flots] roar, roaring; [du vent, de la tempête] roar, roaring, howling. **-3.** [d'une personne] roar; **~ de fureur** roar OU howl of anger; **~ de douleur** howl of pain.

rugosité [rygozite] *nf* [d'une écorce, d'un plancher, de la peau] roughness; [d'une toile] roughness, coarseness.

◆ **rugosités** *nfpl* bumps, rough patches; **de petites ~s sur la main** little rough patches (of skin) on the hand.

rugueux, euse [rygø, øz] *adj* [écorce, planche, peau] rough; [toile] rough, coarse.

Ruhr [rur] *npr f*: la ~ the Ruhr.

ruine [rɥin] *nf* -**1.** [faillite financière] ruin; le jeu a causé sa ~ gambling ruined him OU caused his ruin; courir à la ~ to head for ruin. -**2.** *fam* [dépense exorbitante] ruinous expense; 200 F, ce n'est pas la ~ ! 200 F won't break OU ruin you!; l'entretien du bateau est une ~ maintaining the boat is ruinously expensive. -**3.** [bâtiment délabré] ruin. -**4.** [personne usée] wreck; c'est une vraie ~ he's a real wreck. -**5.** [destruction - d'une institution] downfall, ruin; [- d'espérances] ruin; ce fut la ~ de notre mariage it wrecked OU ruined our marriage; il veut ma ~ he wants to ruin OU finish me; le scandale fut la ~ de sa carrière politique the scandal ruined his political career.

◆ **ruines** *nfpl* ruins; les ~s d'un vieux château the ruins OU remains of an old castle.

◆ **en ruine** *loc adj* & *adv* in ruins; la ferme est en ~ the farmhouse is in ruins; il y a beaucoup de moulins en ~ dans la région there're a lot of ruined windmills in the area; tomber en ~ to go to ruin.

ruine-de-Rome [rɥindərɔm] (*pl* ruines-de-Rome) *nf* ivy-leaved toadflax.

ruiner [3] [rɥine] *vt* -**1.** [financièrement] to ruin, to cause the ruin of, to bring ruin upon; les études de mes enfants me ruinent my children's education is ruining me; ça ne va pas te ~ ! it won't break OU ruin you!; tu vas me ~ ! you'll be the ruin OU the ruination of me! -**2.** *litt* [endommager - architecture, cultures] to ruin, to destroy; [- espérances] to ruin, to dash; [- carrière, santé] to ruin, to wreck; cet échec ruine tous ses espoirs this failure wrecks all his hopes.

◆ **se ruiner** ◇ *vpi* [perdre sa fortune] to ruin OU to bankrupt o.s.; [dépenser beaucoup] to spend a fortune; il s'est ruiné aux courses he ruined OU bankrupted himself at the races; je me ruine à te payer des études I'm bleeding myself white OU ruining myself paying for your studies; se ~ en to spend a fortune on; elle se ruine en vêtements/disques she spends a fortune on clothes/records.

◇ *vpt*: se ~ la santé to ruin one's health; se ~ la vue to destroy one's eyesight.

ruineux, euse [rɥinø, øz] *adj* extravagantly expensive, ruinous; 100 F, ce n'est pas ~ 100 F is hardly extravagant.

ruiniforme [rɥinifɔrm] *adj* ruiniform.

ruisseau, x [rɥiso] *nm* -**1.** [ru] brook, stream. -**2.** [lit du cours d'eau] bed of a stream; un ~ à sec a dried-up stream. -**3.** *litt* [torrent] stream; ~x de sang/sueur streams of blood/sweat; ~x de larmes floods of tears ❑ les petits ~x font les grandes rivières *prov* tall oaks from little acorns grow *prov*. -**4.** [rigole] gutter. -**5.** *péj* gutter; tirer qqn du ~ to pull OU to drag sb out of the gutter.

ruisselant, e [rɥislɑ̃, ɑ̃t] *adj* -**1.** [inondé]: ~ (d'eau) [imperméable, personne] dripping (wet); [paroi] streaming OU running with water; le visage ~ de sueur her face streaming OU dripping with sweat; les joues ~es de larmes his cheeks streaming with tears; une pièce ~e de lumière a room bathed in OU flooded with light. -**2.** [qui ne cesse de couler]: eaux ~es running waters.

ruisseler [24] [rɥisle] *vi* -**1.** [couler - eau, sang, sueur] to stream, to drip; la sueur ruisselait sur son front his brow was streaming OU dripping with sweat; la lumière ruisselait par la fenêtre *fig* light flooded in through the window. -**2.** *litt*: ~ sur [suj: chevelure] to flow over; [suj: air, lumière] to stream.

◆ **ruisseler de** *vp + prép* [être inondé de]: ~ de sang/sueur to stream with blood/sweat; les murs ruisselaient d'humidité the walls were streaming OU oozing with damp; le palais ruisselait de lumière *fig* the palace was bathed in OU flooded with OU awash with light.

ruisselet [rɥislɛ] *nm* little stream, brook.

ruissellement [rɥisɛlmɑ̃] *nm* -**1.** [écoulement]: le ~ de la pluie sur les vitres the rain streaming OU running down the window panes. -**2.** *litt*: ~ de lumière stream of light. -**3.** GÉOL: ~ pluvial, eaux de ~ (immediate) runoff.

rumba [rumba] *nf* rumba.

rumen [rymɛn] *nm* rumen.

rumeur [rymœr] *nf* -**1.** [information] rumour; il y a des ~s de guerre there's talk of war; selon certaines ~s, le réacteur fuirait toujours rumour has it OU it's rumoured that the reactor is still leaking. -**2.** *sout* [bruit - d'un stade, d'une classe] hubbub, hum; [- de l'océan] murmur; [- de la circulation] rumbling, hum. -**3.** [manifestation]: ~ de mécontentement rumblings of discontent. -**4.** [opinion]: la ~ publique: la ~ publique le tient pour coupable rumour has it that he is guilty.

ruminant [ryminɑ̃] *nm* ruminant.

rumination [ryminasjɔ̃] *nf* rumination.

ruminer [3] [rymine] ◇ *vi* ZOOL to ruminate *spéc*, to chew the cud.

◇ *vt* -**1.** [ressasser - idée] to ponder, to chew over (*sép*); [- malheurs] to brood over (*insép*); [- vengeance] to ponder. -**2.** ZOOL to ruminate.

rumsteck [rɔmstɛk] = **romsteck**.

runabout [rœnabawt] *nm* runabout NAUT.

rune [ryn] *nf* rune.

Rungis [rœ̃ʒis] *npr large wholesale food market in the Paris suburbs*.

runique [rynik] *adj* runic.

ruolz [rɥɔlts] *nm gold or silver plating*.

rupestre [rypɛstr] *adj* -**1.** ARCHÉOL & BX-ARTS [peinture] rock (*modif*); [art] rupestrian *spéc*. -**2.** BOT rock (*modif*), rupestrine *spéc*.

RUPI (*abr écrite de* **roupie indienne**) Re.

rupicole [rupikɔl] *nm* rock cock.

rupin, e▽ [rypɛ̃, in] ◇ *adj* [quartier] posh; [intérieur] ritzy, posh; [famille] well-heeled, posh.

◇ *nm, f*: c'est des ~s they're rolling in money OU rolling in it; les ~s the rich.

RUPP (*abr écrite de* **roupie du Pakistan**) Re, Pre.

rupteur [ryptœr] *nm* -**1.** ÉLECTR [d'une bobine] circuit breaker. -**2.** AUT: ~ (d'allumage) (contact) breaker.

rupture [ryptyr] *nf* -**1.** MÉD [dans une membrane] breaking, tearing, splitting; [dans un vaisseau] bursting; il y a eu ~ du ligament the ligament tore ❑ ~ d'anévrysme aneurysmal rupture. -**2.** TECH: ~ de circuit circuit break. -**3.** [cessation - de négociations, de fiançailles] breaking off; la ~ des pourparlers était inévitable the talks were bound to break down; une ~ avec le passé a break with the past; la ~ est complète avec ma famille I've broken off OU severed all ties with my family. -**4.** [dans un couple] break-up; leur couple semble toujours au bord de la ~ they always seem on the verge of splitting OU breaking up. -**5.** [changement] break; ~ de cadence sudden break in rhythm; ~ de ton sudden change in OU of tone. -**6.** COMM: ~ de stock: être en ~ de stock to be out of stock. -**7.** JUR: ~ de ban illegal return (from banishment); être en ~ de ban avec son milieu/sa famille *fig* to be at odds with one's environment/one's family; ~ de contrat breach of contract; ~ prolongée de la vie commune estrangement; ~ abusive (de contrat) ≃ illegal dismissal. -**8.** POL: ~ des relations diplomatiques breaking off of diplomatic relations. -**9.** INDUST: ~ de charge break of load. -**10.** MIL breakthrough.

rural, e, aux [ryral, o] ◇ *adj* [droit, population] rural; [vie, paysage] country (*modif*), rural; en milieu ~ in rural areas; le score du parti socialiste a augmenté en milieu ~ the socialist party vote went up in the countryside OU in rural areas.

◇ *nm, f* country person; les ruraux country people, countryfolk.

◇ *nm Helv* farm building.

ruse [ryz] *nf* -**1.** [trait de caractère] cunning, craftiness, slyness; s'approprier qqch par ~ to obtain sthg through OU by trickery; elle a dû recourir à la ~ pour s'échapper she had to resort to cunning to escape. -**2.** [procédé] trick, ruse, wile; ~ de guerre *pr* tactics, stratagem; *fig* good trick; ~s de Sioux *fam* crafty tactics, fox's cunning.

rusé, e [ryze] ◇ *adj* [personne] crafty, sly, wily; [air, regard] sly; il est ~ comme un renard he's as sly OU cunning OU wily as a fox.

◇ *nm, f*: tu es une petite ~e! you're a crafty one OU a sly one, my girl!

ruser [3] [ryze] *vi* to use cunning OU trickery OU guile; il va falloir ~ ! we'll have to be clever!; ~ avec qqn to outsmart sb; ~ avec qqch to get round sthg by using cunning.

rush [rœʃ] (*pl* rushs OU rushes) *nm* -**1.** [ruée] rush, stampede. -**2.** SPORT [effort soudain] spurt.

rushes [rœʃ] *nmpl* [épreuves, projection] rushes.

russe [rys] *adj* Russian.

◆ **Russe** *nmf* Russian; Russe blanc White Russian.

◆ **russe** *nm* LING Russian.

◆ **à la russe** *loc adv* Russian-style; boire à la ~ to drink Russian-style.

Russie [rysi] *npr f*: (la) ~ Russia; la ~ soviétique Soviet Russia.

russification [rysifikasjɔ̃] *nf* russification, russianization.

russifier [9] [rysifje] *vt* to russianize, to russify.

russkof▽ [ryskɔf] *nmf offensive term used with reference to Russian people*, ≃ Russky.

russophile [rysɔfil] *adj* & *nmf* Russophile.

russophone [rysɔfɔn] ◇ *adj* Russian-speaking.

◇ *nmf* Russian speaker.

russule [rysyl] *nf* russula; ~ émétique sickener.

rustaud, e [rysto, od] *péj* ◇ *adj* yokelish.

◇ *nm, f* yokel, rustic; les ~s du coin *fam* the locals.

rusticité [rystisite] *nf* -**1.** [d'un comportement, d'une personne] uncouthness, boorishness. -**2.** [d'un mobilier] rusticity. -**3.** AGR hardiness.

Rustine® [rystin] *nf (bicycle tyre) rubber repair patch*.

rustique [rystik] ◇ *adj* -**1.** *sout* [de la campagne - vie] rustic, rural. -**2.** [meubles] rustic; [poterie] rusticated. -**3.** *litt* [fruste - manières, personne] country (*épith*), rustic. -**4.** AGR hardy. -**5.** ARCHIT rusticated.

◇ *nm*: le ~ [style] rustic style; [mobilier] rustic furniture.

rustre [rystr] ◇ *adj* boorish, uncouth.

◇ *nmf* boor, lout.

rut [ryt] *nm* rut; au moment du ~ during the rutting season; être en ~ to (be in) rut.

rutabaga [rytabaga] *nm* swede, rutabaga *Am*.

rutacée [rytase] *nf* rutaceous plant; les ~s the Rutaceae.

ruthène [rytɛn] *adj* Ruthenian.

◆ **Ruthène** *nmf* Ruthenian.

Ruthénie [ryteni] *npr f*: (la) ~ Ruthenia.

ruthénium [rytenjɔm] *nm* ruthenium.

rutilant, e [rytilɑ̃, ɑ̃t] *adj* -**1.** [propre - carrosserie, armure] sparkling, gleaming. -**2.** *litt* [rouge - cuivre] rutilant *litt*; [- visage] ruddy.

rutile [rytil] *nm* rutile.

rutiler [3] [rytile] *vi sout* [étinceler] to gleam, to shine.

rutine [rytin] *nf*, **rutoside** [rytɔzid] *nm* rutin.

R-V *abr écrite de* **rendez-vous**.

Rwanda [rwɑ̃da] = **Ruanda**.

rythme [ritm] *nm* -**1.** MUS rhythm; ils dansaient sur/à un ~ endiablé they were dancing to/at a furious rhythm; avoir du ~ [musique] to have a good (strong) beat OU rhythm; avoir le sens du ~ [personne] to have rhythm; marquer le ~ to mark time; suivre le ~ to keep up. -**2.** CIN, THÉÂT & LITTÉRAT rhythm; le ~ du film est trop lent the film is too slow-moving. -**3.** [allure - d'une production] rate; [- des battements du cœur] rate, speed; [- de vie] tempo, pace; travailler à un ~ soutenu to work at a sustained pace; au ~ auquel il écrit ses romans at the rate at which he writes novels; à ce ~-là at that rate.

-**4.** [succession - de marées, de saisons] rhythm. -**5.** ANAT & BIOL: ~ **biologique** biorhythm; ~ **cardiaque** heartbeat, cardiac rhythm *spéc*; ~ **respiratoire** breathing OU respiratory *spéc* rhythm.

◆ **au rythme de** *loc prép* -**1.** [au son de] to the rhythm of; **ils défilaient au ~ d'une marche militaire** they paraded to the rhythm of a military march. -**2.** [à la cadence de] at the rate of; **au ~ d'un milliard d'habitants en plus par décennie** at the rate of an extra one billion inhabitants per decade.

rythmé, e [ritme] *adj* [musique] rhythmic, rhythmical; [prose] rhythmical; **musique très ~e** music with a good rhythm OU beat.

rythmer [3] [ritme] *vt* -**1.** [mouvements de danse, texte] to put rhythm into, to give rhythm to; **il rythmait l'air avec son pied** he was beating out the rhythm of the tune with his foot. -**2.** *sout* [ponctuer]: **ces événements ont rythmé sa vie** these events gave a certain rhythm to OU punctuated his life.

rythmicité [ritmisite] *nf sout* rhythmicity.

rythmique [ritmik] ◇ *adj* rhythmic, rhythmical.

◇ *nf* -**1.** LITTÉRAT rhythmics *(U)*. -**2.** [gymnastique] rhythmic gymnastics *(U)*.

S

s, S [ɛs] *nm inv* -**1.** [lettre] s, S. -**2.** [forme] S-shape; **faire des S** [voiture] to zigzag; [sentier] to twist and turn; **à cet endroit, la route fait un S** at this point, there's a double OU an S bend in the road.
◆ **en S** *loc adj* [crochet] S-shaped; [voie] winding, zigzagging; [rivière] meandering.

s (*abr écrite de* **seconde**) s.

s' [s] → **se, si** *conj.*

S (*abr écrite de* **Sud**) S.

sa [sa] *f* → **son.**

S.A. (*abr écrite de* **Son Altesse**) HH.

SA (*abr de* **société anonyme**) *nf* ≃ plc *Br*, ≃ Inc *Am*; **une SA** a limited company.

Saba [saba] *npr* Sheba.

sabayon [sabajɔ̃] *nm* [entremets] zabaglione; [sauce] sabayon sauce.

sabbat [saba] *nm* -**1.** RELIG Sabbath; **que faites-vous le jour du ~?** what do you do on the Sabbath? -**2.** [de sorciers, de sorcières] (witches') sabbath. -**3.** *fam vieilli* [raffut] din, racket.

sabbatique [sabatik] *adj* -**1.** RELIG sabbatical. -**2.** UNIV sabbatical; **demander une année ~** to ask for a sabbatical (year). -**3.** *litt* [digne d'un sabbat, très agité] chaotic, tumultuous.

Sabin, e [sabɛ̃, in] *nm, f* Sabine; **l'enlèvement des ~es** the rape of the Sabine women.

sabine [sabin] *nf* savin (bush).

sabir [sabir] *nm* -**1.** LING lingua franca. -**2.** *fam* [jargon] gobbledygook, mumbo-jumbo; **dans leur ~** in their lingo.

sablage [sablaʒ] *nm* -**1.** TRAV PUBL gritting. -**2.** CONSTR sandblasting.

sable [sabl] ◇ *nm* -**1.** GÉOL sand; **~ fin** fine sand ❑ **~ de construction** coarse sand; **être sur le ~** *fam fig* [sans argent] to be skint *Br* OU broke OU strapped; [sans emploi] to be out of a job; **mettre qqn sur le ~** [le ruiner]: **ils m'ont mis sur le ~** they've ruined OU bankrupted me. -**2.** MÉTALL (moulding) sand. -**3.** HÉRALD sable.
◇ *adj inv* sand-coloured, sandy.
◆ **sables** *nmpl*: **les ~s (du désert)** the desert sands; **~s mouvants** quicksand (*U*).
◆ **de sable** *loc adj* [château] sand (*modif*); [dune] sand (*modif*), sandy; [fond] sandy.

sablé, e [sable] *adj* [allée] sandy.
◆ **sablé** *nm* (shortbread-type) biscuit *Br* OU cookie *Am*.

sabler [3] [sable] *vt* -**1.** TRAV PUBL to grit. -**2.** CONSTR to sandblast. -**3.** *loc*: **~ le champagne** to crack a bottle of champagne.

sableur [sablœr] *nm* -**1.** TRAV PUBL sander (person). -**2.** CONSTR sandblaster operator. -**3.** MÉTALL (sand) moulder *Br*.

sableux, euse [sablø, øz] *adj* -**1.** [mêlé de sable - eau, terrain] sandy; [- champignons, moules] gritty; **alluvions sableuses** sandy alluvium. -**2.** [rugueux - pâte] grainy.
◆ **sableuse** *nf* -**1.** TRAV PUBL sander, sand-spreader. -**2.** CONSTR sandblaster.

sablier, ère [sablije, ɛr] *adj* [industrie, commerce] sand (*modif*).
◆ **sablier** *nm* -**1.** [gén] hourglass, sand glass; [de cuisine] egg timer. -**2.** [pour sécher l'encre] sandbox. -**3.** BOT sandbox tree.
◆ **sablière** *nf* -**1.** [lieu] sand quarry, sandpit. -**2.** CONSTR [de toiture] inferior purlin; [dans un mur] wall plate; **sablière haute** head rail.

sablonneux, euse [sablɔnø, øz] *adj* sandy.

sablonnière [sablɔnjɛr] *nf* sand quarry, sandpit.

sabord [sabɔr] *nm* port (*square opening in ship's side*).

sabordage [sabɔrdaʒ], **sabordement** [sabɔrdəmɑ̃] *nm* NAUT & *fig* scuttling.

saborder [3] [sabɔrde] *vt* -**1.** NAUT to scuttle, to sink. -**2.** [stopper - entreprise, journal] to scuttle, to sink, to wind up (*sép*). -**3.** [faire échouer - plans, recherche] to scuttle, to put paid to *Br* to scupper *Br*.
◆ **se saborder** *vp* (*emploi réfléchi*) -**1.** [navire] to go down (*by the deliberate actions of the crew*). -**2.** [entreprise] to fold, to close down; [parti] to wind (o.s.) up.

sabot [sabo] *nm* -**1.** [soulier] clog, sabot; **je te vois venir avec tes gros ~s** *fam* I know what you're after, I can see you coming a mile off; **comme un ~** *fam*: **elle danse comme un ~** she's got two left feet; **je chante comme un ~** I can't sing to save my life. -**2.** ZOOL hoof; **animaux à ~s** hoofed animals. -**3.** [baignoire]: **(baignoire) ~** hip bath. -**4.** *fam péj* [instrument, machine] pile of junk. -**5.** JEUX shoe (*for cards*). -**6.** MÉCAN: **~ de frein** brake shoe; **~ de Denver** wheel clamp *Br*, Denver boot *Am*; **mettre le ~ de Denver à une voiture** to clamp OU to (Denver) boot *Am* a car. -**7.** [d'un meuble] metal shoe; [d'un tube] ferrule. -**8.** [jouet] whipping top. -**9.** TRAV PUBL [d'un pilot] shoe.

sabotage [sabɔtaʒ] *nm* -**1.** [destruction - de matériel] sabotage; **cette nouvelle loi sur l'enseignement primaire, c'est du ~!** *fig* the new primary education law is sheer sabotage! -**2.** [acte organisé]: **un ~** an act OU a piece of sabotage. -**3.** [travail bâclé] botched job. -**4.** RAIL chairing. -**5.** TRAV PUBL shoeing.

sabot-de-Vénus [sabodvenys] (*pl* **sabots-de-Vénus**) *nm* lady's slipper.

saboter [3] [sabɔte] *vt* -**1.** [détruire volontairement] to sabotage; **~ une voie ferrée** to sabotage a train line; **des manifestants sont venus ~ l'émission** demonstrators came to sabotage OU to disrupt the programme. -**2.** [bâcler] to bungle; (*en usage abs*): **tu sabotes!** you're making a mess of the whole thing! -**3.** RAIL to chair. -**4.** TRAV PUBL to shoe.

saboteur, euse [sabɔtœr, øz] *nm, f* -**1.** [destructeur] saboteur. -**2.** [mauvais travailleur] bungler.

sabotier, ère [sabɔtje, ɛr] *nm, f* -**1.** [fabricant] clog-maker. -**2.** [vendeur] clog seller.

sabre [sabr] *nm* -**1.** ARM & SPORT sabre; **tirer son ~** to draw one's sword ❑ **~ d'abattis** machete; **~ d'abordage** cutlass; **~ de cavalerie** cavalry sabre; **~ au clair**: **aller/charger ~ au clair** to go/to charge with drawn sword; **le ~ et le goupillon** the Army and the Church. -**2.** ZOOL scabbard-fish.

sabre-baïonnette [sabrəbajɔnɛt] (*pl* **sabres-baïonnettes**) *nm* sword-bayonet.

sabrer [3] [sabre] *vt* -**1.** [texte] to make drastic cuts in; [paragraphe, phrases] to cut, to axe; **~ tout un passage dans un chapitre** to slash OU to hack a whole section out of a chapter || (*en usage abs*): **je vais devoir ~** I'll have to do some drastic editing. -**2.** *fam* [critiquer - étudiant, copie] to savage, to lay into (*insép*); [- projet] to lay into. -**3.** *fam* [renvoyer - employé] to fire, to sack *Br*, to can *Am*; **se faire ~** to get the chop OU sack *Br* OU boot. -**4.** [frapper] to slash; **la toile avait été sabrée à coups de crayon** *fig* great pencil slashes marked the canvas. -**5.** [bâcler] to botch, to bungle.

sabreur [sabrœr] *nm* -**1.** ESCRIME fencer (specializing in the sabre). -**2.** MIL swordsman (using a sabre).

sac [sak] *nm* -**1.** [contenant - petit, léger] bag; [- grand, solide] sack ❑ **~ de billes** bag of marbles; **~ de classe** OU **d'école** *vieilli* satchel, school bag; **~ de couchage** sleeping bag; **~ à dos** rucksack, knapsack; **~ à main** [à poignée] handbag *Br*, purse *Am*; [à bandoulière] shoulder bag; **~ de marin** kitbag; **~ à ouvrage** workbag, sewing bag; **~ à pain** bread bag (*made of cloth*); **~ en papier** paper bag; **~ de plage** beach bag; **~ (en) plastique** [petit] plastic bag; [solide et grand] plastic carrier (bag) *Br*, large plastic bag *Am*; **~ à pommes de terre** potato sack; **~ poubelle** dustbin *Br* OU garbage can *Am* liner; **~ à provisions** shopping bag; **~ de sable** MIL sandbag; SPORT punchbag; **~ à viande** *fam* inner sheet (of a sleeping bag); **~ de voyage** overnight OU travelling bag; **je ne prendrai pas de valise, juste un ~** I won't pack a suitcase, just an overnight bag. -**2.** [contenu - petit, moyen] bag, bagful; [- grand] sack, sackful. -**3.** *fam fig*: **~ d'embrouilles** OU **de nœuds**: **méfie-toi, c'est un ~ de nœuds, leur affaire** be careful, that business of theirs is a real hornets' nest; **voyons un peu ce ~ d'embrouilles!** let's just open that can of worms!; **~ à malices** bag of tricks; **~ d'os**: **c'est un ~ d'os** he's all skin and bones OU a bag of bones; **~ à puces** [chien] fleabag; **~ à vin** drunk, lush; **homme de ~ et de corde** *litt* rogue, jailbird; **être fagoté** OU **ficelé comme un ~** to look like a feather bed tied in the middle; **ça y est, l'affaire est** OU **c'est dans**

le ~ ! it's as good as done!, it's in the bag!; **dans le même ~: ils sont tous à mettre dans le même ~** they're all tarred with the same brush; **attention, ne mettons pas le racisme et le sexisme dans le même ~!** let's not lump racism and sexism together! **-4.** ▽ [argent]: **dix ~s** a hundred francs. **-5.** ANAT & BOT sac; **~ lacrymal** lacrymal sac. **-6.** RELIG: **le ~ et la cendre** sackcloth and ashes. **-7.** [pillage] sack, pillage; **mettre qqch à ~** to ransack OU to plunder OU to pillage sthg.

saccade [sakad] *nf* jerk, jolt, (sudden) start; **après quelques ~s, le moteur s'arrêta** the engine jolted to a halt.

◆ **par saccades** *loc adv* jerkingly, joltingly, in fits and starts; **la voiture avançait par ~s** the car was lurching OU jerking forward; **elle parlait par ~s** she spoke haltingly OU in a disjointed manner.

saccadé, e [sakade] *adj* [pas] jerky; [mouvement] disjointed; [voix] halting.

saccage [sakaʒ] *nm* (wanton) destruction; **quel ~!** what a mess!

saccager [17] [sakaʒe] *vt* [maison, parc] to wreck, to wreak havoc in, to devastate; [matériel, livres] to wreck, to ruin; [cultures] to lay waste, to devastate; [ville] to lay waste, to sack; **le village a été saccagé par l'inondation/le tourbillon** the village was devastated by the flood/hurricane; **les cambrioleurs ont (tout) saccagé (dans) le salon** the burglars wrecked (everything in) the living room.

saccageur, euse [sakaʒœr, øz] *nm, f sout* vandal.

saccharase [sakaraz] *nf* saccharase.

saccharifère [sakarifɛr] *adj* sacchariferous.

saccharification [sakarifikasjɔ̃] *nf* saccharification, saccharization.

saccharifier [9] [sakarifje] *vt* to saccharify, to saccharize.

saccharimètre [sakarimɛtr] *nm* saccharimeter.

saccharimétrie [sakarimetri] *nf* saccharimetry.

saccharimétrique [sakarimetrik] *adj* saccharimetric.

saccharin, e [sakarɛ̃, in] *adj* sugar *(modif)*.

◆ **saccharine** *nf* saccharin.

sacchariné, e [sakarine] *adj* saccharined.

saccharose [sakaroz] *nm* saccharose.

SACEM, Sacem [sasɛm] *(abr de* **Société des auteurs, compositeurs et éditeurs de musique)** *npr f body responsible for collecting and distributing royalties,* ≃ Performing Rights Society *Br,* ≃ Copyright Royalty Tribunal *Am.*

sacerdoce [sasɛrdɔs] *nm* **-1.** RELIG priesthood. **-2.** [vie de dévouement] vocation OU calling *(requiring the utmost dedication)*; **la vie d'un militant est un ~** being a militant calls for great dedication.

sacerdotal, e, aux [sasɛrdɔtal, o] *adj* priestly, sacerdotal.

sachem [saʃɛm] *nm* sachem.

sachet [saʃɛ] *nm* **-1.** [petit sac] (small) bag. **-2.** [dose - de soupe, d'entremets] packet, sachet; [- d'herbes aromatiques] sachet; **un ~ d'aspirine** a dose of aspirin; **du thé en ~s** tea bags.

sacoche [sakɔʃ] *nf* **-1.** [de facteur] bag, post bag *Br*, mail bag. **-2.** [de vélo] pannier. **-3.** [d'encaisseur] money bag. **-4.** *Belg* handbag, purse *Am.*

sacquer▽ [3] [sake] *vt* **-1.** [employé]: **~ qqn** to give sb the sack *Br* OU ax *Am*, to sack *Br* OU to can *Am* sb; **se faire ~** to get the sack *Br* OU axe *Am*. **-2.** [étudiant] to fail, to flunk; **elle va se faire ~ à l'examen** she'll get slaughtered in the exam. **-3.** *loc*: **ne pas (pouvoir) ~ qqn: il ne peut pas te ~** he can't stand (the sight of) you.

sacral, e, aux [sakral, o] *adj* sacred.

sacralisation [sakralizasjɔ̃] *nf* **-1.** [d'une chose profane]: **notre époque voit la ~ de la liberté individuelle** today, individual freedom is considered to be sacred; **la ~ des ancêtres permet à cette société de faire face à la mort** the sacred value they attach to their ancestors is this society's way of coping with death. **-2.** MÉD sacralization.

sacraliser [3] [sakralize] *vt* to regard as sacred.

sacramental, aux [sakramɑ̃tal, o] *nm* sacramental.

sacramentel, elle [sakramɑ̃tɛl] *adj* **-1.** RELIG sacramental. **-2.** *fig & litt* [moment, paroles] ritual, sacramental.

sacre [sakr] *nm* **-1.** [d'un empereur] coronation and anointment; [d'un évêque] consecration. **-2.** MUS: **'le Sacre du printemps'** *Stravinski* 'The Rite of Spring'. **-3.** ORNITH saker. **-4.** *Can* [juron] expletive *(usually the name of a religious object)*.

sacré, e [sakre] *adj* **-1.** RELIG [édifice] sacred, holy; [art, textes, musique] sacred, religious; [animal] sacred; **dans l'enceinte ~e** within the place of worship ❑ **le Sacré Collège** the Sacred College (of Cardinals). **-2.** [devoir, promesse] sacred, sacrosanct; [droit] sacred, hallowed; **les lois ~es de l'hospitalité** the sacred laws of hospitality; **son nounours/sa voiture, c'est ~!** her teddy bear/car is sacred!; **rien de plus ~ que sa promenade après le repas** his after-dinner walk is sacrosanct. **-3.** *fam (avant le n)* [en intensif]: **j'ai un ~ mal de dents!** I've got (an) awful toothache!; **j'ai un ~ boulot en ce moment!** I've got a hell of a lot of work on at the moment!; **c'est un ~ cuisinier, ton mari!** your husband is a damn good cook OU a terrific cook!; **~ Marcel, toujours le mot pour rire!** good old Marcel, never a dull moment with him! *aussi iron*; **~ farceur!** you old devil!; **t'as eu une ~e veine!** you were damn lucky! **-4.** ▽ *(avant le n)* [satané] damned, blasted; **~ nom de nom!** damn and blast it!; **~ nom de Dieu!** bloody hell!; **~ nom d'un chien!** damn it! *Br*, goddamn! *Am*. **-5.** ANAT sacral; **plexus ~** sacral plexus.

◆ **sacré** *nm*: **le ~** the sacred.

sacrebleu [sakrəblø] *interj arch* zounds *arch*, hell's bells *hum*.

Sacré-Cœur [sakrekœr] *npr m* **-1.** [édifice]: **le ~, la basilique du ~** Sacré-Cœur. **-2.** [fête]: **le ~, la fête du ~** the (Feast of the) Sacred Heart.

sacredieu [sakrədjø] *arch* = **sacrebleu**.

sacrement [sakrəmɑ̃] *nm* sacrament; **les derniers ~s** the last rites.

sacrément [sakremɑ̃] *adv vieilli*: **c'est ~ bon!** it's jolly *Br* OU damn good!; **il était ~ furieux!** he was awfully angry.

sacrer [3] [sakre] ◇ *vt* **-1.** [empereur] to crown and anoint, to sacre *arch*; [évêque] to consecrate. **-2.** [nommer, instituer] to consecrate; **on l'a sacré le plus grand architecte du siècle** he was acclaimed OU hailed as the greatest architect of the century.

◇ *vi vieilli* to swear, to curse.

sacrificateur, trice [sakrifikatœr, tris] *nm, f* sacrificer ANTIQ.

sacrifice [sakrifis] *nm* **-1.** RELIG sacrifice, offering; **offrir qqch en ~ à Dieu** to offer sthg as a sacrifice to God, to sacrifice sthg to God; **offrir qqn en ~ aux divinités** to sacrifice sb to the gods ❑ **le ~ de la Croix** the Sacrifice of the Cross. **-2.** [effort, compromis] sacrifice; **faire des ~s/un ~** to make sacrifices/a sacrifice; **~s financiers** financial sacrifices; **elle a fait de grands ~s pour monter la pièce/pour ses enfants** she's sacrificed a lot to put on the play/for her children; **faire le ~ de sa vie pour qqn** to lay down OU to sacrifice one's life for sb.

◆ **au sacrifice de** *loc prép* at the cost of; **au ~ de sa vie** at the cost of her own life; **au ~ de mon bien-être personnel** to the detriment of OU at the cost of my personal well-being.

sacrificiel, elle [sakrifisjɛl] *adj* MÉTALL & RELIG sacrificial.

sacrifié, e [sakrifje] ◇ *adj* sacrificed, lost; **la génération ~e** the lost generation.

◇ *nm, f* (sacrificial) victim.

sacrifier [9] [sakrifje] *vt* **-1.** RELIG to sacrifice; **c'est toute une génération qui a été sacrifiée** *fig* a whole generation was sacrificed. **-2.** [renoncer à - carrière, santé] to sacrifice; [- loisirs] to give up *(sép)*; **~ sa vie** to make the ultimate sacrifice; **il a sacrifié sa vie pour sa patrie** he sacrificed OU laid down his life for his country; **~ ses amis à sa carrière** to sacrifice one's friends to one's career. **-3.** COMM [articles] to sell at rockbottom prices; **je les sacrifie, Mesdames!** Ladies, I'm giving them away!

◆ **sacrifier à** *v + prép* **-1.** RELIG to sacrifice to; **~ aux idoles** to sacrifice to idols. **-2.** *sout* [se conformer à] to conform to; **~ à la mode** to conform to OU to go along with (the dictates of) fashion; **à Noël, sacrifiez à la tradition** keep tradition alive at Christmas.

◆ **se sacrifier** *vpi* to sacrifice o.s.; **se ~ pour son pays/ses enfants** to sacrifice o.s. for one's country/children; **il reste des frites – allez, je me sacrifie!** *fam hum* there are some chips left over – oh well, I suppose I'll have to eat them myself!

sacrilège [sakrilɛʒ] ◇ *adj* sacrilegious.

◇ *nmf* profaner.

◇ *nm* **-1.** RELIG sacrilege, profanation. **-2.** *fig* [crime] sacrilege, crime *fig*; **ce serait un ~ de retoucher la photo** it would be criminal OU a sacrilege to touch up the photograph; **je mets toujours un peu d'eau dans mon vin – ~!** *hum* I always put a drop of water in my wine – that's sacrilege!

sacripant [sakripɑ̃] *nm vieilli* scoundrel, rogue, scallywag.

sacristain [sakristɛ̃] *nm* **-1.** RELIG [d'une sacristie - catholique] sacristan; [- protestante] sexton. **-2.** CULIN *small puff pastry cake in the shape of a paper twist.*

sacristi [sakristi] *vieilli* = **sapristi**.

sacristie [sakristi] *nf* [d'une église - catholique] sacristy; [- protestante] vestry.

sacro-iliaque [sakrɔiljak] *(pl* **sacro-iliaques)** *adj* sacroiliac.

sacro-saint, e [sakrɔsɛ̃, ɛ̃t] *(mpl* **sacro-saints**, *fpl* **sacro-saintes)** *adj* **-1.** *vieilli* sacrosanct. **-2.** *fam* [intouchable] sacred, sacrosanct.

sacrum [sakrɔm] *nm* sacrum.

sadique [sadik] ◇ *adj* sadistic.

◇ *nmf* sadist.

sadique-anal, e [sadikanal, o] *(mpl* **sadiques-anaux**, *fpl* **sadiques-anales)** *adj* anal, anal-sadistic.

sadiquement [sadikmɑ̃] *adv* sadistically.

sadisme [sadism] *nm* sadism.

sado *fam* [sado] ◇ *adj* sadistic; **il est un peu ~** he's a bit of a sadist.

◇ *nmf* sadist.

sadomaso *fam* [sadɔmazo] ◇ *adj* sadomasochistic.

◇ *nmf* sadomasochist.

sadomasochisme [sadɔmazɔʃism] *nm* sadomasochism.

sadomasochiste [sadɔmazɔʃist] ◇ *adj* sadomasochistic.

◇ *nmf* sadomasochist.

saducéen, enne [sadyseɛ̃, ɛn] ◇ *adj* Sadducean.

◇ *nm, f* Sadducee.

SAE *(abr de* **Society of Automotive Engineers)** *npr f* SAE.

safari [safari] *nm* safari; **faire un ~** to go on (a) safari.

safari-photo [safarifɔto] *(pl* **safaris-photos)** *nm* photographic OU camera safari.

SAFER, Safer [safɛr] *(abr de* **Société d'aménagement foncier et d'établissement rural)** *npr f agency entitled to buy land and earmark it for agricultural use*.

safran [safrɑ̃] ◇ *nm* **-1.** BOT & CULIN saffron. **-2.** NAUT rudder blade.

◇ *adj inv* saffron *(modif)*, saffron-yellow.

safrané, e [safrane] *adj* **-1.** [teinte] saffron *(modif)*, saffron-yellow. **-2.** CULIN saffron-flavoured.

saga [saga] *nf* saga.

sagace [sagas] *adj* sharp, acute, sagacious.

sagacité [sagasite] *nf* sagacity, judiciousness, wisdom; **avec ~** shrewdly, judiciously.

sagaie [sagɛ] *nf* assagai, assegai.

sage [saʒ] ◇ *adj* - **1.** [tranquille, obéissant] good, well-behaved; sois ~, Paul! [recommandation] be a good boy, Paul; [remontrance] behave yourself, Paul; **les enfants ont été ~s** the children behaved themselves ❑ **être ~ comme une image** to be as good as gold. - **2.** [sensé, raisonnable - personne] wise, sensible; [- avis, conduite, décision] wise, sensible, reasonable; **le plus ~ serait de...** the most sensible thing (to do) would be...; **il serait plus ~ que tu prennes une assurance** it would be wiser for you to take out insurance. - **3.** [sobre - tenue] modest, sober; [- vie sentimentale] quiet; [- film, livre] restrained, understated; [- goûts] tame, unadventurous *péj*; **elle était habillée de façon très ~** she was very soberly dressed. - **4.** *euph* [chaste]: **elle est ~** she's a good girl.
◇ *nmf* - **1.** [personne] wise person. - **2.** POL: **une commission de ~s** an advisory committee.
◇ *nm* ANTIQ sage.

sage-femme [saʒfam] (*pl* **sages-femmes**) *nf* midwife; **homme ~** male midwife.

sagement [saʒmɑ̃] *adv* - **1.** [tranquillement] quietly, nicely; **attends-moi ~ ici, Marie** wait for me here like a good girl, Marie; **il est en train de dessiner bien ~!** he's drawing nice and quietly! - **2.** [raisonnablement] wisely, sensibly; **il a ~ refusé** he quite wisely OU sensibly refused. - **3.** [pudiquement]: **elle baissa ~ les yeux** she modestly lowered her eyes.

sagesse [saʒɛs] *nf* - **1.** [discernement - d'une personne] good sense, insight, wisdom; [- d'une décision, d'une suggestion] good sense, wisdom; **la ~ voudrait que tu refuses** you'd be better advised OU it'd be wiser to refuse; **elle n'a pas eu la ~ d'attendre** she wasn't sensible enough OU didn't have the good sense to wait; **agir avec ~** to act wisely OU sensibly ❑ **la ~ des nations** popular wisdom. - **2.** [obéissance] good behaviour; **elle n'a pas été d'une grande ~ aujourd'hui!** she wasn't particularly well behaved today! - **3.** [sobriété - d'une toilette, d'un livre] soberness, tameness; [- d'une vie sentimentale] quietness; **la trop grande ~ de son projet lui fera du tort** the unimaginativeness of his project will be to his disadvantage. - **4.** *euph* [chasteté] proper behaviour.

sagittaire [saʒitɛr] *nf* arrowhead.

Sagittaire [saʒitɛr] *npr m* - **1.** ASTRON Sagittarius. - **2.** ASTROL Sagittarius ; **elle est ~** she's Sagittarius OU a Sagittarian.

sagittal, e, aux [saʒital, o] *adj* ANAT & MATH sagittal.

sagitté, e [saʒite] *adj* sagittate.

sagou [sagu] *nm* sago.

sagouin, e *fam* [sagwɛ̃, in] *nm, f* [personne - malpropre] filthy pig; [- incompétente] fathead, numskull.
◆ **sagouin** *nm* ZOOL sagoin, marmoset.

Sahara [saara] *npr m*: **le ~** the Sahara; **au ~** in the Sahara; **le ~ occidental** the Western Sahara.

saharien, enne [saarjɛ̃, ɛn] *adj* Saharan.
◆ **Saharien, enne** *nm, f* Saharan.
◆ **saharien** *nm* LING Saharan.
◆ **saharienne** *nf* VÊT safari jacket.

Sahel [saɛl] *npr m*: **le ~** the Sahel.

sahélien, enne [saeljɛ̃, ɛn] *adj* Sahelian.
◆ **Sahélien, enne** *nmf* Sahelian.

sahraoui, e [sarawi] *adj* Sahrawi, from Western Sahara, of Western Sahara.
◆ **Sahraoui, e** *nm, f* Sahrawi, Western Saharan.

Saïda [saida] *npr* Saida.

saignant, e [sɛɲɑ̃, ɑ̃t] *adj* - **1.** CULIN [steak] rare. - **2.** [blessure] bleeding.

saignée [seɲe] *nf* - **1.** MÉD bleeding *(U)*, bloodletting *(U)*; **faire une ~ à qqn** to bleed sb, to let sb's blood. - **2.** *sout* [pertes humaines]: **la terrible ~ de la Première Guerre mondiale** the terrible slaughter of the First World War. - **3.** ANAT: **à la ~ du bras** at the crook of the arm. - **4.** [dépenses] drain; **des ~s dans le budget** drains on the budget. - **5.** [entaille] notch; **faire une ~ sur un pin** to tap a pine tree. - **6.** TECH [de tournage] sideways kerf. - **7.** MIN kerf, undercut. - **8.** TRAV PUBL (surface) drainage channel.

saignement [sɛɲmɑ̃] *nm* bleeding; **~ de nez** nosebleed.

saigner [4] [seɲe] ◇ *vi* - **1.** [plaie, blessé] to bleed; **je saigne du nez** my nose is bleeding, I've got a nosebleed; **il saigne de la bouche** [coupure superficielle] his mouth is bleeding; [hémorragie interne] he's bleeding from the mouth ❑ **~ comme un bœuf** to bleed profusely; **ça va ~!**▽: **c'est France-All Blacks aujourd'hui, ça va ~!** France are playing the All Blacks today, the fur's going to fly! - **2.** *fig* & *litt*: **un cœur qui saigne** a bleeding heart.
◇ *vt* - **1.** [malade, animal] to bleed. - **2.** [faire payer - contribuable] to bleed, to fleece; [épuiser - pays] to drain the resources of, to drain OU to suck the lifeblood from ❑ **~ qqn à blanc** to bleed sb dry, to clean sb out. - **3.** TRAV PUBL [fossé] to cut.
◆ **se saigner** *vp (emploi réfléchi)*: **se ~ pour qqn** to work one's fingers to the bone for sb ❑ **se ~ aux quatre veines pour qqn** to bleed o.s. dry for sb.

saillant, e [sajɑ̃, ɑ̃t] *adj* - **1.** [en relief - veines] prominent; [- os, tendon, menton] protruding; [- muscle, yeux] bulging, protruding; [- rocher] protruding; [- corniche] projecting; **avoir les pommettes ~es** to have prominent OU high cheekbones. - **2.** [remarquable - trait, fait] salient, outstanding; **l'ouvrage est plein de traits ~s** the work is full of worth.
◆ **saillant** *nm* - **1.** [de fortification] salient. - **2.** [angle] salient angle.

saillie [saji] *nf* - **1.** [avancée - d'un mur, d'une montagne] ledge; [- d'un os] protuberance; **faire ~, être en ~** [balcon, roche] to jut out, to project; **une des briques faisait ~** one of the bricks was jutting OU sticking out. - **2.** CONSTR projection. - **3.** *litt* [trait d'esprit] sally, witticism, flash of wit. - **4.** ZOOL covering, serving.

saillir[1] [32] [sajir] *vt* ZOOL to cover, to serve.

saillir[2] [50] [sajir] *vi* [rocher, poutre] to project, to jut out; [menton, muscle] to protrude; [os] to protrude, to stick out; [yeux] to bulge, to protrude; **l'effort faisait ~ les veines de son cou** the veins on his neck were swelling OU bulging with the strain.

sain, e [sɛ̃, sɛn] *adj* - **1.** [robuste - enfant] healthy, robust; [- cheveux, peau] healthy; [- dent] sound, healthy; **être ~ d'esprit** to be sane; **~ de corps et d'esprit** sound in mind and body; **des dents très ~es** teeth in perfect condition, healthy teeth. - **2.** [en bon état - charpente, fondations, structure] sound; [- situation financière, entreprise, gestion] sound, healthy; [- viande] good; **ne gardez que les parties ~es de l'ananas** keep only the unblemished parts of the pineapple; **la gestion de l'entreprise n'était pas ~e** the company was mismanaged. - **3.** [salutaire - alimentation, mode de vie] wholesome, healthy; [- air, climat] healthy, invigorating; **tu ne devrais pas rester enfermé toute la journée, ce n'est pas ~** you shouldn't stay in all day long, it's not good for you OU it's unhealthy. - **4.** [irréprochable - opinion] sane, sound; [- lectures] wholesome; **son rapport avec sa fille n'a jamais été très ~** her relationship with her daughter was never very healthy. - **5.** NAUT safe.
◆ **sain et sauf, saine et sauve** *loc adj* safe and sound, unhurt, unharmed; **j'en suis sorti ~ et sauf** I escaped unharmed OU without a scratch.

saindoux [sɛ̃du] *nm* lard.

sainement [sɛnmɑ̃] *adv* - **1.** [hygiéniquement] healthily; **se nourrir ~** to eat wholesome OU healthy food; **vivre ~** to lead a healthy life. - **2.** [sagement] soundly; **juger ~ (de)** to make a sound judgment (on).

sainfoin [sɛ̃fwɛ̃] *nm* sainfoin.

saint, e [sɛ̃, sɛ̃t] ◇ *adj* - **1.** *(après le n)* [sacré - lieu, livre, image, guerre] holy; **la semaine ~e** Holy Week‖ *(avant le n)*: **le ~ chrême** chrism; **la Sainte Croix** the Holy Cross; **la Sainte Famille** the Holy Family; **les ~es huiles** the holy oils; **les Saintes Écritures** the Scriptures; **les ~s Innocents** the Innocents; **leur ~ patron** their patron saint; **le ~ sacrement** the sacrament of Holy Communion, the Eucharist; **le ~ sacrifice de la messe** the Holy Sacrifice of the Mass; **le ~ suaire (de Turin)** the Turin Shroud. - **2.** [canonisé] Saint; **~ Pierre/Paul** Saint Peter/Paul; **prions ~e Édith** let us pray to Saint Edith ❑ **l'Évangile selon ~ Jean/Matthieu** the Gospel according to (Saint) John/Matthew. - **3.** *(avant le n)* [exemplaire] holy; **le curé est un ~ homme** the priest is a holy man; **sa mère était une ~e femme** his mother was a real saint. - **4.** [en intensif]: **toute la ~e journée** the whole blessed day; **j'ai une ~e horreur des araignées** I have a holy horror of spiders.
◇ *nm, f* - **1.** RELIG saint; **le ~ du jour** the Saint of the day ❑ **les ~s de glace** *the three Saints (Mamert, Gervase and Pancras) on whose name days (11th, 12th and 13th May) late frosts often occur according to tradition*; **les ~s du dernier jour** the Latter-Day Saints, the Mormons; **il lasserait la patience d'un ~** he'd try the patience of a saint; **je ne sais (plus) à quel ~ me vouer** I don't know which way to turn (any more); **comme on connaît ses ~s on les honore** *prov* treat each person according to OU on his merits. - **2.** BX-ARTS *(statue or effigy of a)* saint. - **3.** *fig* saint; **vous êtes une ~e** you're a saint; **les promoteurs ne sont pas des petits ~s** property developers are no angels.
◆ **saint** *nm*: **le ~ des ~s** RELIG the Holy of Holies; *fig* the inner sanctum.
◆ **Saint, e** *adj* - **1.** RELIG: **la Sainte Vierge** the Blessed Virgin, the Virgin Mary. - **2.** *(avec trait d'union)* [dans des noms de lieux, de fêtes]: **c'est la Saint-Marc aujourd'hui** it's Saint Mark's day today, it's the feast of Saint Mark today; **ils vont à la messe à Saint-Augustin** they attend Mass at Saint Augustine's (church).

saint-amour [sɛ̃tamur] *nm inv* Saint-Amour (wine).

Saint-Barthélemy [sɛ̃bartelemi] ◇ *npr f*: **(le massacre de) la ~** the Saint Bartholomew's Day Massacre.
◇ *npr* GÉOG Saint Bart's.

saint-bernard [sɛ̃bɛrnar] *nm inv* - **1.** ZOOL Saint Bernard (dog). - **2.** *hum* [personne généreuse]: **c'est un vrai ~** he's a good Samaritan.

saint-cyrien, enne [sɛ̃sirjɛ̃, ɛn] (*mpl* **saint-cyriens**, *fpl* **saint-cyriennes**) *nm, f* [élève] *cadet training at the Saint-Cyr military academy*.

Saint-Cyr-l'École [sɛ̃sirlekɔl] *npr military school near Versailles*.

Saint-Domingue [sɛ̃dɔmɛ̃g] *npr* Santo Domingo.

Sainte-Catherine [sɛ̃tkatrin] *npr*: **coiffer ~** *to be 25 and still unmarried on Saint Catherine's Day (25th November)*.

Sainte-Hélène [sɛ̃telɛn] *npr* St Helena; **à ~** on St Helena.

Sainte-Lucie [sɛ̃tlysi] *npr* St Lucia; **à ~** in St Lucia.

saintement [sɛ̃tmɑ̃] *adv*: **vivre ~** to lead a saintly life; **mourir ~** to die a saintly death.

saint-émilion [sɛ̃temiljɔ̃] *nm inv* Saint Emilion (wine).

Saint Empire romain germanique [sɛ̃tɑ̃pirrɔmɛ̃ʒɛrmanik] *npr m* Holy Roman Empire.

sainte-nitouche [sɛ̃tnituʃ] (*pl* **saintes-nitouches**) *nf péj* hypocrite; **elle m'énerve avec ses airs de ~** she gets on my nerves, always looking as if butter wouldn't melt in her mouth.

Saintes [sɛ̃t] *npr fpl*: **les (îles des) ~** the Îles des Saintes.

Saint-Esprit [sɛ̃tɛspri] *npr m*: **le ~** the Holy Spirit OU Ghost.

sainteté [sɛ̃tte] *nf* - **1.** [d'une personne] saintliness, godliness; [d'une action, d'une vie] saintliness; [d'un édifice, des Écritures, de la Vierge] holiness, sanctity; [du mariage] sanctity. - **2.** [titre]: **Sa/Votre Sainteté** His/Your Holiness.

Saint-Étienne [sɛ̃tetjɛn] *npr* Saint-Étienne.

Sainte-Trinité [sɛttrinite] *npr f* RELIG : la ~ the Holy Trinity.

saint-florentin [sɛ̃flɔrɑ̃tɛ̃] *nm inv* Saint-Florentin cheese.

saint-frusquin *fam* [sɛ̃fryskɛ̃] *nm inv* : elle a débarqué hier avec tout son ~ she turned up yesterday with all her worldly goods ❑ j'ai jeté la vaisselle, les meubles et tout le ~ I've thrown away the plates, the furniture, the whole lot OU caboodle.

Saint-Gall [sɛ̃gal] *npr* Saint Gall.

Saint-Germain-des-Prés [sɛ̃ʒɛrmɛ̃depre] *npr* Saint-Germain-des-Prés *(area of Paris)*.

SAINT-GERMAIN-DES-PRÉS :
The literary centre of Paris on the left bank of the Seine, famous for its bookshops, publishing houses, literary cafés and nightclubs. Its heyday was in the years following the Second World War, when Sartre and other existentialist intellectuals met regularly in its cafés.

saint-glinglin [sɛ̃glɛ̃glɛ̃]
◆ **à la saint-glinglin** *fam loc adv* : je t'écrirai – c'est ça, à la ~ ! I'll write to you – and pigs might fly! ; elle te remboursera à la ~ she'll never pay you back in a month of Sundays ; je ne vais pas attendre jusqu'à la ~ ! I'm not hanging around all day!

Saint-Gothard [sɛ̃gɔtar] *npr* → **col**.

Saint-Graal [sɛ̃gral] = **Graal**.

Saint-Guy [sɛ̃gi] *npr* : danse de ~ Saint Vitus's dance.

saint-honoré [sɛ̃tɔnɔre] *nm inv* Saint Honoré gateau.

Saint-Jacques [sɛ̃ʒak] *npr* : coquille ~ scallop.

Saint-Jacques-de-Compostelle [sɛ̃ʒakdəkɔ̃pɔstɛl] *npr* Santiago de Compostela.

Saint-Jean [sɛ̃ʒɑ̃] *npr f* : la ~ Midsummer's Day.

Saint-Laurent [sɛ̃lɔrɑ̃] *npr m* **-1.** [fleuve] : le ~ the St Lawrence (River). **-2.** [golfe] : le (golfe du) ~ the St Lawrence Seaway.

Saint-Malo [sɛ̃malo] *npr* Saint-Malo.

Saint-Marc [sɛ̃mar] *npr* → **place**.

saint-marcellin [sɛ̃marsəlɛ̃] *nm inv* Saint Marcellin cheese.

Saint-Marin [sɛ̃marɛ̃] *npr* San Marino ; à ~ in San Marino.

saint-marinais, e [sɛ̃marinɛ, ɛz] *adj* San Marinese.
◆ **Saint-Marinais, e** *nm, f* San Marinese ; les Saint-Marinais the San Marinese.

Saint-Médard [sɛ̃medar] *npr f prov* : s'il OU quand il pleut à la ~, il pleut quarante jours plus tard if it rains on Saint Medard's day it will rain for forty days and forty nights.

saint-nectaire [sɛ̃nɛktɛr] *nm inv* Saint Nectaire cheese.

Saint-Nicolas [sɛ̃nikɔla] *npr f* : la ~ Saint Nicholas' Day *(December 6th, celebrated especially in Belgium and the north of France)*.

Saint-Office [sɛ̃tɔfis] *npr m* HIST : le ~ the Holy Office.

saintpaulia [sɛ̃polja] *nm* African violet, saintpaulia.

saint-paulin [sɛ̃polɛ̃] *nm inv* Saint Paulin cheese.

Saint-Père [sɛ̃pɛr] (*pl* Saints-Pères) *nm* Holy Father.

Saint-Pétersbourg [sɛ̃petɛrsbur] *npr* St Petersburg.

saint-pierre [sɛ̃pjɛr] *nm inv* John Dory, dory.

Saint-Pierre [sɛ̃pjɛr] *npr* : la basilique ~ Saint Peter's Basilica.

Saint-Pierre-et-Miquelon [sɛ̃pjɛremiklɔ̃] *npr* St Pierre and Miquelon.

Saint-Sébastien [sɛ̃sebastjɛ̃] *npr* San Sebastian.

Saint-Sépulcre [sɛ̃sepylkr] *npr m* : le ~ the Holy Sepulchre.

Saint-Siège [sɛ̃sjɛʒ] *npr m* : le ~ the Holy See.

saint-simonien, enne [sɛ̃simɔnjɛ̃, ɛn] (*mpl* saint-simoniens, *fpl* saint-simoniennes) *nm, f* & *adj* Saint-Simonian.

saint-simonisme [sɛ̃simɔnism] *nm* Saint-Simonism.

Saint-Sylvestre [sɛ̃silvɛstr] *npr f* : la ~ *New Year's Eve* ; le réveillon de la ~ *traditional French New Year's Eve celebration*.

Saint-Valentin [sɛ̃valɑ̃tɛ̃] *npr f* : la ~ Saint Valentine's Day.

saisi, e [sezi] *nm, f* distrainee.
◆ **saisie** *nf* **-1.** INF : ~e de données keyboarding of data. **-2.** IMPR [clavetage] keyboarding. **-3.** JUR [d'une propriété, d'un bien mobilier] seizure, distraint, distress ; [de produits d'une infraction] seizure, confiscation ; [d'un bien pour non-paiement des traites] repossession ; ~e conservatoire sequestration OU seizure of goods *(to prevent sale)* ; ~e immobilière seizure of property ; ~e mobilière seizure OU distraint of goods ; faire OU opérer une ~e to levy a distress. **-4.** NAUT seizure, embargo.

saisie-arrêt [seziarɛ] (*pl* saisies-arrêts) *nf* distraint, attachment.

saisie-exécution [seziɛgzekysjɔ̃] (*pl* saisies-exécutions) *nf* distraint (for an auction).

saisine [sezin] *nf* **-1.** JUR [d'un héritier] seisin ; ~ d'un tribunal referral (of a case) to a court. **-2.** NAUT lashing.

saisir [32] [sezir] *vt* **-1.** [avec brusquerie] to grab (hold of), to seize, to grasp ; [pour porter, déplacer] to catch (hold of), to take hold of, to grip ; [pour s'approprier] to snatch ; ~ qqch au vol to catch sthg in mid-air ; ~ un outil par le manche to take (hold of) a tool by the handle ; ~ qqn aux épaules to grab OU to grip sb by the shoulders ; il m'a saisi par la manche he grabbed me by the sleeve ; elle saisit ma main she gripped my hand ❑ ~ la balle au bond *pr* to catch a ball on the rebound ; *fig* to seize the opportunity. **-2.** [mettre à profit] to seize, to grab ; ~ l'occasion de faire qqch to seize OU to grasp the opportunity to do sthg ; ~ sa chance to seize an opportunity ; je n'ai pas su ~ ma chance I missed (out on) my chance, I didn't seize the opportunity. **-3.** [envahir - suj : colère, terreur, dégoût] to take hold of, to seize, to grip ; elle a été saisie d'un malaise, un malaise l'a saisie she suddenly felt faint ; le froid m'a saisi I was stunned by the cold. **-4.** [impressionner] to strike, to stun ; la ressemblance entre les deux frères nous a saisis we were struck by the resemblance between the two brothers ; quand j'ai vu le mort je suis resté saisi when I saw the dead man, I was (quite) overcome. **-5.** [percevoir - bribes de conversation, mot] to catch, to get ; je n'ai pas bien saisi son nom I didn't quite catch her name. **-6.** [comprendre - explications, sens d'une phrase] to understand, to get, to grasp ; as-tu saisi l'allusion ? did you get the hint ? **-7.** JUR [débiteur, biens] to seize, to levy distress (upon) ; [articles prohibés] to seize, to confiscate ; [tribunal] to submit OU to refer a case to ; la justice, saisie de l'affaire, annonce que... the judicial authorities, apprised of the case, have indicated that... ; la juridiction compétente a été saisie the case was referred to the appropriate jurisdiction. **-8.** INF to capture ; ~ des données (sur clavier) to keyboard data. **-9.** CULIN to seal, to sear.
◆ **se saisir de** *vp + prép* **-1.** [prendre] to grab (hold of), to grip, to seize ; saisissez-vous de votre arme grab (hold of) your weapon ; se ~ du pouvoir/d'une ville to seize power/a town. **-2.** *sout* [étudier] to examine ; le conseil doit se ~ du dossier the council will put the file on its agenda.

saisissable [sezisabl] *adj* **-1.** JUR distrainable. **-2.** *sout* [perceptible] perceptible.

saisissant, e [sezisɑ̃, ɑ̃t] ◇ *adj* **-1.** [vif - froid] biting, piercing. **-2.** [surprenant - ressemblance] striking, startling ; [- récit, spectacle] gripping ; [- contraste] startling. **-3.** JUR [qui opère ou fait opérer une saisie] seizing.
◇ *nm, f* [opérant une saisie] distrainer, distrainor.

saisissement [sezismɑ̃] *nm* **-1.** [surprise] astonishment, amazement ; tous étaient sous le coup du ~ all were rooted to the spot in amazement ; je suis resté muet de ~ devant tant de beauté I was dumbfounded by so much beauty. **-2.** [sensation de froid] sudden chill ; il éprouva un ~ au contact de l'eau glacée he shivered as he entered the icy water.

saison [sɛzɔ̃] *nf* **-1.** [période de l'année] season ; en cette ~ at this time of (the) year ; en toutes ~s all year round ; la ~ n'est pas très avancée cette année the season's a bit late this year ❑ la belle ~ [printemps] the spring months ; [été] the summer months ; la mauvaise ~, la ~ froide the winter months ; la nouvelle ~ *litt* springtime, springtide *litt* ; la ~ sèche the dry season ; la ~ des pluies the rainy season, the rains. **-2.** [époque pour certains travaux, certains produits] : ce n'est pas encore la ~ des jonquilles the daffodils aren't out yet ; ce n'est pas encore la ~ des aubergines aubergines aren't in season yet ; la ~ des cerises the cherry season ; la ~ des vendanges grape-harvesting time ❑ la ~ des amours the mating season ; la ~ de la chasse [à courre] the hunting season ; [à tir] the shooting season ; la ~ de la pêche the fishing season. **-3.** [temps d'activité périodique] season ; la ~ théâtrale the theatre season ; la ~ touristique the tourist season ; une ~ sportive a season ; il a fait deux ~s au club de Nice he played two seasons for Nice ‖ COMM season ; les restaurateurs ont fait une bonne ~ restaurateurs had a good season ; ici la ~ commence en juin the season starts in June here ❑ en basse OU morte ~ off season ; en haute ~ during the high season ; la pleine ~ the busy season ; en pleine ~ at the height of the season. **-4.** [cure] season ; le médecin lui a recommandé une ~ dans une station thermale the doctor recommended that he spend a season at a spa. **-5.** *litt* [âge de la vie] age, time of life ; quarante ans est une ~ cruelle forty is a cruel age.
◆ **de saison** *loc adj* **-1.** [adapté à la saison] seasonal ; ce n'est pas un temps de ~ this weather's unusual for the time of the year ; être de ~ [fruit] to be in season ; [vêtement] to be seasonable. **-2.** *sout* [opportun] timely ; tes critiques ne sont pas de ~ your criticism is out of place.

saisonnier, ère [sɛzɔnje, ɛr] *adj* seasonal, seasonable ; nous avons un temps bien ~ this is just the (right) sort of weather for the time of year.
◆ **saisonnier** *nm* [employé] seasonal worker ; les ~s seasonal staff.

sajou [saʒu] = **sapajou 1**.

saké [sake] *nm* sake.

Sakhaline [sakalin] *npr* Sakhalin.

sal, s [sal] *nm* sal (tree).

salace [salas] *adj* [histoire, allusion] salacious, lewd, lascivious ; [individu] salacious, lecherous, lewd.

salacité [salasite] *nf litt* salaciousness, lewdness.

salade [salad] *nf* **-1.** BOT lettuce ; acheter une ~ to buy a (head of) lettuce. **-2.** CULIN salad ; ~ de concombre/haricots cucumber/bean salad ; en ~ : champignons en ~ mushroom salad ❑ ~ composée mixed salad ; ~ de fruits fruit salad ; ~ niçoise salade niçoise, niçoise salad ; ~ russe Russian salad. **-3.** *fam* [embrouillamini] muddle, tangle ; il fait une de ces ~s en calcul ! he gets his sums into a total muddle!
◆ **salades** *fam nfpl* [mensonges] tall stories, fibs ; dis-moi tout, et ne me raconte pas de ~s ! tell me everything and spare me the fairy tales ! ; c'est des ~s tout ça ! all that's a load of tripe!

saladier [saladje] *nm* **-1.** [récipient] (salad) bowl. **-2.** [contenu] : un ~ de haricots a bowlful of beans.

salage [salaʒ] *nm* CULIN & TRAV PUBL salting.

salaire [salɛr] *nm* -**1.** ÉCON [au mois] salary, pay; [à la semaine, journalier] wages pay; **un ~ de famine** starvation wages □ **~ à la tâche** OU **aux pièces** pay for piece work, piece rate; **~ de base** basic salary OU pay; **~ brut** gross pay; **~ horaire** hourly wage; **~ mensuel** monthly pay; **~ minimum interprofessionnel de croissance** → **SMIC**; **~ net** take-home pay, net salary; **à ~ unique** single-income; **je n'ai pas droit au ~ unique** I'm not entitled to supplementary benefit *Br* OU the welfare benefit *Am* for single-income families. -**2.** *fig* [dédommagement] reward; [punition] retribution; **nous touchons maintenant le ~ des années d'inflation** this is the price we have to pay for years of inflation.

salaison [salɛzɔ̃] *nf* [opération] salting.

◆ **salaisons** *nfpl* [gén] salted foods; [viande, charcuterie] salt OU salted meat.

salamalecs *fam* [salamalɛk] *nmpl*: **faire des ~ à qqn** to kowtow to sb, to bow and scrape before sb; **épargnez-moi tous ces ~** spare me the soft soap.

salamandre [salamɑ̃dr] *nf* -**1.** ZOOL salamander. -**2.** [poêle]: Salamandre® slow combustion stove.

Salamanque [salamɑ̃k] *npr* Salamanca.

salami [salami] *nm* salami.

salangane [salɑ̃gan] *nf* salangane.

salant [salɑ̃] ◇ *adj m* salt *(modif)*; **puits ~** brine well.

◇ *nm* salt marsh.

salarial, e, aux [salarjal, o] *adj* [politique, revendications] pay *(modif)*, wage *(modif)*, salary *(modif)*; **revenus salariaux** income from salaries.

salariat [salarja] *nm* -**1.** [personnes] wage earners. -**2.** [mode de rémunération - à la semaine] (weekly) wages; [- au mois] (monthly) salary. -**3.** [état]: **le ~ ne lui convient pas** being an employee doesn't suit her.

salarié, e [salarje] ◇ *adj* -**1.** [au mois] salaried; [à la semaine] wage-earning; **êtes-vous ~?** [opposé à chômeur] are you in paid employment?; [opposé à libéral] are you paid a salary? -**2.** [travail] paid; [emploi, poste] salaried.

◇ *nm, f* [au mois] salaried employee; [à la semaine] wage-earner; **les ~s** the employees; **les ~s de ce pays** this country's workforce.

salarier [9] [salarje] *vt* to put on one's salaried staff; **je voudrais me faire ~** I'd like to get a permanent (salaried) job; **nous préférons ne pas les ~** we'd rather they didn't go on the payroll.

salaud▽ [salo] ◇ *nm* bastard, swine; **c'est un beau ~** he's a real bastard; **je pars à Tahiti – ben mon ~!** I'm off to Tahiti – you lucky sod *Br* OU bastard!

◇ *adj m*: **il est ~** he's a bastard OU a swine.

sale [sal] ◇ *adj* -**1.** [malpropre - visage] dirty, filthy; [- eau] dirty, murky; [- mur] dirty, grimy; **les rues de la ville sont ~s** the city streets are dirty; **blanc ~** dirty white; **la façade est blanc ~** the façade is dirty white; **oh que tu es ~!** [à un enfant] you mucky pup!; **elle est ~ dans son travail** she's messy in her work, she's a messy worker □ **il est ~ comme un cochon** OU **peigne** OU **porc** he's filthy dirty. -**2.** [salissant] dirty; **un travail ~** dirty work. -**3.** [obscène] filthy, dirty; **raconter des histoires ~s** to tell dirty stories. -**4.** *fam (avant le n)* [mauvais, désagréable] nasty; **c'est une ~ affaire** it's a nasty business; **elle a un ~ caractère** she has a filthy OU rotten temper; **quel ~ temps!** what rotten OU foul weather!; **il m'a joué un ~ tour** he played a dirty trick on me □ **~ bête** [insecte] nasty creature, creepy crawly *hum*; [personne] nasty character OU piece of work *Br*; **c'est un ~ coup pour la fanfare!** *fam* it's a bit of a blow!; **avoir une ~ tête** OU **gueule**▽ [à faire peur] to look evil, to be nasty-looking; **il a une ~ tête ce matin** [malade] he looks under the weather OU *Br* off-colour this morning; [renfrogné] he's got a face like a thundercloud this morning; **faire une ~ tête**: **quand je vais lui dire, il va faire une ~ tête** he's not going to be very pleased when I tell him; **ce n'est pas ~** [c'est appréciable] it's not to be sneezed at.

◇ *nmf* [personne malpropre] dirty person.

◇ *nm*: **au ~** *fam* in OU with the dirty washing; **ton pantalon est au ~** your trousers are with the dirty washing.

salé, e [sale] *adj* -**1.** CULIN [beurre, cacahuètes, gâteaux secs] salted; [non sucré - mets] savoury; [- goût] salty; [conservé dans le sel - morue, porc] salt *(modif)*, salted; **ta soupe est trop ~e** your soup's too salty. -**2.** [salin - lac] salt *(modif)*; **eau ~e** salt water. -**3.** *fam* [exagéré - condamnation] stiff, heavy; [- addition] steep, stiff; **on a eu une addition ~e** the bill was a bit steep. -**4.** *fam* [osé - histoire, plaisanterie] spicy, risqué.

◆ **salé** ◇ *nm* -**1.** **le ~** [non sucré] savoury food; [avec adjonction de sel] salt OU salty food; **il vaut mieux manger le ~ avant le sucré** it's better to eat savoury dishes before sweet ones. -**2.** CULIN salt pork; **petit ~** salted (flank end of) belly pork.

◇ *adv*: **je ne mange pas ~** I don't like too much salt in my food; **je mange ~** I like my food well salted.

salement [salmɑ̃] *adv* -**1.** [malproprement] dirtily; **qu'il mange ~!** he's such a messy eater! -**2.** ▽ [en intensif]: **je suis ~ embêté** I'm in a bloody *Br* OU a hell of a *Am* mess; **ça m'a fait ~ mal** it hurt like hell, it was damn OU *Br* bloody painful.

saler [3] [sale] *vt* -**1.** CULIN [assaisonner] to salt, to add salt to; [en saumure] to pickle, to salt (down); *(en usage abs)*: **je ne sale presque pas** I hardly use any salt. -**2.** TRAV PUBL [chaussée] to salt. -**3.** *fam* [inculpé] to throw the book at. -**4.** *fam* [facture] to inflate; **c'était bon, mais ils ont salé l'addition!** it was good but the bill was a bit steep! □ **je me suis fait ~!** I paid through the nose!, I've been stung OU fleeced!

Salerne [salɛrn] *npr* Salerno.

salésien, enne [salezjɛ̃, ɛn] *adj* & *nm, f* Salesian.

saleté [salte] *nf* -**1.** [manque de propreté] dirtiness; **les rues sont d'une ~ incroyable** the streets are incredibly dirty OU filthy; **rajoutez de la lessive en fonction de la ~ des vêtements** add more washing powder according to how dirty OU soiled the clothes are. -**2.** [tache, crasse] speck OU piece of dirt; **il y a des petites ~s dans l'eau** there's some dirt in the water; **tu as une ~ sur ta veste** you've got some dirt on your jacket; **il y a des ~s qui bloquent le tuyau** the pipe is blocked up with muck; **faire des ~s** to make a mess; **ne rentre pas avec tes bottes, tu vas faire des ~s** don't come in with your boots on, you'll get dirt everywhere. -**3.** *fam* [chose de mauvaise qualité] rubbish *Br*, trash *Am*; **c'est de la ~** it's rubbish; **c'est de la vraie ~, ces chaussures en plastique** these plastic shoes are really rubbish; **à la récréation, ils ne mangent que des ~s** all they eat at break is junk food. -**4.** [chose nuisible] foul thing, nuisance; **le liseron, c'est de la ~, ça étouffe toutes les fleurs** bindweed is a damned nuisance, it chokes all the flowers; **j'ai attrapé cette ~ à la piscine** I caught this blasted thing at the swimming pool; **je dois prendre cette ~ avant chaque repas!** I must take this foul stuff before every meal! -**5.** ▽ [en injure]: **~!** [à un homme] swine!, bastard!; [à une femme] bitch!, cow! *Br*; **c'est une vraie ~** he's a real louse; **~ de chien!** damned dog!; **quelle ~ de temps!** what foul OU lousy weather!; **cette ~ de voiture ne veut pas démarrer** this blasted OU damned car won't start. -**6.** [calomnie] (piece of) dirt; **tu as encore raconté des ~s sur mon compte** you've been spreading filthy rumours about me again. -**7.** [acte] dirty OU filthy trick; **il m'a fait une ~** he played a dirty trick on me.

◆ **saletés** *nfpl* [grossièretés] dirt, filth, smut; **raconter des ~s** to say dirty things ‖ *euph*: **les chiens font leurs ~s dans les jardins publics** dogs do their business in the parks.

saleur, euse [salœr, øz] *nm, f* CULIN salter.

◆ **saleuse** *nf* TRAV PUBL salt spreader.

salicorne [salikɔrn] *nf* glasswort.

salicylate [salisilat] *nm* salicylate.

salicylé, e [salisile] *adj* containing salicylic acid.

salicylique [salisilik] *adj* salicylic.

salière [saljɛr] *nf* -**1.** [petit bol] saltcellar; [avec trous] salt cellar, salt shaker *Am*; [à couvercle] salt box, salt pot. -**2.** *fam* [d'une personne maigre] saltcellar.

salifère [salifɛr] *adj* saliferous.

salifiable [salifjabl] *adj* salifiable.

salification [salifikasjɔ̃] *nf* salification.

salifier [9] [salifje] *vt* to salify, to form into a salt.

saligaud, e▽ [saligo, od] *nm, f* -**1.** [homme méprisable] swine; [femme méprisable] cow *Br*, bitch *Am*. -**2.** *vieilli* [homme sale] filthy pig; [femme sale] slut.

salin, e [salɛ̃, in] *adj* saline.

◆ **salin** *nm* -**1.** GÉOG salt marsh. -**2.** CHIM saline.

◆ **saline** *nf* -**1.** [établissement] saltworks, saltpan. -**2.** [marais] salt marsh.

salinier, ère [salinje, ɛr] ◇ *adj* salt *(modif)*, salt-producing.

◇ *nm, f* salt producer.

salinité [salinite] *nf* -**1.** [degré] (degree of) salinity. -**2.** [fait d'être salé] salinity.

salique [salik] *adj* salic.

salir [32] [salir] *vt* -**1.** [eau, surface] to (make) dirty; [vêtements] to (make) dirty, to mess up *(sép)*, to soil; **tu as sali beaucoup de vaisselle** you've dirtied a lot of dishes; **~ ses draps** OU **son lit** *euph* to soil one's bed. -**2.** [honneur, amitié] to besmirch *litt*; [réputation] to smear, to besmirch, to sully *litt*; **ils cherchent à ~ le leader de l'opposition** they're trying to smear OU to sully the reputation of the leader of the opposition.

◆ **se salir** ◇ *vpi* to get soiled OU dirty; **ne prends pas un manteau beige, ça se salit vite** don't buy a beige coat, it shows the dirt OU it gets dirty very quickly.

◇ *vp (emploi réfléchi)* to get dirty, to dirty o.s.; *fig* to lose one's reputation; **se ~ les mains** *pr* & *fig* to get one's hands dirty; **c'est lui qui décide des licenciements, à moi de me ~ les mains** he decides who'll get fired and I do the dirty work.

salissant, e [salisɑ̃, ɑ̃t] *adj* -**1.** [qui se salit]: **c'est une teinte ~e** this shade shows the dirt. -**2.** [qui salit - travail] dirty, messy.

salissure [salisyr] *nf* [restée en surface] speck of dirt, piece of grime; [ayant pénétré le tissu] dirty mark, stain; **le papier peint est couvert de ~s** the wallpaper's stained all over; **l'abat-jour est couvert de ~s** the lampshade is covered in dirt.

salivaire [salivɛr] *adj* salivary.

salivation [salivasjɔ̃] *nf* salivation.

salive [saliv] *nf* -**1.** PHYSIOL saliva, spit. -**2.** *fam loc*: **gaspiller sa ~** to waste one's breath; **n'usez pas** OU **ne gaspillez pas** OU **épargnez votre ~** save OU don't waste your breath; **avant d'obtenir les subventions, j'ai dû dépenser** OU **user beaucoup de ~** before getting the subsidies, I had to do a lot of (fast) talking; **avaler** OU **ravaler sa ~** [se taire] to keep quiet.

saliver [3] [salive] *vi* -**1.** PHYSIOL to salivate. -**2.** [avoir l'eau à la bouche]: **le menu me fait ~** the menu makes my mouth water; **le chien salivait devant sa pâtée** the dog was drooling OU dribbling at the sight of his food. -**3.** *fam* [d'envie] to drool; **il salivait devant les voitures de sport** he was drooling over the sports cars.

salle [sal] *nf* -**1.** [dans une habitation privée] room; **~ de bains** [lieu] bathroom; [mobilier] bathroom suite; **~ d'eau** shower room; **~ de jeu** [d'une maison] playroom *Br*, rumpus room *Am*; [d'un casino] gaming room; **~ à manger** [lieu] dining room; [mobilier] dining room suite; **~ de séjour** living room. -**2.** [dans un édifice public] hall, room; [dans un café] room; [dans un musée] room, gallery; **~ d'armes** MIL arms room; ESCRIME fencing hall; **~ d'attente** waiting room; **~ d'audience** courtroom; **~ de bal** ballroom; **~ des banquets** banqueting hall; **~ capitulaire** chapter house; **~ de classe** classroom; **~ des coffres** strongroom; **~ de**

concert concert hall, auditorium; ~ de conférences UNIV lecture theatre *Br* OU hall *Am*; [pour colloques] conference room; ~ d'embarquement departure lounge; ~ d'études prep room *Br*, study hall *Am*; ~ des fêtes village hall; ~ de garde (hospital) staffroom; ~ d'hôpital, ~ commune *vieilli* hospital ward; ~ des machines engine room; ~ d'opération [à l'hôpital] operating theatre *Br* OU room *Am*; MIL operations room; ~ paroissiale church hall; ~ des pas perdus RAIL (station) concourse; [au tribunal] waiting room OU hall; ~ de police guardroom MIL; ~ des professeurs SCOL (school) staffroom; UNIV senior common room *Br*, professors' lounge *Am*; ~ de projection projection room; ~ de réanimation resuscitation unit; ~ de restaurant (restaurant) dining room; ~ de réception [dans un hôtel] function room; [dans un palais] stateroom; ~ de réunion assembly room; ~ de spectacle auditorium; ~ du trône stateroom, throne room; ~ des tortures torture chamber; ~ des ventes auction room *Br*, auction gallery *Am*. -**3.** CIN & THÉÂT [lieu] theatre, auditorium; [spectateurs] audience; faire ~ comble to pack the house; le cinéma a cinq ~s it's a five-screen cinema *Br* OU movie theater *Am*; sa dernière production sort en ~ en septembre her latest production will be released OU out in September; dans les ~s d'art et d'essai OU les petites ~s in art cinemas *Br* OU movie theaters *Am* ❑ dans les ~s obscures in the cinemas *Br* OU movie theaters *Am*. -**4.** SPORT: athlétisme en ~ indoor athletics; jouer en ~ to play indoors.

salmigondis [salmigɔ̃di] *nm* -**1.** *sout* [embrouillamini] mish-mash, hotchpotch *Br*, hodgepodge *Am*. -**2.** *arch* & CULIN hotchpotch *Br*, hodgepodge *Am*.

salmis [salmi] *nm* salmi, salmis; ~ de pintade, pintades en ~ salmi of guinea fowl.

salmonelle [salmɔnɛl] *nf* salmonella.

salmonellose [salmɔneloz] *nf* salmonellosis.

salmoniculture [salmɔnikyltyr] *nf* salmon farming.

salmonidé [salmɔnide] *nm* salmonid; les ~s the Salmonidiae.

saloir [salwar] *nm* -**1.** [récipient] salting OU brine tub. -**2.** [pièce] salting room.

Salomé [salɔme] *npr* Salome.

Salomon [salɔmɔ̃] ◇ *npr* BIBLE (King) Solomon.

◇ *npr fpl* GÉOG: les (îles) ~ the Solomon Islands.

salon [salɔ̃] *nm* -**1.** [chez un particulier - pièce] living OU sitting room, lounge *Br*; [- meubles] living room suite; ~ en cuir leather suite ❑ ~ de jardin garden set; ~ de réception reception room. -**2.** [dans un hôtel] lounge; [pour réceptions, fêtes] function room; [d'un paquebot] saloon, lounge; ~ d'attente waiting room. -**3.** [boutique]: ~ de beauté beauty parlour OU salon; ~ de coiffure hairdressing salon; ~ de thé tearoom; ~ d'essayage fitting room, changing room. -**4.** COMM [exposition]: Salon des Arts ménagers ≃ Ideal Home Exhibition *Br*, ≃ home crafts exhibition OU show *Am*; Salon de l'Automobile Motor *Br* OU Car OU Automobile *Am* Show; Salon du Prêt-à-porter ready-to-wear fashion show; Salon nautique OU de la navigation Boat Show. -**5.** BX-ARTS salon. -**6.** LITTÉRAT salon; tenir ~ to hold a salon; alors, mesdemoiselles, on fait OU tient ~? *fig* busy discussing important matters, are we, young ladies?; conversation de ~ idle chatter.

Salonique [salɔnik] = **Thessalonique**.

salonnard, e [salɔnar, ard] *nm, f péj* lounge lizard, socialite.

saloon [salun] *nm* saloon *(bar in the Wild West)*.

salopard▽ [salɔpar] *nm* bastard, swine, sod *Br*; ~! bastard!

salope▼ [salɔp] ◇ *nf* -**1.** [femme de mauvaise vie] slut, slag *Br*. -**2.** [femme méprisable] bitch, cow *Br*.

◇ *adj f*: tu as été ~ avec moi you were a bitch to me.

saloper▽ [3] [salɔpe] *vt* -**1.** [réparation, travail] to make a mess OU hash of, to cock up *Br (sép)*. -**2.** [souiller - vêtements, mur] to mess up *(sép)*.

saloperie▽ [salɔpri] *nf* -**1.** [camelote] rubbish *Br*, trash *Am*; c'est de la ~, ces ouvre-boîtes these can-openers are absolute rubbish OU trash; toutes ces ~s vous détraquent l'estomac all this rubbish OU junk food upsets your stomach. -**2.** [chose désagréable, nuisible]: c'est de la ~ à poser, ce papier peint this wallpaper's a real pain to put on; quelles ~s, ces taupes! these moles are a damn nuisance!; le chien a avalé une ~ the dog has eaten something nasty; depuis que j'ai cette ~ au poumon... since I've had this blasted thing on my lung...; ~ de: ~ de neige! damn OU bloody *Br* OU blasted snow!; ~ de voiture, elle ne veut pas démarrer! the damn OU bloody *Br* OU blasted car won't start! -**3.** [chose sale]: tu as une ~ sur ta manche you've got something dirty on your sleeve; j'ai une ~ dans mon verre I've got some crap in my drink. -**4.** [calomnie] nasty OU catty remark; [action méprisable] nasty OU dirty trick; faire une ~ à qqn to play a dirty OU nasty trick on sb.

◆ **saloperies** *nfpl* [grossièretés] smut *(U)*.

salopette [salɔpɛt] *nf* [de ville] dungarees, salopette, salopettes; [de ski] salopette; [d'un plombier] overalls.

Salouen [salwɛn] *npr*: le OU la ~ the (River) Salween.

salpêtre [salpɛtr] *nm* saltpetre; ~ du Chili Chile saltpetre.

salpêtrer [4] [salpetre] *vt* -**1.** [champ] to treat with saltpetre; [fromage] to cover with saltpetre. -**2.** [humidité] to treat with saltpetre.

Salpêtrière [salpetrijɛr] *npr f*: la ~ *hospital in Paris*.

salpicon [salpikɔ̃] *nm* CULIN salpicon.

salpingite [salpɛ̃ʒit] *nf* salpingitis.

salsa [salsa] *nf* salsa.

salsepareille [salsəparɛj] *nf* sarsaparilla.

salsifis [salsifi] *nm* salsify.

SALT [salt] (*abr de* Strategic Arms Limitations Talks) *npr* SALT.

saltation [saltasjɔ̃] *nf* saltation.

saltatoire [saltatwar] *adj* -**1.** ZOOL [organe] saltatorial; [mouvement] saltatory. -**2.** DANSE: art ~ dance.

saltimbanque [saltɛ̃bɑ̃k] *nmf* -**1.** [acrobate] acrobat. -**2.** [forain] fairground OU travelling entertainer. -**3.** [professionnel du spectacle] entertainer.

salubre [salybr] *adj* -**1.** [climat] salubrious, hygienic, wholesome; [logement] salubrious. -**2.** *fig* & *sout* [mesures] salubrious, hygienic.

salubrité [salybrite] *nf* -**1.** [d'un local] salubrity; [d'un climat] salubriousness, salubrity, healthiness. -**2.** JUR: ~ publique public health.

saluer [7] [salɥe] ◇ *vt* -**1.** [par politesse]: ~ qqn [de la main] to wave at sb; [de la tête] to nod at sb; [en arrivant] to greet sb; [en partant] to take one's leave of sb; l'acteur salue le public the actor bows to the audience OU takes his bow; il m'a demandé de vous ~ he asked me to give you his regards; comment doit-on ~ le pape? how should one address the Pope?; Messieurs, je vous salue (bien)! good day (to you), gentlemen! -**2.** MIL to salute. -**3.** RELIG: je vous salue Marie Hail Mary. -**4.** [accueillir] to greet, to hail; son film a été unanimement salué par la presse her film was unanimously acclaimed by OU met with unanimous acclaim from the press; sa suggestion fut saluée par des cris de joie his suggestion was greeted with cheers; des protestations ont salué sa nomination her appointment met with protests. -**5.** [rendre hommage à - courage, génie] to salute, to pay homage OU tribute to; [reconnaître en tant que] to hail; on a salué en elle le chef de file du mouvement she was hailed as the leader of the movement; ~ la mémoire OU le souvenir de qqn to salute sb's memory.

◇ *vi* NAUT: ~ du pavillon OU des pavillons to dip a flag (in salute).

salure [salyr] *nf* [état] saltness; [teneur en sel] salinity.

salut [saly] ◇ *nm* -**1.** [marque de politesse]: faire un ~ de la main à qqn to wave (one's hand) to sb; faire un ~ de la tête à qqn to nod to sb; il lui retourna son ~ [en paroles] he returned her greeting; [de la main] he waved back at her; répondre au ~ de qqn to return sb's greeting; en guise OU signe de ~ as a greeting. -**2.** MIL salute; faire le ~ to (give the military) salute ❑ ~ au drapeau saluting the colours. -**3.** [survie - d'une personne, d'un pays] salvation, safety; [- d'une entreprise, d'une institution] salvation; je dois mon ~ à son arrivée I was saved by his arrival, his arrival was my salvation; chercher/trouver le ~ dans la fuite to seek/to find safety in flight. -**4.** *litt* [sauveur] saviour; Jeanne d'Arc fut le ~ de la France Joan of Arc was the saviour of France. -**5.** RELIG salvation; prions pour le ~ de son âme let us pray for the salvation of his soul; faire son ~ (sur la terre) to earn one's salvation on earth. -**6.** NAUT [du pavillon] dipping the flag.

◇ *interj* -**1.** *fam* [en arrivant] hi OU hello OU hullo (there); [en partant] bye, see you, so long *Am*; ~ la compagnie! [en partant] bye everybody! -**2.** *litt*: ~ à vous, noble ami! hail to thee, noble friend!

salutaire [salytɛr] *adj* -**1.** [physiquement - air] healthy; [- remède] beneficial; [- exercice, repos] salutary, beneficial; cette semaine dans les Alpes m'a été ~ that week in the Alps did my health a power of good. -**2.** [moralement - conseil, épreuve] salutary; [- lecture, effet] beneficial.

salutations [salytasjɔ̃] *nfpl* greetings, salutation; elle t'envoie ses ~ she sends you her regards, she sends her regards to you; les ~ d'usage the usual greetings; je vous prie d'agréer mes ~ distinguées yours sincerely OU faithfully *Br*, sincerely OU truly yours *Am*.

salutiste [salytist] *adj* & *nmf* Salvationist.

Salvador [salvadɔr] *npr m*: le ~ El Salvador; au ~ in El Salvador.

salvadorien, enne [salvadɔrjɛ̃, ɛn] *adj* Salvadorian, Salvadorean.

◆ **Salvadorien, enne** *nm, f* Salvadorian, Salvadorean.

salvagnin [salvaɲɛ̃] *nm Helv red wine from the Vaud region*.

salvateur, trice [salvatœr, tris] *adj litt* saving *(avant n)*; mesures salvatrices safeguards.

salve [salv] *nf* -**1.** MIL salvo, volley. -**2.** *fig*: ~ d'applaudissements round OU burst of applause.

Salzbourg [salzbur] *npr* Salzburg.

Sam [sam] *npr*: Oncle ~ [citoyen, gouvernement des USA] Uncle Sam.

SAM [sam] (*abr de* Sol-Air Missile) *nm* surface-to-air missile, SAM.

Samarie [samari] *npr f*: (la) ~ Samaria.

samaritain, e [samaritɛ̃, ɛn] *adj* Samaritan.

◆ **samaritain** *nm Helv* [secouriste] *person qualified to give first aid*.

◆ **Samaritain, e** *nm, f* Samaritan; le bon ~ the good Samaritan; les Samaritains the Samaritans.

◆ **Samaritaine** *nf* RELIG: la Samaritaine the Samaritan woman.

samba [sɑ̃ba] *nf* samba.

samedi [samdi] *nm* Saturday; Samedi saint Holy OU Easter Saturday.

samit [samit] *nm* samite.

samizdat [samizdat] *nm* samizdat.

Samoa [samɔa] *npr fpl* Samoa; les ~ occidentales/orientales Western/Eastern Samoa.

samoan, e [samɔɑ̃, an] *adj* Samoan.

◆ **Samoan, e** *nm, f* Samoan.

Samothrace [samɔtras] *npr* Samothrace; la Victoire de ~ the Victory of Samothrace.

samouraï [samuraj] *nm* samurai.

samovar [samɔvar] *nm* samovar.

Samoyèdes [samɔjɛd] *npr mpl*: les ~ the Samoyed, the Samoyeds.

◆ **samoyède** *nm* LING Samoyed.

sampan(g) [sɑ̃pɑ̃] *nm* sampan.

Samson [sɑ̃sɔ̃] *npr*: ~ et Dalila Samson and Delilah.

SAMU, Samu [samy] (*abr de* Service d'aide médicale d'urgence) *npr m French ambulance and emergency service*, ≃ ambulance service *Br*, ≃ Paramedics *Am*.

samurai [samuraj] *nm inv* = **samouraï**.

sana *fam* [sana] = **sanatorium**.

Sana'a [sanaa] *npr* Sana'a.

sanatorium [sanatɔrjɔm] *nm* sanatorium *Br*, sanatarium *Am*.

san-benito [sɑ̃benito] (*pl* san-benitos) *nm* HIST [casaque] sanbenito.

sancerre [sɑ̃sɛr] *nm* Sancerre (wine).

sanctification [sɑ̃ktifikasjɔ̃] *nf* sanctification.

sanctifier [9] [sɑ̃ktifje] *vt* -**1.** RELIG [rendre sacré] to sanctify; [célébrer] to hallow. -**2.** *fig* [patrie, valeurs] to hold sacred.

sanction [sɑ̃ksjɔ̃] *nf* -**1.** [mesure répressive] sanction; **imposer des ~s à** to apply sanctions against, to impose sanctions on; **lever des ~s (prises) contre** to raise (the) sanctions against; **prendre des ~s contre** to take sanctions against ❑ **~s diplomatiques/économiques** diplomatic/economic sanctions. -**2.** SCOL & SPORT punishment, disciplinary action (*U*); **prendre des ~s contre un élève** to punish a pupil; **prendre des ~s contre un sportif** to take disciplinary action against an athlete. -**3.** JUR sanction, penalty; **~ pénale** penal sanction. -**4.** [approbation] sanction, ratification; **l'expression a reçu la ~ de l'usage** the expression has been given the sanction of usage. -**5.** *sout* [conséquence] result, outcome; **l'échec est la ~ de la paresse** failure is the result of laziness.

sanctionner [3] [sɑ̃ksjɔne] *vt* -**1.** [punir - délit, élève] to punish; [- sportif, haut fonctionnaire] to take disciplinary action against; [- pays] to impose sanctions on; **il s'est fait ~ pour sa grossièreté envers l'arbitre** he was penalized for being rude to the umpire. -**2.** [ratifier - loi] to sanction, to ratify; [- décision] to sanction, to agree with (*insép*); **sa théorie a été sanctionnée par le temps** time has proved her theory to be correct.

sanctuaire [sɑ̃ktɥɛr] *nm* -**1.** RELIG sanctuary. -**2.** *sout* [asile] sanctuary; **l'île est un ~ pour les oiseaux** the island is a favorite haunt for birds. -**3.** [foyer, centre vital] hub, centre; **un ~ de la civilisation inca** a centre of Inca civilization. -**4.** *litt* [tréfonds] innermost part; **dans le ~ de mon cœur** in my innermost being. -**5.** POL territory under the nuclear umbrella.

sanctus [sɑ̃ktus] *nm* Sanctus.

sandale [sɑ̃dal] *nf* sandal.

sandalette [sɑ̃dalɛt] *nf* (light) sandal.

sandiniste [sɑ̃dinist] *adj* & *nmf* Sandinista.

Sandow® [sɑ̃do] *nm* -**1.** [tendeur] elastic luggage strap. -**2.** AÉRON catapult.

sandre [sɑ̃dr] *nm* zander.

sandwich [sɑ̃dwitʃ] (*pl* sandwichs OU sandwiches) *nm* sandwich; **~ au fromage** cheese sandwich ❑ **prendre qqn en ~** *fam* to sandwich sb; **j'étais pris en ~ entre eux** I was sandwiched between them.

San Francisco [sɑ̃frɑ̃sisko] *npr* San Francisco.

sang [sɑ̃] *nm* -**1.** BIOL blood; **à ~ froid/chaud** cold-/warm-blooded; **fais un garrot pour arrêter le ~** make a tourniquet to stop the bleeding; **ça se transmet par le ~** it's transmitted in the blood; **du ~ à la une** gory front-page news ❑ **~ artériel/veineux** arterial/venous blood; **avoir du ~ sur les mains** to have blood on one's hands; **répandre** OU **verser** OU **faire couler le ~** *sout* to spill blood; **le ~ a coulé** OU **a été répandu** blood was spilt; **noyer une révolte dans le ~** to put down a revolt ruthlessly; **en ~**: **être en ~**, **nager** OU **baigner dans son ~** to be covered in blood; **se mordre les lèvres jusqu'au ~** to bite one's lips until one draws blood; **il m'a griffé jusqu'au ~** he scratched me and drew blood; **avoir du ~ dans les veines** to have courage OU guts; **ne pas avoir de ~ dans les veines, avoir du ~ de poulet** *fam*, **avoir du ~ de navet** *fam* to have no guts, to be a complete wimp; **avoir le ~ chaud** [colérique] to be OU to have a short fuse; [impétueux] to be hot-headed; [sensuel] to be hot-blooded; **avoir qqch dans le ~**: **avoir la chanson dans le ~** to be a born singer; **il a ça dans le ~** it's in his blood; **mon ~ s'est glacé** OU **figé dans mes veines** my blood ran cold OU turned to ice in my veins; **le ~ lui est monté au visage** OU **à la tête** the blood rushed to her cheeks; **mon ~ n'a fait qu'un tour** [d'effroi] my heart missed OU skipped a beat; [de rage] I saw red; **se faire du mauvais ~** OU **un ~ d'encre, se manger** OU **se ronger les ~s** to worry o.s. sick, to be worried stiff, to fret; **je me fais du mauvais ~ pour lui** I'm worried sick about him; **ça m'a tourné les ~s** it gave me quite a turn. -**2.** *litt* [vie, existence] (life) blood; **donner son ~ pour son pays** to shed one's blood OU to sacrifice one's life for one's country; **payer de son ~** to pay with one's life ❑ **du ~ frais** OU **nouveau** [personnes] new blood; [argent] new OU fresh money. -**3.** *sout* [race, extraction] blood; **épouser qqn de son ~** to marry sb of the same blood OU a blood relative; **de ~ royal** of royal blood ❑ **~ bleu** blue blood; **lorsque l'on a du ~ bleu dans les veines...** when one is blue-blooded...; **bon ~ ne saurait mentir** *prov* blood is thicker than water *prov*. -**4.** *loc*: **bon ~ (de bonsoir)!** *fam* damn and blast it!

◆ **coup de sang** *nm* -**1.** MÉD stroke. -**2.** *fig* angry outburst; **elle a eu un coup de ~** she exploded (with rage).

◆ **au sang** *loc adj* CULIN [canard] *served with a sauce incorporating its own blood*.

◆ **du sang** *loc adj* [princier] of the blood (royal).

sang-froid [sɑ̃frwa] *nm inv* composure, calm, sang-froid; **garder** OU **conserver son ~** to stay calm, to keep one's cool; **perdre son ~** to lose one's self-control OU cool.

◆ **de sang-froid** *loc adv*: **tuer qqn de ~** to kill sb in cold blood OU cold-bloodedly; **commis de ~** cold-blooded.

sanglant, e [sɑ̃glɑ̃, ɑ̃t] *adj* -**1.** [blessure, bataille, règne] bloody; [bras, mains] covered in blood, bloody; [linge] bloody, blood-soaked; [spectacle] gory. -**2.** [dur, blessant - critiques] scathing; [- affront] cruel. -**3.** *litt* [couleur de sang] blood-red.

sangle [sɑ̃gl] *nf* -**1.** [lanière - gén] strap; [- d'un lit, d'une chaise] webbing; [- d'un cheval] girth; [- d'un parachute]: **~ d'ouverture automatique** static line. -**2.** ANAT: **~ abdominale** abdominal muscles.

sangler [3] [sɑ̃gle] *vt* -**1.** [cheval] to girth. -**2.** [paquet, valise] to strap up (*sép*). -**3.** *fig* [serrer]: **sanglée dans son corset** tightly corseted.

sanglier [sɑ̃glije] *nm* ZOOL (wild) boar.

sanglot [sɑ̃glo] *nm* -**1.** [hoquet, pleurs] sob; **non, dit-il dans un ~** no, he sobbed; **avec des ~s dans la voix** with a sob in one's voice. -**2.** *litt* [bruit plaintif] lamentation; **les ~s de l'océan** the sighing of the deep; **les ~s du vent** the moaning of the wind.

sangloter [3] [sɑ̃glɔte] *vi* -**1.** [pleurer] to sob; **elle s'endormit en sanglotant** she cried herself to sleep. -**2.** *litt* [océan, vent] to sob, to sigh; [accordéon] to sigh.

sang-mêlé [sɑ̃mele] *nmf inv vieilli* half-caste.

sangria [sɑ̃grija] *nf* sangria.

sangsue [sɑ̃sy] *nf* -**1.** ZOOL leech. -**2.** *sout* & *vieilli* [profiteur] bloodsucker. -**3.** *fam* [importun] leech; **son frère est une véritable ~!** her brother sticks OU clings to you like a leech!

sanguin, e [sɑ̃gɛ̃, in] ◇ *adj* -**1.** PHYSIOL [groupe, plasma, transfusion, vaisseau] blood (*modif*); [système] circulatory. -**2.** [rouge] blood-red. -**3.** [humeur, tempérament] sanguine.

◇ *nm, f* fiery person.

◆ **sanguine** *nf* -**1.** BX-ARTS [crayon] red chalk, sanguine; [dessin] red chalk drawing, sanguine. -**2.** GÉOL haematite. -**3.** BOT blood orange.

sanguinaire [sɑ̃ginɛr] ◇ *adj* -**1.** [assoiffé de sang] bloodthirsty; **une foule ~ réclamait la mort de l'accusé** the bloodthirsty crowd screamed for the death of the accused. -**2.** *litt* [féroce - bataille, conquête] bloody, sanguinary.

◇ *nf* bloodroot, sanguinaria *spéc*.

Sanguinaires [sɑ̃ginɛr] *npr fpl*: **les (îles) ~** the Sanguinaires islands.

sanguinolent, e [sɑ̃ginɔlɑ̃, ɑ̃t] *adj* -**1.** [sécrétion] spotted OU streaked with blood, sanguinolent *litt*; [linge, pansement] soiled OU tinged with blood, sanguinolent; [personne] covered in blood, blood-streaked. -**2.** *litt* [rouge - lèvres] blood-red.

sanhédrin [sanedrɛ̃] *nm* Sanhedrin.

Sanisette® [sanizɛt] *nf* superloo.

sanitaire [sanitɛr] ◇ *adj* -**1.** ADMIN & MÉD [conditions] sanitary, health (*modif*); [règlement] health. -**2.** CONSTR sanitary, plumbing (*U*); **l'équipement ~** the plumbing.

◇ *nm* -**1.** [installations] plumbing (for bathroom and toilet). -**2.** [profession] sanitary ware (dealing).

◆ **sanitaires** *nmpl* (bathroom and) toilet; **les ~s du camp sont tout à fait insuffisants** the sanitary arrangements in the camp are totally inadequate.

sans [sɑ̃] ◇ *prép* -**1.** [indiquant l'absence, la privation, l'exclusion] without; **il est parti ~ argent** he left without any money; **avec ou ~ sucre?** with or without sugar?; **le jus d'orange, avec de la glace ou ~?** do you want the orange juice with ice or without?; **j'ai trouvé ~ problème** I found it without any difficulty OU with no difficulty; **on ira ~ elle** we'll go without her; **ne partez pas ~ moi** don't leave without me; **je voudrais te parler ~ témoins** I'd like to speak to you alone; **son comportement est ~ reproche** his behaviour is beyond reproach; **être ~ scrupules** to have no scruples, to be unscrupulous; **tu as oublié le rendez-vous? tu es ~ excuse!** you forgot the appointment? that's unforgivable!; **homme ~ cœur/pitié** heartless/pitiless man; **couple ~ enfants** childless couple; **mur ~ fenêtre** blind wall; **~ additif** additive-free; **essence ~ plomb** unleaded OU lead-free petrol; **bonbons ~ sucre** sugar-free sweets; **régime ~ sel** salt-free diet; **marcher ~ but** to walk aimlessly; **~ commentaire!** no comment!; **c'est 150 francs ~ les frais de transport** it's 150 francs, exclusive of transport charges; **la chambre fait 200 francs, ~ le petit déjeuner** the room costs 200 francs, breakfast not included OU exclusive of breakfast; **nous y sommes arrivés ~ difficultés** OU **mal** we managed it without any difficulty; **il n'est pas ~ charme** he's not without charm, he's not lacking in charm ❑ **être ~ un**▽ to be skint OU broke. -**2.** [exprimant la condition] but for; **~ toi, je ne l'aurais jamais fait** if it hadn't been for you OU but for you, I would never have done it; **~ la pluie, tout aurait été parfait** had it not been raining OU but for the rain, everything would have been perfect; **~ son entêtement, l'affaire serait déjà réglée** if he were not so stubborn OU but for his stubbornness, the matter would have been settled by now. -**3.** [avec un infinitif] without; **elle a réussi ~ travailler beaucoup** she passed without doing much work; **~ être vu** without being seen; **venir ~ être invité** to come without being invited; **partons ~ plus attendre** come on, let's not wait any more; **~ plus attendre, je passe la parole à M. Blais** without further ado, I'll hand you over to Mr Blais; **cette découverte n'est pas ~ l'inquiéter** she's somewhat worried by this discovery; **tu n'es pas ~ savoir qu'il est amoureux d'elle** you must be aware that he's in love with her; **je ne suis pas ~ avoir de craintes** *sout* I am somewhat anxious; **il est responsable ~ l'être tout à fait** it's his responsibility, but only to a certain extent; **je comprends ~ comprendre** I understand, but only up to a point.

◇ *adv* without; **il faudra faire ~!** we'll have to go without!; **passe-moi mon manteau, je ne** peux pas sortir ~ hand me my coat, I can't go out without it ❑ c'est un jour ~ there's none today.

◆ **non sans** *loc prép* not without; **il l'a persuadé, mais non ~ mal** he persuaded her, but not without difficulty, he had quite a job persuading her; **on est arrivés non ~ peine** we got there, not without difficulty; **non ~ protester** not without protesting; **je suis parti non ~ leur dire ma façon de penser** I didn't leave without telling them what I thought.

◆ **sans cela, sans ça** *fam loc adv*: **je serai absente; ~ cela, j'aurais accepté votre invitation** I won't be here, otherwise I would have accepted your invitation; **il a intérêt à le faire, ~ ça...!** he'd better do it, otherwise...!

◆ **sans que** *loc conj*: **ils ont réglé le problème ~ que nous ayons à intervenir** they dealt with the problem without us having to intervene; **le projet était passé ~ que personne (ne) s'y opposât** the bill was passed without any opposition.

◆ **sans quoi** *loc adv*: **soyez ponctuels, ~ quoi vous ne pourrez pas vous inscrire** be sure to be on time, otherwise you won't be able to register.

sans-abri [sɑ̃zabri] *nmf inv* homeless person; **les ~** the homeless.

San Salvador [sɑ̃salvadɔr] *npr* San Salvador.

sans-cœur [sɑ̃kœr] ◇ *adj inv* heartless; **ne sois pas ~!** have a heart!

◇ *nmf inv* heartless person; **donne-lui le chocolat, espèce de ~!** give her the chocolate, you heartless monster!

sanscrit, e [sɑ̃skri, it] = **sanskrit**.

sans-culotte [sɑ̃kylɔt] (*pl* **sans-culottes**) *nm* sans-culotte; **les ~s** HIST the sans-culottes.

LES SANS-CULOTTES:
The name given to the Republican revolutionaries during the Convention (1792-1795) because, instead of the short breeches ("culotte") worn by the upper classes, they adopted the trousers of the ordinary people. The term now stands for an extreme revolutionary attitude.

---

sans-emploi [sɑ̃zɑ̃plwa] *nmf inv* unemployed OU jobless person; **les ~** the unemployed.

sans-façon [sɑ̃fasɔ̃] *nm inv litt* casualness, offhandedness.

sans-faute [sɑ̃fot] *nm inv*: **faire un ~** ÉQUIT to do OU to have a clear round; ENS to get a series of answers right; **pour l'instant c'est un ~!** [dans un jeu] so far so good!

sans-fil [sɑ̃fil] *nm inv* cordless telephone.

sans-filiste [sɑ̃filist] (*pl* **sans-filistes**) *nmf* radio ham.

sans-gêne [sɑ̃ʒɛn] ◇ *nm inv* lack of consideration, casualness.

◇ *nmf inv* ill-mannered person; **en voilà une ~!** well, she's a cool customer!

sans-grade [sɑ̃grad] *nmf inv* underling, minion; **nous sommes les ~ ici!** we're the small fry around here!; **tous les ~ de l'hôtellerie provinciale** all the unsung heroes of provincial hotelkeeping.

sanskrit, e [sɑ̃skri, it] *adj* Sanskrit.

◆ **sanskrit** *nm* LING Sanskrit.

sans-le-sou *fam* [sɑ̃lsu] *nmf inv* pauper, penniless person; **les ~** the have-nots.

sans-logis [sɑ̃lɔʒi] *nmf inv* homeless person; **les ~** the homeless.

sansonnet [sɑ̃sɔnɛ] *nm* starling.

sans-papiers [sɑ̃papje] *nmf inv* illegal immigrant worker.

sans-parti [sɑ̃parti] *nmf inv* POL [gén] independent member *(of an assembly or a Parliament)*; [dans un système de parti unique] non-party member.

sans-souci [sɑ̃susi] *nmf inv litt* happy-go-lucky person.

Santa Fé [sɑ̃tafe] *npr* Santa Fe.

santal, als [sɑ̃tal] *nm* BOT sandal; **bois de ~** sandalwood.

santé [sɑ̃te] *nf* -**1.** [de l'esprit, d'une économie, d'une entreprise] health, soundness; [d'une personne, d'une plante] health; **comment va la ~?** *fam* how are you keeping?; **c'est mauvais pour la ~** it's bad for your health OU for you; **en bonne ~** [animal, personne] healthy, in good health; [plante] healthy; [économie] healthy, sound; [monnaie] strong; **je vous espère en bonne ~** I hope you're quite well, I hope you're in good health; **vous êtes en parfaite ~, lui dit le médecin** you're perfectly healthy OU there's nothing wrong with you, the doctor told him; **meilleure ~!** hope you're better soon OU you get well soon!; **en mauvaise ~** [animal, personne] in bad OU poor health; [plante] unhealthy; [économie, monnaie] weak; **le bon air lui a rendu** OU **redonné la ~** the fresh air has restored him to health ❑ **état de ~** health; **~ mentale** mental health; **avoir la ~** *fam* [être infatigable] to be a bundle of energy; **avoir une ~ de fer** to have an iron constitution, to be (as) strong as a horse; **avoir une petite ~** to be very delicate; **se refaire une ~** *fam* to get back on one's feet, to recover; **crever**▽ OU **péter**▽ **de ~**, **respirer la ~** to be bursting with health. -**2.** ADMIN: **la ~ publique** public health; **services de ~** health services. -**3.** NAUT: **la ~** the quarantine service. -**4.** MIL: **service de ~ des armées** medical corps.

◆ **Santé** *npr f*: **la Santé** [prison] *men's prison in Paris.*

◆ **à la santé de** *loc prép* [en portant un toast]: **à votre ~!, à ta ~!** cheers!, your (good) health!; **à la ~ de ma femme!** (here's) to my wife!; **je lève mon verre à la ~ de la mariée!** I raise my glass to the bride!

santiag [sɑ̃tjag] *nf* cowboy boot.

Santiago [sɑ̃tjago] *npr*: **~ (du Chili)** Santiago.

santon [sɑ̃tɔ̃] *nm* crib OU manger figurine.

Santorin [sɑ̃tɔrɛ̃] *npr* Santorini.

Saône [son] *npr f*: **la ~** the (River) Saône.

São Paulo [saopolo] *npr* -**1.** [ville] Sao Paulo. -**2.** [État]: **l'État de ~** Sao Paulo (State).

São Tomé et Príncipe [saotɔmeeprɛ̃sip] *npr* São Tomé and Principe.

saoudien, enne [saudjɛ̃, ɛn] *adj* Saudi (Arabian).

◆ **Saoudien, enne** *nm, f* Saudi (Arabian).

saoudite [saudit] *adj* Saudi (Arabian).

saoul, e [su, sul] = **soûl**.

saouler [sule] = **soûler**.

sapajou [sapaʒu] *nm* -**1.** ZOOL sapajou. -**2.** *fam vieilli* [homme petit et laid] troglodyte *fig.*

sape [sap] *nf* -**1.** MIL & TRAV PUBL [travaux] sapping; [tranchée] sap; **la ~** *arg mil* [les hommes du génie] sappers. -**2.** *fig*: **travail de ~** (insidious) undermining; **par un patient travail de ~, ils ont fini par avoir raison de sa résistance** they chipped away at him until he gave in. -**3.** *fam (gén pl)* [vêtement] rig-out *Br*, gear.

saper [3] [sape] *vt* -**1.** [miner] to sap, to undermine; **la mine lui a sapé la santé** working down the mines undermined his health. -**2.** *fam* [habiller] to dress; **il est toujours bien sapé** he's always really smartly dressed.

◆ **se saper** *fam* ◇ *vp (emploi réfléchi)* to do OU to tog o.s. up, to rig o.s. out *Br.*

◇ *vpi*: **où est-ce que tu te sapes?** where do you buy your togs OU gear?

saperlipopette *fam* [sapɛrlipɔpɛt] *interj vieilli* zounds *arch*, struth *arch* OU *hum.*

sapeur [sapœr] *nm* sapper.

sapeur-pompier [sapœrpɔ̃pje] (*pl* **sapeurs-pompiers**) *nm* fireman; **les sapeurs-pompiers** the fire brigade *Br*, the fire department *Am.*

saphique [safik] *adj* Sapphic; **vers ~** Sapphic metre.

saphir [safir] ◇ *adj inv litt* sapphire *(modif).*

◇ *nm* -**1.** JOAILL sapphire. -**2.** [d'un tourne-disque] needle, stylus. -**3.** *litt* [bleu] sapphire.

saphisme [safism] *nm litt* sapphism, lesbianism.

Sapho [safo] = **Sappho**.

sapide [sapid] *adj* sapid.

sapidité [sapidite] *nf* sapidity.

sapience [sapjɑ̃s] *nf arch* wisdom, sapience *litt.*

sapin [sapɛ̃] *nm* -**1.** BOT fir (tree). -**2.** MENUIS fir, deal; **en ~** fir *(modif)*, deal *(modif)* ❑ **~ blanc** OU **pectiné** (common) silver fir; **sentir le ~** *fam* to have one foot in the grave.

◆ **sapin de Noël** *nm* Christmas tree; **faire un ~ de Noël** [chez soi] to have a Christmas tree; [dans une collectivité] to have a Christmas party for the staff's children *(with presents).*

sapine [sapin] *nf* -**1.** [planche] fir plank. -**2.** CONSTR jib crane. -**3.** NAUT flat-bottomed deal boat.

sapinette [sapinɛt] *nf* -**1.** BOT: **~ blanche/noire/rouge** white/black/red spruce. -**2.** *Can* [boisson] spruce beer. -**3.** NAUT flat-bottomed deal boat.

sapinière [sapinjɛr] *nf* -**1.** [plantation] fir plantation. -**2.** [forêt] fir forest.

saponacé, e [sapɔnase] *adj* saponaceous.

saponaire [sapɔnɛr] *nf* soapwort.

saponifiable [sapɔnifjabl] *adj* saponifiable.

saponification [sapɔnifikasjɔ̃] *nf* saponification.

saponifier [9] [sapɔnifje] *vt* to saponify.

saponite [sapɔnit] *nf* saponite, bowlingite.

sapotacée [sapɔtase] *nf* member of the Sapotaceae, sapota *spéc.*

sapote [sapɔt] *nf* sapota plum.

sapotier [sapɔtje] *nm* sapota.

sapotille [sapɔtij] *nf* sapodilla plum.

sapotillier [sapɔtilje] *nm* sapodilla.

Sappho [safo] *npr* Sappho.

sapristi [sapristi] *interj vieilli*: **~!** [exprime l'étonnement] Heavens!; [exprime la colère] Great Scot! *vieilli.*

saprophyte [saprɔfit] ◇ *adj* saprophytic.

◇ *nm* saprophyte.

saquer▽ [sake] = **sacquer**.

SAR (*abr écrite de* Son Altesse Royale) HRH.

sarabande [sarabɑ̃d] *nf* -**1.** DANSE & MUS saraband. -**2.** *fam* [tapage] racket, row *Br*; **les enfants font la ~ dans la salle de jeux** the children are raising merry hell in the playroom. -**3.** *sout* [ribambelle] string, succession.

Saragosse [saragɔs] *npr* Saragossa.

Sarajevo [sarajevo] *npr* Sarajevo.

Sarawak [sarawak] *npr* Sarawak.

sarbacane [sarbakan] *nf* blowpipe.

sarcasme [sarkasm] *nm* -**1.** [ironie] sarcasm; **tu n'arriveras à rien par le ~** being sarcastic won't get you anywhere. -**2.** [remarque] sarcastic remark; **essuyer les ~s de qqn** to put up with sb's sarcasm.

sarcastique [sarkastik] *adj* sarcastic.

sarcastiquement [sarkastikmɑ̃] *adv* sarcastically.

sarcelle [sarsɛl] *nf*: **~ d'été** gargancy; **~ d'hiver** teal.

sarclage [sarklaʒ] *nm* weeding.

sarcler [3] [sarkle] *vt* -**1.** [mauvaises herbes - à la main] to pull up *(sép)*, to weed out *(sép)*; [- avec une houe] to hoe; [- avec une bêche] to spud. -**2.** [betteraves, champ - à la main] to weed; [- avec une houe] to hoe.

sarcloir [sarklwar] *nm* (Dutch) hoe, spud.

sarcomateux, euse [sarkɔmatø, øz] *adj* sarcomatous.

sarcome [sarkom] *nm* sarcoma.

sarcophage [sarkɔfaʒ] *nm* -**1.** [cercueil] sarcophagus. -**2.** ENTOM fleshfly.

sarcopte [sarkɔpt] *nm* itch mite, sarcoptid *spéc.*

Sardaigne [sardɛɲ] *npr f*: **(la) ~** Sardinia.

sardane [sardan] *nf* sardana.

sarde [sard] *adj* Sardinian.

◆ **Sarde** *nmf* Sardinian.

◆ **sarde** *nm* LING Sardinian.

sardine [sardin] *nf* -**1.** [poisson] sardine; **~s à l'huile** sardines in oil. -**2.** *arg mil* stripe.

sardinerie [sardinri] *nf* sardine cannery.

sardinier, ère [sardinje, ɛr] *nm, f* -**1.** [pêcheur] sardine fisher. -**2.** [ouvrier] sardine canner.

◆ **sardinier** *nm* -**1.** [bateau] sardine boat OU fisher. -**2.** [filet] sardine net.

sardoine [sardwan] *nf* sard; ~ **rubanée** sardonyx.

sardonique [sardɔnik] *adj* sardonic.

sardoniquement [sardɔnikmɑ̃] *adv* sardonically.

sargasse [sargas] *nf* sargasso, gulfweed.

Sargasses [sargas] *npr fpl* → **mer**.

sari [sari] *nm* sari, saree.

sarigue [sarig] *nf* possum, opossum.

SARL, Sarl (*abr de* **société à responsabilité limitée**) *nf*: **Balacor,** ~ ≃ Balacor Ltd *Br,* ≃ Balacor Inc. *Am*; **une** ~ a limited liability company.

sarment [sarmɑ̃] *nm* [tige] twining OU climbing stem, bine; ~ **de vigne** vine shoot.

sarmenteux, euse [sarmɑ̃tø, øz] *adj* climbing (*avant n*), sarmentous.

sarong [sarɔ̃g] *nm* sarong.

saroual [sarwal] *nm wide-legged canvas trousers (worn generally in North Africa)*.

sarrasin[1] [sarazɛ̃] *nm* BOT buckwheat.

sarrasin[2]**, e** [sarazɛ̃, in] *adj* Saracen.

◆ **Sarrasin, e** *nm, f* Saracen.

sarrau, s [saro] *nm* -**1.** [d'artiste] smock. -**2.** [de paysan] smock frock. -**3.** [d'écolier] overalls.

Sarre [sar] *npr f* -**1.** [région]: **la** ~ Saarland, the Saar. -**2.** [rivière]: **la** ~ the (River) Saar.

Sarrebruck [sarbryk] *npr* Saarbrücken.

sarriette [sarjɛt] *nf* savory; ~ **commune** wild basil.

sarrois, e [sarwa, az] *adj* from the Saar.

◆ **Sarrois, e** *nm, f inhabitant of or person from the Saar*.

sas [sas] *nm* -**1.** [crible] sieve, screen. -**2.** AÉRON airlock. -**3.** NAUT [d'écluse] lock (chamber); [passage] airlock. -**4.** [d'une banque] security (double) door.

SAS (*abr écrite de* **Son Altesse Sérénissime**) HSH.

Saskatchewan [saskatʃewan] *npr m*: **le** ~ Saskatchewan.

sassafras [sasafra] *nm* sassafras.

Satan [satɑ̃] *npr* Satan.

satané, e *fam* [satane] *adj (avant le n)* -**1.** [détestable]: **faites donc taire ce** ~ **gosse!** shut that blasted kid up!; ~ **temps!** what dreadful weather! -**2.** [en intensif]: **c'est un** ~ **menteur** he's a downright liar.

satanique [satanik] *adj* -**1.** [de Satan] satanic. -**2.** [démoniaque, pervers] fiendish, diabolical, satanic; **avoir l'œil** ~ to have an evil glint in one's eye.

satanisme [satanism] *nm* -**1.** [culte] satanism. -**2.** [méchanceté] fiendishness, evil.

satellisable [satelizabl] *adj* which can be put into orbit.

satellisation [satelizasjɔ̃] *nf* -**1.** ASTRONAUT [d'une fusée] putting OU launching into orbit. -**2.** *fig* [d'une nation, d'une ville, d'une organisation] satellization.

satelliser [3] [satelize] *vt* -**1.** ASTRONAUT: ~ **qqch** to put OU to launch sthg into orbit, to orbit sthg; **fusée satellisée** orbiting rocket. -**2.** *fig* [pays, ville] to satellize.

satellite [satelit] ◇ *nm* -**1.** ASTRON, ASTRONAUT & TÉLÉC satellite; **en direct par** ~ live via satellite ❑ ~ **artificiel/météorologique/de télécommunications** artificial/meteorological/communications satellite; ~ **espion/antisatellite** MIL spy/killer satellite; ~ **lunaire/terrestre** moon-orbiting/earth-orbiting satellite; **transmission par** ~ satellite transmission. -**2.** POL [personne, pays, ville] satellite; **les** ~**s du bloc socialiste** the satellite countries of the socialist bloc. -**3.** [d'une aérogare] satellite. -**4.** MÉCAN bevel (wheel); **engrenage à** ~ planetary gear; ~ **de différentiel** differential gear. -**5.** BIOL satellite.

◇ *adj* [ville, pays] satellite *(modif)*; **ordinateur** ~ satellite computer.

sati [sati] ◇ *nm inv* suttee (rite).

◇ *nf inv* suttee (woman).

satiété [sasjete] *nf* satiety; **à** ~, **jusqu'à** ~: **manger à** ~ to eat one's fill; **redire jusqu'à** ~ to repeat ad nauseam.

satin [satɛ̃] *nm* -**1.** TEXT satin; ~ **de coton** satin cotton, sateen; **de** ~ satin *(modif)*; **une peau de** ~ *fig* a satin-smooth skin. -**2.** [douceur - gén] softness, silkiness; [- de la peau] silky softness.

satinage [satinaʒ] *nm* -**1.** TEXT satining. -**2.** IMPR calandering. -**3.** [en peausserie] (satin) glazing.

satiné, e [satine] *adj* [étoffe, reflets] satiny, satin *(modif)*; [papier] calandered; [peau] satin *(modif)*, satin-smooth; **un fini** ~ a satin finish ❑ **peinture** ~**e** silk finish emulsion.

◆ **satiné** *nm* [d'une peinture] silk finish; [d'un papier, d'un tissu] satin finish; **la lumière mettait en valeur le** ~ **de sa peau** the light showed off her satin-like complexion.

satiner [3] [satine] *vt* [tissu] to give a satin finish to, to put a satin finish on; [papier] to surface, to glaze; [peau] to make smooth.

satinette [satinɛt] *nf* [en coton] sateen; [en soie et coton] (silk and cotton) satinet.

satire [satir] *nf* -**1.** LITTÉRAT satire. -**2.** [critique] satire, send up *Br*, spoof; **sa** ~ **du Premier ministre est excellente** he's good at taking off the Prime Minister.

satirique [satirik] ◇ *adj* satirical.

◇ *nmf* satirist.

satiriquement [satirikmɑ̃] *adv* satirically.

satiriste [satirist] *nmf* satirist.

satisfaction [satisfaksjɔ̃] *nf* -**1.** [plaisir] satisfaction, gratification; **éprouver de la** ~**/une grande** ~ **à faire qqch** to feel satisfaction/great satisfaction in doing sthg; **il a la** ~ **d'être utile** he has the satisfaction of being useful, he can rest assured that he's being useful; **donner (entière** OU **toute)** ~ **à qqn** [personne] to give sb (complete) satisfaction; [travail] to fulfil *Br* OU to fulfill *Am* sb completely, to give sb a lot of (job) satisfaction; **donner de la** ~ **à qqn** to be a source of satisfaction OU gratification for sb; **mon travail me donne peu de** ~ my work is not very satisfying OU fulfilling OU gratifying; **à ma grande** ~ to my great satisfaction, to my gratification; **le problème fut résolu à la** ~ **générale** the problem was solved to everybody's satisfaction; **je constate/vois avec** ~ **que...** I am pleased to note/to see that.. -**2.** [sujet de contentement] source OU cause for satisfaction; **mon travail m'apporte de nombreuses** ~**s** my job gives me great satisfaction; **mon fils m'apporte de nombreuses** ~**s** my son is a great satisfaction to me; **avoir des** ~**s professionnelles/financières** to be rewarded professionally/financially. -**3.** [assouvissement - d'un désir] satisfaction, gratification, fulfilment; [- d'ambitions, d'un besoin] satisfying, fulfilment; [- de la faim] appeasement, satisfying; [- de la soif] quenching, slaking; **c'est pour elle une** ~ **d'amour-propre** it gratifies OU flatters her self-esteem. -**4.** [gain de cause] satisfaction; **accorder** OU **donner** ~ **à qqn** to give sb satisfaction; **obtenir** ~ to obtain satisfaction. -**5.** [réparation] satisfaction; **exiger** ~ **(de qqch)** *sout* to demand satisfaction (for sthg); **obtenir** ~ **d'un affront** *sout* to obtain satisfaction for an affront. -**6.** RELIG: ~ **sacramentelle** (penitential) satisfaction.

satisfaire [109] [satisfɛr] *vt* -**1.** [contenter - suj: résultat, travail] to satisfy, to give satisfaction to; [- suj: explication] to satisfy; **rien ne le satisfait** nothing satisfies him, he's never satisfied; **elle est difficile à** ~ she's hard to please; **votre rapport ne me satisfait pas du tout** I'm not satisfied at all with your report, I don't find your report at all satisfactory; **ce que j'ai me satisfait pleinement** I'm quite content with what I've got; **j'espère que cet arrangement vous satisfera** I hope (that) you'll find this arrangement satisfactory OU to your satisfaction; **la réunion a été fixée au 3 mars, pour** ~ **tout le monde** the date for the meeting has been fixed for March 3rd, so as to satisfy OU to accommodate everybody || [sexuellement] to satisfy. -**2.** [répondre à - attente] to come OU to live up to; [- désir] to satisfy, to fulfil *Br,* to fulfill *Am*; [- besoin] to satisfy, to answer; [- curiosité] to satisfy; [- demande] to meet, to satisfy, to cope with *(insép)*, to keep up with *(insép)*; [- faim] to satisfy, to appease; [- soif] to satisfy, to quench, to slake; **il reste des revendications non satisfaites** there are still a few demands which haven't been met; ~ **un besoin naturel** *euph* to relieve o.s.

◆ **satisfaire à** *v + prép* [conditions] to fulfil *Br*, to fulfill *Am*, to meet, to satisfy; [besoin, exigences] to meet, to fulfil; [désir] to satisfy, to gratify; [attente] to live OU to come up to; [promesse] to fulfil, to keep; [goût] to satisfy; [norme] to comply with *(insép)*, to satisfy; **avoir satisfait à ses obligations militaires** to have fulfilled one's national service commitments.

◆ **se satisfaire** ◇ *vp (emploi réfléchi)* [sexuellement] to have one's pleasure.

◇ *vpi*: **se** ~ [uriner] to relieve o.s.

◆ **se satisfaire de** *vp + prép* to be satisfied OU content with; **tu te satisfais de peu!** you're content with very little!, it doesn't take much to make you happy!; **il ne se satisfait pas de promesses** he's not content with promises, promises aren't good enough for him.

satisfaisant, e [satisfəzɑ̃, ɑ̃t] *adj* [réponse, travail, devoir scolaire] satisfactory; **en quantité** ~**e** in sufficient quantities; **ce n'est pas une excuse/raison** ~**e** it's not a good enough excuse/reason; **peu** ~ [résultat, travail] unsatisfactory; SCOL poor; **cette solution n'était** ~**e pour personne** this solution pleased nobody.

satisfait, e [satisfɛ, ɛt] *adj* [air, personne, regard] satisfied, happy; **être** ~ **de qqn** to be satisfied OU happy with sb; **es-tu** ~ **de ta secrétaire?** are you satisfied with your secretary?; **être** ~ **de soi** OU **de soi-même** to be satisfied with o.s., to be self-satisfied; **être** ~ **de** [arrangement, résultat] to be satisfied with, to be happy with OU about; [voiture, service] to be satisfied with; **je suis très** ~ **de ma prestation** I'm quite satisfied OU pleased with my performance; **elle est partie maintenant, tu es** ~**?** now she's gone, are you satisfied?; **d'accord, j'ai menti, tu es** ~**?** OK, I've lied, are you satisfied now?

satisfecit [satisfesit] *nm inv* -**1.** SCOL star, credit. -**2.** *sout* full credit; **décerner un** ~ **à qqn pour qqch** to congratulate sb for (having done) sthg.

satisfiable [satisfjabl] *adj* satisfiable LOGIC.

satrape [satrap] *nm* -**1.** HIST satrap. -**2.** *litt* [tyran] satrap, despot; [homme riche] nabob.

saturabilité [satyrabilite] *nf* saturability.

saturable [satyrabl] *adj* saturable.

saturant, e [satyrɑ̃, ɑ̃t] *adj* saturating, saturant.

saturateur [satyratœr] *nm* -**1.** CHIM saturator, saturater. -**2.** [pour radiateur] humidifier.

saturation [satyrasjɔ̃] *nf* -**1.** SC saturation; ~ **en eau** water saturation; ~ **magnétique** (magnetic) saturation. -**2.** [d'une autoroute, d'un aéroport] saturation, paralysis, gridlocking; [d'un circuit] saturation, overloading; [d'un marché] saturation (point); **arriver** OU **parvenir à** ~ [marché, aéroport] to reach saturation point; [marcheur, travailleur] to reach saturation point, to be unable to take anymore; **nous arrivons à la** ~ **totale du réseau** the network has reached saturation point.

saturé, e [satyre] *adj* -**1.** [imprégné - gén] impregnated; [- d'un liquide] saturated; **sol** ~ **de sel** very salty soil. -**2.** [encombré - marché] saturated, glutted. -**3.** [rassasié, écœuré]: ~ **de** sated with; **des enfants** ~**s de télévision** children who have had too much television. -**4.** [engorgé - autoroute] saturated, blocked, gridlocked; [- circuit de communication] saturated. -**5.** SC & TECH saturated.

saturer [3] [satyre] ◇ *vt* -**1.** CHIM to saturate; ~ **qqch de** to saturate sthg with. -**2.** [surcharger, remplir en excès] to saturate, to glut; ~ **un marché de produits agricoles** to glut OU to saturate a market with agricultural products; **nous sommes saturés de publicités pour des lessives** we're swamped with washing powder adverts; **être saturé de travail** to be up to one's eyes in work, to be swamped with work;

saturé d'eau/de sang saturated with water/with blood; le jardin est saturé d'eau the garden is waterlogged OU saturated with water.
◇ *vi fam* [marché] to become saturated; [lignes téléphoniques] to overload; [sonorisation]: ça sature we're getting distortion ‖ [personne]: deux heures d'informatique et je sature after two hours of computer science, I can't take anything in any more.

saturnales [satyrnal] *nfpl* -**1.** *litt* [débauche] saturnalia *(pl)*, (wild) orgies. -**2.** ANTIQ saturnalia *(pl)*.

saturne [satyrn] *nm* Saturn *(in alchemy)*.

Saturne [satyrn] *npr* Saturn ASTRON & MYTH.

saturnie [satyrni] *nf* emperor moth.

saturnien, enne [satyrnjɛ̃, ɛn] *adj* -**1.** ASTRON Saturnian. -**2.** *litt* [morose] saturnine, gloomy, glum, taciturn.

saturnin, ine [satyrnɛ̃, in] *adj* -**1.** CHIM lead *(modif)*. -**2.** MÉD saturnine.

saturnisme [satyrnism] *nm* (chronic) lead poisoning, saturnism *spéc*.

satyre [satir] *nm* -**1.** MYTH & ENTOM satyr. -**2.** [homme lubrique] lecher. -**3.** BOT: ~ **puant** stinkhorn.

satyriasis [satirjazis] *nm* satyriasis.

satyrique [satirik] *adj* satyric, satyrical.

sauce [sos] *nf* -**1.** CULIN sauce; [de salade] salad dressing; [vinaigrette] French dressing; [jus de viande] gravy; ~ **aux champignons/à la moutarde/aux câpres** mushroom/mustard/caper sauce ❑ ~ **béarnaise/hollandaise** béarnaise/hollandaise sauce; ~ **madère/piquante** Madeira/hot sauce; ~ **béchamel** béchamel OU white sauce; ~ **bordelaise** sauce bordelaise; ~ **mousseline** sauce mousseline; ~ **au soja** soy sauce; ~ **suprême** sauce suprême; ~ **tartare** tartar sauce; **pâtes à la ~ tomate** pasta with tomato sauce; **mettre** OU **servir qqch à toute les ~s** to make sthg fit every occasion; **mettre une citation/théorie à toutes les ~s** to make a quotation/theory fit every (available OU possible) occasion; **une expression qui a été mise à toutes les ~s** a hackneyed phrase; **je me demande à quelle ~ nous allons être mangés** I wonder what lies in store for us OU what they're going to do to us; **la ~ fait passer le poisson** *prov* a spoonful of sugar helps the medicine go down; **allonger** OU **rallonger la ~** *fam* to pad sthg out. -**2.** *fam* [pluie]: **prendre** OU **recevoir la ~** to get soaked OU drenched. -**3.** *fam* [courant électrique] juice; **il n'y a pas assez de ~** there's not enough juice OU power; **envoie la ~!** turn on the power OU juice! -**4.** BX-ARTS soft black crayon.
◆ **en sauce** *loc adj* with a sauce; **viande/poisson en ~** meat/fish served in a sauce.

saucée *fam* [sose] *nf* downpour; **prendre** OU **recevoir la ~** to get drenched OU soaked (to the skin); **il va y avoir une ~** it's going to bucket down.

saucer [16] [sose] *vt* -**1.** *vieilli* [tremper]: ~ **son pain** to dip one's bread in sauce. -**2.** [essuyer]: ~ **son assiette (avec un morceau de pain)** to wipe (off) one's plate (with a piece of bread). -**3.** *fam loc*: **se faire ~** to get soaked (to the skin) OU drenched.

saucier [sosje] *nm* -**1.** [employé] sauce cook OU chef. -**2.** [appareil] sauce-maker.

saucière [sosjɛr] *nf* [pour sauce] sauce boat; [pour jus] gravy boat.

sauciflard▽ [sosiflar] *nm* sausage.

saucisse [sosis] *nf* -**1.** CULIN sausage; ~ **de Francfort** frankfurter; ~ **de Strasbourg** Strasbourg (pork) sausage, knack-wurst. -**2.** *arg mil* [ballon captif] sausage. -**3.** *fam* [imbécile]: **espèce de grande ~!** you great lump!, you numbskull!

saucisson [sosisɔ̃] *nm* -**1.** CULIN: ~ **(sec)** (dry) sausage; ~ **à l'ail** garlic sausage. -**2.** [pain] sausage-shaped loaf. -**3.** [charge de poudre] powder hose.

saucissonner *fam* [3] [sosisɔne] ◇ *vi* to picnic, to have a snack.
◇ *vt* -**1.** [attacher - personne] to tie up *(sép)*; **ils ont saucissonné le gardien sur la chaise** they trussed up the caretaker and tied him to a chair. -**2.** [diviser]: **le film a été saucissonné pour la télévision** the film was divided up into episodes when it was shown on television.

sauf[1] [sof] *prép* -**1.** [à part] except, apart from, save; **tout le monde ~ Paul** everyone except (for) OU apart from Paul; **ils y ont tous cru, ~ moi** they all believed it, except me; **nous avons parlé de tout, ~ de ce point précis** we spoke about everything except OU apart from this one particular point; **j'ai voyagé partout en Allemagne, ~ en Bavière** I've been everywhere in Germany except (for) Bavaria; **il a pensé à tout, ~ à ça** he thought of everything, except that; **il sait tout faire ~ cuisiner** he can do everything except OU but cook; **il s'arrête toujours ici ~ s'il n'a pas le temps** he always stops here except if OU unless he's in a hurry; **j'y vais régulièrement ~ quand il ne fait pas beau** I go there regularly except when the weather's bad. -**2.** [à moins de] unless; ~ **avis contraire** unless otherwise instructed; ~ **indications contraires** unless otherwise stated; ~ **erreur ou omission** errors and omissions excepted; ~ **accord ou convention contraire** JUR unless otherwise agreed. -**3.** *loc*: ~ **le respect que je vous dois** *litt* OU *hum* with all due respect; ~ **votre respect** *litt* OU *hum* with respect.
◆ **sauf à** *loc prép sout*: **il a pris cette décision, ~ à changer plus tard** he took this decision, but reserved the right to change it later.
◆ **sauf que** *loc conj* except (for the fact) that, apart from the fact that; **il n'a pas changé, ~ que ses cheveux ont blanchi** he hasn't changed, except (for the fact) that he has gone grey.

sauf[2], **sauve** [sof, sov] *adj* -**1.** [indemne] safe; **elle est sauve** she's safe, she escaped unhurt OU unharmed. -**2.** *fig* [intact]: **au moins, les apparences sont sauves** at least appearances have been kept up OU saved.

sauf-conduit [sofkɔ̃dɥi] *(pl* **sauf-conduits)** *nm* safe-conduct.

sauge [soʒ] *nf* -**1.** BOT salvia; ~ **officinale** sage. -**2.** CULIN sage.

saugrenu, e [sogrəny] *adj* peculiar, weird; **en voilà une idée ~e!** what a cranky OU daft idea!

Saül [sayl] *npr* Saul.

saulaie [solɛ] *nf* willow plantation.

saule [sol] *nm* willow; ~ **cassant/marsault** crack/goat willow; ~ **pleureur/blanc** weeping/white willow.

saumâtre [somatr] *adj* -**1.** [salé] brackish, briny. -**2.** *fam* [désagréable] bitter, nasty; **il l'a trouvée ~!** he wasn't amused!, he was unimpressed! *euph*.

saumon [somɔ̃] ◇ *nm* -**1.** ZOOL salmon. -**2.** [couleur] salmon-pink. -**3.** MÉTALL pig.
◇ *adj inv* salmon *(modif)*, salmon-pink.

saumoné, e [somɔne] *adj* [rose] salmon, salmon-pink.

saumoneau, x [somɔno] *nm* young salmon, parr.

saumur [somyr] *nm* Saumur (wine).

Saumur [somyr] *npr town in western France with a military academy famous as a centre for cavalry training*.

saumure [somyr] *nf* brine; **conserver du poisson/des cornichons dans la ~** to pickle fish/gherkins (in brine).

saumurer [3] [somyre] *vt* to pickle (in brine).

sauna [sona] *nm* [cabine] sauna (bath); [établissement] sauna.

saunage [sonaʒ] *nm*, **saunaison** [sonɛzɔ̃] *nf* -**1.** [fabrication] salt making. -**2.** [saison] salt (making) season. -**3.** [vente] salt trade.

sauner [3] [sone] *vi* to yield salt.

saunier [sonje] *nm* -**1.** [ouvrier] salt worker. -**2.** [marchand] salt merchant; **faux ~** HIST contraband salt merchant.

saupoudrage [sopudraʒ] *nm* -**1.** CULIN sprinkling, dusting. -**2.** FIN & POL [de crédits] *allocation of small amounts of finance to numerous posts*.

saupoudrer [3] [sopudre] *vt* -**1.** CULIN to dust, to sprinkle; ~ **un gâteau de sucre** to sprinkle OU to dust sugar over a cake. -**2.** FIN & POL: ~ **des crédits** to allocate small amounts of finance to numerous posts. -**3.** *fig* & *litt* [parsemer] to scatter, to sprinkle; ~ **un discours de citations** to pepper a speech with quotations.
◆ **se saupoudrer** *vpt*: **se ~ les mains de talc** to dust one's hands with talcum powder.

saupoudreuse [sopudrøz] *nf* sprinkler.

saur [sɔr] *adj m* smoked, cured.

saurage [sɔraʒ] *nm* smoking, curing.

saurer [3] [sɔre] *vt* to smoke, to cure.

saurien [sɔrjɛ̃] *nm* saurian; **les ~s** the saurians, the Sauria *spéc*.

saut [so] *nm* -**1.** SPORT jump; **le ~** jumping; **championnat/épreuves de ~** jumping championship/events ❑ ~ **en hauteur/longueur** high/long jump; ~ **de l'ange** swallow *Br* OU swan *Am* dive; ~ **de carpe** jack-knife dive; ~ **en chute libre** free fall; ~ **en ciseaux** scissors jump; ~ **à la corde** skipping, jumproping *Am*; ~ **de haies** hurdling; ~ **de la mort** death jump; ~ **en parachute** [discipline] parachuting, skydiving; [épreuve] parachute jump; ~ **à la perche** [discipline] pole vaulting; [épreuve] pole vault; ~ **périlleux** somersault; ~ **à pieds joints** standing jump; ~ **en rouleau** western roll; ~ **à skis** [discipline] skijumping; [épreuve] (ski) jump. -**2.** [bond] leap; **se lever d'un ~** to leap OU to jump to one's feet ❑ ~ **de puce** step; **au ~ du lit** [en se levant] on OU upon getting up; [tôt] first thing in the morning. -**3.** [chute] drop; **elle a fait un ~ de cinq mètres dans le vide** she fell OU plunged five metres into the void. -**4.** [brève visite] flying visit; **elle a fait un ~ chez nous hier** she dropped by (our house) yesterday; **je ne fais qu'un ~** [quelques instants] I'm only passing, I'm not staying; [quelques heures] I'm only on a flying visit; **fais un ~ chez le boucher** pop over OU along OU across to the butcher's. -**5.** *fig* leap; **faire un ~ dans l'inconnu** to take a leap in the dark; **faire un ~ dans le passé** to go back into the past; **faire un ~ d'un siècle** to jump a century ❑ **le grand ~** [la mort] the big sleep; **faire le ~** to take the plunge. -**6.** GÉOG falls, waterfall; **le ~ du Doubs** the Doubs falls. -**7.** INF & MATH jump.

saut-de-lit [sodli] *(pl* **sauts-de-lit)** *nm* dressing-gown, light robe.

saut-de-mouton [sodmutɔ̃] *(pl* **sauts-de-mouton)** *nm* flyover *Br*, overpass *Am*.

saute [sot] *nf* -**1.** MÉTÉO: ~ **de vent** shift (of the wind); ~ **de température** sudden change in temperature. -**2.** *fig*: ~ **d'humeur** mood swing; **sujet à de fréquentes ~s d'humeur** prone to frequent changes of mood.

sauté [sote] *nm* sauté; ~ **d'agneau/de veau** sauté of lamb/of veal.

saute-mouton [sotmutɔ̃] *nm inv* leapfrog; **jouer à ~** to play leapfrog; **il jouait à ~ par-dessus les tréteaux** he was leapfrogging over the trestles.

sauter [3] [sote] ◇ *vi* -**1.** [bondir - personne] to jump, to spring up; [- chat] to jump, to leap; [- oiseau, insecte] to hop; [- grenouille, saumon] to leap; [- balle, curseur] to bounce, to jump; ~ **dans une tranchée/dans un puits** to jump into a trench/down a well; ~ **en selle** to jump OU to leap into the saddle; ~ **d'une branche/falaise** to leap off a branch/cliff; ~ **par-dessus une corde/un ruisseau** to leap over a rope/across a stream; **il faut ~ pour atteindre l'étagère** you've got to jump up to reach the shelf; ~ **par la fenêtre** to jump out of the window ❑ ~ **comme un cabri** to frolic. -**2.** JEUX & SPORT: ~ **à cloche-pied** to hop; ~ **à la corde** to skip (with a rope) *Br*, to skip OU to jump rope *Am*; ~ **en parachute** to (parachute) jump, to parachute; ~ **en hauteur/longueur** to do the high/long jump; ~ **à la perche** to pole-vault; ~ **à skis** to ski-jump; ~ **en ciseaux**

to do a scissors jump. -**3.** [se ruer] to jump , to pounce; ~ **(à bas) du lit** to jump OU to spring out of bed; ~ **dans un taxi** to jump OU to leap into a taxi; **il sauta sur le malheureux passant** he pounced on the wretched passer-by || *fig*: ~ **de joie** to jump for joy; **je lui sauterai dessus dès qu'il reviendra** *fam* I'll grab him as soon as he gets back; ~ **sur l'occasion** *fam* to jump at the chance; **c'est une excellente occasion, je saute dessus** it's a great opportunity, I'll grab it ❑ ~ **au plafond** *fam*, ~ **en l'air** *fam* [de colère] to hit the roof; [de joie] to be thrilled to bits; ~ **à la gorge** OU **au collet de qqn** to jump down sb's throat; ~ **au cou de qqn** to fly into sb's arms; **et que ça saute!** *fam*: **va te laver les mains, et que ça saute!** go and wash your hands and get a move on OU get your skates on *Br*!; **ça saute aux yeux** it's plain for all to see OU as the nose on your face. -**4.** [exploser] to blow up, to explode, to go off; **faire** ~ **un pont/char** to blow up a bridge/tank; **faire** ~ **une mine** to explode a mine; **les plombs ont sauté** ÉLECTR the fuses have blown; **faire** ~ **les plombs** to blow the fuses; **la lampe/le circuit a sauté** the lamp/circuit has fused *Br*, the lamp fuse/the circuit has blown *Am* ❑ **se faire** ~ **la cervelle** *fam* OU **le caisson** *fam* to blow one's brains out. -**5.** [changer sans transition] to jump; ~ **du coq à l'âne** to jump from one topic to the next, to go from one thing to the other. -**6.** [cesser de fonctionner - chaîne, courroie] to come off; [- image de télévision] to flicker; [- serrure] to snap; **les boutons ont sauté** the buttons flew off OU popped off; **faire** ~ **le bouchon d'une bouteille** to pop a cork; **faire** ~ **la banque** JEUX to break the bank. -**7.** *fam* [être renvoyé] to fall; **le gouvernement a sauté** the government has fallen; **le ministre a sauté** the minister got fired OU got the sack *Br*; **faire** ~ **un directeur** to kick out OU to fire a manager. -**8.** CULIN: **faire** ~ **des pommes de terre** to sauté potatoes; **faire** ~ **une crêpe** to toss a pancake. -**9.** NAUT [vent] to change.

◇ *vt* -**1.** [obstacle] to jump OU to leap over *(insép)*; ~ **le pas** *fig* to take the plunge. -**2.** [omettre] to skip, to leave out *(sép)*; ~ **une danse** to sit out a dance. -**3.** ∇ *loc*: **la** ~ to be starving. -**4.** ▼ [sexuellement]: ~ **qqn** to lay sb.

sauterelle [sotrɛl] *nf* -**1.** ENTOM grasshopper; [criquet] locust. -**2.** *fam* [femme osseuse]: **grande** ~ beanpole. -**3.** [en manutention] travelling *Br* OU traveling *Am* belt, conveyor (belt). -**4.** MENUIS bevel (square).

sauterie [sotri] *nf hum* party; **donner une petite** ~ to throw a party.

sauternes [sotɛrn] *nm* Sauternes *Br* OU Sauterne *Am* (wine).

saute-ruisseau [sotrɥiso] *nm inv vieilli* errand boy.

sauteur, euse [sotœr, øz] ◇ *adj* jumping, hopping.

◇ *nm, f* SPORT jumper; ~ **en hauteur/longueur** high/long jumper; ~ **à la perche** polevaulter.

◆ **sauteuse** *nf* -**1.** CULIN high-sided frying pan. -**2.** MENUIS jigsaw.

sautillant, e [sotijɑ̃, ɑ̃t] *adj* -**1.** [démarche, oiseau] hopping, skipping; **d'un pas** ~ with a dancing step. -**2.** *fig* [style] light; [refrain] gay, bouncy.

sautillement [sotijmɑ̃] *nm* -**1.** [petit saut] hop, skip, skipping *(U)*. -**2.** [changement constant] jumping around, chopping and changing.

sautiller [3] [sotije] *vt* -**1.** [faire de petits sauts] to hop, to skip; **marcher en sautillant** to skip along; ~ **sur un pied** to hop. -**2.** [papillonner] to flit; **sa pensée sautille sans cesse** her mind flits from one thing to another, she has a butterfly mind *Br*.

sautoir [sotwar] *nm* -**1.** JOAILL chain; **en** ~ on a chain ❑ ~ **de perles** string of pearls. -**2.** SPORT jumping pit. -**3.** CULIN high-sided frying pan. -**4.** HÉRALD saltire.

sauvage [sovaʒ] ◇ *adj* -**1.** ZOOL [non domestique] wild; [non apprivoisé] untamed; **il est redevenu** ~ [chat] he's gone feral OU wild; [jeune fauve] he's gone back to the wild. -**2.** [non cultivé] wild; **le jardin est redevenu** ~ **depuis leur départ** since they left the garden has become overgrown. -**3.** [peu fréquenté] wild, remote; **les régions** ~**s du nord de l'Écosse** the wilds OU the remote regions of northern Scotland. -**4.** *vieilli* & ANTHR savage, uncivilized; **une peuplade** ~ an uncivilized people. -**5.** [féroce] savage, vicious, brutal; **une attaque** ~ a savage attack. -**6.** [spontané et illégal - camping, vente] unauthorized; [- urbanisme] unplanned; [non officiel - psychanalyse] unofficial, alternative.

◇ *nmf* -**1.** *vieilli* & ANTHR savage; **leurs premiers contacts avec les** ~**s des îles** their first contacts with the island savages; **le bon** ~ the noble savage. -**2.** [personne fruste, grossière] boor, brute; **comme un** ~: **il se conduit comme un** ~ he's a real brute. -**3.** [personne farouche] unsociable person, recluse.

sauvagement [sovaʒmɑ̃] *adv* savagely, viciously; ~ **assassiné** savagely OU brutally murdered.

sauvageon, onne [sovaʒɔ̃, ɔn] *nm, f* wild child.

◆ **sauvageon** *nm* [arbre] wildling.

sauvagerie [sovaʒri] *nf* -**1.** [méchanceté] viciousness, brutality. -**2.** [misanthropie] unsociableness.

sauvagine [sovaʒin] *nf* -**1.** CHASSE wildfowl *(U)*. -**2.** [fourrure] common pelts, fur skins.

sauvegarde [sovgard] *nf* -**1.** [protection] safeguard, safeguarding *(U)*; ~ **des ressources naturelles** conservation of natural resources; **sous la** ~ **de la justice** JUR under the protection of the Court. -**2.** [sécurité] safety. -**3.** INF saving *(U)*; **faire une** ~ to save. -**4.** NAUT safety rope.

sauvegarder [3] [sovgarde] *vt* -**1.** [protéger - bien] to safeguard, to watch over *(insép)*; [- honneur, réputation] to protect. -**2.** INF to save.

sauve-qui-peut [sovkipø] *nm inv* panic; **ce fut un** ~ **général** there was a general stampede.

sauver [3] [sove] *vt* -**1.** [personne - gén] to save, to rescue; [- dans un accident, une catastrophe] to rescue; ~ **la vie à qqn** to save sb's life; ~ **qqn de la noyade/faillite** to rescue sb from drowning/bankruptcy; **être sauvé** [sain et sauf] to be safe; [par quelqu'un] to have been saved OU rescued; **ils ont atteint la côte, ils sont sauvés!** they've reached the shore, they're safe! || *fig*: **il y a une banque ouverte, je suis sauvé!** there's a bank open, saved again!; **tout est prêt pour la kermesse demain, nous sommes sauvés!** everything is ready for tomorrow's fete, we're home and dry *Br* OU home free *Am*! ❑ ~ **sa peau** *fam* to save one's skin OU hide; ~ **sa tête** to save one's skin. -**2.** [protéger]: ~ **les apparences** to keep up appearances; **pour** ~ **l'honneur** so that honour may be saved; ~ **la situation** to save OU to retrieve the situation; **la musique sauve le film** the music saves the film ❑ ~ **la face** to save face; **je lui ai sauvé la mise** *fam* I've got him out of trouble, I've bailed him out. -**3.** [préserver] to salvage, to save; **on n'a pu** ~ **qu'un morceau du toit** only part of the roof survived OU could be salvaged; ~ **qqch de l'oubli** to rescue sthg from oblivion ❑ ~ **les meubles** *fam* to salvage something from the situation. -**4.** RELIG to save.

◆ **se sauver** ◇ *vp (emploi réfléchi)* RELIG to be saved.

◇ *vpi* -**1.** [s'enfuir - animal] to escape; [- pensionnaire] to run away; [- prisonnier] to escape, to break out *(insép)*; [- matelot] to jump ship; **se** ~ **à toutes jambes** to take to one's heels (and run). -**2.** *fam* [lait] to boil over. -**3.** *fam* [s'en aller] to leave, to split *Am*; **il est l'heure, il faut que je me sauve** it's time, I must get going; **sauve-toi!** run along now!; **bon, je me sauve!** right, I'm off OU on my way!

◆ **sauve qui peut** *interj* run for your life, every man for himself.

sauvetage [sovtaʒ] *nm* -**1.** [d'un accidenté] rescue; **opérer** OU **effectuer le** ~ **d'un équipage** to rescue a crew; ~ **d'une entreprise** *fig* financial rescue of a company ❑ ~ **aérien/en montagne** air/mountain rescue. -**2.** NAUT [de l'équipage] life saving, sea rescue; [de la cargaison] salvage.

◆ **de sauvetage** *loc adj* life *(modif)*; **canot de** ~ lifeboat.

sauveteur [sovtœr] *nm* rescuer.

sauvette [sovɛt]

◆ **à la sauvette** ◇ *loc adj*: **marchand** OU **vendeur à la** ~ (illicit) street peddler OU hawker; **vente à la** ~ (illicit) street peddling OU hawking.

◇ *loc adv* -**1.** [illégalement]: **vendre qqch à la** ~ to hawk OU to peddle sthg (without authorization). -**2.** [discrètement]: **faire qqch à la** ~ to do sthg stealthily; **il m'a glissé un mot à la** ~ he slipped me a note.

sauveur [sovœr] ◇ *nm* -**1.** [bienfaiteur] saviour; **tu es mon** ~! *hum* you've saved my life! -**2.** RELIG: **le Sauveur** Our Saviour.

◇ *adj m* saving *(avant n)*.

sauvignon [soviɲɔ̃] *nm* -**1.** BOT Sauvignon plant. -**2.** ŒNOL Sauvignon (wine).

SAV *nm abr de* **service après-vente.**

savamment [savamɑ̃] *adv* -**1.** [avec érudition] learnedly. -**2.** [habilement] cleverly, cunningly; **des tresses** ~ **enroulées** cleverly arranged tresses. -**3.** [par expérience]: **j'en parle** ~ I know what I'm talking about, I have first-hand experience (in this matter).

savane [savan] *nf* -**1.** [dans les pays chauds] bush, savanna, savannah. -**2.** *Can* [marécage] swamp.

savant, e [savɑ̃, ɑ̃t] ◇ *adj* -**1.** [érudit - livre, moine, société] learned; [- traduction, conversation] scholarly; **être** ~ **en peinture/grec** to be well-versed in painting/Greek; **c'est trop** ~ **pour lui!** that's (totally) beyond his grasp! -**2.** [habile] skilful, clever; **un** ~ **édifice de paquets de lessive** a cleverly constructed tower of soap powder packs. -**3.** [dressé - chien, puce] performing.

◇ *nm, f* [lettré] scholar.

◆ **savant** *nm* [scientifique] scientist; **Marie Curie fut un grand** ~ Marie Curie was a great scientist.

savarin [savarɛ̃] *nm* savarin (cake).

savate [savat] *nf* -**1.** [chaussure] worn-out (old) shoe; [pantoufle] old slipper; **il est en** ~**s toute la journée** he pads around in his old slippers all day long ❑ **comme une** ~ appallingly badly; **chanter/peindre comme une** ~ to be a lousy singer/painter. -**2.** SPORT: **la** ~ French boxing.

savetier [savtje] *nm arch* [cordonnier] cobbler.

saveur [savœr] *nf* -**1.** [goût] savour, flavour; **ce fruit est sans** ~ this fruit is tasteless OU has no flavour; **une poire pleine de** ~ a tasty pear; **quelle** ~! very tasty! -**2.** [trait particulier] fragrance, savour; **il y a toute la** ~ **de l'Italie dans son accent** there is all the flavour of Italy in his accent. -**3.** [attrait]: **la** ~ **du péché** the sweet taste of sin.

Savoie [savwa] *npr f*: (la) ~ Savoy, Savoie.

savoir[1] [savwar] *nm* knowledge.

savoir[2] [59] [savwar] ◇ *vt* -**1.** [connaître - donnée, réponse, situation] to know, to be aware of; **nous ne savons toujours pas le nom du vainqueur** we still don't know the winner's name; **que savez-vous de lui?** what do you know about OU of him?; **tu sais la nouvelle?** have you heard the news?; **on le savait malade** we knew he was ill, he was known to be ill; **on le savait alcoolique** he was known to be an alcoholic, he was a known alcoholic; **je ne te savais pas si susceptible** I didn't know OU I didn't realize OU I never thought you were so touchy; **je sais un moyen d'y parvenir** *sout* I know a way to do it; **je ne sais rien de plus apaisant que la musique** *sout* I don't know anything more soothing than music. -**2.** [être informé de]: **comment sais-tu que j'habite ici?** how do you know I live here?; **que va-t-il arriver à Tintin? pour le** ~, **lisez notre prochain numéro!** what's in store for Tintin? find out in our next issue!; **c'est toujours bon à** ~ it's (always) worth knowing; **je sais des cho-**

ses... *fam* [sur un ton taquin] I know a thing or two, I know what I know!; c'est sa maîtresse – tu en sais des choses! she's his mistress – you seem well informed!; je sais ce que je sais! *fam* I know what I know!; je sais ce que je dis/j'ai vu I know what I'm saying/I saw; je n'en sais pas plus que toi I don't know any more than you do; pour en ~ plus, composez le 34 15 for more information OU (if you want) to know more, phone 34 15; il en savait trop he knew too much; ce n'est pas elle qui l'a dénoncé – qu'en savez-vous? she wasn't the one who turned him in – what do you know about it OU how do you know?; je n'en sais rien du tout I don't know anything about it, I haven't got a clue; après tout, tu n'en sais rien! after all, what do YOU know about it!; il est venu ici, mais personne n'en a rien su he came here, but nobody found out about it; chercher à en ~ davantage to try and find out more; en ~ long sur qqn/qqch to know a great deal about sb/sthg; j'en sais long sur lui I know a lot about him; on n'en sait pas long sur son enfance we don't know much about her childhood; en ~ quelque chose to have some knowledge (of a subject); oh oui ça fait mal, j'en sais quelque chose! yes, it's very painful, I can tell you!; il n'aime pas les cafardeurs – tu dois en ~ quelque chose! he doesn't like sneaks – you'd know all about that!; pour ce que j'en sais for all I know; je sais à quoi m'en tenir sur lui I know what kind of (a) person he is; je ne sais si elle a eu mon message I don't know whether she got my message; sais-tu où/pourquoi il est parti? do you know where/why he went?; je crois ~ qu'ils ont annulé la conférence I have reason OU I'm led to believe that they called off the conference; tout le monde sait que... it's a well-known fact OU everybody knows that...; je ne sais combien, on ne sait combien [d'argent] who knows how much; ça a coûté je ne sais combien it cost who knows OU I don't know how much; il y a je ne sais combien de temps a very long time ago; il a fallu je ne sais combien de soldats God knows how many soldiers were needed; je ne sais comment, on ne sait comment God knows how; elle y est arrivée on ne sait comment she managed God knows how OU somehow or other; je ne sais où, on ne sait où God knows where; il est je ne sais où God knows where he is; je ne sais pourquoi, on ne sait pourquoi God OU who knows why; je ne sais quel..., je ne sais quelle... some... or other; retenu par je ne sais quelle affaire held up by some business or other; je ne sais qui, on ne sait qui somebody or other; je ne sais quoi, on ne sait quoi: il y a je ne sais quoi de bizarre chez lui there's something a bit weird about him; sachant que x = y, démontrez que... MATH if x = y, show that... || *(en usage abs)*: ceux qui savent informed people OU sources; oui, oui, je sais! yes, yes, I'm aware of that OU I know OU I realize!; où est-elle? – est-ce que je sais, moi? *fam* where is she? – search me OU don't ask me OU how should I know?; s'il savait, s'il avait su: si j'avais su, je ne t'aurais rien dit if I'd known, I wouldn't have said a word (to you) || *(au subjonctif)*: on ne sache pas que, que l'on sache *sout* OU *hum*: je ne sache pas qu'on ait modifié le calendrier, on n'a pas modifié le calendrier, que je sache the calendar hasn't been altered that I know of OU as far as I know; a-t-elle la permission? – pas que je sache has she got permission? – not to my knowledge OU not as far as I know; Napoléon, qu'on sache, n'avait pas demandé leur reddition Napoleon had not asked them to surrender, as far as is known ❑ va/allez ~: va ~ ce qui lui a pris! who knows what possessed her?; pourquoi est-elle partie? – allez ~! why did she leave? – who knows? -**3.** [être convaincu de] to know, to be certain OU sure of; je savais bien que ça ne marcherait pas! I knew it wouldn't work!; je sais parfaitement qu'il est innocent I know for sure he's innocent; je ne sais pas si ça en vaut la peine I don't know if it's worth it; je n'en sais trop rien I'm not too sure, I don't really know || *(en usage abs)*: comment ~? how can you tell OU know?; qui sait? who knows?; peut-être guérira-t-il, qui sait? he might recover, who knows? OU you never can tell!; on ne sait jamais, sait-on jamais you never know; prends un parapluie, on ne sait jamais take an umbrella, just in case OU you never know. -**4.** [apprendre]: ~ qqch par qqn to hear sthg from sb; je l'ai su par son frère I heard it from her brother; on a fini par ~ qu'un des ministres était compromis it finally leaked out that one of the ministers was compromised; faire ~ qqch à qqn to inform sb OU to let sb know of sthg; si elle arrive, faites-le moi ~ if she comes, let me know. -**5.** [se rappeler] to know, to remember; je ne sais plus la fin de l'histoire I can't remember the end of the story; le jour de l'examen, je ne savais plus rien on the day of the exam I'd forgotten everything; est-ce que tu sais ton rôle? THÉÂT do you know your lines?; *fig* do you know what you are supposed to do? -**6.** [pouvoir] to know how to, to be able to; ~ faire qqch to know how to OU to be able to do sthg; tu sais plonger/conduire? can you dive/drive?; elle ne sait ni lire ni écrire she can't read or write; j'ai su danser le charleston I used to know how to OU I used to be able to dance the charleston; elle sait (parler) cinq langues she can speak OU she knows five languages; il ne sait pas/sait bien faire la cuisine he's a bad/good cook; si je sais bien compter/lire if I count/read right; il sait parler/vendre he's a good talker/salesman; quand on lui a demandé qui était président à l'époque, il n'a pas su répondre when asked who was President at the time, he didn't know (what the answer was); je ne sais pas mentir I can't (tell a) lie; il ne sait pas se faire obéir de ses enfants he can't get his children to do as they are told; il sait se contenter de peu he can make do with very little; elle ne savait que faire pour le rassurer she didn't know what to do to reassure him; je n'ai pas su la réconforter I wasn't able to comfort her; il faut ~ écouter le patient you have to be able to listen to your patient; je sais être discret I can be OU I know when to be discreet; elle ne sait pas se reposer [elle travaille trop] she doesn't know when to stop; il a su rester jeune/modeste he's managed to remain young/modest; ~ s'y prendre: ~ s'y prendre avec les enfants to know how to handle children, to be good with children; je n'ai jamais su m'y prendre avec les filles I've never known how to behave with girls!; ~ y faire: laisse-moi découper le poulet, tu ne sais pas y faire let me carve the chicken, you don't know how to do it; ~ y faire avec qqn to know how to handle sb; elle sait y faire avec le patron! she knows how to get round OU to handle the boss!; il sait y faire avec les filles! he knows how to get his (own) way with girls!; on ne saurait tout prévoir you can't think of everything; je ne saurais te le dire I couldn't tell you; on ne saurait être plus aimable/déplaisant you couldn't be nicer/more unpleasant. -**7.** [être conscient de] to know, to be aware of; si tu savais combien j'ai souffert! if you knew how much I suffered!; je sais que c'est un escroc I know he's a crook; sachez-le bien make no OU let there be no mistake about this; il faut ~ que le parti n'a pas toujours suivi Staline you've got to remember that the Party didn't always toe the Stalinist line; sache qu'en fait, c'était son idée you should know that in fact, it was his idea; sachez que je le fais bénévolement for your information, I do it for nothing; elle ne sait plus ce qu'elle fait ni ce qu'elle dit [à cause d'un choc, de la vieillesse] she's become confused; [sous l'effet de la colère] she's beside herself (with anger); il est tellement soûl qu'il ne sait plus ce qu'il dit he's so drunk he doesn't know what he's saying; elle sait ce qu'elle veut she knows (exactly) what she wants; tu ne sais pas ce que tu rates you don't know what you're missing; tu ne sais pas ce que tu veux/dis you don't know what you want/what you're talking about; il faudrait ~ ce que tu dis, l'autre jour tu l'as accusé, aujourd'hui tu le défends! make up your mind, the other day you were accusing him, and today, you're sticking up for him!; il faudrait ~ ce que tu dis, c'est demain ou c'est après-demain? (come on), which is it to be, tomorrow or the day after?; laisse-la, elle sait ce qu'elle fait let her be, she knows what she's doing; sais-tu au moins pourquoi tu pleures? do you even know why you're crying? || *(en usage abs)*: faudrait ~! make up your mind! -**8.** [imaginer]: ne (plus) ~ que OU quoi faire to be at a loss as to what to do, not to know what to do; les médecins ne savent plus quoi faire pour la sauver the doctors don't know what to do to save her; je ne sais (plus) que faire avec ma fille I just don't know what to do with my daughter; il ne sait plus quoi faire pour se rendre intéressant he'd stop at nothing OU there's nothing he wouldn't do to attract attention to himself; je ne savais plus où me mettre OU me fourrer *fam* [de honte] I didn't know where to put myself. -**9.** *Belg*: il ne sait pas venir demain [il ne peut pas venir demain] he can't make it tomorrow; je ne sais pas l'attraper I can't reach it; ses résultats ne sont pas brillants, savez-vous? [n'est-ce pas] his results aren't very good, are they OU am I right?; sais-tu, cette petite fête était charmante it was a delightful little party, wasn't it? -**10.** [pour prendre l'interlocuteur à témoin]: ce n'est pas toujours facile, tu sais! it's not always easy, you know!; tu sais, je ne crois pas à ses promesses to tell you the truth, I don't believe in her promises; tu sais que tu commences à m'énerver? *fam* you're getting on my nerves, you know that OU d'you know that?

◇ *adv* namely, specifically, i.e.; le personnel se compose de 200 hommes, ~ 160 employés et 40 cadres the staff is made up of 200 people, i.e. 160 employees and 40 executives.

◆ **se savoir** ◇ *vp (emploi passif)* [nouvelle] to become known; tout se sait dans le village news travels fast in the village; ça finira par se ~, qu'elle a été licenciée it's bound to come to light that she's been sacked; je ne veux pas que ça se sache I don't want it to be publicised OU to get around ❑ cela OU ça *fam* se saurait: ça se saurait s'il était si doué que ça if he was that good, you'd know about it.

◇ *vpi* [personne]: il se sait malade he knows he's ill.

◆ **à savoir** *loc adv* namely, that is, i.e.; son principal prédateur, à ~ le renard its most important predator, namely the fox.

◆ **à savoir que** *loc conj* meaning OU to the effect that; il nous a donné sa réponse, à ~ qu'il accepte he's given us his answer, that is, he accepts OU to the effect that he accepts.

◆ **que sais-je** *loc pron* God knows what; il vendait des tapis, des bracelets et que sais-je encore he was selling carpets, bracelets and goodness knows what else OU I don't know what else.

◆ **savoir si** *fam loc conj* but who knows whether; elle a bien affirmé que oui, ~ si elle était réellement informée she did say yes, but who knows whether OU but it remains to be seen whether she really knew what she was talking about.

savoir-faire [savwarfɛr] *nm inv* savoir faire, (practical) knowledge; elle a du ~ she knows how to go about it.

savoir-vivre [savwarvivr] *nm inv* good manners, savoir vivre, breeding; avoir du ~ to have (good) manners; manquer de ~ to have no manners.

savon [savɔ̃] *nm* soap; un (morceau de) ~ a bar of soap ❑ ~ blanc/liquide white/liquid soap; ~ en paillettes/poudre soap flakes/powder; ~ à barbe shaving soap; ~ de Marseille ≃ household soap; ~ noir soft soap; passer un (bon) ~ à qqn *fam* to give sb a (good) telling-off; il lui a passé un bon ~! he tore him off a strip!, he gave him a good dressing-down!; tu vas encore recevoir OU te faire passer un ~! you'll get it in the neck again!

SAVON DE MARSEILLE:
The soap industry has existed in Marseille since the 16th century, and soap from Marseille, usually sold in large square bricks, is renowned for its purity.

savonnage [savɔnaʒ] *nm* [de linge] washing (with soap).
savonnée [savɔne] *nf Belg* soapy water.
savonner [3] [savɔne] *vt* -**1.** [linge, surface] to soap. -**2.** [barbe] to lather. -**3.** *fam loc:* ~ **la tête de qqn** to give sb the rough edge of one's tongue.
◆ **se savonner** *vp (emploi réfléchi)* to soap o.s. (down); **se ~ le visage/les mains** to soap (up) one's face/one's hands.
savonnerie [savɔnri] *nf* -**1.** [usine] soap factory. -**2.** [tapis] Savonnerie (carpet); **la Savonnerie** *historic carpet manufacturing centre (now part of the Manufacture des Gobelins).*
savonnette [savɔnɛt] *nf* -**1.** [savon] (small) bar of soap, bar of toilet soap. -**2.** *fam* [pneu usagé] bald tyre. -**3.** [montre] hunter.
savonneux, euse [savɔnø, øz] *adj* soapy.
savonnier, ère [savɔnje, ɛr] *adj* soap *(modif).*
◆ **savonnier** *nm* BOT soapberry (tree).
savourer [3] [savure] *vt* -**1.** [vin, mets, repas] to enjoy, to savour. -**2.** *fig* [moment, repos etc] to relish, to savour; **elle savoure sa vengeance** she savours her vengeance.
savoureux, euse [savurø, øz] *adj* -**1.** [succulent] tasty, flavoursome, full of flavour. -**2.** *fig* [anecdote, plaisanterie] good, delightful; **je vais te raconter une histoire savoureuse** let me tell you a really lovely story.
savoyard, e [savwajar, ard] *adj* from Savoie.
◆ **Savoyard, e** *nm, f inhabitant of or person from Savoie;* **petit Savoyard** *arch* boy chimney sweep *(from Savoie).*
saxe [saks] *nm* -**1.** [matière] Dresden china *(U),* Meissen porcelain. -**2.** [objet] piece of Dresden china OU of Meissen porcelain.
Saxe [saks] *npr f:* **(la) ~** Saxony; **(la) Basse-~** Lower Saxony.
saxhorn [saksɔrn] *nm* saxhorn.
saxicole [saksikɔl] *adj* saxicolous.
saxifragacée [saksifragase] *nf* member of the Saxifragaceae.
saxifrage [saksifraʒ] *nf* saxifrage.
saxo *fam* [sakso] *nm* -**1.** [instrument] sax. -**2.** [musicien] sax (player).
saxon, onne [saksɔ̃, ɔn] *adj* Saxon.
◆ **Saxon, onne** *nm, f* Saxon; **les Saxons** the Saxons.
◆ **saxon** *nm* LING Saxon.
saxophone [saksɔfɔn] *nm* saxophone.
saxophoniste [saksɔfɔnist] *nmf* saxophone player, saxophonist.
Sayda [saida] = **Saïda**.
saynète [sɛnɛt] *nf* playlet, sketch.
SBB *(abr de* **Schweizerische Bundesbahn)** *npr f Swiss federal railways.*
sbire [sbir] *nm* henchman.
sc. *(abr écrite de* **scène)** sc.
scabieux, euse [skabjø, øz] *adj* scabious.
scabinal [skabinal] *adj Belg of the 'échevin'.*
scabreux, euse [skabrø, øz] *adj* -**1.** [indécent] obscene. -**2.** *litt* [dangereux] risky, tricky.
scaferlati [skafɛrlati] *nm* (semi-fine) cut tobacco.
scalaire [skalɛr] ◇ *adj* MATH scalar.
◇ *nm* -**1.** MATH scalar. -**2.** ZOOL angel fish, scalare *spéc.*
scalène [skalɛn] ◇ *adj* -**1.** ANAT scalenus *(modif).* -**2.** MATH scalene.
◇ *nm* ANAT scalenus (muscle).
scalp [skalp] *nm* -**1.** [chevelure] scalp. -**2.** [action] scalping *(U).*
scalpel [skalpɛl] *nm* scalpel.
scalper [3] [skalpe] *vt* to scalp; **se faire ~** to get scalped.
scampi [skɑ̃pi] *nmpl* scampi.
scandale [skɑ̃dal] *nm* -**1.** [indignation] scandal; **au grand ~ de...** to the indignation of...; **faire ~: son discours a fait ~** his speech caused a scandal. -**2.** [scène] scene, fuss *(C);* **il va encore faire un ~** he's going to make a fuss again. -**3.** [honte]: **c'est un ~!** (it's) outrageous!, it's an outrage! -**4.** JUR: **pour ~ sur la voie publique** for causing a public disturbance, for disturbing the peace.
◆ **à scandale** *loc adj* [journal, presse] sensationalist.
scandaleusement [skɑ̃daløzmɑ̃] *adv* scandalously, outrageously; **~ riche** outrageously rich.
scandaleux, euse [skɑ̃dalø, øz] *adj* [attitude, mensonge] disgraceful, outrageous, shocking; [article, photo] sensational, scandalous; **vie scandaleuse** life of scandal, scandalous life || [prix] outrageous, shocking; **les loyers ont atteint des prix ~** rents have reached outrageously high levels.
scandaliser [3] [skɑ̃dalize] *vt* to shock, to outrage; **elle a scandalisé tout le monde par sa grossièreté** she shocked everyone by her vulgarity; **son cynisme a scandalisé la classe politique** his cynicism scandalized the politicians; **Picasso a scandalisé le public de son époque** Picasso shocked the public of his day.
◆ **se scandaliser** *vpi:* **se ~ de qqch** to be shocked OU scandalized by sthg; **elle ne se scandalise de rien** nothing shocks her, she's unshockable.
scander [3] [skɑ̃de] *vt* -**1.** LITTÉRAT to scan. -**2.** [slogan] to chant; [mots, phrases] to stress.
scandinave [skɑ̃dinav] *adj* Scandinavian.
◆ **Scandinave** *nmf* [personne] Scandinavian.
◆ **scandinave** *nm* LING Scandinavian, Northern Germanic.
Scandinavie [skɑ̃dinavi] *npr f:* **(la) ~** Scandinavia.
Scanie [skani] *npr f:* **(la) ~** Scandia.
scanner[1] [skanɛr] *nm* -**1.** IMPR scanner. -**2.** MÉD scanner; **passer au ~** to have a scan (done).
scanner[2] [3] [skane] *vt* to scan.
scanographe [skanɔgraf] = **scanner** *nm* **2.**
scanographie [skanɔgrafi] *nf* -**1.** [technique] scanning *(U),* computerized (axial) tomography *spéc.* -**2.** [image] scan, scanner image, tomogram *spéc.*
scansion [skɑ̃sjɔ̃] *nf* scanning *(U),* scansion.
scaphandre [skafɑ̃dr] *nm* -**1.** NAUT diving gear, frogman suit; **~ autonome** aqualung. -**2.** ASTRONAUT spacesuit.
scaphandrier [skafɑ̃drije] *nm* NAUT (deep-sea) diver.
scapulaire [skapylɛr] *adj & nm* scapular.
scapulo-huméral, e, aux [skapylɔymeral, o] *adj* scapulohumeral.
scarabée [skarabe] *nm* -**1.** ENTOM beetle, scarabaeid *spéc.* -**2.** ARCHÉOL scarab, scarabaeus.
Scaramouche [skaramuʃ] *npr* Scaramouche.
scare [skar] *nm* parrot fish, scar *spéc,* scarus *spéc.*
scarieux, euse [skarjø, øz] *adj* scarious.
scarifiage [skarifjaʒ] *nm* scarifying AGR & HORT.
scarificateur [skarifikatœr] *nm* -**1.** MÉD scarificator. -**2.** AGR & HORT scarifier.
scarification [skarifikasjɔ̃] *nf* -**1.** MÉD scarring *(U),* scarification *spéc.* -**2.** [d'un arbre] scarifying.
scarifier [9] [skarifje] *vt* to scarify.
scarlatine [skarlatin] *nf* scarlet fever, scarlatina *spéc.*
scarole [skarɔl] *nf* endive *(broad-leaved variety).*
scat [skat] *nm* scat MUS.
scatol(e) [skatɔl] *nm* skatol, skatole.
scatologie [skatɔlɔʒi] *nf* scatology.
scatologique [skatɔlɔʒik] *adj* [goûts, écrit] scatological; [humour] lavatorial.
scatophile [skatɔfil] *adj* coprophilous.
sceau, x [so] *nm* -**1.** [cachet] seal; **apposer** OU **mettre son ~ sur un document** to affix one's seal on OU to a document ❑ **Grand Sceau** Great Seal, Broad Seal HIST. -**2.** *litt* [empreinte] mark; **le ~ du génie** the mark OU stamp of genius.
◆ **sous le sceau du secret** *loc adv* under the seal of secrecy.
scélérat, e [selera, at] *litt* ◇ *adj* heinous, villainous.
◇ *nm, f* villain, scoundrel, rogue.
scélératesse [seleratɛs] *nf litt* -**1.** [caractère] villainy *litt,* wickedness. -**2.** [action] villainy *litt,* evil OU wicked deed, heinous crime.
scellage [sɛlaʒ] *nm* embedding, setting.
scellement [sɛlmɑ̃] *nm* embedding, sealing.
sceller [4] [sele] *vt* -**1.** [officialiser] to seal; **le mariage scella leur alliance** *fig* the marriage set the seal on their alliance. -**2.** [fermer] to put seals on, to seal up *(sép).* -**3.** [fixer] to fix, to set, to embed; **~ une couronne sur une dent** to crown a tooth.
scellés [sele] *nmpl* seals; **mettre les ~ sur qqch** to seal sthg off.
◆ **sous scellés** *loc adv* under seal.
scénario [senarjo] *(pl* **scénarios** OU **scenarii** [senarii]) *nm* -**1.** CIN [histoire, trame] screenplay, scenario; [texte] (shooting) script, scenario; **tout s'est déroulé selon le ~ prévu** *fig* everything went as scheduled OU according to plan. -**2.** THÉÂT scenario. -**3.** [d'une bande dessinée] story, storyboard, scenario. -**4.** ÉCON [cas de figure] case, scenario.
scénariste [senarist] *nmf* scriptwriter.
scène [sɛn] *nf* -**1.** [plateau d'un théâtre, d'un cabaret etc] stage; **la ~ de l'Opéra de Paris** the stage of the Paris Opera; **(tout le monde) en ~, s'il vous plaît!** the whole cast on stage, please!; **monter sur ~** to go on the stage; **remonter sur ~** to go back on the stage; **sortir de ~** to come off stage, to exit; **Arlequin sort de ~** exit Harlequin; **il sera sur la ~ du Palladium à partir du 3 mars** [chanteur, comique] he'll be appearing at the Palladium from March 3rd onwards ❑ **~ tournante** revolving stage; **entrer en ~** THÉÂT to come on stage; *fig* to come OU to step in; **le Duc entre en ~** enter the Duke; **c'est là que tu entres en ~** *fig* that's where you come in. -**2.** [art dramatique]: **la ~** the stage; **il a beaucoup écrit pour la ~** he's written a lot of plays OU pieces for the stage; **adapter un livre pour la ~** to adapt a book for the stage OU theatre; **mettre «Phèdre» en ~** [monter la pièce] to stage "Phèdre"; [diriger les acteurs] to direct "Phèdre"; **la façon dont il met Polonius en ~** the way he presents Polonius. -**3.** CIN & THÉÂT [séquence] scene; **la première ~** the first OU opening scene; **la ~ finale** the last OU closing scene; **dans la ~ d'amour/du balcon** in the love/balcony scene; **~ de violence** scene of violence; **la ~ se passe à Montréal** the action takes place in OU the scene is set in Montreal. -**4.** [décor] scene; **la ~ représente une clairière** the scene represents a clearing. -**5.** [événement] scene; **ce fut une ~ déchirante** it was a heartbreaking scene; **une ~ de la vie quotidienne** a scene of everyday life. -**6.** [dispute] scene; **faire une ~ (à qqn)** to make a scene ❑ **~ de ménage** domestic scene OU fight; **~ de rupture** break-up scene. -**7.** BX-ARTS scene; **~ de genre** genre painting. -**8.** *fig:* **la ~ internationale/politique** the international/political scene; **un nouveau venu sur la ~ politique** a newcomer on the political scene. -**9.** PSYCH: **~ primitive** OU **originaire** primal scene.
scénique [senik] *adj* theatrical.
scéniquement [senikmɑ̃] *adv* theatrically.
scénographe [senɔgraf] *nmf* -**1.** [peintre] scenographer. -**2.** THÉÂT theatre designer.
scénographie [senɔgrafi] *nf* -**1.** [peinture] scenography. -**2.** THÉÂT theatre designing.
scepticisme [sɛptisism] *nm* scepticism; **avec ~** sceptically.

sceptique [sɛptik] ◇ *adj* [incrédule] sceptical. ◇ *nmf* [personne qui doute] sceptic; PHILOS Sceptic.

sceptre [sɛptr] *nm* -**1.** [d'un roi] sceptre. -**2.** *litt* [autorité] authority, royalty; **disputer son ~ à qqn** to try to usurp sb's authority.

SCH (*abr écrite de* **schilling**) S, Sch.

Schaffhouse [ʃafuz] *npr* Schaffhausen.

Schéhérazade [ʃeerazad] *npr* Sheherazade.

schéma [ʃema] *nm* -**1.** TECH diagram; [dessin] sketch; **faire un ~** to make OU to draw a diagram; **comme le montre le ~** as shown in the diagram ❑ **~ de câblage/montage** wiring/set-up diagram. -**2.** ADMIN & JUR: **~ directeur** urban development plan. -**3.** [aperçu] (broad) outline. -**4.** [système] schema, model; **il se comporte selon un ~ relativement simple** his behaviour follows a relatively simple pattern. -**5.** PHYS: **~ fonctionnel** block diagram. -**6.** LING schema.

schématique [ʃematik] *adj* -**1.** TECH diagrammatical, schematic. -**2.** [simplificateur] schematic, simplified; **présenter un projet de façon ~** to present a project in a simplified form; **un peu trop ~** oversimplified, simplistic.

schématiquement [ʃematikmɑ̃] *adv* -**1.** TECH diagrammatically, schematically. -**2.** [en simplifiant]: **décrire un projet/une opération ~** to give the basic outline of a project/an operation; **~, voici comment nous allons nous y prendre** in broad outline, this is how we're planning to handle it.

schématisation [ʃematizasjɔ̃] *nf* -**1.** TECH schematization, presenting as a diagram. -**2.** [simplification] simplification, simplifying (*U*), oversimplification *péj*.

schématiser [3] [ʃematize] *vt* -**1.** TECH to schematize, to present in diagram form. -**2.** [simplifier] to simplify; *(en usage abs)*: **il schématise à l'extrême** he's being much too oversimplistic.

schématisme [ʃematism] *nm* -**1.** PHILOS schema. -**2.** [simplification] simplification.

schème [ʃɛm] *nm* -**1.** PHILOS & PSYCH schema. -**2.** BX-ARTS scheme.

schismatique [ʃismatik] *adj* & *nmf* schismatic.

schisme [ʃism] *nm* -**1.** RELIG schism; **le grand ~ d'Occident** the Great (Western) Schism. -**2.** *fig* schism, split.

schiste [ʃist] *nm* -**1.** MINÉR schist; **~ bitumineux** oil shale. -**2.** MIN [déchets] deads.

schisteux, euse [ʃistø, øz] *adj* schistose, schistous.

schistosité [ʃistɔzite] *nf* schistosity; **plan de ~** schistosity plane.

schistosomiase [ʃistɔzɔmjaz] *nf* schistosomiasis.

schizo *fam* [skizo] (*abr de* **schizophrène**) *adj* schizo.

schizogamie [skizɔgami] *nf* schizogamy.

schizogonie [skizɔgɔni] *nf* schizogony.

schizoïde [skizɔid] *adj* schizoid PSYCH.

schizophasie [skizɔfazi] *nf* schizophasia.

schizophrène [skizɔfrɛn] *adj* & *nmf* schizophrenic.

schizophrénie [skizɔfreni] *nf* schizophrenia.

schizophrénique [skizɔfrenik] *adj* schizophrenic.

schizothyme [skizɔtim] = **schizothymique**.

schizothymie [skizɔtimi] *nf* schizothymia.

schizothymique [skizɔtimik] ◇ *adj* schizothymic.
◇ *nmf* schizothyme.

schlague [ʃlag] *nf* -**1.** HIST flogging. -**2.** *fam* [autorité brutale]: **elle mène son personnel à la ~** she rules her staff with an iron hand.

Schleswig-Holstein [ʃlɛsvigɔlstɛn] *npr m*: **le ~** Schleswig-Holstein.

schlitte [ʃlit] *nf* sledge *(for carrying lumber)*.

schmilblik *fam* [ʃmilblik] *nm*: **ça ne fait pas avancer le ~** it's no good to anyone *fam*.

schnaps [ʃnaps] *nm* schnapps.

schnock▽ [ʃnɔk] ◇ *adj inv* [cinglé] nuts.
◇ *nm* [imbécile] blockhead; **espèce de vieux ~!** you old fogey OU duffer!; **alors, tu viens, du ~?** are you coming, dumbo?

schnorchel [ʃnɔrkɛl] *nm* snorkel *(of submarine)*.

schnouf [ʃnuf] *nf arg drogue* dope.

schooner [ʃunœr] *nm* schooner NAUT.

schorre [ʃɔr] *nm* salt meadow.

schuss [ʃus] ◇ *nm* schuss.
◇ *adv*: **descendre (tout) ~** to schuss down.

SCI (*abr de* **société civile immobilière**) *nf* property investment partnership.

sciable [sjabl] *adj* that can be sawed OU sawn.

sciage [sjaʒ] *nm* sawing; **(bois de) ~** sawn timber.

Scialytique® [sjalitik] *nm* operating light.

sciant, e *fam* [sjɑ̃, ɑ̃t] *adj* [étonnant] staggering; [drôle] hilarious.

sciatique [sjatik] ◇ *adj* sciatic; **nerf petit/grand ~** small/great sciatic nerve.
◇ *nf* sciatica.

scie [si] *nf* -**1.** TECH saw; **~ à bois** wood saw; **~ à chaîne** chainsaw; **~ à chantourner** fretsaw; **~ circulaire** circular saw; **~ égoïne** (carpenter's) handsaw; **~ électrique** power saw; **~ à guichet** compass OU keyhole saw; **~ à métaux** hacksaw; **~ à ruban** bandsaw, ribbon saw; **~ sabre** OU **sauteuse** jigsaw, scroll saw; **~ universelle** OU **à refendre** frame OU bow OU turning saw. -**2.** MUS: **~ musicale** musical saw. -**3.** ZOOL sawfish. -**4.** *fam* [chanson] song played ad nauseam; [message] message repeated again and again. -**5.** *fam péj* [personne ou chose ennuyeuse] bore, drag.

sciemment [sjamɑ̃] *adv* -**1.** [consciemment] knowingly. -**2.** [délibérément] deliberately, on purpose.

science [sjɑ̃s] *nf* -**1.** [connaissances]: **la ~** science; **dans l'état actuel de la ~** in the current state of (our) knowledge. -**2.** *(gén pl)* [domaine spécifique] science; **les ~s appliquées/physiques** the applied/physical sciences; **les ~s économiques** economics; **les ~s exactes** exact sciences; **les ~s humaines** [gén] human sciences, the social sciences; UNIV ≃ Arts; **les ~s mathématiques, la ~ mathématique** *sout* mathematics, the mathematical sciences; **les ~s naturelles** [gén] the natural sciences; ENS biology; **~ occulte, ~s occultes** the occult (sciences); **les ~s politiques** politics, political sciences; **les ~s sociales** UNIV social studies. -**3.** [technique] science, art; [habileté] skill; **la ~ militaire** OU **de la guerre** the art OU science of war; **sa ~ des effets dramatiques** her skill in producing dramatic effects. -**4.** [érudition] knowledge; **il croit qu'il a la ~ infuse** he thinks he's a fount of knowledge OU he's omniscient; **je n'ai pas la ~ infuse!** I don't know everything!; **étaler sa ~: il faut toujours qu'il étale sa ~** he's always trying to impress everybody with what he knows. -**5.** RELIG: **Science chrétienne** Christian Science.
◆ **sciences** *nfpl* UNIV [par opposition aux lettres] science, sciences; **être bon en ~s** to be good at science OU sciences; **une université réputée pour les ~s** a university famous for its science departments OU for science.
◆ **de science certaine** *loc adv litt*: **savoir qqch de ~ certaine** to know sthg for certain OU for a fact.

science-fiction [sjɑ̃sfiksjɔ̃] (*pl* **sciences-fictions**) *nf* science fiction; **livre/film de ~** science fiction book/film.

Sciences Po [sjɑ̃spo] *npr grande école for political sciences*.

scientificité [sjɑ̃tifisite] *nf* scientificity, scientific quality.

scientifique [sjɑ̃tifik] ◇ *adj* scientific; **une importante découverte ~** an important scientific discovery; **une expédition ~ au pôle Sud** a scientific expedition to the South pole.
◇ *nmf* scientist.

scientifiquement [sjɑ̃tifikmɑ̃] *adv* scientifically.

scientisme [sjɑ̃tism] *nm* -**1.** PHILOS scientism. -**2.** RELIG Christian Science.

scientiste [sjɑ̃tist] ◇ *adj* PHILOS & RELIG scientistic.
◇ *nmf* -**1.** PHILOS proponent of scientism. -**2.** RELIG (Christian) Scientist.

scier [9] [sje] ◇ *vt* -**1.** [couper] to saw; **~ une planche en deux** to saw through a plank, to saw a plank in two; **~ la branche d'un arbre** to saw a branch off a tree; **~ un tronc en rondins** to saw up a tree trunk (into logs). -**2.** [s'enfoncer dans] to cut into *(insép)*; **la ficelle du paquet me scie les doigts** the string around the parcel is cutting into my fingers. -**3.** *fam* [surprendre]: **sa réponse m'a scié** I couldn't believe my ears when I heard his answer.
◇ *vi* NAUT to row backwards, to back water.

scierie [siri] *nf* sawmill.

scieur [sjœr] *nm* -**1.** [ouvrier] sawyer; **~ de long** pit sawyer. -**2.** [patron] sawmill owner.

Scilly [sili] *npr* = **Sorlingues**.

scinder [3] [sɛ̃de] *vt* to divide, to split (up); **~ qqch en deux** to divide OU to split sthg (up) into two.
◆ **se scinder** *vpi* to split; **le parti s'est scindé en deux tendances** the party split into two.

scintigraphie [sɛ̃tigrafi] *nf* scintigraphy.

scintillant, e [sɛ̃tijɑ̃, ɑ̃t] *adj* [yeux] sparkling, twinkling; [bijoux, reflet] glittering, sparkling, scintillating; [étoile] twinkling.

scintillateur [sɛ̃tijatœr] *nm* scintillator.

scintillation [sɛ̃tijasjɔ̃] *nf* -**1.** [éclat lumineux] scintillation. -**2.** NUCL: **compteur** OU **détecteur à ~** scintillation counter.

scintillement [sɛ̃tijmɑ̃] *nm* -**1.** [des yeux] sparkling, twinkling; [de bijoux, d'un reflet] glittering, scintillating; [d'une étoile] twinkling. -**2.** TV: **écran sans ~** flicker-free screen.

scintiller [3] [sɛ̃tije] *vi* [lumière, bijoux, eau, reflet] to sparkle, to glitter; [yeux] to sparkle, to twinkle; [étoile] to twinkle; **le ciel tout entier scintillait** the whole of the sky was aglitter *litt*.

scion [sjɔ̃] *nm* -**1.** BOT [pousse] (year's) shoot; [à greffer] scion. -**2.** PÊCHE tip (of rod).

Scipion [sipjɔ̃] *npr* Scipio; **~ l'Africain** Scipio Africanus.

scission [sisjɔ̃] *nf* -**1.** POL & RELIG scission, split, rent; **faire ~** to split off *(insép)*, to secede. -**2.** BIOL & PHYS fission, splitting.

scissionniste [sisjɔnist] *adj* & *nmf* secessionist.

scissipare [sisipar] *adj* fissiparous.

scissiparité [sisiparite] *nf* fissiparousness, scissiparity, schizogenesis.

scissure [sisyr] *nf* [du cerveau] fissure, sulcus; [du foie] scissura, scissure; **~ de Sylvius** fissure of Sylvius.

sciure [sjyr] *nf* sawdust.

sciuridé [sjyride] *nm* sciurine (rodent), member of the Sciuridae.

scléral, e, aux [skleral, o] *adj* sclerotic.

sclérenchyme [sklerɑ̃ʃim] *nm* sclerenchyma.

scléreux, euse [sklerø, øz] *adj* sclerotic.

sclérodermie [sklerɔdɛrmi] *nf* scleroderma.

sclérogène [sklerɔʒɛn] *adj* sclerogenic.

scléromètre [sklerɔmɛtr] *nm* sclerometer.

sclérophylle [sklerɔfil] *adj* sclerophyllous.

scléroprotéine [sklerɔprɔtein] *nf* scleroprotein.

sclérosant, e [sklerozɑ̃, ɑ̃t] *adj* -**1.** MÉD sclerosing, sclerosis-causing. -**2.** *fig* paralyzing.

sclérose [skleroz] *nf* -**1.** MÉD sclerosis; **~ artérielle** arteriosclerosis; **~ en plaques** multiple sclerosis. -**2.** *fig* ageing.

sclérosé, e [skleroze] ◇ *adj* -**1.** MÉD sclerotic. -**2.** *fig* antiquated, ossified, creaky (with age); **avoir l'esprit ~** to have become set in one's ways.
◇ *nm, f* sclerosis sufferer.

scléroser [3] [skleroze] *vt* -**1.** MÉD to cause sclerosis of; **molécule qui sclérose les tissus** tissue-sclerosing molecule. -**2.** *fig* [figer - système] to ossify, to paralyze; [- esprit] to make rigid; **le parti a été sclérosé par des années**

d'inactivité years of inertia have brought the party to a political standstill.
◆ **se scléroser** *vpi* -**1.** MÉD to sclerose. -**2.** *fig* [se figer] to ossify, to become paralyzed; **se ~ dans ses habitudes** to become set in one's ways.

sclérote [sklerɔt] *nm* sclerotium.

sclérotique [sklerɔtik] *nf* sclerotic, sclera.

scolaire [skɔlɛr] ◇ *adj* -**1.** [de l'école] school *(modif)*; [du cursus] school, academic; **le milieu ~** the school environment; **niveau/succès ~** academic standard/achievement; **livre** OU **manuel ~** (school) text book. -**2.** *péj* [écriture, raisonnement] dry, tedious; **il a un style très ~** his style is very uninspired; **à l'université, il faut être moins ~ et organiser soi-même son travail** university students shouldn't expect to be spoon-fed like they were at school.
◇ *nmf* [enfant] schoolchild; **les ~s rentrent demain** schoolchildren go back tomorrow.

scolarisable [skɔlarizabl] *adj*: **population ~** school-age population.

scolarisation [skɔlarizasjɔ̃] *nf* -**1.** [éducation] schooling, (formal) education; **l'histoire de la ~** the history of schooling. -**2.** ADMIN & JUR school attendance, schooling; **la ~ est obligatoire à partir de six ans** (attendance at) school OU schooling is compulsory from the age of six. -**3.** [d'une région, d'un pays] school-building programme.

scolariser [3] [skɔlarize] *vt* -**1.** [enfant] to send to school, to provide with formal education; **l'enfant est-il déjà scolarisé?** is the child already at school? -**2.** [région, pays] to equip with schools.

scolarité [skɔlarite] *nf* -**1.** ADMIN & JUR school attendance, schooling; **la ~ est gratuite et obligatoire** schooling is free and compulsory. -**2.** [études] school career; [période] schooldays; **j'ai eu une ~ difficile** I had a difficult time at school.

scolasticat [skɔlastika] *nm* -**1.** [bâtiment] theological college. -**2.** [études] theological course.

scolastique [skɔlastik] ◇ *adj* -**1.** HIST scholastic. -**2.** *sout* [formaliste] scholastic, pedantic *péj.*
◇ *nf* PHILOS & RELIG scholasticism.
◇ *nm* -**1.** HIST Scholastic, Schoolman. -**2.** RELIG theology student.

scoliose [skɔljoz] *nf* scoliosis.

scoliotique [skɔljɔtik] ◇ *adj* scoliotic.
◇ *nmf* scoliosis sufferer.

scolopendre [skɔlɔpɑ̃dr] *nf* -**1.** BOT hart's-tongue, scolopendrium *spéc.* -**2.** ZOOL centipede, scolopendra *spéc.*

sconse [skɔ̃s] *nm* -**1.** ZOOL skunk. -**2.** [fourrure] skunk (fur).

scoop [skup] *nm* scoop; **faire un ~** to get a scoop.

scooter [skutœr] *nm* (motor) scooter.

scootériste [skuterist] *nmf* scooter rider.

scopie *fam* [skɔpi] *nf* X-ray.

scorbut [skɔrbyt] *nm* scurvy.

scorbutique [skɔrbytik] ◇ *adj* scorbutic.
◇ *nmf* scurvy sufferer.

score [skɔr] *nm* -**1.** SPORT score; **où en est** OU **quel est le ~?** what's the score? -**2.** [résultat]: **faire un bon ~ aux élections** to get a good result in the election.

scoriacé, e [skɔrjase] *adj* scoriaceous.

scorie [skɔri] *nf* -**1.** MÉTALL slag; [laitier] cinders; [de fer] (iron) clinker OU dross. -**2.** GÉOL: **~s (volcaniques)** scoria. -**3.** *litt* [déchet]: **toutes les ~s d'une vie** the waste OU dregs of a lifetime.

scorpion [skɔrpjɔ̃] *nm* -**1.** ZOOL scorpion; **~ d'eau** water scorpion; **~ de mer** scorpion fish. -**2.** ARM scorpion.

Scorpion [skɔrpjɔ̃] *npr m* -**1.** ASTRON Scorpio. -**2.** ASTROL Scorpio; **être ~** to be Scorpio OU a Scorpian.

scorsonère [skɔrsɔnɛr] *nf* -**1.** BOT scorzoneral; **~ basse** viper's grass. -**2.** CULIN black salsify.

scotch [skɔtʃ] (*pl* **scotchs** OU **scotches**) *nm* Scotch (whisky).

Scotch® [skɔtʃ] *nm* adhesive tape, Sellotape® *Br*, Scotchtape® *Am.*

scotcher [3] [skɔtʃe] *vt* to tape, to sellotape *Br*, to scotchtape *Am.*

scotomiser [3] [skɔtɔmize] *vt* to scotomize.

scottish-terrier [skɔtiʃtɛrje] (*pl* **scottish-terriers**) *nm* Scottish terrier, Scottie.

scoumoune▽ [ʃkumun] *nf* rotten luck; **avoir la ~** to be jinxed.

scout, e [skut] ◇ *adj* -**1.** [relatif au scoutisme] scout *(modif)*; **camp/mouvement ~** scout camp/movement. -**2.** *fig* boy scout *(modif)*; **il a un petit côté ~** he's a boy scout at heart.
◇ *nm, f* [personne] (Boy) Scout (*f* (Girl) Guide); **des ~s** (a troop of) Boy Scouts; **des ~es** (a troop of) Girl Guides; **~, toujours prêt!** [devise des scouts] be prepared!; *hum* always at your service!

scoutisme [skutism] *nm* -**1.** [activité] scouting. -**2.** [association - pour garçons] Boy Scouts movement; [- pour filles] Girl Guides movement.

Scrabble® [skrabl] *nm* Scrabble®.

scrabbleur, euse [skrablœr, øz] *nm, f* Scrabble® player.

scraper [skrapœr] *nm* scraper.

scratch [skratʃ] *adj inv* SPORT scratch *(modif).*

scratcher [3] [skratʃe] *vt* SPORT to scratch, to withdraw.

scribe [skrib] *nm* -**1.** ANTIQ & RELIG scribe. -**2.** [écrivain public] copyist, public writer. -**3.** *péj* & *vieilli* [gratte-papier] pen pusher *péj.*

scribouillard, e *fam* [skribujar, ard] *nm, f péj* pen pusher.

scribouilleur, euse *fam* [skribujœr, øz] *nm, f péj* hack, scribbler.

script [skript] *nm* -**1.** [écriture] script *(modif)*; **écrire en ~** to write in block letters, to print (in block letters). -**2.** CIN & RAD script. -**3.** BOURSE scrip.

scripte [skript] *nmf* continuity man (*f* continuity girl OU script girl).

scripteur [skriptœr] *nm* -**1.** RELIG composer of Papal Bulls. -**2.** LING writer.

script-girl [skriptgœrl] (*pl* **script-girls**) *nf* continuity OU script girl.

scripturaire [skriptyrɛr] *adj* RELIG OU *sout* scriptural; **exégèse ~** scriptural exegesis.

scriptural, e, aux [skriptyral, o] *adj* scriptural.

scrofulaire [skrɔfylɛr] *nf* figwort; **~ noueuse** common figwort.

scrofule [skrɔfyl] *nf* scrofula.

scrotal, e, aux [skrɔtal, o] *adj* scrotal.

scrotum [skrɔtɔm] *nm* scrotum.

scrupule [skrypyl] *nm* -**1.** [cas de conscience] scruple, qualm (of conscience); **avoir des ~s** to have scruples; **n'aie pas de ~s** don't have any qualms; **elle n'a aucun ~** she has no scruples; **ce ne sont pas les ~s qui l'étouffent** *fam* he's completely unscrupulous; **se faire ~ de qqch** *sout* to have scruples OU qualms about doing sthg; **il ne s'est pas embarrassé de ~s pour le renvoyer** he didn't have any misgivings about firing him, he didn't scruple to fire him; **avoir ~ à faire qqch** to have scruples OU qualms about doing sthg; **n'ayez aucun ~ à faire appel à moi** don't hesitate to ask for my help; **vos ~s vous honorent** your scruples do you credit. -**2.** [minutie] punctiliousness; **exact jusqu'au ~** scrupulously OU punctiliously exact.
◆ **sans scrupules** *loc adj* [individu] unscrupulous, unprincipled, without scruples; **il est vraiment sans ~s** he's totally unprincipled.

scrupuleusement [skrypyløzmɑ̃] *adv* scrupulously, punctiliously.

scrupuleux, euse [skrypylø, øz] *adj* -**1.** [honnête] scrupulous, scrupulously honest; **il est très ~ dans le remboursement de ses dettes** when it comes to paying off his debts, he's scrupulously honest; **d'une honnêteté scrupuleuse** scrupulously honest. -**2.** [minutieux] scrupulous, meticulous; **sa secrétaire est très scrupuleuse** his secretary is very meticulous in all she does.

scrutateur, trice [skrytatœr, tris] ◇ *adj* searching *(avant n)*; **d'un air ~** searchingly.
◇ *nm, f* ADMIN scrutineer *Br*, teller *Am.*

scruter [3] [skryte] *vt* -**1.** [examiner] to scrutinize, to examine; **~ qqn du regard** to give sb a searching look; **il scruta son visage** he searched her face. -**2.** [fouiller] to scan, to search; **elles scrutaient l'horizon** they scanned OU searched the horizon; **tous les matins, il scrute les petites annonces** every morning he scans OU scours the small ads.

scrutin [skrytɛ̃] *nm* -**1.** [façon d'élire] vote, voting *(U)*, ballot; **procéder au ~** to take a ballot; **dépouiller le ~** to count the votes ❑ **~ plurinominal** OU **de liste** voting for a list OU ticket; **~ d'arrondissement** district election system; **~ majoritaire** first past the post election *Br*, election on a majority basis; **~ proportionnel** OU **à la proportionnelle** (voting using the system of) proportional representation; **~ secret** secret ballot; **voter au ~ secret** to have a secret ballot; **~ uninominal** voting for a single candidate. -**2.** [fait de voter] ballot; **par (voie de) ~** by ballot ❑ **~ de ballotage** second ballot, run-off election *Am.* -**3.** [consultation électorale] election; **le dernier ~ a été favorable à la gauche** the last election showed a swing to the left.

sculpter [3] [skylte] *vt* -**1.** BX-ARTS to sculpt; [orner de sculptures] to sculpture; **~ qqch dans le marbre** to sculpt sthg out of marble; **escalier sculpté** sculptured staircase. -**2.** [bois] to carve; [bâton] to scrimshaw. -**3.** *sout* [façonner] to sculpt, to carve, to fashion; **la mer a sculpté la falaise** the cliff has been sculpted by the sea.

sculpteur [skyltœr] *nm* sculptor.

sculptural, e, aux [skyltyral, o] *adj* -**1.** BX-ARTS sculptural. -**2.** [beauté, formes] statuesque.

sculpture [skyltyr] *nf* -**1.** BX-ARTS sculpture *(U)*, sculpting *(U)*; **faire de la ~** to sculpt; **il fait de la ~** he's a sculptor; **~ sur bois** woodcarving. -**2.** [œuvre] sculpture *(C)*, piece of sculpture.
◆ **sculptures** *nfpl* AUT [d'un pneu] tread pattern.

scyphozoaire [sifɔzɔɛr] *nm* scyphozoan; **les ~s** the Scyphozoa.

sdb *abr écrite de* salle de bains.

SDECE [sdɛk] (*abr de* Service de documentation extérieure et de contre-espionnage) *npr m* French Intelligence Service *(until 1982).*

SDF (*abr de* sans domicile fixe) *nmf* homeless person; **les ~** the homeless.

SDN *npr f abr de* Société des Nations.

se [sə] (*devant voyelle ou h muet* **s'** [s]) *pron pers réfléchi (3e pers sg et pl, masculin et féminin)* -**1.** [avec un verbe pronominal réfléchi]: **se salir** to get dirty; **s'exprimer** to express o.s.; **elle se coiffe** she's doing her hair; **le chat s'est brûlé** the cat burnt itself; **elles s'en sont persuadées** they've convinced themselves of it; **il s'écoute parler** he listens to his own voice; **il s'est acheté une voiture** he bought himself a car; **elle s'est donné une heure pour le faire** she gave herself one hour to do it; **il s'attribuera tout le mérite de l'affaire** he'll take all the credit for it ‖ [se substituant à l'adjectif possessif]: **elle se lave les mains** she washes her hands; **il s'est fracturé deux côtes** he broke two ribs; **se mordre la langue** to bite one's tongue. -**2.** [avec un verbe pronominal réciproque]: **pour s'aider, ils partagent le travail** to help each other OU one another, they share the work; **ils ne se supportent pas** they can't stand each other OU one another; **ils s'aiment profondément** they love each other deeply; **ils se rendent des services** they help each other; **elles se sont envoyé des lettres** they sent letters to each other, they exchanged letters. -**3.** [avec un verbe pronominal passif]: **cette décision s'est prise sans moi** this decision has been taken without me; **ce modèle se vend bien** this model sells well; **le champagne se sert frappé** Champagne should be served well chilled; **ça se mange?** can you eat it?; **ça se trouve où?** where can you find that? -**4.** [avec un verbe pronominal intransitif]: **ils s'en vont** they're leaving; **ils s'enfuient** they're running away; **elle s'est évanouie** she fainted; **elles se sont écriées** they cried out; **ils s'en sont**

emparés they grabbed OU snatched it; **il se sentit défaillir** he felt himself becoming faint; **ils s'y voient contraints** they find themselves forced to do it; **il se laisse convaincre trop facilement** he is too easily persuaded; **il s'est fait avoir!** *fam* he's been had!; **il se croyait lundi** he thought it was Monday today; **elle se croyait en sécurité** she thought she was safe; **elle se sait perdue** she knows (that) she's incurable; **il se dit médecin** he claims to be a doctor. -**5.** [dans des tournures impersonnelles]: **il s'en est vendu plusieurs millions d'exemplaires** several million copies have been sold; **il se fait tard** it's getting late; **il s'est mis à neiger** it started to snow; **il se peut qu'ils arrivent plus tôt** it's possible that they'll arrive earlier, they might arrive earlier; **il s'est glissé une erreur dans la dernière page** a mistake slipped into the last page ❑ **comme il se doit** as is proper OU right; **il s'en est fallu de peu qu'on ait un accident** we very nearly had an accident. -**6.** *fam* [emploi expressif]: **il se fait 50 000 francs par mois** he's got 50,000 francs coming in per month; **elle se l'est écouté au moins trente fois, ce disque** she listened to this record at least thirty times.

SE (*abr écrite de* Son Excellence) HE.

S-E (*abr écrite de* Sud-Est) SE.

sea-line [silajn] (*pl* sea-lines) *nm* undersea pipeline.

séance [seɑ̃s] *nf* -**1.** [réunion] session; **être en ~** [comité, Parlement] to be sitting OU in session; [tribunal] to be in session; **lever la ~** [groupe de travail] to close the meeting; [comité] to end OU to close the session; [Parlement] to adjourn; **la ~ est levée!** [au tribunal] the court will adjourn!; **on lève la ~?** *fam* [après une période de travail] shall we call it a day?; **suspendre la ~** [au Parlement, au tribunal] to adjourn; **la ~ est ouverte!** [au tribunal] this court is now in session!; **en ~ publique** [au tribunal] in open court. -**2.** BOURSE: **ce fut une bonne/mauvaise ~ aujourd'hui à la Bourse** it was a good/bad day today on the Stock Exchange; **en début/fin de ~, les actions Roman étaient à 800 F** the Roman shares opened/closed at 800 F. -**3.** [période - d'entraînement, de traitement] session; **~ de pose** sitting; **~ de projection** slide show; **~ de rééducation** (session of) physiotherapy; **~ de spiritisme** seance; **~ de travail** working session; **~ d'information** briefing session. -**4.** CIN showing; **~ à 19 h 10, film à 19 h 30** program 7.10, film starts 7.30; **je vais à la ~ de 20 h** I'm going to the 8 o'clock showing; **la dernière ~** the last showing. -**5.** *fam* [crise] scene, fuss, tantrum; **il nous a fait une de ces ~s!** he made such a scene!

◆ **séance tenante** *loc adv* forthwith, right away, without further ado; **il l'épousa ~ tenante** he married her without further ado.

séant, e [seɑ̃, ɑ̃t] *adj litt* [convenable] becoming, seemly; **il n'est pas ~ de partir sans un mot de remerciement** it's not done to leave without a word of thanks.

◆ **séant** *nm* [postérieur]: **se mettre sur son ~** to sit up; **tomber sur son ~** to sit down heavily.

seau, x [so] *nm* -**1.** [récipient] bucket, pail; **~ à champagne** Champagne bucket; **~ à charbon** coal scuttle; **~ d'enfant** child's bucket; **~ à glace** ice-bucket *Br*, ice-pail *Am*; **~ hygiénique** sanitary bucket. -**2.** [contenu] bucketful; **un ~ de lait** a bucket of milk.

◆ **à seaux** *fam loc adv*: **il pleut à ~x, la pluie tombe à ~x** it's pouring OU bucketing *Br* down.

sébacé, e [sebase] *adj* sebaceous.

Sébastopol [sebastɔpɔl] *npr* Sebastopol.

sébile [sebil] *nf litt* begging bowl.

séborrhée [sebɔre] *nf* seborrhoea.

sébum [sebɔm] *nm* sebum.

sec, sèche[1] [sɛk, sɛʃ] *adj* -**1.** [air, bois, endroit, vêtement etc] dry; **il fait un froid ~** it's cold and dry, there's a crisp cold air; **avoir l'œil ~** OU **les yeux ~s** MÉD to have dry eyes; *fig* to be dry-eyed; **ma jupe n'est pas tout à fait sèche** my skirt isn't quite dry. -**2.** [légume, fruit] dried; [alcool] neat; **shampooing ~** dry shampoo. -**3.** [non gras - cheveux, peau, mine de crayon] dry; [maigre - personne] lean; **être ~ comme un coup de trique** *fam* to be all skin and bone OU as thin as a rake. -**4.** [désagréable - ton, voix] harsh, curt, terse; [- explication, refus, remarque] curt, terse; [- rire] dry; **avoir le cœur ~** terse, to be hard-hearted OU cold-hearted; **un bruit ~** a snap OU crack; **ouvrir/fermer qqch avec un bruit ~** to snap sthg open/shut; **d'un coup ~** smartly, sharply; **retire le sparadrap d'un coup ~** pull the sticking plaster off smartly ❑ **l'avoir ~** *fam* [être déçu] to be cut up OU miffed. -**5.** BX-ARTS [graphisme, style] dry. -**6.** ŒNOL [champagne, vin] dry. -**7.** CARTES: **atout/roi ~** singleton trumps/king; **ma dame était sèche** my queen was a singleton.

◆ **sec** ◇ *adv* -**1.** MÉTÉO: **il fera ~ toute la semaine** the weather will be dry for the whole week. -**2.** [brusquement] hard; **démarrer ~** [conducteur] to shoot off at top speed; [course] to get a flying start; **il a pris son virage assez ~** he took the bend rather sharply.

◇ *nm* AGR dry feed.

◆ **à sec** ◇ *loc adj* -**1.** [cours d'eau, source etc] dry, dried-up; [réservoir] empty; **le ruisseau est à ~** the brook has dried up OU is dry. -**2.** *fam* [sans argent - personne] hard up, broke, cleaned out; [- caisse] empty. -**3.** CONSTR: **maçonnerie à ~** dry-stone (work).

◇ *loc adv* -**1.** [sans eau]: **on met la piscine à ~ chaque hiver** the pool's drained (off) every winter; **l'ingénieur a mis le réservoir à ~** the engineer has drained the reservoir; **le soleil a mis le marais à ~** the sun has dried up the marsh. -**2.** *fam* [financièrement]: **mettre une entreprise à ~** to ruin a firm.

◆ **au sec** *loc adv*: **garder** OU **tenir qqch au ~** to keep sthg in a dry place, to keep sthg dry; **rester au ~** to stay dry.

sécable [sekabl] *adj* -**1.** PHARM breakable. -**2.** GÉOM divisible.

SECAM, Secam [sekam] (*abr de* séquentiel à mémoire) *nm* SECAM.

sécant, e [sekɑ̃, ɑ̃t] *adj* intersecting, secant.

◆ **sécante** *nf* secant.

sécateur [sekatœr] *nm*: **un ~** [pour les fleurs] (a pair of) secateurs; [pour les haies] pruning shears.

sécession [sesesjɔ̃] *nf* secession; **faire ~** to secede.

sécessionniste [sesesjɔnist] *adj* & *nmf* secessionist.

séchage [seʃaʒ] *nm* -**1.** [du linge, des cheveux, du foin] drying. -**2.** [du bois] seasoning.

sèche[2] [sɛʃ] ◇ *f* → **sec**.

◇ *nf fam* cig, fag *Br*.

sèche-cheveux [sɛʃʃəvø] *nm inv* hair dryer.

sèche-linge [sɛʃlɛ̃ʒ] *nm inv* [à tambour] tumble-drier; [placard] airing cupboard.

sèche-mains [sɛʃmɛ̃] *nm inv* hand-dryer.

sèchement [sɛʃmɑ̃] *adv* -**1.** [durement] dryly, curtly, tersely; **ne comptez pas sur moi, répondit-elle ~** don't count on me, she snapped back. -**2.** [brusquement] sharply; **prendre un virage un peu ~** to take a bend rather sharply. -**3.** [sans fioritures] dryly; **il expose toujours ses arguments un peu ~** he always sets out his arguments rather unimaginatively.

sécher [18] [seʃe] ◇ *vt* -**1.** [gén] to dry; [avec un torchon, une éponge] to wipe dry; **sèche tes larmes** OU **tes yeux** dry your tears OU your eyes; **~ les larmes** OU **les pleurs de qqn** *sout* to console sb. -**2.** VÊT to dry; **~ ses vêtements devant le feu** to dry one's clothes in front of the fire; **'ne pas ~ près d'une source de chaleur'** 'dry away from direct heat'; **'ne pas ~ en machine'** 'do not tumble dry'. -**3.** [suj: chaleur, soleil - terrain, plante] to dry up (*sép*); [déshydrater - fruits] to dry (up); **figues séchées au soleil** sun-dried figs. -**4.** *arg scol* [manquer]: **~ les cours** SCOL to play truant *Br* OU hooky *Am*; UNIV to cut lectures *Br* OU class *Am*. -**5.** *fam* [boire]: **il a séché trois cognacs** he knocked back three brandies.

◇ *vi* -**1.** [surface] to dry (off); [linge] to dry; [éponge] to dry (out); [sol, puits] to dry up; [cours d'eau] to dry up, to run dry. -**2.** VÊT: **faire ~ du linge** to leave clothes to dry, to let linen dry; **mettre le linge à ~** to put the washing out to dry; **'faire ~ sans essorer'** do not spin dry, dry flat; **'faire ~ à plat'** dry flat. -**3.** [plante] to dry up OU out; [bois] to dry out; [fruits, viande] to dry; **faire ~ du bois** to season wood; **faire ~ du poisson/des haricots** to dry fish/beans; **~ sur pied** [plante] to wilt, to wither; **on a séché sur pied tout l'été** *fam* we've been bored out of our minds all summer. -**4.** *fam loc*: **j'ai séché en physique/sur la deuxième question** I drew a blank in the physics exam/on the second question.

◆ **se sécher** *vp* (*emploi réfléchi*) to dry o.s.; **se ~ avec une serviette/au soleil** to dry o.s. with a towel/in the sun; **sèche-toi bien derrière les oreilles** dry (yourself) carefully behind your ears; **se ~ les mains/cheveux** to dry one's hands/hair.

sécheresse [sɛʃrɛs] *nf* -**1.** [d'un climat, d'un terrain, d'un style] dryness; [d'un trait] dryness, harshness; [d'une réplique, d'un ton] abruptness; **répondre avec ~** to answer curtly OU abruptly OU tersely; **la ~ de sa remarque** the curtness OU terseness of his remark; **montrer une grande ~ de cœur** to show great heartlessness. -**2.** MÉTÉO drought; **pendant la** OU **les mois de ~** during the dry months.

sécherie [sɛʃri] *nf* -**1.** [lieu] drying room; [d'une machine] dryer; [industrie] drying plant. -**2.** IMPR dry end.

sécheur [seʃœr] *nm* [à tabac] dryer.

sécheuse [seʃøz] *nf* [de linge] tumble-drier.

séchoir [seʃwar] *nm* -**1.** AGR & TECH [salle] drying room; [hangar] drying shed; [râtelier] drying rack. -**2.** [machine] dryer; **~ à cheveux** hair dryer; **~ à linge** [à tambour] tumble-drier; [à cordage] dryer; [mural] airing cupboard. -**3.** IMPR: **~ à plat** sheet dryer.

second, e[1] [səgɔ̃, ɔ̃d] ◇ *adj* -**1.** [dans l'espace, le temps] second; **c'est la ~e rue à droite** it's the second street on the right; **pour la ~e fois** for the second time; **en ~ lieu** secondly, in the second place ❑ **le Second Empire** HIST the French Second Empire; **meubles/style Second Empire** (French) Second Empire furniture/style; **la Seconde Guerre mondiale** World War II. -**2.** [dans une hiérarchie] second; [éclairagiste, maquilleur] assistant (*modif*); **la ~e ville de France** France's second city ❑ **~e classe** TRANSP second class; **le ~ degré** ENS secondary education; **dans le ~ degré** in secondary classes; **~ maître** NAUT petty officer; **~ rôle** CIN supporting OU secondary role; **jouer les ~s rôles** *fig* to play second fiddle; **~ violon** MUS second violin; **à nul autre ~** *litt* [sans pareil] second to none, unparalleled. -**3.** [autre - chance, jeunesse, vie] second; **l'Angleterre, c'est une ~e patrie pour elle** England's a second home for her; **c'est une ~e nature chez lui** it's second nature to him; **elle a été une ~e mère pour moi** she was like a mother to me ❑ **trouver son ~ souffle** [coureur, conférencier] to get OU to find one's second wind; [entreprise] to get a new lease of life; **~e vue** clairvoyance, second sight; **être doué de ~e vue** to be clairvoyant. -**4.** MATH: **a ~e, a″** a double point, a″.

◇ *nm, f* -**1.** [dans l'espace, le temps] second; **je lis le premier paragraphe, et toi le ~** I read the first paragraph, and you the second one OU the next one. -**2.** [dans une hiérarchie] second; **la ~e de ses filles** his second daughter; **arriver le ~** [dans une course, une élection] to come second.

◆ **second** *nm* -**1.** [assistant - d'un directeur] right arm; [- dans un duel] second; NAUT first mate; MIL second in command. -**2.** [dans une charade]: **mon ~ est...** my second is... -**3.** [étage] second floor *Br*, third floor *Am*.

◆ **seconde** *nf* -**1.** AUT second gear; **passe en ~e** change into OU to second gear. -**2.** TRANSP [classe] second class; [billet] second-class ticket; **les ~es, les wagons de ~e** second-class carriages; voyager en ~e to travel second class. -**3.** SCOL ≃ fifth form *Br*, ≃ tenth grade *Am*. -**4.** ESCRIME seconde. -**5.** DANSE second position. -**6.** MUS second.

◆ **secondes** *nfpl* IMPR second proofs.

◆ **de seconde catégorie** *loc adj* [hôtel] second-class.

◆ **de second choix** *loc adj* [fruits, légumes] standard, grade 2; [viande] standard; **articles de ~ choix** COMM second OU inferior products.

◆ **de seconde main** *loc adj* [information, voiture] secondhand.

◆ **de second ordre, de second plan** *loc adj* [question] of secondary importance; [artiste, personnalité] second-rate.

◆ **en second** ◇ *loc adj*: **capitaine en ~** first mate.

◇ *loc adv* second, secondly; **passer en ~** to be second.

secondaire [səgɔ̃dɛr] ◇ *adj* -**1.** [question, personnage, route] secondary; **c'est ~** it's of secondary importance OU of minor interest. -**2.** ENS & SC secondary; **ère ~** GÉOL Mesozoic era.

◇ *nm* -**1.** GÉOL: **le ~** the Mesozoic. -**2.** ENS secondary OU high *Am* school *(U)*. -**3.** ÉLECTR secondary winding. -**4.** ÉCON: **le ~** secondary production.

secondairement [səgɔ̃dɛrmɑ̃] *adv* secondarily.

seconde[2] [səgɔ̃d] *nf* -**1.** [division horaire] second. -**2.** [court instant]: **(attendez) une ~!** just a second!; **je reviens dans une ~** I'll be back in a second, I'll be right back; **une ~ d'inattention** a momentary lapse in concentration; **à une ~ près, je ratais le train** I was within a second of missing the train; **à la ~** instantly, there and then; **avec lui, il faut que ce soit fait à la ~** he wants things done instantly.

secondement [səgɔ̃dmɑ̃] *adv* second, secondly.

seconder [3] [səgɔ̃de] *vt* -**1.** [assister] to assist, to back up *(sép)*. -**2.** *sout* [action, dessein] to second.

secouement [səkumɑ̃] *nm litt* shaking.

secouer [6] [səkwe] *vt* -**1.** [remuer - arbre, bouteille, personne] to shake; [- tapis] to shake (out); **il/le vent secouait l'arbre** he/the wind was shaking the tree; **les trous d'air/les cahots secouaient les passagers** the air pockets/the bumps were shaking the passengers around; **l'explosion secoua l'immeuble** the explosion shook OU rocked the building; **~ la tête** [acquiescer] to nod one's head; [refuser] to shake one's head ❑ **~ qqn comme un prunier** *fam* to shake sb like a rag doll; **~ le cocotier** to get rid of the dead wood *fig*. -**2.** [pour se débarrasser de - poussière, sable, miettes] to shake off *(sép)*; *fig* [- paresse, torpeur etc] to shake off. -**3.** *fam* [houspiller - personne] to shake up *(sép)*; **il a besoin d'être secoué pour travailler** he needs to be jolted out of his inertia before he gets down to work ❑ **~ les puces** OU **le paletot** *fam* **à qqn** [le gronder] to tell sb off, to give sb a good ticking-off *Br* OU chewing out *Am*. -**4.** [bouleverser - personne] to shake up *(sép)*, to give a jolt OU shock to; **la nouvelle l'a beaucoup secoué** the news really shook him up.

◆ **se secouer** *fam vp (emploi réfléchi)* to shake o.s. up, to snap out of it; **il serait grand temps de te ~!** it's high time you pulled yourself together!

secoueur [səkwœr] *nm* -**1.** MÉTALL formbreaker. -**2.** AGR: **~ de paille** straw shaker.

secourable [səkurabl] *adj* helpful; **un automobiliste ~** a helpful driver.

secourir [45] [səkurir] *vt* -**1.** [blessé] to help; [personne en danger] to rescue; **les skieurs avaient perdu tout espoir d'être secourus** the skiing party had lost all hope of being rescued OU of a rescue. -**2.** *sout* [pauvre, affligé] to aid, to help. -**3.** *litt* [misères] to relieve, to ease.

secourisme [səkurism] *nm* first aid.

secouriste [səkurist] *nmf* -**1.** [d'une organisation] first-aid worker. -**2.** [personne qualifiée] *person who is qualified in first aid.*

secours [səkur] *nm* -**1.** [assistance] help, assistance, aid; **appeler** OU **crier au ~** to call out for help; **appeler qqn à son ~** [blessé, entreprise] to call upon sb for help, to call sb to the rescue; **allez chercher du ~!** go and get (some) help!; **porter ~ à qqn** to give sb assistance; **porter ~ à un blessé** to give first aid to an injured person; **personne ne s'est arrêté pour me porter ~** nobody stopped to (come and) help me; **venir au ~ de qqn** to come to sb's aid; **venir au ~ d'une entreprise** to rescue a company ❑ **le Secours catholique, le Secours populaire (français)** *charity organizations giving help to the poor*. -**2.** [sauvetage] aid, assistance; **le** OU **les ~ aux brûlés** aid OU assistance for burn victims; **envoyer des ~ à qqn** to send relief to sb; **les ~ ne sont pas encore arrivés** aid OU help hasn't arrived yet ❑ **le ~ en montagne/en mer** sea/mountain rescue; **le** OU **les ~ d'urgence** emergency aid. -**3.** [appui] help; **être d'un grand ~ à qqn** [amitié, personne, outil] to be of great help to sb; **la calculette ne m'a pas été d'un grand ~** the calculator was of (very) little help OU use to me; **avec le ~ du dictionnaire, je devrais me débrouiller** with the help OU aid of the dictionary, I should be able to get by. -**4.** JUR emergency payment OU allowance.

◆ **au secours** *loc interj* help.

◆ **de secours** *loc adj* [équipement, porte, sortie] emergency *(modif)*; [équipe, poste] rescue *(modif)*.

secousse [səkus] *nf* -**1.** [saccade] jerk, jolt; **la ~ du train qui démarrait la réveilla** she was woken by the jolt when the train started; **elle se dégagea d'une ~** she shook OU jerked herself free. -**2.** *fig* [bouleversement] jolt, shock, upset; **toutes ces ~s ont fini par ébranler sa santé** all these upsets finished by weakening his health. -**3.** GÉOL: **~ (sismique** OU **tellurique)** (earth) tremor.

◆ **par secousses** *loc adv* -**1.** [par à-coups]: **elle réussit à déplacer la malle par ~s** she managed to jerk the trunk along. -**2.** [irrégulièrement] spasmodically.

secret, ète [səkrɛ, ɛt] *adj* -**1.** [inconnu - accord, code, document etc] secret; **cela n'a rien de ~** it's no secret; **garder** OU **tenir qqch ~** to keep sthg secret. -**2.** [caché - escalier, passage, tiroir] secret; **une vie secrète** a secret life. -**3.** [intime - ambition, désir, espoir, pensée] secret, innermost; **ses sentiments les plus ~s** his innermost feelings. -**4.** [personne] secretive, reserved; **il est assez ~** he's fairly reserved, he keeps himself to himself.

◆ **secret** *nm* -**1.** [confidence] secret; **c'est un ~!** it's a secret!; **ce n'est un ~ pour personne** it's no secret, everybody knows about it; **c'est un bien lourd ~** it's a weighty secret indeed; **confier un ~ à qqn** to let sb into a secret; **être dans le ~** to be in on the secret; **ne pas avoir de ~s pour qqn** [personne] to have no secrets from sb; [question, machine] to hold no secret for sb; **faire un ~ de tout** *sout* to be secretive about everything ❑ **~ d'État** state secret; **être dans le ~ des dieux** to have privileged information; **c'est un ~ de Polichinelle** it's an open secret OU not much of a secret. -**2.** [mystère - d'un endroit, d'une discipline] secret; **les ~s du cœur/de la nature** secrets of the heart/of nature. -**3.** [recette] secret, recipe; **le ~ du bonheur** the secret of OU recipe for happiness; **ses ~s de beauté** her beauty secrets OU tips; **un soufflé dont lui seul a le ~** a soufflé for which he alone knows the secret ❑ **~ de fabrication** COMM trade secret. -**4.** [discrétion] secrecy *(U)*; **exiger/promettre le ~ (absolu)** to demand/to promise (absolute) secrecy; **je vous demande le ~ sur cette affaire** I want you to keep silent about this matter ❑ **~ professionnel** professional confidence; **trahir le ~ professionnel** to commit a breach of (professional) confidence. -**5.** RELIG: **le ~ de la confession** the secret of the confessional.

◆ **à secret** *loc adj* [cadenas] combination *(modif)*; [tiroir] with a secret lock; [meuble] with secret drawers.

◆ **au secret** *loc adv*: **être au ~** to be (detained) in solitary confinement; **mettre qqn au ~** to detain sb in solitary confinement.

◆ **en secret** *loc adv* -**1.** [en cachette - écrire, économiser] in secret, secretly. -**2.** [intérieurement - croire, espérer] secretly, privately.

secrétaire [səkretɛr] ◇ *nmf* -**1.** [dans une entreprise] secretary; **ma ~, mon ~** my (private) secretary OU personal assistant ❑ **~ du conseil d'administration** secretary to the Board of Directors; **~ de direction** executive secretary, personal assistant; **~ général** company secretary; **~ juridique** legal secretary; **~ médicale** medical secretary; **~ de rédaction** [dans l'édition] desk OU assistant editor; PRESSE subeditor. -**2.** POL: **~ général** [auprès d'un ministre] ≃ permanent secretary *Br*; [dans un parti] general-secretary; **~ général de l'ONU** Secretary OU Secretary-General of the UN; **~ général de l'Assemblée** ≃ Clerk of the House *Br*; **~ général du Sénat** ≃ Clerk of the House *Br*; **~ d'État** [en France] ≃ Junior Minister *Br*; [en Grande-Bretagne] Secretary of State; [aux États-Unis] State Secretary, Secretary of State; **~ perpétuel** Permanent Secretary. -**3.** ADMIN: **~ de mairie** ≃ chief executive *Br*, ≃ town clerk *Br vieilli*.

◇ *nm* [meuble] secrétaire, writing desk.

secrétariat [səkretarja] *nm* -**1.** [fonction] secretaryship; **apprendre le ~** to learn to be a secretary, to do a secretarial course; **pendant son ~** during her term of office as secretary ❑ **~ de rédaction** [dans l'édition] desk OU assistant editorship; PRESSE post of subeditor. -**2.** [employés] secretarial staff; **tout le ~ est en grève** all the secretarial staff are on strike; **le budget du ~** budgeting for secretarial services; **faire partie du ~** to be a member of the secretariat. -**3.** [bureau] secretariat; **aller au ~** to go to the secretariat OU secretary's office. -**4.** [tâches administratives] secretarial work; **le ~ est assuré par dix personnes** the administrative OU secretarial work is carried out by ten people. -**5.** POL: **~ d'État** [fonction en Fance] post of Junior Minister; [ministère français] Junior Minister's Office; [fonction en Grande-Bretagne] post of Secretary of State; [ministère britannique] Secretary of State's Office; [fonction aux États-Unis] post of State Secretary; **~ général de l'ONU** UN Secretary-Generalship. -**6.** ADMIN: **~ de mairie** [fonction] function of chief executive; [bureau] chief executive's office.

secrètement [səkrɛtmɑ̃] *adv* -**1.** [en cachette] secretly, in secret; **elle avait vendu ses bijoux ~** she had sold her jewels in secret. -**2.** [intérieurement] secretly; **je souhaite ~ qu'il échoue** I secretly wish that he'll fail.

sécréter [18] [sekrete] *vt* -**1.** BOT & PHYSIOL to secrete. -**2.** *fig* & *sout* [ennui] to exude, to ooze; [passion, désir] to cause, to release.

sécréteur, euse OU **trice** [sekretœr, øz, tris] *adj* secretory.

sécrétion [sekresjɔ̃] *nf* secretion.

sécrétoire [sekretwar] *adj* secretory.

sectaire [sɛktɛr] *adj* & *nmf* sectarian.

sectarisme [sɛktarism] *nm* sectarism.

sectateur, trice [sɛktatœr, tris] *nm, f* -**1.** *litt* [partisan d'une doctrine] partisan. -**2.** [membre d'une secte] follower, adept.

secte [sɛkt] *nf* sect.

secteur [sɛktœr] *nm* -**1.** ÉCON area; **le ~ de l'élevage** livestock breeding sector ❑ **~ primaire** primary sector OU production; **~ privé** private sector OU enterprise; **~ public** public sector; **~ secondaire** secondary production; **~ tertiaire** tertiary production OU activities. -**2.** [zone d'action - d'un policier] beat; [- d'un représentant] area, patch; [- de l'urbanisme] district, area; MIL & NAUT sector; ADMIN *local area covered by the French health and social services department*; **~ sauvegardé** area of listed buildings, buildings zoned for preservation. -**3.** *fam* [quartier]: **c'est dans le ~** it's around here; **je ne l'ai pas vu dans le ~** I haven't seen him anywhere about OU in this neck of the woods;

changer de ~ to make o.s. scarce; tu ferais mieux de changer de ~ [partir] you'd better make yourself scarce. -4. ÉLECTR: le ~ the mains (supply). -5. MATH: ~ (angulaire) sector; ~ sphérique sector of a sphere. -6. INF sector.

section [sɛksjɔ̃] *nf* -1. [d'une autoroute, d'une rivière] section, stretch; [de ligne de bus, de tramway] fare stage; [d'un livre] part, section; [d'une bibliothèque] section; [d'un service] branch, division, department. -2. ENS department; il a changé de ~ he has transferred to another department ❑ ~ économique/scientifique/littéraire courses in economics/science/arts. -3. [d'un parti] local branch; ~ syndicale *local branch of a union*; [dans l'industrie de la presse et du livre] (union) chapel. -4. MATH & GÉOM section; un câble de 12 mm de ~ a 12 mm (section) cable; dessiner la ~ de qqch to draw the section of sthg OU sthg in section ❑ ~ conique/plane conic/plane section. -5. NUCL: ~ efficace cross section. -6. [coupure] cutting *(U)*, severing *(U)*; MÉD amputation. -7. BIOL [groupe, coupe] section. -8. ÉLECTR: ~ morte dummy coil. -9. MIL section. -10. MUS: ~ rythmique rhythm section. -11. NAUT: ~ mouillée wetted section. -12. POL: ~ électorale ward.

sectionnement [sɛksjɔnmɑ̃] *nm* -1. [coupure] cutting *(U)*, severing *(U)*. -2. ÉLECTR sectioning (and isolation).

sectionner [3] [sɛksjɔne] *vt* -1. [tendon, câble, ligne] to sever, to cut; MÉD to amputate; la lame avait sectionné le ligament the blade had cut through the ligament. -2. [diviser] to section, to divide OU to split (into sections).

sectionneur [sɛksjɔnœr] *nm* section switch.

sectoriel, elle [sɛktɔrjɛl] *adj* sector-based; revendications ~les sector-based demands; application ~le d'une mesure the application of a measure to a certain sector (only).

sectorisation [sɛktɔrizasjɔ̃] *nf* [gén] division into sectors; [des services de santé] *division into areas of responsibility for health and social services*.

sectoriser [3] [sɛktɔrize] *vt* [gén] to sector, to divide into areas OU sectors; [services de santé] to divide into areas of health and social services responsibility.

sécu *fam* [seky] *(abr de* Sécurité sociale) *nf* [système] ≃ Social Security; [organisme de remboursement] ≃ DSS *Br*, ≃ Social Security *Am*.

séculaire [sekylɛr] *adj* -1. [vieux] age-old; un chêne ~ an ancient oak ‖ [de cent ans] a hundred years' old. -2. [cyclique] secular. -3. ASTRON secular.

sécularisation [sekylarizasjɔ̃] *nf* secularization, secularizing *(U)*.

séculariser [3] [sekylarize] *vt* to secularize.

séculier, ère [sekylje, ɛr] *adj* secular.
◆ **séculier** *nm* secular.

secundo [səgɔ̃do] *adv* in the second place, second, secondly.

sécurisant, e [sekyrizɑ̃, ɑ̃t] *adj* -1. [qui rassure] reassuring. -2. PSYCH security *(modif)*.

sécurisation [sekyrizasjɔ̃] *nf*: la ~ des citoyens est du ressort de la police it is the responsibility of the police to make the public feel safe.

sécuriser [3] [sekyrize] *vt* -1. [rassurer]: ~ qqn to make sb feel secure OU safe, to reassure sbto give sb a feeling of security. -2. [stabiliser] to (make) secure; des mesures visant à ~ l'emploi employment-conserving measures.

Securit® [sekyrit] *nm*: (verre) ~ Triplex glass®.

sécuritaire [sekyritɛr] *adj*: programme ~ security-conscious programme; mesures ~s drastic security measures; idéologie ~ law-and-order ideology.

sécurité [sekyrite] *nf* -1. [protection d'une personne - physique] safety, security; [- économique, affective etc] security; assurer la ~ de qqn to ensure the safety of sb; l'installation offre une ~ totale the plant is completely safe; un bon contrat d'assurance, c'est une ~ a good insurance policy makes you feel safe OU puts your mind at rest OU gives you peace of mind; j'ai la ~ matérielle my material needs are provided for; la ~ de l'emploi job security ❑ ~ civile civil defence; ~ publique public safety; ~ routière road safety. -2. [surveillance - de bâtiments, d'installations] security. -3. ARM [d'un tank, d'un navire] safety catch OU mechanism.
◆ **Sécurité sociale** *nf* -1. [système] *French social security system*. -2. [organisme] ≃ DSS *Br*.
◆ **de sécurité** *loc adj* [dispositif, mesure] safety *(modif)*.
◆ **en sécurité** ◇ *loc adj* safe; être/se sentir en ~ to be/to feel safe.
◇ *loc adv* in a safe place; mettre qqch en ~ dans un coffre to keep sthg in a safe.
◆ **en toute sécurité** *loc adv* in total safety, completely safely.

SÉCURITÉ SOCIALE:
The "Sécu", as it is popularly known, created in 1945-46, provides public health benefits, pensions, maternity leave etc. These benefits are paid for by obligatory insurance contributions ("cotisations") made by employers ("cotisations patronales") and employees ("cotisations salariales"). Many French people have complementary health insurance provided by a "mutuelle", which guarantees payment of all or part of the expenses not covered by the "Sécurité sociale".

---

sédatif, ive [sedatif, iv] *adj* sedative.
◆ **sédatif** *nm* sedative.

sédation [sedasjɔ̃] *nf* sedation, sedating *(U)*.

sédentaire [sedɑ̃tɛr] ◇ *adj* -1. [travail, habitude] sedentary; [employé] desk-bound. -2. ANTHR settled, non-nomad, sedentary.
◇ *nmf* [personne] sedentary person.

sédentarisation [sedɑ̃tarizasjɔ̃] *nf*: la ~ d'une population a people's adoption of a sedentary lifestyle.

sédentariser [3] [sedɑ̃tarize] *vt* [tribu] to turn into a sedentary population, to settle.

sédentarité [sedɑ̃tarite] *nf* sedentary lifestyle.

sédiment [sedimɑ̃] *nm* -1. GÉOL sediment, deposit. -2. MÉD & ŒNOL sediment.

sédimentaire [sedimɑ̃tɛr] *adj* sedimentary.

sédimentation [sedimɑ̃tasjɔ̃] *nf* sedimentation.

sédimentologie [sedimɑ̃tɔlɔʒi] *nf* sedimentology.

séditieux, euse [sedisjø, øz] ◇ *adj sout* -1. [propos] seditious, rebellious. -2. [troupe, armée] insurrectionary, insurgent.
◇ *nm, f* insurgent, rebel.

sédition [sedisjɔ̃] *nf sout* rebellion, revolt, sedition.

séducteur, trice [sedyktœr, tris] ◇ *adj* [personne, sourire etc] seductive, irresistible.
◇ *nm, f* seducer (*f* seductress); c'est un grand ~ he's a real lady's man; c'est une grande séductrice she's a real seductress OU a femme fatale.

séduction [sedyksjɔ̃] *nf* -1. [d'une personne] charm; [d'une musique, d'un tableau] appeal, captivating power; elle est pleine de ~ she's very seductive; pouvoir de ~ powers of seduction. -2. JUR: ~ de mineur corruption of a minor; ~ dolosive *obtaining sexual favours by deceit*. -3. [d'une chose] attraction, attractiveness; le pouvoir de ~ de l'argent the seductive power of money.

séduire [98] [sedɥir] *vt* -1. [charmer - suj: personne] to attract, to charm; [- suj: beauté, gentillesse, sourire] to win over *(sép)*; [- suj: livre, tableau] to appeal to *(insép)*; la ferme m'a tout de suite séduit I immediately fell in love with the farmhouse. -2. [tenter - suj: idée, projet, style de vie] to appeal to *(insép)*, to be tempting to; sa proposition ne me séduit pas beaucoup her proposal doesn't tempt me OU appeal to me very much. -3. [tromper - suj: politicien, promesses, publicité] to lure, to seduce; se laisser ~ to be led astray; ne vous laissez pas ~ par leurs beaux discours! don't let yourselves be led astray by their fine words! -4. [sexuellement] to seduce.

séduisant, e [sedɥizɑ̃, ɑ̃t] *adj* -1. [charmant - personne] attractive; [- beauté] seductive, enticing; [- sourire, parfum, mode etc] appealing, seductive. -2. [alléchant - offre, idée, projet] attractive, appealing, tempting; la proposition était ~e the offer was appealing.

séfarade [sefarad] ◇ *adj* Sephardic.
◇ *nmf* Sephardi; les ~s the Sephardim.

sefardi [sefardi] (*pl* sefardim [-dim]) = **séfarade**.

segment [sɛgmɑ̃] *nm* -1. ANAT, MATH & ZOOL segment. -2. MÉCAN ring; ~ de piston piston ring; ~ racleur scraperring; ~ de frein AUT (segmental) brake shoe. -3. INF segment; ~ de programme program segment.

segmentaire [sɛgmɑ̃tɛr] *adj* segmental.

segmentation [sɛgmɑ̃tasjɔ̃] *nf* -1. BIOL & PHYSIOL segmentation. -2. INF segmentation.

segmenter [3] [sɛgmɑ̃te] *vt* [diviser] to segment.
◆ **se segmenter** *vpi* to segment, to break into segments.

Ségovie [segɔvi] *npr* Segovia.

ségrégatif, ive [segregatif, iv] *adj* segregative; lois/mesures ségrégatives laws/measures aimed at maintaining segregation.

ségrégation [segregasjɔ̃] *nf* -1. [discrimination] segregation; une ~ au niveau des salaires a discriminatory wage policy; ~ raciale/sociale racial/social segregation. -2. BIOL, MÉTALL & TECH segregation.

ségrégationnisme [segregasjɔnism] *nm* racial segregation.

ségrégationniste [segregasjɔnist] ◇ *adj* [personne] segregationist; [politique] segregationist, segregational, discriminatory.
◇ *nmf* segregationist.

ségrégé, e [segreʒe] *adj* segregated METALL.

séguedille [segədij], **seguidilla** [segidija] *nf* seguidilla.

seguia [segja] *nf* open channel *(for bringing water to Saharan oases)*.

seiche [sɛʃ] *nf* -1. ZOOL cuttlefish; os de ~ cuttlebone. -2. GÉOG seiche.

séide [seid] *nm litt* [partisan] zealot, fanatically dedicated henchman.

seigle [sɛgl] *nm* rye.

seigneur [sɛɲœr] *nm* -1. HIST feudal lord OU overlord, seigneur. -2. [maître] lord; le ~ de ces lieux *aussi hum* the lord of the manor; mon ~ et maître *hum* my lord and master ❑ grand ~: agir en grand ~ to play the fine gentleman; vivre en grand ~ to live like a lord; comme un ~, en grand ~ [avec luxe] like a lord; [avec noblesse] nobly; être grand ~, faire le grand ~ to spend money like water OU as if there were no tomorrow; à tout ~ tout honneur *prov* give honour where honour is due. -3. [magnat] tycoon, baron; les ~s de l'industrie captains of industry; les ~s de la guerre the war lords. -4. RELIG: le Seigneur the Lord; Notre-Seigneur Jésus-Christ Our Lord Jesus Christ; Seigneur (Dieu)! *litt* Good Lord!; le jour du Seigneur the Lord's Day.

seigneuriage [sɛɲœrjaʒ] *nm* seigniorage.

seigneurial, e, aux [sɛɲœrjal, o] *adj* -1. HIST seigniorial. -2. *litt* [digne d'un seigneur] stately, lordly.

seigneurie [sɛɲœri] *nf* -1. HIST [propriété] seigneury, lord's domain OU estate; [pouvoir, droits] seigneury. -2. [titre]: Votre Seigneurie Your Lordship.

sein [sɛ̃] *nm* -1. ANAT breast; elle se promène les ~s nus she walks about topless; le ~ [pour allaiter] the breast; donner le ~ to breast-feed; être au ~ [en ce moment] to be at the breast; [comme mode de nutrition] to be breast-fed; prendre le ~ to take the breast ❑ ça me ferait mal aux ~s▽ it would really piss me off. -2. *litt* [ventre] womb; porter un enfant dans son ~ to carry a child in one's womb. -3. *litt* [buste] bosom; serrer qqch/qqn contre son ~ to press sthg/sb against one's bosom; dans le ~ de [au centre de] in OU at the heart of, in the bosom of *litt*; s'épancher dans le ~ d'une amie [auprès de] to open one's heart to a friend.

◆ **au sein de** *loc prép sout* within; au ~ du parti within the party; au ~ de la famille in the bosom OU midst of the family.

seine [sɛn] = **senne**.

Seine [sɛn] *npr f*: la ~ the (River) Seine.

seing [sɛ̃] *nm* [signature] signature.

◆ **sous seing privé** *loc adj*: acte sous ~ privé private agreement, simple contract.

séismal, e, aux [seismal, o] *adj* seismic.

séisme [seism] *nm* -**1.** GÉOL earthquake, seism *spéc*; le ~ a atteint sept degrés sur l'échelle de Richter the earthquake reached seven on the Richter scale. -**2.** *fig* [bouleversement] upheaval.

séismicité [seismisite] = **sismicité**.

séismique [seismik] = **sismique**.

séismographe [seismɔgraf] = **sismographe**.

séismologie [seismɔlɔʒi] = **sismologie**.

SEITA, Seita [seita] (*abr de* Société nationale d'exploitation industrielle des tabacs et allumettes) *npr f French government tobacco and matches monopoly.*

seize [sɛz] *adj num card inv* & *nm inv* sixteen.

seizième [sɛzjɛm] ◇ *adj num ord* sixteenth.

◇ *nmf* sixteenth.

◇ *nm* -**1.** *fam* [arrondissement] sixteenth arrondissement *(wealthy district of Paris)*. -**2.** [partie]: le ~ de la somme globale the sixteenth part of the total sum.

◆ **seizièmes** *nmpl* SPORT: les ~s de finale the first round *(of a 4-round knockout competition)*, the second round *(of a 5-round knockout competition)*.

SEIZIÈME:
This term often refers to the upper class social background, lifestyle, way of dressing etc associated with the sixteenth arrondissement in Paris: "elle est très seizième".

---

seizièmement [sɛzjɛmmɑ̃] *adv* in the sixteenth place.

séjour [seʒur] *nm* -**1.** [durée] stay, sojourn *litt*; il a fait un ~ de deux mois à la mer he spent two months at the seaside; il fait un ~ linguistique aux États-Unis he is spending some time in the United States learning the language; je te souhaite un bon ~ à Venise I hope you have a nice time OU I hope you enjoy your stay in Venice; il a fait plusieurs ~s en hôpital psychiatrique he's been in a psychiatric hospital several times; il a fait un ~ à l'ombre *fam fig* he's been inside, he's been at Her Majesty's pleasure *Br*. -**2.** [pièce]: (salle de) ~ living OU sitting room, lounge *Br*. -**3.** *litt* [habitation] abode, dwelling place.

séjourner [3] [seʒurne] *vi* -**1.** [habiter] to stay, to sojourn *litt*; ~ à l'hôtel/chez un ami to stay at a hotel/with a friend. -**2.** [rester] to lie; le brouillard séjourne dans la vallée the fog lies in the valley.

sel [sɛl] *nm* -**1.** CULIN salt; mettre du ~ dans une sauce to add salt to a sauce; vous devriez supprimer le ~ you should cut out salt altogether ❑ gros ~ coarse salt; ~ de céleri celery salt; ~ de cuisine kitchen salt; ~ de table, ~ fin table salt; ~ de mer sea salt. -**2.** CHIM salt; ~ acide/basique acid/basic salt. -**3.** GÉOL salt; ~ gemme rock salt; le ~ de la terre BIBLE & *litt* the salt of the earth. -**4.** PHARM salt; ~ d'Epsom OU d'Angleterre Epsom salts; ~ de Vichy sodium bicarbonate. -**5.** [piquant] wit *(U)*; ~ attique *litt* Attic salt, wit; une remarque pleine de ~ a witty remark; une coïncidence qui ne manque pas de ~ quite a remarkable coincidence.

◆ **sels** *nmpl* PHARM (smelling) salts; respirer des ~s to smell salts ❑ ~s de bain bath salts.

◆ **sans sel** *loc adj* [régime, biscotte] salt-free; [beurre] unsalted.

sélacien [selasjɛ̃] *nm* selachian; les ~s the Selachii.

sélect, e *fam* [selɛkt] *adj* select, highclass, posh *Br*.

sélecteur [selɛktœr] *nm* -**1.** RAD & TÉLÉC selector; ~ de programmes program selector. -**2.** MÉCAN gear shift; [d'une moto] (foot) gear-shift control.

sélectif, ive [selɛktif, iv] *adj* [mémoire, herbicide, poste de radio] selective.

sélection [selɛksjɔ̃] *nf* -**1.** [fait de choisir] selection; opérer une ~ parmi 200 candidats to make a selection OU to choose from 200 candidates; ~ à l'entrée UNIV selective entry *Br* OU admission *Am* ❑ ~ professionnelle professional recruitment. -**2.** [échantillon] selection, choice; une ~ des meilleurs fromages de la région a choice of cheeses, a cheese selection. -**3.** SPORT [équipe] team, squad. -**4.** BIOL: ~ naturelle natural selection; ~ artificielle artificial selection. -**5.** RAD (signal) separation.

sélectionné, e [selɛksjɔne] ◇ *adj* [choisi] selected; ~ pour les jeux Olympiques selected for the Olympics; des vins ~s selected OU choice wines.

◇ *nm, f* -**1.** [candidat] selected candidate OU contestant. -**2.** SPORT squad member, team member.

sélectionner [3] [selɛksjɔne] *vt* -**1.** [gén] to select. -**2.** *(en usage abs)* UNIV: ils sélectionnent à l'entrée they have a selection process for admission.

sélectionneur, euse [selɛksjɔnœr, øz] *nm, f* SPORT selector.

sélectivement [selɛktivmɑ̃] *adv* selectively.

sélectivité [selɛktivite] *nf* ÉLECTR, OPT & RAD selectivity.

séléniate [selenjat] *nm* selenate.

sélénieux [selenjø] *adj m* selenious.

sélénique [selenik] *adj m* selenic.

sélénium [selenjɔm] *nm* selenium.

séléniure [selenjyr] *nm* selenide.

sélénographie [selenɔgrafi] *nf* selenography.

sélénographique [selenɔgrafik] *adj* selenographic.

sélénologie [selenɔlɔʒi] *nf* selenology.

self [sɛlf] ◇ *nf* ÉLECTR self inductance.

◇ *nm* -**1.** PSYCH self. -**2.** *fam* = **self-service**.

self-control [sɛlfkɔ̃trol] (*pl* **self-controls**) *nm* self-control, self-command.

self-inductance [sɛlfɛ̃dyktɑ̃s] (*pl* **self-inductances**) *nf* self-inductance.

self-induction [sɛlfɛ̃dyksjɔ̃] (*pl* **self-inductions**) *nf* self-induction.

self-service [sɛlfsɛrvis] (*pl* **self-services**) *nm* -**1.** [restaurant] self-service (restaurant), cafeteria. -**2.** [service] self-service.

◆ **en self-service** *loc adj* self-service; beaucoup de pompes à essence sont en ~ a lot of petrol pumps are self-service.

selle [sɛl] *nf* -**1.** [de cheval] saddle; monter sans ~ to ride bareback ❑ être bien en ~ *pr* & *fig* to be firmly in the saddle; mettre qqn en ~ *pr* to put sb in the saddle; *fig* to give sb a leg up; remettre qqn en ~ to put sb back on the rails; se mettre en ~ *pr* to get into the saddle, to mount; *fig* to get down to the job; se remettre en ~ to get back in OU into the saddle. -**2.** [de bicyclette] saddle. -**3.** CULIN saddle; ~ de mouton/chevreuil saddle of mutton/venison. -**4.** [escabeau] turntable. -**5.** ANAT: ~ turcique sella turcica. -**6.** MÉD: aller à la ~ to have a bowel movement; allez-vous à la ~ régulièrement? are you regular? -**7.** RAIL bearing OU sole plate. -**8.** ZOOL [d'un lombric] saddle.

◆ **selles** *nfpl* [excréments] faeces, stools MED.

seller [4] [sele] *vt* to saddle (up).

sellerie [sɛlri] *nf* -**1.** [équipement] saddlery. -**2.** [lieu] saddle room, tack-room. -**3.** [commerce] saddlery trade.

sellerie-bourrellerie [sɛlriburɛlri] (*pl* **selleries-bourrelleries**) *nf* manufacture and repair of saddlery.

sellerie-maroquinerie [sɛlrimarɔkinri] (*pl* **selleries-maroquineries**) *nf* -**1.** [articles] (fine) leather goods. -**2.** [magasin] leather-goods shop *Br* OU store *Am*.

sellette [sɛlɛt] *nf* -**1.** HIST [siège] (high) stand OU table ❑ mettre qqn sur la ~ to put sb in the hot seat; être sur la ~ [critiqué] to be in the hot seat, to come under fire; [examiné] to be undergoing reappraisal. -**2.** CONSTR slung cradle. -**3.** [pour sculpteur] turntable ART.

sellier [selje] *nm* [fabricant, marchand] saddler.

sellier-maroquinier [seljemarɔkinje] (*pl* **selliers-maroquiniers**) *nm* -**1.** [fabricant] fancy leather goods manufacturer. -**2.** [commerçant] dealer in fancy leather goods.

selon [səlɔ̃] *prép* -**1.** [conformément à] in accordance with; agir ~ les vœux de qqn to act in accordance with sb's wishes; agir ~ les règles to act OU to go by the rules; ~ toute apparence by OU from OU to all appearances; ~ toute vraisemblance in all probability. -**2.** [en fonction de] according to; dépenser ~ ses moyens to spend according to one's means; à chacun ~ ses besoins to each according to his needs; ~ le cas as the case may be; ~ les circonstances/les cas depending on the circumstances/each individual case ❑ on se reverra? — c'est ~! *fam* shall we see each other again? — it all depends!; elle y allait à pied ou en voiture, c'était ~ *fam* she went on foot or used the car, depending. -**3.** [d'après] according to; ~ les experts according to the experts; ~ moi/vous in my/your opinion, to my/your mind; l'Évangile ~ saint Matthieu the Gospel according to Saint Matthew; ~ vos propres termes in your own words; ~ l'expression consacrée as the hallowed expression has it.

◆ **selon que** *loc conj*: ~ qu'on est étudiant ou non depending on whether one is a student or not; ~ qu'il fera beau ou qu'il pleuvra depending on whether it's fine or rainy.

S.Em. (*abr écrite de* Son Éminence) H.E.

semailles [səmaj] *nfpl* -**1.** [action] sowing. -**2.** [graines] seeds. -**3.** [période] sowing season; les ~ d'automne autumn sowing.

semaine [səmɛn] *nf* -**1.** [sept jours] week; toutes les ~s [nettoyer, recevoir] every OU each week; [publier, payer] weekly, on a weekly basis; deux visites par ~ two visits a week OU per week; dans une ~ in a week's time; je serai de retour dans une ~ I'll be back in a week OU in a week's time; faire des ~s de 50 heures to work a 50-hour week ❑ la ~ anglaise the five-day (working) week; la ~ de 39 heures the 39-hour working week; il te remboursera la ~ des quatre jeudis he'll never pay you back in a month of Sundays. -**2.** RELIG week; la ~ sainte Holy Week; la ~ pascale Easter week. -**3.** COMM: la ~ du tapis d'Orient Oriental carpet week; la promotion de la ~ this week's special offer; la ~ de la photo photography week ❑ ~ commerciale week-long promotion OU sale; c'est sa ~ de bonté *hum* he's been overcome by a fit of generosity. -**4.** [argent de poche]: il est allé demander sa ~ à son père he went to ask his father for his pocket money; je lui donne 50 francs pour sa ~ I give her 50 francs a week pocket money. -**5.** JOAILL [bracelet] seven-band bangle.

◆ **à la petite semaine** *fam loc adj* [politique] short-sighted, day-to-day.

◆ **à la semaine** *loc adv* [payer] weekly, on a weekly basis, by the week.

◆ **de semaine** *loc adj*: qui est de ~? who's on duty this week?

◆ **en semaine** *loc adv* during the week, on weekdays, on a weekday.

semainier, ère [səmenje, ɛr] *nm, f* [personne] weekly worker.

◆ **semainier** *nm* -**1.** [calendrier] page-a-week diary. -**2.** [meuble] semainier (chest). -**3.** INDUST weekly time sheet. -**4.** JOAILL seven-band bangle.

sémanticien, enne [semɑ̃tisjɛ̃, ɛn] *nm, f* semanticist.

sémantique [semɑ̃tik] ◇ *adj* semantic.

◇ *nf* semantics *(sg)*.

sémantiquement [semɑ̃tikmɑ̃] *adv* semantically.

sémaphore [semafɔr] *nm* **-1.** RAIL semaphore signal. **-2.** NAUT [poste] signal station.

sémasiologie [semazjɔlɔʒi] *nf* semasiology.

semblable [sɑ̃blabl] ◇ *adj* **-1.** [pareil] similar, alike; **nous avons un cas ~** we have a similar case; **ils sont ~s** they are similar OU alike; **je n'ai rien dit de ~** I said nothing of the sort OU no such thing; **je n'avais jamais rien vu de ~** I had never seen anything like it OU the like of it; **~ à** similar to, like. **-2.** GÉOM & MATH similar.
◇ *nmf (avec poss)* **-1.** [être humain]: **vous et vos ~s** you and your kind; **partager le sort de ses ~s** to share the lot of one's fellow man. **-2.** [animal] related species.

semblablement [sɑ̃blabləmɑ̃] *adv* similarly, likewise.

semblant [sɑ̃blɑ̃] *nm* **-1.** [apparence]: **un ~ de: un ~ d'intérêt/d'affection** a semblance of interest/affection; **offrir un ~ de résistance** to put on a show of OU to put up a token resistance; **j'ai un ~ de bronzage** I have a semblance of a tan OU an apology for a tan. **-2. faire ~** [feindre] to pretend; **il ne dort pas, il fait ~** he's not asleep, he's just pretending; **ne fais pas ~ d'avoir oublié** don't pretend to have forgotten OU (that) you've forgotten; **faire ~ d'être malade** to sham illness, to malinger ❑ **ne faire ~ de rien** to pretend not to notice.

sembler [3] [sɑ̃ble] *vi* to seem, to appear; **son histoire semble (être) vraie** his story seems OU appears to be true; **elle semble plus âgée que lui** she seems (to be) OU she looks older than him; **ils semblaient bien s'entendre** they seemed OU appeared to be getting on well; **tu sembles préoccupé** you look OU seem worried; **ça peut ~ drôle à certains** this may seem OU sound funny to some.
◆ **il semble** *v impers* **-1. il semble que...** [on dirait que] it seems...; **il semble qu'il y a** OU **ait eu un malentendu** it seems that OU it looks as if there's been a misunderstanding, there seems to have been a misunderstanding; **il semblait pourtant que tout allait bien** and yet everything seemed to be all right. **-2. il me/te semble (que)** [je/tu crois que]: **cela ne te semble-t-il pas injuste?** don't you find this unfair?, doesn't this strike you as being unfair?; **c'est bien ce qu'il m'a semblé** I thought as much; **il ne me semblait pas te l'avoir dit** I didn't think I'd told you about it; **il était, me semblait-il, au courant de tout** it seemed OU appeared to me that he was aware of everything; **il me semble qu'on s'est déjà vus** I think we've met before; **ce me semble** *sout*: **je vous l'ai déjà dit, ce me semble** it would seem to me that I have already told you that; **comme/quand/si bon me semble: faites comme bon vous semble** do as you think fit OU best, do as you please; **je sors quand/avec qui bon me semble** I go out whenever/with whoever I please.
◆ **à ce qu'il semble, semble-t-il** *loc adv* seemingly, apparently; **ils sont blessés, semble-t-il** they seem to be hurt, it seems (as though) they're hurt, apparently, they're hurt.

sème [sɛm] *nm* seme.

séméiologie [semejɔlɔʒi] = **sémiologie**.

séméiologique [semejɔlɔʒik] = **sémiologique**.

semelle [səmɛl] *nf* **-1.** [d'une chaussure, d'un ski] sole; **bottes à ~s fines/épaisses** thin-soled/thick-soled boots; **chaussures à ~s compensées** platform shoes ❑ **~ intérieure** insole, inner sole. **-2.** *fam* [viande dure]: **c'est de la ~, ce steak!** this steak is like (shoe) leather OU old boots *Br.* **-3.** *loc*: **(pas) d'une ~: ne la lâchez pas d'une ~** don't let her out of your sight; **on n'a pas avancé** OU **bougé d'une ~** we haven't moved a single inch, we haven't made any progress whatsoever; **je ne reculerai pas d'une ~** I won't give an inch. **-4.** CONSTR [de plancher] sill OU sole plate; [de toiture] inferior (roof) purlin; [d'une marche] tread; **~ filante** (wall) footing. **-5.** MIN [élément] sole (piece); [banc] sole. **-6.** RAIL: **~ de frein** brake shoe (insert); **~ de crosse** crosshead slipper OU shoe. **-7.** TECH bedplate. **-8.** [d'un fer à repasser] base, sole.

sémème [semɛm] *nm* sememe.

semence [səmɑ̃s] *nf* **-1.** [graine] seed; **pomme de terre/blé de ~** seed potato/corn. **-2.** *litt* [germe]: **les ~s d'une révolte** the seeds of a revolt. **-3.** *litt* [sperme] semen, seed *litt.* **-4.** JOAILL: **~ de perles** seed pearls; **~ de diamants** diamond sparks. **-5.** [clou] tack.

semer [19] [səme] *vt* **-1.** AGR & HORT to sow; **~ un champ** to sow a field || *(en usage abs)*: **~ à la volée** to sow broadcast; **~ en ligne** to drill. **-2.** *fig* [disperser - fleurs, paillettes] to scatter, to strew; **semé de** scattered OU strewn with; **parcours semé d'embûches** course littered with obstacles. **-3.** *fam* [laisser tomber] to drop; **il a semé tous ses papiers dans l'escalier** he dropped all his papers on the stairs. **-4.** [distancer] to lose, to shake off *(sép)*; **~ le peloton** to leave the pack behind. **-5.** [propager] to bring; **~ le désordre** to wreak havoc; **~ la discorde** to sow the seeds of discord; **~ la terreur/mort** to bring terror/death; **~ le doute dans l'esprit de qqn** to sow OU to plant a seed of a doubt in sb's mind.

semestre [səmɛstr] *nm* **-1.** [dans l'année civile] half-year, six-month period; **pour le premier ~** for the first half of the year OU six months of the year. **-2.** UNIV half-year, semester. **-3.** [rente] half-yearly pension; [intérêt] half-yearly interest.

semestriel, elle [səmɛstrijɛl] *adj* **-1.** [dans l'année civile] half-yearly. **-2.** UNIV semestral.

semestriellement [səmɛstrijɛlmɑ̃] *adv* **-1.** [dans l'année civile] half-yearly, every six months. **-2.** UNIV per OU every semester.

semeur, euse [səmœr, øz] *nm, f* **-1.** AGR sower. **-2.** *fig* [propagateur]: **~ de trouble** troublemaker.

semi- [səmi] *préf* semi-.

semi-aride [səmiarid] *adj* semiarid.

semi-automatique [səmiotɔmatik] *adj* semiautomatic.

semi-chenillé, e [səmiʃənije] *adj* half-tracked.
◆ **semi-chenillé** *nm* half-track.

semi-circulaire [səmisirkylɛr] *adj* semicircular.

semi-conducteur, trice [səmikɔ̃dyktœr, tris] *adj* semiconducting.
◆ **semi-conducteur** *nm* semiconductor.

semi-conserve [səmikɔ̃sɛrv] *nf* semipreserve.

semi-consonne [səmikɔ̃sɔn] *nf* semiconsonant, semivowel.

semi-convergente [səmikɔ̃vɛrʒɑ̃t] *adj f* semiconvergent.

semi-durable [səmidyrabl] *adj* semiperishable.

semi-fini, e [səmifini] *adj* semifinished, semimanufactured.

semi-grossiste [səmigrosist] *nmf wholesaler who also deals in retail.*

semi-liberté [səmilibɛrte] *nf* temporary release *(from prison)*.

sémillant, e [semijɑ̃, ɑ̃t] *adj* sprightly, spirited.

sémillon [semijɔ̃] *nm* Sémillon.

semi-lunaire [səmilynɛr] *adj* half-moon shaped, semilunar; **os ~** semi-lunar.

séminaire [seminɛr] *nm* **-1.** [réunion] seminar, workshop. **-2.** RELIG seminary; **grand/petit ~** major/minor seminary.

séminal, e, aux [seminal, o] *adj* seminal.

séminariste [seminarist] *nm* seminarist, seminarian *Am.*

séminifère [seminifɛr] *adj* seminiferous; **conduits ~s** seminiferous tubules.

Séminole [seminɔl] *npr mpl*: **les ~** the Seminole.

semi-nomade [səminɔmad] ◇ *adj* seminomadic.
◇ *nmf* seminomad.

semi-nomadisme [səminɔmadism] *nm* seminomadism.

séminome [seminom] *nm* seminoma.

semi-officiel, elle [səmiɔfisjɛl] *adj* semi-official.

sémiologie [semjɔlɔʒi] *nf* semiology, semeiology.

sémiologique [semjɔlɔʒik] *adj* semiological, semeiological.

sémiologue [semjɔlɔg] *nmf* semiologist.

sémioticien, enne [semjɔtisjɛ̃, ɛn] *nm, f* semiotician.

sémiotique [semjɔtik] *nf* semiotics *(sg)*.

semi-ouvert, e [səmiuvɛr, ɛrt] *adj*: **intervalle ~** half-open interval.

semi-ouvré, e [səmiuvre] *adj* semimanufactured, semifinished.

semi-perméable [səmipɛrmeabl] *adj* semipermeable.

semi-polaire [səmipɔlɛr] *adj* semipolar.

semi-public, ique [səmipyblik] *adj* semipublic.

sémique [semik] *adj* semic.

Sémiramis [semiramis] *npr* Semiramis.

semi-remorque [səmirəmɔrk] ◇ *nf* semitrailer.
◇ *nm* articulated lorry *Br*, trailer truck *Am.*

semi-rigide [səmiriʒid] *adj* semirigid.

semis [səmi] *nm* **-1.** [action] sowing; **~ à la volée** broadcast sowing. **-2.** [terrain] seedbed. **-3.** *fig*: **un ~ de: c'était un tissu à fond blanc avec un ~ de petites fleurs bleues** the material had a pattern of small blue flowers on a white background.

semi-submersible [səmisybmɛrsibl] *adj* semisubmersible.

sémite [semit] *adj* Semitic.
◆ **Sémite** *nmf* Semite; **les Sémites** the Semites.

sémitique [semitik] *adj* Semitic.

sémitisant, e [semitizɑ̃, ɑ̃t] *nm, f* Semitist.

sémitisme [semitism] *nm* [études] Semitics *(sg)*; [phénomène] Semitism.

semi-voyelle [səmivwajɛl] *(pl* **semi-voyelles**) *nf* semivowel, semiconsonant.

semnopithèque [sɛmnɔpitɛk] *nm* semnopithecus.

semoir [səmwar] *nm* **-1.** [panier] seed-bag. **-2.** [machine] sower, seeder.

semonce [səmɔ̃s] *nf* **-1.** *sout* [réprimande] reprimand, rebuke. **-2.** NAUT: **coup de ~** warning shot.

semoule [səmul] *nf* semolina; **~ de riz** rice flour; **~ de maïs** cornflour; **~ blanche** rice flour; **~ de blé dur** durum wheat flour.

semoulerie [səmulri] *nf* **-1.** [usine] semolina processing factory. **-2.** [commerce] semolina industry.

sempiternel, elle [sɑ̃pitɛrnɛl] *adj* neverending, endless.

sempiternellement [sɑ̃pitɛrnɛlmɑ̃] *adv* eternally, forever.

sénat [sena] *nm* **-1.** [assemblée] senate; **le Sénat** the (French) Senate. **-2.** [lieu] senate (house).

SÉNAT

The Sénat is the upper house of the French Parliament. Its members are elected for a nine-year mandate by the Deputies of the Assemblée nationale and certain other government officials. The President of the Senate may deputise for the President of the Republic. The powers of the Senate are almost as extensive as those of the Assemblée nationale, although the latter is empowered to override the decisions of the Senate in cases where the two houses disagree.

---

sénateur [senatœr] *nm* senator.

sénatorial, e, aux [senatɔrjal, o] *adj* senatorial, senate *(modif)*.
◆ **sénatoriales** *nfpl* senatorial elections.

sénéchal, aux [seneʃal, o] *nm* seneschal.

séneçon [sɛnsɔ̃] *nm*: **~ commun** groundsel; **~ cinéraire** silver ragwort.

Sénégal [senegal] *npr m*: le ~ Senegal; au ~ in Senegal.

sénégalais, e [senegalɛ, ɛz] *adj* Senegalese.

◆ **Sénégalais, e** *nm, f* Senegalese; les Sénégalais the Senegalese.

Sénèque [senɛk] *npr* Seneca.

sénescence [senesɑ̃s] *nf* senescence.

sénescent, e [senesɑ̃, ɑ̃t] *adj* senescent.

sénevé [senve] *nm* (wild) mustard, charlock.

sénile [senil] *adj* senile.

sénilité [senilite] *nf* senility.

senior [senjɔr] *adj* & *nmf* senior SPORT.

senne [sɛn] *nf* seine.

señorita [seɲɔrita] *nm* [cigare] *French-made cigarillo*.

sens [sɑ̃s] ◇ *nm* **-1.** PHYSIOL sense; le ~ du toucher the sense of touch ❑ sixième ~ sixth sense; reprendre ses ~ *pr* to come to; *fig* to come to one's senses. **-2.** [instinct] sense; ~ moral/pratique moral/practical sense; avoir le ~ de la nuance to be subtle; elle n'a pas le ~ de la nuance she's rather unsubtle; le ~ de l'humour a sense of humour; avoir le ~ de l'orientation to have a good sense of direction; avoir le ~ des affaires to have a good business sense OU a good head for business; ne pas avoir le ~ des réalités to have no grasp of reality; avoir le ~ du rythme to have natural rhythm OU a natural sense of rhythm ❑ bon ~, ~ commun common sense; gros bon ~ horse sense, (good) common sense; avec son gros bon ~, il avait tout de suite vu que... he had the good sense to see straightaway that...; ça tombe sous le ~ it's obvious, it stands to reason. **-3.** [opinion]: à mon/son ~ according to me/him; à mon ~, c'est impossible as I see it OU to my mind, it's impossible. **-4.** [signification - d'un mot, d'une phrase] meaning *(C)*, sense; [- d'une allégorie, d'un symbole] meaning *(C)*; le ~ LING meaning *(U)*, signification; quel est le ~ de ce mot? what does this word mean?; le mot a plusieurs ~ the word has several senses OU meanings; ce que tu dis n'a pas de ~ [c'est inintelligible, déraisonnable] what you're saying doesn't make sense; porteur de ~ meaningful; vide de ~ meaningless; au ~ propre/figuré in the literal/figurative sense; au ~ strict strictly speaking; le ~ caché des choses the hidden meaning of things; chercher/trouver un ~ à la vie to look for/to find a meaning to life. **-5.** [direction] direction; dans tous les ~ in all directions, all over the place; en ~ inverse the other way round OU around; pose l'équerre dans ce ~-là/l'autre ~ lay the set square down this way/the other way round; scier une planche dans le ~ de la largeur/longueur to saw a board widthwise/lengthwise; dans le ~ nord-sud/est-ouest in a southerly/westerly direction; installer qqch dans le bon ~ to fix sthg the right way up; fais demi-tour, on va dans le mauvais ~! turn round, we're going the wrong way OU in the wrong direction!; il n'y a plus de trains dans le ~ Paris-Lyon there are no more trains from Paris to Lyons; la circulation est bloquée dans le ~ Paris-province traffic leaving Paris is at a standstill; dans le ~ de la marche facing the front *(of a vehicle)*; dans le ~ contraire de la marche facing the rear *(of a vehicle)*; dans le ~ du courant with the current; dans le ~ des aiguilles d'une montre clockwise; dans le ~ contraire des aiguilles d'une montre anticlockwise *Br*, counterclockwise *Am*; dans le ~ du bois with the grain (of the wood); dans le ~ du tissu along the weave (of the cloth) ❑ ~ giratoire TRANSP roundabout *Br*, traffic circle *Am*; ~ interdit [panneau] no-entry sign; [rue] one-way street; être OU rouler en ~ interdit to be going the wrong way up/down a one-way street; (rue à) ~ unique one-way street; à ~ unique *fig* [amour] unrequited; [décision] unilateral, one-sided; caresser dans le ~ du poil to rub sb up the right way. **-6.** *fig* [orientation] line; nous agirons dans le même ~ we'll move along the same lines, we'll take the same sort of action; des mesures allant dans le ~ d'une plus grande justice measures directed at greater justice; nous avons publié une brochure dans ce ~ we have published a brochure along those (same) lines OU to that effect; leur politique ne va pas dans le bon ~ their policy's going down the wrong road.

◇ *nmpl* [sensualité] (carnal) senses; pour le plaisir des ~ for the gratification of the senses.

◆ **dans le sens où, en ce sens que** *loc conj* in the sense that, in so far as.

◆ **dans un certain sens** *loc adv* in a way, in a sense, as it were.

◆ **sens dessus dessous** *loc adv* upside down.

◆ **sens devant derrière** *loc adv* back to front, the wrong way round.

sensass *fam* [sɑ̃sas] *adj inv* [sensationnel] terrific, sensational.

sensation [sɑ̃sasjɔ̃] *nf* **-1.** [impression] sensation, feeling; ~ de fraîcheur feeling of freshness, fresh sensation; j'avais la ~ qu'on reculait I had the feeling we were going backwards; privé de ~ numb, insensate *litt*; ~s fortes: les amateurs de ~s fortes people who like thrills. **-2.** [impact]: faire ~ to cause a stir OU sensation. **-3.** PHYSIOL sensation.

◆ **à sensation** *loc adj* sensational; un reportage à ~ a shock OU sensation-seeking report; un titre à ~ a sensational headline.

sensationnalisme [sɑ̃sasjɔnalism] *nm* sensationalism.

sensationnel, elle [sɑ̃sasjɔnɛl] *adj* **-1.** [spectaculaire - révélation, image] sensational. **-2.** *fam* [remarquable] sensational, terrific, great.

◆ **sensationnel** *nm*: le ~ the sensational; journal qui donne dans le ~ sensationalist newspaper.

sensé, e [sɑ̃se] *adj* sensible, well-advised, wise; dire des choses ~es to talk sense; ce qu'il a dit n'est pas très ~ what he said doesn't make much sense.

sensément [sɑ̃semɑ̃] *adv litt* sensibly, wisely.

sensibilisateur, trice [sɑ̃sibilizatœr, tris] *adj* sensitizing.

◆ **sensibilisateur** *nm* PHOT sensitizer.

sensibilisation [sɑ̃sibilizasjɔ̃] *nf* **-1.** [prise de conscience] awareness; il y a une plus grande ~ des jeunes aux dangers du tabagisme young people are more alert to OU aware of the dangers of smoking; la ~ de l'opinion publique à l'environnement public awareness of the environment; campagne/techniques de ~ consciousness-raising campaign/techniques. **-2.** MÉD & PHOT sensitization.

sensibiliser [3] [sɑ̃sibilize] *vt* **-1.** [gén]: ~ qqn à qqch to make sb conscious OU aware of sthg; il faudrait essayer de ~ l'opinion we'll have to try and make people aware. **-2.** MÉD & PHOT to sensitize.

sensibilité [sɑ̃sibilite] *nf* **-1.** [physique] sensitiveness, sensitivity; ~ à la douleur/au soleil sensitivity to pain/to the sun ‖ [intellectuelle] sensibility; avoir une ~ littéraire to have a literary sensibility ‖ [émotive] sensitivity; elle est d'une ~ maladive she's painfully OU excruciatingly sensitive; tu manques totalement de ~ you're utterly insensitive. **-2.** ÉCON: la ~ du marché des changes the sensitivity of the foreign exchange market. **-3.** PHOT, PHYSIOL & RAD sensitivity.

sensible [sɑ̃sibl] ◇ *adj* **-1.** [physiquement, émotivement] sensitive; avoir l'ouïe ~ to have sensitive hearing; ~ à sensitive to; être ~ au chaud to be sensitive to OU to feel the heat; être ~ aux souffrances d'autrui to be sensitive to other people's sufferings; sera-t-il ~ à cette preuve d'amour? will he be touched by this proof of love?; ~ à la beauté de qqn susceptible to sb's beauty; c'est une nature ~ he's the sensitive kind, he's easily affected by things; personnes ~s s'abstenir not recommended for people of a nervous disposition ❑ point ~ sore spot. **-2.** [peau, gencive] delicate, sensitive; [balance, microphone] sensitive, responsive; [direction de voiture] responsive. **-3.** [phénomène - perceptible] perceptible; [- notable] noticeable, marked, sensible; ~ à l'ouïe perceptible to the ear; la crise est le plus ~ dans le Nord the crisis is most acutely felt in the North; hausse/baisse ~ marked rise/fall; il n'y a pas eu de progrès ~ there's been no appreciable OU noticeable progress. **-4.** PHILOS sensory; un être ~ a sentient being ❑ le monde ~ the world as perceived by the senses. **-5.** MUS [note] leading. **-6.** PHOT sensitive.

◇ *nf* MUS leading note, subtonic.

sensiblement [sɑ̃sibləmɑ̃] *adv* **-1.** [beaucoup] appreciably, noticeably, markedly. **-2.** [à peu près] about, approximately, more or less.

sensiblerie [sɑ̃sibləri] *nf* oversensitiveness, squeamishness.

sensitif, ive [sɑ̃sitif, iv] ◇ *adj* **-1.** ANAT sensory. **-2.** PSYCH oversensitive.

◇ *nm, f* PSYCH oversensitive subject; c'est un ~ he's oversensitive.

◆ **sensitive** *nf* BOT sensitive plant.

sensitomètre [sɑ̃sitɔmɛtr] *nm* sensitometer.

sensitométrie [sɑ̃sitɔmetri] *nf* sensitometry.

sensoriel, elle [sɑ̃sɔrjɛl] *adj* [organe, appareil] sense *(modif)*; [nerf, cortex] sensory.

sensorimétrique [sɑ̃sɔmetrik] *adj* sensorimetric.

sensorimoteur, trice [sɑ̃sɔrimɔtœr, tris] *adj* sensorimotor, sensomotor.

sensualisme [sɑ̃sɥalism] *nm* sensualism.

sensualiste [sɑ̃sɥalist] ◇ *adj* sensual.

◇ *nmf* sensualist.

sensualité [sɑ̃sɥalite] *nf* sensuality.

sensuel, elle [sɑ̃sɥɛl] ◇ *adj* **-1.** [plaisir, personne] sensual, sybaritic *litt*; elle le couvait de son regard ~ she was gazing at him seductively. **-2.** [musique] sensuous, voluptuous.

◇ *nm, f* sensualist, sybarite *litt*.

sente [sɑ̃t] *nf litt* path, footpath, track.

sentence [sɑ̃tɑ̃s] *nf* **-1.** [jugement] sentence; prononcer une ~ to pass OU to give OU to pronounce sentence. **-2.** [maxime] maxim, saying.

sentencieusement [sɑ̃tɑ̃sjøzmɑ̃] *adv* sententiously, moralistically.

sentencieux, euse [sɑ̃tɑ̃sjø, øz] *adj* sententious, moralistic, moralizing.

senteur [sɑ̃tœr] *nf litt* fragrance, scent, aroma.

senti, e [sɑ̃ti] *adj* [exprimé avec conviction] heartfelt; bien ~ [mot] appropriate, well-chosen; [lecture, interprétation] appropriate, apposite; [vérité] from the heart.

sentier [sɑ̃tje] *nm* **-1.** [allée] path, footpath. **-2.** SPORT: ~ de grande randonnée long-distance hiking path. **-3.** *fig* & *litt* path, way; les ~s de la gloire the paths of glory ❑ être sur le ~ de la guerre *fig* to be on the warpath; suivre les ~s battus to keep to well-trodden paths; sortir des ~s battus to get OU to wander off the beaten track. **-4.** le Sentier *predominantly Jewish district of Paris famous as a centre for the clothing trade*. **-5.** POL: le Sentier lumineux the Shining Path, the Sendero Luminoso.

sentiment [sɑ̃timɑ̃] *nm* **-1.** [émotion] feeling; un ~ de honte a feeling of shame ❑ prendre qqn par les ~s to appeal to sb's feelings; si tu me prends par les ~s! *hum* if you go for the heartstrings! **-2.** [sensibilité] feeling *(U)*; le ~ religieux religious feeling OU fervour; chanter avec ~ to sing with feeling ‖ *(tjrs sg)* [sensiblerie] (silly) sentimentalism ❑ faire du ~: ce n'est pas le moment de faire du ~ this is no time to get sentimental; avoir qqn au ~ to get around sb; n'essaie pas de m'avoir OU de me la faire au ~ *fam* don't try to get around me by appealing to my better nature. **-3.** [opinion] feeling; si vous voulez savoir mon ~ if you want to know what I think OU feel; mon ~ est que la guerre ne va pas durer my feeling is that the war won't last; j'ai ce ~-là aussi my feelings exactly. **-4.** [conscience]: avoir le/un ~ de to have the/a feeling of; avoir le ~ de sa solitude to have a feeling of loneliness; j'ai le ~ très net de m'être trompé/qu'il m'a menti I have a distinct feeling that I made a mistake/that he lied to me. -**5.** CHASSE scent.

◆ **sentiments** *nmpl* -**1.** [disposition]: faire appel aux bons ~s de qqn to appeal to sb's better OU finer feelings; **revenir à de meilleurs ~s** to be in a better frame of mind. -**2.** [dans la correspondance]: **veuillez agréer l'expression de mes ~s distingués** yours faithfully *esp Br*, sincerely yours *esp Am*; **nos ~s les meilleurs** kindest regards.

sentimental, e, aux [sɑ̃timɑ̃tal, o] ◇ *adj* -**1.** [affectif] sentimental; **la valeur ~e d'une broche** the sentimental value of a brooch; **vie ~e** love life; **la pièce ne compte que pour l'intrigue ~e** the play's only saved by its love interest. -**2.** *péj* sentimental, mawkish *péj*.
◇ *nm, f*: **c'est un grand ~** he's a sentimentalist, he's very sentimental; **pourtant, je ne suis pas un ~** yet I'm not given to sentimentality.

sentimentalement [sɑ̃timɑ̃talmɑ̃] *adv* sentimentally, mawkishly *péj*.

sentimentalisme [sɑ̃timɑ̃talism] *nm* emotionalism, sentimentalism.

sentimentalité [sɑ̃timɑ̃talite] *nf* sentimentality, mawkishness *péj*.

sentinelle [sɑ̃tinɛl] *nf* MIL sentinel, sentry; **faire ~** *vieilli* to keep watch, to stand guard, to be on the lookout; **en ~** on guard; **être en ~** to stand sentinel OU sentry, to be on sentry duty; **les cambrioleurs ont mis un homme en ~ à la sortie de la banque** the robbers have put a lookout in front of the bank.

sentir [37] [sɑ̃tir] ◇ *vt* **A.** AVOIR UNE IMPRESSION DE -**1.** [par l'odorat] to smell; [par le toucher] to feel; [par le goût] to taste; **avec mon rhume, je ne sens rien** with this cold, I can't smell anything OU I've no sense of smell (left); **sens-moi cette soupe!** *fam* just smell this soup!; **je sens le gaz** I can smell gas; **as-tu senti le goût du romarin?** did you taste the rosemary?; **~ un caillou dans sa chaussure** to feel a stone in one's shoe; **il marche sur les braises sans paraître rien ~** he walks on burning coals without showing any sign of pain; **je n'ai rien senti!** I didn't feel a thing!; **je ne sens plus mon nez** [de froid] my nose has gone numb; **je ne sens plus ma main** [d'ankylose] my hand's gone numb OU dead; **je ne sens plus mes bras/jambes** [de fatigue] my arms/legs are killing me; **quand je monte l'escalier, je sens mon genou** *fam* [douleur ancienne] my knee plays up when I walk up the stairs; **je sens une lourdeur dans mes jambes** my legs feel heavy; **elle commence à ~ son âge** she's starting to feel her age; **~ son visage s'empourprer** to feel o.s. blushing; **il sentit les larmes lui monter aux yeux** he could feel tears coming to his eyes; **elle sentait le sommeil la gagner** she felt sleepier and sleepier; **je sentais battre mon cœur** I could feel my heart beating; **je n'ai pas senti l'après-midi/les années passer** the afternoon/years just flashed by; **j'ai senti qu'on essayait de mettre la main dans ma poche** I was aware OU I felt that someone was trying to reach into my pocket; **fais ~ que les consonnes sont doublées** [entendre] bring out the double consonants ❑ **le ~ passer, la ~ passer** *fam*: **je l'ai sentie passer** [douleur, claque] that really hurt; **je l'ai sentie passer, la piqûre!** I really felt that jab!; **vous allez la ~ passer, l'amende!** you'll certainly know about it when you get the fine!; **c'est lui qui a payé le repas, il a dû le ~ passer!** he paid for the meal, it must have cost him an arm and a leg! -**2.** [avoir l'intuition de - mépris, présence, réticence] to feel, to sense, to be aware of; [- danger, menace] to be aware OU conscious of, to sense; **on ne m'a pas dit qu'il était mort, mais je l'ai senti** I wasn't told he was dead but I sensed it OU I had a feeling he was; **tu ne sens pas ta force** you don't know your own strength; **j'ai senti qu'on me suivait** I felt OU sensed (that) I was being followed; **elle finirait par pleurer, je le sentais venir de loin** *fam* I could see a mile off that it was all going to end in tears; **je sens bien qu'il m'envie** I can feel OU tell that he envies me; **ils n'ont pas senti venir le danger** they didn't smell OU sense (the) danger; **elle sentait le pouvoir lui échapper** she could feel (that) power was slipping away from her; **je le sentais venir (de loin) avec son petit air innocent!** *fam* I could see him coming (a mile off) with that innocent look on his face!; **je le sentais prêt/résolu** I could feel OU tell he was ready/determined; **sens-tu à quel point il t'aime?** do you realize how much he loves you?; **faire ~ qqch à qqn** to make sb aware of sthg, to show sb sthg; **il m'a fait ~ que j'étais de trop** he made me understand OU he hinted that I was in the way; **elle nous le fait ~, qu'elle est le chef!** *fam* she makes sure we know who's the boss!; **se faire ~**: **les conséquences de votre décision se feront ~ tôt ou tard** the implications of your decision will be felt sooner or later ❑ **tu fais comme tu sens, coco!** *fam hum* just do your own thing, pal! -**3.** *sout* [éprouver - joie, chagrin, remords] to feel; **je ne sens rien pour lui** I feel nothing for him || *(en usage abs)*: **un animal, même intelligent, est-il apte à ~?** can an animal have feelings, even an intelligent one? -**4.** [apprécier - art, musique] to feel, to have a feeling for. -**5.** *fam* [être convaincu par]: **je ne la sens pas pour le rôle** my feeling is that she's not right for the part; **je ne sens pas ton projet** I can't quite get what you're trying to do in your project. -**6.** [maîtriser - instrument, outil] to have the feel for; [- rôle, mouvement à exécuter] to feel at ease with; **~ sa monture** to feel good in the saddle; **je ne sentais pas bien mon service aujourd'hui** [au tennis] my service wasn't up to scratch today; **tu ne pourras pas sculpter tant que tu ne sentiras pas la pierre** you won't become a sculptor until you have the right feeling for stone; **cet acteur n'est pas convaincant, il ne sent pas son texte** this actor isn't very convincing, he doesn't get inside the role. -**7.** *fam* [tolérer]: **je ne peux pas ~ sa sœur** I can't bear the sight of OU stand her sister; **je ne peux pas ~ ses blagues sexistes** I can't stomach OU I just can't take his sexist jokes.
B. EXHALER, DONNER UNE IMPRESSION -**1.** [dégager - odeur, parfum] to smell (of), to give off a smell of; **qu'est-ce que ça sent?** what's this smell?; **~ le gaz** to smell of gas; **ça sent le poisson** it smells fishy OU of fish; **les roses ne sentent rien** the roses don't smell (of anything) OU have no smell; **ça sent bon le lilas, ici** there's a nice smell of lilac in here. -**2.** [annoncer]: **ça sent l'automne** there's a hint OU trace of autumn in the air; **ça sent la pluie/neige** it feels like rain/snow; **ça sentait la mutinerie** there was mutiny in the air; **ses propositions sentent le traquenard** there must be a catch in what he's proposing; **se faire ~** [devenir perceptible] to be felt, to become obvious; **la fatigue se fait ~ chez les coureurs** the runners are showing signs of tiredness; **l'hiver commençait à se faire ~** winter was coming on OU making its approach felt. -**3.** [laisser deviner] to smack of *(insép)*, to savour of *(insép)*; **son livre sent la morale catholique** his book smacks of Catholic morality; **son interprétation/style sent un peu trop le travail** her performance/style is rather too constrained; **il sent le policier à des kilomètres** *fam* you can tell he's a policeman a mile off; **ce n'est pas un acte de vandalisme, ça sentirait plutôt la vengeance** it's not pure vandalism, it feels more like revenge; **ça sent sa province/les années trente!** *fam* it smacks of provincial life/the thirties!; **son accent sentait bon le terroir** he had a wonderfully earthy accent.
◇ *vi* [puer] to smell, to stink, to reek; **la viande commence à ~** the meat is starting to smell; **il sent des pieds** his feet smell, he's got smelly feet; **le fromage sent fort** the cheese smells strong; **ça sent bon** [fleur, parfum] it smells nice; [nourriture] it smells good OU nice; **tu sens bon** you smell nice OU lovely ❑ **ça sent mauvais** *pr* it smells nasty, it stinks; *fig fam* there's something very fishy about this.

◆ **se sentir** ◇ *vp (emploi réciproque) fam*: **ils ne peuvent pas se ~** [se supporter] they can't stand each other.
◇ *vp (emploi passif)* to show; **lorsqu'elle est déprimée, cela se sent dans ses lettres** when she's depressed, you can sense it OU it shows in her letters; **il ne l'aime pas — ça se sent** he doesn't like her — you can tell (he doesn't) OU you can sense it; **il était de langue maternelle russe, mais cela ne se sent pas dans ses romans** his mother tongue was Russian but you wouldn't know it from his novels.
◇ *vpi* to feel; **se ~ fatigué/bafoué** to feel tired/the object of ridicule; **est-ce que tu te sens visé?** do you feel this was meant for you?; **je me sens rajeuni de 20 ans** I feel 20 years younger; **se ~ en sécurité/danger** to feel safe/threatened; **se ~ de trop** to feel that one is unwelcome; **elle se sentait revivre** she felt (she'd been) born again; **je me sentais glisser** I could feel myself slipping; **se ~ mal** [s'évanouir] to feel faint; [être indisposé] to feel ill; **il se sent mal dans sa peau** he's not at peace with himself; **se ~ bien** to feel good OU all right; **je me sens mieux maintenant** I feel better now; **je ne m'en sens pas capable** I don't feel up to it OU equal to it ❑ **non mais, tu te sens bien?** *fam* have you gone mad?, are you off your rocker?; **se ~ de** *fam* [avoir le courage de]: **tu te sens d'y aller?** do you feel up to going?; **ne plus se ~**: **elle ne se sent plus depuis qu'elle a eu le rôle** *fam* she's been really full of it since she landed the part; **du caviar? tu te sens plus, toi!** *fam* caviar? hey, steady on!; **ne plus se ~ de joie** to be bursting OU beside o.s. with joy.
◇ *vpt*: **je ne me sens pas le courage/la force de marcher** I don't feel up to walking/have the strength to walk; **te sens-tu le cœur d'y aller?** do you feel up to going?

seoir [67] [swar]

◆ **seoir à** *v + prép litt* -**1.** [être seyant] to become, to suit; **le noir ne te sied pas** black doesn't become you. -**2.** [convenir] to suit; **cet air de gravité seyait à sa personne** this solemn air suited her OU went well with her personality || *(tournure impersonnelle)*: **il sied de** *litt* [il convient de] it is right OU proper to; **il sied d'envoyer un mot de remerciement** it is proper OU fitting to send a note of thanks; **il sied à qqn de...** it is proper for sb to..., it behoves sb to...; **il ne vous sied pas** OU **il vous sied mal de protester** it ill becomes OU befits you to complain; **comme il sied** as is proper OU fitting.

Séoul [seul] *npr* Seoul.

SEP (*abr de* **sclérose en plaques**) *nf* MS.

sépale [sepal] *nm* sepal.

séparable [separabl] *adj*: **~ de** separable from; **l'intelligence n'est pas ~ de la sensibilité** intelligence cannot be separated OU divorced from the emotions.

séparateur, trice [separatœr, tris] *adj* separating, separative.

◆ **séparateur** *nm* -**1.** ÉLECTR & TECH separator; **~ d'eau et de vapeur** water trap; **~ d'huile** oil separator. -**2.** INF separator, delimiter.

séparation [separasjɔ̃] *nf* -**1.** [éloignement] separation, parting; **elle n'a pas supporté la ~ d'avec ses enfants** she couldn't bear to be parted OU separated from her children; **quand arriva le jour de notre ~** when the day of our separation arrived, when the day came for us to part. -**2.** [rupture] break-up, split-up; **leur ~ est imminente** they are on the brink of splitting OU breaking up. -**3.** JUR separation (agreement); **~ amiable** OU **de fait** voluntary separation; **le régime de la ~ de biens** (marriage settlement based on) separate ownership of property; **~ de biens judiciaire** judicial separation of property; **~ de corps** divorce a mensa et thoro *vieilli*. -**4.** POL: **la ~ des pouvoirs** the separation of powers; **la ~ de l'Église et de l'État** the separation of Church and State. -**5.** [cloison] partition, division. -**6.** CHIM separating, isolating. -**7.** NUCL: **~ isotopique** OU **des isotopes** isotope separation.

séparatisme [separatism] *nm* separatism.

séparatiste [separatist] *adj & nmf* separatist.

séparé, e [separe] *adj* **-1.** [éléments, problèmes, courrier] separate. **-2.** [époux] separated; **nous sommes ~s depuis un an** we've been separated for a year; **époux ~s de biens/corps** couple living under a judicial separation order/a decree of divorce a mensa et thoro *vieilli.*

séparément [separemɑ̃] *adv* separately; **vivre ~** to live apart OU separately; **c'est un problème à traiter ~** this problem must be dealt with separately.

séparer [3] [separe] *vt* **-1.** [isoler] to separate; **~ des gaz/isotopes** to separate gases/isotopes; **~ le blanc et le jaune d'un œuf** to separate the yolk and OU from the white; **~ qqch de: ~ les raisins gâtés des raisins sains** to separate the bad grapes from the good ones, to pick the bad grapes out from amongst the good ones ❑ **~ le bon grain de l'ivraie** *allusion Bible* to separate the wheat from the chaff. **-2.** [éloigner - gens] to part, to separate, to pull apart *(sép)*; **rien ne peut nous ~,** mon amour nothing can come between us, my love; **la guerre a séparé beaucoup de familles** many families were separated OU broken up by the war; **séparez-les, ils vont se tuer!** pull them apart or they'll kill each other!; **~ qqn de: on les a séparés de leur père** they were separated from OU taken away from their father. **-3.** [différencier]: **~ l'amour et l'amitié amoureuse** to distinguish between love and a loving friendship; **tout les sépare** they're worlds apart, they have nothing in common. **-4.** [diviser] to separate, to divide; **la piste de ski est séparée en deux** the ski slope is divided into two; **le coin travail est séparé du lit par un paravent** a screen provides a partition between the work area and the bed; **le Nord est séparé du Sud** OU **le Nord et le Sud sont séparés par un désert** the North is separated from the South by a desert; **deux heures/cinq kilomètres nous séparaient de la frontière** we were two hours/five kilometres away from the border.

◆ **se séparer** ◇ *vp (emploi réciproque)* [se quitter] to break up; **les Beatles se sont séparés en 1970** the Beatles split up OU broke up in 1970; **on se sépara sur le pas de la porte** we parted on the doorstep.

◇ *vpi* to divide, to branch (off); **le fleuve se sépare en plusieurs bras** the river divides OU splits into several channels.

◆ **se séparer de** *vp + prép* **-1.** [se priver de] to part with; **j'ai dû me ~ de mes disques de jazz/de mon jardinier** I had to part with my jazz records/let my gardener go; **je ne me sépare jamais de mon plan de Paris** I'm never without my Paris street map; **il ne se sépare pas si facilement de son argent** he and his money are not so easily parted. **-2.** [quitter]: **se ~ de son mari** to separate OU to part from one's husband.

sépia [sepja] ◇ *nf* **-1.** ZOOL cuttlefish ink. **-2.** BX-ARTS [couleur] sepia; [dessin] sepia (drawing).

◇ *adj inv* sepia, sepia-coloured.

sept [sɛt] ◇ *adj num card inv* **-1.** *(avant le n)* [chiffre] seven; **les Sept Merveilles du monde** the Seven Wonders of the World; **les ~ péchés capitaux** the seven deadly sins. **-2.** *(après le n)* [septième] seventh; **le tome ~** volume seven. **-3.** JEUX: **le jeu des ~ familles** Happy Families.

◇ *nm inv* **-1.** [numéro] seven. **-2.** JEUX [carte] seven. **-3.** TV: **les Sept d'or** *annual television awards.*

◇ *nf*: **la Sept** *former French television channel.*

septal, e, aux [sɛptal, o] *adj* ANAT septal.

septantaine [sɛptɑ̃tɛn] *nf Belg & Helv* about seventy; **il a la ~** he's about seventy.

septante [sɛptɑ̃t] *adj num card inv Belg & Helv* seventy.

Septante [sɛptɑ̃t] *npr f*: **la (version des) ~** the Septuagint.

septantième [sɛptɑ̃tjɛm] *nmf & adj Belg & Helv* seventieth.

septembre [sɛptɑ̃br] *nm* September.

septennal, e, aux [sɛptenal, o] *adj* **-1.** [qui a lieu tous les sept ans] septennial. **-2.** [qui dure sept ans] septennial, seven-year *(avant n).*

septennat [sɛptena] *nm* **-1.** POL (seven year) term of office; **pendant son premier ~** during his first term of office; **la plus belle gaffe du ~** the most spectacular blunder of his presidency. **-2.** [période] seven-year period.

septentrion [sɛptɑ̃trijɔ̃] *nm litt* north, septentrion *arch.*

septentrional, e, aux [sɛptɑ̃trijɔnal, o] *adj* northern, septentrional *arch.*

septicémie [sɛptisemi] *nf* blood poisoning, septicaemia *spéc.*

septicémique [sɛptisemik] *adj* septicaemic.

septicité [sɛptisite] *nf* septicity.

septième [sɛtjɛm] ◇ *adj num ord* seventh; **le ~ art** the cinema; **être au ~ ciel** to be in seventh heaven; **'le Septième Sceau'** *Bergman* 'The Seventh Seal'.

◇ *nmf* seventh.

◇ *nm* **-1.** [partie] seventh (part). **-2.** [étage] seventh floor *Br*, sixth storey *Am.*

◇ *nf* **-1.** SCOL senior form *Br* OU fifth grade *Am (in primary school)*. **-2.** MUS seventh.

septièmement [sɛtjɛmmɑ̃] *adv* seventhly, in the seventh place.

septique [sɛptik] *adj* septic.

septuagénaire [sɛptɥaʒenɛr] ◇ *adj* seventy-year-old *(avant n)*, septuagenarian.

◇ *nmf* septuagenarian, seventy-year-old man/woman.

septuagésime [sɛptɥaʒezim] *nf* Septuagesima.

septuor [sɛptɥɔr] *nm* septet, septette.

septuple [sɛptypl] ◇ *adj* septuple, sevenfold.

◇ *nm* septuple.

septupler [3] [sɛptyple] ◇ *vt*: **~ qqch** to increase sthg sevenfold, to septuple sthg.

◇ *vi* to increase sevenfold, to septuple.

sépulcral, e, aux [sepylkral, o] *adj litt* sepulchral; **un silence ~** the silence of the grave; **une voix ~e** a cavernous OU sepulchral voice.

sépulcre [sepylkr] *nm litt* sepulchre.

sépulture [sepyltyr] *nf* **-1.** [lieu] burial place. **-2.** *litt* [enterrement] burial, sepulture *litt.*

séquelles [sekɛl] *nfpl* [d'une maladie] aftereffects; [d'un bombardement, d'une guerre] aftermath, consequence, sequel; **sa bronchite n'a pas laissé de ~** she suffered no aftereffects from her bronchitis.

séquence [sekɑ̃s] *nf* **-1.** CIN, GÉOL, MUS & RELIG sequence. **-2.** JEUX: **~ de cartes** run, sequence of cards. **-3.** INF sequence; **~ d'appel** call sequence.

séquenceur [sekɑ̃sœr] *nm* sequencer.

séquentiel, elle [sekɑ̃sjɛl] *adj* **-1.** [ordonné] sequential. **-2.** INF [accès] sequential, serial; [traitement] sequential.

séquestration [sekɛstrasjɔ̃] *nf* **-1.** JUR [d'une personne] illegal confinement OU restraint; [de biens] sequestration (order). **-2.** CHIM & MÉD sequestration.

séquestre [sekɛstr] *nm* **-1.** JUR [saisie] sequestration; [personne] sequestrator. **-2.** MÉD sequestrum.

◆ **sous séquestre** *loc adj & loc adv*: **biens mis** OU **placés sous ~** sequestrated property.

séquestrer [3] [sekɛstre] *vt* **-1.** [personne] to confine illegally. **-2.** JUR [bien] to sequestrate.

sequin [səkɛ̃] *nm* sequin.

séquoia [sekɔja] *nm* sequoia wellingtonia, giant sequoia.

sérac [serak] *nm* serac.

sérail [seraj] *nm* **-1.** [harem] seraglio, harem. **-2.** [palais d'un sultan] seraglio; **nourri dans le ~, j'en connais les détours** *allusion Racine* I've been around long enough to know what I'm talking about; **fils de ministre, il a été élevé dans le ~** (politique) as a cabinet minister's son, he was brought up in a political atmosphere.

séraphin [serafɛ̃] *nm* seraph.

séraphique [serafik] *adj* seraphic, seraphical.

serbe [sɛrb] *adj* Serbian.

◆ **Serbe** *nmf* Serb, Serbian.

◆ **serbe** *nm* LING Serb, Serbian.

Serbie [sɛrbi] *npr f*: **(la) ~** Serbia.

serbo-croate [sɛrbɔkrɔat] (*pl* **serbo-croates**) ◇ *adj* Serbo-Croat, Serbo-Croatian.

◇ *nm* LING Serbo-Croat, Serbo-Croatian.

Sercq [sɛrk] *npr* (isle of) Sark.

séré [sere] *nm Helv* fromage frais.

serein, e [sərɛ̃, ɛn] *adj* **-1.** [esprit, visage] serene, peaceful. **-2.** *litt* [eau, ciel] serene, clear, tranquil. **-3.** *sout* [jugement] unbiased, dispassionate; [réflexion] undisturbed, unclouded.

sereinement [sərɛnmɑ̃] *adv* **-1.** [tranquillement] serenely, peacefully. **-2.** *sout* [impartialement] dispassionately.

sérénade [serenad] *nf* **-1.** MUS serenade; [concert] serenade; **donner une ~ à qqn** to serenade sb. **-2.** *fam* [scène] row, din; **il fait une de ces ~s à chaque fois!** he kicks up such a fuss every time!

sérénissime [serenisim] *adj*: **la Sérénissime République** La Serenissima, the Venetian Republic.

sérénité [serenite] *nf* **-1.** [d'une personne] serenity, peacefulness; [d'un jugement] dispassionateness; [des pensées] clarity. **-2.** *litt* [du ciel] serenity, tranquillity, clarity.

séreux, euse [serø, øz] *adj* serous.

serf, serve [sɛrf, sɛrv] ◇ *adj* **-1.** *litt* [soumis] serflike, servile. **-2.** HIST: **la condition serve** serfdom.

◇ *nm, f* HIST serf; **le ~ attaché à la glèbe** the serf bound to the land.

serfouette [sɛrfwɛt] *nf* hoe-fork.

serfouir [32] [sɛrfwir] *vt* to hoe.

serge [sɛrʒ] *nf* serge; **tailleur en ~** serge suit.

sergent [sɛrʒɑ̃] *nm* **-1.** MIL sergeant; **~ instructeur** drill sergeant. **-2.** *vieilli* [agent de police]: **~ de ville** police constable *esp Br*, police officer.

sergent-chef [sɛrʒɑ̃ʃɛf] (*pl* **sergents-chefs**) *nm* [de l'armée - de terre] staff sergeant; [- de l'air] flight sergeant *Br*, senior master sergeant *Am.*

sergent-major [sɛrʒɑ̃maʒɔr] (*pl* **sergents-majors**) *nm* quartermaster sergeant, sergeant major.

sérialisme [serjalism] *nm* serialism.

sériciculteur, trice [serisikyltœr, tris] *nm, f* silkworm breeder, sericulturist *spéc.*

sériciculture [serisikyltyr] *nf* silkworm breeding, sericulture *spéc.*

séricigène [serisiʒɛn] *adj* [insecte] silk-producing; [glande] silk *(modif).*

série [seri] *nf* **-1.** [suite - de questions, d'articles] series *(sg)*; [- d'attentats] series, spate, string; [- d'échecs] series, run, string; [- de tests] series, battery; **il y a eu récemment une ~ de descentes de police** there's been a spate of police raids recently. **-2.** [ensemble - de clefs, de mouchoirs] set; [- de poupées russes, de tables gigognes] nest; COMM & INDUST (production) batch; **~ limitée** limited run; **~ de prix** rates, list of charges. **-3.** [catégorie] class, category; **classé dans la ~ des récidivistes/chefs-d'œuvre** belonging to the class of recidivists/masterpieces. **-4.** CIN: **(film de) ~ B** B-movie. **-5.** TV: **~ (télévisée)** television series. **-6.** SPORT [classement] series; [épreuve] qualifying heat OU round. **-7.** GÉOL, MATH, MUS & NUCL series *(sg).*

◆ **de série** *loc adj* **-1.** INDUST mass-produced. **-2.** COMM [numéro] serial *(modif).* **-3.** AUT [modèle] production *(modif).*

◆ **en série** ◇ *loc adj* **-1.** INDUST [fabrication] mass *(modif).* **-2.** ÉLECTR [couplage, enroulement] series *(modif).*

◇ *loc adv* **-1.** INDUST: **fabriquer qqch en ~** to mass-produce sthg. **-2.** ÉLECTR: **monté en ~** connected in series. **-3.** [à la file] one after the other; **en ce moment les malheurs arrivent en ~** it's just one disaster after another at the moment.

◆ **série noire** *nf* -**1.** LITTÉRAT crime thriller; c'est un vrai personnage de ~ noire he's like something out of a detective novel. -**2.** *fig* catalogue of disasters.

sériel, elle [serjɛl] *adj* serial; musique ~le serial music.

sérier [9] [serje] *vt* to arrange, to classify, to grade.

sérieusement [serjøzmɑ̃] *adv* -**1.** [consciencieusement] seriously; **as-tu étudié la question ~?** have you looked at the matter thoroughly? -**2.** [sans plaisanter] seriously, in earnest; **tu ne dis pas ça ~?** you don't actually mean it?, you're not saying this in earnest?; **je pense me présenter aux élections — ~?** I think I'll stand in the election — really? -**3.** [gravement] seriously, gravely; **~ blessé** seriously OU severely injured. -**4.** [vraiment]: **ça commençait à bouchonner ~** traffic was really building up.

sérieux, euse [serjø, øz] *adj* -**1.** [grave - ton, visage] serious, solemn; **être ~ comme un pape** to look as solemn as a judge || [important - lecture, discussion] serious; **on a discuté de choses sérieuses** we discussed serious topics, we had a serious discussion; **entre elle et moi, c'est ~** we have a serious relationship. -**2.** [consciencieux - employé] serious, responsible; [- élève] serious, serious-minded, earnest; **être ~ dans son travail** to be serious about one's work, to take one's work seriously; **être ~ pour son âge** to be serious for one's age; **arriver au bureau à midi, ça ne fait pas très ~** turning up at the office just before lunch isn't very responsible. -**3.** [digne de foi - partenaire, offre, candidature, revue] serious, reliable, dependable; [- analyse, enquête] serious, thorough, in-depth; **c'est l'ouvrage le plus ~ sur la question** it's the most thorough work on the subject. -**4.** [dangereux - situation, maladie] grave, serious; [- blessure] severe. -**5.** [sincère] serious; **c'est ~, cette histoire d'augmentation?** *fam* is this talk about getting a rise serious?; **'pas ~ s'abstenir'** 'only genuine inquirers need apply', 'no timewasters'. -**6.** *(avant le n)* [important]: **il a de sérieuses chances de gagner** he stands a good chance of winning; **on a de sérieuses raisons de le penser** we have good reasons to think so; **de ~ progrès techniques** considerable technical advances.

◆ **sérieux** *nm* -**1.** [gravité - d'une personne] seriousness; [- d'une situation] gravity; **garder son ~** to keep a straight face. -**2.** [application] seriousness, serious-mindedness; **elle fait son travail avec ~** she's serious about her work. -**3.** [fiabilité - d'une intention] seriousness, earnestness; [- d'une source de renseignements] reliability, dependability.

◆ **au sérieux** *loc adv*: **prendre qqch/qqn au ~** to take sthg/sb seriously; **se prendre (trop) au ~** to take o.s. (too) seriously.

sérigraphie [serigrafi] *nf* -**1.** [procédé] silk-screen OU screen process printing. -**2.** [ouvrage] serigraph *spéc*, silk-screen print.

serin, e [sərɛ̃, in] *nm, f* -**1.** ZOOL canary. -**2.** *fam* [personne] nitwit.

◆ **serin** *adj m inv* [couleur]: **jaune ~** bright OU canary yellow.

seriner [3] [sərine] *vt* -**1.** *fam* [répéter]: **~ qqch à qqn** to drill OU to drum OU to din sthg into sb; **il m'a seriné ça toute la soirée** he kept telling me the same thing all evening. -**2.** [instruire]: **~ un oiseau** to teach a bird to sing *(using a bird-organ)*.

seringa(t) [sərɛ̃ga] *nm* mock orange, syringa.

seringue [sərɛ̃g] *nf* -**1.** MÉD needle, syringe; **~ hypodermique** hypodermic needle. -**2.** HORT garden syringe, (garden) pump spray. -**3.** CULIN syringe. -**4.** ▽ *vieilli* [pistolet] pistol, gat *Am.*

serment [sɛrmɑ̃] *nm* -**1.** [parole solennelle] oath; **témoigner sous ~** to testify under oath; **déclarer sous la foi du ~** to declare on OU upon oath; **faire un ~ sur l'honneur** to pledge one's word of honour ❑ **~ d'Hippocrate** MÉD Hippocratic oath; **~ judiciaire** oath OU affirmation *(in a court of law)*; **~ politique** oath of allegiance; **le ~ du Jeu de paume** HIST the Tennis Court Oath. -**2.** [promesse] pledge; **des ~s d'amour** pledges OU vows of love; **on a fait le ~ de ne pas se quitter** we've pledged OU sworn never to part; **j'ai fait le ~ de ne rien dire** I'm pledged OU sworn to secrecy ❑ **~ d'ivrogne** OU **de joueur** vain promise; **tout ça, c'est des ~s d'ivrogne!** *fam* I'll believe that when I see it!

sermon [sɛrmɔ̃] *nm* -**1.** RELIG sermon; **faire un ~** to deliver OU to preach a sermon; **le ~ sur la montagne** BIBLE the Sermon on the Mount. -**2.** *fig* & *péj* lecture; **épargne-moi tes ~s** spare me the lecture.

sermonner [3] [sɛrmɔne] *vt* [morigéner] to lecture, to sermonize, to preach at.

sermonneur, euse [sɛrmɔnœr, øz] ◇ *adj* sermonizing, lecturing.

◇ *nm, f* sermonizer.

SERNAM, Sernam® [sɛrnam] (*abr de* **Service national des messageries**) *npr m rail delivery service*, ≃ Red Star® *Br.*

sérodiagnostic [serɔdjagnɔstik] *nm* serodiagnosis, serum diagnosis.

sérologie [serɔlɔʒi] *nf* serology.

sérologique [serɔlɔʒik] *adj* serologic, serological.

sérologiste [serɔlɔʒist] *nmf* serologist.

séronégatif, ive [serɔnegatif, iv] ◇ *adj* -**1.** [gén] seronegative. -**2.** [HIV] HIV negative.

◇ *nm, f*: **les ~s** HIV negative people.

séropositif, ive [serɔpozitif, iv] ◇ *adj* -**1.** [gen] seropositive. -**2.** [HIV] HIV positive.

◇ *nm, f*: **les ~s** HIV positive people.

séropositivité [serɔpozitivite] *nf* MED [gen] seropositivity; [HIV] HIV infection.

sérosité [serozite] *nf* serous fluid.

sérothérapie [serɔterapi] *nf* serotherapy.

sérotonine [serɔtɔnin] *nf* serotonin.

sérovaccination [serɔvaksinasjɔ̃] *nf* serovaccination.

serpe [sɛrp] *nf* bill, billhook; **un visage fait** OU **taillé à la ~** a rough-hewn face.

serpent [sɛrpɑ̃] *nm* -**1.** ZOOL snake; **avec la ruse du ~** with fox's cunning ❑ **~ cracheur** spitting snake; **~ d'eau** water snake; **~ à lunettes** Indian cobra; **~ de mer** MYTH sea monster OU serpent; PRESSE silly-season story *Br*, flupp story *Am*; **le vieux ~ de mer de la nationalisation** the old chestnut of nationalization; **~ à plumes** ANTIQ plumed serpent; **~ à sonnette** rattlesnake; **c'est (comme) le ~ qui se mord la queue** it's a vicious circle. -**2.** *litt* [personne] viper; **réchauffer un ~ dans son sein** to nourish a viper in one's bosom. -**3.** [forme sinueuse]: **~ de fumée** ribbon of smoke; **le long ~ des véhicules sur la route** the long trail of vehicles winding up the road. -**4.** FIN: **le ~ monétaire européen** the (European currency) Snake. -**5.** MUS serpent.

serpentaire [sɛrpɑ̃tɛr] ◇ *nm* ORNITH secretary bird.

◇ *nf* BOT snakeroot.

serpenteau, x [sɛrpɑ̃to] *nm* -**1.** ZOOL young snake. -**2.** [feu d'artifice] serpent.

serpentement [sɛrpɑ̃tmɑ̃] *nm* meandering, winding course.

serpenter [3] [sɛrpɑ̃te] *vi* to wind along, to meander.

serpentin, e [sɛrpɑ̃tɛ̃, in] *adj litt* twisting, winding, sinuous.

◆ **serpentin** *nm* -**1.** [de papier] (paper) streamer. -**2.** PHYS coil; **~ de réchauffage** heating coil.

◆ **serpentine** *nf* MINÉR serpentine.

serpette [sɛrpɛt] *nf* pruning hook OU knife.

serpigineux, euse [sɛrpiʒinø, øz] *adj* serpiginous.

serpillière [sɛrpijɛr] *nf* [torchon] floorcloth; **il faudrait passer la ~ dans la cuisine** the kitchen floor needs cleaning.

serpolet [sɛrpɔlɛ] *nm* mother-of-thyme, wild thyme.

serrage [sɛraʒ] *nm* [d'une vis] screwing down, tightening; [d'un joint] clamping.

serran [sɛrɑ̃] *nm* sea perch, serran *spéc.*

serre [sɛr] *nf* -**1.** HORT & AGR [en verre] greenhouse, glasshouse *Br*; [en plastique] greenhouse; **cultures en ~** greenhouse plants; **légumes poussés en ~** vegetables grown under glass ❑ **~ chaude** hothouse; **effet de ~** greenhouse effect. -**2.** ORNITH claw, talon. -**3.** TECH [d'une substance] pressing, squeezing. -**4.** MÉTALL ramming. -**5.** NAUT stringer.

◆ **en serre** *loc adv fig* [mettre, élever] in a protective cocoon, in a hothouse atmosphere.

serré, e [sere] *adj* -**1.** [nœud, ceinture] tight. -**2.** VÊT: **~ à la taille** fitted at the waist, tight-waisted. -**3.** [contracté]: **les lèvres/dents ~es** with set lips/clenched teeth; **avoir la gorge ~e** to feel a lump in one's throat; **c'est le cœur ~ que j'y repense** when I think of it, it gives me a lump in my throat. -**4.** [dense - style] tight, concise; [- emploi du temps] tight, busy; [- réseau] dense; [- débat] closely-conducted, closely-argued; [- écriture] cramped. -**5.** [fort - café] strong; **je bois mon café très ~** I like my coffee very strong. -**6.** SPORT [arrivée, peloton] close; [match] tight, close-fought; **on a eu une fin de course ~e** it was a close finish; **jouer** OU **mener un jeu ~** to play a tight game.

◆ **serré** *adv*: **tricoter ~** to knit a tight stitch; **jouer ~** to play a tight game.

serre-file [sɛrfil] (*pl* **serre-files**) *nm* -**1.** MIL serrefile. -**2.** NAUT rear ship *(of a line ahead)*.

serre-fils [sɛrfil] *nm inv* [vis] binding screw; [pince] wire grip.

serre-joint(s) [sɛrʒwɛ̃] *nm inv* (builder's) clamp.

serre-livres [sɛrlivr] *nm inv* bookend; **deux ~** a pair of bookends.

serrement [sɛrmɑ̃] *nm* -**1.** *sout* [action]: **~ de cœur** pang of anguish, tug at the heartstrings; **~ de main** handshake. -**2.** MIN dam.

serrer [4] [sere] ◇ *vt* -**1.** [presser] to hold tight; **il serrait la clé dans sa main** he was holding the key tight OU he was clutching the key in his hand; **serre-moi fort dans tes bras** hold me tight in your arms; **~ qqch contre son cœur** to clasp sthg to one's breast; **~ qqn contre son cœur** to clasp sb to one's bosom; **~ qqn à la gorge** to grab sb by the throat; **~ le kiki à qqn** *fam* to try to strangle sb; **~ la main** OU **la pince** *fam* **à qqn** to shake hands with sb, to shake sb's hand. -**2.** [suj: vêtement] to be tight; **la chaussure droite/le col me serre un peu** the right shoe/the collar is a bit tight; **ton jean te serre trop aux cuisses** your jeans are too tight round the thighs. -**3.** [bien fermer - nœud, lacets] to tighten, to pull tight; [- joint] to clamp; [- écrou] to tighten (up); [- frein à main] to put on tight; **~ la vis à qqn** *fam* to crack down hard on sb. -**4.** [contracter] to clench; **~ les lèvres** to set OU to tighten one's lips; **~ les dents** to clench OU to set OU to grit one's teeth; **~ les mâchoires** to clench one's jaws; **en serrant les poings** *pr* clenching one's fists; *fig* barely containing one's anger; **des images qui vous serrent le cœur** heart-rending images; **avoir la gorge serrée par l'émotion** to be choked with emotion ❑ **~ les fesses** *fam* to have the jitters. -**5.** [rapprocher]: **en les serrant bien, une boîte suffira** if we pack them in tight, one box will do; **~ les rangs** *fig* & MIL to close ranks; **~ le jeu** SPORT to play a tight game ❑ **être serrés comme des sardines** OU **des harengs** to be squashed up like sardines. -**6.** [suivre]: **~ le trottoir** AUT to hug the kerb; **~ qqn de près** to follow close behind sb, to follow sb closely; **~ un problème de plus près** to study a problem more closely. -**7.** NAUT: **~ le vent** to sail close to OU to hug the wind; **~ une voile** to take in (and reef) a sail. -**8.** *litt* [enfermer] to put away; **serrez bien vos bijoux** put your jewels away in a safe place.

◇ *vi* AUT: **~ à droite/gauche** to keep to the right/left.

◆ **se serrer** ◇ *vpi* -**1.** [se rapprocher] to squeeze up; **si on se serre un peu, on pourra tous entrer**

if we squeeze up a bit, we can all get in; se ~ contre qqn [par affection] to cuddle OU to snuggle up to sb; [pour se réchauffer, se protéger] to huddle up against sb. -**2.** [se contracter] to tighten up; je sentais ma gorge se ~ I could feel a lump in my throat; mon cœur se serra en les voyant my heart sank when I saw them.
◇ *vpt*: se ~ la main to shake hands ❑ se ~ la ceinture *fam* to tighten one's belt; se ~ les coudes *fam* to stick together.

serre-tête [sɛrtɛt] *nm inv* -**1.** [accessoire] headband, hairband. -**2.** SPORT [d'athlète] headband; [de rugbyman] scrum cap.

serriste [serist] *nmf* greenhouse gardener.

serrure [seryr] *nf* lock; laisser la clef dans la ~ to leave the key in the lock OU door ❑ ~ encastrée mortice lock; ~ à pompe high security lock *(with pump action mechanism)*; ~ à ressort spring lock; ~ de sécurité AUT childproof lock; ~ de sûreté safety lock.

serrurerie [seryrri] *nf* -**1.** [métier] locksmithing, locksmithery. -**2.** [ferronnerie] ironwork; grosse ~ heavy ironwork; ~ d'art decorative ironwork.

serrurier [seryrje] *nm* -**1.** [qui pose des serrures] locksmith. -**2.** [en ferronnerie] iron manufacturer.

sertão [sɛrtɑ̃] *nm* sertão.

sertir [32] [sɛrtir] *vt* -**1.** JOAILL to set; couronne sertie de diamants crown set with diamonds. -**2.** MÉTALL [tôles] to crimp over *(sép)*; [rivet] to clinch. -**3.** ARM to crimp.

sertissage [sɛrtisaʒ] *nm* -**1.** JOAILL setting. -**2.** MÉTALL [de tôles] crimping together; [d'un rivet] clinching.

sertisseur, euse [sɛrtisœr, øz] *nm, f* -**1.** JOAILL (jewel) setter. -**2.** MÉTALL crimper.
◆ **sertisseur** *nm* [appareil] closing OU sealing OU double seaming machine.

sérum [serɔm] *nm* -**1.** PHYSIOL: ~ (sanguin) (blood) serum. -**2.** PHARM serum; ~ antivenimeux antivenin serum; ~ antilymphocytaire antilymphocytic serum, ALS; ~ physiologique saline; ~ de vérité truth drug.

servage [sɛrvaʒ] *nm* -**1.** HIST serfdom. -**2.** *litt* [esclavage] bondage, thraldom.

serval, als [sɛrval] *nm* serval.

servant [sɛrvɑ̃] ◇ *adj m* RELIG: frère ~ lay brother *(with domestic tasks)*.
◇ *nm* -**1.** RELIG: ~ (de messe) server. -**2.** MIL: ~ (de canon) gunner.

servante [sɛrvɑ̃t] *nf* -**1.** *vieilli* [domestique] servant, maidservant. -**2.** MENUIS vice; ~ d'établi bench vice. -**3.** [table] dumbwaiter *Br*, serving table. -**4.** THÉÂT [éclairage] small lamp.

serve [sɛrv] *f* → **serf.**

serveur [sɛrvœr] *nm* -**1.** [de restaurant] waiter; [de bar] barman. -**2.** SPORT server. -**3.** JEUX dealer. -**4.** INDUST [ouvrier] feeder (worker). -**5.** INF: (centre) ~ information retrieval centre; ~ de données on-line data service.

serveuse [sɛrvøz] *nf* waitress.

serviabilité [sɛrvjabilite] *nf* helpfulness, obligingness, willingness to help.

serviable [sɛrvjabl] *adj* helpful, obliging, accommodating.

service [sɛrvis] *nm* -**1.** [travail] duty, shift; mon ~ commence à 18 h I go on duty OU I start my shift OU I start work at 6 p.m.; l'alcool est interdit pendant le ~ drinking is forbidden while on duty; il n'a pu assurer son ~ he wasn't able to go to work; être de ~: qui est de ~ ce soir? who's on duty tonight?; elle a 22 ans de ~ dans l'entreprise she's been with the company for 22 years; finir son ~ to come off duty; prendre son ~ to go on OU to report for duty; il ne plaisante pas avec le ~ he sticks to the rule book; reprendre du ~ to be employed for a supplementary period; mon vieux manteau a repris du ~ *fam hum* my old coat has been saved from the bin ‖ [pour la collectivité] service, serving; le ~ de l'État public service, the service of the state; ses états de ~ his service record. -**2.** [pour un client, un maître] service; prendre qqn à son ~ to take sb into service; elle a deux ans de ~ comme femme de chambre she's been in service for two years as a chambermaid; à votre ~ at your service; qu'y a-t-il pour votre ~? what can I do for you?; entrons ici, le ~ est rapide let's go here, the service is quick; le ~ laissait plutôt à désirer the service left a lot to be desired; demander 15 % pour le ~ to impose a 15% service charge; '~ compris/non compris' 'service included/not included'; faire le ~: prends ces cacahuètes et fais le ~ take these peanuts and hand them round ❑ entrée de ~ tradesmen's entrance; escalier de ~ servants' OU service stairs. -**3.** [série de repas] sitting; nous irons au premier/deuxième ~ we'll go to the first/second sitting. -**4.** [département - d'une entreprise, d'un hôpital] department; ~ du contentieux [département] legal department; [personnes] legal experts; les ~s commerciaux the sales department OU division; ~ du personnel personnel department OU division; ~ de presse [département] press office; [personnes] press officers, press office staff; je les ai eus par le ~ de presse [livres] I got them free as review copies; [places de spectacle] they're complimentary tickets I got for reviewing purposes; ~ de réanimation intensive care unit; ~ des urgences casualty department *Br*, emergency room *Am*. -**5.** [aide - apportée par une personne] favour; puis-je te demander un petit/grand ~? could I ask you to do me a small/big favour?; rendre un ~ à qqn [suj: personne] to help sb out, to do sb a favour; tu m'as bien rendu ~ you were a great help to me; rendre un mauvais ~ à qqn to do sb a disservice; lui faire tous ses devoirs, c'est un mauvais ~ à lui rendre! it won't do her any good if you do all her homework for her!; le congélateur me rend de grands ~s I find the freezer very useful; ton dictionnaire m'a bien rendu ~ your dictionary was of great use to me; ça peut encore/toujours rendre ~ it can still/it'll always come in handy. -**6.** [assortiment - de linge, de vaisselle] set; un ~ (de table) de 20 pièces a 20-piece dinner set OU service; acheter un ~ de 6 couverts en argent to buy a 6-place canteen of silver cutlery ❑ ~ à café/thé coffee/tea set; son ~ trois pièces▽ *hum* his equipment OU wedding tackle. -**7.** TRANSP service; le ~ de nuit des autobus the night bus service; ~ d'été/d'hiver summer/winter timetable; ~ non assuré le dimanche no service on Sundays, no Sunday service; le ~ a été interrompu the service has been suspended. -**8.** MIL: le ~ de l'aide technique OU de la coopération *organization providing technical assistance to developing countries*; ~ militaire OU national national service *Br*, military service; faire son ~ (militaire) to do one's military service; bon pour le ~ fit for military duties; allez, bon pour le ~! *fam fig* & *hum* come on, you'll do!; en ~ commandé on an official assignment; tué en ~ commandé killed in action OU whilst on active duty; le ~ de santé the (army) medical corps; le ~ des transmissions signals. -**9.** SPORT service, serve; avoir un bon/mauvais ~ to have a good/poor service, to serve well/badly; Pichot au ~!, ~ Pichot! Pichot to serve!; prendre le ~ de qqn to break sb's serve OU service. -**10.** ÉLECTR duty; facteur de ~ duty factor. -**11.** FIN servicing; ~ de la dette extérieure servicing the foreign debt; assurer le ~ de la dette to service the debt. -**12.** RELIG: ~ (divin) service; ~ funèbre funeral service. -**13.** [d'un étalon] serving, mating. -**14.** NAUT: ~ à la mer service before the mast HIST.
◆ **services** *nmpl* -**1.** ÉCON services, service industries, tertiary sector; biens et ~s goods and services. -**2.** [collaboration] services; se passer des ~s de qqn to do without sb's help; *euph* [le licencier] to dispense with sb's services; offrir ses ~s à qqn to offer one's services to sb, to offer to help sb out. -**3.** ADMIN: ~s sociaux social services. -**4.** POL: ~s secrets OU spéciaux secret service; ~s de renseignements intelligence. -**5.** *Helv* [couverts] knives and forks *(for laying at table)*.
◆ **en service** *loc adv*: mettre un appareil en ~ to put a machine into service; cet hélicoptère/cette presse entrera en ~ en mai this helicopter will be put into service/this press will come on stream in May.
◆ **service après-vente** *nm* -**1.** [prestation] after-sales service. -**2.** [département] after-sales department; [personnes] after-sales staff.
◆ **service d'ordre** *nm* -**1.** [système] policing; assurer le ~ d'ordre dans un périmètre to police a perimeter; mettre en place un ~ d'ordre dans un quartier to establish a strong police presence in an area. -**2.** [gendarmes] police (contingent); [syndiqués, manifestants] stewards.
◆ **service public** *nm* public service OU utility; ~ public de l'audiovisuel the publicly-owned channels *(on French television)*; la poste est un ~ public postal services are state-controlled; la distribution des eaux est un ~ public water is a public utility.

SERVICE MILITAIRE:
Military service (now reduced to ten months) is compulsory for French men as soon as they reach eighteen, unless they are declared unfit for service ("réformé"). Some do their military service overseas, often in developing countries as teachers, as part of a voluntary aid scheme known as "la coopération".

---

serviette [sɛrvjɛt] *nf* -**1.** [linge]: ~ de bain bath towel; ~ hygiénique sanitary towel *Br* OU napkin *Am*; ~ en papier paper napkin; ~ de table table napkin; ~ de toilette towel; [pour s'essuyer les mains] (hand) towel. -**2.** [cartable] briefcase.

serviette-éponge [sɛrvjɛtepɔ̃ʒ] (*pl* serviettes-éponges) *nf* (terry) towel.

servile [sɛrvil] *adj* -**1.** [esprit, attitude] servile, subservient, sycophantic; [manières] servile, cringing, fawning. -**2.** *vieilli* [d'esclave] servile.

servilement [sɛrvilmɑ̃] *adv* -**1.** [bassement] obsequiously, subserviently. -**2.** *sout* [sans originalité] slavishly.

servilité [sɛrvilite] *nf* -**1.** [bassesse] obsequiousness, subservience. -**2.** [manque d'originalité] slavish imitativeness.

servir [38] [sɛrvir] ◇ *vt* -**1.** [dans un magasin] to serve; on vous sert? [dans un café, une boutique] are you being attended to *sout* OU served?; ~ qqn de OU en qqch to serve sb with sthg, to serve sthg to sb; c'est une bonne cliente, sers-la bien [en poids] be generous, she's a good customer; [en qualité] give her the best, she's a good customer; c'est difficile de se faire ~ ici it's difficult to get served here; il y a une cliente, allez la ~ here comes a customer, go and see OU attend to her; tu voulais du changement, tu es OU te voilà servi! *fig* you wanted some changes, now you've got more than you bargained for OU now how do you like it? ‖ [approvisionner]: ~ qqn en to supply sb with; c'est toujours lui qui me sert en huîtres I always get my oysters from him. -**2.** [donner - boisson, mets] to serve; [dans le verre] to pour (out) *(sép)*; [dans l'assiette] to dish out OU up *(sép)*, to serve up *(sép)*; sers le café pour the coffee; le dîner est servi! dinner's ready OU served!; Monsieur est servi *sout* [au dîner] dinner is served, Sir; on nous a servi le petit déjeuner dans la chambre our breakfast was brought up to OU served in our room; une collation sera servie dans le hall light refreshments will be served in the hall; ~ qqch à qqn to serve sb with OU to help sb to sthg; sers-moi à boire give OU pour me a drink; vous nous servirez le thé au salon we'll take tea in the drawing room ‖ *(en usage abs)*: servez chaud serve hot; démoulez juste avant de ~ turn out just before serving; '(à) ~ frais/frappé' 'serve cool/chilled'. -**3.** *fam* [raconter] to give; si tu avais entendu les injures qu'il nous a servies! you should have heard the way he insulted us!; si tu n'as que cette excuse à lui ~, tu ferais mieux de ne rien dire if that's the only excuse you can give him OU come up with, you'd better keep quiet; ils nous servent toujours les mêmes histoires aux informations they always dish out the same old stories on the news. -4. [travailler pour - famille] to be in service with; [- communauté, pays, parti] to serve; [- cause, justice] to be at the service of; à la fin de la guerre, la grande bourgeoisie dut renoncer à se faire ~ by the end of the war the upper classes had to give up having servants; j'aime bien me faire ~ I like to be waited on; vous avez bien/mal servi votre entreprise you have served your company well/haven't given your company good service; ~ l'intérêt public [loi, mesure] to be in the public interest; [personne] to serve the public interest; ~ l'État POL to serve the state; [être fonctionnaire] to be employed by the state; ~ Dieu to serve God, to be a servant of God; Charles Alexandre, pour vous ~ *hum* Charles Alexandre, at your service ❑ on n'est jamais si bien servi que par soi-même *prov* if you want something doing, do it yourself. -5. [aider - suj: circonstances] to be of service to, to be OU to work to the advantage of; ~ les ambitions de qqn to serve OU to aid OU to further sb's ambitions; le mauvais temps l'a servi the bad weather served him well OU worked to his advantage OU was on his side; si la chance nous sert, nous réussirons if our luck is in OU if luck is on our side, we'll succeed; sa mémoire la sert beaucoup her memory's a great help to her; finalement, son culot ne l'a pas servi *fam* his cheek didn't get him anywhere in the end. -6. [payer - pension, rente] to pay (out) *(sép)*; ~ les intérêts d'une dette to service a debt. -7. SPORT to serve; ~ une deuxième balle to serve a second ball, to second-serve; ~ un ace to serve an ace. -8. [préparer - arme] to serve. -9. RELIG: ~ la messe to serve mass. -10. JEUX [cartes] to deal (out) *(sép)*; [joueur] to serve, to deal to *(sép)*; c'est à toi de ~ it's your turn to deal; servi! POKER stick! -11. CHASSE to dispatch. -12. VÉTÉR & ZOOL [saillir] to cover, to serve. -13. *Helv* [utiliser] to use; c'est un manteau que je ne sers plus I don't wear this coat any more.

◇ *vi* -1. [être utile - outil, vêtement, appareil] to be useful OU of use, to come in handy; garde la malle, ça peut toujours ~ keep the trunk, you might need it OU it might come in handy one day; le radiateur électrique peut encore ~ the electric heater can still be of use; ça me servira pour ranger mes lettres I can use it to put my letters in; il a servi, ce manteau! I got a lot of use out of this coat!; cet argument a beaucoup servi this argument has been put forward many times; cela fait longtemps que cette gare ne sert plus this station has been out of use OU been disused for a long time. -2. [travailler]: elle sert au château depuis 40 ans she's worked as a servant OU been in service at the castle for 40 years; ~ comme cuisinière/jardinier to be in service as a cook/gardener; ~ dans un café/restaurant [homme] to be a waiter (in a café/restaurant); [femme] to be a waitress (in a café/restaurant); nous ne servons plus après 23 h we don't take orders after 11 p.m., last orders are at 11 p.m. || MIL to serve; être fier de ~ to be proud to serve (one's country); il a servi sous MacArthur he served under MacArthur; il a servi sous l'Empire/la République he served under the Empire/the Republic. -3. SPORT to serve; à toi de ~! your serve OU service!; elle sert bien [gén] she has a good service OU serve; [dans ce match] she's serving well; à Dancy de ~ Dancy to serve.

◆ **servir à** *v + prép* -1. [être destiné à] to be used for; ça sert à quoi, cette machine? what's this machine (used) for?; le sonar sert à repérer les bateaux the sonar is used to locate ships. -2. [avoir pour conséquence]: ~ à qqch: ça ne sert à rien it's useless OU of no use; à quoi servirait de le tuer? what would be the good OU point of killing him?; à quoi ça sert que je parle si personne ne m'écoute? *fam* what's the point OU use of me talking if nobody listens?; ne pleure pas, ça ne sert à rien don't cry, it won't make any difference; crier ne sert à rien there's no point in shouting; tu vois bien que ça a servi de faire une pétition! as you see, getting up a petition did serve some purpose!; ça n'a servi qu'à le rendre encore plus furieux it only served to make him OU it only made him even more furious. -3. [être utile à]: ~ à qqn: sa connaissance du russe lui a servi dans son métier her knowledge of Russian helped her OU was of use to her in her job; ce recoin sert la nuit aux clochards du quartier this corner is used at night by the local tramps; ça me servira à couper la pâte I'll use it to cut the dough.

◆ **servir de** *v + prép* [article, appareil] to be used as; [personne] to act as, to be; le coffre me sert aussi de table I also use the trunk as a table; et qu'est-ce qui te sert de lit? and what do you use for a bed?; un vieux sac lui servait de manteau he was wearing an old bag as a coat; le proverbe qui sert d'exergue au chapitre the proverb which heads the chapter; les principes qui me servent de règles de conduite the principles which dictate my conduct; je lui ai servi d'interprète I acted as OU was his interpreter; il lui a servi de père he was like a father to her.

◆ **se servir** ◇ *vp (emploi réfléchi)* [à table, dans un magasin] to help o.s.; servez-vous de OU en légumes help yourself to vegetables; elle se servit de la soupe she helped herself to (some) soup; je me suis servi un verre de lait I poured myself a glass of milk; sers-toi! help yourself!; il s'est servi dans la caisse *euph* he helped himself to the money in the till; je l'ai surpris à se ~ dans la caisse I caught him with his fingers in the till || [s'approvisionner]: je me sers chez le boucher de l'avenue I buy my meat at the butcher's on the avenue; où te sers-tu en fromage? where do you shop for OU buy your cheese?

◇ *vp (emploi passif)* CULIN to be served; ça se sert chaud ou froid it can be served OU you can serve it either hot or cold; le vin rouge se sert chambré red wine should be served at room temperature.

◆ **se servir de** *vp + prép*: se ~ de qqch to use sthg; il ne peut plus se ~ de son bras droit he can't use his right arm anymore; c'est une arme dont on ne se sert plus it's a weapon which is no longer used OU in use; quand tu auras fini de te ~ du sèche-cheveux when you've finished using OU with the hairdryer; je ne sais pas me ~ de la machine à coudre I don't know how to work OU to use the sewing machine; j'ai appris le chinois, mais je ne m'en sers jamais I learnt Chinese but I never use it OU put it to any use; elle se sert toujours des mêmes arguments she always uses the same old arguments; l'opportunisme est l'art de se ~ des circonstances opportunism is the art of turning circumstances to one's own advantage; se ~ de qqch comme to use sthg as; il s'est servi de sa grippe comme prétexte he used flu as an excuse; tu te sers de ta raquette comme d'une poêle à frire! *hum* you hold OU handle your racket like a frying pan!; se ~ de qqn to make use of OU to use sb; on s'est servi de vous (comme appât)! you've been used (as bait)!

serviteur [sɛrvitœr] *nm* (male) servant; votre (humble) ~! *hum* your (humble) servant!, at your service!; si vous n'êtes pas satisfait, adressez-vous à votre ~! if you're not happy, please complain to yours truly!

servitude [sɛrvityd] *nf* -1. [soumission] servitude. -2. [contrainte] constraint; se plier aux ~s de la mode to be a slave to fashion. -3. JUR easement; ~ de passage right of way; ~ de vue easement of light.

servocommande [sɛrvɔkɔmɑ̃d] *nf* servocontrol, power-assisted control, power booster *Am.*

servodirection [sɛrvɔdirɛksjɔ̃] *nf* servo steering, power steering.

servofrein [sɛrvɔfrɛ̃] *nm* servo brake, servo-assisted brake.

servomécanisme [sɛrvɔmekanism] *nm* servomechanism, servosystem.

servomoteur [sɛrvɔmɔtœr] *nm* servomotor.

ses [se] *pl* → **son**.

sésame [sezam] *nm* -1. BOT & CULIN sesame; huile de ~ sesame oil. -2. *loc*: Sésame, ouvre-toi! open, Sesame!; le ~ (ouvre-toi) de la réussite the key to success.

session [sesjɔ̃] *nf* -1. [réunion - d'une assemblée] session, sitting; pendant la ~ de printemps du Parlement during Parliament's spring session. -2. UNIV exam period; il a été collé à la ~ de juin he failed the June exams; la ~ de repêchage the repeat examinations, the resits *Br.*

set [sɛt] *nm* -1. [objet]: ~ (de table) table mat; six ~s de table a set of six table mats. -2. SPORT set; balle de ~ set point.

setter [setɛr] *nm* setter ZOOL; ~ anglais/irlandais English/Irish setter.

seuil [sœj] *nm* -1. [dalle] doorstep; [entrée] doorway, threshold; il était debout sur le ~ he was standing in the doorway. -2. *sout* [début] threshold, brink; être au ~ d'une nouvelle ère to be on the brink of a new era; être au ~ de la mort to be on the verge of death. -3. SC [limite] threshold; ~ de tolérance threshold of tolerance. -4. PSYCH threshold, limen *spéc.* -5. PHYSIOL: ~ absolu/différentiel absolute/difference threshold; ~ d'élimination renal threshold. -6. ÉCON: la dette a atteint le ~ critique des deux milliards debt has reached the critical level OU threshold of two billion ❑ ~ de rentabilité/saturation break-even/saturation point; le ~ de pauvreté the poverty line. -7. GÉOG sill.

seul, e [sœl] ◇ *adj* -1. [sans compagnie] alone, on one's own; ~ au monde OU sur la terre (all) alone in the world; laissons-le ~ let's leave him alone OU on his own OU by himself; il n'est bien que ~ he prefers his own company; enfin ~s! alone at last!; nous nous sommes retrouvées ~es we found ourselves alone (together OU with each other); ~ à ~ [en privé] in private, privately; je voudrais te parler ~ à ~ I'd like to talk to you in private; se retrouver ~ à ~ avec qqn to find o.s. alone with sb; elle vit ~e avec sa mère she lives alone with her mother; un homme ~ a peu de chances de réussir [sans aucune aide] it's unlikely that anybody could succeed on their own; je dois d'abord y aller ~e, tu entreras après I must go in alone OU on my own first and then you can come in; agir ~ to act alone OU on one's own; tu seras ~ à défendre le budget you'll be the only one speaking for the budget; prends donc un verre, je n'aime pas boire ~ have a drink, I don't like drinking on my own; je préfère me promener ~ I prefer solitary walks OU to walk on my own; tout ~, toute ~e: elle parle toute ~e she's talking to herself; il a bâti sa maison tout ~ he built his house all by himself; leur entrevue ne s'est pas passée toute ~e! their meeting didn't go smoothly!; le dîner ne se préparera pas tout ~! dinner isn't going to make itself!; tu voudrais t'arrêter de travailler? t'es pas tout ~! *fam* you'd like to stop work? you're not the only one!; laisse des pommes de terre, t'es pas tout ~! *fam* leave some potatoes, what about the rest of us! -2. [abandonné, esseulé] lonely, lonesome *Am*; se sentir ~ to feel lonely; on se sent si ~ dans le phare it's so lonely OU you're so cut off in the lighthouse. -3. [sans partenaire, non marié] alone, on one's own; un homme ~ [sans partenaire] a man on his own; [célibataire] a single man, a bachelor; elle s'est retrouvée ~e à 30 ans she found herself on her own at 30; elle est ~e avec trois enfants she's bringing up three children on her own; les personnes ~es ne toucheront pas l'allocation single OU unmarried people will not be eligible for the allowance; un club pour personnes ~es a singles club. -4. *(avant le n)* [unique] only, single, sole; une ~e pensée l'obsédait he was obsessed by one idea (and one idea alone) OU by one sole idea; c'est

l'homme d'une ~e passion he's a man with one overriding OU ruling passion; c'est l'homme d'une ~e femme he's a one-woman man; une ~e erreur et tout est à refaire a single OU one mistake and you have to start all over again; un ~ mot et tu es mort one word and you're dead; il n'a qu'un ~ défaut he's only got one fault; le ~ problème OU la ~e chose, c'est que... the only problem OU thing is that...; la ~e fois que je l'ai vue the only OU one time I saw her; je n'ai été en retard qu'une ~e fois I was late only once; pas un ~..., pas une ~e... not one..., not a single...; pas un ~ élève ne l'a oublié not one pupil has forgotten him; un ~ et même..., une ~e et même... one and the same...; il s'agit d'une ~e et même personne it is one and the same person; un ~ et unique..., une ~e et unique... only one (and one only)...; vous avez droit à un ~ et unique essai you may have only one attempt; je l'ai vue une ~e et unique fois I saw her only once; le ~ et unique exemplaire the one and only copy; c'est la ~e possibilité it's the only possibility, there's no other possibility; c'est la ~e clef qui ouvre cette porte it's the one OU only key that opens this door; mon ~ passe-temps my only OU sole OU one hobby. -**5.** [sans autre chose]: le numéro ~ OU *sout* le ~ numéro permet de retrouver le dossier the number alone is enough to trace the file; mon salaire ~ OU *sout* mon ~ salaire ne suffit pas à faire vivre ma famille my salary alone is not enough to support my family; le vase ~ vaut combien? how much is it for just the vase?; la propriété à elle ~e leur donne de quoi vivre the property alone brings in enough for them to live on. -**6.** *(comme adv)* only; ~ Pierre a refusé only Pierre refused, Pierre was the only one to refuse; ~ l'écho lui répondit only the echo answered him; ~s les nouveaux n'ont pas été interrogés only the newcomers weren't questioned. -**7.** *(avant le n)* [simple] mere; la ~e évocation de la scène lui donnait des frissons the mere mention of OU merely talking about the scene gave him goose pimples.
◇ *nm, f* -**1.** [personne] only one (person); tu es la ~e à qui je puisse me confier you're the only one I can confide in; je te crois mais je dois être la ~e! I believe you, but thousands wouldn't!; il est le ~ en France qui connaisse encore cette recette he's the only person in France who still knows this recipe; tout dépend des caprices d'un ~ *litt* everything hinges on one person's whims; pas un ~: pas un ~ de ses camarades n'était prêt à l'épauler not a single one of her friends was prepared to help her; pas un ~ n'a survécu not one (of them) lived; pas une ~e n'a voté pour lui not one (of them) voted for him. -**2.** [animal, objet] only one; prends le chaton noir, c'est le ~ qui me reste have the black kitten, it's the only one I've got left.
◆ **d'un seul coup** *loc adv* -**1.** [soudainement] all of a sudden, all at once; d'un ~ coup, la porte s'ouvrit all of a sudden, the door flew open OU the door opened. -**2.** [en une seule fois] at one go, all at once; tu peux mettre toute la farine d'un ~ coup you can add all the flour at once; et d'un ~ coup d'un ~, je fais sortir le lapin du chapeau! *fam* and hey presto, with one wave of my wand, I pull the rabbit out of the hat!

seulement [sœlmɑ̃] *adv* -**1.** [uniquement] only; il y avait ~ deux personnes there were only two people; j'ai dit ça ~ pour rire I only meant it as a joke; il ne s'agit pas ~ d'argent it's not only OU just a question of money. -**2.** [dans le temps]: il arrive ~ ce soir he won't arrive before this evening; il est arrivé ~ ce matin he only arrived this morning; je viens ~ de finir I've only just finished; le télex vient ~ de partir the telex has (only) just been sent. -**3.** [même] even; sais-tu ~ de quoi tu parles? do you even know what you're talking about?; il est parti sans ~ dire au revoir à ses hôtes he left without even saying goodbye to his hosts. -**4.** [mais] only, but; je veux y aller, ~ voilà, avec qui? I'd love to go, but OU only the problem is who with?
◆ **non seulement..., mais encore** *loc corrél* not only... but also; nous voulons conquérir non ~ le marché européen, mais encore des parts du marché mondial we want not only to capture the European market, but also part of the world market (too).

seulet, ette *fam* [sœlɛ, ɛt] *adj vieilli* OU *hum* (all) on one's own; j'étais toute ~te ce jour-là I was all by myself OU all alone that day.

sève [sɛv] *nf* -**1.** BOT sap; sans ~ sapless; plein de ~ full of sap, sappy ❑ ~ ascendante OU brute rising OU ascending OU crude sap; ~ descendante OU élaborée falling OU descending OU elaborated sap. -**2.** [énergie]: la ~ de la jeunesse the vigour of youth.

sévère [sevɛr] *adj* -**1.** [personne, caractère, règlement] strict, stern, severe. -**2.** [critique, verdict] severe, harsh; ne sois pas trop ~ avec lui don't be too hard on him. -**3.** [style, uniforme] severe, austere, unadorned; une coiffure trop ~ a rather severe hairstyle.

sévèrement [sevɛrmɑ̃] *adv* severely, harshly, strictly.

sévérité [severite] *nf* -**1.** [d'un parent, d'un juge] severity, harshness. -**2.** [d'un verdict, d'un code, d'une éducation] severity, rigidness, strictness. -**3.** [d'une tenue, d'un style] severity, austerity.

sévices [sevis] *nmpl*: exposer qqn à des ~ to expose sb to ill-treatment OU physical cruelty; être victime de ~ to suffer cruelty, to be ill-treated; exercer des ~ sur qqn to ill-treat sb.

sévillan, e [sevijɑ̃, an] *adj* from Seville.
◆ **Sévillan, e** *nm, f inhabitant of or person from Seville.*

Séville [sevij] *npr* Seville.

sévir [32] [sevir] *vi* -**1.** [personne] to punish; si tu continues à tricher, je vais devoir ~ if you keep on cheating, I'll have to do something about it; ~ contre la fraude fiscale to deal ruthlessly with tax evasion. -**2.** [fléau, épidémie] to rage, to be rampant OU rife, to reign supreme; Morin ne sévira pas longtemps comme directeur à la comptabilité *hum* Morin won't reign long as head of accounts; c'est une idée qui sévit encore dans les milieux économiques unfortunately the idea still has currency among economists.

sevrage [səvraʒ] *nm* -**1.** [d'un bébé] weaning. -**2.** [d'un drogué] coming off (drugs); quand je me suis retrouvé en prison, le ~ a été brutal when I found myself in prison, I had to come off drugs suddenly.

sevrer [19] [səvre] *vt* -**1.** [bébé] to wean. -**2.** [drogué]: ~ qqn to get sb off drugs. -**3.** *fig*: ~ qqn de to deprive sb of; on a été sevrés de musique/liberté we were deprived of music/freedom. -**4.** HORT to sever *(a layer)*.

sèvres [sɛvr] *nm* -**1.** [matière] Sèvres (china); un service de ~ a Sèvres china service. -**2.** [objet] piece of Sèvres china.

sévrienne [sevrijɛn] *nf* UNIV *student or ex-student of the École Normale Supérieure de Jeunes Filles (formerly situated in Sèvres).*

sexage [sɛksaʒ] *nm* [des poussins] sexing.

sexagénaire [sɛksaʒenɛr] ◇ *adj* sixty-year-old *(avant n)*, sexagenarian.
◇ *nmf* sexagenarian, sixty-year-old person.

sexagésimal, e, aux [sɛgzaʒezimal, o] *adj* sexagesimal.

sexagésime [sɛgzaʒezim] *nf* Sexagesima (Sunday).

sex-appeal [sɛksapil] *(pl* sex-appeals*)* *nm* sex appeal; avoir du ~ to be sexy, to have sex appeal.

S. Exc. *(abr écrite de* Son Excellence*)* HE.

sexe [sɛks] *nm* -**1.** [caractéristique] sex; enfant du ~ masculin/féminin male/female child ❑ le (beau) ~ the fair OU gentle sex; le ~ fort/faible the stronger/weaker sex. -**2.** ANAT sex (organs), genitals. -**3.** le ~ [sexualité] sex; il ne pense qu'au ~ all he ever thinks of is sex.

sexisme [sɛksism] *nm* -**1.** [idéologie] sexism. -**2.** [politique] sexual discrimination.

sexiste [sɛksist] *adj* & *nmf* sexist.

sexologie [sɛksɔlɔʒi] *nf* sexology.

sexologue [sɛksɔlɔg] *nmf* sexologist.

sextant [sɛkstɑ̃] *nm* sextant.

sextet [sɛkstɛt] *nm* six-bit byte.

sexto [sɛksto] *adv* sixthly, in the sixth place.

sextuor [sɛkstɥɔr] *nm* sextet, sextette.

sextuple [sɛkstypl] ◇ *adj* sextuple, sixfold.
◇ *nm* sextuple.

sextupler [3] [sɛkstyple] ◇ *vt*: ~ qqch to sextuple sthg, to increase sthg sixfold.
◇ *vi* to sextuple, to increase sixfold.

sextuplés, es [sɛkstyple] *nm, f pl* sextuplets.

sexualisation [sɛksɥalizasjɔ̃] *nf* sexualization.

sexualiser [3] [sɛksɥalize] *vt* to sexualize; ~ la publicité to put sex into advertising.

sexualité [sɛksɥalite] *nf* sexuality.

sexué, e [sɛksɥe] *adj* [animal] sexed; [reproduction] sexual.

sexuel, elle [sɛksɥɛl] *adj* [comportement] sexual; [organes, objet, éducation, hormone] sex *(modif)*; l'acte ~ the sex OU sexual act.

sexuellement [sɛksɥɛlmɑ̃] *adv* sexually.

sexy *fam* [sɛksi] *adj inv* sexy.

seyant, e [sɛjɑ̃, ɑ̃t] *adj* becoming; peu ~ unbecoming; sa nouvelle coiffure est peu ~e his new hairstyle doesn't suit him.

Seychelles [sɛʃɛl] *npr fpl*: les (îles) ~ the Seychelles; aux ~ in the Seychelles.

sézigue▽ [sezig] *pron pers* [soi] his nibs.

SFIO *(abr de* Section française de l'Internationale ouvrière*)* *npr f the French Socialist Party between 1905 and 1971.*

SG *nm abr de* secrétaire général.

SGA *nm abr de* secrétaire général adjoint.

SGBD *(abr de* système de gestion de base de données*)* *nm* DBMS.

SGEN *(abr de* Syndicat général de l'Éducation nationale*)* *npr m teachers' trade union.*

Shaba [ʃaba] *npr* Shaba.

shah [ʃa] *nm* shah, Shah.

shaker [ʃɛkœr] *nm* (cocktail) shaker.

shakespearien, enne [ʃɛkspirjɛ̃, ɛn] *adj* Shakespearean, Shakespearian.

shako [ʃako] *nm* shako, shacko.

shampooing [ʃɑ̃pwɛ̃] *nm* -**1.** [produit] shampoo; ~ crème/liquide cream/liquid shampoo; ~ traitant medicated shampoo; ~ pour moquettes carpet shampoo. -**2.** [lavage] shampoo; se faire un ~ to shampoo OU to wash one's hair.

shampouiner [3] [ʃɑ̃pwine] *vt* to shampoo.

shampouineur, euse [ʃɑ̃pwinœr, øz] *nm, f* [personne] shampooer.
◆ **shampouineur** *nm*, **shampouineuse** *nf* [machine] carpet cleaner OU shampooer.

Shanghai [ʃɑ̃gaj] *npr* Shanghai.

shantung [ʃɑ̃tuŋ] *nm* shantung (silk).

shérif [ʃerif] *nm* -**1.** [aux États-Unis] sheriff. -**2.** [en Grande-Bretagne] sheriff *(representative of the Crown)*.

sherpa [ʃɛrpa] *nm* [guide] sherpa.
◆ **Sherpas** *npr mpl* Sherpas.

sherry [ʃeri] *(pl* sherrys OU sherries*)* *nm* sherry.

shetland [ʃɛtlɑ̃d] *nm* -**1.** TEXT Shetland (wool). -**2.** VÊT Shetland jumper. -**3.** ZOOL Shetland pony.

Shetland [ʃɛtlɑ̃d] *npr fpl*: les (îles) ~ the Shetland (Islands); les (îles) ~ du Sud the South Shetland Islands.

shilling [ʃiliŋ] *nm* shilling.

shingle [ʃingœl] *nm* (roofing) shingle.

shinto [ʃinto], **shintoïsme** [ʃintɔism] *nm* Shinto.

shintoïste [ʃintɔist] *adj* & *nmf* Shintoist.

shipchandler [ʃipʃɑ̃dlœr] *nm* ship's chandler.

shirting [ʃœrtiŋ] *nm* shirting (material).

shog(o)un [ʃɔgun] *nm* shogun.

shoot [ʃut] *nm* -**1.** SPORT shot. -**2.** ▽ [injection] fix.

shooter [3] [ʃute] *vi* SPORT to shoot.
◆ **se shooter**▽ *vpi* [drogué] to shoot up, to fix; se ~ à l'héroïne to shoot OU to mainline heroin; **il se shoote au café/à la télé** *hum* he has to have his fix of coffee/telly.

shopping [ʃɔpiŋ] *nm* shopping; **faire du ~** to go shopping; **je fais toujours mon ~ chez eux** I always shop there.

short [ʃɔrt] *nm* (pair of) shorts; **être en ~** to be in OU wearing shorts; **un petit garçon en ~** a little boy wearing shorts.

shorthorn [ʃɔrtɔrn] *nm* shorthorn, Durham (breed).

short ton [ʃɔrttɔn] (*pl* **short tons**) *nf* [unité] short OU net ton, ton *Am.*

show [ʃo] *nm* **-1.** [variétés] show. **-2.** [d'un homme politique] performance; **le ~ télévisé du Premier ministre** the Prime Minister's TV performance.

show-business [ʃobiznɛs] *nm inv* show business.

shrapnel(l) [ʃrapnɛl] *nm* shrapnel (shell).

shunt [ʃœt] *nm* **-1.** ÉLECTR shunt; **moteur ~** shunt motor. **-2.** MÉD shunt.

shunter [3] [ʃœte] *vt* to shunt ELEC.

si¹ [si] *nm inv* MUS B; [chanté] si, ti.

si² [si] ◇ *adv* **-1.** [tellement - avec un adj attribut, un adv, un nom] so; [- avec un adj épithète] such; **elle est si belle** she's so beautiful; **il est si mignon!** he's (ever) so sweet!; **tout cela est si inattendu** all this is so unexpected; **il a un langage si vulgaire** his language is so crude; **elle est si femme** she's so womanly; **je la vois si peu** I see so little of her, I see her so rarely; **ça fait si mal!** it hurts so much!; **elle a de si beaux cheveux!** she has such beautiful hair!; **il est prétentieux – oh, si peu!** *iron* he's pretentious – oh isn't he just OU I don't know what you mean! || *(en corrélation avec 'que')*: **si... que** so... that; **c'est si petit qu'on ne peut le voir à l'œil nu** it's so small that it can't be seen with the naked eye; **tu n'es pas si timide que tu n'oses lui parler!** surely you're not so shy that you daren't talk to her!; **elle travaille si bien qu'on l'a augmentée** she works so well that she got a rise. **-2.** [exprimant la concession] however; **si aimable soit-il...** however nice he may be...; **si occupé soit-il, il n'en reste pas moins aimable** however busy he is, he's always friendly || *(en corrélation avec 'que')*: **si dur que ça puisse paraître, je ne céderai pas** however hard it may seem OU hard as it may seem I won't give way; **si incroyable que ce soit, il nous a menti** however unbelievable it may be OU unbelievable as it may be, he lied to us; **si vous le vexez si peu que ce soit, il fond en larmes** if you upset him even the slightest bit, he bursts into tears. **-3.** [dans une comparaison]: **si... que** as... as; **elle n'est pas si blonde que sa sœur** she's not as blonde as her sister; **il n'est pas si malin que tu le disais** he's not as sharp as you said; **il n'est pas si bête qu'il en a l'air** he's not as stupid as he seems. **-4.** [en réponse affirmative] yes; **ce n'est pas fermé? – si** isn't it closed? – yes (it is); **tu ne me crois pas? – si (,je te crois)** don't you believe me? – yes (I do); **ça n'a pas d'importance – si, ça en a!** it doesn't matter – it DOES OU yes it does!; **tu n'aimes pas ça? – si, si!** don't you like that? – oh yes I DO!; **je ne veux pas que tu me rembourses – si, si, voici ce que je te dois** I don't want you to pay me back – no, I insist, here's what I owe you; **si, si, acceptez!** DO accept!, oh but you MUST accept!; **je te dérange, si, si, je le vois bien!** I'm disturbing you, don't say I'm not, I can tell!; **tu ne l'as pas jeté tout de même? – eh si!** you didn't throw it away, did you? – yes I did!; **je n'y arriverai jamais – mais si!** I'll never manage – of course you will!; **le spectacle n'est pas gratuit – il paraît que si** the show isn't free – apparently it is; **vous n'allez pas me disqualifier? – que si!** you're not going to disqualify me, are you? – oh yes we are!; **tu ne vas quand même pas lui dire? – oh que si!** still, you're not going to tell him, are you? – oh yes I am!; **ne voyez-vous pas un moyen de parvenir à vos fins? – si fait!** *litt* can you not see a way whereby you might succeed? – indeed I can!
◇ *conj* *(devant 'il' ou 'ils' s' [s])* **-1.** [exprimant une condition] if; **si tu veux, on y va** we'll go if you want; **si vous approchez, je crie** if you come near me I'll scream; **si tu l'as cru, tu as eu tort** if you believed it you were mistaken; **si vous avez joué le 4, vous avez gagné** if you played the 4 you've won; **si je m'en sors, je te revaudrai ça** if I get out of this, I'll repay you for it; **si tu ne réfléchis pas par toi-même et si OU que tu crois tout ce qu'on te dit...** if you don't think for yourself and you believe everything people tell you...; **je ne lui dirai que si tu es d'accord** I'll tell him only if you agree, I won't tell him unless you agree; **s'il est d'accord, qu'il signe** if he agrees, let him sign; **s'ils ont quelque chose à dire, qu'ils le disent** if they have something to say, let them say it; **si tu oses...!** [ton menaçant] don't you dare!; **tu viendras? si oui, prends ta voiture** will you come? if so take your car. **-2.** [exprimant une hypothèse] if; **si tu venais de bonne heure, on pourrait finir avant midi** if you came early we would be able to finish before midday; **s'il m'arrivait quelque chose, prévenez John** should anything happen to me OU if anything should happen to me, call John; **si j'étais toi, je ne m'en vanterais pas** if I were you I wouldn't boast about it; **si j'avais le temps, je viendrais volontiers avec vous** if I had the time I'd love to come with you; **ah toi, si je ne me retenais pas...!** just count yourself lucky I'm restraining myself!; **si l'on croyait tout ce qu'on lit dans les journaux!** if we believed everything we read in the papers!; **si j'avais su, je me serais méfié** if I had known OU had I known, I would have been more cautious; **si tu étais arrivé plus tôt, tu en aurais eu** had you arrived OU if you'd arrived earlier, you would've got some. **-3.** [exprimant une éventualité] what if; **et si tu te trompais?** what if you were wrong? **-4.** [exprimant une suggestion] what about; **et si on jouait aux cartes?** what about playing cards? **-5.** [exprimant un souhait, un regret]: **ah, si j'étais plus jeune!** I wish OU if only I were younger!; **si ça pouvait marcher!** if only it worked!; **si seulement il avait accepté!** if only he'd accepted! **-6.** [dans l'interrogation indirecte] if, whether; **dites-moi si vous venez** tell me if OU whether you're coming; **je ne t'ai pas demandé si tu étais d'accord** I didn't ask you if OU whether you agreed or not; **peux-tu me dire s'ils seront nombreux?** can you tell me if OU whether there will be a lot of them? **-7.** [introduisant une complétive] if, that; **je dois vérifier si tout est en ordre** I must check if OU whether OU that everything is in order; **ne sois pas surprise s'il a échoué** don't be surprised that OU if he failed. **-8.** [introduisant une explication] if; **si quelqu'un a le droit de se plaindre, c'est bien moi!** if anyone has reason to complain, it's me!; **c'est de ta faute si ça a raté** *fam* it's your fault if it didn't work; **si ça ne répond pas, c'est qu'il n'est pas là** if there's no answer, it's because he's not there; **si je me répète, c'est pour que tu comprennes bien** if I'm repeating myself it's so that you understand properly OU it's because I want you to understand properly. **-9.** [exprimant la répétition] if, when; **si l'on excite le nerf, le muscle se contracte** if OU when the nerve is stimulated, the muscle contracts; **si je prends une initiative, elle la désapprouve** whenever OU every time I take the initiative, she disapproves (of it). **-10.** [exprimant la concession, l'opposition]: **comment faire des économies si je gagne le salaire minimum?** how can I save if I'm only earning the minimum wage?; **si elle fut exigeante avec nous, elle l'était encore plus avec elle-même** if she was demanding with us, she was still more so with herself; **si son premier roman a été bien accueilli, le second a été éreinté par la critique** though her first novel was well received, the second was slated by the critics. **-11.** [emploi exclamatif]: **tu penses s'il était déçu/heureux!** you can imagine how disappointed/happy he was!; **tu as l'intention de continuer? – si j'ai l'intention de continuer? bien sûr!** do you intend to go on? – of course I do OU I certainly do OU I do indeed!; **si ce n'est pas mignon à cet âge-là!** aren't they cute at that age!; **si je m'attendais à te voir ici!** well, I (certainly) didn't expect to meet you here OU fancy meeting you here!
◇ *nm inv*: **avec des si, on mettrait Paris en bouteille** *prov* if ifs and buts were pots and pans, there'd be no trade for tinkers *prov.*
◆ **si bien que** *loc conj* [de telle sorte que] so; **elle travaille, si bien qu'elle est aujourd'hui indépendante** she works, and so she is now independent; **il ne sait pas lire une carte, si bien qu'on s'est perdus** he can't read a map, and so we got lost.
◆ **si ce n'est** *loc prép* **-1.** [introduisant une rectification] if not; **ça a duré une bonne heure, si ce n'est deux** it lasted at least an hour, if not two. **-2.** [excepté] apart from, except; **tout vous convient? – oui, si ce n'est le prix** is everything to your satisfaction? – yes, apart from OU except the price; **si ce n'était sa timidité, c'est un garçon très agréable** he's a nice young man, if a little shy; **qui aurait pu écrire cela, si ce n'est elle?** who could have written that, apart from her?, who but her could have written that?; **si ce n'est toi, c'est donc ton frère** *allusion La Fontaine* if it's not you, then it must be your double OU your twin brother *hum.*
◆ **si ce n'est que** *loc conj* apart from the fact that, except (for the fact) that; **il n'a pas de régime, si ce n'est qu'il ne doit pas fumer** he has no special diet, except that he mustn't smoke.
◆ **si tant est que** *loc conj* provided that; **on se retrouvera à 18 h, si tant est que l'avion arrive à l'heure** we'll meet at 6 p.m. that is if OU provided (that) OU if the plane arrives on time; **essaie, si tant est que tu en as le courage** try, if you've got the courage (that is); **si tant est qu'il nous ait OU a vus** if he saw us at all; **je l'aiderai, si tant est qu'il en ait besoin** I'll help him, that is OU provided (that) OU if he needs help.

SI [si] *nm* **-1.** *abr de* **syndicat d'initiative**. **-2.** (*abr de* **Système International**) SI.

sial [sjal] *nm* sial.

Sialkot [sjalkɔt] *npr* Sialkot.

Siam [sjam] *npr m*: **le ~** Siam; **au ~** in Siam.

siamois, e [sjamwa, az] *adj* **-1.** GÉOG Siamese. **-2.** MÉD Siamese; **frères ~** (male) Siamese twins; **sœurs ~es** (female) Siamese twins.
◆ **Siamois, e** *nm, f* Siamese; **les Siamois** the Siamese.
◆ **siamois** *nm* **-1.** LING Siamese. **-2.** ZOOL Siamese (cat).

Sibérie [siberi] *npr f*: **(la) ~** Siberia.

sibérien, enne [siberjɛ̃, ɛn] *adj* Siberian.
◆ **Sibérien, enne** *nm, f* Siberian.

sibilant, e [sibilɑ̃, ɑ̃t] *adj* sibilant, hissing.

sibylle [sibil] *nf* sibyl.

sibyllin, e [sibilɛ̃, in] *adj* **-1.** *litt* [mystérieux] enigmatic, cryptic. **-2.** MYTH sibylic, sibyllic. **-3.** ANTIQ: **livres ~s** Sibylline Books; **oracles ~s** Sibylline Prophecies.

sic [sik] *adv* sic.

SICAV, Sicav [sikav] (*abr de* **société d'investissement à capital variable**) *nf* **-1.** [société] *open-ended investment trust,* ≃ unit trust. **-2.** [action] *share in an open-ended investment trust.*

siccatif, ive [sikatif, iv] *adj* siccative.
◆ **siccatif** *nm* (paint) dryer, siccative.

Sicile [sisil] *npr f*: **(la) ~** Sicily.

sicilien, enne [sisiljɛ̃, ɛn] *adj* Sicilian.
◆ **Sicilien, enne** *nm, f* Sicilian.
◆ **sicilien** *nm* LING Sicilian.
◆ **sicilienne** *nf* MUS siciliano.

SICOB, Sicob [sikɔb] *npr m* (*abr de* **Salon des industries du commerce et de l'organisation du bureau**): **le ~** *annual information technology trade fair in Paris.*

SIDA, Sida [sida] (*abr de* syndrome immunodéficitaire acquis) *nm* AIDS, Aids.

side-car [sidkar] (*pl* side-cars) *nm* **-1.** [habitacle] sidecar. **-2.** [moto] motorbike and sidecar.

sidéen, enne [sideɛ̃, ɛn] ◇ *adj* suffering from Aids.

◇ *nm, f* Aids sufferer.

sidéral, e, aux [sideral, o] *adj* sidereal.

sidérant, e *fam* [siderɑ̃, ɑ̃t] *adj* staggering, amazing, stunning; c'est ~! it's mind-blowing!

sidération [siderasjɔ̃] *nf* sideration.

sidérer [18] [sidere] *vt* **-1.** *fam* [abasourdir] to stagger; j'étais sidéré d'apprendre cela I was staggered to hear that, you could have knocked me down with a feather when I heard that. **-2.** MÉD to siderate.

sidérographie [siderɔgrafi] *nf* siderography, steel engraving.

sidérolit(h)ique [siderɔlitik] *adj* siderolithic.

sidérose [sideroz] *nf* siderosis.

sidérostat [siderɔsta] *nm* siderostat.

sidérurgie [sideryrʒi] *nf* **-1.** [technique] (iron and) steel metallurgy. **-2.** [industrie] (iron and) steel industry.

sidérurgique [sideryrʒik] *adj* (iron and) steel *(modif)*; usine ~ steelworks, steel factory.

sidérurgiste [sideryrʒist] *nmf* **-1.** [ouvrier] steel worker. **-2.** [industriel] steelworks owner.

sidologue [sidɔlɔg] *nmf* Aids specialist.

Sidon [sidɔ̃] *npr* Sidon.

siècle [sjɛkl] *nm* **-1.** [100 ans] century; l'église a plus de quatre ~s the church is more than four centuries old; au début du ~ at the turn of the century; au IIe ~ avant/après J.-C. in the 2nd century BC/AD; les écrivains du seizième ~ sixteenth-century writers. **-2.** [époque] age; vivre avec son ~ to keep up with the times, to be in tune with one's age; le ~ de Périclès the age of Pericles; ça fait des ~s que je ne suis pas allé à la patinoire *fam* I haven't been to the ice-rink for ages; l'affaire du ~ the bargain of the century ❑ le ~ des Lumières the Enlightenment, the Age of Reason; le Grand Siècle, le ~ de Louis XIV the Grand Siècle, the age of Louis XIV. **-3.** RELIG: le ~ worldly life, the world; abandonner le ~ to leave one's worldly life behind.

◆ **de siècle en siècle** *loc adv* through the ages, from age to age, down the ages.

siège [sjɛʒ] *nm* **-1.** [chaise] seat; prenez donc un ~ (do) take a seat, do sit down; une chaise à ~ en cuir a leather-seated chair ❑ ~ avant/arrière/baquet AUT front/back/bucket seat; ~ éjectable AÉRON ejector seat; ~ de voiture pour bébé baby car seat. **-2.** POL seat; perdre/gagner des ~s to lose/to win seats ❑ ~ vacant OU à pourvoir vacant seat. **-3.** [centre] seat; le ~ de la vie culturelle/du gouvernement the seat of cultural life/of government; localiser le ~ de la douleur to locate the seat of the pain; au ~ du RPR POL at (the) RPR headquarters ❑ ~ d'exploitation COMM (company) works; ~ social registered OU head office; la société a son ~ (social) à Nanterre the company's head office is in Nanterre. **-4.** MIL siege; faire le ~ d'une ville to lay siege to OU to besiege a town; lever le ~ to raise a siege; déclarer l'état de ~ to declare martial law; guerre de ~ siege warfare; engin de ~ engine of war. **-5.** MÉD: l'enfant s'est présenté par le ~ it was a breech birth. **-6.** JUR: le ~ the bench. **-7.** RELIG: ~ épiscopal (episcopal) see.

siéger [22] [sjeʒe] *vi* **-1.** [député] to sit; ~ au Parlement to have a seat OU to sit in Parliament; ~ à un comité/au Politburo to sit on a committee/on the Politburo. **-2.** [organisme] to be based in; l'UNESCO siège à Paris UNESCO's headquarters are in Paris. **-3.** *sout* [se trouver] to be located in; chercher où siège la difficulté/l'infection to seek to locate the difficulty/the infection.

siemens [sjemɛ̃s] *nm* siemens.

sien [sjɛ̃] (*f* sienne [sjɛn], *mpl* siens [sjɛ̃], *fpl* siennes [sjɛn]) *adj poss*: il a fait sienne cette maxime *sout* he made this maxim his own; une sienne cousine *litt* a cousin of his/hers.

◆ **le sien** (*f* **la sienne**, *mpl* **les siens**, *fpl* **les siennes**) *pron poss* his *m* (*f* hers); [en se référant à un objet, un animal] its; il préfère mon rôle au ~ he likes my part better than his (own); j'ai pris ma voiture et lui la sienne I took my car and he took his; elle est partie avec une valise qui n'était pas la sienne she left with a suitcase that wasn't hers OU that didn't belong to her ‖ *(emploi nominal)*: les ~s one's family and friends ❑ y mettre du ~ [faire un effort] to make an effort; [être compréhensif] to be understanding; faire des siennes *fam*: Jacques a encore fait des siennes Jacques has (gone and) done it again; ma voiture ne cesse de faire des siennes! my car's always playing up!

Sienne [sjɛn] *npr* Sienna.

siennes [sjɛn] *fpl* → **sien**.

siens [sjɛ̃] *mpl* → **sien**.

sierra [sjera] *nf* sierra; la ~ Madre the Sierra Madre; la ~ Nevada the Sierra Nevada.

Sierra Leone [sjeraleɔn] *npr f*: (la) ~ Sierra Leone.

sieste [sjɛst] *nf* [repos] (afternoon) nap OU rest; faire la ~ to have OU to take a nap (in the afternoon); faire une petite ~ to have a little nap; dans les pays chauds, à l'heure de la ~ in hot countries, at siesta time.

sieur [sjœr] *nm* **-1.** JUR: le ~ Pichard Mr Pichard Esquire. **-2.** *fam hum*: le ~ Dupond old Dupond.

sifflant, e [siflɑ̃, ɑ̃t] *adj* **-1.** [respiration] hissing, whistling, wheezing. **-2.** LING sibilant.

◆ **sifflante** *nf* LING sibilant.

sifflement [sifləmɑ̃] *nm* **-1.** [action - gén] whistling *(U)*; [- d'un serpent] hiss, hissing; entendre le ~ du vent dans les arbres to hear the wind whistling through the trees; j'évite de me retourner sur les ~s des maçons I don't turn round when I hear builders wolf-whistling at me. **-2.** [bruit] whistle; ~ d'oreilles ringing in the ears.

siffler [3] [sifle] ◇ *vi* **-1.** [serpent] to hiss; [oiseau] to whistle; ~ comme un merle OU un pinson *fig* to sing like a lark. **-2.** [personne] to whistle; [gendarme, arbitre] to blow one's whistle. **-3.** [respirer difficilement] to wheeze. **-4.** [vent, train, bouilloire] to whistle; les balles sifflaient de tous côtés bullets were whistling all around us.

◇ *vt* **-1.** [chanson] to whistle. **-2.** [chien, personne] to whistle for; ~ les filles to whistle at girls. **-3.** [suj: gendarme] to blow one's whistle at; [suj: arbitre] to whistle for; ~ la mi-temps to blow the half-time whistle, to whistle for half-time; ~ un penalty to whistle for a penalty. **-4.** [orateur, pièce] to hiss, to boo, to catcall. **-5.** *fam* [boire] to swill down *(sép)*, to swig, to knock back *(sép)*; il a sifflé toute la bouteille he knocked back the whole bottle.

sifflet [siflɛ] *nm* [instrument] whistle; donner un coup de ~ to (blow the) whistle; donner le coup de ~ final SPORT to blow the final whistle ❑ ~ à roulette (pea) whistle; ~ à vapeur steam whistle.

◆ **sifflets** *nmpl* [huées] hisses, catcalls; quitter la scène sous les ~s to be booed off the stage.

siffleur, euse [siflœr, øz] ◇ *adj* [oiseau] whistling; [serpent] hissing; merle ~ whistling blackbird.

◇ *nm, f* [à un spectacle] catcaller, heckler.

◆ **siffleur** *nm* ORNITH wigeon, widgeon.

siffleux [siflø] *nm Can* [marmotte] groundhog, woodchuck.

sifflotement [siflɔtmɑ̃] *nm* whistling.

siffloter [3] [siflɔte] ◇ *vt*: ~ qqch [doucement] to whistle sthg to o.s.; [gaiement] to whistle sthg happily.

◇ *vi* [doucement] to whistle to o.s.; [gaiement] to whistle away happily.

sigillographie [siʒilɔgrafi] *nf* sigillography.

sigisbée [siʒizbe] *nm litt* escort; ses ~s her gallant retinue *litt*.

sigle [sigl] *nm* acronym, initials.

sigma [sigma] *nm* **-1.** [lettre] sigma. **-2.** CHIM sigma bond.

signal, aux [siɲal, o] *nm* **-1.** [signe] signal; trois coups de pistolet servaient de ~ three pistol shots served as the signal ❑ donner le ~ du départ to give the signal for departure; SPORT to give the starting signal; envoyer un ~ de détresse to send out a distress signal OU an SOS. **-2.** [annonce]: cette loi a été le ~ d'un changement de politique this law signalled OU was the signal for a shift in policy. **-3.** [dispositif] signal; ~ d'alarme/d'incendie alarm/fire signal; actionner le ~ d'alarme to pull the alarm cord; ~ sonore/lumineux sound/light signal; ~ d'arrêt stop sign; ~ à bras hand signal; signaux lumineux AUT traffic signals OU lights. **-4.** NAUT signal; signaux de port port OU harbour signals. **-5.** RAIL signal; ~ fermé/ouvert on/off signal. **-6.** INF & TÉLÉC signal; ~ analogique/numérique analog/digital signal.

signalé, e [siɲale] *adj litt* [marquant, remarquable] signal, notable.

signalement [siɲalmɑ̃] *nm* description, particulars; donner le ~ de son agresseur to describe one's attacker.

signaler [3] [siɲale] *vt* **-1.** [faire remarquer - faute, détail] to point out *(sép)*, to indicate, to draw attention to; [- événement important] to draw attention to; [- accident, cambriolage] to report; [- changement d'adresse] to notify; la serrure est cassée, il faudra le ~ the lock's broken, we'll have to report it; ~ qqch à la police to report sthg to the police; on signale des secousses telluriques dans la région there are reports of earth tremors in the area; à ~ encore, une exposition à Beaubourg another event worth mentioning is an exhibition at Beaubourg; la qualité de la gravure est à ~ the quality of the print is well worth noting OU worthy of note; permettez-moi de vous ~ qu'il est interdit de... allow me to draw your attention to the fact that OU to point out that it's forbidden to...; il est déjà 11 h, je te signale! for your information, it's already 11 o'clock!; son ouvrage n'est signalé nulle part dans votre thèse his book is not mentioned anywhere in your thesis. **-2.** [suj: drapeau, sonnerie] to signal; [suj: panneau indicateur] to signpost, to point to *(insép)*; passage à niveau non signalé unsignalled level crossing; le village n'est même pas signalé au croisement the village is not even signposted OU there's not even a signpost for the village at the junction; la chapelle n'est pas signalée sur le plan the chapel isn't indicated OU marked OU shown on the map; il n'a pas signalé qu'il tournait he didn't signal OU indicate that he was turning. **-3.** [dénoter] to indicate, to be the sign of; c'est le symptôme qui nous signale la présence du virus this symptom tells us that the virus is present.

◆ **se signaler à** *vp + prép*: se ~ à l'attention de qqn to draw sb's attention to o.s.; je me permets de me ~ à votre attention I would like to draw your attention to my case.

◆ **se signaler par** *vp + prép* to stand out because of; le mâle se signale par son long bec the male is recognizable by its long beak; elle ne s'est jamais signalée par quoi que ce soit she's never done anything remarkable; elle se signale surtout par son absence she's remarkable mostly by her absence; elle se signale surtout par sa bonne volonté what sets her apart is her willingness to cooperate.

signalétique [siɲaletik] *adj* [plaque] descriptive, identification *(modif)*.

signaleur [siɲalœr] *nm* **-1.** MIL signaller. **-2.** RAIL signalman.

signalisateur, trice [siɲalizatœr, tris] *adj* signalling.

signalisation [siɲalizasjɔ̃] *nf* **-1.** [matériel]: ~ aérienne markings and beacons; ~ maritime naval signalling; ~ routière [sur la chaussée] (road) markings; [panneaux] roadsigns. -2. [aménagement]: faire la ~ d'une section de route to provide a stretch of road with signs and markings; faire la ~ d'une section de voie ferrée to put signals along a stretch of railway line. -3. PSYCH signals. -4. RAIL signals; ~ automatique automatic signalling.

signaliser [3] [siɲalize] *vt* [route] to provide with roadsigns and markings; [voie ferrée] to equip with signals; [piste d'aéroport] to provide with markings and beacons; c'est bien/mal signalisé [route] it's been well/badly signposted.

signataire [siɲatɛr] ◇ *adj* signatory.
◇ *nmf* signatory; les ~s du traité the signatories of the treaty.

signature [siɲatyr] *nf* -1. [signe] signature; elle a apposé sa ~ au bas de la lettre she signed the letter at the bottom of the page; il ne manque plus que votre ~ sur le contrat it only remains for you to put your signature to OU to sign the contract; avoir la ~ JUR to be an authorized signatory *(on behalf of a company)*. -2. [marque distinctive] signature; cet attentat à la bombe porte leur ~ this bomb attack bears their mark OU imprint. -3. [artiste]: les plus grandes ~s de la mode sont représentées dans le défilé the greatest fashion houses OU designers are represented on the catwalk. -4. [acte] signing; le courrier est parti à la ~ the letters have been sent for signing OU for signature; vous serez payé à la ~ du contrat you'll be paid once the contract has been signed. -5. PHYS: ~ spectrale (characteristic) spectral signature. -6. IMPR signature, quire.

signe [siɲ] *nm* -1. [geste] sign, gesture; parler par ~s to communicate by sign language OU signs; faire un ~ à qqn to make a sign OU to signal to sb; faire un ~ de tête à qqn [affirmatif] to nod to sb; [négatif] to shake one's head at sb; faire un ~ de la main à qqn [pour saluer, attirer l'attention] to wave to sb, to wave one's hand at sb; agiter la main en ~ d'adieu to wave goodbye; elle me fit approcher d'un ~ du doigt she beckoned to me to come nearer; faire ~ à qqn to signal to sb; il m'a fait ~ d'entrer he beckoned me in; il m'a fait ~ de sortir he signalled to me to go out; le douanier nous a fait ~ de passer the customs officer waved us through; fais-lui ~ de se taire signal (to) him to be quiet; faire ~ que oui to nod (in agreement); faire ~ que non [de la tête] to shake one's head (in refusal); [du doigt] to wave one's finger in refusal; quand vous serez à Paris, faites-moi ~ *fig* when you're in Paris, let me know ❑ ~ de la croix RELIG sign of the cross; faire un ~ de croix OU le ~ de la croix to cross o.s., to make the sign of the cross. -2. [indication] sign; c'est un ~ [mauvais] that's ominous; [bon] that's a good sign; c'est ~ de: c'est ~ de pluie/de beau temps it's a sign of rain/of good weather; c'est ~ de grands fléaux à venir it portends OU signals evil days ahead; c'est ~ que... it's a sign that...; il ne nous a pas téléphoné, c'est ~ que tout va bien he hasn't phoned us, it means OU it's a sign that everything's all right; c'est ~ qu'il est coupable it shows OU it's a sign that he's guilty; c'est bon ~ it's a good sign, it augurs well; c'est mauvais ~ it's a bad sign, it's ominous; (un) ~ de: il n'y a aucun ~ d'amélioration there's no sign of (any) improvement; c'est un ~ des temps/des dieux it's a sign of the times/from the Gods; il n'a pas donné ~ de vie depuis janvier there's been no sign of him since January; présenter des ~s d'essoufflement to show signs of being out of breath; donner des ~s d'impatience to give OU to show signs of impatience; la voiture donne des ~s de fatigue the car is beginning to show its age ❑ ~ annonciateur OU avant-coureur OU précurseur forerunner, portent *litt*; ~s extérieurs de richesse JUR outward signs of wealth. -3. [marque] mark; ~ cabalistique cabalistic sign; ~s particuliers ADMIN distinguishing marks, special peculiarities; '~s particuliers: néant' 'distinguishing marks: none'. -4. LING, MATH, MÉD & MUS sign; le ~ moins/plus the minus/plus sign. -5. IMPR: ~ de correction proofreading mark OU symbol; ~ de ponctuation punctuation mark. -6. ASTROL: tu es de quel ~? what sign are you? ❑ ~ (du Zodiaque) sign (of the zodiac); ~ d'air/de terre/d'eau/de feu air/earth/water/fire sign.
◆ **en signe de** *loc prép* as a sign OU mark of; en ~ de respect as a sign OU mark of respect; mettre un brassard en ~ de deuil to wear an armband as a sign of mourning.
◆ **sous le signe de** *loc prép* -1. ASTROL under the sign of; je suis né sous le ~ du Cancer I was born under the sign of Cancer. -2. *fig*: la réunion s'est tenue sous le ~ de la bonne humeur the atmosphere at the meeting was good-humoured.

signé, e [siɲe] *adj* [exemplaire] signed.

signer [3] [siɲe] ◇ *vt* -1. [chèque, formulaire, lettre] to sign; [pétition] to sign, to put one's name to; ~ son nom to sign one's name; n'oubliez pas de ~ le chèque don't forget to sign the cheque; '~ ici' '(please) sign here'; ~ son arrêt de mort *fig* to sign one's (own) death warrant. -2. [laisser sa marque personnelle] to sign, to put one's signature to; en étranglant sa victime, il a signé son crime by strangling his victim, he put his signature to the crime ❑ c'est signé! it's easy to guess who did that!; cette pagaille, c'est signé Maud! *fam* this mess is obviously Maud's handiwork! -3. [officialiser - contrat, traité] to sign; nous allons ~ un accord commercial avec Dandy we're going to sign a commercial agreement with Dandy; il a signé un contrat de deux ans avec Marseille FTBL he's signed up with Marseilles for two years. -4. [être l'auteur de - argenterie] to hallmark; [- pièce, film] to be the author of; [- tableau] to sign; elle a signé les meilleures chansons de l'époque she wrote all the best songs of that era; il a signé ses derniers tableaux d'un pseudonyme he signed his latest pictures with a pseudonym; c'est un bronze signé Degas it's one of Degas' bronzes. -5. [dédicacer - livre] to sign copies of; X signera son livre demain tomorrow, X will be signing copies of his book.
◇ *vi* -1. [tracer un signe] to sign; ~ d'une croix/de son sang to sign with a cross/in one's blood; c'est écrit «je reviens» et c'est signé Paul it says "I'll be back" and it's signed Paul; elle signe toujours «Julie B» she always signs herself "Julie B". -2. [établir un acte officiel] to sign; nous signons demain pour la maison we're signing (the papers) for the house tomorrow.
◆ **se signer** *vpi* to cross o.s., to make the sign of the cross.

signet [siɲɛ] *nm* [d'un livre] bookmark.

signifiant [siɲifjɑ̃] *nm* signifier.

significatif, ive [siɲifikatif, iv] *adj* -1. [riche de sens - remarque, geste, symbole] significant; [- regard] significant, meaningful; il est ~ que la radio n'en parle pas it's significant that the radio's kept quiet about it. -2. [révélateur]: ~ de revealing OU suggestive of; c'est très ~ de son caractère/ses goûts it says a lot about her character/her taste. -3. [important - écart, différence, changement] significant. -4. MATH: chiffre ~ significant figure.

signification [siɲifikasjɔ̃] *nf* -1. [sens - d'un terme, d'une phrase, d'un symbole] meaning, signification; [- d'une action] meaning; lourd de ~ pregnant with meaning. -2. [importance - d'un événement, d'une déclaration] import, significance; il n'y a eu que des changements sans ~ there were only inconsequential changes; c'est une mesure sans ~ pour la suite du travail this measure has no significance for the rest of the work. -3. JUR (official) notification; ~ à domicile service to an address. -4. LING: la ~ signifying, the signifying processes.

signifié [siɲifje] *nm*: le ~ the signified.

signifier [9] [siɲifje] *vt* -1. [avoir tel sens - suj: mot, symbole] to mean, to signify; que signifie ce dicton? what does this saying mean?; les statistiques ne signifient rien pour moi figures don't mean anything OU a thing to me; le signe x signifie «multiplié par» the x sign means "multiplied by". -2. [indiquer - suj: mimique, geste, acte] to mean; que signifie ce sourire? what does that smile mean?; il y a peu d'espoir de le retrouver, mais cela ne signifie pas que l'on va abandonner there's little hope of finding him, but it doesn't mean OU imply that we're giving up; il ne m'a pas encore téléphoné – cela ne signifie rien he hasn't phoned me yet – that doesn't mean anything; de telles menaces ne signifient rien de sa part such threats mean nothing coming from him || [pour exprimer l'irritation]: que signifie ceci? what's the meaning of this?; ils donnent de l'argent d'une main et le reprennent de l'autre, qu'est-ce que ça signifie? what do they think they're doing giving out money with one hand and taking it back with the other? -3. [être le signe avant-coureur de] to mean, to betoken; les brumes matinales signifient que l'automne approche the morning mists mean that autumn will soon be here; cela signifierait sa ruine that would spell ruin for her. -4. [impliquer] to mean, to imply; sa promotion signifie un surcroît de travail pour moi her promotion means a lot more work for me. -5. *sout* [notifier] to notify; ~ ses intentions à qqn to make one's intentions known OU to state one's intentions to sb; il m'a signifié son départ/son accord he has informed me that he is leaving/that he agrees; j'ai écrit au ministre pour lui ~ mon indignation I've written to the Minister to express my indignation; ~ son congé à qqn to give sb notice of dismissal, to give sb his/her notice. -6. JUR [jugement] to notify; ~ à qqn que... to serve notice on OU upon sb that...

sikh [sik] *adj* & *nm* Sikh.

sil [sil] *nm* ochreous clay.

silence [silɑ̃s] *nm* -1. [absence de bruit] silence; un peu de ~, s'il vous plaît! [avant un discours] (be) quiet please!; [dans une bibliothèque, une salle d'étude] quiet OU silence, please!; mais papa, je... – ~! but Daddy, I... – (be) quiet OU not another word (out of you)!; demander OU réclamer le ~ to call for silence; à son arrivée, tout le monde fit ~ there was a hush OU everyone fell silent when she arrived; garder le ~ to keep silent OU quiet; faire OU obtenir le ~ to make everyone keep quiet; ~ on tourne! CIN quiet on the set!; dans le ~ de la nuit in the still OU silence of the night; le ~ de la mer the stillness OU calm of the sea; il régnait un ~ de mort it was as quiet OU silent as the grave. -2. [secret]: acheter le ~ de qqn to buy sb's silence, to pay sb to keep quiet; garder le ~ sur qqch to keep quiet about sthg; gardez le ~ là-dessus keep this very quiet; imposer le ~ à qqn to shut sb up; passer qqch sous ~ to pass over sthg in silence, to keep quiet about sthg. -3. [lacune]: le ~ de la loi en la matière the absence of legislation regarding this matter. -4. [pause] silence; une lettre vint enfin rompre son ~ a letter came, thus breaking his silence; après 15 ans de ~, elle publia un roman after a 15-year silence OU break, she published a novel; son récit était entrecoupé de nombreux ~s his story was interrupted by numerous pauses. -5. MUS rest.
◆ **en silence** *loc adv* [se regarder] in silence, silently; [se déplacer] silently, noiselessly; [souffrir] in silence, uncomplainingly.

silencieusement [silɑ̃sjøzmɑ̃] *adv* [se regarder] silently, in silence; [se déplacer] in silence, noiselessly; [souffrir] in silence, uncomplainingly.

silencieux, euse [silɑ̃sjø, øz] *adj* -1. [où règne le calme - trajet, repas, salle] quiet, silent. -2. [qui ne fait pas de bruit - pendule, voiture] quiet, noiseless; [- mouvement] noiseless. -3. [qui ne parle pas] silent, quiet; la majorité silencieuse the silent majority || [taciturne] quiet, silent, uncommunicative *péj*.

◆ **silencieux** *nm* -**1.** ARM silencer. -**2.** AUT silencer *Br*, muffler *Am*.

silène [silɛn] *nm* BOT: ~ acaule bladder campion.

Silésie [silezi] *npr f*: (la) ~ Silesia; (la) **basse/haute** ~ Lower/Upper Silesia.

silex [silɛks] *nm* -**1.** GÉOL flint, flintstone. -**2.** ARCHÉOL flint, flint tool.

silhouette [silwɛt] *nf* -**1.** [ligne générale - du corps] figure; [- d'un véhicule] lines; **elle a une jolie** ~ she's got a nice OU good figure. -**2.** [contours] silhouette, outline; [forme indistincte] (vague) form; **leurs ~s se détachaient sur le soleil couchant** they were silhouetted against the sunset; **je vis une ~ dans le brouillard/derrière les rideaux** I saw a shape in the fog/behind the curtains. -**3.** MIL: ~ **de tir** figure OU silhouette target. -**4.** BX-ARTS silhouette.

silhouetter [4] [silwete] *vt* BX-ARTS [dessiner les contours de] to outline; [découper dans du papier] to silhouette.

◆ **se silhouetter sur** *vp + prép litt* to stand out OU to be silhouetted against.

silicate [silikat] *nm* silicate.

silice [silis] *nf* silica; **verre de** ~ silica glass, vitreous silica.

siliceux, euse [silisø, øz] *adj* siliceous; **roches siliceuses** siliceous deposits.

silicium [silisjɔm] *nm* silicon.

siliciure [silisjyr] *nm* silicide.

silicone [silikon] *nf* silicone.

silicose [silikoz] *nf* silicosis.

silicosé, e [silikoze] ◇ *adj* silicotic.
◇ *nm, f* silicosis sufferer.

sillage [sijaʒ] *nm* -**1.** NAUT [trace] wake; [remous] wash. -**2.** [d'une personne, d'un véhicule] wake; **il y avait toujours deux ou trois gamins dans son** ~ she always had two or three kids following her around; **les troupes n'avaient laissé que désolation dans leur** ~ the troops had left total devastation in their wake; **cette mesure entraîne dans son** ~ **une refonte de nos structures hospitalières** this decision carries along with it a restructuring of our hospital system ❑ **marcher dans le** ~ **de qqn** *pr & fig* to follow in sb's footsteps OU wake. -**3.** AÉRON [trace] (vapour) trail; [remous] wake. -**4.** PHYS wake.

sillon [sijɔ̃] *nm* -**1.** AGR [de gros labours] furrow; [petite rigole] drill. -**2.** *litt* [ride] furrow. -**3.** [d'un disque] groove. -**4.** ANAT [du cerveau] fissure, sulcus; ~ **fessier** anal cleft.

sillonner [3] [sijɔne] *vt* -**1.** [parcourir - suj: canaux, voies] to cross, to criss-cross; **des éclairs sillonnaient le ciel** flashes of lightning were streaking the sky; **j'ai sillonné la Bretagne** I've visited every corner of OU I've travelled the length and breadth of Brittany; **il sillonnait les mers depuis 20 ans** he'd been ploughing the (ocean) waves for 20 years; **le pays est sillonné de rivières** the country is criss-crossed by rivers. -**2.** *sout* [marquer] to furrow, to groove; **son visage sillonné de rides** his furrowed OU deeply lined face. -**3.** AGR to furrow.

silo [silo] *nm* -**1.** AGR silo; **mettre en** ~ to silo. -**2.** MIL silo.

silotage [silɔtaʒ] *nm* ensilage.

silt [silt] *nm* silt.

silure [silyr] *nm* [glane] sheatfish; [poisson-chat] catfish.

silurien, enne [silyrjɛ̃, ɛn] *adj* Silurian.

◆ **silurien** *nm* Silurian.

sima [sima] *nm* sima.

simagrées [simagre] *nfpl*: **faire des** ~ [minauder] to put on airs; **tu l'aurais vue faire ses** ~ **quand on lui a remis le prix!** you should've seen her simpering when she was awarded the prize!

simien, enne [simjɛ̃, ɛn] *adj* ZOOL simian.

◆ **simien** *nm* simian, ape.

simiesque [simjɛsk] *adj* monkey-like, ape-like, apish.

similaire [similɛr] *adj* similar.

similarité [similarite] *nf sout* similarity, likeness.

simili [simili] ◇ *préf* -**1.** [imitation]: ~ **marbre** imitation marble; ~ **pierre** artificial stone.
◇ *nm* -**1. c'est du** ~ it's artificial OU an imitation. -**2.** [cliché] half-tone engraving.
◇ *nf* [procédé] half-tone process.

similicuir [similikɥir] *nm* imitation leather, Leatherette®.

similigravure [similigravyr] *nf* -**1.** [procédé] half-tone process. -**2.** [cliché] half-tone engraving.

similitude [similityd] *nf* -**1.** [d'idées, de style] similarity, similitude; [de personnes] similarity, likeness; **leur** ~ the likeness between them. -**2.** MATH similarity.

simonie [simɔni] *nf* simony.

simoun [simun] *nm* simoon.

simple [sɛ̃pl] ◇ *adj* -**1.** [facile - exercice, système] straightforward, simple, easy; **pour aller à Paris, c'est tout ce qu'il y a de plus** ~ the way to Paris is very straightforward OU extremely simple; **ce n'est pas** ~ **d'élever des enfants!** bringing up children isn't easy!; **c'est très** ~ **à utiliser** it's very easy OU simple to use ❑ **c'est** ~ **comme bonjour** it's as simple as ABC, it's as easy as pie. -**2.** *(avant le n)* [avec une valeur restrictive] mere; **c'est une** ~ **question d'argent** it's simply OU only a matter of money; **pour la** ~ **raison que...** for the simple reason that...; **réduit à sa plus** ~ **expression** reduced to its simplest form; **vous aurez une démonstration gratuite sur** ~ **appel** all you need do is (to) OU simply phone this number for a free demonstration; **ce n'est qu'une** ~ **formalité** it's merely a OU it's a mere formality; **ça s'ouvre d'une** ~ **pression du doigt** it opens simply by pressing on it; **d'un** ~ **bond, il franchit le fossé** with one bound, he was on the other side of the ditch; **ce n'est qu'un** ~ **employé de bureau** he's just an ordinary office worker. -**3.** [non raffiné - gens] unaffected, uncomplicated; [- objets, nourriture, goûts] plain, simple; **ils ont des goûts très** ~**s** they have very simple tastes ❑ **elle est apparue dans le plus** ~ **appareil** she appeared in her birthday suit *hum*. -**4.** [ingénu] simple, simple-minded; **il est un peu** ~ **d'esprit** he's a bit simple. -**5.** [non composé - mot, élément, fleur, fracture] simple; [- chaînette, nœud] single. -**6.** CHIM: **liaison** ~ single bond.
◇ *nmf* -**1.** [naïf] simpleton; ~ **d'esprit** simpleton, halfwit. -**2.** [personne de condition modeste] ordinary man (*f* woman).
◇ *nm* -**1.** [ce qui est facile]: **aller du** ~ **au complexe** to progress from the simple to the complex. -**2.** [proportion]: **augmenter du** ~ **au double** to double; **les prix varient du** ~ **au double** prices can double; **passer du** ~ **au triple** to triple. -**3.** SPORT singles; **jouer en** ~ to play a singles match ❑ ~ **messieurs/dames** men's/ladies' singles.

◆ **simples** *nmpl* medicinal herbs OU plants.

simplement [sɛ̃pləmɑ̃] *adv* -**1.** [seulement] simply, merely, just; **je l'ai** ~ **touchée et elle s'est mise à crier** I simply OU merely touched her and she started to scream; **je te demande** ~ **de me dire la vérité** I'm simply OU just asking you to tell me the truth. -**2.** [sans apprêt - parler] unaffectedly, simply; [- s'habiller] simply, plainly; **elle nous a reçus très** ~ she received us simply OU without ceremony; **la chambre est décorée très** ~ the room is plainly decorated; **nous avons déjeuné très** ~ we had a very simple OU plain lunch. -**3.** [clairement]: **expliquer qqch** ~ to explain sthg in simple OU straightforward terms.

simplet, ette [sɛ̃plɛ, ɛt] *adj* -**1.** [personne - peu intelligente] simple, simple-minded; [- ingénue] naïve; **elle est un peu** ~**te** she's a bit simple. -**2.** [sans finesse - jugement, réponse, scénario] simplistic, black-and-white.

simplicité [sɛ̃plisite] *nf* -**1.** [facilité] simplicity, straightforwardness; **l'exercice est d'une** ~ **enfantine** the exercise is child's play; **l'opération est d'une grande** ~ the operation is very straightforward; **cette machine est la** ~ **même** this machine is simplicity itself. -**2.** [manque de raffinement - de vêtements, d'un décor, d'un repas] plainness, simplicity; **avec** ~ simply, plainly; **nous avons dîné en toute** ~ we had a very simple dinner. -**3.** [naturel] unaffectedness, lack of affectation; **j'aimais sa** ~ her lack of affectation appealed to me. -**4.** [naïveté] naivety; **il fallait être d'une grande** ~ **pour y croire** it would have taken a great deal of naivety to believe it.

simplifiable [sɛ̃plifjabl] *adj* -**1.** MATH reducible. -**2.** [procédé] which can be simplified OU made simpler.

simplificateur, trice [sɛ̃plifikatœr, tris] *adj* simplifying.

simplification [sɛ̃plifikasjɔ̃] *nf* -**1.** MATH reduction. -**2.** [d'un système] simplification, simplifying.

simplifier [9] [sɛ̃plifje] *vt* -**1.** [procédé] to simplify; [explication] to simplify, to make simpler; **en simplifiant le texte à outrance** by oversimplifying the text; **si tu me disais la vérité, cela simplifierait les choses** it would make things easier if you told me the truth. -**2.** MATH [fraction] to reduce, to simplify; [équation] to simplify.

◆ **se simplifier** ◇ *vpi* to become simplified OU simpler; **avec l'automatisation, les procédés de fabrication se simplifient** automation has simplified manufacturing processes.
◇ *vpt* to simplify; **elle se simplifie l'existence en refusant de prendre des responsabilités** she makes her life simpler by refusing to take any responsibility.

simplisme [sɛ̃plism] *nm* simplism.

simpliste [sɛ̃plist] *adj* simplistic, oversimple.

Simplon [sɛ̃plɔ̃] *npr m*: **le** ~ the Simplon Pass.

simulacre [simylakr] *nm* -**1.** [imitation - par jeu, comme méthode] imitation. -**2.** [imitation - pour tromper]: **un** ~ **de négociations** mock OU sham negotiations; **un** ~ **de résistance** a (poor) show of resistance; **ce n'était qu'un** ~ **de procès** it was a mockery of a trial.

simulateur, trice [simylatœr, tris] *nm, f* -**1.** [imitateur] simulator; ~, **va!** *hum* you're such a fraud! -**2.** [faux malade] malingerer.

◆ **simulateur** *nm* AÉRON, INF & MIL simulator; ~ **de vol** flight simulator.

simulation [simylasjɔ̃] *nf* -**1.** [d'un sentiment] feigning, faking, simulation; [d'une maladie] malingering. -**2.** MIL & TECH simulation; ~ **sur ordinateur** computer simulation. -**3.** JUR non-disclosure OU concealment of contract.

simulé, e [simyle] *adj* -**1.** [pitié, douleur] faked, feigned. -**2.** AÉRON, INF & MIL simulated. -**3.** JUR: **acte** ~ bogus deed *(concealing a contract)*.

simuler [3] [simyle] *vt* -**1.** [feindre - douleur, ivresse, folie] to feign; ~ **l'innocence** to put on an air OU a show of innocence; **il simule la cécité** he feigns blindness; ~ **la maladie** [appelé, employé] to malinger; [enfant] to pretend to be ill; **l'animal simule la mort** the animal is playing dead || *(en usage abs)*: **je ne pense pas qu'elle simule** I don't think she's pretending. -**2.** MIL & TECH to simulate. -**3.** JUR [acte] to deceive *(by nondisclosure of a contract)*.

simultané, e [simyltane] *adj* simultaneous.

◆ **simultanée** *nf* JEUX simultaneous game (of chess).

simultanéisme [simyltaneism] *nm* LITTÉRAT use of simultaneous narratives.

simultanéité [simyltaneite] *nf* simultaneity, simultaneousness.

simultanément [simyltanemɑ̃] *adv* simultaneously.

Sinaï [sinaj] *npr m*: **le** ~ Sinai.

sinanthrope [sinɑ̃trɔp] *nm* Sinanthropus, Peking Man.

sinapisme [sinapism] *nm* sinapism, mustard plaster.

sincère [sɛ̃sɛr] *adj* -**1.** [amitié, chagrin, remords] sincere, genuine, true; [personne] sincere, genuine; [réponse] honest, sincere; **tu n'es pas** ~

quand tu dis cela you're being insincere in saying that. -**2.** [dans les formules de politesse]: **nos vœux les plus ~s** our very best wishes; **je vous présente mes ~s condoléances** please accept my sincere OU heartfelt condolences; **veuillez agréer mes ~s salutations** yours sincerely, yours truly *Am.* -**3.** JUR [acte] genuine, authentic.

sincèrement [sɛ̃sɛrmɑ̃] *adv* -**1.** [franchement] sincerely, genuinely, truly; **je crois ~ en son repentir** I genuinely believe she has repented. -**2.** *(en tête de phrase)* [réellement] honestly, frankly; **~, tu me déçois** you really disappoint me; **~, ça ne valait pas le coup** *fam* to tell you the truth, it wasn't worth it.

sincérité [sɛ̃serite] *nf* -**1.** [franchise] sincerity; **je ne remets pas en cause sa ~** I'm not saying she wasn't sincere OU genuine; **en toute ~** in all sincerity, to be quite honest. -**2.** [authenticité - d'une amitié, de remords] genuineness; [- d'une réponse] honesty. -**3.** [absence de truquage - d'une élection, d'un document] honesty, genuineness.

sinécure [sinekyr] *nf* sinecure; **ce n'est pas une ~** *fam* it's no picnic.

sine die [sinedje] *loc adv* sine die; **remettre qqch ~** to postpone sthg indefinitely.

sine qua non [sinekwanɔn] *loc adj inv*: **condition ~** essential condition; **c'est la condition ~ de ma participation** it's an essential condition if I am to take part at all.

Singapour [sɛ̃gapur] *npr* Singapore; **à ~** in Singapore.

singapourien, enne [sɛ̃gapurjɛ̃, ɛn] *adj* Singaporean.

◆ **Singapourien, enne** *nm, f* Singaporean.

singe [sɛ̃ʒ] *nm* -**1.** ZOOL [à longue queue] monkey; [sans queue] ape; **les grands ~s** the (great) apes; **faire le ~** [faire des grimaces] to make faces; [faire des pitreries] to clown OU to monkey around; **le ~ imite l'homme!** copy cat! -**2.** ▽ [chef] boss. -**3.** ▽ [bœuf en conserve] corned beef.

singer [17] [sɛ̃ʒe] *vt* -**1.** [personne] to ape, to mimic. -**2.** [manières distinguées, passion] to feign, to fake.

singerie [sɛ̃ʒri] *nf* [section d'un zoo] monkey OU ape house.

◆ **singeries** *nfpl* [tours et grimaces] clowning; [d'un clown] antics; *péj* [manières affectées] affectedness, airs and graces; **faire des ~s** to clown OU to monkey around.

single [siŋgəl] *nm* -**1.** [disque] single. -**2.** RAIL single sleeper. -**3.** SPORT singles (game). -**4.** [dans un hôtel] single (room).

singlet [sɛ̃glɛ] *nm Belg* singlet.

singleton [sɛ̃glətɔ̃] *nm* -**1.** CARTES singleton. -**2.** MATH singleton (set).

singulariser [3] [sɛ̃gylarize] *vt*: **~ qqn** to make sb conspicuous OU stand out.

◆ **se singulariser** ◇ *vp (emploi réfléchi)* [se faire remarquer] to make o.s. conspicuous; **il faut toujours que tu te singularises!** you always have to be different from everyone else, don't you?

◇ *vpi* [être remarquable]: **se ~ par: il s'est singularisé par son courage** he stood out thanks to his courage.

singularité [sɛ̃gylarite] *nf* -**1.** [étrangeté - d'un comportement, d'idées, d'une tenue] oddness, strangeness. -**2.** [trait distinctif - d'une personne] peculiarity; [- d'un système] distinctive feature, peculiarity; **la boîte présentait cette ~ de s'ouvrir par l'arrière** the box was unusual in that it opened at the back. -**3.** *litt* [unicité] uniqueness. -**4.** MATH & PHYS singularity.

singulier, ère [sɛ̃gylje, ɛr] *adj* -**1.** [étrange - comportement, idées] odd, strange, singular; **je trouve ~ que...** I find it odd OU strange that... -**2.** [rare - courage, beauté] remarkable, rare, unique. -**3.** LING singular. -**4.** [d'un seul] singular, single.

◆ **singulier** *nm* LING singular.

singulièrement [sɛ̃gyljɛrmɑ̃] *adv* -**1.** [beaucoup] very much; **il m'a ~ déçu** I was extremely disappointed in him; **~ beau** extremely OU remarkably handsome; **~ réussi** hugely successful. -**2.** [bizarrement] oddly, in a strange OU peculiar way. -**3.** [notamment] especially, particularly.

siniser [3] [sinize] *vt* to bring under Chinese influence.

sinistre [sinistr] ◇ *adj* -**1.** [inquiétant - lieu, bruit] sinister; [- personnage] sinister, evil-looking; **un ~ présage** an ill omen. -**2.** [triste - personne, soirée] dismal; **comment c'était, Noël avec tes parents? — ~!** how was Christmas with your parents? – gruesome! *hum.* -**3.** *(avant le n)* [en intensif]: **c'est un ~ imbécile/une ~ canaille** he's a total idiot/crook.

◇ *nm* -**1.** [incendie] fire, blaze; [inondation, séisme] disaster; **les pompiers se sont rendus maîtres du ~** the firemen have the fire under control. -**2.** JUR [incendie] fire; [accident de la circulation] accident; **déclarer un ~** to put in a claim; **évaluer un ~** to estimate a claim.

sinistré, e [sinistre] ◇ *adj* [bâtiment, village, quartier - gén] damaged, stricken; [- brûlé] burnt-out; [- bombardé] bombed-out; [- inondé] flooded; **la ville est ~e** [après un tremblement de terre] the town has been devastated by the earthquake; **les personnes ~es** the disaster victims; [après des inondations] the flood victims ❑ **région** OU **zone (déclarée) ~e** ADMIN disaster area.

◇ *nm, f* disaster victim.

sinistrement [sinistrəmɑ̃] *adv* sinisterly, in a sinister way; **rire ~** to give a sinister laugh.

sinistrose [sinistroz] *nf* (systematic) pessimism; **le pays est en proie à la ~** the country's morale is very low.

Sinn Féin [sinfejn] *nprm* Sinn Féin.

sinn-feiner [sinfɛjnœr] *(pl* sinn-feiners) *nmf* Sinn Feiner.

sinologie [sinɔlɔʒi] *nf* sinology.

sinologue [sinɔlɔg] *nmf* specialist in Chinese studies, sinologist.

sinon [sinɔ̃] *conj* -**1.** [sans cela] otherwise, or else; **je ne peux pas me joindre à vous, ~ je l'aurais fait avec plaisir** I can't join you, otherwise I would have come with pleasure; **j'essaierai d'être à l'heure, ~ partez sans moi** I'll try to be on time, but if I'm not go without me; **tiens-toi tranquille, ~ je me fâche** keep still, or else OU otherwise I'll get angry; **tais-toi, ~...!** be quiet or else...! -**2.** [si ce n'est] if not; **elle était, ~ jolie, du moins gracieuse** she was, if not pretty, at least graceful; **faites-le, ~ avec plaisir, du moins de meilleure grâce** if you can't do it with pleasure, at least do it with better grace; **elle l'a, ~ aimé, du moins apprécié** although OU if she didn't like it she did at least appreciate it; **elle est une des rares, ~ la seule, à y avoir cru** she was one of the few, if not the only one, who believed it. -**3.** [excepté] except, other than; **que faire, ~ attendre?** what can we do other than OU except wait?

◆ **sinon que** *loc conj* except that; **je ne sais rien, ~ qu'il est parti** I don't know anything, except that OU only that he's left.

sinoque▽ [sinɔk] *adj* nutty, loony; **t'es ~!** you're off your rocker!

sino-tibétain, e [sinɔtibetɛ̃, ɛn] *(mpl* sino-tibétains, *fpl* sino-tibétaines) *adj* Sino-Tibetan.

◆ **sino-tibétain** *nm* LING Sino-Tibetan.

sinueux, euse [sinɥø, øz] *adj* -**1.** [chemin] winding, sinuous; [fleuve] winding, meandering; **rivière au cours ~** meandering OU sinuous river. -**2.** [raisonnement, pensée] convoluted, tortuous.

sinuosité [sinɥozite] *nf* -**1.** [fait d'être courbé - chemin] winding; [- rivière] winding, meandering. -**2.** [courbe - d'un chemin] curve, bend; [- d'une rivière] meander.

◆ **sinuosités** *nfpl* [d'une affaire, d'un raisonnement] tortuousness, convolutions.

sinus [sinys] *nm* -**1.** ANAT sinus; **~ du cœur** sinus venosus; **~ veineux** venous sinuses. -**2.** MATH sine.

sinusal, e, aux [sinyzal, o] *adj* sinoauricular.

sinusien, enne [sinyzjɛ̃, ɛn] *adj* sinus *(modif)*, sinusal.

sinusite [sinyzit] *nf* sinusitis.

sinusoïdal, e, aux [sinyzɔidal, o] *adj* sinusoidal.

sinusoïde [sinyzɔid] ◇ *nm* ANAT sinusoid.

◇ *nf* MATH sine curve.

sionisme [sjɔnism] *nm* Zionism.

sioniste [sjɔnist] *adj & nmf* Zionist.

sioux [sju] *adj* -**1.** ANTHR Siouan. -**2.** *fam* [astucieux] sharp.

◆ **Sioux** *nmf* Sioux; **les Sioux** the Sioux (Indians).

◆ **sioux** *nm* LING Sioux.

siphoïde [sifɔid] *adj* siphon-shaped, siphonal.

siphon [sifɔ̃] *nm* -**1.** MÉD, PHYS & ZOOL siphon. -**2.** [d'appareils sanitaires] trap, U-bend. -**3.** [carafe] soda siphon *Br*, siphon bottle *Am.* -**4.** TRAV PUBL (inverted) siphon.

siphonner [3] [sifɔne] *vt* to siphon; **~ de l'eau/un réservoir** to siphon off water/a reservoir.

sire [sir] *nm* -**1.** [seigneur] lord. -**2.** [titre]: **Sire** [roi] Sire *arch*, Your Majesty; [empereur] Sire *arch*, Your Imperial Majesty.

sirène [sirɛn] *nf* -**1.** [des pompiers] fire siren; [d'une voiture de police, d'une ambulance, d'une usine] siren; [d'un navire] siren, (fog) horn. -**2.** MYTH siren. -**3.** [femme séduisante] siren.

sirénien [sirenjɛ̃] *nm* sirenian; **les ~s** the Sirenia.

Sirius [sirjys] *npr* ASTRON Sirius.

sirocco [sirɔko] *nm* sirocco.

sirop [siro] *nm* -**1.** CULIN [concentré] syrup, cordial; [dilué] (fruit) cordial OU drink; **~ d'érable** maple syrup; **~ de fraise/de menthe** strawberry/mint cordial; **~ d'orgeat** barley water. -**2.** PHARM syrup; **~ pour** OU **contre la toux** cough mixture. -**3.** *fig & péj* mawkishness, schmaltz; **son film, c'est du ~** his film is pure schmaltz. -**4.** *Belg* CULIN *thick apple or pear syrup.*

siroperie [sirɔpri] *nf Belg place where 'sirop' is made.*

siroter [3] [sirɔte] ◇ *vt* to sip, to take sips of.

◇ *vi fam* to booze; **il sirote bien** he likes a drop of the hard stuff.

SIRPA, Sirpa [sirpa] *(abr de* **Service d'information et de relations publiques des armées)** *npr m French army public information service.*

sirupeux, euse [sirypø, øz] *adj* -**1.** [visqueux et sucré] syrupy. -**2.** *sout & péj* [sentiment] schmaltzy *péj*, syrupy *péj*.

sis, e [si, siz] *adj sout* OU JUR: **~ à** located OU situated at.

sisal, als [sizal] *nm* sisal.

sismal, e, aux [sismal, o] = **séismal**.

sismicité [sismisite] *nf* seismicity.

sismique [sismik] *adj* seismic.

sismogramme [sismɔgram] *nm* seismogram.

sismographe [sismɔgraf] *nm* seismograph.

sismologie [sismɔlɔʒi] *nf* seismology.

sismologique [sismɔlɔʒik] *adj* seismological.

sismologue [sismɔlɔg] *nmf* seismologist.

sismométrie [sismɔmetri] *nf* seismometry.

sismothérapie [sismɔterapi] *nf* shock therapy.

sistre [sistr] *nm* sistrum.

Sisyphe [sizif] *npr* Sisyphus; **le mythe de ~** the myth of Sisyphus ❑ **le rocher de ~** the rock of Sisyphus; **un travail de ~** a never-ending task.

sitar [sitar] *nm* sitar.

sitariste [sitarist] *nmf* sitar player, sitarist.

site [sit] *nm* -**1.** [panorama] beauty spot; **il y a plusieurs ~s touristiques dans la région** there are several tourist spots OU places of interest for tourists in the area ❑ **~ classé** ADMIN conservation area, ≃ National Trust area *Br*; **~ historique** historical site. -**2.** [environnement] setting. -**3.** [emplacement] site, siting; **le choix du ~ de la centrale a posé problème** the siting of the power station has caused problems

❑ ~ archéologique [gén] archeological site; [en cours d'excavation] archeological dig; ~ de lancement launch area. -**4.** CHIM & ÉCON site. -**5.** TRANSP: ~ propre bus lane.

◆ **de site** *loc adj* MIL: angle/ligne de ~ angle/line of sight.

sit-in [sitin] *nm inv* sit-in; faire un ~ to stage a sit-in.

sitôt [sito] ◇ *adv* -**1.** [avec une participiale] as soon as; ~ levé, je me mettais au travail no sooner was I up than I'd start work, I'd start work as soon as I was up; ~ le dîner fini, il partit as soon as dinner was over, he left ❑ ~ dit, ~ fait no sooner said than done. -**2.** *litt* [aussitôt] immediately; ~ après l'orage immediately after the storm; ~ après la gare just OU immediately past the station. -**3.** *litt* [si rapidement]: une rose épanouie et ~ fanée a rose in full bloom and yet so quick to wither.

◇ *prép litt*: ~ son élection... as soon as she was elected..., no sooner was she elected...

◆ **pas de sitôt** *loc adv*: on ne se reverra pas de ~ we won't be seeing each other again for a while; je n'y retournerai pas de ~! I won't go back there OU you won't catch me going back there in a hurry!; la société idéale n'existera pas de ~ the ideal society is a long way off.

◆ **sitôt que** *loc conj litt* as soon as; ~ qu'il la vit, il se mit à rire as soon as he saw her he started to laugh.

situation [sitɥasjɔ̃] *nf* -**1.** [circonstances] situation; ~ économique/politique economic/political situation; quelle est votre ~ financière exacte? what is your precise OU exact financial position?; ma ~ financière n'est pas brillante! my financial situation is OU my finances are none too healthy!; se trouver dans une ~ délicate to find o.s. in an awkward situation OU position; je n'aimerais pas être dans ta ~ I wouldn't like to be in your position; tu vois un peu la ~? do you get the picture?; c'est l'homme de la ~ he's the right man for the job ❑ ~ de famille ADMIN marital status. -**2.** [emploi rémunéré] job; chercher/trouver une ~ to look for/to find a job; avoir une bonne ~ [être bien payé] to have a well-paid job; [être puissant] to have a high-powered job; elle s'est fait une belle ~ she worked her way up to a very good position; être sans ~ to have no job; la ~ que je vous offre the post I'm offering you; ~ sociale [d'une personne] social position, standing in society. -**3.** [lieu] situation, position, location; le manoir jouit d'une magnifique ~ the manor house is beautifully situated. -**4.** FIN report of assets; ~ de trésorerie cash budget. -**5.** LITTÉRAT & THÉÂT situation; comique de ~ situation comedy.

◆ **en situation** *loc adv* in real life; .voyons comment elle va aborder les choses en ~ let's see how she gets on in real life OU when faced with the real thing.

◆ **en situation de** *loc prép*: être en ~ de faire qqch to be in a position to do sthg; je ne suis pas en ~ de décider I'm not in a position to decide.

situationnisme [sitɥasjɔnism] *nm* situationism.

situationniste [sitɥasjɔnist] *adj* & *nmf* situationist.

situé, e [sitɥe] *adj*: maison bien/mal ~e well/poorly-situated house.

situer [7] [sitɥe] *vt* -**1.** [attribuer une place - dans l'espace, dans le temps] to place; je connais la ville mais je ne saurais pas la ~ I know the name of the town but I wouldn't be able to place it OU to say where it is; à quelle époque situez-vous l'action de votre roman? in what period have you set your novel? -**2.** [par la pensée] to locate. -**3.** [classer] to place, to situate; il est difficile de le ~ dans l'architecture/la politique française it's difficult to know where to place him in French architecture/politics; sa prise de position le situe dans l'opposition the stand he has taken places him amongst the opposition. -**4.** *fam* [cerner - personne] to define; on a du mal à la ~ it's difficult to know what makes her tick.

◆ **se situer** ◇ *vp (emploi réfléchi)*: se ~ par rapport à qqn/qqch to place o.s. in relation to sb/sthg; où vous situez-vous dans ce conflit? where do you stand in this conflict?

◇ *vpi* [gén] to be situated OU located; [scène, action] to take place; leur groupe se situe très à gauche their group is on the far left; où se situe-t-elle dans le mouvement expressionniste? where would you place her in the expressionist movement?; l'augmentation de salaire se situera aux alentours de 3 % the pay increase will be in the region of 3%.

SIVOM, Sivom [sivɔm] (*abr de* Syndicat intercommunal à vocation multiple) *npr m group of local authorities pooling public services.*

SIVP *nm abr de* stage d'initiation à la vie professionnelle.

six [*en fin de phrase* sis, *devant consonne ou h aspiré* si, *devant voyelle ou h muet* siz]◇ *adj num card* -**1.** six; les Six Jours SPORT the Six Day Race. -**2.** [sixième]: tout le chapitre ~ all of chapter six.

◇ *nm inv* [nombre, numéro] six.

sixain [sizɛ̃] = **sizain**.

sixième [sizjɛm] *adj num ord, nmf* & *nm* sixth.

sixièmement [sizjɛmmɑ̃] *adv* sixthly, in the sixth place.

six-quatre-deux [siskatdø]

◆ **à la six-quatre-deux** *fam loc adv*: faire qqch à la ~ to do sthg in a slapdash way, to bungle sthg; encore une dissertation faite à la ~ another slapdash OU rushed essay.

sixte [sikst] *nf* -**1.** MUS sixth. -**2.** ESCRIME sixte.

Sixte [sikst] *npr* [pape] Sixtus.

Sixtine [sikstin] *npr*: la chapelle ~ the Sistine Chapel.

sixtus [sikstys] *nm inv Helv* hairpin.

sizain [sizɛ̃] *nm* -**1.** LITTÉRAT sextain. -**2.** CARTES set of six packs of cards.

Skaï® [skaj] *nm* Skai®, Leatherette®.

skate [skɛt], **skateboard** [skɛtbɔrd] *nm* skateboard; faire du ~ to skateboard.

sketch [skɛtʃ] (*pl* **sketches**) *nm* sketch CIN, THEAT & TV.

ski [ski] *nm* -**1.** LOISIRS & SPORT [activité] skiing; faire du ~ to go skiing ❑ ~ alpin/nordique Alpine/Nordic skiing; ~ artistique freestyle skiing; ~ de descente downhill skiing; ~ de fond cross-country skiing; ~ nautique water-skiing; faire du ~ nautique to water-ski; ~ de randonnée ski-touring; ~ sauvage OU hors piste off-piste skiing. -**2.** [matériel] ski; ~ compact OU court short ski; ~ évolutif [technique] (graduated) short-ski method. -**3.** AÉRON landing skid.

◆ **de ski** *loc adj* [chaussures, lunettes] ski *(modif)*; [vacances, séjour] skiing *(modif)*.

skiable [skjabl] *adj* skiable; la piste noire n'est plus ~ it's now impossible to ski down OU to use the black run.

ski-bob [skibɔb] (*pl* **ski-bobs**) *nm* skibob; faire du ~ to go skibobbing.

skier [10] [skje] *vi* to ski; je vais ~ tous les dimanches I go skiing every Sunday.

skieur, euse [skjœr, øz] *nm, f* skier.

skiff [skif] *nm* skiff.

skip [skip] *nm* skip INDUST.

skipper [skipœr] *nm* skipper NAUT.

skunks [skɔ̃s] = **sconse**.

skye-terrier [skajtɛrje] (*pl* **skye-terriers**) *nm* Skye terrier.

slalom [slalɔm] *nm* -**1.** SPORT [course] slalom; descendre qqch en ~ to slalom down sthg ❑ ~ nautique water-ski slalom; ~ spécial/géant special/giant slalom. -**2.** *fam* [zigzags] zigzagging; faire du ~ entre to zigzag between; la moto faisait du ~ entre les voitures the motorbike was dodging in and out among the cars OU dodging through the traffic.

slalomer [3] [slalɔme] *vi* -**1.** SPORT to slalom. -**2.** *fam* [zigzaguer]: ~ entre to zigzag OU to weave OU to dodge in and out of; il est dangereux de ~ entre les voitures weaving in and out of the traffic is dangerous.

slalomeur, euse [slalɔmœr, øz] *nm, f* slalom skier.

slave [slav] *adj* Slavonic, Slavic *Am*.

◆ **Slave** *nmf* Slav; les Slaves the Slavs.

◆ **slave** *nm* LING Slavonic, Slavic.

slavisant, e [slavizɑ̃, ɑ̃t] *nm, f* Slavicist, Slavist.

slaviser [3] [slavize] *vt* to submit to a Slavonic influence, to Slavonicize.

slaviste [slavist] = **slavisant**.

slavistique [slavistik] *nf* Slavistics *(sg)*.

slavon [slavɔ̃] *nm* Slavic, Slavonic.

Slavonie [slavɔni] *npr f*: (la) ~ Slavonia.

slavophile [slavɔfil] *adj* & *nmf* Slavophil, Slavophile.

SLBM (*abr de* Submarine Launched Ballistic Missile) *nm* SLBM.

SLCM (*abr de* Submarine Launched Cruise Missile) *nm* SLCM.

slip [slip] *nm* -**1.** VÊT [d'homme] (pair of) underpants, shorts *Am*; [de femme] briefs *Br*, panties, knickers; où est mon ~? where are my underpants? ❑ ~ de bain [d'homme] bathing OU swimming trunks. -**2.** NAUT slip, slipway.

s.l.n.d. (*abr écrite de* sans lieu ni date) *date and origin unknown*.

slogan [slɔgɑ̃] *nm* slogan.

sloop [slup] *nm* sloop.

sloughi [slugi] *nm* saluki.

slovaque [slɔvak] *adj* Slovak, Slovakian.

◆ **Slovaque** *nmf* Slovak, Slovakian.

◆ **slovaque** *nm* LING Slovak.

Slovaquie [slɔvaki] *npr f*: (la) ~ Slovakia.

slovène [slɔvɛn] *adj* Slovene, Slovenian.

◆ **Slovène** *nmf* Slovene, Slovenian.

◆ **slovène** *nm* LING Slovene.

Slovénie [slɔveni] *npr f*: (la) ~ Slovenia.

slow [slo] *nm* -**1.** [gén] slow number; le ~ de l'été the slow number everyone's dancing to this summer; danser un ~ avec qqn to dance (to) a slow number with sb. -**2.** [fox-trot] slow fox trot.

SM ◇ (*abr écrite de* Sa Majesté) HM.

◇ *nm* (*abr de* sado-masochisme) S&M.

SMAG, Smag [smag] (*abr de* salaire minimum agricole garanti) *nm guaranteed minimum agricultural wage*.

smala(h) [smala] *nf* -**1.** [d'un chef arabe] retinue. -**2.** *fam* [famille]: avec toute sa ~ with her whole tribe.

smart *fam* [smart] *adj inv vieilli* chic, smart.

smash [smaʃ] (*pl* **smashs** OU **smashes**) *nm* smash SPORT; faire un ~ to smash (the ball).

smasher [3] [smaʃe] *vi* & *vt* to smash SPORT.

SME (*abr de* Système monétaire européen) *npr m* EMS.

SMIC, Smic [smik] (*abr de* salaire minimum interprofessionnel de croissance) *nm index-linked guaranteed minimum wage*.

smicard, e *fam* [smikar, ard] *nm, f* minimum-wage earner; les ~s people earning OU on the minimum wage.

smocks [smɔk] *nmpl* smocking SEW; faire des ~ sur une robe to smock a dress.

smog [smɔg] *nm* smog.

smoking [smɔkiŋ] *nm* dinner suit *Br*, tuxedo *Am*; veste de ~ dinner jacket.

SMUR, Smur [smyr] (*abr de* Service médical d'urgence et de réanimation) *npr m French ambulance and emergency unit*.

smurf [smœrf] *nm* break-dancing.

smurfer [3] [smœrfe] *vi* to break-dance.

Smyrne [smirn] *npr* Smyrna.

snack-bar [snakbar] (*pl* **snack-bars**), **snack** [snak] *nm* snack bar, self-service restaurant, cafeteria.

SNC *abr écrite de* service non compris.

SNCB (*abr de* Société nationale des chemins de fer belges) *npr f Belgian railways board*.

SNCF (*abr de* Société nationale des chemins de fer français) *npr f French railways board*; la ~ est en grève the (French) railwaymen are on strike; il travaille à la ~ he works for the (French) railways.
SNES, Snes [snɛs] (*abr de* Syndicat national de l'enseignement secondaire) *npr m secondary school teachers' union*.
Sne-sup [snɛsyp] (*abr de* Syndicat national de l'enseignement supérieur) *npr m university teachers' union*.
SNI (*abr de* Syndicat national des instituteurs) *npr m primary school teachers' union*.
sniff [snif] ◇ *interj* boo hoo.
◇ *nm* ▽[de cocaïne] snort.
sniffer▽ [3] [snife] ◇ *vi* to snort.
◇ *vt* [cocaïne] to snort; ~ de la colle to gluesniff, to sniff glue.
SNJ (*abr de* Syndicat national des journalistes) *npr m national union of journalists*.
snob [snɔb] ◇ *adj* snobbish, snobby.
◇ *nmf* snob.
snober [3] [snɔbe] *vt* [personne] to snub; [chose] to turn one's nose up at; certains libraires snobent les bandes dessinées some booksellers think it beneath them to stock comics.
snobinard, e *fam* [snɔbinar, ard] ◇ *adj* snobbish, hoity-toity.
◇ *nm, f* snob.
snobisme [snɔbism] *nm* snobbery, snobbishness; il joue au golf par ~ he plays golf out of snobbery OU purely for the snob value.
snow-boot [snobut] (*pl* snow-boots) *nm* snow boot.
SNSM (*abr de* Société nationale de sauvetage en mer) *npr f national sea-rescue association*.
s.o. (*abr écrite de* sans objet) na.
S-O (*abr écrite de* Sud-Ouest) SW.
sobre [sɔbr] *adj* -**1.** [personne - tempérante] sober, temperate, abstemious; [- non ivre] sober; tu es ~ maintenant? have you sobered up?, are you sober now? ❑ être ~ comme un chameau to be as sober as a judge. -**2.** [modéré, discret - architecture, décoration, mode, tenue, style] sober, restrained; elle est toujours ~ dans ses déclarations she always speaks with restraint.
sobrement [sɔbrəmɑ̃] *adv* -**1.** [avec modération] temperately, soberly. -**2.** [avec discrétion, retenue] soberly.
sobriété [sɔbrijete] *nf* -**1.** [tempérance] soberness, temperance. -**2.** [discrétion, retenue] soberness; il mit de la ~ dans ses félicitations he was restrained in his congratulations. -**3.** [dépouillement - d'un style, d'un décor] bearness.
sobriquet [sɔbrikɛ] *nm* nickname; un petit ~ affectueux a pet name.
soc [sɔk] *nm* ploughshare *esp Br*, plowshare *Am*.
Sochaux [sɔʃo] *npr site of the Peugeot car factory*.
sociabiliser [1] [sɔsjabilize] *vt* to make sociable.
sociabilité [sɔsjabilite] *nf* sociableness, sociability.
sociable [sɔsjabl] *adj* -**1.** [individu, tempérament] sociable, gregarious; j'ai été un enfant très ~ I was a very outgoing child; je ne suis pas d'humeur ~ ce soir I don't feel very sociable this evening. -**2.** [vivant en société] social.
social, e, aux [sɔsjal, o] *adj* -**1.** [réformes, problèmes, ordre, politique] social; c'est une menace ~e it represents a threat to society. -**2.** ADMIN social, welfare *(modif)*; avantages sociaux welfare benefits; logements sociaux public housing; services sociaux social services. -**3.** ENTOM & ZOOL social. -**4.** JUR company *(modif)*; un associé peut être tenu responsable des dettes ~es a partner may be liable for company debts.
◆ **social** *nm*: le ~ social issues OU matters.
◆ **Sociale** *nf vieilli*: la Sociale socialism.
social-démocrate [sɔsjaldemɔkrat] (*pl* sociaux-démocrates [sɔsjodemɔkrat]) ◇ *adj* social democratic.
◇ *nmf* [gén] social democrat; [adhérent d'un parti] Social Democrat.
social-démocratie [sɔsjaldemɔkrasi] (*pl* social-démocraties) *nf* social democracy.
socialement [sɔsjalmɑ̃] *adv* socially.
social-impérialisme [sɔsjalɛ̃perjalism] *nm* social imperialism.
socialisant, e [sɔsjalizɑ̃, ɑ̃t] ◇ *adj* -**1.** POL left-leaning, with left-wing tendencies. -**2.** [préoccupé de justice sociale] socialistic.
◇ *nm, f* -**1.** POL socialist sympathizer. -**2.** [contestataire social] advocate of social equality.
socialisation [sɔsjalizasjɔ̃] *nf* -**1.** ÉCON collectivization. -**2.** POL: depuis la ~ du pays since the country went socialist. -**3.** PSYCH socialization.
socialiser [3] [sɔsjalize] *vt* -**1.** ÉCON to collectivize. -**2.** PSYCH to socialize.
socialisme [sɔsjalism] *nm* socialism; ~ d'État State socialism.
socialiste [sɔsjalist] *adj & nmf* socialist.
socialité [sɔsjalite] *nf* social instinct.
social-révolutionnaire [sɔsjalrevɔlysjɔnɛr] (*pl* sociaux-révolutionnaires [sɔsjo-revɔlysjɔnɛr]) *adj & nmf* social-revolutionary.
sociétaire [sɔsjetɛr] *nmf* [d'une association] member; ~ de la Comédie-Française *actor co-opted as a full member of the Comédie-Française*.
sociétariat [sɔsjetarja] *nm* membership.
société [sɔsjete] *nf* -**1.** SOCIOL: la ~ society; vivre en ~ to live in society; les insectes qui vivent en ~ social insects ❑ la ~ d'abondance the affluent society; la ~ de consommation the consumer society. -**2.** *litt* [présence] company, society; rechercher la ~ de qqn to seek (out) sb's company; je me plais dans sa ~ I enjoy (being in) her company; être dans la ~ de qqn to be in company with OU the society of sb. -**3.** *fam* [personnes réunies] company, gathering. -**4.** [catégorie de gens] society; cela ne se fait pas dans la bonne ~ it's not done in good company OU in the best society; la haute ~ high society. -**5.** [association - de gens de lettres, de savants] society; [- de sportifs] club; ~ littéraire/savante literary/learned society; ~ secrète secret society; ~ de tempérance temperance society; la Société des Amis the Society of Friends, the Quakers; la Société de Jésus the Society of Jesus; la Société de Marie the Society of Mary; la Société des Nations the League of Nations; la Société protectrice des animaux → **SPA**. -**6.** COMM, JUR & ÉCON company, firm; le matériel appartient à la ~ the equipment belongs to the firm OU company ❑ ~ anonyme (public) limited company; ~ à capital variable company with variable capital; ~ de capitaux (à responsabilité limitée) limited liability company; ~ (de capitaux) par actions (à responsabilité limitée) (limited liability) joint-stock company; ~ civile professionnelle professional OU non-trading partnership; ~ en commandite limited partnership; ~ en commandite simple ≃ general partnership; ~ d'économie mixte government-controlled corporation; ~ d'intérêt collectif agricole agricultural cooperative; ~ d'investissement à capital variable → **SICAV**; ~ en nom collectif ≃ (unlimited) private company; ~ de personnes partnership; ~ de prévoyance provident society; ~ à responsabilité limitée ≃ limited liability company; ~ de services service company; Société nationale des chemins de fer français → **SNCF**. -**7.** BANQUE: ~ financière/de crédit finance/credit company; ~ de crédit immobilier building society *Br*, savings and loan association *Am*. -**8.** JUR: ~ d'acquêts joint (matrimonial) assets. -**9.** INF: ~ de services et d'ingénierie informatique services and software organization. -**10.** LOISIRS: jeux de ~ games *(for playing indoors, often with boards or cards)*.
sociobiologie [sɔsjɔbjɔlɔʒi] *nf* sociobiology.
sociocentrisme [sɔsjɔsɑ̃trism] *nm* sociocentrism.
sociocritique [sɔsjɔkritik] *nf* sociocriticism.
socioculturel, elle [sɔsjɔkyltyrɛl] *adj* sociocultural.
sociodramatique [sɔsjɔdramatik] *adj* sociodramatic.
sociodrame [sɔsjɔdram] *nm* sociodrama.
socio-économique [sɔsjɔekɔnɔmik] (*pl* socio-économiques) *adj* socioeconomic.
socio-éducatif, ive [sɔsjɔedykatif, iv] (*mpl* socio-éducatifs, *fpl* socio-éducatives) *adj* socioeducational.
sociogramme [sɔsjɔgram] *nm* sociogram.
sociolinguistique [sɔsjɔlɛ̃gɥistik] *nf* sociolinguistics *(U)*.
sociologie [sɔsjɔlɔʒi] *nf* sociology; ~ religieuse sociology of religion.
sociologique [sɔsjɔlɔʒik] *adj* sociological.
sociologiquement [sɔsjɔlɔʒikmɑ̃] *adv* sociologically.
sociologisme [sɔsjɔlɔʒism] *nm* sociologism.
sociologiste [sɔsjɔlɔʒist] *adj* sociologistic.
sociologue [sɔsjɔlɔg] *nmf* sociologist.
sociométrie [sɔsjɔmetri] *nf* sociometry.
sociométrique [sɔsjɔmetrik] *adj* sociometric.
socioprofessionnel, elle [sɔsjɔprɔfɛsjɔnɛl] *adj* socio-professional.
sociothérapie [sɔsjɔterapi] *nf* sociotherapy.
socle [sɔkl] *nm* -**1.** ARCHIT [piédestal] pedestal, base; [stylobate] stylobate. -**2.** CONSTR [d'un bâtiment] plinth, socle; [d'un mur] footing; ~ de béton base course, (concrete) sole. -**3.** GÉOL (large) block. -**4.** MENUIS [de chambranle] skirting, capping; [de marche] string, stairstring.
socque [sɔk] *nm* -**1.** ANTIQ sock; le ~ et le cothurne *litt* sock and buskin. -**2.** [chaussure] clog, sock *litt*.
socquette [sɔkɛt] *nf* ankle sock, bobby sock *Am*.
Socrate [sɔkrat] *npr* Socrates.
socratique [sɔkratik] *adj* Socratic.
soda [sɔda] *nm* -**1.** [boisson - gazeuse] fizzy drink, soda *Am*; [- non gazeuse] (fruit) drink; ~ à l'orange orangeade, orange soda *Am*. -**2.** [eau de Seltz] soda (water); whisky ~ whisky and soda.
sodé, e [sɔde] *adj* sodium *(modif)*.
sodique [sɔdik] *adj* sodic, sodium *(modif)*.
sodium [sɔdjɔm] *nm* sodium.
Sodome [sɔdɔm] *npr* Sodom; ~ et Gomorrhe Sodom and Gomorrah.
sodomie [sɔdɔmi] *nf* sodomy.
sodomiser [3] [sɔdɔmize] *vt* to sodomize, to bugger.
sodomite [sɔdɔmit] *nm* Sodomite.
sœur [sœr] *nf* -**1.** [parente] sister; c'est une vraie ~ pour moi *fig* she's like a sister to me; nous étions comme des ~s we were like sisters; l'envie et la calomnie sont ~s envy and slander are sisters; je n'ai qu'une chaussette, où est sa ~? *hum* I've got only one sock, where's its partner? ❑ ma grande ~ my big sister; ma petite ~ my little sister; ma ~ aînée my elder OU older sister; ma ~ cadette my younger sister; les ~s filandières the Fates; ~ de lait foster sister; et ta ~?▽ mind your own (damn) business! -**2.** RELIG sister, nun; chez les ~s with the nuns, in a convent; bien, ma ~ very well, sister; ~ Thérèse Sister Theresa ❑ bonne ~ *fam* nun; les Petites Sœurs des pauvres the Little Sisters of the Poor.
sœurette [sœrɛt] *nf* (little) sister; ça va, ~? alright, sis?
sofa [sɔfa] *nm* sofa.
Sofia [sɔfja] *npr* Sofia.
SOFRES, Sofres [sɔfrɛs] (*abr de* Société française d'enquêtes par sondages) *npr f French market research company*.
soft [sɔft] ◇ *nm inv fam* INF software.
◇ *adj inv* [film, roman] softcore.
software [sɔftwɛr] *nm* software.

soi [swa] ◇ *pron pers* **-1.** [représentant un sujet indéterminé]: **n'aimer que ~** to love only oneself; **être content de ~** to be pleased with oneself; **il ne faut pas penser qu'à ~** one shouldn't think only of oneself; **marmonner qqch pour ~ seul** to mumble sthg to oneself OU under one's breath; **ne pas regarder derrière ~** not to look back; **prendre sur ~** to get a grip on oneself; **prendre sur ~ de faire qqch** to take it upon oneself to do sthg. **-2.** [représentant un sujet déterminé]: **on ne pouvait lui reprocher de ne penser qu'à ~** he couldn't be reproached for thinking only of himself. **-3.** *loc*: **en ~** in itself, per se; **ce geste en ~ n'est pas condamnable** the gesture is not blameworthy in itself; **cela va de ~** that goes without saying; **tu lui diras? — cela va de ~!** will you tell her? — of course OU that goes without saying!; **il va de ~ que...** it goes without saying that...
◇ *nm*: **le ~** the self.

soi-disant [swadizɑ̃] ◇ *adj inv* **-1.** [qu'on prétend tel - liberté, gratuité] so-called; [- coupable, responsable] alleged. **-2.** [qui se prétend tel - aristocrate] self-styled; [- ami, héritier, génie] so-called; **ce ~ plombier était en fait un espion** the so-called plumber turned out to be a spy.
◇ *adv fam* [à ce qu'on prétend] supposedly; **elle l'a ~ tué** they say she killed OU she's alleged to have killed him; **tu étais ~ absent!** you were supposed to be out!; **elle est sortie, ~ pour acheter du fromage** she went out, ostensibly to get some cheese OU to get some cheese, she said.
◆ **soi-disant que** *fam loc conj* apparently; **~ qu'il ne nous aurait pas vus!** he didn't see us, or so he said!

soie [swa] *nf* **-1.** TEXT silk; **~ grège/naturelle/sauvage** raw/natural/wild silk; **dormir** OU **vivre dans la ~** *fig* to live in the lap of luxury. **-2.** ZOOL [de sanglier, de chenille] bristle; [de bivalves] byssus; **blaireau en ~s de sanglier** bristle shaving brush. **-3.** [d'un couteau] tang. **-4.** *litt* [douceur]: **la ~ de sa peau** the silken texture of her skin.
◆ **de soie** *loc adj* [étoffe, tapis] silk *(modif)*; [chevelure, peau] silky.

soierie [swari] *nf* **-1.** [étoffe] silk. **-2.** [activité] silk trade.

soif [swaf] *nf* **-1.** [envie de boire] thirst; **avoir ~** to be thirsty; **avoir grand-~** to be parched; **ça m'a donné ~** it made me thirsty; **ça donne ~ de bêcher au soleil** digging away in the sun works up a thirst ❑ **jusqu'à plus ~** [boire] till one's thirst is quenched; *fig* till one can take no more. **-2.** *fig*: **~ de**: **~ de pouvoir/de richesses/d'affection** craving for power/wealth/love; **~ de connaissances** thirst for knowledge; **avoir ~ de sang** to thirst for blood.

soiffard, e *fam* [swafar, ard] *nm, f* boozer, alkie.

soignant, e [swaɲɑ̃, ɑ̃t] *adj* caring; **le personnel ~ est en grève** the nursing staff are on strike.

soigné, e [swaɲe] *adj* **-1.** [propre - apparence, personne] neat, tidy, well-groomed; [- vêtements] neat; [- ongles] well kept; [- mains] well cared for; **être très ~ de sa personne** to be very well-groomed; **peu ~** [apparence, personne, tenue] untidy; [coiffure] unkempt; **très peu ~** slovenly. **-2.** [fait avec soin - décoration] carefully done; [- style] polished; [- écriture, coiffure] neat, tidy; [- travail] neat, careful; [- dîner] carefully prepared; [- jardin] neat, well-kept; **peu ~** [jardin] badly kept; [dîner] carelessly put together; [écriture] untidy; [travail] careless, shoddy; **les acteurs évoluent dans des décors très ~s** the set for the play is highly sophisticated. **-3.** *fam* [en intensif]: **elle lui a passé une correction ~e!** she thrashed him black and blue!; **j'ai un mal de tête ~!** I've got a splitting headache!; **le devoir de chimie était ~!** the chemistry paper was a real stinker!

soigner [3] [swaɲe] *vt* **-1.** [malade] to treat, to nurse, to look after *(insép)*; [maladie] to treat; **à l'hôpital où on la soignait pour une anorexie** at the hospital where she was being treated for anorexia; **il ne veut pas se faire ~** he refuses (any) treatment; **ils m'ont soigné aux antibiotiques** they treated me with antibiotics; **c'est le docteur Jean qui la soigne** [d'habitude] she's under OU in the care of Dr. Jean; **je n'arrive pas à ~ mon rhume** I can't get rid of my cold; **il faut te faire ~!** *fam* you need (to get) your head examined! **-2.** [bien traiter - ami, animal, plantes] to look after *(insép)*, to take care of; [- jardin] to look after; **elle soigne son petit mari** *fam* she takes good care of OU looks after her hubbie. **-3.** [être attentif à - apparence, tenue, présentation, prononciation] to take care OU trouble over; [- écriture, style] to polish (up); [- image de marque] to take good care of, to nurse; [- repas] to prepare carefully, to take trouble over (the preparation of); **~ sa mise** to dress with care. **-4.** *fam* [exagérer]: **ils ont soigné l'addition!** the bill's a bit steep! **-5.** [frapper]: **tu aurais vu ses bleus, le mec l'a soigné!** you should've seen his bruises, the guy made mincemeat of him!
◆ **se soigner** ◇ *vp (emploi réfléchi)*: **il se soigne à l'homéopathie** he relies on homeopathic treatment when he's ill; **quand j'ai un rhume, je ne me soigne jamais** when I've got a cold, I never take anything for it; **je suis timide mais je me soigne!** *hum* I'm shy but I'm doing my best to get over it!
◇ *vp (emploi passif)* to be susceptible to treatment; **ça se soigne bien** it can be easily treated; **ça se soigne difficilement** it's difficult to treat (it); **ça se soigne, tu sais!** *fam hum* they have a cure for that these days, you know!

soigneur [swaɲœr] *nm* [d'un boxeur] second; [d'un cycliste] trainer; [d'une équipe de football, de rugby] physiotherapist *Br*, physical therapist *Am*.

soigneusement [swaɲøzmɑ̃] *adv* [écrire, plier] neatly, carefully; [rincer, laver] carefully; **elle ferma très ~ la porte** she closed the door very carefully OU with great care; **sa chambre est toujours rangée très ~** his room is always very neat (and tidy); **il a ~ omis de me le dire** he was very careful not to tell me.

soigneux, euse [swaɲø, øz] *adj* **-1.** [propre et ordonné] tidy; **il n'est pas du tout ~ dans son travail** he's quite untidy OU messy in his work; **tu n'es pas assez ~ de tes habits** you're not careful enough with OU you don't take enough care of your clothes. **-2.** [consciencieux - employé] meticulous; [- recherches, travail] careful, meticulous; **elle est très soigneuse dans ce qu'elle fait** she's very careful in what she does, she takes great care over her work. **-3.** **~ de** [soucieux de]: **~ de sa réputation** mindful of his reputation.

soi-même [swamɛm] *pron pers* oneself; **être/rester ~** to be/to remain oneself; **il faut tout faire ~ ici** you have to do everything yourself around here; **c'est Antoine? — ~!** *fam hum* is it Antoine? — in person OU none other!; **faire qqch de ~** to do sthg spontaneously; **par ~** by oneself, on one's own; **se replier sur ~** to withdraw into oneself.

soin [swɛ̃] *nm* **-1.** [attention] care; **avoir** OU **prendre ~ de qqch** to take care of sthg; **prendre ~ de qqn** to look after OU to take care of sb; **avoir** OU **prendre ~ de faire qqch** to take care to do OU to make a point of doing sthg; **ne vous en faites pas, j'aurai bien** OU **grand ~ de vos plantes** don't worry, I'll take good care of your plants; **prends ~ de fermer toutes les portes à clé** take care to OU make sure that you lock all the doors; **elle a bien pris ~ de lui cacher son identité** she took great care to conceal OU went to a great deal of trouble concealing her identity from him; **on dirait qu'elle met un ~ tout particulier à m'agacer** it's as if she was making a point of annoying me; **avec ~** carefully, with care; **nettoyez la plaie avec le plus grand ~** clean the wound very carefully; **être sans ~ (dans son travail)** to be careless (in one's work); **faire qqch sans ~** to do sthg carelessly. **-2.** *sout* [souci] care, concern; **mon premier ~ fut de tout ranger** my first concern OU the first thing I did was to put everything back into place. **-3.** [propreté] neatness; **avoir beaucoup de ~** to be very tidy OU orderly; **elle n'a aucun ~** she's totally untidy OU messy; **avec ~** neatly, tidily; **sa maison est toujours rangée avec ~** his house is always very neat OU tidy; **être sans ~** to be untidy; **il a peint le cadre sans aucun ~** he made a mess of painting the frame. **-4.** [responsabilité] task; **je te laisse le ~ de la convaincre** I leave it (up) to you to convince her; **confier à qqn le ~ de faire qqch** to entrust sb with the task of doing sthg; **il lui a confié le ~ de gérer son garage** he entrusted her with the management of his garage.
◆ **soins** *nmpl* **-1.** [de routine] care; [médicaments] treatment; **cela ne requiert pas de ~s particuliers** it doesn't require any special medical attention OU care; **donner** OU **dispenser des ~s à** [médicaux] to give medical care to; **prodiguer des ~s à un nouveau-né** to care for a newborn baby ❑ **premiers ~s, ~s d'urgence** first aid; **~s de beauté** beauty care; **~s dentaires** dental treatment OU care; **~s intensifs** intensive care; **~s (médicaux)** medical care OU treatment. **-2.** [attention] care, attention; **nous apporterons tous nos ~s au règlement de cette affaire** we'll do our utmost to settle this matter; **confier qqn aux (bons) ~s de qqn** to leave sb in the care of sb; **ils avaient confié l'enfant aux bons ~s de sa tante** they had placed the child in the care of his aunt; **aux bons ~s de** [dans le courrier] care of ❑ **être aux petits ~s pour** *fam*: **sa grand-mère est aux petits ~s pour lui** his grandma waits on him hand and foot.

soir [swar] *nm* **-1.** [fin du jour] evening; [début de la nuit] night; **les ~s d'été** summer evenings; **le ~ tombe** night is falling, the evening is drawing in; **le ~ de ses 20 ans** on the evening of her 20th birthday; **au ~ de sa vie** *litt* in the evening of her life ❑ **quand le grand ~ sera arrivé** when the revolution comes. **-2.** [dans des expressions de temps]: **ce ~** tonight, this evening; **lundi ~** Monday evening OU night; **hier ~** yesterday evening, last night; **le 11 au ~** on the 11th in the evening, on the evening of the 11th; **le ~** in the evening, in the evenings; **tous les ~s, chaque ~** every evening; **vers 6 h du ~** around 6 (o'clock) in the evening, around 6 p.m.; **à 10 h du ~** at 10 (o'clock) at night, at 10 p.m. **-3.** PRESSE: **Le Soir** *Belgian daily newspaper*.
◆ **du soir** *loc adj* **-1.** [journal] evening *(modif)*; [prière] night *(modif)*. **-2.** *fam* [personne]: **il est du ~** he's a night owl.

soirée [sware] *nf* **-1.** [moment de la journée] evening; **les longues ~s d'hiver** the long winter evenings; **viens dans la ~** [aujourd'hui] come this evening; [un jour quelconque] come in the evening; **bonne ~!** have a nice evening!, enjoy your evening! **-2.** [fête, réunion] party; **~ dansante** (evening) dance; **~ de gala** gala evening; **~ musicale** musical evening. **-3.** CIN & THÉÂT evening performance; **elle n'a pas joué en ~** she didn't play in the evening performance.

soit [swa] ◇ *conj* **-1.** [c'est-à-dire] that is to say; **il a perdu toute sa fortune, ~ plusieurs millions de francs** he has lost his entire fortune, that is to say several million francs; **ça fait 15 francs plus 15 francs, ~ 30 francs** that's 15 francs plus 15 francs, that makes 30 francs. **-2.** [introduisant une hypothèse]: **~ une droite AB** let AB be a line, given a line AB. **-3.** *loc*: **~ dit en passant** it must be said; **il n'est guère aimable, ~ dit en passant** he's not very likable, it must OU has to be said.
◇ *adv*: **~, j'accepte vos conditions** very well then, I accept your conditions; **tu préfères cela? eh bien ~!** all right OU very well then, if that's what you prefer!; **puisque vous y tenez, ~, mais je vous aurai prévenu** very well, since you're so determined, but don't say I didn't warn you.
◆ **soit que... ou que** *loc corrél* either... or; **~ que le train ait eu du retard ou qu'il y ait eu des**

embouteillages, ils arrivèrent après minuit either the train was late or they were held up in traffic, but they arrived after midnight.

◆ **soit que..., soit que** *loc corrél* either... or; ~ que vous veniez chez moi, ~ que j'aille chez vous, nous nous retrouverons demain either you come to my place or I'll go to yours, but we'll meet up tomorrow.

◆ **soit..., soit** *loc corrél* either... or; ~ toi, ~ moi either you or me; c'est ~ l'un, ~ l'autre it's (either) one or the other; ~ distraction, ~ malveillance, il avait omis de les avertir either through absent-mindedness or carelessness he had forgotten to warn them.

soixantaine [swasɑ̃tɛn] *nf*: une ~ about sixty; avoir la ~ to be about sixty.

soixante [swasɑ̃t] *adj num card inv* & *nm inv* sixty.

soixante-dix [swasɑ̃tdis] *adj num card inv* & *nm inv* seventy.

soixante-dix-huit tours [swasɑ̃tdizɥitur] *nm inv* 78 rpm, seventy-eight (record).

soixante-dixième [swasɑ̃tdizjɛm] *adj num ord, nmf* & *nm* seventieth.

soixante-huitard, e *fam* [swasɑ̃tɥitar, ard] ◇ *adj* [réforme] *brought about by the French students' revolt of 1968*; [tendance] antiestablishment.
◇ *nm, f* veteran of the 1968 students' revolt.

soixantième [swasɑ̃tjɛm] *adj num ord, nmf* & *nm* sixtieth.

soja [sɔʒa] *nm* -**1.** BOT soya. -**2.** CULIN soya *Br*, soya beans *Br*, soybeans *Am*.

sol [sɔl] ◇ *nm inv* MUS G; [chanté] sol, so, soh.
◇ *nm* -**1.** AGR & HORT [terre] soil; ~ **calcaire** chalky soil; **le ~ est détrempé par les pluies** the soil is soaked with rainwater. -**2.** [surface - de la Terre] ground; [- d'une planète] surface; **l'avion s'est écrasé au ~** the plane crashed; **le ~ lunaire** the surface of the Moon. -**3.** [surface aménagée - à l'intérieur] floor; **le ~ du hangar** the floor of the shed; **pour l'entretien des ~s** for cleaning floors; **spécialiste des ~s** flooring specialist. -**4.** *litt* [patrie] soil; **sur le ~ américain** on American soil; **son ~ natal** her native soil. -**5.** GÉOL soil, solum *spéc.* -**6.** SPORT floor. -**7.** CHIM sol. -**8.** *arch* [sou] sol.

◆ **au sol** *loc adj* -**1.** SPORT [exercice] floor *(modif)*. -**2.** AÉRON [vitesse, ravitaillement] ground *(modif)*.

sol-air [sɔlɛr] *adj inv* ground-to-air.

solaire [sɔlɛr] ◇ *adj* -**1.** ASTRON solar; **le rayonnement ~** the Sun's radiation. -**2.** [qui a trait au soleil] solar; **les symboles ~s dans l'Égypte ancienne** the solar symbols of Ancient Egypt. -**3.** [qui utilise le soleil - capteur, four] solar; [- habitat] solar, solar-heated. -**4.** [qui protège du soleil] sun *(modif)*; **crème/huile ~** suntan lotion/oil. -**5.** ANAT → **plexus**.
◇ *nm*: **le ~** solar energy.

solanacée [sɔlanase] *nf* member of the Solanacea.

solarigraphe [sɔlarigraf] *nm* solarimeter, pyranometer.

solarium [sɔlarjɔm] *nm* solarium.

soldat [sɔlda] *nm* -**1.** MIL soldier, serviceman; **simple ~, ~ de deuxième classe** [armée de terre] private; [armée de l'air] aircraftman *Br*, airman basic *Am*; ~ **de première classe** [armée de terre] lance corporal *Br*, private first class *Am*; [armée de l'air] leading aircraftman *Br*, airman third class *Am*; **le Soldat inconnu** the Unknown Soldier OU Warrior. -**2.** JEUX: **(petits) ~s de plomb** tin OU lead OU toy soldiers; **jouer aux petits ~s** to play with toy soldiers; **jouer au petit ~** *fam* to swagger. -**3.** ENTOM soldier (ant).

soldate *fam* [sɔldat] *nf* woman soldier, servicewoman.

soldatesque [sɔldatɛsk] *litt* ◇ *adj*: **des manières ~s** rough soldierly manners.
◇ *nf péj*: **la ~** army rabble.

solde[1] [sɔld] *nf* -**1.** MIL pay. -**2.** *Afr* [salaire] salary, wages.

◆ **à la solde de** *loc prép péj* in the pay of; **il était à la ~ de l'ennemi** he was in the pay of the enemy; **avoir qqn à sa ~** to be sb's paymaster.

solde[2] [sɔld] *nm* -**1.** FIN [d'un compte] (bank) balance; [à payer] outstanding balance; **vous serez remboursés du ~ en janvier** you'll be paid the balance in January ❑ ~ **créditeur** credit balance, balance in hand; ~ **débiteur** debit balance, balance owed; ~ **à reporter** balance carried forward; **pour ~ de tout compte** in (full) settlement. -**2.** COMM [vente] sale, sales, clearance sale; [marchandise] sale item OU article; **acheter** OU **avoir qqch en ~** to buy sthg in the sales *Br* OU on sale *Am* OU at sale price; **le bonnet était en ~** the hat was reduced; **mettre qqch en ~** to sell sthg at sale price.

◆ **soldes** *nmpl* sale, sales; **au moment des ~s** during the sales, when the sales are on; **il y a de belles affaires pendant les ~s chez eux** they have really good bargains in their sales; **ils font des ~s toute l'année** they have sales OU a sale on all year round.

solder [3] [sɔlde] *vt* -**1.** COMM to sell (off) at sale price OU at a reduced price; **toutes nos chemises sont soldées** all our shirts are at a reduced OU at sale price; **elle me l'a soldé pour 100 F** she knocked the price down to 100 F, she let me have it for 100 F; **tout est soldé à 30 F** everything is reduced to 30 F; **on solde!** the sales are on!, there's a sale on! -**2.** [dette] to settle. -**3.** BANQUE [compte] to close.

◆ **se solder par** *vp* + *prép* -**1.** [se terminer par] to result in; **se ~ par un échec** to result in failure, to come to nothing; **encore une soirée qui se solde par une querelle** yet again, the party's ended in an argument; **leurs cinq derniers matches se sont soldés par une défaite** their last five matches ended in defeat. -**2.** COMM, ÉCON & FIN: **se ~ par un excédent/un déficit de** to show a surplus/a deficit of.

solderie [sɔldəri] *nf* discount store.

soldeur, euse [sɔldœr, øz] *nm, f* discount trader.

sole [sɔl] *nf* -**1.** [d'un four] hearth. -**2.** AGR break (field). -**3.** MIN sill, sole. -**4.** [d'un cheval] sole. -**5.** MÉCAN sole piece. -**6.** CONSTR (trowel) throw. -**7.** CULIN & ZOOL sole.

solécisme [sɔlesism] *nm* solecism.

soleil [sɔlɛj] *nm* -**1.** [étoile qui éclaire la Terre]: **le Soleil** the Sun; **se lever avec le ~** to be up with the lark ❑ **le ~ levant/couchant** the rising/setting sun; **au ~ levant/couchant** at sunrise/sunset; **le ~ de minuit** the midnight sun; **le ~ brille pour tout le monde** *prov* the sun shines for everyone. -**2.** [étoile quelconque] sun. -**3.** [chaleur] sun, sunshine; [clarté] sun, sunlight, sunshine; **quelques brèves apparitions du ~** some sunny spells; **il y aura beaucoup de ~ sur le sud de la France** it'll be very sunny in OU over southern France; **une journée sans ~** a day with no sunshine; **un ~ de plomb** a blazing sun; **ma chambre manque de ~** my room doesn't get enough sun OU sunlight; **on a le ~ sur le balcon jusqu'à midi** the balcony gets the sun until noon; **c'est une plante qui adore le ~** this plant thrives in sunlight; **au ~** in the sun; **tu es en plein ~** you're right in the sun; **prendre le ~** to sunbathe ❑ **coup de ~** [brûlure] sunburn; [insolation] sunstroke; **elle a pris** OU **attrapé un coup de ~** [brûlure] she got sunburnt; [insolation] she got sunstroke. -**4.** BOT sunflower. -**5.** SPORT (backward) grand circle. -**6.** [feu d'artifice] Catherine wheel. -**7.** HÉRALD sol.

solen [sɔlɛn] *nm* razor (shell), Solen *spéc.*

solennel, elle [sɔlanɛl] *adj* -**1.** [obsèques, honneurs, silence] solemn. -**2.** [déclaration, occasion, personne, ton] solemn, formal. -**3.** JUR [contrat] solemn.

solennellement [sɔlanɛlmɑ̃] *adv* -**1.** [en grande pompe] formally, ceremoniously. -**2.** [cérémonieusement] solemnly, in a solemn voice. -**3.** [officiellement] solemnly.

solenniser [3] [sɔlanize] *vt* to solemnize.

solennité [sɔlanite] *nf* -**1.** [apparat d'une réception] solemnity. -**2.** [d'un ton, d'une personne] solemnity, formality. -**3.** *sout* [fête] solemn ceremony OU celebration; **la ~ de Pâques** the solemn celebration of Easter. -**4.** JUR solemnity.

solénoïdal, e, aux [sɔlenɔidal, o] *adj* solenoidal.

solénoïde [sɔlenɔid] *nm* solenoid.

Soleure [sɔlœr] *npr* Solothurn.

Solex® [sɔlɛks] *nm* ≃ moped.

solfatare [sɔlfatar] *nf* solfatara.

solfège [sɔlfɛʒ] *nm* -**1.** [notation] musical notation; [déchiffrage] sight-reading; **faire du ~** to study musical notation. -**2.** [manuel] music primer.

solfier [9] [sɔlfje] *vt* to sol-fa; **solfiez correctement le morceau suivant** sol-fa the following piece of music accurately.

solidaire [sɔlidɛr] *adj* -**1.** [personnes]: **être ~s** [les uns des autres] to stand OU to stick together; [l'un de l'autre] to show solidarity with each other; **nous sommes ~s de nos camarades** we support OU stand by our comrades; **ne cherchez pas à diviser les dockers, ils sont tous ~s** don't try to split the dockers, they're in complete solidarity; **deux syndicats peu ~s** two unions showing little solidarity. -**2.** [reliés - processus, pièces mécaniques] interdependent; **être ~ de** to interact with. -**3.** [interdépendants] interdependent; **ces deux questions sont ~s (l'une de l'autre)** these two questions are interdependent. -**4.** JUR joint and several.

solidairement [sɔlidɛrmɑ̃] *adv* -**1.** [conjointement] jointly, in solidarity with each other. -**2.** *fig*: **les processus fonctionnent ~** the processes are interdependent. -**3.** MÉCAN [par engrenage] in a mesh; [directement] locked (together). -**4.** JUR jointly and severally.

solidariser [3] [sɔlidarize] *vt* -**1.** [faire partager les mêmes intérêts] to unify, to bring together. -**2.** [relier - processus] to make interdependent. -**3.** MÉCAN [par engrenage] to mesh; [directement] to lock (together), to interlock.

◆ **se solidariser avec** *vp* + *prép* to show solidarity with.

solidarité [sɔlidarite] *nf* -**1.** [entre personnes] solidarity; **par ~ avec** out of a fellow-feeling for, in order to show solidarity with ❑ ~ **ministérielle** ministerial responsibility; **Solidarité** [syndicat polonais] Solidarity. -**2.** [entre des processus] interdependence. -**3.** MÉCAN [engrenage] meshing; [entraînement] locking, interlocking. -**4.** JUR joint and several liability.

solide [sɔlid] ◇ *adj* -**1.** [résistant - meubles, matériel] solid, sturdy, strong; [- papier] tough, strong; [- vêtements] hard-wearing; [- bâtiment] solid, strong; [- verrou, nœud] secure; **attention, cette chaise n'est pas très ~** careful, that chair's not very safe. -**2.** [établi, stable - formation, culture, technique] sound; [- institution, argument, raisons] solid, sound; [- professionnalisme, réputation] solid; [- bases] solid, sound, firm; [- foi] firm, staunch; [- principes, qualités] staunch, sound, sterling *(modif)*; [- monnaie] strong, firm; **attitude empreinte d'un ~ bon sens** no-nonsense attitude, attitude based on sound common sense; **elle s'est entourée d'une ~ équipe de chercheurs** she's surrounded herself with a reliable OU strong research team. -**3.** [robuste - personne, membre] sturdy, robust; [- santé] sound; **le poulain n'est pas encore très ~ sur ses pattes** the foal isn't very steady on its legs yet; **le cœur n'est plus très ~** the heart's getting weaker; **la tête n'est plus très ~** his/her mind's going. -**4.** *fam (avant le n)* [substantiel] substantial, solid; **un ~ petit déjeuner** a substantial OU solid breakfast; **avoir une ~ constitution** to have an iron constitution; **un ~ coup de poing** a mighty punch; **avoir une ~ avance sur ses concurrents** to enjoy a secure OU comfortable lead over one's rivals ❑ **avoir un ~ coup de fourchette** to have a hearty appetite. -**5.** [non liquide - aliments, corps, état] solid; **la lave devient ~ en refroidissant** lava solidifies OU hardens as it cools down; **elle ne peut rien manger de ~** she can't eat solid foods OU solids. -**6.** TEXT [tissu] resistant; [teinture] fast. -**7.** MATH solid.

◇ *nm* -**1.** [ce qui est robuste]: **les voitures suédoises, c'est du ~** Swedish cars are built to last; **son dernier argument, c'est du ~!** *fam* her last argument is rock solid! -**2.** [sol ferme] solid ground; **marcher sur du ~** to walk on solid ground. -**3.** [aliments solides] solids, solid food. -**4.** MATH & PHYS solid.

solidement [sɔlidmɑ̃] *adv* -**1.** [fortement] securely, firmly; **attache-le ~ à cet arbre** tie it securely to this tree. -**2.** [profondément] firmly; **c'est une croyance ~ ancrée** it's a deeply-rooted OU deep-seated idea. -**3.** *fam* [en intensif] seriously; **je l'ai ~ grondé** I gave him a good talking-to.

solidification [sɔlidifikasjɔ̃] *nf* solidification.

solidifier [9] [sɔlidifje] *vt* to solidify, to harden.
◆ **se solidifier** *vpi* to solidify, to harden.

solidité [sɔlidite] *nf* -**1.** [d'un meuble] solidity, sturdiness; [d'un vêtement] sturdiness, durability; [d'un bâtiment] solidity. -**2.** [d'une institution, de principes, d'arguments] solidity, soundness; [d'une équipe] reliability; [d'une monnaie] strength; **la ~ technique de son jeu** the soundness of her playing technique. -**3.** [force d'une personne] sturdiness, robustness. -**4.** TEXT [d'un tissu] resistance; [d'une teinture] fastness.

soliflore [sɔliflɔr] *nm* bud vase.

soliloque [sɔlilɔk] *nm* soliloquy.

soliloquer [3] [sɔlilɔke] *vi* to soliloquize.

Soliman [sɔlimɑ̃] *npr*: **~ I**[er] OU **le Magnifique** Suleiman the Magnificent.

solipsisme [sɔlipsism] *nm* solipsism.

soliste [sɔlist] *nmf* soloist.

solitaire [sɔlitɛr] ◇ *adj* -**1.** [personne, existence, activité] solitary, lonely. -**2.** [isolé - île, quartier, retraite] solitary, lone; **une maison ~ dans la forêt** a solitary house in the forest. -**3.** ARCHIT [colonne] isolated. -**4.** BOT & ZOOL solitary; **ver ~** tapeworm.
◇ *nmf* -**1.** [misanthrope] loner, lone wolf; **c'est une ~** she is a loner, she enjoys her own company. -**2.** [navigateur, voyageur]: **c'est une course de ~s** it's a single-handed race.
◇ *nm* -**1.** [anachorète] hermit, recluse. -**2.** JEUX & JOAILL solitaire. -**3.** CHASSE old boar.
◆ **en solitaire** ◇ *loc adj* [course, vol] solo *(modif)*; [navigation] single-handed.
◇ *loc adv* [vivre, travailler] on one's own; [naviguer] single-handed; **il vit en ~ dans sa vieille maison** he lives on his own in his old house.

solitairement [sɔlitɛrmɑ̃] *adv*: **se promener ~** to walk alone; **vivre ~** to lead a solitary life.

solitude [sɔlityd] *nf* -**1.** [d'une personne - momentanée] solitude; [- habituelle] loneliness; **la ~ lui pèse** solitude weighs heavily upon her; **j'aime la ~** I like to be alone OU on my own; **dans une grande ~ morale** morally isolated; **la ~ à deux** the loneliness of a couple *(when the two stop communicating with each other)*. -**2.** [d'une forêt, d'un paysage] loneliness, solitude. -**3.** *litt* [lieu solitaire]: **les grandes ~s désertiques** the vast lonely expanses of the desert.

solive [sɔliv] *nf* CONSTR joist; **~ apparente** exposed joist.

soliveau, x [sɔlivo] *nm* small joist.

Soljenitsyne [sɔlʒenitsin] *npr* Solzhenitsyn.

sollicitation [sɔlisitasjɔ̃] *nf* -**1.** [requête] request, entreaty; **j'ai fini par céder à leurs ~s** I ended up giving in to their requests. -**2.** [tentation] temptation. -**3.** [poussée, traction]: **les freins répondent à la moindre ~** the brakes are extremely responsive. -**4.** CONSTR stress; **~ de compression/torsion/traction** compressive/torsion/tensile stress.

solliciter [3] [sɔlisite] *vt* -**1.** [requérir - entrevue] to request, to solicit, to beg the favour of; [- aide, conseils] to solicit, to seek (urgently); [- emploi] to apply for *(insép)*; **~ qqch de qqn** to request sthg from sb; **je me permets de ~ votre bienveillance** may I appeal to your kindness. -**2.** [mettre en éveil - curiosité, attention] to arouse; [- élève] to spur OU to urge on *(sép)*; **le problème qui nous sollicite** OU **qui sollicite notre attention actuellement** the problem currently before us. -**3.** [texte] to overinterpret. -**4.** [faire appel à] to approach, to appeal to *(insép)*; **être très sollicité** to be (very much) in demand; **sollicité par les chasseurs de tête** head-hunted; **on m'a déjà sollicité pour une séance de pose** I've already been approached for a photocall. -**5.** [faire fonctionner - mécanisme] to put a strain on; **dès que les freins sont sollicités** as soon as you touch the brakes. -**6.** ÉQUIT [cheval] to spur OU to urge on *(sép)*.

solliciteur, euse [sɔlisitœr, øz] *nm, f* [quémandeur] suppliant, supplicant.

sollicitude [sɔlisityd] *nf* [intérêt - affectueux] (excessive) care, solicitude; [- soucieux] concern, solicitude; **il m'écoutait avec ~** he was listening to me with solicitude; **plein de ~** solicitous, attentive; **être plein de ~ envers qqn** to be very attentive to OU towards sb.

solo [sɔlo] (*pl* **solos** OU **soli** [-li]) *nm* -**1.** MUS solo; **~ de piano/harpe** piano/harp solo; **elle joue/chante en ~** she plays/sings solo; **une escalade en ~** *fig* a solo climb. -**2.** THÉÂT [spectacle] one-man-show.

Sologne [sɔlɔɲ] *npr f*: **(la) ~** the Sologne.

Solon [sɔlɔ̃] *npr* Solon.

sol-sol [sɔlsɔl] *adj inv* ground-to-ground.

solstice [sɔlstis] *nm* solstice; **~ d'été/d'hiver** summer/winter solstice.

solsticial, e, aux [sɔlstisjal, o] *adj* solsticial.

solubilisation [sɔlybilizasjɔ̃] *nf* solubilization.

solubiliser [3] [sɔlybilize] *vt* to solubilize.

solubilité [sɔlybilite] *nf* solubility; **produit de ~** solubility product.

soluble [sɔlybl] *adj* -**1.** CHIM soluble. -**2.** [problème] solvable, soluble.

soluté [sɔlyte] *nm* solute; **~ physiologique** saline solution, (artificial) serum.

solution [sɔlysjɔ̃] *nf* -**1.** [résolution, clé] solution, answer; **la ~ d'un exercice** SCOL the solution OU answer to an exercise; **la ~ d'une énigme** the key to an enigma OU a mystery; **l'envoyer en prison ne serait pas une ~** sending him to prison wouldn't solve anything OU wouldn't be a solution; **apporter une ~ à un problème** to find a solution to OU to solve a problem ❑ **une ~ de facilité** an easy way out. -**2.** [terme - d'une crise] resolution, settling; [- d'une situation complexe] resolution. -**3.** HIST: **la ~ finale** the Final Solution. -**4.** MATH solution. -**5.** *sout* [gén & MÉD]: **~ de continuité** solution of continuity. -**6.** CHIM & PHARM solution; **en ~** dissolved, in (a) solution.

solutionner [3] [sɔlysjɔne] *vt* [tour critiqué] to solve, to resolve.

solutréen, enne [sɔlytreɛ̃, ɛn] *adj* Solutrean.
◆ **Solutréen** *nm* Solutrean (period).

solvabilité [sɔlvabilite] *nf* solvency.

solvable [sɔlvabl] *adj* solvent.

solvant [sɔlvɑ̃] *nm* solvent.

soma [sɔma] *nm* BIOL soma.

somali, e [sɔmali] *adj* Somalian, Somali.
◆ **Somali, e** *nm, f* Somali.
◆ **somali** *nm* LING Somali.

Somalie [sɔmali] *npr f*: **(la) ~** [république] Somalia; [bassin] Somaliland.

somalien, enne [sɔmaljɛ̃, ɛn] = **somali.**

somatique [sɔmatik] *adj* somatic; **affection ~** somatic disorder.

somatisation [sɔmatizasjɔ̃] *nf* somatization.

somatiser [3] [sɔmatize] *vt* to somatize.

somatotrope [sɔmatɔtrɔp] *adj* somatotropic, somatotrophic; **hormone ~** growth OU somatotrophic hormone.

somatotrophine [sɔmatɔtrɔfin] *nf* somatotropin, somatotrophin.

sombre [sɔ̃br] *adj* -**1.** [pièce, ruelle, couleur, robe] dark; **il fait très ~** it's very dark. -**2.** [personne, caractère, humeur, regard] gloomy, melancholy, sombre; [avenir, perspectives] gloomy; **de ~s réflexions** sombre OU gloomy thoughts; **les jours les plus ~s de notre histoire** the gloomiest OU darkest days of our history. -**3.** *fam (avant le n)* [en intensif]: **c'est une ~ crapule/un ~ crétin** he's the scum of the earth/a prize idiot; **il m'a raconté une ~ histoire de fraude fiscale** he told me some murky story about tax evasion; **ce ~ individu reparut deux jours plus tard** that unsavoury character was seen again two days later. -**4.** LING [voyelle] dark.

sombrement [sɔ̃brəmɑ̃] *adv* gloomily, sombrely; **«rien», fit-il ~** "nothing", he said gloomily.

sombrer [3] [sɔ̃bre] *vi* -**1.** [bateau] to sink, to founder. -**2.** *sout* [être anéanti - civilisation] to fall, to decline, to collapse; [- entreprise] to go bankrupt, to fail, to collapse; [- projet] to collapse, to fail; [- espoir] to fade, to be dashed; **sa raison a sombré** he lost his reason. -**3. ~ dans** [s'abandonner à] to sink into; **~ dans le sommeil** to sink into sleep; **~ dans la folie/l'alcoolisme** to sink into insanity/alcoholism; **~ dans le désespoir/l'oubli** to sink into despair/oblivion.

sombrero [sɔ̃brero] *nm* sombrero.

sommaire [sɔmɛr] ◇ *adj* -**1.** [succinct] brief, succinct; **voici une description ~ des lieux** here is a brief description of the premises. -**2.** [rudimentaire - réparation] makeshift; **il n'a reçu qu'une éducation ~** his education was rudimentary, to say the least. -**3.** [superficiel - analyse] summary, basic; [- examen] perfunctory; **son analyse est trop ~** his analysis is too superficial OU doesn't go far enough. -**4.** [expéditif - procès] summary; **après un jugement ~** after a summary trial.
◇ *nm* [d'un magazine] summary; [d'un livre] summary, synopsis; **au ~ de notre journal ce soir** our main news stories tonight.

sommairement [sɔmɛrmɑ̃] *adv* -**1.** [brièvement] briefly; **analysez ~ ce texte** make a brief analysis of this text. -**2.** [rudimentairement] basically; **leur appartement est très ~ meublé** their flat is very basic. -**3.** [rapidement] hastily, rapidly; **il a ~ inventorié le contenu des poches de la victime** he made a rapid inventory of the contents of the victim's pockets. -**4.** [expéditivement] summarily; **les prisonniers ont été ~ exécutés** the prisoners were summarily executed.

sommation [sɔmasjɔ̃] *nf* -**1.** MIL [avant de tirer] warning, challenge; **faire une ~** to challenge; **après les ~s d'usage** after the standard warning (had been given). -**2.** JUR summons; **~ de se présenter au tribunal** summons to appear (in court); **~ sans frais** (tax) reminder. -**3.** *sout* [requête] demand; **je me rendis à ses ~s courtoises mais pressantes** I gave in to his polite but insistent demands. -**4.** MATH summation. -**5.** PHYSIOL convergence.

somme[1] [sɔm] *nm* nap; **faire un ~** to have a nap.

somme[2] [sɔm] *nf* -**1.** FIN: **~ (d'argent)** sum OU amount (of money); **pour la ~ de 200 francs** for (the sum of) 200 francs; **elle me doit une ~ importante** she owes me quite a large sum OU quite a lot of money; **j'ai dépensé des ~s folles** I spent huge amounts of money; **c'est une ~!** that's a lot of money!; **le papier peint, la peinture, ça fait des ~s tout ça!** wallpaper, paint, it all adds up! -**2.** MATH sum; **la ~ totale** the grand total; **faire une ~** to add up (figures); **faire la ~ de 15 et de 16** to add (up) 15 and 16 ❑ **~ algébrique** algebraic sum. -**3.** [quantité]: **~ de travail/d'énergie** amount of work/energy; **ça représente une ~ de sacrifices/d'efforts importante** it means great sacrifices/a lot of effort; **quand on fait la ~ de tout ce que j'ai remué comme archives** when you add up the number of archive documents I've handled. -**4.** [œuvre] general survey; **son «Histoire de France», c'est une ~** his "French History" is an essential reference work; **~ philosophique** general survey of philosophy ❑ **la Somme Théologique** RELIG the Summa Theologica.
◆ **bête de somme** *nf* [animal] beast of burden; **je ne veux pas être la bête de ~ du service** *fam fig* I don't want to do all the dirty work in this department.

◆ **en somme** *loc adv* -**1.** [en bref] in short; en ~, tu refuses in short, your answer is no. -**2.** [en définitive] all in all; c'est assez simple en ~ all in all, it's quite easy.

◆ **somme toute** *loc adv* all things considered, when all is said and done; ~ toute, tu as eu de la chance all things considered, you've been lucky.

Somme [sɔm] *npr f* -**1.** [fleuve]: la ~ the (River) Somme. -**2.** [département]: la ~ the Somme. -**3.** HIST: **la bataille de la ~** the (battle of the) Somme.

sommeil [sɔmɛj] *nm* -**1.** PHYSIOL [repos] sleep, slumber *litt*; **je manque de ~** I haven't been getting enough sleep; **il cherchait le ~** he was trying to sleep; **j'ai le ~ léger/profond** I'm a light/heavy sleeper; **tu as les yeux pleins de ~** *fam* your eyes are all sleepy OU full of sleep; **une nuit sans ~** a sleepless night, a night without sleep; **trois jours sans ~** three days without sleep; **avoir ~** to be OU to feel sleepy; **tomber de ~** to be ready to drop, to be falling asleep (on one's feet) ❑ **le premier ~** the first hours of sleep; **le ~ éternel, le dernier ~** *litt* eternal rest; **le ~ lent** slow-wave sleep; **le ~ paradoxal** paradoxical sleep, rapid eye movement sleep; **dormir d'un ~ de plomb** [d'habitude] to be a heavy sleeper, to sleep like a log; [ponctuellement] to be sleeping like a log OU fast asleep. -**2.** *fig* [inactivité] inactivity, lethargy, sluggishness; **il a tiré l'artisanat de son profond ~** he's given the stagnant arts and crafts market a new impetus.

◆ **en sommeil** ◇ *loc adj* [volcan, économie] inactive, dormant.

◇ *loc adv*: **rester en ~** to remain dormant OU inactive; **mettre un secteur économique en ~** to put an economic sector in abeyance.

sommeiller [4] [sɔmɛje] *vi* -**1.** [personne] to doze; **je commençais à ~ au volant** I was falling asleep at the wheel. -**2.** [affaire, passion, volcan] to lie dormant.

sommelier, ère [sɔməlje, ɛr] *nm, f* sommelier, wine waiter (*f* waitress).

◆ **sommelière** *nf Helv* waitress.

sommer [3] [sɔme] *vt* -**1.** JUR: **~ qqn de faire qqch** to summon sb to do sthg. -**2.** *sout* [ordonner à]: **~ qqn de faire qqch** to order sb to do sthg. -**3.** ARCHIT to crown, to top. -**4.** MATH to add up *(sép)*.

sommet [sɔmɛ] *nm* -**1.** [plus haut point - d'un mont] summit, highest point, top; [- d'un bâtiment, d'un arbre] top. -**2.** [partie supérieure - d'un arbre, d'une colline] crown; [- d'une montagne] top, summit; [- d'une vague] crest; [- de la tête] crown, vertex *spéc*; **les ~s neigeux** the snowy heights OU summits OU mountain tops; **leurs émissions n'atteignent pas des ~s** *fig* their programmes don't aim very high OU aren't exactly intellectually ambitious. -**3.** [degré suprême - d'une hiérarchie] summit, top; [- d'une carrière] top, summit, acme; **une décision prise au ~** a decision taken from the top; **le ~ de la perfection** the acme of perfection; **le ~ de la gloire** the pinnacle of fame; **elle est au ~ de son talent** she's at the height of her talent. -**4.** ÉLECTR node. -**5.** MATH [d'un angle, d'une hyperbole] vertex. -**6.** POL summit (meeting); **conférence/rencontre au ~** summit conference/meeting.

sommier [sɔmje] *nm* -**1.** [de lit] (bed) base; **~ à lattes** slatted base; **~ métallique** wire mattress; **~ tapissier (à ressorts)** (sprung) bed base. -**2.** ARCHIT [d'une voûte - poutre] springer, skewback; [- pierre] impost; [d'un clocher] stock. -**3.** CONSTR [d'une porte] lintel; [d'une grille] crossbar. -**4.** MUS [d'un orgue] windchest; [d'un piano] frame; **~ de chevilles** pinblock. -**5.** [de comptabilité] register, ledger; **~ de police technique** central register of criminal records.

sommité [sɔmite] *nf* authority; **les ~s de la médecine** leading medical experts; **ce n'est pas une ~!** he's no genius!

somnambule [sɔmnɑ̃byl] ◇ *adj*: **être ~** to sleepwalk, to be a sleepwalker.

◇ *nmf* sleepwalker, somnambulist *spéc*.

somnambulique [sɔmnɑ̃bylik] *adj* sleepwalking, somnambulistic *spéc*.

somnambulisme [sɔmnɑ̃bylism] *nm* sleepwalking, somnambulism *spéc*.

somnifère [sɔmnifɛr] ◇ *adj* soporific, sleep-inducing.

◇ *nm* [substance] soporific; [comprimé] sleeping pill OU tablet.

somnolence [sɔmnɔlɑ̃s] *nf* -**1.** [d'une personne] drowsiness, sleepiness, somnolence. -**2.** [d'une économie] lethargy, sluggishness.

somnolent, e [sɔmnɔlɑ̃, ɑ̃t] *adj* -**1.** [personne] drowsy, sleepy, somnolent. -**2.** [village] sleepy; [voix] droning; [esprit] dull, lethargic, apathetic; [économie] lethargic, sluggish; [faculté intellectuelle] dormant.

somnoler [3] [sɔmnɔle] *vi* -**1.** [personne] to doze. -**2.** [ville] to be sleepy; [économie] to be lethargic OU in the doldrums; [faculté intellectuelle] to lie dormant, to slumber.

somptuaire [sɔ̃ptɥɛr] *adj* -**1.** [dépenses] extravagant. -**2.** BX-ARTS: **arts ~s** decorative arts. -**3.** ANTIQ & HIST sumptuary.

somptueusement [sɔ̃ptɥøzmɑ̃] *adv* [décorer, illustrer] sumptuously, lavishly, richly; [vêtir] sumptuously, magnificently.

somptueux, euse [sɔ̃ptɥø, øz] *adj* -**1.** [luxueux - vêtements, cadeau] sumptuous, splendid; [- décor, salon, palais] magnificent, splendid. -**2.** [superbe - banquet] sumptuous, lavish; [- illustration] lavish; **la pièce a une somptueuse distribution** the play has a glittering cast.

somptuosité [sɔ̃ptɥozite] *nf litt* [d'une toilette] sumptuousness, magnificence; [d'un décor, d'une pièce, d'illustrations] sumptuousness, splendour, lavishness.

son[1] [sɔ̃] *nm* -**1.** LING, MUS & PHYS sound; **un ~ pur** a pure sound; **un ~ étouffé** a muffled sound; **un ~ sourd** a thump, a thud; **un ~ strident** [klaxon, trompette] a blast; **émettre** OU **produire un ~** to give out a sound; **les ~s inarticulés qui sortaient de sa bouche** the inarticulate sounds he was uttering; **le mur rend un ~ creux** the wall has a hollow sound; **ça ressemble au ~ de la harpe** it sounds like a harp ❑ **~ de cloche: c'est un autre ~ de cloche** that's (quite) another story; **j'ai entendu plusieurs ~s de cloche** I've heard several variants OU versions of that story; **à ~ de trompe: clamer** OU **annoncer qqch à ~ de trompe** to trumpet sthg abroad; **spectacle ~ et lumière** son et lumière. -**2.** AUDIO sound, volume; **baisser/monter le ~** to turn the sound up/down; **on a le ~ mais pas l'image** we've got sound but no picture; **~ seul** sound only, wild track; **le ~ était épouvantable** CIN the soundtrack was terrible; **au ~, Marcel Blot** sound (engineer), Marcel Blot. -**3.** AGR bran; **~ d'avoine** oat bran; **flocons de ~** bran flakes; **pain au ~** bran loaf.

◆ **au son de** *loc prép* to the sound of; **danser au ~ de l'accordéon** to dance to the music OU sound OU sounds of the accordeon; **ils défilèrent aux ~s** OU **au ~ des tambours** they marched to the beat OU sound OU sounds of drums; **ils se lèvent tous les matins au ~ du clairon** every morning, they wake to the sound OU call of the bugle.

son[2] [sɔ̃] (*f* sa [sa], *devant nf ou adj f commençant par voyelle ou h muet* **son** [sɔn], *pl* **ses** [se]) *adj poss* -**1.** [d'un homme] his; [d'une femme] her; [d'une chose] its; [d'un bateau, d'une nation] its, her; **~ frère et sa sœur, ses frère et sœur** his/her brother and sister; **un de ses amis** a friend of his/hers, one of his/her friends; **donne-lui ~ biberon** [à un petit garçon] give him his bottle; [à une petite fille] give her her bottle; **le bébé, dès ses premiers contacts avec le monde** the baby, from its first experience of the world; **ce n'est pas ~ genre** he/she isn't like that, that's not his/her style; **ce n'est pas ~ travail** it's not his/her job; **la police est à sa recherche** the police are looking for him/her/it; **à sa vue, elle s'évanouit** on seeing him/her, she fainted; **~ propre fils** his/her own son; **dans sa maison à lui** *fam* in HIS house, in his own house. -**2.** [d'un sujet indéfini]: **il faut faire ses preuves** one has to show one's mettle, you have to show your mettle; **tout le monde a ses problèmes** everybody has (his OU their) problems. -**3.** [dans des titres]: **Son Altesse Royale** His/Her Royal Highness; **Sa Majesté** His/Her Majesty; **Sa Sainteté le Pape** His Holiness the Pope. -**4.** [d'une abstraction]: **avant de prendre une décision, il faut penser à ses conséquences** before taking a decision, one OU you must think about the consequences (of it); **dans cette affaire, tout a ~ importance** in this affair everything is of importance. -**5.** [emploi expressif]: **ça a ~ charme** it's got its own charm OU a certain charm; **il fait ~ intéressant** *fam* he's trying to draw attention to himself; **elle fait sa timide** *fam* she's being all shy; **elle se fait ses 30 000 francs par mois** *fam* she brings in 30,000 francs a month; **il va encore piquer sa colère!** he's going to have another one of his outbursts!; **il a réussi à avoir ~ samedi** *fam* he managed to get Saturday off.

sonar [sɔnar] *nm* sonar.

sonate [sɔnat] *nf* sonata.

sonatine [sɔnatin] *nf* sonatina.

sondage [sɔ̃daʒ] *nm* -**1.** [enquête] poll, survey; **faire un ~ auprès d'un groupe** to poll a group, to carry out a survey among a group; **j'ai fait un petit ~ parmi mes amis** I sounded out some of my friends ❑ **~ d'opinion** opinion poll. -**2.** [d'un terrain] sampling, sounding. -**3.** MÉD probe, probing; **~ vésical** urethral catheterization. -**4.** MIN & PÉTR [puits] bore hole. -**5.** NAUT sounding. -**6.** GÉOL: **~ sismique** sonoprobing.

sonde [sɔ̃d] *nf* -**1.** ASTRON & MÉTÉO sonde; **~ aérienne** balloon sonde; **~ spatiale** ASTRONAUT (space) probe. -**2.** NAUT: **(ligne de) ~** lead (line), sounding line; **être sur les ~s** to be on soundings. -**3.** MÉD probe, sound; **~ (d'alimentation)** feeding tube; **~ (creuse)** catheter; **~ œsophagienne** probing. -**4.** COMM [pour les liquides, le beurre] taster; [pour les grains] sampler; [de douanier] probe; **~ à fromage** cheese taster. -**5.** TECH: **~ pyrométrique** OU **thermométrique** thermometer probe. -**6.** PÉTR drill.

Sonde [sɔ̃d] *npr f* → **archipel, île.**

sondé, e [sɔ̃de] *nm, f* person (who has been) polled.

sonder [3] [sɔ̃de] *vt* -**1.** [personne - gén] to sound out *(sép)*; [- dans une enquête] to poll; **je vais tâcher de la ~ là-dessus** I'll try and sound her out on that; **nous n'avons sondé que des étudiants** we polled students only; **~ l'opinion** to make a survey of public opinion. -**2.** NAUT to sound; **~ la côte** to take soundings along the coast. -**3.** MÉTÉO to probe. -**4.** MÉD [plaie] to probe; [malade, vessie] to catheterize. -**5.** PÉTR to bore, to drill; **~ le terrain** *fig* to test the ground OU the waters. -**6.** [bagages] to probe; [fromage, liquides] to taste; [grains] to sample. -**7.** [âme] to sound out *(sép)*, to probe.

sondeur, euse [sɔ̃dœr, øz] *nm, f* -**1.** [pour une enquête] pollster. -**2.** GÉOL probe.

◆ **sondeur** *nm* -**1.** NAUT depth finder, sounder. -**2.** MÉTÉO: **~ acoustique** echo sounder; **~ ionosphérique** ionosonde.

◆ **sondeuse** *nf* PÉTR boring OU drilling machine.

songe [sɔ̃ʒ] *nm litt* -**1.** [rêve] dream; **voir qqch/qqn en ~** to see sthg/sb in one's dreams ❑ **~s, mensonges** *prov*, **~ est mensonge** *prov* dreams never tell the truth; '**le Songe d'une nuit d'été**' *Shakespeare* 'A Midsummer Night's Dream'. -**2.** [chimère] dream, daydream, illusion.

songe-creux [sɔ̃ʒkrø] *nm inv* dreamer, daydreamer.

songer [17] [sɔ̃ʒe] *sout* ◇ *vt* to muse, to reflect, to think; **il est charmant, songeait-elle** he's charming, she mused OU reflected; **comment aurais-je pu ~ qu'ils nous trahiraient?** how could I have imagined that they'd betray us?

◇ *vi* [rêver] to dream.

◆ **songer à** *v + prép sout* -**1.** [penser à] to think about *(insép)*; **à quoi songes-tu?** what are you thinking about?, what's on your mind? ‖ [en se souvenant] to muse over *(insép)*, to think back to; **je songeais aux Noëls passés** I was musing over OU thinking back to Christmases past. -**2.** [prendre en considération - carrière, personne] to think of *(insép)*, to have regard for; **songe un peu plus à toi-même!** think of yourself more!; **songe un peu plus aux autres!** be a bit more considerate (of others)! -**3.** [envisager] to contemplate, to think of *(insép)*; **voyons, vous n'y songez pas!** come now, you can't mean it OU be serious!; **il songe sérieusement à se remarier** he's seriously considering OU contemplating remarriage. -**4.** [supposer] to think of, to expect; **la seule issue à laquelle nous n'avions pas songé** the only outcome we never expected. -**5.** [s'occuper de] to remember; **as-tu songé aux réservations?** did you remember to make reservations? -**6.** [réfléchir à - offre, suggestion] to think over *(sép)*, to consider.

songerie [sɔ̃ʒri] *nf litt* daydreaming.

songeur, euse [sɔ̃ʒœr, øz] *adj* pensive, thoughtful, reflective; **ça vous laisse ~** it makes you wonder.

sonnaille [sɔnaj] *nf* -**1.** [pour le bétail] cowbell. -**2.** [bruit] jangling.

sonnant, e [sɔnɑ̃, ɑ̃t] *adj* sharp; **à trois heures ~es** at three (o'clock) sharp, at three on the dot, at the stroke of three (o'clock).

sonné, e [sɔne] *adj* -**1.** [annoncé par la cloche] gone, past; **il est midi ~** it's gone *Br* OU past twelve. -**2.** *fam* [révolu]: **elle a la cinquantaine bien ~e** she's on the wrong side of fifty. -**3.** *fam* [fou] cracked, nuts. -**4.** *fam* [assommé] groggy, punch-drunk; **un boxeur ~** a punch-drunk boxer.

sonner [3] [sɔne] ◇ *vi* -**1.** [téléphone, cloche] to ring; [minuterie, réveil] to go off; [carillon, pendule] to chime; [glas, tocsin] to toll, to sound; **la cloche n'a pas encore sonné** [à l'école] the bell hasn't gone OU rung yet; **j'ai mis le réveil à ~ pour** OU **à 8 h** I've set the alarm for 8 o'clock; **~ à toute volée** to peal OU to ring (out). -**2.** [instrument en cuivre] to sound; [clefs, pièces métalliques] to jingle, to jangle; [pièces de monnaie] to jingle, to chink; [enclume, marteau] to ring, to resound; [rire] to ring, to peal (out); [voix] to resound, to ring; [personne]: **~ de** [clairon, trompette] to sound; **~ du cor** to sound the horn; **il faisait ~ des pièces dans sa poche** he was jingling coins in his pocket; **~ clair** [monnaie] to ring true; [marteau] to give OU to have a clear ring; **~ creux** to sound hollow, to give a hollow sound; *fig* to have a hollow ring; **~ faux** *pr* & *fig* to ring false. -**3.** [heure] to strike; **4 h ont sonné** it has struck 4 o'clock, 4 o'clock has struck; **attendez que la fin du cours sonne!** wait for the bell!, wait till the bell goes OU rings!; **l'heure de la vengeance a sonné** *fig* the time for revenge has come. -**4.** [personne] to ring; **on a sonné** there's someone at the door; **~ chez qqn** to ring sb's doorbell; **j'ai sonné plusieurs fois (à ta porte)** I rang your doorbell OU at your door several times; **'(prière de) ~ ici'** 'ring here (for attention)'; **~ puis entrer** please ring before entering. -**5.** **faire ~** [accentuer]: **faire ~ une consonne** to sound a consonant; **«pour la gloire» dit-il en faisant ~ le dernier mot** "for glory" he said, making the last word ring out.

◇ *vt* -**1.** [cloche] to ring, to chime; [glas, toscin] to sound, to toll; **~ les cloches à qqn** *fam* to give sb a telling-off OU roasting; **tu vas te faire ~ les cloches!** *fam* you'll catch it! -**2.** [pour faire venir - infirmière, valet] to ring for; **je ne t'ai pas sonné!** *fam* who asked you? ‖ *(en usage abs)*: **Madame a sonné?** you rang, Madam? -**3.** [pour annoncer - messe, vêpres] to ring (the bells) for; MIL [- charge, retraite, rassemblement] to sound; **sonnez le dîner** ring the bell for dinner, ring the dinner-bell; **~ le réveil** MIL to sound the reveille. -**4.** [suj: horloge] to strike; **l'horloge sonne les heures/demi-heures** the clock strikes the hours/every half-hour; **la pendule vient de ~ 2 h** the clock has just struck two. -**5.** *fam* [assommer] to knock out *(sép)*, to stun; [abasourdir] to stun, to stagger, to knock (out); **ça l'a sonné!** he was reeling under the shock! -**6.** TECH [sonder - installation, monnaie] to sound. -**7.** *Belg* [appeler] to telephone.

sonnerie [sɔnri] *nf* -**1.** [son] ring; **la ~ du téléphone/réveil la fit sursauter** the telephone/alarm clock gave her a start; **~ de clairon** bugle call. -**2.** MIL call; **la ~ du réveil** the sounding of reveille. -**3.** [mécanisme - d'un réveil] alarm, bell; [- d'une pendule] chimes; [- d'une sonnette] bell. -**4.** [alarme] alarm (bell).

sonnet [sɔnɛ] *nm* sonnet.

sonnette [sɔnɛt] *nf* -**1.** [avertisseur] bell; **~ d'alarme** alarm bell; **tirer la ~ d'alarme** RAIL to pull the communication cord; *fig* to blow the whistle. -**2.** [son]: **(coup de) ~** ring (of the bell). -**3.** TRAV PUBL piledriver.

sonneur [sɔnœr] *nm* -**1.** [de cloches] bell-ringer. -**2.** MUS player. -**3.** TECH pile-driver operator.

sono [sɔno] *nf* [d'un groupe, d'une discothèque] sound system, sound; [d'une salle de conférences] public-address system, PA (system).

sonomètre [sɔnɔmɛtr] *nm* sound-level meter.

sonore [sɔnɔr] ◇ *adj* -**1.** ACOUST [signal] acoustic, sound *(modif)*; [onde] sound. -**2.** [bruyant - rire, voix] loud, ringing, resounding; [- claque, baiser] loud, resounding. -**3.** [résonnant - escalier, voûte] echoing; **le vestibule est ~** sound reverberates OU echoes in the hall. -**4.** LING [phonème] voiced; **le «d» est ~** the "d" is voiced.

◇ *nf* LING voiced consonant.

sonorisation [sɔnɔrizasjɔ̃] *nf* -**1.** [action] wiring for sound. -**2.** [équipement] sound system. -**3.** CIN: **la ~ d'un film** dubbing a film. -**4.** LING voicing.

sonoriser [3] [sɔnɔrize] *vt* -**1.** [discothèque] to fit with a sound system; [salle de conférences] to fit with a PA system; [film] to (add the) sound track (to). -**2.** LING to voice.

sonorité [sɔnɔrite] *nf* -**1.** [d'un instrument de musique] tone; [de la voix] sonority, tone; [d'une langue] sonority. -**2.** [résonance - de l'air] resonance, sonority; [- d'une pièce] acoustics *(U)*; [- d'un lieu] sonority. -**3.** LING voicing.

sonothèque [sɔnɔtɛk] *nf* sound (effects) library.

sophisme [sɔfism] *nm* sophism.

sophiste [sɔfist] *nmf* -**1.** [raisonneur] sophist. -**2.** ANTIQ Sophist.

sophistication [sɔfistikasjɔ̃] *nf* -**1.** [raffinement] refinement, sophistication. -**2.** [affectation] affectation, sophistication. -**3.** [complexité technique] sophistication, complexity.

sophistique [sɔfistik] ◇ *adj* sophistic.

◇ *nf* sophistry.

sophistiqué, e [sɔfistike] *adj* -**1.** [raffiné] sophisticated, refined. -**2.** [affecté] affected, sophisticated. -**3.** [complexe] complex, sophisticated.

sophistiquer [3] [sɔfistike] *vt* -**1.** [raffiner à l'extrême] to refine. -**2.** [perfectionner] to make more sophisticated, to perfect.

Sophocle [sɔfɔkl] *npr* Sophocles.

sophrologie [sɔfrɔlɔʒi] *nf* sophrology *(form of autogenic relaxation)*.

sophrologue [sɔfrɔlɔg] *nmf* sophrologist *(practitioner of sophrology)*.

soporifique [sɔpɔrifik] ◇ *adj* -**1.** PHARM soporific. -**2.** [ennuyeux] boring, soporific.

◇ *nm vieilli* soporific.

sopraniste [sɔpranist] *nm* male soprano.

soprano [sɔprano] (*pl* **sopranos** OU **soprani** [-ni]) ◇ *nm* [voix - de femme] soprano; [- d'enfant] soprano, treble.

◇ *nmf* soprano.

sorbe [sɔrb] *nf* sorb.

sorbet [sɔrbɛ] *nm* sorbet *Br*, sherbet *Am*.

sorbetière [sɔrbətjɛr] *nf* [de glacier] ice-cream churn; [de ménage] ice-cream maker.

sorbier [sɔrbje] *nm* sorb; **~ domestique** OU **cultivé** service (tree); **~ des oiseleurs** rowan tree, mountain ash.

sorbitol [sɔrbitɔl] *nm* sorbitol.

sorbonnard, e *fam* [sɔrbɔnar, ard] ◇ *adj* [esprit] niggling, pedantic.

◇ *nm, f* [professeur] Sorbonne academic; [étudiant] Sorbonne student.

Sorbonne [sɔrbɔn] *npr f*: **la ~** the Sorbonne.

LA SORBONNE:

The Sorbonne is the oldest university in Paris, and includes the arts and law faculties. It is also known as "Paris-IV".

---

sorcellerie [sɔrsɛlri] *nf* -**1.** [pratique] sorcery, witchcraft. -**2.** *fam* [effet surprenant] bewitchment, magic; **c'est de la ~!** it's magic!

sorcier, ère [sɔrsje, ɛr] *nm, f* -**1.** [magicien] wizard (*f* witch); **il ne faut pas être (grand) ~ pour comprendre cela** *fam* you don't need to be a genius to understand that. -**2.** ANTHR sorcerer (*f* sorceress).

◆ **sorcier** *fam adj m*: **ce n'est pourtant pas ~** you don't need to be a genius to understand.

◆ **sorcière** *nf* [mégère] harpy, witch.

sordide [sɔrdid] *adj* -**1.** [misérable - taudis, vêtements] wretched, squalid. -**2.** [vil - égoïsme] petty; [- crime] foul, vile. -**3.** [mesquin - motif] squalid, sordid; **de ~s bagarres autour de l'héritage** sordid arguments over the legacy.

sordidement [sɔrdidmɑ̃] *adv* sordidly, squalidly.

sorgho [sɔrgo] *nm* sorghum.

Sorlingues [sɔrlɛ̃g] *npr fpl*: **les ~** the Scilly Islands.

sornettes [sɔrnɛt] *nfpl* balderdash *(U)*, twaddle *(U)*; **débiter** OU **raconter des ~s** to talk nonsense.

sororal, e, aux [sɔrɔral, o] *adj* sororal.

sororat [sɔrɔra] *nm* sororate.

sort [sɔr] *nm* -**1.** [condition] fate, lot; **être content de son ~** to be happy with one's lot; **tu n'es jamais content de ton ~!** you're never happy with your lot OU what you've got!; **des mesures ont été prises pour améliorer le ~ des immigrés** steps were taken to improve the lot OU status of immigrants; **je n'envie pas son ~!** I wouldn't like to be in her shoes!; **abandonner quelqu'un à son triste ~**: **tu m'abandonnes à mon triste ~!** you've left me to my fate! ❑ **faire un ~ à** *fam* [gigot, gâteau] to make short work of, to polish off; [bouteille] to polish off, to drink up. -**2.** [destin] fate, destiny; **mon ~ est entre vos mains** my future depends on you, my fate is in your hands; **toutes les demandes d'emploi subissent le même ~** all letters of application meet with the same fate OU receive the same treatment. -**3.** [puissance surnaturelle]: **le ~** Fate, Fortune, Destiny; **le ~ lui fut enfin favorable** Fate OU Fortune smiled upon him at last; **je me demande ce que le ~ nous réserve** I wonder what fate has in store for us; **mais le ~ en a décidé autrement** but fate decided otherwise ❑ **coup du ~** [favorable] stroke of luck; [défavorable] stroke of bad luck; **le mauvais ~** misfortune; **le ~ en est jeté** the die is cast. -**4.** [sortilège - gén] spell; [- défavorable] curse; **jeter un ~ à qqn** to cast a spell on sb.

◆ **au sort** *loc adv*: **tirer au ~** to draw OU to cast lots; **le gagnant sera tiré au ~** lots will be drawn for the winner.

sortable [sɔrtabl] *adj*: **tu n'es vraiment pas ~!** I can't take you anywhere!

sortant, e [sɔrtɑ̃, ɑ̃t] ◇ *adj* -**1.** POL outgoing; **le maire ~** the outgoing mayor. -**2.** JEUX: **les numéros ~s** the numbers chosen. -**3.** INF output *(modif)*.

◇ *nm, f* -**1.** POL incumbent; **tous les ~s ont été réélus au premier tour** all the incumbents were re-elected in the first round. -**2.** [personne qui sort]: **on contrôle également les ~s** those leaving are also screened.

sorte [sɔrt] *nf* -**1.** [genre] sort, kind; **vous n'avez que cette ~ de jupes?** is that the only style of skirt you have?; **on a souvent cette ~ de temps en automne** we often get this kind OU sort of weather in autumn; **pour moi, il y a deux ~s de gens** in my opinion, there are two kinds OU sorts OU types of people; **toutes ~s de** all kinds OU sorts OU manner of. -**2.** [pour exprimer une approximation] : **une ~ de** a sort OU kind of; **c'est une ~ de gelée** it's a sort of jelly; **une ~ de grand dadais** *péj* a big clumsy oaf. -**3.** IMPR sort.

◆ **de la sorte** *loc adv* that way; **comment osez-vous me traiter de la ~?** how dare you treat me in that way OU like that!; **je n'ai jamais été humiliée de la ~!** I've never been so humiliated!

◆ **de sorte à** *loc conj* in order to, so as to.

◆ **de (telle) sorte que** *loc conj* -**1.** *(suivi du subj)* [de manière à ce que] so that, in such a way that; **disposez vos plantes de telle ~ qu'elles reçoivent beaucoup de lumière** arrange your plants so that they receive maximum light. -**2.** *(suivi de l'indic)* [si bien que] so that; **elle m'a montré la ville, de ~ que le temps a passé très vite** she showed me round the town, so the time just flew by.

◆ **en aucune sorte** *loc adv litt* not in the least; **en avez-vous parlé à quelqu'un? — en aucune ~** did you tell anyone? — not at all OU by no means.

◆ **en (quelque) sorte** *loc adv* as it were, in a way, somewhat; **immobile, pétrifié en quelque ~** motionless, as it were paralysed; **alors, on repart à zéro? — oui, en quelque ~** so, we're back to square one? — yes, in a manner of speaking.

◆ **en sorte de** *loc conj* so as to; **fais en ~ d'arriver à l'heure** try to be there on time.

◆ **en sorte que** *loc conj litt & vieilli* = **de (telle) sorte que.**

sortie [sɔrti] *nf* -**1.** [action] exit; THÉÂT exit; **sa ~ fut très remarquée** her exit OU departure did not go unnoticed; **essaie de faire une ~ discrète** try to make a discreet exit OU to leave discreetly; **faire sa ~** THÉÂT to leave the stage, to exit. -**2.** [moment] : **à ma ~ de prison/d'hôpital** on my release from prison/discharge from hospital; **les journalistes l'ont assaillie dès sa ~ de l'hôtel** the journalists thronged round her as soon as she stepped OU came out of the hotel; **à la ~ des bureaux/usines, la circulation est infernale** when the offices/factories come out, the traffic is hell; **retrouvons-nous à la ~ du travail/spectacle** let's meet after work/the show; **le voilier a heurté la bouée à la ~ du port** the yacht hit the buoy as she was leaving port; **il s'est retourné à la ~ du virage** he rolled (his car) over just after OU as he came out of the bend. -**3.** [fin] end; **à la ~ de l'hiver** when winter was (nearly) over; **à ma ~ de l'école** [à la fin de mes études] when I left school. -**4.** [excursion, promenade] outing; [soirée en ville] evening OU night out; **on a organisé une petite ~ en famille/à vélo** we've organized a little family outing/cycle ride; **ils m'ont privé de ~ trois dimanches de suite** they kept me in for three Sundays in a row ❑ **~ éducative** OU **scolaire** school outing. -**5.** AÉRON & MIL sortie; **faire une ~** to make a sortie; **les pompiers font jusqu'à vingt ~s par semaine** the firemen are called out up to twenty times a week ❑ **~ offensive** sally. -**6.** [porte, issue - d'une école, d'une usine] entrance, gates; [- d'une salle de spectacles] exit, way out; **par ici la ~!** this way out, please!; **poussé vers la ~** pushed towards the exit; **attends-moi à la ~** wait for me outside; **gagner la ~** to reach the exit; **il gagna la ~ sans encombre** he made his way out unimpeded; **le supermarché se trouve à la ~ de la ville** the supermarket is on the outskirts of the town; **'attention, ~ de garage/véhicules'** 'caution, garage entrance/vehicle exit' ❑ **~ de secours** emergency exit; **~ de service** service entrance; **~ des artistes** stage door. -**7.** [sur route] exit; **j'ai raté la ~** I've missed the exit; **à toutes les ~s de Paris** at every major exit from Paris. -**8.** BANQUE & ÉCON [de produits, de devises] export; [de capital] outflow; [sujet de dépense] item of expenditure; [dépense] outgoing; **la ~ de devises est limitée à 5 000 francs par personne** currency export is limited to 5,000 francs per person. -**9.** [d'un disque, d'un film] release; [d'un roman] publication; [d'un modèle] launch; **au moment de sa ~ dans les salles parisiennes** when released in Parisian cinemas; **à sa ~, cette voiture paraissait révolutionnaire** when first launched, this car seemed revolutionary. -**10.** INF [de données] output, readout; [option sur programme] exit; **~ sur imprimante** printout. -**11.** SPORT [aux jeux de ballon] : **~ en touche** (going into) touch; **il y a ~ en touche!** the ball's gone into touch!; **faire une ~** [gardien de but] to come out of goal, to leave the goalmouth ‖ [en gymnastique] exit; **préparer sa ~** to prepare one's exit. -**12.** ÉQUIT [d'un cheval] outing; **c'est sa première ~ de la saison** it's his first race OU outing of the season. -**13.** *fam* [remarque] quip, sally; [emportement] outburst; **elle a parfois de ces ~s!** she sometimes comes out with the most amazing stuff! -**14.** [d'eau, de gaz] outflow, outlet. -**15.** BX-ARTS [gravure] fading, tailing off. -**16.** IMPR [des presses] delivery.

◆ **de sortie** *loc adj*: **c'est son jour de ~** [d'un domestique] it's his/her day off; **être de ~** [domestique] to have one's day off; **la cuisinière est de ~ le lundi** Monday is the cook's day off; **je suis de ~ demain** *fam* [au restaurant, au spectacle] I'm going out tomorrow.

sortie-de-bain [sɔrtidbɛ̃] (*pl* **sorties-de-bain**) *nf* bathrobe.

sortie-de-bal [sɔrtidbal] (*pl* **sorties-de-bal**) *nf* evening wrap, opera cloak.

sortilège [sɔrtilɛʒ] *nm* charm, spell.

sortir[1] [sɔrtir] *nm litt* [fin] : **dès le ~ de l'enfance, il dut apprendre à se défendre** he was barely out of his childhood when he had to learn to fend for himself.

◆ **au sortir de** *loc prép* -**1.** [dans le temps] : **au ~ de l'hiver** as winter draws to a close; **au ~ de la guerre** towards the end of the war. -**2.** [dans l'espace] : **je vis la cabane au ~ du bois** as I was coming out of the woods, I saw the hut.

sortir[2] [32] [sɔrtir] ◇ *vi* -**1.** [quitter un lieu - vu de l'intérieur] to go out; [- vu de l'extérieur] to come out; **ne sors pas sans manteau** don't go out without a coat (on); **il vient de ~** [d'ici] he's just gone out; [d'un autre endroit] he's just come out; **vous trouverez la boîte aux lettres en sortant** you'll find the letter box on your way out; **~ par la fenêtre** to get out OU to leave by the window; **sors!** get out (of here)!; **fais ~ la guêpe** get the wasp out (of here); **Madame, je peux ~?** please Miss, may I leave the room?; **une méchante grippe l'empêche de ~** a bad bout of flu is keeping him indoors OU at home; **le médecin lui a dit de ne pas ~** the doctor told him to stay indoors OU not to go out; **je commence à pouvoir ~ un peu** I can go out OU outdoors a little now; **vivement que je puisse ~!** I can't wait to get out!; **elle est sortie déjeuner/se promener** she's gone (out) for lunch/for a walk; **être sorti** [ne pas être chez soi] to be out; **si elle se présente, dites-lui que je suis sorti** if she calls, tell her I'm out OU I've gone out OU I'm not in; **il était si mauvais que le public est sorti** he was so bad that the audience walked out (on him); **il y a trop d'encombrements, on va essayer de ~ par le pont Bouvier** there's too much traffic, we'll try to get out via Bouvier bridge; **~ de: ~ d'une pièce** to leave a room; **il est sorti de son examen avant la fin** he left his exam before the end; **les gens sortaient du théâtre** people were coming out of OU leaving the theatre; **~ d'une voiture** to get out of a car; **je l'ai vu qui sortait de l'hôpital/l'école vers 16 h** I saw him coming out of the hospital/school at about 4 p.m.; **fais ~ ce chien de la voiture** get that dog out of the car; **sors de ta cachette!** come out wherever you are!; **~ de l'eau** to emerge from the water; **sors de l'eau!** get out of the water!; **~ du lit** to get out of bed; **~ du bain** to get out of the bath; **alors que l'express sortait de la gare** as the express train was pulling out of OU leaving the station; **les bolides sortent du virage à 150 km/h** the racing cars come out of the bend at 150 km/h ❑ **il est sorti de sa vie** he's out of her life; **ça me sort par les yeux** *fam* I'm sick and tired of it, I've had it up to here. -**2.** [marquant la fin d'une activité, d'une période] : **~ de table** to leave the table; **elle sort de l'hôpital demain** she's coming out of hospital tomorrow; **laisser qqn ~ de l'hôpital** to let sb out of OU to discharge sb from hospital; **~ de l'école/du bureau** [finir sa journée] to finish school/work; **à quelle heure sors-tu?** [du bureau, du lycée] what time do you finish?; **~ de prison** to come out of OU to be released from prison. -**3.** [pour se distraire] : **je sors très peu** I hardly ever go out; **ils sortent au restaurant tous les soirs** they eat out every night; **~ avec qqn** to go out with sb; **tu sors avec quelqu'un demain?** are you going out with someone tomorrow?; **je ne sors plus avec lui** *fam* I'm not going out with him OU I'm not seeing him anymore; **ils sortent ensemble depuis trois ans** *fam* they've been going out together for three years. -**4.** [apparaître - dent, bouton] to come through; [- pousse] to come up, to peep through; **l'antenne sort quand on appuie sur le bouton** the aerial comes out when you press the button. -**5.** [se répandre] to come out; **le son sort par là** the sound comes out here; **des flammes sortaient de la gueule du dragon** flames were coming out of the dragon's mouth; **c'est pour que la fumée sorte** it's to let the smoke out OU for the smoke to escape. -**6.** [s'échapper] to get out; **des pensionnaires réussissaient parfois à ~** some boarders would manage to get out OU to escape from time to time; **~ de: aucun dossier ne doit ~ de l'ambassade** no file may be taken out of OU leave the embassy; **faire ~ qqn/des marchandises d'un pays** to smuggle sb/goods out of a country; **je vais te confier quelque chose, mais cela ne doit pas ~ d'ici** I'm going to tell you something, but it mustn't go any further than these four walls. -**7.** [être mis en vente - disque, film] to be released, to come out; [- livre] to be published, to come out; **le film sortira (sur les écrans) en septembre** the film will be released OU will be out in September; **à l'heure où les journaux sortent** when the papers come off the presses; **ce nouveau type de revêtement devrait bientôt ~** this new type of flooring material should be on the market fairly soon; **ça vient de ~!** it's just (come) out!, it's (brand) new! -**8.** [être révélé au public - sujet d'examen] to come up; [- numéro de loterie] to be drawn; [- numéro à la roulette] to turn OU to come up; [- tarif, barème] to be out; **je ne révise pas la crise de 29, ça ne sortira pas** *fam* I'm not going to revise the Wall Street crash, it won't come up. -**9.** [être promulgué] : **la loi a été votée mais le décret d'application ne sortira qu'en septembre** the bill has been passed, but it won't become law until September. -**10.** *fam* [être dit] to come out; **il fallait que ça sorte!** it had to come out OU to be said!; **c'est sorti comme ça, je n'ai pas pu m'en empêcher** I just came out with it OU blurted it out, I couldn't help myself. -**11.** INF: **~ (d'un système)** to exit (from a system). -**12.** NAUT & AÉRON: **~ du port** to leave harbour; **~ en mer** to put out to sea; **aujourd'hui, les avions/bateaux ne sont pas sortis** the planes were grounded/the boats stayed in port today. -**13.** SPORT [balle] to go out; **la balle est sortie (du court)** the ball was out; **le ballon est sorti en corner/touche** the ball went out for a corner/went into touch; **on a fait ~ le joueur (du terrain)** [pour faute] the player was sent off; [il est blessé] the player had to go off because of injury; **et voilà le dernier Français qui sort du tournoi!** now the last Frenchman's out of the tournament! -**14.** THÉÂT: **le roi sort** exit the King; **les sorcières sortent** exeunt (the) witches. -**15.** IMPR: **faire ~ une ligne** to run on a line.

◇ *vt* -**1.** [mener dehors - pour se promener, se divertir] to take out *(sép)*; **~ un enfant** to take a child out for a walk; **sors le chien** take the dog out (for a walk); **il faut ~ les chiens régulièrement** dogs have to be walked regularly; **viens** avec nous au concert, ça te sortira come with us to the concert, that'll get you out (of the house). -**2.** [mettre dehors - vu de l'intérieur] to put out OU outside; [- vu de l'extérieur] to bring out OU outside *(sép)*; ~ la poubelle to take out the rubbish bin *Br* OU the trash *Am*. -**3.** [présenter - crayon, outil] to take out *(sép)*; [- pistolet] to pull out; [- papiers d'identité] to produce; on va bientôt pouvoir ~ les vêtements d'été we'll soon be able to get out our summer clothes; sors le jeu d'échecs take OU get the chess set out; l'escargot sort ses cornes the snail is putting out its horns ❑ les ~ *fam* to put one's hand in one's pocket; il a toujours du mal à les ~ he's never too keen to put his hand in his pocket. -**4.** [extraire]: ~ qqch de to take OU to get sthg out of; sors un verre du placard get a glass out of OU from the cupboard; il a sorti quelque chose de sa poche he drew OU took OU got sthg out of his pocket; sors les mains de tes poches! take OU get your hands out of your pockets!; ils ont eu du mal à ~ le car du lac they had problems getting OU pulling OU hauling the coach out of the lake; des mesures ont été prises pour ~ le pays de la crise measures have been taken in order to get the country out of OU to rescue the country from the present crisis; ~ qqn de to get OU to pull sb out of; ils ont sorti les blessés des décombres they pulled the injured out of the rubble; j'ai eu du mal à le ~ de son lit [le faire lever] I had trouble getting him out of bed ❑ je vais te ~ d'affaire OU d'embarras OU de là I'll get you out of it. -**5.** *fam* [expulser] to get OU to throw out *(sép)*; sortez-le ou je fais un malheur! get him out of here before I do something I'll regret!; sortez l'arbitre! get off, ref!; elle a sorti la Suédoise en trois sets she disposed of OU beat the Swedish player in three sets. -**6.** [mettre sur le marché] to launch, to bring out; ~ un disque/film [auteur] to bring out a record/film; [distributeur] to release a record/film; ~ un livre to bring out OU to publish a book; nous devons ~ un produit nouveau chaque mois we have to bring out a new product every month. -**7.** *fam* [dire] to say, to come out with; elle n'a sorti que des banalités she just came out with a load of clichés; tu sais ce qu'elle m'a sorti? you know what she came out with?; il m'a sorti que j'étais trop vieille! he told me I was too old, just like that!; vas-y, sors tout ce que tu as sur le cœur! come on, out with it, what's bothering you? -**8.** [roue, train d'atterrissage] to drop; [volet] to raise.

◆ **sortir de** *v + prép* -**1.** [d'un emplacement, d'une position] to come out of, to come off; la porte coulissante est sortie de la rainure the sliding door has come out of the groove; ~ des rails to go off OU to jump the rails; ~ de la piste [voiture] to come off OU to leave the track; [skieur] to come off the piste ❑ ça m'était complètement sorti de la tête OU de l'esprit it had gone right out of my head OU mind; l'incident est sorti de ma mémoire OU m'est sorti de la mémoire I've forgotten the incident. -**2.** [venir récemment de] to have (just) come from; elle sort de chez moi she's just left my place; je sortais de chez le coiffeur I was just coming out of the hairdresser's; d'où sors-tu? *fam* where have you been?; il sort de son entretien/examen he has just got out of his interview/exam; je sors d'une grippe I'm just recovering from a bout of flu; ~ de faire qqch *fam* to have just done sthg; je sors de lui parler I was just this minute talking to him ❑ je sors d'en prendre *fam* I've had quite enough of that, thank you. -**3.** [venir à bout de] to come out of; nous avons eu une période difficile mais heureusement nous en sortons we've had a difficult time but fortunately we're now emerging from it OU we're seeing the end of it now ❑ en ~ *fam*: est-ce qu'on va enfin en ~? when are we going to see an end to all this?; on n'en sortira pas we'll be there till kingdom come OU the cows come home. -**4.** [se tirer de, se dégager de]: elle est sortie indemne de l'accident she came out of the accident unscathed; le président n'est pas sorti indemne de ce face à face the president didn't emerge unscathed from this encounter; elle est sortie première de sa promotion she came out first in her class; qui sortira victorieux de ce match? who will win this match?; le linge sort tout blanc de la machine the washing is really white when it comes out of the machine; ~ de sa rêverie to emerge from one's reverie; ~ du sommeil to emerge from OU to wake from sleep; lorsqu'on sort de l'adolescence pour entrer dans l'âge adulte when one leaves adolescence (behind) to become an adult. -**5.** [se départir de]: il est sorti de sa réserve après quelques verres de vin he opened OU loosened up after a few glasses of wine; elle est sortie de son silence pour écrire son second roman she broke her silence to write her second novel. -**6.** [s'écarter de]: attention à ne pas ~ du sujet! be careful not to get off OU to stray from the subject!; cela sort de mes compétences that's not my field; ~ de l'ordinaire to be out of the ordinary; enfin une collection de mode qui sort de l'ordinaire! at last a fashion show with a difference! ❑ il ne veut pas ~ OU il ne sort pas de là he won't budge; il n'y a pas à ~ de là [c'est inévitable] there's no way round it, there's no getting away from it. -**7.** *(tournure impersonnelle)* [résulter de]: que sortira-t-il de tout cela? what will come of all this?; il n'est rien sorti de son interrogatoire his interrogation revealed nothing; il ne sortira rien de bon de toutes leurs manigances no good will come of all their schemes. -**8.** [être issu de]: ~ d'une bonne famille to come from OU to be of a good family; pour ceux qui sortent des grandes écoles for those who have studied at OU are the products of the grandes écoles; il ne faut pas être sorti de Polytechnique pour savoir ça you don't need a PhD to know that ❑ mais d'où sors-tu? [tu es mal élevé] where did you learn such manners?, where were you brought up?; [tu ne connais rien] where have you been all this time? -**9.** [être produit par] to come from; la veste sortait de chez un grand couturier the jacket was made by a famous designer; mes personnages sortent tout droit de mon imagination my characters are straight out of my imagination.

◆ **se sortir de** *vp + prép* to get out of; j'ai du mal à me ~ du lit le matin I find it difficult to get out of bed in the morning; se ~ d'une situation embarrassante to get (o.s.) out of OU to extricate o.s. from an embarrassing situation ❑ s'en ~ *fam*: aide-moi à finir, je ne m'en sortirai jamais seul! give me a hand, I'll never get this finished on my own; donne-lui une fourchette, il ne s'en sort pas avec des baguettes give him a fork, he can't manage with chopsticks; tu t'en es très bien sorti you did very well; la voiture a fait un tonneau mais il s'en est sorti sans une égratignure his car turned right over but he escaped without a scratch; elle s'en est sortie avec quelques bleus she got away with a few bruises; s'en ~ à peu près [financièrement] to get by; s'en ~ très bien to manage very well; on ne s'en sort pas avec une seule paie it's impossible to manage on OU to get by on a single wage; malgré les allocations, on ne s'en sort pas in spite of the benefit, we're not making ends meet; s'en ~ pour *fam* [avoir à payer] to be stung for; tu t'en es sorti pour combien? *fam* how much were you stung for?; on s'en est sortis pour 900 francs à quatre *fam* we had to cough up 900 francs among the four of us.

SOS *(abr de* save our souls) *nm* -**1.** [signal de détresse] SOS; lancer un ~ to put OU to send out an SOS. -**2.** *fam* [demande d'argent]: envoyer un ~ à ses parents to send an urgent request for money to one's parents. -**3.** [dans des noms de sociétés]: ~ médecins/dépannage emergency medical/repair service.

sosie [sɔzi] *nm* double, doppelganger; c'est ton ~! he's the spitting image of you!

sot, sotte [so, sɔt] ◇ *adj* -**1.** [idiot] stupid; il n'est pas ~ he's no fool ❑ il n'y a pas de ~ métier (, il n'y a que de ~tes gens) *prov* there's no such thing as a worthless trade. -**2.** *litt* [embarrassé] dumbfounded.

◇ *nm, f* fool, idiot; petite ~te! little fool!

sot-l'y-laisse [solilɛs] *nm inv* oyster *(in poultry)*.

sottement [sɔtmɑ̃] *adv* foolishly, stupidly.

sottise [sɔtiz] *nf* -**1.** [caractère] stupidity, silliness; a-t-on idée d'une pareille ~? how can anyone be so silly? -**2.** [acte] stupid OU foolish action; arrête de faire des ~s [à un enfant] stop messing about; je viens de faire une grosse ~ I've just done something very stupid OU silly. -**3.** [parole] stupid remark; ne dis pas de ~s, le soleil se couche à l'ouest don't be silly OU talk nonsense, the sun sets in the west.

◆ **sottises** *nfpl* [injures] insults; elle m'a dit des ~s she insulted me.

sottisier [sɔtizje] *nm* collection of howlers.

sou [su] *nm* -**1.** HIST [sol] sol, sou; [5 centimes] five centimes; cent ~s five francs. -**2.** *fam* [argent] penny, cent *Am*; tu n'auras pas un ~! you won't get a penny!; ça ne vaut pas un ~ *fam* it's not worth tuppence *Br* OU a red cent *Am*; économiser ~ à OU par ~ to save every spare penny; il a dépensé jusqu'à son dernier ~ he's spent every last penny he had ❑ ils n'ont pas le ~ they haven't got a penny (to their name); être sans le ~ to be broke; je suis sans un ~ I haven't got any money (on me); ne pas avoir un ~ vaillant: elle n'a jamais eu un ~ vaillant she never had two pennies to rub together; un ~ est un ~ a penny saved is a penny gained. -**3.** *loc*: elle n'a pas (pour) un ~ OU deux ~s de jugeote *fam* she hasn't an ounce of sense; elle n'est pas méfiante pour un ~ OU deux ~s she's not in the least suspicious; être propre comme un ~ neuf to be as clean as a new pin.

◆ **sous** *fam nmpl* [argent] cash; donne-moi des ~s pour les courses give me some money OU a bit of cash to do the shopping; des ~s, toujours des ~s! money for this, money for that! ❑ c'est une affaire OU une histoire de gros ~s there's a lot of cash involved.

Souabe [swab] *npr f*: (la) ~ Swabia.

soubassement [subasmɑ̃] *nm* -**1.** ARCHIT & CONSTR foundation. -**2.** GÉOL bedrock. -**3.** [base - d'une théorie] basis, underpinnings.

soubresaut [subrəso] *nm* -**1.** [secousse] jerk, jolt. -**2.** [haut-le-corps] shudder, convulsion. -**3.** [saccade]: les derniers ~s de la bataille the last throes of the battle.

soubrette [subrɛt] *nf* -**1.** THÉÂT soubrette, maid; jouer les ~s to play minor roles. -**2.** *litt* [servante] lady's maid.

souche [suʃ] *nf* -**1.** BOT [d'un arbre en terre] stock, bole; [d'un arbre coupé] stump; [d'une vigne] stock ❑ comme une ~: ne reste pas là planté comme une ~! don't just stand there like a lemon *Br* OU a turkey *Am*! -**2.** [d'un carnet] stub, counterfoil *Br*. -**3.** [origine] descent, stock; de ~ paysanne of peasant stock; mot de ~ saxonne word with a Saxon root OU of Saxon origin; faire ~ [ancêtre] to found OU to start a line; un mot de ~ indo-européenne a word with an indo-european root. -**4.** *fam* [crétin] idiot, dumbo. -**5.** CONSTR base; ~ de cheminée chimney stack. -**6.** BIOL strain. -**7.** JUR stock.

◆ **de souche** *loc adj*: ils sont français de ~ they're of French extraction OU origin.

◆ **de vieille souche** *loc adj* of old stock.

souci [susi] *nm* -**1.** [inquiétude] worry; se faire du ~ to worry, to fret; se faire du ~ pour to worry OU to be worried about; elle n'a pas le moindre ~ à se faire quant à son avenir she needn't worry in the slightest about her future; ne te fais donc pas tant de ~! don't worry so much!; donner du ~ à qqn to worry sb; mon fils me donne bien du ~! my son is a great worry to me; eh oui, tout ça c'est bien du ~! oh dear, what a worry it all is! -**2.** [préoccupation] worry; avoir des ~s to have worries; c'est un ~ de moins! that's one thing less to worry about!; des ~s d'argent/de santé money/

health worries; c'est le dernier OU le cadet de mes ~s! it's the least of my worries!, I couldn't care less!; avoir le ~ de bien faire to be concerned OU to care about doing things well. -3. BOT marigold; ~ d'eau marsh marigold; ~ des jardins garden marigold.

◆ **dans le souci de** *loc conj*: je l'ai fait dans le ~ de te protéger I was (only) trying to protect you when I did it.

◆ **sans souci** ◇ *loc adj* [vie, personne - insouciant] carefree; être sans ~ [sans tracas] to be free of worries.

◇ *loc adv*: vivre sans ~ [de façon insouciante] to live a carefree life; [sans tracas] to live a life free of worries.

soucier [9] [susje]

◆ **se soucier de** *vp* + *prép* [s'inquiéter de] to worry about; [s'intéresser à] to care about; je ne m'en soucie guère I don't worry much about it ❑ il s'en soucie comme d'une guigne *fam* OU de sa première chemise *fam* OU de l'an quarante *fam* he doesn't give a damn about it.

soucieusement [susjøzmɑ̃] *adv* anxiously, worriedly.

soucieux, euse [susjø, øz] *adj* -1. [préoccupé] worried, preoccupied; elle m'a regardé d'un air ~ she looked at me worriedly; assis devant le feu, le front ~ sitting in front of the fire with a worried look on his face OU with a furrowed brow *litt*. -2. ~ de [attaché à] concerned about, mindful of *litt*; peu ~ du qu'en dira-t-on indifferent to OU unconcerned about what people (may) say; ~ que [attentif à] anxious that; elle était soucieuse que tout se passe bien she was anxious that everything should go well.

soucoupe [sukup] *nf* saucer; ~ volante flying saucer; faire OU ouvrir des yeux comme des ~s to open one's eyes wide.

soudabilité [sudabilite] *nf* [par soudage -hétérogène] solderability; [- autogène] weldability.

soudable [sudabl] *adj* [par soudage - hétérogène] solderable; [- autogène] weldable.

soudage [sudaʒ] *nm*: ~ à l'arc/au gaz arc/gas welding; ~ autogène welding; ~ par fusion/pression fusion/pressure welding; ~ hétérogène soldering.

soudain, e [sudɛ̃, ɛn] *adj* sudden, unexpected; un revirement ~ de la situation an unexpected reversal of the situation.

◆ **soudain** *adv* all of a sudden, suddenly; ~ la porte s'ouvrit all of a sudden OU suddenly, the door opened.

soudainement [sudɛnmɑ̃] *adv* suddenly, all of a sudden; pourquoi est-il parti si ~? why did he leave so hurriedly?

soudaineté [sudɛnte] *nf* suddenness; la ~ de son départ her hurried OU sudden departure.

Soudan [sudɑ̃] *npr m*: le ~ the Sudan; au ~ in the Sudan.

soudanais, e [sudanɛ, ɛz], **soudanien, enne** [sudanjɛ̃, ɛn] *adj* GÉOG Sudanese.

◆ **Soudanais, e, Soudanien, enne** *nm, f* Sudanese (person); les Soudanais the Sudanese.

soudant, e [sudɑ̃, ɑ̃t] *adj* welding.

soudard [sudar] *nm* -1. HIST ill-disciplined soldier. -2. *litt* [individu grossier et brutal] brute.

soude [sud] *nf* -1. CHIM soda; ~ caustique caustic soda; ~ du commerce sodium carbonate. -2. BOT barilla.

souder [3] [sude] *vt* -1. TECH [par soudure - hétérogène] to solder; [- autogène] to weld; ~ à l'arc to arc-weld. -2. [unir] to bring OU to bind OU to join together; le malheur les avait soudés misfortune had united them; communautés soudées par la religion communities solidly linked by religion.

◆ **se souder** *vpi* [vertèbres, mots] to become fused.

soudeur, euse [sudœr, øz] *nm, f* [par soudure - hétérogène] solderer; [- autogène] welder.

◆ **soudeuse** *nf* [machine] welder, welding machine.

soudier, ère [sudje, ɛr] *adj* soda *(modif)*.

soudoyer [13] [sudwaje] *vt* to bribe.

soudure [sudyr] *nf* -1. [soudage - autogène] welding; [- hétérogène] soldering. -2. [résultat - autogène] weld; [- hétérogène] soldered joint. -3. [jonction] join; ça s'est cassé à (l'endroit de) la ~ it broke along the join ❑ assurer OU faire la ~ to bridge the gap. -4. [soudage - autogène] weld; [- hétérogène] solder. -5. ANAT & BOT suture.

soufflage [suflaʒ] *nm* -1. [modelage - du verre] blowing; [- des polymères] inflation. -2. RAIL: ~ mesuré measured shovel packing. -3. NAUT sheathing. -4. MIN heave. -5. MÉTALL blow. -6. ÉLECTR: ~ magnétique magnetic blowout (phenomenon).

soufflant, e [suflɑ̃, ɑ̃t] *adj* -1. [appareil]: radiateur ~ fan heater. -2. *fam* [étonnant] staggering, amazing; ça alors, c'est ~! well I never!

◆ **soufflant**[▽] *nm* [pistolet] gun.

◆ **soufflante** *nf* -1. [dans un haut fourneau] blower. -2. [dans un turboréacteur] turbofan.

soufflard [suflar] *nm* GÉOL fumarole (jet).

souffle [sufl] *nm* -1. [air expiré - par une personne] blow; elle dit oui dans un ~ she breathed her assent ❑ dernier ~ *litt* last breath; jusqu'à mon dernier ~ as long as I live and breathe, to my dying day. -2. [respiration] breath; [rythme respiratoire] breathing; je sentis un ~ sur ma nuque I felt a breath on my neck; avoir du ~ to have a lot of breath; avoir le ~ court, manquer de ~ to be short-winded; être à bout de ~, n'avoir plus de ~ [haletant] to be out of breath; l'entreprise est à bout de ~ *fig* the company is on its last legs; reprendre son ~ to get one's breath OU wind back; retenir son ~ *pr* & *fig* to hold one's breath ❑ deuxième OU second ~ second wind; le parti est à la recherche de son second ~ *fig* the party is trying to find its second wind. -3. [courant d'air]: ~ d'air OU de vent breath of air; il n'y a pas un ~ de vent there isn't a breath of air, the air is completely still; un ~ de vent agita les roseaux a puff of wind blew through the reeds. -4. *litt* [force] breath, spirit; un ~ épique traverse le poème the poem is imbued with an epic spirit. -5. [d'une explosion] blast; le magasin a été détruit par le ~ the shop was destroyed by the blast; le ~ d'un sèche-cheveux/ventilateur warm air blown by a hairdryer/fan. -6. AUDIO (thermal) noise; ~ du signal modulation noise. -7. MÉD: ~ au cœur heart murmur. -8. ZOOL [d'un cétacé] blow.

soufflé, e [sufle] *adj* -1. TECH blown. -2. *fam* [étonné] amazed, staggered, dumbfounded; j'étais soufflé! I was speechless!, you could have knocked me down with a feather! -3. CULIN soufflé *(modif)*; pommes de terre ~es soufflé potatoes. -4. [boursouflé - visage, main] puffy, swollen.

◆ **soufflé** *nm* -1. CULIN soufflé; ~ au fromage cheese soufflé. -2. TECH blowing.

souffler [3] [sufle] ◇ *vi* -1. [expirer - personne] to breathe out; inspirez, soufflez! breathe in, breathe out!; soufflez dans le ballon [Alcootest] blow into the bag; ils m'ont fait ~ dans le ballon they gave me a breath test; ~ dans un cor/trombone to blow (into) a horn/trombone; il soufflait sur ses mains/doigts he was blowing on his hands/fingers; souffle sur ton potage si c'est trop chaud blow on your soup if it's too hot ❑ ça ne se fait pas en soufflant dessus! *fam* you can't do it just like that!; ~ sur le feu *pr* to blow on the fire; *fig* to add fuel to the flames. -2. MÉTÉO [vent] to blow; le vent soufflera sur tout le pays it'll be windy all over the country; le vent soufflait en rafales OU bourrasques there were gusts of wind, the wind was gusting; le vent souffle à plus de 120 km/h par endroits there are gusts of wind reaching 120 km/h in places; quand le vent souffle de l'ouest when the wind blows OU comes from the west. -3. [respirer avec difficulté] to blow, to puff, to breathe hard; suant et soufflant puffing and blowing; ~ comme un bœuf OU un cachalot OU une forge OU une locomotive OU un phoque *fam* to wheeze like a pair of old bagpipes. -4. [retrouver sa respiration - personne] to get one's breath back; [- cheval] to get its breath back; souffle un peu, avant de soulever l'armoire get your breath back before you move the cupboard; laisser ~ son cheval to blow OU to wind one's horse. -5. [se reposer] to have a break; ça fait trois semaines que je travaille sans arrêt, j'ai besoin de ~ un peu I've been working for three weeks non-stop, I need a break; au bureau, on n'a pas le temps de ~! it's all go at the office!; tu ne prends donc jamais le temps de ~? don't you ever let up OU give yourself a break? -6. ZOOL [cétacé] to blow.

◇ *vt* -1. [bougie] to blow out *(sép)*; elle a soufflé toutes les bougies d'un seul coup she blew all the candles out in one go. -2. [exhaler]: va ~ ta fumée de cigarette ailleurs blow your smoke elsewhere ❑ ~ le chaud et le froid to blow hot and cold. -3. [murmurer - mot, réponse] to whisper; THÉÂT to prompt; ~ qqch à qqn to whisper sthg to sb; il a fallu qu'on lui souffle son rôle she had to have a prompt ‖ *(en usage abs)*: on ne souffle pas! no whispering!, don't whisper (the answer)! ❑ ne pas ~ mot (de qqch) not to breathe a word (about sthg); il a juré de n'en ~ mot à personne he swore not to breathe a word about it to anyone. -4. [suggérer - idée, conseil] to whisper, to suggest; et qui t'a soufflé cette brillante idée? who did you get that bright idea from? -5. *fam* [époustoufler - suj: événement, personne] to take aback, to stagger, to knock out *(sép)*; son insolence m'a vraiment soufflé! I was quite staggered at her rudeness!; ça t'a soufflé, hein, qu'il refuse? him saying no stumped you, didn't it? -6. *fam* [dérober]: ~ qqch à qqn to pinch sthg from sb; je me suis fait ~ ma place someone's pinched my seat. -7. JEUX [pion] to huff; ~ n'est pas jouer! to huff doesn't count as a move! -8. [suj: bombe, explosion] to blow up *(sép)*, to blast away *(sép)*; l'explosion a soufflé la toiture the blast blew the roof off OU away. -9. MÉTALL & TECH to blow.

soufflerie [suflǝri] *nf* -1. AÉRON wind tunnel. -2. INDUST blower; [d'une forge] bellows. -3. MUS [d'un orgue] bellows.

soufflet [suflɛ] *nm* -1. [instrument] (pair of) bellows; ~ de forge (forge OU blacksmith's) bellows. -2. *litt* [gifle] slap; [affront] snub; sa remarque lui fit l'effet d'un ~ his remark was like a slap in the face. -3. COUT (pocket) gusset. -4. PHOT bellows. -5. RAIL (wagon) communication bellows.

souffleter [27] [suflǝte] *vt litt* to slap in the face.

souffleur, euse [suflœr, øz] *nm, f* -1. THÉÂT prompter. -2. TECH: ~ de verre glassblower.

◆ **souffleur** *nm* ZOOL blower dolphin.

◆ **souffleuse** *nf Can* [chasse-neige] snowblower.

soufflure [suflyr] *nf* -1. MÉTALL [à la surface] blister; [à l'intérieur] blowhole. -2. [dans un enduit, une peinture] blister. -3. [dans le verre] blister, bubble.

souffrance [sufrɑ̃s] *nf* -1. [fait de souffrir] suffering. -2. [mal - physique] pain; [- psychologique] pain, torment; abréger les OU mettre fin aux ~s de qqn to put an end to sb's suffering ❑ 'les Souffrances du jeune Werther' *Goethe* 'The Sorrows of Young Werther'.

◆ **en souffrance** *loc adv*: être OU rester en ~ to be held up; dossiers en ~ files pending.

souffrant, e [sufrɑ̃, ɑ̃t] *adj* -1. [malade]: être ~ to be unwell. -2. [malheureux] suffering; l'humanité ~e the downtrodden masses.

souffre-douleur [sufrǝdulœr] *nm inv* scapegoat; à l'école, c'était toujours lui le ~ at school, he was always the one who got bullied.

souffreteux, euse [sufrǝtø, øz] *adj* -1. [malingre] sickly, puny *péj*; un enfant ~ a sickly OU delicate child. -2. [maladif] sickly; une mine souffreteuse an unhealthy OU a sickly complexion. -3. [rabougri - plante] stunted, scrubby.

souffrir [34] [sufrir] ◇ *vt* -1. [endurer - épreuves] to endure, to suffer; si tu avais souffert ce que j'ai souffert! if you'd suffered as much as I have!, if you had gone through what I have!; ~ le martyre to go through OU to suffer agonies; son dos lui fait ~ le martyre he has terrible trouble with his back; j'ai cru ~ mille morts I felt I was dying a thousand deaths. -**2.** *litt* [tolérer] : elle ne souffre pas d'être critiquée OU qu'on la critique she can't stand OU take criticism; il ne souffrait pas la contradiction he couldn't stand being contradicted. -**3.** *litt* [admettre - suj: personne] to allow, to tolerate; [- suj: règlement] to allow (for), to admit of; souffrez au moins que je vous accompagne at least allow me to accompany you; le règlement de son dossier ne peut ~ aucun délai the settlement of his case simply cannot be postponed; cette règle ne souffre aucune exception the rule admits of no exception.

◇ *vi* -**1.** [avoir mal] to be in pain, to suffer; tu souffres? are you in pain?, does it hurt?; souffre-t-il beaucoup? is he in much pain?, is he suffering a lot?; où souffrez-vous? where is the pain?, where does it hurt?; elle a beaucoup souffert lors de son accouchement she had a very painful delivery; c'est une intervention bénigne, vous ne souffrirez pas it's a very minor operation, you won't feel any pain; ~ en silence to suffer in silence; il est mort sans ~ he felt no pain when he died; elle a cessé de ~ *euph*, elle ne souffrira plus *euph* she's out of pain (now); il faut ~ pour être belle! *hum* one must suffer to be beautiful!; faire ~ [faire mal] to cause pain to, to hurt; mon dos me fait ~ ces temps-ci my back's been hurting (me) lately; si ça vous fait encore ~, revenez me voir if it starts hurting again, come back and see me again. -**2.** ~ de [avoir mal à cause de] : ~ de la hanche to have trouble with one's hip; pour tous les gens qui souffrent du dos/du diabète for all people with back problems/diabetes sufferers; ~ de la faim/soif to suffer from hunger/thirst; ~ de la chaleur [être très sensible à] to suffer in the heat; [être atteint par] to suffer from the heat; ~ de *fig* [pâtir de] : sa renommée a souffert du scandale his reputation suffered from the scandal; la crédibilité de l'intrigue en souffre it makes the plot less plausible; dût ton amour-propre en ~ even though your pride may be hurt by it || *(en usage abs)*: les récoltes n'ont pas trop souffert the crops didn't suffer too much OU weren't too badly damaged; seule la carrosserie a souffert only the bodywork was damaged; c'est le sud du pays qui a le plus souffert the southern part of the country was the worst hit. -**3.** *fam* [peiner] to toil, to have a hard time (of it); notre équipe a souffert pendant la première mi-temps our team had a rough time OU was put through the mill during the first half.

◆ **se souffrir** *vp (emploi réciproque) litt*: ils ne peuvent pas se ~ they can't stand OU bear each other.

soufi [sufi] *nm* Sufi.

soufisme [sufism] *nm* Sufism.

soufrage [sufraʒ] *nm* -**1.** [des allumettes] sulphuring. -**2.** AGR & TEXT sulphuration.

soufre [sufr] ◇ *nm* -**1.** CHIM sulphur; ~ octaédrique/prismatique monoclinic/rhombic sulphur. -**2.** *loc*: sentir le ~ to be highly unorthodox.

◇ *adj inv* sulphur (yellow).

soufrer [3] [sufre] *vt* -**1.** [allumettes] to sulphur. -**2.** AGR to (treat OU spray with) sulphur. -**3.** TEXT to sulphurate.

soufrière [sufrijɛr] *nf* sulphur mine.

souhait [swɛ] *nm* wish; si je pouvais formuler un ~ if I had one wish; tous nos ~s de bonheur all our best wishes for your future happiness; envoyer ses ~s de bonne année to send New Year greetings; à tes ~s, à vos ~s bless you! *(after a sneeze)*.

◆ **à souhait** *loc adv litt* extremely well, perfectly; tout marche à ~ everything's going well OU perfectly; rôti à ~ cooked to perfection OU a turn.

souhaitable [swɛtabl] *adj* desirable; ce n'est guère ~ this is not to be desired.

souhaiter [4] [swete] *vt* -**1.** [espérer] to wish OU to hope for *(insép)*; il ne reviendra plus – souhaitons-le OU c'est à ~! he won't come back – let's hope not!; ce n'est pas à ~! it's not something we would wish for!; ~ la mort/la ruine/le bonheur de qqn to wish sb dead/for sb's ruin/for sb's happiness; je souhaiterais pouvoir t'aider I wish I could OU I'd like to be able to help (you); ~ que to hope that; souhaitons que tout aille bien let's hope everything goes all right; il est à ~ que... it's to be hoped that... -**2.** [formuler un vœu de] to wish; en vous souhaitant un prompt rétablissement/un bon anniversaire wishing you a swift recovery/a happy birthday; nous vous souhaitons un joyeux Noël with our best wishes for a happy Christmas; je te souhaite beaucoup de réussite/d'être heureux I wish you every success/happiness; souhaite-moi bonne chance! wish me luck!; je ne leur ai pas encore souhaité la bonne année [par écrit] I haven't sent them my wishes for the New Year yet; [oralement] I haven't wished them a happy New Year yet; je vous souhaite bonne nuit I'll say good night to you; je te souhaite bien du plaisir! *fam*, je t'en souhaite! *iron* best of luck to you!; ~ sa fête/son anniversaire à qqn to wish sb a happy saint's day/a happy birthday ☐ je te la souhaite bonne et heureuse! *fam* all my best wishes for a happy New Year!

◆ **se souhaiter** *vp (emploi réciproque)*: nous nous sommes souhaité la bonne année we wished each other a happy New Year.

souillard [sujar] *nm* CONSTR [trou] sinkhole; [dalle] sink-stone.

souille [suj] *nf* -**1.** CHASSE (boar's) wallow, soil *arch*. -**2.** ARM strike. -**3.** NAUT [d'un navire] bed, impression.

souiller [3] [suje] *vt litt* -**1.** [maculer] to soil. -**2.** [polluer] to contaminate, to pollute, to taint. -**3.** [entacher - réputation] to ruin, to sully *litt*, to tarnish *litt*; [- innocence] to defile *litt*, to taint *litt*.

souillon [sujɔ̃] *nmf* [gén] slob; [femme] slut.

souillure [sujyr] *nf* -**1.** *litt* [tache] stain. -**2.** *litt* [flétrissure] blemish, taint; la ~ du péché the stain of sin. -**3.** CHASSE (boar's) wallow.

souk [suk] *nm* -**1.** [marché] souk. -**2.** *fam* [désordre] shambles *(sg)*; c'est le ~ ici! what a mess OU shambles here!

soul [sul] ◇ *adj inv* soul *(modif)* MUS.

◇ *nm* [jazz] hard bop.

◇ *nf* [pop] soul (music).

soûl, e [su, sul] *adj* -**1.** [ivre] drunk; ~ comme une bourrique OU un cochon OU une grive OU un Polonais *fam* (as) drunk as a lord *esp Br*, stewed to the gills *Am*. -**2.** *fig*: ~ de [rassasié de] sated with; [étourdi par] drunk OU intoxicated with *fig*.

◆ **soûl** *nm*: tout son ~ to one's heart's content; en avoir tout son ~ to have one's fill; dormir tout son ~ to sleep as much as one wants.

soulagement [sulaʒmɑ̃] *nm* relief, solace; c'est un ~ de le savoir sain et sauf it's a relief to know he's safe and sound; c'est un ~ de t'avoir ici it helps OU it's a comfort to have you around; un soupir/cri de ~ a sigh/cry of relief; le ~ se lisait sur son visage you could see from his face how relieved he was; à mon grand ~, il partit enfin I was greatly relieved when he left at last.

soulager [17] [sulaʒe] *vt* -**1.** [personne - physiquement] to relieve, to bring relief to; les comprimés ne me soulagent plus the pills don't bring me relief anymore; cela devrait vous ~ de votre mal de tête this should relieve OU help your headache; on l'a soulagée de son chéquier *hum* she was relieved of her chequebook. -**2.** [personne - moralement] to relieve, to soothe; pleure, ça te soulagera have a good cry, you'll feel better afterwards; ça me soulage de savoir qu'il est bien arrivé it's a relief to know he got there safely; ~ la conscience de qqn to ease sb's conscience. -**3.** [diminuer - misère, souffrances] to relieve; [- douleur] to relieve, to soothe; j'aimerais pouvoir ~ ta peine I wish I could relieve your sorrow OU bring you some comfort. -**4.** [décharger] to relieve; nous allons réduire certains impôts pour ~ les entreprises some taxes will be reduced to relieve companies; ~ de: mon collègue me soulage parfois d'une partie de mon travail my colleague sometimes relieves me of part of my work. -**5.** CONSTR [étayer] to shore up *(sép)*. -**6.** NAUT [ancre] to weigh.

◆ **se soulager** ◇ *vp (emploi réfléchi)* [d'une charge de travail] to lessen the strain on o.s.; prends un collaborateur pour te ~ take somebody on to take some of the pressure of work off you.

◇ *vpi* -**1.** [moralement] to get OU to find relief, to take comfort; il m'arrive de crier pour me ~ sometimes I shout to let OU to blow off steam. -**2.** *fam euph* to relieve o.s.

soûlant, e *fam* [sulɑ̃, ɑ̃t] *adj* exhausting, harrassing; elle parle, elle parle, c'en est ~! she goes on and on, it makes your head spin!

soûlard, e *fam* [sular, ard], **soûlaud, e** *fam* [sulo, od] *nm, f* boozer, drunkard; c'est une vieille ~e she's an old soak; c'était un fameux ~! he was a renowned drunkard!

soûler [3] [sule] *vt* -**1.** *fam* [rendre ivre] : ~ qqn to get sb drunk. -**2.** [étourdir] to make dizzy OU giddy; tu me soûles, avec tes questions! you're making me dizzy with all these questions!; le grand air m'a soûlé the fresh air made me dizzy.

◆ **se soûler** *vpi* -**1.** *fam* [s'enivrer] to get drunk, to booze; je vais me ~ à mort pour oublier! I'm going to get dead drunk to forget! -**2.** [s'étourdir] : se ~ de to get intoxicated with *fig*; il se soûle de paroles he talks so much that it goes to his head.

soûlerie *fam* [sulri] *nf* bender, drinking session.

soulèvement [sulɛvmɑ̃] *nm* -**1.** [mouvement] : déclenché par le ~ du clapet triggered by the lifting of the valve. -**2.** [insurrection] uprising. -**3.** GÉOL: ~ de terrain upheaval OU uplift (of the ground).

soulever [19] [sulve] *vt* -**1.** [pour porter, élever - charge] to lift (up); [- couvercle, loquet] to lift; [- capot] to lift, to open; [- personne allongée] to raise (up); [- personne debout] to lift (up); [- voile] to lift; [- chapeau] to raise; [- voiture] to lift; [- voiture sur cric] to jack up *(sép)*; [- avec effort] to heave; ~ le couvercle d'une casserole to lift (up) the lid of a saucepan; de gros sanglots soulevaient sa poitrine his chest was heaving with sobs; ~ qqn/qqch de terre to lift sb/sthg off the ground; le vent m'a presque soulevée de terre! the wind nearly lifted me off the ground OU off my feet! -**2.** [remuer - poussière, sable] to raise; le vent soulevait les feuilles mortes the wind was stirring up dead leaves. -**3.** [provoquer - protestations, tollé] to raise; [- enthousiasme, émotion] to arouse; [- difficulté] to bring up *(sép)*, to raise; son imitation souleva une tempête de rires her impersonation caused gales of laughter. -**4.** [poser - question, objection] to raise, to bring up *(sép)*; je voudrais ~ le point suivant I'd like to raise the following point. -**5.** [pousser à se révolter - population] to stir up *(sép)*; ils ont tout fait pour ~ le peuple contre la monarchie they did everything they could to stir up the people against the monarchy; une vague de protestation a soulevé le pays tout entier a wave of protest swept the country. -**6.** [retourner] : ~ le cœur: ça m'a soulevé le cœur it turned my stomach, it made me sick; une puanteur à vous ~ le cœur a sickening stench. -**7.** ▽ [prendre - chose] to pinch; [- mari, maîtresse] to steal; elle lui a soulevé une bonne partie de sa clientèle she took most of his customers away from him.

◆ **se soulever** *vpi* -**1.** [se redresser] to lift OU to raise o.s. up; il l'aida à se ~ he helped her to sit up. -**2.** [mer] to swell (up), to heave; [poitrine] to heave. -**3.** [peuple] to rise up *(insép)*, to revolt.

soulier [sulje] *nm* -**1.** [chaussure] shoe. -**2.** *fam loc*: **être dans ses petits ~s** to feel (very) small.

soulignage [suliɲaʒ], **soulignement** [suliɲmɑ̃] *nm* underlining.

souligner [3] [suliɲe] *vt* -**1.** [mettre un trait sous] to underline; **~ qqch deux fois** to underline sthg twice. -**2.** [accentuer] to enhance, to emphasize; **~ son regard d'un trait de khôl** to enhance OU to emphasize one's eyes with a touch of kohl; **une robe qui souligne la taille** a dress which emphasizes OU sets off the waist; **volant souligné d'un liséré bleu** flounce trimmed with blue ribbon. -**3.** [faire remarquer] to emphasize, to stress; **je souligne que je n'y suis pour rien** let me stress that I have no responsibility in this business; **soulignons que l'auteur a lui-même connu la prison** let's note OU let's not forget that the author himself spent some time in prison.

soûlographie *fam* [sulɔgrafi] *nf* [ivrognerie] drunkenness.

soûlon *fam* [sulɔ̃] *nm Helv* drunk.

soûlot, ôte *fam* [sulo, ɔt] = **soûlard, e.**

soulte [sult] *nf* adjustment, compensation FIN & JUR.

soumettre [84] [sumɛtr] *vt* -**1.** [se rendre maître de - nation] to subjugate; [- mutins] to take control of, to subdue, to bring to heel; [- passion] to control, to tame. -**2.** [à une épreuve, à un règlement]: **~ qqn à** to subject sb to; **~ qqn à sa volonté** to subject OU to bend sb to one's will; **~ qqn à une règle stricte** to subject sb to a strict rule, to impose a strict rule on sb; **~ qqch à un examen** to subject sthg to an examination; **nos voitures sont soumises à des tests très stricts** our cars have to go through OU are subjected to stringent tests. -**3.** [présenter - loi, suggestion, texte] to submit; **je lui soumettrai votre demande** I'll refer your request to her; **je voulais d'abord le ~ à votre approbation** I wanted to submit it for your approval first; **le projet de loi sera ensuite soumis au Sénat** the bill will then be brought before the Senate OU be submitted to the Senate (for approval).

◆ **se soumettre** *vpi* to give in, to submit, to yield; **les rebelles ont fini par se ~** the rebels finally gave in; **se ~ à** [se plier à] to submit OU to subject o.s. to; [s'en remettre à] to abide by; **se ~ à la décision de qqn** to abide by sb's decision ❑ **il faudra se ~ ou se démettre!** *allusion Gambetta* give in or go!

soumis, e [sumi, iz] *adj* submissive, obedient, dutiful.

soumission [sumisjɔ̃] *nf* -**1.** [obéissance - à un pouvoir] submission, submitting; [- à une autorité] acquiescence, acquiescing; **faire acte de ~** to submit; **il exigeait une totale ~ au règlement** he demanded rigid adherence to the rules. -**2.** [asservissement] submissiveness; **vivre dans la ~** to live a submissive life, to live one's life in a state of submission. -**3.** COMM tender; **par (voie de) ~** by tender ❑ **~ cachetée** sealed-bid tender. -**4.** JUR: **~ cautionnée** customs bond.

soumissionnaire [sumisjɔnɛr] *nmf* tenderer.

soumissionner [3] [sumisjɔne] *vt* to bid OU to tender for *(insép)*.

soupape [supap] *nf* -**1.** AUT & MÉCAN valve; **~ d'admission/d'échappement** inlet/outlet valve; **~ automatique** automatic control; **~ de sécurité** OU **sûreté** *pr* & *fig* safety valve; **~s en tête** overhead valves. -**2.** [bonde] plug. -**3.** ÉLECTR valve, tube. -**4.** MUS pallet.

soupçon [supsɔ̃] *nm* -**1.** [suspicion] suspicion; **de graves ~s pèsent sur lui** grave suspicions hang over him; **éveiller les ~s** to arouse OU to excite suspicion; **avoir des ~s sur qqn/qqch** to be suspicious of sb/sthg; **j'ai eu des ~s dès le début** I suspected something from the beginning; **être à l'abri** OU **au-dessus de tout ~** to be free from OU above all suspicion. -**2.** [idée, pressentiment] suspicion, inkling. -**3.** [petite quantité]: **un ~ de**: **un ~ de crème** a touch OU dash of cream; **un ~ de maquillage** a hint OU touch of make-up; **un ~ d'ironie** a touch OU hint of irony; **un ~ de rhum** a dash OU a (tiny) drop of rum.

soupçonnable [supsɔnabl] *adj* liable to suspicion, suspicious.

soupçonner [3] [supsɔne] *vt* -**1.** [suspecter] to suspect; **~ qqn de meurtre/trahison** to suspect sb of murder/treason; **soupçonné d'avoir fait de l'espionnage** suspected of having been a spy OU of espionage. -**2.** [pressentir - piège] to suspect; **je ne lui aurais jamais soupçonné autant de talent** I would never have suspected OU thought that he was so talented; **~ que** to have a feeling OU to suspect that; **comment pouvais-je ~ qu'il ferait une fugue?** how could I possibly have foreseen OU predicted that he'd run away? -**3.** [douter de] to doubt; **il n'y a aucune raison de ~ sa bonne foi** there's no reason to doubt his good faith. -**4.** [imaginer] to imagine, to suspect.

soupçonneusement [supsɔnøzmɑ̃] *adv* suspiciously, with suspicion.

soupçonneux, euse [supsɔnø, øz] *adj* suspicious; **un mari ~** a suspicious husband; **il la regarda d'un air ~** he looked at her suspiciously.

soupe [sup] *nf* -**1.** CULIN soup; **~ aux choux/au crabe** cabbage/crab soup; **~ au lait** *pr* bread and milk; **c'est une ~ au lait, elle est (très) ~ au lait** *fig* she flies off the handle easily; **il est rentré tard hier soir et a eu droit à la ~ à la grimace** he got home late last night, so now he's in the doghouse; **aller à la ~** *fig* to have an eye to the main chance. -**2.** *fam* [repas] grub, nosh; **~ populaire** soup kitchen; **je suis bon pour la ~ populaire!** *hum* I might as well go and beg on the streets!; **à la ~!** grub's up!, come and get it! -**3.** *fam* [neige] slushy snow.

soupente [supɑ̃t] *nf* -**1.** [dans un grenier] loft; [sous un escalier] cupboard OU closet *Am (under the stairs)*. -**2.** TECH [barre de soutien] supporting bar.

souper[1] [supe] *nm* -**1.** *Belg, Helv* & *Can dial* [dîner] dinner, supper. -**2.** [après le spectacle] (late) supper.

souper[2] [3] [supe] *vi* -**1.** *dial* OU *vieilli* [dîner] to have dinner; **~ de** to dine on; **nous avons soupé d'un peu de pain et de fromage** we dined on a morsel of bread and cheese. -**2.** [après le spectacle] to have a late supper. -**3.** *fam loc*: **en avoir soupé de** to be sick of OU fed up with.

soupeser [19] [supəze] *vt* -**1.** [en soulevant] to feel the weight of, to weigh in one's hand OU hands. -**2.** [juger] to weigh up *(sép)*.

soupeur, euse [supœr, øz] *nm, f* diner *(after a show)*.

soupière [supjɛr] *nf* (soup) tureen.

soupir [supir] *nm* -**1.** [expiration] sigh; **~ de soulagement** sigh of relief; **pousser des ~s** to sigh; **«oui», murmura-t-elle dans un ~** "yes", she sighed ❑ **dernier ~** *litt* last breath; **rendre le dernier ~** to breathe one's last; **elle a recueilli son dernier ~** she was with him when he breathed his last. -**2.** MUS crotchet rest *Br*, quarter OU quarter-note rest *Am*.

◆ **soupirs** *nmpl litt* [désirs]: **l'objet de mes ~s** the one I yearn for.

soupirail, aux [supiraj, o] *nm* [d'une cave] (cellar) ventilator; [d'une pièce] basement window.

soupirant [supirɑ̃] *nm* suitor.

soupirer [3] [supire] ◇ *vi* -**1.** [pousser un soupir] to sigh; **~ d'aise** to sigh with contentment. -**2.** *litt* [être amoureux] to sigh, to yearn; **il soupire pour une jeune beauté** he's sighing for a young beauty.

◇ *vt* [dire] to sigh; **«c'est impossible», soupira-t-elle** "it's impossible", she sighed.

◆ **soupirer après** *v + prép litt* to long OU to sigh OU to yearn for.

souple [supl] *adj* -**1.** [qui plie facilement - lame] flexible, pliable, supple; [- plastique] non-rigid. -**2.** [malléable]: **argile ~** plastic clay. -**3.** [agile - athlète, danseur, corps] supple; [- démarche] fluid, flowing. -**4.** [doux - cuir, peau, brosse à dents] soft; **pour rendre votre linge plus ~** to make your wash softer; **gel fixation ~** light hold hair gel; **voiture dotée d'une suspension ~** car with smooth suspension. -**5.** [aménageable] flexible, adaptable; **la réglementation/l'horaire est ~** the rules/hours are flexible. -**6.** [qui sait s'adapter] flexible, adaptable. -**7.** [docile] docile, obedient; **à cet âge-là, ils sont encore assez ~s** they're still docile at that age. -**8.** [servile] servile; **être ~ comme un gant** to kowtow to one's superiors. -**9.** AÉRON non-rigid.

souplement [supləmɑ̃] *adv* smoothly; **le chat retomba ~ sur ses pattes** the cat landed smoothly on its feet.

souplesse [suplɛs] *nf* -**1.** [d'une personne, d'un félin, d'un corps] suppleness; [d'une démarche] suppleness, springiness; **admirez la ~ du trait chez Degas** observe the easy flow of Degas' lines. -**2.** [douceur - d'un cuir, d'un tissu] softness; [- de la peau] smoothness. -**3.** [malléabilité - d'une matière] flexibility, pliability; **~ d'esprit** [agilité] nimble-mindeness; [adaptabilité] versatility ‖ *péj* [servilité] servility. -**4.** [d'un horaire, d'une méthode] flexibility, adaptability.

◆ **en souplesse** *loc adv* smoothly; **retomber en ~ sur ses jambes** [après une chute] to land nimbly on one's feet; [en gymnastique] to make a smooth landing; **on recommence, et cette fois en ~!** one more time, and smoothly now!

souquer [3] [suke] ◇ *vt* -**1.** [amarrage] to pull taut. -**2.** [bateau] to push to its limits.

◇ *vi* to pull at the oars, to stretch out; **~ ferme** to pull hard at the oars.

sourate [surat] = **surate.**

source [surs] *nf* -**1.** [point d'eau] spring; **la ~ est tarie** the spring has dried up ❑ **eau de ~** spring water. -**2.** [origine] spring, source; **où la Seine prend-elle sa ~?** where is the source of the Seine?, where does the Seine originate?; **remonter jusqu'à la ~** [d'un fleuve] to go upriver until one finds the source; [d'une habitude, d'un problème] to go back to the root; **à la ~** [au commencement] at the source, in the beginning; **retenir les impôts à la ~** to operate a pay-as-you-earn system; **il nous faut aller à la ~ (même) du mal** we must go to the very root OU heart of the trouble; **une tradition qui prend sa ~ dans une culture ancienne** a tradition originating in OU springing from an ancient culture. -**3.** [cause] source; **une ~ de revenus** a source of income; **cette maison n'a été qu'une ~ d'ennuis** this house has been nothing but trouble; **être ~ de** to give rise to; **cette formulation peut être ~ de malentendus** the way it's worded could give rise to misinterpretations. -**4.** PRESSE: **tenir ses renseignements de bonne ~** OU **de ~ sûre** OU **de ~ bien informée** to have information on good authority; **nous savons** OU **tenons de ~ sûre que...** we have it on good authority that...; **de ~ officielle/officieuse, on apprend que...** official/unofficial sources reveal that...; **quelles sont vos ~s?** what sources did you use? -**5.** ASTRON: **~ de rayonnement** radiation source. -**6.** ÉLECTR: **~ de courant** power supply. -**7.** INF source. -**8.** LING *(comme adj)* source *(modif)*. -**9.** MÉTALL: **coulée en ~** bottom casting. -**10.** NUCL: **~ radioactive** radioactive source. -**11.** OPT: **~ lumineuse** OU **de lumière** light source. -**12.** PÉTR oil deposit.

sourcier, ère [sursje, ɛr] *nm, f* dowser, water-diviner.

sourcil [sursi] *nm* eyebrow; **il a des ~s bien fournis** he's beetle-browed.

sourcilier, ère [sursilje, ɛr] *adj* superciliary.

sourciller [3] [sursije] *vi* to frown; **sans ~** without batting an eyelid OU turning a hair.

sourcilleux, euse [sursijø, øz] *adj litt* [pointilleux] pernickety, finicky.

sourd, e [sur, surd] ◇ *adj* -**1.** [personne] deaf; **être ~ de naissance** to be born deaf; **~ de l'oreille gauche** deaf in the left ear; **arrête de crier, je ne suis pas ~!** stop shouting, I'm not deaf OU I can hear (you)!; **grand-père devient ~/est un peu ~** grandpa is losing his hearing/is a bit deaf ❑ **faire la ~e oreille** to pretend not to hear; **être ~ comme un pot** *fam* to be as deaf as a post; **il vaut mieux entendre ça que d'être ~!** *fam* the things you hear! **-2.** [indifférent] : **~ à: le gouvernement est resté ~ à leurs revendications** the government turned a deaf ear to their demands. **-3.** [atténué - son, voix] muffled, muted; **il y eut trois coups ~s à la porte** there were three muffled knocks on the door; **la poire tomba avec un bruit ~** the pear fell with a (dull) thud. **-4.** [vague - douleur] dull; [- sentiment] muted, subdued; **j'éprouvais une ~e inquiétude** I felt vaguely worried. **-5.** [clandestin] hidden, secret. **-6.** ACOUST : **chambre** OU **salle ~e** dead room. **-7.** LING unvoiced, voiceless.

◇ *nm, f* deaf person; **les ~s** the deaf; **c'est comme si on parlait à un ~** it's like talking to a brick wall ❑ **crier** OU **hurler comme un ~** to scream OU to shout at the top of one's voice; **frapper** OU **taper comme un ~** to bang with all one's might.

◆ **sourde** *nf* LING unvoiced OU voiceless consonant.

sourdement [surdəmɑ̃] *adv litt* **-1.** [sans bruit] dully, with a muffled noise. **-2.** [secrètement] silently.

sourdine [surdin] *nf* MUS [d'une trompette, d'un violon] mute; [d'un piano] soft pedal; **mettre une ~ à qqch** *fig* to tone sthg down.

◆ **en sourdine** ◇ *loc adj* muted.

◇ *loc adv* **-1.** MUS [jouer] quietly, softly; **mets-la en ~!** *fam fig* shut up! **-2.** [en secret] quietly, on the quiet.

sourdingue▽ [surdɛ̃g] ◇ *adj* clotheared.

◇ *nmf* clothears.

sourd-muet, sourde-muette [surmɥe, surdmɥɛt] (*mpl* **sourds-muets**, *fpl* **sourdes-muettes**) ◇ *adj* deaf and dumb.

◇ *nm, f* deaf-mute, deaf-and-dumb person.

sourdre [73] [surdr] *vi litt* **-1.** [liquide] to rise (up). **-2.** [idée, sentiment] to well up; **le mécontentement commençait à ~ dans la population** discontent was beginning to make itself felt among the population.

souriant, e [surjɑ̃, ɑ̃t] *adj* **-1.** [regard, visage] smiling, beaming; [personne] cheerful. **-2.** *sout* [agréable - paysage] pleasant, welcoming; [- pensée] agreeable; **un avenir ~** a bright future.

souriceau, x [suriso] *nm* baby mouse.

souricière [surisjɛr] *nf* **-1.** [ratière] mousetrap. **-2.** [piège] trap; **dresser une ~** to set a trap; **se jeter dans la ~** to fall into a trap.

sourire[1] [surir] *nm* smile; **il a un beau ~** he's got a nice smile; **elle esquissa un ~** she smiled faintly; **il entra, le ~ aux lèvres** he came in with a smile on his lips OU face; **avec un grand** OU **large ~** beaming, with a broad smile; **faire un ~ à qqn** to smile at sb; **fais-moi un petit ~!** give me a smile!; **elle était tout ~** she was wreathed in OU all smiles; **avoir le ~** to have a smile on one's face; **elle n'a pas le ~, aujourd'hui** she doesn't look very happy today; **il a toujours le ~!** he always looks cheerful!; **il a pris la nouvelle avec le ~** he took the news cheerfully; **quand vous répondez aux clients, faites-le avec le ~** when you answer the customers, do it with a smile; **il faut savoir garder le ~** you have to learn to keep smiling.

sourire[2] [95] [surir] *vi* to smile; **souriez!** [pour une photo] smile!; **je vais lui faire passer l'envie de ~!** I'll knock OU wipe the smile off her face!; **la remarque peut faire ~** this remark may bring a smile to your face OU make you smile; **les dialogues m'ont à peine fait ~** the dialogue hardly even made me smile; **~ à qqn** to smile at sb, to give sb a smile; **elle lui sourit poliment** she gave him a polite smile, she smiled at him politely.

◆ **sourire à** *v + prép* **-1.** [être favorable à] to smile on; **la fortune lui sourit enfin** fortune is smiling on him at last; **la chance ne te sourira pas toujours!** you won't always be (so) lucky! **-2.** [plaire à - suj: idée, perspective] to appeal to; **passer le jour de l'An en famille ne me sourit guère!** the idea of spending New Year's Day with my family doesn't really appeal to me!, I don't relish (the thought of) spending New Year's Day with my family!

◆ **sourire de** *v + prép* [se moquer de] to smile OU to laugh at; **il souriait de mon entêtement** my stubbornness made him smile; **ne souris pas de sa naïveté** don't laugh at her naivety.

souris [suri] ◇ *nf* **-1.** ZOOL mouse; **~ blanche** white mouse; **j'aurais aimé être une petite ~!** I'd like to have been a fly on the wall!; **on entendrait trotter une ~** you could hear a pin drop. **-2.** ▽ [femme] bird, chick. **-3.** CULIN [de gigot] knuckle-joint. **-4.** INF mouse. **-5.** [poisson] : **~ de mer** dragonet.

◇ *adj inv* mousy, mouse-coloured.

◆ **souris d'hôtel** *nf* (female) hotel thief.

sournois, e [surnwa, az] ◇ *adj* **-1.** [personne, regard] cunning, shifty, sly. **-2.** [attaque, procédé] underhand. **-3.** [douleur] dull, gnawing.

◇ *nm, f* sly person.

sournoisement [surnwazmɑ̃] *adv* slyly; **regarder ~ qqn** to look shiftily at sb; **il approcha ~ sa main du tiroir** he slyly reached out his hand towards the drawer.

sournoiserie [surnwazri] *nf* **-1.** [caractère] shiftiness, slyness, underhand manner. **-2.** [acte] sly piece of work; [parole] sly remark.

sous [su] *prép* **-1.** [dans l'espace] under, underneath, beneath; **le plancher grinçait ~ ses pieds** the floor creaked beneath OU under his feet; **se mettre un oreiller ~ la nuque** to put a pillow under one's head; **son journal ~ le bras** (with) her newspaper under her arm; **être ~ la douche** to be in the OU having a shower; **se promener ~ la pluie** to walk in the rain; **un paysage ~ la neige** a snow-covered landscape; **Londres ~ les bombes** London during the air raids; **nager ~ l'eau** to swim underwater; **~ terre** underground, below ground; **assis ~ le parasol** sitting under OU underneath OU beneath the parasol; **il venait chanter ~ sa fenêtre** he'd come and sing under her window; **enlève ça de ~ la table** *fam* get it out from under the table; **~ l'Équateur** at the Equator; **~ les Tropiques** in the Tropics; **ça s'est passé ~ nos yeux** it took place before our very eyes; **les expressions figées sont données ~ le premier mot** set phrases are given under the first word; **~ quel numéro est enregistré son dossier?** what number is her file (registered) under? **-2.** *fig* [derrière] behind, under, beneath; **il cache beaucoup de bienveillance ~ des airs indifférents** he hides a lot of goodwill behind a cold exterior; **~ des dehors taciturnes** behind a stern exterior; **~ son air calme...** beneath his calm appearance... **-3.** [à l'époque de] : **~ Louis XV** during the reign of OU under Louis XV; **~ sa présidence/son ministère** under his presidency/ministry; **~ la Commune** during OU at the time of the Paris Commune. **-4.** [dans un délai de] within; **~ huitaine/quinzaine** within a week/fortnight; **~ peu** before long, shortly. **-5.** [marquant un rapport de dépendance] under; **~ ses ordres** under his command; **il est placé ~ ma responsabilité** I'm in charge of him; **le festival est placé ~ l'égide de l'UNESCO** the festival is held under the auspices of UNESCO; **~ contrat** under contract; **~ serment** under oath; **~ surveillance** under surveillance; **~ escorte** under escort; **~ caution** on bail; **tomber ~ le coup de la loi** to be within the law. **-6.** MÉD : **être ~ anesthésie** to be under anaesthetic; **être ~ antibiotiques/perfusion** to be on antibiotics/a drip. **-7.** [marquant la manière] : **emballé ~ vide** vacuum-packed; **emballé ~ plastique** plastic-wrapped; **~ verre** under glass; **~ globe** in a glass case; **~ pli scellé** in a sealed envelope; **elle a acheté le billet ~ un faux nom** she bought the ticket under an assumed name; **elle se présente aux élections ~ l'étiquette libérale** she's running as a candidate on the liberal ticket; **vu ~ cet angle** seen from this angle; **vu ~ cet éclairage nouveau** considered in this new light; **parfait ~ tous rapports** perfect in every respect. **-8.** [avec une valeur causale] under; **~ la torture/canonnade** under torture/fire; **~ le coup du choc...** with the shock...; **~ le coup de l'émotion** in the grip of the emotion; **~ l'influence de l'alcool** under the influence of alcohol; **elle le tient ~ son charme** she has him under her spell; **~ le poids de** under the weight of; **~ la pression des événements** under the pressure of events.

sous-acquéreur [suzakerœr] *nm* secondhand purchaser.

sous-affrètement [suzafrɛtmɑ̃] *nm* subchartering.

sous-alimentation [suzalimɑ̃tasjɔ̃] *nf* malnutrition, undernourishment.

sous-alimenté, e [suzalimɑ̃te] *adj* undernourished, underfed; **des enfants ~s** children suffering from malnutrition.

sous-alimenter [3] [suzalimɑ̃te] *vt* to undernourish.

sous-amendement [suzamɑ̃dmɑ̃] *nm* amendment to an amendment.

sous-assurer [3] [suzasyre] *vt* to underinsure.

sous-bas [suba] *nm inv* understocking.

sous-bois [subwa] *nm inv* undergrowth, underwood; **se promener dans les ~** to walk in the undergrowth.

sous-brigadier [subrigadje] *nm* deputy sergeant.

sous-catégorie [sukategɔri] *nf* subcategory.

sous-caver [3] [sukave] *vt* MIN to undercut.

sous-chef [suʃɛf] *nm* **-1.** [gén] second-in-command. **-2.** [dans un restaurant] sous-chef, underchef. **-3.** RAIL : **~ de gare** assistant station master.

sous-classe [suklas] *nf* subclass.

sous-comité [sukɔmite] *nm* subcommittee.

sous-commission [sukɔmisjɔ̃] *nf* subcommittee.

sous-consommation [sukɔ̃sɔmasjɔ̃] *nf* underconsumption, underconsuming *(U)*.

sous-continent [sukɔ̃tinɑ̃] *nm* subcontinent; **~ indien** Indian subcontinent.

sous-couche [sukuʃ] *nf* **-1.** [de peinture, de vernis] undercoat. **-2.** GÉOL underlayer. **-3.** NUCL subshell. **-4.** PHOT subbing, substratum; **~ antihalo** antihalation backing. **-5.** PHYS : **~ laminaire** lower boundary layer.

souscripteur [suskriptœr] *nm* subscriber FIN.

souscription [suskripsjɔ̃] *nf* **-1.** [engagement] subscription, subscribing *(U)*. **-2.** [somme] subscription; **lancer** OU **ouvrir une ~** to start a fund. **-3.** [signature] signing *(U)*. **-4.** BOURSE & ÉCON application, subscription.

◆ **en souscription** *loc adv*: **publier une revue en ~** to publish a journal on a subscription basis; **uniquement en ~** available to subscribers only.

souscrire [99] [suskrir] *vt* **-1.** JUR [signer - acte] to sign, to put one's signature to, to subscribe; [- billet, chèque] to draw, to sign. **-2.** [abonnement] to take out *(insép)*.

◆ **souscrire à** *v + prép* **-1.** [approuver] to approve, to subscribe to, to go along with; **je souscris entièrement à ce qui vient d'être dit** I go along totally with what's just been said. **-2.** [suj: lecteur] to take out a subscription to. **-3.** BOURSE & ÉCON [emprunt] to subscribe to; *(en usage abs)*: **pour combien souscrivez-vous?** how much will you subscribe?

sous-cutané, e [sukytane] *adj* subcutaneous.

sous-déclarer [3] [sudeklare] *vt* **-1.** [revenus] to underdeclare. **-2.** [bien] to declare less than the value of.

sous-développé, e [sudevlɔpe] *adj* underdeveloped.

sous-développement [sudevlɔpmɑ̃] *nm* underdevelopment.

sous-diacre [sudjakr] *nm* subdeacon.

sous-directeur, trice [sudirɛktœr, tris] *nm, f* assistant manager (*f* manageress).

sous-dominante [sudɔminɑ̃t] *nf* subdominant.

sous-emploi [suzɑ̃plwa] *nm* underemployment.

sous-employer [13] [suzɑ̃plwaje] *vt* [travailleur] to underemploy; [appareil] to underuse.

sous-ensemble [suzɑ̃sɑ̃bl] *nm* subset.

sous-entendre [73] [suzɑ̃tɑ̃dr] *vt* to imply; **que sous-entendez-vous par là?** what are you hinting OU driving at?, what are you trying to imply?; **sous-entendu, je m'en moque!** meaning I don't care!

sous-entendu [suzɑ̃tɑ̃dy] *nm* innuendo, hint, insinuation; **en fixant sur moi un regard lourd de ~s** giving me a meaningful look.

sous-entrepreneur [suzɑ̃trəprənœr] *nm* subcontractor.

sous-équipé, e [suzekipe] *adj* underequipped.

sous-équipement [suzekipmɑ̃] *nm* underequipment.

sous-espèce [suzɛspɛs] *nf* subspecies.

sous-estimation [suzɛstimasjɔ̃] *nf* -**1.** [jugement] underestimation, underestimating, underrating. -**2.** FIN [d'un revenu] underestimation, underassessment; [d'un bien] undervaluation.

sous-estimer [3] [suzɛstime] *vt* -**1.** [une qualité, un bien] to underestimate, to underrate. -**2.** FIN to undervalue.

sous-évaluation [suzevalɥasjɔ̃] *nf* FIN undervaluation.

sous-évaluer [7] [suzevalɥe] *vt* FIN to undervalue.

sous-exploitation [suzɛksplwatasjɔ̃] *nf* underexploitation, underexploiting *(U)*, underuse.

sous-exploiter [3] [suzɛksplwate] *vt* to underexploit.

sous-exposer [3] [suzɛkspoze] *vt* to underexpose.

sous-exposition [suzɛkspozisjɔ̃] *nf* underexposure.

sous-famille [sufamij] *nf* sub-family.

sous-fifre [sufifr] *nm* underling, minion.

sous-genre [suʒɑ̃r] *nm* subgenus.

sous-glaciaire [suglasjɛr] *adj* sub-glacial.

sous-gouverneur [suguvɛrnœr] *nm* deputy governor, vice-governor.

sous-groupe [sugrup] *nm* subgroup.

sous-homme [suzɔm] *nm* subhuman.

sous-industrialisé, e [suzɛ̃dystrijalize] *adj* under-industrialized.

sous-jacent, e [suʒasɑ̃, ɑ̃t] *adj* -**1.** [caché] underlying; **l'urbanisation et les problèmes ~s** urbanization and its underlying problems. -**2.** GÉOL subjacent.

Sous-le-Vent [suləvɑ̃] *npr*: **les îles ~** the Leeward Islands.

sous-lieutenant [suljøtnɑ̃] *nm* [dans l'armée de terre] second lieutenant; [dans l'aviation] pilot officer *Br*, second lieutenant *Am*; [dans la marine] sub-lieutenant *Br*, lieutenant junior grade *Am*.

sous-locataire [sulɔkatɛr] *nmf* subtenant.

sous-location [sulɔkasjɔ̃] *nf* -**1.** [action] subletting. -**2.** [bail] subtenancy.

sous-louer [6] [sulwe] *vt* to sublet.

sous-main [sumɛ̃] *nm inv* -**1.** [buvard] desk blotter. -**2.** [carton, plastique] pad.

◆ **en sous-main** *loc adv* secretly; **il y a eu des tractations en ~** some underhand deals were struck.

sous-marin, e [sumarɛ̃, in] *adj* [câble, plante] submarine, underwater; [navigation] submarine; [courant] submarine, undersea; [photographie] underwater, undersea.

◆ **sous-marin** *nm* -**1.** NAUT submarine. -**2.** *fam* [espion] mole. -**3.** *Can* [sandwich] long sandwich, sub *Am*.

sous-marinier [sumarinje] *nm* submariner.

sous-marque [sumark] *nf* sub-brand.

sous-maxillaire [sumaksilɛr] *adj* submaxillary.

sous-médicalisé, e [sumedikalize] *adj* with insufficient medical facilities.

sous-ministre [suministr] *nm Can* undersecretary (of state).

sous-multiple [sumyltipl] *nm* submultiple.

sous-nappe [sunap] *nf* undercloth.

sous-nutrition [sunytrisjɔ̃] *nf* malnutrition.

sous-œuvre [suzœvr] *nm*: **reprendre un bâtiment en ~** to underpin a building; **reprise en ~** underpinning.

sous-off *fam* [suzɔf] *nm* NCO.

sous-officier [suzɔfisje] *nm* non-commissioned officer.

sous-orbitaire [suzɔrbitɛr] *adj* suborbital ANAT.

sous-orbital, e, aux [suzɔrbital, o] *adj* suborbital ASTRONAUT.

sous-ordre [suzɔrdr] *nm* -**1.** ZOOL suborder. -**2.** [subordonné] subordinate, underling, minion.

◆ **en sous-ordre** *loc adj* [opposant, créancier] subsidiary.

sous-payer [11] [supeje] *vt* to underpay.

sous-peuplé, e [supœple] *adj* underpopulated.

sous-peuplement [supœpləmɑ̃] *nm* underpopulation.

sous-pied [supje] *nm* understrap.

sous-plat [supla] *nm Belg* table mat.

sous-préfectoral, e, aux [suprefɛktɔral, o] *adj* subprefectorial.

sous-préfecture [suprefɛktyr] *nf* subprefecture.

sous-préfet [suprefɛ] *nm* subprefect.

sous-préfète [suprefɛt] *nf* -**1.** [fonctionnaire] (female) subprefect. -**2.** [épouse] subprefect's wife.

sous-production [suprɔdyksjɔ̃] *nf* underproduction.

sous-produit [suprɔdɥi] *nm* -**1.** INDUST by-product. -**2.** [ersatz] poor imitation, (inferior) derivative.

sous-programme [suprɔgram] *nm* subroutine; **~ ouvert** open subroutine.

sous-prolétaire [suprɔletɛr] *nmf* member of the urban underclass.

sous-prolétariat [suprɔletarja] *nm* urban underclass.

sous-pull [supyl] *nm* (light-weight) sweater.

sous-refroidi, e [surəfrwadi] *adj* supercooled.

sous-saturé, e [susatyre] *adj* undersaturated GEOL.

sous-secrétaire [susəkretɛr] *nm*: **~ (d'État)** Under-Secretary (of State).

sous-secrétariat [susəkretarja] *nm* -**1.** [bureau] Under-Secretary's office. -**2.** [poste] Under-Secretaryship.

sous-secteur [susɛktœr] *nm* subsection.

soussigné, e [susiɲe] ◇ *adj* undersigned; **je ~ Robert Brand, déclare avoir pris connaissance de l'article 4 I,** the undersigned Robert Brand, declare that I have read clause 4.

◇ *nm, f*: **le ~/les ~s déclarent que...** the undersigned declares/declare that...

sous-sol [susɔl] *nm* -**1.** GÉOL subsoil. -**2.** [d'une maison] cellar; [d'un magasin] basement, lower ground floor; **voir notre grand choix d'affaires au ~!** visit our bargain basement!

sous-système [susistɛm] *nm* subsystem.

sous-tangente [sutɑ̃ʒɑ̃t] *nf* subtangent.

sous-tasse, soutasse [sutas] *nf Belg* saucer.

sous-tendre [73] [sutɑ̃dr] *vt* -**1.** GÉOM to subtend. -**2.** [être à la base de] to underlie, to underpin.

sous-tension [sutɑ̃sjɔ̃] *nf* undervoltage.

sous-titrage [sutitraʒ] *nm* subtitling; **le ~ est excellent** the subtitles are very good.

sous-titre [sutitr] *nm* -**1.** PRESSE subtitle, subheading, subhead. -**2.** CIN subtitle.

sous-titré, e [sutitre] *adj* subtitled, with subtitles.

sous-titrer [3] [sutitre] *vt* -**1.** [article de journal] to subtitle, to subhead; [livre] to subtitle. -**2.** [film] to subtitle.

soustracteur [sustraktœr] *nm* subtracter.

soustractif, ive [sustraktif, iv] *adj* subtractive.

soustraction [sustraksjɔ̃] *nf* -**1.** MATH subtraction; **il ne sait pas encore faire les ~s** he can't subtract yet. -**2.** JUR [vol] removal, removing *(U)*, purloining *(U)*; **~ de documents** abstraction of documents.

soustraire [112] [sustrɛr] *vt* -**1.** MATH to subtract, to take away *(sép)*; **~ 10 de 30** to take 10 away from 30. -**2.** *sout* [enlever]: **~ qqn/qqch à** to take sb/sthg away from; **~ qqn à la justice** to shield sb from justice, to protect sb from the law; **~ qqn/qqch aux regards indiscrets** to hide sb/sthg from prying eyes; **on dut ~ ces tableaux à la vue du public** these pictures have been withdrawn from public view. -**3.** [subtiliser] to remove; **de grosses sommes ont été soustraites du fonds d'entraide** large sums of money have gone missing from the charity fund; **~ un dossier aux archives** to remove a file from the archives.

◆ **se soustraire à** *vp* + *prép sout*: **se ~ à l'impôt/une obligation/un devoir** to evade tax/an obligation/a duty; **se ~ à la justice** to escape the law.

sous-traitance [sutrɛtɑ̃s] *nf* subcontracting; **donner un travail en ~** to subcontract a job; **je fais ce travail en ~** I'm on this job as subcontractor.

sous-traitant [sutrɛtɑ̃] *nm* subcontractor.

sous-traiter [4] [sutrete] *vt*: **~ un travail** [entrepreneur principal] to subcontract a job, to contract a job out; [sous-entrepreneur] to contract into OU to subcontract a job.

sous-utiliser [3] [suzytilize] *vt* to underuse, to underutilize.

sous-ventrière [suvɑ̃trijɛr] *nf* girth *(for a horse)*.

sous-verre [suvɛr] *nm inv* glass mount.

sous-vêtement [suvɛtmɑ̃] *nm* piece of underwear, undergarment; **en ~s** in one's underwear OU underclothes.

sous-virer [3] [suvire] *vi* to understeer.

soutane [sutan] *nf* cassock; **porter (la) ~** to be in Holy Orders; **prendre la ~** to enter the Church, to take (Holy) Orders.

soute [sut] *nf* hold; **~ à bagages** luggage hold; **~ à charbon** coal hole *Br*, coal bunker; **~ à mazout** oil tank; **~ à voiles** sail locker.

◆ **soutes** *nfpl* [combustible] fuel oil.

soutenable [sutnabl] *adj* -**1.** [défendable] defensible, tenable. -**2.** [supportable] bearable.

soutenance [sutnɑ̃s] *nf*: **~ (de thèse)** *oral examination for thesis*, viva *Br*.

soutènement [sutɛnmɑ̃] *nm* -**1.** CONSTR support. -**2.** MIN timbering.

◆ **de soutènement** *loc adj* support *(modif)*, supporting.

souteneur [sutnœr] *nm* [proxénète] pimp.

soutenir [40] [sutnir] *vt* -**1.** [maintenir - suj: pilier, poutre] to hold up *(sép)*, to support; [- suj: attelle, gaine, soutien-gorge] to support; **il lui tendit la main pour la ~** he gave her his hand for support; **un médicament pour ~ le cœur** a drug to sustain the heart OU to keep the heart going. -**2.** [réconforter] to support, to give (moral) support to; **sa présence m'a beaucoup soutenue dans cette épreuve** his presence was a great comfort to me in this ordeal. -**3.** [être partisan de - candidature, cause, politique etc] to support, to back (up), to stand by *(insép)*; **nous vous soutiendrons!** we'll be right up there with OU we'll stand by you!; **tu soutiens toujours ta fille contre moi!** you always stand up for OU you're always siding with your daughter against me!; **~ une équipe** to be a fan of OU to support a team ❑ **~ qqn comme la corde soutient le pendu** to be more of a hindrance than a help to sb. -**4.** [faire valoir - droits] to uphold, to defend; [- argument, théorie] to uphold, to support. -**5.** [affirmer] to assert, to claim; **je pense que nous sommes libres mais elle soutient le contraire** I think that we are free but she claims (that) the opposite is true; **il soutient que tu mens** he keeps saying that you're a liar; **elle m'a soutenu mordicus qu'il était venu ici** *fam* she swore blind OU she insisted that he'd been here. -**6.** [résister à - attaque] to withstand; [- regard] to bear, to support; **ils ont soutenu l'assaut des produits japonais** they were able to bear the onslaught of Japanese products; ~ **la comparaison avec** to stand OU to bear comparison with; **les champignons de culture ne soutiennent pas la comparaison** cultivated mushrooms just don't compare; ~ **un siège** MIL to last out OU to withstand a siege. -**7.** [prolonger - attention, discussion, suspense etc] to keep up *(sép)*, to sustain; [- réputation] to maintain, to keep up; **il est difficile de ~ une conversation lorsque les enfants sont présents** it's difficult to keep a conversation going OU to keep up a conversation when the children are around. -**8.** MUS [note] to sustain, to hold. -**9.** UNIV: ~ **sa thèse** to defend one's thesis, to take one's viva *Br.*

◆ **se soutenir** ◇ *vp (emploi réciproque)* to stand by each other, to stick together; **entre amis, il faut bien se ~!** friends must stick together! ◇ *vpi* -**1.** [se tenir] to hold o.s. up, to support o.s.; **le vieillard n'arrivait plus à se ~ sur ses jambes** the old man's legs could no longer support OU carry him; **elle se soutenait avec peine** she could hardly stay upright; **se ~ dans l'eau** to keep (o.s.) afloat. -**2.** [se prolonger - attention, intérêt, suspense] to be kept up OU maintained.

soutenu, e [sutny] *adj* -**1.** [sans faiblesse - couleur] intense, deep; [- note de musique] sustained; [- attention, effort] unfailing, sustained, unremitting; [- rythme] steady, sustained. -**2.** LING formal; **en langue ~e** in formal speech.

souterrain, e [sutɛrɛ̃, ɛn] *adj* -**1.** [sous la terre] underground, subterranean; **câble ~** underground cable; **des eaux ~es** ground water. -**2.** [dissimulé] hidden, secret. -**3.** MIN deep, underground.

◆ **souterrain** *nm* -**1.** [galerie] underground OU subterranean passage. -**2.** [en ville] subway *Br*, underpass *Am*.

soutien [sutjɛ̃] *nm* -**1.** [soubassement] supporting structure, support. -**2.** [aide] support; **apporter son ~ à qqn** to support sb, to back sb up; **mesures de ~ à l'économie** measures to bolster the economy. -**3.** [défenseur] supporter; **c'est l'un des plus sûrs ~s du gouvernement** he's one of the mainstays of the government. -**4.** JUR: ~ **de famille** (main) wage earner; **être ~ de famille** to have dependents *(and receive special treatment as regards French National Service)*. -**5.** ÉCON: ~ **des prix** price maintenance. -**6.** MIL support; ~ **logistique** logistic support.

soutien-gorge [sutjɛ̃gɔrʒ] *(pl* **soutiens-gorge***)* *nm* bra, brassiere.

soutier [sutje] *nm* stoker.

soutirage [sutiraʒ] *nm* -**1.** [action] decanting, decantation. -**2.** [vin] decanted wine.

soutirer [3] [sutire] *vt* -**1.** [vin] to draw off *(sép)*, to decant. -**2.** [extorquer]: ~ **qqch à qqn** to get sthg from OU out of sb; ~ **une promesse à qqn** to extract a promise from sb; ~ **des renseignements à qqn** to get OU to squeeze some information out of sb.

souvenance [suvnɑ̃s] *nf litt*: **à ma ~** as far as I can recall OU recollect; **je n'ai pas ~ de cela** I don't recall this, I have no recollection of this; **je n'ai pas ~ que nous ayons signé** I don't recall our having signed.

souvenir¹ [suvnir] *nm* -**1.** [impression] memory, recollection; **l'été 89 m'a laissé un ~ impérissable** the summer of 89 has left me with lasting memories; **votre opération ne sera bientôt plus qu'un mauvais ~** your operation will soon be nothing but a bad memory; **je garde un excellent ~ de ce voyage** I have excellent memories of that trip; **n'avoir aucun ~ de** to have no remembrance OU recollection of; **elle n'en a qu'un vague ~** she has only a dim OU vague recollection of it; **cela n'éveille donc aucun ~ en toi?** doesn't it remind you of anything?; **mes ~s d'enfance** my childhood memories; **au ~ de ces événements, il se mit à pleurer** when he thought back to the events, he started to cry; **avoir le ~ de** to have a memory of, to remember; **j'ai le ~ d'un homme grand et fort** I remember a tall strong man; **je garderai jusqu'à ma mort le ~ de cette journée** I'll remember that day until I die. -**2.** [dans des formules de politesse]: **avec mon affectueux ~** yours (ever); **mes meilleurs ~s à votre sœur** (my) kindest regards to your sister; **rappelle-moi au bon ~ de tes parents** (kindly) remember me to your parents; **meilleurs ~s de Rome** greetings from Rome. -**3.** [objet - donné par qqn] keepsake; [- rappelant une occasion] memento; [- pour touristes] souvenir; **cette broche est un ~ de ma grand-mère** this brooch is a keepsake from my grandmother; ~ **de Lourdes** souvenir of Lourdes; **il m'a laissé ses dettes comme ~** *hum* he left me his debts to remember him by. -**4.** *(comme adj; avec ou sans trait d'union)* souvenir *(modif)*; **poser pour la photo-~** to pose for a commemorative photograph.

◆ **en souvenir de** *loc prép* [afin de se remémorer]: **prenez ce livre en ~ de cet été/de moi** take this book as a souvenir of this summer/as something to remember me by.

souvenir² [40] [suvnir]

◆ **se souvenir de** *vp + prép* [date, événement] to remember, to recollect, to recall; [personne, lieu] to remember; **autant que je me souvienne** to the best of my recollection, as far as I can recall; **on se souviendra d'elle comme d'une grande essayiste** she'll be remembered as a great essay-writer; **je ne me souviens jamais de son adresse** I keep forgetting OU I can never remember his address; **je ne me souviens pas de l'avoir lu** I can't remember OU I don't recall OU I don't recollect having read it; **je m'en souviendrai, de ses week-ends reposants à la campagne!** *fam iron* I won't forget his restful weekends in the countryside in a hurry!; **je ne veux pas te le prêter – je m'en souviendrai!** I don't want you to borrow it – I'll remember that! || *(en usage abs)*: **mais si, souviens-toi, elle était toujours au premier rang** come on, you must remember her, she was always sitting in the front row; **je me souviens que j'ai crié en la voyant** I remember (that) I shouted when I saw her.

◆ **il me souvient, il lui souvient** *etc v impers litt*: **il me souvient un détail/de l'avoir aperçu** I remember a detail/having seen him; **du plus loin qu'il m'en souvienne** as far as I can remember.

souvent [suvɑ̃] *adv* often; **il va ~/très ~ au cinéma** he often goes to the cinema, he goes to the cinema very often; **on se voit de moins en moins ~** we see less and less of each other; **pas** OU **peu ~** not often, seldom; **il ne vient pas ~ nous voir** he doesn't often come and see us, he seldom comes to see us; **le plus ~ c'est elle qui conduit** most often OU more often than not OU usually, she's the one who does the driving; **c'est (bien) ~ ce qui arrive si l'on va trop vite** it's what (very) often happens when you go too fast ❑ **plus ~ qu'à son tour** far too often.

souverain, e [suvrɛ̃, ɛn] ◇ *adj* -**1.** [efficace - remède] excellent, sovereign; **c'est ~ contre les maux de gorge** it works like a charm on sore throats, it's perfect for sore throats. -**2.** POL [pouvoir, peuple] sovereign; **la Chambre est ~e** the House is a sovereign authority. -**3.** [suprême] supreme; **avoir un ~ mépris pour qqch** to utterly despise sthg; **avec une ~e méconnaissance des faits** supremely ignorant of the facts. -**4.** PHILOS: **le ~ bien** the sovereign good. -**5.** RELIG: **le ~ pontife** the Pope, the Supreme Pontiff.
◇ *nm, f* monarch, sovereign; **notre ~e** our Sovereign ❑ ~ **absolu** absolute monarch.

◆ **souverain** *nm* [monnaie] sovereign (coin).

souverainement [suvrɛnmɑ̃] *adv* -**1.** [suprêmement] utterly, totally, intensely; **être ~ indifférent à** to be utterly OU supremely indifferent to. -**2.** [sans appel] with sovereign OU final power.

souveraineté [suvrɛnte] *nf* sovereignty.

soviet [sɔvjɛt] *nm* [assemblée] soviet; **le Soviet Suprême** the Supreme Soviet.

soviétique [sɔvjetik] *adj* Soviet.

◆ **Soviétique** *nmf* Soviet.

soviétisation [sɔvjetizasjɔ̃] *nf* sovietization, sovietizing *(U)*.

soviétiser [3] [sɔvjetize] *vt* to sovietize.

soviétologue [sɔvjetɔlɔg] *nmf* Sovietologist.

sovkhoze [sɔvkoz] *nm* sovkhoz.

soyeux, euse [swajø, øz] *adj* silky.

◆ **soyeux** *nm dial* -**1.** [fabricant] silk manufacturer. -**2.** [négociant] silk merchant.

SPA *(abr de* **Société protectrice des animaux***)* *npr f society for the protection of animals,* ≃ RSPCA *Br*, ≃ SPCA *Am*.

spacieusement [spasjøzmɑ̃] *adv* spaciously; **ils sont très ~ installés** they've got a very roomy OU spacious place.

spacieux, euse [spasjø, øz] *adj* spacious, roomy.

spadassin [spadasɛ̃] *nm* -**1.** *arch* swordsman. -**2.** *litt* [tueur] (hired) killer; **un mafioso et ses ~s** a Mafia boss and his hit-men.

spaghetti [spagɛti] *(pl inv* OU **spaghettis***)* *nm*: **des ~, des ~s** spaghetti; **un ~** a strand of spaghetti.

spahi [spai] *nm* spahi *(native member of the Algerian, Moroccan or Tunisian cavalry in the French Service)*.

sparadrap [sparadra] *nm* (sticking) plaster *Br*, band aid *Am*.

spart [spart] *nm* esparto (grass).

Spartacus [spartakys] *npr* Spartacus.

spartakisme [spartakism] *nm* Spartacism.

spartakiste [spartakist] *adj* & *nmf* Spartakist.

sparte [spart] = **spart**.

Sparte [spart] *npr* Sparta.

spartiate [sparsjat] *adj* -**1.** [de Sparte] Spartan *literal*. -**2.** [austère] Spartan *fig*, ascetic.

◆ **Spartiate** *nmf* Spartan.

◆ **spartiates** *nfpl* [sandales] (Roman) sandals.

◆ **à la spartiate** *loc adv* austerely; **élever ses enfants à la ~** to give one's children a Spartan upbringing.

spasme [spasm] *nm* spasm.

spasmodique [spasmɔdik] *adj* spasmodic.

spasmolytique [spasmɔlitik] *adj* & *nm* spasmolytic.

spasmophile [spasmɔfil] ◇ *adj* suffering from spasmophilia.
◇ *nmf person suffering from spasmophilia*.

spasmophilie [spasmɔfili] *nf* spasmophilia.

spasmophilique [spasmɔfilik] ◇ *adj* spasmophilic.
◇ *nmf* spasmophile.

spatangue [spatɑ̃g] *nm* spatangoid.

spath [spat] *nm* spar; ~ **calcaire** calcite; ~ **fluor** fluor spar, fluorite; ~ **d'Islande** Iceland spar; ~ **pesant** barytes, barite.

spatial, e, aux [spasjal, o] *adj* -**1.** [de l'espace] spatial. -**2.** ASTRONAUT, AUDIO & MIL space *(modif)*.

◆ **spatial** *nm sg* space industry.

spatialité [spasjalite] *nf* spatiality.

spationaute [spasjɔnot] *nmf* spaceman *(f* spacewoman).

spationef [spasjɔnɛf] *nm* spaceship.

spatio-temporel, elle [spasjɔtɑ̃pɔrɛl] *(mpl* **spatio-temporels**, *fpl* **spatio-temporelles***)* *adj* spatiotemporal, space-and-time *(modif)*.

spatule [spatyl] *nf* -**1.** CULIN spatula. -**2.** [d'un ski] tip. -**3.** BX-ARTS (pallet) knife. -**4.** CONSTR jointer. -**5.** ZOOL [poisson] spoonbill, paddle-fish; [oiseau] spoonbill.

spatulé, e [spatyle] *adj* spatulate.

speaker, speakerine [spikœr, spikrin] *nm, f* announcer, link man *(f* woman) *Br*.

◆ **speaker** *nm* POL [en Grande-Bretagne, aux États-Unis]: **le ~** the Speaker.

spécial, e, aux [spesjal, o] *adj* -**1.** [d'une catégorie particulière] special, particular, specific, distinctive; **une clef ~e** a special key; **des**

caractéristiques ~es distinctive features. -2. [exceptionnel - gén] special, extraordinary, exceptional; [- numéro, édition] special; instituer une procédure ~e to set up a special procedure; bénéficier d'une faveur ~e to be especially favoured. -3. [bizarre] peculiar, odd; ils ont une mentalité un peu ~e they're a bit eccentric OU strange; ce livre est ~, on aime ou on n'aime pas this book is very particular, either you like it or you don't; toi, t'es ~! you're a bit weird! -4. ÉCON: commerce ~ import-export trade (balance). -5. SPORT [slalom] special.

◆ **spécial, aux** *fam nm* SPORT (special) slalom.

◆ **spéciale** *nf* -1. ENS *second year of a two year entrance course for a grande école*. -2. [huître] *type of cultivated oyster*. -3. SPORT (short) off-road rally.

spécialement [spesjalmɑ̃] *adv* -1. [à une fin particulière] specially, especially; je me suis fait faire un costume ~ pour le mariage I had a suit made specially for the wedding; parlez-nous de l'Italie et (plus) ~ de Florence tell us about Italy, especially Florence. -2. [très] particularly, specially; ça n'a pas été ~ drôle it wasn't particularly amusing; pas ~: tu veux lui parler? – pas ~ do you want to talk to her? – not particularly.

spécialisation [spesjalizasjɔ̃] *nf* specialization, specializing.

spécialisé, e [spesjalize] *adj* specialized; notre personnel hautement ~ our highly specialized staff; des chercheurs ~s dans l'intelligence artificielle researchers specializing in artificial intelligence.

spécialiser [3] [spesjalize] *vt* -1. [étudiant, travailleur] to turn OU to make into a specialist; nous spécialisons des biochimistes we train specialists in biochemistry. -2. [usine, activité] to make more specialized; on a décidé de ~ les usines de la région it was decided to make the factories in the area more specialized.

◆ **se spécialiser** *vpi* to specialize; 14 ans, c'est trop tôt pour se ~ SCOL 14 is too young to start specializing; se ~ dans la dermatologie to specialize in dermatology.

spécialiste [spesjalist] *nmf* -1. [gén & MÉD] specialist. -2. *fam* [habitué]: c'est un ~ de l'escroquerie he's something of a professional conman.

spécialité [spesjalite] *nf* -1. CULIN speciality; ~s de la région local specialities OU products; fais-nous une de tes ~s cook us one of your special recipes OU dishes; 'la ~ du chef' '(the) chef's speciality'. -2. PHARM: ~ pharmaceutique branded pharmaceutical OU (patented) pharmaceutical product. -3. SC & UNIV field, area, specialism; ~ médicale area of medicine; quelle est votre ~? what area do you specialize in?; ma ~, c'est la botanique I specialize in botany; le meilleur dans OU de sa ~ the best in his field. -4. [manie, habitude]: le vin, c'est sa ~ he's the wine expert; c'est ta ~ ma parole! you seem to be making a habit of it!

spécieusement [spesjøzmɑ̃] *adv* speciously, fallaciously.

spécieux, euse [spesjø, øz] *adj* specious, fallacious.

spécification [spesifikasjɔ̃] *nf* specification; sans ~ de without specifying, without mention of; une réunion a été décidée sans ~ d'heure ni de lieu a meeting was arranged, but the time and place were not specified.

spécificité [spesifisite] *nf* specificity.

spécifier [9] [spesifje] *vt* to specify, to state, to indicate; ~ les conditions d'un prêt to specify OU to indicate the conditions of a loan; je lui ai bien spécifié l'heure du rendez-vous I made sure I told him the time of the appointment; j'avais pourtant bien spécifié que je voulais une peinture mate! I had quite specifically asked for matt paint!

spécifique [spesifik] *adj* specific.

spécifiquement [spesifikmɑ̃] *adv* specifically.

spécimen [spesimɛn] *nm* -1. [élément typique] specimen; ce poème est un très beau ~ de l'art pour l'art this poem is a fine example of art for art's sake; le type était un parfait ~ d'avocat véreux *fam* the man was a perfect example of a OU your typical corrupt lawyer. -2. IMPR specimen. -3. *fam* [individu bizarre] queer fish *Br*, odd duck *Am*; méfie-toi, c'est un drôle de ~! be careful, he's a queer fish!

spectacle [spɛktakl] *nm* -1. CIN, DANSE, MUS & THÉÂT show; aller au ~ to go to (see) a show; faire un ~ to do a show; monter un ~ to put on a show; consulter la page (des) ~s to check the entertainment OU entertainments page; le ~ show business ❑ le ~ est dans la salle the real show's in the auditorium; le ~ continue the show must go on. -2. [ce qui se présente au regard] sight, scene; le ~ qui s'offrait à nous the sight before our eyes; sur le port nous attendait un ~ affligeant on the quayside, a heart-breaking scene met our eyes; elle présentait un bien triste/curieux ~ she looked a rather sorry/odd sight; au ~ de at the sight of; au ~ de sa mère blessée, il s'évanouit at the sight of OU on seeing his injured mother, he fainted.

◆ **à grand spectacle** *loc adj* grandiose; film à grand ~ blockbuster.

◆ **en spectacle** *loc adv*: on nous les donne en ~ they are paraded in front of us; se donner OU s'offrir en ~ to make an exhibition OU a spectacle of o.s.

spectaculaire [spɛktakylɛr] *adj* -1. [exceptionnel, frappant] spectacular, impressive; elle a fait une chute ~ she had a spectacular fall. -2. [notable] spectacular; des progrès ~s spectacular progress.

spectateur, trice [spɛktatœr, tris] *nm, f* -1. CIN, DANSE, MUS & THÉÂT spectator, member of the audience; les ~s the audience; plusieurs ~s ont quitté la salle several people in the audience walked out. -2. [d'un accident, d'un événement] spectator, witness; les ~s finirent par se disperser the crowd eventually began to disperse. -3. [simple observateur] onlooker; il a participé à nos réunions en ~ he just came to our meetings as an onlooker.

spectral, e, aux [spɛktral, o] *adj* -1. *litt* [fantomatique] ghostly, ghostlike, spectral *litt*. -2. PHYS spectral; analyse ~e spectrum OU spectroscopic analysis.

spectre [spɛktr] *nm* -1. [fantôme] ghost, phantom, spectre. -2. *fam* [personne maigre] ghostly figure, apparition. -3. [représentation effrayante]: le ~ de the spectre of; le ~ de la famine the spectre of famine; agiter le ~ de la révolution to invoke the spectre of rebellion. -4. CHIM, ÉLECTR & PHYS spectrum; ~ visible visible spectrum; ~ électrique/magnétique electric/magnetic spectrum. -5. PHARM [d'un antibiotique] spectrum.

spectrochimique [spɛktrɔʃimik] *adj* spectrochemical.

spectrogramme [spɛktrɔgram] *nm* spectrogram.

spectrographe [spɛktrɔgraf] *nm* spectrograph.

spectrographique [spɛktrɔgrafik] *adj* spectrographic.

spectrohéliographe [spɛktrɔeljɔgraf] *nm* spectroheliograph.

spectromètre [spɛktrɔmɛtr] *nm* spectrometer.

spectrométrie [spɛktrɔmetri] *nf* spectrometry; ~ de masse mass spectrometry.

spectrométrique [spɛktrɔmetrik] *adj* spectrometric.

spectrophotomètre [spɛktrɔfɔtɔmɛtr] *nm* spectrophotometer.

spectrophotométrie [spɛktrɔfɔtɔmetri] *nf* spectrophotometry.

spectroscope [spɛktrɔskɔp] *nm* spectroscope.

spectroscopie [spɛktrɔskɔpi] *nf* spectroscopy.

spectroscopique [spɛktrɔskɔpik] *adj* spectroscopic.

spéculaire [spekylɛr] ◇ *adj* specular; image ~ mirror image.

◇ *nf* BOT Venus's looking glass.

spéculateur, trice [spekylatœr, tris] *nm, f* speculator; ~ à la baisse bear; ~ à la hausse bull; ~ sur devises currency speculator.

spéculatif, ive [spekylatif, iv] *adj* speculative.

spéculation [spekylasjɔ̃] *nf* speculation.

spéculativement [spekylativmɑ̃] *adv* speculatively.

spéculer [3] [spekyle] *vi* -1. BOURSE to speculate; ~ en Bourse to speculate on the stock exchange; ~ sur l'or to speculate in gold. -2. *litt* [méditer] to speculate.

◆ **spéculer sur** *v + prép* [compter sur] to count OU to bank OU to rely on *(insép)*; le gouvernement spécule sur une hausse de la natalité the government is banking OU relying on a rise in the birthrate.

spéculoos [spekylos] *nm* *Belg ginger biscuit.*

spéculum [spekylɔm] *nm* speculum MED.

speech *fam* [spitʃ] (*pl* speechs OU speeches) *nm* (short) speech; il nous a refait son ~ sur l'importance des bonnes manières he made the same old speech about the importance of good manners.

spéléologie [speleɔlɔʒi] *nf* [science et étude] speleology; [sport] potholing *Br*, spelunking *Am*.

spéléologique [speleɔlɔʒik] *adj* speleologic.

spéléologue [speleɔlɔg] *nmf* [savant, chercheur] speleologist; [sportif] potholer *Br*, spelunker *Am*.

spencer [spɛnsœr] *nm* VÊT spencer.

spermaceti [spɛrmaseti] *nm* spermaceti.

spermaphyte [spɛrmafit] = **spermatophyte**.

spermatide [spɛrmatid] *nm* spermatid.

spermatie [spɛrmati] *nf* spermatium.

spermatique [spɛrmatik] *adj* [du sperme] spermatic.

spermatocyte [spɛrmatɔsit] *nm* spermatocyte.

spermatogenèse [spɛrmatɔʒenɛz] *nf* spermatogenesis.

spermatophore [spɛrmatɔfɔr] *nm* spermatophore.

spermatophyte [spɛrmatɔfit] *nm* spermatophyte.

spermatozoïde [spɛrmatɔzɔid] *nm* spermatozoid.

sperme [spɛrm] *nm* sperm.

spermicide [spɛrmisid] ◇ *adj* spermicidal.

◇ *nm* spermicide, spermatocide.

spermogramme [spɛrmɔgram] *nm* sperm count.

spermophile [spɛrmɔfil] *nm* spermophile.

sphénoïde [sfenɔid] *adj* sphenoid.

sphère [sfɛr] *nf* -1. ASTRON & GÉOM sphere; ~ céleste celestial sphere. -2. [zone] field, area, sphere; ~ d'activité field OU sphere of activity; ~ d'influence sphere of influence; les hautes ~s the higher realms *litt*.

sphéricité [sferisite] *nf* sphericity.

sphérique [sferik] *adj* spheric, spherical.

sphéroïde [sferɔid] *nm* spheroid.

sphincter [sfɛ̃ktɛr] *nm* sphincter.

sphinctérien, enne [sfɛ̃kterjɛ̃, ɛn] *adj* sphincteral, sphincter *(modif)*.

sphingidé [sfɛ̃ʒide] *nm* sphingid.

sphinx [sfɛ̃ks] *nm* -1. BX-ARTS & MYTH sphinx; le Sphinx the Sphinx. -2. [personne énigmatique] sphinx; son impassibilité de ~ me déroutait his sphinx-like inscrutability disconcerted me. -3. ENTOM hawkmoth, sphinx (moth).

spi [spi] = **spinnaker**.

spin [spin] *nm* spin PHYS.

spina-bifida [spinabifida] *nm inv* spina bifida.

spinal, e, aux [spinal, o] *adj* spinal.

spinnaker [spinekər] *nm* spinnaker.

spiral, e, aux [spiral, o] *adj* spiral, helical.
◆ **spiral, aux** *nm* [ressort] spiral, spring; [d'une montre] hairspring.
◆ **spirale** *nf* -**1.** [circonvolution] spiral, helix; des ~s de fumée coils of smoke. -**2.** [hausse rapide] spiral; la ~ des prix et des salaires the wage-price spiral.
◆ **à spirale** *loc adj* [cahier] spiral, spiralbound.
◆ **en spirale** ◇ *loc adj* [escalier, descente] spiral.
◇ *loc adv* in a spiral, spirally; s'élever/retomber en ~ to spiral upwards/downwards.

spiralé, e [spirale] *adj* spiral, helical.

spire [spir] *nf* [d'un coquillage] whorl; [d'une spirale, d'une hélice] turn, spire.

spirille [spirij] *nm* spirillum.

spirite [spirit] ◇ *adj* spiritualistic.
◇ *nmf* spiritualist.

spiritisme [spiritism] *nm* spiritualism, spiritism.

spiritual, als [spiritwol, olz] *nm* (Negro) spiritual.

spiritualisation [spiritɥalizasjɔ̃] *nf* spiritualization, spiritualizing *(U)*.

spiritualiser [3] [spiritɥalize] *vt* to give a spiritual dimension to, to spiritualize.

spiritualisme [spiritɥalism] *nm* spiritualism.

spiritualiste [spiritɥalist] ◇ *adj* spiritualistic.
◇ *nmf* spiritualist.

spiritualité [spiritɥalite] *nf* spirituality.

spirituel, elle [spiritɥɛl] *adj* -**1.** PHILOS spiritual; la nature ~le de l'âme the spiritual nature of the soul. -**2.** [non physique] spiritual; père ~ spiritual father. -**3.** [plein d'esprit] witty; elle est très ~le she's very witty; une repartie ~le a witty reply; comme c'est ~! how clever! *aussi iron.* -**4.** RELIG spiritual; chef ~ spiritual head; pouvoir ~ spiritual power.
◆ **spirituel** *nm* RELIG spiritual.

spirituellement [spiritɥɛlmɑ̃] *adv* -**1.** PHILOS & RELIG spiritually. -**2.** [brillamment] wittily.

spiritueux, euse [spiritɥø, øz] *adj* [boisson] spirituous *spéc*, strong.
◆ **spiritueux** *nm* spirit; vins et ~ wines and spirits.

spirographe [spirɔgraf] *nm* Spirographa.

spiroïdal, e, aux [spirɔidal, o] *adj* spiroid; fracture ~e spiral fracture.

spiromètre [spirɔmɛtr] *nm* spirometer.

spitant, e [spitɑ̃, ɑ̃t] *adj Belg* -**1.** [personne] lively. -**2.** [gazeux]: eau ~e carbonated water.

Spitsberg, Spitzberg [spidzbɛrg] *npr* Spitsbergen, Spitzbergen.

spleen [splin] *nm litt* spleen *arch*, melancholy.

splendeur [splɑ̃dœr] *nf* -**1.** [somptuosité] magnificence, splendour. -**2.** [merveille]: son collier est une ~ her necklace is splendid OU magnificent; les ~s des églises baroques the magnificence of baroque churches. -**3.** [prospérité, gloire] grandeur, splendour; Rome, au temps de sa ~ Rome at her apogee *litt*; voilà le macho dans toute sa ~ *hum* that's macho man in all his glory. -**4.** *litt* [du soleil] brilliance, splendour.

splendide [splɑ̃did] *adj* -**1.** [somptueux - décor, fête, étoffe] splendid, magnificent. -**2.** [beau] magnificent, wonderful, splendid; une ~ créature entra a gorgeous OU magnificent creature entered; tu es ~ aujourd'hui you look wonderful today; elle avait une mine ~ she was blooming. -**3.** [rayonnant - soleil] radiant. -**4.** *litt* [glorieux] splendid.

splendidement [splɑ̃didmɑ̃] *adv* splendidly, magnificently.

splénectomie [splenɛktɔmi] *nf* splenectomy.

splénique [splenik] *adj* splenic.

spoliateur, trice [spɔljatœr, tris] ◇ *adj litt* spoliatory, despoiling.
◇ *nm, f sout* spoliator *litt*, despoiler *litt*.

spoliation [spɔljasjɔ̃] *nf sout* spoliation *litt*, despoilment *litt*.

spolier [9] [spɔlje] *vt sout* to spoliate *litt*, to despoil *litt*; spoliés de leurs droits/possessions stripped of their rights/possessions.

spondée [spɔ̃de] *nm* spondee.

spongiaire [spɔ̃ʒjɛr] *nm* sponge, poriferan; les ~s the Porifera.

spongieux, euse [spɔ̃ʒjø, øz] *adj* -**1.** ANAT spongy. -**2.** [sol, matière] spongy, sponge-like.

spongiosité [spɔ̃ʒjozite] *nf* sponginess.

sponsor [spɔ̃sɔr] *nm* (commercial) sponsor.

sponsoring [spɔ̃sɔriŋ], **sponsorat** [spɔ̃sɔra] *nm* (commercial) sponsorship.

sponsoriser [3] [spɔ̃sɔrize] *vt* to sponsor (commercially).

spontané, e [spɔ̃tane] *adj* spontaneous.

spontanéisme [spɔ̃taneism] *nm* POL belief in spontaneous political action.

spontanéiste [spɔ̃taneist] *nmf* POL believer in spontaneous political action.

spontanéité [spɔ̃taneite] *nf* spontaneity, spontaneousness.

spontanément [spɔ̃tanemɑ̃] *adv* spontaneously; elle a avoué ~ she owned up of her own accord.

Sporades [spɔrad] *npr fpl*: les ~ the Sporades.

sporadicité [spɔradisite] *nf sout* sporadic nature OU character.

sporadique [spɔradik] *adj* [attaque, effort] sporadic, occasional; [symptôme, crise] sporadic, isolated; [averse] scattered.

sporadiquement [spɔradikmɑ̃] *adv* sporadically.

sporange [spɔrɑ̃ʒ] *nm* sporangium.

spore [spɔr] *nf* spore.

sport [spɔr] ◇ *adj inv* -**1.** VÊT [pratique, de détente] casual; manteau/chaussures ~ casual coat/shoes. -**2.** [fair-play] sporting.
◇ *nm* -**1.** [ensemble d'activités, exercice physique] sport; [activité de compétition] (competitive) sport; faire du ~ to do sport; un peu de ~ te ferait du bien some physical exercise would do you good; il y a trop de ~ à la télé there's too much sport on TV; aller aux ~s d'hiver to go skiing, to go on a winter sports holiday *Br* OU vacation *Am* ❑ ~ cérébral OU intellectuel brainteasers; ~ de combat combat sport; ~ équestre equestrian sport, equestrianism; ~ individuel individual sport; ~s d'équipe team sports; ~s d'hiver winter sports; ~s mécaniques motor sports *(on land, in the air and on water)*; ~s nautiques water sports; le journal des ~s TV the sports news; la page des ~s the sports page. -**2.** *fam loc*: c'est du ~ it's no picnic; c'est du ~ de faire démarrer la tondeuse! getting the mower started is no picnic OU is the devil's own job!; il va y avoir du ~! the sparks are going to fly!
◆ **de sport** *loc adj* [terrain, vêtement] sports *(modif)*.
◆ **pour le sport** *fam loc adv* [de façon désintéressée] for the fun OU the hell of it.

sportif, ive [spɔrtif, iv] ◇ *adj* -**1.** [association, club, magazine, reportage] sports *(modif)*; reporter ~ sports reporter, sportscaster. -**2.** [événement, exploit] sporting. -**3.** [personne] sporty; elle est très sportive she does a lot of sport; je ne suis pas du tout ~ I'm not at all sporty; avoir une allure sportive to look athletic. -**4.** [loyal - public] sporting, fair; [- attitude, geste] sporting, sportsmanlike; avoir l'esprit ~ to show sportsmanship; ce n'était pas très ~ de sa part it wasn't very sporting of him.
◇ *nm, f* sportsman (*f* sportswoman); c'est un ~ en chambre *hum* his idea of (doing) sport is watching it on TV, he's an armchair sportsman.

sportivement [spɔrtivmɑ̃] *adv* sportingly; très ~, il l'a aidé à se relever he helped him up, which was very sporting of him.

sportivité [spɔrtivite] *nf* [d'une personne] sportsmanship; le match a manqué de ~ it wasn't a very sporting match.

sporulation [spɔrylasjɔ̃] *nf* sporulation, sporulating *(U)*.

spot [spɔt] *nm* -**1.** [projecteur, petite lampe] spotlight. -**2.** PHYS light spot. -**3.** ÉLECTRON spot. -**4.** [publicité]: ~ (publicitaire) commercial.

SPOT, Spot [spɔt] (*abr de* satellite pour l'observation de la Terre) *npr m* earth observation satellite.

Spoutnik [sputnik] *npr m* Sputnik.

sprat [sprat] *nm* sprat ZOOL.

spray [sprɛ] *nm* spray; parfum en ~ spray OU spray-on perfume.

springbok [spriŋbɔk] *nm* -**1.** ZOOL springbok, springbuck. -**2.** SPORT: les Springboks the Springboks.

sprint [sprint] *nm* SPORT [course] sprint (race); [pointe de vitesse - gén] spurt; [- en fin de parcours] final spurt OU sprint; piquer un ~ to put on a spurt, to sprint; j'ai dû piquer un ~ pour avoir mon train *fam* I had to sprint to catch my train.

sprinter[1] [sprintœr] *nm* sprinter.

sprinter[2] [3] [sprinte] *vi* to sprint; [en fin de parcours] to put on a burst of speed.

sq (*abr écrite de* sequiturque) f.

sqq (*abr écrite de* sequuntur que) ff.

squale [skwal] *nm* shark.

squame [skwam] *nm* MÉD scale, squama *spéc.*

squameux, euse [skwamø, øz] *adj* MÉD squamous, scaly.

square [skwar] *nm* -**1.** [jardin] (small) public garden OU gardens. -**2.** [place] square; il habite ~ Blériot he lives in Blériot Square.

squash [skwaʃ] *nm* squash; jouer au ~ to play squash.

squat [skwat] *nm* [habitation] squat.

squatter[1] [skwatœr] *nm* squatter.

squatter[2] [skwate], **squattériser** [3] [skwaterize] *vt* [bâtiment] to squat in.

squaw [skwo] *nf* squaw.

squeezer [3] [skwize] *vt* -**1.** JEUX to squeeze. -**2.** *fam* [mettre en difficulté] to put the squeeze on.

squelette [skəlɛt] *nm* -**1.** ANAT skeleton; c'est un ~ ambulant he's nothing but skin and bone, he's a walking skeleton. -**2.** [d'un discours] skeleton, broad outline. -**3.** CHIM skeleton. -**4.** CONSTR & NAUT carcass, skeleton.

squelettique [skəletik] *adj* -**1.** [animal, enfant] skeleton-like, skeletal; [plante] stunted; elle a des jambes ~s she's got legs like matchsticks. -**2.** [troupes] decimated; [équipe] skeleton *(modif)*. -**3.** ANAT skeletal.

Sri Lanka [srilɑ̃ka] *npr m*: le ~ Sri Lanka; au ~ in Sri Lanka.

sri lankais, e [srilɑ̃kɛ, ɛz] *adj* Sri Lankan.
◆ **Sri Lankais, e** *nm, f* Sri Lankan.

SS ◇ -**1.** (*abr écrite de* Sécurité sociale) SS, ≃ DSS *Br*, ≃ SSA *Am*. -**2.** (*abr écrite de* Sa Sainteté) HH.
◇ *npr f* (*abr de* SchutzStaffel) SS.
◇ *nm* (*abr de* SchutzStaffel): un ~ a member of the SS.

S/S (*abr écrite de* steamship) S/S.

SSBS (*abr de* sol-sol balistique stratégique) *nm* ≃ MRBM.

S-S-E (*abr écrite de* sud-sud-est) SSE.

S-S-O (*abr écrite de* sud-sud-ouest) SSW.

SSR (*abr de* Société suisse de Radiodiffusion et de Télévision) *npr f French-speaking Swiss broadcasting company.*

st (*abr écrite de* stère) st.

St (*abr écrite de* saint) St., St.

stabilisant, e [stabilizɑ̃, ɑ̃t] *adj* stabilizing.
◆ **stabilisant** *nm* stabilizing agent, stabilizer.

stabilisateur, trice [stabilizatœr, tris] *adj* stabilizing.
◆ **stabilisateur** *nm* -**1.** [de vélo] stabilizer. -**2.** AÉRON [horizontal] horizontal stabilizer *Am*, tail plane; [vertical] vertical stabilizer *Am*, fin. -**3.** AUT antiroll OU torsion bar. -**4.** CHIM stabilizer. -**5.** ÉLECTR: ~ de tension voltage regulator OU stabilizer.

stabilisation [stabilizasjɔ̃] *nf* -**1.** AÉRON & ASTRONAUT stabilization, stabilizing *(U)*. -**2.** CHIM stabilization. -**3.** ÉCON supporting *(U)*. -**4.** MÉTALL & TRAV PUBL stabilizing *(U)*.

stabiliser [3] [stabilize] *vt* -**1.** [échafaudage - donner un équilibre à] to stabilize; [- maintenir en place] to hold steady. -**2.** [consolider - situation] to stabilize, to normalize; le traité devrait ~ les relations entre les deux pays the treaty should stabilize relationships between the two countries. -**3.** [personne]: son mariage va le ~ marriage will make him settle down. -**4.** [monnaie, devise, prix] to stabilize. -**5.** [malade, maladie] to stabilize.
◆ **se stabiliser** *vpi* -**1.** [acquérir un équilibre] to stabilize; la situation militaire semble se ~ the military situation seems to be stabilizing. -**2.** [personne] to settle down; elle s'est stabilisée depuis qu'elle a un emploi she's settled down since she got a job.

stabilité [stabilite] *nf* -**1.** [d'un véhicule, d'un échafaudage, d'une monnaie, d'un marché] stability, steadiness. -**2.** [d'un caractère] stability, steadiness. -**3.** CHIM, MÉTÉO & PHYS stability. -**4.** POL: ~ gouvernementale (governmental) stability.

stable [stabl] *adj* -**1.** [qui ne bouge pas - position, structure] steady, stable; la table n'est pas très ~ the table's a bit rocky; tu n'as pas l'air d'être dans une position très ~ you look a bit precarious. -**2.** [constant - personne, marché, emploi] stable, steady; l'état du malade est ~ the patient's condition is stable. -**3.** CHIM & PHYS stable.

stabulation [stabylasjɔ̃] *nf* -**1.** [entretien] stalling (of cattle). -**2.** [bâtiment] stalls.

stade [stad] *nm* -**1.** SPORT stadium. -**2.** [étape, phase] stage; à ce ~ de l'enquête at this stage of the investigation; j'en suis arrivé au ~ où... I've reached the stage where... -**3.** ANTIQ stadium. -**4.** PSYCH stage; le ~ du miroir the mirror stage; le ~ oral the oral stage.

staff [staf] *nm* -**1.** CONSTR staff. -**2.** [personnel] staff.

stage [staʒ] *nm* -**1.** COMM work placement; [sur le temps de travail] in-service training; un ~ de trois mois a three-month training period; faire un ~ [cours] to go on a training course; [expérience professionnelle] to go on a work placement; ~ en entreprise work experience OU placement; ~ de recyclage retraining period; ~ d'insertion à la vie professionnelle training scheme for young unemployed people. -**2.** LOISIRS: faire un ~ d'équitation/de plongée [cours] to have riding/scuba diving lessons; [vacances] to go on a riding/scuba diving holiday; faire un ~ d'espagnol/de traitement de texte to go on a Spanish/word-processing course.

stagflation [stagflasjɔ̃] *nf* stagflation.

stagiaire [staʒjɛr] ◇ *adj* [officier] trainee *(avant n)*; [avocat] pupil; [journaliste] cub; un instituteur ~ a student teacher.
◇ *nmf* [gén] trainee; un ~ en comptabilité a trainee accountant.

stagnant, e [stagnɑ̃, ɑ̃t] *adj* -**1.** [eau] stagnant. -**2.** [affaires] sluggish.

stagnation [stagnasjɔ̃] *nf* stagnation, stagnating.

stagner [3] [stagne] *vi* -**1.** [liquide] to stagnate; des bancs de brume stagnaient dans la vallée patches of mist were lying in the valley. -**2.** [économie, affaires] to stagnate, to be sluggish; l'industrie du textile stagne the textile industry is stagnating. -**3.** [personne] to stagnate, to get into a rut; ~ dans son ignorance to be bogged down in one's own ignorance.

stakhanovisme [stakanɔvism] *nm* Stakhanovism.

stakhanoviste [stakanɔvist] *adj* & *nmf* Stakhanovite.

stalactite [stalaktit] *nf* stalactite.

stalag [stalag] *nm* stalag.

stalagmite [stalagmit] *nf* stalagmite.

Staline [stalin] *npr* Stalin.

Stalingrad [stalingrad] *npr* Stalingrad.

stalinien, enne [stalinjɛ̃, ɛn] *adj* & *nm, f* Stalinist.

stalinisme [stalinism] *nm* Stalinism.

stalle [stal] *nf* [de cheval, d'église] stall.

staminé, e [stamine] *adj* staminate.

stance [stɑ̃s] *nf* LITTÉRAT stanza.
◆ **stances** *nfpl* (lyrical poem composed of) stanzas.

stand [stɑ̃d] *nm* -**1.** [d'un exposant] stall, stand. -**2.** JEUX & MIL: ~ (de tir) (shooting) range. -**3.** SPORT: ~ (de ravitaillement) pit.

standard [stɑ̃dar] ◇ *adj* -**1.** [normalisé - modèle, pièce, taille] standard *(modif)*. -**2.** [non original - discours, goûts] commonplace, unoriginal, standard. -**3.** LING standard.
◇ *nm* -**1.** COMM & INDUST standard. -**2.** ÉCON: ~ de vie living standard. -**3.** TÉLÉC switchboard. -**4.** MUS (jazz) standard.

standardisation [stɑ̃dardizasjɔ̃] *nf* standardization, standardizing.

standardiser [3] [stɑ̃dardize] *vt* [normaliser, uniformiser] to standardize.

standardiste [stɑ̃dardist] *nmf* (switchboard) operator.

stand-by [stɑ̃dbaj] ◇ *adj inv* -**1.** AÉRON [billet, passager, siège] standby *(modif)*. -**2.** FIN standby *(modif)*; crédit ~ standby credit.
◇ *nmf inv* standby.

standing [stɑ̃diŋ] *nm* -**1.** [d'une personne - position sociale] social status OU standing; [- réputation] (good) reputation, standing. -**2.** [confort]: appartement (de) grand ~ luxury flat.

stannifère [stanifɛr] *adj* [gén] staniferous; [alluvion] tin-bearing.

staphylin [stafilɛ̃] *nm*: ~ diable devil's coach horse.

staphylococcie [stafilɔkɔksi] *nf* staphylococcia.

staphylocoque [stafilɔkɔk] *nm* staphylococcus; ~ doré staphylococcus aureus.

star [star] *nf* -**1.** CIN (film) star; MUS & THÉÂT star; en une semaine, elle était devenue une ~ within one week, she'd risen to stardom. -**2.** [du monde politique, sportif] star; la ~ du football français the star of French football. -**3.** [favorite] number one; la ~ des routières de la décennie the top touring car of the decade.

stariser [3] [starize] *vt* to make a star of, to bring to stardom.

starking [starkiŋ] *nf* starking (apple).

starlette [starlɛt] *nf* starlet.

star-system [starsistɛm] (*pl* star-systems) *nm* star system CIN, MUS & THEAT.

starter [startɛr] *nm* -**1.** AUT choke; mettre le ~ to pull the choke out; j'ai roulé avec le ~ I drove with the choke out. -**2.** SPORT starter; les chevaux sont sous les ordres du ~ the horses are under starter's orders.

starting-block [startiŋblɔk] (*pl* starting-blocks) *nm* starting block.

starting-gate [startiŋgɛt] (*pl* starting-gates) *nm* OU *nf* starting gate.

stase [staz] *nf* stasis MED.

station [stasjɔ̃] *nf* -**1.** TRANSP: ~ d'autobus bus stop; ~ de métro underground *Br* OU subway *Am* station; ~ de taxis taxi rank *Br* OU stand *Am*. -**2.** [centre, installation]: ~ agronomique agricultural research station; ~ d'épuration sewerage plant; ~ de lavage carwash; ~ météorologique weather station. -**3.** RAD & TV station; ~ périphérique private radio station; ~ de télévision television station. -**4.** [lieu de séjour] resort; ~ balnéaire sea OU seaside resort; ~ d'altitude mountain resort; ~ de sports d'hiver ski resort; ~ thermale (thermal) spa. -**5.** [position] posture; ~ verticale upright position; la ~ debout est déconseillée standing is not advisable. -**6.** [pause] stop; j'ai dû faire de longues ~s avant d'arriver au sommet I had to make long rest stops before reaching the summit ❑ les ~s du chemin de croix the Stations of the Cross. -**7.** ASTRON stationary point. -**8.** ASTRONAUT: ~ orbitale orbital station; ~ spatiale space station.

station-aval [stasjɔ̃aval] (*pl* stations-aval) *nf* down-range station ASTRONAUT.

stationnaire [stasjɔnɛr] ◇ *adj* -**1.** MATH & SC stationary. -**2.** MÉD [état] stable; ASTRON: théorie de l'état OU de l'Univers ~ steady-state theory. -**3.** PHYS [phénomène] stable; [onde] stationary, standing; [état] stationary.
◇ *nm* NAUT station ship.

stationnement [stasjɔnmɑ̃] *nm* -**1.** [arrêt] parking; ~ bilatéral parking on both sides of the road; ~ unilatéral parking on one side (only); ~ payant parking fee payable; '~ interdit' 'no parking'; '~ gênant' ≃ 'restricted parking'. -**2.** *Can* car park.
◆ **en stationnement** *loc adj* -**1.** [véhicule] parked. -**2.** MIL stationed.

stationner [3] [stasjɔne] *vi* -**1.** [véhicule] to be parked; une voiture stationnait en double file a car was double-parked. -**2.** MIL: les troupes stationnées en Allemagne troops stationed in Germany. -**3.** [rester sur place - personne] to stay, to remain; 'ne pas ~ devant la sortie' 'keep exit clear'; la police empêche les manifestants de ~ devant l'ambassade the police are making the demonstrators move on from outside the embassy.

station-service [stasjɔ̃sɛrvis] (*pl* stations-service) *nf* petrol station *Br*, gas station *(U)*.

statique [statik] ◇ *adj* -**1.** [sans mouvement] static; tu es trop ~ dans cette scène you don't move around enough during the scene. -**2.** [inchangé] static, unimaginative; une politique ~ an unimaginative policy. -**3.** ÉLECTR static.
◇ *nf* statics *(U)*.

statiquement [statikmɑ̃] *adv* statically.

statisme [statism] *nm* static state OU character.

statisticien, enne [statistisjɛ̃, ɛn] *nm, f* statistician.

statistique [statistik] ◇ *adj* statistical.
◇ *nf* -**1.** [étude] statistics *(U)*. -**2.** [donnée] statistic, figure; des ~s statistics, a set of figures.

statistiquement [statistikmɑ̃] *adv* statistically.

stator [statɔr] *nm* stator.

statuaire [statɥɛr] ◇ *adj* statuary.
◇ *nmf* sculptor (*f* sculptress).
◇ *nf* statuary.

statue [staty] *nf* -**1.** BX-ARTS statue; ~ équestre/en pied equestrian/standing statue; droit OU raide comme une ~ stiff as a poker. -**2.** *fig*: son attitude de ~ grecque me glace her haughty attitude makes me feel uncomfortable ❑ ~ de sel pillar of salt; la réponse de son père l'a changée en ~ de sel her father's reply rooted her to the spot.

statuer [7] [statɥe] *vt* to rule; le tribunal a statué qu'il y avait eu faute the court ruled that misconduct had taken place.
◆ **statuer sur** *v + prép*: ~ sur un litige to rule on a lawsuit; la cour n'a pas statué sur le fond the court pronounced no judgement OU gave no ruling on the merits of the case.

statuette [statɥɛt] *nf* statuette.

statufier [9] [statyfje] *vt* -**1.** [représenter en statue] to erect a statue of OU to. -**2.** [faire un éloge excessif de] to lionize. -**3.** *litt* [pétrifier] to petrify; statufié par la peur transfixed with fear, petrified.

statu quo [statykwo] *nm inv* [état actuel des choses] status quo; maintenir le ~ to maintain the status quo.

stature [statyr] *nf* -**1.** [carrure] stature. -**2.** [envergure] stature, calibre; son frère a une autre ~ his brother is in a different league (altogether).

statut [staty] *nm* JUR & SOCIOL status; mon ~ de femme mariée my status as a married woman; ~ social social status; il réclame le ~ de réfugié politique he is asking for political refugee status.
◆ **statuts** *nmpl* [règlements] statutes, ≃ Articles (and Memorandum) of Association.
statutaire [statytɛr] *adj* -**1.** [conforme aux statuts] statutory. -**2.** [désigné par les statuts - gérant] registered.
statutairement [statytɛrmɑ̃] *adv* statutorily.
Stavisky [staviski] *npr m*: l'affaire ~ the Stavisky case.

STAVISKY:
A known swindler, whose suspicious death, after the discovery of a large-scale fraud involving many highly placed political figures, led to the "Stavisky riots" of 1934. Their inevitable politicization as a conflict between left and right led to the fall of Daladier's government and marked the beginning of the Popular Front.

Ste (*abr écrite de* **sainte**) St., St.
Sté (*abr écrite de* **société**) Co.
steak [stɛk] *nm* steak; ~ au poivre pepper steak; ~ tartare steak tartare.
stéarate [stearat] *nm* stearate.
stéarine [stearin] *nf* stearin.
stéarique [stearik] *adj* stearic; acide ~ stearic OU stearin OU stearine acid.
steeple-chase [stipəltʃɛz] (*pl* **steeple-chases**), **steeple** [stipl] *nm* steeplechase.
stégomyie [stegɔmii] *nf* aëdes.
steinbock [stɛjnbɔk] *nm* steinbok, steenbok.
stèle [stɛl] *nf* stele.
stellaire [stelɛr] ◇ *adj* -**1.** ASTRON stellar. -**2.** ANAT [ganglion] stellate.
◇ *nf* BOT stitchwort.
stem(m) [stɛm] *nm* stem (turn) SPORT.
stencil [stɛnsil] *nm* stencil.
stendhalien, enne [stɛ̃daljɛ̃, ɛn] *adj* Stendhalian.
sténo [steno] ◇ *nmf* = **sténographe**.
◇ *nf* = **sténographie**.
sténodactylo [stenɔdaktilo] ◇ *nmf* [personne] shorthand typist.
◇ *nf* [activité] shorthand typing.
sténodactylographie [stenɔdaktilɔgrafi] *nf* shorthand typing.
sténographe [stenɔgraf] *nmf* stenographer, shorthand note-taker.
sténographie [stenɔgrafi] *nf* shorthand.
sténographier [9] [stenɔgrafje] *vt* to take down in shorthand; **notes sténographiées** shorthand notes, notes in shorthand.
sténographique [stenɔgrafik] *adj* shorthand (*modif*).
sténose [stenoz] *nf* stenosis.
sténotype [stenɔtip] *nf* Stenotype®.
sténotyper [3] [stenɔtipe] *vt* to take down on a Stenotype®.
sténotypie [stenɔtipi] *nf* stenotypy.
sténotypiste [stenɔtipist] *nmf* stenotypist.
stentor [stɑ̃tɔr] *nm* ZOOL stentor.
Stentor [stɑ̃tɔr] *npr* Stentor.
stéphanois, e [stefanwa, az] *adj* from Saint-Étienne.
◆ **Stéphanois, e** *nm, f inhabitant of or person from Saint-Étienne*.
steppe [stɛp] *nf* steppe.
steppique [stepik] *adj* steppe (*modif*).
stercoraire [stɛrkɔrɛr] *nm* -**1.** ENTOM dung beetle. -**2.** ORNITH skua.
stère [stɛr] *nm* stere *(cubic metre of wood)*.
stéréo [stereo] ◇ *adj inv* stereo.
◇ *nf* -**1.** [procédé] stereo. -**2.** *fam* [récepteur] stereo.
◆ **en stéréo** ◇ *loc adj* stereo (*modif*).
◇ *loc adv* in stereo.
stéréochimie [stereɔʃimi] *nf* stereochemistry.
stéréochimique [stereɔʃimik] *adj* stereochemical.
stéréogramme [stereɔgram] *nm* stereogram.
stéréographique [stereɔgrafik] *adj* stereographic, stereographical.
stéréo-isomère [stereɔizɔmɛr] (*pl* **stéréo-isomères**) ◇ *adj* stereoisometric.
◇ *nm* stereoisomer.
stéréo-isomérie [stereɔizɔmeri] (*pl* **stéréo-isoméries**) *nf* stereoisomerism.
stéréométrie [stereɔmetri] *nf* stereometry.
stéréométrique [stereɔmetrik] *adj* stereometric.
stéréophonie [stereɔfɔni] *nf* stereophony.
◆ **en stéréophonie** ◇ *loc adj* stereo (*modif*).
◇ *loc adv* in stereo, in stereophonic sound.
stéréophonique [stereɔfɔnik] *adj* stereophonic.
stéréophotographie [stereɔfɔtɔgrafi] *nf* 3-D photography, stereophotography.
stéréoscope [stereɔskɔp] *nm* stereoscope.
stéréoscopie [stereɔskɔpi] *nf* stereoscopy.
stéréoscopique [stereɔskɔpik] *adj* stereoscopic.
stéréospécifique [stereɔspesifik] *adj* stereospecific.
stéréotaxie [stereɔtaksi] *nf* stereotaxis.
stéréotaxique [stereɔtaksik] *adj* stereotaxic.
stéréotomie [stereɔtɔmi] *nf* stereotomy.
stéréotomique [stereɔtɔmik] *adj* stereotomic.
stéréotype [stereɔtip] *nm* -**1.** [formule banale] stereotype, cliché. -**2.** IMPR stereotype.
stéréotypé, e [stereɔtipe] *adj* [comportement] stereotyped; [tournure] clichéd, hackneyed.
stéréotypie [stereɔtipi] *nf* stereotypy.
stéréovision [stereɔvizjɔ̃] *nf* stereovision.
stérer [18] [stere] *vt* -**1.** [mesurer] to divide into steres. -**2.** [entasser] to stack in steres.
stérile [steril] ◇ *adj* -**1.** [femme] infertile, sterile, barren *litt*; [homme] sterile; [sol] barren; [végétal] sterile. -**2.** [improductif - artiste] unproductive; [- imagination] infertile, barren; [- hypothèse] unproductive, vain; [- rêve] vain, hopeless; [- effort] vain, fruitless. -**3.** MÉD [aseptique] sterile, sterilized. -**4.** MIN & MINÉR dead.
◇ *nm* MIN & MINÉR dead ground.
◆ **stériles** *nmpl* GÉOL deads, waste rock.
stérilet [sterilɛ] *nm* IUD, coil; **se faire poser/enlever un** ~ to have a coil put in/taken out.
stérilisant, e [sterilizɑ̃, ɑ̃t] *adj* -**1.** [procédure, technique] sterilizing. -**2.** [idéologie, mode de vie] numbing, brain-numbing.
◆ **stérilisant** *nm* sterilant.
stérilisateur [sterilizatœr] *nm* sterilizer.
stérilisation [sterilizasjɔ̃] *nf* -**1.** [action de rendre infécond] sterilization. -**2.** [désinfection] sterilization. -**3.** *litt* [de la créativité] stifling.
stérilisé, e [sterilize] *adj* sterilized.
stériliser [3] [sterilize] *vt* -**1.** [rendre infécond] to sterilize. -**2.** [rendre aseptique] to sterilize. -**3.** [appauvrir, tuer - créativité] to stifle.
stérilité [sterilite] *nf* -**1.** [d'une femme] sterility, infertility, barrenness *litt*; [d'un homme] infertility, sterility; [d'un sol] barrenness. -**2.** [de l'esprit] barrenness, unproductiveness. -**3.** MÉD [asepsie] sterility.
stérique [sterik] *adj* steric.
sterlet [stɛrlɛ] *nm* sterlet.
sterling [stɛrliŋ] *adj inv* & *nm inv* sterling.
sterne [stɛrn] *nf* tern; ORNITH: ~ **naine** little tern.
sternum [stɛrnɔm] *nm* -**1.** ANAT breastbone, sternum *spéc*. -**2.** ZOOL sternum.
stéroïde [sterɔid] ◇ *adj* steroidal.
◇ *nm* steroid.
stérol [sterɔl] *nm* sterol.
stéthoscope [stetɔskɔp] *nm* stethoscope.
steward [stiwart] *nm* steward AERON.
stibine [stibin] *nf* -**1.** [nom générique] stibine. -**2.** [sulfure d'antimoine] stibnite.
stick [stik] *nm* -**1.** [de fard, de colle] stick. -**2.** SPORT [au hockey] (hockey) stick; [de cavalier] (riding) stick; [de parachutistes] stick.
◆ **en stick** *loc adj* [déodorant] stick (*modif*).
stigma [stigma] *nm* eyespot, stigma ZOOL.
stigmate [stigmat] *nm* -**1.** MÉD mark, stigma *spéc*. -**2.** [marque]: **porter les ~s de la guerre/débauche** to bear the cruel marks of war/the marks of debauchery. -**3.** BOT eyespot, stigma. -**4.** ZOOL (respiratory) stigma.
◆ **stigmates** *nmpl* RELIG: **les ~s du Christ** Christ's stigmata.
stigmatique [stigmatik] *adj* stigmatic.
stigmatisation [stigmatizasjɔ̃] *nf* stigmatization, stigmatizing.
stigmatisé, e [stigmatize] ◇ *adj* stigmatized RELIG.
◇ *nm, f* stigmatized person.
stigmatiser [3] [stigmatize] *vt* -**1.** [dénoncer] to stigmatize, to condemn, to pillory *fig*. -**2.** *litt* [marquer - condamné] to brand, to stigmatize.
stigmatisme [stigmatism] *nm* stigmatism.
stilligoutte [stiligut] *nm* dropper.
stimulant, e [stimylɑ̃, ɑ̃t] *adj* -**1.** [fortifiant - climat] bracing, stimulating; [- boisson] stimulant (*modif*). -**2.** [encourageant - résultat, paroles] encouraging.
◆ **stimulant** *nm* -**1.** [remontant, tonique] stimulant. -**2.** [aiguillon] stimulus, spur.
stimulateur, trice [stimylatœr, tris] *adj* stimulative.
◆ **stimulateur** *nm* MÉD stimulator; ~ **(cardiaque)** pacemaker.
stimulation [stimylasjɔ̃] *nf* -**1.** CHIM, PHYSIOL & PSYCH stimulation, stimulus; **~s sensorielles** sensory stimulation OU stimuli. -**2.** [d'une fonction organique] stimulation; **pour la ~ de leur appétit** to stimulate OU to whet their appetite. -**3.** [incitation] stimulus; **une parole gentille peut être une ~ efficace** a kind word can be an effective stimulus.
stimuler [3] [stimyle] *vt* -**1.** [activer - fonction organique] to stimulate; ~ **l'appétit** to stimulate OU to whet the appetite; ~ **la croissance des plantes** to encourage OU to stimulate the growth of plants. -**2.** [enflammer - sentiment] to stimulate; **les difficultés stimulent l'imagination** difficulties stimulate the imagination. -**3.** [encourager - personne] to encourage, to motivate; ~ **les élèves par des récompenses** to motivate pupils by a system of rewards. -**4.** [intensifier - activité] to stimulate; ~ **l'industrie/l'économie** to stimulate industry/the economy.
stimuline [stimylin] *nf* stimulin.
stimulus [stimylys] (*pl inv* OU **stimuli** [-li]) *nm* stimulus.
stipe [stip] *nm* BOT stipe.
stipendié, e [stipɑ̃dje] *adj litt* & *péj* venal, corrupt.
stipendier [9] [stipɑ̃dje] *vt litt* & *péj* to take into one's pay, to put on one's payroll.
stipulation [stipylasjɔ̃] *nf* -**1.** *sout* stipulation, stipulating. -**2.** JUR stipulation; ~ **pour autrui** third-party provision.
stipule [stipyl] *nf* stipule.
stipuler [3] [stipyle] *vt* -**1.** JUR to stipulate. -**2.** [spécifier] to stipulate, to specify; **la circulaire stipule que l'augmentation sera appliquée à partir du mois prochain** the circular stipulates that the rise will be applicable as from next month; **j'avais bien stipulé que j'en voulais deux** I'd made it clear I wanted two of them.
STO (*abr de* **service du travail obligatoire**) *nm* HIST forced labour *(by French workers requisitioned during the Second World War)*.
stock [stɔk] *nm* -**1.** COMM stock; ÉCON stock, supply. -**2.** [réserve personnelle] stock, collection, supply; **tu peux prendre des confitures, j'en ai**

tout un ~ you can take some jam, I've got plenty of it OU a whole stock of it; **faire des ~s (de)** to stock up (on). -**3.** BIOL stock.

◆ **en stock** ◇ *loc adj* [marchandise] in stock.
◇ *loc adv*: **avoir qqch en ~** to have sthg in stock; **nous n'avons plus de shampooing en ~** shampoo is out of stock, we're out of shampoo.

stockage [stɔkaʒ] *nm* -**1.** [constitution d'un stock] stocking (up). -**2.** [conservation - d'énergie, d'informations, de liquides, d'armes] storage. -**3.** TECH storage; **~ dynamique** flow storage.

stock-car [stɔkkar] (*pl* **stock-cars**) *nm* [voiture] stock car; [course] stock car racing; **faire du ~** to go stock car racing.

stocker [3] [stɔke] *vt* [s'approvisionner en] to stock up on OU with; [avoir - en réserve] to (keep in) stock; [- en grande quantité] to stockpile, to hoard.

stockfisch [stɔkfiʃ] *nm* -**1.** [poisson] stockfish. -**2.** [morue] dried cod.

Stockholm [stɔkɔlm] *npr* Stockholm.

stock-outil [stɔkuti] (*pl* **stocks-outils**) *nm* running stock OU stocks.

stoïcien, enne [stɔisjɛ̃, ɛn] ◇ *adj* -**1.** PHILOS Stoic. -**2.** *litt* [courageux, impassible] stoic, stoical.
◇ *nm, f* PHILOS Stoic.

stoïcisme [stɔisism] *nm* stoicism.

stoïque [stɔik] ◇ *adj* stoical.
◇ *nmf* stoic.

stoïquement [stɔikmɑ̃] *adv* stoically.

stolon [stɔlɔ̃] *nm* -**1.** BOT runner, stolon *spéc*. -**2.** ZOOL stolon.

stomacal, e, aux [stɔmakal, o] *adj* stomach *(épith)*, gastric.

stomachique [stɔmaʃik] *adj* stomachic, stomachical.

stomate [stɔmat] *nm* stoma BIOL.

stomatite [stɔmatit] *nf* stomatitis.

stomatologie [stɔmatɔlɔʒi] *nf* stomatology.

stomatologiste [stɔmatɔlɔʒist], **stomatologue** [stɔmatɔlɔg] *nmf* stomatologist.

stomatoplastie [stɔmatɔplasti] *nf* stomatoplasty.

stop [stɔp] ◇ *nm* -**1.** [panneau] stop sign. -**2.** [lumière] brake light, stoplight. -**3.** *fam* [auto-stop] hitchhiking; **faire du ~** to hitch, to thumb a lift OU it; **je suis descendu à Nice en ~** I thumbed it to Nice. -**4.** [dans un télégramme] stop.
◇ *interj* stop (it); **j'ai dit ~!** I said that's enough!; **tu me diras ~ — ~!** [en versant à boire] say when — when!

stop-and-go [stɔpɛndgo] *nm inv* stop-and-go method ECON.

stoppage [stɔpaʒ] *nm* TEXT invisible mending.

stopper [3] [stɔpe] ◇ *vt* -**1.** [train, voiture] to stop, to bring to a halt; [engin, maladie] to stop; [développement, processus, production] to stop, to halt; [pratique] to put a stop to, to stop. -**2.** TEXT to mend *(using invisible mending)*.
◇ *vi* [marcheur, véhicule, machine, processus, production] to stop, to come to a halt OU standstill; **la voiture a stoppé net** the car stopped dead.

stoppeur, euse [stɔpœr, øz] *nm, f* -**1.** *fam* [en voiture] hitchhiker, hitcher. -**2.** TEXT invisible mender.

store [stɔr] *nm* [intérieur] blind; [extérieur - d'un magasin] awning; **~ vénitien** Venitian blind.

stoupa [stupa] = **stupa**.

strabique [strabik] *adj* strabismic, strabismal, strabismical.

strabisme [strabism] *nm* squint, strabismus *spéc*; **elle a un léger ~** she has a slight squint ❑ **~ convergent** esotropia, convergent strabismus; **~ divergent** exotropia, divergent strabismus.

stradivarius [stradivarjys] *nm* Stradivarius.

strangulation [strɑ̃gylasjɔ̃] *nf* strangulation, strangling *(U)*; **il est mort par ~** he died by strangulation, he was strangled to death.

strapontin [strapɔ̃tɛ̃] *nm* -**1.** [siège] jump OU folding seat. -**2.** *loc*: **avoir un ~** to hold a minor position; **elle n'a obtenu qu'un ~ au conseil** she was given only minor responsibilities on the board.

stras [stras] = **strass**.

Strasbourg [strazbur] *npr* Strasbourg.

strasbourgeois, e [strazburʒwa, az] *adj* from Strasbourg.

◆ **Strasbourgeois, e** *nm, f inhabitant of or person from Strasbourg.*

strass [stras] *nm* paste *(U)*, strass.

stratagème [strataʒɛm] *nm* stratagem, ruse.

strate [strat] *nf* -**1.** GÉOL stratum. -**2.** *sout* [niveau] layer; **les ~s de la personnalité** the layers OU strata of the personality. -**3.** BOT zone.

stratège [stratɛʒ] *nm* -**1.** MIL strategist. -**2.** *fig*: **un fin ~** a cunning strategist.

stratégie [strateʒi] *nf* -**1.** JEUX & MIL strategy. -**2.** *fig*: **sa ~ électorale** her electoral strategy.

stratégique [strateʒik] *adj* -**1.** MIL strategic, strategical. -**2.** *fig*: **un repli ~** a strategic retreat; **matières premières ~s** strategic raw materials.

stratégiquement [strateʒikmɑ̃] *adv* strategically.

stratification [stratifikasjɔ̃] *nf* stratification, stratifying *(U)*; **la ~ sociale** social stratification.

stratifié, e [stratifje] *adj* stratified.

◆ **stratifié** *nm* laminate.

stratifier [9] [stratifje] *vt* to stratify.

stratigraphie [stratigrafi] *nf* GÉOL stratigraphy.

stratigraphique [stratigrafik] *adj* stratigraphic, stratigraphical.

stratocumulus [stratɔkymylys] *nm* stratocumulus.

stratoforteresse [stratɔfɔrtərɛs] *nf* flying fortress.

stratopause [stratɔpoz] *nf* stratopause.

stratosphère [stratɔsfɛr] *nf* stratosphere.

stratosphérique [stratɔsferik] *adj* stratospheric.

stratus [stratys] *nm* stratus.

Stravinski [stravinski] *npr* Stravinsky.

strelitzia [strelitzja] *nm* strelitzia.

streptococcie [strɛptɔkɔksi] *nf* streptococcicosis.

streptococcique [strɛptɔkɔksik] *adj* streptococcic, streptococcal.

streptocoque [strɛptɔkɔk] *nm* streptococcus.

streptomycine [strɛptomisin] *nf* streptomycin.

stress [strɛs] *nm inv* stress; **les maladies liées au ~** stress-related illnesses.

stressant, e [strɛsɑ̃, ɑ̃t] *adj* stressful, stress-inducing.

stressé, e [strɛse] *adj* stressed; **les gens ~s** people under stress.

stresser [4] [strɛse] *vt* to put under stress.

striation [strijasjɔ̃] *nf* striation.

strict, e [strikt] *adj* -**1.** [astreignant, précis - contrôle, ordre, règle, principe] strict, exacting; **la loi est très ~e à ce sujet** the law's very strict on that. -**2.** [minimal] strict; **le ~ nécessaire** OU **minimum** the bare minimum; **il a le ~ nécessaire pour vivre** he lives on the bare minimum; **les obsèques seront célébrées dans la plus ~e intimité** the funeral will take place strictly in private. -**3.** [sévère - éducation, personne] strict; [- discipline] strict, rigorous; **tu es trop ~ avec les enfants** you're too hard on OU too strict with the children. -**4.** [austère - intérieur, vêtement] severe, austere; **elle est coiffée de manière très ~e** she wears her hair in a very severe style. -**5.** [rigoureux, absolu] strict, absolute; **c'est ton droit le plus ~** it's your lawful right; **c'est la ~e vérité** it's the simple truth.

strictement [striktəmɑ̃] *adv* -**1.** [rigoureusement] strictly, scrupulously; **vous devez observer ~ le règlement** you must scrupulously obey the rules, you must obey the rules to the letter. -**2.** [absolument] strictly, absolutely; **c'est ~ confidentiel** it's strictly OU highly confidential. -**3.** [sobrement] severely; **sa robe ~ boutonnée jusque sous le cou** her dress severely buttoned right up to the neck.

striction [striksjɔ̃] *nf* -**1.** MÉD stricture. -**2.** MÉTALL contraction, necking (down).

stricto sensu [striktosɛ̃sy] *loc adv* strictly speaking, stricto sensu.

stridence [stridɑ̃s] *nf litt* stridence, stridency.

strident, e [stridɑ̃, ɑ̃t] *adj* [son, voix] strident, shrill, piercing.

stridor [stridɔr] *nm* stridor.

stridulant, e [stridylɑ̃, ɑ̃t] *adj* stridulous, stridulant.

stridulation [stridylasjɔ̃] *nf* stridulation, stridulating.

striduler [3] [stridyle] *vi* to stridulate.

striduleux, euse [stridylø, øz] *adj* stridulous.

strie [stri] *nf* -**1.** [sillon] stria *spéc*, (thin) groove. -**2.** [ligne de couleur] streak. -**3.** ARCHIT stria, fillet. -**4.** GÉOL & MINÉR stria.

strié, e [strije] *adj* -**1.** [cannelé - roche, tige] striated. -**2.** [veiné - étoffe, marbre] streaked. -**3.** ANAT striated; **muscles ~s** striated muscles; **corps ~** (corpus) striatum.

strier [10] [strije] *vt* -**1.** [creuser] to striate, to groove. -**2.** [veiner] to streak; **strié de bleu** streaked with blue.

string [striŋ] *nm* G-string.

strioscopie [strijɔskɔpi] *nf* schlieren photography.

strioscopique [strijɔskɔpik] *adj* schlieric.

strip *fam* [strip] *nm* striptease.

stripage [stripaʒ] *nm* NUCL stripping.

stripping [stripiŋ] *nm* MÉD & PÉTR stripping.

strip-tease [striptiz] (*pl* **strip-teases**) *nm* striptease act; **faire un ~** to do a strip-tease.

strip-teaseur, strip-teaseuse [striptizœr, øz] (*mpl* **strip-teaseurs**, *fpl* **strip-teaseuses**) *nm, f* stripper, striptease artist.

striure [strijyr] *nf* striation.

stroboscope [strɔbɔskɔp] *nm* stroboscope, strobe (light).

stroboscopie [strɔbɔskɔpi] *nf* stroboscopy.

stroboscopique [strɔbɔskɔpik] *adj* stroboscopic.

strombolien, enne [strɔ̃bɔljɛ̃, ɛn] *adj* Strombolian.

strontium [strɔ̃sjɔm] *nm* strontium.

strophe [strɔf] *nf* -**1.** [d'un poème] stanza. -**2.** [de tragédie grecque] strophe.

structurable [stryktyrabl] *adj* which can be structured.

structural, e, aux [stryktyral, o] *adj* structural.

structuralisme [stryktyralism] *nm* structuralism.

structuraliste [stryktyralist] *adj* & *nmf* structuralist.

structurant, e [stryktyrɑ̃, ɑ̃t] *adj* structuring.

structuration [stryktyrasjɔ̃] *nf* [action] structuring; [résultat] structure.

structure [stryktyr] *nf* -**1.** [organisation - d'un service, d'une société, d'un texte] structure; **votre devoir manque de ~** your essay is badly organized OU structured; **réformes de ~** structural reforms. -**2.** [institution] system, organization; **~s administratives/politiques** administrative/political structures. -**3.** [ensemble de services] facility; **~s d'accueil** reception facilities *(for recently arrived tourists, refugees)*. -**4.** CONSTR building, structure. -**5.** LING structure; **~ profonde/superficielle** deep/surface structure.

structuré, e [stryktyre] *adj* structured, organized.

structurel, elle [stryktyrɛl] *adj* structural.

structurellement [stryktyrɛlmɑ̃] *adv* structurally.

structurer [3] [stryktyre] *vt* to structure, to organize; **c'est une ébauche de scénario qu'il**

faudrait ~ it's the idea for a scenario which needs to be given some shape.

◆ **se structurer** *vpi* to take shape; **un parti politique qui se structure** a political party taking shape.

strychnine [striknin] *nf* strychnine.

stuc [styk] *nm* stucco.

◆ **en stuc** *loc adj* stucco *(modif)*.

stud-book [stœdbuk] (*pl* **stud-books**) *nm* studbook.

studette [stydɛt] *nf* small studio flat *Br* OU apartment *Am*, bedsitter *Br*.

studieusement [stydjøzmɑ̃] *adv* studiously.

studieux, euse [stydjø, øz] *adj* -**1.** [appliqué, travailleur - élève] hard-working, studious. -**2.** [consacré à l'étude] studious; **une soirée studieuse** an evening of study, a studious evening; **une retraite studieuse** [endroit] a place of study.

studio [stydjo] *nm* -**1.** [appartement] studio flat *Br*, studio apartment *Am*. -**2.** AUDIO, CIN & TV studio; ~ **d'enregistrement** recording studio. -**3.** PHOT photography OU photographic studio.

◆ **en studio** *loc adv*: **tourné en** ~ shot in studio; **scène tournée en** ~ studio scene.

stupa [stupa] *nm* stupa.

stupéfaction [stypefaksjɔ̃] *nf* stupefaction *litt*, astonishment; **à sa/ma (grande)** ~ to his/my utter amazement.

stupéfaire [109] [stypefɛr] *vt* to amaze, to astound.

stupéfait, e [stypefɛ, ɛt] *adj* [personne] astounded, stunned, stupefied *litt*; **je suis** ~ **de voir qu'il est revenu** I'm amazed to see he came back.

stupéfiant, e [stypefjɑ̃, ɑ̃t] *adj* -**1.** [changement, nouvelle, réaction] astounding, amazing, stupefying *litt*. -**2.** PHARM narcotic.

◆ **stupéfiant** *nm* [drogue] drug, narcotic.

stupéfier [9] [stypefje] *vt* -**1.** [abasourdir] to astound, to stun; **sa décision a stupéfié toute sa famille** his entire family was stunned by his decision. -**2.** *litt* [suj: froid, peur] to stupefy.

stupeur [stypœr] *nf* -**1.** [ahurissement] amazement, astonishment; **le public était plongé dans la** ~ the audience was dumbfounded OU stunned. -**2.** MÉD & PSYCH stupor.

stupide [stypid] *adj* -**1.** [inintelligent - personne, jeu, initiative, réponse, suggestion] stupid, silly, foolish; [- raisonnement] stupid; **ses enfants sont tous un peu** ~**s** her children are all a bit slow-witted; **il eut un rire** ~ he laughed stupidly. -**2.** [absurde - accident, mort] stupid; **ce serait trop** ~ **de rater le début** it'd be stupid OU a shame to miss the beginning. -**3.** [ahuri] stunned, dumbfounded; **je restai** ~ **devant son aveu** his confession left me speechless.

stupidement [stypidmɑ̃] *adv* stupidly, absurdly, foolishly.

stupidité [stypidite] *nf* -**1.** [d'une action, d'une personne, d'un propos] stupidity, foolishness. -**2.** [acte] piece of foolish behaviour. -**3.** [parole] stupid OU foolish remark; **arrête de dire des** ~**s!** stop talking nonsense!

stupre [stypr] *nm litt* depravity.

stups [styp] *nmpl arg crime* narcotics OU drugs squad.

stuquer [3] [styke] *vt* to stucco.

Stuttgart [ʃtutgart] *npr* Stuttgart.

style [stil] *nm* -**1.** [d'un écrivain, d'un journal] style; **dans un** ~ **très pompeux** in a highly pompous OU bombastic style; **c'est écrit dans le plus pur** ~ **administratif/journalistique** it's written in purest bureaucratic jargon *péj* /journalese *péj*; **en** ~ **télégraphique** in a telegraphic style. -**2.** [d'un artiste, d'un sportif] style, (characteristic) approach, touch; **son** ~ **de jeu** his (particular) way of playing, his style. -**3.** BX-ARTS style; **un opéra (de)** ~ **italien** an opera in the Italian style ❑ ~ **gothique/Régence** Gothic/ Regency style. -**4.** [genre, ordre d'idée] style; **dis-lui que tu vas réfléchir, ou quelque chose dans** OU **de ce** ~ tell him you'll think about it, or something along those lines OU in that vein. -**5.** *fam* [manière d'agir] style; **tu aurais pu l'avoir dénoncé – ce n'est pas mon** ~ you could have denounced him – it's not my style OU that's not the sort of thing I'd do; **serait-il parti sans nous prévenir? – ce n'est pas son** ~ he may have gone without telling us – it's not like him ❑ ~ **de vie** lifestyle. -**6.** [élégance] style, class; **avoir du** ~ to have style; **elle a beaucoup de** ~ she's very stylish OU chic; **leur maison manque de** ~**/a du** ~ their house lacks/has style. -**7.** BOT & ENTOM style. -**8.** [d'un cadran solaire] style, gnomon; [d'un cylindre enregistreur] needle, stylus; ANTIQ & HIST [poinçon] style, stylus. -**9.** [système chronologique]: **vieux/ nouveau** ~ Old/New Style. -**10.** ENTOM [d'une antenne] style, seta. -**11.** LING: ~ **direct/indirect** direct/indirect speech.

◆ **de style** *loc adj* [meuble, objet] period *(modif)*; **un fauteuil de** ~ a period chair.

stylé, e [stile] *adj* [personnel] well-trained.

stylet [stilɛ] *nm* -**1.** MÉD stilet, stylet. -**2.** [dague] stiletto. -**3.** ENTOM stylet.

stylisation [stilizasjɔ̃] *nf* stylization.

styliser [3] [stilize] *vt* to stylize; **oiseau stylisé** stylized (drawing of a) bird.

stylisme [stilism] *nm* fashion design.

styliste [stilist] *nmf* -**1.** [de mode, dans l'industrie] designer. -**2.** [auteur] stylist.

stylistique [stilistik] ◇ *adj* stylistic.

◇ *nf* stylistics *(sg)*.

stylo [stilo] *nm* pen; ~ **(à bille)** ballpoint (pen), Biro® *Br*; ~ **à encre/cartouche** fountain/ cartridge pen.

stylo-feutre [stiloføtr] (*pl* **stylos-feutres**) *nm* felt-tip pen.

stylographe [stilɔgraf] *vieilli* = **stylo**.

styrax [stiraks] *nm* storax, styrax.

styrène [stirɛn] *nm* styrene.

Styrie [stiri] *npr f*: **(la)** ~ Styria.

styrolène [stirɔlɛn] = **styrène**.

su [sy] *nm*: **au vu et au** ~ **de tout le monde** in front of everybody, quite openly.

suaire [sɥɛr] *nm* shroud.

suant, e [sɥɑ̃, sɥɑ̃t] *adj* -**1.** *fam* [ennuyeux] dull, boring; [énervant] annoying; **ce que tu peux être** ~! you're a pain (in the neck)! -**2.** [en sueur] sweaty.

suave [sɥav] *adj* [manières, ton] suave, sophisticated; [senteur] sweet; [teintes] subdued, mellow; **de sa voix** ~ in his suave voice, in dulcet tones *hum*.

suavement [sɥavmɑ̃] *adv* suavely, smoothly.

suavité [sɥavite] *nf* [de manières, d'un ton] suaveness, suavity, smoothness; [d'une musique, de senteurs] sweetness; [de teintes] mellowness.

subaigu, ë [sybegy] *adj* [douleur] subacute.

subalpin, e [sybalpɛ̃, in] *adj* subalpine.

subalterne [sybaltɛrn] ◇ *adj* -**1.** [position] secondary; **un rôle** ~ a secondary OU minor role. -**2.** [personne] subordinate, junior *(modif)*; **j'ai eu affaire à un fonctionnaire** ~ I saw a junior clerk.

◇ *nmf* subordinate, subaltern, underling *péj*.

subatomique [sybatɔmik] *adj* subatomic.

subconscient, e [sybkɔ̃sjɑ̃, ɑ̃t] *adj* subconscious.

◆ **subconscient** *nm* subconscious.

subdéléguer [18] [sybdelege] *vt* to subdelegate.

subdésertique [sybdezɛrtik] *adj* semi-desert *(modif)*.

subdiviser [3] [sybdivize] *vt* to subdivide; **chapitre subdivisé en deux parties** chapter subdivided into two parts.

◆ **se subdiviser** *vpi*: **se** ~ **(en)** to subdivide (into).

subdivision [sybdivizjɔ̃] *nf* -**1.** [processus] subdivision, subdividing. -**2.** [catégorie] subdivision.

subdivisionnaire [sybdivizjɔnɛr] *adj* subdivisional.

subduction [sybdyksjɔ̃] *nf* subduction.

subéquatorial, e, aux [sybekwatɔrjal, o] *adj* subequatorial.

subéreux, euse [syberø, øz] *adj* subereous *spéc*, cork *(modif)*.

subir [32] [sybir] *vt* -**1.** [se voir infliger - dommages, pertes] to suffer, to sustain; [- conséquences, défaite] to suffer; [- attaque, humiliation, insultes, sévices] to be subjected to, to suffer; **la maison a subi quelques dégâts pendant les orages** the house sustained some storm damage; **faire** ~ **une punition à qqn** to inflict a punishment on sb; **faire** ~ **une torture à qqn** to subject sb to torture; **après tout ce qu'elle m'a fait** ~ after all she inflicted on me OU made me go through. -**2.** [être passif devant - influence] to be under; **je ne pouvais que** ~ **son envoûtement** I could not free myself of her spell; **il a l'air de** ~ **le match** he looks as though he's just letting the match go on around him. -**3.** [être l'objet de - opération, transformation] to undergo; **le métal subit un traitement avant d'être laminé** the metal undergoes OU is subjected to treatment before it's laminated. -**4.** *fam* [tolérer - personne, situation] to put up with, to endure; **nous allons encore** ~ **ses histoires de guerre!** *hum* we'll be subjected to his war stories yet again!

subit, e [sybi, it] *adj* sudden.

subitement [sybitmɑ̃] *adv* suddenly, all of a sudden.

subito *fam* [sybito] *adv* -**1.** [tout à coup] suddenly, all of a sudden. -**2.** *loc*: ~ **presto** [tout de suite] at once, immediately; **va me chercher le journal, allez,** ~ **presto!** go and get me the paper, chop-chop!

subjacent, e [sybʒasɑ̃, ɑ̃t] *adj* subjacent.

subjectif, ive [sybʒɛktif, iv] *adj* subjective.

subjectivement [sybʒɛktivmɑ̃] *adv* subjectively.

subjectivisme [sybʒɛktivism] *nm* subjectivism.

subjectiviste [sybʒɛktivist] ◇ *adj* subjectivistic.

◇ *nmf* subjectivist.

subjectivité [sybʒɛktivite] *nf* subjectivity, subjectiveness.

subjonctif, ive [sybʒɔ̃ktif, iv] *adj* subjunctive.

◆ **subjonctif** *nm* subjunctive.

subjuguer [3] [sybʒyge] *vt* -**1.** *sout* [suj: discours, lecture] to enthral, to captivate; [suj: beauté, charme, regard] to enthral, to beguile; [suj: éloquence] to enthral; **elle le subjuguait** she held him spellbound; **je restai subjugué devant tant de grâce** I was enthralled by so much grace. -**2.** *vieilli* & *litt* [asservir - esprits, peuple] to subjugate.

sublimation [syblimasjɔ̃] *nf* -**1.** [élévation morale] sublimation, sublimating. -**2.** CHIM & PSYCH sublimation.

sublime [syblim] ◇ *adj* -**1.** *sout* [noble, grand] sublime, elevated; **une beauté** ~ sublime beauty. -**2.** [exceptionnel, parfait] sublime, magnificent; **tu as été** ~ you were magnificent. -**3.** [merveilleux] wonderful, sublime; **un repas** ~ a wonderful meal; **un tableau** ~ a sublime painting.

◇ *nm*: **le** ~ the sublime.

sublimé, e [syblime] *adj* sublimated.

◆ **sublimé** *nm* CHIM sublimate.

sublimement [syblimmɑ̃] *adv* sublimely.

Sublime-Porte [syblimpɔrt] *npr f*: **la** ~ the (Sublime) Porte.

sublimer [3] [syblime] *vt* -**1.** PSYCH to sublimate. -**2.** CHIM to sublimate, to sublime.

subliminal, e, aux [sybliminal, o], **subliminaire** [sybliminɛr] *adj* subliminal.

sublimité [syblimite] *nf litt* sublimeness.

sublingual, e, aux [syblɛ̃gwal, o] *adj* sublingual.

sublunaire [syblynɛr] *adj* sublunary.

submergé, e [sybmɛrʒe] *adj* -**1.** [rochers] submerged; [champs] submerged, flooded. -**2.** [surchargé, accablé] inundated; ~ **de travail** snowed under with work; ~ de réclamations inundated with complaints. -**3.** [incapable de faire face] swamped, up to one's eyes; **depuis que ma secrétaire est partie, je suis ~** since my secretary left, I've been up to my eyes in work.

submerger [17] [sybmɛrʒe] *vt* -**1.** [champ] to flood, to submerge; **des villages entiers sont submergés** entire villages have been flooded OU are under water. -**2.** [envahir - suj: angoisse, joie] to overcome, to overwhelm; [- suj: réclamations] to inundate, to swamp; [- suj: dettes] to overwhelm, to swamp; **notre standard est submergé d'appels** our switchboard's swamped with OU jammed by calls; **je suis submergé de travail** I'm snowed under with work || *(en usage abs)*: **se laisser ~** to allow o.s. to be overcome. -**3.** [écraser - défenseur] to overwhelm, to overrun; **le service d'ordre fut rapidement submergé par les manifestants** the police were soon unable to contain the demonstrators.

submersible [sybmɛrsibl] ◇ *adj* submersible, submergible.
◇ *nm* submersible.

submersion [sybmɛrsjɔ̃] *nf litt* submersion, submerging.

subodorer [3] [sybɔdɔre] *vt hum* [danger] to scent, to smell, to sense; **je subodore un canular** I can smell a hoax.

suborbital, e, aux [sybɔrbital, o] *adj* suborbital ASTRONAUT.

subordination [sybɔrdinasjɔ̃] *nf* -**1.** [dans une hiérarchie] subordination, subordinating; **il a refusé sa ~ au directeur commercial** he refused to work under the sales manager. -**2.** LING & LOGIQUE subordination.
◆ **de subordination** *loc adj*: **relation de ~** relation of subordination.

subordonnant [sybɔrdɔnɑ̃] *nm* subordinating word.

subordonné, e [sybɔrdɔne] ◇ *adj* -**1.** [subalterne] subordinate. -**2.** LING subordinate, dependent.
◇ *nm, f* [subalterne] subordinate, subaltern.
◆ **subordonnée** *nf* LING subordinate OU dependent clause.

subordonner [3] [sybɔrdɔne] *vt* -**1.** [hiérarchiquement]: ~ **qqn à** to subordinate sb to; **les statuts subordonnent le directeur au conseil d'administration** the director is answerable to the board. -**2.** [faire dépendre]: ~ **qqch à** to subordinate sthg to, to make sthg dependent on; **il fallait tout ~ à ses désirs** her wishes had to come before everything else. -**3.** [faire passer après]: ~ **qqch à** to subordinate sthg to; **je ne subordonnerai jamais mes devoirs de père à ma carrière** I'll never allow my career to come before my duties as a father. -**4.** LING [proposition] to subordinate.

subornation [sybɔrnasjɔ̃] *nf* subornation; ~ **de témoins** subornation of witnesses.

suborner [3] [sybɔrne] *vt* -**1.** JUR [témoin] to suborn. -**2.** *vieilli* [avec des pots-de-vin] to bribe. -**3.** *litt* [jeune fille] to seduce.

suborneur, euse [sybɔrnœr, øz] *nm, f* JUR suborner.
◆ **suborneur** *nm litt* seducer.

subreptice [sybrɛptis] *adj* -**1.** *litt* [manœuvre] surreptitious, stealthy. -**2.** JUR: **acte ~** subreption.

subrepticement [sybrɛptismɑ̃] *adv litt* surreptitiously, stealthily.

subrogateur [sybrɔgatœr] *adj m*: **acte ~** subrogation.

subrogatif, ive [sybrɔgatif, iv] *adj* subrogate.

subrogation [sybrɔgasjɔ̃] *nf* subrogation, subrogating *(U)*.

subrogatoire [sybrɔgatwar] *adj* [acte] of subrogation; [action] subrogation *(modif)*.

subrogé, e [sybrɔʒe] *adj* -**1.** [remplaçant] surrogate. -**2.** JUR: ~ **tuteur** deputy OU surrogate guardian.

subroger [17] [sybrɔʒe] *vt* to subrogate.

subséquemment [sybsekamɑ̃] *adv* subsequently, later on.

subséquent, e [sybsekɑ̃, ɑ̃t] *adj* -**1.** *litt* [qui vient après] subsequent. -**2.** GÉOG: **affluent ~** subsequent stream.

subside [sypsid] *nm* [de l'État] grant, subsidy; **il vivait des ~s de ses parents** he lived on the allowance he received from his parents.

subsidence [sybzidɑ̃s] *nf* subsidence.

subsidiaire [sybzidjɛr] *adj* subsidiary.

subsidiarité [sybzidjarite] *nf* subsidiarity.

subsidier [9] [sybzidje] *vt Belg* to subsidise.

subsistance [sybzistɑ̃s] *nf* -**1.** [existence matérielle] subsistence; **pourvoir à** OU **assurer la ~ de qqn** to support OU to maintain OU to keep sb; **elle arrive tout juste à assurer sa ~** she just manages to survive, she has just enough to keep body and soul together. -**2.** MIL: **mise en ~** secondment.

subsistant, e [sybzistɑ̃, ɑ̃t] ◇ *adj* remaining, subsisting.
◇ *nm, f* [assuré social] transferred (benefit) claimant.
◆ **subsistant** *nm* MIL [soldat] seconded soldier; [officier] seconded officer.

subsister [3] [sybziste] *vi* -**1.** [demeurer - doute, espoir, rancœur, traces] to remain, to subsist *litt*; [- tradition] to live on; **plus rien ne subsiste de ces magnifiques monuments** nothing is left OU remains of those magnificent buildings; **quelques questions subsistent auxquelles on n'a pas répondu** there are still a few questions which remain unanswered. -**2.** [survivre] to survive; **ces nomades trouvent à peine de quoi ~ dans le désert** these nomads can barely eke out an existence in the desert; **je n'ai que 100 francs par semaine pour ~** I only have 100 francs a week to live on.

subsonique [sypsɔnik] *adj* subsonic.

substance [sypstɑ̃s] *nf* -**1.** [matière] substance; ~ **active** active ingredient; ~ **biodégradable/solide/liquide** biodegradable/solid/liquid substance; ~ **organique/vivante** organic/living matter; ~ **alimentaire** food. -**2.** [essentiel - d'un texte] substance, gist; [- d'une idéologie] substance; **je ne peux pas traduire toute la lettre – donne-nous-en juste la ~** I can't translate the whole letter – just give us the gist of it. -**3.** [profondeur, signification] substance; **quelques exemples auraient donné un peu plus de ~ à votre exposé** a few examples would've given more substance to your talk; **des mots vides de toute ~** words empty of substance, meaningless words. -**4.** PHILOS & RELIG substance; [matérialité] substance, reality; **des créatures sans ~** insubstantial OU ghostly beings.
◆ **en substance** *loc adv* in substance; **c'est, en ~, ce qu'elle m'a raconté** that's the gist of what she told me.

substantialisme [sypstɑ̃sjalism] *nm* substantialism.

substantialiste [sypstɑ̃sjalist] *adj & nmf* substantialist.

substantialité [sypstɑ̃sjalite] *nf* substantiality, substantialness.

substantiel, elle [sypstɑ̃sjɛl] *adj* -**1.** [nourriture, repas] substantial, filling. -**2.** [argument] substantial, sound; **je cherche des lectures un peu plus ~les** I'm looking for books with a bit more substance (to them). -**3.** [avantage, différence] substantial, significant, important; [somme] substantial, considerable.

substantiellement [sypstɑ̃sjɛlmɑ̃] *adv* substantially.

substantif, ive [sypstɑ̃tif, iv] *adj* substantive.
◆ **substantif** *nm* substantive.

substantifique [sypstɑ̃tifik] *adj*: **la ~ moelle** *allusion Rabelais* the pith, the very substance.

substantivation [sypstɑ̃tivasjɔ̃] *nf* substantivization, substantivizing.

substantivement [sypstɑ̃tivmɑ̃] *adv* substantively.

substantiver [3] [sypstɑ̃tive] *vt* to turn into a substantive.

substituer [7] [sypstitɥe] *vt* -**1.** ~ **qqch à** [remplacer par qqch] to substitute sthg for, to replace by sthg; **le mot «sournois» a été substitué à «rusé»** the word "sly" was substituted for "cunning", "cunning" was replaced by the word "sly". -**2.** CHIM to substitute. -**3.** JUR: ~ **un héritage** to entail an estate.
◆ **se substituer à** *vp + prép* [pour aider, représenter] to substitute for, to stand in for, to replace; [de façon déloyale] to substitute o.s. for; **personne ne peut se ~ à la mère** no one can replace the mother.

substitut [sypstity] *nm* -**1.** [produit, personne]: ~ **de** substitute for; **un ~ de la graisse de baleine** a substitute for whale fat. -**2.** JUR deputy OU assistant public prosecutor.

substitutif, ive [sypstitytif, iv] *adj* substitutive.

substitution [sypstitysjɔ̃] *nf* -**1.** [remplacement - d'objets, de personnes] substitution; **il y a eu ~ de documents** documents have been substituted; **il y a eu ~ d'enfant** the babies were switched round. -**2.** CHIM, LING & MATH substitution.
◆ **de substitution** *loc adj* [réaction] substitution *(modif)*.

substrat [sypstra] *nm* -**1.** CHIM & ÉLECTRON substrate. -**2.** LING & PHILOS substratum.

substratum [sypstratɔm] *nm* subsoil, substratum.

substructure [sypstryktyr] *nf* substructure.

subterfuge [syptɛrfyʒ] *nm* subterfuge, ruse, trick.

subtil, e [syptil] *adj* -**1.** [argument, esprit, raisonnement, personne] subtle, discerning; **ses plaisanteries ne sont pas très ~es** his jokes aren't very subtle OU are a bit heavy-handed. -**2.** [allusion, différence] subtle; [nuance, distinction] subtle, fine, nice. -**3.** [arôme, goût, parfum] subtle, delicate. -**4.** [alambiqué] subtle, over-fine; **il recourt toujours à de ~es arguties** he always splits hairs.

subtilement [syptilmɑ̃] *adv* subtly.

subtilisation [syptilizasjɔ̃] *nf* spiriting away.

subtiliser [3] [syptilize] ◇ *vt* [voler] to steal, to spirit away *(sép)*; **ils lui ont subtilisé sa montre** they relieved him of his watch *hum*.
◇ *vi litt & péj* to subtilize.

subtilité [syptilite] *nf* -**1.** [d'un raisonnement, d'un parfum, d'une nuance] subtlety, subtleness, delicacy. -**2.** [argutie] subtlety; **je ne comprends rien à ces ~s** all these fine OU fine-drawn distinctions are beyond me.

subtropical, e, aux [syptrɔpikal, o] *adj* subtropical.

suburbain, e [sybyrbɛ̃, ɛn] *adj* suburban.

subvenir [40] [sybvənir]
◆ **subvenir à** *v + prép* [besoins] to provide for; [dépenses] to meet.

subvention [sybvɑ̃sjɔ̃] *nf* subsidy; **notre troupe reçoit une ~ de la mairie** our company gets a subsidy from OU is subsidized by the city council.

subventionné, e [sybvɑ̃sjɔne] *adj* [cinéma, théâtre, recherches] subsidized; **école privée ~e** ≃ grant-aided OU state-aided private school.

subventionner [3] [sybvɑ̃sjɔne] *vt* [entreprise, théâtre] to subsidize, to grant funds to; [recherche] to subsidize, to grant funds towards.

subversif, ive [sybvɛrsif, iv] *adj* subversive.

subversion [sybvɛrsjɔ̃] *nf* subversion, subverting *(U)*.

subvertir [32] [sybvɛrtir] *vt litt* to overthrow, to subvert.

suc [syk] *nm* -**1.** BOT & PHYSIOL juice; ~**s gastriques** gastric juices. -**2.** *litt*: **le ~ de la science** the essence of scientific knowledge.

succédané [syksedane] *nm* -**1.** [ersatz] substitute; **un ~ de café** coffee substitute, ersatz coffee. -**2.** [personne ou chose de second ordre] second rate; un ~ de comédie musicale a second-rate musical. -**3.** PHARM substitute.

succéder [18] [syksede]

◆ **succéder à** *v + prép* -**1.** [remplacer dans une fonction] to succeed, to take over from; **qui lui succédera?** who will take over from her, who will be her successor?; **tous ceux qui lui ont succédé** all his successors, all those who came after him; ~ **à qqn sur le trône** to succeed sb to the throne. -**2.** [suivre] to follow; **un épais brouillard a succédé au soleil** the sun gave way to thick fog; **les pleurs avaient succédé aux rires** laughter had given way to tears; **puis les défaites succédèrent aux victoires** after the victories came defeats; **le désert succéda à la steppe** the steppe gave way to desert. -**3.** JUR [hériter de] to inherit from.

◆ **se succéder** *vpi* -**1.** [se suivre] to follow each other; **les crises se succèdent** it's just one crisis after another; **les hypothèses les plus folles se succédaient dans sa tête** the wildest suppositions ran through her head. -**2.** [alterner]: **les Ravit se sont succédé à la tête de l'entreprise depuis 50 ans** the Ravit family has been running the company for 50 years.

succès [syksɛ] *nm* -**1.** [heureux résultat, réussite personnelle] success; **il lui en veut de son ~** he resents her for being successful OU for her success; **être couronné de ~** to be crowned with success, to be successful. -**2.** [exploit, performance] success, achievement; [en amour] conquest; **l'opération est un ~ total** the operation is a complete success; **aller** OU **voler de ~ en ~** to go from one success to another; **leurs nombreux ~ en coupe d'Europe** their many victories in the European Cup. -**3.** [approbation - du public] success, popularity; [- d'un groupe] success; **son film a toutes les chances de ~** her film has every chance of being a success; **remporter un immense ~** to achieve great success; **avoir du ~** [œuvre, artiste] to be successful; [suggestion] to be very well received; **le livre qui aura du ~ cet été** this (forthcoming) summer's bestseller; **avoir du ~ auprès de qqn: sa pièce a eu beaucoup de ~ auprès des critiques mais peu auprès du public** his play was acclaimed by the critics but the public was less than enthusiastic; **il a beaucoup de ~ auprès des femmes/jeunes** he's very popular with women/young people; **eh bien, il a du ~, mon soufflé!** well, I see you like my soufflé OU my soufflé appears to be a success! -**4.** [chanson] hit; [film, pièce] (box-office) hit OU success; [livre] success, bestseller; ~ **d'estime** succès d'estime; **l'ouvrage a été un ~ d'estime** the book was well-received by the critics (but not by the public); ~ **de librairie** bestseller; **sa comédie musicale a été un immense ~ commercial** his musical was a box office hit OU a runaway success.

◆ **à succès** *loc adj* [auteur, chanteur] popular; **chanson à ~** hit record OU song; **romancier à ~** successful novelist.

◆ **avec succès** *loc adv* successfully, with success; **il a tenté avec ~ d'escalader la face nord** he was successful in his attempt to climb the north face.

◆ **sans succès** *loc adv* [essayer] unsuccessfully, without (any) success; **elle s'est présentée plusieurs fois sans ~ à ce poste** she made several unsuccessful applications for this job.

successeur [syksesœr] *nm* -**1.** [remplaçant] successor; **ses ~s** her successors, the people who succeeded her. -**2.** JUR heir. -**3.** MATH successor.

successibilité [syksesibilite] *nf* -**1.** [droit de succéder] right to inherit. -**2.** [ordre de succession] order of inheriting.

successible [syksesibl] ◇ *adj* -**1.** [qui a droit à la succession] entitled to inherit. -**2.** [qui donne droit à la succession]: **à défaut de parents au degré ~** in the absence of relations close enough to inherit the estate.

◇ *nmf* eventual heir, remainderman *spéc.*

successif, ive [syksesif, iv] *adj* successive; **trois essais ~s** three successive attempts.

succession [syksesjɔ̃] *nf* -**1.** JUR [héritage] succession, inheritance; [biens] estate; **liquider une ~** to settle a succession; **elle a laissé une ~ énorme** she left a large estate. -**2.** [remplacement] succession; **prendre la ~ d'un directeur** to take over from OU to succeed a manager; **prendre la ~ d'un monarque** to succeed a monarch (to the throne). -**3.** [suite] succession, series *(sg)*; **la ~ des événements est difficile à suivre** the succession of events is difficult to follow; **cet hiver-là, il y eut une ~ d'accidents aériens** that winter, there was a succession OU series of air disasters.

◆ **de succession** *loc adj* JUR: **droits de ~** death duties; **ordre de ~** intestate succession.

successivement [syksesivmɑ̃] *adv* successively, one after the other.

successoral, e, aux [syksesɔral, o] *adj* [accroissement, loi] successoral; **droit ~** right of succession.

succin [syksɛ̃] *nm* yellow amber.

succinct, e [syksɛ̃, ɛ̃t] *adj* -**1.** [bref, concis] succinct, brief, concise; **un rapport ~** a brief OU concise report. -**2.** [laconique] brief, laconic; **soyez ~, nous n'avons pas beaucoup de temps** be brief, we haven't much time. -**3.** [sommaire, réduit]: **un auditoire ~** a sparse audience; **un repas ~** a light meal.

succinctement [syksɛ̃tmɑ̃] *adv* -**1.** [brièvement] briefly, succinctly; **résumer ~ une discussion** to sum up a discussion briefly. -**2.** [sommairement] frugally; **déjeuner ~** to have a light lunch.

succion [syksjɔ̃, sysjɔ̃] *nf* -**1.** [aspiration] sucking, suction; **l'instinct de ~ chez le nouveau-né** the sucking instinct of the newborn baby; **des bruits de ~** sucking noises. -**2.** BOT & MÉCAN suction.

succomber [3] [sykɔ̃be] *vi sout* -**1.** [décéder] to die, to succumb. -**2.** [céder - personne] to succumb; **il a succombé sous le nombre** he was forced to yield to greater numbers OU because he was outnumbered; ~ **sous un fardeau** to collapse under a burden; **l'entreprise a succombé sous la concurrence** the company couldn't hold out against the competition; **le nounours était si adorable, j'ai succombé** the teddy bear was so cute I couldn't resist it; ~ **à** [désir] to succumb to, to yield to; [désespoir, émotion] to succumb to, to give way to; [fatigue, sommeil] to succumb to; [blessures] to die from, to succumb to; **j'ai succombé à ses charmes** I fell (a) victim OU I succumbed to her charms; **ne nous laisse pas ~ à la tentation** BIBLE let us not yield to temptation.

succube [sykyb] *nm* succubus.

succulence [sykylɑ̃s] *nf litt* succulence, succulency.

succulent, e [sykylɑ̃, ɑ̃t] *adj* -**1.** [savoureux - mets, viande] succulent; **son autobiographie est remplie d'anecdotes ~es** *fig* her autobiography is full of delicious anecdotes. -**2.** BOT succulent.

succursale [sykyrsal] *nf* -**1.** COMM branch. -**2.** RELIG succursal church.

succursalisme [sykyrsalism] *nm* retail chain.

succursaliste [sykyrsalist] ◇ *adj* chain *(modif)*.

◇ *nmf* retail (chain) outlet.

succussion [sykysjɔ̃] *nf* succussion MED.

sucement [sysmɑ̃] *nm* sucking.

sucer [16] [syse] *vt* -**1.** [liquide] to suck; [bonbon, glace, sucette] to eat, to suck; ~ **le venin d'une blessure** to suck the venom out of a wound; **pastilles à ~** lozenges to be sucked. -**2.** [doigt, stylo] to suck (on); ~ **son pouce** to suck one's thumb ❑ **avoir sucé qqch avec le lait** *vieilli*: **la religion, je l'ai sucée avec le lait** I took in religion with my mother's milk. -**3.** ▼ [comme pratique sexuelle] to suck off *(sép)*. -**4.** ▽ [boisson] to tipple; **qu'est-ce qu'il suce, son frère!** his brother's a real boozer!

◆ **se sucer** *vpt*: **se ~ les doigts** to suck one's fingers ❑ **se ~ la pomme**▽ OU **la poire**▽ OU **le museau**▽ to neck, to snog *Br*, to make out *Am*.

sucette [sysɛt] *nf* -**1.** [friandise] lollipop, lolly *Br*. -**2.** [tétine] dummy *Br*, pacifier *Am*.

suceur, euse [sysœr, øz] ◇ *adj* sucking.

◇ *nm, f litt*: ~ **de sang** bloodsucker.

◆ **suceur** *nm* ENTOM sucking insect.

◆ **suceuse** *nf* AGR suction dredger.

suçoir [syswar] *nm* BOT & ENTOM sucker.

suçon [sysɔ̃] *nm* lovebite, hickey *Am*; **faire un ~ à qqn** to give sb a lovebite.

suçoter [3] [sysɔte] *vt* to suck (slowly); **il suçotait sa pipe** he was sucking at his pipe.

sucrage [sykraʒ] *nm* -**1.** [gén] sugaring. -**2.** ŒNOL chaptalization.

sucrant, e [sykrɑ̃, ɑ̃t] *adj* sweetening; **agent ~** sweetener.

sucrase [sykraz] *nf* sucrase, invertase.

sucre [sykr] *nm* -**1.** [produit de consommation] sugar; **enrobé de ~** sugar-coated; **confiture sans ~** sugar-free jam ❑ ~ **de betterave/canne** beet/cane sugar; ~ **roux** OU **brun** brown sugar; ~ **candi** candy sugar; ~ **cristallisé** (coarse) granulated sugar; ~ **d'érable** maple sugar; ~ **glace** icing sugar *Br*, confectioner's OU powdered sugar *Am*; ~ **en morceaux** lump OU cube sugar; ~ **d'orge** [produit] barley sugar; [bâton] stick of barley sugar; ~ **en poudre** (fine) caster sugar; ~ **semoule** (fine) caster sugar; ~ **vanillé** vanilla sugar. -**2.** [sucreries]: **évitez le ~** avoid sugar OU sweet things. -**3.** [cube] sugar lump OU cube; **tu prends ton café avec un ou deux ~s?** do you take your coffee with one or two sugars OU lumps?; **je prends toujours mon thé sans ~** I always take my tea unsweetened OU without sugar. -**4.** BIOL, CHIM & MÉD sugar; ~ **d'amidon** starch sugar. -**5.** *(comme adj)*: **confiture pur ~** jam made with pure sugar ❑ **il est tout ~** he's all sweetness and light.

◆ **à sucre** *loc adj* sugar *(modif)*.

◆ **au sucre** *loc adj* [fruits, crêpes] (sprinkled) with sugar.

◆ **en sucre** *loc adj* -**1.** [confiserie] sugar *(modif)*, made with sugar. -**2.** *fam fig*: **ne touche pas au bébé – il n'est pas en ~!** don't touch the baby – don't worry, he's not made of glass!

sucré, e [sykre] ◇ *adj* -**1.** [naturellement] sweet; [artificiellement] sweetened; **je n'aime pas le café ~** I don't like sugar in my coffee; **un verre d'eau ~e** a glass of sugar water; **non ~** unsweetened. -**2.** [doucereux - paroles] sugary, sweet, honeyed; [- voix] suave, sugary; **il a son petit air ~** he looks as if butter wouldn't melt in his mouth.

◇ *nm, f*: **faire le ~/la ~e** to go all coy.

◆ **sucré** *nm*: **le ~** sweet things; **j'ai envie de ~** I'd like something sweet to eat; **c'est une sauce qui combine le ~ et le salé** it's a sauce which is sweet and savoury at the same time; **aimer le ~** to have a sweet tooth.

sucrer [3] [sykre] ◇ *vt* -**1.** [avec du sucre - café, thé] to sugar, to put sugar in; [- vin] to add sugar to, to chaptalize; [- fruits] to sprinkle with sugar; **sucrez à volonté** add sugar to taste; **je ne sucre jamais mon thé** I never put sugar in my tea ❑ ~ **les fraises**▽ to be doddery. -**2.** [avec une matière sucrante] to sweeten; **il sucre son lait avec du miel** he sweetens his milk with honey. -**3.** ▽ [supprimer - prime] to stop; [- réplique, passage] to do away with *(insép)*; **on lui a sucré son permis de conduire après son accident** his driving licence was revoked after the accident.

◇ *vi* [substance]: **le miel sucre moins bien que le sucre** sugar is a better sweetener than honey.

◆ **se sucrer**▽ *vpi* [s'enrichir] to feather one's own nest.

sucrerie [sykrəri] *nf* -**1.** [friandise] sweet thing, sweetmeat; **elle adore les ~s** she has a sweet tooth OU loves sweet things. -**2.** [raffinerie] sugar refinery; [usine] sugar house. -**3.** *Can* [forêt d'érables] maple forest. -**4.** *Afr* [boisson] soft drink.

Sucrette ® [sykrɛt] *nf* (artificial) sweetener.

sucrier, ère [sykrije, ɛr] *adj* [industrie, betterave] sugar *(modif)*; [région] sugar-producing.

◆ **sucrier** *nm* -**1.** [pot] sugar basin OU bowl. -**2.** [producteur] sugar producer.

sud [syd] ◇ *nm inv* -**1.** [point cardinal] south; **où est le ~?** which way is south?; **la partie la plus au ~ de l'île** the southernmost part of the island; **aller au** OU **vers le ~** to go south OU southwards; **les trains qui vont vers le ~** trains going south, southbound trains; **rouler vers le ~** to drive south OU southwards; **la cuisine est plein ~** OU **exposée au ~** the kitchen faces due south OU has a southerly aspect; **le vent est au ~** MÉTÉO the wind is blowing from the south, a southerly wind is blowing. -**2.** [partie d'un pays, d'un continent] south, southern area OU regions; **le Sud de l'Italie** Southern Italy; **elle habite dans le Sud** she lives in the south OU down south; **les gens du Sud** Southerners.

◇ *adj inv* -**1.** [qui est au sud - façade de maison] south, southfacing; [- côte, côté, versant] south, southern; [- portail] south; **dans la partie ~ de la France** in the South of France, in southern France; **la chambre est côté ~** the bedroom faces south. -**2.** [dans des noms géographiques]: **Sud** South; **l'hémisphère Sud** the Southern Hemisphere; **le Pacifique Sud** the South Pacific.

◆ **au sud de** *loc prép* to the south of.

sud-africain, e [sydafrikɛ̃, ɛn] (*mpl* sud-africains, *fpl* sud-africaines) *adj* South African.

◆ **Sud-Africain, e** *nm, f* South African.

sud-américain, e [sydamerikɛ̃, ɛn] (*mpl* sud-américains, *fpl* sud-américaines) *adj* South American.

◆ **Sud-Américain, e** *nm, f* South American.

sudation [sydasjɔ̃] *nf* sweating, sudation *spéc.*

sudatoire [sydatwar] *adj* sudatory.

sud-coréen, enne [sydkɔreɛ̃, ɛn] (*mpl* sud-coréens, *fpl* sud-coréennes) *adj* South Korean.

◆ **Sud-Coréen, enne** *nm, f* South Korean.

sud-est [sydɛst] ◇ *adj inv* southeast.

◇ *nm inv* -**1.** [point cardinal] southeast; **au ~ de Lyon** southeast of Lyons; **vent de ~** southeast OU southeasterly wind. -**2.** GÉOG: **le Sud-Est asiatique** South East Asia.

Sudètes [sydɛt] *npr fpl*: **les ~** the Sudetes, the Sudeten Mountains.

sudiste [sydist] *adj & nmf* HIST Confederate.

sudoral, e, aux [sydɔral, o] *adj* sudoral.

sudorifère [sydɔrifɛr] = **sudoripare**.

sudorifique [sydɔrifik] *adj & nm* sudorific.

sudoripare [sydɔripar] *adj* sudoriferous.

sud-ouest [sydwɛst] ◇ *adj inv* southwest.

◇ *nm inv* southwest; **au ~ de Tōkyō** southwest of Tokyo; **vent de ~** southwest OU southwesterly wind.

sud-sud-est [sydsydɛst] *adj inv & nm inv* south-southeast.

sud-sud-ouest [sydsydwɛst] *adj inv & nm inv* south-southwest.

Sud Viêt-nam [sydvjɛtnam] *npr m*: **le ~** South Vietnam HIST.

suède [sɥɛd] *nm* suede; **des gants en ~** suede OU kid gloves.

Suède [sɥɛd] *npr f*: **(la) ~** Sweden.

suédois, e [sɥedwa, az] *adj* Swedish.

◆ **Suédois, e** *nm, f* Swede.

◆ **suédois** *nm* LING Swedish.

suée *fam* [sɥe] *nf* [transpiration] sweat; **attraper** OU **prendre une (bonne) ~** [en faisant un effort] to work up quite a sweat.

suer [7] [sɥe] ◇ *vi* -**1.** [transpirer - personne] to sweat, to get sweaty; **~ à grosses gouttes** to be streaming with sweat, to be sweating profusely. -**2.** [bois, plâtres] to ooze, to sweat; **faire ~ des oignons** CULIN to sweat onions. -**3.** *fam* [fournir un gros effort] to slog *Br*, to slave (away); **j'en aurai sué toute ma vie pour rien** I'll have slogged all my life for nothing; **j'en ai sué pour faire démarrer la tondeuse!** I had the devil's own job trying to get the mower started! ❑ **faire ~ le burnous**▽ to use sweated labour. -**4.** *fam loc*: **faire ~** [importuner]: **il nous fait ~!** he's a pain in the neck!; **ça me ferait ~ de devoir y retourner** I'd hate to have to go back there; **elle m'a fait ~ toute la matinée pour que je joue avec elle** she pestered me all morning to play with her; **se faire ~** [s'ennuyer] to get bored (stiff OU to death); **je me suis fait ~ toute la journée** I was bored stiff all day long.

◇ *vt* -**1.** [sueur] to sweat; **~ sang et eau** [faire de grands efforts] to sweat blood; **ils ont sué sang et eau pour restaurer la maison** they sweated blood over the renovation of the house; **en ~ une**▽ [danser au bal] to have a bop. -**2.** [humidité] to ooze. -**3.** *litt* [laisser paraître - bêtise, ennui, égoïsme] to exude, to reek of; **cette banlieue sue la tristesse** this suburb positively exudes dreariness.

Suétone [sɥetɔn] *npr* Suetonius.

sueur [sɥœr] *nf* -**1.** [transpiration] sweat; **sa chemise était mouillée par la ~** his shirt was sweaty OU was damp with sweat ❑ **~s froides**: **j'en ai eu des ~s froides** I was in a cold sweat; **donner des ~s froides à qqn** to put sb in a cold sweat. -**2.** [effort intense, sacrifice] sweat; **vivre de la ~ du peuple** to live off the sweat of the people; **à la ~ de son front** [en se donnant beaucoup de peine] by the sweat of one's brow.

◆ **en sueur** *loc adj* in a sweat; **être en ~** to be in a sweat, to be sweating.

Suez [sɥɛz] *npr* Suez; **l'isthme de ~** the Isthmus of Suez.

suffire [100] [syfir] *vi* -**1.** [en quantité] to be enough, to be sufficient, to suffice; **quelques gouttes suffisent** a few drops are enough OU sufficient; **deux bouteilles pour cinq, ça ne suffira pas** two bottles for five people won't be enough; **une cuillerée, ça te suffit?** is one spoonful enough for you?; **mon salaire ne nous suffit plus** we can no longer survive on my salary; **la fessée ne semble pas t'avoir suffi!** you obviously want your bottom smacked again!; **~ à** OU **pour faire qqch**: **deux minutes suffisent pour le cuire** it just takes two minutes to cook; **une heure me suffira pour tout ranger** one hour will be enough for me to put everything away; **je ne lui rendrai plus service, cette expérience m'a suffi** I won't help her again, I've learned my lesson; **y ~**: **il faut doubler l'effectif – le budget n'y suffira jamais** the staff has to be doubled – the budget won't cover it. -**2.** [en qualité] to be (good) enough; **parler ne suffit pas, il faut agir** words aren't enough, we must act; **des excuses ne me suffisent pas** I'm not satisfied with an apology; **ma parole devrait vous ~** my word should be good enough for you; **l'amitié ne lui suffisait pas** he wanted more than friendship; **pas besoin de tralala, un sandwich me suffit** there's no need for anything fancy, a sandwich will do; **~ à qqch**: **~ aux besoins de qqn** to meet sb's needs. -**3.** *(tournure impersonnelle)*: **il suffit de** *(suivi d'un n)*: **je n'avais jamais volé – il suffit d'une fois!** I've never stolen before – once is enough!; **il suffit d'une erreur pour que tout soit à recommencer** one single mistake means starting all over again; **il suffirait de quelques francs** a few francs would suffice OU be enough OU be sufficient; **il suffit de** *(suivi de l'inf)*: **s'il suffisait de travailler pour réussir!** if only work was enough to guarantee success!; **il te suffit de dire que nous arriverons en retard** just say we'll be late; **il suffit que**: **il suffit qu'on me dise ce que je dois faire** I just have OU need to be told what to do; **il suffit que je tourne le dos pour qu'elle fasse des bêtises** I only have to turn my back and she's up to some mischief; **(ça) suffit!** *fam* (that's) enough!; **ça suffit comme ça!** that's enough now!; **il suffit!** *sout* it's enough!

◆ **se suffire** ◇ *vp (emploi réciproque)*: **ils se suffisent l'un à l'autre** they've got each other and that's all they need.

◇ *vpi*: **se ~ à soi-même** [matériellement] to be self-sufficient; [moralement] to be quite happy with one's own company.

suffisamment [syfizamɑ̃] *adv* sufficiently, enough; **le travail n'est pas ~ rémunéré** the work isn't sufficiently well paid, the pay isn't adequate; **je t'ai ~ prévenu** I've warned you often enough.

suffisance [syfizɑ̃s] *nf* -**1.** [vanité] self-importance, self-satisfaction; **c'est un homme plein de ~** he's a very self-satisfied man. -**2.** *litt*: **avoir sa ~ de qqch, avoir qqch à ~** to have plenty of sthg.

◆ **en suffisance** *loc adv litt*: **de l'argent en ~** plenty of OU sufficient money.

suffisant, e [syfizɑ̃, ɑ̃t] *adj* -**1.** [en quantité] sufficient; **sa retraite est ~e pour deux** his pension's sufficient OU enough for two; **trois bouteilles pour cinq, c'est bien** OU **amplement ~** three bottles for five, that's plenty OU that's quite enough. -**2.** [en qualité] sufficient, good enough; **votre accord n'est pas ~, nous avons aussi besoin de celui de son père** your consent isn't enough, we also need his father's; **des excuses ne seront pas ~es, il veut un démenti** apologies won't be sufficient OU won't do, he wants a denial; **tes résultats à l'école sont tout juste ~s** your school results are just about satisfactory; **~ pour**: **il n'a pas l'envergure ~e pour diriger l'entreprise** he isn't of a high enough calibre to run the company; **c'est une raison ~e pour qu'il accepte** it's a good enough reason OU it's reason enough to make him accept. -**3.** [arrogant - air, personne] self-important, conceited.

suffixal, e, aux [syfiksal, o] *adj* suffixal.

suffixation [syfiksasjɔ̃] *nf* suffixation, suffixing *(U)*.

suffixe [syfiks] *nm* suffix.

suffixer [3] [syfikse] *vt* to suffix.

suffocant, e [syfɔkɑ̃, ɑ̃t] *adj* -**1.** [atmosphère, chaleur, odeur] suffocating, stifling. -**2.** [ahurissant] astounding, staggering, stunning.

suffocation [syfɔkasjɔ̃] *nf* suffocation; **j'ai des ~s** I feel as if I am choking.

suffoquer [3] [syfɔke] ◇ *vi* [étouffer] to suffocate, to choke; **on suffoque ici!** it's stifling in here!; **~ de** to choke OU to suffocate with; **~ de colère** to be choking with anger; **~ de joie** to be overcome with happiness.

◇ *vt* -**1.** [suj: atmosphère, fumée, odeur] to suffocate, to choke; **la chaleur nous suffoquait** the heat was suffocating, it was stiflingly hot; **le fou rire la suffoquait** she was choking with laughter. -**2.** [causer une vive émotion à] to choke; **la colère le suffoquait** he was choking with anger. -**3.** [choquer - suj: attitude, prix] to stagger, to stun, to confound; **ma réponse l'avait suffoqué** my answer left him speechless OU fairly took his breath away.

suffrage [syfraʒ] *nm* -**1.** POL [système] vote; **~ censitaire** HIST suffrage with property qualification OU for householders (only); **être élu au ~ direct/indirect** to be elected by direct/indirect suffrage; **~ restreint** restricted suffrage; **~ universel** universal suffrage. -**2.** [voix] vote; **obtenir beaucoup/peu de ~s** to poll heavily/badly; **c'est leur parti qui a eu le plus de ~s** their party headed the poll. -**3.** *litt* [approbation] approval, approbation, suffrage *litt*; **avoir le ~ de qqn** to win sb's approval; **sa dernière pièce a enlevé** OU **remporté tous les ~s** his last play was an unqualified success; **accorder son ~ à** to give one's approval to.

suffragette [syfraʒɛt] *nf* suffragette.

suffusion [syfyzjɔ̃] *nf* suffusion MÉD.

suggérer [18] [sygʒere] *vt* -**1.** [conseiller, proposer - acte] to suggest; [- nom, solution] to suggest, to put forward *(sép)*, to propose; **que suggères-tu?** what do you suggest?; **nous lui avons suggéré de renoncer** we suggested he should give up; **je suggère que nous partions tout de suite** I suggest that we go right away. -**2.** [évoquer] to suggest, to evoke; **que vous suggèrent ces images?** what do these pictures suggest to you?; **sa peinture suggère plus qu'elle ne représente** his painting is more evocative than figurative.

suggestibilité [sygʒɛstibilite] *nf* suggestibility.

suggestible [sygʒɛstibl] *adj* suggestible.

suggestif, ive [sygʒɛstif, iv] *adj* -**1.** [évocateur] suggestive, evocative. -**2.** [érotique] suggestive, provocative.

suggestion [sygʒɛstjɔ̃] *nf* -**1.** [conseil, proposition] suggestion; **faire une ~** to make a suggestion; **je vais te faire une ~** let me make a suggestion. -**2.** PSYCH suggestion.

suggestionner [3] [sygʒɛstjɔne] *vt* to influence by suggestion.

suggestivité [sygʒɛstivite] *nf* -**1.** [évocation] evocativeness. -**2.** [érotisme] suggestiveness.

suicidaire [sɥisidɛr] ◇ *adj* -**1.** [instinct, personne, tendance] suicidal. -**2.** [qui conduit à l'échec] suicidal; **de si gros investissements, ce serait ~!** such large investments would be suicidal OU courting disaster!
◇ *nmf* suicidal person, potential suicide.

suicide [sɥisid] *nm* -**1.** [mort] suicide; **faire une tentative de ~** to try to commit suicide, to attempt suicide. -**2.** [désastre] suicide; **ce serait un ~ politique** it would be political suicide; **n'y va pas, c'est du ~!** *fig* don't go, it would be madness OU it's suicide!

suicidé, e [sɥiside] *nm, f* suicide.

suicider [3] [sɥiside] *vt* : **le prisonnier a été suicidé dans sa cellule** the murder of the prisoner in his cell was made to look like suicide.
◆ **se suicider** *vpi* -**1.** [se tuer] to commit suicide, to kill o.s.; **tenter de se ~** to attempt suicide, to try to commit suicide. -**2.** *fig* [causer soi-même sa perte] to commit suicide.

suie [sɥi] *nf* soot; **être couvert** OU **noir de ~** to be all sooty OU black with soot.

suif [sɥif] *nm* -**1.** [de bétail] fat; CULIN suet; [pour chandelle] tallow. -**2.** *fam* [bagarre]: **chercher du ~ à qqn** to try to pick a fight with sb; **il va y avoir du ~** there's going to be a scrap.

sui generis [sɥiʒeneris] *loc adj* sui generis, unique; **une odeur ~** *euph* a rather distinctive smell.

suint [sɥɛ̃] *nm* suint.

suintant, e [sɥɛ̃tɑ̃, ɑ̃t] *adj* sweating, oozing; **des murs ~s** damp walls.

suintement [sɥɛ̃tmɑ̃] *nm* -**1.** [écoulement] sweating *(U)*, oozing *(U)*. -**2.** PÉTR oozing (forth) *(U)*.

suinter [3] [sɥɛ̃te] ◇ *vi* -**1.** [eau] to ooze, to seep; **l'humidité suinte des murailles** the walls are dripping with moisture. -**2.** [plaie] to weep; **ce mur suinte** this wall is running with moisture. -**3.** *litt* [se manifester] to ooze; **l'ennui suinte dans cette petite ville** this little town oozes boredom.
◇ *vt litt* to ooze.

suisse [sɥis] ◇ *adj* Swiss; **~ allemand/romand** Swiss German/French.
◇ *nm* -**1.** CULIN: **petit ~** petit suisse, cream cheese *(shaped into small cylinders)*. -**2.** [au Vatican] Swiss guard. -**3.** [bedeau] beadle. -**4.** *Can* chipmunk.
◆ **Suisse** *nmf* Swiss (person); **Suisse allemand/romand** German-speaking/French-speaking Swiss; **les Suisses** the Swiss.
◆ **en suisse** *loc adv*: **boire/manger en ~** to drink/to eat on one's own.

Suisse [sɥis] *npr f*: **(la) ~** Switzerland; **la ~ allemande/romande** the German-speaking/French-speaking part of Switzerland.

Suissesse [sɥisɛs] *nf* Swiss woman.

suite [sɥit] *nf* -**1.** [prolongation - gén] continuation; [- d'un film, d'un roman] sequel; [- d'une émission] follow-up; **elle a écrit une ~ à «Autant en emporte le vent»** she wrote a sequel to "Gone with the Wind"; **~ page 17** continued on page 17; **la ~ au prochain numéro** to be continued (in our next issue); **ceci n'est qu'un préambule, lis la ~** [le reste] this is just a preamble, read what comes afterwards; **~ et fin** final instalment; **apportez-moi la ~** [pendant un repas] bring me the next course; **écoute la ~** [du discours] listen to what comes next; [de mon histoire] listen to what happened next; **je n'ai pas pu entendre la ~** I couldn't hear the rest; **on entendra demain la ~ des témoignages** further OU more evidence will be heard tomorrow; **attendons la ~ des événements** let's wait to see what happens next; **faire ~ à** to follow; **de violents orages ont fait ~ à la sécheresse** the drought was followed by violent storms; **le logement fait ~ à l'arrière-boutique** the flat is connected to the back of the shop; **prendre la ~ de qqn** to take over from sb, to succeed sb. -**2.** [série] series, succession; **une ~ de malheurs** a run OU series of misfortunes. -**3.** [cortège] suite, retinue. -**4.** [dans un hôtel] suite; **la ~ présidentielle/royale** the presidential/royal suite. -**5.** [répercussion] consequence; **la ~ logique/naturelle de mon adhésion au parti** the logical/natural consequence of my joining the party; **donner ~ à** [commande, lettre, réclamation] to follow up *(sép)*, to deal with *(insép)*; [projet] to carry on with; **avoir des ~s** to have repercussions; **elle est morte des ~s de ses blessures** she died of her wounds. -**6.** [lien logique] coherence; **ses propos n'avaient guère de ~** what he said wasn't very logical; **avoir de la ~ dans les idées** to be coherent OU consistent; **tu as de la ~ dans les idées!** *hum* you certainly know what you want! -**7.** JUR pursuit; **droit de ~** [d'un belligérant] right of (hot) pursuit; [d'un créancier] right to follow property. -**8.** LING & MATH sequence. -**9.** MUS suite.
◆ **à la suite** *loc adv* -**1.** [en succession] one after the other; **nous avons fait plusieurs voyages à la ~** we made several trips one after the other. -**2.** [après]: **un nom avec plusieurs chiffres inscrits à la ~** a name followed by a string of numbers.
◆ **à la suite de** *loc prép* -**1.** [derrière] behind; **il entra et nous à sa ~** he went in and we followed; **à la ~ de chaque nom est dessinée une fleur** a flower is drawn after each name; **cinq chambres les unes à la ~ des autres** five rooms in a row. -**2.** [à cause de] following; **à la ~ de son discours télévisé, sa cote a remonté** following her speech on TV, her popularity rating went up.
◆ **de suite** *loc adv* -**1.** *fam* [immédiatement] straightaway, right away; **il revient de ~** he'll be right back. -**2.** [à la file] in a row, one after the other, in succession; **il a mangé dix œufs durs de ~** he ate ten hard-boiled eggs in a row; **elle est restée de garde 48 heures de ~** she was on duty for 48 hours on end; **on n'a pas eu d'électricité pendant cinq jours de ~** we didn't have any electricity for five whole days OU five days running.
◆ **par la suite** *loc adv* [dans le passé] afterwards, later; [dans le futur] later; **il se l'est beaucoup reproché par la ~** he very much blamed himself for it afterwards OU later; **ils se sont mariés par la ~** they eventually got married.
◆ **par suite** *loc adv* therefore; **c'est encore une enfant, et par ~, elle est impulsive** she's still a child and therefore impulsive.
◆ **par suite de** *loc prép* due to, owing to; **par ~ d'un arrêt de travail des techniciens** due to industrial action by technical staff.
◆ **sans suite** *loc adj* -**1.** [incohérent] disconnected; **il tenait des propos sans ~** his talk was incoherent. -**2.** COMM discontinued; **produit sans ~** discontinued product.
◆ **suite à** *loc prép* ADMIN: **~ à votre lettre** further to OU in response to OU with reference to your letter; **~ à votre appel téléphonique** further to your phone call.
◆ **tout de suite** *loc adv* -**1.** [dans le temps] straightaway, right away, at once; **apporte du pain – tout de ~!** bring some bread – right away! -**2.** [dans l'espace] immediately; **tournez à gauche tout de ~ après le pont** turn left immediately after the bridge.

suivant[1] [sɥivɑ̃] *prép* -**1.** [le long de]: **découper ~ le pointillé** cut out following the dotted line. -**2.** [d'après] according to; **~ son habitude, elle s'est levée très tôt** as is her habit OU wont, she got up very early. -**3.** [en fonction de] according to, depending on; **vous donnerez ~ vos possibilités** you'll give according to your means; **~ votre âge/vos besoins** depending on your age/your needs.
◆ **suivant que** *loc conj* according to whether; **~ que vous parlez avec l'un ou l'autre** according to which one you talk to.

suivant[2]**, e** [sɥivɑ̃, ɑ̃t] ◇ *adj* -**1.** [qui vient après - chapitre, mois, semaine] following, next; [- échelon, train] next; **les trois jours ~s** the next three days; **quel est le chiffre ~?** what's the next number?, what number comes next?; **quelle est la personne ~e?** [dans une file d'attente] who's next? -**2.** [qui va être précisé] following; **il m'a raconté l'histoire ~e** he told me the following story; **procédez de la manière ~e** follow these instructions.
◇ *nm, f* -**1.** [dans une succession] next one; **(au) ~, s'il vous plaît** next, please; **son premier roman, et même les ~s** his first novel and even the following ones OU the ones that followed; **pas mardi prochain mais le ~** not this coming Tuesday but the next one OU the one after. -**2.** *(comme adj)* [ce qui va être précisé]: **la raison est la ~e** here is why; **les résultats sont les ~s** here are the results, the results are as follows.
◆ **suivant** *nm* [membre d'une escorte] attendant.
◆ **suivante** *nf* THÉÂT lady's maid.

suiveur, euse [sɥivœr, øz] *adj* [véhicule] following.
◆ **suiveur** *nm* -**1.** [de femmes - gén] skirtchaser; [- en voiture] kerb-crawler. -**2.** SPORT follower, fan. -**3.** [inconditionnel, imitateur] slave, uncritical follower.

suivi, e [sɥivi] *adj* -**1.** [ininterrompu - effort] sustained, consistent; [- correspondance] regular; [- qualité] consistent; [- activité] steady; **nous avons eu une correspondance très ~e pendant des années** we wrote to each other very regularly for years. -**2.** [logique - propos, raisonnement] coherent; [- politique] consistent. -**3.** [qui a la faveur du public]: **mode très ~e** very popular fashion; **conférence peu/très ~e** poorly attended/well-attended conference; **la grève a été peu/très ~e** there was little/a lot of support for the strike.
◆ **suivi** *nm* [d'un cas, d'un dossier] follow-up; **assurer le ~ de** [cas, dossier] to follow through *(sép)*; [commande] to deal with *(insép)*; COMM [article] to continue to stock; **je m'occuperai personnellement du ~ de votre dossier** I'll deal with your case personally; **le travail en petits groupes assure un meilleur ~** working in small groups means that individual participants can be monitored more successfully.

suivisme [sɥivism] *nm* [attitude d'imitation servile] follow-my-leader attitude.

suiviste [sɥivist] ◇ *adj* sheep-like.
◇ *nmf* sheep-like follower.

suivre [89] [sɥivr] ◇ *vt* **A.** -**1.** [pour escorter, espionner, rattraper] to follow; **les enfants suivaient leurs parents en courant** the children were running behind their parents; **suivez-moi** follow me; **suivez le guide** this way (for the guided tour), please; **ils sont entrés suivis de**

leur chien they came in followed by their dog; la police les a suivis sur plusieurs kilomètres the police chased them for several kilometres; il l'a fait ~ par un détective privé he had her followed by a private detective; ~ qqn de près [gén] to follow close behind sb; [pour le protéger] to stick close to sb; le coureur anglais, suivi de très près par le Belge the English runner, with the Belgian close on his heels; ~ la piste de qqn to follow sb's trail; ~ qqn à la trace to follow sb's tracks; ~ qqn comme son ombre to follow sb like a shadow; ~ qqn des yeux OU du regard to follow sb with one's eyes; il suivait des yeux ses moindres gestes he was watching her every move; suivez mon regard: certaines personnes, suivez mon regard, n'ont pas fait leur travail certain people, who shall be OU remain nameless, haven't done their work; sa femme est morte, il la suivra sans doute d'ici peu dans la tombe his wife has died, he won't outlive her long || *(en usage abs)*: marche moins vite, grand-père ne peut pas ~ slow down, grandpa can't keep up; ils ne suivent plus they're not behind (us) any more. -**2.** [se dérouler après] to follow (on from), to come after; la réunion sera suivie d'une collation refreshments will be served after the meeting || *(en usage abs)*: pendant l'heure qui a suivi during the hour that followed; le jour qui suivit (the) next day, the following day || *(tournure impersonnelle)*: il suit de it follows from; il suit de votre déclaration que le témoin ment it follows from your statement that the witness is lying. -**3.** [être placé après] to follow, to come after; votre nom suit le mien sur la liste your name is right after mine on the list; les conjonctions toujours suivies du subjonctif the conjunctions always followed by OU that always govern the subjunctive || *(en usage abs)*: suit un résumé du roman précédent then comes a summary of the previous novel; dans les pages qui suivent in the following pages.

B. -**1.** [emprunter - itinéraire, rue] to follow; en suivant un long couloir, on arrive au cloître at the end of a long corridor, one comes to the cloister; il vous suffit de ~ la grande avenue just follow the main avenue. -**2.** [longer - à pied] to walk along; [- en voiture] to drive along; [- en bateau] to sail along; la route suit la rivière sur plusieurs kilomètres the road runs along OU follows (the course of) the river for several kilometres; le circuit suit ce tracé here is the outline of the course; découper en suivant les pointillés cut along the dotted line. -**3.** [se soumettre à - traitement] to undergo; ~ des cours de cuisine to attend a cookery course; ~ un régime to be on a diet. -**4.** CARTES: je suis I'm in. -**5.** COMM [stocker] to stock; [produire] to produce.

C. SE CONFORMER À [conseil, personne, instructions] to follow; [règlement] to comply with *(insép)*; vous n'avez qu'à ~ les panneaux just follow the signs; son exemple n'est pas à ~ he's not a good example; j'ai toujours suivi la même ligne de conduite I always followed the same line of conduct; je préfère ~ mon idée I prefer to do it my way; je ne te suivrai jamais sur cette voie I'll never follow you down that road; ~ le mouvement *fam* to (just) go OU tag along with the crowd || *(en usage abs)*: la majorité n'a pas suivi the majority didn't follow.

D. -**1.** [observer - carrière, progrès, feuilleton] to follow; [- actualité] to keep up with *(insép)*; il suit le feuilleton à la radio tous les jours he tunes in to the serial every day; je ne suis pas les sports I don't follow sport. -**2.** [se concentrer sur - exposé, messe] to listen to *(insép)*, to pay attention to; maintenant, suivez-moi bien now, listen to me carefully OU pay close attention; suis bien mes gestes watch my gestures closely || *(en usage abs)*: encore un qui ne suivait pas! [distrait] so, someone else wasn't paying attention!; je vais ~ avec Pierre [sur son livre] I'll share Pierre's book. -**3.** [comprendre - explications, raisonnement] to follow; il est difficile parfois de le ~ dans ses divagations it's sometimes difficult to follow the vagaries of his mind; je ne te suis plus I'm not with you any more. -**4.** [s'occuper de - dossier, commande] to deal with *(insép)*; [- élève] to follow the progress of; elle suit ses patients de près she follows her patients' progress closely; je suis suivie par un très bon médecin I'm with OU under a very good doctor.

◇ *vi* -**1.** SCOL [assimiler le programme] to keep up; il a du mal à ~ en physique he's having difficulty keeping up in physics; elle suit très bien (en classe OU à l'école) she keeps up well with her schoolwork; il n'arriverait pas à ~ dans la classe supérieure he wouldn't be able to keep up if he was put in the next class. -**2.** [être acheminé après]: les bagages vont ~ luggage follows; 'lettre suit' 'will write soon', 'letter follows'; faire ~ [lettre] to forward, to send on; 'faire ~' 'forward please'; faire ~ son courrier to have one's mail forwarded; veux-tu que je fasse ~ les factures? do you want me to send the bills on to you? -**3.** [être ci-après] to follow; sont reçus les candidats dont les noms suivent the names of the successful candidates are as follows.

◆ **se suivre** *vpi* -**1.** [être l'un derrière l'autre - personnes, lettres] to follow one another; par temps de brouillard, ne vous suivez pas de trop près in foggy conditions, keep your distance (from other vehicles); les trois coureurs se suivent de très près the three runners are very close behind one another OU are tightly bunched. -**2.** [être dans l'ordre - pages] to be in the right order, to follow on from one another. -**3.** [se succéder dans le temps]: les jours se suivent et ne se ressemblent pas *prov* who knows what tomorrow holds *loc*, every day is a new beginning OU dawn. -**4.** [s'enchaîner logiquement - raisonnement] to be coherent.

◆ **à suivre** ◇ *loc adj*: c'est une affaire à ~ it's something to keep an eye on.

◇ *loc adv*: 'à ~' 'to be continued'.

◆ **comme suit** *loc adv* as follows; procéder comme suit proceed as follows.

sujet, ette [syʒɛ, ɛt] ◇ *adj* -**1.** ~ à [susceptible de]: ~ à des attaques cardiaques/à des migraines subject to heart attacks/migraines; ~ au mal de mer liable to become seasick, prone to seasickness; ~ à des crises de larmes liable to burst into tears; nous sommes tous ~s à l'erreur we're all prone to making mistakes. -**2.** ~ à [soumis à]: ~ à caution [franchise, honnêteté, moralité] questionable; leurs informations sont ~tes à caution their information should be taken warily; nos prix sont ~s à révision our prices are subject to revision. -**3.** *litt* [assujetti] subjugated, enslaved; peuple ~ de Rome people subject to Rome.

◇ *nm, f* [citoyen] subject.

◆ **sujet** *nm* -**1.** [thème - d'une discussion] subject, topic; [- d'une pièce, d'un roman] subject; [- d'un exposé, d'une recherche] subject; le ~ de notre débat ce soir est... the question we'll be debating tonight is...; quel est le ~ du livre? what's the book about?; je tiens le ~ d'une pièce I have an idea OU a subject for a play; tu tiens là un bon ~ de thèse you have a good subject for your PhD; c'est son ~ de conversation préféré it's his favourite topic (of conversation); changeons de ~ let's change the subject; c'est devenu un ~ de plaisanterie it has become a standing joke; ~ d'examen examination question. -**2.** [motif]: ~ de cause of, ground for, grounds for; ils ont de nombreux ~s de discorde they have many reasons to disagree; leur salaire est leur principal ~ de mécontentement the main cause of their dissatisfaction is their salary; sa santé est devenue un gros ~ de préoccupation her condition is now giving serious grounds for concern OU has become a great source of anxiety; tu n'as pas ~ de te plaindre you have no cause OU grounds for complaint. -**3.** BX-ARTS & MUS subject; peindre des ~s allégoriques to paint allegorical subjects. -**4.** [figurine] figurine; des petits ~s en porcelaine little china figures. -**5.** GRAMM [fonction] subject; LING: le ~ parlant the speaker. -**6.** MÉD, PHILOS & PSYCH subject; ~ d'expérience experimental subject. -**7.** JUR: ~ de droit possessor of a right. -**8.** HORT stock.

◆ **au sujet de** *loc prép* about, concerning; c'est au ~ de Martha? is it about Martha?; la décision qu'ils ont prise au ~ du projet the decision they made about OU concerning the project; j'aimerais vous faire remarquer, à ce ~, que... concerning this matter, I'd like to point out to you that...; je voudrais parler au directeur – c'est à quel ~? I'd like to talk to the manager – what about?

sujétion [syʒesjɔ̃] *nf* -**1.** POL [d'un peuple] subjection, enslavement; vivre dans la ~ to live in subjection; tenir en ~ to hold OU to have in one's power. -**2.** *sout* [à une règle] subjection, subjecting *(U)*.

sulfamide [sylfamid] *nm* -**1.** CHIM sulphamide. -**2.** PHARM sulphonamide, sulpha drug.

sulfatage [sylfataʒ] *nm* sulphating.

sulfate [sylfat] *nm* sulphate.

sulfaté, e [sylfate] *adj* sulphated.

sulfater [3] [sylfate] *vt* -**1.** AGR to spray with sulphur. -**2.** ÉLECTR to sulphate.

sulfateuse [sylfatøz] *nf* -**1.** AGR sulphur sprayer. -**2.** *arg mil* [mitrailleuse] typewriter *Br*, submachine OU machine gun.

sulfhydrique [sylfidrik] *adj m*: acide ~ hydrogen sulphide.

sulfitage [sylfitaʒ] *nm* sulphidizing.

sulfite [sylfit] *nm* sulphite.

sulfurage [sylfyraʒ] *nm* sulphuration.

sulfure [sylfyr] *nm* sulphide.

sulfuré, e [sylfyre] *adj* sulphuret.

sulfurer [3] [sylfyre] *vt* to sulphuret.

sulfureux, euse [sylfyrø, øz] *adj* -**1.** CHIM sulphurous. -**2.** [démoniaque] demonic.

sulfurique [sylfyrik] *adj* sulphuric.

sulfurisé, e [sylfyrize] *adj* sulphurized.

sulky [sylki] *nm* sulky.

sultan [syltɑ̃] *nm* sultan.

sultanat [syltana] *nm* sultanate.

sultane [syltan] *nf* -**1.** [titre] sultana, sultaness. -**2.** [canapé] sultana.

sumac [symak] *nm* sumach (tree).

Sumatra [symatra] *npr* Sumatra; à ~ in Sumatra.

Sumer [symɛr] *npr* Sumer.

sumérien, enne [symerjɛ̃, ɛn] *adj* Sumerian.

◆ **Sumérien, enne** *nm, f* Sumerian.

◆ **sumérien** *nm* LING Sumerian.

summum [sɔmɔm] *nm* -**1.** [d'une carrière] peak, zenith; [d'une civilisation] acme; [de l'élégance, du luxe, de l'arrogance] height; au ~ de sa puissance at the peak of its power; elle était au ~ de son art quand elle peignit ce tableau her art was at its peak OU height when she painted this picture. -**2.** *fam loc*: c'est le ~! [on ne peut faire mieux] it's the tops!; [on ne peut faire pire] it's the end!

sumo, sumō [sumo] *nm* sumo.

sunlight [sœnlajt] *nm* CIN (artificial) sunlight.

sunna [syna] *nf* Sunna.

sunnisme [synism] *nm* Sunnism.

sunnite [synit] ◇ *adj* Sunni.

◇ *nmf* Sunnit, Sunnite.

sup *fam* [syp] *adj inv* -**1.** [supplémentaire]: faire des heures ~ to work overtime. -**2.** UNIV: Lettres/Maths ~ *advanced Arts/Mathematics classes preparing for competitive entry to the Grandes Écoles.*

super *fam* [sypɛr] ◇ *adj inv* [fille, garçon, idée] great, terrific; [maison, moto] fantastic, great; ce serait ~ si tu pouvais venir! it'd be great OU super if you could come!; c'est de la ~ qualité it's exceptional quality; ~ réductions sur tout le stock! massive reductions on the whole stock!

◇ *adv* [compliqué, bon, cher, propre] really, amazingly; [gentil] really; **elle est ~ organisée** she's incredibly well-organized.

◇ *nm* [essence] four-star (petrol) *Br*, premium *Am*.

super- [sypɛr] *préf* **-1.** [en intensif] super; **des collants ~fins** extra-fine tights; **~rapide** superfast. **-2.** *fam* [exceptionnel] super; **~flic** supercop; **une ~voiture** a supercar; **un ~cerveau** a superbrain.

superalliage [sypɛraljaʒ] *nm* superalloy.

superamas [sypɛrama] *nm*: **~ local** supergalaxy.

superbe [sypɛrb] ◇ *adj* **-1.** [magnifique - yeux, bijou, ville] superb, beautiful, magnificent; [- bébé, femme] beautiful, gorgeous, fine-looking; [- homme] good-looking, handsome; [- voix] superb, beautiful; [- journée] glorious, beautiful; **tu as une mine ~ aujourd'hui** you look radiant today; **il a fait un temps ~** the weather was wonderful. **-2. ~ de** [sublime]: **il a été ~ de cynisme/d'indifférence** he was superbly cynical/indifferent. **-3.** *litt* [altier - air] haughty.

◇ *nf litt* haughtiness; **cela va lui faire perdre de sa ~** he won't be quite so proud after this.

superbement [sypɛrbəmɑ̃] *adv* **-1.** [splendidement] superbly, magnificently, beautifully. **-2.** *litt* [arrogamment] arrogantly, haughtily.

superbénéfice [sypɛrbenefis] *nm* enormous profit.

superbombe [sypɛrbɔ̃b] *nf* superbomb.

supercarburant [sypɛrkarbyrɑ̃] *nm* four-star OU high octane petrol *Br*, premium *Am*.

superchampion, onne [sypɛrʃɑ̃pjɔ̃, ɔn] *nm, f* sports superstar.

supercherie [sypɛrʃəri] *nf* [tromperie] deception, trick; [fraude] fraud; **~ littéraire** literary hoax.

supercritique [sypɛrkritik] *adj* supercritical.

supérette [syperɛt] *nf* mini-market, superette *Am*.

superfétatoire [sypɛrfetatwar] *adj litt* superfluous, unnecessary, redundant.

superficie [sypɛrfisi] *nf* **-1.** [d'un champ] acreage, area; [d'une maison] surface area, floor space; **l'entrepôt fait 3 000 m² de ~** OU **a une ~ de 3 000 m²** the warehouse has a surface area of 3,000 m². **-2.** *litt* [apparence] superficial OU external appearance; **s'arrêter à la ~ des choses** to do no more than skim the surface of things. **-3.** AGR: **~ agricole utile** OU **utilisée** utilized agricultural area.

superficiel, elle [sypɛrfisjɛl] *adj* **-1.** [brûlure] superficial, surface *(modif)*. **-2.** [connaissances, personne] shallow, insubstantial; [étude, travail] superficial, perfunctory; [contrôle] superficial, cursory.

superficiellement [sypɛrfisjɛlmɑ̃] *adv* **-1.** [blesser] superficially. **-2.** [inspecter, corriger] cursorily, superficially.

superfin, e [sypɛrfɛ̃, in] *adj* extrafine.

superfinition [sypɛrfinisjɔ̃] *nf* superfinishing.

superflu, e [sypɛrfly] *adj* **-1.** [non nécessaire - biens, excuse, recommandation] superfluous, unnecessary. **-2.** [en trop - détails, exemple] redundant, superfluous; **un grand lessivage ne serait pas ~!** a good scrub wouldn't do any harm!; **pour vous débarrasser de vos poils ~s** to get rid of unwanted hair.

◆ **superflu** *nm*: **le ~** that which is superfluous; **se passer du ~** to do without non-essentials.

superfluide [sypɛrflyid] *adj* & *nm* superfluid.

superfluidité [sypɛrflyidite] *nf* superfluidity.

superforme *fam* [sypɛrfɔrm] *nf*: **être en ~, tenir la ~** to be in great form OU on top form OU bursting with health; **une équipe en ~** a team at the top of its form.

supergrand *fam* [sypɛrgrɑ̃] *nm* superpower.

super-huit [sypɛrɥit] ◇ *adj inv* super eight.

◇ *nm inv* [format] super eight.

◇ *nf inv* [caméra] super-eight (film) camera.

supérieur, e [syperjœr] ◇ *adj* **-1.** [plus haut que le reste - étagère, étage] upper, top; [- ligne] top; **le bord ~ droit de la page** the top right-hand corner of the page; **la partie ~e de l'immeuble** the top OU upper part of the building || [juste au-dessus - étagère, ligne] above; **les jouets sont à l'étage ~** toys are on the next floor OU the floor above. **-2.** [quantitativement - efficacité] higher, greater; [- prix, rendement, vitesse] higher; [- volume] bigger, greater; **j'ai fait une offre ~e** I bid more OU made a higher bid; **~ en nombre: troupes ~es en nombre** troops superior in number; **leurs joueurs se retrouvent maintenant ~s en nombre** their players now outnumber the opposition; **~ à** [prix] higher than; [volume] bigger than; **donne-moi un chiffre ~ à huit** give me a number higher than eight; **taux légèrement ~ à 8 %** rate slightly over 8%; **une note ~e à 10** a mark above 10; **d'une longueur/largeur ~e à...** longer/wider than...; **il est d'une taille ~e à la moyenne** he's taller than average. **-3.** [dans une hiérarchie - échelons] upper, topmost; [- classes sociales] upper; **les autorités ~es** the powers above; **Mathématiques/Lettres ~es** *advanced Mathematics/Arts classes preparing for competitive entry to the Grandes Écoles* || [juste au-dessus - niveau] next; [- grade, rang] senior; **en référer à l'autorité ~e** to refer to higher authorities; **vous passerez à l'échelon ~ dans deux mois** you'll move up to the next grade in two months' time; **passer dans la classe ~e** SCOL to move up one class; **je lui suis hiérarchiquement ~** I'm his superior OU senior. **-4.** [dans une échelle de valeurs - intelligence, esprit, être] superior; [- intérêts] higher; **de qualité ~e** top quality; **~ à: intelligence ~e à la moyenne** above-average intelligence; **leur lessive est-elle vraiment ~e à toutes les autres?** is their washing powder really better than all the others?; **il est techniquement ~ au Suédois** SPORT his technique is superior to that of the Swedish player. **-5.** [hautain - air, ton] superior; **ne prends pas cet air ~!** don't look so superior! **-6.** ANAT [membre, mâchoire] upper. **-7.** ASTRON [planète] superior. **-8.** BIOL [animal, espèce, végétal] higher. **-9.** GÉOG [en amont] upper. **-10.** MATH superior; **~ ou égal à** superior to or equal to, greater than or equal to. **-11.** RELIG: **le Père ~** the father superior; **la Mère ~e** the mother superior.

◇ *nm, f* [dans une hiérarchie]: **~ (hiérarchique)** superior.

◆ **supérieur** *nm* UNIV: **le ~** higher education.

◆ **Supérieur, e** *nm, f* RELIG father (*f* mother) superior.

supérieurement [syperjœrmɑ̃] *adv* exceptionally; **elle est ~ douée** she's exceptionally gifted.

supériorité [syperjɔrite] *nf* **-1.** [en qualité] superiority; **ils vantent la ~ des transports en commun** they praise the superiority of public transport; **découvrez la ~ de notre nouvelle lessive!** see for yourself how much better our new washing powder is! **-2.** [en quantité] superiority; **~ militaire** military superiority; **~ numérique** superiority in numbers; **la ~ que donne l'argent** the power that money confers. **-3.** [arrogance] patronizing attitude, superiority; **un air de ~** a superior air.

superlatif, ive [sypɛrlatif, iv] *adj* superlative.

◆ **superlatif** *nm* LING superlative; **~ relatif/absolu** relative/absolute superlative.

◆ **au superlatif** *loc adv* **-1.** LING in the superlative. **-2.** [très] extremely; **il est paresseux au ~** he's extremely lazy.

superléger [sypɛrleʒe] *nm* light welterweight.

superman *fam* [sypɛrman] (*pl* **supermen** [-mɛn]) *nm* superman.

supermarché [sypɛrmarʃe] *nm* supermarket.

supernova [sypɛrnɔva] *nf* supernova.

superordre [sypɛrɔrdr] *nm* superorder.

superpétrolier [sypɛrpetrɔlje] *nm* supertanker.

superphosphate [sypɛrfɔsfat] *nm* superphosphate.

superplasticité [sypɛrplastisite] *nf* superplasticity.

superplastique [sypɛrplastik] *adj* superplastic.

superposable [sypɛrpozabl] *adj* **-1.** GÉOM superposable. **-2.** [chaise, lit] stacking *(avant n)*.

superposer [3] [sypɛrpoze] *vt* **-1.** [meubles] to stack (up); [images, couleurs] to superimpose; **cette année la mode superpose les épaisseurs** layered fabrics are fashionable this year. **-2.** GÉOM to superpose.

◆ **se superposer** ◇ *vp (emploi passif)* [livres, briques] to stack; **les plateaux se superposent facilement** the trays are easy to stack.

◇ *vpi* **-1.** [se mêler - images, sons, couleurs] to be superimposed; **leurs deux visages se superposent dans ma mémoire** their two faces have become indistinguishable in my memory. **-2.** GÉOM to be superposed.

superposition [sypɛrpozisjɔ̃] *nf* **-1.** [d'étagères, de plats] stacking. **-2.** GÉOM superposition. **-3.** [de photos, de sons] superimposition, superimposing *(U)*; **la ~ de deux images** the superimposing of two images. **-4.** GÉOL: **principe de ~** principle of superposition.

superproduction [sypɛrprɔdyksjɔ̃] *nf* CIN big-budget film *Br* OU movie *Am*.

superprofit [sypɛrprɔfi] *nm* enormous profit.

superpuissance [sypɛrpɥisɑ̃s] *nf* superpower.

supersonique [sypɛrsɔnik] ◇ *adj* supersonic.

◇ *nm* supersonic aircraft.

superstar [sypɛrstar] *nf* superstar.

superstitieusement [sypɛrstisjøzmɑ̃] *adv* superstitiously.

superstitieux, euse [sypɛrstisjø, øz] ◇ *adj* [qui croit aux présages] superstitious; **ils ont un attachement ~ aux traditions** they have an exaggerated respect for tradition.

◇ *nm, f* superstitious person.

superstition [sypɛrstisjɔ̃] *nf* superstition; **j'évite les échelles par pure ~** I walk round ladders simply because I'm superstitious; **la ~ religieuse** religious superstition; **avoir la ~ du passé** to be excessively attached to the past.

superstructure [sypɛrstryktyr] *nf* superstructure.

supertanker [sypɛrtɑ̃kœr] *nm* supertanker.

superviser [3] [sypɛrvize] *vt* to supervise, to oversee.

superviseur [sypɛrvizœr] *nm* **-1.** [personne] supervisor. **-2.** INF supervisor, scheduler.

supervision [sypɛrvizjɔ̃] *nf* supervision; **être sous la ~ de qqn** to be supervised by sb, to be under sb's supervision.

super-welter [sypɛrwɛltœr] (*pl* **super-welters**) *nm* light middleweight.

supin [sypɛ̃] *nm* supine LING.

supination [sypinasjɔ̃] *nf* supination.

supplanter [3] [syplɑ̃te] *vt* **-1.** [rival] to supplant, to displace, to supersede; **un autre l'avait supplanté dans son cœur** another man had supplanted him in her affections; **il s'est fait ~ à la tête de la société** he was replaced at the head of the company. **-2.** [machine, système] to supplant, to take over from *(insép)*; **l'auto va-t-elle ~ le train?** will the car make the train obsolete?

suppléance [sypleɑ̃s] *nf* **-1.** ENS [poste de remplaçant] supply post *Br*, substitute post *Am*; [poste d'adjoint] assistantship; **assurer la ~ de qqn** [le remplacer] to deputize for sb; [l'assister] to assist sb || [activité - de remplaçant] supply *Br* OU substitute *Am* teaching; [- d'adjoint] assistantship. **-2.** JUR & POL deputy. **-3.** LING suppletion.

suppléant, e [sypleɑ̃, ɑ̃t] ◇ *adj* -**1.** ENS [remplaçant] supply *Br*, substitute *Am*; [adjoint] assistant. -**2.** JUR & POL deputy.
◇ *nm, f* -**1.** ENS [remplaçant] supply teacher *Br*, substitute teacher *Am*; [adjoint] assistant teacher. -**2.** JUR & POL deputy.

suppléer [15] [syplee] *vt* -**1.** *litt* [remédier à - manque] to make up for *(insép)*, to compensate for *(insép)*; [- lacune] to fill in *(sép)*. -**2.** *litt* [ajouter - réponse manquante] to provide, to supply. -**3.** [compléter] to complement, to supplement; **là où l'intelligence artificielle peut ~ l'intelligence humaine** the areas where artificial intelligence can take over from human intelligence; **~ qqch par** to complete sthg with. -**4.** ENS to replace, to stand in for *(insép)*. -**5.** JUR & POL to deputize for.
◆ **suppléer à** *v + prép* -**1.** [remédier à - insuffisance] to make up for, to compensate for; **sa curiosité suppléait à son manque de formation** his curiosity made up for his lack of training. -**2.** [remplacer - suj: personne] to replace; **l'énergie nucléaire a peu à peu suppléé aux énergies traditionnelles** nuclear energy has gradually taken over from OU replaced traditional forms of energy.

supplément [syplemɑ̃] *nm* -**1.** [coût] extra OU additional charge; **ils demandent un ~ de 20 francs pour le vin** they charge 20 francs extra for wine; **payer un ~** to pay extra; **prévoyez un ~ pour les valises de plus de 20 kg** please note that there is a charge for luggage weighing over 20 kg. -**2.** RAIL [réservation] supplement; **~ couchette** sleeper charge; **un train à ~** a train with a fare surcharge OU supplement. -**3.** [de nourriture] extra portion; [de crédits] additional facility; **un ~ d'informations** additional OU further information; **le juge a demandé un ~ d'enquête** the judge asked that the investigation be pursued further ❑ **un ~ d'âme** a little extra. -**4.** [à un livre, un journal] supplement. -**5.** JUR: **~ de revenu familial** ≃ family income supplement. -**6.** MATH supplement.
◆ **en supplément** *loc adv* extra; **c'est en ~** it comes as an extra, it's an extra; **menu 35 francs, boisson en ~** menu 35 francs, drinks extra.

supplémentaire [syplemɑ̃tɛr] *adj* -**1.** [crédit, dépense] additional, supplementary, extra; **un délai ~** an extension (of deadline); **nous avons obtenu des rations ~s** we got extra rations; **ce sera une charge ~ pour les contribuables** it will mean even more of a burden to the taxpayer. -**2.** RAIL relief *(modif)*. -**3.** MATH supplementary.

supplétif, ive [sypletif, iv] *adj* -**1.** [gén] auxiliary, additional. -**2.** JUR [loi] supplementary. -**3.** MIL auxiliary. -**4.** LING suppletive.
◆ **supplétif** *nm* MIL auxiliary.

supplétoire [sypletwar] *adj*: **serment ~** suppletory oath.

suppliant, e [syplijɑ̃, ɑ̃t] ◇ *adj* begging, imploring, beseeching *litt*.
◇ *nm, f* supplicant.

supplication [syplikasjɔ̃] *nf* entreaty, supplication.

supplice [syplis] *nm* -**1.** HIST torture; **conduire** OU **mener un prisonnier au ~** to take a prisoner to his place of execution; **il va à l'école comme au ~** when he goes to school, it's as if he was going to his own funeral ❑ **~ chinois** *pr* Chinese water torture; *fig* extreme torment; **subir le ~ de la roue** to be broken on the wheel; **le ~ de Tantale** the punishment of Tantalus; **le dernier ~** [la peine de mort] execution. -**2.** [douleur physique] agony, torture; **ce mal de tête est un vrai ~** I'm going through agony OU agonies with this headache ‖ [douleur morale] torture, torment, agony; **la conversation était devenue un ~** the conversation had become sheer torture ❑ **être au ~** to be in agonies; **je suis au ~, quand rentrera-t-il?** this is sheer torture, when will he be back?; **mettre qqn au ~** to torture sb. -**3.** RELIG: **les ~s éternels** the torments of the damned.

supplicié, e [syplisje] *nm, f* [personne - qui a subi la peine de mort] execution victim; [- qui a été torturée] torture victim; **les corps des ~s étaient entassés dans des charrettes** the bodies of those executed were piled onto carts.

supplicier [9] [syplisje] *vt* -**1.** *litt* [exécuter] to execute; [torturer] to torture. -**2.** [tourmenter] to torment, to rack, to plague; **les remords la suppliciaient** she was racked by remorse.

supplier [10] [syplije] *vt* to beg, to implore, to beseech *litt*; **~ qqn (à genoux) de faire qqch** to beg sb (on bended knee) to do sthg; **épargnez-le, je vous en supplie** spare him, I beseech you OU I beg you.

supplique [syplik] *nf* JUR & RELIG petition; **présenter une ~ à qqn** to petition sb.

support [sypɔr] *nm* -**1.** [de colonne, de meuble] base, support; [de statuette] stand, pedestal; [pour un échafaudage] support. -**2.** [de communication] medium; **le gouvernement se sert de la télévision comme ~ pour la campagne électorale** the government is using television to get its election campaign across ❑ **~ publicitaire** advertising medium. -**3.** ACOUST: **~ magnétique** magnetic support. -**4.** CULIN base. -**5.** HÉRALD supporter. -**6.** IMPR support; **~ d'impression** *material on which printing is done*. -**7.** INF medium; **~ d'information** data support; **~ individuel d'information** smart card, individual data support; **sur ~ papier** hard-copy. -**8.** MATH & PHOT support.

supportable [sypɔrtabl] *adj* -**1.** [douleur] bearable; **il fait froid, mais c'est ~** it's cold but not unbearably so. -**2.** [conduite, personne] tolerable; **tu n'es plus ~!** I can't take any more of this from you!

supporter[1] [sypɔrtɛr] *nm* SPORT supporter.

supporter[2] [3] [sypɔrte] *vt* -**1.** [servir d'assise à] to support, to hold up *(sép)*; **cinq piliers supportent la voûte** the roof is held up by five pillars. -**2.** [assumer - responsabilité, obligation] to assume; [prendre en charge - dépense] to bear; **l'acheteur supporte les frais** the fees are borne by the purchaser; **tu apprendras à ~ les conséquences de tes actes** you'll learn to assume OU to take responsibility for what you do. -**3.** [être assujetti à - impôt] to be subject to; **les articles de luxe supportent de lourdes taxes** luxury goods are subject to heavy taxes. -**4.** [résister à] to stand up to *(insép)*, to withstand; **la porcelaine fine ne supporte pas la chaleur excessive** fine china will not withstand excessive heat; **des plantes qui supportent/ne supportent pas le froid** plants that do well/badly in the cold; **elle a bien supporté la route** [personne] she came through the journey all right; [voiture] it stood up to the journey all right; **bien ~ une opération** to come through an operation in good shape; **mal ~ une opération** to have trouble recovering from an operation; **je ne supporte pas l'alcool/la pilule** drink/the pill doesn't agree with me. -**5.** [subir sans faillir - épreuve, privation] to bear, to endure, to put up with *(insép)*; [- insulte, menace] to bear; **elle supporte bien la douleur** she bears pain well; **elle supporte mal la douleur** she can't cope with pain; **je ne supporte pas son départ** I can't bear OU endure her leaving; **comment ~ tant de misère/d'ineptie?** how can one possibly endure such poverty/stand for such nonsense? -**6.** [tolérer, accepter] to bear, to stand; **je ne supporte pas la fumée** I can't bear OU stand cigarette smoke; **je ne supporte pas de perdre** I can't stand losing; **c'est plus que je ne peux ~** it's more than I can bear ‖ [personne] to put up with *(insép)*, to stand, to bear; **décidément, je ne la supporte pas!** I just can't stand her!; **il faudra le ~ encore deux jours** we'll have to put up with him for two more days; **j'arrive tout juste à les ~** I can just about tolerate them. -**7.** [résister à] to withstand; **leur nouvelle voiture supporte la comparaison avec la concurrence** their new car will stand comparison with anything produced by their competitors; **sa théorie ne supporte pas une critique sérieuse** his theory won't stand up to serious criticism. -**8.** *Afr* [personne, famille] to support. -**9.** SPORT [encourager] to support.
◆ **se supporter** ◇ *vp (emploi réfléchi)*: **je ne me supporte plus en blonde/en noir** blonde hair/black just isn't right for me any more.
◇ *vp (emploi réciproque)* to bear OU to stand each other.
◇ *vp (emploi passif)* to be bearable; **le froid sec se supporte plus facilement** when it's cold and dry, it's more bearable.

supporteur, trice [sypɔrtœr, tris] *nm, f* supporter SPORT.

supposable [sypozabl] *adj* imaginable.

supposé, e [sypoze] *adj* -**1.** [faux - testament] false, forged; [- nom] assumed. -**2.** [admis]: **la vitesse est ~e constante** the speed is assumed to be constant. -**3.** [présumé - vainqueur] supposed, presumed; [- père] putative; [- dimension] estimated; **l'auteur ~ du pamphlet** the supposed author of the pamphlet; **le nombre ~ des victimes** the presumed number of casualties.
◆ **supposé que** *loc conj* supposing (that), assuming that.

supposer [3] [sypoze] *vt* -**1.** [conjecturer, imaginer] to suppose, to assume; **je suppose qu'il t'a emprunté de l'argent** I suppose OU I assume he borrowed money from you; **je suppose que tu n'es pas prêt** I take it OU I suppose you're not ready; **tout laisse ~ qu'il avait été contacté par la CIA** everything points to his having been contacted by the CIA; **en supposant que tu échoues** suppose (that) OU supposing (that) OU let's suppose (that) you fail. -**2.** [estimer, penser]: **et tu la supposes assez bête pour se laisser faire?** so you think she's stupid enough to let it happen?; **~ qqch à qqn** to credit sb with sthg; **vous lui supposez une grandeur d'âme qu'il n'a pas** you credit him with a magnanimity he doesn't possess. -**3.** [impliquer] to imply, to require, to presuppose; **une mission qui suppose de la discrétion** an assignment where discretion is required OU is a must; **la liberté de parole suppose le pluralisme** freedom of speech implies pluralism; **cela suppose la connaissance des mathématiques** it presupposes a knowledge of mathematics.

supposition [sypozisjɔ̃] *nf* -**1.** [hypothèse] supposition, assumption; **des ~s gratuites** mere OU gratuitous suppositions; **dans cette ~** if this is the case; **une ~ (que)** *fam*: **une ~: il s'enfuit** suppose he runs away; **une ~ qu'elle dise la vérité** supposing (that) she's telling the truth. -**2.** JUR: **~ de nom** false personation; **~ d'enfant** OU **de part** setting up of a suppositious child.

suppositoire [sypozitwar] *nm* suppository.

suppôt [sypo] *nm litt* henchman; **~ de Satan** OU **du diable** fiend.

suppression [sypresjɔ̃] *nf* -**1.** [abrogation] abolition; **la ~ de la peine de mort** the abolition of the death penalty. -**2.** [dans un texte] deletion. -**3.** [élimination] elimination; **~ de la douleur par piqûres** elimination of pain by injections. -**4.** [assassinat] elimination, liquidation; **la ~ des témoins gênants** the elimination of awkward witnesses. -**5.** ÉCON: **~ d'emploi: il y a eu beaucoup de ~s d'emploi dans la région** there were many job losses in the area. -**6.** JUR: **~ d'enfant** OU **de part** concealment of birth; **~ d'état** *destruction of proof of somebody's civil status*.

supprimer [3] [syprime] *vt* -**1.** [faire cesser - cause, effet] to do away with *(insép)*; [- habitude, obstacle] to get rid of *(insép)*; [- pauvreté, racisme] to put an end to *(insép)*, to do away with *(insép)*; [- douleur] to kill, to stop; [- fatigue] to eliminate. -**2.** [démolir - mur, quartier] to knock OU to pull down *(sép)*, to demolish. -**3.** [annuler - loi] to repeal, to annul; [- projet, emploi] to do away with *(insép)*; [- allocation, prime] to withdraw, to stop. -**4.** [retirer]: **on va te ~ ton permis de conduire** they'll take away OU they'll withdraw

your driving licence; j'ai partiellement supprimé le sel I cut down on salt; j'ai totalement supprimé le sel I cut out salt (altogether); ils vont ~ des trains dans les zones rurales train services will be cut in rural areas; le médecin lui a supprimé le tabac the doctor told him to stop smoking. -**5.** [enlever - opération, séquence] to cut (out), to take out *(sép)*; [- mot, passage] to delete; ~ les étapes/intermédiaires to do away with the intermediate stages/the middlemen. -**6.** [tuer] to do away with *(insép)*.
◆ **se supprimer** *vp (emploi réfléchi)* to take one's own life.

suppurant, e [sypyrɑ̃, ɑ̃t] *adj* suppurating.

suppuration [sypyrasjɔ̃] *nf* suppuration.

suppurer [3] [sypyre] *vi* to suppurate.

supputation [sypytasjɔ̃] *nf sout* calculation, estimation.

supputer [3] [sypyte] *vt* to estimate; ~ les possibilités d'aboutir à un accord to assess the likelihood of reaching an agreement.

supra [sypra] *adv* supra; voir ~ supra, see above.

supraconducteur, trice [syprakɔ̃dyktœr, tris] *adj* superconductive.
◆ **supraconducteur** *nm* superconductor.

supraconduction [syprakɔ̃dyksjɔ̃] *nf* superconduction.

supranational, e, aux [sypranasjɔnal, o] *adj* supranational.

supranationalité [sypranasjɔnalite] *nf* supranationality.

suprasensible [syprasɑ̃sibl] *adj* supersensible.

supraterrestre [sypraterɛstr] *adj* superterrestrial.

suprématie [sypremasi] *nf* supremacy.

suprême [syprɛm] ◇ *adj* -**1.** [supérieur] supreme; le pouvoir ~ the supreme power ❑ l'Être ~ RELIG the Supreme Being. -**2.** [extrême - importance, bonheur, plaisir] extreme, supreme; [- ignorance] utter, blissful, sublime; [- mépris] sublime; au ~ degré to the highest OU greatest degree. -**3.** [dernier] supreme, final; dans un ~ effort in a final attempt; à l'heure OU au moment ~ *sout* at the hour of reckoning, at the moment of truth. -**4.** CULIN supreme.
◇ *nm* CULIN suprême; ~ de volaille chicken suprême.

suprêmement [syprɛmmɑ̃] *adv* supremely.

sur[1] [syr] *prép* -**1.** [dans l'espace - dessus] on; [- par-dessus] over; [- au sommet de] on top of; [- contre] against; ~ la table on the table; étendu ~ le lit/le sol lying on the bed/the floor; dormir ~ le dos to sleep on one's back; un visage est dessiné ~ le sable a face has been drawn in the sand; elle avait des bleus ~ tout le visage she had bruises all over her face, her face was covered in bruises; ~ la place du village on the village green; ~ le continent on the continent; ~ l'île on the island; ~ le bateau on the boat; il a jeté ses affaires ~ le lit he threw his things onto the bed; monter ~ un escabeau to climb (up) a stepladder; monter ~ un manège/une bicyclette to get on a roundabout/bicycle; marcher ~ les mains to walk on one's hands; mets un châle ~ tes épaules put a scarf round OU over your shoulders; versez le rhum ~ le gâteau pour the rum over the cake; retire tes pieds de ~ la chaise *fam* take your feet off the chair; jeter une passerelle ~ une rivière to build a footbridge over OU across a river; demain, du soleil ~ le nord tomorrow, there will be sunshine in the north; ouragan ~ la ville hurricane over the city; une chambre avec vue ~ la mer a room with a view of OU over the sea; des fenêtres qui donnent ~ la rue windows giving onto OU overlooking the street; ~ le toit on the roof; ~ pilotis on stilts; ~ la pile de livres on (top of) the pile of books; ~ la colline on the top of the hill; ~ la cime de l'arbre at the top of the tree; je lui ai mis les mains ~ les yeux I put my hands over his eyes; mettre un doigt ~ sa bouche to put a finger to one's lips; il y a des graffiti partout ~ le mur there's graffiti all over the wall; la peinture est appliquée directement ~ le plâtre the paint is applied directly onto the plaster; sa silhouette se détachait ~ le ciel he was silhouetted against the sky; j'ai toujours mon agenda ~ moi I always have my diary with OU on me; je n'ai pas d'argent ~ moi I haven't got any money on me; s'appuyer ~ un mur to lean against a wall; il y avait un monde fou, on était tous les uns ~ les autres there was a huge crowd, we were all crushed up together OU one on top of the other; vivre les uns ~ les autres to live in overcrowded conditions OU on top of one another; ~ la page de garde on the flyleaf; ~ le journal in the paper; les données sont ~ disquette the data is on disc; la ville n'est pas ~ la carte the town isn't on the map; la clef est ~ la porte the key's in the door; je n'ai plus d'argent ~ mon compte I haven't any money left in my account; sculpture ~ bois BX-ARTS wood carving; sculpture ~ marbre BX-ARTS marble sculpture; il est ~ le chantier he's on the (building) site; je cherche un logement ~ Paris I'm looking for somewhere to live in Paris. -**2.** [indiquant la direction] : ~ votre gauche, le Panthéon on OU to your left, the Pantheon; en allant ~ Rennes going towards Rennes; ils avançaient ~ Moscou they were advancing towards OU on Moscow; obliquer ~ la droite to turn OU to bear right; diriger son regard ~ qqn to look in sb's direction; tirer ~ qqn to shoot at sb; les policiers se sont jetés ~ eux the police charged (at) them; le malheur s'est abattu ~ cette famille unhappiness has fallen upon this family; la porte s'est refermée ~ elle the door closed behind OU after her. -**3.** [indiquant une distance] over, for; virages ~ 3 km bends for 3 km; il est le plus rapide ~ 400 mètres he's the fastest over 400 metres; la foire s'étend ~ 3 000 m^2 the fair covers 3,000 m^2; ~ toute la longueur du parcours over the whole OU entire length of the course. -**4.** [dans le temps - indiquant l'approximation] towards, around; ~ les quatre heures, quelqu'un a téléphoné (at) around OU about four, somebody phoned; ~ le soir, un orage éclata a thunderstorm broke towards evening‖ [indiquant la proximité] : ~ le moment OU le coup, je me suis étonné at the time OU at first, I was surprised; être ~ le départ to be about to leave; il va ~ ses 40 ans he's approaching OU nearly 40. -**5.** [indiquant la durée] : c'est un contrat ~ cinq ans it's a five-year contract, the contract runs for five years; les versements sont étalés ~ plusieurs mois the instalments are spread over several months. -**6.** [indiquant la répétition] after, upon; il commet gaffe ~ gaffe he makes blunder after OU upon blunder; je lui ai envoyé lettre ~ lettre I sent him letter after OU upon letter; elle écrit roman ~ roman she writes one novel after another; entasser pierre ~ pierre to pile stone upon stone. -**7.** [indiquant la cause] : condamné ~ faux témoignage condemned on false evidence; juger qqn ~ ses propos/son apparence to judge sb by his words/appearance; j'ai agi ~ vos ordres I acted on your orders; il est venu ~ votre invitation he came at your invitation. -**8.** [indiquant la manière, l'état, la situation] : jurer qqch ~ la Bible to swear sthg on the Bible; prendre modèle ~ qqn to model o.s. on sb; faire pression ~ qqn to put pressure on sb; avoir un effet ~ qqn/qqch to have an effect on sb/sthg; être ~ ses gardes/la défensive/le qui-vive to be on one's guard/the defensive/the look-out; être ~ des charbons ardents to be on tenterhooks; ~ la base de 12 000 francs par mois on the basis of 12,000 francs per month; danser ~ un air connu to dance to a well-known tune; ~ le mode majeur/mineur MUS in the major/minor key; c'est ~ la première chaîne/France Inter it's on channel one/France Inter; ~ 100,4 Khz on 100.4 Khz. -**9.** [indiquant le moyen] : vivre ~ ses économies/un héritage to live off one's savings/a legacy; je n'aime pas choisir ~ catalogue I don't like choosing from a catalogue; ça s'ouvre ~ simple pression you open it by just pressing it; vous obtiendrez le renseignement ~ (un) simple coup de téléphone juste phone for information; fait ~ traitement de texte done on a word-processor; le film se termine ~ une vue du Lido the film ends with OU on a view of the Lido. -**10.** [indiquant le domaine, le sujet] : on a un dossier ~ lui we've got a file on him; je sais peu de choses ~ elle I don't know much about her; ~ ce point, nous sommes d'accord we agree on that point; travailler ~ qqch to work on sthg; 140 personnes sont ~ le projet there are 140 people on OU involved in the project; faire des recherches ~ qqch to do some research into sthg; un essai ~ la métaphysique an essay on metaphysics; le poème est ~ la solitude the poem is about solitude; questionner qqn ~ ses projets to ask sb about his/her plans; elle s'est expliquée ~ ses choix politiques she explained her political choices; médite ~ ce qu'elle t'a dit think about what she told you; elle pleurait ~ ses jeunes années she was crying over her lost youth; s'apitoyer ~ soi-même to feel sorry for oneself; il y a des réductions ~ les meubles there are discounts on furniture; impôt ~ le tabac/l'alcool tax on tobacco/alcohol. -**11.** [indiquant - une proportion] out of; [- une mesure] by; un homme ~ deux one man in two, every second man; un jour ~ deux every other day; un lundi ~ trois every third Monday; ~ 100 candidats, 15 ont été retenus 15 out of 100 candidates were shortlisted; 99 fois ~ 100 99 times out of 100; tu as une chance ~ deux de gagner you've got a 50-50 chance of winning; on peut tailler deux jupes ~ le même patron you can make two skirts out of OU from the same pattern; cinq mètres ~ trois five metres by three; 12 ~ 3 égale 4 MATH 12 divided by OU over 3 equals 4; noter ~ 20 to mark out of 20; j'ai eu 12 ~ 20 I got 12 out of 20; faire une enquête ~ 1 000 personnes to do a survey of OU involving 1,000 people; je prends une commission de 12 % ~ les ventes I take a 12% commission on sales; prélever un pourcentage ~ une somme to deduct a percentage from a sum; les cotisations sont prises ~ le salaire contributions are deducted from one's salary; il y a 10 postes ~ ce numéro there are 10 extensions on this number. -**12.** [indiquant une relation de supériorité] over; régner ~ un pays to rule over a country; avoir de l'autorité ~ qqn to have authority over sb; son emprise ~ moi his influence over me; c'est une victoire ~ la maladie it's a victory over illness; l'emporter ~ qqn to defeat sb; son pouvoir s'exerce ~ tous he has power over everybody; avoir des droits ~ un héritage to have rights over OU on an inheritance.

sur[2], **e** [syr] *adj* sour.

sûr, e [syr] *adj* -**1.** [certain, convaincu] sure, certain; j'en suis tout à fait ~, j'en suis ~ et certain I'm absolutely sure, I'm positive; c'est ~ et certain it's 100% sure; j'en étais ~ ! I knew it!; n'en sois pas si ~ don't be so sure; c'est ~ qu'il pleuvra it's bound to rain; c'est ~ qu'ils ne viendront pas it's certain that they won't come; une chose est ~e one thing's for sure; rien n'est moins ~ nothing is less certain; être ~ de to be sure of; être ~ de son fait to be positive; le public est ~ du dénouement the audience can (confidently) predict the outcome; elle est ~e du succès [du sien propre] she's sure she'll succeed; [de celui d'autrui] she's sure it'll be a success; je suis ~ d'avoir raison I'm sure I'm right; je ne suis pas ~ d'avoir gardé un double [d'un document] I'm not sure (whether) I kept a copy. -**2.** [confiant] sure, confident; être ~ de qqn to have (every) confidence in sb; le général n'était plus ~ de ses hommes the general had lost confidence in his men; ~ de soi: être ~ de soi [en général] to be self-assured OU self-confident; [sur un point particulier] to be confident; il n'est plus ~ de ses **réflexes** he has lost confidence in his reflexes. **-3.** [fiable - personne, ami] trustworthy, reliable; [- données, mémoire, raisonnement] reliable, sound; [- alarme, investissement] safe; [- main, pied] steady; [- oreille] keen; **avoir le coup d'œil/de crayon ~** to be good at sizing things up/at capturing a likeness *(in drawing)*; **il a un goût ~** he has reliable taste. **-4.** [sans danger] safe; **l'avion est plus ~ que la voiture** flying is safer than travelling by car; **des rues peu ~es** unsafe streets; **le plus ~ est de...** the safest thing is to...; **cache l'argent, c'est plus ~** it's safer to hide the money; **appelle-moi, c'est plus ~!** call me, just to be on the safe side!

◆ **sûr** *fam adv*: **~ que: ~ qu'il va gagner!** he's bound to win!; **pas ~: il va accepter – pas ~!** he'll accept – don't count on it!

◆ **à coup sûr** *loc adv* definitely, no doubt; **elle sera à coup ~ en retard** she's sure to be late.

◆ **bien sûr** *loc adv* of course; **viendras-tu? – bien ~!** will you come? – of course (I will)!; **c'est vrai? – bien ~ que oui!** is it true? – of course it is!; **je peux? – bien ~!** may I? – of course!

◆ **pour sûr** *fam loc adv* for sure.

surabondamment [syrabɔ̃damɑ̃] *adv* overabundantly, profusely.

surabondance [syrabɔ̃dɑ̃s] *nf* overabundance, profusion, wealth; **une ~ de** a wealth of; **une ~ de céréales** an overabundance of cereals.

surabondant, e [syrabɔ̃dɑ̃, ɑ̃t] *adj* overabundant, profuse.

surabonder [3] [syrabɔ̃de] *vi* to abound in; **les campeurs surabondent dans la région** the area is overrun with campers.

◆ **surabonder de, surabonder en** *v + prép* to abound with.

suraccumulation [syrakymylasjɔ̃] *nf* overaccumulation.

suractivité [syraktivite] *nf* hyperactivity.

suraigu, ë [syregy] *adj* **-1.** [voix, son] very shrill. **-2.** [douleur] intense, acute.

surajouter [3] [syraʒute] *vt* to add; **il surajoute toujours des détails inutiles** he always adds unnecessary details.

◆ **se surajouter** *vpi* to come on top; **une difficulté qui vient se ~ (aux autres)** an extra difficulty.

suralimentation [syralimɑ̃tasjɔ̃] *nf* **-1.** [d'une personne] overeating; [d'un animal] overfeeding. **-2.** MÉCAN boosting, supercharging. **-3.** MÉD superalimentation.

suralimenté, e [syralimɑ̃te] *adj* **-1.** [personne] overfed. **-2.** [moteur] supercharged.

suralimenter [3] [syralimɑ̃te] *vt* **-1.** [personne, animal] to overfeed. **-2.** MÉCAN to supercharge.

suramplificateur [syrɑ̃plifikatœr] *nm* booster.

suranné, e [syrane] *adj* [style, idée] old-fashioned, outmoded; **une mode ~e** an outdated fashion.

surarmement [syrarməmɑ̃] *nm* stockpiling of weapons.

surate [syrat] *nf* sura.

surbaissé, e [syrbese] *adj* **-1.** [plafond] lowered; [arc, voûte] surbased. **-2.** AUT: **voiture à carrosserie ~e** car with a low (wheelbase) clearance.

surbaisser [4] [syrbese] *vt* [plafond] to lower; [arc, voûte] to surbase.

surboum [syrbum] *nf vieilli* party *(amongst adolescents in the sixties)*.

surcapacité [syrkapasite] *nf* overcapacity.

surcapitalisation [syrkapitalizasjɔ̃] *nf* overcapitalization, overcapitalizing *(U)*.

surcharge [syrʃarʒ] *nf* **-1.** [excédent de poids] overload, overloading; **~ de bagages** excess luggage; **la ~ de la voiture est à l'origine de l'accident** the accident occurred because the car was overloaded. **-2.** [excès] overabundance, surfeit; **~ de travail** extra work; **les parents se plaignent de la ~ des programmes scolaires** parents are complaining that the school curriculum is overloaded. **-3.** [sur un mot] alteration; **un acte public ne doit comporter ni rature ni ~** official documents must include neither deletions nor alterations. **-4.** [sur un timbre] surcharge, overprint. **-5.** CONSTR [d'un enduit] overthick coat; [ornementation] frills, over-embellishment. **-6.** ÉLECTR overload. **-7.** IMPR overprint. **-8.** [d'un cheval de course] (weight) handicap.

◆ **en surcharge** *loc adj* excess *(avant n)*, extra *(avant n)*.

surcharger [17] [syrʃarʒe] *vt* **-1.** [véhicule] to overload. **-2.** [accabler] to overburden; **surchargé de travail** overworked. **-3.** [alourdir] to weigh down; **un rapport surchargé de chiffres** a report containing too many figures. **-4.** [raturer] to alter.

surchauffe [syrʃof] *nf* **-1.** PHYS superheating. **-2.** [d'un moteur, d'un appareil] overheating. **-3.** ÉCON overheating. **-4.** MÉTALL [technique] superheating; [défaut] overheating.

surchauffé, e [syrʃofe] *adj* **-1.** [trop chauffé] overheated; **l'air était toujours ~ dans l'atelier** the air in the workshop was always too hot. **-2.** [surexcité] overexcited; **un public ~** an overexcited audience; **des esprits ~s** reckless individuals. **-3.** PHYS: **vapeur ~e** superheated steam.

surchauffer [3] [syrʃofe] *vt* **-1.** [pièce, appareil] to overheat. **-2.** PHYS to superheat.

surchauffeur [syrʃofœr] *nm* superheater.

surchoix [syrʃwa] *nm* best OU top quality, choice *(avant n)*.

surclasser [3] [syrklase] *vt* to outclass.

surcompensation [syrkɔ̃pɑ̃sasjɔ̃] *nf* overcompensation.

surcomposé, e [syrkɔ̃poze] *adj* GRAMM *which uses an auxiliary twice*.

surcompression [syrkɔ̃presjɔ̃] *nf* [procédé] superpressurizing; [état] superpressure.

surcomprimé, e [syrkɔ̃prime] *adj*: **moteur ~** [par modification] supercompression engine; [avec compresseur] supercharged engine.

surcomprimer [3] [syrkɔ̃prime] *vt* to supercharge.

surconsommation [syrkɔ̃sɔmasjɔ̃] *nf* overconsumption, excess OU excessive consumption.

surcontre [syrkɔ̃tr] *nm* redouble CARDS.

surcontrer [3] [syrkɔ̃tre] *vt* to redouble CARDS.

surcoupe [syrkup] *nf* CARTES overtrumping.

surcouper [3] [syrkupe] *vt* CARTES to overtrump.

surcoût [syrku] *nm* surcharge, overcharge.

surcroît [syrkrwa] *nm*: **un ~ de travail** extra OU additional work.

◆ **de surcroît** *loc adv* moreover, what's more; **il est beau, et intelligent de ~** he is handsome, and moreover OU what's more, he's bright.

◆ **en surcroît** *loc adv* [en plus] in addition; **venir** OU **être donné en ~** to come on top; **il y a cinq jours de vacances, le lundi de Pentecôte vient en ~** there are five days' holiday, plus Whit Monday.

◆ **par surcroît** = **de surcroît**.

surcuit [syrkɥi] *nm* overburnt lime.

surdétermination [syrdetɛrminasjɔ̃] *nf* overdetermination.

surdéterminer [3] [syrdetɛrmine] *vt* to overdetermine.

surdéveloppé, e [syrdevlɔpe] *adj* overdeveloped.

surdi-mutité [syrdimytite] *(pl* **surdi-mutités**) *nf* deaf-muteness, deaf-mutism.

surdité [syrdite] *nf* deafness; **~ de perception/transmission** perceptive/conductive deafness.

surdosage [syrdozaʒ] *nm* overdosage, overdosing.

surdose [syrdoz] *nf* overdose.

surdoué, e [syrdwe] ◇ *adj* hyperintelligent *spéc*, gifted.

◇ *nm, f* hyperintelligent *spéc* OU gifted child.

sureau, x [syro] *nm* elder, elderberry tree.

sureffectif [syrefɛktif] *nm* overmanning *(U)*.

surélévation [syrelevasjɔ̃] *nf* CONSTR [action] heightening; [état] additional OU extra height.

surélever [19] [syrelve] *vt* CONSTR [mur] to heighten, to raise; **~ un immeuble de deux étages** to add two floors to a building; **on a surélevé la voie ferrée** the railway has been raised above ground level.

sûrement [syrmɑ̃] *adv* **-1.** [en sécurité] safely. **-2.** [efficacement] efficiently, with a sure hand; **conduire ~ ses affaires** to run one's affairs with a sure hand. **-3.** [certainement] certainly, surely; **ce que tu as dit l'a condamné plus ~ que s'il avait été pris sur le fait** what you said condemned him even more surely than if he'd been caught red-handed; **il sera ~ en retard** he's bound to OU sure to be late; **ils ont ~ été pris dans les embouteillages** they must have been caught in the traffic ❑ **~ que** *fam*: **~ qu'il vaudrait mieux attendre, mais...** sure it's better to wait, but... **-4.** [oui]: **va-t-elle accepter? – ~** will she accept? – she certainly will OU she's bound to; **~ pas!** certainly not! **-5.** *(comme adv indép)* [peut-être bien] no doubt; **oui, ~, il vaudrait mieux le prévenir** yes, no doubt, it would be better to warn him.

suréminent, e [syreminɑ̃, ɑ̃t] *adj* very eminent, egregious *litt*.

surémission [syremisjɔ̃] *nf* overissue.

suremploi [syrɑ̃plwa] *nm* overemployment.

surenchère [syrɑ̃ʃɛr] *nf* **-1.** [prix] higher bid, overbid; **faire une ~** to overbid; **une ~ de 50 francs à ma droite** another 50 francs on my right. **-2.** *fig* overblown promises; **la ~ électorale** exaggerated political promises *(during an election campaign)*; **la ~ publicitaire/médiatique** advertising/media exaggeration ❑ **faire de la ~** to go one better than everybody else; **d'accord, il a été courageux, pas besoin de faire de la ~** *fam* OK, so he was brave, no need to overdo it OU to lay it on so thick.

surenchérir [32] [syrɑ̃ʃerir] *vi* **-1.** [offrir de payer plus] to overbid, to raise one's bid; **si personne ne vient ~** if nobody makes a higher bid; **il y aura un délai pour ~** a period of time will be set aside for any higher bids. **-2.** *fig*: **~ sur** to go one better than; **~ sur une offre** to make a better offer.

surenchérissement [syrɑ̃ʃerismɑ̃] *nm* fresh rise OU increase (in price).

surenchérisseur, euse [syrɑ̃ʃerisœr, øz] *nm, f* higher bidder.

surendettement [syrɑ̃dɛtmɑ̃] *nm* debt burden.

surentraînement [syrɑ̃trɛnmɑ̃] *nm* overtraining.

surentraîner [4] [syrɑ̃trɛne] *vt* to overtrain.

suréquipement [syrekipmɑ̃] *nm* [action] overequipping; [état] overequipment; [excès] excess equipment.

suréquiper [3] [syrekipe] *vt* to overequip.

surestimation [syrɛstimasjɔ̃] *nf* **-1.** [action] overestimation; COMM overvaluing. **-2.** [résultat] overestimate; COMM overvaluation.

surestimer [3] [syrɛstime] *vt* **-1.** [objet] to overvalue. **-2.** [valeur, personne] to overestimate.

suret, ette [syre, ɛt] *adj* sourish, slightly tart; **un petit vin ~** a wine with a hint of tartness.

sûreté [syrte] *nf* **-1.** [sécurité] safety; **la ~ de l'État** state security; **~ nucléaire** nuclear safety; **par mesure de ~, pour plus de ~** as a precaution. **-2.** [fiabilité - de la mémoire, d'une méthode, d'un diagnostic, des freins] reliability; [- d'une serrure] security. **-3.** [système de protection] safety device; **équiper sa porte d'une ~** to fit one's door with a security system. **-4.** JUR: **~ personnelle** guarantee, surety; **~ indivi-**

duelle (rights of) personal security *(against arbitrary detention)*; ~ réelle (valuable) security; la Sûreté (nationale) *the French criminal investigation department*, ≃ CID *Br*, ≃ FBI *Am*.

◆ **de sûreté** *loc adj* safety *(modif)*.

◆ **en sûreté** *loc adv*: mettre qqch en ~ to put sthg in a safe place OU away for safekeeping.

surévaluation [syrevalɥasjɔ̃] *nf* overvaluation, overestimation.

surévaluer [7] [syrevalɥe] *vt* -**1.** [donner une valeur supérieure à] to overvalue; **le conseil municipal a surévalué les terrains** the council overvalued the land. -**2.** [accorder une importance excessive à] to overestimate; ~ **un joueur de football** to overestimate a football player.

surexcitable [syrɛksitabl] *adj* -**1.** [gén] overexcitable. -**2.** PSYCH hyperexcitable.

surexcitant, e [syrɛksitɑ̃, ɑ̃t] *adj* overexciting.

surexcitation [syrɛksitasjɔ̃] *nf* overexcitement.

surexciter [3] [syrɛksite] *vt* -**1.** [personne] to overexcite. -**2.** [sentiment, faculté] to overexcite, to overstimulate, to inflame; ~ **l'imagination de qqn** to overexcite OU to overstimulate sb's imagination.

surexploitation [syrɛksplwatasjɔ̃] *nf* -**1.** [d'une terre] overfarming. -**2.** [de la main-d'œuvre] exploitation.

surexploiter [3] [syrɛksplwate] *vt* -**1.** [terre] to overexploit. -**2.** [ouvrier] to exploit. -**3.** [thème, idée] to overuse.

surexposer [3] [syrɛkspoze] *vt* to overexpose.

surexposition [syrɛkspozisjɔ̃] *nf* overexposure.

surf [sœrf] *nm* -**1.** [planche] surfboard. -**2.** [sport] surfing; **faire du** ~ to go surfing.

surfaçage [syrfasaʒ] *nm* surfacing.

surface [syrfas] *nf* -**1.** [aire] (surface) area; **calculer la** ~ **d'une pièce** to calculate the (surface) area of a room ☐ ~ **corrigée** JUR surface area *(used in the evaluation of a reasonable rent)*. -**2.** [espace utilisé] surface; **quelle est la** ~ **de l'entrepôt?** how big is the warehouse? -**3.** [partie extérieure] surface, outside; **la** ~ **de la Terre** the Earth's surface; **la** ~ **de l'étang est gelée** the surface of the pond is frozen, the pond is frozen over; **une peau se forme à la** ~ **du lait** skin forms on the surface OU on top of the milk; **faire** ~ [sous-marin, nageur] to surface; **refaire** ~, **revenir à la** ~ [après évanouissement] to come to OU round; [après anesthésie] to come out of anaesthetic, to come round; [après une dépression] to pull out of it; [après une absence] to reappear; **le corps du mineur a été remonté à la** ~ the miner's body was brought up to the surface. -**4.** [apparence] surface, (outward) appearance; **la** ~ **des choses** the surface of things. -**5.** *fam* [position sociale] status; **avoir de la** ~ to be influential. -**6.** AÉRON: ~ **portante** aerofoil *Br*, airfoil *Am*. -**7.** ÉLECTR: ~ **d'onde** wavefront. -**8.** GÉOG, LING & MATH surface. -**9.** PHOT: ~ **sensible** sensitized surface. -**10.** SPORT: ~ **de réparation** penalty area. -**11.** TECH: ~ **de chauffe** heating surface.

◆ **de surface** *loc adj* -**1.** NAUT & PHYS surface *(modif)*. -**2.** [amabilité, regrets] superficial, outward.

◆ **en surface** *loc adv* -**1.** [à l'extérieur] on the surface. -**2.** [superficiellement] on the face of things, superficially.

◆ **grande surface** *nf* hypermarket.

surfacer [16] [syrfase] *vt* to surface.

surfacique [syrfasik] *adj* surface *(modif)*.

surfaire [109] [syrfɛr] *vt* -**1.** [marchandise] to overprice. -**2.** [ouvrage, talent] to overrate, to overvalue.

surfait, e [syrfɛ, ɛt] *adj* -**1.** [exagéré] overrated; **une réputation** ~**e** an inflated reputation; **c'est un peu** ~ it's not what it's cracked up to be. -**2.** [surévalué] overvalued; **leurs prix sont** ~**s** their prices are too high.

surfer [3] [sœrfe] *vi* to surf.

surfeur, euse [sœrfœr, øz] *nm, f* surfer.

surfil [syrfil] *nm* [technique] whipping; [point] overcasting stitch.

surfilage [syrfilaʒ] *nm* COUT whipping.

surfiler [3] [syrfile] *vt* COUT to whip.

surfin, e [syrfɛ̃, in] *adj* superfine.

surfondu, e [syrfɔ̃dy] *adj* superfused, supercooled.

surfusion [syrfyzjɔ̃] *nf* superfusion, supercooling.

surgélateur [syrʒelatœr] *nm* (industrial) deep freeze OU freezer.

surgélation [syrʒelasjɔ̃] *nf* (industrial) deep-freezing.

surgelé, e [syrʒəle] *adj* frozen, deep-frozen.

◆ **surgelé** *nm* frozen food; **j'ai acheté un** ~ **pour ce soir** I've bought a frozen dinner for tonight.

surgeler [25] [syrʒəle] *vt* to deep-freeze *(industrially)*.

surgénérateur [syrʒeneratœr] = **surrégénérateur**.

surgénération [syrʒenerasjɔ̃] = **surrégénération**.

surgeon [syrʒɔ̃] *nm* sucker BOT.

surgir [32] [syrʒir] *vi* -**1.** [personne, animal, objet] to appear OU to materialize suddenly, to loom up; [hors du sol et rapidement] to shoot OU to spring up; **des gens, surgis d'on ne sait où** people who had sprung from nowhere; **l'eau surgit du sol entre deux rochers** the water springs OU gushes out of the ground between two rocks. -**2.** [conflit] to arise; [difficultés] to crop up, to arise.

surgissement [syrʒismɑ̃] *nm litt* sudden appearance, looming up; [hors du sol et rapide] shooting OU springing up.

surhaussé, e [syrose] *adj* stilted CONSTR.

surhaussement [syrosmɑ̃] *nm* raising CONSTR.

surhausser [3] [syrose] *vt* to raise CONSTR.

surhomme [syrɔm] *nm* -**1.** [gén] superman. -**2.** PHILOS übermensch, overman.

surhumain, e [syrymɛ̃, ɛn] *adj* superhuman; **ce qu'on me demande est** ~ I'm being asked to do something beyond human endurance.

surimposer [3] [syrɛ̃poze] *vt* to overtax FIN.

surimposition [syrɛ̃pozisjɔ̃] *nf* -**1.** FIN overtaxation. -**2.** GÉOG superimposition.

surimpression [syrɛ̃presjɔ̃] *nf* superimposition.

◆ **en surimpression** *loc adj* superimposed; **les deux images sont en** ~ the two pictures are superimposed.

surin [syrɛ̃] *nm* -**1.** BOT young appletree stock. -**2.** *arg crime* [couteau] knife.

Surinam(e) [syrinam] *npr m*: **le** ~ Surinam; **au** ~ in Surinam.

suriner [syrine] *vt arg crime* to stab to death.

surinfection [syrɛ̃fɛksjɔ̃] *nf* secondary infection.

surintendant, e [syrɛ̃tɑ̃dɑ̃, ɑ̃t] *nm, f* (in-house) social worker.

◆ **surintendant** *nm* HIST: ~ **général des finances** ≃ Lord High Treasurer; ~ **général des bâtiments du roi** ≃ Surveyor General of the King's Works.

◆ **surintendante** *nf* HIST First Lady-in-Waiting.

surintensité [syrɛ̃tɑ̃site] *nf* (current) overload.

surinvestissement [syrɛ̃vɛstismɑ̃] *nm* FIN & PSYCH overinvestment.

surir [32] [syrir] *vi* to (become OU turn) sour.

surjectif, ive [syrʒɛktif, iv] *adj* surjective; **application surjective** surjection.

surjection [syrʒɛksjɔ̃] *nf* surjection.

surjet [syrʒɛ] *nm* [point] overcast stitch; [couture] overcast seam.

surjeter [27] [syrʒəte] *vt* to overcast.

sur-le-champ [syrləʃɑ̃] *loc adv* immediately, at once, straightaway.

surlendemain [syrlɑ̃dmɛ̃] *nm*: **le** ~ **de la fête** two days after the party; **il m'a appelé le lendemain, et le** ~ he called me the next day, and the day after; **et le** ~, **j'étais à Paris** and two days later, I was in Paris.

surligner [3] [syrliɲe] *vt* to highlight *(with a fluorescent pen)*.

surligneur [syrliɲœr] *nm* highlighter.

surlouer [6] [syrlwe] *vt* [donner ou prendre en location] to rent at an unreasonable OU excessive price.

surloyer [syrlwaje] *nm* additional rental expenses.

surmédicalisation [syrmedikalizasjɔ̃] *nf* overmedicalization.

surmédicaliser [3] [syrmedikalize] *vt* to overmedicalize.

surmenage [syrmənaʒ] *nm* [nerveux] overstrain, overexertion; [au travail] overwork, overworking; **souffrir de** ~ to be overworked, to suffer from overwork ☐ ~ **intellectuel** mental strain.

surmené, e [syrməne] *nm, f* [nerveusement] person suffering from nervous exhaustion; [par le travail] overworked person.

surmener [19] [syrməne] *vt* -**1.** [bête de somme, cheval] to overwork, to drive too hard. -**2.** [personne - physiquement] to overwork; [- nerveusement] to overtax.

◆ **se surmener** *vp (emploi réfléchi)* to overtax o.s., to work too hard.

surmoi [syrmwa] *nm inv* superego.

surmontable [syrmɔ̃tabl] *adj* surmountable, superable, which can be overcome.

surmonter [3] [syrmɔ̃te] *vt* -**1.** [être situé sur] to surmount, to top; **un dôme surmonte l'édifice** the building is surmounted OU crowned by a dome; **une église surmontée d'un clocher** a church with a steeple. -**2.** [triompher de - difficulté] to get over, to surmount, to overcome; [- peur, émotion] to overcome, to get the better of, to master; [- fatigue] to overcome.

surmortalité [syrmɔrtalite] *nf* comparatively high death rate.

surmouler [3] [syrmule] *vt*: ~ **qqch** to cast sthg into a working mould.

surmulet [syrmylɛ] *nm* red mullet, surmullet *Am*.

surmulot [syrmylo] *nm* brown OU Norway rat.

surmultiplication [syrmyltiplikasjɔ̃] *nf* overdrive (device).

surmultiplié, e [syrmyltiplije] *adj*: **vitesse** ~**e** overdrive.

◆ **surmultipliée** *nf* overdrive.

surnager [17] [syrnaʒe] *vi* -**1.** [flotter] to float; **le pétrole surnage à la surface de la mer** oil is floating on the sea. -**2.** [subsister - ouvrage] to remain; [- souvenir] to linger on; **seuls quelques noms surnagent dans ma mémoire** only a few names linger on in my memory.

surnatalité [syrnatalite] *nf* comparatively high birth rate.

surnaturel, elle [syrnatyrɛl] *adj* -**1.** [d'un autre monde] supernatural. -**2.** [fabuleux, prodigieux] uncanny; **le clair de lune donnait au paysage une beauté** ~**le** the landscape was uncannily beautiful in the moonlight. -**3.** [divin] spiritual; **la vie** ~**le** the spiritual life.

◆ **surnaturel** *nm*: **le** ~ the supernatural.

surnom [syrnɔ̃] *nm* -**1.** [appellation] nickname; **Cœur de lion était le** ~ **du roi Richard** King Richard was known as the Lionheart. -**2.** ANTIQ agnomen.

surnombre [syrnɔ̃br] *nm* excessive numbers.

◆ **en surnombre** *loc adj* redundant, excess *(avant n)*; **des ouvriers en** ~ too many workers; **nous étions en** ~ there were too many of us.

surnommer [3] [syrnɔme] *vt* to nickname; **elles l'ont surnommé «le Tombeur»** they nicknamed him "Ladykiller"; **dans sa famille, on la surnomme «Rosita»** her family's pet name for her is "Rosita".

surnuméraire [syrnymerɛr] *adj* & *nmf* supernumerary.

suroffre [syrɔfr] *nf* -**1.** [offre plus avantageuse] higher bid OU offer. -**2.** ÉCON oversupply.

suroît [syrwa] *nm* -**1.** [vent] southwester, southwesterly. -**2.** [chapeau] sou'wester.

suroxygéné, e [syrɔksiʒene] *adj* hyperoxygenated.

surpassement [syrpasmɑ̃] *nm*: **le ~ de soi** OU **de soi-même** excelling o.s.

surpasser [3] [syrpase] *vt* -**1.** [surclasser] to surpass, to outdo; **il a surpassé ses concurrents** he outdid his competitors; **~ qqn en habileté** to be more skilful than sb. -**2.** [aller au-delà de] to surpass, to go beyond; **leur enthousiasme surpasse toutes mes espérances** their enthusiasm is beyond all my expectations, they're far more enthusiastic than I expected.

◆ **se surpasser** *vp* *(emploi réfléchi)* to excel o.s.; **quel gâteau, tu t'es surpassé!** what a cake, you've really surpassed yourself!

surpâturage [syrpatyraʒ] *nm* overgrazing.

surpaye [syrpɛj] *nf* overpayment.

surpayer [11] [syrpeje] *vt* -**1.** [employé] to overpay. -**2.** [marchandise] to be overcharged for.

surpeuplé, e [syrpœple] *adj* overpopulated.

surpeuplement [syrpœpləmɑ̃] *nm* overpopulation.

surpiquer [3] [syrpike] *vt* to oversew.

surpiqûre [syrpikyr] *nf* oversewn seam.

surplace [syrplas] *nm*: **faire du ~** [à vélo] to go dead slow; [en voiture] to come to a standstill OU a complete stop; **l'économie fait du ~** *fig* the economy is marking time OU treading water; **en allemand, je fais du ~** I'm not getting anywhere with German.

surplis [syrpli] *nm* surplice.

surplomb [syrplɔ̃] *nm* overhang.

◆ **en surplomb** *loc adj* overhanging.

surplombant, e [syrplɔ̃bɑ̃, ɑ̃t] *adj* overhanging.

surplombement [syrplɔ̃bmɑ̃] *nm* overhang.

surplomber [3] [syrplɔ̃be] ◇ *vt* to overhang; **des falaises qui surplombent la mer** overhanging cliffs; **de chez elle on surplombe tout Paris** from her window you have a bird's-eye view of the whole of Paris.

◇ *vi* to overhang.

surplus [syrply] *nm* -**1.** [excédent] surplus, extra; **ils ont vendu le ~ de la récolte** they sold the surplus crop. -**2.** [supplément - à une quantité] supplement; [- à un prix] surcharge; **vous paierez le ~ le mois prochain** you'll pay the extra next month. -**3.** ÉCON [stock excédentaire] surplus (stock); [gain] surplus. -**4.** [boutique] (army) surplus (store); **les ~ américains** US army surplus.

◆ **au surplus** *loc adv* moreover, what's more.

surpopulation [syrpɔpylasjɔ̃] *nf* overpopulation.

surprenant, e [syrprənɑ̃, ɑ̃t] *adj* -**1.** [inattendu, étonnant] surprising, odd. -**2.** [exceptionnel] astonishing, amazing.

surprendre [79] [syrprɑ̃dr] *vt* -**1.** [dans un acte délictueux]: **~ qqn** to catch sb in the act; **on l'a surprise à falsifier la comptabilité** she was caught (in the act of) falsifying the accounts. -**2.** [prendre au dépourvu]: **ils sont venus nous ~ à la maison** they paid us a surprise visit at home; **ils réussirent à ~ la sentinelle** they managed to take the sentry by surprise; **~ qqn au saut du lit** to catch sb when he/she has just got up; **la mort l'a surpris dans son sommeil** he died in his sleep; **se laisser ~ par** [orage] to get caught in; [marée] to get caught by; [crépuscule] to be overtaken by. -**3.** [conversation] to overhear; **j'ai surpris leur regard entendu** I happened to see the knowing look they gave each other. -**4.** [déconcerter] to surprise; **être surpris de qqch** to be surprised at sthg; **cela ne surprendra personne** this will come as a surprise to nobody; **cela ne vous surprendra pas d'apprendre que je pars** you won't be surprised OU it will come as no surprise to you to hear that I'm leaving; **là, vous me surprenez!** well, you astound me! -**5.** *litt* [tromper]: **~ la confiance de qqn** to violate sb's trust; **votre bonne foi a été surprise** your good faith was taken advantage of.

◆ **se surprendre à** *vp + prép*: **se ~ à faire** to find OU to catch o.s. doing; **je me surprends à en douter** I catch myself having doubts about it.

surpression [syrpresjɔ̃] *nf* very high pressure.

surprime [syrprim] *nf* extra OU additional premium.

surpris, e [syrpri, iz] *adj* -**1.** [pris au dépourvu] surprised; **l'ennemi ~ n'opposa aucune résistance** caught off their guard, the enemy put up no resistance. -**2.** [déconcerté] surprised; **en apercevant son père, elle parut extrêmement ~e** when she saw her father, she looked extremely surprised; **je suis ~ de son absence/de ne pas la voir/qu'elle ne réponde pas/de ce qu'elle ne réagisse pas** I'm surprised (that) she's not here/not to see her/(that) she doesn't reply/(that) she hasn't reacted; **être agréablement/désagréablement ~** to be pleasantly/unpleasantly surprised; **je serais bien ~ si**: **je serais bien ~ si elle ne demandait pas une augmentation** I'd be surprised if she didn't ask for a rise; **être le premier ~**: **quand on m'a dit que ma fille se mariait, j'ai été le premier ~** when I heard that my daughter was getting married, it came as a real surprise. -**3.** [vu, entendu par hasard]: **quelques mots ~ entre deux portes** a snatch of overheard conversation.

◆ **surprise** *nf* -**1.** [étonnement, stupéfaction] surprise; **cette information causa une grande ~e** this information was received with amazement OU caused much surprise; **à la grande ~e de** to the great surprise of; **à la grande ~e de toute la famille, il s'est marié** to his family's great surprise, he got married; **à ma grande ~e** to my great surprise, much to my surprise; **à la ~e générale** to everybody's surprise; **regarder qqn avec ~e** to look at sb in surprise; **on va de ~e en ~e avec eux** with them it's just one surprise after another. -**2.** [événement inattendu] surprise; **quelle (bonne) ~e!** what a (nice OU pleasant) surprise!; **avoir une ~e** to be surprised; **tout le monde a eu la ~e d'avoir une prime** everyone was surprised to get a bonus; **faire une ~e à qqn** to spring a surprise on sb; **ne lui dis pas, je veux lui faire la ~e** don't tell him, I want it to be a surprise; **on a souvent de mauvaises ~es avec lui** you often have unpleasant surprises with him ❑ **attaque ~e** surprise attack; **grève ~e** lightning strike; **visite ~e** surprise OU unexpected visit; **voyage ~e** unplanned trip. -**3.** [cadeau] surprise; [pour les enfants] lucky bag; **j'ai une petite ~e pour toi** I brought you a little surprise. -**4.** MIL surprise; **ce qui compte dans une offensive, c'est la ~e** surprise OU the surprise element is the most important thing in an attack.

◆ **par surprise** *loc adv* MIL: **prendre une ville par ~e** to take a town by surprise.

◆ **sans surprise(s)** *loc adj*: **ce fut un voyage sans ~e** it was an uneventful trip; **son père est sans ~e** his father is very predictable.

surprise-partie [syrprizparti] (*pl* surprises-parties) *nf vieilli* party.

surproducteur, trice [syrprɔdyktœr, tris] *adj* overproducing.

surproduction [syrprɔdyksjɔ̃] *nf* overproduction.

surproduire [98] [syrprɔdɥir] *vt* to overproduce.

surprotéger [22] [syrprɔteʒe] *vt* to overprotect.

surpuissant, e [syrpɥisɑ̃, ɑ̃t] *adj* -**1.** MÉCAN ultra-powerful. -**2.** [personne] too powerful.

surréalisme [syrrealism] *nm* surrealism.

surréaliste [syrrealist] ◇ *adj* -**1.** BX-ARTS & LITTÉRAT surrealist. -**2.** [magique] surreal.

◇ *nmf* surrealist.

surrection [syrrɛksjɔ̃] *nf* uplift GEOL.

surréel [syrreɛl] *nm* surreal.

surrégénérateur [syrreʒeneratœr] ◇ *nm* breeder reactor; **~ à neutrons rapides** fast breeder reactor.

◇ *adj m* fast breeder *(modif)*.

surrégénération [syrreʒenerasjɔ̃] *nf* breeding NUCL.

surrénal, e, aux [syrrenal, o] *adj* suprarenal, adrenal.

◆ **surrénale** *nf* suprarenal OU adrenal gland.

surréservation [syrrezɛrvasjɔ̃] *nf* overbooking.

sursalaire [syrsalɛr] *nm* bonus.

sursaturation [syrsatyrasjɔ̃] *nf* -**1.** ÉCON oversaturation. -**2.** PHYS supersaturation.

sursaturer [3] [syrsatyre] *vt* -**1.** ÉCON to oversaturate. -**2.** PHYS to supersaturate.

sursaut [syrso] *nm* -**1.** [tressaillement] start, jump; **elle eut un ~ de peur** she jumped in alarm. -**2.** [regain subit] burst; **un ~ d'énergie** a burst of energy; **après un dernier ~** after a final burst (of activity).

◆ **en sursaut** *loc adv* [brusquement] with a start; **elle se réveilla en ~** she woke up with a start.

sursauter [3] [syrsote] *vi* to start, to jump; **faire ~ qqn** to give sb a start, to make sb start OU jump.

surseoir [66] [syrswar]

◆ **surseoir à** *v + prép* -**1.** *litt* [différer - publication, décision] to postpone, to defer. -**2.** JUR: **~ à statuer** to defer a judgment; **~ à une exécution** to stay an execution.

sursimulation [syrsimylasjɔ̃] *nf*: **~ d'une maladie** exaggerating one's symptoms.

sursis [syrsi] *nm* -**1.** [délai] reprieve, extension; **ils bénéficient d'un ~ pour payer leurs dettes** they've been granted an extension of the time limit for paying their debts. -**2.** JUR reprieve; **bénéficier d'un ~** to be granted OU given a reprieve; **~ simple** ≃ conditional discharge; **~ avec mise à l'épreuve** ≃ probation order. -**3.** [ajournement] deferment, extension; **~ à statuer** stay of proceedings; **~ d'incorporation** MIL deferment OU deferral of call-up.

◆ **avec sursis** *loc adj* suspended; **il est condamné à (une peine de) cinq ans avec ~** he's been given a five year suspended (prison) sentence.

◆ **en sursis** *loc adj* -**1.** JUR in remission. -**2.** [en attente]: **c'est un mort en ~** he's living on borrowed time.

sursitaire [syrsitɛr] *nm* MIL provisionally exempted conscript.

surtaux [syrto] *nm* excessively high rate.

surtaxe [syrtaks] *nf* surcharge.

surtaxer [3] [syrtakse] *vt* [frapper d'une taxe - supplémentaire] to surcharge; [- excessive] to overcharge.

surtension [syrtɑ̃sjɔ̃] *nf* (voltage) overload, overvoltage *spéc*.

surtitre [syrtitr] *nm* head PRESS.

surtout[1] [syrtu] *adv* -**1.** [avant tout, par-dessus tout] above all; [plus particulièrement] particularly, especially; **il leur faut naturellement de l'argent, mais ~ de l'aide** they obviously need money, but above all OU but most important of all, they need help; **il y avait ~ des touristes dans la salle** most of the audience were tourists; **elle aime ~ l'art moderne** she particularly likes modern art; **j'adore la viande, ~ bien cuite** I love meat, especially when it's well done; **c'est un endroit merveilleux, ~ l'été** it's a wonderful place, especially in summer; **ils sont pingres, ~ lui!** they're tight-fisted, especially him!; **il est agréable ~ quand il a besoin d'aide!** he's very nice, especially when he needs help! -**2.** [renforçant un conseil, un ordre]: **~, téléphonez-moi dès que vous serez arrivé** you MUST ring OU call me as soon as you get there; **~, dis au médecin que tu as de l'asthme** be sure to tell the doctor that you've got asthma; **~, pas de panique!** whatever you do, don't panic!; ne faites ~ pas de bruit don't you make ANY noise; je vais lui dire – ~ pas! I'll tell her – you'll do nothing of the sort!

◆ **surtout que** *fam loc conj* especially as; **il ne devrait pas fumer ~ qu'il a les poumons fragiles** he shouldn't smoke, especially as he has weak lungs.

surtout[2] [syrtu] *nm* -1. [décor de table] epergne, centrepiece. -2. VÊT & *vieilli* overcoat.

surveillance [syrvɛjɑ̃s] *nf* -1. [contrôle] supervision, overseeing; **c'est Jane qui est chargée de la ~ des enfants ce matin** Jane's looking after the children this morning; **tromper** OU **déjouer la ~ de qqn** to evade sb, to give sb the slip; **être chargé de la ~ de qqch** to be responsible for supervising sthg; **chargé de la ~ des travaux/de l'examen** responsible for overseeing the work/invigilating *Br* OU proctoring *Am* the examination; **cet appareil est destiné à la ~ des contractions/du rythme cardiaque** this machine monitors contractions/the heartbeat. -2. ADMIN & JUR surveillance; **~ légale** sequestration (by the courts); **~ de la pêche** fisheries protection service; **~ du territoire** counterespionage OU counterintelligence section.

◆ **de surveillance** *loc adj* -1. [service, salle] security *(modif)*; [avion, équipe] surveillance *(modif)*; [appareil] supervisory; [caméra] surveillance *(modif)*, closed-circuit *(avant n)*. -2. MÉD monitoring.

◆ **en surveillance** *loc adv*: **le malade est en ~ à l'hôpital** the patient's progress is being monitored in hospital.

◆ **sans surveillance** *loc adj & adv* unattended, unsupervised.

◆ **sous la surveillance de** *loc prép* under the surveillance of, under observation by; **sous la ~ de la police** under police surveillance.

◆ **sous surveillance** *loc adv* -1. [par la police] under surveillance; **mettre** OU **placer qqch sous ~** to put sthg under surveillance; **banque sous ~ électronique** bank under electronic surveillance. -2. MÉD under observation.

surveillant, e [syrvɛjɑ̃, ɑ̃t] *nm, f* -1. [de prison] prison guard; [d'une salle d'hôpital] charge nurse *Br*, sister *Br*, head nurse *Am*; [de magasin] store detective; [de chantier] supervisor, overseer. -2. ENS (paid) monitor; [d'examen] invigilator *Br*, proctor *Am*; **~ d'internat** boarders' supervisor; **~ général** *vieilli* head supervisor *(person who was in charge of discipline in a school)*.

surveiller [4] [syrveje] *vt* -1. [épier] to watch; **il fait ~ sa femme par un détective privé** he's having his wife watched by a private detective; **on nous surveille** we're being watched ‖ *(en usage abs)* to keep watch; **je surveille, vous pouvez y aller** go ahead, I'm keeping watch. -2. [contrôler - travaux, ouvriers, études] to oversee, to surpervise; [- cuisson] to watch; **surveille le lait, il ne doit pas bouillir** watch that the milk doesn't boil; **vous devriez ~ les fréquentations de vos enfants** you should keep an eye on the company your children keep; **voilà ce qui arrive aux adolescents que leurs parents ne surveillent pas** that's what happens to unsupervised adolescents. -3. [observer] to watch, to keep watch on OU over; **~ les mouvements de troupes à la frontière** to keep watch on enemy troop movements along the border; **~ un territoire** to keep watch over a territory; **~ qqch de près**: **l'ambassade est surveillée de près** [gén] the embassy is closely watched; [exceptionnellement] the embassy is under strict surveillance; **la situation est à ~ de près** the situation should be very closely monitored. -4. [veiller sur - bébé, bagages] to watch, to keep an eye on; **~ un malade** [personne] to watch over a patient; [avec une machine] to monitor a patient; **vas-y, je surveille tes affaires** go ahead, I'll keep an eye on your things; **j'aurais dû le ~ davantage** I should have kept a closer watch on him. -5. [prendre soin de] to watch; **~ son langage/sa santé/sa ligne** to watch one's language/one's health/one's figure.

◆ **se surveiller** *vp (emploi réfléchi)* -1. [se contrôler] to be careful what one does; **dans ce pays, il faut sans cesse se ~** you have to be very careful in this country. -2. [se restreindre] to watch o.s., to keep a watch on o.s.; **tu as grossi, tu devrais te ~** you've put on weight, you should watch yourself.

survenance [syrvənɑ̃s] *nf* JUR unexpected arrival OU appearance; **~ d'enfant** unforeseen childbirth.

survenir [40] [syrvənir] *vi* -1. [problème, complication] to arise, to crop up; [événement, incident] to happen, to occur, to take place. -2. *litt* [personne] to appear OU to arrive unexpectedly.

survente [syrvɑ̃t] *nf* -1. COMM overcharging. -2. NAUT increase of wind force.

survenue [syrvəny] *nf litt* -1. [d'une personne] unexpected arrival OU appearance. -2. [d'une complication] appearance.

survêt *fam* [syrvɛt] *nm* tracksuit.

survêtement [syrvɛtmɑ̃] *nm* SPORT & LOISIRS tracksuit.

survie [syrvi] *nf* -1. [continuation de la vie] survival; **quelques jours de ~** a few more days to live; **donner à un malade quelques mois de ~** to prolong a patient's life for a few more months; **la ~ d'une tradition** the continuance OU survival of a tradition; **nous luttons pour la ~ de notre entreprise** we are fighting for the survival of our company ☐ **expérience de ~** survival experiment. -2. MÉD [coma dépassé]: **un malade en ~** a braindead patient. -3. [au-delà de la mort] afterlife. -4. JUR: **droits** OU **gains de ~** (stipulated OU contractual) rights of survivorship. -5. ÉCOL survival.

survirage [syrviraʒ] *nm* oversteer.

survirer [3] [syrvire] *vi* to oversteer.

survitesse [syrvitɛs] *nf* excessive speed.

survitrage [syrvitraʒ] *nm* double glazing; **poser un ~** to fit double glazing.

survivance [syrvivɑ̃s] *nf* -1. [d'une coutume] trace, survival; **c'est une ~ des rites païens** it's a relic OU a survival from pagan rites. -2. *litt* [survie] survival; **~ de l'âme** the survival of the soul after death. -3. LING archaicism.

survivant, e [syrvivɑ̃, ɑ̃t] ◇ *adj* [conjoint, coutume] surviving *(avant n)*.

◇ *nm, f* -1. [rescapé] survivor; **les ~s du tremblement de terre** the survivors of the earthquake; **il est le seul ~** he is the sole survivor. -2. *fig* survivor; **un ~ du surréalisme** a survivor from the surrealist era.

survivre [90] [syrvivr] *vi* -1. [réchapper] to survive, to live on; **ceux qui ont survécu** those who survived, the survivors. -2. [continuer à exister] to survive; **une coutume qui a survécu à travers les siècles** a custom that has survived OU endured through the ages; **dans le monde des affaires, il faut lutter pour ~** in business, it's a struggle for survival; **~ à** to survive; **~ à un accident** to survive an accident; **elle a survécu à tous ses enfants** she has survived OU outlived all her children; **il a survécu à sa femme** he has outlived his wife; **je ne veux pas lui ~** I don't want to live on after his death; **l'association n'a pas survécu à son créateur** the association did not outlive its founder; **le régime a survécu au putsch** the government survived the putsch; **la statue a survécu aux bombardements** the statue has survived the bombing.

◆ **se survivre** *vpi* -1. [artiste, célébrité] to outlive one's fame OU success. -2. *litt*: **se ~ dans qqn/qqch** to live through sb/sthg; **se ~ dans ses enfants** to live on through one's children.

survol [syrvɔl] *nm* -1. AÉRON flight over; **l'Espagne a refusé le ~ de son territoire** Spain refused to allow the aircraft to fly over OU to overfly its territory. -2. [d'un texte] skimming through; [d'une question] skimming over; **un ~ du roman montre que...** a quick look at the novel shows that...

survoler [3] [syrvɔle] *vt* -1. AÉRON to overfly, to fly over. -2. [texte] to skim through; [question] to skim over; **vous ne faites que ~ la question** your treatment of the question is (too) cursory OU superficial.

survoltage [syrvɔltaʒ] *nm* voltage overload, overvoltage *spéc*.

survolter [3] [syrvɔlte] *vt* -1. ÉLECTR to boost. -2. [exciter] to work OU to stir up, to overexcite.

survolteur [syrvɔltœr] *nm* [transformateur] booster, step-up transformer.

survolteur-dévolteur [syrvɔltœrdevɔltœr] (*pl* **survolteurs-dévolteurs**) *nm* reversible booster.

sus [sy(s)] ◇ *adv litt*: **courir ~ à qqn** to give chase to sb.

◇ *interj arch*: **~, mes amis!** come, my friends!; **~ à l'ennemi!** have at them!

◆ **en sus** *loc adv sout* in addition.

◆ **en sus de** *loc prép sout* in addition to.

susceptibilité [sysɛptibilite] *nf* -1. [sensibilité] touchiness, sensitiveness; **ménager la ~ de qqn** to humour sb. -2. PHYS: **~ magnétique** magnetic susceptibility.

susceptible [sysɛptibl] *adj* -1. [sensible] touchy, oversensitive, thinskinned; **ne sois pas si ~** don't be so ready to take offence. -2. [exprime la possibilité]: **~ de**: **ce cheval est ~ de gagner** that horse is capable of winning; **votre offre est ~ de m'intéresser** I might be interested in your offer; **une situation ~ de se produire** a situation likely to occur; **projet ~ d'être amélioré** project open to improvement; **texte ~ de plusieurs interprétations** text open to a number of interpretations.

susciter [3] [sysite] *vt* -1. [envie, jalousie, haine, intérêt, sympathie] to arouse; [mécontentement, incompréhension, étonnement] to cause, to give rise to *(insép)*; [problèmes] to give rise to *(insép)*, to create. -2. [déclencher - révolte] to stir up *(sép)*; [- dispute] to provoke; [- malveillance] to incite.

suscription [syskripsjɔ̃] *nf* -1. [adresse] address, superscription. -2. [sur un acte diplomatique] superscription. -3. JUR: **acte de ~** (testamentary) superscription.

sus-dénommé, e [sysdenɔme] *adj & nm, f* JUR above-named, aforenamed.

susdit, e [sysdi, it] *adj & nm, f* aforesaid JUR.

sus-dominante [sysdɔminɑ̃t] *nf* submediant, sixth MUS.

sus-hépatique [syzepatik] *adj* suprahepatic.

sus-jacent, e [syʒasɑ̃, ɑ̃t] *adj* overlying GEOL.

sus-maxillaire [sysmaksilɛr] *adj* supramaxillary.

susmentionné, e [sysmɑ̃sjɔne] *adj* above-mentioned, aforementioned JUR.

susnommé, e [sysnɔme] *adj & nm, f* above-named, aforenamed JUR.

suspect, e [syspɛ, ɛkt] ◇ *adj* -1. [comportement, valise] suspicious, suspect; [viande, lait] liable to be unfit for consumption; **un individu ~** a suspicious person; **se rendre ~ à qqn** to arouse sb's suspicions. -2. [dont on peut douter]: **je trouve ses progrès soudains très ~s** I'm rather suspicious of her sudden progress. -3. [suspecté]: **être ~ de qqch** to be suspected OU under suspicion of sthg ‖ [soupçonnable]: **elle était peu ~e de sympathie envers le terrorisme** she was hardly likely to approve of terrorism.

◇ *nm, f* suspect.

suspecter [4] [syspɛkte] *vt* -1. [soupçonner] to suspect; **on le suspecte d'avoir commis un meurtre** he's suspected of murder, he's under suspicion of murder; **je suspecte un mauvais coup** I suspect there's some foul play going on. -2. [douter de] to doubt, to have doubts about *(insép)*; **je suspecte la véracité de son témoignage** I doubt the truth of his testimony; **~ la sincérité de qqn** to doubt sb's sincerity.

suspendre [73] [syspɑ̃dr] *vt* -1. [accrocher - lustre, vêtement] to hang; **suspends ta veste à la patère** hang your jacket (up) on the hook; **~ du linge** to hang washing out; **on suspend les poulets par les pattes** chickens are hung (up) by the feet ☐ **être suspendu aux lèvres de qqn** to be hanging on sb's every word. -2. **être sus-**

pendu à [dépendre de] to depend OU to be dependent on; l'avenir de l'entreprise est suspendu à votre décision the future of the firm depends entirely on your decision, your decision holds the key to the future of the firm. -**3.** [interrompre - hostilités] to suspend; [- négociations] to break off *(sép)*; [- séance, audience] to adjourn; [- récit] to interrupt. -**4.** [différer - décision] to defer, to postpone; ~ son jugement to suspend OU to reserve judgement. -**5.** [interdire - émission, journal] to ban; [révoquer - fonctionnaire, prêtre, juge] to suspend; l'administration l'a suspendu he's been suspended.
◆ **se suspendre à** *vp + prép* to hang from.

suspendu, e [syspɑ̃dy] *adj* -**1.** CONSTR hanging *(modif)*. -**2.** TRAV PUBL [pont] suspension *(modif)*. -**3.** AUT: voiture bien/mal ~e car with good/bad suspension. -**4.** BOT suspended. -**5.** GÉOG: vallée ~e hanging valley.

suspens [syspɑ̃] *adj m* suspended RELIG.
◆ **en suspens** ◇ *loc adj* -**1.** [affaire, dossier] pending, unfinished; [intrigue] unresolved; [lecteur] uncertain. -**2.** [flocons, planeur] suspended, hanging.
◇ *loc adv*: tenir qqn en ~ to keep sb in suspense; laisser un dossier en ~ to keep a file pending; laisser une question en ~ to leave a question unanswered OU unresolved.

suspense[1] [syspɑ̃s] *nf* RELIG suspension.

suspense[2] [syspɛns] *nm* suspense; il y a un ~ terrible dans le livre the book's full of suspense; prolonger OU faire durer le ~ to prolong the suspense; ne fais pas durer le ~, raconte-nous la fin! the supense is killing us, do tell us the ending!
◆ **à suspense** *loc adj* suspense *(modif)*; film à ~ thriller; roman à ~ thriller, suspense story.

suspenseur [syspɑ̃sœr] ◇ *adj m* ANAT suspensory.
◇ *nm* BOT suspensor.

suspensif, ive [syspɑ̃sif, iv] *adj* JUR suspensive.

suspension [syspɑ̃sjɔ̃] *nf* -**1.** [d'un objet] hanging. -**2.** JUR [interruption] suspension; ~ d'audience adjournment (of hearing); ~ d'instance deferment of proceedings; ~ de paiement suspension OU withholding of payment; ~ de peine ≃ deferred sentence; ~ de séance adjournment; demander une ~ de séance to ask for an adjournment. -**3.** ADMIN [sanction] suspension. -**4.** AUT, CHIM, GÉOG, MUS & RAIL suspension. -**5.** IMPR: points de ~ suspension points. -**6.** MIN: ~ dense dense OU heavy medium. -**7.** [luminaire] ceiling light fitting.
◆ **en suspension** *loc adj* -**1.** [poussière] hanging; en ~ dans l'air hanging in the air. -**2.** CHIM in suspension.

suspensoir [syspɑ̃swar] *nm* suspensory bandage.

suspente [syspɑ̃t] *nf* -**1.** NAUT sling. -**2.** [de parachute] suspending ropes. -**3.** CONSTR (wire) support. -**4.** TRAV PUBL suspender.

suspicieux, euse [syspisjø, øz] *adj litt* suspicious, suspecting.

suspicion [syspisjɔ̃] *nf* -**1.** [défiance] suspicion, suspiciousness; jeter la ~ sur qqn to cast suspicion on sb. -**2.** JUR [supposition d'un délit] suspicion; ~ de fraude suspicion of fraud; ~ légitime *reasonable suspicion that a fair trial will not be given*.

sustentation [systɑ̃tasjɔ̃] *nf* -**1.** AÉRON lift. -**2.** PHYS sustentation.

sustenter [3] [systɑ̃te] *vt* -**1.** *vieilli* [nourrir - personne] to sustain. -**2.** AÉRON to lift.
◆ **se sustenter** *vp (emploi réfléchi) hum* to feed, to take sustenance; nous nous sustentions de quelques morceaux de pain we fed on a few pieces of bread.

susurrant, e [sysyrɑ̃, ɑ̃t] *adj* susurrant *litt*, whispering, softly murmuring.

susurrement [sysyrmɑ̃] *nm* whispering.

susurrer [3] [sysyre] ◇ *vt* [chuchoter] to whisper; ~ des mots doux à l'oreille de qqn to whisper sweet nothings in sb's ear.
◇ *vi* -**1.** [bruire - vent] to whisper. -**2.** [chuchoter] to whisper.

susvisé, e [sysvize] *adj* abovementioned, aforementioned JUR.

sutural, e, aux [sytyral, o] *adj* sutural.

suture [sytyr] *nf* -**1.** BOT, GÉOL & ZOOL suture. -**2.** ANAT & MÉD suture; point de ~ stitch; on lui a fait cinq points de ~ he had five stitches (put in).

suturer [3] [sytyre] *vt* to stitch up *(sép)*, to suture *spéc.*

suzerain, e [syzrɛ̃, ɛn] ◇ *adj* suzerain.
◇ *nm, f* suzerain, (feudal) overlord.

suzeraineté [syzrɛnte] *nf* suzerainty.

svastika [zvastika] *nm* swastika.

svelte [zvɛlt] *adj* [membre] slender; [personne] slender, slim.

sveltesse [zvɛltɛs] *nf litt* svelteness, slenderness, slimness.

SVP *abr de* s'il vous plaît.

swap [swap] *nm* swap FIN.

swastika [swastika] = **svastika**.

Swazi [swazi] *nmf* Swazi.

Swaziland [swazilɑ̃d] *npr m*: le ~ Swaziland.

sweater [switœr] *nm* sweater.

sweat-shirt [switʃœrt] (*pl* **sweat-shirts**) *nm* sweat shirt.

sweepstake [swipstɛk] *nm* sweepstake.

swing [swiŋ] *nm* -**1.** MUS [rythme] swing, swinging; [style] swing. -**2.** SPORT swing.

swinguer [3] [swiŋge] *vi* to swing; quel orchestre, ça swingue! that band really swings!

sybarite [sibarit] ◇ *adj litt* sybaritic.
◇ *nmf* -**1.** *litt* [hédoniste] hedonist, sybarite *litt*, pleasure-seeker. -**2.** ANTIQ: Sybarite Sybarite.

sybaritique [sibaritik] *adj litt* sybaritic.

sybaritisme [sibaritism] *nm litt* sybaritism.

sycomore [sikɔmɔr] *nm* sycamore.

sycophante [sikɔfɑ̃t] *nm* -**1.** *litt* [dénonciateur] informer; [calomniateur] scandal-monger. -**2.** ANTIQ sycophant.

Sydney [sidnɛ] *npr* Sydney.

syllabaire [silabɛr] *nm* -**1.** [livre] (syllabic) spelling-book. -**2.** LING syllabary.

syllabation [silabasjɔ̃] *nf* syllabification.

syllabe [silab] *nf* -**1.** LING syllable. -**2.** [parole]: elle n'a pas prononcé une ~ she never opened her mouth.

syllabique [silabik] *adj* syllabic.

syllabus [silabys] *nm Belg* [polycopié] handout *(for a university class)*.

syllogisme [silɔʒism] *nm* syllogism.

syllogistique [silɔʒistik] ◇ *adj* syllogistic, syllogistical.
◇ *nf* syllogistic.

sylphe [silf] *nm* sylph MYTH.

sylphide [silfid] *nf* MYTH & *litt* sylph.
◆ **de sylphide** *loc adj* [corps, taille] sylph-like.

sylvaner [silvanɛr] *nm* -**1.** BOT Sylvaner grape. -**2.** ŒNOL Sylvaner.

sylve [silv] *nf* GÉOG rainforest.

sylvestre [silvɛstr] *adj litt* sylvan *litt*, forest *(modif)*.

Sylvestre [silvɛstr] *npr*: saint ~ Saint Sylvester.

sylvicole [silvikɔl] *adj* forestry *(modif)*, silvicultural *spéc.*

sylviculteur, trice [silvikyltœr, tris] *nm, f* forester, silviculturist *spéc.*

sylviculture [silvikyltyr] *nf* forestry, silviculture *spéc.*

symbiose [sɛ̃bjoz] *nf* BIOL & *fig* symbiosis.
◆ **en symbiose** *loc adv* in symbiosis, symbiotically; ils vivent en ~ *fig* they're inseparable.

symbiote [sɛ̃bjɔt] *nm* symbiont, symbiote.

symbiotique [sɛ̃bjɔtik] *adj* symbiotic.

symbole [sɛ̃bɔl] *nm* -**1.** [signe] symbol; le drapeau est le ~ de la nation the flag is the symbol of the nation. -**2.** [personnification] symbol, embodiment; il est le ~ du respect filial he's the embodiment of filial duty, he's filial duty personified. -**3.** RELIG: Symbole Creed; le Symbole des Apôtres/de Nicée the Apostles'/Nicene Creed. -**4.** CHIM, INF & MATH symbol.

symbolique [sɛ̃bɔlik] ◇ *adj* -**1.** [fait avec des symboles] symbolic; langage/logique ~ symbolic language/logic; écriture ~ writing in symbols. -**2.** [sans valeur réelle] token, nominal; une somme ~ a nominal amount; un geste ~ a symbolic OU token gesture.
◇ *nm*: le ~ the symbolic.
◇ *nf* -**1.** [ensemble des symboles] symbolic system, symbolism. -**2.** [étude des symboles] interpretation of symbols, symbology.

symboliquement [sɛ̃bɔlikmɑ̃] *adv* symbolically; on leur a donné ~ un franc à chacun they each got a token one-franc piece.

symbolisation [sɛ̃bɔlizasjɔ̃] *nf* -**1.** [mise en symboles] symbolization. -**2.** MATH symbolization.

symboliser [3] [sɛ̃bɔlize] *vt* to symbolize; on symbolise la justice par une balance justice is symbolized by a pair of scales; la colombe symbolise la paix the dove symbolizes peace OU is the symbol of peace.

symbolisme [sɛ̃bɔlism] *nm* -**1.** [système] symbolism. -**2.** BX-ARTS & LITTÉRAT Symbolism.

symboliste [sɛ̃bɔlist] ◇ *adj* -**1.** [relatif aux symboles] symbolistic. -**2.** BX-ARTS & LITTÉRAT Symbolist.
◇ *nmf* Symbolist.

symétrie [simetri] *nf* -**1.** [gén] symmetry; la parfaite ~ des fenêtres sur la façade the perfect symmetry of the windows on the front of the building; son visage manque de ~ his face lacks symmetry. -**2.** GÉOM: ~ de révolution/d'axes rotational/axial symmetry; ~ à droite/gauche right/left inverse.

symétrique [simetrik] ◇ *adj* -**1.** [gén] symmetrical; deux parties ~s two symmetrical parts; une rangée ~ de l'autre one row symmetrical to the other. -**2.** GÉOM symmetrical; MATH symmetric.
◇ *nm* OU *nf* [point] symmetrical point; [figure] symmetrical figure; x est un ~ de y x and y are symmetrical.
◇ *nm* symmetrical element.

symétriquement [simetrikmɑ̃] *adv* symmetrically.

sympa *fam* [sɛ̃pa] *adj* [personne, attitude] friendly, nice; [lieu] nice, pleasant; [idée, mets] nice; merci, c'était une soirée super ~ thank you, that was a really nice evening.

sympathectomie [sɛ̃patɛktɔmi] *nf* sympathectomy.

sympathie [sɛ̃pati] *nf* -**1.** [cordialité] friendship, fellow feeling; il y a une grande ~ entre eux they get on very well; être en ~ avec qqn to be on friendly terms with sb. -**2.** [penchant] liking *(C)*; je n'ai aucune ~ pour lui I don't like him at all, I have no liking for him at all; inspirer la ~ to be likeable. -**3.** [bienveillance] sympathy *(U)*; recevoir des témoignages de ~ to receive expressions of sympathy. -**4.** [pour une idée] sympathy; je n'ai pas beaucoup de ~ pour ce genre d'attitude I don't have much time for that kind of attitude. -**5.** MÉD sympathy.
◆ **sympathies** *nfpl* [tendances] sympathies; ses ~s vont vers les républicains his sympathies are OU lie with the Republicans.

sympathique [sɛ̃patik] ◇ *adj* -**1.** [personne] nice, pleasant, likeable; c'est vrai, elle est très ~ you're right, she's very nice OU she's a very pleasant person; je ne le trouve pas spécialement ~ I don't find him particularly friendly; elle m'est très ~ I like her very much. -**2.** [visage] friendly; [idée] good; [lieu] pleasant, nice; [mets] appetizing; [ambiance, réunion, spectacle] pleasant; [attitude] kind, friendly; il est bien ~, ce petit vin/fromage! nice little wine/cheese, this! -**3.** PHYSIOL sympathetic.
◇ *nm* ANAT sympathetic nervous system.

sympathiquement [sɛ̃patikmɑ̃] *adv* nicely, in a kindly way.

sympathisant, e [sɛ̃patizɑ̃, ɑ̃t] ◇ *adj* sympathizing.
◇ *nm, f* sympathizer.

sympathiser [3] [sɛ̃patize] *vi* **-1.** [s'entendre avec] to get on with *esp Br*, to get along with *esp Am*; **il n'a pas sympathisé avec les autres enfants** he didn't get on with the other children ‖ *(en usage abs)*: **nous avons tout de suite sympathisé** we took to OU liked each other right away. **-2.** [être favorable à] to be a sympathizer of; **elle sympathise avec les communistes** she's a communist sympathizer.

sympathomimétique [sɛ̃patɔmimetik] *adj* & *nm* sympathomimetic.

symphonie [sɛ̃fɔni] *nf* **-1.** MUS symphony; **les ~s de Mozart** Mozart's symphonies ❑ **'Symphonie du Nouveau Monde'** *Dvorak* 'New World Symphony'; **~ concertante** sinfonia concertante; **'Symphonie fantastique'** *Berlioz* 'Symphonie fantastique'; **'Symphonie héroïque'** *Beethoven* 'Eroica Symphonie'; **'Symphonie inachevée'** *Schubert* 'Unfinished Symphony'; **'Symphonie pastorale'** *Beethoven* 'Pastoral Symphony'; **'Symphonie pathétique'** *Tchaïkovski* 'Pathétique', 'Tchaikovsky's 6th Symphony'. **-2.** *litt* [harmonie] symphony; **le paysage offrait toute une ~ de verts** the countryside was a harmonious blend of greens.

symphonique [sɛ̃fɔnik] *adj* symphonic.

symphoniste [sɛ̃fɔnist] *nmf* symphonist.

symphyse [sɛ̃fiz] *nf* **-1.** ANAT symphysis; **~ mentonnière** symphisis mandibulae. **-2.** MÉD: **~ cardiaque** cardiac symphisis; **~ pleurale** adherent pleura.

symposium [sɛ̃pozjɔm] *nm* [colloque] symposium.

symptomatique [sɛ̃ptɔmatik] *adj* **-1.** MÉD symptomatic. **-2.** [caractéristique] symptomatic, indicative; **c'est ~ de leurs relations** it's symptomatic of OU it tells you something about their relationship.

symptomatologie [sɛ̃ptɔmatɔlɔʒi] *nf* symptomatology.

symptôme [sɛ̃ptom] *nm* **-1.** MÉD symptom; **quand avez-vous ressenti les premiers ~s?** when did you first notice the symptoms? **-2.** [signe] symptom, sign; **les premiers ~s de qqch** the forerunners OU first signs of sthg.

synagogue [sinagɔg] *nf* synagogue.

synapse [sinaps] *nf* **-1.** ANAT synapse. **-2.** BIOL synapsis.

synaptique [sinaptik] *adj* synaptic.

synarchie [sinarʃi] *nf* synarchy.

synarthrose [sinartroz] *nf* synarthrosis.

synchrone [sɛ̃kron] *adj* synchronous.

synchronie [sɛ̃krɔni] *nf* synchrony.

synchronique [sɛ̃krɔnik] *adj* synchronic.

synchroniquement [sɛ̃krɔnikmɑ̃] *adv* synchronically.

synchronisation [sɛ̃krɔnizasjɔ̃] *nf* synchronization.

synchroniser [3] [sɛ̃krɔnize] *vt* to synchronize.

synchroniseur [sɛ̃krɔnizœr] *nm* **-1.** AUT synchromesh (device). **-2.** CIN, ÉLECTR & PHOT synchronizer. **-3.** ÉCOL biorhythm trigger OU signal.

synchronisme [sɛ̃krɔnism] *nm* [d'oscillation, de date, d'époque] synchronism.

syncinésie [sɛ̃sinezi] *nf* syncinesis, synkinesis.

synclinal, e, aux [sɛ̃klinal, o] *adj* synclinal.
◆ **synclinal, aux** *nm* syncline.

syncopal, e, aux [sɛ̃kɔpal, o] *adj* syncopal.

syncope [sɛ̃kɔp] *nf* **-1.** MÉD syncope faint, fainting; **tomber en ~, avoir une ~** to faint. **-2.** LING syncope. **-3.** MUS syncopation.

syncopé, e [sɛ̃kɔpe] *adj* syncopated.

syncrétique [sɛ̃kretik] *adj* syncretic.

syncrétisme [sɛ̃kretism] *nm* syncretism.

syncrétiste [sɛ̃kretist] *adj* & *nmf* syncretist.

syndactyle [sɛ̃daktil] *adj* syndactyl.

syndactylie [sɛ̃daktili] *nf* syndactyly, syndactylism.

syndic [sɛ̃dik] *nm* **-1.** ADMIN: **~ (d'immeuble)** managing agent. **-2.** JUR [de faillite] (official) receiver *(before 1985)*. **-3.** HIST syndic. **-4.** BOURSE president. **-5.** *Helv* [président de commune] *high-ranking civic official, similar to a mayor, in certain Swiss cantons.*

SYNDIC:
A "syndic" is an administrative body which represents the interests of the owners of all the flats in a building, collectively known as the "syndicat de copropriété". The role of the syndic is to ensure the upkeep of the building and to organize meetings during which a vote is taken on any repairs, improvements etc, that are deemed necessary. The services of the syndic are paid for by the owners of the flats.

---

syndical, e, aux [sɛ̃dikal, o] *adj* **-1.** POL (trade) union *(modif)*. **-2.** ADMIN management *(modif)*; **droit ~** right of association.

syndicalisation [sɛ̃dikalizasjɔ̃] *nf* unionization.

syndicaliser [3] [sɛ̃dikalize] *vt* to unionize.

syndicalisme [sɛ̃dikalism] *nm* **-1.** [mouvement] (trade) unionism. **-2.** [ensemble des syndicats] trade unions. **-3.** [action] union activities; **faire du ~** to be active in a union. **-4.** [doctrine] unionism.

syndicaliste [sɛ̃dikalist] ◇ *adj* **-1.** [mouvement] (trade) union *(modif)*. **-2.** [doctrine] unionist.
◇ *nmf* (trade) unionist.

syndicat [sɛ̃dika] *nm* **-1.** POL [travailleurs] union; **se former** OU **se regrouper en ~** to form a trade union ❑ **~ ouvrier** trade union; **~ patronal** employers' confederation OU association. **-2.** JUR [association] association; **~ de communes** association of communes; **~ interdépartemental** association of regional administrators; **~ de copropriétaires** co-owners' association. **-3.** FIN: **~ d'émission/de garantie** issuing/underwriting syndicate; **~ financier** financial syndicate.
◆ **syndicat d'initiative** *nm* tourist office, tourist information bureau.

syndiqué, e [sɛ̃dike] ◇ *adj* (belonging to a trade) union; **ouvriers ~s/non ~s** union/non-union workers.
◇ *nm, f* (trade) unionist.

syndiquer [3] [sɛ̃dike] *vt* to unionize, to organize; **~ les travailleurs d'un atelier** to organize the workers in a workshop.
◆ **se syndiquer** *vp (emploi réfléchi)* to join a union.

syndrome [sɛ̃drom] *nm* syndrome; **~ immunodéficitaire acquis** acquired immunodeficiency syndrome; **~ prémenstruel** premenstrual tension OU syndrome.

synectique [sinɛktik] *nf* synectics *(sg)*.

synérèse [sinerɛz] *nf* CHIM & PHON synaeresis.

synergie [sinɛrʒi] *nf* **-1.** MÉD & PHYSIOL synergism. **-2.** ÉCON synergy.

synergique [sinɛrʒik] *adj* synergic, synergetic.

synergiste [sinɛrʒist] *adj* synergist.

synesthésie [sinɛstezi] *nf* synaesthesia.

syngnathe [sɛ̃gnat] *nm* pipefish.

synodal, e, aux [sinɔdal, o] *adj* synodal, synodical RELIG.

synode [sinɔd] *nm* RELIG synod.

synodique [sinɔdik] ◇ *adj* ASTRON & RELIG synodic.
◇ *nm* RELIG synodal.

synonyme [sinɔnim] ◇ *adj* synonymous; **être ~ de** to be synonymous with.
◇ *nm* synonym; **cherchez un ~ de «beau»** find another word OU a synonym for "beautiful".

synonymie [sinɔnimi] *nf* synonymy.

synonymique [sinɔnimik] *adj* synonymic, synonymous.

synopsis [sinɔpsis] ◇ *nf* SC & SCOL [bref aperçu] synopsis.
◇ *nm* CIN synopsis.

synoptique [sinɔptik] *adj* synoptic, synoptical.
◆ **synoptiques** *nmpl*: **les ~s** the Synoptic Gospels.

synovectomie [sinɔvɛktɔmi] *nf* synovectomy.

synovial, e, aux [sinɔvjal, o] *adj* synovial.
◆ **synoviale** *nf* synovium, synovial membrane.

synovie [sinɔvi] *nf* synovia, synovial fluid.

synovite [sinɔvit] *nf* synovitis.

syntacticien, enne [sɛ̃taktisjɛ̃, ɛn] *nm, f* syntactician.

syntactique [sɛ̃taktik] *adj* CHIM & LING syntactic.

syntagmatique [sɛ̃tagmatik] ◇ *adj* syntagmatic.
◇ *nf* syntagmatic analysis.

syntagme [sɛ̃tagm] *nm* phrase, syntagm *spéc*; **~ nominal/verbal/adjectival** noun/verb/adjectival phrase.

syntaxe [sɛ̃taks] *nf* INF & LING syntax.

syntaxique [sɛ̃taksik] *adj* INF & LING syntactic.

synthé *fam* [sɛ̃te] *nm* synthesiser.

synthèse [sɛ̃tɛz] *nf* **-1.** [structuration de connaissances] synthesis. **-2.** [exposé, ouvrage] summary, résumé; **écrire une ~ sur l'histoire de l'après-guerre** to write a brief history of the post-war years. **-3.** BIOL, CHIM & PHILOS synthesis. **-4.** INF synthesis; **~ de la parole** speech synthesis.
◆ **de synthèse** *loc adj* **-1.** [non analytique]: **avoir l'esprit de ~** to have a systematic mind. **-2.** [fibre, parole] synthetic.

synthétique [sɛ̃tetik] ◇ *adj* **-1.** [raisonnement, approche] synthetic, synthesizing. **-2.** CHIM [fibre] synthetic, man-made, artificial. **-3.** LING & PHILOS synthetic.
◇ *nm fam* [matière] synthetic OU man-made fibres.

synthétiquement [sɛ̃tetikmɑ̃] *adv* synthetically.

synthétiser [3] [sɛ̃tetize] *vt* **-1.** [idées, résultats, relevés] to synthesize, to bring together. **-2.** CHIM to synthesize.

synthétiseur [sɛ̃tetizœr] *nm* synthesizer.

synthétisme [sɛ̃tetism] *nm* Synthetism.

syntone [sɛ̃tɔn] *adj* syntonic.

syntonie [sɛ̃tɔni] *nf* PSYCH & RAD syntony.

syntoniseur [sɛ̃tɔnizœr] *nm* tuner.

syphilide [sifilid] *nf* syphilid, syphilide.

syphilis [sifilis] *nf* syphilis.

syphilitique [sifilitik] *adj* & *nmf* syphilitic.

Syracuse [sirakyz] *npr* Syracuse.

syriaque [sirjak] *adj* & *nm* Syriac.

Syrie [siri] *npr f*: **(la) ~** Syria.

syrien, enne [sirjɛ̃, ɛn] *adj* Syrian.
◆ **Syrien, enne** *nm, f* Syrian.
◆ **syrien** *nm* LING Syrian.

systématicien, enne [sistematisjɛ̃, ɛn] *nm, f* taxonomist, systematist.

systématique [sistematik] ◇ *adj* **-1.** [méthodique] methodical, orderly, systematic; **de façon ~** systematically. **-2.** [invariable - réaction] automatic, invariable; [- refus] automatic; **c'est ~, quand je dis oui, il dit non** when I say yes, he invariably says no. **-3.** [inconditionnel - soutien] unconditional, solid. **-4.** MÉD systemic.
◇ *nf* SC systematics *(sg)*.

systématiquement [sistematikmɑ̃] *adv* systematically.

systématisation [sistematizasjɔ̃] *nf* systematization.

systématisé, e [sistematize] *adj* PSYCH systematized.

systématiser [3] [sistematize] *vt* **-1.** [organiser en système] to systemize, to systematize. **-2.** *(en usage abs)* [être de parti pris] to systemize, to systematize; **il a trop tendance à ~** he's too inclined to reduce everything to a system; **il ne faut pas ~** we mustn't generalize.

système [sistɛm] *nm* -**1.** [structure] system; ~ **philosophique** philosophical system; **le** ~ **d'éducation/de santé français** the French educational system/health services; ~ **de production** system of production; ~ **de valeurs** system of values; **il refuse d'entrer dans le** ~ he refuses to be part of the system ❑ ~ **solaire** solar system. -**2.** [méthode] way, means; **il faut trouver un** ~ **pour sortir de là** we've got to find a way of getting out of here; **je connais un bon** ~ **pour faire fortune** I know a good way of making a fortune; **il a trouvé le** ~ **pour ne pas être dérangé** he's found a way to avoid being disturbed ❑ ~ D resourcefulness. -**3.** [appareillage] system; ~ **de chauffage/d'éclairage** heating/lighting system; ~ **de fermeture/de freinage** locking/braking system. -**4.** ANAT & MÉD system; ~ **nerveux/digestif** nervous/digestive system; ~ **osseux** bone structure; ~ **pileux** hair *(on body and head)*; ~ **végétatif** vegetative system. -**5.** ARM: ~ **d'arme** weapon OU weapons system. -**6.** CONSTR: ~ **de construction** system. -**7.** ÉCON: ~ **monétaire européen** European Monetary System; **analyse de** ~ systems analysis. -**8.** GÉOL system. -**9.** INF system; ~ **d'information** information system; ~ **expert** expert system; ~ **d'exploitation** (operating) system. -**10.** MATH: ~ **d'équations** simultaneous equations. -**11.** MÉTÉO: ~ **nuageux** cloud system. -**12.** SC: ~ **international d'unités** SI unit; ~ **métrique** metric system. -**13.** *fam loc*: **il me court** OU **porte** OU **tape sur le** ~ he's really getting on my nerves.

◆ **par système** *loc adv* as a matter of principle.

systémique [sistemik] ◇ *adj* systemic.
◇ *nf* systems analysis.

systole [sistɔl] *nf* systole.

systolique [sistɔlik] *adj* systolic.

T

t, T [te] *nm* [lettre] t, T.
◆ **en T** *loc adj* T-shaped; bandages en ~ T bandage.
t (*abr écrite de* tonne) t.
t' [t] → **te, tu.**
t. (*abr écrite de* tome) vol.
T -**1.** (*abr écrite de* tesla) T. -**2.** (*abr écrite de* téra) T.
ta [ta] *f* → **ton.**
TAA (*abr de* train autos accompagnées) *nm* *car sleeper train,* ≃ Motorail *Br.*
TAB *nm* TAB (vaccine).
tabac [taba] ◇ *adj inv* [couleur] tobacco brown, tobacco-coloured.
◇ *nm* -**1.** BOT tobacco plant. -**2.** [produit] tobacco; **elle a les doigts jaunis par le ~** she's got tobacco-stained fingers; **le ~ peut provoquer le cancer** smoking can cause cancer; **campagne contre le ~** anti-smoking campaign ❑ **~ blond/brun** mild/dark tobacco; **~ à chiquer** chewing tobacco; **~ à priser** snuff. -**3.** [magasin] tobacconist's *esp Br,* tobacco store *Am;* **si tu passes devant un ~** if you pass a tobacconist's; **un bar ~, un bar-~** *a bar with a tobacco counter.* -**4.** MÉTÉO: **coup de ~** squall, gale. -**5.** *fam loc:* **c'est toujours le même ~** it's always the same old thing OU story; **faire un ~** to be a smash hit; **passer qqn à ~** to beat sb up, to lay into sb.
◆ **du même tabac** *fam loc adj* of the same kind; **ils sont du même ~** they're tarred with the same brush; **et autres ennuis du même ~** and troubles of that ilk.
tabagie [tabaʒi] *nf* -**1.** [lieu enfumé]: **c'est une vraie ~ ici** you can't see for smoke around here. -**2.** *Can* [magasin] tobacconist's *Br,* tobacco store *Am.*
tabagique [tabaʒik] ◇ *adj* tobacco *(modif),* nicotine-related.
◇ *nmf* tobacco addict, chain-smoker.
tabagisme [tabaʒism] *nm* tobacco addiction, nicotinism *spéc.*
tabasser *fam* [3] [tabase] *vt* to beat OU to rough up *(sép),* to thrash, to beat black and blue.
tabatière [tabatjɛr] *nf* -**1.** [boîte] snuffbox. -**2.** CONSTR skylight (opening), roof light. -**3.** ANAT: **~ anatomique** (anatomical) snuff-box. -**4.** ARCHIT [rosace] (double) rosette.
TABDT *nm vaccine against typhoid, paratyphoid A & B, diphtheria and tetanus.*
tabellaire [tabelɛr] *adj* xylographic, xylographical.
tabelle [tabɛl] *nf Helv* register, list.
tabellion [tabeljɔ̃] *nm* -**1.** HIST scrivener, tabellion. -**2.** *litt* & *péj* [notaire] lawyer.
tabernacle [tabɛrnakl] *nm* -**1.** NAUT & RELIG tabernacle. -**2.** CONSTR (tap) chamber.
tabès [tabɛs] *nm* tabes.
tablar(d) [tablar] *nm Helv* shelf.
tablature [tablatyr] *nf* tablature.

table [tabl] *nf* -**1.** [pour les repas] table; **débarrasser** OU **desservir la ~** to clear the table; **dresser** OU **mettre la ~** to set the table; **une ~ de six couverts** a table set for six; **retenir une ~** to book OU to reserve a table; **qui sera mon voisin de ~?** who will I be sitting next to (for the meal)?; **sortir** OU **se lever de ~** to get up from the table; **nous nous sommes levés de ~ à minuit** we finished dinner at midnight; **propos de ~** table talk ❑ **~ anglaise** gate-leg table; **la ~ d'honneur** the top OU head table; **~ d'hôte** table d'hôte; **nous avons pris notre repas à la ~ d'hôte** we ate with the other guests in the hotel dining room; **vin de ~** table wine; **tenir ~ ouverte** to keep open house. -**2.** [nourriture]: **la ~** food; **sa ~ et sa cave sont bonnes** he serves good food and wine; **aimer la ~** to enjoy OU to like good food || [restaurant]: **une des meilleures ~s de Paris** one of the best restaurants in Paris. -**3.** [tablée] table, tableful; **présider la ~** to preside over the guests *(at a meal)*; **il a fait rire toute la ~** he made the whole table laugh. -**4.** [meuble à usages divers] table; **~ de chevet** OU **de nuit** bedside table; **~ de cuisine/de salle à manger** kitchen/dining-room table; **~ basse** coffee table; **~ de billard** billiard table; **~ de cuisson** hob; **~ à dessin** drawing board; **~ de jeu** gambling table; **~ à langer** baby changing table; **~ de lecture** turntable; **~ de montage** IMPR & PHOT light table; CIN cutting table; **~ d'opération** operating table; **~ d'orientation** viewpoint indicator; **~ à ouvrage** work table; **~ de ping-pong** table-tennis table; **~ à rallonges** extension OU draw table; **~ à repasser** ironing board; **~ ronde** *pr* & *fig* round table; **~ roulante** trolley *Br,* tea wagon *Am;* **~ de toilette** dressing table; **~ tournante** *table used for séances;* **faire tourner les ~s** to hold a séance; **~ de travail** work surface; **~s gigognes** nest of tables. -**5.** [liste, recueil] table; **~ de logarithmes/mortalité/multiplication** log/mortality/multiplication table; **~ alphabétique** alphabetical table OU list; **~ des matières** (table of) contents; **~ de vérité** LOGIQUE truth table; **les Tables de la Loi** BIBLE The Tables of the Law; **~ rase** PHILOS tabula rasa; **faire ~ rase** to wipe the slate clean, to make a fresh start. -**6.** ASTRONAUT: **~ de lancement** launch pad, launching pad OU platform. -**7.** CONSTR [plaque] panel; [panneau] panel, table. -**8.** ÉCOL: **~ de survie** expectation of life table. -**9.** GÉOL table, mesa. -**10.** IMPR table; **~ de réception** delivery table. -**11.** INF table; **~ traçante** plotter; **~ de corrélation/correspondance/décision** correlation/function/decision table. -**12.** JOAILL table; **diamant en ~** table (diamond). -**13.** MUS: **~ d'harmonie** soundboard. -**14.** RAIL: **~ de roulement** running OU rail surface. -**15.** RELIG: **~ d'autel** (altar) table; **la ~ de communion, la sainte ~** the communion OU the Lord's table.
◆ **à table** ◇ *loc adv* at table; **passer à** OU **se mettre à ~** to sit down to a meal; **nous pouvons passer à ~** the meal is ready now; **nous serons dix à ~** there will be ten of us at table; **je te rappelle plus tard, je suis à ~** I'll call you later, I'm eating ❑ **se mettre à ~** ▽ [parler] to spill the beans; **il se tient mieux à ~ qu'à cheval** he's a hearty eater.
◇ *loc interj* [le matin] breakfast (is ready), it's breakfast time; [à midi] lunch (is ready), it's lunch time; [le soir] dinner (is ready), it's dinner time.
◆ **table d'écoute** *nf* wiretapping set OU equipment; **elle est sur ~ d'écoute** her phone is tapped; **mettre qqn sur ~ d'écoute** to tap sb's phone.
tableau, x [tablo] *nm* -**1.** SCOL: **aller au ~** to go to the front of the classroom *(and answer questions or recite a lesson)*; **Paul, au ~!** Paul, please come up to the blackboard OU to the front of the class! ❑ **~ noir** blackboard. -**2.** [support mural] rack, board; **mettre ses clés au ~** to hang one's keys on the rack; **~ pour fusibles** fuseboard. -**3.** [panneau d'information] board; **~ d'affichage** notice board; **~ des arrivées/départs** arrivals/departures board. -**4.** BX-ARTS painting, picture; **un ~ de Goya** a painting by Goya; **un ~ ancien** an old master ❑ **vieux ~** old dear. -**5.** [spectacle] scene, picture; **ils formaient un ~ touchant** they were a touching sight; **vous voyez d'ici le ~!** *fam* you can imagine OU picture the scene! -**6.** [description] picture; **vous nous faites un ~ très alarmant de la situation** you've painted an alarming picture of the situation ❑ **pour achever le ~** to cap it all. -**7.** [diagramme] table; **remplir un ~** to fill in a table; **trois ~x illustrent le texte** the text is illustrated with three tables. -**8.** [liste - gén] list, table; [- d'une profession] roll; **~ d'avancement** promotions roster OU list; **~ des avocats** roll of lawyers; **~ des éléments** CHIM periodic table; **~ de gonflage** tyre-pressure table; **~ horaire** [des trains] timetable. -**9.** CONSTR reveal. -**10.** ÉLECTR: **~ de contrôle** control board; **~ de distribution** distribution board OU switchboard. -**11.** IMPR tabular, table matter. -**12.** INF array. -**13.** MATH table. -**14.** MÉD: **~ clinique** overall clinical picture. -**15.** NAUT transom. -**16.** PHARM (French) drugs classification; **~ A** toxic drugs (list); **~ B** narcotics (list); **~ C** dangerous drugs (list). -**17.** THÉÂT scene; **premier ~ du troisième acte** act three, scene one ❑ **~ de service** [répétitions] rehearsal roster; [représentations] performances roster; **~ vivant** tableau vivant. -**18.** *loc:* **gagner sur les deux/tous les ~x** to win on both/all counts.

◆ **tableau de bord** *nm* -**1.** AUT dashboard. -**2.** AÉRON & NAUT instrument panel. -**3.** ÉCON (list of) indicators.

◆ **tableau de chasse** *nm* -**1.** CHASSE bag. -**2.** AÉRON list of kills. -**3.** *fam* [conquêtes amoureuses] conquests.

◆ **tableau d'honneur** *nm* SCOL roll of honour; elle a eu le ~ d'honneur ce mois-ci she was on the roll of honour this month.

tableautin [tablotɛ̃] *nm* [peinture] small painting.

tablée [table] *nf* table; toute la ~ s'est levée the whole table OU company stood up; une ~ de jeunes a tableful OU party of youngsters.

tabler [3] [table]

◆ **tabler sur** *v + prép* to bank OU to count OU to reckon on; ne table pas sur une augmentation don't bank on getting a rise.

tablette [tablɛt] *nf* -**1.** [petite planche] shelf. -**2.** CULIN [de chewing-gum] stick; [de chocolat] bar. -**3.** CONSTR slab; [de radiateur] top; [de cheminée] mantelpiece; [d'une maçonnerie] coping. -**4.** INF: ~ graphique graphic tablet. -**5.** PHARM tablet.

◆ **tablettes** *nfpl* ANTIQ tablets; je vais l'inscrire OU le noter dans mes ~s *fig* I'll make a note of it.

tabletterie [tablɛtri] *nf* -**1.** [fabrication] fancy goods manufacturing. -**2.** [objets] fancy goods. -**3.** [métier] fancy goods trade.

tableur [tablœr] *nm* spreadsheet.

tablier [tablije] *nm* -**1.** VÊT apron; [blouse] overall *Br*, work coat *Am*; [d'enfant] smock; je mets toujours un ~ pour faire la cuisine I always put on an apron to do the cooking ❑ rendre son ~ [démissionner] to hand in one's resignation; *fig* to give up, to throw in the towel; ça lui va comme un ~ à une vache *fam* it looks like a sack on him. -**2.** [rideau - de cheminée] register; [- de magasin] steel shutter. -**3.** TRAV PUBL deck and beams, superstructure *(of a bridge)*. -**4.** AUT [d'une voiture] cowl; [d'un scooter] footrest. -**5.** RAIL foot plate. -**6.** TECH [de machine-outil] apron.

tabloïd(e) [tablɔid] *adj* & *nm* tabloid.

tabou, e [tabu] *adj* -**1.** ANTHR & RELIG taboo. -**2.** [à ne pas évoquer] forbidden, taboo. -**3.** *fam* [à ne pas critiquer] untouchable.

◆ **tabou** *nm* ANTHR & RELIG taboo; ce sont des ~s these are taboo subjects.

taboulé [tabule] *nm* tabbouleh.

tabouret [taburɛ] *nm* -**1.** [siège] stool; ~ de bar/cuisine/piano bar/kitchen/piano stool. -**2.** [pour les pieds] foot stool.

Tabriz [tabriz] *npr* Tabriz.

tabulaire [tabylɛr] *adj* tabular.

tabulateur [tabylatœr] *nm* tabulator.

tabulation [tabylasjɔ̃] *nf* -**1.** [positionnement] tabulation. -**2.** [taquets] tabs.

tabulatrice [tabylatris] *nf* tabulator.

tac [tak] *interj* -**1.** [bruit sec] tap, rat-a-tat. -**2.** *loc*: et ~! so there!

◆ **du tac au tac** *loc adv* tit for tat; répondre du ~ au ~ to answer tit for tat.

TAC *abr de* train auto-couchettes.

tacaud [tako] *nm* bib, pout.

tachant, e [taʃɑ̃, ɑ̃t] *adj* -**1.** [qui tache] staining. -**2.** [qui se tache] easily soiled.

tache [taʃ] *nf* -**1.** [marque] stain; ~ de graisse grease stain OU mark; je me suis fait une ~ I've stained my clothes; je n'ai pas pu faire partir la ~ I couldn't remove the stain; la ~ ne partira pas the stain won't come out ❑ faire ~ *fam* to jar; le piano moderne fait ~ dans le salon the modern piano looks out of place in the living room; faire ~ d'huile to spread. -**2.** [partie colorée] patch, spot; le soleil faisait des ~s de lumière sur le sol the sun dappled the ground with light; des ~s bleues dans un ciel gris patches of blue in a grey sky. -**3.** [sur un fruit] mark, blemish; les pommes sont pleines de ~s the apples are all marked. -**4.** [sur la peau] mark, spot; la rougeole donne des ~s rouges sur la peau measles causes the skin to come out in red spots ❑ ~ de rousseur freckle; ~ de vin strawberry mark *(birthmark)*. -**5.** [souillure morale] blot, stain, blemish; cette fraude est une ~ à sa réputation this fraud has stained his reputation ❑ ~ originelle RELIG stain of original sin. -**6.** ASTRON: ~ solaire sunspot. -**7.** BX-ARTS patch, tache. -**8.** MÉD [sur une radiographie] opacity; [coloration anormale] spot; ~s auditives auditory spots, maculae acusticae *spéc*; ~ jaune yellow spot, macula lutea *spéc*; ~s lenticulaires rose OU typhoid spots; ~ de Mariotte blind OU Mariotte's spot. -**9.** ZOOL patch, spot, mark.

◆ **sans tache** *loc adj* -**1.** [fruit] unblemished. -**2.** [réputation] spotless.

tâche [taʃ] *nf* -**1.** [travail] task, job; remplir une ~ to fulfil a task; assigner une ~ à qqn to give sb a task OU a job OU a piece of work to do; faciliter/compliquer la ~ à qqn to make things easier/more complicated for sb ❑ ~s ménagères housework. -**2.** [mission, rôle] task, mission; faire régner la paix, voilà la ~ qu'il s'est fixée the task he has set for himself is to bring peace; la ~ des scientifiques d'aujourd'hui the mission of today's scientists ❑ prendre à ~ de faire qqch *litt* to undertake to do sthg. -**3.** INF task.

◆ **à la tâche** ◇ *loc adj*: travail à la ~ piecework.

◇ *loc adv* INDUST: travailler à la ~ to be on piecework; il est à la ~ he's a pieceworker; on n'est pas à la ~! *fam* what's the rush?; mourir à la ~ to die in harness.

tachéomètre [takeɔmɛtr] *nm* tacheometer, tachymeter GÉOG.

tachéométrie [takeɔmetri] *nf* tacheometry, tachymetry GÉOG.

tacher [3] [taʃe] ◇ *vt* -**1.** [salir - vêtement, tapis] to stain. -**2.** *sout* [ternir - réputation, nom, honneur] to stain. -**3.** *sout* [colorer] to spot, to dot; le soleil tache de rose les cimes neigeuses the sun stains OU tints the snowy mountain tops a rosy hue.

◇ *vi* [encre, sauce, vin etc] to stain.

◆ **se tacher** ◇ *vp* *(emploi réfléchi)* to get o.s. dirty, to stain one's clothes.

◇ *vp* *(emploi passif)* [tissu] to soil; [bois, peinture, moquette] to mark; [fruit] to become marked; le blanc se tache facilement white soils OU gets dirty easily; le noir ne se tache pas black doesn't show the dirt.

tâcher [3] [taʃe] *vt*: ~ que to make sure that; tâche qu'elle ne l'apprenne pas make sure she doesn't hear about it.

◆ **tâcher de** *v + prép* to try to; tâche d'être à l'heure try to be on time.

tâcheron [taʃrɔ̃] *nm* -**1.** [petit entrepreneur] jobber; [ouvrier agricole] hired hand, journeyman. -**2.** *péj* [travailleur] drudge, workhorse *péj*; [écrivaillon] hack; les ~s d'Hollywood Hollywood hacks.

tacheter [27] [taʃte] *vt* to spot, to speckle, to fleck; une robe blanche tachetée de vert a white dress spotted with green; des champs tachetés de lumière fields flecked OU dappled with sunlight; un chat blanc tacheté de noir a white cat with black markings.

tachisme [taʃism] *nm* tachism, tachisme.

tachiste [taʃist] *adj* & *nmf* tachist, tachiste.

tachycardie [takikardi] *nf* tachycardia.

tachygraphe [takigraf] *nm* tachograph.

tachyphémie [takifemi] *nf* tachyphemia, tachyphrasia.

tachypsychie [takipsiʃi] *nf* tachypsychia.

tacite [tasit] *adj* tacit; c'était un aveu ~ it was a tacit admission ❑ (par) ~ reconduction (by) tacit agreement to renew.

Tacite [tasit] *npr* Tacitus.

tacitement [tasitmɑ̃] *adv* tacitly.

taciturne [tasityrn] *adj* taciturn, silent, uncommunicative.

tacle [takl] *nm* tackle; ~ glissé sliding tackle.

tacler [3] [takle] *vt* to tackle FTBL.

tacon [takɔ̃] *nm Helv* [pièce en tissu] patch *(for repairing clothes)*.

tacot *fam* [tako] *nm* banger *Br*, (old) heap.

TacOTac® [takɔtak] *npr m public lottery with a weekly prize draw.*

tact [takt] *nm* -**1.** PHYSIOL (sense of) touch. -**2.** [délicatesse] tact, delicacy; avoir du ~ to be tactful; manquer de ~ to be tactless; annoncer la nouvelle avec/sans ~ to break the news tactfully/tactlessly.

tacticien, enne [taktisjɛ̃, ɛn] *nm, f* -**1.** MIL (military) tactician. -**2.** *fig* [stratège] strategist; en fine ~ne, elle a laissé parler tout le monde avant d'intervenir she very cunningly allowed everyone else to speak before intervening.

tactile [taktil] *adj* tactile.

tactique [taktik] ◇ *adj* tactical.

◇ *nf* -**1.** MIL tactics *(sg)*. -**2.** [moyens] tactics *(sg ou pl)*.

tactiquement [taktikmɑ̃] *adv* tactically.

tactisme [taktism] *nm* tropism, taxis.

tadjik [tadʒik] *adj* Tadzhiki.

◆ **Tadjik** *nmf* Tadzhik.

◆ **tadjik** *nm* LING Tadzhiki.

Tadjikie [tadʒiki] *npr f* = **Tadjikistan**.

Tadjikistan [tadʒikistɑ̃] *npr m*: le ~ Tadzhikistan.

Tadj Mahall [tadʒmaal] = **Taj Mahal**.

tadorne [tadɔrn] *nm* [femelle] shelduck; [mâle] sheldrake.

tænia [tenja] = **ténia**.

taffetas [tafta] *nm* -**1.** TEXT taffeta; une robe en OU de ~ a taffeta dress. -**2.** PHARM: ~ gommé adhesive bandage.

tafia [tafja] *nm* tafia.

tag [tag] *nm* tag *(graffiti)*.

Tage [taʒ] *npr m*: le ~ the (River) Tagus.

tagetes [taʒetɛs], **tagète, tagette** [taʒɛt] *nm* marigold, tagetes *spéc*.

tagliatelle [tagljatɛl] (*pl inv* OU **tagliatelles**) *nf* tagliatelle *(U)*.

taguer [3] [tage] *vt* to tag *(with graffiti)*.

tagueur, euse [tagœr, øz] *nm, f* tagger *(graffitist)*.

Tahiti [taiti] *npr* Tahiti; à ~ in Tahiti.

tahitien, enne [taisjɛ̃, ɛn] *adj* Tahitian.

◆ **Tahitien, enne** *nm, f* Tahitian.

◆ **tahitien** *nm* LING Tahitian.

taïaut [tajo] *interj* tally-ho.

Taibei [tajbɛj] *npr* Taipei, T'ai-pei.

tai-chi(-chuan) [tajʃiʃwan] *nm inv* t'ai chi (ch'uan).

taie [tɛ] *nf* -**1.** [enveloppe]: ~ d'oreiller pillowcase, pillow slip; ~ de traversin bolster case. -**2.** MÉD leucoma.

taïga [tajga] *nf* taiga.

taillable [tajabl] *adj* -**1.** HIST subject to tallage. -**2.** *loc*: être ~ et corvéable à merci [sujet à l'impôt] to be subject to tallage; [soumis à des travaux] to be a drudge; je ne suis pas ~ et corvéable à merci, moi! I won't be treated like a drudge!

taillade [tajad] *nf* -**1.** [estafilade] slash, gash. -**2.** HORT [sur un arbre] gash.

taillader [3] [tajade] *vt* to gash OU to slash (through).

◆ **se taillader** *vpt*: se ~ les poignets to slash one's wrists.

taillage [tajaʒ] *nm* milling, cutting INDUST.

taillanderie [tajɑ̃dri] *nf* -**1.** [fabrication, commerce] edge-tool industry. -**2.** [outils] edge-tools.

taillandier [tajɑ̃dje] *nm* edge-tool maker.

taillant [tajɑ̃] *nm* -**1.** [tranchant] (cutting) edge. -**2.** MIN & TRAV PUBL bit.

taille [taj] *nf* **A.** -**1.** HORT [d'un arbre - gén] pruning; [- importante] cutting back; [- légère] trimming; [d'une haie] trimming, clipping; [de la vigne] pruning; la ~ de la vigne commence en février the pruning of the vines begins in February ❑ ~ longue pinching, light pruning. -**2.** ARM [tranchant] edge; frapper de ~ to strike OU to slash with the edge of one's sword. -**3.** BX-ARTS [du bois, du marbre] carving; [en gravure] etching; ~ au burin chiselling.

-**4.** CONSTR [à la carrière] hewing, cutting; [sur le chantier] dressing. -**5.** HIST [impôt] taille, tallage. -**6.** INDUST [d'un engrenage] milling, cutting; ~ **bâtarde/croisée/simple** bastard/crosscut/float cut. -**7.** JOAILL cutting; ~ **à angles** step-cut. -**8.** MÉD & *vieilli* cystotomy, lithotomy. -**9.** MIN longwall, working face. -**10.** MUS tenor (line). **B.** -**1.** [d'une personne, d'un animal] height; **une femme de haute** ~ a tall woman, a woman of considerable height; **un homme de petite** ~ a short man; **un enfant de** ~ **moyenne** a child of average height; **ils ont à peu près la même** ~ they're about the same height; **un chien de la** ~ **d'un veau** a dog as big as a calf OU the size of a calf. -**2.** [d'un endroit, d'un objet] size; **une pièce de** ~ **moyenne** an average-sized room; **il te faudrait un plat d'une** ~ **plus grande** you need a larger-sized dish. -**3.** [importance] size; **une erreur de cette** ~ **est impardonnable** a mistake of this magnitude is unforgivable. -**4.** VÊT size; **quelle est votre** ~? what size do you take?; **ce n'est pas ma** ~ it's not my size; **donnez-moi la** ~ **en dessous/au-dessus** give me one size down/up; **les grandes/petites** ~**s** the large/small sizes; **elles font toutes deux la même** ~ they both wear the same size; ~ **XL** size XL; **deux** ~**s de plus/de moins** two sizes bigger/smaller; **je n'ai plus votre** ~ I'm out of your size ❑ **elle a la** ~ **mannequin** she's got a real model's figure. -**5.** [partie du corps] waist; **avoir la** ~ **longue/courte** to be long-/short-waisted; **avoir la** ~ **fine** to be slim-waisted OU slender-waisted; **sa robe est serrée/trop serrée à la** ~ her dress is fitted/too tight at the waist; **elle avait la** ~ **prise dans une robe de soie violette** her slim waist was set off by a purple silk dress; **elle n'a pas de** ~ she's shapeless ❑ **avoir une** ~ **de guêpe** OU **de nymphe** to have an hourglass figure; **avoir la** ~ **bien prise** to have a nice OU good figure. -**6.** [partie d'un vêtement] waist; **robe à** ~ **haute/basse** high/low-waisted dress; **un jean (à)** ~ **basse** low-waisted OU hipster *Br* OU hip-hugger *Am* jeans. -**7.** INF: ~ **mémoire** storage capacity.

◆ **à la taille de** *loc prép* in keeping with; **ses moyens ne sont pas à la** ~ **de ses ambitions** his ambitions far exceed his means.

◆ **de taille** *loc adj* -**1.** [énorme] huge, great; **le risque est de** ~ the risk is considerable; **une fraude de** ~ a major fraud; **une surprise de** ~ a big surprise. -**2.** [capable]: **être de** ~ to measure up; **face à un adversaire comme lui, tu n'es pas de** ~ you're no match for an opponent like him; **de** ~ **à** capable of, able to; **elle n'est pas de** ~ **à se défendre** she's not capable of defending herself; **je ne suis pas de** ~ **à écrire une thèse** I'm not up to writing a thesis.

taillé, e [taje] *adj* -**1.** [bâti]: **un homme bien** ~ a well-built man; ~ **en** OU **comme: un gaillard** ~ **en hercule** a great hulk of a man. -**2.** [apte à]: ~ **pour** cut out for; **tu n'es pas** ~ **pour ce métier** you're not cut out for this job. -**3.** [coupé - arbre] trimmed, pruned; [- haie] trimmed, clipped; [- cristal] cut; [- crayon] sharpened; [- barbe, moustache] trimmed; **une barbe** ~**e en pointe** a goatee (beard); **un costume bien/mal** ~ a well-cut/poorly-cut suit.

taille-crayon [tajkrɛjɔ̃] (*pl inv* OU **taille-crayons**) *nm* pencil sharpener.

taille-douce [tajdus] (*pl* **tailles-douces**) *nf* line-engraving; **une gravure** OU **impression en** ~ a line-engraving.

taille-haie [tajəɛ] (*pl inv* OU **taille-haies**) *nm* hedge trimmer.

tailler [3] [taje] ◇ *vt* -**1.** [ciseler - pierre] to cut, to hew; [- verre] to engrave; [- bois, marbre] to carve; [- diamant] to cut; ~ **en pièces** *fig*: ~ **en pièces une armée** to cut an army to pieces; **la critique l'a taillé en pièces** the reviewers made mincemeat out of him ❑ ~ **des croupières à qqn** *vieilli* to put difficulties in sb's way. -**2.** [barbe, moustache] to trim; [crayon] to sharpen; ~ **sa barbe en pointe** to trim one's beard into a goatee. -**3.** [façonner] to cut, to hew; **il a taillé un escalier dans la pente** he cut some steps into the hillside. -**4.** COUT [vêtement] to cut (out); ~ **une jupe dans du velours** to cut a skirt out of a piece of velvet ❑ ~ **une bavette** *fam* to have a chat OU a chinwag. -**5.** HORT [arbre] to prune, to cut back *(sép)*; [haie] to trim, to clip; [vigne] to prune. -**6.** INDUST [engrenage] to mill, to cut.

◇ *vi* -**1.** [inciser] to cut; ~ **dans les chairs avec un scalpel** to cut into the flesh with a scalpel. -**2.** VÊT: **cette robe taille grand/petit** this dress is cut *esp Br* OU runs *Am* large/small. -**3.** JEUX & *vieilli* to keep the bank, to be banker.

◆ **se tailler** ◇ *vpi* ▽[partir] to scram; **allez, on se taille!** come on, let's clear off!; **taille-toi!** scram!, beat it!

◇ *vpt*: **se** ~ **un chemin à travers les ronces** to hack one's way through the brambles; **se** ~ **un chemin à travers la foule** to force one's way through the crowd; **se** ~ **un (beau) succès** to be a great success ❑ **se** ~ **la part du lion** to take the lion's share.

taillerie [tajri] *nf* -**1.** [art] gem-cutting. -**2.** [atelier] gem-cutting workshop.

tailleur [tajœr] *nm* -**1.** COUT [artisan] tailor; ~ **pour dames** ladies' tailor; ~ **à façon** bespoke *Br* OU custom *Am* tailor. -**2.** VÊT suit; **un** ~ **sur mesure** a tailor-made suit; **un** ~ **Chanel** a Chanel suit *(the expression is often used to evoke a wealthy, conservative but fashionable lifestyle)*. -**3.** [ouvrier]: ~ **de diamants** diamond OU gem cutter; ~ **de pierres/de pavés/de marbre** stone/paving stone/marble cutter; ~ **de verre** glass engraver.

◆ **en tailleur** *loc adv* cross-legged.

tailleur-pantalon [tajœrpɑ̃talɔ̃] (*pl* **tailleurs-pantalons**) *nm* trouser suit *Br*, pantsuit *Am*.

taillis [taji] *nm* coppice, copse, thicket; ~ **sous futaie** coppice with standards.

tailloir [tajwar] *nm* abacus ARCHIT.

tain [tɛ̃] *nm* -**1.** [pour miroir] silvering. -**2.** MÉTALL [bain] tin bath.

T'ai-pei [tajpɛ] *npr* = **Taibei**.

taire [111] [tɛr] *vt* -**1.** [passer sous silence - raisons] to conceal, to say nothing about; [- information] to hush up *(sép)*; [- plan, projet] to keep secret, to say nothing about; **je tairai le nom de cette personne** I won't mention this person's name; **il a préféré** ~ **ses projets** he preferred to keep his plans secret; **à quoi bon** ~ **la vérité maintenant?** what's the use of concealing OU not telling the truth now?; **faire** ~ **qqn** [empêcher qqn de parler] to silence sb, to force sb to be quiet; **faites** ~ **les enfants** make the children be quiet; **faire** ~ **qqch** to stifle sthg; **fais** ~ **tes scrupules** forget your scruples. -**2.** *litt* [cacher - sentiment]: **elle sait** ~ **ses émotions** she's able to keep her emotions to herself.

◆ **se taire** *vpi* -**1.** [s'abstenir de parler] to be OU to keep quiet; **tais-toi!** be quiet!; **elle sait se** ~ **et écouter les autres** she knows when to be silent and listen to others. -**2.** [cesser de s'exprimer] to fall silent; **l'opposition s'est tue** the opposition has gone very quiet. -**3.** *litt* [cesser de faire du bruit] to fall *litt* OU to become silent; **les oiseaux/canons se turent** the birds/cannon fell silent. -**4.** *fam loc*: **tais-toi!, taisez-vous!** (oh) don't; **et quand il t'a invitée à danser? — tais-toi, je ne savais plus où me mettre!** and when he asked you to dance? — don't, I felt so embarrassed!

taiseux, euse [tɛzø, øz] *adj & nm, f Belg* quiet.

Taiwan [tajwan] *npr* Taiwan; **à** ~ in Taiwan.

taiwanais, e [tajwanɛ, ɛz] *adj* Taiwanese.

◆ **Taiwanais, e** *nm, f* Taiwanese; **les Taiwanais** the Taiwanese.

tajine [taʒin] *nm* -**1.** [mets] *Moroccan lamb (or chicken) stew*. -**2.** [récipient] tajine.

Taj Mahal [taʒmaal] *npr m*: **le** ~ the Taj Mahal.

take-off [tɛkɔf] *nm inv* takeoff ECON.

talc [talk] *nm* talcum powder, talc.

talé, e [tale] *adj* [fruit] bruised.

talent [talɑ̃] *nm* -**1.** [capacité artistique] talent; **avoir du** ~ to have talent, to be talented; **son second album est plein de** ~ his second album is quite inspired. -**2.** [don, aptitude particulière] talent, skill, gift; **essaie de la raisonner — je n'ai jamais eu ce** ~! try to make her see reason — that's a skill I've never had!; **ses** ~**s de communicateur** his talents as a communicator; **elle exerçait ses** ~**s de dentiste dans une ville de province** she practised as a dentist in a provincial town; **votre fille a vraiment tous les** ~**s** your daughter is really talented. -**3.** [personne] talent; **il est à la recherche de jeunes/nouveaux** ~**s** he's looking for young/new talent. -**4.** HIST talent.

◆ **de talent** *loc adj* talented; **un jeune écrivain de** ~ a talented young writer; **un styliste de grand** ~ a designer of great talent, a highly talented designer.

◆ **sans talent** *loc adj* untalented; **chanteur sans** ~ untalented singer.

talentueux, euse *fam* [talɑ̃tɥø, øz] *adj* talented, gifted.

talion [taljɔ̃] *nm* talion.

talisman [talismɑ̃] *nm* -**1.** [amulette] talisman. -**2.** *litt* [sortilège] spell, charm; **sa beauté est un** ~ **auquel nul ne résiste** nobody can resist the spell of her beauty.

talismanique [talismanik] *adj sout* talismanic.

talkie-walkie [tɔkiwɔki] (*pl* **talkies-walkies**) *nm* walkie-talkie.

Talmud [talmyd] *npr m* Talmud.

talmudique [talmydik] *adj* Talmudic.

talmudiste [talmydist] *nmf* Talmudist.

taloche [talɔʃ] *nf* -**1.** CONSTR float. -**2.** *fam* [gifle] cuff, wallop; **il s'est pris une belle** ~! he got a real wallop!

talocher *fam* [3] [talɔʃe] *vt*: ~ **qqn** to clip OU to cuff sb round the ear.

talon [talɔ̃] *nm* -**1.** ANAT heel; **accroupi sur ses** ~**s** crouching (on his haunches OU heels) ❑ ~ **d'Achille: son** ~ **d'Achille** his Achilles' heel; **être** OU **marcher sur les** ~**s de qqn** to follow close on sb's heels; **montrer** OU **tourner les** ~**s** [s'enfuir] to show a clean pair of heels; **tourner les** ~**s** [faire demi-tour] to (turn round and) walk away. -**2.** [d'une chaussure] heel; **mettre un** ~ **à une chaussure** to put a heel on OU to heel a shoe ❑ ~**s aiguilles** spike OU stiletto *Br* heels; ~**s bottiers** medium heels; **porter des** ~**s hauts** OU **des hauts** ~**s** to wear high heels; **chaussures à** ~**s hauts** high-heeled shoes; **porter des** ~**s plats** to wear flat heels. -**3.** [d'une chaussette] heel; **tes chaussettes sont trouées au** ~ your socks have got holes in the heels. -**4.** [d'un fromage, d'un jambon] heel. -**5.** [d'un chèque] stub, counterfoil; [d'un mandat] counterfoil. -**6.** ARCHIT [moulure] talon OU ogee moulding. -**7.** CARTES stock, talon. -**8.** MUS heel, nut. -**9.** RAIL heel. -**10.** TECH [de quille, de serrure, de ski] heel.

talonnade [talɔnad] *nf* FTBL backheel.

talonnage [talɔnaʒ] *nm* -**1.** SPORT heeling *(U)*; **faire un** ~ to heel (the ball). -**2.** NAUT touching *(U)*.

talonner [3] [talɔne] ◇ *vt* -**1.** [poursuivre]: ~ **qqn** to follow on sb's heels; **le coureur marocain, talonné par l'Anglais** the Moroccan runner, with the Englishman close on his heels. -**2.** [harceler - suj: créancier] to hound; [- suj: gêneur] to pester; **le directeur me talonne pour que je remette mon rapport** the manager's after me to get my report in. -**3.** [tourmenter - suj: faim] to gnaw at *(insép)*. -**4.** [cheval] to spur with one's heels. -**5.** SPORT to heel, to hook.

◇ *vi* NAUT [navire] to touch the bottom.

talonnette [talɔnɛt] *nf* -**1.** [d'une chaussure] heel-piece, heel cap. -**2.** [d'un pantalon] binding strip.

talonneur [talɔnœr] *nm* hooker SPORT.

talonnière [talɔnjɛr] *nf* -**1.** BX-ARTS block *(placed under the heel during a pose)*. -**2.** MYTH talaria.

talquer [3] [talke] *vt* to put talcum powder OU talc on.

talus [taly] ◇ *adj m*: **pied** ~ talipes calcaneus *(sort of club foot)*.

◇ *nm* -**1.** [d'un chemin] (side) slope. -**2.** CONSTR

[de mur] batter, talus. -**3.** MIL talus. -**4.** GÉOL: ~ d'éboulis scree, talus. -**5.** IMPR shoulder; ~ de pied beard. -**6.** TRAV PUBL: ~ **de déblai/remblai** excavation/embankment slope.

talweg [talvɛg] *nm* talweg, thalweg.

tamanoir [tamanwar] *nm* (great) anteater.

Tamanrasset [tamanrasɛt] *npr* Tamanrasset.

tamarin [tamarɛ̃] *nm* -**1.** ZOOL tamarin. -**2.** BOT tamarind.

tamarinier [tamarinje] *nm* tamarind (tree).

tamaris [tamaris], **tamarix** [tamariks] *nm* tamarisk.

tambouille▽ [tɑ̃buj] *nf* grub; **faire la ~** to cook (the grub).

tambour [tɑ̃bur] *nm* -**1.** MUS [instrument] drum; **jouer du ~** to play the drum; **on entendait les ~s de la fanfare** we could hear the drumming of the band ❑ **~ de basque** tambourine; **au son du ~** [bruyamment] noisily; **sans ~ ni trompette** discreetly, unobtrusively; **il a quitté le parti sans ~ ni trompette** he left the party quietly OU without making any fuss; **~ battant** briskly; **elle a mené l'affaire ~ battant** she got it done briskly; **'le Tambour'** *Grass* 'The Tin Drum'. -**2.** [son] drumbeat; **le matin on les réveille au ~** they're woken in the morning by the sound of a drum. -**3.** [joueur] drummer; **les ~s battent la retraite** the drummers are beating the retreat; **~ de ville** town crier. -**4.** ARCHIT, AUT & ÉLECTR drum. -**5.** CONSTR [sas] tambour (door). -**6.** COUT [à broder] tambour. -**7.** INF: **~ magnétique** magnetic drum. -**8.** PÊCHE: **~ fixe** fixed reel. -**9.** TECH [de lave-linge] drum; [en horlogerie] barrel.

tambourin [tɑ̃burɛ̃] *nm* [de basque] tambourine; [provençal] tambourin.

tambourinage [tɑ̃burinaʒ] *nm* drumming.

tambourinaire [tɑ̃burinɛr] *nm* tambourin player.

tambourinement [tɑ̃burinmɑ̃] = **tambourinage**.

tambouriner [3] [tɑ̃burine] ◇ *vi* -**1.** [frapper] to drum (on); **il est venu ~ à notre porte à six heures du matin** he came beating OU hammering on our door at six in the morning; **la grêle tambourinait à la fenêtre** hailstones were drumming on OU beating against the window pane. -**2.** MUS & *vieilli* to drum.
◇ *vt* -**1.** MUS [air, cadence] to drum (out). -**2.** [proclamer] to cry out *(sép)*.

tambourineur, euse [tɑ̃burinœr, øz] *nm, f* tambourine player.

tambour-major [tɑ̃burmaʒɔr] (*pl* **tambours-majors**) *nm* drum major.

Tamenghest [tamɛngɛst] = **Tamanrasset**.

Tamerlan [tamɛrlɑ̃] *npr*: **~ le Grand** Tamerlane OU Tamburlaine the Great.

tamil [tamil] = **tamoul** *nm*.

tamis [tami] *nm* -**1.** [à farine] sieve; [en fil de soie, de coton] tammy (cloth), tamis; **passer au ~** [farine, sucre] to put through a sieve, to sift, to sieve; [dossier] to go through with a fine-tooth comb. -**2.** CHIM: **~ moléculaire** molecular sieve. -**3.** CONSTR [à sable] sifter, riddle *spéc*. -**4.** SPORT [d'une raquette] strings.

tamisage [tamizaʒ] *nm* [de farine] sifting, sieving; [de sable] sifting, riddling *spéc*.

Tamise [tamiz] *npr f*: **la ~** the Thames.

tamisé, e [tamize] *adj* -**1.** [farine, terre] sifted, sieved. -**2.** [éclairage] soft, subdued; [lumière naturelle] soft.

tamiser [3] [tamize] *vt* -**1.** [farine, poudre] to sift, to sieve. -**2.** [lumière naturelle] to filter; [éclairage] to subdue. -**3.** CONSTR [sable] to sift, to riddle *spéc*.

tamoul, e [tamul] *adj* Tamil.
◆ **Tamoul, e** *nm, f* Tamil.
◆ **tamoul** *nm* LING Tamil.

tamouré [tamure] *nm* tamure.

tampico [tɑ̃piko] *nm* Tampico fibre.

tampon [tɑ̃pɔ̃] ◇ *nm* -**1.** [pour absorber] wad; **~ périodique** tampon. -**2.** [pour imprégner] pad; **~ encreur** ink pad. -**3.** [pour nettoyer] pad; **~ Jex®** Brillo pad®; **~ à récurer** scouring pad, scourer. -**4.** [pour obturer] plug, bung; **il a bouché la fissure avec un ~ de papier** he stopped up the crack with a wad of paper. -**5.** [plaque gravée] rubber stamp; [oblitération] stamp; **faites apposer le ~ de la mairie sur votre certificat** have the town hall stamp your certificate; **le ~ de la poste** the postmark. -**6.** *fig* buffer; **il sert de ~ entre la direction et le personnel** he acts as a buffer between the management and the staff. -**7.** BX-ARTS dabber, dauber. -**8.** CONSTR [dalle] cover; [cheville] wall plug; **~ d'égout** manhole cover. -**9.** INF & RAIL buffer. -**10.** MÉCAN plug gauge. -**11.** MÉD swab, tampon.
◇ *adj inv* -**1.** POL: **État/zone ~** buffer state/zone. -**2.** CHIM: **substance ~** buffer.

tampon-buvard [tɑ̃pɔ̃byvar] (*pl* **tampons-buvards**) *nm* blotter.

tamponnade [tɑ̃pɔnad] *nf*: **~ du cœur** (cardiac) tamponade.

tamponnage [tɑ̃pɔnaʒ] *nm* -**1.** MÉD dabbing. -**2.** CHIM buffering.

tamponnement [tɑ̃pɔnmɑ̃] *nm* -**1.** [accident] collision. -**2.** MÉD tamponage. -**3.** [obturation] plugging.

tamponner [3] [tɑ̃pɔne] *vt* -**1.** [document, passeport] to stamp; [lettre timbrée] to postmark. -**2.** [télescoper] to collide with *(insép)*, to hit, to bump into *(insép)*; [violemment] to crash into *(insép)*. -**3.** [sécher - front, lèvres, yeux] to dab (at). -**4.** [enduire - meuble] to dab. -**5.** CHIM to buffer. -**6.** CONSTR [mur] to plug. -**7.** MÉD [plaie] to tampon.
◆ **se tamponner** ◇ *vp (emploi réciproque)* to collide, to bump into one another; **ils se sont tamponnés** they collided.
◇ *vp (emploi réfléchi)*▽: **je m'en tamponne (le coquillard)!** I don't give a damn!

tamponneur, euse [tɑ̃pɔnœr, øz] *adj* colliding; **le train ~** the train which crashed into the back of the other one.

tamponnoir [tɑ̃pɔnwar] *nm* pin OU wall bit.

tam-tam [tamtam] (*pl* **tam-tams**) *nm* -**1.** MUS [d'Afrique] tom-tom; [gong] tam-tam. -**2.** *fam* [publicité tapageuse] hype; [vacarme] fuss, to-do; **quel ~ pour le divorce de la princesse!** what a fuss they're making about the princess's divorce!

tan [tɑ̃] *nm* tanbark.

tanagra [tanagra] *nm* OU *nf* Tanagra figurine.

Tananarive [tananariv] *npr* Antananarivo.

tancer [16] [tɑ̃se] *vt litt* to scold; **~ vertement qqn** to berate sb.

tanche [tɑ̃ʃ] *nf* tench.

tandem [tɑ̃dɛm] *nm* -**1.** [vélo] tandem. -**2.** [couple] pair; **le ~ qu'ils forment est redoutable** together, they make a formidable pair.
◆ **en tandem** ◇ *loc adj* [attelage] tandem *(modif)*.
◇ *loc adv* [agir, travailler] in tandem, as a pair.

tandis que [tɑ̃dikə], **tandis qu'** [tɑ̃dik] *loc conj* -**1.** [pendant que] while, whilst; [au même moment que] as; **il l'observait tandis qu'elle parlait** he was watching her while she was talking OU as she talked; **le téléphone sonna tandis qu'il ouvrait la porte** the phone rang as he opened the door. -**2.** [alors que] whereas; **elle aime l'opéra ~ lui préfère le jazz** she likes opera whereas he likes jazz.

tangage [tɑ̃gaʒ] *nm* AÉRON & NAUT pitching; **il y avait du ~** the boat was pitching.

Tanganyika [tɑ̃ganika] *npr* → **lac**.

tangara [tɑ̃gara] *nm* tanager.

tangence [tɑ̃ʒɑ̃s] *nf* tangency; **point de ~** point of tangency *spéc* OU contact.

tangent, e [tɑ̃ʒɑ̃, ɑ̃t] *adj* -**1.** GÉOM & MATH tangent, tangential. -**2.** *fam* [limite - cas, candidat] borderline; **ses notes sont ~es** her grades put her on the borderline; **je ne l'ai pas renvoyé, mais c'était ~** I didn't fire him but I was very close to doing so.
◆ **tangente** *nf* -**1.** GÉOM & MATH tangent; **une ~e à la courbe** a tangent to the curve. -**2.** *loc*: **prendre la ~e** *fam* [se sauver] to make off; [esquiver une question] to dodge the issue.

tangentiel, elle [tɑ̃ʒɑ̃sjɛl] *adj* tangential.

Tanger [tɑ̃ʒe] *npr* Tangier, Tangiers.

tangerine [tɑ̃ʒərin] *nf* tangerine.

tangibilité [tɑ̃ʒibilite] *nf* tangibility, tangibleness.

tangible [tɑ̃ʒibl] *adj* -**1.** [palpable] tangible, palpable; **la réalité ~** tangible reality. -**2.** [évident] tangible, real; **l'amélioration des résultats est ~** there has been a real improvement in the results.

tangiblement [tɑ̃ʒibləmɑ̃] *adv litt* tangibly, palpably.

tango [tɑ̃go] ◇ *adj inv* bright orange.
◇ *nm* tango.

tangue [tɑ̃g] *nf* sea sand.

tanguer [3] [tɑ̃ge] *vi* -**1.** NAUT to pitch; **la tempête faisait ~ le navire** the storm was tossing the boat around, the boat was tossed about in the storm. -**2.** *fam* [tituber] to reel, to sway. -**3.** *fam* [vaciller - décor] to spin; **tout tanguait autour d'elle, elle sentit qu'elle allait s'évanouir** everything around her was spinning and she felt she was going to faint.

tanière [tanjɛr] *nf* -**1.** [d'un animal] den, lair. -**2.** [habitation] retreat; **il ne sort jamais de sa ~** he never leaves his den.

tanin [tanɛ̃] *nm* tannin.

tanisage [tanizaʒ] *nm* adding of tannin VINIC.

taniser [3] [tanize] *vt* -**1.** [poudre] to add tan to. -**2.** ŒNOL to add tannin to.

tank [tɑ̃k] *nm* tank INDUST & MIL.

tanker [tɑ̃kœr] *nm* tanker NAUT.

tannage [tanaʒ] *nm* tanning.

tannant, e [tanɑ̃, ɑ̃t] *adj* -**1.** [produit] tanning. -**2.** *fam* [importun] annoying; [énervant] maddening; **ce que tu peux être ~ avec tes questions!** you're a real pain with all these questions!

tanné, e [tane] *adj* -**1.** [traité - cuir] tanned. -**2.** [hâlé - peau] weathered, weather-beaten.
◆ **tannée** *nf* -**1.** [écorce] tanbark. -**2.** ▽ [correction] hiding, thrashing; **prendre une ~** to get a hiding. -**3.** ▽ [défaite humiliante] drubbing, trouncing; **il a pris** OU **s'est ramassé une ~ aux présidentielles** he got well and truly thrashed in the presidential election.

tanner [3] [tane] *vt* -**1.** [traiter - cuir] to tan; **~ le cuir à qqn** *fam* to tan sb's hide, to thrash sb. -**2.** [hâler - peau] to tan. -**3.** *fam* [harceler] to pester, to hassle; **son fils le tanne pour avoir une moto** his son keeps pestering him for a motorbike.

tannerie [tanri] *nf* -**1.** [établissement] tannery. -**2.** [industrie, opérations] tanning.

tanneur, euse [tanœr, øz] *nm, f* tanner.

tannin [tanɛ̃] = **tanin**.

tannique [tanik] *adj* tannic.

tannisage [tanizaʒ] = **tanisage**.

tanniser [tanize] = **taniser**.

tant [tɑ̃] ◇ *adv* -**1.** [avec un verbe]: **il l'aime ~** he loves her so much; **ne fume pas ~!** don't smoke so much!; **il a ~ travaillé sur son projet** he's worked so hard on his project; **j'en ai ~ rêvé** I've dreamt about it so much OU often || [en corrélation avec 'que']: **ils ont ~ fait qu'ils ont obtenu tout ce qu'ils voulaient** they worked so hard that they ended up getting everything they wanted; **j'ai ~ crié que je suis enroué** I shouted so much that I've lost my voice ❑ **~ va la cruche à l'eau (qu'à la fin elle se casse)** *prov* he who plays with fire gets burnt. -**2.** [avec un participe passé]: **le jour ~ attendu arriva enfin** the long-awaited day arrived at last. -**3.** *sout* [introduisant la cause]: **les plantes ont gelé ~ il a fait froid** it was so cold the plants froze; **deux personnes se sont évanouies, ~ il faisait chaud** it was so hot (that) two people fainted. -**4.** [exprimant une quantité imprécise] so much; **ce sera ~ par mois** that will be so much per month; tu lui dis simplement «ça fait ~» just tell him "it costs so much"; il gagne ~ de l'heure he earns so much per hour. -5. [introduisant une comparaison]: ~... que: le spectacle peut plaire ~ aux enfants qu'aux parents the show is aimed at children as well as adults; pour des raisons ~ économiques que politiques for economic as well as political reasons; ce n'est pas ~ sa colère qui me fait mal que son mépris her anger doesn't hurt me so much as her contempt. -6. *loc*: vous m'en direz ~! *fam*, tu m'en diras ~! *fam* you don't say!; comme il y en a ~: une maison de banlieue comme il y en a ~ one of those suburban houses that you come across so often.

◇ *nm*: suite à votre lettre du ~ with reference to your letter of such and such a date; vous serez payé le ~ de chaque mois you'll be paid on such and such a date every month.

◆ **en tant que** *loc conj* -1. [en qualité de] as; en ~ que directeur, la décision vous revient as director, the decision is yours; en ~ que père, tu dois prendre tes responsabilités you must face up to your responsibilities as a father. -2. [dans la mesure où] as long as; il ne s'intéresse à nous qu'en ~ que nous lui rendons service *sout* he's only interested in us as long as OU while we can be of use to him.

◆ **tant bien que mal** *loc adv* after a fashion; je l'ai repassé ~ bien que mal I've ironed it after a fashion OU as best I could; le moteur est reparti, ~ bien que mal somehow, the engine started up again.

◆ **tant de** *loc dét* -1. [tellement de] *(suivi d'un n non comptable)* so much, such; *(suivi d'un n comptable)* so many; il y a ~ de livres à lire there are so many books to read; ~ de bonheur such OU so much happiness; ~ de gens so many people ‖ [en corrélation avec 'que']: elle a ~ de travail qu'elle n'a plus le temps d'aller au cinéma she has so much work that she no longer has the time to go to the cinema; vous m'avez reçu avec ~ de générosité que je ne sais quoi dire you've made me so welcome that I'm lost for words; ~ d'années ont passé que j'ai oublié so many years have gone by that I've forgotten. -2. [exprimant une quantité imprécise]: il y a ~ de lignes par page there are so many lines to a page; ~ de centimètres so many centimetres; ~ de grammes so many grammes.

◆ **tant et plus** *loc adv* over and over again, time and time again; j'ai insisté ~ et plus I insisted over and over again OU time and time again.

◆ **tant et si bien que** *loc conj*: ils ont fait ~ et si bien qu'ils ont réussi they worked so hard that they succeeded; ~ et si bien que je ne lui adresse plus la parole so much so that we're no longer on speaking terms.

◆ **tant il est vrai que** *loc conj*: il s'en remettra, ~ il est vrai que le temps guérit tout he'll get over it, for it's true that time is a great healer.

◆ **tant mieux** *loc adv* good, fine, so much the better; vous n'avez rien à payer – ~ mieux! you don't have anything to pay – good OU fine!; il est parti et c'est ~ mieux he's left and just as well OU and a good thing too; ~ mieux pour lui good for him.

◆ **tant pis** *loc adv* never mind, too bad; il n'est pas là – ~ pis! he isn't in – never mind!; je reste, ~ pis s'il n'est pas content I'm staying, too bad if he doesn't like it; ~ pis pour lui too bad (for him).

◆ **tant soit peu** *loc adv*: s'il est ~ soit peu intelligent, il comprendra if he is even the slightest bit intelligent, he'll understand.

◆ **tant que** *loc conj* -1. [autant que] as OU so much as; elle ne travaille pas ~ que les autres she doesn't work as much OU as hard as the others; il sort ~ qu'il peut he goes out as much OU often as he can; manges-en ~ que tu veux have as many OU much as you like ❑ tu l'aimes ~ que ça? do you love him that much?; ça fait mal! – ~ que ça? it hurts! – that much?; elle est jolie – pas ~ que ça she's pretty – not really; il y a 15 ans – ~ que ça? that was 15 years ago – that long ago?; tous ~ que vous êtes, vous irez every last one of you will go; tous ~ que nous sommes all of us, every single one of us; il pleut ~ que ça peut it's raining like anything. -2. [aussi longtemps que] as long as; [pendant que] while; tu peux rester ~ que tu veux you can stay as long as you like; ~ qu'il y aura des hommes as long as there are men; ~ qu'on y est while we're at it; ~ que j'y pense, as-tu reçu ma carte? while I think of it, did you get my card?; ~ que ce n'est pas grave! *fam* as long as it's not serious! ❑ sois grossier ~ que tu y es! be rude (as well) while you're at it!; pourquoi pas un château avec piscine ~ que tu y es! why not a castle with a swimming pool while you're at it!; ~ qu'il y a de la vie, il y a de l'espoir while there's life there's hope.

◆ **tant qu'à** *loc conj*: ~ qu'à partir, autant partir tout de suite if I/you *etc* must go, I/you *etc* might as well do it right away; ~ qu'à m'expatrier, j'aime mieux que ce soit dans un beau pays if I have to go and live abroad, I'd rather go somewhere nice ❑ ~ qu'à faire: ~ qu'à faire, je préférerais du poisson I'd rather have fish if I have the choice; ~ qu'à faire, sortons maintenant we might as well go out now.

◆ **un tant soit peu** *loc adv* a little bit; si tu étais un ~ soit peu observateur if you were the least bit observant; si elle avait un ~ soit peu de bon sens if she had the slightest bit of common sense; s'il voulait être un ~ soit peu plus aimable... if he would only be just the slightest OU tiniest bit more friendly...

tantale [tɑ̃tal] *nm* -1. ORNITH tantalus, wood stock. -2. CHIM tantalum.

Tantale [tɑ̃tal] *npr* Tantalus; le supplice de ~ the punishment of Tantalus.

tante [tɑ̃t] *nf* -1. [dans une famille] aunt; ~ Marie Aunt Marie. -2. ▽ [mont-de-piété]: chez ma ~ at my uncle's, at the pawnshop. -3. ▽ [homosexuel] fairy.

tantième [tɑ̃tjɛm] ◇ *adj*: la ~ partie des bénéfices so much of the profits.

◇ *nm* [part proportionnelle] proportion; [quote-part de bénéfice] share.

tantine *fam* [tɑ̃tin] *nf* aunty.

tantinet [tɑ̃tinɛ] *nm* tiny bit.

◆ **un tantinet** *loc adv* a tiny (little) bit; un ~ stupide a tiny bit stupid.

tantôt [tɑ̃to] *adv* -1. *fam* [cet après-midi] this afternoon; je dois le voir ~ I have to see him this afternoon. -2. *dial* [plus tard] later; à ~ see you later. -3. *dial* [plus tôt] earlier; je l'ai vu ~ I saw him earlier.

◆ **tantôt..., tantôt** *loc corrél* sometimes..., sometimes; nous passons le week-end ~ chez mes parents, ~ chez les siens sometimes we spend the weekend with my parents, sometimes with his.

tantouze▽ [tɑ̃tuz] *nf péj* fairy, queen.

Tanzanie [tɑ̃zani] *npr f*: (la) ~ Tanzania.

tanzanien, enne [tɑ̃zanjɛ̃, ɛn] *adj* Tanzanian.

◆ **Tanzanien, enne** *nm, f* Tanzanian.

tao [tao] *nm* Tao.

TAO (*abr de* traduction assistée par ordinateur) *nf* CAT.

taoïsme [taɔism] *nm* Taoism.

taoïste [taɔist] *adj* & *nmf* Taoist.

taon [tɑ̃] *nm* horsefly.

tapage [tapaʒ] *nm* -1. [bruit] din, uproar; faire du ~ to make a racket. -2. [scandale] scandal, fuss; ça a fait tout un ~ there was quite a fuss about it. -3. JUR: ~ nocturne *disturbance of the peace at night*.

tapageur, euse [tapaʒœr, øz] *adj* -1. [bruyant] noisy, rowdy; les enfants sont un peu ~s the children are a bit rowdy. -2. [voyant - vêtement] showy, flashy; [- publicité] obtrusive. -3. [dont on parle beaucoup]: une liaison tapageuse entre deux vedettes a much-talked-about affair between two stars.

tapageusement [tapaʒøzmɑ̃] *adv* flashily, showily.

tapant, e [tapɑ̃, ɑ̃t] *adj*: je serai là à dix heures ~es I'll be there at ten o'clock sharp OU on the dot; il est rentré à minuit ~ he came home on the stroke of midnight.

tape [tap] *nf* -1. [pour punir] (little) slap, tap; je lui ai donné une petite ~ sur les fesses I gave him a little smack OU slap on the bottom. -2. [amicale] pat; donner une petite ~ sur le dos/bras de qqn to pat sb's back/arm.

tapé, e [tape] *adj* -1. *fam* [fou] crackers, cracked. -2. [fruit - abîmé] bruised. -3. *fam* [juste et vigoureux - réplique] well-aimed; ça c'est une réponse bien ~e! that's really hit the nail on the head! -4. *fam* [marqué par l'âge - visage] aged.

◆ **tapée** *fam nf* [multitude]: une ~e de dossiers heaps of files; il y avait une ~e de photographes there was a swarm of photographers.

tape-à-l'œil [tapalœj] ◇ *adj inv* [couleur, bijoux, toilette] flashy, showy.

◇ *nm inv*: c'est du ~ [objets, toilette] it's all show; il aime le ~ he likes showy things.

tape-cul (*pl* tape-culs), **tapecul** [tapky] *nm* -1. [tilbury] gig. -2. *fam* [voiture] rattletrap. -3. *fam* [balançoire] seesaw. -4. *fam* NAUT [voile] jigger; [mât] jigger mast.

tapée [tape] *f* → **tapé**.

tapement [tapmɑ̃] *nm* -1. [action] tapping, drumming. -2. [bruit] tapping.

taper [3] [tape] ◇ *vt* -1. [personne - gén] to hit; [- d'un revers de main] to slap; ne tape pas ton petit frère don't hit your little brother. -2. [marteler - doucement] to tap; [- fort] to hammer, to bang; elle tapait rageusement le sol avec son pied she was stamping her foot angrily ❑ ~ le carton *fam* to play cards, to have a game of cards. -3. [heurter]: ~ un coup à une porte to knock once on a door; il est venu ~ plusieurs coups sur ma vitre he came and knocked (several times) on my window. -4. [dactylographier] to type; ~ un document à la machine to type (out) a document; ~ 40 mots à la minute to type 40 words per minute. -5. TÉLÉC [code] to dial; tapez le 36 15 dial 36 15. -6. *fam* [jouer - air de musique] to thump OU to hammer out *(sép)*; il tapait une valse sur le piano he was hammering out a waltz on the piano. -7. ▽ [demander de l'argent à]: il m'a tapé de 300 francs he touched me for 300 francs, he cadged *esp Br* OU bummed *Am* 300 francs off me. -8. *fam* [atteindre]: sa voiture tape le 200 his car can do 200.

◇ *vi* -1. [donner un coup à quelque chose]: ~ sur [clavier] to bang OU to thump away at; [clou, pieu] to hit; [avec un marteau] to hammer (away at); elle a tapé du poing sur la table she banged OU thumped her fist on the table; ~ dans une balle [lui donner un coup] to kick a ball; [s'amuser avec] to kick a ball around; ~ du pied OU des pieds to stamp one's foot OU feet; ~ des mains to clap one's hands. -2. [battre, frapper]: ~ sur qqn [une fois] to hit sb; [à coups répétés] to beat sb up; c'est un bon boxeur et il tape dur he's a good boxer and he hits hard OU packs a powerful punch ❑ se faire ~ sur les doigts to get rapped over the knuckles; la petite veste rose m'avait tapé dans l'œil *fam* I was really taken with the little pink jacket; elle lui a tapé dans l'œil dès le premier jour *fam* he fancied her from day one. -3. [dactylographier] to type; il tape bien/mal he types well/badly, he's a good/bad typist; tape sur cette touche press this key. -4. *fam* [soleil] to beat down; ça tapait sur la plage cet après-midi it was scorching hot on the beach this afternoon; le vin rouge m'a tapé sur la tête the red wine knocked me out. -5. *fam* [critiquer]: ~ sur [personne, film] to run down *(sép)*, to knock; elle s'est fait ~ dessus dans la presse OU par les journaux the newspapers really panned her. -6. *fam* [puiser]: ~ dans [réserves, économies] to dig into *(insép)*; [tiroir-caisse] to help o.s. from; voilà la viande, tapez dedans! here's the meat, dig OU tuck *esp Br* in!; elle ne pouvait pas s'empêcher de ~ dans la caisse she couldn't keep her fingers out of the till. -7. ▽ [sentir mauvais] to reek, to stink; ça tape dans ta chambre! your room stinks!

-**8.** *fam Afr* [aller à pied] to walk; elle a manqué le car et a dû ~ she missed the coach and had to walk.

◆ **se taper** ◇ *vp (emploi réciproque)* to hit each other; ils ont fini par se ~ dessus eventually, they came to blows ❑ se ~ sur le ventre▽ [être en bonnes relations] to be very close; lui et le ministre se tapent sur le ventre he and the minister are great buddies.

◇ *vpt* -**1.** *fam* [consommer - dîner, petits fours] to put away *(sép)*, to scoff *Br*; [- boisson] to knock back *(sép)* ❑ se ~ la cloche *fam* to have a blow-out *esp Br*, to pig out. -**2.** ▽ [sexuellement] to lay, to have it off with; lui, je vais me le ~! I'm going to get this guy into bed! -**3.** *fam* [subir - corvée, travail, gêneur] to get landed *Br* OU lumbered *Br* OU stuck with; je me suis tapé les cinq étages à pied I had to walk up the five floors. -**4.** [se cogner]: se ~ les cuisses *fam* [de satisfaction, de rire] to slap one's thighs; c'était à se ~ le derrière *fam* OU le cul▽ par terre it was a scream OU hoot; c'est à se ~ la tête contre les murs *fam* it's enough to drive you stark raving mad.

◇ *vpi*: se ~ sur les cuisses [de satisfaction, de rire] to slap one's thighs; je m'en tape▽ I don't give a damn (about it); tu peux (toujours) te ~!▽ you can whistle for it!

tapette [tapɛt] *nf* -**1.** [petite tape] pat, tap. -**2.** [piège à souris] mousetrap. -**3.** *fam* [bagou]: il a une bonne ~ he's a real chatterbox. -**4.** ▽ *péj* [homosexuel] poof *Br*, fag *Am*. -**5.** [contre les mouches] flyswatter; [pour les tapis] carpet beater. -**6.** BX-ARTS [de graveur] dauber, dobber.

tapeur, euse *fam* [tapœr, øz] *nm, f* cadger *esp Br*, scrounger, mooch *Am*.

tapi, e [tapi] *adj* -**1.** [accroupi] crouching, hunched up; [en embuscade] lurking. -**2.** *litt* [blotti, dissimulé] lurking, skulking, lying low; une chaumière ~e au cœur de la forêt a cottage hidden OU lying in the heart of the forest. -**3.** [retiré] buried, shut away; ~e chez elle, elle tente de finir son roman she's shut herself away at home, in an attempt to finish her novel.

tapin▽ [tapɛ̃] *nm*: faire le ~ to be on the game *Br*, to work the streets *esp Am*; elle fait le ~ rue Saint-Denis she works the rue Saint-Denis.

tapiner▽ [3] [tapine] *vi* to be on the game *Br*, to work the streets *esp Am*.

tapinois [tapinwa]

◆ **en tapinois** *loc adv* [entrer, se glisser] sneakily, furtively.

tapioca [tapjɔka] *nm* tapioca; potage au ~ tapioca soup.

tapir[1] [tapir] *nm* tapir.

tapir[2] [32] [tapir]

◆ **se tapir** *vpi* -**1.** [se baisser] to crouch (down); [se dissimuler - par peur] to hide; [- en embuscade] to lurk; il se tapit derrière un buisson et l'attendit he lay in wait for her behind a bush. -**2.** *sout* [se retirer] to hide away; depuis son accident, elle se tapit dans un petit village à la montagne since her accident, she's been hiding away in a small mountain village.

tapis [tapi] *nm* -**1.** [pièce de tissu] carpet; ~ chinois/persan Chinese/Persian carpet ❑ ~ de bain bath mat; ~ de haute laine deep-pile carpet; ~ d'Orient oriental carpet; ~ de prière prayer mat; ~ rouge *pr* & *fig* red carpet; tu ne veux pas le ~ rouge aussi? what do you want, the red-carpet treatment?; ~ de selle saddlecloth; ~ de sol ground sheet; ~ de table table cover; ~ volant flying OU magic carpet. -**2.** *litt* [couche - de feuilles, de neige] carpet; un ~ d'aiguilles de pin/de fleurs a carpet of pine needles/of flowers. -**3.** GÉOG: ~ végétal plant cover. -**4.** HORT: ~ de gazon smooth, even lawn. -**5.** JEUX [de billard, d'une table de jeu] cloth, baize; ~ vert [table de jeu] green baize; [de conférence] baize; Tapis Vert *game of chance organized by the French national lottery*; le ~ brûle OU crie there's a stake missing. -**6.** SPORT [dans une salle de sport] mat; [à la boxe] canvas; aller au ~ [boxeur] to be knocked down; envoyer son adversaire au ~ to floor one's opponent. -**7.** TECH: ~ roulant [pour piétons] moving pavement *Br* OU sidewalk *Am*, travolator; ~ transporteur [pour bagages, pièces de montage] conveyor belt. -**8.** TRAV PUBL (bituminous) carpet.

◆ **sur le tapis** *loc adv* -**1.** JEUX on the table; il y avait plus de 15 000 francs sur le ~ there were more than 15,000 francs on the table. -**2.** *fig*: l'affaire est de nouveau sur le ~ the matter is being discussed again; à quoi bon remettre toutes nos vieilles querelles sur le ~? what's the use of bringing up OU raking over all our old quarrels again?

tapis-brosse [tapibrɔs] (*pl* tapis-brosses) *nm* doormat.

tapisser [3] [tapise] *vt* -**1.** [mur - avec du papier peint] to wallpaper; [- avec du tissu] to hang with material; [- avec des tentures] to hang with curtains OU drapes *Am*; [fauteuil, étagère] to cover; ~ une cloison de posters to cover a partition with posters. -**2.** CULIN [garnir] to line; tapissez votre moule de papier d'aluminium line your tin with foil. -**3.** *litt* [couvrir - suj: bruyère, neige] to cover, to carpet; le trèfle tapissait le champ the field was carpeted with clover; un banc tapissé de mousse/neige a moss-clad *litt* /snow-covered bench; un nid tapissé de feuilles a nest lined with leaves. -**4.** ANAT & BOT to line.

tapisserie [tapisri] *nf* -**1.** [art, panneau] tapestry; les ~s des Gobelins the Gobelins tapestries ❑ la ~ de Bayeux OU de la reine Mathilde the Bayeux tapestry; faire ~ [dans une réunion] to be left out; [au bal] to be a wallflower. -**2.** [petit ouvrage] tapestry; faire de la ~ to do tapestry OU tapestry-work ❑ point de ~ canvas stitch. -**3.** [papier peint] wallpaper *(U)*; refaire les ~s d'une chambre to repaper a bedroom. -**4.** [métier] tapestry-making.

tapissier, ère [tapisje, ɛr] *nm, f* -**1.** [fabricant] tapestry-maker. -**2.** [vendeur] upholsterer. -**3.** [décorateur] interior decorator.

tapon [tapɔ̃] *nm vieilli* [bouchon] plug, bung; rouler qqch en ~ to roll sthg into a ball.

tapotement [tapɔtmɑ̃] *nm* [avec les doigts] tapping; [avec la main] patting.

tapoter [3] [tapɔte] ◇ *vt* -**1.** [dos] to pat; [joue, surface, thermomètre] to tap; elle lui a tapoté amicalement la joue she gave his cheek a friendly tap; il tapota son pupitre avec sa baguette he tapped the rostrum with his baton. -**2.** [air de musique] to bang out.

◇ *vi* -**1.** [tambouriner] to tap; elle tapotait sur la table avec un crayon she was drumming (on) the table with a pencil. -**2.** [jouer médiocrement]: il tapotait sur le vieux piano he was banging out a tune on the old piano.

tapuscrit [tapyskri] *nm* typescript.

taque [tak] *nf* -**1.** CONSTR fireback (plate). -**2.** TECH cast iron plate.

taquet [takɛ] *nm* -**1.** [cale - de meuble] wedge; [- de porte] wedge, stop. -**2.** CONSTR [coin en bois] (wood) angle block; [d'une porte] catch; ~ d'échelle ladder jack. -**3.** IMPR jogger. -**4.** NAUT cleat. -**5.** RAIL: ~ d'arrêt Scotch block. -**6.** TECH [d'une machine à écrire] tabulator stop. -**7.** TEXT picker.

taquin, e [takɛ̃, in] ◇ *adj* teasing; il est un peu ~ par moments he's a bit of a tease sometimes.

◇ *nm, f* [personne] teaser, tease.

◆ **taquin** *nm* JEUX *puzzle consisting of sliding plates in a frame which have to be arranged in a set order.*

taquiner [3] [takine] *vt* -**1.** [faire enrager] to tease; cesse de la ~ stop teasing her. -**2.** [être légèrement douloureux] to bother; j'ai une dent qui me taquine one of my teeth is bothering me OU giving me a bit of bother. -**3.** *loc*: ~ le piano *fam*/violon *fam* to play the piano/violin a bit; ~ le goujon *fam* to do a bit of fishing; ~ la muse *litt* to dabble in poetry, to court the Muse.

◆ **se taquiner** *vp (emploi réciproque)* to tease each other.

taquinerie [takinri] *nf* -**1.** [action] teasing; il m'a dit que j'étais gros – c'était par ~ he said I was fat – he was just teasing (you). -**2.** [parole]: cesse tes ~s stop teasing.

tarabiscoté, e *fam* [tarabiskɔte] *adj* -**1.** [bijou] overornate. -**2.** [style, phrases] fussy, affected. -**3.** [explication, récit] complicated, involved, convoluted; ton histoire est bien ~e! your story is pretty complicated!

tarabuster *fam* [3] [tarabyste] *vt* -**1.** [houspiller] to pester, to badger; elle m'a tarabusté jusqu'à ce que j'accepte she just wouldn't leave me alone until I said yes. -**2.** [tracasser] to bother; elle doit se faire opérer et ça la tarabuste she's got to have an operation and it's getting her down.

tarage [taraʒ] *nm* COMM taring.

tarama [tarama] *nm* taramasalata.

taratata *fam* [taratata] *interj* [exprime - la méfiance, l'incrédulité] nonsense, rubbish; [- la contrariété] fiddlesticks; ~, tu as dit que tu viendrais, tu viendras! no, no, you said you'd come, so come you will!

taraud [taro] *nm* [pour filetage] tap, screwtap.

taraudage [tarodaʒ] *nm* -**1.** [action] tapping. -**2.** [trou] female thread.

tarauder [3] [tarode] *vt* to tap, to thread.

taraudeuse [tarodøz] *nf* tapping machine, tapper.

tarbouch(e) [tarbuʃ] *nm* tarboosh.

tard [tar] *adv* -**1.** [à la fin de la journée, d'une période] late; il se couche/lève ~ he goes to bed/gets up late; il est ~ it's late; il se fait ~ it's getting late; ~ dans la matinée/l'après-midi late in the morning/afternoon; il a fait chaud ~ dans la saison [en retard] the hot weather came late in the season; [longtemps] the weather remained hot until late in the season. -**2.** [après le moment fixé ou opportun] late; j'ai déjeuné ~ aujourd'hui I had a late lunch OU had lunch late today; les magasins restent ouverts ~ the shops stay open late OU keep late opening hours; il est un peu ~ pour changer d'avis it's a little late to change your mind; tu arrives bien ~ aujourd'hui you're very late today; c'est trop ~ it's too late; il est arrivé encore plus ~ que moi he came in even later than I did; il ne fallait pas attendre si ~ pour m'en parler you shouldn't have left it so late before talking to me about it; elle est venue ~ à la danse classique she was a latecomer to ballet. -**3.** plus ~ [après un certain temps] later; je reviendrai plus ~ I'll come back later; je m'en occuperai un peu plus ~ I'll deal with it a little later; nous parlions de lui pas plus ~ que ce matin we were talking about him only OU just this morning.

◆ **au plus tard** *loc adv* at the latest; donnez-moi votre réponse lundi au plus ~ give me your answer on Monday at the latest.

◆ **sur le tard** *loc adv* late (on) in life; elle s'est mariée sur le ~ she married late in life.

tarder [3] [tarde] *vi* -**1.** [être lent à se décider - personne] to delay; je n'aurais pas dû tant ~ I shouldn't have left it so late OU have put it off so long; ne pars pas maintenant – j'ai déjà trop tardé don't go now – I should be gone already. -**2.** [être long à venir - événement] to be a long time coming, to take a long time to come; sa décision n'a pas tardé his decision wasn't long coming; ça ne tardera plus maintenant it won't be long now; je t'avais dit qu'on le reverrait, ça n'a pas tardé! I told you we'd see him again, we didn't have to wait long!; la réponse tardait à venir the answer took a long time to come; aujourd'hui, le soleil tarde à se montrer it's taking a long time for the sun to come out today; un conflit ne tardera pas à éclater entre les deux pays it won't be long before the two countries enter into conflict ‖ [mettre du temps - personne]: elle devrait être rentrée, elle ne va pas ~ she should be back by now, she won't be long; il a trop tardé à donner son accord he waited too long before giving his approval; ne pas ~ à: nous ne tarderons pas à le savoir we'll soon know; **elle n'a pas tardé à se rendre compte que...** it didn't take her long to realize that..., she soon realized that...

◆ **il tarde** *v impers*: **il me tarde d'avoir les résultats** I'm longing to get the results; **il nous tarde tant que tu reviennes** we are so longing for your return.

◆ **sans (plus) tarder** *loc adv* without delay; **partons sans plus ~** let's leave without further delay.

tardif, ive [tardif, iv] *adj* **-1.** [en retard] late, belated, tardy *litt*; **l'arrivée tardive des secours sur le lieu de l'accident** the late arrival of the emergency services at the scene of the accident; **tes regrets sont trop ~s pour être sincères** your regrets are too late to be sincere. **-2.** [avancé] late, advanced; **je me suis couché à une heure tardive** I went to bed at a late OU advanced hour. **-3.** AGR late, late-developing.

tardivement [tardivmɑ̃] *adv* **-1.** [à une heure tardive] late. **-2.** [trop tard] belatedly, tardily *litt*.

tardiveté [tardivte], **tardivité** [tardivite] *nf* **-1.** *litt* [d'un développement] lateness; [d'un regret] belatedness, tardiness *litt*. **-2.** AGR lateness.

tare [tar] *nf* **-1.** [défectuosité - physique] (physical) defect; [- psychique] abnormality; **tous les chiots de la portée sont sans ~** all of the puppies in the litter are perfectly normal. **-2.** *fig* defect, flaw; **l'agressivité est la ~ de la société moderne** aggressiveness is the ugliest feature of modern society. **-3.** COMM [perte de valeur] loss, shrinkage. **-4.** VÉTÉR [tumeur du cheval]: **cheval sans ~** sound horse. **-5.** [d'une balance, d'un poids brut, d'un prix] tare; **faire la ~** to allow for the tare.

taré, e [tare] ◇ *adj* **-1.** [gâté - fruit] imperfect. **-2.** [atteint d'une tare] abnormal. **-3.** [corrompu] corrupt; **un politicien ~** a corrupt politician. **-4.** *fam* [imbécile] soft in the head, touched. **-5.** VÉTÉR unsound.

◇ *nm, f* **-1.** MÉD imbecile. **-2.** [vicieux] pervert. **-3.** *fam* [imbécile] moron, cretin.

Tarente [tarɑ̃t] *npr* Taranto.

tarentelle [tarɑ̃tɛl] *nf* tarantella.

tarentule [tarɑ̃tyl] *nf* tarantula.

tarer [3] [tare] *vt* COMM to tare.

targette [tarʒɛt] *nf* [gén] small bolt; [que l'on tourne] (turn) button; [d'une fenêtre] sash bolt.

targuer [3] [targe]

◆ **se targuer de** *vp + prép sout* [se vanter de] to boast about OU of; [s'enorgueillir de] to pride o.s. on; **il se targue de connaître plusieurs langues** he claims he knows OU to know several languages; **un risque que je me targue d'avoir pris** a risk I'm proud to have taken OU I pride myself on having taken.

targui, e [targi] = **touareg** *adj & nm, f*.

tarière [tarjɛr] *nf* **-1.** AGR drill. **-2.** ENTOM terebra. **-3.** MENUIS (centre) auger.

tarif [tarif] *nm* **-1.** [liste de prix] price list; [barème] rate, rates; **~ douanier** customs rate; **~ postal** postal OU postage rates; **il est payé au ~ syndical** he's paid the union rate; **augmentation du ~ horaire** increase in OU of the hourly rate. **-2.** [prix pratiqué]: **quel est votre ~?, quels sont vos ~s?** [femme de ménage, babysitter, mécanicien, professeur particulier] how much do you charge?; [conseiller, avocat] what fee do you charge?, what are your fees?; **les compagnies d'assurances ne communiquent pas leurs ~s au téléphone** insurance companies don't quote premiums over the phone; **quel est le ~ courant pour une traduction?** what's the usual OU going rate for translation? ☐ **le ~ étudiant est de 40 F** the price for students is 40 F; **à plein ~** TRANSP full-fare; LOISIRS full-price; **à ~ réduit** TRANSP reduced-fare; LOISIRS reduced-price; **~ réduit le lundi** reduced price on Mondays; **'~ réduit pour étudiants'** 'concessions for students'. **-3.** *fam* [sanction] fine, penalty; **500 F d'amende? — c'est le ~!** a 500 francs fine? — that's how much it is!; **10 jours de prison, c'est le ~** 10 days in the cooler is what it's usually worth OU what you usually get.

tarifaire [tarifɛr] *adj* [disposition, réforme] tariff *(modif)*.

tarifé, e [tarife] *adj* fixed-price.

tarifer [3] [tarife] *vt* [marchandises] to fix the price of.

tarification [tarifikasjɔ̃] *nf* [de marchandises, de services] pricing.

tarin [tarɛ̃] *nm* **-1.** ORNITH siskin. **-2.** ▽ [nez] hooter *Br*, conk *Br*, shnozz *Am*.

tarir [32] [tarir] ◇ *vi* **-1.** [cesser de couler] to dry up, to run dry; **les torrents de montagne ne tarissent jamais** mountain streams never run dry; **le puits de pétrole a tari** the oil well has run dry. **-2.** *sout* [pleurs] to dry (up). **-3.** [s'épuiser - conversation] to dry up; [- enthousiasme, inspiration] to dry up, to run dry; **son imagination est tarie** his imagination has dried up on him; **ne pas ~ de** to be full of, to bubble with; **ne pas ~ d'éloges sur qqn** to be full of praise for sb; **elle ne tarissait pas de détails** she gave a wealth of detail; **ne pas ~ sur: les journaux ne tarissent pas sur la jeune vedette** the papers are full of stories about the young star.

◇ *vt* **-1.** [assécher - puits, source] to dry up *(insép)*. **-2.** *sout* [faire cesser - pleurs] to dry. **-3.** [épuiser - fortune, inspiration] to dry up *(insép)*.

◆ **se tarir** *vpi* **-1.** [mare, puits] to dry up; [rivière] to run dry; **son lait s'est tari** her milk dried up. **-2.** [inspiration, enthousiasme, fortune] to dry up, to peter out.

tarissable [tarisabl] *adj*: **une source ~** a spring which can dry up.

tarissement [tarismɑ̃] *nm* **-1.** [d'une source, d'un puits] drying up; **le ~ des ressources minières a accéléré le déclin de la région** the gradual exhaustion of mining resources hastened the decline of the region. **-2.** [d'une conversation, de l'imagination] running dry, drying up. **-3.** VÉTÉR [d'une vache] petering out.

tarlatane [tarlatan] *nf* tarlatan.

tarmac [tarmak] *nm* tarmac.

Tarn [tarn] *npr m* **-1.** [fleuve]: **le ~** the (River) Tarn. **-2.** [département]: **le ~** the Tarn.

taro [taro] *nm* BOT taro.

tarot [taro] *nm* **-1.** JEUX [carte, jeu] tarot; **jouer au ~** to play tarot. **-2.** [cartomancie] Tarot, tarot.

Tarpéienne [tarpejɛn] *adj f* → **roche**.

tarpon [tarpɔ̃] *nm* tarpon.

Tarquin [tarkɛ̃] *npr* Tarquin.

Tarragone [taragɔn] *npr* Tarragona.

tarse [tars] *nm* tarsus.

tarsien, enne [tarsjɛ̃, ɛn] *adj* tarsal.

tarsier [tarsje] *nm* tarsier.

tartan [tartɑ̃] *nm* tartan.

Tartan® [tartɑ̃] *nm* Tartan®.

tartane [tartan] *nf* NAUT tartan, tartane, tartana.

tartare [tartar] ◇ *adj* **-1.** HIST Tatar, Tartar. **-2.** CULIN tartar, tartare.

◇ *nm* CULIN steak tartare.

◆ **Tartare** *nmf* HIST Tartar.

tartarin *fam* [tartarɛ̃] *nm* braggart; **quel ~!** he's so full of himself!

tarte [tart] ◇ *nf* **-1.** CULIN tart; **~ aux pommes** apple tart OU pie; **~ aux prunes/fraises** plum/strawberry tart ☐ **~ à la crème** CULIN custard pie OU tart; *fam* [cliché] stock reply, cliché; **humour ~ à la crème** custard pie humour *esp Br*, slapstick; **~ Tatin** *upside down apple tart*. **-2.** ▽ [gifle] clip, clout. **-3.** *fam loc*: **c'est pas de la ~** it's easier said than done, it's no picnic; **gagner chez eux, ça n'a pas été de la ~!** winning the away match wasn't exactly a pushover!

◇ *adj fam* **-1.** [ridicule - personne] plain-looking *Br*, plain *Br*, homely *Am*; [- chapeau, robe] naff *Br*, stupid-looking; **ce que tu as l'air ~!** you look a (real) idiot! **-2.** [stupide - personne] dim, dumb *Am*; [- film, histoire, roman] daft, dumb *Am*; **un film ~** a stupid film.

tartelette [tartəlɛt] *nf* tartlet, little tart.

Tartempion *fam* [tartɑ̃pjɔ̃] *npr* so-and-so; **c'est euh, ~, qui me l'a donné** it's er... what's-his-name, who gave it to me.

tartine [tartin] *nf* **-1.** CULIN slice of bread; **une ~ de beurre/pâté** a slice of bread and butter/with pâté. **-2.** *fam fig*: **c'est juste une carte postale, pas la peine d'en mettre une ~** OU **des ~s** it's only a postcard, there's no need to write your life story.

tartiner [3] [tartine] *vt* **-1.** CULIN to spread; **commence à ~ les canapés** start getting the canapés ready; **sors le beurre et tartine les toasts** take the butter out and spread it on the toast; **fromage à ~** cheese spread. **-2.** *fam fig* to churn out; **il a fallu qu'elle tartine des pages et des pages** she had to write page after page.

tartre [tartr] *nm* **-1.** [dans une bouilloire, une machine à laver] fur, scale. **-2.** [sur les dents] tartar. **-3.** [sur un tonneau] tartar, argol. **-4.** CHIM: **crème de ~** cream of tartar.

tartré, e [tartre] *adj* tartarized.

tartreux, euse [tartrø, øz] *adj* tartarous.

tartrique [tartrik] *adj* tartaric.

tartuf(f)e [tartyf] ◇ *adj litt* [hypocrite]: **il est un peu ~** he's a bit of a hypocrite OU Tartuffe *litt*.

◇ *nm* hypocrite, Tartuffe *litt*.

tartuf(f)erie [tartyfri] *nf* **-1.** [caractère] hypocrisy. **-2.** [parole, acte] piece of hypocrisy.

tas [ta] *nm* **-1.** [amoncellement - de dossiers, de vêtements] heap, pile; [- de sable, de cailloux] heap; [- de planches, de foin] stack; **mettre en ~** [feuilles, objets] to pile OU to heap up; **faites des petits ~ de pâte** shape the dough into small mounds; **~ de fumier** dung heap; **~ d'ordures** rubbish *Br* OU garbage *Am* heap; **son vieux ~ de boue** *fam* OU **ferraille** *fam* his rusty old heap ☐ **un ~** OU **des ~ de** [beaucoup de] a lot of; **elle nous a donné des ~ de détails** she gave us a lot of details; **il y a des ~ de vieilleries à la cave** there are piles of old things in the cellar; **~ de paresseux/menteurs!** *fam* you lazy/lying lot! *esp Br*, you bunch of lazybones/liars! **-2.** CONSTR constructed fabric; **~ de charge** springing stones. **-3.** MÉTALL [enclume] (stake) anvil; [pour emboutir, former] dolly.

◆ **dans le tas** *fam loc adv* **-1.** [dans un ensemble]: **il y aura bien quelqu'un dans le ~ qui pourra me renseigner** one of them's bound to be able to tell me; **l'armoire est pleine de vêtements, tu en trouveras bien un ou deux qui t'iront dans le ~** the wardrobe's full of clothes, you're bound to find something there that will fit you. **-2.** [au hasard]: **la police a tiré/tapé dans le ~** the police fired into the crowd/hit out at random.

◆ **sur le tas** *fam* ◇ *loc adj* **-1.** [formation] on-the-job. **-2.** CONSTR on-site.

◇ *loc adv* **-1.** [se former] on the job; **il a appris son métier sur le ~** he learned his trade as he went along. **-2.** CONSTR [tailler] on site.

Tasman [tasman] *npr* → **mer**.

Tasmanie [tasmani] *npr f*: **(la) ~** Tasmania.

tasmanien, enne [tasmanjɛ̃, ɛn] *adj* Tasmanian.

◆ **Tasmanien, enne** *nm, f* Tasmanian.

Tass [tas] *npr* TASS.

tasse [tas] *nf* **-1.** [récipient] cup; **~ à café** coffee cup; **~ à thé** teacup. **-2.** [contenu] cup, cupful; **ajouter deux ~s de farine** add two cupfuls of flour; **voulez-vous une ~ de lait?** would you like a cup of milk?

Tasse [tas] *npr m*: **le ~** Tasso.

tassé, e [tase] *adj* **-1.** [serrés - voyageurs] packed OU crammed in. **-2.** [ratatiné, voûté - personne] wizened.

◆ **bien tassé, e** *fam loc adj* **-1.** [café] strong; [scotch, pastis] stiff; [verre] full (to the brim), well-filled. **-2.** [dépassé - âge]: **elle a soixante ans bien ~s** she's sixty if she's a day. **-3.** [féroce - remarque] well-chosen; **il lui a envoyé quelques remarques bien ~es** he came out with a few well-chosen remarks || [grave - maladie] bad, nasty; **je me tenais une grippe bien ~e** I had a nasty bout of flu.

tasseau, x [taso] *nm* **-1.** MENUIS [de lattis] brace, strut; [de tiroir] batten, strip. **-2.** CONSTR [d'une couverture métallique] roll. **-3.** MÉTALL (stake) anvil.

tassement [tasmɑ̃] *nm* **-1.** [affaissement - de neige, de terre] packing down. **-2.** [récession] slight drop, downturn; **l'augmentation de la TVA a provoqué un léger ~ de nos ventes** the rise in VAT has caused a slight drop in our sales; **un ~ des voix de gauche aux dernières élections** a slight fall in the numbers of votes for the left in the last elections. **-3.** BOURSE easing, falling back. **-4.** CONSTR subsidence. **-5.** MÉD: **~ de vertèbres** compression of the vertebrae.

tasser [3] [tase] ◇ *vt* **-1.** [neige, terre] to pack OU to tamp down *(sép)*. **-2.** [entasser] to cram, to squeeze; **tasse les vêtements dans le sac** press the clothes down in the bag; **ils nous ont tassés dans une cellule** they crammed OU packed us into a cell. **-3.** [faire paraître plus petit] to shrink; **l'âge avait tassé son corps** his body was shrunken with age; **cette robe la tasse** that dress makes her look stumpy *esp Br* OU stubby *Am*. **-4.** SPORT to box in *(sép)*.

◇ *vi* HORT to thicken.

◆ **se tasser** ◇ *vpi* **-1.** [s'effondrer - fondations, terrain] to subside. **-2.** [se voûter - personne] to shrink; **elle commence à se ~ avec l'âge** she's beginning to shrink as she gets older. **-3.** [s'entasser - voyageurs, spectateurs] to cram, to squeeze up; **tout le monde s'est tassé dans la salle à manger** everybody crammed into the dining room; **en se tassant on peut tenir à quatre à l'arrière (de la voiture)** if we squeeze up, four of us can get in the back (of the car). **-4.** *fam* [s'arranger - situation] to settle down; **je crois que les choses vont se ~** I think things will settle down. **-5.** [ralentir - demande, vente] to fall, to drop; [- production] to slow down; **le marché des valeurs s'est tassé** the securities market has levelled off.

◇ *vpt* ▽ [aliment, boisson] to down; **ils se sont tassé tous les gâteaux** they've guzzled all the cakes.

tassili [tasili] *nm* sandstone massif *(in the Sahara)*.

taste-vin [tastəvɛ̃] *nm inv* [tasse] taster (cup).

tata [tata] *nf* **-1.** *langage enfantin* [tante] aunty, auntie. **-2.** ▽ *péj* [homosexuel] poofter *Br*, fag *Am*.

tatami [tatami] *nm* tatami.

tatane▽ [tatan] *nf* shoe.

Tataouine-les-Bains *fam* [tatawinlebɛ̃] *npr archetypal French seaside town*.

tatar, e [tatar] *adj* Tatar, Tartar.

◆ **Tatar, e** *nm, f* Tatar, Tartar.

◆ **tatar** *nm* LING Tatar, Tartar.

Tatarie [tatari] *npr f*: (la) ~ Tartary.

tâter [3] [tate] *vt* **-1.** [fruit, membre, tissu] to feel; **ne tâtez pas les tomates** don't handle OU squeeze the tomatoes; **elle avançait en tâtant les objets de la chambre** she was groping her way across the room; **le cheval tâtait le sol du pied** the horse felt the ground with its hoof; **tâte l'eau avec ton coude** test (the temperature of) the water with your elbow. **-2.** *fig* [sonder]: **~ le terrain** to see how the land lies; **tâte le terrain avant de leur faire une proposition** put some feelers out before making them an offer; **tu lui as demandé une augmentation? — non, mais j'ai tâté le terrain** did you ask him for a rise? — no, but I tried to sound him out. **-3.** [tester - personne] to sound out *(sép)*; **~ l'opinion** to sound out attitudes, to put out feelers.

◆ **tâter de** *v + prép* **-1.** *hum* [nourriture, vin] to try, to taste. **-2.** [faire l'expérience de]: **elle a déjà tâté de la prison** she's already had a taste of prison; **il a tâté de plusieurs métiers** he's tried his hand at several jobs.

◆ **se tâter** ◇ *vp (emploi réfléchi)* [après un accident] to feel o.s.; **se ~ la jambe/le bras** to feel one's leg/one's arm.

◇ *vpi* to be in *Br* OU of *Am* two minds; **je ne sais pas si je vais accepter, je me tâte encore** I don't know whether I'll accept, I haven't made up my mind (about it) yet.

tâte-vin [tatvɛ̃] = **taste-vin**.

Tati® [tati] *npr name of a chain of cut-price stores*.

tatillon, onne *fam* [tatijɔ̃, ɔn] ◇ *adj* [vétilleux] pernickety.

◇ *nm, f* [personne] nitpicker, fusspot.

tâtonnant, e [tatɔnɑ̃, ɑ̃t] *adj* **-1.** [personne] groping. **-2.** [style] hesitant; **nos recherches sont encore ~es** our research is still proceeding by trial and error.

tâtonnement [tatɔnmɑ̃] *nm*: **avancer par ~s** *pr* to grope one's way along; *fig* to proceed by trial and error; **nous n'en sommes encore qu'aux ~s** we're still trying to find our way.

tâtonner [3] [tatɔne] *vi* **-1.** [pour marcher] to grope OU to feel one's way (along); [à la recherche de qqch] to grope about OU around. **-2.** [hésiter] to grope around; [expérimenter] to proceed by trial and error; **nous avons beaucoup tâtonné avant de trouver l'explication** we groped around a lot before finding the solution.

tâtons [tatɔ̃]

◆ **à tâtons** *loc adv* **-1.** [à l'aveuglette]: **avancer à ~** to grope OU to feel one's way along; **elle chercha l'interrupteur à ~** she felt OU groped around for the switch. **-2.** *fig*: **c'est un domaine nouveau, nous devons avancer à ~** it's a new field, we have to feel our way (along).

tatou [tatu] *nm* armadillo.

tatouage [tatwaʒ] *nm* **-1.** [action] tattooing; **se faire faire un ~** to get tattooed. **-2.** [dessin] tattoo; **il est couvert de ~s** he's tattooed all over.

tatouer [6] [tatwe] *vt* [dessin, personne] to tattoo.

tatoueur [tatwœr] *nm* tattoo artist, tattooist.

tau [to] *nm inv* **-1.** [lettre grecque] tau. **-2.** HÉRALD tau cross, Saint Anthony's cross.

taud [to] *nm* (rain) awning NAUT.

taudis [todi] *nm* slum, hovel; **c'est un vrai ~ chez lui!** his place is a real slum OU pigsty!

taulard, e [tolar, ard] *nm, f arg crime* convict, jailbird.

taule▽ [tol] *nf* **-1.** [prison] nick *Br*, clink; **elle a fait un an de ~** she did a one year stretch (inside). **-2.** [chambre] pad.

◆ **en taule**▽ *loc adv* inside; **je ne veux pas me retrouver en ~** I don't want to wind up inside.

taulier, ère▽ [tolje, ɛr] *nm, f* owner OU boss *(of a hotel or restaurant)*.

taupe [top] *nf* **-1.** ZOOL [mammifère] mole; [poisson] porbeagle; **vieille ~** *fam* old hag OU bat. **-2.** [fourrure] moleskin. **-3.** *arg scol second year of a two-year entrance course for the Science sections of the Grandes Écoles*. **-4.** *arg mil* sapper. **-5.** *fam* [agent secret] mole. **-6.** TRAV PUBL mole.

taupière [topjɛr] *nf* [piège] mole trap.

taupin [topɛ̃] *nm* **-1.** *arg scol pupil preparing for entry to the Science sections of the Grandes Écoles*. **-2.** ENTOM click beetle, skipjack.

taupinière [topinjɛr], **taupinée** [topine] *nf* [monticule] molehill; [tunnel] (mole) burrow.

taure [tɔr] *nf dial* heifer.

taureau, x [tɔro] *nm* **-1.** ZOOL bull; **~ de combat** fighting bull. **-2.** *loc*: **prendre le ~ par les cornes** to take the bull by the horns.

◆ **de taureau** *loc adj*: **il a un cou de ~** he's got a neck like a bull; **son frère a une force de ~** his brother is as strong as an ox.

Taureau, x [tɔro] *npr m* **-1.** ASTRON Taurus. **-2.** ASTROL Taurus; **elle est ~** she's (a) Taurus OU a Taurean.

taurillon [tɔrijɔ̃] *nm* bull calf.

taurin, e [tɔrɛ̃, in] *adj* taurine.

tauromachie [tɔrɔmaʃi] *nf* bullfighting, tauromachy *spéc*.

tauromachique [tɔrɔmaʃik] *adj* bullfighting, tauromachian *spéc*.

Taurus [tɔrys] *npr m*: **le ~** the Taurus Mountains.

tautologie [totɔlɔʒi] *nf* tautology.

tautologique [totɔlɔʒik] *adj* tautological.

taux [to] *nm* **-1.** [tarif] rate. **-2.** [proportion] rate; **~ d'échec/de réussite** failure/success rate; **~ de mortalité/natalité** death/birth rate; **~ de fréquentation** attendance rate; **~ de fécondité** reproduction rate; **~ d'absentéisme** truancy rate. **-3.** AUT: **~ de compression** compression ratio. **-4.** COMM rate; **~ d'escompte** discount rate; **~ de couverture** margin ratio; **~ de marque** mark-up (percentage). **-5.** ÉCON: **à quel ~ prêtent-ils?** what is their lending rate? ❑ **~ de base bancaire** bank base lending rate; **~ de change** exchange rate; **~ de croissance** growth rate; **~ d'intérêt** interest rate, rate of interest; **~ du marché monétaire** money market rate; **~ effectif global** annualized percentage rate. **-6.** ÉLECTR: **~ de modulation** modulation factor. **-7.** INDUST: **~ horaire** hourly rate. **-8.** MÉD [d'albumine, de cholestérol] level; **son ~ d'invalidité est de 50 %** he's 50% disabled.

tauzin [tozɛ̃] *nm* Pyrenean oak.

tavel [tavɛl] *nm* Tavel (wine).

taveler [24] [tavle] *vt* **-1.** [fruit] to mark. **-2.** [peau] to speckle.

◆ **se taveler** *vpi* [fruit] to become marked.

tavelure [tavlyr] *nf* **-1.** [d'un fruit] mark. **-2.** [sur une main] speckle, (old-age) freckle.

taverne [tavɛrn] *nf* **-1.** HIST inn, public house. **-2.** *Can* [bistrot] tavern.

tavernier, ère [tavɛrnje, ɛr] *nm, f* HIST innkeeper.

tavillon [tavijɔ̃] *nm Helv* [bardeau] *thin, rounded wooden slat used for covering walls and roofs in Switzerland*.

taxable [taksabl] *adj* ÉCON taxable, liable to duty.

taxation [taksasjɔ̃] *nf* **-1.** FIN taxation, taxing *(U)*; **~ d'office** ≃ provisional tax coding. **-2.** JUR [réglementation - des prix] statutory price fixing; [- des salaires] statutory wage fixing.

taxe [taks] *nf* **-1.** FIN tax; **toutes ~s comprises** inclusive of tax ❑ **~ sur le chiffre d'affaires** sales OU turnover tax; **~ de luxe** luxury tax; **~ à la valeur ajoutée** value added tax. **-2.** ADMIN tax; **~ foncière** property tax; **~ d'habitation** *tax paid on residence*, ≃ council tax *Br*; **~ locale** [pour une entreprise] uniform business rate *Br* OU tax *Am*; [pour un particulier] local (property) tax; **~ parafiscale** additional levy; **~ de séjour** visitor's OU tourist tax. **-3.** JUR [montant des dépens] costs.

taxer [3] [takse] *vt* **-1.** ÉCON & FIN to tax; **~ les disques à 10 %** to tax records at 10%, to put a 10% tax on records. **-2.** JUR: **~ les dépens** to fix OU to tax costs. **-3.** [accuser]: **~ qqn de** to accuse sb of, to tax sb with; **vous m'avez taxé d'hypocrisie** you accused me of being a hypocrite. **-4.** [qualifier]: **~ qqn/qqch de**: **on l'a taxé d'opportuniste** he's been called an opportunist; **une politique que je taxerais de rétrograde** a policy I would call backward-looking.

taxi [taksi] *nm* **-1.** [voiture] taxi, cab. **-2.** *fam* [conducteur] cabby, taxi OU cab driver; **il fait le ~ à Paris depuis 20 ans** he has been a taxi driver in Paris for 20 years. **-3.** *(comme adj; avec ou sans trait d'union)*: **avion-~** taxi plane. **-4.** HIST: **les ~s de la Marne** the taxis of the Marne.

taxi-brousse [taksibrus] *(pl* **taxis-brousse***)* *nm Afr* bush taxi.

taxidermie [taksidɛrmi] *nf* taxidermy.

taxidermiste [taksidɛrmist] *nmf* taxidermist.

taxie [taksi] *nf* taxis.

taxi-girl [taksigœrl] *(pl* **taxi-girls***)* *nf* taxi-dancer, hostess *(hired for dancing)*.

taximan [taksiman] *nm Belg* taxi driver.

taximètre [taksimɛtr] *nm* taximeter.

taxinomie [taksinɔmi] *nf* taxonomy.

taxinomique [taksinɔmik] *adj* taxonomic.

taxinomiste [taksinɔmist] *nmf* taxonomist, taxonomer.

Taxiphone® [taksifɔn] *nm* public phone, payphone.

taxiway [taksiwɛ] *nm* taxiway, taxi strip OU track.

taxonomie [taksɔnɔmi] = **taxinomie**.

taxonomique [taksɔnɔmik] = **taxinomique**.

taxonomiste [taksɔnɔmist] = **taxinomiste**.

tayaut [tajo] = **taïaut**.

taylorisation [tɛlɔrizasjɔ̃] *nf* Taylorization.

tayloriser [3] [tɛlɔrize] *vt* to Taylorize.

taylorisme [tɛlɔrism] *nm* Taylorism.

TB, tb (*abr écrite de* très bien) vg.

TBE, tbe (*abr écrite de* très bon état) vgc.

TCA *nf* *abr de* taxe sur le chiffre d'affaires.

TCF (*abr de* Touring Club de France) *npr m* *French motorists' club*.

Tchad [tʃad] *npr m*: le ~ Chad; au ~ in Chad; le lac ~ Lake Chad.

tchadien, enne [tʃadjɛ̃, ɛn] *adj* Chadian.
◆ **Tchadien, enne** *nm, f* Chadian.
◆ **tchadien** *nm* LING Chadic.

tchador [tʃadɔr] *nm* chador, chuddar.

Tchaïkovski [tʃajkɔfski] *npr* Tchaikovsky.

Tchang Kaï-chek [tʃɑ̃ŋkajtʃɛk] *npr* Chiang Kai-shek.

tchao *fam* [tʃao] = **ciao**.

tchécoslovaque [tʃekɔslɔvak] *adj* Czechoslovakian, Czechoslovak.
◆ **Tchécoslovaque** *nmf* Czechoslovakian, Czechoslovak.

Tchécoslovaquie [tʃekɔslɔvaki] *npr f*: (la) ~ Czechoslovakia.

Tchekhov [tʃekɔf] *npr*: Anton ~ Anton Chekhov.

tchèque [tʃɛk] *adj* Czech.
◆ **Tchèque** *nmf* Czech.
◆ **tchèque** *nm* LING Czech.

Tchernenko [tʃɛrnɛnko] *npr* Chernenko.

Tchernobyl [tʃɛrnɔbil] *npr* Chernobyl.

tchétchène [tʃetʃɛn] *adj* Chechen.
◆ **Tchétchène** *nmf* Chechen.

tchin-tchin *fam* [tʃintʃin] *interj* cheers.

TCS (*abr de* Touring Club de Suisse) *npr m* *Swiss motorists' club*.

TD (*abr de* travaux dirigés) *nmpl* -**1.** SCOL *supervised practical work*. -**2.** UNIV *university class where students do exercises set by the teacher*.

TD:
In French universities, teaching is divided into "cours magistraux" (lectures in a lecture theatre) and "travaux dirigés", which take place in a classroom.

TdF (*abr de* Télévision de France) *npr French broadcasting authority*.

te [tə] (*devant voyelle ou h muet* t' [t]) *pron pers* (*2e pers sg*) -**1.** [avec un verbe pronominal]: **tu te lèves** tard you get up late; **tu te dépêches un peu?** hurry up, will you?; **tu te prends pour qui?** who do you think you are?; **tu vas te faire mal** you'll hurt yourself. -**2.** [complément] you; **je te crois** I believe you; **elle t'a envoyé un colis** she's sent you a parcel; **le film t'a-t-il plu?** did you like the film?; **elle t'est devenue indispensable** she has become indispensable to you; **il te court après** *fam* he's after you; **ne te laisse pas faire** don't let yourself be pushed around. -**3.** *fam* [emploi expressif]: **je te l'ai envoyé balader, celui-là!** I sent HIM packing!; **je vais te lui dire ce que je pense!** I'm going to give him a piece of my mind!

té [te] ◇ *nm* -**1.** [équerre] T-square. -**2.** MENUIS tee.
◇ *interj dial*: **~! voilà Martin!** hey, here comes Martin!
◆ **en té** *loc adj* T-shaped.

tec [tɛk] (*abr de* tonne d'équivalent charbon) *nf* TCE.

technicien, enne [tɛknisjɛ̃, ɛn] ◇ *adj* [esprit, civilisation] technically-oriented.
◇ *nm, f* -**1.** [en entreprise] technician, engineer; **il est ~ en informatique** he's a computer technician. -**2.** [dans un art, un sport]: **c'est une excellente ~ ne mais elle gagne peu de matchs** she's got an excellent technique OU technically speaking, she's excellent but she doesn't win many matches.

techniciser [3] [tɛknisize] *vt* [processus] to make technical.

technicité [tɛknisite] *nf* -**1.** [d'un mot, d'un texte] technical nature OU quality, technicality; **la ~ d'une expression/d'un article de journal** the technical nature of an expression/of a newspaper article. -**2.** [avance technologique] technological sophistication; **matériel d'une haute ~** very advanced equipment. -**3.** [savoir-faire] skill; **les ingénieurs ont mis leur ~ au service de l'entreprise** the engineers have put their skills at the company's disposal.

technico-commercial, e [tɛknikokɔmɛrsjal, o] (*mpl* technico-commerciaux, *fpl* technico-commerciales) *adj*: **notre personnel ~** our technical salesmen ❑ **agent ~** technical salesman.

Technicolor® [tɛknikɔlɔr] *nm* Technicolor®; **en ~** Technicolor *(modif)*.

technique [tɛknik] ◇ *adj* -**1.** [pratique] technical, practical; **elle a une certaine habileté ~** she's got a certain knack of doing things. -**2.** [mécanique] technical; **incident ~** technical hitch; **ce n'est qu'un problème ~** it's only a technical problem. -**3.** [technologique] technical; **les progrès ~s en informatique** technical advances in computer science. -**4.** [spécialisé] technical; **le sens ~ d'un mot** the technical sense OU meaning of a word.
◇ *nm* ENS: **le ~** vocational education.
◇ *nf* -**1.** [d'un art, d'un métier] technique; **la ~ de l'aquarelle** the technique of watercolour painting. -**2.** [savoir-faire] technique; **un très jeune joueur de tennis qui doit améliorer sa ~** a very young tennis player who has to improve his technique. -**3.** [méthode] technique; **c'est toute une ~ d'ouvrir les huîtres** to open oysters, you have to have the knack; **répondre à une question par une autre question, c'est sa ~** answering a question by another question is his speciality. -**4.** [de production] technique; **de nouvelles ~s industrielles** new industrial techniques ❑ **~ de pointe** state-of-the-art technique. -**5.** [applications de la science]: **la ~** applied science.

techniquement [tɛknikmɑ̃] *adv* technically; **~ faisable** technically feasible.

technobureaucratique [tɛknɔbyrɔkratik] *adj* technobureaucratic.

technocrate [tɛknɔkrat] *nmf* technocrat.

technocratie [tɛknɔkrasi] *nf* technocracy.

technocratique [tɛknɔkratik] *adj* technocratic.

technocratisation [tɛknɔkratizasjɔ̃] *nf*: **combattre la ~ de notre société** to fight against the spread of technocracy in our society.

technocratiser [3] [tɛknɔkratize] *vt* [pays] to turn into a technocracy; [système, processus] to make technocratic.

technocratisme [tɛknɔkratism] *nm* technocratism.

technologie [tɛknɔlɔʒi] *nf* -**1.** ENS technology, applied science. -**2.** [technique] technology; **la ~ de l'informatique** computer technology ❑ **~s avancées** advanced technology, high technology. -**3.** [théorie] technology, technological theory, technologies.

technologique [tɛknɔlɔʒik] *adj* technological.

technologue [tɛknɔlɔg], **technologiste** [tɛknɔlɔʒist] *nmf* technologist.

technopole [tɛknɔpɔl] *nf large urban centre with teaching and research facilities that can support development of hi-tech industries*.

technopôle [tɛknɔpol] *nm area specially designated to accommodate and foster hi-tech industries*.

technostructure [tɛknostryktyr] *nf* technostructure.

teck [tɛk] *nm* teak.
◆ **en teck** *loc adj* teak *(modif)*.

teckel [tekɛl] *nm* dachshund.

tectonique [tɛktɔnik] ◇ *adj* tectonic.
◇ *nf* tectonics *(U)*.

tectrice [tɛktris] *nf* tectrix.

Te Deum [tedeɔm] *nm inv* Te Deum.

tee [ti] *nm* SPORT tee; **poser la balle sur le ~** to tee up; **partir du ~** to tee off.

TEE (*abr de* Trans-Europ-Express) *nm* TEE.

teen-ager [tinedʒœr] (*pl* teen-agers) *nmf* teenager.

tee-shirt [tiʃœrt] (*pl* tee-shirts) *nm* tee-shirt, T-shirt.

Téflon® [teflɔ̃] *nm* Teflon®.

TEG (*abr de* taux effectif global) *nm* APR.

tégénaire [teʒenɛr] *nf* house spider, Tegenaria *spéc*.

tégument [tegymɑ̃] *nm* BOT & ZOOL tegument.

tégumentaire [tegymɑ̃tɛr] *adj* tegumental, tegumentary.

Téhéran [teerɑ̃] *npr* Tehran, Teheran.

teigne [tɛɲ] *nf* -**1.** ENTOM tineid. -**2.** MÉD ringworm, tinea *spéc*; **~ tondante** ringworm of the scalp, tinea captis *spéc*. -**3.** BOT burdock. -**4.** *fam* [homme] louse; [femme] vixen; **quelle ~, celle-là!** wretched woman! ❑ **être mauvais OU méchant comme une ~** to be a nasty piece of work *Br*, to be real ornery *Am*.

teigneux, euse [tɛɲø, øz] ◇ *adj* -**1.** MÉD suffering from ringworm. -**2.** *fam* [hargneux] nasty, ornery *Am*.
◇ *nm, f* -**1.** MÉD ringworm sufferer. -**2.** *fam* [homme] bastard; [femme] cow *Br*, bitch.

teindre [81] [tɛ̃dr] *vt* -**1.** [soumettre à la teinture] to dye; **j'ai fait ~ mon tee-shirt en bleu** I had my T-shirt dyed blue; **se faire ~ les cheveux** to have one's hair dyed. -**2.** *litt* [colorer] to tint; **la lumière du soleil teignait la mer en vert émeraude** the sunlight turned the sea to emerald green.
◆ **se teindre** ◇ *vp (emploi passif)*: **c'est une étoffe qui se teint facilement** it's a material which is easy to dye OU which takes dye well OU which dyes well.
◇ *vp (emploi réfléchi)*: **se ~ les cheveux/la barbe en roux** to dye one's hair/beard red; **elle se teint pour paraître plus jeune** she dyes her hair to make herself look younger.
◆ **se teindre de** *vp + prép* -**1.** *litt* [se colorer en]: **au coucher du soleil, les cimes se teignent de rose et d'or** at sunset, the mountaintops are tinted pink and gold. -**2.** *litt* & *fig*: **sa grande courtoisie se teignait d'un peu de condescendance** his excessive politeness smacked somewhat of condescension.

teint [tɛ̃] *nm* [habituel] complexion; [momentané] colour, colouring; **avoir le ~ pâle/jaune/mat** to have a pale/sallow/matt complexion; **avoir le ~ brouillé** to have a greyish complexion.
◆ **bon teint** *loc adj* -**1.** TEXT colour-fast. -**2.** [pur] staunch; **des royalistes bon ~** staunch OU dyed-in-the-wool royalists.
◆ **grand teint** *loc adj* [couleur] fast; [tissu] colour-fast.

teinte [tɛ̃t] *nf* -**1.** [couleur franche] colour; [ton] shade, tint, hue; **une ~ grise** a greyish tinge; **du tissu aux ~s vives** brightly coloured material. -**2.** [petit quantité - de libéralisme, de sadisme] tinge; [- d'ironie, de moquerie] hint; **avec une ~ de mépris dans la voix** with a hint OU touch of scorn in her voice.

teinté, e [tɛ̃te] *adj* -**1.** [lunettes] tinted; [verre] tinted, stained. -**2.** [bois] stained.

teinter [3] [tɛ̃te] *vt* -**1.** [verre] to tint, to stain; [lunettes, papier] to tint; [boiseries] to stain. -**2.** [mêler] to tinge; **son amitié était teintée de pitié** her friendship was tinged with pity, there was a hint of pity in her friendship. -**3.** [colorer] to tint; **le soleil couchant teintait le lac de rose** the setting sun gave the lake a pinkish tinge.
◆ **se teinter de** *vp + prép* -**1.** [se colorer en]: **se ~ d'ocre** to take on an ochre tinge OU hue. -**2.** *fig* [être nuancé de] to be tinged with; [se nuancer de] to become tinged with; **son intérêt se teinte de condescendance** there's a hint of condescension in the interest he's showing.

teinture [tɛ̃tyr] *nf* -1. [action] dyeing; se faire faire une ~ to have one's hair dyed. -2. [produit] dye; ~ pour coton cotton dye. -3. PHARM tincture; ~ d'arnica/d'iode tincture of arnica/of iodine. -4. *sout* [connaissance superficielle] smattering; avoir une vague ~ d'allemand to have a smattering of German; elle a une ~ d'histoire she has a vague knowledge of history.

teinturerie [tɛ̃tyrri] *nf* -1. [activité] dyeing. -2. [boutique] dry cleaner's.

teinturier, ère [tɛ̃tyrje, ɛr] *nm, f* [qui nettoie] dry cleaner; [qui colore] dyer.

tek [tɛk] = **teck**.

tel [tɛl] (*f* telle, *mpl* tels, *fpl* telles) ◇ *adj indéf* A. EMPLOYÉ SEUL -1. [avec valeur indéterminée]: ~ jour, ~ endroit, à telle heure on such and such a day, at such and such a place, at such and such a time; il m'a demandé de lui acheter ~ et ~ livres he asked me to buy him such and such books; il m'a dit telle et telle chose mais sans me convaincre he told me all sorts of things but he didn't convince me; pourrais-tu me conseiller ~ ou ~ plat? could you recommend any particular dish?; cela peut se produire dans telle ou telle circonstance it can happen under certain circumstances. -2. [semblable] such; je n'ai rien dit de ~ I never said such a thing, I said nothing of the sort; un ~ homme peut être dangereux a man like that can be dangerous; tu ne retrouveras jamais une telle occasion you'll never have such an opportunity OU an opportunity like that again; de telles gens sont rares such people are few; pourquoi un ~ aveu? why this confession?; comme ~/telle as such; il était médecin et comme ~, il avait des passe-droits he was doctor and as such he had special dispensations; il n'est pas avare, mais il passe pour ~ he's not mean, but people think he is; en tant que ~ as such; elle est médecin, en tant que telle elle saura te conseiller she's a doctor, as such she'll be able to advise you. -3. [ainsi]: telle fut l'histoire qu'il nous raconta such was the story he told us; telle avait été sa vie, telle fut sa fin as had been his/her life, such was his/her death ❑ pourquoi ça? – parce que ~ est mon bon plaisir! *hum* and why is that? – because I say so! -4. [introduisant un exemple, une énumération, une comparaison] like; des métaux ~s le cuivre et le fer metals such as copper and iron; les révolutionnaires qui, ~ Danton, croyaient à la démocratie the revolutionaries who, like Danton, believed in democracy; elle a filé ~ l'éclair she shot off like a bolt of lightning; il pleurait, ~ un enfant he was crying like a child ❑ ~ père, ~ fils *prov* like father, like son *prov*. -5. [en intensif] such; c'est un ~ honneur pour nous... it is such an honour for us...; un ~ génie/une telle gentillesse est rare such a genius/such kindness is rare; c'est un ~ pianiste! he's such a wonderful pianist!; une telle insolence dépasse les bornes such insolence is intolerable; elle est d'une telle générosité! she's so generous!; c'est d'un ~ ennui! it's so boring!
B. EN CORRÉLATION AVEC 'QUE' -1. [introduisant une comparaison]: il est ~ que je l'ai toujours connu he's just the same as when I knew him; un homme ~ que lui a man like him; la maison était telle qu'il l'avait décrite the house was exactly how he had described it; telle que je la connais, elle va être en retard knowing her, she's bound to be late; telle que vous me voyez, je reviens de chez lui I've just been to see him this very minute; ~ que tu me vois, je viens de décrocher un rôle the person you see before you has just got a part ❑ tu prends le lot ~ que *fam* take the batch as it is; il me l'a dit ~ que! *fam* he told me just like that! -2. [introduisant un exemple ou une énumération]: ~ que such as, like; les fauves, ~s que le lion et le tigre big cats like OU such as lions and tigers; un philosophe ~ que Descartes a philosopher such as OU like Descartes. -3. [avec une valeur intensive]: son bonheur était ~ qu'il ne pouvait y croire his happiness was such that he could hardly believe it; la douleur fut telle que je faillis m'évanouir the pain was so bad that I nearly fainted; il a fait un ~ bruit qu'il a réveillé toute la maisonnée he made such a noise OU so much noise that he woke the whole house up.
◇ *pron indéf* -1. [désignant des personnes ou des choses non précisées]: telle ou telle de ses idées aurait pu prévaloir one or other of his ideas might have prevailed; c'est en manœuvrant ~ et ~ qu'il a réussi à se faire élire he managed to get himself elected by manipulating various people ❑ ~ est pris qui croyait prendre *prov* it's the biter bitten; ~ qui rit vendredi, dimanche pleurera *prov* you can be laughing one day and crying the next. -2. [en remplacement d'un nom propre]: a-t-il rencontré un OU Un ~? did he meet so-and-so?; une telle m'a dit que... so-and-so told me that...
◆ **tel quel, telle quelle** *loc adj*: tout est resté ~ quel depuis son départ everything is just as he left it; tu peux manger les huîtres telles quelles ou avec du citron you can eat oysters on their own or with lemon.

tél. (*abr écrite de* téléphone) tel.

Tel-Aviv [tɛlaviv] *npr* Tel Aviv; ~-Jaffa Tel Aviv-Jaffa.

télé *fam* [tele] *nf* [poste, émissions] TV; il n'y a rien ce soir à la ~ there's nothing on TV OU telly tonight; réaliser des documentaires pour la ~ to make TV documentaries OU documentaries for TV.
◆ **de télé** *fam loc adj* [chaîne, émission] TV (*modif*).

téléachat [teleaʃa] *nm* television shopping (*where articles are offered on television and ordered by telephone or Minitel*).

téléacheteur, euse [teleaʃtœr, øz] *nm, f* television shopper (*who orders articles offered on television by telephone or Minitel*).

téléaffichage [teleafiʃaʒ] *nm* telecontrolled signboarding.

téléalarme [telealarm] *nf* telemonitored alarm (system).

télébenne [telebɛn] *nf* ski-lift.

Téléboutique® [telebutik] *nf* ≃ Telecom shop® *Br*, telephone store *Am*.

télécabine [telekabin] *nf* -1. [cabine] cable car; les skieurs montent en ~ skiers go up in a cable car. -2. [installation] cableway.

Télécarte® [telekart] *nf* phonecard.

téléchargement [teleʃarʒəmɑ̃] *nm* remote loading COMPUT.

télécinéma [telesinema] *nm* -1. [procédé] telecine. -2. [appareil] telecamera.

télécommande [telekɔmɑ̃d] *nf* -1. AUDIO [procédé, appareil] remote control. -2. [par radio] radio-control. -3. INF telecommand.

télécommandé, e [telekɔmɑ̃de] *adj* -1. TECH [engin, mise à feu] remote-controlled; la porte du garage est ~e the garage door is remote-controlled OU works by remote control. -2. *fig* [ordonné de loin] masterminded OU manipulated from afar.

télécommander [3] [telekɔmɑ̃de] *vt* -1. [engin, mise à feu, télévision] to operate by remote control. -2. [ordonner de loin] to mastermind, to manipulate; ces mouvements ont été télécommandés depuis l'Europe these movements have been masterminded from Europe.

télécommunication [telekɔmynikasjɔ̃] *nf* telecommunication; les ~s telecommunications.

téléconférence [telekɔ̃ferɑ̃s] *nf* -1. [procédé] teleconferencing. -2. [conférence] teleconference.

télécopie [telekɔpi] *nf* fax; envoyer qqch par ~ to fax sthg.

télécopier [9] [telekɔpje] *vt* to fax.

télécopieur [telekɔpjœr] *nm* facsimile machine *spéc*, fax (machine).

télédétection [teledetɛksjɔ̃] *nf* remote sensing; satellite de ~ spy satellite.

télédiagnostic [teledjagnɔstik] *nm* telediagnosis.

télédiffuser [3] [teledifyze] *vt* to broadcast (by television), to televise.

télédiffusion [teledifyzjɔ̃] *nf* (television) broadcasting.

télédistribution [teledistribysjɔ̃] *nf* cable television.

téléécriture [teleekrityr] *nf* telewriting.

télé-enseignement [teleɑ̃sɛɲmɑ̃] (*pl* télé-enseignements) *nm* distance learning.

téléfilm [telefilm] *nm* film made for television.

télégénique [teleʒenik] *adj* telegenic; être ~ to look good on television.

télégestion [teleʒɛstjɔ̃] *nf* remote management.

télégramme [telegram] *nm* telegram, cable; envoyer un ~ à qqn to send a telegram to sb.

télégraphe [telegraf] *nm* telegraph.

télégraphie [telegrafi] *nf* telegraphy; ~ optique visual signalling.

télégraphier [9] [telegrafje] *vt* to cable, to telegraph; ~ qqch à qqn to cable sb sthg.

télégraphique [telegrafik] *adj* -1. TÉLÉC [poteau] telegraph (*modif*); [message] telegraphic. -2. *fig*: (en) langage OU style ~ (in) telegraphic language OU style.

télégraphiquement [telegrafikmɑ̃] *adv* telegraphically.

télégraphiste [telegrafist] *nmf* telegrapher, telegraphist.

téléguidage [telegidaʒ] *nm* radio control.

téléguidé, e [telegide] *adj* -1. [piloté à distance - engin, avion] radiocontrolled. -2. *fig* [manipulé] manipulated; révolution ~e de l'extérieur revolution engineered by foreign elements.

téléguider [3] [telegide] *vt* -1. TECH [maquette] to control by radio. -2. [inspirer] to manipulate; c'est lui qui a téléguidé la campagne de presse he's the one who masterminded the press campaign from behind the scenes.

téléimpression [teleɛ̃presjɔ̃] *nf* teleprinting.

téléimprimeur [teleɛ̃primœr] *nm* teleprinter.

téléinformatique [teleɛ̃fɔrmatik] *nf* remote processing COMPUT.

télékinésie [telekinezi] *nf* telekinesis.

télémaintenance [telemɛ̃tnɑ̃s] *nf* remote maintenance.

télémanipulateur [telemanipylatœr] *nm* remote handling device.

Télémaque [telemak] *npr* Telemachus.

télématique [telematik] ◇ *adj* telematic.
◇ *nf* data communications, telematics (*U*).

télématiser [3] [telematize] *vt* to provide with telematic facilities.
◆ **se télématiser** *vp* (*emploi réfléchi*) to equip o.s. with telematic facilities.

télémessagerie [telemesaʒri] *nf* electronic mail, e-mail.

télémesure [teleməzyr] *nf* telemetry, telemetering.

télémètre [telemɛtr] *nm* telemeter.

télémétrie [telemetri] *nf* telemetry.

télencéphale [telɑ̃sefal] *nm* telencephalon.

téléobjectif [teleɔbʒɛktif] *nm* telephoto (lens).

téléologie [teleɔlɔʒi] *nf* teleology.

téléologique [teleɔlɔʒik] *adj* teleological.

télépathie [telepati] *nf* telepathy; communiquer par ~ to communicate via telepathy.

télépathique [telepatik] *adj* telepathic.

téléphérique [teleferik] *nm* cable car.

téléphone [telefɔn] *nm* -1. [instrument] phone, telephone; repose le ~ put down the receiver ❑ ~ à carte cardphone; ~ intérieur internal telephone; ~ à manivelle/sans fil/à touches magneto/cordless/pushbutton telephone; ~ public public telephone, pay-phone; le ~ rouge [entre présidents] the hot line; coup de ~ (phone) call; donner un coup de ~ to make a call; donner OU passer un coup de ~ à qqn to phone OU to call sb; recevoir un coup de ~ to receive OU to get a phone call; j'ai eu un coup de ~ de Jean I had a call from Jean. -**2.** [installation] phone, telephone; **il a/n'a pas le ~** he's/he isn't on the phone *Br*, he has a/has no phone *Am*; **j'ai demandé à avoir le ~** I asked to have a phone put in; **ils viennent installer le ~** they're coming to connect the phone; **combien payes-tu de ~ par mois?** what's your monthly phone bill? -**3.** [service]: **le ~ marche plutôt mal chez nous** we have a rather bad telephone service. -**4.** *fam* [numéro] (phone) number; **donne-moi ton ~** give me your phone number.

◆ **au téléphone** *loc adv*: **je suis au ~** I'm on the phone; **je l'ai eu au ~** I talked to him on the phone; **je ne peux pas te le dire au ~** I can't tell you over the phone; **appeler qqn au ~** to phone sb, to give sb a call.

◆ **de téléphone** *loc adj* [facture, numéro] phone *(modif)*, telephone *(modif)*.

◆ **par téléphone** *loc adv*: **il a réservé par ~** he phoned (in) his booking; **réservation possible par ~** phone booking available; **faites vos achats par ~** do your shopping by phone.

◆ **téléphone arabe** *nm* grapevine; **j'ai appris par le ~ arabe qu'il était rentré** I heard on the grapevine that he was back.

téléphoné, e [telefɔne] *adj* -**1.** TÉLÉC: **message ~** telephone message; **télégramme ~** *telegram delivered over the phone*, ≃ Telemessage® *Br*. -**2.** *fam* [prévisible] predictable, obvious; **des gags ~s** jokes that you can see coming a mile off. -**3.** SPORT: **sa passe était ~e** he telegraphed his pass.

téléphoner [3] [telefɔne] ◇ *vi* to make a phone call; **puis-je ~?** can I make a phone call?, may I use the phone?; **combien est-ce que ça coûte pour ~ en Angleterre?** how much does it cost to call England?; **ne me dérangez pas quand je téléphone** please do not disturb me when I'm on the phone; **~ à qqn** to phone sb, to call sb.
◇ *vt* to phone; **je te téléphonerai la nouvelle dès que je la connaîtrai** I'll phone and tell you the news as soon as I get it; **elle m'a téléphoné de venir les rejoindre pour dîner** she called to ask me to join them for dinner.

◆ **se téléphoner** *vp (emploi réciproque)* to call each other; **on se téléphone, d'accord?** we'll talk on the phone later, OK?

téléphonie [telefɔni] *nf* telephony.

téléphonique [telefɔnik] *adj* [message, ligne, réseau] telephone *(modif)*, phone *(modif)*; **nous avons eu un entretien ~** we had a discussion over the phone.

téléphoniquement [telefɔnikmɑ̃] *adv* by telephone.

téléphoniste [telefɔnist] *nmf* telephonist *Br*, (telephone) operator *Am*.

téléphotographie [telefɔtɔgrafi] *nf* telephotography.

téléprompteur [teleprɔ̃ptœr] *nm* Teleprompter®, Autocue®.

téléradio [teleradio], **téléradiographie** [teleradjɔgrafi] *nf* teleradiography.

téléreportage [telerəpɔrtaʒ] *nm* -**1.** [émission] television report. -**2.** [activité] television reporting.

téléreporter [telerəpɔrtɛr] *nm* television reporter.

télescopage [teleskɔpaʒ] *nm* -**1.** [de véhicules] collision. -**2.** [d'idées, de souvenirs] intermingling. -**3.** LING telescoping, blending.

télescope [teleskɔp] *nm* telescope; **~ coudé** coudé telescope.

télescoper [3] [teleskɔpe] *vt* [véhicule] to collide with, to crash into *(insép)*.

◆ **se télescoper** *vp (emploi réciproque)* -**1.** [véhicules] to crash into one another. -**2.** [idées, souvenirs] to intermingle.

télescopique [teleskɔpik] *adj* [antenne, observation] telescopic.

téléscripteur [teleskriptœr] *nm* teleprinter; **une nouvelle vient de tomber sur nos ~s** some news has just come through on our teleprinters.

télésiège [telesjɛʒ] *nm* chair OU ski lift; **on y monte en ~** you get there by chair lift, you take the chair lift up there.

téléski [teleski] *nm* drag lift, ski tow.

téléspectateur, trice [telespɛktatœr, tris] *nm, f* television OU TV viewer; **la majorité des ~s** the majority of viewers OU of the viewing audience.

télésurveillance [telesyrvejɑ̃s] *nf* (security) telemonitoring.

Télétel® [teletɛl] *nm (French) public videotex.*

Télétex® [teletɛks] *nm* teletex.

télétexte [teletɛkst] *nm* teletext.

télétraitement [teletrɛtmɑ̃] *nm* teleprocessing.

télétransmission [teletrɑ̃smisjɔ̃] *nf* remote transmission.

télétravail, aux [teletravaj, o] *nm* teleworking, telecommuting.

Télétype [teletip] *nm* Teletype®.

télévente [televɑ̃t] *nf* = **téléachat**.

télévisé, e [televize] *adj* [discours, match] televised; **journal ~** television news.

téléviser [3] [televize] *vt* to broadcast on television, to televise.

téléviseur [televizœr] *nm* television OU TV set.

télévision [televizjɔ̃] *nf* -**1.** [entreprise, système] television; **il regarde trop la ~** he watches too much television; **les ~s européennes** European television companies ❑ **~ câblée** OU **par câble** cable television; **~ en circuit fermé** closed circuit television; **~ cryptée** coded *Br* OU scrambled *Am* television; **la ~ à péage** OU **à accès conditionnel** pay-TV; **~ par satellite** satellite television. -**2.** [appareil] television; **allumer la ~** to turn the television on.

◆ **à la télévision** *loc adv* on television OU TV; **à la ~ ce soir** [annonce orale] tonight on television; [comme titre] tonight's television; **passer à la ~** to go on television.

télévisuel, elle [televizɥɛl] *adj* televisual.

télex [telɛks] *nm* telex; **envoyer un ~** to (send a) telex.

télexer [4] [telekse] *vt* to telex.

télexiste [telɛksist] *nmf* telex operator.

tell [tɛl] *nm* tell ARCHEOL.

tellement [tɛlmɑ̃] *adv* -**1.** [avec un adverbe, un adjectif]: **c'est ~ loin** it's so far; **il parle ~ doucement** he speaks so softly; **je n'ai pas ~ mal** it doesn't hurt that OU so much; **il est ~ têtu** he's so stubborn; **c'est ~ mieux comme ça** it's so much better like that; **tu es ~ plus jolie quand tu souris!** you're so much prettier when you smile!; **ce ne sera pas ~ pire** it won't be so much worse. -**2.** [avec un verbe]: **il l'aime ~** he loves her so much; **j'ai ~ pleuré!** I cried so much! ‖ [en corrélation avec 'que']: **j'en ai ~ rêvé que j'ai l'impression d'y être déjà allée** I've dreamt about it so much OU so often that I feel I've been there already; **elle n'est pas ~ malade qu'elle ne puisse se lever** *sout* she's not so ill that she can't get up. -**3.** [introduisant la cause]: **personne ne l'invite plus ~ il est ennuyeux** he's so boring (that) nobody invites him anymore; **j'ai mal aux yeux ~ j'ai lu** my eyes hurt from reading so much. -**4.** *loc*: **pas ~** *fam* not really; **je n'aime pas ~ me presser** I don't really like to hurry; **plus ~** *fam* not any more; **je n'aime plus ~ ça** I don't really like that any more; **des jeunes au chômage, comme on en voit ~ dans la rue** young people on the dole such as you often come across on the street.

◆ **tellement de** *loc dét*: **j'ai ~ de travail/de soucis en ce moment** I've got so much work/so many worries at the moment ‖ [en corrélation avec 'que']: **il y avait ~ de bruit que l'on ne s'entendait plus** there was so much noise that we could no longer hear ourselves speak; **il y a ~ d'hôtels que je ne sais lequel choisir** there are so many hotels that I don't know which one to choose.

tellure [tɛlyr] *nm* tellurium.

tellurien, enne [telyrjɛ̃, ɛn] *adj* tellurian.

tellurique [telyrik] *adj* telluric; **courants ~s** telluric currents.

téloche *fam* [telɔʃ] *nf* telly.

téméraire [temerɛr] *adj* -**1.** [imprudent - personne] foolhardy, rash, reckless; **c'est un jeune homme ~** he is a foolhardy young man. -**2.** [aventuré - tentative] rash, reckless; **l'entreprise est ~, mais elle peut réussir** it's a reckless OU foolhardy venture, but it may (just) succeed. -**3.** [fait à la légère] rash; **voici une remarque bien ~** this is an extremely rash comment.

témérité [temerite] *nf* -**1.** [hardiesse] boldness, temerity *litt.* -**2.** [imprudence - d'une initiative, d'une personne] foolhardiness, recklessness; [- d'un jugement] rashness.

témoignage [temwaɲaʒ] *nm* -**1.** JUR [action de témoigner] testimony, evidence; **les ~s ont duré toute la journée** the hearing went on all day ❑ **faux ~** perjury, false evidence, false witness; **faire un faux ~** to give false evidence; **condamné pour faux ~** found guilty of perjury OU of giving false evidence; **rendre ~ à qqch** [rendre hommage] to pay tribute to OU to hail OU to salute sthg; **je rends ~ à son courage** I salute his courage; **rendre ~ à qqn** [témoigner publiquement en sa faveur] to testify in sb's favour; **la presse unanime a rendu ~ au Premier ministre** all the newspapers testified in the Prime Minister's favour. -**2.** [contenu des déclarations] deposition, (piece of) evidence; **le ~ du chauffeur de taxi est accablant pour elle** the taxi driver's statement is conclusive evidence against her; **un ~ de bonne conduite** a statement of (good) character, a character reference; **porter ~ de qqch** to bear witness to sthg. -**3.** [preuve] gesture, expression, token; **un ~ d'amitié** a token of friendship; **leur comportement est un ~ vivant de leur foi** their conduct is a living expression of OU a living testimony to their faith; **recevoir des ~s de sympathie** [après un deuil] to receive messages of sympathy; [pendant une épreuve] to receive messages of support. -**4.** [récit - d'un participant, d'un observateur] (eyewitness) account; **des ~s sur les conditions de vie des paysans** accounts of the living conditions of peasants; **cette pièce sera un jour considérée comme un ~ sur la vie des années 80** this play will one day be considered as an authentic account of life in the 80s.

témoigner [3] [temwaɲe] ◇ *vi* JUR to testify, to give evidence; **~ en faveur de/contre l'accusé** to give evidence for/against the defendant; **~ contre ses complices** to turn King's OU Queen's evidence *Br*, to turn State's evidence *Am*; **~ par oral/écrit** to give oral/written evidence.
◇ *vt* -**1.** JUR [certifier]: **~ que** to testify that; **j'irai ~ que je ne l'ai pas vu ce soir-là** I'll go and testify that I didn't see him that night; **il a témoigné avoir passé la soirée avec l'accusé** he testified to spending the evening with the defendant. -**2.** [montrer - sympathie] to show; [- dégoût, goût] to show; [- intérêt] to show, to evince; **il ne m'a témoigné que du mépris en retour** he showed me nothing but contempt in return.

◆ **témoigner de** *v + prép* -**1.** JUR to testify to; **je suis prêt à ~ de son innocence** I'm ready to testify OU to swear to his innocence. -**2.** [indiquer - bonté, générosité, intérêt] to show, to indicate; **sa réponse témoigne d'une grande maturité** his answer shows great maturity ‖ [prouver] to show, to bear witness OU to testify to, to attest; **le problème ne fait qu'empirer, comme en témoignent ces statistiques** the problem is only getting worse, witness these statistics OU as these statistics show.

témoin [temwɛ̃] *nm* -**1.** JUR [qui fait une déposition] witness; **il a été cité comme ~** he was called as a witness; **le ~ est à vous** your witness ❑ **~ auriculaire** ear witness; **~ à charge/décharge** witness for the prosecution/defence; **~ de moralité** character reference; **~ oculaire** eyewitness; **un faux ~** a perjurer; **~ instrumentaire** witness to a deed. -**2.** [à un mariage, à la signature d'un contrat] witness; [à un duel] second; c'est le ~ du marié he's the best man; devant ~s in front of witnesses. -3. [spectateur] witness, eyewitness; l'accident s'est passé sans ~ there were no witnesses to the accident; elle m'a arraché mon sac – vous avez des ~s? she grabbed my bag – have you any witnesses?; être ~ de qqch to be witness to OU to witness sthg; j'ai été un ~ involontaire de leur dispute I was an unwitting witness to their quarrel; Stendhal, ~ de son temps Stendhal, a witness of his time; prendre à ~ to call to witness; prendre qqn à ~ to call upon sb as a witness; Dieu/le ciel m'est ~ que j'ai tout fait pour l'en empêcher as God/heaven is my witness, I did all I could to stop him. -4. [preuve] witness; elle a bien mené sa carrière, ~ sa réussite she has managed her career well, her success is a testimony to that. -5. CONSTR (plaster) telltale. -6. RELIG: Témoin de Jéhovah Jehovah's Witness. -7. SPORT baton; passer le ~ to hand over OU to pass the baton. -8. *(comme adj)*: appartements ~s show flats *Br*, model apartments *Am*; groupe/sujet ~ SC control group/subject.

tempe [tɑ̃p] *nf* temple; un coup à la ~ a blow to the side of the head; ses ~s commencent à grisonner he's going grey at the temples.

tempérament [tɑ̃peramɑ̃] *nm* -1. [caractère] temperament, disposition, nature; ce n'est pas dans mon ~ it's not like me, it's not in my nature; il est d'un ~ plutôt anxieux he's the worrying kind; il est d'un ~ plutôt instable he's got a rather unstable character; il a un ~ de vendeur he's commercially-minded; elle a un ~ d'artiste she has an artistic temperament, she's of an artistic disposition. -2. [disposition physique] temperament, constitution; ~ bilieux/sanguin bilious/sanguine temperament; ~ lymphatique/nerveux lymphatic/nervous disposition ❑ s'abîmer *fam* OU s'esquinter *fam* OU se crever▽ le ~ à faire qqch to wreck one's health doing sthg. -3. *fam* [sensualité] sexual nature; être d'un ~ fougueux/exigeant to be an ardent/a demanding lover; il a du ~! *euph* he's hot-blooded! -4. *fam* [forte personnalité] strong-willed person; alors elle, c'est un ~! she's a force to be reckoned with! -5. MUS temperament; ~ égal/inégal equal/unequal temperament.

◆ **à tempérament** ◇ *loc adj* on deferred payment; achat à ~ purchase on deferred payment.
◇ *loc adv* on hire purchase *Br*, on an installment *Am*; acheter qqch à ~ to buy sthg on hire purchase *Br* OU on installments *Am*.

◆ **par tempérament** *loc adv* naturally, by nature; plus musicien que son frère par ~ more musical than his brother by nature.

tempérance [tɑ̃perɑ̃s] *nf* -1. RELIG temperance. -2. [sobriété] temperance, moderation.

tempérant, e [tɑ̃perɑ̃, ɑ̃t] ◇ *adj* temperate, sober.
◇ *nm, f* temperate person.

température [tɑ̃peratyr] *nf* -1. MÉD & PHYSIOL temperature; avoir OU faire *fam* de la ~ to have a temperature; prendre la ~ de [patient] to take the temperature of; [assemblée, public] to gauge (the feelings of). -2. MÉTÉO temperature; il y eut une brusque chute de la ~ OU des ~s there was a sudden drop in temperature; on a atteint des ~s de 67° C/40° C temperatures went down to 67° C/reached 40° C. -3. [d'une pièce, d'une serre, d'un bain] temperature; avant d'aller nager, je prends la ~ de l'eau before going swimming, I test the water. -4. PHYS temperature; ~ absolue/critique/thermodynamique absolute/critical/thermodynamic temperature; ~ d'ébullition boiling point.

tempéré, e [tɑ̃pere] *adj* -1. GÉOG [climat, région] temperate. -2. MUS [gamme] tempered; 'le Clavier bien ~' *Bach* 'The Well-Tempered Clavier'.

tempérer [18] [tɑ̃pere] *vt* -1. *litt* [température excessive] to temper, to ease. -2. [atténuer - colère] to soften, to appease; [- ardeurs, passion, sévérité] to soften, to temper; tempère ton enthousiasme, je n'ai pas encore dit oui don't get carried away, I haven't said yes yet.

◆ **se tempérer** *vp (emploi réfléchi)* to restrain o.s.; apprends à te ~! learn to restrain yourself!

◆ **se tempérer de** *vp + prép* to be softened OU tempered with; sa colère se tempérait d'un peu de pitié a hint of pity softened his anger.

tempête [tɑ̃pɛt] *nf* -1. MÉTÉO storm, tempest *litt*; le vent souffle en ~ it's blowing a gale, a gale force wind is blowing ❑ ~ magnétique magnetic storm; ~ de neige snowstorm; ~ de sable sandstorm; 'la Tempête' *Shakespeare* 'The Tempest'. -2. [troubles] storm; son livre a provoqué une véritable ~ dans les milieux politiques his book raised quite a storm in political circles; nous avons traversé la ~ we've managed to weather the storm ❑ une ~ dans un verre d'eau a storm in a teacup *Br*, a tempest in a teapot *Am*. -3. [déferlement] wave, tempest, storm; ~ d'applaudissements/de critiques/de protestations storm of applause/criticism/protest; ~ d'insultes hail of abuse; une ~ de rires accueillait chaque réplique each line unleashed gales of laughter.

tempêter [4] [tɑ̃pete] *vi* to rage, to rant (and rave); il a eu beau ~, elle a maintenu son refus despite his raving at her, she kept saying no; ils ne cessent de ~ contre les syndicats they're always railing against the unions.

tempétueux, euse [tɑ̃petɥø, øz] *adj litt* -1. [côte, mer] tempestuous *litt*, stormy; [courant] turbulent. -2. [amour, passion] tempestuous, stormy.

temple [tɑ̃pl] *nm* -1. RELIG [gén] temple; [chez les protestants] church; le Temple the Order of the Temple, the Knights Templar. -2. [haut lieu]: le ~ de la mode/musique the Mecca of fashion/music.

templier [tɑ̃plije] *nm* HIST (Knight) Templar.

tempo [tɛmpo] *nm* -1. MUS tempo. -2. [rythme - d'un film, d'un roman] tempo, pace; [- de la vie] pace.

temporaire [tɑ̃pɔrɛr] *adj* temporary; c'est une employée ~ she's a temporary worker.

temporairement [tɑ̃pɔrɛrmɑ̃] *adv* temporarily.

temporal, e, aux [tɑ̃pɔral, o] *adj* temporal ANAT.

◆ **temporal, aux** *nm* ANAT temporal bone.

◆ **temporale** *nf* ANAT temporal artery.

temporalité [tɑ̃pɔralite] *nf litt* temporality, temporalness.

temporel, elle [tɑ̃pɔrɛl] *adj* -1. RELIG [autorité, pouvoir] temporal; [bonheur] temporal, earthly; [biens] worldly, temporal. -2. LING temporal.

temporisateur, trice [tɑ̃pɔrizatœr, tris] ◇ *adj* [politique, tendance] temporizing, delaying; [stratégie, tactique] delaying.
◇ *nm, f* temporizer.

◆ **temporisateur** *nm* -1. SC retarder. -2. INF timer.

temporisation [tɑ̃pɔrizasjɔ̃] *nf* -1. [fait de retarder] delaying tactics, temporization. -2. ÉLECTR delay time.

temporiser [3] [tɑ̃pɔrize] *vi* to use delaying tactics, to temporize; notre équipe devrait ~ pour conserver son but d'avance our team should now play for time to retain its one-goal lead.

temps [tɑ̃] ◇ *nm* **A.** MÉTÉO weather; le ~ s'améliorera lundi there will be an improvement in the weather on Monday; quel ~ fait-il à Nîmes? what's the weather like in Nîmes?; avec le ~ qu'il fait, par ce ~ in this weather; demain, le ~ sera variable tomorrow, the weather will be changeable OU unsettled; vous nous amenez le beau/mauvais ~ you've brought the fine/bad weather with you; il fait un ~ gris it's overcast, the weather's dull *Br* OU gloomy; par beau ~, on voit la côte anglaise when it's fine OU on a clear day, you can see the English coast; par ~ de pluie/neige/brouillard in wet/snowy/foggy weather; par ~ froid in cold weather, when it's cold; par gros ~ in rough weather at sea, in rough seas; par tous les ~ in all weathers.

B. DIMENSION DE L'UNIVERS -1. [écoulement des jours]: le ~ time; la fuite OU course du ~ the passing of time; comme le ~ passe!, comme OU que le ~ passe vite! how time flies!; il faut prendre le ~ comme il vient we must let things take their course; le Temps Old Father Time. -2. [durée indéterminée] time *(U)*; c'est du ~ perdu it's a waste of time; nous avons gâché un ~ précieux we've wasted a lot of precious time; mettre du ~ à faire qqch to take time to do sthg; mettre du ~ à se décider to take a long time deciding OU to decide; passer son ~ à: je passe mon ~ à lire I spend (all) my time reading; pour passer le ~ to while away OU to pass the time; prendre du ~ to take time; cela ne m'a pas pris beaucoup de ~ pour apprendre la chanson it didn't take me long to learn the song; chercher une maison prend beaucoup de ~ househunting is very time-consuming; ça prendra le ~ qu'il faudra OU que ça prendra *fam* it'll take as long as is needed OU as it takes; trouver le ~ long to feel time dragging by; je commençais à trouver le ~ long [d'impatience] I was growing impatient OU restless; [d'ennui] I was getting bored. -3. [durée nécessaire] time *(C)*; le ~ que *(suivi de l'indic)*: calculer le ~ que met la lumière pour aller du Soleil à la Terre to compute the time that light takes to go from the Sun to the Earth; *(suivi du subj)*: va chercher du lait, le ~ que je fasse du thé go and get some milk while I make some tea; le ~ de: le ~ de faire qqch (the) time to do sthg; laissez-lui le ~ de répondre/de réfléchir give her time to answer/to think; le ~ d'enfiler un manteau et j'arrive just let me put on a coat and I'll be with you; juste le ~ de les entendre just long enough to hear them; avoir le ~ de faire qqch to have (the) time to do sthg; je n'ai même pas eu le ~ de lui dire au revoir I didn't even have time to say goodbye to him; auras-tu le ~ de venir me chercher? will you have time to come and collect me?; elle voudrait venir te voir mais elle n'a pas le ~ she'd like to come and see you but she hasn't got (the) time; fais-le quand tu en auras le ~ do it at your leisure OU when you've got (the) time; prendre son ~ to take one's time; je dois étudier le dossier – prenez votre ~ I have to take a close look at the file – take your time (over it); surtout prends ton ~! *iron* take your time, won't you?, don't hurry, will you?; prendre le ~ de faire qqch to take the time to do sthg; prends le ~ de manger take the time to eat; il faut prendre le ~ de vivre you should take time to enjoy life ❑ ~ de cuisson/préparation CULIN cooking/preparation time; ~ d'antenne RAD & TV air time; un ~ partiel a part-time job; un ~ plein OU plein ~ a full-time job; travailler à ~ partiel/plein ~ to work part-time/full-time; faire un trois quarts (de) ~ ≃ to work 30 h per week; ~ de pose PHOT exposure time; ~ de réaction PSYCH response latency, reaction time; le ~ de la réflexion time to think; le ~ de révolution d'une planète ASTRON the period of a planet's orbit. -4. [loisir] time *(C)*; maintenant qu'elle est à la retraite, elle ne sait plus quoi faire de son ~ now that she's retired, she doesn't know how to fill her time; les enfants prennent tout mon ~ the children take up all my time; pour aller à la pêche, il trouve toujours le ~! if it's a question of going fishing, he can always find time!; avoir du ~ OU le ~ to have time; je n'ai pas beaucoup de/j'ai besoin d'un peu plus de ~ I haven't got much/I need a bit more time; mon train est à 7 h, j'ai grandement OU tout le ~ my train is at 7, I've plenty of time (to spare); avoir tout son ~ to have all the time in the world; ne nous pressons pas, on a tout notre ~! *iron* couldn't you go (just) a little bit slower?; avoir du ~ devant soi to have time to spare OU on one's hands ❑ ~ libre free time; avoir du ~ libre to have some spare time. -5. [moment favorable]: il est ~: il est (grand)

~! it's high time!, it's about time!; **la voilà – il était ~!** here she is – it's about time OU and not a minute too soon OU and about time too!; **il était ~, le bol allait tomber** that was close, the bowl was about to fall; **il n'est plus ~** time's run out; **je voulais tout recopier mais il n'est plus ~** I wanted to write it all out again but there's no time for that now; **cours vite prendre ton train, il n'est que ~** run and catch your train, there's not much time; **il est ~ de** now's the time for; **il est ~ d'y penser** now's the time to think about it; **il n'est plus ~ de discuter, il faut agir** the time for discussion is past OU enough talking, we must act; **il est ~ que: il est ~ que tu t'inscrives** you'd better enrol soon, it's time you enrolled; **le ~ est venu de nous ressaisir** it's time OU the time has come for us to pull ourselves together; **le ~ était venu pour moi de partir** the time had come for me to OU it was time for me to leave. -**6.** [époque déterminée] time *(C)*; **le ~ n'est plus aux querelles** we should put quarrels behind us, the time for quarelling is past; **il fut un ~ où...** there was a time when...; **le ~ n'est plus où...** gone are the days when...; **la plus grande découverte de notre ~** the biggest discovery of our time; **être en avance/en retard sur son ~** to be ahead of/behind one's time; **aller** OU **marcher avec son ~** to keep up OU to move with the times; **être de son ~** to move with the times; **tu es bien de ton ~, toi!** you really are a child of the times!; **il n'était pas de son ~** [en retard] he was out of step with his time; [en avance] he was ahead of his time; **dans mon jeune ~** when I was young, in my younger days; **un ~** for a (short) while; **j'ai cru, un ~, que...** I thought, for a while, that...; **il y a un ~ pour tout** there's a time for everything; **n'avoir** OU **ne durer qu'un ~** to last but a short time; **elle est fidèle – ça n'aura** OU **ne durera qu'un ~** she's faithful – it won't last; **un tel chagrin n'aura qu'un ~** such sorrow can't last (for ever); **faire son ~** [détenu, soldat] to do OU to serve one's time; **la cafetière/mon manteau a fait son ~** *fam* the coffee machine's/my coat's seen better days; **des idées qui ont fait leur ~** outmoded ideas; **les diligences ont fait leur ~** the days of stagecoaches are gone; **en ~ normal** OU **ordinaire** usually, in normal circumstances; **en ~ opportun** at an appropriate time, in due season; **en ~ voulu** in good time; **en ~ utile** in due time OU course; **en son ~** in due course; **chaque chose en son ~** there's a right time for everything. -**7.** [saison, période de l'année] time *(C)*, season; **le ~ des moissons** harvest (time); **le ~ des cerises/pêches** the cherry/peach season. -**8.** [phase - d'une action, d'un mouvement] stage; **faire un ~ de galop** to gallop for a while; **l'épaulé-jeté s'exécute en trois ~** the clean and jerk is done in three stages OU movements; **dans un premier ~** first; **dans un deuxième ~** secondly; **dans un troisième ~** thirdly. -**9.** ASTRON: **~ astronomique/sidéral** astronomical/sidereal time; **~ absolu** absolute time; **~ atomique international** international atomic time; **~ solaire** solar time, Greenwich Mean Time. -**10.** JUR: **~ civil/légal** civil/standard time. -**11.** INF time; **~ d'accès/d'amorçage** access/start-up time; **~ critique/de connexion** critical/connecting time; **~ de libération** clearing time; **~ partagé** time sharing; **~ réel** real time; **traitement en ~ réel** real-time processing; **travailler en ~ réel** to work in real time; **~ de retournement** turnaround time; **~ total** elapsed time. -**12.** LING tense; **~ composé/simple/du passé** compound/simple/past tense. -**13.** MÉCAN stroke; **moteur à deux/quatre ~** two-stroke/four-stroke engine. -**14.** MUS beat; **valse à trois ~** waltz in three-four time; **mesure à deux/trois/quatre ~** two-four/three-four/four-four time. -**15.** RELIG: **le ~ de l'avent/du carême** (the season of) Advent/Lent; **le ~ pascal** Easter time, Eastertide. -**16.** SPORT [d'une course] time; **quel est son ~ sur 100 m?** what's her time over 100 m?; **elle a fait le meilleur ~ aux essais** hers was the best time OU she was the fastest in the trials || ESCRIME [durée - d'une action] time, temps; [- d'un combat] bout.

◇ *nmpl* [époque] times, days; **les ~ sont durs** OU **difficiles!** times are hard!; **les ~ modernes/préhistoriques** modern/prehistoric times; **les ~ anciens** ancient times OU days; **'les Temps modernes'** *Chaplin* 'Modern Times'.

◆ **à temps** *loc adv* in time; **se ressaisir à ~** to pull o.s. together just in time; **ils m'ont fait payer le billet, je ne me suis pas décommandé à ~** I had to pay for the ticket since I didn't cancel it early enough; **je n'arriverai/je ne finirai jamais à ~!** I'll never make it/I'll never finish in time!

◆ **à temps perdu** *loc adv* in one's spare time, in a spare moment.

◆ **au même temps** = **en même temps**.

◆ **au même temps que** = **en même temps que**.

◆ **au temps de** *loc prép* in OU at the time of, in the days of; **au ~ de Voltaire** in Voltaire's time, in Voltaire's day; **au ~ du cinéma muet** in the days of silent movies.

◆ **au temps jadis** *loc adv* in times past, in the old days.

◆ **au temps où, au temps que** *loc conj* in the days when, at the time when.

◆ **avec le temps** *loc adv* with the passing of time; **avec le ~, tout s'arrange** time is a great healer.

◆ **ces temps-ci** *loc adv* these days, lately; **il était malade ces ~-ci** he's been ill lately.

◆ **dans ce temps-là** *loc adv* in those days, at that time.

◆ **dans le même temps** = **en même temps**.

◆ **dans le même temps que** = **en même temps que**.

◆ **dans le temps** *loc adv* before, in the old days.

◆ **dans les temps** *loc adv* on time; **être dans les ~** [pour un travail] to be on schedule OU time; [pour une course] to be within the time (limit); **vous devez finir dans les ~** you must finish on time.

◆ **de temps à autre, de temps en temps** *loc adv* from time to time, occasionally, (every) now and then.

◆ **de temps immémorial** *loc adv* from time immemorial.

◆ **du temps de** *loc prép*: **du ~ de Louis XIV** in the days of Louis the XIVth; **du ~ de notre père, tu n'aurais pas osé** when our father was (still) alive, you wouldn't have dared; **de mon ~, ça n'existait pas** when I was young OU in my day, there was no such thing.

◆ **du temps où, du temps que** = **au temps où**.

◆ **en ce temps-là** = **dans ce temps-là**.

◆ **en même temps** *loc adv* at the same time.

◆ **en même temps que** *loc conj* at the same time as.

◆ **en temps de** *loc prép*: **en ~ de guerre/paix** in wartime/peacetime; **en ~ de prospérité/récession** in times of prosperity/recession.

◆ **en temps et lieu** *loc adv* in due course OU time, at the proper time and place.

◆ **en un temps où** *loc conj* at a time when.

◆ **par les temps qui courent** *fam loc adv* (things being as they are) these days OU nowadays.

◆ **tout le temps** *loc adv* all the time, always; **elle est tout le ~ là** she's always there, she's there all the time; **ne me harcèle pas tout le ~!** don't keep on pestering me!

◆ **temps fort** *nm* MUS strong beat; *fig* high point, highlight; **un des ~ forts du festival** one of the high points OU highlights of the festival; **ce fut un des ~ forts de ma vie/de la représentation** it was one of the high points of my life/of the performance.

◆ **temps mort** *nm* -**1.** BASKET-BALL & VOLLEY-BALL time-out. -**2.** *fig* lull, slack period; [dans une conversation] lull, pause. -**3.** SC time-out (interval).

tenable [tənabl] *adj* -**1.** [supportable] bearable; **la situation n'est plus ~, il faut agir** the situation's become untenable OU unbearable, we must take action; **la chaleur/le froid est à peine ~** the heat/the cold is hardly bearable. -**2.** [contrôlable]: **à l'approche de Noël, les enfants ne sont plus ~s** as Christmas gets nearer, the children are going wild.

tenace [tənas] *adj* -**1.** [obstiné - travailleur] tenacious, obstinate; [- chercheur] tenacious, dogged; [- ennemi] relentless; [- résistance, volonté] tenacious; [- refus] dogged; [- vendeur] tenacious, insistent. -**2.** [durable - fièvre, grippe, toux] persistent, stubborn; [- parfum, odeur] persistent, lingering; [- tache] stubborn; [- préjugé, impression, superstition] deep-rooted, stubborn, tenacious. -**3.** [qui adhère fortement - colle] strong; [- plante, lierre] clinging.

tenacement [tənasmɑ̃] *adv* tenaciously, persistently, stubbornly, doggedly.

ténacité [tenasite] *nf* -**1.** [d'une personne, d'une volonté] tenacity, tenaciousness; **faire preuve de ~** to be persistent. -**2.** [d'une fièvre, d'une toux, d'une odeur] persistence; [d'une tache] stubbornness; [d'un préjugé, d'une superstition] deep-rootedness, persistence. -**3.** TECH resilience.

tenaille [tənaj] *nf* -**1.** ~s [de charpentier, de menuisier] pincers; [de cordonnier] pincers, nippers; [de forgeron] tongs. -**2.** ARCHIT tenaille.

◆ **en tenaille(s)** *loc adv*: **prendre qqn en ~** OU **~s** to catch OU to trap sb in a pincer movement.

tenaillement [tənajmɑ̃] *nm litt* [du doute, du remords] tormenting, gnawing, nagging.

tenailler [3] [tənaje] *vt sout* [faim, soif] to gnaw; [doute, inquiétude, remords] to gnaw (at), to rack, to torment; **être tenaillé par la faim/par le remords** to be racked with hunger/tormented by remorse.

tenancier, ère [tənɑ̃sje, ɛr] *nm, f* -**1.** [d'un café, d'un hôtel, d'une maison de jeu] manager. -**2.** [fermier] tenant farmer. -**3.** HIST (feudal) tenant.

tenant, e [tənɑ̃, ɑ̃t] ◇ *adj*: **chemise à col ~** shirt with a collar attached.

◇ *nm, f* SPORT: **~ (du titre)** holder, titleholder.

◆ **tenant** *nm* -**1.** [d'une doctrine, d'une idéologie, d'un principe] supporter, upholder. -**2.** HÉRALD supporter.

◆ **tenants** *nmpl* [d'une terre] adjacent parts, abuttals JUR; **les ~s et les aboutissants** [d'une affaire] the ins and outs, the full details; **je suis seul à connaître les ~s et les aboutissants de leur accord** only I know all the ins and outs of their agreement.

◆ **d'un (seul) tenant** *loc adj* all in one block; **trois hectares d'un seul ~** three adjoining hectares.

tendance [tɑ̃dɑ̃s] *nf* -**1.** [disposition, propension] tendency, propensity, leaning; **avoir ~ à** to tend to, to have a tendency to; **ayant ~ à l'autoritarisme** tending towards authoritarianism; **elle a ~ à se laisser aller** she has a tendency OU she's inclined to let herself go; **tu as un peu trop ~ à croire que tout t'est dû** you're too inclined to think that the world owes you a living. -**2.** [orientation, évolution - gén] trend; [- d'un créateur] leanings; [- d'un livre, d'un discours] drift, tenor; **quelles sont les nouvelles ~s de l'art/la mode?** what are the new trends in art/fashion? -**3.** [position, opinion] allegiance, leaning, sympathy; **un parti de ~ libérale** a party with liberal tendencies; **des partis de toutes ~s étaient représentés** the whole spectrum of political opinion was represented || [fraction d'un parti]: **la ~ centriste au sein du parti** the middle-of-the-road tendency within the party; **le groupe a décidé, toutes ~s réunies, de voter l'amendement** all the factions within the group voted in favour of supporting the amendment; **à quelle ~ appartiens-tu?** what are your political leanings?, where do your (political) sympathies lie? -**4.** BOURSE & ÉCON trend; **quelle est la ~ du marché?** what's the market trend?; **~ inflationniste** inflationary trend; **~ haussière/baissière** upward/downward trend. -**5.** PSYCH tendency; **~s affectives/vitales** affective/vital tendencies. -**6.** [résultat d'une étude] trend; ~ générale (general) trend.

tendanciel, elle [tɑ̃dɑ̃sjɛl] *adj*: une évolution ~le a trend-setting development.

tendancieusement [tɑ̃dɑ̃sjøzmɑ̃] *adv* tendentiously, tendenciously.

tendancieux, euse [tɑ̃dɑ̃sjø, øz] *adj* [film, récit, interprétation] tendentious, tendencious; [question] loaded.

tender [tɑ̃dɛr] *nm* PÉTR & RAIL tender.

tendeur [tɑ̃dœr] *nm* -**1.** [pour tendre - un câble] tensioner; [- une toile de tente] guy rope; [- une chaîne de bicyclette] chain adjuster. -**2.** [pour porte-bagages] elastic OU luggage strap. -**3.** RAIL: ~ d'attelage coupling screw.

tendineux, euse [tɑ̃dinø, øz] *adj* -**1.** ANAT tendinous. -**2.** [viande] stringy.

tendinite [tɑ̃dinit] *nf* tendinitis.

tendon [tɑ̃dɔ̃] *nm* tendon, sinew; ~ d'Achille Achilles' tendon.

tendre[1] [tɑ̃dr] ◇ *adj* -**1.** [aimant - personne] loving, gentle, tender; [- voix] gentle; [- yeux] gentle, loving; [affectueux - lettre] loving, affectionate; **chanson ~** love song; **elle n'est pas ~ avec lui** she's hard on him; **les critiques n'ont pas été ~s pour son film** the reviewers were very hard on his film; **la presse n'est pas ~ pour elle ce matin** she's been given a rough ride in the papers this morning. -**2.** [moelleux -viande, légumes] tender; **je voudrais quatre steaks bien ~s** I'd like four nice tender steaks ❑ ~ **comme la rosée** (as) fresh as the morning dew. -**3.** [mou - roche, mine de crayon, métal] soft; **bois ~** softwood. -**4.** *litt* [délicat - feuillage, bourgeons] tender, delicate; **se coucher dans l'herbe ~** to lie down on the soft grass; **de ~s boutons de rose** tender rosebuds. -**5.** [doux -teinte] soft, delicate; **un tissu rose/vert ~** a soft pink/green material. -**6.** [jeune]: **nos ~s années** our early years; **âge ~, ~ enfance** early childhood; **dès sa plus ~ enfance** since his earliest childhood.

◇ *nmf* tender-hearted person.

◆ **Tendre** *npr m*: **la Carte de Tendre** the Carte de Tendre, the Map of the Land of Love.

tendre[2] [73] [tɑ̃dr] *vt* -**1.** [étirer - câble, corde de raquette] to tighten, to tauten; [- élastique] to stretch; [- corde d'arc] to draw back *(sép)*; [- arc] to bend; [- arbalète] to arm; [- voile] to stretch, to brace; [- peau d'un tambour] to pull, to stretch; ~ **fortement une corde** to strain a rope; ~ **un ressort** [l'étirer] to stretch a spring; [le mettre en place] to set a spring. -**2.** [disposer - hamac, fil à linge, tapisserie] to hang; [- collet, souricière] to set; **ils ont tendu une corde en travers de la route** they stretched OU tied a rope across the road; ~ **des lignes** to put out (fishing) lines; ~ **une embuscade** OU **un piège à qqn** to set an ambush OU a trap for sb ❑ ~ **ses filets** *pr* to set one's nets; *fig* to set a trap. -**3.** [revêtir - mur] to cover; ~ **une pièce de toile de jute** to cover the walls of a room with hessian; **les murs étaient tendus de papier peint à fleurs** there was flowered paper on the walls. -**4.** [allonger - partie du corps]: ~ **le cou** to crane OU to stretch one's neck; **il tendit un doigt accusateur vers l'enfant** he pointed an accusing finger at the child; **elle tendit son front/sa joue à sa mère pour qu'elle l'embrasse** she offered her forehead/her cheek for her mother to kiss; ~ **les bras (vers qqn)** to stretch out one's arm (towards sb); **il m'a tendu les bras en signe de pardon** he held out his arms to me in forgiveness; **assieds-toi, il y a un fauteuil qui te tend les bras** sit down, there's an armchair waiting for you; **vas-y, le poste de directeur te tend les bras** go ahead, the director's job is yours for the taking; ~ **la main** [pour recevoir qqch] to hold out one's hand; ~ **la main à qqn** [pour dire bonjour] to hold out one's hand to sb; [pour aider] to offer a helping hand to sb; [pour se réconcilier] to extend a OU the hand of friendship to sb ❑ ~ **l'autre joue** *allusion Bible* to turn the other cheek; ~ **le dos** OU **l'échine: tout ce qu'il sait faire c'est ~ le dos** all he does (in time of trouble) is to lie back and take it all. -**5.** [offrir, présenter] to offer; **il lui tendit la boîte de chocolats/un miroir** he offered her the box of chocolates/held out the mirror to her; **elle tendit une pomme à l'enfant** she offered the child an apple. -**6.** [concentrer - volonté]: ~ **sa volonté vers la réussite** to strive for success; ~ **ses efforts vers un but** to strive to achieve an aim. -**7.** [détériorer - ambiance, rapports] to strain, to put a strain on; **leur déclaration risque de ~ les relations diplomatiques** their declaration might well put a strain on diplomatic relations.

◆ **tendre à** *v + prép* -**1.** [avoir tendance à]: **c'est une pratique qui tend à disparaître** it's a custom which is dying out. -**2.** [contribuer à]: **cela tendrait à prouver que j'ai raison** this would seem to prove that I'm right. -**3.** [aspirer à]: ~ **à la perfection** to aim at perfection. -**4.** [arriver à]: ~ **à sa fin** to near an end; **la période de crise tend à sa fin** the end of the crisis is in sight, the crisis is nearing its end.

◆ **tendre vers** *v + prép* -**1.** [viser à]: ~ **vers la perfection** to aim at perfection, to strive towards perfection. -**2.** [approcher de]: **le rythme de la production tend vers son maximum** maximum output is close to being reached. -**3.** MATH: ~ **vers zéro/l'infini** to tend to zero/infinity.

◆ **se tendre** *vpi* -**1.** [courroie, câble] to tighten (up), to become taut, to tauten. -**2.** [atmosphère, relations] to become strained.

tendrement [tɑ̃drəmɑ̃] *adv* [embrasser, regarder, se sourire] tenderly, lovingly; **ils s'aiment ~** they love each other dearly.

tendresse [tɑ̃drɛs] *nf* -**1.** [attachement - d'un amant] tenderness; [- d'un parent] affection, tenderness; **une enfance sans ~** a childhood deprived of affection, a loveless childhood; **avoir de la ~ pour qqn** to feel affection for sb. -**2.** [inclination, penchant]: **je n'ai aucune ~ pour les menteurs** I have no love for liars, I don't think much of liars.

◆ **tendresses** *nfpl*: **je vous envoie mille ~s ainsi qu'aux enfants** much love to you and to the children.

tendreté [tɑ̃drəte] *nf* [d'un légume, d'une viande] tenderness.

tendron [tɑ̃drɔ̃] *nm* -**1.** CULIN: ~ **de veau** middle-cut breast of veal. -**2.** BOT shoot. -**3.** *fam* [jeune fille]: **un ~** a slip of a girl.

tendu, e [tɑ̃dy] *adj* -**1.** [nerveux - de tempérament] tense; [- dans une situation] tense, strained, fraught; [- avant un événement, un match] keyed up, tense; **jamais, dit-il d'une voix ~e** never, he said in a strained voice. -**2.** [atmosphère] strained; [rapports] strained, fraught *Br*; [situation] tense, fraught *Br*. -**3.** [partie du corps, muscle] tensed up; **avoir les nerfs ~s** [habituellement] to be tense; [momentanément] to be tense OU on edge. -**4.** [étiré - corde, courroie] tight, taut; [- corde d'arc] drawn; [- arc] drawn, bent; [- voile, peau de tambour] stretched; **la chaîne est mal ~e** OU **n'est pas assez ~e** the chain isn't tight enough OU is a bit slack; **ma raquette de tennis est trop ~e/n'est pas assez ~e** my tennis racket strings are too tight/too slack. -**5.** [allongé]: **avancer le doigt ~/le poing ~/les bras ~s** to advance with pointed finger/raised fist/outstretched arms. -**6.** LING tense.

ténèbres [tenɛbr] *nfpl* -**1.** [nuit, obscurité] darkness *(U)*, dark *(U)*; **être plongé dans les ~** to be in total darkness. -**2.** [ignorance]: **on m'a longtemps laissé dans les ~ sur les circonstances de ma naissance** the circumstances of my birth were kept from me for a long time. -**3.** RELIG Tenebrae.

ténébreux, euse [tenebrø, øz] ◇ *adj litt* -**1.** [forêt, maison, pièce] dark, gloomy, tenebrous *litt*; [recoin, cachot] dark, murky. -**2.** [inquiétant - intrigue, complot] dark; [- époque, situation] obscure, murky; **de ~ projets** devious plans. -**3.** [incompréhensible] mysterious, unfathomable; **une ténébreuse affaire** a shady business; **le ~ langage de la loi** the obscure language of the legal profession. -**4.** [personne, caractère] melancholic, saturnine *litt*.

◇ *nm, f* -**1.** *litt* [personne mélancolique] melancholic. -**2.** *hum*: **un beau ~** a tall, dark, handsome stranger.

Tenerife, Ténériffe [tenerif] *npr* Tenerife.

teneur[1] [tənœr] *nf* -**1.** [contenu - d'un document] content; [- d'un traité] terms; **quelle est exactement la ~ de son article?** what exactly is her article about? -**2.** CHIM content; ~ **en eau/fer** water/iron content; ~ **en alcool** alcohol content, alcoholic strength. -**3.** MIN content, grade, tenor; ~ **en carbone** percentage of carbon, carbon content; **minerai à forte ~ en plomb** ore with a high lead content. -**4.** NUCL: ~ **isotopique** abundance ratio, isotopic abundance.

teneur[2], **euse** [tənœr, øz] *nm, f* -**1.** COMM: ~ **de livres** bookkeeper. -**2.** IMPR: ~ **de copie** copyholder.

ténia [tenja] *nm* tapeworm, taenia *spéc*.

tenir [40] [tənir] ◇ *vt* **A.** AVOIR DANS LES MAINS -**1.** [retenir] to hold (on to); ~ **la main de qqn** to hold sb's hand; **il tenait sa casquette sous le bras** he was holding his cap under his arm; **tiens mon sac deux minutes** hold my bag for a moment; **tiens bien le livre** hold on tight to the book; **je tenais mal la bouteille et elle m'a échappé** I wasn't holding the bottle tightly enough and it slipped. -**2.** [manier] to hold; **tu tiens mal ta raquette/ton arc** you're not holding your racket/your bow properly; **tiens mieux ton verre/pinceau** hold your glass/brush properly; **apprendre à ~ le ciseau** to learn the correct way to hold a chisel; **tenez la lime horizontale** hold the file flat OU horizontal OU horizontally; **tenez la bouteille verticale** hold the bottle up OU vertical OU vertically.

B. CONSERVER -**1.** [maintenir - dans une position] to hold, to keep; [- dans un état] to keep; **enlève les vis qui tiennent le panneau** undo the screws which hold the panel in place; **l'amarre qui tient le bateau** the cable tying up the boat; **tiens-lui la porte, il est chargé** hold the door open for him, he's got his hands full; **il tenait les yeux baissés** he kept his eyes lowered; **cette étoffe ne tient pas le pli** this material won't hold its crease; **tenez-lui la tête hors de l'eau** hold her head above the water; ~ **les fenêtres fermées/ouvertes** to keep the windows shut/open; **elle tient ses chiens attachés** she keeps her dogs tied up; ~ **chaud** to keep warm; **je veux une robe qui tienne chaud** I'd like a warm dress; ~ **un plat au chaud** to keep a dish hot; **tenez le bois au sec** keep the wood in a dry place; ~ **une chambre en ordre** to keep a room tidy; **tenez-le prêt (à partir)** make sure he's ready (to leave); **ils tiennent le pont sous le feu de leurs mitraillettes** they're keeping the bridge under machine-gun fire. -**2.** [garder - note] to hold; ~ **l'accord** to stay in tune; **'tenez votre droite'** [sur la route] keep (to the) right; [sur un Escalator] keep to the right. -**3.** *vieilli* [conserver - dans un lieu] to keep; **où tenait-il les bijoux?** where did he keep the jewels?; **dans nos nouveaux locaux, nous tenons une plus grande sélection d'articles** we keep a larger selection of goods in our new premises. -**4.** *Belg* [collectionner] to collect.

C. POSSÉDER -**1.** [avoir reçu]: ~ **qqch de qqn** [par hérédité] to get sthg from sb; **je tiens mes yeux bleus de mon père** I get my blue eyes from my father; **une passion pour les affaires qu'elle tient de famille** a taste for business which she inherited from her family; **les propriétés que je tenais de ma mère** [par héritage] the properties I'd inherited from my mother. -**2.** [avoir capturé] to have caught, to have got hold of; [avoir à sa merci] to have got; **nous tenons son chien, qu'il vienne le chercher** we've got his dog, let him come and fetch it; **je tiens une truite!** I've caught OU I've got a trout!; **c'est un cul-de-sac, nous le tenons** it's a dead end, he's trapped OU we've got him; **ah, ah, petit coquin, je te tiens!** got you, you little devil!; **si je tenais celui qui a défoncé ma portière!** just let me get OU lay my hands on whoever smashed in my car door!; **la**

police tient un des coupables the police have caught one of the culprits; **vous avez trouvé un nouveau collaborateur? — oui, je tiens mon homme** have you found a new assistant? — yes, I've got the man I need; **elle m'a tenu une heure avec ses histoires de divorce** I had to listen to her going on about her divorce for a whole hour; **pendant que je vous tiens (au téléphone), pourrais-je vous demander un service?** since I'm speaking to you (on the phone), may I ask you a favour? -**3.** [détenir - indice, information, preuve] to have; [- contrat] to have, to have won; [- réponse, solution] to have (found OU got); **ça y est, je tiens la solution!** hurrah, I've found OU got the answer!; **je crois que je tiens un scoop!** I think I've got a scoop!; **je tiens enfin l'édition originale** I finally got my hands on the original edition; ~ **qqch de** [l'apprendre] to have (got) sthg from; **il a eu des troubles psychologiques — de qui tenez-vous cela?** he's had psychological problems — who told you that?; **nous tenons de source sûre/soviétique que...** we have it on good authority/we hear from Soviet sources that...; ~ **qqch de: je tiens mon autorité de l'État** I derive my power from the state; **d'où la vivisection tient-elle sa légitimité?** where is the justification for live animal experiments?; **qu'est-ce que je tiens comme rhume!** *fam* I've got a stinking *Br* OU horrible cold! ❑ **elle en tient une couche!** *fam* she's as thick as two short planks *Br*, what a dumb bell! *Am*; **il en tient une bonne ce soir** *fam* he's had a skinful *Br* OU he's three sheets to the wind tonight; **qu'est-ce qu'il tient!** *fam* [il est stupide] what a twit *Br* OU blockhead!; [il est ivre] he's really plastered!; [il est enrhumé] he's got a stinking *Br* OU horrible cold! -**4.** [transmettre]: **faire ~ qqch à qqn** *sout*: **nous vous ferons ~ une copie des documents** we will make sure you receive a copy of the documents; **faites-le lui ~ en mains propres** make sure it's handed to him personally.

D. CONTRÔLER, AVOIR LA RESPONSABILITÉ DE -**1.** [avoir prise sur, dominer] to hold; **quand la colère le tient, il peut être dangereux** he can be dangerous when he's angry; **la jalousie le tenait** jealousy had him in its grip, he was gripped by jealousy; **ce rhume me tient depuis deux semaines** I've had this cold for two weeks ‖ MIL to control; **les Anglais tenaient la mer** the English ruled the sea; **qui tient la presse tient le pays** whoever controls the press controls the country ‖ [avoir de l'autorité sur - classe, élève] to (keep under) control; **quand Noël approche, on ne peut plus les ~** when Christmas is near, you just can't control them. -**2.** [diriger, s'occuper de - commerce, maison, hôtel] to run; [- comptabilité, registre] to keep; ~ **la caisse** to be at the cash desk, to be the cashier; ~ **les livres** to keep the books; **je tiens la maison pendant qu'elle est partie** I look after OU I mind the house while she's away; **elle tient la rubrique artistique à «Madame»** she has a regular Arts column in "Madame"; **le soir, il tenait le bar** at night he used to serve behind the bar; **je tiens l'orgue de l'église** I'm the church organist; ~ **la marque** JEUX & SPORT to keep score. -**3.** [donner - assemblée, conférence, séance] to hold, to have; **elle va ~ une conférence de presse** she is going to hold OU to have a press conference; **le tribunal tiendra audience dans le nouveau bâtiment** the court hearings will be held in the new building. -**4.** [prononcer - discours] to give; [- raisonnement] to have; [- langage] to use; **elle m'a tenu tout un discours sur la ponctualité** she gave me a lecture about being on time; **il me tint à peu près ce langage** *allusion La Fontaine* here's roughly what he said to me; ~ **des propos désobligeants/élogieux** to make offensive/appreciative remarks; **comment peux-tu ~ un tel raisonnement?** how can you possibly think this way? -**5. être tenu à qqch** [astreint à]: **être tenu au secret professionnel** to be bound by professional secrecy; **nous sommes tenus à la discrétion** we're obliged to be very discreet; **être tenu de faire** to have to; **le conseil n'est pas tenu/est tenu de respecter la recommandation du comité** the committee's recommendation isn't/is binding on the council; **je me sens tenu de la prévenir** I feel morally obliged OU duty-bound to warn her. -**6.** THÉÂT [rôle] to play, to have; ~ **des emplois secondaires** to play minor parts; ~ **un rôle dans** *fig* to play a part in; **il a bien tenu son rôle de fils** he acted as a son should. -**7.** ÉQUIT [cheval] to keep in hand; ~ **un cheval serré** to keep a tight rein on a horse; ~ **un cheval court** to ride a horse on a short rein.

E. EXPRIME UNE MESURE -**1.** [occuper] to take up *(sép)*, to occupy; **le fauteuil tient trop de place** the armchair takes up too much room; **la barricade tenait toute la rue** the barricade took up the whole width of the street; ~ **une place importante** to have OU to hold an important place. -**2.** [contenir] to hold; **le réservoir ne tient pas plus de 40 litres** the tank doesn't hold more than 40 litres.

F. ÊTRE CONSTANT DANS -**1.** [résister à] (to be able) to take; **il tient l'alcool** he can take *esp Br* OU hold his drink; **je ne tiens pas le vin** I can't take wine *esp Br*, wine doesn't agree with me ❑ ~ **le coup** *fam* [assemblage, vêtements] to hold out; [digue] to hold (out); [personne] (to be able) to take it; **le soir, je ne tiens pas le coup** I can't take late nights; **elle travaillait trop et n'a pas tenu le coup longtemps** she was overworked and couldn't cope OU take it for long; **sa foi l'a aidé à ~ le coup** his faith helped him to keep going; ~ **la mer** to keep the sea (well); ~ **la route** [véhicule] to have good road-holding *Br*, to hold the road well; **ton raisonnement ne tient pas la route** *fig* your argument doesn't stand up to scrutiny. -**2.** [respecter] to keep to, to stand by, to uphold; ~ **une promesse** to keep OU to fulfil a promise ‖ [s'engager dans - pari]: **je tiens la gageure** OU **le pari!** I'll take up the challenge!; **tenu!, je tiens!** JEUX you're on!

G. CONSIDÉRER *sout* to hold, to consider; **je tiens que les romanciers sont les historiens du présent** it is my belief OU I hold that novelists are the chroniclers of our time; ~ **qqn/qqch pour** to consider sb/sthg to be, to look upon sb/sthg as; **on la tenait pour une divinité** she was considered to be OU as a deity; **nous tenons ce procès/cette élection pour une supercherie** we consider this trial/this election (to be) a sham.

◇ *vi* -**1.** [rester en position - attache] to hold; [- chignon] to stay up, to hold; [- bouton, trombone] to stay on; [- empilement, tas] to stay up; ~ **en place** to stay in place; **mets du gel, tes cheveux tiendront mieux** use gel, your hair'll hold its shape better; **la porte du placard ne tient pas fermée** the cupboard door won't stay shut; **tout ça tient avec de la colle** all this is held together with glue; **ces sandales ne tiennent pas aux pieds** these sandals keep slipping off OU won't stay on; **le porridge vous tient au corps** OU **à l'estomac** porridge keeps you going; **faire ~ qqch avec de la colle/des clous** to glue/to nail sthg into position; ~ **à** [être fixé à] to be fixed on OU to; [être contigu à] to be next to; **s'assurer que les ventouses tiennent bien au mur** make sure that the suction pads are securely fixed to the wall; **les bureaux tenant à l'atelier** the offices next to OU adjoining the workshop ‖ [personne]: **essaie de ~ le plus longtemps possible sur un pied** try to remain standing on one foot as long as possible; **il ne tient pas encore bien sur sa bicyclette/ses skis/ses jambes** he's not very steady on his bike/his skis/his legs yet; **je ne tiens plus sur mes jambes** [de fatigue] I can hardly stand up any more; **cet enfant ne tient pas sur sa chaise** this child can't sit still OU is always fidgeting in his chair; **ne pas ~ en place** [être agité, impatient]: **elle ne tient pas en place** she can't sit still. -**2.** [résister - union] to last, to hold out; [- chaise, vêtements] to hold OU to last out; [- digue] to hold out; [- personne] to hold OU to last out; **leur mariage n'a pas tenu deux ans** their marriage didn't even last two years; **ce manteau a bien tenu** that coat lasted well; **je ne tiens plus au soleil, je rentre** I can't stand the sun any more, I'm going in; **je ne tiendrais pas longtemps sous la torture** I wouldn't hold out very long under torture; **on peut ~ plusieurs jours sans manger** you can survive several days without eating; **le cœur ne tiendra pas** his heart won't take it; **il n'a pas tenu longtemps au gouvernement** he didn't stay OU last long in office; **tes arguments ne tiendront pas longtemps face à la réalité** your arguments won't hold for very long when faced with reality; **malgré une deuxième vague de bombardements, l'armée a tenu** despite a second bombing raid, the troops held out OU stood their ground ❑ ~ **bon** OU **ferme** *pr* & *fig* [s'agripper] to hold firm OU tight; [résister, ne pas céder] to hold out; **tenez bon, les secours arrivent** hold fast, rescue's on its way; **il me refusait une augmentation, mais j'ai tenu bon** he wouldn't give me a rise but I held out OU stood my ground; **la défense lyonnaise tient bon** the Lyons defence is holding fast OU is standing firm; **le dollar tient toujours bon** the dollar is still holding firm; **ne pas y ~, ne (pas) pouvoir y ~: n'y tenant plus, je l'appelai au téléphone** unable to stand it any longer, I phoned him; **soudain, elle n'y tint plus et se jeta dans ses bras** suddenly she lost control and threw herself in his arms; **ça sent si bon le chocolat, je ne vais pas pouvoir y ~** there's such a gorgeous smell of chocolate, I just won't be able to resist it; **c'est à n'y pas ~!** [mauvaise odeur, mauvaise ambiance] it's unbearable OU intolerable! -**3.** [durer, ne pas s'altérer - fleurs] to keep, to last; [- tissu] to last (well); [- beau temps] to last, to hold out; [- bronzage] to last; [- neige] to settle, to stay; **les coquelicots ne tiennent pas dans l'eau** poppies don't last in water; **aucun parfum ne tient sur moi** perfumes don't stay on me; **pour que votre rouge à lèvres tienne plus longtemps** so that your lipstick stays on longer. -**4.** [être valable, être d'actualité - offre, pari, rendez-vous] to stand; [- promesse] to hold; **l'invitation tient pour samedi** the invitation for Saturday is still on OU still stands; **ça tient toujours pour demain?** is it still on for tomorrow?; **il n'y a pas de... qui tienne: il n'y a pas de congé qui tienne** there's no question of having leave; **il n'y a pas de «mais ma tante» qui tienne, tu vas te coucher!** there's no "but Auntie" about it, off to bed with you! -**5.** [pouvoir être logé] to fit; **une fois plié, le sac tient dans la poche** when folded up, the bag fits in your pocket; **il ne tiendra pas sur cette chaise** he'll never fit in OU get into that chair; **le compte rendu tient en une page** the report takes up one page; ~ **en hauteur/largeur** to fit vertically/widthwise; **quatre enfants peuvent ~ sur la banquette arrière** four children can fit on the back seat; **on tient facilement à cinq dans la barque** the boat sits five in comfort; **on ne tiendra jamais à 30 dans ton salon** you'll never get 30 people into your living-room; **ma conclusion tiendra en deux mots** I will conclude in just two words; **son histoire tient en peu de mots** his story can be summed up in a few words. -**6.** *loc*: **en ~ pour qqn** *fam* to have a crush on sb; **en ~ pour qqch** *fam* [aimer] to be hooked on sthg; [ne considérer que] to stick to sthg; **il en tient pour la varappe** he's really hooked on OU mad about rock climbing; **elle en tient vraiment pour l'hypothèse de l'assassinat** she seems convinced it was murder; **tiens, tenez** [en donnant qqch] here; **tiens, reprends ta bague** here, have your ring back; **tu me passes le sel? — tiens** can you pass me the salt? — here you are; **tiens, tenez** [pour attirer l'attention, pour insister]: **tiens, le tonnerre gronde** listen, it's thundering; **tenez, les voilà justement** look, here they come; **tenez, je vais tout vous raconter** look OU listen, I'll tell you everything; **tiens, rends-toi utile** here, make yourself useful; **tiens, je préférerais le jeter que de lui donner!** see, I'd rather throw it away than give it to him!; **tenez, je ne vous** ferai même pas payer l'électricité look, I won't even charge you for the electricity; **s'il est intéressé par le salaire? tiens, bien sûr que oui!** is he interested in the salary? you bet he is!; **tiens, tenez** [exprime la surprise, l'incrédulité]: **tiens, Bruno! que fais-tu ici?** (hello) Bruno, what are you doing here?; **tiens, je n'aurais jamais cru ça de lui** well, well, I'd never have expected it of him; **tiens, c'est bizarre** hmm, that's strange; **tiens, tiens, ça serait bien dans son style** hmm, that's just the sort of thing he'd do; **elle a refusé? tiens donc!** *fam iron* she said no? you amaze me! OU surprise, surprise!; **un tiens vaut mieux que deux tu l'auras** *prov* a bird in the hand is worth two in the bush *prov*.

◆ **tenir à** *v + prép* **-1.** [être attaché à - personne] to care for, to be very fond of; [- objet] to be attached to; [- réputation] to care about; [- indépendance, liberté] to value; **je tiens énormément à sa confiance** I set great store by OU I greatly value his trust; **je ne ferai pas la grève, je tiens à mon emploi** I won't go on strike, I want to keep my job; **si tu tiens à la vie...** if you value your life... **-2.** [vouloir]: ~ **à faire qqch** to be eager to do OU to be keen on doing sthg; **je tiens à être présent à la signature du contrat** I insist on being there when the contract is signed; **il tenait tellement à monter cette pièce** he was so keen on the idea of staging this play; **tu veux lui parler? — je n'y tiens pas vraiment** would you like to talk to him? — not really OU not particularly; ~ **à ce que** *(suivi du subj)* to be most concerned that; **je ne tiens pas à ce qu'on me reconnaisse** I'm not particularly anxious to be recognized; **tiens-tu à ce que cela se sache?** do you really want it to become known?; **je voudrais t'aider — je n'y tiens pas** I'd like to help you — I'd rather you didn't; **venez dîner, j'y tiens absolument!** come and have dinner, I insist! **-3.** [résulter de] to stem OU to result from, to be due to, to be caused by; **ses erreurs tiennent surtout à son manque d'expérience** his mistakes are mainly due to OU stem mainly from his lack of experience; **à quoi tient son charisme?** what's the secret of his charisma?; **sa défaite aux élections a tenu à trois voix** she was defeated in the election by just three votes; **le bonheur tient parfois à peu de chose** sometimes it's the little things that give people the most happiness; **à quoi ça tient?** *fam* what's the reason for it?, what's it due to? ❑ **qu'à cela ne tienne** never mind, fear not *hum*; **vous n'avez pas votre voiture? qu'à cela ne tienne, je vais vous reconduire** you haven't got your car? never mind, I'll give you a lift. **-4.** *(tournure impersonnelle)* [être du ressort de]: **il ne tient qu'à toi de mettre fin à ce désordre** it's entirely up to you to sort out this shambles; **il ne tient qu'à vous de choisir** the choice rests OU lies with you, it's entirely up to you; **il tenait à lui seul que ma nomination fût effective** it was entirely up to him to validate my appointment; **s'il ne tenait qu'à moi, je vous emploierais tout de suite** if it was up to me OU my decision, I'd give you the job straightaway; **il a tenu à peu de chose que je ne rate mon train** I very nearly missed my train.

◆ **tenir de** *v + prép* **-1.** [ressembler à] to look like; **elle tient de moi** she takes after me; **ce chien tient de l'épagneul et du setter** this dog is a sort of cross between a spaniel and a setter ❑ **elle est vraiment têtue/douée — elle a de qui ~!** she's so stubborn/gifted — it runs in the family! **-2.** [relever de]: **sa guérison tient du miracle** his recovery is something of a miracle; **ça tient de l'exploit** it's something of OU quite a feat; **des propos qui tiennent de l'injure** remarks verging on the insulting; **le paysage tenait de la féerie** the scenery was like something out of a fairytale.

◆ **se tenir** ◇ *vp (emploi réciproque)*: **ils marchaient en se tenant la main** they were walking hand in hand; **se ~ par le cou/la taille** to have one's arms round each other's shoulders/waists.

◇ *vp (emploi passif)* [se dérouler - conférence] to be held, to take place; [- festival, foire] to take place; **la réunion se tiendra dans la salle de bal** the meeting will be held in the ballroom; **le festival se tient en plusieurs endroits** there are several venues for the festival; **le congrès des sidologues se tient deux fois par an** the AIDS specialists' convention is held twice a year.

◇ *vpt*: **se ~ la tête à deux mains** to hold OU to clutch one's head in one's hands.

◇ *vpi* **-1.** [se retenir] to hold on (tight); **tenez-vous bien, on démarre!** hold on tight OU fast, here we go!; **se ~ à** to hold on to; [fortement] to cling to, to clutch, to grip; **tiens-toi à la rampe pour descendre** hold on to the rail on the way down. **-2.** [se trouver - en position debout] to stand, to be standing; [- en position assise] to sit, to be sitting OU seated; **il se tenait sur le seuil/dans l'embrasure de la porte** he was standing on the doorstep/in the doorway; **ne te tiens pas si près de la cheminée** don't stand so close to the fireplace; **se ~ (légèrement) en retrait** to stand back (slightly); **se ~ debout** to be standing (up); **se ~ droit** [debout] to stand up straight; [assis] to sit up straight; **tiens-toi droit** straighten up; **tenez-vous droites!** [à des personnes assises] sit up (straight OU properly)!; [à des personnes debout] stand up straight!; **tiens-toi mieux sur ta chaise** sit properly on your chair; **c'est parce que tu te tiens mal que tu as mal au dos** you get backaches because of bad posture; **se ~ aux aguets** to be on the lookout, to watch out; **se ~ coi** to remain silent; **se ~ immobile** to remain OU to be still. **-3.** [se conduire] to behave; **elle ne sait pas se ~ quand il y a des invités** she doesn't know how to behave when there are guests; **bien se ~** to behave o.s.; **mal se ~** to behave o.s. badly; **Superman est là, les méchants n'ont qu'à bien se ~!** *fam* Superman is around, watch out, all you baddies! **-4.** [être cohérent]: **se ~ (bien)** [argumentation, intrigue] to hold together; [raisonnement] to hold water, to hold together; **l'intrigue du roman ne se tient pas** the plot doesn't stand up OU hang together; **je voudrais trouver un alibi qui se tienne** I'm looking for a plausible excuse ‖ [coïncider - indices, événements] to hang together, to be linked; **ça se tient, elle servait au bar et lui était client, c'est comme ça qu'ils se sont rencontrés!** but of course, she was a barmaid and he was a customer, that's how they met! **-5.** *loc*: **s'en ~ à**: **tenez-vous-en aux ordres** confine yourself to carrying out orders; **d'abord ingénieur puis directrice d'usine, elle ne s'en est pas tenue là** she started out as an engineer, then became a factory manager, but she didn't stop there; **tenons-nous-en là pour aujourd'hui** let's leave it at that for today, let's call it a day; **je ne m'en tiendrai pas à ses excuses** I won't be content with a mere apology from him; **ne pas se ~ de** [joie, impatience] to be beside o.s. with; **la presse ne se tenait plus de curiosité** the newspapers were beside themselves with curiosity; **on ne se tenait plus de rire** we were in absolute fits (of laughter).

◆ **se tenir pour** *vp + prép* **-1.** [se considérer comme]: **je ne me tiens pas encore pour battu** I don't reckon I'm OU I don't consider myself defeated yet; **se ~ pour satisfait** to feel satisfied; **je ne me tiens pas pour un génie** I don't regard myself as OU think of myself as OU consider myself a genius. **-2.** *loc*: **se le ~ pour dit**: **je ne supporterai pas tes insolences, tiens-le-toi pour dit!** I'll say this only once, I won't put up with your rudeness!; **on lui a ordonné de ne plus revenir et il semble qu'il se le soit tenu pour dit** he was told never to come back and he seems to have got the message.

◆ **tiens-toi bien, tenez-vous bien** *loc interj*: **ils ont détourné, tiens-toi bien, 25 millions de francs!** they embezzled, wait for it, 25 million francs!; **elle a battu le record, tenez-vous bien, de plus de deux secondes!** she broke the previous record and by over two seconds, would you believe!; **et, tiens-toi bien, elle voulait en plus que je lui paie ses frais!** and would you believe, she wanted me to pay her expenses as well!

Tennessee [tenesi] *npr m*: **le ~** Tennessee.

tennis [tenis] ◇ *nm* **-1.** [activité] tennis; **jouer au ~** to play tennis ❑ **~ sur gazon** lawn tennis; **jouer au ~ sur terre battue** to play (tennis) on clay; **~ en salle** indoor tennis. **-2.** [court] (tennis) court.

◇ *nmpl* OU *nfpl* [chaussures - pour le tennis] tennis shoes; [- pour la marche] sneakers, trainers.

◆ **tennis de table** *nm* table tennis.

tennis-elbow [teniselbo] (*pl* **tennis-elbows**) *nm* tennis elbow.

tennisman [tenisman] (*pl* **tennismen** [-men]) *nm* (male) tennis player.

tennistique [tenistik] *adj* [exploit, magazine, tournoi] tennis *(modif)*.

tenon [tənɔ̃] *nm* TECH tenon.

◆ **à tenon** ◇ *loc adj*: **assemblage à ~** tenon joint.

◇ *loc adv*: **assembler à ~** to tenon.

ténor [tenɔr] *nm* **-1.** MUS tenor; **~ léger** light tenor; **fort ~** operatic tenor. **-2.** [vedette] big name; **tous les grands ~s de la politique seront là** all the big political names will be there.

tenseur [tɑ̃sœr] ◇ *adj m* ANAT tensor.

◇ *nm* ANAT & MATH tensor.

tensioactif, ive [tɑ̃sjɔaktif, iv] *adj* surface-active.

tensiomètre [tɑ̃sjɔmɛtr] *nm* **-1.** MÉCAN tensometer, tensiometer. **-2.** MÉD sphygmomanometer. **-3.** PHYS & TEXT tensiometer.

tension [tɑ̃sjɔ̃] *nf* **-1.** [étirement] tension, tightness; **ça sert à régler la ~ de la courroie** it's for adjusting the tension of the drive belt. **-2.** [état psychique]: **elle est dans un tel état de ~ qu'un rien la met en colère** she's so tense that the slightest thing makes her lose her temper; **il bégaie davantage dans les moments de ~ psychologique** his stutter gets worse when he's under psychological stress ❑ **~ (nerveuse)** tension, strain, nervous stress. **-3.** [désaccord, conflit, difficulté] tension; **la ~ monte entre les deux pays** tension is mounting between the two countries; **des ~s au sein de la majorité** tension OU strained relationships within the majority. **-4.** [effort intellectuel intense]: **~ d'esprit** mental strain. **-5.** ÉLECTR voltage, tension; **~ de coupure/grille** cut-off/grid voltage; **basse ~** low voltage; **'danger, haute ~'** 'beware, high voltage'. **-6.** MÉD: **avoir** OU **faire** *fam* **de la ~** to have high blood pressure; **prendre la ~ de qqn** to check sb's blood pressure ❑ **~ artérielle** OU **vasculaire** blood pressure. **-7.** PHON tenseness. **-8.** PHYS [d'un liquide] tension; [d'un gaz] pressure; **~ de vapeur (saturated)** vapour pressure.

◆ **à basse tension** *loc adj* ÉLECTR low-voltage, low-tension.

◆ **à haute tension** *loc adj* ÉLECTR high-tension; **câbles à haute ~** high-tension cables.

◆ **sous tension** *loc adj* **-1.** ÉLECTR [fil] live; **la télécommande s'utilise quand le récepteur est sous ~** use the remote control switch when the set is in standby mode. **-2.** [nerveux] tense, under stress; **tout le monde était sous ~** everybody was under stress.

tensoriel, elle [tɑ̃sɔrjɛl] *adj*: **calcul ~** tensor calculus.

tentaculaire [tɑ̃takylɛr] *adj* **-1.** ZOOL tentacular. **-2.** [ville] sprawling; [industrie, structure] gigantic; **traverser des banlieues ~s** to cross the vast sprawl of the suburbs; **une entreprise ~** a massive OU gigantic organization.

tentacule [tɑ̃takyl] *nm* ZOOL tentacle.

tentant, e [tɑ̃tɑ̃, ɑ̃t] *adj* [nourriture] tempting; [projet, pari, idée] tempting; [offre, suggestion] tempting, attractive; **il est très ~ de penser que...** it is very tempting to think that...; **ce que tu me proposes est très ~** I'm very tempted by your offer.

tentateur, trice [tɑ̃tatœr, tris] ◇ *adj* [propos] tempting; [sourire, charme] alluring.
◇ *nm, f* tempter; le Tentateur RELIG the Tempter.

tentation [tɑ̃tasjɔ̃] *nf* -**1.** [attrait, désir] temptation; **céder** OU **succomber à la ~** to yield to temptation; **avoir** OU **éprouver la ~ de faire** to be tempted to do. -**2.** RELIG: **induire qqn en ~** to lead sb into temptation.

tentative [tɑ̃tativ] *nf* -**1.** [essai] attempt; **faire une ~** to make an attempt; **une ~ d'évasion** an escape attempt, an attempted escape; **une ~ de suicide** a suicide attempt, an attempted suicide; **faire une ~ de suicide** to try to commit suicide. -**2.** JUR: **~ de meurtre** attempted murder.

tente [tɑ̃t] *nf* -**1.** [de camping] tent; [à une garden-party] marquee; **monter une ~** to put up OU to pitch a tent; **passer une semaine sous la ~** to go camping for a week; **se retirer sous sa ~** *fig* to retire into splendid isolation ‖ [chapiteau de cirque] (circus) tent; **la grande ~** the big top. -**2.** ANAT: **~ du cervelet** tentorium (cerebelli). -**3.** MÉD: **~ à oxygène** oxygen tent.

tente-abri [tɑ̃tabri] (*pl* **tentes-abris**) *nf* shelter tent.

tenter [3] [tɑ̃te] *vt* -**1.** [risquer, essayer] to try, to attempt; **tentons une dernière démarche** let's make a last attempt; **~ une expédition de secours** to mount a rescue attempt; **~ une ascension difficile** to attempt a difficult climb; **je vais tout ~ pour la convaincre** I'll try everything to convince her; **~ de faire** [chercher à faire] to try OU to attempt OU to endeavour to do; **elle s'est blessée en tentant de se dégager** she was hurt while trying to free herself; **il a tenté de battre le record/de se donner la mort** he tried to beat the record/to kill himself ❑ **~ Dieu** to embark on a superhuman enterprise; **~ le diable** to tempt fate; **~ (la) fortune** OU **la chance** OU **le sort** to try one's luck. -**2.** [soumettre à une tentation] to tempt; **le serpent tenta Ève** the serpent tempted Eve; **le gâteau me tentait** the cake looked very tempting; **une petite jupe noire m'avait tentée** my eye had been caught by a little black skirt; **le mariage, cela ne te tente pas?** don't you ever feel like getting married?; **se laisser ~** to give in to temptation; **il te propose une sortie, laisse-toi ~** he's offering to take you out, why not accept?; **être tenté de** to be tempted OU to feel inclined to; **je suis tenté de tout abandonner** I feel like dropping the whole thing.

tenture [tɑ̃tyr] *nf* -**1.** [tapisserie] hanging; **~ murale** wall-covering. -**2.** [rideaux] curtain, drape *Am.* -**3.** [pour un service funèbre] funeral hanging.

tenu, e[1] [təny] *adj* -**1.** [soigné, propre]: **bien ~** tidy, well-kept; **une maison mal ~e** an untidy OU a badly kept house; **des enfants bien/mal ~s** well/poorly turned-out children; **des comptes bien ~s** well-kept accounts. -**2.** [soumis à une stricte surveillance]: **les élèves sont très ~s** the pupils are kept on a tight rein. -**3.** BOURSE [actions] firm. -**4.** MUS sustained, held. -**5.** PHON tense.
◆ **tenu** *nm* SPORT play-the-ball.

ténu, e [teny] *adj* -**1.** [mince - fil, pointe] fine, slender; [- voix, air, brume] thin. -**2.** [subtil - raison, distinction] tenuous.

tenue[2] [təny] *nf* **A.** -**1.** [d'une séance, d'un rassemblement]: **ils ont interdit la ~ de la réunion dans nos locaux** they banned the meeting from being held on our premises; **pendant la ~ du concile** while the council was in session. -**2.** [gestion, administration] running; **je ne peux pas m'occuper en plus de la ~ de la maison** I can't look after the running of the house as well; **l'école est réputée pour sa ~** the school is renowned for being well-run. -**3.** AUT: **~ de route** road holding; **avoir une bonne ~ de route** to hold the road well; **avoir une mauvaise ~ de route** to have poor road holding. -**4.** BOURSE [fermeté] firmness; **la bonne/mauvaise ~ des valeurs** the strong/poor performance of the stock market. -**5.** COMM: **~ des livres** bookkeeping. -**6.** ÉQUIT [d'un cheval] stamina. -**7.** MUS holding. -**8.** NAUT [qualité de mouillage] hold, holding. -**9.** PHON tenseness.
B. -**1.** [attitude corporelle] posture, position; **trop d'élèves ont une mauvaise ~ lorsqu'ils écrivent** too many pupils adopt a bad posture when writing. -**2.** [comportement, conduite] behaviour; **manquer totalement de ~** to behave appallingly; **voyons, un peu de ~!** come now, behave yourself!; **puni pour sa mauvaise ~** punished for his bad behaviour OU his misbehaviour. -**3.** [aspect extérieur d'une personne] appearance; **sa ~ négligée/stricte** his slovenly/austere appearance; **ils exigent de leurs employés une ~ correcte** they require their employees to be smartly dressed. -**4.** [habits - gén] clothes, outfit, dress; [- de policier, de militaire, de pompier] uniform; **une ~ de sport** sports gear OU kit; **dans ma ~ de travail** in my work clothes; **'~ correcte exigée'** 'dress code' ❑ **~ de cérémonie, grande ~** full-dress OU dress uniform; **~ de combat** battledress; **~ de soirée** evening dress. -**5.** [rigueur intellectuelle] quality; **un roman d'une haute ~** a fine novel; **un magazine d'une haute ~** a quality magazine. -**6.** ÉQUIT [d'un cavalier] seat. -**7.** TEXT firmness.
◆ **en grande tenue** *loc adj* MIL in full-dress OU dress uniform; **officiers en grande ~** officers in dress uniform; **en grande ~ de demandeur d'emploi** *fig & hum* all dressed up for a job interview.
◆ **en petite tenue** *loc adj* scantily dressed OU clad, in one's underwear; **se promener en petite ~** to walk around with hardly a stitch on.
◆ **en tenue** *loc adj* [militaire, policier] uniformed; **ce jour-là, je n'étais pas en ~** [militaire] I was in civilian clothes that day; [policier] I was in plain clothes that day.
◆ **en tenue légère** = **en petite tenue.**

ténuité [tenɥite] *nf litt* -**1.** [minceur] slenderness, thinness. -**2.** [subtilité] tenuousness.

tep [tɛp] (*abr de* **tonne d'équivalent pétrole**) *nf* TOE.

TEP [tɛp] *npr m* (*abr de* **Théâtre de l'Est parisien**) *theatre in Paris.*

tépale [tepal] *nm* tepal.

tequila [tekila] *nf* tequila.

ter [tɛr] *adv* -**1.** [dans des numéros de rue] b. -**2.** [à répéter trois fois] three times.

tératogène [teratɔʒɛn] *adj* teratogenic.

tératogénie [teratɔʒeni] *nf* (embryological) teratology.

tératologie [teratɔlɔʒi] *nf* teratology.

tératologique [teratɔlɔʒik] *adj* teratological.

tercet [tɛrsɛ] *nm* tercet.

térébenthine [terebɑ̃tin] *nf* turpentine; **essence de ~** turpentine oil.

Teresa [tereza] *npr*: **Mère ~** Mother Teresa.

Tergal® [tɛrgal] *nm* Tergal® *(synthetic fibre made in France).*

tergiversation [tɛrʒivɛrsasjɔ̃] *nf* prevarication; **cessez vos ~s** stop avoiding the issue OU beating about the bush.

tergiverser [3] [tɛrʒivɛrse] *vi* to prevaricate.

terme [tɛrm] *nm* -**1.** [dans l'espace] end, term; **après cinq jours de route, ils arrivèrent au ~ de leur voyage** after five days' travelling, they reached the end of their journey; **le ~ de la course est une île du Pacifique** the race ends on the shores of a Pacific island. -**2.** [dans le temps] end, term; **sa convalescence touche à son ~** his convalescence will soon be over; **parvenir à son ~** [aventure, relation] to reach its conclusion OU term; **aller jusqu'à son ~: la restructuration doit aller jusqu'à son ~** the restructuring must be carried through to its conclusion; **mettre un ~ à qqch** to put an end to sthg; **mets un ~ à tes récriminations** stop complaining; **mettre un ~ à l'injustice** to put an end to injustice. -**3.** [date-butoir] term, deadline; **passé ce ~, vous devrez payer des intérêts** after that date, interest becomes due. -**4.** [échéance d'un loyer] date for payment of rent; [montant du loyer] rent; **l'augmentation prendra effet au ~ de janvier** the increase applies to rent paid as from January; **payer à ~ échu** to pay at the end of the rental period; **avoir plusieurs ~s de retard** to be several months behind (with one's rent). -**5.** [date d'un accouchement]: **le ~ est prévu pour le 16 juin** the baby is due on the 16th June; **elle a dépassé le ~** she is overdue. -**6.** BANQUE & BOURSE term, date for payment. -**7.** JUR term; **~ de rigueur** latest due date; **~ de grâce** days of grace. -**8.** [mot] term, word; **employer le ~ propre** to use the right word; **il utilise trop de ~s étrangers** he uses too many foreign terms; **ce furent ses propres ~s** those were her very words; **choisissez les ~s propres** choose the right words; **en ~s simples** in plain OU simple terms; **en d'autres ~s** in other words; **s'exprimer en ~s orduriers** to use filthy language; **parler de qqn en bons/mauvais ~s** to speak well/ill of sb; **~ technique** technical term; **~ argotique** slang expression; **~ de métier** professional OU technical term; **un ~ de médecine/droit** a medical/legal term. -**9.** BX-ARTS, LOGIQUE & MATH term.
◆ **termes** *nmpl* -**1.** [sens littéral d'un écrit] wording *(U)*, terms; **les ~s de la loi sont indiscutables** the wording of the law leaves no room for doubt. -**2.** [relations] terms; **être en bons/mauvais ~s avec qqn** to be on friendly/bad terms with sb; **nous sommes en très bons ~s** we get along splendidly; **en quels ~s êtes-vous?** what kind of terms are you on?
◆ **à court terme** ◇ *loc adj* [prêt, projet] short-term.
◇ *loc adv* in the short term OU run.
◆ **à long terme** ◇ *loc adj* [prêt, projet] long-term.
◇ *loc adv* in the long term OU run.
◆ **à terme** ◇ *loc adj* -**1.** BANQUE: **compte à ~** *deposit account requiring notice for withdrawals*, time deposit *Am*; **compte à ~ de 30 jours** 30-days account; **assurance à ~** term insurance. -**2.** BOURSE: **opérations à ~** forward transactions; **marché à ~** forward market; [change] futures market.
◇ *loc adv* -**1.** [jusqu'à la fin] to the end, to its conclusion; **conduire** OU **mener à ~ une entreprise** to bring an undertaking to a successful conclusion, to carry an undertaking through successfully. -**2.** [tôt ou tard] sooner or later, in the end, in the long run; **sa politique est condamnée à ~** his policy is doomed to failure in the long run. -**3.** COMM [à la date prévue] on credit. -**4.** FIN: **acheter à ~** to buy forward. -**5.** MÉD at term; **bébé né à ~** baby born at full term.
◆ **au terme de** *loc prép* [à la fin de] at the end of, in the final stage of; **parvenir au ~ de son existence/aventure** to reach the end of one's life/adventure.
◆ **aux termes de** *loc prép* [selon] under the terms of; **aux ~s de la loi/du traité** under the terms of the law/of the treaty.
◆ **avant terme** *loc adv* prematurely; **bébé né avant ~** premature baby; **il est né six semaines avant ~** he was six weeks premature.
◆ **en ces termes** *loc adv*: **je ne me suis pas exprimé en ces ~s** that's not (quite) what I said; **puis, elle s'exprima en ces ~s** then she said this.

terminaison [tɛrminɛzɔ̃] *nf* -**1.** [dénouement, fin] end; **la ~ de difficiles négociations** the end of difficult negotiations. -**2.** ANAT: **~s nerveuses** nerve endings. -**3.** LING ending; **mot à ~ en «al»** word ending in "al".

terminal, e, aux [tɛrminal, o] *adj* -**1.** [qui forme l'extrémité] terminal; **un bourgeon ~** a terminal bud. -**2.** [final] last, final; **la phase ~e de la négociation** the final phase of the negotiation. -**3.** MÉD terminal. -**4.** SCOL: **classe ~e** final year *(in a lycée)*, ≃ (upper) sixth form *Br*, ≃ senior year *Am*.

◆ **terminal, aux** *nm* -**1.** INF terminal; ~ **bancaire/industriel** bank/manufacturing terminal; ~ **portable/vocal** portable/voice terminal; ~ **graphique** graphic terminal, graphic display device; ~ **intelligent** smart terminal, remote station; ~ **lourd** high-speed terminal; ~ **point de vente** point of sale terminal. -**2.** PÉTR: ~ **pétrolier** oil terminal. -**3.** TRANSP terminal.

◆ **terminale** *nf* SCOL final year *(in a lycée)*, ≃ (upper) sixth form *Br*, ≃ senior year *Am*.

terminateur [tɛrminatœr] *nm* terminator ASTRON.

terminer [3] [tɛrmine] *vt* -**1.** [mener à sa fin - saison, tâche, lecture] to finish (off), to end; **nous allons ~ le repas avec une glace** we'll finish off OU end the meal with ice cream || *(en usage abs)*: **j'ai presque terminé** I've nearly finished; **c'est terminé, rendez vos copies** time's up, hand in your papers; **pour ~, je remercie tous les participants** finally, let me thank all those who took part; **je terminerai en vous demandant encore une fois d'être très prudents** finally, I'd like to ask you once again to be very careful. -**2.** [stopper - séance, débat] to end, to close, to bring to an end OU a close. -**3.** [être le dernier élément de] to end; **le volume qui termine la série comprend un index** the last volume in the series includes an index; **un clip termine l'émission** the programme ends with a pop video. -**4.** [finir - repas, boisson] to finish (off), to eat up *(sép)*; **termine tes tomates!** eat up your tomatoes!

◆ **(en) terminer avec** *v + prép* to finish with; **je termine avec M. Dubois et je suis à vous** I'll just finish with Mr Dubois and then I'll be with you; **je suis bien soulagé d'en avoir terminé avec cette affaire** I'm really glad to have seen the end of this business.

◆ **se terminer** *vpi* -**1.** [arriver à sa fin - durée, période, saison] to draw to a close; **la chanson/guerre vient de se ~** the song/war has just finished; **heureusement que ça se termine, j'ai hâte de retrouver ma maison** thank God the end is in sight, I can't wait to get back home. -**2.** [se conclure]: **se ~ bien/mal** [film, histoire] to have a happy/an unhappy ending; [équipée, menée] to turn out well/disastrously; **comment tout cela va-t-il se ~?** where's it all going to end?; **leur aventure s'est terminée au poste** the adventure wound up with them down at the (police) station; **se ~ en** [dans l'espace, dans le temps] to end in; **se ~ en pointe/spirale/v** to end in a point/spiral/v; **ça s'est terminé en drame** it ended in a tragedy; **se ~ par** [dans l'espace, le temps] to end in; **la queue du scorpion se termine par un dard** the scorpion's tail has a sting at the end; **l'histoire se termine par la mort du héros** the story ends with the death of the hero.

terminisme [tɛrminism] *nm* terminism, nominalism.

terminologie [tɛrminɔlɔʒi] *nf* terminology.

terminologique [tɛrminɔlɔʒik] *adj* terminological.

terminologue [tɛrminɔlɔg] *nmf* terminologist.

terminus [tɛrminys] *nm* terminus; **~! tout le monde descend!** last stop! all change!

termite [tɛrmit] *nm* termite.

termitière [tɛrmitjɛr] *nf* termite mound OU hill, termitarium *spéc*.

ternaire [tɛrnɛr] *adj* ternary.

terne [tɛrn] ◇ *adj* -**1.** [sans éclat] dull; **les dorures sont devenues ~s avec le temps** the gilt has become tarnished over the years; **des cheveux ~s** dull hair; **un pelage ~** a dull coat; **un regard ~** a dull look; **un teint ~** a sallow complexion. -**2.** [ennuyeux] dull, drab, dreary; **il a eu une vie bien ~** he led a very dull OU dreary life; **son style est ~** his style is dull OU lacklustre. -**3.** [inintéressant] dull; **un élève ~** a slow pupil; **une intelligence ~** a slow mind. ◇ *nm* -**1.** [à la loterie] tern. -**2.** [au loto] three numbers (on one line). -**3.** [aux dés] two treys OU threes. -**4.** ÉLECTR three-phase transmission line.

ternir [32] [tɛrnir] *vt* -**1.** [métal, argenterie] to tarnish; [glace] to dull. -**2.** [honneur, réputation] to tarnish, to stain, to smear; [souvenir, beauté] to cloud, to dull; **la nouvelle vint ~ l'éclat de cette belle soirée d'été** the news cast a shadow OU a cloud over that fine summer's evening; **un amour que les ans n'ont pu ~** a love undimmed by the passing years.

◆ **se ternir** *vpi* -**1.** [métal] to tarnish; [miroir] to dull; **l'argenterie se ternit si on ne l'entretient pas** silverware loses its shine OU becomes tarnished unless it is regularly cleaned. -**2.** [honneur, réputation] to become tarnished OU stained; [beauté, nouveauté] to fade; [souvenir] to fade, to grow dim.

ternissement [tɛrnismɑ̃] *nm* [d'un métal] tarnishing; [d'une glace] dulling.

ternissure [tɛrnisyr] *nf* -**1.** [condition] tarnish, tarnished appearance. -**2.** [tache] tarnished OU dull spot.

Terpsichore [tɛrpsikɔr] *npr* Terpsichore.

terrain [tɛrɛ̃] *nm* **A.** SOL, TERRE -**1.** GÉOL soil, ground; **~s alluviaux** alluvial land; **~s calcaires** limestone soil OU areas; **~s crétacés** Cretaceous formations; **~ sédimentaire/volcanique** sedimentary/volcanic formations ❑ **être sur un ~ mouvant** *fig* to be on shaky ground. -**2.** AGR soil; **~ meuble** loose soil; **~ gras/humide/sec** sticky/damp/dry soil; **~ argileux/fertile** clayey/fertile soil. -**3.** [relief] ground, terrain; **~ accidenté** uneven terrain; **~ en pente** sloping ground.

B. LIEU À USAGE SPÉCIFIQUE -**1.** CONSTR piece OU plot of land; **le ~ coûte cher à Genève** land is expensive in Geneva ❑ **~ à bâtir** development land *(U)*, building plot; **~ loti** developed site. -**2.** AGR land; **~ cultivé/en friche** cultivated/uncultivated land. -**3.** LOISIRS & SPORT [lieu du jeu] field, pitch *Br*; [moitié défendue par une équipe] half; [installations] ground; **~ de football/rugby** football/rugby pitch *Br* OU field; **notre correspondant sur le ~** SPORT our correspondent on the spot; **~ de golf** golf course OU links ❑ **~ d'aventure** adventure playground; **~ de camping** campsite; **~ de jeux** playground; **~ de sports** sports field OU ground. -**4.** AÉRON field; **~ (d'aviation)** airfield; **~ d'atterrissage** landing field. -**5.** MIL ground; **~ d'exercice** OU **militaire** training ground; **~ miné** minefield || *(tjrs sg)* [d'une bataille] battleground; [d'une guerre] war OU combat zone; **l'armée occupe le ~ conquis** the army is occupying the captured territory; **la prochaine offensive nous permettra de gagner du ~** the next offensive will enable us to gain ground. -**6.** [lieu d'un duel] duelling place.

C. SENS ABSTRAIT -**1.** [lieux d'étude] field; **vous n'êtes pas allé sur le ~, vous ne savez pas de quoi vous parlez** you've not been in the field OU you've no practical experience, you don't know what you're talking about; **les jeunes députés n'hésitent pas à aller sur le ~** young MPs are always ready to go out and meet people ❑ **un homme de ~** a man with practical experience. -**2.** [domaine de connaissances]: **être sur son ~** to be on familiar ground *fig*; **ils discutent de chiffres et je ne peux pas les suivre sur ce ~** they're discussing figures, so I'm out of my depth; **tu n'as pas intérêt à porter le débat sur le ~ financier** it's not in your interest to bring the debate around to financial matters; **situons la discussion sur le ~ juridique/psychologique** let's discuss this from the legal/psychological angle. -**3.** [ensemble de circonstances]: **il a trouvé là un ~ favorable à ses idées** he found there a breeding ground for his ideas; **elle connaît le ~, laissons-la décider** she knows the situation, let her decide; **sonde le ~ avant d'agir** see how the land lies before making a move; **se placer sur un bon/mauvais ~** to argue from a position of strength/weakness; **je ne te suis pas sur ce ~** I'm not with you there; **être en ~ neutre/sur un ~ glissant** to be on neutral/on a dangerous ground. -**4.** [thème, sujet] topic, subject; **trouver un ~ d'entente** to find common ground; **~ brûlant** dangerous ground. -**5.** MÉD ground; **l'enfant présente un ~ favorable aux angines** the child is susceptible to throat infections; **quand le virus trouve un ~ favorable** when the virus finds its ideal breeding conditions.

◆ **terrain vague** *nm* piece of waste ground OU land, empty lot *Am*.

terrarium [tɛrarjɔm] *nm* terrarium.

terrassant, e [tɛrasɑ̃, ɑ̃t] *adj* -**1.** [nouvelle, révélation] staggering, stunning, crushing. -**2.** [coup] staggering, crushing; **elle a des migraines ~es** her migraines lay her flat out.

terrasse [tɛras] *nf* -**1.** [entre maison et jardin] terrace, (raised) patio; [sur le toit] (roof) terrace. -**2.** [d'un café, d'un restaurant]: **être assis à la ~** to sit outside; **elle attendait à la ~ d'un café** she was waiting at a table outside a café. -**3.** [d'un jardin, d'un parc] terrace, terraced garden. -**4.** [d'une pierre, d'un marbre] terrace.

◆ **en terrasse** ◇ *loc adj* AGR terrace *(modif)*. ◇ *loc adv* [consommer] outside; **nous prendrons le café en ~** we'll have our coffee at one of the outside tables.

terrassement [tɛrasmɑ̃] *nm* TRAV PUBL excavation, excavation work, earthworks.

◆ **de terrassement** *loc adj* [travail] excavation *(modif)*; [engin] earth-moving; [outil] digging.

terrasser [3] [tɛrase] *vt* -**1.** [jeter à terre, renverser] to bring OU to strike down *(sép)*; **on y voit un homme terrassant un taureau** it shows a man striking down a bull. -**2.** [foudroyer] to strike down *(sép)*; **être terrassé par une crise cardiaque** to be struck down by a heart attack. -**3.** [atterrer, accabler] to crush, to shatter; **l'annonce de leur mort l'a terrassé** he was shattered by the news of their death. -**4.** TRAV PUBL to excavate, to dig.

terrassier [tɛrasje] *nm* workman *(employed for excavation work)*.

terre [tɛr] *nf* **A.** -**1.** [planète]: **la Terre** the Earth; **la Terre est ronde/tourne autour du Soleil** the Earth is round/moves around the Sun ❑ **sciences de la Terre** earth sciences. -**2.** [monde terrestre] earth; **le bonheur existe-t-il sur la ~?** is there such a thing as happiness on this earth OU in this world?; **si je suis encore sur cette ~** if I am still alive; **sur le point de quitter cette ~** about to give up the ghost.

B. -**1.** [surface du sol] ground; **j'avais l'impression que la ~ se dérobait sous moi** I felt as if the ground was giving way beneath me; **la neige couvrait la ~** the ground was covered in snow; **elle souleva l'enfant de ~** she picked the child up (from the ground) ❑ **~ battue** [dans une habitation] earth OU hard-earth OU mud floor; [dans une cour] bare ground; [sur un court de tennis] clay (surface); **mettre qqn plus bas que ~** to treat sb like dirt; [le dénigrer] to tear sb to shreds. -**2.** [élément opposé à la mer] land *(U)*; **on les transporte par voie de ~** they are transported overland OU by land; **nous sommes en vue de la ~** we are in sight of land; **nous avons navigué sans nous éloigner des ~s** we sailed close to the coast; **~!** NAUT land ahoy!; **prendre ~** to make land ❑ **sur la ~ ferme** on dry land, on terra firma. -**3.** [région du monde] land; **les ~s arctiques** the Arctic regions; **les ~s australes** the Southern lands; **il reste des ~s inexplorées** there are still some unexplored regions. -**4.** [pays] land, country; **la ~ de France** French soil ❑ **(la) ~ Adélie** Adelie Land; **(la) ~ de Baffin** Baffin Island; **~ d'accueil** host country; **~ d'exil** place of exile; **~ natale** native land OU country; **la Terre promise** the Promised Land; **la Terre sainte** the Holy Land. -**5.** [terrain] land *(U)*, estate; **acheter une ~** to buy a piece of land. -**6.** [symbole de la vie rurale]: **la ~** the land, the soil; **homme de la ~** man of the soil; **né pour travailler la ~** born to till the soil; **revenir à/quitter la ~** to return to/to leave the land. -**7.** BX-ARTS: **ligne de ~** ground line. -**8.** ÉLECTR earth *Br*, ground *Am*; **mettre** OU **relier qqch à la ~** to earth *Br* OU to ground *Am* sthg.

C. -**1.** [substance - gén] earth, soil; **ne joue pas avec la ~** don't play in the dirt; **l'odeur de la**

~ fraîchement retournée the smell of freshly-dug earth OU soil; **mettre** OU **porter qqn en ~** to bury sb || AGR earth, soil; **~ à vigne/à blé** soil suitable for wine-growing/for wheat; **~ de bruyère** peaty soil; **~ grasse** heavy OU clayey soil; **~ noire** chernozem, black earth; **~ végétale** topsoil; **~ vierge** virgin soil. -**2.** [matière première] clay, earth; **~ glaise** (brick) clay, brickearth *Br*; **~ de pipe** pipeclay; **~ à foulon** fuller's earth; **~ à polir** earth tripolite; **~ rouge** terracotta; **~ cuite** earthenware; **en ~ cuite** earthenware *(modif)*; **des ~s cuites** earthenware *(U)*. -**3.** [pigment]: **~ de Cassel** Cassel earth; **~ de Sienne** sienna; **~ d'ombre** terra ombra, raw umber; **~ verte** green earth, terra verde; **~s rares** CHIM rare earths.

◆ **terres** *nfpl* [domaine, propriété] estate, estates; **vivre sur/de ses ~s** to live on/off one's estates.

◆ **à terre** *loc adv* -**1.** [sur le sol] on the ground; **poser un fardeau à ~** to put a load down (on the ground); **frapper qqn à ~** to strike sb when he's down. -**2.** NAUT on land; **descendre à ~** to land; **vous pourrez rester à ~ deux heures** you may stay ashore for two hours.

◆ **en pleine terre** *loc adv* AGR in the open, in open ground.

◆ **par terre** ◇ *loc adj* [ruiné, anéanti] spoilt, wrecked; **avec la pluie, notre promenade est par ~** the rain has put paid to our walk *Br* OU ruined our plans for a walk.
◇ *loc adv* [sur le plancher] on the floor; [sur le sol] on the ground; **pose-le par ~** put it (down) on the floor; **tomber par ~** to fall down; **j'ai lavé par ~** *fam* I've washed the floor.

◆ **sous terre** *loc adv* -**1.** [sous le sol] underground; **ils durent établir des abris sous ~** they had to build shelters underground OU underground shelters. -**2.** *loc*: **j'aurais voulu être à cent pieds sous ~** OU **rentrer sous ~** I wished the earth would swallow me up; **je l'ai fait rentrer sous ~** I made him eat humble pie.

◆ **sur terre** *loc adv* -**1.** [ici-bas] on (this) earth; **pourquoi sommes-nous sur ~?** why were we put on this earth? -**2.** *loc*: **revenir** OU **redescendre sur ~** to come back to earth (with a bump).

terre à terre [tɛratɛr] *loc adj inv* [esprit, personne] down-to-earth, matter-of-fact; [pensée, occupation, vie] mundane.

terreau, x [tɛro] *nm* compost *(U)*; **~ de couche** garden mould; **~ de feuilles** leaf-mould.

terreautage [tɛrotaʒ] *nm* spreading with compost, composting.

terreauter [3] [tɛrote] *vt* to compost.

Terre de Feu [tɛrdəfø] *npr f*: **(la) ~** Tierra del Fuego; **en ~** in Tierra del Fuego.

terre-neuvas [tɛrnœva] *nm inv* -**1.** [navire] fishing boat (off Newfoundland). -**2.** [marin] fisherman (off Newfoundland).

terre-neuve [tɛrnœv] *nm inv* -**1.** ZOOL Newfoundland terrier. -**2.** [personne dévouée]: **avoir une mentalité de ~** to be a Good Samaritan.

Terre-Neuve [tɛrnœv] *npr* Newfoundland; **à ~** in Newfoundland.

terre-neuvien, enne [tɛrnœvjɛ̃, ɛn] (*mpl* terre-neuviens, *fpl* terre-neuviennes) *adj* from Newfoundland.

◆ **Terre-Neuvien, enne** *nm, f* Newfoundlander.

terre-neuvier [tɛrnœvje] (*pl* terre-neuviers) = **terre-neuvas**.

terre-plein [tɛrplɛ̃] (*pl* terre-pleins) *nm* -**1.** [sur route]: **~ central** central reservation *Br*, center divider strip *Am*. -**2.** CONSTR backing, (relieving) platform. -**3.** MIL terreplein.

terrer [4] [tɛre] *vt* -**1.** AGR & HORT [arbre, plante] to earth up *(sép)*; [recouvrir de terre] to cover over with soil; [semis] to earth over *(sép)*. -**2.** TEXT to full.

◆ **se terrer** *vpi* -**1.** [se mettre à l'abri, se cacher] to go to ground OU to earth, to lie low; [se retirer du monde] to hide away. -**2.** [dans un terrier] to go to ground OU to earth, to burrow.

terrestre [tɛrɛstr] *adj* -**1.** [qui appartient à notre planète] earth *(modif)*, earthly, terrestrial; **la croûte** OU **l'écorce ~** the Earth's crust; **l'attraction ~** Earth's gravity; **le globe ~** the terrestrial globe. -**2.** [qui se passe sur la terre] earthly, terrestrial; **durant notre vie ~** during our life on earth. -**3.** [vivant sur la terre ferme] land *(modif)*; **animaux/plantes ~s** land animals/plants. -**4.** [établi au sol] land *(modif)*; **les transports ~s** land transport. -**5.** [d'ici-bas] worldly, earthly; **les joies ~s** worldly OU earthly pleasures.

terreur [tɛrœr] *nf* -**1.** [effroi] terror, dread; **vivre dans la ~ de** to live in dread of; **avoir la ~ de faire qqch** to have a terror of doing sthg; **le tremblement de terre a provoqué la ~ dans la population** the earthquake caused terror among the population. -**2.** [terrorisme]: **la ~** terror (tactics); **la Terreur** HIST the (Reign of) Terror. -**3.** [voyou]: **jouer les ~s** to act the bully. -**4.** [personne ou chose effrayante]: **le patron est sa ~** she's terrified of the boss; **le bac est sa ~** the baccalaureat exam is her greatest fear. -**5.** PSYCH: **~s nocturnes** night terrors.

LA TERREUR:
In 1793-94, a period of numerous political arrests, summary trials and executions under the regime of the Montagnards led by Robespierre. The "Grande Terreur" started on 10 June 1794 and ended with the fall of Robespierre, on 9 Thermidor (27 July 1794).

---

terreux, euse [tɛrø, øz] *adj* -**1.** [couvert de terre - chaussure, vêtement] muddy; [- mains] dirty; [- légume] caked with soil. -**2.** [brun - couleur, teint] muddy; **avoir le visage ~** to be ashen faced. -**3.** [qui rappelle la terre - odeur, goût] earthy.

terri [tɛri] = **terril**.

terrible [tɛribl] ◇ *adj* -**1.** [affreux - nouvelle, accident, catastrophe] terrible, dreadful. -**2.** [insupportable - chaleur, douleur] terrible, unbearable; [- déception, conditions de vie] terrible. -**3.** [intense - bruit, vent, orage] terrific, tremendous. -**4.** [terrifiant - colère, cri, rage] terrible. -**5.** [pitoyable] terrible, awful, dreadful; **c'est ~ de penser que...** how dreadful OU it is terrible to think that...; **ce qui est ~, c'est de dire que...** the terrible thing about it is saying that...; **le plus ~, c'est de savoir que...** the worst thing OU part of it is knowing that... -**6.** *fam* [fantastique] terrific, great; **~!** great!, smashing!; **son concert? pas ~!** her concert? it was nothing to write home about!
◇ *adv fam* [très bien] great; **son nouveau spectacle marche ~** his new show is going great; **ça ne va pas ~** things aren't too great.

terriblement [tɛribləmɑ̃] *adv* terribly, dreadfully.

terricole [tɛrikɔl] *adj* terricolous.

terrien, enne [tɛrjɛ̃, ɛn] ◇ *adj* -**1.** [qui possède des terres] landowning; **noblesse ~ne** landed aristocracy; **propriétaire ~** landowner. -**2.** [rural] rural; **les habitudes ~nes** rural customs.
◇ *nm, f* -**1.** [habitant de la Terre] inhabitant of the Earth; [dans un récit de science-fiction] earthling. -**2.** [paysan] countryman. -**3.** [opposé au marin] landsman, landlubber *péj.*

terrier [tɛrje] *nm* -**1.** [abri - d'un lapin] (rabbit) hole OU burrow; [- d'un renard] earth, hole, foxhole; [- d'un blaireau] set. -**2.** [chien] terrier.

terrifiant, e [tɛrifjɑ̃, ɑ̃t] *adj* -**1.** [effrayant] terrifying. -**2.** *fam* [extraordinaire] amazing; **c'est ~ ce qu'il a grandi en quelques mois!** it's amazing how much he's grown in just a few months!

terrifier [9] [tɛrifje] *vt* to terrify; **absolument terrifié** absolutely terrified.

terrigène [tɛriʒɛn] *adj* terrigenous.

terril [tɛril] *nm* slag heap.

terrine [tɛrin] *nf* -**1.** [récipient] terrine dish. -**2.** CULIN terrine; **~ de lapin** rabbit terrine OU pâté.

territoire [tɛritwar] *nm* -**1.** GÉOG territory; **sur le ~ français** on French territory; **en ~ ennemi** in enemy territory; **le Territoire du Nord** Northern Territory; **les ~s occupés** POL the occupied territories. -**2.** ADMIN area; **~s d'outre-mer** (French) overseas territories. -**3.** JUR jurisdiction. -**4.** ZOOL territory; **les animaux marquent leur ~** animals mark (out) their territory. -**5.** [secteur, fief] territory; **sa chambre, c'est son ~** his room is his kingdom; **pour défendre leur ~, les racketteurs n'ont pas hésité à tuer** the racketeers did not hesitate to kill in order to defend their patch.

territorial, e, aux [tɛritɔrjal, o] *adj* territorial.
◆ **territorial, aux** *nm* territorial.
◆ **territoriale** *nf* territorial army.

territorialement [tɛritɔrjalmɑ̃] *adv* territorially.

territorialité [tɛritɔrjalite] *nf* JUR territoriality; **~ des lois/de l'impôt** *laws/tax regulations applying to all those in a given territory.*

terroir [tɛrwar] *nm* -**1.** [région agricole] region; **le ~ de la Beauce** the Beauce region; **le ~ de Vosne-Romanée** the Vosne-Romanée region. -**2.** [campagne, ruralité] country; **il a gardé l'accent du ~** he has retained his rural accent; **c'est un écrivain du ~** he's a regional author; **avoir un goût de ~** *fig* to be evocative OU redolent of the soil; **ses livres ont un goût de ~** his books are evocative of rural OU country life; **toute son œuvre sent le ~** his entire work is richly evocative of his native soil.

terrorisant, e [tɛrɔrizɑ̃, ɑ̃t] *adj* terrorizing.

terroriser [3] [tɛrɔrize] *vt* -**1.** [martyriser] to terrorize; **il terrorisait ses camarades de classe** he terrorized his classmates. -**2.** [épouvanter] to terrify; **l'idée de la mort la terrorise** the idea of death terrifies her.

terrorisme [tɛrɔrism] *nm* terrorism.

terroriste [tɛrɔrist] *adj & nmf* terrorist.

tertiaire [tɛrsjɛr] ◇ *adj* -**1.** CHIM & MÉD tertiary; GÉOL: **ère ~** Tertiary era. -**2.** ADMIN & ÉCON: **secteur ~** tertiary sector, service industries.
◇ *nm* -**1.** GÉOL: **le ~** the Tertiary era. -**2.** ADMIN & ÉCON: **le ~** the tertiary sector.

tertiairisation [tɛrsjɛrizasjɔ̃], **tertiarisation** [tɛrsjarizasjɔ̃] *nf* expansion of the tertiary sector.

tertio [tɛrsjo] *adv* third, thirdly; **~, je n'ai pas le temps** thirdly, I haven't got time.

tertre [tɛrtr] *nm* -**1.** [monticule] hillock, mound. -**2.** [sépulture]: **~ (funéraire)** burial mound.

Tertullien [tɛrtyljɛ̃] *npr* Tertullian.

Térylène® [terilɛn] *nm* Terylene®.

tes [te] *pl* → **ton** *adj poss.*

Tessin [tɛsɛ̃] *npr m* -**1.** [rivière]: **le ~** the (River) Ticino. -**2.** [canton]: **le ~** Ticino.

tessiture [tɛsityr] *nf* tessitura.

tesson [tɛsɔ̃] *nm* [de verre, de poterie] fragment; **un mur hérissé de ~s de bouteille** a wall with broken glass all along the top, testa.

test [tɛst] *nm* -**1.** [essai, vérification] test; **soumettre qqn à un ~, faire passer un ~ à qqn** to give sb a test ❑ **~ statistique** OU **d'hypothèse** statistical test; **~ d'aptitude** aptitude test; **~ du lendemain** [en publicité] day after recall. -**2.** [épreuve] test; **sa réponse sera un ~ de sa bonne volonté** her answer will be a test of her good will. -**3.** INF test; **~ automatique** automatic testing. -**4.** MÉD test; **~ de grossesse** pregnancy test; **~ allergologique** allergy test; **~ cutané** cutaneous reaction test. -**5.** PSYCH test; **~ projectif** response test. -**6.** *(comme adj; avec ou sans trait d'union)* test *(modif)*; **population ~** test population; **région ~** test region. -**7.** SPORT [test-match] (rugby) test (match). -**8.** ZOOL test.

testable [tɛstabl] *adj* testable.

testacé, e [tɛstase] *adj* shelled, testaceous *spéc.*

testage [tɛstaʒ] *nm* progeny-test.

testament [tɛstamɑ̃] *nm* -**1.** JUR will, testament; **faire son ~** to make one's will; **léguer qqch à qqn par ~** to leave sthg to sb in one's will; **ceci est mon ~** this is my last will and testament; **il peut faire son ~!** *fam fig* he'd better make (out) his will! ❑ **~ authentique** OU **public** executed will; **~ mystique** OU **secret** sealed will; **~ olographe** holograph will. -**2.** [ultime message d'un artiste] testament.

testamentaire [tɛstamɑ̃tɛr] *adj* testamental.
testateur, trice [tɛstatœr, tris] *nm, f* testator.
tester [3] [tɛste] ◇ *vt* -**1.** [déterminer les aptitudes de] to test; **nous testerons tous les candidats** we will be testing all the candidates. -**2.** [vérifier le fonctionnement de] to test; **ils testent le nouveau produit auprès des médecins** they're testing the new product with doctors. -**3.** [mettre à l'épreuve] to put to the test; **elle a voulu ~ ma loyauté/sa collègue** she wanted to put my loyalty/her colleague to the test.
◇ *vi* JUR to make out one's will.
testeur [tɛstœr] *nm* [personne, machine] tester.
testiculaire [tɛstikylɛr] *adj* testicular.
testicule [tɛstikyl] *nm* testicle, testis *spéc.*
testimonial, e, aux [tɛstimɔnjal, o] *adj* testimonial; **preuve ~e** testimony.
test-match [tɛstmatʃ] (*pl* **test-matchs** OU **test-matches**) *nm* (rugby) test (match).
testostérone [tɛstɔsterɔn] *nf* testosterone.
têt [tɛ] *nm*: **~ à gaz** beehive shelf; **~ à rôtir** roasting crucible.
tétanie [tetani] *nf* tetany.
tétanique [tetanik] ◇ *adj* tetanic; **bacille ~** tetanus bacillus.
◇ *nmf* tetanus sufferer.
tétanisation [tetanizasjɔ̃] *nf* tetanization.
tétaniser [3] [tetanize] *vt* -**1.** MÉD to tetanize. -**2.** [paralyser - de peur] to petrify; [- d'étonnement] to stun; **la fureur de leur père les avait tétanisés** they were stunned by their father's anger.
tétanos [tetanos] *nm* lockjaw, tetanus *spéc.*
têtard [tɛtar] *nm* -**1.** ZOOL tadpole. -**2.** HORT pollard.
tête [tɛt] *nf* **A.** PARTIE DU CORPS -**1.** ANAT head; **dresser** OU **redresser la ~** to raise one's head; **la ~ haute** with (one's) head held high; **la ~ la première** head first; **de la ~ aux pieds** from head to foot OU toe; **avoir mal à la ~** to have a headache; **avoir la ~ lourde** to have a thick head *Br,* to feel fuzzy; **j'ai la ~ qui tourne** [malaise] my head is spinning; **la ~ me tourne** [panique] I'm in a spin; **ne tourne pas la ~, elle nous regarde** don't look round, she's watching us; **dès qu'il m'a vu, il a tourné la ~** as soon as he saw me, he looked away ❑ **en avoir par-dessus la ~** *fam* to be sick (and tired) of it; **avoir la ~ sur les épaules** to have a good head on one's shoulders; **faire une grosse ~** *fam* OU **la ~ au carré** *fam* **à qqn** to smash sb's head OU face in; **j'en donnerais** OU **j'en mettrais ma ~ à couper** I'd stake my life on it; **être tombé sur la ~** *fam* to have a screw loose; **foncer ~ baissée: il ne réfléchit jamais, il fonce ~ baissée** he always charges in OU ahead without think; **se cogner** OU **se taper la ~ contre les murs** to bang one's head against a (brick) wall; **se jeter à la ~ de qqn** to throw o.s. at sb. -**2.** [en référence à la chevelure, à la coiffure]: **se laver la ~** to wash one's hair; **~ nue** bareheaded ❑ **nos chères ~s blondes** [les enfants] our little darlings; **~s rondes** HIST Roundheads. -**3.** [visage, expression] face; **avoir une bonne ~** to look like a nice person; **avoir une sale ~** to look nasty; **tu as une sale ~, ce matin!** you look like you got out of bed the wrong side!; **ne fais pas cette ~!** don't pull *Br* OU make such a long face!; **tu en fais une ~!** what's that look for?; **il a fait une de ces ~s quand je lui ai dit!** you should have seen his face when I told him!; **elle ne savait plus quelle ~ faire** she didn't know how to react; **il a une ~ à se faire rouler** he looks like he could be conned easily; **elle n'a pas une ~ à se laisser faire** she doesn't look the sort to be pushed around; **jeter** OU **lancer qqch à la ~ de qqn** to throw sthg in sb's face ❑ **il a** OU **c'est une ~ à claques** *fam* I could swing for him; **~ de nœud**▼ dickhead; **il a une ~ qui ne me revient pas** I don't like the look of him; **faire la ~** to sulk; **faire la ~ à qqn** to ignore sb. -**4.** [mesure] head; **il a une ~ de plus que son frère** he's a head taller than his brother; **le favori a été battu d'une courte ~** the favourite was beaten by a short head. -**5.** CULIN head; **de la ~ de veau** calf's head; **~ pressée** *Belg* [fromage de tête] pork brawn *Br,* headcheese *Am.* -**6.** SPORT header; **faire une ~** to head the ball.
B. SIÈGE DE LA PENSÉE -**1.** [siège des pensées, de l'imagination, de la mémoire] mind, head; **il a la ~ bourrée de chiffres/dates** his head is stuffed with figures/dates; **il a des rêves plein la ~** he's a dreamer; **une drôle d'idée m'est passée par la ~** a strange idea came into my head; **se mettre qqch dans la ~** to get sthg into one's head; **se mettre dans la ~ que** to get it into one's head that; **se mettre dans la ~** OU **en ~ de faire qqch** to make up one's mind to do sthg; **elle s'est mis en ~ de terminer son livre avant l'automne** she's made up her mind to finish her book before the autumn ❑ **une ~ bien faite** *allusion Montaigne* a good mind; **avoir la grosse ~** *fam* to be big-headed; **avoir toute sa ~** to have all one's faculties; **faire sa mauvaise ~** to dig one's heels in; **ce qu'il a dans la ~ il ne l'a pas aux pieds** OU **aux talons** *fam* when he's made up his mind he wants something there's no stopping him; **avoir la ~ chaude, avoir la ~ près du bonnet** to be quick-tempered; **monter la ~ à qqn** to give sb big ideas; **monter à la ~ de qqn** [succès] to go to sb's head; [chagrin] to unbalance sb; **se monter la ~** to get carried away; **tourner la ~ à qqn** to turn sb's head; **avoir la ~ vide/dure** to be empty-headed/stubborn; **il est ~ en l'air** he's got his head in the clouds; **excuse-moi, j'avais la ~ ailleurs** sorry, I was thinking about something else OU I was miles away; **il n'a pas de ~** [il est étourdi] he is scatterbrained OU a scatterbrain; **ça m'est sorti de la ~** I forgot, it slipped my mind; **ne plus savoir où donner de la ~: il ne sait plus où donner de la ~** he doesn't know whether he's coming or going; **n'en faire qu'à sa ~** to do exactly as one pleases; **à ~ reposée: je le lirai à ~ reposée** I'll take the time to read it in a quiet moment. -**2.** [sang-froid, présence d'esprit] head; **elle a gardé toute sa ~ devant le danger** she kept her head in the face of danger; **avoir** OU **garder la ~ froide** to keep a cool head.
C. PERSONNE, ANIMAL -**1.** [individu] person; **plusieurs ~s connues** several familiar faces; **prendre un viager sur deux ~s** to buy a property in return for a life annuity for two people; **prendre une assurance sur la ~ de qqn** to take out an insurance policy on sb ❑ **être une ~ de lard** OU **de mule** to be as stubborn as a mule, to be pig-headed; **~ de linotte** OU **d'oiseau** OU **sans cervelle** scatterbrain; **~ brûlée** hothead; **~ de cochon** bloody-minded individual; **~ couronnée** crowned head; **~ de turc** whipping boy, scapegoat; **forte ~** rebel; **une grosse ~** *fam* a brain; **petite ~** *fam* pinhead; **avoir ses ~s** *fam* to have one's favourites. -**2.** [vie d'une personne] head, neck; **le procureur réclame la ~ de l'accusé** the prosecution is demanding the prisoner's execution ❑ **jouer** OU **risquer sa ~** to risk one's neck; **sauver sa ~** to save one's neck. -**3.** [meneur, leader] head, leader; **il est la ~ du mouvement** he's the leader of the movement ❑ **les ~s pensantes du comité** the brains of the committee. -**4.** [animal d'un troupeau] head *inv*; **un cheptel de plusieurs centaines de ~s** several hundred head of cattle; **cinquante ~s de bétail** fifty head of cattle.
D. PARTIE HAUTE, PARTIE AVANT, DÉBUT -**1.** [faîte] top; **la ~ d'un arbre** a treetop; **la ~ d'un mât** the top of a mast. -**2.** [partie avant] front end; **la ~ du train** the front of the train; **mets la ~ du lit vers le nord** turn the head of the bed towards the north; **prendre la ~ du défilé** to head OU to lead the procession; **prendre la ~** [marcher au premier rang] to take the lead; [commander, diriger] to take over; **elle prendra la ~ de l'entreprise** she'll take over the (running of the) firm ❑ **~ de ligne** [gén] terminus, end of the line; RAIL railhead. -**3.** [début]: **faites ressortir les ~s de chapitres** make the chapter headings stand out. -**4.** [dans un classement] top, head; **les dix élèves qui forment la ~ de la classe** the ten best pupils in the class ❑ **~ d'affiche** top of the bill; **être en ~ d'affiche** to top the bill; **~ de liste** leading candidate *Br,* head of the ticket *Am*; **~ de série** SPORT seeded player; **~ de série numéro huit** number eight seed. -**5.** [extrémité - d'un objet, d'un organe] head; [- d'un os] head, caput; **la ~ d'un clou** the head of a nail ❑ **~ d'ail** head of garlic; **~ de bielle** big end; **~ de cylindre** cylinder head; **~ d'épingle** pinhead; **gros comme une ~ d'épingle** the size of a pinhead. -**6.** ACOUST head; **~ de lecture** head; **~ magnétique** magnetic head. -**7.** IMPR head, top. -**8.** INF head; **~ de lecture-écriture** read-write head; **~ d'impression** print head. -**9.** MIL head; **~ de pont** [sur rivière] bridgehead; [sur plage] beachhead. -**10.** NUCL head; **~ chercheuse** homing device; **~ nucléaire** warhead. -**11.** PÉTR: **~ d'injection** swivel.
◆ **à la tête de** *loc prép* -**1.** [en possession de]: **elle s'est trouvée à la ~ d'une grosse fortune** she found herself in possession of a great fortune. -**2.** [au premier rang de] at the head OU front of; **à la ~ du cortège** at the head of the procession; **à la ~ d'un groupe de mécontents** heading a group of protesters. -**3.** [à la direction de] in charge of, at the head of; **il est à la ~ d'un cabinet d'assurances** he runs an insurance firm.
◆ **de tête** ◇ *loc adj* -**1.** [femme, homme] able. -**2.** [convoi, voiture] front *(avant n)*; **être dans le peloton de ~** SPORT & *fig* to be up with the leaders. -**3.** IMPR head *(modif)*; **marge de ~** head margin.
◇ *loc adv* [calculer] in one's head; **de ~, je dirais que ça fait 600** working it out in my head, I'd say it comes to 600.
◆ **en tête** *loc adv* -**1.** [devant]: **monter en ~** to go to the front; **être en ~** [gén] to be at the front; [dans une course, une compétition] to (be in the) lead. -**2.** [à l'esprit]: **avoir qqch en ~** to have sthg in mind; **j'ai encore en ~ le souvenir de notre dernière rencontre** I can still remember our last meeting; **je ne l'ai plus en ~** I can't remember it.
◆ **en tête à tête** *loc adv* alone together; **nous avons passé deux heures en ~ à ~** we spent two hours alone together; **dîner en ~ à ~ avec qqn** to have a quiet dinner (alone) with sb.
◆ **en tête de** *loc prép* -**1.** [au début de] at the beginning OU start of; **tous les mots placés en ~ de phrase** the first word of every sentence. -**2.** [à l'avant de] at the head OU front of; **les dirigeants syndicaux marchent en ~ du défilé** the union leaders are marching at the head of the procession. -**3.** [au premier rang de] at the top of; **en ~ du palmarès** at the top of the hit-parade; **en ~ des sondages** leading the polls.
◆ **par tête** *loc adv* per head, a head, apiece; **ça coûtera 200 F par ~** it'll cost 200 F a head OU per head OU apiece.
◆ **par tête de pipe** *fam* = **par tête.**
◆ **sur la tête de** *loc prép* -**1.** [sur la personne de]: **il réussit à détourner le mécontentement populaire sur la ~ du Premier ministre** he managed to direct popular discontent towards the Prime Minister. -**2.** [au nom de] in the name of; **il a mis tous ses biens sur la ~ de sa femme** he's put all his possessions in his wife's name. -**3.** [en prêtant serment]: **je le jure sur la ~ de mes enfants** I swear on my mother's grave.
◆ **tête de mort** *nf* -**1.** [crâne] skull. -**2.** [emblème] death's head, skull and crossbones.
tête-à-queue [tɛtakø] *nm inv* (180°) spin; **faire un ~** to spin round, to spin 180°.
tête-à-tête [tɛtatɛt] *nm inv* -**1.** [réunion] tête-à-tête, private talk; **avoir un ~ avec qqn** to have a tête-à-tête with sb. -**2.** [sofa] tête-à-tête, vis-à-vis. -**3.** [service - à thé] tea set for two; [- à café] coffee set for two.
tête-bêche [tɛtbɛʃ] ◇ *adv* [lits, personnes] head to foot OU to tail.
◇ *nm inv* tête-bêche stamp.
tête-de-loup [tɛtdəlu] (*pl* **têtes-de-loup**) *nf* ceiling brush.

tête-de-nègre [tɛtdənɛgr] (*pl* **têtes-de-nègre**)
◇ *adj inv* dark brown, chocolate-brown.
◇ *nm inv* [couleur] dark brown.
◇ *nm* CULIN chocolate-coated meringue.
◇ *nf* BOT Boletus aereus.

tétée [tete] *nf* -**1.** [action de téter] feeding, breast-feeding. -**2.** [repas] feed *Br*, feeding *Am*; **six ~s par jour** six feeds *Br* OU feedings *Am* a day; **l'heure de la ~** feeding time *Br*, nursing time *Am*.

téter [8] [tete] *vt* -**1.** [sein, biberon] to suck (at); **~ sa mère** to suck (at) one's mother's breast, to feed OU to breast-feed from one's mother || *(en usage abs)*: **il tète encore** he's still being breast-fed, he's still suckling OU *Am* nursing. -**2.** [crayon] to suck on; [pouce] to suck; **il m'écoutait en tétant sa pipe** he puffed at his pipe as he listened to me.

têtière [tɛtjɛr] *nf* -**1.** [d'un fauteuil, d'un sofa] antimacassar. -**2.** [d'un cheval] headstall, crown-piece. -**3.** NAUT [d'une voile] head. -**4.** [d'une serrure] faceplate.

tétin [tetɛ̃] *nm* -**1.** ZOOL teat. -**2.** *vieilli* & ANAT [d'une femme] nipple.

tétine [tetin] *nf* -**1.** ZOOL [mamelle] teat. -**2.** [d'un biberon] teat *Br*, nipple *Am*; [sucette] dummy *Br*, pacifier *Am*.

téton [tetɔ̃] *nm* -**1.** *fam* [sein] tit. -**2.** MÉCAN stud, nipple.

tétrachlorure [tetraklɔryr] *nm* tetrachloride; **~ de carbone** carbon tetrachloride.

tétracycline [tetrasiklin] *nf* tetracycline.

tétradactyle [tetradaktil] *adj* four-toed, tetradactyl *spéc*, tetradactylous *spéc*.

tétraèdre [tetraɛdr] *nm* tetrahedron.

tétraédrique [tetraedrik] *adj* tetrahedral.

tétralogie [tetralɔʒi] *nf* tetralogy; **'la Tétralogie'** *Wagner* '(The) Ring Cycle'.

tétraplégie [tetrapleʒi] *nf* quadriplegia, tetraplegia.

tétraplégique [tetrapleʒik] ◇ *adj* quadriplegic, tetraplegic.
◇ *nmf* quadriplegic.

tétrapode [tetrapɔd] ◇ *adj* tetrapod.
◇ *nm* ZOOL tetrapod.

Tétrapode® [tetrapɔd] *nm* TRAV PUBL tetrapod.

tétras [tetra] *nm* grouse; **grand ~** capercaillie.

tétrasyllabe [tetrasilab] ◇ *adj* tetrasyllabic.
◇ *nm* tetrasyllable.

tétrasyllabique [tetrasilabik] *adj* tetrasyllabic.

tétratomique [tetratɔmik] *adj* tetratomic.

têtu, e [tety] *adj* stubborn, obstinate; **il a un air ~** he has a stubborn look about him; **~ comme une mule** OU **un âne** OU **une bourrique** stubborn as a mule.
◆ **têtu** *nm* TECH sledgehammer.

teuf-teuf *fam* [tœftœf] (*pl* **teufs-teufs**) ◇ *nm* [train] choo-choo train.
◇ *nm* OU *nf* [vieille voiture] old banger *esp Br*, jalopy.
◇ *onomat* [bruit du train] puff-puff, choo-choo.

teuton, onne [tøtɔ̃, ɔn] *adj* Teutonic.
◆ **Teuton, onne** *nm, f* -**1.** HIST Teuton. -**2.** *péj* [Allemand] Jerry *injur*.

teutonique [tøtɔnik] *adj* Teutonic; **les chevaliers ~s** the Teutonic knights.

texan, e [tɛksɑ̃, an] *adj* Texan.
◆ **Texan, e** *nm, f* Texan.

Texas [tɛksas] *npr m*: **le ~** Texas; **au ~** in Texas.

texte [tɛkst] *nm* -**1.** [écrit] text; **reportez-vous au ~ original** consult the original; **ce n'était pas dans le ~** it was not in the text OU in the original; **commenter/résumer un ~** to do a commentary on/to do a précis of a text. -**2.** [œuvre littéraire] text; **les grands ~s classiques** the great classical texts OU works || [extrait d'une œuvre] passage; **~s choisis** selected passages. -**3.** MUS [paroles d'une chanson] lyrics; CIN & THÉÂT lines; **un jeune chanteur qui écrit lui-même ses ~s** a young singer who writes his own lyrics; **apprendre/savoir son ~** to learn/to know one's lines. -**4.** JUR [teneur d'une loi, d'un traité] text, terms, wording; [la loi elle-même] law, act; [le traité lui-même] treaty; **selon le ~ de la loi/du traité** according to the terms of the law/treaty; **le ~ est paru au Journal officiel** the act was published in the official gazette. -**5.** IMPR [opposé aux marges, aux illustrations] text; **il y a trop de ~ et pas assez de photos** there's too much text and not enough pictures. -**6.** LING [corpus, énoncé] text. -**7.** LITTÉRAT text, work; **elle a proposé son ~ à plusieurs éditeurs** she sent her work to several publishers; **écrire un court ~ d'introduction** to write a short introduction. -**8.** SCOL & UNIV [sujet de devoir] question *(for work in class or homework)*; **je vais vous lire le ~ de la dissertation** I'll give you the essay question ❑ **~ libre** free composition.
◆ **dans le texte** *loc adv* in the original; **lire Platon dans le ~** to read Plato in the original ❑ **en français dans le ~** *pr* in French in the original; *fig* to quote the very words used.

textile [tɛkstil] ◇ *adj* textile; **fibre/verre ~** textile fibre/glass.
◇ *nm* -**1.** [tissu] fabric, material; **elle s'y connaît dans les ~s** she knows her fabrics; **les ~s synthétiques** synthetic OU man-made fibres. -**2.** [industrie]: **le ~, les ~s** the textile industry.

texto *fam* [tɛksto] *adv* word for word, verbatim.

textuel, elle [tɛkstɥɛl] *adj* -**1.** [conforme - à ce qui est écrit] literal, word-for-word; [- à ce qui a été dit] verbatim. -**2.** LITTÉRAT textual; **analyse ~le** textual analysis.
◆ **textuel** *fam adv* quote unquote; **elle m'a dit qu'elle s'en fichait, ~** she told me she didn't care, those were her exact words.

textuellement [tɛkstɥɛlmɑ̃] *adv* word for word.

texturation [tɛkstyrasjɔ̃] *nf* texturizing.

texture [tɛkstyr] *nf* -**1.** [constitution - d'un bois, de la peau] texture. -**2.** GÉOL, MÉTALL & TEXT texture. -**3.** *litt* [structure]: **la ~ du roman est dense/lâche** it's a tightly-structured/loosely-structured novel.

TF1 (*abr de* **Télévision Française 1**) *npr French independent television company.*

TG *npr f abr de* **Trésorerie générale.**

TGI *nm abr de* **tribunal de grande instance.**

TGV (*abr de* **train à grande vitesse**) *nm French high-speed train.*

th *abr écrite de* **thermie.**

thaï, e [taj] *adj* Thai.
◆ **Thaï, e** *nm, f* Thai.
◆ **thaï** *nm* LING Thai.

thaïlandais, e [tajlɑ̃dɛ, ɛz] *adj* Thai; **un restaurant ~** a Thai restaurant; **un ressortissant ~** a Thai (national).
◆ **Thaïlandais, e** *nm, f* Thai; **j'ai rencontré un Thaïlandais** I met someone from Thailand.

Thaïlande [tajlɑ̃d] *npr f*: **(la) ~** Thailand.

thalamique [talamik] *adj* thalamic.

thalamus [talamys] *nm* thalamus.

thalassémie [talasemi] *nf* thalassaemia.

thalasso *fam* [talasɔ] *nf abr de* **thalassothérapie.**

thalassothérapie [talasɔterapi] *nf* seawater therapy, thalassotherapy *spéc*.

Thalès [talɛs] *npr* Thales.

thalidomide [talidɔmid] *nf* thalidomide.

thalle [tal] *nm* thallus.

thallium [taljɔm] *nm* thallium.

thallophyte [talɔfit] *nf* thallophyte.

thalweg [talvɛg] *arch* = **talweg.**

thanatologie [tanatɔlɔʒi] *nf* thanatology.

thanatos [tanatɔs] *nm* Thanatos.

thaumaturge [tomatyrʒ] *nmf* thaumaturge, thaumaturgist.

thaumaturgie [tomatyrʒi] *nf* thaumaturgy.

thé [te] *nm* -**1.** [boisson] tea; **faire du ~** to make (a pot of) tea; **prendre le ~** to have tea; **boire du ~** to drink tea ❑ **~ de Chine/Ceylan** China/Ceylon tea; **~ des jésuites** OU **du Paraguay** maté; **~ noir/vert** black (leaf)/green tea; **~ citron** lemon tea *Br*, tea with lemon; **~ au lait** tea with milk; **~ à la menthe** mint tea; **~ nature** tea without milk. -**2.** [feuilles] tea, tea-leaves; **une cuillerée de ~** a spoonful of tea. -**3.** [réception] tea party; [repas] (afternoon) tea; **~ dansant** tea dance. -**4.** BOT tea, tea-plant. -**5.** *Belg* & *Helv* [infusion] herbal tea.

théâtral, e, aux [teatral, o] *adj* -**1.** [relatif au théâtre] theatrical, stage *(modif)*, theatre *(modif)*; **une représentation ~e** theatrical production; **production ~e** stage production. -**2.** [scénique] stage *(modif)*; **l'adaptation ~e du roman** the stage adaptation of the novel; **il aurait fallu utiliser une écriture ~e** it should have been written in a style more suitable for the stage. -**3.** [spectaculaire] dramatic, theatrical; **faire une entrée ~e** to make a dramatic OU grand entrance; **avec de grands gestes théâtraux** with a lot of histrionics OU drama.

théâtralement [teatralmɑ̃] *adv* [avec affectation] theatrically.

théâtraliser [3] [teatralize] *vt* to theatricalize.

théâtralisme [teatralism] *nm* histrionism PSYCH.

théâtralité [teatralite] *nf* LITTÉRAT stageworthiness.

théâtre [teatr] *nm* **A.** -**1.** [édifice - gén] theatre; ANTIQ amphitheatre; **aller au ~** to go to the theatre; **elle va souvent au ~** she's a regular theatregoer ❑ **~ d'eau** ornamental fountains; **~ lyrique** opera house; **~ d'ombres** shadow theatre; **~ de poche** small theatre; **~ en rond** theatre in the round; **~ de verdure** open-air theatre. -**2.** [compagnie théâtrale] theatre company; **le Théâtre français** the Comédie Française; **~ municipal** local theatre; **~ national** national theatre; **~s subventionnés** state-subsidized theatres. -**3.** [art, profession] drama, theatre; **elle veut faire du ~** she wants to go on the stage OU to become an actress OU to act; **je vis pour le ~** [acteur] I live for the theatre OU stage; **quand j'étais étudiant j'ai fait un peu de ~** when I was a student I did some acting ❑ **~ filmé** film of a play. -**4.** [genre] drama, theatre; **je préfère le ~ au cinéma** I prefer theatre OU plays to films; **le ~ dans le ~** a play within a play ❑ **le ~ élisabéthain/romantique** Elizabethan/Romantic theatre OU drama; **le ~ de l'absurde** the theatre of the absurd; **le ~ de boulevard** mainstream popular theatre *(as first played in theatres on the Paris boulevards)*; **~ musical** musicals; **le ~ de rue** street theatre; **~ total** total theatre. -**5.** [œuvres d'un auteur] works, plays; **le ~ complet d'Anouilh** the complete plays OU dramatic works of Anouilh. -**6.** [attitude pleine d'outrance] histrionics; **tout ça c'est du ~** it's all just histrionics OU a show; **le voilà qui fait son ~** there he goes, putting on his usual act. -**7.** *Afr* [représentation] play; **les étudiants de première année présenteront un ~** the first-year students will put on a play.
B. -**1.** [lieu d'un événement] scene; **le juge a demandé à se rendre sur le ~ du crime** the magistrate asked to go to the scene of the crime; **notre région a été le ~ de nombreuses mutations** our part of the country has seen a lot of changes; **une entreprise en perte de vitesse n'était pas le ~ qui convenait à ses ambitions** he was too ambitious to stay in a company on the decline. -**2.** MIL: **~ d'opérations** OU **des opérations** the theatre of operations; **~ d'opérations extérieur** *theatre of operations situated outside home territory*.
◆ **de théâtre** *loc adj* [critique, troupe] drama *(modif)*, theatre *(modif)*; [cours] drama *(modif)*; [agence] booking; [jumelles] opera *(modif)*; [accessoire, décor] stage *(modif)*; **une femme de ~** a woman of the stage OU theatre; **écrivain de ~** playwright; **metteur en scène de ~** (stage) director.
◆ **coup de théâtre** *nm* THÉÂT coup de théâtre, sudden twist in the action; *fig* sudden turn of events; **et alors, coup de ~, on lui demande de démissionner** and then, out of the blue, he was asked to resign.

théâtreux, euse *fam* [teatrø, øz] *nm, f péj* OU *hum* [comédien amateur] amateur actor, Thespian *hum*.
thébaïde [tebaid] *nf litt* solitary retreat.
thébain, e [tebɛ̃, ɛn] *adj* Theban.
◆ **Thébain, e** *nm, f* Theban.
thébaïne [tebain] *nf* thebaine.
Thèbes [tɛb] *npr* Thebes.
théier, ère [teje, ɛr] *adj* tea *(modif)*; **la production théière** tea production.
◆ **théier** *nm* tea plant.
◆ **théière** *nf* teapot.
théine [tein] *nf* theine.
théisme [teism] *nm* **-1.** [consommation excessive] excessive tea drinking; [empoisonnement] tea poisoning. **-2.** RELIG theism.
théiste [teist] ◇ *adj* theist, theistic.
◇ *nmf* theist.
thématique [tematik] ◇ *adj* thematic.
◇ *nf* **-1.** LITTÉRAT: **la ~ des contes de fées** the themes developed in fairy tales; **la ~ de Kafka** themes in Kafka. **-2.** MUS themes.
thème [tɛm] *nm* **-1.** ART, LITTÉRAT & MUS theme; **sur le ~ de** on the theme of. **-2.** [traduction] translation into a foreign language, prose SCOL; **~ latin/allemand** translation *(from one's language)* into Latin/German; **faire du ~** to translate into a foreign language. **-3.** LING stem, theme.
◆ **thème astral** *nm* ASTROL birth chart.
Thémis [temis] *npr* Themis.
Thémistocle [temistɔkl] *npr* Themistocles.
théocentrisme [teɔsɑ̃trism] *nm* theocentrism.
théocratie [teɔkrasi] *nf* theocracy.
théocratique [teɔkratik] *adj* theocratic.
Théocrite [teɔkrit] *npr* Theocritus.
théodolite [teɔdɔlit] *nm* theodolite.
théogonie [teɔgɔni] *nf* theogony.
théologal, e, aux [teɔlɔgal, o] *adj* theological.
théologie [teɔlɔʒi] *nf* theology.
théologien, enne [teɔlɔʒjɛ̃, ɛn] *nm, f* theologian.
théologique [teɔlɔʒik] *adj* theological.
théologiquement [teɔlɔʒikmɑ̃] *adv* theologically.
Théophraste [teɔfrast] *npr* Theophrastus.
théorématique [teɔrematik] *adj* theorematic.
théorème [teɔrɛm] *nm* theorem; **le ~ de Pythagore** Pythagoras' theorem.
théorétique [teɔretik] *adj* theoretical.
théoricien, enne [teɔrisjɛ̃, ɛn] *nm, f* **-1.** [philosophe, chercheur etc] theorist, theoretician; **un ~ de la mécanique quantique** an expert in quantum theory. **-2.** [adepte] theorist; **les ~s du libéralisme/marxisme** the theorists of the free market/of Marxism.
théorie [teɔri] *nf* **-1.** SC theory; **~ des ensembles** set theory; **la ~ de la relativité** the theory of relativity. **-2.** [ensemble de concepts] theory; **la ~ du surréalisme** the theory of surrealism. **-3.** [définition d'une pratique] theory; **avant de commencer le piano, il faut faire un peu de ~** before playing the piano you have to study a bit of theory; **il possède bien la ~ des échecs** he has a good theoretical knowledge of chess. **-4.** [interprétation] theory; **c'est la ~ du gouvernement mais ce n'est pas prouvé** that's the government's theory OU that's what the government claims, but it remains to be proved. **-5.** [connaissance spéculative] theory; **le fossé qui existe entre la ~ et la pratique** the gap between theory and practice; **tout cela, c'est de la ~** this is all purely theoretical. **-6.** *litt* [défilé] procession; **une longue ~ de fidèles progressait vers le sanctuaire** a long procession of worshippers was moving towards the sanctuary. **-7.** ANTIQ theory.
◆ **en théorie** *loc adv* in theory, theoretically; **en ~, tu as raison, en fait le système est inapplicable** in theory you're right, but in actual fact the system is unworkable.
théorique [teɔrik] *adj* theoretical.
théoriquement [teɔrikmɑ̃] *adv* **-1.** *sout* [d'un point de vue spéculatif] theoretically, in theory; **le principe est ~ acceptable** the principle is acceptable in theory. **-2.** [en toute hypothèse] in theory; **~, je devrais arriver à 21 h** in theory, I ought to arrive at 9 p.m.
théorisation [teɔrizasjɔ̃] *nf* theorization, theorizing.
théoriser [3] [teɔrize] ◇ *vt* to theorize.
◇ *vi* to theorize, to speculate.
théosophe [teɔzɔf] *nmf* theosophist.
théosophie [teɔzɔfi] *nf* theosophy.
théosophique [teɔzɔfik] *adj* theosophic.
thérapeute [terapøt] *nmf* **-1.** [spécialiste des traitements] therapist. **-2.** *litt* [médecin] doctor, physician. **-3.** [psychothérapeute] therapist.
thérapeutique [terapøtik] ◇ *adj* therapeutic.
◇ *nf* **-1.** [traitement] therapy, treatment; **le choix entre plusieurs ~s** the choice between several courses of treatment. **-2.** [discipline médicale] therapeutics *(U)*.
thérapie [terapi] *nf* **-1.** [traitement] therapy, treatment. **-2.** PSYCH therapy; **~ familiale** family therapy; **~ de groupe** group therapy.
Thérèse [terɛz] *npr*: **sainte ~ (d'Avila)** Saint Teresa (of Avila).
thermal, e, aux [tɛrmal, o] *adj* [eau] thermal; [source] thermal, hot.
thermalisme [tɛrmalism] *nm* balneology; **l'argent de la commune provient du ~** the commune derives its revenue from its spa facilities.
thermes [tɛrm] *nmpl* **-1.** [établissement de cure] thermal baths. **-2.** ANTIQ thermae.
thermicien, enne [tɛrmisjɛ̃, ɛn] *nm, f* heat engineer.
thermicité [tɛrmisite] *nf* heat balance.
thermidor [tɛrmidɔr] *nm 11th month of the French revolutionary calendar (from July 19 to Aug 17)*.

THERMIDOR AN II:
Three days during which Robespierre attacked his enemies before the Convention. He was arrested on the second day and executed together with his supporters on the third day.

thermidorien, enne [tɛrmidɔrjɛ̃, ɛn] *adj* Thermidorian, of the 9th Thermidor.
◆ **Thermidoriens** *nmpl* revolutionaries of the 9th Thermidor, Thermidorians.
thermie [tɛrmi] *nf* [ancienne unité de mesure] 10^6 calories.
thermique [tɛrmik] ◇ *adj* [réacteur, équilibre, signature, papier] thermal; [énergie] thermic.
◇ *nf* heat sciences.
◇ *nm* thermal.
thermocautère [tɛrmɔkotɛr] *nm* thermocautery.
thermochimie [tɛrmɔʃimi] *nf* thermochemistry.
thermochimique [tɛrmɔʃimik] *adj* thermochemical.
thermocouple [tɛrmɔkupl] *nm* thermocouple.
thermodurcissable [tɛrmɔdyrsisabl] ◇ *adj* thermosetting.
◇ *nm* thermoset (substance).
thermodynamicien, enne [tɛrmɔdinamisjɛ̃, ɛn] *nm, f* thermodynamics specialist.
thermodynamique [tɛrmɔdinamik] ◇ *adj* thermodynamic.
◇ *nf* thermodynamics *(U)*.
thermoélectricité [tɛrmɔelɛktrisite] *nf* thermoelectricity.
thermoélectrique [tɛrmɔelɛktrik] *adj* thermoelectric.
thermoélectronique [tɛrmɔelɛktrɔnik] *adj* thermoelectronic.
thermoformage [tɛrmɔfɔrmaʒ] *nm* thermoforming.
thermogène [tɛrmɔʒɛn] *adj* thermogenous, thermogenetic.
thermogenèse [tɛrmɔʒenɛz] *nf* thermogenesis.
thermographie [tɛrmɔgrafi] *nf* thermography.
thermoïonique [tɛrmɔjɔnik] *adj*: **effet ~** thermionic emission.
thermoluminescence [tɛrmɔlyminesɑ̃s] *nf* thermoluminescence.
thermolyse [tɛrmɔliz] *nf* thermolysis.
thermomètre [tɛrmɔmɛtr] *nm* **-1.** [appareil] thermometer; **le ~ indique 5°** the thermometer stands at OU registers 5°; **le ~ monte/descend** the temperature (on the thermometer) is rising/falling ❑ **~ digital/médical** digital/clinical thermometer; **~ à gaz** (constant volume) gas thermometer; **~ à maximum et minimum** maximum and minimum thermometer. **-2.** [indice] barometer *fig*, gauge; **la Bourse est le ~ de l'activité économique et financière** the Stock Exchange is a barometer of economic and financial activity.
thermométrie [tɛrmɔmetri] *nf* thermometry.
thermométrique [tɛrmɔmetrik] *adj* thermometric.
thermonucléaire [tɛrmɔnykleɛr] *adj* thermonuclear.
thermoplastique [tɛrmɔplastik] *adj* thermoplastic.
thermoplongeur [tɛrmɔplɔ̃ʒœr] *nm* portable immersion heater.
thermopompe [tɛrmɔpɔ̃p] *nf* heat pump.
thermopropulsé, e [tɛrmɔprɔpylse] *adj* thermopropulsion *(modif)*.
thermopropulsif, ive [tɛrmɔprɔpylsif, iv] *adj* thermopropulsive.
thermopropulsion [tɛrmɔprɔpylsjɔ̃] *nf* thermopropulsion.
Thermopyles [tɛrmɔpil] *npr mpl*: **les ~** Thermopylae.
thermorécepteur [tɛrmɔresɛptœr] *nm* thermoreceptor.
thermorégulateur, trice [tɛrmɔregylatœr, tris] *adj* thermoregulator.
thermorégulation [tɛrmɔregylasjɔ̃] *nf* thermoregulation.
thermorésistant, e [tɛrmɔrezistɑ̃, ɑ̃t] *adj* heat-resistant, thermoresistant.
Thermos® [tɛrmos] *nf*: **(bouteille) ~** Thermos® flask *Br* OU bottle *Am*.
thermoscope [tɛrmɔskɔp] *nm* thermoscope.
thermosiphon [tɛrmɔsifɔ̃] *nm* thermosiphon.
thermosphère [tɛrmɔsfɛr] *nf* thermosphere.
thermostat [tɛrmɔsta] *nm* thermostat.
thermotactisme [tɛrmɔtaktism] *nm* thermotaxis.
thésard, e *fam* [tezar, ard] *nm, f* research student, postgrad.
thésaurisation [tezɔrizasjɔ̃] *nf* [gén & ÉCON] hoarding.
thésauriser [3] [tezɔrize] ◇ *vi* to hoard money.
◇ *vt* to hoard (up).
thésauriseur, euse [tezɔrizœr, øz] ◇ *adj* hoarding.
◇ *nm, f* hoarder.
thésaurus [tezɔrys] *nm* **-1.** [lexique] lexicon. **-2.** [outil de classement] thesaurus.
thèse [tɛz] *nf* **-1.** ENS thesis; **~ de doctorat d'État** ≃ PhD, ≃ doctoral thesis *Br*, ≃ doctoral OU PhD dissertation *Am*; **~ de troisième cycle** [en lettres] ≃ MA *Br*, ≃ master's thesis *Am*; [en sciences] ≃ MSc *Br*, ≃ master's thesis *Am*. **-2.** [théorie] argument, thesis, theory; **leur ~ est que...** their argument is that..., they argue that...; **la ~ de l'accident n'est pas écartée** the possibility that it may have been an accident hasn't been ruled out; **la famille rejette la ~ du suicide** the family rejects OU will not countenance the idea of suicide ❑ **roman à ~** novel of ideas.

THÈSE, ANTITHÈSE, SYNTHÈSE:
This is the conventional structure of a rhetorical argument (especially an essay) as traditionally taught to French schoolchildren.

Thésée [teze] *npr* Theseus.

Thessalie [tɛsali] *npr f*: (la) ~ Thessaly.

thessalien, enne [tɛsaljɛ̃, ɛn] *adj* Thessalian.
◆ **Thessalien, enne** *nm, f* Thessalian.

Thessalonique [tɛsalɔnik] *npr* Salonika, Salonica.

thêta [tɛta] *nm* theta.

thiamine [tjamin] *nf* thiamin.

thiazole [tjazɔl] *nm* thiazole.

thibaude [tibod] *nf* carpet underlay felt.

thioacide [tjɔasid] *nm* thioacid.

thioalcool [tjɔalkɔl] *nm* thioalcohol.

thiocarbonate [tjɔkarbɔnat] *nm* thiocarbonate.

thiol [tjɔl] = **thioalcool**.

thiosulfate [tjɔsylfat] *nm* thiosulphate.

thiosulfurique [tjɔsylfyrik] *adj* thiosulphuric.

Thomas [tɔma] *npr*: saint ~ Saint Thomas; saint ~ d'Aquin Thomas Aquinas.

thomisme [tɔmism] *nm* Thomism.

thomiste [tɔmist] ◇ *adj* Thomistic, Thomistical.
◇ *nmf* Thomist.

thon [tɔ̃] *nm* tuna (fish), tunny *Br*; ~ **blanc** long-fin OU white-meat tuna; ~ **rouge** (blue fin) tuna, (red) tunny *Br*; ~ **en boîte** tinned tuna fish; ~ **à l'huile** tuna in oil; ~ **au naturel** tuna in brine.

thonier [tɔnje] *nm* tuna boat.

Thor [tɔr] *npr* Thor.

Thora [tɔra] = **Tora(h)**.

thoracentèse [tɔrasɛ̃tɛz] *nf* thoracentesis, thoracocentesis, pleurocentesis.

thoracique [tɔrasik] *adj* thoracic.

thoracoplastie [tɔrakɔplasti] *nf* thoracoplasty.

thoracotomie [tɔrakɔtɔmi] *nf* thoracotomy.

thorax [tɔraks] *nm* thorax.

Thoune [tun] *npr* Thun.

Thrace [tras] *npr f*: (la) ~ Thrace.

thriller [srilœr, trilœr] *nm* thriller.

thrombine [trɔ̃bin] *nf* thrombin.

thrombocyte [trɔ̃bɔsit] *nm* thrombocyte.

thromboembolique [trɔ̃bɔɑ̃bɔlik] *adj* thromboembolic.

thrombokinase [trɔ̃bɔkinaz] *nf* thrombokinase, thromboplastin.

thrombolyse [trɔ̃bɔliz] *nf* thrombolysis.

thrombophlébite [trɔ̃bɔflebit] *nf* thrombophlebitis.

thromboplastine [trɔ̃bɔplastin] = **thrombokinase**.

thrombose [trɔ̃boz] *nf* thrombosis.

Thucydide [tysidid] *npr* Thucydides.

thune [tyn] *nf* -**1.** *arg crime* & *vieilli* five franc coin. -**2.** ▽[argent]: **je n'avais pas une** ~ I was broke; **mon père me filera de la** ~ my father will give me some cash OU a few quid *Br*.

Thurgovie [tyrgɔvi] *npr f*: (la) ~ Thurgovia.

thuriféraire [tyriferɛr] *nm* -**1.** RELIG thurifer. -**2.** *litt* flatterer, sycophant *litt*.

Thuringe [tyrɛ̃ʒ] *npr f*: (la) ~ Thuringia.

thuya [tyja] *nm* thuja; ~ **occidental** white cedar.

thym [tɛ̃] *nm* thyme.

thymique [timik] *adj* thymic.

thymol [timɔl] *nm* thymol.

thymus [timys] *nm* thymus.

thyroïde [tirɔid] ◇ *adj* thyroid.
◇ *nf* thyroid (gland).

thyroïdectomie [tirɔidɛktɔmi] *nf* thyroidectomy.

thyroïdien, enne [tirɔidjɛ̃, ɛn] *adj* thyroid *(modif)*.

thyroïdite [tirɔidit] *nf* thyroiditis.

TI *nm abr de* **tribunal d'instance**.

tiaffe *fam* [tjaf] *nf Helv* -**1.** [chaleur] heatwave. -**2.** [neige fondante] slush.

tiare [tjar] *nf* -**1.** [coiffure] tiara. -**2.** [dignité papale]: **la** ~ the Papal tiara.

Tibère [tibɛr] *npr* Tiberius.

Tibériade [tiberjad] *npr* Tiberias; **le lac de** ~ Lake Tiberias, the Sea of Galilee.

Tibesti [tibɛsti] *npr m*: **le** ~ the Tibesti (Massif).

Tibet [tibɛ] *npr m*: **le** ~ Tibet; **au** ~ in Tibet.

tibétain, e [tibetɛ̃, ɛn] *adj* Tibetan.
◆ **Tibétain, e** *nm, f* Tibetan.
◆ **tibétain** *nm* LING Tibetan.

tibia [tibja] *nm* -**1.** ANAT [os] shinbone, tibia *spéc*; [devant de la jambe] shin; **donner à qqn un coup de pied dans les** ~**s** to kick sb in the shins. -**2.** ZOOL tibia.

tibial, e, aux [tibjal, o] *adj* tibial.

Tibre [tibr] *npr m*: **le** ~ the (River) Tiber.

tic [tic] *nm* -**1.** [au visage] tic, (nervous) twitch; **il a un** ~ **à la bouche/à l'œil** he has a twitch at the corner of his mouth/in his eye; **son visage était agité de** ~**s** his face twitched nervously. -**2.** [manie gestuelle] (nervous) tic, twitch; **il est bourré de** ~**s** *fam* he's got a lot of nervous tics. -**3.** [répétition stéréotypée] habit; **il a un** ~**, il répète toujours le dernier mot de ses phrases** he has a habit of always repeating the last word of his sentences; **un** ~ **de langage** a (speech) mannerism. -**4.** VÉTÉR [avec déglutition d'air] wind sucking.

tichodrome [tikɔdrɔm] *nm* wall creeper ORNITH.

ticket [tikɛ] *nm* -**1.** [de bus, de métro] ticket; [de vestiaire, de consigne] slip, ticket; **les** ~**s, s'il vous plaît!** tickets please! ❑ ~ **de quai** platform ticket. -**2.** [coupon - de rationnement, de pain] coupon. -**3.** ▽ [10 francs]: **cette montre m'a coûté 100** ~**s** this watch set me back a thousand francs. -**4.** *fam loc*: **tu as le** ~ he fancies you *Br*, he is sweet on you *Am*; **il a un** ~ **avec elle** she fancies him *Br*, she's sweet on him *Am*. -**5.** POL [aux États-Unis] ticket.
◆ **ticket modérateur** *nm* [pour la Sécurité sociale] *proportion of medical expenses payable by the patient.*

Ticket-Restaurant® [tikɛrɛstɔrɑ̃] (*pl* **Tickets-Restaurant**) *nm voucher given to employees to cover part of luncheon expenses,* ≃ Luncheon Voucher® *Br*.

tic-tac [tiktak] *nm inv* [d'une pendule, d'une bombe] ticking *(U)*, tick-tock; **faire** ~ to tick (away), to go tick-tock.

tie-break [tajbrɛk] (*pl* **tie-breaks**) *nm* tie break.

tiédasse [tjedas] *adj* lukewarm, tepid.

tiède [tjɛd] ◇ *adj* -**1.** [ni chaud ni froid] lukewarm, warm, tepid; **délayez la poudre dans de l'eau** ~ mix the powder with warm water; **un vent** ~ **et agréable** a nice warm breeze; **salade** ~ warm salad ‖ [pas suffisamment chaud] lukewarm, not hot enough; **le thé va être** ~**, bois-le vite** drink your tea before it gets cold OU while it's hot. -**2.** *fig* [peu enthousiaste - accueil, réaction] lukewarm, unenthusiastic, half-hearted; [- sentiment] half-hearted; **les syndicalistes sont** ~**s** the union members lack conviction OU are apathetic. -**3.** *(avant le n) sout* [doux, calme] pleasant, sweet.
◇ *nmf fam* [indifférent, mou] wet *Br*, wimp.
◇ *adv*: **je préfère boire/manger** ~ I don't like drinking/eating very hot things; **il fait** ~ **aujourd'hui** it's mild OU warm today; **la tarte Tatin doit se manger** ~ tarte Tatin should be eaten warm.
◇ *nf Helv* heatwave.

tièdement [tjɛdmɑ̃] *adv* [accueillir] coolly, unenthusiastically; [soutenir] half-heartedly.

tiédeur [tjedœr] *nf* -**1.** [d'un liquide] lukewarmness; [d'un solide] warmth; [de l'air] mildness; **la** ~ **d'un matin de juin** the mildness of a June morning. -**2.** *fig* [d'un accueil] lukewarmness, coolness; [d'un sentiment] half-heartedness. -**3.** *sout* [agréable douceur] warmth; **il se réfugia dans la** ~ **de la vie familiale** he took refuge in the warmth of family life.

tiédir [32] [tjedir] ◇ *vi* -**1.** [se refroidir - boisson, métal, air] to cool (down); **laisser** ~ **le gâteau/lait** leave the cake/milk to cool down. -**2.** [se réchauffer] to grow warmer; **faire** ~ **du lait** to warm up some milk. -**3.** *fig* & *sout* [faiblir - conviction, sentiment] to wane, to weaken, to cool.
◇ *vt* -**1.** [refroidir légèrement] to cool (down); **le vent du soir a tiédi l'air** the evening breeze has cooled the air. -**2.** [réchauffer légèrement] to warm (up); **pose-le un instant sur le radiateur pour le** ~ put it on the radiator for a minute to warm it up; **passez la tarte au four une minute pour la** ~ put the tart in the oven for a minute to warm it through OU up.

tiédissement [tjedismɑ̃] *nm* -**1.** [refroidissement] cooling (down OU off). -**2.** [réchauffement] warming (up).

tien [tjɛ̃] (*f* **tienne** [tjɛn], *mpl* **tiens** [tjɛ̃], *fpl* **tiennes** [tjɛn]) *adj poss litt*: **je suis tienne pour toujours** I am yours forever; **ce devait être un** ~ **cousin** it must have been a cousin of yours.
◆ **le tien** (*f* **la tienne**, *mpl* **les tiens**, *fpl* **les tiennes**) *pron poss* yours; **prends ma voiture, si la tienne est au garage** use my car, if yours is at the garage; **mes enfants sont plus âgés que les** ~**s** my children are older than yours (are); **ce parapluie n'est pas le** ~ this is not your umbrella, this umbrella is not yours OU doesn't belong to you; **je me mêle de mes affaires, mêle-toi des tiennes** I'll mind my business and you mind yours ‖ *(emploi nominal)*: **les** ~**s** your family and friends ❑ **à la tienne!** *fam* [à ta santé] good health!, cheers!; [bon courage] all the best!; **tu comptes la convaincre? eh bien, à la tienne!** so you think you can convince her? well all I can say is, good luck to you OU rather you than me!; **mets-y du** ~ [fais un effort] make an effort; [sois compréhensif] try to be understanding; **tu as encore fait des tiennes!** *fam* you've (gone and) done it again!; **ici il n'y a pas de** ~ **et de mien** it's share and share alike here.

tierce [tjɛrs] *f* → **tiers** *adj*.

tiercé, e [tjɛrse] *adj* -**1.** AGR third ploughed. -**2.** HÉRALD tierced, en tierce.
◆ **tiercé** ◇ *adj m*: **pari** ~ triple forecast.
◇ *nm* -**1.** LOISIRS triple forecast; **gagner le** ~ **(dans l'ordre/le désordre)** to win on three horses (with the right placings/without the right placings); **toucher un gros** ~ to win a lot of money on the horses. -**2.** [gén - trois gagnants]: **le** ~ **gagnant** the first three, the three winners; **son dernier film figure dans le** ~ **gagnant** his latest film is among the winning three OU trio.

tiercelet [tjɛrsəlɛ] *nm* tercel.

tiers[1] [tjɛr] *nm* -**1.** [partie d'un tout divisé en trois] third; **elle en a lu un** ~ she's a third of the way through (reading it); **tu as droit aux deux** ~ **de la somme** you're entitled to two thirds of the sum; **cinq est le** ~ **de quinze** five is a third of fifteen, five goes into fifteen three times; **la maison était brûlée aux deux** ~ two-thirds of the house had been destroyed by fire. -**2.** *sout* [troisième personne] third person; [personne étrangère à un groupe] stranger, outsider, third party; **elle l'a dit devant des** ~ she said it in front of people it had nothing to do with ❑ **il se fiche** OU **se moque du** ~ **comme du quart** he couldn't care less. -**3.** JUR third party; **les dommages causés à un** ~ third party damages ❑ ~ **acquéreur** subsequent purchaser; ~ **opposant** (opposing) third party; ~ **saisi** garnishee. -**4.** COMM: ~ **porteur** holder in due course, (second) endorsee. -**5.** FIN: ~ **provisionnel** *thrice-yearly income tax payment based on estimated tax due for the previous year.* -**6.** HIST: **le Tiers** the Third Estate. -**7.** [pour la Sécurité sociale]: ~ **payant** *system by which a proportion of the fee for medical treatment is paid directly to the hospital, doctor or pharmacist by the patient's insurer*; ~ **responsable** third party (responsible).
◆ **au tiers** *loc adj* JUR third-party *(modif)*.
◆ **en tiers** *loc adv sout* [en tant qu'étranger à un groupe] as an outsider; **assister en** ~ **à un entretien** to attend an interview as an outside observer.

tiers[2], **tierce** [tjɛr, tjɛrs] *adj* -**1.** [étranger à un groupe] third; **tierce personne** third party; **je n'en parlerai pas devant une tierce personne** I will not speak of it in front of a third party. -**2.** CEE: **pays** ~ third OU non-EC country;

produits ~ non-community products. -**3.** JUR: tierce collision third-party *(modif)*. -**4.** ENS: ~ **temps pédagogique** *in French nursery and primary schools before 1985, division of the weekly timetable into three parts, each corresponding to a different educational field*. -**5.** HIST: le ~ **état** the Third Estate. -**6.** MATH: a tierce, a''' "a" triple dash. -**7.** RELIG: ~ **ordre** third order.

◆ **tierce** *nf* -**1.** JEUX tierce; **tierce au roi/à la dame** three-card run with king/queen as the highest card; **tierce majeure** tierce major. -**2.** ESCRIME & HÉRALD tierce. -**3.** IMPR press proof. -**4.** MUS third; **tierce majeure/mineure** major/minor third.

tiers-monde [tjɛrmɔ̃d] (*pl* tiers-mondes) *nm* Third World.

tiers-mondisme [tjɛrmɔ̃dism] (*pl* tiers-mondismes) *nm* Third-Worldism.

tiers-mondiste [tjɛrmɔ̃dist] (*pl* tiers-mondistes) ◇ *adj* -**1.** [du tiers-mondisme] Third Worldist. -**2.** [du tiers-monde] third world *(modif)*.

◇ *nmf* -**1.** [spécialiste du tiers-monde] Third World expert. -**2.** [idéologue du tiers-mondisme] Third Worldist.

tif(fe) *fam* [tif] *nm* hair; **mes ~s** my hair.

TIG (*abr de* **travail d'intérêt général**) *nm* ≃ community service.

tige [tiʒ] *nf* -**1.** BOT [d'une feuille] stem, stalk; [de blé, de maïs] stalk; [d'une fleur] stem; **tulipe à longue ~** long-stemmed tulip; ~ **aérienne/souterraine** aerial/underground stem ‖ [arbre]: **haute/basse ~** tall/half standard. -**2.** [axe - d'une épingle, d'une aiguille, d'un clou, d'un candélabre, d'une flèche] shaft; [- d'un cadran solaire] finger, pointer; [- d'un guéridon] pedestal; **une ~ de bois** a wooden shaft, a dowel; **une ~ de fer** an iron rod ❑ **clef à ~ creuse/pleine** key with a hollow/solid shank. -**3.** *fam* [cigarette] fag *Br*, smoke *Am*. -**4.** [d'une chaussure] upper; **la ~ est doublée** the upper is lined; **bottes à ~ basse** ankle boots; **baskets à ~ haute** high tops. -**5.** [origine d'une famille] stock, line; **la ~ des Bourbon-Parme** the Bourbon-Parma line. -**6.** ARCHIT [de colonne] shaft. -**7.** AUT rod; ~ **de culbuteur/piston** push/piston rod. -**8.** PÉTR: ~ **de forage** drill pipe.

tiglon [tiglɔ̃] = **tigron**.

tignasse [tiɲas] *nf* -**1.** [chevelure mal peignée] mop OU shock (of hair). -**2.** *fam* [chevelure] hair; **il l'a attrapée par la ~** he grabbed (hold of) her by the hair.

tigre [tigr] *nm* -**1.** ZOOL tiger; **un ~ royal** OU **du Bengale** a Bengal tiger. -**2.** *litt* [homme cruel]: **c'est un vrai ~** he's a real ogre ❑ ~ **de papier** paper tiger.

Tigre [tigr] *npr m*: **le ~** the (River) Tigris.

tigré, e [tigre] *adj* -**1.** [pelage] striped, streaked; [chat] tabby *(modif)*, tiger *(modif)*. -**2.** [moucheté]: **bananes ~es** (dessert) bananas.

tigresse [tigrɛs] *nf* -**1.** ZOOL tigress. -**2.** *litt* [femme très jalouse] tigress.

tigron [tigrɔ̃] *nm* tigon, tiglon.

tilbury [tilbyri] *nm* tilbury.

tilde [tild] *nm* [en espagnol] tilde; [en phonétique, pour remplacer un mot] swung dash.

tillandsia [tijɑ̃dsja] *nf* tillandsia.

tilleul [tijœl] ◇ *nm* -**1.** BOT lime (tree). -**2.** [feuilles séchées] lime-blossom *(U)*; [infusion] lime OU lime-blossom tea.

◇ *adj inv*: (vert) ~ lime green.

tilt [tilt] *nm* -**1.** JEUX tilt signal. -**2.** *fam loc*: **faire ~**: **le mot a fait ~** [je me suis souvenu] the word rang a bell; **et soudain, ça a fait ~** [j'ai compris] and suddenly it clicked OU the penny dropped *Br*.

timbale [tɛ̃bal] *nf* -**1.** [gobelet] (metal) cup. -**2.** CULIN [moule] timbale mould; [préparation] timbale; ~ **de saumon** salmon timbale; ~ **milanaise** *timbale of macaroni, veal sweetbreads and truffles*. -**3.** MUS kettledrum; **une paire de ~s** tympani, a set of kettledrums.

timbalier [tɛ̃balje] *nm* timpanist.

timbrage [tɛ̃braʒ] *nm* -**1.** [action de timbrer] stamping. -**2.** [procédé d'impression] embossing.

timbre [tɛ̃br] *nm* **A.** -**1.** = **timbre-poste**. -**2.** [vignette - au profit d'une œuvre] sticker *(given in exchange for a donation to charity)*; [- attestant un paiement] stamp *(certifying receipt of payment)*. -**3.** [sceau, marque] stamp; **apposer son ~ sur un document** to put one's stamp on OU to rubber-stamp a document. -**4.** [instrument marqueur] stamp; ~ **dateur** date stamp; ~ **en caoutchouc** rubber stamp; ~ **sec** embossing stamp. -**5.** JUR: ~ **fiscal** revenue stamp; **soumis au droit de ~** liable to stamp duty. -**6.** MÉD: ~ **tuberculinique** tuberculosis patch.

B. -**1.** ACOUST [qualité sonore - d'un instrument] tone, timbre, colour; [- d'une voix] tone, resonance; **un beau ~ de voix** beautiful mellow tones, a beautiful rich voice; **ce n'est pas moi, dit-elle d'une voix sans ~** it wasn't me, she said tonelessly. -**2.** [sonnette] bell; [de porte] doorbell; ~ **de bicyclette** bicycle bell. -**3.** MUS [instrument] (small) bell.

TIMBRE FISCAL:
These stamps are sold at most tobacconists and are used to pay fees due for obtaining official documents (driving licence, identity papers etc) and to pay fines (notably for driving and parking offences).

timbré, e [tɛ̃bre] *adj* -**1.** *fam* [fou] nuts, cracked. -**2.** JUR stamped. -**3.** [d'une bonne sonorité]: **de sa voix bien ~e** in his mellow OU rich tones.

timbre-amende [tɛ̃bramɑ̃d] (*pl* timbres-amendes) *nm stamp purchased to certify payment of a fine*.

timbre-poste [tɛ̃brəpɔst] (*pl* timbres-poste) *nm* (postage) stamp.

timbre-prime [tɛ̃brəprim] (*pl* timbres-primes) *nm* trading (discount) stamp.

timbre-quittance [tɛ̃brəkitɑ̃s] (*pl* timbres-quittances) *nm* receipt stamp.

timbrer [3] [tɛ̃bre] *vt* -**1.** [lettre, colis] to stamp, to stick OU to put a stamp on. -**2.** JUR [document] to stamp, to put a stamp on, to affix a stamp to.

timbre-ristourne [tɛ̃brəristurn] (*pl* timbres-ristournes) = **timbre-prime**.

time-sharing [tajmʃɛriŋ] (*pl* time-sharings) *nm* time sharing COMPUT.

timide [timid] ◇ *adj* -**1.** [embarrassé - sourire, air, regard] timid, shy; [- personne] bashful, diffident; **il est ~ avec les femmes** he's shy of OU he shrinks away from women; **faussement ~** coy. -**2.** [faible] slight, feeble, tiny; ~ **amélioration du franc** slight improvement in the position of the franc; **l'auteur de quelques ~s réformes** the author of a handful of half-hearted OU feeble reforms.

◇ *nmf* shy person; **c'est un ~** he's a shy person, he's shy of people.

timidement [timidmɑ̃] *adv* -**1.** [avec embarras] timidly, shyly, diffidently; [gauchement] self-consciously, bashfully. -**2.** [de façon peu perceptible] slightly, feebly *péj*, faint-heartedly *péj*; **le franc remonte ~** the franc is rising slightly.

timidité [timidite] *nf* -**1.** [manque d'assurance] timidity, shyness, diffidence; [gaucherie] self-consciousness, bashfulness. -**2.** [d'un projet, d'une réforme] feebleness *péj*, half-heartedness *péj*.

timing [tajmiŋ] *nm* timing *(of a technical process)*.

timon [timɔ̃] *nm* -**1.** AGR [d'une charrette] shaft; [d'une charrue] (draught) beam. -**2.** NAUT & *vieilli* tiller.

timonerie [timɔnri] *nf* -**1.** NAUT [abri] wheelhouse; [service] wheelhouse, steering; [personnel] wheelhouse crew. -**2.** AUT steering and braking gear.

timonier [timɔnje] *nm* -**1.** NAUT helmsman. -**2.** AGR [cheval] wheelhorse, wheeler. -**3.** HIST: **le grand ~** the Great Helmsman; **le grand ~ du parti républicain** *hum* the Grand Panjandrum of the Republican party.

timoré, e [timɔre] ◇ *adj* timorous, fearful, unadventurous.

◇ *nm, f* timorous OU fearful OU unadventurous person.

tinctorial, e, aux [tɛ̃ktɔrjal, o] *adj* tinctorial, dye *(modif)*.

tinette [tinɛt] *nf* [récipient] mobile latrine.

◆ **tinettes**▽ *nfpl* loo *Br*, bog *Br*, john *Am*.

tintamarre [tɛ̃tamar] *nm* [vacarme] racket, din; **écoute-moi ce ~!** listen to this racket OU din!; **on a fait du ~ autour de son livre** there was a lot of hooha OU a big to-do about his book.

tintement [tɛ̃tmɑ̃] *nm* -**1.** [d'une cloche, d'une sonnette] ringing *(U)*; [d'un lustre] tinkling *(U)*; [de clefs, de pièces de monnaie] jingle, jingling *(U)*, chinking *(U)*; [de verres] chink, clinking *(U)*. -**2.** MÉD: ~ **d'oreilles** ringing in the ears, tinnitus *spéc*.

tinter [3] [tɛ̃te] ◇ *vi* -**1.** [sonner lentement] to ring (out), to peal; **minuit tinte au clocher** the church bell is ringing midnight. -**2.** [produire des sons clairs] to tinkle, to jingle; **tous les verres tintaient sur le plateau** all the glasses were clinking on the tray; **faire ~ des pièces de monnaie** to jingle coins. -**3.** [siffler - oreille] to ring, to buzz.

◇ *vt* -**1.** [cloche] to chime. -**2.** [coup]: **la cloche du village tintait les coups de midi** the church bell was striking twelve. -**3.** [annoncer - glas, messe] to toll the bell for; ~ **le tocsin** to sound the tocsin; ~ **l'angélus** to toll the bell for the Angelus.

tintin *fam* [tɛ̃tɛ̃] *interj* no go, no way; **les cadres ont eu une augmentation, et nous ~!** the executives got a rise, and we didn't get a blessed thing! ❑ **faire ~**: **tu peux faire ~ pour tes places gratuites!** as for your free tickets, forget it OU no way!

tintinnabuler [3] [tɛ̃tinabyle] *vi litt* to tinkle, to jingle, to tintinnabulate *litt*.

Tintoret [tɛ̃tɔrɛ] *npr*: **le ~** Tintoretto; **un tableau du ~** a painting by Tintoretto.

tintouin *fam* [tɛ̃twɛ̃] *nm* -**1.** [inquiétude, souci] hassle, (fuss and) bother; **les gosses, ça vous donne bien du ~!** kids can be such a hassle OU headache!; **se faire du ~** to get all worked up. -**2.** [vacarme] racket, din; **quel ~ à côté!** what a racket they're making next door! -**3.** *loc*: **et tout le ~** [et cetera]: **sa canne à pêche, ses bottes, son chapeau et tout le ~** his fishing rod, boots, hat and all the rest of it.

TIP [tip] (*abr de* **titre interbancaire de paiement**) *nm payment slip for bills*.

tiper [3] [tipe] *vt Helv* [enregistrer un achat] to ring up *(sép)*; **est-ce que vous l'avez tipé?** have you counted that?, have you rung that up?

tipi [tipi] *nm* tepee, teepee.

tipper [tipe] = **tiper**.

tique [tik] *nf* tick.

tiquer [3] [tike] *vi* [réagir] to flinch; **le prix l'a fait ~** he flinched OU baulked when he saw the price; ~ **sur qqch** to baulk at sthg; **j'ai tiqué sur la somme** I baulked at the sum.

tiqueté, e [tikte] *adj* speckled, mottled, dotted.

tir [tir] *nm* -**1.** ARM & MIL [action de lancer au moyen d'une arme] shooting, firing; [projectiles envoyés] fire; **les ~s cessèrent** the firing stopped; **un ~ bien/mal ajusté** a well-aimed/badly-aimed launch OU shot; **un ~ intense/nourri/sporadique** heavy/sustained/sporadic fire; **il y eut des ~s sporadiques puis plus rien** there were occasional bursts of gunfire then the firing stopped altogether ❑ ~ **direct/indirect** direct/indirect fire; ~ **précis** OU **groupé** grouped fire; ~ **d'accompagnement** cover (fire); ~ **de barrage** barrage fire; ~ **courbe** high-angle fire; ~ **instinctif** firing at random; ~ **par rafales** firing in bursts; **rectifier le ~**: **les essais étaient décevants et les ingénieurs se sont empressés de rectifier le ~** the results of the trials were disappointing and the engineers were quick to change their approach to the problem. -**2.** [endroit - pour l'entraînement] rifle OU shooting range; [- à la foire] shooting gallery. -**3.** MIN & TRAV PUBL blasting. -**4.** SPORT: **le ~** [discipline olympique] shooting ❑ ~ **à la carabine/au pistolet** rifle-/pistol-shooting; ~ **à l'arbalète** crossbow archery; ~ **à l'arc** archery; ~ **aux**

pigeons clay pigeon shooting. -**5.** FTBL shot; ~ (au but) shot at goal.

◆ **de tir** *loc adj* [concours, champion] shooting; [position, vitesse] firing; **angle/ligne de ~** angle/line of fire.

TIR [teiɛr, tir] (*abr écrite de* **transport international routier**) TIR.

tirade [tirad] *nf* -**1.** CIN & THÉÂT monologue, speech. -**2.** *péj* [discours] speech, tirade *péj*.

tirage [tiraʒ] *nm* -**1.** IMPR [action] printing; [ensemble d'exemplaires] print run, impression; [d'une gravure] edition; **un ~ de 50 000 exemplaires** a print run of 50,000; **écrivain qui fait de gros ~s** bestselling author ❑ **~ limité/numéroté** limited/numbered edition; **~ à part** offprint. -**2.** PRESSE [action] printing, running; [exemplaires mis en vente] circulation; **un ~ de 50 000** circulation figures OU a circulation of 50,000; **le ~ a baissé** circulation is down OU has fallen OU has dropped; **à grand ~** with large circulation figures; **la presse à grand ~** the popular press. -**3.** INF [sur imprimante] printout. -**4.** PHOT [action] printing; [copies] prints; **deux ~s sur papier brillant** two sets of prints on gloss paper. -**5.** BANQUE drawing; **droits de ~ spéciaux** ÉCON special drawing rights. -**6.** JEUX [d'une carte] taking, picking; [d'une tombola] draw; **~ au sort** drawing of lots; **nous t'avons désigné par ~ au sort** we drew lots and your name came up. -**7.** [d'une cheminée, d'un poêle] draught; **le ~ est bon/mauvais** it draws well/doesn't draw well. -**8.** [action de - traîner] dragging; [- haler] hauling. -**9.** MÉTALL drawing. -**10.** TEXT reeling. -**11.** CIN copying. -**12.** ACOUST [d'un disque] pressing. -**13.** *loc*: **il y a du ~** *fam*: **il y a du ~ entre eux** it's not all sweetness and light between the two of them; **il y a du ~ entre les membres du comité** the committee members are at loggerheads.

tiraillement [tirajmɑ̃] *nm* -**1.** [sur une corde] tug. -**2.** [d'estomac] gnawing pain; [de la peau, d'un muscle] tightness; **quand on m'a enlevé les fils, je n'ai senti qu'un ~** when they removed the stitches, I only felt a slight pulling OU tugging; **sentir les ~s de la faim** to feel pangs of hunger.

◆ **tiraillements** *nmpl* [conflit] struggle, conflict; **il y a des ~s dans la famille/le syndicat** there is friction within the family/the union.

tirailler [3] [tiraje] ◇ *vt* -**1.** [tirer sur] to tug at, to pull on, to give little pulls on; **il tiraillait nerveusement sa moustache** he was pulling nervously at his moustache. -**2.** [faire souffrir légèrement] to prick; **la faim lui tiraillait l'estomac** he was feeling pangs of hunger. -**3.** [solliciter] to dog, to plague; **être tiraillé entre l'espoir et l'inquiétude** to be torn between hope and anxiety.

◇ *vi* to fire at random; **on entendait ~ dans les bois** random fire could be heard in the woods, people could be heard firing away in the woods.

tirailleur [tirajœr] *nm* -**1.** [éclaireur] scout. -**2.** HIST & MIL (native) infantryman; **les ~s algériens** the Algerian (Infantry) corps. -**3.** *fig* [personne qui agit isolément]: **dans une grève, il y a toujours quelques ~s** during a strike, there are always some who don't play by the book.

◆ **en tirailleurs(s)** *loc adv* [avancer, progresser] in extended order.

Tirana [tirana] *npr* Tirana, Tiranë.

tirant [tirɑ̃] *nm* -**1.** NAUT: **~ d'eau** draught; **avoir cinq pieds de ~ d'eau** to draw five feet (of water); **barque à faible ~ d'eau** shallow draught barge. -**2.** [d'une botte] (boot) strap; [d'une chaussure] (heel) strap. -**3.** [d'une bourse] purse string. -**4.** CONSTR [entrait] tie beam; [fer plat] rod. -**5.** MIN strap, tie beam. -**6.** TRAV PUBL: **~ d'air** (maximum) headroom.

tire [tir] *nf* -**1.** ▽ [voiture] car. -**2.** *Can* [friandise] maple toffee OU taffy; **~ d'érable** maple candy.

◆ **à la tire** *loc adj*: **vol à la ~** picking pockets; **voleur à la ~** pickpocket.

tiré, e [tire] *adj* -**1.** [fatigué et amaigri - visage] drawn, pinched; **avoir les traits ~s** to look drawn. -**2.** *loc*: **~ à quatre épingles** smart as a new pin; **~ par les cheveux** *fam* contrived, far-fetched; **tes arguments sont complètement ~s par les cheveux** your arguments are terribly far-fetched.

◆ **tiré** *nm* -**1.** BANQUE drawee. -**2.** PRESSE: **~ à part** off-print. -**3.** MUS down-bow.

tire-au-cul ▽ [tiroky], **tire-au-flanc** *fam* [tiroflɑ̃] *nm inv* skiver, dodger, shirker.

tire-botte [tirbɔt] (*pl* tire-bottes) *nm* -**1.** [pour mettre] boot hook. -**2.** [pour enlever] bootjack.

tire-bouchon [tirbuʃɔ̃] (*pl* tire-bouchons) *nm* corkscrew.

◆ **en tire-bouchon** *loc adj* corkscrew *(modif)*; **cochon à la queue en ~** pig with a corkscrew tail; **elle a toujours ses chaussettes en ~** her socks are always twisted round her ankles.

tire-bouchonner [3] [tirbuʃɔne] ◇ *vt* [mèche] to twiddle OU to twist (round and round); [fil de fer] to twist; **chaussettes tire-bouchonnées** socks twisted round the ankles.

◇ *vi* to twist round and round; **ses chaussettes tire-bouchonnent** his socks are all twisted round his ankles.

tire-d'aile [tirdɛl]

◆ **à tire-d'aile** *loc adv* -**1.** [en volant]: **les corbeaux passèrent au-dessus de la maison à ~** the crows flew over the house with strong, regular wingbeats. -**2.** *fig* [à toute vitesse]: **il s'est enfui à ~** he took to his heels.

tire-fesses *fam* [tirfɛs] *nm inv* ski tow.

tire-fond [tirfɔ̃] *nm inv* -**1.** CONSTR [vis] long screw; [anneau] eye bolt. -**2.** RAIL sleeper screw.

tire-jus ▽ [tirʒy] *nm inv* snot rag.

tire-laine [tirlɛn] *nm inv litt* & *vieilli* highwayman.

tire-lait [tirlɛ] *nm inv* breast-pump.

tire-larigot *fam* [tirlarigo]

◆ **à tire-larigot** *loc adv*: **boire à ~** to drink OU to have one's fill.

tire-ligne [tirliɲ] (*pl* tire-lignes) *nm* drawing pen.

tirelire [tirlir] *nf* -**1.** [en forme de cochon] piggy bank; [boîte] moneybox. -**2.** ▽ [estomac] belly, gut. -**3.** *fam* [tête] mug.

tire-nerf [tirnɛr] (*pl* tire-nerfs) *nm* broach *(for extracted tooth)*.

tirer [3] [tire] ◇ *vt* **A.** DÉPLACER -**1.** [traîner - avec ou sans effort] to pull, to drag; [- en remorquant] to draw, to tow; **tire la table au milieu de la pièce** pull the table out to the centre of the room; **un cheval tirait la péniche le long du canal** a horse was towing OU pulling the barge along the canal; **tiré par un cheval** horse-drawn; **tiré par des bœufs** ox-drawn; **le skieur est tiré par un hors-bord** a speed boat pulls OU tows the skier (along); **~ qqn par le bras/les cheveux/les pieds** to drag sb by the arm/hair/feet. -**2.** [amener à soi] to pull; [étirer - vers le haut] to pull (up); [- vers le bas] to pull (down); **je sentis que quelqu'un tirait ma veste** I felt a tug at my jacket; **elle me tira doucement par la manche** she tugged OU pulled at my sleeve; **tirez doucement le levier de vitesse** pull the gear lever gently (back); **~ les cheveux à qqn** to pull sb's hair; **~ ses cheveux en arrière** to draw OU to pull one's hair back; **tire bien le drap** stretch the sheet (taut); **~ un fil** [accidentellement] to pull a thread; [pour faire un jour] to draw a thread; **~ une vache** *dial* to milk a cow ❑ **~ la couverture à soi** to take all the credit. -**3.** [pour actionner - cordon d'appel, élastique] to pull; [- tiroir] to pull (open OU out); **~ les rideaux** to pull OU to draw the curtains; **tire le portail derrière toi** close the gates behind you, pull the gates to; **~ un verrou** [pour ouvrir] to slide a bolt open; [pour fermer] to slide a bolt to, to shoot a bolt; **~ la chasse d'eau** to flush the toilet. -**4.** NAUT to draw; **~ 5 mètres** to draw 5 metres of water.

B. EXTRAIRE, OBTENIR -**1.** [faire sortir]: **~ qqch de** to pull OU to draw sthg out of; **~ des billets/un revolver de son sac** to pull banknotes/a gun out of one's bag; **la valise dont il tirait des jouets** the suitcase from which he pulled out toys; **~ de l'eau d'un puits** to draw water (out of a well); **~ le vin/cidre (du tonneau)** to draw wine/cider (off from the barrel); **~ qqn de** [le faire sortir de] to get sb out of; **~ qqn d'un asile/de prison** to get sb out of an asylum/prison; **~ qqn d'une voiture en feu** to drag OU to pull sb out of a blazing car; **va le ~ du lit** go and get OU drag him out of bed; **~ qqn d'un cauchemar** *fig* to rouse sb from a nightmare; **~ qqn du sommeil** to wake sb up; **~ qqn du coma** to pull sb out of a coma; **~ qqn de sa rêverie** to rouse sb from his/her daydream; **~ qqn de son silence** to draw sb out (of his/her silence); **~ une œuvre de l'oubli** to rescue a work from oblivion; **~ qqn d'une situation difficile** to get sb out of a difficult situation; **tire-moi de là** help me out. -**2.** [fabriquer]: **~ qqch de** to derive OU to get OU to make sthg from; **les produits que l'on tire du pétrole** oil-based products; **~ des sons d'un instrument** to get OU to draw sounds from an instrument; **~ un film d'une pièce de théâtre** to adapt a play for the screen; **photos tirées d'un film** movie stills. -**3.** [percevoir - argent]: **elle tire sa fortune de ses terres** she makes her money from her land; **elle savait ce qu'on peut ~ d'un placement judicieux** she knew what could be got out of OU made from a wise investment; **il a bien tiré 5 millions de la vente de l'appartement** he must have made at least 5 million from the sale of the flat; **tu ne tireras pas grand-chose de ta vieille montre** you won't get much (money) for your old watch ‖ [retirer - chèque, argent liquide] to draw; **~ de l'argent d'un compte** to draw money out of OU to withdraw money from an account. -**4.** [extraire, dégager]: **~ qqch de** to draw sthg from; **ce vers est tiré d'un poème de Villon** this line is (taken) from a poem by Villon; **~ une morale/un enseignement/une leçon/une conclusion de qqch** to draw a moral/precept/lesson/conclusion from sthg; **ce que j'ai tiré de ce livre/cet article** what I got out of this book/article; **~ sa force de sa foi** to derive OU to draw one's strength from one's faith; **ce roman tire son titre d'une chanson populaire** the title of this novel is taken from a popular song; **les mots que le français a tirés du latin** French words taken from Latin; **~ satisfaction de** to derive satisfaction from; **~ vanité de** to be proud of; **~ fierté de** to pride o.s. on OU in; **~ vengeance de qqch** to avenge sthg. -**5.** [obtenir, soutirer]: **~ qqch de**: **~ de l'argent de qqn** to extract money from sb, to get money out of sb; **la police n'a rien pu ~ de lui** the police couldn't get anything out of him; **tu auras du mal à lui ~ des excuses** you'll be hard pressed to get an apology out of her; **tu auras du mal à lui ~ des remerciements** you'll get no thanks from her; **j'ai réussi à lui ~ un sourire** I managed to get a smile out of her; **~ des larmes à qqn** to make sb cry; **en ~ quelque chose**: **il est rebelle à l'apprentissage, mais je suis sûr qu'on peut en ~ quelque chose** he's a poor learner but I'm sure we can make something of him; **on n'en tirera jamais rien, de ce gosse** *fam* [il n'est bon à rien] we'll never make anything out of this kid; [il ne parlera pas] we'll never get this kid to talk, we'll never get anything out of this kid; **je n'ai pas pu en ~ davantage** I couldn't get any more out of her. -**6.** JEUX [billet, numéro] to draw; [loterie] to draw, to carry out the draw for; [carte] to draw, to take; **tirez une carte postale au hasard** pick any postcard; **qui va ~ le nom du gagnant?** who will draw (out) the name of the winner?

C. PROJETER -**1.** ARM [coup de fusil, missile] to fire; [balle, flèche] to shoot; **~ un coup de feu** to fire a shot. -**2.** [feu d'artifice] to set off; **ce soir, on tirera un feu d'artifice** there will be a fireworks display tonight. -**3.** CHASSE [lapin, faisan] to shoot; **~ un animal** to shoot an animal. -**4.** PÉTANQUE [boule en main] to throw; [boule placée] to knock out *(sép)*; FTBL to take; **~ un corner** to take a corner; **~ un coup franc** to take a free kick; **le penalty va être tiré par le**

capitaine the penalty will be taken by the captain || TENNIS [passing-shot, volée] to hit; HALTÉROPHILIE to lift; **il tire 150 kilos à l'épaulé-jeté** he can clean and jerk 150 kilos || ESCRIME: **~ des armes** to fence. **-5.** *loc*: **~ un coup**▼ [éjaculer] to come; **~ un coup avec qqn**▼ to have it off with sb *Br*, to lay sb *Am*.
D. *fam* PASSER to spend, to do, to get through *(insép)*; **il a tiré six ans (en prison) à cause de toi** he did a six-year stretch OU six years (in prison) because of you; **j'ai encore trois semaines à ~ avant mon congé** I've another three weeks to go before my leave.
E. TRACER, IMPRIMER **-1.** [dessiner - ligne] to draw; [- plan] to draw up *(sép)*; **tirez deux traits sous les verbes** underline the verbs twice. **-2.** PHOT to print; **je voudrais que cette photo soit tirée sur du papier mat** I'd like a mat print of this picture. **-3.** IMPR [livre] to print; [estampe, lithographie] to print, to draw; [tract] to print, to run; [gravure] to strike, to pull, to print; **~ un tract à 5 000 exemplaires** to print 5,000 copies of a tract; **ce magazine est tiré à plus de 200 000 exemplaires** this magazine has a print run OU a circulation of 200,000 ❑ **'bon à ~'** 'passed for press'; **un bon à ~** [épreuve] a press proof; **signer le bon à ~** to pass for press. **-4.** *loc Belg*: **~ son plan: tu es assez grand, tu tires ton plan** you're old enough to look after yourself.
◇ *vi* **-1.** MIL [faire feu] to fire, to shoot; **ne tirez pas, je me rends!** don't shoot, I surrender!; **ne tirez plus!** hold your fire!, stop shooting!; **tirez dans les jambes** shoot at OU aim at the legs; **il tire mal** he's a bad shot; **~ à la cible** to aim OU to shoot at the target; **~ à balles/à blanc** to fire bullets/blanks; **~ en l'air/à vue** to shoot in the air/on sight; **~ sur qqn** to take a shot OU to shoot OU to fire at sb; **ils ont l'ordre de ~ sur tout ce qui bouge** they've been ordered to shoot OU to fire at anything that moves; **on m'a tiré dessus** I was fired OU shot at; **cette carabine tire juste** this rifle shoots straight. **-2.** ARM & SPORT: **~ à l'arc/l'arbalète** [activité sportive] to do archery/crossbow archery; [action ponctuelle] to shoot a bow/crossbow; **~ à la carabine/au pistolet** [activité sportive] to do rifle/pistol shooting; [action ponctuelle] to shoot with a rifle/pistol. **-3.** FTBL & GOLF to shoot; **il a tiré dans le mur/petit filet** he sent the ball against the wall/into the side netting || ESCRIME to fence. **-4.** [exercer une traction] to pull; **à mon signal, tirez tous dans le même sens** when I give the signal, all pull in the same direction; **tire!** pull!, heave!; **ça tire dans les genoux à la montée** *fam* going up is tough on the knees; **elle tire bien, ta voiture!** *fam* it goes well, your car!; **la moto tire à droite** the motorbike pulls to the right; **la direction tire d'un côté** the steering pulls to one side; **~ sur un câble** to pull OU to heave on a cable; **~ sur un levier** to pull (back) a lever; **~ sur les rênes** to pull on the reins; **~ sur un élastique** to stretch OU to pull on an elastic band; **ne tire pas sur ton gilet** don't pull your cardigan out of shape; **ne tire pas (sur la laisse), Rex!** stop pulling (on your lead) Rex!; **il tira violemment sur le fil du téléphone** he gave the phone wire a sharp pull; **~ sur** *fig* [délais, budget] to stretch; **elle tire un peu sur sa permission de minuit** she's stretching it a bit with her midnight curfew ❑ **~ sur la ficelle** to go a bit far. **-5.** [aspirer - fumeur]: **~ sur une pipe** to draw on OU to pull at a pipe; **~ sur une cigarette** to puff at OU to draw on a cigarette. **-6.** [avoir un bon tirage - cheminée, poêle]: **~ (bien)** to draw (well); **la cheminée/pipe tire mal** the fireplace/pipe doesn't draw properly. **-7.** [peau] to feel tight; [points de suture] to pull; **ma peau me tire** *fam* my skin feels tight; **aïe, ça tire!** ouch, it's pulling! **-8.** IMPR: **~ à 50 000 exemplaires** to have a circulation of OU to have a (print) run of 50,000 (copies); **à combien le journal tire-t-il?** what are the paper's circulation figures? **-9.** *loc Belg & Helv*: **ça tire** there's a draught.

◆ **tirer à** *v + prép* **-1.** PRESSE: **~ à la ligne** to pad out an article *(because it is being paid by the line)*. **-2.** NAUT: **~ au large** to make for the open sea. **-3.** *loc*: **~ à sa fin** to come to an end.

◆ **tirer sur** *v + prép* [couleur] to verge OU to border on; **ses cheveux tirent sur le roux** his hair is reddish OU almost red.

◆ **se tirer** ◇ *vp (emploi passif)*: **le store se tire avec un cordon** the blind pulls down with a cord.
◇ *vpi* **-1.** *fam* [partir, quitter un endroit] to clear off, to make tracks; [s'enfuir] to beat it, to clear off; **s'il n'est pas là dans 5 minutes, je me tire** if he's not here in 5 minutes I'm going; **tire-toi!** [ton menaçant] beat it!, clear OU push off!; **on se tire, voilà les flics!** it's the cops, let's get out of here!; **il s'est tiré de chez lui** he's left home; **dès que je peux, je me tire de cette boîte** as soon as I can, I'll get out of this dump. **-2.** *fam* [toucher à sa fin - emprisonnement, service militaire] to draw to a close; **plus qu'une semaine, ça se tire quand même!** only a week to go, it's nearly over after all!

◆ **se tirer de** *vp + prép* [se sortir de] to get out of; **elle sait se ~ de situations délicates** she knows how to get out of OU to extricate herself from tricky situations; **il s'est bien/mal tiré de l'entrevue** he did well/badly at the interview ❑ **s'en ~** [s'en sortir]: **avec son culot, elle s'en tirera toujours** *fam* with her cheek, she'll always come out on top; **si tu ne m'avais pas aidé à finir la maquette, je ne m'en serais jamais tiré** if you hadn't given me a hand with the model, I'd never have managed; **les débuts furent difficiles, mais elle s'en tire très bien maintenant** it was difficult for her in the beginning, but she's getting along fine now; **on n'avait qu'un seul salaire, mais on s'en est tirés** *fam* we had just the one salary, but we got by OU scraped by; **rien à faire, je ne m'en tire pas!** *fam* [financièrement] it's impossible, I just can't make ends meet!; **il y a peu de chances qu'il s'en tire** [qu'il survive] the odds are against him pulling through; **s'en ~ avec: je m'en suis tiré avec une suspension de permis** I got away with my licence being suspended; **il s'en tire avec des égratignures** he came through with just a few scratches; **tu ne t'en tireras pas avec de simples excuses** [être quitte] you won't get away OU off with just a few words of apology; **s'en ~ à** OU **avec** OU **pour** *fam* [devoir payer] to have to pay; **je m'en suis tiré avec** OU **pour 5 000 francs de réparations** I had to cough up OU fork out 5,000 francs for the repairs; **à quatre, on ne s'en tirera pas à moins de 1 000 francs le repas** the meal will cost at least 1,000 francs for the four of us; **s'en ~ comme ça** *fam*: **il ne s'en tirera pas comme ça** he won't get off so lightly, he won't get away with it; **bien/mal s'en ~: on n'a encaissé qu'un seul but, on ne s'en est pas trop mal tirés** they scored only one goal against us, we didn't do too badly; **je n'aime pas faire de discours — tu t'en es très bien tiré** I don't like to make speeches — you did very well.

tiret [tirɛ] *nm* **-1.** IMPR [de dialogue] dash; [en fin de ligne] rule. **-2.** [trait d'union] hyphen.

tirette [tirɛt] *nf* **-1.** *vieilli* [cordon - de sonnette] bellpull; [- de stores] cord; [- de rideaux] draw string. **-2.** ÉLECTR pull knob. **-3.** [d'un meuble] (sliding) flap. **-4.** *Belg* [fermeture Éclair] zip.

tireur, euse [tirœr, øz] *nm, f* **-1.** [criminel, terroriste] gunman; [de la police] marksman; **bon/mauvais ~** good/bad shot ❑ **~ isolé** OU **embusqué** sniper; **~ d'élite** sharpshooter. **-2.** [aux boules] driver. **-3.** BANQUE drawer. **-4.** ESCRIME fencer. **-5.** FTBL shooter. **-6.** PHOT printer. **-7.** **~ de cartes, tireuse de cartes** fortune-teller *(who reads cards)*.

◆ **tireuse** *nf* **-1.** PHOT printer. **-2.** [pour le vin] bottle filling machine.

tire-veine [tirvɛn] *(pl* **tire-veines***)* *nm* (surgical) stripper.

tiroir [tirwar] *nm* **-1.** [de meuble] drawer. **-2.** RAIL siding. **-3.** MÉCAN slide valve; **~ rond** OU **à pistons** piston valve.

◆ **à tiroirs** *loc adj* **-1.** [à épisodes] *containing episodes independent of the main action*. **-2.** *fam* [à rallonge]: **un nom à ~s** a double-barrelled name.

tiroir-caisse [tirwarkɛs] *(pl* **tiroirs-caisses***)* *nm* till.

tisane [tizan] *nf* **-1.** [infusion] herb tea, herbal tea. **-2.** ▽ [raclée, volée] thrashing, hiding.

tisanière [tizanjɛr] *nf* teapot *(for herbal tea)*.

tison [tizɔ̃] *nm* brand.

tisonner [3] [tizɔne] *vt* to poke.

tisonnier [tizɔnje] *nm* poker; **donner un coup de ~ dans le feu** to give the fire a poke.

tissage [tisaʒ] *nm* **-1.** [procédé] weaving; [entrecroisement de fils] weave; **un ~ serré/lâche** a close/loose weave. **-2.** [bâtiment] cloth mill.

tisser [3] [tise] *vt* **-1.** TEXT [laine, coton, tissu] to weave; **~ le lin/une nappe** to weave linen/a tablecloth; **~ des liens: l'habitude tisse des liens** [entre des personnes] the more you get to know someone, the closer you feel to them. **-2.** [toile d'araignée] to spin. **-3.** *sout* [élaborer] to weave, to construct; **l'auteur a subtilement tissé son intrigue** the playwright subtly wove OU constructed the plot.

tisserand, e [tisrɑ̃, ɑ̃d] *nm, f* weaver.

tisserin [tisrɛ̃] *nm* weaver ORNITH, weaverbird.

tisseur, euse [tisœr, øz] *nm, f* **-1.** [artisan] weaver. **-2.** [industriel] mill owner.

tissu [tisy] *nm* **-1.** TEXT fabric, material, cloth; **une longueur de ~** a length of fabric; **du ~ pour faire des vêtements** dressmaking material OU fabric ❑ **du ~ d'ameublement** furnishing fabric OU material; **le rayon des ~s d'ameublement** the soft furnishings department. **-2.** *fig & sout* [enchevêtrement]: **un ~ de: un ~ de mensonges** a pack OU tissue of lies; **un ~ d'incohérences** a mass of contradictions. **-3.** SOCIOL fabric, make-up; **le ~ culturel de la nation** the cultural make-up OU fabric of our country; **le ~ social** the social fabric; **le ~ urbain** the urban infrastructure. **-4.** BIOL tissue; **~ conjonctif** connective tissue; **~ musculaire** muscle tissue. **-5.** BOT tissue.

◆ **de tissu, en tissu** *loc adj* fabric *(modif)*, cloth *(modif)*.

tissu-éponge [tisyepɔ̃ʒ] *(pl* **tissus-éponges***)* *nm* terry, terry-towelling; **en ~** terry *(modif)*, terry-towelling *(modif)*, terry cloth *Am*.

tissulaire [tisylɛr] *adj* tissual, tissue *(modif)*.

titan [titɑ̃] *nm litt* [colosse] titan; **c'est un ~** he's got superhuman strength.

◆ **de titan** *loc adj* [travail] Herculean.

Titan [titɑ̃] *npr* **-1.** ASTRON Titan. **-2.** MYTH: **les ~s** the Titans. **-3.** ARM: **(missile) ~** Titan missile.

titane [titan] *nm* titanium.

titanesque [titanɛsk], **titanique** [titanik] *adj litt* [force] massive, superhuman; [travail] Herculean; [ouvrage] monumental.

Tite-Live [titliv] *npr* Livy.

titi *fam* [titi] *nm*: **~ parisien** Parisian urchin.

Titicaca [titikaka] *npr*: **le lac ~** Lake Titicaca.

Titien [tisjɛ̃] *npr* Titian.

titillation [titijasjɔ̃] *nf* **-1.** [léger chatouillement] tickling, tickle. **-2.** *fig* [excitation de l'esprit] titillation.

titiller [3] [titije] *vt* **-1.** [chatouiller agréablement] to tickle; **le champagne me titillait le palais** the champagne tickled my palate. **-2.** *fig* [exciter légèrement] to titillate; **l'âme titillée par mille sollicitations** the spirit excited by a thousand enticements. **-3.** [énerver] to pester, to aggravate; **arrête de ~ ta sœur!** stop pestering your sister!

titisme [titism] *nm* Titoism.

titiste [titist] *adj & nmf* Titoist.

titrage [titraʒ] *nm* **-1.** [d'un film] titling. **-2.** CHIM titration, titrating. **-3.** MIN [d'un minerai] assaying. **-4.** TEXT counting.

titre [titr] *nm* **A.** **-1.** [d'un roman, d'un poème] title; [d'un chapitre] title, heading; **je n'ai pas encore trouvé de ~ pour mon roman** I haven't come

up with a title for my novel yet; **il a proposé un ~ pour une nouvelle émission de télévision** he suggested a title for a new television programme. -**2.** IMPR: **~ courant** running title; **faux ~** half-title; **grand ~** full title; **(page de) ~** title page. -**3.** PRESSE headline; **~ sur cinq colonnes à la une** five column front page headline ❑ **les gros ~s** the main headlines; **faire les gros ~s des quotidiens** to hit OU to make the front page of the daily newspapers.
B. -**1.** [désignation d'un rang, d'une dignité] title; **le ~ de roi/d'empereur** the title of king/emperor; **porter un ~** to have a title, to be titled; **porter le ~ de duc** to have the title of duke; **il revendique le ~ de libérateur** *fig* he insists on being called a liberator ❑ **un ~ de noblesse** OU **nobiliaire** a title; **avoir des ~s de noblesse** to be titled. -**2.** [nom de charge, de grade] qualification; **conférer le ~ de docteur à qqn** to confer the title of doctor on OU upon sb. -**3.** SPORT title; **mettre son ~ en jeu** to risk one's title; **le boxeur défendra son ~** the boxer will defend his title; **disputer le ~ de champion du monde à qqn** [boxeur] to fight sb for the world championship title.
C. -**1.** [certificat] credentials; **il a produit des ~s authentiques** he produced genuine credentials; **voici les ~s à présenter à l'appui de votre demande** the following documents must accompany your application; **décliner ses ~s universitaires** to list one's academic OU university qualifications; **recruter sur ~s** to recruit on the basis of (paper) qualifications ❑ **~ de pension** pension book; **~ de permission** (leave) pass; **~ de transport**: **les voyageurs doivent présenter leur ~ de transport à la sortie** passengers must show their tickets at the exit. -**2.** *fig*: **il s'est acquis des ~s de reconnaissance du peuple** he won the people's gratitude ❑ **~ de gloire**: **son ~ de gloire est d'avoir introduit l'informatique dans l'entreprise** his proudest achievement is to have computerized the company. -**3.** BANQUE (transferable) security; **avance sur ~s** advance on OU against securities. -**4.** BOURSE [certificat] certificate; [valeur] security; **les ~s** securities, bonds ❑ **~ nominatif** registered bond; **~ au porteur** [action] bearer share; [obligation] floater OU bearer security. -**5.** JUR title; **~ de propriété** title deed, document of title; **juste ~** good title. -**6.** FIN: **~ budgétaire** ≃ budget division *(one of the seven categories into which public spending is divided in the French budget)*.
D. -**1.** JOAILL fineness, titre *spéc*; **le ~ des monnaies d'or et d'argent est fixé par la loi** the precious metal content of gold and silver coins is determined by law. -**2.** PHARM titre; **~ d'une solution** titre of a solution. -**3.** TEXT count.
E. *loc*: **à ~ amical** as a friend; **à ~ consultatif** in an advisory capacity; **on l'a remboursé à ~ exceptionnel** exceptionally, he was reimbursed; **à ~ privé/professionnel** in a private/professional capacity; **décoration attribuée à ~ posthume** posthumous award; **à ~ provisoire** on a provisional basis; **présidence accordée à ~ honorifique** honorary title of president; **à ~ gracieux** free of charge, without charge; **à ~ onéreux** for a fee OU consideration; **à ~ de** [en tant que]: **à ~ de journaliste, vous pourrez entrer** you will be allowed in because you are from the press; **consulter qqn à ~ d'ami** to consult sb as a friend; **demander une somme à ~ d'avance** to ask for some money by way of an advance; **à ~ d'exemple** by way of an example, as an example; **à ~ indicatif** for information only; **à quel ~?** [en vertu de quel droit] in what capacity?; [pour quelle raison] on what grounds?; **à quel ~ vous occupez-vous de ses affaires?** [gén] in what capacity are you looking after his affairs?; [avec irritation] who told you you could OU who gave you permission to look after his affairs?; **à quel ~ lui fais-tu ces reproches?** on what grounds do you criticize him?
◆ **à aucun titre** *loc adv* on no account; **il n'est à aucun ~ mon ami** he is no friend of mine.
◆ **à ce titre** *loc adv* [pour cette raison] for this reason, on this account; **l'accord est signé et à ce ~ je suis satisfait** the agreement has been signed and for this reason I am satisfied..
◆ **à de nombreux titres, à divers titres** *loc adv* for several reasons, on more than one account; **je me félicite à plus d'un ~ du résultat de ces négociations** I have more than one reason to be pleased with the outcome of these negotiations.
◆ **à juste titre** *loc adv* with good reason, justifiably.
◆ **à plus d'un titre** = **à de nombreux titres.**
◆ **au même titre** *loc adv* for the same reasons; **elle a obtenu une prime, j'en réclame une au même ~** she got a bonus, I think I should have one too for the same reasons.
◆ **au même titre que** *loc conj* for the same reasons as; **je proteste au même ~ que mon voisin** I protest for the same reasons as my neighbour.
◆ **en titre** *loc adj* -**1.** ADMIN titular. -**2.** [officiel - fournisseur, marchand] usual, appointed; **le fournisseur en ~ de la cour de Hollande** the official OU appointed supplier to the Dutch Court; **son amant en ~** *hum* her official lover.

titré, e [titre] *adj* -**1.** [anobli] titled. -**2.** PHARM [liqueur, solution] standard *(modif)*.

titrer [3] [titre] *vt* -**1.** PRESSE: **~ qqch** to run sthg as a headline. -**2.** PHARM to titrate. -**3.** MIN to assay. -**4.** [anoblir] to confer a title upon. -**5.** [œuvre d'art, roman] to give a title to, to entitle.

titubant, e [titybɑ̃, ɑ̃t] *adj* [démarche] unsteady, weaving, wobbly; **un ivrogne ~** a drunkard staggering about.

tituber [3] [titybe] *vi* [ivrogne] to stagger OU to reel OU to weave (along); [malade] to stagger (along).

titulaire [titylɛr] ◇ *adj* -**1.** [enseignant] tenured; [évêque] titular; **être ~** [professeur d'université] to have tenure; [sportif] to be under contract. -**2.** [détenteur]: **être ~ de** [permis, document, passeport] to hold; **être ~ d'un compte en banque** to have OU to possess a bank account. -**3.** JUR: **être ~ d'un droit** to be entitled to a right.
◇ *nmf* -**1.** ADMIN incumbent. -**2.** [détenteur - d'un permis] holder; [- d'un passeport] bearer, holder. -**3.** JUR: **le ~ d'un droit** the person entitled to a right. -**4.** SPORT player under contract.

titularisation [titylarizasjɔ̃] *nf* [d'un professeur d'université] granting tenure to; [d'un enseignant] appointment to a permanent post; [d'un sportif] giving a contract to.

titulariser [3] [titylarize] *vt* [enseignant] to appoint to a permanent post; [sportif] to give a contract to; [professeur d'université]: **être titularisé** to be given OU to be granted tenure; **il attend d'être titularisé** he's waiting for tenure.

TNP (*abr de* **Théâtre national populaire**) *npr m Parisian theatrical company subsidized by the State*.

TNT (*abr de* **trinitrotoluène**) *nm* TNT.

TO (*abr écrite de* **toit ouvrant**) sunroof.

toast [tost] *nm* -**1.** [en buvant] toast; **~ de bienvenue** toast of welcome; **porter un ~** to propose a toast; **porter un ~ à qqn** to drink (a toast) to sb, to toast sb. -**2.** [pain grillé] piece of toast; **des ~s au saumon** salmon canapés.

toaster, toasteur [tostœr] *nm* toaster.

toboggan [tɔbɔgɑ̃] *nm* -**1.** [glissière - sur terre] slide; [- dans l'eau] chute; **les enfants qui font du ~** the children going down the slide; **tu veux faire du ~?** do you want to go on the slide? -**2.** [luge] toboggan; **faire du ~** to go tobogganing. -**3.** Toboggan® [pont] flyover *Br*, overpass *Am*. -**4.** AUT [armature de pneu] (type) casing reinforcement.

Tobrouk [tɔbruk] *npr* Tobruk.

toc [tɔk] ◇ *nm fam* -**1.** [imitation sans valeur - d'un matériau] fake, worthless imitation; [- d'une pierre] rhinestone, paste; [- d'un bijou] fake; **en ~** fake, imitation; **sa bague, c'est du ~** her ring is fake. -**2.** *fig* [ce qui est factice] sham; **sa culture/son amitié, c'est du ~** his so-called education/friendship is just a sham OU is all on the surface.
◇ *adj inv fam* rubbishy *Br*, trashy, tacky; **ça fait ~** it looks cheap OU tacky.
◇ *interj* -**1.** [coups à la porte]: **~ ~!** knock knock! -**2.** *fam* [après une remarque]: **et ~!** so there!, put that in your pipe and smoke it!; **et ~, bien fait pour toi/lui/eux!** and (it) serves you/him/them right!

tocade [tɔkad] = **toquade.**

tocante▽ [tɔkɑ̃t] *nf* watch.

tocard, e *fam* [tɔkar, ard] *adj* [tableau, décor] naff *Br*, tacky.
◆ **tocard** *fam nm* -**1.** [cheval] old nag. -**2.** [personne] dead loss, (born) loser.

toccata [tɔkata] *nf* toccata.

tocsin [tɔksɛ̃] *nm* alarm bell, tocsin; **sonner le ~** to ring the alarm, to sound the tocsin.

toge [tɔʒ] *nf* -**1.** ANTIQ toga; **~ prétexte/virile** toga praetexta/virilis. -**2.** [de magistrat] gown.

Togo [tɔgo] *npr m*: **le ~** Togo; **au ~** in Togo.

togolais, e [tɔgɔlɛ, ɛz] *adj* Togolese.
◆ **Togolais, e** *nm, f* Togolese; **les Togolais** the Togolese.

tohu-bohu [tɔybɔy] *nm inv* -**1.** [désordre et confusion] confusion, chaos; **le ~ des correspondances de gare** the chaos at the station as everybody tries to catch their connection. -**2.** [bruit - de voitures, d'enfants] racket, din; [- d'un marché, d'une gare] hustle and bustle; [- d'une foule] hubbub; [- d'une foire] hurly-burly.

toi [twa] *pron pers* -**1.** [après un impératif]: **dis-~ bien que...** bear in mind that...; **réveille-~!** wake up!; **rappelle-~!** remember!; **habille-~!** get dressed! -**2.** [sujet]: **qui va le faire? – ~** who's going to do it? – you (are); **~ parti, il ne restera personne** when you're gone there'll be nobody left; **qu'est-ce que tu en sais, ~?** what do YOU know about it?; **~, tu l'as vu!** you saw it/him!; **tu en veux, ~?** do you want some?; **tu t'amuses, ~, au moins** at least YOU'RE having fun; **et ~ qui lui faisais confiance!** and you trusted him!; **viendrez-vous, Pierre et ~?** will you and Pierre come?; **~ et moi...** you and I...; **~ et les tiens êtes les bienvenus** you and your family are welcome; **~ seul peux la convaincre** you're the only one who can persuade her. -**3.** [avec un présentatif]: **c'est ~?** is it you?; **je veux que ce soit ~ qui y ailles** I want it to be you who goes; **c'est ~ qui le dis!** that's what YOU say! -**4.** [complément]: **il vous a invités, Pierre et ~** he's invited you and Pierre; **~, je te connais!** I know you! ‖ [après une préposition]: **on lui a parlé de ~** he's heard about you; **c'est à ~ qu'on l'a demandé** you were the one who was asked, YOU were asked; **qui te l'a dit, à ~?** who told YOU about it?; **je te fais confiance, à ~** I trust you; **eh, je te parle, à ~!** hey, I'm talking to you!; **un ami à ~** *fam* a friend of yours; **c'est à ~?** is this yours?; **à ~ de jouer!** your turn!; **plus gentil que ~** nicer than you; **j'ai d'aussi bonnes raisons que ~** I've got just as good reasons as you. -**5.** [pronom réfléchi] yourself; **tu es content de ~?** are you pleased with yourself?

toilage [twalaʒ] *nm* ground SEW.

toile [twal] *nf* -**1.** TEXT [matériau brut] canvas, (plain) fabric; **~ de coton/lin** cotton/linen cloth; **~ anglaise** binding cloth; **~ à bâches** tarpaulin; **~ de Jouy** toile de Jouy; **~ de jute** gunny, (jute) hessian; **~ à matelas** ticking; **~ métis** cotton-linen mix; **~ à sacs** sackcloth, sacking; **~ à voiles** sailcloth; **grosse ~** rough OU coarse canvas ‖ [tissu apprêté] cloth; **~ caoutchoutée** rubberized cloth; **~ cirée** waxcloth; **~ émeri** emery cloth; **~ plastifiée** plastic-coated cloth; **~ de tente** tent canvas. -**2.** *fam* [film]: **se payer une ~** to go to the flicks. -**3.** BX-ARTS [vierge] canvas; [peinte] canvas, painting; **quelques ~s du jeune peintre** some paintings by the young artist. -**4.** COUT cloth; **~ à patron** toile. -**5.** NAUT [ensemble des voiles d'un navire] sails; **bien porter la ~** to bear sail *arch*;

réduire la ~ to take in sail. -**6.** [couverture d'un livre] cloth. -**7.** THÉÂT (painted) curtain; ~ de fond *pr* & *fig* backdrop. -**8.** ZOOL web; ~ d'araignée cobweb, spider's web.

◆ **toiles**▽ *nfpl* [draps de lit] sheets; **se mettre dans les ~s** to hit the sack OU the hay.

◆ **de toile, en toile** *loc adj* [robe, pantalon] cotton *(modif)*; [sac] canvas *(modif)*.

toilerie [twalri] *nf* -**1.** [atelier] canvas mill. -**2.** [commerce] canvas trade; [fabrication] canvas manufacturing, canvas-making.

toilettage [twalɛtaʒ] *nm* [d'un chat, d'un chien] grooming.

toilette [twalɛt] *nf* -**1.** [soins de propreté] : **faire sa ~** to have a wash, to get washed; **faire une ~ rapide** to have a quick wash; **faire une ~ de chat** to give o.s. a lick and a promise; **être à sa ~** *sout* to be at one's toilet *litt*; **faire la ~ d'un malade** to wash a sick person; **faire la ~ d'un mort** to lay out a corpse; **produits pour la ~ de bébé** baby care products; **articles** OU **produits de ~** toiletries. -**2.** [lustrage du pelage, des plumes] grooming; **le chat fait sa ~** the cat's washing OU licking itself. -**3.** *sout* [tenue vestimentaire] clothes, outfit, toilette; **changer de ~** to change (one's outfit OU clothes); **encore une nouvelle ~!** ANOTHER new outfit!; **elle est en grande ~** she is (dressed) in all her finery. -**4.** [table] dressing-table. -**5.** TECH reed packaging. -**6.** CULIN veal caul.

◆ **toilettes** *nfpl* [publiques] lavatories, toilets; [chez un particulier] toilet, lavatory; [dans un café] toilet, toilets; [dans un parc] toilets; **aller aux ~s** to go to the toilet; **je cherche les ~s** [pour dames] I'm looking for the ladies *Br* OU ladies room *Am*; [pour hommes] I'm looking for the gents *Br* OU the men's room *Am*.

toiletter [4] [twalɛte] *vt* -**1.** [chien, chat] to groom. -**2.** *fam* [modifier légèrement - texte] to amend, to doctor.

toi-même [twamɛm] *pron pers* yourself; **tu l'as vu ~** you saw it yourself; **il faut que tu le comprennes de ~** you must understand it (for) yourself; **vérifie par ~** check for yourself; **imbécile ~!** *fam* same to you!, look who's talking!

toise [twaz] *nf* -**1.** [règle graduée] height gauge; **passer qqn à la ~** to measure sb's height. -**2.** *arch former French unit of measure equal to 1,949m.*

toiser [3] [twaze] *vt* -**1.** *vieilli* [personne] to measure sb's height. -**2.** *fig*: **~ qqn** to look sb up and down, to eye sb from head to foot.

toison [twazɔ̃] *nf* -**1.** ZOOL fleece. -**2.** [chevelure] mane. -**3.** *fam* [poils] bushy (tuft of) hair. -**4.** MYTH: **la Toison d'or** the Golden Fleece.

toit [twa] *nm* -**1.** ARCHIT & CONSTR roof; **habiter sous les ~s** [dans une chambre] to live in an attic room OU in a garret; [dans un appartement] to live in a top-floor flat *Br* OU top-storey apartment *Am* with a sloping ceiling ❑ **~ plat/en pente** flat/sloping roof; **~ d'ardoises** slate roof; **~ de chaume** thatched roof; **~ en terrasse** terrace roof; **~ de tuiles** tiled roof; **le ~ du monde** the Roof of the World. -**2.** [demeure] roof; **avoir un ~** to have a roof over one's head; **je n'ai plus de ~** I've no longer got a roof over my head, I haven't got anywhere to live anymore; **chercher un ~** to look for somewhere to live; **sous le ~ de qqn** under sb's roof, in sb's house; **vivre sous le même ~** to live under the same roof. -**3.** AUT: **~ ouvrant** sunroof; **une voiture à ~ ouvrant** a car with a sunroof. -**4.** MIN roof.

toiture [twatyr] *nf* -**1.** [ensemble des matériaux] roofing; [couverture] roof; **toute la ~ du manoir** all the roofs of the manor house. -**2.** ARCHIT: **~ à redents** sawtooth roof.

toiture-terrasse [twatyrtɛras] (*pl* **toitures-terrasses**) *nf* cut OU terrace roof.

tokaj [tɔkaj] *nm* (Hungarian) Tokay.

tokamak [tokamak] *nm* tokamak.

tokay [tɔkɛ] *nm* -**1.** ŒNOL (Alsatian) Tokay. -**2.** ZOOL tokay.

Tōkyō [tɔkjo] *npr* Tokyo.

tôlard, e [tolar, ard] *arg crime* = **taulard**.

tôle [tol] *nf* -**1.** MÉTALL [non découpée] sheet metal; [morceau] metal sheet; **~ d'acier/d'aluminium** sheet steel/aluminium; **~ ondulée** corrugated iron; **~ galvanisée/laminée** galvanized/laminated iron. -**2.** *fam* [mauvais revêtement de route] uneven surface. -**3.** ÉLECTR: **~ magnétique** magnetized strip. -**4.** ▽ = **taule**.

tôlé, e [tole] *adj* AUT metal-panelled.

◆ **tôlée** *adj f*: **neige ~e** crusted snow.

Tolède [tɔlɛd] *npr* Toledo.

tolérable [tɔlerabl] *adj* [bruit, chaleur, douleur] bearable, tolerable; [attitude, entorse à une règle] tolerable, permissible; **son impertinence n'est plus ~** her impertinence can no longer be tolerated.

tolérance [tɔlerɑ̃s] *nf* -**1.** [à l'égard d'une personne] tolerance; **sans ~, pas de convivialité** without (a measure of) tolerance, people cannot live in harmony ‖ [à l'égard d'un règlement] latitude; **ce n'est pas un droit, c'est une simple ~** this is not a right, it is merely something which is tolerated ❑ **~ orthographique** permitted variation in spelling. -**2.** BOT & PHYSIOL tolerance; **~ au bruit/à la chaleur/à une drogue** tolerance to noise/to heat/to a drug; **pour étudier la ~ du sujet aux glucides** to study the tolerance of an individual to glucides; **~ des greffes tissulaires** acceptance OU tolerance of tissue grafts ❑ **~ congénitale/acquise** congenital/acquired tolerance; **~ immunitaire** immunological tolerance. -**3.** FIN [d'une monnaie] tolerance. -**4.** MÉCAN tolerance; **affecter une ~ à une cote** to allow a margin of tolerance *(when determining dimensions)*. -**5.** RELIG toleration; **la loi institue une ~ alors presque unique en Europe** the law established a form of toleration which was almost unique in Europe at that time.

tolérant, e [tɔlerɑ̃, ɑ̃t] *adj* -**1.** [non sectaire] tolerant; **il est ~ et éloigné de tout fanatisme** he is tolerant and a stranger to all forms of extremism. -**2.** [indulgent] lenient, indulgent, easygoing; **une mère trop ~e** an overindulgent OU excessively lenient mother.

tolérer [18] [tɔlere] *vt* -**1.** [permettre - infraction] to tolerate, to allow; **ils tolèrent le stationnement bilatéral à certaines heures** you're allowed to park on both sides of the street at certain times of the day; **nous tolérons un petit excédent de bagages** we allow a small amount of excess luggage; **le directeur ne tolère pas les retards** the boss will not have people arriving late. -**2.** [admettre - attitude, personne] to tolerate, to put up with *(insép)*; **je ne tolérerai pas son insolence** I won't stand for OU put up with OU tolerate his rudeness; **la loi peut-elle ~ l'injustice?** can the law tolerate injustice?; **elle ne l'aimait pas, elle tolérait juste sa présence à ses côtés** she didn't like him, she just put up with having him around; **ici, on la tolère, c'est tout** we put up with her here and that's about all. -**3.** PHYSIOL [supporter - médicament, traitement] to tolerate; **son foie ne tolère plus l'alcool** his liver can no longer tolerate alcohol; **les femmes enceintes tolèrent bien ce médicament** pregnant women can take this drug without adverse effects.

tôlerie [tolri] *nf* -**1.** [fabrique] sheet metal workshop. -**2.** [technique] sheet metal manufacture. -**3.** [commerce] sheet metal trade. -**4.** [d'un véhicule] panels, bodywork; [d'un réservoir] plates, (steel) cladding.

tôlier, ère▽ [tolje, ɛr] = **taulier**.

◆ **tôlier** ◇ *nm* INDUST sheet metal worker; AUT panel beater.

◇ *adj m*: **ouvrier ~** sheet metal worker.

tollé [tɔle] *nm* general outcry; **sa proposition souleva un ~ général** his proposal provoked a general outcry.

Tolstoï [tɔlstɔj] *npr*: **Léon ~** Leon Tolstoy.

tolu [tɔly] *nm* Tolu balsam.

toluène [tɔlɥɛn] *nm* toluene.

TOM [tɔm] (*abr de* **Territoire d'Outre-Mer**) *nm inv* French overseas territory.

tomahawk [tɔmaok] *nm* tomahawk.

tomate [tɔmat] *nf* -**1.** BOT [plante] tomato (plant); [fruit] tomato; **la sauce a un goût de ~ très prononcé** the sauce tastes strongly of tomatoes ❑ **~s farcies** CULIN stuffed tomatoes; **envoyer des ~s (pourries) à qqn** [conspuer] to boo sb. -**2.** *fam* [boisson] *pastis drink with grenadine*.

◆ **à la tomate** *loc adj* tomato-flavoured.

tombac [tɔ̃bak] *nm* tombac.

tombal, e, als OU **aux** [tɔ̃bal, o] *adj* funerary, tomb *(modif)*, tombstone *(modif)*; **inscription ~e** funerary OU tomb OU tombstone inscription.

tombant, e [tɔ̃bɑ̃, ɑ̃t] *adj* -**1.** [oreille, moustache] floppy; [seins, fesses] sagging; [épaules] sloping; [tentures] hanging. -**2.** [jour] failing, dwindling.

tombe [tɔ̃b] *nf* [fosse] grave; [dalle] tombstone; [monument] tomb; **aller sur la ~ de qqn** [pour se recueillir] to visit sb's grave; **muet** OU **silencieux comme une ~** as silent OU quiet as the grave; **rejoindre** OU **suivre qqn dans la ~** to follow sb to his/her grave.

tombé [tɔ̃be] *nm* -**1.** DANSE tombé. -**2.** SPORT fall.

tombeau, x [tɔ̃bo] *nm* -**1.** [sépulcre] grave, tomb, sepulchre *litt*; **suivre qqn au ~** to follow sb to the grave; **descendre au ~** to go to one's grave; **conduire** OU **mettre qqn au ~** [causer sa mort] to send sb to his/her grave. -**2.** *fig* & *litt* [endroit] morgue; [fin] death, end; **la guerre fut le ~ de la dictature** the war spelt the end for the dictatorship. -**3.** [personne discrète] : **parle sans crainte, c'est un ~** you can speak freely, he's the soul of discretion. -**4.** *loc*: **à ~ ouvert** at breakneck speed.

tombée [tɔ̃be] *nf*: **à la ~ du jour** OU **de la nuit** at nightfall OU dusk.

tomber[1] [3] [tɔ̃be] ◇ *vi* **A.** CHANGER DE NIVEAU - SENS PROPRE ET FIGURÉ -**1.** [de sa propre hauteur - personne] to fall (down); [- meuble, pile de livres] to fall over, to topple over; [- cloison] to fall down, to collapse; **il l'a entraînée en tombant** he dragged her down as he fell; **j'ai buté contre la racine et je suis tombé** I tripped over the root and fell; **~ par terre** to fall on the floor, to fall down; **~ à plat ventre** to fall flat on one's face; **~ dans l'eau** to fall into the water; **~ sous les coups de qqn** to fall under sb's blows; **~ dans un fauteuil** to fall OU to collapse into an armchair; **~ de fatigue** to be ready to drop (from exhaustion); **~ de sommeil** to be asleep on one's feet; **faire ~ qqn** [en lui faisant un croche-pied] to trip sb up; [en le bousculant] to knock OU to push sb over; **le vent a fait ~ des arbres** the wind blew some trees over OU down; **ce n'est pas tombé dans l'oreille d'un sourd** it didn't fall on deaf ears ‖ *sout* [mourir] to fall, to die; **~ sur le champ de bataille** to fall on the battlefield; **ceux qui sont tombés au champ d'honneur** those killed in action; **ceux qui sont tombés pour la France** those who died for France. -**2.** [d'une certaine hauteur - personne] to fall (down); [- avion, bombe, projectile] to fall; **ne monte pas à l'échelle, tu vas ~** don't go up the ladder, you'll fall off; **la tuile tomba à ses pieds** the tile fell at his feet; **le jupon tomba à ses pieds** the petticoat fell round her ankles; **des cascades qui tombent de plusieurs dizaines de mètres** waterfalls dropping hundreds of feet; **~ d'un échafaudage** to fall off some scaffolding; **~ dans l'escalier** to fall down the stairs; **~ dans un ravin** to fall into a ravine; **~ de cheval** to fall off OU from a horse; **~ de moto** to fall off a motorbike; **~ d'un arbre** to fall out of a tree OU from a tree; **faire ~ qqn** to knock sb down OU over; **elle l'a fait ~ de la table** she made him fall off the table; **faire ~ qqch** [en poussant] to push sthg over; [en renversant] to knock sthg over; [en lâchant] to drop sthg; [en donnant un coup de pied] to kick sthg over; **j'ai fait ~ mes lunettes** I've dropped my glasses; **le vent a fait ~ mon chapeau** the wind blew my hat off ❑ **tu es tombé bien bas** *fig* you've sunk very low; **es-tu tombé si bas que tu réclames cet**

argent? have you really sunk so low as to ask for this money back? **-3.** [se détacher - feuille, pétale, fruit] to fall OU to drop off; [- cheveu, dent] to fall OU to come out; **ne ramasse pas les cerises qui sont tombées** don't pick the cherries which are on the ground; **on a le droit de prendre les pommes qui sont tombées** we're allowed to collect windfalls; **du plâtre tombait du plafond** plaster was falling OU peeling off the ceiling; **une boule est tombée du sapin de Noël** a bauble has come OU fallen off the Christmas tree; **des paroles méprisantes tombaient de ses lèvres** *fig* words of contempt fell from his lips. **-4.** [pendre - cheveux, tentures] to fall, to hang; [- moustaches] to droop; [- seins] to sag, to droop; **ses longs cheveux lui tombaient dans le dos** her long hair hung down her back; **une mèche lui tombait sur un œil** a lock of hair hung over one eye; **de lourdes grappes de raisin tombaient de la tonnelle** heavy bunches of grapes were hanging from the bower; **il a les épaules qui tombent** he's got sloping shoulders; **bien ~** VÊT to hang well OU nicely; **la robe tombe bien sur toi** the dress hangs well OU nicely on you. **-5.** [s'abattre, descendre - rayon de soleil, radiations, nuit] to fall; [- brouillard, gifle, coup] to come down; **la neige/pluie tombait** it was snowing/raining; **une petite bruine tombait** it was drizzling; **une goutte est tombée dans mon cou** a drop trickled OU rolled down my neck; **quand la pluie aura fini de ~** when it stops raining, when the rain has stopped || *(tournure impersonnelle)*: **il tombe en moyenne 3 mm d'eau par jour** the average daily rainfall is 3 mm; **il en est tombé, de la pluie!** *fam* it tipped OU threw it down! *Br*, it poured!; **il tombera de la neige sur l'est** there will be snow in the east; **il tombe quelques gouttes** it's spitting; **il tombe de grosses gouttes/gros flocons** big drops/flakes are falling; **il tombe de la grêle** it's hailing; **il tombera de la grêle** hail is expected; **toi, tu as ta paie qui tombe tous les mois** *fam* you have a regular salary coming in (every month); **il lui tombe au moins 30 000 francs par mois** *fam* he has at least 30,000 francs coming in every month; **il m'est tombé deux factures/amendes hier** *fam* I was landed with a couple of bills/fines yesterday ❑ **ça va ~!** [il va pleuvoir] it's going to pour (with rain)!; *fig* you're going to get OU to cop it!; **son père s'est mis en colère et c'est tombé!** *fam* her father got angry and she didn't half cop it *Br* OU she caught hell *Am*!; **des têtes vont ~!** heads will be rolling!; **~ sous les yeux de qqn** to come to sb's attention. **-6.** [déboucher]: **là où la rue Daneau tombe dans le boulevard Lamain** at the point where Rue Daneau joins OU meets Boulevard Lamain; **~ sur: continuez tout droit et vous tomberez sur le marché/sur la poste** keep going straight on and you'll come to the market/the post office. **-7.** [diminuer - prix, température, voix, ton] to fall, to drop; [- fréquentation] to drop (off); [- fièvre] to drop; [- colère] to die down, to subside; [- inquiétude] to melt away, to vanish; [- enthousiasme, agitation, intérêt] to fall OU to fade away, to subside; [- tempête] to subside, to abate, to die away; [- vent] to drop, to fall, to die down; [- jour] to draw to a close; **la température est tombée de 10 degrés** the temperature has dropped OU fallen (by) 10 degrees; **sa cote de popularité est tombée très bas/à 28 %** his popularity rating has plummeted/has dropped to 28%; **faire ~ la fièvre** to bring down OU to reduce the fever. **-8.** [disparaître - obstacle] to disappear, to vanish; [- objection, soupçon] to vanish, to fade; **sa réticence est tombée devant mes arguments** she gave way in the face of my arguments; **sa joie tomba brusquement** his happiness suddenly vanished OU evaporated; **ses défenses sont tombées** he dropped his guard. **-9.** [s'effondrer - cité] to fall; [- dictature, gouvernement, empire] to fall, to be brought down, to be toppled; [- record] to be broken; [- concurrent] to go out, to be defeated; [- plan, projet] to fall through; **les candidats de droite sont tombés au premier tour** the right-wing candidates were eliminated in the first round; **le chef du gang est tombé hier** the ringleader was arrested yesterday; **le dernier joueur français est tombé en quart de finale** the last French player was knocked out in the quarter final; **faire ~** [cité] to bring down; [gouvernement] to bring down, to topple; [record] to break; [concurrent] to defeat. **-10.** [devenir]: **~ amoureux** to fall in love; **~ enceinte** to become pregnant; **~ malade** to become OU to fall ill; **~ fou** *fam* to go mad; **~ (raide) mort** to drop dead, to fall down dead. **-11.** JEUX [carte]: **tous les atouts sont tombés** all the trumps have been played; **le roi n'est pas encore tombé** the king hasn't been played yet; **faire ~ la dame** to make one's opponent to play the queen.

B. SE PRODUIRE, ARRIVER **-1.** [événement] to fall OU to be on; **mon anniversaire tombe un dimanche** my birthday is OU falls on a Sunday; **~ juste** [calcul] to work out exactly; **bien ~** to come at the right moment OU at a convenient time; **l'héritage n'aurait pas pu mieux ~!** the legacy couldn't have come at a better moment OU more convenient time!; **ton bureau l'intéresse — ça tombe bien, je voulais m'en débarrasser** he's interested in your desk — that's good, I wanted to get rid of it; **mal ~** to come at the wrong moment OU at an inconvenient time; **les jours chômés tombent mal cette année** public holidays fall badly this year; **cette grossesse tombe vraiment mal** this pregnancy comes at a very inconvenient time; **tout le monde peut venir mardi? — le mardi tombe assez mal pour moi** can everybody come on Tuesday? — Tuesday's not a good day OU very convenient for me || [personne]: **je tombe toujours aux heures de fermeture** I always get there when it's closed; **on est tombés en plein pendant la grève des trains** we got there right in the middle of the rail strike; **~ juste** [deviner] to guess right; **bien ~** [opportunément] to turn up at the right moment; [avoir de la chance] to be lucky OU in luck; **ah, vous tombez bien, je voulais justement vous parler** ah, you've come just at the right moment, I wanted to speak to you; **tu ne pouvais pas mieux ~!** you couldn't have come at a better time!; **il est excellent, ce melon, je suis bien tombé** this melon's excellent, I was lucky; **elle est bien tombée avec Hugo, c'est le mari parfait** she was lucky to meet Hugo, he's the perfect husband; **mal ~** [inopportunément] to turn up at the wrong moment; [ne pas avoir de chance] to be unlucky OU out of luck; **tu tombes mal, on doit partir cet après-midi** you've picked a bad time, we're leaving this afternoon; **il ne pouvait pas plus mal ~** he couldn't have picked a worse time; **travailler pour Fanget? tu aurais pu plus mal ~** working for Fanget? it could be worse; **tu tombes à point!** you've timed it perfectly!, perfect-timing! **-2.** [nouvelles] to be OU to come out; **l'édition du soir tombe à cinq heures** the evening edition comes out at five; **les dernières nouvelles qui viennent de ~ font état de 143 victimes** news just out OU released puts the number of victims at 143; **à 20 h, la nouvelle est tombée** the news broke at 8 p.m.

◇ *vt* **-1.** [triompher de - candidat, challenger] to defeat. **-2.** *fam* [séduire] to seduce; **il les tombe toutes** he's got them falling at his feet. **-3.** *fam loc*: **~ la veste: il fait une chaleur épouvantable, je tombe la veste** it's boiling in here, I've got to get out of this jacket.

◆ **tomber dans** *v + prép* [se laisser aller à - découragement, désespoir] to sink OU to lapse into *(insép)*; **elle tombe souvent dans la vulgarité** she often lapses into vulgarity; **comment en parler sans ~ dans le jargon scientifique?** how can we talk about it without lapsing into scientific jargon?; **sans ~ dans l'excès inverse** without going to the other extreme; **des traditions qui tombent dans l'oubli** traditions which are falling into oblivion; **~ dans la dépression** to become depressed; **~ dans l'erreur** to commit an error.

◆ **tomber en** *v + prép*: **~ en lambeaux** to fall to bits OU pieces; **~ en décadence** to fall into decline; **~ en ruine** to go to rack and ruin; **~ en morceaux** to fall to pieces.

◆ **tomber sur** *fam v + prép* **-1.** [trouver par hasard - personne] to come across, to run OU to bump into, to meet up with *Am*; [- objet perdu, trouvaille] to come across OU upon, to stumble across; **je suis tombé sur ton article dans le journal** I came across your article in the newspaper; **je suis tombé sur une arête** I bit on a fishbone; **on a tiré au sort et c'est tombé sur elle** lots were drawn and her name came up. **-2.** [avoir affaire à - examinateur, sujet d'examen] to get; **quand j'ai téléphoné, je suis tombé sur sa mère/un répondeur** when I phoned, it was her mother who answered (me)/I got an answering machine. **-3.** [assaillir - personne] to set about, to go for; **il tombe sur les nouveaux pour la moindre erreur** he comes down on the newcomers (like a ton of bricks) if they make the slightest mistake; **la cavalerie est tombée sur l'ennemi** the cavalry swooped down on the enemy; **ils nous sont tombés dessus au dernier moment** [ils sont arrivés] they dropped in on us at the last minute ❑ **ça nous est tombé dessus à l'improviste** it was like a bolt out of the blue; **il a fallu que ça me tombe dessus** OU **que ça tombe sur moi!** it had to be me!; **qu'est-ce qui va encore me ~ dessus?** what next? **-4.** [se porter sur - regard] to fall on; [- conversation] to turn to; **les soupçons sont tombés sur la nièce** suspicion fell on the niece; **la conversation est tombée sur la religion** the conversation turned to religion; **mes yeux sont tombés sur un objet qui brillait** my eyes fell on a shiny object.

tomber[2] [tɔ̃be] *nm litt*: **au ~ du jour** OU **de la nuit** at nightfall OU dusk.

tombereau, x [tɔ̃bro] *nm* **-1.** [benne] dumper, dump truck. **-2.** [contenu] truckload. **-3.** RAIL *high-sided open wagon*.

tombeur [tɔ̃bœr] *nm* **-1.** [séducteur] ladykiller. **-2.** [lutteur] killer. **-3.** SPORT: **le ~ du champion d'Europe** the man who defeated the European champion.

tombola [tɔ̃bɔla] *nf* raffle, tombola.

Tombouctou [tɔ̃buktu] *npr* Timbuktu.

tome [tɔm] ◇ *nm* [section d'un ouvrage] part; [volume entier] volume.

◇ *nf* = **tomme**.

tomette [tɔmɛt] = **tommette**.

tomme [tɔm] *nf* tomme cheese.

tommette [tɔmɛt] *nf red hexagonal floor tile*.

tommy *fam* [tɔmi] (*pl* **tommies**) *nm* Tommy *(soldier) Br*, doughboy *Am*.

ton[1] [tɔ̃] *nf* [mesure de masse] ton.

ton[2] [tɔ̃] *nm* **A.** **-1.** [qualité de la voix] tone; **~ monocorde** drone; **sur un ~ monocorde** monotonously. **-2.** [hauteur de la voix] pitch (of voice); **~ nasillard** twang. **-3.** [intonation] tone, intonation; **~ arrogant/amical/implorant** arrogant/friendly/pleading tone; **je voudrais que le ~ reste à la courtoisie** I'd like the (tone of the) discussion to remain courteous; **le ~ des entretiens est resté cordial** the atmosphere of the talks remained cordial; **d'un ~ sec** curtly; **hausser le ~** to up the tone; **pas la peine de prendre un ~ ironique/méchant pour me répondre!** there's no need to be so ironic/spiteful when you answer me!; **ne me parle pas sur ce ~!** don't speak to me like that OU in that tone of voice!; **ne le prends pas sur ce ~!** don't take it like that! **-4.** [style - d'une lettre, d'une œuvre artistique] tone, tenor; **j'aime le ~ badin de ses lettres** I like the playful tone of her letters; **le ~ de ses plaisanteries ne me plaît guère** I don't much like the tone of his jokes; **le ~ général de la pièce est assez optimiste** the overall tone of the play is fairly optimistic. **-5.** [manière de se comporter]: **le ~ des milieux artistiques** the lifestyle of artistic circles; **un ~ provincial** a small-town flavour ❑ **le bon ~**

good form. -**6.** LING [en phonétique] tone, pitch; [dans une langue tonale] pitch; **les langues à ~** tonal languages.

B. -**1.** ACOUST tone. -**2.** MUS [d'une voix, d'un instrument] tone; [tube] crook, shank; **le ~ d'une sonate** the tone of a sonata; **prendre le ~** to tune (up); **baisser/élever le ~ en chantant** to lower/to raise the pitch while singing || [mode musical] key; **le ~ majeur/mineur** major/minor key; **donner le ~** MUS to give the chord; *fig* to set the tone; **elle a très vite donné le ~ de la conversation** she quickly set the tone of the conversation; **ils donnent le ~ de la vie dans notre petite ville** they set the tone in our little town.

C. -**1.** [couleur] tone, shade; **dans les ~s verts** in shades OU tones of green; **les verts sont en ~s dégradés** the greens are shaded (from dark to light); **être dans le même ~ que...** to tone in with... -**2.** BX-ARTS shade; **les ~s chauds/froids** warm/cold tones.

◆ **dans le ton** *loc adv*: **tu crois que je serai dans le ~?** do you think I'll fit in?; **ici on ne fait pas de manières, il faudra te mettre dans le ~** we don't stand on ceremony here, you'll just have to take us as you find us; **se mettre dans le ~ de qqn** to take on sb's ways.

◆ **de bon ton** *loc adj* in good taste, bon ton *lit*; **il est de bon ~ de mépriser l'argent** it's quite fashionable to despise money.

◆ **sur le ton de** *loc prép*: **sur le ~ de la conversation** conversationally, in a conversational tone; **sur le ~ de la plaisanterie** jokingly, in jest, in a joking tone.

◆ **sur tous les tons** *loc adv* in every possible way; **on nous répète sur tous les ~s que...** we're being told over and over again that..., it's being drummed into us that...

◆ **ton sur ton** *loc adj* [en camaïeu] in matching tones OU shades.

ton[3] [tɔ̃] (*f* ta [ta], *devant n ou adj commençant par voyelle ou h muet* ton [tɔn], *pl* tes [te]) *adj poss* -**1.** [indiquant la possession] your; **~ ami/amie** your friend; **ta meilleure amie** your best friend; **~ père et ta mère** your father and mother; **tes frères et sœurs** your brothers and sisters; **un de tes amis** one of your friends, a friend of yours. -**2.** [emploi expressif]: **eh bien regarde-la, TON émission!** *fam* all right then, watch your (damned) programme!; **arrête de faire ~ intéressant!** *fam* stop trying to draw attention to yourself!; **il pleut souvent dans ta Bretagne!** *fam* it rains a lot in your beloved Brittany!; **alors, tu as réussi à avoir ~ lundi?** *fam* so you managed to get Monday off, then? -**3.** RELIG Thy.

tonal, e, als [tɔnal] *adj* -**1.** LING pitch *(modif)*. -**2.** MUS tonal.

tonalité [tɔnalite] *nf* -**1.** BX-ARTS tonality. -**2.** MUS [organisation] tonality; [d'un morceau] key. -**3.** [atmosphère] tone; **le film prend vite une ~ tragique** the film soon becomes tragic in tone. -**4.** ACOUST tonality; [d'une radio] tone. -**5.** TÉLÉC: **~ (d'invitation à numéroter)** dialling tone; **je n'ai pas de ~** I'm not getting a dialling tone, there's no dialling tone; **~ d'appel** ringing tone.

tondeur, euse [tɔ̃dœr, øz] *nm, f* shearer.

◆ **tondeuse** *nf* -**1.** [de jardin]: **~ (à gazon)** (lawn) mower; **~ électrique/à main** electric/hand mower. -**2.** [de coiffeur] (pair of) clippers. -**3.** [pour moutons] (pair of) sheep shears. -**4.** TEXT (pair of) shears.

tondre [75] [tɔ̃dr] *vt* -**1.** [cheveux] to crop; [laine de mouton] to shear (off); **il a les cheveux tondus** he's got close-cropped hair OU a crew cut. -**2.** [mouton] to shear; [chien] to clip; **~ un caniche** to clip a poodle. -**3.** [pelouse] to mow, to cut; [haie] to clip. -**4.** *fam* [dépouiller, voler] to fleece; [exploiter] to fleece, to take to the cleaners; **~ qqn** [au jeu] to clean sb out; **ils se sont laissé ~ sans protester** they got taken to the cleaners and they didn't say a word ❑ **~ la laine sur le dos de qqn** to fleece sb shamelessly, to take the (very) shirt off sb's back; **se laisser ~ la laine sur le dos: elle se laisserait ~ la laine sur le dos** she lets people take advantage of her.

tondu, e [tɔ̃dy] ◇ *adj* -**1.** [crâne] closely cropped. -**2.** [mouton] shorn; [caniche] clipped. -**3.** [pelouse] mowed, mown; [haie] clipped.

◇ *nm, f* [personne tondue] *person with close-cropped hair.*

◆ **tondu** *nm* -**1.** *fam vieilli* [moine] monk. -**2.** HIST: **le Petit Tondu** Napoleon (Bonaparte).

◆ **tondue** *nf* HIST: **les ~es** *women in France who had their heads shaved at the end of World War II for fraternizing with Germans.*

tong [tɔ̃g] *nf* flip-flop; **des ~s** (a pair of) flip-flops.

Tonga [tɔ̃ga] *npr* Tonga; **à ~** in Tonga.

tonicardiaque [tɔnikardjak] *adj* & *nm* cardiotonic.

tonicité [tɔnisite] *nf* -**1.** PHYSIOL tonicity *spéc*, muscular tone. -**2.** [de l'air, de la mer] tonic OU bracing effect.

tonie [tɔni] *nf* pitch PHYSIOL.

tonifiant, e [tɔnifjɑ̃, ɑ̃t] *adj* -**1.** [air, climat] bracing, invigorating; [promenade] invigorating; [crème, exercice, massage] tonic, toning. -**2.** [influence, conseils, lecture] stimulating, inspiring.

tonifier [9] [tɔnifje] *vt* [corps, peau] to tone up *(sép)*; [cheveux] to give new life to; [esprit] to stimulate; **une marche au grand air tonifie l'organisme** a walk in the open air does wonders for the constitution.

tonique [tɔnik] ◇ *adj* -**1.** [air, climat] bracing; [médicament] tonic, fortifying; [lotion] toning, tonic; [boisson] tonic; [activité] stimulating, invigorating. -**2.** PHYSIOL tonic. -**3.** LING [syllabe] tonic, stressed.

◇ *nm* -**1.** MÉD tonic. -**2.** [lotion] toning lotion, skin tonic.

◇ *nf* MUS tonic, keynote.

tonitruant, e [tɔnitryɑ̃, ɑ̃t] *adj* thundering, resounding, stentorian *litt.*

tonitruer [3] [tɔnitrye] *vi* to thunder, to resound.

tonnage [tɔnaʒ] *nm* -**1.** [d'un bateau]: **~ brut/net** gross/net tonnage. -**2.** [d'un port] tonnage.

tonnant, e [tɔnɑ̃, ɑ̃t] *adj* [voix] thundering.

tonne [tɔn] *nf* -**1.** [unité de masse] ton, tonne; **un bateau de mille ~s** a thousand-ton ship ❑ **~ (métrique)** (metric) ton OU tonne; **~ américaine** short ton; **un (camion de) deux ~s** a two-ton lorry *Br* OU truck *Am*; **~ d'équivalent charbon** tonne of coal equivalent; **~ fret** NAUT rate of freight. -**2.** *fam* **des ~s** [beaucoup] tons, heaps, loads; **j'ai des ~s de choses à vous raconter** I've loads of things to tell you; **en faire des ~s** [en rajouter] to lay it on (really) thick. -**3.** AGR [réservoir] tank; [grand tonneau] large cask OU barrel; [son contenu] cask, barrel.

tonneau, x [tɔno] *nm* -**1.** [contenant pour liquide] cask, barrel; **vin au ~** wine from the barrel OU cask; **vin en ~** wine in the barrel OU cask; **mettre du vin en ~** to pour wine in OU into barrels ❑ **c'est le ~ des Danaïdes** [travail interminable] it's an endless task; [gouffre financier] it's a bottomless pit; **le ~ de Diogène** Diogenes' tub. -**2.** [quantité de liquide] caskful, barrelful. -**3.** [accident] somersault; **faire un ~** to roll over, to somersault; **la voiture a fait quatre ~x** the car rolled over OU turned over four times. -**4.** AÉRON roll. -**5.** NAUT ton; **~ d'affrètement** measurement ton; **~ de jauge** *vieilli* ton, tonnage.

◆ **du même tonneau** *fam loc adj* of the same ilk *péj.*

tonnelet [tɔnlɛ] *nm* keg, small cask.

tonnelier [tɔnəlje] *nm* cooper.

tonnelle [tɔnɛl] *nf* -**1.** [abri] bower, arbour. -**2.** CHASSE tunnel net *(for partridges)*.

tonnellerie [tɔnɛlri] *nf* [fabrication] cooperage.

tonner [3] [tɔne] ◇ *vi* [artillerie] to thunder, to roar, to boom; **on entendait ~ les canons** you could hear the thunder OU roar of the cannons.

◇ *v impers*: **il tonne** it's thundering; **il a tonné plusieurs fois aujourd'hui** it's been thundering quite a bit today.

◆ **tonner contre** *v* + *prép* [suj: personne] to fulminate against.

tonnerre [tɔnɛr] ◇ *nm* -**1.** [bruit de la foudre] thunder; **le ~ gronda dans le lointain** there was a rumble of thunder in the distance; **une voix de ~** a thunderous voice ❑ **coup de ~** *pr* thunderclap; **ce fut un véritable coup de ~** *fig* it caused a real storm; **ses révélations ont eu l'effet d'un coup de ~ dans l'assemblée** the meeting was thunderstruck by her revelations. -**2.** [tumulte soudain] storm, tumult, commotion; **un ~ d'applaudissements** thunderous applause.

◇ *interj fam*: **~ (de Dieu)!** hell and damnation!; **~ de Brest!, mille ~s!** hang OU damn it all!

◆ **du tonnerre (de Dieu)** *fam* ◇ *loc adj* [voiture, fille] terrific, great; [repas, spectacle] terrific, fantastic; **un solo de batterie du ~** a really mean drum solo.

◇ *loc adv* tremendously OU terrifically well; **ça a marché du ~** it went like a dream.

tonographie [tɔnɔgrafi] *nf* tonography.

tonométrie [tɔnɔmetri] *nf* tonometry.

tonométrique [tɔnɔmetrik] *adj* tonometric.

tonsure [tɔ̃syr] *nf* -**1.** RELIG [partie rasée] tonsure; [cérémonie] tonsuring; **porter la ~** to be tonsured. -**2.** *fam* [calvitie] bald patch; **il commence à avoir une petite ~** he's going a bit thin on top.

tonsuré [tɔ̃syre] ◇ *adj m* tonsured.

◇ *nm* monk, cleric.

tonsurer [3] [tɔ̃syre] *vt* to tonsure.

tonte [tɔ̃t] *nf* -**1.** [de moutons - activité] shearing; [- époque] shearing time. -**2.** [laine tondue] fleece. -**3.** [d'une pelouse] mowing.

tontine [tɔ̃tin] *nf* JUR tontine.

tonton [tɔ̃tɔ̃] *nm* -**1.** *fam* [oncle] uncle. -**2.** HIST: **~ macoute** Tonton Macoute, Haitian secret policeman *(under the Duvalier regime)*.

tonus [tɔnys] *nm* -**1.** [dynamisme] dynamism, energy; **avoir du ~** to be full of energy. -**2.** PHYSIOL tonus; **~ musculaire** muscle tone.

top [tɔp] *nm* -**1.** [signal sonore] pip *Br*, beep *Am*; **au quatrième ~ il sera exactement 1 h** at the fourth stroke, it will be 1 o'clock precisely. -**2.** [dans une course]: **~, partez!** ready, steady, go!; **donner le ~ de départ** to give the starting signal.

topaze [tɔpaz] *nf* topaz; **couleur ~** topaz.

toper [3] [tɔpe] *vi*: **tope là!** *fam* it's a deal!, you're on!

topinambour [tɔpinɑ̃bur] *nm* Jerusalem artichoke.

topique [tɔpik] ◇ *adj* -**1.** *sout* [argument] relevant; [remarque] pertinent, apposite, relevant. -**2.** PHARM topical.

◇ *nm* -**1.** LING topic. -**2.** PHARM topical remedy.

◇ *nf* PHILOS topics *(sg)*.

topless [tɔplɛs] ◇ *adj* topless.

◇ *nm*: **faire du ~** to go topless.

top niveau *fam* [tɔpnivo] (*pl* **top niveaux**) *nm*: **elle est au ~** [sportive] she's a top-level sportswoman; [cadre] she's a top-flight executive.

topo *fam* [tɔpo] *nm* -**1.** [discours, exposé] report; **il a fait un long ~ sur la situation financière** he gave an extensive report on the financial situation ❑ **c'est toujours le même ~!** it's always the same old story!; **tu vois (d'ici) le ~!** (do) you get the picture? -**2.** *vieilli* [croquis] sketch, draft.

topographe [tɔpɔgraf] *nmf* topographer.

topographie [tɔpɔgrafi] *nf* topography.

topographique [tɔpɔgrafik] *adj* topographic, topographical.

topologie [tɔpɔlɔʒi] *nf* topology.

topométrie [tɔpɔmetri] *nf* land surveying.

toponyme [tɔpɔnim] *nm* place name, toponym *spéc.*

toponymie [tɔpɔnimi] *nf* toponymy; elle s'intéresse à la ~ she's interested in place names.

toponymique [tɔpɔnimik] *adj* toponymical.

top secret [tɔpsəkrɛ] *adj inv* top secret, highly confidential.

toquade [tɔkad] *nf* -**1.** [lubie] fad, whim; **les casquettes, c'est sa dernière ~!** caps are his latest fad! -**2.** [passade] crush; **avoir une ~ pour qqn** to have a crush on sb.

toquante [tɔkɑ̃t] = **tocante**.

toquard, e *fam* [tɔkar, ard] = **tocard**.

toque [tɔk] *nf* -**1.** [de femme] pill-box hat, toque; **~ de fourrure** (pill-box shaped) fur-hat. -**2.** [de liftier, de jockey, de magistrat] cap; **~ de cuisinier** chef's hat.

toqué, e *fam* [tɔke] ◇ *adj* -**1.** [cinglé] dotty *Br*, flaky *Am*; **un vieil oncle un peu ~** a slightly dotty old uncle. -**2. ~ de** [passionné de]: **être ~ de qqn** to be mad OU nuts about sb.

◇ *nm, f* loony, nutter *Br*, screwball *Am*; **un ~ d'écologie** an ecology crank OU freak.

toquer [3] [tɔke]

◆ **toquer à** *v + prép vieilli*: **~ à la porte** to tap on OU to knock on the door.

◆ **se toquer de** *fam vp + prép*: **se ~ de qqn** to become besotted with sb; **se ~ de qqch** to have a sudden passion for sthg.

Tora(h) [tɔra] *npr f*: **la ~** the Torah.

torche [tɔrʃ] *nf* -**1.** [bâton résineux] torch; **elle n'était plus qu'une ~ vivante** OU **vive** she'd become a human torch, her whole body was ablaze. -**2.** ÉLECTR & TECH: **~ électrique** (electric) torch *Br*, flashlight; **~ de soudage** soldering torch. -**3.** AÉRON: **le parachute s'est mis en ~** the parachute didn't open properly. -**4.** PÉTR flare.

torcher [3] [tɔrʃe] *vt* -**1.** *fam* [essuyer - plat, casserole] to wipe clean. -**2.** *fam* [vider entièrement]: **ils avaient torché leurs assiettes** they'd scraped their plates clean. -**3.** ▽ [nettoyer - fesses] to wipe; **j'ai envie de faire autre chose que de ~ des mômes** I don't want to spend my life cleaning up after kids. -**4.** *fam* [bâcler - lettre, exposé] to botch; [- réparation] to make a pig's ear of, to botch. -**5.** CONSTR to cob.

◆ **se torcher**▽ *vp (emploi réfléchi)* to wipe one's bottom.

torchère [tɔrʃɛr] *nf* -**1.** PÉTR flare. -**2.** [candélabre] candle-stand, torchère.

torchis [tɔrʃi] *nm* cob CONSTR.

torchon [tɔrʃɔ̃] *nm* -**1.** [pour vaisselle] tea towel; [pour meubles] duster; **passer un coup de ~ sur les meubles** to give the furniture a (quick) dust ❑ **le ~ brûle** [dans un parti, un gouvernement, une entreprise] tempers are getting frayed; [dans un couple, entre des collègues, des amis] there's a bit of friction between them. -**2.** *fam* [écrit mal présenté] mess; **qu'est-ce que c'est que ce ~?** [devoir scolaire] do you call that mess homework? -**3.** *fam* [mauvais journal] rag. -**4.** *Belg* [serpillière] floorcloth.

◆ **coup de torchon** *fam nm* [bagarre] fist-fight; [nettoyage] clear-out *Br*, cleanup.

torchonner *fam* [3] [tɔrʃɔne] *vt* [travail] to make a mess of, to foul up.

tordant, e *fam* [tɔrdɑ̃, ɑ̃t] *adj* [film, spectacle, situation] hilarious; **elle est ~e, ta fille** your daughter's a scream OU riot OU hoot.

tord-boyaux *fam* [tɔrbwajo] *nm inv* rotgut, hooch *Am*.

tordre [76] [tɔrdr] *vt* -**1.** [déformer - en courbant, en pliant] to bend; [- en vrillant] to twist; **tu as tordu le clou en tapant de travers** you've bent the nail by not hitting it straight. -**2.** [linge mouillé] to wring (out); **elle tordait nerveusement son mouchoir** she was playing with OU twiddling her handkerchief nervously. -**3.** [membre] to twist; **~ le bras à qqn** to twist sb's arm; **~ le cou à une volaille** to wring a bird's neck; **~ le cou à qqn** *fam* to wring sb's neck. -**4.** [défigurer]: **le dégoût lui tordait la bouche** he screwed up his mouth in disgust; **les traits tordus par la douleur** his features twisted OU his face contorted with pain. -**5.** [faire mal à]: **les brûlures qui lui tordaient l'estomac** the burning pains which were knotting his stomach; **la peur lui tordait les boyaux** *fam* his stomach was churning with fear. -**6.** TEXT to twist.

◆ **se tordre** ◇ *vpi* [ver] to twist; [pare-chocs] to buckle ❑ **se ~ de douleur** to be doubled up with pain; **se ~ (de rire)** to be doubled OU creased *Br* up with laughter; **tout le monde se tordait derrière moi** they were doubled up with laughter behind me.

◇ *vpt*: **se ~ le pied** to sprain OU to twist one's foot; **se ~ les mains (de désespoir)** to wring one's hands (in despair).

tordu, e [tɔrdy] ◇ *adj* -**1.** [déformé - bouche] twisted; [- doigt] crooked; **un vieil homme tout ~** a crooked old man; **avoir les jambes ~es** to have crooked legs. -**2.** [plié, recourbé - clef] bent; [- roue de vélo, pare-chocs] buckled; [vrillé] twisted. -**3.** *fam* [extravagant - idée, logique] twisted, weird; [- esprit] twisted, warped; **tu es complètement ~!** you're off your head!; **c'est un plan ~** it's a crazy idea. -**4.** *fam* [vicieux]: **coup ~** [acte malveillant] mean OU nasty OU dirty trick; **c'est la spécialiste des coups ~s** she's always playing dirty tricks on people.

◇ *nm, f fam* [personne bizarre ou folle] loony, nutter *Br*, screwball *Am*; **où il va, l'autre ~?** where's that idiot off to?

tore [tɔr] *nm* -**1.** ARCHIT & MATH torus. -**2.** INF: **~ magnétique** magnetic core.

toréador [tɔreadɔr] *nm vieilli* toreador, torero.

toréer [15] [tɔree] *vi* [professionnel] to be a bullfighter; **il doit ~ demain** he'll be bullfighting tomorrow.

torero [tɔrero] *nm* bullfighter, torero.

torgnole▽ [tɔrɲɔl] *nf* wallop.

toril [tɔril] *nm* toril, bull pen.

tornade [tɔrnad] *nf* -**1.** MÉTÉO tornado. -**2.** *litt* [tourmente, catastrophe] catastrophe, disaster; **sa fortune fut engloutie dans la ~ boursière** his fortune was swallowed up in the stock market crash.

toron [tɔrɔ̃] *nm* strand.

Toronto [tɔrɔ̃to] *npr* Toronto.

torpédo [tɔrpedo] *nf* open tourer *Br*, open touring car *Am*.

torpeur [tɔrpœr] *nf* torpor; **sortir de sa ~** to shake o.s. up, to rouse o.s.; **tirer qqn de sa ~** to shake sb out of his/her torpor, to rouse sb.

torpide [tɔrpid] *adj litt* torpid.

torpillage [tɔrpijaʒ] *nm* -**1.** MIL torpedoing. -**2.** *fig* [sabotage] scuppering *Br*, sabotage; **le ~ de la négociation** the wrecking of the negotiations.

torpille [tɔrpij] *nf* -**1.** ARM [projectile sous-marin] torpedo; **~ aérienne** aerial torpedo. -**2.** ZOOL torpedo (ray).

torpiller [3] [tɔrpije] *vt* -**1.** MIL to torpedo. -**2.** [projet] to torpedo, to scupper.

torpilleur [tɔrpijœr] *nm* torpedo boat.

torr [tɔr] *nm* torr.

torrée [tɔre] *nf Helv* barbecue.

torréfacteur [tɔrefaktœr] *nm* -**1.** [machine - pour le café] roaster, coffee-roaster; [- pour le tabac] (tobacco) toaster. -**2.** [commerçant] coffee merchant.

torréfaction [tɔrefaksjɔ̃] *nf* [du café, du cacao] roasting; [du tabac] toasting.

torréfier [9] [tɔrefje] *vt* [café, cacao] to roast; [tabac] to toast; **grains torréfiés** roasted beans.

torrent [tɔrɑ̃] *nm* -**1.** [ruisseau de montagne] torrent, (fast) mountain stream. -**2.** [écoulement abondant] torrent, stream; **un ~** OU **des ~s de** [une profusion de]: **un ~ de lave** a torrent OU stream of lava; **des ~s d'eau** [inondation] a flood; [pluie] torrential rain, a torrential downpour; **des ~s de larmes** floods of tears; **un ~ d'injures** a stream OU torrent of abuse; **des ~s de lumière** a flood of light; **des ~s de musique jaillissaient des haut-parleurs** loud music was booming from the loudspeakers.

◆ **à torrents** *loc adv*: **il pleut à ~s** it's pouring down.

torrentiel, elle [tɔrɑ̃sjɛl] *adj* -**1.** [d'un torrent - eau, allure] torrential. -**2.** [très abondant]: **des pluies ~les** torrential rain.

torrentueux, euse [tɔrɑ̃tɥø, øz] *adj litt* -**1.** [rivière] rushing, onrushing, fast. -**2.** [rythme] frantic; [vie] hectic.

torride [tɔrid] *adj* [chaleur, après-midi] torrid, scorching; [soleil] scorching; [région, climat] torrid.

tors, e[1] [tɔr, tɔrs] *adj* -**1.** [laine, soie] twisted. -**2.** [colonne] wreathed; [pied de meuble] twisted. -**3.** [membre] crooked, bent. -**4.** MENUIS [bois] spiral grained.

◆ **tors** *nm* TEXT twist.

torsade [tɔrsad] *nf* -**1.** [de cordes] twist; **~ de cheveux** twist OU coil of hair; **cheveux en ~s** braided OU twisted hair. -**2.** [en tricot]: **(point) ~** cable stitch. -**3.** ARCHIT cabling, cable moulding.

◆ **à torsades** *loc adj* -**1.** ARCHIT cabled. -**2.** VÊT: **pull à ~s** cable stitch sweater.

torsader [3] [tɔrsade] *vt* -**1.** [fil] to twist; [cheveux] to twist, to coil. -**2.** ARCHIT: **colonne torsadée** cabled column.

torse[2] [tɔrs] ◇ *adj f* → **tors**.

◇ *nm* -**1.** ANAT trunk, torso; **~ nu: mettez-vous ~ nu, s'il vous plaît** strip to the waist, please; **il était ~ nu** he was bare-chested. -**2.** BX-ARTS torso.

torseur [tɔrsœr] *nm* torque.

torsion [tɔrsjɔ̃] *nf* -**1.** [d'un cordage, d'un bras] twisting. -**2.** MATH, PHYS & TECH torsion. -**3.** TEXT twist (level).

tort [tɔr] *nm* -**1.** *(sans art)*: **avoir ~** [se tromper] to be wrong; **j'ai ~, je le reconnais** I admit that I'm (in the) wrong; **tout de même, il n'a pas toujours ~!** he can't be wrong all the time!; **tu as ~ de ne pas la prendre au sérieux** you're making a mistake in not taking her seriously, you're wrong not to take her seriously; **tu n'avais pas tout à fait ~/pas ~ de te méfier** you weren't entirely wrong/you were quite right to be suspicious; **donner ~ à qqn** [désapprouver] to disagree with sb; **elle me donne toujours ~ contre son fils** she always sides with her son against me; **les faits lui ont donné ~** events proved her (to be) wrong OU showed that she was (in the) wrong. -**2.** [défaut, travers] fault, shortcoming; **je reconnais mes ~s** I admit I was wrong; **elle a le ~ d'être trop franche** the trouble OU problem with her is (that) she's too direct; **c'est un ~ (de)** it's a mistake (to); **tu ne fais pas de sport? c'est un ~** don't you do any exercise? you definitely ought to OU should; **c'est un ~ d'agir sans réfléchir** it's a mistake to act without due reflexion; **avoir le ~ de** to make the mistake of; **il a eu le ~ de lui faire confiance** he made the mistake of trusting her. -**3.** [dommage] wrong; **réparer le ~ qu'on a causé** to right the wrong one has caused, to make good the wrong one has done; **réparer un ~** to make amends; **faire du ~ à qqn** to do harm to sb, to wrong sb, to harm sb; **faire du ~ à une cause** [personne] to harm a cause; [initiative] to be detrimental to a cause. -**4.** [part de responsabilité] fault; **avoir tous les ~s** [gén] to be entirely to blame; [dans un accident] to be fully responsible; [dans un divorce] to be the guilty party; **les ~s sont partagés** both parties are equally to blame; **j'ai des ~s envers eux** I have done them wrong.

◆ **à tort** *loc adv* -**1.** [faussement] wrongly, mistakenly; **croire/affirmer qqch à ~** to believe/to state sthg wrongly. -**2.** [injustement] wrongly; **condamner qqn à ~** to blame sb wrongly.

◆ **à tort ou à raison** *loc adv* right or wrong, rightly or wrongly; **on croit à ~ ou à raison que c'est contagieux** it is believed, rightly or wrongly, to be contagious.

◆ **à tort et à travers** *loc adv*: **tu parles à ~ et à travers** you're talking nonsense; **elle dépense** son argent à ~ et à travers money burns a hole in her pocket, she spends money like water.

◆ **dans son tort** *loc adv*: être dans son ~ to be in the wrong; mettre qqn dans son ~ to make sb appear to be in the wrong; se mettre dans son ~ to put o.s. in the wrong; en ne la prévenant pas, tu t'es mis dans ton ~ you put yourself in the wrong by not warning her.

◆ **en tort** *loc adv* in the wrong; dans cet accident, c'est lui qui est en ~ he is to blame for the accident.

torticolis [tɔrtikɔli] *nm* stiff neck, torticollis *spéc*; avoir un ~ to have a stiff neck.

tortillard [tɔrtijar] *nm* slow (local) train.

tortillement [tɔrtijmɑ̃] *nm* [d'un ver] wriggling, squirming; [des hanches] wiggling.

tortiller [3] [tɔrtije] ◇ *vt* -**1.** [mèche, mouchoir, fil, papier] to twist; [doigts] to twiddle; [moustache] to twirl. -**2.** [fesses] to wiggle.

◇ *vi* -**1.** [onduler]: ~ des fesses/hanches to wiggle one's bottom/hips. -**2.** *fam loc*: il n'y a pas à ~ there's no getting out of OU away from it.

◆ **se tortiller** *vpi* [ver] to wriggle, to squirm; [personne - par gêne, de douleur] to squirm; [- d'impatience] to fidget, to wriggle; se ~ sur sa chaise comme un ver to wriggle in one's chair like a worm.

tortillon [tɔrtijɔ̃] *nm* -**1.** [de papier] twist; des ~s de pâte à choux choux pastry twists. -**2.** BX-ARTS [estompe] tortillon, stump.

tortionnaire [tɔrsjɔnɛr] *nmf* torturer.

tortue [tɔrty] *nf* -**1.** ZOOL tortoise; ~ marine turtle; ~ d'eau douce terrapin. -**2.** *fam* [traînard] slowcoach *Br*, slowpoke *Am*; avancer comme une ~ to go at a snail's pace, to crawl along. -**3.** ANTIQ & MIL testudo.

tortueux, euse [tɔrtyø, øz] *adj* -**1.** [en lacets - sentier] winding, tortuous; [- ruisseau] meandering, winding, sinuous *litt*. -**2.** [compliqué - raisonnement, esprit] tortuous, devious; [- moyens] crooked, devious, tortuous; [- style] convoluted, involved.

torturant, e [tɔrtyrɑ̃, ɑ̃t] *adj* [pensée] tormenting, agonising.

torture [tɔrtyr] *nf* -**1.** [supplice infligé] torture. -**2.** *fig* [souffrance] torture, torment; l'attente des résultats fut pour lui une véritable ~ he suffered agonies waiting for the results.

◆ **à la torture** *loc adv*: être à la ~ to suffer agonies; mettre qqn à la ~ to put sb through hell.

◆ **sous la torture** *loc adv* under torture; elle n'a pas parlé, même sous la ~ she refused to talk, even under torture.

torturé, e [tɔrtyre] *adj* [marqué par la souffrance] tortured, tormented; les traits ~s tortured OU tormented features; un regard ~ a tormented look.

torturer [3] [tɔrtyre] *vt* -**1.** [supplicier - suj: bourreau] to torture. -**2.** [tourmenter - suj: angoisse, faim] to torture, to torment, to rack; [- suj: personne]: ~ qqn to put sb through torture; la jalousie le torturait he was tortured by jealousy; torturé par sa conscience tormented by his conscience. -**3.** [style, texte] to labour.

◆ **se torturer** *vp (emploi réfléchi)* to torture o.s., to worry o.s. sick; ne te torture pas, ce n'est pas ta faute don't torture yourself, it isn't your fault; ne te torture pas l'esprit! don't rack your brains (too much)!

torve [tɔrv] *adj*: il m'a lancé un regard ~ he shot me a murderous sideways look.

toscan, e [tɔskɑ̃, an] *adj* Tuscan.

◆ **Toscan, e** *nm, f* Tuscan.

◆ **toscan** *nm* LING Tuscan.

Toscane [tɔskan] *npr f*: (la) ~ Tuscany.

tôt [to] *adv* -**1.** [de bonne heure le matin] early; se lever ~ [ponctuellement] to get up early; [habituellement] to be an early riser; elle part ~ le matin she leaves early in the morning; je prendrai l'avion ~ demain I'll catch an early plane tomorrow OU a plane early tomorrow ‖ [de bonne heure le soir]: se coucher ~ to go to bed early ‖ [au début d'une période]: ~ dans l'après-midi early in the afternoon, in the early afternoon; ~ dans la saison/le mois early in the season/month. -**2.** [avant le moment prévu ou habituel] soon; il est trop ~ pour le dire it's too early OU soon to say that; arrive suffisamment ~ ou il n'y aura pas de place be there in good time or there won't be any seats left; je suis arrivée plus ~ que toi I arrived earlier than you; elle a dû partir plus ~ que prévu she had to leave earlier than expected; ce n'est pas trop ~! at last!, (it's) about time too! -**3.** [rapidement] soon; je ne m'attendais pas à le revoir si ~ I didn't expect to see him again so soon; il fallait y penser plus ~ you should have thought about it earlier OU before; je voudrais passer les prendre plus ~ I would like to come and collect them sooner OU earlier; le plus ~ possible as early OU as soon as possible; le plus ~ sera le mieux the sooner, the better ❑ avoir ~ fait de *sout* to be quick to; ils eurent ~ fait de s'emparer du sac they lost no time in seizing the bag; je n'avais pas plus ~ raccroché le téléphone qu'il arriva no sooner had I put the receiver down than he arrived; je n'y retournerai pas de si ~! I won't go back there in a hurry!; on ne le verra pas de si ~ we won't see him for a while.

◆ **au plus tôt** *loc adv* -**1.** [rapidement] as soon as possible; partez au plus ~ leave as soon as possible OU as soon as you can. -**2.** [pas avant] at the earliest; samedi au plus ~ on Saturday at the earliest, no earlier than Saturday.

◆ **tôt ou tard** *loc adv* sooner or later; ~ ou tard, quelqu'un se plaindra sooner or later OU one of these days, someone's bound to complain.

total, e, aux [tɔtal, o] *adj* -**1.** [entier - liberté] total, complete; un silence ~ complete OU total OU absolute silence; j'ai une confiance ~e en elle I trust her totally OU implicitly. -**2.** [généralisé - destruction, échec] total, utter, complete. -**3.** [global - hauteur, poids, dépenses] total; somme ~e total (amount). -**4.** ASTRON [éclipse] total. -**5.** THÉÂT: spectacle ~ total theatre.

◆ **total** *fam adv indép* the net result is that; ~, je n'ai plus qu'à recommencer the net result (of all that) is that I've got to start all over again.

◆ **total, aux** *nm* total (amount); le ~ s'élève à 130 francs the total comes to 130 francs; faire le ~ to work out the total; faire le ~ de to total up, to add up, to reckon up; fais le ~ de ce que je te dois work out everything I owe you; le ~ d'une vie *fig* the sum total of one's experiences ❑ ~ général sum total, grand total; ~ partiel subtotal.

◆ **totale** *fam nf* (total) hysterectomy.

◆ **au total** *loc adv* -**1.** [addition faite] in total; au ~, il vous revient 20 000 francs in total you are entitled to 20,000 francs. -**2.** [tout bien considéré] all in all, all things (being) considered, on the whole.

totalement [tɔtalmɑ̃] *adv* [complètement - ignorant, libre, ruiné] totally, completely; [- détruit] utterly; il est ~ incapable de gagner sa vie he is totally OU quite incapable of earning a living.

totalisant, e [tɔtalizɑ̃, ɑ̃t] *adj* synthetic PHILOS.

totalisateur, trice [tɔtalizatœr, tris] *adj* totalizing.

◆ **totalisateur** *nm* -**1.** [appareil] adding machine, totalizer. -**2.** [au turf] totalizator.

totalisation [tɔtalizasjɔ̃] *nf* adding up, addition, totalizing.

totaliser [3] [tɔtalize] *vt* -**1.** [dépenses, recettes] to add up *(sép)*, to total up *(sép)*, to reckon up *(sép)* to totalize. -**2.** [atteindre le total de] to have a total of, to total; il totalise 15 victoires he has won a total of 15 times; qui totalise le plus grand nombre de points? who has the highest score?

totaliseur [tɔtalizœr] *nm* -**1.** [appareil] adding machine, totalizer. -**2.** [au turf] totalizator.

totalitaire [tɔtalitɛr] *adj* totalitarian.

totalitarisme [tɔtalitarism] *nm* totalitarianism.

totalité [tɔtalite] *nf* -**1.** [ensemble]: la ~ des marchandises all the goods; la presque ~ des tableaux almost all the paintings. -**2.** [intégralité] whole; la ~ de la somme the whole (of the) sum. -**3.** PHILOS totality, wholeness.

◆ **en totalité** *loc adv*: somme remboursée en ~ sum paid back in full; le navire a été détruit en ~ the ship was completely destroyed, the whole ship was destroyed.

totem [tɔtɛm] *nm* totem.

totémique [tɔtemik] *adj* totemic; mât OU poteau ~ totem (pole).

totémisme [tɔtemism] *nm* totemism.

toto *fam* [tɔto] *nm* [pou] louse.

touareg, ègue [twarɛg] *adj* Tuareg.

◆ **Touareg, ègue** *nm, f* Tuareg.

◆ **touareg** *nm* LING Tuareg.

toubib *fam* [tubib] *nm* doctor.

toucan [tukɑ̃] *nm* toucan.

touchant[1] [tuʃɑ̃] *prép* [concernant] concerning, about.

touchant[2], **e** [tuʃɑ̃, ɑ̃t] *adj* [émouvant] touching, moving; une scène ~e a sight to melt the heart; être ~ de maladresse/sincérité to be touchingly awkward/earnest.

touche [tuʃ] *nf* **A.** -**1.** [d'un appareil] key; les ~s d'un téléviseur the buttons on a TV set; les ~s d'une machine à écrire the keys on a typewriter. -**2.** ÉLECTR [plot de contact] contact. -**3.** MUS [de clavier] key; [d'instrument à cordes] fingerboard.

B. -**1.** ESCRIME hit. -**2.** JOAILL touch. -**3.** PÊCHE bite; j'ai eu des ~s mais je n'ai rien pris I've had some bites but I haven't caught anything ❑ avoir une ~ avec qqn *fam* to have something going with sb; je crois que j'ai une ~ avec elle I think I'm in with her; faire une ~ *fam* to score. -**4.** ▽ *loc* & *vieilli*: la sainte ~ [le jour de la paie] payday.

C. -**1.** [coup de pinceau] touch, (brush) stroke; du vert en ~s légères light strokes of green; quelle finesse de ~! what delicate brushwork!; en quelques ~s using just a few brush strokes. -**2.** [cachet, style] touch; il était loin d'avoir la ~ d'un Dickens he lacked the Dickens touch. -**3.** [trace] note, touch; une ~ de: une ~ de couleur a touch of colour; une ~ de cynisme a touch OU tinge OU hint of cynicism. -**4.** *fam* [apparence] look; on avait une de ces ~s avec nos cheveux mouillés! we did look funny with our hair all wet!; quelle ~! what a sight!; ton prof a une drôle de ~! your teacher looks a bit weird!; il a la ~ d'un ancien militaire he looks like an ex-army man, he has the look of an ex-army man (about him).

D. SPORT [ligne] touchline; [remise en jeu] RUGBY line-out; FTBL throw-in; [sortie de ballon]: il y a ~ the ball is out; jouer la ~ to play for time *(by putting the ball into touch)*.

◆ **en touche** *loc adv* into touch; envoyer le ballon en ~ to kick the ball into touch; il a mis le ballon en ~ he kicked the ball into touch; ils ne prennent aucune balle en ~ they never win a line-out; sortir en ~ to go into touch ❑ sortie en ~ FTBL throw-in; RUGBY line-out.

◆ **sur la touche** *loc adv* -**1.** SPORT: rester sur la ~ to stay on the bench. -**2.** *fam loc*: être OU rester sur la ~ *fig* to be left out; quand il a eu 50 ans, ils l'ont mis sur la ~ when he was fifty, they put him out to grass OU they threw him on the scrap heap.

touche-à-tout [tuʃatu] *nmf inv* -**1.** [importun] meddler. -**2.** [dilettante] dabbler, Jack-of-all-trades (and master of none).

toucher[1] [tuʃe] *nm* -**1.** [sens] (sense of) touch; [palpation] touch. -**2.** [sensation] feel; le ~ rugueux de l'écorce the rough feel of bark; le ~ onctueux de l'argile the smooth feel of clay. -**3.** [manière de toucher] touch; avoir un ~ délicat/vigoureux [gén & MUS] to have a light/energetic touch. -**4.** MÉD (digital) palpation *spéc*, examination; ~ buccal/rectal/vaginal oral/rectal/vaginal examination. -**5.** SPORT touch; il a un bon ~ de balle he's got a nice touch.

◆ **au toucher** *loc adv*: doux/rude au ~ soft/rough to the touch; **c'est facile à reconnaître au ~** it's easy to tell what it is by touching it OU by the feel of it.

toucher[2] [3] [tuʃe] ◇ *vt* **A.** -**1.** [pour caresser, saisir] to touch; [pour examiner] to feel; **tu m'as fait mal — je t'ai à peine touché** you hurt me – I hardly touched you; **ne touchez pas les fruits!** don't touch OU handle the fruit!; **ne me touche pas!** get your hands off me!, don't touch me!; **le parchemin s'effrite dès qu'on le touche** the parchment crumbles at the first touch; ~ **qqch du pied** to touch sthg with one's foot; **'prière de ne pas ~'** 'please do not touch' ❑ **pas touche!** *fam* hands off!; **touchez avec les yeux!** don't touch, just look! -**2.** [entrer en contact avec] to touch; **il a touché le filet avec sa raquette** he touched the net with his racket, his racket touched OU hit the net; **ma main a touché sa main** my hand brushed (against) his; **sa robe touchait presque le sol** her dress reached almost to the ground; **au moment où la navette spatiale touche le sol** when the space shuttle touches down OU lands; **les ailes de la libellule touchaient à peine l'eau** the wings of the dragonfly barely skimmed the water. -**3.** *fam* [joindre - suj: personne] to contact, to reach, to get in touch with; **où peut-on vous ~ en cas d'urgence?** where can you be contacted OU reached in an emergency? || [suj: lettre] to reach; **si notre message l'avait touché** if our message had got (through) to him OU reached him. -**4.** MÉD to palpate *spéc*, to examine. -**5.** NAUT [port] to put in at, to call at; [rochers, fonds] to hit, to strike; **nous toucherons Marseille lundi** we'll put in at OU reach Marseilles on Monday. -**6.** JOAILL to touch.

B. -**1.** [se servir de - accessoire, instrument] to touch; **il n'a pratiquement pas touché le ballon pendant la première mi-temps** he hardly touched OU played the ball during the first half; **cela fait des années que je n'ai pas touché une guitare** I haven't touched a guitar for years; **son service est si puissant que je ne touche pas une balle** *fam* his serve is so powerful I can't get anywhere near the ball. -**2.** [consommer] to touch; **il n'a même pas touché son repas/la bouteille** he never even touched his meal/the bottle. -**3.** [blesser] to hit; **la balle l'a touché à la jambe** the bullet hit him in the leg; **touché à l'épaule** hit in the shoulder; **touché!** ESCRIME touché! ❑ **touché, coulé!** JEUX hit, sunk!; ~ **juste** to hit the target *fig*. -**4.** [atteindre - suj: mesure] to concern, to affect, to apply to; [- suj: crise, krach boursier, famine] to affect, to hit; [- suj: incendie, épidémie] to spread to *(insép)*; **la marée noire a touché tout le littoral** the oil slick spread all along the coast; **reste-t-il un secteur que l'informatique n'ait pas touché?** are there still any areas untouched by computerization?; **les personnes touchées par l'impôt sur les grosses fortunes** people in the top tax bracket. -**5.** [émouvoir - suj: film, geste, gentillesse, spectacle] to move, to touch; **ses chansons ne me touchent pas** her songs leave me indifferent; **vos compliments me touchent beaucoup** I'm very touched by your kind words; **ses prières avaient touché mon cœur** her entreaties had moved OU stirred me || [affecter - suj: décès] to affect, to shake; [- suj: critique, propos désobligeants] to affect, to have an effect on; **elle a été très touchée par sa disparition** she was badly shaken by his death; **un nouveau malheur vient de les ~** misfortune has just struck them again. -**6.** *fam* [s'en prendre à - personne] to touch; **c'est le plus gros notable du pays, on ne peut pas le ~** he's the most important public figure in the region, we can't touch him. -**7.** [percevoir - allocation, honoraires, pension, salaire] to receive, to get, to draw; [- indemnité, ration] to receive, to get; [- chèque] to cash (in) *(sép)*; **combien touches-tu par an?** how much do you get a year?, what's your yearly salary?; ~ **beaucoup d'argent** [salarié] to earn a good wage; [artiste, médecin] to earn large fees; **les saisonniers ne touchent presque rien** seasonal workers don't get paid much; **elle touche 500 000 francs par an** she earns 500,000 francs a year; ~ **gros** *fam* to line one's pockets, to make a packet; **touchez-vous les allocations familiales?** do you get child benefit?; ~ **des droits d'auteur** to get royalties; **il a dû ~ pas mal d'argent** *fam* he must've been slipped a tidy sum; ~ **le tiercé** to win the tiercé; ~ **le chômage** to be on the dole *Br*, to be on welfare *Am*.

C. -**1.** [être contigu à] to join on *(insép)* to, to adjoin, to be adjacent to; **ma maison touche la sienne** my house is adjacent to OU joins onto his. -**2.** [concerner]: **il s'occupe de tout ce qui touche le financement** he deals with all matters connected with financing OU with all finance-related matters; **une affaire qui touche la Défense nationale** a matter related to defence, a defence-related matter; **en ce qui touche les vacances** *sout* concerning OU as regards the holidays. -**3.** [être parent avec] to be related to; **elle ne nous touche ni de loin ni de près** she is not related to us in any way at all.

◇ *vi* -**1.** NAUT to touch bottom. -**2.** PÊCHE to bite. -**3.** ▽ [exceller]: **elle touche en informatique!** she's a wizard at OU she knows a thing or two about computers!; **ça y est, au saxo, je commence à ~!** I'm beginning to get the hang of the sax now! -**4.** *loc*: **touchez là!** it's a deal!, (let's) shake on it!

◆ **toucher à** *v + prép* -**1.** [porter la main sur - objet] to touch; **évitez de ~ aux fruits** try not to handle the fruit; **que je ne te reprenne pas à ~ aux allumettes!** don't let me catch you playing with matches again! || [frapper - adversaire, élève] *fam* to touch, to lay hands OU a finger on; **si tu touches à un seul cheveu de sa tête...!** if you so much as lay a finger on her...! || [porter atteinte à] to interfere with *(insép)*, to harm, to touch; **ils ne veulent pas vraiment ~ au gouvernement** their aim isn't really to harm the government; **ne touchez pas aux parcs nationaux!** hands off the national parks! -**2.** [modifier - appareil, documents, législation] to tamper OU to interfere with; **quelqu'un a dû ~ aux freins** someone must have tampered with the brakes; **ton dessin est parfait, n'y touche plus** your drawing is perfect, leave it as it is. -**3.** [utiliser - aliment, instrument] to touch; [- somme d'argent] to touch, to break into; **je n'ai jamais touché à la drogue** I've never been on OU touched drugs; **et la drogue? — elle n'y touche plus** what about drugs? — she's given them up; **tu n'as pas touché à ton repas/assiette?** you haven't touched your meal/what was on your plate, have you?; **il ne touche plus à la bouteille** *fam* he never touches a drop now; **cela fait longtemps que je n'ai pas touché à un volant/piano** I haven't touched a steering wheel/a piano for a long time ❑ ~ **à tout** *pr* to fiddle with OU to touch everything; *fig* to dabble (in everything); **je touche un peu à tout** [artisan] I'm a Jack-of-all-trades, I do a little bit of everything; [artiste] I'm a man of many parts. -**4.** [être proche de - suj: pays, champ] to adjoin, to border (upon); [- suj: maison, salle] to join on *(insép)* to, to adjoin; **notre propriété touche aux salines** our property borders on the salt marsh || [confiner à]: ~ **à la perfection** to be close to perfection; **sa prudence touche à la lâcheté** *sout* his caution borders on cowardice. -**5.** [concerner, se rapporter à - activité, sujet] to have to do with, to concern; **les questions touchant à l'environnement** questions related to the environment, environment-related questions; **tout ce qui touche au sexe est tabou** everything connected OU to do with sex is taboo; **pour tout ce qui touche de près ou de loin à...** for anything even remotely connected with... -**6.** [aborder - sujet, question] to bring up *(sép)*, to come onto *(insép)*, to broach; **vous venez de ~ au point essentiel du débat** you've put your finger on the key issue in the debate. -**7.** *sout* [atteindre - un point dans l'espace, dans le temps] to reach; **nous touchons au terme du voyage/aux portes de la ville** we've reached the end of our trip/the city gates; **le navire touche au port ce soir** the ship will enter OU reach harbour tonight; **le projet touche à son terme** the project is nearing its end; ~ **à sa fin: notre séjour touche à sa fin** our stay is nearing its end.

◆ **se toucher** ◇ *vp (emploi réciproque)* [être en contact] to touch, to be in contact; [entrer en contact] to touch, to come into contact; [jardins, communes] to touch, to be adjacent (to each other), to adjoin each other; **à l'endroit où les deux lignes se touchent** where the two lines meet; **leurs corps se touchèrent à peine** their bodies (merely) brushed against each other OU barely touched; **ils se touchèrent de l'épaule** their shoulders touched.

◇ *vp (emploi réfléchi) euph* [se masturber] to play with o.s.

touche-touche [tuʃtuʃ]

◆ **à touche-touche** *fam loc adv*: être à ~ to be nose to tail OU bumper to bumper.

touffe [tuf] *nf* -**1.** [de cheveux, de poils] tuft. -**2.** [d'arbustes] clump, cluster. -**3.** [d'herbe] clump, tuft; [de fleurs] clump.

touffeur [tufœr] *nf litt* sultry OU sweltering heat.

touffu, e [tufy] *adj* -**1.** [bois, feuillage, haie] thick, dense; [barbe, sourcils] thick, bushy; [arbre] thickly-covered, with dense foliage. -**2.** [texte] dense.

touillage *fam* [tujaʒ] *nm* [d'une sauce] stirring; [d'une salade] tossing.

touille [tuj] *nf* ZOOL porbeagle, mackerel shark.

touiller *fam* [3] [tuje] *vt* [sauce] to stir; [salade] to toss.

toujours [tuʒur] *adv* -**1.** [exprimant la continuité dans le temps] always; **je l'ai ~ dit/cru** I've always said/thought so; **elle regrettera ~ d'avoir dit non** she will always regret having said no; **il est ~ à se plaindre** he's always OU he never stops complaining; **ils n'ont pas ~ été aussi riches** they haven't always been so rich; **ça ne durera pas ~** it won't last forever; **le ciel ~ bleu** the eternally blue sky; **la ~ charmante Sophie** the ever charming Sophie; **Sophie, ~ plus belle** Sophie, ever more beautiful; ~ **plus haut, ~ plus vite, ~ plus loin** ever higher, ever faster, ever farther; ~ **plus** more and more, still more; **ils sont ~ plus exigeants** they are more and more demanding. -**2.** [marquant la fréquence, la répétition] always; **elle est ~ en retard** she is always late; **il termine ~ à 5 h** he always finishes at 5 o'clock; **c'est ~ moi qu'on punit** I'm always the one who gets punished; **cette expérience ne réussit pas ~** this experiment is not always successful; **les erreurs ne sont pas ~ où on les attend** mistakes sometimes occur where we least expect them; **elle trouve ~ un bon prétexte** she always finds a good excuse; **on a presque ~ habité la même ville** we have almost always lived in the same town; **tu as ~ raison, enfin presque ~!** you're always right, well, nearly always! -**3.** [encore] still; **tu travailles ~?** are you still working?; **tu écris ~ des poèmes?** do you still write poems?; **es-tu ~ décidé à le faire?** are you still determined to do it?; **il est ~ fâché** he's still cross; **il fait ~ aussi chaud** it is as hot as ever; **tu es ~ aussi serviable!** *iron* you're just OU still as helpful as ever, (I see)!; **il travaillait ~ quand je suis arrivée** he was still working when I arrived; ~ **pas** still not; **je ne suis ~ pas satisfait** I'm still not satisfied; **ta leçon n'est ~ pas sue** you still don't know your lesson; **elle n'a ~ pas téléphoné** she hasn't phoned yet, she still hasn't phoned. -**4.** [de toute façon]: **on peut ~ y aller, on verra ce qu'il se passera** we can always go and see what happens; **on peut ~ lui demander** we can always ask him; **tu peux ~ essayer** you can always try, you might as well try; **prends-le, tu peux ~ en avoir besoin** take it, you may OU might need it (some day); **ça peut ~ servir** it might come in handy OU useful; **c'est ~ mieux que rien** still, it's better than nothing; **on trouvera ~ un moyen** we're sure OU bound to find a way; **tu peux ~ pleurer, je ne céderai pas** (you can) cry as much as you like, I won't give in; **tu trouveras ~ quelqu'un à qui demander** you're bound to find somebody you can ask; **tu lui fais confiance? – pas dans le travail, ~!** do you trust him? – not when it comes to work, anyway!; **tu la connais? – pas sous cet angle, ~!** do you know her? – not that side of her, anyway! ❑ **il peut ~ attendre!** he'll be lucky!, he'll have a long wait!; **tu peux ~ courir!** no chance! you haven't a hope OU *Am* a prayer!; **c'est ~ ça de pris** that's something (at least).

◆ **comme toujours** *loc adv* as always; **il a été charmant comme ~** he was charming as always; **comme ~, il est en retard** as always OU as ever, he's late.

◆ **de toujours** *loc adj*: **elle se retrouvait face à son public de ~** she found herself before her faithful audience of old; **une amitié de ~** a lifelong friendship; **ces coutumes sont de ~** these customs date from time immemorial.

◆ **pour toujours** *loc adv* forever; **tu me le donnes pour ~?** can I keep it forever OU for good?

◆ **toujours est-il que** *loc conj* the fact remains that; **j'ignore pourquoi elle a refusé, ~ est-il que le projet tombe à l'eau** I don't know why she refused, but the fact remains that the plan has had to be abandoned.

toulonnais, e [tulɔnɛ, ɛz] *adj* from Toulon.

◆ **Toulonnais, e** *nm, f inhabitant of or person from Toulon.*

toulousain, e [tuluzɛ̃, ɛn] *adj* from Toulouse.

◆ **Toulousain, e** *nm, f inhabitant of or person from Toulouse.*

toundra [tundra] *nf* tundra.

toupet [tupɛ] *nm* **-1.** *fam* [audace] impudence, nerve, cheek *Br*; **elle a du ~** OU **un sacré ~!** she's got some nerve OU cheek *Br*!; **il a eu le ~ de...** he had the nerve OU cheek *Br* to... **-2.** [de cheveux] tuft of hair, quiff *Br*; **faux ~** toupee, hairpiece. **-3.** ZOOL [d'un cheval] forelock.

toupie [tupi] *nf* **-1.** JEUX (spinning) top; **~ d'Allemagne** humming top; **tourner comme une ~** to spin like a top; **vieille ~** *fam* [harpie] old ratbag *Br*, old hen *Am*. **-2.** MENUIS spindle moulder. **-3.** PLOMBERIE turnpin, reamer.

tour[1] [tur] *nf* **-1.** ARCHIT & CONSTR tower; **la ~ de Babel** BIBLE the Tower of Babel; **le palais de l'Unesco est une vraie ~ de Babel** you can hear a real mixture of languages at UNESCO headquarters; **~ de bureaux** office (tower) block; **~ de contrôle** AÉRON control tower; **la ~ Eiffel** the Eiffel tower; **~ d'habitation** tower OU high-rise block; **~ d'ivoire** *fig* ivory tower; **s'enfermer dans une ~ d'ivoire** *fig* to remain aloof; **la ~ de Londres** the Tower of London; **la ~ (penchée) de Pise** the Leaning Tower of Pisa; **~ de refroidissement** INDUST cooling tower; **immeuble ~** tower block. **-2.** *fam* [personne grande et corpulente]: **c'est une vraie ~** he's/she's built like the side of a house. **-3.** JEUX castle, rook. **-4.** CHIM: **~ de fractionnement** fractionating column; **~ de Gay-Lussac/Glover** Gay-Lussac/Glover tower. **-5.** PÉTR: **~ de forage** drilling rig.

tour[2] [tur] *nm* **A.** CERCLE **-1.** [circonférence - d'un fût, d'un arbre] girth; [- d'un objet, d'une étendue] circumference; **mesurer le ~ d'une piscine** to measure round a swimming pool, to measure the circumference of a swimming pool ‖ [bord, contour]: **le ~ de ses yeux était souligné d'un trait** she'd drawn a line round her eyes; **le ~ du lac est planté d'arbres** trees have been planted all round OU around the lake. **-2.** [mensuration]: **~ de taille/hanches** waist/hip measurement; **elle fait 55 cm de ~ de taille** her waist (measurement) is 55 cm; **prends ton ~ de taille** measure (round) your waist; **quel est votre ~ de taille/hanches?** what size waist/hips are you?; **~ de cou** collar size; **il fait (un) 42 de ~ de cou** he takes a size 42 collar; **~ de poitrine** [d'une femme] bust measurement OU size; [d'un homme] chest measurement OU size; **~ de tête** head measurement; **je ne connais pas son ~ de tête** I don't know his hat size. **-3.** [parure]: **~ de cou** JOAILL choker; VÊT [en fourrure] fur collar; **~ de lit** (bed) valance. **-4.** [circuit] tour, circuit; **j'ai fait le grand ~ pour venir ici** I came here the long way round; **faire le ~ de** *pr*: **faire le ~ d'un parc** to go round a park; [à pied] to walk round a park; [en voiture] to drive round a park; **nous avons fait le ~ du vieux quartier** we went round the old part of the town; **faire le ~ du monde** to go round the world; **faire le ~ du monde en auto-stop/voilier** to hitch-hike/to sail round the world; **une jeune Américaine faisant son ~ d'Europe** a young American travelling round Europe; **faire le ~ de** *fig*: **l'anecdote a fait le ~ des bureaux** the story went round the offices OU did the rounds of the offices; **faire le ~ d'une question** to consider a problem from all angles; **j'ai fait le ~ de toutes les options** I've explored all the possibilities; **je sais ce qu'il vaut, j'en ai vite fait le ~** I know what he's worth, it didn't take me long to size him up ❑ **~ de circuit** lap; **le Tour de France** [cycliste] the Tour de France; [des compagnons] the Tour de France *(carried out by an apprentice to become a journeyman)*; **~ d'honneur** lap of honour; **~ de piste** ATHLÉTISME lap; ÉQUIT round; **faire un ~ de piste** ATHLÉTISME to run a lap; **faire un ~ de piste sans faute** ÉQUIT to have a clear round; **le ~ du propriétaire: on a fait le ~ du propriétaire** we went OU looked round the property; **fais-moi faire le ~ du propriétaire** show me round your property; **j'ai fait le ~ du cadran** *fam* I slept round the clock; **faire un ~ d'horizon** to deal with all aspects of a problem. **-5.** [promenade - à pied] walk, stroll; [- en voiture] drive, ride; [- à bicyclette, à cheval, en hélicoptère] ride; [court voyage] trip, outing *(U)*; **faire un ~** [à pied] to go for a walk; [en voiture] to go for a drive OU ride; [à vélo] to go for a ride; **faire un ~ en ville** to go into town; **je vais faire un petit ~ près de la rivière** I'm going for a short walk near the river; **nous irons faire un ~ dans les Pyrénées** we'll go for a trip in the Pyrenees.

B. PÉRIODE, ÉTAPE **-1.** [moment dans une succession] turn; JEUX [gén] turn, go; [aux échecs] move; **c'est (à) ton ~** [gén] it's your turn OU go; [échecs] it's your move; **à qui le ~?** whose turn is it?, who's next?; **chacun son ~** everyone will have his turn; **prendre le ~ de qqn** to take sb's turn; **laisser passer son ~** to miss one's turn; **tu attendras ton ~ pour poser une question** you'll have to wait until it's your turn to ask a question; **c'est à ton ~ de mettre la table** it's your turn to lay OU to set the table; **parler à son ~** to speak in turn; **nous veillons chacun à notre ~** we take turns to be on watch ❑ **~ de garde** [d'un médecin] spell OU turn of duty; **~ de scrutin** ballot; **au premier ~** in the first ballot OU round. **-2.** SPORT [série de matches] round; **le second ~ de la coupe d'Europe** the second round of the European Cup.

C. ACTION HABILE OU MALICIEUSE **-1.** [stratagème] trick; **elle prépare un mauvais ~** she's up to some mischief; **j'en ai fait, des ~s, quand j'étais petit!** I was always up to no good when I was a child!; **jouer un ~ à qqn** to play a trick on sb; **jouer un sale** OU **mauvais ~ à qqn** to play a nasty OU dirty trick on sb; **jouer un ~ pendable à qqn** to play a really nasty trick on sb; **ça vous jouera un mauvais** OU **vilain ~!** you'll be sorry for it!, it'll catch up with you (one day)!; **ma mémoire/vue me joue des ~s** my memory/sight is playing tricks on me ❑ **et le ~ est joué!** and there you have it!; **avoir plus d'un ~ dans son sac** to have more than one trick up one's sleeve. **-2.** [numéro, technique]: **~ d'adresse** skilful trick, feat of skill; **~ de cartes** card trick; **~ de passe-passe** sleight of hand; **~ de prestidigitation** conjuring trick.

D. ASPECT **-1.** [orientation] turn; **cette affaire prend un très mauvais ~** this business is going very wrong; **la discussion prend un très mauvais ~** the discussion is taking a nasty turn; **je n'aime pas le ~ qu'a pris la situation** I don't like the turn the situation has taken OU the way the situation is developing; **la manifestation prit un ~ tragique** the demonstration took a tragic turn ❑ **~ d'esprit** turn OU cast of mind; **ce n'était pas dans son ~ d'esprit** this wasn't the way her mind worked; **donner le ~** *Helv* [maladie] to take a turn for the better; [personne] to wrap up. **-2.** LING [expression] expression, phrase; [en syntaxe] construction; **un ~ de phrase maladroit** an awkward turn of phrase.

E. ROTATION **-1.** [d'une roue, d'un cylindre] turn, revolution; [d'un outil] turn; ASTRON revolution; **la Terre fait un ~ sur elle-même en 24 heures** the Earth completes a revolution in 24 hours OU revolves on its axis once every 24 hours; **faire un ~/trois ~s sur soi-même** to spin round once/three times (on o.s.) ❑ **il n'y a qu'un ~ de clef** the key's only been turned once; **donner deux ~s de clef** to give a key two turns, to turn a key twice; **n'oublie pas de donner un ~ de clef (à la porte)** don't forget to lock the door; **~ de manège** ride on a roundabout *Br* OU a merry-go-round; **~ de vis** (turn of the) screw; **il suffit de donner un seul ~ de vis** all it needs is one turn of the screw. **-2.** AUT revolution, rev. **-3.** MÉD: **~ de reins: attraper** OU **se donner un ~ de reins** to put one's back out, to rick one's back. **-4.** CULIN folding *(U)*; **donner trois ~s à la pâte** fold the pastry over three times.

F. TECH lathe; **~ parallèle** centre lathe; **~ de potier** potter's wheel; **~ vertical** vertical milling machine; **fait au ~** *fig* beautifully made.

◆ **à tour de bras** *loc adv* [frapper] with all one's strength OU might.

◆ **à tour de rôle** *loc adv* in turn; **ils président la réunion à ~ de rôle** they chair the meeting in turn OU turns, they take turns at chairing the meeting; **on peut le faire à ~ de rôle si tu veux** we can take (it in) turns if you like.

◆ **tour à tour** *loc adv* alternately, by turns; **~ à ~ charmant et odieux** alternately OU by turns charming and obnoxious.

◆ **tour de chant** *nm* (song) recital; **au programme de mon ~ de chant ce soir** among the songs I'm going to sing tonight.

◆ **tour de force** *nm* tour de force, (amazing) feat; **il a réussi le ~ de force de la convaincre** he managed to convince her, and it was quite a tour de force OU quite an achievement.

◆ **tour de main** *nm* **-1.** [savoir-faire] knack; **avoir/prendre le ~ de main** to have/to pick up the knack; **c'est un ~ (de main) à prendre** it's just a knack one has to pick up. **-2.** *loc*: **en un ~ de main** in no time (at all), in the twinkling of an eye.

◆ **tour de table** *nm* **-1.** ÉCON core shareholders. **-2.** [débat]: **faisons un ~ de table** I'd like each of you in turn to give his or her comments; **réunir un ~ de table** to organize a brainstorming session.

Touraine [turɛn] *npr f*: **(la) ~** the Touraine (region).

tourangeau, elle, x [turɑ̃ʒo, ɛl] *adj* **-1.** [de Touraine] from the Touraine. **-2.** [de Tours] from Tours.

◆ **Tourangeau, elle, x** *nm, f* **-1.** [de Touraine] *inhabitant of or person from the Touraine.* **-2.** [de Tours] *inhabitant of or person from Tours.*

tourbe [turb] *nf* [matière] peat, turf.

tourbeux, euse [turbø, øz] *adj* [sol] peat *(modif)*, peaty, boggy.

tourbière [turbjɛr] *nf* peat bog.

tourbillon [turbijɔ̃] *nm* **-1.** MÉTÉO [vent tournoyant] whirlwind, vortex *litt.* **-2.** [masse d'air, de particules]: **~ de poussière/sable** eddy of dust/sand; **~ de fumée** twist OU coil OU eddy of smoke; **~ de feuilles** flutter of whirling leaves; **~ de neige** snow flurry. **-3.** [dans l'eau - important] whirlpool; [- petit] swirl; **l'eau faisait des ~s** the water was eddying OU swirling. **-4.** [rotation rapide] whirling, spinning; **les ~s de la valse** the whirling motion of a waltz. **-5.** *litt* [vertige, griserie] whirl; **le ~ de la vie moderne** the whirl of modern life; **un ~ de plaisirs** a giddy round of pleasures; **emporté par un ~ de souvenirs** carried away by a rush of memories. **-6.** MÉCAN & PHYS vortex.

◆ **en tourbillons** *loc adv*: monter/descendre en ~s to swirl up/down.

tourbillonnaire [turbijɔnɛr] *adj* vortical.

tourbillonnant, e [turbijɔnɑ̃, ɑ̃t] *adj* -**1.** [vent, poussière] whirling; [feuilles, flocons] swirling, whirling, fluttering. -**2.** [existence] whirlwind *(modif)*, hectic.

tourbillonnement [turbijɔnmɑ̃] *nm* [de feuilles, de flocons] whirling, swirling.

tourbillonner [3] [turbijɔne] *vi* -**1.** [eau, rivière] to swirl, to make eddies; **l'eau tourbillonnait autour des piles du pont** the water was swirling around the bridge supports. -**2.** [tournoyer - flocons, feuilles, sable] to whirl, to swirl, to flutter; [- fumée] to whirl, to eddy; [- danseur] to spin OU to whirl OU to twirl (round); **les tracts tombaient en tourbillonnant** the pamphlets were fluttering OU spiralling down (to the ground). -**3.** [défiler rapidement - pensées]: **les idées tourbillonnaient dans sa tête** ideas were whirling OU dancing around in his head.

tourelle [turɛl] *nf* -**1.** ARCHIT turret, tourelle. -**2.** MIL [abri] (gun) turret; [d'un bateau] conning tower. -**3.** CIN (lens) turret. -**4.** MÉCAN [d'un tour] turret.

Tourgueniev [turgenjɛf] *npr* Turgenev.

tourière [turjɛr] *adj f* & *nf*: (sœur) ~ *sister responsible for a convent's external relations*.

tourillon [turijɔ̃] *nm* -**1.** MÉCAN [d'une pièce] pivot, trunnion. -**2.** ARM trunnion. -**3.** MENUIS (fixing) dowel.

tourisme [turism] *nm* -**1.** [fait de voyager] touring; **faire du** ~ [dans un pays] to go touring; [dans une ville] to go sightseeing. -**2.** [commerce]: **le** ~ tourism, the tourist industry; **notre région vit du** ~ we are a tourist area. -**3.** AUT: **(voiture) grand** ~ tourer.

◆ **de tourisme** *loc adj* -**1.** [ville] tourist *(modif)*; [agence] travel *(modif)*. -**2.** [à usage personnel - avion, voiture] private.

tourista *fam* [turista] *nf* traveller's tummy.

touriste [turist] *nmf* -**1.** [gén] tourist; [pour la journée] day-tripper; **il y a trop de ~s ici** there are too many tourists around here. -**2.** *fam* [dilettante, amateur] (outside) observer; **vous allez participer au débat? — non, je suis là en** ~ are you going to take part in the discussion? — no, I'm just watching OU just an observer.

touristique [turistik] *adj* -**1.** [pour le tourisme - brochure, guide] tourist *(modif)*; **renseignements ~s** travel OU tourist information ❑ **route** ~ scenic route; **pendant la saison** ~ in season, during the tourist season. -**2.** [qui attire les touristes] tourist *(modif)*; **c'est un village très** ~ this village is very popular with tourists OU is a very popular spot; **cette ville est beaucoup trop ~ à mon goût** there are too many tourists in this town for my taste.

tourmaline [turmalin] *nf* tourmaline.

tourment [turmɑ̃] *nm sout* -**1.** *litt* [physique] intense suffering, agony; **dans les ~s de la soif** suffering the pangs of thirst; **les ~s de la maladie** the torments OU throes of illness. -**2.** [moral] agony, torment; **les ~s de l'incertitude** torments of uncertainty; **en proie aux ~s de la création** in the throes of creation.

tourmente [turmɑ̃t] *nf litt* -**1.** [tempête] tempest *litt*, storm; ~ **de neige** blizzard. -**2.** *fig* [bouleversements] turmoil.

tourmenté, e [turmɑ̃te] *adj* -**1.** [angoissé - personne] tormented, troubled, anguished; [- conscience] tormented, troubled. -**2.** [marqué par la souffrance - visage] tormented; **les traits ~s** tormented features; **un regard** ~ a haunted OU tormented look. -**3.** [agité - époque] troubled; **la période ~e des guerres de Religion** the troubled period of the Wars of Religion. -**4.** *sout* [accidenté - paysage, côte] wild, rugged, craggy; [changeant - ciel] changing, shifting; **un paysage d'orage sous un ciel** ~ a stormy landscape under a shifting sky. -**5.** LITTÉRAT & BX-ARTS tortuous; **un bâtiment aux sculptures ~es** a building with contorted OU convoluted sculptures. -**6.** MÉTÉO & NAUT: **mer ~e** rough OU heavy sea.

tourmenter [3] [turmɑ̃te] *vt sout* -**1.** [martyriser - animal, personne] to torment, to ill-treat; **veux-tu cesser de ~ cette pauvre bête!** will you stop tormenting OU baiting that poor animal! -**2.** [harceler] to harass; **tourmenté par ses héritiers** plagued OU harassed by his heirs. -**3.** [suj: faim, soif, douleur] to torment, to plague, to rack; [suj: incertitude, remords] to torment, to haunt, to rack; [suj: jalousie] to plague, to torment; [suj: obsession] to torment, to haunt; **ses rhumatismes le tourmentent** he's plagued by rheumatism; **les souvenirs le tourmentent** he is tormented by his memories.

◆ **se tourmenter** *vpi sout* [s'inquiéter] to worry o.s., to fret, to be anxious; **elle se tourmente pour son fils** she's worried sick about her son; **ne vous tourmentez pas, nous la raccompagnerons** there's no need to be anxious, we'll take her home.

tourmentin [turmɑ̃tɛ̃] *nm* -**1.** NAUT storm jib. -**2.** ORNITH storm petrel.

tournage [turnaʒ] *nm* -**1.** CIN shooting, filming; **interviewé sur le** ~ interviewed during filming. -**2.** BANQUE interbank loan. -**3.** TECH turning. -**4.** RAIL turntabling.

tournailler *fam* [3] [turnaje] *vi* to wander round and round; ~ **autour de** to hang OU to prowl around; **les gamins tournaillaient devant l'entrée du bar** the kids were loitering outside the bar.

tournant[1] [turnɑ̃] *nm* -**1.** [virage] bend, turn; **série de ~s dangereux** a series of dangerous bends. -**2.** *fig* turning point, watershed; **elle est à un ~ de sa carrière** she is at a turning point in her career; **le ~ du match** the turning point in OU the decisive moment of the match; **la Révolution est un ~ de notre histoire** the Revolution was a turning point in our history ❑ **marquer un** ~ to indicate OU to mark a change of direction; **son discours marque un ~ dans la politique du gouvernement** her speech marks a watershed OU the beginning of a new direction in government policy; **prendre le** OU **un** ~ to adapt to changing circumstances; **quand la société s'est informatisée, il a su prendre le** ~ when they computerized the company, he took to it really well; **attendre qqn au** ~ *fam* to be waiting for a chance to catch sb out *Br* OU to catch sb with their pants down *Am*, to have it in for sb; **avoir** OU **attraper qqn au** ~ *fam* to get one's own back on sb, to get even with sb.

tournant[2], **e** [turnɑ̃, ɑ̃t] *adj* -**1.** [dispositif, siège] swivel *(modif)*, swivelling. -**2.** [scène] revolving; [escalier, route] winding. -**3.** MIL [manœuvre] outflanking.

tourné, e[1] [turne] *adj* -**1.** [façonné au tour] turned; **un pied de lampe en bois** ~ hand-turned wooden lamp base. -**2.** CULIN [altéré - lait] sour, curdled; [- vin] sour; **ce lait est** ~ this milk is off *Br* OU bad *Am* OU has gone off *Br* OU bad *Am*; **ce bouillon est** ~ this soup has gone bad OU off *Br*. -**3.** *loc*: **bien** ~ [taille] neat; [remarque, missive] well-phrased; **mal** ~: **avoir l'esprit mal** ~ to have a dirty mind.

tournebouler *fam* [3] [turnəbule] *vt* [troubler] to confuse, to mix up *(sép)*; **il était tout tourneboulé** he was in a real dither.

tournebroche [turnəbrɔʃ] *nm* -**1.** [gén] roasting jack OU spit; [d'un four] rotisserie; **canard/agneau au** ~ spit-roasted duck/lamb. -**2.** *arch* [marmiton] turnspit.

tourne-disque [turnədisk] (*pl* tourne-disques) *nm* record-player.

tournedos [turnədo] *nm* tournedos.

tournée[2] [turne] ◇ *f* → **tourné**.

◇ *nf* -**1.** [d'un facteur, d'un représentant, d'un commerçant] round; **faire sa** ~ [facteur, livreur] to do OU to make one's round ❑ ~ **de conférences** lecture tour; **en ~ de conférences aux États-Unis** on the American (lecture) circuit; **faire une ~ électorale** [candidat député] to canvass one's constituency; [dans une élection présidentielle] to go on the campaign trail; ~ **d'inspection** tour of inspection. -**2.** [d'un artiste, d'une troupe] tour; **faire une** ~ to go on tour; **il achèvera sa ~ à Biarritz** his tour will finish (up) in Biarritz; **faire une ~ en Europe** to go on a European tour. -**3.** [visite]: **faire la ~ des galeries** to do the rounds of OU to go round the art galleries ❑ **faire la ~ des grands ducs** to go out on the town. -**4.** *fam* [au bar] round; ~ **générale!** drinks all round!; **c'est ma** ~ it's my round; **c'est la ~ du patron** drinks are on the house. -**5.** *fam* [volée de coups] hiding.

◆ **en tournée** *loc adv*: **être en** ~ [facteur, représentant] to be off on one's rounds; [chanteur] to be on tour.

tournemain [turnəmɛ̃]

◆ **en un tournemain** *loc adv* in no time at all.

tourner [3] [turne] ◇ *vi* **A.** DÉCRIRE DES CERCLES -**1.** [se mouvoir autour d'un axe - girouette] to turn, to revolve; [- disque] to revolve, to spin; [- aiguille de montre, manège] to turn, to go round; [- objet suspendu, rouet, toupie] to spin (round); [- aile de moulin] to turn OU to spin round; [- clé, pédale, poignée] to turn; [- hélice, roue, tour] to spin, to rotate; ~ **sur soi-même** to turn round; [vite] to spin (round and round); **la Terre tourne sur elle-même** the Earth spins on its axis; **tourne pour que je voie si l'ourlet est droit** turn round, so I can see whether the hem's straight; **je voyais tout** ~ everything was spinning OU swimming; **faire** ~ [pièce de monnaie, manège, roue] to spin; [clef] to turn; **le croupier fit ~ la roulette** the croupier spun the roulette wheel; **faire ~ les tables** to do table-turning ❑ ~ **de l'œil** *fam* to pass out, to faint. -**2.** [se déplacer en cercle - personne] to go round; [- oiseau] to fly OU to wheel round, to circle (round); [- insecte] to fly OU to buzz round; [- avion] to fly round (in circles), to circle (round); [- astre, satellite] to revolve, to go round; **les prisonniers tournaient dans la cour** the prisoners were walking round (and round) the yard; **l'avion a tourné plusieurs fois au-dessus de la piste** the plane circled the runway several times; **j'ai tourné 10 minutes avant de trouver à me garer** I drove round (and round) for 10 minutes before I found a parking space; **les voiliers ont tourné autour de la bouée** the yachts went round OU rounded the buoy. -**3.** *fam* [être en tournée - chanteur] to (be on) tour; **notre représentant tourne dans votre région en ce moment** our representative is in your area at the moment.

B. CHANGER D'ORIENTATION, D'ÉTAT -**1.** [changer de direction - vent] to turn, to veer, to shift; [- personne] to turn (off); [- véhicule] to turn (off), to make a turn; [- route] to turn, to bend; **si le vent tourne, il pleuvra** if there's a change in the wind OU if the wind turns, it'll rain; **tournez à droite** turn (off to the) right; **la rue tourne légèrement après le parc** the road turns OU bends slightly beyond the park; **tourne dans l'allée** turn into the drive; ~ **au coin de la rue** to turn the corner (of the street) ❑ **la chance** OU **la fortune a tourné (pour eux)** their luck has changed. -**2.** [faire demi-tour] to turn (round); **tourne dans le parking** turn round in the car park *Br* OU parking lot *Am*. -**3.** *fam* [se succéder - équipes] to rotate; **les médecins tournent pour assurer les urgences** the medical staff rotate to cover emergencies. -**4.** [évoluer] to go, to turn out; **la course aurait tourné autrement si...** the race would've had a different outcome if...; **attends de voir comment les choses vont** ~ wait and see how things turn out OU go; **bien** ~ [situation, personne] to turn out well OU satisfactorily; **mal** ~ [initiative, plaisanterie] to turn out badly, to go wrong; **la révolution est en train de mal** ~ the revolution's going badly wrong; **tout ça va mal ~!** no good will come of (all) that!; **la conversation a très mal tourné** the discussion took a very nasty turn; **un jeune qui a mal tourné** a youngster who turned out badly OU went off the straight and narrow. -**5.** [s'altérer - lait] to go off *Br* OU bad *Am*, to turn (sour); [- viande] to go off *Br* OU bad; [- crème, mayonnaise] to curdle; **faire ~ du lait/une mayonnaise** to curdle milk/a mayonnaise.

C. MARCHER, RÉUSSIR - **1.** [fonctionner - compteur] to go round; [- taximètre] to tick away; **le moteur tourne** the engine's running OU going; **faire ~ un moteur (à plein régime)** to run an engine (at full throttle); **l'heure** OU **la pendule tourne** time passes; **l'heure tourne et vous ne faites rien** time's running out and you're not doing anything; **l'usine tourne à plein (rendement)** the factory's working at full capacity; **faire ~ une entreprise** [directeur] to run a business; **ce sont les commandes étrangères qui font ~ l'entreprise** orders from abroad keep the business going; **je ne peux pas sauvegarder pendant que mon programme tourne** INF I can't save while my program's running. - **2.** [réussir - affaire, entreprise, économie] to be running well; **alors, les affaires, ça tourne?** *fam* so, how's business (going)?; **ça ne tourne pas très bien entre eux** *fam* it's not going too well between them.

◇ *vt* **A.** FAIRE CHANGER D'ORIENTATION - **1.** [faire pivoter - bouton, clé, poignée, volant] to turn; **tourne le bouton jusqu'au 7** turn the knob to7; **il faut ~ le couvercle pour ouvrir le bocal** it's a jar with a twist-off top. - **2.** [mélanger -sauce, café] to (give a) stir; [- salade] to toss; **ajoutez la farine tout en tournant** add the flour while stirring. - **3.** [diriger - antenne, visage, yeux] to turn; **~ qqch vers la droite/gauche** to turn sthg to the right/left; **tourne la télévision vers moi** turn the set towards me; **~ son regard** OU **les yeux vers** to turn one's eyes OU to look towards; **~ ses pensées vers** to turn one's thoughts to OU towards; **~ son attention vers** to focus one's attention on. - **4.** [retourner - carte] to turn over OU up *(sép)*; [- page] to turn (over) *(sép)*; [- brochette, grillade] to give a turn, to turn (over) *(sép)*; **tournez la page, s'il vous plaît** please turn (over) the page; **il tournait sa casquette entre ses mains** he was turning his cap round and round between his hands; **~ qqch contre un mur** to turn sthg to face a wall; **~ et retourner, ~ dans tous les sens** [boîte, gadget] to turn over and over; [problème] to turn over and over (in one's mind), to mull over ❑ **~ la mêlée** SPORT to wheel the scrum (round). - **5.** [contourner - cap] to round; [- coin de rue] to turn; [- ennemi] to get round *(insép)*; **ils ont réussi à ~ la cavalerie** they managed to outflank the cavalry; **~ la difficulté/le règlement/la loi** *fig* to get round the problem/ regulations/law. - **6.** *loc*: **~ le cœur à qqn** *pr* to nauseate sb, to turn sb's stomach; *fig* to break sb's heart; **ça m'a tourné le cœur quand je l'ai entendu pleurer** my heart went out to him when I heard him crying.

B. CIN & TV: **~ un film** [cinéaste] to shoot OU to make a film *Br* OU movie *Am*; [acteur] to make a film *Br* OU movie *Am*; **~ une scène** [cinéaste] to shoot OU to film a scene; [acteur] to play OU to act a scene; **la dramatique a été tournée au Kenya/en studio/en extérieur** the TV play was shot in Kenya/in studio/on location; **on a tourné la scène du départ plus de 10 fois** the farewell scene was shot over 10 times, there were over 10 takes of the farewell scene || *(en usage abs)*: **elle a tourné plusieurs fois avec Pasolini** she played in several of Pasolini's films *Br* OU movies *Am* ❑ **silence, on tourne!** quiet please, action!

C. METTRE EN FORME - **1.** MENUIS & MÉTALL to turn; **~ le bois** to work wood on the lathe, to turn wood. - **2.** [formuler - compliment] to turn; [- critique] to phrase, to express; **je ne sais pas comment ~ cela** I don't know how to put it; **il tourne bien ses phrases** he's got a neat turn of phrase; **sa demande était bien tournée** his request was well phrased. - **3.** [transformer]: **elle tourne tout au tragique** she's always making a drama out of everything; **~ qqch à son avantage/désavantage** to turn sthg to one's advantage/disadvantage; **~ qqch/qqn en ridicule** to ridicule sthg/sb, to make fun of sthg/sb; **il tourne tout ce que je fais en bien/mal** in his eyes, I can do no wrong/everything I do is wrong.

◆ **tourner à** *v + prép*: **~ au burlesque/drame** to take a ludicrous/tragic turn; **~ à la catastrophe** to take a disastrous turn; **~ à l'horreur/au ridicule** to become horrific/ridiculous; **la retraite a vite tourné à la débâcle** the retreat rapidly turned into a rout; **ça tourne à la farce!** it's turning into a farce!; **le temps tourne à la pluie/neige** it looks like rain/snow; **le ciel commençait à ~ au rouge** the sky was beginning to turn red.

◆ **tourner autour de** *v + prép* - **1.** [axe] to move OU to turn round; **les planètes qui tournent autour du Soleil** the planets revolving round the Sun; **l'escalier tourne autour de l'ascenseur** the staircase spirals OU winds round the lift. - **2.** [rôder]: **~ autour de qqn** [gén] to hang OU to hover round sb; [pour le courtiser] to hang round sb; **les enfants tournaient autour du magasin depuis un moment** [par désœuvrement] the children had been hanging around outside the shop for a while; [avec de mauvaises intentions] the children had been hovering outside the shop for a while ❑ **cessons de ~ autour du pot** OU **de la question** let's stop beating about the bush. - **3.** [valoir environ] to be around OU about, to be in the region of; **les réparations devraient ~ autour de 600 F** the repairs should cost around OU should cost about OU should be in the region of 600 F. - **4.** [concerner - suj: conversation] to revolve round, to centre OU to focus on; [- suj: enquête policière] to centre on; **tout le poème tourne autour de ce souvenir** the whole poem revolves round this memory.

◆ **tourner en** *v + prép* to turn OU to change into; **la neige tourne en gadoue** the snow's turning into slush.

◆ **se tourner** *vpi* - **1.** [faire un demi-tour] to turn round; **tourne-toi, que je voie si l'ourlet est droit** turn round, so that I can see whether the hem's straight; **tourne-toi, je me déshabille** turn round OU turn your back, I'm getting undressed. - **2.** [changer de position] to turn; **il se tournait et se retournait dans son lit** he was tossing and turning in his bed; **tourne-toi sur le ventre** turn over onto your belly || *fig*: **de quelque côté qu'on se tourne** wherever you turn; **je ne sais plus de quel côté me ~** I don't know which way to turn any more.

◆ **se tourner contre** *vp + prép* to turn against; **le peuple ne tarda pas à se ~ contre lui** the people soon turned against him.

◆ **se tourner en** *vp + prép litt* [se changer en] to turn into; **leur amertume se tourna en sédition** their bitterness turned into sedition.

◆ **se tourner vers** *vp + prép* - **1.** [s'orienter vers] to turn towards; **les feuilles se tournent vers la lumière** the leaves turn towards OU follow the light; **tous les regards se tournèrent vers elle** all eyes turned to look at her. - **2.** *fig*: **se ~ vers qqn/Dieu** to turn to sb/God; **se ~ vers une carrière** to take up a career; **se ~ vers la religion** to turn to religion.

tournesol [turnəsɔl] *nm* - **1.** BOT sunflower. - **2.** CHIM [colorant] litmus; **(papier de) ~** litmus (paper).

tourneur, euse [turnœr, øz] *nm, f* turner; **~ sur bois/métal** wood/metal turner.

tournevis [turnəvis] *nm* screwdriver; **~ cruciforme** Phillips screwdriver®.

tournicoter *fam* [3] [turnikɔte], **tourniquer** [3] [turnike] *vi* to flit OU to buzz around.

tourniquet [turnikɛ] *nm* - **1.** [à l'entrée d'un établissement] turnstile. - **2.** [présentoir] revolving (display) stand. - **3.** [pour arroser] rotary sprinkler. - **4.** MÉD tourniquet. - **5.** [de volet] (shutter) winder. - **6.** NAUT roller.

tournis [turni] *nm* - **1.** VÉTÉR turnsick, gid, coenuriasis *spéc.* - **2.** *loc*: **avoir le ~** to feel giddy OU dizzy; **donner le ~ à qqn** to make sb (feel) giddy.

tournoi [turnwa] *nm* - **1.** JEUX & SPORT tournament; **~ de tennis de table** table tennis tournament ❑ **~ open** open (tournament); **le Tournoi des Cinq Nations** the Five Nations Tournament. - **2.** HIST tournament, tourney. - **3.** *litt* [compétition] challenge; **~ d'éloquence** contest of eloquence.

tournoiement [turnwamɑ̃] *nm* [de feuilles, de papiers] whirling, swirling; [d'un danseur] twirling, swirling, whirling.

tournoyer [13] [turnwaje] *vi* [feuilles, fumée, flocons] to whirl, to swirl; [aigle] to wheel OU to circle round; [danseur] to swirl OU to twirl OU to whirl round; **le radeau tournoyait dans les rapides** the raft was tossed round (and round) in the rapids; **il faisait ~ la chaîne au-dessus de sa tête** he was whirling OU swinging the chain above his head.

tournure [turnyr] *nf* - **1.** [allure, aspect] demeanour; **elle avait une ~ un peu gauche** she was of a somewhat awkward demeanour. - **2.** [évolution, tendance] trend, tendency; **d'après la ~ que prend la situation** from the way the situation is developing OU going; **attendons de voir quelle ~ prennent les événements** let's wait and see how the situation develops; **prendre ~** to take shape ❑ **~ d'esprit** turn OU cast of mind. - **3.** LING [expression] turn of phrase, expression; [en syntaxe] form, construction; **~ impersonnelle/interrogative** impersonal/interrogative form; **~ fautive** incorrect construction. - **4.** MÉTALL turning, turnings. - **5.** VÊT bustle.

tour-opérateur [turɔperatœr] *(pl* **tour-opérateurs**) *nm* tour operator.

tourte [turt] *nf* - **1.** [tarte] pie; **~ aux poires/épinards** pear/spinach pie. - **2.** [pain rond] round loaf. - **3.** *fam vieilli* [balourd] dumbo, thicko *Br*, dumbbell *Am*.

tourteau, x [turto] *nm* - **1.** [crabe]: **~ (dormeur)** (edible) crab. - **2.** AGR oilcake, cattle cake. - **3.** CULIN: **~ fromagé** ≃ baked cheesecake.

tourtereau, x [turtəro] *nm* ORNITH young turtledove.

◆ **tourtereaux** *nmpl hum* lovebirds; **où sont les ~x?** [à un mariage] where's the happy couple?

tourterelle [turtərɛl] *nf* turtledove; **~ turque** collared dove.

tourtière [turtjɛr] *nf* - **1.** [plat] pie dish OU plate. - **2.** *Can* CULIN meat pie.

tous [*adj* tu, *pron* tus] *adj & pron indéf mpl* → **tout.**

Toussaint [tusɛ̃] *nf* RELIG: **(le jour de) la ~** All Saints' Day; **un temps de ~** miserable weather.

TOUSSAINT:
All Saints' Day is a public holiday in France. It is the traditional occasion for a visit to the cemetery to lay flowers (usually chrysanthemums) on the graves.

tousser [3] [tuse] *vi* - **1.** MÉD to cough; **je tousse beaucoup/un peu** I have a bad/slight cough. - **2.** [moteur] to splutter; **le moteur toussa plusieurs fois puis démarra** the engine spluttered several times then came to life.

toussotement [tusɔtmɑ̃] *nm* (slight) coughing OU cough.

toussoter [3] [tusɔte] *vi* - **1.** MÉD to have a bit of a cough OU a slight cough. - **2.** [pour prévenir] to give a little OU discreet cough.

tout [tu, *devant voyelle ou h muet* tut] (*f* **toute** [tut], *mpl* **tous** [*adj* tu, *pron* tus], *fpl* **toutes** [tut]) ◇ *adj qualificatif (au singulier)* - **1.** [entier] all (the), the whole (of the); **~e la nuit** all night; **elle a parcouru ~e la distance en 2 heures** she covered the full distance in 2 hours; **pendant ~ le concert** throughout the concert, during the whole concert; **il se plaint ~e la journée** he complains all the time OU the whole day long; **~ le village a participé** the whole village took part; **~ le pays était à l'écoute** the whole country was listening; **~ l'intérêt de la pièce réside dans la mise en scène** the whole OU the sole interest of the play is in the production; **la grève a duré ~ un mois** the strike lasted a whole month; ~e une journée a whole day; ~ ceci/cela all (of) this/that; ~e cette histoire this whole story; ~ ce travail pour rien! all this work for nothing!; j'ai ~ mon temps I've plenty of time OU all the time in the world; ~ mon courage/enthousiasme a disparu all my courage/enthusiasm has gone; ~e ma fortune my whole fortune; il doit venir avec ~e sa famille he's supposed to be coming with his whole family; ils se sont aimés ~e leur vie they loved each other all their lives; ~ le monde everyone ❑ avec lui, c'est ~ l'un ou ~ l'autre with him, it's either (all) black or (all) white. -**2.** [devant un nom propre] all; ~ Vienne l'acclamait she was the toast of all Vienna; j'ai visité ~ Paris en huit jours I saw all OU the whole of Paris in a week; il a lu ~ Racine he's read the whole OU the complete works of Racine; il a lu ~ «les Misérables»/tous les «Mémoires» de Saint-Simon he's read the whole of "Les Misérables"/all of Saint-Simon's "Mémoires". -**3.** [devant un nom sans article]: on a ~ intérêt à y aller it's in our every interest to go; c'est en ~e liberté que j'ai choisi I made the choice completely of my own free will; rouler à ~e vitesse to drive at full OU top speed; en ~e franchise/simplicité in all sincerity/simplicity; c'est de ~e beauté it's extremely beautiful. -**4.** [avec une valeur emphatique]: c'est ~e une affaire! it's quite a to-do!; c'est ~e une expédition pour y aller! getting there involves quite a trek!; c'est ~ un travail de le nourrir! feeding him's quite a job! -**5.** *(comme adv)* [entièrement] completely; elle était ~e à son travail she was completely absorbed in her work; elle était ~e de bleu vêtue she was dressed completely in blue. -**6.** [unique, seul] only; c'est ~ l'effet que ça te fait? is that all it means to you?; ma fille est ~ mon bonheur my daughter is my sole OU only source of happiness; pour ~ remerciement on m'a renvoyé by way of thanks I got fired; pour ~e indemnité, j'ai reçu 1 500 francs 1,500 francs was the only compensation I got; pour ~e famille il n'avait qu'une cousine éloignée one distant cousin was all the family he had. -**7.** [suivi d'une relative]: ~ ce qu'on dit everything people say; il représente ~ ce que je déteste he embodies all the things OU everything I hate; ~ ce qui me gêne, c'est la différence d'âge the only thing OU all I'm worried about is the age difference; ~ ce que l'entreprise compte de personnel qualifié the company's entire qualified workforce ❑ ils s'amusaient ~ ce qu'ils savaient they were having a whole of a time; ~ ce qu'il y a de: ses enfants sont ~ ce qu'il y a de bien élevés his children are very well-behaved OU are models of good behaviour; ~ ce qu'il y a de gens honnêtes a signé la pétition all decent and upright people signed the petition; ce projet est ~ ce qu'il y a de plus sérieux this project couldn't be more serious.

◇ *adj indéf* **A.** AU SINGULIER [chaque, n'importe quel] any, all, every; ~ citoyen a des droits every citizen has rights, all citizens have rights; ~e personne ayant vu l'accident any person who witnessed the accident; ~ changement les inquiète the slightest change worries them; ~e faute sera pénalisée all mistakes will be penalized without exception; pour ~ renseignement, écrivez-nous for further information, write to us; pour éviter ~ tracas to spare you any worries; à ~ âge at any age; à ~e heure at any hour, at any time; à ~e heure du jour et de la nuit at any hour of the day or night; 'sandwiches à ~e heure' 'sandwiches available at all times'; de ~ temps since time immemorial, from the beginning of time; en ~e occasion, il cherche à rendre service he takes any opportunity to be of service, he is always eager to be of service; en ~ temps thoughout OU all through history; ~ autre anybody else; ~ autre que lui aurait refusé anyone other than him OU anybody else would have refused ❑ (voiture) ~ terrain all-terrain vehicle; ~e peine mérite salaire *prov* the labourer is worthy of his hire *prov.*

B. AU PLURIEL -**1.** [exprimant la totalité] all; tous les hommes all men, the whole of mankind; tous les gens everybody, everyone; pour ~es les personnes concernées for all (the people) concerned; je veux tous les détails I want all the details OU the full details; nous avons essayé tous les traitements we've tried all the treatments OU every (single) treatment available; tous vos commentaires et remarques seront publiés all your comments and remarks will be published; ça se vend maintenant à tous les coins de rue it's now sold on every street corner; tous ceux-ci/ceux-là all (of) these/those. -**2.** [devant un numéral]: ils viennent tous les deux both of them OU the two of them are coming; quand nous sommes tous les deux when we're on our own, when there's just the two of us; ils nous ont invitées ~es les quatre they've invited the OU all four of us; ~es deux iront both of them will go; nous avons tous deux les mêmes goûts we both have the same tastes; tous trois all three of them. -**3.** [devant un nom sans article]: ils étaient 150 000, ~es disciplines/races confondues there were 150,000 of them, taking all disciplines/races together; champion ~es catégories overall champion; il roulait tous feux éteints he was driving with his lights off; je dois le rencontrer ~es affaires cessantes I must meet him forthwith; Munich, Mexico, Séoul, ~es villes qui ont reçu les jeux Olympiques Munich, Mexico, Seoul, all (of them) cities which have hosted the Olympic Games; il est mon préféré à tous égards I like him best in every respect. -**4.** [exprimant la périodicité] every; tous les jours every day; tous les lundis every Monday; le magazine paraît ~es les semaines/tous les mois the magazine comes out every week/month; ~es les deux semaines every other week, every second week, every two weeks; à prendre ~es les quatre heures to be taken every four hours OU at four-hourly intervals; ~es les fois qu'on s'est rencontrés every time we've met; tous les 100 mètres every 100 metres.

◇ *pron indéf* **A.** AU SINGULIER everything, all; [n'importe quoi] anything; j'ai ~ jeté I threw everything away; c'est moi qui ai ~ fait I did it all; il se plaint toujours de ~ he's always complaining about everything; il me dit ~ he tells me everything, he has no secrets from me; dis-moi ~ tell me all about it; t'as ~ compris! *fam* that's it!, that's right!; c'est ~ dire that says it all; elle est bonne en ~ she's good at everything, she's a good all-rounder; il mange de ~ he eats anything; il est prêt à ~ he's ready for anything; capable de ~ capable of anything; pour lui ~ était prétexte à plaisanter he would make a joke out of anything; c'est ~ that's all; ce sera ~ pour aujourd'hui that will be all for today; ce sera ~? [dans un magasin] will be that all?, anything else?; ce n'est pas ~ that's not all; il a du culot! — attendez, ce n'est pas ~! he's got some nerve! — wait, there's more to come OU that's not all!; ce n'est pas ~ de faire des enfants, il faut les élever ensuite having children is one thing, but then you've got to bring them up; être ~ pour qqn to be everything for sb, to mean everything to sb; et ~ et ~ *fam* and all that (sort of thing); elle t'envoie ses amitiés et ~ et ~ she sends her regards and all that sort of thing; il y avait des bougies, de la musique et ~ et ~ there were candles, music and all that sort of thing OU and the whole works *hum*; on aura ~ vu! now I've OU we've seen everything!; ~ est là [objets] that's everything; [problème] that's the whole point OU the crux of the matter; ~ ou partie all or part; vous serez remboursé ~ ou partie you'll get all or part of your money back; ~ ou rien all or nothing; avec toi c'est ~ ou rien with you, it's all or nothing OU one extreme or the other; c'est ~ sauf du foie gras it's anything but foie gras; il est ~ sauf un génie call him anything but not a genius; ~ se passe comme si... it's as though...; à ~ faire [produit] all-purpose; ~ bien considéré, ~ bien réfléchi all things considered; ~ bien pesé after weighing up the pros and the cons; il a ~ de l'escroc he's your typical crook; il a ~ de son père he's every bit like his father.

B. AU PLURIEL -**1.** [désignant ce dont on a parlé]: il y a plusieurs points de vue, tous sont intéressants there are several points of view, they are all interesting; j'adore les prunes — prends-les ~es I love plums — take them all OU all of them. -**2.** [avec une valeur récapitulative] all; Jean, Pierre, Jacques, tous voulaient la voir Jean, Pierre, Jacques, they all wanted to see her; ce sont tous banquiers et gens de finance they're all bankers and financiers; c'est tous feignants et compagnie! *fam* they're just a bunch of idlers! -**3.** [tout le monde]: vous m'entendez tous? can you all hear me?; à vous tous qui m'avez aidé, merci to all of you who helped me, thank you; écoutez-moi tous! listen to me, all of you!; des émissions pour tous programmes suitable for all (audiences); jeu pour tous game suitable for all ages OU any age-group; tous ensemble all together; tous tant OU autant que nous sommes all of us, every (single) one of us.

◆ **tout** (*f* **toute**, *fpl* **toutes**) *adv (s'accorde en genre et en nombre devant un adj f commençant par une consonne ou un h aspiré)* -**1.** [entièrement, tout à fait] quite, very, completely; ils étaient ~ seuls they were quite OU completely alone; la ville ~ entière the whole town; ~ neuf brand new; ~ nu stark naked; ~ cru (totally) raw; un ~ jeune homme a very young man; elle était ~ émue she was very moved; sa chevelure était ~e hérissée his/her hair was all messy; elle est rentrée ~e contente she came back very happy; ses ~ premiers mots his/her very first words; les ~ premiers temps at the very beginning; une robe ~ en dentelle a dress made of lace; être ~ en sueur to be running with OU bathed in sweat, to be all sweaty; le jardin est ~ en longueur the garden is just one long strip; le porche est ~ en marbre the porch is all in marble OU made entirely of marble; un de nos ~ meilleurs acteurs one of our very best actors; arriver parmi les ~ premiers to be one of the very first to arrive; j'étais ~ gêné I was quite OU most OU very embarrassed; ~ mouillé wet OU soaked through, drenched; être ~ occupé à faire qqch to be very busy doing sthg; elles étaient ~es surprises de le voir they were most OU very surprised to see him; je t'aime ~ autant qu'autrefois I love you just as much as I did before; ~ simplement/autrement quite simply/differently; téléphone-moi, ~ simplement just phone me, that's the easiest (way); une toile ~ coton a 100% cotton cloth, an all cotton material; elle était ~ efficacité she was the very model of efficiency; il est ~e bonté/générosité he is goodness/generosity itself; ça, c'est ~ lui! that's typical of him OU just like him! -**2.** [en intensif]: ~ en haut/bas right at the top/bottom; ~ au début right at the beginning; c'est ~ près it's very close; il roulait ~ doucement he was driving very OU extremely slowly; ~ à côté de moi right next to me; c'est ~ près d'ici it's very close to here, it's a stone's throw (away) from here; ~ contre le mur right up against the wall; c'est ~ le contraire! it's quite the opposite! -**3.** [déjà]: ~ prêt OU préparé ready-made; ~ bébé, elle dansait déjà even as a baby, she was already dancing ❑ c'est ~ réfléchi I don't have to think about it, my mind's made up; on verra — c'est ~ vu! we'll see — it's already decided! -**4.** *(avec un gérondif)* [indiquant la simultanéité]: on mangera ~ en marchant we'll eat while we're walking; ~ en tricotant while knitting ‖ [indiquant la concession]: ~ en avouant son ignorance dans ce domaine, il continuait à me contredire although he'd confessed his ignorance in that field, he kept on contradicting me.

◆ **tout** *nm* -**1.** [ensemble] whole; **former un ~** to make up a whole; **je vous vends le ~ pour 500 francs** you can have the whole lot for 500 francs; **versez le ~ dans un bol** put the whole mixture into a bowl; **mon ~ est un instrument de musique** [dans une charade] my whole OU all is a musical instrument. -**2. le ~** [l'essentiel] the main OU the most important thing; **le ~ c'est de ne pas bafouiller** the most important thing is not to stutter ❑ **ce n'est pas le ~, mais je dois partir** *fam* that's all very well, but I've got to go now; **ce n'est pas le ~ de critiquer, il faut pouvoir proposer autre chose** it's not enough to criticize, you've got to be able to suggest something else; **le ~ pour le ~**: **jouer** OU **risquer le ~ pour le ~** to risk (one's) all; **tenter le ~ pour le ~** to make a (final) desperate attempt OU a last ditch effort; **c'est un ~** it's all the same, it makes no difference; **partir ou rester, pour moi c'est un ~** go or stay, it's all the same to me; **à quand le ~ informatique?** when will everything be computerized?; **la politique du ~ ou rien** an all-or-nothing policy; **changer du ~ au ~** to change completely.

◆ **du tout** *loc adv* not at all; **je vous dérange? – du ~, du ~!** am I disturbing you? – not at all OU not in the least!; **elle finissait son café sans du ~ se soucier de notre présence** she was finishing her coffee without paying any attention to us at all OU whatsoever.

◆ **en tout** *loc adv* -**1.** [au total] in total, in all; **cela fait 95 francs en ~** that comes to 95 francs in all OU in total. -**2.** [exactement] exactly, entirely; **la copie est conforme en ~ à l'original** the copy matches the original exactly.

◆ **en tout et pour tout** *loc adv* (all) in all; **en ~ et pour ~, nous avons dépensé 3 000 francs** all in all, we've spent 3,000 francs.

◆ **tout à coup** *loc adv* all of a sudden, suddenly.

◆ **tout à fait** *loc adv* -**1.** [complètement] quite, fully, absolutely; **je suis ~ à fait rassuré** I'm fully OU quite reassured; **en es-tu ~ à fait conscient?** are you fully aware of it?; **je vous comprends ~ à fait** I understand you perfectly well; **ce n'est pas ~ à fait exact** it's not quite correct; **n'ai-je pas raison? – ~ à fait!** am I right? – absolutely! -**2.** [exactement] exactly; **c'est ~ à fait ce que je cherche/le même** it's exactly what I've been looking for/the same. -**3.** [oui] certainly; **vous faites les retouches? – ~ à fait** do you do alterations? – certainly (we do).

◆ **tout... que** *loc conj*: **~ directeur qu'il est** OU **qu'il soit,...** he may well be the boss,...; **~ policier qu'il est, je n'ai pas peur de lui** I don't care if he is a policeman, I'm still not afraid of him; **~e enthousiaste qu'elle soit, elle n'en devra pas moins attendre** however enthusiastic she is, she'll still have to wait.

tout-à-l'égout [tutalegu] *nm inv* main OU mains drainage, main sewer; **avez-vous le ~?** are you connected to the main sewer?

Toutankhamon [tutɑ̃kamɔ̃] *npr* Tutankhamen, Tutankhamun.

toute [tut] *adj & pron indéf f* → **tout**.

toute-épice [tutepis] (*pl* **toutes-épices** [tutepis]) *nf* allspice.

toutefois [tutfwa] *adv* however, nevertheless; **~, j'ai** OU **j'ai ~ omis un détail important** I have however OU nevertheless omitted an important detail; **c'est un homme généreux, ~ peu l'apprécient** he's a generous man, yet he's disliked by many; **je lui parlerai, si ~ il veut bien me recevoir** I'll talk to him, that is, if he'll see me; **elle n'est guère patiente, sauf, ~, avec ses enfants** she's not exactly patient, except, however, with her children.

toute-puissance [tutpɥisɑ̃s] *nf inv* omnipotence, all-powerful influence.

toutes [tut] *adj & pron indéf fpl* → **tout**.

toutou *fam* [tutu] *nm* -**1.** [chien] doggie, bowwow. -**2.** [personne docile] lapdog; **filer** OU **obéir comme un (petit) ~** to be a lapdog.

Tout-Paris [tupari] *nm*: **le ~** the Parisian smart set; **le ~ y était** everyone who's anyone in Paris was there.

tout-petit [tup(ə)ti] (*pl* **tout-petits**) *nm* [qui ne marche pas] infant; [qui marche] toddler; **une émission pour les ~s** a programme for our very young viewers.

tout-puissant, **toute-puissante** [tupɥisɑ̃, tutpɥisɑ̃t] (*mpl* **tout-puissants**, *fpl* **toutes-puissantes**) *adj* -**1.** [influent] omnipotent, all-powerful. -**2.** RELIG almighty.

Tout-Puissant [tupɥisɑ̃] *npr m*: **le ~** the Almighty.

tout(-)terrain [tutɛrɛ̃] (*pl* **tous-terrains** OU **tous terrains**) ◇ *adj* cross-country *(modif)*.
◇ *nm* dirt-track driving OU riding.
◇ *nf* cross-country car OU vehicle.

tout-venant [tuvnɑ̃] *nm inv* -**1.** [choses] everyday things; [personnes] ordinary people; **des places d'opéra qui ne sont pas pour le ~** opera tickets that are beyond the means of ordinary people. -**2.** MIN crude ore.

toux [tu] *nf* cough; **~ grasse/nerveuse/sèche** loose/nervous/dry cough.

toxémie [tɔksemi] *nf* toxaemia *Br*, toxemia *Am*.

toxicité [tɔksisite] *nf* toxicity.

toxicologie [tɔksikɔlɔʒi] *nf* toxicology.

toxicologique [tɔksikɔlɔʒik] *adj* toxicological.

toxicologue [tɔksikɔlɔg] *nmf* toxicologist.

toxicomane [tɔksikɔman] ◇ *adj* drug-addicted.
◇ *nmf* drug addict.

toxicomaniaque [tɔksikɔmanjak] *adj* drug-addiction-related, toxicomaniac *spéc*.

toxicomanie [tɔksikɔmani] *nf* drug addiction.

toxicose [tɔksikoz] *nf* infant toxicosis.

toxidermie [tɔksidɛrmi] *nf* toxicodermatitis.

toxi-infectieux, **euse** [tɔksiɛ̃fɛksjø, øz] (*mpl inv*, *fpl* **toxi-infectieuses**) *adj* toxi-infectious.

toxine [tɔksin] *nf* toxin.

toxique [tɔksik] ◇ *adj* toxic, poisonous.
◇ *nm* poison, toxin.

toxoplasmose [tɔksɔplasmoz] *nf* toxoplasmosis.

TP ◇ *nmpl* -**1.** *abr de* **travaux pratiques**. -**2.** *abr de* **travaux publics**.
◇ *npr m abr de* **Trésor public**.

TPG *nm abr de* **trésorier payeur général**.

tps *abr écrite de* **temps**.

tr (*abr écrite de* **tour**) rev.

trac[1] [trak] *nm* [devant un public] stage fright OU nerves; [à un examen] exam nerves; **avoir le ~** to have the jitters; **j'avais le ~ avant mon entretien** I had butterflies before the interview.

trac[2] [trak]
◆ **tout à trac** *loc adv vieilli* out of the blue, just like that; **elle a dit ça tout à ~** she just came out with it, she blurted it out all of a sudden.

traçage [trasaʒ] *nm* -**1.** [d'un trait, d'une figure] drawing; [d'une inscription] writing OU tracing (out); [d'un itinéraire] plotting (out). -**2.** MIN horizontal working. -**3.** TECH marking, scribing.

traçant, e [trasɑ̃, ɑ̃t] *adj* -**1.** ARM [projectile] tracer *(modif)*. -**2.** BOT running, creeping.

tracas [traka] ◇ *nm* [ennui, embarras]: **du ~** worry, upset; **cette affaire lui cause bien du ~** this business is causing her a lot of worry OU upset.
◇ *nmpl* [soucis matériels ou financiers] troubles; **tous les ~ engendrés par le chômage** all the troubles caused by being unemployed.

tracasser [3] [trakase] *vt* [suj: situation] to worry, to bother; [suj: enfant] to worry; **son état de santé actuel me tracasse** I'm worried about the current state of his health.

◆ **se tracasser** *vpi* to worry; **ne te tracasse plus pour cela** don't give it another thought.

tracasserie [trakasri] *nf (souvent pl)* petty annoyance; **faire face à des ~s administratives** to put up with a lot of frustrating redtape.

tracassier, ère [trakasje, ɛr] *adj* [administration, fonctionnaire] pettifogging; [personne] awkward, difficult.

trace [tras] *nf* -**1.** [empreinte - d'un animal] track, trail, spoor; [- d'un fugitif] trail; **ils ont relevé des ~s de pas dans l'allée** they have found footprints OU footmarks on the path; **des ~s de pneus** tyre OU wheel marks; **suivre la ~** OU **les ~s de qqn, marcher sur les ~s de qqn** *fig* to follow in sb's footsteps. -**2.** [d'un coup, de brûlures, d'une maladie] mark; **il portait des ~s de coups** his body showed signs of having been beaten; **elle a quelques ~s de varicelle** she's got some chickenpox scars. -**3.** [marque, indice] trace, smear; **mon manteau a des ~s d'usure** my coat is showing signs of wear; **il y a des ~s de doigts sur la vitre** there are fingermarks on the window pane; **des ~s de sang sur le sol** blood marks on the ground; **ses larmes n'avaient laissé aucune ~ sur son visage** her face bore no trace of the tears she had shed; **pas la moindre ~ d'effraction** no sign OU evidence OU trace of a break-in; **on dirait des ~s de préparatifs** it looks as if somebody is getting ready for something; **quelques ~s de lutte** some signs of fighting; **elle a laissé des ~s de son passage** you can see she's been here; **il n'y a pas ~ d'elle** OU **aucune ~ d'elle** no sign of her (anywhere); **on ne trouve pas ~ de votre dossier** your file cannot be traced, there's no trace of your file. -**4.** [quantité infime] trace; **on a retrouvé des ~s d'arsenic dans le thé** traces of arsenic have been found in the tea; **elle parle sans la moindre ~ d'accent** she speaks without the slightest trace OU hint of an accent. -**5.** [vestige] trace; **on y a retrouvé les ~s d'une civilisation très ancienne** traces of a very ancient civilization have been discovered there. -**6.** [marque psychique] mark; **la mort de son père a laissé en lui des ~s profondes** his father's death left an indelible mark on him; **une telle épreuve laisse forcément des ~s** such an ordeal is bound to take its toll. -**7.** *(comme adj)* CHIM: **élément ~** trace element. -**8.** ÉLECTRON: **~ acoustique** sound track. -**9.** MATH & PSYCH trace. -**10.** SPORT trail; **faire la ~** to break a trail ❑ **~ directe** straight running.

◆ **à la trace** *loc adv* -**1.** [d'après les empreintes]: **suivre à la ~** [fuyard, gibier] to track (down); **il était blessé, ils l'ont suivi à la ~** he was wounded and they followed his trail. -**2.** *fam fig*: **on peut le suivre à la ~, il sème ses stylos partout** he's easy to track down, he leaves his pens lying around all over the place.

◆ **sur la trace de** *loc prép* [à la recherche de] on the trail of OU track of; **ils sont sur la ~ du bandit/d'un manuscrit** they are on the bandit's trail/tracking down a manuscript.

tracé [trase] *nm* -**1.** [représentation - d'une ville, d'un réseau] layout, plan; **faire le ~ d'une route** to lay out OU to plan a road *(on paper)*. -**2.** [chemin suivi - par un fleuve] course; [- par une voie] route. -**3.** [ligne - dans un graphique] line; [- dans un dessin] stroke, line; [contour - d'un littoral] outline. -**4.** TRAV PUBL tracing, marking out *(on site)*.

tracer [16] [trase] ◇ *vt* -**1.** [trait, cercle, motif] to draw; **~ une circonférence/ligne** to draw a circumference/line. -**2.** [inscription, mot] to write; **à 5 ans, ils ont encore du mal à ~ les chiffres et les lettres** at 5 years old they still have difficulty forming numbers and letters; **au bas du tableau, il avait tracé quelques mots** he had written a few words at the bottom of the blackboard. -**3.** [marquer l'emplacement de - itinéraire] to trace, to plot; [- chemin, terrain] to mark OU to stake OU to lay out *(sép)*; **~ les allées d'un parc** to lay out the paths in a park; **~ une route à travers la brousse** to plot the course of a road through the bush. -**4.** *fig* [indiquer] to map out *(sép)*, to plot; **~ une ligne de conduite pour qqn** to plot a course of action for sb; **vous nous tracez un tableau pessimiste de l'avenir** you're painting a less than rosy picture of our future ❑ **~ le chemin** OU **la route** OU **la voie à qqn** to mark out OU to pave the way for sb. -**5.** MATH: **~ le graphe d'une fonction** to plot the graph of a (mathematical) function. -**6.** MIN to open up *(sép)*. -**7.** TECH to mark, to scribe.

◇ *vi* -**1.** *fam* [aller très vite] to shift *Br*, to barrel along *Am*; **elle trace, ta bagnole!** your car goes like a bomb!, your car doesn't half shift *Br* OU barrels right along *Am*! -**2.** *Helv*: ~ **après qqn** [le poursuivre] to chase sb. -**3.** BOT [racine] to spread.

traceur, euse [trasœr, øz] ◇ *adj* ARM & PHYS tracer *(modif)*.
◇ *nm, f* TECH scriber.
◆ **traceur** *nm* -**1.** NUCL & PHYS tracer. -**2.** [pour dessins] tracer; [d'un appareil enregistreur] pen. -**3.** INF: ~ **de courbes** graph plotter.

trachéal, e, aux [trakeal, o] *adj* tracheal.

trachée [traʃe] *nf* -**1.** ANAT trachea *spéc*, windpipe. -**2.** ZOOL trachea. -**3.** BOT trachery elements, trachea.

trachée-artère [traʃeartɛr] (*pl* **trachées-artères**) *nf* trachea ANAT.

trachéen, enne [trakeɛ̃, ɛn] *adj* tracheal.

trachéite [trakeit] *nf* tracheitis.

trachéo-bronchite [trakeɔbrɔ̃ʃit] (*pl* **trachéo-bronchites**) *nf* tracheobronchitis.

trachéotomie [trakeɔtɔmi] *nf* tracheotomy.

trachome [trakom] *nm* trachoma.

trachyte [trakit] *nf* trachyte.

tract [trakt] *nm* pamphlet, leaflet, tract; **distribuer des ~s (à)** to leaflet.

tractable [traktabl] *adj* towable.

tractations [traktasjɔ̃] *nfpl* dealings, negotiations; **des ~ eurent lieu et l'affaire fut étouffée** negotiations took place and the whole business was hushed up.

tracter [3] [trakte] *vt* to tow, to pull.

tracteur, trice [traktœr, tris] *adj* -**1.** [véhicule] towing *(avant n)*. -**2.** [en hydrologie]: **force** OU **puissance tractrice** (critical) tractive force.
◆ **tracteur** *nm* -**1.** AGR tractor. -**2.** AUT: ~ **routier** tractor.

traction [traksjɔ̃] *nf* -**1.** [mode de déplacement] traction, haulage; ~ **animale/mécanique** animal/mechanical traction, animal/mechanical haulage. -**2.** AUT: **une Traction** a vintage Citroën, an old front-wheel drive Citroën ❑ ~ **avant** [système] front-wheel drive. -**3.** MÉD traction. -**4.** PHYS traction; **force de ~** tractive force; **résistance à la ~** tensile strength. -**5.** RAIL [force] traction; **la ~** *department dealing with the maintenance and driving of engines* ❑ ~ **électrique/à vapeur** electric/steam traction; ~ **en unité multiple** multiple-unit traction. -**6.** SPORT [sur une barre] pull-up; [au sol] press-up, push-up.

tractoriste [traktɔrist] *nmf* tractor driver.

trad *fam* [trad] *nf abr de* **traduction**.

trade-union [trɛdjunjɔn] (*pl* **trade-unions**) *nf* (trade) union.

tradition [tradisjɔ̃] *nf* -**1.** [ensemble des coutumes] tradition; **la ~ veut qu'elle soit née ici** tradition has it that she was born here; **selon la ~ bretonne** according to Breton tradition; **c'est dans la plus pure ~ écossaise** it's in the best Scottish tradition. -**2.** [usage] tradition, custom; **dans notre famille, c'est une ~** it's a family tradition. -**3.** JUR tradition, transfer. -**4.** RELIG: **la Tradition** Tradition.
◆ **de tradition** *loc adj* traditional; **c'est de ~** it's traditional OU a tradition; **il est de ~ de/que...** it's a tradition to/that...

traditionalisme [tradisjɔnalism] *nm* -**1.** [gén] traditionalism. -**2.** RELIG Traditionalism.

traditionaliste [tradisjɔnalist] *adj* & *nmf* traditionalist.

traditionnel, elle [tradisjɔnɛl] *adj* -**1.** [fondé sur la tradition] traditional; **une interprétation ~le d'un texte** a conventional interpretation of a text. -**2.** [passé dans les habitudes] usual, traditional; **la date ~le de la remise des prix** the traditional OU usual date for the prize-giving; **le ~ baiser de la mariée** the time-honoured tradition of kissing the bride.

traditionnellement [tradisjɔnɛlmɑ̃] *adv* -**1.** [selon la tradition] traditionally. -**2.** [comme d'habitude] as usual, as always; **un secteur industriel ~ déficitaire** an industrial sector which usually OU traditionally runs at a loss.

traducteur, trice [tradyktœr, tris] *nm, f* translator.
◆ **traducteur** *nm* -**1.** TECH transducer. -**2.** INF translator.
◆ **traductrice** *nf* translating OU translation machine.

traduction [tradyksjɔ̃] *nf* -**1.** [processus] translating, translation; **son roman perd beaucoup à la ~** her novel loses a lot in translation; ~ **de l'espagnol en allemand** translation from Spanish into German ❑ ~ **assistée par ordinateur** computer OU machine (assisted) translation; ~ **automatique** automatic translation; ~ **littérale** literal OU word-for-word translation; ~ **simultanée** simultaneous translation. -**2.** [texte] translation; **acheter une ~ de «Guerre et Paix»** to buy a translation of "War and Peace". -**3.** [transposition] expression; **la ~ musicale de sa passion** the expression of his passion in music, the musical expression of his passion.

traduire [98] [tradɥir] *vt* -**1.** [écrivain, roman, terme] to translate; **livre traduit de l'anglais** book translated from (the) English; ~ **du russe en chinois** to translate from Russian OU out of Russian into Chinese; **la première phrase est mal traduite** the first sentence is badly translated, the translation of the first sentence is wrong; **elle est peu traduite en Europe** very few of her works are translated in Europe. -**2.** [exprimer - pensée, sentiment] to express, to reflect; [- colère, peur] to reveal, to indicate; **la gourmandise ne traduit pas toujours un manque d'affection** greediness isn't always an indication OU a sign of a lack of affection. -**3.** JUR: ~ **qqn en justice** to bring sb before the courts, to prosecute sb.
◆ **se traduire** *vp (emploi passif)*: **la phrase peut se ~ de différentes façons** the sentence can be translated OU rendered in different ways.
◆ **se traduire par** *vp + prép* -**1.** [avoir pour résultat]: **cela se traduit par des changements climatiques profonds** it results in OU entails radical changes in the climate; **la sécheresse s'est traduite par une baisse de la production agricole** agricultural production fell as a result of the drought. -**2.** [être exprimé par]: **son émotion se traduisit par des larmes** he wept with emotion.

traduisible [tradɥizibl] *adj* translatable; **le proverbe n'est pas ~** the proverb cannot be translated.

trafic [trafik] *nm* -**1.** [commerce illicite] traffic, trafficking; **faire du ~ d'armes** to be engaged in arms dealing OU in gunrunning; **le ~ de drogue** OU **de stupéfiants** drug trafficking; **faire du ~ de drogue** [gén] to be involved in drug trafficking; [organisateur] to traffic in drugs; [revendeur] to deal in OU to push OU to peddle drugs; **faire ~ de son corps** to sell one's body. -**2.** *fam* [manigance] fishy business; **il y a tout un ~ dans le recrutement des cadres** executive recruitment is a real racket. -**3.** JUR: ~ **d'influence** (bribery and) corruption OU corrupt receiving. -**4.** TRANSP traffic; ~ **aérien/ferroviaire/maritime/portuaire/routier** air/rail/sea/port/road traffic; **le ~ est dense/fluide sur l'autoroute** traffic is heavy/light on the motorway.

traficoter *fam* [3] [trafikɔte] ◇ *vi*: **il traficote** he's a small-time crook, he's into petty dealing.
◇ *vt* [manigancer] to be up to; **qu'est-ce que tu traficotes dans ma chambre?** what do you think you're up to in my room?

trafiquant, e [trafikɑ̃, ɑ̃t] *nm, f* dealer, trafficker; ~ **de drogue** drug dealer OU trafficker; ~ **d'armes** gunrunner, arms dealer.

trafiquer [3] [trafike] ◇ *vi* [faire du commerce illicite] to traffic, to racketeer; **il a fait fortune en trafiquant pendant la guerre** he made a fortune on the black market during the war; ~ **de sa fonction/de ses relations** *litt* to make corrupt use of one's position/of one's relationships.
◇ *vt fam* -**1.** [falsifier, altérer - comptabilité, résultats électoraux] to doctor; [- vin] to adulterate; [- compteur électrique] to tamper with *(insép)*; [- compteur kilométrique] to rig. -**2.** *fam* [manigancer] to be up to; **qu'est-ce que tu trafiques là-dedans?** what are you doing OU what are you up to in there?; **je me demande ce qu'ils trafiquent** I wonder what they're up to.

tragédie [traʒedi] *nf* -**1.** LITTÉRAT tragedy; **les ~s d'Euripide** the tragedies of Euripides. -**2.** THÉÂT tragedy; **c'est dans la ~ qu'elle a atteint au sublime** she reached the summit of her art in tragic roles; **c'est dans la ~ qu'elle a créé ses plus beaux rôles** her greatest roles were tragic ones. -**3.** [événement funeste] tragedy, disaster, calamity; **l'émeute a tourné à la ~** the riot had a tragic outcome.

tragédien, enne [traʒedjɛ̃, ɛn] *nm, f* tragedian (*f* tragedienne), tragic actor (*f* actress).

tragi-comédie [traʒikɔmedi] (*pl* **tragi-comédies**) *nf* -**1.** LITTÉRAT tragi-comedy. -**2.** *fig* tragicomic saga; **leur liaison est une perpétuelle ~** their love affair is one long series of ups and downs.

tragi-comique [traʒikɔmik] (*pl* **tragi-comiques**) ◇ *adj* -**1.** LITTÉRAT tragicomic. -**2.** *fig* tragicomic; **un incident ~** an incident that inspires both laughter and tears OU that makes you laugh and cry.
◇ *nm* LITTÉRAT: **le ~** the tragicomic.

tragique [traʒik] ◇ *adj* -**1.** LITTÉRAT tragic; **le genre ~** the tragic genre; **un auteur ~** a tragic author, an author of tragedies, a tragedian. -**2.** [dramatique] tragic; **un sort ~** a tragic destiny; **elle a eu une fin ~** she came to a sad OU tragic end; **ce n'est pas ~** it's not the end of the world; **ce n'est qu'une chute de vélo, ce n'est pas ~!** it's only a fall from a bicycle, nothing to worry about! -**3.** [qui exprime l'angoisse, la terreur] anguished; **un regard ~** an anguished look; **d'une voix ~, elle commença son récit** she began her story in a doom-laden voice.
◇ *nm* -**1.** LITTÉRAT: **le ~** tragedy, tragic art. -**2.** [auteur de tragédies] tragic author, tragedian; **les ~s grecs** the Greek tragedians. -**3.** *fig* tragic aspect OU element; **le ~ de sa situation** the tragic side OU the tragedy of his situation; **prendre qqch au ~** to make a tragedy out of sthg; **elle ne prend jamais rien au ~** she never looks on the dark side of things, she never makes a drama out of things; **tourner au ~** to take a tragic turn, to go tragically wrong.

tragiquement [traʒikmɑ̃] *adv* tragically.

trahir [32] [trair] *vt* **A.** -**1.** [son camp] to betray; **il a trahi son pays** he was a traitor to OU he betrayed his country ‖ *(en usage abs)*: **ceux qui trahissent** traitors, those who betray their country. -**2.** [renier] to betray; **elle a trahi la cause de notre jeunesse/de notre parti** she has betrayed the ideals of our youth/the cause of our party. -**3.** *litt* [tromper - ami, amant]: ~ **qqn** to deceive sb, to be unfaithful to sb. -**4.** [manquer à] to break, to go against; ~ **sa promesse/ses engagements** to break one's promise/one's commitments; ~ **sa foi** to go against OU to betray one's faith; ~ **la vérité** to distort OU to twist the truth. -**5.** *sout* [décevoir] to betray; ~ **l'attente de qqn** to fail to live up to sb's expectations; ~ **les intérêts de qqn** to betray sb's interests; **les résultats ont trahi nos espoirs** the results failed to live up to our hopes OU betrayed our hopes. -**6.** [dénaturer - pensée] to misinterpret, to distort, to do an injustice to; [- en traduisant] to give a false rendering of; **je ne crois pas ~ votre pensée en disant cela** I don't think I'm misinterpreting your ideas by saying that. -**7.** [ne pas correspondre à]: **mes paroles ont trahi ma pensée** my words failed to express my true thoughts. -**8.** [faire défaut à - suj: forces, mémoire] to fail; **si ma mémoire ne me trahit pas** if my memory serves me right; **mes yeux m'auraient-ils trahi?** could my eyes have deceived me?
B. -**1.** [révéler] to betray, to give away *(sép)*; **je faillis ~ mes sentiments** I almost revealed my

feelings; ~ un secret to give away a secret. -**2.** [démasquer] to give away *(sép)*; **les empreintes qu'ils ont laissées les ont trahis** the fingerprints they left gave them away; **son silence l'a trahie** her silence gave her away. -**3.** [exprimer] to betray; **son visage ne trahit aucun émoi** he remained stony-faced; **elle s'efforçait de sourire pour ne pas ~ son inquiétude** she did her best to smile so as not to betray her anxiety; **un léger tremblement trahissait sa nervosité** a slight tremble betrayed his nervousness.

◆ **se trahir** *vpi* -**1.** [se révéler]: **l'angoisse se trahissait dans sa voix** her voice betrayed her anxiety. -**2.** [laisser voir une émotion] to betray o.s., to give o.s. away; **en apprenant la nouvelle elle s'est trahie** when she heard the news she gave herself away. -**3.** [se faire découvrir] to give o.s. away; **il s'est trahi en faisant du bruit** he gave himself away by making a noise.

trahison [traizɔ̃] *nf* -**1.** [félonie] treason; **haute ~** MIL high treason; POL high treason *(by the President)*. -**2.** [infidélité] infidelity, unfaithfulness; **elle me soupçonne des pires ~s** she thinks I'm always being unfaithful to her. -**3.** [déloyauté] betrayal, disloyalty; **c'est une pure ~ de ta part de ne pas l'avoir soutenu** you have quite simply betrayed him by not supporting him.

train [trɛ̃] *nm* **A.** -**1.** [convoi] train; **j'irai t'attendre au ~** I'll wait for you at the station; **je dois prendre le ~ de 9 h 40** I've got to catch the 9:40 (train); **il y a beaucoup de ~s pour Lyon** there's a very good train service to Lyons; **je prends le ~ à Arpajon** I catch the train at Arpajon; **être dans le ~** to be on the train; **'attention, un ~ peut en cacher un autre'** 'beware of oncoming trains' ❑ **~ autocouchettes** car-sleeper train; **~ automoteur** motorcoach train; **~ de banlieue** suburban OU commuter train; **~ direct** non-stop OU through train; **~ électrique** JEUX train set; **~ express** express train; **~ de grande ligne** long distance train, intercity train *Br*; **~ à grande vitesse** high-speed train; **~ de marchandises** goods *Br* OU freight train; **~ mixte** goods *Br* OU freight and passenger train; **les ~s de neige** *trains taking holidaymakers to ski resorts*; **~ omnibus** slow OU local train; **ce ~ est omnibus entre Paris et Vierzon** this train stops OU calls at all stations between Paris and Vierzon; **~ rapide** fast train; **~ postal** mail train; **~ supplémentaire** relief train; **~ de voyageurs** passenger train; **monter dans** OU **prendre le ~ en marche** to climb onto OU to jump on the bandwagon; **'le Train sifflera trois fois'** *Zinnemann* 'High Noon'. -**2.** [moyen de transport]: **le ~** rail (transport), train; **j'irai par le ~** I'll go (there) by train; **elle voyage beaucoup en ~** she travels by train a great deal; **j'aime (prendre) le ~** I like rail travel OU travelling by train. -**3.** [voyageurs] train; **tout le ~ s'est mis à chanter** the whole train started to sing. -**4.** [file de véhicules] line (of cars); **~ de camions** convoy OU line of lorries *Br* OU trucks *Am*; **~ de flottage** timber raft; **~ de péniches** train OU string of barges; **~ routier** convoy (of articulated lorries *Br* OU semitrailers *Am*). -**5.** [ensemble, série] set, batch; **~ de réformes** set of reforms; **~ de mesures économiques/fiscales** set of economic/tax measures. -**6.** AÉRON: **~ d'atterrissage** landing gear, undercarriage. -**7.** AGR: **~ de bois** logging raft. -**8.** ASTRONAUT: **~ spatial** space train. -**9.** AUT: **~ avant/arrière** front/rear wheel-axle unit; **~ de pneus** set of tyres. -**10.** MIL: **~ des équipages** HIST ≃ the Army Service Corps; **~ de combat** (combat OU unit) train; **~ régimentaire** supply train; **~ sanitaire** hospital train. -**11.** INF [de travaux] stream. -**12.** MÉCAN: **~ d'engrenages** gear train OU set; **~ de roulement** set of bearings. -**13.** MÉTALL: **~ de laminoirs** (mill) train. -**14.** PÉTR: **~ de forage** OU **de sonde** (set of) drilling pipes. -**15.** PHYS: **~ d'ondes** wave train.

B. -**1.** [allure] pace; **accélérer le ~** [marcheur, animal] to quicken the pace; [véhicule] to speed up; **aller à un ~ soutenu** to go at a brisk pace; **au** OU **du ~ où vont les choses** the way things are going, at this rate ❑ **aller à fond de ~** *fam* OU **à un ~ d'enfer** *fam* to tear along, to go at a cracking pace; **nous sommes rentrés à un ~ d'enfer** we tore home; **aller à un ~ de sénateur** to have a stately gait; **aller bon ~** [en marchant] to walk at a brisk pace; **les négociations ont été menées bon ~** the negotiations made good progress; **aller son petit ~** [marcher] to jog along; [agir posément] to do things at one's own pace; **aller son ~** to carry on (as normal). -**2.** [manière de vivre]: **~ de vie** lifestyle, standard of living; **~ de maison** (retinue of) servants; **mener grand ~** to live in grand style; **on menait grand ~ chez les Duparc** the Duparcs had a lavish lifestyle OU lived like kings. -**3.** *litt* [enchaînement de faits]: **le ~ de la vie quotidienne** the daily grind OU round *Br*. -**4.** SPORT [dans une course - de personnes, de chevaux] pacemaker; **gagner au ~** to win after setting the pace throughout the race; **mener le ~** to set the pace.

C. -**1.** ZOOL quarters; **~ avant** OU **de devant** forequarters; **~ arrière** OU **de derrière** hindquarters. -**2.** *fam* [fesses] backside; **il nous faisait avancer à coups de pied dans le ~** he pushed us on with the occasional kick up the backside; **courir** OU **filer au ~ de qqn** [le suivre partout] to stick to sb like glue; [le prendre en filature] to tail OU to shadow sb.

◆ **en train** ◇ *loc adj* -**1.** [en cours]: **être en ~** [ouvrage, travaux] to be under way; **j'ai un tricot en ~** I'm knitting something. -**2.** [personne]: **être en ~** [plein d'allant] to be full of energy; [de bonne humeur] to be in good spirits OU in a good mood; **je ne me sens pas vraiment en ~ en ce moment** I don't feel my usual perky self, I am not feeling especially perky at the moment.
◇ *loc adv* -**1.** [en route]: **mettre qqch en ~**: **mettre un projet en ~** to get a project started; **mettre un roman en ~** to start a novel. -**2.** [en forme]: **mettre qqn en ~**: **le repas m'avait mis en ~** the meal had put me in good spirits.

◆ **en train de** *loc prép*: **être en ~ de faire qqch** to be (busy) doing sthg; **il est toujours en ~ de taquiner sa sœur** he's always teasing his sister; **l'opinion publique est en ~ d'évoluer** public opinion is changing.

traînage [trɛnaʒ] *nm* transport by sledge *Br* OU sled *Am*, sledging *(U) Br*, sledding *(U) Am*.

traînailler *fam* [trɛnaje] = **traînasser**.

traînant, e [trɛnɑ̃, ɑ̃t] *adj* -**1.** [lent - élocution] drawling, lazy; **je m'en moque, dit-elle d'une voix ~e** I don't care, she drawled. -**2.** [qui traîne à terre] trailing; **une robe ~e** a dress that drags along the floor.

traînard, e *fam* [trɛnar, ard] *nm, f* -**1.** [lambin] slowcoach *Br*, slowpoke *Am*. -**2.** [dans une marche] straggler.

◆ **traînard** *nm* MÉCAN saddle.

traînasser *fam* [3] [trɛnase] *vi* -**1.** [errer paresseusement] to loaf OU to hang about; **elle est toujours à ~ dans les rues** she's always hanging around in the streets. -**2.** [lambiner dans son travail] to fall behind. -**3.** [élocution] to drawl; **sa voix traînassait** his voice drawled on.

train-auto [trɛ̃oto] *(pl* **trains-autos)** *nm* car-sleeper train.

traîne [trɛn] *nf* -**1.** VÊT train. -**2.** MÉTÉO: **ciel de ~** cloudy sky *(after a storm)*. -**3.** NAUT tow. -**4.** PÊCHE dragnet; **pêche à la ~** trolling.

◆ **à la traîne** *loc adj*: **être** OU **rester à la ~** [coureur, pays, élève] to lag OU to drag behind; **j'ai beaucoup de travail à la ~** I've got a big backlog of work.

traîneau, x [trɛno] *nm* -**1.** [véhicule] sleigh, sledge *Br*, sled *Am*. -**2.** PÊCHE dragnet.

traînée [trɛne] *nf* -**1.** [trace - au sol, sur un mur] trail, streak; [- dans le ciel] trail; **une ~ de sable** a trail of sand; **l'escargot a laissé une ~ visqueuse derrière lui** the snail has left a slimy trail behind it; **une ~ de sang/peinture** a streak of blood/paint; **une ~ de fumée** a trail of smoke ❑ **se propager** OU **se répandre comme une ~ de poudre** to spread like wildfire. -**2.** *fam péj* [prostituée] tart *Br*, whore. -**3.** AÉRON: **~ de condensation** (vapour) trail.

traîner [4] [trɛne] ◇ *vt* -**1.** [tirer - gén] to pull; [- avec effort] to drag, to haul; **elle descendait les escaliers en traînant le sac derrière elle** she was dragging the sack down the stairs (behind her); **~ qqn par les pieds** to drag sb (along) by the feet; **~ les pieds** to shuffle along, to drag one's feet *literal* ❑ **~ la jambe** OU *fam* **patte** to hobble OU to limp along; **~ la savate** *fam* to bum around; **~ qqn dans la boue** OU **la fange** *fig* to drag sb's name through the mud; **~ un boulet** to have a millstone round one's neck; **~ ses guêtres** *fam* OU **bottes** *fam* to loaf OU to hang about. -**2.** [emmener - personne réticente] to drag along *(sép)*; [- personne non désirée] to trail, to drag about *(sép)*; **~ qqn chez le dentiste** to drag sb along to the dentist's; **j'ai dû le ~ au concert** I had to drag him with me to the concert. -**3.** [garder avec soi - fétiche, jouet] to drag around *(sép)*; **elle traîne son nounours partout** she never goes anywhere without her teddy bear. -**4.** *fam* [avoir - idées reçues, principes]: **toute ma jeunesse, j'ai traîné ce sentiment de culpabilité** throughout my youth I carried around this sense of guilt; **ça fait des semaines que je traîne cette angine** this sore throat has been with OU plaguing me for weeks; **je traîne ce prof depuis trois ans!** *fam* I've had to put up with this teacher for three years!
◇ *vi* -**1.** [pendre]: **~ (par terre)** to drag on the floor OU ground. -**2.** *fam* [ne pas être rangé - documents, vêtements] to lie around, to be scattered around; **ne laisse pas ~ tes clés** don't leave your keys lying around. -**3.** [s'attarder, flâner] to dawdle; [rester en arrière] to lag OU to drag behind; **ne traîne pas, Mamie nous attend** stop dawdling OU do hurry up, Grandma's expecting us; **~ en chemin** OU **en route** to dawdle on the way; **j'aime bien ~ sur les quais** *fam* I like strolling along the banks of the river; **on a traîné dans les musées toute la journée!** *fam* we've been traipsing around the museums all day long! ‖ *péj* [errer] to hang about OU around; **il traîne dans tous les bistrots** he hangs around in all the bars; **des chiens traînent dans le village** dogs roam around the village; **fais attention, il y a toujours des flics qui traînent par ici** *fam* be careful, there are always cops hanging around here; **qu'est-ce que tu fais? — je traîne** what are you doing? — I'm just hanging about. -**4.** *fig* & *péj* [maladie, idée]: **elle attrape toutes les maladies qui traînent** she catches every bug that's going around; **des statistiques périmées qui traînent dans tous les livres** outdated statistics still found in every book. -**5.** *fam péj* [s'éterniser - affaire, conversation, procédure] to drag on; [- superstition, maladie] to linger OU to drag on; **~ en longueur** [discours, négociations] to drag on; **les choses commencent à ~ en longueur!** things are beginning to drag on!; **ça n'a pas traîné!** it didn't take long!, it wasn't long coming!; **déjà mariés? vous n'avez pas traîné!** married already? you didn't hang around, did you?; **faire ~ des pourparlers/un procès** to drag out negotiations/a trial. -**6.** [ralentir - voix] to drawl (out); **elle a la voix qui traîne** she drawls.

◆ **se traîner** *vpi* -**1.** [blessé] to crawl; **se ~ par terre** to crawl on the floor OU ground; **se ~ aux pieds de qqn** *fig* to get down on one's knees to OU in front of sb ‖ [manquer d'énergie]: **depuis sa mort, elle se traîne** she just mopes around the place now he's dead; **je me suis traînée jusque chez le docteur** I dragged myself to the doctor's. -**2.** *fam* [conducteur, véhicule] to crawl along, to go at a crawl; **on se traîne!** we're just crawling along!

traîne-savates *fam* [trɛnsavat] *nmf inv* dosser *Br*, bum *Am*.

train-ferry [trɛ̃feri] *(pl* **trains-ferries)** *nm* train ferry.

training [treniŋ] *nm* -**1.** VÊT [chaussure] sports shoe, trainer; [survêtement] tracksuit. -**2.** PSYCH: **~ autogène** self-induced relaxation.

train-train, traintrain [trɛ̃trɛ̃] *nm inv* routine; **il est venu interrompre mon ~** he came and disrupted my (daily) routine; **le ~ quotidien** the daily grind.

traire [112] [trɛr] *vt* [vache] to milk; [lait] to draw; **machine à ~** milking machine.

trait [trɛ] *nm* **-1.** [ligne] line; **~ ondulé** wavy line; **tirer** OU **tracer un ~ (à la règle)** to draw a line (with a ruler); **d'un ~ de plume** with a stroke of the pen; **tout l'esprit de l'affiche est dans le ~** the whole effect of the poster lies in the use of line ❑ **dessin au ~** outline drawing; **tirer un ~ sur: tirons un ~ sur cette dispute** let's forget this argument, let's put this argument behind us; **cela fait longtemps que j'ai tiré un ~ sur notre relation** I gave up all hope for our relationship long ago; **tirer un ~ sur le passé** to turn over a new leaf, to make a complete break with the past; **allez, on tire un ~ là-dessus** come on, let's forgive and forget. **-2.** [marque distinctive - d'un système, d'une œuvre, d'un style] (characteristic) feature; **~ distinctif/pertinent** LING distinctive/significant feature; **~ de caractère** (character) trait. **-3.** [acte] : **~ de bravoure** act of bravery, brave deed; **~ d'esprit** witticism, flash of wit; **~ de générosité** act of generosity; **~ de génie** stroke of genius. **-4.** *litt* [projectile] shaft, spear; **partir comme un ~** to set off like a shot; **filer comme un ~** to be as swift as the wind. **-5.** [repartie] shaft; **~ satirique** shaft of satire; **~ railleur** taunt, gibe. **-6.** *loc*: **avoir ~ à** [avoir un rapport avec] to have to do OU to be connected with; **ayant ~ à** regarding, concerning. **-7.** MUS [psaume] tract; [passage] run.

◆ **traits** *nmpl* [du visage] features; **il a des ~s fins/grossiers** he has delicate/coarse features; **avoir des** OU **les ~s réguliers** to be (classically) good-looking, to have classical good looks; **avoir les ~s tirés** to look drawn; **sous les ~s de** *fig*: **on l'a présenté sous les ~s d'un maniaque** he was portrayed as a maniac.

◆ **à grands traits** *loc adv* [dessiner, esquisser] roughly, in broad outline; **voici l'intrigue, résumée à grands ~s** here's a broad OU rough outline of the plot.

◆ **à longs traits** *loc adv* [boire] in long draughts.

◆ **de trait** *loc adj* [bête, cheval] draught.

◆ **d'un (seul) trait** *loc adv* [avaler] in one gulp, in one go; [réciter] (all) in one breath; [dormir] uninterruptedly.

◆ **trait pour trait** *loc adv* [exactement] exactly; **c'est sa mère ~ pour ~** she's the spitting image of her mother.

◆ **trait d'union** *nm* hyphen; *fig* link; **ce mot prend un ~ d'union** this word is hyphenated OU takes a hyphen, this is a hyphenated word; **servir de ~ d'union entre** *fig* to bridge the gap between, to link.

traitable [trɛtabl] *adj* **-1.** [sujet, question] treatable; [problème] manageable; **la question n'est pas ~ en une demi-heure** the question cannot be dealt with in half an hour. **-2.** *litt* [accommodant] amenable, helpful.

traitant, e [trɛtɑ̃, ɑ̃t] *adj* [shampooing] medicated.

traite [trɛt] *nf* **-1.** COMM, FIN & JUR draft, bill; [lettre de change] bill of exchange; **on n'arrive plus à payer les ~s de la maison** we can't pay the mortgage (on the house) any longer; **tirer une ~ sur** to draw a bill OU draft on; **escompter une ~** to discount a bill OU draft ❑ **~ du Trésor** bill issued by public bodies. **-2.** [commerce, trafic] : **~ des Noirs** slave trade; **~ des Blanches** white slave trade OU traffic. **-3.** AGR [action] milking *(U)*; [lait] milk (yield); **~ mécanique** machine milking.

◆ **de traite** *loc adj* [poste, salle] milking.

◆ **d'une (seule) traite** *loc adv* [voyager] in one go, without stopping; [avaler] at one go, in one gulp; [lire, réciter] in one stretch OU breath; [dormir] uninterruptedly; [travailler] without interruption, at a stretch.

traité [trete] *nm* **-1.** [accord] treaty; **~ de paix** peace treaty; **le ~ de Rome** the Treaty of Rome. **-2.** [ouvrage] treatise; **~ de philosophie** sur philosophical treatise on OU upon.

traitement [trɛtmɑ̃] *nm* **-1.** MÉD & PHARM treatment; **un bon ~ contre les poux** a cure for lice; **donner un ~ à qqn** to prescribe (a treatment) for sb; **suivre le ~ d'un médecin** to follow the treatment prescribed by a doctor; **~ homéopathique** homeopathic treatment. **-2.** [d'un fonctionnaire] salary, wage, wages. **-3.** [façon d'agir envers quelqu'un] treatment; **mauvais ~s** ill-treatment; **faire subir de mauvais ~s à qqn** to ill-treat sb ❑ **~ de choc** shock treatment; **~ de faveur** special OU preferential treatment; **avoir un** OU **bénéficier d'un ~ de faveur** to enjoy preferential treatment. **-4.** INF processing; **~ de données/texte** data/word processing; **~ par lots** batch processing; **~ d'images** image processing. **-5.** INDUST treatment, processing; **le ~ des matières premières/des aliments** the processing of raw materials/of foodstuffs; **le ~ des récoltes** the treating of crops; [par avion] the spraying of crops; **le ~ d'une lentille/surface** the coating of a lens/surface ❑ **~ superficiel** TRAV PUBL surfacing. **-6.** [d'un problème, d'une question] treatment, presentation; **le ~ de l'information dans la presse** the way the news is presented in the press.

◆ **en traitement, sous traitement** *loc adj* under treatment; **être en** OU **sous ~** to be being treated OU having treatment OU under treatment.

traiter [4] [trete] *vt* **-1.** [se comporter avec] to treat; **~ qqn avec égard** to treat sb with consideration, to show consideration to sb; **~ qqn durement/complaisamment** to be harsh/accommodating towards sb; **tout dépend de la façon dont tu traites les élèves** it all depends on how you treat the pupils; **il me traite comme un ami/gamin** *fam* he treats me like a friend/kid; **bien ~ qqn** to treat sb well; **mal ~ qqn** to treat sb badly, to ill-treat sb; **~ qqn d'égal à égal** to treat sb as an equal; **tous les actionnaires sont traités de la même façon** all shareholders are treated equally OU get the same treatment; **nous avons été très bien traités** we were very well looked after, we had very good service; **ils l'ont plutôt mal traitée dans son nouveau service!** she got a rather raw deal in her new department! **-2.** [soigner - patient, maladie] to treat; **se faire ~ pour** to undergo treatment OU to be treated for; **on me traite à l'homéopathie** I'm having homeopathy; **je le traite à l'aspirine** [patient] I prescribe aspirin for him; [mal] I treat it with aspirin, I use aspirin for it. **-3.** INDUST to treat, to process; [aliments] to process; [récoltes - gén] to treat; [- par avion] to spray; [lentille] to coat. **-4.** [qualifier] : **~ qqn de:** **~ qqn d'imbécile/d'incapable** to call sb an idiot/an incompetent; **se faire ~ de menteur** to be called a liar; **~ qqn de tous les noms** to call sb all the names under the sun. **-5.** COMM [affaire, demande, dossier] to deal with *(insép)*. **-6.** [étudier - thème] to treat, to deal with *(insép)*; **vous ne traitez pas le sujet** you're not addressing the question. **-7.** INF [données, texte, images] to process; **~ qqch par lots** to batch process sthg.

◆ **traiter avec** *v + prép*: **~ avec qqn** to negotiate OU to deal with sb; **nous ne traiterons pas avec des terroristes** we won't bargain OU negotiate with terrorists.

◆ **traiter de** *v + prép* [suj: roman, film, thèse] to deal with *(insép)*, to be about; [suj: auteur] to deal with.

◆ **se traiter** ◇ *vp (emploi passif)* [maladie] : **ça se traite aux antibiotiques** it can be treated with antibiotics.

◇ *vp (emploi réciproque)* [personne] : **ils se traitaient de menteurs/lâches** they were calling each other liars/cowards.

traiteur [trɛtœr] *nm* [qui livre] caterer; **chez le ~** [magasin] at the delicatessen.

traître, esse [trɛtr, ɛs] ◇ *adj* **-1.** [déloyal - personne] traitorous, treacherous; **être ~ à sa patrie** to be a traitor to OU to betray one's country. **-2.** [trompeur - visage, sourire] deceptive; [- paroles] treacherous; **il est ~, ce petit vin de pays!** *fam* this little local wine is stronger than you'd think! **-3.** *loc*: **pas un ~ mot** not a single word; **elle n'a pas dit un ~ mot** she didn't breathe OU say a (single) word; **je n'ai pas compris un ~ mot de ce qu'il a dit** I didn't understand a single word of what he said.

◇ *nm, f* **-1.** [gén & POL] traitor (*f* traitress). **-2.** THÉÂT villain.

◆ **en traître** *loc adv*: **prendre qqn en ~** to play an underhand trick on sb; **agir en ~** to act treacherously.

traîtreusement [trɛtrøzmɑ̃] *adv* treacherously, traitorously, perfidiously.

traîtrise [trɛtriz] *nf* **-1.** [caractère] treacherousness, treachery. **-2.** [acte - perfide] (piece of) treachery; [- déloyal] betrayal.

Trajan [traʒɑ̃] *npr* Trajan.

trajectographie [traʒɛktɔgrafi] *nf* trajectory calculation.

trajectoire [traʒɛktwar] *nf* **-1.** [d'une balle, d'un missile] trajectory, path; [d'une planète, d'un avion] path; **~ de vol** flight path. **-2.** [carrière professionnelle] career path.

trajet [traʒɛ] *nm* **-1.** [chemin parcouru] distance; [voyage] journey; [d'un car, d'un autobus] route; **j'ai beaucoup de ~ de chez moi au bureau** I have a long journey from home to the office; **je fais tous les jours le ~ Paris-Egly** I commute everyday between Paris and Egly; **il a fait le ~ en huit heures** he covered the distance in eight hours; **~ par mer** crossing. **-2.** ANAT course. **-3.** ARM [d'un projectile] path.

tralala *fam* [tralala] *nm* fuss, frills; **pas besoin de tant de ~** no need to make so much fuss; **se marier en grand ~** to get married with all the works OU trimmings; **(et) tout le ~: il y avait des petits fours, du champagne, tout le ~!** there were petits fours, champagne, the (whole) works!

tram [tram] *nm* **-1.** [moyen de transport] tram *Br*, streetcar *Am*. **-2.** [véhicule] tram *Br*, tramcar *Br*, streetcar *Am*.

tramage [tramaʒ] *nm* weaving.

tramail [tramaj] *nm* trammel (net).

trame [tram] *nf* **-1.** TEXT [base] weft, woof; [fil] weft, weft thread, pick. **-2.** [d'un livre, d'un film] thread, basic outline OU framework. **-3.** ARCHIT & IMPR screen. **-4.** TV [lignes] raster; [ensemble] field; [pour lignes paires et impaires] frame.

tramer [3] [trame] *vt* **-1.** [conspiration] to hatch; [soulèvement] to plot; [histoire] to weave; **elle trame quelque chose!** *fig* she's plotting something! **-2.** TEXT to weave. **-3.** IMPR & PHOT to screen; **phototype tramé** screened phototype.

◆ **se tramer** *vp (emploi passif)* to be afoot; **un complot se tramait contre l'empereur** a plot was being hatched against the emperor; **qu'est-ce qui se trame?** what's going on?; **il se trame quelque chose** something's afoot.

tramontane [tramɔ̃tan] *nf* tramontane, transmontane.

tramp [trɑ̃p] *nm* tramp (steamer).

trampoline [trɑ̃pɔlin] *nm* trampoline; **faire du ~** to do trampolining.

tramway [tramwɛ] *nm* **-1.** [moyen de transport] tramway (system). **-2.** [véhicule] tramcar *Br*, streetcar *Am*; **'Un tramway nommé Désir'** *Williams* 'A Streetcar Named Desire'.

tranchant, e [trɑ̃ʃɑ̃, ɑ̃t] *adj* **-1.** [lame] sharp, keen, cutting; [outil] cutting; [bord] sharp, cutting. **-2.** [personne, réponse, ton] curt, sharp.

◆ **tranchant** *nm* **-1.** [d'une lame] sharp OU cutting edge; **le ~ de la main** the edge of the hand. **-2.** [d'apiculteur] hive tool. **-3.** [de tanneur] fleshing knife, flesher.

tranche [trɑ̃ʃ] *nf* **-1.** [de pain, de viande, de pastèque] slice; **~ de bacon** [à frire] rasher (of bacon); **~ de saumon** [dame] salmon steak; [fumée] slice OU leaf of (smoked) salmon; **une ~ fine** a sliver, a thin slice; **une ~ de rôti** a slice cut off the joint; **coupez-moi une ~ près de l'entame s'il vous plaît** slice off a piece near the end for me please ❑ **~ napolitaine** CULIN

Neapolitan slice OU ice-cream; une ~ de vie a slice of life. -2. [en boucherie] : la ~ (grasse) top rump; ~ au petit os middle of silverside *Br.* -3. [subdivision - d'un programme de construction] stage, phase; ~ horaire ADMIN period of time; ~ d'âge age bracket; ~ de salaires/de revenus salary/income bracket; elle est dans la ~ des 200 000 francs par an she's in the 200,000 (francs a year) bracket; j'ai sauté de ~ (d'impôts) *fam* I've moved up into the next tax bracket. -4. BOURSE & FIN [d'actions] block, tranche; [d'emprunt] instalment; [loterie] : ~ d'émission issue. -5. ÉLECTR [unité de production] tranche. -6. RAIL portion. -7. RAD & TV slot. -8. [outil] chisel. -9. [de marbre] slab. -10. [bord - d'un livre] edge; [- d'une médaille, d'une pièce] edge, rim; doré sur ~ gilt-edged.

◆ **en tranche(s)** ◇ *loc adj* [pain, saucisson] sliced.

◇ *loc adv*: débiter OU couper qqch en ~s to slice sthg (up), to cut sthg into slices.

tranché, e [trɑ̃ʃe] *adj* -1. [sans nuances - couleurs] distinct, clear, sharply contrasted. -2. [distinct - catégories] distinct; [- caractères] distinct, well-defined, clear-cut. -3. [péremptoire - position] clear-cut, uncompromising, unequivocal. -4. HÉRALD tranché, party per bend.

◆ **tranché** *nm* HÉRALD tranché, party per bend.

◆ **tranchée** *nf* -1. MIL & TRAV PUBL trench; creuser une ~ to (dig a) trench; il était dans les ~s pendant la guerre he fought in the trenches. -2. [en forêt] cutting *(U)*; [pare-feu] firebreak.

◆ **tranchées** *nfpl* MÉD colic *(U)*, gripe *(U)*, gripes; ~s utérines after-pains.

trancher [3] [trɑ̃ʃe] ◇ *vt* -1. [couper] to cut, to sever, to slice through; ~ la gorge de qqn to cut OU to slit sb's throat; la hache lui a tranché le doigt the axe sliced OU chopped his finger off ❑ ~ le nœud gordien to cut the Gordian knot. -2. [affaire, différend] to judge; [difficulté] to solve; [question] to decide; je ne peux pas ~ ce problème I can't be the judge in this matter. -3. *sout* [discussion] to bring to a sudden end, to cut short *(sép)*.

◇ *vi* [décider] to make OU to take a decision, to decide; qui va ~ ? who's going to decide?; ~ dans le vif to take drastic action.

◆ **trancher avec, trancher sur** *v + prép* [suj: couleur] to stand out against, to contrast sharply with; [suj: attitude] to be in sharp contrast OU to contrast strongly with; sa déclaration tranche avec les propos apaisants du gouvernement his remarks are in sharp contrast to the pacifying words of his government.

◆ **se trancher** *vpt*: se ~ le doigt to chop one's finger off.

tranchet [trɑ̃ʃɛ] *nm* -1. [de cordonnier] leather OU skiving knife; ~ à parer paring knife. -2. [de forgeron] hardy.

trancheuse [trɑ̃ʃøz] *nf* -1. [à jambon, à pain] slicer. -2. MENUIS veneer saw. -3. TRAV PUBL trench excavator, trencher, ditcher.

tranchoir [trɑ̃ʃwar] *nm* [planche] chopping board.

tranquille [trɑ̃kil] *adj* -1. [sans agitation - quartier, rue] quiet; [- campagne] quiet, peaceful, tranquil *litt*; [- soirée] calm, quiet, peaceful; [- sommeil, vie] peaceful, tranquil *litt*; [- air, eau] still, quiet, tranquil *litt*; dormir d'un sommeil ~ to sleep peacefully; alors, on ne peut pas dormir ~, ici! (come on now,) people are trying to sleep here!; aller OU marcher d'un pas ~ to stroll unhurriedly. -2. [en paix] : on ne peut même plus être ~ chez soi! you can't even get some peace and quiet at home any more!; allons dans mon bureau, nous y serons plus ~s pour discuter let's go into my office, we can talk there without being disturbed; laisser qqn ~ to leave sb alone OU in peace; elle veut qu'on la laisse ~ quand elle travaille she wants to be left in peace OU she doesn't want to be disturbed when she's working; le bébé ne la laisse jamais ~ the baby gives her no peace; laisse-le ~ avec tes problèmes! stop bothering him with your problems!; laisse-moi ~, je suis assez grand pour ouvrir la boîte tout seul! leave me alone, I'm old enough to open the box on my own!; laisser qqch ~ *fam* [ne pas y toucher] to leave sthg alone; laisse ma maquette ~! hands off my model!, leave my model alone!; laisse ma vie de famille ~! leave my family life out of it! -3. [calme, sage] quiet; se tenir OU rester ~ to keep quiet OU still; [ne pas se faire remarquer] to keep a low profile; il n'y a que la télé pour les faire tenir ~s TV's the only thing that keeps them quiet; il a été un enfant ~ jusqu'à l'âge de 11 ans he was a very placid child until the age of 11. -4. [serein - personne, foi] calm, serene; ~ comme Baptiste perfectly calm. -5. [rassuré] : être ~ to feel OU to be easy in one's mind; sois ~, elle va bien don't worry OU set your mind at rest, she's all right; je ne suis pas OU ne me sens pas ~ quand il est sur les routes I worry when he's on the road; je serais plus ~ s'il n'était pas seul I'd be happier knowing that he wasn't on his own. -6. [sûr] : tu peux être ~ (que)... you can be sure OU certain (that)...; ils n'auront pas mon argent, sois ~! they won't get my money, that's for sure!

tranquillement [trɑ̃kilmɑ̃] *adv* -1. [calmement - dormir, jouer] quietly, peacefully; [- répondre, regarder] calmly, quietly. -2. [sans se presser - marcher, travailler] unhurriedly; on est allé ~ jusqu'à l'église avec grand-mère we walked slowly to the church with grandma.

tranquillisant, e [trɑ̃kilizɑ̃, ɑ̃t] *adj* [paroles, voix, présence] soothing, reassuring.

◆ **tranquillisant** *nm* PHARM tranquillizer; bourré de ~s *fam* doped up to the eyeballs (with tranquillizers).

tranquilliser [3] [trɑ̃kilize] *vt*: ~ qqn to set sb's mind at rest, to reassure sb.

◆ **se tranquilliser** *vp (emploi réfléchi)* to stop worrying, to be reassured; tranquillise-toi, je ne rentrerai pas en auto-stop don't worry, I won't hitch-hike home.

tranquillité [trɑ̃kilite] *nf* -1. [calme - d'un lieu] quietness, peacefulness, tranquillity; [- d'une personne] peace, tranquillity; les enfants ne me laissent pas un moment de ~ the children don't give me any peace; elle a besoin d'une parfaite ~ pour écrire she needs (complete) peace and quiet to write. -2. [sérénité] : ~ d'esprit peace of mind.

◆ **en toute tranquillité** *loc adv* [sereinement] with complete peace of mind.

transaction [trɑ̃zaksjɔ̃] *nf* -1. BOURSE, COMM & ÉCON transaction, deal; ~s transactions, dealings. -2. JUR (formal) settlement. -3. INF transaction.

transactionnel, elle [trɑ̃zaksjɔnɛl] *adj* -1. JUR [formule, règlement] compromise *(modif)*. -2. PSYCH transactional.

transalpin, e [trɑ̃zalpɛ̃, in] *adj* transalpine.

transaminase [trɑ̃zaminaz] *nf* transaminase.

transat [trɑ̃zat] ◇ *nm* deck chair.

◇ *nf* SPORT transatlantic race; la ~ en solitaire single-handed transatlantic race.

transatlantique [trɑ̃zatlɑ̃tik] ◇ *adj* transatlantic.

◇ *nm* -1. NAUT (transatlantic) liner. -2. [chaise longue] deck chair.

◇ *nf* SPORT transatlantic race.

transbahuter *fam* [3] [trɑ̃sbayte] *vt* to move, to shift, to cart; les bagages ont été transbahutés dans une autre voiture the luggage was shoved into another car.

◆ **se transbahuter** *fam vpi* to shift o.s.

transbordement [trɑ̃sbɔrdəmɑ̃] *nm* [de marchandises] transshipment; [de voyageurs] transferring *(of passengers to another vessel or vehicle)*.

transborder [3] [trɑ̃sbɔrde] *vt* [marchandises] to transship; [voyageurs] to transfer.

transbordeur [trɑ̃sbɔrdœr] ◇ *nm* [navire] transporter bridge.

◇ *adj m*: pont ~ transporter bridge.

transcanadien, enne [trɑ̃skanadjɛ̃, ɛn] *adj* trans-Canadian, trans-Canada *(avant n)*.

Transcaucasie [trɑ̃skokazi] *npr f*: (la) ~ Transcaucasia.

transcaucasien, enne [trɑ̃skokazjɛ̃, ɛn] *adj* transcaucasian.

transcendance [trɑ̃sɑ̃dɑ̃s] *nf* -1. PHILOS transcendence, transcendency. -2. MATH transcendence.

transcendant, e [trɑ̃sɑ̃dɑ̃, ɑ̃t] *adj* -1. *fam* [génial] brilliant; ce n'est pas ~! [livre, film] it's not exactly brilliant!; il n'est pas ~! he's no genius! -2. MATH & PHILOS transcendental.

transcendantal, e, aux [trɑ̃sɑ̃dɑ̃tal] *adj* transcendental.

transcendantalisme [trɑ̃sɑ̃dɑ̃talism] *nm* transcendentalism.

transcender [3] [trɑ̃sɑ̃de] *vt* to transcend.

◆ **se transcender** *vpi* to transcend o.s.

transcodage [trɑ̃skɔdaʒ] *nm* transcoding, code translation.

transcoder [3] [trɑ̃skɔde] *vt* to transcode.

transconteneur [trɑ̃skɔ̃tənœr] *nm* international container.

transcontinental, e, aux [trɑ̃skɔ̃tinɑ̃tal, o] *adj* transcontinental.

transcripteur [trɑ̃skriptœr] *nm* transcriber.

transcription [trɑ̃skripsjɔ̃] *nf* -1. [fait d'écrire - gén] transcription, transcribing, noting (down); [- des notes] copying out (in longhand); [- un document officiel] recording. -2. [copie] copy, transcript; [document officiel] record. -3. LING & MUS [gén] transcribing, transcription; [translittération] transliteration; la ~ de son nom russe/chinois en caractères romains the Romanization of her Russian/Chinese name; faire une ~ phonétique to transcribe a word into phonetic symbols.

transcrire [99] [trɑ̃skrir] *vt* -1. [conversation] to transcribe, to note OU to take down *(sép)*; [notes] to copy OU to write out (in longhand) *(sép)*; [dans un registre] to record; je transcris tout ce que vous dites I'm taking down everything you're saying. -2. LING: ~ un mot d'un alphabet dans un autre to transliterate a word; ~ un nom russe/chinois en caractères romains to Romanize a Russian/Chinese name. -3. MUS to transcribe.

transculturel, elle [trɑ̃skyltyrɛl] *adj* transcultural, cross-cultural.

transducteur [trɑ̃sdyktœr] *nm* transducer.

transduction [trɑ̃sdyksjɔ̃] *nf* transduction.

transe [trɑ̃s] *nf* -1. [état d'hypnose] trance. -2. [exaltation] trance, exaltation.

◆ **transes** *nfpl* [mouvements] convulsions; être pris de ~s to go into convulsions.

◆ **en transe(s)** *loc adj* & *loc adv*: être en ~ to be in a trance; entrer en ~ [médium] to go OU to fall into a trance; *fig* & *hum* to get all worked up; faire entrer qqn en ~ to put sb into a trance.

transept [trɑ̃sɛpt] *nm* transept.

transférable [trɑ̃sferabl] *adj* transferable.

transférase [trɑ̃sferaz] *nf* transferase.

transfèrement [trɑ̃sfɛrmɑ̃] *nm* transfer, transferring.

transférer [18] [trɑ̃sfere] *vt* -1. [prisonnier] to transfer; [diplomate] to transfer, to move; [évêque] to translate; ~ qqn de... à to transfer sb from... to; être transféré [sportif] to be transferred; [diplomate] to move, to be moved || [magasin, siège social] to transfer, to move; [fonds] to transfer; [reliques] to translate; il a transféré son argent sur un compte suisse he's transferred OU switched his money to a Swiss account; 'succursale transférée au n° 42' 'our branch is now at n° 42'. -2. INF [information] to transfer. -3. JUR [droits] to transfer, to convey; [propriété - gén] to transfer, to convey; [- par legs] to demise; [pouvoirs] to transfer, to pass on *(sép)*. -4. PSYCH: ~ qqch sur qqn to transfer sthg onto sb. -5. BX-ARTS: ~ un motif sur to transfer a design on OU onto; ~ un motif au pochoir to stencil a motif.

transfert [trɑ̃sfɛr] *nm* -1. [gén & COMM] transfer; ~ de fonds transfer of funds. -2. RELIG [d'un évêque, de reliques] translation. -**3.** INF transfer. -**4.** JUR [de propriété] transfer, conveyance; [de droits, de pouvoirs] transfer; ~ **par legs** demise. -**5.** PSYCH transference; **faire un ~ sur qqn**: **elle fait un ~ sur toi** she's using you as the object of her transference.

transfiguration [trɑ̃sfigyrasjɔ̃] *nf* -**1.** [changement profond] transfiguration. -**2.** RELIG: **la Transfiguration** the Transfiguration.

transfigurer [3] [trɑ̃sfigyre] *vt* to transfigure.

transfiler [3] [trɑ̃sfile] *vt* NAUT: ~ **deux voiles** to lace two sails together.

transfo *fam* [trɑ̃sfo] *nm abr de* **transformateur**.

transformable [trɑ̃sfɔrmabl] *adj* -**1.** [modifiable] changeable, alterable; **des décors ~s** flexible sets. -**2.** SPORT convertible.

transformateur, trice [trɑ̃sfɔrmatœr, tris] *adj* [influence] transforming.

◆ **transformateur** *nm* ÉLECTR transformer; ~ **de traversée** bushing (current) transformer.

transformation [trɑ̃sfɔrmasjɔ̃] *nf* -**1.** [d'une personnalité, d'un environnement] transformation; [d'une matière première, d'énergie] conversion. -**2.** [résultat d'un changement] transformation, alteration, change; **nous avons fait des ~s dans la maison** [travaux] we've made some alterations to the house; [décor, ameublement] we've made some changes in the house. -**3.** SPORT conversion. -**4.** LING & MATH transformation.

transformationnel, elle [trɑ̃sfɔrmasjɔnɛl] *adj* transformational.

transformer [3] [trɑ̃sfɔrme] *vt* -**1.** [faire changer - bâtiment, personnalité, institution, paysage] to transform, to change, to alter; [- matière première] to transform, to convert; [- vêtement] to make over *(sép)*, to alter; **sa maternité l'a complètement transformée** motherhood has completely transformed her; ~ **qqch en** [faire devenir] to convert sthg into; ~ **une pièce en bureau** to convert a room into an office. -**2.** LING & MATH to transform. -**3.** SPORT to convert.

◆ **se transformer** *vpi* [quartier, personnalité, paysage, institution] to change completely; **l'environnement se transforme lentement/rapidement** the environment is changing slowly/rapidly; **se ~ en** to turn into; **elle se transforma en cygne** she turned OU changed into a swan; **ce voyage se transformait en cauchemar** the trip was turning into a nightmare.

transformisme [trɑ̃sfɔrmism] *nm* transformism.

transformiste [trɑ̃sfɔrmist] ◇ *adj & nmf* [évolutionniste] transformist.

◇ *nm* [travesti] drag artist; **spectacle de ~s** drag show.

transfuge [trɑ̃sfyʒ] *nmf* MIL & POL renegade, turncoat; [qui change de camp] defector.

transfuser [3] [trɑ̃sfyze] *vt* -**1.** MÉD [sang] to transfuse. -**2.** *litt* [sentiment] to instill, to communicate, to pass on *(sép)*.

transfusion [trɑ̃sfyzjɔ̃] *nf*: ~ **sanguine** OU **de sang** blood transfusion; **faire une ~ à qqn** to give sb a (blood) transfusion.

transfusionnel, elle [trɑ̃sfyzjɔnɛl] *adj* transfusional.

transgresser [4] [trɑ̃sgrese] *vt* [loi, règle] to infringe, to contravene, to transgress; [ordre] to disobey, to go against; ~ **la loi** to contravene OU to break the law; ~ **les interdits** to break the taboos.

transgression [trɑ̃sgrɛsjɔ̃] *nf* -**1.** [d'une règle, d'une loi] infringement, contravention, transgression; [d'un ordre] contravention. -**2.** GÉOL transgression.

transhorizon [trɑ̃sɔrizɔ̃] *adj inv* forward-scatter.

transhumance [trɑ̃zymɑ̃s] *nf* -**1.** [de troupeaux] seasonal migration, transhumance *spéc*; **au moment de la ~** when the herds are moved to the grazing grounds. -**2.** [d'abeilles] migratory beekeeping.

transhumant, e [trɑ̃zymɑ̃, ɑ̃t] *adj* transhumant *spéc*.

transhumer [3] [trɑ̃zyme] ◇ *vi* [vers les pâturages] to move up to summer grazing grounds; [vers la vallée] to move down to the wintering grounds.

◇ *vt* -**1.** [troupeaux] to move. -**2.** HORT to transplant.

transi, e [trɑ̃zi] *adj*: **être ~ (de froid)** to be chilled to the bone OU to the marrow; **être ~ de peur** to be paralysed OU transfixed by fear.

transiger [17] [trɑ̃ziʒe] *vi* to (come to a) compromise; **il n'a pas voulu ~** he refused all compromise; ~ **avec qqn** to seek a compromise OU to bargain with sb; **nous ne transigerons pas avec les terroristes** we will not bargain with the terrorists; ~ **avec sa conscience** to make a deal with one's conscience; **ne pas ~ sur la ponctualité** to be uncompromising in matters of punctuality, to be a stickler for punctuality.

transir [32] [trɑ̃zir] *vt*: **le froid m'avait transi** the cold had gone right through me.

transistor [trɑ̃zistɔr] *nm* -**1.** RAD transistor (radio). -**2.** ÉLECTRON transistor; ~ **à effet de champ** field-effect transistor, FET.

◆ **à transistors** *loc adj* transistorized.

transistorisation [trɑ̃zistɔrizasjɔ̃] *nf* transistorization.

transistoriser [3] [trɑ̃zistɔrize] *vt* to transistorize.

transit [trɑ̃zit] *nm* -**1.** COMM [de marchandises, de touristes] transit. -**2.** PHYSIOL: ~ **intestinal** intestinal transit; **'favorise le ~ intestinal'** 'relieves constipation'.

◆ **de transit** *loc adj* transit *(modif)*; **salle de ~** [d'un aéroport] transit lounge.

◆ **en transit** *loc adj* in transit, transitting.

transitaire [trɑ̃zitɛr] ◇ *adj* [commerce, port] transit *(modif)*.

◇ *nm* forwarding agent.

transiter [3] [trɑ̃zite] ◇ *vt* [marchandises] to pass through *(sép)*, to transit.

◇ *vi* [voyageurs, marchandises]: ~ **par** to pass through (while in transit); ~ **par Anchorage** to transit OU to go via Anchorage.

transitif, ive [trɑ̃zitif, iv] *adj* transitive.

◆ **transitif** *nm* LING transitive verb.

transition [trɑ̃zisjɔ̃] *nf* -**1.** [entre deux états] transition. -**2.** [entre deux paragraphes, deux scènes] transition, link. -**3.** [entre deux gouvernements] interim. -**4.** PHYS transition.

◆ **de transition** *loc adj* -**1.** [administration, gouvernement] interim *(modif)*; **période de ~** period of transition, transition OU transitional period. -**2.** AÉRON & CHIM transition *(épith)*.

◆ **sans transition** *loc adv* without transition; **le journaliste est passé sans ~ de l'accident d'avion à la météo** the newsreader went from the plane crash to the weather forecast without any transition OU a break; **elle passait sans ~ de l'enthousiasme à la fureur** her mood used to change OU to switch abruptly from enthusiasm to rage.

transitionnel, elle [trɑ̃zisjɔnɛl] *adj* -**1.** [gén] transitional. -**2.** PSYCH: **objet ~** transitional object.

transitivement [trɑ̃zitivmɑ̃] *adv* transitively.

transitivité [trɑ̃zitivite] *nf* transitivity.

transitoire [trɑ̃zitwar] *adj* -**1.** [administration, dispositions, régime] interim, transitional; [charge] temporary. -**2.** [situation] transitory, transient.

Transjordanie [trɑ̃sʒɔrdani] *npr f* HIST: **(la) ~** Transjordan.

Transkei [trɑ̃skɛj] *npr m*: **le ~** Transkei.

translatif, ive [trɑ̃slatif, iv] *adj* JUR conveyance *(modif)*; **acte ~** deed of transfer.

translation [trɑ̃slasjɔ̃] *nf* -**1.** RELIG [de cendres, de reliques] translation; [d'une fête] transfer. -**2.** JUR [d'une juridiction, d'un dignitaire] transfer; [de propriété] conveyance, transfer. -**3.** INF: ~ **dynamique** dynamic relocation. -**4.** MATH & PHYS translation; **mouvement de ~** translation movement.

translittérer [18] [trɑ̃slitere] *vt* to transliterate.

translocation [trɑ̃slɔkasjɔ̃] *nf* translocation BIOL.

translucide [trɑ̃slysid] *adj* translucent.

translucidité [trɑ̃slysidite] *nf* translucence, translucency.

transmanche [trɑ̃smɑ̃ʃ] *adj inv* cross-Channel.

transmetteur [trɑ̃smɛtœr] *nm* -**1.** TÉLÉC transmitter. -**2.** NAUT: ~ **d'ordres** telegraph, transmitter. -**3.** MIL ≃ soldier in the Signals Corps.

transmettre [84] [trɑ̃smɛtr] *vt* -**1.** TÉLÉC to transmit. -**2.** RAD & TV [émission] to transmit, to relay, to broadcast. -**3.** PHYS to transmit; ~ **un mouvement à qqch** to set sthg in motion. -**4.** [donner - de la main à la main] to hand (on), to pass on *(sép)*; **transmettez-lui ce colis** give him this parcel; **l'ailier transmet le ballon à l'avant-centre** the wing-forward passes the ball to the centre-forward; [- de génération en génération] to pass on *(sép)*, to hand down *(sép)*. -**5.** [communiquer - information, ordre, remerciement] to pass on *(sép)*, to convey; [- pli] to send on *(sép)*, to forward; [- secret] to pass on *(sép)*; **transmettez mes amitiés/mes respects à votre frère** [en personne] please remember me to/convey my respects to your brother; [par écrit] please send my regards/my respects to your brother || [faire partager - goût, émotion] to pass on *(sép)*, to put over *(sép)*; **il m'a transmis son enthousiasme pour l'art abstrait** he communicated his enthusiasm for abstract art to me. -**6.** MÉD to transmit, to pass on *(sép)*. -**7.** JUR [propriété] to pass on *(sép)*, to transfer; [pouvoirs] to pass on *(sép)*, to hand over *(sép)*, to transfer.

◆ **se transmettre** *vp (emploi passif)* to be transmitted; **le virus se transmet par contact/par la salive** the virus is transmitted by (direct) contact/through saliva; **la vibration se transmet à la membrane** the vibration spreads OU is transmitted to the membrane.

transmigration [trɑ̃smigrasjɔ̃] *nf* -**1.** *litt* [émigration] migration. -**2.** [réincarnation] transmigration.

transmigrer [3] [trɑ̃smigre] *vi* -**1.** *litt* [émigrer] to migrate. -**2.** [âme] to transmigrate.

transmissibilité [trɑ̃smisibilite] *nf* transmissibility.

transmissible [trɑ̃smisibl] *adj* -**1.** MÉD transmittable, transmissible; **c'est ~ par contact/par la salive** it can be transmitted by (direct) contact/through saliva. -**2.** JUR [biens, droit] transferable, transmissible.

transmission [trɑ̃smisjɔ̃] *nf* -**1.** AUT & MÉCAN [pièces]: **organes de ~** transmission (system). -**2.** PHYS [de chaleur, de son] transmission. -**3.** TÉLÉC transmission; RAD & TV [d'une émission] transmission, relaying, broadcasting. -**4.** MÉD passing on, transmission, transmitting. -**5.** [d'une information, d'un ordre] passing on, conveying; [d'un secret] passing on; [d'une lettre] forwarding, sending on; ~ **de pensée** telepathy, thought transference. -**6.** [legs - d'un bijou, d'une histoire] handing down, passing on; [- d'un état d'esprit] passing on. -**7.** JUR [de pouvoirs, de biens] transfer.

◆ **transmissions** *nfpl* MIL: **les ~s** ≃ the Signals Corps.

transmodulation [trɑ̃smɔdylasjɔ̃] *nf* cross modulation.

transmuable [trɑ̃smɥabl] *adj* transmutable.

transmuer [trɑ̃smɥe] *vt* to transmute; ~ **qqch en** to transmute sthg into.

◆ **se transmuer** *vpi* to be transmuted.

transmutabilité [trɑ̃smytabilite] *nf* transmutability.

transmutable [trɑ̃smytabl] = **transmuable**.

transmutation [trɑ̃smytasjɔ̃] *nf* transmutation.

transmuter [3] [trɑ̃smyte] = **transmuer**.

transnational, e, aux [trɑ̃snasjɔnal, o] *adj* transnational.

transocéanique [trɑ̃zɔseanik] *adj* transoceanic.

Transpac [trɑ̃spak] *npr the French packet switching network*.

transparaître [91] [trɑ̃sparɛtr] *vi* [lumière, couleur, sentiment] to show OU to filter through; **son visage ne laissa rien ~** he remained impassive, his face showed no emotion; **l'auteur laisse ~ son désenchantement** the author allows her disenchantment to show OU to filter through.

transparence [trɑ̃sparɑ̃s] *nf* -**1.** [propriété - d'une porcelaine, d'une surface] transparence, transparency; [- d'une peau] clearness, transparence, transparency; [- d'un regard, d'un liquide] transparency, clearness; **la ~ de son teint** her clear complexion; **il faut les regarder par ~** you have to look at them against the light; **on voit son soutien-gorge par ~** her bra is showing through. -**2.** *sout* [caractère d'évidence - d'un dessein, d'une personnalité] transparency, obviousness. -**3.** [caractère public - de transactions, d'une comptabilité] public accountability; **dans notre pays, la ~ des revenus n'est pas de règle** in our country, it is not usual for people to reveal what they earn. -**4.** JUR: **~ fiscale** open taxation. -**5.** CIN backprojection.

transparent, e [trɑ̃sparɑ̃, ɑ̃t] *adj* -**1.** [translucide - porcelaine, papier, surface] transparent; [- regard, eau] transparent, limpid; [- vêtement] transparent, see-through; **ta robe est très ~e** your dress is very transparent OU see-through ‖ [lumineux, clair - peau] transparent, clear. -**2.** [évident - dessein, motif] obvious, transparent. -**3.** [public - comptabilité, transaction] open.

◆ **transparent** *nm* -**1.** [de projection] transparency. -**2.** [pour écrire droit] ruled sheet.

transpercer [16] [trɑ̃spɛrse] *vt* -**1.** [suj: flèche, épée] to pierce (through), to transfix *litt*; **~ qqn d'un coup d'épée** to run sb through with a sword; **il a eu le pied transpercé par la flèche** the arrow went (right) through his foot. -**2.** [pénétrer - suj: pluie] to get through *(insép)*; **un froid qui transperce** piercing cold.

transpirant, e [trɑ̃spirɑ̃, ɑ̃t] *adj* perspiring, sweating.

transpiration [trɑ̃spirasjɔ̃] *nf* -**1.** PHYSIOL [sudation] perspiration; [sueur] perspiration, sweat. -**2.** BOT transpiration.

transpirer [3] [trɑ̃spire] *vi* -**1.** PHYSIOL to perspire, to sweat; **~ des mains/pieds** to have sweaty hands/feet; **je transpirais à grosses gouttes** great drops OU beads of sweat were rolling off my forehead ‖ *fig* [faire des efforts] to sweat blood, to be hard at it; **~ sur qqch** to sweat over sthg. -**2.** [être divulgué] to leak out, to come to light; **la nouvelle a transpiré** the news has got OU leaked out. -**3.** BOT to transpire.

transplant [trɑ̃splɑ̃] *nm* [avant l'opération] organ for transplant; [après l'opération] transplant, transplanted organ.

transplantable [trɑ̃splɑ̃tabl] *adj* transplantable.

transplantation [trɑ̃splɑ̃tasjɔ̃] *nf* -**1.** MÉD [d'un organe - méthode] transplantation; [- opération] transplant; **~ cardiaque/rénale/hépatique** heart/kidney/liver transplant; **~ embryonnaire** surgical transplantation of an embryo. -**2.** AGR & HORT transplantation, transplanting; **faire des ~s** to do some transplanting. -**3.** [déplacement - de personnes] moving, resettling; [- d'animaux] transplantation.

transplanté, e [trɑ̃splɑ̃te] *nm, f* receiver *(of a transplant)*.

transplanter [3] [trɑ̃splɑ̃te] *vt* -**1.** MÉD [organe] to transplant; [embryon] to implant. -**2.** AGR & HORT to transplant. -**3.** ANTHR [gén] to move, to transplant; [avec succès] to resettle; *péj* to uproot.

transpolaire [trɑ̃spɔlɛr] *adj* transpolar.

transport [trɑ̃spɔr] *nm* -**1.** [acheminement - de personnes, de marchandises] transport *Br*, transportation *Am*; [- d'énergie] conveyance, conveying; **assurer le ~ des blessés** to be responsible for transporting the wounded; **engagé pour le ~ du matériel** hired to carry the equipment; **~ par air** OU **avion** air transport; **~ par mer** shipping; **~ par route** road transport OU haulage; **~ terrestre** land transport ❑ **~ de troupes** MIL [acheminement] troop transportation; [navire, avion] (troop) carrier, troop transport. -**2.** [émotion] transport, burst; **~ de joie** transport OU burst of joy; **~ d'enthousiasme** burst OU gush of enthusiasm; **~ de colère** burst OU outburst of anger; **dans un ~ d'admiration, elle me dit...** fairly carried away OU transported with admiration, she said to me...; **~s amoureux** *litt* OU *hum* amorous transports. -**3.** JUR: **~ sur les lieux** visit to the scene of the accident OU crime.

◆ **transports** *nmpl* ADMIN transport network; **~s (publics** OU **en commun)** public transport *(U)*; **je passe beaucoup de temps dans les ~s pour aller au travail** I spend a lot of time commuting; **prendre les ~s en commun** to use public transport; **les ~s aériens** (the) airlines; **les ~s ferroviaires** the rail (transport) network; **les ~s fluviaux** the waterways (transport) network; **les ~s maritimes** the shipping lines; **les ~s urbains** the urban transport system.

◆ **de transport** *loc adj* transport *Br (modif)*, transportation *Am (modif)*.

transportable [trɑ̃spɔrtabl] *adj* [denrées] transportable; [blessé] fit to be moved; **elle n'est pas ~** she's not fit to be moved, she can't be moved.

transportation [trɑ̃spɔrtasjɔ̃] *nf* transportation HIST.

transporter [3] [trɑ̃spɔrte] *vt* -**1.** [faire changer d'endroit - cargaison, passager, troupes] to carry, to transport, to convey; [- blessé] to move; **~ des vivres par avion/par bateau** to fly/to ship food supplies; **~ qqch par camion** to send sthg by lorry *Br* OU by truck *Am*; **~ qqch par train** to transport sthg by rail; **~ qqch dans une brouette** to cart sthg in a wheelbarrow; **~ qqn à l'hôpital/d'urgence à l'hôpital** to take/to rush sb to hospital; **les personnes transportées** [passagers] passengers; **~ une caisse à la cave** to move a crate to the cellar ‖ *fig* [par l'imaginaire] to take; **le premier acte nous transporte en Géorgie/au XVIe siècle** the first act takes us to Georgia/takes us back to the 16th century. -**2.** [porter] to carry; **les alluvions transportées par le fleuve** the sediment carried (along) by the river. -**3.** PHYS to convey. -**4.** *litt* [enthousiasmer] to carry away *(sép)*, to send into raptures; **je me sentais transporté par la musique** the music sent me into raptures; **être transporté de joie** to be overjoyed. -**5.** FIN [fonds] to transfer. -**6.** HIST [condamné] to transport.

◆ **se transporter** *vpi* -**1.** [se déplacer] to move. -**2.** *fig* [par imagination] to imagine o.s.; **transportez-vous maintenant au Moyen Âge** now let your imagination take you back to the Middle Ages. -**3.** JUR: **se ~ sur les lieux** to visit the scene of the accident OU crime.

transporteur, euse [trɑ̃spɔrtœr, øz] *adj* carrying; **benne transporteuse** skip.

◆ **transporteur** *nm* -**1.** [entreprise] haulage contractor, haulier *Br*, hauler *Am*; [en langage juridique] carrier; **~ routier** road haulage contractor, road haulier *Br* OU hauler *Am*. -**2.** [outil] conveyor. -**3.** NAUT: **~ de vrac** bulk carrier. -**4.** PÉTR: **~ de gaz** gas transporter (ship).

transposable [trɑ̃spozabl] *adj* transposable.

transposée [trɑ̃spoze] *nf*: **~ d'une matrice** transpose of a matrix MATH.

transposer [3] [trɑ̃spoze] *vt* -**1.** [intervertir - mots] to switch (round), to transpose. -**2.** [adapter]: **~ un sujet antique à l'époque moderne** to adapt an ancient play to a contemporary setting. -**3.** MUS to transpose.

transposition [trɑ̃spozisjɔ̃] *nf* -**1.** [commutation] transposition. -**2.** [adaptation] adaptation. -**3.** ÉLECTR, IMPR, MATH, MÉD & MUS transposition.

transputeur [trɑ̃spytœr] *nm* transputer.

transpyrénéen, enne [trɑ̃spireneɛ̃, ɛn] *adj* from across the Pyrenees.

transsaharien, enne [trɑ̃ssaarjɛ̃, ɛn] *adj* Trans-saharan.

transsexualisme [trɑ̃ssɛksɥalism] *nm* transsexualism.

transsexuel, elle [trɑ̃ssɛksɥɛl] *adj* transexual, transsexual.

transsibérien, enne [trɑ̃ssiberjɛ̃, ɛn] *adj* Trans-Siberian; **le Transsibérien** the Trans-Siberian (Railway).

transsonique [trɑ̃ssɔnik] *adj* transsonic.

transsubstantiation [trɑ̃ssypstɑ̃sjasjɔ̃] *nf* transsubstantiation.

transsudation [trɑ̃ssydasjɔ̃] *nf* transsudation.

transsuder [3] [trɑ̃ssyde] *vi* to transsude.

transuranien [trɑ̃zyranjɛ̃] *adj m* transuranic.

Transvaal [trɑ̃sval] *npr m*: **le ~** the Transvaal; **au ~** in the Transvaal.

transvasement [trɑ̃svazmɑ̃] *nm* -**1.** [d'un liquide] decanting. -**2.** [d'abeilles] transferral.

transvaser [3] [trɑ̃svaze] *vt* to decant; **transvasez le bouillon dans un verre gradué** pour the stock into a measuring jug.

transversal, e, aux [trɑ̃svɛrsal, o] *adj* [coupe, fil, poutre, trait] cross, transverse, transversal; [onde, axe, moteur] transverse; [rue, voie] which runs OU cuts across; **les rues ~es étaient bloquées** the side roads were cut off.

◆ **transversale** *nf* -**1.** FTBL [barre] crossbar. -**2.** GÉOM transversal. -**3.** [route] cross-country trunk road *Br* OU highway *Am*. -**4.** RAIL [entre régions] cross-country line; [de ville à ville] Inter-City *Br* OU interurban *Am* line. -**5.** NAUT & PÉTR transverse (frame).

transversalement [trɑ̃svɛrsalmɑ̃] *adv* transversally, across.

transverse [trɑ̃svɛrs] *adj* ANAT & GÉOM transverse.

transvestisme [trɑ̃svɛstism] = **travestisme**.

transvider [3] [trɑ̃svide] *vt* to decant.

transylvain, e [trɑ̃silvɛ̃, ɛn] = **transylvanien**.

Transylvanie [trɑ̃silvani] *npr f*: **(la) ~** Transylvania.

transylvanien, enne [trɑ̃silvanjɛ̃, ɛn] *adj* Transylvanian.

◆ **Transylvanien, enne** *nm, f* Transylvanian.

trapèze [trapɛz] ◇ *nm* -**1.** GÉOM trapezium *Br*, trapezoid *Am*. -**2.** ANAT [muscle] trapezius. -**3.** LOISIRS trapeze; **faire du ~** to perform on the trapeze ❑ **~ volant** flying trapeze.

◇ *adj* ANAT: **muscle ~** trapezius; **os ~** trapezium.

trapéziste [trapezist] *nmf* trapezist, trapeze artist.

trapézoïdal, e, aux [trapezɔidal, o] *adj* trapezoidal.

trapézoïde [trapezɔid] *nm* trapezoid (bone).

trappe [trap] *nf* -**1.** [piège] trap. -**2.** [sur le sol - porte] trap door; [- ouverture] hatch; [d'une scène de théâtre] trap opening; [pour parachutiste] exit door; **passer à la ~** to be whisked away (without trace).

Trappe [trap] *npr f* -**1.** [abbaye] Trappist monastery. -**2.** [ordre]: **la ~** the Trappist order.

trapper [3] [trape] *vt* & *vi Can* to trap.

trappeur [trapœr] *nm* trapper.

trappiste [trapist] ◇ *nm* [moine] Trappist monk.

◇ *nf Belg* [bière] beer *(made by Trappist monks)*.

trappistine [trapistin] *nf* -**1.** [religieuse] Trappistine, Trappist nun. -**2.** [liqueur] Trappistine.

trapu, e [trapy] *adj* -**1.** [personne] stocky, thickset. -**2.** [bâtiment] squat. -**3.** *fam* [difficile - devoir, exercice] tough, stiff; **l'examen était vraiment ~!** the exam was a real stinker! -**4.** *fam* [savant] brainy; **il est ~ en chimie** he's brilliant at chemistry.

traque [trak] *nf* CHASSE: **la ~** beating (game).

traquenard [traknar] *nm* -**1.** [machination] snare, trap; **tomber dans un ~** to fall into a trap. -**2.** [pour les oiseaux] bird trap; [pour les souris] trap. -**3.** ÉQUIT [trot] rack; [cheval] racker.

traquer [3] [trake] *vt* -**1.** [criminel, fuyard] to track OU to hunt down *(sép)*; [vedette] to hound;

[erreur] to hunt down *(sép)*; **en le traquant, ils ont découvert où il habitait** they tracked him down to his home. -**2.** CHASSE [rechercher] to track down *(sép)*; [rabattre] to drive; **animal traqué** hunted animal.

traqueur, euse [trakœr, øz] *nm, f* CHASSE beater, driver.

trauma [troma] *nm* trauma.

traumatique [tromatik] *adj* traumatic.

traumatisant, e [tromatizɑ̃, ɑ̃t] *adj* traumatizing.

traumatiser [3] [tromatize] *vt* to traumatize.

traumatisme [tromatism] *nm* trauma, traumatism; ~ **crânien** cranial trauma.

traumatologie [tromatɔlɔʒi] *nf* traumatology.

traumatologique [tromatɔlɔʒik] *adj* traumatological.

traumatologiste [tromatɔlɔʒist] *nmf* traumatologist.

travail[1], **ails** [travaj] *nm* VÉTÉR trave.

travail[2], **aux** [travaj, o] *nm* **A.** ACTION -**1.** [occupation]: **le** ~ work; **le** ~ **de bureau** office work; **le** ~ **de jour/nuit** day/night work; **alterner** ~ **et repos** to alternate between work and rest OU working and resting; **je finis le** ~ **à cinq heures** I stop OU finish work at five; **je fais des vitraux – et vous vivez de votre** ~**?** I make stained-glass windows – and can you earn a living from your work?; **être lent au** ~ to be slow in one's work, to be a slow worker; **écrire un dictionnaire est un** ~ **collectif** writing a dictionary involves working as a team; **un corps usé par le** ~ a work-weary body; ~ **de force** hard physical work; **un** ~ **de longue haleine** a long-term work OU project ❑ **le** ~ **scolaire/universitaire** school/academic work; **le** ~ **posté** OU **par roulement** shift work; ~ **aérien** AÉRON aerial work; **le** ~ **à domicile** outwork; **faire** OU **prendre du** ~ **à domicile** to take work in; ~ **d'intérêt général** JUR community service; **le** ~ **manuel** manual work OU labour; **le** ~ **au noir** [occasionnel] undeclared casual work; [comme pratique généralisée] black economy; ~ **à la pièce** piecework; **le** ~ **saisonnier** seasonal work; **le** ~ **salarié** paid work; **le** ~ **temporaire** [gén] temporary work; [dans un bureau] temping. -**2.** [tâches imposées]: **son** ~ his work OU workload; **avoir beaucoup de** ~ to have a lot of work; **cela me fait du** ~ **en plus** it's extra work for me; **donner du** ~ **à qqn** to give sb (some) work to do; **leur professeur leur donne trop de** ~ their teacher gives OU sets them too much work OU homework. -**3.** [tâche déterminée] job; **faire un** ~ **de recherche/traduction** to do a piece of research/a translation ❑ **c'est un** ~ **de bagnard** OU **forçat** it's back-breaking work OU a back-breaking job; **c'est un** ~ **de bénédictin** it's painstaking work; **c'est un** ~ **de fourmi** it's a painstaking task; **c'est un** ~ **de Romain** OU **de Titan** it's a colossal job; ~ **de sape** MIL sapping; *fig* undermining; **faire un** ~ **de sape sur le moral d'un groupe** to undermine the morale of a group. -**4.** [efforts] (hard) work; **c'est du** ~ **d'élever cinq enfants!** bringing up five children is a lot of (hard) work!; **tout ce** ~ **pour rien!** all this (hard) work for nothing!; **c'est tout un** ~**, de vous réunir tous les huit!** it's quite a job, getting the eight of you together!; **il a encore du** ~ **s'il veut devenir champion** he's still got a lot of work to do if he wants to be champion. -**5.** [exécution] work; **en électronique, le** ~ **doit être minutieux** electronics work calls for extreme precision; **une dentelle d'un** ~ **très délicat** a very delicate piece of lacework; **on lui a confié les peintures et elle a fait du bon/mauvais** ~ she was responsible for doing the painting and she made a good/bad job of it ❑ **regarde-moi ce** ~**!** just look at this mess!; **je ne retrouve pas une seule disquette, qu'est-ce que c'est que ce** ~**?** I can't find a single floppy disc, what's going on here?; **et voilà le** ~**!** *fam* and Bob's your uncle! -**6.** [façonnage] working; **elle est attirée par le** ~ **du bois/de la soie** she's interested in working with wood/with silk; **admirez le** ~ **du pinceau** admire the brushwork ❑ ~ **au tour** lathework. -**7.** [poste] job, occupation, post; [responsabilité] job; **chercher du** OU **un** ~ to be job-hunting, to be looking for a job; **trouver un** ~ **à mi-temps/plein temps** to find a part-time/full-time job; **sans** ~ unemployed, jobless, out of work; **le suivi des commandes, c'est son** ~ following up orders is his job; **je n'aurais pas à m'en occuper si tu faisais ton** ~ I wouldn't have to worry about it if you did your job (properly). -**8.** [dans le système capitaliste] labour; **le** ~ **et le capital** labour and capital; **cherchons une nouvelle organisation du** ~ let's devise a new organization OU a different distribution of labour. -**9.** [contrainte exercée - par la chaleur, l'érosion] action. -**10.** PHYSIOL [accouchement] labour; **le** ~ **n'est pas commencé/est commencé** the patient has not yet gone/has gone into labour || [activité] work; **réduire le** ~ **du cœur/des reins** to lighten the strain on the heart/on the kidneys. -**11.** MÉCAN & PHYS work; **l'unité de** ~ **est le joule** the joule is the unit of work; **évaluer le** ~ **d'une machine** to measure the work done by a machine. -**12.** PSYCH work, working through; ~ **du deuil** grieving process; ~ **du rêve** dreamwork.

B. RÉSULTAT, EFFET -**1.** [écrit] piece; **il a publié un** ~ **très intéressant sur Proust** he published a very interesting piece on Proust. -**2.** [transformation - gén] work; [modification interne - dans le bois] warping; [- dans le fromage] maturing; [- dans le vin] working; ~ **des liaisons** NAUT working, labouring.

C. LIEU D'ACTIVITÉ PROFESSIONNELLE work, workplace; **aller à son** ~ to go to (one's) work; **je te téléphone du** ~ I'm phoning you from work.

◆ **travaux** *nmpl* -**1.** [tâches] work, working; **gros travaux** heavy work; **petits travaux** odd OU small jobs; **j'ai fait des petits travaux** I did some odd jobs; **faire faire des travaux** to have some work carried out OU done; **ils font des travaux après le pont** there are roadworks after the bridge; **être en travaux: nous sommes en travaux à la maison** we're having some work done on the house, we've got (the) workmen in; **'fermé pendant les travaux'** 'closed for OU during alterations'; **'travaux'** 'roadworks ahead' *Br*, 'roadwork ahead' *Am*; **'attention, travaux'** 'caution, work in progress' ❑ **travaux domestiques** OU **ménagers** housework; **travaux agricoles** OU **des champs** farm OU agricultural work; **travaux d'aiguille** COUT needlework; **travaux d'aménagement** alterations; **travaux d'approche** MIL approaches; *fig* manoeuvring; **tout le monde a remarqué ses travaux d'approche pour obtenir le poste** everyone noticed how he was lining himself up for the job; **travaux d'assainissement** drainage work; **travaux de construction** building work; **travaux d'entretien** maintenance work; **travaux d'éveil** SCOL learning exercises; **travaux forcés** hard labour; **travaux d'Hercule** MYTH labours of Hercules; *fig* Herculean tasks; **travaux manuels** [gén] arts and crafts; SCOL handicraft; **travaux d'utilité collective** ≃ YTS; **grands travaux** large-scale public works; **les Travaux publics** civil engineering; **entrer aux Travaux publics** to become a civil engineer. -**2.** [d'une commission] work; **nous publierons le résultat de nos travaux** we'll publish our findings; **l'Assemblée nationale reprendra ses travaux le mois prochain** the new session of the National Assembly begins next month. -**3.** UNIV: **travaux scientifiques** research (work); **travaux sociologiques** sociology research; **travaux universitaires** academic research ❑ **travaux dirigés** UNIV seminar; **travaux pratiques** [gén] practical work; [en laboratoire] lab work; **on nous l'a donné à faire en travaux pratiques** we had to do it for our practical.

◆ **au travail** *loc adv* -**1.** [en activité] at work, working; **se mettre au** ~ to get down OU to set to work; **se remettre au** ~ to start work again, to get down to one's work again; **allez, au** ~**!** come on, get to work! -**2.** [sur le lieu d'activité] at work, in the workplace; **je vous donne mon numéro au** ~ I'll give you my work number.

◆ **de travail** *loc adj* -**1.** [horaire, séance] working; [vêtement, camarade, permis] work *(modif)*; **mes instruments de** ~ the tools of my trade; **deux jours de** ~ two days' work. -**2.** [d'accouchement - période] labour *(modif)*; [- salle] labour *(modif)*, delivery *(modif)*.

◆ **du travail** *loc adj* [accident, sociologie, législation] industrial; **conflit du/contrat de** ~ employment dispute/contract; **droit du** ~ employment law.

◆ **en travail** *adv* PHYSIOL in labour; **alors que j'étais en plein** ~ when I was in the middle of labour; **entrer en** ~ to go into OU to start labour.

travaillé, e [travaje] *adj* -**1.** [élaboré - style] polished; [- façade, meuble] finely OU elaborately worked; [- fer] wrought. -**2.** SPORT: **des balles très** ~**es** balls with a lot of spin.

travailler [3] [travaje] ◇ *vi* -**1.** [être actif] to work; **tu as le temps de** ~ **avant dîner** you've got time to do some work OU to get some work done before dinner; **elle travaille beaucoup trop!** she's working (herself) too hard!; ~ **dur** to work hard; **elle travaille vite** she's a fast worker; **le maçon a bien travaillé** the bricklayer made a good job of it; ~ **à** OU **sur une chanson** to work at OU on a song ❑ ~ **comme un bœuf** OU **forçat** to slave away, to work like a Trojan; ~ **du chapeau** *fam* OU **de la touffe** *fam* to have a screw loose; ~ **comme un nègre** *vieilli* to work hard. -**2.** [avoir une profession] to work; **vous travaillez?** do you work?, do you have a job?; **où travailles-tu?** where do you work?; **j'ai arrêté de** ~ **à 55 ans** I stopped work OU retired at 55; ~ **pour payer ses études** to work one's way through college; **les enfants travaillaient dans les mines dès l'âge de six ans** children were put to work in the mines at the age of six; **aller** ~ to go to work; **elle n'est pas venue** ~ **hier** she didn't come to work yesterday; ~ **en usine** to work in a factory; ~ **dans un bureau** to work in an office; ~ **à la pièce** to do piecework; ~ **à son compte** to have one's own business; **elle travaille dans l'informatique** she works with computers; **elle** ~ **dans la maroquinerie** she's in the leather trade ❑ ~ **pour le roi de Prusse: j'ai travaillé pour le roi de Prusse!** I got nothing whatsoever for it! -**3.** [faire des affaires] to do (good) business; **entreprise qui travaille bien/mal/à perte** thriving/stagnating/lossmaking firm. -**4.** [pratiquer son activité - artiste, athlète] to practise, to train; [- boxeur] to work out, to train; **faire** ~ **ses muscles** to make one's muscles work; **faire** ~ **ses jambes** to make one's legs work, to exercise one's legs; **les marins syndiqués refusent de** ~ **sur les navires de la compagnie** union seamen are refusing to handle the company's vessels; **faire** ~ **son argent** *fig* to make one's money work; **c'est ton imagination qui travaille** your imagination's working overtime, you're imagining things ❑ ~ **sans filet** [acrobate] to work without a safety net; *fig* to take risks. -**5.** [changer de forme, de nature - armature, poutre] to warp; [- fondations, vin] to work.

◇ *vt* -**1.** [traiter, transformer - bois, bronze, glaise] to work; CULIN [- mélange, sauce] to stir; ~ **la pâte** CULIN to knead OU to work the dough; [peintre] to work the paste; ~ **la terre** to work OU to till the land. -**2.** [perfectionner - discours, style] to work on *(insép)*, to polish up *(sép)*, to hone; [- matière scolaire] to work at OU on *(insép)*, to go over *(insép)*; [- concerto, scène] to work on, to rehearse; SPORT [- mouvement] to practise, to work on; [- balle] to put (a) spin on; **cet élève devra** ~ **la trigonométrie** this pupil should work (harder) at trigonometry; **travaillez votre revers** work on your backhand. -**3.** [obséder] to worry; **ça me travaille de le savoir malheureux** it worries me to know that he's unhappy; **l'idée de la mort le travaillait** (the idea of) death haunted him; **être travaillé par le remords/l'angoisse** to be tormented by remorse/anxiety. -**4.** [tenter d'influencer] to work on *(insép)*; ~ **les délégués pour les convaincre** to work on OU to lobby the delegates in order to persuade them. -**5.** *(suivi de prép)*: ~ **à** to work OU to strive for; ~ **contre/pour** to work against/for; **le temps travaille contre/pour nous** time is working against us/is on our side. -**6.** ÉQUIT to work. -**7.** PÊCHE to work, to play.

travailleur, euse [travajœr, øz] ◇ *adj* hard-working, industrious.

◇ *nm, f* -**1.** [exerçant un métier] worker; ~ **intellectuel** white collar worker; ~ **manuel** manual OU blue-collar worker; **les ~s** [gén] working people, the workers; [ouvriers] labour; [prolétariat] the working classes; **~s étrangers** immigrant workers OU labour ❑ ~ **agricole** agricultural OU farm worker; ~ **à domicile** out-worker, homeworker; ~ **indépendant** self-employed person, freelance worker; ~ **au noir** *worker in the black economy*. -**2.** ADMIN: ~ **social** social worker; **travailleuse familiale** home help. -**3.** [personne laborieuse] hard worker; **votre fils est un grand** ~ your son is a hard worker.

◆ **travailleuse** *nf* work table *(for needlework)*.

travaillisme [travajism] *nm* Labour doctrine OU philosophy.

travailliste [travajist] ◇ *adj* Labour *(modif)*; **être** ~ to be a member of the Labour Party OU party ❑ **le parti** ~ the Labour Party OU party.

◇ *nmf* member of the Labour Party; **les ~s se sont opposés à cette mesure** Labour opposed the move.

travailloter *fam* [3] [travajɔte] *vi* to potter around.

travée [trave] *nf* -**1.** [rangée de sièges, de personnes assises] row. -**2.** ARCHIT & CONSTR [d'une voûte, d'une nef] bay; [solivage] girder; [d'un pont] span.

traveller's cheque, traveller's check [travlœrʃɛk] *(pl* **traveller's cheques** OU **checks)** *nm* traveller's cheque *Br*, traveler's check *Am*.

travelling [travliŋ] *nm* CIN -**1.** [déplacement - gén] tracking; [- sur plate-forme] dollying; **faire un** ~ [caméra, cameraman] to track, to dolly ❑ ~ **avant/arrière/latéral** tracking OU dollying in/out/sideways. -**2.** [plate-forme] dolly, travelling platform. -**3.** [prise de vue] tracking shot.

travelo▽ [travlo] *nm* transvestite, drag queen; **habillé en** ~ in drag.

travers [travɛr] *nm* -**1.** [largeur] breadth; **sa voiture m'a heurté par le** ~ her car hit me broadside on. -**2.** [viande]: ~ **(de porc)** spare rib. -**3.** NAUT: **par le** ~ abeam, on the beam. -**4.** *sout* [défaut] fault, shortcoming, failing; **elle tombait dans les mêmes ~ que ses prédécesseurs** she displayed the same shortcomings as her predecessors; **un petit** ~ a minor fault; **tous les ~ de son père** all the shortcomings of her father's character.

◆ **à travers** *loc prép* through, across; **à ~ la fenêtre/le plancher/les barreaux** through the window/the floor/the bars; **à ~ la forêt** across OU through the forest; **à ~ les âges** throughout the centuries; **on voit à ~ sa robe** you can see through her dress; **il jeta les livres à ~ la chambre** he flung the books across the room; **on entend tout à ~ les cloisons** you can hear everything through these partitions; **prendre** OU **passer à ~ champs** to go through the fields OU across country; **couper à ~ bois** to cut across OU through the woods; **ils ont prêché à ~ tout le pays** they went preaching throughout the length and breadth of the country; **passer à ~ les mailles du filet** PÊCHE & *fig* to slip through the net; **j'ai réussi à passer à ~ le contrôle fiscal** I managed to escape the tax inspection.

◆ **au travers de** *loc prép* -**1.** [en franchissant] through; **passer au ~ des dangers** to escape danger. -**2.** [par l'intermédiaire de] through, by means of; **son idée se comprend mieux au ~ de cette comparaison** his idea is easier to understand by means of this comparison.

◆ **de travers** ◇ *loc adj* crooked.

◇ *loc adv* -**1.** [en biais - couper] askew, aslant; [- accrocher] askew; **marcher de** ~ [ivrogne] to stagger OU to totter along; **le wagon s'est mis de** ~ the carriage tipped sideways; **la remorque du camion s'est mise de** ~ the truck jack-knifed; **j'ai avalé mon pain de** ~ the bread went down the wrong way. -**2.** [mal]: **tu fais tout de** ~! you do everything wrong!; **elle comprend tout de** ~! she gets everything wrong!, she always gets the wrong end of the stick!; **regarder qqn de** ~ to give sb a funny look; **tout va de** ~ everything's going wrong; **répondre de** ~ to give the wrong answer; **il prend tout ce qu'on lui dit de** ~ he takes everything the wrong way.

◆ **en travers** *loc adv* -**1.** [en largeur] sideways, across, crosswise; **le wagon s'est mis en** ~ the carriage ended up sideways (across the tracks); **la remorque du camion s'est mise en** ~ the truck jack-knifed. -**2.** NAUT abeam.

◆ **en travers de** *loc prép* across; **le couteau posé en ~ de l'assiette** the knife laid crosswise on the plate OU across the plate; **l'arbre était tombé en ~ du chemin** the tree had fallen across the path; **s'il se met en ~ de mon chemin** OU **de ma route** *fig* if he stands in my way.

traversable [traversabl] *adj* [voie] which can be crossed; **la rivière est** ~ [à gué] the river is fordable; [en bateau] the river can be crossed by boat.

traverse [travɛrs] *nf* -**1.** RAIL sleeper *Br*, crosstie *Am*. -**2.** CONSTR [de charpente] crossbeam, crosspiece; [entre deux montants] (cross) strut.

traversée [travɛrse] *nf* -**1.** [d'une route, d'un pont, d'une frontière] crossing; [d'une agglomération, d'un pays] going OU getting through OU across; **combien de temps dure la ~?** how long is the crossing OU does it take to get across?; **il a fait la ~ du canyon en deltaplane** he flew across the canyon on a hang-glider ❑ **faire sa ~ du désert** [politicien] to be in the political wilderness. -**2.** SPORT [en alpinisme - épreuve] through route; [- passage] traverse; [au ski] traverse; **faire une** ~ to traverse. -**3.** RAIL crossing point.

traverser [3] [travɛrse] *vt* -**1.** [parcourir - mer, pièce, route] to go across *(insép)*, to cross, to traverse; [- pont] to go over OU across *(insép)*; [- tunnel] to go OU to pass through *(insép)*; ~ **qqch à la nage/à cheval/en voiture/en bateau/en avion** to swim/to ride/to drive/to sail/to fly across sthg; ~ **une rivière à gué** to ford a river; **je l'ai vu ~ la pièce en courant/en sautillant** I saw him run/hobble through the room; **aider qqn à ~ la route** to help sb across the road; **il n'a fait que ~ ma vie** *fig* he only passed through my life. -**2.** [s'étirer d'un côté à l'autre de - suj: voie] to cross, to run OU to go across *(insép)*; [- suj: pont] to cross, to span; [- suj: tunnel] to cross, to run OU to go under *(insép)*. -**3.** [vivre - époque] to live OU to go through *(insép)*; [- difficultés] to pass OU to go through *(insép)*; **son nom a traversé l'histoire** her name lived (on) through history. -**4.** [transpercer - suj: épée] to run through *(insép)*, to pierce; [- suj: balle] to go through *(insép)*; [- suj: pluie, froid] to come OU to go through *(insép)*; **pour empêcher la pluie de ~ la toile** to stop the rain soaking through the canvas; **une image me traversa l'esprit** *fig* an image passed OU flashed through my mind; **mon cœur fut traversé d'une joie soudaine** *fig* my heart was filled with a sudden feeling of joy.

traversier [travɛrsje] *nm Can* ferry.

traversin [travɛrsɛ̃] *nm* [oreiller] bolster.

travertin [travɛrtɛ̃] *nm* travertine.

travesti, e [travɛsti] *adj* -**1.** [pour tromper] in disguise, disguised; [pour s'amuser] dressed up (in fancy dress). -**2.** THÉÂT [comédien] playing a female part; **rôle** ~ female part played by a man. -**3.** [vérité] distorted; [propos] twisted, misrepresented.

◆ **travesti** *nm* -**1.** THÉÂT actor playing a female part; [dans un cabaret] female impersonator, drag artist; **numéro** OU **spectacle de** ~ drag act. -**2.** [homosexuel] transvestite. -**3.** [vêtement - d'homosexuel] drag *(U)*; [- de bal] fancy dress *(U)*.

◆ **en travesti** *loc adv* in drag.

travestir [32] [travɛstir] *vt* -**1.** [pour une fête] to dress up *(sép)*; [comédien] to cast in a female part; ~ **qqn en** to dress sb up as. -**2.** [pensées] to misrepresent; [vérité] to distort; [propos] to twist.

◆ **se travestir** *vp (emploi réfléchi)* -**1.** [homme] to dress as a woman, to put on drag; [femme] to dress as a man. -**2.** [pour une fête] to dress up (in fancy dress), to put fancy dress on; **se ~ en punk** to dress up as a punk.

travestisme [travɛstism] *nm* transvestism.

travestissement [travɛstismɑ̃] *nm* -**1.** [pour une fête] dressing up, wearing fancy dress. -**2.** PSYCH cross-dressing. -**3.** [de propos, de la vérité] twisting, distortion, distorting; [de pensées] misrepresentation.

traviole [travjɔl]

◆ **de traviole** *fam* ◇ *loc adj* [tableau] aslant, crooked; [dents] crooked, badly set.

◇ *loc adv* -**1.** [en biais]: **marcher de** ~ [ivrogne] to stagger OU to totter along; [crabe] to walk sideways; **j'écris de** ~ my handwriting's all crooked OU cockeyed; **tu as mis ton chapeau de** ~ you've put your hat on crooked OU skew-wiff *Br*. -**2.** [mal]: **tu comprends toujours tout de** ~ you always get hold of the wrong end of the stick; **il fait tout de** ~ he can't do anything right; **tout va de** ~ everything's going wrong.

trax [traks] *nm Helv* bulldozer.

trayeur, euse [trɛjœr, øz] *nm, f* milker, milkman (*f* milkwoman) *Am*.

◆ **trayeuse** *nf* milking machine.

trayon [trɛjɔ̃] *nm* teat.

trébuchant, e [trebyʃɑ̃, ɑ̃t] *adj* staggering, stumbling, tottering.

trébucher [3] [trebyʃe] ◇ *vi* -**1.** [perdre l'équilibre] to stumble, to totter, to stagger; ~ **sur une pierre** to stumble on a stone; ~ **contre une marche** to trip over a step. -**2.** [achopper] to stumble; ~ **sur un mot** to stumble over a word. -**3.** [balance] to turn.

◇ *vt* TECH to weigh.

tréfilage [trefilaʒ] *nm* wiredrawing.

tréfiler [3] [trefile] *vt* to wiredraw, to draw *(a wire)*.

trèfle [trɛfl] *nm* -**1.** BOT clover, trefoil; ~ **blanc** white OU Dutch clover; ~ **rouge** red clover; ~ **à quatre feuilles** four-leaf clover. -**2.** JEUX clubs; **la dame de** ~ the Queen of clubs; **j'ai joué** ~ I played clubs OU a club. -**3.** ARCHIT trefoil. -**4.** TRAV PUBL: **carrefour en** ~ cloverleaf (junction). -**5.** [emblème irlandais] shamrock.

tréflière [treflijɛr] *nf* clover field.

tréfonds [trefɔ̃] *nm* -**1.** *litt* [partie profonde]: **être ému jusqu'au ~ de son être** to be moved to the depths of one's soul; **dans le ~ de son âme** in the (innermost) depths of her soul. -**2.** JUR subsoil.

treillage [trɛjaʒ] *nm* HORT trellis OU lattice (work); [d'une vigne] wire trellis.

treillager [17] [trɛjaʒe] *vt* [plante, vigne] to trellis.

treille [trɛj] *nf* -**1.** [vigne] climbing vine. -**2.** [tonnelle] arbour.

treillis [trɛji] *nm* -**1.** TEXT canvas. -**2.** MIL (usual) outfit. -**3.** [en lattes] trellis; [en fer] wire-mesh.

treillisser [3] [trɛjise] *vt* to trellis.

treize [trɛz] ◇ *adj num inv* thirteen; **acheter/vendre qqch ~ à la douzaine** to buy/to sell thirteen of sthg for the price of twelve; **il y en a ~ à la douzaine** it's a baker's dozen.

◇ *nm inv* thirteen.

treizième [trɛzjɛm] *adj num ord* & *nmf* thirteenth; ~ **mois** *income bonus equal to an extra month's salary and paid annually*.

treizièmement [trɛzjɛmmɑ̃] *adv* in the thirteenth place.

trek [trɛk], **trekking** [trɛkiŋ] *nm* trekking.

tréma [trema] *nm* diaeresis; e ~ e (with) diaeresis.

tremblant, e [trɑ̃blɑ̃, ɑ̃t] *adj* [flamme] trembling, flickering; [feuilles] fluttering, quivering; [main, jambes] shaking, trembling, wobbly; [voix] tremulous, quavering, shaky; ~ **de peur** trembling OU shaking OU shuddering with fear; ~ **de froid** trembling OU shivering with cold; **écrire d'une main** ~**e** to write shakily; **répondre d'une voix** ~**e** to answer tremulously.

tremble [trɑ̃bl] *nm* aspen.

tremblé, e [trɑ̃ble] *adj* -**1.** [écriture] shaky, wobbly; [trait] wobbly, wavy, shaky. -**2.** ACOUST: **sons** ~**s** quavering. -**3.** IMPR: **filet** ~ wavy rule.

◆ **tremblé** *nm* IMPR wavy rule.

tremblement [trɑ̃bləmɑ̃] *nm* -**1.** [d'une personne - de froid] shiver; [- de peur] tremor, shudder; **son corps était secoué** OU **parcouru de** ~**s** his whole body was shaking OU trembling. -**2.** [de la main] shaking, trembling, tremor; [de la voix] trembling, quavering, tremor; [des paupières] twitch, twitching; [des lèvres] trembling, tremble; **avoir des** ~**s** to shake; **avec un** ~ **dans la voix** with a tremor in his voice, in a tremulous voice ❑ **et tout le** ~ and all the rest; **l'église, la robe blanche et tout le** ~ the church, the white dress, the whole works. -**3.** [du feuillage] trembling, fluttering, tremor; [d'une lueur, d'une flamme] trembling, flickering; [d'une cloison, de vitres] shaking, rattling.

◆ **tremblement de terre** *nm* earthquake.

trembler [3] [trɑ̃ble] *vi* -**1.** [personne]: ~ **de peur** to tremble OU to shake OU to shudder with fear; ~ **de froid** to shiver OU to shake with cold; ~ **de rage** to tremble OU to quiver with anger; ~ **de tout son corps** OU **de tous ses membres** to be shaking OU to be trembling all over, to be all of a tremble ❑ ~ **comme une feuille** to be shaking like a leaf. -**2.** [main, jambes] to shake, to tremble; [voix] to tremble, to shake, to quaver; [menton] to tremble, to quiver; [paupière] to twitch. -**3.** [feuillage] to tremble, to quiver, to flutter; [flamme, lueur] to flicker; [gelée] to wobble; [cloison, vitre] to shake, to rattle; [terre] to quake, to shake; **les trains font** ~ **la maison** the trains are shaking the house; **la terre a tremblé** there's been an earthquake OU an earth tremor. -**4.** [avoir peur] to tremble (with fear); **l'armée faisait** ~ **tout le pays** the whole country lived in fear of the troops; ~ **devant qqn/qqch** to stand in fear of sb/sthg; ~ **pour (la vie de) qqn** to fear for sb OU sb's life; ~ **à la pensée de/que** [de crainte] to tremble at the thought of/that; [d'horreur] to shiver at the thought of/that; **il tremblait d'apprendre la vérité** he feared the truth OU was afraid to learn the truth.

trembleur [trɑ̃blœr, øz] *nm* ÉLECTR trembler.

tremblotant, e [trɑ̃blɔtɑ̃, ɑ̃t] *adj* [main] shaking, trembling; [voix] tremulous, quavering, shaking; [lueur] flickering, trembling.

tremblote *fam* [trɑ̃blɔt] *nf*: **avoir la** ~ [gén] to have the shakes; [de peur] to have the jitters; [de froid] to have the shivers.

tremblotement [trɑ̃blɔtmɑ̃] *nm* -**1.** [d'une personne - gén] shaking; [- de fièvre, de froid] shivering; [- de peur] shivering, shuddering. -**2.** [d'une main] (faint) shaking OU trembling; [d'une voix] slight tremor OU quavering; [d'une lueur] flicker.

trembloter [3] [trɑ̃blɔte] *vi* [gén] to tremble; [vieillard, main] to shake; [voix] to quaver; [lueur] to flicker; [de froid] to shiver; [de peur] to shudder (with fear).

trémie [tremi] *nf* -**1.** [pour les raisins, les betteraves] hopper; [pour le blé] tank; [pour les volailles] feed hopper. -**2.** CONSTR [pour béton] tremie; ~ **d'ascenseur** lift *Br* OU elevator *Am* shaft; ~ **de cheminée** hearth cavity; ~ **d'escalier** stair well. -**3.** [de sel] pyramid salt formation. -**4.** [accès à un tunnel] mouth, well, entrance.

trémière [tremjɛr] *adj f*: **rose** ~ hollyhock.

trémolo [tremɔlo] *nm* -**1.** MUS tremolo. -**2.** [de la voix]: **avec des** ~**s dans la voix** with a tremor in his voice.

trémoussement [tremusmɑ̃] *nm* wiggle, wriggle, wriggling *(U)*.

trémousser [3] [tremuse]

◆ **se trémousser** *vpi* to wiggle, to wriggle; **elle marchait en se trémoussant** she wiggled her hips as she walked; **arrête de te** ~ **sur ta chaise** stop wriggling round OU fidgeting on your chair.

trempabilité [trɑ̃pabilite] *nf* quenchability.

trempage [trɑ̃paʒ] *nm* -**1.** [de l'orge] soaking; [de vêtements] soaking. -**2.** IMPR damping, wetting.

trempe [trɑ̃p] *nf* -**1.** [caractère]: **avoir de la** ~ to have great moral fibre; **une femme de sa** ~ a woman with such moral fibre; **son frère est d'une autre** ~ his brother is cast in a different mould. -**2.** *fam* [punition] hiding, thrashing, belting; **recevoir une bonne** ~ to get a good hiding OU thrashing. -**3.** MÉTALL [traitement] quenching; [résultat] temper; **de bonne** ~ well-tempered.

trempé, e [trɑ̃pe] *adj* -**1.** [personne, vêtements] soaked, drenched; [chaussures, jardin] waterlogged; **elle avait le front** ~ **de sueur** her forehead was soaked with sweat ❑ ~ **jusqu'aux os** OU **comme une soupe** *fam* soaked to the skin, wet through. -**2.** [vin, lait] watered-down. -**3.** [énergique]: **avoir le caractère bien** ~ to be resilient. -**4.** MÉTALL quenched. -**5.** [verre] toughened.

tremper [3] [trɑ̃pe] ◇ *vt* -**1.** [plonger - chiffon] to dip, to soak; [- sucre, tartine] to dip, to dunk; [- linge, vaisselle] to soak; **je n'ai fait que** ~ **mes lèvres dans le champagne** I just had a taste OU took a sip of the champagne; **je n'ai fait que** ~ **mes pieds dans l'eau** I only dipped my feet in the water. -**2.** *vieilli*: ~ **la soupe** [la verser] to pour soup over bread. -**3.** [mouiller]: **être trempé** to be soaked (through) OU drenched; **j'ai trempé ma chemise tellement je transpirais** I sweated so much (that) my shirt got soaked; **tu as trempé la nappe!** you've made the tablecloth (all) wet!; **trempé de sueur** streaming with OU soaked in sweat; **trempé de larmes** [mouchoir] tear-stained. -**4.** MÉTALL to quench. -**5.** *litt* [affermir - personnalité, caractère] to steel *litt*, to toughen, to harden; **cela va lui** ~ **le caractère** this'll toughen him up.

◇ *vi* [vêtement, vaisselle, lentilles] to soak; **faire** ~ **qqch**: **j'ai fait** ~ **les draps** I put the sheets in to soak; **faire** ~ **des haricots** to soak beans, to leave beans to soak; ~ **dans**: **les clichés trempent dans un bain spécial** the photographs (are left to) soak in a special solution; **attention, tes manches trempent dans la soupe** careful, you've got your sleeves in the soup.

◆ **tremper dans** *v + prép* [être impliqué dans] to be involved in, to have a hand in; **elle a trempé dans une sordide affaire** she was involved in a sordid affair.

◆ **se tremper** ◇ *vpi* to have a quick dip.

◇ *vpt*: **il s'est trempé les pieds en marchant dans l'eau** he stepped into a puddle and got his feet wet.

trempette *fam* [trɑ̃pɛt] *nf*: **faire** ~ to have a (quick) dip.

tremplin [trɑ̃plɛ̃] *nm* -**1.** SPORT [de gymnastique] springboard; [de plongeon] diving-board, springboard; [à ski] ski-jump. -**2.** [impulsion initiale] springboard, stepping stone, launching pad; **servir de** ~ **à qqn** to be a springboard for sb; **cet opéra a servi de** ~ **à sa carrière** this opera was a springboard for her career OU launched her career.

trémulant, e [tremylɑ̃, ɑ̃t] *adj litt* tremulant, tremulous.

trémulation [tremylasjɔ̃] *nf* tremulousness.

trench-coat [trɛnʃkot] (*pl* **trench-coats**), **trench** [trɛnʃ] *nm* trench coat.

trentaine [trɑ̃tɛn] *nf*: **une** ~ around OU about thirty; **avoir la** ~ *fam* to be thirtyish OU thirty-something; **avoir la** ~ **bien sonnée** *fam* to be the wrong side of thirty.

trente [trɑ̃t] ◇ *adj num card inv* & *nm inv* thirty.

◇ *nm loc*: **être sur son** ~ **et un** to be dressed up to the nines; **se mettre sur son** ~ **et un** to get all dressed up.

Trente [trɑ̃t] *npr* Trent, Trento.

trente-et-quarante [trɑ̃tekarɑ̃t] *nm inv* JEUX (game of) trente et quarante.

trentenaire [trɑ̃tnɛr] *adj* & *nmf* thirty-year old.

trente-six [trɑ̃tsi(s)] ◇ *adj num card inv* -**1.** [gén] thirty six. -**2.** *fam* [pour exprimer la multitude] umpteen, dozens of; **il n'y a pas** ~ **solutions!** there aren't all that many solutions!; **j'ai** ~ **mille choses à faire** I've a hundred and one things to do ❑ **voir** ~ **chandelles** to see stars.

◇ *nm inv fam*: **tous les** ~ **du mois** once in a blue moon.

trente-sixième [trɑ̃tsizjɛm] *adj num ord* -**1.** [gén] thirty-sixth. -**2.** *fam loc*: **être dans le** ~ **dessous** to be in the depths of depression, to be really down.

trente-trois-tours [trɑ̃ttrwatur] *nm inv* LP.

trentième [trɑ̃tjɛm] *adj num ord* & *nmf* thirtieth.

trépan [trepɑ̃] *nm* -**1.** MÉD trephine. -**2.** PÉTR & TECH trepan.

trépanation [trepanasjɔ̃] *nf* trephination, trepanation, trepanning.

trépané, e [trepane] *nm, f* trephined OU trepanned patient.

trépaner [3] [trepane] *vt* to trephine, to trepan.

trépas [trepa] *nm litt*: **le** ~ death.

trépassé, e [trepase] *nm, f* -**1.** *litt* deceased; **les** ~**s** the departed, the dead. -**2.** RELIG: **le jour** OU **la fête des Trépassés** All Souls' Day.

trépasser [3] [trepase] *vi litt* to depart this life, to pass away OU on *euph*.

trépidant, e [trepidɑ̃, ɑ̃t] *adj* -**1.** [animé - époque] frantic, hectic; [- danse, rythme] wild, frenzied; **on mène une vie** ~**e** we have a hectic life. -**2.** [véhicule] vibrating, throbbing.

trépidation [trepidasjɔ̃] *nf* -**1.** [d'un moteur] vibration. -**2.** MÉD tremor. -**3.** [agitation] bustle, whirl.

trépider [3] [trepide] *vi* [moteur] to vibrate, to throb; [surface] to vibrate.

trépied [trepje] *nm* tripod.

trépignement [trepiɲmɑ̃] *nm* stamping (of feet); **dès qu'on lui refuse quelque chose, ce sont des** ~**s** when he can't get his own way, he throws a tantrum.

trépigner [3] [trepiɲe] *vi* to stamp one's feet; ~ **de colère** to stamp one's feet in anger; ~ **d'impatience** to be hopping up and down with impatience.

tréponème [trepɔnɛm] *nm* treponema.

très [trɛ] *adv* -**1.** [avec un adverbe, un adjectif] very; **c'est** ~ **bon** it's very good; **c'est** ~ **aimable à vous** that's very kind of you; **une entreprise** ~ **compétitive** a highly competitive company; **un poste** ~ **convoité** a much OU highly coveted job; **c'est** ~ ~ **douloureux/cher** it's extremely painful/expensive; **il est** ~ **snob** he's a real snob; **je ne l'ai pas vu depuis** ~ **longtemps** I haven't seen him for ages; **il travaille** ~ **bien** he works very well; ~ **bien payé** highly paid; **tu comprends ce que je veux dire? — non, pas** ~ **bien** do you see what I mean? — not very well OU not really; ~ **bien, je m'en vais** all right (then) OU very well (then) OU OK (then), I'm going; **il est** ~ **enfant** he's such a child; **nous sommes tous** ~ **famille** we're all very much into family life; **ce sont des gens** ~ **comme il faut** they are very OU highly respectable people; **c'est** ~ **à la mode** it's very fashionable. -**2.** [dans des locutions verbales]: **avoir** ~ **peur/faim** to be very frightened/hungry; **il fait** ~ **froid** it's very cold, it's freezing; **j'ai** ~ **envie de lui dire ses quatre vérités** I very much want to give him a few home truths. -**3.** [employé seul, en réponse]: **fatiguée? — oui,** ~ tired? — yes, very; **il y a longtemps qu'il est parti? — non, pas** ~ has he been gone long? — no, not very ❑ **faire des**

heures supplémentaires? ~ peu pour moi! me, do overtime? not likely!

Très-Haut [treo] *npr m*: le ~ God, the Almighty.

trésor [trezɔr] *nm* -**1.** [argent] treasure. -**2.** JUR treasure trove. -**3.** [chose précieuse] treasure; son grenier est plein de ~s her attic is full of treasures OU is a real treasure-house; les ~s du Prado the treasures OU riches of the Prado. -**4.** ARCHÉOL [d'un sanctuaire] treasure, treasury. -**5.** *(gén pl)* [grande quantité]: des ~s de bienfaits/de patience a wealth of good/patience. -**6.** *fam* [terme d'affection]: mon (petit) ~ my treasure OU darling OU pet; tu es un ~ you're a treasure OU a darling OU an angel. -**7.** FIN: le Trésor (public) [service] *department dealing with the state budget*, ≃ the Treasury; [moyens financiers] state finances. -**8.** HIST exchequer.

trésorerie [trezɔrri] *nf* -**1.** [argent - gén] treasury, finances; [- d'une entreprise] liquid assets; [- d'une personne] budget; ses problèmes de ~ his cash (flow) problems. -**2.** [gestion] accounts. -**3.** [bureaux - gouvernementaux] public revenue office; [- privés] accounts department. -**4.** [fonction - gén] treasurership; [- d'un trésorier-payeur] paymastership.

trésorier, ère [trezɔrje, ɛr] *nm, f* -**1.** ADMIN treasurer. -**2.** MIL paymaster.

trésorier-payeur [trezɔrjepɛjœr] (*pl* trésoriers-payeurs) *nm*: ~ général ≃ Paymaster General.

tressage [trɛsaʒ] *nm* [de rotin] weaving; [de cheveux] plaiting, braiding.

tressaillement [tresajmɑ̃] *nm* [de joie] thrill; [de peur] shudder, quiver, quivering.

tressaillir [47] [tresajir] *vi* -**1.** [personne, animal - de surprise, de peur] to (give a) start; [- de douleur] to flinch, to wince; ~ de joie to thrill. -**2.** *litt* [feuillage]: un souffle soudain vint faire ~ les peupliers a sudden breeze set the leaves of the poplars rustling.

tressautement [tresotmɑ̃] *nm* -**1.** [sursaut] start, jump. -**2.** [secousse] jolting; les ~s du vieux tramway the jolting OU juddering *Br* of the old tram.

tressauter [3] [tresote] *vi* -**1.** [sursauter] to jump, to start; la sonnette m'a fait ~ the bell made me jump OU startled me. -**2.** [être cahoté - passager] to be tossed about; les cahots du chemin faisaient ~ les voyageurs the passengers were thrown OU jolted around by the bumps in the road.

tresse [trɛs] *nf* -**1.** [de cheveux, de fils] plait, braid. -**2.** ARCHIT strapwork *(U)*. -**3.** ÉLECTR braid, braiding. -**4.** NAUT vinnet.

tresser [4] [trese] *vt* [cheveux, rubans, fils] to plait, to braid; [corbeille] to weave; [câble] to twist; [guirlande] to wreathe; ~ des couronnes à qqn *fig* to praise sb to the skies.

tréteau, x [treto] *nm* trestle; monter sur les ~x *vieilli* to become an actor, to tread the boards.

treuil [trœj] *nm* winch, windlass.

treuillage [trœjaʒ] *nm* winching.

treuiller [5] [trœje] *vt* to winch; ~ une charge [vers le haut] to winch up a load; [vers le bas] to winch down a load.

trêve [trɛv] *nf* -**1.** MIL truce; la trêve de Dieu HIST the Truce of God. -**2.** [repos] rest, break; ses rhumatismes ne lui laissent aucune ~ his rheumatisms give him no respite; elle s'est accordée une ~ dans la rédaction de sa thèse she took a break from writing her thesis; faire ~ à *sout* to suspend ❑ la ~ des confiseurs *the lull in political activities between Christmas and the New Year in France*; c'est la ~ des confiseurs it's the seasonal truce in political activity.

◆ **trêve de** *loc prép* enough; ~ de bavardages! we must stop chatting!, enough of this chatting!; allez, ~ de plaisanteries, où est la clef? come on, joking apart, where's the key?

◆ **sans trêve** *loc adv* unceasingly, without end, neverendingly.

Trèves [trɛv] *npr* Trier.

trévise [treviz] *nf* radicchio lettuce.

tri [tri] *nm* -**1.** [de fiches] sorting out, sorting, classifying; [de renseignements] sorting out, selecting; [de candidats] picking out, screening; il faut faire le ~ dans ce qu'il dit you have to sift out the truth in what he says. -**2.** [postal] sorting; bureau de ~ sorting office.

triacide [triasid] *nm* triacid.

triade [trijad] *nf* [groupe de trois] triad.

triage [trijaʒ] *nm* -**1.** [pour répartir] sorting (out); ~ à la main hand sorting. -**2.** [pour choisir] grading, selecting, sifting. -**3.** MIN picking *(U)*. -**4.** [en papeterie] assorting, sorting. -**5.** RAIL marshalling *(U)*.

trial, s [trijal] ◇ *nm* (motorbike) trial OU trials. ◇ *nf* trial motorbike.

triangle [trijɑ̃gl] *nm* -**1.** GÉOM triangle; soit un ~ quelconque ABC take any triangle ABC; ~s semblables similar triangles. -**2.** GÉOG: le ~ des Bermudes the Bermuda Triangle; le Triangle d'or the Golden Triangle. -**3.** MUS triangle. -**4.** AUT: ~ de sécurité warning triangle.

◆ **en triangle** *loc adv* in a triangle; le jardin se termine en ~ the garden ends in a triangle.

triangulaire [trijɑ̃gylɛr] *adj* -**1.** [gén & GÉOM] triangular; [tissu, salle] triangular, triangular-shaped. -**2.** [à trois éléments] triangular; élection ~ three-cornered election; commerce ~ HIST triangular trade.

triangulation [trijɑ̃gylasjɔ̃] *nf* triangulation, triangulating.

trias [trijas] *nm*: le ~ the Triassic OU Trias.

triathlon [trijatlɔ̃] *nm* triathlon.

triatomique [triatɔmik] *adj* triatomic.

tribadisme [tribadism] *nm litt* tribadism.

tribal, e, aux [tribal, o] *adj* tribal.

tribalisme [tribalism] *nm* tribalism.

tribord [tribɔr] *nm* starboard; à ~ (to) starboard, on the starboard side.

tribu [triby] *nf* -**1.** ANTHR & ANTIQ tribe. -**2.** *fam* [groupe nombreux]: toute la ~ [famille] the entire clan *hum*; [amis] the (whole) crowd OU gang *hum*. -**3.** [d'animaux] tribe, swarm.

tribulations [tribylasjɔ̃] *nfpl* (trials and) tribulations *litt*; tu n'es pas au bout de tes ~! you're not out of the woods yet!

tribun [tribœ̃] *nm* -**1.** [orateur] eloquent (public) speaker. -**2.** ANTIQ tribune.

◆ **de tribun** *loc adj* [éloquence] spellbinding; il a un talent de ~ he's very good at public speaking.

tribunal, aux [tribynal, o] *nm* -**1.** JUR [édifice] court, courthouse; [magistrats] court, bench; porter une affaire devant le ~ OU les tribunaux to take a matter to court OU before the Courts; comparaître devant le ~ to appear before the Court; traîner qqn devant les tribunaux to take sb to court; nous irons au ~ s'il le faut we'll go as far as the Courts if necessary ❑ ~ administratif *court which deals with internal French civil service matters*; ~ de commerce [litiges] commercial court; [liquidations] bankruptcy court; ~ des conflits jurisdictional court; ~ pour enfants juvenile court; ~ d'exception special court; ~ de grande instance ≃ Crown Court; ~ d'instance magistrates' court; ~ de police police court. -**2.** MIL: ~ militaire court martial; passer devant le ~ militaire to be court-martialled. -**3.** *fig* & *litt* tribunal; le ~ de l'histoire jugera History will judge.

tribune [tribyn] *nf* -**1.** [places - assises] grandstand; [- debout] stand; [- dans un stade de football] terraces, bleachers *Am*. -**2.** [estrade] rostrum, platform, tribune; monter à la ~ [gén] to go to the rostrum; [au Parlement] to address the House. -**3.** [lieu de discussions] forum; notre émission offre une ~ aux écologistes our program provides a platform for the green party; à la ~ de ce soir, le racisme on the agenda of tonight's debate, racism. -**4.** PRESSE: ~ libre [colonne] opinion column; [page] opinions page. -**5.** ARCHIT gallery, tribune.

tribut [triby] *nm* -**1.** *litt* tribute; la population a payé un lourd ~ à l'épidémie the epidemic took a heavy toll of the population. -**2.** HIST tribute.

tributaire [tribytɛr] ◇ *adj* -**1.** [dépendant]: ~ de reliant OU dependant on; mon invalidité m'empêchant de sortir, je suis ~ du téléphone I depend on OU I rely heavily on the telephone, as my disability keeps me at home. -**2.** GÉOG: être ~ de to be a tributary of, to flow into. -**3.** HIST tributary.
◇ *nm* GÉOG tributary.

tricalcique [trikalsik] *adj* tricalcic, tricalcium.

tricennal, e, aux [trisenal, o] *adj* tricennial, thirty-year long.

tricentenaire [trisɑ̃tnɛr] ◇ *adj* three-hundred-year-old.
◇ *nm* tercentenary.

tricéphale [trisefal] *adj* three-headed.

triceps [trisɛps] *nm* triceps (muscle); ~ brachial triceps brachii.

triche *fam* [triʃ] *nf*: c'est le roi de la ~ he's a prize cheat; c'est de la ~ that's cheating.

tricher [3] [triʃe] *vi* to cheat; il triche he's cheating, he's not playing by the rules; ~ sur to cheat on; ~ sur le poids to give short weight; ~ sur les prix to overcharge; il triche sur son âge he lies about his age; ~ avec to play around with; on ne peut pas ~ avec la maladie you can't fool around with illness.

tricherie [triʃri] *nf* cheating *(U)*.

tricheur, euse [triʃœr, øz] *nm, f* [au jeu, aux examens] cheat, cheater; [en affaires] trickster, con man; [en amour] cheat.

trichine [trikin] *nf* trichinella, trichina.

trichloréthylène [triklɔretilɛn] *nm* trichlorethylene, trichloroethylene.

trichocéphale [trikɔsefal] *nm* whipworm, trichocephalus *spéc*.

trichomonas [trikɔmɔnas] *nm* trichomonad, Trichomonas.

trichophyton [trikɔfitɔ̃] *nm* trichophyte, trichophyton.

trichoptère [trikɔptɛr] *nm* caddis fly, trichopteran *spéc*; les ~s the Trichoptera.

trichrome [trikrom] *adj* trichromatic *spéc*, three-colour.

trichromie [trikromi] *nf* -**1.** IMPR trichromatism *spéc*, three-colour printing. -**2.** TEXT trichrome printing. -**3.** TV three-colour process.

trick [trik] *nm* trick made *(in bridge)*.

triclinique [triklinik] *adj* triclinic; système ~ triclinic OU anorthic system.

tricolore [trikɔlɔr] ◇ *adj* -**1.** [aux couleurs françaises] red, white and blue. -**2.** [français] French; l'équipe ~ the French team. -**3.** [à trois couleurs] three-coloured.
◇ *nm* French player; les ~s the French (team).

tricorne [trikɔrn] *nm* tricorn, cocked hat.

tricot [triko] *nm* -**1.** [technique] knitting; apprendre le ~ to learn to knit; faire du ~ to knit, to do some knitting ❑ ~ plat flat knitting; ~ rond circular knitting. -**2.** [étoffe] knitted OU worsted fabric. -**3.** VÊT [gén] knitted garment; [pull] pullover, sweater; [gilet] cardigan; commencer/finir un ~ to cast on/off ❑ ~ de corps OU de peau vest *Br*, undershirt *Am*.

◆ **en tricot** *loc adj* [cravate, bonnet] knitted.

tricotage [trikɔtaʒ] *nm* knitting.

tricoter [3] [trikɔte] ◇ *vt* [laine, maille] to knit; [vêtement] to knit (up); je lui tricote des gants I'm knitting her some gloves; tricotez une maille à l'endroit, une maille à l'envers knit one, purl one.
◇ *vi* -**1.** TEXT to knit; apprendre à ~ to learn to knit; ~ à la machine to machine-knit. -**2.** *fam* [s'activer - coureur] to scramble; [- danseur, cheval] to prance; [- cycliste] to peddle hard.

◆ **à tricoter** *loc adj* [aiguille, laine, machine] knitting.

tricoteur, euse [trikɔtœr, øz] *nm, f* knitter.

◆ **tricoteur** *nm* knitting worker.

◆ **tricoteuse** *nf* -**1.** [machine à tricoter] knitting machine. -**2.** [table à ouvrage] small worktable.

trictrac [triktrak] *nm* -**1.** [activité] trictrac, tricktrack. -**2.** [plateau] trictrac OU tricktrack board.

tricycle [trisikl] ◇ *nm* tricycle.
◇ *adj* AÉRON tricycle.

tridactyle [tridaktil] *adj* tridactyl, tridactylous.

trident [tridɑ̃] *nm* -**1.** PÊCHE three-pronged fish spear, trident. -**2.** AGR three-pronged (pitch) fork. -**3.** GÉOM & MYTH trident.

tridenté, e [tridɑ̃te] *adj* tridentate *spéc*, tridental *spéc*, three-pronged.

tridimensionnel, elle [tridimɑ̃sjɔnɛl] *adj* [gén & CHIM] three-dimensional.

trièdre [triɛdr] ◇ *adj* trihedral.
◇ *nm* trihedron, trihedral.

triennal, e, aux [trijenal, o] *adj* -**1.** [ayant lieu tous les trois ans] triennial, three-yearly. -**2.** [qui dure trois ans] three-year(-long), triennial; **comité ~** committee appointed for three years. -**3.** AGR three-yearly.

trier [10] [trije] *vt* -**1.** [sortir d'un lot - fruits] to pick (out); [- photos, candidats] to select; **triez les plus beaux fruits** pick out the best fruit; **triez les grains pour en extraire les cailloux** separate the grit from the grain ❑ **ses amis sont triés sur le volet** his friends are hand-picked. -**2.** [répartir par catégories - lettres] to sort (out) *(sép)*; [- œufs] to grade; [- lentilles] to pick over *(sép)*. -**3.** RAIL [wagons] to marshal.

Trieste [trijɛst] *npr* Trieste.

trieur, euse [trijœr, øz] *nm, f* sorter, grader.
◆ **trieur** *nm* -**1.** AGR sorting OU grading machine. -**2.** MIN picker (machine); **~ magnétique** magnetic separator.
◆ **trieuse** *nf* INF sorting machine.

trifolié, e [trifɔlje] *adj* trifoliate *spéc*, trifoliated *spéc*, three-leafed.

trifouiller *fam* [3] [trifuje] *vt* [papiers] to mess OU to jumble up *(sép)*.
◆ **trifouiller dans** *fam v + prép* -**1.** [fouiller dans - papiers, vêtements] to rummage, to rifle through. -**2.** [tripoter - moteur] to tinker with.

trigémellaire [triʒemelɛr] *adj*: **grossesse ~** triplet pregnancy.

triglycéride [trigliserid] *nm* triglyceride.

trigone [trigon] ◇ *adj* trigonal, triquetrous.
◇ *nm* ANAT & ASTROL trigone.

trigonocéphale [trigɔnɔsefal] *nm* trigonocephalus.

trigonométrie [trigɔnɔmetri] *nf* trigonometry.

trigonométrique [trigɔnɔmetrik] *adj* trigonometric, trigonometrical.

trijumeau, x [triʒymo] ◇ *adj m* trigeminal.
◇ *nm* trigeminal nerve.

trilatéral, e, aux [trilateral, o] *adj* trilateral, three-sided.

trilingue [trilɛ̃g] ◇ *adj* trilingual.
◇ *nmf* trilingual person.

trille [trij] *nm* trill; **faire des ~s** to trill.

trilobe [trilɔb] *nm* trefoil.

trilobé, e [trilɔbe] *adj* -**1.** ARCHIT trefoil *(modif)*. -**2.** BOT trilobate.

trilogie [trilɔʒi] *nf* -**1.** [groupe de trois] triad. -**2.** ANTIQ & LITTÉRAT trilogy; **son roman est une ~** her novel is a trilogy.

trim. -**1.** *abr écrite de* **trimestre**. -**2.** *abr écrite de* **trimestriel**.

trimaran [trimarɑ̃] *nm* trimaran.

trimarder *fam* [3] [trimarde] *vi vieilli* to be on the road *(tramp)*.

trimardeur, euse *fam* [trimardœr, øz] *nm, f vieilli* tramp.

trimba(l)lage *fam* [trɛ̃balaʒ], **trimbal(l)ement** *fam* [trɛ̃balmɑ̃] *nm* lugging OU dragging OU carting around; **le ~ du matériel a duré toute la nuit** it took all night to shift the equipment.

trimbal(l)er *fam* [3] [trɛ̃bale] *vt* -**1.** [porter] to lug OU to cart around; **le chien trimballe une casserole attachée à sa queue** the dog's dragging around a saucepan tied to its tail; **elle dut ~ ses valises jusqu'à la gare** she had to lug her suitcases all the way to the station. -**2.** [emmener] to take; **il nous y a trimballés dans sa nouvelle voiture** he ran us there in his new car; **qui les trimballe chaque jour à l'école?** who ferries them to and from school every day? -**3.** *loc péj*: **qu'est-ce qu'elle trimballe!** ▽ she's as thick as two short planks! *Br*, what a lamebrain! *Am*.
◆ **se trimbal(l)er** *fam vpi* -**1.** [aller et venir] to go about; **t'as pas honte de te ~ en short?** how can you prance about in your shorts? -**2.** [se déplacer] to go; **elle se trimballe toujours avec son frère** she drags that brother of hers around with her everywhere.

trimer *fam* [3] [trime] *vi* to slave away; **toute sa vie, il a trimé du matin au soir** he's spent his entire life working his fingers to the bone.

trimestre [trimɛstr] *nm* -**1.** SCOL term; **premier ~** Autumn term; **deuxième ~** Spring term; **troisième ~** Summer term; **passer un test tous les ~s** to sit a termly test. -**2.** [trois mois] quarter; **payer tous les ~s** to pay on a quarterly basis. -**3.** [somme payée ou reçue] quarterly instalment.

trimestriel, elle [trimɛstrijɛl] *adj* -**1.** SCOL [bulletin] end-of-term; [réunion] termly. -**2.** [réunion, magazine, loyer] quarterly.

trimestriellement [trimɛstrijɛlmɑ̃] *adv* -**1.** SCOL once a term, on a termly basis. -**2.** [payer, publier] quarterly, on a quarterly basis, every three months.

trimétal, aux [trimetal, o] *nm* trimetal.

trimmer [trimœr] *nm* PÊCHE & RAD trimmer.

trimoteur [trimɔtœr] ◇ *adj m* three-engined.
◇ *nm* three-engined aircraft.

tringle [trɛ̃gl] *nf* -**1.** [pour pendre] rail; **~ à rideaux** curtain rail. -**2.** [pour tenir] rod; **~ de tapis d'escalier** stair rod. -**3.** TECH control rod. -**4.** [d'une crémone] rod. -**5.** ARCHIT tringle.

tringler▼ [3] [trɛ̃gle] *vt* to screw.

trinidadien, enne [trinidadjɛ̃, ɛn] *adj* Trinidadian.
◆ **Trinidadien, enne** *nm, f* Trinidadian.

trinitaire [trinitɛr] *adj* Trinitarian.

trinité [trinite] *nf* -**1.** RELIG: **la Trinité** the (Holy) Trinity; [fête] Trinity Sunday. -**2.** *litt* [trois éléments] trinity.

Trinité-et-Tobago [triniteetɔbago] *npr* Trinidad and Tobago; **à ~** in Trinidad and Tobago.

trinitrine [trinitrin] *nf* nitroglycerine, trinitrin PHARM, trinitrine PHARM.

trinitrotoluène [trinitrɔtɔlɥɛn] *nm* TNT, trinitrotoluene.

trinôme [trinom] *adj* & *nm* trinomial MATH.

trinquart [trɛ̃kar] *nm* herring boat.

trinquer [3] [trɛ̃ke] *vi* -**1.** [pour fêter] to drink (a toast) to; [choquer les verres] to clink glasses; **trinquons!** let's drink to that! -**2.** *fam* [subir un dommage] to get the worst of it, to get it in the neck, to cop it *Br*; **c'est ma voiture qui a trinqué** my car got the worst of it; **c'est lui qui va ~** he'll be the one who suffers. -**3.** *fam* [boire] to drink; **on a trinqué ensemble** we had a few drinks together.

trinquet [trɛ̃kɛ] *nm* foremast.

trinquette [trɛ̃kɛt] *nf* forestaysail.

trio [trijo] *nm* -**1.** [trois personnes] trio, threesome; **notre ~ n'en eut pas pour longtemps à résoudre le mystère** our three heroes solved the mystery in no time. -**2.** MUS trio.

triode [trijɔd] ◇ *adj* triode *(modif)*.
◇ *nf* triode.

triolet [trijɔlɛ] *nm* MUS & LITTÉRAT triolet.

triomphal, e, aux [trijɔ̃fal, o] *adj* [entrée] triumphant; [victoire, succès] resounding; [arc, procession] triumphal.

triomphalement [trijɔ̃falmɑ̃] *adv* [sourire, dire] triumphantly; [traiter, recevoir] in triumph; **descendre ~ les Champs-Élysées** to parade down the Champs-Élysées in triumph.

triomphalisme [trijɔ̃falism] *nm* over-confidence; **dans un moment de ~** in a moment of self-congratulation.

triomphaliste [trijɔ̃falist] *adj* [discours, vainqueur] complacent, self-congratulatory, gloating; [attitude] overconfident.

triomphant, e [trijɔ̃fɑ̃, ɑ̃t] *adj* triumphant; **un sourire ~** a triumphant smile; **il est sorti ~ de l'épreuve** he came out the winner.

triomphateur, trice [trijɔ̃fatœr, tris] ◇ *adj* triumphant.
◇ *nm, f* winner, victor *litt*.

triomphe [trijɔ̃f] *nm* -**1.** [d'une armée, d'un groupe] triumph, victory; [d'un artiste, d'une idée] triumph; **l'album est un ~** the album is a great success; **remporter un ~ sur le parti adverse** to win a sweeping victory over the opposing party. -**2.** [jubilation] triumph; **son ~ fut de courte durée** his triumph was short-lived; **avoir le ~ modeste** to be modest in victory. -**3.** [ovation]: **faire un ~ à qqn** to give sb a triumphant welcome; **ils lui ont fait un ~ à la fin de son discours** they gave her a standing ovation at the end of her speech.

triompher [3] [trijɔ̃fe] *vi* -**1.** [armée] to triumph; [parti] to win (decisively). -**2.** [idée] to triumph, to prevail; [bêtise, corruption, racisme] to be rife; **son point de vue a fini par ~** her point of view finally won the day OU prevailed. -**3.** [artiste] to be a great success; **il triomphe à l'Apollo tous les soirs** he's playing to packed houses at the Apollo every night. -**4.** [jubiler] to rejoice, to exult *litt*, to gloat; **elle triomphe maintenant que tu es parti!** she's gloating now that you've gone!; **gardons-nous de ~ trop vite** let's not count our chickens before they're hatched. -**5.** ANTIQ to triumph.
◆ **triompher de** *v + prép* [ennemi, rival] to triumph over *(insép)*, to beat, to vanquish *litt*; [malaise, obstacle] to triumph over, to overcome; **~ d'un adversaire** to beat an opponent.

trip ▽ [trip] *nm* [hallucinations] trip; **faire un ~** to be tripping; **c'est pas mon ~** it's not my bag, I'm not into that kind of thing.

tripaille *fam* [tripaj] *nf* guts, insides.

tripant, e *fam* [tripɑ̃, ɑ̃t] *adj Can* great, fantastic.

triparti, e [triparti] *adj* [traité] tripartite; [négociations] three-way; [alliance électorale] three-party *(avant n)*.

tripartisme [tripartism] *nm* three-party government.

tripartite [tripartit] ◇ *adj* = **triparti**.
◇ *nf Belg* tripartite coalition.

tripartition [tripartisjɔ̃] *nf* tripartition, splitting into three.

tripatouillage *fam* [tripatujaʒ] *nm* -**1.** [malaxage] messing around. -**2.** [truquage] tampering, fiddling *Br*, fiddle *Br*; **~ des comptes** cooking the books; **~ des résultats** massaging OU fixing the results.

tripatouiller *fam* [3] [tripatuje] ◇ *vt* -**1.** [truquer - document] to tamper with *(insép)*; [- chiffres, résultats] to fiddle *Br*, to doctor *Am*; **~ les comptes** to cook the books; **~ les statistiques** to massage the figures. -**2.** [modifier - textes] to alter. -**3.** [nourriture] to play with *(insép)*.
◇ *vi*: **les enfants adorent ~ dans le sable** children love messing around in the sand.

tripatouilleur, euse *fam* [tripatujœr, øz] *nm, f*: **c'est un ~** [mauvais bricoleur] he's a botcher; [mauvais écrivain] he's a hack, he just cobbles other people's ideas together.

tripe [trip]
◆ **tripes** *nfpl* -**1.** CULIN: **des ~s** tripe. -**2.** *fam* ANAT guts, insides; **la peur te prendra aux ~s** *fig* you'll be petrified with fear; **ce film m'a remué les ~s** *fig* that film really got me going ❑ **rendre ~s et boyaux** to throw one's guts up.

triperie [tripri] *nf* -**1.** [boutique] tripe and offal shop. -**2.** [activité] tripe (and offal) trade. -**3.** [abats] offal.

tripette *fam* [tripɛt] *nf*: **ça ne vaut pas ~** it's not worth a straw OU bean *Br* OU red cent *Am*.

triphasé, e [trifaze] *adj* three-phase.

triphénylméthane [trifenilmetan] *nm* triphenylmethane.

triphtongue [triftɔ̃g] *nf* triphthong.

tripier, ère [tripje, ɛr] *nm, f* tripe (and offal) butcher.

triplace [triplas] ◇ *adj* three-seater.
◇ *nm* AÉRON three-seater (plane).

triplan [triplɑ̃] *nm* triplane.

triple [tripl] ◇ *adj* -1. [à trois éléments] triple; une ~ collision ferroviaire a crash involving three trains; une ~ semelle a three-layer sole; un ~ menton a triple chin; un ~ rang de perles three rows OU a triple row of pearls; en ~ exemplaire in triplicate ❑ ~ saut triple jump; ~ saut périlleux triple somersault. -2. [trois fois plus grand] treble, triple; ton jardin est ~ du mien your garden is treble the size of mine; une ~ dose three times the usual amount. -3. *fam* [en intensif]: ~ imbécile! you stupid idiot! -4. MUS: ~ croche demisemiquaver *Br*, thirty-second note *Am*.
◇ *nm*: neuf est le ~ de trois nine is three times three; il fait le ~ de travail he does three times as much work; on a payé le ~ we paid three times that amount; le ~ de poids/longueur three times as heavy/long; ça a pris le ~ de temps it took three times as long; ça coûte le ~ it's three times the price.
◆ **en triple** *loc adv* [copier, signer] in triplicate.

triplé [triple] *nm* -1. [aux courses] treble; gagner le ~ to win a treble. -2. [d'un athlète] triple win.

triplement [tripləmɑ̃] ◇ *adv* in three ways, on three counts; ~ déçu disappointed on three counts.
◇ *nm* trebling, tripling; le ~ de mes ressources the threefold increase in OU the trebling of my income.

tripler [3] [triple] ◇ *vt* -1. [dépenses, dose] to treble, to triple. -2. SCOL: ~ une classe to repeat a year *Br* OU class *Am* for a second time, to do a year *Br* OU class *Am* for a third time.
◇ *vi* to treble, to triple; la population a triplé the population has tripled OU has increased threefold.

triplés, ées [triple] *nm, f pl* triplets.

triplet [triplɛ] *nm* -1. MATH triplet. -2. OPT & PHOT triple lens. -3. ARCHIT triplet.

triplette [triplɛt] *nf* [d'hommes] three-man team; [de femmes] three-woman team; [mixte] three-person team.

triplex [triplɛks] *nm* -1. [carton] triplex. -2. [papier] three-sheet paper. -3. [appartement] three-storey flat *Br*, triplex (apartment) *Am*.

Triplex® [triplɛks] *nm* Triplex® (glass).

tripode [tripɔd] ◇ *adj* -1. NAUT tripod *(modif)*. -2. [meuble] three-legged, tripod *(modif) spéc*.
◇ *nm* automatic ticket barrier *(in Paris métro)*.

Tripoli [tripɔli] *npr* Tripoli.

triporteur [tripɔrtœr] *nm* delivery tricycle.

tripot [tripo] *nm péj* -1. [lieu mal famé] *disreputable bar, nightclub etc.* -2. [maison de jeu] gambling den.

tripotage *fam* [tripɔtaʒ] *nm* -1. [de fruits] handling; [d'une breloque] fiddling. -2. [attouchements] fondling, groping. -3. [pratique louche] scam, fiddle *Br*.

tripotée *fam* [tripɔte] *nf* -1. [grand nombre] crowd; une ~ de lots of; ils ont toute une ~ d'enfants they've got loads of kids. -2. [coups] thrashing, belting; [défaite] thrashing, clobbering.

tripoter *fam* [3] [tripɔte] ◇ *vt* -1. [toucher distraitement - crayon, cheveux] to twiddle, to play OU to fiddle with. -2. [palper - fruit, objet] to handle, to finger; tripote pas ton bouton don't keep picking at OU touching your spot. -3. [personne] to fondle, to grope.
◇ *vi* -1. [fouiller] to rummage OU to root around, to root about. -2. [en affaires] to be up to some dodgy *Br* OU funny *Am* business.
◆ **se tripoter** *fam vp (emploi réfléchi)* to play with o.s.

tripoteur, euse *fam* [tripɔtœr, øz] *nm, f* -1. [qui trafique] shady dealer, crook. -2. [qui caresse] fondler, groper.

triptyque [triptik] *nm* triptych.

trique [trik] *nf* [bâton] cudgel; donner des coups de ~ à qqn to thrash sb; elle nous mène à la ~ *fig* she rules us with a rod of iron.

trirectangle [trirɛktɑ̃gl] *adj* trirectangular.

trisaïeul, e [trizajœl] *nm, f* great-great-grandfather (*f* great-great-grandmother).

trisannuel, elle [trizanɥɛl] *adj* -1. [qui a lieu tous les trois ans] three-yearly, triennial. -2. [qui dure trois ans] three-year-long, triennial.

trisecteur, trice [trisɛktœr, tris] *adj* trisecting.

trisection [trisɛksjɔ̃] *nf* trisection.

trisomie [trizɔmi] *nf* trisomy; ~ 21 trisomy 21.

trisomique [trizɔmik] ◇ *adj*: enfant ~ Down's syndrome child.
◇ *nmf* Down's syndrome child.

Tristan [tristɑ̃] *npr* -1. LITTÉRAT: ~ et Iseut Tristram OU Tristan and Iseult. -2. MUS: '~ et Isolde' *Wagner* 'Tristan and Isolde'.

triste [trist] *adj* -1. [déprimé - personne] sad; [- sourire, visage] sad, unhappy, sorrowful; un clown ~ a sad-looking clown; ne prends pas cet air ~ don't look so glum ❑ ~ comme un bonnet de nuit as miserable as sin; ~ comme la mort utterly dejected; faire ~ figure OU mine *litt* to look pitiful; faire ~ figure OU mine à qqn to give sb a cold reception. -2. [pénible] sad, unhappy; tel est mon ~ devoir such is my painful duty; son ~ sort his sad OU unhappy fate. -3. [attristant] sad; un film ~ a sad film; c'est ~ à dire it's sad to say ❑ ~ comme un lendemain de fête a real anticlimax; c'est pas triste! *fam* what a hoot OU laugh!; il est pas ~, avec sa chemise à fleurs he's a scream in his flowery shirt; ils font voter les réformes sans avoir le financement, ça va pas être ~! they're pushing the reforms through without funds, what a farce! -4. [terne - couleur] drab, dull; [morne - rue, saison] bleak; une ville ~ à pleurer a dreadfully bleak town. -5. *(avant le n)* [déplorable] deplorable, sorry, sad; elle était dans un ~ état she was in a sorry state; nous vivons une bien ~ époque we're living through pretty grim times || [méprisable]: un ~ sire an unsavoury character.

tristement [tristəmɑ̃] *adv* -1. [en étant triste] sadly. -2. [de façon terne] drearily. -3. [de manière pénible] sadly, regrettably; ~ célèbre notorious; le ~ célèbre Barbe-Bleue the infamous OU notorious Bluebeard.

tristesse [tristɛs] *nf* -1. [sentiment] sadness; sourire avec ~ to smile sadly; quelle ~ de voir une telle déchéance! how sad to see such decrepitude! -2. [influence attristante] sadness; la ~ du paysage the bleakness of the landscape. -3. [manque de vitalité] dreariness, dullness; ma vie est d'une grande ~ my life is very dreary.

tristounet, ette *fam* [tristunɛ, ɛt] *adj* -1. [triste] down, low; il est un peu ~ aujourd'hui he's a bit low today; une petite figure ~te a sad little face. -2. [qui rend triste] gloomy, dreary, depressing. -3. [terne] dull; un peu ~ comme pull that pullover is a bit drab.

trisyllabe [trisilab] ◇ *adj* trisyllabic.
◇ *nm* trisyllable.

trisyllabique [trisilabik] *adj* trisyllabic.

triton [tritɔ̃] *nm* -1. ZOOL [amphibien] newt, triton *spéc*; [gastropode] triton, Triton's shell. -2. MUS tritone. -3. PHYS triton.

Triton [tritɔ̃] *npr* MYTH Triton.

trituration [trityrasjɔ̃] *nf* grinding up, trituration *spéc*.

triturer [3] [trityre] *vt* -1. [pétrir - bras, corps, pâte] to knead. -2. [manipuler - gants, breloque] to fiddle with. -3. [influencer] to manipulate, to distort; les grands groupes de presse triturent l'opinion publique the big newspaper groups distort public opinion. -4. PHARM [médicament] to crush, to grind, to triturate *spéc*.
◆ **se triturer** *vpt*: se ~ les méninges OU la cervelle *fam* to rack one's brains.

triumvir [trijɔmvir] *nm* triumvir.

triumviral, e, aux [trijɔmviral, o] *adj* triumviral.

triumvirat [trijɔmvira] *nm* -1. [groupe] triumvirate, troika. -2. ANTIQ triumvirate.

trivalent, e [trivalɑ̃, ɑ̃t] *adj* trivalent.

trivial, e, aux [trivjal, o] *adj* -1. [grossier] crude, offensive. -2. [banal] trivial, trite; un détail ~ a minor detail; une remarque ~e a commonplace, a mundane remark. -3. MATH trivial.

trivialement [trivjalmɑ̃] *adv* -1. [vulgairement] crudely, coarsely. -2. [banalement] trivially, tritely.

trivialité [trivjalite] *nf* -1. [caractère vulgaire] crudeness, coarseness. -2. [parole vulgaire] crude remark. -3. [caractère banal] triviality, banality.

tr/mn, tr/min (*abr écrite de* tour par minute) rpm.

troc [trɔk] *nm* -1. [système économique] barter; (économie de) ~ barter economy. -2. [échange] swap.

Trocadéro [trɔkaderɔ] *npr m*: le ~: la place du ~ *public square opposite the Eiffel Tower.*

trochée [trɔʃe] *nm* trochee.

troène [trɔɛn] *nm* privet.

troglodyte [trɔglɔdit] *nm* -1. ANTHR cave dweller, troglodyte *spéc*. -2. ZOOL wren, troglodyte *spéc*.

troglodytique [trɔglɔditik] *adj* [population] cave-dwelling, troglodytic *spéc*; habitations ~s cave dwellings.

trogne *fam* [trɔɲ] *nf* face; il avait une ~ d'ivrogne he had the look of a wino about him.

trognon [trɔɲɔ̃] ◇ *adj fam* cute; elles sont vraiment ~s they're so cute.
◇ *nm* -1. [d'une pomme] core; [d'un chou] stem; il t'exploitera jusqu'au ~ he'll squeeze you dry. -2. *fam* [terme d'affection] sweetie.

Troie [trwa] *npr* Troy; le cheval/la guerre de ~ the Trojan Horse/War.

troïka [trɔika] *nf* -1. [traîneau] troika. -2. [trois personnes] troika; la ~ qui dirige maintenant le journal the newspaper's new management trio.

trois [trwa] ◇ *adj num card* -1. [entre deux et quatre] three; frapper les ~ coups *to announce the beginning of a theatre performance by knocking three times*; la salle a dû être évacuée avant même les ~ coups the auditorium had to be cleared before the performance had even started; ~ dimensions: maquette en ~ dimensions model in three dimensions, three-dimensional model; reproduire un objet en ~ dimensions to produce a three-dimensional model of an object; à ~ temps in triple OU three-four time ❑ en ~ coups de cuiller à pot in two shakes of a lamb's tail; les ~ Grâces the (three) Graces; les ~ jours [à l'armée] *in France, induction course preceding military service (now lasting one day)*; haut comme ~ pommes knee-high to a grasshopper; Les Trois Suisses® *French mail order company*; 'les Trois Mousquetaires' *Alexandre Dumas* 'The Three Musketeers'. -2. [exprimant une approximation]: dans ~ minutes in a couple of minutes; il n'a pas dit ~ mots he hardly said a word; deux ou ~, ~ ou quatre a few, a handful; prends ~ ou quatre prunes take a few plums ❑ ~ fois rien next to nothing; ma maladie? ~ fois rien my illness? it was nothing, really.
◇ *nm inv* -1. [chiffre] three. -2. JEUX three.

trois-étoiles [trwazetwal] ◇ *adj inv* three-star.
◇ *nm* [hôtel] three-star hotel; [restaurant] three-star restaurant.

trois-huit [trwaɥit] ◇ *nm inv* MUS three-eight (time).
◇ *nmpl* INDUST: les ~ *shift system based on three eight-hour shifts*; faire les ~ to work in shifts of eight hours.

troisième [trwazjɛm] ◇ *adj num ord* third; il est toujours ~ he's always third; la ~ personne du singulier GRAMM the third person

singular ❑ le ~ âge [personnes] senior citizens; [période] old age; **personne du ~ âge** senior citizen; **~ dimension** third dimension; **le ~ larron: il était le ~ larron dans cette affaire** he took advantage of the quarrel the other two were having.
◇ *nmf* third.
◇ *nf* -**1.** SCOL fourth year *Br*, eighth grade *Am*. -**2.** AUT third gear.

troisièmement [trwazjɛmmɑ̃] *adv* thirdly, in the third place.

trois-mâts [trwama] *nm inv* three-master.

trois-pièces [trwapjɛs] *nm inv* [costume] three-piece suit.

trois-quarts [trwakar] ◇ *adj inv* three-quarter.
◇ *nm inv* -**1.** [manteau] three-quarter (length) coat. -**2.** SPORT three-quarter; **~ aile/centre** wing/centre (three-quarter); **la ligne des ~** the three-quarter line. -**3.** MUS [violon] three-quarter violin.

troll [trɔl] *nm* troll MYTH.

trolley [trɔlɛ] *nm* -**1.** TRANSP trolley bus. -**2.** [chariot] truck *(on cableway)*. -**3.** ÉLECTR trolley.

trolleybus [trɔlɛbys] = **trolley 1**.

trombe [trɔ̃b] *nf* MÉTÉO [sur mer] waterspout; [sur terre] whirlwind; **~ d'eau** downpour.
◆ **en trombe** *loc adv* briskly and noisily; **elle entra en ~** she burst in; **la voiture passa en ~** the car shot past; **partir en ~** to shoot off.

trombine▽ [trɔ̃bin] *nf* [visage] mug; [physionomie] look; **si tu avais vu sa ~!** you should have seen his face!

trombinoscope *fam* [trɔ̃binɔskɔp] *nm* rogues' gallery *hum*.

tromblon [trɔ̃blɔ̃] *nm* -**1.** [fusil] blunderbuss. -**2.** [cylindre] grenade sleeve.

trombone [trɔ̃bɔn] *nm* -**1.** MUS [instrument] trombone; [musicien] trombonist, trombone (player); **~ à coulisse/pistons** slide/valve trombone. -**2.** [agrafe] paper clip.

tromboniste [trɔ̃bɔnist] *nmf* trombonist, trombone (player).

trompe [trɔ̃p] *nf* -**1.** ENTOM & ZOOL [d'éléphant] trunk, proboscis *spéc*; [de papillon] proboscis; [de tapir] snout, proboscis *spéc*. -**2.** MUS horn. -**3.** AUT [avertisseur] horn. -**4.** ANAT: **~ d'Eustache** Eustachian tube; **~ utérine** OU **de Fallope** Fallopian tube. -**5.** ARCHIT squinch. -**6.** TECH: **~ à eau** water pump.

trompe-la-mort [trɔ̃plamɔr] *nmf inv* daredevil.

trompe-l'œil [trɔ̃plœj] *nm inv* -**1.** BX-ARTS [style] trompe l'œil. -**2.** [faux-semblant] window dressing; **son discours antiraciste n'était qu'un ~** his antiracist speech was mere window-dressing.
◆ **en trompe-l'œil** *loc adj* BX-ARTS: **peinture en ~** trompe l'œil painting.

tromper [3] [trɔ̃pe] *vt* -**1.** [conjoint] to be unfaithful to, to deceive, to betray; **elle le trompe avec Thomas** she's having an affair with Thomas behind his back. -**2.** [donner le change à] to fool, to trick, to deceive; **elle nous a trompés avec son doux sourire** she fooled us with her sweet smile; **mais si, tu y étais, tu cherches à nous ~!** of course you were there, you're trying to mislead us!; **~ qqn sur ses intentions** to mislead sb as to one's intentions ❑ **~ son monde: avec ses airs affables, il trompe bien son monde** everybody is taken in by his kindly manner. -**3.** [berner, flouer] to dupe, to cheat; **il m'a trompé dans la vente de la maison** he cheated me on the sale of the house; **on m'a trompé sur la qualité** I was misinformed as to the quality. -**4.** [échapper à]: **~ la vigilance de qqn** to elude sb; **tu ne pourras pas ~ la vigilance du percepteur** you won't hoodwink OU outwit the taxman ❑ **~ l'ennui** to stave off boredom. -**5.** [induire en erreur] to mislead; **mon instinct ne me trompe jamais** my instincts never let me down OU fail me; **sa bonne mine a trompé ses proches** her healthy appearance fooled OU deceived her relatives; **ne te laisse pas ~ par les apparences** don't be taken in by appearances || *(en usage abs)*: **c'est un signe qui ne trompe pas** it's a sure sign; **il a rougi, cela ne trompe pas!** his blushing said it all! -**6.** *litt* [décevoir]: **~ l'espoir de qqn** to disappoint sb; **l'amour l'avait trompée dans son attente** love had fallen short of her expectations. -**7.** [apaiser - faim] to appease.
◆ **se tromper** *vpi* -**1.** [commettre une erreur] to make a mistake; **se ~ dans une addition/dictée** to get a sum/dictation wrong; **je me suis trompé de 11 francs** I was 11 francs out *Br* OU off *Am*; **je ne m'étais pas trompé de beaucoup** I wasn't far wrong OU far off *Am*. -**2.** [prendre une chose pour une autre]: **se ~ de jour** to get the day wrong; **se ~ de bus** to get on the wrong bus ❑ **se ~ d'adresse** *pr* to go to the wrong address; **se ~ d'adresse** *fam* OU **de porte** *fam fig*: **si c'est un complice que tu cherches, tu te trompes d'adresse** if it's an accomplice you want, you've come to the wrong address. -**3.** [s'illusionner] to make a mistake, to be wrong; **je le croyais intelligent mais je me suis trompé** I thought he was intelligent, but I was wrong; **tout le monde peut se ~** anyone can make a mistake, nobody's infallible; **se ~ sur les motifs de qqn** to misunderstand sb's motives; **ou je me trompe fort ou c'était bien lui** I'm pretty sure it was him; **si je ne me trompe** if I'm not mistaken; **c'était en 1989 si je ne me trompe** it was in 1989, correct me if I'm wrong; **s'y ~: que l'on ne s'y trompe pas** let there be no misunderstanding about that; **au fond, elle était malheureuse et ses amis ne s'y trompaient pas** deep down she was unhappy and her friends could tell.

tromperie [trɔpri] *nf* [supercherie] deception; **il y a ~ sur la qualité** the quality hasn't been described accurately.

trompeter [27] [trɔ̃pɛte] ◇ *vt* [fait] to trumpet, to shout from the rooftops.
◇ *vi vieilli* [musicien - gén] to play the trumpet, to trumpet *vieilli*; [aigle] to scream.

trompette [trɔ̃pɛt] ◇ *nf* -**1.** [instrument] trumpet; **~ basse** bass trumpet; **~ bouchée** muted trumpet; **~ marine** marine trumpet, trumpet marine; **~ à pistons** valve trumpet; **~ simple** bugle; **les ~s de Jéricho** BIBLE the trumpets of Jericho; **la Trompette du Jugement dernier** (the sound of) the Last Judgment; **les ~s de la Renommée** *litt* the trumpet blast of Fame. -**2.** AUT rear axle tube. -**3.** ZOOL: **~ de mer** trumpet fish.
◇ *nm* [musicien - gén] trumpet player, trumpet, trumpeter; MIL trumpeter.
◆ **en trompette** *loc adj* [nez] up-turned.

trompette-des-morts [trɔ̃pɛtdemɔr] (*pl* trompettes-des-morts), **trompette-de-la-mort** [trɔ̃pɛtdəlamɔr] (*pl* **trompettes-de-la-mort**) *nf* horn of plenty BOT.

trompettiste [trɔ̃petist] *nmf* trumpet player, trumpet, trumpeter.

trompeur, euse [trɔ̃pœr, øz] ◇ *adj* -**1.** [personne] lying, deceitful. -**2.** [signe, air, apparence] deceptive, misleading; **de belles fraises d'un rouge ~** luscious strawberries of a deceptive red; **le vent faiblit mais c'est ~** the wind's dropping but you can't rely on that.
◇ *nm, f* deceiver; **à ~, ~ et demi** *prov* the biter is sometimes bit.

trompeusement [trɔ̃pøzmɑ̃] *adv* deceptively, deceitfully *péj*.

tronc [trɔ̃] *nm* -**1.** BOT trunk. -**2.** ANAT [d'un être humain] trunk, torso; [d'un animal] trunk, barrel; [d'un nerf, d'une artère] trunk, truncus *spéc*. -**3.** [boîte pour collectes] (collecting) box; **~ des pauvres** alms box. -**4.** *(comme adj; avec ou sans trait d'union)* limbless.
◆ **tronc commun** *nm* [d'une famille] common stock, ancestry; ENS compulsory subjects, core curriculum.

tronche *fam* [trɔ̃ʃ] *nf* -**1.** [visage] face; [expression] look; **faire une ~ épouvantable** to look totally down in the dumps OU browned off *Br*; **t'aurais vu la ~ qu'il faisait!** you should have seen the look on his face! -**2.** [tête] head.

tronçon [trɔ̃sɔ̃] *nm* -**1.** [morceau coupé] segment, section; **un tuyau divisé en ~s** a pipe divided into segments. -**2.** TRANSP [de voie] section; [de route] section, stretch. -**3.** [d'un texte] part, section. -**4.** ARCHIT frustrum. -**5.** MENUIS log, block.

tronconique [trɔ̃kɔnik] *adj* truncated.

tronçonnage [trɔ̃sɔnaʒ], **tronçonnement** [trɔ̃sɔnmɑ̃] *nm* -**1.** MENUIS sawing OU chopping (into sections). -**2.** MÉTALL sectioning.

tronçonner [3] [trɔ̃sɔne] *vt* to cut OU to chop (into sections); **~ un arbre** to saw a tree (into sections).

tronçonneuse [trɔ̃sɔnøz] *nf* motor saw; **~ à chaîne** chain saw.

trône [tron] *nm* -**1.** [siège, pouvoir] throne; **monter sur le ~** to ascend OU to come to the throne. -**2.** *fam fig & hum* throne; **être sur le ~** to be on the throne.
◆ **trônes** *nmpl* RELIG thrones.

trôner [3] [trone] *vi* -**1.** [personne] to sit enthroned *hum* OU in state. -**2.** [bouquet, œuvre d'art] to sit prominently OU imposingly; **son portrait trônait dans le salon** his portrait was displayed in a prominent position in the drawing room.

tronquer [3] [trɔ̃ke] *vt* -**1.** [phrase, récit] to shorten. -**2.** [pilier, statue] to truncate.

trop [tro] *adv* -**1.** [excessivement - devant un adjectif, un adverbe] too; [- devant un verbe] too much; **il est ~ gros** he's overweight OU too fat; **les fraises sont ~ chères** the strawberries are too expensive; **un plat ~ riche** an excessively rich dish; **de la viande ~ cuite** overcooked meat; **et en plus, c'est moi qui paye, c'est ~ fort!** and what's more I'm the one who's paying, it really is too much!; **il habite ~ loin** he lives too far away; **j'ai dormi ~ longtemps** I slept too long; **elle sort ~ peu** she doesn't go out enough; **son ~ peu de confiance en elle lui nuit** her lack of self-confidence works against her; **on a ~ chargé la voiture** we've overloaded the car; **tu manges (beaucoup) ~** you eat (far) too much; **j'en ai déjà ~ dit** I've already said more than I should have OU too much; **avoir ~ faim/soif** to be too hungry/thirsty; **ne fais pas ~ le difficile** don't be too awkward; **~ fumer provoque des maladies graves** too much smoking can lead to serious illness; **cela n'a que ~ duré** it's been going on far too long; **il ne le sait que ~** he knows (it) only too well || [en corrélation avec 'pour']: **tu es ~ intelligent pour croire cela** you're too intelligent to believe that; **~ belle pour toi** too beautiful for you; **ne soulève pas l'armoire, c'est ~ lourd pour toi tout seul** don't (try to) lift the cupboard, it's too heavy for you on your own; **~ fier pour accepter** too proud to accept; **~ beau pour être vrai** too good to be true; **il a ~ tardé à répondre pour qu'elle lui écrive encore** he has taken too long in replying for her to write to him again; **c'est ~ important pour que vous ne vous en occupiez pas vous-même** it's too important for you not to deal with it yourself ❑ **il est ~, lui!** *fam* he really is too much! -**2.** [emploi nominal]: **ne demande pas ~** don't ask for too much; **prends la dernière part – non, c'est ~** have the last slice – no, it's too much; **je dépense ~** I'm overspending, I'm spending too much ❑ **~ c'est ~!, c'en est ~!** that's it!, I've had enough!; **~ c'est ~!** enough is enough!; **je sors, ~ c'est ~!** I'm leaving, I've had enough! -**3.** [très, beaucoup] so; **ce bébé est ~ mignon!** this baby is so cute!; **il est ~ drôle!** he's so funny!; **c'est ~ bête!** how stupid!; **vous êtes ~ aimable** how very kind of you, you're very OU too kind || [dans des phrases négatives]: **il n'est pas ~ content** he's not very happy; **je ne sais ~** I'm not sure; **je n'aime pas ~ le chocolat** I don't like chocolate very OU that much, I'm not very OU that keen on chocolate; **je ne le connais pas ~** I don't know him very OU that well; **on ne se voit plus ~** we don't see much of each other any more; **sans ~ savoir pourquoi** without really knowing why.
◆ **de trop** *loc adv*: **j'ai payé 11 francs de ~** I paid 11 francs too much; **il y a une assiette de ~** there's one plate too many; **votre remarque**

était de ~ that remark of yours was uncalled for; je suis de ~, peut-être? are you telling me I'm in the way OU not wanted?; tu fumes de ~ *fam* you smoke too much; deux jours ne seront pas de ~ pour tout terminer two days should just about be enough to finish everything; un rafraîchissement ne serait pas de ~! a drink wouldn't go amiss!

◆ **en trop** *loc adv*: tu as des vêtements en ~ à me donner? have you got any spare clothes to give me?; j'ai payé 11 francs en ~ I paid 11 francs too much; il y a de l'argent en ~ there's too much money; il y a un verre en ~ there's a OU one glass too many; se sentir en ~ to feel in the way.

◆ **par trop** *loc adv litt* much too, far too; il est par ~ méfiant he's much OU far too distrustful; c'est par ~ injuste it's simply too unfair (for words).

◆ **trop de** *loc dét* -**1.** [suivi d'un nom non comptable] too much; [suivi d'un nom comptable] too many; ils ont ~ d'argent they've got too much money; j'ai acheté ~ de lait I've bought too much milk; il y a beaucoup ~ de monde there are far too many people; tu veux des bonbons? – non, merci, j'en ai déjà ~ mangé do you want some sweets? – no thanks, I've already eaten too many; nous ne serons pas ~ de cinq pour soulever le piano it'll take at least five of us to lift the piano || [en corrélation avec 'pour']: j'ai ~ de soucis pour me charger des vôtres I've too many worries of my own to deal with yours || *(comme nom)*: le ~ d'énergie des enfants the children's excess OU surplus energy. -**2.** *loc*: en faire ~ [travailler] to overdo things; [pour plaire] to overdo it.

trope [trɔp] *nm* trope.

trophée [trɔfe] *nm* trophy.

trophique [trɔfik] *adj* trophic.

trophoblaste [trɔfɔblast] *nm* trophoblast.

trophoblastique [trɔfɔblastik] *adj* trophoblastic.

tropical, e, aux [trɔpikal, o] *adj* tropical.

tropicalisation [trɔpikalizasjɔ̃] *nf* tropicalization.

tropicaliser [3] [trɔpikalize] *vt* to tropicalize.

tropique [trɔpik] ◇ *adj* tropical.

◇ *nm* ASTRON & GÉOG tropic; le ~ du Cancer/Capricorne the tropic of Cancer/Capricorn.

◆ **tropiques** *nmpl* GÉOG: les ~s the tropics; sous les ~s in the tropics.

tropisme [trɔpism] *nm* tropism.

troposphère [trɔpɔsfɛr] *nf* troposphere.

trop-perçu [trɔpɛrsy] (*pl* trop-perçus) *nm* overpayment (of taxes), excess payment (of taxes).

trop-plein [trɔplɛ̃] (*pl* trop-pleins) *nm* -**1.** [de forces, d'émotion] overflow, surplus; ton ~ d'énergie your surplus energy; elle épancha le ~ de son âme she poured out her soul. -**2.** [d'eau, de graines] overflow; [de vin] surplus. -**3.** TECH overflow.

troque [trɔk] *nm* top-shell, trochus *spéc*; les ~s the Trochidae.

troquer [3] [trɔke] *vt* -**1.** [échanger] to exchange, to swop, to swap; je troquerais bien mon manteau contre le tien I wouldn't mind swapping coats with you. -**2.** COMM to barter, to trade; ils troquent les fruits contre de la soie they trade fruit for silk.

troquet *fam* [trɔkɛ] *nm* bar.

trot [tro] *nm* ÉQUIT trot, trotting; ~ assis/enlevé sitting/rising trot; ~ attelé trotting (with a sulky); ~ monté saddle-trot, saddle-trotting.

◆ **au trot** *loc adv* -**1.** ÉQUIT at a trot OU trotting pace; au petit ~ at a jogging pace ÉQUIT. -**2.** *fam* [vite] on the double; allez, et au ~! come on, jump to it!

Trotski [trɔtski] *npr* Trotsky.

trotskisme [trɔtskism] *nm* Trotskyism.

trotskiste [trɔtskist] *adj* & *nmf* Trotskyist.

trotte *fam* [trɔt] *nf*: il y a une bonne ~ d'ici à la plage it's a fair distance OU it's quite a step from here to the beach; ils en ont fait une ~! they've covered quite a distance!

trotter [3] [trɔte] *vi* -**1.** [cheval] to trot. -**2.** [marcher vite - enfant] to trot OU to run along; [- souris] to scurry along; à cet âge-là, ils ont envie de ~ at that age, they want to run around. -**3.** *fam* [marcher beaucoup] to do a lot of walking, to cover quite a distance on foot. -**4.** *fig*: une idée qui me trotte dans la tête an idea which keeps running through my mind; cet air me trotte continuellement dans la tête! I can't get that tune out of my head!

◆ **se trotter** *fam vpi* to make off, to scarper *Br*, to skedaddle *Am*.

trotteur, euse [trɔtœr, øz] ◇ *adj* -**1.** ÉQUIT: cheval ~ trotter. -**2.** VÊT: talon ~ low heel.

◇ *nm, f* trotter.

◆ **trotteurs** *nmpl* [chaussures] flat shoes.

◆ **trotteuse** *nf* [d'une montre] second hand.

trottinement [trɔtinmɑ̃] *nm* [marche rapide] trotting, scurrying; [d'un enfant] toddling; [bruit de pas] patter.

trottiner [3] [trɔtine] *vi* -**1.** [souris] to scurry (along); [cheval] to jog-trot (along). -**2.** [personne] to trot along; la petite trottinait près de son père the child trotted along next to her father.

trottinette [trɔtinɛt] *nf* -**1.** [patinette] scooter. -**2.** *fam* [petite voiture] little car.

trottoir [trɔtwar] *nm* -**1.** [bord de chaussée] pavement *Br*, sidewalk *Am* ❑ faire le ~ to walk the streets *euph*. -**2.** TECH: ~ roulant travelator, travolator, moving walkway.

trou [tru] *nm* -**1.** [cavité - gén] hole; [- sur la route] pothole; faire un ~ dans les économies de qqn to make a hole in sb's savings ❑ ~ de mine blast hole; ~ de mémoire memory lapse, lapse of memory; j'ai eu un ~ (de mémoire) en scène I dried up on stage; ~ noir ASTRON black hole; *fig* depths of despair; après la mort de mon mari, ça a été le ~ noir after my husband died I was terribly depressed; ~ normand *glass of Calvados taken between courses (of a meal)*; faire le ~ normand *to take a break between courses with a glass of Calvados*; un ~ de souris a tiny place; un studio ça? plutôt un ~ de souris! a studio? it's more like a hole in the wall!; j'étais tellement gênée que j'aurais voulu disparaître dans un ~ de souris I was so embarrassed I wished the earth would swallow me up; faire son ~: parti de rien, il a fait son ~ he made his way in the world from very humble beginnings; elle a fait son ~ dans l'édition she has made a nice little niche for herself in publishing; sortir de son ~ to go out into the big wide world. -**2.** [ouverture - dans une clôture, dans les nuages] hole, gap; [- d'une aiguille] eye; [- dans du cuir] eyelet; le maçon a fait un ~ dans le mur the builder knocked a hole in the wall ❑ le ~ de la serrure the keyhole; regarder par le ~ de la serrure to watch through the keyhole. -**3.** [déchirure] hole, tear, rip; faire un ~ dans une membrane to puncture OU to perforate a membrane; faire un ~ à son collant to make a hole in OU to rip one's tights; il a fini par faire un ~ à son pull à l'endroit du coude he finally wore a hole in the elbow of his jumper; j'ai laissé tomber une allumette sur la nappe et ça a fait un ~ I dropped a match on the tablecloth and it burned a hole in it; drap plein de ~s tattered sheet, sheet full of holes. -**4.** [moment] gap; un ~ dans son emploi du temps [élève] a free period; [dans la reconstitution d'un crime] *a period of time during which one's movements cannot be accounted for*; la coiffeuse a un ~ à 11 h the hairdresser can fit you in at 11 o'clock. -**5.** *fam* [endroit reculé] (little) place, hole *péj*, one-horse-town *hum*; je ne resterai pas dans ce ~ I won't stay in this hole *péj*; pas même un café, quel ~! not even a café, what a dump!; il n'est jamais sorti de son ~ he's never been away from home. -**6.** *fam* [tombe] grave; quand je serai dans le ~ when I've kicked the bucket OU I'm six foot under. -**7.** ▽ [prison]: être au ~ to be inside. -**8.** ANAT hole, foramen *spéc*; ~ occipital occipital foramen; ~s vertébraux vertebral foramina; ~ de l'oreille earhole; ~s de nez nostrils; ça me sort par les ~s de nez *fam* I've had it up to here; ~ du cul▼ OU de balle▼ arsehole *Br*, asshole *Am*; espèce de ~ du cul!▼ you arsehole!; il n'a pas les yeux en face des ~s [il ne remarque rien] he's pretty unobservant; [il est à moitié endormi] he's still half asleep. -**9.** AÉRON: ~ d'air air pocket; des ~s d'air turbulence. -**10.** GOLF hole; le ~ est partagé the hole is halved; réussir ~ en un to get a hole in one; faire un ~ to get a hole.

troubadour [trubadur] *nm* troubadour.

troublant, e [trublɑ̃, ɑ̃t] *adj* -**1.** [événement] disturbing, unsettling, disquieting; [question, ressemblance] disconcerting. -**2.** [déshabillé, sourire] thrilling, arousing; une femme ~e a desirable woman.

trouble[1] [trubl] ◇ *adj* -**1.** [eau] cloudy, murky; [vin] cloudy; [image] blurred; [photo] blurred, out-of-focus; [regard, verre] misty, dull. -**2.** [confus] vague, unclear, imprecise; une vision ~ du problème a muddled view of the problem; un désir ~ a vague desire. -**3.** [équivoque] equivocal, ambiguous; elle aime les situations un peu ~s she likes slightly ambiguous situations || [peu honnête] dubious; une affaire ~ a murky business; personnage ~ suspicious character.

◇ *adv* through a blur; je vois ~ everything OU my vision is blurred.

trouble[2] [trubl] *nm* -**1.** [sentiment - de gêne] confusion, embarrassment; [- de perplexité] confusion; [- de peine] distress, turmoil; il ne put cacher son ~ en la voyant he couldn't hide his embarrassment when he saw her; la nouvelle sema le ~ dans les esprits the news sowed confusion in people's minds OU threw people's minds into confusion; c'est un ~ si doux que l'amour *litt* love is such sweet turmoil. -**2.** MÉD disorder; ~ caractériel emotional disorder; un ~ du comportement a behaviour problem; un ~ du langage a speech impediment; ~s circulatoires circulation problems, trouble with one's circulation; elle souffre de ~s digestifs she has trouble with her digestion; ~s de la personnalité personality disorder; ~s respiratoires respiratory disorders; ~s visuels OU de la vue eye trouble. -**3.** [désaccord] discord, trouble; jeter OU semer le ~ dans une famille to sow discord within a family; ne viens pas jeter OU semer le ~ ici! don't you come stirring up trouble (around here)! -**4.** JUR disturbance (of rights). -**5.** PÉTR: point de ~ cloud OU turbidity point.

◆ **troubles** *nmpl* [agitation sociale] unrest; les ~s s'étendent the rioting is spreading.

trouble-fête [trubləfɛt] *nmf inv* killjoy, spoilsport; jouer les ~ to be a killjoy OU spoilsport; je ne veux pas jouer les ~, mais... I don't want to be a spoilsport OU to put a damper on the proceedings but...

troubler [3] [truble] *vt* -**1.** [eau] to cloud. -**2.** [rendre moins net] to blur, to dim, to cloud; ~ la vue de qqn to blur OU to cloud sb's vision. -**3.** [sommeil] to disturb; [paix] to disturb, to disrupt; [silence] to break; [digestion] to upset. -**4.** [fête, réunion] to disrupt; [plan] to upset, to disrupt; un incident est venu ~ notre soirée an unfortunate incident cast a cloud over our evening; une époque troublée troubled times; ~ l'ordre public to cause a breach of the peace *Br*, to disturb the peace *Am*; discours propre à ~ l'ordre public inflammatory speech. -**5.** [déconcerter] to confuse, to disconcert; un détail nous trouble encore one detail is still baffling us; ses remarques m'avaient troublé her remarks had unsettled me; la question semble te ~ you seem put out OU disconcerted by the question. -**6.** [mettre en émoi - personne] to thrill, to arouse; [- imagination] to stir; sa présence le troublait profondément her presence aroused OU excited him profoundly.

◆ **se troubler** *vpi* -**1.** [eau] to become cloudy OU turbid *litt*; [vue] to become blurred, to grow dim. -**2.** [perdre contenance] to get confused; dès qu'on le regarde il se trouble as soon as somebody looks at him he goes to pieces; continuez sans vous ~ carry on and don't let yourself get ruffled.

troué, e[1] [true] *adj*: un vieux châle ~ a tatty *Br* OU raggedy *Am* old shawl; des chaussettes toutes ~es socks full of holes ❑ ~ comme une écumoire OU une passoire full of OU riddled with holes.

trouée[2] [true] *nf* -**1.** [ouverture] gap; une ~ de ciel bleu a patch of blue sky; une ~ dans les nuages a break in the clouds; la ~ du chemin the opening formed by the path. -**2.** GÉOG gap. -**3.** MIL breach; effectuer une ~ to break through.

trouer [3] [true] *vt* -**1.** [percer - carton, tissu] to make a hole in; [- tôle] to pierce; [- cloison] to make OU to bore a hole in; la chaussette est trouée the sock's got a hole in; la pointe a troué le caoutchouc the tip made a hole in the rubber; la balle lui a troué le corps the bullet pierced his body ❑ ~ la peau à qqn *fam* to pump sb full of lead; se faire ~ la peau *fam* to get filled full of lead. -**2.** *sout* [traverser] to pierce; le soleil trouait les nuages the sun was breaking through the clouds. -**3.** [cribler] to pit; des météorites ont troué le fond du canyon meteorites have pitted the bottom of the canyon; surface trouée de balles surface pitted with bullet holes.

◆ **se trouer** *vpi* [d'un seul trou] to get a hole; [de plusieurs trous] to get OU to go into *Br* holes.

troufion▽ [trufjɔ̃] *nm* soldier, private, squaddy *Br*.

trouillard, e▽ [trujar, ard] ◇ *adj* chicken-livered, chicken-hearted.
◇ *nm, f* chicken.

trouille▽ [truj] *nf* fear, fright; ça va lui flanquer OU ficher la ~ it'll scare the living daylights out of her ❑ j'avais une ~ bleue I was scared stiff OU to death.

trouillomètre▽ [trujɔmɛtr] *nm*: avoir le ~ à zéro to be scared stiff OU to death.

troupe [trup] *nf* -**1.** [de touristes, d'enfants] troop. -**2.** MIL [formation, régiment] troop; la ~, les ~s the troops OU men; on fit donner OU intervenir la ~ the army was OU troops were sent in ❑ ~s de choc shock troops. -**3.** THÉÂT company, troupe; monter une ~ to set up a company; final avec toute la ~ grand finale (with all the cast). -**4.** [de scouts] troop. -**5.** [d'éléphants] herd.

◆ **en troupe** *loc adv* as a group.

troupeau, x [trupo] *nm* -**1.** [de vaches] herd; [de moutons] flock; [d'oies] gaggle; [d'éléphants] herd; il garde le ~ [de vaches] he's tending the herd; [de moutons] he's tending the flock. -**2.** RELIG: le ~ des fidèles the flock RELIG. -**3.** *péj* [multitude passive] herd *péj*; quel ~ d'imbéciles! what a load of idiots!

troupier [trupje] ◇ *adj m*: comique ~ barrack-room comedian.
◇ *nm* soldier.

troussage [trusaʒ] *nm* -**1.** CULIN trussing. -**2.** MÉTALL strickling.

trousse [trus] *nf* -**1.** [étui] case; [d'écolier] pencil case; ~ de maquillage make-up bag; ~ de médecin medical bag; ~ à ongles manicure set; ~ à outils tool kit; ~ de secours first-aid kit; ~ de toilette toilet OU sponge bag. -**2.** [pour un acrobate] tights. -**3.** MIN: ~ coupante cutting OU drum curb; ~ de cuvelage curb, crib.

◆ **aux trousses de** *loc prép*: avoir qqn à ses ~s to be followed by sb; le fisc est à ses ~s he's got the taxman after him; il a la police aux ~s the police are after him.

trousseau, x [truso] *nm* -**1.** [assortiment]: ~ (de clés) bunch of keys. -**2.** [d'une mariée] trousseau *(including linen)*.

trousser [3] [truse] *vt* -**1.** CULIN to truss (up). -**2.** [rédiger avec brio]: en deux minutes, il troussait un poème he could dash off a poem in a couple of minutes; un petit refrain bien troussé a neatly turned refrain; un petit slogan bien troussé a snappy slogan. -**3.** ▽ [femme] to have. -**4.** *vieilli* [retrousser - vêtement] to hitch up *(sép)*.

◆ **se trousser** *vpi vieilli* to hitch up one's skirts.

trousseur *fam* [trusœr] *nm vieilli*: ~ de jupons womanizer, philanderer.

trou-trou [trutru] (*pl* trou-trous) *nm embroidery of ribbon-leading eyelets*; jupon/corsage à ~s broderie anglaise petticoat/blouse, frilly petticoat/blouse.

trouvable [truvabl] *adj* possible to find.

trouvaille [truvaj] *nf* [objet, lieu] find; [idée, méthode] brainwave; [expression] coinage; une émission pleine de ~s a programme full of good ideas.

trouvé, e [truve] *adj* -**1.** [découvert]: enfant ~ foundling. -**2.** bien ~ [original] well-chosen, apposite; voilà une réponse bien ~e! that's a (pretty) good answer! -**3.** tout ~ ready-made; voici un moyen tout ~ de gagner de l'argent here's a ready-made way of making money.

trouver [3] [truve] *vt* **A.** APRÈS UNE RECHERCHE -**1.** [objet perdu, personne, emploi] to find; [empreintes, trésor] to find, to discover; [pétrole] to strike, to find; je n'ai toujours pas de travail/secrétaire – patiente, tu finiras par ~ quelque chose/quelqu'un I still haven't got a job/secretary – be patient, something'll turn up/you'll find someone in the end; ah, je te trouve enfin! so I've found you at last!; où pourrais-je la ~ mardi? where could I find OU contact her on Tuesday?; je sais où on trouve des champignons I know where you can find mushrooms; ~ un village sur une carte to find OU to locate a village on a map; d'après ce que les archéologues ont trouvé from the archeologists' findings, from what the archeologists have found; là, vous allez ~ la route Paris-Lyon that's where you'll join up with the Paris-Lyon road; as-tu trouvé où il se cache? have you found where he's hiding OU his hiding-place?; ~ où [découvrir un lieu approprié pour]: j'ai trouvé où faire reproduire des cartes postales anciennes I've found a place where they do reproductions of old postcards; il faut que je trouve 5 000 francs avant demain I must get hold of OU find 5,000 francs before tomorrow; j'ai trouvé en elle la sœur/l'amie que je cherchais in her I found the sister/the friend I'd been looking for. -**2.** [détecter] to find, to discover; je ne trouve plus son pouls I can't feel his pulse any more; je ne trouve rien (d'anormal) à la radiographie I can't find OU I haven't detected anything wrong on the X-ray; ils lui ont trouvé quelque chose au sein they found a lump in her breast; des traces de sang ont été trouvées sur ses vêtements blood stains were found OU discovered on his clothes; ils ont trouvé beaucoup de coquilles dans le texte they found OU spotted a lot of misprints in the text. -**3.** [acheter] to find, to get; je n'ai pas trouvé de crème fraîche, alors j'ai mis du yaourt I couldn't find OU get any cream so I used yoghurt instead; du safran, on en trouve dans les épiceries fines you can get OU find saffron in good delicatessens. -**4.** [rendre visite à]: aller ~ qqn to go to sb, to go and see sb; il faut que tu ailles ~ un spécialiste you should go and see a specialist; venir ~ qqn to come to sb, to come and see sb; on vient souvent me ~ pour me demander conseil people often come to me for advice.

B. INVOLONTAIREMENT -**1.** [tomber sur - personne, lettre, trésor] to find; j'ai trouvé ce livre en faisant du rangement I found OU came across this book while I was tidying up; j'ai trouvé ce bouquet de roses en rentrant chez moi I found this bunch of roses waiting for me when I got home; en abattant la cloison, ils ont trouvé un coffret when they pulled down the partition they discovered OU found a casket; à notre grande surprise, nous avons trouvé le beau temps en arrivant when we got there we were surprised to find that the weather was good; si je m'attendais à te ~ là! fancy meeting you here!; si je trouve celui qui m'a cabossé ma portière! just let me lay my hands on whoever dented my car door!; ~ qqch par hasard to chance OU to stumble upon sthg; j'ai trouvé ma maison cambriolée I found my house burgled OU that my house had been burgled; on l'a trouvé mort dans la cuisine he was found dead in the kitchen ❑ ~ à qui parler [un confident] to find a friend; s'il continue comme ça, il va ~ à qui parler! if he goes on like that, I'll give him what for! -**2.** [surprendre] to find, to catch; que personne ne te trouve ici! don't let anyone find OU catch you here!; je l'ai trouvé fouillant OU qui fouillait dans mes tiroirs I found OU I caught him searching through my drawers.

C. PAR L'ESPRIT, LA VOLONTÉ -**1.** [inventer - prétexte, méthode etc] to find; où as-tu trouvé cette idée? where did you get that idea from?; tu trouveras bien un prétexte you'll find some excuse (or other); tu n'as rien trouvé de mieux à faire? couldn't you find anything better to do?; je ne savais pas ce que je faisais – c'est tout ce que tu as trouvé? I didn't know what I was doing – is that the best you can come up with?; ~ qqch à répondre to find an answer; je n'ai rien trouvé à répondre I was stuck for an answer. -**2.** [deviner - solution] to find; [- réponse, mot de passe] to find (out), to discover; [- code] to break, to crack; je n'ai pas pu ~ la raison de son refus I was unable to find out why he refused; j'ai trouvé! I've got it!, I know!; 39 moins 7, il fallait ~ 32 39 take away 7, the correct result was 32. -**3.** [parvenir à] to find; ~ la force/le courage de faire qqch to find the strength/courage to do sthg; il a trouvé son équilibre dans la peinture he found peace of mind in painting; ça y est, j'ai trouvé ce que je voulais te dire! I know what I wanted to tell you!; je n'arrivais pas à ~ mes mots I couldn't find the right words, I was lost for words; là, tu as trouvé le mot juste! you've said it!; tu as trouvé ça tout seul? *hum* did you come up with that all on your own?; ~ à: ~ à se loger to find accommodation OU somewhere to live; je trouverai à me faire remplacer I'll find someone to stand in for me; ~ à vendre sa voiture to find a buyer for one's car; on ne trouve jamais à se garer par ici you can never find anywhere to park around here; le chien a encore trouvé à s'échapper the dog's managed to run away again. -**4.** [se ménager] to find; ~ le temps de lire to find time to read; je n'ai pas le temps – trouve-le! I haven't got time – (then you must) make time!; ~ l'occasion de faire qqch to find the opportunity to do sthg. -**5.** [ressentir] to find; ~ du plaisir à (faire) qqch to take pleasure in (doing) sthg, to enjoy (doing) sthg; nous trouvions de la satisfaction à remplir notre devoir we used to find it satisfying to do our duty.

D. AVOIR COMME OPINION -**1.** [juger, estimer] to find, to think; ~ qqch remarquable to find sthg remarkable, to think that sthg is remarkable; tu ne trouves rien de bizarre à cette demande? don't you find that request somewhat strange?; je la trouve déprimée en ce moment I find her depressed at the moment; tu vas me ~ vieilli you'll think OU find I've aged; comment me trouves-tu dans cette robe? how do you like me in this dress?; ~ que to think OU to find that; je trouve que ça en vaut la peine I think OU I reckon it's worth it; je trouve qu'il change beaucoup en ce moment he seems to me to be going through a lot of changes at the moment; il est prétentieux – je ne trouve pas he's pretentious – I don't think so; la soupe manque de sel, tu ne trouves pas? the soup needs more salt, don't you think?; tu trouves? do you think so? -**2.** [reconnaître]: ~ qqch à qqn/qqch: je lui trouve du charme I think he's got charm; tu ne lui trouves pas une petite ressemblance avec ta sœur? don't you think OU wouldn't you say that she looks a bit like your sister?; mais enfin, qu'est-ce que tu lui trouves, à ce type? *fam* for goodness' sake, what do you see in this guy?; je lui trouve mauvais goût, à ce vin I don't think this wine tastes very nice; **je lui ai trouvé mauvaise mine hier** he didn't look very well to me yesterday.

◆ **se trouver** ◇ *v impers* -**1.** **il se trouve** [il existe, il y a] *(suivi d'un sg)* there is; *(suivi d'un pl)* there are; **il se trouvera toujours quelqu'un pour te renseigner** you'll always find somebody OU there'll always be someone you can ask; **il s'est trouvé peu de gens pour accepter** only a few people said yes OU accepted. -**2.** **il se trouve que...** [le hasard fait que] as it happens,...; **il se trouve que quelqu'un vous a vu dans mon bureau** as it happens, somebody saw you in my office; **il s'est trouvé que je les ai entendus** I chanced to overhear them, by chance I overheard them; **il s'est trouvé que c'était lui le fautif** it turned out that HE was to blame.

◇ *vp (emploi réfléchi)* [s'estimer]: **je me trouve trop mince** I think I'm too thin; **et tu te trouves drôle?** so you think you're (being) funny?; **il se trouve génial** he thinks he's great, he really fancies himself.

◇ *vp (emploi passif)* to be found, to exist; **cette fleur ne se trouve qu'en montagne** this flower is only (to be) found OU only grows in the mountains; **de bons artisans, cela se trouve difficilement** it's not easy to find OU to get good craftsmen; **des hommes galants, ça ne se trouve plus!** *fam* real gentlemen are a dying breed! *hum* ❑ **ça ne se trouve pas sous le pas d'un cheval** [argent] it's hard to come by.

◇ *vpi* -**1.** [en un lieu, une circonstance - personne] to be; [- bâtiment, ville] to be (situated OU located); **je me trouvais là par hasard** I just happened to be there; **qu'est-ce que tu dirais si tu te trouvais face à face avec lui?** what would you say if you suddenly found yourself face to face with him?; **ma main s'est trouvée coincée dans la porte** my hand got caught in the door; **trouve-toi devant la gare à 18 h** make sure you're outside the station at 6 p.m.; **où se trouve la gare?** where's the station?; **Senlis se trouve au nord de Paris** Senlis is to the north of Paris, Senlis is situated OU located north of Paris; **A se trouve à égale distance de B et de C** B and C are equidistant from A; **se ~ sur** [figurer] to appear OU to be shown on; **mon nom ne se trouve pas sur la liste** my name doesn't feature OU figure on the list, my name isn't listed ‖ [résider - intérêt, problème] to be, to lie; **c'est là que se trouve la difficulté/le dilemme** that's where the difficulty/dilemma lies. -**2.** [arriver] to find o.s.; **quand vous vous trouverez sur la place, tournez à droite** when you arrive at the square, turn right. -**3.** [dans une situation] to find o.s., to be; **je me trouve devant un choix** I'm faced with a choice; **se ~ dans l'impossibilité de faire qqch** to find o.s. OU to be unable to do sthg; **se ~ dans l'obligation de faire qqch** to have no option but to do sthg. -**4.** [se sentir] to feel; **je me suis trouvé bête d'avoir crié** I felt stupid for having screamed; **se ~ bien/mieux** [du point de vue de la santé] to feel good/better; [dans un siège] to feel comfortable/more comfortable; [avec quelqu'un] to feel at ease/more at ease; [dans un vêtement élégant] to feel (that one looks) good/better; **se ~ mal** [s'évanouir] to pass out, to faint; **se ~ bien/mal de qqch**: **elle a suivi mes conseils et s'en est bien/mal trouvée** she followed my advice, and benefited from it/and lived to regret it ❑ **se ~ mieux de qqch**: **qu'il parte, je ne m'en trouverai que mieux!** let him leave, see if I care! -**5.** [se réaliser] to find o.s.; **en tant qu'écrivain, elle ne s'est pas encore trouvée** as a writer, she hasn't found her individual voice OU style yet. -**6.** [exprime la fortuité d'un événement, d'une situation] to happen; **ils se trouvaient appartenir au même club** they happened to belong OU it turned out that they belonged to the same club; **je me trouve être libre ce jour-là** it so happens that I'm free that day ❑ **si ça se trouve** *fam* maybe; **on l'a abandonné, ce gamin, si ça se trouve!** maybe the kid's been abandoned (,who knows)!; **si ça se trouve, il y a une fuite** maybe there's a leak.

trouvère [truvɛr] *nm* trouvère; **'le Trouvère'** *Verdi* 'Il Trovatore'.

troyen, enne [trwajɛ̃, ɛn] *adj* Trojan.

◆ **Troyen, enne** *nm, f* Trojan.

tr/s *(abr écrite de* **tours/seconde***)* revs/s.

truand [tryɑ̃] *nm* crook, gangster; **les commerçants du coin, tous des ~s!** *fig* the local shopkeepers are all crooks!

truander *fam* [3] [tryɑ̃de] ◇ *vt* to con, to swindle.

◇ *vi* [aux examens] to cheat.

trublion [tryblijɔ̃] *nm* troublemaker.

truc *fam* [tryk] *nm* -**1.** [astuce] trick; **les ~s du métier** the tricks of the trade; **un ~ tout bête et qui marche à tous les coups** a simple little trick that works every time; **tu ne le prendras pas en défaut, il connaît tous les ~s** you won't catch him out, he knows all the tricks; **il doit y avoir un ~, c'est trop beau** there's bound to be a catch, it's too good to be true; **j'ai un ~ pour rentrer sans payer** I know a way of getting in without paying. -**2.** CIN & THÉÂT (special) effect, trick. -**3.** [chose précise] thing; **je pense à un ~** I've just thought of something; **j'ai plein de ~s à faire** I've got lots to do; **tu devrais t'acheter un ~ pour nettoyer ton four** you ought to buy something to clean your oven with ‖ *péj* thing, business, stuff; **mange pas de ce ~-là!** don't eat any of that (stuff)!; **sa maladie, c'est un sale ~** her illness is a nasty business ❑ **ce n'est pas/c'est mon ~** it's not/it's my cup of tea; **le rock, c'est pas mon ~** rock is not my (kind of) thing; **l'écologie, c'est vraiment son ~** he's really into environmental issues. -**4.** [objet dont on a oublié le nom] thing, thingie *Br*, whachamacallit; **tu sais, ce ~ dont on se sert pour couper la pâte** you know, the thing you use to cut the pastry with. -**5.** [personne dont on a oublié le nom]: **Truc** What's his/her name, Thingie *Br*.

trucage [trykaʒ] = **truquage**.

truchement [tryʃmɑ̃] *nm*: **par le ~ de son ami** through OU via his friend.

trucider *fam* [3] [tryside] *vt* to kill.

trucmuche *fam* [trykmyʃ] *nm* -**1.** [chose] thingy *Br*, thingumajig, thingamabob. -**2.** **Trucmuche** [personne] What's his/her name, Thingie *Br*.

truculence [trykylɑ̃s] *nf* vividness, colourfulness.

truculent, e [trykylɑ̃, ɑ̃t] *adj* [personne] colourful, larger than life; [prose] vivid, colourful; [plaisanterie] racy.

truelle [tryɛl] *nf* -**1.** [du maçon] trowel. -**2.** [pour servir]: **~ à poisson** fish slice.

truffe [tryf] *nf* -**1.** [champignon] truffle. -**2.** [friandise] (chocolate) truffle. -**3.** [de chien, de chat] nose. -**4.** *fam* [nez] snout. -**5.** *fam* [personne] clot, dumbbell *Am*.

truffer [3] [tryfe] *vt* -**1.** CULIN to garnish with truffles; **pâté truffé** truffled pâté, pâté with truffles. -**2.** [emplir] to fill; **ils l'ont truffé de balles** they pumped him full of bullets; **truffé de mines** riddled with mines; **truffé d'anecdotes** peppered with anecdotes.

trufficulture [tryfikyltyr] *nf* truffle cropping.

truffier, ère [tryfje, ɛr] *adj*: **chien ~** truffle dog; **chêne ~** *oak on whose roots truffles grow*.

◆ **truffière** *nf* truffle-bed, trufflery.

truie [trɥi] *nf* -**1.** ZOOL sow. -**2.** ARM ballista. -**3.** ZOOL: **~ de mer** hog-fish.

truisme [tryism] *nm* truism; **c'est un ~!** it's obvious!, it goes without saying!

truite [trɥit] *nf* trout; **~ arc-en-ciel/saumonée** rainbow/salmon trout; **'la Truite'** *Schubert* 'The Trout'.

trumeau, x [trymo] *nm* -**1.** [entre des fenêtres] (window) pier. -**2.** [panneau de lambris, de peinture, de glace] pier glass; [d'une cheminée] overmantel. -**3.** ARCHIT pier.

truquage [trykaʒ] *nm* -**1.** CIN [action] (use of) special effects; [résultat] special effect. -**2.** [d'élections, de résultats] rigging.

truquer [3] [tryke] *vt* -**1.** [élection, statistiques] to rig; [entretien] to set up *(sép)*; [tableau] to fake. -**2.** CIN: **~ une scène** to use special effects in a scene.

truqueur, euse [trykœr, øz] *nm, f* [escroc] cheat.

truquiste [trykist] *nmf* CIN special effects man (*f* woman).

trust [trœst] *nm* -**1.** ÉCON trust. -**2.** [entreprise] corporation.

trypanosome [tripanozom] *nm* trypanosome; **les ~s** the Trypanosoma.

trypanosomiase [tripanɔzɔmjaz] *nf* trypanosomiasis.

ts *abr écrite de* **tous**.

tsar [tsar, dzar] *nm* tsar, czar.

tsarévitch [tsarevitʃ, dzarevitʃ] *nm* tsarevitch, czarevitch.

tsarine [tsarin, dzarin] *nf* tsarina, czarina.

tsarisme [tsarism, dzarism] *nm* tsarism, czarism.

tsariste [tsarist, dzarist] *adj* & *nmf* tsarist, czarist.

tsé-tsé [tsetse] *nf inv* tsetse (fly).

TSF *(abr de* **télégraphie sans fil***)* *nf vieilli* [appareil] wireless; [procédé] wireless telegraphy.

T-shirt [tiʃœrt] = **tee-shirt**.

tsigane [tsigan] *adj* Gypsyish.

◆ **Tsigane** *nmf* (Hungarian) Gypsy.

TSVP *(abr de* **tournez s'il vous plaît***)* *loc v* PTO.

tt *abr écrite de* **tout**.

TT, TTA *(abr. de* **transit temporaire (autorisé)***)* *registration for vehicles bought in France for tax-free export by non-residents*.

TTC *(abr de* **toutes taxes comprises***)* *loc adj* inclusive of all tax, including tax.

ttes *abr écrite de* **toutes**.

TTX *(abr écrite de* **traitement de texte***)* WP.

tu [ty] *pron pers (2ᵉ pers sg)* -**1.** [sujet d'un verbe] you; **tu as raison** you're right ‖ *(élidé en 't' devant voyelle ou h muet)*: **t'en veux?** *fam* do you want some?; **t'es bête!** *fam* you're stupid! -**2.** RELIG thou; [en s'adressant à Dieu]: **Tu** Thou; **tu ne tueras point** thou shall not kill. -**3.** [emploi nominal]: **dire tu à qqn** to use the familiar form OU the "tu" form with OU to sb; **allez, on va se dire tu** ≃ come on, let's not stand on ceremony; **vous vous dites tu?** ≃ are you on first-name terms with each other? ❑ **être à tu et à toi avec qqn** to be on first-name terms with sb.

TU *(abr de* **temps universel***)* *nm* UT, GMT.

tuant, e *fam* [tɥɑ̃, ɑ̃t] *adj* -**1.** [épuisant] exhausting. -**2.** [ennuyeux] deadly dull OU boring.

tub [tœb] *nm* -**1.** [objet] tub, bathtub. -**2.** [bain] bath.

tuba [tyba] *nm* -**1.** MUS tuba. -**2.** SPORT snorkel.

tubage [tybaʒ] *nm* -**1.** MÉD intubation, cannulation; **~ gastrique** gastric intubation. -**2.** PÉTR casing.

tubaire [tybɛr] *adj* tubal ANAT.

tubard, e▽ [tybar, ard] ◇ *adj* suffering from TB.

◇ *nm, f* TB case.

tube [tyb] *nm* -**1.** [conduit] tube, pipe; **~ lance-torpilles** torpedo tube. -**2.** ÉLECTR: **~ amplificateur** amplifier valve; **~ cathodique** cathoderay tube; **~ au néon** neon tube; **~ à vide** vacuum tube. -**3.** [contenant] tube; **~ de peinture** tube of paint ❑ **~ à essai** test tube; **~ gradué** graduated tube. -**4.** ANAT & BOT tube; **~ capillaire** capillary (tube); **~ digestif** digestive tract. -**5.** *fam* [chanson] (smash) hit, chart-topper; **le ~ de l'été** this summer's chart-topper.

tubeless [tyblɛs] *adj inv* tubeless.

tuber [3] [tybe] *vt* -**1.** PÉTR to line, to case. -**2.** TRAV PUBL to tube.

tubercule [tybɛrkyl] *nm* -**1.** BOT tuber. -**2.** ANAT & MÉD tubercle.

tuberculeux, euse [tybɛrkylø, øz] ◇ *adj* -**1.** [malade] tuberculous; [symptôme] tuberculous, tubercular. -**2.** BOT tuberous.

◇ *nm, f* tuberculosis sufferer, tubercular.

tuberculination [tybɛrkylinasjɔ̃] = **tuberculinisation**.
tuberculine [tybɛrkylin] *nf* tuberculin.
tuberculinique [tybɛrkylinik] *adj* tuberculin *(modif)*.
tuberculinisation [tybɛrkylinizasjɔ̃] *nf* tuberculin-testing.
tuberculisation [tybɛrkylizasjɔ̃] *nf* tuberculization, tuberculation.
tuberculose [tybɛrkyloz] *nf* tuberculosis, TB.
tubéreux, euse [tyberø, øz] *adj* tuberous.
◆ **tubéreuse** *nf* tuberose.
tubérisation [tyberizasjɔ̃] *nf* tuberisation.
tubérisé, e [tyberize] *adj* tuberous.
tubulaire [tybylɛr] *adj* -**1.** ANAT & CONSTR tubular. -**2.** [chaudière] tubulous. -**3.** TRAV PUBL: pont ~ tubular bridge.
tubule [tybyl] *nm* tubule.
tubulé, e [tybyle] *adj* BOT tubulate.
tubuleux, euse [tybylø, øz] *adj* BOT tubulous.
tubulure [tybylyr] *nf* -**1.** [ouverture d'un flacon] tubulure. -**2.** [tuyauterie] piping; [tube] pipe. -**3.** AUT: ~ **d'admission** inlet OU induction manifold; ~ **d'échappement** exhaust manifold.
TUC, Tuc [tyk] (*abr de* **travaux d'utilité collective**) *nmpl community work scheme for unemployed young people*.
tuciste [tysist] *nmf person involved in a "TUC" scheme*.
tudieu *fam* [tydjø] *interj arch* zounds.
tué, e [tɥe] *nm, f* -**1.** [dans un accident]: **11** ~**s et 25 blessés** 11 dead OU 11 people killed and 25 injured. -**2.** MIL: ~ **à l'ennemi** killed in action.
tue-mouches [tymuʃ] *adj inv* -**1.** [insecticide]: **papier** ~ flypaper. -**2.** BOT: **ammanite** ~ fly agaric.
tuer [7] [tɥe] *vt* -**1.** [personne] to kill; ~ **qqn à coups de couteau** to stab sb OU to knife sb to death; ~ **qqn à coups de pierres** to stone sb to death; **ce week-end, la route a encore tué des centaines d'automobilistes** this weekend, road accidents have again claimed hundreds of victims; **je t'assure, il est à** ~**!** [exaspérant] honestly, I could (cheerfully) strangle him!; **ta fille me tuera!** [dit par énervement] your daughter will be the death of me!; **ce voyage m'a tué** this trip's worn me out OU killed me; **qu'il ne comprenne pas, ça me tue** *fam* it amazes me he doesn't understand || (*en usage abs*): **le tabac tue** tobacco kills OU is a killer. -**2.** [plante] to kill (off); [animal de boucherie] to kill, to slaughter; [gibier] to shoot; ~ **le veau gras** to kill the fatted calf; ~ **la poule aux œufs d'or** to kill the goose that lays the golden eggs; ~ **qqch dans l'œuf** to nip sthg in the bud. -**3.** [anéantir - tourisme, espoir] to ruin, to spoil, to kill; ~ **l'enthousiasme** to kill OU to deaden enthusiasm. -**4.** *loc*: ~ **le temps** to kill time.
◆ **se tuer** ◇ *vp (emploi réfléchi)* [volontairement] to kill o.s.
◇ *vpi* [par accident] to die, to be killed.
◆ **se tuer à** *vp + prép* -**1.** [s'épuiser à]: **elle se tue à la tâche** OU **à la peine** *litt* OU **au travail** she's working herself to death. -**2.** [s'évertuer à]: **comme je me tue à te le répéter** as I keep telling you again and again.
tuerie [tyri] *nf* slaughter, massacre, bloodbath.
tue-tête [tytɛt]
◆ **à tue-tête** *loc adv* at the top of one's voice; **elle criait à** ~ she was shouting at the top of her voice; **chantant l'hymne national à** ~ bellowing out the national anthem.
tueur, euse [tɥœr, øz] *nm, f* -**1.** [meurtrier] killer; ~ **professionnel** OU **à gages** hired assassin. -**2.** CHASSE pothunter. -**3.** [aux abattoirs] slaughterer.
tuf [tyf] *nm*: ~ **calcaire** tufa; ~ **volcanique** tuff.
tuile [tɥil] *nf* -**1.** CONSTR (roofing) tile; **un toit de** ~**s** a tiled roof ❑ ~ **creuse** OU **canal** OU **romaine** curved tile; ~ **faîtière** ridge tile; ~ **mécanique** interlocking tile; ~ **plate** plain tile. -**2.** CULIN biscuit *Br*, cookie *Am (in the shape of a curved tile)*. -**3.** *fam* [événement désagréable] stroke of bad luck, blow; **il nous arrive une (grosse)** ~ we're in big trouble; **on n'a plus de gaz, la** ~**!** we're out of gas, what a pain! -**4.** JEUX [au mah-jong] tile.
tuilerie [tɥilri] *nf* -**1.** [industrie] tile industry. -**2.** [fabrique] tilery.
tuilier, ère [tɥilje, ɛr] *adj* tile *(modif)*.
tulipe [tylip] *nf* -**1.** BOT tulip. -**2.** [abat-jour] tulip-shaped lampshade.
tulipier [tylipje] *nm* tulip tree.
tulle [tyl] *nm* -**1.** TEXT tulle. -**2.** PHARM: ~ **gras** tulle gras.
tuméfaction [tymefaksjɔ̃] *nf* -**1.** [fait d'enfler] swelling, tumefaction *spéc*. -**2.** [partie enflée] swelling, swollen area OU part.
tuméfié, e [tymefje] *adj* swollen, tumid *spéc*.
tuméfier [9] [tymefje] *vt* to cause to swell, to tumefy *spéc*.
◆ **se tuméfier** *vpi* to swell up, to tumefy *spéc*.
tumescence [tymesɑ̃s] *nf* tumescence.
tumescent, e [tymesɑ̃, ɑ̃t] *adj* tumescent.
tumeur [tymœr] *nf* -**1.** MÉD tumour *Br*, tumor *Am*; ~ **bénigne/maligne/blanche** benign/malignant/white tumour; ~ **au cerveau** brain tumour. -**2.** BOT tumour.
tumoral, e, aux [tymɔral, o] *adj* tumorous, tumoral.
tumulte [tymylt] *nm* [activité - soudaine] commotion, tumult; [- incessante] hurly-burly, turmoil; **le** ~ **des flots** *litt* the tumult of the waves.
tumultueusement [tymyltɥøzmɑ̃] *adv* stormily, tumultuously.
tumultueux, euse [tymyltɥø, øz] *adj* [discussion] stormy, turbulent, tumultuous; [foule] boisterous, turbulent; [vie] stormy, turbulent; [passion] tumultuous, turbulent; [flots] turbulent.
tumulus [tymylys] *nm* tumulus.
tuner [tynɛr] *nm* tuner RAD.
tungstène [tœ̃kstɛn] *nm* tungsten.
tunique [tynik] *nf* -**1.** VÊT tunic. -**2.** ANAT tunic, tunica. -**3.** BOT tunic.
Tunis [tynis] *npr* Tunis.
Tunisie [tynizi] *npr f*: **(la)** ~ Tunisia.
tunisien, enne [tynizjɛ̃, ɛn] *adj* Tunisian.
◆ **Tunisien, enne** *nm, f* Tunisian.
◆ **tunisien** *nm* LING Tunisian.
tunisois, e [tynizwa, az] *adj* from Tunis.
◆ **Tunisois, e** *nm, f inhabitant of or person from Tunis*.
tunnel [tynɛl] *nm* tunnel; **percer un** ~ **(sous)** to tunnel (under) ❑ ~ **aérodynamique** wind tunnel; **le** ~ **sous la Manche** the Channel Tunnel.
tunnelier [tynəlje] *nm* tunneller.
TUP [typ] *nm abr de* **titre universel de paiement**.
tupi [typi] *nm* Tupi.
tupi-guarani [typigwarani] *nm inv* Tupi-Guarani.
tuque [tyk] *nf Can* bobble hat, tuque.
turban [tyrbɑ̃] *nm* -**1.** [couvre-chef] turban. -**2.** CULIN ring-shaped mould.
turbin▽ [turbɛ̃] *nm* work; **après le** ~ after work, after a day's grind.
turbine [tyrbin] *nf* turbine; ~ **hydraulique/à gaz/à vapeur** water/gas/steam turbine; ~ **à impulsion/réaction** impulse/reaction turbine.
turbiner▽ [3] [tyrbine] *vi* to grind OU to slog away, to graft *Br*.
turbo [tyrbo] ◇ *adj inv* turbine-driven, turbo *(modif)*.
◇ *nm* AUT turbo.
◇ *nf* turbo.
turboalternateur [tyrbɔaltɛrnatœr] *nm* turboalternator.
turbocompressé, e [tyrbɔkɔ̃prese] *adj* turbocharged.
turbocompresseur [tyrbɔkɔ̃presœr] *nm* turbocharger; ~ **de suralimentation** turbosupercharger.
turboforage [tyrbɔfɔraʒ] *nm* turbodrilling.
turbomachine [turbɔmaʃin] *nf* turbine.
turbomoteur [tyrbɔmɔtœr] *nm* turboshaft engine.
turbopompe [turbɔpɔ̃p] *nf* turbopump, turbine pump.
turbopropulseur [tyrbɔpropylsœr] *nm* turboprop.
turboréacteur [tyrbɔreaktœr] *nm* turbojet (engine); ~ **à double flux** by-pass turbojet.
turbosoufflante [tyrbɔsuflɑ̃t] *nf* turbobloweR.
turbot [tyrbo] *nm* turbot.
turbotière [tyrbɔtjɛr] *nf* fish kettle *(especially for cooking turbot)*.
turbotin [tyrbɔtɛ̃] *nm* small turbot.
turbotrain [tyrbɔtrɛ̃] *nm* turbotrain.
turbulence [tyrbylɑ̃s] *nf* -**1.** [d'un enfant] boisterousness, unruliness. -**2.** *litt* [d'une foule, d'une fête] rowdiness; [de l'océan] turbulence *litt*. -**3.** MÉTÉO turbulence, turbulency.
turbulent, e [tyrbylɑ̃, ɑ̃t] *adj* -**1.** [enfant] boisterous, unruly. -**2.** *litt* [foule, fête] rowdy; [époque] stormy; [eaux] turbulent. -**3.** PHYS turbulent.
turc, turque [tyrk] *adj* Turkish.
◆ **Turc, Turque** *nm, f* Turk; **le Grand Turc** the Grand Turk; **les Jeunes-Turcs** HIST the Young Turks; **fort comme un Turc** as strong as a horse.
◆ **turc** *nm* LING Turkish; POL: **jeunes** ~**s** young radicals.
◆ **à la turque** ◇ *loc adj* -**1.** [cabinets] seatless, hole-in-the-ground. -**2.** BX-ARTS Turkish.
◇ *loc adv* [s'asseoir] cross-legged.
turf [tœrf] *nm* -**1.** [activité] horse racing. -**2.** [terrain] turf, racecourse. -**3.** ▽ [boulot] daily bread; [lieu de travail] work.
turfiste [tœrfist] *nmf* racegoer.
turgescence [tyrʒesɑ̃s] *nf* turgescence.
turgescent, e [tyrʒesɑ̃, ɑ̃t] *adj* turgescent.
Turin [tyrɛ̃] *npr* Turin.
turinois, e [tyrinwa, az] *adj* from Turin.
◆ **Turinois, e** *nm, f inhabitant of or person from Turin*; **les Turinois** the people of Turin.
Turkestan [tyrkɛstɑ̃] *npr m*: **(le)** ~ Turkestan, Turkistan.
turkmène [tyrkmɛn] *adj* Turkoman.
◆ **Turkmène** *nmf* Turkoman.
◆ **turkmène** *nm* LING Turkmen.
Turkménistan [tyrkmenistɑ̃] *npr m*: **(le)** ~ Turkmenistan.
Turks et Caicos [tyrksekaikos] *npr fpl*: **les** ~ the Turks and Caicos.
turlupiner *fam* [3] [tyrlypine] *vt* to worry, to bug, to bother; **c'est ce qui me turlupine** that's what's bugging me OU what's on my mind.
turlutte [tyrlyt] *nf* jig FISHING.
turlututu [tyrlytyty] *interj* fiddlesticks.
turne▽ [tyrn] *nf* [chambre d'étudiant] room; [logement d'étudiant] digs; [taudis] dive.
turpitude [tyrpityd] *nf litt* -**1.** [caractère vil] turpitude *litt*, depravity. -**2.** [acte] base OU vile OU depraved act.
turque [tyrk] *f* → **turc**.
turquerie [tyrkəri] *nf* Turkish-style work.
Turquie [tyrki] *npr f*: **(la)** ~ Turkey.
turquoise [tyrkwaz] ◇ *nf* turquoise.
◇ *adj inv* turquoise (blue).
tussilage [tysilaʒ] *nm* coltsfoot, tussilago *spéc*.
tutélaire [tytelɛr] *adj* -**1.** *litt* [divinité, rôle] guardian, tutelary *litt*. -**2.** JUR tutelary.
tutelle [tytɛl] *nf* -**1.** JUR guardianship, tutelage; **il est sous** ~ he has been given a guardian ❑ ~ **légale**, ~ **d'État** wardship (order). -**2.** ADMIN: ~ **administrative** administrative supervision. -**3.** POL trusteeship; **territoire sous** ~ trust territory. -**4.** [protection] care, protection; [contrainte] control.
◆ **en tutelle** ◇ *loc adj* under tutelage.
◇ *loc adv* -**1.** JUR: **placer** OU **mettre qqn en** ~

to put sb into the care of a guardian. -**2.** [dépendance]: **tenir qqn/un pays en ~** to hold sway over sb/a country.

tuteur, trice [tytœr, tris] *nm, f* -**1.** JUR guardian; ~ ad hoc *specially appointed guardian (ad litem)*. -**2.** *litt* [appui, protection] guardian, guarantee; **la loi est la tutrice de nos libertés** the law is the guardian OU guarantee of our liberty.

◆ **tuteur** *nm* prop, support, stake HORT.

tuteurage [tytœraʒ] *nm* staking HORT.

tuteurer [5] [tytœre] *vt* to stake (up) HORT.

tutoiement [tytwamɑ̃] *nm use of the familiar "tu"*.

TU AND VOUS:
As a general rule, non-native French speakers should wait until they are addressed using the "tu" form before using it themselves, except when speaking to very young children. Members of the upper class sometimes address members of their own family (especially their spouse) using the "vous" form.

tutorat [tytɔra] *nm* guardianship, tutelage.

tutoyer [13] [tytwaje] *vt to use the familiar "tu" form with*; **elle tutoie son professeur** ≃ she's on first-name terms with her teacher.

tutti frutti [tutifruti] *loc adj inv* tutti-frutti *(modif)*.

tutti quanti [tutikwɑ̃ti] *loc adv*: **et ~** and the rest; **la grand-mère, le cousin et ~** the grandmother, the cousin and the whole brood.

tutu [tyty] *nm* tutu.

tuyau, x [tɥijo] *nm* -**1.** [conduit] pipe; **~ d'arrosage** (garden) hose, hosepipe; **~ de descente** downpipe; **~ d'échappement** exhaust (pipe); **~ de pipe** stem of a pipe; **il le lui a dit** OU **glissé dans le ~ de l'oreille** *fam* he whispered it in her ear. -**2.** BOT [d'une tige] stalk. -**3.** [d'une plume] quill. -**4.** *fam* [information] tip; **c'est lui qui m'a filé les ~x** I got the info OU gen *Br* from him. -**5.** COUT flute.

tuyautage [tɥijotaʒ] *nm* -**1.** *fam* [fait de renseigner] tipping off. -**2.** COUT fluting. -**3.** TECH plumbing.

tuyauté [tɥijote] *nm* fluting, flutes.

tuyauter [3] [tɥijote] *vt* -**1.** *fam* [informer] to tip off *(sép)*. -**2.** [plisser] to flute.

tuyauterie [tɥijotri] *nf* -**1.** [canalisations] pipes, piping. -**2.** [d'un orgue] pipes. -**3.** ▽ [vessie] waterworks *euph*.

tuyère [tyjɛr] *nf* -**1.** [d'une turbine] nozzle. -**2.** [d'un haut-fourneau] tuyere, tuyère.

TV *(abr de* **télévision**) *nf* TV.

TVA *(abr de* **taxe à la valeur ajoutée**) *nf* ≃ VAT.

TVHD *(abr de* **télévision haute définition**) *nf* HDTV.

tweed [twid] *nm* tweed.

tweeter [twitœr] *nm* tweeter.

twin-set [twinsɛt] *(pl* **twin-sets**) *nm* twinset.

twist [twist] *nm* twist (dance).

twister [3] [twiste] *vi* to (dance the) twist.

tympan [tɛ̃pɑ̃] *nm* -**1.** ANAT eardrum, tympanum *spéc*; **un bruit à crever** OU **à déchirer les ~s** an earsplitting noise; **arrête, tu nous déchires les ~s!** stop that earsplitting noise! -**2.** ARCHIT tympanum.

tympanal, aux [tɛ̃panal, o] *nm* tympanic bone.

tympanique [tɛ̃panik] *adj* tympanic.

tympanisme [tɛ̃panism] *nm* tympanitis.

tympanon [tɛ̃panɔ̃] *nm* dulcimer.

tympanoplastie [tɛ̃panɔplasti] *nf* tympanoplasty.

type [tip] *nm* -**1.** *fam* [homme] man, guy, bloke *Br*; **c'est un drôle de ~!** [bizarre] he's a pretty weird bloke!; [louche] he's a shady character!; **quel sale ~!** what a nasty piece of work! *Br*, what an SOB! *Am*; **c'est un chic ~** he's a decent sort. -**2.** [genre] kind, type; **c'est le ~ d'homme à partir sans payer** he's the type OU sort of man who would leave without paying; **elle a le ~ indien** she looks Indian; **c'est pas mon ~** she's not my type; **c'est le ~ même du romantique** he's the typical romantic; **c'est le ~ même de la mère abusive** she's the classic example of the possessive mother; **un écrou du ~ X** a type X nut; **plusieurs ~s de canapés** different types OU models of sofas; **ce ~ de repas** that sort OU kind of meal; **quatre ~s de tournures** four types of set phrases. -**3.** *(comme adj; avec ou sans trait d'union)* typical; **intellectuel ~** typical intellectual; **contrat ~** model contract; **erreur ~** typical OU classic mistake. -**4.** BOT type. -**5.** IMPR [ensemble de caractères] type; [empreinte] type face.

typé, e [tipe] *adj*: **elle est indienne mais pas très ~e** she's Indian but doesn't have typical Indian features; **une femme brune très ~e** a dark-haired woman with very distinctive looks.

typer [3] [tipe] *vt* to bring out the features of.

typesse *fam* [tipɛs] *nf péj* female.

typhique [tifik] ◇ *adj* typhous, typhoid *(modif)*. ◇ *nmf* typhoid sufferer.

typhoïde [tifɔid] *adj* & *nf* typhoid.

typhoïdique [tifɔidik] *adj* typhic.

typhon [tifɔ̃] *nm* typhoon.

typhose [tifoz] *nf*: **~ aviaire** fowl pest.

typhus [tifys] *nm* -**1.** MÉD typhus (fever). -**2.** VÉTÉR typhoid.

typique [tipik] *adj* -**1.** [caractéristique] typical, characteristic; **un cas ~ de delirium tremens** a typical OU classic case of delirium tremens; **c'est ~ d'elle d'être en retard** it's typical of OU just like her to be late. -**2.** [musique, ambiance] Latin-American.

typiquement [tipikmɑ̃] *adv* typically.

typo[1] *fam* [tipo] *nf* typography.

typo[2], **ote** *fam* [tipo, ɔt] *nm, f* typographer.

typographe [tipɔgraf] *nmf* [compositeur - sur machine] typographer; [- à la main] hand compositor.

typographie [tipɔgrafi] *nf* -**1.** [technique] letterpress (printing). -**2.** [présentation] typography; **la ~ est confuse** the page is badly set out.

typographique [tipɔgrafik] *adj* [procédé] letterpress *(modif)*; [caractère] typographic; **erreur ~** misprint.

typographiquement [tipɔgrafikmɑ̃] *adv* -**1.** [imprimer] by letter-press. -**2.** [présenter, représenter] typographically.

typologie [tipɔlɔʒi] *nf* typology.

typologique [tipɔlɔʒik] *adj* typological.

typomètre [tipɔmɛtr] *nm* type gauge.

Tyr [tir] *npr* Tyre.

tyran [tirɑ̃] *nm* -**1.** [despote] tyrant; **faire le ~** to tyrannise OU to bully people. -**2.** ORNITH tyrant flycatcher.

tyranneau, x [tirano] *nm* petty tyrant, bully.

tyrannicide [tiranisid] *nmf* tyrannicide.

tyrannie [tirani] *nf* tyranny; **la ~ de la mode/de l'amour** the tyranny of fashion/of love; **exercer sa ~ sur** to exercise one's tyranny over, to tyrannize.

tyrannique [tiranik] *adj* tyrannical.

tyranniquement [tiranikmɑ̃] *adv* tyrannically.

tyranniser [3] [tiranize] *vt* to tyrannize, to bully.

Tyrol [tirɔl] *npr m*: **le ~** the Tyrol OU Tirol; **au ~** in the Tyrol OU Tirol.

tyrolien, enne [tirɔljɛ̃, ɛn] *adj* Tyrolean, Tyrolese.

◆ **Tyrolien, enne** *nm, f* Tyrolean, Tyrolese.

◆ **tyrolienne** *nf* -**1.** [air] Tyrolienne, yodel; **chanter une ~** to yodel. -**2.** [danse] Tyrolienne.

tyrosinase [tirɔzinaz] *nf* tyrosinase.

Tyrrhénienne [tirenjɛn] *npr* → **mer**.

tzar [tsar, dzar] = **tsar**.

tzarévitch [tsarevitʃ, dzarevitʃ] = **tsarévitch**.

tzarine [tsarin, dzarin] = **tsarine**.

tzigane [dzigan] = **tsigane**.

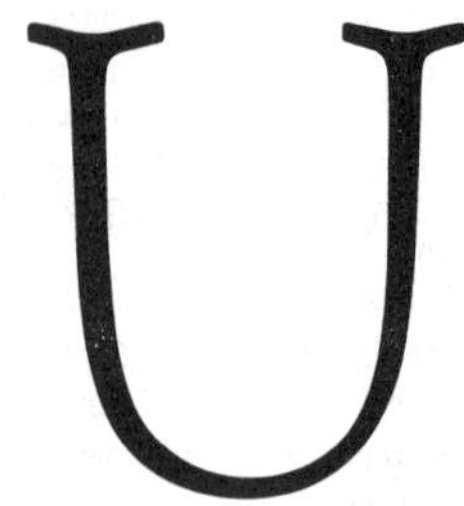

u, **U** [y] *nm* u, U.
◆ **en U** *loc adj* U-shaped; virage en U U turn.
u (*abr écrite de* **unité**) [dix mille francs]: 300 u three million francs.
ubac [ybak] *nm northern side of a valley.*
ubiquité [ybikɥite] *nf* ubiquity, ubiquitousness; **avoir le don d'~** *hum* to be ubiquitous OU everywhere at once; **je n'ai pas le don d'~** I can't be everywhere at once.
ubuesque [ybyɛsk] *adj* -**1.** LITTÉRAT Ubuesque. -**2.** [grotesque] grotesque, farcical.
UDF (*abr de* **Union pour la démocratie française**) *npr f right-wing French political party.*
UDR (*abr de* **Union pour la défense de la République**) *npr f right-wing French political party.*
UEFA (*abr de* Union of European Football Associations) *npr f* UEFA; **la coupe de l'~** the UEFA cup.
UEO (*abr de* **Union de l'Europe occidentale**) *npr f* WEU.
UER ◇ *nf* (*abr de* **unité d'enseignement et de recherche**) *former name for a university department.*
◇ *npr f* (*abr de* **Union européenne de radiodiffusion**) EBU.
UFC (*abr de* **Union fédérale des consommateurs**) *npr f French consumers' association.*
UFR (*abr de* **unité de formation et de recherche**) *nf university department.*
UHF (*abr de* **ultra-haute fréquence**) *nf* UHF.
UHT (*abr de* **ultra-haute température**) *adj* UHT; **lait stérilisé ~** UHT sterilized milk.
UIT (*abr de* **Union internationale des télécommunications**) *npr f* ITU.
UJP (*abr de* **Union des jeunes pour le progrès**) *npr f French political party.*
ukase [ykaz] *nm* HIST & *fig* ukase.
Ukraine [ykrɛn] *npr f*: (l') ~ the Ukraine.
ukrainien, enne [ykrɛnjɛ̃, ɛn] *adj* Ukrainian.
◆ **Ukrainien, enne** *nm, f* Ukrainian.
◆ **ukrainien** *nm* LING Ukrainian.
ukulélé [jukulele] *nm* ukulele.
ulcératif, ive [ylseratif, iv] *adj* ulcerative.
ulcération [ylserasjɔ̃] *nf* ulceration.
ulcère [ylsɛr] *nm* ulcer; **~ à l'estomac** stomach ulcer.
ulcérer [18] [ylsere] *vt* -**1.** [indigner] to appal, to sicken; **ulcéré par tant d'ingratitude** appalled OU sickened by such ungratefulness. -**2.** MÉD to ulcerate.
◆ **s'ulcérer** *vpi* to ulcerate, to form an ulcer; **la plaie commence à s'~** the wound is beginning to ulcerate OU to fester *litt.*
ulcéreux, euse [ylserø, øz] *adj* [couvert d'ulcères] ulcerous; [de la nature d'un ulcère] ulcer-like.
uléma [ylema] *nm* ulema.
uligineux, euse [yliʒinø, øz] *adj* [plante] uliginous; [terrain] swampy.
ULM (*abr de* **ultra-léger motorisé**) *nm microlight.*
Ulster [ylstɛr] *npr m*: (l')~ Ulster.
ulstérien, enne [ylsterjɛ̃, ɛn] *adj* Ulster (*modif*).
◆ **Ulstérien, enne** *nm, f* Ulsterman (*f* Ulsterwoman).
ultérieur, e [ylterjœr] *adj* later; **à une date ~e** at a later date.
ultérieurement [ylterjœrmɑ̃] *adv* later; **nous déciderons ~** we'll make up our minds at a later stage.
ultimatum [yltimatɔm] *nm* ultimatum; **adresser un ~ à qqn** to present sb with an ultimatum.
ultime [yltim] *adj* [dernier] ultimate, final; **ce furent là ses ~s paroles** those were her last OU final words.
ultimo [yltimo] *adv* lastly, finally.
ultra [yltra] ◇ *adj* extremist, reactionary.
◇ *nmf* -**1.** [extrémiste] extremist, reactionary. -**2.** HIST ultra-royalist.
ultrabasique [yltrabazik] *adj* ultrabasic.
ultracentrifugation [yltrasɑ̃trifygasjɔ̃] *nf* ultracentrifugation.
ultracentrifugeuse [yltrasɑ̃trifyʒøz] *nf* ultracentrifuge.
ultra-confidentiel, elle [yltrakɔ̃fidɑ̃sjɛl] *adj* top secret, highly confidential.
ultracourt, e [yltrakur, kurt] *adj* ultra-short.
ultraléger, ère [yltraleʒe, ɛr] *adj* superlight, extralight.
ultramicroscope [yltramikrɔskɔp] *nm* ultramicroscope.
ultramoderne [yltramɔdɛrn] *adj* ultramodern, state-of-the-art (*avant n*).
ultramontain, e [yltramɔ̃tɛ̃, ɛn] ◇ *adj* GÉOG & RELIG ultramontane.
◇ *nm, f* RELIG ultramontanist.
ultrasensible [yltrasɑ̃sibl] *adj* -**1.** [instrument] ultrasensitive; [peau] highly sensitive. -**2.** PHOT high-speed (*avant n*).
ultrason [yltrasɔ̃] *nm* ultrasound, ultrasonic sound.
ultrasonique [yltrasɔnik], **ultrasonore** [yltrasɔnɔr] *adj* ultrasonic.
ultravide [yltravid] *nm* ultra-high vacuum.
ultraviolet, ette [yltravjɔlɛ, ɛt] *adj* ultraviolet.
◆ **ultraviolet** *nm* ultraviolet ray.
ultravirus [yltravirys] *nm vieilli* ultravirus.
ululation [ylylasjɔ̃] *nf*, **ululement** [ylylmɑ̃] *nm* hooting.
ululer [3] [ylyle] *vi* to hoot.
Ulysse [ylis] *npr* Ulysses; 'Ulysse' *Joyce* 'Ulysses'.
un, une[1] [œ̃, *devant nm commençant par voyelle ou h muet* œ̃n, yn] (*mpl* **uns** [œ̃], *fpl* **unes** [yn], *pl* **des** [de]) ◇ *art indéf* -**1.** [avec une valeur indéterminée] a, an (*devant une voyelle*); **un homme a appelé ce matin** a man called this morning; **j'ai reçu une lettre d'Italie** I received a letter from Italy; **il doit y avoir une erreur** there must be a OU some mistake; **un jour, ce sera permis** one day OU someday, it will be allowed; **on a sonné, ça doit être un démarcheur** there goes the doorbell OU there's somebody at the door, it's probably a salesman; **il y a des enfants qui jouent dans la rue** there are (some) children playing in the street; **des filles et des garçons** (some) girls and boys; **des fruits et légumes** fruit and vegetables; **voici des fleurs** here are some flowers; **as-tu des livres à me prêter?** do you have any books you can lend me? -**2.** [avec une valeur particularisante] a, an (*devant une voyelle*); **c'est une erreur** it's a mistake; **j'irai plutôt un mardi** I'll go on a Tuesday instead; **des nuages passèrent devant la lune** clouds drifted across the moon; **faites venir un médecin** call OU get a doctor; **joue-moi un ré** play a D for me; **ce fut un soulagement pour toute la famille** it was a relief for the whole family; **c'est avec un grand plaisir que...** it's with great pleasure that...; **tu es une idiote** you're an idiot; **un marbre d'Italie** an Italian marble; **elle a fait preuve d'une réelle gentillesse** she showed real kindness; **un triangle a trois côtés** a triangle has three sides; **un homme peut-il se conduire aussi bassement?** can a OU any man behave in such a vile way?; **un grand voyage se prépare des mois à l'avance** a OU any long journey needs months of preparation. -**3.** [avec une valeur emphatique]: **il est d'une bêtise/d'un drôle!** he's so stupid/funny!; **j'ai eu une frousse, mais une frousse!** *fam* I was absolutely terrified!; **il parle avec une éloquence!** he is so eloquent!; **il y avait une foule!** there was such a crowd!; **j'ai une de ces migraines!** I've got a splitting headache!; **j'ai attendu des heures!** I waited for hours!; **il est resté des mois et des mois sans rien faire** he didn't do anything for months (and months); **il travaille jusqu'à des trois heures du matin** he works as late as three in the morning; **il gagne des 30 000 ou 40 000 francs par mois** he makes up to 30,000 or 40,000 francs a month; **on était inondés, avec des un mètre, un mètre cinquante d'eau** we were flooded, there was at least a metre or a metre and a half of water in the house. -**4.** [avec un nom propre]: **un M. Baloi vous demande au téléphone** there's a Mr Baloi for you (on the phone); **tout le monde ne peut pas être un Rimbaud** we can't all be Rimbauds; **c'est une future Callas** she will be another OU she's the next Callas; **c'est un Apollon** he's a real Adonis; **c'est un Mc Enroe en état de grâce que l'on a vu jouer ce jour-là** it was an inspired Mc Enroe that we saw on the court that day; **j'ai trouvé un Boisseau souriant, optimiste et décontracté** I found a smiling, optimistic and relaxed Boisseau || [désignant une œuvre]: **faire**

l'acquisition d'un Picasso/d'un Van Gogh to acquire a Picasso/a Van Gogh; **et si on allait voir un vieux Truffaut?** how about going to see an old Truffaut?; **des Renoir seront mis en vente chez Sotheby's** some Renoirs will be put on sale at Sotheby's.

◇ *pron indéf* -**1.** [dans un ensemble] one; [en corrélation avec 'de']: **un des seuls** one of the few; **appelle-le un de ces jours** give him a call one of these days; **c'est encore un de ces westerns stupides** it's another one of those stupid westerns; **un des événements qui a le plus retenu mon attention** one of the events that really grabbed my attention || [en corrélation avec 'le']: **c'est l'un des concerts les plus réussis de ma carrière** it's one of the most successful concerts of my career; **l'un de mes amis** one of my friends, a friend of mine; **l'un des deux** one of the two; **l'un de vous deux est de trop** one of you is not needed; **l'un d'entre nous ira** one of us will go; **l'une d'entre vous est-elle volontaire?** does one of you want to volunteer? -**2.** [en corrélation avec 'en'] one; **on demanda un médecin, il y en avait un dans la salle** they called for a doctor, there was one in the room; **parmi les enfants, il y en a un qui...** one of the children...; **je t'en ai acheté un** I bought you one; **mais bien sûr que j'en ai une, de voiture!** *fam* of course I've got a car! -**3.** *(emploi nominal)* [quelqu'un] one person, someone; **une qui n'a pas du tout changé, c'est Jeanne** one person OU someone who hasn't changed at all is Jeanne; **ce n'est pas comme un que je connais...** (it's) not like someone (else) I know...; **j'en connais une qui va être surprise!** I know someone who's going to get a surprise!

◇ *adj num* -**1.** *(card)* one; **à une condition** on one condition; **un café et deux chocolats, s'il vous plaît** one coffee and two hot chocolates, please; **les enfants de un à sept ans** children (aged) from one to seven; **une femme sur cinq** one woman out of OU in five; **il y a un problème, un seul** there's just one problem; **ils n'ont même pas marqué un (seul)** but they didn't even score one OU a single goal; **il rentre dans une ou deux semaines** he'll be back in a week or two OU in a couple of weeks; **je ne resterai pas une minute de plus ici** I won't stay here another minute; **j'ai fait plus d'une erreur dans ma jeunesse** I made many mistakes OU more than one mistake in my youth; **une à une, les lumières s'éteignaient** the lights were going out one by one OU one after the other; **avale les cachets un par un** swallow the tablets one by one OU one at a time; **vingt et un ans** twenty one years; **deux heures une** one minute past two □ **la cuisine ne fait qu'un avec le salon** there is an open-plan kitchen and living-room; **il ne faisait qu'un avec sa monture** horse and rider were as one; **et d'un, et de deux!** that's one, and another (one)! -**2.** *(ord)* one; **article un** paragraph one; **page un** OU **une** page one; **il est une heure** it's one o'clock; **dans l'acte III scène un** in Act III, scene 1; **l'an I de la République** [calendrier républicain] year one of the Republic; **le trente et un mars** on March the thirty-first *Br*, March thirty-first *Am* □ **une, deux! une, deux!** left, right! left, right!; **et d'une** *fam* firstly, first of all, for a start; **je ne t'ai jamais rien promis, et d'une** first of all, I never promised you anything.

◇ *adj qualificatif sout*: **Dieu est un** God is one; **dans l'œuvre dramatique, l'action doit être une** *sout* the plot of a play must have a degree of unity.

◇ *nm, f inv*: **donnez-moi un chiffre entre un et dix** give me a number between one and ten; **tu fais mal tes un** your ones don't look right; **la clef du un est perdue** the key for number one has been lost; **le un est sorti** JEUX number one came up; **on répète la dernière scène du un** THÉÂT we're rehearsing the last scene of act one.

unanime [ynanim] *adj* -**1.** [commun, général - vote, décision] unanimous. -**2.** [du même avis]: **la presse ~ a condamné ce geste** the press unanimously condemned this gesture; **nous sommes ~s à le soutenir** we're unanimous in our support for him.

unanimement [ynanimmɑ̃] *adv* unanimously.

unanimisme [ynanimism] *nm* LITTÉRAT unanimism.

unanimité [ynanimite] *nf* unanimity; **voter à l'~ pour qqn** to vote unanimously for sb; **élu à l'~ moins une voix** elected with only one dissenting vote; **faire l'~** to win unanimous support; **un candidat qui fait l'~ contre lui** a candidate who has no support from anyone; **sa politique n'a pas fait l'~** her policy failed to win unanimous support.

underground [œndœrgraund] ◇ *adj inv* underground.

◇ *nm inv* underground (culture), counterculture.

une[2] [yn] ◇ *f* → **un**.

◇ *nf* -**1.** PRESSE: **la ~** page one, the front page; **faire la ~** to make the headlines; **la naissance de la princesse fait la** OU **est à la ~ de tous les quotidiens** the birth of the princess is on the front page of all the dailies; **ce sujet sera à la ~ de notre dernier journal télévisé ce soir** this will be one of the main items in our late news bulletin. -**2.** TV: **la Une** *France's channel one*; **sur la Une** on channel one. -**3.** *fam* [histoire, nouvelle] one; **je vais t'en raconter ~ qui se passe dans une maison hantée** let me tell you the one about the haunted house; **j'en ai ~ (bonne) à t'apprendre** wait till you hear this. -**4.** *fam* [fessée, claque]: **tu vas en recevoir ~!** you're going to get a slap!; **j'en ai pris ~ en pleine poire** I got one right across the face. -**5.** *fam* THÉÂT scene one; **on répète la ~ du trois** we're rehearsing scene one of act three.

LA UNE:
Note the difference in meaning between "la une" and "la Une": "un article à la une du "Monde"" (an article on the front page of "Le Monde"); "le reportage hier soir sur la Une" (last night's report on TF1).

UNEDIC [ynedik] *(abr de* Union nationale interprofessionnelle pour l'emploi dans l'industrie et le commerce) *npr f the department controlling the ASSEDIC*.

UNEF, Unef [ynɛf] *(abr de* Union nationale des étudiants de France) *npr f* ≃ National Union of Students.

UNESCO, Unesco [ynɛsko] *(abr de* United Nations Educational Scientific and Cultural Organisation) *npr f* UNESCO, Unesco.

unetelle [yntɛl] *f* → **untel**.

uni, e [yni] *adj* -**1.** [d'une seule couleur] plain, self-coloured *Br*, solid *Am*; [sans motif] plain. -**2.** [sable] smooth, fine; [terrain] even, level, smooth; [mer] smooth, unruffled. -**3.** [soudé - couple] close; [- famille, société] close-knit; **~s derrière le chef** united behind the leader; **tous ~s face aux pollueurs!** let's unite (in the fight) against pollution!

◆ **uni** *nm* [étoffe] plain fabric.

UNICEF, Unicef [ynisɛf] *(abr de* United Nations International Children's Emergency Fund) *npr f* UNICEF, Unicef.

unicellulaire [yniselylɛr] *adj* unicellular.

unicité [ynisite] *nf sout* uniqueness.

unicolore [ynikɔlɔr] *adj* plain, self-coloured *Br*, solid *Am*.

unidimensionnel, elle [ynidimɑ̃sjɔnɛl] *adj* unidimensional.

unidirectionnel, elle [ynidirɛksjɔnɛl] *adj* unidirectional.

unième [ynjɛm] *adj num ord* first; **quarante et ~** forty-first; **cent ~** hundred and first.

unièmement [ynjɛmmɑ̃] *adv*: **vingt et ~** in the twenty-first place.

unificateur, trice [ynifikatœr, tris] ◇ *adj* unifying, uniting.

◇ *nm, f* unifier.

unification [ynifikasjɔ̃] *nf* -**1.** [d'un pays] unification, unifying. -**2.** [uniformisation] standardization, standardizing.

unifier [9] [ynifje] *vt* -**1.** [réunir - provinces] to unify, to unite. -**2.** [uniformiser - tarifs] to standardize, to bring into line with each other.

◆ **s'unifier** *vpi* [parti, pays] to become united.

uniforme [ynifɔrm] ◇ *adj* -**1.** [régulier - vitesse] uniform, regular, steady; [- surface] even, smooth, level. -**2.** [identique]: **horaire ~ pour tout le personnel** the same timetable for all members of staff. -**3.** [monotone] uniform, unvarying, unchanging; **une vie ~** a humdrum existence; **un paysage ~** an unchanging OU a monotonous landscape.

◇ *nm* uniform; **endosser/quitter l'~** [de l'armée] to join/to leave the forces.

◆ **en uniforme** *loc adj* in uniform; **un policier en ~** a uniformed policeman; **en grand ~** in full uniform OU regalia.

uniformément [ynifɔrmemɑ̃] *adv* -**1.** [sans aspérités] uniformly, evenly; **étendre la colle ~** spread paste evenly; **paysage ~ plat** uniformly flat landscape. -**2.** [identiquement]: **des femmes ~ vêtues de noir** women all dressed in the same black clothes. -**3.** [sans changement] regularly, steadily, uniformly; **la vie s'écoulait ~** life went on in its usual way. -**4.** PHYS: **vitesse ~ accélérée** uniform change of speed.

uniformisation [ynifɔrmizasjɔ̃] *nf* standardization, standardizing.

uniformiser [3] [ynifɔrmize] *vt* [tarifs, programmes] to standardize.

uniformité [ynifɔrmite] *nf* -**1.** [régularité] uniformity, evenness. -**2.** [monotonie] monotony; **l'~ de sa vie** the monotony of her life.

unijambiste [yniʒɑ̃bist] ◇ *adj* one-legged.

◇ *nmf* one-legged person.

unilatéral, e, aux [ynilateral, o] *adj* unilateral.

unilatéralement [ynilateralmɑ̃] *adv* unilaterally.

unilingue [ynilɛ̃g] *adj* unilingual, monolingual.

uniloculaire [ynilɔkylɛr] *adj* unilocular.

uniment [ynimɑ̃] *adv litt* -**1.** [régulièrement] smoothly, evenly. -**2.** [franchement]: **dire qqch (tout) ~** to say sthg (quite) plainly OU frankly.

uninominal, e, aux [yninɔminal, o] *adj*: **scrutin ~** voting for a single candidate.

union [ynjɔ̃] *nf* -**1.** [fait de mélanger] union, combination; [mélange] union, integration. -**2.** [solidarité] union, unity; **~ nationale** national coalition □ **faire l'~ sacrée** [être solidaires] to show OU to present a united front; HIST to unite in the face of the aggressor *(in 1914)*; **Union de la gauche** *union of left-wing parties founded in 1972*; **l'~ fait la force** *prov* unity is strength. -**3.** [harmonie - dans un groupe] harmony; [- dans une famille, un couple] closeness. -**4.** [liaison entre un homme et une femme] union; **~ charnelle** *litt* union of the flesh; **~ conjugale** marital union □ **~ libre** free love; **vivre en ~ libre** to cohabit. -**5.** ANTHR & ZOOL: **~ monogame** pair-bonding. -**6.** [regroupement] union, association; **~ de consommateurs** consumer association □ **~ douanière** customs union. -**7.** GÉOG: **l'Union soviétique** OU **des républiques socialistes soviétiques** the Soviet Union, the Union of Soviet Socialist Republics; **l'Union sud-africaine** the Union of South Africa.

unionisme [ynjɔnism] *nm* -**1.** *arch* [syndicalisme] unionism. -**2.** HIST Unionism.

unioniste [ynjɔnist] *adj & nmf* -**1.** *arch* [syndicaliste] unionist. -**2.** HIST Unionist.

uniovulé, e [yniɔvyle] *adj* uniovular.

unipare [ynipar] *adj* uniparous.

unipersonnel, elle [ynipɛrsɔnɛl] *adj* -**1.** LING impersonal. -**2.** COMM: **entreprise** OU **société ~le** one-person business, sole proprietorship.

unipolaire [ynipɔlɛr] *adj* unipolar.

unique [ynik] *adj* -**1.** [seul] (one and) only, one; **c'est mon ~ exemplaire** it's my only OU one copy; **c'est mon ~ recours** it's the only recourse I have OU my sole recourse; **l'~**

explication possible the only possible explanation; l'~ porte de sortie était verrouillée the only OU one exit was locked; mon ~ souci est que tu sois heureux my only OU one OU sole concern is that you should be happy. -2. [exceptionnel] unique; il a des pièces ~s dans sa collection de porcelaine he has several unique pieces in his porcelain collection. -3. *fam* [étonnant] priceless; il est vraiment ~, lui! he's priceless, he is! -4. [dans une famille]: être fils/fille/enfant ~ to be an only son/daughter/child; les enfants ~s only children.

uniquement [ynikmɑ̃] *adv* only, solely; il pense ~ à ton bien he's only thinking of what's good for you; nous nous occupons ~ de prêts à court terme we deal only OU solely OU exclusively in short-term loans; je l'ai fait ~ pour te faire plaisir I only did it to please you.

unir [32] [ynir] *vt* -1. [lier] to unite, to bring together *(sép)*; les idéaux qui nous unissent the ideals that unite us; ~ deux pays to unite two countries; ~ une province à un pays to unite a province with a country. -2. *sout* [marier] to join in marriage OU matrimony. -3. [relier - villes] to link, to connect; le canal qui unissait Orville à Lorgeac the canal which used to run between Orville and Lorgeac. -4. [combiner] to combine; son style unit l'aisance et la rigueur her style combines both ease and precision.

◆ **s'unir** *vpi* -1. [se regrouper] to unite; s'~ contre un ennemi commun to unite against a common enemy. -2. *sout* [se marier] to become joined in marriage OU matrimony. -3. [être compatible] to match.

unisexe [ynisɛks] *adj* unisex.

unisexué, e [ynisɛksɥe], **unisexuel, elle** [ynisɛksɥɛl] *adj* unisexual.

unisson [ynisɔ̃] *nm* unison.

◆ **à l'unisson** *loc adv* -1. MUS in unison. -2. *sout* [ensemble] in unison; nos cœurs battaient à l'~ our hearts were beating as one OU in unison.

◆ **à l'unisson de** *loc prép sout* at one with; se mettre à l'~ des critiques to be of one mind with the critics.

unitaire [ynitɛr] ◇ *adj* -1. [principe, slogan] uniting; [politique] unitarian. -2. MATH [matrice, vecteur] unit. -3. COMM: prix ~ unit price; tarification ~ tariff based on the price per unit. -4. RELIG Unitarian.

◇ *nmf* RELIG Unitarian.

unité [ynite] *nf* -1. [cohésion] unity; l'~ et la pluralité unity and plurality; arriver à une certaine ~ de pensée OU vues to reach a certain consensus ❑ ~ budgétaire FIN yearly budget *(presented before Parliament)*; l'~ nationale POL national unity; les trois ~s, l'~ d'action, l'~ de temps et l'~ de lieu HIST & THÉÂT the three unities, unity of action, unity of time, and unity of place. -2. [étalon] unit, measure; ~ de compte ÉCON unit of account; ~ de masse weight; ~ de temps unit for measuring time OU time measure. -3. [élément, module] unit, item; ~ d'entrée/de sortie INF input/output device; ~ centrale (de traitement) INF central processor unit, mainframe; ~ de commande INF control unit; ~ pilote experimental unit; ~ de production INDUST production unit || LING (distinctive) feature; une ~ linguistique/phonétique a linguistic/phonetic feature || UNIV: ~ de valeur course credit OU unit. -4. MATH unit; dans 243, le chiffre 3 est celui des ~s in the number 243, 3 represents the units. -5. MIL unit; grande ~ major unit; petite ~ minor unit; ~ de combat fighting unit *Br*, combat unit *Am*. -6. PHARM unit.

◆ **à l'unité** ◇ *loc adj*: prix à l'~ unit price. ◇ *loc adv* [acheter, vendre] by the unit, singly, individually.

univalent, e [ynivalɑ̃, ɑ̃t] *adj* univalent, monovalent.

univalve [ynivalv] *adj* univalve *(avant n)*.

univers [ynivɛr] *nm* -1. ASTRON: l'Univers the Universe; l'~ [notre planète] the world; l'~ entier a salué cet exploit people all over the world admired this exploit. -2. [domaine] world, universe; ses chats et ses roses, c'est là tout son ~ her cats and her roses are her whole world; l'~ très particulier du cirque the strange world of the circus; l'~ poétique de Mallarmé Mallarmé's poetic world; l'~ carcéral the prison world ❑ ~ du discours LOGIQUE universe of discourse.

universalisation [ynivɛrsalizasjɔ̃] *nf* universalization.

universaliser [3] [ynivɛrsalize] *vt* to universalize, to make universal.

◆ **s'universaliser** *vpi* to become universal.

universalisme [ynivɛrsalism] *nm* -1. PHILOS universalism. -2. RELIG Universalism.

universaliste [ynivɛrsalist] *adj* & *nmf* -1. PHILOS universalist. -2. RELIG Universalist.

universalité [ynivɛrsalite] *nf* universality.

universel, elle [ynivɛrsɛl] *adj* -1. [mondial] universal; produit de réputation ~le world-famous product; faire l'objet d'une adoration ~le to be universally adored; paix ~le world peace. -2. [partagé par tous - sentiment] universal, general; la jalousie est ~le jealousy is universal. -3. [à usages multiples]: clef ~le adjustable spanner; remède ~ panacea, universal remedy.

◆ **universel** *nm*: l'~ the universal.

universellement [ynivɛrsɛlmɑ̃] *adv* universally; ~ reconnu recognized by all; ~ admiré universally admired.

universitaire [ynivɛrsitɛr] ◇ *adj* [carrière, études] academic, university *(modif)*; [année, centre, titre] academic; [restaurant] university *(modif)*. ◇ *nmf* -1. [enseignant] academic, don *Br*. -2. *Belg* graduate OU post-graduate student.

université [ynivɛrsite] *nf* -1. [institution, bâtiment] university; enseigner à l'~ to be a university teacher, to teach college *Am*; l'Université the teaching profession ❑ ~ d'été UNIV summer school; ~ du troisième âge post-retirement OU senior citizens' university. -2. POL: les ~s d'été du parti socialiste socialist party summer school *(during which party leaders meet younger members)*.

univocité [ynivɔsite] *nf* unequivocalness.

univoque [ynivɔk] *adj* -1. LING unequivocal. -2. [relation, rapport] one-to-one.

UNR (*abr de* Union pour la Nouvelle République) *npr f former Gaullist political party*.

untel, unetelle, Untel, Unetelle [œ̃tɛl, yntɛl] *nm, f* Mr. so-and-so (*f* Mrs. so-and-so); tu dis «bonjour Mademoiselle Unetelle, puis-je parler au directeur?» you say "good morning Miss so-and-so OU Miss Whatever-her-name-is, may I speak to the manager?".

UPF (*abr de* Union pour la France) *npr f French political party*.

uppercut [ypɛrkyt] *nm* uppercut.

Uppsala [ypsala] *npr* Uppsala.

upsilon [ypsilɔn] *nm* upsilon.

UPU (*abr de* Union postale universelle) *npr f* UPU.

Ur [yr] *npr* Ur.

uranate [yranat] *nm* uranate.

uraneux [yranø] *adj m* uranous.

uranisme [yranism] *nm litt* uranism *litt*, male homosexuality.

uranite [yranit] *nf* uranite.

uranium [yranjɔm] *nm* uranium; ~ enrichi enriched uranium.

uranoscope [yranɔskɔp] *nm* stargazer ZOOL.

Uranus [yranys] *npr* ASTRON & MYTH Uranus.

urbain, e [yrbɛ̃, ɛn] *adj* -1. [de la ville] urban, city *(modif)*; paysage ~ urban landscape, cityscape ❑ un grand centre ~ a big city. -2. *litt* [courtois] urbane, worldly.

urbanisation [yrbanizasjɔ̃] *nf* urbanization, urbanizing.

urbaniser [3] [yrbanize] *vt* to urbanize.

urbanisme [yrbanism] *nm* town planning.

urbaniste[1] [yrbanist] *nmf* town planner.

urbaniste[2] [yrbanist], **urbanistique** [yrbanistik] *adj* town planning *(modif)*.

urbanité [yrbanite] *nf litt* urbanity.

urdu [urdu] *nm* Urdu.

urédinale [yredinal] *nf* member of the Uredineae.

urée [yre] *nf* urea; avoir de l'~ to have excess urea.

urémie [yremi] *nf* uraemia.

urémique [yremik] *adj* & *nmf* uremic.

urétéral, e, aux [yreteral, o] *adj* ureteral.

uretère [yrtɛr] *nm* ureter.

urétérite [yreterit] *nf* ureteritis.

urétérostomie [yreterɔstɔmi] *nf* ureterostomy.

uréthanne [yretan] *nm* urethan, urethane.

urétral, e, aux [yretral, o] *adj* urethral.

urètre [yrɛtr] *nm* urethra.

urétrite [yretrit] *nf* urethritis.

urgence [yrʒɑ̃s] *nf* -1. [caractère pressant] urgency; il n'y a pas ~ it's not urgent, there's no urgency; bois ton café tranquillement, il n'y a pas ~ *fam* drink your coffee, there's no (desperate) rush; il y a ~ à ce que vous preniez une décision it's urgent for you to come to a decision; en cas d'~ in case of OU in an emergency. -2. [incident] emergency.

◆ **urgences** *nfpl* MÉD: (service des) ~s casualty department.

◆ **d'urgence** ◇ *loc adj* -1. [mesures, soins] emergency *(modif)*; c'est un cas d'~ it's an emergency; n'oubliez pas d'emporter une trousse d'~ don't forget to take a first-aid kit. -2. POL: état d'~ state of emergency; procédure d'~ emergency OU special powers.

◇ *loc adv* as a matter of emergency; opérer d'~ to perform an emergency operation; on l'a transporté d'~ à l'hôpital he was rushed (off) to hospital; faites-le venir d'~ ask him to come straightaway; réunir les ministres d'~ to call an emergency Cabinet meeting.

◆ **de toute urgence** *loc adv* most urgently.

urgent, e [yrʒɑ̃, ɑ̃t] *adj* urgent; avoir un besoin d'argent ~ to be in urgent need OU badly in need of money; commençons par le plus ~ let's start with the most urgent thing; il est ~ que je voie le médecin I must see the doctor urgently; ce n'est pas ~ it's not urgent, there's no (desperate) rush ❑ pli ~ urgent letter.

urger *fam* [17] [yrʒe] *vi*: ça urge? is it urgent?, how urgent is it?; je veux faire pipi – ça urge? I want a wee-wee – how desperate are you?; j'ai du travail, mais ça urge pas I do have some work to do, but it's not urgent OU but there's no rush.

uricémie [yrisemi] *nf* uricaemia.

urinaire [yrinɛr] *adj* urinary.

urinal, aux [yrinal, o] *nm* (bed) urinal.

urine [yrin] *nf* urine; dans les ~s du patient in the patient's urine.

uriner [3] [yrine] *vi* to urinate, to pass water.

urinifère [yrinifɛr] *adj* uriniferous.

urinoir [yrinwar] *nm* (public) urinal.

urique [yrik] *adj* uric.

urne [yrn] *nf* -1. POL ballot box; se rendre aux ~s to go to the polls. -2. [vase] urn; ~ funéraire (funeral) urn.

urochrome [yrɔkrom] *nm* urochrome.

uro-génital, e [yrɔʒenital, o] (*mpl* uro-génitaux, *fpl* uro-génitales) *adj* urogenital, urinogenital.

urographie [yrɔgrafi] *nf* intravenous pyelogram.

urologie [yrɔlɔʒi] *nf* urology.

urologue [yrɔlɔg] *nmf* urologist.

uropode [yrɔpɔd] *nm* uropod.

URSS [yrs, yerɛsɛs] (*abr de* Union des républiques socialistes soviétiques) *npr f*: (l') ~ the USSR.

URSSAF, Urssaf [yrsaf] (*abr de* Union pour le recouvrement des cotisations de Sécurité sociale et d'Allocations familiales) *npr f* *administrative body responsible for collecting social security payments.*

ursuline [yrsylin] *nf* Ursuline.

urticacée [yrtikase] *nf* member of the nettle family OU of the Urticaceae *spéc.*

urticaire [yrtikɛr] *nf* nettle rash, hives, urticaria *spéc*; **avoir de l'~** to have nettle rash ❑ **donner de l'~: les huîtres me donnent de l'~** oysters bring me out in spots; **cette musique, ça me donne de l'~** that music makes my skin crawl.

urticale [yrtikal] *nf* member of the Urtica.

urticant, e [yrtikɑ̃, ɑ̃t] *adj* urticating.

urtication [yrtikasjɔ̃] *nf* skin rash OU irritation, urtication *spéc.*

urubu [yryby] *nm* urubu.

Uruguay [yrygwɛ] *npr m*: **l'~** [pays] Uruguay; [fleuve] the Uruguay (River).

uruguayen, enne [yrygwejɛ̃, ɛn] *adj* Uruguayan.

◆ **Uruguayen, enne** *nm, f* Uruguayan.

us [ys] *nmpl litt* customs; **les ~ et coutumes** habits and customs.

US (*abr de* **union sportive**) *nf* sports club OU association; **l'~ (de) Liévin** the Liévin Sports Association OU SA.

USA (*abr de* **United States of America**) *npr mpl*: **les ~** the USA, the US, the States.

usage [yzaʒ] *nm* -**1.** [utilisation] use; **l'~ de la porte latérale est réservé au personnel** only staff members are authorized to use the side door; **faire ~ de qqch** to use sthg; **faire ~ de ses privilèges** to exercise one's privileges; **faire bon ~ de qqch** to put sthg to good use; **faire mauvais ~ de qqch** to misuse sthg; **faire un ~ abusif du pouvoir** to abuse power; **faire un ~ excessif des virgules** to use too many commas; **faire de l'~** to stand up to a lot of use; **mon imperméable a fait de l'~** my raincoat has seen good service; **avoir l'~ de** to have the use of; **nous avons l'~ de la piscine** we have access to OU the use of the pool; **une maison dont elle n'a pas la propriété mais l'~** JUR a house which she doesn't own, but which she is legally entitled to use; **je n'en ai aucun ~** I have no use for it; **à mon ~ personnel** for my private OU own personal use ❑ **droit d'~** right of use. -**2.** [contrôle] use; **il a encore l'~ de son bras** he can still use his arm; **perdre l'~ des yeux/d'un bras** to lose the use of one's eyes/an arm; **perdre l'~ de la parole** to lose one's power of speech; **garder l'~ de sa vue** to retain one's sight. -**3.** [fonction] use, purpose; **appareil d'~ courant** household appliance; **à divers ~s** multi-purpose; **à ~ intensif** heavy-duty; **locaux à ~ administratif** office space; **'à ~ interne'** 'for internal use'; 'to be taken internally'; **'à ~ externe'** 'not to be taken internally'. -**4.** LING (accepted) usage; **~ écrit/oral** written/spoken usage; **le mot est entré dans l'~** the word is now in common use; **le mot est sorti de l'~** the word has become obsolete OU is no longer used ❑ **le bon ~** correct usage. -**5.** [coutume] habit, habitual practice; **selon un ~ bien établi** following a well-established habit; **suivant les ~s bancaires** according to normal banking practice; **l'~, les ~s** accepted OU established custom, (the rules of) etiquette; **c'est l'~** it's the done thing; **ce n'est pas l'~ d'applaudir au milieu d'un air** it's not done to clap OU you just don't clap in the middle of an aria; **c'est conforme à l'~** OU **aux ~s** it's in accordance with the rules of etiquette; **c'est contraire à l'~** OU **aux ~s, c'est contre l'~** OU **les ~s** it's not the done thing, it's contrary to the rules of etiquette. -**6.** *litt* [civilité, politesse]: **avoir de l'~** to be well-bred; **manquer d'~** to be uncouth, to lack breeding, to be lacking in the social graces.

◆ **à l'usage** *loc adv* with use; **le cuir fonce à l'~** leather turns darker with use; **c'est à l'~ qu'on s'aperçoit des défauts d'une cuisine** you only realize what the shortcomings of a kitchen are after you've used it for a while; **nous verrons à l'~!** let's wait and see!

◆ **à l'usage de** *loc prép*: **un livre de cuisine à l'~ des enfants** a cookery book aimed at OU intended for children.

◆ **d'usage** *loc adj* -**1.** [habituel] customary, usual; **finir une lettre avec la formule d'~** to end a letter in the usual OU accepted manner; **j'ai fait modifier la formule d'~** I had the standard wording altered; **échanger les banalités d'~** to exchange the customary platitudes; **il est d'~ de laisser un pourboire** it is customary to leave a tip; **comme il est d'~** as is customary. -**2.** LING: **l'orthographe d'~** the generally accepted spelling.

◆ **en usage** *loc adv* in use; **cette technique n'est plus en ~** this technique is now obsolete OU is no longer in use.

usagé, e [yzaʒe] *adj* -**1.** [usé - costume] worn, old; [- verre] used, old. -**2.** [d'occasion] used, secondhand.

usager [yzaʒe] *nm* -**1.** [utilisateur] user; **les ~s du téléphone/de la route** telephone/road users. -**2.** [locuteur]: **les ~s de l'espagnol** Spanish language speakers, speakers of the Spanish language.

usance [yzɑ̃s] *nf* usance.

usant, e [yzɑ̃, ɑ̃t] *adj* [tâche] gruelling, wearing; [enfant] wearing, tiresome; **c'est ~** it really wears you down.

usé, e [yze] *adj* -**1.** [vieux - habit] worn, worn-out; [- pile] worn, old; [- lame] blunt; **des pneus ~s** worn tyres ❑ **~ jusqu'à la corde** OU **trame** threadbare. -**2.** [rebattu - sujet] hackneyed, well-worn; [- plaisanterie] old; **c'est ~!** **essaye une autre excuse** I've heard that one before! try another excuse. -**3.** [affaibli - vieillard] worn-out, weary; **cheval ~** old nag.

user [3] [yze] ◇ *vt* -**1.** [détériorer - terrain, métal] to wear away (*sép*); [- pneu] to wear smooth; [- veste, couverture] to wear out (*sép*); **~ un jean jusqu'à la corde** OU **trame** to wear out a pair of jeans; **on avait usé nos fonds de culottes sur les mêmes bancs** we'd been at school together. -**2.** [utiliser - eau, poudre] to use; [- gaz, charbon] to use, to burn; [- réserves] to use, to go through (*insép*); **cette machine use trop d'électricité** this machine uses too much electricity; **j'use un tube de rouge à lèvres tous les six mois** I go through a lipstick every six months. -**3.** [fatiguer] to wear out (*sép*); **usé par des années de vie politique** worn out by years in politics; **son pessimisme m'a usé le moral** her pessimism wore down OU sapped my morale; **le petit dernier l'use (complètement)** her youngest child really wears her down; **tu m'uses la santé!** *fam* you'll be the death of me!

◇ *vi litt*: **en ~**: **en ~ bien avec qqn** to treat sb well, to do well by sb; **en ~ mal avec qqn** to treat sb badly, to mistreat sb; **en ~ trop familièrement avec ses supérieurs** to be over-familiar with one's superiors; **comme vous en usez, jeune homme!** don't you use that tone of voice with me, young man!

◆ **user de** *v + prép sout* [utiliser - autorité, droits] to exercise; [- mot, tournure] to use; [- outil] to use; [- audace, diplomatie] to use, to employ; **n'hésitez pas à ~ de sévérité** don't hesitate to be strict; **l'alcool? j'en ai usé et abusé** alcohol? I've used and abused it.

◆ **s'user** ◇ *vpi* -**1.** [se détériorer - pile, lame] to wear out; **les semelles en cuir ne s'usent pas vite** there's a lot of wear in leather soles; **les pneus se sont usés très vite** the tyres wore smooth very rapidly. -**2.** [s'affaiblir]: **leur amour s'est usé** their love has grown cold; **ma patience commence à s'~** my patience is wearing thin.

◇ *vpt* [se fatiguer] to wear o.s. out; **s'~ la santé** *fam* to exhaust o.s., to wear o.s. out; **elle s'est usée** OU **usé la santé à élever dix enfants** she wore herself out bringing up ten children; **s'~ les yeux** OU **la vue** to strain one's eyes; **je ne vais pas m'~ la vue à lire vos pattes de mouche!** I don't intend to strain my eyes trying to read your scrawl!

usinabilité [yzinabilite] *nf* suitability for machining.

usinage [yzinaʒ] *nm* machining.

usine [yzin] *nf* -**1.** INDUST factory, plant, mill; **~ sidérurgique** steel mill, steelworks; **~ métallurgique** ironworks; **~ à gaz** gasworks; **~ pilote** pilot plant. -**2.** *fam fig* & *péj*: **à la fac, c'est l'~!** it's just a production line at college!; **ce restaurant, une vraie ~!** they get you in and out as quick as they can in that restaurant!

usiner [3] [yzine] ◇ *vt* to machine; **pièce à ~** part to be machined.

◇ *vi fam* [travailler dur]: **ça usinait dans la cuisine** they were slogging away OU hard at it in the kitchen.

usité, e [yzite] *adj* [terme] commonly used; **l'expression n'est plus ~e** the phrase has gone out of use OU is no longer in common use; **c'est le temps du passé le plus ~** it's the most commonly used past tense.

ustensile [ystɑ̃sil] *nm* utensil, implement; **~s de cuisine** cooking OU kitchen utensils; **~s de jardinage** garden tools.

usuel, elle [yzɥɛl] *adj* [ustensile, vêtement] everyday (*avant n*); [vocabulaire, terme] common, everyday (*avant n*); **il est ~ d'accepter des pots-de-vin** accepting bribes is common practice; **le procédé ~ est de...** it's common practice to...

usuellement [yzɥɛlmɑ̃] *adv* ordinarily, commonly.

usufructuaire [yzyfryktɥɛr] *adj* usufructuary.

usufruit [yzyfrɥi] *nm* usufruct.

usufruitier, ère [yzyfrɥitje, ɛr] *adj* & *nm, f* usufructuary.

usuraire [yzyrɛr] *adj* usurious.

usure [yzyr] *nf* -**1.** [action de s'user] wear (and tear); **matière résistante à l'~** material that stands up to wear (and tear), material that wears well, hard-wearing material; **l'~ des roches** erosion suffered by the rock. -**2.** [affaiblissement]: **l'~ des forces/sentiments** the erosion of one's strength/feelings; **notre mariage a résisté à l'~ du temps** our marriage has stood the test of time; **victime de l'~ du pouvoir** worn down by the exercise of power ❑ **avoir qqn à l'~** *fam* to wear OU to grind sb down (until he gives in). -**3.** [intérêt de prêt] usury; **prêter à ~** to lend upon usury OU at usurious rates of interest; **je vous revaudrai ce service avec ~** *fig* I'll repay you for this service with interest.

usurier, ère [yzyrje, ɛr] *nm, f* usurer.

usurpateur, trice [yzyrpatœr, tris] ◇ *adj litt* usurping.

◇ *nm, f* usurper.

usurpation [yzyrpasjɔ̃] *nf* usurpation, usurping; **~ d'état civil** usurpation of civil status; **~ de pouvoir** usurpation OU usurping of power; **~ de titre** usurpation of title.

usurpatoire [yzyrpatwar] *adj* usurpatory.

usurper [3] [yzyrpe] *vt* [droit, identité] to usurp; **sa gloire est usurpée** *fig* her fame isn't rightfully hers.

◆ **usurper sur** *v + prép litt* to encroach on OU upon.

ut [yt] *nm inv* MUS C.

UTA (*abr de* **Union des transporteurs aériens**) *npr f French airline company.*

Utah [yta] *npr m*: **l'~** Utah.

utérin, e [yterɛ̃, in] *adj* -**1.** ANAT uterine. -**2.** [de la même mère]: **frères ~s** uterine brothers; **sœurs ~es** uterine sisters.

utérus [yterys] *nm* womb, uterus *spéc.*

utile [ytil] ◇ *adj* -**1.** [qui sert beaucoup] useful; **il est bien ~, ton petit couteau** that little knife of yours comes in very handy OU is very useful; **les notes sont ~s à la compréhension du texte** the notes help to understand the text; **ça peut (toujours) être ~** it might come in handy; **cela m'a été ~ de connaître la langue** my knowledge of the language was very useful to me. -**2.** [nécessaire] necessary; **prenez toutes les dispositions ~s** make all the necessary arrangements; **il n'est pas ~ d'avertir la police** there's no need to notify the police. -**3.** [serviable] useful; **se rendre ~** to make o.s. useful; **il cherche toujours à se rendre ~** he always tries to make himself useful; **rends-toi ~, emporte ces caisses à la cave** make yourself useful, take these crates down to the cellar; **puis-je t'être ~ à quelque chose?** can I be of any help to you?, can I help you with anything?

◇ *nm*: **l'~** that which is useful; **joindre l'~ à l'agréable** to combine business with pleasure.

utilement [ytilmɑ̃] *adv* usefully, profitably; **employer son temps ~** to spend one's time profitably, to make good use of one's time.

utilisable [ytilizabl] *adj* -**1.** [objet, appareil] usable; **ce vieux réveil est encore ~?** is this old alarm clock still working?; **les vieux bocaux ne sont plus ~s** the old jars are no longer usable. -**2.** [billet] valid.

utilisateur, trice [ytilizatœr, tris] *nm, f* [d'un appareil] user; [d'un service] user, consumer.

utilisation [ytilizasjɔ̃] *nf* use, utilization; **la sorbetière est d'~ simple** the ice-cream maker is simple OU easy to use ❑ **notice d'~** instructions for use.

utiliser [3] [ytilize] *vt* [appareil, carte, expression] to use; [moyens, tactique] to use, to employ; **utilise le moins possible de farine** use as little flour as possible; **~ l'avion pour traiter les récoltes** to use a plane to treat the crops; **je n'ai pas su ~ les possibilités qui m'étaient offertes** I didn't make the most of the opportunities I was given; **le peu d'espace disponible a été bien utilisé** they have made good use of what little space there is; **il sait ~ son monde** he knows how to make the best use of his connections; **tu vas te faire ~** they'll use you.

utilitaire [ytilitɛr] ◇ *adj* utilitarian.

◇ *nm* INF utility (program); **~s de programmation** utilities.

utilitarisme [ytilitarism] *nm* utilitarianism.

utilitariste [ytilitarist] *adj* & *nmf* utilitarian.

utilité [ytilite] *nf* -**1.** [caractère utile] use, usefulness; **chaque ustensile a son ~** every implement has its specific use; **des objets sans ~** useless objects; **être d'une ~ à qqn** to be of use to sb; **ça ne t'est plus d'aucune ~** it's no longer of any use to you, you no longer need it; **la carte de la région m'a été de peu d'~/d'une grande ~** the map of the area was of little/great use to me; **quelle est l'~ d'avoir une voiture dans Paris?** what's the use of having a car in Paris?; **avoir l'~ de qqch** (to be able) to make use of sthg; **en as-tu l'~?** can you make use of it?, do you need it?; **pourquoi garder des choses dont on n'a pas l'~?** why keep things you have no use for?; **je ne vois pas l'~ de lui en parler** I don't see any point in mentioning it to her. -**2.** ÉCON utility.

◆ **utilités** *nfpl* THÉÂT: **jouer les ~s** *pr* to play minor OU small parts; *fig* to play second fiddle.

utopie [ytɔpi] *nf* -**1.** PHILOS utopia, utopian ideal. -**2.** [chimère] utopian idea; **c'est de l'~!** that's all pie in the sky!; **votre programme politique relève de l'~** your political programme is rather utopian.

utopique [ytɔpik] *adj* utopian.

utopisme [ytɔpism] *nm* Utopianism.

utopiste [ytɔpist] ◇ *adj* utopian.

◇ *nmf* -**1.** [rêveur] utopian. -**2.** PHILOS Utopian.

Utrecht [ytrɛkt] *npr* Utrecht.

UV ◇ *nf abr de* **unité de valeur**.

◇ *nm* (*abr de* **ultraviolet**) UV.

UVA (*abr de* **ultraviolet A**) *nm* UVA; **bronzage ~** sunlamp tan.

uval, e, aux [yval, o] *adj* grape *(modif)*; **cure ~e** grape cure.

uzbek [yzbɛk] = **ouzbek**.

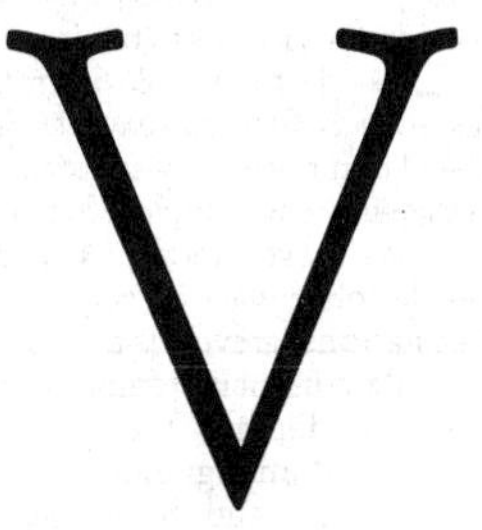

v, V [ve] *nm* -**1.** [lettre] v, V. -**2.** [forme] V (shape); **faire le V de la victoire** to make the victory sign.
◆ **en V** *loc adj* V-shaped; **un pull (à col) en V** a V-necked sweater; **décolleté en V** plunging neckline.

v. -**1.** (*abr écrite de* **vers**) v. *(verse)*. -**2.** (*abr écrite de* **verset**) v. *(verse)*. -**3.** *abr écrite de* **vers** *(adv)*.

v° *abr écrite de* **verso**.

V (*abr écrite de* **volt**) V.

V., v. *abr écrite de* **voir**.

V1 *nm* V-1.

V2 *nm* V-2.

va [va] → **aller**.

VA (*abr écrite de* **voltampère**) VA.

vacance [vakɑ̃s] *nf* -**1.** [d'un emploi] vacancy; **il y a une ~ à la comptabilité** the accounts department has a vacancy. -**2.** [d'une fonction politique] : **pendant la ~ du siège** while the seat is empty; **pendant la ~ du pouvoir** while there is no one officially in power; **dû à la ~ du pouvoir** because there is no one officially in power; **élection provoquée par la ~ du siège** election made necessary because the seat became vacant. -**3.** JUR : **~ de succession** abeyance of succession.
◆ **vacances** *nfpl* -**1.** [période de loisirs] holidays *Br*, vacation *Am*; **avoir besoin de ~s** to be in need of a holiday; **prendre des ~s** to take a holiday, to go on holiday; **quand prends-tu tes ~s?** when are you going to take your holiday?; **prendre deux mois de ~s** to take two months off, to have a two-month holiday; **rentrer de ~s** to come back from one's holiday OU vacation; **quand rentre-t-il de ~s?** when is he back from holiday?; **en rentrant de ~s, ils ont trouvé la maison cambriolée** when they came back from their holiday, they found that the house had been burgled ❑ **~s de neige** skiing holidays OU vacation. -**2.** [période du calendrier] : **~s judiciaires** recess (of the Courts); **~s parlementaires** Parliamentary recess; **~s scolaires** school holidays *Br* OU break *Am*; **~s universitaires** vacation *Br*, university recess *Am*; **pendant les ~s (universitaires)** during the vacation; **un job pendant les ~s (universitaires)** a summer job; **les ~s de Noël** SCOL & UNIV the Christmas holidays *Br* OU vacation *Am*; [pour les salariés] the Christmas break; **les grandes ~s** the long OU summer holidays *Br*, the long vacation *Am*.
◆ **en vacances** *loc adv* on holiday *Br* OU vacation *Am*; **partir en ~s** to go (off) on holiday; **pendant que nous étions en ~s en Italie** while we were holidaying *Br* OU vacationing *Am* in Italy; **je l'ai rencontré en ~s** I met him (when I was) on holiday.

vacancier, ère [vakɑ̃sje, ɛr] *nm, f* holidaymaker *Br*, vacationist *Am*, vacationer *Am*.

vacant, e [vakɑ̃, ɑ̃t] *adj* -**1.** [libre - logement] vacant, unoccupied; [- siège, trône] vacant; **il y a un poste d'ingénieur ~** there's a vacancy for an engineer ❑ **succession ~e** JUR estate in abeyance. -**2.** *litt* [vague - regard] vacant, empty.

vacarme [vakarm] *nm* racket, din, row; **les enfants faisaient un ~ infernal** the children were making a terrible racket OU an awful din; **le ~ des radios sur la plage** the blaring of radios on the beach.

vacataire [vakatɛr] *nmf* [remplaçant] stand-in, temporary replacement; UNIV part-time lecturer; **avoir un poste de ~ à l'Unesco** to be under temporary contract to UNESCO.

vacation [vakasjɔ̃] *nf* -**1.** [temps] session, sitting. -**2.** [honoraires] fee; **être payé à la ~** to be paid on a sessional basis.

vaccin [vaksɛ̃] *nm* -**1.** [produit] vaccine. -**2.** [injection] vaccination, inoculation; **faire un ~ à qqn** to vaccinate sb.

vaccinable [vaksinabl] *adj* : **à quel âge sont-ils ~s?** how old do they have to be before they can be vaccinated?

vaccinal, e, aux [vaksinal, o] *adj* vaccinal.

vaccinateur, trice [vaksinatœr, tris] ◇ *adj* vaccinating.
◇ *nm, f* vaccinator.

vaccination [vaksinasjɔ̃] *nf* vaccination, inoculation; **~ préventive** protective inoculation; **la ~ contre la rage est obligatoire** the vaccination OU inoculation against rabies is compulsory.

vaccine [vaksin] *nf* cowpox, vaccinia *spéc*; **fausse ~** vaccinella, false vaccinia.

vacciner [3] [vaksine] *vt* -**1.** MÉD to vaccinate; **se faire ~ contre la rage** to get vaccinated against rabies. -**2.** *fig* : **je suis vacciné contre ce genre de remarque** I've become immune to that kind of remark; **plus de ski, je suis vaccinée pour un moment** no more skiing, I've had my fill of that for the time being.

vaccinothérapie [vaksinɔterapi] *nf* vaccine therapy.

vachard, e *fam* [vaʃar, ard] *adj* [coup] nasty, foul, dirty; [question] nasty; **elles étaient ~es, les maths!** the maths exam was a real stinker!

vache [vaʃ] ◇ *adj fam* rotten, nasty; **faire un coup ~ à qqn** to play a dirty trick on sb; **c'est ~ de ta part** it's rotten of you; **allez, ne sois pas ~** come on, don't be rotten, come on, be a sport *Br*; **elle a été ~ pour les notes d'oral** she marked the orals really hard.
◇ *nf* -**1.** ZOOL cow; **~ sacrée** sacred cow; **~ laitière** OU **à lait** milker, dairy cow; **~ à lait** *fig* milch cow; **dans la famille, c'est moi qui suis la ~ à lait** *fam* I have to fork out for everybody in this family; **parler français comme une ~ espagnole** *fam* to murder the French language; **comme une ~ qui regarde passer les trains** *fam* with a vacant look on one's face. -**2.** [cuir] cowhide. -**3.** [récipient] : **~ à eau** water container. -**4.** *fam* [homme] swine; [femme] cow; **ah les ~s, ils ne m'ont pas invité!** the swines didn't invite me! ❑ **cette ~ de bagnole!**▽ that bloody car!; **une ~ de moto**▽ one hell of a motorbike. -**5.** *arg crime* [policier] cop, pig. -**6.** *(comme interj)* : **(ah) la ~!** *fam* [étonnement] wow!, gosh!; [indignation, douleur] oh hell!
◆ **en vache** *loc adv* on the sly; **faire un coup en ~ à qqn** to stab sb in the back.

vachement▽ [vaʃmɑ̃] *adv* really, real *Am*, bloody *Br*; **c'est une ~ bonne idée** that's a really OU bloody good idea; **elle est ~ belle, ta robe** that's a great dress you're wearing; **ça fait une sacrée différence! – oui, ~!** it makes a difference! – you can say that again!; **mais je t'assure qu'il t'aime – oui, ~!** *iron* but I'm telling you he loves you – like hell he does!

Vache-qui-rit® [vaʃkiri] *npr f* : **la ~** *famous brand of cheese spread triangles*.

vacher, ère [vaʃe, ɛr] *nm, f* cowboy (*f* cowgirl).

vacherie *fam* [vaʃri] *nf* -**1.** [caractère méchant] meanness, rottenness. -**2.** [acte] dirty OU rotten trick; **faire une ~ à qqn** to play a dirty OU rotten trick on sb; **ils m'ont fait une ~** they played a rotten trick on me; **cette ~ de tache ne veut pas partir** this damn OU blasted stain just won't come out; **quelle ~ de temps!** what rotten OU lousy weather! -**3.** [propos] nasty remark; **il me disait des ~s** he was saying really nasty things to me, he was being really horrible to me.

vacherin [vaʃrɛ̃] *nm* -**1.** [dessert] vacherin. -**2.** [fromage] vacherin cheese.

vachette [vaʃɛt] *nf* -**1.** [animal] young cow. -**2.** [peau] calfskin.
◆ **en vachette** *loc adj* calfskin *(modif)*.

vacillant, e [vasijɑ̃, ɑ̃t] *adj* -**1.** [titubant - démarche] unsteady, shaky; **avec une démarche ~e d'ivrogne** staggering drunkenly. -**2.** [qui bouge - flamme] flickering. -**3.** [courage] faltering, wavering; [mémoire] failing, faltering; **sa raison ~e** her failing reason. -**4.** [caractère] wavering, irresolute, indecisive.

vacillation [vasijasjɔ̃] *nf* -**1.** [d'une lueur, d'une flamme] flickering. -**2.** *litt* [irrésolution] hesitations, hesitating; **après bien des ~s, j'ai pris ma décision** after changing my mind several times, I made a decision.

vacillement [vasijmɑ̃] *nm* -**1.** [d'un poteau, d'une pile de livres] wobbling. -**2.** *fig* [indécision, doute] indecision, vacillating.

vaciller [3] [vasije] *vi* -**1.** [tituber - bébé] to totter; [- ivrogne] to sway, to stagger; **sortir d'une/entrer dans une pièce en vacillant** to stagger out of/into a room; **~ sur ses jambes** to be unsteady on one's legs; **elle vacilla sur ses jambes** her legs nearly gave way under her.

-**2.** [chaise, pile de livres] to wobble; faire ~ un tabouret to make a stool wobble. -**3.** [flamme] to flicker; **une lueur vacillait à la fenêtre** a light flickered at the window. -**4.** [raison, courage] to falter, to waver; [voix] to falter, to shake; [mémoire] to be failing, to falter; **elle n'a jamais vacillé dans ses prises de position** she has never wavered in her attitude; ~ **dans ses réponses** to reply hesitantly.

va-comme-je-te-pousse [vakɔmʃtəpus]
◆ **à la va-comme-je-te-pousse** *fam loc adv* any old how; **ça a été fait à la** ~ [ouvrage] it was thrown together any old how; [lit] it was made in a hurry; [repas] it was just thrown together; [réforme] it was just pushed through (any old how); **on a été élevés à la** ~ we weren't brought up, we were dragged up.

vacuité [vakɥite] *nf litt* -**1.** [vide] vacuity *litt*, emptiness; **la** ~ **de mon existence après ton départ** the emptiness of my life after you left. -**2.** [inanité] vacuity, vacuousness, inanity; **un roman d'une effrayante** ~ a dreadfully inane novel.

vacuolaire [vakɥɔlɛr] *adj* -**1.** BIOL vacuolar. -**2.** GÉOL vesicular.

vacuole [vakɥɔl] *nf* -**1.** BIOL vacuole. -**2.** GÉOL vesicle.

vade-mecum [vademekɔm] *nm inv litt* vade mecum.

vadrouille [vadruj] *nf* -**1.** *fam* [balade] ramble, jaunt; **faire une** ~ **en Italie** to go off for a jaunt in Italy; **une** ~ **de trois jours en montagne** a three-day ramble OU hike in the mountains. -**2.** *Can* [balai] *long-handled mop used for dusting.*
◆ **en vadrouille** *loc adv*: **partir en** ~ to go (off) on a jaunt; **il est toujours en** ~ **quelque part** he's always gadding about somewhere.

vadrouiller *fam* [3] [vadruje] *vi* to rove about; ~ **de par le monde** to rove OU to knock about the world.

vadrouilleur, euse *fam* [vadrujœr, øz] *nm, f* rover; **j'ai toujours été une vadrouilleuse** I've always been a bit of a rover.

Vaduz [vadyz] *npr* Vaduz.

va-et-vient [vaevjɛ̃] *nm inv* -**1.** [circulation] comings and goings, toings and froings; **il y a eu trop de** ~ **ce week-end** there was too much coming and going this weekend; **le continuel** ~ **des voitures de police** the endless toing and froing of police cars. -**2.** [aller et retour] : **faire le** ~ to go back and forth OU backwards and forwards; **ils font le** ~ **entre le navire et la côte** they go back and forth between the ship and the coast; **ils font le** ~ **entre l'Allemagne et la Belgique** they go back and forth between Germany and Belgium; **l'avion qui fait le** ~ **entre Londres et Édimbourg** the air shuttle service between London and Edinburgh. -**3.** MÉCAN [latéral] to-and-fro motion; [vertical] up-and-down movement; **dispositif de** ~ reciprocating device. -**4.** ÉLECTR: **interrupteur de** ~ two-way switch; **circuit de** ~ two-way wiring. -**5.** [charnière de porte] helical hinge; **porte/battant à** ~ swing door/panel. -**6.** [bac] small ferry OU ferryboat.

vagabond, e [vagabɔ̃, ɔ̃d] ◇ *adj* [mode de vie, personne] wandering, roving; [pensée] wandering, roaming.
◇ *nm, f* tramp, vagabond, vagrant.

vagabondage [vagabɔ̃daʒ] *nm* -**1.** [errance] roaming, roving, wandering. -**2.** *litt* [rêveries] : **le** ~ **de l'esprit** the wanderings of the mind. -**3.** JUR vagrancy.

vagabonder [3] [vagabɔ̃de] *vi* to wander, to roam; **j'ai toujours voulu** ~ I've always wanted to be on the road; ~ **par monts et par vaux** to roam up hill and down dale; **mon esprit/imagination vagabondait vers des pays lointains** *fig* my mind/imagination strayed to thoughts of faraway lands; **ses pensées vagabondent sans parvenir à se fixer** *fig* her thoughts wander OU drift without any focus.

vagin [vaʒɛ̃] *nm* vagina.

vaginal, e, aux [vaʒinal, o] *adj* vaginal.

vaginisme [vaʒinism] *nm* vaginismus.

vaginite [vaʒinit] *nf* vaginitis.

vagir [32] [vaʒir] *vi* [crier - bébé] to cry, to wail.

vagissant, e [vaʒisɑ̃, ɑ̃t] *adj* crying.

vagissement [vaʒismɑ̃] *nm* cry; **attiré par de faibles** ~**s** alerted by the sound of whimpering.

vague[1] [vag] *nf* -**1.** [dans la mer] wave; **grosse** ~ roller; **courir dans les** ~**s** to run into the waves OU surf ❑ ~ **de fond** *pr* & *fig* groundswell; **faire des** ~**s** *pr* & *fig* to make waves; **je ne veux pas de** ~**s** I don't want any scandal. -**2.** *litt* [des blés, des cheveux] wave, ripple; **effet de** ~ ripple effect; ARCHIT waved motif. -**3.** [mouvement] wave; ~ **de colère** wave OU surge of anger; ~ **de protestations/grèves** wave of protest/strikes; ~ **de criminalité** crime wave; **la première** ~ **de départs** the first wave of departures; ~ **d'immigrants** wave of immigrants. -**4.** MÉTÉO: ~ **de chaleur** heatwave; ~ **de froid** cold spell. -**5.** MIL: ~ **d'assaut** wave of assault.

vague[2] [vag] ◇ *adj* -**1.** [peu marqué - sourire, détail] vague; [- souvenir, connaissances] vague, hazy; [- contour, sensation] vague, indistinct; [vacant - regard, expression] vacant, abstracted; **avoir l'air** ~ to look vague, to have a vacant expression (on one's face); **esquisser un** ~ **sourire** to smile faintly. -**2.** *(avant le n)* [non précisé] vague; **un** ~ **cousin à moi** some distant cousin of mine; **il avait écrit un** ~ **roman** he had written a novel of sorts OU some kind of a novel; **il m'a raconté une** ~ **histoire de migraine** he told me some vague story about a migraine; **ils ont eu une** ~ **liaison** they had some sort OU kind of an affair; **il habite du côté de la Grande Place — c'est plutôt** ~**!** he lives somewhere near the Grande Place — that's a bit vague! -**3.** VÊT loose, loose-fitting, generously-cut. -**4.** ANAT [nerf] vagal.
◇ *nm* -**1.** [flou] vagueness, indistinctness; [imprécision] vagueness; **laisser une question dans le** ~ to be vague about a matter; **rester dans le** ~ to be (as) vague (as possible), to avoid giving any details; **essaye de rester dans le** ~ try to keep it vague OU to be as vague as possible; **elle m'a bien parlé d'un projet de départ mais elle est restée dans le** ~ she did mention something about going away but she never went into any detail. -**2.** [vide] : **regarder dans le** ~ to gaze vacantly into space OU the blue.
◆ **vague à l'âme** *nm* melancholy; **avoir du** ~ **à l'âme** to be melancholy.

vaguelette [vaglɛt] *nf* wavelet.

vaguement [vagmɑ̃] *adv* -**1.** [de façon imprécise] vaguely; **ils se ressemblent** ~ they look vaguely alike, there is a vague resemblance between them; **j'avais** ~ **cru qu'il devait venir ici** I had the vague idea he was supposed to come here; **il indiqua** ~ **la sortie** he waved his arm in the general direction of the exit; **on distinguait** ~ **les bateaux dans l'ombre du quai** the boats were just discernible in the shadow of the wharf; **tu as prévu le repas de ce soir?** — ~! have you thought of what to cook tonight? — sort of!; **elle est** ~ **actrice** *péj* she's some kind of actress. -**2.** [un peu] vaguely, mildly; **il avait l'air** ~ **intéressé** he seemed vaguely interested; ~ **inquiet** mildly anxious.

vaguemestre [vagmɛstr] *nm* MIL & NAUT mail orderly.

vaguer [3] [vage] *vi litt* [vagabonder - personne] to wander, to roam; [- pensée] to rove, to wander; **laisser** ~ **son imagination** to allow one's imagination free rein.

vahiné [vaine] *nf* Tahitian woman.

vaillamment [vajamɑ̃] *adv* valiantly, bravely, gallantly; **se défendre** ~ to put up stout resistance; **elle a** ~ **fait front** she valiantly OU gallantly stood up to the situation.

vaillance [vajɑ̃s] *nf* [courage - moral] courage, bravery, stout-heartedness; [- physique] valiance; **elle a beaucoup de** ~ she's very brave.

vaillant, e [vajɑ̃, ɑ̃t] *adj* -**1.** [courageux - moralement] courageous, brave, stout-hearted; [- physiquement] valiant; **à cœur** ~**, rien d'impossible** *prov* nothing is impossible to a valiant heart. -**2.** [bien portant] strong, healthy; **il est encore** ~ he's still in good health; **elle n'est plus bien** ~**e** she's not very strong these days.

vain, e [vɛ̃, vɛn] *adj* -**1.** [inutile] vain, fruitless, pointless; **tous nos efforts ont été** ~**s** all our efforts were fruitless OU in vain; **il est** ~ **de continuer** it is pointless to continue. -**2.** *litt* [superficiel] shallow, superficial; [vaniteux] vain, conceited; **un homme** ~ a vain OU self-important man. -**3.** *(avant le n)* [serment, espérance] empty, vain; **de** ~**es promesses** empty OU hollow OU worthless promises; **socialisme n'est pas un** ~ **mot pour moi** to me, socialism is not an empty OU idle word. -**4.** JUR: ~**e pâture** common grazing land.
◆ **en vain** *loc adv* in vain, vainly, fruitlessly; **il a essayé de me consoler, mais en** ~ he tried to console me, but all in vain OU to no avail; **c'est en** ~ **qu'elle a tenté de m'en dissuader** she tried in vain to talk me out of it.

vaincre [114] [vɛ̃kr] *vt* -**1.** [équipe, adversaire] to beat, to defeat; [armée] to defeat; **s'avouer vaincu** to admit defeat; **les joueurs partaient vaincus d'avance** the players felt beaten OU defeated before they began; **tu es toujours vaincu d'avance!** you always start off with the idea you're going to lose!; **la vérité vaincra!** the truth will out!; **la justice vaincra!** justice will be done!; **nous vaincrons!** we shall overcome! -**2.** [peur, douleur, inhibition] to overcome, to conquer, to master; [mal de tête, maladie] to overcome; [hostilité, réticences] to overcome, to triumph over *(insép)*; ~ **toutes les résistances** to carry all before one; **être vaincu par le sommeil/la fatigue** to be overcome with sleep/exhaustion.

vaincu, e [vɛ̃ky] *nm, f* defeated man (*f* woman); **les** ~**s** the defeated, the vanquished *litt*; **les** ~**s ne participeront pas aux demi-finales** the losers will not take part in the semi-finals.

vainement [vɛnmɑ̃] *adv* in vain, vainly, fruitlessly; **on l'a** ~ **cherché** we looked for him in vain.

vainqueur [vɛ̃kœr] ◇ *adj m* winning, victorious, triumphant, conquering; **sortir** ~ **d'une épreuve** to emerge (as) the winner of a contest.
◇ *nm* [gagnant] SPORT winner; MIL victor.

vair [vɛr] *nm* vair.

vairon [vɛrɔ̃] ◇ *adj m*: **yeux** ~**s** wall-eyes; **aux yeux** ~**s** wall-eyed.
◇ *nm* minnow ZOOL.

vaisseau, x [vɛso] *nm* -**1.** [navire] ship, vessel; ~ **amiral** flagship; ~ **de guerre** warship, man-of-war; ~ **fantôme** ghost ship; **'le Vaisseau fantôme'** *Wagner* 'The Flying Dutchman'. -**2.** ANAT vessel; ~ **capillaire/lymphatique/sanguin** capillary/lymphatic/blood vessel. -**3.** BOT vessel; **plantes à** ~**x** vascular plants. -**4.** ASTRONAUT: ~ **spatial** spacecraft; ~ **spatial habité** spaceship, manned spacecraft. -**5.** ARCHIT nave.

vaisselier [vɛsəlje] *nm* dresser *Br*, buffet *Am*.

vaisselle [vɛsɛl] *nf* -**1.** [service] crockery; **acheter de la belle** ~ to buy some nice tableware ❑ ~ **de porcelaine** china tableware; ~ **de terre** earthenware plates and dishes. -**2.** [ustensiles sales] (dirty) dishes; **la** ~ **empilée dans l'évier** dishes piled up in the sink; **faire la** ~ to do the washing-up *Br*, to do OU to wash the dishes.

val, s OU **vaux** [val, vo] *nm* [vallée] valley; **le Val d'Aoste** the Valle d'Aosta; **le Val de Loire** the Loire Valley, the Val de Loire.

Val [val] (*abr de* **véhicule automatique léger**) *nm* automatic urban train service.

valable [valabl] *adj* -**1.** [valide - ticket, acte] valid; **'au-delà de cette limite, votre billet n'est plus** ~**'** 'tickets are not valid beyond this point'. -**2.** [acceptable - schéma, argument] valid, good; [- excuse, raison] valid, good, legitimate; **le jury a considéré le témoignage comme** ~ the jury accepted the testimony as valid. -**3.** [excellent - musicien, athlète] really good; **trouver un inter-**

locuteur ~ [gén] to find someone who'll know what you're talking about; POL to find an authorized representative; c'est pas ~ comme idée that idea's worthless OU no good.

valablement [valabləmɑ̃] *adv* -**1.** [à bon droit] validly, justifiably, legitimately; **peut-on ~ invoquer la légitime défense?** can we justifiably plead self-defence? -**2.** [efficacement] usefully; **l'art d'investir son argent ~** the art of making a worthwhile investment.

Valais [valɛ] *npr m*: le ~ Valais.

valaisan, anne [valɛzɑ̃, an] *adj* from Valais.
◆ **Valaisan, anne** *nm, f inhabitant of or person from Valais.*

Val-de-Grâce [valdəgras] *npr m*: le ~ *military hospital in Paris.*

valdinguer *fam* [3] [valdɛ̃ge] *vi* [tomber]: **il est allé ~ contre le parcmètre** he went sprawling against the parking meter; **envoyer ~ qqch** to send sthg flying; **envoyer ~ une assiette/un livre** to send a plate/a book flying; **envoyer ~ qqn** to send sb packing.

valençay [valɑ̃sɛ] *nm* goat's cheese *(from the Berry area).*

valence [valɑ̃s] *nf* CHIM valency *Br*, valence *Am*.

Valence [valɑ̃s] *npr* [en France] Valence; [en Espagne] Valencia.

valenciennes [valɑ̃sjɛn] *nf* (Valenciennes) lace.

Valenciennes [valɑ̃sjɛn] *npr* Valenciennes.

valérianacée [valerjanase] *nf* member of the Valerianaceae.

valériane [valerjan] *nf* valerian.

Valérien [valerjɛ̃] *npr* Valerian.

valet [valɛ] *nm* -**1.** [serviteur]: **jouer les ~s de comédie** THÉÂT to play servants; **les ~s de l'impérialisme occidental** *péj* the lackeys of Western imperialism ❑ **~ de chambre** manservant; **~ d'écurie** groom, stable boy; **~ de ferme** farm hand; **~ de pied** footman. -**2.** JEUX jack, knave; **~ de pique** jack OU knave of spades. -**3.** [cintre]: **~ (de nuit)** valet. -**4.** MENUIS clamp.

valetaille [valtaj] *nf litt, péj* OU *hum* flunkeys; **toute une ~ s'empressait autour de nous** a whole crowd of flunkeys was fussing around us.

Valette [valɛt] *npr*: La ~ Valetta, Valletta.

valétudinaire [valetydinɛr] *litt* ◇ *adj* valetudinarian, valetudinary.
◇ *nmf* valetudinarian.

valeur [valœr] *nf* -**1.** [prix] value, worth; **cette statue a-t-elle une quelconque ~?** is this statue worth anything?; **la ~ en a été fixée à 500 F** its value has been put at 500 F, it's been estimated to be worth 500 F; **prendre/perdre de la ~** to increase/to decrease in value; **estimer qqch au-dessus/au-dessous de sa ~** to overvalue/to undervalue sthg; **bijoux sans ~ ou qui n'ont aucune ~** worthless jewels; **manuscrit d'une ~ inestimable** invaluable manuscript ❑ **mettre en ~** [terre] to exploit; [capital] to get the best return out of; [connaissances] to put to good use; [taille, minceur] to enhance; [talent, qualités] to bring out, to highlight; **une bordure vert tendre met en ~ le rose de l'abat-jour** a soft green border sets off the pink in the lampshade; **mettre en ~ les meilleures qualités de qqn** to bring out the best in sb; **le noir est la couleur qui me met le plus en ~** black is the colour that suits me best. -**2.** COMM, ÉCON, FIN & MATH value; **~ marchande/vénale** market/monetary value; **~ absolue** absolute value; **en ~ absolue** in absolute terms; **~ ajoutée** value added; **~ approchée** approximate value; **~ déclarée** declared value; **~ en compte** value in account; **~ d'échange** exchange value; **~ d'usage** use value; **~ refuge** sound investment; **le retour à la nature est une ~ refuge de notre époque** *fig* many people cope with the pressures of our age by getting back to nature; **jour de ~** value date. -**3.** [importance subjective] value; **attacher OU accorder de la ~ aux traditions** to value OU to set store by traditions; **ton opinion n'a aucune ~ pour moi** as far as I'm concerned, your opinion is worthless; **la ~ sentimentale d'un collier** the sentimental value of a necklace; **cette découverte a redonné une ~ à ma vie** this discovery has given my life new meaning. -**4.** [mérite] worth, merit; **avoir conscience de sa ~** to know one's own worth. -**5.** *litt* [bravoure] valiance, bravery; **la ~ n'attend pas le nombre des années** *allusion Corneille* there is no age for courage. -**6.** *litt* [personne de mérite]: **une ~** a great name; **~ sûre: une ~ sûre de la sculpture française** one of the top French sculptors. -**7.** [validité - d'une méthode, d'une découverte] value; **sa déposition enlève toute ~ à la vôtre** her testimony renders yours invalid OU worthless. -**8.** [équivalent]: **donnez-lui la ~ d'une cuillère à soupe de sirop** give him the equivalent of a table-spoonful of syrup.
◆ **valeurs** *nfpl* -**1.** [normes morales] values; **~s morales/sociales/familiales** moral/social/family values. -**2.** BOURSE: **~s (mobilières)** stocks and shares, securities; **les ~s françaises sont en baisse** French securities OU stocks are down; **~s à revenu fixe/variable** fixed/variable income securities; **~s disponibles** liquid OU tangible assets; **~s minières/pétrolières/stannifères** mining/oil/tin shares.
◆ **de valeur** *loc adj* -**1.** COMM & FIN [bague, tableau] valuable; **des objets de ~** valuables, items of value, valuable items. -**2.** [de mérite]: **personnes de ~** people of merit; **un collaborateur de ~** a prized colleague.

valeureusement [valœrøzmɑ̃] *adv litt* bravely, gallantly, valiantly.

valeureux, euse [valœrø, øz] *adj litt* [vaillant] brave, gallant, valiant.

validation [validasjɔ̃] *nf* [d'un billet] validation; [d'un document] authentication.

valide [valid] *adj* -**1.** [permis, titre de transport] valid; **votre carte n'est plus ~** your card has run out OU is out of date OU has expired. -**2.** [bien portant] fit, (well and) strong; [non blessé] able-bodied; **il n'avait qu'un bras ~** he had only one good arm; **je ne suis plus bien ~** I'm not as strong as I used to be.

validement [validmɑ̃] *adv* validly.

valider [3] [valide] *vt* [traité] to ratify; [document] to authenticate; [testament] to prove, to probate *Am*; [billet, passeport] to validate.

valideuse [validøz] *nf* [Loto] *machine used for endorsing Loto tickets.*

validité [validite] *nf* -**1.** ADMIN & TRANSP validity; **durée de ~** period of validity; **proroger la ~ d'un visa** to extend a visa; **établir la ~ d'un document** to authenticate a document; **établir la ~ d'un testament** to prove OU to probate a will ❑ **date (limite) de ~** expiry date. -**2.** [bien-fondé - d'un argument, d'un témoignage] validity.

valise [valiz] *nf* -**1.** [bagage] suitcase, bag; **mes ~s** my suitcases OU bags OU luggage; **défaire ses ~s** to unpack (one's bags) ❑ **faire ses ~s** *pr* to pack (one's bags); **mes ~s sont faites** I've packed; **faire sa ~ ou ses ~s** [partir] to pack one's bags and go; **tu cesses de parler sur ce ton à ta mère ou tu fais tes ~s!** *fam* either you stop speaking to your mother like that or you're out on your ear! -**2.** *fam* [sous les yeux]: **avoir des ~s (sous les yeux)** to have bags under one's eyes. -**3.** JUR: **la ~ diplomatique** the diplomatic bag OU *Am* pouch; **expédier du courrier par la ~ diplomatique** to send mail via the diplomatic bag.

valkyrie [valkiri] = **walkyrie**.

vallée [vale] *nf* -**1.** GÉOG valley; **les gens de la ~** people who live in the valley ❑ **~ glaciaire** OU **en U** glaciated OU U-shaped valley; **~ suspendue** hanging valley; **la Vallée de la Mort** Death Valley. -**2.** BIBLE: **la ~ de Josaphat** the Valley of Jehoshaphat; **cette ~ de larmes** *litt* this vale of tears.

vallon [valɔ̃] *nm* small valley.

vallonné, e [valɔne] *adj* undulating, hilly.

vallonnement [valɔnmɑ̃] *nm* undulation, hilliness.

valoche[▽] [valɔʃ] *nf* [valise] case, bag; *fig* [sous les yeux]: **avoir des ~s (sous les yeux)** to have bags under one's eyes; **faire ses ~s** *pr* to pack (up); *fig* to pack up and go.

valoir [60] [valwar] ◇ *vi* -**1.** [avoir tel prix] to be worth; **combien vaut cette statuette, à votre avis?** how much is this statuette worth, do you think?; **sa maison vaut le double maintenant** her house is worth twice that now OU has doubled its value now; **as-tu une idée de ce que peut ~ ce guéridon?** have you any idea how much this little table might be worth?; **ma vieille cuisinière ne vaut plus rien** my old stove isn't worth anything now, I wouldn't get anything for my old stove now; **une famille qui vaut plusieurs milliards de dollars** *fam* a family worth several billion dollars; **après sa promotion, elle vaut 400 000 F par an** *fam* now she's been promoted, she's worth 400,000 F a year || [coûter] to cost; **le ruban vaut 10 F le mètre** the ribbon costs OU is 10 F a metre; **~ très cher** to cost a lot, to be very expensive, to be very dear; **ne pas ~ cher** to be cheap OU inexpensive; **le bureau ne vaut pas cher** the desk isn't expensive OU is fairly cheap; **ces gens-là ne valent pas cher** *fig* those people are just worthless OU contemptible. -**2.** [avoir telle qualité] to be worth; **que vaut ton jeune élève?** how good is your young pupil?; **je sais ce que je vaux** I know my worth OU what I'm worth; **que vaut une vie d'artiste sans la reconnaissance du public?** what's the point of being an artist without public recognition?; **ils verront à l'usage ce que vaut leur nouvelle organisation** in time, they'll see how good their new organization is; **ne rien ~: il ne vaut rien, ton marteau** your hammer's no good OU useless; **son idée/projet ne vaut rien** her idea/project is worthless; **quand je manque de sommeil, je ne vaux rien** if I haven't had enough sleep I'm useless; **c'est une excellente scientifique mais elle ne vaut rien en tant que professeur** she's a brilliant scientist but a hopeless teacher; **ne pas ~ grand-chose: mes premières chansons ne valaient pas grand-chose** my early songs weren't particularly good; **l'émission d'hier ne valait pas grand-chose** yesterday's programme wasn't up to much; **~ mieux que: elle vaut mieux que la réputation qu'on lui fait** she's much better than her reputation would suggest; **vous ne valez pas mieux l'un que l'autre** you're as bad as each other; **et il t'a quittée? tu vaux mieux que ça** and he left you? you deserve better than that. -**3.** **~ par** [tirer sa valeur de]: **ma bague ne vaut que par les souvenirs qu'elle représente** my ring has only sentimental value; **son livre vaut essentiellement par le style** her book's main strength is its style; **son initiative vaut surtout par son audace** the main merit of his initiative is its boldness. -**4.** [être valable, applicable]: **~ pour** to apply to, to hold for; **le règlement vaut pour tout le monde** the rules hold for everyone; **cette critique vaut pour toutes ses pièces** that criticism is true of OU valid for OU applies to all her plays; **l'embargo ne vaut que pour les armes** the embargo only applies to weapons; **mes compliments/reproches valent pour toute la classe** my praise/criticism applies to the whole class. -**5.** COMM: **à ~ sur: il y a 25 francs à ~ sur votre prochain achat** you'll get 25 francs off your next purchase; **verser un acompte à ~ sur une somme** to pay a deposit to be set off against a sum. -**6.** *loc*: **faire ~** [argument] to emphasize, to put forward *(sép)*; [opinion, raisons] to put forward *(sép)*; [droit] to assert, to enforce; [qualité] to highlight, to bring out *(sép)*; **faire ~ son bon droit** to assert one's rights; **faire ~ ses droits à la retraite** to provide evidence for one's entitlement to a pension; **elle a fait ~ le coût de l'opération pour justifier sa réticence** she cited the cost of the operation as justification for her reluctance; **j'ai fait ~ qu'il y avait des circonstances atténuantes** I pointed out OU stressed that there were extenuating circumstances; **elle fait ~ sa fille**

she pushes her daughter forward; se faire ~ to show o.s. off to advantage; elle ne sait pas se faire ~ dans les entrevues she doesn't know how to sell herself at interviews; faire ~ un capital ÉCON to turn a sum of money to (good) account, to make a sum of money yield a good profit; faire ~ des terres/une propriété to derive profit from land/a property; il vaut mieux, mieux vaut: dans ce cas, mieux vaut s'abstenir in that case, it's better to do nothing; il vaut mieux se taire que de dire des bêtises it's better to keep quiet than to talk nonsense; il vaut mieux ne pas répondre it's best OU better not to answer; il vaudrait mieux que tu y réfléchisses you'd do better to OU you should think about it; il vaudrait mieux te faire oublier pendant un certain temps you'd better keep a low profile for a while; il aurait mieux valu pour elle qu'elle meure it would have been better for her if she'd died; ça vaut mieux: appelle le médecin, ça vaut mieux it would be better OU safer if you called the doctor; je vais lui dire – je crois que ça vaut mieux I'm going to tell him – I think that would be the best thing to do; ça vaut mieux ainsi/pour lui it's better that way/for him; je vais te rembourser – ça vaudrait mieux pour toi! I'll pay you back – you'd better!

◇ *vt* -**1.** [procurer] : ~ qqch à qqn to earn sb sthg, to bring sthg to sb; ses efforts lui ont valu une médaille aux jeux Olympiques his efforts earned him a medal at the Olympic Games; il n'a valu que des malheurs à ses parents all he ever brought his parents was unhappiness; qu'est-ce qui m'a valu votre mépris? what did I do to deserve your contempt?; tous les soucis que m'a valus ce club all the worries that club cost me; voilà ce que ça m'a valu de l'aider! that's all I got for helping her!; qu'est-ce qui me vaut l'honneur/le plaisir de ta visite? to what do I owe the honour/pleasure of your visit?; l'émission d'hier soir nous a valu une avalanche de coups de téléphone we were deluged with telephone calls after last night's programme; ne rien ~ à qqn [ne pas lui convenir] to be no good for sb, not to agree with sb, not to suit sb; le mariage ne lui vaut rien, il est devenu exécrable! marriage doesn't agree with him, he's become unbearable!; décidément, la Bretagne ne me vaut rien! Brittany is decidedly no OU not good for me!; les pays chauds ne me valent rien, j'en rentre toujours épuisé hot countries don't suit me, I always come back exhausted; son exploit lui a valu d'être admiré par tous his achievement earned him widespread admiration. -**2.** [représenter] to be equivalent to, to be worth; une dame vaut 10 points a queen is worth 10 points; un essai vaut trois points a try is worth three points; chaque faute de grammaire vaut quatre points you lose four points for each grammatical mistake. -**3.** [mériter] to be worth; le village vaut le détour/déplacement the village is worth the detour/journey; voilà un service qui vaut au moins un remerciement, non? surely a favour like that deserves some form of thanks?; ça vaut le coup d'œil it's worth seeing; sa cuisine vaut d'être goûtée her cooking's worth sampling; son livre vaudrait d'être traduit her book deserves to be translated; rien ne vaut d'être obtenu au prix d'une trahison nothing is worth betraying for; l'expérience vaut d'être tentée it's worth trying the experiment, the experiment is worth trying; l'enjeu de l'affaire vaut que l'on prenne le temps de la réflexion it's worth taking time to reflect when you see what's at stake in the deal ❑ ~ la peine OU le coup *fam* to be worth it, to be worthwhile; ça vaut le coup d'essayer it's worth trying OU a try; on pourrait essayer de le raccommoder – ça n'en vaut pas la peine we could try to mend it – it's not worth it OU the trouble; quand je paie 250 F pour un spectacle, je veux que ça en vaille la peine if I spend 250 F on a show I like to get my money's worth; j'ai gagné 20 000 F – dis donc, ça vaut le coup! I won 20,000 F – well, that was certainly worth it!; à ce prix-là, ça vaut le coup at that price, you can't go wrong. -**4.** [dans une comparaison] to be as good as, to match up (to); c'est bon, mais ça ne vaut pas le repas de la dernière fois it's good, but not as good as the meal we had last time; c'est moins cher, mais ça ne vaut pas le cuir! it's cheaper, but there's no comparison with real leather!; son idée en vaut une autre her idea is as good as any other; tu la vaux largement you're every bit as good as her; toutes les explications de la terre ne valent pas un bon croquis no amount of explanation can take the place of a good diagram; ah, rien ne vaut les confitures de grand-mère! there's nothing like grandma's jam!; rien ne vaut un bon grog pour guérir une grippe there's nothing like a good hot toddy to cure flu; pour moi, rien ne vaut Mozart! give me Mozart any day!; ça ne vaut pas Éric, tu sais ce qu'il m'a dit? *fam* what about Eric then? do you know what he told me?

◆ **se valoir** *vp (emploi réciproque)* to be equivalent; les deux traitements se valent there's nothing to choose between the two treatments; nous nous valons au sprint we're both equally good (as) sprinters; le père et le fils se valent, aussi têtus l'un que l'autre! father and son are two of a kind, they're so stubborn!; vous vous valez bien! you're both as bad as each other!; tu vas voter Dupond ou Dufort? – tout ça se vaut! are you going to vote Dupond or Dufort? – it's six of one and half a dozen of the other OU it's all the same thing!

◆ **vaille que vaille** *loc adv* somehow (or other); vaille que vaille, elle est arrivée au sommet somehow she made it to the top; on essaiera vaille que vaille de l'aider we'll try as best we can to help him.

valorisant, e [valɔrizɑ̃, ɑ̃t] *adj* -**1.** [satisfaisant moralement] : il fait un travail ~ his work brings him a lot of job satisfaction. -**2.** [donnant du prestige] : une situation ~e a situation which increases one's prestige.

valorisation [valɔrizasjɔ̃] *nf* ÉCON [mise en valeur] economic development; [valeur] enhanced value; on observe une ~ des tâches manuelles *fig* manual work is becoming more highly valued.

valoriser [3] [valɔrize] *vt* -**1.** ÉCON [région] to develop the economy of; une nouvelle gare valorisera les terrains avoisinants a new railway station will enhance the value of local land. -**2.** [augmenter le prestige de] : son succès l'a valorisé aux yeux de ses amis his success has increased his standing in the eyes of his friends; cherchez un travail qui vous valorise look for a job which will give you personal satisfaction.

valse [vals] *nf* -**1.** DANSE waltz; ~ musette waltz *(played on the accordion)*; ~ viennoise Viennese waltz. -**2.** *fam* [succession rapide] (game of) musical chairs; la ~ des ministres ministerial musical chairs. -**3.** *fam* [modification] : la ~ des prix OU étiquettes spiralling prices.

valse-hésitation [valsezitasjɔ̃] (*pl* valses-hésitations) *nf* [tergiversation] shilly-shallying, dithering (about); après une interminable ~ after much shilly-shallying.

valser [3] [valse] *vi* -**1.** [danser] to waltz; faire ~ qqn to waltz with sb; invite-la à ~ ask her for a waltz. -**2.** *fam* [tomber] to career, to hurtle; la lampe a valsé dans la cheminée the lamp went flying into the fireplace; envoyer ~ qqch to send sthg flying; envoyer ~ qqn to show sb the door ❑ faire ~ l'argent OU les billets to throw money about OU around. -**3.** *fam* faire ~ le personnel [déplacer, congédier] to play musical chairs with the staff *fig*.

valseur, euse [valsœr, øz] *nm, f* waltzer.

◆ **valseuses**▼ *nfpl* balls.

◆ **valseur**▽ *nm* bum *Br*, fanny *Am*.

valvaire [valvɛr] *adj* valvate.

valve [valv] *nf* -**1.** ANAT, BOT & ZOOL valve. -**2.** TECH [clapet] valve; [soupape à clapet] valve; ~ à tiroir OU glissement slide valve. -**3.** AUT: ~ à clapet throttle valve. -**4.** ÉLECTRON valve.

◆ **valves** *nfpl Belg* notice board.

valvé, e [valve] *adj* valvate.

valvulaire [valvylɛr] *adj* valvular.

valvule [valvyl] *nf* -**1.** ANAT valve. -**2.** BOT valve, valvule.

vamp [vɑ̃p] *nf* vamp; elle se prend pour une ~ she thinks she's some kind of vamp.

vamper *fam* [3] [vɑ̃pe] *vt* to vamp.

vampire [vɑ̃pir] *nm* -**1.** [mort] vampire. -**2.** *litt* & *péj* [parasite] vampire, vulture, bloodsucker. -**3.** ZOOL vampire bat.

vampirique [vɑ̃pirik] *adj* vampiric.

vampiriser [3] [vɑ̃pirize] *vt* -**1.** [suj: vampire] to suck the blood of. -**2.** *fam* [dominer] to have under one's sway, to subjugate; ayant vampirisé la presse écrite, il s'attaque maintenant à la télévision having subjugated the print media, he's now preparing for an assault on television.

vampirisme [vɑ̃pirism] *nm* -**1.** [croyance, pratique] vampirism. -**2.** *litt* [rapacité] vampirism.

van [vɑ̃] *nm* -**1.** [corbeille] winnowing basket, fan. -**2.** [véhicule] horse box *Br* OU trailer *Am*.

vanadium [vanadjɔm] *nm* vanadium.

Vancouver [vɑ̃kuvɛr] *npr* Vancouver.

vanda [vɑ̃da] *nf* vanda.

vandale [vɑ̃dal] *nm* -**1.** [voyou] vandal; et mon parquet, bande de ~s! look what you've done to my floor, you vandals! -**2.** HIST Vandal.

vandaliser [3] [vɑ̃dalize] *vt* to vandalize; ~ une cabine téléphonique to vandalize OU to wreck a telephone booth.

vandalisme [vɑ̃dalism] *nm* vandalism, hooliganism; commettre des actes de ~ to commit acts of vandalism; les anciens arrêts d'autobus étaient très exposés au ~ the old bus stops were very prone to being vandalized.

vandoise [vɑ̃dwaz] *nf* dace.

vanille [vanij] *nf* vanilla.

◆ **à la vanille** *loc adj* vanilla *(modif)*, vanilla-flavoured.

vanillé, e [vanije] *adj* vanilla-flavoured.

vanillier [vanije] *nm* vanilla plant.

vanilline [vanilin] *nf* vanillin.

vanité [vanite] *nf* -**1.** [orgueil] vanity, pride, conceit; blesser OU toucher qqn dans sa ~ to hurt sb's pride; tirer ~ de qqch to take pride in sthg, to pride o.s. on sthg; tirer ~ de son origine ouvrière to pride o.s. on one's working-class background; elle avait été championne régionale mais elle n'en a jamais tiré ~ she'd been a local champion but she never boasted about the fact; il est d'une ~ incroyable he's so incredibly vain, he's so full of conceit; sans ~, je crois pouvoir faire mieux with all due modesty OU without wishing to boast, I think I can do better. -**2.** [futilité] pointlessness, futility; la ~ de l'existence humaine the futility of human existence.

vaniteusement [vanitøzmɑ̃] *adv* vainly, conceitedly, self-importantly.

vaniteux, euse [vanitø, øz] ◇ *adj* [orgueilleux] vain, conceited, self-important.

◇ *nm, f* conceited man (*f* woman).

vanity-case [vanitikɛz] (*pl* vanity-cases) *nm* vanity case.

vannage [vanaʒ] *nm* winnowing.

vanne [van] *nf* -**1.** [d'une écluse] sluicegate; [d'un moulin] hatch; ~ à tiroir slide valve; ouvrir les ~s *pr* to open the sluicegates; *fig* to open the floodgates. -**2.** [robinet] stopcock. -**3.** *fam* [plaisanterie] dig, jibe; lancer OU envoyer une ~ à qqn to have a dig at sb.

vanné, e *fam* [vane] *adj* worn out, beat; je suis ~! I've had it!, I'm beat!

vanneau, x [vano] *nm* green plover, peewit; ~ huppé lapwing.

vannelle [vanɛl] *nf* sluice valve, paddle.

vanner [3] [vane] *vt* -**1.** AGR to winnow. -**2.** *fam* [épuiser] to wear out *(sép)*.

vannerie [vanri] *nf* [tressage] basket work, basketry; faire de la ~ [paniers] to weave baskets.

◆ **en vannerie** *loc adj* wicker, wickerwork *(modif)*.

vanneur, euse [vanœr, øz] *nm, f* winnower.

vannier [vanje] *nm* basket maker.

vantail, aux [vɑ̃taj, o] *nm* [de porte] leaf; [de fenêtre] casement; **porte à double ~ OU à vantaux** stable *Br* OU Dutch *Am* door.

vantard, e [vɑ̃tar, ard] ◇ *adj* boastful, boasting, bragging.
◇ *nm, f* bragger, braggart.

vantardise [vɑ̃tardiz] *nf* -**1.** [glorification de soi] boastfulness, bragging. -**2.** [remarque] boast.

vanter [3] [vɑ̃te] *vt* [louer, exalter] to praise; *sout* to extol; **~ l'élégance de qqn** to praise sb's elegance; **~ les mérites de qqch** to sing the praises of sthg; **~ les mérites de qqn** to sing sb's praises; **une pub vantant les mérites d'une lessive** *fam* an ad singing the praises of a washing powder ❑ **~ sa marchandise** *hum* to boast.
◆ **se vanter** *vpi* to boast, to brag; **elle n'arrête pas de se ~** she's always singing her own praises OU bragging; **se ~ de: il s'est vanté de gagner la course** he boasted that he would win the race; **il s'est vanté d'avoir gagné la course** he bragged that he had won the race; **elle l'a fait renvoyer mais elle ne s'en vante pas** she had him fired, but she keeps quiet about it; **il n'y a pas de quoi se ~** this is nothing to be proud of OU to boast about; **sans (vouloir) me ~: sans (vouloir) me ~, je suis plutôt bon au tennis** I'm rather good at tennis, though I say so myself; **sans me ~, j'avais déjà compris** I don't wish to boast, but I'd got the idea already; **soit dit sans (vouloir) me ~** without wishing to blow my own trumpet *Br* OU to boast OU to brag.

Vanuatu [vanwatu] *npr* Vanuatu.

va-nu-pieds [vanypje] *nmf inv péj* [clochard] tramp, beggar.

vapes *fam* [vap] *nfpl*: **être dans les ~** [évanoui] to be out for the count; [rêveur] to be miles away; **je suis encore un peu dans les ~** I'm still in a daze; **elle est constamment dans les ~** her head is always in the clouds; **quoi? j'étais complètement dans les ~** what? I was miles away; **tomber dans les ~** [s'évanouir] to pass out, to faint.

vapeur [vapœr] ◇ *nf* -**1.** [gén] steam; **~ (d'eau)** steam, (water) vapour; **~ atmosphérique** atmospheric vapour; **bain de ~** MÉD steam bath. -**2.** CHIM & PHYS vapour; **densité/pression de la ~** vapour density/pressure; **~ sèche/saturante** dry/saturated vapour; **~s de pétrole** petrol *Br* OU gas *Am* fumes. -**3.** *litt* [brouillard] haze, vapour *litt*.
◇ *nm* NAUT steamship, steamer.
◆ **vapeurs** *nfpl vieilli*: **avoir des OU ses ~s** to have a fit of the vapours.
◆ **à la vapeur** *loc adv & adj*: **ça marche à la ~** it's steam-driven; **cuit à la ~** steam-cooked; **cuire des légumes à la ~** to steam vegetables; **repassage à la ~** steam ironing; **ouvrir une enveloppe à la ~** to steam open an envelope.
◆ **à toute vapeur** *fam loc adv*: **aller à toute ~** [navire] to sail full steam ahead; [train] to go full steam ahead OU at full speed; **va chez le boulanger, et à toute ~!** go to the baker's, and be quick about it!
◆ **à vapeur** *loc adj* steam *(modif)*, steam-driven; **machine à ~** steam engine; **bateau à ~** steamboat; **train à ~** steam train.

vapocraquage [vapɔkrakaʒ] *nm* steam cracking.

vapocraqueur [vapɔkrakœr] *nm* steam reformer.

vaporeux, euse [vapɔrø, øz] *adj* -**1.** [voilé - lumière, paysage] hazy, misty; **une brume vaporeuse** hazy mist. -**2.** [léger - tissu] filmy, diaphanous; [- robe] flimsy.

vaporisage [vapɔrizaʒ] *nm* steaming process TEXT.

vaporisateur [vapɔrizatœr] *nm* -**1.** [pulvérisateur] spray; [atomiseur] spray, atomizer; **parfum en ~** spray perfume. -**2.** TECH [échangeur] vaporizer.

vaporisation [vapɔrizasjɔ̃] *nf* -**1.** [pulvérisation] spraying. -**2.** TECH [volatilisation] vaporization.

vaporiser [3] [vapɔrize] *vt* -**1.** [pulvériser] to spray; **'ne pas ~ vers une flamme'** 'do not spray onto a naked flame'. -**2.** TECH [volatiliser] to vaporize.
◆ **se vaporiser** *vpi* to vaporize, to turn to vapour.

vaquer [3] [vake] *vi* ADMIN [être en vacances] to be on vacation.
◆ **vaquer à** *v + prép sout* to attend to, to see to; **~ à ses occupations** to attend to OU to go about one's business; **~ aux tâches ménagères** to see to OU to attend to the household chores.

var [var] *nm* var.

Var [var] *npr m*: **le ~** the Var.

varan [varɑ̃] *nm* monitor lizard.

varangue [varɑ̃g] *nf* floor timber OU frame NAUT.

varappe [varap] *nf* [activités] rock climbing; [course] rock climb; **faire de la ~** to go rock-climbing.

varapper [3] [varape] *vi* to rock-climb, to go rock-climbing.

varappeur, euse [varapœr, øz] *nm, f* rock climber.

varech [varɛk] *nm* kelp, varec.

vareuse [varøz] *nf* -**1.** NAUT pea jacket. -**2.** COUT loose-fitting jacket.

variabilité [varjabilite] *nf* variability, changeableness; **la ~ du temps** the changeableness of the weather.

variable [varjabl] ◇ *adj* -**1.** [changeant - temps] unsettled; [- taux] variable; **être d'humeur ~** to be moody. -**2.** GRAMM: **mot ~** inflected OU inflectional word; **mot ~ en genre/nombre** word inflected in gender/number. -**3.** [varié - composition, forme] varied, diverse. -**4.** ASTRON [étoile] variable.
◇ *nf* CHIM, ÉCON, MATH & PHYS variable; **~ liée/libre** dependent/independent variable; **~ aléatoire/discrète/continue** random/discrete/continuous variable.
◇ *nm* MÉTÉO: **le baromètre est au «~»** the barometer is at OU reads "change".

variance [varjɑ̃s] *nf* variance; **analyse de ~** analysis of variance; **~ de l'échantillon** sample variance.

variante [varjɑ̃t] *nf* -**1.** LING variant; **il existe trois ~s du chapitre 12** there are three variant versions of chapter 12; **la 305 est une ~ du modèle précédent** the 305 is a variation on the previous model. -**2.** [aux échecs] opening move.

variateur [varjatœr] *nm* -**1.** MÉCAN: **~ de vitesse** speed variator. -**2.** ÉLECTR dimmer (switch).

variation [varjasjɔ̃] *nf* -**1.** [fluctuation] variation, change; **~ d'intensité/de poids** variation in intensity/weight; **pour vos plantes, attention aux ~s de température** your plants do not like changes in temperature ❑ **en fonction des ~s saisonnières** ÉCON on a seasonally adjusted basis. -**2.** MUS variation; **~ sur un thème de Paganini** variation on a theme by Paganini; **une ~ sur le thème de...** *fig* a variation on the theme of... -**3.** ASTRON variation. -**4.** BIOL variation.
◆ **variations** *nfpl* [modifications] changes, modifications; **subir des ~s** to undergo change OU changes.

varice [varis] *nf* varicose vein, varix *spéc*; **avoir des ~s** to have varicose veins; **se faire enlever les ~s** to have one's varicose veins removed.

varicelle [varisɛl] *nf* chickenpox, varicella *spéc*.

varié, e [varje] *adj* -**1.** [non uniforme - style, répertoire] varied; **une gamme ~e de papiers peints** a wide range of wallpapers; **proposer un menu ~** to offer a varied menu; **programme de musique ~e** programme of varied music. -**2.** *(au pl)* [différents] various, diverse, miscellaneous; **objets divers et ~s** various OU miscellaneous objects; **des sujets aussi ~s que la musique et la chimie** subjects as diverse as music and chemistry; **hors-d'œuvre/légumes ~s** CULIN selection of hors d'oeuvres/of vegetables. -**3.** MUS: **thème ~** theme and variations. -**4.** PHYS [mouvement] variable.

varier [9] [varje] ◇ *vt* [diversifier - cursus, menu, occupations] to vary, to diversify; **les accessoires permettent de ~ une tenue** accessories allow one to vary an outfit; **il faut ~ la présentation de votre argument principal** you must present your main argument in different ways; **pour ~ les plaisirs** just for a change ❑ **~ le menu** *pr* to vary the (basic) menu; *fig* to ring the changes; **on prend les mêmes idées, mais on varie la sauce** *fam* you take the same ideas, only you dress them up differently OU you make them look different.
◇ *vi* -**1.** [changer - temps, poids, humeur] to vary, to change; **les produits varient en qualité** products vary in quality; **les prix varient de 50 à 150 F** prices vary OU range from 50 to 150 F; **je vous sers du poisson pour ~ un peu** I'm giving you fish, just for a change. -**2.** MATH: **faire ~ une fonction** to vary a function. -**3.** [diverger] to differ; **les médecins varient dans le choix du traitement** doctors differ in OU are at variance on the choice of the treatment.

variété [varjete] *nf* -**1.** [diversité] variety, diversity; **son œuvre manque de ~** his work lacks variety OU is not varied enough; **nos châles existent dans une ~ de coloris** our shawls come in a variety OU a wide range of colours. -**2.** [sorte, genre] variety, kind, sort, type; **toutes les ~s possibles et imaginables d'escroquerie** every conceivable type of swindle. -**3.** BOT variety; [de maïs, de blé] (crop) strain; **une nouvelle ~ de fleur/pomme** a new variety of flower/apple ❑ **les ~s cultivées** cultivars. -**4.** MUS: **la ~** [industrie] the commercial music business; [genre] commercial music.
◆ **variétés** *nfpl* LITTÉRAT miscellanies; MUS easy listening, light music.
◆ **de variétés** *loc adj* [spectacle, émission] variety; [musique] light; **disque de ~s** easy listening OU light music record.

variole [varjɔl] *nf* smallpox, variola *spéc*.

variolé, e [varjɔle] *adj* pockmarked.

varioleux, euse [varjɔlø, øz] ◇ *adj* suffering from smallpox, variolous *spéc*.
◇ *nm, f* smallpox sufferer.

variolique [varjɔlik] *adj* smallpox *(modif)*, variolous *spéc*.

variomètre [varjɔmɛtr] *nm* variometer.

variqueux, euse [varikø, øz] *adj* varicose.

varlope [varlɔp] *nf* trying plane.

Varna [varna] *npr* Varna.

varois, e [varwa, az] *adj* from the Var.
◆ **Varois, e** *nm, f inhabitant of or person from the Var.*

Varsovie [varsɔvi] *npr* Warsaw; **le pacte de ~** the Warsaw Pact.

vasculaire [vaskylɛr] *adj* ANAT & BOT vascular.

vascularisation [vaskylarizasjɔ̃] *nf* -**1.** MÉD vascularization. -**2.** ANAT vascularity.

vascularisé, e [vaskylarize] *adj* vascular.

vasculo-nerveux, euse [vaskylɔnɛrvø, øz] *(mpl inv, fpl* **vasculo-nerveuses***)* *adj* composed of vessels and nerves.

vase [vaz] ◇ *nf* [boue] mud, silt, sludge; **banc de ~** mudbank.
◇ *nm* -**1.** [récipient décoratif] vase. -**2.** CHIM & PHYS vessel; **~ d'expansion** expansion bottle OU tank. -**3.** **~ de nuit** chamber pot.
◆ **en vase clos** *loc adv*: **nous vivions en ~ clos** we led an isolated existence; **la recherche ne peut se faire en ~ clos** research cannot be carried out in isolation OU in a vacuum.

vasectomie [vazɛktɔmi] *nf* vasectomy.

vasectomiser [3] [vazɛktɔmize] *vt* to perform a vasectomy on.

vaseline [vazlin] *nf* petroleum jelly, Vaseline®.

vaseliner [3] [vazline] *vt* to smear with petroleum jelly OU Vaseline®, to put petroleum jelly OU Vaseline® on.

vaseux, euse [vazø, øz] *adj* -**1.** [boueux] muddy, silty, sludgy. -**2.** *fam* [confus - idée, plan] hazy, woolly. -**3.** *fam* [malade]: **se sentir tout ~**

[affaibli] to feel under the weather, to feel off çolour; [étourdi] to feel woozy. -**4.** *fam* [médiocre] pathetic; ses **blagues vaseuses** his pathetic jokes.

vasistas [vazistas] *nm* fanlight, transom *Am*.

vasoconstricteur, trice [vazɔkɔ̃striktœr, tris] *adj* vasoconstrictor.

◆ **vasoconstricteur** *nm* vasoconstrictor.

vasoconstriction [vazɔkɔ̃striksjɔ̃] *nf* vasoconstriction.

vasodilatateur, trice [vazɔdilatatœr, tris] *adj* vasodilator.

◆ **vasodilatateur** *nm* vasodilator.

vasodilatation [vazɔdilatasjɔ̃] *nf* vasodilation.

vasomoteur, trice [vazɔmɔtœr, tris] *adj* vasomotor.

vasomotricité [vazɔmɔtrisite] *nf* vasomotion.

vasopressine [vazɔprɛsin] *nf* vasopressin.

vasotomie [vazɔtɔmi] = **vasectomie**.

vasouiller *fam* [3] [vazuje] *vi* to flounder; **et votre projet? — ça vasouille** what about your project? — we're struggling.

vasque [vask] *nf* -**1.** [bassin] basin (of fountain). -**2.** [coupe] bowl.

vassal, e, aux [vasal, o] *adj* vassal *(modif)*.

◆ **vassal, aux** *nm* vassal.

vassaliser [3] [vasalize] *vt* to vassalize.

vaste [vast] *adj* -**1.** [immense - vêtement] enormous, huge; [- domaine, sujet] vast, far-reaching; [- palais, gouffre] vast, huge, immense; **de par le ~ monde** *sout* the world over. -**2.** [de grande ampleur] huge; **victime d'une ~ supercherie** victim of a huge hoax; **ce procès a été une ~ farce** this trial has been a huge farce.

Vatican [vatikɑ̃] *npr m*: **le ~** the Vatican; **l'État de la cité du ~** Vatican City; **au ~** in Vatican City; **le premier/deuxième concile du ~** the first/second Vatican Council.

vaticination [vatisinasjɔ̃] *nf litt* vaticination.

vaticiner [3] [vatisine] *vi litt* to vaticinate.

va-tout [vatu] *nm inv*: **jouer son ~** to risk OU to stake one's all.

Vaucluse [voklyz] *npr m*: **le ~** the Vaucluse.

vauclusien, enne [voklyzjɛ̃, ɛn] *adj* from the Vaucluse.

◆ **Vauclusien, enne** *nm, f inhabitant of or person from the Vaucluse*.

vaudeville [vodvil] *nm* vaudeville, light comedy.

vaudevillesque [vodvilɛsk] *adj* -**1.** THÉÂT vaudeville *(modif)*. -**2.** [grotesque] farcical, ludicrous, preposterous.

vaudevilliste [vodvilist] *nmf* writer of vaudeville.

vaudois, e [vodwa, az] *adj* -**1.** GÉOG from the canton of Vaud. -**2.** HIST & RELIG Waldensian.

◆ **Vaudois, e** *nm, f* -**1.** GÉOG Vaudois. -**2.** HIST & RELIG Waldensian.

vaudou, e [vodu] *adj* voodoo.

◆ **vaudou** *nm* voodoo, voodooism.

vau-l'eau [volo]

◆ **à vau-l'eau** *loc adv*: **aller à ~** [barque] to go with the stream OU current; [affaire, projet] to be going downhill OU to the dogs.

vaurien, enne [vorjɛ̃, ɛn] *nm, f* -**1.** [voyou] good-for-nothing, scoundrel, rogue. -**2.** [enfant]: **petit ~!** you little devil!

vautour [votur] *nm* -**1.** ORNITH vulture. -**2.** [personne cupide] vulture, shark.

vautrer [3] [votre]

◆ **se vautrer** *vpi* -**1.** [se rouler] to wallow; **des porcs se vautrant dans la boue** pigs wallowing in mud. -**2.** [s'affaler] to sprawl, to be sprawled; **se ~ dans un fauteuil** to loll in an armchair; **se ~ sur le lit** to sprawl on the bed.

va-vite [vavit]

◆ **à la va-vite** *loc adv* in a rush OU hurry; **travail fait à la ~** slapdash work; **on a fait nos valises à la ~** we packed in a rush.

vd *abr écrite de* **vend**.

VDQS (*abr de* **vin délimité de qualité supérieure**) *nm label indicating quality of wine*.

vds *abr écrite de* **vends**.

veau, x [vo] *nm* -**1.** ZOOL calf; **le ~ d'or** BIBLE the golden calf; **adorer le ~ d'or** *fig* to worship Mammon. -**2.** CULIN veal; **escalope/côtelette de ~** veal escalope/cutlet; **foie/pied/tête de ~** calf's liver/foot/head; **~ Marengo** veal Marengo. -**3.** [cuir] calf, calfskin. -**4.** *fam péj* [personne] lump, clot *Br*; **espèce de gros ~!** you great fat lump! || [voiture] banger *Br*, old crate *Am*; **cette voiture est un vrai ~** this car is a real heap.

◆ **en veau** *loc adj* calf, calfskin *(modif)*.

vécés *fam* [vese] *nmpl* [toilettes]: **les ~** the loo *Br*, the john *Am*.

vecteur [vɛktœr] *nm* -**1.** MATH vector; **~ lié/libre** localized/free vector. -**2.** MÉD carrier, vector. -**3.** MIL carrier.

vectoriel, elle [vɛktɔrjɛl] *adj* vector *(modif)*, vectorial; **espace ~** vector space; **produit ~** vector product; **fonction ~le** vector function.

vécu, e [veky] *adj* -**1.** [réel] real, real-life, true; **c'est une histoire ~e** it's a true story. -**2.** PHILOS: **temps ~, durée ~e** time as experienced.

◆ **vécu** *nm*: **le ~ de qqn** sb's (real-life) experiences.

vedettariat [vədɛtarja] *nm* stardom; **accéder au ~** to achieve stardom OU star-status.

vedette [vədɛt] *nf* -**1.** [artiste] star; **~ du petit écran/du cinéma** TV/film star; **chanter devant un parterre de ~s** to sing to a star-studded audience; **elle a tout pour devenir une ~** she's got star-quality ❑ **~ américaine** *performer who warms up the audience for the main star*. -**2.** [célébrité] star, celebrity; **une ~ de la politique/du rugby** a big name in politics/rugby ❑ **présentateur-~** star presenter; **produit ~** leading product. -**3.** [première place]: **avoir** OU **tenir la ~** THÉÂT to top the bill, to have star billing; *fig* to be in the limelight; **partager la ~ avec qqn** THÉÂT to share star billing with sb; *fig* to share the limelight with sb; **ravir** OU **souffler la ~ à qqn** to upstage sb. -**4.** NAUT launch; **~ de la douane** customs patrol boat; **~ lance-torpilles** OU **de combat** motor torpedo boat. -**5.** MIL sentinel. -**6.** [dans un texte] heading; [dans un dictionnaire] headword.

◆ **en vedette** *loc adv*: **mettre qqn/qqch en ~** to put the spotlight on sb/sthg.

vedettisation [vədɛtizasjɔ̃] *nf*: **la ~ de qqn** turning sb into a celebrity.

vedettiser [3] [vədɛtize] *vt* to turn into a celebrity.

végétal, e, aux [veʒetal, o] *adj* [fibre] plant; [huile] vegetable; **règne ~** plant kingdom.

◆ **végétal, aux** *nm* plant, vegetable.

végétalien, enne [veʒetaljɛ̃, ɛn] *adj & nm, f* vegan.

végétalisme [veʒetalism] *nm* veganism.

végétaliste [veʒetalist] = **végétalien**.

végétarien, enne [veʒetarjɛ̃, ɛn] *adj & nm, f* vegetarian.

végétarisme [veʒetarism] *nm* vegetarianism.

végétatif, ive [veʒetatif, iv] *adj* -**1.** ANAT, BOT & MÉD vegetative. -**2.** [inactif]: **mener une vie végétative** to sit around all day.

végétation [veʒetasjɔ̃] *nf* BOT vegetation; **des arbres en pleine ~** trees in full growth.

◆ **végétations** *nfpl* MÉD: **~ (adénoïdes)** adenoids.

végéter [18] [veʒete] *vi* to vegetate, to stagnate; **je végète ici!** I'm stagnating here!; **son affaire végète** his business is sluggish; **le marché végète** trading is slow.

véhémence [veemɑ̃s] *nf* vehemence.

◆ **avec véhémence** *loc adv* vehemently, passionately.

véhément, e [veemɑ̃, ɑ̃t] *adj* [plaidoyer] vehement, passionate; [dénégation] vehement, vociferous.

véhémentement [veemɑ̃tmɑ̃] *adv litt* vehemently, passionately.

véhiculaire [veikylɛr] *adj*: **langue ~** lingua franca.

véhicule [veikyl] *nm* -**1.** TRANSP vehicle; **~ automobile/hippomobile** motor/horse-drawn vehicle; **~ utilitaire** commercial vehicle; **~ sur coussin d'air** air-cushion vehicle; **~ à deux roues** two-wheeler; **~ de transport de troupe** armoured troop-carrier; **~ spatial** spacecraft, spaceship; '**~ lent**' 'slow vehicle'. -**2.** [moyen de transmission] vehicle; **le ~ de** a vehicle for. -**3.** BX-ARTS & PHARM vehicle. -**4.** RELIG: **petit ~** Hinayana; **grand ~** Mahayana.

véhiculer [3] [veikyle] *vt* -**1.** TRANSP to convey, to transport. -**2.** [transmettre - idée, message] to convey, to serve as OU to be a vehicle for.

veille [vɛj] *nf* -**1.** [jour d'avant]: **la ~, je lui avais dit...** the day before, I'd said to him...; **la ~ au soir** the night before; **faites mariner la ~ au soir** marinate overnight; **la ~ de** the eve of, the day before; **la ~ de Noël** Christmas Eve; **la ~ du jour de l'an** New Year's Eve; **la ~ de son départ/sa mort** the day before he left/died; **à la ~ de**: **à la ~ des présidentielles/de la visite du pape** on the eve of the presidential elections/of the Pope's visit; **le pays est à la ~ d'un tournant historique** the country is on the eve OU brink of a historic change; **on était à la ~ d'entrer en guerre** we were on the brink of war OU on the point of declaring war. -**2.** [éveil]: **de longues heures de ~ consacrées à la poésie** long sleepless nights devoted to poetry; **état de ~** waking state; **être entre la ~ et le sommeil** between waking and sleeping. -**3.** [garde] vigil; MIL night watch; **homme de ~** NAUT lookout.

veillée [veje] *nf* -**1.** [soir] evening. -**2.** [réunion] evening gathering; **faire une ~ autour d'un feu** to spend the evening round a fire; **les histoires que l'on se racontait à la ~** the stories people used to tell at evening gatherings. -**3.** [en colonie de vacances] evening activities. -**4.** [garde] vigil, watch; **~ d'armes** HIST knightly vigil; **c'est notre ~ d'armes avant le concours** *fig* it's the last night before our exam; **~ funèbre** wake.

veiller [4] [veje] ◇ *vt* [un malade] to watch over, to sit up with; [un mort] to keep watch OU vigil over.

◇ *vi* -**1.** [rester éveillé] to sit OU stay up *(insép)*; **~ jusque tard dans la nuit** to sit up OU stay awake till late into the night; **ne veille pas trop tard** don't stay up too late. -**2.** [être de garde] to keep watch, to be on watch. -**3.** [être sur ses gardes] to be watchful OU vigilant. -**4.** [faire la veillée] to spend the evening in company.

◆ **veiller sur** *v + prép* [surveiller - enfant] to watch (over), to look after, to take care of; [- santé] to watch, to take care of.

◆ **veiller à** *v + prép* to see to; **~ aux intérêts du pays** to attend to OU to see to OU to look after the interests of the country; **je veillais au bon déroulement des opérations** I saw to it that everything was running smoothly; **veillez à ce qu'il ne tombe pas** be careful OU watch that he doesn't fall; **je veillerai à ce qu'elle arrive à l'heure** I'll see (to it) OU make sure that she gets there on time; **veillez à ne pas refaire la même faute** take care OU be careful not to make the same mistake again ❑ **~ au grain** to keep one's weather eye open.

◆ **se veiller** *fam vpi Helv* to be careful.

veilleur [vejœr] *nm* -**1.** MIL [soldat] lookout. -**2.** [gardien]: **~ de nuit** night watchman.

veilleuse [vejøz] *nf* [lampe] night-light; [flamme] pilot light; **mettre en ~** [lumière] to dim, to turn down low; *fig fam* [projet] to put off temporarily, to put on the back-burner, to shelve; **mets-la en ~!** [▽] just pipe down, will you!

◆ **veilleuses** *nfpl* AUT sidelights.

veinard, e *fam* [vɛnar, ard] ◇ *adj* [chanceux] lucky, jammy *Br*.

◇ *nm, f* lucky devil OU so-and-so; **sacré ~, va!** you lucky devil!

veine [vɛn] *nf* -**1.** ANAT vein; **s'ouvrir les ~s** to slash one's wrists ❑ **~ cave** vena cava; **~ porte** portal vein; **~ pulmonaire** pulmonary vein. -**2.** [d'un minerai] vein, lode; [du bois] grain; [d'une feuille] vein. -**3.** [inspiration] vein, inspiration; **les deux récits sont de la même ~** the two stories are in the same vein. -**4.** *fam* [chance] luck; **avoir de la ~** to be lucky; **quel coup de**

~! what a stroke of luck!, what a fluke!; **pas de ~!** hard OU tough luck!; **c'est bien ma ~!** *iron* just my luck! ❑ **avoir une ~ de cocu**▽ OU **de pendu** to have the luck of the devil. -**5.** *loc*: **être en ~ de générosité** to be in a generous mood; **je suis en ~ d'inspiration ce matin** I'm feeling inspired this morning.

veiné, e [vene] *adj* [bras, main] veiny; [bois] grained; [feuille, marbre] veined; **~ de rose** pink-veined.

veiner [4] [vene] *vt* to vein.

veineux, euse [venø, øz] *adj* -**1.** ANAT venous. -**2.** [strié - bois] grainy.

veinule [venyl] *nf* venule, veinlet.

veinure [venyr] *nf* veining; **le bois présente des ~s** the wood is veined.

vêlage [vɛlaʒ] *nm* calving.

vélaire [velɛr] *adj* & *nf* velar.

velche, welche [vɛlʃ] *Helv* ◇ *adj* French-speaking Swiss.
◇ *nmf* French-speaking Swiss (person).

vêlement [vɛlmɑ̃] = **vêlage**.

vêler [4] [vele] *vi* to calve.

vélie [veli] *nf* water flea.

vélin [velɛ̃] *nm* -**1.** [parchemin] vellum. -**2.** [en papeterie]: **(papier) ~** vellum (paper).

véliplanchiste [veliplɑ̃ʃist] *nmf* windsurfer.

vélique [velik] *adj* NAUT: **point ~** centre of effort.

vélivole [velivɔl], **vélivoliste** [velivɔlist]
◇ *adj* glider *(modif)*.
◇ *nmf* glider pilot.

velléitaire [veleitɛr] ◇ *adj* indecisive.
◇ *nmf*: **c'est une ~** she has ideas but never carries them through.

velléité [veleite] *nf* -**1.** [faible volonté] vague desire, stray impulse; **il lui vient des ~s de repeindre la cuisine** he sometimes gets the urge to redecorate the kitchen (but never gets round to it); **des ~s littéraires** a vague desire to write. -**2.** [brève tentative] short-lived burst of enthusiasm; **j'ai acheté toutes ces pelotes de laine quand j'avais des ~s de tricot** I bought all these balls of wool when I was in my knitting phase.

vélo [velo] *nm* -**1.** [bicyclette] bike, bicycle; **faire du ~, monter à ~** to ride a bike; **une fois qu'on a appris à faire du ~** once you've learned to ride a bike; **aller à ~** to go by bike, to cycle; **on a fait un tour à ~** we went for a ride (on our bikes) ❑ **~ d'appartement** exercise bike; **~ de course** racing bike; **avoir un petit ~ (dans la tête)** *hum* to have bats in the belfry. -**2.** LOISIRS & SPORT: **le ~** cycling.

véloce [velɔs] *adj litt* [rapide] swift, fleet *litt*; [agile] nimble, deft.

vélocimétrie [velɔsimetri] *nf* velocimetry.

vélocipède [velɔsipɛd] *nm hum* velocipede.

vélociste [velɔsist] *nm* [vendeur] cycle dealer; [réparateur] cycle mechanic.

vélocité [velɔsite] *nf* -**1.** *litt* [rapidité] velocity, speed, swiftness; **avec ~** swiftly. -**2.** PHYS velocity.

vélocross [velɔkrɔs] *nm* cyclo-cross; **faire du ~** to go cross-country cycling.

vélodrome [velɔdrom] *nm* velodrome.

vélomoteur [velɔmɔtœr] *nm* lightweight motorcycle, moped *Br*.

véloski [velɔski] *nm* skibob.

velours [vəlur] *nm* -**1.** TEXT velvet; **~ bouclé** uncut velvet, loop pile fabric; **~ côtelé, ~ à côtes** corduroy; **pantalons en ~ côtelé** OU **~ à côtes** corduroy trousers, cords. -**2.** *fig*: **ce vin/sa peau est comme du ~** this wine/her skin is as smooth as velvet; **des yeux de ~** soft OU velvet eyes; **une voix de ~** a velvety OU silky voice.

velouté, e [vəlute] *adj* -**1.** [doux - peau] velvet *(modif)*, silky. -**2.** TEXT [tissu] raised-nap *(modif)*; [papier peint] flocked.
◆ **velouté** *nm* -**1.** CULIN [potage] cream soup; [sauce] velouté (sauce); **~ de poulet** cream of chicken (soup). -**2.** [douceur - de la peau] velvetiness, silkiness.

veloutement [vəlutmɑ̃] *nm litt* velvetiness.

velouter [3] [vəlute] *vt* -**1.** TEXT to raise, to nap. -**2.** [papier peint] to flock.
◆ **se velouter** *vpi* [voix] to soften.

velouteux, euse [vəlutø, øz] *adj* velvety, soft, silky.

veloutine [vəlutin] *nf* velveteen.

Velpeau [vɛlpo] *npr*: **bande ~** crêpe bandage *Br*, Ace bandage® *Am*.

velu, e [vəly] *adj* -**1.** [homme, poitrine] hairy. -**2.** BOT hairy, downy, villous *spéc*. -**3.** TEXT raised-nap.

vélum [velɔm] *nm* -**1.** [protection] awning. -**2.** ANTIQ velarium. -**3.** ZOOL velum.

Vélux® [velyks] *nm* roof light.

venaison [vənɛzɔ̃] *nf* venison.

vénal, e, aux [venal, o] *adj* -**1.** [corrompu] venal, corrupt. -**2.** [intéressé] venal, mercenary. -**3.** ÉCON: **valeur ~e** market value.

vénalité [venalite] *nf* venality.

venant [vənɑ̃] *nm*: **à tout ~, à tous ~s** [au premier venu] to all and sundry; **à tout ~** [à tout propos] constantly.

Venceslas [vɛ̃sɛslas] *npr* Wenceslas.

vendable [vɑ̃dabl] *adj* saleable, marketable; **ma voiture n'est pas ~** my car has no market value.

vendange [vɑ̃dɑ̃ʒ] *nf* -**1.** [cueillette] grape-picking, grape-harvesting, grape-harvest; **faire la ~** OU **les ~s** [vigneron] to harvest the grapes; [journalier] to go grape-picking. -**2.** [quantité récoltée] grape-harvest, grape-yield; [qualité récoltée] vintage; **la ~ de l'année sera bonne** this year's vintage will be good, this year will be a good vintage.
◆ **vendanges** *nfpl* [saison] grape-harvesting time.

vendangeoir [vɑ̃dɑ̃ʒwar] *nm* grape basket.

vendanger [17] [vɑ̃dɑ̃ʒe] ◇ *vt* to harvest, to pick.
◇ *vi* to harvest grapes.

vendangeur, euse [vɑ̃dɑ̃ʒœr, øz] *nm, f* grape-picker.
◆ **vendangeur** *nm* harvest mite, chigger.
◆ **vendangeuse** *nf* -**1.** [machine] grape-picker. -**2.** BOT aster.

Vendée [vɑ̃de] *npr f*: **(la) ~** the Vendée; **en ~** in the Vendée area; **les guerres de ~** the Wars of the Vendée.

vendéen, enne [vɑ̃deɛ̃, ɛn] *adj* Vendean.
◆ **Vendéen, enne** *nm, f* Vendean.

vendémiaire [vɑ̃demjɛr] *nm 1st month in the French Revolutionary calendar (from Sept 22nd/23rd/24th to Oct 21st/22nd/23rd)*.

vendetta [vɑ̃deta] *nf* vendetta.

vendeur, euse [vɑ̃dœr, øz] ◇ *adj* selling; **si ma maison vous intéresse, je suis vendeuse** if you're interested in my house, I'm willing to sell ❑ **commissionnaire ~** selling agent.
◇ *nm, f* -**1.** [dans un magasin] salesperson, (sales) clerk *Am*, shop assistant *Br*; **'recherche ~s'** 'sales staff wanted'. -**2.** [dans une entreprise] (sales) representative; **il est bon ~** he's a good salesman. -**3.** [marchand] seller; **~ de journaux** news OU newspaper man; **~ de chaussures** shoe seller; **vendeuse de glaces** ice-cream lady.
◆ **vendeur** *nm* JUR vendor, seller.

vendre [73] [vɑ̃dr] *vt* -**1.** [céder - propriété, brevet, marchandise] to sell; **il vend ses melons (à) 8 F** he sells his melons at OU for 8 F each; **~ qqch à la pièce/à la douzaine/au poids** to sell sthg by unit/by the dozen/by weight; **~ (qqch) au détail** to retail (sthg); **~ (qqch) en gros** to sell (sthg) wholesale; **~ qqch au prix fort** to price sthg high; **~ qqch à perte** to sell sthg at a loss; **~ qqch aux enchères** [gén] to auction sthg; [pour s'en débarrasser] to auction sthg off; **elle a tout vendu et elle a fait ses valises** she sold up *Br* OU out *Am* and packed her bags; **~ qqch à qqn** to sell sb sthg, to sell sthg to sb; **elle m'a vendu sa montre (pour) 100 F** she sold me her watch for 100 F; **tu me la vendrais combien?** how much would you sell it (to me) for?; **'à ~'** 'for sale' || *(en usage abs)*: **ils vendent cher/ne vendent pas cher chez Zapp** Zapp's is expensive/cheap ❑ **~ chèrement sa peau** to fight for one's life; **~ sa salade** *fam* to sell one's line OU o.s.; **il vendrait père et mère** he'd sell his own grandmother; **il ne faut jamais ~ la peau de l'ours avant de l'avoir tué** *prov* don't count your chickens before they are hatched *prov*. -**2.** [commercialiser] to sell; **~ ses charmes** *euph* to sell one's body || *(en usage abs)*: **ce qui les intéresse, c'est de ~** they're interested in selling OU sales; **nous vendons beaucoup à l'étranger** we sell a lot abroad, we get a lot of sales abroad; **la publicité fait ~** advertising sells. -**3.** [trahir - secret] to sell; [- associé, confident] to sell down the river; **~ son âme au diable** to sell one's soul to the devil ❑ **~ la mèche** [exprès] to give the game OU show away; [par accident] to let the cat out of the bag.
◆ **se vendre** ◇ *vp (emploi passif)* to sell; **ça se vend bien/mal actuellement** it is/isn't selling well at the moment ❑ **se ~ comme des petits pains** to sell OU to go like hot cakes.
◇ *vp (emploi réfléchi)* -**1.** [se mettre en valeur] to sell o.s.; **il faut savoir se ~** you must be able to sell yourself OU to show yourself off to your best advantage. -**2.** [traître] to sell o.s.; **se ~ à l'adversaire** to sell o.s. to OU to sell out to the opposite side.

vendredi [vɑ̃drədi] *nm* Friday; **le ~ saint** Good Friday.

Vendredi [vɑ̃drədi] *npr* [dans «Robinson Crusoé»] Man Friday; **j'ai été son ~** I was his man Friday.

vendu, e [vɑ̃dy] ◇ *adj* [vénal] corrupt.
◇ *nm, f péj* turncoat, traitor.

venelle [vənɛl] *nf* lane, alleyway.

vénéneux, euse [venenø, øz] *adj* -**1.** [toxique] poisonous, toxic. -**2.** *litt* [pernicieux]: **elle nourrissait des pensées vénéneuses** malignant thoughts were going through her mind.

vénérable [venerabl] *adj* venerable; **d'un âge ~** ancient *hum*.

vénération [venerasjɔ̃] *nf* -**1.** RELIG reverence. -**2.** [admiration] veneration, reverence, respect; **avoir de la ~ pour qqn** to revere sb.

vénérer [18] [venere] *vt* -**1.** RELIG to worship, to revere. -**2.** [admirer] to revere, to worship, to venerate.

vénerie [vɛnri] *nf* hunting *(with hounds)*.

vénérien, enne [venerjɛ̃, ɛn] *adj* venereal.

Vénètes [venɛt] *npr mpl*: **les ~** the Veneti.

Vénétie [venesi] *npr f*: **(la) ~** Venetia.

veneur [vənœr] *nm* -**1.** [chasseur] hunter. -**2.** [maître des chiens] master of hounds. -**3.** HIST: **le Grand ~** ≃ the Master of the Royal Hunt.

Venezuela [venezɥela] *npr m*: **le ~** Venezuela; **au ~** in Venezuela.

vénézuélien, enne [venezɥeljɛ̃, ɛn] *adj* Venezuelan.
◆ **Vénézuélien, enne** *nm, f* Venezuelan.

vengeance [vɑ̃ʒɑ̃s] *nf* revenge, vengeance; **crier** OU **demander** OU **réclamer ~** to cry out for revenge; **tirer ~ d'une injustice** to avenge an injustice; **il a menti par ~** he lied for the sake of revenge; **soif** OU **désir de ~** revengefulness, vengefulness; **avoir sa ~** to get one's own back, to have one's revenge ❑ **c'est la ~ divine** OU **du ciel** *hum* it's divine retribution; **la ~ est un plat qui se mange froid** *prov* vengeance is a meal best eaten cold *prov*.

venger [17] [vɑ̃ʒe] *vt* -**1.** [réparer] to avenge; **~ un affront** to avenge an insult. -**2.** [dédommager]: **~ qqn de qqch** to avenge sb for sthg; **cela le venge de son échec** it makes up for his failure.
◆ **se venger** *vp (emploi réfléchi)* -**1.** [tirer réparation] to revenge OU to avenge o.s., to take vengeance; **je me vengerai!** I'll get my own back!; **il s'est vengé brutalement** he retaliated brutally; **se ~ de qqn/qqch** to take one's revenge on sb/for sthg; **elle m'a menti pour se ~ de ma cruauté** she lied to me in revenge for my cruelty; **il s'est vengé de l'assassin de sa**

sœur he took his revenge on his sister's murderer. -**2.** [calmer sa colère]: ne te venge pas sur moi don't take it out on me.

vengeron [vɑ̃ʒʀɔ̃] *nm Helv* roach.

vengeur, vengeresse [vɑ̃ʒœʀ, vɑ̃ʒʀɛs] ◇ *adj* avenging, revengeful, vengeful; dit-elle d'un ton ~ she said, vindictively; une petite remarque vengeresse a vengeful little remark.
◇ *nm, f* avenger.

véniel, elle [venjɛl] *adj* -**1.** [excusable] minor, slight. -**2.** RELIG venial.

venimeux, euse [vənimø, øz] *adj* -**1.** [toxique] venomous, poisonous. -**2.** [méchant] venomous, malevolent; il m'a lancé un regard ~ he looked daggers at me, he shot me a murderous glance; des commentaires ~ barbs, barbed remarks.

venin [vənɛ̃] *nm* -**1.** [poison] venom. -**2.** *litt* [malveillance]: cracher OU jeter son ~ to vent one's spleen; répandre son ~ contre qqn/qqch to speak viciously about sb/sthg.

venir [40] [vəniʀ] ◇ *v aux* -**1.** [se rendre quelque part pour] to come and OU to; Roger viendra me chercher Roger will come and collect me; viens t'asseoir près de moi come and sit down by me; je suis venu m'excuser I've come to apologize; venez manger! dinner's ready!; ~ voir qqn to come and see OU to visit sb, to visit with sb *Am*; ils ne viennent plus nous voir [après une querelle] we're not on visiting terms any more; ~ voir qqch to come and see sthg; beaucoup de gens sont venus voir notre pièce a lot of people turned out OU came to see our play || *(à valeur d'insistance)*: si tu tombes, ne viens pas pleurer! if you fall, don't come crying!; tu l'as bien cherché, alors ne viens pas te plaindre! you asked for it, so now don't come moaning to me about it!; il est venu raconter qu'elle avait des dettes he came telling tales about her being in debt; qu'est-ce que tu viens nous raconter OU chanter là? *fam* what on earth are you on about *Br* OU talking about? -**2.** ~ de [avoir fini de]: ~ de faire qqch to have just done sthg; je viens de laver les vitres et il pleut! I've just finished cleaning the windows and now it's raining!; je viens de l'avoir au téléphone I was on the phone to her just a few minutes OU a short while ago; elle vient de terminer son premier album [il y a quelques jours] she's just OU she recently finished her first album; je venais de terminer mes devoirs I had just finished my homework. -**3.** *sout*: ~ à [exprime un hasard] to happen to; si son pied venait à glisser should his foot slip, if his foot slipped; si les vivres venaient à manquer should food supplies run out, if food supplies were to run out.
◇ *vi* **A.** AVEC IDÉE DE MOUVEMENT -**1.** [se déplacer, se rendre] to come; viens plus près come closer; je ne suis pas venu pour parler de la pluie et du beau temps! I didn't come here to talk about the weather!; faut-il ~ déguisé? do we have to come in OU to wear fancy dress?; il y aura un orchestre et du champagne, il faut ~! there will be a band and champagne, you must come along!; venez nombreux! do come along!; ils sont venus nombreux they came in droves; il est reparti OU il s'en est allé comme il était venu *pr* he went away again unaltered by his experience; [il est mort] he died without having made his mark; comment êtes-vous venus? how did you get here?; ma mère disparue, il a commencé à ~ chez nous after my mother passed away, he took to visiting us; je l'ai rencontrée en venant ici I met her on my way here; il vient au collège en planche à roulettes/en taxi he comes to college on a skateboard/in a taxi; il ne vient plus au collège he never comes to college now; viens au lit come to bed; on ne peut ~ au chalet qu'à pied the only way to reach the chalet is on foot; quand il est venu en Australie when he came to Australia; comment est-elle venue sur l'île? how did she get to OU reach the island?; ~ avec qqn to come with OU to accompany sb; on va au restaurant, tu viens avec nous? we're off to the restaurant, are you coming with us OU along?; à la piscine? d'accord, je viens avec toi to the swimming pool? OK, I'll come OU go with you; ~ de: d'où viens-tu? where have you been?; je viens de Paris et je repars à New York I've just been in Paris and now I'm off to New York; ~ sur [prédateur, véhicule] to move in on, to bear down upon; la moto venait droit sur nous the motorbike was heading straight for us; ~ vers qqn [s'approcher] to come up to OU towards sb; ~ à qqn [s'adresser à qqn] to come to sb; [atteindre qqn] to reach sb; il vient toujours à moi quand il a besoin d'argent he always comes to me when he needs money. -**2.** faire ~ [médecin, police, réparateur] to send for, to call; [parasites, touristes] to attract; faire ~ une personne chez soi to have somebody come round; faites ~ le prévenu chez le juge bring the accused to the judge's office; elle lui a fait du charme pour le faire ~ dans sa chambre she used her charm to lure him into her bedroom; je fais ~ mon foie gras directement du Périgord I have my foie gras sent straight from Périgord; faire ~ les larmes aux yeux de qqn to bring tears to sb's eyes. -**3.** NAUT: ~ sur bâbord/tribord to alter course to port/starboard; ~ au vent OU lof to come round (into the wind).
B. SANS IDÉE DE MOUVEMENT: ~ à OU jusqu'à [vers le haut] to come up to, to reach (up to); [vers le bas] to come down to, to reach (down to); [en largeur, en longueur] to come out to, to stretch to, to reach; la vigne vierge vient jusqu'à ma fenêtre the Virginia creeper reaches up to my window; l'eau vient jusqu'à la cheville/jusqu'au genou the water is ankle-deep/knee-deep.
C. SURGIR, SE MANIFESTER -**1.** [arriver - moment, saison] to come; le moment est venu de the time has come to; quand vient l'hiver when winter comes; quand vint le jour du mariage when the wedding day came; l'aube vint enfin dawn broke at last; voici ~ la nuit it's nearly night OU nighttime; puis la guerre est venue then came the war; la retraite vient vite! retirement isn't long in coming!; puis il vient un âge/moment où... then comes an age/a time when...; ça va ~: je ne suis jamais tombé amoureux – non, mais ça va ~! I've never fallen in love – (no, but) you will one day!; alors, elle vient cette bière? am I getting that beer or not?, how long do I have to wait for my beer?; alors, ça vient? hurry up!; ça vient, ça vient! alright, it's coming! -**2.** [apparaître - inspiration, idée, boutons] to come; mon nouveau roman commence à ~ my new novel is coming along (nicely); la prudence vient avec l'âge one gets more wary as one gets older; prendre la vie comme elle vient OU les choses comme elles viennent OU les événements comme ils viennent to take things in one's stride OU as they come, to take life as it comes; ~ à qqn: l'envie m'est soudain venue d'aller me baigner I suddenly felt like going swimming OU fancied a swim; une idée géniale m'était venue a great idea had dawned on me; le remords m'est venu peu à peu remorse crept up on me; les mots ne me viennent pas facilement en russe my Russian isn't fluent, I'm not fluent in Russian; les mots semblaient lui ~ si facilement! her words seemed to flow so effortlessly!; les mots ne me venaient pas I was at a loss for words, I couldn't find the words; les idées me viennent mais pas les mots I've got ideas but I can't find words to express them; des rougeurs me sont venues sur tout le corps I came out in red blotches all over; ~ à l'esprit de qqn OU à l'idée de qqn to come to OU to dawn on sb; rien ne lui venait à l'esprit OU l'idée her mind was a blank; une solution m'est venue à l'esprit a solution dawned on me. -**3.** [dans une chronologie, un ordre, une hiérarchie] to come; le mois/l'année/la décennie qui vient the coming month/year/decade; le trimestre qui vient next term; ~ après: fais tes devoirs, la télé viendra après do your homework, we'll see about TV later on; dans ce jeu, l'as vient après le valet in this game, the ace comes after the jack. -**4.** [se développer] to come along OU up (well), to do well; les rosiers viennent mieux dans un terrain glaiseux rose bushes do better in a clayey soil; les capucines ne sont pas bien venues the nasturtiums didn't come up OU do well; ~ à fruit to (go into) fruit; ~ à maturité to reach maturity, to ripen. -**5.** IMPR & PHOT: ~ bien/mal: les verts viennent bien sur la photo the green shades come out beautifully in the photograph.
◇ *v impers* -**1.** [se déplacer]: il vient des amateurs de jazz des quatre coins de l'Europe jazz lovers come from all over Europe; il vient peu de touristes en hiver few tourists come in winter. -**2.** il me/te *etc* vient: il me vient une idée I've got an idea; il m'est venu à l'idée de faire I suddenly thought of doing, it dawned on me to do; il me vient à l'idée que nous pourrions l'interroger aussi come to think of it, we could ask him as well; soudain il m'est venu un doute I suddenly wasn't so sure; il m'est venu une envie de tout casser I suddenly felt like smashing the place up. -**3.** [exprime un hasard]: s'il venait à pleuvoir should it (happen to) rain.

◆ **venir à** *v + prép* -**1.** [choisir] to come to; elle est venue tard à la musique she was a late-comer to music; vous êtes venu tôt à la politique you started your political career early. -**2.** en ~ à [thème, problème] to come OU to turn to; [conclusion] to come to, to reach; [décision] to come to; venons-en aux statistiques (now) let's turn to OU look at the figures; en ~ au fait OU à l'essentiel to come OU to go straight to the point; j'en viens au détail croustillant! I'm coming to the juicy bit!; la discussion en était venue à la politique the discussion had turned to politics; je sais certaines choses... – où veux-tu en ~? I know a thing or two... – what do you mean by that OU are you getting at OU are you driving at?; pourquoi a-t-elle exigé cela? – je crois savoir où elle veut en ~ why did she make that particular demand? – I think I know what she's after; en ~ aux mains OU coups to come to blows; en ~ à faire [finir par] to come to; [en dernière extrémité] to resort OU to be reduced to; ils en étaient venus à douter de son talent they'd come to question her talent; j'en viens à me demander si... I'm beginning to wonder whether...; j'en viendrais presque à souhaiter sa mort I've reached the stage where I almost wish he were dead; si j'en suis venu à voler, c'est que... I resorted to stealing because...; y ~ [dans une discussion]: et l'argent? – j'y viens what about the money? – I'm coming to that; y ~ [s'y résoudre] to come round to it; je ne prendrai jamais de médicaments – vous y viendrez I'll never take any medicine – you'll come round to it; je vais te casser la figure – viens-y un peu! *fam* I'm going to smash your face in – come on then OU just you try!

◆ **venir de** *v + prép* -**1.** [être originaire de - suj: personne] to come from, to be from, to be a native of; [- suj: plante, fruit, animal] to come OU to be OU to originate from; sa femme vient du Chili his wife comes from OU is from Chile; je boycotte tout ce qui vient de leur pays I boycott everything that comes from OU is produced in their country; la perle vient de la famille de mon père the pearl has been passed down from my father's family; une mode qui vient d'Espagne a fashion which comes from OU originated in Spain; le mot vient du latin the word comes OU derives from Latin. -**2.** [provenir de - suj: marchandise] to originate from; [- suj: bruit, vent] to come from; ces images nous viennent de Tokyo these pictures come to you from Tokyo. -**3.** [être issu de] to come from; les produits qui viennent du pétrole oil-based products; d'où vient la conscience? where does consciousness spring from?; les ordres viennent de beaucoup plus haut the orders come from much higher up; **la suggestion doit ~ de toi, il l'acceptera mieux** he'll accept the suggestion more readily if it comes from you; **venant de lui, rien ne m'étonne** nothing he says or does can surprise me; **venant d'elle, c'est presque un compliment** coming from her it's almost a compliment. -**4.** [être dû à - suj: problème] to come OU to stem from, to lie in OU with; **le problème vient de la prise** it's the plug; **ça ne peut ~ que du carburateur** it can only be the carburettor; **quand il y a des problèmes au bureau, tu peux être sûr que ça vient d'elle** when there's trouble at the office, you can be sure she's had a hand in it; **il y a une grosse erreur dans la comptabilité – ça ne vient pas de moi** there's a big discrepancy in the books – it's got nothing to do with me; **c'est de là que vient le mal/problème** this is the root of the evil/problem; **de là vient son indifférence** hence her indifference, that's why she's indifferent; **de là vient que: les travaux sont finis, de là vient que tout est calme** the building work is over, hence the peace and quiet; **d'où vient que: je dois terminer pour demain, d'où vient que je n'ai pas de temps à vous consacrer** my deadline is tomorrow, that's why I can't give you any of my time; **d'où vient que...?** how is it that ...?

◆ **s'en venir** *vpi litt* to come; **un cavalier s'en venait** a rider was coming OU approaching.

◆ **à venir** *loc adj*: **dans les jours/semaines/mois à ~** in the days/weeks/months to come; **les années à ~** the coming years OU years to come; **les générations à ~** future OU coming generations; **mes amours à ~** my future loves.

Venise [vəniz] *npr* Venice.

vénitien, enne [venisjɛ̃, ɛn] *adj* Venetian.

◆ **Vénitien, enne** *nm, f* Venetian.

vent [vɑ̃] *nm* -**1.** MÉTÉO wind; **un ~ du nord/nord-est** a North/North-East wind; **le ~ souffle/tourne** the wind is blowing/changing; **le ~ tombe/se lève** the wind is dropping/rising; **il y a OU il fait du ~** it's windy OU breezy; **un ~ de panique a soufflé sur la foule** *fig* a ripple of panic ran through the crowd ❑ **~ de terre/mer** land/sea breeze; **plante de plein ~** outdoor plant; **il fait un ~ à décorner les bœufs** there is a fierce wind blowing, it's a blustery day. -**2.** NAUT & AÉRON: **au ~ (de)** to windward (of); **sous le ~ (de)** to leeward (of); **aller contre le ~** NAUT to head into the wind; AÉRON to go up the wind; **venir au ~** to turn into the wind ❑ **~ arrière** AÉRON tail wind; NAUT rear wind; **~ contraire** adverse wind; **~ debout** head wind; **avoir du ~ dans les voiles** *fam* to be tipsy, to be three sheets to the wind; **avoir le ~ en poupe** to be up-and-coming, to be going places; **du ~!** *fam* clear off!, get lost!; **bon ~!** good riddance!; **quel bon ~ vous amène?** to what do we owe the pleasure (of your visit)?; **faire qqch contre ~s et marées** to do sthg come hell or high water; **aller OU filer comme le ~** to fly OU to hurtle along; **(éparpillés) à tous les ~s OU à tout ~** (scattered) far and wide. -**3.** [courant d'air]: **du ~** [de l'air] some air, a breeze; [des paroles vaines] hot air; [des actes vains] empty posturing; **il lui a fait un peu de ~ avec son journal** he fanned her with his newspaper ❑ **~ coulis** draught; **faire du ~** *fig*: **elle fait beaucoup de ~** she just makes a lot of noise. -**4.** MÉD & PHYSIOL: **des ~s** wind *(U)*; **lâcher des ~s** to break wind. -**5.** CHASSE wind; **chasser au ~** to keep the wind ❑ **avoir ~ de qqch** to (get to) hear of sthg; **je n'ai pas eu ~ de la rumeur** the rumour didn't come my way; **elle a eu ~ de l'affaire** she heard about OU she got wind of the story. -**6.** [atmosphère]: **le ~ est à la révolte** there is unrest in the air; **prendre le ~** to test the water, to gauge the situation ❑ **sentir OU voir d'où vient le ~** to see which way the wind blows OU how the land lies; **sentir le ~ tourner** to feel the wind change, to realize that the tide is turning; **dans le ~** up-to-date. -**7.** ASTRON: **~ solaire** solar wind.

◆ **vents** *nmpl* MUS wind instruments; **les ~s jouent trop fort** the wind section is playing too loud.

◆ **en plein vent** ◇ *loc adj* [exposé] exposed (to the wind).

◇ *loc adv* [dehors] in the open (air).

◆ **coup de vent** *nm* -**1.** [rafale] gust of wind. -**2.** *loc*: **en coup de ~** in a flash OU a whirl; **entrer/partir en coup de ~** to rush in/off; **elle est passée par Lausanne en coup de ~** she paid a flying visit to Lausanne; **manger en coup de ~** to grab sthg to eat.

ventage [vɑ̃taʒ] *nm* winnowing.

ventail, aux [vɑ̃taj, o] *nm*, **ventaille** [vɑ̃taj] *nf* ventail.

vente [vɑ̃t] *nf* -**1.** [opération] sale; **technique de ~** selling technique; **la ~ ne s'est pas faite** the sale fell through; **autoriser/interdire la ~ de** to authorize/to prohibit the sale of; **'ici, ~ de tomates'** 'tomatoes on OU for sale here'; **retiré de la ~** withdrawn from sale ❑ **~ au détail/en gros/en demi-gros** [par le négociant] retail/wholesale/cash-and-carry selling; [profession] retail/wholesale/cash-and-carry trade; **~ à la cheville** wholesale butchery trade; **~ pour cause d'inventaire** stock-taking sale; **~ pour liquidation avant départ** closing-down sale; **~ à perte** dumping; **lettre/promesse de ~** sales letter/agreement. -**2.** [domaine d'activité] selling; **~ au comptant** cash selling; **~ par correspondance** mail order (selling); **~ à crédit** credit selling; **~ directe** direct selling; **~ à domicile** door-to-door selling; **~ à l'essai** sale on approval; **~ à tempérament** hire-purchase *Br* OU installment plan *Am* selling; **~ à terme** sale for settlement. -**3.** JUR: **~ (par adjudication) forcée/judiciaire** compulsory sale, sale by order of the court. -**4.** [réunion, braderie] sale; **~ à l'encan OU aux enchères** auction (sale); **~ à la criée** auction (sale) *(especially of fish or meat)*; **~ paroissiale/de charité** church/charity bazaar; **~ publique** public sale. -**5.** BOURSE: **à la ~**: **le dollar vaut 6 F à la ~** the selling rate for the US dollar is 6 F. -**6.** [part de bois] fellable stand; [arbres]: **asseoir les ~s** to mark trees *(before felling them)*; **jeunes ~s** saplings.

◆ **ventes** *nfpl* COMM selling, sales; **achats et ~s** buying and selling; **promotion des ~s** sales promotion campaign; **le responsable des ~s** the sales manager; **un pourcentage sur les ~s** a percentage on sales; **~s d'armes** arms sales.

◆ **en vente** *loc adj & adv* [à vendre] for sale; [disponible] available, on sale; **en ~ en pharmacie** on sale at OU available from the chemist's; **en ~ libre** sold without a prescription; **en ~ sur/sans ordonnance** obtainable on prescription/without a prescription; **mettre qqch en ~** [commercialiser qqch] to put sthg on the market; **mettre une maison en ~** to put a house up for sale.

venté, e [vɑ̃te] *adj* -**1.** [où le vent souffle] windswept, windy. -**2.** [exposé] windswept.

venter [3] [vɑ̃te] *v impers*: **il vente** it's windy, the wind is blowing.

venteux, euse [vɑ̃tø, øz] *adj* -**1.** [où le vent souffle] windswept, windy. -**2.** [à courants d'air] draughty.

ventilateur [vɑ̃tilatœr] *nm* -**1.** [pour rafraîchir] fan; **~ à pales/de plafond** blade/ceiling fan. -**2.** AUT [de radiateur] cooling fan; [de chauffage] heating fan.

ventilation [vɑ̃tilasjɔ̃] *nf* -**1.** [appareil] ventilation; **faire marcher la ~** to turn on the fan ‖ [aération] supply of (fresh) air. -**2.** MÉD & PHYSIOL ventilation; **~ assistée** respiratory assistance; **~ maxima** maximum breathing capacity. -**3.** [d'une comptabilité] breakdown; **la ~ des frais généraux** the breakdown of overheads. -**4.** [répartition] allocation, apportionment; **la ~ des revenus** the allocation of income OU allocating income.

ventiler [3] [vɑ̃tile] *vt* -**1.** [aérer] to air, to ventilate; **mal ventilé** stuffy, airless. -**2.** MÉD to ventilate, to give respiratory assistance to. -**3.** [diviser - données] to explode, to scatter; [- élèves, emplois] to distribute, to spread; **ils ont ventilé les postes sur trois régions différentes** they allocated posts in three differents areas. -**4.** FIN to break down *(sép)*.

ventôse [vɑ̃toz] *nm 6th month in the French Revolutionary calendar (from Feb 20th to Mar 21st)*.

ventouse [vɑ̃tuz] *nf* -**1.** [en caoutchouc] suction cup. -**2.** MÉD cup, cupping glass; **poser des ~s à qqn** to cup sb; **application de ~s** cupping ❑ **~ eutocique** suction extractor; **~ obstétricale OU suédoise** vacuum extractor. -**3.** ZOOL sucker. -**4.** [déboucheur] plunger; **faire ~** to adhere OU to hold fast (through suction). -**5.** CONSTR [pour l'aération] air valve, air-vent.

ventral, e, aux [vɑ̃tral, o] *adj* front *(modif)*, ventral *spéc*.

ventre [vɑ̃tr] *nm* -**1.** ANAT & ZOOL stomach; **être couché sur le ~** to be lying down OU flat on one's stomach; **mettez-vous sur le ~** [de la position debout] lie on your stomach; [de la position couchée] roll over onto your stomach; **il leur marcherait OU passerait sur le ~** *fig* he'd trample all over them; **avoir mal au ~** to have (a) stomachache; **avoir le ~ creux OU vide** to have an empty stomach; **avoir le ~ plein** to be full, to have a full stomach; **il ne pense qu'à son ~** all he ever thinks about is his stomach ❑ **il s'est sauvé ~ à terre** you couldn't see him for dust; **rentrer/partir ~ à terre** to get back/to go off on the double; **n'avoir rien dans le ~**: **je n'ai rien dans le ~ depuis trois jours** I haven't had anything to eat for three days, I've had to go hungry for the last three days; **il n'a rien dans le ~** *fig* he's got no guts; **elle a quelque chose dans le ~** *fig* she's got guts, she's got what it takes; **je voudrais bien savoir ce qu'elle a dans le ~** [de manière générale] I'd like to know what makes her tick; [sur un point précis] I'd like to know what she's up to; **lui, professeur? ça me ferait mal au ~!** *fam* a professor, him? like hell he is!; **~ affamé n'a point OU pas d'oreilles** *prov* there is no reasoning with a starving man. -**2.** [contenu - d'un appareil, d'un véhicule] innards. -**3.** [utérus] womb; **un bébé dans le ~ de sa mère** a baby in its mother's womb. -**4.** [renflement - d'un vase, d'un tonneau, d'un pot] bulge, belly; [- d'un bateau] bilge; [- d'un avion] belly. -**5.** CONSTR: **faire ~** to bulge (out), to jut out. -**6.** PHYS loop, antinode.

ventrée *fam* [vɑ̃tre] *nf*: **on s'est mis une ~ (de saucisses)** we stuffed ourselves (with sausages).

ventriculaire [vɑ̃trikylɛr] *adj* ventricular.

ventricule [vɑ̃trikyl] *nm* ventricle.

ventriculographie [vɑ̃trikylɔgrafi] *nf* ventriculography.

ventrière [vɑ̃trijɛr] *nf* -**1.** [sangle - ventrale] girth; [- de levage] sling. -**2.** CONSTR crosspiece, purlin. -**3.** NAUT bilge block.

ventriloque [vɑ̃trilɔk] *nmf* ventriloquist.

ventriloquie [vɑ̃trilɔki] *nf* ventriloquism.

ventripotent, e [vɑ̃tripɔtɑ̃, ɑ̃t] *adj* potbellied, rotund *euph*.

ventru, e [vɑ̃try] *adj* -**1.** [personne] potbellied, paunchy. -**2.** [potiche] potbellied.

venu, e [vəny] *adj* -**1.** **bien ~** [enfant, plante, animal] strong, sturdy, robust; [conseil, remarque] timely, apposite; [attitude] appropriate; [roman] mature; **mal ~** [enfant, animal] sickly; [plante] stunted; [remarque, attitude] uncalled for, unwarranted, ill-advised; [conseil] untimely, unwelcome. -**2.** **être bien ~ de** [être bien inspiré de]: **tu serais bien ~ de t'excuser** you'd be well-advised to apologize, it would be a good idea for you to apologize; **être mal ~ de** [n'être pas qualifié pour]: **tu serais mal ~ de te plaindre!** you're hardly in a position to complain!; **il serait mal ~ de la critiquer** it wouldn't be appropriate to criticize her.

◆ **venue** *nf* -**1.** [arrivée] arrival; **la ~e de ma sœur** my sister's arrival. -**2.** [apparition] approach; **la ~e du printemps** the approach of spring. -**3.** [naissance] birth; **la ~e (au monde) d'un enfant** the arrival OU birth of a child.

-**4.** TECH: ~e d'eau/de gaz water/gas inrush. -**5.** *loc*: d'une belle ~e *litt* well-grown, sturdy-lush; d'une seule ~e, tout d'une ~e *litt* grown all in one spurt.

vénus [venys] *nf* ZOOL venus-shell; les ~ the veneridae.

Vénus [venys] ◇ *npr* Venus.
◇ *nf* [belle femme] Venus; ce n'est pas une ~ she's no (great) beauty.

vénusien, enne [venyzjɛ̃, ɛn] *adj* & *nm, f* Venusian.

vêpres [vɛpr] *nfpl* vespers; aller aux ~ to go to vespers; sonner les ~ to ring the bell for vespers.

ver [vɛr] *nm* [gén] worm; [de viande, de fromage, de fruit] maggot; avoir des ~s MÉD to have worms; il y a des ~s dans la viande/le fromage the meat/cheese is maggotty; cette pomme est pleine de ~s worms have been at this apple; meuble mangé aux OU rongé aux OU piqué des ~s worm-eaten piece of furniture ☐ ~ blanc grub; ~ à bois woodworm; ~ luisant glowworm; ~ à soie silkworm; ~ solitaire tapeworm; ~ de terre earthworm; tirer les ~s du nez à qqn *fam* to worm sthg out of sb; pas moyen de lui tirer les ~s du nez he won't give anything away; j'ai fini par lui tirer les ~s du nez I finally got the truth out of him; le ~ est dans le fruit the rot's set in.

véracité [verasite] *nf* -**1.** *litt* [habitude de dire vrai] veracity, truthfulness. -**2.** [authenticité] truth; la ~ de ce témoignage est évidente this statement is obviously true; une histoire dont la ~ n'est pas garantie an unauthenticated story.

véranda [verɑ̃da] *nf* -**1.** [galerie] veranda, verandah, porch *Am*. -**2.** [pièce] conservatory.

verbal, e, aux [vɛrbal, o] *adj* -**1.** [dit de vive voix] verbal; il y a eu un contrat ~ a verbal contract was established. -**2.** [s'exprimant par les mots]: violence ~e angry words; c'est un merveilleux délire ~ it's a wonderful feast of words; elle est en plein délire ~ *péj* she can't stop talking ☐ diarrhée ~e verbal diarrhoea. -**3.** LING [adjectif, système] verbal; [phrase, forme, groupe] verb *(modif)*.

verbalement [vɛrbalmɑ̃] *adv* verbally, orally.

verbalisateur [vɛrbalizatœr] *adj m*: agent ~ policeman *(in charge of reporting petty offences)*.

verbalisation [vɛrbalizasjɔ̃] *nf* -**1.** [amendes] reporting petty offences. -**2.** PSYCH verbalization, verbalizing.

verbaliser [3] [vɛrbalize] ◇ *vi* to report an offender; je suis obligé de ~ I'll have to report you.
◇ *vt* to express verbally, to put into words, to verbalize.

verbalisme [vɛrbalism] *nm* verbalism.

verbe [vɛrb] *nm* -**1.** GRAMM verb; ~ à particule phrasal verb. -**2.** [ton de voix]: avoir le ~ haut to lord it *Br*, to take a haughty tone; il n'a plus le ~ si haut depuis que sa protectrice est partie now that his protector's gone, he's had to quieten down. -**3.** *litt* [expression de la pensée] words, language. -**4.** BIBLE: le Verbe the Word; le Verbe fait chair the Word made flesh.

verbeux, euse [vɛrbø, øz] *adj* verbose, wordy, long-winded.

verbiage [vɛrbjaʒ] *nm* verbiage.

verbosité [vɛrbozite] *nf* verbosity, wordiness.

verdâtre [vɛrdatr] *adj* greenish, greeny.

verdelet, ette [vɛrdəlɛ, ɛt] *adj* [vin] slightly acid OU tart.

verdeur [vɛrdœr] *nf* -**1.** [vigueur] vitality, vigour. -**2.** [crudité] raciness, boldness, sauciness. -**3.** [acidité - d'un vin, d'un fruit] slight tartness OU acidity.

verdict [vɛrdikt] *nm* -**1.** JUR verdict; rendre son ~ to pass sentence, to return a verdict; le juge a rendu un ~ sévère the judge brought in a stiff sentence; rendre un ~ de culpabilité/d'acquittement to return a verdict of guilty/not guilty; quel est votre ~? how do you find? -**2.** [opinion] verdict, pronouncement; le ~ du médecin n'était pas très encourageant the doctor's prognosis wasn't very hopeful; seul compte le ~ du consommateur the only thing that matters is the verdict of the consumer.

verdier [vɛrdje] *nm* greenfinch.

verdir [32] [vɛrdir] ◇ *vi* -**1.** [devenir vert] to turn green. -**2.** [de peur] to blench; elle a verdi en apprenant la nouvelle the blood drained out of her face when she heard the news. -**3.** [plante, arbre] to have green shoots.
◇ *vt* to add green OU a green tinge to.

verdissant, e [vɛrdisɑ̃, ɑ̃t] *adj*: les cerisiers ~s the cherry trees covered in green shoots.

verdissement [vɛrdismɑ̃] *nm* turning green.

verdoiement [vɛrdwamɑ̃] *nm* greenness; le ~ des arbres dans le lointain the green hue of trees in the distance.

verdoyant, e [vɛrdwajɑ̃, ɑ̃t] *adj* -**1.** [vert] verdant *poét*, green. -**2.** [vivace] lush; les champs ~s the lush pastures.

verdoyer [13] [vɛrdwaje] *vi* to be green OU verdant *litt*.

Verdun [vɛrdœ̃] *npr* Verdun; la bataille de ~ the Battle of Verdun.

VERDUN:
A strategic town of great importance in French history: it saw the signing of the treaty in 843 establishing the existence of what is now France, two occupations by Prussian forces, in 1792 and 1870, and Pétain's ten-month resistance to the German siege of 1916, a hard-won victory involving enormous loss of life which etched itself deeply into the memory of the French people.

---

verdunisation [vɛrdynizasjɔ̃] *nf* chlorination *(of drinking water)*.

verduniser [3] [vɛrdynize] *vt* to chlorinate.

verdure [vɛrdyr] *nf* -**1.** [couleur] verdure *litt*, greenness. -**2.** [végétation] greenery, verdure *litt*; [dans un bouquet] greenery, (green) foliage. -**3.** CULIN salad; je vous le sers avec un peu de ~? shall I serve it with some salad?
◆ **de verdure** *loc adj* [tapisserie] verdure *(modif)*; [théâtre] open-air.

vérétille [veretij] *nm* veretillum.

véreux, euse [verø, øz] *adj* -**1.** [plein de vers - fruit, viande] wormy, maggoty. -**2.** [malhonnête - affaire, avocat, architecte, policier] dubious, shady.

verge [vɛrʒ] *nf* -**1.** [barre] rod; ~ du balancier d'une horloge pendulum rod. -**2.** [insigne] rod, wand, staff. -**3.** ANAT penis. -**4.** [mesure] yard; ~ d'arpenteur measuring stick ‖ *Can* yard. -**5.** NAUT: ~ de l'ancre anchor shank. -**6.** ACOUST bar. -**7.** BOT: ~ d'or goldenrod.
◆ **verges** *nfpl vieilli*: donner les ~s à qqn to birch sb; donner des ~s à qqn pour se faire fouetter to give sb a stick to beat one with.

vergé, e [vɛrʒe] *adj* -**1.** TEXT ribbed, corded. -**2.** [papier] laid.

vergence [vɛrʒɑ̃s] *nf* vergence.

vergeoise [vɛrʒwaz] *nf* brown sugar.

verger [vɛrʒe] *nm* (fruit) orchard.

vergeté, e [vɛrʒəte] *adj* -**1.** [peau, cuisse] stretch-marked. -**2.** HÉRALD paly.
◆ **vergeté** *nm* paly escutcheon.

vergetures [vɛrʒətyr] *nfpl* stretchmarks.

verglacé, e [vɛrglase] *adj*: route ~e road covered in black ice, icy road; attention, les routes sont ~es careful, there's black ice on the roads OU the roads are icy.

verglacer [16] [vɛrglase] *v impers*: il verglace it's icing over.

verglas [vɛrgla] *nm* black ice *Br*, glare ice *Am*; 'danger ~' 'black ice'; il y a du ~ dans l'allée the drive is iced over; plaques de ~ patches of black ice, icy patches.

vergogne [vɛrgɔɲ]
◆ **sans vergogne** *loc adv* shamelessly; mentir sans ~ to lie shamelessly OU without compunction.

vergue [vɛrg] *nf* yard NAUT; ~ de misaine foreyard; grande ~ main yard.

véridicité [veridisite] *nf litt* veracity, accuracy.

véridique [veridik] *adj* -**1.** *litt* [sincère - témoin] truthful, veracious. -**2.** [conforme à la vérité] genuine, true; c'est une histoire absolument ~ it's a true story; tout cela est parfaitement ~ there's not a word of a lie in all this; elle les a renvoyés, ~! *fam* she fired them, it's true! -**3.** [qui ne trompe pas] genuine, authentic.

véridiquement [veridikmɑ̃] *adv* veraciously, truthfully.

vérif *fam* [verif] *nf abr de* vérification.

vérifiable [verifjabl] *adj*: son témoignage n'est pas ~ there's no way of checking OU verifying his testimony; votre hypothèse n'est pas ~ your hypothesis can't be tested.

vérificateur, trice [verifikatœr, tris] ◇ *adj* testing, checking; instrument ~ testing instrument; mesure vérificatrice checking measurement.
◇ *nm, f* inspector, controller; ~ des comptes auditor; ~ des poids et mesures weights and measures inspector *Br*, sealer *Am*.
◆ **vérificateur** *nm* [contrôleur - de courant, de réseau] tester; [- de l'altimètre, de filetage] gauge.
◆ **vérificatrice** *nf* [personne] verifier operator; [machine] verifier; vérificatrice de bande tape verifier; vérificatrice de cartes card verifier, verifying punch, key-verifier.

vérificatif, ive [verifikatif, iv] *adj* verificatory; faire une étude vérificative to carry out a check.

vérification [verifikasjɔ̃] *nf* -**1.** [d'identité] check; [d'un témoignage, d'un déplacement] check, verification; [d'un dossier] examination, scrutiny; ~ faite auprès du percepteur having checked with the tax office. -**2.** [d'une hypothèse, d'une preuve] checking, verification; faire la ~ d'une hypothèse to test a hypothesis. -**3.** FIN checking; ~ des comptes audit. -**4.** TECH test, check. -**5.** INF check, control.

vérifier [9] [verifje] *vt* -**1.** [examiner - mécanisme] to check, to verify; [- dossier] to check, to go through; ~ que la quantité indiquée est la même sur les deux recettes check that the amount shown is the same in both recipes ‖ *(en usage abs)*: ~ plutôt deux fois qu'une to check and double-check. -**2.** [preuve, témoignage] to check; vérifie son adresse check that his address is correct, check his address; ~ que OU si... to check OU to make sure that, to check whether...; je vais ~ que OU si ce que vous dites est vrai I'll make sure that you're telling the truth. -**3.** [confirmer] to confirm, to bear out *(sép)*; la chute du dollar a vérifié nos prévisions the drop in the dollar bore out our predictions. -**4.** MATH: ~ un calcul par total de contrôle to check a sum.
◆ **se vérifier** *vpi* [craintes, supposition] to be borne out OU confirmed.

vérifieur, euse [verifjœr, øz] *nm, f* verifier operator.

vérin [verɛ̃] *nm* jack; ~ à air comprimé thrustor; ~ à châssis tripod jack; ~ de fermeture closing thrustor OU cylinder; ~ hydraulique hydraulic jack; ~ de réglage de plinthe levelling screw; ~ à vis screw jack.

véritable [veritabl] *adj* -**1.** [d'origine] real, true; son ~ nom est inconnu nobody knows her real OU true name. -**2.** [authentique - or] real, genuine; [- amitié, sentiment] true; c'est de la soie ~ it's real silk; du ~ sirop d'érable genuine maple syrup. -**3.** *(avant le n)* [absolu] real; une ~ idée de génie a really brilliant idea; un ~ cauchemar a real nightmare; une ~ montagne de papiers a veritable mountain of papers; une ~ ordure▽ a real bastard.

véritablement [veritabləmɑ̃] *adv* -**1.** [réellement] genuinely; il est ~ malade he's genuinely ill. -**2.** [exactement] really, exactly; ce n'est pas ~ ce que j'avais prévu it's not exactly OU quite what I expected. -**3.** [en intensif] truly, really, absolutely; je suis ~ désolé de ne pas vous avoir trouvé chez vous I'm very sorry indeed (that) I didn't find you at home.

vérité [verite] *nf* -**1.** [ce qui est réel ou exprimé comme réel]: la ~ the truth; la ~ pure et simple the plain unvarnished truth; c'est la ~ vraie! *fam* it's true, honest it is; s'écarter de la ~ historique to take liberties with history; je sais que c'est la ~ I know it for a fact; la ~, c'est que ça m'est égal actually OU the truth is OU in fact I don't care; je finirai bien par savoir la ~ I'll get at the truth eventually; dis-moi la ~ tell me the truth; être loin de la ~ to be wide of the mark; 12 millions? vous n'êtes pas loin de la ~ 12 million? you're not far from the truth ❑ la ~ toute nue the plain OU naked truth; la ~ n'est pas toujours bonne à dire, toute ~ n'est pas bonne à dire the truth is sometimes better left unsaid; il n'y a que la ~ qui blesse nothing hurts like the truth; prends ça pour toi si tu veux, il n'y a que la ~ qui blesse! if the cap *Br* OU shoe *Am* fits, wear it!; la ~ sort de la bouche des enfants *prov* out of the mouths of babes and sucklings (comes forth the truth) *prov*; ~ en-deçà des Pyrénées, erreur au-delà *allusion Pascal* what is considered true in one country may be thought of as false in the next. -**2.** [chose vraie]: une ~ a true fact; dire à qqn ses (quatre) ~s to tell sb a few home truths. -**3.** [principe] truth; une ~ première a basic truth; les ~s éternelles undying truths, eternal verities *litt*; les ~s essentielles fundamental truths. -**4.** [ressemblance] verisimilitude. -**5.** [sincérité] truthfulness, candidness; son récit avait un accent de ~ her story rang true.

◆ **à la vérité, en vérité** *loc adv* to tell the truth.

verjus [vɛrʒy] *nm* -**1.** [suc] verjuice. -**2.** [vin] sour wine.

verlan [vɛrlɑ̃] *nm* ≃ backslang.

VERLAN:
This form of slang, popular among young people, involves inverting the syllables of words. The term "verlan" is the word "l'envers" pronounced back to front. Well-known examples of verlan are "ripou" ("pourri", used to refer to corrupt policemen), "laisse béton!" ("laisse tomber!"- forget it!), and "meuf" ("femme"). The term "Beur" comes from the "verlan" version of the word "Arabe".

---

vermeil, eille [vɛrmɛj] *adj* [rouge - pétale, tenture] vermilion; [- teint, joue] ruddy, rosy; [- lèvres] rosy.

◆ **vermeil** *nm* vermeil, gilded silver.

vermicelle [vɛrmisɛl] *nm*: ~, ~s vermicelli; ~s chinois Chinese noodles.

vermicide [vɛrmisid] ◇ *adj* vermicidal.

◇ *nm* vermicide.

vermiculaire [vɛrmikylɛr] *adj* -**1.** [en forme de ver] wormlike, vermicular. -**2.** ANAT: appendice ~ vermiform appendix; mouvement ~ vermiculation.

vermiculé, e [vɛrmikyle] *adj* vermiculate.

vermiculure [vɛrmikylyr] *nf* vermiculation.

vermiforme [vɛrmifɔrm] *adj* wormlike, vermiform.

vermifuge [vɛrmifyʒ] *adj* & *nm* vermifuge, anthelmintic *spéc*.

vermille [vɛrmij] *nf* ground line *(for eel fishing)*.

vermillon [vɛrmijɔ̃] ◇ *adj inv* vermilion, bright red.

◇ *nm* -**1.** [cinabre] vermilion, cinnabar. -**2.** [couleur] vermilion.

vermine [vɛrmin] *nf* -**1.** [parasite] vermin. -**2.** *fig* & *péj*: ces gens-là, c'est de la ~ those people are vermin.

vermineux, euse [vɛrminø, øz] *adj* verminous.

vermis [vɛrmi] *nm* vermis (cerebelli).

vermisseau, x [vɛrmiso] *nm* small worm.

vermivore [vɛrmivɔr] *adj* worm-eating, vermivorous *spéc*.

Vermont [vɛrmɔ̃] *npr m*: le ~ Vermont.

vermouler [3] [vɛrmule]

◆ **se vermouler** *vpi* to get woodworm.

vermoulu, e [vɛrmuly] *adj* -**1.** [piqué des vers] worm-eaten; la plupart des poutres sont ~es most of the beams are worm-eaten, there's woodworm in most of the beams. -**2.** *fig* [vieux] antiquated, age-old; des institutions ~es antiquated institutions.

vermoulure [vɛrmulyr] *nf* -**1.** [trou] wormhole. -**2.** [poussière] woodworm dust.

vermouth [vɛrmut] *nm* vermouth.

vernaculaire [vɛrnakylɛr] *adj* vernacular; la langue ~ the vernacular; nom ~ vernacular OU common name.

verni, e [vɛrni] ◇ *adj* -**1.** [meuble, ongle] varnished; [brique, poterie] enamelled, glazed; des souliers ~s patent leather shoes. -**2.** [brillant] glossy, shiny. -**3.** *fam* [chanceux] lucky; tu es encore malade, tu n'es vraiment pas ~ you're sick again, you poor thing.

◇ *nm, f* *fam* lucky thing.

◆ **verni** *nm* patent leather.

vernir [32] [vɛrnir] *vt* -**1.** [enduire - bois, tableau, ongle] to varnish; [- céramique] to enamel, to glaze; ~ au tampon to French-polish. -**2.** *litt* [faire luire]: le soleil vernissait les feuilles the sun gave a glossy shine to the leaves.

vernis [vɛrni] *nm* -**1.** [enduit - sur bois] varnish; [- sur métal] polish; ~ à l'asphalte asphalt varnish, black japan; [- sur céramique] enamel; ~ au plomb lead glazing. -**2.** ÉLECTR: ~ conducteur conductive lacquer OU varnish; ~ isolant isolac, enamel. -**3.** [cosmétique]: ~ à ongles nail polish. -**4.** BX-ARTS: ~ à l'huile oil varnish; ~ gras long-oil varnish; ~ maigre short-oil varnish. -**5.** BOT varnish OU lacquer tree. -**6.** *péj* [savoir]: avoir un ~ de to have a smattering of.

vernissage [vɛrnisaʒ] *nm* -**1.** [d'un tableau, d'un meuble] varnishing; [d'une céramique] glazing; [du métal] enamelling; ~ électrophorétique immersion electrophoretic enamelling, electrodipcoat. -**2.** [d'une exposition] private viewing; aller à un ~ to go to a private viewing.

vernissé, e [vɛrnise] *adj* -**1.** [céramique, tuile] glazed. -**2.** [luisant - feuilles] glossy.

vernisser [3] [vɛrnise] *vt* to glaze, to enamel.

vernisseur, euse [vɛrnisœr, øz] *nm, f* [de carrosserie] body painter; [à la laque] lacquerer; [de meuble] furniture varnisher; [au pistolet] spray painter.

vérole [verɔl] *nf* -**1.** *fam* [syphilis] pox; avoir la ~ to have the pox ❑ ils se sont jetés sur le buffet comme la ~ sur le bas clergé they descended on the buffet as if they hadn't eaten for a week. -**2.** [variole]: petite ~ smallpox.

vérolé, e *fam* [verɔle] *adj* poxy.

Vérone [verɔn] *npr* Verona.

Véronèse [verɔnɛz] *npr* Veronese.

véronique [verɔnik] *nf* -**1.** BOT speedwell, veronica *spéc*. -**2.** [passe de tauromachie] veronica.

verrat [vera] *nm* breeding boar.

verre [vɛr] *nm* -**1.** [matériau] glass; ~ antiballes bulletproof glass; ~ armé wire glass; ~ cathédrale cathedral glass; ~ dépoli frosted OU ground glass; ~ double plate glass; ~ filé spun glass; ~ incassable shatterproof glass; ~ moulé pressed glass; ~ neutre neutral glass; ~ optique optical glass; ~ organique organic glass; ~ pilé spun glass; ~ soluble water glass; ~ trempé tempered OU toughened glass; ~ à vitre window glass. -**2.** [protection] glass; ~ de lampe lamp glass; ~ de montre watch glass. -**3.** [récipient] glass; ~ ballon round wine glass; ~ à dents tooth glass; ~ à eau [droit] tumbler; ~ gradué [en chimie] graduated vessel; [pour la cuisine] measuring glass; ~ à moutarde mustard jar *(that can be used as a glass when empty)*; ~ à pied stemmed glass; ~ à vin wineglass. -**4.** [contenu]: boire un ~ to have a drink; je bois OU prends juste un petit ~ I'll just have a quick one; ~ de glass of, glassful of; mettez un ~ de vin rouge add a glass of red wine; il but OU vida deux grands ~s d'eau pour étancher sa soif he drank OU downed two glasses of water to quench his thirst ❑ avoir un ~ dans le nez *fam* to have had one too many. -**5.** GÉOL: ~ volcanique volcanic glass.

◆ **verres** *nmpl* -**1.** OPT glasses; elle a besoin de ses ~s pour lire she needs her glasses to read ❑ ~s de contact contact lenses; ~s correcteurs correcting lenses. -**2.** [bouteilles] empties; 'ici on reprend les ~s vides' 'collection of empties'.

◆ **de verre** *loc adj* glass *(modif)*; objets de ~ glassware *(U)*.

◆ **en verre** *loc adj* [bibelot] glass *(modif)*; ce n'est pas en ~ it won't break; n'aie pas peur de sauter, tu n'es pas en ~! jump, you won't break!

◆ **sous verre** ◇ *loc adj* [photo, fleurs] glass-framed; une photo sous ~ a glass-mounted photograph.

◇ *loc adv*: mettre qqch sous ~ to put sthg in a clip frame.

verré, e [vere] *adj* coated with powdered glass.

verrée [vere] *nf Helv* reception.

verrerie [vɛrri] *nf* -**1.** [usine] glassworks. -**2.** [technique] glasswork, glassmaking. -**3.** [objets] glassware. -**4.** [industrie] glass trade.

verrier, ère [vɛrje, ɛr] *adj* glass *(modif)*.

◆ **verrier** *nm* -**1.** [souffleur de verre] glassblower. -**2.** [artisan - en verrerie] glassmaker; [- en vitraux] stained-glass maker OU artist.

◆ **verrière** *nf* -**1.** [toit] glass roof. -**2.** [baie - à hauteur de plafond] glass wall OU partition; [- à mi-hauteur] glass screen. -**3.** [vitrail] stained-glass window. -**4.** AÉRON canopy.

verroterie [vɛrɔtri] *nf* [bibelots] glass trinkets; [bijoux] glass jewels; [perles] glass beads.

verrou [vɛru] *nm* -**1.** [fermeture] bolt; mettre OU pousser les ~s to slide the bolts home, to bolt the door; on ne peut pas entrer, elle a mis le ~ we can't get in, she's bolted the door; tirer le ~ to unbolt the door ❑ ~ de sûreté safety latch, night bolt. -**2.** RAIL lock; ~ d'aiguille facing point lock; ~ d'enclenchement track slide bar. -**3.** GÉOL glacial cross cliff. -**4.** ARM breechblock, bolt. -**5.** MIL blockade. -**6.** SPORT: jeu de ~ defensive game *(in football)*.

◆ **sous les verrous** *loc adv*: être sous les ~s to be behind bars; mettre qqn sous les ~s to put sb behind bars; on va te mettre sous les ~s pour un bon bout de temps *fam* they're going to put you away for a long stretch.

verrouillage [vɛrujaʒ] *nm* -**1.** [d'une porte] locking, bolting; [d'une portière] locking; ~ automatique central locking; ~ de sécurité enfants childproof lock. -**2.** ARM bolting. -**3.** MIL blockade. -**4.** AÉRON: ~ du train d'atterrissage [procédé] up-and-down locking; [dispositif] up-and-down lock. -**5.** RAIL: ~ électrique electric interlocking. -**6.** ÉLECTRON [procédé] clamping; [dispositif] clamping device. -**7.** INF [du clavier] locking; [de l'accès] lockout.

verrouiller [3] [vɛruje] *vt* -**1.** [clore - porte] to lock, to bolt. -**2.** [empêcher l'accès de] to close off *(sép)*; la police a verrouillé le quartier the police have cordoned off OU closed off the area. -**3.** [enfermer - personne] to lock in *(sép)*. -**4.** INF [clavier] to lock. -**5.** MIL to blockade.

◆ **se verrouiller** *vp* *(emploi réfléchi)*: se ~ (chez soi) to shut OU to lock o.s. in.

verrouilleur [vɛrujœr] *nm* FTBL sweeper.

verrucosité [vɛrykozite] *nf* warty growth.

verrue [vɛry] *nf* wart; ~ plantaire verruca, plantar wart.

verruqueux, euse [vɛrykø, øz] *adj* warty, verrucose *spéc*.

vers[1] [vɛr] ◇ *nm* LITTÉRAT -**1.** [genre] verse; ~ blancs blank verse; ~ libres free verse; ~ métriques/syllabiques/rythmiques quantitative/syllabic/accentual-syllabic verse. -**2.** [unité] line; le dernier ~ est faux OU boiteux the last line doesn't tally; les ~ obéissent à certaines règles lines of verse OU verse lines follow a given pattern.

◇ *nmpl* [poème] (lines of) poetry, verse; écrire OU faire des ~ to write poetry OU verse; ~ de circonstance occasional verse; des ~ de mirliton doggerel.

◆ **en vers** ◇ *loc adj*: conte/lettre en ~ tale told/letter written in verse.

◇ *loc adv*: mettre qqch en ~ to put sthg into verse.

vers[2] [vɛr] *prép* -**1.** [dans la direction de] to, towards; **il regarde ~ la mer** he's looking towards the sea; **ma chambre regarde ~ le nord** my bedroom looks OU faces north; **un kilomètre ~ le sud** one kilometer to the south; **~ la gauche** to the left; **en route ~ la Californie** on the way to California; **le village ~ lequel nous nous dirigions** the village we were heading for; **se précipiter ~ la sortie** to hurry towards OU to make for the exit; **'~ les quais'** 'to the trains'; **il s'est tourné ~ moi** *pr* he turned to OU towards me; [pour que je l'aide] he turned OU came to me; **~ une solution au problème du chômage** towards a solution to the problem of unemployment; **un pas ~ la paix** a step towards peace. -**2.** [indiquant l'approximation - dans le temps] around; [- dans l'espace] near; **~ midi** around midday; **~ la mi-juillet** around mid-July; **~ 1830** in about 1830; **il a neigé ~ six heures** it snowed at about OU around six o'clock; **~ la fin du siècle** at the turn of the century; **~ les années 30** in the 30s or thereabouts; **l'accident a eu lieu ~ Ambérieu** the accident happened somewhere near Ambérieu; **~ les 1 800 mètres la végétation se raréfie** around 1,800 metres the vegetation becomes sparse; **on a trouvé des jonquilles ~ la rivière** we found some daffodils near the river.

◆ **vers où** *fam loc conj*: **~ où tu vas?** which way are you going?

versaillais, e [vɛrsajɛ, ɛz] *adj* -**1.** GÉOG from Versailles. -**2.** HIST: **l'armée ~e** the Versailles army *(loyal to the Thiers government in 1871)*.

◆ **Versaillais, e** *nm, f* -**1.** GÉOG *inhabitant of or person from Versailles*. -**2.** HIST soldier in the Versailles army *(loyal to the Thiers government in 1871)*; **les Versaillais** the loyalists.

Versailles [vɛrsaj] *npr* Versailles; **le château de ~** (the Palace of) Versailles.

VERSAILLES:
France's greatest palace, by Le Vau and Mansart, with gardens by Le Nôtre. Built at enormous cost by Louis XIV and added to in the 18th century, it was the home of the French court until the Revolution. Numerous treaties were signed there, including that of 1919 marking the end of the First World War.

---

versant [vɛrsɑ̃] *nm* -**1.** GÉOG [côté - d'une montagne, d'une vallée] side, slope; **un ~ abrupt** a steep slope OU hillside; **le ~ suisse du Jura** the Swiss side of the Jura. -**2.** [aspect - d'une position, d'un argument] side, aspect; **notre politique a deux ~s** there are two sides OU aspects to our policy.

versatile [vɛrsatil] *adj* fickle.

versatilité [vɛrsatilite] *nf* fickleness.

verse [vɛrs] *nf* -**1.** AGR lodging, laying. -**2.** MIN [tas] slag heap; [déversement] dumping.

◆ **à verse** *loc adv*: **il pleut ~** it's pouring (with rain), it's pouring down.

versé, e [vɛrse] *adj sout* versed; **être très/peu ~ dans la politique** to be well-versed/not particularly well-versed in politics; **être ~/peu ~ dans l'art contemporain** to be conversant with/ignorant of contemporary art.

Verseau [vɛrso] *nm* -**1.** ASTRON Aquarius. -**2.** ASTROL Aquarius; **elle est ~** she's Aquarius OU an Aquarian.

versement [vɛrsəmɑ̃] *nm* -**1.** [paiement] payment; **~s compensatoires** compensatory payments, compensation *(U)*. -**2.** [paiement partiel] instalment; **effectuer un ~** to pay an instalment; **un premier ~** a down payment. -**3.** [dépôt] deposit; **effectuer** OU **faire un ~ à la banque** to pay money into a bank account; **quand avez-vous fait le ~?** when did you pay the money in?; **~ en espèces** cash deposit.

verser [3] [vɛrse] ◇ *vt* -**1.** [répandre - sang, larmes] to shed; **~ des larmes** OU **pleurs** to cry; **sans qu'une goutte de sang n'ait été versée** without any bloodshed. -**2.** [servir - liquide] to pour out *(sép)*; **verse-lui en un peu plus** pour him a bit more, help him to a bit more. -**3.** [faire basculer - sable, gravier, chargement] to tip; **verse la farine dedans** pour the flour in; **verse le trop-plein dans le seau** tip OU pour the overflow out into the bucket. -**4.** [coucher à terre - céréales] to lay OU to beat down. -**5.** [affecter] to assign, to transfer; **elle vient d'être versée à la comptabilité** she's just been assigned to accounts. -**6.** [payer] to pay; **combien faut-il ~?** how much should one pay?; **~ de l'argent sur un compte** to put money into an account; **on vous versera une retraite** you will receive a pension. -**7.** [apporter] to add, to append; **~ une pièce au dossier** *pr* to add a new item to the file; *fig* to bring further information to bear on the case.
◇ *vi* to spill, to overturn; **la charrette a versé** the cart tipped over OU overturned.

◆ **verser dans** *v + prép*: **nous versons dans le mélodrame** this is becoming melodramatic; **~ dans le ridicule** [personne, film] to become ridiculous.

verset [vɛrsɛ] *nm* -**1.** [d'un livre sacré, d'un poème] verse; **'les Versets sataniques'** *Rushdie* 'The Satanic Verses'. -**2.** RELIG versicle.

verseur [vɛrsœr] *adj m*: **bec ~** [d'une théière] spout; [d'une casserole, d'une tasse] lip; **camion ~** dump truck.

verseuse [vɛrsøz] *nf* coffeepot.

versicolore [vɛrsikɔlɔr] *adj* -**1.** [de couleur changeante] versicoloured. -**2.** [multicolore] variegated, many-coloured.

versificateur [vɛrsifikatœr] *nm péj* versifier, poetaster *péj*, rhymester *péj*.

versification [vɛrsifikasjɔ̃] *nf* versification, versifying.

versifier [9] [vɛrsifje] ◇ *vt* to versify, to turn into verse, to write in verse.
◇ *vi* -**1.** [faire des vers] to versify, to write OU to compose verse. -**2.** *péj* to versify.

version [vɛrsjɔ̃] *nf* -**1.** SCOL & UNIV translation *(from a foreign language into one's mother tongue)*; **~ anglaise** [pour un Français] translation from English into French; **~ latine** translation from Latin. -**2.** [variante - d'un logiciel, d'une œuvre] version; [- d'une automobile] model, version; **la ~ cinématographique du livre** the film version of the novel ❑ **en ~ originale** with subtitles; **en ~ française** dubbed in French. -**3.** [interprétation] version; **voici ma ~ des faits** this is my version of the facts, this is how I see what happened; **c'est la ~ officielle des faits** that's the official version of what happened. -**4.** MÉD version, turning.

verso [vɛrso] *nm* -**1.** [envers] verso, other side; **je n'ai pas lu le ~** I haven't read the back of the page. -**2.** INF back.

◆ **au verso** *loc adv*: **voir au ~** see overleaf; **la suite au ~** continued overleaf.

versoir [vɛrswar] *nm* mouldboard.

verste [vɛrst] *nf* verst.

vert, e [vɛr, vɛrt] *adj* -**1.** [couleur] green; **~ de: ~ de rage** livid; **être ~ de peur** to be white with fear; **café ~** green coffee; **légumes ~s** [crus] green vegetables; [cuits] greens. -**2.** [vin] tart, acid; [fruit] green, unripe; *fig* [débutant, apprenti] inexperienced; **ils sont trop ~s** *allusion La Fontaine* it's a case of sour grapes. -**3.** [bois] green. -**4.** [à préparer]: **cuir ~** untanned leather; **morue ~e** undried salt cod. -**5.** [vigoureux] sprightly. -**6.** [agricole, rural] green, agricultural, rural; **l'Europe ~e** farming within the EC; **la livre ~e** the green pound; **classe ~e** *class held in a rural area for city-dwelling pupils*; **faire de la moto ~e** to go cross-country motorcycling; **station ~e** rural tourist centre. -**7.** [écologiste] green; **les candidats ~s** the green candidates. -**8.** [osé] risqué, raunchy; **la langue ~e** slang; **avoir un langage ~** to be rather bold in one's language ❑ **en dire/en avoir entendu des ~es et des pas mûres** to tell/to have heard some pretty raunchy jokes; **en avoir vu des ~es et des pas mûres** to have been through a lot; **il lui en a fait voir des ~es et des pas mûres!** he's really put her through it! -**9.** *(avant n)* [violent]: **une ~e semonce** a good dressing-down.

◆ **vert** *nm* -**1.** [couleur] green; **peint** OU **teint en ~** painted OU tinted green; **tu t'es mis du ~ sur ton pantalon** [en t'asseyant dans l'herbe] you've got a grass stain on your trousers ❑ **~ bouteille** bottle green; **~ d'eau** sea green; **~ Nil** Nile green; **~ pomme** apple green. -**2.** TRANSP green light; **passer au ~: les voitures doivent passer au ~** motorists must wait for the light to turn green; **le feu est passé au ~** the lights have turned (to) green. -**3.** *loc*: **mettre un cheval au ~** to turn a horse out to grass; **mettre qqn au ~** *fam* to retire sb, to put sb out to grass; **se mettre au ~** to go to the countryside.

◆ **Verts** *nmpl*: **les Verts** SPORT *the Saint-Étienne football team*; POL *the Green Party*.

vert-de-gris [vɛrdəgri] *nm inv* verdigris; **les ~** *German soldiers during the Second World War*.

vert-de-grisé, e [vɛrdəgrize] *(mpl* **vert-de-grisés**, *fpl* **vert-de-grisées***)* *adj* verdigrised.

vertébral, e, aux [vɛrtebral, o] *adj* vertebral, spinal.

vertèbre [vɛrtɛbr] *nf* vertebra; **avoir une ~ déplacée** to have a slipped disc.

vertébré, e [vɛrtebre] *adj* vertebrate.

◆ **vertébré** *nm* vertebrate.

vertébrothérapie [vɛrtebrɔterapi] *nf* vertebrotherapy.

vertement [vɛrtəmɑ̃] *adv* harshly, sharply; **répondre ~** to retort sharply, to give a sharp answer; **se faire ~ recevoir** to get a frosty welcome; **se faire tancer ~** *litt* OU *hum* to get a good dressing-down.

vertical, e, aux [vɛrtikal, o] *adj* [droit - position, corps, arbre] vertical, upright; [- écriture, ligne] vertical.

◆ **vertical** *nm* vertical circle.

◆ **verticale** *nf* vertical line.

◆ **à la verticale** ◇ *loc adj* vertically; **un versant à la ~e** a sheer drop.
◇ *loc adv* vertically; **se mettre à la ~e** to stand vertically OU upright; **s'élever/descendre à la ~e** to rise/to descend vertically, to go vertically upwards/downwards.

verticalement [vɛrtikalmɑ̃] *adv* -**1.** [tout droit] vertically; **tomber/monter ~** to fall down/to come up in a straight line. -**2.** [dans les mots croisés] down.

verticalité [vɛrtikalite] *nf* [d'une ligne] verticality; [d'un mur] verticality, uprightness; [d'une falaise] sheerness.

vertige [vɛrtiʒ] *nm* -**1.** [peur du vide] vertigo; **avoir le ~** to suffer from vertigo; **il a facilement le ~** he has no head for heights. -**2.** [malaise] dizzy spell; **avoir un ~** OU **des ~s** to feel dizzy OU faint; **elle a souvent des ~s** she often feels dizzy OU faint; **donner le ~ à qqn** to make sb's head swim; **cela me donne le ~** it's making my head swim, it's making me (feel) dizzy; **des sommes astronomiques qui donnent le ~** huge amounts of money that make one's head swim OU that don't bear thinking about. -**3.** [égarement] giddiness; [tentation]: **céder/résister au ~ de la spéculation** to give in to/to resist the temptations of speculation.

vertigineux, euse [vɛrtiʒinø, øz] *adj* -**1.** [effrayant - altitude] vertiginous, dizzy, giddy; [- vitesse] terrifying, breakneck *(avant n)*; **une baisse vertigineuse des cours** a breathtaking collapse on the stock exchange; **une hausse vertigineuse des prix** a staggering increase in prices; **des sommes vertigineuses** absurdly large sums of money. -**2.** MÉD vertiginous.

vertigo [vɛrtigo] *nm* (blind) staggers.

vertu [vɛrty] *nf* -**1.** *litt* [conduite morale] virtue, virtuousness, righteousness; **le chemin de la ~** the path of righteousness. -**2.** [qualité] virtue; **les ~s cardinales** the cardinal virtues; **les ~s théologales** the theological virtues; **parer qqn de toutes les ~s** to believe sb can do no wrong. -**3.** [propriété] virtue, property, power; **la camomille a de nombreuses ~s** camomile has many beneficial uses; **les ~s thérapeutiques des plantes** the healing properties of plants; **réapprenons les ~s de la vie à la campagne** *fig* let us rediscover the virtues of country life. -**4.** *hum* [chasteté] virtue; **défendre/perdre sa ~** to defend/to lose one's virtue.

◆ **en vertu de** *loc prép* according to; **en ~ des bons principes** following accepted moral principles; **en ~ de la loi** according to the law, in accordance with the law, under the law; **en ~ de quoi...** for which reason...; **en ~ de quoi il passe d'abord** that's the reason for his going first.

vertueusement [vɛrtɥøzmɑ̃] *adv* virtuously; **vivre ~** to live virtuously.

vertueux, euse [vɛrtɥø, øz] *adj* -**1.** [qui a des qualités morales] virtuous, righteous. -**2.** *vieilli* [chaste] virtuous.

verve [vɛrv] *nf* -**1.** [fougue] verve, gusto; [esprit] wit; **avec ~** with gusto OU verve; **exercer sa ~ contre qqn** to use one's wit against sb. -**2.** *litt* [créativité] inspiration; **la ~ poétique** poetic talent OU inspiration.

◆ **en verve** *loc adj*: **être en ~** to be particularly witty; **elle était en ~ ce soir-là** she was on top form that night.

verveine [vɛrvɛn] *nf* -**1.** BOT vervain, verbena; **~ odorante** lemon verbena; **~ officinale** verbena officinalis. -**2.** [tisane] verbena (tea). -**3.** [liqueur] vervein liqueur.

verveux [vɛrvø] *nm* hoop net.

vésical, e, aux [vezikal, o] *adj* vesical; **calcul ~** bladder stone, vesical calculus *spéc.*

vésicant, e [vezikɑ̃, ɑ̃t] *adj* vesicant, vesicatory.

vésication [vezikasjɔ̃] *nf* vesication.

vésicatoire [vezikatwar] *adj* & *nm* vesicatory.

vésiculaire [vezikylɛr] *adj* bladder-like, vesicular *spéc.*

vésicule [vezikyl] *nf* -**1.** MÉD [ampoule] blister, vesicle; [cavité] bladder; **~ biliaire/cérébrale** gall/brain bladder; **~ séminale** seminal vesicle. -**2.** BOT vesicle, bladder-like cavity OU cell.

vésiculeux, euse [vezikylø, øz] *adj* vesicular, vesiculate.

Vespasien [vɛspazjɛ̃] *npr* Vespasian.

vespasienne [vɛspazjɛn] *nf vieilli* street urinal.

vespéral, e, aux [vɛsperal, o] *adj litt* evening *(modif)*, vespertine *litt*; **les lueurs ~es** evening lights, the lights at eventide *litt*; **les étoiles ~es** the vespertine stars.

◆ **vespéral, aux** *nm* RELIG vesperal.

vesse-de-loup [vɛsdəlu] (*pl* **vesses-de-loup**) *nf* puffball.

vessie [vesi] *nf* -**1.** ANAT & ZOOL bladder; **~ natatoire** air OU swim bladder; **prendre des ~s pour des lanternes** to be easily hoodwinked; **il voudrait nous faire prendre des ~s pour des lanternes** he's trying to pull the wool over our eyes. -**2.** [sac] bladder.

vestale [vɛstal] *nf* -**1.** [prêtresse] vestal virgin. -**2.** *litt* [femme chaste] vestal; **ce n'est pas une ~** *hum* she's no paragon of virtue OU saint.

veste [vɛst] *nf* jacket; **~ de pyjama** pyjama jacket OU top; **~ de tailleur** suit jacket; **~ de tweed** sports jacket ❑ **tomber la ~** *pr* to take off one's jacket; *fig* to get down to work OU business.

vestiaire [vɛstjɛr] *nm* -**1.** [placard] locker. -**2.** [dépôt] cloakroom; **prendre son ~** [ce qu'on a déposé] to collect one's things OU belongings from the cloakroom. -**3.** [pièce] changing room, locker room *Am*; **l'arbitre, au ~!** get off, ref!

vestibulaire [vɛstibylɛr] *adj* vestibular.

vestibule [vɛstibyl] *nm* -**1.** [d'un bâtiment public, d'une maison] (entrance) hall, vestibule; [d'un hôtel] lobby. -**2.** MÉD vestibule.

vestige [vɛstiʒ] *nm* [d'une armée, d'une ville, d'une société] vestige; [d'une croyance, du passé, d'une coutume] remnant, vestige; [d'une idée, d'un sentiment] remnant, trace, vestige; **les derniers ~s de l'impérialisme** the last remnants OU traces of imperialism; **il ne reste que des ~s de sa grandeur** only a shadow of his former greatness remains.

vestimentaire [vɛstimɑ̃tɛr] *adj* clothing *(modif)*; **dépenses ~s** clothes expenditure, money spent on clothing; **élégance ~** sartorial elegance; **c'est le détail ~ qui fait tout** it's the finishing touch that makes the outfit.

veston [vɛstɔ̃] *nm* jacket.

Vésuve [vezyv] *npr m*: **le ~** (Mount) Vesuvius.

vêtement [vɛtmɑ̃] *nm* -**1.** [habit] piece OU article OU item of clothing, garment; **je ne trouve pas mon ~** [manteau] I can't find my coat; [veste] I can't find my jacket; [pull] I can't find my jumper *Br* OU sweater *Am*; **il fait froid, mets un ~ chaud** it's cold, put something warm on; **des ~s en loques** tattered clothes, rags; **ils vendent des ~s ravissants** they sell lovely clothes; **~s de détente** leisure wear; **~s de travail** work OU working clothes; **~s de nuit** nightwear; **~s de sport** sportswear; **~s pour homme** menswear; **~s pour femme** ladies' wear; **~s de ski** skiwear; **il portait ses ~s de tous les jours** he was wearing his everyday clothes; **~s habillés** formal dress; **~s de ville** informal clothes ‖ [costume distinctif] dress, garb; **~s ecclésiastiques** clerical garb OU dress; **~s sacerdotaux** vestments. -**2.** [profession]: **l'industrie du ~** the clothing industry; **être dans le ~** *fam* to be in the rag trade *Br* OU garment industry *Am*. -**3.** COMM: **~s hommes** menswear; **~ dames** OU **femmes** ladies' wear; **~ enfants** children's wear.

vétéran [veterɑ̃] *nm* -**1.** [soldat] veteran, old campaigner; [ancien combattant] (war) veteran. -**2.** [personne expérimentée] veteran, old hand; **un ~ de la politique** a veteran political campaigner. -**3.** SPORT veteran.

vétérinaire [veterinɛr] ◇ *adj* veterinary; **faire des études ~s** to study veterinary medicine OU science.

◇ *nmf* vet, veterinary surgeon *Br*, veterinarian *Am*.

vétille [vetij] *nf* trifle; **perdre son temps à des ~s** to waste time over trifles OU trivia OU piffling details; **ce n'est qu'une ~** it's just a trifle OU detail.

vétilleux, euse [vetijø, øz] *adj litt* fussy, hair-splitting, quibbling.

vêtir [44] [vetir] *vt* -**1.** *sout* [habiller - enfant, malade] to dress. -**2.** [prisonnier, malade] to clothe, to provide with clothes, to kit out *Br*. -**3.** *litt* [revêtir] to put on *(sép)*, to don.

◆ **se vêtir** ◇ *vp (emploi réfléchi) sout* to dress (o.s.); **trouver de quoi se ~** to find something to put on.

◇ *vpi*: **en hiver, la campagne se vêt de neige** in winter, the countryside is snow-coated.

vétiver [vetivɛr] *nm* vetiver.

veto [veto] *nm inv* -**1.** POL veto; **mettre** OU **opposer son ~ à une mesure** to veto a measure ❑ **exercer son droit de ~** to use one's power of veto. -**2.** [interdiction]: **opposer son ~ à qqch** to forbid OU to prohibit OU to veto sthg.

vêtu, e [vety] *adj* dressed; **être bien/mal ~** to be well/badly dressed; **être chaudement ~** to be warmly dressed OU clad; **elle était court ~e** she was wearing a short skirt; **~ de** dressed in, wearing; **un enfant ~ d'un blouson** a child wearing a jacket; **une femme toute ~e de blanc** a woman all in white; **un homme ~ de haillons** a man in rags; **toute de soie ~e** all dressed in silk.

vétuste [vetyst] *adj* dilapidated, decrepit; **la pompe était ~** the pump had fallen into disrepair.

vétusté [vetyste] *nf* dilapidated state; **la ~ d'un bâtiment** a building in a bad state of repair; **la ~ de l'installation électrique est en cause** the poor state of the wiring is to blame.

veuf, veuve [vœf, vœv] ◇ *adj*: **devenir ~** to be widowed, to become a widower; **devenir veuve** to be widowed, to become a widow; **je m'occupe de ma tante qui est veuve** I look after my widowed aunt; **~ de: il est ~ de plusieurs femmes** he's a widower several times over; **~ de son innocence** *fig* & *litt* deprived OU bereft *litt* of his innocence.

◇ *nm, f* widower (*f* widow); **Madame veuve Dupont** the widow Dupont; **la veuve Dupont** Mrs Dupont (who's lost her husband).

◆ **veuve** *nf* -**1.** ORNITH widow bird, whydah. -**2.** ENTOM: **~ noire** black widow.

veule [vøl] *adj* [personne] spineless, cowardly; [visage, traits] weak.

veulerie [vølri] *nf* spinelessness.

veuvage [vœvaʒ] *nm* [perte d'un mari] widowhood; [perte d'une femme] widowerhood.

veuve [vœv] *f* → **veuf.**

vexant, e [vɛksɑ̃, ɑ̃t] *adj* -**1.** [contrariant] annoying; **c'est ~!** how infuriating! -**2.** [blessant - personne] hurtful; [- remarque] cutting, slighting, hurtful.

vexateur, trice [vɛksatœr, tris] *adj litt* hurtful.

vexation [vɛksasjɔ̃] *nf* snub, slight, humiliation; **essuyer des ~s** to be snubbed.

vexatoire [vɛksatwar] *adj* vexatious, harassing.

vexer [4] [vɛkse] *vt*: **~ qqn** to hurt sb's feelings; **je ne voulais pas le ~** I didn't mean to hurt his feelings; **être vexé** to be hurt; **elle est horriblement vexée** she's cut to the quick; **il est vexé de n'avoir pas compris** he's cross because he didn't understand; **elle est vexée que tu ne la croies pas** she feels hurt because you don't believe her.

◆ **se vexer** *vpi* to be hurt OU offended OU upset, to take offence; **ne te vexe pas mais...** no offence meant, but...; **se ~ facilement** to be easily offended, to be over-sensitive.

VF (*abr de* **version française**) *nf indicates that a film is dubbed in French.*

VGE *npr abr de* **Valéry Giscard d'Estaing.**

VHF (*abr de* **very high frequency**) *nf* VHF.

via [vja] *prép* via, through.

viabilisation [vjabilizasjɔ̃] *nf* installation of water, gas and electricity *(for building purposes)*.

viabiliser [3] [vjabilize] *vt* to service; **terrain viabilisé** piece of land with water, gas and electricity installed *(for building purposes)*.

viabilité [vjabilite] *nf* -**1.** [aménagements] utilities, services. -**2.** [état d'une route] practicability. -**3.** [d'un organisme, d'un projet] viability; [d'un fœtus] survival potential.

viable [vjabl] *adj* -**1.** BIOL viable; **avant 24 semaines de gestation le fœtus n'est pas ~** if born 24 weeks before term, the baby will not survive. -**2.** [entreprise, projet] viable, practicable, feasible.

viaduc [vjadyk] *nm* viaduct.

viager, ère [vjaʒe, ɛr] *adj* life *(modif)*; **rente viagère** life annuity.

◆ **viager** *nm* (life) annuity.

◆ **en viager** *loc adv*: **placer son argent en ~** to buy an annuity; **acheter/vendre une maison en ~** to buy/to sell a house so as to provide the seller with a life annuity.

viande [vjɑ̃d] *nf* -**1.** CULIN meat; **~ crue/cuite** raw/cooked meat; **~ de bœuf** beef; **~ de cheval** horseflesh; **~ de porc** pork; **~ de veau** veal; **~ salée** cured OU salted meat; **~ fumée** smoked meat; **~ de boucherie** fresh meat *(as sold by the butcher)*; **évitez les ~s en sauce** stay off meat dishes done in gravy ❑ **~ froide** dish of cold meat; **~ rouge/blanche** red/white meat. -**2.** ▽ [corps]: **amène ta ~** move your arse *Br* OU haul your ass *Am* over here; **montrer sa ~** to bare one's flesh. -**3.** *litt* [aliment] nourishment, sustenance; **~ creuse** meagre nourishment.

viander [3] [vjɑ̃de] *vi* [cerf, daim, chevreuil] to graze.

◆ **se viander**▽ *vpi* to get smashed up.

viatique [vjatik] *nm* -**1.** RELIG viaticum. -**2.** *litt* [atout] asset; **il n'a que son savoir pour tout ~** his knowledge is his only asset, his only means to success is his knowledge ‖ [soutien] help; **ces paroles furent pour moi un ~** those words were of invaluable help to me throughout my life. -**3.** *arch* [pour un voyage] provisions and money (for the journey).

vibrage [vibraʒ] *nm* vibrating; **~ du béton** vibrating of concrete.

vibrant, e [vibrɑ̃, ɑ̃t] *adj* -**1.** [corde, lamelle] vibrating; **consonne ~e** vibrant consonant. -**2.** [fort - voix, cri] vibrant. -**3.** [émouvant - accueil, discours] stirring; [- voix] tremulous; ~ de ringing OU echoing with; il lui a rendu un hommage ~ he paid him a warm tribute. -4. [sensible - nature, personne, caractère] sensitive.

◆ **vibrante** *nf* PHON vibrant.

vibraphone [vibrafɔn] *nm* vibraphone, vibraharp *Am.*

vibraphoniste [vibrafɔnist] *nmf* vibraphonist.

vibrateur [vibratœr] *nm* -**1.** TECH vibration generator. -**2.** CONSTR vibrator.

vibratile [vibratil] → **cil.**

vibration [vibrasjɔ̃] *nf* -**1.** [tremblement - d'un moteur, d'une corde] vibration; [- d'une voix] quaver, tremor, vibration; [- du sol] vibration. -**2.** ACOUST & ÉLECTRON vibration.

◆ **vibrations** *nfpl* vibrations; il y a de bonnes ~s ici *fam* you get a good feeling OU good vibes from this place.

vibrato [vibrato] *nm* vibrato.

vibratoire [vibratwar] *adj* vibratory.

vibrer [3] [vibre] ◇ *vi* -**1.** [trembler - diapason, vitre, plancher, voix] to vibrate; ~ **d'émotion** to quiver OU to quaver with emotion; **sa voix vibrait de colère** her voice was quivering with anger; **faire ~ qqch** to vibrate sthg. -**2.** *fig*: **faire ~ qqn** [l'intéresser] to thrill OU to stir sb; **la musique expérimentale, ça ne me fait pas ~** *fam hum* I don't really get off on avant-garde music.

◇ *vt* to vibrate; **béton vibré** vibrated concrete.

vibreur [vibrœr] *nm* [sonnerie] buzzer; [dispositif] vibrator; [interrupteur de courant] chopper.

vibrion [vibrijɔ̃] *nm* -**1.** MÉD vibrio, bacillus. -**2.** *fam* [personne] fidget.

vibromasseur [vibromasœr] *nm* vibrator.

vicaire [vikɛr] *nm* [auxiliaire - d'un curé] curate; [- d'un évêque, du pape] vicar; **Grand Vicaire, Vicaire général** vicar-general; ~ **apostolique** vicar apostolic; **le ~ du Christ** the Vicar of Christ.

vicariance [vikarjɑ̃s] *nf* vicariousness.

vicariant, e [vikarjɑ̃, ɑ̃t] *adj* vicarious.

vicariat [vikarja] *nm* -**1.** [fonction] curacy. -**2.** [territoire] vicariate.

vice [vis] *nm* -**1.** [le mal] vice; **le ~ et la vertu** vice and virtue; **mais c'est du ~!** *fam hum* it's an obsession! -**2.** [sexuel]: **le ~** perverse tendencies; **un ~ contre nature** an unnatural tendency. -**3.** [moral] vice; **avoir tous les ~s** to have all the vices; **on ne lui connaît aucun ~** she has no known vice ‖ *hum* [travers] vice. -**4.** COMM & JUR defect, flaw; ~ **apparent** conspicuous defect; ~ **caché** hidden OU latent defect; ~ **de construction** structural fault; ~ **dirimant** nullifying defect; **annulé pour ~ de forme** JUR annulled because of a mistake in the drafting. -**5.** ANAT: ~ **de conformation** congenital defect.

vice- [vis] *préf* vice-.

vice-amiral [visamiral, o] (*pl* **vice-amiraux**) *nm* vice-admiral.

vice-consul [viskɔ̃syl] (*pl* **vice-consuls**) *nm* vice-consul.

vice-consulat [viskɔ̃syla] (*pl* **vice-consulats**) *nm* vice-consulate.

vicelard, e▽ [vislar, ard] ◇ *adj* devious, crafty; **une question ~e** a devious question.

◇ *nm, f* -**1.** [personne cruelle] sly devil. -**2.** [pervers]: **un vieux ~** a dirty old man, an old lecher; **petite ~e!** you little tramp!

Vicence [visɑ̃s] *npr* Vicenza.

vicennal, e, aux [visɛnal, o] *adj* vicennial.

vice-présidence [visprezidɑ̃s] (*pl* **vice-présidences**) *nf* [d'un État] vice-presidency; [d'un congrès] vice-chair.

vice-président, e [visprezidɑ̃, ɑ̃t] (*mpl* **vice-présidents**, *fpl* **vice-présidentes**) *nm, f* [d'un État] vice-president; [d'un congrès] vice-chairman (*f* vice-chairwoman), vice-chairperson.

vice-recteur [visrɛktœr] (*pl* **vice-recteurs**) *nm* ≃ pro-vice-chancellor *Br.*

vice-roi [visrwa] (*pl* **vice-rois**) *nm* viceroy.

vice-royauté [visrwajote] (*pl* **vice-royautés**) *nf* viceroyalty.

vicésimal, e, aux [visezimal, o] *adj* vigesimal, vicenary.

vice versa [vis(e)vɛrsa] *loc adv* vice versa.

vichy [viʃi] ◇ *nm* -**1.** TEXT gingham. -**2.** [eau] Vichy (water); **un ~ fraise** *a glass of Vichy water with strawberry syrup*. -**3.** CULIN vichy; **carottes ~** carrots vichy.

◇ *nf* bottle of Vichy water.

Vichy [viʃi] *npr*: Vichy: **le gouvernement de ~** the Vichy Government.

LE GOUVERNEMENT DE VICHY:

Seat of the French government under Maréchal Pétain from 1940 to 1944, during the German occupation. Pétain's right-wing traditionalist and authoritarian regime extolled the virtues of a "new order" and a "National Revolution" which would bring back the values of "Work, Family and Fatherland". The Vichy government collaborated with the Germans and deported French Jews after 1942. Reduced to a puppet regime after the German invasion of the free zone, the government collapsed after the Allied victory.

---

vichyssois, e [viʃiswa, az] *adj* from Vichy, of Vichy.

◆ **Vichyssois, e** *nm, f* -**1.** GÉOG inhabitant of Vichy, native of Vichy. -**2.** HIST Vichyist.

◆ **vichyssoise** *nf* CULIN vichyssoise (soup).

vichyste [viʃist] ◇ *adj* of the Vichy government.

◇ *nmf* Vichy government supporter, Vichyist.

viciable [visjabl] *adj litt* vitiable.

vicié, e [visje] *adj* -**1.** [pollué - air, sang] polluted, contaminated. -**2.** *litt* [faussé - raisonnement, débat] warped, vitiated *litt.* -**3.** JUR vitiated.

vicier [9] [visje] *vt* -**1.** [polluer - air, sang] to pollute, to contaminate. -**2.** *litt* [dénaturer - esprit, qualité] to corrupt, to taint; [- relation, situation] to mar. -**3.** JUR to vitiate.

vicieusement [visjøzmɑ̃] *adv* -**1.** [lubriquement] lecherously, licentiously. -**2.** [incorrectement] faultily, wrongly. -**3.** [méchamment] maliciously, nastily.

vicieux, euse [visjø, øz] ◇ *adj* -**1.** [pervers - livre, film] obscene; [- regard] depraved; [- personne] lecherous, depraved. -**2.** [trompeur - coup, balle] devious, sly; [- calcul] misleading. -**3.** [animal] vicious. -**4.** [incorrect - expression, prononciation, position] incorrect, wrong.

◇ *nm, f* [homme] lecher, pervert; **un vieux ~** a dirty old man, an old lecher; **petite vicieuse!** you little slut OU tramp!

vicinal, e, aux [visinal, o] ◇ *adj*: **chemin ~** country road.

◇ *nm Belg* suburban tram.

vicinalité [visinalite] *nf* -**1.** [d'une route] local status. -**2.** [réseau routier] network of local byroads.

vicissitude [visisityd] *nf litt* [succession] vicissitude.

◆ **vicissitudes** *nfpl* -**1.** [difficultés] tribulations; **après bien des ~s** after many trials and tribulations, taking many hard knocks on the way. -**2.** [événements] vicissitudes, ups and downs.

vicomtal, e, aux [vikɔ̃tal, o] *adj* [d'un vicomte] of a viscount; [d'une vicomtesse] of a viscountess; [d'une vicomté] of a viscountcy OU viscounty.

vicomte [vikɔ̃t] *nm* viscount.

vicomté [vikɔ̃te] *nf* viscountcy, viscounty.

vicomtesse [vikɔ̃tɛs] *nf* viscountess.

victime [viktim] *nf* -**1.** [d'un accident, d'un meurtre] victim, casualty; **les ~s du crash** the victims of the crash; **accident de la route, trois ~s** car crash, three casualties; **l'accident a fait trois ~s** three people died in the accident; **les ~s ont été emmenées à l'hôpital** the victims were taken to (the) hospital; **un nouveau meurtre porte à 15 le nombre des ~s** a new killing brings the number of victims to 15; **les ~s du SIDA** AIDS victims; **les ~s de la dictature** the victims of the dictatorship. -**2.** RELIG (sacrificial) victim. -**3.** [bouc émissaire] victim, scapegoat. -**4.** [d'un préjudice] victim; **être la ~ d'un escroc** to fall prey to OU to be the victim of a con man; **être ~ d'hallucinations** to suffer from delusions.

victimologie [viktimɔlɔʒi] *nf* victimology.

victoire [viktwar] *nf* -**1.** [fait de gagner - bataille, compétition] victory, winning; [- dans une entreprise] victory, success *(U)*. -**2.** [résultat - militaire] victory; [- sportif] victory, win; [- dans une entreprise] victory, success; ~ **aux points** win on points; **après leurs deux ~s en coupe du monde** after their two wins OU after winning twice in the World Cup; **remporter une ~** to gain a victory; **remporter une ~ sur soi-même** *fig* to triumph over o.s.; **une ~ à la Pyrrhus** a Pyrrhic victory.

victoria [viktɔrja] ◇ *nm* BOT victoria.

◇ *nf* TRANSP victoria.

Victoria [viktɔrja] ◇ *npr* -**1.** GÉOG → **chute, lac.** -**2.** [reine]: **la reine ~** Queen Victoria.

◇ *npr m* [État d'Australie]: **le ~** Victoria.

victorien, enne [viktɔrjɛ̃, ɛn] *adj* Victorian.

victorieusement [viktɔrjøzmɑ̃] *adv* victoriously.

victorieux, euse [viktɔrjø, øz] *adj* SPORT victorious, winning *(avant n)*; POL victorious, winning *(avant n)*, successful; MIL victorious; [air] triumphant; **sortir ~ d'un combat** to come out victorious.

victuailles [viktɥaj] *nfpl* victuals, food *(U)*, provisions.

vidage [vidaʒ] *nm* -**1.** [d'un récipient] emptying. -**2.** *fam* [d'une personne] kicking out. -**3.** INF: **faire un ~** to (take a) dump; ~ **sur disque/de la mémoire** disk/core dump; ~ **de mémoire** storage OU memory dump; **bande de ~** dump tape; **gestionnaire de ~** dumper; ~ **d'écran (sur imprimante)** screen dump.

Vidal [vidal] *npr*: **le ~** *dictionary used by doctors as a reference book on medicines*.

vidange [vidɑ̃ʒ] *nf* -**1.** [d'un récipient, d'un réservoir] emptying. -**2.** [dispositif] drain, (waste) outlet; ~ **du carter** oil pan drain OU outlet. -**3.** AUT oil change; **faire la ~** to change the oil. -**4.** AGR timber hauling OU skidding. -**5.** *Belg* [verre consigné] returnable empties.

◆ **vidanges** *nfpl* [eaux usées] sewage *(U)*, liquid waste *(U)*.

◆ **de vidange** *loc adj* [huile, système] waste.

vidanger [17] [vidɑ̃ʒe] *vt* -**1.** [eaux usées] to empty. -**2.** AUT [huile] to change. -**3.** AÉRON to defuel.

vidangeur [vidɑ̃ʒœr] *nm* cesspit emptier.

vide [vid] ◇ *adj* -**1.** [sans contenu] empty; **tasse à demi ~** half-empty cup; **un espace ~** [entre deux objets] an empty space; [sur un document] a blank space; **une pièce ~** an empty OU unfurnished room; **avoir le ventre** OU **l'estomac ~** to have an empty stomach; **j'ai la tête** OU **l'esprit complètement ~** my mind's a complete blank; **un regard ~** a vacant stare; ~ **de** devoid of; **des rues ~s de gens** empty streets; **des remarques ~s de sens** meaningless remarks, remarks devoid of meaning. -**2.** [sans occupant] empty; **une maison ~** an empty house. -**3.** [sans intérêt - personnalité, vie] empty. -**4.** [dénudé - mur] bare, empty.

◇ *nm* -**1.** ASTRON: **le ~** (empty) space, the void; **un astronaute qui évolue dans le ~** an astronaut floating about in the void. -**2.** [néant] space; **regarder dans le ~** to stare into space; **parler dans le ~** [sans auditoire] to address empty space; [sans contenu] to talk vacuously; **faire des promesses dans le ~** to make empty promises. -**3.** PHYS vacuum; **faire le ~** [dans un vase clos] to create a vacuum; **faire le ~ dans une ampoule** to evacuate air from a bulb ‖ *fig*: **faire le ~ autour de soi** to drive all one's friends away; **faire le ~ autour de qqn** to isolate sb; **faire le ~ dans son esprit** to make one's mind go blank. -**4.** [distance qui sépare du sol] (empty) space; **la maison est construite, en** partie, au-dessus du ~ part of the house is built over a drop; avoir peur du ~ to be scared of heights; pendre dans le ~ to hang in mid-air; tomber dans le ~ to fall into (empty) space. -**5.** [trou - entre deux choses] space, gap; [- entre les mots ou les lignes d'un texte] space, blank. -**6.** [lacune] void, gap, blank; son départ a laissé un grand ~ dans ma vie she left a gaping void in my life when she went ❑ ~ juridique JUR legal vacuum; il y a un ~ juridique en la matière the law is not specific on this matter. -**7.** [manque d'intérêt] emptiness, void; le ~ de l'existence the emptiness of life; le ~ de sa conversation the inanity of his conversation. -**8.** CONSTR: ~ d'air air space; ~ sanitaire ventilation space.

◆ **à vide** ◇ *loc adj* -**1.** [hors fonctionnement] no-load; courant/pertes à ~ no-load current/losses. -**2.** [sans air]: cellule/tube/cuve à ~ vacuum photocell/tube/tank.

◇ *loc adv*: le moteur tourne à ~ the engine's ticking over OU idling; les usines tournent à ~ the factories are running but not producing; il est difficile de réfléchir à ~ it's not easy to think without any data OU with nothing to go on.

◆ **sous vide** ◇ *loc adj* vacuum *(modif)*; condensateur/interrupteur sous ~ vacuum capacitor/switch.

◇ *loc adv*: emballé sous ~ vacuum-packed.

vidé, e [vide] *adj* [volaille] drawn, cleaned; [poisson] gutted; vendre des poulets ~s to sell chickens without giblets.

vidéaste [videast] *nmf* video maker.

vide-cave [vidkav] *(pl inv* OU **vide-caves)** *nm* pump *(for pumping water out of cellars)*.

vidéo [video] ◇ *adj inv* video *(modif)*.

◇ *nf* video (recording); faire de la ~ to make videos.

vidéocassette [videɔkasɛt] *nf* videocassette, video.

vidéo-clip [videɔklip] *(pl* **vidéo-clips)** *nm* (music) video.

vidéoclub [videɔklœb] *nm* videoclub.

vidéocommunication [videɔkɔmynikasjɔ̃] *nf* video communication.

vidéoconférence [videɔkɔ̃ferɑ̃s] *nf* video conferencing.

vidéodisque [videɔdisk] *nm* videodisk.

vidéofréquence [videɔfrekɑ̃s] *nf* video frequency.

vidéogramme [videɔgram] *nm* videogram.

vidéographie [videɔgrafi] *nf* videography; ~ interactive videotex.

vidéolecteur [videɔlɛktœr] *nm* videoplayer.

vidéophone [videɔfɔn] = **visiophone**.

vide-ordures [vidɔrdyr] *nm inv* rubbish *Br* OU garbage *Am* chute.

vidéotex [videɔtɛks] *nm* videotex.

vidéothèque [videɔtɛk] *nf* video library.

vidéotransmission [videɔtrɑ̃smisjɔ̃] *nf* video transmission.

vide-poches [vidpɔʃ] *nm inv* [meuble] tidy; [dans une voiture] glove compartment.

vide-pomme [vidpɔm] *nm inv* apple corer.

vider [3] [vide] *vt* -**1.** [le contenu de - seau, verre, sac] to empty (out) *(sép)*; [- poche, valise] to empty (out) *(sép)*; [- baignoire] to let the water out of, to empty; ~ les ordures to put out the rubbish *Br* OU garbage *Am*; ~ un sac de riz dans un pot to empty a bag of rice into a pot; il vida le tiroir par terre he emptied the contents of the drawer (out) onto the floor; vide le vase dans l'évier empty the vase into the sink; ~ son chargeur to empty one's magazine; la chaleur a entièrement vidé la ville the heat has completely emptied the city; ~ de: ~ une maison de ses meubles to empty a house of its furniture, to clear the furniture from a house; ~ les lieux to vacate the premises ❑ ~ l'abcès to clear the air, to make a clean breast of things; ~ son sac to get things off one's chest, to unburden o.s. -**2.** [le milieu de - pomme] to core; [- volaille] to empty, to clean (out) *(sép)*; [- poisson] to gut. -**3.** [boire] to drain; ~ son verre to drain one's glass; ~ une bouteille to empty a bottle; nous avons vidé une bouteille à deux we downed a bottle between the two of us; ~ les fonds de bouteille to drink the dregs. -**4.** *fam* [épuiser] to do in *(sép)*, to finish off *(sép)*; ce cross m'a vidé that cross-country race has just about finished me off; être vidé to be exhausted; après le tournage, toute l'équipe était vidée when the filming was over, the whole crew felt drained. -**5.** [mettre fin à] to settle (once and for all); ~ une vieille querelle to settle an old dispute. -**6.** JUR: ~ un délibéré to give a verdict after deliberation. -**7.** *fam* [renvoyer] to throw OU to kick out *(sép)*; ~ qqn [employé] to sack *Br* OU to fire sb; [client] to throw sb out, to bounce sb *Am*; [élève] to throw OU to chuck sb out. -**8.** INF to dump. -**9.** ÉQUIT: ~ les arçons OU étriers to take a tumble (off one's horse).

◆ **se vider** *vpi* -**1.** [contenu] to empty OU to drain (out); l'eau du réservoir se vide ensuite dans une fosse the water in the reservoir then drains OU flows out into a ditch. -**2.** [salle, ville] to empty; le stylo s'est vidé dans mon sac the pen has leaked inside my bag; se ~ de son sang to bleed to death.

videur, euse [vidœr, øz] *nm, f* [de volaille] cleaner.

◆ **videur** *nm* [de boîte de nuit] bouncer.

viduité [vidɥite] *nf* JUR viduity; [d'une femme] widowhood; [d'un homme] widowerhood.

vie [vi] *nf* -**1.** BIOL life; la ~ animale/végétale animal/plant life; durée de ~ life span. -**2.** [existence] life; il a eu la ~ sauve he has been spared; laisser la ~ sauve à qqn to spare sb's life; donner la ~ à un enfant to give birth to a child; mettre sa ~ en danger to put one's life in danger; risquer sa ~ to risk one's life; ôter la ~ à qqn to take sb's life; revenir à la ~ to come back to life; sauver la ~ de qqn to save sb's life; sa ~ ne tient plus qu'à un fil his life is hanging by a thread; au début de sa ~ at the beginning of his life; à la fin de sa ~ at the end of his life, late in life; une fois dans sa ~ once in a lifetime; de sa ~ elle n'avait vu un tel sans-gêne she'd never seen such a complete lack of consideration; l'œuvre de toute une ~ a lifetime's work; il promit de lui rester fidèle pour la ~ he promised to be faithful to her for life; à Julie, pour la ~ to Julie, forever OU for ever; avoir la ~ devant soi [ne pas être pressé] to have all the time in the world; [être jeune] to have one's whole life in front of one; être entre la ~ et la mort to be hovering between life and death, to be at death's door; passer de ~ à trépas to pass away ❑ la ~ continue life goes on; à la ~ à la mort for life (and beyond the grave). -**3.** [personne] life; son rôle est de sauver des ~s he is there to save lives. -**4.** [entrain] life; mettre un peu de ~ dans to liven up *(sép)*; plein de ~ [ressemblant] true to life, lifelike; [énergique] lively, full of life; un enfant, c'est plein de ~! children are so full of life! -**5.** [partie de l'existence] life; ~ privée private life; la ~ affective/intellectuelle/sexuelle love/intellectual/sex life; ~ politique/professionnelle political/professional life; entrer dans la ~ active to start working; la ~ associative community life. -**6.** [façon de vivre - d'une personne, d'une société] life, lifestyle, way of life; [- des animaux] life; la ~ des abeilles/de l'entreprise the life of bees/of the company; la ~ en Australie the Australian lifestyle OU way of life; dans la ~, l'important c'est de... the important thing in life is to...; faire sa ~ avec qqn to settle down with sb; avoir la ~ dure to have a hard life; faire OU mener la ~ dure à qqn to make sb's life hell OU a misery; il lui a fait une de ces ~s! he gave her hell!; rater sa ~ to make a mess of one's life; refaire sa ~ to start afresh OU all over again; sa ~ est fichue *fam* he's finished; c'est la ~!, la ~ est ainsi faite! such is OU that's life! ❑ mener une ~ de bâton de chaise *fam* OU de patachon to lead a riotous life; ~ de bohême bohemian life; mener une ~ de chanoine to live the life of Riley; une ~ de chien *fam* a dog's life; ce n'est pas une ~! I don't call that living!; c'est la belle ~ OU la ~ de château! this is the life!; faire la ~ *fam*, mener joyeuse ~ to live it up. -**7.** [biographie] life; il a écrit une ~ de Flaubert he wrote a life OU biography of Flaubert ❑ 'Vie des hommes illustres' *Plutarque* 'Plutarch's Lives'. -**8.** [conditions économiques] (cost of) living; dans ce pays, la ~ n'est pas chère prices are very low in this country; le coût de la ~ the cost of living. -**9.** RELIG life; la ~ éternelle everlasting life; la ~ ici-bas this life; la ~ terrestre life on earth; dans cette ~ comme dans l'autre in this life as in the next. -**10.** TECH life; à courte ~ short-lived; à longue ~ long-lived; ~ d'un neutron neutron lifetime ❑ ~ moyenne mean life; ~ de surface ÉLECTRON surface lifetime; ~ utile service life.

◆ **à vie** *loc adj* for life, life *(modif)*; amis à ~ friends for life; président à ~ life president; membre à ~ life member.

◆ **en vie** *loc adj* alive, living; être toujours en ~ to be still alive OU breathing.

◆ **sans vie** *loc adj* [corps] lifeless, inert; [œuvre] lifeless, dull.

vieil [vjɛj] → **vieux**.

vieillard [vjɛjar] *nm* old man; les ~s old people, the old, the aged.

vieillarde [vjɛjard] *nf litt* old woman.

vieille [vjɛj] *f* → **vieux**.

Vieille-Castille [vjɛjkastij] *npr f*: (la) ~ Old Castile.

vieillerie [vjɛjri] *nf* -**1.** [objet] old thing. -**2.** [idée]: qui s'intéresse à ces ~s? who's interested in those stale ideas?

vieillesse [vjejɛs] *nf* -**1.** [d'une personne] old age; avoir une ~ heureuse to be happy in old age; pendant sa ~ in his/her old age; mourir de ~ to die of old age. -**2.** *litt* [d'un bijou, d'un vase] age. -**3.** [personnes]: la ~ old people, the old, the aged.

vieilli, e [vjeji] *adj* [vieux] ageing; [démodé] old-fashioned.

vieillir [32] [vjejir] ◇ *vi* -**1.** [prendre de l'âge - personne] to age, to be getting old; [- vin, fromage] to age, to mature; [- technique] to become outmoded; tout le monde vieillit we all grow old; je veux ~ dans cette maison I want to spend my old age in this house; bien ~ to grow old gracefully; il a mal vieilli he hasn't aged well; ce film vieillit mal this film doesn't stand the test of time; son roman a beaucoup vieilli her novel seems really dated now; faire ~ du fromage en cave/du vin en fût to mature cheese in a cellar/wine in a cask; l'argent vieillit bien silver ages well. -**2.** [paraître plus vieux]: il a vieilli de 20 ans he looks 20 years older; tu ne vieillis pas you never seem to look any older.

◇ *vt* -**1.** [rendre vieux - personne] to make old, to age; les soucis l'ont vieilli worry has aged him. -**2.** [vin, fromage] to age, to mature; [métal] to age-harden. -**3.** ~ qqn [suj: vêtement, couleur] to make sb seem older; [suj: personne]: vous me vieillissez you're making me older than I am!; le noir te vieillit black makes you look older; c'est fou ce que les cheveux longs la vieillissent! long hair makes her look a lot older!

◆ **se vieillir** *vp (emploi réfléchi)* [en apparence] to make o.s. look older; [en mentant] to lie about one's age *(by pretending to be older)*.

vieillissant, e [vjejisɑ̃, ɑ̃t] *adj* ageing; des techniques ~es techniques that are being superseded.

vieillissement [vjejismɑ̃] *nm* -**1.** [naturel] ageing; le ~ d'un réacteur/d'un vin/d'une population the ageing of a reactor/wine/population; les signes qui trahissent le ~ the telltale signs of age OU of the ageing process. -**2.** [technique] ageing; ~ au four/naturel/rapide furnace/natural/quick ageing.

vieillot, otte [vjejo, ɔt] *adj* old-fashioned.

vielle [vjɛl] *nf* hurdy-gurdy.

vieller [4] [vjele] *vi* to play the hurdy-gurdy.

vielleur, euse [vjɛlœr, øz], **vielleux, euse** [vjɛlø, øz] *nm, f* hurdy-gurdy player.

Vienne [vjɛn] *npr* -**1.** [en Autriche] Vienna; **le congrès de ~** the Congress of Vienna. -**2.** [en France] Vienne; **la ~** the (river) Vienne.

viennois, e [vjenwa, az] *adj* -**1.** [Autriche] Viennese. -**2.** [France] from Vienne.

◆ **Viennois, e** *nm, f* -**1.** [en Autriche] *inhabitant of or person from Vienna*; **les Viennois** the Viennese. -**2.** [en France] *inhabitant of or person from Vienne*; **les Viennois** the people of Vienne.

viennoiserie [vjenwazri] *nf pastry made with sweetened dough.*

VIENNOISERIE:
This term covers several different kinds of pastries, especially the kind usually eaten for breakfast in France: croissant, pain au chocolat, pain aux raisins and brioche. It can also refer to the shop where such pastries are sold.

---

vierge [vjɛrʒ] ◇ *adj* -**1.** [personne] virgin; **elle/il est encore ~** she's/he's still a virgin. -**2.** [vide - cahier, feuille] blank, clean; [- casier judiciaire] clean; [- pellicule, film] unexposed; [- cassette, disquette] blank. -**3.** [inexploité - sol, terre] virgin; **de la neige ~** fresh snow. -**4.** [sans additif]: **minerai ~** native ore; **métal ~** virgin metal. -**5.** *litt* [pur] pure, unsullied, uncorrupted; **un cœur ~** a pure heart; **~ de** devoid of, innocent of *litt*.

◇ *nf* [femme] virgin.

Vierge [vjɛrʒ] *npr f* -**1.** RELIG: **la ~ (Marie)** the Virgin (Mary), the Blessed Virgin. -**2.** ASTRON Virgo. -**3.** ASTROL Virgo; **être ~** to be (a) Virgo ou a Virgoan.

Viêt-nam [vjɛtnam] *npr m*: **le ~** Vietnam; **au ~** in Vietnam; **le Nord/Sud ~** North/South Vietnam; **un ancien du ~** a Vietnam veteran.

vietnamien, enne [vjɛtnamjɛ̃, ɛn] *adj* Vietnamese.

◆ **Vietnamien, enne** *nm, f* Vietnamese; **les Vietnamiens** the Vietnamese; **~ du Nord/Sud** North/South Vietnamese.

◆ **vietnamien** *nm* LING Vietnamese.

vieux [vjø] (*devant nm commençant par voyelle ou h muet* **vieil** [vjɛj], *f* **vieille** [vjɛj]) *adj* -**1.** [âgé] old; **sa vieille mère** her old ou aged mother; **un vieil homme** an old ou elderly man; **une vieille femme** an old ou elderly woman; **les vieilles gens** old people, elderly people, the elderly; **un ~ cheval/chêne** an old horse/oak; **être ~** to be old; **50 ans, ce n'est pas ~!** 50 isn't old!; **devenir ~** to grow old, to get old; **vivre ~** [personne, animal] to live to be old, to live to a ripe old age; **se faire ~** to be getting on (in years), to be getting old; **ma voiture commence à se faire vieille** my car's starting to get a bit old; **je deviens frileux sur mes ~ jours** I feel the cold more with age; **être moins/plus ~ que** to be younger/older than; **le plus ~ des deux** the older ou elder (of the two); **le plus ~ des trois** the eldest ou oldest of the three; **faire ~** to look old; **je me sens ~** I feel old; **être ~ avant l'âge** to be old before one's time; **c'est un tissu un peu ~ pour une robe de fillette** this material is a bit old-fashioned for a little girl's dress ☐ **vieil homme** RELIG unredeemed Man; **'le Vieil Homme et la mer'** *Hemingway* 'The Old Man and the Sea'. -**2.** *(avant le n)* [de longue date - admirateur, camarade, complicité, passion] old, long-standing; [- famille, tradition] old, ancient; [- dicton, recette] old; [- continent, montagne] old; **la vieille ville** the old (part of the) town; **connais-tu le ~ Nice?** do you know the old part of Nice?; **l'une des plus vieilles institutions de notre pays** one of the most ancient ou oldest institutions of our country; **nous sommes de ~ amis** we're old friends; **c'est un ~ célibataire** he's an old bachelor; **le plus ~ métier du monde** *euph* the oldest profession (in the world) ☐ **le Vieux Monde** the Old World. -**3.** [désuet - instrument, méthode] old; **une vieille expression** [qui n'est plus usitée] an obsolete turn of phrase; [surannée] an old-fashioned turn of phrase; **le ~ français** LING Old French || [usé, fâné] old; **une malle pleine de vieilles photos et de vieilles lettres** a trunk full of old pictures and letters; **recycler les ~ papiers** to recycle waste paper; **un ~ numéro** [de magazine] a back issue ☐ **vieil or** old gold; **~ rose** old rose. -**4.** [précédent] old; **sa vieille moto était plus belle** his old bike was nicer. -**5.** *fam* [à valeur affectueuse]: **alors, mon ~ chien?** how's my old doggie then?; **le ~ père Davril** old Davril; **~ farceur!** you old devil! || [à valeur dépréciative]: **il doit bien rester un ~ bout de fromage** there must be an odd bit of cheese left over; **t'aurais pas une vieille enveloppe?** got an envelope (,any old one will do)?; **qu'est-ce que c'est que ce ~ tas de ferraille?** what's that old heap?; **espèce de vieille folle!** you crazy old woman!; **~ dégoûtant!** you disgusting old man! || [à valeur intensive]: **j'ai une vieille faim** I'm starving!; **ta voiture a pris un ~ coup** your car got a nasty bash; **j'ai eu un ~ coup de cafard** I felt really low. -**6.** ŒNOL: **vin ~** aged wine.

◆ **vieux** ◇ *nm* -**1.** *fam aussi péj* [homme âgé] old man; **le ~ ne vendra jamais** the old man will never sell ☐ **un ~ de la vieille** [soldat de Napoléon] an old veteran of Napoleon's guard; [personne d'expérience] an old hand. -**2.** ▽ [père]: **mon/son ~** my/his old man. -**3.** *fam* [à valeur affective - entre adultes]: **allez, ~, ça va s'arranger** come on mate *Br* ou buddy *Am*, it'll be all right; **tu vas sur 50 ans – eh oui, mon (petit) ~!** so it's the big 50 next – (it) sure is, mate *Br* ou buddy *Am*!; **débrouille-toi, mon (petit) ~!** you sort it out yourself, pal ou *Br* mate! || [pour exprimer la surprise]: **j'en ai eu pour 5 000 francs – ben mon ~!** it cost me 5,000 francs – good heavens! -**4.** [ce qui est ancien] old things; **faire du neuf avec du ~** to turn old into new; **le vin sent le** ou **a un goût de ~** the wine tastes as though it's past its best. -**5.** *loc*: **prendre un coup de ~** *fam*: **elle a pris un sacré coup de ~** she's looking a lot older; **le film a pris un coup de ~** the film seems to have dated.

◇ *adv*: **ça fait ~!** it's really old-fashioned!; **s'habiller ~** to wear old-fashioned clothes.

◇ *nmpl aussi péj* -**1.** *fam* [personnes âgées]: **les ~** old people; **les petits ~** old folk; **elle dit qu'elle ne veut pas aller chez les ~** ▽ she says she doesn't want to go to an old people's ou folk's home. -**2.** ▽ [parents]: **les** ou **mes ~** my parents, my folks, my Mum *Br* ou Mom *Am* and Dad.

◆ **vieille** *nf* -**1.** *fam aussi péj* [femme âgée] old woman ou girl; **une petite vieille** a little old lady. -**2.** ▽ [mère]: **la** ou **ma/ta vieille** my/your old lady. -**3.** *fam* [à valeur affective - entre adultes]: **salut, ma vieille!** hi there!; **il est trop tard, ma vieille!** it's too late, darling! || [exprime l'indignation]: **t'es gonflée, ma vieille!** you've got some nerve, you! -**4.** ZOOL: **vieille (de mer)** (sea) wrasse.

◆ **de vieux, de vieille** *loc adj* old-fashioned, antiquated, geriatric *hum*; **tu as des idées de ~** you're so old-fashioned (in your ideas); **ce sont des hantises de ~** those are old people's obsessions.

◆ **vieux de, vieille de** *loc adj* [qui date de]: **c'est un manteau ~ d'au moins 30 ans** it's a coat which is at least 30 years old; **une amitié vieille de 20 ans** a friendship that goes back 20 years.

◆ **vieille fille** *nf vieilli* ou *péj* spinster, old maid *péj*; **rester vieille fille** to remain unmarried; **c'est une manie de vieille fille** it's an old-maidish thing to do *péj*.

◆ **vieux garçon** *nm vieilli* ou *péj* bachelor; **rester ~ garçon** to remain single ou a bachelor; **des manies de ~ garçon** bachelor ways.

◆ **vieux jeu** *loc adj* [personne, attitude] old-fashioned; [vêtements, idées] old-fashioned, outmoded; **ce que tu peux être ~ jeu!** you're so behind the times!

vif, vive[1] [vif, viv] *adj* -**1.** [plein d'énergie - personne] lively, vivacious; [- musique, imagination, style] lively; **d'un geste ~, il saisit le revolver sur la table** he snatched the gun off the table; **avoir le regard ~** to have a lively look in one's eye; **marcher d'un pas ~** to walk briskly; **rouler à vive allure** to drive at great speed. -**2.** [intelligent - élève] sharp; [- esprit] sharp, quick; **être ~** to be quick ou quick-witted ou sharp; **ce qu'elle est vive!** she's quick on the uptake! -**3.** [emporté - remarque, discussion, reproche] cutting, biting; [- geste] brusque, brisk; **tu as été un peu trop ~ avec elle** you were a bit curt ou abrupt with her; **excusez-moi de ces mots un peu ~s** I apologize for having spoken rather sharply. -**4.** [très intense - froid] biting; [- couleur] bright, vivid; [- désir, sentiment] strong; [- déception, intérêt] keen; [- félicitations, remerciements] warm; [- regret, satisfaction] deep, great; [- douleur] sharp; **porter un ~ intérêt à** to be greatly ou keenly interested in; **avec un ~ soulagement** with a profound sense of relief; **c'est avec un ~ plaisir que...** it's with great pleasure that...; **à feu ~** over a brisk heat; **l'air est ~ ce matin** it's chilly this morning; **l'air est ~ au bord de la mer** the sea air is bracing. -**5.** [nu - angle, arête] sharp; [- joint] dry; [- pierre] bare. -**6.** [vivant]: **être brûlé/enterré ~** to be burnt/buried alive. -**7.** GÉOG: **marée de vive eau** spring tide. -**8.** ŒNOL [vin] lively. -**9.** CHASSE [forêt, vallée] rich in ou teeming with game.

◆ **vif** *nm* -**1.** [chair vivante]: **le ~** the living flesh, the quick ☐ **piquer qqn au ~** to cut sb to the quick; **être piqué au ~** to be cut to the quick. -**2.** [centre]: **trancher** ou **tailler dans le ~** to go straight to the point; **entrer dans le ~ du sujet** to get to the heart of the matter. -**3.** PÊCHE: **le ~** livebait. -**4.** JUR living person. -**5.** CONSTR sharp edge. -**6.** GÉOG: **le ~ de l'eau** new moon and full moon tides.

◆ **à vif** ◇ *loc adj* [blessure] open; **la chair était à ~** the flesh was exposed.

◇ *loc adv*: **éplucher une orange à ~** *to peel an orange and remove all the pith round the segments.*

◆ **de vive voix** *loc adv* personally; **je le lui dirai de vive voix** I'll tell him personally.

◆ **sur le vif** *loc adv* [peindre] from life; [commenter] on the spot; **ces photos ont été prises sur le ~** these photos were unposed.

vif-argent [vifarʒɑ̃] (*pl* **vifs-argents**) *nm* quicksilver; **c'est du** ou **un** *fam* **~** he's a bundle of energy.

vigie [viʒi] *nf* -**1.** RAIL observation box; **~ de frein/signaux** brake/signal cabin. -**2.** NAUT [balise] danger-buoy; *vieilli* [guetteur] look-out; [poste] look-out post; [panier] crow's nest; **être de ~** to be on look-out (duty) ou on watch, to keep watch.

vigilance [viʒilɑ̃s] *nf* vigilance, watchfulness; **sa ~ s'est relâchée** he's become less vigilant.

vigilant, e [viʒilɑ̃, ɑ̃t] *adj* [personne, regard] vigilant, watchful; [soins] vigilant; **soyez ~!** watch out!; **sous l'œil ~ de leur mère** under the (ever) watchful eye of their mother.

vigile [viʒil] ◇ *nm* -**1.** [d'une communauté] vigilante; [veilleur de nuit] night watchman; [surveillant] guard. -**2.** ANTIQ watch.

◇ *nf* RELIG vigil.

vigne [viɲ] *nf* -**1.** AGR vine, grapevine; [vignoble] vineyard; **la ~ pousse bien par ici** it's easy to grow vines around here; **une région de ~s** a wine-producing region ☐ **être dans les ~s du Seigneur** to be drunk. -**2.** BOT: **~ vierge** Virginia creeper.

vigneau, x [viɲo] *nm* winkle.

vigneron, onne [viɲrɔ̃, ɔn] *nm, f* wine-grower, wine-producer.

vignette [viɲɛt] *nf* -**1.** COMM (manufacturer's) label; [sur un médicament] label ou sticker *(for reimbursement within the French Social Security scheme)*. -**2.** ADMIN & AUT: **~ (auto** ou **automobile)** ≃ (road) tax disc *Br*, ≃ (car) registration sticker *Am*. -**3.** BX-ARTS [sur un livre, une gravure] vignette.

VIGNETTE:
1. The "vignette automobile" is a circular sticker which drivers are required to display in their car window to prove payment of road tax.
2. The word "vignette" also refers to the removable price sticker on pharmaceutical products which has to be affixed to the "feuille de soins" (claim form for reimbursement of medical expenses) before it is sent to the "Sécurité sociale".

vignoble [viɲɔbl] *nm* vineyard; le ~ italien/alsacien the vineyards of Italy/Alsace; une région de ~s a wine-growing area.

vignot [viɲo] = **vigneau**.

vigogne [vigɔɲ] *nf* -**1.** ZOOL vicuna. -**2.** [laine] vicuna (wool).

vigoureusement [vigurøzmɑ̃] *adv* [frapper, frictionner] vigorously, energetically; [se défendre] vigorously; [protester] forcefully.

vigoureux, euse [vigurø, øz] *adj* -**1.** [fort - homme] vigorous, sturdy; [- membres] strong, sturdy; [- arbre, plante] sturdy; [- santé] robust; [- poignée de main, répression] vigorous; il est encore ~! he's still hale and hearty OU going strong! -**2.** [langage, argument] forceful; [opposition, soutien] strong; [défense] vigorous, spirited; [contestation, effort] vigorous, forceful, powerful; [mesures] energetic.

vigueur [vigœr] *nf* -**1.** [d'une personne, d'une plante] strength, vigour; [d'un coup] vigour, strength, power; avec ~ vigorously, energetically; le bon air lui a rendu un peu de sa ~ the fresh air has perked him up a bit; reprendre de la ~ to get some strength back. -**2.** [d'un style, d'une contestation] forcefulness, vigour; [d'un argument] forcefulness; se défendre avec ~ to defend o.s. vigorously; protester avec ~ to object forcefully; admirez la ~ du trait look at how firmly drawn the lines are.
◆ **en vigueur** ◇ *loc adj* [décret, loi, règlement] in force; [tarif, usage] current; cesser d'être en ~ [loi] to lapse; [règlement] to cease to apply. ◇ *loc adv*: entrer en ~ [décret, tarif] to come into force OU effect; cette mesure entrera en ~ le 7 juillet this measure will come into effect on July 7th.

viking [vikiŋ] *adj* Viking.
◆ **Viking** *nmf* Viking; les Vikings the Vikings.

vil, e [vil] *adj* -**1.** *litt* [acte, personne, sentiment] base, vile, despicable. -**2.** *litt (avant le n)* [métier, condition] lowly, humble. -**3.** *loc*: à ~ prix extremely cheap; il me l'a cédé à ~ prix he let me have it for next to nothing.

vilain, e [vilɛ̃, ɛn] ◇ *adj* -**1.** [laid - figure, personne etc] ugly; [- quartier] ugly, sordid; [- décoration, bâtiment, habit] ugly, hideous; ils ne sont pas ~s du tout, tes dessins your drawings aren't bad at all; un ~ petit canard an ugly duckling. -**2.** [méchant] naughty; tu es un ~ garçon! you're a naughty boy!; c'est un ~ monsieur he's a bad man; la ~e bête, elle m'a mordu! that nasty beast has bitten me!; jouer un ~ tour à qqn to play a rotten OU dirty trick on sb. -**3.** [sérieux - affaire, blessure, coup, maladie] nasty. -**4.** [désagréable - odeur] nasty, bad; [- temps] nasty, awful; la matinée s'annonce ~e it looks like really foul weather this morning.
◇ *nm, f* bad OU naughty boy (*f* girl).
◆ **vilain** *nm* -**1.** HIST villein. -**2.** *fam* [situation désagréable]: il va y avoir du ~! there's going to be trouble!; ça tourne au ~! things are getting nasty!

vilainement [vilɛnmɑ̃] *adv*: il est ~ bâti his body is badly proportioned.

vilebrequin [vilbrəkɛ̃] *nm* -**1.** TECH (bit) brace. -**2.** AUT crankshaft.

vilement [vilmɑ̃] *adv* vilely, basely.

vilenie [vileni] *nf litt* -**1.** [caractère] baseness, villainy. -**2.** [action] base OU vile deed, villainous act.

vilipender [3] [vilipɑ̃de] *vt litt* to disparage, to revile; il a été vilipendé dans la presse he was pilloried in the press.

villa [vila] *nf* -**1.** [résidence secondaire] villa. -**2.** [pavillon] (detached) house. -**3.** ANTIQ & HIST villa. -**4.** [rue] private road.

village [vilaʒ] *nm* -**1.** [agglomération, personnes] village. -**2.** LOISIRS: ~ (de vacances) holiday *Br* OU vacation *Am* village; ~ de toile (holiday *Br* OU vacation *Am*) camp (under canvas).

villageois, e [vilaʒwa, az] ◇ *adj* village *(modif)*, country *(modif)*.
◇ *nm, f* villager, village resident.

ville [vil] *nf* -**1.** [agglomération] town; grande ~ city; il n'aime pas les grandes ~s he doesn't like big cities; la ~ a voté à droite the town voted for the right; toute la ~ en parle it's the talk of the town; à la ~ comme à la scène in real life as (well as) on stage ❑ ~ d'eau spa (town); ~ industrielle/universitaire industrial/university town; ~ nouvelle new town; la Ville éternelle the Eternal City; la Ville lumière the City of Light; la Ville sainte RELIG the Holy City. -**2.** [quartier]: ~ haute/basse upper/lower part of town. -**3.** ADMIN: la ~ [administration] the local authority; [représentants] the (town) council. -**4.** [milieu non rural]: la ~ towns, cities; les gens de la ~ city-dwellers, townspeople; la vie à la ~ town OU city life; je viens profiter un peu de la ~ I've come to sample the delights of city life.
◆ **de ville** *loc adj* -**1.** VÊT: chaussures/tenue de ~ shoes/outfit for wearing in town. -**2.** IMPR: travaux de ~ jobbing work.
◆ **en ville** *loc adv*: aller en ~ to go to OU into town *Br*, to go downtown *Am*; aller habiter en ~ [venant de la campagne] to move to the city; [venant de la banlieue] to move to the town centre *Br* OU downtown *Am*; et si nous dînions en ~? let's eat out tonight; trouver un studio en ~ to find a flat *Br* OU studio apartment *Am* in town.

ville-champignon [vilʃɑ̃piɲɔ̃] (*pl* villes-champignons) *nf* fast-expanding town.

ville-dortoir [vildɔrtwar] (*pl* villes-dortoirs) *nf* dormitory town.

villégiature [vileʒjatyr] *nf* holiday *Br*, vacation *Am*; être en ~ to be on holiday *Br* OU vacation *Am*; partir en ~ to go on holiday *Br* OU vacation *Am*; être en ~ à la campagne to be on holiday in the countryside; lieu de ~ holiday resort *Br*, vacation resort *Am*; avez-vous trouvé un lieu de ~? have you found somewhere to spend your holidays?

Villejuif [vilʒɥif] *npr Paris suburb famous for its cancer treatment centre.*

ville-satellite [vilsatelit] (*pl* villes-satellites) *nf* satellite town.

Villette [vilɛt] *npr f*: la ~ *cultural complex in the north of Paris (including a science museum, theatre and park).*

villosité [vilozite] *nf* villosity; prélèvement des ~s choriales chorionic villus sampling.

Vilnius [vilnjys] *npr* Vilnius.

vin [vɛ̃] *nm* -**1.** ŒNOL [boisson] wine; [ensemble de récoltes] vintage; ce sera une bonne année pour le ~ it'll be a good vintage this year; le ~ de 1959 the 1959 vintage ❑ grand ~, ~ de grand cru vintage wine; ~ d'appellation d'origine contrôlée appellation contrôlée wine; ~ blanc white wine; ~ de Bordeaux [rouge] claret; [blanc] white Bordeaux; ~ de Bourgogne Burgundy; ~ bourru new wine; ~ chaud mulled wine; ~ de consommation courante table wine; ~ de coupage blended wine; ~ du cru local wine; ~ cuit fortified wine; ~ de messe altar OU communion wine; ~ mousseux sparkling wine; ~ nouveau new wine; ~ ordinaire table wine; ~ de pays local wine; ~ pétillant sparkling wine; ~ de presse press wine, pressings; ~ du Rhin hock; ~ rosé rosé wine; ~ rouge red wine; ~ de table table wine; ~ vieux aged wine; avoir le ~ gai/triste/mauvais to get merry/depressed/nasty after a few drinks; être entre deux ~s to be tiddly OU tipsy. -**2.** [liqueur]: ~ de canne/riz cane/rice wine.
◆ **vin d'honneur** *nm* reception *(where wine is served)*.

vinaigre [vinɛgr] *nm* -**1.** [condiment] vinegar; cornichons/oignons au ~ pickled gherkins/onions ❑ ~ d'alcool/de cidre/de vin spirit/cider/wine vinegar; ~ à l'estragon tarragon vinegar. -**2.** *fam loc*: tourner au ~ [vin] to turn sour; la discussion a tourné au ~ the discussion turned sour; les choses ont tourné au ~ things definitely went wrong; faites ~ hurry up, get a move on; JEUX go very fast *(with a skipping rope)*.

vinaigrer [4] [vinegre] *vt* to add vinegar to; ce n'est pas assez vinaigré there's too little vinegar; de l'eau vinaigrée water with a touch of vinegar added.

vinaigrerie [vinɛgrəri] *nf* -**1.** [fabrique] vinegar factory. -**2.** [production] vinegar making. -**3.** [commerce] vinegar trade.

vinaigrette [vinɛgrɛt] *nf* vinaigrette, French dressing; haricots à la OU en ~ beans with vinaigrette OU French dressing.

vinaigrier [vinɛgrije] *nm* -**1.** [bouteille] vinegar bottle. -**2.** [fabricant] vinegar maker OU manufacturer.

vinasse [vinas] *nf* -**1.** *fam péj* [vin] plonk *Br*, jug wine *Am*. -**2.** [résidu] vinasse.

vindicatif, ive [vɛ̃dikatif, iv] *adj* vindictive.

vindicte [vɛ̃dikt] *nf* -**1.** JUR: la ~ publique prosecution and punishment; désigner OU livrer qqn à la ~ populaire to expose sb to trial by the mob. -**2.** *litt* [punition]: exercer des ~s to punish crimes.

viner [3] [vine] *vt* to add alcohol to.

vineux, euse [vinø, øz] *adj* -**1.** [rappelant le vin - visage] blotchy; [- goût] wine-like; [- haleine] which reeks of wine; [- melon] wine-flavoured; d'une couleur vineuse wine-coloured. -**2.** ŒNOL: vin ~ wine with a high alcohol content.

vingt [vɛ̃] ◇ *adj num* twenty; je te l'ai dit ~ fois! I've told you a hundred times!; je n'ai plus ~ ans! I'm not as young as I used to be!; ah, si j'avais encore mes jambes/mon cœur de ~ ans! if only I still had the legs/the heart of a twenty year-old! ❑ ~ dieux! *fam vieilli*: ~ dieux, la belle fille! strewth *Br* OU Lord *Am*, what a beauty!; ne touche pas à ça, ~ dieux! leave that alone, for God's sake!
◇ *nm* twenty; il a joué trois fois le ~ he played three times on number twenty; le ~ de chaque mois the twentieth of the month.

vingtaine [vɛ̃tɛn] *nf*: une ~ twenty or so, around twenty; une ~ d'élèves around twenty pupils.

vingt-deux [vɛ̃tdø] *adj num* twenty-two; ~ v'là les flics![▽] watch out, here come the cops!

vingt-et-un [vɛ̃teœ̃] ◇ *adj num* twenty-one.
◇ *nm* JEUX pontoon *Br*, vingt-et-un, twenty-one.

vingtième [vɛ̃tjɛm] *adj ord* & *nmf* twentieth.

vingtièmement [vɛ̃tjɛmmɑ̃] *adv* in the twentieth place.

vingt-quatre [vɛ̃tkatr] *adj num* twenty-four; ~ heures sur ~ round the clock; surveillé ~ heures sur ~ under round-the-clock surveillance.

vinicole [vinikɔl] *adj* [pays] wine-growing; [industrie, production] wine *(modif)*; entreprise ~ wine-making firm *Br*, winery *Am*.

vinifère [vinifɛr] *adj* viniferous, wine-producing.

vinification [vinifikasjɔ̃] *nf* [de jus de fruits] vinification; [pour l'obtention de vin] wine-making process.

vinifier [9] [vinifje] *vt* to make into wine.

Vintimille [vɛ̃timij] *npr* Ventimiglia.

vinyle [vinil] *nm* vinyl.

vinylique [vinilik] *adj* vinyl *(modif)*.

vioc, vioque[▽] [vjɔk] *nm, f* -**1.** [vieille personne] old codger (*f* biddy), old timer *Am*. -**2.** [père, mère]: la OU ma vioque my old lady; le OU mon ~ my old man; mes ~s my old folks.

viol [vjɔl] *nm* [d'une personne] rape; [d'un sanctuaire] violation, desecration.

violacé, e [vjɔlase] *adj* purplish-blue; **les mains ~es par le froid** hands blue with cold.
◆ **violacée** *nf* member of the Violaceae.

violacer [16] [vjɔlase]
◆ **se violacer** *vpi* [visage] to turn OU to go OU to become purple; [mains] to turn OU to go OU to become blue.

violateur, trice [vjɔlatœr, tris] *nm, f* [d'une loi, d'une constitution] transgressor; [d'un sanctuaire, d'une sépulture] violator, desecrator.

violation [vjɔlasjɔ̃] *nf* -**1.** [d'une loi, d'une règle] violation; [d'un serment] breach; [d'un accord] violation, breach. -**2.** [d'un sanctuaire, d'une sépulture] violation, desecration; **~ de domicile** forcible entry *(into somebody's home)*.

violâtre [vjɔlatr] *adj litt* purplish, blue.

viole [vjɔl] *nf* viol; **~ d'amour** viola d'amore; **~ de bras** viola da braccio; **~ de gambe** bass viol, viola da gamba.

violemment [vjɔlamɑ̃] *adv* [frapper] violently; [protester] vehemently; [désirer] passionately; **il se jeta ~ sur moi** he hurled himself at me.

violence [vjɔlɑ̃s] *nf* -**1.** [brutalité - d'un affrontement, d'un coup, d'une personne] violence; [- d'un sport] roughness, brutality; **avec ~** with violence, violently; **scène de ~** violent scene; **quand il est ivre, il est d'une grande ~** he gets very violent when he's drunk; **pour mesurer la ~ de l'attaque** to realize how violent OU brutal the attack was; **sous la ~ du choc, il est tombé** the violence of the blow threw him to the ground; **obliger qqn à faire qqch par la ~** to force sb to do sthg by violent means; **répondre à la ~ par la ~** to meet violence with violence; **faire ~ à une femme** *arch* to violate a woman ‖ *fig*: **faire ~ à** [principes, sentiments] to do violence to, to go against; [texte] to do violence to, to distort the meaning of; **se faire ~** to force o.s. -**2.** [acte] assault, violent act; **subir des ~s** to be the victim of assault ❑ **~ à agent** assault on (the person of) a police officer. -**3.** [intensité - d'un sentiment, d'une sensation] intensity; [- d'un séisme, du vent etc] violence, fierceness; **le vent soufflait avec ~** the wind was raging.

violent, e [vjɔlɑ̃, ɑ̃t] ◇ *adj* -**1.** [brutal - sport, jeu] rough, brutal; [- attaque, affrontement] fierce, violent, brutal; [- personne] violent, brutal; [- tempérament] violent, fiery; **se montrer ~ avec qqn** to be violent with sb; **une mort ~e** a violent death; **..., dit-il d'un ton ~ ...,** he said violently. -**2.** [intense - pluie] driving; [- vent, tempête] violent, raging; [- couleur] harsh, glaring; [- parfum] pungent, overpowering; [- effort] huge, strenuous; [- besoin, envie] intense, uncontrollable, urgent; [- douleur] violent; **un ~ mal de tête** a splitting headache; **une ~e douleur au côté** a shooting pain in one's side. -**3.** *fam* [qui scandalise]: **c'est un peu ~!** that's a bit much!
◇ *nm, f* violent person.

violenter [3] [vjɔlɑ̃te] *vt* -**1.** [femme] to assault sexually; **elle a été violentée** she was sexually assaulted. -**2.** *litt* [désir, penchant] to do violence to, to go against.

violer [3] [vjɔle] *vt* -**1.** [personne] to rape; **se faire ~** to be raped. -**2.** [loi, règle] to violate; [serment] to break; [accord, secret professionnel] to violate, to break. -**3.** [sanctuaire, sépulture] to violate, to desecrate; **~ le domicile de qqn** JUR to force entry into sb's home; **~ les consciences** *fig* to violate people's consciences.

violet, ette [vjɔlɛ, ɛt] *adj* purple, violet; **ses mains ~tes de froid** her hands blue with cold.
◆ **violet** *nm* purple, violet (colour).
◆ **violette** *nf* violet; **~te odorante/de Parme** sweet/Parma violet.

violeur, euse [vjɔlœr, øz] *nm, f* rapist.

violine [vjɔlin] *adj* dark purple.

violon [vjɔlɔ̃] *nm* -**1.** MUS [instrument - d'orchestre] violin; [- de violoneux] fiddle; [artiste]: **premier ~ (solo)** first violin; **second ~** second violin; **jouer les seconds OU troisièmes ~s** *fig* to play second fiddle; **~ d'Ingres** hobby. -**2.** *fam* [prison] cells; **passer la nuit au ~** to be kept overnight in the cells OU down the station.

violoncelle [vjɔlɔ̃sɛl] *nm* cello, violoncello *spéc.*

violoncelliste [vjɔlɔ̃selist] *nmf* cellist, cello player, violoncellist *spéc.*

violoneux [vjɔlɔnø] *nm péj* (mediocre) violinist.

violoniste [vjɔlɔnist] *nmf* violinist, violin-player.

vioque▽ [vjɔk] *f* → **vioc.**

viorne [vjɔrn] *nf* viburnum.

VIP [viajpi, veipe] (*abr de* very important person) *nm* VIP.

vipère [vipɛr] *nf* adder, viper; **c'est une vraie ~** *fig* & *péj* she's really vicious.

vipereau, x [vipro], **vipéreau, x** [vipero] *nm* young viper.

vipérin, e [viperɛ̃, in] *adj* -**1.** ZOOL viperine; **couleuvre ~e** viperine snake. -**2.** *litt* [méchant] viperish, vicious.
◆ **vipérine** *nf* -**1.** ZOOL viperine snake. -**2.** BOT viper's bugloss.

virage [viraʒ] *nm* -**1.** [d'une route] bend, turn *Am*, curve; **elle était à 110 km/h dans les ~s** she was taking the bends at 110 km/h; **prendre un ~** to take a bend, to go round a bend; **prendre un ~ à la corde** to hug the bend; **prendre un ~ sur les chapeaux de roue** to take a bend OU turn on two wheels ❑ **~ en épingle à cheveux** hairpin bend; **~ en S** S-bend, S-curve *Am*; **~ relevé** banked corner. -**2.** [mouvement - d'un véhicule, au ski] turn; **faire un ~ incliné** OU **sur l'aile** AÉRON to bank an aeroplane; **faire faire un ~ sur l'aile à un avion** to bank an aeroplane. -**3.** [changement - d'attitude, d'idéologie] (drastic) change OU shift; **~ à droite/gauche** POL shift to the right/left. -**4.** PHOT toning *(U)*. -**5.** CHIM change in colour. -**6.** MÉD: **~ de cuti-réaction** positive reaction to a skin test.

virago [virago] *nf* virago, shrew *fig.*

viral, e, aux [viral, o] *adj* viral; **maladie ~e** viral infection OU illness.

vire [vir] *nf* ledge.

virée *fam* [vire] *nf* -**1.** [promenade]: **faire une ~ à vélo/en voiture** to go for a bicycle ride/a drive; **si on faisait une ~ dans les bars du coin?** let's hit the local bars. -**2.** [court voyage] trip, tour, jaunt; **on a fait une petite ~ en Bretagne** we went for a little jaunt to Brittany.

virelai [virlɛ] *nm* virelay.

virement [virmɑ̃] *nm* -**1.** BANQUE: **faire un ~ de 2 000 francs sur un compte** to transfer 2,000 francs to an account ❑ **~ bancaire** bank transfer; **~ de crédit** credit transfer. -**2.** NAUT: **~ de bord** tacking.

virer [3] [vire] ◇ *vi* -**1.** [voiture] to turn; [vent] to veer; [grue] to turn round; [personne] to turn OU to pivot round; **~ sur l'aile** AÉRON to bank; **~ de bord** NAUT [gén] to veer; [voilier] to tack; *fig* to take a new line OU tack; **faire ~ un bateau** to veer a boat; **~ vent arrière** to wear; **~ au cabestan** to heave at the capstan. -**2.** CHIM [liquide] to change colour. -**3.** MÉD [cuti-réaction] to come up positive. -**4.** PHOT to tone.
◇ *vt* -**1.** BANQUE to transfer; **~ 300 francs sur un compte** to transfer 300 francs to an account. -**2.** *fam* [jeter - meuble, papiers] to chuck (out), to ditch; **vire-moi ces journaux de là** get those papers out of there. -**3.** *fam* [renvoyer - employé] to fire, to sack *Br*; [- importun] to kick OU to chuck out *(sép)*; **se faire ~** [employé] to get the sack *Br* OU the bounce *Am*; **je me suis fait ~ de chez moi** I got kicked OU thrown out of my place. -**4.** MÉD: **il a viré sa cuti** *pr* his skin test was positive; *fig fam* he changed radically. -**5.** NAUT to veer; **virez l'ancre!** weigh the anchor! -**6.** PHOT to tone.
◆ **virer à** *v + prép*: **~ à l'aigre** [vin] to turn sour; **~ au vert/rouge** to turn green/red.

vireur [virœr] *nm* MÉCAN turning gear.

vireux, euse [virø, øz] *adj* noxious, poisonous BOT.

virevolte [virvɔlt] *nf* -**1.** [pirouette] pirouette, twirl; **faire des ~s** to pirouette. -**2.** *fig* [changement] volte-face; **faire des ~s** to chop and change.

virevolter [3] [virvɔlte] *vi* -**1.** [tourner sur soi] to pirouette, to spin round *(insép)*; **il l'a fait ~** he spun her around. -**2.** [s'agiter] to dance around; **elle virevoltait gaiement dans la maison** she was flitting happily about the house; **j'ai des taches qui virevoltent devant les yeux** I've got spots before my eyes.

Virgile [virʒil] *npr* Virgil.

virginal, e, aux [virʒinal, o] *adj* virginal, maidenly; **d'une blancheur ~e** *litt* virgin OU lily white.
◆ **virginal** *nm*, **virginale** *nf* MUS virginals.

Virginie [virʒini] ◇ *nm* Virginia (tobacco).
◇ *npr f* GÉOG: **(la) ~** Virginia; **(la) ~-Occidentale** West Virginia.

virginité [virʒinite] *nf* -**1.** [d'une personne] virginity; **perdre sa ~** to lose one's virginity; **le parti devra se refaire une ~** *fig* the party will have to forge itself a new reputation. -**2.** *litt* [d'un lys, de la neige] purity.

virgule [virgyl] *nf* -**1.** [dans un texte] comma; **copier qqch sans y changer une ~** to copy sthg out without a single alteration. -**2.** MATH (decimal) point; **4 ~ 9** 4 point 9 ❑ **~ flottante** floating comma.

viril, e [viril] *adj* -**1.** [force, langage] manly, virile. -**2.** [sexuellement] virile.

virilisant, e [virilizɑ̃, ɑ̃t] *adj* causing the development of male sexual characteristics.

viriliser [3] [virilize] *vt* -**1.** BIOL [suj: médicament] to cause the development of male sexual characteristics in. -**2.** [en apparence - suj: sport] to make more masculine in appearance.

virilisme [virilism] *nm* virilism.

virilité [virilite] *nf* -**1.** [gén] virility, manliness. -**2.** [vigueur sexuelle] virility.

virole [virɔl] *nf* -**1.** [d'une canne, d'un manche] ferrule. -**2.** TECH collar.

virologie [virɔlɔʒi] *nf* virology.

virologiste [virɔlɔʒist] *nmf* virologist.

virtualité [virtɥalite] *nf* virtuality.

virtuel, elle [virtɥɛl] *adj* -**1.** [fait, valeur] potential. -**2.** INF, OPT & PHYS virtual.

virtuellement [virtɥɛlmɑ̃] *adv* -**1.** [potentiellement] potentially. -**2.** [très probablement] virtually, to all intents and purposes, practically.

virtuose [virtɥoz] *nmf* MUS virtuoso; **~ du violon** violin virtuoso; **c'est une ~ du tennis/de l'aiguille** she's a brilliant tennis player/needlewoman.

virtuosité [virtɥozite] *nf* virtuosity; **elle a joué la fugue avec une grande ~** she gave a virtuoso rendering of the fugue; **manier le pinceau avec ~** to be a brilliant painter.

virulence [virylɑ̃s] *nf* -**1.** [d'un reproche, d'un discours] virulence, viciousness, venom. -**2.** MÉD virulence.

virulent, e [virylɑ̃, ɑ̃t] *adj* -**1.** [critique, discours] virulent, vicious, venomous; [haine] burning, bitter. -**2.** MÉD [agent, poison] virulent.

virus [virys] *nm* -**1.** BIOL virus; **le ~ de la grippe** the influenza virus ❑ **~ filtrant** filterable virus. -**2.** *fig*: **tout le pays était atteint par le ~ du loto** the whole country was gripped by lottery fever; **elle a attrapé le ~ du deltaplane** *fam* she's completely hooked on hang-gliding, she's got the hang-gliding bug; **pour ceux qui ont le ~ de la photo** for photography enthusiasts. -**3.** INF virus.

vis [vis] *nf* -**1.** TECH screw; **~ d'Archimède** Archimedes' screw; **~ autotaraudeuse** self-tapping screw; **~ à bois** woodscrew; **~ de direction** worm; **~ micrométrique** micrometer screw; **~ platinée** AUT contact point; **~ sans fin** worm OU endless screw; **~ de serrage** setscrew. -**2.** [spirale]: **escalier à OU en ~** spiral staircase.

visa [viza] *nm* -**1.** [sur un passeport] visa; **un ~ pour l'Australie** a visa for Australia ❑ **~ de touriste** OU **de visiteur** tourist *Br* OU non-immigrant *Am* visa; **~ de sortie** exit visa; **~ de transit** transit visa. -**2.** [sur un document] stamp;

apposer un ~ sur to stamp ❑ ~ de censure CIN (censor's) certificate.

Visa® [viza] *nf*: la (carte) ~ Visa® (card).

visage [vizaʒ] *nm* -**1.** [d'une personne] face; **au ~ rond** round-faced; **il n'avait plus ~ humain** he was completely disfigured; **j'aime voir de nouveaux ~s** I like to see new faces OU to meet new people; **elle a changé de ~ depuis l'opération** her face looks different since the operation; **il a soudain changé de ~** his expression suddenly changed ❑ **Visage pâle** paleface; **faire bon ~ à qqn** to put on a show of friendliness for sb; **à ~ découvert** [sans masque] unmasked; [sans voile] unveiled; [ouvertement] openly. -**2.** [aspect] aspect; **l'Afrique aux multiples ~s** the many faces of Africa; **enfin une ville à ~ humain!** at last a town made for people to live in!; **le vrai ~ de** [la nature de] the true nature OU face of; **elle révélait enfin son vrai ~** she was revealing her true self OU nature at last; **il nous montre le vrai ~ du fascisme** he shows us the true face of fascism.

visagiste [vizaʒist] *nmf* hair stylist.

vis-à-vis [vizavi] *nm* -**1.** [personne en face]: **mon ~** the person opposite me; **au dîner, j'avais le président pour ~** at dinner, I was seated opposite the president; **faire ~ à qqn** to be opposite sb, to face sb; **le passager qui lui faisait ~** the passenger who was sitting opposite her. -**2.** [immeuble d'en face]: **nous n'avons pas de ~** there are no buildings directly opposite. -**3.** [canapé] tête-à-tête.

◆ **vis-à-vis de** *loc prép* -**1.** [en face de]: **être ~ de qqn** to be opposite sb; **les statues sont ~ l'une de l'autre** the statues are opposite OU facing one another. -**2.** [envers] towards, vis-à-vis; **ce n'est pas très juste ~ du reste de la famille** it's not very fair to the rest of the family; **mes sentiments ~ de lui** my feelings towards OU for him; **quelle position avez-vous ~ de ce problème?** what is your position on this problem? -**3.** [par rapport à] by comparison with, next to, against; **le dollar se tient bien ~ des autres monnaies** the dollar is firm against the other currencies.

◆ **en vis-à-vis** *loc adv*: **être en ~** to be opposite each other, to be facing each other; **assis en ~** sitting opposite each other OU face-to-face.

viscéral, e, aux [viseral, o] *adj* -**1.** PHYSIOL visceral. -**2.** [dégoût] profound; [peur] deep-rooted, profound; [jalousie] pathological; **je ne l'aime pas, c'est ~** I don't like him, it's a gut feeling.

viscères [visɛr] *nmpl* viscera.

viscose [viskoz] *nf* viscose.

viscosité [viskozite] *nf* [gén & PHYS] viscosity.

visée [vize] *nf* -**1.** *(gén pl)* [intention] design, aim; **avoir des ~s sur qqn/qqch** to have designs on sb/sthg. -**2.** ARM aiming, taking aim, sighting. -**3.** CIN & PHOT viewfinding.

viser [3] [vize] ◇ *vt* -**1.** ARM [cible] to (take) aim at *(insép)*; [jambe, tête] to aim for; **bien visé!** good shot! -**2.** [aspirer à - poste] to set one's sights on *(insép)*, to aim for; [- résultats] to aim at OU for *(insép)*. -**3.** [concerner - suj: réforme] to be aimed OU directed at; [- suj: critique] to be aimed OU directed at, to be meant for; **cette loi vise plusieurs catégories de gens** this law is directed at several categories of people; **vous parlez de licenciements, qui exactement est visé?** you're talking about redundancies *Br* OU layoffs, who exactly do you have in mind?; **je ne vise personne!** I don't mean anybody in particular!; **se sentir visé** to feel one is being got at. -**4.** ▽ [regarder] to look at, to check out; **dis donc, vise un peu la chemise!** wow, check out the shirt! -**5.** ADMIN [passeport] to visa; [document - gén] to stamp; [- avec ses initiales] to initial.

◇ *vi* -**1.** MIL to (take) aim; **~ juste/trop bas** to aim accurately/too low. -**2.** *fig*: **~ (trop) haut** to set one's sights OU to aim (too) high.

◆ **viser à** *v + prép* [suj: politique, personne] to aim at; **~ à faire qqch** to aim at doing sthg; **mesures visant à faire payer les pollueurs** measures aimed at making the polluters pay.

viseur [vizœr] *nm* -**1.** ARM [gén] sight, sights; [à lunette] telescopic sight. -**2.** OPT telescopic sight. -**3.** CIN & PHOT viewfinder.

visibilité [vizibilite] *nf* visibility; **atterrir sans ~** to make a blind landing, to land blind; **~ nulle** zero visibility.

visible [vizibl] ◇ *adj* -**1.** [objet] visible; **~ à l'œil nu** visible to the naked eye; **la tache est encore bien ~** the stain is still visible, you can still see the stain. -**2.** [évident - gêne, intérêt, mépris] obvious, visible; [- amélioration, différence] visible, perceptible; **elle m'en veut, c'est ~** she resents me, it's obvious; **il est ~ que...** it's obvious OU clear that... -**3.** *sout* [prêt à recevoir]: **elle est ~ de midi à 4 h** she receives visitors between 12 and 4; **je ne serai pas ~ demain** *hum* I won't be available to callers tomorrow.

◇ *nm*: **le ~** that which is visible.

visiblement [viziblәmɑ̃] *adv* [gêné, mécontent] obviously, visibly; [amélioré] perceptibly, visibly; **~, ils se connaissaient déjà** they'd obviously met before.

visière [vizjɛr] *nf* [gén] eyeshade *Br*, vizor *Am*; [d'un casque] visor, vizor; [d'une casquette] peak.

visigoth, e [vizigo, ɔt] *adj* Visigothic.

◆ **Visigoth, e** *nm, f*: **les Visigoths** the Visigoths.

visioconférence [vizjokɔ̃ferɑ̃s] *nf* videoconference.

vision [vizjɔ̃] *nf* -**1.** [idée] view, outlook; **nous n'avons pas la même ~ des choses** we see things differently; **sa ~ idéaliste du mariage** his idealistic view of married life; **sa ~ du monde** her world view. -**2.** [image] vision; [hallucination] vision, apparition; **une épouvantable ~ de notre avenir** a nightmarish vision of our future; **tu as des ~s!** *fam hum* you're seeing things! -**3.** PHYSIOL vision; **la ~ chez l'homme comprend quatre fonctions** human vision consists of four functions.

visionnage [vizjɔnaʒ] *nm* viewing.

visionnaire [vizjɔnɛr] *adj & nmf* visionary.

visionner [3] [vizjɔne] *vt* [film, émission] to view; [diapositives] to look at.

visionneuse [vizjɔnøz] *nf* viewer.

visiophone [vizjɔfɔn] *nm* videophone, viewphone.

Visitation [vizitasjɔ̃] *nf* RELIG: **la ~** the Visitation.

visite [vizit] *nf* -**1.** [chez quelqu'un - gén] visit; [- courte] call; **~ éclair** flying visit; **avoir** OU **recevoir la ~ de qqn** to have a visit from sb; **avoir la ~ de la police** to receive a visit from the police; **avoir la ~ d'un représentant** to be called on by a rep; **je m'attendais à sa ~** I was expecting him to call; **rendre ~ à qqn** to pay sb a visit, to call on sb, to visit sb; **être en ~ chez qqn** to be paying sb a visit, to be visiting sb OU with sb *Am* ❑ **~ officielle/privée** official/private visit; **~ de politesse** courtesy call OU visit. -**2.** [à l'hôpital, auprès d'un détenu] visit; **heures de ~** visiting hours. -**3.** [visiteur]: **avoir une ~** to have a visitor; **tu attends de la** *fam* OU **une ~?** are you expecting a visitor OU somebody? -**4.** [exploration - d'un lieu] visit, tour; **~ guidée** guided tour. -**5.** [d'un médecin - chez le patient] visit, call; [- dans un hôpital] (ward) round; **le chirurgien fait sa ~ tous les matins** the surgeon does his (ward) round every morning ❑ **~ de contrôle** follow-up examination; **~ à domicile** house call OU visit; **~ médicale** medical OU physical *Am* examination, medical, physical *Am*; **passer une ~ médicale** to undergo a medical examination, to take a physical examination *Am*; **tu as passé la ~?** *fam* did you have your medical OU physical *Am*?; MIL have you seen the MO? -**6.** [inspection - pour acheter] viewing; [- pour surveiller] inspection; **~ domiciliaire** house search; **~ de douane** customs inspection; **~ d'inspection** visitation, visit; **faire une ~ d'inspection de** to visit.

visiter [3] [vizite] *vt* -**1.** [se promener dans - région, monument] to visit; [- caves, musée] to go round *(insép)*, to visit; [- pour acheter] to view; [- par curiosité] to look round *(insép)*; **une personne de l'agence vous le fera ~** somebody from the agency will show you round OU *Am* through; **c'est joli ici, je peux ~?** it's nice here, can I have a look around OU can I look around?; **elle m'a fait ~ sa maison** she showed me around her house. -**2.** [rendre visite à - détenu] to visit; [- malade, indigent, client] to visit, to call on *(insép)*. -**3.** [inspecter - matériel, valise] to examine, to inspect; [- bateau] to inspect. -**4.** RELIG [diocèse] to visit; [suj: Saint-Esprit] to visit. -**5.** TEXT to perch.

visiteur, euse [vizitœr, øz] *nm, f* -**1.** [invité] visitor, caller; [d'un musée] visitor; **ils ont eu des ~s la nuit dernière** [voleurs, souris] they had visitors last night. -**2.** [professionnel]: **~ des douanes** customs inspector; **~ de prison** prison visitor. -**3.** COMM representative, rep; **~ médical** representative in pharmaceutical products, medical representative. -**4.** TEXT percher.

◆ **visiteurs** *nmpl* SPORT visiting OU away team.

vison [vizɔ̃] *nm* -**1.** ZOOL mink. -**2.** [fourrure] mink. -**3.** VÊT mink (coat).

visqueux, euse [viskø, øz] *adj* -**1.** PHYS [matière] viscous; [surface] viscid. -**2.** [peau, personne] slimy.

visser [3] [vise] *vt* -**1.** [fixer - planche, support] to screw on OU to *(sép)*; [- couvercle] to screw on OU down *(sép)*; **le miroir est vissé au mur** the mirror is screwed to the wall || *fig*: **le monocle vissé à l'œil** his monocle screwed into his eye-socket; **être vissé sur son siège** to be glued to one's chair. -**2.** [en tournant - bouchon, embout] to screw on *(sép)*; [- robinet] to turn off *(sép)*. -**3.** *fam* [personne] to crack down on *(insép)*, to put the screws on; **il a toujours vissé ses gosses** he always kept a tight rein on his kids.

◆ **se visser** *vp (emploi passif)* to screw on OU in; **ampoule qui se visse** screw-in bulb.

Vistule [vistyl] *npr f*: **la ~** the River Vistula.

visu → **de visu**.

visualisation [vizɥalizasjɔ̃] *nf* -**1.** [mentale] visualization, visualizing. -**2.** INF display; **console** OU **écran de ~** visual display terminal OU unit, VDU.

visualiser [3] [vizɥalize] *vt* -**1.** [mentalement] to visualize. -**2.** INF to display.

visuel, elle [vizɥɛl] *adj* [mémoire, support] visual.

◆ **visuel** *nm* -**1.** INF visual display unit OU terminal, VDU. -**2.** ARM bull's eye.

visuellement [vizɥɛlmɑ̃] *adv* visually.

vital, e, aux [vital, o] *adj* -**1.** BIOL & PHYSIOL vital. -**2.** [indispensable] vital, essential; **l'agriculture est ~e pour notre région** agriculture is vital to this region; **il est ~ que...** it's vital OU essential that... -**3.** [fondamental - problème, question] vital, fundamental.

vitalisme [vitalism] *nm* vitalism.

vitalité [vitalite] *nf* [d'une personne] vitality, energy; [d'une économie] dynamism, vitality, buoyancy; [d'une expression, d'une théorie] vitality; **être plein de ~** to be full of energy.

vitamine [vitamin] *nf* vitamin; **~ A/C** vitamin A/C.

vitaminé, e [vitamine] *adj* with added vitamins, vitaminized.

vitaminique [vitaminik] *adj* vitamin *(modif)*.

vite [vit] ◇ *adv* -**1.** [rapidement - courir, marcher] fast, quickly; [- se propager] rapidly, quickly; **roule moins ~** slow down, don't drive so fast; **va plus ~** speed up, go faster; **tout s'est passé si ~ que je n'ai pas eu le temps de voir** everything happened so quickly that I didn't see a thing; **comme le temps passe ~!** doesn't time fly!; **elle apprend/travaille ~** she's a quick learner/worker; **il calcule ~** he's quick at calculations; **on fait faire des travaux, mais ça ne va pas ~** we're having some alterations done, but it's taking a long time OU it's a long job; **prenons un taxi, ça ira plus ~** let's take a taxi, it'll be quicker; **les exercices vont trop ~**

pour moi I can't keep up OU pace with the exercises; **ça a été ~ réglé** it was settled in no time at all, it was soon settled; **fais ~!** hurry up!, be quick (about it)!; **tu retournes en ville? – je fais ~** are you going back into town? – I won't be long; **et plus ~ que ça!** and be quick about it!; **~, il arrive!** quick OU hurry up, he's coming!; **prends l'argent, ~!** take the money, quick OU quickly! ❑ **~ fait** *fam* quickly; **range-moi ta chambre ~ fait!** tidy up your room and be quick about it!; **il est parti ~ fait!** he cleared off at the double!; **tu vas aller au lit ~ fait si tu continues à pleurer!** you 'll be in bed in no time at all if you carry on crying!; **ça a été du ~ fait!** it didn't take long!, that was quick work!; *péj* it's slapdash work!; **~ fait, bien fait** *fam*: **on lui a repeint sa grille ~ fait, bien fait** we gave her gate a nice new coat of paint in no time; **je vais l'envoyer se faire voir ~ fait, bien fait!**▽ I'll send him packing once and for all!; **aller plus ~ que la musique** OU **les violons** to jump the gun. **-2.** [à la hâte] quickly, in a hurry OU rush; **manger ~** to bolt one's food (down); **aller ~** [dans ses conclusions] to be hasty; **tu vas un peu ~!** you're a bit hasty!; **ne conclus pas trop ~** don't jump OU rush to conclusions ❑ **ils vont gagner – c'est ~ dit!** they're going to win – I wouldn't be so sure!; **il est assez efficace – il faut le dire ~!** he's quite efficient – well, that's one way of putting it!; **parler trop ~** to speak too soon; **ne parle pas trop ~!** don't speak too soon! **-3.** [sans tarder] quickly, soon; **il faut agir ~** we must do something quickly OU very soon; **réponds-moi aussi ~ que tu peux** answer me as quickly as you can OU as soon as possible; **envoyez ~ votre bulletin-réponse!** send your entry form now!; **j'ai ~ compris de quoi il s'agissait** I soon realized what it was all about, it didn't take me long to realize what it was all about. **-4.** [facilement] quickly, easily; **elle s'énerve ~** she loses her temper easily ❑ **méfie-toi, il a ~ fait de s'énerver** be careful, he loses his temper easily; **on a ~ fait de se brûler avec ça!** it's easy to burn yourself on that thing! **-5.** *loc*: **aller ~ en besogne** [être rapide] to be a quick worker; [être trop pressé] to be over-hasty; **tu vas l'épouser? tu vas ~ en besogne!** so you're marrying her? you didn't waste any time!; **vous allez un peu ~ en besogne, je ne vous accuse pas!** don't jump to conclusions, I haven't accused you of anything!

◇ *adj* [en langage journalistique - coureur] fast.

◆ **au plus vite** *loc adv* as soon as possible.

vitesse [vitɛs] *nf* **-1.** [d'un coureur, d'un véhicule] speed; **à la ~ de 180 km/h** at (a speed of) 180 km/h; **la ~ est limitée à 90 km/h** the speed limit is 90 km/h; **à quelle ~ rouliez-vous?** what speed were you driving at OU doing?; **faire de la ~** to drive OU to go fast; **la route est dégagée, tu peux faire un peu de ~** the road's clear, you can speed up a bit; **prendre de la ~** to pick up speed, to speed up; **gagner/perdre de la ~** to gather/to lose speed ❑ **~ ascensionnelle** AÉRON rate of climb; **~ de circulation de l'argent** ÉCON velocity of circulation of money; **~ de croisière** *pr* & *fig* cruising speed; **nous avons atteint notre ~ de croisière qui est de 750 km/h** [en avion] we're now cruising at (a speed of) 750 km/h; **le projet a maintenant atteint sa ~ de croisière** the project is now running smoothly along; **~ de pointe** top OU maximum speed; **~ relative** AÉRON airspeed; **gagner** OU **prendre qqn de ~** [à pied] to walk faster than sb; [en voiture] to go OU to drive faster than sb; *fig* to beat sb to it, to pip sb at the post *Br*, to beat sb by a nose *Am*. **-2.** PHYS [d'un corps] speed, velocity; [de la lumière] speed; **~ acquise** momentum; **~ initiale** [gén] initial speed; ARM muzzle speed; **~ de libération** escape velocity OU speed; **~ moyenne** average speed; **~ de réaction** reaction velocity OU speed; **la ~ du son** the speed of sound; **à la ~ du son** at the speed of sound. **-3.** [rythme - d'une action] speed, quickness, rapidity; [- d'une transformation] speed, rapidity; **ses cheveux poussent à une ~ incroyable!** her hair grows so fast!; **il travaille à la ~ d'un escargot!** he works so slowly OU at a snail's pace! **-4.** AUT & MÉCAN gear; **première/deuxième/troisième ~** first/second/third gear; **passer les ~s** to go up through the gears; [en rétrogradant] to go down through the gears; **les ~s ne veulent pas passer** *fam* the gearbox is sticking; **à deux ~s** *fig* two-tier; **à la ~ grand V** *fam* at the double, at a rate of knots *Br*; **et ramène-le moi à la ~ grand V!** and bring it back to me PDQ!; **il est parti à la ~ grand V** you couldn't see him for dust *hum*.

◆ **à toute vitesse** *loc adv* in double-quick time; **il est revenu à toute ~** he was back double quick.

◆ **en vitesse** *loc adv* [rapidement] quickly; [à la hâte] in a rush OU hurry; **déjeuner/se laver en ~** to have a quick lunch/wash; **écrire une lettre en ~** to dash off a letter; **je peux venir te voir en ~?** can I pop in for a minute?; **on prend un verre en ~?** shall we have a quick drink?; **sors d'ici, et en ~!** get out of here and be sharp about it!; **fais ton lit, et en ~!** make your bed and do it quickly!; **il a déguerpi en ~!** he left at the double!, he didn't hang around!

viticole [vitikɔl] *adj*: **région ~** wine-growing OU wine-producing region; **entreprise ~** wine-making company *Br*, winery *Am*; **culture ~** wine-growing, viticulture *spéc*.

viticulteur, trice [vitikyltœr, tris] *nm, f* wine-grower, wine-producer, viticulturist *spéc*.

viticulture [vitikyltyr] *nf* vine-growing, viticulture *spéc*.

vitoulet [vitulɛ] *nm Belg veal meatball*.

vitrage [vitraʒ] *nm* **-1.** [vitres] windows; [panneau] glass partition. **-2.** [verre] window glass. **-3.** [installation] glazing. **-4.** [rideau] net curtain.

vitrail, aux [vitraj, o] *nm* **-1.** [gén] stained-glass window; [non coloré] leaded glass window; **les vitraux de Chartres** the stained-glass windows of Chartres. **-2.** [technique]: **le ~** stained-glass window making.

vitre [vitr] *nf* **-1.** [plaque de verre] (window) pane. **-2.** [fenêtre] window; **faire les ~s** to clean the windows ❑ **~ arrière** AUT rear window.

vitré, e [vitre] *adj* **-1.** [porte - complètement] glass *(modif)*; [- au milieu] glazed; [panneau, toit] glass *(modif)*. **-2.** [parchemin] vitreous. **-3.** ANAT [corps, humeur] vitreous.

vitrer [3] [vitre] *vt* [fenêtre, porte] to glaze; [verrière] to fit with glass.

vitrerie [vitrəri] *nf* **-1.** [fabrique] glaziery. **-2.** [commerce] window glass trade OU industry. **-3.** [vitres] window glass.

vitreux, euse [vitrø, øz] *adj* **-1.** [terne - œil, regard] glassy, glazed. **-2.** GÉOL & PHYS vitreous. **-3.** [porcelaine] vitreous.

vitrier [vitrije] *nm* glazier.

vitrifiable [vitrifjabl] *adj* **-1.** NUCL vitrifiable. **-2.** [parquet] sealable.

vitrification [vitrifikasjɔ̃] *nf* **-1.** [d'un parquet] sealing, varnishing; [de tuiles] glazing. **-2.** [de sable, de déchets nucléaires] vitrification.

vitrifier [9] [vitrifje] *vt* **-1.** [parquet] to varnish; [tuiles] to glaze; **brique vitrifiée** glazed brick. **-2.** [déchets nucléaires, sable] to vitrify. **-3.** [ville] to destroy with nuclear weapons.

vitrine [vitrin] *nf* **-1.** [devanture] (shop *Br* OU store *Am*) window, display window; [vitre] shop window; [objets exposés] window display; **faire une ~** to dress a window; **mettre qqch en ~** to put sthg (out) on display *(in the window)* ❑ **faire** OU **lécher les ~s** *fam* to do some window-shopping. **-2.** [meuble - de maison] display cabinet; [- de musée] display cabinet, showcase; [- de magasin] showcase, display case.

vitriol [vitrijɔl] *nm* vitriol; **des propos au ~** caustic OU vitriolic remarks; **une attaque au ~** a vitriolic OU devastating attack.

vitrioler [3] [vitrijɔle] *vt* **-1.** [traiter] to vitriolize. **-2.** [blesser]: **~ qqn** to attack sb with acid; **il a été vitriolé** he had sulphuric acid thrown in his face.

vitro → **in vitro**.

vitrocéramique [vitroseramik] *adj*: **plaque ~** ceramic hob.

vitupérations [vityperasjɔ̃] *nfpl sout* vituperation, vilification, verbal abuse.

vitupérer [18] [vitypere] ◇ *vi litt* to vituperate; **~ contre qqn/qqch** to inveigh against sb/sthg. ◇ *vt sout* to vituperate, to inveigh against.

vivable [vivabl] *adj* [situation] bearable; [habitation] fit for living in; [personne]: **elle n'est pas ~** *fam* she's impossible to live with; **ce n'est plus ~ au bureau!** it's unbearable at the office now!

vivace [vivas] *adj* **-1.** BOT hardy; **plante ~** perennial. **-2.** [qui dure] deep-rooted; **une région où le sentiment socialiste est très ~** a staunchly socialist region; **son souvenir est encore ~** his memory is still very much alive.

vivacité [vivasite] *nf* **-1.** [promptitude - d'une attaque, d'une démarche, d'un geste] briskness; [- d'une intelligence] sharpness, acuteness; **elle s'est retournée avec ~** she turned round sharply; **~ d'esprit** quick-wittedness. **-2.** [brusquerie - d'une personne, de propos] brusqueness; **~ d'humeur** hotness of temper, quick-temperedness; **la ~ de sa réplique** the sharpness of his reply. **-3.** [entrain - d'une personne, d'un style] vivaciousness, vivacity, liveliness; [- d'un marché] liveliness, buoyancy; [- d'une description] vividness, liveliness; [- d'un regard] vivacity; **parler avec ~** to speak animatedly; **la ~ de la conversation** the lively pace of the conversation. **-4.** [force - d'une douleur] sharpness, intensity; [- du froid] bitterness, sharpness; [- d'une impression] vividness, keenness; [- d'une couleur] brightness, vividness; [- d'une lumière] brightness.

vivandière [vivɑ̃djɛr] *nf arch* vivandière.

vivant, e [vivɑ̃, ɑ̃t] *adj* **-1.** BIOL [organisme] living; [personne, animal] alive; **enterré ~** buried alive; **je suis ~!** I'm alive!; **j'en suis sorti ~** I lived to tell the tale, I survived; **cuire un homard ~** to cook a live lobster OU a lobster alive; **lui ~, personne n'allait là-bas** while he was alive, nobody went there. **-2.** [existant - croyance, tradition, souvenir] living; **l'emploi du mot est resté très ~** the term is still very much in use. **-3.** [animé - enfant, conférence, présentation] lively, spirited; [- bourg, rue] lively, bustling, full of life; **c'est une classe très ~e** it's a very lively class. **-4.** [réaliste - description, style] vivid. **-5.** [constitué d'humains - rempart] human. **-6.** [incarné, personnifié - preuve, exemple, témoignage] living.

◆ **vivant** *nm* **-1.** [période]: **de son ~** [dans le passé] when he was alive; [dans le présent] as long as he lives; **je ne verrai pas ça de mon ~!** I won't live to see it!; **du ~ de mon frère, j'y allais souvent** when my brother was alive, I used to go there often. **-2.** [personne]: **un bon ~** a bon viveur, a connoisseur of the good things in life.

◆ **vivants** *nmpl* RELIG: **les ~s** the living; **les ~s et les morts** [gén] the living and the dead; BIBLE the quick and the dead.

vivarium [vivarjɔm] *nm* vivarium.

vivat [viva] ◇ *nm* cheer; **s'avancer sous les ~s** to walk forth through a hail of applause.
◇ *interj arch* hurrah, bravo.

vive[2] [viv] *interj*: **~ le Canada/la République!** long live Canada/the Republic!; **~** OU **~nt les vacances!** three cheers for holidays!; **~ moi!** *fam hum* hurrah for me!

vive[3] [viv] *nf* ZOOL weever.

vivement [vivmɑ̃] *adv* **-1.** [exprime un souhait]: **~ le week-end!** I can't wait for the weekend!, roll on the weekend! *Br*, bring on the weekend! *Am*; **~ qu'il s'en aille!** I'll be glad when he's gone! **-2.** [extrêmement - ému, troublé] deeply, greatly; [- intéressé] greatly, keenly; **je souhaite ~ que...** I sincerely wish that...; **féliciter/remercier/recommander qqn ~** to congratulate/thank/recommend sb warmly. **-3.** [brusquement - interpeller] sharply; ~ rabroué told off in no uncertain terms. -**4.** [vite - marcher] briskly; **il se dirigea ~ vers la sortie** he walked briskly towards the exit.

vivent [viv] → **vive**.

viveur, euse [vivœr, øz] *nm, f vieilli* bon viveur.

vivier [vivje] *nm* -**1.** [d'un commerce] fish tank. -**2.** PÊCHE [enclos - pour poissons] fishpond; [- pour homards] crawl; [- d'un bateau] fish tank OU well; ~ **de capture** box trap. -**3.** *fig*: **un véritable ~ d'acteurs** a breeding ground for actors.

vivifiant, e [vivifjɑ̃, ɑ̃t] *adj* [air] bracing, invigorating; [expérience] revivifying, invigorating; [atmosphère] enlivening, revivifying.

vivifier [9] [vivifje] ◇ *vt sout* [personne] to revivify, to invigorate; [industrie, région] to bring life to; [imagination, sentiments] to quicken, to sharpen.
◇ *vi* RELIG to give life.

vivipare [vivipar] ◇ *adj* viviparous.
◇ *nmf* member of the Vivipara.

viviparité [viviparite] *nf* viviparity, viviparousness.

vivisection [vivisɛksjɔ̃] *nf* vivisection; **être contre la ~** to be an antivivisectionist, to be against live experiments.

vivo → **in vivo**.

vivoter [3] [vivɔte] *vi* [personne] to get by OU along (with little money); **il vivotait de ses tableaux** he scraped a living from his paintings.

vivre[1] [vivr] *nm*: **le ~ et le couvert** bed and board.
◆ **vivres** *nmpl* food *(U)*, foodstuffs, provisions.

vivre[2] [90] [vivr] ◇ *vi* -**1.** BIOL [personne, animal] to live, to be alive; [cellule, plante] to live; **elle vivait encore quand ils l'ont emmenée** she was still alive when they took her away; ~ **vieux** OU **longtemps** to live to a great age OU ripe old age; **elle a vécu jusqu'à 95 ans** she lived to be 95; **qu'aurait-elle pensé si elle avait vécu?** what would she have thought if she'd lived?; **à l'époque où il vivait** at the time when he was alive; **il ne lui reste plus longtemps à ~** she hasn't got much time left (to live); **il lui reste 2 mois à ~** he's got 2 months to live; **les plantes/animaux qui vivent dans l'eau** plants/animals which live in water ❑ **avoir vécu** to have had one's day. -**2.** [mener une existence] to live; ~ **en paix** to live in peace; ~ **libre et indépendant** to lead a free and independent life; **mes personnages vivent indépendamment de moi** my characters have a life of their own; ~ **malhonnêtement/pieusement** to lead a dishonest/pious life; ~ **au jour le jour** to take each day as it comes; ~ **à l'heure de l'Europe/du XXI**[e] **siècle** to live in the world of the European community/of the 21st century; ~ **dans le luxe/l'angoisse** to live in luxury/anxiety; ~ **dans le péché** to lead a sinful life; **on voit que tu n'as jamais vécu dans la misère** it's obvious you've never experienced poverty; **ne ~ que pour la musique/sa famille** to live only for music/one's family; **une rue qui vit la nuit** a street that comes alive at night; **il fait bon ~ ici** life is good OU it's a good life here; **une maison où il fait bon ~** a house that's good to live in; **elle a beaucoup vécu** she's seen life ❑ ~ **à la petite semaine** to live from day to day OU hand to mouth; **on ne vit plus** [on est inquiet] we're worried sick; [on est harassé] this isn't a life, this isn't what you can call living; **savoir ~**: **il ne sait pas ~** [il est impoli] he has no manners; [il est trop nerveux] he doesn't know how to enjoy life; **ils vécurent heureux et eurent beaucoup d'enfants** (and) they lived happily ever after. -**3.** [résider] to live; **ils sont venus ~ ici** they came to live OU to settle here; ~ **au Brésil/dans un château** to live in Brazil/in a castle; ~ **dans une** OU **en communauté** to live communally OU in a community; ~ **à la campagne ne m'a jamais attiré** country life has never appealed to me; ~ **avec qqn** [maritalement] to live with sb; [en amis] to share OU to live with sb; ~ **ensemble** [couple non marié] to live together ❑ **être facile à ~** to be easygoing OU easy to get on with; **être difficile à ~** to be difficult to get on with. -**4.** [subsister] to live; **les sommes que tu lui envoies l'aident à ~** the money you send her keeps her going; **ils ont tout juste de quoi ~** they've just enough to live on; ~ **sur un seul salaire** to live OU to exist on just one salary; **faire ~ une famille** [personne] to provide a living for OU to support a family; [commerce] to provide a living for a family; ~ **bien/chichement** to have a good/poor standard of living; ~ **de** to live on; ~ **de fruits/de ses rentes** to live on fruit/on one's private income; **ils vivaient de la cueillette et de la chasse** they lived on what they gathered and hunted OU off the land; ~ **de sa plume** to live by one's pen; ~ **de chimères** to live a life of illusion; ~ **d'espérance** to live in hope ❑ **il faut bien ~!** one's got to keep the wolf from the door OU to live (somehow)!; ~ **aux crochets de qqn** to sponge off sb; ~ **de l'air du temps** to live on thin air; ~ **d'amour et d'eau fraîche** to live on love alone. -**5.** [se perpétuer - croyance, coutume] to be alive; **pour que notre entreprise vive** so that our company may continue to exist. -**6.** [donner l'impression de vie - sculpture, tableau]: **voici une description qui vit** here is a description that is full of life.
◇ *vt* -**1.** [passer par - époque, événement] to live through *(insép)*; ~ **des temps difficiles** to live through OU to experience difficult times; ~ **des jours heureux/paisibles** to spend one's days happily/peacefully. -**2.** [assumer - divorce, grossesse, retraite] to experience; **elle a mal/bien vécu mon départ** she couldn't cope/she coped well after I left. -**3.** *loc*: ~ **sa vie** to live one's own life; ~ **sa foi** to live intensely through one's faith; **il faut ~ l'instant présent** one must live for the moment.

vivrier, ère [vivrije, ɛr] *adj*: **cultures vivrières** food crops.

vizir [vizir] *nm* vizier; **le grand ~** the grand vizier.

VL *(abr de* **véhicule lourd**) *nm* HGV.

v'là [vla] *prép*: **le ~!** here he is!

Vladivostok [vladivɔstɔk] *npr* Vladivostok.

vlan, v'lan [vlɑ̃] *interj* [bruit - de porte] bang, wham, slam; [- de coup] smack, thud, wallop.

VO *(abr de* **version originale**) *nf indicates that a film is in the original language.*
◆ **en VO** *loc adj* in the original version; **en ~ sous-titrée** in the original version with subtitles.

vocable [vɔkabl] *nm* -**1.** LING term. -**2.** RELIG name, patronage; **sous le ~ de** dedicated to.

vocabulaire [vɔkabylɛr] *nm* -**1.** LING vocabulary; ~ **argotique/philosophique** slang/philosophical vocabulary; **avoir du ~** to have a wide vocabulary ❑ **quel ~!** [réprimande] language! -**2.** [lexique] lexicon, (specialized) dictionary.

vocal, e, aux [vɔkal, o] *adj* vocal.

vocalement [vɔkalmɑ̃] *adv* vocally.

vocalique [vɔkalik] *adj* vocalic, vowel *(modif)*.

vocalisation [vɔkalizasjɔ̃] *nf* LING & MUS vocalization, vocalizing.

vocalise [vɔkaliz] *nf* MUS vocalise *spéc*, singing exercise; **faire des ~s** to practise scales.

vocaliser [3] [vɔkalize] ◇ *vi* MUS to vocalize *spéc*, to practise scales.
◇ *vt* PHON to vocalize.
◆ **se vocaliser** *vpi* to become vocalized.

vocatif [vɔkatif] *nm* vocative (case).

vocation [vɔkasjɔ̃] *nf* -**1.** [d'une personne] vocation, calling; **avoir une ~ musicale/théâtrale** to have a musical/theatrical vocation; **ne pas avoir/avoir la ~ (de)** to feel no/a vocation (for); **pour être assistante sociale, il faut avoir la ~** to be a social worker, one has to feel a vocation for it; **manquer** OU **rater sa ~**: **j'ai manqué** OU **raté ma ~, j'aurais dû être architecte** I've missed my vocation, I should have been an architect; **voilà un pansement bien fait, tu as manqué** OU **raté ta ~** what a professional-looking bandage, you should have been a nurse OU you missed your vocation. -**2.** [rôle, mission]: **grâce à la ~ touristique de notre région** because our area is dedicated to tourism; **la ~ du nouveau musée est d'éduquer les jeunes** the new museum is designed to be of educational value to young people. -**3.** ADMIN: **avoir ~ à** OU **pour faire** to be empowered to do.

vociférateur, trice [vɔsiferatœr, tris] *nm, f litt* vociferant *litt*, shouter.

vocifération [vɔsiferasjɔ̃] *nf* vociferation; **des ~s** an outcry, a clamour; **sous les ~s du public** met by boos and hisses from the audience.

vociférer [18] [vɔsifere] ◇ *vi* to yell, to shout, to vociferate; ~ **contre** to inveigh against, to berate.
◇ *vt* [injures] to scream, to shout.

vodka [vɔdka] *nf* vodka.

vœu, x [vø] *nm* -**1.** [souhait] wish; **faire un ~** to (make a) wish; **tu peux faire trois ~x** you may have three wishes; **la première cerise! fais un ~!** it's the first cherry, you must make a wish!; **faire le ~ que...** to wish OU to pray that...; **je fais le ~ qu'elle revienne** I pray (that) she may come back; **il faut tenir compte des ~x de la nation** the nation's wishes must be taken into account; **exaucer un ~** to grant a wish ❑ **faire un ~ pieux** to make a vain wish. -**2.** [serment] vow; **faire ~ de tempérance** to take a vow of temperance, to take the pledge; **faire (le) ~ de faire qqch** to (make a) vow to do sthg. -**3.** RELIG: **faire ~ de pauvreté/de chasteté/d'obéissance** to take a vow of poverty/of chastity/of obedience ❑ ~**x du baptême** baptismal vows; ~**x (de religion)** (religious) vows; **prononcer ses ~x** to take one's vows.
◆ **vœux** *nmpl* [de fin d'année]: **meilleurs ~x** [sur une carte] Season's Greetings; **nous vous adressons nos meilleurs ~x** OU **nos ~x les plus sincères pour la nouvelle année** our best wishes for the New Year; **elle est venue nous présenter ses ~x** she came to wish us a happy New Year; **le président a présenté ses ~x télévisés** the president made his New Year speech OU address on TV ‖ [dans une grande occasion] wishes; **tous nos ~x pour...** our best wishes for..., with all good wishes for...; **meilleurs ~x de la part de...** with all good wishes from...; **tous nos ~x de bonheur** our very best wishes for your happiness; **tous mes ~x de prompt rétablissement** (my) best wishes for a speedy recovery, hope you get well soon; **je fais** OU **forme des ~x pour ta réussite** I wish you every success.

vogue [vɔg] *nf* -**1.** [mode] vogue, fashion, trend; **c'est la ~ des bas résille** fishnet stockings are in vogue OU fashion; **c'est la grande ~** [vêtement] it's the latest fashion; [sport] it's the latest craze. -**2.** [popularité] vogue, popularity; **connaître une grande ~** [style, activité, sport] to be very fashionable; **la ~ que connaissent actuellement les jeux vidéo** the current vogue OU craze for video games. -**3.** *Helv* [kermesse] village fête.
◆ **en vogue** *loc adj* fashionable; **une tenue très en ~** an extremely fashionable outfit; **c'est la coiffure en ~** it's the latest hairstyle; **être en ~** [vêtement] to be fashionable OU in vogue; [activité, personne] to be fashionable.

voguer [3] [vɔge] *vi* -**1.** NAUT to sail; ~ **vers** [navire] to sail towards; [personne] to sail for ❑ **et vogue la galère!** *vieilli* whatever will be will be! -**2.** *litt* [nuage, image] to drift OU to be floating by.

voici [vwasi] *prép* -**1.** [désignant ce qui est proche dans l'espace] *(suivi d'un singulier)* here is, this is; *(suivi d'un pluriel)* here are, these are; ~ **mes parents** here are my parents; [dans des présentations] these are my parents; ~ **notre nouvelle voiture** this is our new car; **le ~** here he/it is; **la ~** here she/it is; **les ~!** here they are!; **en ~**: **j'ai perdu mon crayon – en ~ un** I've lost my pencil – here's one; **du riz? en ~!** rice? here you are OU there you are!; **en ~ un qui n'a pas**

peur! *fam* HE's certainly got guts!; en ~ une surprise! what a surprise!; ah, te ~ enfin so here OU there you are at last; nous y ~! here we are!; [dans une discussion] now...; l'homme que ~ this man (here); les fleurs que ~ these flowers (here) || *(tournure elliptique)*: as-tu un timbre? – ~! do you have a stamp? – here (you are)!; vous voulez la clef? – ~! do you want the key? – here!; ~ madame, ce sera tout? here you are, madam, will there be anything else?; ~ pour vous [en donnant un pourboire] this is for you || [opposé à 'voilà']: ~ ma sœur et voilà mon fils this is my sister and that's my son. -**2.** [caractérisant un état]: le ~ endormi he's gone to sleep; vous ~ rassuré, j'espère I hope that's reassured you; me ~ prêt I'm ready now; la ~ cassée now it's broken; les ~ enfin partis! at last they've gone!; nous ~ enfin seuls alone at last; nous ~ enfin arrivés! here we are at last!; le ~ qui veut faire du karaté maintenant! now he wants to take up karate! ❑ me/te/nous *etc* ~ bien! *fam iron* what a mess!; il lui a tout dit, me ~ bien! *fam* he told her everything, now what am I going to do?; me ~ bien avancé! *iron* a (fat) lot of good that done me! -**3.** [introduisant ce dont on va parler] *(suivi d'un singulier)* this OU here is; *(suivi d'un pluriel)* these OU here are; ~ ce qui s'est passé this OU here is what happened; ~ nos intentions these OU here are our plans; ~ ce que je pense this is what I think; ~, je crains que ma demande ne vous surprenne beaucoup now, I'm afraid my request may come as a big surprise to you; ~, c'est l'histoire d'une princesse qui... so, it's the story of a princess who...; ~ comment on fait des crêpes here OU this is how you make pancakes || [opposé à 'voilà']: voilà ce que j'ai dit devant les autres, ~ maintenant ce que j'ai à te dire that was what I said in front of the others, now this is what I have to say to you. -**4.** [pour conclure]: ~ qui m'étonne! that's a surprise!; ~ qui est bien joué! (now that's) well played!; ~ où mène la paresse this OU that is what you get for being lazy; ~ pourquoi je ne lui fais pas confiance this OU that is why I don't trust him; ~ ce que c'est que de mentir! this OU that is where lying gets you! -**5.** [désignant une action proche dans le temps]: et me ~ à pleurer and here I am crying; ~ l'heure du départ it's time to go now; ~ l'orage here comes the storm; ~ venir le printemps spring is coming; ~ venir Noël, ~ Noël qui arrive Christmas is coming; ~ que la nuit tombe (now) it's getting dark; ~ qu'arrive le mois de mai (now) the month of May is upon us; comme je rentrais, ~ un livreur qui arrive just as I was arriving home a delivery man turned up; ~ le train qui arrive here's the train coming now; ~ qu'ils recommencent avec leur musique! their music's started (up) again! -**6.** [exprimant la durée]: j'y suis allé ~ trois mois I went there three months ago; elle est partie ~ cinq minutes she left five minutes ago; je l'ai rencontrée ~ quelques années I met her some years ago; ~ une heure qu'il est au téléphone he's been on the phone for an hour; ~ deux ans que nous nous sommes perdus de vue it's been two years (now) since we lost touch with each other.

voie [vwa] *nf* -**1.** [rue] road; ~ express OU rapide express way; ~ de passage/raccordement major/access road; ~ d'accès access road; ~ à double sens two-way road; ~ piétonne pedestrian street; ~ prioritaire main road; la ~ publique ADMIN (public) highway OU thoroughfare; ~ sans issue no through road, cul-de-sac; ~ à sens unique one-way road || TRANSP (traffic) lane; (route à) 3 ~s 3-lane road; (route à) 4 ~s [gén] 4-lane road; [séparée en deux] dual carriage way *Br* OU highway *Am*; ~ de dégagement slip road || ANTIQ: ~ romaine Roman way OU road; ~ sacrée sacred way; la ~ Appienne the Appian Way. -**2.** [moyen d'accès] way; [itinéraire] route; par la ~ des airs by air; par ~ de terre overland, by land; dégagez la ~! get out of OU clear the way! || *fig*: la ~ est libre the road is clear; laisser la ~ libre à qqn to make way for sb; ouvrir la ~ à qqn to pave the way for sb; ouvrir la ~ à qqch to make way for sthg; trouver sa ~ to find one's niche in life; la ~ du devoir the path of duty; la ~ de la réussite the road to success; ta ~ est toute tracée it's obvious what your next move should be ❑ ~ fluviale OU navigable (inland) waterway; ~ aérienne air route, airway; ~ de communication communication route; ~s d'eau watercourses; ~ maritime sea route, seaway; entrer dans l'Administration par la ~ royale to take the most prestigious route into the Civil Service. -**3.** RAIL: 'ne pas traverser les ~s' 'do not cross the tracks'; le train pour Lausanne? ~ 2, Mademoiselle the train to Lausanne? platform 2, Miss; le train 242 est attendu ~ 9 train 242 is due to arrive on platform 9 ❑ ~ de garage OU de service OU de dégagement siding; *fig*: mettre sur une ~ de garage [projet] to shelve, to table *Am*; [employé] to push aside, to put on the sidelines; pour moi, la direction commerciale serait une ~ de garage becoming head of sales would be a dead end for me; ~ étroite narrow-gauge line; ~ montante OU paire up line; ~ (ferrée) (railway) track OU line *Br*, railroad *Am*; ~ principale main line; ~ unique single track. -**4.** [procédure, moyen]: suivre la ~ hiérarchique/diplomatique/normale to go through the official/diplomatic/usual channels; par des ~s détournées by devious means, by a circuitous route ❑ par ~ de conséquence consequently. -**5.** RELIG: la ~ étroite the narrow way; les ~s du Seigneur sont impénétrables the Lord works in mysterious ways. -**6.** CHASSE scent, track; mettre qqn sur la ~ *pr* to put sb on the right scent; *fig* [en devinant] to give sb a clue; [dans une enquête] to put sb on the right track; être sur la bonne ~ *pr* to have the scent; *fig* to be on the right track OU lines; être sur la mauvaise ~ *fig* to be barking up the wrong tree. -**7.** PHARM: par ~ orale OU buccale orally; par ~ nasale/rectale through the nose/the rectum. -**8.** ANAT & PHYSIOL tract, duct; par les ~s naturelles naturally ❑ ~s biliaires biliary ducts; ~s digestives digestive tracts; ~s respiratoires airways, respiratory tracts. -**9.** CHIM: ~ humide/sèche wet/dry process. -**10.** TECH [largeur -entre deux essieux] track; [- d'un trait de scie] set; donner de la ~ à une scie to set a saw. -**11.** FIN: ~s et moyens ways and means. -**12.** INF & TÉLÉC [sur bande] track; [de communication] channel; ~ d'entrée input channel; ~ de transmission transmission channel. -**13.** NAUT: ~ d'eau leak; avoir une ~ d'eau to have sprung a leak. -**14.** ASTRON: la Voie lactée the Milky Way.

◆ **voies** *nfpl* JUR: ~s de fait [coups] assault and battery; se livrer à des ~s de fait sur qqn to assault sb.

◆ **en bonne voie** *loc adj*: être en bonne ~ to be going well; maintenant, les affaires sont en bonne ~ business is looking up; votre dossier est en bonne ~ your file is being processed.

◆ **en voie de** *loc prép*: en ~ d'achèvement on the way to completion; en ~ de cicatrisation healing over; en ~ de construction being built, under construction; espèces en ~ de disparition endangered species; en ~ de guérison getting better, on the road to recovery.

◆ **par la voie de** *loc prép* through, via; régler un litige par la ~ de la négociation to settle a conflict through negotiation.

voilà [vwala] *prép* -**1.** [désignant ce qui est éloigné] *(suivi d'un singulier)* there OU that is; *(suivi d'un pluriel)* there OU those are; ~ leur maison there OU that is their house; le monument que ~ that monument (there); les ~, là-bas, au bout du jardin there they are, down at the bottom of the garden || [opposé à 'voici']: voici mon lit, ~ le tien here's OU this is my bed and there's OU that's yours. -**2.** [désignant ce qui est proche] *(suivi d'un singulier)* here OU this is; *(suivi d'un pluriel)* here OU these are; ~ mes parents here are my parents; [dans des présentations] these are my parents; ~ l'homme dont je vous ai parlé here OU this is the man I spoke to you about; ~ ma démission here's my resignation; le ~ there he/it is; la ~ there she/it is; tiens, les ~! look, here OU there they are!; ah, te ~ enfin! so here OU there you are at last!; nous y ~! here we are!; [dans une discussion] now...; l'homme que ~ this man (here); en ~: du riz? en ~! rice? here OU there you are!; je ne trouve pas de marteau – en ~ un I can't find a hammer – here's one; tu voulais un adversaire à ta mesure? en ~ un! you wanted an opponent worthy of you? well, you've got one!; en ~ un qui n'a pas peur! *fam* HE's certainly got guts!; en ~ une surprise/des manières! what a surprise!/way to behave!; vous vouliez la clef, ~ you wanted the key, here it is OU here you are; ~ pour vous [en donnant un pourboire] this is for you; ~ madame, ce sera tout? here you are, madam, will there be anything else? ❑ et il y avait du champagne, du caviar en veux-tu en ~... *fam* there was champagne, caviar galore... -**3.** [caractérisant un état]: le ~ endormi he's gone to sleep; la ~ recousue/cassée now it's sewn up again/broken; me ~ prêt I'm ready now; les ~ enfin partis! at last they've gone!; nous ~ enfin seuls! alone at last!; comme te ~ savant! you know so much now!; dire que te ~ marié! to think you're married now!; vous ~ content maintenant? (are you) happy now?; les ~ comme deux ennemis and now they're like enemies; le ~ qui veut faire du karaté maintenant! now he wants to take up karate!; te ~ beau, que t'est-il arrivé? *iron* you're in a fine state, what's happened to you? ❑ me/te/nous *etc* ~ bien! *fam iron* now what a mess!; il lui a tout dit, me ~ bien! *fam* he told her everything, now what am I going to do?; me ~ bien avancé! *iron* a (fat) lot of good that's done me! -**4.** [introduisant ce dont on va parler] *(suivi d'un singulier)* this OU here is; *(suivi d'un pluriel)* these OU here are; ~ ce que je lui dirai this OU here is what I'll say to her; ~ ce qui arrivera si... this is what will happen if...; ~ comment il faut faire this is OU here's how you do it; alors ~, c'est l'histoire d'une princesse qui... so, it's the story of a princess who...; que veux-tu dire par là? – eh bien ~,... what do you mean by that? – well,... || [opposé à 'voici']: ~ ce que j'ai fait jusqu'ici, voici ce que j'ai décidé maintenant that's what I've been doing up to now, this is what I have decided to do from now on; ~ les temps difficiles qu'elle a connus, et voici, j'espère, une période plus heureuse those were difficult days she went through, and now, I hope, she'll have a happier time. -**5.** [pour conclure] *(suivi d'un singulier)* that's; *(suivi d'un pluriel)* those are; ~ ce que j'ai fait jusqu'ici that's what I've been doing up to now; c'est lâche, ~ mon avis it's cowardly, that's what I think; ~ ce que j'en pense that's what I think of OU about it; ~ ce qui s'est passé that's what happened; ~ bien les hommes! how typical of OU how like men!; ~ ce que c'est, la jalousie! that's jealousy for you!; ~ ce que c'est que de mentir! that's where lying gets you!; ~ où mène la paresse that's what you get for being lazy; un hypocrite, ~ ce que tu es! you're nothing but a hypocrite!; ~ comment il conçoit la vie! that's his idea of life!; ~ qui est étrange! (now) that's strange!; ~ qui est bien joué! (now that's) well played!; quelques jours de repos, ~ qui devrait te remettre sur pied a few day's rest, THAT should set you right again; et ~ pourquoi je ne lui fais pas confiance that's why I don't trust her; c'est cher, ~ le hic! it's expensive, that's the only snag!; on lui paiera les réparations et ~! we'll pay for the repairs and that's all (there is to it)!; ah ~, c'est parce qu'il avait peur! so, that explains it, he was frightened!; à vrai dire, je ne veux pas le faire – ah, ~! to be quite frank, I don't want to do it – so that it is OU that's what it is!; ~! vous avez tout compris that's it! you've got it; ~ tout that's all; on s'est quittés,

~ tout we split up, that's all (there is to say). -**6.** [introduisant une objection, une restriction] : **j'en voudrais bien un, seulement ~, c'est très cher** I'd like one, but the problem is OU but you see, it's very expensive; **c'est facile, seulement ~, il fallait y penser** it's easy once you've thought of it; **j'aurais dû lui dire, mais ~, je n'ai pas osé** I should've told her, but (when it came to it) I didn't dare; **tu t'excuses, d'accord, mais ~, il est trop tard!** fine, you're apologizing, but the thing is, it's too late!; **~, j'hésitais à vous en parler, mais...** well, yes, I wasn't going to mention it, but... -**7.** [désignant une action proche dans le temps] : **~ la pluie** [il ne pleut pas encore] here comes the rain; [il pleut] it's raining; **~ venu le moment de s'expliquer** now's the moment to explain; **~ que la nuit tombe** (now) it's getting dark; **~ qu'ils remettent ça avec leur musique!** *fam* they're at it again with their music!; **~ que vous allez l'obliger à sortir, maintenant** now you're going to make him go out; **~ Monsieur, je suis à vous dans un instant** yes, sir, I'll be with you in a minute; **il y a quelqu'un? — ~, ~!** anybody in? — hang on, I'm coming!; **il vient mon dessert? — ~, ~!** is my dessert ready yet? — just coming! ❑ **ne ~-t-il pas que** *fam* : **je descends de voiture et ne ~-t-il pas qu'une contractuelle arrive!** I get out of my car and guess what, a traffic warden turns up!; (ne) **~-t-il pas qu'on deviendrait coquette!** vain, now, are we? -**8.** [exprimant la durée] : **il est rentré ~ une heure** he's been home for an hour, he came home an hour ago; **quand il est né, ~ près de 63 ans** when he was born, nearly 63 years ago; **~ longtemps/deux mois qu'il est parti** he's been gone a long time/two months; **~ cinq minutes que je t'appelle!** I've been calling you for five minutes!

voilage [vwalaʒ] *nm* -**1.** [gauchissement - du métal] buckling; [- d'une roue] warping. -**2.** [rideau] net curtain.

voile[1] [vwal] *nm* -**1.** [d'une toilette, d'un monument] veil; **porter le ~** to wear the veil ❑ **~ de deuil** mourning veil; **~ de mariée** marriage veil; **prendre le ~** RELIG to take the veil. -**2.** TEXT [pour rideau] net, (piece of) netting; [pour chapeau] (piece of) gauze, veil. -**3.** *fig* veil; **ils ont enfin levé le ~ sur ce mystère** they have at last lifted the curtain on this mystery; **jeter** OU **mettre** OU **tirer un ~ sur** to throw a veil across, to draw a veil over; **jetons un ~ sur cet épisode** let's just forget that whole incident. -**4.** *litt* [opacité] : **un ~ de brume/fumée** a veil of mist/smoke; **un ~ de larmes devant les yeux** eyes misted up OU blurred with tears; **un ~ de tristesse vint assombrir son regard** her eyes veiled over with sadness. -**5.** MÉD : **~ au poumon** shadow on the lung; **j'ai un ~ devant** OU **sur les yeux** my vision OU sight is blurred. -**6.** AÉRON & ASTRON : **~ noir** blackout; **~ rouge** redout. -**7.** PHOT fog. -**8.** ANAT : **~ du palais** velum *spéc*, soft palate. -**9.** BOT veil. -**10.** [déformation - du métal] buckle, buckling; [- du plastique, du bois] warp, warping.

◆ **sous le voile de** *loc prép sout* in the guise of; **c'est la xénophobie sous le ~ du patriotisme** it's xenophobia in the guise of patriotism; **on voit là l'hypocrisie sous le ~ de la respectabilité** here we have hypocrisy under a cloak of respectability.

voile[2] [vwal] *nf* -**1.** NAUT sail; **faire ~ vers** to sail towards; **être sous ~s** to be under sail; **mettre à la ~** to set sail; **nous sommes rentrés à la ~** we sailed back ❑ **~ d'avant** foresail; **~ carrée/latine** square/lateen sail; **mettre les ~s** *fam* to clear off. -**2.** *litt* [bateau] sail, sailing boat. -**3.** SPORT : **la ~** sailing, yachting; **faire de la ~** to sail, to go yachting.

◆ **à voile** *loc adj* -**1.** NAUT : **bateau à ~** sailing boat; HIST clipper; **la marine à ~** sailing ships. -**2.** ▽ *loc* : **marcher à ~ et à vapeur** to be AC/DC OU bisexual.

◆ **toutes voiles dehors** *loc adv* -**1.** NAUT in full sail, all sail OU sails set. -**2.** *fam* [rapidement] like a bat out of hell.

voilé, e [vwale] *adj* -**1.** [monument, visage, personne] veiled; **des femmes ~es de noir** women veiled in black. -**2.** [couvert - lune, soleil] hazy; [- ciel] overcast; [- horizon] hazy; **le mourant avait le regard ~** the dying man had a glazed expression. -**3.** [voix] hoarse, husky. -**4.** [dissimulé - signification] obscure; **une allusion à peine ~e** a thinly veiled OU a transparent hint; **s'exprimer en termes ~s** to express o.s. in oblique OU veiled terms; **sa déception à peine ~e** his thinly-veiled disappointment. -**5.** PHOT fogged, veiled. -**6.** [déformé - métal] buckled; [- bois, plastique] warped.

voiler [3] [vwale] *vt* -**1.** [couvrir] to veil, to hide, to cover; **~ sa nudité** to hide one's nakedness. -**2.** [rendre moins net - contours] to veil; [- lumière] to dim; **des nuages voilèrent le ciel** the sky clouded over; **le regard voilé par les larmes** her eyes misty OU blurred with tears || [enrouer - voix] to make husky; **la voix voilée par l'émotion/l'alcool** his voice husky with emotion/thick with drink. -**3.** *litt* [dissimuler - fautes] to conceal, to veil; [- motifs, vérité] to mask, to veil, to disguise; **sans ~ ses intentions** without disguising her intentions. -**4.** PHOT to fog. -**5.** [déformer - métal] to buckle; [- bois, plastique] to warp.

◆ **se voiler** ◇ *vpt* : **se ~ le visage** [le couvrir] to wear a veil (over one's face) ❑ **se ~ la face** to bury one's head in the sand, to hide from the truth.

◇ *vpi* -**1.** [lune, soleil] to become hazy; [ciel - de nuages] to cloud over; [- de brume] to mist over, to become hazy OU misty; **son regard s'était voilé** [mouillé de larmes] her eyes had misted over OU become blurred (with tears); [terni par la mort] her eyes had become glazed. -**2.** [voix] to grow OU to become husky. -**3.** PHOT to fog. -**4.** [métal] to buckle; [bois, plastique] to become warped.

voilerie [vwalri] *nf* sail maker's NAUT.

voilette [vwalɛt] *nf* (hat) veil.

voilier[1] [vwalje] *nm* -**1.** NAUT : **~ (de plaisance)** sailing boat, sailboat *Am*; [navire à voiles] sailing ship || *(comme adj)* : **navire bon/mauvais ~** good/bad sailer. -**2.** [ouvrier] sail maker. -**3.** ZOOL [poisson] sailfish; [oiseau] : **grand ~** long-flight bird.

voilier[2], **ère** [vwalje, ɛr] *adj vieilli* [bateau] sailing; [oiseau] long-flight bird.

voilure [vwalyr] *nf* -**1.** NAUT sail, sails; **changer de/réduire la ~** to change/to shorten sail; **dans la ~** aloft, in the rigging. -**2.** AÉRON aerofoil *Br*, airfoil *Am*; **~ tournante** rotary wing || [de parachute] canopy.

voir [62] [vwar] ◇ *vt* **A.** PERCEVOIR AVEC LES YEUX -**1.** [distinguer] to see; PHYSIOL to (be able to) see; **il ne voit rien de l'œil gauche** he can't see anything with his OU he's blind in the left eye; **grand-mère ne voit plus rien** grandma's lost her sight; **on n'y voit pas grand-chose dans la cave** you can hardly see a thing in the cellar; **tu vois cette étoile?** can you see that star?; **je voyais ses cartes** I could see his cards; **excusez-moi, je suis passé sans vous ~** sorry, I walked right past without seeing you; **on ne voit presque pas la reprise** the mend hardly shows; **d'ici, on voit chez le monsieur d'en face** from here, you can see into the man opposite's house; **il faut le ~ pour le croire!** you have to see it to believe it!; **je voudrais la ~ en mariée** I'd like to see her as a bride; **à les ~, on ne dirait pas qu'ils roulent sur l'or** to look at them, you wouldn't think they were very rich; **à la ~ si souriante, on ne dirait pas qu'elle souffre** when you see how cheerful she is, you wouldn't think she's in pain; **~ qqn faire** OU **qui fait qqch** to see sb do OU doing sthg; **il faut la ~ lui répondre, il faut ~ comment elle lui répond** you should see the way she speaks to him!; **on t'a vu l'embrasser** you were seen kissing her, someone saw you kiss her; **je l'ai vu qui descendait d'avion** I saw him get OU getting off the plane; **on en a vu qui pleuraient** some were seen crying ❑ **bien vu!** well spotted!; **~ le jour** [bébé] to be born; [journal] to come out; [théorie, invention] to appear; **comme je vous vois : je les ai vues comme je vous vois** I saw them with my own eyes; **faut ~ (ça)** *fam* : **il était habillé, faut ~!** you should have seen what he was wearing!; **elle chante, faut ~!** she can't sing to save her life!; **il faut ~ comme** *fam* OU **comment il fait une mayonnaise!** you should see how he makes mayonnaise!; **tu repasses tes pantalons il faut ~ comme!** *fam* you have a funny way of ironing your trousers!; **elle parle à ses parents il faut ~ comme!** you should hear how she talks to her parents!; **~ venir : cela a fait scandale — le gouvernement n'avait rien vu venir** there was a big scandal — the government hadn't seen it coming OU hadn't anticipated that; **il voit venir les coups** SPORT he anticipates the shots; **je te vois venir, tu veux de l'argent!** *fam* I can see what you're leading up to OU getting at, you want some money!; **le garagiste m'a fait payer 3 000 F — il t'a vu venir!** *fam* the mechanic charged me 3,000 F — he saw you coming!; **Noël n'est que dans trois semaines, on a le temps de ~ venir!** Christmas isn't for another three weeks, we've got plenty of time!; **j'ai mis de l'argent de côté, pour ~ venir** *fam* I've put some money away for a rainy day. -**2.** [assister à - accident, événement] to witness, to see; [- film, spectacle] to see; **personne n'a vu l'accident** there were no witnesses to OU nobody saw the accident; **c'est vrai, je l'ai vue le faire** it's true, I saw her do it; **vas-y, que je te voie faire** go ahead, let me see you do it; **je l'ai vu faire des erreurs** I saw him making OU make mistakes; **pourrais-tu ~ maltraiter un animal?** could you bear to see an animal being ill-treated?; **à ~ : c'est un film à ~ absolument** that film is a must; **à ~, l'exposition Rouault à la galerie Moersch** well worth seeing, the Rouault exhibition at the Moersch gallery; **ici, les terrains ont vu leur prix doubler en cinq ans** land prices here doubled over five years; **les deux-roues ont vu leur vignette augmenter** road-tax has been increased for motorcycles ❑ **avoir beaucoup vu** to have seen life; **tu n'as encore rien vu** you haven't seen anything yet; **n'avoir rien vu** to be wet behind the ears OU green; **en ~ : j'en ai vu, des choses pendant la guerre!** I saw quite a few things in the war!; **j'en ai vu d'autres!** I've seen worse!, I've been through worse!; **ils en ont vu, avec leur aînée!** their oldest girl really gave them a hard time!; **il en a vu de toutes les couleurs** OU **des vertes et des pas mûres** *fam* OU **de belles** OU **de drôles** he's been through quite a lot; **avec lui, elle en a vu de toutes les couleurs** OU **des vertes et des pas mûres!** he gave her a run for her money!; **j'en ai vu de drôles avec lui quand il était petit!** he nearly drove me up the wall when he was little!; **en faire ~ (de toutes les couleurs) à qqn** *fam* to give sb a hard time, to lead sb a merry dance; **pour ~ : mets de l'eau dessus pour ~** pour some water on it, just to see what happens; **j'ai fait du chinois pendant un an pour ~** I studied Chinese for a year just to see how I got on; **répète un peu, pour ~!** (you DARE) say that again!; **je voudrais bien, pour ~, qu'il lui raconte tout!** I'd just LOVE him to tell her everything! -**3.** [trouver - spécimen] to see, to find, to encounter; [- qualité] to see; **il faut aller très haut pour ~ des bouquetins** you have to climb very high to see ibex; **je n'ai jamais vu tant d'assurance/de talent chez un enfant** I'd never seen so much self-confidence/talent in a child; **des chaussettes fluo? on en voit partout!** fluorescent socks? you see them everywhere!; **j'ai vu la recette dans un magazine** I saw OU found the recipe in a magazine ❑ **un homme galant comme on n'en voit plus** the kind of gentleman they don't make any more. -**4.** [inspecter - appartement] to see, to view; [- rapport] to see, to (have a) look at; [- leçon] to go OU to look over; **j'aimerais que tu voies le plan du bateau** I'd like you to have a look at the plan of the boat || [remarquer] to see, to notice; **j'ai vu deux erreurs dans l'article**

I saw two mistakes in the article; **ne pas ~**: **il préfère ne pas ~ ses infidélités** he prefers to turn a blind eye to OU to shut his eyes to her affairs; **elle me regarde mais ne me voit pas** she stares at me but doesn't see me || [visiter] to see, to visit; **je n'ai pas encore vu le nord de l'Espagne** I've not yet been to OU seen OU visited northern Spain; **qui n'a pas vu l'Égypte n'a rien vu** unless you've seen Egypt, you haven't lived. **-5.** [consulter, recevoir - ami, médecin] to see; **puis-je vous ~ quelques minutes?** may I see you a minute?; **j'aimerais te ~ plus souvent** I'd like to see you more often OU to see more of you; **le médecin va vous ~ dans quelques instants** the doctor will be with OU see you in a few minutes; **il faut ~ un psychiatre, mon vieux!** *fam fig* you need your head examined, old man!; **dans l'attente de vous ~** looking forward to seeing you; **aller ~** to go to; **je dois aller ~ le médecin** I've got to go to the doctor's; **je vais aller ~ mes amis** I'm going to go and see my friends || [fréquenter] to see; **je vois toujours Pascale, ma vieille amie de classe** I still see OU I'm still in touch with Pascale, my old school friend; **nous avons rompu, je ne le vois plus** we split up, I don't go out with OU I'm not seeing him any more || [être en présence de]: **je la vois chaque jour** I see her every day; **je les ai vus hier par hasard** I saw them yesterday by chance; **va-t-en, je t'ai assez vu!** *fam* go away, I've seen OU had enough of you!; **quand je le vois, je pense à son père** whenever I see him I'm reminded of his father. **-6.** [se référer à]: **~ illustration p.7** see diagram p 7; **pour la conjugaison de «acquérir», ~ ce mot** for the conjugation of "acquérir" see that word; **~ ci-dessus** see above; **voyez l'horaire des trains** check OU consult the train timetable.

B. PENSER, CONCEVOIR **-1.** [imaginer] to see, to imagine, to picture; **tu me vois déguisé en évêque?** can you imagine OU see OU picture me dressed up as a bishop?; **je voyais le jardin plus grand** I'd imagined the garden to be bigger; **le pull est trop large – je te voyais plus carré que cela** the jumper is too big – I thought you had broader shoulders; **je nous vois mal gagner le match** I can't see us winning the match; **~ d'ici qqn/qqch**: **je vois sa tête/réaction d'ici** I can just imagine his face/reaction; **lui confier le budget? je vois ça d'ici!** ask him to look after the budget? I can just see it! **-2.** [concevoir - méthode, solution] to see, to think of; **je ne vois pas comment je pourrais t'aider** I can't see how I could help you; **je ne vois pas qui tu veux dire/comment faire/quel parti prendre** I don't see who you mean/how to proceed/which side to take; **vous voyez quelque chose à ajouter?** can you think of anything else (which needs adding)? || *(en usage abs)*: **pose-moi n'importe quelle question – bon, je vais ~...** ask me anything – let's see OU let me think...; **il faut trouver un moyen! – je ne vois pas** we must find a way! – I can't think of one OU anything; **certains ne voient dans sa sculpture que des fils de fer** some consider her sculptures to be just a load of wires; **les juges n'ont vu en lui qu'un malade** to the judges, he was clearly a sick man; **je ne vois pas de** OU **je ne vois aucune honte à être pauvre** I don't see any shame in being poor; **je ne vois pas de mal à cela** I don't see any harm in it; **~ qqch d'un mauvais œil, ne pas ~ qqch d'un bon œil** to be displeased about sthg; **elle voit d'un mauvais œil mon amitié avec sa fille** she's none too pleased about OU she doesn't look very kindly on my friendship with her daughter; **organiser un carnaval? les autorités ne voient jamais cela d'un très bon œil** organizing a carnival? that's never very popular with the authorities; **~ qqch/qqn avec les yeux de**: **elle le voit avec les yeux de l'amour** she sees him through a lover's eyes. **-3.** [comprendre - danger, intérêt] to see; **tu vois ce que je veux dire?** do you see OU understand what I mean?; **je ne vois pas ce qu'il y a de drôle!** I can't see what's so funny!, I don't get the joke!; **je n'en vois pas l'utilité** I can't see the point of it; **elle m'a fait ~ que la vengeance était inutile** she made me realize that revenge was futile; **un jour, tu verras que j'avais raison** one day, you'll realize OU see that I was right; **ne vois-tu pas qu'elle ne t'aime plus?** can't you see OU don't you realize that she doesn't love you any more?; **il est directeur de banque – je vois!** he's a bank manager – I see! **-4.** [constater] to see, to realize; **tu vois que mes principes n'ont pas changé** as you can see, my principles haven't changed ❑ **elle ne nous causera plus d'ennuis – c'est** OU **ça reste à ~!** she won't trouble us any more – that remains to be seen OU that's what YOU think! **-5.** [considérer, prendre en compte] to see, to consider, to take into account; **ils ne voient que leur intérêt** they only consider their own interest; **elle ne voit que les avantages à court terme** she only sees the short-term advantages; **il n'a vu que son devoir** he only considered his duty. **-6.** [examiner] to see, to check; **je n'ai pas eu le temps de ~ vos copies** I didn't have time to look at your essays; **nous prenons rendez-vous? – voyez cela avec ma secrétaire** shall we make an appointment? – arrange that with my secretary; **voyez si l'on peut changer l'heure du vol** see OU check whether the time of the flight can be changed; **je voudrais que tu voies si ma robe te va** I'd like you to see if OU whether my dress fits you; **il faut ~ si c'est rentable** we must see whether it's profitable; **c'est à** OU **il faut ~**: **j'irai peut-être, c'est à ~** I might go, I'll have to see; **les photos seraient mieux en noir et blanc – hum, il faut ~** the pictures would look better in black and white – mm, maybe (maybe not). **-7.** [juger] to see; **voilà comment je vois la chose** that's how I see it; **essaie de ~ les choses de mon point de vue** try to see things my way OU from my point of view; **tu n'es pas sur place, tu vois mal la situation** you're not on the spot, your view of the situation is distorted; **se faire bien/mal ~**: **se faire bien ~ de qqn** to make o.s. popular with sb; **se faire mal ~ de qqn** to make o.s. unpopular with sb; **ne te fais pas mal ~ de Luc, c'est le fils du directeur** don't make yourself unpopular with Luc OU don't rub Luc up the wrong way, he's the boss's son. **-8.** *loc*: **avoir à ~ avec** [avoir un rapport avec]: **vous aurez peu à ~ avec les locataires du dessus** you'll have very little to do with the upstairs tenants; **je voudrais vous parler: ça a à ~ avec notre discussion d'hier** I would like to speak to you: it's to do with what we were talking about yesterday; **n'avoir rien à ~ avec** [n'avoir aucun rapport avec]: **l'instruction n'a rien à ~ avec l'intelligence** education has nothing to do with intelligence; **je n'ai rien à ~ avec la famille des Bellechasse** I'm not related at all to the Bellechasse family; **cela n'a rien à ~ avec le sujet** that's irrelevant; **on parle beaucoup de Yann et toi – nous n'avons rien à ~ ensemble!** *fam* there's a lot of talk about you and Yann – there's nothing between us!; **ça n'a rien à ~!**: **tu parles de grèves, mais ça n'a rien à ~!** you talk about strikes but that has nothing to do with it!; **l'amour et l'argent sont deux choses qui n'ont rien à ~!** love and money have nothing to do with each other!; **tu vois, vous voyez**: **tu vois, je préférais ne rien savoir** I preferred to remain in the dark, you see; **je te l'avais dit, tu vois!** what did I tell you!; **vous voyez, je crois qu'il a raison** you see, I think he's right; **elle est si jeune, voyez-vous!** she's so young, you see!; **tu verras, tu verrais**: **essaie de recommencer et tu verras!** just (you) try it again and see!; **tu verrais, si j'avais encore mes jambes!** if my legs were still up to it, there'd be no holding OU stopping me!; **attendez ~** *fam* hang on, wait a sec; **dis ~, où est le calendrier?** *fam* tell me, where's the calendar?; **écoute ~, on va y aller ensemble, d'accord?** *fam* listen, let's go together, OK?; **essaie ~!** *fam* [encouragement] go on, have a try!; [défi] (you) just try!, don't you dare!; **regardez ~** *fam* (just) look at that; **la viande ne me paraît pas bonne, sens ~** *fam* the meat seems off to me, you have a smell (of it); **voyons ~** OU **regardons ~ ce que tu as comme note** *fam* let's just have a look and see what mark you got; **voyez-vous cela** OU *fam* **ça!**: **une moto à 14 ans, voyez-vous ça!** a motorbike at 14, whatever next!; **un rendez-vous avec sa secrétaire, voyez-vous cela!** a date with his secretary, well, well, well OU what do you know!; **voyons!** come (on) now!; **un peu de courage, voyons!** come on, be brave!; **ne pleure pas, voyons!** come on, don't cry!; **voyons, voyons, un peu de tenue!** come on now, behave yourselves!; **voyons, tu n'espères pas que je vais te croire!** you don't seriously expect me to believe you, do you?

◇ *vi* **A.** PERCEVOIR LA RÉALITÉ - SENS PROPRE ET FIGURÉ **-1.** PHYSIOL to (be able to) see; **il ne voit que d'un œil** he can only see out of one eye; **elle ne** OU **n'y voit plus** she can't see OU she's blind now || [exercer sa vue] to see; **il ne sait pas ~** he just doesn't use his powers of observation; **~ bien** to see clearly, to have good eyesight; **~ mal** to have poor eyesight; **~ double** to have double vision. **-2.** [juger]: **~ bien** OU **juste** to have sound judgement; **encore une fois, tu as vu juste** you were right, once again; **~ faux** to have poor judgement; **ne ~ que par les yeux de qqn** to see everything through sb's eyes.

B. JEUX: **aller** OU **jouer** OU **mettre sans ~** to play OU to bet blind; **100 F, pour ~ 100 F**, and I'll see you.

◆ **voir à** *v + prép* [veiller à]: **~ à faire qqch** to see to it OU to make sure OU to ensure that sthg is done; **voyez à la prévenir** see to it that she is told; **voyons à la préparer à leur décision** let's see to it that she's prepared for their decision; **il faudrait ~ à ranger ta chambre/payer tes dettes** you'd better tidy up your room/clear your debts; **~ à ce que qqch soit fait** to see to it OU to make sure OU to ensure that sthg is done; **voyez à ce que le colis parte ce soir** see to it that the parcel is sent tonight ❑ **~ à ~** *fam*: **un jour tu dis ça, le lendemain tu dis autre chose, faudrait ~ à ~!** one day you say one thing, the next something different, what IS this?; **tu vas m'obéir, non mais, faudrait ~ à ~!** will you do as I say, or do I have to get really angry?

◆ **se voir** ◇ *vp (emploi réfléchi)* **-1.** [se contempler] to (be able to) see o.s.; **mes carreaux brillent tellement que je me vois dedans** my tiles are so shiny that I can see my reflection in them; **en rêve, je me voyais flotter au-dessus de mon lit** in my dream I could see myself floating above my bed; **il s'est vu mourir** *fig* he knew he was dying. **-2.** [s'imaginer] to see OU to imagine OU to picture o.s.; **elle se voyait déjà championne!** she thought the championship was hers already!; **je me vois bien diva** I can see myself as an opera singer; **voici comment je me vois** this is how I see myself; **je me vois encore entrant** OU **entrer dans mon bureau** I can still see myself walking into my office; **je me vois mal grimper aux arbres à mon âge!** I can't see myself climbing trees at my age!; **elle se voyait mal lui faire faux-bond maintenant** she couldn't see how she could possibly let him down now; **je ne me vois pas lui demander une augmentation** I (just) can't see myself asking her for a rise.

◇ *vp (emploi réciproque)* [se rencontrer] to see each other; **tu ne peux pas les empêcher de se ~** you can't keep them from seeing each other.

◇ *vp (emploi passif)* **-1.** [être visible, évident - défaut] to show, to be visible; [- émotion, gêne] to be visible, to be obvious, to be apparent; **la cicatrice ne se voit presque plus** the scar hardly shows anymore, you can hardly see the scar now; **ton slip se voit sous ta jupe** your pants show through your skirt; **il porte une perruque, ça se voit bien** you can tell he wears a wig; **ses opinions ne se voient pas dans ses chansons** her opinions don't show in her lyrics. **-2.** [se manifester - événement] to happen; [- attitude, coutume] to be seen OU found; **ça se voit couramment** it's commonplace.

◇ *vpi* -**1.** [se trouver]: **se ~ dans l'impossibilité de faire qqch** to find o.s. unable to do sthg; **se ~ dans l'obligation de...** to find oneself obliged to...; **je ne voudrais pas me ~ forcé de sévir!** I wouldn't like to find myself forced OU having to use harsh methods!; **il s'est vu cité comme témoin** he was asked to testify as a witness; **leur équipe s'est vue reléguée à la 15ᵉ place** their team saw themselves drop to 15th position; **les crédits se verront affectés à la rénovation des locaux** the funds will be used to renovate the building. -**2.** *(suivi d'un infinitif)*: **se ~ interdire l'inscription à un club** to be refused membership to a club; **il s'est vu retirer son permis de conduire sur-le-champ** he had his driving licence taken away from him on the spot.

voire [vwar] *adv* [et même]: **~ (même)** (or) even; **certains, ~ la majorité** some, or OU perhaps even most; **la nourriture est mauvaise, ~ immangeable** the food's bad, not to say inedible; **vexé, ~ offensé** upset, not to say offended.

voirie [vwari] *nf* -**1.** [entretien des routes] road maintenance; **le service de la ~** ADMIN road maintenance and cleaning department (of the local council). -**2.** [réseau] public road network. -**3.** [décharge] refuse dump *Br*, garbage dump *Am*.

voisé, e [vwaze] *adj* voiced.

voisin, e [vwazɛ̃, in] ◇ *adj* -**1.** [d'à côté] next, adjoining; [qui est à proximité] neighbouring; **la chambre ~e est inoccupée** there's nobody in the next room; **il habite la maison ~e** he lives next door; **nos jardins sont ~s** our gardens are next to each other, we've got adjoining gardens; **les pays ~s de l'équateur/de notre territoire** the countries near the equator/bordering on our territory; **un prix ~ du million** a price approaching OU around one million. -**2.** [dans le temps]: **~ de** [antérieur à] preceding, before; [postérieur à] after, following; [autour de] around; **les années ~es de 1968** the years around 1968. -**3.** [similaire - idées, langues] similar; [- espèces] closely related; **~ de** akin to; **des pratiques ~es du charlatanisme** practices akin to OU bordering on quackery.

◇ *nm, f* -**1.** [habitant à côté] neighbour; **~ d'à côté** next-door neighbour; **mes ~s du dessus/dessous** the people upstairs/downstairs from me; **essayons d'être bons ~s!** let's try to act in a neighbourly way! ❑ **~ de palier** neighbour (across the landing). -**2.** [placé à côté] neighbour; **mon ~ de table** the person next to me OU my neighbour at table; **mon ~ dans le train** the person (sitting) next to me in the train; **nos ~s belges** our Belgian neighbours. -**3.** **le ~** [autrui] the next man, one's fellow (man).

voisinage [vwazinaʒ] *nm* -**1.** [quartier] vicinity, neighbourhood; **il rôde dans le ~** he hangs around the neighbourhood; **les hôtels du ~** the nearby hotels, the hotels in the vicinity. -**2.** **le ~ de** [les alentours de]: **ils habitent dans le ~ d'une centrale nucléaire** they live near a nuclear plant; **le ~ de la gendarmerie les rassure** they are comforted by the fact that there is a police station nearby. -**3.** [dans le temps]: **au ~ de Noël** [avant] just before Christmas; [après] just after Christmas; [avant et après] around Christmas (time). -**4.** [personnes] neighbours; **tout le ~ est au courant** the whole neighbourhood knows about it. -**5.** [rapports]: **être OU vivre en bon ~ avec qqn** to be on neighbourly terms with sb. -**6.** MATH neighbourhood.

voisiner [3] [vwazine] *vi* -**1.** **~ avec** [être près de] to be near. -**2.** *litt* [fréquenter ses voisins] to be on friendly terms with one's neighbours.

voiture [vwatyr] *nf* -**1.** [de particulier] car, motor car *Br*, automobile *Am*; **on y va en ~?** shall we go (there) by car?, shall we drive (there)?; **il y a trop de ~s à Paris** there are too many cars in Paris ❑ **~ de fonction** OU **de service** company car; **~ cellulaire** prison OU police van *Br*, police wagon *Am*; **~ de course** racing car; **~ décapotable** convertible; **~ (de) deux places** two-seater; **~ d'enfant** *vieilli* [landau] pram *Br*, baby carriage *Am*; [poussette] pushchair *Br*, stroller *Am*; **~ de grand tourisme** GT (saloon) car *Br*, 4-door sedan *Am*; **~ d'infirme** *vieilli* wheelchair; **~ de liaison** MIL radio car; **~ de livraison** delivery van; **~ particulière** private car; **~ de police** police car; **~ des pompiers** fire engine; **~ (de) quatre places** four-seater; **~ de sport** sportscar; **~ de tourisme** private car; **petite ~** JEUX toy car; [d'infirme] wheelchair. -**2.** RAIL coach, carriage *Br*, car *Am*; **en ~!** all aboard! ❑ **~ de tête/queue** front/rear carriage *Br* OU car *Am*. -**3.** [véhicule sans moteur - pour personnes] carriage, coach; [- pour marchandises] cart; **~ à bras** handcart; **~ à cheval** OU *sout* **hippomobile** horsedrawn carriage; **~ à deux/quatre chevaux** carriage and pair/and four; **~ de louage** OU **place** hackney carriage.

voiture-balai [vwatyrbalɛ] (*pl* **voitures-balais**) *nf* SPORT *car which follows a cycle race to pick up competitors who drop out*; **faire la ~** *fig* to go round picking up the stragglers.

voiture-bar [vwatyrbar] (*pl* **voitures-bars**) *nf* RAIL buffet-car.

voiturée [vwatyre] *nf litt* OU *arch* [de passagers - d'une voiture à cheval] carriageful, coachload; [- d'une automobile] carload; [de marchandises] cartload.

voiture-lit [vwatyrli] (*pl* **voitures-lits**) *nf* RAIL sleeper *Br*, Pullman *Am*.

voiturer [3] [vwatyre] *vt hum* OU *arch* [transporter - gén] to convey; [- dans une charrette] to cart.

voiture-restaurant [vwatyrrɛstɔrɑ̃] (*pl* **voitures-restaurants**) *nf* RAIL restaurant OU dining car.

voiturier [vwatyrje] *nm* -**1.** [d'hôtel] porter *(who parks the guests' cars)*. -**2.** COMM & JUR carrier.

voix [vwa] *nf* -**1.** PHYSIOL voice; **avoir une jolie ~** to have a nice voice; **parler par la ~ de qqn** to speak through sb; **prendre une grosse/petite ~** to put on a gruff/tiny voice; **une ~ intérieure lui disait que...** a voice in his head was telling him that...; **la ~ des flots/cloches** *litt* the voice of the ocean/bells ❑ **~ artificielle** INF synthetized speech; **~ de mêlé-cassis** husky voice; **~ off** CIN voice over; **une ~ de stentor** a stentorian voice; **faire la grosse ~** to raise one's voice; **attention, Papa va faire la grosse ~!** *fam* mind now, Daddy's going to get very cross!; **donner de la ~** [chien] to bay; [personne] to shout, to bawl; **de la ~ et du geste** with much waving and shouting; **ils encourageaient les cyclistes de la ~ et du geste** they were shouting and waving the riders on. -**2.** MUS [de chanteur] voice; [partition] part; **chanter d'une ~ juste** to sing in tune; **avoir de la ~** to have a strong voice; **poser sa ~** to train one's voice; **chanter à plusieurs/cinq ~** to sing in parts/five parts; **fugue à deux/trois ~** fugue for two/three voices; **la ~ chaude du saxophone** *fig* the mellow tones OU voice of the saxophone ❑ **~ de basse/soprano/ténor** bass/soprano/tenor voice; **~ de poitrine/tête** chest/head voice; **~ céleste** [d'un orgue] voix céleste, vox angelica; **~ de fausset** falsetto voice; **~ humaine** [d'un orgue] vox humana. -**3.** [personne] voice; **nous accueillons ce soir une des plus belles ~ du monde** tonight we welcome one of the finest voices in the world; **c'est faux, dit une ~ au premier rang** it's not true, said a voice from the front row; **une grande ~ de la radio s'éteint** one of the great voices of radio has disappeared. -**4.** [message] voice; **la ~ de la conscience** the voice of one's conscience; **écouter la ~ de la raison/de la sagesse/de Dieu** to listen to the voice of reason/of wisdom/of God; **la ~ du peuple** the voice of the people ❑ **je ne sais ce qui m'a alerté, sans doute la ~ du sang** I don't know what alerted me, my family instinct probably; **avoir ~ au chapitre** to have a OU one's say in the matter; **tu n'as pas ~ au chapitre** you have no say in the matter. -**5.** POL vote; **un homme, une ~** one man one vote; **~ pour/contre** vote for/against; **obtenir 1 500 ~** to win OU to get 1,500 votes; **recueillir** OU **remporter 57 % des ~** to win 57% of the vote OU votes; **le parti qui a le plus grand nombre de ~** the party which heads the poll OU with the largest number of votes; **donner sa ~ à** to give one's vote to, to vote for; **mettre qqch aux ~** to put sthg to the vote; **où iront les ~ du parti radical?** how will the Radical Party vote?; **avoir ~ consultative** to have a consultative role; **avoir ~ délibérative** to have the right to vote; **avoir ~ prépondérante** to have a casting vote. -**6.** GRAMM voice; **~ active/passive** active/passive voice.

◆ **à haute et intelligible voix** *loc adv* loudly and clearly.

◆ **à voix basse** *loc adv* in a low voice; **les élèves parlaient à ~ basse** the pupils were whispering; **les deux hommes discutaient à ~ basse dans un coin** the two men spoke in lowered tones in a corner.

◆ **à haute voix, à voix haute** *loc adv* -**1.** [en parlant] aloud. -**2.** [en parlant fort] loud, loudly, in a loud voice.

◆ **en voix** *loc adj*: **être en ~** to be in good voice; **elle n'est pas en ~ ce soir** she's not in very good voice OU singing well tonight.

◆ **sans voix** *loc adj*: **être** OU **rester sans ~** [d'épouvante] to be speechless, to be struck dumb; [d'émotion, de chagrin] to be speechless.

Vojvodine [vɔjvɔdin] *npr f*: **(la) ~** Vojvodina.

vol [vɔl] *nm* -**1.** JUR theft, robbery; **commettre un ~** to commit a theft, to steal ❑ **~ simple/qualifié** common/aggravated theft; **~ aggravé** robbery with violence; **~ à l'arraché** bag snatching; **~ avec effraction** breaking and entering; **~ à l'étalage** shoplifting; **~ de grand chemin** highway robbery; **~ à main armée** armed robbery; **~ à la roulotte** theft from parked cars; **~ à la tire** pickpocketing; **~ de voiture** car theft. -**2.** [vente à un prix excessif]: **c'est du ~ (manifeste)!** it's daylight robbery!; **à ce prix-là, c'est du ~!** that's daylight robbery!; **c'est du ~ organisé!** it's a racket! -**3.** AÉRON & ASTRONAUT flight; **prendre son ~** to take off; **il y a 40 minutes de ~** it's a 40-minute flight; **on annonce le retard du ~ 804** flight 804 will be delayed ❑ **~ en ballon** [excursion] balloon trip; [activité] ballooning; **~ (en) charter** charter flight; **~ d'essai** trial flight; **~ aux instruments** instrument flight; **~ libre** hang-gliding; **pratiquer le** OU **faire du ~ libre** to go hang-gliding; **~ en rase-mottes** hedgehopping flight; **~ régulier** scheduled flight; **~ à voile** gliding; **pratiquer le** OU **faire du ~ à voile** to glide, to do gliding; **~ à vue** sight flight; **'Vol de nuit'** *Saint-Exupéry* 'Night Flight'. -**4.** ZOOL flight; **prendre son ~** to fly away, to take wing *litt*; **~ plané: faire un ~ plané** *pr* to glide; **j'ai fait un ~ plané!** *fam fig* I went flying! || [groupe - d'oiseaux] flight, flock; [- d'insectes] swarm; **~ d'oies sauvages** flight OU flock of wild geese; **~ de perdreaux** flock OU covey of partridges; **~ de pigeons** flight of pigeons.

◆ **à vol d'oiseau** *loc adv* as the crow flies; **c'est loin, à ~ d'oiseau?** is it far, as the crow flies?

◆ **au vol** *loc adv* -**1.** [en passant]: **saisir au ~** [ballon, clés] to catch in mid-air; **attraper** OU **prendre un bus au ~** to jump on to a moving bus; **saisir une occasion au ~** to jump at OU to seize an opportunity; **saisir un nom au ~** to (just) catch a name. -**2.** CHASSE: **tirer/tuer un oiseau au ~** to shoot/to kill a bird on the wing.

◆ **de haut vol** *loc adj* [artiste, spécialiste] top-flight *(avant n)*, top-class; [projet] ambitious, far-reaching.

vol. (*abr écrite de* **volume**) vol.

volage [vɔlaʒ] *adj* fickle; **le public est ~** *fig* audiences are fickle OU unpredictable.

volaille [vɔlaj] *nf* CULIN & ZOOL: **une ~** [oiseau de basse-cour] a fowl; **de la ~** poultry.

volailler [vɔlaje] *nm* -**1.** [éleveur] poultry OU chicken farmer. -**2.** [marchand] poulterer *Br*, poultryman.

volant¹ [vɔlɑ̃] *nm* -**1.** AUT steering wheel; **être au ~** to be at the wheel, to be behind the wheel, to be driving; **prendre le** OU **se mettre au ~** to take the wheel, to get behind the wheel; **peux-tu prendre le ~ après Évreux?** could you take over the driving after Évreux?; **qui tenait le ~?** who was driving?; **donner un coup de ~** to pull on the wheel (sharply). -**2.** MÉCAN [manuel] handwheel; **~ d'inertie** fly wheel; **~ magnétique** [d'un cyclomoteur] magneto. -**3.** VÊT flounce; **robe à ~s** flounced dress. -**4.** JEUX [objet] shuttlecock; [activité] battledore and shuttlecock. -**5.** [feuille] tear-off portion. -**6.** ÉCON & FIN: **~ de sécurité** [financier] reserve funds; [en personnel] reserve; **~ de trésorerie** cashflow. -**7.** AÉRON member of the cabin crew, crew member.

volant², **e** [vɔlɑ̃, ɑ̃t] *adj* -**1.** AÉRON & ZOOL flying; **personnel ~** AÉRON cabin crew. -**2.** [mobile - câble, camp, échafaudage, pont, service] flying; **on mettra une table ~e devant le fauteuil** we'll put an occasional table in front of the armchair.

volapük [vɔlapyk] *nm* Volapuk; **dans un effroyable ~** *fig & péj* in gobbledygook.

volatil, e¹ [vɔlatil] *adj* -**1.** CHIM volatile. -**2.** [fluctuant - électorat] fickle; [- situation] volatile; [- sentiment] volatile.

volatile² [vɔlatil] *nm* -**1.** *hum* [oiseau] bird, (feathered) creature; **le malheureux ~ se retrouva dans la casserole** the wretched bird ended up in the pot. -**2.** [oiseau de basse-cour] fowl, chicken.

volatilisable [vɔlatilizabl] *adj* volatilizable.

volatilisation [vɔlatilizasjɔ̃] *nf* volatilization.

volatiliser [3] [vɔlatilize] *vt* CHIM to volatilize.

◆ **se volatiliser** *vpi* -**1.** *fam* [disparaître] to vanish (into thin air); **elles ne se sont pourtant pas volatilisées, ces clefs!** those keys can't just have vanished into thin air!; **en une soirée au club, mes 3 000 francs s'étaient volatilisés** one evening at the club and my 3,000 francs had gone up in smoke. -**2.** CHIM to volatilize.

volatilité [vɔlatilite] *nf* volatility.

vol-au-vent [vɔlovɑ̃] *nm inv* vol-au-vent.

volcan [vɔlkɑ̃] *nm* -**1.** GÉOG & GÉOL volcano; **~ en activité/dormant/éteint** active/dormant/extinct volcano. -**2.** *fig*: **c'est un vrai ~** she's likely to explode at any moment ❑ **être assis** OU **danser** OU **dormir sur un ~** to be sitting on a powder keg.

volcanique [vɔlkanik] *adj* -**1.** GÉOG & GÉOL volcanic. -**2.** *litt* [passion] fiery, volcanic, blazing.

volcaniser [3] [vɔlkanize] *vt* to volcanize.

volcanisme [vɔlkanism] *nm* volcanism.

volcanologie [vɔlkanɔlɔʒi] *nf* volcanology, vulcanology.

volcanologique [vɔlkanɔlɔʒik] *adj* volcanological, vulcanological.

volcanologue [vɔlkanɔlɔg] *nmf* volcano expert, volcanologist, vulcanologist.

volé, e¹ [vɔle] ◇ *adj* [argent, bijou] stolen.
◇ *nm, f* victim of theft.

volée² [vɔle] *nf* -**1.** [ce qu'on lance]: **~ d'obus/de pierres** volley of shells/of stones; **~ de flèches** volley OU flight of arrows; **~ de coups** shower of blows; **~ d'insultes** *fig* shower of insults ❑ **une ~ de bois vert** a barrage of fierce criticism; **son dernier disque a reçu une ~ de bois vert** his last record was panned. -**2.** *fam* [correction] thrashing, hiding, belting; **tu vas recevoir la ~!** you're really going to get it!; **elle a reçu une bonne ~!** she got a sound thrashing OU a good hiding! -**3.** *fam* [défaite] beating, hammering; **je lui ai flanqué sa ~ au ping-pong** I licked him at table tennis; **il a pris une sacrée ~ en demi-finale** he got trounced OU thrashed in the semi-finals. -**4.** SPORT volley; **reprendre une balle de ~** to volley a ball, to hit the ball on the volley; **monter à la ~** to come to the net; **il n'est pas/il est très bon à la ~** he's a bad/he's a good volleyer ❑ **~ amortie/de coup droit/de revers** drop/forehand/backhand volley; **coup de ~** FTBL & RUGBY punt; **envoyer une balle d'un coup de ~** to punt a ball. -**5.** ORNITH [formation] flock, flight; [distance] flight; **une ~ de fillettes** *fig & litt* a crowd of little girls; **prendre sa ~** [oiseau] to take wing *litt*, to fly away; [débutant, adolescent] to spread one's wings. -**6.** [son de cloche] peal (of bells), pealing bells. -**7.** CONSTR: **~ d'escaliers** flight of stairs. -**8.** TRAV PUBL (crane) jib. -**9.** *Helv* [promotion]: **on était de la même ~** we were in the same year.

◆ **à la volée** *loc adv* -**1.** [en passant]: **attraper** OU **saisir à la ~** [clés, balle] to catch in mid-air; **saisir un nom à la ~** to (just) catch a name. -**2.** AGR: **semer à la ~** to (sow) broadcast. -**3.** CHASSE: **tirer à la ~** to shoot without aiming first.

◆ **à toute volée** *loc adv* [frapper, projeter] vigorously, with full force; **il a lancé le vase à toute ~ contre le mur** he hurled the vase at OU flung the vase against the wall; **claquer une porte à toute ~** to slam OU to bang a door shut; **sonner à toute ~** [cloches] to peal (out); [carillonneur] to peal all the bells.

voler [3] [vɔle] ◇ *vi* -**1.** AÉRON & ORNITH to fly; **faire ~ un cerf-volant** to fly a kite ❑ **~ de ses propres ailes** to stand on one's own two feet, to fend for o.s. -**2.** [étincelles, projectile] to fly; **il faisait ~ ses adversaires/les assiettes** he was throwing his opponents around/throwing the plates in the air ❑ **~ en éclats** to be smashed to bits OU to pieces; **ça vole bas!** *fam*, **ça ne vole pas haut!** *fam* VERY funny! *iron*; **chez eux, ça ne vole pas bien haut** they've got a rather crude sense of humour. -**3.** *litt* [nuages, flocons] to fly (along). -**4.** *sout* [se précipiter]: **~ vers qqn/qqch** to fly to sb/towards sthg; **il a volé à sa rencontre** he rushed to meet her; **~ au secours de qqn** to fly to sb's assistance ❑ **~ au secours de la victoire** to show up when the battle has been won *fig*; **~ dans les plumes à qqn** *fam* to let fly at sb, to have a go at sb; **elle lui a volé dans les plumes** *fam* she had a real go at him.
◇ *vt* -**1.** [objet, idée] to steal; **~ qqch à qqn** to steal sthg from sb; **on m'a volé ma montre!** my watch has been stolen!; **il volait de l'argent dans la caisse** he used to steal money from the till; **~ un baiser à qqn** *litt* to steal a kiss from sb || *(en usage abs)* to steal; **ce n'est pas bien de ~** it's wrong to steal, stealing is wrong ❑ **n'avoir pas volé**: **je n'ai pas volé mon argent/dîner/week-end** I've certainly earned my money/earned myself some dinner/earned myself a weekend; **c'est un repos que tu n'as pas volé** it's a well-deserved rest, you've earned your rest; **tu ne l'as pas volé!** [tu es bien puni] you (certainly) asked for it!, it serves you right!; **tu ne voleras point** BIBLE thou shalt not steal. -**2.** [personne] to rob; **il s'est fait ~ son portefeuille/tout son matériel hi-fi** his wallet/all his stereo equipment was stolen || [léser] to cheat, to swindle; **je me suis fait ~ de 30 francs** I've been swindled out of 30 francs; **elle ne t'a pas volé sur le poids de la viande/la longueur du tissu** she gave you a good weight of meat/a good length of material; **le spectacle était super, on n'a pas été volés!** *fam* the show was just great, it was worth every penny OU we really got our money's worth!

volet [vɔlɛ] *nm* -**1.** [d'une maison] shutter. -**2.** [d'un document - section] section; BX-ARTS [d'un polyptique] wing, volet *spéc.* -**3.** [d'une politique, d'un projet de loi] point, part; [d'une émission] part; **une politique sociale en trois ~s** a social policy in three points OU parts. -**4.** AÉRON flap; **~ de freinage/d'intrados** brake/split flap || [de parachute]: **~ de courbure** flap. -**5.** AUT: **~ de départ** throttle OU butterfly valve. -**6.** MÉCAN paddle.

voleter [27] [vɔlte] *vi* -**1.** [oiseau, papillon] to flutter OU to flit (about). -**2.** *litt* [flammèche] to flutter, to dance *litt*.

voleur, euse [vɔlœr, øz] ◇ *adj*: **être ~** [enfant] to be a (bit of a) thief; [marchand] to be a crook OU a cheat; **la souris voleuse qui avait visité mon garde-manger** the mouse which had pilfered my larder ❑ **il est ~ comme une pie** he's got sticky fingers *fig*.
◇ *nm, f* [escroc] thief, robber; [marchand] crook, cheat; **~ de bétail** cattle thief; **~ à l'étalage** shoplifter; **~ de grand chemin** highwayman; **~ d'idées** plagiarist; **~ à la tire** pickpocket; **au ~!** stop thief!; **partir** OU **se sauver comme un ~** [en courant] to take to one's heels; [discrètement] to slip away; **'le Voleur de bicyclette'** *De Sica* 'the Bicycle Thief'.

Volga [vɔlga] *npr f*: **la ~** the (River) Volga.

Volgograd [vɔlgɔgrad] *npr* Volgograd.

volière [vɔljɛr] *nf* [enclos] aviary; [cage] birdcage; **c'est une vraie ~ dans cette classe!** *fig* it's like a zoo in this class!

volige [vɔliʒ] *nf* lath.

volition [vɔlisjɔ̃] *nf* volition.

volley-ball [vɔlɛbol] (*pl* **volley-balls**) *nm* volleyball.

volleyer [12] [vɔlɛje] *vi* to volley.

volleyeur, euse [vɔlɛjœr, øz] *nm, f* -**1.** VOLLEY-BALL volleyball player. -**2.** TENNIS volleyer; **c'est un bon/mauvais ~** he volleys/doesn't volley well.

volontaire [vɔlɔ̃tɛr] ◇ *adj* -**1.** [déterminé] self-willed; [têtu] headstrong, wilful. -**2.** [voulu - engagement] voluntary; [- oubli] intentional. -**3.** [qui agit librement - engagé, travailleur] volunteer *(modif)*; **se porter ~ pour** to volunteer for; **quand il s'agit de m'aider, il est toujours ~** when it comes to helping me, he's always willing (to do so) OU he always volunteers.
◇ *nmf* volunteer.

volontairement [vɔlɔ̃tɛrmɑ̃] *adv* -**1.** [sans y être obligé] voluntarily, of one's own free will. -**2.** [intentionnellement] on purpose, intentionally, deliberately; **c'est ~ que j'ai supprimé ce passage** I deleted this passage on purpose.

volontariat [vɔlɔ̃tarja] *nm*: **le ~** [gén] voluntary help; MIL voluntary service.

volontarisme [vɔlɔ̃tarism] *nm* voluntarism, voluntaryism.

volontariste [vɔlɔ̃tarist] ◇ *adj* voluntaristic.
◇ *nmf* voluntarist.

volonté [vɔlɔ̃te] *nf* -**1.** [détermination] will, willpower; **avoir de la ~/beaucoup de ~** to have willpower/a strong will; **avoir une ~ de fer** to have a will of iron OU an iron will; **il n'a aucune ~** he has no willpower; **elle n'a pas assez de ~ pour...** she hasn't got enough willpower to...; **il manque de ~** he lacks willpower, he doesn't have enough willpower. -**2.** [désir] will, wish; **la ~ de l'électorat** the will of the electorate; **aller contre la ~ de qqn** to go against sb's will; **la ~ de gagner/survivre** the will to win/to survive; **montrer sa ~ de faire qqch** to show one's determination to do sthg ❑ **la ~ divine** OU **de Dieu** God's will; **~ de puissance** PHILOS will-to-power; **que Ta/Votre ~ soit faite** Thy will be done. -**3.** [disposition]: **bonne ~** willingness; **faire preuve de bonne ~** to show willing; **être plein de bonne ~** to be full of goodwill; **il est plein de bonne ~ mais il n'arrive à rien** he tries hard but doesn't achieve anything; **faire appel aux bonnes ~s** to appeal for volunteers to come forward; **mauvaise ~** unwillingness; **faire preuve de mauvaise ~** to be grudging; **allez, lève-toi, c'est de la mauvaise ~!** come on, get up, you're not really trying!

◆ **à volonté** ◇ *loc adj*: **café à ~** as much coffee as you want, unlimited coffee.
◇ *loc adv* [arrêter, continuer] at will; **poivrez à ~** add pepper to taste; **servez-vous à ~** take as much as you want.

volontiers [vɔlɔ̃tje] *adv* -**1.** [de bon gré] gladly, willingly; [avec plaisir] with pleasure; **un café? – très ~** a coffee? – yes please OU I'd love one. -**2.** [souvent] willingly, readily; **on croit ~ que...** we are apt to think OU ready to believe that...; **elle est ~ cynique** she tends to be cynical; **il ne sourit pas ~** he's not very generous with his smiles.

volt [vɔlt] *nm* volt.

Volta [vɔlta] *npr f*: la ~ the Volta; la ~ **Blanche** the White Volta; la ~ **Noire** the Black Volta.

voltage [vɔltaʒ] *nm* voltage.

voltaïque[1] [vɔltaik] *adj* ÉLECTR voltaic, galvanic.

voltaïque[2] [vɔltaik] *adj* -**1.** GÉOG Voltaic, of Burkina-Faso. -**2.** LING Gur, Voltaic.

voltaire [vɔltɛr] *nm* Voltaire chair.

voltairien, enne [vɔltɛrjɛ̃, ɛn] *adj & nm, f* Voltairean, Voltairian.

voltamètre [vɔltamɛtr] *nm* voltameter.

voltampère [vɔltɑ̃pɛr] *nm* volt-ampere.

volte [vɔlt] *nf* ÉQUIT volt, volte.

volte-face [vɔltəfas] *nf inv* -**1.** [fait de pivoter]: faire ~ to turn round. -**2.** [changement d'opinion, d'attitude] volteface, about-turn; le parti a fait une ~ the party did a 180 degrees turn OU a U-turn.

voltige [vɔltiʒ] *nf* -**1.** [au trapèze]: la haute ~ acrobatics, flying trapeze exercises. -**2.** ÉQUIT mounted gymnastics, voltige. -**3.** AÉRON: ~ (aérienne) aerobatics. -**4.** [entreprise difficile]: la Bourse, c'est de la ~ speculating on the Stock Exchange is a highly risky business.

voltigement [vɔltiʒmɑ̃] *nm* fluttering.

voltiger [17] [vɔltiʒe] *vi* -**1.** [abeille] to fly about, to flutter (about). -**2.** [flocon, papier] to float around in the air, to flutter (about).

voltigeur, euse [vɔltiʒœr, øz] *nm, f* acrobat.
◆ **voltigeur** *nm* HIST light infantryman.

voltmètre [vɔltmɛtr] *nm* voltmeter.

volubile [vɔlybil] *adj* -**1.** [qui parle - beaucoup] garrulous, voluble; [- avec aisance] fluent. -**2.** BOT voluble.

volubilis [vɔlybilis] *nm* morning glory, convolvulus.

volubilité [vɔlybilite] *nf* volubility, volubleness, garrulousness.

Volucompteur® [vɔlykɔ̃tœr] *nm* petrol pump *Br* OU gas pump *Am* indicator.

volume [vɔlym] *nm* -**1.** [tome] volume; **une encyclopédie en deux** ~s an encyclopedia in two volumes, a two-volume encyclopedia; **elle m'en écrit toujours des** ~s *fam fig* she always writes me reams (and reams). -**2.** ACOUST volume; **augmente** OU **monte le** ~ turn the sound up; **baisse** OU **descend le** ~ turn the sound down ▫ ~ **sonore** sound volume. -**3.** [quantité globale] volume, amount; le ~ **d'une affaire** the size of a business; le ~ **des exportations** the volume of exports. -**4.** BX-ARTS & GÉOM volume. -**5.** [poids, épaisseur] volume; **il a pris du** ~ *fam* he's put on weight; **une permanente donnerait du** ~ **à vos cheveux** a perm would give your hair more body ‖ [cubage] volume; ~ **(d'eau) du fleuve** volume of water of the river; **eau oxygénée (à) 20** ~s 20-volume hydrogen peroxide ▫ ~ **atomique/moléculaire** atomic/molecular volume. -**6.** INF [unité] volume; ~ **mémoire** storage capacity.

volumétrie [vɔlymetri] *nf* volumetry.

volumétrique [vɔlymetrik] *adj* volumetric.

volumineux, euse [vɔlyminø, øz] *adj* [sac] bulky, voluminous; [correspondance] voluminous, massive.

volumique [vɔlymik] *adj* volumic.

volupté [vɔlypte] *nf* -**1.** [plaisir] sensual OU voluptuous pleasure; la ~ *litt* the pleasures of the flesh. -**2.** [caractère sensuel] voluptuousness.

voluptueusement [vɔlyptɥøzmɑ̃] *adv* voluptuously.

voluptueux, euse [vɔlyptɥø, øz] *adj* voluptuous.

volute [vɔlyt] *nf* -**1.** [de fumée] coil; [de lianes] curl, scroll; [en arts décoratifs] volute. -**2.** ZOOL volute; les ~s the Volutidae.

volvaire [vɔlvɛr] *nf* rice straw mushroom, volvaria; ~ **soyeuse** silky agaric.

vomi [vɔmi] *nm* vomit.

vomique [vɔmik] *adj*: **noix** ~ nux vomica.

vomiquier [vɔmikje] *nm* nux vomica.

vomir [32] [vɔmir] ◇ *vt* -**1.** PHYSIOL [repas] to bring up *(sép)*, to vomit; [sang, bile] to bring OU to cough up *(sép)*. -**2.** *fig* [fumée] to spew, to vomit; [foule] to spew forth *(insép)*; [insultes] to spew out *(insép)*. -**3.** *fig* [rejeter avec dégoût] to have no time for, to feel revulsion for; **un article qui vomit le post-modernisme** an article pouring venom on post-modernism.
◇ *vi* to be sick, to vomit; **sucré à (faire)** ~ sickeningly sweet; **elle est riche à faire** ~ she's so rich it makes you sick; **une telle hypocrisie me donne envie de** ~ such hypocrisy makes me sick.

vomissement [vɔmismɑ̃] *nm* -**1.** [action] vomiting; **si l'enfant est pris de** ~s if the child starts to vomit. -**2.** [substance] vomit.

vomissure [vɔmisyr] *nf* vomit.

vomitif, ive [vɔmitif, iv] *adj* emetic, vomitive.
◆ **vomitif** *nm* emetic, vomitive.

vorace [vɔras] *adj* -**1.** [mangeur] voracious; [appétit] insatiable, voracious; [lecteur] voracious, avid; **application** ~ **en mémoire** INF memory-intensive application. -**2.** BOT: **plantes** ~s plants which exhaust the soil.

voracement [vɔrasmɑ̃] *adv* voraciously.

voracité [vɔrasite] *nf* voracity, voraciousness.

vortex [vɔrtɛks] *nm* vortex.

vos [vo] *pl* → **votre**.

Vosges [voʒ] *npr fpl*: les ~ the Vosges; **dans les** ~ in the Vosges.

vosgien, enne [voʒjɛ̃, ɛn] *adj* from the Vosges.
◆ **Vosgien, enne** *nm, f inhabitant of or person from the Vosges.*

votant, e [vɔtɑ̃, ɑ̃t] *nm, f* voter.

votation [vɔtasjɔ̃] *nf Helv* vote.

vote [vɔt] *nm* -**1.** [voix] vote. -**2.** [élection] vote; **procédons** OU **passons au** ~ let's have OU take a vote ▫ ~ **par correspondance** postal vote OU ballot *Br*, absentee ballot *Am*; ~ **à main levée** vote by show of hands; ~ **obligatoire** compulsory vote; ~ **par procuration** proxy vote; ~ **secret** secret ballot. -**3.** [d'une loi] passing; [de crédits] voting; [d'un projet de loi] vote; ~ **bloqué** *enforced vote on a text containing only government amendments.*

voter [3] [vɔte] ◇ *vi* to vote; ~ **à droite/à gauche/au centre** to vote for the right/left/centre; ~ **pour qqn** to vote for sb; ~ **pour les conservateurs** to vote Conservative; ~ **à main levée** to vote by show of hands; ~ **contre/pour qqch** to vote against/for sthg; **on leur a demandé de** ~ **pour ou contre la grève** they were balloted about the strike; **votons sur la dernière motion présentée** let's (take a) vote on the last motion before us.
◇ *vt* [crédits] to vote; [loi] to pass; [projet de loi] to vote for *(insép)*; ~ **la peine de mort** to pass a vote in favour of capital punishment.

votif, ive [vɔtif, iv] *adj* votive.

votre [vɔtr] *adj poss* (*pl* vos [vo]) -**1.** [indiquant la possession] your; ~ **livre et vos crayons** [d'une personne] your book and your pencils; [de plusieurs personnes] your books and your pencils; ~ **père et** ~ **mère** your father and mother; **un de vos amis** one of your friends, a friend of yours; **dans** ~ **deuxième chapitre...** in your second chapter... -**2.** [dans des titres]: **Votre Majesté** Your Majesty; **Votre Altesse** Your Highness; **Votre Excellence** Your Excellency. -**3.** [emploi expressif]: **comment va** ~ **cher Victor?** how is your dear Victor?; **alors, vous l'avez achetée,** ~ **petite maison?** so did you buy your little house? -**4.** RELIG Thy.

vôtre [votr] *adj poss sout* yours; **cette maison qui fut** ~ this house which was yours OU which belonged to you; **mes ambitions, vous les avez faites** ~s you espoused my ambitions.
◆ **le vôtre** (*f* **la vôtre**, *pl* **les vôtres**) *pron poss*: **nos intérêts sont les** ~s our interests are yours; **un père comme le** ~... a father like yours...; **ma voiture est garée à côté de la** ~ my car is parked next to yours ‖ *(emploi nominal)*: **les** ~s your family and friends; **nos intérêts et ceux des** ~s our interests and those of your family; **vous et les** ~s you and yours; **dans la lutte, je suis des** ~s I'm with you OU I'm on your side in the struggle; **je ne pourrai pas être des** ~s **ce soir** I will not be able to join you tonight ▫ **si au moins vous y mettiez du** ~! you could at least make an effort!; **vous avez encore fait des** ~s! you've gone and done it again!; **à la (bonne)** ~! (your) good health!

vouer [6] [vwe] *vt* -**1.** [dédier - vie, énergie] to devote; [- admiration, fidélité, haine] to vow. -**2.** [destiner]: **voué à l'échec** destined for failure, doomed to fail. -**3.** RELIG [enfant] to dedicate; [temple] to vow, to dedicate; **voué à la mémoire de...** sacred to the memory of...
◆ **se vouer à** *vp + prép* to dedicate one's energies OU o.s. to; **se** ~ **à la cause de** to take up the cause of.

vouloir [57] [vulwar] *vt* **A.** AVOIR POUR BUT -**1.** [être décidé à obtenir] to want; **ils veulent votre démission/une augmentation** they want your resignation/an increase; **il veut la présidence** he wants to be chairman; **lui au moins, il sait ce qu'il veut** he knows what he wants; **je le ferai, que tu le veuilles ou non** I'll do it, whether you want me to or not, like it or not I'll do it; ~ **absolument (obtenir) qqch** to be set on (getting) sthg; **vous voulez absolument ce modèle?** are you set on this model?; **quand elle veut quelque chose, elle le veut!** when she's decided she wants something, she's determined (to get it)!; **lui, j'en fais (tout) ce que je veux** I've got him eating out of my hand; **l'argile, elle en fait (tout) ce qu'elle veut** she can do wonders OU anything with clay; ~ **que: je ne veux pas que tu lui dises** I don't want you to tell him; ~ **absolument que** to insist (that); **je veux absolument que tu ranges ta chambre** I insist (that) you tidy up your bedroom; ~ **faire qqch** to want to do sthg; **elle veut récupérer son enfant/être reçue par le ministre** she's determined to get her child back/that the Minister should see her; **arrangez-vous comme vous voulez, mais je veux être livré demain** I don't mind how you do it but I insist the goods are delivered tomorrow; **je veux récupérer l'argent qui m'est dû** I want to get back the money which I'm owed; **je ne veux pas entendre parler de ça!** I won't hear of it OU such a thing!; **je ne veux plus en parler** I don't want to talk about it any more; **à ton âge, pourquoi** ~ **faire le jeune homme?** at your age, why do you try to act like a young man?; **le peuple veut être gouverné** the people want a government; ~ **qqch de: il veut 300 000 francs de son studio** he wants 300,000 francs for his bedsit; ~ **qqch de qqn** to want sthg from sb; **que voulez-vous de moi?** what do you want from me?; **que me voulez-vous?** what do you want?; **que veux-tu de moi?, qu'est-ce que tu me veux?** what do you want from me? ‖ *(en usage abs)*: **quand tu veux, tu fais très bien la cuisine** you can cook beautifully when you put your mind to it; **il peut être vraiment désagréable quand il veut** he can be a real nuisance when he wants to ▫ ~, **c'est pouvoir** *prov*, **quand on veut, on peut** where there's a will, there's a way *prov*. -**2.** [prétendre - suj: personne] to claim; **si l'art est une religion, comme le veulent certaines personnes** if art is a religion, as some people would have it OU claim. -**3.** [avoir l'intention de]: ~ **faire qqch** to want OU to intend OU to mean to do sthg; **je voulais passer à la gare, mais je n'ai pas eu le temps** I wanted to drop in at the station, but I didn't have time; **je ne voulais pas te vexer** I didn't mean to offend you; **sans** ~ **me mêler de tes affaires/te contredire...** I don't want to interfere/to contradict you but...; **je l'ai vexé sans le** ~ I offended him unintentionally OU without meaning to; **je ne voudrais surtout pas t'empêcher de voir ton match!** I wouldn't dream of preventing you from watching the match!; **si vous voulez finir le projet à temps, il faut recruter plus de personnel** if you want OU intend to keep the project on schedule, you must take on more staff; ~ **dire** [suj: personne qui s'est mal exprimée] to mean; [suj: personne qui fait une insinuation] to mean, to suggest; **j'ai dit «attelle», je voulais dire «appelle»** I said "attelle", I meant "appelle"; **il ne s'est pas ennuyé ce soir-là — que veux-tu dire par là?** he had some fun that night — what do you mean by that OU what are you getting at?; **vous voulez dire qu'on l'a tuée?** do you mean OU are you trying to say (that) she was killed? -**4.** [essayer de]: **~ faire** to want OU to try to do; **en voulant la sauver, il s'est noyé** he drowned in his attempt OU trying to rescue her; **tu veux me faire peur?** are you trying to frighten me? -**5.** [s'attendre à] to expect; **tu voudrais peut-être aussi que je te remercie!** you don't expect to be thanked into the bargain, do you?; **comment veux-tu que je te croie, maintenant?** how do you expect me to believe you now?; **comment veux-tu qu'elles s'en sortent avec des salaires si bas?** how do you expect them OU how are they expected to survive on such low salaries?; **pourquoi voudrais-tu qu'on se fasse cambrioler?** why do you assume we might be burgled?; **que veux-tu que j'y fasse?** what do you want me to do about it?, what can I do about it?; **il est très malheureux — que veux-tu que j'y fasse?** he's very unhappy — what do you expect ME to do about it?; **que voulez-vous que je vous dise?** what can I say?, what do you want me to say?; **qu'est-ce que tu veux que je te dise, il ne fallait pas la provoquer** what can I say? you shouldn't have provoked her; **on va le faire réparer, que veux-tu que je te dise?** we'll get it fixed, what (else) can I say? -**6.** *fam* [sexuellement] to want.

B. PRÉFÉRER, SOUHAITER -**1.** [dans un choix] to want, to wish; **pour le premier, je voulais un garçon** I wanted the first baby to be a boy; **prends toutes les pommes que tu veux** have as many apples as you want; **j'en voudrais de plus mûres, de préférence** I'd rather have (some) riper ones, if possible; **jus d'ananas ou d'orange? — ce que tu veux!** pineapple or orange juice? — whatever OU I don't mind!; **voulez-vous que nous prenions un thé ou préférez-vous marcher encore un peu?** would you like to stop for tea or would you prefer to walk on a bit?; **je préfère acheter des actions — comme vous voulez** I prefer to buy shares — as you wish; **on prend ma voiture ou la tienne? — c'est comme tu veux** shall we take my car or yours? — as you wish OU please OU like; **je me débrouillerai seule — comme tu voudras!** I'll manage on my own — suit yourself!; **où va-t-on? — où tu veux** where are we going? — wherever you want; **je pourrai revenir? — bien sûr, quand vous voulez!** may I come again? — of course, any time OU whenever you want!; **je vais vous chanter une chanson... — quand tu veux!** *fam* I'm going to sing you a song... — when you're ready!; **je te prends quand tu veux au badminton** *fam* I'll give you a game of badminton any time; **viens avec nous si tu veux** come with us if you want; **tu peux dessiner une maison si tu veux** you could draw a house, if you like; **mets-en tant que tu veux** put in as much as you want; **on peut donner tant qu'on veut, cela ne résout pas le problème de la pauvreté** you can give as much as you want, it won't solve the problem of poverty; **tu peux rire tant que tu veux, ça m'est bien égal** you can laugh as much as you want, I don't care; **tu l'as** OU **l'auras voulu!** you asked for it! -**2.** [dans une suggestion] to want; **voulez-vous** OU **voudriez-vous du thé?** would you like some tea?; **veux-tu de l'aide?** do you want OU would you like some help?; **tu veux une fessée?** do you want your bottom smacked?; **voulez-vous que je vous achète le journal?** would you like me to buy OU shall I buy the newspaper for you?; **voudriez-vous vous joindre à nous?** would you care OU like to join us?; **voudriez-vous essayer la robe bleue?** perhaps you might care to try on the blue dress?; **peut-être vouliez-vous que je m'en aille?** did you want me to go? -**3.** [dans un souhait]: **je ne veux que ton bonheur** I only want you to be happy; **j'aurais tellement voulu être avec vous** I'd have so much liked OU loved to have been with you; **quand tu me parles, je te voudrais un autre ton** *sout* please don't use that tone when you're talking to me; **comme je voudrais avoir des enfants!** how I'd love to have children!; **elle voudrait vous dire quelques mots en privé** she'd like a word with you in private; **je voudrais te voir à ma place** I'd like to see what you'd do if you were in my shoes; **je voudrais vous y voir!** I'd like to see how YOU'd cope with it!; **il faut tout terminer d'ici demain, je voudrais t'y voir!** it's all got to be finished by tomorrow, how'd YOU like to have to do it? ❑ **je voudrais bien voir ça!** *iron*: **aller au match sans avoir rangé ta chambre, je voudrais bien voir ça!** whatever gave you the idea (that) you could go to the match without tidying up your room first? -**4.** [dans une demande polie]: **veuillez m'excuser un instant** (will you) please excuse me for a moment; **veuillez avoir l'obligeance de...** would you kindly OU please...; **veuillez vous asseoir** please take a seat; **veuillez recevoir, Monsieur, mes salutations distinguées** yours sincerely OU *Am* truly; **veuillez vous retirer, Marie** you may go now, Marie; **veuillez n'en rien dire à personne** would you kindly OU please not mention anything to anyone; **voudriez-vous avoir l'amabilité de me prêter votre crayon?** would you be so kind as to lend me your pencil?; **nous voudrions une chambre pour deux personnes** we'd like a double room; **je vous serais reconnaissant de bien ~ m'envoyer votre brochure** I should be glad to receive your brochure; **voulez-vous me suivre** please follow me. -**5.** [dans un rappel à l'ordre]: **veux-tu (bien) me répondre!** will you (please) answer me?; **veux-tu laisser le chat tranquille!** just leave the cat alone!, will you leave the cat alone!; **voulez-vous ne pas toucher à ça!** please don't touch that!; **ne m'interromps pas, tu veux!, veuille bien ne pas m'interrompre!** will you please not interrupt me?, would you mind not interrupting me?; **un peu de respect, tu veux (bien)?** a bit less cheek, if you don't mind!

C. SUJ: CHOSE -**1.** [se prêter à, être en état de]: **le rideau ne voulait pas se lever** we couldn't get the curtain to rise; **les haricots ne veulent pas cuire** the beans won't cook; **la télé ne marche que quand elle veut** *hum* the TV only works when it feels like it. -**2.** [exiger] to require; **la coutume veut que...** custom requires that...; **la tradition voulait que...** it was a tradition that...; **la dignité de notre profession veut que...** the dignity of our profession demands that...; **comme le veulent les usages** as convention dictates; **les lois le veulent ainsi** that is what the law says ‖ [prétendre]: **comme le veut une vieille légende** as an old legend has it. -**3.** [déterminer - suj: destin, hasard, malheur]: **le sort voulut que le train fût en retard** as fate would have it, the train was late; **la chance a voulu que...** as luck would have it...; **le malheur voulut qu'il fût seul ce soir-là** unfortunately he was alone that night; **le calendrier a voulu que cela tombe un lundi** it fell on a Monday, as it so happened. -**4.** [s'efforcer de]: **le décor veut évoquer une ferme normande** the decor strives OU tries to suggest a Normandy farmhouse. -**5.** **~ dire** [avoir comme sens propre] to mean; [avoir comme implication] to mean, to suggest; **que veut dire «Arbeit»?** what does "Arbeit" mean?; **elle a fait un geste de la main qui voulait dire «peu importe»** she waved her hand to say "never mind"; **je me demande ce que veut dire ce changement d'attitude** I wonder what the meaning of this turn-around is OU what this turn-around means?; **cela ne veut rien dire** it doesn't mean anything; **être millionnaire, ça ne veut plus rien dire de nos jours** being a millionaire doesn't mean anything nowadays ❑ **ça veut tout dire!** that says it all!; **ça veut bien dire ce que ça veut dire!** it's clear OU plain enough!; **tu vas m'obéir, non mais, qu'est-ce que ça veut dire?** *fam* for goodness's sake will you do as I say! -**6.** GRAMM to take; **la conjonction «pourvu que» veut le subjonctif** the conjunction "pourvu que" takes the subjunctive.

D. LOCUTIONS -**1.** **bien ~** [consentir à]: **bien ~ faire qqch** to be willing OU to be prepared OU to be quite happy to do sthg; **nous voulons bien lui parler** we're prepared OU quite willing to talk to him; **je veux bien me contenter d'un sandwich** I'm quite happy to make do with a sandwich; **je veux bien être patient, mais il y a des limites!** I can be patient, but there are limits!; **poussons jusqu'à la prochaine ville — moi je veux bien, mais il est tard!** let's go on to the next town — I don't mind, but it IS late!; **allons-y, puisque ta mère veut bien garder les enfants** your mother's agreed to look after the children so let's go. -**2.** **bien ~** [admettre]: **je veux bien qu'il y ait des restrictions budgétaires mais...** I understand (that) there are cuts in the budget but...; **je veux bien avoir des défauts, mais pas celui-là** granted, I have some shortcomings, but that isn't one of them ❑ **moi je veux bien!** (it's) fine by me!; **il a dit nous avoir soutenus, moi je veux bien, mais le résultat est là!** he said he supported us, OK OU and that may be so, but look at the result!

◆ **vouloir de** *v + prép* -**1.** [être prêt à accepter]: **~ de qqn/qqch** to want sb/sthg; **je ne veux plus de ces vieux journaux, jette-les** I don't want these old papers any more, throw them out; **je ne veux pas d'une relation sérieuse** I don't want a serious relationship. -**2.** *loc*: **en ~** *fam*: **elle en veut** [elle a de l'ambition] she wants to make it OU to win; [elle a de l'application] she's dead keen; **elle en veut, sur le court** she's out to win when she's on (the) court; **il faut en ~ pour réapprendre à marcher** you need a lot of determination will to learn to walk again; **en ~ à qqn** [éprouver de la rancune] to bear OU to have a grudge against sb; **je ne l'ai pas fait exprès, ne m'en veux pas** I didn't do it on purpose, don't be cross with me; **décidément, ton chien m'en veut** your dog's definitely got something against me; **tu m'en veux encore beaucoup pour l'autre soir?** are you still angry OU cross with me about the other night?; **je n'en veux à personne, je demande simplement justice** I'm not after anyone's blood, all I want is justice; **tu ne m'en veux pas?** no hard feelings?; **vous ne m'en voudrez pas si je pars plus tôt, n'est-ce pas?** you won't mind OU be cross if I leave earlier, will you?; **elle m'en voulait de mon manque d'intérêt pour elle** she resented my lack of interest in her; **ses frères lui en veulent de son succès** his brothers hold his success against him; **elle lui en veut d'avoir refusé** she holds it against him that he said no; **il ne faut pas lui en ~ d'exprimer son amertume** don't resent her for showing her bitterness; **en ~ à qqn/qqch** [le convoiter]: **j'ai l'impression qu'il en veut à ma cadette** I feel he has designs on my youngest daughter; **elle en veut à ma fortune** she's after my money; **en ~ à qqch** [vouloir le détruire] to seek to damage sthg; **qui peut en ~ à ma vie/réputation?** who could wish me dead/would want to damage my reputation?

◆ **se vouloir** *vpi*: **je me voudrais plus audacieux** I'd like to be bolder; **les pièces qui se veulent intellectuelles** plays with intellectual pretensions; **le livre se veut une satire de l'aristocratie allemande** the book claims OU is supposed to be a satire on the German aristocracy.

◆ **s'en vouloir** ◇ *vp (emploi réfléchi)* to be angry OU annoyed with o.s.; **je m'en veux de l'avoir laissé partir** I feel bad at having let him go ❑ **je m'en voudrais!** *fam* not likely!; **800 F pour un match de football? je m'en voudrais!** 800 F for a football match? not likely!

◇ *vp (emploi réciproque)*: **elles s'en veulent à mort** they really hate each other.

◆ **en veux-tu en voilà** *fam loc adv* [en abondance]: **il y avait des glaces en veux-tu en voilà** there were ice creams galore; **on dirait qu'elle a de l'argent en veux-tu en voilà** she seems to have money to burn; **il lui faisait des compliments en veux-tu en voilà** he was showering her with compliments.

◆ **je veux** *fam loc interj*: **il t'a cogné? — je veux!** did he hit you? — and how OU he sure did!; **tu vas à la pêche demain? — je veux que j'y vais!** are you going fishing tomorrow? — you bet I am OU I sure am!

◆ **qu'est-ce que tu veux, qu'est-ce que vous voulez, que veux-tu, que voulez-vous** *loc adv indép*: **que veux-tu, j'ai pourtant essayé!** I tried, though!; **c'est ainsi, que voulez-vous!** that's just the way it is!; **j'accepte ses humeurs, que veux-tu!** I (just) put up with his moods, what can I do?; **j'ai dit que c'était ton idée, que veux-tu, sinon on m'aurait renvoyé** I said it was your idea, what could I do, otherwise they'd have sacked me; **que voulez-vous, ils se conduisent comme les jeunes de leur âge** they're just acting their age, what can you do?

◆ **si l'on veut** *loc adv* **-1.** [approximativement] if you like; **on peut dire, si l'on veut, que...** if you like you can say that... **-2.** [pour exprimer une réserve]: **c'est drôle/propre si l'on veut** I wouldn't say it's particularly funny/clean; **il est fidèle... si l'on veut!** he's faithful... after a fashion!

◆ **si tu veux, si vous voulez** *loc adv* more or less, if you like; **ça ressemble à un gros lapin, si tu veux** it looks a bit like a big rabbit.

voulu, e [vuly] *adj* **-1.** [requis] required, desired, requisite; **vous aurez toutes les garanties ~es** you'll have all the required guarantees; **ça a eu l'effet ~** it produced the desired effect; **au moment ~** at the right time; **terminé en temps ~** completed on schedule. **-2.** [délibéré] deliberate, intentional; **c'est ~** it's intentional OU (done) on purpose. **-3.** [décidé d'avance] agreed; **au moment ~** at the right time; **terminé en temps ~** completed on schedule.

vous [vu] ◇ *pron pers (2e pers pl)* **A. -1.** *(suj ou obj dir)* you; **si j'étais ~** if I were you; **c'est ~?** [à la porte] is that you?; **~ parti, je lui écrirai** once you've gone, I shall write to her; **eux m'ont compris, pas ~** they understood me, you didn't; **qui a fini? ~?** who's finished? have you?; **il nage mieux que ~** he swims better than you (do); **elle a fait comme ~** she did (the same) as you did ‖ [en renforcement du suj ou de l'obj dir]: **et ~ qui aviez toujours peur!** to think YOU're the one who was always scared!; **je ~ connais, ~!** I know YOU!; **~, ~ restez** as for you, you're staying. **-2.** *(obj indir)*: **à ~: c'est à ~** [objet] it belongs to you; **à ~!** [dans un magasin, un jeu] it's your turn!; **une maison bien à ~** a house of your very own, your very own house; **une plage rien qu'à ~** a beach to yourself; **elle ne parle qu'à ~** you're the only one she speaks to; **c'est à ~ de juger** it's for you to judge; **pensez un peu à ~** think of yourself a bit; **de ~: un livre de ~** a book by you; **c'est de ~, cette lettre?** is this one of your letters?; **de ~ à moi** between (the two of) us OU you and me; **chez ~** at your house, in your home; **faites comme chez ~** please make yourself at home; **ça va, chez ~?** *fam* (are) things OK at home? **-3.** [dans des formes réfléchies, souvent non traduit]: **taisez-~!** be quiet!; **cachez-~!** hide!; **regardez-~** look at yourself.
B. -1. *(comme suj ou obj)* you; **~ êtes témoins** you have all witnessed this; **~ partis, je lui écrirai** once you've all gone, I shall write to her; **elle ~ a accusés tous les trois** she accused all three of you ‖ [en renforcement du suj ou de l'obj] you (people); **et ~ qui aviez toujours peur!** to think YOU were the ones who were always scared!; **~, ~ restez** as for you (people), you're staying; **~ (autres), les spécialistes, ~ ne faites rien** YOU're the specialists and you're not doing anything; **~ (autres), les intellectuels, ~ êtes tous pareils** you're all the same, you intellectuals. **-2.** *(après une prép)*: **à ~: c'est à ~** [objet] it belongs to you; **à ~** RAD & TV over to you; **à ~ le studio!** I'm handing you back to the studio!; **pensez à ~ et à vos amis** think of yourselves and of your friends; **à ~ trois, vous finirez bien la tarte?** surely the three of you can finish the tart?; **de ~: l'un de ~ trahira** one of you will be a traitor. **-3.** [dans des formes réfléchies, souvent non traduit]: **taisez-~ tous!** be quiet, all of you!; **cachez-~, tous les deux!** hide, you two!; **regardez-~** look at yourselves ‖ [dans des formes réciproques] one another, each other; **aidez-~** help one another; **battez-~** fight with each other.
C. *fam* [valeur intensive]: **il ~ mange tout un poulet** he can put away a whole chicken; **elle sait ~ séduire une foule** she does know how to captivate a crowd; **ils ~ démolissent une maison en trois quarts d'heure** they can demolish a house in three quarters of an hour, no trouble (at all).
◇ *nm* **-1.** [forme]: **le ~** the "vous" form. **-2.** [en appellatif, par opposition à tu]: **leurs enfants leur disent «~»** their children use the "vous" form to them; **nous pourrions arrêter de nous dire «~»** we could be less formal with each other, we could start using the "tu" form to each other.

vous-même [vumɛm] *(pl* **vous-mêmes**) *pron pers* yourself; **~s** yourselves; **avez-vous fait votre exercice ~?** did you do your exercise yourself?; **vous devriez comprendre de ~s** you ought to understand for yourselves; **vous pouvez vérifier par ~** you can check for yourself.

voussure [vusyr] *nf* [d'une voûte] spring; [d'une baie] arch; [d'un plafond] coving.

voûtain [vutɛ̃] *nm* [portion de voûte] cell, segment.

voûte [vut] *nf* **-1.** ARCHIT [construction] vault; [passage] archway; **~ d'arête** groined vault; **~ en berceau** barrel vault; **~ (sur croisée) d'ogives** ribbed vault; **~ en éventail** fan OU palm vaulting. **-2.** *litt* vault, canopy; **la ~ céleste** OU **des cieux** the canopy of heaven; **la ~ étoilée** the starry dome. **-3.** ANAT: **~ crânienne** cranial vault; **~ palatine** OU **du palais** roof of the mouth; **~ plantaire** arch of the foot.

◆ **en voûte** *loc adj* vaulted.

voûté, e [vute] *adj* **-1.** [homme] stooping, round-shouldered; [dos] bent; **avoir le dos ~** to stoop, to have a stoop; **marcher ~** to walk with a stoop; **ne te tiens pas ~** stand up straight. **-2.** [galerie] vaulted, arched.

voûter [3] [vute] *vt* **-1.** ARCHIT to vault, to arch. **-2.** [courber] to cause to stoop.

◆ **se voûter** *vpi* to stoop, to become round-shouldered.

vouvoiement [vuvwamɑ̃] *nm* "vous" form of address; **ici, le ~ est de rigueur** here people have to address each other as "vous".

vouvoyer [13] [vuvwaje] *vt* to address as "vous".

◆ **se vouvoyer** *vp (emploi réciproque)* to address each another as "vous".

vouvray [vuvrɛ] *nm* Vouvray (wine).

vox populi [vɔkspɔpyli] *nf inv litt* vox populi; **écouter la ~** to listen to what the people have to say.

voyage [vwajaʒ] *nm* **-1.** [excursion lointaine] journey, trip; [circuit] tour, trip; **notre ~ se fera en péniche/à dos de chameau** we will travel on a barge/on a camel; **leur ~ en Italie** their trip to Italy; **aimer les ~s** to like travelling; **mes ~s au pays de l'imaginaire** *litt* my imaginary travels; **faire un ~** to go on a trip; **faire un ~ dans le temps** [passé, futur] to journey through time; **faire un ~ autour du monde** to go round the world; **ils ont fait des ~s partout dans le monde** they have travelled the world; **j'ai fait de nombreux ~s en Méditerranée** I've travelled extensively throughout the Mediterranean; **faire le ~ de Bangkok** to go to Bangkok; **partir en ~** to go on a trip; **nous partons en ~** we're off on a trip, we're going away; **vous serez du ~?** [avec eux] are you going on the trip?; [avec nous] are you coming on the trip?; **ils partent demain mais elle ne sera pas du ~** they're off tomorrow but she won't be going (with them); **quelle merveille, cela valait le ~!** what a sight, it was well worth coming all this way to see it!; **cela représente deux jours/six mois de ~** it means a two-day/six-month trip; **bon ~!** have a nice trip! ❑ **~ d'affaires** business trip; **~ d'agrément** (pleasure) trip; **~ en mer** sea voyage *litt*, journey by sea; **~ de noces** honeymoon; **être en ~ de noces** to be honeymooning OU on one's honeymoon; **~ officiel** [en un endroit] official trip; [en plusieurs endroits] official tour; **~ organisé** package tour; **ils y sont allés en ~ organisé** they went there on package tour; **~ de presse** press visit; **le grand ~** *euph* the last journey; **les ~s forment la jeunesse** *prov* travel broadens the mind *prov*; **'Voyage au bout de la nuit'** *Céline* 'Journey to the End of Night'; **'les Voyages de Gulliver'** *Swift* 'Gulliver's Travels'. **-2.** [déplacement local] journey; **tous les matins, je fais le ~ en train** I do the journey by train every morning; **~ aller** outward journey; **~ aller et retour** return OU round trip; **~ retour** return OU homeward journey. **-3.** [allée et venue] trip; **on a fait trois ~s pour vider la maison** we made three trips to empty the house; **j'ai fait des ~s de la cave au grenier toute la matinée** I've been up and down from cellar to attic all morning. **-4.** *fam* [sous drogue] trip.

voyageage [vwajaʒaʒ] *nm Can* travelling *(back and forth)*.

voyager [17] [vwajaʒe] *vi* **-1.** [faire une excursion] to travel; [faire un circuit] to tour; **elle a beaucoup voyagé** she has travelled widely OU a lot, she's well travelled; **nous avons beaucoup voyagé en Grèce** we've travelled extensively throughout Greece; **aimer ~** to like travelling; **~ dans le temps** [passé, futur] to travel through time. **-2.** [se déplacer] to travel; **~ en bateau/en avion** to travel by sea/by air; **~ en deuxième classe** to travel second class. **-3.** [denrées, sacs] to travel; **le vin voyage mal** wine doesn't travel well; **ce produit doit ~ en wagon frigorifique** this product must be carried in refrigerated trucks. **-4.** COMM to travel; **~ pour une société** to travel for a firm.

voyageur, euse [vwajaʒœr, øz] ◇ *adj* [caractère] *litt* wayfaring *litt*, travelling.
◇ *nm, f* **-1.** [dans les transports en commun] passenger; [dans un taxi] fare. **-2.** [qui explore] traveller; **c'est une grande voyageuse** she travels extensively. **-3.** COMM: **~ (de commerce)** commercial traveller.

voyageur-kilomètre [vwajaʒœrkilɔmɛtr] *(pl* **voyageurs-kilomètres**) *nm* passenger kilometre.

voyagiste [vwajaʒist] *nm* tour operator.

voyance [vwajɑ̃s] *nf* clairvoyance.

voyant, e [vwajɑ̃, ɑ̃t] ◇ *adj* [couleur] loud, gaudy, garish; [robe] showy, gaudy, garish.
◇ *nm, f* **-1.** [visionnaire] visionary, seer; [spirite]: **~ (extralucide)** clairvoyant. **-2.** [non aveugle] sighted person.

◆ **voyant** *nm*: **~ (lumineux)** indicator OU warning light ‖ [d'un signal] mark; [plaque de nivellement] vane levelling shaft.

voyelle [vwajɛl] *nf* vowel.

voyeur, euse [vwajœr, øz] *nm, f* voyeur.

voyeurisme [vwajœrism] *nm* voyeurism.

voyou, te [vwaju, ut] *adj* loutish; **verve ~te** vulgar wit.

◆ **voyou** *nm* **-1.** [jeune délinquant] lout; [gangster] gangster. **-2.** [ton affectueux ou amusé]: **petit ~!** you little rascal!

VPC *nf abr de* **vente par correspondance**.

vrac [vrak] *nm* **-1.** [mode de distribution] bulk. **-2.** [marchandise] material transported in bulk.

◆ **en vrac** *loc adj & adv* **-1.** [non rangé] in a jumble; **ses idées sont en ~ dans sa dissertation** the ideas are just jumbled together in his essay. **-2.** [non emballé] loose; [en gros] in bulk; **on invite toute la famille en ~** *fam fig* we're inviting the whole family in one go.

vrai, e [vrɛ] *adj* **-1.** [exact] true; **au négatif, la proposition reste ~e** if negated, the proposition remains true; **si ce que tu dis est ~** if you're telling the truth, if what you say is true;

vous maintenez votre déposition? – tout est ~ are you sticking to your statement? – it's all true; il n'y a pas un mot de ~ dans son témoignage there's not a word of truth in her testimony; ils n'ont aucune intégrité – cette observation n'est pas ~e de tous they have no integrity – that isn't true of all of them OU you can't say that of all of them; Oslo est la capitale de la Norvège, ~ ou faux? Oslo is the capital of Norway, true or false?; tu me l'avais promis, ~ ou faux? you'd promised me, yes or no?; c'est ~ it's OU that's true; ce serait plus facile – c'est ~ mais... it would be easier – true OU certainly OU granted but...; tu ne fais jamais rien! – c'est ~, ça! you never do anything – that's quite right OU true!; ma voiture peut monter jusqu'à 300 km/h – c'est ~? my car can do up to 300 km/h – can it (really) OU oh really?; c'est ~ qu'on n'a pas eu de chance *fam* true, we were a bit unlucky; c'est pas ~! *fam* [pour nier] it's OU that's not true!; [ton incrédule] you're joking?, impossible!; [ton exaspéré] I don't believe this!; [ton horrifié] my God, no!; je pars en Chine – c'est pas ~! I'm off to China – you don't mean it!; il est mort hier – c'est pas ~! he died yesterday – never OU I can't believe it!; mais tu es agaçant ce matin, c'est pas ~! God, you ARE being a pain this morning!; et maintenant une coupure de courant, c'est pas ~! and now there's a power cut, I don't believe it!; elle va pas recommencer, c'est pas ~! she's going to start again, I (just) don't believe it!, oh my God, she's not starting again!; c'est si ~ que... so much so that...; elle était furieuse, c'est si ~ qu'elle a écrit au ministre she was beside herself, to the point of writing to the minister; il est ~ it's OU that's true; elle est un peu menteuse, il est ~ it's true that she's a bit of a liar, she's a bit of a liar, true; la loi est dure, il est ~ the law is tough, true (enough); il est ~ que... it's true (to say) that...; il est très irritable, il est ~ qu'il n'est pas encore habitué à eux he's very irritable, true, he's not used to them yet; il est bien ~ que... it's absolutely true OU it can't be denied that...; il est bien ~ que la situation économique se dégrade there's no denying that the state of the economy is getting worse. -2. [authentique - cuir, denrée] genuine, real; [- or] real; [- connaisseur] real, true; [- royaliste, républicain] true; je cherche l'amour ~ *litt* I'm looking for true love; avec une simplicité ~e with genuine simplicity; c'est une copie, ce n'est pas un ~ Modigliani it's a copy, it's not a real Modigliani; les ~es rousses sont rares there are few genuine OU real redheads; ce ne sont pas ses ~es dents they're not her own teeth; la seule ~e religion the only true religion; nous prônons le ~ socialisme we want to promote real OU genuine socialism; le ~ cricket, ça ne se joue pas comme ça! that's not how you play proper cricket!; le rôle est tenu par la ~e sœur de l'actrice the part is played by the actress's real OU real-life sister; c'est un ~ gentleman he's a real gentleman; il n'a jamais été un ~ père he was never (like) a real father; où sont ses ~s amis, maintenant? where are his true OU real friends now?; ça c'est de la bière, de la ~e! *fam* that's what I call beer! ❑ c'est ~, ce mensonge? *fam hum* are you fibbing?; il n'y a que ça de ~: le soleil, il n'y a que ça de ~ give me sunshine anyday; pour enlever les taches, l'acétone, il n'y a que ça de ~ to remove stains, acetone's the thing. -3. [non fictif, non inventé - raison] real; c'est une histoire ~e it's a true story; quel est le ~ motif de votre visite? what's the real purpose of your visit?; mon ~ nom est Jacob my real name is Jacob; le ~ problème n'est pas là the real problem lies elsewhere. -4. *(avant le n)* [à valeur intensive] real, complete, utter; c'est un ~ désastre it's a real OU an utter disaster; elle a été une ~e sœur pour moi she was a real sister to me; c'est un ~ casse-tête it's a real headache; c'est une ~e honte! it's utterly disgraceful!; t'es un ~ salaud!▽ you're a real bastard!; c'est une ~e folle! she's completely crazy! -5. [franc, naturel - personne, acteur] straightforward; pour les persuader, sois ~ to convince them, be straightforward; je suis ~ quand je joue ce personnage I am OU play myself when I play this character; son style est toujours ~ she always writes naturally; des dialogues ~s dialogues that ring true; des personnages ~s characters that are true to life. -6. *(avant le n)* [assigné] true; la statue n'est pas à sa ~e place [elle a été déplacée] the statue is not in its right place; un philosophe qui n'a jamais été mis à sa ~e place a philosopher who was never granted true recognition OU the recognition he deserved. -7. ASTRON: temps ~ true time. -8. ANAT: ~e côte true rib.

◆ **vrai** ◇ *adv* -1. [conformément à la vérité]: elle dit ~ [elle dit la vérité] she's telling the truth; [elle a raison] she's right, what she says is right; si tu as dit ~ if you were telling the truth, if what you said is true; et s'il n'avait pas dit ~? what if he was lying OU wasn't telling the truth?; tu n'en veux plus? – non, ~, j'ai trop mangé don't you want some more? – no, really, I've eaten too much already. -2. [avec vraisemblance]: des auteurs qui écrivent/acteurs qui jouent ~ authors whose writing/actors whose acting is true to life; faire ~ [décor, prothèse] to look real; avec des monstres qui font ~ with lifelike monsters. -3. *fam vieilli* [exprime la surprise, l'irritation]: ~, j'ai cru que je n'en verrais jamais la fin! I thought I'd never see the back of it, I did!; ~, ce qu'il est drôle! isn't he funny, though!; il a été reçu au permis! – eh ben ~! he passed his driving test! – you don't say!

◇ *nm*: le ~ [la vérité] the truth; il y a du OU un peu de ~ dans ses critiques there's some truth OU an element of truth in her criticism; où est le ~ dans ce qu'elle nous raconte? where is the truth in what she's telling us?; être dans le ~ to be right; ce n'est pas tout à fait cela mais tu es dans le ~ that's not quite true, but broadly-speaking, you're correct OU you're on the right lines.

◆ **à dire (le) vrai** = **à vrai dire**.

◆ **au vrai** *loc adv* to be specific; au ~, voici ce qui s'est passé specifically, this is what took place.

◆ **à vrai dire** *loc adv* in actual fact, to tell you the truth, to be quite honest.

◆ **pas vrai?** *fam loc interr*: il l'a bien mérité, pas ~? he deserved it, didn't he?; on ira tous les deux, pas ~? we'll go together, OK?

◆ **pour de vrai** *fam loc adv* really, truly; cette fois-ci, je pars pour de ~ this time I'm really leaving.

◆ **vrai de vrai** *fam*, **vraie de vraie** *fam loc adj*: je pars avec toi – ~ de ~? I'm going with you – really (and truly)?; c'est un Italien ~ de ~ he's an Italian born and bred; ça c'est de la bière, de la ~e de ~e! that's what I call beer!; ça c'est un homme, un ~ de ~! that's (what I call) a real man!

vrai-faux, vraie-fausse [vrɛfo, fos] (*mpl* vrais-faux, *fpl* vraies-fausses) *adj hum*: de vrais-faux plombiers professional cowboy plumbers; de vrais-faux passeports genuine false passports.

vraiment [vrɛmɑ̃] *adv* -1. [réellement] really; il avait l'air ~ ému he seemed really OU genuinely moved; tu as ~ fait ça? did you really do that?; il est ~ médecin? is he really a doctor?; ~, je n'y tiens pas I'm really not that keen; je vous assure, ~, je dois y aller no, really, I must go. -2. [en intensif] really; il a ~ dépassé les bornes he's really gone too far; elle peint ~ bien she paints really well; j'en ai ~ assez I've really had enough; tu nous as ~ bien aidés you've been a real help to us; il est ~ bête! he's really OU so stupid!; tu n'as ~ rien compris! you haven't understood a thing!; tu trouves que j'ai fait des progrès? – ah oui, ~! do you think I've improved OU made any progress? – oh yes, a lot!; ~, il exagère! he really has got a nerve! -3. [exprimant le doute]: ~? really?, indeed?, is that so?; ~? tu en es sûr? really? are you sure?; elle a dit que c'était moi le meilleur – ~? *iron* she said I was the best – you don't say OU really!

vraisemblable [vrɛsɑ̃blabl] ◇ *adj* [théorie] likely; [dénouement, excuse] convincing, plausible; une fin peu ~ a rather implausible ending; il est (très) ~ qu'il ait oublié he's forgotten, in all likelihood; il n'est pas ~ qu'elle avoue it wouldn't be like her to own up.

◇ *nm*: le ~ the plausible.

vraisemblablement [vrɛsɑ̃blabləmɑ̃] *adv* in all likelihood OU probability, very likely; est-il là? – ~ non is he there? – it appears not; les photos seront prêtes ~ demain the pictures will probably be ready tomorrow.

vraisemblance [vrɛsɑ̃blɑ̃s] *nf* -1. [d'une œuvre] plausibility, verisimilitude. -2. [d'une hypothèse] likelihood.

◆ **selon toute vraisemblance** *loc adv* in all likelihood; selon toute ~, il est allé se plaindre he very likely went OU in all likehood he went and complained.

vraquier [vrakje] *nm* bulk carrier.

V/Réf (*abr écrite de* Votre référence) your ref.

vreneli [vrɛnli] *nm Helv gold coin worth 20 Swiss francs.*

vrillage [vrijaʒ] *nm* -1. TEXT kinking, kink, snarl. -2. AÉRON twist.

vrille [vrij] *nf* -1. BOT tendril. -2. [outil] gimlet. -3. AÉRON spin.

◆ **en vrille** *loc adv*: descendre en ~ to spin downwards; se mettre en ~ to go into a (vertical) spin.

vrillé, e [vrije] *adj* -1. BOT tendrilled. -2. [tordu] twisted.

vriller [3] [vrije] ◇ *vi* [avion, fusée] to spiral, to spin.

◇ *vt* to pierce, to bore into.

vrillette [vrijɛt] *nf* furniture beetle.

vrombir [32] [vrɔ̃bir] *vi* [avion, moteur] to throb, to hum; [insecte] to buzz, to hum.

vrombissement [vrɔ̃bismɑ̃] *nm* [d'un avion, d'un moteur] throbbing sound, humming; [d'un insecte] buzzing, humming.

VRP (*abr de* voyageur représentant placier) *nm* rep.

VTT (*abr de* vélo tout terrain) *nm* ATB, mountain bike.

vu[1] [vy] *nm inv sout*: au vu et au su de tous openly; au vu de son dossier... looking at his case...

vu[2] [vy] *prép* [en considération de] in view of, considering, given; vu le temps qu'il fait, je pense qu'on ne va pas y aller in view of OU given the bad weather, I don't think we'll be going; vu son rang in view of his OU considering OU given his rank ‖ JUR: vu l'article 317 du Code pénal... in view of article 317 of the Penal Code...

◆ **vu que** *loc conj* [étant donné que] in view of the fact that, seeing that, considering that; il lui faudra au moins deux heures pour venir, vu qu'il est à pied he'll need at least two hours to get here, seeing that he's (coming) on foot.

vu[3], **e**[1] [vy] *adj* -1. bien/mal vu [bien/mal considéré]: il est bien vu de travailler tard it's the done thing OU it's good form to work late; il veut être bien vu he wants to be well thought of; fumer, c'est assez mal vu ici smoking is disapproved of here; j'ai toujours été parmi les élèves mal ~s I was always one of the pupils the teachers disapproved of; être bien vu de qqn to be well thought-of by sb; être mal vu de qqn to be not well thought-of by sb. -2. bien/mal vu [bien/mal analysé]: personnages bien/mal ~s finely observed/poorly-drawn characters; un problème bien vu an accurately diagnosed problem; une situation bien ~e a finely judged situation. -3. [compris]: (c'est) vu? understood?, get it?; tu es sage, vu? you're to be good, understand?; (c'est) vu! OK!, got it!; et l'eau froide arrive par là – vu! and this is the cold water pipe – OK!

vue[2] [vy] *nf* -1. [sens] eyesight, sight; recouvrer la ~ to get one's sight OU eyesight back; perdre la ~ to lose one's sight, to go blind; **avoir une bonne ~** to have good eyesight; **avoir une mauvaise ~** to have bad OU poor eyesight; **avoir la ~ basse** to have weak eyes; **ma ~ baisse** my eyes are getting weaker; **avoir une ~ perçante** to be hawk-eyed. **-2.** [regard]: **se présenter** OU **s'offrir à la ~ de qqn** [personne, animal, chose] to appear before sb's eyes; [spectacle, paysage] to unfold before sb's eyes. **-3.** [fait de voir] sight; **je ne supporte pas la ~ du sang** I can't stand the sight of blood; **la ~ de ces malheureux me fend le cœur** seeing OU the sight of these wretched people breaks my heart. **-4.** [yeux] eyes; **tu vas t'abîmer la ~** you'll ruin your eyes; **ils ont vérifié ma ~** they checked my eyesight ❑ **en mettre plein la ~ à qqn** *fam* to dazzle sb; **on va leur en mettre plein la ~!** let's really impress them OU knock' em for six! *Br.* **-5.** [panorama] view; **quelle ~ avez-vous de la chambre?** what can you see from the bedroom (window)?; **d'ici, vous avez une ~ magnifique** the view (you get) from here is magnificent; **~ sur la mer** sea view; **une ~ imprenable** an unobstructed view; **de ma cuisine, j'ai une ~ plongeante sur leur chambre** from my kitchen I can see straight down into their bedroom; **avoir ~ sur** to look out on; **le balcon a ~ sur le lac** the balcony looks out over the lake, there's a view of the lake from the balcony. **-6.** [aspect] view, aspect; **dessiner une ~ latérale de la maison** to draw a side view OU the side aspect of the house. **-7.** [image] view; **acheter des ~s de Cordoue** to buy (picture) postcards of Cordoba; **prendre une ~** to take a shot; **~ du port** [peinture, dessin, photo] view of the harbour ❑ **~ d'ensemble** PHOT general view; *fig* overview. **-8.** [idée, opinion] view, opinion; **avoir des ~s bien arrêtées sur qqch** to have firm opinions OU ideas about sthg ‖ [interprétation] view, understanding, interpretation; **une ~ pessimiste de la situation** a pessimistic view of the situation ❑ **~ de l'esprit** *péj* idle fancy.

◆ **vues** *nfpl* plans, designs; **contrarier les ~s de qqn** to hinder sb's plans; **cela n'était** OU **n'entrait pas dans nos ~s** this was no part of our plan ❑ **avoir des ~s sur qqn** to have designs on sb; **avoir des ~s sur qqch** to covet sthg; **il a des ~s sur mon blouson** *hum* he's got his eye on my jacket.

◆ **à courte vue** *loc adj* [idée, plan] short-sighted.

◆ **à la vue de** *loc prép*: **il s'évanouit à la ~ du sang** he faints at the sight of blood; **à la ~ de tous** in front of everybody, in full view of everybody.

◆ **à vue** ◇ *loc adj* **-1.** BANQUE: **dépôt à ~** call deposit; **retrait à ~** withdrawal on demand. **-2.** THÉÂT: **changement à ~** set change in full view of the audience.

◇ *loc adv* [atterrir] visually; [tirer] on sight; [payable] at sight.

◆ **à vue de nez** *fam loc adv* roughly, approximately; **on lui donnerait 20 ans, à ~ de nez** at a rough guess, she could be about 20.

◆ **à vue d'œil** *loc adv*: **la grenouille grossissait à ~ d'œil** the frog was getting bigger before our very eyes; **ton cousin grossit à ~ d'œil** your cousin is getting noticeably OU visibly fatter; **mes économies disparaissent à ~ d'œil** my savings just disappear before my very eyes.

◆ **de vue** *loc adv* by sight; **je le connais de ~** I know his face, I know him by sight.

◆ **en vue** ◇ *loc adj* **-1.** [célèbre] prominent; **les gens en ~** people in the public eye OU in the news. **-2.** [escompté]: **avoir une solution en ~** to have a solution in mind; **j'ai quelqu'un en ~ pour racheter ma voiture** I've got somebody who's interested in buying my car; **un auteur pour qui le Nobel est en ~** an author who is in the running for the Nobel prize.

◇ *loc adv*: **mettre qqch en ~ dans son salon** to display sthg prominently in one's lounge.

◆ **en vue de** *loc prép* **-1.** [tout près de] within sight of; **le bateau a coulé en ~ des côtes de Limassol** the boat sank within sight of Limassol. **-2.** [afin de] so as OU in order to; **j'y vais en ~ de préparer le terrain** I'm going in order to prepare the ground.

vulcain [vylkɛ̃] *nm* red admiral.

Vulcain [vylkɛ̃] *npr* Vulcan.

vulcanien, enne [vylkanjɛ̃, ɛn] *adj* Vulcanian GEOL.

vulcanisation [vylkanizasjɔ̃] *nf* vulcanization, vulcanizing.

vulcaniser [3] [vylkanize] *vt* to vulcanize.

vulcanologie [vylkanɔlɔʒi] = **volcanologie**.

vulcanologique [vylkanɔlɔʒik] = **volcanologique**.

vulcanologue [vylkanɔlɔg] = **volcanologue**.

vulgaire [vylgɛr] ◇ *adj* **-1.** [sans goût - meuble, vêtement] vulgar, common, tasteless; [- couleur] loud, garish; [- style] crude, coarse, unrefined; [- personne] uncouth, vulgar. **-2.** [impoli] crude, coarse; **ne sois pas ~!** no need for that sort of language! **-3.** *(avant le n)* [ordinaire] ordinary, common, common-or-garden *hum*; **ce n'est pas du caviar, mais de ~s œufs de lump** it's not caviar, only common-or-garden lumpfish roe; **un ~ employé** a common clerk. **-4.** [non scientifique]: **nom ~** common name; **«oseille» est le nom ~ du «Rumex acetosa»** "sorrel" is the common OU usual name of "Rumex acetosa" ‖ [non littéraire - langue] vernacular, everyday.

◇ *nm* **-1.** [vulgarité]: **le ~** vulgarity; **la décoration de son appartement est d'un ~!** the way he's decorated his flat is so vulgar! **-2.** *vieilli* [foule, masse]: **le ~** the common people.

vulgairement [vylgɛrmɑ̃] *adv* **-1.** [avec mauvais goût] coarsely, vulgarly, tastelessly. **-2.** [de façon impolie] coarsely, rudely; **ses panards, pour parler ~** her plates of meat, to use a coarse expression. **-3.** [de façon non scientifique] commonly; **«Papaver rhoeas», ~ appelé «coquelicot»** "Papaver rhoeas", commonly called "poppy".

vulgarisateur, trice [vylgarizatœr, tris] *adj* [ouvrage] popularizing; **l'auteur tente de n'être pas trop ~** the author attempts to avoid over-simplification.

vulgarisation [vylgarizasjɔ̃] *nf* popularization; **un ouvrage de ~** a book for the layman; **la ~ de la pensée d'Einstein** the simplification of Einstein's thought.

vulgariser [3] [vylgarize] *vt* **-1.** [faire connaître - œuvre, auteur] to popularize, to make accessible to a large audience; *(en usage abs)*: **il nous faut expliquer sans ~** we have to explain without over-simplifying. **-2.** *litt* [rendre grossier] to vulgarize, to debase, to make coarser.

vulgarisme [vylgarism] *nm* [tournure] vulgarism.

vulgarité [vylgarite] *nf* **-1.** [caractère vulgaire] vulgarity, coarseness. **-2.** [action] vulgar behaviour; [parole] vulgar OU coarse remark.

Vulgate [vylgat] *npr f*: **la ~** the Vulgate (version).

vulgum pecus [vylgɔmpekys] *nm inv*: **le ~** the hoi polloi.

vulnérabilité [vylnerabilite] *nf* vulnerability, vulnerableness.

vulnérable [vylnerabl] *adj* **-1.** [fragile] vulnerable; **ne l'attaque pas, il est ~** don't attack him, he's easily hurt. **-2.** JEUX vulnerable.

vulnéraire [vylnerɛr] *adj & nm* vulnerary.

vulvaire [vylvɛr] ◇ *nf* BOT stinking goosefoot.

◇ *adj* ANAT vulvar.

vulve [vylv] *nf* vulva.

vulvite [vylvit] *nf* vulvitis.

vumètre [vymɛtr] *nm* volume unit meter.

Vve *abr écrite de* veuve.

VVF (*abr de* **village vacances famille**) *nm* *state-subsidized holiday village*.

vx *abr écrite de* **vieux**.

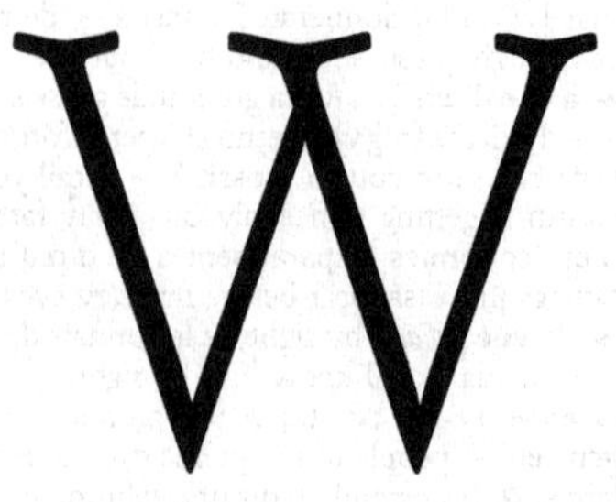

w, W [dubləve] *nm* w, W.

W - **1.** (*abr écrite de* watt) W. - **2.** (*abr écrite de* ouest) W.

Wadden [wadɛn] *npr* → **mer.**

Wagner [vagnɛr] *npr* Wagner.

wagnérien, enne [vagnerjɛ̃, ɛn] *adj* & *nm, f* Wagnerian.

wagon [vagɔ̃] *nm* - **1.** [voiture - de passagers] coach, carriage *Br*, car *Am*; [- de marchandises] wagon, truck *Br*, freight car *Am*. - **2.** [contenu] truckload *Br*, wagonload; **des plaintes? on en a reçu tout un ~** *fam fig* complaints? they've been coming in by the truckload.

wagon-citerne [vagɔ̃sitɛrn] (*pl* **wagons-citernes**) *nm* tank wagon *Br* OU car *Am*.

wagon-lit [vagɔ̃li] (*pl* **wagons-lits**) *nm* sleeper, sleeping car, wagon-lit.

wagonnet [vagɔnɛ] *nm* truck *Br*, cart *Am*.

wagon-poste [vagɔ̃pɔst] (*pl* **wagons-poste**) *nm* mailcoach *Br*, mailcar *Am*.

wagon-restaurant [vagɔ̃rɛstɔrɑ̃] (*pl* **wagons-restaurants**) *nm* dining OU restaurant car.

wahhabite [waabit] ◇ *adj* Wahhabite.
◇ *nmf* Wahhabi, Wahabi.

Walkman® [wɔkman] *nm* Walkman®, personal stereo.

walk-over [walkɔvœr] *nm inv* SPORT - **1.** [compétition à un seul concurrent] walkover. - **2.** *fam* [victoire facile] walkover.

walkyrie [valkiri] *nf* Valkyrie, Walkyrie.

wallaby [walabi] (*pl* **wallabys** OU **wallabies**) *nm* wallaby.

wallingant, e [walɛ̃gɑ̃, ɑ̃t] ◇ *adj* [manifestant, région] in favour of Walloon autonomy.
◇ *nm, f Belg péj* Walloon autonomist.

Wallis-et-Futuna [walisefutuna] *npr* Wallis and Futuna.

wallon, onne [walɔ̃, ɔn] *adj* Walloon.
◆ **Wallon, onne** *nm, f* Walloon.
◆ **wallon** *nm* LING Walloon.

Wallonie [walɔni] *npr f*: **(la) ~** Southern Belgium *(where French and Walloon are spoken)*, Wallonia.

wapiti [wapiti] *nm* wapiti.

warrant [varɑ̃] *nm* warrant COMM & JUR.

warranter [3] [varɑ̃te] *vt* to warrant COMM & JUR.

Washington [waʃiŋtɔn] *npr* - **1.** [ville] Washington DC. - **2.** [État] Washington State.

water-ballast [watɛrbalast] (*pl* **water-ballasts**) *nm* water ballast tank.

water-closet [watɛrklɔzɛt] (*pl* **water-closets**) *nm vieilli* water closet *vieilli*, w-c.

Watergate [watœrgɛt] *npr m*: **le (scandale du) ~** (the) Watergate (scandal).

water-polo [watɛrpɔlo] (*pl* **water-polos**) *nm* water polo.

waters [watɛr] *nmpl* toilet.

waterzoï [watɛrzɔj] *nm Belg speciality made from fish or meat in cream sauce*.

watt [wat] *nm* watt.

wattheure [watœr] *nm* watt-hour.

wattmètre [watmɛtr] *nm* wattmeter.

Wb *abr écrite de* weber.

W-C [vese] (*abr de* water closet) *nmpl* WC.

week-end [wikɛnd] (*pl* **week-ends**) *nm* weekend; **partir en ~** to go away for the week-end; **on part en ~** we're going away for the weekend; **~ prolongé** long weekend.

welche [vɛlʃ] = **velche**.

Wellington [weliŋtɔn] *npr* Wellington.

welter [wɛltɛr] *nm* welter, welterweight.

western [wɛstɛrn] *nm* western; **comme dans les ~s** as (they do) in the movies.

western-spaghetti [wɛstɛrnspageti] (*pl* **westerns-spaghettis**) *nm* spaghetti western.

Westphalie [vɛsfali] *npr f*: **(la) ~** Westphalia.

Wh (*abr écrite de* wattheure) Wh.

wharf [warf] *nm* wharf.

whisky [wiski] (*pl* **whiskys** OU **whiskies**) *nm* [écossais] whisky; [irlandais ou américain] whiskey.

whist [wist] *nm* whist.

white-spirit [wajtspirit] (*pl inv* OU **white-spirits**) *nm* white spirit.

Whitney [witnɛ] *npr* → **mont.**

wienerli [vinɛrli] *nm Helv small sausage*.

wigwam [wigwam] *nm* wigwam.

williams [wiljams] *nf* Williams pear.

winch [winʃ] (*pl* **winchs** OU **winches**) *nm* winch NAUT.

winchester [wintʃɛstɛr] *nm* Winchester (rifle).

Windsurf® [windsœrf] *nm* Windsurf® (surfboard).

Winnipeg [winipɛg] *npr* Winnipeg.

Wisconsin [wiskɔnsin] *npr m*: **le ~** Wisconsin.

wishbone [wiʃbon] *nm* wishbone NAUT.

wisigoth, e [vizigo, ɔt] *adj* Visigothic.
◆ **Wisigoth, e** *nm, f* Visigoth; **les Wisigoths** the Visigoths.

witz *fam* [vitz] *nm Helv joke*.

wolfram [vɔlfram] *nm* wolfram.

wombat [wɔ̃ba] *nm* wombat.

woofer [wufœr] *nm* woofer ACOUST.

Wuppertal [vupərtal] *npr* Wuppertal.

Wyoming [wajɔmiŋ] *npr m*: **le ~** Wyoming.

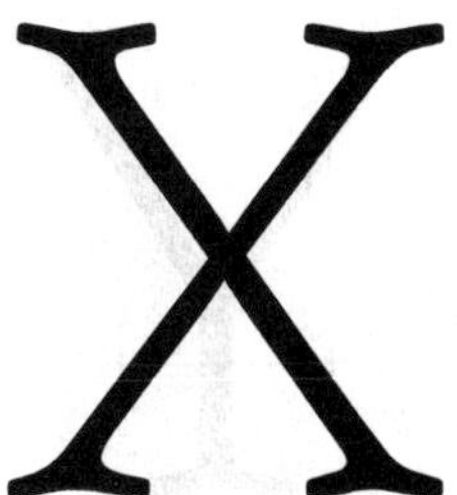

x, X [iks] ◇ *nm* [lettre] x, X; MATH x; **j'ai vu la pièce x fois** I've seen the play umpteen times; **ça fait x temps que je te demande de le faire** I've been asking you to do it for ages; **Madame X** Mrs. X.
◇ *nmf arg univ* (ex) student of the École Polytechnique.
◇ *nf arg univ*: l'X the École Polytechnique.
xénon [gzenɔ̃] *nm* xenon.
xénophile [gzenɔfil] *adj* & *nmf* xenophile.
xénophilie [gzenɔfili] *nf* xenophilism.
xénophobe [gzenɔfɔb] ◇ *adj* xenophobic.
◇ *nmf* xenophobe.
xénophobie [gzenɔfɔbi] *nf* xenephobia.
Xénophon [gzenɔfɔ̃] *npr* Xenophon.
xérès [gzerɛs, xerɛs] *nm* sherry.
Xérocopie® [kserɔkɔpi] *nf* Xerox® copy.
Xérographie® [kserɔgrafi] *nf* xerography.
Xerxès [gzerksɛs] *npr* Xerxes.
xylographie [ksilɔgrafi] *nf* xylography.
xylophage [ksilɔfaʒ] ◇ *adj* xylophagous.
◇ *nmf* xylophage.
Xylophène® [ksilɔfɛn] *nm* wood preserver.
xylophone [ksilɔfɔn] *nm* xylophone.

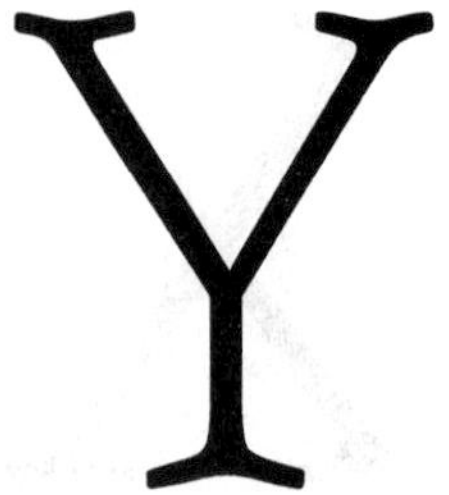

y, Y [igrɛk] *nm* y, Y.

y [i] *pron adv* -**1.** [représente le lieu] there; **j'y vais souvent** I often go there; **on y entre comment?** how do you get in?; **vas-y, entre!** go on in!; **vas-y, saute!** go on, jump!; **on n'y voit rien** you can't see a thing (here); **passe chez elle, elle y est peut-être** go round OU *Am* around to her place, maybe she's there; **j'y suis, j'y reste** here I am and here I stay; **je n'y suis pour personne** whoever it is, I'm not in. -**2.** [représente une chose] it; **pensez-y, à mon offre** do think about my offer; **n'y pensez plus** forget about it; **n'y comptez pas** don't count OU bank on it; **je n'y manquerai pas** I certainly will; **j'y renonce** I give up; **il a du charme mais je n'y suis pas sensible** he has charm, but it leaves me cold; **j'y ai trouvé une certaine satisfaction** I found it quite satisfying. -**3.** [représente une personne]: **elle est bizarre, ne t'y fie pas** she's strange, you can't trust her; **les fantômes, j'y crois** I believe in ghosts; **les jeunes? elle n'y comprend rien** young people? she doesn't understand them. -**4.** *loc*: **il y va de** [il s'agit de] it's a matter of; **il y va de ma dignité** my dignity's at stake; **il y va d'une vie humaine** a (human) life is at stake; **chacun y va de sa chansonnette** everyone comes out with a little song; **quand elle y va de ses grands mots** when she starts coming out with her big words; **j'y suis!** [j'ai compris] (I've) got it!; [je t'ai compris] I'm with you!; **je n'y suis plus** [je ne comprends plus] I've lost track (of things); [je ne te comprends plus] I'm not with you anymore, you've lost me; **y être pour quelque chose** to have something to do with it; **je n'y suis pour rien, moi!** it's (got) nothing to do with me!, it's not my fault!; **laisse-le choisir, il s'y connaît** let him choose, he knows all about it; **ils s'y entendent pour faire des histoires** they're past masters at making a fuss; **tu as promis, tu dois t'y tenir** you made a promise, you must stick to it; **si tu veux un matériel de qualité, il faut y mettre le prix** if you want quality material, you have to pay for it; **avec les petits, il faut savoir s'y prendre** with little children you have to know how to handle them; **il est timide, il n'y peut rien** he's shy, he can't help it.

Y (*abr écrite de* **yen**) Y.

yacht [jot] *nm* yacht; ~ **de course** racer; ~ **de croisière** cruiser.

yacht-club [jotklœb] (*pl* **yacht-clubs**) *nm* yacht club.

yachting [jotiŋ] *nm vieilli* yachting; **faire du ~** to sail (yachts).

ya(c)k [jak] *nm* yak.

Yalta [jalta] *npr* Yalta; **la conférence de ~** the Yalta Conference.

yang [jɑ̃g] *nm* yang.

Yang-tseu-kiang [jɑ̃gtsekjɑ̃g], **Yangzi Jiang** [jɑ̃gzijɑ̃g] *npr m* Yangtze, Yangtze Kiang; **le ~** the Yangtze (River), the Yangtze Kiang.

Yaoundé [jaunde] *npr* Yaoundé, Yaunde.

yaourt [jaurt] *nm* yoghurt.

yaourtière [jaurtjɛr] *nf* yoghurt maker.

yass [jas] *nm Helv popular Swiss card game.*

yawl [jol] *nm* yawl.

yearling [jœrliŋ] *nm* yearling (horse).

Yellowstone [jeloston] *npr*: **le parc national de ~** the Yellowstone National Park.

Yémen [jemɛn] *npr m*: **le ~** Yemen; **au ~** in Yemen; **le ~ du Nord** North Yemen; **le ~ du Sud** South Yemen.

yéménite [jemenit] *adj* Yemeni.
◆ **Yéménite** *nmf* Yemeni.

yeti [jeti] *nm* yeti.

Yeu [jø] *npr*: **l'île d'~** the île d'Yeu.

yeuse [jøz] *nf* holm oak.

yeux [jø] *pl* → **œil.**

yé-yé [jeje] ◇ *adj inv* pop *(in the sixties)*.
◇ *nmf inv* [chanteur] (sixties) pop singer; [garçon, fille] sixties pop fan.

yiddish [jidiʃ] *adj inv* & *nm inv* Yiddish.

yin [jin] *nm* yin.

ylang-ylang [ilɑ̃gilɑ̃g] (*pl* **ylangs-ylangs**) *nm* ylang-ylang, ilang-ilang.

yodler [3] [jɔdle] *vi* to yodel.

yoga [jɔga] *nm* yoga.

yogi [jɔgi] *nm* yogi.

yog(h)ourt [jɔgurt] = **yaourt.**

Yokohama [jɔkɔama] *npr* Yokohama.

yole [jɔl] *nf* skiff.

Yom Kippour [jɔmkipur] *nm inv* Yom Kippur.

yougoslave [jugɔslav] *adj* Yugoslav, Yugoslavian.
◆ **Yougoslave** *nmf* Yugoslav, Yugoslavian.

Yougoslavie [jugɔslavi] *npr f*: **(la) ~** Yugoslavia.

youpi [jupi] *interj* yippee, hooray.

youpin, e▼ [jupɛ̃, in] *nm, f antisemitic term used with reference to Jewish people,* ≃ yid.

yourte [jurt] *nf* yurt.

youyou [juju] *nm* dinghy.

Yo-Yo® [jojo] *nm inv* yo-yo.

ypérite [iperit] *nf* mustard gas.

Yucatan [jukatan] *npr m*: **le ~** Yucatan.

yucca [juka] *nm* yucca.

Yukon [jukɔ̃] *npr m*: **le ~** [fleuve] the Yukon River; [territoire] the Yukon (territory).

Yunnan [junan] *npr m*: **le ~** Yunnan.

Z

z, Z [zɛd] *nm* z, Z.

ZAC, Zac [zak] (*abr de* zone d'aménagement concerté) *nf area earmarked for local government planning project.*

Zacharie [zakari] *npr* -**1.** [père de saint Jean Baptiste] Zacharias. -**2.** [prophète] Zechariah.

ZAD, Zad [zad] (*abr de* zone d'aménagement différé) *nf area earmarked for future development.*

Zagreb [zagrɛb] *npr* Zagreb.

Zaïre [zair] *npr m*: le ~ [pays] Zaïre; [fleuve] the (River) Zaire; au ~ in Zaïre.

zaïrois, e [zairwa, az] *adj* Zaïrese.
◆ **Zaïrois, e** *nm, f* Zaïrese.

zakouski [zakuski] *nmpl* zakuski, zakouski.

Zambèze [zɑ̃bɛz] *npr m*: le ~ the Zambese OU Zambezi (River).

Zambie [zɑ̃bi] *npr f*: (la) ~ Zambia.

zambien, enne [zɑ̃bjɛ̃, ɛn] *adj* Zambian.
◆ **Zambien, enne** *nm, f* Zambian.

zanzi [zɑ̃zi], **zanzibar** [zɑ̃zibar] *nm game played with three dice.*

Zanzibar [zɑ̃zibar] *npr* Zanzibar.

Zaporojie [zapɔrɔʒi] *npr* Zaporozhye.

Zapotèques [zapɔtɛk] *npr mpl*: les ~ the Zapotecs.

zapper [zape] *vi* to zap *(TV channels)*.

zappeur [zapœr] *nm* (compulsive) channel-changer.

zapping [zapiŋ] *nm*: le ~ zapping, (constant) channel-changing.

Zarathoustra [zaratustra] *npr* Zarathustra; **'Ainsi parlait ~'** *Nietzsche* 'Thus Spake Zarathustra'.

zazou [zazu] ◇ *adj* -**1.** [dans les années 40] hep *vieilli*. -**2.** *péj* [fou] crazy.
◇ *nmf* -**1.** [amateur de jazz] hipster *vieilli*. -**2.** *péj* [fou] crazy man (*f* woman); **qu'est-ce qu'il fait, ce ~?** what's this crazy guy doing?

zèbre [zɛbr] *nm* -**1.** ZOOL zebra; **courir** OU **filer comme un ~** to go like greased lightning. -**2.** *fam* [individu]: **c'est un (drôle de) ~, celui-là!** [ton dépréciatif] he's a weirdo!; [ton amusé ou admiratif] he's quite something!; **arrête de faire le ~!** stop being silly!

zébrer [18] [zebre] *vt* [de lignes - irrégulières] to streak; [- régulières] to stripe.

zébrure [zebryr] *nf* -**1.** [du zèbre, du tigre] stripe. -**2.** [marque de coup] weal. -**3.** [d'éclair] streak.

zébu [zeby] *nm* zebu.

zélateur, trice [zelatœr, tris] *nm, f* -**1.** [adepte] *litt* devotee, partisan. -**2.** RELIG zealot.

zèle [zɛl] *nm* zeal; **elle travaillait avec ~** she worked zealously; **fais pas de ~!** *fam* don't do more than you have to!, don't overdo it!

zélé, e [zele] *adj* zealous.

zen [zɛn] ◇ *adj inv* Zen; **bouddhisme ~** Zen Buddhism.
◇ *nm* Zen.

zénith [zenit] *nm* -**1.** [sommet] zenith, acme; **arrivé au ~ de ses pouvoirs** having reached the zenith of his powers. -**2.** ASTRON zenith; **le soleil en son ~** *litt* the sun at its zenith.

zénithal, e, aux [zenital, o] *adj* zenithal.

ZEP, Zep [zɛp] (*abr de* zone d'éducation prioritaire) *nf designated area with special educational needs.*

zéphyr [zefir] *nm* -**1.** [vent] zephyr, light breeze; **Zéphyr** MYTH Zephyr. -**2.** TEXT zephir.

zeppelin [zɛplɛ̃] *nm* zeppelin.

zéro [zero] ◇ *nm* -**1.** MATH zero, nought; [dans un numéro de téléphone] 0; [dans une gradation] zero; **~ ~ trente-cinq** double 0 three-five; **l'option ~** the zero option ❑ **'le Zéro et l'Infini'** *Koestler* 'Darkness at Noon'. -**2.** ARM zero. -**3.** PHYS zero (degrees centigrade), freezing (point); **~ absolu** absolute zero. -**4.** SPORT zero, nil *Br*; **deux buts à ~** two (goals to) nil *Br* OU zero; **~ partout** no score ‖ TENNIS love; **~ partout** love all. -**5.** SCOL nought *Br*, zero; **j'ai eu ~** I got (a) nought ❑ **~ de conduite** black mark; **~ pointé** nought *Br*, zero. -**6.** *fam* [incapable] nonentity; **c'est un triple ~ en bricolage** he's a dead loss as far as do-it-yourself goes. -**7.** *(comme adj)* [sans intérêt] nil, worthless; **au niveau organisation, c'était ~** as far as organisation goes it was useless; **ils ont de beaux tissus, mais pour la confection c'est ~** they've got some nice fabrics but when it comes to making clothes they haven't a clue; **le spectacle? ~ et triple ~** the show? an absolute washout.
◇ *adj num*: **~ faute** no mistakes; **~ heure** midnight, zero hour *spéc*; **~ heure quinze** zero hours fifteen; **ça te coûtera ~ franc** it'll cost you nothing at all.
◆ **à zéro** ◇ *loc adj*: **avoir le moral** OU **être à ~** *fam* to be at an all-time low; **les avoir à ~**▽ to be scared stiff.
◇ *loc adv fam*: **être réduit à ~** to be reduced; **recommencer** OU **repartir à ~** [dans sa carrière, dans un raisonnement] to go back to square one OU the drawing board; [sans argent, sans aide] to start again from scratch; **remettre le chronomètre à ~** *pr* to set the stopwatch back to zero; *fig* to start from scratch again.

zeste [zɛst] *nm* -**1.** [d'un agrume] zest; **un ~ de citron** a piece of lemon peel. -**2.** [petite quantité] pinch; **un ~ d'accent** a hint OU faint trace of an accent.

zêta [dzɛta] *nm* zeta.

Zeus [dzøs] *npr* Zeus.

zézaiement [zezɛmɑ̃] *nm* lisp.

zézayer [11] [zezeje] *vi* to (have a) lisp.

Zhejiang [zejɑ̃g] *npr m*: le ~ Chekiang.

ZI *nf abr de* zone industrielle

zibeline [ziblin] *nf* -**1.** [fourrure] sable. -**2.** [animal] sable.

zieuter▽ [3] [zjøte] *vt* to eye (up) *(sép)*, to eyeball *Am*; **t'as passé la soirée à ~ ma femme** you've spent the whole evening eyeing up my wife.

ZIF [zif] (*abr de* zone d'intervention foncière) *nf area earmarked for local government planning project.*

zig▽ [zig] *nm* guy, bloke *Br*; **c'est un bon ~** he's a good sort.

zigoto *fam* [zigɔto] *nm*: **c'est un drôle de ~!** he's a funny customer!; **faire le ~** to clown around; **n'essayez pas de faire les ~s!** don't try it on!

zigouiller▽ [3] [ziguje] *vt* to knife (to death), to bump off *(sép)*, to do in *(sép)*.

zigue▽ [zig] = **zig**.

zigzag [zigzag] *nm* zigzag; **la route fait des ~s dans la montée** the road zigzags up; **elle marchait en faisant des ~s** she was zigzagging along.
◆ **en zigzag** *loc adj* zigzagging, winding.

zigzaguer [3] [zigzage] *vi* to zigzag; **il avançait en zigzaguant** he zigzagged along.

Zimbabwe [zimbabwe] *npr m*: le ~ Zimbabwe; au ~ in Zimbabwe.

zimbabwéen, enne [zimbabweɛ̃, ɛn] *adj* Zimbabwean.
◆ **Zimbabwéen, enne** *nm, f* Zimbabwean.

zinc [zɛ̃g] *nm* -**1.** [métal] zinc. -**2.** *fam* [comptoir] bar; **on prend un verre sur le ~?** shall we have a drink at the bar? -**3.** *fam* [café] bar. -**4.** *fam* [avion] plane.

zincage [zɛ̃kaʒ], **zingage** [zɛ̃gaʒ] *nm* zincing, covering with zinc.

zinguer [3] [zɛ̃ge] *vt* to zinc.

zingueur [zɛ̃gœr] *nm* zinc worker.

zinnia [zinja] *nm* zinnia.

zinzin *fam* [zɛ̃zɛ̃] ◇ *adj* dotty, batty, nuts.
◇ *nm* -**1.** [idiot] nutcase. -**2.** [truc] thingamajig, thingumajig; **un ~ pour peler les patates** a gadget for peeling spuds; **une espèce de ~ au milieu du jardin** a weird contraption in the middle of the garden.

Zip® [zip] *nm* zip.

zircon [zirkɔ̃] *nm* zircon.

zircone [zirkɔn] *nf* zirconium oxide OU dioxide, zirconia.

zirconite [zirkɔnit] *nf* zirconite.

zirconium [zirkɔnjɔm] *nm* zirconium.

zizanie [zizani] *nf* discord; **c'est la ~ entre les frères** the brothers are at odds OU loggerheads; **jeter** OU **mettre** OU **semer la ~ dans un groupe** to stir things up in a group; **la mort de la tante a jeté la ~ dans la famille** the aunt's death set the family at odds with each other.

zizi [zizi] *nm* -**1.** *fam* [sexe] willie *Br*, peter *Am*. -**2.** ORNITH cirl bunting.

Zodiac® [zɔdjak] *nm* inflatable dinghy.

zodiacal, e, aux [zɔdjakal, o] *adj* -**1.** [signe] zodiac. -**2.** ASTRON: **lumière ~e** zodiacal light.
zodiaque [zɔdjak] *nm* -**1.** ASTRON zodiac. -**2.** [signes] zodiac.
zombi(e) [zɔ̃bi] *nm* zombie.
zona [zona] *nm* shingles *(sg)*, herpes zoster *spéc*; **avoir un ~** to suffer from shingles.
zonage [zonaʒ] *nm* zoning.
zonal, e, aux [zonal, o] *adj* GÉOG zonal.
zonard *fam* [zonar] *nm* dropout.
zone [zon] *nf* -**1.** [domaine] zone, area; **la ~ d'activité du directeur commercial** the commercial manager's area; **la ~ d'influence de l'Asie** Asia's sphere of influence. -**2.** ANAT: **~ érogène** erogenous zone. -**3.** ADMIN [surface délimitée] area, zone; **~ d'aménagement concerté** → **ZAC**; **~ d'aménagement différé** → **ZAD**; **~ bleue** restricted parking area; **le campus se trouve dans la ~ de desserte des autobus** the campus is served by buses; **~ franche** free zone; **~ frontière** border area *(under special legislation)*; **~ industrielle** industrial estate *Br* OU park *Am*; **~ d'intervention foncière** → **ZIF**; **~ piétonnière** pedestrian area OU precinct *Br*; **~ résidentielle** residential area; **~ de stationnement interdit** no parking area; **~ à urbaniser en priorité** → **ZUP** ‖ ADMIN & FIN: **abattement de ~** *band within which the minimum wage or family benefits are reduced by a prescribed percentage*; **~s des salaires** *wage bands subject to the same percentage reduction*. -**4.** HIST: **~ libre/occupée** unoccupied/occupied France. -**5.** GÉOG: **~ désertique** desert belt; **~ forestière** forest belt; **~ glaciale/tempérée/torride** frigid/temperate/torrid zone; **~ de végétation** vegetation zone. -**6.** MÉTÉO: **quelques ~s pluvieuses demain** there'll be rain over some areas tomorrow ❑ **~ de dépression, ~ dépressionnaire** trough of low pressure. -**7.** GÉOL & MATH zone. -**8.** FIN: **~ monétaire** monetary area. -**9.** INF: **~ de mémoire** storage area. -**10.** ÉLECTRON: **~ de brouillage** interference zone. -**11.** *péj*: **la ~** *fam* [quartier pauvre] rough area; [marginalité] the fringes of society; [style de vie] a dropout lifestyle; [désordre] chaos, a mess; **c'est la ~, ta chambre!** your room looks as if a bomb hit it!
◆ **de deuxième zone** *loc adj* second-rate, second-class.
◆ **de troisième zone** *loc adj* third-rate; **un acteur de troisième ~** a third-rate actor.

ZONE:
1. The Paris area is divided into fare zones for public transport. Zones 1 and 2 cover metropolitan Paris and certain areas of the nearby suburbs. The remaining zones cover the outer suburbs: "j'habite en zone 3", "une carte orange quatre zones".
2. France is divided into three "zones" (A, B and C), the schools in the different zones taking their mid-term breaks and Easter holidays at different times to avoid swamping the public transport system and tourist infrastructure.

---

zoné, e [zone] *adj* zoned, zonate.
zoner [3] [zone] ◇ *vt* to zone.
◇ *vi fam* to doss *Br* OU to bum around.
zoo [zo(o)] *nm* zoo; **c'est le ~ ici!** *fig* this place is like a madhouse!
zoogéographie [zɔɔʒeɔgrafi] *nf* zoogeography.
zoolâtre [zɔɔlatr] ◇ *adj* zoolatrous.
◇ *nmf* zoolater.
zoolâtrie [zɔɔlatri] *nf* zoolatry.
zoologie [zɔɔlɔʒi] *nf* zoology.
zoologique [zɔɔlɔʒik] *adj* zoological.
zoologiste [zɔɔlɔʒist] *nmf* zoologist.
zoom [zum] *nm* [objet] zoom lens; [procédé] zoom; **faire un ~ sur** to zoom in on.
zoomer [3] [zume] *vi* [pour se rapprocher] to zoom in; [pour s'éloigner] to zoom out.
zoomorphe [zɔɔmɔrf] *adj* zoomorphic.
zoomorphisme [zɔɔmɔrfism] *nm* zoomorphism.
zoopathique [zɔɔpatik] *adj* zoopathic.
zoophile [zɔɔfil] ◇ *adj* zoophilic.
◇ *nmf* zoophile.
zoophilie [zɔɔfili] *nf* zoophilia, bestiality.
zoophobie [zɔɔfɔbi] *nf* zoophobia.
zootechnicien, enne [zɔɔtɛknisjɛ̃, ɛn] *nm, f* specialist in animal husbandry.
zootechnie [zɔɔtɛkni] *nf* animal husbandry, zootechnics *(U)*.
zootechnique [zɔɔtɛknik] *adj* zootechnical.
Zoroastre [zɔrɔastr] *npr* Zoroaster.
zou [zu] *interj* [pour éloigner] shoo; [pour marquer la rapidité] whoosh; **allez, ~ les enfants, au lit!** come on, off to bed children!; **on ferme la maison et ~, on part pour l'Italie** we'll shut up the house and whizz off to Italy.
zouave [zwav] *nm* -**1.** MIL Zouave. -**2.** *fam loc*: **faire le ~** [faire le pitre] to clown about; [faire le malin] to show off.
Zoug [zug] *npr* Zug; **le canton de ~** the canton of Zug.
zoulou, e [zulu] *adj* Zulu.
◆ **Zoulou, e** *nm, f* Zulu.
◆ **zoulou** *nm* LING Zulu.
Zoulouland [zululɑ̃d] *npr m*: **le ~** Zululand, Kwazulu.
zozo *fam* [zozo] *nm* ninny, nitwit.
zozoter [3] [zɔzɔte] *vi* to lisp.
ZUP, Zup [zyp] *(abr de* **zone à urbaniser par priorité**) *nf area earmarked for urgent urban development*.
Zurich [zyrik] *npr* Zürich; **le canton de ~** Zürich canton.
zut *fam* [zyt] *interj* drat, blast; **~ alors, y a plus de sucre!** blast (it), there's no sugar left!; **et puis ~, tant pis, je l'achète!** what the hell, I'll buy it!; **dis-lui ~** tell him to get lost.
zwanze *fam* [zwɑ̃z] *nm* OU *nf Belg* joke.
zwanzer *fam* [3] [zwɑ̃ze] *vi Belg* to joke.
zwieback [tsɥibak] *nm Helv sweet biscuit*.
zyeuter▽ [zjøte] = **zieuter**.
zygoma [zigɔma] *nm* zygoma.
zygomatique [zigɔmatik] *adj* zygomatic.
zygomorphe [zigɔmɔrf] *adj* zygomorphic, zygomorphous.
zygote [zigɔt] *nm* zygote.
zymotechnie [zimɔtɛkni] *nf* zymology.

CONJUGAISONS

VERBS

TABLEAU DES CONJUGAISONS

	1 avoir	2 être	3 chanter	4 baisser	5 pleurer
IND. présent	j’ai	je suis	je chante	je baisse	je pleure
	tu as	tu es	tu chantes	tu baisses	tu pleures
	il, elle a	il, elle est	il, elle chante	il, elle baisse	il, elle pleure
	nous avons	nous sommes	nous chantons	nous baissons	nous pleurons
	vous avez	vous êtes	vous chantez	vous baissez	vous pleurez
	ils, elles ont	ils, elles sont	ils, elles chantent	ils, elles baissent	ils, elles pleurent
IND. imparfait	il, elle avait	il, elle était	il, elle chantait	il, elle baissait	il, elle pleurait
IND. passé s.	il, elle eut	il, elle fut	il, elle chanta	il, elle baissa	il, elle pleura
	ils, elles eurent	ils, elles furent	ils, elles chantèrent	ils, elles baissèrent	ils, elles pleurèrent
IND. futur	j’aurai	je serai	je chanterai	je baisserai	je pleurerai
	il, elle aura	il, elle sera	il, elle chantera	il, elle baissera	il, elle pleurera
COND. présent	j’aurais	je serais	je chanterais	je baisserais	je pleurerais
	il, elle aurait	il, elle serait	il, elle chanterait	il, elle baisserait	il, elle pleurerait
SUBJ. présent	que j’aie	que je sois	que je chante	que je baisse	que je pleure
	qu’il, elle ait	qu’il, elle soit	qu’il, elle chante	qu’il, elle baisse	qu’il, elle pleure
	que nous ayons	que nous soyons	que nous chantions	que nous baissions	que nous pleurions
	qu’ils, elles aient	qu’ils, elles soient	qu’ils, elles chantent	qu’ils, elles baissent	qu’ils, elles pleurent
SUBJ. imparfait	qu’il, elle eût	qu’il, elle fût	qu’il, elle chantât	qu’il, elle baissât	qu’il, elle pleurât
	qu’ils, elles eussent	qu’ils, elles fussent	qu’ils, elles chantassent	qu’ils, elles baissassent	qu’ils, elles pleurassent
IMPÉRATIF	aie	sois	chante	baisse	pleure
	ayons	soyons	chantons	baissons	pleurons
	ayez	soyez	chantez	baissez	pleurez
PART. présent	ayant	étant	chantant	baissant	pleurant
PART. passé	eu, eue	été	chanté, e	baissé, e	pleuré, e

	6 jouer	7 saluer	8 arguer	9 copier	10 prier
IND. présent	je joue	je salue	j’argue, arguë	je copie	je prie
	tu joues	tu salues	tu argues, arguës	tu copies	tu pries
	il, elle joue	il, elle salue	il, elle argue, arguë	il, elle copie	il, elle prie
	nous jouons	nous saluons	nous arguons	nous copions	nous prions
	vous jouez	vous saluez	vous arguez	vous copiez	vous priez
	ils, elles jouent	ils, elles saluent	ils, elles arguent, arguënt	ils, elles copient	ils, elles prient
IND. imparfait	il, elle jouait	il, elle saluait	il, elle arguait	il, elle copiait	il, elle priait
IND. passé s.	il, elle joua	il, elle salua	il, elle argua	il, elle copia	il, elle pria
	ils, elles jouèrent	ils, elles saluèrent	ils, elles arguèrent	ils, elles copièrent	ils, elles prièrent
IND. futur	je jouerai	je saluerai	j’arguerai, arguërai	je copierai	je prierai
	il, elle jouera	il, elle saluera	il, elle arguera, arguëra	il, elle copiera	il, elle priera
COND. présent	je jouerais	je saluerais	j’arguerais, arguërais	je copierais	je prierais
	il, elle jouerait	il, elle saluerait	il, elle arguerait, arguërait	il, elle copierait	il, elle prierait
SUBJ. présent	que je joue	que je salue	que j’argue, arguë	que je copie	que je prie
	qu’il, elle joue	qu’il, elle salue	qu’il, elle argue, arguë	qu’il, elle copie	qu’il, elle prie
	que nous jouions	que nous saluions	que nous arguions	que nous copiions	que nous priions
	qu’ils, elles jouent	qu’ils, elles saluent	qu’ils, elles arguent, arguënt	qu’ils, elles copient	qu’ils, elles prient
SUBJ. imparfait	qu’il, elle jouât	qu’il, elle saluât	qu’il, elle arguât	qu’il, elle copiât	qu’il, elle priât
	qu’ils, elles jouassent	qu’ils, elles saluassent	qu’ils, elles arguassent	qu’ils, elles copiassent	qu’ils, elles priassent
IMPÉRATIF	joue	salue	argue, arguë	copie	prie
	jouons	saluons	arguons	copions	prions
	jouez	saluez	arguez	copiez	priez
PART. présent	jouant	saluant	arguant	copiant	priant
PART. passé	joué, e	salué, e	argué, e	copié, e	prié, e

	11 payer (1)		12 grasseyer	13 ployer	14 essuyer
IND. présent	je paie	je paye	je grasseye	je ploie	j’essuie
	tu paies	tu payes	tu grasseyes	tu ploies	tu essuies
	il, elle paie	il, elle paye	il, elle grasseye	il, elle ploie	il, elle essuie
	nous payons	nous payons	nous grasseyons	nous ployons	nous essuyons
	vous payez	vous payez	vous grasseyez	vous ployez	vous essuyez
	ils, elles paient	ils, elles payent	ils, elles grasseyent	ils, elles ploient	ils, elles essuient
IND. imparfait	il, elle payait	il, elle payait	il, elle grasseyait	il, elle ployait	il, elle essuyait
IND. passé s.	il, elle paya	il, elle paya	il, elle grasseya	il, elle ploya	il, elle essuya
	ils, elles payèrent	ils, elles payèrent	ils, elles grasseyèrent	ils, elles ployèrent	ils, elles essuyèrent
IND. futur	je paierai	je payerai	je grasseyerai	je ploierai	j’essuierai
	il, elle paiera	il, elle payera	il, elle grasseyera	il, elle ploiera	il, elle essuiera
COND. présent	je paierais	je payerais	je grasseyerais	je ploierais	j’essuierais
	il, elle paierait	il, elle payerait	il, elle grasseyerait	il, elle ploierait	il, elle essuierait
SUBJ. présent	que je paie	que je paye	que je grasseye	que je ploie	que j’essuie
	qu’il, elle paie	qu’il, elle paye	qu’il, elle grasseye	qu’il, elle ploie	qu’il, elle essuie
	que nous payions	que nous payions	que nous grasseyions	que nous ployions	que nous essuyions
	qu’ils, elles paient	qu’ils, elles payent	qu’ils, elles grasseyent	qu’ils, elles ploient	qu’ils, elles essuient
SUBJ. imparfait	qu’il, elle payât	qu’il, elle payât	qu’il, elle grasseyât	qu’il, elle ployât	qu’il, elle essuyât
	qu’ils, elles payassent	qu’ils, elles payassent	qu’ils, elles grasseyassent	qu’ils, elles ployassent	qu’ils, elles essuyassent
IMPÉRATIF	paie	paye	grasseye	ploie	essuie
	payons	payons	grasseyons	ployons	essuyons
	payez	payez	grasseyez	ployez	essuyez
PART. présent	payant	payant	grasseyant	ployant	essuyant
PART. passé	payé, e	payé, e	grasseyé, e	ployé, e	essuyé, e

(1) Pour certains grammairiens, le verbe *rayer* (et ses composés) garde le *y* dans toute sa conjugaison.

	15 **créer**	16 **avancer**	17 **manger**	18 **céder** (1)	19 **semer**
IND. présent	je crée	j'avance	je mange	je cède	je sème
	tu crées	tu avances	tu manges	tu cèdes	tu sèmes
	il, elle crée	il, elle avance	il, elle mange	il, elle cède	il, elle sème
	nous créons	nous avançons	nous mangeons	nous cédons	nous semons
	vous créez	vous avancez	vous mangez	vous cédez	vous semez
	ils, elles créent	ils, elles avancent	ils, elles mangent	ils, elles cèdent	ils, elles sèment
IND. imparfait	il, elle créait	il, elle avançait	il, elle mangeait	il, elle cédait	il, elle semait
IND. passé s.	il, elle créa	il, elle avança	il, elle mangea	il, elle céda	il, elle sema
	ils, elles créèrent	ils, elles avancèrent	ils, elles mangèrent	ils, elles cédèrent	ils, elles semèrent
IND. futur	je créerai	j'avancerai	je mangerai	je céderai	je sèmerai
	il, elle créera	il, elle avancera	il, elle mangera	il, elle cédera	il, elle sèmera
COND. présent	je créerais	j'avancerais	je mangerais	je céderais	je sèmerais
	il, elle créerait	il, elle avancerait	il, elle mangerait	il, elle céderait	il, elle sèmerait
SUBJ. présent	que je crée	que j'avance	que je mange	que je cède	que je sème
	qu'il, elle crée	qu'il, elle avance	qu'il, elle mange	qu'il, elle cède	qu'il, elle sème
	que nous créions	que nous avancions	que nous mangions	que nous cédions	que nous semions
	qu'ils, elles créent	qu'ils, elles avancent	qu'ils, elles mangent	qu'ils, elles cèdent	qu'ils, elles sèment
SUBJ. imparfait	qu'il, elle créât	qu'il, elle avançât	qu'il, elle mangeât	qu'il, elle cédât	qu'il, elle semât
	qu'ils, elles créassent	qu'ils, elles avançassent	qu'ils, elles mangeassent	qu'ils, elles cédassent	qu'ils, elles semassent
IMPÉRATIF	crée	avance	mange	cède	sème
	créons	avançons	mangeons	cédons	semons
	créez	avancez	mangez	cédez	semez
PART. présent	créant	avançant	mangeant	cédant	semant
PART. passé	créé, e	avancé, e	mangé, e	cédé, e	semé, e

(1) Dans la 9e édition de son dictionnaire (1993), l'Académie écrit au futur et au conditionnel *je cèderai, je cèderais.*

	20 **rapiécer** (1)	21 **acquiescer**	22 **siéger** (1 et 2)	23 **déneiger**	24 **appeler**
IND. présent	je rapièce	j'acquiesce	je siège	je déneige	j'appelle
	tu rapièces	tu acquiesces	tu sièges	tu déneiges	tu appelles
	il, elle rapièce	il, elle acquiesce	il, elle siège	il, elle déneige	il, elle appelle
	nous rapiéçons	nous acquiesçons	nous siégeons	nous déneigeons	nous appelons
	vous rapiécez	vous acquiescez	vous siégez	vous déneigez	vous appelez
	ils, elles rapiècent	ils, elles acquiescent	ils, elles siègent	ils, elles déneigent	ils, elles appellent
IND. imparfait	il, elle rapiéçait	il, elle acquiesçait	il, elle siégeait	il, elle déneigeait	il, elle appelait
IND. passé s.	il, elle rapiéça	il, elle acquiesça	il, elle siégea	il, elle déneigea	il, elle appela
	ils, elles rapiécèrent	ils, elles acquiescèrent	ils, elles siégèrent	ils, elles déneigèrent	ils, elles appelèrent
IND. futur	je rapiécerai	j'acquiescerai	je siégerai	je déneigerai	j'appellerai
	il, elle rapiécera	il, elle acquiescera	il, elle siégera	il, elle déneigera	il, elle appellera
COND. présent	je rapiécerais	j'acquiescerais	je siégerais	je déneigerais	j'appellerais
	il, elle rapiécerait	il, elle acquiescerait	il, elle siégerait	il, elle déneigerait	il, elle appellerait
SUBJ. présent	que je rapièce	que j'acquiesce	que je siège	que je déneige	que j'appelle
	qu'il, elle rapièce	qu'il, elle acquiesce	qu'il, elle siège	qu'il, elle déneige	qu'il, elle appelle
	que nous rapiécions	que nous acquiescions	que nous siégions	que nous déneigions	que nous appelions
	qu'ils, elles rapiècent	qu'ils, elles acquiescent	qu'ils, elles siègent	qu'ils, elles déneigent	qu'ils, elles appellent
SUBJ. imparfait	qu'il, elle rapiéçât	qu'il, elle acquiesçât	qu'il, elle siégeât	qu'il, elle déneigeât	qu'il, elle appelât
	qu'ils, elles rapiéçassent	qu'ils, elles acquiesçassent	qu'ils, elles siégeassent	qu'ils, elles déneigeassent	qu'ils, elles appelassent
IMPÉRATIF	rapièce	acquiesce	siège	déneige	appelle
	rapiéçons	acquiesçons	siégeons	déneigeons	appelons
	rapiécez	acquiescez	siégez	déneigez	appelez
PART. présent	rapiéçant	acquiesçant	siégeant	déneigeant	appelant
PART. passé	rapiécé, e	acquiescé	siégé	déneigé, e	appelé, e

(1) Dans la 9e édition de son dictionnaire (1993), l'Académie écrit au futur et au conditionnel *je rapiècerai, je rapiècerais* ; *je siègerai, je siègerais.* – (2) *Assiéger* se conjugue comme *siéger*, mais son participe passé est variable.

	25 **peler**	26 **interpeller**	27 **jeter**	28 **acheter**	29 **dépecer**
IND. présent	je pèle	j'interpelle	je jette	j'achète	je dépèce
	tu pèles	tu interpelles	tu jettes	tu achètes	tu dépèces
	il, elle pèle	il, elle interpelle	il, elle jette	il, elle achète	il, elle dépèce
	nous pelons	nous interpellons	nous jetons	nous achetons	nous dépeçons
	vous pelez	vous interpellez	vous jetez	vous achetez	vous dépecez
	ils, elles pèlent	ils, elles interpellent	ils, elles jettent	ils, elles achètent	ils, elles dépècent
IND. imparfait	il, elle pelait	il, elle interpellait	il, elle jetait	il, elle achetait	il, elle dépeçait
IND. passé s.	il, elle pela	il, elle interpella	il, elle jeta	il, elle acheta	il, elle dépeça
	ils, elles pelèrent	ils, elles interpellèrent	ils, elles jetèrent	ils, elles achetèrent	ils, elles dépecèrent
IND. futur	je pèlerai	j'interpellerai	je jetterai	j'achèterai	je dépècerai
	il, elle pèlera	il, elle interpellera	il, elle jettera	il, elle achètera	il, elle dépècera
COND. présent	je pèlerais	j'interpellerais	je jetterais	j'achèterais	je dépècerais
	il, elle pèlerait	il, elle interpellerait	il, elle jetterait	il, elle achèterait	il, elle dépècerait
SUBJ. présent	que je pèle	que j'interpelle	que je jette	que j'achète	que je dépèce
	qu'il, elle pèle	qu'il, elle interpelle	qu'il, elle jette	qu'il, elle achète	qu'il, elle dépèce
	que nous pelions	que nous interpellions	que nous jetions	que nous achetions	que nous dépecions
	qu'ils, elles pèlent	qu'ils, elles interpellent	qu'ils, elles jettent	qu'ils, elles achètent	qu'ils, elles dépècent
SUBJ. imparfait	qu'il, elle pelât	qu'il, elle interpellât	qu'il, elle jetât	qu'il, elle achetât	qu'il, elle dépeçât
	qu'ils, elles pelassent	qu'ils, elles interpellassent	qu'ils, elles jetassent	qu'ils, elles achetassent	qu'ils, elles dépeçassent
IMPÉRATIF	pèle	interpelle	jette	achète	dépèce
	pelons	interpellons	jetons	achetons	dépeçons
	pelez	interpellez	jetez	achetez	dépecez
PART. présent	pelant	interpellant	jetant	achetant	dépeçant
PART. passé	pelé, e	interpellé, e	jeté, e	acheté, e	dépecé, e

	30 envoyer	**31 aller** (1)	**32 finir** (2)	**33 haïr**	**34 ouvrir**
IND. présent	j'envoie	je vais	je finis	je hais	j'ouvre
	tu envoies	tu vas	tu finis	tu hais	tu ouvres
	il, elle envoie	il, elle va	il, elle finit	il, elle hait	il, elle ouvre
	nous envoyons	nous allons	nous finissons	nous haïssons	nous ouvrons
	vous envoyez	vous allez	vous finissez	vous haïssez	vous ouvrez
	ils, elles envoient	ils, elles vont	ils, elles finissent	ils, elles haïssent	ils, elles ouvrent
IND. imparfait	il, elle envoyait	il, elle allait	il, elle finissait	il, elle haïssait	il, elle ouvrait
IND. passé s.	il, elle envoya	il, elle alla	il, elle finit	il, elle haït	il, elle ouvrit
	ils, elles envoyèrent	ils, elles allèrent	ils, elles finirent	ils, elles haïrent	ils, elles ouvrirent
IND. futur	j'enverrai	j'irai	je finirai	je haïrai	j'ouvrirai
	il, elle enverra	il, elle ira	il, elle finira	il, elle haïra	il, elle ouvrira
COND. présent	j'enverrais	j'irais	je finirais	je haïrais	j'ouvrirais
	il, elle enverrait	il, elle irait	il, elle finirait	il, elle haïrait	il, elle ouvrirait
SUBJ. présent	que j'envoie	que j'aille	que je finisse	que je haïsse	que j'ouvre
	qu'il, elle envoie	qu'il, elle aille	qu'il, elle finisse	qu'il, elle haïsse	qu'il, elle ouvre
	que nous envoyions	que nous allions	que nous finissions	que nous haïssions	que nous ouvrions
	qu'ils, elles envoient	qu'ils, elles aillent	qu'ils, elles finissent	qu'ils, elles haïssent	qu'ils, elles ouvrent
SUBJ. imparfait	qu'il, elle envoyât	qu'il, elle allât	qu'il, elle finît	qu'il, elle haït	qu'il, elle ouvrît
	qu'ils, elles envoyassent	qu'ils, elles allassent	qu'ils, elles finissent	qu'ils, elles haïssent	qu'ils, elles ouvrissent
IMPÉRATIF	envoie	va	finis	hais	ouvre
	envoyons	allons	finissons	haïssons	ouvrons
	envoyez	allez	finissez	haïssez	ouvrez
PART. présent	envoyant	allant	finissant	haïssant	ouvrant
PART. passé	envoyé, e	allé, e	fini, e	haï, e	ouvert, e

(1) *Aller* fait à l'impér. *vas* dans *vas-y*. *S'en aller* fait à l'impér. *va-t'en, allons-nous-en, allez-vous-en*. Aux temps composés, le verbe *être* peut se substituer au verbe *aller* : *avoir été, j'ai été*, etc. Aux temps composés du pronominal *s'en aller*, *en* se place normalement avant l'auxiliaire : *je m'en suis allé(e)*, mais la langue courante dit de plus en plus *je me suis en allé(e)*. – (2) *Maudire* (tableau 104) et *bruire* (tableau 105) se conjuguent sur *finir*, mais le participe passé de *maudire* est *maudit, maudite*, et *bruire* est défectif.

	35 fuir	**36 dormir** (1)	**37 mentir** (2)	**38 servir**	**39 acquérir**
IND. présent	je fuis	je dors	je mens	je sers	j'acquiers
	tu fuis	tu dors	tu mens	tu sers	tu acquiers
	il, elle fuit	il, elle dort	il, elle ment	il, elle sert	il, elle acquiert
	nous fuyons	nous dormons	nous mentons	nous servons	nous acquérons
	vous fuyez	vous dormez	vous mentez	vous servez	vous acquérez
	ils, elles fuient	ils, elles dorment	ils, elles mentent	ils, elles servent	ils, elles acquièrent
IND. imparfait	il, elle fuyait	il, elle dormait	il, elle mentait	il, elle servait	il, elle acquérait
IND. passé s.	il, elle fuit	il, elle dormit	il, elle mentit	il, elle servit	il, elle acquit
	ils, elles fuirent	ils, elles dormirent	ils, elles mentirent	ils, elles servirent	ils, elles acquirent
IND. futur	je fuirai	je dormirai	je mentirai	je servirai	j'acquerrai
	il, elle fuira	il, elle dormira	il, elle mentira	il, elle servira	il, elle acquerra
COND. présent	je fuirais	je dormirais	je mentirais	je servirais	j'acquerrais
	il, elle fuirait	il, elle dormirait	il, elle mentirait	il, elle servirait	il, elle acquerrait
SUBJ. présent	que je fuie	que je dorme	que je mente	que je serve	que j'acquière
	qu'il, elle fuie	qu'il, elle dorme	qu'il, elle mente	qu'il, elle serve	qu'il, elle acquière
	que nous fuyions	que nous dormions	que nous mentions	que nous servions	que nous acquérions
	qu'ils, elles fuient	qu'ils, elles dorment	qu'ils, elles mentent	qu'ils, elles servent	qu'ils, elles acquièrent
SUBJ. imparfait	qu'il, elle fuît	qu'il, elle dormît	qu'il, elle mentît	qu'il, elle servît	qu'il, elle acquît
	qu'ils, elles fuissent	qu'ils, elles dormissent	qu'ils, elles mentissent	qu'ils, elles servissent	qu'ils, elles acquissent
IMPÉRATIF	fuis	dors	mens	sers	acquiers
	fuyons	dormons	mentons	servons	acquérons
	fuyez	dormez	mentez	servez	acquérez
PART. présent	fuyant	dormant	mentant	servant	acquérant
PART. passé	fui, e	dormi	menti	servi, e	acquis, e

(1) *Endormir* se conjugue comme *dormir*, mais son participe passé est variable. – (2) *Démentir* se conjugue comme *mentir*, mais son participe passé est variable.

	40 venir	**41 cueillir**	**42 mourir**	**43 partir**	**44 revêtir**
IND. présent	je viens	je cueille	je meurs	je pars	je revêts
	tu viens	tu cueilles	tu meurs	tu pars	tu revêts
	il, elle vient	il, elle cueille	il, elle meurt	il, elle part	il, elle revêt
	nous venons	nous cueillons	nous mourons	nous partons	nous revêtons
	vous venez	vous cueillez	vous mourez	vous partez	vous revêtez
	ils, elles viennent	ils, elles cueillent	ils, elles meurent	ils, elles partent	ils, elles revêtent
IND. imparfait	il, elle venait	il, elle cueillait	il, elle mourait	il, elle partait	il, elle revêtait
IND. passé s.	il, elle vint	il, elle cueillit	il, elle mourut	il, elle partit	il, elle revêtit
	ils, elles vinrent	ils, elles cueillirent	ils, elles moururent	ils, elles partirent	ils, elles revêtirent
IND. futur	je viendrai	je cueillerai	je mourrai	je partirai	je revêtirai
	il, elle viendra	il, elle cueillera	il, elle mourra	il, elle partira	il, elle revêtira
COND. présent	je viendrais	je cueillerais	je mourrais	je partirais	je revêtirais
	il, elle viendrait	il, elle cueillerait	il, elle mourrait	il, elle partirait	il, elle revêtirait
SUBJ. présent	que je vienne	que je cueille	que je meure	que je parte	que je revête
	qu'il, elle vienne	qu'il, elle cueille	qu'il, elle meure	qu'il, elle parte	qu'il, elle revête
	que nous venions	que nous cueillions	que nous mourions	que nous partions	que nous revêtions
	qu'ils, elles viennent	qu'ils, elles cueillent	qu'ils, elles meurent	qu'ils, elles partent	qu'ils, elles revêtent
SUBJ. imparfait	qu'il, elle vînt	qu'il, elle cueillît	qu'il, elle mourût	qu'il, elle partît	qu'il, elle revêtît
	qu'ils, elles vinssent	qu'ils, elles cueillissent	qu'ils, elles mourussent	qu'ils, elles partissent	qu'ils, elles revêtissent
IMPÉRATIF	viens	cueille	meurs	pars	revêts
	venons	cueillons	mourons	partons	revêtons
	venez	cueillez	mourez	partez	revêtez
PART. présent	venant	cueillant	mourant	partant	revêtant
PART. passé	venu, e	cueilli, e	mort, e	parti, e	revêtu, e

	45 courir	**46 faillir** (1)	**47 défaillir** (2)	**48 bouillir**	**49 gésir** (3)
IND. présent	je cours	je faillis, faux	je défaille	je bous	je gis
	tu cours	tu faillis, faux	tu défailles	tu bous	tu gis
	il, elle court	il, elle faillit, faut	il, elle défaille	il, elle bout	il, elle gît
	nous courons	nous faillissons, faillons	nous défaillons	nous bouillons	nous gisons
	vous courez	vous faillissez, faillez	vous défaillez	vous bouillez	vous gisez
	ils, elles courent	ils, elles faillissent, faillent	ils, elles défaillent	ils, elles bouillent	ils, elles gisent
IND. imparfait	il, elle courait	il, elle faillissait, faillait	il, elle défaillait	il, elle bouillait	il, elle gisait
IND. passé s.	il, elle courut	il, elle faillit	il, elle défaillit	il, elle bouillit	
	ils, elles coururent	ils, elles faillirent	ils, elles défaillirent	ils, elles bouillirent	
IND. futur	je courrai	je faillirai, faudrai	je défaillirai	je bouillirai	
	il, elle courra	il, elle faillira, faudra	il, elle défaillira	il, elle bouillira	
COND. présent	je courrais	je faillirais, faudrais	je défaillirais	je bouillirais	
	il, elle courrait	il, elle faillirait, faudrait	il, elle défaillirait	il, elle bouillirait	
SUBJ. présent	que je coure	que je faillisse, faille	que je défaille	que je bouille	
	qu'il, elle coure	qu'il, elle faillisse, faille	qu'il, elle défaille	qu'il, elle bouille	
	que nous courions	que nous faillissions, faillions	que nous défaillions	que nous bouillions	
	qu'ils, elles courent	qu'ils, elles faillissent, faillent	qu'ils, elles défaillent	qu'ils, elles bouillent	
SUBJ. imparfait	qu'il, elle courût	qu'il, elle faillît	qu'il, elle défaillît	qu'il, elle bouillît	
	qu'ils, elles courussent	qu'ils, elles faillissent	qu'ils, elles défaillissent	qu'ils, elles bouillissent	
IMPÉRATIF	cours	faillis, faux	défaille	bous	
	courons	faillissons, faillons	défaillons	bouillons	
	courez	faillissez, faillez	défaillez	bouillez	
PART. présent	courant	faillissant, faillant	défaillant	bouillant	gisant
PART. passé	couru, e	failli	défailli	bouilli, e	

(1) La conjugaison de *faillir* la plus employée est celle qui a été refaite sur *finir*. Les formes conjuguées de ce verbe sont rares. – (2) On trouve aussi *je défaillerai, tu défailleras*, etc., pour le futur, et *je défaillerais, tu défaillerais*, etc., pour le conditionnel, de même pour *tressaillir* et *assaillir*. – (3) *Gésir* est défectif aux autres temps et modes.

	50 saillir (1)	**51 ouïr** (2)	**52 recevoir**	**53 devoir**	**54 mouvoir**
IND. présent		j'ouïs, ois	je reçois	je dois	je meus
		tu ouïs, ois	tu reçois	tu dois	tu meus
	il, elle saille	il, elle ouït, oit	il, elle reçoit	il, elle doit	il, elle meut
		nous ouïssons, oyons	nous recevons	nous devons	nous mouvons
		vous ouïssez, oyez	vous recevez	vous devez	vous mouvez
	ils, elles saillent	ils, elles ouïssent, oient	ils, elles reçoivent	ils, elles doivent	ils, elles meuvent
IND. imparfait	il, elle saillait	il, elle ouïssait, oyait	il, elle recevait	il, elle devait	il, elle mouvait
IND. passé s.	il, elle saillit	il, elle ouït	il, elle reçut	il, elle dut	il, elle mut
	ils, elles saillirent	ils, elles ouïrent	ils, elles reçurent	ils, elles durent	ils, elles murent
IND. futur		j'ouïrai, orrai	je recevrai	je devrai	je mouvrai
	il, elle saillera	il, elle ouïra, orra	il, elle recevra	il, elle devra	il, elle mouvra
COND. présent		j'ouïrais, orrais	je recevrais	je devrais	je mouvrais
	il, elle saillerait	il, elle ouïrait, orrait	il, elle recevrait	il, elle devrait	il, elle mouvrait
SUBJ. présent		que j'ouïsse, oie	que je reçoive	que je doive	que je meuve
	qu'il, elle saille	qu'il, elle ouïsse, oie	qu'il, elle reçoive	qu'il, elle doive	qu'il, elle meuve
		que nous ouïssions, oyions	que nous recevions	que nous devions	que nous mouvions
	qu'ils, elles saillent	qu'ils, elles ouïssent, oient	qu'ils, elles reçoivent	qu'ils, elles doivent	qu'ils, elles meuvent
SUBJ. imparfait	qu'il, elle saillît	qu'il, elle ouït	qu'il, elle reçût	qu'il, elle dût	qu'il, elle mût
	qu'ils, elles saillissent	qu'ils, elles ouïssent	qu'ils, elles reçussent	qu'ils, elles dussent	qu'ils, elles mussent
IMPÉRATIF	*inusité*	ouïs, ois	reçois	dois	meus
		ouïssons, oyons	recevons	devons	mouvons
		ouïssez, oyez	recevez	devez	mouvez
PART. présent	saillant	oyant	recevant	devant	mouvant
PART. passé	sailli, e	ouï, e	reçu, e	dû, due, dus, dues	mû, mue, mus, mues

(1) Il s'agit ici du verbe 2. *saillir.* (V. à son ordre alphabétique.) – (2) V. REM. au verbe à son ordre alphabétique.

	55 émouvoir	**56 promouvoir**(1)	**57 vouloir**	**58 pouvoir** (2)	**59 savoir**
IND. présent	j'émeus	je promeus	je veux	je peux, puis	je sais
	tu émeus	tu promeus	tu veux	tu peux	tu sais
	il, elle émeut	il, elle promeut	il, elle veut	il, elle peut	il, elle sait
	nous émouvons	nous promouvons	nous voulons	nous pouvons	nous savons
	vous émouvez	vous promouvez	vous voulez	vous pouvez	vous savez
	ils, elles émeuvent	ils, elles promeuvent	ils, elles veulent	ils, elles peuvent	ils, elles savent
IND. imparfait	il, elle émouvait	il, elle promouvait	il, elle voulait	il, elle pouvait	il, elle savait
IND. passé s.	il, elle émut	il, elle promut	il, elle voulut	il, elle put	il, elle sut
	ils, elles émurent	ils, elles promurent	ils, elles voulurent	ils, elles purent	ils, elles surent
IND. futur	j'émouvrai	je promouvrai	je voudrai	je pourrai	je saurai
	il, elle émouvra	il, elle promouvra	il, elle voudra	il, elle pourra	il, elle saura
COND. présent	j'émouvrais	je promouvrais	je voudrais	je pourrais	je saurais
	il, elle émouvrait	il, elle promouvrait	il, elle voudrait	il, elle pourrait	il, elle saurait
SUBJ. présent	que j'émeuve	que je promeuve	que je veuille	que je puisse	que je sache
	qu'il, elle émeuve	qu'il, elle promeuve	qu'il, elle veuille	qu'il, elle puisse	qu'il, elle sache
	que nous émouvions	que nous promouvions	que nous voulions	que nous puissions	que nous sachions
	qu'ils, elles émeuvent	qu'ils, elles promeuvent	qu'ils, elles veuillent	qu'ils, elles puissent	qu'ils, elles sachent
SUBJ. imparfait	qu'il, elle émût	qu'il, elle promût	qu'il, elle voulût	qu'il, elle pût	qu'il, elle sût
	qu'ils, elles émussent	qu'ils, elles promussent	qu'ils, elles voulussent	qu'ils, elles pussent	qu'ils, elles sussent
IMPÉRATIF	émeus	promeus	veux, veuille	*inusité*	sache
	émouvons	promouvons	voulons, veuillons		sachons
	émouvez	promouvez	voulez, veuillez		sachez
PART. présent	émouvant	promouvant	voulant	pouvant	sachant
PART. passé	ému, e	promu, e	voulu, e	pu	su, e

(1) Les formes conjuguées de ce verbe sont rares. – (2) À la forme interrogative, avec inversion du sujet, on a seulement *puis-je ?*

	60 **valoir**	61 **prévaloir**	62 **voir**	63 **prévoir**	64 **pourvoir**
IND. présent	je vaux	je prévaux	je vois	je prévois	je pourvois
	tu vaux	tu prévaux	tu vois	tu prévois	tu pourvois
	il, elle vaut	il, elle prévaut	il, elle voit	il, elle prévoit	il, elle pourvoit
	nous valons	nous prévalons	nous voyons	nous prévoyons	nous pourvoyons
	vous valez	vous prévalez	vous voyez	vous prévoyez	vous pourvoyez
	ils, elles valent	ils, elles prévalent	ils, elles voient	ils, elles prévoient	ils, elles pourvoient
IND. imparfait	il, elle valait	il, elle prévalait	il, elle voyait	il, elle prévoyait	il, elle pourvoyait
IND. passé s.	il, elle valut	il, elle prévalut	il, elle vit	il, elle prévit	il, elle pourvut
	ils, elles valurent	ils, elles prévalurent	ils, elles virent	ils, elles prévirent	ils, elles pourvurent
IND. futur	je vaudrai	je prévaudrai	je verrai	je prévoirai	je pourvoirai
	il, elle vaudra	il, elle prévaudra	il, elle verra	il, elle prévoira	il, elle pourvoira
COND. présent	je vaudrais	je prévaudrais	je verrais	je prévoirais	je pourvoirais
	il, elle vaudrait	il, elle prévaudrait	il, elle verrait	il, elle prévoirait	il, elle pourvoirait
SUBJ. présent	que je vaille	que je prévale	que je voie	que je prévoie	que je pourvoie
	qu'il, elle vaille	qu'il, elle prévale	qu'il, elle voie	qu'il, elle prévoie	qu'il, elle pourvoie
	que nous valions	que nous prévalions	que nous voyions	que nous prévoyions	que nous pourvoyions
	qu'ils, elles vaillent	qu'ils, elles prévalent	qu'ils, elles voient	qu'ils, elles prévoient	qu'ils, elles pourvoient
SUBJ. imparfait	qu'il, elle valût	qu'il, elle prévalût	qu'il, elle vît	qu'il, elle prévît	qu'il, elle pourvût
	qu'ils, elles valussent	qu'ils, elles prévalussent	qu'ils, elles vissent	qu'ils, elles prévissent	qu'ils, elles pourvussent
IMPÉRATIF	vaux	prévaux	vois	prévois	pourvois
	valons	prévalons	voyons	prévoyons	pourvoyons
	valez	prévalez	voyez	prévoyez	pourvoyez
PART. présent	valant	prévalant	voyant	prévoyant	pourvoyant
PART. passé	valu, e	prévalu, e	vu, e	prévu, e	pourvu, e

	65 **asseoir** (1)		66 **surseoir**	67 **seoir** (2)	68 **pleuvoir** (3)
IND. présent	j'assieds	j'assois	je sursois		
	tu assieds	tu assois	tu sursois		
	il, elle assied	il, elle assoit	il, elle sursoit	il, elle sied	il pleut
	nous asseyons	nous assoyons	nous sursoyons		
	vous asseyez	vous assoyez	vous sursoyez		
	ils, elles asseyent	ils, elles assoient	ils, elles sursoient	ils, elles siéent	
IND. imparfait	il, elle asseyait	il, elle assoyait	il, elle sursoyait	il, elle seyait	il pleuvait
IND. passé s.	il, elle assit	il, elle assit	il, elle sursit	*inusité*	il plut
	ils, elles assirent	ils, elles assirent	ils, elles sursirent		
IND. futur	j'assiérai	j'assoirai	je surseoirai		
	il, elle assiéra	il, elle assoira	il, elle surseoira	il, elle siéra	il pleuvra
COND. présent	j'assiérais	j'assoirais	je surseoirais		
	il, elle assiérait	il, elle assoirait	il, elle surseoirait	il, elle siérait	il pleuvrait
SUBJ. présent	que j'asseye	que j'assoie	que je sursoie		
	qu'il, elle asseye	qu'il, elle assoie	qu'il, elle sursoie	qu'il, elle siée	qu'il pleuve
	que nous asseyions	que nous assoyions	que nous sursoyions		
	qu'ils, elles asseyent	qu'ils, elles assoient	qu'ils, elles sursoient	qu'ils, elles siéent	
SUBJ. imparfait	qu'il, elle assît	qu'il, elle assît	qu'il, elle sursît	*inusité*	qu'il plût
	qu'ils, elles assissent	qu'ils, elles assissent	qu'ils, elles sursissent		
IMPÉRATIF	assieds	assois	sursois	*inusité*	*inusité*
	asseyons	assoyons	sursoyons		
	asseyez	assoyez	sursoyez		
PART. présent	asseyant	assoyant	sursoyant	seyant	pleuvant
PART. passé	assis, e	assis, e	sursis	*inusité*	plu

(1) L'usage tend à écrire avec *-eoi-* les formes avec *oi* : *je m'asseois, il, elle asseoira, que tu asseoies, ils, elles asseoiraient.* – (2) *Seoir* a ici le sens de « convenir ». Aux sens de « être situé », « siéger », *seoir* a seulement un participe présent *(séant)* et un participe passé *(sis, e)*. – (3) *Pleuvoir* connaît au figuré une troisième personne du pluriel : *les injures pleuvent, pleuvaient, pleuvront, plurent, pleuvraient...*

	69 **falloir**	70 **échoir**	71 **déchoir**	72 **choir**	73 **vendre**
IND. présent			je déchois	je chois	je vends
			tu déchois	tu chois	tu vends
	il faut	il, elle échoit	il, elle déchoit	il, elle choit	il, elle vend
			nous déchoyons	*inusité*	nous vendons
			vous déchoyez	*inusité*	vous vendez
		ils, elles échoient	ils, elles déchoient	ils, elles choient	ils, elles vendent
IND. imparfait	il fallait	il, elle échoyait	*inusité*	*inusité*	il, elle vendait
IND. passé s.	il fallut	il, elle échut	il, elle déchut	il, elle chut	il, elle vendit
		ils, elles échurent	ils, elles déchurent	ils, elles churent	ils, elles vendirent
IND. futur			je déchoirai	je choirai, cherrai	je vendrai
	il faudra	il, elle échoira, écherra	il, elle déchoira	il, elle choira, cherra	il, elle vendra
COND. présent			je déchoirais	je choirais, cherrais	je vendrais
	il faudrait	il, elle échoirait, écherrait	il, elle déchoirait	il, elle choirait, cherrait	il, elle vendrait
SUBJ. présent			que je déchoie	*inusité*	que je vende
	qu'il faille	qu'il, elle échoie	qu'il, elle déchoie		qu'il, elle vende
			que nous déchoyions		que nous vendions
		qu'ils, elles échoient	qu'ils, elles déchoient		qu'ils, elles vendent
SUBJ. imparfait	qu'il fallût	qu'il, elle échût	qu'il, elle déchût	qu'il, elle chût	qu'il, elle vendît
		qu'ils, elles échussent	qu'ils, elles déchussent	*inusité*	qu'ils, elles vendissent
IMPÉRATIF	*inusité*	*inusité*	*inusité*	*inusité*	vends
					vendons
					vendez
PART. présent	*inusité*	échéant	*inusité*	*inusité*	vendant
PART. passé	fallu	échu, e	déchu, e	chu, e	vendu, e

	74 **répandre**	75 **répondre**	76 **mordre**	77 **perdre**	78 **rompre**
IND. présent	je répands	je réponds	je mords	je perds	je romps
	tu répands	tu réponds	tu mords	tu perds	tu romps
	il, elle répand	il, elle répond	il, elle mord	il, elle perd	il, elle rompt
	nous répandons	nous répondons	nous mordons	nous perdons	nous rompons
	vous répandez	vous répondez	vous mordez	vous perdez	vous rompez
	ils, elles répandent	ils, elles répondent	ils, elles mordent	ils, elles perdent	ils, elles rompent
IND. imparfait	il, elle répandait	il, elle répondait	il, elle mordait	il, elle perdait	il, elle rompait
IND. passé s.	il, elle répandit	il, elle répondit	il, elle mordit	il, elle perdit	il, elle rompit
	ils, elles répandirent	ils, elles répondirent	ils, elles mordirent	ils, elles perdirent	ils, elles rompirent
IND. futur	je répandrai	je répondrai	je mordrai	je perdrai	je romprai
	il, elle répandra	il, elle répondra	il, elle mordra	il, elle perdra	il, elle rompra
COND. présent	je répandrais	je répondrais	je mordrais	je perdrais	je romprais
	il, elle répandrait	il, elle répondrait	il, elle mordrait	il, elle perdrait	il, elle romprait
SUBJ. présent	que je répande	que je réponde	que je morde	que je perde	que je rompe
	qu'il, elle répande	qu'il, elle réponde	qu'il, elle morde	qu'il, elle perde	qu'il, elle rompe
	que nous répandions	que nous répondions	que nous mordions	que nous perdions	que nous rompions
	qu'ils, elles répandent	qu'ils, elles répondent	qu'ils, elles mordent	qu'ils, elles perdent	qu'ils, elles rompent
SUBJ. imparfait	qu'il, elle répandît	qu'il, elle répondît	qu'il, elle mordît	qu'il, elle perdît	qu'il, elle rompît
	qu'ils, elles répandissent	qu'ils, elles répondissent	qu'ils, elles mordissent	qu'ils, elles perdissent	qu'ils, elles rompissent
IMPÉRATIF	répands	réponds	mords	perds	romps
	répandons	répondons	mordons	perdons	rompons
	répandez	répondez	mordez	perdez	rompez
PART. présent	répandant	répondant	mordant	perdant	rompant
PART. passé	répandu, e	répondu, e	mordu, e	perdu, e	rompu, e

	79 **prendre**	80 **craindre**	81 **peindre**	82 **joindre**	83 **battre**
IND. présent	je prends	je crains	je peins	je joins	je bats
	tu prends	tu crains	tu peins	tu joins	tu bats
	il, elle prend	il, elle craint	il, elle peint	il, elle joint	il, elle bat
	nous prenons	nous craignons	nous peignons	nous joignons	nous battons
	vous prenez	vous craignez	vous peignez	vous joignez	vous battez
	ils, elles prennent	ils, elles craignent	ils, elles peignent	ils, elles joignent	ils, elles battent
IND. imparfait	il, elle prenait	il, elle craignait	il, elle peignait	il, elle joignait	il, elle battait
IND. passé s.	il, elle prit	il, elle craignit	il, elle peignit	il, elle joignit	il, elle battit
	ils, elles prirent	ils, elles craignirent	ils, elles peignirent	ils, elles joignirent	ils, elles battirent
IND. futur	je prendrai	je craindrai	je peindrai	je joindrai	je battrai
	il, elle prendra	il, elle craindra	il, elle peindra	il, elle joindra	il, elle battra
COND. présent	je prendrais	je craindrais	je peindrais	je joindrais	je battrais
	il, elle prendrait	il, elle craindrait	il, elle peindrait	il, elle joindrait	il, elle battrait
SUBJ. présent	que je prenne	que je craigne	que je peigne	que je joigne	que je batte
	qu'il, elle prenne	qu'il, elle craigne	qu'il, elle peigne	qu'il, elle joigne	qu'il, elle batte
	que nous prenions	que nous craignions	que nous peignions	que nous joignions	que nous battions
	qu'ils, elles prennent	qu'ils, elles craignent	qu'ils, elles peignent	qu'ils, elles joignent	qu'ils, elles battent
SUBJ. imparfait	qu'il, elle prît	qu'il, elle craignît	qu'il, elle peignît	qu'il, elle joignît	qu'il, elle battît
	qu'ils, elles prissent	qu'ils, elles craignissent	qu'ils, elles peignissent	qu'ils, elles joignissent	qu'ils, elles battissent
IMPÉRATIF	prends	crains	peins	joins	bats
	prenons	craignons	peignons	joignons	battons
	prenez	craignez	peignez	joignez	battez
PART. présent	prenant	craignant	peignant	joignant	battant
PART. passé	pris, e	craint, e	peint, e	joint, e	battu, e

	84 **mettre**	85 **moudre**	86 **coudre**	87 **absoudre** (1)	88 **résoudre** (2)
IND. présent	je mets	je mouds	je couds	j'absous	je résous
	tu mets	tu mouds	tu couds	tu absous	tu résous
	il, elle met	il, elle moud	il, elle coud	il, elle absout	il, elle résout
	nous mettons	nous moulons	nous cousons	nous absolvons	nous résolvons
	vous mettez	vous moulez	vous cousez	vous absolvez	vous résolvez
	ils, elles mettent	ils, elles moulent	ils, elles cousent	ils, elles absolvent	ils, elles résolvent
IND. imparfait	il, elle mettait	il, elle moulait	il, elle cousait	il, elle absolvait	il, elle résolvait
IND. passé s.	il, elle mit	il, elle moulut	il, elle cousit	il, elle absolut	il, elle résolut
	ils, elles mirent	ils, elles moulurent	ils, elles cousirent	ils, elles absolurent	ils, elles résolurent
IND. futur	je mettrai	je moudrai	je coudrai	j'absoudrai	je résoudrai
	il, elle mettra	il, elle moudra	il, elle coudra	il, elle absoudra	il, elle résoudra
COND. présent	je mettrais	je moudrais	je coudrais	j'absoudrais	je résoudrais
	il, elle mettrait	il, elle moudrait	il, elle coudrait	il, elle absoudrait	il, elle résoudrait
SUBJ. présent	que je mette	que je moule	que je couse	que j'absolve	que je résolve
	qu'il, elle mette	qu'il, elle moule	qu'il, elle couse	qu'il, elle absolve	qu'il, elle résolve
	que nous mettions	que nous moulions	que nous cousions	que nous absolvions	que nous résolvions
	qu'ils, elles mettent	qu'ils, elles moulent	qu'ils, elles cousent	qu'ils, elles absolvent	qu'ils, elles résolvent
SUBJ. imparfait	qu'il, elle mît	qu'il, elle moulût	qu'il, elle cousît	qu'il, elle absolût	qu'il, elle résolût
	qu'ils, elles missent	qu'ils, elles moulussent	qu'ils, elles cousissent	qu'ils, elles absolussent	qu'ils, elles résolussent
IMPÉRATIF	mets	mouds	couds	absous	résous
	mettons	moulons	cousons	absolvons	résolvons
	mettez	moulez	cousez	absolvez	résolvez
PART. présent	mettant	moulant	cousant	absolvant	résolvant
PART. passé	mis, e	moulu, e	cousu, e	absous, oute	résolu, e

(1) Le passé simple et le subjonctif imparfait, admis par Littré, sont rares. – (2) Il existe un participe passé *résous, résoute* (rare), avec le sens de « transformé » *(Un brouillard résous en pluie).*

	89 **suivre**	90 **vivre** (1)	91 **paraître**	92 **naître**	93 **croître** (2)
IND. présent	je suis	je vis	je parais	je nais	je croîs
	tu suis	tu vis	tu parais	tu nais	tu croîs
	il, elle suit	il, elle vit	il, elle paraît	il, elle naît	il, elle croît
	nous suivons	nous vivons	nous paraissons	nous naissons	nous croissons
	vous suivez	vous vivez	vous paraissez	vous naissez	vous croissez
	ils, elles suivent	ils, elles vivent	ils, elles paraissent	ils, elles naissent	ils, elles croissent
IND. imparfait	il, elle suivait	il, elle vivait	il, elle paraissait	il, elle naissait	il, elle croissait
IND. passé s.	il, elle suivit	il, elle vécut	il, elle parut	il, elle naquit	il, elle crût
	ils, elles suivirent	ils, elles vécurent	ils, elles parurent	ils, elles naquirent	ils, elles crûrent
IND. futur	je suivrai	je vivrai	je paraîtrai	je naîtrai	je croîtrai
	il, elle suivra	il, elle vivra	il, elle paraîtra	il, elle naîtra	il, elle croîtra
COND. présent	je suivrais	je vivrais	je paraîtrais	je naîtrais	je croîtrais
	il, elle suivrait	il, elle vivrait	il, elle paraîtrait	il, elle naîtrait	il, elle croîtrait
SUBJ. présent	que je suive	que je vive	que je paraisse	que je naisse	que je croisse
	qu'il, elle suive	qu'il, elle vive	qu'il, elle paraisse	qu'il, elle naisse	qu'il, elle croisse
	que nous suivions	que nous vivions	que nous paraissions	que nous naissions	que nous croissions
	qu'ils, elles suivent	qu'ils, elles vivent	qu'ils, elles paraissent	qu'ils, elles naissent	qu'ils, elles croissent
SUBJ. imparfait	qu'il, elle suivît	qu'il, elle vécût	qu'il, elle parût	qu'il, elle naquît	qu'il, elle crût
	qu'ils, elles suivissent	qu'ils, elles vécussent	qu'ils, elles parussent	qu'ils, elles naquissent	qu'ils, elles crûssent
IMPÉRATIF	suis	vis	parais	nais	croîs
	suivons	vivons	paraissons	naissons	croissons
	suivez	vivez	paraissez	naissez	croissez
PART. présent	suivant	vivant	paraissant	naissant	croissant
PART. passé	suivi, e	vécu, e	paru, e	né, e	crû, crue, crus, crues

(1) *Survivre* se conjugue comme *vivre*, mais son participe passé est toujours invariable. – (2) L'Académie écrit *crusse, crusses, crussions, crussiez, crussent* (sans accent circonflexe).

	94 **accroître** (1)	95 **rire**	96 **conclure** (2)	97 **nuire** (3)	98 **conduire**
IND. présent	j'accrois	je ris	je conclus	je nuis	je conduis
	tu accrois	tu ris	tu conclus	tu nuis	tu conduis
	il, elle accroît	il, elle rit	il, elle conclut	il, elle nuit	il, elle conduit
	nous accroissons	nous rions	nous concluons	nous nuisons	nous conduisons
	vous accroissez	vous riez	vous concluez	vous nuisez	vous conduisez
	ils, elles accroissent	ils, elles rient	ils, elles concluent	ils, elles nuisent	ils, elles conduisent
IND. imparfait	il, elle accroissait	il, elle riait	il, elle concluait	il, elle nuisait	il, elle conduisait
IND. passé s.	il, elle accrut	il, elle rit	il, elle conclut	il, elle nuisit	il, elle conduisit
	ils, elles accrurent	ils, elles rirent	ils, elles conclurent	ils, elles nuisirent	ils, elles conduisirent
IND. futur	j'accroîtrai	je rirai	je conclurai	je nuirai	je conduirai
	il, elle accroîtra	il, elle rira	il, elle conclura	il, elle nuira	il, elle conduira
COND. présent	j'accroîtrais	je rirais	je conclurais	je nuirais	je conduirais
	il, elle accroîtrait	il, elle rirait	il, elle conclurait	il, elle nuirait	il, elle conduirait
SUBJ. présent	que j'accroisse	que je rie	que je conclue	que je nuise	que je conduise
	qu'il, elle accroisse	qu'il, elle rie	qu'il, elle conclue	qu'il, elle nuise	qu'il, elle conduise
	que nous accroissions	que nous riions	que nous concluions	que nous nuisions	que nous conduisions
	qu'ils, elles accroissent	qu'ils, elles rient	qu'ils, elles concluent	qu'ils, elles nuisent	qu'ils, elles conduisent
SUBJ. imparfait	qu'il, elle accrût	qu'il, elle rît	qu'il, elle conclût	qu'il, elle nuisît	qu'il, elle conduisît
	qu'ils, elles accrussent	qu'ils, elles rissent	qu'ils, elles conclussent	qu'ils, elles nuisissent	qu'ils, elles conduisissent
IMPÉRATIF	accrois	ris	conclus	nuis	conduis
	accroissons	rions	concluons	nuisons	conduisons
	accroissez	riez	concluez	nuisez	conduisez
PART. présent	accroissant	riant	concluant	nuisant	conduisant
PART. passé	accru, e	ri	conclu, e	nui	conduit, e

(1) *Recroître* se conjugue comme *accroître*, mais son participe passé est *recrû, recrue, recrus, recrues*. – (2) *Inclure* et *occlure* se conjuguent comme *conclure*, mais leur participe passé est *inclus, incluse ; occlus, occluse*. – (3) *Luire* et *reluire* connaissent une autre forme de passé simple : *je luis, je reluis*, etc.

	99 **écrire**	100 **suffire**	101 **confire** (1)	102 **dire**	103 **contredire**
IND. présent	j'écris	je suffis	je confis	je dis	je contredis
	tu écris	tu suffis	tu confis	tu dis	tu contredis
	il, elle écrit	il, elle suffit	il, elle confit	il, elle dit	il, elle contredit
	nous écrivons	nous suffisons	nous confisons	nous disons	nous contredisons
	vous écrivez	vous suffisez	vous confisez	vous dites	vous contredisez
	ils, elles écrivent	ils, elles suffisent	ils, elles confisent	ils, elles disent	ils, elles contredisent
IND. imparfait	il, elle écrivait	il, elle suffisait	il, elle confisait	il, elle disait	il, elle contredisait
IND. passé s.	il, elle écrivit	il, elle suffit	il, elle confit	il, elle dit	il, elle contredit
	ils, elles écrivirent	ils, elles suffirent	ils, elles confirent	ils, elles dirent	ils, elles contredirent
IND. futur	j'écrirai	je suffirai	je confirai	je dirai	je contredirai
	il, elle écrira	il, elle suffira	il, elle confira	il, elle dira	il, elle contredira
COND. présent	j'écrirais	je suffirais	je confirais	je dirais	je contredirais
	il, elle écrirait	il, elle suffirait	il, elle confirait	il, elle dirait	il, elle contredirait
SUBJ. présent	que j'écrive	que je suffise	que je confise	que je dise	que je contredise
	qu'il, elle écrive	qu'il, elle suffise	qu'il, elle confise	qu'il, elle dise	qu'il, elle contredise
	que nous écrivions	que nous suffisions	que nous confisions	que nous disions	que nous contredisions
	qu'ils, elles écrivent	qu'ils, elles suffisent	qu'ils, elles confisent	qu'ils, elles disent	qu'ils, elles contredisent
SUBJ. imparfait	qu'il, elle écrivît	qu'il, elle suffît	qu'il, elle confît	qu'il, elle dît	qu'il, elle contredît
	qu'ils, elles écrivissent	qu'ils, elles suffissent	qu'ils, elles confissent	qu'ils, elles dissent	qu'ils, elles contredissent
IMPÉRATIF	écris	suffis	confis	dis	contredis
	écrivons	suffisons	confisons	disons	contredisons
	écrivez	suffisez	confisez	dites	contredisez
PART. présent	écrivant	suffisant	confisant	disant	contredisant
PART. passé	écrit, e	suffi	confit, e	dit, e	contredit, e

(1) *Circoncire* se conjugue comme *confire*, mais son participe passé est *circoncis, circoncise*.

	104 **maudire**	105 **bruire** (1)	106 **lire**	107 **croire**	108 **boire**
IND. présent	je maudis	je bruis	je lis	je crois	je bois
	tu maudis	tu bruis	tu lis	tu crois	tu bois
	il, elle maudit	il, elle bruit	il, elle lit	il, elle croit	il, elle boit
	nous maudissons	*inusité*	nous lisons	nous croyons	nous buvons
	vous maudissez		vous lisez	vous croyez	vous buvez
	ils, elles maudissent		ils, elles lisent	ils, elles croient	ils, elles boivent
IND. imparfait	il, elle maudissait	il, elle bruyait	il, elle lisait	il, elle croyait	il, elle buvait
IND. passé s.	il, elle maudit	*inusité*	il, elle lut	il, elle crut	il, elle but
	ils, elles maudirent		ils, elles lurent	ils, elles crurent	ils, elles burent
IND. futur	je maudirai	je bruirai	je lirai	je croirai	je boirai
	il, elle maudira	il, elle bruira	il, elle lira	il, elle croira	il, elle boira
COND. présent	je maudirais	je bruirais	je lirais	je croirais	je boirais
	il, elle maudirait	il, elle bruirait	il, elle lirait	il, elle croirait	il, elle boirait
SUBJ. présent	que je maudisse	*inusité*	que je lise	que je croie	que je boive
	qu'il, elle maudisse		qu'il, elle lise	qu'il, elle croie	qu'il, elle boive
	que nous maudissions		que nous lisions	que nous croyions	que nous buvions
	qu'ils, elles maudissent		qu'ils, elles lisent	qu'ils, elles croient	qu'ils, elles boivent
SUBJ. imparfait	qu'il, elle maudît	*inusité*	qu'il, elle lût	qu'il, elle crût	qu'il, elle bût
	qu'ils, elles maudissent		qu'ils, elles lussent	qu'ils, elles crussent	qu'ils, elles bussent
IMPÉRATIF	maudis	*inusité*	lis	crois	bois
	maudissons		lisons	croyons	buvons
	maudissez		lisez	croyez	buvez
PART. présent	maudissant	*inusité*	lisant	croyant	buvant
PART. passé	maudit, e	bruit	lu, e	cru, e	bu, e

(1) Traditionnellement, *bruire* ne connaît que les formes de l'indicatif présent, imparfait (*je bruyais, tu bruyais,* etc.), futur, et les formes du conditionnel ; *bruisser* (conjugaison 3) tend de plus en plus à supplanter *bruire,* en particulier dans toutes les formes défectives.

	109 **faire**	110 **plaire**	111 **taire**	112 **extraire**
IND. présent	je fais	je plais	je tais	j'extrais
	tu fais	tu plais	tu tais	tu extrais
	il, elle fait	il, elle plaît	il, elle tait	il, elle extrait
	nous faisons	nous plaisons	nous taisons	nous extrayons
	vous faites	vous plaisez	vous taisez	vous extrayez
	ils, elles font	ils, elles plaisent	ils, elles taisent	ils, elles extraient
IND. imparfait	il, elle faisait	il, elle plaisait	il, elle taisait	il, elle extrayait
IND. passé s.	il, elle fit	il, elle plut	il, elle tut	*inusité*
	ils, elles firent	ils, elles plurent	ils, elles turent	
IND. futur	je ferai	je plairai	je tairai	j'extrairai
	il, elle fera	il, elle plaira	il, elle taira	il, elle extraira
COND. présent	je ferais	je plairais	je tairais	j'extrairais
	il, elle ferait	il, elle plairait	il, elle tairait	il, elle extrairait
SUBJ. présent	que je fasse	que je plaise	que je taise	que j'extraie
	qu'il, elle fasse	qu'il, elle plaise	qu'il, elle taise	qu'il, elle extraie
	que nous fassions	que nous plaisions	que nous taisions	que nous extrayions
	qu'ils, elles fassent	qu'ils, elles plaisent	qu'ils, elles taisent	qu'ils, elles extraient
SUBJ. imparfait	qu'il, elle fît	qu'il, elle plût	qu'il, elle tût	*inusité*
	qu'ils, elles fissent	qu'ils, elles plussent	qu'ils, elles tussent	
IMPÉRATIF	fais	plais	tais	extrais
	faisons	plaisons	taisons	extrayons
	faites	plaisez	taisez	extrayez
PART. présent	faisant	plaisant	taisant	extrayant
PART. passé	fait, e	plu	tu, e	extrait, e

	113 **clore** (1)	114 **vaincre**	115 **frire**	116 **foutre**
IND. présent	je clos	je vaincs	je fris	je fous
	tu clos	tu vaincs	tu fris	tu fous
	il, elle clôt	il, elle vainc	il, elle frit	il, elle fout
	nous closons	nous vainquons	*inusité*	nous foutons
	vous closez	vous vainquez		vous foutez
	ils, elles closent	ils, elles vainquent		ils, elles foutent
IND. imparfait	*inusité*	il, elle vainquait	*inusité*	il, elle foutait
IND. passé s.	*inusité*	il, elle vainquit	*inusité*	*inusité*
		ils, elles vainquirent		
IND. futur	je clorai	je vaincrai	je frirai	je foutrai
	il, elle clora	il, elle vaincra	il, elle frira	il, elle foutra
COND. présent	je clorais	je vaincrais	je frirais	je foutrais
	il, elle clorait	il, elle vaincrait	il, elle frirait	il, elle foutrait
SUBJ. présent	que je close	que je vainque	*inusité*	que je foute
	qu'il, elle close	qu'il, elle vainque		qu'il, elle foute
	que nous closions	que nous vainquions		que nous foutions
	qu'ils, elles closent	qu'ils, elles vainquent		qu'ils, elles foutent
SUBJ. imparfait	*inusité*	qu'il, elle vainquît	*inusité*	*inusité*
		qu'ils, elles vainquissent		
IMPÉRATIF	clos	vaincs	fris	fous
	inusité	vainquons	*inusité*	foutons
		vainquez		foutez
PART. présent	closant	vainquant	*inusité*	foutant
PART. passé	clos, e	vaincu, e	frit, e	foutu, e

(1) *Déclore, éclore, enclore* se conjuguent comme *clore,* mais l'Académie préconise *il, elle éclot, il, elle enclot* (sans accent circonflexe). Le verbe *enclore* possède les formes *nous enclosons, vous enclosez* et *enclosons, enclosez.*

English Irregular Verbs

Infinitive	Past Tense	Past Participle
arise	arose	arisen
awake	awoke	awoken
be	was, were	been
bear	bore	borne
beat	beat	beaten
become	became	become
befall	befell	befallen
begin	began	begun
behold	beheld	beheld
bend	bent	bent
beseech	besought	besought
beset	beset	beset
bet	bet, betted	bet, betted
bid	bid, bade	bid, bidden
bind	bound	bound
bite	bit	bitten
bleed	bled	bled
blow	blew	blown
break	broke	broken
breed	bred	bred
bring	brought	brought
build	built	built
burn	burnt, burned	burnt, burned
burst	burst	burst
buy	bought	bought
can	could	—
cast	cast	cast
catch	caught	caught
choose	chose	chosen
cling	clung	clung
come	came	come
cost	cost	cost
creep	crept	crept
cut	cut	cut
deal	dealt	dealt
dig	dug	dug
do	did	done
draw	drew	drawn
dream	dreamed, dreamt	dreamed, dreamt
drink	drank	drunk
drive	drove	driven
dwell	dwelt, dwelled	dwelt, dwelled
eat	ate	eaten
fall	fell	fallen
feed	fed	fed
feel	felt	felt
fight	fought	fought
find	found	found
flee	fled	fled
fling	flung	flung
fly	flew	flown
forbear	forbore	forborne
forbid	forbade	forbidden
forecast	forecast	forecast
forego	forewent	foregone
foresee	foresaw	foreseen
foretell	foretold	foretold
forget	forgot	forgotten
forgive	forgave	forgiven
forsake	forsook	forsaken
freeze	froze	frozen
get	got	got (*Am* gotten)
give	gave	given
go	went	gone
grind	ground	ground
grow	grew	grown
hang	hung, hanged	hung, hanged
have	had	had
hear	heard	heard
hide	hid	hidden
hit	hit	hit
hold	held	held
hurt	hurt	hurt
keep	kept	kept
kneel	knelt, kneeled	knelt, kneeled
know	knew	known
lay	laid	laid
lead	led	led
lean	leant, leaned	leant, leaned
leap	leapt, leaped	leapt, leaped
learn	learnt, learned	learnt, learned
leave	left	left
lend	lent	lent
let	let	let
lie	lay	lain
light	lit, lighted	lit, lighted
lose	lost	lost
make	made	made
may	might	—
mean	meant	meant
meet	met	met
mistake	mistook	mistaken
mow	mowed	mown, mowed
pay	paid	paid
put	put	put
quit	quit, quitted	quit, quitted
read	read	read
rend	rent	rent
rid	rid	rid
ride	rode	ridden
ring	rang	rung
rise	rose	risen
run	ran	run
saw	sawed	sawn
say	said	said
see	saw	seen
seek	sought	sought
sell	sold	sold
send	sent	sent

Infinitive	Past Tense	Past Participle
set	set	set
shake	shook	shaken
shall	should	—
shear	sheared	shorn, sheared
shed	shed	shed
shine	shone	shone
shoot	shot	shot
show	showed	shown
shrink	shrank	shrunk
shut	shut	shut
sing	sang	sung
sink	sank	sunk
sit	sat	sat
slay	slew	slain
sleep	slept	slept
slide	slid	slid
sling	slung	slung
slink	slunk	slunk
slit	slit	slit
smell	smelt, smelled	smelt, smelled
sow	sowed	sown, sowed
speak	spoke	spoken
speed	sped, speeded	sped, speeded
spell	spelt, spelled	spelt, spelled
spend	spent	spent
spill	spilt, spilled	spilt, spilled
spin	spun	spun
spit	spat	spat
split	split	split
spoil	spoiled, spoilt	spoiled, spoilt
spread	spread	spread
spring	sprang	sprung
stand	stood	stood
steal	stole	stolen
stick	stuck	stuck
sting	stung	stung
stink	stank	stunk
stride	strode	stridden
strike	struck	struck, stricken
strive	strove	striven
swear	swore	sworn
sweep	swept	swept
swell	swelled	swollen, swelled
swim	swam	swum
swing	swung	swung
take	took	taken
teach	taught	taught
tear	tore	torn
tell	told	told
think	thought	thought
throw	threw	thrown
thrust	thrust	thrust
tread	trod	trodden
upset	upset	upset
wake	woke	woken
waylay	waylaid	waylaid
wear	wore	worn
weave	wove, weaved	woven, weaved
wed	wedded	wedded
weep	wept	wept
wet	wetted, wet	wetted, wet
will	would	—
win	won	won
wind	wound	wound
withdraw	withdrew	withdrawn
withhold	withheld	withheld
withstand	withstood	withstood
wring	wrung	wrung
write	wrote	written

ATLAS

Sommaire
Contents

THE ENGLISH-SPEAKING WORLD
L'ANGLOPHONIE 2

LA FRANCOPHONIE
THE FRENCH-SPEAKING WORLD 3

BRITISH ISLES - ADMINISTRATIVE DIVISIONS
ÎLES BRITANNIQUES - DIVISIONS ADMINISTRATIVES 4

AUSTRALIA - ADMINISTRATIVE DIVISIONS
AUSTRALIE - DIVISIONS ADMINISTRATIVES 5

NEW ZEALAND - ADMINISTRATIVE DIVISIONS
NOUVELLE-ZÉLANDE - DIVISIONS ADMINISTRATIVES 5

CANADA - ADMINISTRATIVE DIVISIONS
CANADA - DIVISIONS ADMINISTRATIVES 6

UNITED STATES OF AMERICA - ADMINISTRATIVE DIVISIONS
ÉTATS-UNIS D'AMÉRIQUE - DIVISIONS ADMINISTRATIVES 7

UNITED KINGDOM - NATIONAL HERITAGE
ROYAUME-UNI - PATRIMOINE 8

UNITED STATES OF AMERICA - NATIONAL HERITAGE
ÉTATS-UNIS D'AMÉRIQUE - PATRIMOINE 9

LONDON
LONDRES 10

NEW YORK (AND MANHATTAN)
NEW YORK (ET MANHATTAN) 10

PARIS
PARIS 11

MONTRÉAL
MONTREAL 11

FRANCE - DIVISIONS ADMINISTRATIVES
FRANCE - ADMINISTRATIVE DIVISIONS 12

FRANCE - PATRIMOINE
FRANCE - NATIONAL HERITAGE 13

BELGIQUE - PROVINCES ET RÉGIONS LINGUISTIQUES
BELGIUM - PROVINCES AND LINGUISTIC REGIONS 14

SUISSE - CANTONS ET RÉGIONS LINGUISTIQUES
SWITZERLAND - CANTONS AND LINGUISTIC REGIONS 14

FRANCE - LANGUES, PARLERS ET DIALECTES
FRANCE - LANGUAGES AND DIALECTS 15

CANADA - LANGUES MATERNELLES
CANADA - MOTHER TONGUES 15

AFRIQUE - LANGUES OFFICIELLES ET NATIONALES
AFRICA - OFFICIAL AND NATIONAL LANGUAGES 16

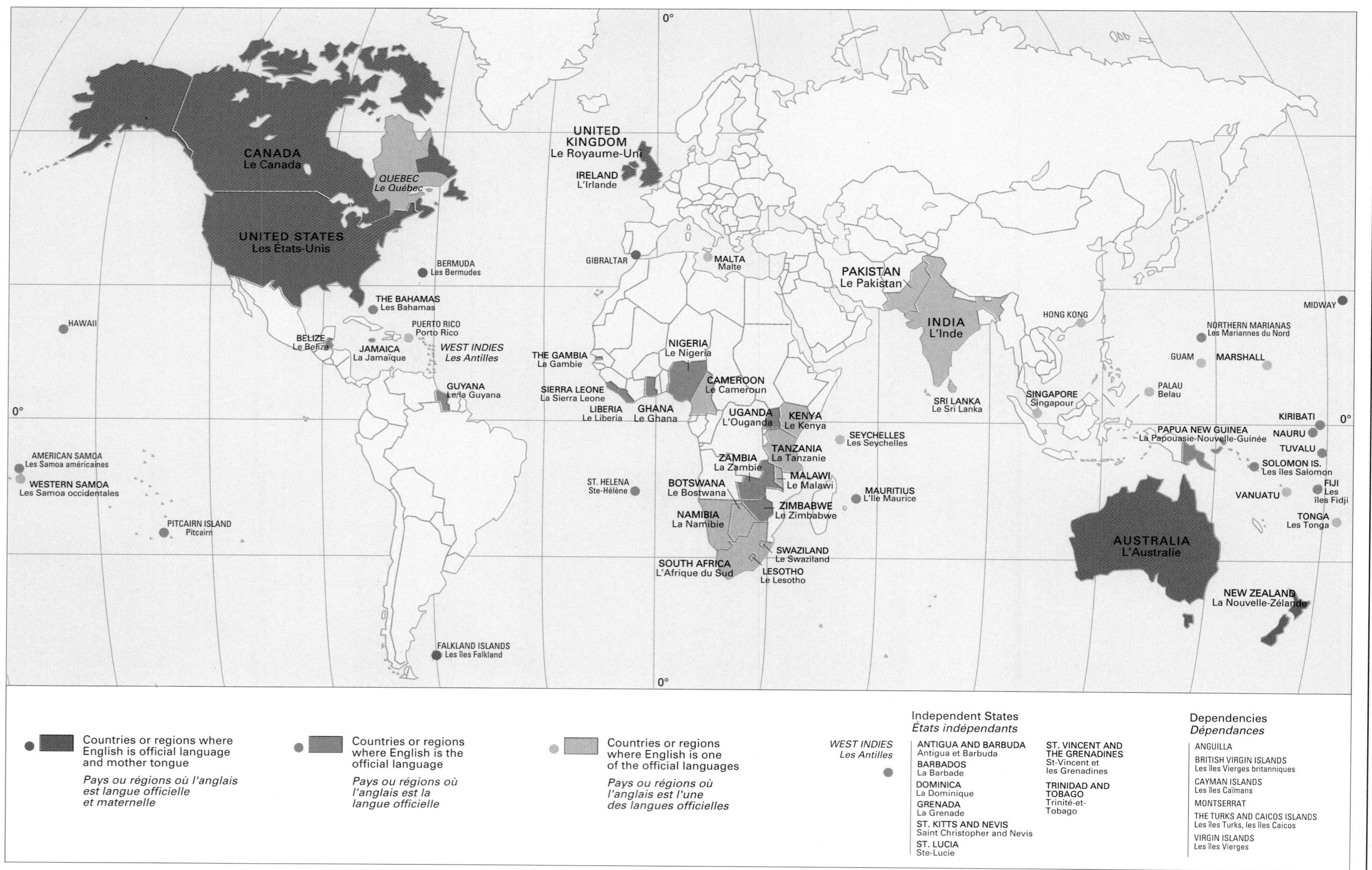
CANADA
Le Canada
QUEBEC
Le Québec
UNITED STATES
Les États-Unis
HAWAII
AMERICAN SAMOA
Les Samoa américaines
WESTERN SAMOA
Les Samoa occidentales
PITCAIRN ISLAND
Pitcairn
BERMUDA
Les Bermudes
THE BAHAMAS
Les Bahamas
BELIZE
Le Belize
PUERTO RICO
Porto Rico
JAMAICA
La Jamaïque
WEST INDIES
Les Antilles
GUYANA
La Guyana
FALKLAND ISLANDS
Les îles Falkland
UNITED KINGDOM
Le Royaume-Uni
IRELAND
L'Irlande
GIBRALTAR
MALTA
Malte
THE GAMBIA
La Gambie
SIERRA LEONE
La Sierra Leone
LIBERIA
Le Liberia
GHANA
Le Ghana
NIGERIA
Le Nigeria
CAMEROON
Le Cameroun
ST. HELENA
Ste-Hélène
UGANDA
L'Ouganda
KENYA
Le Kenya
TANZANIA
La Tanzanie
ZAMBIA
La Zambie
MALAWI
Le Malawi
BOTSWANA
Le Bostwana
ZIMBABWE
Le Zimbabwe
NAMIBIA
La Namibie
SWAZILAND
Le Swaziland
SOUTH AFRICA
L'Afrique du Sud
LESOTHO
Le Lesotho
SEYCHELLES
Les Seychelles
MAURITIUS
L'île Maurice
PAKISTAN
Le Pakistan
INDIA
L'Inde
SRI LANKA
Le Sri Lanka
HONG KONG
SINGAPORE
Singapour
NORTHERN MARIANAS
Les Mariannes du Nord
GUAM
MARSHALL
PALAU
Belau
MIDWAY
KIRIBATI
NAURU
TUVALU
PAPUA NEW GUINEA
La Papouasie-Nouvelle-Guinée
SOLOMON IS.
Les îles Salomon
FIJI
Les îles Fidji
VANUATU
TONGA
Les Tonga
AUSTRALIA
L'Australie
NEW ZEALAND
La Nouvelle-Zélande
0°
Countries or regions where English is official language and mother tongue
Pays ou régions où l'anglais est langue officielle et maternelle
Countries or regions where English is the official language
Pays ou régions où l'anglais est la langue officielle
Countries or regions where English is one of the official languages
Pays ou régions où l'anglais est l'une des langues officielles
WEST INDIES
Les Antilles
Independent States
États indépendants
ANTIGUA AND BARBUDA
Antigua et Barbuda
BARBADOS
La Barbade
DOMINICA
La Dominique
GRENADA
La Grenade
ST. KITTS AND NEVIS
Saint Christopher and Nevis
ST. LUCIA
Ste-Lucie
ST. VINCENT AND THE GRENADINES
St-Vincent et les Grenadines
TRINIDAD AND TOBAGO
Trinité-et-Tobago
Dependencies
Dépendances
ANGUILLA
BRITISH VIRGIN ISLANDS
Les îles Vierges britanniques
CAYMAN ISLANDS
Les îles Caïmans
MONTSERRAT
THE TURKS AND CAICOS ISLANDS
Les îles Turks, les îles Caicos
VIRGIN ISLANDS
Les îles Vierges

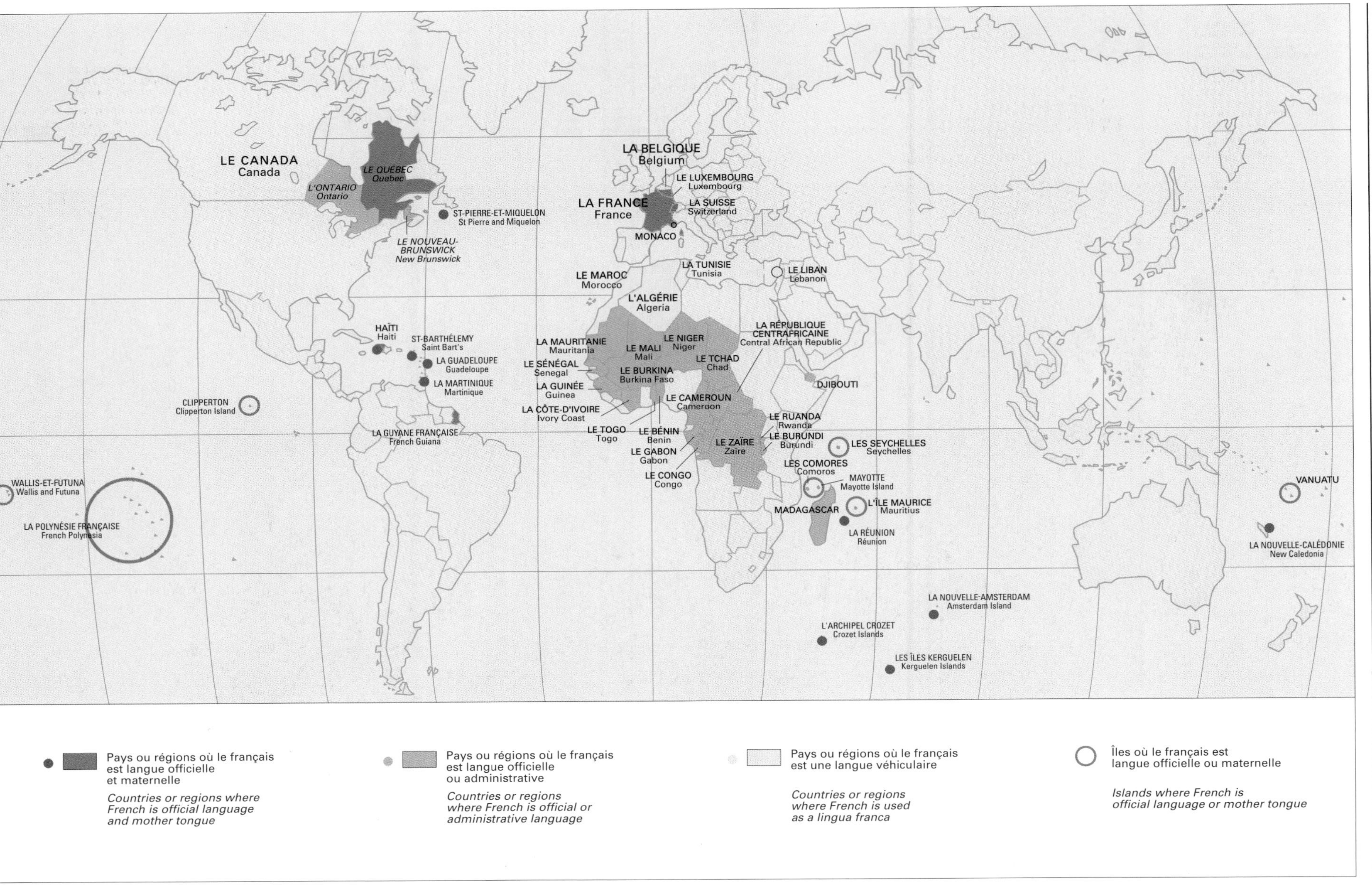
LE CANADA
Canada
L'ONTARIO
Ontario
LE QUÉBEC
Quebec
ST-PIERRE-ET-MIQUELON
St Pierre and Miquelon
LE NOUVEAU-BRUNSWICK
New Brunswick
LA BELGIQUE
Belgium
LE LUXEMBOURG
Luxembourg
LA FRANCE
France
LA SUISSE
Switzerland
MONACO
LA TUNISIE
Tunisia
LE LIBAN
Lebanon
LE MAROC
Morocco
L'ALGÉRIE
Algeria
HAÏTI
Haiti
ST-BARTHÉLEMY
Saint Bart's
LA GUADELOUPE
Guadeloupe
LA MARTINIQUE
Martinique
CLIPPERTON
Clipperton Island
LA GUYANE FRANÇAISE
French Guiana
LA MAURITANIE
Mauritania
LE SÉNÉGAL
Senegal
LA GUINÉE
Guinea
LA CÔTE-D'IVOIRE
Ivory Coast
LE MALI
Mali
LE NIGER
Niger
LE BURKINA
Burkina Faso
LE TCHAD
Chad
LA RÉPUBLIQUE CENTRAFRICAINE
Central African Republic
DJIBOUTI
LE CAMEROUN
Cameroon
LE TOGO
Togo
LE BÉNIN
Benin
LE GABON
Gabon
LE CONGO
Congo
LE ZAÏRE
Zaïre
LE RUANDA
Rwanda
LE BURUNDI
Burundi
LES SEYCHELLES
Seychelles
LES COMORES
Comoros
MAYOTTE
Mayotte Island
MADAGASCAR
L'ÎLE MAURICE
Mauritius
LA RÉUNION
Réunion
WALLIS-ET-FUTUNA
Wallis and Futuna
LA POLYNÉSIE FRANÇAISE
French Polynesia
VANUATU
LA NOUVELLE-CALÉDONIE
New Caledonia
LA NOUVELLE-AMSTERDAM
Amsterdam Island
L'ARCHIPEL CROZET
Crozet Islands
LES ÎLES KERGUELEN
Kerguelen Islands
Pays ou régions où le français est langue officielle et maternelle
Countries or regions where French is official language and mother tongue
Pays ou régions où le français est langue officielle ou administrative
Countries or regions where French is official or administrative language
Pays ou régions où le français est une langue véhiculaire
Countries or regions where French is used as a lingua franca
Îles où le français est langue officielle ou maternelle
Islands where French is official language or mother tongue

BRITISH ISLES – ADMINISTRATIVE DIVISIONS
ÎLES BRITANNIQUES – DIVISIONS ADMINISTRATIVES

8°
4°
0°
2°
58°
56°
54°
52°
50°
60°
ORKNEY ISLANDS
Îles Orcades
SHETLAND ISLANDS
Îles Shetland
WESTERN ISLES
HIGHLAND
GRAMPIAN
Scotland
Écosse
Ben Nevis
▲ 4406 ft
1344 m
TAYSIDE
FIFE
CENTRAL
Edinburgh
Édimbourg
LOTHIAN
Glasgow
STRATHCLYDE
BORDERS
DUMFRIES AND GALLOWAY
NORTHUMBERLAND
T.W.
DURHAM
CLEVELAND
CUMBRIA
NORTH YORKSHIRE
NORTH SEA
MER DU NORD
UNITED KINGDOM
ROYAUME-UNI
England
Angleterre
ATLANTIC OCEAN
OCÉAN ATLANTIQUE
Northern Ireland
Irlande du Nord
North Channel
Canal du Nord
DONEGAL
Ulster
IRELAND
IRLANDE
Belfast
LEITRIM
SLIGO
MONAGHAN
CAVAN
LOUTH
MAYO
ROSCOMMON
LONGFORD
Connacht
Connaught
MEATH
GALWAY
WESTMEATH
DUBLIN
OFFALY
Leinster
Shannon
KILDARE
CLARE
LAOIGHIS
WICKLOW
TIPPERARY Nth RIDING
CARLOW
KILKENNY
LIMERICK
TIPPERARY Sth RIDING
WEXFORD
Munster
KERRY
CORK
WATERFORD
Cork
St. George's Channel
Canal St-George
Isle of Man
Île de Man
Irish Sea
Mer d'Irlande
LANCASHIRE
Leeds
W.Y.
HUMBERSIDE
Manchester
G.M.
S.Y.
Sheffield
Liverpool
M.
LINCOLNSHIRE
CLWYD
CHESHIRE
DERBYSHIRE
NOTTINGHAM-SHIRE
GWYNEDD
STAFFORD-SHIRE
LEICESTERSHIRE
NORFOLK
SHROPSHIRE
Wales
Pays de Galles
Birmingham
W.M.
CAMBRIDGE-SHIRE
NORTHAMPTON-SHIRE
SUFFOLK
WARWICK-SHIRE
Cambridge
POWYS
HEREFORD AND WORCESTER
BEDFORD-SHIRE
DYFED
OXFORD-SHIRE
HERTFORD-SHIRE
ESSEX
GLOUCESTER-SHIRE
BUCKINGHAM-SHIRE
Oxford
GWENT
W.G.
M.G.
Cardiff
G.L.
Thames
Tamise
S.G.
Bristol
LONDON
Londres
Bristol Channel
Canal de Bristol
AVON
WILTSHIRE
BERKSHIRE
SURREY
KENT
HAMPSHIRE
SOMERSET
WEST SUSSEX
EAST SUSSEX
DEVON
DORSET
CORNWALL AND ISLES OF SCILLY
Cornouailles et Îles Sorlingues
ISLE OF WIGHT
Île de Wight
ENGLISH CHANNEL
MANCHE
State capital
Capitale d'État
Major city / Other cities
Ville importante / Autres villes
International boundary
Frontière internationale
Provincial or national boundary
Limite de pays ou de province
County, district or regional boundary
Limite de comté, de district ou de région
W.G. WEST GLAMORGAN
M.G. MID-GLAMORGAN
S.G. SOUTH GLAMORGAN
200 500 m
100 km
Metropolitain counties
Comtés urbains
G.L. GREATER LONDON
Grand Londres
G.M. GREATER MANCHESTER
Grand Manchester
M. MERSEYSIDE
S.Y. SOUTH YORKSHIRE
T.W. TYNE AND WEAR
W.M. WEST MIDLANDS
W.Y. WEST YORKSHIRE
Districts of NORTHERN IRELAND
Districts de l'Irlande du Nord
1 DERRY
2 LIMAVADY
3 COLERAINE
4 BALLYMONEY
5 MOYLE
6 LARNE
7 BALLYMENA
8 MAGHERAFELT
9 COOKSTOWN
10 STRABANE
11 OMAGH
12 FERMANAGH
13 DUNGANNON
14 CRAIGAVON
15 ARMAGH
16 NEWRY AND MOURNE
17 BANBRIDGE
18 DOWN
19 LISBURN
20 ANTRIM
21 NEWTOWNABBEY
22 CARRICKFERGUS
23 NORTH DOWN
24 ARDS
25 CASTLEREAGH
26 BELFAST

AUSTRALIA – ADMINISTRATIVE DIVISIONS
AUSTRALIE – DIVISIONS ADMINISTRATIVES

120°
130°
140°
150°
10°
20°
30°
ARAFURA SEA
MER D'ARAFURA
Torres Strait
Détroit de Torres
Melville Island
Île Melville
Cape York
Cap York
TIMOR SEA
MER DE TIMOR
Darwin
Gulf of
Carpentaria
Golfe de
Carpentarie
PACIFIC OCEAN
OCÉAN PACIFIQUE
Great Barrier Reef
Grande Barrière
CORAL SEA
MER DE CORAIL
INDIAN OCEAN
OCÉAN INDIEN
NORTHERN TERRITORY
TERRITOIRE DU NORD
Mount Isa
Great Sandy Desert
Great Dividing Range
QUEENSLAND
Alice Springs
Rockhampton
Gibson Desert
Désert de Gibson
Simpson Desert
Désert de Simpson
WESTERN AUSTRALIA
AUSTRALIE-OCCIDENTALE
Dirk Hartog Island
Île Dirk Hartog
Great Victoria Desert
Grand Désert Victoria
Lake Eyre
Lac Eyre
Brisbane
SOUTH AUSTRALIA
AUSTRALIE-MÉRIDIONALE
Nullarbor Plain
Plaine de Nullarbor
Darling
NEW SOUTH WALES
NOUVELLE-GALLES DU SUD
Perth
Fremantle
Newcastle
Great Australian Bight
Grande Baie Australienne
Adelaide
Adélaïde
Sydney
CANBERRA
Wollongong
Murray
A.C.T.
Kangaroo Island
Île Kangaroo
VICTORIA
Mount Kosciusko
7310 ft
Mont Kosciusko
2228 m
Melbourne
Geelong
Bass Strait
Détroit de Bass
Furneaux Group
Îles Furneaux
TASMANIA
TASMANIE
TASMAN SEA
MER DE TASMAN
Hobart
Federal capital
Capitale fédérale
State or Territorial capital
Capitale d'État ou chef-lieu de Territoire
Perth Major city
Ville importante
Other cities
Autres villes
State or Territorial boundary
Limite d'État ou de Territoire
A.C.T. AUSTRALIAN CAPITAL TERRITORY
TERRITOIRE DE LA CAPITALE AUSTRALIENNE
200 500 m
600 km

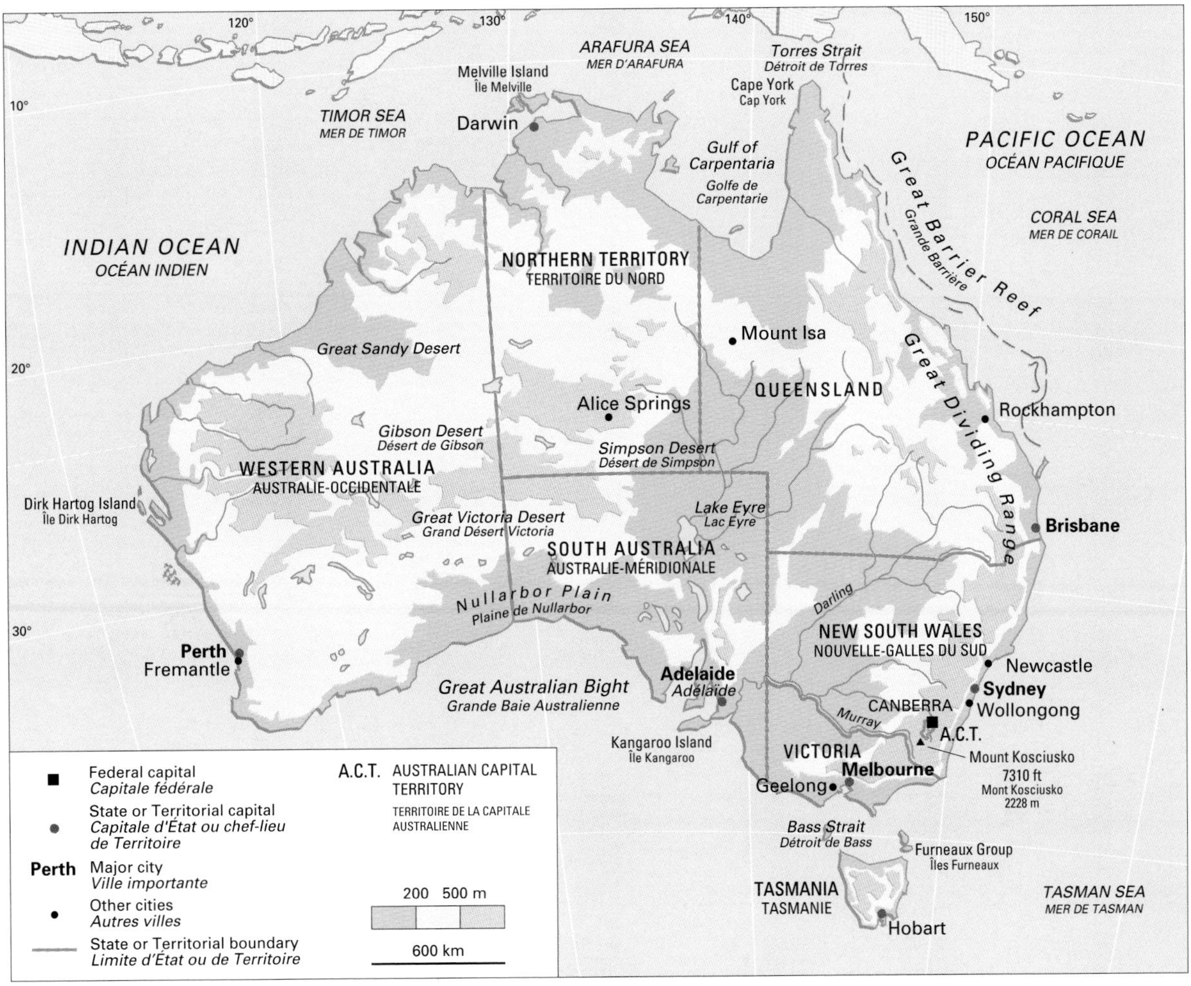

NEW ZEALAND – ADMINISTRATIVE DIVISIONS
NOUVELLE-ZÉLANDE – DIVISIONS ADMINISTRATIVES

164°
168°
172°
176°
180°
36°
40°
North Cape
Great Barrier Island
Île Great Barrier
Auckland
Hamilton
East Cape
TASMAN SEA
MER DE TASMAN
North Island
Île du Nord
Lake Taupo
Lac Taupo
Cape Farewell
Cap Farewell
WELLINGTON
South Island
Île du Sud
Cook Strait
Détroit de Cook
PACIFIC OCEAN
OCÉAN PACIFIQUE
Mount Cook
12316 ft
Mont Cook
3754 m
Southern Alps
Alpes du Sud
Christchurch
Chatham Islands
Îles Chatham
Dunedin
Bounty Islands
Îles Bounty
Stewart Island
Île Stewart
Foveaux Strait
Détroit de Foveaux
State capital
Capitale d'État
Major city
Ville importante
Other cities
Autres villes
500 1000 m
300 km

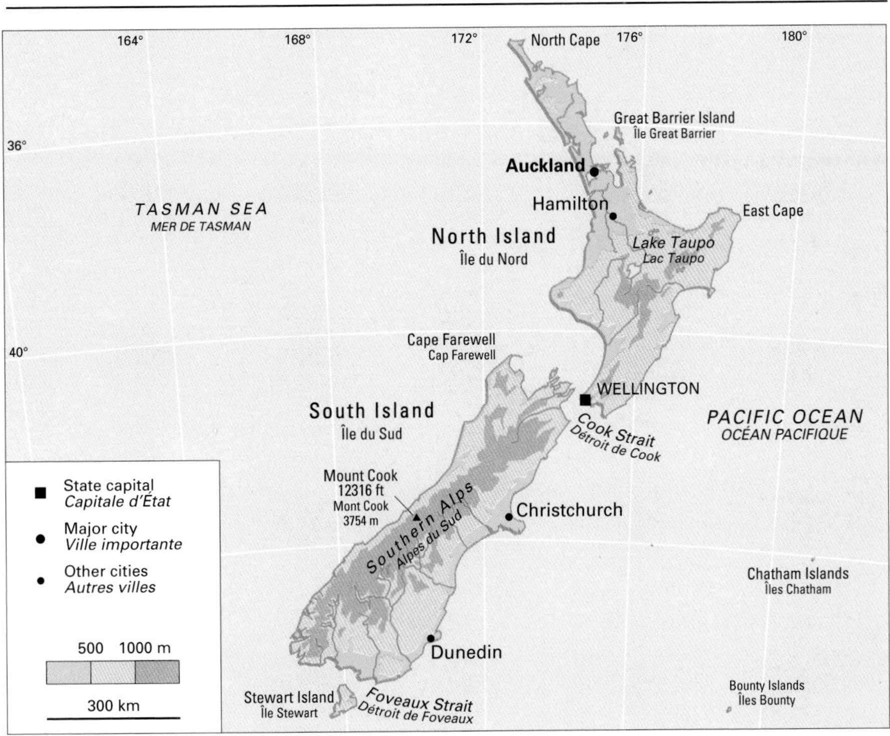

CANADA – ADMINISTRATIVE DIVISIONS
CANADA – DIVISIONS ADMINISTRATIVES

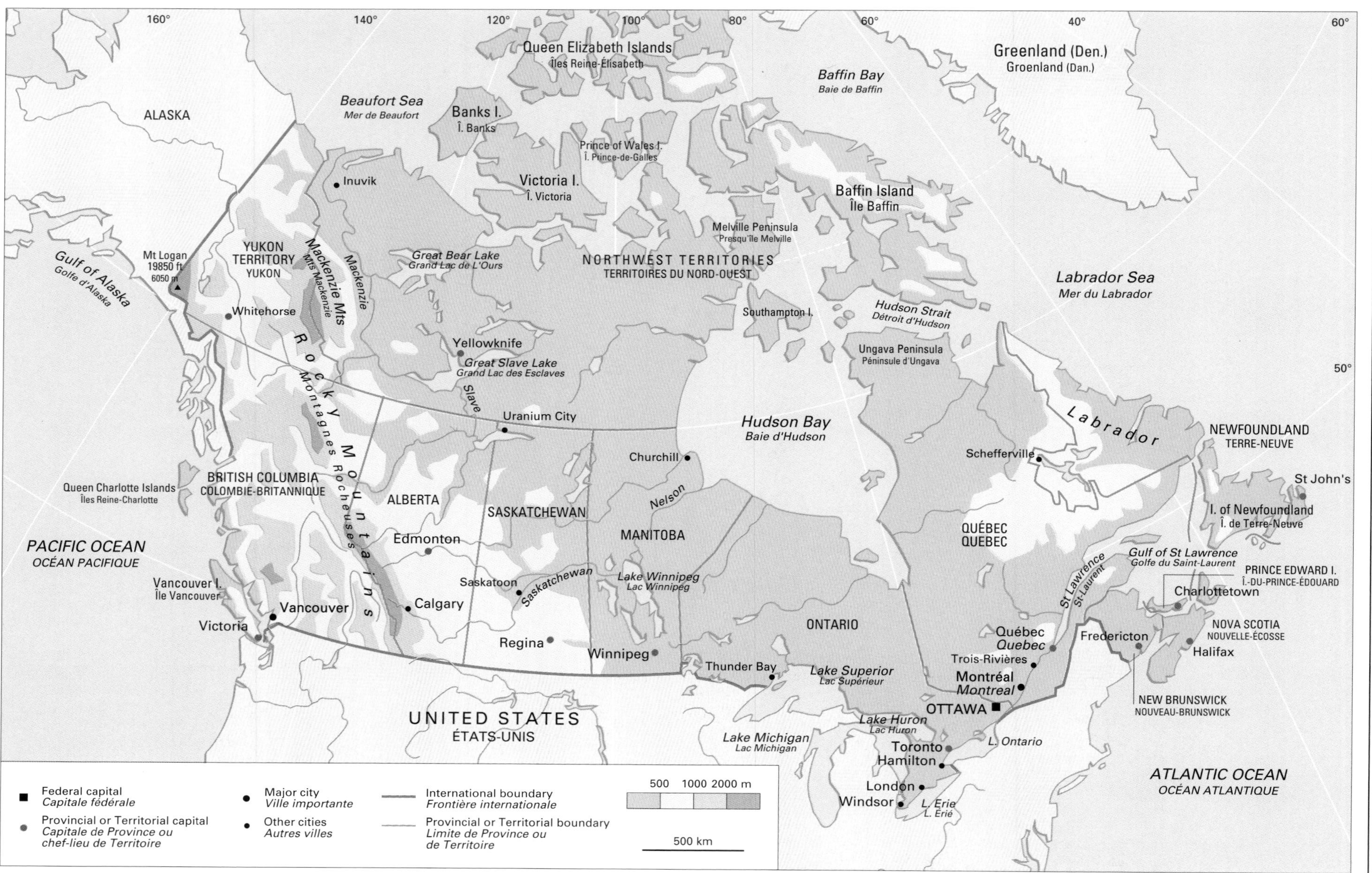
160°
140°
120°
100°
80°
60°
40°
60°
50°
Queen Elizabeth Islands
Îles Reine-Élisabeth
Greenland (Den.)
Groenland (Dan.)
Baffin Bay
Baie de Baffin
ALASKA
Beaufort Sea
Mer de Beaufort
Banks I.
Î. Banks
Prince of Wales I.
Î. Prince-de-Galles
Inuvik
Victoria I.
Î. Victoria
Baffin Island
Île Baffin
Melville Peninsula
Presqu'île Melville
Mt Logan
19850 ft
6050 m
YUKON TERRITORY
YUKON
Mackenzie Mts
Mts Mackenzie
Mackenzie
Great Bear Lake
Grand Lac de L'Ours
NORTHWEST TERRITORIES
TERRITOIRES DU NORD-OUEST
Labrador Sea
Mer du Labrador
Gulf of Alaska
Golfe d'Alaska
Whitehorse
Southampton I.
Hudson Strait
Détroit d'Hudson
Rocky Mountains
Montagnes Rocheuses
Yellowknife
Great Slave Lake
Grand Lac des Esclaves
Ungava Peninsula
Péninsule d'Ungava
Slave
Uranium City
Hudson Bay
Baie d'Hudson
Labrador
NEWFOUNDLAND
TERRE-NEUVE
Churchill
Schefferville
St John's
Queen Charlotte Islands
Îles Reine-Charlotte
BRITISH COLUMBIA
COLOMBIE-BRITANNIQUE
ALBERTA
SASKATCHEWAN
Nelson
MANITOBA
I. of Newfoundland
Î. de Terre-Neuve
QUÉBEC
QUEBEC
PACIFIC OCEAN
OCÉAN PACIFIQUE
Edmonton
Gulf of St Lawrence
Golfe du Saint-Laurent
PRINCE EDWARD I.
Î.-DU-PRINCE-ÉDOUARD
Vancouver I.
Île Vancouver
Saskatoon
Saskatchewan
Lake Winnipeg
Lac Winnipeg
St Lawrence
St-Laurent
Charlottetown
Vancouver
Calgary
Victoria
ONTARIO
Québec
Quebec
NOVA SCOTIA
NOUVELLE-ÉCOSSE
Fredericton
Regina
Winnipeg
Halifax
Thunder Bay
Lake Superior
Lac Supérieur
Trois-Rivières
Montréal
Montreal
OTTAWA
NEW BRUNSWICK
NOUVEAU-BRUNSWICK
UNITED STATES
ÉTATS-UNIS
Lake Huron
Lac Huron
Lake Michigan
Lac Michigan
L. Ontario
Toronto
Hamilton
ATLANTIC OCEAN
OCÉAN ATLANTIQUE
London
Windsor
L. Erie
L. Érié
Federal capital
Capitale fédérale
Provincial or Territorial capital
Capitale de Province ou chef-lieu de Territoire
Major city
Ville importante
Other cities
Autres villes
International boundary
Frontière internationale
Provincial or Territorial boundary
Limite de Province ou de Territoire
500 1000 2000 m
500 km

UNITED STATES OF AMERICA – ADMINISTRATIVE DIVISIONS
ÉTATS-UNIS D'AMÉRIQUE – DIVISIONS ADMINISTRATIVES

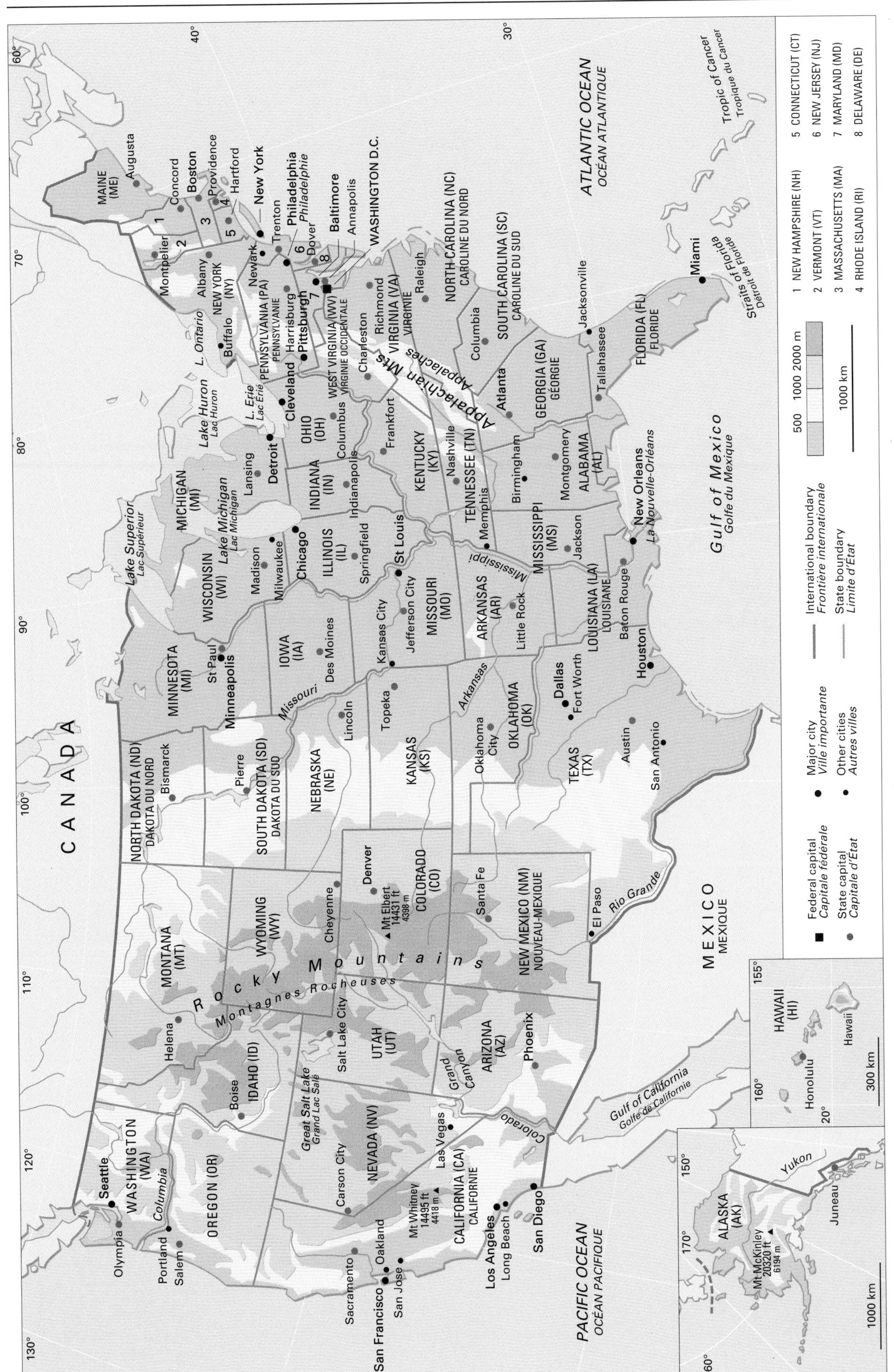

UNITED KINGDOM – NATIONAL HERITAGE
ROYAUME-UNI – PATRIMOINE

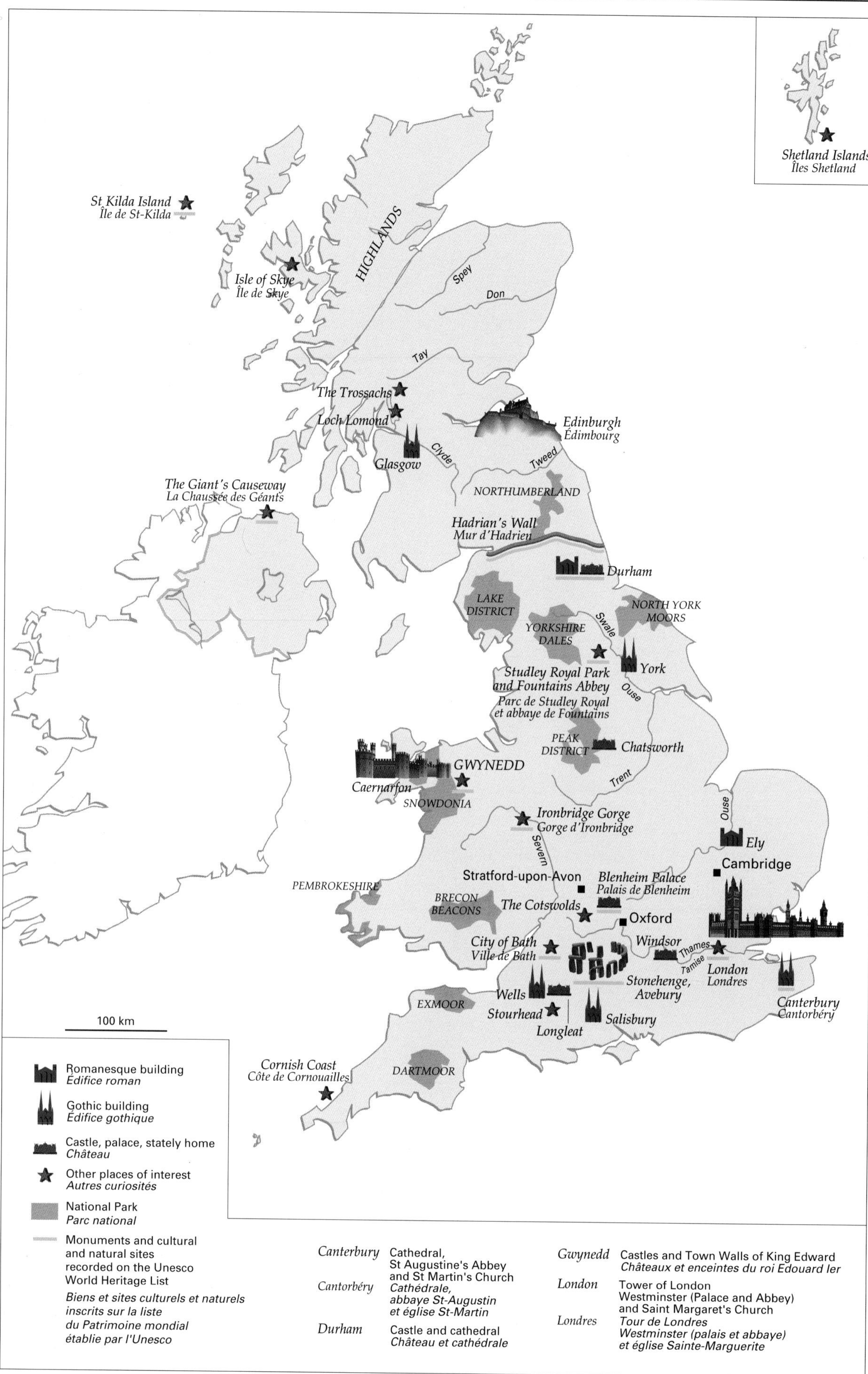
Shetland Islands
Îles Shetland
St Kilda Island
Île de St-Kilda
HIGHLANDS
Isle of Skye
Île de Skye
Spey
Don
Tay
The Trossachs
Loch Lomond
Glasgow
Clyde
Edinburgh
Édimbourg
Tweed
NORTHUMBERLAND
The Giant's Causeway
La Chaussée des Géants
Hadrian's Wall
Mur d'Hadrien
Durham
LAKE DISTRICT
NORTH YORK MOORS
YORKSHIRE DALES
Swale
York
Ouse
Studley Royal Park and Fountains Abbey
Parc de Studley Royal et abbaye de Fountains
PEAK DISTRICT
Chatsworth
Trent
GWYNEDD
Caernarfon
SNOWDONIA
Ironbridge Gorge
Gorge d'Ironbridge
Severn
Ouse
Ely
Cambridge
Stratford-upon-Avon
Blenheim Palace
Palais de Blenheim
PEMBROKESHIRE
BRECON BEACONS
The Cotswolds
Oxford
City of Bath
Ville de Bath
Windsor
Thames
Tamise
London
Londres
Stonehenge, Avebury
Wells
EXMOOR
Stourhead
Longleat
Salisbury
Canterbury
Cantorbéry
100 km
Cornish Coast
Côte de Cornouailles
DARTMOOR
Romanesque building
Édifice roman
Gothic building
Édifice gothique
Castle, palace, stately home
Château
Other places of interest
Autres curiosités
National Park
Parc national
Monuments and cultural and natural sites recorded on the Unesco World Heritage List
Biens et sites culturels et naturels inscrits sur la liste du Patrimoine mondial établie par l'Unesco
Canterbury Cathedral, St Augustine's Abbey and St Martin's Church
Cantorbéry Cathédrale, abbaye St-Augustin et église St-Martin
Durham Castle and cathedral
Château et cathédrale
Gwynedd Castles and Town Walls of King Edward
Châteaux et enceintes du roi Edouard Ier
London Tower of London Westminster (Palace and Abbey) and Saint Margaret's Church
Londres Tour de Londres Westminster (palais et abbaye) et église Sainte-Marguerite

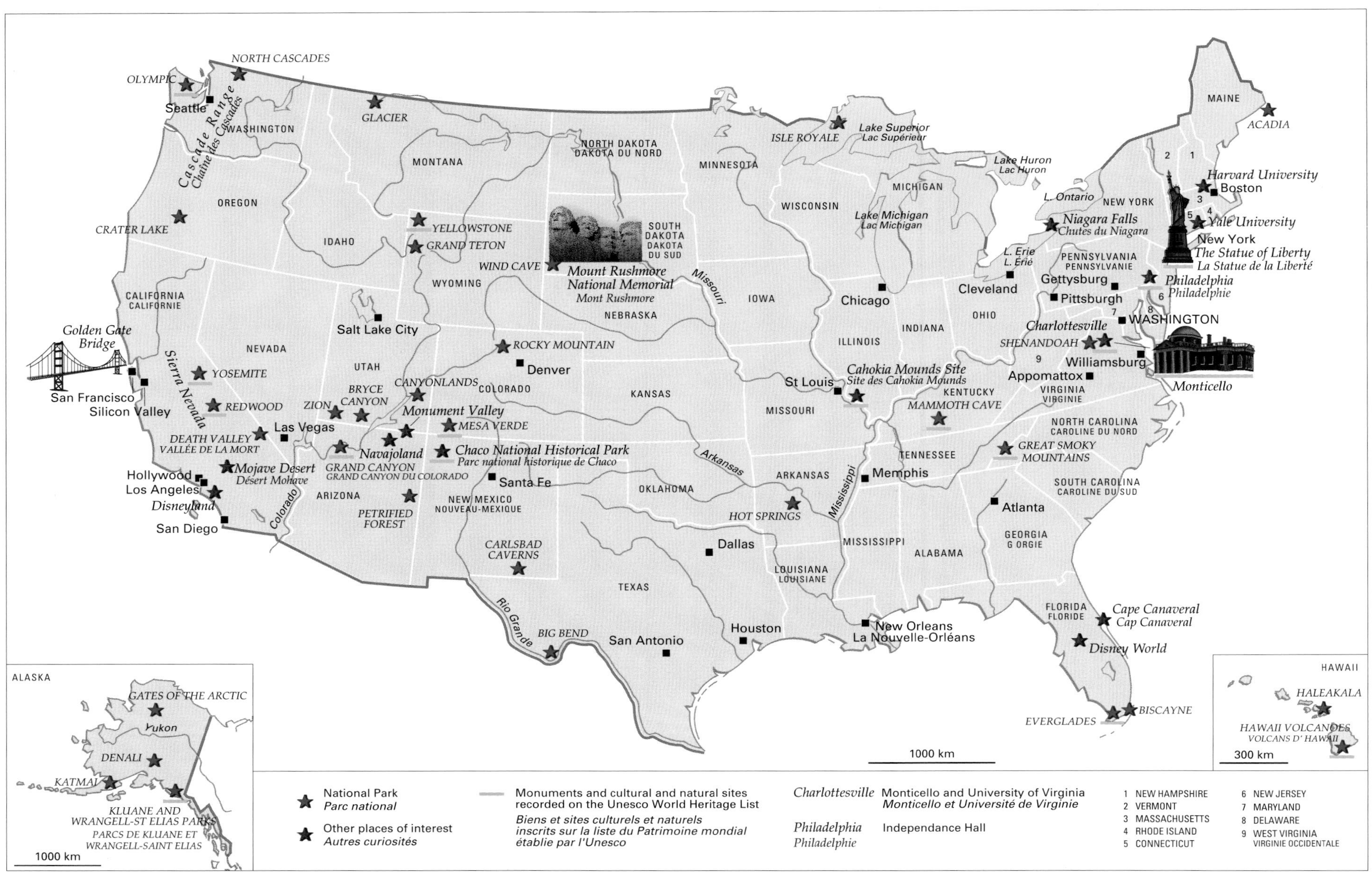
NORTH CASCADES
OLYMPIC
Seattle
Cascade Range
Chaîne des Cascades
WASHINGTON
GLACIER
MONTANA
NORTH DAKOTA
DAKOTA DU NORD
MINNESOTA
ISLE ROYALE
Lake Superior
Lac Supérieur
MAINE
ACADIA
Lake Huron
Lac Huron
Harvard University
Boston
L. Ontario
NEW YORK
MICHIGAN
WISCONSIN
Lake Michigan
Lac Michigan
Niagara Falls
Chutes du Niagara
Yale University
New York
The Statue of Liberty
La Statue de la Liberté
CRATER LAKE
OREGON
IDAHO
YELLOWSTONE
GRAND TETON
SOUTH DAKOTA
DAKOTA DU SUD
WIND CAVE
Mount Rushmore
National Memorial
Mont Rushmore
Missouri
IOWA
L. Erie
L. Érié
PENNSYLVANIA
PENNSYLVANIE
Gettysburg
Pittsburgh
Cleveland
Philadelphia
Philadelphie
WYOMING
CALIFORNIA
CALIFORNIE
NEBRASKA
Chicago
OHIO
WASHINGTON
Golden Gate
Bridge
Salt Lake City
INDIANA
Charlottesville
NEVADA
ILLINOIS
SHENANDOAH
ROCKY MOUNTAIN
UTAH
Denver
Williamsburg
Sierra Nevada
YOSEMITE
KANSAS
St Louis
Cahokia Mounds Site
Site des Cahokia Mounds
Appomattox
Monticello
San Francisco
Silicon Valley
BRYCE
CANYON
CANYONLANDS
COLORADO
KENTUCKY
VIRGINIA
VIRGINIE
REDWOOD
ZION
Monument Valley
MISSOURI
MAMMOTH CAVE
DEATH VALLEY
VALLÉE DE LA MORT
Las Vegas
MESA VERDE
NORTH CAROLINA
CAROLINE DU NORD
Navajoland
Chaco National Historical Park
Parc national historique de Chaco
Arkansas
TENNESSEE
GREAT SMOKY
MOUNTAINS
Hollywood
Los Angeles
Mojave Desert
Désert Mohave
GRAND CANYON
GRAND CANYON DU COLORADO
Santa Fe
ARKANSAS
Memphis
SOUTH CAROLINA
CAROLINE DU SUD
Disneyland
ARIZONA
NEW MEXICO
NOUVEAU-MEXIQUE
OKLAHOMA
Mississippi
Atlanta
San Diego
Colorado
PETRIFIED
FOREST
HOT SPRINGS
GEORGIA
GÉORGIE
CARLSBAD
CAVERNS
Dallas
MISSISSIPPI
ALABAMA
TEXAS
LOUISIANA
LOUISIANE
Rio Grande
FLORIDA
FLORIDE
Cape Canaveral
Cap Canaveral
BIG BEND
San Antonio
Houston
New Orleans
La Nouvelle-Orléans
Disney World
EVERGLADES
BISCAYNE
1000 km
HAWAII
HALEAKALA
HAWAII VOLCANOES
VOLCANS D'HAWAII
300 km
ALASKA
GATES OF THE ARCTIC
Yukon
DENALI
KATMAI
KLUANE AND
WRANGELL-ST ELIAS PARKS
PARCS DE KLUANE ET
WRANGELL-SAINT ELIAS
1000 km
National Park
Parc national
Other places of interest
Autres curiosités
Monuments and cultural and natural sites recorded on the Unesco World Heritage List
Biens et sites culturels et naturels inscrits sur la liste du Patrimoine mondial établie par l'Unesco
Charlottesville Monticello and University of Virginia
Monticello et Université de Virginie
Philadelphia Independance Hall
Philadelphie
1 NEW HAMPSHIRE
2 VERMONT
3 MASSACHUSETTS
4 RHODE ISLAND
5 CONNECTICUT
6 NEW JERSEY
7 MARYLAND
8 DELAWARE
9 WEST VIRGINIA
VIRGINIE OCCIDENTALE

LONDON
LONDRES

10

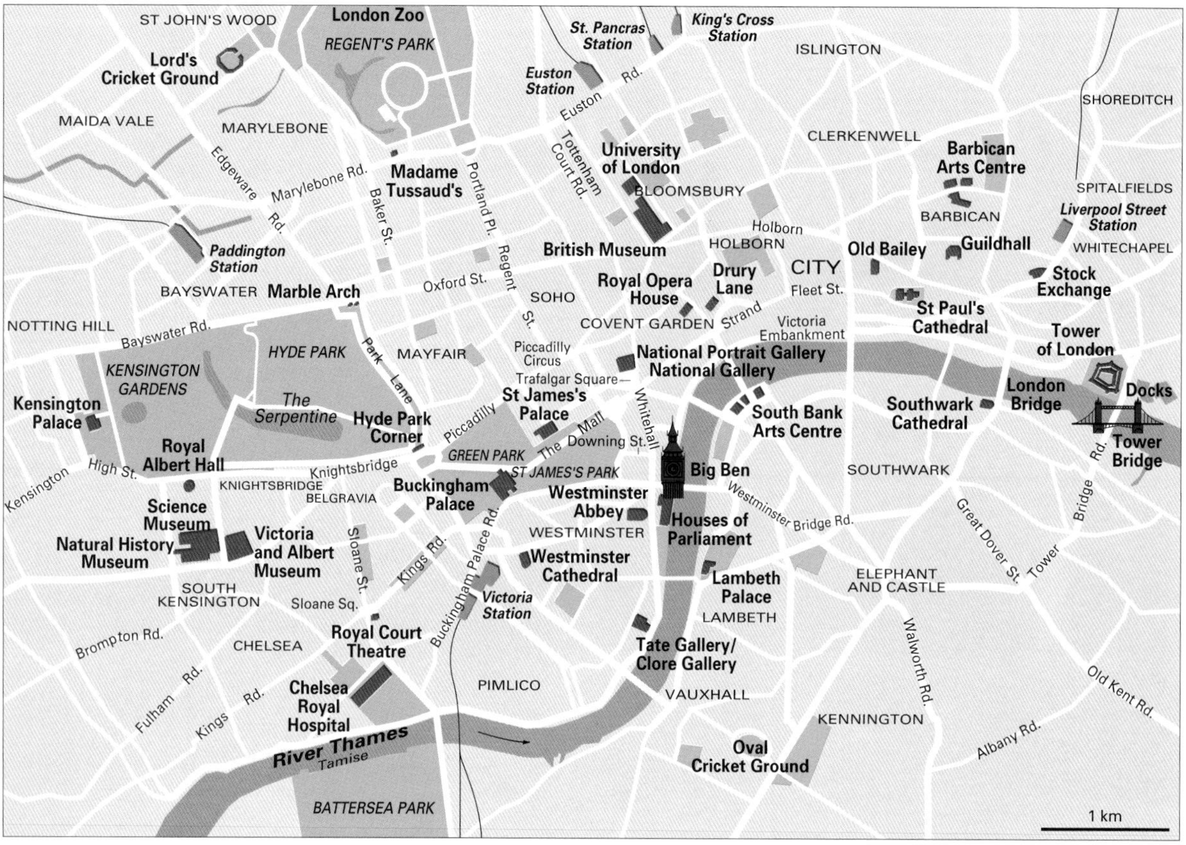

ST JOHN'S WOOD
London Zoo
REGENT'S PARK
St. Pancras Station
King's Cross Station
ISLINGTON
Lord's Cricket Ground
Euston Station
Euston Rd.
SHOREDITCH
MAIDA VALE
MARYLEBONE
University of London
CLERKENWELL
Barbican Arts Centre
Edgeware Rd.
Marylebone Rd.
Madame Tussaud's
Portland Pl.
Tottenham Court Rd.
BLOOMSBURY
Baker St.
SPITALFIELDS
BARBICAN
Liverpool Street Station
Holborn
HOLBORN
Paddington Station
Regent St.
British Museum
Old Bailey
Guildhall
WHITECHAPEL
Oxford St.
Drury Lane
CITY
Stock Exchange
BAYSWATER
Marble Arch
SOHO
Royal Opera House
Fleet St.
St Paul's Cathedral
NOTTING HILL
Bayswater Rd.
COVENT GARDEN
Strand
Victoria Embankment
Tower of London
HYDE PARK
Park Lane
MAYFAIR
Piccadilly Circus
National Portrait Gallery
National Gallery
KENSINGTON GARDENS
Trafalgar Square
London Bridge
Docks
Kensington Palace
The Serpentine
Hyde Park Corner
Piccadilly
St James's Palace
Whitehall
South Bank Arts Centre
Southwark Cathedral
The Mall
Downing St.
Tower Bridge
Royal Albert Hall
High St.
GREEN PARK
Kensington
Knightsbridge
ST JAMES'S PARK
Big Ben
SOUTHWARK
KNIGHTSBRIDGE
BELGRAVIA
Buckingham Palace
Westminster Abbey
Science Museum
Westminster Bridge Rd.
Houses of Parliament
Great Dover St.
Bridge Rd.
Tower Bridge
Natural History Museum
Victoria and Albert Museum
WESTMINSTER
Sloane St.
Kings Rd.
Buckingham Palace Rd.
Westminster Cathedral
Lambeth Palace
ELEPHANT AND CASTLE
SOUTH KENSINGTON
Sloane Sq.
Victoria Station
LAMBETH
Brompton Rd.
CHELSEA
Royal Court Theatre
Tate Gallery/ Clore Gallery
Walworth Rd.
Fulham Rd.
Kings Rd.
Chelsea Royal Hospital
PIMLICO
VAUXHALL
Old Kent Rd.
KENNINGTON
River Thames
Tamise
Oval Cricket Ground
Albany Rd.
BATTERSEA PARK
1 km

NEW YORK (AND MANHATTAN)
NEW YORK (ET MANHATTAN)

YONKERS
PATERSON
Long Island Sound
Teterboro Airport
Hudson River
BRONX
NEW JERSEY
MANHATTAN
East River
La Guardia Airport
NEWARK
JERSEY CITY
QUEENS
Newark International Airport
Newark Bay
Ellis Island
Statue of Liberty
Statue de la Liberté
J.F. Kennedy International Airport
Upper Bay
BROOKLYN
Jamaica Bay
STATEN ISLAND
CONEY ISLAND
Lower Bay
ATLANTIC OCEAN
OCÉAN ATLANTIQUE
10 km

RIVERSIDE PARK
Broadway
HARLEM
Av.
Hudson River
UPPER WEST SIDE
CENTRAL PARK
Avenue Park
Guggenheim Museum
6
Metropolitan Opera House (The MET)
Metropolitan Museum of Art
Fifth Av.
UPPER EAST SIDE
First Avenue
W. 57th St.
Park Av.
Rockefeller Center
4
5
E. 57th St.
Queensboro Bridge
W. 42nd St.
THEATER DISTRICT
Twelfth Av.
W. 34th St.
TIMES SQUARE
3
E. 42nd St.
Empire State Building
United Nations
Broadway
Park Av.
E. 34th St.
W. 14th St.
West Street
WASHINGTON SQUARE PARK
E. 14th St.
GREENWICH VILLAGE
EAST VILLAGE
East River
SOHO
East Houston St.
TRIBECA
CHINATOWN
2
1
WALL STREET
Brooklyn Bridge
2 km
1 : New York Stock Exchange
2 : World Trade Center
3 : Grand Central Station
4 : Carnegie Hall
5 : Museum of Modern Art (MOMA)
6 : American Museum of Natural History

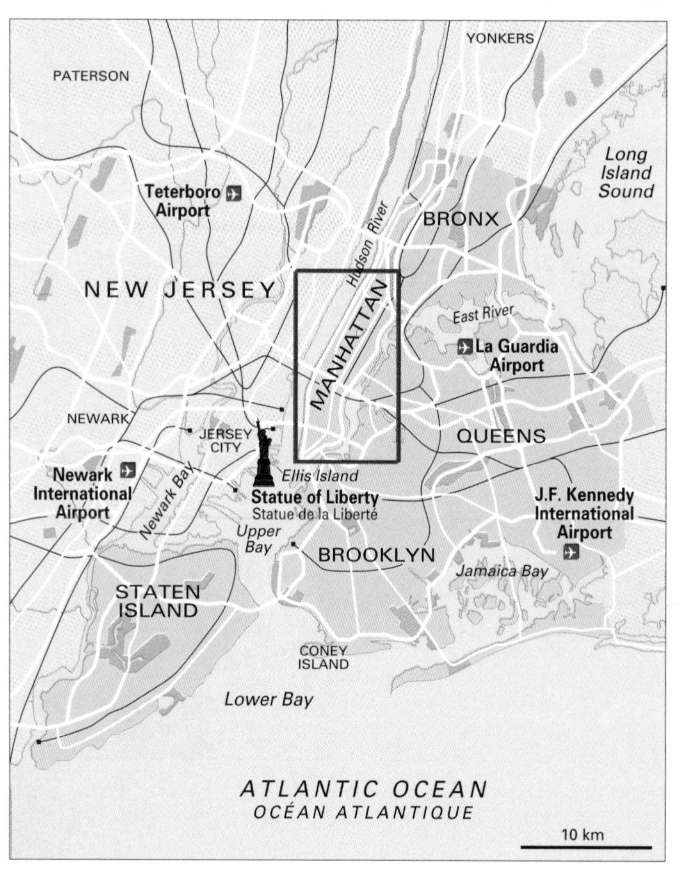

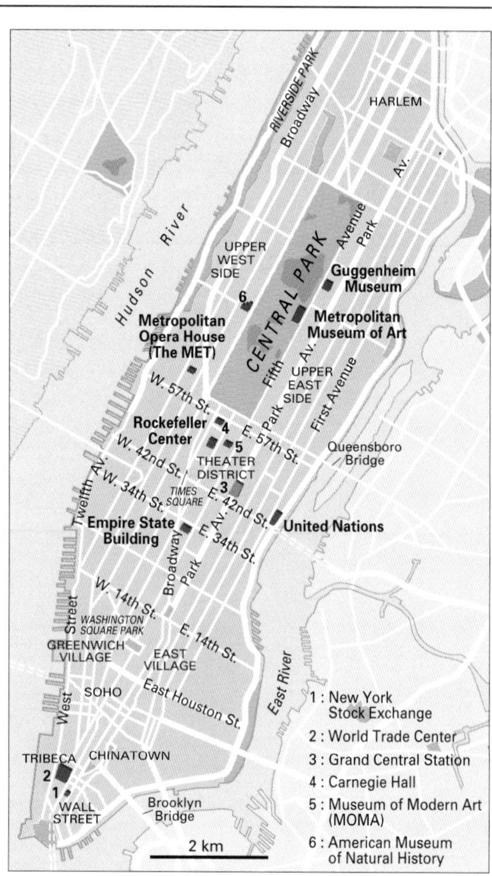

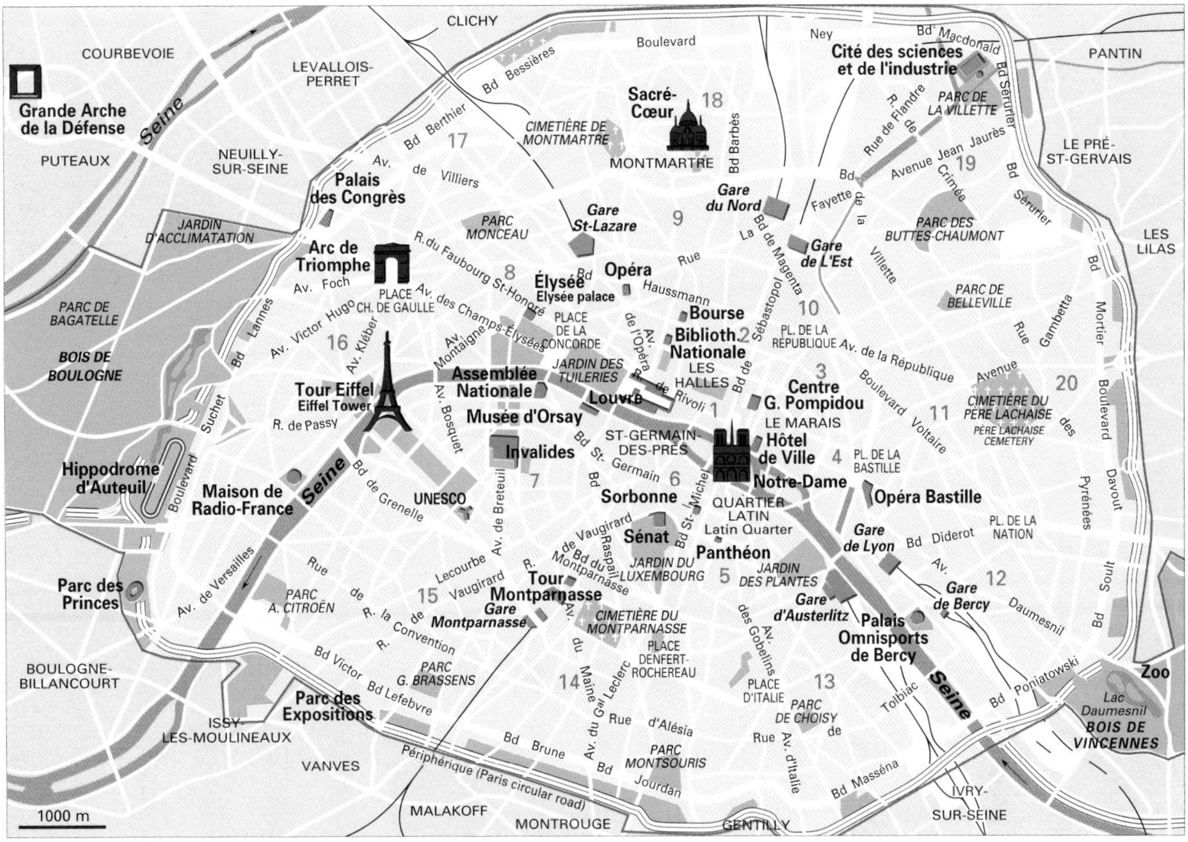

1000 m

MONTRÉAL
MONTREAL

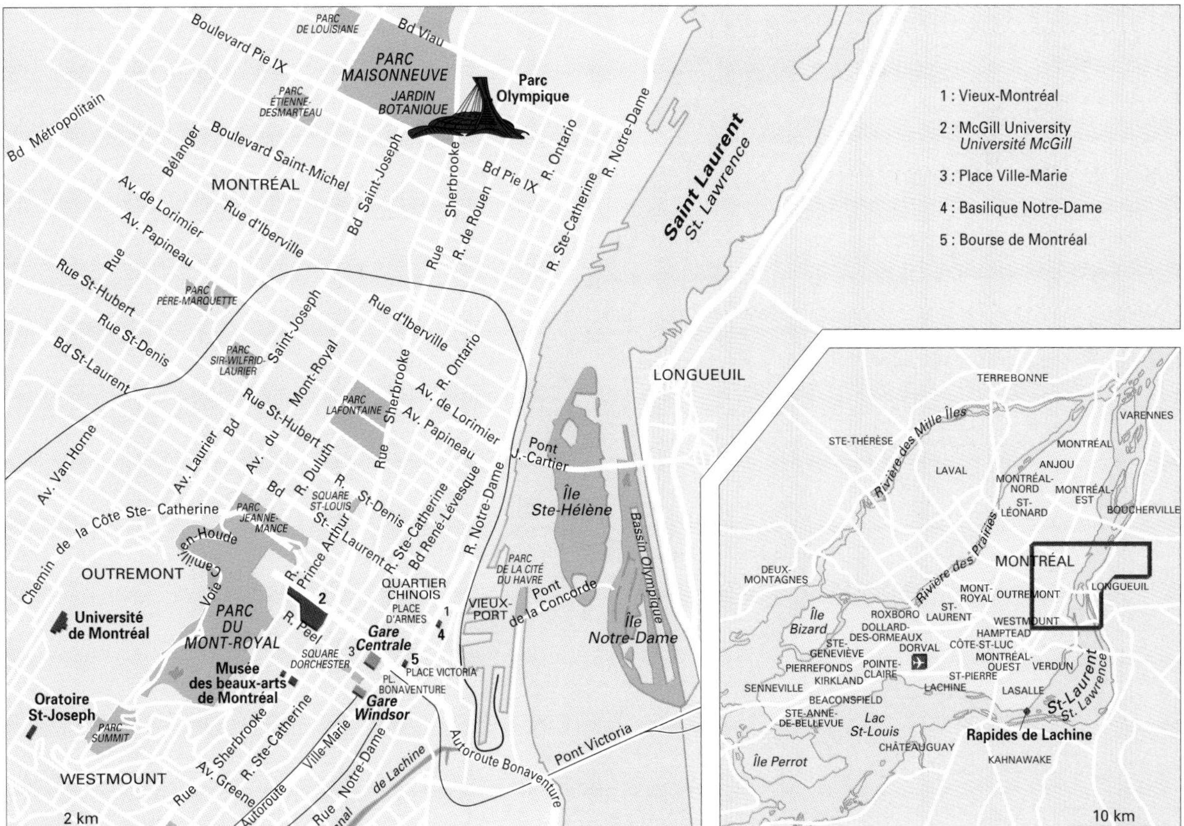

1 : Vieux-Montréal

2 : McGill University
Université McGill

3 : Place Ville-Marie

4 : Basilique Notre-Dame

5 : Bourse de Montréal

2 km

10 km

FRANCE – DIVISIONS ADMINISTRATIVES
FRANCE – ADMINISTRATIVE DIVISIONS

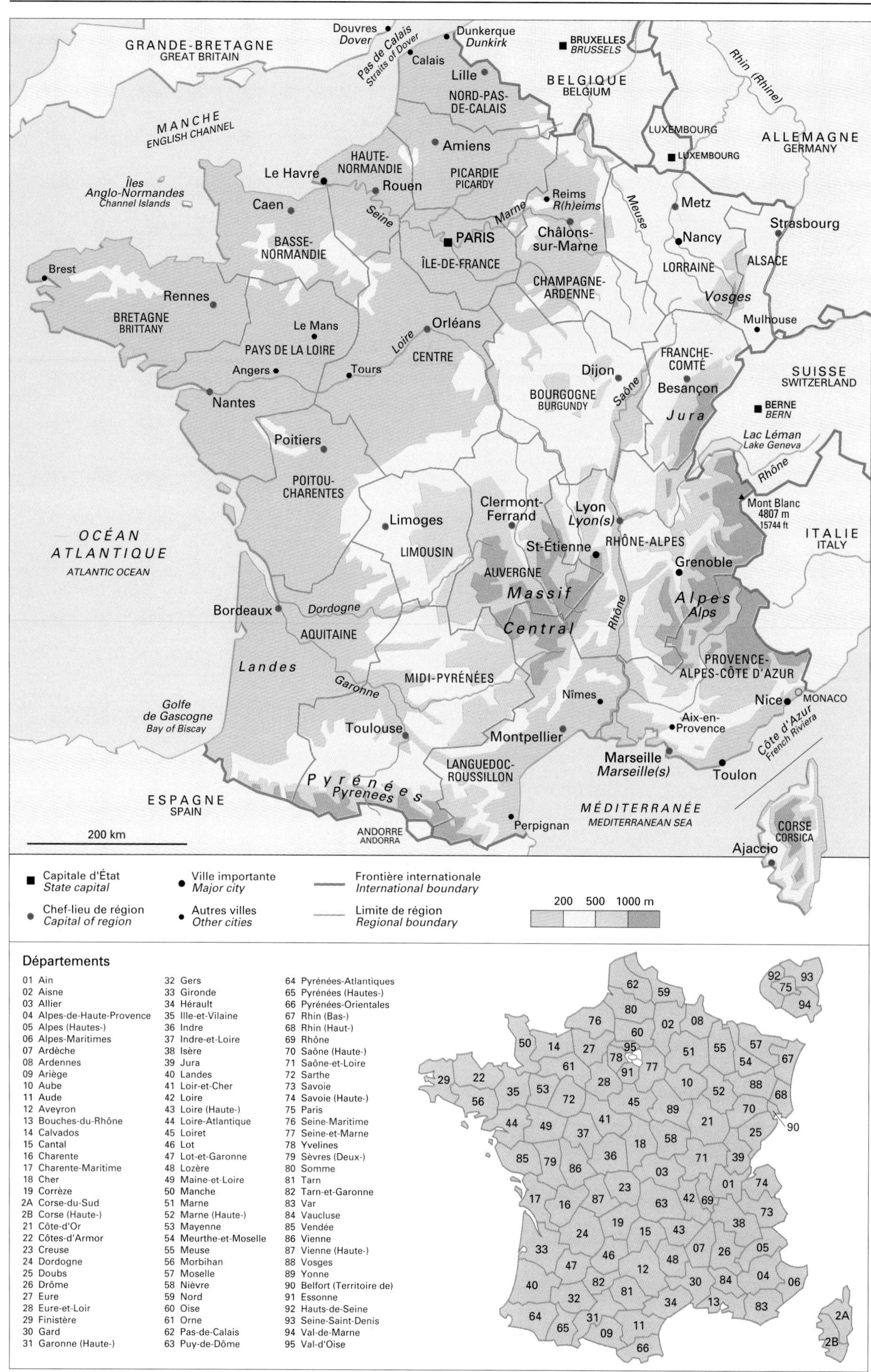

NORD-PAS-DE-CALAIS
Amiens
MARAIS DU COTENTIN ET DU BESSIN
Jumièges
BROTONNE
Rouen
Compiègne
Reims
Le Mont-Saint-Michel
Mont St Michel
Chantilly
St-Denis
Paris
Seine
Oise
Meuse
Marne
VOSGES DU NORD
LORRAINE
Nancy
Strasbourg
Versailles
Vaux-le-Vicomte
Presqu'île de Crozon
St-Malo
ARMORIQUE
NORMANDIE-MAINE
Chartres
Fontainebleau
FORÊT D'ORIENT
Colmar
Moselle
Rhin Rhine
Pointe du Raz
BALLONS DES VOSGES
Châteaux de la Loire
Châteaux of the Loire
Blois
Chambord
Yonne
Fontenay
BRIÈRE
Angers
Amboise
Cheverny
Vézelay
Dijon
Loire
Azay-le-Rideau
Chenonceaux
Arc-et-Senans
Nantes
MORVAN
Creuse
Cher
Bourges
BRENNE
Allier
Saône
HAUT-JURA
MARAIS POITEVIN
St-Savin-sur-Gartempe
La Rochelle
Vienne
Vichy
Annecy
Lyon
Rhône
LIVRADOIS-FOREZ
VANOISE
Vallée de la Vézère
Vézère
VOLCANS D'AUVERGNE
PILAT
Isère
ÉCRINS
Lascaux
VERCORS
QUEYRAS
Bordeaux
Dordogne
Padirac
Rocamadour
Gorges de l'Ardèche
Lot
Durance
MERCANTOUR
Garonne
Conques
Gorges du Tarn
LANDES DE GASCOGNE
CÉVENNES
Avignon
Orange
Tarn
Albi
Moissac
Nîmes
LUBÉRON
Verdon
Monaco
Arles
Grand Canyon du Verdon
Nice
Cannes
Biarritz
Toulouse
HAUT-LANGUEDOC
Pau
CAMARGUE
Marseille
Pont du Gard
(Roman aqueduct)
Lourdes
PORT-CROS
Carcassonne
PYRÉNÉES
PYRENEES
Cirque de Gavarnie
CORSE
CORSICA
Golfes de Girolata et de Porto et Réserve de Scandola
Girolata and Porto Gulfs and Scandola Reserve

200 km

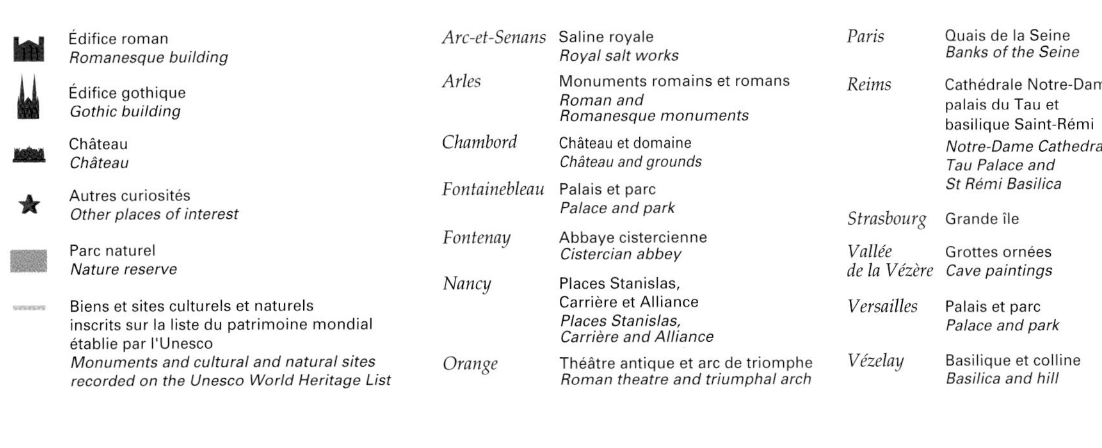

Édifice roman
Romanesque building

Édifice gothique
Gothic building

Château
Château

Autres curiosités
Other places of interest

Parc naturel
Nature reserve

Biens et sites culturels et naturels inscrits sur la liste du patrimoine mondial établie par l'Unesco
Monuments and cultural and natural sites recorded on the Unesco World Heritage List

Arc-et-Senans	Saline royale *Royal salt works*
Arles	Monuments romains et romans *Roman and Romanesque monuments*
Chambord	Château et domaine *Château and grounds*
Fontainebleau	Palais et parc *Palace and park*
Fontenay	Abbaye cistercienne *Cistercian abbey*
Nancy	Places Stanislas, Carrière et Alliance *Places Stanislas, Carrière and Alliance*
Orange	Théâtre antique et arc de triomphe *Roman theatre and triumphal arch*
Paris	Quais de la Seine *Banks of the Seine*
Reims	Cathédrale Notre-Dame, palais du Tau et basilique Saint-Rémi *Notre-Dame Cathedral, Tau Palace and St Rémi Basilica*
Strasbourg	Grande île
Vallée de la Vézère	Grottes ornées *Cave paintings*
Versailles	Palais et parc *Palace and park*
Vézelay	Basilique et colline *Basilica and hill*

BELGIQUE – PROVINCES ET RÉGIONS LINGUISTIQUES
BELGIUM – PROVINCES AND LINGUISTIC REGIONS

PAYS-BAS
NETHERLANDS
Brugge
Brüges
Bruges
Antwerpen
Anvers
Antwerp
OOST-VLAANDEREN
FLANDRE-ORIENTALE
EASTERN FLANDERS
ANTWERPEN
ANVERS
ANTWERP
LIMBURG
LIMBOURG
LIMBURG
WEST-VLAANDEREN
FLANDRE-OCCIDENTALE
WESTERN FLANDERS
Gent
Gand
Ghent
ALLEMAGNE
GERMANY
BRABANT
Leuwen
Louvain
Louvain
Hasselt
Maas
Scheldt
BRUXELLES
BRUSSEL
BRUSSELS
Lys
Liège
Liege
Eupen
HAINAUT
Namur
Meuse
LIÈGE
LIEGE
Mons
Malmédy
FRANCE
Sambre
NAMUR
Ourthe
Escaut (Scheldt)
Meuse
LUXEMBOURG
LUXEMBOURG
Arlon
Semois
Luxembourg
Limites linguistiques
Linguistic boundaries
Limites de province
Provincial boundaries
50 km
Région de langue française
French-speaking region
Région de langue néerlandaise
Dutch-speaking region
Région bilingue (français-néerlandais)
Bilingual region (French-Dutch)
Région de langue allemande avec minorité de langue française protégée
German-speaking region with protected French-speaking minority
Région de langue française avec minorité de langue néerlandaise protégée
French-speaking region with protected Dutch-speaking minority
Région de langue française avec minorité de langue allemande protégée
French-speaking region with protected German-speaking minority
Région de langue néerlandaise avec minorité de langue française protégée
Dutch-speaking region with protected French-speaking minority
LUXEMBOURG
Langue nationale : luxembourgeois
National language: Luxemburgish
Langues administratives: français, allemand, luxembourgeois
Administrative languages: French, German, Luxemburgish

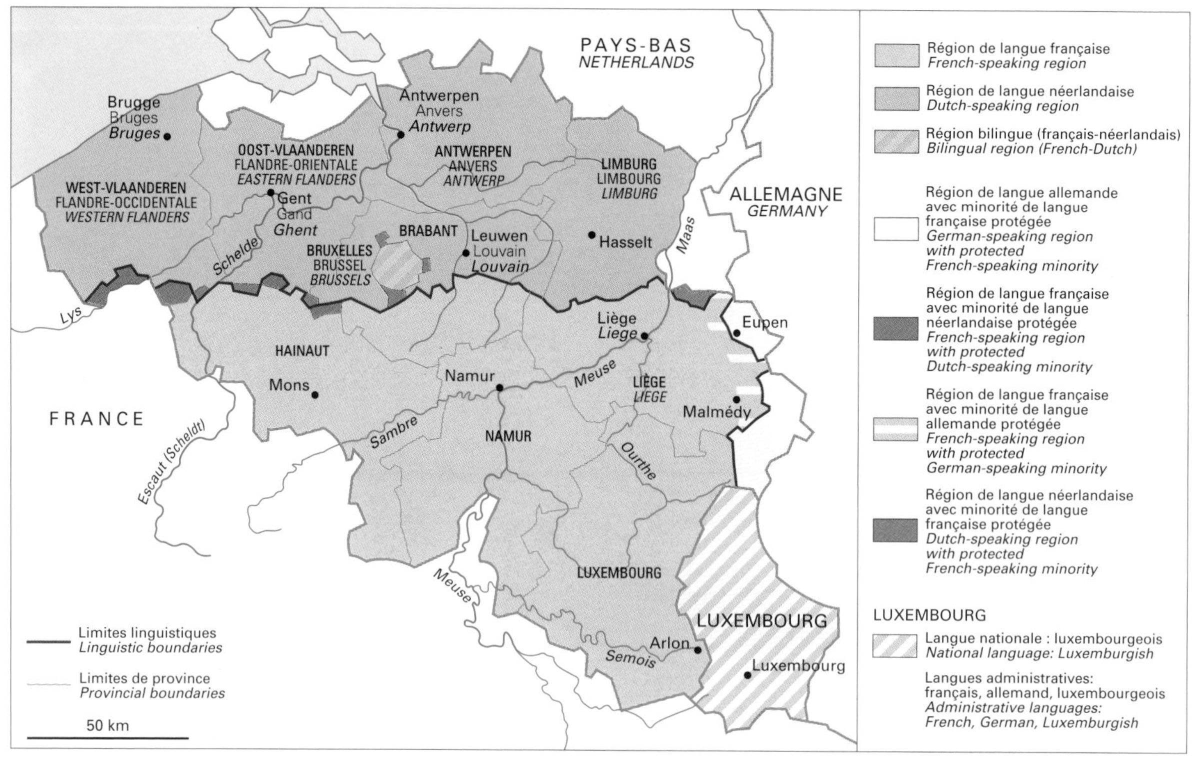

SUISSE – CANTONS ET RÉGIONS LINGUISTIQUES
SWITZERLAND – CANTONS AND LINGUISTIC REGIONS

SCHAFFHAUSEN
SCHAFFHOUSE
SCHAFFHAUSEN
Schaffhausen
Bodensee
Lac de Constance
Lake Constance
ALLEMAGNE
GERMANY
Rhin (Rhine)
BASEL-STADT
BÂLE-VILLE
BASEL-STADT
BASEL-LAND
BÂLE-CAMPAGNE
BASEL-LAND
Basel
THURGAU
THURGOVIE
THURGOVIA
Frauenfeld
Liestal
AARGAU
ARGOVIE
AARGAU
ZÜRICH
ZURICH
ZÜRICH
JURA
Delémont
Aarau
Zürich
Zurich
Zürich
St-Gallen
Herisau
Appenzell
2
1
FRANCE
SOLOTHURN
SOLEURE
SOLOTHURN
Solothurn
LIECHTENSTEIN
LUZERN
LUCERNE
LUCERNE
ZUG
Zoug
Zug
SCHWYZ
ST-GALLEN
ST-GALL
ST GALLEN
AUTRICHE
AUSTRIA
Glarus
Neuchâtel
NEUCHÂTEL
Bern
Berne
Bern
Lucerne
Schwyz
GLARUS
GLARIS
GLARUS
NIDW.
UNTERWALDEN
OBW.
Altdorf
Chur
Coire
Chur
BERN
BERNE
BERN
URI
Fribourg
Rhein
Inn
VAUD
FRIBOURG
GRAUBÜNDEN
GRISONS
THE GRISONS
Lausanne
Lac Léman
Lake Geneva
Ticino (Tessin)
(Ticino)
TICINO
TESSIN
TICINO
Genève
Geneva
Sion
VALAIS
Bellinzona
Rhône
GENÈVE
GENEVA
Adda
Lago Maggiore
Lac Majeur
Lake Maggiore
ITALIE
ITALY
Aoste
Aosta
50 km
Capitale
Capital
Chef-lieu
Capital of canton
Limites linguistiques
Linguistic boundaries
Limites de canton
Canton boundaries
Français
French
Allemand
German
Italien
Italian
Romanche
Romansh
1 AUSSERRHODEN
RHODES-EXTÉRIEURES
2 INNERRHODEN
RHODES-INTÉRIEURES

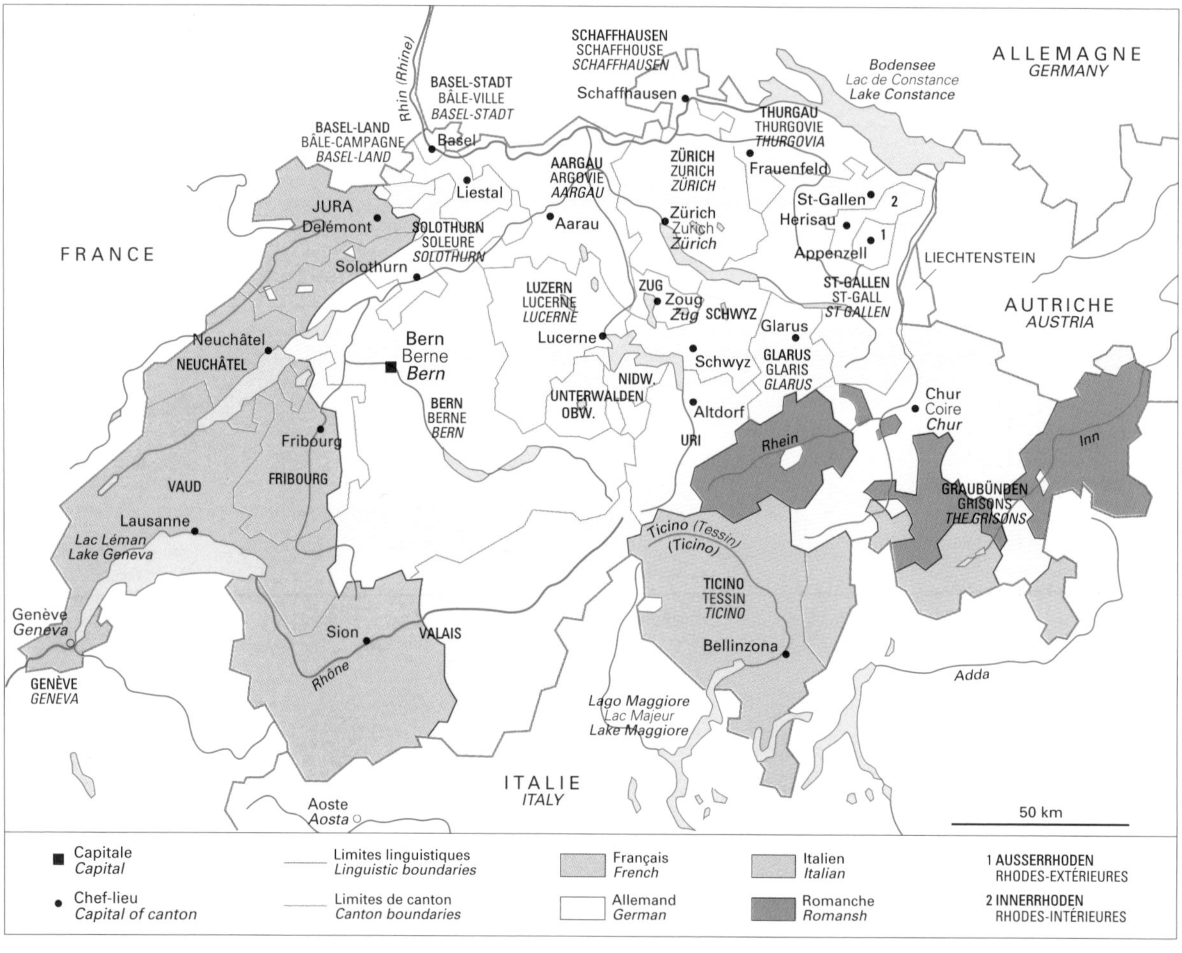

FRANCE - LANGUES, PARLERS ET DIALECTES
FRANCE - LANGUAGES AND DIALECTS

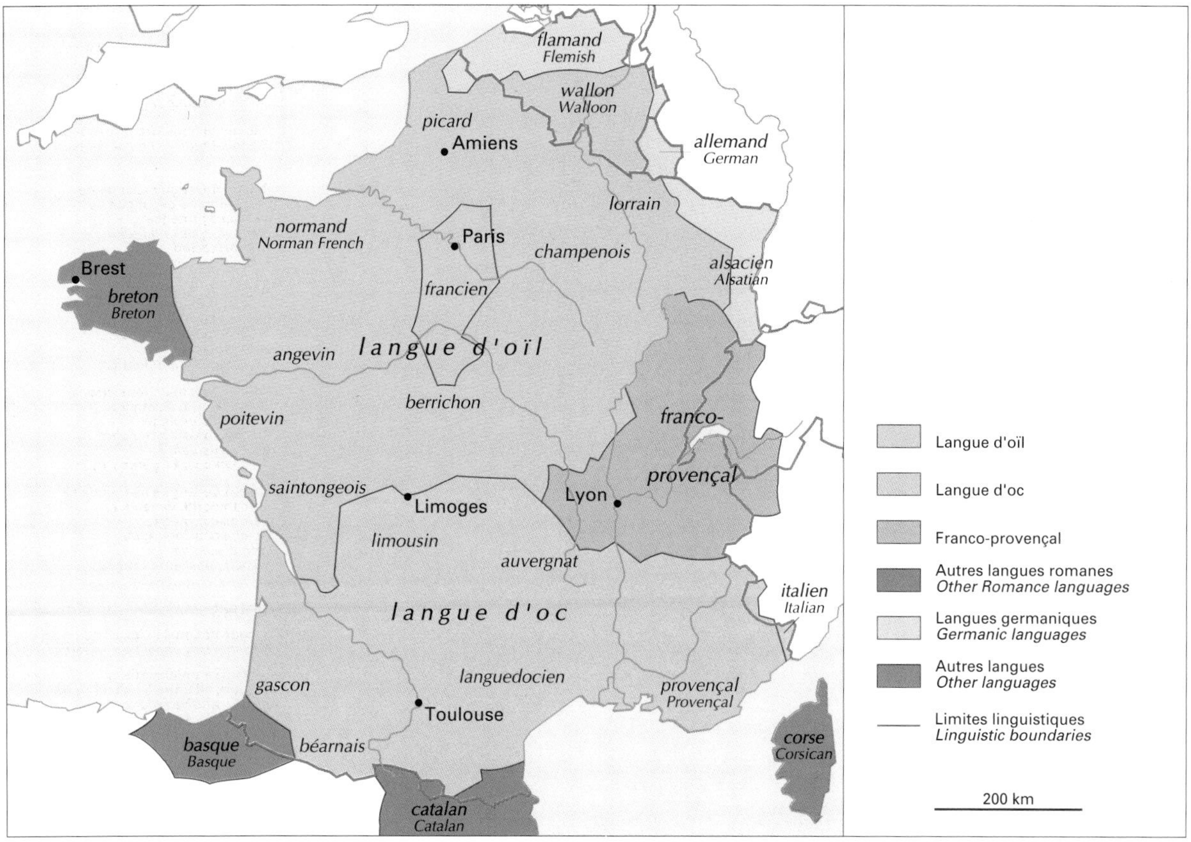

flamand
Flemish
wallon
Walloon
picard
Amiens
allemand
German
lorrain
normand
Norman French
Paris
champenois
Brest
breton
Breton
francien
alsacien
Alsatian
angevin
langue d'oïl
berrichon
franco-provençal
poitevin
saintongeois
Limoges
Lyon
limousin
auvergnat
italien
Italian
langue d'oc
languedocien
gascon
provençal
Provençal
Toulouse
basque
Basque
béarnais
corse
Corsican
catalan
Catalan

Langue d'oïl
Langue d'oc
Franco-provençal
Autres langues romanes / *Other Romance languages*
Langues germaniques / *Germanic languages*
Autres langues / *Other languages*
Limites linguistiques / *Linguistic boundaries*
200 km

CANADA - LANGUES MATERNELLES
CANADA - MOTHER TONGUES

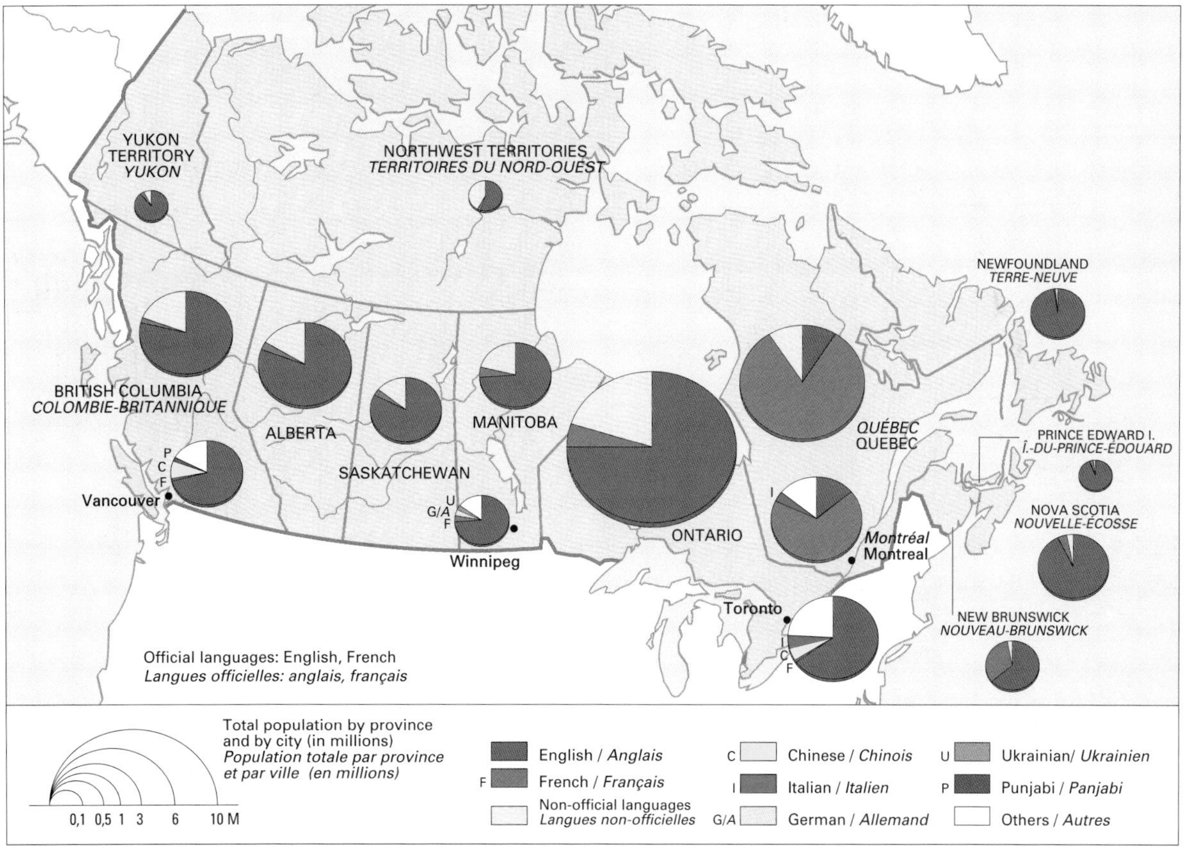

YUKON TERRITORY
YUKON
NORTHWEST TERRITORIES
TERRITOIRES DU NORD-OUEST
NEWFOUNDLAND
TERRE-NEUVE
BRITISH COLUMBIA
COLOMBIE-BRITANNIQUE
ALBERTA
SASKATCHEWAN
MANITOBA
QUÉBEC
QUEBEC
PRINCE EDWARD I.
Î.-DU-PRINCE-EDOUARD
NOVA SCOTIA
NOUVELLE-ÉCOSSE
ONTARIO
Vancouver
Winnipeg
Montréal
Montreal
Toronto
NEW BRUNSWICK
NOUVEAU-BRUNSWICK

Official languages: English, French
Langues officielles: anglais, français

Total population by province and by city (in millions)
Population totale par province et par ville (en millions)
0,1 0,5 1 3 6 10 M

English / *Anglais*
F French / *Français*
Non-official languages / *Langues non-officielles*
C Chinese / *Chinois*
I Italian / *Italien*
G/A German / *Allemand*
U Ukrainian/ *Ukrainien*
P Punjabi / *Panjabi*
Others / *Autres*

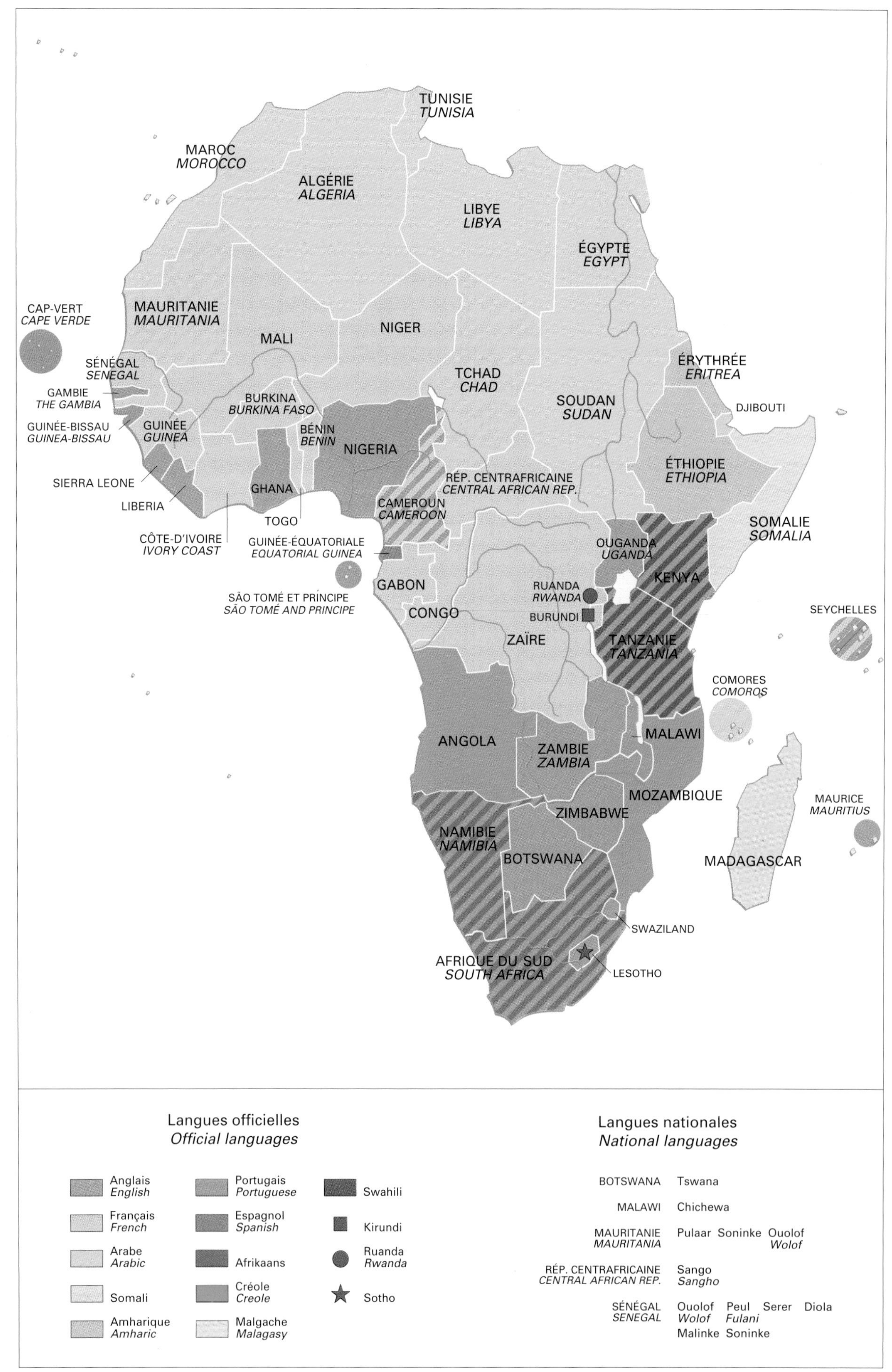
TUNISIE
TUNISIA
MAROC
MOROCCO
ALGÉRIE
ALGERIA
LIBYE
LIBYA
ÉGYPTE
EGYPT
CAP-VERT
CAPE VERDE
MAURITANIE
MAURITANIA
MALI
NIGER
TCHAD
CHAD
ÉRYTHRÉE
ERITREA
SÉNÉGAL
SENEGAL
GAMBIE
THE GAMBIA
GUINÉE-BISSAU
GUINEA-BISSAU
GUINÉE
GUINEA
BURKINA
BURKINA FASO
BÉNIN
BENIN
NIGERIA
SOUDAN
SUDAN
DJIBOUTI
ÉTHIOPIE
ETHIOPIA
SIERRA LEONE
LIBERIA
GHANA
TOGO
RÉP. CENTRAFRICAINE
CENTRAL AFRICAN REP.
CAMEROUN
CAMEROON
SOMALIE
SOMALIA
CÔTE-D'IVOIRE
IVORY COAST
GUINÉE-ÉQUATORIALE
EQUATORIAL GUINEA
OUGANDA
UGANDA
KENYA
SÃO TOMÉ ET PRINCIPE
SÃO TOMÉ AND PRINCIPE
GABON
CONGO
RUANDA
RWANDA
BURUNDI
SEYCHELLES
ZAÏRE
TANZANIE
TANZANIA
COMORES
COMOROS
ANGOLA
ZAMBIE
ZAMBIA
MALAWI
MOZAMBIQUE
MAURICE
MAURITIUS
ZIMBABWE
NAMIBIE
NAMIBIA
BOTSWANA
MADAGASCAR
SWAZILAND
AFRIQUE DU SUD
SOUTH AFRICA
LESOTHO
Langues officielles
Official languages
Anglais
English
Français
French
Arabe
Arabic
Somali
Amharique
Amharic
Portugais
Portuguese
Espagnol
Spanish
Afrikaans
Créole
Creole
Malgache
Malagasy
Swahili
Kirundi
Ruanda
Rwanda
Sotho
Langues nationales
National languages
BOTSWANA Tswana
MALAWI Chichewa
MAURITANIE MAURITANIA Pulaar Soninke Ouolof Wolof
RÉP. CENTRAFRICAINE CENTRAL AFRICAN REP. Sango Sangho
SÉNÉGAL SENEGAL Ouolof Wolof Peul Fulani Serer Diola Malinke Soninke